# CREIFELDS
# RECHTSWÖRTERBUCH

# RECHTSWÖRTERBUCH

Begründet von

DR. CARL CREIFELDS †
Senatsrat a. D., München

Herausgegeben von

DR. KLAUS WEBER
Ministerialdirigent
Sächsisches Staatsministerium der Justiz,
Dresden

Bearbeitet von

Dr. Dieter Guntz
Vorsitzender Richter am
Oberlandesgericht a. D., München

Dr. Ludwig Macher
Richter am
Finanzgericht, München

Prof. Friedrich Quack
Richter am
Bundesgerichtshof, Karlsruhe

Prof. Dr. Jochem Schmitt
Freie Universität Berlin

Dr. Klaus Weber
Ministerialdirigent
Sächsisches Staatsministerium der Justiz,
Dresden

Walter Weidenkaff
Vorsitzender Richter am
Oberlandesgericht, München

Fünfzehnte, neubearbeitete Auflage

C. H. BECK'SCHE VERLAGSBUCHHANDLUNG
MÜNCHEN 1999

Die Deutsche Bibliothek – CIP-Einheitsaufnahme

*Rechtswörterbuch* / begr. von Carl Creifelds. Hrsg. von Klaus Weber. Bearb.: Dieter Guntz . . . – 15., neubearb. Aufl. – München : Beck, 1999
ISBN 3 406 44300 1

ISBN 3 406 44300 1

Druck der C. H. Beck'schen Buchdruckerei Nördlingen
Gedruckt auf säurefreiem, alterungsbeständigem Papier.
Hergestellt aus chlorfrei gebleichtem Zellstoff.

## Aus dem Vorwort zur 1. Auflage

Mit der Herausgabe des Rechtswörterbuchs kommt der Verlag vielfachen Anregungen nach, in einem handlichen Werk Rechtsbegriffe aus allen Gebieten zusammenzustellen und zu erläutern, um Juristen und Nichtjuristen eine rasche Orientierung bei der täglichen Berührung mit Rechtsfragen zu ermöglichen. Soweit das Bestreben, den umfassenden Rechtsstoff auf begrenztem Raum darzustellen, die Erörterung spezieller Rechtsfragen nicht zuließ, sollen es Fundstellenhinweise erleichtern, Einzelheiten nachzugehen. Um dem Benutzer des Werkes in dem gegebenen Rahmen nach Möglichkeit aber mehr als nur eine erste Orientierung zu bieten, sind – namentlich bei rechtlichen Zweifelsfragen – vielfach Hinweise auf Rechtsprechung und Spezialschrifttum eingefügt. Die vergleichende Behandlung gleichlautender Begriffe unterschiedlichen Inhalts aus verschiedenen Rechtsmaterien soll das Verständnis für die Differenziertheit des Rechts ebenso wie den Einblick in komplexe Rechtsbegriffe vertiefen helfen. Die zunehmende Verflechtung von Recht und Wirtschaft ließ es geboten erscheinen, auf die Aufnahme zahlreicher Begriffe aus diesem Grenzgebiet besonderen Wert zu legen; dagegen wurden politische Begriffe mit geringem rechtlichem Inhalt nur berücksichtigt, soweit sie allgemeines Interesse im Rechtsleben beanspruchen. Abkürzungen sind in der üblichen Weise verwendet, amtliche Kurzbezeichnungen, soweit nicht in sich verständlich, dagegen in der sonst gebräuchlichen Schreibweise.

# Vorwort zur 15. Auflage

Zum Ende der XIII. Legislaturperiode des Deutschen Bundestages tritt eine Vielzahl von Rechtsänderungen in Kraft. Hinzu kommt eine rege Gesetzgebungstätigkeit auf der Ebene der Länder einerseits und auf europäischer Ebene andererseits. Bereits nach einem guten Jahre wird deshalb wieder eine Neuauflage des „Creisfelds" notwendig. Neben rund 300 neuen Stichwörtern finden sich mehrere tausend Änderungen im einzelnen.

Die vorliegende 15. Auflage gibt grundsätzlich den Stand von Gesetzgebung und Rechtsprechung vom 1. Juli 1998 wieder. Teilweise wurden auch zu diesem Zeitpunkt schon verkündete Gesetze berücksichtigt, die in der Zeit bis einschließlich 1. Januar 1999 in Kraft treten. Neu eingearbeitet wurden insbesondere die neue Insolvenzordnung (samt Verbraucherinsolvenz und Restschuldbefreiung), das Kindschaftsrechtsreformgesetz, das Kindesunterhaltsgesetz, Schiedsverfahrensneuregleungsgesetz und 2. Zwangsvollstreckungsnovelle, das Handelsrechtsreformgesetz mit der Neuregelung des Kaufmanns- und Firmenrechts, Transportrechtsreformgesetz und Betreuungsrechtsänderungsgesetz, das Euro-Einführungsgesetz, Korruptionsbekämpfungsgesetz, das Gesetz zur Bekämpfung von Sexualdelikten, ds 6. Strafrechtsreformgesetz, Transfusionsgesetz und Psychotherapeutengesetz, die umfangreichen Änderungen des Bau- und Raumordnungsgesetzes 1998, zahlreiche landesrechtliche Änderungen des Kommunalrechts und des Ordnungsrechts, die Abschaffung der Gewerbekapitalsteuer und die Änderung des Umsatzsteuerrechts, das Investitionszulagengesetz und vielfältige Änderungen des besonderen Verwaltungsrechts. Neue Rechtsprobleme zum Beispiel im Hinblick auf nichtchristliche Religionsgemeinschaften fanden erstmals Berücksichtigung.

Gleichwohl ist der Umfang des Buches kaum gewachsen. Ausführungen zu Rechtsfragen, deren Bedeutung in den letzten Jahren zurückgegangen ist, wurden zugunsten aktueller Probleme gestrafft. Somit ist das Rechtswörterbuch auch weiterhin ein handlicher, überschaubarer und erschwinglicher Wegweiser durch das immer unübersichtlicher werdende Recht.

München, im August 1998 — Herausgeber und Verlag

## Verzeichnis der Bearbeiter

| Rechtsgebiete: | Bearbeiter: |
|---|---|
| Allgemeine Rechtsbegriffe | Weidenkaff |
| Arbeitsrecht | Guntz |
| Beamtenrecht | Quack |
| Bürgerliches Recht | Guntz |
| Europarecht | Quack |
| Gerichtsverfassungsrecht | Guntz |
| Handels- und Gesellschaftsrecht | Guntz |
| Kartellrecht | Quack |
| Kirchenrecht | Weber |
| Privatversicherungsrecht | Guntz |
| Recht der freiwilligen Gerichtsbarkeit | Guntz |
| Rechtsgeschichte | Weidenkaff |
| Rechtsphilosophie | Weidenkaff |
| Richterrecht | Weber |
| Sozialrecht | Schmitt |
| Sozialversicherungsrecht | Schmitt |
| Staats- und Verfassungsrecht | Weber |
| Steuerrecht | Macher |
| Straf- und Strafprozeßrecht mit Nebengesetzen | Weidenkaff |
| Urheberrecht und gewerblicher Rechtsschutz | Guntz |
| Verkehrsrecht | Weidenkaff |
| Verwaltungsrecht | Weber |
| Völkerrecht | Weber |
| Wehrrecht mit Nebengebieten | Quack |
| Wettbewerbsrecht | Guntz |
| Wirtschaftsrecht | Quack |
| Zivilprozeß- und Insolvenzrecht | Guntz |
| Gesamtredaktion: | Weber |

## Verzeichnis aller Bearbeiter (einschließlich der ausgeschiedenen)

| | |
|---|---|
| Dr. Carl Creifelds †<br>Senatsrat a. D.<br>(1. bis 8. Auflage) | Gesamtredaktion<br>Allgemeine Rechtsbegriffe<br>Rechtsgeschichte<br>Rechtsphilosophie<br>Straf- und Strafprozeßrecht mit Nebengesetzen<br>Verkehrsrecht |
| Dr. Dieter Guntz<br>Vorsitzender Richter<br>am Oberlandesgericht a. D. | Arbeitsrecht<br>Bürgerliches Recht<br>Gerichtsverfassungsrecht<br>Handels- und Gesellschaftsrecht<br>Privatversicherungsrecht<br>Recht der freiwilligen Gerichtsbarkeit<br>Urheberrecht und gewerblicher Rechtsschutz<br>Wettbewerbsrecht<br>Zivilprozeß- und Insolvenzrecht |
| Paul Henßler<br>Steuerberater<br>(1. bis 12. Auflage) | Finanz- und Steuerrecht |
| Prof. Dr. h. c. Hans Kauffmann †<br>Ministerialdirigent und<br>Leiter des Bayerischen Landes-justizprüfungsamtes a. D.<br>(1. bis 14. Auflage) | Gesamtredaktion<br>Kirchenrecht<br>Richterrecht<br>Staats- und Verfassungsrecht<br>Verwaltungsrecht<br>Völkerrecht |
| Dr. Ludwig Macher<br>Richter am Finanzgericht<br>(ab 13. Auflage) | Steuerrecht |
| Dr. Lutz Meyer-Goßner<br>Vorsitzender Richter am<br>Bundesgerichtshof<br>(9. und 10. Auflage) | Gesamtredaktion<br>Allgemeine Rechtsbegriffe<br>Straf- und Strafprozeßrecht mit Nebengesetzen<br>Rechtsgeschichte<br>Rechtsphilosophie<br>Verkehrsrecht |
| Prof. Dr. Hans Putzo<br>Vizepräsident des Bayerischen<br>Obersten Landesgerichts a. D.<br>(1. und 2. Auflage) | Arbeitsrecht<br>Gerichtsverfassungsrecht<br>Handels- und Gesellschaftsrecht<br>Recht der freiwilligen Gerichtsbarkeit<br>Urheberrecht und gewerblicher Rechtsschutz<br>Wettbewerbsrecht<br>Zivilprozeß- und Insolvenzrecht |

| | |
|---|---|
| Prof. Friedrich Quack<br>Richter am Bundesgerichtshof<br>(ab 3. Auflage) | Beamtenrecht<br>Europarecht<br>Kartellrecht<br>Wehrrecht mit Nebengebieten<br>Wirtschaftsrecht |
| Prof. Dr. Jochem Schmitt<br>Freie Universität Berlin<br>(ab 12. Auflage) | Sozialrecht<br>Sozialversicherungsrecht |
| Heinz Ströer †<br>Ministerialdirektor a. D.<br>(1. bis 11. Auflage) | Sozialrecht<br>Sozialversicherungsrecht |
| Dr. Alfred Wagner<br>Dipl.-Kaufm.<br>Regierungsdirektor a. D.<br>(1. und 2. Auflage) | Beamtenrecht<br>Kartellrecht<br>Wehrrecht mit Nebengebieten<br>Wirtschaftsrecht |
| Dr. Klaus Weber<br>Ministerialdirigent<br>(ab 14. Auflage) | Gesamtredaktion<br>Kirchenrecht<br>Richterrecht<br>Staats- und Verfassungsrecht<br>Verwaltungsrecht<br>Völkerrecht |
| Walter Weidenkaff<br>Vorsitzender Richter am Oberlandesgericht<br>(ab 11. Auflage) | Allgemeine Rechtsbegriffe<br>Straf- und Strafprozeßrecht mit Nebengesetzen<br>Rechtsgeschichte<br>Rechtsphilosophie<br>Verkehrsrecht |

# Abkürzungen

| | |
|---|---|
| a. A. | anderer Ansicht |
| a. a. O. | am angeführten Ort |
| ABl. | Amtsblatt |
| Abschn. | Abschnitt |
| a. E. | am Ende |
| a. F. | alte Fassung |
| AEG | Allgemeines Eisenbahngesetz |
| AG | Amtsgericht, Aktiengesellschaft |
| AFG | Arbeitsförderungsgesetz |
| AGB | Arbeitsgesetzbuch der Deutschen Demokratischen Republik |
| AGBG | Gesetz zur Regelung des Rechts der Allgemeinen Geschäftsbedingungen |
| AktG | Aktiengesetz |
| ALG | Gesetz über die Alterssicherung der Landwirte |
| AO | Abgabenordnung |
| ArbGG | Arbeitsgerichtsgesetz |
| AStG | Außensteuergesetz |
| AsylbLG | Asylbewerberleistungsgesetz |
| AsylVfG | Asylverfahrensgesetz |
| AuslG | Ausländergesetz |
| AVO | Ausführungsverordnung |
| AWG | Außenwirtschaftsgesetz |
| AWV | Außenwirtschaftsverordnung |
| B | Bund(es ...) |
| BAG | Bundesarbeitsgericht |
| BAnz. | Bundesanzeiger |
| BauGB | Baugesetzbuch |
| BayRS | Bayerische Rechtssammlung |
| BayVBl. | Bayerische Verwaltungsblätter |
| BBesG | Bundesbesoldungsgesetz |
| BBG | Bundesbeamtengesetz |
| BBiG | Berufsbildungsgesetz |
| BDO | Bundesdisziplinarordnung |
| BeamtVG | Beamtenversorgungsgesetz |
| Bek. | Bekanntmachung |
| ber. | berichtigt |
| BErzGG | Bundeserziehungsgeldgesetz |
| bestr. | bestritten |
| BetrAVG | Betriebsrentengesetz (Gesetz über die Verbesserung der betrieblichen Altersversorgung) |
| BetrVG | Betriebsverfassungsgesetz |
| BewG | Bewertungsgesetz |
| BFH | Bundesfinanzhof |
| BGB | Bürgerliches Gesetzbuch |
| BGBl. | Bundesgesetzblatt |
| BGH | Bundesgerichtshof |
| BGHSt. | Entscheidungen des Bundesgerichtshofs in Strafsachen |
| BGHZ | Entscheidungen des Bundesgerichtshofs in Zivilsachen |
| BGSG | Bundesgrenzschutzgesetz |
| BImSchG | Bundes-Immissionsschutzgesetz |
| BKAG | Bundeskriminalamtgesetz |

| | |
|---|---|
| BKGG | Bundeskindergeldgesetz |
| BMAuS | Bundesministerium für Arbeit und Sozialordnung |
| BMELF | Bundesministerium für Ernährung, Landwirtschaft und Forsten |
| BMF | Bundesministerium der Finanzen |
| BMI | Bundesministerium des Innern |
| BMJ | Bundesministerium der Justiz |
| BMW | Bundesministerium für Wirtschaft |
| BPräs. | Bundespräsident |
| BR | Bundesrat |
| BRAGO | Bundesgebührenordnung für Rechtsanwälte |
| BRAO | Bundesrechtsanwaltsordnung |
| BReg. | Bundesregierung |
| BRep. | Bundesrepublik Deutschland |
| BRRG | Beamtenrechtsrahmengesetz |
| BSeuchenG | BundesseuchenG |
| BSG | Bundessozialgericht |
| BSGE | Entscheidungen des Bundessozialgerichts |
| BSHG | Bundessozialhilfegesetz |
| BStBl. | Bundessteuerblatt |
| BStatG | BundesstatistikG |
| BT | Deutscher Bundestag |
| BT-Drucks | Bundestags-Drucksache |
| BtMG | Betäubungsmittelgesetz |
| BVerfG | Bundesverfassungsgericht |
| BVerfGE | Entscheidungen des Bundesverfassungsgerichts |
| BVerwG | Bundesverwaltungsgericht |
| BVerwGE | Entscheidungen des Bundesverwaltungsgerichts |
| BVFG | Bundesvertriebenengesetz |
| BVG | Bundesversorgungsgesetz |
| BZRG | Bundeszentralregistergesetz |
| can. | canon |
| CIC | Codex iuris canonici |
| DDR | Deutsche Demokratische Republik |
| DO | Dienstordnung |
| DRiG | Deutsches Richtergesetz |
| DStR | Deutsches Steuerrecht |
| DVO | Durchführungsverordnung |
| EALG | Entschädigungs- und Ausgleichsleistungsgesetz |
| EFZG | Entgeltfortzahlungsgesetz |
| EG | Einführungsgesetz |
| E. G. | Europäische Gemeinschaften |
| EGBGB | Einführungsgesetz zum Bürgerlichen Gesetzbuch |
| EGGVG | Einführungsgesetz zum Gerichtsverfassungsgesetz |
| EGKStV | Vertrag über die Europäische Gemeinschaft für Kohle und Stahl |
| EGStGB | Einführungsgesetz zum Strafgesetzbuch |
| EGStPO | Einführungsgesetz zur Strafprozeßordnung |
| EGV | Vertrag über die Gründung der Europäischen Gemeinschaft |
| EGZPO | Einführungsgesetz zur Zivilprozeßordnung |
| EheG | Ehegesetz |
| EinigV | Einigungsvertrag |
| EMRK | Europäische Menschenrechtskonvention |
| ErbStG | Erbschaft- und Schenkungsteuergesetz |
| Erl. | Erlaß |

| | |
|---|---|
| EStDV | Einkommensteuer-Durchführungsverordnung |
| EStG | Einkommensteuergesetz |
| EStR | Einkommensteuer-Richtlinien |
| EU | Europäische Union |
| EuGH | Gemeinsamer Gerichtshof der Europäischen Gemeinschaften |
| EuGHE | Entscheidungen des EuGH (Amtliche Sammlung in deutscher Sprache) |
| EuratomGV | Vertrag über die Europäische Atomgemeinschaft |
| EUV | Vertrag zur Gründung der Europäischen Union |
| EWG | Europäische Wirtschaftsgemeinschaft |
| FA | Finanzamt |
| FernmG | Gesetz über Fernmeldeanlagen |
| FG | Finanzgericht |
| FGG | Gesetz über die Angelegenheiten der freiwilligen Gerichtsbarkeit |
| FGO | Finanzgerichtsordnung |
| FlurbG | Flurbereinigungsgesetz |
| FRG | Fremdrentengesetz |
| FStrG | Bundesfernstraßengesetz |
| FVG | Gesetz über die Finanzverwaltung |
| Fz. | Fahrzeug (e) |
| G | Gesetz |
| GA | Goltdammer's Archiv für Strafrecht |
| GastG | Gaststättengesetz |
| GBl. | Gesetzblatt |
| GBO | Grundbuchordnung |
| GebrMG | Gebrauchsmustergesetz |
| GemSOBG | Gemeinsamer Senat der Obersten Bundesgerichte |
| GenG | Gesetz, betreffend die Erwerbs- und Wirtschaftsgenossenschaften |
| Ges. | Gesetz |
| GeschmMG | Geschmacksmustergesetz |
| GeschO | Geschäftsordnung |
| GewO | Gewerbeordnung |
| GewStDV | Gewerbesteuer-Durchführungsverordnung |
| GewStG | Gewerbesteuergesetz |
| GG | Grundgesetz |
| GKG | Gerichtskostengesetz |
| GmbH | Gesellschaft mit beschränkter Haftung |
| GmbHG | Gesetz, betreffend die Gesellschaften mit beschränkter Haftung |
| GMBl. | Gemeinsames Ministerialblatt |
| GRG | Gesundheitsreformgesetz |
| GrS | Großer Senat |
| GüKG | Güterkraftverkehrsgesetz |
| GVBl. (GVOBl.) | Gesetz- und Verordnungsblatt |
| GVG | Gerichtsverfassungsgesetz |
| GWB | Gesetz gegen Wettbewerbsbeschränkungen |
| HandwO | Handwerksordnung |
| HGB | Handelsgesetzbuch |
| h. M. | herrschende Meinung |
| HRG | Hochschulrahmengesetz |
| i. d. F. | in der Fassung |
| i. d. R. | in der Regel |

| | |
|---|---|
| i. e. | im einzelnen |
| i. e. S. | im engeren Sinne |
| InsO | Insolvenzordnung |
| InvZulG | Investitionszulagengesetz |
| i. S. | im Sinne |
| i. Verb. m. | in Verbindung mit |
| i. w. S. | im weiteren Sinne |
| | |
| JArbSchG | Jugendarbeitsschutzgesetz |
| JGG | Jugendgerichtsgesetz |
| Jh. | Jahrhundert |
| JMBl. | Justizministerialblatt |
| JöSchG | Jugendschutzgesetz |
| JZ | Juristenzeitung |
| | |
| Kfz | Kraftfahrzeug |
| KG | Kommanditgesellschaft |
| KGaA | Kommanditgesellschaft auf Aktien |
| KJHG | Kinder- und Jugendhilfegesetz (SGB VIII) |
| KostO | Kostenordnung |
| KOV | Kriegsopferversorgung |
| KR | Kontrollrat |
| KrW-/AbfG | Kreislaufwirtschafts- und Abfallgesetz |
| KSchG | Kündigungsschutzgesetz |
| KStG | Körperschaftsteuergesetz |
| KSVG | Künstlersozialversicherungsgesetz |
| KVLG | Gesetz über die Krankenversicherung der Landwirte |
| KWG | Gesetz über das Kreditwesen |
| | |
| LFZG | Lohnfortzahlungsgesetz |
| LG | Landgericht |
| Lkw | Lastkraftwagen |
| LMBG | Lebensmittel- und Bedarfsgegenständegesetz |
| LStDV | Lohnsteuer-Durchführungsverordnung |
| LStR | Lohnsteuer-Richtlinien |
| LuftVG | Luftverkehrsgesetz |
| LuftVO | Luftverkehrs-Ordnung |
| LuftVZO | Luftverkehrs-Zulassungs-Ordnung |
| | |
| m. Änd. | mit späteren Änderungen |
| MarkenG | Markengesetz |
| MABl. | Ministerial-Amtsblatt |
| MBliV | Ministerialblatt der inneren Verwaltung |
| MDR | Monatsschrift für deutsches Recht |
| MR | Militärregierung |
| MRK | Konvention zum Schutze der Menschenrechte und Grundfreiheiten |
| MünchKomm | Münchener Kommentar zum BGB |
| MuSchG | Mutterschutzgesetz |
| M-V | Mecklenburg-Vorpommern |
| | |
| Nachw. b | Nachweise bei … |
| Nebenstrafrecht | Göhler/Buddendick/Lenzen, Nebenstrafrecht |
| n. F. | neue Fassung |
| NJW | Neue Juristische Wochenschrift |
| NStZ | Neue Zeitschrift für Strafrecht |
| NW | Nordrhein-Westfalen |

| | |
|---|---|
| NZA | Neue Zeitschrift für Arbeitsrecht |
| NZVwR | Neue Zeitschrift für Verwaltungsrecht |
| OLG | Oberlandesgericht |
| OVG | Oberverwaltungsgericht |
| OWiG | Gesetz über Ordnungswidrigkeiten |
| PAG | Polizeiaufgabengesetz |
| PatG | Patentgesetz |
| PBefG | Personenbeförderungsgesetz |
| PflVersG | Pflichtversicherungsgesetz |
| Pkw | Personenkraftwagen |
| PolVO | Polizeiverordnung |
| PostG | Postgesetz |
| Pr. GS | Preußische Gesetzsammlung |
| PStG | Personenstandsgesetz |
| R | Richtlinie (Steuerrecht) |
| RAG | Rentenanpassungsgesetz |
| RBerG | Rechtsberatungsgesetz |
| RdErl. | Runderlaß |
| RdSchr. | Rundschreiben |
| RGBl. | Reichsgesetzblatt |
| RiStBV | Richtlinien für das Straf- und Bußgeldverfahren |
| RKG | Reichsknappschaftsgesetz |
| RPflG | Rechtspflegergesetz |
| RRG | Rentenreformgesetz 1992 |
| Rspr. | Rechtsprechung |
| RÜG | Rentenüberleitungsgesetz |
| RuStAG | Reichs- und Staatsangehörigkeitsgesetz |
| RV | Rundverfügung |
| RVO | Reichsversicherungsordnung |
| Rz(Rn) | Randziffer(-note) |
| s. a. | siehe auch |
| ScheckG | Scheckgesetz |
| Schr. | Schrifttum |
| SchwbG | Schwerbehindertengesetz |
| SeemG | Seemannsgesetz |
| SGB | Sozialgesetzbuch (I., III., IV., V., VI., VIII., X., XI. Buch) |
| SGG | Sozialgerichtsgesetz |
| SH(G) | Sozialhilfe(gesetz) |
| SpuRt | Zeitschrift für Sport und Recht |
| SRÜ | Seerechtsübereinkommen |
| StA | Staatsanwalt, Staatsanwaltschaft |
| StÄG | Strafverfahrensänderungsgesetz |
| StGB | Strafgesetzbuch |
| Stpfl. | Steuerpflichtiger |
| StPO | Strafprozeßordnung |
| StrÄndG | Strafrechtsänderungsgesetz |
| st. Rspr. | ständige Rechtsprechung |
| str. | streitig |
| StRG | Strafrechtsreformgesetz |
| StVG | Straßenverkehrsgesetz |
| StVO | Straßenverkehrs-Ordnung |
| StVZO | Straßenverkehrs-Zulassungs-Ordnung |
| SVG | Soldatenversorgungsgesetz |
| StVollstrO | Strafvollstreckungsordnung |

StVollzG . . . . . . . . . Strafvollzugsgesetz
SVWO . . . . . . . . . . Wahlordnung für die Sozialversicherung

TKG. . . . . . . . . . . . Telekommunikationsgesetz
TPG . . . . . . . . . . . . Transplantationsgesetz
TVG. . . . . . . . . . . . Tarifvertragsgesetz

u. a. m. . . . . . . . . . . und anderes mehr
UmstG . . . . . . . . . . Umstellungsgesetz
UrhG . . . . . . . . . . . Urheberrechtsgesetz
UStDV . . . . . . . . . . Umsatzsteuer-Durchführungsverordnung
UStG . . . . . . . . . . . Umsatzsteuergesetz
u. U. . . . . . . . . . . . . unter Umständen
UWG . . . . . . . . . . . Gesetz gegen den unlauteren Wettbewerb

VAG . . . . . . . . . . . . Versicherungsaufsichtsgesetz
VermBG . . . . . . . . . Vermögensbildungsgesetz
VermG . . . . . . . . . . Gesetz zur Regelung offener Vermögensfragen
VersG . . . . . . . . . . . Versammlungsgesetz
VGH. . . . . . . . . . . . Verwaltungsgerichtshof
VO . . . . . . . . . . . . . Verordnung (Rechtsverordnung)
VOB . . . . . . . . . . . . Verdingungsordnung für Bauleistungen
VOBl. . . . . . . . . . . . Verordnungsblatt
VVG . . . . . . . . . . . . Gesetz über den Versicherungsvertrag
VwGO . . . . . . . . . . Verwaltungsgerichtsordnung
VwVfG. . . . . . . . . . Verwaltungsverfahrensgesetz
VwVG . . . . . . . . . . Verwaltungs-Vollstreckungsgesetz
VwZG . . . . . . . . . . Verwaltungszustellungsgesetz

WA. . . . . . . . . . . . . Washingtoner Abkommen
WaffG . . . . . . . . . . Waffengesetz
WEG . . . . . . . . . . . Wohnungseigentumsgesetz
WG . . . . . . . . . . . . Wechselgesetz
WiStG . . . . . . . . . . Wirtschaftsstrafgesetz
WM . . . . . . . . . . . . Wertpapier-Mitteilungen (Teil IV)
WoPG. . . . . . . . . . . Wohnungsbauprämiengesetz
WStG . . . . . . . . . . . Wehrstrafgesetz
WV. . . . . . . . . . . . . Weimarer Verfassung (Verfassung des Deutschen Reiches vom 11. August 1919)

ZG . . . . . . . . . . . . . Zollgesetz
ZGB . . . . . . . . . . . . Zivilgesetzbuch der Deutschen Demokratischen Republik
ZK . . . . . . . . . . . . . Zollkodex der EG
ZPO. . . . . . . . . . . . Zivilprozeßordnung
ZRP . . . . . . . . . . . . Zeitschrift für Rechtspolitik
ZSEG . . . . . . . . . . . Gesetz über die Entschädigung von Zeugen und Sachverständigen
zw. . . . . . . . . . . . . . zweifelhaft
ZVG. . . . . . . . . . . . Gesetz über die Zwangsversteigerung und die Zwangsverwaltung

# A

**Abänderungsklage** (§ 323 ZPO) ist eine → Klage, durch die ein → Vollstreckungstitel über künftig fällig werdende wiederkehrende Leistungen (§ 258 ZPO; insbes. Unterhaltsrenten) abgeändert werden soll, weil die zugrundegelegten tatsächlichen Verhältnisse, z. B. der Lebenshaltungsindex, sich wesentlich geändert haben. Sie kann vom Gläubiger oder Schuldner des Vollstreckungstitels erhoben werden, führt aber nur zur Abänderung nach → Klageerhebung und beseitigt insoweit die → Rechtskraft. Besonderheiten gelten für Titel, die sich auf die Unterhaltspflicht gegenüber minderjährigen Kindern beziehen (→ Unterhaltsprozeß, → Unterhaltspflicht unter Verwandten).

**Abänderungskündigung** → Änderungskündigung.

**Abänderungsvertrag** → Vertrag (V).

**Abandon** (franz.). In gewissen Fällen kann der Schuldner durch Herausgabe eines Gegenstands (Sache oder Recht) bewirken, daß er wegen seiner Schuld nicht länger in Anspruch genommen, also von dieser befreit wird. A.rechte finden sich vor allem im Handelsrecht. So kann der Gesellschafter einer → Gesellschaft mit beschränkter Haftung eine etwa vereinbarte Nachschußpflicht auf die bereits geleistete Einlage dadurch von sich abwenden, daß er seinen Geschäftsanteil der Gesellschaft zur Verfügung stellt (§ 27 GmbHG). A. ist ferner die Aufgabe eines → Schiffsparts durch einen überstimmten Mitreeder zur Befreiung von beschlossenen Leistungen (§ 501 HGB), in der Seetransportversicherung die Abtretung des verschollenen versicherten Gutes an den Versicherer gegen Zahlung der Versicherungssumme, in der Transportversicherung allgemein durch Zahlung der Versicherungssumme (§ 145 VVG) sowie im Seefrachtrecht die Aufgabe des beschädigten Frachtgutes gegen Befreiung von der Frachtzahlung. Ähnliche Wirkung hat bei → Beschränkung der Erbenhaftung (Dürftigkeitseinrede) oder Vermögensübernahme die Herausgabe der übernommenen Gegenstände an die Gläubiger zur Befriedigung im Wege der Zwangsvollstreckung; der Rückgriff auf das Privatvermögen ist dann ausgeschlossen (§ 1990 I 2 BGB).

**Abberufung des Aufsichtsrats oder Vorstands** → Aktiengesellschaft, → Aufsichtsrat, → Genossenschaft, → Verein.

**Abberufung von Diplomaten.** Wird der Chef einer ständigen diplomatischen Vertretung (→ Diplomat) wegen beabsichtigter anderweitiger Verwendung oder wegen Eintritts in den Ruhestand von seinem Heimatstaat abberufen, so erhält er von diesem ein Abberufungsschreiben (lettre de rappel), das er dem Staatsoberhaupt oder dem Außenminister des Empfangsstaates überreicht. Dieser erwidert es mit dem sog. Rekreditiv (lettre de recréance), in dem das Abberufungsschreiben bestätigt und i. d. R. die Tätigkeit des Diplomaten anerkennend gewürdigt wird. Hat die Abberufung ihren Grund in einem Konflikt zwischen Entsendestaat und Empfangsstaat (Kriegsausbruch, Abbruch der → diplomatischen Beziehungen) oder in einem Konflikt des Diplomaten mit dem Empfangsstaat, sei es, daß sich der Diplomat in seinen Rechten verletzt fühlt, sei es daß er vom Empfangsstaat zur → persona non grata erklärt wird, so gilt ein vereinfachtes Verfahren: der Diplomat fordert seine Pässe oder erhält diese vom Empfangsstaat zugestellt.

**Abbiegen im Straßenverkehr.** Die Absicht des A. ist unter Benutzung des Fahrtrichtungsanzeigers so rechtzeitig anzukündigen, daß andere Verkehrsteilnehmer sich darauf einstellen können. Wer rechts abbiegen will, hat sich möglichst weit rechts, wer links abbiegen will, zur Mitte der Fahrbahn einzuordnen (ausgenommen Radfahrer, die die Fahrbahn hinter der Kreuzung vom rechten Fahrbahnrand aus überqueren dürfen, erforderlichenfalls dabei aber absteigen müssen, vgl. § 9 II StVO); er darf aber keine Schienenfahrzeuge behindern. Auf den nachfolgenden Verkehr ist stets zu achten. Entgegenkommende Fz. haben → Vorfahrt, ebenso Schienenfz. und Radfahrer, wenn sie in gleicher Richtung fahren. Auf Fußgänger ist besonders Rücksicht zu nehmen; notfalls ist zu halten. Radfahrer müssen beim A. an der rechten Seite der in gleicher Richtung abbiegenden Kfz bleiben, wenn dort ausreichender Raum vorhanden ist (§ 9 StVO). Einander entgegenkommende Fz., die jeweils links abbiegen wollen, müssen grundsätzlich voreinander abbiegen. Durch weiße Richtungspfeile auf blauem Schild kann A. in bestimmter Richtung (geradeaus, rechts, links) vorgeschrieben sein und ist dann in anderer Richtung verboten. S. a. → abknickende Vorfahrt.

**Abblenden** ist für Kfz im Straßenverkehr vorgeschrieben, wenn es die Sicherheit des Verkehrs auf oder neben der Straße, insbes. die Rücksicht auf entgegenkommende oder in geringem Abstand vorausfahrende Fahrzeuge erfordert. Auch Radfahrer auf Radfahrwegen und Fahrer von Schienenfahrzeugen dürfen nicht geblendet werden, ebensowenig Fußgänger in Verbänden (einzelne bei Gefährdung). Geboten ist rechtzeitiges A., d.h. so frühzeitig, daß der andere Verkehrsteilnehmer nicht gefährdet wird. Nach A. muß die Geschwindigkeit der verminderten Sichtweite angepaßt werden (§ 17 II StVO). Über Abblendlicht vgl. § 50 VI StVZO. Kraftradfahrer müssen auch am Tage mit Abblendlicht fahren (§ 17 II a StVO).

**Abbruch der diplomatischen Beziehungen** → diplomatische Beziehungen, → Diplomat.

**Abbruch der Schwangerschaft** → Schwangerschaftsabbruch.

**Abbruchgebot** → Baugebot.

**Abbuchungsverfahren** → Lastschriftverfahren.

**ABC-Geschäft** → Teilzahlungskredite.

**ABC-Waffen,** d.s. atomare, biologische (bakteriologische) und chemische Waffen und Kampfmittel, sind einer umfassenden völkerrechtlichen Rüstungskontrolle noch nicht unterstellt. Doch bestehen multilaterale Vereinbarungen auf Einzelgebieten, z. B. der Teststopvertrag vom 10. 10. 1963 (nicht China und Frankreich), der Weltraumvertrag (in Kraft getreten am 10. 10. 1967), der → Atomwaffensperrvertrag, der Meeresbodenvertrag (in Kraft getreten am 18. 5. 1972, bisher 52 Vertragsparteien) und das B-Waffen-Übereinkommen vom 10. 4. 1972 (Ges. vom 21. 2. 1983, BGBl. II 132). Ferner bestehen gegenständlich beschränkte bilaterale Vereinbarungen zwischen den USA und der Sowjetunion, z. B. der SALT-ABM-Vertrag vom 26. 5. 1972. Die BRep. hat 1954 bei ihrem Eintritt in die Westeuropäische Union (→ Brüsseler Vertrag) auf die Herstellung von Massenvernichtungsmitteln verzichtet und stellt diese im Gesetz über die Kontrolle von → Kriegswaffen i. d. F. vom 22. 11. 1990 (BGBl. I 2506) unter Strafe. Mit dem „Ausführungsgesetz zu dem Übereinkommen vom 13. 1. 1993 über das Verbot der Entwicklung, Herstellung, Lagerung und des Einsatzes chemischer Waffen und über die Vernichtung solcher Waffen" vom 2. 8. 1994 (BGBl. I 1954) werden über das Ges. vom 22. 11. 1990 hinaus zahlreiche Ermächtigungen der Bundesregierung für Rechtsverordnungen geschaffen, mit denen insbes. das umfassende Verifikationssystem des Übereinkommens verwirklicht werden soll; das Ges. tritt am Tage des Inkrafttretens des Übereinkommens in Kraft.

**Abdeckerei** → Tierkörperbeseitigung.

**Abdikation** ist der förmliche Verzicht des Staatsoberhaupts, insbes. des Monarchen (Thronverzicht), auf seine staatliche Stellung.

**Abdingbar** nennt man solche gesetzlichen oder anderen Rechtsnormen, von denen durch Vereinbarung der Beteiligten abgewichen werden kann, insbes. bei einem → Vertrag (Vertragsfreiheit). Unabdingbar sind sog. zwingende Rechtsvorschriften, ferner beim → Tarifvertrag zugunsten der Arbeitnehmer die unmittelbar auf das Einzelarbeitsverhältnis wirkenden Normen (z. B. über Lohnhöhe; anders → übertarifliche Zulagen).

**Aberkennung (Verlust) von Rechten und Fähigkeiten.** Die Verurteilung zu mindestens 1 Jahr Freiheitsstrafe wegen eines → Verbrechens hat kraft Gesetzes für die Dauer von 5 Jahren die *Amtsunfähigkeit* und den Verlust des *passiven Wahlrechts* zur Folge; gleichzeitig verliert der Verurteilte entsprechende Rechtsstellungen, die er bereits erlangt hat (§ 45 I, III, IV StGB). Ferner kann, soweit ein Strafgesetz dies besonders vorsieht, das Gericht einem Verurteilten diese Rechte und Fähigkeiten sowie das *aktive Wahlrecht* für 2–5 Jahre im Einzelfall aberkennen (§ 45 II, V StGB). Der Rechtsverlust beginnt mit Rechtskraft des Urteils, jedoch erst nach Verbüßung, Erlaß oder Verjährung der Freiheitsstrafe und ggf. Erledigung einer → Maßregel der Besserung und Sicherung. Nach Ablauf der Hälfte der Frist kann das Gericht die verlorenen Rechte und Fähigkeiten wiederverleihen, wenn erneute Straffälligkeit wegen vorsätzlicher Taten nicht zu erwarten ist (§§ 45 a, b StGB).

**Aberkennung der Staatsangehörigkeit** → Staatsangehörigkeit.

**aberratio ictus** = Fehlgehen der Tat; so wenn der Straftäter statt des vorgesehenen Tatobjekts versehentlich ein anderes trifft (A will B erschießen, trifft aber C: versuchte Tötung des B in → Tateinheit mit fahrlässiger Tötung des C). Hat der Täter lediglich den Gegenstand der Tat mit einem anderen verwechselt, so liegt keine a.i., sondern *error in obiecto* od. *persona* (→ Irrtum 2) vor; er ist bei Gleichwertigkeit des bedrohten und des verletzten Rechtsgutes strafrechtlich unerheblich (A tötet C, den er irrtümlich für B hält).

**Abfälle.** 1. Das (bisher im Abfallgesetz vom 27. 8. 1986, BGBl. I 1410, m. Änd. geregelte) Abfallrecht ist mit zum Teil neuen Prinzipien in dem am 1. 1. 1996 in Kraft getretenen Gesetz zur Förderung der Kreislaufwirtschaft und Sicherung der umweltverträglichen Beseitigung von Abfällen – Kreislaufwirtschafts- und Abfallgesetz – KrW/AbfG – vom 27. 9. 1994 (BGBl. I 2705) geregelt. Ausgenommen vom Anwendungsbereich des sonst umfassend geltenden Gesetzes sind u. a. die Tierkörperbeseitigung, die Bereiche Atomrecht und Strahlenschutz und der Bereich der Kampfmittel (Näheres § 2 Abs. 2). Zweck des Gesetzes ist die Förderung der Kreislaufwirtschaft und die Sicherung einer umweltfreundlichen Beseitigung von Abfällen (§ 1). Abfälle im Sinne des Gesetzes sind bewegliche Sachen, deren sich ihr Besitzer entledigt, entledigen will oder entledigen muß (§ 3). Das Gesetz regelt im einzelnen Grundsätze und Pflichten (s. u. 2.) und Produktverantwortung (3.), ferner → Abfallverbrennung, → Abfallbeseitigungsanlagen, → Abfallüberwachung, → Kreislaufwirtschaft sowie den → Betriebsbeauftragten für Abfall.

2. Im einzelnen sind geregelt die Grundpflichten der Anlagenbetreiber, § 9, die Grundsätze für eine gemeinwohlverträgliche Beseitigung, § 10, sowie die in diesem Zusammenhang bestehenden oder begründbaren Verpflichtungen. Überlassungs- und Duldungsverpflichtungen sollen gewährleisten, daß Verbleib und Entsorgung von A. einer praktisch lückenlosen Kontrolle unterliegen, vor allem §§ 13, 14, s. a. → Abfallüberwachung.

3. Unter dem Gesichtspunkt der Produktverantwortung regelt das Gesetz umfassende Verpflichtungen der Hersteller, die darauf hinzielen, Abfälle zu vermeiden oder möglichst unschädliche Abfälle anfallen zu lassen, in diesem Zusammenhang u. a. Verordnungsermächtigungen für die Begründung von Rückgabesystemen, Mehrwegverpakkungen u. dergleichen (§§ 23, 24). Verstöße gegen das Gesetz sind durchweg als Ordnungswidrigkeiten mit Bußgeld bedroht, wegen Straftaten vgl. § 326 StGB. An abfallrechtlichen Durchführungsvorschriften sind zu nennen die VOen betr. A.-einfuhr vom 29. 7. 1974 (BGBl. I 1584), A.-bestimmung sowie Reststoffbestimmung und -überwachung, sämtl. vom 30. 4. 1990 (BGBl. I 614, 631, 648), den Betriebsbeauftragten für A. vom 26. 10. 1977 (BGBl. I 1913) und Klärschlamm vom 15. 4. 1992 (BGBl. I 912); s. a. die VO über grenzüberschreitende A.-verbringung vom 18. 11. 1988 (BGBl. I 2126) und die VO über die Beförderung gefährlicher A. mit Seeschiffen vom 7. 11. 1988 (BGBl. I 2106) sowie das Ausführungsgesetz zum Basler Übereinkommen vom 30. 9. 1994 (BGBl. I 2771). S. a.

→ Altöl, → Umweltschutz, → Umweltkriminalität. Sonderregelungen für das Gebiet der ehem. DDR enthalten u. a. § 9 a (nachträgliche Anordnungen für bestehende Einrichtungen) und § 10 a (Stillegung bestehender Anlagen) AbfG, s. a. die VO über Abfallwirtschaftskonzepte und Abfallbilanzen vom 13. 9. 1996 (BGBl. I 1447); ber. 20. 11. 1997 (BGBl. I 2862).

**Abfärbetheorie.** Betätigt sich eine → Personengesellschaft freiberuflich (z. B. → Sozietät) oder vermögensverwaltend (→ Vermögensverwaltung, steuerlich; z. B. → Immobilienfonds oder → Kapitalanlagegesellschaft) und zugleich gewerblich (z. B. als → Makler), wobei auf den einzelnen Gesellschafter abzustellen ist, so erzielt die Gesellschaft im ganzen gewerbliche → Einkünfte (§ 15 III Nr. 1 EStG; Beispiel: Getränkeverkauf in einer Tanzschule). Die einheitliche Beurteilung (Abfärbung) und damit Gewerbesteuer lassen sich durch Ausgliederung der gewerblichen Tätigkeit vermeiden. → Betriebsaufspaltung; → Zebragesellschaft.

**Abfallbeseitigungsanlage.** Einrichtung, Betrieb und wesentliche Änderung einer A. bedürfen der → Planfeststellung durch die zuständige Behörde (§ 31 KrW-/AbfG; → Abfälle). Für unbedeutende Einrichtungen ist lediglich eine Genehmigung erforderlich. Zulassung zum vorzeitigen Beginn ist möglich (§ 33). Der Betreiber hat auf Verlangen Sicherheit für Gefahren zu leisten (§ 32). Die Stillegung ist anzuzeigen. A. unterliegen besonderen Anzeigepflichten und einer behördlichen Überwachung, das gilt auch für Altanlagen (§ 35). Für die Anlagen sind ein oder mehrere Betriebsbeauftragte zu bestellen (Aufgaben und Stellung ähnlich wie beim → Immissionsschutzbeauftragten; s. a. → Betriebsbeauftragter für Abfall, → Entsorgungsfachbehörde).

**Abfallrückführung, Solidarfonds A.** Der Solidarfonds A. dient der Finanzierung der Rückführung unerlaubt ausgeführter Abfälle. Er ist eine Anstalt des öffentlichen Rechts, wegen Einzelheiten vgl. die VO vom 20. 5. 1996 (BGBl. I 694).

**Abfallüberwachung.** Das System der A. soll sicherstellen, daß → Abfälle in dem gebotenen Umfang ständig unter öffentlicher Kontrolle sind. Dem dienen im einzelnen die §§ 40 bis 52 KrW-/AbfG. Vorgesehen sind im einzelnen verschiedene Nachweisverfahren über Verbleib, Verwertung und Beseitigung von Abfall, Transportgenehmigungen, § 49, und Genehmigungen für Vermittlungsgeschäfte, § 50; s. a. → Abfallvermittlung. Einzelheiten regeln die VOen über überwachungsbedürftige Abfälle sowie besonders überwachungsbedürftige Abfälle vom 10. 9. 1996 (BGBl. I 1366, 1377) mit umfangreichen Verzeichnissen der betreffenden Gegenstände in Anlage 1 u 2. Überwachungsbedürftige Abfälle unterliegen besonderen Nachweisverpflichtungen über Verbleib und ordnungsgemäße Entsorgung. Regelungen insoweit enthält die NachweisVO vom 10. 9. 1996 (BGBl. I 1382); ber. 20. 11. 1997 (BGBl. I 2860). S. ferner die ReststoffüberwachungsVO. Den Transport von A. regelt die TransportgenehmigungsVO vom 10. 9. 1996 (BGBl. I 1411); ber. 20. 11. 1997 (BGBl. I 2861). Dort sind u. a. die Anforderungen an Zuverlässigkeit und Sachkunde der verantwortlichen Personen sowie des anderen Personals sowie Vorschriften über die Transportgenehmigung geregelt.

**Abfallverantwortlicher.** Ähnlich den Umweltverantwortlichen muß der zuständigen Behörde der Angehörige der Geschäftsleitung („Abfalldirektor") benannt werden, der für Abfälle verantwortlich ist (§ 53 KrW-/AbfG → Abfälle). Die Vorschrift dient im wesentlichen dazu, eine persönliche straf- und bußgeldrechtliche Verantwortung für einen Angehörigen der Geschäftsleitung zu begründen.

**Abfallverbrennung.** Die Anforderungen an Anlagen zur A. regelt die aufgrund des BImSchG (→ Immissionsschutz, öffentlich-rechtlich) erlassene VO vom 23. 11. 1990 (BGBl. I 2545), u. a. technische Konstruktion, Emissionswerte, Vorschriften für Rückstände (Reststoffe), Meßvorschriften (§§ 9–15), Behandlung von Störungen (§ 16), Übergangsvorschriften für Altanlagen (§ 17), ferner im Anhang Bestimmungen über Dioxine und Furane.

**Abfallvermeidung** ist das vorrangige Ziel der Abfallpolitik; vgl. im einzelnen → Abfälle.

**Abfallvermittlung.** Der gewerbsmäßige Betrieb der A. ist genehmigungsbedürftig. Die Genehmigung kann bei fehlender → Zuverlässigkeit versagt werden. Sie kann auch inhaltlich beschränkt und mit Auflagen verbunden werden.

**Abfertigungsspediteur** → Spediteur.

**Abfindung** ist eine einmalige (meist Geld-) Leistung zur Ablösung von Rechtsansprüchen.

1. Im *Privatrecht* z. B. beim Ausscheiden aus einer → Gesellschaft im Wege der Auseinandersetzung (→ Liquidation, → Abfindungsguthaben, → Höfeordnung, → Erbverzicht); zur A. wegen des Unterhaltsanspruchs → Unterhaltspflicht bei nicht miteinander verheirateten Eltern, → Ehescheidung (4, 5).

2. Im *Arbeitsrecht* → Kündigungsschutz für Arbeitnehmer, Sozialplan.

3. *Öffentlicher Dienst.* Zur Witwen-A. bei Wiederverheiratung einer Beamtenwitwe → Witwengeld. *Soldaten* im Ruhestand kann auf Antrag für einen Teil des Ruhegehalts nach Maßgabe der §§ 28 ff. SoldatenversorgungsG für bestimmte Zwecke (Schaffung einer Existenzgrundlage, Erwerb von Grundbesitz, Beschaffung einer Wohnstätte u. dgl.) eine Kapital-A. gewährt werden.

4. In der → Sozialversicherung können die Ansprüche des Berechtigten in folgenden Fällen durch einmalige Zahlung abgefunden werden: In der → Unfallversicherung bei vorläufigen Renten und bei kleinen Dauerrenten von weniger als 40 v.H.; bei höheren Dauerrenten auf Antrag des Versicherten, wenn dieser das 18. Lebensjahr vollendet hat und nicht zu erwarten ist, daß die Minderung der Erwerbsfähigkeit wesentlich sinkt, bei Wiederverheiratung der Witwe (des Witwers); §§ 75 bis 80 SGB VII (wegen A. bei Auslandsaufenthalt → Auslandsrenten). In der → Rentenversicherung für Bezieher von Witwen(Witwer)rente, wenn sie wieder heiraten, und zwar in Höhe des 2fachen Jahresbetrages. Bei Auflösung der Ehe des Abgefundenen lebt sein Rentenanspruch auf Antrag wieder auf; §§ 90, 107 SGB VI.

5. Auch Ansprüche von Kriegs- und Wehrdienstopfern auf Beschädigtenrente können durch einmalige Zahlung der für einen Zeitraum von 10 Jahren zustehenden Grundrente abgefunden werden. A.summe ist das 9fache des Jahresbetrages; §§ 72 ff. BVG. Dies gilt auch für Witwen mit Anspruch auf Rente oder Witwenbeihilfe und für Ehegatten Verschollener. A. erhält ferner eine Witwe statt Rente oder Witwenbeihilfe, wenn sie wieder heiratet, und zwar den 50fachen Betrag der monatlichen Grundrente. §§ 40, 44 BVG.

6. Im *Steuerrecht* sind Abfindungen wegen einer vom Arbeitgeber veranlaßten oder gerichtlich ausgesprochenen Auflösung des Dienstverhältnisses steuerfrei, höchstens jedoch 24 000 DM. Hat der Arbeitnehmer das 50. Lebensjahr vollendet und hat das Dienstverhältnis mindestens 15 Jahre bestanden, so beträgt der Höchstbetrag 30 000 DM, hat der Arbeitnehmer das 55. Lebensjahr vollendet und hat das Dienstverhältnis mindestens 20 Jahre bestanden, so beträgt der Höchstbetrag 36 000 DM (§ 3 Nr. 9 EStG). Darüber hinausgehende Beträge bis höchstens 15 Mio DM werden mit dem halben Steuersatz besteuert (§§ 24 Nr. 1, 34 EStG). → Kapitalabfindungen.

**Abfindungsguthaben** nennt man den Anspruch eines Gesellschafters, den dieser nach § 738 BGB gegen die anderen Gesellschafter hat, wenn er aus der → Gesellschaft bürgerlichen Rechts, → Offenen Handelsgesellschaft oder → Kommanditgesellschaft ausscheidet. Das A. ist ein Geldanspruch und der Ausgleich dafür, daß der Gesellschaftsanteil des ausscheidenden Gesellschafters den anderen Gesellschaftern anwächst (→ Anwachsung). Ferner entsteht ein A., wenn bei einer aus zwei Personen bestehenden Gesellschaft – sog. zweigliedrige Gesellschaft – der eine Gesellschafter den Anteil des anderen übernimmt und auf diese Weise die Gesellschaft aufgelöst wird. Das A. besteht in der Höhe des wirklichen Wertes des Gesellschaftsanteils (zur Abschichtungsbilanz → Gesellschaft des bürgerlichen Rechts), und zwar grundsätzlich am Tag des Ausscheidens, im Falle gerichtlicher Entscheidung am Tag der Klageerhebung. Die Gesellschafter können sich über die Höhe des A. einigen oder einen Schiedsgutachter bestellen (→ Schiedsgutachtervertrag). Kommt keine Einigung zustande, wird die Höhe des A. durch das Gericht im → Zivilprozeß festgestellt.

**Abflußprinzip** → Zufluß-/Abflußprinzip.

**Abgaben** *(öffentliche)* ist der Sammelbegriff für alle Geldleistungen, die der Bürger kraft öffentlichen Rechts an den Staat oder an sonstige → Körperschaften des öffentlichen Rechts abzuführen hat. Die Einnahmen der öffentlich-rechtlichen Gemeinwesen sind zum geringeren Teil privatwirtschaftliche, d.h. auf privatrechtlicher Grundlage beruhende, in der Hauptsache staatswirtschaftliche, d.h. öffentlich-rechtlich geregelte Geldleistungen, die durch Gesetzeszwang zum Zwecke der Erzielung von Einnahmen denjenigen auferlegt sind, die einen bestimmten gesetzlichen Tatbestand erfüllen. Nur diese Leistungen fallen unter den Begriff der ö.A. Dazu gehören insbes. *Steuern* und *Zölle;* sie werden dem Bürger auferlegt, ohne daß sie eine Gegenleistung für eine bestimmte Leistung des öffentlichen Gemeinwesens darstellen. Ferner gehören zu den ö.A. *Gebühren* und *Beiträge,* die beide im Hinblick auf besondere Gegenleistungen – denen sie entsprechen sollen (Äquivalenzprinzip) – zu entrichten sind. Gebühren sind gesetzlich geregelte Entgelte für eine besondere Inanspruchnahme der Verwaltung (Benutzungsgebühren und Verwaltungsgebühren, z. B. für Unterschriftsbeglaubigung). Beiträge sind für die Möglichkeit der Benutzung besonderer öffentlicher Einrichtungen zu entrichten. Als Beiträge werden auch die Zahlungen an die Träger der → Sozialversicherung bezeichnet. Endlich gehören zu den ö.A. noch die *Sonderabgaben,* d.h. Leistungen, die – meist wirtschaftspolitischer Natur – dem Ausgleich von Vor- und Nachteilen zwischen den Bürgern dienen sollen; darunter fallen insbes. die Abgaben für den → Lastenausgleich (Ausgleich der unterschiedlichen Schädigung durch die Kriegsereignisse). Das BVerfG legt im Urt. vom 10. 12. 1980 zum Ausbildungsplatzförderungsgesetz (BVerfGE 55, 274) enge Zulässigkeitsvoraussetzungen für Sonderabgaben fest (insbes.: Homogene Gruppe, Sachnähe zwischen Abgabepflichtigen und Abgabenzweck, „Gruppenverantwortung" für die Erfüllung der zu finanzierenden Aufgabe; sachgerechte Verknüpfung durch „gruppennützige" Verwendung des Abgabeaufkommens; ständige Überprüfung dieser Voraussetzungen durch Gesetzgeber). Neuerdings hat das BVerfG den Begriff Sonderabgaben noch näher bestimmt (Urt. v. 6. 11. 1984 zum InvestitionshilfeG, BVerfGE 67, 256). S. a. → Kommunalabgaben, → Kohlepfennig.

**Abgabenordnung.** Die Abgabenordnung vom 16. 3. 1976 (BGBl. I 613) m. Änd. (zuletzt BGBl. I 1997, 3039) enthält neben allgemeinen Vorschriften (Begriffsbestimmungen, → Zuständigkeit der Finanzbehörden, → Steuergeheimnis u. a.) die Regelung des → Steuerschuldrechts, ferner allgemeine Verfahrensvorschriften sowie Bestimmungen über das → Besteuerungsverfahren (→ Steuerbescheid), das Erhebungsverfahren, die → Vollstrekkung von Abgabenforderungen, das → außergerichtliche Rechtsbehelfsverfahren, endlich (materielle und formelle) Straf- und Bußgeldvorschriften. Dagegen ist das gerichtliche Rechtsbehelfsverfahren in der → Finanzgerichtsordnung vom 6. 10. 1965 (BGBl. I 1477) geregelt. Vgl. Anwendungserlaß zur AO (AEAO) vom 15. 7. 1998, BStBl. I 630. Für das Zollrecht gelten unmittelbar die Straf- und Bußgeldvorschriften der AO sowie die Vollstrekkungsvorschriften. Im übrigen gilt die AO neben dem → Zollkodex nur subsidiär (str.).

**Abgabenüberhebung** → Gebührenüberhebung.

**Abgasuntersuchung** → Überwachung von Kraftfahrzeugen.

**Abgasverhalten** der Kraftfahrzeuge. Im Interesse des → Umweltschutzes bestehen angesichts des Verkehrswachstums zur Verringerung der Emissionen von umweltschädlichen Stickoxiden, Kohlenmonoxiden und Kohlenwasserstoffen in § 47 StVZO und den darin genannten EG-Richtlinien umfangreiche Vorschriften über A., Anforderungen an den Kraftstoff und Emission verunreinigender Stoffe. Das A. wird regelmäßig durch eine Abgasuntersuchung geprüft (→ Überwachung von Kfz und Kraftfahrern).

**Abgeltung von Urlaub** → Urlaubsabgeltung.

**Abgeordnete** sind die Mitglieder des → Bundestages und der → Parlamente der → Länder. Sie werden in allgemeiner, unmittelbarer, freier, gleicher und geheimer → Wahl gewählt und können während der → Wahlperiode weder von den Wählern noch von ihrer Partei abberufen werden. Sie sind nach dem GG und den Verfassungen der Länder Vertreter des ganzen Volkes („repräsentative Demokratie"), bei Ausübung ihres Mandats an Aufträge und Weisungen nicht gebunden und nur ihrem Gewissen unterworfen (→ Mandat des A.). Die A. genießen → Indemnität und → Immunität. Umstritten und nur in einzelnen Verfassungen geregelt ist die Vereinbarkeit der gleichzeitigen Ausübung von Abgeordnetenmandat und öffentlichem Amt (vgl. Inkompatibilität). Erwerb und Verlust der Mitgliedschaft im BT bestimmen sich nach dem Bundeswahlgesetz i. d. F. vom 23. 7. 1993 (BGBl. I 1282). Grundlegendes zur Stellung des A. brachte das sog. „Diätenurteil" des BVerfG vom 5. 11. 1975 (BVerfGE 40, 296, → Diäten). Die Rechtsverhältnisse der Mitglieder des BT sind im Abgeordnetengesetz (AbgG) i. d. F. v. 21. 2. 1996 (BGBl. I 326) geregelt, insbes. der Schutz der Mandatsausübung (Verbot der Behinderung bei der Bewerbung, Annahme und Ausübung; keine Benachteiligungen am Arbeitsplatz, Kündigungsschutz), der Wahlvorbereitungsurlaub (bis zu 2 Mon., aber kein Anspruch auf Fortzahlung der Bezüge) und den Inhalt von „Verhaltensregeln" (§ 44 a II; z. B. Anzeige von Beruf und Interessenverknüpfungen, Unzulässigkeit der Annahme bestimmter Zuwendungen; für A. eines Landtags s. z. B. „Verhaltensregeln für die Mitglieder des Bayerischen Landtags" vom 9. 12. 1993, GVBl. 1994, 15). Die Rechte und Pflichten eines in den BT gewählten Beamten, Richters oder Soldaten ruhen; nach Beendigung des Mandats hat er Anspruch auf gleichwertige Wiederverwendung. Für den ihnen entstehenden Aufwand erhalten die A. Entschädigung (→ „Diäten"). In den Ländern gelten entsprechende Regelungen für die A. der Landtage usw. (vgl. z. B. Bayer. A.gesetz i. d. F. vom 6. 3. 1996, GVBl. 82; Thüringer A.gesetz i. d. F. vom 28. 2. 1995, GVBl. 121). Zur *Besteuerung* → Diäten. Die in andere Vertretungskörperschaften (z. B. → Kreistag, → Gemeinderat) Gewählten werden, auch wenn diese Organe Aufgaben der regionalen oder kommunalen Gesetzgebung (im materiellen Sinne) wahrnehmen, nicht als A. bezeichnet (sondern z. B. als Kreisverordnete, Gemeinderäte, Stadträte).

**Abgeordnetenbestechung.** Wer es unternimmt, für eine Wahl oder Abstimmung im Europ. Parlament oder in einer Volksvertretung im Bundesgebiet eine Stimme zu kaufen oder zu verkaufen, wird mit Freiheitsstrafe bis zu 5 Jahren oder Geldstrafe bestraft (§ 108 e StGB). Neben einer Freiheitsstrafe von mindestens 6 Monaten kann das Gericht die Wählbarkeit und das Stimmrecht aberkennen (→ Aberkennung von Rechten und Fähigkeiten). S. a. → Stimmenkauf, -verkauf.

**Abgeordnetenhaus.** Bezeichnung des Landesparlaments in → Berlin.

**Abgesonderte Befriedigung** → Absonderung.

**Abgeschlossenheitsbescheinigung** nennt man die von der zuständigen Verwaltungsbehörde zu erteilende Bescheinigung, daß eine Wohnung, an der → Wohnungseigentum begründet werden soll, eine abgeschlossene Einheit darstellt. Der langwährende Streit, ob die Erteilung der A. auch voraussetzt, daß die Wohnung den *gegenwärtigen* Bauvorschriften insbes. hinsichtlich Lärm- und Wärmeschutz entspricht, wurde durch den → Gemeinsamen Senat der Obersten Gerichtshöfe des Bundes verneinend entschieden.

**Abgestimmte Verhaltensweisen** → Kartell, Kartellrecht (europ.).

**Abhandenkommen** → gutgläubiger Erwerb.

**Abhängige Unternehmen** → Konzern, → Beherrschungsvertrag.

**Abhängigkeitsverhältnis.** Über Ausnutzung eines A. zu sexuellen Handlungen → sexueller Mißbrauch von

Schutzbefohlenen, → Förderung sexueller Handlungen Minderjähriger (3). Wegen Mißhandlung Abhängiger → Körperverletzung (3). S. ferner → unerlaubte Handlung (2 d).

**Abhilfe** durch das untere Gericht. Wird eine → Entscheidung mit → Beschwerde oder → Erinnerung angefochten, so kann das Rechtspflegeorgan, das die angefochtene Entscheidung erlassen hat, der Beschwerde oder der Erinnerung abhelfen, wenn es sie für begründet hält. Die angefochtene Entscheidung wird antragsgemäß abgeändert; dadurch erübrigt sich die Entscheidung des übergeordneten Gerichts (z. B. § 571 ZPO, § 306 II StPO, § 11 II RPflG). A. gibt es auch im Verwaltungsverfahren (§ 50 VwVfG). Nach § 72 VwGO hat die Verwaltungsbehörde einem → Widerspruch, den sie für begründet hält, abzuhelfen. Entsprechendes gilt im *Steuerrecht* gem. § 172 I Nr. 2 a AO aufgrund → Einspruchs, → Steuerbescheid, → schlichte Änderung, → Finanzgerichtsordnung.

**Abholungsanspruch** → Verfolgungsrecht.

**Abhören** 1. A. des nichtöffentlich gesprochenen, durch Telekommunikation übermittelten Wortes → Abhörverbot, → Brief-, Post- und Fernmeldegeheimnis, → Sendeanlagenmißbrauch, → Tonaufnahme, unzulässige. 2. A. des nichtöffentlich gesprochenen Wortes innerhalb und außerhalb der Wohnung → Datenerhebung und -verarbeitung, → Einsatz technischer Mittel, → nachrichtendienstliche Mittel, → Sendeanlagenmißbrauch, → Tonaufnahme, unzulässige, → Tonbandaufnahmen, → Wohnung, Unverletzlichkeit der –.

**Abhörgeräte** → Abhören, → Sendeanlagenmißbrauch, → Tonaufnahme, unzulässige.

**Abhörgesetz** → Brief-, Post- und Fernmeldegeheimnis (3).

**Abhörverbot.** Das unbefugte → Abhören des nichtöffentlich gesprochenen Wortes ist unabhängig von der Übermittlungsart grundsätzlich verboten und strafbar, insbes. Abhören mit einem Abhörgerät, Aufnahme auf einen Tonträger (→ Tonaufnahme, unzulässige). Das A. gem § 86 TKG, das ebenfalls strafbewehrt ist (§ 92 TKG), erfaßt zusätzlich das Abhören und die Weitergabe von Funkaussendungen, die nicht für den Empfänger bestimmt sind, u. z. sowohl hoheitliche (z. B. Polizeifunk) als auch private (z. B. von schnurlosen Telefonen). Der Empfang von Rundfunk sowie Amateur- und CB-Funk fällt nicht darunter (§ 86 S. 4 TKG).

**Abitur** → Hochschulreife, allgemeine.

**Abknickende Vorfahrt.** Stoßen an einer Straßenkreuzung oder -einmündung mehrere Straßen in entgegengesetzter Richtung aufeinander, so können durch Zusatztafeln an den Verkehrszeichen zwei dieser Straßen entsprechend der Hauptverkehrsrichtung zu einem bevorrechtigten Straßenzug zusammengefaßt werden. Abweichend von § 9 III 1 StVO hat in diesem Fall der Einbiegende die → Vorfahrt gegenüber den ihm aus der gradlinigen Verlängerung entgegenkommenden Fahrzeugen (§ 8 I 2 StVO); er muß jedoch Richtungszeichen geben (BGH NJW 1966, 108).

**Abkommen** → völkerrechtlicher Vertrag, → Verwaltungsabkommen.

**Abkömmlinge** sind die → Kinder und weitere Nachkommen eines Menschen (z. B. Enkel). Der Begriff ist von Bedeutung insbes. im Erbrecht (→ Erbfolge, → Auslegung von Verfügungen von Todes wegen), aber auch im Familienrecht (→ Verwandtschaft, → Abstammung) und Steuerrecht (Vergünstigungen bei der → Erbschaftsteuer).

**Abladen** → Ladegeschäft.

**Ablader** ist bei einem → Seefrachtvertrag, wer im Auftrag des Befrachters das Schiff belädt. Die Haftung des A. ist in den §§ 563 ff. HGB geregelt.

**Ablauf einer Frist** → Frist.

**Ablaufhemmung** → Verjährung (5.).

**Ablehnung** eines Antrags → Vertrag; – einer Leistung → Gläubigerverzug, Gewährleistung; – eines Verwaltungsaktes → Verwaltungsstreitverfahren (1 a); – einer → Vormundschaft s. dort.

**Ablehnung von Amtspersonen.** Liegt im → Verwaltungsverfahren ein Grund vor, der geeignet ist, Mißtrauen gegen eine unparteiische Amtsausübung zu rechtfertigen, oder wird dies von einem Beteiligten behauptet, so ist der Behördenleiter zu unterrichten; er entscheidet, ob sich die Amtsperson der Mitwirkung zu enthalten hat (§ 21 VwVfG; im Besteuerungsverfahren § 83 AO). S. a. → Ausschließung von A.

**Ablehnung von Gerichtspersonen** ist zulässig, wenn sie von der Amtsausübung kraft Gesetzes ausgeschlossen sind (→ Ausschließung) oder wenn die Besorgnis der Befangenheit des Richters besteht, d.h. wenn für einen vernünftig Denkenden Zweifel an seiner Objektivität begründet sind (§ 42 ZPO, § 24 StPO, § 19 BVerfGG, § 54 VwGO, § 51 FGO, § 60 SGG: auch Zugehörigkeit zu einer Körperschaft usw., deren Interessen berührt sind; enger beim BVerfG, NJW 1987, 429). Die A. wegen Besorgnis der Befangenheit erfordert ein Ablehnungsgesuch, das ein besonderes Verfahren einleitet (§§ 44 bis 46 ZPO, §§ 26, 27 StPO; über zeitliche Begrenzung der A. im Strafverfahren → Hauptverhandlung). Es entscheidet das Gericht, aber ohne den abgelehnten Richter (im Strafprozeß darf er bei Verwerfung als *unzulässig* mitwirken). Der dem Ablehnungsgesuch stattgebende Beschluß führt dazu, daß der Richter in dem betreffenden Verfahren vom Richteramt ausgeschlossen ist. Ein Richter kann dies – nach Gehör der Beteiligten – auch selbst herbeiführen, sog. Selbstablehnung (§ 48 ZPO, § 30 StPO). Wie Richter (einschl. der ehrenamtlichen) können auch → Rechtspfleger (§ 10 RPflG), → Urkundsbeamte (§ 49 ZPO, § 31 StPO), → Sachverständige (§ 406 ZPO, § 74 StPO), → Schiedsrichter (§ 1037 ZPO) und Dolmetscher (§ 191 GVG) abgelehnt werden. Ein Recht zur Ablehnung des → Staatsanwalts sieht die StPO nicht vor (s. aber → Ausschließung von G.)

**Ablehnungsanzeige** → Auftrag.

**Ablieferung** einer durch den Gerichtsvollzieher öffentlich versteigerten Sache (§§ 815 ff. ZPO) ist die Übereignung an den Ersteigerer. Sie geschieht durch den Gerichtsvollzieher, der den Staat vertritt, kraft hoheitlicher Gewalt, indem er dem Ersteigerer mit Übereignungswillen den unmittelbaren → Besitz verschafft. Die A. darf nur gegen Barzahlung geschehen. Der A. geht der → Zuschlag voraus (§ 817 ZPO).

**Ablösung von Gebäudeteilen** → unerlaubte Handlung (3 b).

**Ablösungsrecht** *(ius offerendi)*. Betreibt der Gläubiger die → Zwangsvollstreckung in einen dem Schuldner gehörenden Gegenstand, so ist jeder, der Gefahr läuft, ein (dingliches) Recht oder den → Besitz an dem Gegenstand zu verlieren, berechtigt, den Gläubiger zu befriedigen, d.h. die → Leistung an ihn zu erbringen (§ 268 BGB). Besonderheiten sind für das A. des Eigentümers und nachrangiger Drittberechtigter bei der → Hypothek (§§ 1142, 1143, 1150 BGB) und beim → Pfandrecht (§§ 1249, 1223 BGB) vorgesehen. Soweit der Dritte den Gläubiger befriedigt, geht die Forderung mit allen Nebenrechten (z. B. Pfandrecht) auf den Leistenden über (§§ 268 III, 412, 401 BGB, → Abtretung). Der Übergang kann nicht zum Nachteil des Gläubigers geltend gemacht werden, d.h. bei einer Teilablösung hat z. B. der auf den Ablösenden übergegangene Teil der Hypothek den → Rang hinter der noch bestehenden Resthypothek des Gläubigers.

**Ablösungssumme** → Rentenschuld. S. a. → Lösungssumme.

**ABM** → Arbeitsbeschaffung.

**Abmahnung** → Miete (2 b), → unlauterer Wettbewerb, → Kündigung.

**Abmarkung** → Grenzregelung bei Grundstücken.

**Abmeierung** → Meierrecht.

**Abmeldepflicht** (Aufenthalt) → Meldewesen.

**Abmeldung von Kraftfahrzeugen.** Bei nur vorübergehender Stillegung, die zugleich zwecks Befreiung von der Kfz-Steuer und Kfz-Versicherung zulässig ist, genügt Rückgabe des Kfz-Scheins an die Zulassungsbehörde und Entstempelung des Kennzeichens, während der Kfz-Brief dem Inhaber nach Eintragung des Abmeldevermerks belassen wird; die → Zulassung ruht (§§ 27 V, 29 b StVZO). Ist die Stillegung kürzer als 1 Jahr, können die Kosten der A. durch ein Saisonkennzeichen (→ Kennzeichen am Kfz.) vermieden werden, das auch jährlich wiederholt verwendet werden darf. Soll die A. länger als 1 Jahr gelten, ist außer Entstempelung und Rückgabe des Kfz-Scheins auch die des Kfz-Briefes erforderlich, der unbrauchbar gemacht, aber dem Inhaber belassen wird (als Grundlage für eine evtl. Neuzulassung; § 27 V, VII StVZO). Überschreitet die zunächst vorübergehende A. ein Jahr, so gilt das Kfz. als endgültig aus dem Verkehr gezogen; die Zulassung erlischt und wird in den Karteien gelöscht (§ 27 VI 2 StVZO). Bei einem Pkw mit bis zu 3,5 t zulässigem Gesamtgewicht, der endgültig aus dem Verkehr gezogen wird oder als endgültig aus dem Verkehr gezogen gilt, hat der Eigentümer oder Halter der Zulassungsbehörde einen Verwertungsnachweis eines anerkannten Verwertungsbetriebs oder dessen Annahmestelle vorzulegen oder eine Verbleibserklärung abzugeben (§ 27 a StVZO). Damit soll die Prüfung der ordnungsgemäßen Verwertung (→ Altauto) oder Lagerung erleichtert werden.

**Abmusterung** → Musterung der Seeschiffsbesatzung.

**Abnahme** der geschuldeten Leistung → Gläubigerverzug, → Kauf, → Werkvertrag (2, 3); s. a. → Bauabnahme, → Aufmaß.

**Abnahmeverzug** → Gläubigerverzug.

**Abolition** ist die Niederschlagung des Strafverfahrens vor dessen rechtskräftigem Abschluß. Sie ist nicht als Einzelmaßnahme, sondern nur als genereller Gnadenerweis (Straffreiheitsgesetz → Straffreiheit) zulässig. S.a. → Gnadenrecht.

**Abordnung** eines Beamten ist die vorübergehende Übertragung einer dem bisherigen Amt entsprechenden Tätigkeit bei einer anderen Dienststelle unter Beibehaltung der dienstrechtlichen Zuordnung zu seiner früheren Stelle. Hierin unterscheidet sie sich von der → Versetzung. Die A. ist zulässig, wenn ein dienstliches Bedürfnis besteht. Die A. bedarf der Zustimmung des Beamten, wenn sie in den Bereich eines anderen Dienstherrn erfolgt und die Dauer eines Jahres übersteigt (§§ 17, 123 BRRG, § 27 BBG sowie Beamtengesetze der Länder). Sie ist ein → Verwaltungsakt (str.). Ein auf Lebenszeit oder Zeit angestellter *Richter* darf grundsätzlich nur mit seiner Zustimmung und für bestimmte Zeit abgeordnet werden (§ 37 DRiG; Ausnahme bei Vertretungen). Besondere Bedeutung erlangte die A. im Rahmen der Verwaltungshilfe für die neuen Länder nach der → Wiedervereinigung (Sonderform „Entsendung").

**Abrechnung.** S. zunächst → Rechnung. Darüber hinaus kann eine beiderseits gebilligte A. ein → Schuldanerkenntnis oder einen → Vergleich darstellen. Im Arbeitsrecht kann jeder Arbeitnehmer verlangen, daß ihm die Berechnung und Zusammensetzung seines Arbeitsentgelts erläutert wird (§ 82 II BetrVG; s.a. § 134 II GewO).

**Abrechnungsbescheid.** Mit dem → Steuerbescheid ergeht ein A., durch den → Vorauszahlungen, → Lohnsteuer, → Kapitalertragsteuer und anzurechnende → Körperschaftsteuer auf die festgesetzte Steuer angerechnet werden (→ Einkommensteuer 4.). Bei Streit, ob eine Zahlungsverpflichtung oder ein Erstattungsanspruch besteht, entscheidet die Finanzbehörde auf Antrag durch A. (§ 218 II AO). Gegen den A. ist der → Einspruch gegeben (§ 347 I Nr. 1 AO).

**Abrechnungsgutschrift** → Umsatzsteuer 4.

**Abrogation (abrogieren)** liegt vor, wenn ein Gefüge von Rechtssätzen durch später erlassene Rechtssätze nicht nur teilweise – soweit die neue Regelung eingreift – ersetzt (→ Derogation), sondern insgesamt außer Anwendung gesetzt wird. Auch im Falle der A. wird der verdrängte Rechtssatz nicht nur suspendiert, sondern endgültig aufgehoben; er erlangt also bei Aufhebung des abrogierenden Rechtssatzes nicht von selbst wieder Geltung.

**Abruf** → Leistungszeit, → Sukzessivlieferungsvertrag, → Kauf; s.a. → Arbeitszeit.

**Abrüstung** war erstmals in der Satzung des → Völkerbundes vorgesehen. Während des Ost-West-Konfliktes lag der Schwerpunkt der Abrüstung in verschiedenen völkerrechtlichen Verträgen zur Rüstungsbegrenzung (z. B. → Atomwaffensperrvertrag, Vertrag über die Begrenzung strategischer Offensivwaffen (SALT-II) vom 18. 7. 1979, oder Vertrag über die Verringerung strategischer Waffen (START-Vertrag) vom 31. 7. 1991). Die → NATO leistet nunmehr im Nordatlantischen Kooperationsrat den ehemaligen Mitgliedern des Warschauer Paktes Hilfe bei der atomaren Abrüstung (Vertrag vom 20. 12. 1991). Die KSZE bemüht sich um Vertrauen und sicherheitsbildende Maßnahmen. Aufgrund des „Open Skies"-Programms stehen jedem KSZE-Staat jährlich eine bestimmte Zahl von Flügen über das Gebiet anderer KSZE-Staaten zu, um die Einhaltung von Abrüstungsbestimmungen durch Luftaufklärung zu überwachen.

**Absatzbehinderung** kann als → unlauterer Wettbewerb verboten sein (§ 1 UWG), wenn sie sittenwidrig ist; so wenn Kunden abgeworben und vertragsbrüchig werden.

**Absatzfonds.** Zur Absatzförderung der Land- und Ernährungswirtschaft (Ges. i. d. F. vom 21. 6. 1993, BGBl. I 998) sowie der Forstwirtschaft (Ges. vom 13. 12. 1990, BGBl. I 2760), jeweils m. Änd., bestehen zwei Absatzfonds, die sich aus Beiträgen der beteiligten Wirtschaftskreise und Mitteln des Bundes finanzieren. Für die Beiträge gilt die VO i. d. F. vom 4. 7. 1994 (BGBl. I 1456). Die Fonds sind Körperschaften des öffentlichen Rechts. Aufgaben sind nach § 2 Abs. 1 Marktpflege, Werbung usw., Ausführung erfolgt u. a. durch die CMA.

**Absatzförderung,** landwirtschaftliche → Bundesanstalt für Landwirtschaft und Ernährung (BLE), → Absatzfonds.

**Absatzgenossenschaft** ist eine → Genossenschaft, deren Zweck auf den gemeinschaftlichen Verkauf landwirtschaftlicher oder gewerblicher Erzeugnisse ihrer Mitglieder gerichtet ist (§ 1 I Nr. 3 GenG).

**Abschichtung** → Erbengemeinschaft.

**Abschichtungsbilanz** → Gesellschaft, good will.

**Abschieben falschen Geldes** ist nach § 147 StGB strafbar, wenn als echt empfangenes Geld nach Erkennen der Unechtheit als echtes weitergegeben wird (→ Geld- und Wertzeichenfälschung).

**Abschiebung** → Ausländer, 5 c.

**Abschlag** → Disagio.

**Abschlagsverteilung** an die Insolvenzgläubiger ist zulässig, nachdem der allgemeine Prüfungstermin (→ Insolvenzverfahren, 4 b) stattgefunden hat (§ 187 II InsO). Der → Insolvenzverwalter erstellt hierzu im Rahmen des Gläubigerverzeichnisses (→ Insolvenzverfahren, 3 a) ein Verteilungsverzeichnis (§ 188 InsO), gegen das ein Gläubiger innerhalb einer Woche die Entscheidung des Insolvenzgerichts beantragen kann (§ 194 InsO). Für eine A. bestimmt der → Gläubigerausschuß auf Vorschlag des Verwalters den zu zahlenden Bruchteil; ist kein Gläubigerausschuß bestellt, so bestimmt dies allein der Verwalter (§ 195 InsO). S.a. → Schlußverteilung, → Nachtragsverteilung.

**Abschlagszahlung** → Verjährung (I 1), → Leistung. Anders als die bloße *Anzahlung* ist die A. regelmäßig vorweggenommene (Teil-) → Erfüllung (z. B. Zahlung auf bereits geleistete, aber noch nicht abgerechnete Arbeit), nicht Vorschuß (auf künftig fällig werdende Leistungen) oder → Darlehen, so daß die Vorschriften über den → Kreditvertrag auf die (echte) A. keine Anwendung finden.

**Abschleppen.** Ein Kfz, das wegen Betriebsunfähigkeit abgeschleppt wird, bedarf eines eigenen Fahrers, dagegen keines eigenen Kennzeichens; die für das abschleppende Fz. erforderliche Fahrerlaubnis genügt (anders beim Schleppen eines Kfz), § 5 II 2, § 33 StVZO. Beide Fz. haben Warnblinklicht einzuschalten; die Autobahn ist zu verlassen (§ 15 a StVO). Krafträder dürfen nicht abgeschleppt werden (§ 15 a IV StVO).

**Abschließende Regelung in bezug auf Deutschland** vom 12. 9. 1990 (BGBl. II S. 1317). Dieser auch *„Zwei-plus-vier-Vertrag"* genannte völkerrechtliche Vertrag regelt die völkerrechtlichen Aspekte der → Wiedervereinigung und ergänzt damit den die verfassungsrechtlichen und innerstaatlichen Aspekte betreffenden → Einigungsvertrag. Vertragsparteien waren die Bundesrepublik

Deutschland, die Deutsche Demokratische Republik, Frankreich, Großbritannien, die Vereinigten Staaten von Amerika und die Sowjetunion. Durch diesen Vertrag werden die Außengrenzen endgültig festgelegt und damit die → Oder-Neiße-Linie anerkannt. Das wiedervereinigte Deutschland mit dem Gebietsstand der Bundesrepublik Deutschland und der Deutschen Demokratischen Republik verzichtet auf alle Gebietsansprüche. Der Verzicht auf Angriffskriege wird ausdrücklich bekräftigt, auf → ABC-Waffen verzichtet. Deutschland verpflichtete sich, seine Streitkräfte auf 370 000 Mann zu reduzieren. Die Sowjetunion verpflichtete sich, bis Ende 1994 ihre Truppen abzuziehen. Frankreich, Großbritannien, die Vereinigten Staaten von Amerika und die Sowjetunion beendeten durch den Vertrag ihre Verantwortlichkeit in bezug auf Berlin und Deutschland als Ganzes (→ Deutschlandvertrag). Als Ergebnis wurden die entsprechenden, damit zusammenhängenden vierseitigen Vereinbarungen, Beschlüsse und Praktiken beendet und alle entsprechenden Einrichtungen der Vier Mächte aufgelöst. Das wiedervereinigte Deutschland erlangte damit volle Souveränität über seine inneren und äußeren Angelegenheiten.

**Abschluß der Ermittlungen** → Ermittlungsverfahren in Strafsachen (2).

**Abschluß eines Rechtsgeschäfts** → Rechtsgeschäft, → Form(erfordernisse).

**Abschlußagent** ist ein → Handelsvertreter, insbes. ein → Versicherungsvertreter, der nicht nur (wie ein → Handelsmäkler) mit der Vermittlung von Verträgen betraut, sondern zum Abschluß bevollmächtigt ist (§ 84 HGB, § 164 I BGB; → Handelsvertreter).

**Abschlußfreiheit** → Vertrag (2).

**Abschlußprüfer** sind sachverständige Personen, die bei mittelgroßen und großen → Kapitalgesellschaften (§ 267 HGB), insbes. bei → Aktiengesellschaften, den → Jahresabschluß (unter Einbeziehung der → Buchführung und des → Lageberichts) prüfen (§§ 316 ff. HGB). A. können (von mittelgroßen GmbHs abgesehen; dort auch vereidigter Buchprüfer) nur → Wirtschaftsprüfer oder Wirtschaftsprüfungsgesellschaften sein (§ 319 HGB). Der A. wird von den Gesellschaftern gewählt. Über das Ergebnis seiner Prüfung hat er einen schriftlichen Prüfungsbericht zu erstellen, der sich insbes. darauf zu erstrecken hat, wie die Lage des Unternehmens zu beurteilen ist und ob Unrichtigkeiten oder Verstöße gegen Gesetz oder Satzung sowie Tatsachen festgestellt wurden, die den Bestand des Unternehmens gefährden oder wesentlich beeinträchtigen (§ 321 HGB). Der A. hat als Ergebnis seiner Prüfung den Bestätigungsvermerk zum Jahresabschluß zu erteilen, wenn keine Einwendungen zu erheben sind (Einzelheiten § 322 HGB). Der Bestätigungsvermerk ist einzuschränken oder zu versagen, wenn Einwendungen zu erheben sind. Für Pflichtverletzungen ist der A. verantwortlich und zum Schadensersatz verpflichtet (§ 323 HGB). S. ferner → Genossenschaft (3). Entsprechendes gilt für die A. der Unternehmen und Konzerne, die zur → Rechnungslegung verpflichtet sind (§§ 6, 14 Ges. vom 15. 8. 1969, BGBl. I 1189).

**Abschlußvollmacht** ist die → Vollmacht, für einen anderen in dessen Namen einen → Vertrag abzuschließen (s. z. B. Grundstückskaufvertrag). A. ist insbes. bei der → Prokura und bei der → Handlungsvollmacht gesetzlich begründet (§§ 49, 54 HGB). S. auch → Mäklervertrag, → Handelsvertreter.

**Abschlußzwang** (Kontrahierungszwang) → Vertrag (2).

**Abschöpfung** ist eine Abgabe, die von landwirtschaftlichen Erzeugnissen, die einer gemeinsamen → Marktorganisation der EG unterliegen, bei der Einfuhr über die EG-Außengrenze erhoben wird. Die Sätze werden sehr häufig geändert, teilweise täglich. Berechnungsgrundlage ist der sog. Schwellenpreis, das ist der für den Binnenmarkt festgesetzte Richtpreis abzüglich der Transportkosten. Die Abschöpfung gleicht damit die Differenz zwischen dem durch → Intervention gesicherten Binnenmarktpreis und dem niedrigeren Weltmarktpreis aus. Ausfuhrabschöpfungen werden mit leichter Funktion erhoben, wenn der Binnenmarktpreis unter dem Weltmarktpreis liegt. Das System der A. ist dadurch gesichert, daß für die Einfuhr und Ausfuhr von Marktordnungswaren Einfuhrlizenzen erforderlich sind, für die eine Kaution gestellt werden muß (vgl. VOen der Kommission 3719/88 ABl. L 331/1 und 3665/87 ABl. 351/1). Aufgrund der Lizenzen setzt die Bundesanstalt für Landwirtschaft und Ernährung (BLE) die A. im konkreten Fall fest. Für die Erhebung sind die Zollbehörden zuständig; im Verhältnis zu Drittländern bleibt sie zur Sicherung des innergemeinschaftlichen Preisniveaus beibehalten. Die Erhebung der A. regelt sich in der BRep. nach dem Ges. vom 25. 7. 1962 (BGBl. I 453) m. spät. Änd. Danach finden grundsätzlich die für Zölle und Zollvergehen geltenden Vorschriften Anwendung. Gegen den Abschöpfungsbescheid ist der Rechtsweg zu den → Finanzgerichten gegeben (§ 33 FGO). Zur Vollstreckung von Geldforderungen s. Ges. vom 10. 8. 1979 (BGBl. I 1429).

**Abschreckungstheorie** → Strafrechtstheorien, → Strafzweck.

**Abschreibung.** In der *Handelsbilanz* (→ Bilanz) ist A. die *planmäßige* Verteilung der → Anschaffungs- oder Herstellungskosten abnutzbarer Gegenstände des → Anlagevermögens auf die → Geschäftsjahre der voraussichtlichen Nutzungsdauer (§ 253 II 1, 2 HGB). *Außerplanmäßige A.* sind vorzunehmen bei allen Vermögensgegenständen des → Anlagevermögens und des → Umlaufvermögens, um diese mit dem niedrigeren beizulegenden Wert anzusetzen (§ 253 II 3 u. III HGB). Beim Anlagevermögen (bei → Kapitalgesellschaften nur bei Finanzanlagen – § 279 I 2 HGB) gilt das *gemilderte Niederstwertprinzip:* Bei voraussichtlich nur vorübergehender Wertminderung kann der bisherige Wert beibehalten werden *(Beibehaltungs- oder Abschreibungswahlrecht).* Beim Umlaufvermögen gilt das *strenge Niederstwertprinzip*: Der niedrigere Wert muß angesetzt werden, auch wenn die Wertminderung voraussichtlich nur vorübergehend ist, z. B. vorübergehender Kursrückgang bei Aktien im Umlaufvermögen. In der *Steuerbilanz* entspricht die → Absetzung für Abnutzung (AfA) der planmäßigen A. und die Absetzung für außergewöhnliche Abnutzung (AfaA) und die → Teilwertabschreibung der außerplanmäßigen A.

**Abschreibung eines Grundstücks** → Grundbuch.

**Abschreibungsgesellschaft** war die anfängliche, gesetzlich nicht fixierte Bezeichnung für → Verlustzuweisungsgesellschaft. Einzelheiten s. dort

**Abschrift** → Ausfertigung e. Urkunde, → Urkundenfälschung.

**Abschußregelung.** Nach § 21 des Bundesjagdgesetzes i. d. F. vom 29. 9. 1976 (BGBl. I 2849) ist der Abschuß des Wildes so zu regeln, daß die berechtigten Ansprüche der Land-, Forst- und Fischereiwirtschaft auf Schutz gegen → Wildschäden gewahrt bleiben. Innerhalb der hierdurch gebotenen Grenzen soll die A. bewirken, daß ein gesunder Wildbestand aller heimischen Wildarten in angemessener Zahl erhalten bleibt. Schalenwild (außer Schwarzwild) sowie Auer- und Birkwild dürfen nur auf Grund und im Rahmen eines *Abschußplanes* erlegt werden, der von der zuständigen Behörde im Einvernehmen mit dem Jagdbeirat zu bestätigen oder festzusetzen ist. Wer vor Bestätigung oder Aufstellung oder unter Überschreitung des Abschußplanes Wild erlegt, handelt ordnungswidrig und kann mit Geldbuße belegt werden (§ 39 II Nr. 3).

**Absehen von Anklageerhebung** oder Strafverfolgung → Bagatellstrafsachen, → Buße.

**Absehen von Strafe** ist nach § 60 StGB bei jeder Straftat zulässig, deretwegen der Täter höchstens 1 Jahr Freiheitsstrafe verwirkt hat, wenn die Tatfolgen, die den Täter selbst getroffen haben, so schwer sind, daß Bestrafung offensichtlich verfehlt wäre (z. B. fahrlässige Tötung des eigenen Kindes); ebenso bei → Täter-Opfer-Ausgleich oder Schadenswiedergutmachung (§ 46 a StGB). Bei einzelnen Delikten ist A. v. S. ferner zulässig, wenn der Straffällige in tätiger Reue aus freien Stücken die Handlung aufgibt oder den Erfolg abwendet; so z. B. bei Hochverrat, Rechtsstaatsgefährdung, Eidesverletzung (§§ 83 a, 84 ff., 158, 163 StGB). In anderen Fällen kann von Strafe abgesehen werden, wenn den Täter wegen des (provozierenden) Verhaltens des Opfers ein geringerer Schuldvorwurf trifft, so bei → sexuellem Mißbrauch von Schutzbefohlenen oder Jugendlichen (§§ 174 IV, 182 IV StGB). Soweit das Strafgesetz A. v. S. zuläßt, braucht es nicht zur Hauptverhandlung zu kommen; bis zu deren Beginn kann das Verfahren bei Übereinstimmung zwischen Gericht und Staatsanwaltschaft eingestellt werden (§ 153 b StPO). Dem A. v. St. entspricht die *Straffreierklärung.* Der Richter kann sie bei gegenseitiger → Beleidigung, wenn der zuerst Verletzte die Tat auf der Stelle erwidert hat, für einen oder beide Beteiligte aussprechen (§ 199 StGB). Beide Entscheidungen (sog. *Kompensation*) setzen einen Schuldspruch voraus. Bei A. v. S. ist Kostenbelastung zwingend, bei Kompensation möglich (§§ 465 I 2, 468 StPO).

**Absehen von Strafverfolgung** → Bagatellstrafsachen; → Betäubungsmitteldelikte.

**Absehen von Strafvollstreckung** → Strafvollstreckung.

**Absetzung, erhöhte** → Sonderabschreibungen.

**Absetzung für Abnutzung** (AfA) in der Steuerbilanz ist bei abnutzbaren Wirtschaftsgütern des → Anlagevermögens die Verteilung der → Anschaffungs- oder Herstellungskosten auf die betriebsgewöhnliche Nutzungsdauer. Bei der *linearen AfA* ergibt sich der jährliche AfA-Betrag durch Teilung der Anschaffungs- oder Herstellungskosten durch die Jahre der betriebsgewöhnlichen Nutzungsdauer (§ 7 I EStG). Die *degressive AfA* bei beweglichen Wirtschaftsgütern des Anlagevermögens beträgt 30% der Anschaffungs- oder Herstellungskosten, höchstens jedoch das Dreifache der linearen AfA (§ 7 II EStG). Der degressive AfA-Satz wird in unveränderter Höhe auf den jeweiligen → Buchwert (Restwert) angewendet. Von der degressiven kann jederzeit auf die lineare AfA übergegangen werden, nicht jedoch umgekehrt (§ 7 III EStG). Die A. erfolgt grundsätzl. zeitanteilig; aus Vereinfachungsgründen kann bei beweglichen Anlagegütern bei Anschaffung oder Herstellung im ersten Halbjahr eine Ganzjahres-AfA, im übrigen eine Halbjahres-AfA vorgenommen werden (Abschn. 44 II EStR). AfA-Liste für bewegliche Wirtschaftsgüter BMF 18. 4. 97, BStBl. I 97, 376. Die *lineare Gebäude-AfA* beträgt 2%, wenn das Gebäude nach dem 31. 12. 1924 fertiggestellt wurde, sonst 2,5% oder entsprechend seiner nachgewiesenen kürzeren Nutzungsdauer. Für *Wirtschaftsgebäude* im → Betriebsvermögen, die nicht Wohnzwecken dienen, beträgt die lineare AfA 4 v.H., falls Bauantrag nach dem 31. 3. 1985 (§ 7 IV EStG). Die *degressive Gebäude-AfA* für Bauherren oder bei Erwerb im Jahr der Fertigstellung, falls Bauantrag oder Kaufvertrag bis 31. 12. 1993, beträgt in den ersten 8 Jahren 5%, in den folgenden 6 Jahren 2,5% und in den letzten 36 Jahren 1,25%. Bei *Wirtschaftsgebäuden* mit Bauantrag oder Kaufvertrag bis 31. 12. 1993 beträgt die degressive AfA in den ersten 4 Jahren 10%, in den folgenden 3 Jahren 5% und in den letzten 18 Jahren 2,5% (§ 7 V EStG); bei späterem Bauantrag oder Kaufvertrag gibt es nur noch die lineare AfA für Wirtschaftsgebäude mit 4% (§ 7 IV EStG). Die degressive AfA bei *Wohngebäuden* mit Bauantrag nach dem 28. 2. 1989 beträgt in den ersten 4 Jahren 7%, in den folgenden 6 Jahren 5%, in den darauffolgenden 6 Jahren 2% und in den letzten 24 Jahren 1,25% (§ 7 V S. 2 EStG). Für Bauantrag oder Kauf nach dem 31. 12. 1995 wurde die degressive AfA für Mietwohnungen wie folgt gekürzt: 8 Jahre 5%, 6 Jahre 2,5%, 36 Jahre 1,25%. In den *neuen Ländern* gibt es die degressive Gebäude-AfA nur für nach dem 31. 12. 1990 angeschaffte oder hergestellte Gebäude (§ 56 I EStG). Bei beweglichen Wirtschaftsgütern ist eine Absetzung für außergewöhnliche technische oder wirtschaftliche Abnutzung nur bei linearer AfA zulässig (§ 7 I 5 EStG). Vgl. → Sonderabschreibungen, → Sonderabschreibungen und Abzugsbetrag im Fördergebiet. Vgl. → Ansparrücklage. Die AfA ist auch bei Überschußeinkünften (→ Einkünfte 1) anzuwenden (§ 9 I Nr. 7 EStG). Beispiel: Nutzungsdauer eines beruflich eingesetzten Pkw eines Arbeitnehmers (→ Dienstreise): 5 Jahre (BMF BStBl. I 1992, 734); Abschn. 38 I 5–7 LStR.

**Absetzung für Substanzverringerung** (AfS). Die Anschaffungskosten von Bodenschätzen z. B. Kohle-,

Kies- oder Erdölvorkommen können linear oder nach dem Substanzverzehr abgeschrieben werden (§ 7 VI EStG). Vgl. → Absetzung für Abnutzung.

**Absicht** → Schuld, Verschulden (II 1 a).

**Absichtsanfechtung** → Insolvenzanfechtung, → Gläubigeranfechtung.

**Absichtserklärung** ist eine besonders in → völkerrechtlichen Verträgen anzutreffende Erklärung eines oder mehrerer Vertragspartner, die keine unmittelbare rechtliche Verbindlichkeit begründet („die Vertragspartner werden bemüht sein, ...“; „... fassen ins Auge, ...“). S.a. → Programmsatz.

**Absichtsprovokation** → Notwehr (I 1 d).

**Absolutes Recht** → subjektives Recht, → Unerlaubte Handlung (2 a).

**absolutio ab actione** ist der gemeinrechtliche Begriff für die Abweisung einer Klage als unbegründet (aus materiellen Gründen). Gegensatz: absolutio ab instantia: Abweisung einer Klage als unzulässig aus prozessualen Gründen (z. B. wegen Unzulässigkeit des beschrittenen Rechtsweges) ohne Prüfung der → Begründetheit des Klagebegehrens.

**Absolutismus** ist eine Regierungsform, bei der die Herrschaftsgewalt von ihrem Inhaber „absolut“, d.h. ohne die Mitwirkung anderer autonomer Gewalten ausgeübt wird. Historisch ist der A. mit der → Monarchie verknüpft; begrifflich nicht, weil Inhaber der absoluten Gewalt auch eine Gruppe sein kann (→ Oligarchie). Dem Machthaber im absoluten Staat steht alle gesetzgebende, vollziehende und rechtsprechende Gewalt zu (keine → Gewaltentrennung). Von *aufgeklärtem A.* spricht man, wenn der Herrscher freiwillig sich in seiner Machtausübung beschränkte, insbes. durch Einsetzung unabhängiger Gerichte. Seine Blütezeit hatte der monarchistische A. im Europa des 17./18. Jh. („L'État c'est moi“). In Frankreich brach er in der Revolution von 1789 zusammen. In Deutschland vollzog sich im Laufe des 19. Jh. der Übergang von der „aufgeklärten Despotie“ mancher Territorialherren (→ Lehensstaat, → Feudalismus) zum Verfassungsstaat. Im modernen Staatsleben zeigen sich Züge des A., wenn ein den Staat verkörperndes Regime die ausschließliche, weder vom Parlament noch von den Gerichten kontrollierte Staatsgewalt besitzt (→ totaler Staat, → Diktatur).

**Absonderung.** Im Falle der Insolvenz kann ein Gläubiger, der wegen einer persönlichen Forderung gegen den Schuldner durch ein dingliches Recht an einem zur → Insolvenzmasse gehörenden Gegenstand gesichert ist, eine vom → Insolvenzverfahren abgesonderte Befriedigung verlangen. Zur A. berechtigen insbes. → Hypothek und → Grundschuld (hier → Zwangsversteigerung und → Zwangsverwaltung, § 49 InsO), ein rechtsgeschäftliches, gesetzliches oder durch Pfändung erworbenes → Pfandrecht – das gesetzliche Pfandrecht des Vermieters (→ Miete, 3) allerdings nur für das letzte Jahr vor der Eröffnung des Insolvenzverfahrens – (§ 50 InsO), das Sicherungseigentum (→ Sicherungsübereignung) und sonstige Sicherungs- und Zurückbehaltungsrechte, wie z. B. der verlängerte und erweiterte → Eigentumsvorbehalt oder das kaufmännische → Zurückbehaltungsrecht (§ 51 InsO). Anders als bei der Aussonderung gehört der Gegenstand, aus dem sich der Gläubiger abgesondert befriedigen kann, zur Insolvenzmasse und unterliegt der Verwaltung und Verwertung durch den → Insolvenzverwalter (§§ 165 ff. InsO, → Insolvenzverfahren, 3 b); der zur Befriedigung des Gläubigers nicht erforderliche Teil des Verwertungserlöses fließt in die Insolvenzmasse. Gläubiger, die A. verlangen können, sind Insolvenzgläubiger, soweit ihnen der Schuldner auch persönlich haftet; zur Befriedigung aus der Insolvenzmasse sind sie jedoch nur insoweit berechtigt, als sie auf eine abgesonderte Befriedigung verzichten oder bei ihr ausgefallen sind (§ 52 InsO).

**Absorptionsprinzip.** Über den zivilrechtlichen Begriff → Vertrag (2). Im Strafrecht bedeutet das A., daß bei Verletzung mehrerer Strafgesetze durch dieselbe Handlung (Tateinheit, Idealkonkurrenz) nur *eine* Strafe verhängt und dem Gesetz entnommen wird, das die schwerste Strafe androht (§ 52 StGB), wodurch die anderen Strafen absorbiert werden. (→ Konkurrenz von Straftaten).

**Abspaltung** → Umwandlung (I 3).

**Abspenstigmachen** (Kunden, Arbeitskräfte) → Sittenwidrigkeit, → unlauterer Wettbewerb.

**Absprachen im Strafprozeß** → Verständigung im Strafverfahren.

**Abstammung.** Das früher für eheliche und nichteheliche Kinder unterschiedlich geregelte Recht der A. hat das Kindschaftsrechtsreformgesetz vom 16. 12. 1997 (BGBl. I 2942) für alle ab 1. 7. 1998 geborenen Kinder vereinheitlicht. Für alle vorher geborenen Kinder gelten die bisherigen Vorschriften fort (Art. 224 § 1 EGBGB; s. aber unten 3 e); vgl. hierzu insbes. die Stichw. eheliche Kinder, Ehelichkeit des Kindes, Ehelichkeitsanfechtung und nichteheliche Kinder in der 14. Auflage. Zur Frage des anwendbaren Rechts bei Auslandsberührung vgl. Art. 19 ff. EGBGB.

1. *Mutter* eines Kindes ist demnach die Frau, die es geboren hat (§ 1591 BGB), also bei einer → künstlichen Fortpflanzung die den Embryo austragende Mutter, nicht die genetische Mutter.

2. *Vater* eines Kindes ist der Mann, a) der zum Zeitpunkt der Geburt des Kindes mit der Mutter verheiratet ist, b) der die Vaterschaft anerkannt hat oder c) dessen Vaterschaft gerichtlich festgestellt worden ist (§ 1592 BGB).

a) Entscheidend für die (rechtliche) *Vaterschaft* ist der Bestand der Ehe bei der Geburt des Kindes (§ 1592 Nr. 1 BGB). Ein nach rechtskräftiger Ehescheidung geborenes Kind begründet deshalb nicht die Vaterschaft des geschiedenen Mannes. Dagegen gilt § 1592 Nr. 1 BGB entsprechend, wenn die Ehe durch Tod des Mannes aufgelöst wurde und innerhalb von 300 Tagen nach der Auflösung der Ehe ein Kind geboren wird, ohne daß die Mutter zwischenzeitlich eine neue Ehe eingegangen ist (in diesem Fall ist Vater der neue Ehemann, § 1593 BGB). Ist im Zeitpunkt der Geburt des Kindes ein Scheidungsantrag anhängig, die Ehe aber noch nicht rechtskräftig geschieden, so gelten §§ 1592 Nr. 1, 1593 BGB (Vaterschaft des Ehemannes) dann nicht, wenn ein Dritter spätestens bis zum Ablauf eines Jahres nach Rechtskraft des Scheidungsurteils die Vaterschaft anerkennt (§ 1599 II BGB; s. unten b). Blosses → Getrenntleben der Ehegatten hat auf die Vaterschaft ebenso wenig Einfluß wie Zusammenleben nicht verheirateter Partner in einer → eheähnlichen Gemeinschaft. Zur Anfechtung der Vaterschaft s. unten 3.

b) Wird die Vaterschaft nicht durch die Ehe begründet, so kann sie der Mann anerkennen (§ 1592 Nr. 2 BGB). Die *Vaterschaftsanerkennung*, die auch schon vor der Geburt des Kindes zulässig ist, ist aber so lange nicht wirksam, als die Vaterschaft eines anderen Mannes (z. B. nach oben a) besteht und nicht rechtswirksam angefochten ist (§ 1594 II BGB). Die Anerkennung, die unbedingt sein muß, bedarf der Zustimmung der Mutter. Die Zustimmung des Kindes ist zusätzlich nur dann erforderlich, wenn der Mutter insoweit nicht die → elterliche Sorge zusteht (§§ 1595 f. BGB). Wer in der Geschäftsfähigkeit beschränkt ist, kann nur selbst anerkennen, bedarf aber der Zustimmung seines gesetzlichen Vertreters. Dasselbe gilt für die Zustimmung des über 14 Jahre alten Kindes; im übrigen handelt allein der gesetzliche Vertreter (§ 1596 BGB). Anerkennung und Zustimmung müssen öffentlich beurkundet (→ Form, 1 c) und – neben den übrigen Beteiligten – dem → Standesbeamten übersandt werden, sofern dieser nicht selbst die Anerkennung beurkundet hat (§ 29 a PStG). Der Mann kann die Anerkennung widerrufen, wenn sie ein Jahr nach der Beurkundung noch nicht wirksam geworden ist (§ 1597 III BGB). Anerkennung, Zustimmung und Widerruf sind nur unwirksam, wenn sie diesen Vorschriften nicht genügen (§ 1598 BGB). Die Anerkennung der Vaterschaft ist von der bloßen → Einbenennung zu unterscheiden. Zur Anfechtung der Anerkennung s. unten 3.

c) Besteht keine Vaterschaft nach oben a) oder b), so ist diese gerichtlich festzustellen (§§ 1592 Nr. 3, 1600 d I BGB). Klagebefugt sind sowohl der Mann (gegen das Kind) als auch die Mutter oder das Kind (gegen den Mann). Zuständig für die *Feststellung* ist das → Familiengericht im Verfahren in → Kindschaftssachen (bei Vorversterben des Gegners in einem selbständigen Antragsverfahren, § 1600 e BGB). Das → Jugendamt hat die Mutter bei der Verfolgung der Ansprüche von Mutter und Kind (auch auf Unterhalt) zu beraten und zu unterstützen (§ 52 a SGB VIII).

Als Vater ist der Mann festzustellen, von dem das Kind abstammt (→ Verwandtschaft). Im Verfahren auf gerichtliche Feststellung der Vaterschaft wird als Vater vermutet, wer der Mutter während der → Empfängniszeit beigewohnt hat (Beiwohnungsvermutung, § 1600 d II 1 BGB). Diese → Vermutung gilt jedoch nicht, wenn nach Würdigung aller Umstände schwerwiegende Zweifel an der Vaterschaft bestehen (§ 1600 d II 2 BGB). Zwar wird diese gesetzliche Vermutung nicht durch jede Mehrverkehrseinrede entkräftet; dennoch werden dann, wenn auch ein anderer Mann der Mutter während der Empfängniszeit beigewohnt hat, oftmals schwerwiegende Zweifel an der Vaterschaft des in Anspruch genommenen Mannes verbleiben, sofern dessen Vaterschaft nicht positiv festgestellt und der andere Mann nicht ohne vernünftige Zweifel ausgeschlossen werden kann (eine Gesamthaftung aller möglichen Väter kennt das Gesetz jedenfalls nicht). Demnach bleibt jede Beiwohnung außer Betracht, aus der die A. offenbar unmöglich ist oder die – im Regelfall aufgrund entsprechender → erbbiologischer oder serologischer Gutachten – mit hinreichender Wahrscheinlichkeit ausscheidet. Die Rechtswirkungen der Vaterschaft, z. B. ein Unterhaltsanspruch, können regelmäßig erst vom Zeitpunkt ihrer (rechtskräftigen) Feststellung durch gerichtliches Urteil an geltend gemacht werden (§ 1600 d IV BGB). Mit dem Antrag auf Vaterschaftsfeststellung kann aber der Antrag auf Verurteilung zur Zahlung des Regelunterhalts (→ Unterhaltspflicht unter Verwandten) verbunden werden (§ 653 ZPO). Sobald ein Rechtsstreit auf Feststellung des Bestehens der Vaterschaft (oder ein diesbezüglicher Antrag auf → Prozeßkostenhilfe) anhängig ist, kann das Gericht auf Antrag des Kindes oder der Mutter bereits den Unterhalt nach Art (Unterhaltszahlung, Sicherheitsleistung) und Höhe durch einstweilige Anordnung regeln (§ 641 d ZPO).

3. Sowohl die auf der ehelichen Geburt (oben 2 a) als auch die auf der Anerkennung des Mannes (oben 2 b) beruhende Statuszuordnung des Kindes zu seinem Vater kann durch Anfechtung der Vaterschaft beseitigt werden (§ 1599 I BGB). Diese – nunmehr einheitliche – *Vaterschaftsanfechtung* hat die frühere Ehelichkeitsanfechtung und die Anfechtung der Anerkennung der nichtehelichen Vaterschaft ersetzt.

a) *Anfechtungsberechtigt* sind der Mann, dessen Vaterschaft nach §§ 1592 Nrn. 1 und 2, 1593 BGB fingiert wird, die Mutter und das Kind (§ 1600 BGB), nicht aber die Eltern des Mannes oder der Mann, der behauptet, der Erzeuger des Kindes zu sein. Der Vater und die Mutter können die Vaterschaft nur selbst anfechten; dies gilt auch dann, wenn sie in der → Geschäftsfähigkeit beschränkt sind oder unter → Betreuung stehen. Sind sie geschäftsunfähig, kann nur ihr gesetzlicher Vertreter anfechten (§ 1600 a II, V BGB). Auch das Kind hat ein Recht auf Kenntnis und Feststellung seiner eigenen A. Für ein geschäftsunfähiges oder in der Geschäftsfähigkeit beschränktes Kind kann nur der gesetzliche Vertreter anfechten (§ 1600 a III BGB). Ist dies der Scheinvater selbst oder sind auch sonst die Eltern an der Vertretung des Kindes nach §§ 1629 II, 1795 BGB verhindert, muß ein Pfleger (→ Ergänzungspflegschaft) bestellt werden. Die Anfechtung durch einen gesetzlichen Vertreter ist nur zulässig, wenn sie dem Wohl des Kindes dient (§ 1600 a IV BGB); eine vorherige Zustimmung des → Vormundschaftsgerichts ist nicht mehr vorgesehen. Über die Vaterschaftsanfechtung entscheidet das → Familiengericht im Verfahren in → Kindschaftssachen auf Klage des Mannes gegen das Kind oder auf Klage der Mutter oder des Kindes gegen den Mann (bei Vorversterben des Anfechtungsgegners im bloßen Antragsverfahren), § 1600 e BGB.

b) Für die Vaterschaftsanfechtung gilt eine einheitliche *Anfechtungsfrist* von 2 Jahren. Die Frist, die nicht vor der Geburt des Kindes läuft, beginnt in dem Zeitpunkt, in dem der Anfechtungsberechtigte von den Umständen erfährt, die gegen die Vaterschaft sprechen

(§ 1600b I, II BGB). Hinsichtlich dieser Umstände, die die Anfechtbarkeit nahelegen (s. unten c), muß also Gewißheit bestehen; ein bloßer Verdacht reicht nicht aus. Der Fristablauf ist gehemmt (→ Verjährung 1 b), solange der Anfechtungsberechtigte widerrechtlich durch → Drohung an der Anfechtung gehindert wird (§ 1600b IV BGB). Hat der gesetzliche Vertreter nicht rechtzeitig angefochten, so beginnt für den Anfechtungsberechtigten die Frist nach Wegfall des Vertretungsgrundes erneut, insbes. für das Kind nach dem Eintritt der → Volljährigkeit und eigener Kenntniserlangung (§ 1600b III, IV BGB). Die Anfechtungsfrist von 2 Jahren beginnt ferner für das Kind dann erneut, wenn es nachträglich von Umständen erfährt, die die Folgen der (fiktiven) Vaterschaft für das Kind unzumutbar machen (etwa wegen des Verhaltens des Mannes, insbes. gegenüber dem Kind, § 1600b V BGB).

c) Im Anfechtungsverfahren wird zunächst vermutet, daß das Kind von dem Mann abstammt, dessen Vaterschaft nach oben 2 a) und b) besteht (§ 1600c I BGB). Diese → Vermutung ist aber widerlegbar. Erforderlich hierfür ist der → Beweis (i. d. R. auch hier aufgrund entsprechender erbbiologischer oder serologischer Gutachten), daß diese A. ausscheidet; hierfür genügt eine entsprechende richterliche Überzeugungsbildung gemäß § 286 ZPO. Die Vermutung gilt nicht, wenn der Mann die von ihm anerkannte Vaterschaft (oben 2b) wegen Irrtums oder arglistiger Täuschung anficht (→ Anfechtung von Willenserklärungen); hier gelten dann die Grundsätze wie bei der Vaterschaftsfeststellung (oben 2c; § 1600c II BGB). Der Irrtum darüber, daß die Mutter während der Empfängniszeit nur mit dem Anerkennenden verkehrt habe, ist allerdings als bloßer Motivirrtum grdsätzl. unerheblich, sofern er nicht durch arglistige Täuschung hervorgerufen wurde.

d) Nach erfolgreicher Vaterschaftsanfechtung kann der Scheinvater von dem wirklichen Erzeuger Ersatz des bisher für das Kind aufgewendeten Unterhalts, der Entbindungskosten usw. verlangen (§ 1615b BGB). Dagegen besteht nach der Rspr. kein Schadensersatzanspruch des Scheinvaters hinsichtlich der Kosten des Anfechtungsverfahrens (→ Ehestörungen). Auch ist – soweit nicht (zusätzlich) eine vorsätzliche sittenwidrige Schädigung (§ 826 BGB) vorliegt – ein Schadensersatzanspruch des Scheinvaters gegen seine Ehefrau grdsätzl. ausgeschlossen (BGH NJW 1990, 706; str.).

e) Die Anfechtung der Vaterschaft und der Vaterschaftsanerkennung richtet sich auch bei vor dem 1. 7. 1998 geborenen Kindern nach dem dargestellten Recht (Art. 224 § 1 EGBGB).

**Abstammungsgutachten.** Wenn die Abstammung einer Person von einer anderen aus rechtlichen Gründen, z. B. wegen der Unterhaltspflicht, festzustellen ist, muß nach § 372a ZPO jede Person Untersuchungen nach den anerkannten Grundsätzen der Wissenschaft dulden, in erster Linie eine Blutgruppenuntersuchung. → Abstammung (2 c), → erbbiologisches Gutachten.

**Abstammungsrecht** → Staatsangehörigkeit.

**Abstand im Straßenverkehr.** Nach § 4 StVO hat der Fahrzeugführer die Fahrgeschwindigkeit so einzurichten, daß er hinter einem vorausfahrenden Fahrzeug (auch Fahrrad) rechtzeitig anhalten kann. Der Vorausfahrende darf nicht ohne zwingenden Grund stark bremsen. Der A. muß mindestens die Strecke betragen, die der Nachfolgende für 1,5 Sekunden benötigt. Unterschiedliche Geschwindigkeit beider Fz. ist zu berücksichtigen, bei zügigem Fahren, insbes. auf der Autobahn, der A. entsprechend größer zu halten. Größere Lastkraftwagen und Omnibusse müssen auf Autobahnen bei Geschwindigkeiten von mehr als 50 km/h von vorausfahrenden Fahrzeugen einen Mindestabstand von 50 m einhalten. Der seitliche A. beim → Überholen muß so groß sein, daß der Überholte nicht behindert wird (§ 5 IV 4 StVO), beim Überholen eines in Fahrt befindlichen Fz. mindestens 1 m, neben parkenden Fz. 50 cm (Sicht für überquerende Fußgänger). Beim Überholen von Radfahrern muß mit Seitenbewegungen gerechnet werden.

**Abstandsflächen im Baurecht.** Vor den Außenwänden von Gebäuden sind grundsätzlich A. einzuhalten (i. d. R. nach allen Seiten). Diese Verpflichtung kann sich aus planungsrechtlichen Vorschriften, insbes. also aus den Festsetzungen des Bebauungsplanes (→ Bauleitplanung) durch Festsetzung von Baulinien, Baugrenzen und Bautiefen, wie auch aus bauordnungsrechtlichen Bestimmungen, ergeben. Keine A. brauchen oder dürfen dort eingehalten werden, wo nach den planungsrechtlichen Vorschriften an die Grenze des Nachbargrundstücks gebaut werden darf oder muß (geschlossene Bauweise). Die A. dienen dem Brandschutz, der Belichtung, Belüftung und Besonnung der Gebäude sowie dem Schutz der Privatsphäre. Das Bauordnungsrecht der Länder ist in der Frage A. durchaus unterschiedlich und kompliziert (vgl. z. B. Art. 6 Bayer. Bauordnung i. d. F. vom 4. 8. 1997, GVBl. 433; § 6 BO NW, § 6 LBO M-V). A. müssen grundsätzlich auf dem Grundstück selbst liegen, doch ist auch eine „Übernahme" durch den Nachbarn auf schuldrechtlicher (auch dinglich: „A.dienstbarkeit") wie auf öffentl.-rechtlicher Grundlage (→ Baulast) möglich. Das Maß der A. bestimmen die Bauordnungen in detaillierten Vorschriften meist nach der Höhe der Außenwand. U.U. sind Garagen und Stellplätze innerhalb der A. zulässig (auch „Grenzgaragen"). Unter gewissen Voraussetzungen können auch Ausnahmen und Befreiungen gestattet werden. A. liegen in aller Regel jedenfalls *auch* im Interesse des Nachbarn und sind damit → nachbarschützend, so daß eine unter Verletzung des A.rechts erteilte Baugenehmigung vom Nachbarn im Verwaltungsrechtsweg angefochten werden kann. Die Einhaltung von Abstand kann im Einzelfall auch auf einem zivilrechtlichen Anspruch beruhen.

**Abstandszahlungen** (im Mietrecht) → Baukostenzuschuß.

**Abstellen von Kraftfahrzeugen** → Parken, → Verlassen eines Fahrzeugs.

**Abstimmung** 1. *in Vertretungskörperschaften:* Das Verfahren der A. in den Parlamenten ist z. T. in den Verfassungen, z. T. in den → Geschäftsordnungen geregelt. Meist wird durch Handzeichen oder durch Aufstehen abgestimmt. Bei Zweifeln ist die Gegenprobe zu machen. Ergibt sich auch dabei keine Klarheit, wird der sog. → Hammelsprung vorgenommen. In bestimmten Fällen findet schriftliche A. statt (durch Stimmkarten, anonym oder namentlich). Auch elektronische Stimmabgabe ist vorgesehen. Im Bundestag findet namentliche A. statt, wenn eine Fraktion oder anwesende 5 v.H. der Mitglieder sie verlangen (§§ 52, 53 GeschOBT). I.d.R. entscheidet die einfache – sog. relative – Mehrheit, d.h. die Mehrheit der abgegebenen Stimmen, wobei Stimmenthaltungen als nicht abgegebene Stimmen zu werten sind; Stimmengleichheit bedeutet Ablehnung. Die Verfassungen schreiben jedoch für bestimmte Fälle eine qualifizierte Mehrheit vor. Diese kann z. B. in der „Mehrheit der Mitglieder des Parlaments" bestehen; dann ist zur Annahme eines Antrags erforderlich, daß die Mehrheit der gesetzlichen Mitgliederzahl zustimmt, unabhängig davon, wieviele anwesend sind oder sich der Stimme enthalten. Einer Mehrheit von 2/3 der Mitglieder (also der gesetzlichen Mitgliederzahl) bedarf es z. B. bei Änderungen des GG (Art. 79 II GG; → Verfassungsänderung). Nach § 91 VwVfG werden in Ausschüssen, Beiräten u. a. kollegialen Einrichtungen Beschlüsse mit Stimmenmehrheit gefaßt. Bei Stimmengleichheit entscheidet die Stimme des Vorsitzenden, wenn er stimmberechtigt ist; sonst gilt Stimmengleichheit als Ablehnung. *Pairing* nennt man eine Vereinbarung zwischen Fraktionen eines Parlaments (oder sonstigen Vertretungskörperschaft), wonach eine Fraktion bei einer A. die Abwesenheit eines Mitglieds der anderen Fraktion nicht zu ihren Gunsten ausnutzen wird.

2. *Entscheidung bei gerichtlichen Entscheidungen:* Nach §§ 192 ff. GVG leitet der → Vorsitzende des Gerichts die → Beratung und sammelt die Stimmen. Kein Richter darf die A. über eine Frage deshalb verweigern, weil er bei der A. über eine vorhergegangene Frage in der Minderheit geblieben ist. Das Gericht entscheidet, soweit das Gesetz nicht ein anderes bestimmt, mit der absoluten Mehrheit der Stimmen. Im Strafverfahren ist zu einer jeden dem Angeklagten nachteiligen Entscheidung, welche die Schuldfrage, die Bemessung der Strafe,

die Anordnung einer Nebenstrafe oder Nebenfolge oder die Anordnung einer Maßregel der Besserung und Sicherung betrifft, eine 2/3-Mehrheit der Stimmen erforderlich; über die Strafaussetzung zur Bewährung wird mit einfacher Mehrheit entschieden (§ 263 StPO). Die Richter stimmen nach dem Dienstalter, bei gleichem Dienstalter nach dem Lebensalter, → ehrenamtliche Richter und Schöffen nach dem Lebensalter; der jüngere stimmt vor dem älteren. Die Schöffen stimmen vor den Berufsrichtern. Der Vorsitzende stimmt immer zuletzt. Die Stimmen aller Richter haben gleiches Gewicht (Ausnahme bei dem mit vier Richtern besetzten erweiterten → Schöffengericht, wo bei Entscheidungen, die mit einfacher Mehrheit zu treffen sind, die Stimme des Vorsitzenden den Ausschlag gibt).

3. → Volksabstimmung.

**Abstrakte Betrachtungsweise im Strafrecht.** Sie zieht rechtliche Folgerungen aus der für eine Straftat im Gesetz *angedrohten* Strafe, insbes. bei der Einteilung in Verbrechen und Vergehen (§ 12 StGB; → Dichotomie) und bei Berechnung der Frist für die → Strafverfolgungsverjährung. Entscheidend ist also nicht (wie bei der → konkreten Betrachtungsweise), welche Strafe der Täter im Einzelfall verwirkt hat und ob Strafmilderungen oder -schärfungen eingreifen (§§ 12 III, 78 IV StGB).

**Abstrakte Normenkontrolle** → Normenkontrolle.

**Abstrakte Schadensberechnung** → Schadensersatz (2 b).

**Abstraktes Geschäft** → Rechtsgeschäft (2 h).

**Abstraktionsprinzip** → Sachenrecht.

**Abstufung** (einer Straße) → Widmung.

**Abt** (aramäisch Abba = Vater) ist die herkömmliche Bezeichnung eines höheren Oberen eines → Ordensinstituts, insbesondere des Leiters einer rechtlich selbständigen Niederlassung. Die einzelnen Befugnisse ergeben sich aus dem → kanonischen Recht sowie aus den → Konstitutionen des jeweiligen Ordensinstituts.

**Abtreibung** → Schwangerschaftsabbruch.

**Abtretung** *(Zession).* 1. Eine → Forderung kann von dem bisherigen Gläubiger *(= Zedent)* durch → Vertrag auf einen neuen Gläubiger *(= Zessionar)* übertragen werden (§ 398 BGB; Forderungsübergang); über den Wechsel des Schuldners → Schuldübernahme. Die A. ist eine abstrakte → Verfügung über die Forderung; der rechtliche Grund der A. (→ Kausalgeschäft; z. B. Forderungskauf, Sicherungszweck, s.u.) ist hierfür gleichgültig. Die Forderung muß bestimmt oder zumindest hinreichend bestimmbar sein; auch künftige und bedingte Forderungen können bereits abgetreten werden (*Vorausabtretung;* z. B. eine Forderung aus dem Weiterverkauf der Ware). Werden – z. B. zur Sicherung des Darlehens einer Bank – an diese sämtliche bestehenden und künftigen Forderungen des Schuldners aus seinem Geschäftsbetrieb, soweit sie hinreichend abgrenzbar sind, abgetreten, so spricht man von *Globalzession.* Deren Wirksamkeit hängt weder von der ausdrücklichen Vereinbarung einer Freigaberegelung noch von der Festlegung einer zahlenmäßig bestimmten Deckungsgrenze ab. Bei Übersicherung des Gläubigers hat der Sicherungsgeber einen – vom Ermessen des Gläubigers unabhängigen – Freigabeanspruch. Es besteht eine – im Einzelfall widerlegliche – → Vermutung, daß der Gläubiger übersichert ist (und damit einen Teil des Sicherungsguts freizugeben hat), wenn der Nennwert aller abgetretenen Forderungen 150% der gesicherten Forderungen (diese sind wegen der Realisierungsrisiken mit einer Dekkungsgrenze von 110% anzusetzen) übersteigt (BGH GrS NJW 1998, 671). Über die Konkurrenz dieser Globalzession mit dem (verlängerten) → Eigentumsvorbehalt der Warenlieferanten → Eigentumsvorbehalt. Eine *Form* ist für die ForderungsA. grundsätzlich nicht erforderlich, auch wenn eine solche zur Begründung der Forderung nötig war. Besonderheiten gelten für die A. einer durch eine → Hypothek gesicherten Forderung (Schriftform und Eintragung ins → Grundbuch oder Übergabe des → Hypothekenbriefs) sowie für die A. einer Wertpapierforderung (Übergabe des Wertpapiers); bei → Orderpapieren – insbes. Wechsel, Scheck – wird jedoch die A. weitgehend durch das → Indossament ersetzt. Auch eine Blankoabtretung *(Blankozession)*, bei der der Empfänger berechtigt ist, durch Ausfüllung der unvollständigen A.urkunde den neuen Gläubiger selbst zu bestimmen, ist zulässig (auch Blankoindossament beim Wechsel). Über die A. eines → Kontokorrents s. dort.

2. Durch die A. scheidet regelmäßig der bisherige Gläubiger aus seiner Rechtsstellung in vollem Umfang aus. Bei einer Übertragung nur zu Sicherungszwecken *(fiduziarische A., Sicherungszession)* oder nur zum Zwecke der Einziehung der Forderung *(Inkassozession)* liegt nach außen eine VollA. vor; im Innenverhältnis zwischen Zedent und Zessionar ist jedoch der neue Gläubiger nur eingeschränkt zur Verwertung der Forderung nach dem Inhalt der getroffenen Vereinbarung berechtigt. Die rechtliche Stellung des Zessionars bei der SicherungsA. entspricht der des Treuhänders bei der → Sicherungsübereignung (→ Treuhandeigentum). Anders als die Inkassozession (VollA.) ist das sog. *Inkassomandat* keine Übertragung der Forderung, sondern nur eine *Einziehungsermächtigung.* Während bei der A. der neue Gläubiger die Forderung aus eigenem Recht im eigenen Namen geltend macht und andererseits bei der bloßen → Vollmacht der Stellvertreter für ein fremdes Recht in fremden Namen handelt, liegt in der Einziehungsermächtigung die Befugnis, ein fremdes Recht – eine Übertragung der Forderung liegt ja nicht vor – im eigenen Namen geltend zu machen. Diese Einziehungsermächtigung ist sachlichrechtlich wirksam (§ 185 BGB), im Prozeß (→ Prozeßstandschaft) nach der Rspr. jedoch nur ausnahmsweise, wenn der Ermächtigte ein eigenes schutzwürdiges Interesse an der Einziehung für den wahren Gläubiger hat, der hierdurch z. B. Zeuge und damit Beweismittel würde. S.a. → Lastschriftverfahren.

3. Eine A. ist ausgeschlossen *(Abtretungsverbot)*, wenn die Leistung an einen anderen als den ursprünglichen Gläubiger nicht ohne Veränderung ihres Inhalts erfolgen kann (z. B. Ansprüche auf Dienstleistungen oder Unterhalt) oder wenn die A. durch Vereinbarung mit dem Schuldner ausgeschlossen ist *(pactum de non cedendo,* § 399 BGB). Bei einem beiderseitigen → Handelsgeschäft ist allerdings (um die Forderung zur Finanzierung eines → Darlehens oder → Factoringvertrags verwenden zu können) ein derartiges Abtretungsverbot zwingend unwirksam; der Schuldner kann jedoch mit befreiender Wirkung auch an den bisherigen Gläubiger leisten (§ 354 a HGB). Unselbständige Nebenrechte (→ Bürgschaft, → Hypothek, → Pfandrecht) können i. d. R. nicht allein abgetreten werden. Eine Forderung kann ferner nicht abgetreten werden, soweit sie der → Pfändung nicht unterliegt (§ 400 BGB, z. B. gewisse Unterhalts- und Lohnforderungen; → Arbeitslohn).

4. Mit der A. tritt der neue Gläubiger in vollem Umfang an die Stelle des bisherigen (§ 398 S. 2 BGB). Mit der abgetretenen Forderung gehen Neben-, Sicherungs- und Vorzugsrechte – insbes. Hypothek, Pfandrecht, Bürgschaft, → Konkursvorrecht – auf den neuen Gläubiger automatisch über (§ 401 BGB). Der bisherige Gläubiger hat etwaige Urkunden, die zur Geltendmachung oder zum Beweis der Forderung erforderlich sind, herauszugeben (§ 403 BGB). Der Schuldner soll durch die A. nicht benachteiligt werden. Er kann deshalb dem neuen Gläubiger alle Einwendungen entgegensetzen, die z. Z. der A. gegen den bisherigen Gläubiger begründet waren (§ 404 BGB). Dies gilt auch, wenn der neue Gläubiger hiervon nichts wußte; ein → gutgläubiger Erwerb einer Forderung ist grundsätzlich ausgeschlossen *(nemo plus iuris transferre potest, quam ipse habet).* Der Schuldner kann insbes. eine ihm gegen den bisherigen Gläubiger zustehende Forderung auch dem neuen Gläubiger gegenüber aufrechnen (→ Aufrechnung), wenn die Aufrechnungsforderung in Unkenntnis der A. erlangt wurde (§ 406 BGB). Der neue Gläubiger muß ferner eine Leistung – insbes. die → Erfüllung der Forderung –, die der Schuldner nach A. an den bisherigen Gläubiger bewirkt, ferner jedes → Rechtsgeschäft, das nach der A. über die Forderung vorgenommen wird (z. B. Stundung), sowie ein inzwischen ergangenes Urteil über die Forderung gegen sich gelten lassen, sofern der Schuldner die A. in diesem Zeitpunkt nicht kannte (§ 407 BGB). Ein entspre-

chender *Schuldnerschutz* gilt bei mehrfacher A. (§ 408 BGB). Der Schuldner braucht an den neuen Gläubiger nur zu leisten, wenn der bisherige Gläubiger ihm die A. angezeigt hat oder der neue Gläubiger eine entsprechende A.urkunde vorlegt. Eine → Kündigung oder Mahnung (→ Schuldnerverzug) des neuen Gläubigers ohne diese Voraussetzungen ist gleichfalls unwirksam, falls sie der Schuldner aus diesem Grund unverzüglich zurückweist (§ 410 BGB). Umgekehrt muß der bisherige Gläubiger eine von ihm dem Schuldner angezeigte A. – z. B. bei Leistung an den neuen Gläubiger – gegen sich gelten lassen, auch wenn die A. nicht erfolgt oder unwirksam ist (§ 409 BGB).

5. Die genannten Vorschriften gelten entsprechend für eine ForderungsA. kraft Gesetzes (*Gesetzlicher Forderungsübergang, Legalzession, cessio legis*, § 412 BGB; s. → Ablösungsrecht, → Gesamtschuld, → Bürgschaft, → Schadensversicherung; für die Sozialversicherung § 116 SGB X und → Überleitungsanzeige). Die Bestimmungen über die A. einer Forderung finden ferner auf die Übertragung *anderer Rechte* – z. B. Patentrecht, Urheberrecht usw. – entsprechende Anwendung, sofern hierfür keine Sondervorschriften gelten wie z. B. für → Grundstücksrechte, Vermögen, Erbschaft, → Anwartschaftsrecht u. a. → Gestaltungsrechte sind oftmals selbständig überhaupt nicht abtretbar; z. B. ist das Anfechtungs- oder Rücktrittsrecht mit dem Schuldverhältnis selbst verbunden (anders → Wiederkauf, Vorkaufsrecht). Gewisse höchstpersönliche Rechte (z. B. Mitgliedschaftsrechte in einem Verein; anders bei einer Kapitalgesellschaft, → Aktie) unterliegen gleichfalls nicht der A. *(sog. unveräußerliche Rechte)*. S. ferner → Vertragsübernahme.

6. Über die Abtretung von Gehaltsansprüchen oder Dienstbezügen s. dort. In der → Sozialversicherung und den übrigen Leistungsbereichen des → Sozialgesetzbuches können Ansprüche auf Geldleistungen übertragen oder verpfändet werden nur zugunsten von Darlehen oder Aufwendungen, die im Vorgriff auf fällige Sozialleistungen für eine angemessene Lebensführung gewährt worden sind, oder wenn dies im wohlverstandenen Interesse des Berechtigten liegt (die Feststellung trifft der Sozialleistungsträger). In anderen Fällen ist die Abtretung nur möglich, soweit die Leistungen den für Arbeitseinkommen geltenden unpfändbaren Betrag übersteigen (→ Lohnpfändung). Ansprüche auf Dienst- oder Sachleistungen sind unübertragbar. § 53 SGB I.

7. Im *Steuerrecht* können Ansprüche auf Erstattung von Steuern, Haftungsbeträgen, steuerlichen Nebenleistungen und auf Steuervergütungen abgetreten, verpfändet und gepfändet werden. Nähere Einzelheiten § 46 AO.

**Abtretungsverbot** (pactum de non cedendo) → Abtretung (3).

**Abwägungsgebot.** 1. Der Grundsatz, daß bei (möglicher, drohender oder bereits eingetretener) Kollision von Rechtsgütern oder Interessen eine Gewichtung der widerstreitenden Gesichtspunkte im Wege der *Güterabwägung* (Interessenwertung) vorzunehmen ist, gilt für alle Rechtsbereiche, in denen sich solche Gegensätzlichkeiten ergeben können. Die Abwägung öffentlicher und privater Belange gegeneinander oder untereinander ist weitgehend → Ermessen und damit auch dessen Grenzen unterworfen.

Das A. hat in vielen gesetzlichen Regelungen seinen Niederschlag gefunden (vgl. für das Strafrecht §§ 34, 35 StGB; → Notstand 1 a, → Notwehr 1 a; → Meinungsfreiheit, → Pressefreiheit, → Widerstandsrecht), ist aber darüber hinaus als Leitgedanke auch in anderen Kollisionsfällen allen behördlichen und gerichtlichen Entscheidungen zugrundezulegen. 2. Besondere Bedeutung hat das A. in allen planungs-, raum- und umweltorientierten Gesetzen und Verwaltungsverfahren erlangt; *Abwägungsdefizite* oder *Abwägungsdisproportionalitäten* haben hier häufig zur Rechtswidrigkeit und damit Aufhebung von Verwaltungsentscheidungen geführt. Besondere Bedeutung hat das A. bei der Aufstellung von → Bauleitplänen. Nach § 1 VI BauG sind hierbei „die öffentlichen und privaten Belange gegeneinander und untereinander gerecht abzuwägen". Die wichtigsten Belange für die Abwägung sind in § 1 V BauG aufgezählt. Der umfassenden und gerechten Abwägung dient auch die Beteiligung der Bürger (§ 3 BauGB) und der Träger öffentlicher Belange (zur Beachtlichkeit von Versäumnissen vgl. §§ 214–216 BauGB). Trotz umfassender Abwägungspflicht bleibt eine gewisse planerische Gestaltungsfreiheit. Beachtliche Abwägungsfehler führen im Verfahren der → Normenkontrolle gem. § 47 VwGO zur Nichtigerklärung des Bebauungsplans. S. ferner → Planfeststellung, → Übermaßverbot.

**Abwasser.** Bestimmungen über die Beseitigung von A. finden sich in den Bauordnungen und in den Wassergesetzen der Länder. Bauliche Anlagen dürfen nur errichtet werden, wenn die einwandfreie Beseitigung der A. gesichert ist. Kleinkläranlagen, Gruben und Sikkeranlagen dürfen nur hergestellt werden, wenn die A. nicht in eine Sammelkanalisation eingeleitet werden können. Die einwandfreie weitere Beseitigung innerhalb und außerhalb des Grundstücks muß gesichert sein. Einrichtungen, die der A.beseitigung dienen, sind eine Benutzung der öffentlichen Gewässer, die der Erlaubnis bedarf (→ Wasserhaushalt). Strafvorschriften über unzulässige Einleitungen in Gewässer enthält das Wasserhaushaltsgesetz. S.a. → Umweltschutz.

**Abwasserabgabe.** Nach dem Ges. über Abgaben für das Einleiten von Abwasser in Gewässer i. d. F. vom 3. 11. 1994 (BGBl. I 3370) ist das Einleiten von Abwasser in Gewässer grundsätzlich abgabenpflichtig (§ 1). Das Ges. ist Ausdruck des umweltschutzrechtlichen Verursacherprinzips. Abgabenpflichtig ist der Einleiter (§ 9). Die Abgabepflicht wird nach Grund und Höhe durch Bescheid festgesetzt (§ 4), wobei i. d. R. das Ausmaß der verursachten Verschmutzung (sog. Schadeinheiten) maßgebend ist. Die A. wird seit 1981 erhoben, der Abgabesatz steigt an. Sie beträgt seit 1993 60 DM und ab 1. 1. 1997 70 DM/Schadeinheit. Pauschalierung der A. ist bei „Kleineinleitungen" (Haushaltungen) und bei verschmutztem Niederschlagswasser vorgesehen. S.a. → Umweltschutz, → Wasserhaushalt. Für das Gebiet der ehem. DDR ist das Gesetz für Unternehmen, die nach DDR-Recht entgeltpflichtig waren (vgl. Anordnung vom 2. 2. 1984, GBl. I Nr. 14 S. 164 m. Änd.) am 1. 1. 1991 in Kraft getreten, im übrigen am 1. 1. 1993 (Anl. I Sachgeb. C Abschn. III Nr. 1 EinigV).

**Abwehr von Gefahren** → Gefahrenabwehr.

**Abwehranspruch, -klage** (actio negatoria) → Eigentumsstörungen; s.a. → Vollstreckungsabwehrklage.

**Abweichung gerichtlicher Entscheidungen** → Divergenz g. E.

**Abwendungsbefugnis** → Vollstrekkungsschutz, → Lösungssumme.

**Abwerbung von Arbeitskräften** → Sittenwidrigkeit, → unlauterer Wettbewerb; s.a. → Schmiergelder.

**Abwertung** ist die Herabsetzung des Außenwertes einer Währung durch die Änderung des festgesetzten Wechselkurses *(Devalvation)*. Gegensatz → Aufwertung (Revalvation). Die A. als währungspolitische Maßnahme dient der Beseitigung eines dauernden Zahlungsbilanz-Defizits. Ihr Einsatz als handelspolitische Maßnahme zur Verbilligung des Exports (Valuta-Dumping) ist nach den Bestimmungen des Internationalen → Währungsfonds nicht zulässig.

**Abwesenheitspflegschaft.** Für einen abwesenden Volljährigen, dessen Aufenthalt unbekannt (→ Verschollenheit braucht nicht vorzuliegen) oder der an der Rückkehr und Besorgung seiner Vermögensangelegenheiten verhindert ist (z. B. durch Auslandsaufenthalt), ist zur Regelung seiner Angelegenheiten, soweit sie der Fürsorge bedürfen, A. anzuordnen (§ 1911 BGB). Die A. ist eine → Pflegschaft, deren Anordnung auch dann wirksam ist, wenn der Abwesende bereits verstorben war (z. B. ein Vermißter); der Pfleger hat dann die Stellung eines → Nachlaßpflegers. Die A. endet kraft Gesetzes mit der → Todeserklärung des Abwesenden (§ 1921 III BGB) oder mit Erledigung der A. (§ 1918 III BGB); im übrigen ist sie vom → Vormundschaftsgericht aufzuheben, wenn die Verhinderung weggefallen oder der Abwesende gestorben ist (§ 1921 I, II BGB).

**Abwesenheitsverfahren.** Das Strafverfahren soll grundsätzlich nicht ohne Beteiligung des Beschuldigten geführt werden. Ist dieser auf nicht absehbare Zeit abwesend, so kann die Staatsanwaltschaft das Ermittlungsverfahren, das Gericht das Hauptverfahren vorläufig einstellen (§ 205 StPO). Grundsätzlich darf insbes. die → Hauptverhandlung (über Ausnahmen s. dort) nur in Anwesenheit des Angeklagte stattfinden. Bei unbekanntem oder Auslandsaufenthalt ist das A. nach §§ 276, 285 ff. StPO zulässig, aber nur zwecks Beweissicherung und keine Hauptverhandlung. Unter den Voraussetzungen des → Haftbefehls kann das Inlandsvermögen des Angeklagten beschlagnahmt werden. Wird ihm sicheres Geleit erteilt, so bleibt er von der Untersuchungshaft verschont, außer wenn er sich weisungswidrig verhält oder zu Freiheitsstrafe verurteilt wird.

**Abwicklung.** 1. → Liquidation.

2. Der Begriff wird im Bereich des in Art. 20 EinigV vorgesehenen Übergangsrechts für den öffentlichen Dienst der ehem. DDR verwendet. Als A. wird die ersatzlose Auflösung der bisherigen Beschäftigungsstelle bezeichnet (vgl. Anl. I zum EinigV Kap XIX Abschn. III Sachgeb. A Nr. 1 Abs. 4 Nr. 3). Bei A. der Beschäftigungsstelle können sämtliche Arbeitsverhältnisse ohne weitere Gründe ordentlich gekündigt werden.

**Abzahlungsgeschäft** → Kreditvertrag.

**Abzahlungshypothek** → Tilgungshypothek.

**Abzeichen.** Öffentliches Tragen oder sonstiges öffentliches Verwenden oder Verbreiten von A. verbotener Vereinigungen oder Parteien ist nach § 86 a StGB, § 20 I Nr. 5 VereinsG, das unbefugte Tragen von Amts-A. (Dienstmütze) nach § 132 a StGB strafbar. Unbefugtes Tragen von Berufs-A. der staatl. anerkannten Kranken- oder Wohlfahrtspflege (Rotkreuz-Brosche usw.) oder einer von einer Religionsgesellschaft öff. Rechts anerkannten religiösen Vereinigung ist → Ordnungswidrigkeit (§ 126 OWiG).

**Abziehbare/abzugsfähige Ausgaben** im Steuerrecht → Ausgaben, abzugsfähige.

**Abzinsung** → Zinsschuld.

**Abzugsteuern** *(Quellensteuern)* werden nicht durch → Veranlagung *(Veranlagungssteuern),* sondern durch Steuerabzug an der Quelle erhoben, z. B. → Lohnsteuer (§§ 38–42 f, 46 EStG), → Kapitalertragsteuer (§§ 43–45 d EStG), bei beschränkt Steuerpflichtigen (§ 50 a EStG). Vgl. → Einkommensteuer.

**Abzugsumsätze** → Umsatzsteuer (8.)

**Achslast von Kraftfahrzeugen** → Belastung von Kraftfahrzeugen.

**Acht** (Ächtung) war im Mittelalter eine der schwersten Strafsanktionen. Sie wurde bei Verbrechen verhängt, die sich unmittelbar gegen den Staats- oder Volksverband richteten oder ehrloser Gesinnung entsprangen. Die A. hatte „Friedlosigkeit" zur Folge, d.h. der Täter wurde aus der Gemeinschaft ausgestoßen, durfte (sollte) von jedermann bußlos erschlagen werden und blieb unbegraben („vogelfrei", den Vögeln zum Fraße). Ferner konnte die A. den Täter, der nicht vor Gericht erschien, in Form der Vermögenseinziehung, Verbannung oder Verknechtung treffen. Die A. war ein Strafmittel der weltlichen Gerichtsbarkeit, das häufig mit dem kirchlichen → Bann verbunden wurde.

**Acht Tage.** Ist eine → Frist von 8 Tagen vereinbart, so sind hierunter im *Handelsverkehr* im Zweifel volle 8 Tage zu verstehen (§ 359 II HGB); sonst entscheidet die → Auslegung, ob – wie meist – 1 Woche gemeint ist. S.i.e. → Frist.

**Achtstundentag** → Arbeitszeit.

**actio** = (römisch-rechtlich) Klagemöglichkeit. Nur für bestimmte Rechte und Ansprüche bestand (anders als heute) Rechtsschutz; ein → Anspruch konnte nur eingeklagt werden, wenn zu seiner Durchsetzung eine a. gegeben war (sog. *Aktionensystem*). Man unterschied insbes. die *a. in rem* (Geltendmachung eines → dinglichen Rechts) und die *a. in personam* (Geltendmachung eines persönlichen Forderungsrechts; → Anspruch).

**actio libera in causa.** Hat der Täter im Zustand der → Schuldunfähigkeit eine rechtswidrige Tat (§ 11 I Nr. 5

StGB) begangen, so ist er gleichwohl strafbar, wenn er den Zustand bei voller oder nur verminderter Schuldfähigkeit herbeigeführt hat, und zwar wegen vorsätzlichen Handelns (z. B. Täter trinkt sich Mut an, um im Rausch Körperverletzungen zu begehen) oder wegen Fahrlässigkeit (z. B. Mutter erdrückt ihr Kind im Schlaf). Die Strafbarkeit wegen des begangenen Delikts tritt also, anders als beim → Vollrausch (§ 323 a StGB), nicht wegen Herbeiführung der Schuldunfähigkeit ein, sondern weil der Täter vorausgesehen hat oder hätte voraussehen müssen, daß er in diesem Zustand eine *bestimmte* Straftat begehen werde. Die Grundsätze der a.l.i.c. sind aber auf → Tätigkeitsdelikte im Straßenverkehr (→ Straßenverkehrsgefährdung, → Fahren ohne Führerschein) nicht anwendbar; für sie kann ein schuldunfähiger Täter nur wegen → Vollrausches bestraft werden (BGH NJW 1997, 138). Bei fahrlässigen → Erfolgsdelikten im Straßenverkehr (fahrlässige → Tötung oder → Körperverletzung ) ist i. d. R. ein Rückgriff auf die a. l. i. c. nicht notwendig; hier kann an ein schuldhaftes Vorverhalten wie das Sich-Betrinken angeknüpft werden (BGH a.a.O.).

**actio negatoria** → Eigentumsstörungen.

**actio pro socio.** Bei einer → Gesellschaft des bürgerlichen oder Handelsrechts kann ein einzelner Gesellschafter mit der a.p.s. das allen Gesellschaftern als Gesamthandsgemeinschaft gegen einen anderen einzelnen Gesellschafter zustehende Recht, z. B. auf Leistung der vereinbarten Beiträge (§ 705 BGB), im eigenen Namen geltend machen, ggf. durch → Klage. Der Gesellschafter kann jedoch immer nur Leistung an die Gesamthand, also an alle Gesellschafter, fordern.

**actus (consensus) contrarius** (actus = Rechtshandlung) ist ein → Rechtsgeschäft, das das Gegenteil eines früher abgeschlossenen bezweckt, i. d. R. dessen Aufhebung. Hierzu ist regelmäßig – wie zur Begründung eines → Schuldverhältnisses – ein → Vertrag *(Aufhebungsvertrag)* erforderlich (§ 305 BGB).

**Adäquanztheorie** → Schadensersatz (1 a).

**Adäquater Kausalzusammenhang** → Schadensersatz (1 a).

**Adelsprädikate.** Die Vorrechte des Adels wurden durch Art. 109 III WV aufgehoben: Adelsbezeichnungen dürfen nicht mehr verliehen werden; die vor dem 14. 8. 1919 erworbenen bleiben jedoch bestehen und gelten als Bestandteil des Namens. Diese Bestimmung der WRV gilt heute noch fort, wenn auch nicht mehr mit verfassungsmäßigem Rang. Ob ein → Ausländer ein Adelsprädikat führen darf, richtet sich auch in der BRep. nach seinem Heimatrecht. Dies gilt auch für Auslandsdeutsche, denen in einem ausländischen Staat die Adelsbezeichnung aberkannt wurde; sie erwerben diese auch durch die Einbürgerung nicht zurück. Jedoch können sie diese im Wege der → Namensänderung zurückgewinnen; § 3 a Namensänderungsgesetz läßt die Namensänderung zu, wenn einem deutschen Staatsangehörigen, der die deutsche Staatsangehörigkeit nach dem 1. 1. 1919 erworben hat, durch ein Gesetz oder eine Verwaltungsmaßnahme seines früheren Heimatstaates die Führung seines Namens (mit Adelsprädikat) verboten worden war, sofern durch die Verbotsregelung überwiegend Angehörige einer deutschen Minderheit betroffen waren.

Das unbefugte Führen von A. gegenüber zuständigen Behörden (Beamten) ist → Ordnungswidrigkeit (§ 111 OWiG).

S. ferner → Namensrecht.

**Adhäsionsverfahren.** Wer durch eine Straftat verletzt worden ist, kann etwaige Schadensersatzansprüche entweder im → Zivilprozeß oder nach §§ 403 ff. StPO im Strafverfahren, sog. Adhäsionsverfahren, geltend machen (vor dem Amtsgericht ohne Rücksicht auf den Wert des → Streitgegenstandes). Der Antrag kann schriftlich oder zu Protokoll, in der → Hauptverhandlung noch bis zu Beginn der Schlußvorträge, gestellt werden. Er hat → Rechtshängigkeit des Anspruchs wie im Zivilprozeß zur Folge. Gewährung von → Prozeßkostenhilfe ist möglich (§ 404 V StPO). Im Falle strafrechtlicher Verurteilung kann das Gericht dem Schadensersatzantrag im Strafurteil stattgeben. Die Entscheidung steht einem zivilprozessualen Urteil gleich; sie kann sich auf den Grund oder einen Teil des Anspruchs beschränken. Das Urteil kann für sich allein vom Angeklagten angefochten werden. Gibt der Strafrichter dem Antrag nicht statt, kann dieser noch im Zivilprozeß geltend gemacht werden; deshalb steht dem Antragsteller im A. kein Rechtsmittel gegen Ablehnung zu. Der Strafrichter sieht von einer Entscheidung über den Schadensersatzanspruch ab, wenn er den Angeklagten nicht verurteilt oder den Antrag für unbegründet oder zur Erledigung im Strafverfahren für ungeeignet hält (so wegen der damit verbundenen Verzögerung). Wegen dieser Ablehnungsmöglichkeit wird das A. selten durchgeführt.

**Administration** bedeutet → Verwaltung.

**Administrativenteignung** → Enteignung.

**Administrator, Apostolischer** → Apostolische Administratur.

**Adoption** *(Annahme als Kind).* Eine A. ist zulässig, wenn sie dem Wohl des Kindes dient und zu erwarten ist, daß zwischen dem Annehmenden und dem Kind ein echtes Eltern-Kind-Verhältnis entsteht (§ 1741 I 1 BGB). Der Angenommene wird rechtlich voll in die Adoptivfamilie eingegliedert; die bisherigen Verwandtschaftsverhältnisse erlöschen (sog. Voll-A.).

Wer nicht verheiratet ist, kann ein Kind nur allein annehmen. Ein Ehepaar kann ein Kind nur gemeinschaftlich annehmen (§ 1741 II BGB). Ein Ehegatte kann auch ein Kind des anderen Ehegatten allein annehmen, nicht aber allein sein eigenes. Der Annehmende muß unbeschränkt geschäftsfähig und mindestens 25 Jahre alt sein, bei annehmenden Ehepaaren der andere Ehegatte mindestens 21 Jahre (§ 1743 BGB). Kinderlosigkeit des Annehmenden wird nicht mehr vorausgesetzt, ebensowenig Minderjährigkeit des Kindes; doch gelten für die A. Volljähriger Sondervorschriften (s.u.). Die *Vermittlung* von A. ist nach dem A.VermittlungsGes. i. d. F. vom 27. 11. 1989 (BGBl. I 2016) den → Jugendämtern und den freien Wohlfahrtsverbänden gestattet (→ Adoptionsvermittlung). Die A. bedarf der Einwilligung des Kindes und ggf. der Zustimmung seines gesetzlichen Vertreters; ist das Kind geschäftsunfähig oder noch nicht 14 Jahre alt, so kann nur der gesetzliche Vertreter die Einwilligung erteilen (§ 1746 BGB). Die A. bedarf ferner der Einwilligung der Eltern des Kindes; sie kann erst erteilt werden, wenn das Kind 8 Wochen alt ist. Der Vater (oder wer als solcher vermutet wird, → Abstammung, 2 c) kann bei nicht verheirateten Eltern die Einwilligung auch schon vor der Geburt erteilen, sofern er nicht gemäß § 1672 BGB beantragt hat, die → elterliche Sorge auf ihn zu übertragen (dann darf eine A. erst ausgesprochen werden, wenn über diesen Antrag entschieden ist oder der Vater hierauf verzichtet hat, § 1747 BGB; s. a. → *Inkognitoadoption*, dort auch über Blankoadoption). Die verweigerte Einwilligung des Vormunds oder Pflegers kann das Vormundschaftsgericht beim Fehlen eines triftigen Grundes ersetzen, die Einwilligung eines Elternteils nur bei erheblicher Pflichtverletzung oder Interesselosigkeit gegenüber dem Kind (§§ 1746 III, 1748 BGB). Hat die Mutter nach § 1626 a BGB allein die → elterliche Sorge (s. dort), so hat das Vormundschaftsgericht die Einwilligung des Vaters zu ersetzen, wenn das Unterbleiben der A. dem Kind zu unverhältnismäßigem Nachteil gereichen würde (§ 1748 IV BGB). Die Einwilligung ist dem Vormundschaftsgericht gegenüber zu erklären und bedarf der notariellen Beurkundung; sie darf weder bedingt noch befristet sein, ist unwiderruflich und kann nicht durch einen Vertreter erteilt werden (§ 1750 BGB). Mit der Einwilligung eines Elternteils ruht dessen → elterliche Sorge (auch das Recht des persönlichen Umgangs mit dem Kind darf nicht mehr ausgeübt werden; bis zur Wirksamkeit der A. wird das Jugendamt → Vormund § 1751 BGB).

Die A. wird auf *Antrag des Annehmenden* vom Vormundschaftsgericht ausgesprochen (sog. Dekretsystem – also nicht mehr durch Vertrag der Beteiligten; § 1752 BGB). Sie setzt i. d. R. voraus, daß der Annehmende das Kind eine angemessene Zeit in Pflege gehabt hat (§ 1744 BGB). Die A. ist nur zulässig, wenn sie dem Wohl des Kindes dient und ein echtes Eltern-Kind-Verhältnis erwarten läßt (also keine *Schein-* oder

*Namensadoption*). Ferner dürfen überwiegende Interessen der Kinder des Annehmenden oder des Anzunehmenden nicht entgegenstehen; vermögensrechtliche Interessen sollen aber nicht ausschlaggebend sein (§§ 1741 I, 1745 BGB).

Bei A. durch ein Ehepaar (oder A. eines Kindes des anderen Ehegatten) erlangt das Kind die volle *rechtliche Stellung* eines gemeinschaftlichen Kindes der Ehegatten, sonst die eines Kindes des Annehmenden. Das minderjährige Kind untersteht also der → elterlichen Sorge. Es entstehen gegenseitige Ansprüche aus dem Erbrecht (gesetzliche → Erbfolge) und Unterhaltspflichten (→ Unterhaltspflicht unter Verwandten). Der Adoptierte erhält den → Wohnsitz des Annehmenden (§ 11 BGB), der minderjährige Adoptierte auch dessen → Staatsangehörigkeit. Die Wirkungen der A. erstrecken sich auf die Abkömmlinge des Kindes. Das Verwandtschaftsverhältnis des Kindes und seiner Abkömmlinge zu den bisherigen Verwandten und die sich aus ihm ergebenden Rechte und Pflichten (z. B. Erbrecht, Unterhaltsansprüche) erlöschen grundsätzlich; jedoch werden vorher entstandene Versorgungsansprüche nicht berührt (§§ 1754, 1755 BGB). Das Kind erhält als Geburtsnamen den Familiennamen (→ Name der Familie) des Annehmenden; Beifügung des bisherigen Familiennamens und Änderung (Ergänzung) des Vornamens kann das Vormundschaftsgericht anordnen (§ 1757 BGB).

Die *Aufhebung* des A.-Verhältnisses durch das Vormundschaftsgericht ist nur unter bestimmten Voraussetzungen zulässig (Fehlen des Antrags des Annehmenden oder der Einwilligung des Kindes oder eines Elternteils oder Unwirksamkeit wegen bestimmter Mängel); sie setzt einen (fristgebundenen) Antrag des betreffenden Beteiligten voraus (§§ 1760, 1762 BGB).

Eine Aufhebung der A. ist auch während der Minderjährigkeit des Kindes aus schwerwiegenden Gründen zulässig (§ 1763 BGB). Kraft Gesetzes wird das A.verhältnis aufgehoben bei einer Eheschließung zwischen dem Annehmenden und dem Angenommenen oder einem seiner Abkömmlinge entgegen dem → Eheverbot des § 1308 BGB (§ 1766 BGB). Die Aufhebung wirkt nur für die Zukunft; das durch die A. begründete Verwandtschaftsverhältnis erlischt – damit auch Unterhalts- und Erbrecht (beim Namensrecht Ausnahmebewilligung möglich, § 1765 BGB); das frühere lebt wieder auf. Das Vormundschaftsgericht hat den leiblichen Eltern die elterliche Sorge zurückzuübertragen, soweit dies dem Wohl des Kindes nicht widerspricht; ansonsten ist ein Vormund oder Pfleger zu bestellen (§ 1764 BGB).

Die *A. eines Volljährigen* setzt voraus, daß sie sittlich gerechtfertigt und ein wirkliches Eltern-Kind-Verhältnis zu erwarten ist. Der Antrag ist von dem Annehmenden und vom Anzunehmenden zu stellen (§§ 1767, 1768 BGB). Grundsätzlich gelten die gleichen Regeln wie bei der A. eines Minderjährigen. Jedoch wird kein Rechtsverhältnis zu den Verwandten des Annehmenden begründet. Auch werden die Rechte und Pflichten im Verhältnis zwischen dem Adoptierten und dessen Verwandten grundsätzlich nicht berührt (§ 1770 BGB; Ausnahmen § 1772 BGB). Eine gerichtliche Aufhebung der A. ist auf Antrag des Annehmenden oder des Adoptierten schon aus wichtigem Grund zulässig (§ 1771 BGB). Zur Embryo-A. → künstliche Fortpflanzung. Überleitungsvorschrift für im Gebiet der ehem. DDR vor dem 3. 10. 1990 begründete A. Art. 234 § 13 EGBGB.

**Adoptionsvermittlung** ist das Zusammenführen von Kindern unter 18 Jahren und Personen, die das Kind annehmen wollen (Adoptionsbewerber) mit dem Ziel der Annahme als Kind (→ Adoption) oder der Nachweis der Gelegenheit, ein auch noch nicht gezeugtes oder geborenes Kind anzunehmen oder annehmen zu lassen (§ 1 S. 1 und 2 des Adoptionsvermittlungsgesetzes – AdVermiG – i. d. F. vom 27. 11. 1989, BGBl. I 2016). Sie ist Jugendämtern, Landesjugendämtern, bestimmten Verbänden der → Freien Wohlfahrtspflege und zur A. anerkannten Stellen gestattet. Anderen ist die A. grundsätzlich untersagt.

Verboten sind auch folgende Vermittlungstätigkeiten: Gewähren oder Verschaffen einer Gelegenheit zur Entbindung im Ausland für eine Schwangere mit Wohnsitz oder Aufenthalt im Inland und Bestimmen der Schwangeren, ihr Kind im Ausland zur Adoption wegzugeben, oder Leisten von Hilfe zur Weggabe des Kindes, jeweils bei Gewerbs- oder Geschäftsmäßigkeit (§ 5 III AdVermiG); Maßnahmen mit dem Ziel der Aufnahme eines Kindes auf Dauer durch einen Dritten, insbes. durch wahrheitswidrige Vaterschaftsanerkennung (§ 5 IV 1 AdVermiG); Adoptionsanzeigen (§ 6 AdVermiG). Ein Verstoß wird als → Ordnungswidrigkeit mit Geldbuße geahndet (§ 14 AdVermiG) und ist in bestimmten Fällen als → Kinderhandel strafbar. Wer an einer gesetz- oder sittenwidrigen A. (auch über einen Dritten) mitgewirkt hat, soll ein Kind nur annehmen, wenn dies zum Wohl des Kindes erforderlich ist (§ 1741 I 2 BGB).

**Adressat** → Beteiligter, → Steuerbescheid.

**Advokat** ist die frühere Bezeichnung für → Rechtsanwalt, in der Schweiz heute noch die offizielle Benennung hierfür. In Deutschland wird sie heute vielfach als herabsetzende Bezeichnung für einen Rechtsanwalt verwendet.

**Aequivalenz** (Gleichwertigkeit) → Anerkennung ausländischer Prüfungen.

**AETR** (Europ. Übereinkommen über die Arbeitszeit des im internat. Straßenverkehr beschäftigten Fahrpersonals) → Kraftfahrer.

**AfA** → Absetzung für Abnutzung.

**Affektionsinteresse** → Schadensersatz (2a).

**Affektzustand.** Eine Straftat ist im Affekt begangen, wenn sie durch Gemütsbewegung veranlaßt (nicht willensmäßig gelenkt) ist, insbes. bei hochgradiger Erregung. War nach dem Grad des A. zur Tatzeit die Fähigkeit des Täters, trotz Erkennen seines Unrechts dieser Einsicht gemäß zu handeln (Steuerungsfähigkeit), erheblich vermindert, *kann* Strafmilderung eintreten; war sie durch den A. ausgeschlossen, bleibt der Täter straflos (§§ 20, 21 StGB; → Schuldunfähigkeit).

**Affidavit** ist ursprünglich eine schriftliche eidesstattliche Erklärung zur Erhärtung einer Tatsachenbehauptung; jetzt besonders im internat. Wertpapierverkehr verwendet, z. B. als Lieferbarkeitsbescheinigung für abhanden gekommene Wertpapiere.

**affirmativ** (lat.) = bestärkend, bejahend; affirm. → Bedingung = positive Bed.

**Aftermiete** ist ein anderer Ausdruck für Untermiete (→ Miete, 2b).

**AG** = → Aktiengesellschaft, → Amtsgericht.

**Agende** ist eine Gottesdienstregelung in der → Evang. Kirche. Die A. sind in den Gliedkirchen unterschiedlich ausgestaltet und als Kirchengesetz für Pfarrer und Gemeinden verbindlich.

**Agent.** 1. Handelsrechtlich die veraltete Bezeichnung für einen gewerbs- oder geschäftsmäßig handelnden Vertreter für beliebige Arten von Geschäften (→ Handelsvertreter); s. a. → Prozeßagent.

2. Umgangssprachliche Bezeichnung für → verdeckten Ermittler und verdeckt arbeitende Bedienstete der → Nachrichtendienste (→ nachrichtendienstliche Mittel).

**agent provocateur.** Wer die Straftat eines anderen provoziert (z. B. um ihn zu überführen), kann nicht (wegen → Anstiftung) bestraft werden, wenn er es nur zum → Versuch hat kommen lassen wollen; Strafbarkeit wegen Versuchs entfällt, weil sie den Willen zur Tatvollendung voraussetzt. Kommt es dagegen infolge nachhaltiger Einwirkung durch den a.p. zur Straftat, so wird sich hieraus für den Täter ein wesentlicher Strafmilderungsgrund ergeben (BGHSt. 32, 345, 355); ein Verfahrenshindernis wird hierdurch nicht begründet (BGHSt. 33, 362).

**Agententätigkeit.** Nach § 98 StGB ist wegen → Landesverrats strafbar, wer für eine fremde Macht eine Tätigkeit ausübt, die auf Erlangung oder Mitteilung von → Staatsgeheimnissen gerichtet ist, oder wer sich zu einer solchen A. gegenüber einer fremden Macht oder einem ihrer Mittelsmänner bereit erklärt. Strafbar ist ferner, wer für den Geheimdienst einer fremden Macht eine Geheimdiensttätigkeit gegen die BRep. zwecks Mitteilung oder Lieferung von

Tatsachen, Gegenständen oder Erkenntnissen ausübt, oder wer sich hierzu in der genannten Weise bereit erklärt (§ 99 StGB); die A. muß hier nicht Staatsgeheimnisse zum Gegenstand haben. Als A. i.w.S. kann man auch die nach § 86 StGB strafbare Herstellung, Verbreitung oder Einfuhr unerlaubter *Propagandamittel* einer verbotenen Partei, Vereinigung usw. bezeichnen. Strafbar ist ferner nach § 87 StGB die A. zu Sabotagezwecken (→ Rechtsstaatsgefährdung).

**Agenturvertrag.** Anders als beim → Maklervertrag hat der Agent nicht nur das Geschäft zu vermitteln, sondern auch für seinen Auftraggeber abzuschließen. Es liegt regelmäßig ein → Geschäftsbesorgungsvertrag vor, der allerdings gleichfalls weitgehend vom Erfolg der vermittelten Tätigkeit abhängig ist. → Handelsvertreter.

**Aggression** → Angriffskrieg, → Retorsion.

**Aggressiver Notstand** → Notstand (2).

**Agio** (Aufgeld) → Disagio.

**Agnaten** oder agnatische (feste) Sippe sind die von demselben Stammvater abstammenden männlichen Familienangehörigen (Gegensatz: *Kognaten,* von einem gemeinsamen Eltern- oder Vorelternpaar abstammend). Die A. waren als Speer- oder Schwertmagen lange Zeit im Erbrecht und Wergeldempfang bevorzugt gegenüber den Spindel- oder Kunkelmagen der wechselnden Sippe, die durch jede Eheschließung neu begründet wurde.

**Agrarrecht** → Landwirtschaft.

**agrément.** Vor der Ernennung des Chefs einer diplomatischen Vertretung (→ Diplomat) wird mittels der sog. demande d'agréation die Zustimmung (franz.: agrément) des Empfangsstaates eingeholt. Dieser kann die Zustimmung ohne Angabe von Gründen versagen, wenn er Einwendungen gegen die Person des vorgesehenen Missionschefs hat (vgl. Art. 4 des Wiener Übereinkommens vom 18. 4. 1961 über → diplomatische Beziehungen).

**AHB** = Allgemeine Bedingungen für die Haftpflichtversicherung; s. → Versicherungsbedingungen.

**AIDS** (Acquired Immuno Deficiency Syndrom = erworbenes Immunschwäche-Syndrom). Die im Zusammenhang mit dieser Erkrankung und der Infizierung mit dem sog. Humanen Immunmangel-Virus (HIV) auftretenden Rechtsfragen sind noch wenig geklärt (s. dazu Reuter-Krauß/Schmidt: Aids und Recht von A–Z). Als Rechtsgrundlage für Maßnahmen zur Verhütung und Bekämpfung von A. kommt das Bundesseuchengesetz (→ übertragbare Krankheiten) in Betracht. Da A. in dem Katalog der meldepflichtigen Krankheiten in § 3 des Ges. aber nicht enthalten ist, wird ein eigenes A.Gesetz gefordert (vgl. dazu Bruns MDR 1987, 353; Zuck MDR 1987, 460). Wer als behandelnder oder sonst hinzugezogener Arzt durch Tests oder Untersuchungen positive Ergebnisse gewinnt, hat nach der LaborberichtsVO vom 18. 12. 1987 (BGBl. I 2819) dem Zentralen A.-Infektionsregister beim Robert-Koch-Institut als Bundesinstitut für Infektionskrankheiten und nicht übertragbare Krankheiten einen anonymen Bericht (d.h. ohne Namensnennung oder sonstige Kennzeichnung des Betroffenen) zu erstatten; vorsätzl. oder fahrlässige Verletzung dieser Pflicht ist eine → Ordnungswidrigkeit.

Über A. und *Arztrecht* (z. B. Behandlungspflicht, Einwilligungserfordernis beim A.-Test, Pflicht zur Mitteilung des Befundes, Arztgeheimnis) vgl. im übrigen Laufs/Laufs NJW 1987, 2261 und Loschelder NJW 1987, 1467.

Zu Rechtsfragen von A. im *Betrieb* und im *Arbeitsleben* (z. B. HIV-Antikörpertest als Arbeitsschutzmaßnahme, Zulässigkeit von Fragen nach A. und Tests bei Bewerbungen und Einstellungen, Kündigung von erkrankten Arbeitnehmern) vgl. Bruns MDR 1988, 95. Entspr. Fragen bei der Einstellung sind jedenfalls bei ansteckungsgefährdeten Tätigkeiten zulässig (sonst. zw.). Im übrigen gelten die Regeln für die → Krankheit des Arbeitnehmers. Eine → Kündigung des Arbeitsverhältnisses kann nur ausnahmsweise hierauf gestützt werden.

*Familienrechtliche* Probleme (z. B. Verlangen nach ungeschütztem Geschlechtsverkehr unter Ehegatten, Eheaufhebung wegen bei Eheschließung unbekannter A.-Erkrankung oder Infizierung, Unterhaltspflichten bei krankheitsbedingter Unterhaltsbedürftigkeit) behandelt Tiedemann NJW 1988, 729.

Zu den im Zusammenhang mit A. und *Schule* auftauchenden Rechtsfragen (z. B. Schutzmaßnahmen gegen Ansteckung, Ausschluß des infizierten Schülers, Information der Mitschüler und Eltern) vgl. Bender NJW 1987, 2903.

*Strafrechtlich* kann bei Gefährdung eines Sexualpartners durch Ansteckung mit HIV-Viren infolge Sexualverkehrs ohne Schutzmittel eine versuchte und bei erfolgter Ansteckung eine vollendete gefährliche → Körperverletzung bzw. bei Tod des Angesteckten ein Tötungsdelikt (→ Tötung) in Betracht kommen (BGHSt. 36, 1). Der Tatbestand kann wegen eigenverantwortlicher → Selbstgefährdung oder -schädigung des Opfers ausgeschlossen sein, jedoch nicht, wenn der Täter seine Infektiösität dem Sexualpartner nicht offenbarte. Ein indizierter HIV-Antikörpertest durch einen Arzt stellt auch ohne Aufklärung und ausdrückliche Einwilligung des Patienten keine Körperverletzung dar (s. Tröndle, § 223 StGB, Rn. 6 b und 9). Zur Vorsorge gegen A.-Infektion im → Strafvollzug s. Tröndle, § 13 StGB Rn. 6.

Nach dem HIV-Hilfeges. vom 24. 7. 1995 (BGBl. I 972) können Personen, die vor 1988 durch Blutprodukte mit dem HIV infiziert worden und deshalb an A. erkrankt sind, durch eine Stiftung Geldleistungen in Form monatlicher Renten erhalten. Anspruchsberechtigt sind auch von ihnen mit dem HIV infizierte nahe Angehörige und Lebenspartner sowie nicht infizierte Ehepartner und Kinder. Leistungen an erkrankte Personen nach § 17 HIV-Hilfeges. sind steuerfrei (§ 3 Nr. 69 EStG).

**Airbag** ist ein Rückhaltesystem in Kfz. nach § 35 a IX, X StVZO.

**Akademie** ist eine für öffentliche und private Bildungseinrichtungen (oft Fortbildungsstätten) verwendete, rechtlich nicht allgemein geschützte Bezeichnung (z. B. „Katholische A."; Kunstakademie; „Deutsche Richterakademie"). In der Gesetzgebung zur Bildungsreform gewinnt der Begriff → Fachakademie an Bedeutung (steht im Bildungsangebot unter der → Hochschule und der → Fachhochschule).

**Akademische Grade** oder nach neuerer Bezeichnung *Hochschulgrade* sind akademische Würden, die nach Abschluß eines ordnungsgemäßen Studiums und/oder nach Erbringung einer besonderen wissenschaftlichen Leistung nach Maßgabe besonderer Prüfungs- oder Promotionsordnungen von einer → Hochschule oder einem besonderen Prüfungsamt verliehen werden. Auf Grund einer Hochschulprüfung, mit der ein berufsqualifizierender Abschluß erworben wird, verleiht die Hochschule einen Diplomgrad mit Angabe der Fachrichtung (z. B. Diplom-Ingenieur, Diplom-Forstwirt, Diplom-Chemiker). Die Hochschule kann einen Diplomgrad auch auf Grund einer studienabschließenden staatlichen oder kirchlichen Prüfung verleihen. Das Landesrecht kann vorsehen, daß für einen berufsqualifizierenden Abschluß der Magistergrad verliehen wird. An → Fachhochschulen wird der Diplomgrad mit dem Zusatz „Fachhochschule" („FH") verliehen; der Magistergrad kann von Fachhochschulen nicht verliehen werden. Promotion (→ Doktorgrad) und → Habilitation sind den wissenschaftlichen Hochschulen vorbehalten. Die Fachhochschulen haben kein Promotions- und Habilitationsrecht. Die a.G. sind → akademische Würden im weiteren Sinn.

Der zur Führung eines a.G. Berechtigte darf im mündlichen und schriftlichen Verkehr mit Behörden und Privatpersonen seinem Namen den a.G. hinzufügen; dieser ist aber nicht Namensbestandteil, auch keine Berufsbezeichnung. A.G. können nachträglich unter bestimmten Voraussetzungen von der Hochschule entzogen werden (z. B. bei Erwerb durch Täuschung; Unwürdigkeit u. dgl.). Nach §§ 1, 2 d. Ges. über die Führung a.G. vom 7. 6. 1939 (RGBl. I 985; DVO vom 21. 7. 1939, RGBl. I 1326), das als → Landesrecht fortgilt, bedürfen Deutsche zur Führung eines *ausländischen* a.G. im Inland einer Genehmigung der zuständigen Landesbehörde (BVerwG NJW 1968, 668). Ausländer ebenfalls, außer wenn sie sich im Inland im amtlichen Auftrag oder nur vorübergehend und nicht zu Erwerbszwecken aufhalten. Die von einem Land der BRep. erteilte Genehmigung ist auch in den anderen Ländern der

BRep. wirksam (Abk. vom 23. 10. 1958; vgl. bayGVBl. 1962, 17). S.a. Europ. Übereinkommen über die Anerkennung von a.G. vom 14. 12. 1959 (BGBl. 1969 II 2057). Die unbefugte Führung eines a.G. ist nach § 132 a StGB, das Angebot entgeltlicher Vermittlung eines *ausländischen* a.G. nach § 5 AkadGrG strafbar. S.a. → Titel, → Orden.

**Akademische Würden** im weiteren Sinne umfassen die → akademischen Grade (Hochschulgrade) und die akademischen Würden im engeren Sinne, deren Erwerb nicht an eine Prüfungsleistung anknüpft. Am bedeutsamsten ist hier die Ehrenpromotion, die zum Ehrengrad eines Ehrendoktors (Doktor honoris causa = Dr. h. c.) führt. Teilweise ist auch der → Honorarprofessor eine über die Lehrtätigkeit hinausreichende a.W.

**Akademischer Senat** ist nach → Hochschulrecht häufig die Bezeichnung für das zentrale Organ einer → Hochschule.

**AKB** = Allgemeine Bedingungen für die Kraftverkehrsversicherung; → Kraftfahrzeug-Haftpflichtversicherung (1 b), → Versicherungsbedingungen, → Kaskoversicherung, → Insassenunfallversicherung.

**Akklamation** ist eine Form der Zustimmung bei → Wahlen oder → Abstimmungen in einer Versammlung; sie wird durch mündliche Erklärung (Zurufe, Beifall oder sonstige Zustimmungskundgebung) der Anwesenden geäußert und erübrigt eine Stimmenzählung.

**Akkord** (akkordieren) bezeichnet einmal die gütliche Einigung bei widerstreitenden Interessen oder Ansprüchen; s.a. → Vergleichsverfahren. Außerdem wird die Bezeichnung für die Arbeit im Leistungslohn verwendet; → Akkordarbeit.

**Akkordarbeit** liegt vor, wenn in einem → Arbeitsverhältnis der Lohn nach dem erzielten Arbeitsergebnis bemessen wird (z. B. nach der Anzahl der gefertigten Stücke, sog. Stücklohn). Akkordlohnsätze können durch → Betriebsvereinbarung festgesetzt werden (§ 87 I Nr. 11 BetrVG) oder im einzelnen Arbeitsvertrag. Bei Jugendlichen unter 18 Jahren ist A. grundsätzlich verboten (§ 23 JArbSchG). Meistens wird der Akkordlohn mit dem Zeitlohn gemischt (Zeitakkord), insbes. in der Form, daß dem Arbeiter ein Mindestlohn garantiert wird (→ Verdienstsicherungsklausel). Es gibt Einzel- und Gruppenakkord, je nachdem, ob der Lohn nach dem Arbeitsergebnis des einzelnen Arbeiters gezahlt oder nach dem mehrerer Arbeiter berechnet und unter sie nach einem festgelegten Schlüssel verteilt wird.

**Akkordlohn** → Akkordarbeit.

**Akkreditierung** → Beglaubigung von → Diplomaten.

**Akkreditiv.** Über das *völkerrechtliche A.* vgl. Beglaubigung von Gesandten. Das *handelsrechtliche A.* soll eine Zahlung, insbes. die eines vorzuleistenden Kaufpreises, vermitteln. Das A. wird i. d. R. in der Weise gestellt, daß der Käufer sich unwiderruflich verpflichtet, eine bestimmte Bank zu veranlassen, die dem Kaufpreis entsprechende Summe dem Verkäufer nach Prüfung und Aushändigung bestimmter Dokumente (z. B. Frachtbrief) zu zahlen. Außerdem kann ein A. zu dem Zweck bestellt werden, ein → Darlehen einzuräumen. Das A. hat vor allem für den Außenhandel große praktische Bedeutung. Seiner Rechtsnatur nach kann es eine → Anweisung sein; Rechtsgrund des A. ist meistens ein → Geschäftsbesorgungsvertrag. Das von der Bank bestätigte A. hat die Wirkung eines → Schuldversprechens.

**Akkreszenz** = Anwachsung.

**Akkumulationsrücklage.** Nach § 3 II StÄndG/DDR kann für Zwecke der Akkumulation, d.h. für Erhöhung der Produktionskapazität durch Investition, eine Rücklage gebildet werden. Nach § 58 II EStG dürfen diese Rücklagen bis längstens 31. 12. 1995 fortgeführt werden. Str. ist, ob die A. schon den Gewinn und damit den Gewerbeertrag im Sinn des § 7 GewStG/DDR mindert (so BFH BStBl. II 1994, 813, 941) oder erst bei der Ermittlung des Einkommens zu berücksichtigen ist (so BMF BStBl. I 1992, 192; 1994, 773, 905).

**Akkusationsprinzip** = Anklagegrundsatz; s. → Anklageerhebung, → Offizialprinzip.

**Akkusationsprozeß** (Anklageprozeß) war im früheren deutschen Recht eine Form der Strafverfolgung des Straftäters durch den Verletzten vor Gericht; sie wurde häufig mit der Verfolgung zivilrechtlicher Ansprüche verbunden. Im Zuge der Trennung zwischen Zivil- und Straßprozeß wurde der A. in den → Inquisitionsprozeß übergeleitet, in dem eine Behörde die Anklagefunktion übernahm. Dadurch wurde zugleich die Grundlage für die Einführung des heutigen Offizialverfahrens geschaffen, in dem die Strafverfolgung grundsätzlich der Staatsanwaltschaft obliegt (→ Offizialprinzip).

**Akten.** Hierunter versteht man die in einer bestimmten Angelegenheit von einer Behörde (Gericht) gesammelten und geordneten Schriftstücke. Zum Zwecke der Unterscheidung sind A. regelmäßig mit einem bestimmten Aktenzeichen (→ Registerzeichen) versehen. S.a. → Akteneinsicht.

**Akteneinsicht.** 1. Die Einsichtnahme in gerichtliche oder behördliche Verfahrensakten durch Verfahrensbeteiligte oder sonstige Interessenten ist unterschiedlich geregelt.

2. Im → Zivilprozeß steht sie den Parteien und den an der → Zwangsvollstreckung Beteiligten kraft Gesetzes unmittelbar zu (§§ 299 I, 760 ZPO), Dritten nur mit Einwilligung der Parteien oder, wenn sie ein rechtliches Interesse glaubhaft machen, mit Gestattung durch den Vorstand des Gerichts, bei dem sich die Akten befinden (§ 299 II ZPO). Entwürfe von Urteilen usw. sind ausgenommen. In der → freiwilligen Gerichtsbarkeit ist A. für jedermann vorgesehen, wenn ein berechtigtes Interesse glaubhaft gemacht wird (§ 34 FGG).

3. Einsicht in Strafakten ist dem Verteidiger grundsätzlich gestattet (vor förmlichem Abschluß der Ermittlungen einschränkbar, § 147 StPO) – nicht dem Beschuldigten –, dem → Verletzten durch einen Rechtsanwalt (§ 406e StPO), Dritten nur durch einen Rechtsanwalt zur Prüfung bürgerlichrechtlicher Ansprüche oder zur sonstigen Rechtsverfolgung (Nr. 185 ff. RiStBV).

4. Akten der Verwaltungsgerichte können die Beteiligten einsehen (§ 100 VwGO, § 120 SGG, § 78 FGO). Im Verwaltungsverfahren besteht Anspruch auf A. für die Beteiligten, soweit zur Wahrung ihrer Rechte erforderlich (§ 29 VwVfG; wird auch für Dritte angenommen); Ausnahmen bei gebotener Geheimhaltung oder wenn Interessen des Bundes oder eines Landes verletzt oder die Behörde in der Erfüllung ihrer Aufgaben beeinträchtigt würde. Besonders geregelt ist die Einsichtnahme in Akten des ehemaligen → Staatssicherheitsdienstes.

5. Über Einsicht in Personalakten der Beamten vgl. § 90 BBG und die Ländergesetze.

6. Ein Unterfall der A. ist die *Auskunft* aus den Akten; wenn sie für die Zwecke des Antragstellers ausreicht, kann sie an Stelle der Einsicht erteilt werden, soweit nicht ein gesetzlicher *Anspruch* auf A. besteht.

7. Gegenüber *Finanzbehörden* besteht wegen der Wahrung des Steuergeheimnisses grundsätzlich kein Recht auf A., insbes. hat der Beschuldigte gegenüber dem Finanzamt keinen Anspruch auf Auskunft über einen Anzeigenerstatter (BFH BStBl. II 1994, 552).

**Aktenlageentscheidung** ist eine Entscheidung des Gerichts nach einem Termin zur mündlichen Verhandlung, in dem mindestens eine der Parteien säumig ist. Weitere Voraussetzungen einer A. sind: ein Antrag der erschienenen Partei auf A. an Stelle eines → Versäumnisurteils (§ 331 a ZPO) oder, falls beide Parteien nicht erscheinen oder keine Anträge stellen, für den Erlaß eines Urteils eine frühere mündliche Verhandlung (§ 251 a ZPO; sonst → Vertagung oder → Ruhen des Verfahrens). Über die A. des → Sozialgerichts (nach Hinweis in der Ladung) vgl. § 126 SGG.

**Aktenzeichen** → Akten, → Registerzeichen.

**Aktie** ist ein → Wertpapier, das die vom Aktionär durch Übernahme eines Anteils am → Grundkapital erworbenen Rechte verbrieft. Das Grundkapital der Aktiengesellschaft und der Kommanditgesellschaft auf Aktien ist in A. zerlegt (§ 1 II AktG); auf die A. und damit den Aktionär entfällt ein dementsprechender Anteil am Gesellschaftsvermögen. Die A. können entweder als *NennbetragsA.* oder als *StückA.* begründet werden (§ 8 I AktG); bei derselben → Aktiengesellschaft ist jedoch ein Nebeneinander beider A.formen im Interesse der Klarheit nicht zulässig. NennbetragsA. müssen auf einen Nennwert von mindestens 5 DM (künftig: 1 Euro; zur Umrechnung → Grundkapital), höhere Aktiennennbeträge (die auch unterschiedlich sein können) gleichfalls auf volle 5 DM (1 Euro) lauten (§ 8 II AktG). StückA. lauten auf keinen Nennbetrag (*nennwertlose A.*). Auf die einzelne nennwertlose A. entfällt der ihrem Anteil an der Gesamtzahl der A. entsprechende Teilbetrag des → Grundkapitals. Die StückA. sind daher alle gleich groß; sie lauten nicht auf eine bestimmte Quote. Der auf die einzelne StückA. entfallende Betrag des Grundkapitals darf aber auch hier 5 DM (1 Euro) nicht unterschreiten (§ 8 III AktG); dadurch wird die Ausgabe von sog. *penny stocks* (betragsmäßig unbegrenztes A.splitting ohne Anteil am Grundkapital) vermieden. Die A. sind unteilbar (§ 8 V AktG). Bei der Ausgabe von A. gilt das Verbot der → Unterpariemission.

Die A. derselben AG können verschiedene Rechte gewähren. Für bestimmte A. können Vorrechte bestehen, insbes. auf eine höhere → Dividende (§ 11 AktG, sog. → Vorzugs-A.; s.a. → Genußschein). A. ohne Vorrecht nennt man *Stammaktien*. Die A. können entweder auf den Namen *(Namens-A.)* oder auf den Inhaber lauten (*Inhaber-A.*, § 10 I AktG). Die Inhaber-A. ist in der Praxis der Regelfall; sie ist → Inhaberpapier. Namens-A. werden durch → Indossament übertragen und sind daher → Orderpapiere. Die namentlich bezeichneten Aktionäre sind im → Aktienbuch einzutragen. Die Ausgabe von Namensaktien ist vorgeschrieben, wenn die Einlage noch nicht voll geleistet ist (§ 10 II AktG), bei der → Nebenleistungs-A. (§ 55 AktG) und wenn die Übertragung der A. an die Zustimmung der Gesellschaft gebunden ist (sog. *vinkulierte A.*, § 68 II AktG). Der Erwerb eigener A. durch die Aktiengesellschaft ist nur sehr beschränkt möglich (§§ 56, 71 ff. AktG). S.a. → Bezugsaktie, → Volksaktie, → Geld- und Wertzeichenfälschung (von A.).

**Aktienbuch** ist das von einer → Aktiengesellschaft, die Namensaktien (→ Aktie) ausgegeben hat, zu führende Verzeichnis, in dem die Inhaber der Namensaktien nach Namen, Wohnort und Beruf einzutragen sind (§ 67 AktG).

**Aktiengesellschaft.** 1. Die AG ist eine handelsrechtliche → Kapitalgesellschaft mit eigener Rechtspersönlichkeit (→ juristische Person), für deren Verbindlichkeiten den Gläubigern lediglich das Gesellschaftsvermögen haftet und die ein in → Aktien zerlegtes → Grundkapital aufweist (§ 1 AktG). Die AG ist von ihrem Mitgliederbestand unabhängig, wie eine Körperschaft organisiert und daher dem Wesen nach ein → Verein. Sie ist eine → Handelsgesellschaft, selbst wenn Gegenstand des Unternehmens nicht der Betrieb eines Handelsgewerbes ist (§ 3 I AktG). Die AG hat sich aus den im 17. Jh. gegründeten Handelskompanien entwickelt und sich seit dem 19. Jh. in der ganzen Welt stark verbreitet. Die erste in ganz Deutschland geltende gesetzliche Regelung der AG enthielt das Allgemeine Deutsche HGB von 1861. Im neuen HGB von 1897 wurde das Aktienrecht revidiert. Verschiedene Mißstände führten zur Reform durch das AktienG von 1937. Dieses wurde nach mehrfacher Änderung ersetzt durch das AktienG vom 6. 9. 1965 (BGBl. I 1089), mehrfach geänd. durch Anpassung an das Recht der → Europäischen Gemeinschaft (EG) (Ges. vom 13. 12. 1978, BGBl. I 1959), bei Änderung des GmbH-Rechts (Ges. vom 4. 7. 1980, BGBl. I 836), durch das Bilanzrichtlinien Ges. vom 19. 12. 1985 (BGBl. I 2355), durch das Ges. für „Kleine A." vom 2. 8. 1994 (BGBl. I 1961), durch die Zulassung von Stückaktien (Ges. vom 25. 3. 1998, BGBl. I 590) u. a.

2. Die *Gründung* einer AG ist zum Schutze des als Käufer von Aktien in Betracht kommenden Publikums durch zwingende gesetzliche Vorschriften eingehend geregelt. a) Bei der sog. *einfachen Gründung* wird i. d. R. ein Vorgründungsvertrag abgeschlossen, durch den sich die künftigen Gründer – eine

(→ Einmanngesellschaft) oder mehrere Personen – schuldrechtlich verpflichten. Sie müssen sämtliche Aktien übernehmen (§ 2 AktG) und in notarieller Urkunde die *Satzung* feststellen (§ 23). Den Mindestinhalt der Satzung bestimmt § 23 III, IV AktG, insbes. → Firma (über Grundsätze hierfür s. dort) und Unternehmensgegenstand, Grundkapital (mindestens 100 000 DM, künftig 50 000 Euro), Aktiennennbeträge oder die Zahl der Stückaktien und die Form der Bekanntmachungen. Darüber hinaus können weitere Vorschriften aufgenommen werden, die aber vom Aktiengesetz nur abweichen dürfen, soweit ausdrücklich zugelassen (§ 23 V), z. B. die Einräumung von Sonderrechten (§ 26 AktG; s. a. → Vorzugsaktie). Nach Feststellung der Satzung ist das *Grundkapital* aufzubringen. Dies geschieht dadurch, daß die Gründer die Aktien übernehmen, d.h. sich verpflichten, die Einlagen auf die Aktien zu bezahlen. Damit ist die AG errichtet (§ 29), aber noch nicht rechtsfähig; es besteht lediglich eine Gründungsvereinigung, die weitgehend wie ein nichtrechtsfähiger Verein, z. T. aber schon wie eine bestehende AG behandelt wird. Sodann bestellen die Gründer den → Aufsichtsrat, der Aufsichtsrat den ersten Vorstand (§ 30). Die Gründer haben den Gründungsbericht zu erstellen (Inhalt: § 32). Die Gründungsprüfung (§§ 33 bis 35) wird von den Mitgliedern des Vorstands und des Aufsichtsrats, unter bestimmten Voraussetzungen auch von gerichtlich bestellten Gründungsprüfern durchgeführt. Der Prüfungsbericht kann beim Registergericht und bei der Industrie- und Handelskammer eingesehen werden. Sämtliche Gründer, Vorstands- und Aufsichtsratsmitglieder haben die AG zum Handelsregister anzumelden; Voraussetzung ist, daß Sacheinlagen vollständig und Bareinlagen zu mindestens 1/4 des geringsten Ausgabebetrags (→ Unterpariemission) jeder Aktie (od. eines etwaigen höheren Ausgabepreises) erbracht sind (§§ 36–37 AktG). Stellt das Registergericht fest, daß die Gesellschaft ordnungsgemäß errichtet und angemeldet ist (eine Einpersonen-A. muß offengelegt werden; zum Umfang der registergerichtlichen Satzungskontrolle vgl. § 38 III AktG), trägt es die AG ins → Handelsregister ein. Damit entsteht die AG als juristische Person, und es dürfen nunmehr Aktien oder → Zwischenscheine ausgegeben werden (§ 41 I, IV). b) Von einer *qualifizierten Gründung* spricht man, wenn einzelnen Aktionären Sondervorteile, z. B. erhöhte Gewinnanteile, eingeräumt werden (§ 26 AktG), der Gründungsaufwand – Gründungskosten und Gründerlohn, d.h. Entgelt für die Tätigkeit der Gründer selbst – festgesetzt wird (§ 26 II), Sacheinlagen – d.h. Einlagen, die nicht in Geld bestehen – geleistet werden oder Sachübernahmen vorgesehen sind, d.h. Vereinbarungen, die die AG verpflichten, Vermögenswerte gegen eine nicht aus Aktien bestehende Vergütung zu erwerben (§ 27 AktG); solche Vereinbarungen müssen in die Satzung aufgenommen werden. Mängel der Gründung (der einfachen wie der qualifizierten) werden durch die Eintragung der AG grundsätzlich geheilt. Die Gründer und die sonst beteiligten Personen haften jedoch (→ Gründerhaftung; s. a. → Durchgriffshaftung). c) Ferner kann eine A. aus einer → Umwandlung entstehen.

3. Die *Organe* der AG sind → Hauptversammlung, → Aufsichtsrat und Vorstand. Aufsichtsrat und Vorstand hängen insoweit vom Willen der Hauptversammlung ab, als diese den Aufsichtsrat wählt und der Aufsichtsrat seinerseits den Vorstand ernennt. Der *Vorstand* leitet die AG, ist zur Geschäftsführung befugt und vertritt die AG gerichtlich und außergerichtlich (§§ 76–78). Der Vorstand kann aus einer oder aus mehreren Personen bestehen (§ 76 II). Mehrere Mitglieder sind grundsätzlich gemeinschaftlich zur Geschäftsführung und Vertretung befugt, jedoch kann die Satzung bestimmen, daß ein Vorstandsmitglied allein oder auch in Gemeinschaft mit einem Prokuristen (→ Prokura) vertretungsberechtigt ist. Bei AG.en der Montanindustrie mit mehr als 1000 Arbeitnehmern muß ein Vorstandsmitglied ein sog. → Arbeitsdirektor sein. Die Vorstandsmitglieder sind grundsätzlich gleichberechtigt; doch wird i. d. R. ein Mitglied zum Vorstandsvorsitzenden (in der Praxis auch als Generaldirektor bezeichnet) ernannt. Von der Bestellung des Vorstands (§ 84) ist der Anstellungsvertrag zu un-

terscheiden; er ist ein → Dienstvertrag und gewährt dem Vorstandsmitglied neben dem Anspruch auf Gehalt i. d. R. auch eine Beteiligung am Reingewinn (§§ 86, 87, → Tantieme), begründet aber auch ein → Wettbewerbsverbot (§ 88). Die Abberufung eines Vorstandsmitglieds (von der Kündigung des Dienstvertrags zu unterscheiden) ist jederzeit möglich, wenn ein wichtiger Grund vorliegt, z. B. grobe Pflichtverletzung oder Entzug des Vertrauens durch die Hauptversammlung (§ 84 III). Bei Verletzung ihrer Sorgfaltspflichten haften die Vorstandsmitglieder unter bestimmten Voraussetzungen auf Schadensersatz (§ 93), desgleichen Personen, die Vorstand, Aufsichtsrat usw. zu derartigen Handlungen bestimmen (§ 117). Zur Geltendmachung von Ersatzansprüchen der AG (auch gegenüber Gründern oder Mitgliedern des Aufsichtsrats) s.i.e. § 147 AktG.

4. Die *Aktionäre* (sie entsprechen den Mitgliedern eines Vereins oder den Gesellschaftern) üben ihre Rechte und ihren Einfluß in der AG im allgemeinen in der → Hauptversammlung aus. Die Aktionäre sind verpflichtet, die Einlage zu leisten, die dem Ausgabebetrag oder bei → Überpariemission dem höheren Ausgabebetrag entspricht (§ 54). Außerdem kann die Satzung sie verpflichten, nicht in Geld bestehende Nebenleistungen zu erbringen (§ 55). Dafür stehen den Aktionären Mitgliedschaftsrechte, unter bestimmten Voraussetzungen auch Vorrechte zu (z. B. auf eine erhöhte → Dividende). Zu den Mitgliedschaftsrechten gehören insbes. das → Aktienstimmrecht, das Recht auf den Gewinnanteil (Dividende) und auf Teilnahme am Liquidationserlös (→ Liquidation, § 271). Der → Jahresabschluß mit → Lagebericht wird durch den Vorstand aufgestellt und – soweit erforderlich – von den → Abschlußprüfern vorgeprüft (§ 170); er ist festgestellt, wenn der Aufsichtsrat ihn nach eigener Prüfung billigt (§ 172). Die Feststellung kann aber auch der Hauptversammlung überlassen bleiben (§ 173). Jahresabschluß und Lagebericht bedürfen der Prüfung durch → Abschlußprüfer (§§ 316 ff. HGB). Über die Verwendung des Gewinns beschließt die Hauptversammlung. Ein Verlust, der durch die → Rücklagen nicht gedeckt werden kann, ist für das nächste Geschäftsjahr vorzutragen; er kann niemals auf die Aktionäre verteilt werden. Der Gewinnverwendungsbeschluß kann unter bestimmten Voraussetzungen nichtig sein (§ 241) und ist anfechtbar (§ 254).

5. Die Satzung kann durch Beschluß der Hauptversammlung (mit mindestens 3/4-Mehrheit) geändert werden; jede *Satzungsänderung* ist in das Handelsregister einzutragen (§§ 179, 181 AktG). Durch sie kann insbes. das Grundkapital erhöht oder herabgesetzt werden (→ Kapitalerhöhung, → Kapitalherabsetzung).

6. Aus bestimmten Gründen kann die AG aufgelöst werden. *Auflösungsgründe* sind insbes.: ein Hauptversammlungsbeschluß mit mindestens 3/4-Mehrheit sowie die Eröffnung des → Insolvenzverfahrens oder deren Ablehnung mangels Masse (§ 262). Ein besonderer Fall der Auflösung ist die → Umwandlung. Mit der Auflösung tritt die AG in das Stadium der → Liquidation (sofern kein Insolvenzverfahren stattfindet). Die Abwicklung ist in §§ 264–273 geregelt. Bis zu ihrer Beendigung besteht die AG fort. Bis zur Verteilung des Liquidationserlöses kann aber die Hauptversammlung die Fortsetzung der aufgelösten AG beschließen (§ 274). Zur *Besteuerung* der A. → Körperschaftsteuer.

**Aktiengesetz** → Aktiengesellschaft (1).

**Aktienstimmrecht** ist bei einer → Aktiengesellschaft oder → Kommanditgesellschaft auf Aktien ein Mitgliedschaftsrecht, das jedem Aktionär zusteht und in der → Hauptversammlung nach Aktiennennbeträgen (oder auch nach Stück, → Aktie) ausgeübt wird (§ 134 I AktG). Das A. entsteht mit der vollständigen Leistung der Einlage (§ 134 II). Es kann dem Aktionär nicht entzogen werden. Unter bestimmten Voraussetzungen ist aber die Ausübung ausgeschlossen (§ 136, z. B. bei Beschlüssen, die Vermögensinteressen des betr. Aktionärs unmittelbar berühren; ferner bei → eigenen Aktien). Nur bei → Vorzugsaktien kann das A. ausgeschlossen werden (§§ 12 I, 139–141). Aktien mit mehrfachem Stimmrecht sind unzulässig; alte Mehrstimmrechte erlöschen am 1. 6. 2003, wenn nicht zuvor die Hauptversammlung mit 3/4-Mehrheit ihre Fortgeltung beschlossen hat (§ 12 II AktG, § 5 EGAktG). Eine Beschränkung des A. ist nur bei einer nicht börsennotierten AG (§ 3 II) in der Weise zulässig, daß nur eine bestimmte Anzahl von Aktien eine Stimme gewährt oder kein Aktionär mehr als eine bestimmte Anzahl von Stimmrechten haben darf (Höchststimmrecht, § 134). Die *Ausübung* des A. kann auf Bevollmächtigte mit schriftlicher → Vollmacht übertragen werden (§ 134 III). Auch darf eine Aktie auf eine andere Person lediglich zu dem Zweck übertragen werden, daß sie im eigenen Namen das A. ausübt (sog. Legitimationsübertragung, § 129 III 1). Eine besondere Regelung besteht für das → Bankenstimmrecht.

**Aktionär** (Rechtsstellung) → Aktie, Aktiengesellschaft (4).

**Aktionensystem.** Nach dem A. des → römischen Rechts war die Geltendmachung zivilrechtlicher Ansprüche nur in Form bestimmter Klagegruppen (→ actio = Klage) zugelassen, so z. B. durch actio in rem, actio negatoria usw.

**Aktiva** → Vermögen, → Bilanz.

**Aktive Bestechung** → Bestechung, → Angestelltenbestechung.

**Aktive Stellvertretung** → Stellvertretung

**Aktives Wahlrecht** ist die Befugnis, andere Personen in → Parlamente u. a. Vertretungskörperschaften zu wählen (im Gegensatz zum passiven W., d.h. zur Befugnis, sich als Kandidat aufstellen zu lassen). S. → Wahlrecht (öffentl.).

**Aktivlegitimation** ist allein die aktive → Sachbefugnis, bezieht sich also nicht auf die → Prozeßführungsbefugnis.

**Aktueller Rentenwert.** Der aktuelle Rentenwert (§ 68 SGB VI) entspricht der früheren allgemeinen Bemessungsgrundlage und ist zusammen mit der Summe der → persönlichen Entgeltpunkte und dem → Rentenartfaktor bestimmend für die Höhe von Renten aus der gesetzlichen Rentenversicherung (vgl. § 64 SGB VI). Der aktuelle Rentenwert dient dazu, die Renten an das aktuelle Lohnniveau anzupassen. Um dies sicherzustellen, wird der aktuelle Rentenwert zum 1. Juli jeden Jahres durch einen neuen aktuellen Rentenwert ersetzt (§ 65 SGB VI).

**Akzept** bedeutet allgemein Annahme, z. B. eines Angebots zu einem → Vertrag, im besonderen aber die Annahme eines → Wechsels. Die Annahmeerklärung wird auf den Wechsel gesetzt, i. d. R. auf die Vorderseite links quer durch die Unterschrift des *Akzeptanten*. Die bloße Unterschrift auf der Vorderseite des Wechsels genügt, andernfalls ist das Wort „angenommen" oder ein gleichbedeutendes Wort beizufügen (Art. 25 WG). Das A. muß unbedingt, kann aber auf einen Teil der → Wechselsumme beschränkt sein (Teil-A., Art. 26 WG; s. a. → Respekttage). Durch das A. wird der → Bezogene verpflichtet, den Wechsel bei Fälligkeit (→ Wechseldiskont, Prolongation) zu bezahlen (Art. 28 WG). Der Umfang des Anspruchs richtet sich nach den Art. 48, 49 WG. → Blankoakzept, → Bankakzept.

**Akzeptant** → Akzept, → Wechsel.

**Akzeptkredit** → Bankakzept.

**Akzession** (lat. accessio = Beitritt) ist im Völkerrecht der Anschluß eines Staates an eine Vereinbarung – Vertrag, Bündnis – oder an ein sonstiges Rechtsverhältnis, das bereits zwischen zwei oder mehreren anderen Staaten besteht; die A. setzt Zustimmung aller Beteiligten voraus. Im Zivilrecht versteht man unter A. die → Verbindung eines Verfahrens mit einem anderen, so daß dieses – mit bestimmten Rechtsfolgen – zur Hauptsache wird.

**Akzessorietät** = Anlehnung, Abhängigkeit. 1. Im *bürgerlichen Recht* ist z. B. die → Hypothek akzessorisch, d.h. in ihrer Entstehung, ihrer Übertragung und ihrem Bestand als Hypothek von dem Vorhandensein einer gesicherten Forderung abhängig. Entsprechendes gilt für das → Pfandrecht. Erlischt die Forderung (z. B. infolge Tilgung des Kredits), dann erlischt automatisch auch das Pfandrecht (vgl. § 1252 BGB) bzw. verwandelt sich in ein Eigentümerpfandrecht (→ Eigentümergrundschuld).

2. Im *Strafrecht* bedeutet die A., daß die Strafbarkeit des Teilnehmers (Anstifters, Gehilfen) eine Haupttat voraus-

setzt. Bei dieser muß es sich nicht um eine *schuldhaft* begangene handeln; vielmehr genügt für die Strafbarkeit, daß die Haupttat eine tatsbestandsmäßige und rechtswidrige, wenn auch schuldlos begangene Tat ist. Die Teilnahme an der Tat eines Schuldunfähigen ist also strafbar (sog. *limitierte Akzessorietät*); die Haupttat muß wenigstens mit *natürlichem* Vorsatz begangen sein.

**Akzessorische Rechte** → Akzessorietät (1).

**Akzidentalien** sind → Nebenabreden bei einem → Rechtsgeschäft.

**Akzise** war zunächst eine Verbraucherabgabe, später ein Binnenzoll, der noch bis in die neuere Zeit vom Territorialherren oder von Städten beim Durchgang von Waren usw. erhoben wurde.

**Aleatorische Verträge** (Rechtsgeschäfte) sind solche, deren Wirksamkeit oder Erfüllung von einem ungewissen Ereignis oder vom Zufall abhängt, z. B. Spiel oder → Wette.

**alias facturus** → omni modo facturus.

**Alibi.** Der Nachweis, daß der Beschuldigte sich zur Tatzeit an einem anderen als dem Tatort aufgehalten hat (al ibi = anderswo), dient der Entkräftung des Tatvorwurfs.

**Alimentationsprinzip** gilt als hergebrachter Grundsatz des → Berufsbeamtentums. Es enthält die Verpflichtung des → Dienstherrn, dem Beamten und seiner Familie amtsangemessen Lebensunterhalt zu gewähren. Demgemäß sind die → Dienstbezüge keine Gegenleistung für Dienste, sondern eine Art Unterhaltsrente. Das A. konkretisiert sich u. a. in der → Besoldung, in → Beihilfen und in der → Fürsorgepflicht.

**Alimente** → Unterhaltspflicht bei nicht miteinander verheirateten Eltern.

**a-limine-Abweisung** einer Klage ist die ohne Sachprüfung des Klageanspruchs durch → Prozeßurteil ergehende Abweisung einer unzulässigen Klage.

**aliud** → Gewährleistung (2).

**Alkoholdelikte.** Allgemein bedroht das StGB den mit Strafe, der sich vorsätzlich oder fahrlässig in einen die *Schuldfähigkeit ausschließenden* Rausch versetzt und sodann eine rechtswidrige, strafbedrohte Handlung begeht (§ 323 a StGB; → Vollrausch). Nach §§ 315 a, c StGB ist mit Freiheitsstrafe bis zu 5 Jahren (bei Fahrlässigkeit bis zu 2 Jahren) oder Geldstrafe zu bestrafen, wer im Verkehr ein Fahrzeug führt (Kfz., Schienen- oder anderes Fahrzeug; auch Fahrrad), obwohl er infolge Trunkenheit zur sicheren Führung nicht imstande ist, *und* dadurch eine Gefahr für Leib oder Leben eines anderen oder für fremde Sachen von bedeutendem Wert herbeiführt. Auch ohne eine solche Gefährdung ist der Täter nach § 316 StGB strafbar (Freiheitsstrafe bis zu 1 Jahr oder Geldstrafe, auch bei Fahrlässigkeit). Führen eines Kfz. mit mindestens 0,5 ‰ Blutalkohol oder 0,25 mg/l → Atemalkohol ist an sich schon als → Ordnungswidrigkeit mit Geldbuße bedroht (§ 24 a StVG). Alkoholabgabe an Betrunkene ist bußgeldbedroht (§§ 20 Nr. 2, 28 I Nr. 9 GaststättenG). S. a. → actio libera in causa u. im folg.

**Alkoholgenuß des Verkehrsteilnehmers.** Über die Strafbarkeit → Alkoholdelikte.

Die → Fahruntüchtigkeit infolge Genusses von Alkohol oder anderen berauschenden – auch medikamentösen – Mitteln wird als *absolut* bezeichnet, wenn ein Grenzwert besteht und überschritten ist (bei Kraftfahrern 1,1‰, BGH NJW 1990, 2393; bei Radfahrern 1,6‰ Blutalkohol), dagegen als *relativ,* wenn sie unter diesem liegt, aber aus anderen Umständen festgestellt wird, z. B. Ausfallerscheinungen, Übermüdung, unsicheres Fahren (etwa in der Resorptionsphase).

Der Blutalkoholgehalt zur Tatzeit wird ermittelt durch Rückrechnung der entnommenen und zur Kontrolle meistens nach Widmark- und ADH-Verfahren untersuchten *Blutprobe.* Deren Entnahme erfordert einen konkreten Tatverdacht und ist nach § 81 a StPO nur durch einen approbierten Arzt zulässig, aber auch gegen den Willen des Betroffenen durch körperlichen Zwang, wenn sie durch einen Richter, Staatsanwalt oder Polizeibeamten, der → Hilfsbeamter der StA ist, angeordnet wird. Bei Weigerung ist vorläufige → Festnahme wegen Verdunkelungsgefahr zulässig, außer bei → Ordnungswidrigkeiten. Mitwirkung bei einer Analyse des → Atemalkohols, die als Beweismittel zugelassen ist, insbes. bei Ordnungswidrigkeiten nach § 24 a StVG, kann nicht verlangt werden. Der Verkehrsteilnehmer kann zur Kontrolle der Fahrtüchtigkeit (→ Verkehrskontrolle) angehalten werden.

Der A.d.V. schließt bei einem Unfall die Leistungspflicht der gesetzlichen → Kranken- und der → Rentenversicherung nicht aus. In der → Unfallversicherung kann er dazu führen, daß der Kausalzusammenhang zum geschützten Betriebsbereich als unterbrochen gilt und Leistungspflicht entfällt.

S. a. (private) → Haftpflichtversicherung, → Arbeitsverhältnis.

**Alkoholsüchtige** → Anstaltsunterbringung, → Verwahrungsgesetze.

**Alkoholverbot (Ausschank an Jugendliche und Betrunkene).** Rechtsgrundlage für Maßnahmen gegen Alkoholmißbrauch sind das JugendschutzG (JÖSchG) und das GaststättenG. Nach § 4 JÖSchG darf in Gaststätten, Verkaufsstellen oder sonst in der Öffentlichkeit Branntwein (oder branntweinhaltige Getränke und Lebensmittel) an Kinder (d.h. bis 14 Jahre) und Jugendliche (14–18 J.) nicht abgegeben (oder der Verzehr gestattet) werden; andere alkohol. Getränke dürfen an K. und J. unter 16 Jahren nur abgegeben werden, wenn sie von einem Inhaber der Personensorge begleitet werden. Alkohol. Getränke dürfen in der Öffentlichkeit nicht in Automaten feilgehalten werden, sofern nicht sichergestellt ist, daß K. und J. unter 16 Jahren sie nicht benutzen können. Nach § 20 GastG ist verboten, geistige Getränke im Betrieb einer Gast- oder Schankwirtschaft oder im Kleinhandel an Betrunkene zu verabreichen; ferner ist das Feilhalten von Branntwein oder überwiegend branntweinhaltigen Lebensmitteln in Automaten unzulässig.

**Alleinauftrag** → Maklervertrag.

**Alleineigentum** → Eigentum.

**Alleinerziehende** → Halbfamilie, steuerlich.

**Alleingesellschafter** → Einmanngesellschaft.

**Alleinstellung.** Eine hierauf gegründete Werbeaussage ist zulässig (kein → unlauterer Wettbewerb), wenn sie den Tatsachen entspricht.

**Allgemeine Bedingungen** → Allgemeine Geschäftsbedingungen, → Kraftfahrzeug-Haftpflichtversicherung (1 b), → Versicherungsbedingungen, → Speditionsvertrag.

**Allgemeine Bemessungsgrundlage** war eine Rechengröße in der Rentenversicherung. Das Rentenreformgesetz 1992 ersetzte sie durch den → aktuellen Rentenwert.

**Allgemeine Erklärung der Menschenrechte** (Vereinte Nationen) → Konvention zum Schutze der Menschenrechte und Grundfreiheiten (2).

**Allgemeine Geschäftsbedingungen** (Lieferungs-, Zahlungsbedingungen) sind alle für eine Vielzahl von Verträgen vorformulierten Vertragsbedingungen, die eine Vertragspartei *(Verwender)* der anderen bei Abschluß eines Vertrages stellt, d.h. einseitig auferlegt (§ 1 I des AGBG vom 9. 12. 1976, BGBl. I 3317). Unerheblich sind hierfür der Umfang der AGB und die Form des Vertrags, so daß auch notariell beurkundete Formularverträge hierunter fallen; bei Verbraucherverträgen, d. h. Verträgen von Unternehmern mit Verbrauchern, ist das AGBG auf (auch von Dritten) vorformulierte Vertragsbedingungen auch dann anwendbar, wenn diese nur einmal verwendet werden sollen (§ 24 a). Das AGBG gilt jedoch nicht für Verträge auf dem Gebiet des Arbeits-, Erb-, Familien- und Gesellschaftsrechts (§ 23 I). AGB liegen dann nicht vor, wenn die Vertragsbedingungen zwischen den Vertragsparteien im einzelnen ausgehandelt worden sind (§ 1 II); im übrigen haben Individualabreden stets Vorrang vor AGB (§ 4). AGB werden grundsätzlich nur dann Bestandteil eines Vertrags, wenn der Verwender bei Vertragsabschluß ausdrücklich auf sie hinweist und die andere Partei nach der Möglichkeit, in zumutbarer Weise von ihrem Inhalt Kenntnis zu nehmen, mit deren Geltung einverstanden ist (§ 2). Soweit

AGB behördlicher Überwachung unterliegen (z. B. bei → Personenbeförderung, → Versicherungsunternehmen, → Kapitalanlagegesellschaften, → Bausparkassen), gilt diese Bestimmung nicht (§ 23 II, III), desgleichen nicht gegenüber einem Unternehmer, der bei Abschluß des Vertrags in Ausübung seiner gewerblichen oder selbständigen beruflichen Tätigkeit handelt, oder gegenüber einer → juristischen Person des öffentlichen Rechts (§ 24). Das AGBG ist anwendbar auf Verträge innerhalb der BRep., darüber hinaus auch bei engem Zusammenhang mit deren Gebiet, z. B. durch den (Wohn-)Sitz, öffentliches Angebot oder Werbung in der BRep. (§ 12). Zur → Auslegung (von AGB) s. dort 3. Von besonderer Bedeutung sind die AGB der Banken und Sparkassen (beide i. d. F. vom 1. 1. 1993, Text bei Baumbach-Hopt, HGB, Anhang 8, 8 a).

Gegenstand der AGB sind insbes. die Art und Weise der Leistung (→ Leistungsort und -zeit, Eigentumsvorbehalt u. a.), die Haftung bei → Leistungsstörungen und die Regelung der → Gewährleistungsansprüche bei Sachmängeln, nicht aber der Inhalt von Leistung und Gegenleistung selbst (§ 8). AGB unterliegen der → Inhaltskontrolle durch die Gerichte. Dabei gilt im Interesse des Schutzes des Verbrauchers von vornherein, daß Bestimmungen, die nach den Umständen, insbes. nach dem äußeren Erscheinungsbild des Vertrags so ungewöhnlich sind, daß der Vertragspartner des Verwenders mit ihnen nicht zu rechnen braucht (sog. überraschende Klauseln) nicht rechtswirksam Vertragsbestandteil werden (§ 3). AGB müssen für den Vertragspartner klar verständlich sein (sog. Transparenzgebot); Zweifel bei der Auslegung von AGB gehen zu Lasten des Verwenders (§ 5). Nach der *Generalklausel* des § 9 I sind Bestimmungen in AGB dann unwirksam, wenn sie den Vertragspartner des Verwenders entgegen den Geboten von → Treu und Glauben unangemessen benachteiligen, also einseitig und unberechtigt nur die Interessen des wirtschaftlich Stärkeren berücksichtigen. Dies ist insbes. i. d. R. anzunehmen, wenn die Bestimmungen mit wesentlichen Grundgedanken der gesetzlichen Regelung, von der abgewichen wird, nicht zu vereinbaren sind, oder wesentliche Rechte oder Pflichten, die sich aus der Natur des Vertrags ergeben, so einschränken, daß die Erreichung des Vertragszwecks gefährdet ist (§ 9 II), z. B. bei Freizeichnungsklauseln des Lieferanten, die dem Kunden jegliche Gewährleistungsansprüche abschneiden. Über diese Generalklausel hinaus enthält das Ges. in §§ 10 und 11 einen Katalog von verbotenen Klauseln, die stets zur Unwirksamkeit bei der Verwendung in AGB führen, z. B. unangemessener pauschalierter → Schadensersatz, Ausschluß des Schadensersatzes bei Fehlen zugesicherter Eigenschaften, Verkürzung der gesetzlichen Gewährleistungsfristen o.ä. (Beispiele bei den einzelnen Stichw.). Dieser Katalog gilt wiederum nicht gegenüber einem Unternehmer (s.o.) oder einer juristischen Person des öffentl. Rechts (§ 24), soweit nicht auch hier die Generalklausel des § 9 eingreift. Sind AGB ganz oder teilweise nicht Vertragsbestandteil geworden oder unwirksam, so bleibt der Vertrag im übrigen grundsätzlich wirksam, soweit dies nicht eine unzumutbare Härte für eine Vertragspartei darstellen würde; an die Stelle der unwirksamen Klausel tritt dann die entsprechende (dispositive) gesetzliche Regelung (des BGB usw.), § 6. Eine Klausel, die nur teilweise gegen das AGBG verstößt (z. B. unzulässig lange Frist), ist i. d. R. völlig unwirksam und kann nicht mit dem gesetzlich (noch) zulässigen Inhalt aufrechterhalten werden (BGHZ 84, 109).

Verwender von danach unwirksamen Klauseln in AGB können im Interesse einer möglichst weitgehenden Klarstellung von Verbraucher- oder Interessenverbänden, Handwerks- oder Industrie- und Handelskammern auf Unterlassung (bei bloßer Empfehlung von AGB auf Widerruf) in Anspruch genommen werden. Ausschließlich zuständig für die Klage ist das → Landgericht, in dessen Bezirk der Verwender seine gewerbliche Niederlassung, hilfsweise seinen Wohnsitz hat (§§ 13, 14). Urteile, die in einem solchen Verfahren ergehen, werden in einem vom → Bundeskartellamt geführten Register vermerkt; über eine bestehende Eintragung ist jedermann auf Antrag Auskunft zu erteilen (§ 20).

**Allgemeine Gütergemeinschaft** → Gütergemeinschaft.

**Allgemeine Rechtsgrundsätze** sind neben dem Völkervertragsrecht (→ Völkerrechtlicher Vertrag) und dem → Völkergewohnheitsrecht in Art. 38 I des Statuts des → Internationalen Gerichtshofs als dritte Quelle des → Völkerrechts genannt („allgemeine von den zivilisierten Nationen anerkannte Rechtsgrundsätze"). Was man darunter zu verstehen hat, ist in der Völkerrechtswissenschaft streitig. In der Praxis der internationalen Gerichts- und Schiedsgerichtsbarkeit werden als a.R. anerkannt z. B. die Regeln über Rechtsmißbrauch, Verwirkung und Verjährung. Häufig wird dabei nicht scharf zwischen Völkergewohnheitsrecht und a. R. unterschieden.

**Allgemeine Rechtslehre** → Recht, → Rechtsphilosophie, → Rechtswissenschaft.

**Allgemeine Rentenbemessungsgrundlage.** → Allgemeine Bemessungsgrundlage, → Aktueller Rentenwert.

**Allgemeine Staatslehre** nennt man die Wissenschaft von Begriff und Wesen des Staates, seiner Entstehung, Entwicklung und Rechtfertigung, seinen Strukturprinzipien (→ Staatsform, Verfassung, Staatsrecht) und Grundfragen seiner Betätigung (→ Staatsgewalt).

**Allgemeine Unfallversicherung** → Unfallversicherung.

**Allgemeine Versorgungsbedingungen** (AVB) für die Versorgung mit Energie und Wasser sind durch Rechtsverordnungen festgelegt. In diesen sind die gegenseitigen Rechte und Pflichten von Abnehmer und Versorgungsunternehmen zwingend geregelt, abweichende Vereinbarungen sind also nicht möglich. Wegen Fundstellen von AVB für Gas, Elektrizität und Fernwärme vgl. → Energieversorgung, für Wasser vgl. die VO vom 20. 6. 1980 (BGBl. I 750, 1067).

**Allgemeines Deutsches Handelsgesetzbuch.** Das ADHGB wurde in den Jahren 1861/7 als sog. allgemeines Recht in den deutschen Ländern im Wege der Parallelgesetzgebung eingeführt. Es wurde 1869 als Bundesgesetz des → Norddeutschen Bundes und 1871 als Reichsgesetz übernommen. Zugleich mit Inkrafttreten des BGB (1. 1. 1900) wurde es durch das geltende HGB vom 10. 5. 1897 ersetzt (→ Handelsrecht).

**Allgemeines Eisenbahngesetz** → Eisenbahnen.

**Allgemeines Kriegsfolgengesetz.** (AKG). Das Ges. zur allgemeinen Regelung durch den Krieg und den Zusammenbruch des Deutschen Reiches entstandener Schäden – AKG – vom 5. 11. 1957 (BGBl. I 1747) m. Änd. regelt die Beseitigung der Schuldenmasse des Deutschen Reiches in einer der Leistungsfähigkeit des Bundes angepaßten Weise. Es bestimmt, daß alle Ansprüche gegen das Reich einschl. der Sondervermögen (Deutsche Reichsbahn, Deutsche Reichspost), gegen das ehemalige Land Preußen und gegen das Unternehmen Reichsautobahnen erlöschen (vgl. auch Art. 135 a GG, soweit nicht durch Sonderregelung im AKG selbst oder nach sonstigen Rechtsvorschriften (z. B. → Lastenausgleich, → Altsparergesetz, → Bundesversorgungsgesetz, → Rückerstattungsrecht nach Bundesrückerstattungsgesetz) Entschädigungsleistungen vorgesehen sind. Über andere, im AKG zunächst vorbehaltene Regelungen s. G. zur Regelung der Verbindlichkeiten nationalsozialistischer Einrichtungen und der Rechtsverhältnisse an deren Vermögen vom 17. 3. 1965 (BGBl. I 79) m. spät. Änd., Rechtsträgerabwicklungsgesetz vom 6. 9. 1965 (BGBl. I 1065) und → Reparationsschädengesetz vom 12. 2. 1969 (BGBl. I 105). Das AKG gilt, mit Ausnahme von §§ 1 und 2 nicht im Gebiet der ehem. DDR (Anl. I zum EinigV Kap. IV Sachgeb. A Abschn. I Nr. 12).

**Allgemeines Landrecht.** Das preuß. ALR von 1794 war eine umfassende Kodifikation, die sich in Abkehr von Grundgedanken des → römischen Rechts weitgehend an das → Naturrecht anlehnte; es enthielt in manchen Teilen Rechtssätze, die von dem heute noch geltenden Recht – z. B. dem BGB – übernommen worden sind. Teil I des ALR umfaßte ausschließlich privatrechtliche Normen (Personen-, Schuld-, Sachenrecht usw.), Teil II außer solchen – insbes. familienrechtlichen Bestimmungen – auch öffentlich-rechtliche Vorschriften (Beamten-, Gewerbe-,

Straf-, Polizeirecht usw.). Die Bestimmung über die Aufgaben der Polizei (Teil II Titel 17 § 10) galt bis zur Neuregelung des Polizeirechts, das sie im wesentlichen übernahm, als Ermächtigung für das polizeiliche Einschreiten „zur Erhaltung der öffentlichen Ruhe, Sicherheit und Ordnung und zur Abwendung der dem Publico oder einzelnen Mitgliedern desselben drohenden Gefahren".

**Allgemeines Persönlichkeitsrecht** → Persönlichkeitsrecht.

**Allgemeines Recht** → gemeines Recht.

**Allgemeines Veräußerungsverbot.** Das a.V. ist eine Sicherungsmaßnahme, die das → Konkursgericht oder das → Vergleichsgericht für den Zeitraum zwischen Konkursantrag und Konkurseröffnung oder nach Eingang des → Vergleichsantrags durch Beschluß erlassen kann (§§ 106 KO, 58–65 VerglO). Es ist ein gerichtliches → Veräußerungsverbot i. S. der §§ 135, 136 BGB und wird wie der Konkursvermerk ins Grundbuch oder Schiffsregister eingetragen (§§ 113 KO, 61 VerglO).

**Allgemeines Zoll- und Handelsabkommen** → GATT.

**Allgemeinverbindlichkeit** eines → Tarifvertrages tritt dadurch ein, daß der BArbMin. im Zusammenwirken mit einem von den Tarifvertragsparteien paritätisch besetzten Ausschuß (Tarifausschuß) auf Antrag einer Tarifvertragspartei den Tarifvertrag nach einem in § 5 II, III des TarifvertragsG vom 25. 8. 1969 (BGBl. I 1323) mit DVO vom 16. 1. 1989 (BGBl. I 76) geregelten Verfahren für allgemeinverbindlich erklärt. Danach erfaßt der normative Teil des Tarifvertrags im Rahmen seines Geltungsbereichs auch alle Arbeitgeber und Arbeitnehmer, die bislang nicht tarifgebunden waren (sog. Außenseiter; § 5 IV TVG). Str. ist, ob die Allgemeinverbindlicherklärung eine → Rechtsverordnung oder einen → Verwaltungsakt darstellt. Ihre Voraussetzungen sind ein wirksamer, geltender Tarifvertrag, ferner daß in dessen Geltungsbereich die tarifgebundenen Arbeitgeber mindestens 50% der Arbeitnehmer beschäftigen und daß die Allgemeinverbindlicherklärung im öffentlichen Interesse liegt (§ 5 I TVG). Sie wird in das → Tarifregister eingetragen und im Bundesanzeiger bekanntgemacht (§ 6 TVG). Die A. endet mit Ablauf des Tarifvertrags oder mit Aufhebung aus öffentlichem Interesse durch den BArbMin. (§ 5 V TVG). Nachdem der Tarifausschuß die zuvor in der Bauindustrie ausgehandelten Mindestlöhne (zunächst zeitlich begrenzt) für allgemein verbindlich erklärte, können durch das Gesetz über zwingende Arbeitsbedingungen bei grenzüberschreitenden Dienstleistungen – Arbeitnehmer-Entsendegesetz – vom 26. 2. 1996 (BGBl. I 227) insbes. auch ausländische Arbeitgeber gezwungen werden, ihren in der BRep. tätigen Arbeitnehmern die dort geltenden Mindestlöhne zu zahlen und damit das sog. Lohndumping am Bau (→ Entsenderichtlinie) zu beenden.

**Allgemeinverfügung** → Verwaltungsakt (1).

**Alliierte Mächte.** Die USA, die UdSSR, Großbritannien und Frankreich hatten nach der Kapitulation des Deutschen Reiches die oberste Gewalt in Deutschland übernommen und 4 Zonen gebildet. Die 4 Oberkommandierenden bildeten den → Kontrollrat, in Berlin die 4 Stadtkommandanten zur Ausübung der Hoheitsgewalt die Alliierte Kommandantur. Für das Gebiet der BRep. erging 1949 das Besatzungsstatut, das die Ausübung der Hoheitsgewalt über die 3 westlichen Zonen anstelle des Kontrollrats der Alliierten Hohen Kommission übertrug. Diese bestand bis zum Ende des Besatzungsregimes am 15. 5. 1955. (→ Berlin; → Abschließende Regelung in bezug auf Deutschland.)

**Allmende** ist die gemeine Mark, d.h. das im Eigentum der Dorfgemeinde stehende Gemeindeland samt den unverteilten Naturgütern (Weide, Wasser, Wald usw.). Sie wird von den Teilhabern der A. gemeinsam bewirtschaftet und anteilig genutzt. Die A. war eine im Mittelalter in Deutschland verbreitete Rechtseinrichtung, die aber mit der fortschreitenden Änderung der Gemeindeordnungen mehr und mehr zurückgetreten ist.

**Allod** war im Mittelalter freies Land, das keiner Lehensherrschaft (→ Lehen) unterstand.

**Allonge** (Anhang) ist ein mit einem Wechsel verbundenes Blatt, auf das → Indossamente oder ein → Wechselprotest gesetzt werden, wenn das Wechselpapier selbst dazu nicht mehr ausreicht (Art. 13 I 1, 81 I, III WechselG).

**Allphasensteuer** ist eine Rechtsverkehrsteuer, die bei jedem Wechsel der Verfügungsmacht oder des Eigentums auf jeder Wirtschaftsstufe erhoben wird, z. B. die → Umsatzsteuer. Bei der *Einphasensteuer* wird der Unternehmer auf nur einer Umsatzstufe betroffen, bei der *Mehrphasensteuer* auf mehreren, bestimmten Umsatzstufen.

**Allzuständigkeit.** Nach dem Grundsatz der A. (auch „Totalitätsprinzip" genannt) haben die → Gemeinden das verfassungsmäßig gewährleistete (Art. 28 II GG) Recht, in ihrem Gebiet alle Angelegenheiten der örtlichen Gemeinschaft (nur diese, nicht etwa überörtl. od. Angelegenheiten von allgemeiner polit. Bedeutung) im Rahmen der Gesetze in eigener Verantwortung zu regeln, soweit die Aufgaben nicht anderen Stellen zugewiesen sind. In den Gemeindeordnungen der Länder finden sich entsprechende Regelungen.

**ALR** → Allgemeines Landrecht.

**„Alt für neu" -Ersatz** → Schadensersatz (2 a).

**Altauto** ist ein Pkw mit bis zu 3,5 t zulässigem Gesamtgewicht, der Abfall (→ Abfälle) ist. Der Halter oder Eigentümer ist zur umweltgerechten Entsorgung im Rahmen der → Kreislaufwirtschaft nach § 3 I A.-VO vom 4. 7. 1997 (BGBl. I 1660) verpflichtet, das A. einem anerkannten Verwertungsbetrieb oder dessen Annahmestelle zu überlassen. Sie muß dies durch einen Verwertungsnachweis bescheinigen (§ 3 II A.-VO), die bei der → Abmeldung des Kfz. vorzulegen ist.

Betreiber von Anmeldestellen, Verwertungsbetrieben und Shredderanlagen müssen den Anforderungen des § 4 A.-VO entsprechen.

**Altenheime** → Altenwohnheime.

**Altenherrschaft** → Gerontokratie.

**Altenhilfe** besteht in Maßnahmen der → Sozialhilfe für alte Menschen mit dem Ziel, neben der Sicherstellung des Lebensunterhalts und der sonstigen notwendigen Hilfe in besonderen Lebenslagen die durch das Alter entstehenden Schwierigkeiten zu überwinden und Vereinsamung zu verhüten; vor allem Hilfe zu angestrebter Tätigkeit, bei Beschaffung geeigneter Wohnung, Aufnahme in einem Heim, Inanspruchnahme altersgerechter Dienste, zum Besuch geselliger oder kultureller Veranstaltungen und um die Verbindung mit nahestehenden Personen aufrechtzuerhalten. Soweit im Einzelfalle persönliche Hilfe erforderlich ist, soll A. ohne Rücksicht auf eigenes Vermögen oder Einkommen gewährt werden (§ 75 BSHG; vgl. auch § 26 e BVG).

**Altenteil** (Ausgedinge) → Reallast, → Wohnungsrecht, → Übergabevertrag.

**Altenwohnheime.** Den Betrieb von Altenheimen, Altenwohnheimen, Pflegeheimen u. a. Einrichtungen für pflegebedürftige oder behinderte Volljährige regelt das HeimG i. d. F. vom 23. 4. 1990 (BGBl. I 763); es soll die persönlichen und wirtschaftlichen Belange der Heimbewohner schützen (§ 2). Das für die Unterbringung vorgesehene Vertragsmuster *(Heimvertrag)* bedarf der Genehmigung (§ 4); die Mitwirkung der Heimbewohner *(Heimbeirat)* ist vorgeschrieben (§ 5; dazu HeimMitwirkungsVO i. d. F. vom 19. 7. 1992 (BGBl. I 1340). Der Betrieb eines A. bedarf der Erlaubnis, die dem Träger für eine bestimmte Betriebsart und bestimmte Betriebsräume erteilt wird (gemischte Erlaubnis). Die Erlaubnis ist zu versagen, wenn dem Antragsteller die erforderliche → Zuverlässigkeit fehlt oder wenn die wirtschaftlichen oder pflegerischen Belange der Heimbewohner nicht gewahrt sind (§ 6). Ausnahmen von der Erlaubnispflicht gelten für öffentliche Rechtsträger. In allen Fällen ist die Aufnahme des Betriebs anzuzeigen (§ 7). Die Erlaubnis kann nach Maßgabe von § 15 zurückgenommen und widerrufen, der Betrieb von nicht erlaubnispflichtigen Einrichtungen kann untersagt werden (§ 16). Der Träger der Einrichtung ist zur Buchführung verpflichtet, hat den Behörden Auskunft zu erteilen, und die behördliche Prüfung der Einrichtungen zu dulden. Soweit A. als → Gewerbe betrieben werden, gelten daneben die gewerberechtlichen Vorschriften (→ Anzeigepflicht u. a.). Wegen Anforderungen an das Heimpersonal vgl. die VO vom 19. 7. 1993 (BGBl. I 1205). Die Pflichten der Träger von Altenheimen im Falle der Entgegennahme von Leistungen der Untergebrachten regelt die *HeimsicherungsVO* vom 24. 4. 1978 (BGBl. I 553), so vor allem die Pflicht zur getrennten Verwaltung von anvertrauten Geldern, Sicherungsverpflichtungen, Verpflichtungen zur Rechnungslegung und zur regelmäßigen Prüfung des Betriebs. Die baulichen und technischen *Mindestanforderungen* für A. usw. bestimmen sich nach der VO i. d. F. vom 3. 5. 1983 (BGBl. I 550). Die Vorschriften der HeimsicherungsVO sind zwingendes Recht (§ 4), selbst wenn man ihnen unmittelbare, also vertragsgestaltende, bzw. die Vertragsgestaltung beschränkende Wirkung nicht zumißt (ähnl. Problematik bei der Makler- und BauträgerVO, → Makler). Im übrigen sind sowohl die Mindestanforderungen wie die Heimsicherungsbestimmungen jedenfalls *Schutzgesetze* i. S. von § 823 II BGB, deren Verletzung zum Schadensersatz verpflichtet. Auch zivilrechtlich ist die Unterscheidung von Altenheimen, Altenwohnheimen und Pflegeheimen von Bedeutung. Während auf letztere im wesentlichen die Grundsätze über den → Krankenhausvertrag anzuwenden sind, ist der Vertrag mit einem Altenwohnheim jedenfalls vorrangig einem Mietvertrag, der mit einem Altenheim u. U. einem Beherbergungsvertrag verwandt; die → Gastwirtshaftung erscheint allerdings zweifelhaft. Auch Heimverhältnisse, die in der ehem. DDR begründet worden sind, richten sich seit 3. 10. 1990 nach dem HeimG (Anl. I zum EinigV Kap. VI Sachgeb. H Abschn. III Nr. 12).

**Alter** → Lebensalter.

**Alternativantrag** ist ein Antrag mit einem doppelten, unterschiedlichen Inhalt, wobei der Antragsteller begehrt, daß dem Antrag entweder mit dem einen oder dem anderen Inhalt stattgegeben werde. Solche Anträge sind im Prozeßrecht nur ausnahmsweise zulässig, z. B. in den Fällen der → Wahlschuld (§ 262 BGB).

**Alternativfeststellung** (=) → Wahlfeststellung.

**Alternativobligation** → Wahlschuld.

**Alternativvermächtnis** → Stückvermächtnis.

**Alternativverurteilung** → Wahlfeststellung.

**Altersentlastungsbetrag** ist bei der → Einkommensteuer mit 40 v.H. des Arbeitslohns – ohne → Versorgungsbezüge (§ 19 II EStG) – und der positiven Summe der Einkünfte, die keine Arbeitseinkünfte sind – ohne → Leibrenten (§ 22 Nr. 1 a EStG) –, höchstens jedoch bis 3720 DM, von der Summe der Einkünfte abzuziehen, falls der Stpfl. vor Beginn des Kalenderjahrs das 64. Lebensjahr vollendet hat. Bei Ehegatten stets getrennte Berechnung (§ 24 a EStG).

**Altersgeld.** Das A. war eine Leistung der Altershilfe für Landwirte nach dem Ges. über eine Altershilfe für Landwirte. An die Stelle des A. ist mit dem Inkrafttreten des Gesetzes über → Alterssicherung der Landwirte – ALG – vom 29. 7. 1994 (BGBl. I 1890 m. Änd.) am 1. 1. 1995 die → Altersrente vom 65. Lebensjahr an getreten.

**Altersgrenze**. Der *Beamte* auf Lebenszeit tritt nach Erreichen der A. in den → Ruhestand (§ 25 BRRG), ohne daß es eines besonderen Verwaltungsaktes (Versetzung) bedarf. Die A. ist nach den Beamtengesetzen des Bundes (§ 41 BBG) und der Länder grundsätzlich die Vollendung des 65. Lebensjahres. Sondervorschriften bestehen u. a. für Beamte des Polizei-Vollzugsdienstes und des Justizvollzugsdienstes (i. d. R. 60. Lebensjahr), für Berufssoldaten (→ Soldatengesetz), Hochschullehrer (68. Lebensjahr). Bei dringendem dienstlichem Bedürfnis kann die A. mit Zustimmung des *Bundes-* bzw. *Landespersonalausschusses* im Einzelfall jeweils für 1 Jahr – auch mehrmals, aber nicht über das 70. Lj. hinaus – hinausgeschoben werden (§ 41 II BBG). Ein Beamter auf Lebenszeit kann auf seinen Antrag ohne Nachweis der Dienstunfähigkeit in den Ruhestand versetzt werden (→ Verwaltungsakt), wenn er das 62. Lebensjahr vollendet hat (§ 42 III BBG und Beamtengesetze der Länder). Die Sonderregelung für Richter an den obersten Bundesgerichten ist ausgelaufen.

**Altersgrenzen** → Altersrente, → Lebensalter.

**Altersheim** → Altenwohnheime.

**Altershilfe für Landwirte.** Als A.f.L. bezeichnete man die (Renten-)Leistungen für selbständige Landwirte und mitarbeitende Familienangehörige nach dem Ges. über eine A.f.L. (GAL) vom 27. 7. 1957. An ihre Stelle ist mit dem Inkrafttreten des Gesetzes über die Alterssicherung der Landwirte – ALG – vom 29. 7. 1994 (BGBl. I 1890 m.Änd.) am 1. 1. 1995 die → Alterssicherung der Landwirte getreten.

**Alterskasse.** Die A., die bei jeder → Landwirtschaftlichen Berufsgenossenschaft errichtet worden ist, ist Träger der → Alterssicherung der Landwirte. Sie ist Körperschaft des öffentlichen Rechts. Ihre Organe (→ Vertreterversammlung, → Vorstand) sind die Organe der landwirtschaftlichen Berufsgenossenschaft (§ 32 SGB IV). Die landwirtschaftlichen A. sind Mitglieder im Gesamtverband der landwirtschaftlichen A. (§§ 53 ff. ALG).

**Alterspräsident** wird der an Lebensjahren älteste → Abgeordnete eines Parlaments genannt, der bei dessen erstem Zusammentritt nach einer Neuwahl bis zur Wahl des Präsidenten den Vorsitz führt. Im allgemeinen erschöpft sich die Funktion des A. in der Leitung dieser Wahl.

**Altersrente.** Laufende Barleistung der sozialen → Rentenversicherung zur Sicherung des Alters. Anspruch auf die sog. Regelaltersrente (§ 35 SGB VI) haben Versicherte, die das 65. Lebensjahr vollendet und die allgemeine → Wartezeit von 5 Jahren erfüllt haben (vgl. auch § 11 ALG).

Für langjährig Versicherte, d.h. Versicherte, die eine Wartezeit von 35 Jahren erfüllt haben, besteht der Anspruch auf Rente wegen Alters bereits ab Vollendung des 63. Lebensjahres (§ 36 SGB VI). Diese Altersgrenze wird für Versicherte, die nach dem 31. 12. 1936 geboren sind, stufenweise angehoben (vgl. Wachstums- und Beschäftigungsförderungsgesetz vom 13. 9. 1996, BGBl. I 1461; § 41 III SGB VI).

Einige Gruppen von Versicherten haben darüber hinaus bereits ab Vollendung des 60. Lebensjahres Anspruch auf eine Rente wegen Alters. Entsprechende Ansprüche haben Schwerbehinderte, Berufs- und Erwerbsunfähige, die die Wartezeit von 35 Jahren erfüllt haben (§ 37 SGB VI), Arbeitslose, die in den letzten 1 Jahren vor Beginn der Rente insgesamt 52 Wochen arbeitslos waren, in den letzten 10 Jahren vor Beginn der Rente 8 Jahre Pflichtbeitragszeiten haben und eine Wartezeit von 15 Jahren erfüllt haben sowie Versicherte, die 24 Kalendermonate Altersteilzeitarbeit ausgeübt haben und dieselben Vorversicherungs- und Wartezeiten zurückgelegt haben (§ 38 SGB VI). Des weiteren gilt die Altersgrenze von 60 Jahren für versicherte Frauen, die nach Vollendung des 40. Lebensjahres mehr als 10 Jahre Pflichtbeitragszeiten und eine Wartezeit von 15 Jahren erfüllt haben (§ 39 SGB VI), sowie langjährig unter Tage beschäftigte Versicherte, die eine Wartezeit von 25 Jahren erfüllt haben (§ 40 SGB VI). Die Altersgrenzen für Arbeitslose sowie für Versicherte, die Altersteilzeitarbeit verrichtet haben und die nach dem 31. 12. 1936 geboren sind, werden stufenweise angehoben. Gleiches gilt für Frauen, die nach dem 31. 12. 1936 geboren sind (§ 41 I und II SGB VI).

Nach Vollendung des 65. Lebensjahres bleibt eine Erwerbstätigkeit ohne Einfluß auf die A.; vorher dürfen bestimmte Zuverdienstgrenzen nicht überschritten werden. § 34 SGB VI.

*Besteuerung*: → Ertragsanteil, → Rentenbesteuerung.

**Alterssicherung der Landwirte.** Das Gesetz über die Alterssicherung der Landwirte (ALG) vom 29. 7. 1994 (BGBl. I 1890, 1891) m. Änd. regelt die gesetzliche Rentenversicherung der Landwirte und ihrer mitarbeitenden Familienangehörigen (§§ 1 ff. ALG). Die Leistungen der A.d.L. umfassen medizinische und ergänzende Leistungen zur Rehabilitation (§§ 7 ff. ALG), Altersrente vom 65. Lebensjahr an, vorzeitige Altersrente, Rente wegen Erwerbsunfähigkeit und Renten wegen Todes an Witwen, Witwer und Waisen (§§ 11 ff. ALG) sowie Betriebs- und

Haushaltshilfe oder sonstige Leistungen zur Aufrechterhaltung des Unternehmens der Landwirtschaft bei Arbeitsunfähigkeit, Schwangerschaft und Kuren sowie bei Tod des Landwirts (§§ 36 ff. ALG). Zuständig für die Erfüllung der Aufgaben der A.d.L. ist die landwirtschaftliche → Alterskasse, die bei jeder → Landwirtschaftlichen Berufsgenossenschaft besteht (§§ 49 ff. ALG). Die Finanzierung der Leistungen der A.d.L. erfolgt im wesentlichen durch Beiträge sowie Zahlungen des Bundes, die den Unterschied zwischen den Einnahmen aus Beiträgen einerseits und den Ausgaben der A.d.L. andererseits ausgleichen (§§ 66 ff. ALG).

**Altersstufen** → Lebensalter.

**Altersteilzeitgesetz.** Das als Art. 1 des Gesetzes zur Förderung eines gleitenden Übergangs in den Ruhestand am 1. 8. 1996 in Kraft getretene Altersteilzeitgesetz vom 23. 7. 1996 (BGBl. I S. 1078) sieht vor, daß die Bundesanstalt für Arbeit die Teilzeitarbeit älterer Arbeitnehmer fördert, um ihnen einen gleitenden Übergang in den Vorruhestand zu ermöglichen; gleichzeitig will das Gesetz die Einstellung arbeitsloser Arbeitnehmer fördern.

Leistungen nach dem Altersteilzeitgesetz werden gewährt für Arbeitnehmer, die das 55. Lebensjahr vollendet haben, nach dem 14. 2. 1996 aufgrund einer Vereinbarung mit dem Arbeitgeber ihre Arbeitszeit auf die Hälfte der tariflichen regelmäßigen wöchentlichen Arbeitszeit, jedoch auf nicht weniger als 18 Stunden wöchentlich vermindert haben (Altersteilzeitarbeit) und innerhalb der letzten fünf Jahre vor Beginn der Altersteilzeitarbeit mindestens 1080 Kalendertage in einer die Beitragspflicht begründenden Beschäftigung i.S.d. § 25 SGB III gestanden haben. Sofern die Vereinbarung über die Altersteilzeitarbeit vorsieht, daß das Arbeitsentgelt für die Teilzeitarbeit um mindestens 20% höher ist als das Entgelt, das der Arbeitnehmer normalerweise für seine Teilzeittätigkeit erhalten würde, und der Arbeitgeber aus Anlaß des Übergangs des Arbeitnehmers in die Altersteilzeitarbeit einen beim Arbeitsamt arbeitslos gemeldeten Arbeitnehmer einstellt, erstattet die Bundesanstalt dem Arbeitgeber den Aufstockungsbetrag. Darüber hinaus stellt das Altersteilzeitgesetz sicher, daß dem Arbeitnehmer durch die Reduzierung seiner Tätigkeit kaum rentenversicherungsrechtliche Nachteile entstehen. Dazu sind freiwillige Beiträge des Arbeitgebers zur Rentenversicherung ab 1997 zur Hälfte steuerfrei (§ 3 Nr. 28 EStG).

Das Altersteilzeitgesetz 1989 vom 20. 12. 1988 (BGBl. I S. 2348 mit Änd.) gilt nur noch für Arbeitnehmer, die vor dem 1. 1. 1993 mit der Altersteilzeitarbeit begonnen haben. S. a. → Vorruhestand.

**Altersübergangsgeld** gewährte die → Bundesanstalt für Arbeit auf Antrag Arbeitnehmern, die in den neuen Ländern von der Wiedervereinigung an bis zum 31. 12. 1991 nach Vollendung des 55. Lebensjahres aus einer versicherungspflichtigen Beschäftigung von mindestens 90 Kalendertagen ausschieden. Es wurde für bis zu 1560 Tage gezahlt und betrug 65 v.H. des Nettoarbeitsentgelts; § 249 e AFG (zur Fortgeltung vgl. § 429 SGB III).

Das A. ist steuerfrei (§ 3 Nr. 2 EStG), unterliegt aber ab 1991 dem → Progressionsvorbehalt (§ 32 b I Nr. 1 a EStG ebenso der Altersübergangsgeld-Ausgleichsbetrag nach § 249 e IV a AFG.

**Altersversorgung** → Altersrente, → Altersversorgung, betriebliche, → Pensionskassen, → Rentenversicherung, → Ruhestand, → Sozialversicherung.

**Altersversorgung, betriebliche.** Die b. A. kann, abgesehen von einer zusätzlich zum Arbeitsentgelt gewährten → Höherversicherung in der sozialen Rentenversicherung, in der Zusage eines Ruhegeldes (Betriebsrente) durch den Arbeitgeber (→ Ruhestandsverhältnis), in der Zahlung eines Ruhegeldes aus einer *Pensionskasse* oder in Leistungen einer betriebl. *Unterstützungskasse* bestehen. Rechtsgrundlage ist bei der Ruhegeldzusage der Einzelarbeitsvertrag, ein → Tarifvertrag oder eine → Betriebsvereinbarung, u. U. auch betriebl. Übung; bei der Pensionskasse besteht ein Rechtsanspruch auf Grund der Mitgliedschaft des Begünstigten, während Leistungen aus der Unterstützungskasse ohne Rechtsanspruch nach Maßgabe eines Leistungsplans gewährt werden. Die Altersversorgung auf Grund betriebl. Versorgungszusagen unterliegt dem Ges. zur Verbesserung der betriebl. Altersversorgung vom 19. 12. 1974 (Betriebsrentengesetz – BetrAVG – BGBl. I 3610). Es gilt in den neuen Ländern seit 1. 1. 1992, wobei die §§ 26–30 nicht angewendet werden (Kap. VIII Sachgebiet A Abschnitt 3 Nr. 16 Einigungsvertrag). Danach bleibt die Anwartschaft des Arbeitnehmers auf Versorgungsleistungen von seinem 35. Lebensjahr ab beim Ausscheiden aus dem Betrieb erhalten, wenn die Versorgungszusage mindestens 10 Jahre zurückliegt, ebenso bei mindestens 12jähriger Betriebszugehörigkeit und mindestens 3 Jahre zurückliegender Zusage. Die Bestehensdauer der Versorgungszusage von 10 oder 3 Jahren wird durch eine Änderung der Zusage oder Übernahme durch eine andere Person nicht unterbrochen und durch Festlegung von Wartezeiten nicht beeinflußt (§ 1 I BetrAVG). Zur Verhältnisrechnung vgl. § 2 BetrAVG. Jedoch wird die Versorgungsanwartschaft beim Ausscheiden vor Eintritt des Versorgungsfalls unter Berücksichtigung der Dauer der Betriebszugehörigkeit gekürzt; u. U. kann sie durch eine *Abfindung* abgelöst werden (vgl. § 3 BetrAVG). Ist der Arbeitgeber bei Eintritt des Versorgungsfalls nicht zahlungsfähig, tritt eine *Insolvenzsicherung* aus Mitteln des „Pensions-Sicherungs-Vereins" (Versicherungsverein a.G.) ein. *Steuerlich* werden Aufwendungen des Unternehmers für → Direktversicherungen (§ 4b EStG), Zuwendungen an → Pensions- oder → Unterstützungskassen (§§ 4c, d EStG) und → Pensionsrückstellungen (§ 6a EStG) für Betriebsrenten (Direktzusagen) begünstigt → Versorgungsbezüge.

**Altersvorsorgevollmacht** → Betreuung.

**Altertümer** → Bodenaltertümer, → Schatz (fund).

**Ältestenrat** wird das Gremium eines → Parlaments genannt, das dessen Präsidenten bei der Führung der Geschäfte zu unterstützen und insbes. eine Einigung zwischen den → Fraktionen über den Arbeitsplan des Parlaments herbeizuführen hat. Der Ä. ist kein Beschlußorgan. Er besteht aus dem Präsidenten des Parlaments und dessen Stellvertretern sowie weiteren Mitgliedern des Parlaments, die von den einzelnen Fraktionen bestimmt werden (vgl. z. B. § 6 GeschO BT). Das Lebensalter ist für die Mitgliedschaft nicht ausschlaggebend.

**Ältestenrecht** → Höfeordnung.

**Altgeld-Guthaben** oder Altguthaben ist die Bezeichnung für die in § 1 UStellungsG aufgeführten, nach Maßgabe dieses Ges. umzustellenden Reichsmarkguthaben (→ Währungsreform). Ostberliner Altgeldguthaben, die nach dem 8. 5. 1945 dort entstanden, wurden nach Maßgabe des 2. UmstellungsergänzungsG vom 23. 3. 1957 (BGBl. I 285) nachträglich im Verhältnis 10 M = 1 DM-West umgestellt.

**Altlasten.** Von A. spricht man im Zusammenhang mit der Zurechnung der Folgen von sachlich unzureichender oder völlig vernachlässigter Beseitigung von → Abfällen. Dabei geht es um systematische Ablagerungen aber auch um durch die Industrieproduktion sonst entstandene Schädigungen, die seinerzeit in der vorgenommenen Form nicht illegal, z. T. auch ausdrücklich erlaubt waren (z. B. Altdeponien). Als zivilrechtliche Dimensionen kommen → Gewährleistung für Mängel eines verkauften Grundstückes und → unerlaubte Handlung infrage. Gewährleistungsansprüche sind wegen der verkehrsüblichen Haftungsausschlüsse sowie wegen der relativ kurzen Verjährungsfristen in der Regel nicht durchsetzbar. Für Ansprüche aus unerlaubter Handlung, soweit sie nicht ebenfalls verjährt sind, wird es häufig am Verschulden fehlen. Öffentlich-rechtlich wird mit einer nicht unproblematischen Argumentation aus dem Bereich des → Polizeirechts versucht, den jeweiligen Eigentümer oder Besitzer der betroffenen Grundstücke als → Störer haftbar zu machen. Zur Haftung wegen der Verletzung der Amtspflicht, bei der Aufstellung von Bebauungsplänen Gesundheitsgefährdungen durch A. zu verhindern, vgl. BGHZ 106, 323; 108, 224; 109, 380. Zu dieser Problematik s.a. § 5 III BImschG, wonach der Betreiber einer *genehmigungsbedürftigen Anlage* auch nach Betriebseinstellung die Verantwortung für schädliche Umwelteinwirkungen und die Beseitigung schädlicher Reststoffe hat; s. im übrigen a. → Bodenschutz.

**Altmetalle.** Der Handel mit A. durch auf den H. mit Gebrauchtwaren spezialisierte Betriebe unterliegt als → Gebrauchtwarenhandel den gewerberechtlichen Beschränkungen für → überwachungsbedürftige Gewerbe.

**Altöle.** Für A. gelten nach der Übergangsregelung des § 64 KrW-/AbfG bis zum Erlaß der in §§ 7 und 24 KrW-/AbfG vorgesehenen Rechtsverordnungen die Vorschriften des §§ 5 a, b AbfG weiter. A. sind, auch wenn die allgemeine Abfalldefinition im Einzelfall nicht paßt, stets als → Abfälle zu behandeln. Die Einzelheiten regelt vorläufig noch die AltölVO vom 27. 10. 1987 (BGBl. I 2335). Auf Gebinden für Motor- und Getriebeöle, die an Endverbraucher abgegeben werden, ist auf die Pflicht zur geordneten Entsorgung hinzuweisen. Ferner sind Rückgabestellen einzurichten, die Altöle kostenlos annehmen (Näheres § 5 b AbfG). S. a. → Abfallbeseitigung, → Umweltschutz.

**Altschulden** sind Verbindlichkeiten aus in der ehem. DDR begründeten Schuldverhältnissen, die durch die → Währungs-, Wirtschafts- und Sozialunion vom 1. 7. 1990 auf DM umgestellt wurden. Sie blieben auch nach der → Wiedervereinigung bestehen, erforderten aber in einigen Bereichen gesetzliche Regelungen:

1. *A. aus Baukrediten.* Ihre in der ehem. DDR gesetzlich festgesetzten günstigen Zinssätze können aufgrund des sog. ZinsanpassungsG vom 24. 6. 1991 (BGBl. I 1314) m. Änd. erhöht werden.

2. *A. der Wohnungsgesellschaften und -genossenschaften.* Ihnen wird A.-Hilfe nach dem A.-HilfeG vom 23. 6. 1993 (BGBl. I 944) m. Änd. zur angemessenen Bewirtschaftung des alten Wohnungsbestandes, der noch nicht kostendeckend vermietet werden kann, gewährt. Sie besteht aus einer Teilentlastung durch den → Erblastentilgungsfonds und zeitlich begrenzten Zinshilfen.

3. *A. der Landwirtschaft.* Die Verbindlichkeiten der ehem. landwirtschaftlichen Produktionsgenossenschaften wurden gemildert durch eine Teilentschuldung (Art. 25 III 3 EinigV) und eine bilanzielle Entlastung nach § 16 → D-MarkbilanzG.

4. *Kommunale A.* aufgrund der Errichtung gesellschaftlicher Einrichtungen (Schulden u.ä.), die nach Art. 21 EinigV auf die Gemeinden übergegangen sind, wurden nach dem A.-RegelungsG vom 6. 3. 1997 (BGBl. I 434) in Höhe von 8,4 Mrd. DM vom Erblastentilgungsfonds übernommen. Die neuen Länder erstatten dem Bund die Hälfte der jährlichen Annuität.

**Altsparer.** Zur Milderung von Härten der Währungsreform 1948 steht natürlichen Personen sowie diesen gleichgestellten Versorgungskassen für bestimmte Anlagepapiere nach Maßgabe des AltsparerG vom 14. 7. 1953 (BGBl. I 495) i. d. F. vom 1. 4. 1959 (BGBl. I 169) nebst 5 DVOen – z. T. m. spät. Änd. – eine Entschädigung zu; diese beträgt 10–15% des Nominalwertes; vgl. a. Ges. vom 10. 12. 1954 (BGBl. I 438) betr. Gleichstellung von ausländischen Gläubigern. Die Regelungen sind einschließlich aller Neben- und Durchführungsbestimmungen vom Inkrafttreten im Gebiet der ehem. DDR ausgenommen (Anl. I zum EinigV Kap. IV Sachgeb. A Abschn. 1 Nr. 11).

**Altstoffe, AltstoffVO** → Chemikaliengesetz.

**Altstoffverzeichnis** der EG (EINECS) vom 15. 6. 1990 (ABl. C 146) ist gemäß der AltstoffVO vom 22. 11. 1990 (BGBl. I 2544) in der jeweils geltenden Fassung (dynamische → Verweisung) in das deutsche Altstoffrecht (§ 3 → ChemikalienG) integriert.

**Amateurfunk** ist im Amateurfunkgesetz vom 23. 6. 1997 (BGBl. I 1494) geregelt. Nach näherer Bestimmung von § 2 Nr. 1 ist Funkamateur der Inhaber eines einschlägigen Zeugnisses, der sich aus persönlicher Neigung, m.w.W. aus Liebhaberei, dem Amateurfunkdienst widmet. Amateurfunkdienst darf neben gewissen Hilfsdiensten in

Notfällen nur als Funkdienst der Amateure untereinander ohne wirtschaftliche Interessen betrieben werden, § 2 Nr. 2. Voraussetzung für die Teilnahme an A ist die Zuteilung eines persönlichen Rufzeichens an einen geprüften Funkamateur, § 3. Dieser darf dann von einer Amateurfunkstelle aus im Rahmen des Frequenzplans am A teilnehmen. Die Prüfung ist nach der in § 4 vorgesehenen Prüfungsordnung abzulegen. Nach bisherigem Recht erworbene Berechtigungen sind übergeleitet, § 12.

**Ambulantes Gewerbe:** jetzt → Reisegewerbe.

**Amendement** (franz.: Verbesserung): Änderung oder Ergänzung eines → völkerrechtlichen Vertrags durch Zusätze usw.

**A-Meta-Geschäft** → Gelegenheitsgesellschaft.

**Amnestie** ist ein allgemeiner Gnadenerweis für eine unbestimmte Zahl von rechtskräftig verhängten, noch nicht vollstreckten Strafen. Sie ist zeitlich (durch den Stichtag, vor dem die Straftat liegt) und nach der Strafhöhe abgegrenzt. Die A. bedarf eines Gesetzes; sie wird meist in einem Straffreiheitsgesetz mit der Niederschlagung (→ Abolition) anhängiger Verfahren verbunden, bei denen die zu erwartende Strafe innerhalb der Straffreiheitsgrenze liegt. Über A.gesetze s. → Straffreiheit.

**Amortisation** ist die sich meist über einen längeren Zeitraum erstreckende, allmähliche Tilgung einer Verbindlichkeit; sie vollzieht sich i. d. R. nach einem Tilgungsplan durch jährliche Rückzahlung von Teilbeträgen neben der Zinszahlung. Im Gesellschaftsrecht liegt A. vor, wenn eine → Aktie oder ein → Geschäftsanteil von der → Aktiengesellschaft oder → Gesellschaft mit beschränkter Haftung eingezogen wird und dadurch erlischt. Dies kann mit Willen des betreffenden Aktionärs oder Gesellschafters geschehen, indem die AG die Aktie zum Zwecke der → Kapitalherabsetzung (→ eigene Aktie) oder die GmbH den Geschäftsanteil des Gesellschafters erwirbt (sog. freiwillige A.). Die zwangsweise A. ist bei der Kapitalherabsetzung durch Einziehung von Aktien (§§ 237–239 AktG) vorgesehen. Bei der GmbH muß die A. im Gesellschaftsvertrag zugelassen, ihre Voraussetzungen müssen darin festgesetzt sein, bevor der betroffene Gesellschafter den Geschäftsanteil erworben hat (§ 34 GmbHG). Die A. unterscheidet sich von der → Kaduzierung und dem → Abandon dadurch, daß die Aktie bzw. der Geschäftsanteil erlischt. – Im übrigen wird der Begriff A. auch für die Kraftloserklärung von Urkunden (→ Aufgebotsverfahren) verwendet.

**Amortisationshypothek** → Tilgungshypothek.

**Amortisationsquoten** → Zinsschuld.

**Ampeln** → Verkehrsampeln.

**Amsterdam.** Der Vertrag von A. zur Änderung der Verträge über die → Europäische Union und zur Gründung der → Europäischen Gemeinschaft tritt erst mit Ratifizierung durch sämtliche Mitgliedstaaten in Kraft. Er enthält u. a. neben einer Neunumerierung des EUV und des EGV einschließlich überwiegend redaktioneller Streichungen auch eine Reihe von neuen Regelungen – zitiert nach neuen Nummern –, etwa Art. 7 EUV über Verletzung fundamentaler Grundsätze durch einen Mitgliedstaat, Art. 43–45 EUV über verstärkte Zusammenarbeit, Art. 6 EGV zum Umweltschutz, Art. 13 EGV über Antidiskriminierungsmaßnahmen etwa im Sinne des allgemeinen Gleichheitssatzes, Art. 61 ff. EGV zur Asyl- und Einwanderungspolitik, Art. 125 ff. zur Beschäftigungspolitik sowie schließlich eine Fülle von Protokollen mit gemeinsamen politischen Entschließungen, etwa über die Einbeziehung des → Schengen-Abkommens in die Union und über die Anwendung der Grundsätze der Verhältnismäßigkeit und der Subsidiarität.

**Amt.** 1. Der Begriff A. ist mehrdeutig; er wird einmal i. S. einer Institution (insbes. Behörde mit bestimmtem Geschäftsbereich), zum anderen für die Gesamtheit der Aufgaben verwendet, die einem Träger öffentlicher Gewalt für einen bestimmten Bereich zugewiesen sind. Der Zugang zu einem öffentlichen A. in diesem Sinne – dazu zählen alle Tätigkeiten im öffentlichen Dienst einschl. der ehrenamtlichen (z. B. ehrenamtliche Richter, Gemeinderäte) – ist nach Art. 33 II GG jedem Deutschen nach seiner Eignung, Befähigung und fachlichen Leistung gewährleistet. Str. ist, inwieweit Art. 33 II GG ein → subjektives öffentl. Recht verleiht, ob er nur ein gleiches Recht der Bewerbung gibt oder ein gerichtlich verfolgbares Recht auf Beachtung. Die Zulassung zum öffentlichen A. darf nur von der Eignung und Befähigung (d.h. von der persönlichen und sachlichen Qualifikation, die zumeist durch Prüfungen nachgewiesen werden muß) und den fachlichen Leistungen abhängig gemacht werden; religiöses Bekenntnis und politische Überzeugung dürfen keine Rolle spielen. Die Zulassungsvoraussetzungen im einzelnen sind für → Beamte in den Beamtengesetzen und den *Laufbahnvorschriften des Bundes* und der Länder, für sonstige öffentlichen Ä. in den einschlägigen Gesetzen geregelt.

2. Unter Amt versteht man darüber hinaus in manchen Ländern der BRep. den Zusammenschluß mehrerer Gemeinden (→ Kommunalverbände; → Verwaltungsgemeinschaft, 1).

**Amtliche Beglaubigung** → Form(erfordernisse), 2 a.

**Amtlicher Markt** (Börse) → Börsengesetz.

**Amtsanmaßung.** Nach § 132 StGB ist strafbar, wer sich unbefugt mit der Ausübung eines öffentl. Amtes befaßt, z. B. als angeblicher Kriminalbeamter Personalangaben verlangt, oder wer – auch ohne dieses Vorgeben – unbefugt eine Handlung vornimmt, die nur kraft Amtes vorgenommen werden darf (z. B. Durchsuchung). Häufig liegt Tateinheit mit Betrug, Erpressung od. Diebstahl vor. Wegen verbotenen Uniformtragens s. § 132 a StGB.

**Amtsanwalt.** Er kann die Funktionen eines Staatsanwalts nur beim Amtsgericht ausüben (§ 142 I Nr. 3, II, § 145 II GVG). Befähigung zum Richteramt nicht erforderlich; meist werden als A. Beamte des gehobenen Dienstes oder Referendare tätig.

**Amtsarzt** ist der bei amtlichen Stellen der Gesundheitsverwaltung (→ Gesundheitsamt) tätige Arzt. I.w.S. gehören zu den A.en auch die für Gerichte und Staatsanwaltschaften tätigen (beamteten, aber in ihrer Gutachtertätigkeit sachlich unabhängigen) Landgerichtsärzte und die für die Träger der Sozialversicherung tätigen Vertrauensärzte sowie die Ärzte der → Kriegsopferversorgung. Amtsärztl. Begutachtung des Gesundheitszustands ist in zahlreichen Rechtsvorschriften vorgesehen (vgl. z. B. § 42 I 3 BBG).

**Amtsbetrieb** (Offizialbetrieb) bedeutet, daß das Betreiben eines Prozesses in den Händen des Gerichts liegt. Der Gegensatz ist der → Parteibetrieb.

**Amtsbezeichnung** der Beamten. Die A. wird beim Bund durch den → Bundespräsidenten (§ 81 BBG), bei den Ländern durch die LdReg. festgesetzt, soweit sie nicht auf Gesetz (z. B. BesoldungsG) beruht. Der Beamte führt die A. im Dienst; er darf sie auch außerhalb des Dienstes führen, hat aber keinen Rechtsanspruch darauf, im mündlichen oder schriftlichen Verkehr mit der A. angesprochen zu werden. Neben der A. dürfen nur staatlich verliehene → Titel und → akademische Grade, nicht jedoch sonstige Berufsbezeichnungen geführt werden. *Ruhestandsbeamte* dürfen die A. mit dem Zusatz „außer Dienst" (a.D.) führen. Keine A. ist die bloße *Dienstbezeichnung,* die eine dienstliche Stellung kennzeichnet, ohne daß mit ihr ein Amt verbunden ist (z. B. bei *Beamten auf Widerruf* im Vorbereitungsdienst). S. ferner Richteramtsbezeichnungen; für Soldaten s. Dienstgrade.

**Amtsdelikte.** Das StGB bezeichnet im 30. Abschn. (§§ 331–358 StGB) die mit Strafe bedrohten Verbrechen und Vergehen im Amte. Sie können nicht nur von Beamten im staatsrechtlichen Sinne begangen werden, d.h. von Personen, die nach den Beamtengesetzen in ein Amt berufen worden sind, sondern auch von anderen → *Amtsträgern* (§ 11 I Nr. 2 StGB; z. B. Notaren), manche – insbes. Bestechungsdelikte – auch von besonders *für den öffentl. Dienst Verpflichteten* (§ 11 I Nr. 4 StGB; z. B. Angestellte im öffentl. Dienst; → Verpflichtung nichtbeamteter Personen).

Als *echte* (eigentliche) A. bezeichnet man solche, die nur von einem Amtsträger begangen werden können, bei einem Nichtbeamten aber straflos sind;

z. B. → Konnivenz, → Rechtsbeugung. Die *unechten* (uneigentlichen, gemischten) A. sind Delikte (auch außerhalb des 30. Abschnitts des StGB), die auch bei einem Nichtbeamten strafbar, aber bei Beamten mit höherer Strafe bedroht sind, z. B. Körperverletzung im Amt (§ 340 StGB); die Beamteneigenschaft begründet hier einen Strafschärfungstatbestand. Die Unterscheidung ist für die *Teilnahme bedeutsam:* nur bei unechten A. (z. B. Körperverletzung im Amt) gilt § 28 II StGB, wonach die erhöhte Strafbarkeit wegen einer persönlichen Eigenschaft nur den Beteiligten trifft, bei dem diese vorliegt; bei echten A. (z. B. Rechtsbeugung) ist auf den Nichtbeamten, der Anstifter oder Gehilfe ist, das für den Beamten geltende Strafgesetz anzuwenden, die Strafe aber wie beim → Versuch zu mildern (§ 28 I StGB).

**Amtseid** ist die vom Träger eines öffentlichen Amtes geleistete feierliche Verpflichtung, die Amtspflichten treu zu erfüllen. Der A. ist normiert: für den Bundespräsidenten, den Bundeskanzler und die Bundesminister in Art. 56 GG (vgl. auch § 3 des Bundesministergesetzes), für Bundesbeamte in § 58 BBG, für Richter in § 38 DRiG; → Diensteid (dort auch zur religiösen Beteuerungsformel).

**Amtsempfangsbedürftigkeit** → Willenserklärung (I 2), Form (1 e).

**Amtsfähigkeit, Verlust** → Aberkennung (Verlust) von Fähigkeiten.

**Amtsgeheimnis** → Amtsverschwiegenheit, → Dienstgeheimnis.

**Amtsgericht** ist das ordentliche Gericht, das im Gerichtsaufbau die Unterstufe bildet. Das A. entscheidet grundsätzlich durch → Einzelrichter (§ 22 GVG) oder → Rechtspfleger, in gewissen Fällen durch den → Urkundsbeamten; s. aber auch → Schöffengericht. Die Zuständigkeit ist vielfältig.

Die wichtigste in *bürgerlichen Rechtsstreitigkeiten* besteht für Ansprüche bis zum Wert von 10 000 DM und als → Mietgericht (§ 23 GVG) sowie in → Kindschafts- und Unterhaltssachen (§ 23 a GVG), ferner die Zuständigkeit als → Vollstreckungs-, → Insolvenz-, → Versteigerungs-, → Nachlaß-, → Vormundschafts-, → Familien- und → Registergericht sowie als → Grundbuchamt.

In *Strafsachen* erstreckt sich die Zuständigkeit des A. auf → Vergehen und → Verbrechen nur, soweit nicht nach § 24 GVG die Zuständigkeit eines höheren Gerichts gegeben ist.

Für die einzelnen Sachgebiete bestehen Referate oder Abteilungen. Dem A. im Rechtszug zunächst übergeordnet ist das → Landgericht.

**Amtsgrundsatz** ist die Verpflichtung eines Gerichts oder einer Verwaltungsbehörde, „von Amts wegen", also unabhängig vom Antrag eines Beteiligten, tätig zu werden. Der A. (oft auch als → Offizialprinzip bezeichnet) dominiert im öffentlichen Recht, da hier in aller Regel Belange der Allgemeinheit im Vordergrund stehen. Eine besondere Ausprägung des A. ist das → Legalitätsprinzip im Strafverfahren. Auch soweit die Tätigkeit einer Behörde von einem Antrag abhängt (z. B. Antrag auf Erteilung einer Baugenehmigung), richtet sich das weitere Verfahren i. d. R. nach dem A.; die Behörde hat also von Amts wegen alle Umstände zu ermitteln, die für die Entscheidung über den Antrag von Bedeutung sind (also z. B. keine Bindung an Beweisangebote des Antragstellers oder sonstiger Beteiligter). Diese Pflicht der Behörde bezeichnet man auch als → Untersuchungsgrundsatz (§ 24 VwVfG).

**Amtshaftung** → Staatshaftung.

**Amtshilfe** ist jede ergänzende Hilfe, die eine Behörde auf Ersuchen einer anderen leistet, um dieser die Durchführung ihrer Aufgaben zu ermöglichen oder zu erleichtern. Die Hilfe der Gerichte wird als → Rechtshilfe, die der Verwaltungsbehörden als A. bezeichnet. Nach Art. 35 GG haben sich alle Behörden des Bundes und der Länder gegenseitig Rechts- und Amtshilfe zu leisten, müssen also auf Ersuchen einer anderen Behörde tätig werden. Die Verpflichtung zu gegenseitiger Hilfe besteht kraft Verfassungsrechts und unmittelbar, d.h. ohne daß es weiterer Gesetze oder Verwaltungsvereinbarungen bedürfte, zwischen den Gerichten und Behörden des Bundes, der Länder und der sonstigen Körperschaften des öffentlichen Rechts. Die A. ist durch §§ 4–8

VwVfG näher geregelt, für das Besteuerungsverfahren in §§ 111 ff. AO. Danach kann eine Behörde insbesondere dann um A. ersuchen, wenn sie eine Amtshandlung aus rechtlichen oder tatsächlichen Gründen nicht selbst vornehmen oder notwendige Tatsachen nicht selbst ermitteln kann oder wenn sie Urkunden oder sonstige Beweismittel aus dem Besitz der ersuchten Behörde benötigt. Die ersuchte Behörde darf Hilfe nicht leisten, wenn sie hierzu aus Rechtsgründen nicht in der Lage ist oder wenn durch die Hilfeleistung dem Wohl des Bundes oder eines Landes erhebliche Nachteile bereitet würden. Insbesondere dürfen Urkunden und Akten nicht vorgelegt und Auskünfte nicht erteilt werden, wenn die Vorgänge nach einem Gesetz oder ihrem Wesen nach geheimgehalten werden müssen. Die Zulässigkeit der Maßnahme, für die Hilfe begehrt wird, richtet sich nach dem für die ersuchende Behörde, die Durchführung der A. nach dem für die ersuchte Behörde geltenden Recht. Keine A. liegt vor, wenn Behörden einander innerhalb eines bestehenden Weisungsverhältnisses Hilfe leisten (z. B. die nachgeordnete Behörde gegenüber der vorgesetzten). S.a. § 3 SGB X. Für *Besteuerungszwecke* wird auch innerhalb der EU (→ Europäische Gemeinschaft, Europäische Union) A. geleistet. Das EG-AmtshilfeG. v. 19. 12. 1985 (BGBl. I 2436, 2441, BGBl. I 96, 2049) ermächtigt die Finanzbehörden, sich über die Grenze gegenseitig alle Auskünfte für die zutreffende Besteuerung der Steuern vom Einkommen und Vermögen und der Umsatzsteuer zu geben. Ab 1997 ersteckt sich die EG-Amtshilfe auch auf die Arbeitnehmer-Entsendung (→ Entsende-Richtlinie; → Arbeitnehmerentsendung; → Kontrollmitteilung).

**Amtsimmunität** → Konsul.

**Amtskleidung** → Amtstrachten.

**Amtslöschung** → Grundbuch.

**Amtspflegschaft** übernimmt das → Jugendamt nur noch, soweit dies im Rahmen einer → Ergänzungspflegschaft (§ 1909 BGB) erforderlich ist. Die bisherige gesetzliche A. (neben der → Amtsvormundschaft), wonach der nichtehelichen Mutter zur Durchsetzung wichtiger Aufgaben (z. B. Feststellung der Vaterschaft, Geltendmachung von Unterhaltsansprüchen) das Jugendamt als Pfleger beigeordnet wurde, ist abgeschafft und durch eine (neu geordnete) Beistandschaft (→ Beistand, 1) ersetzt (Ges. vom 4. 12. 1997, BGBl. I 2846).

**Amtspflichten** → Beamtenverhältnis.

**Amtspflichtverletzung** → Staatshaftung, → Amtsdelikte.

**Amtsrichter.** Diese frühere gesetzliche Bezeichnung für den Richter, der die den → Amtsgerichten obliegenden richterlichen Geschäfte wahrnimmt, ist durch „Richter am Amtsgericht" ersetzt worden.

**Amtssitz** → Wohnsitz.

**Amtssprache** ist deutsch (§ 184 GVG; § 23 VwVfG, § 87 AO). Im → Verwaltungsverfahren soll die Behörde bei Eingängen in fremder Sprache unverzüglich die Vorlage einer Übersetzung verlangen, notfalls diese selbst beschaffen (Näheres § 23 III, IV VwVfG, auch wegen Fristwahrung). Sorben dürfen in ihren Heimatkreisen vor Gericht und bei Verwaltungsbehörden auch die sorbische Sprache benutzen. S. a. → Gerichtssprache.

**Amtstierarzt** → Fleischhygiene.

**Amtstrachten.** Die Bestimmungen darüber, welche A. von Beamten und Richtern zu tragen sind, werden im Bund durch Anordnung des BPräs., in den Ländern von den LdReg.en getroffen. Über den Schutz der A. vgl. § 132 a StGB.

**Amtsträger** ist eine durch § 11 I Nr. 2 StGB definierte Eigenschaft des Täters oder Verletzten, die die Strafbarkeit bestimmter Delkikte begründet oder erhöht (z. B. → Amtsdelikte).

A. sind alle nach Bundes- oder Landesrecht in einer bestimmten hoheitlichen Funktion tätigen Personen. Dies sind → Beamte im staatsrechtlichen Sinn, → Richter, auch ehrenamtliche (z. B. Schöffen), andere in einem öffentlichen Amtsverhältnis stehende Personen (z. B. Minister, Notare) und weitere Personen, die bei einer → Behörde oder sonstigen Stelle oder in deren Auftrag Aufgaben der öffentlichen Verwaltung unbeschadet der Organisationsform wahrnehmen (z. B. der Geschäftsführer einer von der öffentlichen Hand beherrschten GmbH, die eine Aufgabe der Daseinsvorsorge wahrnimmt). Maßgeblich ist also die Art der Aufgabe, nicht die zu ihrer Erfüllung gewählte Form.

Strafrechtlich vielfach gleichgestellt, z. B. bei der Verletzung des → Dienstgeheimnisses, sind die für den öffentlichen Dienst *besonders Verpflichteten* (§ 11 I Nr. 4 StGB). Sie sind nicht selbst A., aber bei einer Stelle, die Aufgaben der öffentlichen Verwaltung wahrnimmt, beschäftigt oder für sie tätig (Büropersonal, Boten usw.) und nach dem VerpflichtungsG vom 2. 3. 1974 (BGBl. I 547) förmlich verpflichtet.

**Amtsunfähigkeit** → Nebenstrafen, → Aberkennung (Verlust) von Fähigkeiten.

**Amtsvergehen** → Amtsdelikte.

**Amtsverlust** → Aberkennung (Verlust) von Fähigkeiten, → Disziplinarmaßnahmen.

**Amtsverschwiegenheit.** Jeder → Beamte hat auch nach Beendigung des Beamtenverhältnisses über die ihm bei seiner amtlichen Tätigkeit – auch zufällig – bekanntgewordenen Angelegenheiten Verschwiegenheit zu bewahren. Die Verpflichtung zur A. gilt nicht für Mitteilungen im dienstlichen Verkehr; doch sind hier die Anforderungen des → Datenschutzes zu beachten. Keine A. gilt ferner für Tatsachen, die offenkundig sind oder ihrer Bedeutung nach keiner Geheimhaltung bedürfen (§ 39 BRRG, § 61 BBG und Beamtengesetze der Länder). Ohne Genehmigung des → Dienstvorgesetzten darf der Beamte weder gerichtlich noch gegenüber andern Behörden aussagen. Dies gilt selbst dann, wenn er Partei eines Rechtsstreits oder Beschuldigter ist. Die Aussagegenehmigung darf jedoch nur unter gesetzlich bestimmten Voraussetzungen versagt werden (Nachteile für das Wohl des Bundes oder eines deutschen Landes, ernstliche Gefährdung oder erhebliche Erschwerung der Erfüllung öffentlicher Belange; wenn der Beamte Partei oder Beschuldigter ist, bei unabweisbarem dienstlichem Bedürfnis; im einzelnen vgl. § 39 III, IV BRRG, § 62 BBG). S.a. → Dienstgeheimnis, → Aussagepflicht, → Zeugnisverweigerungsrecht. Besondere Geheimhaltungsvorschriften bestehen für einzelne Gruppen von Beamten (z. B. Postbeamte: § 5 PostG, Steuerbeamte: § 30 AO 1977). Angestellte im → öffentlichen Dienst sind nach § 9 BAT vertraglich zur Verschwiegenheit verpflichtet; zur förmlichen Verpflichtung nichtbeamteter Personen s. VerpflichtungsG vom 2. 3. 1974 (BGBl. I 547). Zur A. der Sozialleistungsträger s. → Berufsgeheimnis, → Sozialgeheimnis, → Dienstgeheimnis.

**Amtsvormund** → Amtsvormundschaft.

**Amtsvormundschaft.** Das → Jugendamt wird mit der Geburt eines Kindes, dessen Eltern nicht miteinander verheiratet sind, grundsätzlich nur noch dann Amtsvormund, wenn und solange ein Sorgeberechtigter (→ elterliche Sorge) nicht vorhanden, z. B. die nicht verheiratete Mutter minderjährig, und ein anderer → Vormund vor der Geburt nicht bestellt ist (§ 1791 c BGB, §§ 55 ff. SGB VIII). Im übrigen kommt lediglich (freiwillige) Beistandschaft (→ Beistand, 1) in Betracht. Das Jugendamt hat bis zum Eingreifen des zuständigen → Vormundschaftsgerichts die erforderlichen vormundschaftlichen Maßnahmen zu veranlassen; es bleibt A., bis vom Vormundschaftsgericht ein geeigneter Einzelvormund bestellt wird. Ferner kann das Jugendamt zum Vormund über einen Minderjährigen bestellt werden, soweit kein geeigneter anderer → Vormund vorhanden ist (§ 1791 b BGB, sog. bestellte A.). Auf die A. finden die Vorschriften des BGB über die → Vormundschaft nur eingeschränkt Anwendung; sie ist eine → befreite Vormundschaft; ein → Gegenvormund wird nicht bestellt (§ 1792 BGB). Die Aufgaben des Vormunds werden von einem jeweils bestellten Beamten oder Angestellten des Jugendamts wahrgenommen (§ 55 II SGB VIII).

**Amtswiderspruch** → Widerspruch (im Grundbuch).

**Amtszustellung** → Zustellung.

**Analogie** besagt, daß durch Erweiterung eines Rechtssatzes oder gesetzlichen Tatbestandes ein neuer Rechtssatz geschaffen werden soll (zum Unterschied von der extensiven Interpretation, → Auslegung, 1 b). Bei *Gesetzesanalogie* wird eine Rechtsnorm auf einen ähnlichen Sachverhalt angewendet (was oft im Gesetz selbst durch die Bestimmung geschieht, daß näher bezeichnete Vorschriften auf einen anderen Tatbestand „entsprechend anzuwenden" sind). Bei *Rechtsanalogie* wird ein aus mehreren Bestimmungen abgeleiteter Grundgedanke auf andere Fälle erstreckt (z. B. Kündigung aus wichtigem Grund beim Miet-, Dienst-, Gesellschaftsvertrag – §§ 554 a, 626, 723 BGB – auf andere → Dauerschuldverhältnisse). Ist dagegen eine gesetzliche Regelung ersichtlich auf einen bestimmten Sachverhalt begrenzt, so verbietet sich ein Analogieschluß auf andere Fälle; dagegen ist ein Umkehrschluß (*argumentum e contrario*) angebracht. A. ist, soweit nicht nach dem Grundgedanken des Gesetzes ausgeschlossen, grundsätzlich zulässig. Im *materiellen Strafrecht* verbietet der Satz, daß Strafe nur verhängt werden darf, wenn Strafbarkeit und Strafhöhe zur Tatzeit gesetzlich bestimmt waren, jede A. *zuungunsten* des Beschuldigten (nullum crimen/nulla poena sine lege; Art. 103 II GG, § 1 StGB). Unzulässige A. wäre z. B. Anwendung der Strafvorschrift gegen → Betrug (§ 263 StGB) bei nur immateriellem Schaden. Die Abgrenzung von unzulässiger A. und zulässiger *Auslegung* kann zweifelhaft sein (so z. B. die Gleichstellung gewaltlosen Eingebens von Betäubungsmitteln mit → Gewaltanwendung). Im → Strafprozeßrecht besteht ebensowenig ein A.verbot wie im → Zivilprozeß, wohl aber nach vielen bürgerlich-rechtl. Vorschriften (z. B. § 253 BGB).

**Anarchie** ist ein Zustand der Herrschaftslosigkeit und Gesetzlosigkeit im Staat. In der allgem. Staatslehre versteht man unter *Anarchismus* eine von verschiedensten Ausgangspunkten und in zahlreichen Formen vertretene Sozialphilosophie, die eine absolute Freiheit herbeiführen will und die deshalb jeden Zwang durch eine staatliche Rechtsordnung aufheben möchte. Das Gemeinschaftsleben soll sich nicht in rechtlichen Bahnen entwickeln, sondern allein vom freien Willen der Beteiligten bestimmt werden. Elemente des Anarchismus finden sich u. a. in utopischen Staatstheorien, im → Syndikalismus und in besonderer Form – unter Anerkennung anderer gesellschaftlicher Ordnungselemente – in kommunistischen Staatstheorien (marxistische Lehre vom Absterben des Staates).

**Anathema** (griech.): in der kath. Kirche Bezeichnung für den kirchlichen → Bann.

**Anatomievertrag.** Die Überlassung einer Leiche zu anatomisch-wissenschaftlichen Zwecken durch Vertrag wird meist für zulässig gehalten (bloße Verpflichtung durch Krankenhausaufnahmebedingungen ungültig). Über das Recht naher Angehöriger zur Verfügung über die Leiche → Sache. Der A. darf dem Willen des Verstorbenen nicht zuwiderlaufen; er kann auch aus anderen Gründen (→ Sittenwidrigkeit) nichtig sein.

**Anatozismus** → Zinsschuld.

**Andenken Verstorbener, Verunglimpfung** → Beleidigung (2 d, 4).

**Anderkonto** ist ein Konto, das jemand (z. B. Rechtsanwalt, Notar) im eigenen Namen und mit eigener Verfügungsbefugnis treuhänderisch (→ Treuhand) für einen anderen unterhält (zur Sorgfaltspflicht § 43 V BRAO). Solche Konten sind häufig, z. B. als Bankkonten bei Vermögensverwaltungen. S. a. → Vertrag zugunsten Dritter.

**Änderung des rechtlichen Gesichtspunktes** im Strafverfahren → Hauptverhandlung.

**Änderungsklage** → Abänderungsklage.

**Änderungskündigung** ist die → Kündigung eines → Dauerschuldverhältnisses, insbes. eines → Arbeitsverhältnisses oder eines → Mietvertrages, allein zu dem Zweck, andere Vertragsbedingungen zu erzielen. Bei der Ä. wird zugleich der Abschluß eines neuen Vertrages mit anderem Inhalt angeboten. Hierbei sind → Bedingungen zulässig, deren Eintritt ausschließlich vom Willen des Kündigungsempfängers abhängt. Auch die Ä. unterliegt dem → Kündigungsschutz für (§§ 2, 8 KSchG) sowie dem Wohnraumkündigungsschutz (→ Miete, 5 c).

**Änderungssperre** → Veränderungssperre; *steuerlich:* Ä. nach Außenprüfung → Steuerbescheid.

**Änderungsvertrag** → Vertrag (5).

**Andreaskreuz** → Bahnübergänge.

**Androhung von Straftaten** → Landzwang.

**Aneignung.** Wer eine → herrenlose bewegliche Sache (anders besitzlose Sache, → Fund) in Eigenbesitz (→ Besitz) nimmt, erwirbt das → Eigentum an der Sache (sog. *Okkupation,* § 958 BGB). Die A. ist – anders als die Eigentumsaufgabe – kein → Rechtsgeschäft, sondern ein → Realakt, so daß → Geschäftsfähigkeit hierfür nicht erforderlich ist (str.). Die A. führt nicht zum → Eigentumserwerb, wenn sie gesetzlich verboten ist (z. B. nach den Vorschriften des Naturschutzrechts) oder ein fremdes → Aneignungsrecht (insbes. des Jagd- und Fischereiberechtigten) verletzt (§ 958 II BGB). Bei einem herrenlosen → Grundstück steht nur dem → Fiskus das Aneignungsrecht (durch Eintragung im → Grundbuch) zu, § 928 II BGB. S.a. → Fruchterwerb.

**Aneignungsrecht** ist das subjektive Recht, durch eine Handlung z. B. Erlangen des Eigenbesitzes (→ Besitz), das → Eigentum zu erwerben (insbes. das → Jagdrecht; s. Aneignung). Bei Verletzung eines A. z. B. durch den Wilderer, erlangt der Betreffende kein Eigentum (der Aneignungsberechtigte hat gegen ihn bereits den → Eigentumsherausgabeanspruch); ein Dritter kann jedoch gutgläubig Eigentum erlangen, da die immer noch → herrenlose Sache (str.) dem Aneignungsberechtigten nicht abhanden gekommen ist.

**Anerbenrecht** → Höfeordnung.

**Anerkenntnis.** Im Zivilprozeß besteht das A. – zum Unterschied vom → Geständnis, das sich nur auf Tatsachen bezieht – in der Erklärung des Beklagten, daß er den gegen ihn erhobenen prozessualen Anspruch anerkenne (§ 307 ZPO). Das A. ist nach h. M. reine → Prozeßhandlung. Es bezieht sich auf den → Streitgegenstand und führt i. d. R. zum → A.urteil. Ein A. ist nur zugelassen, soweit der → Verfügungsgrundsatz gilt. Für das materielle Recht → Schuldanerkenntnis.

**Anerkenntnisurteil** ist ein Urteil, das gegen den Beklagten auf Grund seines prozessualen → Anerkenntnisses ergeht. A.e sind im Zivilprozeß und in der Arbeitsgerichtsbarkeit zulässig (§ 307 ZPO), soweit der → Verfügungsgrundsatz gilt. Im Verwaltungs- und Finanzstreitverfahren werden A.e wegen des dort herrschenden Untersuchungsgrundsatzes (→ Offizialprinzip) überwiegend für unzulässig gehalten. In der → Sozialgerichtsbarkeit erledigt das angenommene Anerkenntnis den Rechtsstreit in der Hauptsache; ein A. ergeht nicht, da das Anerkenntnis selbst ein Vollstreckungstitel ist (§§ 101, 199 SGG).

**Anerkennung ausländischer Entscheidungen** → Vollstreckungsurteil; – von Ehescheidungen → hinkende Ehe.

**Anerkennung ausländischer Prüfungen** (und Befähigungsnachweise) ist nach § 92 des Bundesvertriebenengesetzes allgemein für Inhaber eines Vertriebenenausweises möglich (auch für juristische Prüfungen, vgl. § 112 DRiG). Voraussetzung ist die Gleichwertigkeit *(Äquivalenz)* mit entsprechenden inländischen Prüfungen. Die gegenseitige A.v.P. ist als geltendes Recht oder als Absichtserklärung in verschiedenen völkerrechtlichen Abkommen sowie im EGV (vgl. Art. 57) vorgesehen. Für Juristen aus den EU-Staaten ist eine spezielle Eignungsprüfung für die Zulassung zur Rechtsanwaltschaft vorgesehen (G. v. 6. 7. 1990, BGBl. I 1349, zul. geänd. durch G. v. 27. 9. 1993, BGBl. I 1666, sowie VO v. 18. 12. 1990, BGBl. I 2881). Darüber hinaus kann gem. Art. 10 der noch nicht in nationales Recht umgesetzten Richtlinie 98/5/EG vom 16. 2. 1998 nach dreijähriger Tätigkeit eines → Rechtsanwalts in einem anderen EU-Staat dort ohne Prüfung die Zulassung zur Rechtsanwaltschaft erfolgen.

**Anerkennung der Vaterschaft** → Abstammung (2 b).

**Anerkennung von Regierungen.** Die A. v. R. ist völkerrechtlich (→ Völkerrecht) entbehrlich, da der Wechsel der Regierung eines Staates dessen völkerrechtlichen Status grundsätzlich unberührt läßt. Da jedoch kein Staat verpflichtet ist, → diplomatische Beziehungen zu einem anderen Staat aufrecht zu erhalten, kann er es auch ablehnen, diese diplomatischen Beziehungen mit der neuen Regierung fortzuführen; es ist auch nicht völkerrechtswidrig, die diplomatischen Beziehungen mit einer Exilregierung oder einer nur mehr einen entlegenen Landesteil beherrschenden Regierung fortzuführen. So haben die USA bis 1933 die Regierung Kerenski und nicht die Revolutionsregierung als Regierung Rußlands angesehen. Die A. einer Regierung, bevor sich diese in einem Staat an der Macht durchgesetzt hat, stellt eine Einmischung in die → inneren Angelegenheiten des betreffenden Staates dar. Die A. ist von der → A. von Staaten zu unterscheiden.

**Anerkennung von Staaten.** Die A. v. S. ist eine einseitige völkerrechtliche Erklärung (→ Völkerrecht). Ein neuer → Staat ist entstanden, wenn dieser über Staatsgebiet, Staatsvolk und Staatsgewalt verfügt. Die A. als Staat durch einen oder mehrere Drittstaaten ist nur deklaratorischer Natur und nicht konstitutiv für das Entstehen eines neuen Staates. Die A. darf allerdings erst erfolgen, wenn der neue Staat im vollen Besitz des Staatsgebietes, des Staatsvolkes und der Staatsgewalt ist. Entsteht ein neuer Staat durch Herauslösung eines Gebietsteiles aus einem Altstaat, so ist die A. durch den Altstaat nicht Voraussetzung der A. durch Drittstaaten (Herauslösung Belgiens aus den Niederlanden 1830, Herauslösung Sloweniens und Kroatiens aus Jugoslawien 1991). Eine A. vor dem Zeitpunkt, zu dem das sich verselbständigende Territorium als Staat anzusehen ist, ist allerdings als Einmischung in die → inneren Angelegenheiten des Altstaates anzusehen. Das Völkerrecht unterscheidet zwischen der vorläufigen A. de facto und der endgültigen A. de jure. Der Abschluß eines bilateralen → völkerrechtlichen Vertrages zwischen zwei Staaten beinhaltet in der Regel deren gegenseitige A. Die Aufnahme → diplomatischer Beziehungen – nicht aber konsularischer – stellt in der Regel eine konkludente A. dar. Streitig ist, inwieweit die Beteiligung an einem Kollektivvertrag oder die Mitgliedschaft in einer → Internationalen Organisation eine A. durch die anderen Vertrags- oder Mitgliedsstaaten umfaßt. Nach h. M. können z. B. sich gegenseitig nicht anerkennende Staaten Mitglieder der → Vereinten Nationen sein; das Votum für die Aufnahme eines neuen Staates in die UN beinhaltet nicht dessen Anerkennung durch die zustimmenden Staaten. Die A. v. S. ist von der → A. von Regierungen zu unterscheiden.

**Anfall der Erbschaft** → Erbanfall.

**Anfangstermin** → Zeitbestimmung.

**Anfangsverdacht.** Für ein Einschreiten der Staatsanwaltschaft nach dem → Legalitätsprinzip sind zureichende tatsächliche Anhaltspunkte, also ein A., erforderlich (§ 152 II StPO). Bloße Vermutungen genügen nicht.

**Anfangsvermögen** → Zugewinnausgleich.

**Anfechtbarkeit der Ehe** → Eheaufhebung; vgl. auch → Ehenichtigkeit, → Ehescheidung, → Nichtehe.

**Anfechtbarkeit eines Rechtsgeschäfts** → Anfechtung von Willenserklärungen.

**Anfechtung der Vaterschaft** → Abstammung (3).

**Anfechtung letztwilliger Verfügungen.** Neben der → Nichtigkeit einer → letztwilligen Verfügung (l.V.; z. B. wegen Verstoßes gegen zwingende Formvorschriften oder wegen → Sittenwidrigkeit, § 138 BGB) kommt auch eine Anfechtung wegen Irrtums, Drohung oder arglistiger Täuschung (§ 2078 BGB) in Betracht, sofern nicht durch die stets vorgehende *Auslegung* von Verfügungen von Todes wegen der wahre Wille des → Erblassers zu ermitteln ist. Die Anfechtung im Erbrecht knüpft an die allgemeinen Bestimmungen der → Anfechtung von Willenserklärungen wegen Willensmängeln (§§ 119 ff. BGB) an, bringt jedoch eine nicht unerhebliche Erweiterung. *Anfechtungsgrund* ist nicht nur der Irrtum des Erblassers über die Erklärungshandlung (er wollte eine derartige Erklärung nicht abgeben, z. B. Verschreiben) und über den Erklärungsinhalt (er erkannte die rechtliche Tragweite seiner Verfügung nicht), sondern darüber hinaus jeder Irrtum im Beweggrund (sog. *Motivirrtum*), nämlich soweit der Erblasser zu der Verfügung durch die irrige Annahme oder Erwartung des Eintritts oder Nichteintritts irgendeines für die Verfügung bedeutsamen Umstandes bestimmt worden ist. Die maßgeblichen Umstände für den Irrtum des Erblassers können in der Vergangenheit oder in der Zukunft liegen, vom Willen des Erblassers und des Bedachten abhängig (Heirat) oder unabhängig sein (Tod, Bedürftigkeit u. a.m.). Einen Sonderfall des Motivirrtums sieht das Gesetz in § 2079 BGB vor: Eine l.V. kann danach angefochten werden, wenn der Erblasser einen zur Zeit des → Erbfalls vorhandenen → Pflichtteilsberechtigten übergangen hat, dessen Vorhandensein ihm bei der Errichtung der l.V. nicht bekannt war oder der erst später geboren oder pflichtteilsberechtigt geworden ist, sofern nicht anzunehmen ist, daß der Erblasser auch in Kenntnis dieses Umstandes im gleichen Sinne testiert hätte. Anfechtungsberechtigt ist derjenige, dem die Aufhebung der l.V. unmittelbar zustatten kommen würde, im Fall des § 2079 BGB nur der Pflichtteilsberechtigte (§ 2080 BGB). Der Erblasser ist – außer beim → Erbvertrag – nicht anfechtungsberechtigt, da er jederzeit vom Widerruf Gebrauch machen kann. Der Anfechtungsberechtigte muß den Anfechtungsgrund und (besonders beim Motivirrtum) die Ursächlichkeit dieses Grundes für die l.V. nachweisen. Die A. ist i. d. R. formlos gegenüber dem → Nachlaßgericht zu erklären (§ 2081 BGB); sie kann nur binnen Jahresfrist seit Kenntnis des Anfechtungsberechtigten von dem Anfechtungsgrund, längstens 30 Jahre nach dem → Erbfall, angebracht werden (§ 2082 BGB). Die Folge einer wirksamen Anfechtung ist – wie bei der Anfechtung einer jeden Willenserklärung – die Nichtigkeit der l.V. (§ 142 BGB), bei Anfechtung nur einer einzelnen Verfügung im Testament jedoch im Zweifel nicht die Nichtigkeit des ganzen Testaments (§ 2085 BGB, → Auslegung von Verfügungen von Todes wegen). Besonderheiten gelten für die Anfechtung des → Erbvertrags.

**Anfechtung von Entscheidungen** der Gerichte und Behörden ist mit den gesetzlichen → Rechtsbehelfen möglich; dabei ist der jeweils zugelassene R.behelf zu bezeichnen. Im *Strafprozeß* kann der Rechtsmittelberechtigte, der bei einem Urteil des Amtsgerichts die Wahl zwischen → Berufung und → Sprungrevision hat, statt dessen zunächst die (neutrale) „Anfechtung" des Urteils erklären und sich dadurch die Wahl zwischen beiden Rechtsmitteln offenhalten. Er muß sich dann spätestens innerhalb der Revisionsbegründungsfrist für das eine oder andere Rechtsmittel entscheiden. Hat er keine unbestimmte A. erklärt, sondern bei bestehender Wahlmöglichkeit von Berufung oder Revision Gebrauch gemacht, so ist der *Übergang* von dem gewählten zum anderen Rechtsmittel zulässig: bei rechtzeitiger Berufung kann bis zum Ablauf der Revisionsbegründungsfrist noch die Revision gewählt und begründet werden; ist rechtzeitig Revision eingelegt worden, so kann statt ihrer bis zum Ablauf der Begründungsfrist die Berufung gewählt werden. Legt ein Beteiligter Berufung, ein anderer Revision ein, so hat die Berufung den Vorrang: auch die Revision wird als Berufung behandelt, solange die eingelegte Berufung noch wirkt, d.h. weder zurückgenommen noch als unzulässig verworfen worden ist. Im Hinblick auf diese Möglichkeiten ist die eingelegte Revision rechtzeitig durch die für diese vorgeschriebenen Revisionsanträge und -begründung zu ergänzen (§ 335 III StPO).

**Anfechtung von Gesellschafterbeschlüssen** → Hauptversammlungsbeschluß, → Gesellschafterbeschluß.

**Anfechtung von Verwaltungsakten** → Verwaltungsakt (7), → Verwaltungsstreitverfahren (1).

**Anfechtung von Willenserklärungen.** Gewisse → Willensmängel bei Abgabe einer → Willenserklärung (WE) führen dazu, daß diese zwar zunächst als wirksam angesehen wird, von dem Erklärenden aber wegen der Mangelhaftigkeit seiner Willensbildung angefochten werden kann. Abgesehen von verschiedenen Sonderregelungen im Erbrecht (→ Anfechtung letztwilliger

Verfügungen, → Annahme und → Ausschlagung der Erbschaft), im Familienrecht (→ Eheaufhebung), beim → Vergleich sowie von der nicht hierher gehörenden sog. → Gläubigeranfechtung insbes. im → Insolvenzverfahren (→ Insolvenzanfechtung) gilt allgemein folgendes:

1. A. *wegen Irrtums.* Irrtum ist das unbewußte Auseinanderfallen von Wille und Erklärung bei der WE; auf seine Entschuldbarkeit kommt es nicht an. Nur bestimmte Fälle des Irrtums führen zur Anfechtbarkeit der WE: a) *Erklärungsirrtum:* Der Erklärende wollte zwar eine rechtlich bedeutsame Erklärung abgeben, vergriff sich aber in der Erklärung (Versprechen, Verschreiben, z. B. Angebot zu 10 DM statt zu 100 DM). Als Erklärungsirrtum gilt es auch, wenn die WE durch einen Erklärungsboten (→ Bote; nicht aber bei → Stellvertretung, hier Erklärung des Vertreters maßgebend) oder z. B. durch die Post (Telegramm) falsch übermittelt wird (sog. *Übermittlungsirrtum,* § 120 BGB). b) *Inhaltsirrtum (Geschäftsirrtum)* ist anzunehmen, wenn der Erklärende zwar die Erklärung ihrer äußeren Gestalt nach abgeben wollte, sich aber über deren inhaltliche Tragweite irrte, so daß anzunehmen ist, daß er sie bei Kenntnis der Sachlage und bei verständiger Würdigung des Falles nicht abgegeben hätte (§ 119 I BGB). Hier kommt in Betracht der Irrtum über die Person des Vertragsgegners, über den Gegenstand des Geschäfts, über dessen Umfang sowie allgemein über alle Umstände, die kraft ausdrücklicher oder stillschweigender Parteiabrede den Inhalt des Rechtsgeschäfts ausmachen (z. B. besonders billiger Verkauf an vermeintlichen Geschäftsfreund). Nur in diesem Zusammenhang ist der sog. *Motivirrtum,* d.h. der Irrtum im Beweggrund, beachtlich. Grundsätzlich berechtigt dagegen der bloße (intern gebliebene) Motivirrtum, insbes. der *Kalkulationsirrtum* über die Preisgestaltung, über den Wert des Gegenstands (s.u. c) und über den wirtschaftlichen Erfolg des Geschäfts ebensowenig zur Anfechtung wie der allgemeine Irrtum über die Rechtsfolgen des Geschäfts, z. B. über den Umfang der Sachmängelhaftung beim Kauf. c) Als Inhaltsirrtum gilt auch der Irrtum über solche Eigenschaften der Person und der Sache (bzw. des Gegenstands des Rechtsgeschäfts), die im Verkehr als wesentlich angesehen werden (*Eigenschaftsirrtum,* § 119 II BGB). Eigenschaften der Person sind z. B. die Kreditwürdigkeit und die Zahlungsfähigkeit des Geschäftspartners bei einem Kreditgeschäft (nicht bei einem Bargeschäft), Alter und Geschlecht einer Person bei einem Arbeitsvertrag (nicht bei einem Kauf). Eigenschaften des Gegenstandes sind z. B. die Beschaffenheit der Sache (Echtheit eines Bildes u. dgl.), die Bebauungsfähigkeit eines Grundstücks, der Kundenkreis eines Erwerbsgeschäfts, nicht der Wert einer Sache als solcher, wohl aber alle wertbildenden Faktoren, soweit nicht das typische Risiko eines Geschäfts reicht (z. B. kein Anfechtungsgrund bei Irrtum über den Wert eines gekauften Mietshauses, anders dagegen bei Irrtum über die Jahresmieteinnahmen). Das Anfechtungsrecht wegen Irrtums über verkehrswesentliche Eigenschaften wird beim Kauf durch die Sonderbestimmungen über die → Gewährleistung für Sachmängel ausgeschlossen. d) Nicht unter die Anfechtungsvorschriften fällt der *beiderseitige Irrtum.* Hier liegt je nach Einzelfall eine nur unbeachtliche falsche Bezeichnung des von beiden Seiten gemeinten Gegenstandes (→ falsa demonstratio), ein Mißverständnis über Gegenstand und Umfang des Geschäfts (versteckter → Dissens) oder – wie meist – ein doppelseitiger Irrtum über die stillschweigende → Geschäftsgrundlage vor; dieses Fehlen der Geschäftsgrundlage ist – ohne beiderseitige Anfechtung – nach → Treu und Glauben zu lösen (s.i.e. dort).

Die A. wegen Irrtums muß *unverzüglich,* d.h. ohne schuldhaftes Zögern, nachdem der Anfechtungsberechtigte von dem Anfechtungsgrund erfahren hat, erklärt oder die Anfechtungserklärung jedenfalls abgesandt werden; das Anfechtungsrecht erlischt auf jeden Fall nach 30 Jahren (§ 121 BGB). Das Anfechtungsrecht ist ein → Gestaltungsrecht; die A. wird durch Erklärung gegenüber dem Anfechtungsgegner erklärt (§ 143 I BGB). A.gegner ist bei einem Vertrag der andere Teil, bei einem einseitigen Rechtsgeschäft, soweit es empfangsbedürftig ist (z. B. Kündigung), der Empfänger (auch Behörde), sonst jeder,

der auf Grund des Rechtsgeschäfts unmittelbar einen rechtlichen Vorteil erlangt hat (§ 143 II–IV BGB). Die erfolgreiche A. führt zur → Nichtigkeit des Rechtsgeschäfts von Anfang an; sie *wirkt also* auf den Zeitpunkt der Vornahme des Rechtsgeschäfts *zurück* (§ 142 I BGB), ausgenommen bei Gesellschaftsverträgen und Arbeitsverhältnissen, die in der Zwischenzeit bereits realisiert wurden (BAG NJW 1984, 446; hier wirkt die A. praktisch wie eine → Kündigung). Die A. ist *ausgeschlossen,* wenn der Anfechtungsberechtigte das anfechtbare Rechtsgeschäft vor der Anfechtungserklärung in Kenntnis des Anfechtungsgrundes – wenn auch nur formlos, z. B. durch eine Abschlagszahlung – bestätigt hat (*Bestätigung,* § 144 BGB; s.a. → Nichtigkeit). Die A. wird aber nicht dadurch ausgeschlossen, daß das Rechtsgeschäft gleichzeitig aus einem anderen Grund (z. B. wegen Geschäftsunfähigkeit des Irrenden) bereits nichtig ist, da die A. in mancher Beziehung weiter reicht. Insbes. wird derjenige, der die Anfechtbarkeit des Rechtsgeschäfts kannte oder fahrlässig nicht kannte, nach der A. so behandelt, wie wenn er die Nichtigkeit des Rechtsgeschäfts gekannt hätte (z. B. Ausschluß eines → gutgläubigen Erwerbs, § 142 II BGB).

Der wegen Irrtums Anfechtende hat dem anderen, der von der Wirksamkeit des Rechtsgeschäfts ausgehen durfte (also nicht, wenn dieser den Anfechtungsgrund kannte oder infolge von Fahrlässigkeit nicht kannte), den Schaden zu ersetzen, den er dadurch erleidet, daß er auf die Gültigkeit des Rechtsgeschäfts vertraut (sog. Vertrauensschaden, z. B. Kosten, die für die Abwicklung des Geschäfts bereits aufgewendet wurden, nicht aber einen entgangenen Gewinn, § 122 BGB; s.i.e. → Schadensersatz, 2 b).

2. A. *wegen arglistiger Täuschung oder Drohung:* Anfechtbar (nicht von vornherein nichtig; anders bei körperlichem Zwang, s. Willenserklärung I 1) ist ferner eine WE, zu deren Abgabe jemand durch arglistige Täuschung oder widerrechtlich durch Drohung bestimmt wurde (§ 123 I BGB). Eine *Täuschung* liegt – wie beim → Betrug – vor, wenn ein Irrtum durch Vorspiegeln falscher oder durch Verschweigen wahrer Tatsachen trotz bestehender Aufklärungspflicht (z. B. beim Gebrauchtwagenkauf) erregt oder aufrechterhalten wird. Diese Täuschung muß arglistig sein. Arglist setzt → Vorsatz voraus, wobei bedingter Vorsatz ausreicht, nicht aber Fahrlässigkeit; der Täuschende muß sich seines unlauteren Erfolgs zumindest bewußt sein (s. auch → Treu und Glauben); eine Schädigungs- oder Bereicherungsabsicht ist – anders als beim Betrug – hier nicht erforderlich. Wird die Täuschung durch einen Dritten (nicht z. B. Vertreter) ausgeübt, so ist die WE nur anfechtbar, wenn der Vertragspartner die Täuschung kannte oder fahrlässig nicht kannte (§ 123 II BGB). *Drohung* ist die ernsthafte Ankündigung eines Übels (Nachteils) für den Fall, daß die WE nicht abgegeben wird (→ Nötigung). Die Drohung muß widerrechtlich sein, sei es daß kein Recht auf die WE besteht („Geld oder Leben") oder daß das angewandte Mittel unerlaubt ist (z. B. Drohung gegenüber Schuldner, im Fall der Nichterfüllung Vorfälle aus dessen Privatleben zu veröffentlichen; nicht aber bei Drohung mit Klage).

Die Form der A. und deren Folgen entsprechen dem unter 1) Gesagten; dem Täuschenden oder Drohenden ist allerdings kein Vertrauensschaden zu ersetzen. Die Anfechtungsfrist beträgt hier – wegen der Schwere des Eingriffs in die Willensfreiheit – 1 Jahr ab Kenntniserlangung von der Täuschung bzw. Aufhören der Zwangslage; das Anfechtungsrecht erlischt auch hier nach 30 Jahren (§ 124 BGB). Auch nach Ablauf der Anfechtungsfrist kann jedoch ggf. die Vertragserfüllung unter dem Gesichtspunkt des → Verschuldens beim Vertragsschluß verweigert werden (BGH NJW 1979, 1983). Hat durch eine arglistige Täuschung der Getäuschte einen Schaden erlitten, so kann daneben ein Anspruch auf Schadensersatz aus → unerlaubter Handlung (→ sittenwidrige Schädigung, § 826 BGB), bei einem Kauf (Täuschung über Sachmängel) auch aus → Gewährleistung (§ 463 BGB) bestehen.

3. Im *Steuerrecht* ist die Nichtigkeit des Rechtsgeschäfts als Folge der Anfechtung für die Besteuerung unerheblich, soweit und solange die Beteiligten das wirtschaftliche Ergebnis dieses Rechtsgeschäfts gleichwohl eintreten

und bestehen lassen. Dies gilt nicht, soweit sich aus den Steuergesetzen etwas anderes ergibt (§ 41 I AO). Bei Rückabwicklung des Rechtsgeschäfts sind aufgrund des Rechtsgeschäfts ergangene Steuerbescheide zu ändern (§ 175 I Nr. 2 AO).

**Anfechtungsgesetz** → Gläubigeranfechtung.

**Anfechtungsklage** → Verwaltungsstreitverfahren (1 a), → Abstammung (3 a).

**Anforderungsbehörden,** die nach dem → Bundesleistungsgesetz (BLG) von den Verpflichteten Leistungen für Verteidigungszwecke usw. in Anspruch nehmen können, sind die durch die RechtsVO über die Anforderungsbehörden und Bedarfsträger nach dem BLG vom 12. 6. 1989 (BGBl. I 1088), zul. geänd. durch G. v. 14. 9. 1994 (BGBl. I, 2325), bestimmten Dienststellen. Grundsätzlich sind A. die Behörden der Landkreise und der kreisfreien Städte. Für bestimmte Sachen und Bereiche (Seeschiffe und Seefischereifahrzeuge, größere Binnenschiffe, Luft- und Kraftfahrzeuge, Straßen- und Wasserbauanlagen, Flughäfen, Funkanlagen) bestehen besondere Zuständigkeiten. Im → Verteidigungsfall oder nach Feststellung der Notwendigkeit der Verteidigungsbereitschaft der BRep. durch die BReg. sind die → Kreiswehrersatzämter, die Wehrbezirksverwaltungen, die Wehrbereichsverwaltung sowie das Bundeswehrersatzamt zuständig (→ Bundeswehrverwaltung); sie können für diesen Fall bereits im Frieden Bereitstellungsbescheide erlassen (§ 36 III BLG). Zum Auskunftsrecht der A. vgl. § 15 BLG.

**Anfragen** des Parlaments an die Regierung sind Ausfluß des → Interpellationsrechts und ein wichtiges Mittel zur Ausübung der → parlamentarischen Kontrolle. Die → Geschäftsordnungen der Parlamente unterscheiden meist zwischen *Großen A.* und *Kleinen A.* sowie Fragen einzelner Mitglieder zur mündlichen (*„Mündliche A.“*) oder schriftlichen Beantwortung. Nach der GeschO des Bundestags (§§ 100 ff.) müssen *Große A.* an die Bundesregierung beim Präsidenten des BT eingereicht werden und von einer Fraktion oder 5 v. H. der Mitglieder des BT unterzeichnet sein. Beantwortet die BReg. die Gr. A., so wird diese auf die Tagesordnung des BT gesetzt und muß beraten werden, wenn eine Fraktion oder 5 v. H. der BT-Mitglieder es verlangen. Lehnt die BReg. die Beantwortung überhaupt oder für die nächsten 3 Wochen ab, so kann die Gr. A. trotzdem auf die Tagesordnung gesetzt und muß beraten werden, wenn eine Fraktion oder 5 v. H. der BT-Mitglieder es verlangen. Daneben kennt die GeschO des BT *Kleine A.* (ebenfalls von Fraktionen oder 5 v. H. der BT-Mitgl.) an die BReg. zur Auskunft über bestimmt bezeichnete Bereiche (§ 104) sowie *Fragen einzelner Mitglieder* des BT zur mündlichen (*„Fragestunde“*) oder schriftlichen Beantwortung (vgl. § 105 und die Richtlinien in Anl. 4 der GeschOBT; hier ist auch geregelt, daß der Fragesteller bei mündl. Beantwortung bis zu 2 *Zusatzfragen* stellen kann).

**Angebot** (Offerte) → Vertrag.

**Angebotstheorie** → Schuldübernahme.

**Angehörige.** Der Begriff der A. ist weiter als der der → Familie; er umfaßt neben dem Ehegatten, Verwandten (→ Verwandtschaft) und Verschwägerten (→ Schwägerschaft) z. B. auch Adoptiv- und Pflegeeltern. Im übrigen ist der Kreis der A.n in den verschiedenen Gesetzen jeweils unterschiedlich gezogen. So spricht das BGB z. B. beim Widerruf der → Schenkung (§ 530 BGB) vom groben Undank gegenüber dem Schenker oder einem „nahen A.“; hier entscheidet nicht der Grad der Verwandtschaft, sondern das tatsächliche persönliche Verhältnis. Das Strafrecht enthält unabhängig vom bürgerlichen Recht in § 11 I StGB für seinen Bereich eine gesetzliche Definition des Begriffs der Angehörigen; danach zählen zu den A. auch Verlobte (→ Verlöbnis). Die Vorschriften des BGB über Verwandtschaft und Schwägerschaft gelten dagegen auch im Bereich des GVG, der ZPO und der StPO (Art. 51 EGBGB). Im Insolvenzrecht wird die Bezeichnung „nahestehende Person“ verwendet (§ 138 InsO, → Insolvenzanfechtung). Über A. von ausländischen Truppenangehörigen (Gerichtsbarkeit u. a.)

→ Streitkräfte, ausländische. A. i. S. der Steuergesetze sind Verlobte; Ehegatten, auch wenn geschieden; Verwandte und Verschwägerte gerader Linie; Geschwister; Kinder der Geschwister; Ehegatten der Geschwister und Geschwister der Ehegatten; Geschwister der Eltern; Pflegeeltern und Pflegekinder, auch wenn keine häusliche Gemeinschaft mehr besteht (§ 15 AO). A. haben im *Besteuerungsverfahren* ein → Auskunftsverweigerungsrecht (§§ 101, 103 AO) und vor dem Finanzgericht (§ 84 FGO) und im Steuerstrafverfahren (§ 52 StPO) ein → Zeugnisverweigerungsrecht.

**Angeklagter** i. S. der StPO ist der → Beschuldigte od. → Angeschuldigte (in Anklagezustand Versetzte), gegen den das Gericht die → Eröffnung des Hauptverfahrens beschlossen hat (§ 157 StPO).

**Angeschuldigter** i. S. der StPO ist der → Beschuldigte, gegen den die öffentl. Klage erhoben worden ist (§ 157 StPO); → Anklageerhebung.

**Angestellte** sind → Arbeitnehmer, die überwiegend eine kaufmännische, höhere technische oder büromäßige oder eine überwiegend leitende oder sonst gehobene Tätigkeit ausüben und von den beteiligten Berufskreisen als A. angesehen werden. Ein Indiz für die Eigenschaft als A. ist die monatliche Gehaltszahlung (im Gegensatz zum Wochen- oder Stundenlohn). Man unterscheidet kaufmännische Angestellte (*Handlungsgehilfen*), gewerbliche technische Angestellte (§§ 133 c–f GewO), Angestellte des öffentlichen Dienstes, für die vor allem der BAT gilt, Schiffsoffiziere und andere Schiffsangestellte (§§ 4, 5 SeemannsG), ferner sonstige Angestellte, für deren Arbeitsverhältnis im wesentlichen das BGB gilt (z. B. Juristen, Redakteure, Angestellte von Freiberuflichen). Über Kündigungsfristen → Arbeitsverhältnis. In der → Sozialversicherung ist die Stellung als A. von Bedeutung für die Zuständigkeit des Versicherungszweiges (→ Angestelltenversicherung). S. Berufskatalog in der Bestimmung von Berufsgruppen der Angestelltenversicherung vom 8. 3. 1924 (RGBl. I 274, 410) i. d. F. vom 4. 2. und 15. 7. 1927 (RGBl. I 58, 222). S. a. → leitende Angestellte.

**Angestelltenbestechung.** Wer im geschäftlichen Verkehr zu Zwecken des Wettbewerbs einem Angestellten oder Beauftragten eines geschäftlichen Betriebs Geschenke o. a. Vorteile (sog. → Schmiergelder, nicht kleinere Werbegeschenke) für diesen oder einen Dritten anbietet, verspricht oder gewährt, um durch unlauteres Verhalten des Bestochenen eine Bevorzugung beim Bezug von Waren oder gewerblichen Leistungen zu erlangen, wird wegen *Bestechung im geschäftlichen Verkehr* (aktive A.) nach § 299 II StGB mit Freiheitsstrafe bis zu 3 Jahren oder Geldstrafe bestraft.

Ebenso wird wegen *Bestechlichkeit im geschäftichen Verkehr* (passive A.) nach § 299 I StGB bestraft, wer für sich oder einen Dritten Vorteile fordert, sich versprechen läßt oder annimmt.

In besonders schweren Fällen nach § 300 StGB tritt Strafschärfung ein, teilweise sind Vermögensstrafe (→ Strafen) und Erweiterter → Verfall möglich.

A. ist → Antragsdelikt; doch kann die StA sie auch ohne Strafantrag verfolgen, wenn sie ein besonderes öffentliches Interesse an der Strafverfolgung bejaht (§ 301 StGB).

**Angestelltenerfindung** → Arbeitnehmererfindung.

**Angestelltenversicherung.** Die A. nach dem Angestelltenversicherungsgesetz (AVG) war bis zum Inkrafttreten des Rentenreformgesetzes 1992 ein eigenständiger Zweig der gesetzlichen → Rentenversicherung. Seit dem 1. 1. 1992 ist sie Teil der Rentenversicherung nach den SGB VI. Von Bedeutung ist die Unterscheidung zwischen den verschiedenen Zweigen der Rentenversicherung weiterhin für die Zuständigkeit. Träger der Rentenversicherung der Angestellten ist die → Bundesversicherungsanstalt für Angestellte mit Sitz in Berlin. Sie ist zuständig für Versicherte, die als Angestellte oder zur Ausbildung für den Beruf des Angestellten beschäftigt werden und für die nicht die → Bundesknappschaft zuständig ist (§§ 132 f. SGB VI).

**Angriffskrieg.** Im → Kelloggpakt vom 27. 8. 1928 verurteilten die Vertragspartner zwar schlechthin den Krieg als Mittel zur Lösung internationaler

Streitfälle und verpflichteten sich, Streitigkeiten mit friedlichen Mitteln zu bereinigen. Da aber in der Präambel des Pakts jeder Staat, der den Vertrag verletzt, der Rechte aus dem Pakt verlustig erklärt wird, erfaßt die Ächtung nur den A., während das Recht zur kriegerischen Selbstverteidigung erhalten bleibt; auch der A. gegen einen Staat, der seinerseits durch einen A. die Rechte aus dem Pakt verloren hat, bleibt zulässig. Die Satzung der *Vereinten Nationen* enthält in Art. 2 Nr. 4 darüber hinaus ein Verbot jeglicher mit den Zielen der UN unvereinbaren Gewaltanwendung (und sogar der bloßen Gewaltandrohung) in den internationalen Beziehungen und damit ebenfalls ein mittelbares Verbot des A. Ferner ist nach Art. 51 der Satzung das Recht der Selbstverteidigung gewährleistet, allerdings mit gewissen Einschränkungen, die sich aus der Zuständigkeit des → Sicherheitsrats ergeben, in einem solchen Fall die zur Friedensherstellung erforderlichen Maßnahmen zu ergreifen. Die Verwirklichung des Verbots des A. wird erschwert durch unterschiedliche Auslegung des Begriffs „Angriff". Nach einer von der UN-Vollversammlung am 14. 12. 1974 verabschiedeten Definition umfaßt „Aggression" jede Art von Gewaltanwendung gegen einen anderen Staat, die von der Charta nicht gerechtfertigt wird; wer zuerst Gewalt anwendet, gilt „prima facie" als Aggressor. Nach Art. 26 I GG ist für die BRep. die Vorbereitung eines A. verfassungswidrig und unter Strafe zu stellen. S. a. → völkerrechtliche Streitigkeit, → völkerrechtliches Unrecht.

**Angriffsmittel** als prozessualer Begriff umfaßt jedes Vorbringen, das dazu dient, den geltend gemachten prozessualen Anspruch (→ Streitgegenstand) durchzusetzen. Für verspätet vorgebrachte A. gelten die Ausführungen über → Verteidigungsmittel entsprechend.

**Angstklausel** → „ohne Obligo".

**Anhalt** → Sachsen-Anhalt.

**Anhalteweg** → Bremsen der Fahrzeuge (3).

**Anhänger.** Kraftfahrzeuge dürfen grundsätzlich nur einen A. mitführen; Sondervorschriften gelten z. B. für → Omnibusse (§ 32 a StVZO). A. bedürfen i. d. R. einer besonderen → Zulassung (es werden A.-Scheine und A.-Briefe ausgestellt) und eines Kennzeichens, ausgenommen A. von Feuerlöschwagen und gewissen langsamfahrenden Kfz. u. dgl. (§§ 18, 32 a StVZO; meist aber Betriebserlaubnis oder EG-Typgenehmigung erforderlich); diese führen an der Rückseite das Kennzeichen des ziehenden Fz. Die → Haftpflichtversicherung muß A. einbeziehen. Sonderbestimmungen gelten für die seitlichen Begrenzungs-, die Schluß- und Bremsleuchten und – dreieckigen – Rückstrahler (§§ 51 II, 53 StVZO), für Bremsvorrichtungen sowie Zug- und Stützvorrichtungen an A. (§§ 41 IX–XIII, 43, 44 StVZO). Über die zulässige Breite und Höhe vgl. § 32 StVZO. An bestimmten A. müssen Höchstgeschwindigkeitsschilder angebracht werden (§ 58 StVZO). Im übrigen gelten die Vorschriften für Kfz, z. B. über → Bereifung, → Überwachung von Kfz. Über A. an → Fahrrädern m. Hilfsmotor s. § 61 a StVZO.

**Anhängigkeit.** Ein gerichtliches Verfahren ist anhängig, wenn ein Gericht mit ihm befaßt ist, also sobald ein Antrag, eine Klage oder ein Rechtsmittel bei dem Gericht eingereicht ist und solange das Gericht in dem Verfahren noch tätig werden kann. A. ist von → Rechtshängigkeit zu unterscheiden; sie tritt früher ein und endet nicht notwendig mit dieser.

**Anheuern** → Heuerverhältnis.

**Anhörung** in einem gerichtlichen oder behördlichen Verfahren bedeutet, daß dem Anzuhörenden *Gelegenheit zur Äußerung* über die zur Entscheidung stehende Angelegenheit gegeben wird, und zwar zum Sachverhalt wie auch zur rechtlichen Beurteilung. Die A. ist eine Auswirkung des Verfassungsgrundsatzes des *rechtlichen Gehörs*, der nach Art. 103 I GG vor Gericht, nach § 28 VwVfG im Verwaltungsverfahren sowie in jedem anderen geordneten Rechtsverfahren gilt, auch soweit die A. nicht ausdrücklich gesetzlich (wie z. B. in §§ 50 a ff., 64 a FGG) vorgeschrieben ist. Zum Unterschied von der A. wird bei der → Vernehmung der Sachverhalt durch Frage und Antwort festgestellt; hierbei können weitere zur Entscheidung stehende Gesichtspunkte, z. B. rechtliche, in gleicher Weise erörtert werden. Besonders geregelt ist das förmliche A.verfahren bei der → Planfeststellung (§ 73 VwVfG); s.a. § 24 SGB X. Zum A.recht des Betriebsrats bei einer Kündigung → Kündigungsschutz für Arbeitnehmer.

**animus auctoris.** Die Rspr. des RG hatte die Unterscheidung, ob ein an einer Straftat Beteiligter Mittäter oder Gehilfe sei, danach getroffen, ob er die Tat als eigene gewollt habe (animus auctoris, Täterwille) oder als die eines anderen (animus socii, Gehilfenwille) – subjektive Theorie. Diese sog. *animus-Formel* ist in der Rspr. des BGH mit Einschränkungen aufrechterhalten worden; → Beihilfe, → Mittäterschaft.

**animus socii,** Gehilfenwille eines an einer Straftat Beteiligten; → animus auctoris.

**Ankauf gestohlener Sachen** kann als → Hehlerei strafbar sein; ebenso wenn die Vortat ein anderes *Vermögensdelikt* ist (§ 259 StGB). Auch bei Gutgläubigkeit des Käufers grundsätzlich kein Eigentumserwerb, außer bei Geld, Inhaberpapieren oder Erwerb in öffentl. Versteigerung (§ 935 BGB).

**Ankaufsrecht.** Anders als das → Vorkaufsrecht ist das A. regelmäßig nur ein bindendes → Angebot des Verkäufers, das der zukünftige Käufer innerhalb einer bestimmten Frist annehmen kann (→ Option; s. a. → Mietkauf). Es kann sich jedoch – je nach Auslegung – auch bereits um einen → Vorvertrag oder um den durch die Erklärung des Ankaufsberechtigten aufschiebend bedingten (→ Bedingung) Kaufvertrag selbst handeln. Der Anspruch des Ankaufberechtigten kann bei einem → Grundstück durch eine → Vormerkung gesichert werden. Die Vorschriften über den → Wiederkauf (§§ 497 ff. BGB) gelten hierfür nicht entsprechend.

**Anklageerhebung und -zulassung.** Ein strafgerichtliches Verfahren kann i. d. R. nur auf Grund einer öffentlichen Klage durchgeführt werden, zu deren Erhebung die Staatsanwaltschaft ausschließlich zuständig ist (Anklagemonopol der StA); §§ 151, 152 StPO. Ausnahmen: → Privatklage, § 374 StPO; Strafbefehlsantrag des FinA in Abgabensachen, § 400 AO. Die StA ist zur A.erhebung verpflichtet, sofern die Ermittlungen hierzu genügenden Anlaß ergeben haben; sog. Legalitätsprinzip, § 152 II StPO (über Ausnahmen in Bagatellfällen usw. → Opportunitätsprinzip). Die A. setzt wie die Eröffnung des Hauptverfahrens (§ 203 StPO) „hinreichenden Tatverdacht" voraus. Mit Eingang der Anklageschrift wird die Strafsache bei dem Gericht anhängig. Dieses entscheidet im → Eröffnungsverfahren, ob das Hauptverfahren durchzuführen ist; es kann hierbei von der Anklage abweichen. Im Eröffnungsbeschluß wird „die Klage zur Hauptverhandlung zugelassen" (§ 207 StPO) und dadurch der Prozeßstoff abgegrenzt. S. a. → Anklageerzwingung, → Anklageschrift, → Nachtragsanklage. An Stelle der Anklage kann der StA Erlaß eines → Strafbefehls oder Aburteilung im → beschleunigten Verfahren beantragen.

**Anklageerzwingung** durch den Verletzten ist möglich, soweit nicht für die Staatsanwaltschaft das → Opportunitätsprinzip gilt, ebenso nicht bei → Privatklagesachen (§ 172 StPO). Hat die Staatsanwaltschaft entgegen der Anzeige die → Anklageerhebung abgelehnt, so kann der durch die Straftat Verletzte (nur dieser, nicht auch ein Dritter) binnen 2 Wochen nach Bekanntmachung der Entscheidung Beschwerde an den vorgesetzten StA einlegen. Gegen dessen ablehnenden Bescheid ist Antrag auf Entscheidung durch das *Oberlandesgericht* innerhalb eines Monats nach Zugehen der Beschwerdeentscheidung zulässig. Der Antrag muß eine in sich verständliche, geschlossene Darstellung der Beschuldigung mit Angabe der Beweismittel enthalten (Bezugnahme auf Akten usw. unzulässig!) und von einem Rechtsanwalt unterzeichnet sein (Beiordnung nach den Vorschriften über → Prozeßkostenhilfe zulässig). Gibt das Gericht dem Antrag statt, muß der StA eine entsprechende Anklage erheben (§ 175 StPO); der Verletzte kann sich als → Nebenkläger anschließen (§ 395 I Nr. 3 StPO). Verwirft es den Antrag, so kann die Anklage nur auf Grund neuer Tatsachen oder Beweismittel erhoben werden (§ 174 StPO). Stellt der StA das Verfahren nach Prüfung des neuen Vorbringens wiederum ein, kann das Klageerzwingungsverfahren wiederholt werden. Neben dem Klageerzwingungsverfahren ist die an keine Frist gebundene → Dienstaufsichtsbeschwerde an den vorgesetzten StA zulässig.

**Anklagemonopol** der Staatsanwaltschaft → Anklageerhebung.

**Anklagesatz** → Anklageschrift.

**Anklageschrift.** Entschließt sich der StA nach Abschluß des → Ermittlungsverfahrens, die Anklage zu erheben, so reicht er bei Gericht eine A. mit den Akten und dem Antrag auf → Eröffnung des Hauptverfahrens ein. Die A. muß den Angeschuldigten, die Straftat mit Ort und Zeit und die gesetzlichen Tatmerkmale sowie die anzuwendenden Strafvorschriften bezeichnen *(Anklagesatz)*; auch sind die Beweismittel, das angerufene Gericht und ggf. der Verteidiger anzuführen. Die A. muß das wesentliche Ergebnis der Ermittlungen wiedergeben (außer in Strafsachen vor dem Einzelrichter), § 200 StPO. Über die weitere Behandlung der A. → Eröffnungsverfahren, ferner → Nachtragsanklage.

**Anknüpfungspunkte** → Internationales Privatrecht.

**Anlage, gefährliche** → Immissionen, Gewerbezulassung.

**Anlageberater, Anlagevermittler.** Wer gewerbsmäßig (→ Gewerbe) den Erwerb von Anteilscheinen einer → Kapitalanlagegesellschaft, von sonstigen öffentlich angebotenen *Vermögensanlagen,* die für gemeinschaftliche Rechnung der Anleger verwaltet werden, und von öffentlich angebotenen Anteilen an einer → Aktiengesellschaft oder → Kommanditgesellschaft u. dgl. vermitteln oder die Gelegenheit zum Abschluß solcher Verträge nachweisen will (→ Maklervertrag), bedarf der → Gewerbezulassung (§ 34 c I Nr. 1 b GewO). Es gelten Zulassungsvoraussetzungen wie für → Grundstücksmakler; des näheren → Makler, Zuverlässigkeit; s. a. Finanzunternehmen.

**Anlagensicherheit.** Die wesentlichen Regeln zur A. enthält das Gerätesicherheitsgesetz (GSG); s. hierzu → überwachungsbedürftige Anlagen, ferner → Immissionsschutz, öffentlich-rechtlich, → technischer Ausschuß für A.

**Anlagevermögen** sind in der Handels- und Steuerbilanz die Vermögensgegenstände, die bestimmt sind, dauernd dem Geschäftsbetrieb zu dienen (§ 247 II HGB). Eine → Absetzung für Abnutzung (§ 7 EStG) ist nur bei abnutzbaren Wirtschaftsgütern des A. zulässig (§ 6 I Nr. 1 EStG). In der Handelsbilanz (→ Bilanz) wird das A. gegliedert in 1. Immaterielle Vermögensgegenstände (Konzessionen, Geschäftswert usw.); 2. Sachanlagen (Grundstücke, Maschinen usw.); 3. Finanzanlagen (z. B. Beteiligungen) (§ 266 II HGB, R 32 EStR).

**Anlaufhemmung** → Verjährung (5).

**Anleihe** ist die Aufnahme von Kredit (→ Darlehen) gegen → Schuldverschreibungen auf den Inhaber. Als Anleiheschuldner kommen in Betracht der Staat (Bund, Länder), Gemeinden und Gemeindeverbände, Realkreditinstitute und Kapitalgesellschaften. Die Ausgabe von A. bedarf der Genehmigung des BWirtschMin. im Einvernehmen mit den zuständigen obersten Behörden der Länder (§§ 795, 808 a BGB; Ges. vom 26. 6. 1954, BGBl. I 147) mit Ausnahme der A. des Bundes und der Länder, die sich jedoch vorher mit dem BWirtschMin. ins Benehmen zu setzen haben. Die Befugnis zur Aufnahme von A. richtet sich für den Bund nach Art. 115 GG (Ermächtigung durch Bundesgesetz, i. d. R. das Haushaltsgesetz). S. hierzu ferner § 18, II, III, § 39 I BundeshaushaltsO sowie ergänzend die alte ReichsschuldenO. Für Gemeinden und Gemeindeverbände ist nach dem Kommunalrecht der einzelnen Länder eine Genehmigung der Aufsichtsbehörde erforderlich. Zur Beschränkung der Kreditaufnahme zum Zwecke der → Wirtschaftslenkung vgl. → Stabilitätsgesetz. S. ferner → Kapitalmarkt.

**Anleitung zu Straftaten.** Wer in einer Schrift oder anderen Darstellung (→ Schriften) oder öffentlich oder in einer Versammlung zur Begehung einer der in § 126 Abs. 1 StGB bezeichneten schweren Straftaten (insbes. Tötungsdelikte, Menschenraub, Geiselnahme, gemeingefährliche Verbrechen und Vergehen) anleitet, wird nach § 130a StGB mit Freiheitsstrafe bis zu 3 Jahren oder mit Geldstrafe bestraft, es sei denn, die Handlung diene der staatsbürgerlichen Aufklärung, der Abwehr verfassungswidriger Bestrebungen, der Kunst oder der Wissenschaft, der Forschung oder der Lehre, der Berichterstattung über Vorgänge des Zeitgeschehens oder ähnlichen Zwecken.

**Anlernverhältnis** ist ein → Berufsausbildungsverhältnis, das sich vom → Lehrverhältnis darin unterscheidet, daß der Auszubildende lediglich für eine bestimmte berufliche Tätigkeit, insbes. für einzelne besondere Arbeitsverfahren, angelernt wird. Sofern nicht ein normales → Arbeitsverhältnis vorliegt, gelten die Vorschriften für das → Berufsausbildungsverhältnis (§ 19 BerBG); jedoch kann die Probezeit (§ 13 BerBG) abgekürzt werden, die Vertragsniederschrift (§ 4 BerBG) ist entbehrlich und der Schadensersatzanspruch des § 16 BerBG ausgeschlossen. S.a. → Volontärverhältnis.

**Anliegerbeiträge** → Erschließung.

**Anliegernutzung** → Gemeingebrauch.

**Anliegerverkehr** kann als Ausnahme von einer Sperre für Fahrzeugverkehr durch ausdrückliche Erlaubnis auf dem Verbotsschild gestattet sein (Anlieger frei). Dann ist die Benutzung der Sperrstraße auch Dritten zum Verkehr mit dem Anlieger erlaubt, d.h. wenn Ziel der Fahrt eines der anliegenden Grundstücke ist (Besucher, Lieferanten, Kunden usw.); ebenso wenn der Verfügungsberechtigte den Besuch allgemein oder im Einzelfall ausdrücklich oder stillschweigend gestattet hat (BGHSt. 20, 242). Nicht erlaubt ist Durchfahrt von einer freien Straße zur anderen.

**Anmeldepflicht** (Aufenthalt) → Meldewesen.

**Anmeldepflicht von Betrieben.** Soweit keine Gewerbezulassung vorgeschrieben ist, unterliegen die Aufnahme und der Betrieb eines stehenden → Gewerbes lediglich einer → Anzeigepflicht (s.a. → Anzeigepflicht, steuerliche; → Gewerbefreiheit).

**Anmeldung von gewerblichen Schutzrechten** → Patentanmeldung, → Marken, → Gebrauchsmuster, → Geschmacksmuster.

**Anmusterung** → Musterung der Seeschiffsbesatzung.

**Annahme** → Akzept, → Vertrag (1).

**Annahme als Kind** → Adoption.

**Annahme der Erbschaft.** Die Annahme der E., die für den → Erbanfall nicht vorausgesetzt wird, ist eine formlose, nicht empfangsbedürftige → Willenserklärung, die daher → Geschäftsfähigkeit voraussetzt; sie schließt als ausdrückliche oder stillschweigende Erklärung, → Erbe sein und die → Erbschaft behalten zu wollen, die Möglichkeit der *Ausschlagung* aus (§ 1943 BGB). Bloße Fürsorgemaßnahmen für den Nachlaß (→ Erbe, vorläufiger) reichen hierfür i. d. R. nicht aus; erforderlich für eine stillschweigende Annahme ist das Auftreten als Erbe. Als A. gilt nach dem Gesetz auch der Ablauf der für die Ausschlagung vorgesehenen Frist. Die A. d. E. ist unwiderruflich, kann aber – wie die Ausschlagung – angefochten werden. Ist der die Erbschaft annehmende Erbe über den Berufungsgrund (s. Ausschlagung) im Irrtum, so gilt die Annahme auch ohne Anfechtung als nicht erfolgt (§ 1949 I BGB). Liegt ein sonstiger Anfechtungsgrund vor (Irrtum, Drohung, arglistige Täuschung, nicht aber bloßer Motivirrtum, z. B. über den Wert der Erbschaft), so können Annahme und Ausschlagung der Erbschaft in der gleichen Form und Frist, wie sie für die Ausschlagung gelten – regelmäßig also 6 Wochen ab Kenntnis des Ausschlagungsgrundes – angefochten werden (§§ 1954, 1955 BGB). In gleicher Weise wie die Annahme ist die Versäumung der Ausschlagungsfrist anfechtbar (§ 1956 BGB). Die Anfechtung der A. gilt als Ausschlagung, die Anfechtung der Ausschlagung gilt als Annahme (§ 1957 BGB).

**Annahmeberufung** → Berufung.

**Annahmerevision** → Revision (2 a).

**Annahmeverzug** → Gläubigerverzug.

**Annahmezwang** bei Geld → Scheidemünzen, → Banknote.

**Annexion** ist die einseitige Erklärung eines Staates, daß er Gebiete eines fremden Staates als sein eigenes → Staatsgebiet betrachtet. Das ältere → Völkerrecht erkannte unter besonderen Umständen die A. als Rechtstitel für einen Gebietserwerb an, nämlich dann, wenn der Staat, über dessen Gebiet solchermaßen verfügt wurde, von dem annektierenden Staat militärisch unterworfen worden war (debellatio) oder in sonstiger Weise in eine Zwangslage gebracht worden war, die ihn die A. dulden ließ. Das moderne Völkerrecht erkennt jedenfalls ein A.recht für den angreifenden Staat nicht mehr an. So hat der Internationale Militärgerichtshof in Nürnberg allen A. Deutschlands nach 1938 die Anerkennung versagt. Inzwischen ist auch strittig, ob dem angegriffenen Staat ein A.recht gegen den Angreifer zusteht.

**Annuitäten** → Tilgungshypothek.

**Anonyme Anzeigen** sind als echte → Strafanzeigen, aber häufig mit Zurückhaltung zu behandeln; vgl. Nr. 8 RiStBV. Die Finanzbehörden können wegen des Untersuchungsgrundsatzes (§ 88 AO) a.A. nachgehen. S. a. → Akteneinsicht a.E.

**Anonyme Gesellschaft** (namenlose G.) nennt man eine → Handelsgesellschaft, deren → Firma nicht den Namen mindestens eines Gesellschafters aufweisen muß (z. B. die → Aktiengesellschaft).

**Anonyme Werke** → Urheberrecht (1).

**Anordnung, einstweilige** → einstweilige Anordnung.

**Anpassungsgesetze** → Rentenanpassung.

**Anrainer** ist eine häufige Bezeichnung für Anlieger (→ Anliegerverkehr).

**Anrechnung von Sozialversicherungsleistungen** → Zusammentreffen von (mit) S.

**Anrechnung von Steuern.** → Doppelbesteuerung, Einkommensteuer 4., Kapitalertragsteuer, Körperschaftsteuer 2., Lohnsteuer, Einkünfte 3.

**Anrechnungsfähige Versicherungsjahre.** Die Zahl der anrechnungsfähigen Versicherungsjahre war bis zum Inkrafttreten des Rentenreformgesetzes 1992 einer jener Faktoren, die die Höhe der Rente aus der gesetzlichen Rentenversicherung bestimmten. Das seit dem 1. 1. 1992 geltende Rentenrecht verwendet den Terminus nicht mehr, inhaltlich wird die Zahl jener Jahre, die sich rentensteigernd auswirken, jedoch weiterhin bei der Bestimmung der → persönlichen Entgeltpunkte berücksichtigt.

**Anrechnungszeiten** in der gesetzlichen Rentenversicherung sind u. a. Zeiten, in denen Versicherte wegen Schwangerschaft oder Mutterschaft während der Schutzfristen nach dem Mutterschutzgesetz eine versicherte Beschäftigung oder selbständige Tätigkeit nicht ausgeübt haben, wegen Arbeitslosigkeit öffentlich-rechtliche Leistungen bezogen haben oder nach dem vollendeten 17. Lebensjahr eine Schule besucht oder eine Fachschule oder Hochschule besucht und abgeschlossen haben. Die letztgenannten Ausbildungszeiten werden allerdings nur bis zu höchstens 3 Jahren berücksichtigt (vgl. § 58 SGB VI).

**Anregung** → Antrag.

**Anreißen** → unlauterer Wettbewerb.

**Anrufungsauskunft** → Lohnsteuer a.E.; → Auskunft, behördliche.

**Ansammlung, unerlaubte.** Wird eine auf öffentlicher Straße versammelte Menschenmenge von einem Hoheitsträger dreimal rechtmäßig zum Auseinandergehen aufgefordert, so begeht jeder Zuwiderhandelnde eine → Ordnungswidrigkeit, die mit Geldbuße bis 2000 DM (bei vorwerfbarem Irrtum über die Rechtmäßigkeit der Aufforderung zum Auseinandergehen: bis 1000 DM) geahndet werden kann (§ 113 OWiG). Im übrigen gilt die Strafvorschrift gegen → Widerstand gegen die Staatsgewalt.

**Anschaffungsdarlehen** → Kreditvertrag (4).

**Anschaffungs- und Herstellungskosten** (AK, HK). Vermögensgegenstände werden in der Handelsbilanz und Wirtschaftsgüter in der Steuerbilanz grundsätzlich mit den A. oder H. bewertet (§ 253 HGB, § 6 I Nrn. 1–3 EStG).

1. AK sind die → Aufwendungen, die geleistet werden, um einen Vermögensgegenstand zu erwerben und in einen betriebsbereiten Zustand zu versetzen. *Nebenkosten* gehören zu den A., nicht jedoch Finanzierungskosten (§ 255 I HGB, R 32 a EStR).

2. HK sind die Aufwendungen, die entstehen durch den Verbrauch von Gütern und die Inanspruchnahme von Diensten für die Herstellung eines Vermögensgegenstandes, seine Erweiterung oder wesentliche Verbesserung (§ 255 II 1 HGB, R 33, 157 EStR).

3. Die AK, HK werden gemindert durch *Skonti,* → Rabatte und abziehbare Vorsteuerbeträge (§ 9 b I EStG). Vgl. → Abschreibung, → Bewertung, → Bilanz, → Erhaltungsaufwand, → Umsatzsteuer 8.

4. Anschaffungsnaher Aufwand ist als AK, HK zu behandeln. Er liegt vor, wenn Aufwendungen, die im Zusammenhang mit der Anschaffung eines Gebäudes gemacht werden, im Verhältnis zum Kaufpreis hoch sind und durch die Aufwendungen im Vergleich zu dem Zustand des Gebäudes im Anschaffungszeitpunkt das Wesen des Gebäudes verändert, der Nutzungswert erheblich erhöht oder die Nutzungsdauer erheblich verlängert wird (Einzelheiten R 157 V EStR).

**Anscheinsbeweis** (prima-facie-Beweis) liegt vor, wenn ein Sachverhalt nach der Lebenserfahrung auf einen bestimmten (typischen) Verlauf hinweist. Dann kann von einer feststehenden Ursache auf einen bestimmten Erfolg oder von einem feststehenden Erfolg auf eine bestimmte Ursache geschlossen und die Behauptung für bewiesen angesehen werden. Das gehört zur Beweiswürdigung und bedeutet keine Umkehrung, sondern eine Erleichterung der → Beweislast; → Schadensersatz (1 c). Für den Strafprozeß → Indizienbeweis.

**Anscheinsvollmacht** → Vollmacht.

**Anschlag** (Angriff) auf ein ausländisches Staatsoberhaupt oder Regierungsmitglied oder den Leiter einer diplomatischen Vertretung wird als → Vergehen verfolgt, soweit nicht (z. B. nach den Strafvorschriften gegen Tötung) eine schwerere Strafe angedroht ist; prozessuale Voraussetzungen: diplomatische Beziehungen zu dem betr. Staat, Verbürgung der Gegenseitigkeit, Strafverlangen der ausländischen Regierung, Ermächtigung der BReg. (§§ 102, 104 a StGB).

**Anschluß- und Benutzungszwang.** Nach den Gemeindeordnungen haben die → Gemeinden das Recht, die *Benutzung ihrer öffentlichen Einrichtungen* durch → Satzung zu regeln. Die Gemeindeangehörigen haben einen Anspruch auf Benutzung der Einrichtungen. Andererseits können die Gemeinden aus Gründen des öffentlichen Wohls durch Satzung den Anschluß der in der Gemeinde gelegenen Grundstücke an die gemeindliche Wasserleitung, Kanalisation, Müllabfuhr, Straßenreinigung und ähnliche der Volksgesundheit dienende Einrichtungen vorschreiben *(Anschlußzwang)* und die Benutzung dieser und anderer Einrichtungen – z. B. des gemeindlichen Schlachthofes, z. T. auch der Bestattungseinrichtungen – zur Pflicht machen *(Benutzungszwang);* Voraussetzung hierfür ist ein dringendes öffentliches Bedürfnis. Fiskalische Gesichtspunkte allein rechtfertigen den Zwang nicht. Er ist jedoch zulässig, wenn ohne ihn die Gemeindeeinrichtung aus finanziellen Gründen nicht errichtet oder unterhalten werden könnte. Bei A. ist der Grundstückseigentümer verpflichtet, Vorrichtungen zu treffen, um Leistungen der gemeindlichen Einrichtung abnehmen zu können; der B. verpflichtet dazu, die von der gemeindlichen Einrichtung angebotenen Leistungen in Anspruch zu nehmen. Darin liegt keine → Enteignung der Gewerbetreibenden, die bisher die Bevölkerung versorgten, und grundsätzlich auch keine Enteignung gegenüber den Gemeindebürgern, die sich bisher selbst versorgten (z. B. durch eine eigene Brunnenanlage). Kann jedoch eine gemeindliche Einrichtung den Anforderungen eines bisherigen Selbstversorgers nicht gerecht werden, so muß die Satzung eine Ausnahme vom B. vorsehen. Die Gebühren für die Benutzung der Einrichtungen, die dem B. unterliegen, müssen sich an sachbezogenen Gesichtspunkten orientieren (z. B. Grundstücksfront bei Straßenreinigung, Zahl der Wohnungen bei Müllabfuhr; Äquivalenzprinzip, vgl. Abgaben). S. a. → Anschlußpflicht (der Energieversorgungsunternehmen).

Zum Abschluß(Kontrahierungs)-zwang nach Zivilrecht → Vertrag (II).

**Anschlußberufung** liegt vor, wenn der Gegner des Berufungsführers einen Berufungsantrag stellt, mit dem er die Abänderung der angefochtenen Entscheidung zu seinen Gunsten begehrt. Die A. ist auch dann zulässig, wenn der Anschlußberufungsführer bereits auf die → Berufung verzichtet hat (§ 521 I ZPO, § 127 VwGO). Man unterscheidet die *unselbständige* A., die nach Ablauf der → Berufungsfrist eingelegt, und die *selbständige* A., die innerhalb der Frist eingelegt wurde. Die unselbständige A. wird unwirksam, wenn die Berufung selbst (also die des Gegners) zurückgenommen wird oder unzulässig ist und deshalb verworfen wird (§ 522 ZPO, § 127 II VwGO). Die selbständige A. wird in diesem Fall wie eine Berufung weiterbehandelt.

**Anschlußbeschwerde** ist eine → Beschwerde, die der Beschwerdegegner einlegt. Die A. wird im wesentlichen entsprechend der → Anschlußberufung behandelt (§ 577 a ZPO).

**Anschlußpfändung** ist die Pfändung einer Sache, die bereits gegen den gleichen Schuldner für eine andere Forderung gepfändet wurde (§ 826 ZPO). Die A. kann in vereinfachter Form geschehen, verschafft aber volles → Pfändungspfandrecht, allerdings mit schlechterem Rang.

**Anschlußpflicht** der Energieversorgungsunternehmen. Diese sind nach § 10 EnergiewirtschaftsG verpflichtet, jedermann an ihr Versorgungsnetz anzuschließen und nach Maßgabe ihrer Tarife und Bedingungen zu beliefern (allgemeine Anschluß- und Versorgungspflicht; s.a. → Allgemeine Versorgungsbedingungen). Ausnahmen bestehen, wenn die Belieferung aus wirtschaftlichen Gründen unzumutbar ist, sowie grundsätzlich gegenüber den Besitzern von Eigenanlagen und Beziehern von dritter Seite (§ 10 II).

**Anschlußrevision** entspricht für die → Revision der → Anschlußberufung und ist im wesentlichen ebenso geregelt (§ 556 ZPO).

**Anschlußstellen an der Autobahn.** Einfahren in und Ausfahren aus Autobahnen ist nur an gekennzeichneten Stellen, auf → Kraftfahrstraßen nur an Kreuzungen und Einmündungen zulässig. Der Verkehr auf der durchgehenden Fahrbahn – dazu gehört nicht der neben der Autobahn verlaufende Beschleunigungsstreifen – hat → Vorfahrt (§ 18 II, III StVO).

**Anschlußverfahren** → Adhäsionsverfahren.

**Anschwärzung** – auch als geschäftliche üble Nachrede bezeichnet – ist eine Form des → unlauteren Wettbewerbs. Sie besteht darin, daß zu Zwecken des Wettbewerbs über ein Erwerbsgeschäft, seinen Inhaber oder Leiter oder über Waren oder gewerbliche Leistungen eines anderen Tatsachen, die nicht erweislich wahr und die geeignet sind, Kredit oder Geschäftsbetrieb des anderen zu schädigen, behauptet oder verbreitet werden (§ 14 UWG). Die → Beweislast für die Wahrheit der Tatsache trifft den Behauptenden. Die A. begründet Ansprüche auf *Unterlassung* und → Schadensersatz, bei vertraulichen Mitteilungen aus berechtigtem Interesse nur unter bestimmten Voraussetzungen (§ 14 II UWG).

Wer die Behauptung *wider besseres Wissen* aufstellt oder verbreitet, ist wegen → *geschäftlicher Verleumdung* strafbar (§ 15 UWG).

**Ansetzen zur Tatbestandsverwirklichung** → Versuch.

**Ansichtssendung.** Ist eine Sache auf Grund vertraglicher Abmachung zur Ansicht zugesandt worden, so trifft den Empfänger mangels anderweitiger Abrede die Pflicht, die Sache ordnungsgemäß zu verwahren und bei Nichtgefallen auf seine Kosten zurückzuleiten. Bei einem *Zusenden unbestellter Waren* hat dagegen der Empfänger nur die Pflicht, die Sache eine angemessene Zeit lang aufzubewahren (Haftung nur wie für → Sorgfalt in eigenen Angelegenheiten); zu einer Rücksendung ist er in keinem Fall verpflichtet. In der Zusendung unbestellter Waren liegt regelmäßig das Angebot zum Abschluß eines entsprechenden → Vertrags. Schweigen des Empfängers hierauf ist grundsätzlich nicht als Annahme des Vertragsangebots zu werten, selbst wenn der Versender einen entsprechenden Vermerk angebracht hat („sollten Sie die Ware nicht binnen 14 Tagen zurückgesandt haben, so gilt dies als Abnahme der Ware"). Eine Ausnahme hiervon gilt bei Zusendung unbestellter Ware unter Personen, die in ständiger Geschäftsbeziehung stehen, insbes. unter Kaufleuten (z. B. Übersendung eines neu erschienenen Buches an eine Bücherei zur Ansicht).

**Ansparabschreibung** → Anspar-Rücklage, → Sonderabschreibungen

**Anspar-Rücklage.** Bilanzierende Betriebe mit einem → Einheitswert bis 240 000 DM und ab 1997 einem → Betriebsvermögen bis 400 000 DM, können ab 1995 innerhalb von 3 Jahren, für neue bewegliche Wirtschaftsgüter des → Anlagevermögens eine steuermindernde A. bis 50% der Anschaffungs- oder Herstellungskosten bilden, sog. Ansparabschreibung, ab 1996 höchstens 300 000 DM/Jahr. Die A. ist gewinnerhöhend aufzulösen, sobald das neue bewegliche Anlagegut abgeschrieben werden kann. Das neue Anlagegut muß mindestens 1 Jahr in diesem Betrieb im Inland verbleiben und (fast) ausschließlich betrieblich genutzt werden, solange → Sonderabschreibungen in Anspruch genommen werden (§ 7 g III–V EStG). Auch bei der Einnahmen-Überschuß-rechnung (§ 4 III EStG; *Gewinnermittlungsarten*) und bei Existenzgründungen ist die A. zulässig (§ 7 g VI, VII EStG).

**Anspruch** ist das Recht, von einem anderen ein Tun (d.h. jede mögliche Handlung, Abgabe einer Willenserklärung, Leistung usw.) oder ein Unterlassen (auch Dulden) zu verlangen (§ 194 I BGB). Der A. kann Ausfluß eines absoluten → Rechts sein, z. B. eines dinglichen Rechts wie etwa des Eigentums (vgl. → Eigentumsherausgabeanspruch, → Eigentumsstörungen u. a., sog. dinglicher Anspruch); er kann aber auch aus einem → Schuldverhältnis entstehen (sog. schuldrechtlicher Anspruch, *Forderung*). Für die dinglichen Ansprüche gelten die Vorschriften über die Forderungen aus Schuldverhältnissen weitgehend entsprechend. Wesentliches Merkmal des A. ist die Möglichkeit seiner gerichtlichen Durchsetzung durch eine → Klage (h. M.; s.a. → Haftung). Gegen den A. können u. U. → Einreden oder → Einwendungen erhoben werden. Er unterliegt regelmäßig der → Verjährung. Über den A. im öffentl. Recht → subjektives öffentliches Recht.

**Anspruchskonkurrenz.** Der gleiche Sachverhalt kann verschiedene bürgerlich-rechtliche → Ansprüche zur Entstehung bringen, so z. B. die schuldhafte Beschädigung einer gemieteten Sache durch den Mieter Ansprüche des Vermieters aus → positiver Vertragsverletzung des Mietvertrags und aus → unerlaubter Handlung. In einem solchen Fall der A. bestehen beide Ansprüche selbständig nebeneinander; jeder richtet sich grundsätzlich nach den hierfür vorgesehenen Voraussetzungen. Eine Ausnahme macht die Rspr. jedoch für die → Verjährung. Soweit für einen Anspruch eine besonders kurze Verjährungsfrist gilt (hier 6 Monate für den Anspruch aus Mietvertrag), muß sie auch für die konkurrierenden Ansprüche (hier an sich 3 Jahre für die unerlaubte Handlung) gelten, da sonst der Zweck der kurzen Frist – rasche Klärung des Rechtsverhältnisses – vereitelt würde.

**Anspruchs- und Anwartschaftsüberführungsgesetz.** Das AAÜG vom 25. 7. 1991 (BGBl. I 1677) m.Änd. regelt die Überführung der Ansprüche aus den zum 31. 12. 1991 geschlossenen Zusatzversorgungssystemen und Sonderversorgungssystemen der ehem. DDR in die Rentenversicherung. S.a. → Versorgungsruhensgesetz.

**Anstalten des öffentlichen Rechts** sind öff.-rechtl. Verwaltungseinrichtungen, die einem bestimmten Nutzungszweck dienen und im Gegensatz zu den → Körperschaften d. öff. R. nicht mitgliedschaftlich organisiert sind; die Benutzer sind deshalb nicht Anstaltsmitglieder. Die Rechtsbeziehungen zwischen ihnen und der A. werden durch die Anstaltsordnung geregelt; diese kann öffentlichrechtlich oder privatrechtlich ausgestaltet sein. → Juristische Personen d. öff. Rechts sind nur die *vollrechtsfähigen* Anstalten, die rechtlich selbständige

Einheiten der → mittelbaren Staatsverwaltung darstellen, insbes. Satzungsgewalt (→ Autonomie) und andere → Selbstverwaltungsrechte haben (z. B. Bayer. Landeszentrale für neue Medien Art. 10 Bayer. Mediengesetz vom 24. 11. 1992, GVBl. 584; Rundfunk- und Fernsehanstalten). Dagegen sind die sog. *teilrechtsfähigen* A. der Staatsverwaltung unmittelbar eingegliedert und nur Dritten gegenüber vermögensrechtlich verselbständigt (so z. B. bisher Deutsche Bundesbahn). Die *nichtrechtsfähigen* A. bilden nur organisatorisch, nicht aber rechtlich selbständige Einheiten (z. B. Vollzugsanstalten, Schulen, kommunale Versorgungsbetriebe; letztere sind aber z. T. – auch in Formen des Privatrechts, z. B. AG, GmbH – rechtlich verselbständigt). Die Terminologie ist nicht immer konsequent. So sind z. B. die → Bundesanstalt für Arbeit und die → Bundesanstalt für landwirtschaftliche Marktordnung vom Gesetz als Körperschaften des öff. Rechts definiert.

**Anstaltsgewalt** wird die Gesamtheit der Funktionen einer → Anstalt des öffentlichen Rechts genannt. Sie umfaßt u. a. das Recht zur Regelung der Organisation und des Verhältnisses zu den Benutzern (Anstalts-, Benutzungs-, Gebührenordnung usw.). Eingriffe in die Rechte der Benutzer dürfen jedoch nur aufgrund gesetzlicher Ermächtigung erfolgen (→ Gewaltverhältnis), öff.-rechtl.

**Anstaltsordnung** → Anstaltsgewalt.

**Anstaltspflege** → Heimpflege.

**Anstaltspolizei** war die früher übliche Bezeichnung für die Befugnis einer → Anstalt öffentlichen Rechts, die Ordnung in ihrem Bereich mit eigenen Mitteln durch interne hoheitl. Anordnungen („besonderes → Gewaltverhältnis") und insbes. kraft Hausrechts aufrechtzuerhalten.

**Anstaltsunterbringung. 1.** *(Zivilrecht)* Ein an geistigen oder körperlichen Mängeln leidender Minderjähriger kann im Rahmen der → Personensorge von den Eltern oder vom → Vormund in einer geeigneten Anstalt untergebracht werden. Eine A. durch die Eltern oder den Vormund, die mit Freiheitsentziehung verbunden ist (geschlossene Anstalt, psychiatrisches Krankenhaus), ist grundsätzlich nur mit vorheriger Genehmigung des → Familien- oder Vormundschaftsgerichts zulässig (diese kann nur nachgeholt werden, wenn mit dem Aufschub Gefahr verbunden wäre); das Gericht hat die Genehmigung zurückzunehmen, wenn das Wohl des Kindes die Unterbringung nicht mehr erfordert (§§ 1631 b, 1800 BGB). Die A. eines Volljährigen, der unter → Betreuung steht, durch den Betreuer ist nur zulässig, solange sie zum Wohl des Betreuten erforderlich ist, um eine Selbstgefährdung von ihm abzuwenden (nicht bei Gemeingefährlichkeit; hier nur unten 4) oder eine Untersuchung des Geisteszustands oder eine Heilbehandlung durchzuführen, deren Notwendigkeit der Betreute nicht zu erkennen vermag. Die A. bedarf der Genehmigung des Vormundschaftsgerichts (§ 1906 BGB). Das Verfahren ist – ebenso wie für die öffentlich-rechtliche A. (unten 4) – jetzt einheitlich in §§ 70 ff. FGG geregelt.

2. *(Strafverfahren)* Über A. im Strafverfahren (psychiatrisches Krankenhaus, Entziehungsanstalt) → Beobachtung in einem psychiatrischen Krankenhaus → Maßregeln der Besserung und Sicherung (1, 2).

3. *(Seuchenrecht)* Die Unterbringung von Seuchenverdächtigen und Geschlechtskranken in Krankenanstalten ist nach Bundesrecht zulässig auf Grund des → Bundesseuchengesetzes und des Ges. zur Bekämpfung von → Geschlechtskrankheiten. Das Verfahren richtet sich nach dem Bundesgesetz über das gerichtliche Verfahren bei Freiheitsentziehungen vom 29. 6. 1956 (BGBl. I 599). Die Unterbringung darf, da sie eine → Freiheitsentziehung darstellt, nur durch den Richter angeordnet werden (Art. 104 GG). Aus dringenden Gründen kann *einstweilige Freiheitsentziehung* bis zu 6 Wochen angeordnet werden (§ 11 d. Ges.).

4. *(Sonst. öff. Recht)* Die A. von Geisteskranken, Geistesschwachen und rauschgift- oder alkoholsüchtigen Personen, die gemeingefährlich oder selbstgefährlich sind und dadurch die öffentliche Sicherheit und Ordnung gefährden, in Verwahrungs- oder Entziehungsanstalten ist außerhalb des Strafverfahrens nach den Unterbrin-

gungsgesetzen der Länder – sog. → Verwahrungsgesetze – zulässig. Die Landesgesetze bestimmen die materiellrechtl. Voraussetzungen für die A.; zum Verfahren s.o. 1 a.E.

5. Über die – vorübergehende – Unterbringung zur Beobachtung auf den Geisteszustand (bei Jugendlichen auch über den Entwicklungsstand) im Straf- oder Betreuungsverfahren → Beobachtung in einem psychiatr. Krankenhaus.

**Anstaltsvormundschaft** → Vereinsvormundschaft.

**Ansteckende Krankheiten** → übertragbare Krankheiten.

**Anstellungsbetrug** ist das Erschleichen einer Stellung durch Täuschung des Arbeitgebers (Dienstherrn); → Betrug, → Ernennung der Beamten.

**Anstellungstheorie** → Doppelfunktion von Verwaltungsbehörden.

**Anstiftung.** 1. Wer vorsätzlich einen anderen zu einer vorsätzlichen rechtswidrigen Tat bestimmt, wird als Anstifter wie ein Täter bestraft, falls der Angestiftete die Tat – wenn auch nur einen Versuch – begeht (§ 26 StGB). Es muß also ein vorsätzliches Veranlassen zu vorsätzlicher Tat vorliegen (keine Anstiftung zu fahrlässigen Handeln). Doch genügt es, wenn der Haupttäter die äußeren Tatbestandsmerkmale erfüllt und rechtswidrig, wenn auch schuldlos handelt (sog. limitierte → Akzessorietät); so z. B. wenn der Angestiftete geisteskrank ist. Der Anstifter ist aber nur verantwortlich, soweit er die Haupttat gewollt hat, nicht für einen *Exzeß* des Angestifteten. Die Strafe des Anstifters richtet sich nach dem für die Haupttat geltenden Gesetz. Weiß der Veranlasser, daß der Haupttäter schuldlos handelt, so ist er nicht Anstifter, sondern → mittelbarer Täter (Benutzer eines schuldlosen Werkzeugs). S. a. → Beteiligung (an Ordnungswidrigkeiten).

2. Die mißlungene Anstiftung wird als *Versuch der Beteiligung* nach § 30 StGB in bestimmten Fällen bestraft: wenn der Betreffende einen anderen zur Begehung eines → Verbrechens zu bestimmen versucht (§ 30 I StGB), oder wenn er ein Verbrechen verabredet, sich zu einem solchen erbietet oder das Anerbieten eines anderen annimmt (§ 30 II StGB). Erfolglos ist die A. auch, wenn die Tat unabhängig von ihr ausgeführt worden ist. Der Versuch der Beteiligung wird entsprechend dem → Versuch, aber milder (§ 49 StGB) bestraft. Im Verhältnis zur Haupttat gilt § 30 StGB subsidiär: die Vorschrift tritt zurück, wenn auch nur ein Versuch der Haupttat begangen worden ist (→ Konkurrenz von Straftaten). Die A. wird nicht nach § 30 StGB bestraft, wenn der Anstifter den Anstiftungsversuch aufgibt und eine etwa entstandene Gefahr, daß die Tat begangen wird, beseitigt; straffrei bleibt auch bei Tatverabredung der Zurücktretende, der die Tat verhindert, und bei Bereiterklärung, wenn er das Vorhaben aufgibt. Unterbleibt die Tat ohne Zutun des Anstifters oder wird sie unabhängig hiervon begangen, so ist der Betreffende straffrei, wenn er sich freiwillig und ernsthaft bemüht hat, sie zu verhindern (§ 31 StGB). Es handelt sich um Sonderfälle von → Rücktritt vom Versuch und → tätiger Reue. Doch kann, auch wenn hiernach keine Strafbarkeit aus § 30 StGB besteht, der Täter nach anderen Vorschriften strafbar sein, z. B. wegen Nichtanzeige eines geplanten Verbrechens (§ 138 StGB).

**Anstößige Handlungen** → Belästigung der Allgemeinheit.

**Antarktis.** Der A.-Vertrag vom 1. 12. 1959 (Beitritt der BRep. durch Gesetz vom 22. 12. 1978, BGBl. II 1517) und das A.-Übereinkommen vom 20. 5. 1980 (Ges. vom 14. 4. 1982, BGBl. II 420) enthalten Grundsätze für die Erhaltung und den Schutz lebender Meeresschätze der A. Zur umstrittenen Gebietshoheit in der A. wird darin nicht Stellung genommen. Vgl. Gesetz vom 22. 9. 1994 (BGBl. II 2478) zum Umweltschutzprogramm vom 4. 10. 1991 zum A.-Vertrag.

**Anteilsbewertung,** steuerliche. Anteile an → Kapitalgesellschaften sind bei → Erbschaft- und Schenkungsteuer mit dem → gemeinen Wert (§ 9 BewG) anzusetzen. Läßt sich dieser nicht aus Verkäufen ableiten, so wird er nach dem sog. Stuttgarter Verfahren ermittelt (§ 11 II 2 BewG, § 12 II ErbStG).

**Anteilscheine** sind auf den Inhaber oder auf Namen lautende Urkunden, welche die Ansprüche der Einleger gegenüber einer → Kapitalanlagegesellschaft verbriefen (Investment-Zertifikate). Sie dürfen nur gegen volle Leistung des Ausgabepreises ausgegeben werden, dessen Gegenwert unverzüglich dem Sondervermögen zuzuführen ist. Als A. bezeichnet ferner das AktG (§ 18 IV) die → Zwischenscheine, die den Aktionären vor Ausgabe der Aktien erteilt werden (Interimsscheine). I.w.S. bezeichnet man als A. auch die → Wertpapiere *(Anteilspapiere),* in denen Mitgliedschaftsrechte an → Kapitalgesellschaften verkörpert sind (vor allem also → Aktien u. a.). Zur Fälschung von A. → Geld- und Wertzeichenfälschung.

**Anteilseigner** → Mitbestimmung (2).

**Antennen.** Die Errichtung von Außenantennen hat der Vermieter im Rahmen eines Mietverhältnisses an seinem Anwesen grundsätzlich zu dulden (→ Miete, 2b). Ausnahmen können z. B. bei Hochantennen wegen der Bauart des Dachs gelten. Doch kann der Vermieter auf seine Kosten eine *Gemeinschaftsantenne* aufstellen lassen und deren Finanzierung auf die Mieter umlegen (nach h. M. auch auf diejenigen, die sich an der Nutzung nicht beteiligen wollen).

**Antezipiertes Besitzkonstitut** → Besitzkonstitut, → Sicherungsübereignung.

**Antichrese (Antichresis)** → Nutzungspfand.

**Antinomie** ist ein im Gesetz selbst liegender Widerspruch. Er kann entstehen, wenn verschiedene Bestimmungen desselben Gesetzes einander im Grundgedanken widerstreiten oder sich im Anwendungsbereich überschneiden, so daß es einer Abgrenzung durch die Rspr. bedarf. Das gilt z. B. für einzelne → Grundrechte und ihre gesetzlichen Einschränkungen.

**Antiquitätenhandel.** Der A. unterliegt als → Gebrauchtwarenhandel den gewerberechtlichen Beschränkungen für → überwachungsbedürftige Gewerbe.

**Antrag** (Offerte) → Vertrag. Im *Verwaltungsrecht* ist A. die an eine Behörde gerichtete, ein bestimmtes Begehren enthaltende Erklärung eines Beteiligten (z. B. Antrag auf Erteilung einer Baugenehmigung). Der Kreis der Antragsberechtigten ist meist vom Gesetz bestimmt oder ergibt sich daraus, ob und inwieweit das Gesetz individuelle Interessen (nicht nur allgemeine Interessen) schützen will. Im Gegensatz zum A. steht die *Anregung,* die jedermann an die Behörden richten kann, die aber kein Recht auf Entscheidung in der Sache gibt. Entsprechendes gilt für alle behördlichen und gerichtlichen Verfahren, z. B. für den A. im Zivil- oder Strafprozeß, in der freiwilligen Gerichtsbarkeit usw.

**Antragsdelikte.** Straftaten werden grundsätzlich ohne Rücksicht auf den Willen des Verletzten von Amts wegen verfolgt (→ Offizialprinzip); nur bei einem kleinen Teil setzt die Verfolgung einen → Strafantrag des Verletzten oder des sonst Berechtigten voraus, insbes. bei Beleidigung, leichter oder fahrlässiger Körperverletzung, Hausfriedensbruch, einfacher Sachbeschädigung. Umgekehrt gibt es A., die aus besonderem öffentlichen Interesse auch von Amts wegen verfolgt werden können (z. B. Körperverletzung). Beim *absoluten* A. ist stets Strafantrag erforderlich, beim *relativen* nur bei Vorliegen bestimmter (insbes. verwandtschaftlicher) Beziehungen zwischen dem Betreffenden und dem Verletzten; so z. B. bei Diebstahl, Betrug. Über die Erfordernisse des → Strafantrags (§§ 77 ff. StGB) s. dort. A. können meist im Wege der → Privatklage verfolgt werden, auf die der StA den Verletzten verweisen kann (§§ 374 ff. StPO).

**Antragsschrift.** → Ehesachen, → Sicherungsverfahren.

**Antragsveranlagung.** Bei → Einkünften aus nichtselbständiger Arbeit wird die → Einkommensteuer erhoben als → Lohnsteuer durch Abzug vom Arbeitslohn (§§ 19, 38 EStG). Ist die im Lohnabzugsverfahren einbehaltene Lohnsteuer höher als die Steuer nach der Grund- oder Splittingtabelle, können → Arbeitnehmer auf Antrag zur Einkommensteuer veranlagt werden, z. B. wegen höherer → Werbungskosten oder → Sonderausgaben oder bei Änderung der persönlichen Verhältnisse, z. B. bei Verheiratung. Der Antrag kann bis zum Ablauf des 2. Folgejahres gestellt werden (§ 46 II Nr. 8 EStG). Die A. ersetzt seit 1991 den Lohnsteuerjahresausgleich. Vgl. → Lohnsteuer.

**Anwachsung.** Die A. ist ein für → Gesamthandsgemeinschaften geltendes Prinzip, wonach bei Wegfall eines Gesamthänders dessen Anteil nicht ihm zufällt, sondern bei der Gesamtheit verbleibt. Die A. spielt eine bes. Rolle: 1. *im Gesellschaftsrecht:* Scheidet in einer → Gesellschaft ein Gesellschafter aus, so wächst, sofern keine Auflösung der Gesellschaft eintritt, grundsätzlich sein Anteil am → Gesellschaftsvermögen den übrigen Gesellschaftern zu. Der ausscheidende Gesellschafter erlangt statt dessen einen schuldrechtlichen Anspruch gegen die übrigen Gesellschafter auf Rückgabe von zur Benutzung eingebrachten Gegenständen, Befreiung von den Gesellschaftsschulden und Herausgabe dessen, was er bei Auflösung der Gesellschaft erhalten hätte (§ 738 BGB).

2. *Im Erbrecht* ist unter A. die verhältnismäßige Erhöhung der Erbteile der durch → Verfügung von Todes wegen bedachten Miterben bei Wegfall eines der Miterben vor oder nach dem Erbfall zu verstehen, § 2094 BGB (Tod vor dem → Erbfall, → Erbverzicht bzw. → Ausschlagung, → Erbunwürdigkeit, → Anfechtung usw., nicht dagegen der Tod des Miterben nach dem → Erbfall, da in diesem Fall dessen Erben an seine Stelle treten). Die A. tritt nur dann ein, wenn die Miterben nach dem Willen des Erblassers so eingesetzt sind, daß sie die → gesetzliche Erbfolge ausschließen sollen. Der Erblasser kann die A. ausschließen. Der durch A. einem Miterben anfallende → Erbteil gilt für Ausschlagung, → Vermächtnisse und → Auflagen als selbständiger Erbteil (§ 2095 BGB). Das Recht des → Ersatzerben geht der A. vor (§ 2099 BGB). Die gleichen Grundsätze gelten für Mitvermächtnisnehmer (§§ 2158 f., 2190 BGB).

**Anwalt** → Rechtsanwalt.

**Anwaltsgeheimnis** → Berufsgeheimnis.

**Anwaltsgerichtsbarkeit** → Rechtsanwalt (4).

**Anwaltshaftung** → Rechtsanwalt (2 a.E.).

**Anwaltskosten** → Rechtsanwaltsgebühr.

**Anwaltsnotar** ist ein → Rechtsanwalt, der das Amt des → Notars im Nebenberuf ausübt. Das ist nur in solchen Gerichtsbezirken (dann aber unter Ausschluß hauptberuflicher Notare) zulässig, in denen am 1. 4. 1961 das Notaramt im Nebenberuf ausgeübt worden ist (§ 3 II BNotO). Das sind insbes. Berlin, Bremen, Hessen, Niedersachsen und Teile von Nordrhein-Westfalen. Ein A. kann mit einem anderen Rechtsanwalt eine Anwaltssozietät eingehen (§ 9 BNotO).

**Anwaltsprozeß** ist im Gegensatz zum → Parteiprozeß der Rechtsstreit, in dem sich die Parteien durch einen (allgemein oder bei dem Prozeßgericht zugelassenen) → Rechtsanwalt als Bevollmächtigten vertreten lassen müssen. Dieser Anwaltszwang besteht im Zivilprozeß grundsätzlich vor dem Landgericht (hier kann ab 1. 1. 2000 – in den neuen Ländern bereits jetzt – jeder zugelassene Rechtsanwalt auftreten) und allen Gerichten des höheren Rechtszuges, in verschiedenen → Familiensachen, insbes. in Ehescheidungs- und Scheidungsfolgesachen auch vor dem → Familiengericht (§ 78 ZPO), ferner vor dem Bundes- und Landesarbeitsgericht (hier mit Ausnahmen für Verbandsvertreter, § 11 II ArbGG); vor einem Oberverwaltungsgericht, dem Bundesverwaltungsgericht, dem Bundessozialgericht und dem Bundesfinanzhof besteht Vertretungszwang, wobei aber außer Rechtsanwälten bestimmte weitere Personengruppen zugelassen sind (§ 67 I VwGO, § 166 SGG, Art. 1 BFH-EntlastungsG). Für den Strafprozeß s. notwendige → Verteidigung.

**Anwaltsvergleich** ist ein von → Rechtsanwälten im Namen und mit Vollmacht der von ihnen vertretenen Parteien abgeschlossener Vergleich. Dieser kann, wenn der Schuldner sich darin der sofortigen → Zwangsvollstreckung unterworfen hat (und der Vergleich beim zuständigen Amtsgericht niedergelegt worden ist), vom → Prozeßgericht, das für die gerichtliche Geltendmachung des zu vollstreckenden

Anspruchs zuständig wäre (mit Zustimmung der Parteien auch von einem Notar), für vollstreckbar erklärt werden (§§ 796 a ff. ZPO). Der A. ist dann → Vollstreckungstitel (§ 794 I Nr. 4 b ZPO).

**Anwaltszustellung** wird vielfach die → Zustellung von Anwalt zu Anwalt (§ 198 ZPO) genannt; fälschlich wird der Begriff auch für die Anwendung des § 176 ZPO verwendet, wonach Zustellungen stets an den bestellten → Prozeßbevollmächtigten auszuführen sind.

**Anwaltszwang** → Anwaltsprozeß.

**Anwärterbezüge** erhalten Beamte auf Widerruf im Vorbereitungsdienst (z. B. Referendare) nach §§ 59–66 BBesG. Die Bezüge setzen sich aus Grundbetrag, Verheiratetenzuschlag und Sonderzuschlägen, bei Lehramtsanwärtern ggf. auch Unterrichtsvergütung zusammen. Die Höhe im einzelnen ergibt sich aus Anlage VIII zum BBesG. Die A. können bei Nichterreichen des Ausbildungsziels gekürzt werden (§ 66 BBesG). Soweit Anwärter im Vorbereitungsdienst ein Studium ableisten (meist Ausbildung an einer → Fachhochschule), kann die Gewährung der A. von Auflagen (Rückforderung bei Ausscheiden u. a.) abhängig gemacht werden (§ 59 V BBesG). S. ferner VOen über Anwärtersonderzuschläge vom 11. 6. 1990 (BGBl. I 1033) und über Unterrichtsvergütung für Lehramtsanwärter vom 18. 7. 1976 (BGBl. I 1828). A. gehören zum steuerpflichtigen Arbeitslohn (→ Lohnsteuer).

**Anwartschaft** ist *im Zivilrecht* zunächst nur die rein tatsächliche Aussicht auf einen künftigen Rechtserwerb, z. B. die Position des → Ersatzerben. Verdichtet sich jedoch die Stellung des A.inhabers dergestalt, daß bereits ein Anspruch auf Erstarken der A. zum Vollrecht für den Erwerber besteht, falls ein gewisses Ereignis eintritt (→ Bedingung), so spricht man von einem → A.recht. Wichtige Anwendungsfälle des A.rechts sind z. B. das aufschiebend bedingte Recht des Erwerbers einer unter → Eigentumsvorbehalt gelieferten Kaufsache und das A.recht des → Nacherben.

Im *öffentlichen Recht* spielt die A. auf Ruhegehalts- und Hinterbliebenenversorgung der im öffentlichen Dienst Stehenden eine Rolle. Sie hat in der → Kranken-, Unfall- und Rentenversicherung die → Versicherungsfreiheit zur Folge (vgl. § 6 SGB V, § 5 SGB VI, § 4 SGB VII). Umgekehrt begründet in der → Sozialversicherung die Beitragszahlung eine A. auf Versicherungsleistungen, so in der → Rentenversicherung nach Erfüllung der Wartezeit. Die A. spielt ferner eine Rolle beim Versorgungsausgleich (§ 1587 a BGB); → Ehescheidung (5).

**Anwartschaftsrecht.** S. zunächst → Anwartschaft. Am bedeutsamsten sind die A. im Erbrecht (→ Nacherbe) und im Sachenrecht. Da die → Eigentumsübertragung (ebenso wie der Erwerb anderer → dinglicher Rechte) in Stufen vor sich geht (Einigung und Übergabe bzw. Eintragung), erlangt der Erwerber mit Abschluß einer bindenden → Einigung bereits ein A. auf den Erwerb der Sache. Wirtschaftlich am wichtigsten ist das A. des Vorbehaltskäufers einer unter *Eigentumsvorbehalt* veräußerten Sache. Das A., das im BGB nicht geregelt, aber heute allgemein anerkannt ist, ist zwar noch nicht das Vollrecht → Eigentum) selbst, wird aber als → subjektives Recht wie das Eigentum behandelt, d.h. es ist übertragbar, vererblich, verpfändbar und unterliegt der Zwangsvollstreckung wie die Sache selbst. Gepfändet wird das A. allerdings nach h. M. wie ein Recht (§ 857 ZPO). Verfügt der Inhaber des A. über dieses (z. B. in Form der → Sicherungsübereignung), so handelt er – anders als bei der Verfügung über das ihm noch nicht zustehende Eigentum an der Sache – als Berechtigter. Bei Erstarken des A. zum Vollrecht (z. B. Eintritt der Bedingung beim Verkauf unter Eigentumsvorbehalt, i. d. R. bei Bezahlung der letzten Rate beim → Abzahlungsgeschäft) geht in diesem Fall das Eigentum unmittelbar vom Veräußerer auf den Dritterwerber über (sog. *Direkterwerb*); ein *Durchgangserwerb* durch die Person des Vorbehaltskäufers und ursprünglichen A.berechtigten findet nicht statt (BGHZ 20, 88), so daß z. B. nach Übertragung des A. erfolgte Pfändungen von Drittgläubigern in die Sache dem A.erwerber gegenüber unwirksam sind. Zum Ausgleich dafür erstrecken sich nach h. M. (BGHZ 35, 85) gesetzliche → Pfandrechte – z. B. des Vermieters – und → Grundpfandrechte – z. B. eine → Hypothek –, die an sich nur das Eigentum des Schuldners erfassen, bereits auf dessen A. Die genannten Rechte setzen sich infolge der Wesensgleichheit von A. und dinglichem Recht (vgl. auch § 1287 BGB) nach Erstarken des A. zum Vollrecht an der Sache selbst fort und gehen bei Übertragung des A. grundsätzlich auf den Dritten mit über, sofern kein → gutgläubiger (lastenfreier) Erwerb vorliegt. Das A. auf das Eigentum gewährt, zumindest bei beweglichen Sachen, ein Recht zum → Besitz (→ Eigentumsherausgabeanspruch) und gibt bei Verletzungen einen Anspruch aus → unerlaubter Handlung. Das A. erlischt mit dem Erstarken zum Vollrecht oder bei endgültigem Ausfall der Erwerbsmöglichkeit (z. B. Rücktritt des Vorbehaltskäufers).

**Anweisung** ist ein → Rektapapier, in dem der Anweisende einen anderen (den Angewiesenen) anweist, Geld, Wertpapiere oder andere → vertretbare Sachen an einen Dritten (den Anweisungsempfänger) zu leisten (§ 783 BGB). Durch die A. wird der Anweisungsempfänger ermächtigt, diese Leistung bei dem Angewiesenen im eigenen Namen zu erheben. Der Angewiesene wird ermächtigt, an den Anweisungsempfänger zu leisten, und zwar auf Rechnung des Anweisenden. Der Angewiesene ist dem Anweisungsempfänger gegenüber aber nur dann zur Leistung verpflichtet, wenn er die Anweisung durch einen schriftlichen Vermerk angenommen hat (§ 784 BGB). Der Angewiesene braucht nur gegen Aushändigung der A. zu leisten (§ 785 BGB); deshalb ist die A. → Wertpapier. Die bürgerlich-rechtliche A. (§§ 783–792 BGB) hat nur eine geringe wirtschaftliche Bedeutung, im Gegensatz zu ihren Sonderformen → Scheck und gezogener Wechsel (→ Tratte). Die kaufmännische A. (§§ 363 bis 365 HGB) kann im Gegensatz zur bürgerlichrechtlichen A. an Order gestellt werden und ist dann → Orderpapier.

**Anwendungsbereich des Rechts** → Geltungsbereich.

**Anzahlung** → Abschlagszahlung.

**Anzeichenbeweis** → Indizienbeweis; s.a. → Anscheinsbeweis.

**Anzeige** → Strafanzeige.

**Anzeigepflicht, gewerberechtliche,** besteht für die Aufnahme eines → stehenden Gewerbes (§ 14 GewO) einschl. Eröffnung von → Zweigniederlassungen und Zweigstellen sowie für die Betriebsverlegung, die Änderung des Gegenstandes des Gewerbes und die Betriebsaufgabe. Die Anzeige ist nach näherer Bestimmung der VO vom 19. 10. 1979 (BGBl. I 1761) unter Verwendung der dort vorgeschriebenen Formulare zu erstatten. A. besteht auch für gewisse, nicht genehmigungsbedürftige → Reisegewerbe (§ 55 c GewO). Unterliegt der Unternehmer der → Unfallversicherung, muß er den Betrieb binnen 1 Woche seit Eröffnung oder Aufnahme vorbereitender Arbeiten bei der zuständigen → Berufsgenossenschaft anzeigen (§§ 192 ff. SGB VII). S.a. → Automatenaufstellung, → Gewerbezulassung, → Immissionsschutz.

**Anzeigepflicht, steuerliche.** 1. Nicht natürliche Personen (Körperschaften, Vereinigungen und Vermögensmassen) haben innerhalb eines Monats dem zuständigen FA (§ 20 AO) und den Gemeinden die Umstände anzuzeigen, die für die steuerliche Erfassung von Bedeutung sind, z. B. Gründung, Änderung der Rechtsform, Verlegung der Geschäftsleitung, Auflösung usw. (§ 137 AO).

2. Wer als natürliche Person eine land- und forstwirtschaftliche oder gewerbliche Erwerbstätigkeit aufnimmt, ist bei der Gemeinde anzeigepflichtig (§ 138 I 1 AO); wer eine freiberufliche Tätigkeit aufnimmt, hat dies dem FA mitzuteilen (§ 138 I 3 AO). Anzeigepflichtig ist auch, wer als unbeschränkt Steuerpflichtiger einen Betrieb oder Betriebsstätten im Ausland oder eine Beteiligung an einer ausländischen Personengesellschaft oder eine Beteiligung an einer beschränkt steuerpflichtigen Körperschaft erwirbt, falls die unmittelbare Beteiligung mindestens 10% oder die mittelbare mindestens 25% beträgt (§ 138 II AO).

3. Anmeldung von Betrieben in besonderen Fällen (§ 139 AO): Wer einen Betrieb eröffnen will, durch den beson-

dere → Verkehr- oder → Verbrauchsteuern ausgelöst werden können, ist vor Eröffnung zur Anmeldung bei der Finanzbehörde verpflichtet.

4. Anzeigepflicht der Banken, Behörden im Todesfall (§§ 33, 34 ErbStG).

5. Anzeigepflicht der Versicherungsunternehmen und Banken bei Verwendung von Lebensversicherungsansprüchen zur Tilgung oder Sicherung von Darlehen über 50 000 DM (§ 29 I EStDV).

6. Anzeigepflicht des → Steuerpflichtigen bei Abtretung und Beleihung von 5. (§ 29 IV EStDV).

**Anzeigepflicht, strafrechtliche.** Eine Pflicht zur Erstattung einer → Strafanzeige besteht grundsätzlich nicht.

Sie kann aber aus Berufsgründen gegeben sein, z. B. für Polizeibeamte (Verfolgungspflicht nach § 163 I StPO; Nichtverfolgung kann als Strafvereitelung im Amt strafbar sein, § 258 a StGB) oder für militärische Dienstvorgesetzte (§ 40 WStG); sonst ist ein Dienstvorgesetzter, der nicht Strafverfolgungsorgan ist, i. d. R. zur Anzeige nicht verpflichtet.

Dagegen ist nach § 138 StGB die Nichtanzeige bestimmter Straftaten bei Kenntnis vom *Vorhaben einer noch nicht begonnenen* oder der *Ausführung einer noch nicht beendeten* Tat mit Strafe bedroht, und zwar bei Friedens- oder Hochverrat nach §§ 80, 81–83 I, Landesverrat oder Gefährdung der äußeren Sicherheit nach §§ 94–96, 97 a, 100, Mord, Totschlag, Völkermord, Geldfälschung, Raub und räuberischer Erpressung, Menschenraub, Verschleppung, erpresserischer Menschenraub, Geiselnahme, Beteiligung an terroristischen Vereinigungen sowie bestimmten → gemeingefährlichen Straftaten i. S. der §§ 306 ff. StGB, die Verbrechen sind. A.pflicht besteht aber nur bei *glaubhafter Kenntnis* von dem Vorhaben oder Beginn der Tat und nur, solange die Ausführung oder der Erfolg *noch abgewendet werden kann*. Bei bloßen Gerüchten oder Zweifeln (nicht ernstlichem Vorhaben) keine A.pflicht. Unerheblich dagegen, ob der Haupttäter z. B. als schuldunfähig nicht bestraft werden kann. Die A. ist an die Behörde, die einschreiten kann (meist Polizei), oder an den Bedrohten zu richten. Bestraft wird vorsätzlicher oder leichtfertiger Verstoß gegen die A.pflicht (echtes → Unterlassungsdelikt). Keine A.pflicht trifft den Bedrohten selbst oder Tatbeteiligte (Täter, Mittäter, Anstifter, Gehilfen); nach § 139 II, III StGB ebensowenig Geistliche über das ihnen als Seelsorger Anvertraute, ferner nicht Angehörige (§ 11 StGB), Rechtsanwälte und Ärzte, wenn sie sich ernstlich bemühen, den Täter von der Tat abzuhalten oder den Erfolg abzuwenden (außer bei Mord, Totschlag, Völkermord, Geiselnahme o.ä. Terrordelikten; über Kollisionsfälle → Berufsgeheimnis). Straffrei ist nach § 139 IV StGB, wer die Tat oder den Erfolg abwendet oder sich, falls die Tat ohne sein Zutun unterbleibt, wenigstens ernsthaft bemüht, den Erfolg abzuwenden.

Über die Pflicht des Gerichts, über eine in einer Sitzung begangene Straftat (z. B. Eidesverletzung) ein Protokoll aufzunehmen und die Strafverfolgungsbehörde zu unterrichten, vgl. § 183 GVG, über die A.pflicht der Polizei- und Gemeindebehörden gegenüber Staatsanwalt oder Amtsgericht bei Verdacht eines unnatürlichen Todesfalles § 159 I StPO.

**Anzeigepflicht im Verwaltungsrecht** besteht, wenn der zuständigen Behörde ein Ereignis mitgeteilt werden muß oder wenn eine Handlung zwar keiner Genehmigung, wohl aber der förmlichen Anzeige bei der Behörde bedarf (z. B. die beabsichtigte Ausführung bestimmter kleinerer Baumaßnahmen). Die Rechtsfolgen der Unterlassung von A.en sind je nach Rechtsgebiet unterschiedlich (häufig → Ordnungswidrigkeiten).

**Anzeigepflichtige Entlassungen** *(Massenentlassungen)* liegen vor, wenn in einem → Betrieb innerhalb von 30 Tagen eine Anzahl von → Arbeitnehmern entlassen wird, die bei Betrieben mit mehr als 20 und weniger als 60 Arbeitnehmern 5 übersteigt, bei Betrieben mit 60–499 Arbeitnehmern 10% oder mehr als 25, bei Betrieben mit mindestens 500 Arbeitnehmern mindestens 30. Hierbei werden Arbeitnehmer, denen außerordentlich gekündigt wird, nicht mitgezählt, wohl aber andere vom Arbeitgeber veranlaßte Beendigungen des Arbeitsverhältnisses (z. B. in der Form eines Aufhebungsvertrags oder einer Kündigung durch den Arbeitnehmer). Bereits die Absicht solcher a.E. hat der Arbeitgeber dem → Betriebsrat mitzuteilen; dessen Stellungnahme ist der schriftlichen Anzeige an das → Arbeitsamt beizufügen (§ 17 KSchG). Die Entlassungen (Kündigungen) werden vor Ablauf eines Monats nach Eingang der Anzeige nur wirksam, wenn das Arbeitsamt zustimmt (§§ 18, 20 KSchG).

**Apostille** ist die vereinfachte Form der → Legalisation einer Urkunde zwecks Verwendung im Ausland, wobei die Echtheit der Unterschrift ohne Mitwirkung eines Konsulats durch eine inländische Behörde bestätigt wird. Ob im Einzelfall eine A. genügt, ergibt sich aus den zwischenstaatlichen Abkommen.

**Apostolische Administratur** ist in der → kath. Kirche eine diözesanähnliche Teilkirche, die aus Teilen einer oder mehrerer → Diözesen gebildet wurde, insbesondere um schwierigen politischen Verhältnissen zu begegnen. Die A.A. ist einer Diözese rechtlich grundsätzlich gleichgestellt. Sie wird im Namen des → Papstes durch einen Apostolischen Administrator geleitet. Für den im Bereich der ehem. DDR liegenden Teil der Erzdiözese Breslau wurde z. B. die frühere A. A. Görlitz gebildet, die nunmehr mit gleichem Gebiet die Diözese Görlitz bildet.

**Apostolische Signatur** → kirchliche Gerichtsbarkeit.

**Apostolischer Nuntius** → Nuntius.

**Apostolischer Stuhl** (s.a. → Heiliger Stuhl) ist in der → katholischen Kirche die Bezeichnung für den → Papst und die Behörden der → Kurie.

**Apothekenrabatt** ist der Preisnachlaß, den die Apotheken den → Krankenkassen zu gewähren haben, sofern diese die Rechnung binnen 10 Tagen nach Eingang begleichen. Er beträgt i. d. R. 5% des für den Versicherten maßgeblichen Arzneimittelabgabepreises. § 130 SGB V, § 8 KVLG 1989.

**„Apothekenurteil"** (des BVerfG) → Apothekenwesen, → Beruf (freie Wahl u. Ausübung), → Bedürfnisprüfung.

**Apothekenwesen.** Den Apotheken obliegt nach dem Ges. über das Apothekenwesen i. d. F. der Bek. vom 15. 10. 1980 (BGBl. I 1993) die im öffentlichen Interesse gebotene Sicherstellung einer ordnungsgemäßen Arzneimittelversorgung der Bevölkerung. Der Betrieb einer Apotheke bedarf der Erlaubnis (Konzession) der zuständigen Landesbehörde, auf deren Erteilung ein Rechtsanspruch besteht, soweit die in § 5 des Ges. genannten Voraussetzungen vorliegen (u. a. Approbation als Apotheker, deutsche oder EG-Staatsangehörigkeit, Zuverlässigkeit und Eignung). Die Erlaubnis gilt für den Apotheker und für bestimmte, in der Erlaubnisurkunde bezeichnete Betriebsräume (gemischte Erlaubnis; s.a. § 6 ApothG). Die damit gesetzlich normierte Niederlassungsfreiheit beruht auf dem Urteil des BVerfG vom 11. 6. 1958, BVerfGE 7, 378 (sog. Apothekenurteil), das die in diesem Bereich überkommene → Bedürfnisprüfung als mit dem GG unvereinbar erklärte (→ Beruf, freie Wahl und Ausübung). Die Erlaubnis verpflichtet zur persönlichen Leitung der Apotheke in eigener Verantwortung (§ 7; Ausnahmen s. §§ 9, 13, 26 bei – grundsätzlich untersagter – Verpachtung und Erbfall). Das Ges. enthält ferner Vorschriften für Krankenhaus-, Bundeswehr-, Zweig- und Notapotheken (§§ 14ff.). Der Betrieb der Apotheken unterliegt behördlicher Aufsicht (§§ 18ff.). Nähere Betriebsvorschriften enthält die ApothekenbetriebsVO i. d. F. vom 26. 9. 1995 (BGBl. I 1195) u. a. über Apothekenleiter, pharmazeutisches Personal, Beschaffenheit der Apothekenbetriebsräume, Dienstbereitschaft sowie Herstellung, Prüfung, Vorratshaltung, Aufbewahrung und Abgabe der Arzneimittel, Rezeptsammelstellen. Apotheken im Gebiet der ehem. DDR werden von der Treuhandanstalt mit dem Ziel ihrer Privatisierung verwaltet (§ 28 a ApothG).

**Apotheker.** Den Beruf des A. darf nach der Bundes-Apothekerordnung vom 19. 7. 1989 (BGBl. I 1478) ausüben, wer als A. approbiert ist, was u. a. das Bestehen der pharmazeutischen Prüfung sowie die körperliche und geistige Tauglichkeit voraussetzt (§ 4); s.a. die nach § 5 des Ges. erlassene Approbationsordnung für A. vom 19. 7. 1989, BGBl. I 1489 m.Änd., die u. a. die Mindestanforderungen an das Studium der Pharmazie und die praktische Ausbildung, die pharmazeutische Prüfung und die Approbation regelt. Gleichwertige Abschlüsse aus den Mitgliedstaaten der E.G. werden anerkannt (vgl. Ges. zur Umsetzung der Apothekerrichtlinie vom 23. 7. 1988, BGBl. I 1077). Zum selbständigen Betrieb einer Apotheke ist darüber hinaus eine Erlaubnis der zuständigen Landesbehörde nach Maßgabe des § 2 des Ges. über das → Apothekenwesen. Die BApothekerO enthält keine Vorschriften über A.kammern und → Berufsgerichtsbarkeit; dieser Bereich ist inzwischen landesrechtlich geregelt (z. B. für Bayern durch das Kammergesetz i. d. F. vom 9. 3. 1978, GVBl. 67). Befähigungen zum Beruf des A. aus dem Gebiet der ehem. DDR sind übergeleitet (§ 14 I S. 2 BApothO, wegen Einschränkungen vgl. II und III).

**Appellation** = Anrufung eines höheren Gerichts (lat. appellare).

**Approbation** ist die gesetzliche Bezeichnung für die Zulassung zur Tätigkeit als → Arzt, → Zahnarzt, → Tierarzt oder → Apotheker (frühere Bezeichnung: Bestallung).

**Äquivalenzprinzip** → Abgaben (öffentl.).

**Äquivalenztheorie** → Schadensersatz (1 a); für das Strafrecht → Kausalität im Strafrecht.

**Arbeit, Freiheit der** –, → Beruf (freie Wahl und Ausübung), → Zwangsarbeit (Verbot).

**Arbeiter** ist jeder → Arbeitnehmer, der nicht unter den Begriff des → Angestellten fällt. Ein Indiz ist der Bezug von Wochen- oder Stundenlohn. Man unterscheidet die gewerblichen Arbeiter (alle Fabrikarbeiter, Bauarbeiter, Gesellen und Gehilfen von Handwerkern, Arbeiter bei Kaufleuten und sonstigen Gewerbetreibenden; es gilt primär die GewO), die Bergleute (es gilt das BGB, teilweise ergänzend die GewO), die Schiffs(See)leute und sonstige im Schiffsbetrieb an Bord tätigen A. (für die das SeemannsG gilt), die A. des öffentlichen Dienstes, die land- und forstwirtschaftlichen A., die Hausgehilfen und sonstigen A. freiberuflicher oder privater Personen (für die im wesentlichen das BGB gilt). S. a. → Facharbeiter.

**Arbeiterrentenversicherung.** Die Arbeiterrentenversicherung nach der Reichsversicherungsordnung (RVO) war bis zum Inkrafttreten des Rentenreformgesetzes 1992 ein eigenständiger Zweig der gesetzlichen → Rentenversicherung. Seit dem 1. 1. 1992 ist sie Teil der Rentenversicherung nach dem SGB VI. Von Bedeutung ist die Unterscheidung zwischen den verschiedenen Zweigen der Rentenversicherung weiterhin für die Zuständigkeit. Träger der Rentenversicherung der Arbeiter sind die → Landesversicherungsanstalten, die → Bahnversicherungsanstalt und die → Seekasse (§ 127 SGB VI).

**Arbeitgeber** ist jede natürliche oder → juristische Person, die einen anderen (den Arbeitnehmer) in einem → Arbeitsverhältnis beschäftigt. Der A. ist Dienstberechtigter i. S. der §§ 611–630 BGB. → Lohnsteuer.

**Arbeitgeberanteil** ist der Teil des Beitrags zur → Sozialversicherung, den der Arbeitgeber für einen versicherungspflichtigen Arbeitnehmer aufzubringen hat. In der → Krankenversicherung, der → Rentenversicherung und der knappschaftlichen Krankenversicherung sowie in der → Arbeitsförderung nach dem SGB III beträgt er 50 v.H. des Beitrags. Soweit in den Ländern im Hinblick auf die Einführung der → Pflegeversicherung ein Feiertag aufgehoben worden ist, gilt dies auch für die Pflegeversicherung. Besonderheiten, die zu einem höheren Arbeitgeberanteil führen, gelten für die knappschaftliche Rentenversicherung.

Allein zu tragen hat der Arbeitgeber die Beiträge für geringfügig Beschäftigte (monatliches Arbeitsentgelt bis zu ein Siebtel der monatlichen Bezugsgröße), bei Leistung eines → sozialen Jahres oder eines → ökologischen Jahres sowie bei → Nachversicherung in der Rentenversicherung; ferner bei Personen, die in Einrichtungen der Jugendhilfe durch Beschäftigung für eine Erwerbstätigkeit befähigt werden sollen oder in Einrichtungen für Behinderte (insbes. Berufsbildungswerke) an berufsfördernden Maßnahmen teilnehmen; §§ 341–351 SGB III; §§ 28d–28g SGB IV, § 249 SGB V, § 168 SGB VI, §§ 58f. SGB XI.

**Arbeitgeberdarlehen.** Ein A. kann zu steuerpflichtigen Einnahmen beim Arbeitnehmer führen, wenn der Arbeitgeber auf die Rückzahlung des Darlehens verzichtet. Für den Normalfall sind Gewährung und Tilgung des Darlehens steuerlich unbeachtlich. Zinsvorteile sind steuerpflichtiger Arbeitslohn, wenn das Darlehen 5000 DM übersteigt und der Effektivzins 6 Prozent unterschreitet (Abschn. 31 VIII LStR).

**Arbeitgeberverbände** sind → Vereine, in denen sich → Arbeitgeber i. d. R. nach bestimmten Industrie- oder Gewerbezweigen zusammengeschlossen haben. Es bestehen Fachverbände als Orts-, Bezirks-, Landes- und Bundesverbände und allgemeine A. auf Landesebene als Zusammenschluß der Fachverbände, als Spitzenverband die Bundesvereinigung der deutschen Arbeitgeberverbände. Die A. sind als sog. Sozialpartner tariffähig (→ Tariffähigkeit) und vor den Gerichten der Arbeitsgerichtsbarkeit stets parteifähig (§ 10 ArbGG); ihre Vertreter sind vor diesen Gerichten (mit Ausnahme des Bundesarbeitsgerichts) als Prozeßbevollmächtigte der Mitglieder → postulationsfähig (§ 11 ArbGG).

**Arbeitgeberwechsel** → Betriebsübergang.

**Arbeitnehmer** ist, wer in einem → Arbeitsverhältnis steht und vom → Arbeitgeber abhängige weisungsgebundene Arbeit leistet. Der A. ist der zur Dienstleistung Verpflichtete i. S. der §§ 611–630 BGB. A. sind → Arbeiter, → Angestellte und die zur Berufsausbildung Beschäftigten (vgl. § 5 ArbGG); in gewissem Umfang gleichgestellt sind sog. → arbeitnehmerähnliche Personen. Obwohl an sich A., gelten jedoch vielfach Ausnahmen für → leitende Angestellte, s. z. B. Betriebsratswahl, Kündigungsschutz für A., Mitbestimmung. Für A. gilt das → Arbeitsrecht. Keine A. sind insbes. Richter, Beamte und Soldaten, die gesetzlichen Vertreter juristischer Personen (z. B. Vorstandsmitglieder einer AG, Geschäftsführer einer GmbH), die geschäftsführenden Gesellschafter einer oHG, KG oder BGB-Gesellschaft, Strafgefangene, Sozialhilfeempfänger (auch wenn sie nach § 19 BSHG Arbeit verrichten), ferner Personen, die aus familienrechtlichen, religiösen oder karitativen Gründen arbeiten (§ 5 II BetrVG).

Ob *steuerlich* eine Person A. ist, richtet sich unabhängig vom Arbeitsrecht nach § 1 LStDV. Entscheidend ist hiernach das Eingeordnetsein in den betrieblichen Organismus des Arbeitgebers und dessen Weisungsbefugnis. Auch Angehörige des öffentlichen Dienstes und die gesetzlichen Vertreter juristischer Personen (z. B. GmbH-Geschäftsführer, Vorstandsvorsitzender einer AG) sind steuerlich Arbeitnehmer. → Lohnsteuer; → Vergütung, 2., → wirtschaftliche Betrachtungsweise.

**Arbeitnehmerähnliche Personen** sind solche, die für einen Unternehmer arbeiten, der nicht → Arbeitgeber sein muß, und die infolge ihrer wirtschaftlichen Unselbständigkeit → Arbeitnehmern ähnlich sind. A. P. sind insbes. → Heimarbeiter und → Handelsvertreter als Einfirmenvertreter mit Monatsverdienst bis 2000 DM (§ 5 I 2, III ArbGG). Für a. P. gilt weitgehend das → Arbeitsrecht; Rechtsstreitigkeiten aus ihrem Dienstverhältnis gehören stets zur → Arbeitsgerichtsbarkeit.

**Arbeitnehmeranteil** der Sozialversicherungsbeiträge. Der vom Arbeitnehmer zu tragende Teil des Beitrages zur → Arbeitsförderung, zur → Kranken-, → Renten- und → knappschaftl. Krankenversicherung beträgt 50 v. H. des Beitrags. Soweit in den Ländern mit Ausnahme Sachsens im Hinblick auf die Einführung der → Pflegeversicherung ein Feiertag aufgehoben worden ist, gilt dies auch für die Pflegeversicherung. Besonderheiten, die zu einem geringeren Arbeitnehmeranteil führen, gelten für die knappschaftliche Rentenversicherung. In bestimmten Fällen hat der Arbeitgeber den gesamten Beitrag allein zu tragen (→ Arbeitgeberanteil); dann fällt kein A. an. Schuldner des gesamten Beitrages gegenüber dem Versicherungsträger ist in der → Pflichtversicherung der Arbeitgeber. Er zieht den A. bei der Entgeltzahlung vom Arbeitsentgelt ab; nur auf diesem Wege darf der A. eingezogen werden. Die Abzüge sind gleichmäßig auf die Entgeltzeiten zu verteilen, auf die sie fallen. Rückwirkender Abzug ist nur möglich bei den 3 nächsten Entgeltzahlungen, danach nur, wenn der Arbeitgeber am Unterbleiben des Abzugs schuldlos war. §§ 341–351 SGB III, §§ 28 d–28 g SGB IV, § 249 SGB V, §§ 168, 173 ff. SGB VI, §§ 58 f. SGB XI.

**Arbeitnehmer-Entsendegesetz** → Allgemeinverbindlichkeit, → Entsenderichtlinie

**Arbeitnehmererfindung.** Die patent- oder gebrauchsmusterfähigen → Erfindungen von → Arbeitnehmern (im privaten oder öffentlichen Dienst), von Beamten und Soldaten unterliegen dem Ges. über Arbeitnehmererfindungen vom 25. 7. 1957 (BGBl. I 756). Man unterscheidet: 1. *Diensterfindungen,* die während der Dauer des → Arbeitsverhältnisses (wenn auch in der Freizeit) gemacht werden und die entweder aus der im Betrieb oder in der öffentlichen Verwaltung obliegenden Tätigkeit entstanden sind oder maßgeblich auf den dort gewonnenen Erfahrungen oder durchgeführten Arbeiten beruhen (§ 4 II ANEG). 2. *Freie Erfindungen,* die nicht Diensterfindungen sind (§ 4 II). Das → Erfinderrecht entsteht immer in der Person des Arbeitnehmers, Beamten oder Soldaten; er muß die Erfindung aber dem Arbeitgeber melden (§ 5) oder mitteilen (§ 18). Eine Diensterfindung kann der Arbeitgeber in Anspruch nehmen, entweder unbeschränkt mit der Wirkung, daß alle Rechte auf ihn übergehen, oder beschränkt, so daß er ein nichtausschließliches Nutzungsrecht erwirbt (§ 7). Die Diensterfindung wird frei, wenn der Arbeitgeber sie nicht oder nur beschränkt in Anspruch nimmt oder auch ausdrücklich freigibt (§ 8). Schon vor der Inanspruchnahme besteht zugunsten des Arbeitgebers ein relatives → Veräußerungsverbot (§ 7 III). Nimmt der Arbeitgeber die Erfindung unbeschränkt in Anspruch, so muß er stets eine angemessene Vergütung leisten (§ 9) und die Schutzrechte – Patent und Gebrauchsmuster – anmelden (§§ 5 ff.); tut er es beschränkt, nur dann, wenn er die A. benutzt (§ 10). Die Höhe der Vergütung wird grundsätzlich durch → Vertrag vereinbart; kommt er nicht zustande, so setzt der Arbeitgeber die Vergütung schriftlich fest (§ 12). Dagegen kann der Arbeitnehmer wie bei allen Streitigkeiten aus einer A. die Schiedsstelle beim Patentamt – Dienststelle Berlin – anrufen (§§ 28 ff.), die einen begründeten Einigungsvorschlag abgibt (§ 34), und danach oder unter bestimmten Voraussetzungen, z. B. nach Ausscheiden aus dem Betrieb, sofort Klage erheben; zuständig ist die Patentstreitkammer (→ Patentstreitsachen), nur für Ansprüche auf Leistung einer festgestellten oder festgesetzten Vergütung das → Arbeitsgericht (§ 2 II a ArbGG). Die Vergütung wird nach § 9 II und den Richtlinien des BArbMin. vom 20. 7. 1959 (BAnz. Nr. 156) bemessen. Eine freie A. (dazu gehören auch alle Erfindungen von Hochschullehrern und -assistenten, § 42) kann vom Arbeitgeber nicht in Anspruch genommen werden; jedoch muß der Arbeitnehmer ihm zu angemessenen Bedingungen ein nicht ausschließliches Benutzungsrecht anbieten (§ 19). Für die Festsetzung der Bedingungen ist das gleiche Verfahren vorgesehen wie bei der Vergütung. *Technische Verbesserungsvorschläge* (von Arbeitnehmern erdachte, nicht patent- oder gebrauchsmusterfähige technische Neuerungen, § 3) können ohne weiteres vom Arbeitgeber übernommen werden und begründen nur eine Vergütungspflicht, für deren Höhe das gleiche gilt wie bei der Diensterfindung (§ 20).

**Arbeitnehmerfreizügigkeit** gewährleistet das → Europäische Gemeinschaftsrecht (Art. 48–51 EGV). Sie ist seit Ablauf der Übergangszeit unmittelbar geltendes Gemeinschaftsrecht (EuGH st. Rspr. seit EuGHE 1974, 1337). A. genießen alle Staatsangehörigen der Mitgliedstaaten. Als Arbeitnehmer i. S. der Bestimmung sind alle abhängig Beschäftigten, auch solche des öffentlichen Dienstes, anzusehen. Wesentliche Durchführungsvorschriften enthält die VO EWG vom 15. 10. 1968, ABl. L 257/2; vgl. a. AufenthaltsG i. d. F. vom 31. 1. 1980 (BGBl. I, 116); s.a. → Aufenthaltserlaubnis, → Grenzgänger.

**Arbeitnehmerhaftung** → innerbetrieblicher Schadensausgleich.

**Arbeitnehmerhilfe.** Die Arbeitnehmerhilfe gehört zu den Leistungen der → Arbeitsförderung nach dem SGB III. Durch Arbeitnehmerhilfe gefördert werden können Arbeitnehmer, die für die Zeit unmittelbar vor dem Beginn einer befristeten Beschäftigung Arbeitslosenhilfe bezogen haben. Die Arbeitnehmerhilfe beträgt 25 DM täglich. Sie wird von der → Bundesanstalt für Arbeit im Auftrag des Bundes erbracht (§ 56 SGB III).

**Arbeitnehmerkammern** → Arbeitskammern.

**Arbeitnehmer-Pauschbetrag.** Bei → Einkommen- und → Lohnsteuer ist von den → Einnahmen aus nichtselbständiger Arbeit ein → Pauschbetrag von jährlich 2000 DM bis zur Höhe der Einnahmen abzüglich → Versorgungsfreibetrag abzuziehen (§ 9 a Nr. 1 EStG). → Werbungskosten können nur abgezogen werden, wenn sie den A. übersteigen. Der A. ist in die Lohnsteuertabelle eingearbeitet. Der A. ist verfassungsgemäß (BVerfG BStBl. II 97, 518).

**Arbeitnehmerschutz** → Arbeitsschutz.

**Arbeitnehmer-Sparzulage** → Vermögensbildung des Arbeitnehmers.

**Arbeitnehmerüberlassung** → Leiharbeitsverhältnis.

**Arbeitsamt** → Arbeitslosenversicherung, → Bundesanstalt für Arbeit.

**Arbeitsaufsicht** ist die staatliche Aufsicht über die Einhaltung der Vorschriften des → Arbeitsschutzes. Sie obliegt den → Gewerbeaufsichtsämtern (§§ 139 b, g GewO, § 17 ArbZG), in bergbaulichen Betrieben den → Bergbehörden. Zur Überwachung der Unfallverhütungsvorschriften der → Berufsgenossenschaften s. Unfallschutz.

**Arbeitsbedingungen.** Die Regelung von Entgelten und sonstigen Arbeitsbedingungen (Arbeitszeit, Arbeitsplatz usw.) ist grundsätzlich Gegenstand freier Vereinbarung im Einzelarbeitsvertrag, in einer → Betriebsvereinbarung oder zwischen den Tarifvertragsparteien durch → Tarifverträge. Soweit → Gewerkschaften oder Arbeitgebervereinigungen für einen Wirtschaftszweig nicht bestehen oder nur eine Minderheit der Arbeitnehmer oder Arbeitgeber umfassen und ferner die A. nicht durch Allgemeinverbindlicherklärung eines Tarifvertrages (→ Allgemeinverbindlichkeit; s. dort auch über das → Arbeitnehmer-Entsendegesetz; → Entsenderichtlinie, Entsendegesetz) geregelt sind, können auf Vorschlag eines beim BArbMin. errichteten Hauptausschusses durch einen besonderen Fachausschuß → Mindestarbeitsbedingungen beschlossen und vom BArbMin. als RechtsVO erlassen werden, wenn dies zur Befriedigung der notwendigen sozialen und wirtschaftlichen Bedürfnisse der Arbeitnehmer erforderlich erscheint. Die Mindestarbeitsbedingungen legen die untere Grenze der Entgelte und sonstigen Arbeitsbedingungen fest. S.i.e. Ges. über die Festsetzung von Mindestarbeitsbedingungen vom 11. 1. 1952 (BGBl. I 17).

**Arbeitsbedingungen, grenzüberschreitende Dienstleistungen** → Entsenderichtlinie, → Entsendegesetz.

**Arbeitsberatung** → Berufsberatung.

**Arbeitsbereitschaft** → Arbeitszeit.

**Arbeitsbeschaffung.** Die → Bundesanstalt für Arbeit hat die Möglichkeit, die Schaffung von Arbeitsplätzen durch finanzielle Zuwendungen zu fördern. In diesem Zusammenhang können insbesondere Arbeiten, die im öffentlichen Interesse liegen, durch die Gewährung von Zuschüssen an den Träger der Maßnahme gefördert werden, soweit die Arbeiten sonst nicht oder erst zu einem späteren Zeitpunkt durchgeführt würden und die Förderung nach Lage und Entwicklung des Arbeitsmarktes zweckmäßig erscheint. Gewährt werden insbesondere Zuschüsse zu den Arbeitsentgelten für vom Arbeitsamt zugewiesene Arbeitnehmer. Die Zuschüsse betragen i. d. R. zwischen 30 und 75% des ortsüblichen Arbeitsentgelts für vergleichbare Beschäftigungen (vgl. §§ 260 ff. SGB III; s. auch → Strukturanpassungsmaßnahmen). Gängige Abkürzung: ABM (A.smaßnahmen).

**Arbeitsbescheinigung** → Zeugnis.

**Arbeitsdirektor.** Beschäftigt eine → Aktiengesellschaft oder eine Gesellschaft mit beschränkter Haftung im Bereich der Montanindustrie i. d. R. mehr als 1000 Arbeitnehmer, so bestellt der → Aufsichtsrat einen sog. A. zum gleichberechtigten Mitglied des Vorstands der Gesellschaft (§§ 1, 13 MitbestimmungsG vom 21. 5. 1951, BGBl. I 347). Der Aufsichtsrat kann den A. nicht gegen die Stimmen der Mehrheit seiner Arbeitnehmervertreter bestellen oder seine Bestellung widerrufen. Der A. hat im Vorstand und in der Geschäftsführung die gleiche Stellung wie die anderen Vorstandsmitglieder oder Geschäftsführer. In seine Zuständigkeit fallen insbes. die sozial- und arbeitspolitischen Fragen der Gesellschaft. Wegen des A. in Betrieben mit mehr als 2000 Beschäftigten → Mitbestimmung (2).

**Arbeitseinkommen.** Der für die → Lohnpfändung maßgebende Begriff A. umfaßt jede Vergütung für geleistete oder zugesagte persönliche Arbeit oder Dienste; es kann ein → Arbeitsverhältnis, ein → Dienstvertrag oder ein öffentlich-rechtliches Dienstverhältnis (insbes. Beamtenverhältnis) zugrundeliegen. A. sind auch → Ruhegehalt, Hinterbliebenenbezüge (§ 850 ZPO). Der Begriff A. ist daher weiter als der des → Arbeitslohns. Im Bereich des → Sozialgesetzbuchs ist A. der nach den allgemeinen Gewinnermittlungsvorschriften des Einkommensteuerrechts ermittelte Gewinn aus selbständiger Tätigkeit (§ 15 SGB IV).

**Arbeitsentgelt** → Arbeitslohn, → Gehaltsanspruch. Über A.i. S. der → Sozialversicherung (laufende od. einmalige Einnahmen aus einer Beschäftigung, auch wenn kein Rechtsanspruch bzw. nur ein mittelbarer Zusammenhang mit der Beschäftigung besteht, „Nettoarbeitsentgelt") vgl. § 14 SGB IV. ArbeitsentgeltVO vom 18. 12. 1984 (BGBl. I 1644) m. spät. Änd. Zum Vorenthalten von A. → Untreue.

**Arbeitserlaubnis, -genehmigung** → Gastarbeitnehmer. Die Beschäftigung eines Ausländers ohne die erforderliche Genehmigung des Arbeitsamtes (A.) kann bei dem Arbeitgeber mit einem Bußgeld bis zu 500 000 DM, bei dem ausländischen Arbeitnehmer mit einem Bußgeld bis zu 10 000 DM geahndet werden (§ 404 II Nr. 2, 3 SGB III). Die Beschäftigung von Ausländern ohne Genehmigung zu ungünstigen Bedingungen oder in größerem Umfang ist mit Strafe bedroht (§§ 406, 407 SGB III). Ordnungswidrig kann u. U. auch der Auftraggeber dieses Arbeitgebers handeln, wenn er Unternehmer ist (→ Schwarzarbeit). Oft liegt ein → Zusammentreffen mit einem Verstoß gegen das Ausländergesetz vor, der eine Straftat darstellt (→ Ausländer). S. auch → Schwarzarbeit, → Beschäftigung, illegale.

**Arbeitsessen** → Bewirtung.

**Arbeitsförderung.** Die Arbeitsförderung regelt sich seit dem 1. 1. 1998 nach dem SGB III vom 18. 6. 1997 (BGBl. I 1430 mit spät. Änd.), das an die Stelle des → Arbeitsförderungsgesetzes (AFG) getreten ist. Es regelt Aufgaben und Leistungen der → Bundesanstalt für Arbeit.

Durch die Leistungen der Arbeitsförderung soll der Ausgleich am Arbeitsmarkt unterstützt werden, indem Ausbildung- und Arbeitsuchende über Lage und Entwicklung des Arbeitsmarktes und der Berufe beraten, offene Stellen zügig besetzt und die Möglichkeiten von benachteiligten Ausbildung- und Arbeitsuchenden verbessert und dadurch Zeiten der Arbeitslosigkeit sowie des Bezuges von Arbeitslosengeld, Teilarbeitslosengeld und Arbeitslosenhilfe verkürzt werden (§ 1 Abs. 1 SGB III).

Leistungen der Arbeitsförderung sind insbesondere Maßnahmen zur Förderung der Berufsausbildung und der beruflichen Weiterbildung, Leistungen zur Förderung der Eingliederung Behinderter, → Arbeitslosengeld, → Unterhaltsgeld, → Übergangsgeld, → Kurzarbeitergeld, → Insolvenzgeld, → Arbeitslosenhilfe, → Wintergeld, → Winterausfallgeld, sowie → Arbeitsbeschaffung und → Strukturanpassungsmaßnahmen.

**Arbeitsförderungsgesetz.** Das Arbeitsförderungsgesetz vom 25. 6. 1969 (BGBl. I 582 m. spät. Änd.) ist seit dem 1. 1. 1998 abgelöst worden durch das SGB III. S. → Arbeitsförderung.

**Arbeitsgemeinschaft.** § 94 SGB X eröffnet für Sozialleistungsträger und ihre Verbände die Möglichkeit, zur gemeinsamen Wahrnehmung von Aufgaben zur Eingliederung Behinderter Arbeitsgemeinschaften zu bilden, die der staatlichen Aufsicht unterliegen. Zu den Arbeitsgemeinschaften zwischen Bauunternehmen → ARGE.

**Arbeitsgeräteunfall** ist ein Unfall, den ein Versicherter der gesetzlichen → Unfallversicherung bei der Verwahrung, Beförderung, Instandhaltung oder Erneuerung eines Arbeitsgerätes oder einer Schutzausrüstung sowie bei deren Erstbeschaffung, wenn diese auf Veranlassung der Unternehmer erfolgt, erleidet (§ 8 II Nr. 5 SGB VII).

**Arbeitsgericht** ist das für Arbeitssachen im ersten → Rechtszug zuständige Gericht der → Arbeitsgerichtsbarkeit (§§ 14–31 ArbGG). Die → Gerichtsverwaltung üben die Länder aus (meistens durch die obersten Arbeitsbehörden, jedoch im Einvernehmen oder Benehmen mit der → Landesjustizverwaltung). Beim A. werden Kammern – z. T. für Fachgebiete – mit je 1 Berufsrichter als Vorsitzenden und 2 → ehrenamtlichen Richtern eingerichtet (§§ 16 ff. ArbGG). Das A. entscheidet im Urteils- oder Beschlußverfahren. Gegen seine Entscheidungen ist → Berufung oder → Beschwerde zum → Landesarbeitsgericht sowie → Sprungrevision oder Sprungrechtsbeschwerde zum → Bundesarbeitsgericht zulässig.

**Arbeitsgerichtsbarkeit** ist der Zweig der Gerichtsbarkeit, dem die Rechtsstreitigkeiten aus dem → Arbeitsrecht (die sog. *Arbeitssachen*) auf der Grundlage des Arbeitsgerichtsgesetzes i. d. F. vom 2. 7. 1979 (BGBl. I 853) m. Änd. zugewiesen sind. Die A. wird durch die → Arbeitsgerichte, → Landesarbeitsgerichte und das → Bundesarbeitsgericht ausgeübt (§ 1). Die Gerichte der A. entscheiden bürgerliche Rechtsstreitigkeiten zwischen Tarifvertragsparteien oder zwischen → Arbeitnehmern und → Arbeitgebern aus dem → Arbeitsverhältnis (auch über dessen Bestehen) sowie aus unmittelbar damit zusammenhängenden Rechtsverhältnissen im → Urteilsverfahren (§§ 2, 46 ff. ArbGG; s.a. → Mahnverfahren), die Angelegenheiten des → Betriebsverfassungsrechts, der → Mitbestimmung oder der → Tariffähigkeit im *Beschlußverfahren* (§§ 2 a, 80 ff. ArbGG). Die gesetzliche Regelung ist darauf abgestellt, daß das Verfahren schnell und kostensparend sein soll. Die ZPO gilt subsidiär (§§ 46 II, 80 II). Die Gerichte der A. entscheiden über die Zulässigkeit des zu ihnen beschrittenen Rechtswegs und können in einen anderen Rechtsweg verweisen (→ Verweisung, → Rechtsweg; § 48 ArbGG, § 17 a GVG).

**Arbeitshaus** → Maßregeln der Besserung und Sicherung (8).

**Arbeitskammern** sind → Körperschaften des öff. Rechts mit der Aufgabe, die Interessen der Arbeitnehmer im Einklang mit dem Gemeinwohl zu fördern sowie Behörden und Gerichte in Fachfragen zu beraten; ferner obliegt ihnen die Beratung, Schulung und Weiterbildung ihrer Mitglieder sowie deren wirtschafts- und berufspolitische Betreuung. A. bestehen in Bremen (Arbeitnehmerkammern; Ges. vom 3. 7. 1956, Sa – BremR 70 – c – 1) und im Saarland (Ges. vom 5. 7. 1967, ABl. 635). Mitglieder sind alle im Bezirk beschäftigten Arbeitnehmer (Saarld: auch die dort nur wohnhaften); in Bremen ist die A. aufgeteilt in Arbeiter- und Angestelltenkammern.

**Arbeitskampf** ist ein Kampf, den Arbeitgeber oder Arbeitgeberverbände und Arbeitnehmer oder Gewerkschaften gegeneinander um Löhne und sonstige Arbeitsbedingungen führen. Der A. kann angreifend oder verteidigend geführt werden. Die wichtigsten Kampfmittel sind → Streik (s. dort auch über Warnstreik), → Aussperrung (beide haben regelmäßig nur suspendierende, nicht die → Arbeitsverhältnisse lösende Wirkung) und wirtschaftlicher → Boykott. Der Arbeitgeber muß, die Gewerkschaften können Ausbruch und Beendigung eines A. dem → Arbeitsamt anzeigen (§ 17 I AFG). Der Staat und seine Behörden, insbes. die → Bundesanstalt für Arbeit (vgl. § 206 a AFG), haben im A. die Pflicht zur Neutralität. Die → Arbeitsvermittlung darf nur unter Hinweis auf den A. geschehen (§ 17 II AFG); Arbeitslosengeld wird grundsätzlich nicht gewährt (§ 116 AFG). → Kündigungsschutz besteht im Rahmen des A. nicht (§ 25 KSchG). Der A., auch in der Form des → Boykotts, ist grundsätzlich rechtmäßig, z. T. durch Länderverfassungen ausdrücklich garantiert. Er ist rechtswidrig, wenn er gegen die → Friedenspflicht verstößt (u. U. auch bei Verletzung der → Treuepflicht aus dem Arbeitsvertrag). Ferner ist ein A. rechtswidrig, wenn er geschützte absolute Rechte verletzt (§ 823 I BGB) oder eine sittenwidrige Schädigung darstellt (§ 826 BGB). Einzelne Maßnahmen eines (auch insgesamt rechtmäßigen) A.s können stets als unerlaubte Handlung unter §§ 823 I, II, 826 BGB fallen (z. B. Körperverletzung durch Streikposten, Hausfriedensbruch; s. i.e. → Streik).

**Arbeitskampfrisiko** → Betriebsrisiko.

**Arbeitskleidung** → Arbeitsmittel, → Werbungskosten.

**Arbeitskreis** → Fraktion.

**Arbeitslohn** ist die Vergütung, die der → Arbeitnehmer auf Grund eines → Arbeitsverhältnisses für die geleistete Arbeit vom → Arbeitgeber erhält (*Bruttolohn;* nach Abzug von Lohnsteuer, Sozialversicherungsbeiträgen usw.: *Nettolohn*). Der Anspruch auf A. beruht grundsätzlich auf § 611 I BGB; der Begriff ist enger als der des → Arbeitseinkommens. A. ist i. d. R. Geldlohn, nur ausnahmsweise, insbes. in der Landwirtschaft, ganz oder z. T. Naturallohn (→ Deputat). Der Geldlohn wird i. d. R. als Monatsgehalt, Wochen-, Tage- oder Stundenlohn bezahlt (vgl. § 621 BGB). Zum A. gehören auch die → Feiertagsvergütung, Leistungs- und sonstige Zuschläge (z. B. Kinderzuschlag), Prämien für besondere Leistungen, Arbeitsqualität, Einsparungen, Anwesenheit usw.; → übertarifliche Zulagen, → Gratifikationen, vermögenswirksame Leistungen und das → Ruhegehalt. Der A. ist auf Grund des → Arbeitsvertrages zu zahlen, vielfach ohne Rücksicht darauf, ob tatsächlich gearbeitet wird (vgl. z. B. §§ 323, 324, 615, 616 BGB; → Dienstvertrag, → Entgeltfortzahlung im Krankheitsfall). Fällig wird der A. aber erst nach Arbeitsleistung oder Ablauf des jeweils vereinbarten Zeitabschnitts (§ 614 BGB). Die Höhe richtet sich nach dem → Arbeitsvertrag, dessen Inhalt meistens durch die normative Wirkung der → Tarifverträge bestimmt wird. Man unterscheidet dabei den Zeitlohn (Entgelt nach der Arbeitszeit ohne Rücksicht auf das Arbeitsergebnis) und den Akkordlohn (→ Akkordarbeit). Der Anspruch auf A. unterliegt in 2 Jahren der → Verjährung (§ 196 I Nr. 8, 9 BGB; s. aber → Verwirkung). → Abtretung ist nur für den Teil möglich, der nicht der → Lohnpfändung unterliegt (§ 400 BGB), → Aufrechnung gegen den Anspruch im gleichen Umfang (§ 394 BGB). Über den A. im Konkurs des Arbeitgebers → Lidlohn, → Konkursausfallgeld. Für die Sozialversicherung → Arbeitsentgelt. Für die *Besteuerung* → Lohnsteuer, → Arbeitnehmer.

**Arbeitslosengeld.** Barleistung der → Arbeitsförderung nach dem SGB III.

A. erhält auf Antrag, wer arbeitslos ist, sich beim Arbeitsamt arbeitslos gemeldet hat, noch nicht 65 Jahre alt ist und die Anwartschaftszeit (mindestens 12 Monate, bei Wehr- oder Zivildienstleistenden mindestens 10 Monate, bei Saisonarbeitnehmern mindestens 6 Monate versicherungspflichtige Beschäftigung [→ Versicherungspflicht] innerhalb von 3 Jahren) erfüllt hat. Arbeitslos im Sinne des Gesetzes ist ein → Arbeitnehmer, der vorübergehend nicht in einem Beschäftigungsverhältnis steht oder nur eine Beschäftigung von weniger als 15 Stunden wöchentlich ausübt und eine versicherungspflichtige Beschäftigung von mindestens 15 Stunden wöchentlich sucht. Eine Beschäftigung sucht, wer alle Möglichkeiten nutzt und nutzen will, um seine Beschäftigungslosigkeit zu beenden und den Vermittlungsbemühungen des Arbeitsamtes zur Verfügung steht. Der Arbeitsvermittlung steht zur Verfügung, wer eine zumutbare Beschäftigung unter den üblichen Bedingungen des Arbeitsmarktes ausüben kann und darf, bereit ist eine solche Beschäftigung auszuüben oder an einer zumutbaren Bildungsmaßnahme teilzunehmen, das Arbeitsamt täglich aufsuchen kann und für das Arbeitsamt erreichbar ist (§§ 117 ff. SGB III).

Das A. beträgt i. d. R. 60 v.H. des letzten Nettoentgelts, mit mindestens einem Kind 67 v. H. Die Bezugsdauer – 6 bis 32 Monate – hängt von der Dauer der vorangegangenen versicherungspflichtigen Tätigkeit und dem Lebensalter ab (§§ 127 ff. SGB III). → Arbeitslosenhilfe, → Progressionsvorbehalt.

**Arbeitslosenhilfe** erhalten Arbeitnehmer, die arbeitslos sind, der Arbeitsvermittlung zur Verfügung stehen (zur Arbeitslosigkeit und zur Verfügbarkeit → Arbeitslosengeld), sich beim Arbeitsamt arbeitslos gemeldet und Arbeitslosenhilfe beantragt haben. Weitere Voraussetzungen für den Bezug von Arbeitslosenhilfe sind, daß kein Anspruch auf Arbeitslosengeld besteht, weil die Anwartschaftszeit nicht erfüllt ist und der Betroffene bedürftig ist, d.h. er darf grundsätzlich nicht in der Lage sein, seinen Lebensunterhalt und den seines Ehegatten sowie seiner Kinder auf andere Weise als durch Arbeitslosenhilfe zu bestreiten (zur Anrechenbarkeit anderen Einkommens vgl. § 190 SGB III). Schließlich muß der Betroffene innerhalb eines Jahres vor dem Tag, an dem die vorgenannten Voraussetzungen erfüllt sind, Arbeitslosengeld bezogen haben, ohne daß der Anspruch durch eine wiederholte Sperrzeit erloschen ist oder er muß für 24 Wochen (ausnahmsweise 8 Monate) in einer Beschäftigung gestanden haben. Die A. ist keine Versicherungsleistung, sondern eine besondere Maßnahme für Arbeitslose im Rahmen des SGB III. Sie beträgt 53 v.H., mit mindestens 1 Kind 57 v.H. des letzten Nettoentgelts (§ 195 SGB III). S.a. → Progressionsvorbehalt.

**Arbeitslosenversicherung.** Besonderer Zweig der → Sozialversicherung (im weiteren Sinne) und Teilgebiet der Arbeitsförderung. Pflichtversicherung gegen die wirtschaftlichen Folgen der Arbeitslosigkeit. Die A. erfaßt alle → Arbeiter und → Angestellten. Leistungen u. a.: → Kurzarbeitergeld, → Winterbauförderung, → Schlechtwettergeld, → Arbeitsbeschaffung, → Arbeitslosengeld. Der Beitrag ist für Arbeitnehmer und Arbeitgeber gleich und ist von letzterem zusammen mit den Beiträgen für die Kranken- und Rentenversicherung an die zuständige Krankenkasse abzuführen, für Versicherte ohne Krankenversicherungspflicht an diejenige Krankenkasse, die (ohne Rücksicht auf eine etwaige Ersatzkassenmitgliedschaft) zuständig wäre, wenn Krankenversicherungspflicht bestünde. Der Bemessung der Beiträge wird das Arbeitsentgelt bis zu der für die Rentenversicherung geltenden Grenze zugrundegelegt (→ Beitragsbemessungsgrenze). Träger ist die → Bundesanstalt für Arbeit in Nürnberg mit Landesarbeitsämtern und Arbeitsämtern.

**Arbeitsmängel** lassen den Lohnanspruch grundsätzlich unberührt; sie können nur zu einem (aufrechenbaren) Anspruch des Arbeitgebers auf → Schadensersatz führen.

**Arbeitsmittel** (z. B. Berufskleidung) hat – mangels anderweitiger Vereinbarung oder Übung (dann → Werbungskosten) – der Arbeitgeber (ohne anrechenbare Kosten) zur Verfügung zu stellen. → Aufwandsentschädigungen.

**Arbeitsmündigkeit** → Lebensalter; s. a. → Geschäftsfähigkeit.

**Arbeitspapiere** sind Lohnsteuer- und Versicherungskarten. An ihnen besteht nach Beendigung des → Arbeitsverhältnisses grundsätzlich kein → Zurückbehaltungsrecht des Arbeitgebers. S.a. Zwischenbescheinigung.

**Arbeitspflicht von Ehegatten und Kindern** → Mitarbeit von Ehegatten und Kindern.

**Arbeitspflicht von Strafgefangenen** (→ Jugendstrafe → Strafvollzug) ist keine → Zwangsarbeit.

**Arbeitsplatzschutz.** Das Ges. über den *Schutz des Arbeitsplatzes bei Einberufung zum Wehrdienst* i. d. F. der Bek. vom 14. 4. 1980 (BGBl. I 425) regelt die Auswirkungen der Erfüllung der Wehrpflicht (Grundwehrdienst, Wehrübungen §§ 1 ff., persönliche Vorstellung von Meldepflichtigen § 14, Wehrdienst in der Verfügungsbereitschaft und unbefristeter Wehrdienst im Verteidigungsfall § 16, ferner Wehrübungen, § 10) auf die Arbeits- und Dienstverhältnisse der Arbeiter, Angestellten und zu ihrer beruflichen Ausbildung Beschäftigten, der Heimarbeiter, Handelsvertreter, Beamten und Richter. Den zum Wehrdienst Einberufenen soll durch diesen Dienst kein beruflicher oder betrieblicher Nachteil entstehen. Daher ruhen unbefristete Arbeitsverhältnisse, Kündigung ist im allgemeinen verboten, Wohnraum und Sachbezüge sowie zusätzliche Alters- und Hinterbliebenenbezüge sind fortzugewähren. Die Benachteiligung bei Fortsetzung des Arbeitsverhältnisses ist verboten. Die Regelungen gelten entsprechend für den → Zivilschutz (Art. 78 ZDG). Die Sicherung des Arbeitsplatzes bei → Eignungsübungen regelt das Gesetz vom 20. 1. 1956 (BGBl. I 13) m. Änd.

**Arbeitsplatzteilung** *(Job-sharing)* ist im Rahmen von Teilzeitarbeit die Besetzung eines Arbeitsplatzes durch zwei oder mehr Arbeitnehmer. Bei jedem handelt es sich grundsätzlich um ein voll gültiges → Arbeitsverhältnis, das allerdings – ähnlich wie beim → Gruppenarbeitsverhältnis – Besonderheiten hinsichtlich der gemeinschaftlichen Erfüllung aufweist. Bei Ausfall oder Ausscheiden eines Arbeitnehmers der Gruppe besteht grundsätzlich weder eine Vertretungspflicht der anderen Arbeitnehmer noch ein hierauf gestütztes Kündigungsrecht des Arbeitgebers (Art. 1 § 5 des Ges. vom 26. 4. 1985, BGBl. I 710).

**Arbeitsplatzwechsel.** Das Recht zum A. ist durch Art. 12 I 1, II 1 GG verfassungsrechtlich garantiert (Ausnahme für den → Verteidigungsfall: Art. 12a VI GG). Um zu vermeiden, daß der Arbeitnehmer nach A. einen doppelten Urlaubsanspruch geltend macht, schließt § 6 BUrlG vom 8. 1. 1963 (BGBl. I 2) den Anspruch gegen den neuen Arbeitgeber aus, soweit der frühere bereits Urlaub gewährt hat (was dem Arbeitnehmer beim Ausscheiden zu bescheinigen ist). Ein Restanspruch ist nach der Rspr. in erster Linie als Urlaubsanspruch gegen den neuen Arbeitgeber geltend zu machen und nur, wenn das – z. B. zeitlich – nicht möglich ist, als Urlaubsabgeltungsanspruch in Geld gegen den früheren Arbeitgeber.

**Arbeitsräume** → Arbeitsstättenverordnung, → Betriebsschutz.

**Arbeitsrecht** ist das Sonderrecht der → Arbeitnehmer. Das deutsche A. ist seit dem späteren 19. Jh. zunächst langsam, nach dem 1. Weltkrieg umfassender entwickelt worden und, in zahlreichen Gesetzen verstreut, noch unsystematisch geregelt. Die in Art. 30 I des → Einigungsvertrags vorgesehene zusammenfassende Kodifizierung des A. ist noch nicht erfolgt. Das A. gehört z. T. zum → Privatrecht (insbes. das IndividualA. des einzelnen → Arbeitsverhältnisses, z. B. das Arbeitsvertragsrecht, beruhend auf BGB, HGB, GewO, SeemannsG usw.), z. T. zum → öffentlichen Recht (insbes. das Arbeitsschutz- und Arbeitszeitrecht sowie das – sich auf die einheitliche Gestaltung von Arbeitsbedingungen beziehende – kollektive A. im BetrVerfG, TarifvertragsG, SchwerbehindertenG, HeimarbeitsG usw.). Rechtsstreitigkeiten aus dem A. sind der → Arbeitsgerichtsbarkeit zugewiesen.

*Gebiet ehem. DDR:* Durch den → Einigungsvertrag vom 31. 8. 1990 (BGBl. II 885) ist das kollektive A., insbes. also das Recht des → Tarifvertrags, das → Betriebsverfassungsrecht und das Recht der → Mitbestimmung im wesentlichen übernommen worden. Die (weitgehend befristeten) Sonderregelungen sind inzwischen i. d. R. zeitlich überholt.

**Arbeitssachen** → Arbeitsgerichtsbarkeit.

**Arbeitsschutz.** Das Recht des Arbeitsschutzes umfaßt alle Normen, die dem Arbeitgeber, ausnahmsweise auch dem Arbeitnehmer, öffentlich-rechtliche Pflichten zum Schutz der Arbeitnehmer auferlegt. Die Normen sind grundsätzlich zwingend, also weder verzichtbar noch vertraglich abdingbar (§ 134 BGB). Sie sind Schutzgesetze i. S. des § 823 II BGB, lösen also bei schuldhafter Verletzung einen Schadensersatzanspruch aus und kommen auch zur Anwendung wenn lediglich ein sog. → faktisches Arbeitsverhältnis besteht. Die Einhaltung der Normen wird durch eine besondere → Gewerbeaufsicht, → Arbeitsaufsicht, die grundsätzlich den → Gewerbeaufsichtsämtern obliegt, überwacht. Nach dem Inhalt der Schutzbestimmungen ist zu unterscheiden zwischen dem Schutz gegen Gefahren bei Ausführung der Arbeit (→ Arbeitsstättenverordnung, Betriebsschutz; s. auch Gesundheitsschutz, technische Arbeitsmittel, gefährliche Stoffe) und den Vorschriften über die → Arbeitszeit (Arbeitszeitschutz). Ferner bestehen besondere Schutzbestimmungen für einzelne Gruppen von Arbeitnehmern; s. hierzu → Frauenarbeitsschutz, → Jugendarbeitsschutz, → Heimarbeiter, → Schwerbehinderte.

Über Beschränkungen bei der Verwendung gesundheitsschädlicher *Arbeitsstoffe* vgl. das ChemikalienG vom 16. 9. 1980 (BGBl. I 1718) sowie die VO vom 26. 8. 1986 (BGBl. I 1470). Dem Schutz der Arbeitnehmer dienen ferner → Kündigungsschutz und Lohnschutz (→ Lohnpfändung). S.a. Arbeitssicherheit.

**Arbeitssicherheit, Fachkräfte für –.** Personelle und sonstige organisatorische Maßnahmen zur Gewährleistung der A. regelt das Ges. über Betriebsärzte, Sicherheitsingenieure und andere Fachkräfte für A. vom 12. 12. 1973 (BGBl. I 1885) m. spät. Änd. Der Arbeitgeber hat einen *Betriebsarzt* zu bestellen, wenn dies nach Art oder Umfang des Betriebs zur Gewährleistung der A. erforderlich ist (§ 2). Aufgaben des *Betriebsarztes* sind vor allem die Beratung in Angelegenheiten des Arbeitsschutzes einschl. Unfallverhütung, die arbeitsmedizinische Untersuchung und Betreuung der Betriebsangehörigen sowie die Kontrolle der Einhaltung von Arbeitsschutzmaßnahmen und -vorschriften (§ 3 II, III). Nicht zu seinen Aufgaben gehört die Überprüfung von Krankmeldungen (§ 3 III). Der Gewährleistung des sicherheitstechnischen Arbeitsschutzes dient die Bestellung von technischen Fachkräften für A. (*Sicherheitsingenieure*, -techniker und -meister; § 5) im Rahmen der Erfordernisse des Betriebs. Diese Fachkräfte sollen durch Beratung und Überwachung die sicherheitstechnischen Anforderungen des Arbeitsschutzes sichern (§ 6). Alle Fachkräfte für A. sind nach § 8 in der Anwendung der Fachkunde unabhängig und weisungsfrei. Sie haben unmittelbares Vortragsrecht bei der Betriebsleitung und sollen mit dem Betriebsrat zusammenarbeiten. Die Bestellung von Fachkräften für A. kann im Vollzug des Gesetzes von der zuständigen Behörde angeordnet werden (§ 12).

**Arbeitssicherstellungsgesetz.** Das Ges. über die Sicherstellung von Arbeitsleistungen für Zwecke der Verteidigung einschließlich des Schutzes der Zivilbevölkerung vom 9. 7. 1968 (BGBl. I 787) m. spät. Änd. läßt gemäß Art. 12a GG im → Verteidigungsfall sowie unter den Voraussetzungen des Art. 80a GG bestimmte die Berufsfreiheit einschränkende Maßnahmen zu, um lebens- und verteidigungswichtige Arbeitsleistungen (bei der Bundeswehr und den verbündeten Streitkräften, bei der öffentlichen Verwaltung einschl. des Zivilschutzes sowie im Bereich der Versorgung) sicherzustellen. Für Wehrpflichtige, die für eine besondere Kenntnisse und Fertigkeiten erfordernde Aufgabe verwendet werden sollen, ist eine Verpflichtung zur Teilnahme an Ausbildungsveranstaltungen und ein Bereithaltungsbescheid für den Spannungs- und Verteidigungsfall bereits im Frieden vorgesehen (§§ 29, 30).

**Arbeitsstättenverordnung.** Die A. vom 20. 3. 1975 (BGBl. I 729) m. Änd. regelt einheitlich die Anforderungen an Arbeitsstätten im Interesse des → Arbeits- und des → Betriebsschutzes. Die VO gilt für Arbeitsstätten im Rahmen eines → stehenden Gewerbes, ausgenommen öffentl. Verkehrsmittel. Sie betrifft Arbeitsräume in Gebäuden, Arbeitsplätze im Freien auf dem Betriebsgelände, Baustellen, Wasserfahrzeuge einschl. der erforderlichen Nebenräume (Lager, Sanitärräume u. a.) und Verkehrswege. Im einzelnen geregelt sind u. a. Belüftung, Beheizung und Beleuchtung (§§ 5–7), Schutz gegen Dämpfe usw. und Lärm (§§ 14, 15), Raumabmessungen (§ 23), Nichtraucherschutz am Arbeitsplatz (§ 32) sowie die Anforderungen an Sanitärräume (§§ 34 bis 37).

**Arbeitsstreitigkeiten** (Arbeitssachen) → Arbeitsgerichtsbarkeit.

**Arbeitsunfähigkeit.** Über die Folgen der A. für das Arbeitsverhältnis → Entgeltfortzahlung im Krankheitsfall; → Arbeitsunfall. In der → Krankenversicherung und der → Unfallversicherung ist A. Voraussetzung des Anspruchs auf → Krankengeld bzw. → Verletztengeld. A. ist ein durch Krankheit oder Unfall hervorgerufener regelwidriger Körper- oder Geisteszustand, auf Grund dessen der Versicherte seine bisherige Erwerbstätigkeit überhaupt nicht oder nur unter Gefahr der Verschlimmerung des Zustandes weiter ausüben kann. Auf irgendeine, seinem Berufe fremde Beschäftigung darf der Versicherte nicht verwiesen werden. Nicht im Gesetz, sondern durch die

Rechtsprechung definiert. → Berufsunfähigkeit, → Erwerbsunfähigkeit.

**Arbeitsunfall** ist ein Unfall, den ein Versicherter infolge einer den Versicherungsschutz der gesetzlichen → Unfallversicherung begründenden versicherten Tätigkeit erleidet. Versicherte Tätigkeit im Sinne des SGB VII ist dabei nicht nur die berufliche Tätigkeit von Arbeitnehmern, sondern versichert sind z. B. auch Arbeitslose, die das Arbeitsamt aufsuchen, um ihre Meldepflicht zu erfüllen, sog. Nothelfer, ehrenamtlich Tätige, Kinder während des Besuchs von Kindergärten und allgemeinbildenden Schulen sowie Studenten. Zur versicherten Tätigkeit eines Arbeitnehmers gehört außerdem nicht nur die berufliche Tätigkeit im engeren Sinne, sondern auch andere Tätigkeiten, die damit in einem inneren Zusammenhang stehen. Daher kann u. a. auch die Teilnahme am Betriebssport oder an Betriebsausflügen unter Versicherungsschutz stehen. Die versicherte Tätigkeit muß die wesentliche Ursache für den Eintritt eines Unfalls darstellen und dieser Unfall muß wiederum zu einem Körperschaden führen (vgl. § 8 SGB VII; s. a. → Arbeitsgeräteunfälle; → Berufskrankheiten; → Wegeunfall).

**Arbeitsvergütung** → Arbeitsentgelt.

**Arbeitsverhältnis** ist das Rechtsverhältnis zwischen dem → Arbeitnehmer und seinem → Arbeitgeber, auf Grund dessen der An. gegenüber dem Ag. zur Arbeitsleistung verpflichtet ist (nach der herrschenden *Vertragstheorie*). Danach wird das A. durch den → Arbeitsvertrag begründet (s. a. → Lohngleichheit, → Gleichberechtigung). Dagegen entsteht es nach der *Eingliederungstheorie* schon, wenn der Ag. den An. (auch ohne Arbeitsvertrag) eingestellt und dieser seine Arbeitskraft zur Verfügung gestellt hat. Ein sog. *faktisches A.* (oder Beschäftigungsverhältnis) liegt vor, wenn der An. ohne oder ohne wirksamen Arbeitsvertrag für den Ag. Arbeit leistet. In diesem Falle besteht zwar für Ag. und An. keine Bindung für die Zukunft; aber für die Dauer des faktischen A. richten sich Rechte und Pflichten grundsätzlich nach den Regeln eines wirksamen Vertrags. Das A. ist ein personenrechtliches → Dauerschuldverhältnis. Gesetzlich ist es zunächst subsidiär geregelt im BGB, insbes. §§ 611–630 ( → Dienstvertrag); ferner speziell für gewerbliche Arbeiter und Angestellte in der GewO, für → Handlungsgehilfen im HGB (insbes. §§ 59–75 h HGB), für die Schiffsbesatzungen im SeemannsG. Die allgemeinen Rechte und Pflichten aus dem A. ergeben sich aus dem → Arbeitsvertrag; zur (beschränkten) Haftung im A. → innerbetrieblicher Schadensausgleich. S. ferner → Entgeltfortzahlung im Krankheitsfall.

Das A. endet durch → Kündigung, Aufhebungsvertrag oder Zeitablauf (zur – nur beschränkten – Zulässigkeit von befristeten A. s.i.e. → Zeitarbeitsverhältnis). Das A. endet ferner bei Tod des Arbeitnehmers, nicht aber durch → Betriebsübergang. Die Kündigung kann als außerordentliche Kündigung fristlos (§ 626 BGB, §§ 64–68 SeemG) oder mit sozialer Auslauffrist erklärt werden, spätestens 2 Wochen ab Kenntnis der Tatsachen, die den wichtigen Grund darstellen (§ 626 II BGB). Ein wichtiger Grund ist anzunehmen, wenn dem Kündigenden unter Berücksichtigung aller Umstände des Einzelfalles und unter Abwägung der Interessen beider Vertragsteile die Fortsetzung des A. bis zum Ablauf der (ordentlichen) Kündigungsfrist nicht zugemutet werden kann, z. B. bei Arbeits- und Treuepflichtverletzungen, Alkoholgenuß eines Fahrers sowie bei strafbaren Handlungen (auch dringender Verdacht kann genügen), i. d. R. aber nicht – auch länger anhaltende – → Krankheit des Arbeitnehmers. Die ordentliche Kündigungsfrist beträgt – für Angestellte und Arbeiter gleichermaßen – mindestens 4 Wochen zum 15. oder zum Ende eines Kalendermonats (während Probezeit 2 Wochen). Die Frist verlängert sich für den Arbeitgeber je nach der Dauer der Betriebszugehörigkeit bis zu 7 Monaten (z. B. bei 10 Jahren A.: 4 Monate Kündigungsfrist), § 622 BGB. Abweichende Regelungen durch → Tarifvertrag sind möglich (auch Differenzierungen zwischen Angestellten und Arbeitern, wenn sachlich begründet und verhältnismäßig), durch Einzelvereinbarung grundsätzlich nur eine Verlängerung. Sonderregelungen für die Kündigungsfrist gelten für das → Heuerverhältnis und für

→ Heimarbeiter; *Gebiet ehem. DDR* → Arbeitsrecht. Im Falle der Insolvenz beträgt die Kündigungsfrist höchstens drei Monate, auch wenn sie gesetzlich, einzel- oder tarifvertraglich länger ist (§ 113 InsO, → Insolvenzverfahren, 3 b). Bei Kündigung eines A. ist das KSchG (→ Kündigungsschutz für Arbeitnehmer) zu beachten.

**Arbeitsverhältnis des Minderjährigen** → Geschäftsfähigkeit.

**Arbeitsverhältnis unter Ehegatten** → Mitarbeit des Ehegatten.

**Arbeitsverhinderung** → Entgeltfortzahlung im Krankheitsfall.

**Arbeitsvermittlung** ist eine Tätigkeit, die darauf gerichtet ist, Ausbildungssuchende und Arbeitsuchende mit Arbeitgebern zur Begründung von Arbeitsverhältnissen (einschl. Heimarbeitsverhältnissen) zusammenzuführen (§ 35 SGB III vom 24. 3. 1997, BGBl. I 594 m. spät. Änd.; zur gewerbsmäßigen Arbeitnehmerüberlassung s. → Leiharbeitsverhältnis). Als A. gelten auch Herausgabe, Vertrieb oder Aushang von Listen über Stellenangebote und -gesuche sowie die Bekanntgabe von Stellenangeboten und -gesuchen im Rundfunk; doch ist die Veröffentlichung von Stellenanzeigen in Zeitungen, Zeitschriften, Fachblättern u.ä. periodisch erscheinenden Druckschriften dadurch nicht eingeschränkt.

Die A. ist primär Aufgabe der → Bundesanstalt für Arbeit, die die A. grundsätzlich unentgeltlich durchzuführen hat (vgl. § 43 SGB III). Die A. durch private Dritte bedarf der Erlaubnis der Bundesanstalt für Arbeit. Diese Erlaubnis ist grundsätzlich zu erteilen, wenn der Antragsteller die erforderliche Eignung und Zuverlässigkeit besitzt, in geordneten Vermögensverhältnissen lebt und über geeignete Geschäftsräume verfügt (§ 293 SGB III). Die Einzelheiten des Erlaubnisverfahrens sind geregelt in der Verordnung über A. durch private Arbeitsvermittler (AVermV) vom 11. 3. 1994 (BGBl. I 563 m. spät. Änd.). Private Arbeitsvermittler dürfen Vergütungen grundsätzlich nur vom Arbeitgeber verlangen oder entgegennehmen, Vereinbarungen über die Zahlung einer Vergütung durch den Arbeitnehmer sind unwirksam (§ 297 SGB III); eine Ausnahme gilt insoweit nur für bestimmte Künstler und Sportler (vgl. § 10 AVermV).

**Arbeitsvertrag** ist der → Vertrag, durch den sich ein → Arbeitnehmer gegenüber seinem Arbeitgeber zur entgeltlichen Arbeitsleistung verpflichtet. Der A. ist eine besondere Art des → Dienstvertrags; er ist daher ein schuldrechtlicher, gegenseitiger Vertrag, begründet aber darüber hinaus ein personenrechtliches Gemeinschaftsverhältnis, woraus eine besondere → Fürsorge- und → Treuepflicht erwächst. Durch den A. wird nach der Vertragstheorie das → Arbeitsverhältnis begründet. Der A. ist grundsätzlich formfrei. Wird aber der A. nicht schriftlich abgeschlossen, so hat der Arbeitgeber (bei nicht nur vorübergehender oder gelegentlicher Tätigkeit, die 400 Stunden im Jahr nicht übersteigt) die wesentlichen Arbeitsbedingungen schriftlich niederzulegen und dem Arbeitnehmer auszuhändigen; die Nachweispflicht kann durch Hinweis auf einschlägige → Tarifverträge oder → Betriebsvereinbarungen ersetzt werden (Nachweisges. vom 20. 7. 1995, BGBl. I 946). Ist der A. nichtig (insbes. infolge einer → Anfechtung), aber das Arbeitsverhältnis durch Arbeitsleistung in Vollzug gesetzt, so wird es nicht von Anfang an, sondern nur mit Wirkung für die Zukunft (wie bei einer fristlosen Kündigung) aufgelöst. Durch den A. werden folgende Pflichten begründet: für den Arbeitnehmer die zur persönlichen Arbeitsleistung (§§ 611, 613 S. 1 BGB), die Gehorsamspflicht (→ Direktionsrecht), die Treuepflicht und unter bestimmten Voraussetzungen ein → Wettbewerbsverbot; für den Arbeitgeber die Pflicht zur Zahlung des → Arbeitslohnes (s.a. → Gläubigerverzug) und Gewährung des → Urlaubs, die → Beschäftigungspflicht, die → Fürsorgepflicht (auch → Verwahrung eingebrachter Sachen), die Pflicht, ein → Zeugnis auszustellen und (unter bestimmten Voraussetzungen) ein → Ruhegehalt zu zahlen. Der A. endet wie das → Arbeitsverhältnis durch → Kündigung, Zeitablauf (über zulässige Befristung des A. → Zeitarbeitsverhältnis), Aufhebungsvertrag oder Tod des Arbeitnehmers, nicht aber durch → Betriebsübergang.

**Arbeitsverweigerung.** Soweit sie nicht durch den Arbeitsvertrag oder Arbeitskampfmaßnahmen (→ Streik) gerechtfertigt ist, begründet die A. einen Anspruch des Arbeitgebers auf Schadensersatz und ermöglicht die → Kündigung des Arbeitnehmers (→ Dienstvertrag).

**Arbeitszeit** ist die Zeit vom Beginn bis zum Ende der Arbeit ohne Ruhepausen. Die Grundlagen hierfür regelt das Arbeitszeitgesetz vom 6. 6. 1994 (BGBl. I 1170). Die Festlegung der A. im einzelnen (z. B. Schichtarbeit) unterliegt jedoch weitgehend der Regelung durch → Tarifvertrag, im Rahmen der → Mitbestimmung des → Betriebsrats durch → Betriebsvereinbarung (§ 87 Abs. 1 Nr. 2 BetrVG) sowie der Ausgestaltung im Einzelarbeitsvertrag; s. a. → Flexibilisierung der A.

Das ArbZG regelt die Höchstdauer der täglichen A. (8, ausnahmsweise 10 Stunden, soweit nicht ein wesentlicher Teil in bloßer Arbeitsbereitschaft – sog. Bereitschaftsdienst, z. B. bei einem Kraftfahrer – besteht, § 3), die erforderlichen Ruhepausen (mindestens 30 Minuten, § 4) und die Ruhezeit nach Beendigung der täglichen A. (mindestens 11 Stunden, § 5). Nacht- und Schichtarbeit ist im Interesse des Schutzes der Arbeitnehmer nur eingeschränkt zulässig; sie ist durch entsprechende freie Tage oder Lohnzuschlag auszugleichen (§ 6). Das ArbZG gilt grdsätzl. für alle Arbeitnehmer (ausgenommen → leitende Angestellte, Chefärzte, Behördenleiter, § 18); für bestimmte Berufsgruppen gelten Sondervorschriften (→ Bäkkereien, → Luftfahrt, → Kraftfahrer und in der → Seeschiffahrt nach §§ 84 ff. SeemannsG. v. 26. 7. 1957, BGBl. I 713 m. Änd.). Einen besonderen *Frauenarbeitsschutz* sieht das ArbZG nicht mehr vor; s. aber → Mutterschutz, → Jugendarbeitsschutz. Auch die früheren (landesgesetzlichen) Vorschriften über den Hausarbeitstag sind aufgehoben. Für den → Ladenschluß gilt das L.Ges. vom 28. 11. 1956, BGBl. I 875 m. spät. Änd. Die A. der Bundesbeamten regelt die VO vom 22. 9. 1974 (BGBl. I 2357 m. Änd.).

An *Sonn- und Feiertagen* dürfen Arbeitnehmer grdsätzl. nicht beschäftigt werden (§ 9), um den durch die Verfassung (Art. 140 GG i. V. m. Art. 139 WV) garantierten Sonntagsschutz zu gewährleisten. Von diesem Verbot bestehen notwendigerweise bereits kraft Gesetzes zahlreiche Ausnahmen (§ 10), insbes. für Not- und Rettungsdienste (Feuerwehr, Polizei), Krankenhäuser, Gaststätten, Verkehrs- und Energiebetriebe usw. Weitere Ausnahmen können durch → Rechtsverordnung der Bundesregierung (insbes. aus Gründen des Gemeinwohls) zugelassen werden (§ 13). Für danach zulässige Sonntagsarbeit ist ein angemessener Ausgleich zu gewähren; mindestens 15 Sonntage im Jahr müssen beschäftigungsfrei bleiben (§ 11).

In vielen Fällen sind abweichende und ergänzende Regelungen durch → Tarifvertrag oder → Betriebsvereinbarung zulässig (§§ 7, 12). Dies gilt z. B. für die Einführung gleitender A. (mit Bestimmungsrecht des Arbeitnehmers) oder die Vereinbarung der Möglichkeit des Abrufs der A. durch den Arbeitgeber je nach Arbeitsanfall. Bei Überschreiten der gesetzlich zulässigen Höchstgrenzen besteht auch hier eine entsprechende Ausgleichspflicht in Freizeit oder Geld (→ Mehrarbeit, → Überarbeit). Für Not- und sonstige außergewöhnliche Fälle gilt das ArbZG nicht (§ 14). Darüber hinaus kann die Aufsichtsbehörde durch → Verwaltungsakt zeitliche und betriebliche Ausnahmen zulassen (§ 15). Bei Verstößen gegen das ArbZG ist der Arbeitgeber bußgeldbedroht oder strafbar (§§ 22, 23).

Zuschläge, die für tatsächlich geleistete Sonntagsarbeit neben dem Grundlohn gezahlt werden, sind steuerfrei, soweit sie 50% des Grundlohns nicht übersteigen (§ 3b EStG; → Feiertagszuschlag).

**Arbeitszimmer.** Die Kosten für ein häusliches A. können → Betriebsausgaben bzw. → Werbungskosten sein, wenn das Zimmer so gut wie ausschließlich für betriebliche bzw. berufliche Zwecke genutzt wird. Ab 1996 gilt: Abzugsfähigkeit nur, wenn das A. zu mehr als 50% für die berufliche Tätigkeit genutzt wird oder wenn ein anderer Arbeitsplatz nicht zur Verfügung steht. Höchstabzugsbetrag in diesen Fällen 2400 DM/Jahr. Ein unbegrenzter Abzug ist nur bei häuslichem A. als Mittelpunkt der beruflichen Tätigkeit möglich (§ 4 V Nr. 6b EStG). (Einzelheiten Abschn. 45 LStR 1996; BMF 16. 6. 1998, BStBl. I 863).

**Arbeitszwang** → Zwangsarbeit.

**Arbitrage.** Unter A. versteht man im Wirtschaftsleben den Ausgleich verschieden hoher Preise derselben Ware an verschiedenen Märkten dadurch, daß an den Plätzen mit den niedrigeren Kursen gekauft und die höhere Gewinnspanne oder die steigende Nachfrage ausgenutzt wird (insbes. im Börsenwesen bei Wertpapierkäufen usw.). Unter A.klausel ist die Abrede zu verstehen, daß bei → Gewährleistung für Sachmängel beim → Handelskauf die Wandelung ausgeschlossen und nur die Minderung nach entsprechender Schätzung (Schiedsgutachten) zulässig sein soll. → Hamburger Arbitrage.

**Architekten.** Das Berufsrecht der A. (auch die Berufsgerichtsbarkeit) ist landesrechtlich geregelt; vgl. z. B. Bayer. A. gesetz i. d. F. vom 26. 11. 1990, GVBl. 513).

**Architektenvertrag** → Werkvertrag, → Dienstvertrag, → Koppelungsgeschäft. Zur Vergütung für Leistungen der Architekten und der Ingenieure s. die Honorarordnung – HOAI – i. d. F. vom 4. 3. 1991 (BGBl. I 533); eine abweichende Vereinbarung ist nur in deren Rahmen (Mindest-/Höchstpreise) zulässig.

**Archivgut** → Bundesarchivgesetz.

**ARD** (Arbeitsgemeinschaft Deutscher Rundfunkanstalten) → Rundfunk (4.).

**ARGE** (Arbeitsgemeinschaft). Hierunter versteht man den Zusammenschluß mehrerer Bauunternehmer o.ä. zu einer → Gesellschaft des bürgerlichen Rechts (→ Gelegenheitsgesellschaft) zwecks gemeinsamer Erstellung eines Bauvorhabens. Tritt sie unter gemeinsamem Namen auf, so haften ihre Mitglieder als → Gesamtschuldner. Dann ist die A. keine bloße → Innengesellschaft. Ob *steuerlich* eine → Mitunternehmerschaft vorliegt, vgl. § 2a GewStG, § 98 BewG, § 180 IV AO.

**Ärgernis, öffentliches** → Erregung öffentlichen Ärgernisses.

**Arglist, arglistige Täuschung** → Treu und Glauben, → Anfechtung von Willenserklärungen.

**argumentum a maiori (fortiori) ad minus:** der Schluß vom Größeren (Stärkeren) auf das Geringere (Schwächere) nach dem Grundsatz „wenn schon ..., dann erst recht ...". Auch der umgekehrte Schluß – *argumentum a minori ad maius* – kann gerechtfertigt sein (z. B.: ist schon das fahrlässige Delikt strafbar, dann erst recht das vorsätzliche).

**argumentum ad absurdum:** aus der offenbaren Unrichtigkeit des Ergebnisses wird auf die Unrichtigkeit des Ausgangspunktes geschlossen.

**argumentum e contrario:** Umkehr- oder Gegenschluß. S. → Auslegung (Interpretation) 1 c.

**Aristokratie** ist eine Regierungsform, die dadurch gekennzeichnet ist, daß die Staatsgewalt in den Händen einer bestimmten Personengruppe liegt, nach der Idealvorstellung der Staatsphilosophie in den Händen der Elite des Staates (Herrschaft der Besten). Die A. ist in der Geschichte nur selten verwirklicht worden (am ehesten noch in der altrömischen Republik).

**Armenrecht** → Prozeßkostenhilfe.

**Arm's length-Klausel** ist eine Gewinnberichtigungsmethode zwischen verbundenen Unternehmen im internationalen Steuerrecht → Fremdvergleich. Vgl. Art. 9 OECD-Muster-Abkommen, § 1 I AStG, → Internationales Steuerrecht.

**Arnim-Paragraph** wird nach dem Veranlasser, dem früheren deutschen Botschafter v. Arnim, die Strafvorschrift des § 353a StGB genannt. Sie bedroht diplomatische Vertreter der BRep. mit Strafe, die einer amtlichen Anweisung vorsätzlich zuwiderhandeln (diplomatischen Ungehorsam) oder unwahre Berichte über Tatsachen (nicht Urteile) in der Absicht erstatten, die BRep. irrezuführen (diplomatischer Falschbericht).

**Arrest.** 1. *Zivilrecht:* Durch einen A. soll die → Zwangsvollstreckung wegen einer Geldforderung oder wegen eines Anspruchs, der in eine Geldforderung übergehen kann, gesichert werden (*Arrestanspruch,* § 916 I ZPO). Man unterscheidet den persönlichen und den dinglichen A. Der *dingliche A.* wird durch Zwangsvollstreckung in das Vermögen des Schuldners vollzogen (§ 928 ZPO), der *persönliche A.* entweder durch Haft oder durch sonstige Beschränkungen der persönlichen Freiheit, die das Arrestgericht besonders anordnet (§ 933 ZPO). Der *Arrestbefehl,* der einen Antrag des Gläubigers voraussetzt *(Arrestgesuch),* wird entweder durch Endurteil erlassen, wenn die Entscheidung über das Arrestgesuch auf mündliche Verhandlung hin ergeht (Arresturteil), oder durch Beschluß, wenn keine mündliche Verhandlung stattgefunden hat (Arrestbeschluß). In jedem Arrestbefehl ist die → Lösungssumme festzusetzen (§ 923 ZPO). Es muß ein *Arrestgrund* vorliegen, d.h. die Wahrscheinlichkeit, daß die Vollstreckung des Arrestanspruchs vereitelt oder wesentlich erschwert werden würde; das wird unwiderlegbar vermutet, wenn im Ausland vollstreckt werden müßte. Für den persönlichen Arrest liegt ein Arrestgrund nur vor, wenn der dingliche Arrest nicht genügt, um die Zwangsvollstreckung zu sichern (§§ 917, 918 ZPO).

*Arrestgericht* ist wahlweise das Gericht, das für die Entscheidung über den Arrestanspruch zuständig wäre (Gericht der Hauptsache), oder das Amtsgericht, in dessen Bezirk sich beim dinglichen Arrest der zur Arrestvollziehung bestimmte Gegenstand, beim persönlichen Arrest die betreffende Person befindet (§ 919 ZPO). Das Arresturteil ist mit → Berufung (nicht aber mit → Revision, § 545 II ZPO) anfechtbar, der Arrestbeschluß mit unbefristetem Widerspruch (§ 924 ZPO), die Zurückweisung des A.antrags mit → Beschwerde (§ 567 ZPO). Auf den Widerspruch hin entscheidet das Arrestgericht über die Rechtmäßigkeit des A. durch Endurteil. Darin wird der A. (ganz oder teilweise) entweder bestätigt, abgeändert oder aufgehoben (§ 925 ZPO). Unabhängig vom Arrestverfahren kann die Klage über die Hauptsache (nämlich die zu sichernde Geldforderung) anhängig sein. Das *Arrestverfahren* ist im wesentlichen gleich dem Verfahren wegen einer → einstweiligen Verfügung (§§ 916–945 ZPO), die aber zum Unterschied vom A. nicht eine Geldforderung o.ä., sondern einen Individualanspruch (z. B. auf Herausgabe oder Übereignung) oder den Rechtsfrieden (z. B. Besitzstörungen, Ehrverletzungen) sichern soll. Durch die *Vollziehung des A.* soll der Anspruch des Gläubigers nur gesichert, aber nicht befriedigt werden. Daher ist auf Grund des A., der innerhalb eines Monats vollzogen werden muß (§ 929 II ZPO), nur zulässig: Pfändung, Eintragung einer Arresthypothek oder Beschränkung der persönlichen Freiheit des Schuldners, insbes. durch Haft (§§ 930 ff. ZPO). Durch die Pfändung entsteht ein → Pfändungspfandrecht, aus dem das Pfand aber nicht verwertet werden darf (es sei denn, der Gläubiger erlangt in der Hauptsache einen → Vollstreckungstitel). Die Arresthypothek ist eine → Sicherungshypothek (eine Art der → Zwangshypothek), bei der die Lösungssumme der Höchstbetrag ist. S.a. → Offener Arrest.

2. *Strafrecht:* → Jugendarrest, → Strafarrest.

3. *Steuerrecht:* Wegen Steuerforderungen ist ein dinglicher und ein persönlicher Arrest zur Sicherung der Vollstreckung zulässig (§§ 324 ff. AO; → Vollstreckung von Steueransprüchen).

**Arrestatorium** → Insolvenzverfahren (2), → Pfändung.

**Arrha** = Draufgabe (→ Vertrag, 4).

**Arrondierung** (eig. Abrundung) ist die frühere Bezeichnung für die Zusammenlegung von (landwirtschaftl.) Grundstücken. S. jetzt → Flurbereinigung.

**Artenschutz** ist der Schutz wildwachsender Pflanzen und wildlebender Tiere vor Gefährdung und Ausrottung der „Art". Er wird verwirklicht durch Vorschriften zur Erhaltung von Lebensstätten und Lebensräumen („Biotopschutz") sowie durch Beeinträchtigungs-, Besitz- und Verkehrsverbote. Der Schutz erstreckt sich bei unterschiedlicher normativer Ausprägung im einzelnen auch auf Teile und Erzeugnisse geschützter Arten. Innerstaatliches Recht zum A. enthalten das BundesnaturschutzG, die Landesnaturschutzgesetze sowie die ArtenschutzVOen des

Bundes und der Länder (Rechtsquellen s. Naturschutz). *Wildlebende Tiere* sind durch §§ 20 ff. BNaturschutzG (→ Naturschutz) in ihrem Bestand geschützt. Es ist verboten, sie ohne vernünftigen Grund zu fangen, zu verletzen oder zu töten oder sie mutwillig zu beunruhigen. Für Tiere, die wegen ihrer Seltenheit, wegen Bedrohung des Bestands, aus wissenschaftlichen oder landeskundlichen Gründen, wegen ihres Nutzens oder zur Erhaltung von Schönheit oder Eigenart der Natur unter besonderen Schutz gestellt sind (vgl. §§ 20 e, 20 f BNatSchG; s.a. BundeswildschutzVO vom 25. 10. 1985, BGBl. I 2040; wegen Ausnahmen vgl. § 20 g BNatSchG), besteht ein Verbot jeglicher Beeinträchtigung (durch Nachstellen, Wegnahme der Eier usw.). Insoweit gilt für lebende oder tote Tiere, ihre Eier, Nester usw. allgemeines Besitz-, Erwerbs- und Veräußerungsverbot (§ 20 f BNatSchG, ferner Ein- und Ausfuhrverbote § 21). Für *wildwachsende Pflanzen* dürfen nach § 20 d BNatSchG und entsprechenden Vorschriften des Landesrechts nicht ohne vernünftigen Grund entnommen oder genutzt werden. Es ist verboten, Bestände niederzuschlagen oder sonst zu verwüsten. Für Pflanzen, die wegen ihrer Seltenheit, wegen Bedrohung des Bestands, aus wissenschaftlichen oder landeskundlichen Gründen, wegen ihres Nutzens oder zur Erhaltung von Schönheit und Eigenart der Natur unter *besonderen Schutz* gestellt sind (vgl. § 20 f BNatSchG), besteht ein Verbot jeglicher Beeinträchtigung (durch Pflücken, Abschneiden, Beschädigungen usw.). Insoweit gilt für frische und getrocknete Erzeugnisse wie für die Pflanzen selbst ein allgemeines Besitz-, Erwerbs- und Veräußerungsverbot (§ 20 f BNatSchG, Ausnahmen: § 20 g). Die besonders geschützten – teilweise vom Aussterben bedrohten – wildlebenden Tier- und Pflanzenarten sind in der BundesartenschutzVO vom 18. 9. 1990 (BGBl. I 1677 ber. 2011) aufgeführt. Von besonderer Bedeutung sind ferner die Vorschriften des Europäischen Gemeinschaftsrechts (vgl. VO vom 20. 1. 1981, ABl. L 39, 1 betr. Walerzeugnisse; vom 3. 12. 1982, ABl. L 384, 1 betr. die nach dem Washingtoner Abkommen geschützten Arten; vom 28. 11. 1983, ABl. L 344, 1 betr. den Verwaltungsvollzug. Dokumente u.ä., ferner die Vogelschutzrichtlinie vom 2. 2. 1979, ABl. L 103, 1). Die vor allem bedeutsame VO vom 3. 12. 1982 regelt den grenzüberschreitenden Verkehr mit geschützten Arten (Einfuhr, Ausfuhr aus der Gemeinschaft), aber auch Verkehrsverbote innerhalb der Gemeinschaft ohne Rücksicht auf Grenzüberschreitungen. Die Vorschriften haben also im Ergebnis die gleiche Wirkung wie innerstaatliche Schutzvorschriften (s. hierzu jetzt auch §§ 21 ff. BNatSchG, vor allem die Ein- und Ausfuhrverbote, § 21 sowie §§ 21 b bis 21 g BNatSchG zum Verfahren bei Ein- und Ausfuhr). In diesem Sinne geschützt sind gemäß § 6 I dieser VO die Arten des Anh. I und des Anh. C Teil 1 des WA. Bei den Verkehrsverboten gleichgestellt sind nach § 6 II die Arten des Anh. II und III des WA, wenn sie illegal eingeführt wurden. Verboten ist jeglicher gewerblicher Verkehr mit geschützten Arten (Zurschaustellen, Verkauf, Vorrätighalten, Anbieten, Beförderung). Von diesen Verboten erfaßt sind auch Erzeugnisse im weitesten Sinn (Näheres vgl. Art. 2 und Anh. B). Das deutsche AusführungsG vom 22. 12. 1983 (BGBl. I 1571) regelt im wesentlichen die zulässigen Ausnahmen (§ 2: u. a. für Zucht, für gewisse private Einfuhren), Verwaltungszuständigkeiten (§ 8: Bundesämter für Ernährung und Forstwirtschaft sowie für Gewerbliche Wirtschaft) und Sanktionen (§ 10: Bußgeld bis 100 000 DM). Die EG-Vogelschutzrichtlinie ist nach Ablauf der Anpassungsfrist (§ 18) gemäß der Rspr. des EuGH unmittelbar geltendes Gemeinschaftsrecht, soweit sie durch die Mitgliedstaaten nicht oder nicht vollständig vollzogen worden ist (für die BRep. s. ArtenschutzVO). Die Richtlinie enthält Vorschriften zum Biotopschutz, zur Beschränkung der jagdbaren Vogelarten, Haltungsverbote für geschützte Vögel, Schonzeiten, Jagdvorschriften und Verkehrsverbote. Alle innerstaatlich unmittelbar geltenden Besitz-, Erwerbs-, Veräußerungs- und sonstigen Verkehrsverbote bewirken neben der Nichtigkeit schuldrechtlicher Verträge auch die Unwirksamkeit der → Aneignung sowie der → Einigung über die Veräußerung (§ 134 BGB). Verstöße sind ferner durchweg mit Bußgeld bedroht. Strafbar ist i. d. R. die unerlaubte Einfuhr aus

Drittländern nach Steuerstrafrecht; bei Herstellung oder Verwendung gefälschter Einfuhrunterlagen kommt Urkundenfälschung in Frage, ferner bei Täuschung eines Vertragspartners über das Nichtbestehen von A. für einen veräußerten Gegenstand Betrug. Internationale Abkommen zum A. enthalten vor allem das Übereinkommen über Feuchtgebiete (BGBl. 1976 II 1265), das Washingtoner Abkommen – WA – (BGBl. 1975 II 773) und das Abkommen zur Erhaltung der wandernden wildlebenden Tierarten (Ges. vom 17. 7. 1984, BGBl. II 618).

**Art(handlungs)vollmacht** → Vollmacht, → Handlungsvollmacht.

**Artfortschreibung** → Hauptfeststellung.

**Artikel.** Üblicherweise sind förmliche → Gesetze, → Rechtsverordnungen und → Satzungen in Paragraphen gegliedert. Das → Grundgesetz und die Verfassungen der Länder sind in A. statt in Paragraphen gegliedert. In Bayern sind die förmlichen Gesetze ebenfalls in A. gegliedert. S. a. → Artikelgesetz.

**Artikelgesetz** oder Mantelgesetz (kein Ausdruck der Gesetzessprache) nennt man ein Gesetz, das mehrere Gesetze ändert und bei dem zur besseren Übersichtlichkeit sämtliche jeweils ein bestimmtes Gesetz ändernde Vorschriften in einem Artikel zusammengefaßt sind. S. a. → Rechtsetzung.

**Arzneibuch (Deutsches, Europäisches, Homöopathisches).** Das Deutsche und das Homöopathische A. (Abk. DAB, HAB) wurden (DAB in der Fassung der 9. Ausgabe – DAB 9, HAB i. d. F. der 1. Ausgabe – HAB 1) mit VO vom 27. 9. 1986 BGBl. I 1610) neu erlassen, das Europäische A. im Vollzug des Abkommens vom 22. 7. 1964 (BGBl. 1973 II 701), zur Vereinheitlichung des europäischen Arzneimittelmarktes. Bezugsquelle ist der Deutsche Apothekerverlag in Stuttgart (§§ 1–3 der o.a. VO).

**Arzneimittel** sind nach § 2 des Arzneimittelgesetzes – AMG – i. d. F. vom 19. 10. 1994 (BGBl. I 3018) vor allem Stoffe und Zubereitungen, die durch Anwendung im menschlichen oder tierischen Körper Krankheiten, Schäden und Beschwerden heilen, lindern oder verhüten sollen, ferner Stoffe, die diagnostischen Zwecken oder dem Ersatz körpereigener Wirkstoffe dienen oder die den seelischen Zustand beeinflussen sollen. Keine A. sind → Lebensmittel, → Tabakerzeugnisse und → Kosmetikartikel sowie sonstige Körperpflegemittel, ferner Futtermittel. Bei registrierten A. wird die Eigenschaft des A. fingiert; wurde die Registrierung wegen Mangels dieser Eigenschaft abgelehnt, so gilt das Mittel nicht als A. (§ 2 IV AMG). Verboten sind „bedenkliche" A., bei denen Schädigungen über das medizinisch vertretbare Maß zu befürchten sind (§ 5). A. dürfen auch nicht unter irreführender Bezeichnung oder Aufmachung und nicht in qualitätsgemindertem Zustand in Verkehr gebracht werden. FertigA. (früher: A.-Spezialitäten) sind besonders zu kennzeichnen und auszustatten (§§ 10, 11). Die gewerbs- oder berufsmäßige Herstellung von A. bedarf grundsätzlich der Erlaubnis (§ 13). Ausnahmen bestehen für → Apotheken in kleinem Umfang, Krankenhäuser, Tierärzte u. a. Die Erlaubnis setzt Sachkenntnis der für die Produktion Verantwortlichen sowie ordnungsgemäße Betriebsräume voraus (§§ 14, 15); sie kann begrenzt und befristet erteilt werden, §§ 16, 17, und nach allgemeinen Grundsätzen zurückgenommen und widerrufen werden. Für Betriebsveränderungen besteht Anzeigepflicht (§ 20); wegen Einzelheiten zur Betriebsorganisation vgl. die BetriebsVO vom 8. 3. 1985 (BGBl. I 546) m. Änd. und die BetriebsVO für den Großhandel vom 10. 11. 1987 (BGBl. I 2370). Für A. gilt jetzt fast ausnahmslos die *Zulassungspflicht* (§ 21), wobei vor allem die therapeutische Wirksamkeit Voraussetzung der Zulassung ist (vgl. im übrigen § 25). Die Entscheidung trifft das → Bundesinstitut für Arzneimittel und Medizinprodukte. Die Zulassung kann zurückgenommen und widerrufen werden (§ 30) und nach § 31 erlöschen. Auf europäischer Ebene ist für die Zulassung von A. die Europäische Agentur für Beurteilung und Zulassung von Arzneimitteln in London, eine → europäische zentrale Fachbehörde, zuständig. Für homöopathische A. besteht nach §§ 38, 39 lediglich Registrierungspflicht (vgl. VO über homöopathische

A. vom 15. 3. 1978, BGBl. I 401). Die klinische Prüfung von A. regeln die §§ 40–42. Für den Vertrieb von A. im Einzelhandel gilt als Regel die Apothekenpflicht (§ 43); Ausnahmen können gemäß §§ 44, 45 durch RechtsVO zugelassen werden (vgl. VO i. d. F. vom 24. 11. 1988 (BGBl. I 2150; s.a. Einzelhandel). Zum Vertrieb durch Hersteller und Großhandel s. § 47. Die *Verschreibungspflicht* wird durch RechtsVO gemäß § 48 geregelt; für in ihrer Wirkung unbekannte und neue Mittel besteht automatische Verschreibungspflicht (§ 49). Eingehende Vorschriften sollen die Qualität von A. sichern und kontrollieren (§§ 54, 55). Die *Arzneimittelüberwachung* ist jetzt ähnlich den Vorschriften über die → Lebensmittelüberwachung geregelt (§§ 64–69). Bei A. für Tiere sind vor allem die Bestimmungen über Anwendung und Rückstandprüfung bei Tieren, die der Gewinnung von Lebensmitteln dienen, zu beachten (§§ 58, 59; s.a. VO über Regelungen im Verkehr mit A. für Tiere vom 2. 1. 1978, BGBl. I 26). Das Ges. regelt die Berufsausübung des → Pharmaberaters, die Möglichkeit, → Preise für A. festzustellen (§ 78), und eine → Gefährdungshaftung für Arzneimittelschäden (Näheres §§ 84–94). Mit Strafe bedroht sind Herstellung und Vertrieb von A. unter Verstoß gegen konkrete Verbote des Ges. nach Maßgabe der §§ 95, 96, so vor allem das Inverkehrbringen schädlicher, verbotener oder verdorbener A. oder von A. unter irreführender Aufmachung. Andere Verstöße werden als Ordnungswidrigkeit geahndet. S. ferner Betäubungsmittelgesetz und Heilmittelwerbung.

In der sozialen → Krankenversicherung muß der → Kassenarzt das Maß des Notwendigen und den Grundsatz der Wirtschaftlichkeit beachten. Arzneimittel für Erkältungskrankheiten, Mund- und Rachentherapeutika, Abführmittel und Arzneimittel gegen Reisekrankheit gehören nicht zu den Kassenleistungen. Durch RechtsVO kann bestimmt werden, daß weitere A. für Bagatellerkrankungen nicht zur Kassenleistung gehören (§§ 31, 34, 35 SGB V, § 8 KVLG 1989).

**Arzneimittelbevorratung** in Herstellungsbetrieben, im Großhandel sowie in Apotheken und Krankenhäusern kann durch Rechtsverordnung gem. § 17 ZSG (→ Zivilschutz) angeordnet werden.

**Arzt.** Die Grundsätze des ärztlichen Berufs regelt die Bundesärzteordnung i. d. F. vom 16. 4. 1987 (BGBl. I 1218) m. Änd. Danach ist der ärztliche Beruf kein Gewerbe (→ freier Beruf). Zur Ausübung ist eine → Approbation als Arzt oder eine besondere Erlaubnis erforderlich, deren Erteilung u. a. voraussetzt, daß der Bewerber Staatsangehöriger eines EG-Mitgliedsstaates oder Heimatloser ist, sich nicht als unwürdig oder unzuverlässig erwiesen hat, körperlich und geistig zur Berufsausübung nicht unfähig oder ungeeignet ist, nach dem Studium der Medizin die deutsche ärztliche Prüfung bestanden hat (§§ 1–3) oder ein anerkanntes EG-Diplom besitzt (vgl. Ges. vom 23. 3. 1992, BGBl. I 719). Näheres regelt die gem. § 4 des Ges. erlassene Approbationsordnung für Ärzte i. d. F. vom 14. 7. 1987 (BGBl. I 1593); insbes. Studium und praktische Ausbildung, Prüfungsbestimmungen für Vorprüfung – Physikum – und „Ärztliche Prüfung“ sowie die anschließende, achtzehnmonatige Tätigkeit als „A. im Praktikum“ (§§ 34 a–34 d). Das Honorar der Ärzte richtet sich nach der GebührenO – GOÄ – i. d. F. vom 2. 2. 1996 (BGBl. I 210) mit Anlageband „Gebührenverzeichnis“) m.Änd. Danach erhält der A. Gebühren (§§ 6 f.), Entschädigungen (§§ 7 ff., z. B. Wegegelder) und bestimmte Auslagen (§ 10). Die Gebühren sind Rahmengebühren, die innerhalb des Gebührenrahmens nach billigem Ermessen zu bestimmen sind. Die Gebühr darf bis zum 3fachen des Gebührensatzes betragen, eine Überschreitung des 2,3fachen Gebührensatzes ist aber nicht regelmäßig sondern nur bei Besonderheiten des Einzelfalls zulässig. Technische Leistungen (Abschnitte A, E, M, O, Q des Gebührenverzeichnisses) sind gemäß § 5 II höchstens bis zum 2,5fachen Wert zu berechnen, wobei der höchste Regelwert 1,8 beträgt. Abweichende Vereinbarungen müssen mit bestimmten Hinweisen vorher in einem Schriftstück getroffen werden, das nur diese Vereinbarung enthalten darf und von dem dem Patienten ein Abdruck auszuhändigen ist (§ 2 II). Die Vergütung im Gebiet der ehem. DDR ist gesondert geregelt (vgl. VO vom 28. 5. 1993, BGBl. I 777). Zur Zulassung von Ärzten und Zahnärzten zu den Krankenkassen s. → Kassenarzt. Die Ärzte sind zu Ärztekammern mit → Ehrengerichtsbarkeit zusammengeschlossen. S. ferner → Berufsgeheimnis, → Arztregister, → Kassenarzt, → Standesrecht.

Fügt der A. unter Verletzung seiner Berufspflichten einem Patienten Schaden an Körper oder Gesundheit zu, so tritt *Schadensersatzpflicht* aus dem Arztvertrag (→ Werkvertrag, 1) und aus → unerlaubter Handlung ein. Das gilt auch, wenn er einen ärztlichen Eingriff – insbes. eine → Transplantation – ohne die einholbare Einwilligung des Betroffenen (nicht bei Bewußtlosigkeit, → Geschäftsführung ohne Auftrag) vornimmt. Zur *Einwilligung* ist nach h. M. nicht die Geschäftsfähigkeit des Betroffenen, sondern nur dessen Einsichtsfähigkeit in Umfang und Folgen des Eingriffs Voraussetzung. Der A. hat den Patienten zur Vermeidung seiner Haftung in zumutbarer Weise über den voraussichtlichen Verlauf des Eingriffs und über die hierbei möglicherweise eintretenden (typischen) Gefahren aufzuklären (→ Aufklärungspflicht). Diese Pflicht entfällt nur in Ausnahmefällen. Trotz Einwilligung haftet der A. aus unerlaubter Handlung (über die Beweislast s. dort), wenn ihm bei der Behandlung ein → Kunstfehler unterläuft, d.h. ein fehlerhaftes Verfahren angewendet oder nicht alles getan wird, was zur Vermeidung eines (weiteren) körperlichen Schadens erforderlich ist (z. B. Zurücklassen eines Fremdkörpers nach Operation). S. a. → Belegungsvertrag, → Kassenarzt; über Krankenpapiere (Einsicht) → Vorlegung von Sachen.

**Ärztliche Behandlung** → Krankenbehandlung, → Krankenhausbehandlung.

**Ärztliche Kunstfehler** → Arzt; → Kunstfehler, ärztliche.

**Ärztliches Zeugnis** → Gesundheitszeugnis.

**Arztregister.** Verzeichnis der für die Behandlung von Kassenpatienten (→ Krankenkassen) zugelassenen Ärzte (Zahnärzte) und derjenigen, die nach Erfüllung der Zulassungsvoraussetzungen die Eintragung in das A. beantragt haben. Das A. wird bei der Kassen(zahn)ärztl. Vereinigung geführt. Vgl. §§ 1–10 ZulassungsO f. Ärzte (Zahnärzte) vom 28. 5. 1957 (BGBl. I 572, 582) m. spät. Änd. Die Eintragung in ein Arzt- oder Zahnarztregister ist Voraussetzung für die Zulassung als → Kassenarzt (§ 95 SGB V).

**Arztvertag** → Werkvertrag (1).

**Asoziale Rechtsgeschäfte** → Sittenwidrigkeit, → Gesetzwidrigkeit; s. a. → Veräußerungsverbot.

**Asperationsprinzip.** Hat der Täter mehrere selbständige Straftaten begangen und wird deswegen aus mehreren Freiheits- oder Geldstrafen eine Gesamtstrafe gebildet, so wird i. d. R. die nach Art oder Höhe schwerste Einzelstrafe (Einsatzstrafe) erhöht (asperiert, §§ 54, 55 StGB); s. → Konkurrenz von Straftaten.

**Assessor.** Die Bezeichnung A. darf führen, wer die Zweite Juristische Staatsprüfung bestanden hat (vgl. → Befähigung zum Richteramt). Die Amtsbezeichnung A. mit Zusatz der jeweiligen Fachrichtung führte früher der → Beamte auf Probe im höheren Dienst (z. B. Regierungsassessor; Studienassessor). Nunmehr führt er die Bezeichnung des Eingangsamtes mit dem Zusatz „z.A." (= zur Anstellung; z. B. „Regierungsrat z.A."). Der frühere Gerichtsassessor führt als Richter auf Probe jetzt die Bez. „Richter" oder „Staatsanwalt" (→ Richterverhältnis).

**Assignaten** wurden in Frankreich Ende des 18. Jh. die auf die Staatsbank lautenden Geldscheine (→ Anweisungen) genannt, deren Kaufkraft mit der Zunahme der staatlichen Verschuldung immer mehr abnahm.

**Assisen** wurden im alten engl. Recht die Schwurgerichte genannt; im franz. Recht cour d'assises.

**Assistenzarzt,** jetzt: Arzt im Praktikum; → Arzt.

**Asylrecht.** 1. Das A. beruht auf Art. 16 a GG, der durch das Gesetz zur Änderung des Grundgesetzes vom 28. 6. 1993 (BGBl. I S. 1002) in das GG eingefügt wurde. Das Asylverfahren richtet sich nach dem Asylverfahrensgesetz (AsylVfG) in der Fassung der Bekanntmachung vom 27. 7. 1993 (BGBl. I 1361), zuletzt geändert durch G vom 29. 10. 1997 (BGBl. I 2584). Völkerrechtlich ist die Rechtsstellung der → Flüchtlinge durch das Genfer Abkommen vom 28. 7. 1951 (BGBl. 1953 II S. 559) i. V. m. dem Protokoll über die Rechtsstellung der Flüchtlinge vom 31. 1. 1967 (BGBl. 1969 II 1293) abgesichert. Innerhalb der Europäischen Gemeinschaft entscheidet jeweils nur ein Mitgliedstaat über den Asylantrag (Dubliner Abkommen v. 15. 6. 1990, BGBl. II 1994, 792). Nach Art. 16 a GG genießen politisch Verfolgte Asyl. Auf sein Asylrecht kann sich nicht berufen, wer aus einem Mitgliedstaat der → Europäischen Gemeinschaft oder aus einem anderen Drittstaat einreist, in dem die Anwendung des Abkommens über die Rechtsstellung der Flüchtlinge und der → Konvention zum Schutze der Menschenrechte und Grundfreiheiten sichergestellt ist. Diese sog. sicheren Drittstaaten werden durch die Anlage zu § 26 a AsylVfG bestimmt; derzeit handelt es sich neben den Mitgliedstaaten der Europäischen Gemeinschaft um Norwegen, Polen, die Schweiz und die Tschechische Republik. Nach Art. 16 a Abs. 3 Satz 1 GG können durch Gesetz ferner Staaten bestimmt werden, bei denen aufgrund der Rechtslage, der Rechtsanwendung und der allgemeinen politischen Verhältnisse gewährleistet erscheint, daß dort weder politische Verfolgung noch unmenschliche oder erniedrigende Bestrafung oder Behandlung stattfindet; es wird vermutet, daß ein Ausländer aus einem solchen Staat nicht verfolgt wird, solange er nicht Tatsachen vorträgt, die die Annahme begründen, daß er entgegen dieser Vermutung politisch verfolgt wird. Nach der Anlage zu Art. 29 a AsylVfG handelt es sich bei diesen sog. sicheren Herkunftsstaaten um Bulgarien, Ghana, Polen, Rumänien, die Slowakische Republik, die Tschechische Republik und Ungarn. Als Asylberechtigter kann gem. § 27 AsylVfG ferner nicht anerkannt werden, wer als Ausländer bereits in einem sonstigen Drittstaat vor politischer Verfolgung sicher war. Bei mehr als dreimonatigem Aufenthalt in einem sonstigen Drittstaat wird die Sicherheit vor Verfolgung vermutet. Die Neuregelung wurde inzwischen vom BVerfG in den Urteilen vom 14. 5. 1996 (BVerfGE 94, 49 ff. und BVerfGE 94, 115 ff.) zu den sicheren Drittstaaten und den sicheren Herkunftsstaaten bestätigt.

2. Der Begriff der „politischen Verfolgung" wird vom Gesetz nicht näher definiert. Er bedeutet allgemein, daß jemand wegen seiner Rasse, Religion, Staatsangehörigkeit, Zugehörigkeit zu einer sozialen Gruppe oder seiner politischen Überzeugung an Leben und Freiheit gefährdet ist. Die Rechtsprechung hat dem Begriff inzwischen deutliche Konturen gegeben (vgl. z. B. BVerfGE 54, 341 ff. und BVerfGE 56, 216). Ein Asylantrag ist jedenfalls offensichtlich unbegründet, wenn nach den Umständen des Einzelfalles offensichtlich ist, daß sich ein Ausländer nur aus wirtschaftlichen Gründen oder um einer allgemeinen Notsituation oder einer kriegerischen Auseinandersetzung zu entgehen im Bundesgebiet aufhält (§ 30 II AsylVfG); siehe unten Ziffer 5. Ein Ausländer wird in der Regel nicht als Asylberechtigter anerkannt, wenn die Gefahr politischer Verfolgung auf Umständen beruht, die er erst nach Verlassen seines Herkunftslandes aus eigenem Entschluß geschaffen hat (Nachfluchttatbestände; § 28 AsylVfG).

3. Über Asylanträge entscheidet das Bundesamt für die Anerkennung ausländischer Flüchtlinge. Der Leiter des Bundesamtes wird vom Bundesministerium des Innern bestellt. Ein Asylantrag liegt vor, wenn sich dem schriftlich, mündlich oder auf andere Weise geäußerten Willen des Ausländers entnehmen läßt, daß er im Bundesgebiet Schutz vor politischer Verfolgung sucht. Ein Ausländer, der bei einer Grenzbehörde um Asyl nachsucht, ist unverzüglich an die zuständige oder nächstgelegene Aufnahmeeinrichtung zur Meldung weiterzuleiten. Ihm ist bereits von der Grenzbehörde die Einreise zu verweigern, wenn er aus einem sicheren Drittstaat nach § 26 a AsylVfG einreist oder wenn er nach § 27 AsylVfG in einem sonstigen Drittstaat vor Verfolgung sicher war. Bei Ausländern aus einem sicheren Herkunftsstaat, die über einen Flughafen einreisen wollen und bei der Grenzbehörde um Asyl nachsuchen, ist das Asyl-

verfahren vor der Entscheidung über die Einreise durchzuführen, soweit die Unterbringung auf dem Flughafengelände während des Verfahrens möglich ist. In Fällen einer Nichtanerkennung als Asylberechtigter erläßt das Bundesamt die Abschiebungsandrohung und die Abschiebungsanordnung. Die Ausreisefrist beträgt i. d. R. 1 Monat (§ 38 AsylVfG). Bei unbeachtlichen (z. B. bei Sicherheit vor Verfolgung in sonstigem Drittstaat nach §§ 27, 29 AsylVfG) und offensichtlich unbegründeten Asylanträgen beträgt die Ausreisefrist 1 Woche (§ 36 AsylVfG). Einem Ausländer, der um Asyl nachsucht, ist zur Durchführung des Asylverfahrens der Aufenthalt im Bundesgebiet gestattet. Sie sind verpflichtet, bis zu längstens 3 Monaten in der für ihre Aufnahme zuständigen Aufnahmeeinrichtung zu wohnen. Während dieser Zeit darf der Asylbewerber keiner Erwerbstätigkeit nachgehen. Er erhält Leistungen nach dem Asylbewerberleistungsgesetz vom 30. 6. 1993 (BGBl. I 1074) m.Änd. (s. auch → Ausländer und Sozialhilfe). Die Aufenthaltsgestattung ist räumlich auf den Bezirk der Ausländerbehörde beschränkt, in dem die für die Aufnahme des Ausländers zuständige Aufnahmeeinrichtung liegt.

4. Klagen gegen Entscheidungen nach dem Asylverfahrensgesetz müssen innerhalb von 2 Wochen nach Zustellung der Entscheidung erhoben werden (§ 74 Abs. 1 AsylVfG). Die Kammer des zuständigen Verwaltungsgerichts soll in der Regel den Rechtsstreit einem ihrer Mitglieder als Einzelrichter zur Entscheidung übertragen (§ 76 Abs. 1 AsylVfG). Das Urteil des Verwaltungsgerichts, durch das die Klage als offensichtlich unzulässig oder unbegründet abgewiesen wird, ist unanfechtbar (§ 78 Abs. 1 AsylVG). Die Berufung ist vom Oberverwaltungsgericht nur zuzulassen (→ Verwaltungsstreitverfahren), wenn die Rechtssache grundsätzliche Bedeutung hat, das Urteil von der Entscheidung eines Obergerichts abweicht, oder bestimmte Verfahrensmängel vorliegen (§ 78 Abs. 2 und 3 AsylVfG).

5. Keine Asylbewerber sind → Kriegsflüchtlinge und Bürgerkriegsflüchtlinge nach § 32 a Ausländergesetz (→ Ausländer).

**Asylverfahren** → Asylrecht.

**Aszendenten** sind die Vorfahren eines Menschen, mit denen er in gerader Linie → verwandt ist. Gegensatz: Deszendenten.

**Atemalkohol** von mehr als 0,25 mg/l Atemluft, der 0,5 ‰ Blutalkohol entspricht, beim Führen eines Kfz. stellt eine Ordnungswidrigkeit dar (§ 24 a StVG). Die A.-Analyse stellt neben den Verfahren zur Bestimmung des Blutalkohols (→ Alkoholgenuß des Verkehrsteilnehmers) ein zulässiges Beweismittel dar. Eine Mitwirkung des Betroffenen kann aber nicht verlangt werden.

**Atlantik-Charta.** Die am 14. 8. 1941 vom Präs. der USA, Roosevelt, und dem brit. Premiermin. Churchill auf einem Kriegsschiff im Nordatlantik unterzeichnete Charta, die als Vorläufer der Satzung der → Vereinten Nationen gilt, ist kein → völkerrechtlicher Vertrag, sondern enthält lediglich Richtsätze, denen sich die UdSSR am 24. 9. 1941 anschloß. Die Richtsätze betrafen u. a. den Verzicht auf → Annexionen und Gewaltanwendung, das Selbstbestimmungsrecht der Völker, Sicherheitsgarantien u. a.

**Atlantikrat** → Nordatlantikvertrag.

**Atomanlagen,** Haftung für → Atomgesetz, → Gefährdungshaftung.

**Atomgesetz.** Das Gesetz über die friedliche Verwendung der Kernenergie und den Schutz gegen ihre Gefahren i. d. F. vom 15. 7. 1985 (BGBl. I 1565) will die Erforschung, Entwicklung und Nutzung der Kernenergie zu friedlichen Zwecken fördern sowie Leben, Gesundheit und Sachgüter vor den Gefahren der Kernenergie schützen und etwaige durch Kernenergie oder ionisierende Strahlen verursachte Schäden ausgleichen; ferner soll es die Erfüllung internationaler Verpflichtungen der BRep. auf dem Gebiet der Kernenergie und des Strahlenschutzes gewährleisten (→ Europ. Atomgemeinschaft) und vermeiden, daß durch Anwendung oder Freiwerden der Kernenergie die innere oder äußere Sicherheit der BRep. gefährdet wird (§ 1 AtomG). Das Gesetz unterwirft die Ein- und Ausfuhr (§ 3), die Beförderung (§ 4), die Verwahrung – außerhalb der staatlichen – (§§ 5; 6), die Errichtung und den Betrieb von Reaktoren, d.h. ortsfester Anlagen zur Erzeugung oder Spaltung von Kernbrennstoffen oder zur Aufarbeitung bestrahlter Kernbrennstoffe (§ 7) sowie die Be- und Verarbeitung und sonstige Verwendung von Kernbrennstoffen außerhalb der vorgenannten Anlagen – z. B. Anlagen zur Zwischenlagerung oder Wiederaufarbeitung – (§ 9) der *Genehmigung* der zuständigen Verwaltungsbehörden (§§ 22 bis 24: Bundesamt für gewerbliche Wirtschaft, Physikalisch-technische Bundesanstalt, oberste Landesbehörden). Das Genehmigungsverfahren im einzelnen regelt die VO i. d. F. vom 3. 2. 1995 (BGBl. I 180), so vor allem Form und Inhalt des Genehmigungsantrages sowie die erforderlichen Unterlagen (§§ 2, 3 VO), die Beteiligung der Betroffenen durch Bekanntmachung, Akteneinsicht und öffentliche Verhandlung über rechtzeitige Einwendungen (§§ 4–13 VO). Für Schäden an Leben, Gesundheit oder Eigentum infolge Kernspaltungs- oder Strahlungswirkungen einer genehmigten Anlage besteht gesetzliche Haftpflicht auch ohne Verschulden (→ Gefährdungshaftung), aber mit Höchstbegrenzung, im Verschuldensfalle dagegen nach allgemeinen Grundsätzen ohne Begrenzung (§§ 25 ff. AtomG). Die Verwaltungsbehörde hat im Genehmigungsverfahren Art, Umfang und Höhe der vom Antragsteller für die Erfüllung der gesetzlichen Schadensersatzverpflichtung zu treffenden Vorsorge (Dekkungsvorsorge, § 13; *DeckungsvorsorgeVO* i. d. F. vom 25. 1. 1977, BGBl. I 220) festzusetzen. Der Umgang und Verkehr mit Kernbrennstoffen sowie die Errichtung und der Betrieb der Kernenergieanlagen unterliegen einer besonderen staatlichen Aufsicht (§ 19). Über die Vorschriften zum Schutz gegen Schäden beim Umgang mit radioaktiven Stoffen s. Strahlenschutz. Die Gebühren und Auslagen für das Genehmigungsverfahren, die staatl. Verwahrung und die Aufsichtsmaßnahmen regelt die *KostenVO* vom 17. 12. 1981 (BGBl. I 1457). Die §§ 46, 49 AtomG enthalten Bestimmungen über Ordnungswidrigkeiten (über Strafvorschriften → Sprengstoff- und Strahlungsverbrechen). Wegen Überleitungsvorschriften aus Anlaß der Einigung Deutschlands vgl. § 57 a AtomG. Danach werden im Gebiet ehem. DDR spätestens unwirksam: Genehmigungen und Erlaubnisse für Kernkraftwerke 30. 6. 1995, Beförderungserlaubnisse 30. 6. 1992, alle anderen Genehmigungen, Erlaubnisse und Zulassungen 30. 6. 2000. Bisher nicht genehmigungsbedürftige Beförderungen unterliegen ab 1. 7. 1992 der Genehmigungspflicht.

**Atommüll** → Strahlenschutz.

**Atomreaktor,** Haftung für – → Atomgesetz, → Gefährdungshaftung.

**Atomteststoppabkommen.** Das A. vom 5. 8. 1963 (Ges. v. 29. 7. 1964, BGBl. II 906; nicht angeschlossen China, Frankreich) verbietet Kernwaffenversuche u. a. auf hoher See und im Weltraum. Die Anbringung von Kernwaffen und anderen Massenvernichtungswaffen auf dem Meeresgrund verbietet der Vertrag vom 11. 2. 1971 (BGBl. 1972 II, 325).

**Atomwaffensperrvertrag** ist die gängige Bezeichnung des am 1. 7. 1968 in London, Moskau und Washington geschlossenen Vertrages über die Nichtverbreitung von Kernwaffen (Treaty on the Non-Proliferation of Nuclear Weapons). Jeder vertragsbeteiligte Kernwaffenstaat verpflichtet sich, Kernwaffen (K.) und sonstige Kernsprengkörper oder die Verfügungsgewalt darüber an niemanden unmittelbar oder mittelbar weiterzugeben und keinen Nichtkernwaffenstaat in Herstellung oder Erwerb von K. zu unterstützen oder ihn dazu zu veranlassen. Nichtkernwaffenstaaten verpflichten sich, K. oder die Verfügungsgewalt darüber nicht anzunehmen sowie K. weder herzustellen noch zu erwerben; sie müssen zur Erfüllung der Vertragsverpflichtungen Sicherungsmaßnahmen und Kontrollen durch die Internationale Atomenergiebehörde (IAEA) dulden, die aber die wirtschaftliche und technologische Entwicklung und die friedliche nukleare Tätigkeit nicht behindern dürfen. Forschung, Erzeugung und Verwendung von Kernenergie *für friedliche Zwecke* sind ausdrücklich gewährleistet. Alle Vertragsparteien verpflichten sich zum weitestmöglichen Austausch von Ausrüstungen, Material und wissenschaftlichen und technologischen Informationen. Die BRep. hat den A. unter Vorbehalten unterzeichnet, die sich u. a. auf ihre Zugehörigkeit zur NATO und auf die Freiheit von Lehre und Forschung für friedliche Zwecke beziehen. RatifikationsG vom 4. 6. 1974 (BGBl. II 785) sowie Ges. vom 4. 6. 1974 zu dem Übereinkommen vom 5. 4. 1973 (BGBl. 1974 II 794). Die jüngste Weigerung des Mitgliedstaates Nordkorea, Kontrollen durch die IAEA zuzulassen, verstieß gegen den A.

**Attaché** (franz.): einer diplomatischen Mission zugeordneter Beamter der Eingangsstufe des höh. auswärtigen Dienstes; als Fachbeamter Militär-, Handels-, Kultur-, Presse-A. (→ Diplomat).

**Attentat** → Anschlag.

**Attest** → Gesundheitszeugnis.

**Atypisch stille Gesellschaft** → stille Gesellschaft, → Mitunternehmerschaften.

**Atypischer Vertrag** → Vertrag (2).

**audiatur et altera pars** (auch die andere Partei ist zu hören) → rechtliches Gehör.

**Auditor** (lat. = Hörer, Zuhörer), in der kath. Kirche, in manchen Ländern auch in der Militärgerichtsbarkeit tätiger Rechtskundiger mit richterlicher oder staatsanwaltlicher Funktion (→ kirchliche Gerichtsbarkeit (2)).

**Aufbauseminar.** Wer als Inhaber einer → Fahrerlaubnis auf Probe in der Probezeit bestimmte Verkehrsstraftaten oder -ordnungswidrigkeiten begeht oder als Inhaber einer → Fahrerlaubnis durch solche Verstöße im → Punktsystem mehr als 14 Punkte erreicht, muß an einem A. innerhalb der gesetzten Frist teilnehmen; andernfalls wird die Fahrerlaubnis entzogen (§ 2a II, III, § 4 III, IV StVG). Das A. besteht aus Gruppengesprächen und einer Fahrprobe und darf nur von Fahrlehrern mit entsprechender Erlaubnis nach dem FahrlehrerG durchgeführt werden (§§ 2b, 4 VIII StVG).

**Aufbewahrung** → Verwahrung, → Handelskauf, → Ansichtsendung, → Gastwirtshaftung.

**Aufbewahrung von Lebensmitteln.** § 8 des Lebensmittel- und BedarfsgegenständeG verbietet u. a., → Lebensmittel so zu behandeln, daß ihr Verzehr geeignet ist, die Gesundheit zu beschädigen (z. B. Aufbewahrung in ungeeigneten Gefäßen). Hierzu sieht § 10 den Erlaß von Hygienevorschriften vor. Die Überwachung des Verbots obliegt den Behörden der → Lebensmittelüberwachung.

**Aufbewahrungspflicht bei Geschäftsbüchern.** *Steuerrechtlich* sind G. (Kontenkarten), Inventare und Bilanzen 10 Jahre, andere Unterlagen, z. B. Geschäftsbriefe und Belege, 6 Jahre aufzubewahren. Die Fristen laufen jedoch nicht ab, solange die Unterlagen für Steuern von Bedeutung sind, für welche die → Festsetzungsfrist noch nicht abgelaufen ist (§ 147 III AO). Vorzeitige Vernichtung der Belege ist → Steuergefährdung. Hins. Mikrofilmaufnahmen zur Erfüllung der A. vgl. BMF-Schrb. v. 1. 2. 1984 (BStBl. I 155). – *Handelsrechtlich* gelten entsprechende Aufbewahrungsfristen (§ 257 HGB; → Buchführung).

**Aufblenden** ist im Straßenverkehr als → Warnzeichen bei konkreter eigener oder Fremdgefährdung statt Schallzeichen zulässig (auch um entgegenkommende Kfz. zum → Abblenden zu veranlassen); ferner außerhalb geschlossener Ortschaften vor dem Überholen (§ 16 I StVO).

**Aufdruck auf Lebensmittelpackungen** → Kennzeichnung von Lebensmitteln.

**Aufenthalt, gewöhnlicher.** Der Ort des g. A. eines Beschuldigten kann nach § 8 II StPO für den Gerichtsstand maßgebend sein, während dieser sich im allgemeinen nach dem → Wohnsitz oder – wie in §§ 16, 20 ZPO – nach dem Ort des – wenn auch nur vorübergehenden – Aufenthalts richtet. Den g. A. i. S. der *Steuergesetze* hat jemand dort, wo er sich unter Umständen aufhält, die erkennen lassen, daß er an diesem Ort oder in diesem Gebiet nicht nur vorübergehend verweilt; aber stets und von Beginn an unbeschränkte → Steuerpflicht, wenn der zeitlich zusammenhängende Aufenthalt im Inland länger als 6 Monate (bei A. für private Zwecke, z. B. Kur, 12 Monate) dauert; kurzfristige Unterbrechungen bleiben unberücksichtigt (§ 9 AO).

**Aufenthalt, ständiger** → Wohnsitz.

**Aufenthaltsbefugnis** → Ausländer, 3.

**Aufenthaltsberechtigung** → Ausländer, 3.

**Aufenthaltsbewilligung** → Ausländer, 3.

**Aufenthaltsbeschränkung** (für Ausländer) → Asylrecht, → Ausländer, 3.

**Aufenthaltsbestimmung** → Personensorge, → Vormund, → Betreuung, → Anstaltsunterbringung.

**Aufenthaltserlaubnis** → Ausländer, 3.

**Aufenthaltsgenehmigung.** Oberbegriff für Aufenthaltsbefugnis, Aufenthaltsberechtigung, Aufenthaltsbewilligung und Aufenthaltserlaubnis; → Ausländer, 3.

**Aufenthaltsgestattung** → Asylrecht.

**Aufenthaltsort** → Wohnsitz.

**Aufenthaltsregelung** im Spannungs- und Verteidigungsfall → Katastrophenschutz.

**Aufforderung zu Straftaten.** Sie ist nicht schlechthin strafbar, sondern nur bei → Anstiftung, wenn es zu einer Straftat gekommen ist (§ 26 StGB), bei Verbrechen auch bei erfolgloser Anstiftung (§ 30 StGB); ferner die *öffentliche* od. durch Verbreiten von → Schriften oder anderen Darstellungen erfolgte Aufforderung zu strafbedrohten Taten, auch wenn sie erfolglos geblieben ist (§ 111 StGB). Wegen der in gleicher Weise begangenen A. zu *Ordnungswidrigkeiten* vgl. § 116 OWiG.

**Aufführungsrecht** ist ein → Verwertungsrecht des Urhebers eines Musikwerks (→ Urheberrecht). Es berechtigt ihn, das Werk durch persönliche Darbietung öffentlich zu Gehör zu bringen oder ein Werk (z.B. Oper, Schauspiel, Ballett) öffentlich auf der Bühne darzustellen (§ 19 II UrhG). Es umfaßt auch die öffentliche Übertragung des Werkes außerhalb des Raumes, in dem es persönlich dargeboten wird, z.B. durch Lautsprecher, Bildschirm (§ 19 III UrhG).

**Aufgebot** ist *im allgemeinen Zivilrecht* eine öffentliche gerichtliche Aufforderung zur Anmeldung von Rechten mit der Wirkung, daß ein Rechtsnachteil für den entsteht, der die fristgerechte Anmeldung unterläßt (z.B. Erbansprüche; → Aufgebot der Nachlaßgläubiger). Das A. wird im → Aufgebotsverfahren erlassen. Im *Eherecht* war das A. die öffentliche Bekanntmachung einer beabsichtigten → Eheschließung.

**Aufgebot der Nachlaßgläubiger.** Um Übersicht über die vorhandenen → Nachlaßverbindlichkeiten zu erlangen und entscheiden zu können, ob eine → Beschränkung der Erbenhaftung erforderlich ist, kann der Erbe, der noch nicht allen Gläubigern gegenüber unbeschränkbar haftet, die Nachlaßgläubiger im Wege des → Aufgebotsverfahrens zur Anmeldung ihrer Forderungen auffordern (§ 1970 BGB); zuständig ist das → Nachlaßgericht (§§ 989ff., 946ff. ZPO). Durch das A. werden → Pflichtteilsansprüche, → Vermächtnisse und → Auflagen nicht betroffen, desgleichen nicht → Pfand- und → Grundpfand- (Hypotheken-, Grundschuld- usw.) Gläubiger, soweit es sich um die Befriedigung aus den ihnen haftenden Gegenständen handelt (§§ 1971, 1972 BGB). Die Forderungen eines sonstigen, im A.verfahren ausgeschlossenen Nachlaßgläubigers sind erst nach den Ansprüchen aller anderen N. mit Ausnahme der noch nicht berichtigten Pflichtteilsansprüche, Vermächtnisse und Auflagen zu befriedigen; der Erbe haftet den ausgeschlossenen Gläubiger gegenüber nur mit dem Nachlaßrest, sog. *Erschöpfungs- oder Ausschließungseinrede* (§ 1973 BGB). Ein N., der eine dem Erben unbekannte Nachlaßforderung erst später als 5 Jahre nach dem → Erbfall geltend macht (sog. säumiger Gläubiger), steht einem durch A. ausgeschlossenen Gläubiger gleich (§ 1974 BGB).

**Aufgebot der Verlobten** → Eheschließung.

**Aufgebotseinrede.** Der → Erbe, der noch nicht sein Recht auf → Beschränkung der Erbenhaftung verloren hat, kann mit der gleichen Folge wie bei der → Dreimonatseinrede die Berichtigung einer → Nachlaßverbindlichkeit bis zur

Beendigung des → Aufgebotsverfahrens verweigern, wenn er innerhalb eines Jahres nach → Annahme der Erbschaft Antrag auf Erlaß des → Aufgebots der Nachlaßgläubiger gestellt hat (§ 2015 BGB).

**Aufgebotsverfahren** ist eine besondere Prozeßart der ZPO; in ihm können anzumeldende Rechte, soweit es gesetzlich vorgesehen ist – z. B. §§ 927, 1170 BGB – mit Wirkung gegenüber allen festgestellt werden (§§ 946–1024 ZPO). Das A. wird durch Antrag eingeleitet (§ 947 ZPO) und findet vor dem Amtsgericht statt (§ 23 Nr. 2h GVG): es führt zu einem → Aufgebot (§ 947 II ZPO), danach zu einem → Ausschlußurteil, wenn nicht der Antrag zurückgewiesen wird. Durch das A. können Grundeigentümer und bestimmte Arten von Gläubigern (vgl. z. B. Aufgebot der Nachlaßgläubiger) in bezug auf den aufgebotenen Gegenstand mit ihren Rechten ausgeschlossen, ferner Urkunden für kraftlos erklärt werden. Über das A. in Verschollenheitssachen → Todeserklärung.

**Aufgedrängte Bereicherung** → Verarbeitung.

**Aufgeld** (Agio) → Disagio.

**Aufhebung der Annahme als Kind** → Adoption.

**Aufhebung der Ehe** → Eheaufhebung.

**Aufhebung der ehelichen Lebensgemeinschaft** → Getrenntleben der Ehegatten.

**Aufhebung der Kosten** → Kostenaufhebung.

**Aufhebungsvertrag** → actus contrarius, → Vertrag, → Erlaßvertrag.

**Aufhebungsvorbehalt** → Vertrag zugunsten Dritter.

**Aufklärungsbeschluß** wird eine Entscheidung genannt, durch die der → Aufklärungspflicht des Richters genügt wird. Ein A. ist oft mit einem Beweisbeschluß (→ Beweis) verbunden. Den Parteien oder Beteiligten können darin Fristen gesetzt werden, innerhalb derer sie die vom Gericht angeordneten Prozeßhandlungen vornehmen sollen (z. B. Vorlage von Urkunden).

**Aufklärungspflicht der Verwaltungsbehörde.** Sie entspricht i. S. des → Amtsgrundsatzes der → A. des Richters. Ob und inwieweit sie als Hinweispflicht gegenüber dem Bürger besteht, richtet sich nach dem jeweiligen Rechtsverhältnis und der Lage des Einzelfalles. Man wird sie jedenfalls dort bejahen können, wo der Behörde eine gewisse Fürsorgepflicht obliegt (z. B. im Beamtenverhältnis). Darüber hinaus wird man eine Pflicht der V. annehmen können, im Rahmen des öffentlichen Interesses und der Zumutbarkeit vor Ablehnung eines Antrags dem Antragsteller Gelegenheit zu geben, Formfehler u. dgl. zu berichtigen, Beweismittel zu benennen und sein Vorbringen erforderlichenfalls zu ergänzen (so auch § 25 VwVfG). Unabhängig von der A. bestehen die Pflicht zu behördlicher → Auskunft und die Pflicht zur Sachverhaltsermittlung (→ Untersuchungsgrundsatz).

**Aufklärungspflicht des Arztes.** Da eine mit einem Eingriff verbundene Heilbehandlung von der h. M. als Körperverletzung angesehen wird, bedarf der Arzt, um deren Rechtswidrigkeit auszuschließen und sich so vor einer Strafverfolgung und Schadensersatzpflicht wegen → unerlaubter Handlung zu schützen, der → Einwilligung des Patienten in den Eingriff. Die Einwilligung ist i. d. R. nur rechtswirksam, wenn sie in Kenntnis etwaiger Gefahren und Folgen des Eingriffs erteilt wird, also nach *Aufklärung* durch den Arzt. Die Aufklärung braucht sich aber nur auf die *wesentlichen* Punkte des Befundes, Art des Eingriffs und dessen *typische* Folgen zu erstrecken, also nicht auf außergewöhnliche Nachwirkungen und Komplikationen. Die A. geht um so weiter, je weniger der Eingriff aus der Sicht eines vernünftigen Patienten vordringlich und geboten erscheint, z. B. bei einer kosmetischen – im Gegensatz zu einer lebenserhaltenden – Operation (BGH NJW 1972, 335). Teilaufklärung reicht aus, wenn die volle Aufklärung die Gesundheit des Patienten erheblich schädigen oder wenn sie ihn so schwer belasten würde, daß der Behandlungserfolg voraussichtlich beeinträchtigt würde. Ist in besonderen Fällen auch eine Teilaufklärung nicht vertretbar, müssen mindestens Angehörige aufgeklärt werden.

**Aufklärungspflicht des Richters** im Prozeß. Sie obliegt dem vorsitzenden Richter im Rahmen der → Prozeßleitung (§ 139 ZPO, §§ 238, 244 II StPO, § 86 III VwGO, § 76 II FGO, § 106 I SGG). Die A. ist vom → Untersuchungsgrundsatz unabhängig. Sie richtet sich darauf, daß die Parteien oder Beteiligten sachdienliche Anträge stellen, unvollständiges oder unklares Vorbringen erläutern oder ergänzen, Beweismittel bezeichnen und sonstige erforderliche Erklärungen abgeben. Soweit das Gericht etwas von Amts wegen zu prüfen hat, ist ggf. auf rechtliche Bedenken gegen das Vorbringen oder auf übersehene rechtliche Gesichtspunkte hinzuweisen (vgl. § 278 III ZPO). Eine Verletzung der A. kann einen → Revisionsgrund darstellen. Besonders weit geht die A. im *Strafverfahren* im Hinblick auf das dort allgemein herrschende → Offizialprinzip. Nach § 244 II StPO hat das Gericht die Beweisaufnahme auf alle Tatsachen und Beweismittel zu erstrecken, die für die Entscheidung von Bedeutung sind. Es hat alle in Betracht kommenden Straftatbestände zu prüfen und alle erreichbaren Beweismittel von Amts wegen heranzuziehen, soweit dies zur Aufklärung des Sachverhalts angebracht erscheint, auch wenn sie nicht Gegenstand von Beweisanträgen der Verfahrensbeteiligten sind (→ Beweis). Aufzuklären sind auch → Rechtfertigungsgründe, → Schuld- und Strafausschließungsgründe sowie Umstände, die für die Strafhöhe oder eine → Strafaussetzung von Bedeutung sind. Entfernt liegende Möglichkeiten, deren Berücksichtigung sich im konkreten Falle nicht aufdrängt, können außer Betracht bleiben. Im Ausland befindliche Beweismittel müssen herbeigeschafft werden, wenn ihre Verwertung notwendig oder sachdienlich ist. Hierbei kann zwischenstaatliche → Rechtshilfe in Anspruch genommen werden, insbes. wenn im Ausland wohnhafte Zeugen nicht erscheinen.

**Aufklärungspflicht über Sozialleistungen.** Die Sozialleistungsträger, ihre Verbände und die Sozialbehörden sind verpflichtet, im Rahmen ihrer Zuständigkeit die Bevölkerung über die Rechte und Pflichten aus dem → Sozialgesetzbuch aufzuklären (§ 13 SGB I).

**Auflage** *(im Erbrecht).* Durch → Verfügung von Todes wegen kann der → Erblasser den → Erben oder den Empfänger eines → Vermächtnisses zu einer Leistung verpflichten, z. B. zur Pflege seines Grabes oder zur Anlegung oder Verteilung von Geld, ohne einem anderen ein Recht auf die Leistung zuzuwenden (§ 1940 BGB). Anders als bei dem Vermächtnis ist bei der A. ein Begünstigter entweder überhaupt nicht vorhanden oder er hat keinen selbständigen klagbaren Anspruch; die Vollziehung der A. können dagegen der Erbe, der Miterbe oder der Nächstberufene, bei A. im öffentlichen Interesse auch die zuständige Behörde verlangen, denen der Erblasser auch, wie jedem Dritten, die Bestimmung der Person des Begünstigten überlassen kann (§§ 2193, 2194 BGB). Obwohl die A. keine Zuwendung voraussetzt, gelten für sie eine Reihe von Vorschriften über das *Vermächtnis* entsprechend § 2192 BGB), insbesondere über die Haftung des Erben (→ Nachlaßverbindlichkeiten). Die Unwirksamkeit einer A. hat im Zweifel nicht die Unwirksamkeit der unter der A. gemachten Zuwendungen zur Folge (§ 2195 BGB). Keine A. sind bloße Wünsche und Vorstellungen des Erblassers ohne rechtliche Bindungsabsicht. S. auch → Schenkung.

**Auflage** *(im Verwaltungsrecht)* → Verwaltungsakt

**Auflage eines Druckwerks** → Verlagsvertrag.

**Auflagen im Strafverfahren** → Bagatellstrafsachen, → Strafaussetzung, → Verwarnung mit Strafvorbehalt, → Zuchtmittel.

**Auflassung** → Eigentumsübertragung (1).

**Auflassungsvormerkung** → Vormerkung.

**Auflauf** → Ansammlung, unerlaubte.

**Auflösende Bedingung** → Bedingung.

**Auflösung der häuslichen Gemeinschaft** → Getrenntleben der Ehegatten, → Ehescheidung (2).

**Auflösung einer Gesellschaft** → Liquidation.

**Auflösung einer Versammlung** → Versammlungsgesetz.

**Auflösung eines Vereins** → Liquidation, → Vereinsgesetz.

**Auflösungsgewinn/-verlust,** der steuerlich nach § 17 EStG zu berücksichtigen ist, kann bei der Auflösung einer → Kapitalgesellschaft entstehen. Die Auflösung geht der → Liquidation voraus. Auflösungsgewinn ist der Betrag, um den der gemeine Wert des dem Steuerpflichtigen zugeteilten oder zurückgezahlten Vermögens der Kapitalgesellschaft die im Zusammenhang mit der Auflösung der Gesellschaft vom Steuerpflichtigen persönlich getragenen Kosten sowie seine Anschaffungskosten, einschließlich der als nachträgliche Anschaffungskosten der Beteiligung zu behandelnden Kosten übersteigt. Auflösungsverlust ist der Betrag, um den die genannten Kosten den Wert des zugeteilten oder zurückgezahlten Vermögens der Kapitalgesellschaft übersteigen (BFH BStBl. II 1994, 162). S. a. → Veräußerungsgewinne.

**Aufmaß** ist die Feststellung des Umfangs einer → Leistung bei einem → Werk- (insbes. Bau-)Vertrag. Es stellt aber, auch wenn es gemeinschaftlich vorgenommen wird, noch nicht die Abnahme des Werks dar.

**Aufmerksamkeiten.** Sachleistungen des Arbeitgebers, die auch im gesellschaftlichen Verkehr üblicherweise ausgetauscht werden und zu keiner ins Gewicht fallenden Bereicherung des Arbeitnehmers führen, sind A., die weder der → Lohnsteuer noch der → Umsatzsteuer unterliegen, z. B. Blumen, Genußmittel, Buch, Tonträger bis 60 DM an den Arbeitnehmer oder seine Angehörigen aus Anlaß eines besonderen persönlichen Ereignisses. Auch zum Verzehr im Betrieb unentgeltlich oder verbilligt überlassene Getränke und Genußmittel sind A. Unentgeltliche oder verbilligte betriebliche Mahlzeiten sind je nach den Umständen steuerfrei oder steuerpflichtig (Abschn. 73, 31 VI LStR; BMF 8. 9. 97, BStBl. I 97, 804; § 1 I Nr. 1 b UStG). Geldzuwendungen sind stets Arbeitslohn; → Sachbezüge.

**Aufnahme eines Gesellschafters** → Gesellschaft des bürgerlichen Rechts, → Offene Handelsgesellschaft (6).

**Aufnahme von Deutschen in das Bundesgebiet.** → Aussiedler, → Aussiedleraufnahmegesetz.

**Aufopferungsanspruch.** 1. Früher war der A. auf Grund des § 75 der Einleitung zum Preußischen → Allgemeinen Landrecht von 1794 Grundlage der Entschädigung für die Aufopferung besonderer Rechte und Vorteile zum Wohle des gemeinen Wesens. Seitdem Gesetzgebung und Rechtsprechung für Eingriffe in vermögenswerte Rechte Entschädigungsansprüche auf Grund → Enteignung, → Enteignenden Eingriffs und → Enteignungsgleichen Eingriffs gewähren (wobei allerdings in jüngster Zeit seit dem ßauskiesungsbeschluß“.“ → Naßauskiesungsbeschluß des BVerfG der Aufopferungsgedanke verstärkt als Grundlage für Enteignenden und Enteignungsgleichen Eingriff herangezogen wird), beschränkt sich der öffentlich-rechtliche A. auf hoheitliche Eingriffe der öffentlichen Gewalt in andere als vermögenswerte Rechte – sog. *öffentlich-rechtlicher A.* –, insbes. bei Körperschäden infolge Impfung oder Verletzungen Unbeteiligter beim Polizeieinsatz (beides jetzt gesetzlich geregelt; s. → Impfschäden, → Störer). Auch in diesen Fällen wird Entschädigung nur zum Ausgleich des Vermögensschadens gewährt (also z. B. für Aufwendungen zur Beseitigung von Schmerzen, nicht als Entschädigung für die Schmerzen selbst). Das Maß der Entschädigung bestimmt sich wie bei der Enteigung. Für die Durchsetzung des A. ist der ordentliche Rechtsweg gegeben (§ 40 II VwGO). S.a. → Staatshaftung.

2. Daneben kennt die Rspr. (vgl. BGHZ 48, 98) den Begriff des *bürgerlich-rechtlichen A.* Hat z. B. ein Grundstückseigentümer Einwirkungen, die von einem anderen Grundstück ausgehen, aus irgendwelchen Gründen zu dulden (für Privatgrundstücke → Immissionen; das gleiche gilt für Betriebe der öffentlichen Hand ohne hoheitli-

chen Zwang, z. B. Krankenhäuser, Kanalarbeiten), so steht ihm ein (nachbarrechtlicher) Ausgleichsanspruch in Höhe der zulässigen Beeinträchtigung gegen den Störer zu.

**Aufrechnung.** Schulden zwei Personen einander (gegenseitig) gleichartige Leistungen, insbes. Geld, so kann jeder Teil einseitig seine Forderung gegen die Forderung des anderen Teils aufrechnen, sofern die eigene Forderung voll wirksam (z. B. nicht → Naturalobligation), einredefrei (s.u.) und fällig ist; die eigene Leistung – Hauptforderung – muß erfüllbar sein (§§ 387 ff. BGB). In der Insolvenz wird eine Gleichartigkeit nicht verlangt; Forderungen, die nicht auf Geld gehen, werden in Geld geschätzt (§ 45 InsO, → Insolvenzmasse); für die Aufrechnungsmöglichkeit gelten aber einschränkende Sonderbestimmungen in §§ 94 ff. InsO. Nur der Schuldner, nicht ein Dritter kann – vor einer etwaigen → Abtretung – mit einer eigenen Forderung gegen die Forderung des Gläubigers aufrechnen (Dritte können nur „erfüllen", → Leistung); bei der Forderung einer → Gesellschaft wäre z. B. die A. mit einer Forderung gegenüber einem einzelnen Gesellschafter mangels Gegenseitigkeit unzulässig. Nicht Voraussetzung einer A. sind gleiche Größe der Forderungen, deren Beweisbarkeit, gleicher Schuldgrund (z. B. nicht nur aus einem → gegenseitigen Vertrag), gleicher → Leistungsort (§ 391 BGB) oder – wie beim → Zurückbehaltungsrecht – rechtlicher oder wirtschaftlicher Zusammenhang (Konnexität) der Forderungen. Eine besondere Form der A. ist die Berechnung des → Schadensersatzes nach der Differenztheorie und der Höhe der → ungerechtfertigten Bereicherung nach der Saldotheorie.

Die A. erfolgt durch einseitige, empfangsbedürftige → Willenserklärung gegenüber dem anderen Teil (§ 388 BGB). Eine vertragliche A. ist dadurch nicht ausgeschlossen und in der Praxis häufig. So liegt ein *A.svertrag,* der ein → gegenseitiger Vertrag ist, z. B. in der Anerkennung eines Saldos aus einem → Kontokorrent (§ 355 HGB), ferner in der sog. → Skontration. Die A. kann vertraglich – z. B. in einem Mietvertrag (nicht aber durch → Allgemeine Geschäftsbedingungen gegenüber unbestrittenen oder rechtskräftig festgestellten Forderungen, § 11 Nr. 3 AGBG) – ausgeschlossen werden; ein derartiges *A.verbot* liegt i. d. R. in der Klausel „Kasse gegen Faktura". Kraft Gesetzes ist die A. ausgeschlossen *mit* einer Forderung, der eine → Einrede entgegensteht (z. B. → Zurückbehaltungsrecht); die → Verjährung schließt die A. jedoch nicht aus, wenn die verjährte Forderung z. Z. der ersten A.möglichkeit (s.u. A.lage) noch nicht verjährt war (§ 390 BGB). *Gegen* eine Forderung aus einer vorsätzlich begangenen → unerlaubten Handlung ist eine A. ebensowenig möglich wie gegen eine der → Pfändung nicht unterworfene Forderung, soweit die Unpfändbarkeit reicht (also z. B. nicht gegen den unpfändbaren Teil des Anspruchs des Arbeitnehmers auf Arbeitslohn, §§ 393, 394 BGB). Gegen eine – z. B. durch Pfändung – beschlagnahmte Forderung ist eine A. ausgeschlossen, wenn der Schuldner seine Forderung erst nach der → Beschlagnahme erworben hat (§ 392 BGB). Die Pflicht zur Leistung der Einlage bei einer Kapitalgesellschaft kann gleichfalls nicht durch A. erfüllt werden (vgl. § 66 AktG, § 19 GmbHG). Für öffentlichrechtliche Forderungen gelten die Grundsätze über die A. entsprechend; gegen eine öffentlich-rechtliche Forderung ist eine A. jedoch nur zulässig, wenn die Leistung an dieselbe Kasse des Fiskus zu erfolgen hat (§ 395 BGB). Besonderheiten gelten ferner für die A. im Mietrecht. Bei mehreren zur A. geeigneten Forderungen gelten die Bestimmungen über die → Erfüllung entsprechend (§ 396 BGB).

Gegen Ansprüche auf Geldleistungen nach dem → Sozialgesetzbuch kann der Leistungsträger mit Ansprüchen gegen den Berechtigten aufrechnen, soweit diese nach § 54 II u. III SGB I pfändbar sind, mit Ansprüchen auf Erstattung zu Unrecht erbrachter Leistungen nur bis zur Hälfte der Gegenansprüche, jedoch nur, soweit der Betroffene dadurch nicht unterhaltsbedürftig i. S. des BSHG wird (§ 51 I, II SGB I).

Die A. bewirkt, daß die Forderungen, soweit sie sich decken, als in dem Zeitpunkt erloschen gelten, in dem sie zur A. geeignet einander erstmals ge-

genübergetreten sind (§ 389 BGB). Die Erklärung der A. wirkt also zurück auf den Zeitpunkt, in dem frühestens aufgerechnet werden konnte (sog. *Aufrechnungslage*), so daß inzwischen – trotz der A.lage – eingetretene Wirkungen (z. B. Schuldnerverzug, Verfall einer Vertragsstrafe) rückwirkend wieder entfallen. Wird die A. im *Prozeß* erklärt, so ist darin nach ganz h. M. ein Doppeltes zu sehen, nämlich die materiell-rechtliche A.erklärung, die sich nach den Vorschriften des BGB richtet, und die Geltendmachung dieser erklärten A. (= → Prozeßhandlung). Die A. mit einer Forderung im Rechtsstreit macht diese zwar nicht → rechtshängig; sie hat aber an der → Rechtskraft des Urteils teil (§ 322 II ZPO). Über die weitere prozessuale Sonderbehandlung der A. → Vorbehaltsurteil. Obwohl die A. als → Gestaltungsrecht nicht unter einer → Bedingung oder einer Zeitbestimmung erklärt werden kann (§ 388 S. 2 BGB), ist nach allgM im Prozeß eine *EventualA.* zulässig; das Vorbringen des Beklagten, es werde nur hilfsweise für den Fall aufgerechnet, daß die anderen Einwendungen gegen den Klageanspruch nicht durchgreifen, wird als bloße → Rechtsbedingung (Bestehen des Klageanspruchs) angesehen.

Auch mit und gegen Ansprüche aus dem *Steuerschuldverhältnis* kann nach den Vorschriften des BGB aufgerechnet werden (§ 226 AO).

**Aufruhr** als bloße Teilnahme an einer öffentl. Zusammenrottung, bei der mit vereinten Kräften → Widerstand gegen die Staatsgewalt begangen wird, ist seit dem 3. StrRG 1970 nicht mehr strafbar, sondern nur die aktive Teilnahme an Widerstandshandlungen (§§ 113, 114 StGB) und insbes. am → Landfriedensbruch (§ 125 StGB).

**Aufschiebende Bedingung** → Bedingung.

**Aufschiebende Einreden** → Einrede; – des Erben → Erbe (vorläufiger), → Dreimonatseinrede, → Aufgebotseinrede.

**Aufschiebende Wirkung** bei Verwaltungsakten → Vollziehung, sofortige. Im Zivilprozeß tritt durch ein Rechtsmittel idR. keine a.W. ein (vorläufige Vollstreckbarkeit). S. a. → Suspensiveffekt.

**Aufschub der Strafe** → Strafaufschub.

**Aufsicht** (im öff. Recht) → Staatsaufsicht, → Dienstaufsicht; → Gemeinde (4).

**Aufsichtsbehörden** sind die zur Durchführung der → Staatsaufsicht zuständigen, i. d. R. also die im Instanzentzug übergeordneten Behörden (→ Verwaltungsbehörden, Aufbau, → Gemeinde, 4).

**Aufsichtsbeschwerde** → Dienstaufsichtsbeschwerde, → Beschwerde (2).

**Aufsichtspflicht, Verletzung der –.** Die Aufsichtspflichtverletzung kann für den Verantwortlichen zivil- und strafrechtliche Folgen haben.

Über die *zivilrechtlichen* Folgen der A.verletzung insbes. durch Eltern oder Lehrer → unerlaubte Handlung (3).

Eine *strafrechtliche* Verantwortlichkeit wegen V.d.A. besteht nur bei Strafbarkeit wegen → Teilnahme an der Straftat des zu Beaufsichtigenden.

Weiterhin gelten die Strafdrohungen gegen Verletzung der Fürsorge- oder Erziehungspflicht (§ 171 StGB) und der → *Obhutspflicht* durch Quälen oder rohes Mißhandeln von Jugendlichen oder Gebrechlichen oder ihre böswillige gesundheitliche Vernachlässigung (§ 225 StGB).

Ferner kann gegen einen *Betriebsinhaber oder -leiter,* gesetzlichen Vertreter oder Beauftragten eine Geldbuße verhängt werden, wenn in dem Betrieb eine Straftat oder → Ordnungswidrigkeit begangen worden ist, die in einer Verletzung betrieblicher Pflichten des Inhabers besteht (§ 130 OWiG).

**Aufsichtsrat** ist das bei einer → Aktiengesellschaft, → Kommanditgesellschaft auf Aktien und → Genossenschaft gesetzlich vorgeschriebene Organ, das insbes. die Aufgabe hat, die Geschäftsführung zu überwachen (§§ 111, 278, 287 AktG, § 38 GenG), bei der AG auch den Vorstand zu bestellen (§ 84 AktG). S.a. → Mitbestimmung (2).

1. Der A. der *AG (KGaA)* besteht aus mindestens 3 Mitgliedern, je nach Größe des → Grundkapitals höchstens aus 21. Die Mitgliederzahl muß durch 3

teilbar sein (§ 95 AktG). Für die Zusammensetzung des A. (§§ 96–99 AktG) sind 4 Gruppen von Gesellschaften zu unterscheiden. a) Solche, für die § 76 I BetrVG 1952 gilt; b) solche, für die das MitbestimmungsG gilt; c) solche, für die das Mitbestimmungsergänzungs G gilt, und d) die übrigen Gesellschaften, bei denen kein Arbeitnehmervertreter in den A. entsandt wird. Man unterscheidet ferner bei den A.mitgliedern die Aktionärvertreter, die von der → Hauptversammlung gewählt oder auf Grund der Satzung in den A. entsandt werden, und die Arbeitnehmervertreter, die gemäß § 76 BetrVG von den Arbeitnehmern gewählt oder bei den Gesellschaften der Montanindustrie nach dem MitBestG oder dem MitBestErgG auf Vorschlag der → Betriebsräte und → Gewerkschaften von der Hauptversammlung berufen werden. Ferner gibt es bei den Montangesellschaften auf Grund dieser beiden Gesetze noch sog. weitere Mitglieder des A., auf die sich die Aktionär- und Arbeitnehmervertreter des jeweiligen A. einigen oder die in einem besonderen Verfahren bestellt werden müssen. Bei den Montangesellschaften entsenden die Arbeitnehmer ebensoviele A.mitglieder wie die Aktionäre; bei den anderen Gesellschaften 1/3 (§ 76 I BetrVG 1952; s.i.e. → Mitbestimmung).

Mitglieder des A. können nur natürliche unbeschränkt geschäftsfähige Personen sein (§ 100 I AktG). Jedoch ist die Zahl der A.-positionen, die eine Person auf sich vereinigen kann, grundsätzlich auf 10 beschränkt (Vorsitz zählt doppelt; § 100 II, III AktG). Die Amtszeit der A.mitglieder beträgt höchstens 4 Jahre (§ 102 AktG). Vorher können sie nur aus wichtigem Grund durch gerichtliche Entscheidung abberufen werden (§ 103 AktG). Sie haften für die Verletzung von Sorgfaltspflichten wie der Vorstand und sind der Gesellschaft in gleicher Weise verantwortlich (§§ 116, 93 AktG). Sie können auf Grund der Satzung oder eines Beschlusses der Hauptversammlung eine Vergütung, i. d. R. eine → Tantieme (§ 113 AktG) erhalten. Für seine Geschäftsführung kann der A. eine Geschäftsordnung aufstellen. Der A. wählt aus seiner Mitte einen Vorsitzenden und seinen Stellvertreter (§ 107 AktG).

2. Bei einer → Gesellschaft mit beschränkter Haftung muß ein A. gebildet werden, wenn die GmbH mehr als 500 Arbeitnehmer beschäftigt (§ 77 I BetrVG 1952), sonst nur, wenn im Gesellschaftsvertrag vorgesehen (§ 52 GmbHG). In der Montanindustrie muß eine GmbH, die mehr als 1000 Arbeitnehmer beschäftigt oder → Einheitsgesellschaft oder → Holdinggesellschaft ist, einen A. in gleicher Weise wie eine AG bilden. Für den A. einer GmbH gelten die meisten Vorschriften des Aktienrechts sinngemäß; jedoch ist die Zuständigkeit geringer, da die Befugnisse der Gesellschafterversammlung (§ 46 GmbHG) unberührt bleiben.

3. Bei der → Genossenschaft muß stets ein A. gebildet werden (§ 9 I GenG). Er besteht aus mindestens 3 von der → Generalversammlung zu wählenden Mitgliedern. Bei Genossenschaften mit mehr als 500 Arbeitnehmern entsenden wie bei der AG die Arbeitnehmer 1/3 der A.mitglieder (§ 77 III BetrVG 1952). Der A. hat den Vorstand bei dessen Geschäftsführung zu überwachen; seine weiteren Aufgaben ergeben sich aus dem Statut und dem Gesetz (§§ 38–40 GenG). Die Bestellung und Abberufung des Vorstandes obliegt aber – anders als bei der AG – stets der Generalversammlung (§ 24 II GenG). Die A.mitglieder haften für die Erfüllung ihrer Obliegenheiten nach § 41 GenG. Sie dürfen keine Tantieme beziehen und können durch Beschluß der Generalversammlung (mit 3/4-Mehrheit) auch vor Ablauf des Zeitraums, für den sie bestellt sind, abberufen werden (§ 36 II, III GenG).

4. Ein → Versicherungsverein auf Gegenseitigkeit hat einen A., der aus mindestens 3 Mitgliedern besteht und von der obersten Vertretung gewählt wird; die Vorschriften der AktG für den A. gelten entsprechend mit Besonderheiten für Tantieme und Haftung (§ 35 VersichAufsichtG).

**Aufsichtsratsteuer** → Einkommensteuer (6).

**Aufspaltung** → Umwandlung (I 3).

**Aufstachelung zum Angriffskrieg** → Friedensverrat.

**Aufstachelung zum Haß** ist als ein Fall der → Volksverhetzung nach § 130

I Nr. 1 StGB strafbar, wenn sie sich gegen Teile der Bevölkerung (z. B. Wirtschafts- oder konfessionelle Gruppen) richtet und geeignet ist, den → *öffentlichen Frieden* zu stören. Auch ohne diese Eignung ist A.z.H. gegen Teile der Bevölkerung oder gegen eine nationale, rassische, religiöse oder durch ihr Volkstum bestimmte Gruppe durch → Schriften, oder andere Darstellungen gemäß § 130 II StGB als → Volksverhetzung bei dem Täter unter Strafe gestellt, der solches Material herstellt, einführt, vorrätig hält, ausstellt, anpreist, verbreitet usw.

**Aufstieg** ist die → Beförderung eines Beamten in ein Amt der nächsthöheren → Laufbahn, also vom einfachen in den mittleren, vom mittleren in den gehobenen und vom gehobenen in den höheren Dienst. Vorauszugehen hat eine dem Vorbereitungsdienst meist entsprechende Einführungszeit, sowie für den mittleren und den gehobenen Dienst das Bestehen der einschlägigen Laufbahnprüfung (näheres: §§ 22, 28 BLV und Länderregelungen). Für den A. in den höheren Dienst ist dagegen lediglich nach erfolgreicher Ableistung der mindestens 2jährigen Einführungszeit eine Vorstellung gemäß § 33 V BLV vorgesehen. Der A. für einen begrenzten, der bisherigen Tätigkeit verwandten Aufgabenbereich (A. für besondere Verwendungen) ist erleichtert (§ 33 c BLaufbVO → Laufbahnen der Beamten).

**Aufstiegsfortbildungsförderungsgesetz.** Das Gesetz zur Förderung der beruflichen Aufstiegsfortbildung (AFBG) vom 23. 4. 1996 (BGBl. I 623) verfolgt das Ziel, Teilnehmerinnen und Teilnehmer an Maßnahmen der beruflichen Aufstiegsfortbildung durch Beiträge zu den Kosten der Maßnahme und zum Lebensunterhalt finanziell zu unterstützen. Förderungsfähig ist die Teilnahme an Fortbildungsmaßnahmen, die einen Abschluß nach dem Berufsbildungsgesetz oder der Handwerksordnung oder eine entsprechende berufliche Qualifikation voraussetzen und in einer fachlichen Richtung gezielt auf öffentlich-rechtliche Prüfungen zu Abschlüssen auf der Grundlage des Berufsbildungsgesetzes oder der Handwerksordnung oder vergleichbare Abschlüsse vorbereiten. Darüber hinaus muß die Maßnahme einen bestimmten Mindestumfang haben. Die Förderung ist ausgeschlossen, wenn für die Teilnahme an der Maßnahme Ausbildungsförderung nach dem Bundesausbildungsförderungsgesetz oder Unterhaltsgeld nach dem SGB III geleistet wird oder Anspruch auf bestimmte Leistungen zur Rehabilitation besteht. Leistungen nach dem A. sind steuerfrei (§ 3 Nr. 37 EStG).

**Aufteilung der Steuerschuld** → Gesamtschuld (steuerlich).

**Auftrag.** Während im Sprachgebrauch unter A. oft ein Vertragsangebot (z. B. zum Kaufvertrag) verstanden wird, ist A. im Rechtssinne ein Vertrag, durch den sich jemand verpflichtet, ein ihm vom Auftraggeber übertragenes Geschäft für diesen unentgeltlich zu besorgen (§ 662 BGB). Der A. ist infolge seiner Unentgeltlichkeit ein Gefälligkeitsvertrag. Es muß aber eine rechtliche Bindung gewollt sein; sonst liegt – wie im täglichen Leben oft – nur ein Gefälligkeitsverhältnis vor (→ Schuldverhältnis). Der A. betrifft das *Innenverhältnis* zwischen A.geber und Beauftragtem; hiervon ist die oft hiermit verbundene → Vollmacht scharf zu unterscheiden; sie betrifft die Vertretungsmacht des Beauftragten *nach außen*. Die Art der dem Beauftragten übertragenen möglichen Geschäfte ist hier (anders → Geschäftsbesorgung) umfassend; es kommen sowohl rechtliche wie tatsächliche, dauernde wie vorübergehende Zwecke in Betracht. A. ist z. B. die Eröffnung eines → Kontokorrents, der → Girovertrag mit einer Bank (s. Überweisung), eine unentgeltliche Vermögensverwaltung, insbes. auch die Abrede bei der → Sicherungsübereignung, aber auch die Übernahme einer persönlichen Fürsorge usw. Die Bedeutung des A.rechts liegt ferner darin, daß in zahlreichen Vorschriften, insbes. bei der entgeltlichen → Geschäftsbesorgung und bei der → Geschäftsführung ohne Auftrag, auf die Bestimmungen über den A. verwiesen ist. S. a. → Kreditauftrag.

Der A. wird formlos abgeschlossen. Er verpflichtet den Beauftragten, soweit ihm nichts anderes gestattet ist, den A. persönlich auszuführen und den Weisungen des A.gebers zu folgen, sofern nicht anzunehmen ist, daß dieser bei Kenntnis der Sachlage die Abweichung billigen würde (z. B. bei Vermögensverfall des Gegners, §§ 664, 665 BGB). Wer zur Besorgung gewisser Geschäfte öffentlich bestellt ist oder sich öffentlich angeboten hat, aber im Einzelfall einen auf solche Geschäfte gerichteten A. nicht annehmen will, ist verpflichtet, die Ablehnung dem A.geber unverzüglich anzuzeigen (*Ablehnungsanzeige,* § 663 BGB). Unterläßt er dies, so kommt der A. zwar nicht zustande (anders → Schweigen); der Beauftragte macht sich jedoch schadensersatzpflichtig. – Der Beauftragte hat über den Stand des Geschäfts *Auskunft* zu erteilen und nach der Ausführung des A. → Rechenschaft abzulegen (§ 666 BGB). Alles, was er zur Ausführung des A. erhält und was er aus der Geschäftsbesorgung erlangt, hat er dem A.geber herauszugeben (§ 667 BGB, z. B. Gutschrift der beauftragten Bank bei eingegangenen Beträgen auf dem Girokonto des A.gebers). Umgekehrt ist der A.geber verpflichtet, dem Beauftragten die *Aufwendungen* zu ersetzen, die er zur Ausführung des A. den Umständen nach für erforderlich halten darf (§ 670 BGB). Unter Aufwendungen sind nicht nur Vermögensopfer, sondern auch anläßlich der Ausführung des A. entstehende Körperschäden (Zufallsschäden), ja sogar der Verlust des Lebens zu verstehen. S. → Befreiung des Schuldners.

Der A. endet mit Erreichung des mit ihm verfolgten Zwecks. Vorher kann er jederzeit vom A.geber widerrufen und vom Beauftragten gekündigt werden (bei wichtigem Grund auch trotz Verzichts auf das Kündigungsrecht, § 671 BGB). Außerdem endet der A. im Zweifel mit dem Tod des Beauftragten (§ 673 BGB), regelmäßig aber nicht durch den Tod oder den Eintritt der Geschäftsunfähigkeit des A.gebers (§ 672 BGB), wohl aber wenn gegen diesen das → Insolvenzverfahren eröffnet wird und der A. sich auf ein Geschäft der Insolvenzmasse bezieht (§ 115 InsO). Mit dem A. erlischt auch die → Vollmacht (§ 168 BGB). S. ferner → Raterteilung.

**Aufträge, öffentliche** → öffentliche Aufträge.

**Auftragsangelegenheiten.** Juristischen Personen des öffentlichen Rechts (insbes. Gebietskörperschaften, z. B. → Gemeinden, → Kreise) können Verwaltungsangelegenheiten zur Besorgung im Auftrag des Staates oder anderer jur. Personen des öffentlichen Rechts übertragen werden *(mittelbare Staatsverwaltung).* Diese A. stehen nach dem dualistischen Modell (→ Gemeinde, 3) im Gegensatz zu den eigenen Aufgaben der beauftragten Körperschaft, die sie kraft des Rechtes zur → Selbstverwaltung erledigt. Während in Angelegenheiten der Selbstverwaltung *(eigener Wirkungskreis)* die → Staatsaufsicht auf die Prüfung der Rechtmäßigkeit des Verwaltungshandelns beschränkt ist *(Rechtsaufsicht),* kann bei A. (übertragener Wirkungskreis) auch die Handhabung des → Ermessens überprüft werden *(Fachaufsicht).* In diesem Rahmen haben die zuständigen staatlichen Aufsichtsbehörden allgemein und im Einzelfall ein → Weisungsrecht. Von den A. ist die – ihrem Wesen nach allerdings verwandte – Auftragsverwaltung (→ Verwaltungskompetenz, → Ausführung von Gesetzen) zu unterscheiden.

**Auftragsbestätigung** → Vertrag (1), Bestätigungsschreiben.

**Auftragsforschung** (§ 68 Nr. 9 AO ab 1997) → Drittmittelforschung.

**Auftragsverwaltung** → Ausführung von Gesetzen (1); s.a. → Auftragsangelegenheiten.

**Aufwandsentschädigungen** sind Vergütungen für Aufwendungen, die mit der Berufsausübung verbunden sind. Die aus *öffentlichen Kassen* gezahlten A. sind regelmäßig einkommen- und lohnsteuerfrei (§ 3 Nrn. 12, 13 EStG); A. an private Arbeitnehmer nur, soweit es sich um Reisekosten, Umzugskosten, Mehraufwendungen für doppelte Haushaltsführung (§ 3 Nr. 16 EStG), Werkzeuggeld, Berufskleidung, Sammelbeförderung (§ 3 Nr. 30–32 EStG), Zuschüsse zur Unterbringung und Betreuung nichtschuldiger Kinder (§ 3 Nr. 33 EStG), durchlaufende Gelder oder Auslagenersatz handelt (§ 3 Nr. 50 EStG) → Job-Ticket. A. für nebenberufl. Übungsleiter, Erzieher usw. oder für die nebenberufliche Pflege alter, kranker oder behinderter Menschen im

Dienst von jur. Personen des öff. Rechts od. gemeinnützigen Vereinen sind bis 2400 DM im Jahr steuerfrei (§ 3 Nr. 26 EStG). Über die Umsatzsteuerfreiheit der A. für *ehrenamtliche Tätigkeiten* vgl. § 4 Nr. 26 UStG.

**Aufwendungen.** Im Zivilrecht → Auftrag, → Befreiung des Schuldners. *Steuerlich* werden A. in einem umfassenden, die Ausgaben einschließenden Sinne verstanden. Zu den A. gehören u. a. → Betriebsausgaben, → Werbungskosten, → Sonderausgaben, → außergewöhnliche, Belastungen, → Lebensführungskosten (§ 12 Nr. 1 EStG); → Ausgaben, abzugsfähige.

**Aufwendungsersatz** → Auftrag, → Befreiung des Schuldners.

**Aufwertung** ist die Erhöhung des Außenwertes einer Währung durch Änderung des festgesetzten Wechselkurses, bei Goldwährungen durch Anhebung des Goldgehalts der Währungseinheit *(Revalvation).* Gegensatz: → Abwertung (Devalvation). Durch die A. wird die Einfuhr verbilligt, die Ausfuhr verteuert. Die A. als währungspolitische Maßnahme dient der Beseitigung eines dauernden Zahlungsbilanz-Überschusses, insbes. wenn aus diesem eine anderweitig nicht zu steuernde inflatorische Ausweitung des Geldvolumens erwächst. Als handelspolitische Maßnahme wird sie angewendet, wenn anderweitig eine notwendige Steigerung der Wareneinfuhr nicht zu erreichen ist. Die Festsetzung des Wechselkurses gehört nicht zu den währungspolitischen Befugnissen der → Bundesbank; zuständig ist vielmehr die BReg. Die internationale Bindung an den Internationalen → Währungsfonds (feste Parität zum US-Dollar) ist inzwischen weggefallen („Floating"); dagegen besteht jetzt die Bindung an das → Europäische Währungssystem. S.a. → Währungsblock, Europ. Jeder EWG-Mitgliedstaat hat außerdem seine Politik auf dem Gebiet der Wechselkurse als Angelegenheit von gemeinsamem Interesse zu behandeln (Art. 105 ff., 107 EGV – beratender Währungsausschuß –). Eine A. dürfte gemäß Art. 20 Prot. ESZB zu den währungspolitischen Maßnahmen gehören, die der ESZB-Rat mit Zweidrittelmehrheit beschließen kann.

**Aufzeichnungspflichten im Steuerrecht.** 1. *Allgemeine A.:* Wer nach anderen Gesetzen als Steuergesetzen Bücher und Aufzeichnungen zu führen hat (z. B. als Vollkaufmann, §§ 1, 2, 238 ff. HGB, → Buchführung), muß diese Verpflichtungen auch im Interesse der Besteuerung erfüllen (§ 140 AO).

2. *Buchführungspflicht aus nur steuerlichen Gründen:* a) Nach § 141 AO haben Bücher zu führen: gewerbliche Unternehmer sowie Land- und Forstwirte, wenn nach der Feststellung der Finanzbehörde für den einzelnen Betrieb entweder *a)* die Umsätze einschließlich der steuerfreien Umsätze ohne die Umsätze nach § 4 Nrn. 8–10 UStG mehr als 500 000 DM im Kalenderjahr oder *b)* der Wirtschaftswert selbstbewirtschafteter land- und forstwirtschaftlicher Flächen (einschl. der gepachteten) mehr als 40 000 DM oder *c)* der Gewinn aus Gewerbebetrieb im Wirtschaftsjahr mehr als 48 000 DM oder *d)* der Gewinn aus Land- und Forstwirtschaft mehr als 48 000 DM im Kalenderjahr betragen haben. Die Buchführungspflicht beginnt ab dem Wirtschaftsjahr, das auf die Mitteilung der Finanzbehörde folgt. b) Nach § 143 AO haben gewerbliche Unternehmer den *Wareneingang* gesondert aufzuzeichnen. Der *Warenausgang* ist nach § 144 AO von gewerblichen Unternehmern aufzuzeichnen, die nach der Art ihres Geschäftsbetriebs Waren regelmäßig an andere gewerbliche Unternehmer zur Weiterveräußerung oder zum Verbrauch als Hilfsstoffe liefern.

3. *Besondere A.:* a) Für Zwecke der Umsatzsteuer sind alle Unternehmer verpflichtet, die Entgelte fortlaufend aufzuzeichnen (§ 22 UStG i.Verb. mit §§ 63–68 UStDV). Diese Aufzeichnungspflicht darf nicht verwechselt werden mit dem *buchmäßigen Nachweis,* der regelmäßig Voraussetzung der Inanspruchnahme von Vergünstigungen ist, z. B. der USt-Befreiung der → Ausfuhrlieferung (§ 6 IV UStG, § 13 UStDV) oder der innergemeinschaftlichen Lieferung (§ 6 a III UStG, § 17 c UStDV). → Umsatzsteuer (II, 2). b) Besondere *einkommensteuerliche* A. enthalten z. B. § 4 VII EStG (→ Betriebsausgaben)

und § 6 II EStG (→ geringwertige Wirtschaftsgüter).

**Aufzüge** → Versammlungsgesetz; → Aufzugsanlagen.

**Aufzugsanlagen.** Errichtung und Betrieb von A. (Begriff: § 2 AufzVO) unterliegen nach der AufzugsVO (Art. 3 der VO vom 27. 2. 1980, BGBl. I 173) grundsätzlich – Ausnahmen s. § 1 II, III – als → überwachungsbedürftige Anlagen einer Anzeige- und Prüfpflicht (Abnahmeprüfung) für die Errichtung und wesentliche Änderung sowie der regelmäßigen und außerordentlichen Prüfung durch Sachverständige (Technischer Überwachungsverein). Für Personenaufzüge muß ein Aufzugswärter bestellt werden. Verstöße gegen die VO sind → Ordnungswidrigkeiten. Die anzuwendenden technischen Vorschriften enthalten der Anhang zur AufzugsVO und die Verwaltungsvorschrift vom 29. 3. 1972 (BAnz. Nr. 66).

**Augenschein.** Der richterliche A. ist ein → Beweismittel, bei dem das Gericht durch unmittelbare sinnliche Wahrnehmung (sehen, hören, fühlen, riechen, schmecken) Beweis über eine Tatsache erhebt. A. ist in jeder Verfahrensordnung vorgesehen (§§ 371, 372 ZPO, § 86 StPO, § 96 I VwGO, § 81 I FGO, § 118 I SGG, § 15 I FGG). Der A. kann in oder außerhalb der mündlichen Verhandlung oder der Hauptverhandlung (auch anläßlich eines besonderen Ortstermins, § 219 ZPO) eingenommen werden. Das Ergebnis des A.s ist in das Protokoll über die mündliche Verhandlung aufzunehmen (§ 160 III Nr. 5 ZPO). Zu den Gegenständen der Beweisaufnahme durch A. gehören auch → Tonbandaufnahmen, → Leichenschau und -öffnung.

**Augsburger Religionsfriede (1555)** → cuius regio eius religio.

**Auktion, Auktionator** → Versteigerungsgewerbe.

**Aus- und Einsteigen** → Haltestellen, → Verlassen eines Fahrzeugs.

**Ausbeutung.** Über die zivilrechtlichen Folgen der A. einer Zwangslage, der Unerfahrenheit, des Mangels an Urteilsvermögen oder erheblicher Willensschwäche eines anderen bei Rechtsgeschäften → Sittenwidrigkeit.

Bei Darlehens- od. ähnl. Geschäften, Vermietung usw. kann A. Strafbarkeit wegen → Wuchers begründen. – Die A. von *Prostituierten* (auch männlichen) ist strafbar, wenn sie mit Gewährung von Wohnung verbunden ist (§ 180a II Nr. 2 StGB; bloße Inanspruchnahme eines „Unbequemlichkeitszuschlags" ist keine A.). Wegen ausbeuterischer → Zuhälterei ist eine (männliche oder weibliche) Person strafbar, die zuhälterische Beziehungen zu einer (einem) Prostituierten unterhält und diese gewinnsüchtig ausnutzt (§ 181a I Nr. 1 StGB).

**Ausbietung** → Ausgebot.

**Ausbietungsgarantie** ist ein → Vertrag zwischen dem betreibenden Gläubiger einer → Zwangsversteigerung und einer anderen Person, durch den sich diese verpflichtet, beim → Ausgebot ein Gebot abzugeben, das über das → geringste Gebot hinaus auch den Betrag deckt, der auf den betreibenden Gläubiger entfällt.

**Ausbildender** → Berufsausbildungsverhältnis.

**Ausbildungsberufe** sind die Berufe, in denen eine → Berufsbildung i.e.S. (nach Berufsbildungsgesetz und verwandten Vorschriften) stattfindet. Wegen der A. der für sie geltenden → Ausbildungsordnungen, Dauer der Ausbildung u.ä. vgl. das Verzeichnis der anerkannten oder als anerkannt geltenden A. des BundesI für Berufsbildung, veröffentlicht als Beil. zum BAnz. vom 28. 7. 1989 Nr. 218, vom 10. 9. 1990 Nr. 225a und vom 30. 9. 1991 Nr. 239a.

**Ausbildungsförderung.** 1. Das *Bundesausbildungsförderungsgesetz* – BAFöG – i. d. F. vom 6. 6. 1983 (BGBl. I 645) m. spät. Änd. regelt die individuelle A. von Personen, denen die für ihren Lebensunterhalt und ihre Ausbildung erforderlichen Mittel nicht zur Verfügung stehen. Als Leistungen werden Zuschüsse und Darlehen zum Besuch von Hochschulen, allgemeinbildenden Schulen und Fachoberschulen, von Berufsaufbau-, Abendreal-, Berufsfach- und Fachschulen sowie von Abendgymnasien und Kollegs gewährt. Durch

RechtsVO der BReg. können andere gleichwertige Ausbildungsstätten einbezogen werden. A. wird für den Bedarf (Lebensunterhalt und Ausbildung) nach bestimmten Sätzen geleistet (§§ 11 ff.); eigenes Einkommen und Vermögen sowie solches der Eltern und des Ehegatten ist in bestimmtem Umfang anzurechnen (§§ 21 ff.). Die Förderung erfolgt für die Dauer der Ausbildung einschl. der unterrichtsfreien Zeit und erstreckt sich auf ein Praktikum, das im Zusammenhang mit der zu fördernden Ausbildung geleistet werden muß. Zuständig sind Ämter für A. (meist bei den Kreisverwaltungsbehörden oder den Studentenwerken errichtet). Die Länder haben Ausführungs- und Ergänzungsgesetze erlassen (so z. B. Bayern Gesetz vom 22. 9. 1982, GVBl. 895), z. T. unter Erweiterung des berechtigten Personenkreises. S.a. → Berufsbildungsgesetz, → Graduiertenförderung. Zur Schaffung ausreichender Ausbildungsplätze können gleichfalls Förderungsmittel bewilligt werden. Die Leistungen nach dem BAföG sind steuerfrei (§ 3 Nr. 11 EStG).

2. Das *AusbildungsplatzförderungsG* (BGBl. 1976 I 2658), das zu deren Finanzierung eine *Berufsausbildungsabgabe* vorsah, ist vom BVerfG für verfassungswidrig erklärt worden (vgl. NJW 1981, 329).

**Ausbildungsfreibetrag** → Belastungen, außergewöhnliche 3 b.

**Ausbildungsgeld.** Das Ausbildungsgeld gehört zu den Leistungen der → Arbeitsförderung nach dem SGB III. Ausbildungsgeld können → Behinderte während einer beruflichen Ausbildungsmaßnahme, einer berufsvorbereitenden Bildungsmaßnahme oder einer Maßnahme im Eingangsverfahren oder im Arbeitstrainingsbereich einer Werkstatt für Behinderte erhalten, wenn → Übergangsgeld nicht erbracht werden kann (§§ 104 ff. SGB III).

**Ausbildungskosten** → Rückzahlungsklausel. S. a. → Ausbildungsförderung, → Unterhaltspflicht unter Verwandten und → Sonderausgaben 1 c.

**Ausbildungsordnung** ist die in Form einer RechtsVO ergehende staatliche Anerkennung eines → Ausbildungsberufs (Fundstellennachweis s. dort). Außer diesem bezeichnet sie die Ausbildungsdauer, das Ausbildungsberufsbild, einen Ausbildungsrahmenplan und die Prüfungsanforderungen (§ 25 BerBG, § 25 HandwO). Die A. kann eine Stufenausbildung vorsehen (§ 26 aaO). Für einen anerkannten Ausbildungsberuf darf nur nach der A. ausgebildet werden (§ 27 HandwO, § 28 BerBG). Wegen A. zur beruflichen Fortbildung und Umschulung s. §§ 46, 47 BerBG. A.en bestehen auf zahlreichen anderen Gebieten, z. B. für Heilhilfsberufe, im öffentlichen Dienst usw.

**Ausbildungsstätte.** Nach Art. 12 I 1 GG haben alle Deutschen das → Grundrecht, → Beruf, Arbeitsplatz und A. frei zu wählen. Danach hat jeder Deutsche grundsätzlich freien Zugang zu allen berufsvorbereitenden Bildungseinrichtungen, insbes. also Schulen und Hochschulen. Der Zugang kann nur entsprechend den für die → Berufsfreiheit entwickelten Grundsätzen beschränkt werden (s.a. → numerus clausus). Allgemeine A. ist auch eine Berufsausbildung im öffentlichen Dienst unter Berufung in ein → Beamtenverhältnis, wenn sie nicht nur der Ausbildung des Beamtennachwuchses dient. Deshalb ist derzeit insbes. der juristische Vorbereitungsdienst allgemeine A.; der Zugang zu ihm darf grundsätzlich nicht von einer Bedürfnisprüfung oder von sonstigen objektiven Zulassungsbedingungen (z. B. Altersgrenze) abhängig gemacht, sondern nur aus Gründen fehlender Ausbildungskapazität beschränkt werden.

**Ausbildungsverhältnis** → Berufsausbildungsverhältnis.

**Ausbildungszuschüsse** kann die → Bundesanstalt für Arbeit einem Arbeitgeber gewähren, der → Behinderte in seinem Betrieb ausbildet, wenn diese Ausbildung sonst nicht zu erreichen ist, § 236 SGB III.

**Ausbleiben** einer Partei → Versäumnisurteil; – eines Beschuldigten (Angeklagten) → Vorführungsbefehl, → Hauptverhandlung, → Strafbefehl; – eines Zeugen s. dort; – eines Wehr(Zivildienst)pflichtigen → Vorführung Wehrpflichtiger.

**Ausbruch aus Gefangenenanstalt.** Die *Selbstbefreiung* des *einzelnen* Gefangenen ist nicht strafbar, wohl aber die *Gefangenenmeuterei* (schon der Versuch), wenn sich mehrere zusammenrotten und mit vereinten Kräften gewaltsam ausbrechen oder einem Gefangenen zum A. verhelfen (§ 121 I, II StGB; → Meuterei sowie → Gefangenenbefreiung, zu der ein Gefangener selbst anstiften kann).

**Ausbürgerung** → Entlassung aus der → Staatsangehörigkeit, 4.

**„Auschwitz-Lüge"** ist die Bezeichnung für das Leugnen des systematischen Massenmordes von Juden in den Konzentrationslagern, namentlich in Auschwitz, während der nationalsozialistischen Gewaltherrschaft. Sie ist strafbar als → Volksverhetzung, auch das bloße Leugnen, Billigen oder Verharmlosen öffentlich oder in einer Versammlung (§ 130 StGB), u. U. auch als Verunglimpfung des Andenkens Verstorbener und als → Beleidigung.

**Auseinandersetzung** → Liquidation, → Gemeinschaft, → Gesellschaft, → Erbengemeinschaft, → Gütergemeinschaft.

**Auseinandersetzungsbilanz, -guthaben** → Gesellschaft.

**Ausfahren aus Grundstücken** → Einfahren aus Grundstücken.

**Ausfallbürgschaft** → Bürgschaft.

**Ausfallhaftung** → Gesellschaft mit beschränkter Haftung.

**Ausfallmuster.** Auch wenn bei einem → Kauf der Verkäufer eine einwandfreie Probe (A.) übersandt hat (→ Kauf nach Probe), ist der Käufer gehalten, zur Erhaltung seines Rügerechts die eingetroffene Ware unverzüglich auf Sachmängel (→ Gewährleistung) u.ä. zu untersuchen. → Handelskauf.

**Ausfallzeiten** (→ Sozialversicherung). An ihre Stelle sind durch das Rentenreformgesetz 1992 die → Anrechnungszeiten getreten (→ Rentenversicherung).

**Ausfertigung einer Urkunde** ist die amtliche Abschrift eines amtlichen Schriftstücks, die im Verkehr die Urschrift ersetzen soll (§§ 47 ff. des BeurkundungsG vom 28. 8. 1969, BGBl. I 1513). Sie wird mit „Ausfertigung" überschrieben und enthält den Ausfertigungsvermerk („Für die Übereinstimmung mit der Urschrift"), Ort und Datum der Erteilung, Unterschrift und Dienstsiegel. Von der A. zu unterscheiden ist die beglaubigte Abschrift (→ Formerfordernisse). Ausgefertigt werden insbes. gerichtliche Entscheidungen und notarielle Urkunden.

**Ausfertigung von Gesetzen** ist als Teil des → Gesetzgebungsverfahrens die urkundliche Festlegung durch Unterzeichnung des Gesetzestextes, nachdem das Gesetz von den gesetzgebenden Körperschaften beschlossen worden ist. Die A. obliegt nach Art. 82 I GG dem BPräs. (nach Gegenzeichnung durch den Bundeskanzler u. den sachlich zuständigen BMin.), nach den Landesverfassungen den MinPräs. Strittig ist, ob diese Organe schon dann zur Ausfertigung verpflichtet sind, wenn das Gesetz in förmlicher Hinsicht ordnungsgemäß zustande gekommen ist (z. B. die erforderliche Zustimmung des BRats vorliegt), oder ob ihnen auch eine Überprüfung zusteht, ob es inhaltlich der Verfassung entspricht (materielles Prüfungsrecht). Ist das Gesetz formell nicht verfassungsgemäß zustande gekommen, so ist die A. auf jeden Fall zu verweigern.

**Ausflugsfahrten** sind eine Sonderform der gewerblichen → Personenbeförderung im Gelegenheitsverkehr. Anders als bei → Mietomnibussen wird bei ihnen das Fahrtziel durch den Unternehmer bestimmt.

**Ausforschungsbeweisantrag** → Beweis, → Beweisantrag im Strafprozeß.

**Ausfuhr** → Handelspolitik.

**Ausfuhrabgaben** sind Zölle (→ Zoll) und ähnliche Abgaben bei der Ausfuhr von Waren (Art. 4 Nr. 11 ZK, § 1 I S. 3 ZollVG). Die EU erhebt z. Zt. keine A.

**Ausfuhramt** → Bundesausfuhramt.

**Ausfuhrkartell** → Kartell (Exportkartell).

**Ausfuhrlieferungen** → Drittlandsgebiet (1).

**Ausfuhrliste** ist die Bezeichnung der Anlage AL zur AußenwirtschaftsVO, jeweils bekanntgemacht als Beilage zum BAnz. → Außenwirtschaft. Sie enthält die Warengruppen, insbes. eine internationale Liste von Waren u. dgl. (Waffen, Munition, Rüstungsgüter sowie Kernenergie), deren → Ausfuhr der Genehmigung bedarf (§§ 5, 45 AWV).

**Ausführung von Gesetzen** ist die Verwirklichung der → Gesetze (im materiellen Sinn) durch die → vollziehende Gewalt (Exekutive, Verwaltung). Die Zuständigkeit zur A. v. G. ist unterschiedlich geregelt:

1) → *Bundesgesetze:* Soweit das GG nichts anderes bestimmt oder zuläßt, werden die Bundesgesetze von den Ländern als eigene Angelegenheiten ausgeführt (Art. 83 GG: Grundsatz der „Landesexekutive", *landeseigene Verwaltung*). Die Länder regeln dann die Einrichtung der Behörden und das Verwaltungsverfahren, soweit nicht Bundesgesetze mit Zustimmung des BRats etwas anderes bestimmen. Die BReg. kann mit Zustimmung des BRats → Verwaltungsvorschriften erlassen. Sie übt die Aufsicht darüber aus, daß die Bundesgesetze dem Recht entsprechend ausgeführt werden. Einzelweisungen kann sie nur auf Grund besonderer gesetzlicher Ermächtigung erteilen. Ob die Länder bei der Ausführung der Bundesgesetze das Recht verletzt haben, beschließt auf Antrag der BReg. oder des Landes der BRat.; hiergegen kann das BVerfG angerufen werden. In den vom GG ausdrücklich vorgesehenen Fällen (Verwaltung der Bundesstraßen, der Bundeswasserstraßen, des Luftverkehrs; Durchführung des Lastenausgleichsgesetzes) führen die Länder die Bundesgesetze im Auftrag des Bundes aus *(Auftragsverwaltung).* Auch in diesen Fällen bleibt die Einrichtung der Behörden Angelegenheit der Länder, soweit nicht bundesgesetzlich anderes bestimmt ist. Die BReg. kann mit Zustimmung des BRats allgemeine Verwaltungsvorschriften erlassen. Die Landesbehörden unterstehen den Weisungen der obersten Bundesbehörden. Die Aufsicht des Bundes erstreckt sich auf die Rechtmäßigkeit und die Zweckmäßigkeit. Schließlich können Bundesgesetze in den im GG genannten Fällen in *bundeseigener Verwaltung* (und zwar entweder in unmittelbarer Bundesverwaltung oder in mittelbarer Bundesverwaltung durch bundesunmittelbare Körperschaften und Anstalten des öffentlichen Rechts) ausgeführt werden. In diesen Fällen regelt der Bund die Einrichtung der Behörden und erläßt die allgemeinen Verwaltungsvorschriften. In bundeseigener Verwaltung mit eigenem Verwaltungsunterbau werden der auswärtige Dienst, die Bundesfinanzverwaltung und die Bundeswehrverwaltung geführt. Ferner bestehen die Bundesgrenzschutzbehörden, das Bundesamt für Verfassungsschutz und das Bundeskriminalamt als Bundesbehörden. Als bundesunmittelbare Körperschaften des öffentlichen Rechts werden die Sozialversicherungsträger geführt, deren Zuständigkeitsbereich über das Gebiet eines Landes hinausgeht. Für Angelegenheiten, für die dem Bund die Gesetzgebung zusteht, können selbständige → Bundesoberbehörden und weitere bundesunmittelbare Körperschaften und Anstalten des öffentlichen Rechts durch Bundesgesetz errichtet werden; bei dringendem Bedarf können bundeseigene Mittel- und Unterbehörden mit Zustimmung des BRats und des BT geschaffen werden (im einzelnen s. Art. 84 bis 90 GG; vgl. auch → oberste Bundesbehörden; → Bundesamt; → Bundesanstalt).

2) → Landesgesetze: Ihre Ausführung steht gemäß Art. 30 GG den Ländern zu. Das Landesrecht bestimmt, inwieweit die Landesgesetze in unmittelbarer oder mittelbarer Staatsverwaltung ausgeführt werden.

**Ausführungsbehörde für Unfallversicherung.** In den Fällen, in denen die → Unfallversicherung dem Bund als → Unfallversicherungsträger obliegt werden die Aufgaben mit Ausnahme der Prävention von der Bundesausführungsbehörde für Unfallversicherung bzw. im Bereich des Bundesministeriums für Verkehr von der Ausführungsbehörde für Unfallversicherung des Bundesministeriums für Verkehr wahrgenommen (§ 115 SGB VII; → Unfallkasse Post und Telekom; → Unfallkassen der Länder). Die vor Inkrafttreten des SGB VII errichteten Ausführungsbehörden von Ländern oder Gemeinden sind übergeführt worden in rechtlich selbständige → Unfallversicherungsträger.

**Ausfuhrverbot.** Nach der gemeinsamen → Handelspolitik ist die Ausfuhrpolitik Sache der Gemeinschaft. Grundsätzlich besteht Ausfuhrfreiheit. Wegen Beschränkungen s. aber bei → Handelspolitik. Innerstaatliche Beschränkungen, die sowohl die Ausfuhr an Drittländer wie den → Warenverkehr regeln können, betreffen die im EGV für nationale Regelungen vorbehaltenen Bereiche, etwa → Kriegswaffen im engeren Sinne; die Behandlung der sogenannten dual use-Waren (= Waren, die u. a. auch für Kriegszwecke verwendet werden können, z. B. Chemikalien, die sich zur Giftgaserzeugung eignen) war lange kontrovers, sie ist jetzt in der VO vom 19. 12. 1994 (ABl. 1995 L XX) gemeinschaftsrechtlich geregelt. Hinsichtlich Beschränkungen für Kulturgut sind Art. 30, 36 EGV einschlägig, d.h. Ausfuhrbeschränkungen sind i. d. R. nur im Rahmen der → Cassisformel möglich. Wegen Genehmigungsverfahren, die lediglich der Kontrolle und nicht der materiellen Beschränkung dienen vgl. bei → Außenwirtschaft.

**Ausfuhrzoll** → Zoll.

**Ausgaben.** Bei der *Einkommensteuer* sind *abzugsfähige* A. die → Betriebsausgaben, → Werbungskosten, → Sonderausgaben und → außergewöhnliche Belastungen. Bei der *Körperschaftsteuer* (§ 9 KStG): 1. Gewinnanteile und Geschäftsführungsvergütungen der persönlich haftenden Gesellschafter einer Kommanditgesellschaft auf Aktien; 2. bestimmte → Spenden. *Nicht abzugsfähig* sind bei der *Einkommensteuer:* 1. Aufwendungen für die Lebensführung, auch wenn die wirtschaftl. oder gesellschaftl. Stellung des Steuerpflichtigen die A. mit sich bringt und sie der Förderung des Berufs dienen (→ Lebensführungskosten). 2. Zuwendungen, auch wenn die Verpflichtung notariell beurkundet wurde; 3. Steuern vom Einkommen und sonstige Personensteuern sowie die Umsatzsteuer für den Eigenverbrauch mit Ausnahme der Zinsen auf Steuernachforderungen (→ Zinsen, steuerlich II); 4. Geldstrafen (§ 12 EStG; zu Geldbußen → Betriebsausgaben). Bei der *Körperschaftsteuer* sind *nicht abziehbar:* 1. Aufwendungen zur Erfüllung von Satzungszwecken; 2. Steuern vom Einkommen (Körperschaftsteuer) sowie Umsatzsteuer für den Eigenverbrauch mit Ausnahme der Zinsen auf Steuernachforderungen (→ Zinsen, steuerlich II); 3. Geldstrafen; 4. die Hälfte der Aufsichtsratsvergütungen (§ 10 KStG).

**Ausgabenerhöhungen** (Staatshaushalt) → Haushaltsrecht.

**Ausgebot** ist in der → Zwangsversteigerung die Aufforderung des Versteigerungsgerichts zur Abgabe von Geboten. Werden mehrere Grundstücke in demselben Verfahren versteigert, können sie einzeln (Einzelausgebot) oder zusammen (Gesamtausgebot) ausgeboten werden (Einzelheiten § 63 ZVG).

**Ausgedinge** = Altenteil. → Reallast, → Wohnungsrecht, → Übergabevertrag.

**Ausgleich des Zugewinns** → Zugewinnausgleich.

**Ausgleichsabgabe** → Schwerbehinderte. Über die A., die innerhalb der EU für agrarische Veredelungserzeugnisse ohne Marktordnung erhoben werden kann, falls eine Veredelungsindustrie gefährdet ist, vgl. Art. 46 EGV.

**Ausgleichsanspruch** ist der Anspruch auf eine vom Unternehmer dem → Handelsvertreter geschuldete besondere vertragliche Vergütung, die unter bestimmten Voraussetzungen bei Beendigung des Handelsvertreterverhältnisses entsteht (§ 89b I HGB). Der A. ist das Entgelt für Dienste zur Werbung des Kundenstammes während der gesamten Vertragszeit. Der Anspruch geht auf Geld und beträgt höchstens eine Jahresprovision (oder sonstige Jahresvergütung) nach dem Durchschnitt der letzten 5 Jahre oder bei kürzerer Tätigkeit dem Jahresdurchschnitt der gesamten Vertragsdauer (§ 89b II HGB). Der A. setzt voraus:

1. Der Handelsvertreter muß neue Kunden geworben oder die Geschäftsverbindung mit alten Kunden wesentlich erweitert oder neu belebt haben; dem Unternehmer müssen daraus auch

nach Vertragsbeendigung erhebliche Vorteile zufließen.

2. Dem Handelsvertreter müssen infolge der Beendigung des Vertrages Provisionsansprüche entgehen, die ihm sonst aus Geschäften mit den geworbenen Kunden zugestanden hätten.

3. Die Zahlung des Ausgleichs muß unter Berücksichtigung aller Umstände der Billigkeit entsprechen (z. B. kann unerlaubte Konkurrenztätigkeit den A. ausschließen). Ein A. besteht aber nicht, wenn der Handelsvertreter gekündigt hat (ausgenommen, wenn der Unternehmer hierzu begründeten Anlaß gegeben hat, oder bei Unzumutbarkeit der Fortsetzung wegen Alters oder Krankheit), ferner dann nicht, wenn der Unternehmer das Vertragsverhältnis aus wichtigem Grund wegen schuldhaften Verhaltens des Handelsvertreters aufgelöst hat oder durch Vereinbarung mit dem Unternehmer anstelle des Handelsvertreters ein Dritter in das Vertragsverhältnis eintritt (sog. Abkauf; § 89b III HGB). Im vorhinein kann der A. nicht ausgeschlossen werden; er ist innerhalb eines Jahres nach Beendigung des Vertragsverhältnisses geltend zu machen (§ 89b IV HGB). Bei einem → Versicherungsvertreter kommt es für den A., der bis zu 3 Jahresprovisionen betragen kann, nur darauf an, daß neue Versicherungsverträge abgeschlossen wurden (§ 89b V HGB).

**Ausgleichsfonds** → Währungs-, Wirtschafts- und Sozialunion.

**Ausgleichsgeld** in der Landwirtschaft → Produktionsaufgaberente.

**Ausgleichsleistungsgesetz** (Enteignungen 1945–1949) → Entschädigungs- und Ausgleichsleistungsgesetz (EALG).

**Ausgleichsmandat** → Überhangmandat.

**Ausgleichspflicht.** 1. *Zivilrecht:* → Zugewinnausgleich, → Erbausgleich, → Ausgleichung von Vorempfängen und Vorleistungen.

2. *Öffentl. Recht:* Ausgleichspflichtige Inhaltsbestimmung des Eigentums → Enteignung.

**Ausgleichsquittung.** Bei Beendigung eines → Arbeitsverhältnisses wird häufig die Zahlung des Restlohns und die Aushändigung der Arbeitspapiere vom Arbeitgeber gegen Unterzeichnung einer A. durch den → Arbeitnehmer vorgenommen. Die A. enthält i. d. R. die Erklärung, daß der unterzeichnende Arbeitnehmer keine Ansprüche mehr habe und daß das Arbeitsverhältnis zu dem bestimmten Zeitpunkt ende. Dies ist grundsätzl. zulässig, umfaßt aber einen Verzicht auf → Kündigungsschutz nur, wenn dies ausdrücklich gesagt ist. Bei Beendigung eines → Arbeitsverhältnisses wird häufig die Zahlung des Restlohns und die Aushändigung der Arbeitspapiere vom Arbeitgeber gegen Unterzeichnung einer A. durch den → Arbeitnehmer vorgenommen. Zur Anfechtung wegen Irrtums → Anfechtung von Willenserklärungen (1).

**Ausgleichsrente** → Ehescheidung (5).

**Ausgleichszahlungen (öff. Recht)** bei ausgleichspflichtiger Inhaltsbestimmung des Eigentums → Enteignung.

**Ausgleichung von Vorempfängen und Vorleistungen.** → Abkömmlinge, die als gesetzliche Erben zur → Erbfolge gelangen oder durch → Verfügung von Todes wegen auf den gesetzlichen Erbteil eingesetzt sind, sind im Zweifel verpflichtet, → Ausstattungen und Zuschüsse (zur Verwendung als Einkünfte oder zur Berufsausbildung), die sie zu Lebzeiten des Erblassers von diesem erhalten haben, bei der Auseinandersetzung der → Erbengemeinschaft zur Ausgleichung zu bringen, soweit nicht der Erblasser bei der Zuwendung etwas anderes bestimmt hat *(Kollationspflicht)*. Bei anderen Zuwendungen gilt das nur, wenn der Erblasser es bei der Zuwendung ausdrücklich angeordnet hat (§ 2050 BGB); nachträglich besteht hier nur die Möglichkeit der A. durch → Vermächtnis. Ein Abkömmling, der durch unentgeltliche Mitarbeit im Haushalt, Beruf oder Geschäft des Erblassers längere Zeit hindurch in besonderem Maße dazu beigetragen hat, das Vermögen des Erblassers zu erhalten oder zu vermehren, oder der den Erblasser während längerer Zeit unter Verzicht auf eigenes berufliches Einkommen gepflegt hat, kann gleichfalls von den übrigen als gesetzliche Miterben zur Erbfolge gelangenden Abkömmlingen, auch gegenüber einem → Erbersatzanspruch eines → nichtehelichen Kindes (§ 1934b III BGB), eine entsprechende A. seiner Vorleistung verlangen (§ 2057a BGB). Die ausgleichspflichtige Zuwendung wird bei der Auseinandersetzung auf den Erbteil bzw. den Erbersatzanspruch angerechnet (§ 2055 BGB), die A.beträge nach § 2057a BGB als eine Art nachträgliche Gegenleistung auf den Wert des Nachlasses. Übersteigt die Zuwendung den Erbteil, so ist der Miterbe zur Herauszahlung des Mehrbetrages nicht verpflichtet; der Nachlaß wird in diesem Fall unter den übrigen Miterben aufgeteilt (§ 2056 BGB). S. auch → Erbausgleich, → Pflichtteil.

**Ausgleichungspflicht** der Abkömmlinge und Miterben → Ausgleichung von Vorempfängen; – der Ehegatten → Zugewinnausgleich; – unter mehreren Schuldnern → Gesamtschuld.

**Ausgliederung** → Umwandlung (I 3).

**Ausgraben von Altertümern** → Bodenaltertümer.

**Ausgraben von Leichen** → Exhumierung.

**Ausgrabung** → Schatzfund, → Bodenaltertümer.

**Aushilfsarbeitsverhältnis** → Arbeitsverhältnis, → Teilzeitbeschäftigung 3.

**Auskundschaften von Staatsgeheimnissen** → Ausspähung v. St.

**Auskunft, behördliche.** Die Behörden haben den hierzu Berechtigten (nur ihnen: Grundsatz der → Amtsverschwiegenheit) Auskünfte nach bestem Wissen und unter Wahrung aller Sorgfaltspflichten zu erteilen, insbes. über die den Beteiligten im → Verwaltungsverfahren zustehenden Rechte und die ihnen obliegenden Pflichten (vgl. § 25 VwVfG). Die Außerachtlassung dieser Pflichten kann zum Schadensersatz wegen → Amtspflichtverletzung führen. Die A. muß sachlich richtig, klar, unmißverständlich und vollständig sein. Ob die Behörde an eine gegebene A. gebunden ist, hängt von den Umständen des Einzelfalles ab. Eine Bindung besteht jedenfalls nicht, wenn die A. erkennbar nur vorläufigen Charakter hat und erkennbar erst der Vorbereitung eines → Verwaltungsaktes dienen soll. Die A. bedeutet noch keine Zusicherung (→ Verwaltungsakt, 3c). Vereinzelt sieht das Gesetz selbst verbindliche Auskünfte von Verwaltungsbehörden vor, so der „Vorbescheid“ im → Baugenehmigungsverfahren, die A. in Sozialangelegenheiten (§ 15 SGB I) sowie im *Steuerrecht* die Lohnsteuer-AnrufungsA. (§ 42e EStG), die A. über Verfahrensrechte und -pflichten (§ 89 AO) und die ZolltarifA. (Art. 12 ZK). Über die verbindliche Zusage aufgrund einer → Außenprüfung vgl. §§ 204–207 AO. Zur verbindlichen A. vgl. BMF-Schreiben vom 24. 6. 1987 (BStBl. I 474) und vom 21. 2. 1990 (BStBl. I 196).

**Auskunft aus Akten** → Akteneinsicht.

**Auskunft aus dem Strafregister** s. → Strafregister (3), → Straftilgung (1); A. aus dem → Erziehungsregister s. dort; A. aus dem → Verkehrszentralregister s. dort.

**Auskunftei.** Die gewerbliche Auskunfterteilung über Vermögensverhältnisse und persönliche Angelegenheiten (Auskunftei, Detektei) bedarf nach der GewO keiner besonderen → Gewerbezulassung. Zur Erleichterung einer wirksamen Überwachung können die Länder jedoch nach § 38 Nr. 4 GewO durch RechtsVO besondere Buchführungs-, Auskunfts- und Duldungspflichten begründen. Von dieser Möglichkeit haben nahezu alle Länder durch Erlaß im wesentlichen übereinstimmender AuskunfteiVOen Gebrauch gemacht (z. B. bayer. VO vom 19. 10. 1964, GVBl. 188). Der A.vertrag ist → Werkvertrag, wenn er auf Erlangung bestimmter Informationen gerichtet ist, sonst (dauernde Beratung) → Dienstvertrag. Soweit die A. Bewachungs- und Sicherheitsaufgaben wahrnimmt, gelten die Vorschriften über das → Bewachungsgewerbe.

**Auskunfterteilung, Auskunftshaftung** → Raterteilung.

**Auskunftspflicht.** In einer Reihe von Fällen sieht das Gesetz zur Sicherung von Ansprüchen – insbes. auf Herausgabe von Sachinbegriffen – vor, daß der Verpflichtete über den Bestand des Anspruchs Auskunft zu erteilen hat, z. B. Ehegatte nach Beendigung des gesetzl.

Güterstandes über Zugewinn, Vormund nach Beendigung der Vormundschaft über Mündelvermögen, Erbschaftsbesitzer gegenüber Erben usw. Darüber hinaus ergibt sich – abgesehen von einer etwaigen vertraglichen Regelung – eine A. aus → Treu und Glauben als Nebenpflicht zu jedem anderen Rechtsverhältnis, sofern der Berechtigte über den Umfang seines Rechts entschuldbarerweise im Ungewissen ist und der Verpflichtete hierüber unschwer Auskunft erteilen kann (z. B. über den Wert eines → Vermächtnisses, Umfang eines Schadensersatzanspruchs usw.). Die Auskunft ist durch Vorlage eines *Bestandsverzeichnisses* zu erteilen. Besteht Grund zu der Annahme, daß das Verzeichnis nicht mit der erforderlichen Sorgfalt aufgestellt worden ist, so hat der Verpflichtete – außer bei Angelegenheiten von geringer Bedeutung – eine → eidesstattliche Versicherung des Inhalts abzugeben, daß er nach bestem Wissen den Bestand so vollständig angegeben habe, als er dazu imstande sei (§ 260 BGB; → Stufenklage). Eine Vorlage von Belegen u. a. kann hier (anders bei → Rechenschaftslegung) an sich nicht verlangt werden; doch besteht ein Anspruch auf Gestattung der Besichtigung von Sachen auf ihren Zustand und auf Einsicht in → Urkunden, wenn der Berechtigte ein rechtliches Interesse hieran nachweisen kann, insbes. wenn die Urkunde in seinem Interesse errichtet ist oder wenn darin ein Rechtsverhältnis beurkundet ist, an dem der Berechtigte beteiligt ist (z. B. Schuldschein, Rechnung, nicht Handakten des Rechtsanwalts, str.; §§ 809, 810 BGB). S. → Vorlegung von Sachen (A. bei Krankenpapieren), → Raterteilung.

**Auskunftspflicht der Wirtschaft.** Eine allgemeine A. d. W. besteht gegenüber der BReg., den obersten Landesbehörden und den von ihnen bestimmten Stellen für gewerbliche und landwirtschaftliche Unternehmen sowie deren Verbände, schließlich für öffentlich-rechtliche Körperschaften und Personen, die Gegenstände, über die Auskunft verlangt wird, in Gewahrsam haben oder gehabt haben, oder die auf Lieferung solcher Gegenstände Anspruch haben (§ 2 I der VO über Auskunftspflicht vom 13. 7. 1923, RGBl. I 699, 723). Die A. erstreckt sich auf wirtschaftliche Verhältnisse, insbes. Preise und Vorräte, Leistungen und Leistungsfähigkeit von Unternehmungen. Sie kann durch öffentliche Bekanntmachung oder Anfrage bei den Verpflichteten angefordert werden (mündliche oder schriftliche Auskunft, Fertigung von Abschriften und Auszügen, Zusammenstellungen aus Geschäftsbüchern usw.). Die Richtigkeit der Auskünfte kann nachgeprüft werden durch Einsichtnahme in Geschäftsbriefe und -bücher, insbes. auch in Unterlagen für die Bemessung von Preisen und Vergütungen, Besichtigung von Betriebseinrichtungen und -räumen, Untersuchung von Waren usw. (§ 4 der VO). Unrichtige Auskünfte können als → Ordnungswidrigkeit geahndet werden.

**Auskunftspflicht gegenüber der Finanzbehörde.** → Beteiligte sind zur Auskunft verpflichtet, ebenso andere Personen, die aber erst zur Auskunft angehalten werden sollen, wenn die Sachverhaltsaufklärung nicht zum Ziele führt oder keinen Erfolg verspricht. Das auf Verlangen schriftlich zu erteilende Auskunftsersuchen hat anzugeben, worüber Auskunft erteilt werden soll und ob die Auskunft für die Besteuerung des Auskunftspflichtigen oder für die Besteuerung anderer Personen angefordert wird. Der Auskunftspflichtige kann die Auskünfte schriftlich, mündlich oder fernmündlich erteilen. Die Finanzbehörde kann verlangen, daß der Auskunftspflichtige schriftlich Auskunft erteilt, wenn dies sachdienlich ist. Die Finanzbehörde kann anordnen, daß der Auskunftspflichtige eine mündliche Auskunft an Amtsstelle erteilt. Auf Antrag des Auskunftspflichtigen ist eine Niederschrift anzufertigen (§ 93 AO). Das Finanzamt kann von Beteiligten eine Versicherung an Eides Statt fordern (§ 95 AO), von anderen Personen eine eidliche Vernehmung vor dem Finanzgericht oder Amtsgericht (§ 94 AO) → Amtshilfe.

**Auskunftspflicht in sozialrechtlichen Angelegenheiten.** Die nach Landesrecht zuständigen Stellen sowie die gesetzlichen → Krankenkassen sind verpflichtet, über alle sozialen Angelegenheiten nach dem Sozialgesetzbuch Auskunft zu erteilen. Die Auskunftspflicht erstreckt sich auf die Benennung der für die Sozialleistungen zuständigen Leistungsträger sowie auf alle Sach- und Rechtsfragen, die für die Auskunftssuchenden von Bedeutung sein können und zu deren Beantwortung die Auskunftsstelle imstande ist (§ 15 SGB I). Daneben bestehen spezielle Auskunftsansprüche.

Auskünfte über die Sozialversicherung hat das → Versicherungsamt zu erteilen, das bei jedem Landratsamt und bei den meisten kreisfreien Städten als Abteilung der unteren Verwaltung besteht (§§ 92 f. SGB IV). In der Rentenversicherung haben die Versicherungsanstalten an Versicherte, die das 55. Lebensjahr vollendet haben – auf Antrag auch an jüngere – schriftliche Auskunft über die bisher erworbene Rentenanwartschaft zu erteilen; sie ist jedoch nicht rechtsverbindlich (§ 109 SGB VI). S. a. → Herstellungsanspruch.

**Auskunftsverweigerungsrecht.** Jeder → Zeuge kann die Auskunft oder Antwort *auf bestimmte Fragen* verweigern, im Strafprozeß, wenn die Antwort ihm oder einem → Angehörigen die Gefahr strafgerichtlicher Verfolgung zuziehen würde (§ 55 StPO), im Zivilprozeß, Verwaltungs-, Finanz- und Sozialstreitverfahren auch, wenn sie ihm oder einem Angehörigen einen Vermögensschaden verursachen oder zur Unehre gereichen würde, ferner wenn der Zeuge ein Kunst- oder Gewerbegeheimnis offenbaren müßte (§ 384 ZPO). Über das Recht, die *Aussage im ganzen* zu verweigern, → Zeugnisverweigerungsrecht. Über das Weigerungsrecht der Partei und des Beschuldigten → Aussagepflicht. In *Steuersachen* können → Angehörige eines → Beteiligten die Auskunft wie auch die Beeidigung verweigern, soweit sie nicht selbst als Beteiligte über ihre eigenen steuerlichen Verhältnisse auskunftspflichtig sind oder die Auskunftspflicht für einen Beteiligten zu erfüllen haben (§ 101 AO). Zum Schutze bestimmter Berufsgeheimnisse haben ein A. z. B. Rechtsanwälte, Steuerberater, Wirtschaftsprüfer, Ärzte usw. (§ 102 AO) einschließlich ihrer Gehilfen. Personen, die nicht Beteiligte sind und nicht für einen Beteiligten auskunftspflichtig sind, können die Auskunft auf solche Fragen verweigern, deren Beantwortung sie selbst oder einen ihrer → Angehörigen der Gefahr strafgerichtlicher Verfolgung oder eines Verfahrens nach dem Gesetz über → Ordnungswidrigkeiten aussetzen würde (§ 103 AO). Soweit eine Auskunft verweigert werden darf, kann grundsätzlich auch die Erstattung eines Gutachtens oder die Vorlage von Urkunden verweigert werden (§ 104 AO). S. a. → Beugemittel.

**Ausland** ist staatsrechtlich jedes Gebiet, das nicht zum → Inland gehört, einschl. der nicht unter Staatshoheit stehenden Gebiete und des offenen Meeres. Die BRep. betrachtete auch nach dem Abschluß des → Grundvertrages die ehem. → DDR mit Rücksicht auf das Fortbestehen der Nation nicht als A. Für das *Steuerrecht* vgl. → Inland, → Drittlandsgebiet, → Zollgebiet.

**Ausländer.** **1.** A. ist, wer nicht → Deutscher i. S. des Art. 116 I GG ist. Keine A. sind demnach außer den deutschen Staatsangehörigen auch Personen, die als Flüchtlinge oder Vertriebene deutscher Volkszugehörigkeit oder als deren Ehegatten oder Abkömmlinge im Gebiet des Deutschen Reiches nach dem Stande vom 31. 12. 1937 Aufnahme gefunden haben (Statusdeutsche; → Bundesvertriebenengesetz).

2. Die Rechtsstellung der A. in der BRep. ist umfassend im *Ausländergesetz* (AuslG) vom 9. 7. 1990 (BGBl. I 1354, zuletzt geändert durch Art. 2 des Ges. vom 16. 12. 1997, BGBl. I 2970) geregelt. Wichtige Bestimmungen enthalten die VO zur Durchführung des AuslG (DVAuslG) vom 18. 12. 1990 (BGBl. I 2983; insbes. Befreiungen vom Erfordernis der Aufenthaltsgenehmigung und der Paßpflicht, aufenthalts- sowie paß- und ausweisrechtliche Vorschriften) und die VO über Datenübermittlungen an die A.behörden (AuslDÜV) vom 18. 12. 1990 (BGBl. I 2997) jeweils m. Änd. Weitere wichtige Gesetze sind das *Asylverfahrensgesetz* in der Fassung der Bekanntmachung vom 27. 7. 1993 (BGBl. I 1361), zuletzt geändert durch G vom 29. 10. 1997 (BGBl. I 2584), das Gesetz über die Rechtsstellung *heimatloser* A. im Bundesgebiet vom 25. 4. 1951 (BGBl. I 269, Änd. durch Ges. v. 9. 7. 1990, BGBl. I 1354: erleichterte Einbürgerung) sowie das *Aufenthaltsge-*

*setz/EWG* vom 31. 1. 1980 (BGBl. I 116, zuletzt geändert durch Ges. v. 24. 1. 1997, BGBl. I 51). EG-A., die heimatlosen A., die als asylberechtigt anerkannten A. (→ Asylrecht) sowie A., die als → Flüchtlinge i. S. des Genfer Abkommens vom 28. 7. 1951 i. d. F. des Protokolls vom 31. 1. 1967 (BGBl. 1953 II 559; BGBl. 1969 II 1293) anerkannt wurden, genießen eine privilegierte Rechtsstellung. Nicht oder nur teilweise unter das allgemeine Ausländerrecht fallen kraft Völkerrechts oder zwischenstaatlicher Vereinbarung die Angehörigen der diplomatischen Vertretungen (→ Diplomat; → diplomatische Vorrechte).

3. Das AuslG bestimmt grundsätzlich, daß A. für die Einreise und den Aufenthalt im Bundesgebiet einer *Aufenthaltsgenehmigung* bedürfen und einen gültigen Paß besitzen müssen. Nach § 5 AuslG wird die Aufenthaltsgenehmigung erteilt als *Aufenthaltserlaubnis* (§§ 15, 17), *Aufenthaltsberechtigung* (§ 27), *Aufenthaltsbewilligung* (§§ 28, 29) oder *Aufenthaltsbefugnis* (§ 30). Nach § 1 DVAuslG bedürfen die Angehörigen der meisten europäischen und vieler außereuropäischer Staaten für Aufenthalte bis zu drei Monaten keiner Aufenthaltsgenehmigung, wenn sie einen Paß oder andere zugelassene Identitätspapiere mit sich führen und keine Erwerbstätigkeit aufnehmen (i. d. R. Touristen). Soweit eine Aufenthaltsgenehmigung erforderlich ist, ist diese i. d. R. vor der Einreise in der Form des → Sichtvermerks (Visum) einzuholen (§ 3 III 1 AuslG). Allgemeine Vorschriften hierzu enthalten die §§ 6–14 AuslG. Eine Aufenthaltserlaubnis wird erteilt, wenn einem A. der Aufenthalt ohne Bindung an einen bestimmten Aufenthaltszweck erlaubt wird (nähere Regelungen insbes. zum Recht auf Wiederkehr, Familiennachzug, Ehegattennachzug, eigenständiges Aufenthaltsrecht des Ehegatten, Kindernachzug, Aufenthaltsrecht der Kinder, unbefristete Verlängerung der Erlaubnis in den §§ 15–26). Die Aufenthaltsberechtigung ist zeitlich und räumlich unbeschränkt, kann nicht mit Bedingungen und Auflagen verbunden werden und ist die stärkste Form der Aufenthaltsgenehmigung (Einzelheiten § 27; zahlreiche Voraussetzungen, u. a. grundsätzlich 8 Jahre Aufenthalt, bei Asylberechtigten und anderen privilegierten A. 5 Jahre). Die Aufenthaltsbewilligung wird für einen bestimmten, seiner Natur nach nur vorübergehenden Aufenthaltszweck erteilt (§§ 28, 29). Die Aufenthaltsbefugnis wird erteilt aus völkerrechtlichen, dringenden humanitären Gründen oder zur Wahrung politischer Interessen der BRep. und wenn andere Formen der Aufenthaltsgenehmigung nicht möglich sind (§§ 30–35). Eingehend geregelt ist neuerdings in dem durch Ges. vom 30. 6. 1993 (BGBl. I 1062) eingefügten § 32 a die Aufnahme von → Kriegs- und Bürgerkriegsflüchtlingen.

4. Die §§ 36–41 AuslG enthalten *aufenthalts- und paßrechtliche* Bestimmungen, insbes. die Möglichkeit zu Verbot und Beschränkung der *politischen Betätigung von A.*; grundsätzlich darf sich ein A. im Rahmen der allgemeinen Rechtsvorschriften politisch betätigen.

5. Eingehend geregelt ist im AuslG die *Beendigung des Aufenthalts* von A. (Begründung und Durchsetzung der *Ausreisepflicht*). a) Ein A. ist zur Ausreise verpflichtet, wenn er eine Aufenthaltsgenehmigung benötigt und diese nicht oder nicht mehr besitzt (§ 42). Die Ausreisepflicht ist vollziehbar bei unerlaubter Einreise, wenn der A. nach Ablauf seiner Aufenthaltsgenehmigung keinen neuen Antrag gestellt hat oder die erstmalige Erteilung nicht fristgemäß beantragt hat. Ansonsten tritt Vollstreckbarkeit erst ein, wenn der entsprechende → Verwaltungsakt (Versagung der Aufenthaltsgenehmigung oder die Ausreisepflicht begründender Akt) vollziehbar ist. b) *Ausweisung:* Ein A. kann ausgewiesen werden, wenn sein Aufenthalt die öffentliche Sicherheit und Ordnung oder sonstige erhebliche Interessen der BRep. beeinträchtigt (§ 45). Besondere Ausweisungsgründe sind im § 46 aufgeführt, z. B. Gefährdung der → freiheitlichen demokratischen Grundordnung, gewaltsame politische Betätigung, schwerwiegende Rechtsverstöße, Rauschgiftverbrauch ohne Rehabilitationsbereitschaft. Bei der Entscheidung über die Ausweisung sind auch die Dauer des Aufenthalts, die Bindungen des A. im Bundesgebiet und die familiären Folgen zu berücksichtigen. Bei besonderer Gefährlichkeit *muß* der A. stets oder in der Regel ausgewie-

sen werden (§ 47). Besonderer Ausweisungsschutz besteht nach § 48 für bestimmte A., insbes. mit Aufenthaltsberechtigung, bei anerkannten Asylberechtigten und bei familiären Bindungen. c) *Abschiebung* ist die zwangsweise Durchsetzung der Ausreisepflicht. Nach § 49 AuslG ist ein A. abzuschieben, wenn die Ausreisepflicht vollziehbar ist (oben zu a) und ihre freiwillige Erfüllung nicht gesichert oder aus Gründen der öff. Sicherheit und Ordnung eine Überwachung erforderlich erscheint. Die Abschiebung soll schriftlich unter Fristsetzung angedroht werden. Grundsätzlich darf ein A. nicht in einen Staat abgeschoben werden, in dem sein Leben oder seine Freiheit wegen seiner Rasse, Religion, Staatsangehörigkeit, seiner Zugehörigkeit zu einer bestimmten sozialen Gruppe oder wegen seiner politischen Überzeugung bedroht ist; diese Voraussetzungen liegen bei Asylberechtigten und ihnen gleichgestellten Personen vor (→ Asylrecht). Die Abschiebung ist aber dann zulässig, wenn der A. aus schwerwiegenden Gründen als eine Gefahr für die Sicherheit der Bundesrepublik Deutschland anzusehen ist oder eine Gefahr für die Allgemeinheit bedeutet, weil er wegen einer besonders schweren Straftat rechtskräftig verurteilt worden ist (§ 51). Abschiebung ist nicht zulässig bei konkreter Gefahr der Folter oder Gefahr der Todesstrafe (§ 53). Unter bestimmten Voraussetzungen kann die Abschiebung zeitweise ausgesetzt werden (*Duldung;* vgl. §§ 54–56). *Abschiebungshaft* (§ 57 AuslG) ist als *Vorbereitungshaft* vom Richter anzuordnen, wenn über die Ausweisung nicht sofort entschieden werden kann und die Abschiebung wesentlich erschwert oder vereitelt würde (grundsätzl. bis zu 6 Wochen). In Form der *Sicherungshaft* ist sie anzuordnen, wenn bei einem ausreisepflichtigen A. der Verdacht besteht, daß er sich der Abschiebung entziehen will (bis zu 6 Monaten; verhindert der A. die Abschiebung, Verlängerung um höchstens 12 Monate).

6. *Zurückweisung:* Ein A., der unerlaubt einreisen will, wird an der Grenze zurückgewiesen; die für die Abschiebung (oben 5 c) bestehenden Schutzvorschriften zugunsten des A. gelten entsprechend (Einzelheiten § 60 AuslG). *Zurückschiebung:* Ein A., der unerlaubt eingereist ist, soll innerhalb von 6 Monaten zurückgeschoben werden; die für die Abschiebung (oben 5 c) bestehenden Schutzvorschriften zugunsten des A. gelten entsprechend (Einzelheiten § 61 AuslG).

7. Im übrigen enthält das AuslG u. a. Vorschriften über die Zuständigkeit (grunds. die „Ausländerbehörden"), das Verfahren, Beschränkungen der Anfechtbarkeit und die Wirkungen von Widerspruch und Klage (§§ 71; 72), die Rückbeförderungspflicht der Beförderungsunternehmer (§ 73), Datenerhebung (§ 75), Mitteilungspflichten an und durch Ausländerbehörden (§§ 76 ff.). Die §§ 85 ff. regeln Fälle der *erleichterten Einbürgerung,* insbes. für junge A. und A. mit langem Aufenthalt, u. U. auch unter Hinnahme von Mehrstaatigkeit (§§ 85–91 AuslG); → Einbürgerung, → Mehrstaater.

**Ausländer in der Sozialversicherung.** In der deutschen → Sozialversicherung herrscht das Territorialprinzip, wonach sich die Versicherung grundsätzlich auf die im Inland beschäftigten Personen erstreckt, ohne daß es auf deren Staatsangehörigkeit ankommt. Dies gilt auch für die Leistungsansprüche. Es wird allerdings in zwischenstaatlichen Abkommen und durch EG-Recht durchbrochen, ferner bei vorübergehendem Aufenthalt im Falle der → Einstrahlung (§ 5 SGB IV). → Auslandsaufenthalt und Sozialversicherung, → Auslandsrenten.

**Ausländer und Sozialhilfe.** Ausländer und Staatenlose mit Aufenthalt im Bundesgebiet haben Anspruch auf folgende Leistungen der → Sozialhilfe: Hilfe zum Lebensunterhalt, Krankenhilfe, Hilfe für werdende Mütter und Wöchnerinnen sowie Hilfe zur Pflege. Die übrigen Leistungen können gewährt werden, soweit dies der Einzelfall rechtfertigt. Wurde das Bundesgebiet nur zur Erlangung der S. aufgesucht, besteht kein Anspruch (§ 120 BSHG).

Keine Sozialhilfeleistungen erhalten grundsätzlich auch Ausländer, die zu den Leistungsberechtigten nach § 1 des Asylbewerberleistungsgesetzes (AsylbLG) i. d. F. vom 5. 8. 1997 (BGBl. I 2022) gehören. Dieser Personenkreis erhält den notwendigen Bedarf an Ernährung, Unterkunft, Heizung, Kleidung, Gesundheits- und Körperpflege und Haushaltsgegenständen als Sachleistungen sowie einen Geldbetrag zur Deckung der persönlichen Bedürfnisse des täglichen Lebens; bei Krankheit, Schwangerschaft und Geburt erweitert sich der Leistungsumfang (§§ 3 ff. AsylbLG).

**Ausländer und Steuerpflicht** → Steuerpflicht.

**Ausländerpolizei(recht)** war der früher übliche Ausdruck für das Fremdenrecht, d.h. die Rechtsstellung der → Ausländer.

**Ausländersicherheitsleistung** → Sicherheitsleistung.

**Ausländerverein** → Vereinsgesetz.

**Ausländerwahlrecht, kommunales** → Gemeinde (6); → Kommunalwahlen.

**Ausländerzentralregister.** Das A.gesetz vom 2. 9. 1994 (BGBl. I 2265) bildet die neue Rechtsgrundlage für das seit langem vom → Bundesverwaltungsamt geführte A. Es enthält Bestimmungen über den Inhalt des Registers, die Datenübermittlung zum und vom Register, den Datenschutz und die Rechte der Betroffenen. Zweck des A. ist die Unterstützung der Behörden beim Vollzug des Ausländer- und des Asylrechts.

**Ausländische Arbeitnehmer** → Gastarbeitnehmer.

**Ausländische Einkünfte** → Einkünfte (III).

**Ausländische Streitkräfte** (deutsche Gerichtsbarkeit; Ersatzansprüche) → Streitkräfte, ausländische.

**Ausländische Titel** → akademische Grade.

**Ausländische Urteile** → Vollstreckungsurteil, → Auslandsstrafen, → Auslieferung, → Strafklageverbrauch, → Strafregister, → Vollstreckungshilfe.

**Ausländische Vereine** → Vereinsgesetz.

**Ausländische Währung** → Geldschuld.

**Auslandsaufenthalt und Sozialhilfe.** Deutschen ist → Sozialhilfe auch zu gewähren, wenn während eines vorübergehenden Auslandsaufenthalts Hilfsbedürftigkeit eintritt. Deutschen mit gewöhnlichem Aufenthalt im Ausland soll Hilfe zum Lebensunterhalt, Krankenhilfe und Hilfe für werdende Mütter und Wöchnerinnen gewährt werden. Deutschen mit gleichzeitiger Staatsangehörigkeit des Aufenthaltsstaates, deren Vater oder Mutter diese ebenfalls besitzt oder besessen hat, und den in ihrem Haushalt lebenden Familienangehörigen kann S. gewährt werden, wenn es im Einzelfall der Billigkeit entspricht und nicht die Heimführung geboten ist; das gleiche gilt für ehemalige Deutsche (samt Familienangehörigen), zu deren Übernahme die BRep. nach zwischenstaatlichen Abkommen verpflichtet wäre. Zuständig ist in Zusammenarbeit mit den deutschen Dienststellen im Ausland der → überörtliche Träger der SH, in dessen Bereich der Hilfesuchende geboren ist (§ 119 BSHG).

**Auslandsaufenthalt und Sozialversicherung.** Der Geltungsbereich der → Sozialversicherung erstreckt sich nach dem Territorialprinzip (→ Ausländer in der Sozialversicherung) im allgemeinen nur auf das Inland. Dieser Grundsatz wird nicht nur durch das Recht der EG und die Sozialversicherungsabkommen, sondern auch durch folgende Ausnahmen nach innerstaatlichem Recht durchbrochen:

I. Beschäftigung im Ausland bleibt vom deutschen Sozialversicherungsrecht erfaßt, wenn sie als unselbständige, vorübergehende → Ausstrahlung eines inländischen Betriebes in das Ausland erscheint (§ 4 I SGB IV). Die Beschäftigung von Deutschen bei einer amtlichen Vertretung des Bundes im Ausland, ihren Leitern oder deutschen Bediensteten unterliegt der → Rentenversicherung. Rentenversichert auf Antrag ist auch eine Auslandsbeschäftigung in der Entwicklungshilfe oder die Vorbereitung hierauf, ferner von Deutschen, die für eine begrenzte Zeit im Ausland beschäftigt sind; der Antrag muß von einer inländischen Stelle gestellt werden; § 4 I SGB VI. Der → Krankenversicherung, → Pflegeversicherung → Unfallversicherung und

Rentenversicherung unterliegen ferner Seeleute und seemännische Angestellte in der Besatzung eines unter deutscher Flagge fahrenden Seeschiffs, auch während der Fahrt außerhalb deutscher Hoheitsgewässer. Deutsche Besatzungsmitglieder unter ausländischer Flagge sind auf Antrag des Reeders in der deutschen Rentenversicherung und Unfallversicherung zu versichern, wenn der Staat, unter dessen Flagge das Schiff fährt, nicht widerspricht; § 2 III SGB IV.

II. Freiwillige Versicherung im Ausland. In der → Rentenversicherung können sich im Ausland nur Deutsche freiwillig versichern (→ freiwillige Versicherung); § 7 SGB VI.

III. Leistungen ins Ausland. Allgemein ruht der Anspruch auf Leistung der Krankenversicherung, wenn sich ein Versicherter nach Eintritt des Versicherungsfalles freiwillig ohne Zustimmung des Kassenvorstandes ins Ausland begibt, solange er sich dort ohne diese aufhält. Die Leistungen für versicherte Angehörige im Inland sind auch in diesen Fällen zu gewähren. Erkrankt ein Versicherter während seiner Tätigkeit im Ausland, so erhält er die notwendigen Leistungen von seinem Arbeitgeber, dem sie von der Krankenkasse zu erstatten sind. Kann eine Krankheit nach dem allgemein anerkannten Stand der medizinischen Erkenntnisse nicht im Inland behandelt werden, kann die Krankenkasse die Kosten einer erforderlichen Behandlung im Ausland ganz oder teilweise übernehmen; dies gilt auch für weitere anfallende Kosten für den Versicherten und für eine erforderliche Begleitperson. §§ 17 f. SGB V, § 8 KVLG 1989. Zu Rentenleistungen ins Ausland → Auslandsrenten.

**Auslandsaufenthalt und Steuerpflicht.** Bei einem A. bis zu 183 Tagen verbleibt das Besteuerungsrecht grundsätzlich im Inland, darüber geht das Besteuerungsrecht auf den ausländischen Staat über (Art. 15 OEDC-Abkommen); → Doppelbesteuerung, → Steuerpflicht. Ausnahmeregelungen gelten für → Grenzgänger.

**Auslandsdelikte** eines *Deutschen* werden, nachdem ab 1. 1. 1975 das *Personalitätsprinzip* durch das *Territorialitätsprinzip* ersetzt worden ist (§ 3 StGB), von deutschen Gerichten nicht mehr allgemein nach deutschem Strafrecht geahndet, sondern grundsätzlich nur bei Delikten, die nach dem Schutzprinzip oder dem Weltrechtspflegeprinzip bei In- und Ausländern gleichermaßen strafbar sind; ferner durch stellvertretende Strafrechtspflege, wenn die ausländische Gerichtsbarkeit nicht eingreift; eine weitere Ausnahme gilt für die auf deutschen *Schiffen* oder *Luftfahrzeugen* begangenen Straftaten (§ 4 StGB).

Nach dem *Schutzprinzip* gilt deutsches Strafrecht ohne Rücksicht auf die Staatsangehörigkeit des Täters und den Tatort insbesondere bei Hoch- und Landesverrat gegen die BRep., schweren Straftaten der → Rechtsstaatsgefährdung und gegen die Landesverteidigung, → Entziehung Minderjähriger in bestimmten Fällen, Verschleppung und bestimmten → Sexualstraftaten, bei A. von deutschen → Amtsträgern oder gegen Amtsträger bei ihrer Dienstausübung sowie → Organhandel (§ 5 StGB), schließlich bei A. gegen einen Deutschen gemäß § 7 I StGB.

Dasselbe gilt nach dem *Weltrechtspflegeprinzip* insbesondere bei Völkermord, bestimmten → Sprengstoff- und Strahlungsverbrechen, Luft- und Seepiraterie, Frauen- und Menschenhandel, Verbreitung harter Pornographie, Vertrieb von Betäubungsmitteln sowie bei Taten, bei denen Verfolgungspflicht aufgrund internat. Abkommen besteht (§ 6 StGB).

Die *stellvertretende Strafrechtspflege* greift ein, wenn ein Ausländer im Inland betroffen, aber wegen des A. nicht ausgeliefert wird (§ 7 II Nr. 2 StGB). Soweit im Inland unterschiedliches Strafrecht gilt, ist auf das A. Wohnsitzrecht anzuwenden (Art. 1 b EGStGB). Zur Ahndung von im ehem. Gebiet DDR begangenen Straftaten → DDR-Straftaten. Bei A. kann jedoch der StA von der Verfolgung absehen (§ 153 c StPO). Im Ausland begangene *Ordnungswidrigkeiten* können, abgesehen von Taten auf deutschen Schiffen oder Luftfahrzeugen, grundsätzl. nicht geahndet werden (§ 5 OWiG). S. → Geltungsbereich des Strafrechts, → Auslandsstrafen, → Umweltkriminalität.

**Auslandseinsätze der Bundeswehr.** Die Verfassungsmäßigkeit von Auslandseinsätzen der Bundeswehr wurde durch Urteil des Bundesverfassungsgerichts vom 12. 7. 1994 (NJW 1994, 2207) entschieden. Danach ist der Bund nach Art. 24 Abs. 2 GG nicht nur zum Eintritt in ein System gegenseitiger kollektiver Sicherheit berechtigt. Diese Vorschrift bietet vielmehr auch die verfassungsrechtliche Grundlage für die Übernahme der mit der Zugehörigkeit zu einem solchen System typischerweise verbundenen Aufgaben und damit auch für eine Verwendung der Bundeswehr zu Einsätzen, die im Rahmen und nach den Regeln dieses Systems stattfinden. Zu diesen Systemen kollektiver Sicherheit gehören auch die → Vereinten Nationen. Das Grundgesetz verpflichtet allerdings die Bundesregierung, für einen Einsatz bewaffneter Streitkräfte die vorherige konstitutive Zustimmung des Deutschen Bundestages einzuholen. Der Gesetzgeber ist aufgerufen, die Form und das Ausmaß der parlamentarischen Mitwirkung näher auszugestalten.

**Auslandsführerschein.** Grundsätzlich bedarf jeder Kfz-Führer im In- und Ausland einer → Fahrerlaubnis nach den im Verkehrsgebiet geltenden Bestimmungen. Das Übereinkommen über den Straßenverkehr vom 8. 11. 1968 (BGBl. 1977 II 809), das Internat. Abkommen über Kraftfahrzeugverkehr vom 24. 4. 1926 (RGBl 1930 II 1233) und die 2. EG-Führerscheinrichtlinie 91/439/EWG vom 29. 7. 1991 (ABl. L 237/1) sehen davon Ausnahmen vor.

In der BRep. gelten daher nach § 4 VO über Internat. Kraftfahrzeugverkehr vom 12. 11. 1934 (RGBl. I 1137), der VO vom 19. 6. 1996 (BGBl. I 885) und § 15 StVZO A. mit folgenden Maßgaben: 1) A. aus EG und EWR bei ständigem Aufenthalt (mindestens zusammenhängend 185 Tage) ohne zeitliche Begrenzung, 2) A. aus EG und EWR bei Universitäts- oder Schulbesuch, der nicht als ständiger Aufenthalt angesehen wird, während dieser Zeit, 3) A. aus anderen Staaten und Internat. Führerschein bei ständigem Aufenthalt insgesamt 1 Jahr, 4) A. aus anderen Staaten und Internat. Führerschein bei nicht ständigem Aufenthalt während dieser Zeit. Im Fall 1 ist eine Umschreibung (Erteilung einer inländischen Fahrerlaubnis ohne Befähigungsprüfung) entbehrlich, aber weiterhin möglich; notwendig ist nur eine Registrierung bei A. für Omnibusse und auf Probe. Im Fall 3 ist nach Ablauf der Jahresfrist für den A. aus einem der in Anlage XXVII zur StVZO aufgeführten Staaten die Umschreibung erforderlich; dies gilt auch für einen A. von Mitgliedern fremder oder berufskonsularischer Vertretungen; bei A. aus sonstigen Staaten muß die inländische → Fahrerlaubnis erworben, also insbes. die theoretische und praktische Prüfung abgelegt werden.

A. von Angehörigen der ausländischen → Streitkräfte (NATO) gelten im Bundesgebiet.

**Auslandsgeschäft** → Internationales Privatrecht, → Außensteuergesetz.

**Auslandsinvestmentgeschäft** → Kapitalanlagegesellschaften.

**Auslandskind** ist ein Kind, das seinen Wohnsitz oder gewöhnlichen Aufenthalt nicht bei seinen Eltern im Inland, sondern im Ausland hat. Bei Gastarbeitern ist dies häufig anzutreffen. Den Eltern steht für das Auslandskind ein → Kinderfreibetrag zu, soweit er nach den Verhältnissen des Wohnsitzstaates des Kindes notwendig und angemessen ist (§ 32 VI 4 EStG; Einzelheiten BMF BStBl. I 1994, 928). → Kindergeld wird für ein A. gezahlt, das seinen Wohnsitz in einem der Staaten der → Europäischen Union oder des → Europäischen Wirtschaftsraum hat (§ 63 I 3, II EStG).

**Auslandsrenten.** Für die deutsche → Sozialversicherung gilt grundsätzlich das Territorialprinzip (→ Ausländer in der Sozialversicherung). Für Rentenleistungen an Berechtigte im Ausland gelten daher teilweise Besonderheiten.

In der → Unfallversicherung werden seit dem Inkrafttreten des SGB VII Geldleistungen ohne weitere Vorbehalte auch an Berechtigte erbracht, die ihren gewöhnlichen Aufenthalt im Ausland haben. Für alle sonstigen zu erbringenden Leistungen erhalten sie eine angemessene Erstattung entstandener Kosten einschließlich der Kosten für eine Pflegekraft oder für Heimpflege (§ 97 SGB VII).

In der → Rentenversicherung werden bei nur vorübergehendem Auslandsaufenthalt die Renten voll weitergezahlt. Bei gewöhnlichem Aufenthalt im Ausland gibt es Einschränkungen. → Berufsunfähigkeitsrente und Rente für Bergleute wird nur gezahlt, wenn der Anspruch bereits vor dem Verlassen des Bundesgebiets bestand (§§ 110ff. SGB VI). Im übrigen werden Beitragszeiten nur berücksichtigt, soweit sie nach dem 8. 5. 1945 nach Bundesrecht zurückgelegt wurden, für Deutsche auch solche, die außerhalb des Bundesgebiets nach damaligem Reichsrecht zurückgelegt worden sind. Für Zeiten nach dem Fremdrentenrecht gelten Besonderheiten. Ausländer erhalten Rente nur für die nach Bundesrecht zurückgelegten Beitragszeiten, ferner nur gekürzt. → Kinderzuschuß und Beitragszuschuß zur → Krankenversicherung der Rentner erhalten im Ausland weder Deutsche noch Ausländer. §§ 271, 272 SGB VI. Die Ruhensvorschriften gelten nur, wenn sich nicht aus EWGVOen oder zwischenstaatl. Abkommen anderes ergibt. Die Renten werden nach den Vorschriften des AWG und der AWV nach Wahl des Berechtigten entweder auf ein Ausländer-DM-Konto bei einem Geldinstitut im Bundesgebiet oder durch Transferierung an seine ausländische Anschrift oder an eine von ihm angegebene Bank im Ausland gezahlt.

**Auslandsrundfunk** (Hörfunk und Fernsehen) in deutscher Sprache wie auch in Fremdsprachen veranstaltet die Deutsche Welle, eine gemeinnützige, öffentlich-rechtliche Anstalt des Bundesrechts mit Sitz in Köln (Art. 1 §§ 1–3 des Gesetzes über den A. vom 16. 12. 1997, BGBl. I 3094). Das Gesetz regelt im einzelnen Programmauftrag und Programmgestaltung, §§ 4–7, Werbung und Werbungsbeschränkungen, § 10, das Sponsern von Sendungen, § 11, Gegendarstellung, § 18. Organe der Deutschen Welle sind der Rundfunkrat, der Verwaltungsrat und der Intendant, § 24; die erstgenannten sind „Gremien". Zusammensetzung und Aufgaben des Rundfunkrates ergeben sich aus §§ 31–35, die des Verwaltungsrates aus §§ 36–39. Anders als die Rundfunkanstalten des Landesrechts (→ Rundfunk) wird die Deutsche Welle nicht aus Gebühren, sondern aus Haushaltsmitteln finanziert.

**Auslandsschulden.** Die BRep. hat sich im Rahmen eines Abkommens vom 27. 2. 1953 zur gleichmäßigen Tilgung der deutschen Auslandsschulden (Vorkriegsschulden) verpflichtet (vgl. ZustimmungsG vom 24. 8. 1953, BGBl. 1953 II 331, m. Ergänz.). Die Ansprüche aus der Deutschland geleisteten Nachkriegswirtschaftshilfe sind in Abkommen mit den USA, Großbritannien und Frankreich vom 24. 8. 1953 (BGBl. II 491 ff., 590) behandelt. S. ferner → Londoner Schuldenabkommen.

**Auslandsstrafen.** Im Ausland verhängte Strafen werden in der BRep. nicht vollstreckt, soweit nicht auf Grund zwischenstaatlicher Verträge hierzu bei entsprechendem Verlangen des ausländischen Staates eine Verpflichtung besteht. Doch werden A., die gegen Deutsche oder in der BRep. geborene oder wohnhafte Nichtdeutsche verhängt worden sind, im deutschen → Strafregister eingetragen, wenn es sich um eine auch nach deutschem Recht strafbare Tat handelt und eine Behörde des Staates der Verurteilung diese mitgeteilt hat (i. d. R. im Rahmen des Strafnachrichtenaustauschs als → Rechtshilfe). Der Verurteilte soll vor der Eintragung gehört werden; er hat gegen diese ein Beschwerderecht. Die A. werden nach deutschem Register- und Tilgungsrecht behandelt. Die Wirkungen der Verurteilung bestimmen sich nach deutschem Recht (§§ 54ff. BZRG). Ist eine im Ausland verhängte Strafe dort ganz oder teilweise vollstreckt worden, wird aber der Verurteilte wegen des → Auslandsdelikts in Deutschland nochmals strafrechtlich verfolgt, so ist die A. auf die im Inland zu verhängende Strafe anzurechnen (§ 51 III StGB; zu in der ehem. DDR verhängten Strafen → DDR-Urteile, → Rehabilitation). Das Verbot der Doppelbestrafung (→ Strafklageverbrauch) gilt bei Auslandsstrafen nicht. Doch kann der StA von der erneuten Verfolgung der Auslandstat absehen, § 153c I Nr. 1, 3 StPO (→ Opportunitätsprinzip). S. ferner Art. VII (8) des NATO-Truppenstatuts v. 19. 6. 1951 (BGBl. 1961 II 1183, 1190), → Streitkräfte, ausländische.

**Auslandsunterhalt** → Unterhaltsanspruch.

**Auslandsvermögen** unterliegt der → Erbschaft- und Schenkungsteuer nur bei unbeschränkter → Steuerpflicht (§ 2 I Nr. 1 ErbStG).

**Auslandszulassung von Kraftfahrzeugen.** Nach Art. 3, 35 ff. des Übereinkommens über den Straßenverkehr vom 8. 11. 1968 (BGBl. 1977 II 809) und Art. 4 des Internat. Abkommens über Kraftfahrzeugverkehr vom 24. 4. 1926 (RGBl. 1930 II 1233) sind Kfz. auf Grund eines internationalen Zulassungsscheins, der für die Dauer eines Jahres von der Zulassungsbehörde ausgestellt wird, in allen Vertragsstaaten zum Verkehr auf öffentl. Straßen ohne weitere Prüfung zugelassen. Die Kfz. müssen mit dem nationalen Kennzeichen versehen sein. Auch ein ausländ. Zulassungsschein gilt zum vorübergehenden Verkehr in jedem der anderen Vertragsstaaten, und zwar ein Jahr seit Grenzübertritt (für die BRep. vgl. §§ 1, 5 der VO über Internat. Kraftfahrzeugverkehr vom 12. 11. 1934, RGBl. I 1137, m. Änd.).

**Auslegung (Interpretation). 1.** Bei der A. von *Rechtsnormen* ( → Verfassung, → Gesetz, → Verordnung, → Satzung) können verschiedene Methoden – auch nebeneinander – angewendet werden.

a) Die *grammatikalische A.* geht von der Ausdrucksweise des Gesetzgebers aus und sucht den Inhalt einer Norm aus der sprachlichen Fassung zu erkennen (z. B. „muß" als zwingendes Gebot, „soll" als nicht schlechthin verbindliche Weisung, „kann" oder „darf" i. S. von zulässig, aber nicht geboten). Hierbei ist vom allgemeinen Sprachgebrauch, von der üblichen Rechtssprache oder von der Ausdrucksweise des betr. Gesetzes auszugehen; die Besonderheiten technischer Ausdrücke sind zu berücksichtigen.

b) Die *logische* Interpretation sucht Sinn und Zweck des Gesetzes zu erfassen und aus dem Zusammenhang der Rechtssätze den Sinn der Einzelvorschrift und deren besonderen Zweck *(teleologische* Methode) abzuleiten. Das geschieht namentlich mittels der *systematischen* Methode, die von der Stellung der Vorschrift im Gesetz und der des Gesetzes innerhalb der Rechtsordnung ausgeht. Unter diesen Gesichtspunkten kann sich ergeben, daß die grammatikalische A. nicht maßgebend sein kann, z. B. weil der Gesetzgeber sinngemäß statt „soll" hätte „muß" setzen müssen. Die logische I. kann zu einer ausdehnenden *(extensiven)* oder einschränkenden *(restriktiven)* A. führen, je nachdem, ob das Gesetz zu eng oder zu weit gefaßt ist.

Hilfsmittel der logischen I. sind: die *historische* Methode, die von der geschichtlichen Entwicklung des Rechtssatzes ausgeht und insbes. frühere ähnliche Gesetze und deren Änderung berücksichtigt, sowie die *genetische* Methode, die sich auf die Entstehungsgeschichte des Gesetzes stützt und zu diesem Zweck Reformvorschläge und Gesetzesmaterialien (Gesetzesvorlagen, Protokolle des Parlaments und seiner Ausschüsse usw.) heranzieht.

c) Nur i.w.S. gehört zur A. die *Rechtsergänzung* durch Ausfüllung von Lücken im Gesetz für Fälle, die der Gesetzgeber versehentlich nicht geregelt oder absichtlich offengelassen hat oder die sich erst aus einer Änderung der Verhältnisse ergeben haben (z. B. aus der Entwicklung der Kernenergie). Die Ausfüllung obliegt dem Richter, der das Gesetz im Wege der → Analogie auf gleichartige Tatbestände anwenden oder durch Gegenschluß *(argumentum e contrario)* die Anwendung der Rechtsnorm auf den neuen Tatbestand ausschließen kann, weil er vom Gesetz nicht erfaßt werden soll. Man unterscheidet Gesetzesanalogie, d.i. die Anwendung eines Rechtssatzes auf einen gleichliegenden Fall, und Rechtsanalogie, d.i. die Ableitung eines Grundsatzes aus mehreren Rechtssätzen und dessen Anwendung auf den nicht geregelten Fall. Ob zur Analogie oder zum Gegenschluß zu greifen ist, muß im Einzelfall entschieden werden; doch ist im → Strafrecht eine Analogie sowohl hinsichtl. der Strafbarkeit der Tat als auch hinsichtl. der Strafdrohung nur *zugunsten* des Beschuldigten zulässig (§ 1 StGB). Die *teleologische Reduktion* schränkt den Anwendungsbereich einer Norm gegenüber dem Wortlaut ein. Von *geltungserhaltender Reduktion* spricht man, wenn eine mit diesem Inhalt ungültige Bestimmung (auch Vertragsklausel) mit gemindertem Bedeutungsgehalt Bestand haben kann. Vgl. auch → Rechtsanwendung, → Rechtsfortbildung.

d) Keine A. ist die *Legalinterpretation,* bei der ein gesetzlicher Begriff im Gesetz selbst oder durch ein neues Gesetz erläutert wird.

e) *Verfassungskonform* nennt man die A. einer im Rang unter der Verfassung stehenden Rechtsnorm (→ Gesetz) *im Sinne der Verfassung.* Das BVerfG hat diese Form der A. in st. Rspr. bei Rechtsnormen entwickelt, die ihrem Wortlaut nach unter verfassungsrechtlichen Gesichtspunkten bedenklich sind, die aber auch eine A. im Sinne der Verfassung zulassen; mit *dieser* Auslegung sind sie dann gültig. Die Möglichkeit einer verfassungskonformen A. endet allerdings dort, wo der Wortlaut einer Bestimmung eindeutig ist und nicht mehr im Sinne der Verfassung ausgelegt werden kann, die Grenzen einer A. also überschritten würden.

f) Eine Norm, die im Vollzug einer EG-Richtlinie erlassen wurde, ist grundsätzlich *richtlinienkonform* auszulegen, d.h. im Zweifel der EG-Richtlinie entsprechend.

2. a) Ist bei → Willenserklärungen der rechtlich bedeutsame Inhalt der Erklärung oder einer menschlichen Handlung völlig eindeutig, so erübrigt sich die A. Das gleiche gilt, wenn die Parteien übereinstimmend eine Erklärung in einem bestimmten Sinn auffassen und nur gemeinsam eine falsche Bezeichnung für den in Wirklichkeit gemeinten Gegenstand verwenden (→ falsa demonstratio) oder wenn in den Kreisen der angesprochenen Beteiligten die – an sich dem Wortlaut nach unklare – Willenserklärung eindeutig ist. Ist jedoch der objektive Inhalt einer Willenserklärung für die Beteiligten mehrdeutig, so ist ihr Sinn durch A. zu ermitteln. Das Problem der A. stellt sich insbes., wenn die Erklärung, so wie sie der Betroffene auffassen mußte, nicht mit dem Willen des Erklärenden übereinstimmt. Das Gesetz geht an sich im Interesse des Rechtsverkehrs (Vertrauensschutz) von der Erklärung aus (Sondervorschriften für → geheimen Vorbehalt, Scheingeschäft, Scherzgeschäft) und läßt einen von der Erklärung abweichenden Willensmangel nur über die Bestimmungen der → Anfechtung von Willenserklärungen (wegen Irrtums, arglistiger Täuschung usw.) beachtlich sein (s. a. Dissens). Dennoch ist bei der A. einer Willenserklärung nicht an dem buchstäblichen Sinn des Ausdrucks zu haften, sondern der wirkliche Wille zu erforschen (§ 133 BGB). Wenn damit auch nicht – anders als bei der A. einer letztwilligen Verfügung (s. u. 4) – der innere, nicht zum Ausdruck gekommene oder gar der bloß hypothetische Wille, sondern der wahre, erklärte Wille gemeint ist, so ist doch bei der Frage, inwieweit der Wille in der Erklärung zum Ausdruck gekommen ist, der Zweck der jeweiligen Willenserklärung zu beachten. Das Gesetz selbst stellt in verschiedenen Bestimmungen Auslegungsregeln auf, meist mit den Worten, „im Zweifel" sei eine Erklärung in einem bestimmten Sinne aufzufassen. Fehlt eine solche A.regel, so kommt es bei den einseitigen oder an eine Vielzahl von Personen versandten Willenserklärungen (Anzeigen) darauf an, welchen Inhalt die Allgemeinheit einer solchen Erklärung gibt; bei einer empfangsbedürftigen Willenserklärung ist dagegen in erster Linie auf die dem Empfänger bekannten Umstände (Gewohnheiten des Erklärenden, übliche Ausdrucksweise, Sprachgebrauch) abzustellen. Je mehr eine Erklärung für eine Vielzahl von Personen bestimmt ist, um so mehr ist bei der A. von dem Inhalt der Erklärung auszugehen, insbes. wenn hierdurch eine Haftung übernommen wurde (z. B. Akzeptierung eines Wechsels, Eintritt in eine offene Handelsgesellschaft, Handaufheben in der Versteigerung als Zeichen für ein Mehrgebot u. a.). Zur Revisibilität s. 3.

b) Bei der A. von *Verträgen* ist zunächst der Inhalt jeder einzelnen Willenserklärung und der Abschluß eines → Vertrags nach den unter 1 genannten Grundsätzen festzustellen. S. ferner → Dissens, → Schweigen. Ist danach das Zustandekommen eines Vertrags zu bejahen, so ist dieser so auszulegen, wie es → Treu und Glauben mit Rücksicht auf die → Verkehrssitte erfordern (§ 157 BGB). Es ist daher auch hier zunächst vom übereinstimmenden Parteiwillen auszugehen, jedoch bei unterschiedlichen Auffassungen die Billigkeit maßgebend, d.h. das im Einzelfall objektiv nach den Umständen, den Verhältnissen der Parteien und ihren Erklärungen als angemessen Gewollte, an dem sie sich festhalten lassen müssen (über den Einwand der unzulässigen Rechtsausübung s. → Rechtsmißbrauch). Ferner ist zu beachten, daß der Vertrag vielfach auf eine gewisse Dauer angelegt ist und deshalb inzwischen eingetretene Veränderungen bei der Auslegung des Vertrags nicht unberücksichtigt bleiben können (so ist z. B. ein vertragliches Fahrtrecht über ein Grundstück, das 1900 begründet wurde, heute angesichts des erheblich angewachsenen Verkehrs u. U. einschränkend auszulegen). Bei Fehlen oder Wegfall der → Geschäftsgrundlage kann deshalb Wegfall oder Umgestaltung des Vertrags in Betracht kommen.

Reicht die A. eines Vertrags nicht aus, zu einem nach dem Willen der Parteien und unter Abwägung ihrer Interessen gerechten Ergebnis zu gelangen, oder sind über bestimmte Punkte im Vertrag keine Regelungen enthalten, so greift die sog. *ergänzende Vertragsauslegung* ein. Der Richter hat die in dem gegebenen Vertrag vorhandenen Lücken durch sinngemäße Ergänzung des Parteiwillens auszufüllen und Widersprüche zu beseitigen. Auch bei der ergänzenden VertragsA. kann der Richter jedoch nicht über den im Vertrag zum Ausdruck gekommenen Parteiwillen hinausgehen; eine richterliche Vertragsumgestaltung ist – abgesehen vom Wegfall der Geschäftsgrundlage – nur auf Grund gesetzlicher Regelung möglich.

c) Die Ermittlung der tatsächlichen Umstände für die A. einer Willenserklärung oder eines Vertrags und die A. als solche sind nicht revisibel; auf → Revision kann jedoch nachgeprüft werden, ob das Gericht bei der Ermittlung dieser Tatsachen gegen Verfahrensvorschriften oder bei der A. selbst gegen allgemeine Erfahrungssätze, Denkgesetze und allgemeine Rechtsgrundsätze (s.o.) verstoßen hat.

d) Über A. von *Testamenten* u. a. s. → Auslegung von Verfügungen von Todes wegen.

3. → Allgemeine Geschäftsbedingungen sind zwar keine gesetzlichen Bestimmungen und werden nur durch jeweilige Inbezugnahme Vertragsbestandteil (s.i.e. dort, auch über die Grenzen ihrer Zulässigkeit). Wegen ihrer Rechtsnatur als praktisch vorgefertigter Vertragsentwurf, denen sich vor allem sozial schwächere Bevölkerungskreise weitgehend unterwerfen müssen (z. B. Mustermietvertrag, allgemeine Versicherungsbedingungen), unterliegen sie aber der A. wie Gesetze (s.o. 1) und der Revision, wenn sie in mehr als einem Oberlandesgerichtsbezirk zur Anwendung kommen (vgl. § 549 ZPO).

**Auslegung von Verfügungen von Todes wegen.** Eine → V. v. T. w. ist eine → Willenserklärung des → Erblassers und unterliegt daher grundsätzlich den allgemeinen Regeln über die → Auslegung (§ 133 BGB). Bei Zweifeln ist der *Wille des Erblassers* aus allen, auch außerhalb des Testaments liegenden Umständen zu ermitteln. Bei Veränderung der Lebensverhältnisse seit Testamentserrichtung ist zu klären *(hypothetisch),* wie der Erblasser bei Kenntnis der veränderten Umstände testiert hätte. Die Rspr. verlangt aber zur Erhaltung der grundsätzl. Formstrenge im Erbrecht, daß die Auslegung des letzten Willens des Erblassers in der Testamentsurkunde selbst einen, wenn auch nur geringen Anhaltspunkt findet. Die A. geht stets der → Anfechtung einer V. v. T. w. vor.

Das Gesetz stellt darüber hinaus eine Reihe von *Auslegungsvorschriften* auf: Mehrdeutige Verfügungen des Erblassers sind so auszulegen, daß der – durch Auslegung zu ermittelnde – Wille des Erblassers zum Erfolg führt (§ 2084 BGB). Eine unwirksame V. v. T. w. ist soweit möglich in eine andere, bei der sie Erfolg haben kann, umzudeuten (§ 140 BGB, z. B. bei Bedenkung einer nicht erbfähigen Person). Entgegen der Regel des § 139 BGB führt die Unwirksamkeit einer von mehreren in einem Testament enthaltenen Verfügungen grundsätzlich nicht zur Unwirksamkeit des gesamten Testaments, wenn nicht ein untrennbarer Zusammenhang anzunehmen ist (§ 2085 BGB). Mangels entgegenstehenden, feststellbaren Willens des Erblassers sind bei Einsetzung der „Verwandten" die gesetzlichen Erben im Zeitpunkt des → Erbfalls (§§ 2066, 2067 BGB) erbberechtigt; bei Einsetzung von Kindern oder sonstigen *Abkömmlingen* treten im Zweifel bei Wegfall des Bedachten nach Testamentserrichtung dessen Abkömmlinge an seine Stelle (§§ 2068, 2069 BGB). Bei Einsetzung der „Armen“ ist der örtliche Träger der Sozialhilfe als bedacht anzusehen (§ 2072 BGB).

Die Einsetzung eines Ehegatten oder eines Verlobten ist i. d. R. unwirksam, wenn die Ehe oder das Verlöbnis vor dem → Erbfall aufgelöst worden ist, sofern nicht die Auslegung ergibt, daß der Erblasser die Verfügung auch für diesen Fall getroffen hätte (§ 2077 BGB).

Eine letztwillige Zuwendung ist auch unter einer *Bedingung* möglich. Bei einer aufschiebenden Bedingung oder Befristung ist im Zweifel anzunehmen, daß die Zuwendung nur gelten soll, wenn der Bedachte den Eintritt der Bedingung erlebt (§ 2074 BGB; z. B. die Wiederverheiratung des Vorerben). Umgekehrt ist bei Zuwendung unter der Bedingung des Unterlassens (z. B. der Scheidung) oder eines fortgesetzten Tuns (z. B. der Übernahme einer Pflege) eine sofortige Zuwendung unter der auflösenden Bedingung der Vornahme der Handlung oder des unterlassenen Tuns zu erblicken (§ 2075 BGB). Die *Verwirkungsklausel* (Entziehung der Zuwendung für den Fall des Zuwiderhandelns des Bedachten gegen den geäußerten letzten Willen des Erblassers oder bei Anfechtung) ist i. d. R. ebenfalls als auflösende Bedingung auszulegen.

**Auslieferung** ist die Überstellung eines – meist flüchtigen – Straffälligen auf Grund eines an den Aufenthaltsstaat gerichteten Ersuchens des verfolgenden Staates; sie ist eine Form der internationalen → Rechtshilfe. Vor der A. sind völkerrechtliche und innerstaatliche Bestimmungen (des ersuchten Staates) zu beachten. Meist ergeht das Ersuchen um A. auf Grund zwischenstaatlicher Verträge, die eine Verpflichtung zur A. begründen (vgl. Europ. Übereinkommen vom 13. 12. 1957, BGBl. 1964 II 1369). Bei vertraglosem Zustand kann (nicht muß) sie bewilligt werden. In den A.verträgen sind vielfach die Straftaten aufgezählt, die zu dem Ersuchen um A. berechtigen. Ausgenommen sind stets *politische Delikte,* es sei denn, es handle sich um – wenn auch nur versuchten – Völkermord, Mord oder Totschlag. Eine weitere Ausnahme regelt das Europ. Übereinkommen zur Bekämpfung des Terrorismus vom 27. 1. 1977 (BGBl. 1978 II 322) für bestimmte Terrorakte; sie gelten für Zwecke der A. nicht als politische (oder mit solchen im Zusammenhang stehende) Delikte; wird A. dennoch abgelehnt, besteht Pflicht zur Strafverfolgung im Inland. A. ist nicht zulässig, wenn Verfolgung wegen politischer Anschauungen, Rasse, Religion usw. droht.

Stets zu beachten ist der *Grundsatz der identischen Norm:* die A. wird nur bewilligt, wenn die Tat sowohl nach dem Recht des ersuchenden wie nach dem des ersuchten Staates strafbar ist. Dies ergibt sich aus dem *Grundsatz der Gegenseitigkeit,* wonach die A. nur statthaft ist, wenn sie im umgekehrten Fall auch von dem jetzt ersuchenden Staat bewilligt werden würde. Hieraus folgt weiter, daß die Verfolgung oder Vollstreckung nach dem Recht beider Staaten zulässig sein muß, also insbes. nicht verjährt sein darf *(Grundsatz der beiderseitigen Verfolgbarkeit);* die A. ist daher auch unzulässig, wenn im Inland bereits ein abschließendes Urteil oder eine andere entsprechende gerichtliche Entscheidung ergangen ist. Nach dem *Grundsatz der Spezialität* schließlich findet die A. stets unter dem Vorbehalt statt, daß der ersuchende Staat die Strafverfolgung auf die Tat beschränkt, derentwegen die A. bewilligt worden ist; bei anderen Taten bedarf er der nachträglichen Zustimmung des ersuchten Staates. Der Zulässigkeit einer A. steht nicht entgegen, daß der Verfolgte wegen derselben Tat bereits im Ausland eine Freiheitsentziehung erlitten hat, auch wenn diese bei einer neuerlichen Verurteilung nicht angerechnet wird (BVerfG BGBl. 1987 I 1338). *Nicht ausgeliefert* werden eigene Staatsangehörige des ersuchten Staates; deutsche Staatsangehörige dürfen auch nach Art. 16 II GG nicht ausgeliefert werden. Doch ist die *Rücklieferung* eines eigenen Staatsangehörigen zulässig, der von einem ausländischen Staat z. B. zur Strafverfolgung im Inland unter der Bedingung der Rückgabe ausgeliefert wird. Das gleiche gilt für die *vorübergehende Überstellung* eines im Inland einsitzenden Untersuchungs- oder Strafhäftlings an ein ausländisches Gericht zu Beweiszwecken (Vernehmung als Zeuge o. dgl.) sowie für die *Rücküberstellung* eines im Ausland Inhaftierten, der einem deutschen Gericht zur Zeugenvernehmung vorübergehend überstellt worden ist.

Innerstaatlich ist in der BRep. das A.recht geregelt im Ges. über die internationale Rechtshilfe in Strafsachen – IRG – i. d. F. vom 27. 6. 1994 (BGBl. I 1537) und in den „Richtlinien für den Verkehr mit dem Ausland in strafrechtlichen Angelegenheiten" (RiVASt) vom 18. 9. 1984 (BAnz. Nr. 176). Es gilt für die vertragslose A., u. U. ergänzend für die vertraglich geregelte A. Es übernimmt die oben angeführten zwischenstaatlichen Grundsätze und regelt das innerdeutsche Verfahren, insbes. vorläufige Festnahme, A. – Haftbefehl, Mitwirkung (ggf. Bestellung) eines Beistandes. Bestehen begründete Zweifel an dem im ausländischen Haftbefehl oder Urteil erhobenen Tatvorwurf, so wird dessen Substantiierung verlangt (keine A. bei begründetem Verdacht des Mißbrauchs der A. oder bei Gefahr eines rechtsstaatswidrigen Verfahrens im ersuchenden Staat; BGH NJW 1984, 2046). Nicht ausgeliefert wird wegen Straftaten, die im Höchstmaß mit einer geringeren Strafe als 1 Jahr Freiheitsstrafe bedroht sind, ebenso nicht wegen ausschließlich militärischer Straftaten; droht dem Verfolgten im ersuchten Staat die Todesstrafe, setzt die A. die Zusicherung voraus, daß diese nicht verhängt oder vollstreckt wird; das wird vom Oberlandesgericht im Verfahren über die Zulässigkeit der Auslieferung überprüft (BGHSt. 34, 256). Eine *A. zur Vollstreckung* einer im Ausland verhängten freiheitsentziehenden Sanktion setzt voraus, daß diese mindestens (noch) 4 Monate beträgt und daß die A. zur Verfolgung zulässig wäre. Der von dem ersuchenden Staat Verfolgte kann durch Entscheidung des Oberlandesgerichts in *Auslieferungshaft* genommen werden. Zur Strafvollstreckung im Ausland → Vollstreckungshilfe.

Die A. ist davon abhängig, daß das OLG sie für *zulässig* erklärt (falls sich der Verfolgte nicht mit ihr zu Protokoll eines Richters einverstanden erklärt) und die BReg. – bei A. an bestimmte benachbarte Staaten: die Landesjustizverwaltung – sie *bewilligt.* Für die Bewilligung der *Durchlieferung* eines Verfolgten, der von einem Staat durch das Gebiet eines anderen an den ersuchenden Staat ausgeliefert werden soll, gelten ähnliche Voraussetzungen, aber ein vereinfachtes Verfahren.

**Auslobung** ist ein bindendes einseitiges Versprechen, in dem jemand durch öffentliche Bekanntmachung eine Belohnung für die Vornahme einer Handlung, für die Erstellung eines Werks (→ Werkvertrag), insbes. aber für die Herbeiführung eines Erfolgs (z. B. Aufklärung von Verbrechen, Wiederbeschaffung verlorener Sachen usw.) aussetzt (§§ 657 ff. BGB). Die A. ist bis zur Vornahme der Handlung widerruflich. Ist die gewünschte Handlung mehrmals vorgenommen worden, so gebührt die Belohnung dem, der die Handlung zuerst vorgenommen hat (bei Gleichzeitigkeit oder Mitwirkung mehrerer entsprechende Teilung). Eine besondere Form der A. ist das → Preisausschreiben.

**Auslösungen** sind Vergütungen an private Arbeitnehmer zur Abgeltung des beruflichen Mehraufwands bei auswärtigen Arbeiten. Bei → Reisekosten, Umzugskosten und doppelter Haushaltsführung sind die A. lohnsteuerfrei in unterschiedlichem Ausmaß (§ 3 Nr. 16 EStG, Abschn. 16, 37–41 und 43 LStR). Vgl. → Werbungskostenersatz.

**Ausmärkische Gebiete** → gemeindefreie Gebiete.

**Ausnahmebewilligung** → Dispens.

**Ausnahmegerichte** sind Gerichte, die für bestimmte Fälle (oft sogar für einen Einzelfall) und häufig erst nach Verwirklichung des von ihnen zu beurteilenden Sachverhalts eingesetzt und für zuständig erklärt werden. Nach Art. 101 I GG, § 16 S. 1 GVG sind A. unzulässig. Sie stehen im Gegensatz zum → gesetzlichen Richter i. w. S., dessen Zuständigkeit von vornherein für eine Vielzahl von Fällen generell und auf Dauer begründet ist, insbes. kraft Gesetzes (z. B. Zivil-, Strafkammer) oder → Geschäftsverteilung (z. B. Verkehrsstrafrichter, Wirtschaftsstrafkammer). Keine A. sind auch die für besondere Sachgebiete eingesetzten sog. besonderen Gerichte (z. B. Schiffahrtsgerichte, vgl. § 14 GVG).

**Ausnahmegesetz** ist kein Begriff unserer Verfassung. Man verwendete ihn für → Gesetze, die – insbes. in Notstandszeiten – nicht im verfassungsmäßig vorgesehenen → Gesetzgebungsverfahren, insbes. nicht vom eigentlichen Gesetzgebungsorgan erlassen wurden (→ Notstandsverfassung). Gelegentlich versteht man unter A. auch ein Gesetz, das des Merkmals der abstrakt-generellen Regelung entbehrt (→ Maßnahmegesetz).

**Ausnahmen und Befreiungen im Baurecht.** A. u. B. sind im Bereich des Bauplanungsrechts (→ Baugesetzbuch) und des Bauordnungsrechts (→ Bauordnungen) möglich. A. von den Festsetzungen des Bebauungsplans (→ Bauleitpläne) können gem. § 31 BauGB zugelassen werden, wenn sie im Plan ausdrücklich vorgesehen sind. B. sind nach den Bauordnungen der Länder Abweichungen von an sich zwingenden Vorschriften (vgl. auch → Dispens). Wegen der engen Verwandtschaft von A. und B. verwenden neuere Bauordnungen den Oberbegriff „Abweichung" (vgl. z. B. Art. 70 Bayer. Bauordnung i. d. F. vom 4. 8. 1997, GVBl. 433; § 68 Thür. BO vom 3. 8. 1994, GVBl. 521).

**Ausnahmezustand** ist eine durch eine gefährliche Krise (Aufruhr, Katastrophen u. dgl.) hervorgerufene innerstaatliche Lage, der zur Erhaltung der staatlichen Ordnung durch teilweise Außerkraftsetzung von Verfassungsnormen und insbes. von → Grundrechten begegnet werden soll. Eine solche vorübergehende Funktionseinschränkung der Verfassung war z. B. in Art. 48 II der → Weimarer Verfassung dem Reichspräsidenten eingeräumt. S.a. → Kriegsrecht. Das GG kennt den Begriff des A. nicht; vgl. aber → Notstandsverfassung, → Verteidigungsfall, → Notstand (innerer), → Naturkatastrophen, → Bundeszwang.

**Ausnüchterungs-Gewahrsam** → Schutzgewahrsam.

**Ausreisepflicht** → Ausländer, 5.

**Ausreise.** Die Ausreisefreiheit ist als Ausfluß der allgemeinen Handlungsfreiheit nach Art. 2 I GG innerhalb der Schranken der verfassungsmäßigen Ordnung Deutschen (→ Staatsangehörigkeit) und → Ausländern gewährleistet. Deutsche bedürfen zur Ausreise eines Passes oder anderer zugelassener Ausweispapiere (→ Paßwesen). Z.B. bei Gefährdung der BRep oder bei der Gefahr, sich der Strafverfolgung zu entziehen, können aber Paß und A. versagt werden (A.sperre). Aus denselben Gründen kann auch einem Ausländer die A. untersagt werden.

**Ausreisevisum** → Sichtvermerk.

**Ausrüstung von Kraftfahrzeugen.** Die A. v. K. ist in den §§ 30 ff. StVZO geregelt; sie soll die Betriebssicherheit gewährleisten, darf aber andere nicht mehr als unvermeidlich gefährden, behindern oder belästigen. Die Vorschriften betreffen insbes. die Abmessungen der Fz., das Mitführen von Anhängern, das Gesamtgewicht, Beschaffenheit und Einrichtung, Richtungsanzeiger, Warnvorrichtungen (Schallzeichen), Rückspiegel, Geschwindigkeitsmeßgerät (Tachometer); Sicherheit der Insassen (→ Sicherheitsgurt), Sicherung gegen unbefugte Benutzung (→ Verlassen eines Fz.) usw. Sonderbestimmungen über die Motorleistung gelten für Lkw und Omnibusse, für diese weitere Vorschriften über Notausstiege, das Mitführen von Feuerlöschern und Verbandkästen, → Geschwindigkeitsbegrenzer, Unterfahrschutz, seitliche Schutzvorrichtungen usw. Verantwortlich für die Einhaltung der Vorschriften ist nach §§ 23 StVO, 31 StVZO neben dem Führer des Kfz auch dessen → Halter. Vor Fahrtantritt muß sich der Fahrer von der Betriebssicherheit überzeugen; er muß sie während der Fahrt, soweit möglich, überprüfen und evtl. das Fz. unverzüglich aus dem Verkehr ziehen. Der Halter ist für Mängel verantwortlich, die ihm bekannt sind oder bei gehöriger Überwachung hätten bekannt werden müssen. Er darf auch einem fachkundigen Fahrer die Überprüfung der A. nicht überlassen, muß sie vielmehr selbst in Zeitabständen durchführen oder veranlassen, die sich aus den Umständen ergeben (Häufigkeit der Benutzung des Kfz usw.). Über die A. von → Fahrrädern (mit und ohne Hilfsmotor) s. dort.

**Aussage, falsche** (vor Gericht) → falsche uneidliche Aussage, → Falscheid, → Meineid.

**Aussageerpressung.** Ein → Amtsträger (§ 11 I Nr. 2 StGB), der zur Mitwirkung an einem Straf-, Bußgeld-, Disziplinar-, ehren(berufs)gerichtlichen, Unterbringungs- o.ä. Verfahren berufen ist und hierbei einen anderen körperlich mißhandelt oder seelisch quält oder gegen ihn Gewalt anwendet oder sie ihm androht, um eine Aussage oder Nichtaussage herbeizuführen, wird mit Freiheitsstrafe von 1–10 Jahren bestraft (§ 343 StGB; in minder schweren Fällen von 6 Mon. bis 5 Jahren). Versuch ist strafbar. Entsprechendes gilt für Offiziere und Unteroffiziere nach § 48 I WStG.

**Aussagegenehmigung** bei Beamten → Amtsverschwiegenheit.

**Aussagenotstand** → Meineid, → falsche uneidliche Aussage.

**Aussagepflicht.** Der in einem Rechtsstreit, einem Strafverfahren oder einem Verfahren der → freiwilligen Gerichtsbarkeit geladene → Zeuge hat grundsätzlich die Pflicht zum Erscheinen und zur Aussage vor Gericht (→ Beugemittel); über Ausnahmen → Auskunftsverweigerungsrecht, → Zeugnisverweigerungsrecht.

Bei der Partei im *Zivilprozeß* ist zu unterscheiden, ob sie vom Gericht zwecks Anhörung geladen ist, um zur Aufklärung des Sachverhalts beizutragen, wobei sie ihre Erklärungen, zu denen sie nicht verpflichtet ist, als *Prozeßpartei* abgibt (§§ 139, 141 ZPO), oder ob ihre Aussage auf Antrag des Prozeßgegners als *Beweismittel* dienen soll (Beweis durch Parteivernehmung, §§ 445 ff. ZPO). Die Aussage ist auch in diesem Falle nicht erzwingbar, die Aussageverweigerung für das Gericht die Grundlage freier Würdigung, ob es die vom Gegner behauptete Beweistatsache als erwiesen ansehen will.

Im *Strafverfahren* ist der Beschuldigte nicht zur Aussage verpflichtet. Er ist schon bei der ersten Vernehmung durch Polizei, Staatsanwalt oder Richter und nochmals zu Beginn der Hauptverhandlung darauf hinzuweisen, daß es ihm freistehe, sich zu der Beschuldigung zu äußern oder nicht zur Sache auszusagen und jederzeit – auch vor der Vernehmung – einen von ihm zu wählenden Verteidiger zu befragen (§§ 136 I 2, 163 a III, 243 IV StPO).

Die A. deckt sich nicht mit der → Wahrheitspflicht; diese trifft zwar die Partei im Zivilprozeß für ihren Sachvortrag und soweit sie sich zur Aussage entschließt, nicht dagegen den Beschuldigten im Strafverfahren, für den aber hartnäckiges Leugnen oder gar bewußte Irreführung des Gerichts u. U. Nachteile bei der → Strafzumessung zur Folge haben kann.

**Aussageverweigerung** → Aussagepflicht, → Auskunftsverweigerungsrecht, → Zeugnisverweigerungsrecht.

**Ausschankverbot** → Gaststätten.

**Ausscheiden eines Gesellschafters** → Gesellschaft des bürgerlichen Rechts, → Offene Handelsgesellschaft (6).

**Ausschlagung der Erbschaft.** Der → vorläufige Erbe, der noch nicht die → Annahme der Erbschaft erklärt hat, kann binnen einer *Frist* von 6 Wochen (bzw. 6 Monaten, wenn der → Erblasser seinen letzten Wohnsitz im Ausland hatte oder der Erbe sich bei Beginn der Frist im Ausland aufhält) die Erbschaft ausschlagen. Die Frist beginnt in dem Zeitpunkt, in dem der Erbe von dem → Erbanfall und dem Berufungsgrund (gesetzliche oder gewillkürte → Erbfolge) positive Kenntnis erlangt, bei → Verfügungen von Todes wegen nicht vor deren Verkündung durch das → Nachlaßgericht (§ 1944 BGB); bloßes Kennenmüssen genügt nicht. Die A. ist eine → Willenserklärung, die zur Niederschrift des Nachlaßgerichts oder diesem gegenüber in öffentlich beglaubigter → Form erklärt werden muß (§ 1945 BGB, §§ 72, 73 FGG); der → Vormund und grundsätzlich auch die Eltern für ihr minderjähriges Kind bedürfen zur Ausschlagung der Genehmigung des Vormundschaftsgerichts (§§ 1822 Ziff. 2, 1643 II BGB, → Vermögenssorge). Vor dem Erbfall und unter einer → Bedingung können weder Annahme noch Ausschlagung erklärt werden (§§ 1946, 1947 BGB). Annahme und A. können sich nur auf die ganze Erbschaft beziehen, nicht dagegen auf einen Teil beschränken (§ 1950 BGB); s. aber → Zugewinngemeinschaft (§ 1371 BGB). Wer jedoch aus mehreren Gründen (z. B. durch Verfügung von Todes wegen und kraft Gesetzes) als Erbe berufen ist, kann die Erbschaft aus einem Grunde ausschlagen und aus dem anderen annehmen (§ 1948 BGB). Das gleiche gilt bei Berufung zu mehreren Erbteilen, falls die Berufung auf verschiedenen Gründen beruht, nicht dagegen bei verschiedenen Testamenten, sofern nicht vom Erblasser etwas anderes gestattet ist (§ 1951 BGB). Das Ausschlagungsrecht ist seinerseits vererblich; von mehreren Erben des Erben kann jeder den seinem Erbteil entsprechenden Teil der Erbschaft ausschlagen (§ 1952 BGB).

Die A. bewirkt, daß der Erbanfall als nicht eingetreten gilt. Die Erbschaft fällt rückwirkend auf den Erbfall demjenigen an, der berufen wäre, wenn der Ausschlagende zur Zeit des Erbfalls nicht gelebt hätte (§ 1953 BGB). Die A. der E. ist unwiderruflich; doch ist Anfechtung wie bei → Annahme der E. möglich.

**Ausschließliche Gesetzgebung** ist ein Begriff des Bundesstaatenrechts, in dem das Recht zur Gesetzgebung zwischen Bund und Ländern aufgeteilt ist. Das kann in der Weise der Fall sein, daß dem Bund die → konkurrierende Gesetzgebung oder die → Rahmengesetzgebung zusteht; er kann aber auch für bestimmte Regelungsbereiche ausschließlich zur Gesetzgebung zuständig sein, d.h. die Länder sind hiervon ausgeschlossen, soweit sie nicht durch Bundesgesetz ermächtigt sind. Andererseits kann auf bestimmten Gebieten eine ausschließliche Gesetzgebungszuständigkeit der Länder bestehen, die den Bund völlig ausschließt. Grundsätzlich weist das GG den Ländern die Gesetzgebungszuständigkeit zu, soweit es selbst nichts anderes bestimmt (Art. 70 GG). Die Länder sind daher auf allen Gebieten ausschließlich zuständig, die nicht im GG der ausschließlichen, konkurrierenden oder Rahmengesetzgebung des Bundes unterliegen. Zur ausschließlichen Gesetzgebung sind dem Bund nach Art. 73 GG übertragen: die auswärtigen Angelegenheiten und die Verteidigung einschl. des Schutzes der Zivilbevölkerung, die Staatsangehörigkeit am Bund, Freizügigkeit, Paßwesen, Aus- und Einwanderung sowie Auslieferung, Währungs- und Geldwesen, Maß-, Gewicht- und Zeitbestimmungswesen, Waren- und Handelsverkehr einschl. Zoll und Grenzschutz, Bundeseisenbahn und Luftverkehr, Postwesen und Telekommunikation, die Rechtsverhältnisse der Bundesbediensteten, der gewerbliche Rechtsschutz, das Urheber- und Verlagsrecht, die Zusammenarbeit mit den Ländern in der Kriminalpolizei, im → Verfassungsschutz sowie zum Schutz gegen Bestrebungen, durch Gewalt auswärtige Belange der BRep. zu gefährden, ferner die Einrichtung eines Bundeskriminalpolizeiamtes, die internationale Verbrechensbekämpfung sowie die Statistik für Bundeszwecke.

**Ausschließliche Zuständigkeit** (ausschließlicher Gerichtsstand) → gerichtliche Zuständigkeit (4).

**Ausschließlichkeitsverträge** sind Verträge zwischen Unternehmen über Waren oder gewerbliche Leistungen, die einen Vertragsteil in der Verwendung dieser oder anderer Waren und Leistungen (z.B. bestimmter Ersatzteile), im Bezug oder in der Abgabe anderer Waren oder Leistungen (z.B. Bierlieferungsverträge, Tankstellenpachten) oder in der Abgabe der gelieferten Waren an Dritte (Vertriebsbindungen) *beschränken* oder ihn verpflichten, sachlich oder handelsüblich nicht zugehörige Waren oder gewerbliche Leistungen abzunehmen (→ Koppelungsgeschäfte). A. bedürfen der Schriftform (§ 34 GWB). Die Kartellbehörde kann A. mit sofortiger oder späterer Wirkung für unwirksam erklären, die eine für den Wettbewerb auf dem Markt erhebliche Zahl von Unternehmen gleichartig binden und in ihrer Wettbewerbsfähigkeit unbillig beschränken; ebenso wenn durch A. für andere Unternehmen der Marktzutritt unbillig beschränkt wird oder wenn durch sie der Wettbewerb auf dem Markt für irgendwelche Waren oder gewerblichen Leistungen wesentlich beeinträchtigt wird (§ 18 GWB). Soweit A. zu einer sittenwidrigen Knebelung des Vertragspartners führen, können sie auch ohne Entscheidung der Kartellbehörden nach § 138 BGB nichtig sein (→ Sittenwidrigkeit). A., die den Wirtschaftsverkehr zwischen den Mitgliedstaaten nicht nur unwesentlich („spürbar") beeinträchtigen, sind gemäß Art. 85 EGV verboten, können aber von der Europäischen Kommission freigestellt werden (→ FreistellungsVOen der EG).

**Ausschließung von Amtspersonen.** In einem → Verwaltungsverfahren darf für eine Behörde nicht tätig werden, wer selbst Beteiligter oder dessen → Angehöriger oder Vertreter ist, ferner wer Angehöriger eines Vertreters ist, wer bei einem Beteiligten gegen Entgelt beschäftigt ist oder wer außerhalb seiner amtlichen Eigenschaft in der Angelegenheit gutachtlich oder sonstwie tätig geworden ist (§ 20 VwVfG, § 82 AO).

**Ausschließung von der Erbfolge** → Enterbung.

**Ausschließung von Gerichtspersonen.** Wegen naher persönlicher Beziehungen zu dem Rechtsstreit kann ein Richter von der Ausübung seines Richteramts in einer bestimmten Sache ausgeschlossen sein, insbes. wenn er oder ein naher Angehöriger verletzt oder sonst sachbeteiligt ist oder in gewissen Fällen wegen seiner früheren Mitwirkung im Verfahren; vgl. § 41 ZPO, §§ 22, 23 StPO, § 54 II VwGO, § 51 II FGO, § 60 II SGG. Im Gegensatz zur → Ablehnung bedarf die A. keiner Entscheidung. Ebenso wie ein Richter können → Urkundsbeamte (§ 49 ZPO, § 31 StPO), ähnlich → Gerichtsvollzieher (§ 155 GVG) ausgeschlossen sein; bei anderen (→ Sachverständige, → Schiedsrichter, → Dolmetscher) führt ein A.grund zur → Ablehnung. Die – prozeßrechtlich nicht vorgesehene – A. eines → Staatsanwalts kann dienstrechtlich geboten sein. Die unzulässige Mitwirkung des StA kann – wie stets die eines ausgeschlossenen Richters (vgl. z. B. § 338 Nr. 2 StPO) – die Revision begründen.

**Ausschließung von Gesellschaftern** → Gesellschaft des bürgerlichen Rechts, → Gesellschaft mit beschränkter Haftung (3), → Offene Handelsgesellschaft (6); – von Genossen → Genossenschaft (5); s.a. → Kaduzierung, → Amortisation.

**Ausschluß des Versorgungsausgleichs** → Ehescheidung (5).

**Ausschluß vom Wahlrecht.** Nach § 13 des Bundeswahlgesetzes (→ Bundestag) ist vom W. ausgeschlossen, wer infolge Richterspruchs das W. nicht besitzt, wer bezüglich der Besorgung aller seiner Angelegenheiten unter Betreuung steht oder wer sich nach § 63 StGB in Verbindung mit § 20 StGB in einem psychiatrischen Krankenhaus befindet.

**Ausschluß vom Wehrdienst** → Wehrdienst.

**Ausschlußfrist** → Frist.

**Ausschlußumsätze** → Umsatzsteuer (8).

**Ausschlußurteil** ist ein → Gestaltungsurteil, das im → Aufgebotsverfahren ergeht (§ 952 ZPO) und durch das andere Personen mit ihren möglichen Rechten an einem bestimmten Gegenstand ausgeschlossen werden. Gegen ein A. kann Anfechtungsklage erhoben werden (§ 957 ZPO).

**Ausschreibung, öffentliche.** Die öffentliche A. ist die Regelform, in der öffentliche Aufträge vergeben werden sollen → Vergabewesen. Sie ist bürgerlichrechtlich eine Aufforderung zu Angeboten (→ invitatio ad offerendum).

**Ausschüsse.** 1. A. des Parlaments werden als dessen Organe nach Maßgabe der Verfassung und insbes. der → Geschäftsordnung bestellt (meist als Fachausschüsse entsprechend den → Ressorts). Besondere Aufgaben haben die → Untersuchungsausschüsse und die im GG noch besonders erwähnten A. für auswärtige Angelegenheiten und für Verteidigung (Art. 44, 45 a, c GG). Im übrigen bereiten die A. die Plenarsitzungen des P. vor, insbes. durch Beratung von Gesetzentwürfen zwischen 1. u. 2. → Lesung im → Plenum; sie haben deshalb große praktische Bedeutung im → Gesetzgebungsverfahren. Die Sitzungen der A. sind i. d. R. nicht öffentlich (anders z. B. im bayer. Landtag). Die A. werden nach dem Stärkeverhältnis der → Fraktionen im Parlament besetzt. Nähere Vorschriften über die A. des Deutschen → Bundestages enthalten die §§ 54 ff. der Geschäftsordnung i. d. F. vom 2. 7. 1980 (BGBl. I 1237).

2. Auch für die kommunalen Vertretungen (→ Gemeindevertretung; → Kreistag) ist die Bildung von A. vorgesehen und z. T. zwingend vorge-

schrieben (→ Kreisausschuß). Häufig wird hier zwischen beratenden und beschließenden A. unterschieden; beratende A. bereiten die Beschlußfassung für das Plenum vor, beschließenden A. sind bestimmte Aufgaben zur selbständigen und abschließenden Erledigung zugewiesen.

**Ausschüttungen** → Körperschaftsteuer (2).

**Ausschüttungsbelastung** → Körperschaftsteuer (3).

**Ausweisung.** → Ausländer, 5.

**Außenbereich** ist der Teil des Gemeindegebiets, der weder zum Geltungsbereich eines qualifizierten Bebauungsplanes (→ Bauleitplanung) noch zu den „im Zusammenhang bebauten Ortsteilen" (§ 34 BauGB; „nicht beplanter Innenbereich") gehört. Im A. ist ein Bauvorhaben (→ Vorhaben) grundsätzlich nur zulässig, wenn öffentl. Belange nicht entgegenstehen, die ausreichende Erschließung gesichert ist und das Vorhaben nach § 35 I BauGB „privilegiert" ist (z. B. einem land- oder fortwirtschaftlichen Betrieb dient). Sonstige Vorhaben können im Einzelfall zugelassen werden, wenn sie öffentl. Belange nicht beeinträchtigen (eingehende Regelung in § 35 III–VI BauGB).

**Außengrenze** → EG-Außengrenze.

**Außenprüfung** umfaßt Betriebs-, Umsatzsteuer-, Lohnsteuerprüfung usw. (§§ 193–207 AO); Gegensatz: Prüfung an Amtsstelle, wozu auch die betriebsnahe Veranlagung gehört. Darunter versteht man punktuelle Sachverhaltsaufklärung beim Stpfl. mit anschließender Steuerfestsetzung. Die A. ist Teil des → Besteuerungsverfahrens. Sie ist zulässig bei Stpfl., die einen gewerblichen oder land- und forstwirtschaftlichen Betrieb unterhalten oder die freiberuflich tätig sind sowie bei anderen Stpfl., soweit diese für Rechnung eines anderen Steuern zu entrichten oder Steuern einzubehalten und abzuführen haben oder wenn die für die Besteuerung erheblichen Verhältnisse der Aufklärung bedürfen und eine Prüfung an Amtsstelle nach Art und Umfang des Sachverhalts nicht zweckmäßig ist (§ 193). Die AO regelt den sachlichen Umfang (§ 194), die Zuständigkeit der Finanzbehörden (§ 195), die Notwendigkeit einer schriftlichen Prüfungsanordnung (§ 196), die Bekanntgabe der Prüfungsanordnung und die Verlegung auf Antrag (§ 197), die Pflicht des Prüfers, sich auszuweisen und Datum und Uhrzeit aktenkundig zu machen (§ 198), denn mit diesem Zeitpunkt wird die → Selbstanzeige wegen Steuerhinterziehung abgeschnitten (§ 371 II). Besteuerungsgrundlagen sind auch *zugunsten* des Stpfl. zu prüfen. Der Stpfl. ist über die Feststellungen des Prüfers zu unterrichten, wenn dadurch Zweck und Ablauf der Prüfung nicht beeinträchtigt werden (§ 199). Die Mitwirkungspflichten des Stpfl. mit dem wichtigen Grundsatz der Erstbefragung enthält § 200. In der Schlußbesprechung (§ 201) soll der Stpfl. ggf. darauf hingewiesen werden, daß die strafrechtliche oder bußgeldrechtliche Würdigung einem besonderen Verfahren vorbehalten bleibt. Die abgekürzte A. (§ 203) beschränkt sich auf die wesentlichen Besteuerungsgrundlagen. Zur verbindlichen Zusage auf Grund einer A. vgl. §§ 204–207, BMF 24. 6. 87, BStBl. I 474; 21. 2. 90 BStBl. I 146; → Verständigung im Besteuerungsverfahren. Einzelheiten regelt die Betriebsprüfungsordnung (BpO) vom 17. 12. 1987 (BStBl. I 802). Zur Einordnung der Betriebe in Größenklassen zum 1. 1. 1998 zwecks turnusmäßiger Prüfung BMF 2. 5. 97, BStBl. I 97, 576. S.a. → Steuerbescheid (weg. dessen Änderung od. Aufhebung nach A.).

**Außenseiterklausel** → Tarifvertrag.

**Außensteuergesetz.** Das A. vom 8. 9. 1972 (BGBl. I 1713) m. Änd. (zuletzt vom 20. 12. 96, BGBl. I 2049) regelt die steuerliche Korrektur begünstigender Geschäftsbedingungen gegenüber nahestehenden Personen im Ausland (§ 1; → Arm's length-Klausel). Es erweitert die beschränkte Einkommen- und Erbschaftsteuerpflicht, falls ein Deutscher, der innerhalb der letzten 10 Jahre vor Ende der unbeschränkten → Steuerpflicht mindestens 5 Jahre unbeschränkt einkommensteuerpflichtig war, sich in einem Niedrigsteuerland oder in keinem ausländischen Gebiet niederläßt, wesentliche wirtschaftliche Interessen im Inland beibehält und dessen beschränkt steuerpflichtige Einkünfte in diesem → Veranlagungszeitraum 32 000 DM übersteigen; die Erweiterung gilt bis zum Ablauf von 10 Jahren nach dem Auswanderungsjahr (§§ 2–5). Bei dieser erweiterten beschränkten Einkommensteuerpflicht wird der Kreis der inländischen Einkünfte (§ 49 EStG) auf alle Einkünfte ausgedehnt, die nicht ausländische Einkünfte (§ 34 d EStG) sind. Stirbt ein erweitert beschränkt Einkommensteuerpflichtiger innerhalb der genannten Fristen, so sind seine im Ausland lebenden Erben mit dem Inlandsvermögen erbschaftsteuerpflichtig (§ 4). In § 6 legt das A. fest, daß der Wertzuwachs wesentlicher Beteiligungen an inländischen Kapitalgesellschaften im Falle der Auswanderung und in bestimmten Umgehungsfällen, z. B. Schenkung an einen beschränkt Steuerpflichtigen, zu versteuern ist. Falls unbeschränkt Steuerpflichtige und bestimmte Auswanderer eine Kapitalgesellschaft in einem Niedrigsteuerland beherrschen, und falls diese Gesellschaft „nichtaktive Einkünfte" hat, so ist die Gesellschaft → „Zwischengesellschaft" für diese Einkünfte. Diese Einkünfte der ausländischen Gesellschaft (→ Zwischeneinkünfte) sind dem Einkommen des beteiligten Inländers hinzuzurechnen (§§ 7–14); dies gilt auch für nachgeschaltete Zwischengesellschaften. Überwiegen die Zwischeneinkünfte mit Kapitalanlagecharakter, so unterliegen diese bereits bei einer Beteiligung von 10% der Hinzurechnungsbesteuerung (§ 7 VI AStG). Die Abkommen zur Vermeidung von Doppelbesteuerung (DBA) gehen dem Außensteuergesetz ebenso wie den übrigen Steuergesetzen vor. Zur Anwendung des Außensteuergesetzes BMF BStBl. I 1995, Sonderheft 1.

**Außenverhältnis** → Auftrag, → Vollmacht.

**Außenvollmacht** → Vollmacht.

**Außenwirkung (Verwaltungsrecht)** → Verwaltungsvorschriften, → Rechtsnormen, → Weisungsrecht, → Verwaltungsakt (2).

**Außenwirtschaftsrecht** Zu unterscheiden ist das materielle Außenwirtschaftsrecht und das außenwirtschaftliche Verfahren. Materiell ist das A. so gut wie ausschließlich das Recht der Wirtschaftsbeziehungen zwischen der EG und Drittländern. Die Regelungen für diesen Bereich bezeichnet der EGV als gemeinschaftliche → Handelspolitik. Wegen der inhaltlichen Gestaltung s. dort. Deutsche außenwirtschaftliche Vorschriften wiederholen z. T. (mit lediglich deklaratorischer Wirkung) unmittelbar geltende materielle Regelungen der gemeinschaftlichen Handelspolitik.

Für das außenwirtschaftliche Verfahren, also z. B. Behördenzuständigkeiten, Genehmigungsverfahren, Meldeverpflichtungen usw., gilt überwiegend noch innerstaatliches Recht, in der BRep. ist das hauptsächlich das Außenwirtschaftsgesetz – AWG – vom 28. 4. 1961 (BGBl. I 481) m. spät. Änd. sowie die AußenwirtschaftsVO – AWV – i. d. F. vom 22. 11. 1993 (BGBl. I 1934) m.Änd. Von Bedeutung ist insoweit vor allem neben der ZuständigkeitenVO vom 16. 7. 1992 (BGBl. I 1321) der 2. Teil des AWG (§§ 25–32). Er enthält ergänzende Vorschriften, insbes. Ermächtigungen zum Erlaß von Verfahrens- und Meldevorschriften (§§ 26, 27) und Zuständigkeitsbestimmungen für die Erteilung der Genehmigungen (§ 28: grundsätzlich von den Landesregierungen bestimmte Behörden, im Bereich des Kapital- und Zahlungsverkehrs die → Bundesbank, im Bereich der → ernährungswirtschaftlichen Marktordnungen die → Bundesanstalt für Landwirtschaft und Ernährung). Die Genehmigungen bedürfen der Schriftform, werden nur auf Antrag erteilt und können mit Befristungen, Bedingungen, Auflagen und Widerrufsvorbehalten verbunden werden (§ 30). Ohne erforderliche Genehmigung abgeschlossene Rechtsgeschäfte sind unwirksam; nachträgliche Genehmigung heilt rückwirkend (§ 31).

Der 3. Teil des Ges. (§§ 33–46 a) enthält Straf-, Bußgeld- und Überwachungsvorschriften, der 4. Teil (§§ 47–52) Schlußvorschriften. Als Straftaten eingestuft sind sicherheits- oder außenpolitisch schwerwiegende Verstöße wie Ausfuhren ohne Genehmigung, mit erschlichener Genehmigung, entgegen rechtlichen Verboten oder UN-Wirtschaftssanktionen. Erfaßt werden auch → Auslandsdelikte Deutscher. Die Außenhandelsstatistik beruht auf dem Ges. über die Statistik des grenzüberschreitenden Warenverkehrs vom 1. 5. 1957 (BGBl. I 413) mit DVO i. d. F. vom 29. 7. 1994 (BGBl. I 1993).

Weiterhin geltendes *materielles* Außenwirtschaftsrecht enthalten die §§ 22–24 AWG sowie die betreffenden Vorschriften der AWV, die den Kapitalverkehr i.e.S., also ohne Zusammenhang mit dem Waren- und Dienstleistungsverkehr betreffen; s. insoweit Kapitalausfuhr, Kapitaleinfuhr. Ohne unmittelbar außenwirtschaftlichen Zielen zu dienen, knüpfen an Tatbestände des A.-Rechts z. B. Vorschriften über → Zölle und → Verbrauchsteuern, → ernährungswirtschaftliche Marktordnungen, gesundheitsrechtliche Vorschriften und Vorschriften über → Kriegswaffen an.

**Außergerichtliche Kosten** sind der Teil der → Prozeßkosten, die nicht → Gerichtskosten sind. Das sind insbes. die Anwaltsgebühren, Gerichtsvollzieherkosten, Reisekosten und Entschädigung für Zeitversäumnis. Für die a.K. kann ein → Kostenerstattungsanspruch bestehen.

**Außergerichtliches Rechtsbehelfsverfahren** in Steuersachen → Finanzgerichtsbarkeit.

**Außergewöhnliche Belastungen** → Belastungen, außergewöhnliche.

**Außerordentliche Beschwerde** → Beschwerde.

**Außerordentliche Einkünfte** werden bei der Einkommensteuer verschieden begünstigt: 1. Einem ermäßigten Steuersatz unterliegen a) *privilegierte Gewinne* aus der Veräußerung von Betrieben, Mitunternehmeranteilen usw. von Land- und Forstwirten, Gewerbetreibenden, selbständig Tätigen (§§ 14, 14a, 16, 18 III EStG; § 34 II EStG) und von wesentlichen → Beteiligungen (§ 17 EStG). b) Bestimmte *Entschädigungen* und *Nutzungsvergütungen* (§ 24 Nrn. 1, 3, § 34 II Nrn. 2, 3 EStG). c) *Kalamitätsnutzungen* und außerordentliche Holznutzungen bei Forstwirten (§ 34b EStG). A.E. werden besteuert bis 30 Mio DM, ab 1. 8. 97 bis 15 Mio DM, ab dem Jahr 2001 bis 10 Mio DM mit dem halben durchschnittlichen Steuersatz, darüber mit dem Regelsteuersatz (§ 34 I EStG).

2. Vergütungen für eine mehrjährige Tätigkeit werden gedrittelt und mit der dreifachen Einkommensteuer besteuert (Progressionsvorteil – § 34 III EStG).

**Außerordentliche Kündigung** → Kündigung, → Kündigungsschutz für Arbeitnehmer.

**Außerordentliches Testament** → Testament (3).

**Außerplanmäßige Ausgaben** (Staatshaushalt) → Haushaltsrecht.

**Aussetzung der Hauptverhandlung** in Strafsachen ist (zum Unterschied von der → Unterbrechung) die Vertagung mit der Folge, daß mit der HV *von neuem* begonnen werden muß. Über die A. entscheidet das Gericht, während kürzere Unterbrechungen vom Vorsitzenden angeordnet werden (§ 228 StPO). Die A. ist geboten, wenn ein Beweismittel während des für eine *Unterbrechung* zulässigen Höchstzeitraums (§ 229 StPO) nicht herbeigeschafft und die HV daher in dieser Zeit nicht fortgesetzt werden kann. Gesetzlicher Anspruch auf A. oder Unterbrechung kann bestehen, wenn der Angeklagte Nichteinhaltung der Ladungsfrist rügt oder bei Anwaltswechsel der Verteidiger oder bei veränderter Rechts- oder Sachlage der Angeklagte Zeit für die Vorbereitung der Verteidigung beansprucht (§§ 217 II, 265 III, IV, 145 III StPO).

**Aussetzung der Strafe (Jugendstrafe)** → Strafaussetzung, → Jugendstrafe.

**Aussetzung der Strafvollstreckung** → Strafaufschub, → Strafaussetzung (1), → Zurückstellung d. S.

**Aussetzung der (sofortigen) Vollziehung** → Vollziehung, sofortige.

**Aussetzung der Zwangsvollstreckung** → Vollstreckungsschutz.

**Aussetzung des Strafausspruchs** → Jugendstrafe, → Verwarnung mit Strafvorbehalt.

**Aussetzung eines Verfahrens** bedeutet Stillstand des Verfahrens auf Grund gerichtlicher Anordnung. Sie ist aus zahlreichen Gründen und nach vielen gesetzlichen Vorschriften zulässig. Die wichtigsten sind §§ 148, 149, 246 ZPO, § 114 SGG sowie (A. der Verhandlung)

§ 94 VwGO, § 74 FGO, §§ 145, 265 StPO. Die A. dient vielfach dem Zweck, bei mehreren zugleich laufenden Verfahren über den gleichen oder ähnlichen Gegenstand widersprechende Entscheidungen zu vermeiden oder die Entscheidung einer Vorfrage abzuwarten, über die ein anderer Rechtsstreit oder ein Verwaltungsverfahren schwebt. Über die Rechtsfolgen der A. → Stillstand des Verfahrens. S. a. → A. der Hauptverhandlung.

**Aussetzung Hilfloser.** Wer vorsätzlich einen Menschen in hilflose Lage versetzt oder in hilfloser Lage im Stich läßt, obwohl er zur Obhut oder Versorgung (Unterbringung usw.) verpflichtet ist, und ihn dadurch der Gefahr des Todes oder einer schweren Gesundheitsschädigung aussetzt, wird nach § 221 StGB mit Freiheitsstrafe von 3 Mon. bis zu 5 Jahren bestraft. Die Strafe ist mindestens 1–10 Jahre, wenn der Täter die Tat gegen sein Kind oder eine ihm zur Erziehung oder Betreuung anvertraute Person begeht oder eine schwere Gesundheitsschädigung des Opfers verursacht. Hat der Täter den Tod des Opfers – mindestens fahrlässig, § 18 StGB – verursacht, ist Freiheitsstrafe von 1–10 Jahren zu verhängen. S.a. → Menschenraub.

**Aussetzung von Tieren.** Das Aussetzen eines eigenen *Haustieres,* um sich seiner zu entledigen, ist nach § 3 Nr. 3, § 18 I Nr. 4 TierschutzG als → Ordnungswidrigkeit mit Bußgeld bedroht.

**Aussetzungszinsen** → Vollziehung, sofortige (2.).

**Aussichtsgerechtigkeit** → Grunddienstbarkeit.

**Aussiedler** sind deutsche Staatsangehörige oder Volkszugehörige, die vor dem 8. 5. 1945 ihren Wohnsitz in den früher deutschen Ostgebieten, in Albanien, Bulgarien, China, Danzig, Estland, Jugoslawien, Lettland, Litauen, Polen, Rumänien, der Sowjetunion, der Tschechoslowakei oder in Ungarn gehabt und diese Länder nach Abschluß der allgemeinen Vertreibungsmaßnahmen verlassen haben oder verlassen (§ 1 II Nr. 3 BVFG i. d. F. vom 2. 6. 1993, BGBl. I 829 m. Änd.). Ihre Rechtsstellung und ihre wirtschaftliche und soziale Eingliederung regeln das → Bundesvertriebenengesetz, das → Aussiedleraufnahmegesetz, das → Fremdrentengesetz und die Bestimmungen über den → Lastenausgleich. Der vorläufige Aufenthalt bestimmt sich nach dem Ges. vom 9. 7. 1989 (BGBl. I 1378). S. a. → Übersiedler, → Umsiedler.

**Aussiedleraufnahmegesetz.** Das A. vom 28. 6. 1990 (BGBl. I 1247) regelt die Aufnahme von → Aussiedlern im Bundesgebiet. Das Aufnahmeverfahren muß im Aussiedlungsgebiet durchgeführt werden.

**Aussonderung.** Wer aufgrund eines dinglichen oder persönlichen Rechts geltend machen kann, daß ein Gegenstand im Besitz des Schuldners nicht zur → Insolvenzmasse gehört, ist kein Insolvenzgläubiger. Er kann seinen Anspruch auf Herausgabe gegen den → Insolvenzverwalter außerhalb des → Insolvenzverfahrens nach den hierfür geltenden allgemeinen Vorschriften durchsetzen (§ 47 InsO). Zur A. berechtigen solche dinglichen und persönlichen Rechte, auf die eine → Drittwiderspruchsklage gestützt werden kann, insbes. das Eigentum (praktisch besonders wichtig bei Warenlieferung an den Schuldner unter → Eigentumsvorbehalt). Hat der Gläubiger aber das Eigentum vom Schuldner nur zur Sicherheit übertragen erhalten (insbes. → Sicherungsübereignung, verlängerter → Eigentumsvorbehalt), unterliegt es (wie ein → Pfandrecht) nur der → Absonderung. S.a. → Ersatzaussonderung.

**Ausspähen von Daten.** Nach § 202 a StGB wird mit Freiheitsstrafe bis zu 3 Jahren oder mit Geldstrafe bestraft, wer unbefugt nicht unmittelbar wahrnehmbar gespeicherte oder übermittelte Daten, die nicht für ihn bestimmt und gegen unberechtigten Zugang besonders gesichert sind, sich oder einem anderen verschafft (sog. Computerspionage).

**Ausspähung von Staatsgeheimnissen** begeht, wer sich ein → Staatsgeheimnis *in der Absicht verschafft,* es zu verraten (ohne daß es zum Verrat kommt); die Tat wird nach § 96 I StGB mit Freiheitsstrafe von 1–10 Jahren bestraft. Es handelt sich um einen Fall des Landesverrats. Wer sich das Geheimnis nicht zu Verratszwecken (§ 94 StGB), sondern nur deshalb verschafft, um es zu

„offenbaren" (§ 95 ), d.h. an einen Unbefugten weiterzugeben oder es öffentlich bekanntzumachen, wird wegen *Auskundschaftens von Staatsgeheimnissen* mit Freiheitsstrafe von 6 Mon. bis zu 5 Jahren bestraft (§ 96 II; Versuch strafbar).

**Ausspannen von Arbeitskräften** → Sittenwidrigkeit, → unlauterer Wettbewerb.

**Aussperrung** ist eine Maßnahme des → Arbeitskampfs; sie besteht darin, daß der Arbeitgeber das Arbeitsverhältnis mit dem Arbeitnehmer aufhebt. Die A. stellt keine Kündigung dar, ist aus diesem Grunde auch nicht an Kündigungsfristen und → Kündigungsschutz gebunden. Sie hat i. d. R. nur suspendierende, nicht das → Arbeitsverhältnis endgültig auflösende Wirkung (BAG NJW 1971, 1668), führt also zur Wiederbeschäftigung der Arbeitnehmer nach Beendigung des Arbeitskampfs. Die A. ist aus dem Prinzip der Waffengleichheit (entsprechend dem → Streik) als rechtmäßiges Mittel des Arbeitskampfes anerkannt, wenn sie der Abwehr von Streikmaßnahmen dient (keine AngriffsA.), ihr Umfang sich am → Verhältnismäßigkeitsgrundsatz orientiert (z. B. bei Schwerpunktstreiks) und nicht auf bestimmte Gruppen von Arbeitnehmern (z. B. Gewerkschaftsmitglieder) beschränkt ist (BAG NJW 1980, 1642; BVerfG WM 1991, 1435). Eine autonome Regelung der Tarifparteien durch → Tarifvertrag oder → Betriebsvereinbarung hat Vorrang. Mit wirksamer A., die auch gegenüber nicht streikenden Arbeitnehmern erklärt werden kann, entfällt insbes. die Arbeits- und Lohnzahlungspflicht. Eine nach obigen Grundsätzen rechtswidrige A. verpflichtet zum → Schadensersatz aus den gleichen Gründen, die einen Streik rechtswidrig machen. Bei einer rechtmäßigen A. bleibt die Krankenkassenmitgliedschaft bis zu deren Ende erhalten. Bei rechtmäßiger A. bleibt das Versicherungsverhältnis in der → Sozialversicherung bestehen; Arbeitspflicht, Entgeltanspruch und Beitragszahlung entfallen (§ 192 SGB V; BSGE 33, 254).

**Ausspielung** → Lotterie.

**Ausstand** → Streik.

**Ausstattung** ist alles, was einem Kind mit Rücksicht auf seine Verheiratung oder auf die Erlangung einer selbständigen Lebensstellung von den Eltern zugewendet wird (§ 1624 BGB), insbes. Heiratsgut, Mittel zur Berufsausbildung oder Geschäftsgründung usw. Die A. gilt, obwohl hierauf – anders als früher bei der weggefallenen → Aussteuer – kein Anspruch besteht, nur insoweit als Schenkung, als sie das den Umständen – insbes. den Vermögensverhältnissen der Eltern – entsprechende Maß übersteigt; ein A.versprechen (dann klagbarer Anspruch) ist daher formlos möglich. Hinsichtlich der Gewährleistung für Sach- und Rechtsmängel wird jedoch die A. wie eine Schenkung behandelt (§ 1624 II BGB). Über Zuwendungen Dritter → Mitgift. S.a. → Ausgleichung von Vorempfängen und Vorleistungen.

**Ausstattung des Arbeitszimmers** → Arbeitsmittel, → Arbeitszimmer.

**Ausstattung von Waren** → Marken.

**Aussteller** → Wechsel, → Scheck, → Inhaberschuldverschreibung, → Urkunde.

**Ausstellungsrecht** ist ein → Verwertungsrecht, das dem Urheber (→ Urheberrecht) eines unveröffentlichten Werkes der bildenden Kunst oder eines Lichtbildes zusteht. Es berechtigt dazu, das Werk – z. B. Gemälde – öffentlich zur Schau zu stellen (§ 18 UrhG).

**Aussteuer.** Der frühere Anspruch einer Tochter gegen ihre Eltern anläßlich ihrer bevorstehenden Heirat auf eine angemessene A. zur Einrichtung des Haushalts (§§ 1620 ff. BGB a. F.) ist vom → Gleichberechtigungsgesetz ersatzlos gestrichen worden, da heute regelmäßig auch die Tochter eine entsprechende Berufsausbildung erhalten wird (vgl. § 1610 II BGB). Sofern von den Eltern keine → Ausstattung gegeben wird, besteht daher ein Anspruch nur noch im Rahmen des allgemeinen Unterhaltsanspruchs (→ Unterhaltspflicht unter Verwandten).

**Aussteuerung** nennt man den Ablauf der Geldleistungen in der → Arbeitsförderung bzw. → Arbeitslosenversicherung und in der → Krankenversicherung (vgl. §§ 127 f. SGB III, § 48 SGB V).

**Aussteuerversicherung** → Lebensversicherung.

**Ausstrahlung** eines Arbeitsverhältnisses ins Ausland. Wird ein Arbeitnehmer im Rahmen eines inländischen Arbeitsverhältnisses vorübergehend ins Ausland entsandt, so bleibt er in der deutschen → Sozialversicherung versichert, vorbehaltlich anderer Regelung durch EWG-Recht oder zwischenstaatliche Abkommen. Für versicherte Selbständige gilt dies entsprechend. § 4 SGB IV.

**Austauschpfändung** liegt vor, wenn der Gläubiger in der Zwangsvollstrekkung dem Schuldner für eine höherwertige unpfändbare Sache (→ Unpfändbarkeit) nach §§ 811 a, b ZPO ein Ersatzstück oder Geld für die Anschaffung eines solchen zur Verfügung stellt, damit er die höherwertige Sache pfänden und verwerten lassen kann.

**Austauschtheorie** → Schadensersatz (2 b).

**Austauschvertrag** → gegenseitiger Vertrag; → Vertrag, öff.-rechtl. (2).

**Austauschvertrag (Wettbewerbsrecht)** → Ausschließlichkeitsverträge, → vertikale Bindungen; Gegensatz: Vertrag mit gemeinsamem Zweck (→ Kartelle).

**Austritt aus einem Verein** → Verein (1); – aus der Kirche → Kirchenaustritt; – eines Gesellschafters → Gesellschaft des bürgerlichen Rechts, → Offene Handelsgesellschaft (6).

**Ausübender Künstler** → Urheberrecht.

**Ausverkauf** → Räumungsverkauf.

**Auswahlrichtlinien** → Mitbestimmung (1).

**Auswahlverfahren** → Studienplätze (Vergabe).

**Auswanderung** aus dem Bundesgebiet ist grundsätzlich frei, genießt aber keinen verfassungsrechtlichen Schutz, da das Grundrecht der → Freizügigkeit nur innerhalb des Bundesgebiets gilt (vgl. aber Freizügigkeit a.E.). Nach § 1 des AuswandererschutzG vom 26. 3. 1975 (BGBl. I 774) m. Änd. ist die geschäftsmäßige Auskunft- und Raterteilung in A.sangelegenheiten erlaubnispflichtig (ausgen. öffentl.-rechtl. Einrichtungen und gemeinnützige Vereinigungen, deren Aufgabe die Fürsorge für A. ist). Auswandererberatung ohne behördl. Erlaubnis und Werbung für die A. sind → Ordnungswidrigkeiten, wenn sie geschäftsmäßig betrieben werden (§ 6). Der Abschluß von Beförderungsverträgen sowie die Beförderung selbst sind Einschränkungen unterworfen (§§ 2, 4 des Ges.). Zuständig für die Ausführung des Ges. sind die Landesregierungen oder die von ihnen bestimmten Stellen. Dem Bundesverwaltungsamt obliegt nach dem Ges. vom 28. 12. 1959 (BGBl. I 829) u. a. die Beobachtung der A., Benachrichtigung der Landesbehörden und Warnung der Öffentlichkeit bei der Feststellung von Mißständen im A.swesen.

**Auswanderungsbetrug.** Wer es *geschäftsmäßig* betreibt, Deutsche durch Täuschung zur Auswanderung, d.h. zur Aufgabe des Inlandswohnsitzes, zu verleiten, wird mit Freiheitsstrafe bis zu 2 Jahren oder Geldstrafe bestraft (§ 144 StGB). Täuschungshandlungen sind insbes. bewußt unwahre Angaben über wirtschaftliche Verhältnisse im Einwanderungsland. In den neuen Ländern gilt § 144 StGB nicht.

**Auswanderungsfreiheit** → Auswanderung; s.a. → Freizügigkeit, → Freiheit (persönl.).

**Auswärtige Angelegenheiten** unterliegen der ausschließlichen Gesetzgebungszuständigkeit des Bundes (Art. 73 Nr. 1 GG). Sie umfassen die Beziehungen der BRep. zu den ausländischen Staaten, die Regelung des deutschen auswärtigen Dienstes im Ministerium („Auswärtiges Amt“; Ges. über den Auswärtigen Dienst nebst BegleitG vom 30. 8. 1990, BGBl. I 1842, 1849) und im Ausland einschl. der Vertretung bei internationalen Organisationen sowie der Rechtsstellung der ausländischen Vertreter in der BRep., ferner den Abschluß völkerrechtlicher Verträge. Str. ist, ob die Zuständigkeit des Bundes für den Abschluß von → Staatsverträgen und → Verwaltungsabkommen mit ausländischen Staaten allgemein oder nur auf Gebieten besteht, für die ihm innerstaatlich die Gesetzgebungs- oder Verwaltungskompetenz zukommt (Abschluß- und Transformationskompetenz). Zur Aufgabe des Bundes gehört auch die Pflege von Beziehungen zu auswärtigen Staaten (Art. 32 GG). Vor dem Abschluß eines Vertrages, der die besonderen Verhältnisse eines Landes berührt, ist dieses rechtzeitig zu hören. Soweit die Länder für die Gesetzgebung zuständig sind, können sie mit Zustimmung der BReg. auch selbst Verträge mit auswärtigen Staaten schließen. Die völkerrechtliche Vertretung der BRep. nimmt der Bundespräsident wahr; er schließt im Namen der BRep. die Verträge, er beglaubigt und empfängt die Gesandten (Art. 59 GG). Der Auswärtige Dienst wird in bundeseigener Verwaltung geführt. Siehe auch → Lindauer Abkommen.

**Ausweichen im Straßenverkehr.** Einem entgegenkommenden Fahrzeug muß nach rechts ausgewichen werden, um mögliche Gefährdungen zu vermeiden. Die Pflicht zum A. ergibt sich aus dem Rechtsfahrgebot des § 2 II 1 StVO. Zur Vermeidung einer Gefährdung darf notfalls nach links ausgewichen werden. Stets ist so rechtzeitig auszuweichen, daß der andere Teilnehmer nicht behindert oder unsicher gemacht wird. Der Zwischenraum beim A. muß so gewählt werden, daß das entgegenkommende Fz. ausreichenden Freiraum hat (je nach Geschwindigkeit, mindestens 1,5 m; bei Radfahrern ist mit Seitenbewegungen zu rechnen). Vgl. → Abstand im Straßenverkehr.

**Ausweise, amtliche.** Herstellung und Gebrauch unechter, gefälschter und inhaltlich unrichtiger a.A. werden strafrechtlich durch → *Urkundenfälschung* (§ 267 StGB), *Urkundenunterdrückung* (§ 274 StGB), → *Falschbeurkundung* (§ 271 StGB) und → *Ausweismißbrauch* (§ 281 StGB) geahndet. Soweit §§ 267 und 274 StGB nicht eingreifen, etwa weil der Ausweis dem Täter gehört, ist das *Verändern von amtlichen Ausweisen* nach § 273 StGB mit Strafe bedroht. Dies liegt vor, wenn eine Eintragung entfernt, unkenntlich gemacht usw., eine Seite entfernt oder ein so veränderter A. gebraucht wird.

Zur Bekämpfung des organisierten Mißbrauchs sind außerdem die Vorbereitung der Fälschung von a.A. durch Herstellung, Verschaffung usw. von zur Tatbegehung geeigneten Vorrichtungen (Platten usw.) und Papieren (§ 275 StGB) und das Verschaffen von falschen a.A. durch Unternehmen der Ein- oder Ausfuhr, Überlassung usw. (§ 276 StGB) strafbar. Bei gewerbs- oder bandenmäßiger Begehung gelten erhöhte Strafen. Außerdem sind Vermögensstrafe (→ Strafen) und Erweiterter → Verfall möglich. Diese Vorschriften gelten zur Bekämpfung organisierter Kfz-Diebstähle und -Verschiebungen sowie des organisierten → Schlepperunwesens auch für aufenthaltsrechtliche Papiere und für Fahrzeugpapiere (§ 276 a StGB).

**Ausweismißbrauch.** Wer ein (echtes) Ausweispapier, z. B. einen Paß oder Führerschein, der auf einen anderen lautet, vorsätzlich zur Täuschung im Rechtsverkehr (Vorlage bei einer Behörde, Bewerbung u. dgl.) benutzt, oder wer zu solchem Zweck einem anderen ein für diesen nicht ausgestelltes Ausweispapier überläßt, wird – schon bei Versuch der Täuschung – mit Freiheitsstrafe bis zu 1 Jahr oder mit Geldstrafe bestraft (§ 281 StGB). Die *Fälschung* von Ausweispapieren wird dagegen als → Urkundenfälschung geahndet.

**Ausweispapier** → Legitimationspapier.

**Ausweispflicht** → Personalausweise, → Paßwesen.

**Ausweisung** → Ausländer, 5.

**Auszeichnung** (Preisauszeichnung) → Preisangaben.

**Auszeichnungen** → Orden (und Ehrenzeichen).

**Auszubildender** (Azubi) → Berufsbildungsverhältnis, → Berufsbildung, → Handwerkslehrling.

**Authentische Interpretation** ist die Auslegung eines Rechtssatzes oder einer sonstigen Bestimmung durch ihren Urheber; sie ist für die Anwendung der Vorschrift maßgebend (richtungweisend) und u. U. verbindlich. Bei Gesetzen wäre dazu nur der Gesetzgeber berufen; insoweit findet aber eine a.I. im Hinblick auf die Beteiligung mehrerer Organe an der → Gesetzgebung nicht statt. Von der a.I. zu unterscheiden ist die *Legalinterpretation,* d.h. die Erläuterung eines gesetzlichen Begriffs durch eine weitere Rechtsnorm in demselben oder einem neuen Gesetz. Die für den Einzelfall verbindliche Interpretation der Gesetze obliegt den Gerichten. Bei anderen Bestimmungen, insbes. → Verwaltungsvorschriften, ist eine a.I. möglich.

**Autobahnbenutzungsgebühr.** Die BRep., Belgien, Dänemark, Luxemburg und Niederlande erheben seit 1. 1. 1995 für die Benutzung ihrer Autobahnen durch in- und ausländische Kfz zur Güterbeförderung über 12 t zulässigem Gesamtgewicht eine A. mit einer → Vignette. Sie kann für 1 Tag, 1 Woche, 1 Monat oder 1 Jahr entrichtet werden (s. Richtlinie 93/89/EWG vom 25. 10. 1993, ABl. EG L 279/32, sowie Übereinkommen vom 9. 2. 1994 und Ges. vom 30. 8. 1994, BGBl. II 1765). Die Benutzung einer Autobahn unter Verstoß gegen diese Vorschriften kann als Ordnungswidrigkeit mit Geldbuße bis 10 000 DM geahndet werden. Nach der Entscheidung des EuGH (Rs. C 21/94) ist die EG-Richtlinie wegen eines Formfehlers nichtig; die A. kann aber bis zum Erlaß einer neuen Richtlinie weitererhoben werden.

**Autobahnen** → Autostraßen.

**Autofallen** → Autostraßenraub.

**Autohändlervertrag** → Vertragshändler.

**Automatenaufstellung.** Wer die Aufstellung von Waren-, Leistungs- und Unterhaltungsautomaten jeder Art. als selbständiges Gewerbe betreibt, d.h. ohne räumlichen oder sachlichen Zusammenhang mit seiner gewerblichen → Niederlassung, hat die Anzeige nach § 14 I GewO allen Behörden zu erstatten, in deren Zuständigkeitsbereich Automaten aufgestellt werden (§ 14 III GewO). Warenautomaten sind zwar Verkaufsstellen i. S. des Gesetzes über den → Ladenschluß; sie dürfen jedoch ununterbrochen benutzbar sein.

**Automatenaufstell(ungs)vertrag.** Der A. ist in erster Linie ein → Mietvertrag, wenn der betr. Raum lediglich zur ausschließlichen Nutzung überlassen wird. Sonst – insbes. bei Aufstellung in Gaststätten mit Vereinbarung einer Gewinnbeteiligung – liegt ein gemischter Vertrag (→ Vertrag, 2) vor; auch kann eine → Gesellschaft oder ein → partiarischer Vertrag in Betracht kommen. Entscheidend ist die Vereinbarung der Beteiligten im Einzelfall.

**Automatenmißbrauch.** Das Erschleichen der Leistung eines Automaten in der Absicht, das Entgelt nicht zu entrichten, z. B. durch Einwerfen einer Falschmünze, ist nach § 265 a StGB mit Freiheitsstrafe bis zu 1 Jahr oder Geldstrafe bedroht (auch der Versuch). Die auf gleiche Weise vorgenommene Leerung eines Automaten wird aber meist als → Diebstahl angesehen. S. a. → Computerbetrug.

**Autonome Fallentscheidung** → Begriffsjurisprudenz.

**Autonome Satzung** → Satzung (autonome).

**Autonomie** („Selbstgesetzgebung") ist zunächst allgemein die Befugnis von Teilgebieten eines Staates, bestimmte Angelegenheiten im Wege der → Selbstverwaltung zu regeln (insbes. durch den Erlaß von Rechtsnormen), ohne daß dieses Gebiet dadurch die Eigenschaft eines → Staates erlangt. Die A. wird häufig im → Völkerrecht zum Schutze nationaler Minderheiten gewährt. Sie ist meist auf bestimmte Sachgebiete beschränkt, insbes. auf Sprache, Schule und Kirche (sog. „Kulturautonomie"). *Innerstaatlich* ist A. ein Teil der → Selbstverwaltung der → juristischen Personen des öffentlichen Rechts (Körperschaften, Anstalten), nämlich die Befugnis zur selbstständigen Regelung ihrer Rechtsverhältnisse durch Erlaß von Rechtsnormen. Diese sind zumeist → Satzungen (auch: „Autonome Satzungen"), weshalb man die A. insoweit oft als → Satzungsgewalt bezeichnet. Unter „Verbands-(Vereins-)autonomie" versteht man das Recht privater → Vereine (Verbände), ihre inneren Angelegeheiten selbst zu regeln.

**Autopsie** (Autoskopie; griech.), eigentl. Selbstschau, eigenes Sehen, Besichtigung; s. Leichenschau.

**Autor** ist der Urheber oder Verfasser eines Werkes, das Gegenstand des → Urheberrechts ist. Die Bezeichnung

A. ist insbes. üblich beim → Verlagsvertrag.

**Autostraßen. 1.** A. können sein:

a) → Bundesfernstraßen, und zwar Bundesautobahnen oder Bundesstraßen mit den Ortsdurchfahrten; für sie ist das Wegerecht, die Straßenbaulast usw. im BundesfernstraßenG (FStrG) i. d. F. vom 19. 4. 1994 (BGBl. I 854) geregelt;

b) → Landstraßen I. Ordnung (Staatsstraßen) oder II. Ordnung (Kreisstraßen); c) → Gemeindestraßen (Gemeindeverbindungsstraßen, Ortsstraßen). Für die Straßen zu b) und c) gelten die Landesstraßengesetze (→ Straßenbaulast, → Straßen- und Wegerecht).

2. Für den *Verkehr auf A.* sind insbes. von Bedeutung:

a) Die Sondervorschriften über → Bundesautobahnen und → Kraftfahrstraßen. Nach § 1 III FStrG dienen Autobahnen ausschließlich dem Kfz-Schnellverkehr, sind frei von höhengleichen Kreuzungen und haben besondere → Anschlußstellen für Zu- und Abfahrt, an denen der fließende Verkehr den Vorrang hat, möglichst auch getrennte Fahrbahnen für den Richtungsverkehr. Zu den Autobahnen gehören Nebenanlagen und Nebenbetriebe. Autobahnen und Kraftfahrstraßen dürfen nur von Kfz. mit mehr als 60 km/h Höchstgeschwindigkeit benutzt werden (§ 18 I StVO, → Fahrgeschwindigkeit). Fußgänger dürfen Autobahnen nicht betreten, Kraftfahrstraßen nur an Kreuzungen, Einmündungen und sonstigen dafür vorgesehenen Stellen (§ 18 IX StVO). Unbefugte Benutzung ist als Ordnungswidrigkeit (§ 24 StVG) verfolgbar, soweit nicht → Straßenverkehrsgefährdung vorliegt. Der fließende Verkehr hat stets Vorrang vor dem ruhenden. Wenden, Rückwärtsfahren und Halten ist verboten, auch auf Seitenstreifen (§ 18 VII, VIII StVO), Parken nur auf besonders bezeichneten Parkplätzen gestattet. Bei Verkehrsstockungen ist für die Durchfahrt von Polizei- und Hilfsfahrzeugen eine freie Gasse zu bilden; dies gilt auch für Straßen außerhalb geschlossener Ortschaften mit mindestens 2 → Fahrstreifen für eine Richtung (§ 11 II StVO). Ein- und Ausfahren ist auf Autobahnen nur an gekennzeichneten → Anschlußstellen, auf Kraftfahrstraßen an Kreuzungen oder Einmündungen erlaubt (§ 18 II, X StVO).

b) Auf allen Schnellstraßen wird die *Geschwindigkeit,* die der Verkehrslage anzupassen ist (§ 3 I StVO), entscheidend durch die Sichtweite bestimmt. Sie ist so einzurichten, daß vor plötzlich auftauchenden Hindernissen, mit denen gerechnet werden muß, oder bei unvorhergesehenem Stoppen vorausfahrender Fz. noch gehalten werden kann. Doch braucht der Fahrer nicht mit ganz ungewöhnlichen Hindernissen zu rechnen (unbeleuchtet liegengebliebendes Fz., Wildwechsel außerhalb von Wald). Über gesetzliche Höchstgeschwindigkeiten → Fahrgeschwindigkeit. Liegengebliebene Fz. müssen ausreichend gesichert sein, um eine Schädigung anderer Verkehrsteilnehmer zu vermeiden. Hierzu genügt bei Dunkelheit die Schlußbeleuchtung jedenfalls bei Schnellstraßen i. d. R. nicht; hier ist zusätzliche Sicherung durch Einrichtungen notwendig, deren Mitführen nach § 53a StVZO vorgeschrieben ist (Warndreieck, bei schweren Kfz. auch Warnleuchte, bei mehrspurigen zusätzlich Warnblinkanlage).

3. Im Rahmen der → Widmung und der Beschränkungen zu II ist jedermann die Benutzung der Bundesfernstraßen gestattet (→ Gemeingebrauch). Hochbauten dürfen längs der Autobahnen in Entfernung von 40 m, längs der Bundesstraßen von 20 m nicht errichtet werden, andere Bauanlagen bis zu 100 bzw. 40 m Entfernung nur mit Sondergenehmigung (ggf. Entschädigung für entgangene Bebauungsmöglichkeit). Waldungen können in Breite von 40 m zu Schutzwaldungen erklärt werden. Anpflanzungen, die den Verkehr behindern, sind unstatthaft; Schutzeinrichtungen – z. B. Schneezäune – muß der Angrenzer dulden (§§ 7, 9, 10, 11 FStrG).

**Autostraßenraub.** Wer unter Ausnutzung der besonderen Verhältnisse des Straßenverkehrs (d.h. der sich aus dem fließenden Verkehr ergebenden eigentümlichen Gefahrenlage) einen Angriff auf Leib, Leben oder Entschlußfreiheit eines Kraftfahrers oder Mitfahrers zwecks Begehung von → Raub, → räuberischem Diebstahl oder → räuberischer Erpressung (§§ 249, 250, 252, 255 StGB) unternimmt, wird mit Freiheitsstrafe nicht unter 5 Jahren, bei wenigstens leichtfertiger Verursachung des Todes eines anderen mit lebenslanger Freiheitsstrafe oder nicht unter 10 Jahren, in minder schweren Fällen mit Freiheitsstrafe von 1–10 Jahren bestraft (§ 316 a StGB). Tathandlungen sind insbes. das Bereiten von Hindernissen (Fallen) auf der Fahrbahn sowie Angriffe gegen den Fahrer oder einen Mitfahrer. Schon der Versuch ist strafbar (Unternehmen, vgl. § 11 I Nr. 6 StGB), z. B. das Platznehmen im Auto mit Angriffsvorsatz.

**Autovermietung an Minderjährige.** Der Vertrag (i. d. R. → Miete, u. U. auch → Leasingvertrag) ist infolge → Geschäftsunfähigkeit mangels Zustimmung des gesetzlichen Vertreters unwirksam (§ 108 BGB, nicht § 107 BGB). Auch ein Anspruch aus → ungerechtfertigter Bereicherung (insbes. die verschärfte Haftung nach § 819 BGB) wird von der h. M. abgelehnt. Unberührt bleiben etwaige Ansprüche aus → unerlaubter Handlung (bei Unfall); s. a. → Straßenverkehrshaftung.

**Auxiliarbischof** → Bischof (1).

**Aval** (franz.) ist die übliche Bezeichnung für eine → Bürgschaft seitens einer Bank.

**Avalkredit** → Garantiegeschäft.

**Avis** (franz.; Ankündigung) ist die Mitteilung, die der Aussteller eines → Wechsels oder → Schecks dem Bezogenen über die Deckung der Wechsel- oder Schecksumme geben wird. Die A.klausel auf Wechsel oder Scheck lautet entweder „mit Avis (oder Bericht)" oder „ohne Avis (oder Bericht)". Sie betrifft nur das Deckungsverhältnis zwischen Aussteller und Bezogenem und soll diesen veranlassen, ohne oder nur mit einem solchen A. des Ausstellers zu leisten. Die A.klausel ist auf die Wirksamkeit des Wechsels (Schecks) ohne Einfluß.

**Axiom** (griech.). Satz der Logik oder Mathematik, der weder beweisbar noch beweisbedürftig ist, weil sich seine Richtigkeit aus ihm selbst ergibt; insofern hat der Begriff auch für Rechtssätze Bedeutung.

**Babyjahr** bezeichnete nach dem politischen Sprachgebrauch die 1986 eingeführte Anrechnung eines Kindererziehungsjahres in der Rentenversicherung (zur heutigen Rechtslage → Kindererziehungszeiten).

**Bäckereien.** Der Betrieb einer Bäckerei oder Konditorei unterliegt als → Handwerk der → Handwerksordnung. Zusätzliche Sondervorschriften bestehen für Nachtarbeit („Nachtbackverbot"). In der Zeit von 22 bis 5 Uhr ist in B. einschließlich industriellen Herstellungsbetrieben jegliche Arbeit zur Herstellung und die Verbreitung von Bäckereiwaren verboten (§ 2 Abs. 3 ArbZG). Die Ladenschlußzeit (→ Ladenschluß) endet für B. bereits um 5.30 (§ 3 LadSchlG). Auch ist an Sonn- und Feiertagen Herstellung und Vertrieb von Backwaren für drei Stunden gestattet (§ 10 Abs. 3 LadSchlG). S. a. → Ladenschluß. Im Gebiet der ehem. DDR sind §§ 5–7 ab 1. 1. 1993 anzuwenden (Anl. I zum EinigV Kap. VIII Sachgeb. C Abschn. III Nr. 11).

**Bacon, Francis** → Staatsutopien.

**Bademeister, medizinische** → Masseure.

**Baden-Württemberg** ist Land der Bundesrepublik Deutschland. Es ist durch Vereinigung der früheren Länder Baden, Württemberg-Baden und Württemberg-Hohenzollern entstanden. Der Neubildung ging die Volksabstimmung vom 8. 12. 1951 voraus, die auf dem 2. Neugliederungsgesetz vom 4. 5. 1951 (BGBl. I 284) beruhte. Bestrebungen zur Wiederherstellung eines selbständigen Landes Baden scheiterten beim Volksentscheid am 9. 6. 1970 (s. a. → Neugliederung des Bundesgebiets).

Die verfassunggebende Landesversammlung hat die Verfassung vom 11. 11. 1953 (GBl. 173, m. spät. Änd.). beschlossen. B.-W. ist als republikanischer, demokratischer und sozialer Rechtsstaat ein Glied der BRep. Der *Landtag* als die gewählte Vertretung des Volkes übt die gesetzgebende Gewalt aus und überwacht die Ausübung der vollziehenden Gewalt. Er ist vorzeitig aufzulösen, wenn ⅙ der Wahlberechtigten dies verlangt und die Mehrheit der Wahlberechtigten bei einer binnen 6 Wochen vorzunehmenden Volksabstimmung diesem Verlangen beitritt. Die vollziehende Gewalt wird von der Regierung ausgeübt, die aus dem Ministerpräsidenten und den Ministern besteht. Als weitere Mitglieder der Regierung können Staatssekretäre, jedoch nur bis zu einem Drittel der Ministerzahl, und ehrenamtliche Staatsräte vom Ministerpräsidenten berufen werden. Der MinPräs. wird vom Landtag gewählt, die Minister werden durch den MinPräs. berufen. Die Regierung bedarf zur Amtsübernahme der Bestätigung des Landtags. Der Landtag kann dem MinPräs. das Vertrauen nur dadurch entziehen, daß er mit der Mehrheit seiner Mitglieder einen Nachfolger wählt und die von diesem gebildete Regierung bestätigt (konstruktives Mißtrauensvotum). Auf Beschluß von zwei Dritteln der Mitglieder des Landtags muß der MinPräs. ein Mitglied der Regierung entlassen. Der MinPräs. bestimmt die Richtlinien der Politik, führt den Vorsitz in der Regierung und leitet ihre Geschäfte. Er vertritt das Land nach außen. Innerhalb der gegebenen Richtlinien leitet jeder Minister seinen Geschäftsbereich selbständig. Für verfassungsrechtliche Streitigkeiten ist ein *Staatsgerichtshof* gebildet (Ges. vom 13. 12. 1954, GBl. 171, m. Änd.). Die Verfassung behandelt in eigenen Abschnitten das Verhältnis Mensch und Staat, Religion und Religionsgemeinschaften, Erziehung und Unterricht. Die Grundrechte und staatsbürgerlichen Rechte des GG sind zum Bestandteil der Landesverfassung erklärt. B.-W. ist in 4 Regierungsbezirke eingeteilt, diese wiederum in Landkreise und kreisfreie Städte.

**BAföG** (Bundesausbildungsförderungsgesetz) → Ausbildungsförderung, → Unterhaltspflicht unter Verwandten.

**Bagatellstrafsachen.** Für die Verfolgung von geringfügigen Straftaten gilt das → Opportunitätsprinzip.

1. Bei *Vergehen* kann der StA *mit Zustimmung des Gerichts* von der Verfolgung absehen, wenn die Schuld des Täters als gering anzusehen wäre und kein öffentliches Interesse an der Verfolgung besteht, z. B. wegen Häufung der Delikte oder um eine grundsätzliche Rechtsfrage zu klären; der Zustimmung des Gerichts bedarf es nicht bei einem Vergehen, das nicht mit einer im Mindestmaß erhöhten Strafe bedroht ist und bei dem die durch die Tat verursachten Folgen gering sind.

Ist Anklage erhoben, entscheidet über die Einstellung das Gericht, das aber der *Zustimmung des StA* und i. d. R. auch des Angeschuldigten bedarf (§ 153 StPO). Der Beschluß, der auch in der Berufungs- oder Revisionsinstanz ergehen kann, ist nicht anfechtbar (außer bei Verfahrensmängeln); er verbraucht die Strafklage, so daß das Verfahren nur auf Grund neuer Tatsachen oder Beweismittel wieder aufgenommen werden kann.

2. Eine *vorläufige Einstellung* ist vor oder nach Anklageerhebung in Verb. mit Auflagen oder Weisungen – Bußzahlung, Schadenswiedergutmachung u. dgl. – zulässig, wenn diese geeignet sind, das öffentliche Interesse an der Strafverfolgung zu beseitigen und die Schwere der Schuld nicht entgegensteht. Werden die Auflagen oder Weisungen erfüllt, kann die Tat nicht mehr als Vergehen verfolgt werden (§ 153 a StPO).

3. Bei Straftaten, bei denen das Gericht nach dem Strafgesetz von Strafe absehen kann, kann bei Einverständnis von StA und Gericht ebenfalls von Anklageerhebung abgesehen bzw. mit Zustimmung des Angeschuldigten das Verfahren eingestellt werden (§ 153 b StPO).

4. Bei *Jugendlichen* kann der StA von der Verfolgung – u. U. nur mit Zustimmung des Jugendrichters – Abstand nehmen, so wenn an Stelle einer Bestrafung bestimmte Auflagen (Teilnahme am Verkehrsunterricht, Arbeitsauflagen u. dgl.) treten sollen; nach Anklageerhebung kann der Jugendrichter in B. das Verfahren mit Zustimmung des StA einstellen (§§ 45, 47 JGG).

5. Im → Privatklageverfahren entscheidet über die Einstellung wegen Geringfügigkeit das Gericht (§ 383 II StPO).

6. In → Bußgeldsachen entscheidet die Verwaltungsbehörde, solange das Verfahren bei ihr schwebt; ergeht eine → Verwarnung und wird Verwarnungsgeld gezahlt, so kann die Tat nicht mehr als → Ordnungswidrigkeit verfolgt werden (§§ 47, 56 IV OWiG).

**Bahnkreuzungen.** → Eisenbahnkreuzungen und -übergänge. Straßenbahnkreuzungen dürfen Eisenbahnstrecken des öffentlichen Verkehrs nicht höhengleich kreuzen. Bei höhengleichen Kreuzungen mit Eisenbahnstrecken des nicht öffentlichen Verkehrs entscheiden die zuständigen technischen Aufsichtsbehörden über Art und Umfang der Sicherung (§ 15 III, IV BOStrab, → Straßenbahnen).

**Bahnpolizei.** Die früher selbständige B. wurde mit Ges. vom 21. 1. 1992 (BGBl. I 178) in den → Bundesgrenzschutz eingegliedert. Wegen Einzelheiten vgl. jetzt Bundesgrenzschutz-NeuregelungsG vom 19. 10. 1994 (BGBl. I 2978). Nach § 3 dieses Ges. sind bahnpolizeiliche Aufgaben, auf dem Gebiet der Bahnanlagen der Bundeseisenbahnen Gefahren für die öffentliche Sicherheit und Ordnung abzuwehren, die den Benutzern, den Anlagen oder dem Betrieb der Bahn drohen oder die von Betrieb oder Anlagen ausgehen. In diesem Bereich nimmt der Bundesgrenzschutz auch die strafprozessualen Aufgaben der Polizei wahr. Die Zuständigkeit der Landespolizei bleibt unberührt. S. a. → Bahnschutz.

**Bahnschutz AG.** Die B. ist ein rechtlich selbständiges, von Bundesbahn und Reichsbahn gegründetes Sicherheitsunternehmen mit dem Sitz in Erfurt. Sie nimmt in Ergänzung zu der in den Bundesgrenzschutz integrierten → Bahnpolizei mit ca. 1500 bis 3000 Mitarbeitern, die zunächst vorwiegend aus dem Kreis der Reichsbahnangestellten stammen sollen, nach Art eines Werksschutzes Sicherheitsaufgaben im Bahnbereich wahr (s. a. → Bewachungsunternehmen).

**Bahnspediteur** → Spediteur.

**Bahnübergänge** können (außer durch das allgemeine dreieckige Gefahrenwarnzeichen) durch Andreaskreuz und Baken sowie Warnlichter gesichert werden. Ein Andreaskreuz bezeichnet den Vorrang der Schienenbahnen. Gegenüber Fuß-, Feld- und Waldwegen besteht der Vorrang auch ohne Warnkreuz. B. mit Vorrang dürfen nicht überquert werden, wenn sich ein Schienenfahrzeug nähert, wenn durch Blinklicht oder andere Zeichen das Nahen eines Schienenfahrzeugs oder das Schließen der Schranken angekündigt wird, wenn die Schranken sich senken oder geschlossen sind oder der Straßenverkehr auf andere Weise gesperrt ist. In diesen Fällen müssen Fz. vor dem Warnzeichen halten, Fußgänger in sicherer Entfernung vor dem B. (§ 19 StVO). In jedem Falle ist vor B. und bei der Überquerung besondere Aufmerksamkeit geboten; dies gilt für alle Verkehrsteilnehmer namentlich an unbeschrankten B. Eine Eisenbahn darf nur an dazu bestimmten Übergängen überquert werden, außerdem vom Berechtigten an genehmigten Privatübergängen (§ 62 III → Eisenbahn-Bau und -Betriebsordnung).

**Bahnversicherungsanstalt.** Träger der → Rentenversicherung der Arbeiter, u. a. zuständig für Versicherte, die als Arbeiter beim Bundeseisenbahnvermögen, bei der Deutschen Bahn Aktiengesellschaft oder bei den Bahn-Versicherungsträgern, der Krankenversorgung der Bundesbahnbeamten oder dem Bahnsozialwerk beschäftigt sind (§§ 127 f. SGB VI).

**Ballungsraumzulage** (Beamtenbesoldung) → Dienstbezüge.

**Bambergische Halsgerichtsordnung** (Bambergiensis), eine 1507 für das Bistum Bamberg erlassene Strafrechtssammlung, war der Vorläufer der → Constitutio Criminalis Carolina.

**Bande** ist strafrechtlich der Zusammenschluß mehrerer zur Begehung von im einzelnen noch unbestimmten Straftaten. Str., ob schon der Zusammenschluß von zwei Personen genügt (BGH, h. M.) oder ob mindestens drei erforderlich sind. Bandenmäßige Begehung ist ein Gesichtspunkt der → Strafzumessung. → Bandendiebstahl, Schwerer → Bandendiebstahl, → Bandenraub, → Bandenhehlerei, → Bandenschmuggel sowie bandenmäßige Begehung von z. B. → Betrug, → Geldwäsche, → Glücksspiel, bestimmten → Betäubungsmitteldelikten und Waffendelikten sind überdies mit erhöhter Strafe bedroht. Teilweise können bei diesen Straftaten Vermögensstrafe (→ Strafen) und Erweiterter → Verfall angeordnet werden. S. auch → Kriminelle Vereinigung.

**Bandenbildung.** → Bildung bewaffneter Gruppen.

**Bandendiebstahl** ist ein qualifizierter Fall des → Diebstahls. Nach § 244 Abs. 1 Nr. 2 StGB ist der Teilnehmer an einem Diebstahl mit Freiheitsstrafe von 6 Mon. bis zu 10 Jahren zu bestrafen, wenn er sich zur fortgesetzten Begehung von Raub oder Diebstahl mit anderen verbunden (→ Bande) und unter Mitwirkung eines anderen Bandenmitglieds einen Diebstahl begangen hat. Verüben die bandenmäßig Zusammengeschlossenen mehrere gemeinsame vorher nicht im einzelnen geplante Diebstähle, so besteht wegen der Bandenmäßigkeit keine Handlungseinheit, sondern Tatmehrheit (Realkonkurrenz; → Konkurrenz von Straftaten).

Schwerer B. (§ 244 a StGB) ist ein B., der die Merkmale des Diebstahls in einem besonders schweren Fall (z. B. Einbruch) erfüllt oder als Diebstahl mit Waffen oder als Wohnungseinbruchsdiebstahl begangen wird. Er ist mit Freiheitsstrafe von 1 bis zu 10 Jahren bedroht. Bei B. und schwerem B. sind Vermögensstrafe (→ Strafen) und Erweiterter → Verfall möglich.

**Bandenhehlerei** → Hehlerei.

**Bandenschmuggel** ist ein erschwerter Fall der Zollhinterziehung oder des → Bannbruchs. Wer sich mit anderen zu gemeinschaftlicher Ausübung solcher Delikte verbunden hat (→ Bande) und eine dieser Straftaten gemeinschaftlich mit einem anderen ausführt, wird mit Freiheitsstrafe von 3 Mon. bis 5 Jahren bestraft (§ 373 II Nr. 3 AO).

**Bank deutscher Länder** → Landeszentralbanken, → Bundesbank.

**Bankakzept.** Nimmt eine Bank einen Wechsel an (→ Akzept), um damit ihrem Kunden Kredit in der Weise zu verschaffen, daß er den Wechsel von einer dritten Stelle diskontieren läßt (→ Wechseldiskont), so ist der Kunde als Aussteller der Bank gegenüber verpflichtet, rechtzeitig für Deckung zu sorgen. Die Gewährung des Akzeptkredits stellt entweder ein → Darlehen oder einen → Geschäftsbesorgungsvertrag dar.

**Bankauskunft** → Raterteilung.

**Bankbürgschaft** → Bürgschaft, → Sicherheitsleistung.

**Bankeinlagen.** Die Annahme fremder Gelder als Einlagen (sog. Depositengeschäft) ist nach § 1 I Nr. 1 KWG ein → Bankgeschäft. B. in diesem Sinne sind die von einem → Kreditinstitut als Darlehen oder in ähnlicher Weise („uneigentliche" oder „unregelmäßige" Verwahrung, § 700 BGB) angenommenen Gelder, wenn sie von einer Vielzahl von Geldgebern auf Grund typisierter Verträge entgegengenommen werden; dazu zählen auch Gutschriften im bargeldlosen Zahlungsverkehr (→ Girogeschäft) oder aus Kreditgewährung. B. werden herkömmlicherweise nach der Fälligkeit unterschieden in *Sichteinlagen,* für die eine Laufzeit oder Kündigungsfrist nicht vereinbart ist, *Termineinlagen* bei einer Kündigungsfrist von mindestens 1 Monat (Kündigungsgelder) oder einer Laufzeit von mindestens 30 Zinstagen (Festgelder). Die öffentlich-rechtlichen Sondervorschriften für Spareinlagen sind weggefallen, doch betreiben die → Kreditinstitute weiterhin ein besonderes Spargeschäft in dessen Zusammenhang sie das → Sparbuch ausgeben.

**Banken** → Kreditinstitute, → Hypothekenbanken, → Bundesbank.

**Bankenaufsicht** ist die staatliche Aufsicht über → Kreditinstitute und Finanzdienstleistungsinstitute (in der Terminologie des KWG: „Institute"). Sie obliegt dem Bundesaufsichtsamt für das Kreditwesen nach Maßgabe des Ges. über das Kreditwesen (KWG) i. d. F. vom 22. 1. 1996 (BGBl. I 64) m. Änd. Die allgemeine Aufsicht wird ausgeübt insbes. durch Herausgabe von Grundsätzen und Richtlinien über Eigenkapital, Liquidität, Begrenzung von Anlagen und Depotprüfungen; zur Verhinderung von Mißständen können bestimmte Arten von Werbung untersagt werden (§§ 10–12, 23 KWG). Anzeigepflichten (s. hierzu die AnzeigeVO vom 6. 7. 1993, BGBl. I 1141 m. Änd.) bestehen für Groß- und Organkredite (§§ 14, 16 KWG), Bestellung und Abberufung von Geschäftsführern usw., Änderung der Rechtsform, Sitzverlegung, Errichtung und Schließung von Niederlassungen, Einstellung des Geschäftsbetriebs (§ 24 KWG); s. hierzu a. VO i. d. F. vom 14. 9. 1987 (BGBl. I 2169); ferner eine Vorlagepflicht für Monatsausweise und Bilanzen (§§ 25, 26 KWG); auch können Depotprüfer bestellt werden (§ 30 II KWG). Als besondere Prüfungsmaßnahme des Bundesaufsichtsamts sind u. a. zulässig das Verlangen nach Erläuterungen des Prüfungsberichts und die bei der Prüfung getroffenen Feststellungen (§ 29 II KWG), Auskünfte über alle Geschäftsangelegenheiten, ferner Vorlage von Geschäftsbüchern und Schriften, Prüfung der Geschäftsführung in den Geschäftsräumen des Kreditinstituts. In besonderen Fällen können schließlich Gewinnausschüttung, Entnahmen und Kreditgewährung bei unzureichender Liquidität oder unzureichendem Eigenkapital beschränkt sowie weitere Anweisungen für die Geschäftsführung gegeben und sonstige Maßnahmen getroffen werden, wenn Gefahr für die Sicherheit der dem Kreditinstitut anvertrauten Vermögenswerte besteht (§§ 45, 46 KWG).

Die *Rücknahme* oder *Beschränkung der Erlaubnis* ist u. a. möglich bei Nichtausübung über 1 Jahr, bei nachträglicher Feststellung mangelnder Zuverlässigkeit oder Fachkunde und bei anders nicht abwendbarer Gefahr für die Sicherheit der dem Kreditinstitut anvertrauten Vermögenswerte (§ 35 KWG), ferner jetzt auch bei Unzuverlässigkeit des Inhabers einer „bedeutenden Beteiligung". Das Bundesaufsichtsamt kann die Abberufung leitender Personen verlangen, wenn die Voraussetzungen der Erlaubnisrücknahme in deren Person erfüllt sind oder wenn sie trotz Abmahnung vorsätzlich oder leichtfertig gegen die für die Geschäftsführung maßgebenden Vorschriften verstoßen (§ 36 KWG). Für den Inhaber einer bedeutenden Beteiligung kann es das Ruhen des Stimmrechts oder dessen Übertragung auf einen Treuhänder verlangen. Gegen den *Betrieb* eines Kreditinstituts *ohne Erlaubnis* kann das BdAufsichtsamt unmittelbar mit → Verwaltungszwang einschreiten; das gleiche gilt für nach § 3 KWG verbotene → Bankgeschäfte; s. im übrigen auch die VO über die Freistellung von der Kreditaufsicht für Unternehmen außerhalb der EG vom 21. 4. 1994 (BGBl. I 887).

**Bankenstimmrecht** nennt man das → Aktienstimmrecht, das eine Bank in der → Hauptversammlung einer → Aktiengesellschaft für einen ihrer Kunden ausübt, insbes. wenn dieser Kunde seine → Aktie im → Depot der Bank hat. Das B. ist mit dem Zweck, bestimmte Mißstände zu verhindern, ausführlich in § 135 AktG geregelt. Die Bank darf es grundsätzlich nur in fremdem Namen – dem des Aktionärs – ausüben, ohne daß dieser Name im Teilnehmerverzeichnis der Hauptversammlung genannt werden muß; die sog. Legitimationsübertragung (→ Aktienstimmrecht) ist beim B. also ausgeschlossen. Ist die Bank am Grundkapital der AG mit mehr als 5% unmittelbar oder über eine Mehrheitsbeteiligung mittelbar beteiligt oder handelt es sich um die eigene Hauptversammlung der Bank-AG, so darf sie das B. nur ausüben, soweit der Aktionär eine ausdrückliche Weisung hierzu erteilt hat. Die Bank muß auf jeden Fall ihren Depotkunden vorher Vorschläge über die Ausübung des B. machen (und sich dann daran halten), die vom Interesse des Aktionärs bestimmt und von eigenen Interessen der Bank hinreichend abgegrenzt sind (§ 128 AktG).

**Bankett** ist der meist unbefestigte längs der Straße verlaufende Schutzstreifen, der nicht zur Fahrbahn gehört und nicht zum Befahren durch Kfz bestimmt ist. Ein B. kann als Fußgänger- oder Radweg gekennzeichnet sein. Radfahrer dürfen auf dem rechten B. fahren, wenn sie Fußgänger nicht behindern (§ 2 IV 3 StVO). Fußgänger müssen ein vorhandenes B. benutzen, das benutzbar ist (§ 25 I 1, 2 StVO). Über den Unterschied zum → Sommerweg s. dort.

**Bankgeheimnis.** Das B. umfaßt die Pflicht der → Kreditinstitute, die Vermögensverhältnisse ihrer Kunden gegenüber Dritten geheimzuhalten, und das Recht, entsprechende Auskünfte über die Kunden zu verweigern. Die Wahrung des B. ist jetzt auch in Nr. 2 AGB-Banken i. d. F. 1. 1. 1993 (WM 1993, 711) ausdrücklich niedergelegt. Das Recht zur Auskunftsverweigerung findet seine Grenze in öffentlich-rechtlichen Auskunftspflichten, wie sie z. B. gegenüber dem → Bundesaufsichtsamt für das Kreditwesen bestehen (§§ 44, 13, 14 KWG), das jedoch seinerseits die Geheimhaltung gewährleistet (§ 9 KWG). Auch gegenüber Finanzämtern ist das B. nicht unmittelbar rechtlich geschützt; vielmehr besteht gemäß §§ 93–96 AO grundsätzliche Auskunftsverpflichtung. Vor allem haben die Banken kein Auskunfts- und Vorlageverweigerungsrecht nach §§ 101–106 AO. Allerdings wird das B. in Steuerermittlungsverfahren von den Finanzämtern weitgehend respektiert (§ 30 a AO; Rücksichtnahmegebot, keine allgemeine Überwachung, gewisser Verzicht auf → Kontrollmitteilungen, nur hilfsweiser Rückgriff auf Bankunterlagen bei der Steuerfahndung). Kreditinstitute sollen entspr. § 93 I 3 AO nur um Auskunft gebeten werden, wenn die Sachverhaltsaufklärung durch den Steuerpflichtigen nicht zum Erfolg geführt hat oder keinen Erfolg verspricht; das gilt auch für die Steuerfahndung, falls gegen den Betroffenen noch kein Straf- oder Bußgeldverfahren eingeleitet worden ist. Guthabenkonten oder Depots, bei deren Errichtung eine Legitimationsprüfung stattgefunden hat, dürfen nicht zur Nachprüfung der Besteuerung abgeschrieben oder durch → Kontrollmitteilungen der Überprüfung zugänglich gemacht werden. Als Verwahrer und Verwalter fremden Vermögens haben Kreditinstitute nach § 33 ErbStG, § 5 ErbStDV beim Tod eines Kunden dem für die Verwaltung der Erbschaftsteuer zuständigen Finanzamt vorhandene Vermögensstücke (z. B. Wertpapiere) und Guthaben sowie die Tatsache, daß der Kunde Depots oder Schließfächer unterhielt, anzuzeigen. Das B. begründet für Bankbedienstete ein → Zeugnisverweigerungsrecht in Zivilprozessen (§ 383 I Nr. 6 ZPO), nicht jedoch in Strafprozessen (vgl. § 53 StPO).

**Bankgeschäfte** sind nach § 1 I KWG (→ Kreditinstitute) das Einlagengeschäft (→ Bankeinlagen), das Kreditgeschäft (Gewährung von Gelddarlehen und Akzeptkrediten), das → Diskontgeschäft, das → Finanzkommissionsgeschäft, das → Depotgeschäft, das Investmentgeschäft (→ Kapitalanlagegesellschaft), die Verpflichtung zum Erwerb noch nicht fälliger Darlehensforderungen (sog. Revolvingkredit), das → Garantiegeschäft und das → Girogeschäft, das → Emissionsgeschäft, das Netzgeldgeschäft (→ Cybergeld), das Geldkartengeschäft, ferner das außerhalb des KWG geregelte → Bauspargeschäft. Weitere Geschäfte können durch RechtsVO des BWirtschMin. nach Anhörung der → Bundesbank als Bankgeschäfte bezeichnet werden, wenn dies nach der Verkehrsauffassung unter Berücksichtigung des mit dem KreditwesenG verfolgten Aufsichtszweckes gerechtfertigt ist. Jedes gewerbsmäßige Betreiben von B. unterliegt der Erlaubnispflicht und den Beschränkungen des KWG. Auch nicht gewerblicher Betrieb ist entsprechend genehmigungspflichtig, wenn sein Umfang einen in kaufmännischer Weise eingerichteten Geschäftsbetrieb erfordert.

**Bankkonto** → Girokonto, → Kontokorrent.

**Banknote** ist ein Geldschein (Papiergeld), der von der nach dem Währungsgesetz des Landes berechtigten Bank (Notenbank) ausgegeben worden ist und auf einen runden Betrag von Währungseinheiten lautet. Das Recht zur Ausgabe der Banknoten in der BRep. steht ausschließlich der → Bundesbank zu. Ihre Noten lauten auf Deutsche Mark. Sie sind das einzige unbeschränkte gesetzliche Zahlungsmittel (§ 14 I 2 BBankG). Eine Pflicht der BBank zur Einlösung der Noten gegen Währungsmetallgeld oder Goldbarren besteht nicht. Im Bereich des künftigen ESZB → Europäisches System der Zentralbanken), d. h. nach Verwirklichung der 3. Stufe der Währungsunion steht das alleinige Recht zur Ausgabe von Banknoten in → Euro der EZB (→ Europäische Zentralbank) zu.

**Banknotenfälschung** → Geld- und Wertzeichenfälschung.

**Bankomatenmißbrauch** → Computerbetrug.

**Bankrott** (ital. banca rotta = zerschlagene Wechselbank) bedeutet → Zahlungsunfähigkeit des Schuldners gegenüber seinen Gläubigern. Hat der Schuldner seine Zahlungen eingestellt oder ist über sein Vermögen das → Insolvenzverfahren eröffnet worden, kann er wegen (einfachen oder betrügerischen) B. strafbar sein; s. → Insolvenzstraftaten. S. ferner → Staatsbankrott.

**Bankvertrag** → Geschäftsbesorgungsvertrag.

**Bann.** Der Begriff Bann ist aus der deutschen Rechtsgeschichte in verschiedenem Sinne bekannt. Als Königsbann umfaßte er einmal das Recht des Landesherrn zur Gesetzgebung und Verwaltung innerhalb seines Gebietes (Verordnungs-, Verwaltungsbann), ferner die Inschutznahme gewisser Personengruppen oder Sachgüter, z. B. der Geistlichen und der kirchlichen Besitzungen (Friedensbann), und die Strafgewalt (Strafbann). Die schwerste kirchliche Strafe ist der kirchliche Bann. S. a. → Exkommunikation.

**Bannbruch** (§ 372 AO) ist die verbotswidrige Ein-, Aus- oder Durchfuhr von Gegenständen. Der B. wird nach § 370 I, II AO (→ Steuerstrafrecht) bestraft, aber nur subsidiär, d. h. soweit nicht andere Strafvorschriften eingreifen (z. B. wegen Verstoßes gegen das → Kriegswaffengesetz). Der B. ist mit höherer Strafe bedroht, wenn er gewerbsmäßig oder bandenmäßig (→ Bandenschmuggel) oder unter Mitführen von Waffen o. dgl. begangen wird (§ 373 AO).

**Bannkreis** (Bannmeile) wird die Zone um den Sitz der Gesetzgebungsorgane des Bundes und der Länder sowie des BVerfG genannt; er dient dem Schutz gegen verfassungsfeindliche Störungsversuche. Für die Bundesorgane sind die B.en (Gebietsteile der Städte Bonn und Karlsruhe) durch das Bannmeilengesetz vom 6. 8. 1955 (BGBl. I 504) festgelegt. Innerhalb der B.e ist die → Versammlungsfreiheit eingeschränkt. Öffentliche Versammlungen unter freiem Himmel und Aufzüge sind verboten; Ausnahmen können vom BInnMin. im Einvernehmen mit dem Präs. des BT, des BRats oder des BVerfG bewilligt werden. Die Verletzung von B.vorschriften ist im → Versammlungsgesetz mit Strafe bedroht.

**Bannwald** ist nach dem bayer. Waldrecht ein → Wald, der nach Lage und flächenmäßiger Ausdehnung vor allem in Verdichtungsräumen und waldarmen Bereichen unersetzlich ist und deshalb in seiner Flächensubstanz erhalten werden muß und dem eine außergewöhnliche Bedeutung für das Klima, den Wasserhaushalt oder für die Luftreinigung zukommt (vgl. Art. 1 Bayer. Waldges.). Wald wird durch → Rechtsverordnung zum B. erklärt und unterliegt dann besonderen Schutzvorschriften.

**Bannware** sind Gegenstände, deren Beförderung für das Transport-Fz. oder die Ladung die Gefahr der Beschlagnahme oder Einziehung oder für den Führer oder Halter des Tranpsport-Fz. die Gefahr der Bestrafung verursacht.

Wer B. an Bord eines deutschen Schiffes ohne Wissen des Schiffsführers oder Reeders oder in Kfz. oder Luft-Fz. ohne Wissen des Fz.-Führers oder Halters bringt oder nimmt, wird nach § 297 StGB wegen *Gefährdung von Schiffen, Kraft- oder Luft-Fz. durch B.* mit Freiheitsstrafe bis zu 2 Jahren oder Geldstrafe bedroht. Täter kann auch der Schiffs- oder Fz.-Führer bzw. der Reeder oder Halter sein.

S. a. → Konterbande.

**Bargebot** ist bei der Zwangsversteigerung der Teil des → Meistgebots, der im Versteigerungstermin in bar oder durch Nachweis einer vorherigen Überweisung oder Einzahlung auf ein Konto der Gerichtskasse (auch per Verrechnungsscheck) entrichtet werden muß (§ 49 ZVG). Das B. besteht aus dem Betrag des Meistgebots, der das → geringste Gebot übersteigt, ferner aus dem Teil des geringsten Gebots, der dazu bestimmt ist, die Kosten des Verfahrens sowie die in § 10 Nrn. 1 bis 3 und § 12 Nrn. 1 und 2 ZVG bezeichneten Ansprüche zu decken.

**Bargeldloser Zahlungsverkehr** → Lastschriftverfahren, → Überweisung, → Girovertrag.

**Bargeldtransport.** Zur Bekämpfung von → Geldwäsche werden Ein-, Aus- und Durchfuhr in, aus und durch die EG sowie das sonstige Verbringen von Bargeld und gleichgestellten Zahlungsmitteln (Wertpapiere, Schecks, Wechsel, Edelmetalle, Edelsteine) in, aus und durch das Bundesgebiet zollamtlich überwacht. Auf Verlangen von Bediensteten der → Zollbehörden oder des → Bundesgrenzschutzes ist ein solcher B. im Wert von 30 000 DM oder mehr nach Art, Zahl und Wert anzuzeigen sowie Herkunft, wirtschaftlich Berechtigter und Verwendungszweck darzulegen (§§ 12 a, 12 b FVG). Wer diesem Verlangen nicht oder nicht vollständig nachkommt, begeht eine Ordnungswidrigkeit, die mit Geldbuße bis zur Höhe der nicht angezeigten Zahlungsmittel geahndet werden kann (§ 12 c FVG).

**Barkauf** ist die übliche Form des → Kaufs, wobei der Kaufpreis Zug um Zug gegen Übereignung der Kaufsache zu zahlen ist. Andere Formen der Kaufpreiszahlung müssen besonders vereinbart sein, so z. B. beim *Pränumerationskauf* (Vorleistungspflicht des Käufers) oder *Kreditkauf* (Zahlung des Kaufpreises – oftmals in Raten – erst nach Übereignung der Kaufsache; hierfür gelten die Vorschriften über den → Kreditvertrag.

**Barscheck** ist ein → Scheck, der vom Bezogenen in Bargeld einzulösen ist. Gegensatz eines B. ist der → Verrechnungsscheck.

**Barzahlungsnachlaß** → Rabatt.

**Basisgesellschaft** → Zwischengesellschaft.

**Basiszinssatz** → Zinsschuld.

**Basler Übereinkommen** (zur Abfallverbringung) → Abfälle.

**Bauabnahme.** Eine B. ist nach Maßgabe des Landesrechts nach teilweiser (Rohbauabnahme) oder endgültiger (Schlußabnahme) Fertigstellung einer genehmigungspflichtigen (→ Baugenehmigung) baulichen Anlage durchzuführen. Für das *Zivilrecht* → Werkvertrag (2, 3).

**Bauabstand** → Abstandsflächen im Baurecht.

**Bauanfrage** → Vorbescheid (2).

**Bauanlagen** → bauliche Anlagen.

**Bauanspruch** nennt man gelegentlich das aus der → Baufreiheit folgende grundsätzliche Recht, ein Grundstück bebauen zu dürfen (→ Baugenehmigung).

**Bauartgenehmigung für Fahrzeugteile** → Zulassung von Kraftfahrzeugen.

**Bauaufsicht.** Den Bauaufsichtsbehörden obliegt es, bei Errichtung, Änderung, Abbruch und Unterhaltung baulicher Anlagen die Einhaltung der öffentlichrechtlichen Vorschriften und die hiernach ergangenen Anforderungen zu überwachen. Sie haben die dazu erforderlichen Maßnahmen zu treffen. Die für die B. zuständigen Behörden werden durch die Baugesetze (Bauordnungen) der Länder bestimmt (→ Baubehörden). I. e. S. bezeichnet man die B. als Bauüberwachung (vgl. z. B. Art. 85 BauGB der Bay. Bauordnung i. d. F. v. 4. 8. 1997, GVBl. 433).

**Baubehörden** sind die mit dem Vollzug des Bauordnungsrechts befaßten Behörden. Sie wurden früher häufig als Baupolizei und werden heute zumeist als Bauaufsichtsbehörden oder Bauordnungsbehörden bezeichnet. Ihre Einrichtung ist Sache des Landesrechts. I. d. R. ist die → Kreisverwaltungsbehörde untere, die höhere Verwaltungsbehörde (→ Regierungspräsident, → Regierung) mittlere und das Innenministerium des Landes oberste Bauaufsichtsbehörde. Den B. obliegt in erster Linie die Entscheidung über die → Baugenehmigung. Von den B. zu unterscheiden sind die staatlichen oder von Körperschaften oder Anstalten des öffentlichen Rechts eingerichteten „Bauämter" und sonstigen Behörden zur Durchführung öffentlicher Bauvorhaben wie z. B. die Straßenbaubehörden (Straßenbauämter) und Wasserwirtschaftsämter, denen die Baumaßnahmen an den öffentlichen Straßen und Gewässern obliegen.

**Baubeschränkungen.** Ausfluß des durch Art. 14 GG garantierten Eigentumsrechts ist der Grundsatz der → Baufreiheit. Sie wird durch die Vorschriften des Baurechts eingeschränkt, die Inhalt und Schranken des Eigentums und damit der Baufreiheit festlegen. Eine formelle Beschränkung der Baufreiheit liegt darin, daß zur Errichtung, Änderung oder zum Abbruch baulicher Anlagen eine Genehmigung erforderlich ist (→ Baugenehmigung). Auf ihre Erteilung besteht ein Rechtsanspruch: sie muß erteilt werden, wenn das Bauvorhaben den öffentlich-rechtlichen Vorschriften entspricht, insbes. den planungs- und bauordnungsrechtlichen Bestimmungen (dem materiellen Baurecht). Diese sind umfangreich und einschränkend. Die planungsrechtlichen Vorschriften finden sich im → Baugesetzbuch i. d. F. v. 27. 8. 1997 (BGBl. I 2141) und in den auf dieser gesetzl. Grundlage ergangenen → Bauleitplänen (insbes. den verbindlichen, als → Satzung erlassenen Bebauungsplänen). Im Geltungsbereich eines Bebauungsplanes ist ein Vorhaben zulässig, wenn es den Festsetzungen des Planes nicht widerspricht; Ausnahmen und Befreiungen sind möglich. In Gebieten ohne Bebauungsplan ist ein Vorhaben zulässig, wenn es innerhalb der in Zusammenhang bebauten Ortsteile nach der vorhandenen Bebauung und Erschließung unbedenklich ist. Im → Außenbereich ist ein Vorhaben nur unter engen Voraussetzungen zulässig. Auch zahlreiche andere Gesetze (z. B. Bundesfernstraßengesetz; Wassergesetze; Straßen- und Wegegesetze der Länder; Luftverkehrsgesetz) schränken die Errichtung baulicher Vorhaben ein. Die bauordnungsrechtlichen Bestimmungen finden sich in den → Bauordnungen der Länder. Bauliche Anlagen sind so anzuordnen, zu errichten, zu ändern und zu unterhalten, daß die öffentliche Sicherheit und Ordnung nicht gefährdet wird. Sie sind einwandfrei zu gestalten, dürfen das Gesamtbild der Umgebung nicht verunstalten und müssen ohne Mißstände benutzbar sein. Die allgemein anerkannten Regeln der Baukunst sind zu beachten. Der Sicherung dieses Anliegens dienen die Vorschriften über die Anforderungen an Grundstücke und Bauausführung. Auch von bauordnungsrechtlichen Beschränkungen kann bei Vorliegen der gesetzlichen Voraussetzungen Befreiung erteilt werden.

**Baubetreuung(svertrag).** Die gewerbsmäßige treuhänderische Bauerrichtung sowie die gewerbsmäßige Baubetreuung bedürfen einer gewerberechtlichen Erlaubnis (§ 34c GewO; → Gewerbezulassung). Die Erlaubnis ist zu versagen, wenn der Baubetreuer oder eine mit der Betriebsleitung betraute Person nicht die erforderliche → Zuverlässigkeit besitzt (einschlägige Vorstrafen; ungeordnete Vermögensverhältnisse u. a.). Die DVO hierzu i. d. F. vom 7. 11. 1990 (BGBl. I 2479 m. Änd.). – sog. *Makler- und Bauträger-VO* – enthält zum Schutz der Immobilienkäufer eine Reihe zwingender Vorschriften, insbes. über die Pflicht zur Absicherung und Information. Der *Baubetreuungsvertrag* ist ein → Geschäftsbesorgungsvertrag eigener Art mit Werkvertragscharakter, in dem der Baubetreuer sich verpflichtet, für den Bauherrn, den er vertritt und deshalb – z. B. im Verhältnis zu den Bauhandwerkern – unmittelbar verpflichtet (→ Bauherren-Modell), neben der Errichtung des Hauses auch die organisatorische und finanzielle Abwicklung des Baus vorzunehmen. *Bauträger* ist dagegen, wer das Bauvorhaben im eigenen Namen (für eigene oder fremde Rechnung) durchführt (zur Rechtsnatur des Vertrags s. BGHZ 92, 123). Er baut oft das Anwesen auf seinem eigenen Grundstück und verpflichtet sich zur schlüsselfertigen Übergabe; die Übereignung bedarf der Form des → Grundstückskaufvertrags; s. dort auch zum bloßen Vorvertrag (Kaufanwärtervertrag). Eine Sonderform ist der sog. *Generalübernehmervertrag* (Übertragung der vorgenannten Aufgaben bei gesondertem Erwerb des Baugrundstücks), während der sog. *Generalunternehmervertrag* einen reinen → Werkvertrag (Übernahme sämtlicher Bauarbeiten mit Übertragung i. e. auf Subunternehmer) darstellt. *Steuerlich* stellt die B. eine gewerbliche Tätigkeit dar, auch wenn sie von Freiberuflern (→ freie Berufe), insbesondere von Architekten oder auch von Steuerberatern oder Rechtsanwälten betrieben wird (BFH BStBl. II 1989, 797; 1990 II, 534).

**Baudispens** → Baubeschränkungen, → Baugenehmigung.

**Bäuerliches Erbrecht** → Höfeordnung.

**Bauerngericht** → Grundstücksverkehr, landwirtschaftlicher.

**Baufluchtlinie** → Baulinie.

**Bauforderungen.** Zur Sicherung von B. s. zunächst → Werkvertrag (4). Darüber hinaus sieht das Ges. zur Sicherung von B. vom 1. 6. 1909 (BGBl. III 213-2 m. Änd.) vor, daß *Baugeld* (Geldbeträge, die zur Erstellung eines erst später zu übereignenden Bauwerks oder gesichert durch eine → Hypothek oder → Grundschuld zum Bestreiten der Kosten eines Baus zur Verfügung gestellt werden) vom Empfänger (z. B. Bauträger) nur bestimmungsgemäß (insbes. Auszahlung an Baustofflieferant, Bauhandwerker, Architekt) verwendet werden darf. Die Verletzung dieses Schutzgesetzes (§ 823 II BGB) führt zur Schadensersatzpflicht aus → unerlaubter Handlung (2 b).

**Baufreiheit** wird die sich aus dem verfassungsmäßig (Art. 14 GG) garantierten Eigentumsrecht ergebende Befugnis genannt, ein Grundstück zu bebauen (Bauanspruch). Die B. ist im öffentlichen Interesse zahlreichen Beschränkungen unterworfen (vgl. → Baurecht; → Baubeschränkungen). Privatrechtliche Einschränkungen der B. ergeben sich aus dem → Nachbarrecht.

**Baugebot.** Im Geltungsbereich eines Bebauungsplans (→ Bauleitplan) oder innerhalb der im Zusammenhang bebauten Ortsteile kann die Gemeinde den Eigentümer durch Bescheid verpflichten, sein Grundstück entsprechend dem Bebauungsplan zu bebauen oder ein vorhandenes Gebäude den Festsetzungen anzupassen, Einzelheiten vgl. § 176 des → Baugesetzbuches. In ähnlicher Weise können auch Modernisierungs- und Instandsetzungsgebote, Pflanzgebote und Abbruchgebote erlassen werden (§§ 177–179 BauGB). Allgemeines und Verfahren hierzu vgl. § 175 BauGB.

**Baugefährdung** → gemeingefährliche Straftaten.

**Baugeld** → Bauforderungen.

**Baugenehmigung.** 1. Errichtung, Änderung (i. d. R. auch Nutzungsänderung) und Abbruch baulicher Anlagen bedürfen nach den → Bauordnungen der Länder grundsätzlich der vorherigen baubehördlichen Genehmigung (von ganz geringfügigen Vorhaben abgesehen). In neuester Zeit sehen manche

Bauordnungen in stark vermehrtem Maße Freistellungen und Ausnahmen von der Genehmigungspflicht vor (vgl. z. B. Art. 63 – 66 der Bayer. Bauordnung – BayBO – i. d. F. vom 4. 8. 1997, GVBl. 433), z. T. aber Anzeigepflichten. So bedürfen gem. Art. 64 BayBO Gebäude mittlerer Höhe, die ausschließlich zu Wohnzwecken oder neben einer Wohnnutzung teilweise oder ausschließlich freiberuflich oder gewerblich im Sinn des § 13 Baunutzungsverordnung genutzt werden, keiner Genehmigung, wenn das Vorhaben den Festsetzungen des → Bebauungsplans nicht widerspricht, die Erschließung gesichert ist und die Gemeinde binnen eines Monats nach Anzeige nicht die Durchführung eines Genehmigungsverfahrens anordnet.

2. Das Genehmigungsverfahren wird auf Antrag (Bauantrag) eingeleitet, der zusammen mit den Bauvorlagen (Pläne usw.) i. d. R. bei der Gemeinde (Bauamt) einzureichen ist. Über den Antrag entscheidet die Kreisverwaltungsbehörde (→ Kreisverwaltung). Die Genehmigung ist zu erteilen, wenn das → Vorhaben den öffentlich-rechtlichen Vorschriften entspricht. Dabei ist insbes. die Beachtung der bauplanungsrechtlichen Vorschriften des Baugesetzbuches (namentlich die Übereinstimmung mit dem Bebauungsplan; vgl. → Bauleitpläne) und der bauordnungsrechtlichen Vorschriften über die Bauausführung sowie die Baugestaltung zu prüfen. Einschlägige Vorschriften enthalten die Bauordnungen der Länder und zahlreiche andere Gesetze (z. B. Wassergesetze, Straßen- und Wegegesetze der Länder; Bundesfernstraßengesetz; Luftverkehrsgesetz). Unter bestimmten gesetzlichen Voraussetzungen können von einzelnen Beschränkungen → Ausnahmen und Befreiungen (Abweichungen) erlaubt werden. Überdies sieht das Recht der meisten Länder vereinfachte Genehmigungsverfahren vor (vgl. Art. 73 BayBO). Die B. kann mit Auflagen und Bedingungen (→ Verwaltungsakt) verbunden werden. Sie ergeht unbeschadet der Rechte Dritter; diese können privatrechtliche Einwendungen gegen das Bauvorhaben (→ Nachbarrecht) auch nach erteilter Genehmigung noch geltend machen. Öffentlich-rechtliche Bestimmungen zugunsten Dritter (insbes. → „nachbarschützende") sind im Genehmigungsverfahren aber zu beachten. Soweit solche Vorschriften dem Dritten ein subjektives Recht gewähren, kann er gegen eine B., die sein Recht nicht beachtet, mit Anfechtungsklage (→ Verwaltungsstreitverfahren) vorgehen.

3. Widerspruch und Anfechtungsklage gegen die B. haben grundsätzlich keine aufschiebende Wirkung (§ 212 a I BauGB). Unter den Voraussetzungen des § 80 V VwGO kann das Gericht die aufschiebende Wirkung wiederherstellen (→ Vollziehung, sofortige). Wird ein Bauvorhaben ohne Genehmigung begonnen („Schwarzbau"), kann es von der Bauaufsichtsbehörde eingestellt werden. Eine Beseitigung kann jedoch nur dann angeordnet werden, wenn das Vorhaben nach den baurechtlichen Vorschriften nicht genehmigungsfähig ist (vgl. zur Beseitigungsanordnung z. B. Art. 82 BayBO).

4. Bauvorhaben des Bundes, der Länder und anderer öffentlicher Stellen bedürfen unter gewissen Voraussetzungen keiner B., sondern nur der Zustimmung bestimmter Behörden (vgl. z. B. Art. 86 BayBO).

**Baugesetzbuch (BauGB).** 1. Das B. in der Fassung vom 27. August 1997 (BGBl. I 2141) faßt das früher im Bundesbaugesetz und im Städtebauförderungsgesetz enthaltene Bauplanungsrecht (→ Baurecht) zusammen. Mit dem B. werden die rechtlichen Grundlagen des Städtebaues, soweit sie zur Gesetzgebungskompetenz des Bundes gehören, in einem einheitlichen Gesetzeswerk zusammengefaßt. Das B. will das Städtebaurecht auf die Gegenwarts- und Zukunftsaufgaben ausrichten, Rechts- und Verwaltungsvereinfachung erreichen, die Bauleitplanung beschleunigen und vereinfachen, die Rechtssicherheit im Bau- und Planungsrecht erhöhen, das Bauen erleichtern, die Planungshoheit der Gemeinden stärken, die Mischfinanzierung im Städtebau abbauen, abweichende landesrechtliche Regelungen ermöglichen sowie Umwelt- und Denkmalschutz verbessern.

2. Wesentlicher Inhalt des BauGB: Im 1. Kapitel „Allgemeines Städtebaurecht" werden die früher im Bundesbaugesetz enthaltenen Gebiete geregelt,

insbesondere vorbereitender und verbindlicher → Bauleitplan, → Veränderungssperre, → Teilungsgenehmigung, gesetzliche Vorkaufsrechte der Gemeinde (→ Vorkaufsrecht, 4), Regelung der baulichen Nutzung (z. B. Zulässigkeit von Vorhaben während der Planaufstellung, im Innenbereich und im Außenbereich), Entschädigung im Zusammenhang mit Planungen, → Umlegung, Grenzregelung, → Enteignung (Gründe, Entschädigung, Verfahren), Erschließung. Das 2. Kapitel „Besonderes Städtebaurecht" (§§ 136–191, früher im Städtebauförderungsgesetz) regelt die → städtebaulichen Sanierungsmaßnahmen und → städtebaulichen Entwicklungsmaßnahmen, → Erhaltungssatzung und → städtebauliche Gebote sowie Vorschriften über Sozialplan und Härteausgleich (→ Städtebaurecht → Baugebot). Das 3. Kapitel „Sonstige Vorschriften" enthält Bestimmungen über die → Wertermittlung von Grundstücken, über Zuständigkeiten, Verwaltungsverfahren, Widerspruchsverfahren und das Verfahren vor den Kammern für Baulandsachen. Das 4. Kapitel enthält Überleitungs- und Schlußvorschriften.

3. Das *Maßnahmengesetz zum BauGB* (BauGB-MaßnahmenG) vom 17. 5. 1990 (BGBl. I 926), geändert durch G vom 22. 4. 1993 (BGBl. I 466), wollte durch verschiedene Modifikationen und Verfahrenserleichterungen gegenüber dem BauGB zu verstärktem Wohnungsbau beitragen. Die Vorschriften des BauGB-MaßnahmenG galten bis 31. 12. 1997 anstelle der Vorschriften des BauGB oder ergänzend dazu. Durch das Bau- und Raumordnungsgesetz vom 18. 8. 1997 (BGBl. I 2081) wurden die Vorschriften des BauGB-MaßnahmenG überwiegend in das BauGB übernommen.

**Baugewerbe.** Anders als beim Bauhandwerk (zur Unterscheidung s. Handwerk) ist die Ausübung des B. (Bauindustrie) nach der Gewerbeordnung von keiner persönlichen oder sachlichen Qualifikation abhängig. Der Unterschied zwischen B. und Bauhandwerk ist vor allem von Bedeutung für die Frage, ob → Schwarzarbeit vorliegt, ferner für die Kontrolle der → Zuverlässigkeit. Beim B. wird der Schutz der Allgemeinheit vor unzuverlässigen Gewerbetreibenden lediglich durch die Untersagungsmöglichkeit nach § 35 GewO gewährleistet. Zu den Anforderungen, die das Bauordnungsrecht bei größeren Bauvorhaben an die Sachkunde des örtlichen Bauleiters stellt, s. die entsprechenden landesrechtlichen Bestimmungen (z. B. § 56 BauO NRW vom 26. 6. 1984, GVBl. 419). Über die Berechtigung zur Führung der Berufsbezeichnung „Baumeister" s. VO vom 2. 1. 1979 (BGBl. I 419). Abweichend von der oben dargestellten handwerksrechtlichen Unterscheidung wird im Sprachgebrauch der Bauwirtschaft und bei der Bezeichnung ihrer Verbände zwischen Baugewerbe i. S. v. mittelständischen Unternehmen einschließlich Handwerk und Bauindustrie i. S. v. Großunternehmen unterschieden.

**Bauhandwerkersicherung** → Werkvertrag (4).

**Bauherren-Modell.** Beim B. schließen sich Kapitalanleger meist über einen Treuhänder zu einer Bauherrengemeinschaft zusammen, die zur späteren Vermietung Eigentumswohnungen usw. errichtet (anders *Erwerbermodell:* Kauf eines bereits fertiggestellten Objekts). Durch Zusammenballung von sofort abzugsfähigen → Werbungskosten in den Jahren der Errichtung, z. B. Vermittlungs-, Baubetreuungs-, Treuhandgebühren und Zinsen infolge hoher Fremdfinanzierung, sollen bei den → Einkünften aus Vermietung und Verpachtung hohe Verluste entstehen, die der Bauherr durch → Verlustausgleich mit anderen positiven Einkünften saldieren kann, um die Eigentumswohnung aus Steuerersparnissen zu finanzieren. Durch Grundsatzurteil vom 14. 11. 1989 (BStBl. 1990 II 299) hat der BFH entschieden, daß die Anleger bei einem B. regelmäßig nicht Bauherren, sondern *Erwerber* des bebauten Grundstücks sind, so daß die Gebühren für Baubetreuung, Treuhandtätigkeit und Finanzierungsgarantie und -vermittlung nicht abzugsfähige Anschaffungskosten des Bodens oder des Gebäudes sind (Bauherren-Erlaß vom 31. 8. 1990, BStBl. I 366). S. a. → Immobilienfond, → Verlustzuweisungsgesellschaft. – *Zivilrechtlich* haftet nach der Rspr. jedes Mitglied der Gemeinschaft ebenso wie jeder andere

Bauherr, in dessen → Vollmacht der Bauträger Verträge mit Bauhandwerkern geschlossen hat (→ Baubetreuungsvertrag), diesen auch dann unmittelbar auf Zahlung, wenn mit dem Baubetreuer ein Festpreis vereinbart worden ist.

**Baukindergeld** → Eigenheimzulage.

**Baukoordinierungsrichtlinie** → Verdingungsordnungen.

**Baukostenzuschuß.** Unter B. i. e. S. sind (meist einmalige) Zahlungen des Mieters an den Vermieter zum Neubau, Wiederaufbau, Ausbau oder zur Instandsetzung von Gebäuden zu verstehen, die i. d. R. im Hinblick auf das Mietrecht an einer zu errichtenden Wohnung geleistet werden. Solche B. sind nach dem Ges. vom 21. 7. 1961 (BGBl. I 1041) zurückzuzahlen, auch wenn eine Anrechnung auf die Miete nicht vereinbart war (sog. *verlorener B.*). Der Anspruch auf Rückzahlung verjährt in 1 Jahr nach Beendigung des Mietverhältnisses. Sondervorschriften gelten für B. im → sozialen Wohnungsbau (grundsätzlich nur Mietvorauszahlungen, soweit von der Bewilligungsbehörde nicht ausgeschlossen; keine verlorenen B., § 9 des Wohnungsbindungsgesetzes). Unter B. werden vielfach auch *Mietvorauszahlungen* und – i. d. R. zinslose – → Darlehen des Mieters an den Vermieter *(Mieterdarlehen)* verstanden. Diese sind grundsätzlich zulässig (Ausnahme u. U. beim öffentlich geförderten sozialen Wohnungsbau, s. o.); der noch nicht abgewohnte Teil ist gleichfalls (zwingend) bei Beendigung des Mietverhältnisses vom Vermieter zurückzuzahlen (§ 557 a BGB; über die Rechtslage bei Veräußerung des Mietgrundstücks → Miete, 4). Die Rückzahlung richtet sich in jedem Falle nach den Vorschriften über den → Rücktritt vom Vertrag (§ 347 BGB); hat der Vermieter die Beendigung des Mietverhältnisses nicht zu vertreten (z. B. freie Kündigung durch den Mieter), so haftet er nur aus → ungerechtfertigter Bereicherung. *Abstandszahlungen* an den alten Mieter sind zur Räumung des Wohnraums (anders für Umzugskosten und Inventar) unzulässig (Ges. vom 21. 7. 1993, BGBl. I 1257). Abstandszahlungen an den Vermieter sind (als *verlorene B.*) uneingeschränkt zurückzubezahlen; anders → Mietkaution.

**Baulandbereitstellung** *(Baulandbeschaffung)*. Nach dem II. Wohnungsbaugesetz i. d. F. vom 19. 8. 1994 (BGBl. I 2137) haben Bund, Länder, Gemeinden und Gemeindeverbände den Wohnungsbau, und zwar bevorzugt den sozialen Wohnungsbau, als vordringliche Aufgabe zu fördern. Zu diesem Zweck sollen sie Bauwilligen geeignete ihnen gehörige Grundstücke als Wohnungsbauland zu angemessenen Preisen zu → Eigentum oder im → Erbbaurecht überlassen oder als Bauland ungeeignete Grundstücke zum Tausch gegen geeignetes Bauland bereitstellen (§ 89). Bevorzugt ist die Bebauung mit → Familienheimen im sozialen Wohnungsbau. Die Gemeinden sollen darüber hinaus geeignete Grundstücke beschaffen, baureif machen und Bauwilligen überlassen. Sie sollen in den Bebauungsplänen geeignete Flächen in ausreichendem Umfange ausweisen und Bauwillige beim Baulanderwerb unterstützen. Der Beschaffung von Bauland dient auch das gesetzliche → Vorkaufsrecht der Gemeinden sowie letztlich die Möglichkeit der → Enteignung. Die Einzelheiten sind im BauGB (§§ 24 ff., 85 ff.) geregelt. S. → Siedlungsrecht.

**Baulanderschließung** → Erschließung.

**Baulandsachen.** Bei → Enteignung und enteignungsähnlichen Eingriffen (z. B. Umlegung), die den Zwecken des BauGB dienen, nämlich die städtebauliche Entwicklung in Stadt und Land zu ordnen, ist der Rechtsweg zu den ordentlichen Gerichten eröffnet (§§ 217 ff. BauGB). Im ersten Rechtszug ist das Landgericht, Kammer für Baulandsachen, zuständig (2 Berufsrichter des Landgerichts einschl. des Vorsitzenden, 1 des Verwaltungsgerichts). Über die Berufung entscheidet das Oberlandesgericht, Senat für B. (2 Berufsrichter des Oberlandesgerichts einschl. des Vors., 1 des Oberverwaltungsgerichts). Über die Revision entscheidet ein Senat des Bundesgerichtshofs. Das Verfahren entspricht einem durch → Klage im → Zivilprozeß eingeleiteten Rechtsstreit; zum Umfang der → Beteiligten vgl. § 222 BauGB.

**Baulärm** → Lärmbekämpfung.

**Baulast** → Straßenbaulast, → Patronatsrecht, → öffentliche Lasten.

**Baulasten, -verzeichnis** → öffentliche Lasten.

**Bauleitpläne.** 1. Während die → Raumordnung (→ Landesplanung) die übergeordnete zusammenfassende Planung für größere Gebiete zum Gegenstand hat, soll die Bauleitplanung die städtebauliche Entwicklung ordnen. Zu diesem Zweck ist die bauliche und sonstige Nutzung der Grundstücke durch B. vorzubereiten und zu leiten (§ 1 des → Baugesetzbuches – BauGB). Als B. haben die Gemeinden, soweit erforderlich, einen Flächennutzungsplan und einen Bebauungsplan aufzustellen. An Stelle der Gemeinden können nach § 205 BauGB auch freiwillig oder zwangsweise gebildete Planungsverbände zuständig sein; ferner besteht landesrechtlich Übertragungsmöglichkeit auf höherstufige Kommunalkörperschaften gem. § 203 BauGB. Bei der Aufstellung sind dabei die Ziele der Raumordnung und der Landesplanung zu beachten.

2. Der *Flächennutzungsplan* (§§ 5–7 BauGB) ist ein vorbereitender B. In ihm ist für das gesamte Gemeindegebiet die beabsichtigte Art der Bodennutzung nach den voraussehbaren Bedürfnissen der Gemeinde in den Grundzügen darzustellen (insbes. Bauflächen, Baugebiete, Verkehrs-, Versorgungsflächen usw.). Er bedarf der Genehmigung der höheren Verwaltungsbehörde, die sie aber nur aus Rechtsgründen versagen darf (§ 6 BauGB).

3. Der *Bebauungsplan* (§§ 8–13 BauGB) enthält als verbindlicher B. die rechtsverbindlichen Festsetzungen für die städtebauliche Ordnung. Er bildet die Grundlage für weitere zum Vollzug des BauGB erforderliche Maßnahmen. Er ist aus dem Flächennutzungsplan zu entwickeln. In Ausnahmefällen kann ein Bebauungsplan auch ohne Flächennutzungsplan oder gleichzeitig mit diesem (Parallelverfahren) aufgestellt werden. Der Bebauungsplan setzt für das Bauland die Art und das Maß der baulichen Nutzung, die Bauweise, die überbaubaren und die nicht überbaubaren Grundstücksflächen, die Mindestgröße der Baugrundstücke, die Höhenlage der baulichen Anlagen, die Flächen für Stellplätze und Garagen, die Baugrundstücke für den Gemeinbedarf; er bestimmt ferner u. a. die Grundstücke, die von der Bebauung freizuhalten sind, die Verkehrs- und Versorgungsflächen, die Grünflächen, die Gemeinschaftsanlagen usw. Enthält ein Bebauungsplan mindestens Festsetzungen über die Art und das Maß der baulichen Nutzung, die überbaubaren Grundstücksflächen und die örtlichen Verkehrsflächen – was in der Regel der Fall ist –, so spricht man von einem „qualifizierten Bebauungsplan"; ist das nicht der Fall, so liegt ein „einfacher Bebauungsplan" vor (vgl. § 30 BauGB). Der Bebauungsplan wird von der Gemeinde als → Satzung beschlossen; er ist also → Gesetz im materiellen Sinn und kann im Wege der → Normenkontrolle überprüft werden (vgl. § 47 I Nr. 1 VwGO). Nach § 10 II BauGB bedürfen nur Bebauungspläne der Genehmigung, die nicht aus Flächenutzungsplänen entwickelt sind. Die Gemeinde hat den ggf. genehmigten Plan ortsüblich bekanntzumachen. Der Bebauungsplan ist mit der Begründung zu jedermanns Einsicht bereitzuhalten. Mit der Bekanntmachung tritt der Bebauungsplan in Kraft. Die Bauleitplanung wird durch die Bestimmungen des BauGB über die Veränderungssperre während einer Planaufstellung (§§ 14 ff. BauGB), die → Teilungsgenehmigung und das → Vorkaufsrecht der Gemeinden bei Grundstücksverkäufen gesichert. Bauvorhaben sind nur zulässig, wenn sie den Festsetzungen des Bebauungsplans nicht widersprechen (s. aber → Ausnahmen und Befreiungen im Baurecht); hiervon hängt die → Baugenehmigung ab. Während einer Planaufstellung ist ein Bauvorhaben zulässig, wenn nach dem Stand der Planungsarbeiten anzunehmen ist, daß das Vorhaben den künftigen Festsetzungen des Bebauungsplanes nicht widersprechen wird, der Antragsteller diese Festsetzungen für sich und seine Rechtsnachfolger schriftlich anerkennt und die Erschließung gesichert ist (§ 33 BauGB).

**Bauliche Anlagen** i. S. des Baurechts (Bauordnungen) sind mit dem Erdboden verbundene, aus Baustoffen und

Bauteilen hergestellte A., ferner auch Aufschüttungen und Abgrabungen (auch zur Gewinnung von Bodenschätzen), Lager-, Abstell- und Ausstellungsplätze, Camping- und Wochenendplätze sowie Stellplätze für Kraftfahrzeuge. Errichtung, Änderung und Beseitigung b. A. sind grundsätzl. genehmigungs- oder anzeigepflichtig; vgl. → Baugenehmigung, → Vorhaben.

**Baulinie.** Der Bebauungsplan (→ Bauleitplan) setzt durch Zeichnung und Farbe u. a. die überbaubaren und nicht überbaubaren Grundstücksflächen sowie die Stelle der baulichen Anlagen (§ 9 BauGB) fest. Die überbaubaren Grundstücksflächen können durch Baulinien, Baugrenzen und Bebauungstiefen bestimmt werden (s. → Abstandsregelungen). Ist eine *Baulinie* festgesetzt, so muß auf ihr gebaut werden; ein Vor- oder Zurücktreten von Gebäudeteilen in geringfügigem Ausmaß kann zugelassen werden. Ist eine *Baugrenze* festgesetzt, so dürfen Gebäude diese nicht überschreiten; ein geringfügiges Vortreten kann zugelassen werden. Gleiches gilt, wenn eine *Bebauungstiefe* von der Straßengrenze ab festgesetzt ist. Die Festsetzung der Baulinien ist, da sie als Teil des Bebauungsplans ergeht, ein Akt der Rechtsetzung (→ Satzung).

**Baumängel** → Werkvertrag (1, 3).

**Bäume** → Nachbarrecht, → Grenzregelung bei Grundstücken.

**Baumeister** → Baugewerbe.

**Baumschutz** (im Gegensatz zu → Waldschutz) ist im Rahmen von → Bebauungsplänen (vgl. § 9 I Nrn. 15, 18, 25 BBauG) oder durch RechtsVO oder Satzung möglich, die auf Grund von Naturschutz- (Landschafts-, Landespflege-)Gesetzen erlassen werden (z. B. Art. 12 bayer. NaturschutzG i. d. F. vom 10. 10. 1982, GVBl. 874; § 45 LandschaftsG NW i. d. F. v. 15. 8. 1994 (GVBl. 710). Auf dieser Grundlage sind vielfach B.VOen erlassen worden, welche die Beseitigung auch einzelner Bäume genehmigungspflichtig machen.

**Baunutzungsverordnung.** Die VO über die bauliche Nutzung der Grundstücke i. d. F. vom 23. 1. 1990 (BGBl. I 132) regelt zur Ausführung des → Baugesetzbuches die Art der baulichen Nutzung (Gliederung in Bauflächen: Wohnbau-, gemischte und gewerbliche sowie Sonderbauflächen; Baugebiete: Kleinsiedlungs-, reine, allgem. und besond. Wohngebiete, Dorf-, Misch-, Kern-, Gewerbe-, Industriegebiete usw.), das Maß der baulichen Nutzung (Geschoßflächen-, Grundflächenzahl, Größe der Grundflächen baulicher Anlagen, Zahl der Vollgeschosse) sowie die Bauweise und die überbaubaren Grundstücksflächen. Die entspr. Festsetzungen sind im Flächennutzungsplan und im Bebauungsplan (→ Bauleitpläne) zu treffen.

**Bauordnungsrecht** → Baurecht, → Baugenehmigung, → Bauordnungen.

**Bauordnungen** sind landesrechtliche Gesetze, in denen die materiellrechtlichen Voraussetzungen für die Errichtung, die Änderung und den Abbruch baulicher Anlagen und das baurechtliche Verfahren, insbes. die Einrichtung der Baubehörden und die Erteilung der → Baugenehmigung, geregelt sind (Zusammenstellung b. Sartorius, Verf.- u. Verw.-gesetze, Nr. 300). Beispiel: Bayer. BauO i. d. F. vom 4. 8. 1997 (GVBl. 433); B. Nordrhein-Westfalen vom 7. 3. 1995 (GV N-W 218). In den Grundzügen stimmen die B. der Länder weitgehend überein, im Detail zeigen sie aber durchaus Unterschiede. Nicht in den B. geregelt sind das Bau*planungs*recht (→ Baurecht, → Baugesetzbuch, → Bauleitpläne) und die baurechtlichen Bezüge anderer Rechtsgebiete, z. B. Naturschutzrecht, Wasserrecht, Immissionsschutzrecht).

**Bauplanungsrecht** → Baurecht, → Baugesetzbuch, → Baunutzungsverordnung, → Bauleitpläne.

**Baupolizei** ist die überkommene, mit der Einschränkung des Begriffes → Polizei zurückgedrängte Bezeichnung der → Baubehörden (→ Ordnungsbehörden). *Baupolizeiliche Vorschriften* ist ein überkommener Ausdruck für die materiellrechtlichen Vorschriften des Baurechts (→ Bauordnungen).

**Baupreisrecht.** Preisvorschriften für Bauleistungen (= Bauarbeiten, soweit sie mit oder ohne Lieferung von Stoffen oder Bauteilen der Herstellung, Instandsetzung, Instandhaltung, Änderung oder Beseitigung von Bauwerken dienen) bestehen bei → öffentlichen Aufträgen sowie mit öffentlichen Mitteln finanzierten Aufträgen auf Grund der VOen Pr. 1/72 vom 6. 3. 1972 (BGBl. I 293) u. PR 1/84 vom 23. 2. 1984 (BGBl. I 375). Nach § 1 der VO dürfen höhere Preise nicht gefordert, versprochen, vereinbart, angenommen oder gewährt werden als die VO zuläßt (→ Höchstpreise). Bei der Vereinbarung von Preisen ist grundsätzlich Wettbewerbspreisen (§ 5 der VO) vor Selbstkostenpreisen (§§ 8–10) der Vorzug gegeben. Zu letzteren s. auch Leitsätze für die Ermittlung von Preisen für Bauleistungen auf Grund von Selbstkosten (LSP-Bau), Anlage zur VO Pr. 1/72. S. ferner VO Pr. 12/58 über die Abrechnung von Bauleistungen im Stundenlohn auf Grund öffentl. oder mit öffentl. Mitteln finanzierter Aufträge vom 29. 8. 1958 (BAnz. 169) m. spät. Änd.

**Baurecht** 1. B. im objektiven Sinne ist die Gesamtheit der die Bebauung von Grundstücken regelnden privatrechtlichen und öffentlich-rechtlichen Rechtsvorschriften. Zum privaten Baurecht siehe → Baubetreuungsvertrag, → Verdingungsordnungen, → Werkvertrag. Das öffentliche Baurecht gliedert sich in Bauplanungsrecht und Bauordnungsrecht. Das Bauplanungsrecht bestimmt in erster Linie, ob und wo ein Grundstück baulich genutzt werden kann, das Bauordnungsrecht regelt die technische und gestalterische Seite sowie das Baugenehmigungsverfahren. Das Bauplanungsrecht liegt in der Regelungskompetenz des → Bundes (Art. 74 I Nr. 18 GG); wichtigste Vorschriften sind das → Baugesetzbuch, die → Baunutzungsverordnung und die aufgrund dieser Regelungen als Satzungen erlassenen gemeindlichen → Bauleitpläne. Das Bauordnungsrecht fällt nach dem Baurechtsgutachten des BVerfG (BVerfGE 3, 407) in die Gesetzgebungszuständigkeit der Länder (→ Bauordnungen; siehe auch → Baugenehmigung, → Baupolizei, → Ordnungsrecht).

2. Im subjektiven Sinne bedeutet B. die öffentlich-rechtliche Befugnis, auf einem Grundstück ein Bauwerk zu errichten (→ Baufreiheit, → Plangewährleistung).

**Bausparbeiträge** → Sonderausgaben 1 d, → Wohnungsbauprämie.

**Bauspargeschäft** ist ein → Bankgeschäft, daß darauf gerichtet ist, Einlagen von Bausparern (→ Bankeinlagen) entgegenzunehmen und aus den angesammelten Beträgen Darlehen an die Bausparer zu vergeben (§ 1 BausparG).

**Bausparkassen** sind → Kreditinstitute, die das Bauspargeschäft betreiben (§ 1 des Ges. über Bausparkassen – BausparG – i. d. F. vom 15. 2. 1991, BGBl. I 454 – dort auch nähere Begriffsbestimmung). Daneben dürfen sie nur bestimmte Darlehens- und Kreditgeschäfte betreiben, die im einzelnen in § 4 beschrieben sind. Sie sind dabei nicht mehr auf wohnungswirtschaftliche Maßnahmen beschränkt, vielmehr dienen die Einschränkungen der Risikominderung. Private B. dürfen nur in der *Rechtsform* der → Aktiengesellschaft betrieben werden; die Rechtsform von öffentlich-rechtlichen B. wird von den Ländern bestimmt (§ 2 BausparG). Die Aufsicht über die B. übt das Bundesaufsichtsamt für das Kreditwesen nach Maßgabe der Vorschriften über die → Bankenaufsicht mit z. T. erweiterten Befugnissen aus (§§ 3, 8–11 BausparG). Zum Schutz der Bausparer enthält das Ges. Regeln für die allgemeinen Geschäftsgrundsätze und allgemeine Bedingungen für → Bausparverträge (§ 5); die Geschäftsgrundsätze müssen u. a. Bestimmungen enthalten über die Berechnung für die Abwicklung der Bausparverträge, die Dauer der Wartezeiten, Zuteilungsmasse und Zuteilungsverfahren, Berechnung des Beleihungswertes, Verfahren bei Rückzahlung der Einlagen u. a. Die allgemeinen Bedingungen für Bausparverträge müssen Höhe und Fälligkeit der Leistungen des Bausparers, die Verzinsung der Bauspareinlagen und der Darlehen sowie weitere Regeln für die Durchführung des Bausparvertrages enthalten. Geschäftsgrundsätze und allgem. Bedingungen sowie ihre Änderung sind genehmigungsbedürftig (§ 9 BausparG). Vorschriften über den Schutz der Gläubiger von B. u. a. Beschränkungen der Großverträge und der gewerblichen Finanzierung, §§ 2, 3,

Grundsätze für die Zuteilungsvoraussetzungen, § 7, enthält die BausparkassenVO vom 19. 12. 1990 (BGBl. I 2947).

Die *Bezeichnung* „Bausparkasse" oder eine Bezeichnung, in der dieses Wort oder der Wortstamm Bauspar enthalten ist, dürfen in der → Firma oder als Zusatz zur Firma für Bezeichnung des Geschäftszwecks oder zu Werbezwecken nur Unternehmen führen, die die Erlaubnis zum Betreiben der Geschäfte einer B. besitzen (§ 16 BausparG).

**Bausparkassenvertreter** ist ein → Handelsvertreter, der damit betraut ist, → Bausparverträge zu vermitteln oder abzuschließen. Der B. ist in bezug auf seine Provisionsansprüche und auf den → Ausgleichsanspruch dem → Versicherungsvertreter gleichgestellt (§ 92 V HGB).

**Bausparprämie** → Wohnungsbauprämie.

**Bausparvertrag.** Nach den Musterbedingungen für private → Bausparkassen lautet der B. über eine bestimmte Vertragssumme *(Bausparsumme),* die sich aus dem Betrag des anzusammelnden *Sparguthabens* (i. d. R. 40% der Vertragssumme) und dem *Bauspardarlehen* (i. d. R. 60% der Vertragssumme) zusammensetzt. Nach Ablauf einer Mindestfrist (18 Mon.) und Erreichen des Mindestsparguthabens wird nach Maßgabe der angesammelten Mittel die Vertragssumme *zugeteilt* und unter Gewährung des Bauspardarlehens ausgezahlt. Die Beiträge zu Bausparkassen sind ab 1996 nicht mehr als → Sonderausgaben abzugsfähig. → Wohnungsbauprämie, → Nachversteuerung.

**Bausperre** → Veränderungssperre.

**Baustellen** sind vom Bauunternehmer, d. h. dem für den Bau und dessen Ausführung Verantwortlichen, sachgemäß und im Verkehrsinteresse zu sichern. Wirken sich Bauarbeiten auf den Straßenverkehr aus, hat der Unternehmer vor Baubeginn an Hand eines Verkehrszeichenplanes die Anordnung der zuständigen Behörde (Straßenbau- oder -verkehrsbeh.) über Absperrungen und Kennzeichnung, evtl. Verkehrsbeschränkung und -regelung einzuholen. Die anzubringenden Anlagen (auch Lichtzeichen) hat er zu bedienen. Bei Vorfahrt- und Umleitungsstraßen ist vor Arbeiten, welche die Fahrbahn einengen, die Zustimmung der Behörde erforderlich (§ 45 VI, VII StVO). Bei den Ausführungsmaßnahmen und zur Erfüllung der allgemeinen → Verkehrssicherungspflicht gegenüber Dritten kann er sich geeigneter anderer Personen bedienen, muß diese aber überwachen. Verstöße können zur Schadensersatzpflicht nach §§ 823, 836 BGB führen.

**Bauträger(vertrag)** → Baubetreuung(svertrag).

**Bauvertrag** → Werkvertrag (1); s. dort auch über die VOB.

**Bauvorbescheid** → Vorbescheid (2).

**Bauvorhaben** → Vorhaben.

**Bauwerk** → Werkvertrag, → Erbbaurecht, → Sachbeschädigung. Im *Steuerrecht* ist B. der bewertungsrechtl. Oberbegriff für Gebäude, Außenanlagen (z. B. Einfriedungen, Tore, Stützmauern, Schwimmbecken) und → Betriebsvorrichtungen (technische Anlagen).

**Bauwich** ist der landesrechtlich im Interesse des Brandschutzes und des Lichtbedarfs der Nachbarbauten vorgeschriebene Gebäudeabstand; er ist meist in den → Bauordnungen geregelt. S. a. → Abstandsflächen im Baurecht.

**Bayerisches Oberstes Landesgericht.** Das BayObLG ist das einzige oberste Landesgericht, das auf Grund der Gesetzgebungsvorbehalte für die Länder (§§ 8–10) errichtet wurde. Es entscheidet in Strafsachen anstelle des Oberlandesgerichts insbes. über Revisionen sowie erstinstanzlich nach § 120 GVG, über Revisionen in Zivilsachen anstelle des Bundesgerichtshofs (soweit für die Entscheidung bayer. Landesrecht in Betracht kommt), ferner insbes. über weitere Beschwerden im Bereich der → freiwilligen Gerichtsbarkeit. Seine Zuständigkeit ist in Art. 11 BayAGGVG vom 23. 6. 1981 (GVBl. 188) geregelt.

**Bayern** ist ein Land der BRep. Nach der Verfassung vom 2. 12. 1946 (GVBl. 333 = BayRS 100–1-S) ist B. ein Freistaat, Volksstaat, Rechts-, Kultur- und Sozialstaat. Die gesetzgebende Gewalt steht ausschließlich dem Volk und der

Volksvertretung zu. Wichtigstes Gesetzgebungsorgan ist der *Landtag*. Er besteht aus den Abgeordneten, die in allgemeiner, gleicher, unmittelbarer und geheimer Wahl nach einem verbesserten Verhältniswahlrecht von den wahlberechtigten Staatsbürgern in Wahlkreisen und Stimmkreisen für 4 Jahre – ab 1998 alle 5 Jahre – gewählt werden. Als zweite Kammer besteht noch bis 31. 12. 1999 der *Senat* (Ges. über den S. vom 9. 2. 1966, BayRS 1101–1-I), der sich aus 60 Vertretern der sozialen, wirtschaftlichen, kulturellen und gemeindlichen Körperschaften des Landes zusammensetzt; sie werden auf 6 Jahre berufen (alle 2 Jahre ein Drittel neu). Seine Mitwirkung an der Gesetzgebung beschränkt sich auf die gutachtliche Stellungnahme und die Erhebung von Einwendungen, über die der Landtag zu beschließen hat. Durch G. v. 20. 2. 1998 (GVBl. 42) wurde der Senat mit Wirkung vom 1. 1. 2000 abgeschafft. Die Verfassung sieht vor, daß das Volk unmittelbar durch Volksbegehren und Volksentscheid (→ Volksabstimmung) an der Gesetzgebung mitwirkt. Die Staatsbürger haben das Recht, Angelegenheiten des eigenen Wirkungskreises der → Gemeinden und → Kreise durch Bürgerbegehren und → Bürgerentscheid zu regeln (Art. 12 III). Die vollziehende Gewalt liegt in den Händen der *Staatsregierung* (MinPräs., Staatsminister, Staatssekretäre) und der nachgeordneten Vollzugsbehörden. Die Zahl der Mitglieder der Staatsregierung wurde durch G. v. 20. 2. 1998 (GVBl. 39) auf 17 beschränkt. Der MinPräs. wird vom Landtag gewählt, die Staatsminister und Staatssekretäre mit Zustimmung des Landtags vom Ministerpräsidenten berufen. Der Ministerpräsident führt in der Staatsregierung den Vorsitz und leitet ihre Geschäfte; er bestimmt die Richtlinien der Politik. Als oberstes Gericht für staatsrechtliche Fragen besteht ein *Verfassungsgerichtshof* (Ges. v. 10. 5. 1990, GVBl. 122, ber. 231). In eigenen Abschnitten der Verfassung werden Grundrechte und Grundpflichten festgelegt sowie Grundsätze für das Gemeinschaftsleben (Ehe und Familie; Bildung und Schule; Religion) sowie für Arbeits-, Eigentums- und Landwirtschaftsordnungen entwickelt. B. ist in 7 Regierungsbezirke (→ Bezirk, 3) eingeteilt, diese wiederum in → Landkreise und → kreisfreie Städte.

**Beamte** stehen in einem öffentlichrechtlichen, gesetzlich besonders geregelten Dienst- und Treueverhältnis gegenüber dem Staat (Bund, Land), einer Gemeinde oder sonstigen juristischen Personen des öffentlichen Rechts (→ Dienstherr), das durch Aushändigung einer Urkunde mit den Worten „unter Berufung in das Beamtenverhältnis", bei → Wahlbeamten durch Annahme der Wahl, begründet wird *(Beamter im staatsrechtlichen Sinne)*. Die Berufung in das Beamtenverhältnis ist nur zulässig zur Wahrnehmung von → Hoheitsaufgaben oder solcher Aufgaben, die aus Gründen der Sicherheit des Staates oder des öffentlichen Lebens nicht ausschließlich Personen übertragen werden dürfen, die in einem privatrechtlichen Arbeitsverhältnis stehen (§ 2 II BRRG, § 4 BBG). Umgekehrt ist die Wahrnehmung bestimmter Aufgaben Beamten vorbehalten (Funktionsvorbehalt; → Beamtenvorbehalt). Zu den Voraussetzungen der Berufung sowie den Rechten und Pflichten des B. s. Beamtenverhältnis.

Es werden unterschieden: 1. *Beamte auf Lebenszeit,* die hauptberuflich und auf die Dauer der Dienstfähigkeit als Beamte tätig sind (Voraussetzung der Ernennung ist die Vollendung des 27. Lebensjahres und die Bewährung in einer Probezeit, § 6 I BRRG); 2. *Beamte auf Zeit,* die nur für eine bestimmte Anzahl von Jahren zur hauptberuflichen Dienstleistung verpflichtet sind (§§ 95 ff. BRRG), z. B. kommunale Wahlbeamte, Hochschulpräsidenten; 3. *Beamte auf Probe,* die zur späteren Verwendung auf Lebenszeit eine Probezeit zurücklegen (s. §§ 3 I Nr. 3, 6 II BRRG); 4. *Beamte auf Widerruf* (z. B. Beamte im Vorbereitungsdienst, wissenschaftliche Assistenten oder Beamte, die nur nebenbei oder vorübergehend für hoheitliche Aufgaben eingesetzt werden, § 3 I Nr. 4 BRRG). S. ferner Ehrenbeamte, politische Beamte. *Planmäßige* B. sind diejenigen, die eine im Haushaltsplan ausgewiesene Stelle innehaben, *Laufbahnbeamte* diejenigen, welche die für ihre → Laufbahn maßgebliche Vor- und Ausbildung abgeleistet haben.

Den Begriff des B. im *strafrechtlichen Sinne* erweitert § 11 I Nr. 2 StGB zu dem des → Amtsträgers, dem teilweise der für den öffentlichen Dienst *besonders Verpflichtete,* der selbst nicht Amtsträger ist (§ 11 I N. 4 StGB und Verpflichtungsgesetz vom 2. 3. 1974, BGBl. I 547), gleichgestellt ist. Dem strafrechtlichen Schutz des B. dienen insbes. die Vorschriften gegen → Widerstand gegen die Staatsgewalt (§§ 113 ff. StGB).

**Beamtenbeleidigung** → Beleidigung (4: Strafantragsrecht des Vorgesetzten).

**Beamtendelikte** → Amtsdelikte.

**Beamtenhaftung** → Staatshaftung.

**Beamtenrecht** ist die Gesamtheit der Normen, welche die Rechtsverhältnisse der → Beamten regeln. Es sind dies für die Beamten des Bundes einschl. der Körperschaften, Anstalten und Stiftungen des Bundesrechts: das BundesbeamtenG – BBG – i. d. F. vom 27. 2. 1985 (BGBl. I 479), das BundesbesoldungsG (→ Dienstbezüge), das BeamtenversorgungsG (→ Versorgung des Beamten) die Bundesdisziplinarordnung – BDO (→ Disziplinarrecht), das BundespolizeibeamtenG i. d. F. vom 3. 6. 1976 (BGBl. I 1357), die Bundeslaufbahn-VO – (BLV → Laufbahnen der Beamten) – jeweils m. spät. Änd. – sowie zahlreiche zu diesen Gesetzen ergangene Sondergesetze und Verordnungen (s. → Arbeitszeit a. E., → Nebentätigkeit, → Mutterschutz, → Reisekosten, → Umzugskosten); für die Beamten der Länder, Gemeinden und Gemeindeverbände sowie der Körperschaften, Anstalten und Stiftungen des öffentlichen Rechts die Bestimmungen des → Beamtenrechtsrahmengesetzes des Bundes – BRRG – sowie die Beamtengesetze, Disziplinargesetze, Laufbahnverordnungen usw. der Länder. S. ferner die für alle Angehörigen des → öffentlichen Dienstes geltenden Bestimmungen des Ges. zur Regelung der Rechtsverhältnisse der unter Art. 131 GG fallenden Personen i. d. F. vom 13. 10. 1965 (BGBl. I 1685), die Personalvertretungsgesetze des Bundes und der Länder (→ Personalvertretungen) sowie das Ges. über die Rechtsstellung der in den Bundestag gewählten Angehörigen des öffentlichen Dienstes vom 4. 8. 1953 (BGBl. I 777), jeweils m. spät. Änd.; s. → Inkompatibilität.

**Beamtenrechtsrahmengesetz.** Zur Wiederherstellung der Einheit des Beamtenrechts, die 1945 infolge der veränderten staatsrechtlichen Verhältnisse verloren gegangen war – an die Stelle des früher allgemein gültigen Deutschen Beamtengesetzes traten Länderbeamtengesetze oder Abänderungen des DBG durch landesrechtliche Bestimmungen –, hat der Bund durch das RahmenG zur Vereinheitlichung des Beamtenrechts – BeamtenrechtsrahmenG (BRRG) – i. d. F. vom 27. 2. 1985 (BGBl. I 462) gem. Art. 75 I Nr. 1, II GG Rahmenvorschriften für das → Beamtenverhältnis, die → Ernennung, die → Laufbahnen, die → Abordnung und → Versetzung, → Personalakten, die Rechtsstellung bei Auflösung oder Umwandlung von Behörden, die Beendigung des Beamtenverhältnisses, ferner über die Rechte und Pflichten der Beamten sowie über das Personalwesen usw. erlassen. Besoldung (→ Dienstbezüge) sowie → Versorgung der Beamten sind durch besondere, unmittelbar geltende Bundesgesetze geregelt. Daneben enthält das Ges. im Kap. II Vorschriften, die einheitlich und unmittelbar gelten; sie betreffen u. a. die → Dienstherrnfähigkeit, den Rechtsweg für Klagen der Beamten sowie den Übertritt und die Übernahme bei Umbildung von Körperschaften. Für *Richter* (die nicht Beamte im Rechtssinne sind) gelten entspr. Rahmenvorschriften: §§ 1–45, 71–84 des Deutschen → RichterG.

**Beamtenstreik** → Berufsbeamtentum.

**Beamtenverhältnis** ist das zwischen dem → Beamten und seinem → Dienstherrn bestehende öffentlich-rechtliche Dienst- und Treueverhältnis. Voraussetzung für die Berufung in das B. ist, daß der Bewerber (i. d. R.) Deutscher i. S. des Art. 116 GG ist, die Gewähr bietet, daß er für die freiheitlich-demokratische Grundordnung i. S. des GG eintritt und die für seine → Laufbahn vorgeschriebene Vor- und Ausbildung besitzt oder die erforderliche Befähigung durch Lebens- und Berufserfahrung erworben hat (§ 4 BRRG, § 7 BBG und Beamtengesetze der Länder).

Ferner darf der Bewerber nicht die Fähigkeit zur Bekleidung öffentlicher Ämter verloren haben (vgl. § 8 II BRRG, § 11 II BBG). Das B. wird begründet durch → Ernennung und endet durch → Entlassung, Verlust der Beamtenrechte und Entfernung aus dem Dienst nach → Disziplinarrecht, ferner durch Eintritt in den → Ruhestand. Die Rechtsstellung des Beamten (Pflichten und Rechte) ist in den §§ 35–60 BRRG, §§ 52–92 BBG und den Beamtengesetzen der Länder eingehend geregelt. Danach dient der Beamte dem ganzen Volk, nicht einer Partei (s. auch Berufsbeamtentum). Er hat seine Aufgaben unparteiisch und gerecht zu erfüllen und bei seiner Amtsführung auf das Wohl der Allgemeinheit Bedacht zu nehmen. Er hat für die freiheitlich-demokratische Grundordnung i. S. des GG einzutreten und bei politischer Betätigung Zurückhaltung zu wahren. Er hat sich seinem Beruf mit voller Hingabe zu widmen. Weitere Pflichten sind die Weisungsgebundenheit (s. Gehorsamspflicht), die Leistung des → Diensteides, die Wahrung der → Amtsverschwiegenheit, die Übernahme- bzw. Genehmigungspflicht für → Nebentätigkeit, die Verpflichtung, Geschenke und Belohnungen nur mit Zustimmung der obersten Dienstbehörde anzunehmen, die Verpflichtung, ohne Entschädigung bei Bedarf über die regelmäßige Arbeitszeit hinaus Dienst zu leisten und die → Residenzpflicht. Die Nichterfüllung der Pflichten kann als Dienstvergehen bestraft werden (→ Disziplinarrecht); sie verpflichtet den Beamten gegenüber dem Dienstherrn zum Schadensersatz (→ Haftung des Beamten). Die Rechte des Beamten gründen sich auf die Verpflichtung des Dienstherrn, für das Wohl des Beamten und seiner Familie zu sorgen (→ Fürsorgepflicht). Sie umfassen die Ansprüche auf → Dienstbezüge und → Versorgung, → Urlaub, Erstattung von → Reise- und → Umzugskosten, Führung der → Amtsbezeichnung, Einsicht in die → Personalakten, Erteilung eines → Zeugnisses. S. ferner → Teilzeitbeschäftigung.

**Beamtenvorbehalt** (Funktionsvorbehalt für Beamte). Nach Art. 33 IV GG ist die Ausübung hoheitlicher Befugnisse als ständige Aufgabe i. d. R. Angehörigen des → öffentlichen Dienstes zu übertragen, die in einem öffentlich-rechtlichen Dienst- und Treueverhältnis stehen. Dieses Erfordernis erfüllen neben Beamten im staatsrechtlichen Sinn (→ Beamtenverhältnis) auch Angestellte nach Dienstordnung der Sozialversicherungsträger (h. M., aber zweifelhaft), nicht aber sonstige Angestellte und Arbeiter des öffentlichen Dienstes.

**Bearbeitung.** Über Eigentumsveränderungen durch B. einer fremden Sache → Verarbeitung. Die B. eines urheberrechtlich geschützten Werkes – z. B. eines Musikwerkes – wird, wenn sie eine persönliche geistige Schöpfung des Bearbeiters darstellt, neben dem → Urheberrecht am bearbeiteten Werk wie ein selbständiges Werk geschützt (§ 3 UrhG).

**Beauftragter Richter** ist das Mitglied eines Kollegialgerichts, das für und an Stelle des Kollegiums einzelne richterliche Maßnahmen, insbes. eine Beweiserhebung, durchführt. Das ist zulässig namentlich zur Einnahme eines Augenscheins oder zur (→ kommissarischen) Vernehmung von Zeugen und Sachverständigen, wenn das gesamte Gericht das Beweisergebnis auch ohne unmittelbaren Eindruck vom Verlauf der Beweisaufnahme sachgemäß zu würdigen vermag; vgl. §§ 355, 372 II, 375, 402, 434, 451 ZPO, § 223 StPO. Von dem b. R. zu unterscheiden ist der → Einzelrichter sowie der *Richter kraft Auftrags;* d. i. ein Beamter, der zwecks späterer Anstellung im Richterdienst vorübergehend unter Beibehaltung seines bisherigen Amtes als Richter verwendet wird (§§ 14 ff. DRiG).

**Bebauungsplan** → Bauleitpläne.

**Bedarfsgegenstände.** Für Gegenstände des täglichen Bedarfs gelten im Interesse des Gesundheitsschutzes strenge gesetzliche Beschränkungen des → Lebensmittelrechts (§§ 30 ff. LmBG). Danach ist es verboten, B. so herzustellen, daß sie bei Verwendung die Gesundheit beschädigen können. Ferner ist es verboten, an sich unbedenkliche B. bei der Zubereitung von → Lebensmitteln so zu verwenden, daß von ihnen schädliche Einwirkungen ausgehen können. Schließlich dürfen

Reinigungs- und Pflegemittel sowie Spielwaren nicht mit Lebensmitteln verwechslungsfähig sein (z. B. Abbildung von Zitronen auf Reinigungsmitteln u.ä.). Für die Überwachung gelten die Vorschriften über die → Lebensmittelüberwachung; zur Strafbarkeit vgl. Lebensmittelrecht.

Der sehr umfangreiche gesetzliche Katalog der B. (§ 5 LmBG) versucht alle Gegenstände des täglichen Bedarfs sowie alle Gegenstände zu erfassen, die bei Erzeugung und Vertrieb von Lebensmitteln verwendet werden. Im einzelnen sind das Gegenstände, die der Erzeugung, der Zubereitung, dem Vertrieb oder dem Verzehr von Lebensmitteln zu dienen bestimmt sind (z. B. Maschinen, Geschirr – s. hierzu die VO vom 21. 3. 1988, BGBl. I 393 –, Tisch- und Kochgerät, Lebensmittelpackungen), Gegenstände der Körperpflege (Kämme, Zahnbürsten), Gegenstände, die bestimmungsgemäß mit dem menschlichen Körper in Berührung kommen (Bekleidung, Wäsche, Haarersatz, Brillen), schließlich Reinigungs-, Pflege- und Ausrüstungsmittel, Insektenvertilgungsmittel für den häuslichen Bedarf, Spielwaren und Scherzartikel (s. hierzu auch VO vom 28. 2. 1984, BGBl. I 376 m.Änd.). Nicht zu den B. zählen → Arzneimittel sowie ärztliches und zahnärztliches Gerät; s. a. Rabatt (für Waren des täglichen Bedarfs).

**Bedarfsplan** → Bundesfernstraßen; → Kassenarzt.

**Bedarfsverwaltung** ist der Teil der öffentlichen → Verwaltung, der für die Bereitstellung der zur Erfüllung der Verwaltungsaufgaben erforderlichen persönlichen und sächlichen Mittel sorgt. Im erstgenannten Bereich (z. B. Personalverwaltung) wird die Verwaltung hoheitlich (Beamte) oder privatrechtlich (fiskalisch) tätig (Angestellte und Arbeiter), bei der Beschaffung des Sachbedarfs meist fiskalisch, z. B. beim Abschluß von Kauf- oder Mietverträgen. Die B. ist meist in die Fachverwaltung eingegliedert, z. T. eigene Dienststelle („Beschaffungsämter").

**Bedienungsgeld** → Trinkgeld.

**Bedingte Entlassung** → Strafaussetzung zur Bewährung, 2.

**Bedingte Forderungen** Pfandrechte usw. → Bedingung.

**Bedingte Strafaussetzung,** jetzt → Strafaussetzung zur Bewährung.

**Bedingte Verurteilung** → sursis.

**Bedingung.** Die B. (lat. conditio) ist die einer → Willenserklärung hinzugefügte Bestimmung, nach der die Wirksamkeit des → Rechtsgeschäfts (R.) von einem *zukünftigen ungewissen* Ereignis abhängen soll. Tritt das zukünftige Ereignis bestimmt ein (z. B. „wenn mein Sohn volljährig wird"), so ist keine B., sondern eine → Zeitbestimmung gegeben. Keine B. liegt daher auch vor, wenn der fragliche Umstand in der Vergangenheit liegt, mag er auch den Parteien unbekannt sein (*Scheinbedingung,* z. B. „wenn gestern mein Fußballverein gewonnen hat"); hier ist u. U. → Wette anzunehmen. Keine echte B. ist ferner die sog. *Rechtsbedingung,* die lediglich gesetzliche Erfordernisse in Form einer B. wiederholt (z. B. „wenn das Vormundschaftsgericht den Gesellschaftsvertrag mit dem Minderjährigen genehmigt"); die Rechtsb. ist aber unschädlich. Die sog. *Vertragsbedingungen* sind oftmals keine eigentlichen B., sondern Bestandteile des Vertragsinhalts (z. B. Zahlungszeit, Erfüllungsort; → Allgemeine Geschäftsbedingungen). Unwirksam sind unmögliche und unsittliche B.; über die Folgen → Teilnichtigkeit. Nicht B. eines R. ist auch dessen → Geschäftsgrundlage. Über B. in letztwilligen Verfügungen → Auslegung von Verfügungen von Todes wegen.

Die echte B. kann von einem rein zufälligen Umstand (*kasuelle B.,* z. B. „wenn die Grundstückspreise nicht steigen"), allein vom Willen des Betreffenden (sog. *Potestativb.,* z. B. „wenn Du nicht wieder heiratest", → Wiederverheiratungsklausel) oder von beiden Momenten gleichzeitig abhängig sein (*gemischte* B., z. B. „wenn Du Dein Examen bestehst"). Die B. kann ferner positiv (affirmativ, z. B. „wenn ich im Lotto gewinne") oder negativ („wenn ich nicht wieder heirate") ausgestaltet sein. Die wichtigste Unterscheidung ist die zwischen *aufschiebender (Suspensiv-)* und *auflösender (Resolutiv-)B.* Wird ein R. unter einer aufschiebenden B. (z. B. → Eigentumsvorbehalt, Kauf auf Probe) vorgenommen, so tritt die Wirkung erst mit Eintritt der B. ein (§ 158 I BGB). Bei einer auflösenden B. (z. B. → Wiederverheiratungsklausel) endet in diesem Zeitpunkt das bisher voll wirksame R. und tritt der frühere Rechtszustand wieder ein (§ 158 II BGB). Die Wirkung tritt ab B.eintritt (ex nunc) ein; eine Rückwirkung ist also nicht gegeben (bei Vereinbarung der Rückwirkung hat dies nur schuldrechtliche Wirkung, § 159 BGB). Während bei der auflösenden B. bis zum Eintritt der B. das R. voll wirksam ist, hat bei der aufschiebenden B. der andere Beteiligte den betreffenden Gegenstand (Sache, Forderung, Recht) noch nicht erworben; es steht ihm jedoch wegen der Gebundenheit des anderen Teils bereits ein → Anwartschaftsrecht zu. Als Folge dieses Anwartschaftsrechts kann der Erwerber bei B.eintritt → Schadensersatz verlangen, wenn die andere Seite das von der B. abhängige Recht in der Schwebezeit schuldhaft vereitelt oder beeinträchtigt hat (§ 160 BGB). Jede weitere Verfügung über einen Gegenstand, über den bereits unter einer aufschiebenden B. verfügt wurde (Zwischenverfügung, auch jede → Zwangsvollstreckung in den Gegenstand), ist nach B.eintritt insoweit unwirksam, als sie die von der B. abhängige Wirkung vereiteln oder beeinträchtigen würde (z. B. eine zweimalige Übereignung unter Eigentumsvorbehalt; über die Pfändung der Anwartschaft und die Verfügung über sie s. dort). Doch finden auch hier die Vorschriften zugunsten derjenigen, die Rechte von einem Nichtberechtigten herleiten (→ Gutglaubensschutz, Verfügung eines Nichtberechtigten) entsprechende Anwendung (§ 161 BGB). Wird der B.eintritt von der hiervon benachteiligten Partei wider → Treu und Glauben verhindert, so gilt (→ Fiktion) die B. als eingetreten, umgekehrt bei treuwidriger Herbeiführung des B.eintritts durch die bevorzugte Seite als nicht eingetreten (§ 162 BGB). Wird im Prozeß eine aufschiebende B. behauptet, so muß der Anspruchsberechtigte ihr Fehlen beweisen; für den Wegfall einer Verpflichtung auf Grund einer auflösenden B. trägt dagegen der Verpflichtete die → Beweislast.

Grundsätzlich kann eine B. jedem R. beigefügt werden. So gibt es *bedingte Forderungen* (anders Betagung; dort ist die Forderung bereits entstanden oder übertragen, aber noch nicht fällig), bedingte dingliche Rechte, z. B. Pfandrechte usw. Ausgenommen sind hiervon die *bedingungsfeindlichen Rechtsgeschäfte.* Bedingungsfeindlich sind die meisten familienrechtlichen R., z. B. → Eheschließung, → Adoption usw., aber auch kraft ausdrücklicher Bestimmung die → Auflassung eines Grundstücks, die → Aufrechnung, die → Ausschlagung einer Erbschaft u. a. m. B.feindlich sind ferner aus der Natur des R. regelmäßig die → Gestaltungsrechte (z. B. Kündigung, Rücktritt, Anfechtung), da hier von vornherein Klarheit über die eintretenden Rechtsfolgen bestehen muß. Eine Kündigung unter der B. ihres Wegfalls, d. h. unter der Voraussetzung, daß der andere Teil in die Fortsetzung des Rechtsverhältnisses unter abgeänderten Voraussetzungen einwilligt (→ Änderungskündigung), ist jedoch zulässig, da hier keine eigentliche B. vorliegt. B.feindlich sind schließlich i. d. R. auch → Prozeßhandlungen; die zulässige Stellung eines Hilfs-(Eventual-)antrags steht dem nicht entgegen, da es sich bei der Unbegründetheit des zunächst gestellten Hauptantrags um eine unschädliche Rechtsbedingung (s. o.) handelt.

**Bedingungen der Strafbarkeit** sind Umstände, die außerhalb des Straftatbestandes liegen, die aber Voraussetzung für eine Bestrafung sind. Sie sind für die rechtliche Mißbilligung der Tat bedeutungslos und brauchen deshalb vom Vorsatz des Täters (→ Schuld) nicht umfaßt zu werden (daher meist objektive B. d. S. genannt); ein → Irrtum über ihr Vorliegen ist ohne Bedeutung. B. d. S. ist nach h. M. z. B. Zahlungseinstellung oder Eröffnung des Insolvenzverfahrens bei → Insolvenzstraftaten (§§ 283 ff. StGB) sowie die Begehung einer mit Strafe bedrohten Handlung beim → Vollrausch (§ 323 a StGB).

**Bedingungsfeindliche Rechtsgeschäfte** → Bedingung.

**Bedingungstheorie** im Strafrecht. Sie ist eine der Kausalitätstheorien, und zwar die im Strafrecht als maßgeblich angesehene. Sie ist bei den Straftatbeständen von Bedeutung, bei denen der Erfolg des Delikts nicht schon mit der Tathandlung eintritt (schlichte *Tätigkeitsdelikte,* z. B. → Sachbeschädigung), sondern erst mit einem auf die Tathandlung zurückzuführenden Ereignis, so z. B. dem Tode eines Verkehrsunfallverletzten *(Erfolgsdelikte).* Für diese Tatbestände besagt die B., daß dem Täter strafrechtlich der Erfolg seiner Handlung zuzurechnen ist, wenn diese als Ursache nicht hinweggedacht werden kann, ohne daß der Erfolg entfiele (condicio sine qua non). Näheres s. → Kausalität im Strafrecht. Über die B. im bürgerl. Recht s. → Schadensersatz (1 a).

**Bedrohung.** Wer einen anderen mit der Begehung eines → Verbrechens gegen ihn oder einen ihm Nahestehenden bedroht, wird mit Freiheitsstrafe bis zu 1 Jahr od. Geldstrafe bestraft; das gilt auch bei wissentlicher *Vortäuschung* einer bevorstehenden B. (§ 241 StGB). Es muß sich um eine ernstliche Drohung (nicht nur Verwünschungen o.dgl.) handeln; ob der Bedrohte sie ernst nimmt, ist unerheblich. Die B. ist ein → Gefährdungsdelikt, das hinter weitergehenden Verletzungsdelikten zurücktritt (z. B. → Widerstand gegen die Staatsgewalt, → Nötigung, → Raub und → Erpressung; sog. Gesetzeskonkurrenz, → Konkurrenz von Straftaten). *Zivilrechtlich:* → Anfechtung von Willenserklärungen (2).

**Bedürfnisprüfung.** Eine B. findet statt, wenn das Gesetz für die Zulassung zu einer beruflichen Tätigkeit (Gewerbe oder anderer Beruf) das Vorliegen eines öffentlichen Bedürfnisses oder öffentlichen Interesses verlangt. Die B. beschränkt das Grundrecht der Berufsfreiheit (→ Beruf, freie Wahl; Art. 12 I GG) durch eine objektive, vom Bewerber nicht beeinflußbare Zulassungsvoraussetzung. Darin unterscheidet sie sich von subjektiven Zulassungsvoraussetzungen (z. B. Vorbildung, Ausbildung; → Befähigungsnachweis) und von bloßen Berufsausübungsregeln. Nach der grundlegenden Entscheidung des BVerfG vom 11. 6. 1958 (BVerfGE 7, 377; sog. Apothekenurteil) darf die Berufsfreiheit durch objektive Zulassungsvoraussetzungen nur eingeschränkt werden, wenn der Schutz eines überragend wichtigen Gemeinschaftsgutes dies erfordert. Daher ist eine uneingeschränkte B., wie sie in zahlreichen reichsrechtlichen Vorschriften vorgesehen war, i. d. R. unzulässig. Praktische Bedeutung hat die B. heute vor allem noch im Bereich des Verkehrsgewerbes (→ Personenbeförderung), wo sie unter dem Gesichtspunkt der öffentlichen Verkehrsinteressen bei verschiedenen Verkehrsarten vorgenommen wird (→ Linienverkehr, → Taxi). Eine Art B. ist jetzt für die Zulassung zum → Vertragsarzt der Sozialversicherungskassen eingeführt.

**Beeidigung** bezieht sich begrifflich nach dem (uneinheitlichen) Sprachgebrauch der Gesetze sowohl auf Personen als auf Aussagen und Gutachtenerstattung, *Vereidigung* hingegen nur auf eine Person. B. ist in vielfacher Weise vorgesehen, insbes. für → Zeugen, → Sachverständige, Parteien (→ Parteivernehmung), → Dolmetscher; vereidigt werden auch → Beamte und → Richter. Die Eidesnorm ist je nach dem Gegenstand der Eidesleistung im Gesetz wörtlich vorgeschrieben, z. B. für Zeugen (§ 392 ZPO, § 66 c StPO), Sachverständige (§ 410 ZPO, § 79 StPO), Parteien (§ 452 ZPO), Richter (§ 38 DRiG), Dolmetscher (§ 189 GVG). Über die Fassung der Eidesformel s. dort. Im Strafverfahren kann die grundsätzlich vorgesehene eidliche Zeugenvernehmung (§ 59 StPO; Ausnahmen §§ 60–62 StPO insbes. für Privatklagesachen, bei unwesentlichen Aussagen, beim Verletzten und bei Minderjährigen) entfallen, wenn die Beteiligten hierauf verzichten (§ 61 Nr. 5 StPO). In den anderen Verfahrensarten wird der Zeuge meist uneidlich vernommen, bei Verzicht der Parteien immer, sonst nach Ermessen des Gerichts (§ 391 ZPO, § 98 VwGO), im Sozialgerichtsverfahren eidlich nur, wenn notwendig (§ 118 II SGG). Für das Verfahren bei der Abnahme von Eiden im Zivilprozeß, der freiwilligen Gerichtsbarkeit, der Arbeitsgerichtsbarkeit, im Verwaltungs-, Finanz- und Sozialstreitverfahren gelten die §§ 478–484 ZPO. Der Eid kann nur in bestimmten Fällen verweigert werden (→ Eidesverweigerung). Falsche Eide sind strafbar (→ Falscheid, → Meineid).

**Beeinflussung der Rechtspflege** durch Presseberichte, Stellungnahmen in der Öffentlichkeit u. dgl. vor Abschluß eines gerichtlichen Verfahrens ist nach geltendem Recht in der BRep. nicht strafbar (wohl aber z. B. in Großbritannien, sog. contempt of court). Mit Strafe bedroht ist lediglich das Veröffentlichen einer Anklageschrift oder anderer amtlicher Strafprozeßunterlagen, z. B. eines Haftbefehls, *vor* der Verhandlung oder dem Verfahrensabschluß (§ 353 d Nr. 3 StGB; gilt auch für Bußgeld- und Disziplinarverfahren) sowie das mißbräuchliche Unternehmen einer B. von Soldaten, die als Organe der Rechtspflege tätig sind, durch Vorgesetzte (§ 37 WStG). S. a. → Unabhängigkeit des Richters.

**Beerdigung** (Genehmigung) → Bestattung.

**Beerdigungskosten** (Haftung für) → Nachlaßverbindlichkeiten, → Unterhaltspflicht gegenüber dem nichtehelichen Kind, → Sterbegeld.

**Befähigung zum höheren Verwaltungsdienst** ist allgemein die B. zur → Laufbahn des höheren Dienstes in der öffentlichen Verwaltung. Sie ist in den Beamtengesetzen und Laufbahnverordnungen des Bundes und der Länder geregelt. I. e. S. versteht man darunter die B. zum höheren Dienst in der allgemeinen inneren Verwaltung. Diese wird, da die Ausbildung zum höheren Justiz- und Verwaltungsdienst in den Ländern der BRep. einheitlich ist, im allgemeinen zusammen mit der → Befähigung zum Richteramt erworben (dort auch über die Übergangsvorschrift des § 110 DRiG).

**Befähigung zum Richteramt.** Der Erwerb der B. z. R. ist in den §§ 5 bis 7 des Deutschen Richtergesetzes (DRiG) geregelt.

1. Erforderlich ist das Bestehen zweier Prüfungen. Der ersten Prüfung muß ein Studium der Rechtswissenschaft von mindestens 3 Jahren an einer Universität vorangehen. Zwischen erster und zweiter Prüfung muß ein Vorbereitungsdienst von 2 Jahren liegen. Der Vorbereitungsdienst ist bei Gerichten der ordentlichen Gerichtsbarkeit, bei der Staatsanwaltschaft, bei Rechtsanwälten, Verwaltungsbehörden in einen vom Referendar zu wählenden Schwerpunktbereich (Pflichtwahlstelle) abzuleisten. Gegen Ende des Vorbereitungsdienstes wird die Zweite Juristische Staatsprüfung abgelegt (vgl. auch § 5 d DRiG).

2. Früher konnte das Landesrecht Studium und praktische Ausbildung in einer „einstufigen Juristenausbildung" von mindestens 5 Jahren zusammenfassen (§ 5 b DRiG; sog. „Experimentierklausel", zeitl. begrenzt bis 1984). Ein Teil dieser Ausbildung war bei Gerichten, Verwaltungsbehörden und Rechtsanwälten abzuleisten. Die erste Prüfung konnte durch eine Zwischenprüfung oder durch ausbildungsbegleitende Leistungskontrollen ersetzt werden. Die Abschlußprüfung der einstufigen Ausbildung sollte der zweiten juristischen Staatsprüfung gleichwertig sein. Die Modelle sind inzwischen ausgelaufen.

3. Sowohl die zweistufige wie auch die frühere einstufige Ausbildung sind durch (im einzelnen unterschiedliche) Gesetze, Ausbildungs- und Prüfungsordnungen der Länder (vgl. die Zusammenstellung bei Schönfelder, D. Gesetze, Anm. zu § 5 DRiG) näher geregelt. Die im Geltungsbereich des DRiG erworbene B. z. R. gilt im Bund und in jedem deutschen Land. Kraft Gesetzes (§ 7 DRiG) besitzt die B. z. R. jeder ordentliche Professor der Rechte an einer Universität im Geltungsbereich des DRiG, auch wenn er ausnahmsweise die beiden Staatsprüfungen nicht abgelegt hat. Die B. z. R. umfaßt die → Befähigung zum höh. Verwaltungsdienst (einheitliche Juristenausbildung: „Einheitsjurist"). Jur. Prüfungen, die nicht im Geltungsbereich des DRiG abgelegt wurden, können nur in eng begrenzten Fällen anerkannt werden (§ 112 DRiG, § 92 BVFG: Flüchtlinge und Vertriebene); nicht nach § 20 HRG (→ Anerkennung ausländischer Prüfungen).

4. Nach dem → Einigungsvertrag kann im → Beitrittsgebiet in ein Richterverhältnis auch berufen werden, wer die Befähigung zum Richteramt nach dem Recht der ehemaligen → DDR erworben hat. Befristet konnte die auf das Beitrittsgebiet beschränkte Befähi-

gung zum Richteramt auch nach den fortgeltenden Vorschriften der ehemaligen → DDR erlangt werden. Wer nach dem → Beitritt in ein Richterverhältnis auf Lebenszeit im Beitrittsgebiet berufen wurde, erfüllt damit die Voraussetzungen für die Berufung in ein Richterverhältnis im gesamten Bundesgebiet.

**Befähigungsnachweis** ist die Bezeichnung für den vor der Zulassung zu zahlreichen Berufen erforderlichen Nachweis der fachlichen (theoretischen und/ oder praktischen) Vorbildung. Einen nicht (z. B. durch Voraussetzung einer praktischen Tätigkeit, Ausbildungsgang oder Prüfung) formalisierten B. bezeichnet die Gesetzessprache meist als „Sachkunde" oder fachliche Eignung (Gegensatz: persönliche Eignung; → Zuverlässigkeit). Als „großer Befähigungsnachweis" wird das Bestehen der Meisterprüfung im Handwerk bezeichnet, die zum selbständigen Betrieb eines Handwerks (HandwerksO §§ 1, 7I), zur Ausbildung von Lehrlingen (§ 21) sowie zur Führung des Meistertitels (§ 51) berechtigt. Die Vereinbarkeit dieses Nachweises für alle Handwerkszweige mit Art. 12 GG wurde vom BVerfG (17. 7. 1961, BVerfGE 13, 97) bejaht; → Beruf (freie Wahl).

**Befangenheit** des Richters → Ablehnung von Gerichtspersonen.

**Befehl.** Die Verbindlichkeit eines dienstlichen B. setzt voraus, daß dieser von einem zum Erlaß des B. zuständigen → Vorgesetzten an einen zur Durchführung zuständigen Beamten oder Soldaten erteilt wird, zu amtlichen oder dienstlichen Zwecken ergeht und nicht erkennbar widerrechtlich ist, indem er die Menschenwürde verletzt oder durch das Befolgen eine Straftat begangen würde (vgl. auch § 22 I WStG). S. a. → Gehorsamspflicht, → Weisungsrecht.

**Befehlsbefugnis** → Vorgesetzter, militärischer.

**Beförderung gefährlicher Güter** unterliegt Sondervorschriften: vgl. Ges. vom 6. 8. 1975 (BGBl. I 2121), das für den Eisenbahn-, Straßen-, Wasser- und Luftverkehr gilt, ferner GefahrgutVO Eisenbahn i. d. F. vom 10. 6. 1991 (BGBl. I 1224) mit AusnahmeVO vom 16. 8. 1985 (BGBl. I 1651); für den Straßenverkehr Europ. Übereinkommen vom 30. 9. 1957 (BGes. vom 18. 8. 1969, BGBl. II 1489) sowie VO i. d. F. vom 18. 7. 1995 (BGBl. I 1025) mit AusnahmeVO vom 25. 9. 1985 (BGBl. I 1925); für den Binnenschiffsverkehr vgl. VOen vom 30. 6. 1977 (BGBl. I 1119, 1129) m. Änd. und vom 22. 3. 1978 (BGBl. I 425) m. AusnahmeVO vom 29. 6. 1989 (BGBl. I 1387); für die Seeschiffahrt VO vom 4. 3. 1998 (BGBl. I 419); s. ferner VOen über die Beförderung von TCDD vom 5. 6. 1984 (BGBl. I 756, 757) und vom 7. 1. 1986 (BGBl. I 117).

**Beförderung von Beamten** ist die Verleihung eines anderen Amtes mit höherem Endgrundgehalt, meist verbunden mit der Verleihung einer neuen Amtsbezeichnung. Voraussetzung ist, daß seit der Anstellung oder letzten Beförderung mindestens 1 Jahr verstrichen ist, der Beamte seine Amtspflichten erfüllt hat, den Anforderungen der neuen Stellung gewachsen sein wird (Leistungsprinzip, Leistungsgrundsatz, § 1 BLV, s. a. → Beurteilung) und mehr als 2 Jahre von der → Altersgrenze entfernt ist (vgl. § 12 BLaufbahnVO; Näheres in den Bestimmungen über die → Laufbahn). Auf die B. besteht grundsätzlich *kein Rechtsanspruch.* (Die Vorschriften über die sog. *Regelbeförderung* nach Ablauf bestimmter Dienstzeiten sind außer Kraft.) Unterlassen einer B. kann gegen die → Fürsorgepflicht des → Dienstherrn verstoßen, was der Beamte durch verwaltungsgerichtliche Feststellungsklage klären lassen kann. Auch kann ein Anspruch auf B. aus einer wirksamen Zusicherung erwachsen (s. § 38 VwVfG). Soweit die B. durch Richtlinien (Beförderungsgrundsätze mit dem Charakter von → Verwaltungsvorschriften) mit festen Beförderungszeiten geregelt ist, kann aus Gründen der → Selbstbindung der Verwaltung ein Rechtsanspruch auf B. im Rahmen der vorhandenen Planstellen bestehen.

**Beförderung von Personen** → Beförderungsvertrag, → Fahrgastbeförderung, → Personenbeförderung.

**Beförderungserschleichung** → Erschleichen von Leistungen.

**Beförderungsgefahr** → Versendungskauf.

**Beförderungsmittel (Einziehung von).** Wird ein Kraftfahrzeug oder ein anderes B. zur Begehung einer *vorsätzlichen* Straftat benutzt, so kann es nach § 74 StGB eingezogen werden, *wenn es dem Täter oder einem Teilnehmer* gehört. Dasselbe gilt, wenn das B. zur Tat zwar nicht benutzt worden ist, aber hierzu bestimmt war. Einziehbar ist daher z. B. das zum Auskundschaften einer Einbruchsmöglichkeit (straflose Vorbereitungshandlung!) oder zum Wegbringen der Beute nach der Tat benutzte Kfz. Nach anderen Bestimmungen, z. B. Steuergesetzen (vgl. § 375 II AO), ist die Einziehung der zur Tat benutzten B. aber auch zulässig, wenn sie *weder dem Täter noch einem Teilnehmer gehören,* also z. B. entliehen oder unter Eigentumsvorbehalt erworben sind, wenn aber der Eigentümer leichtfertig zu der strafbaren Verwendung beigetragen oder den Gegenstand in Kenntnis des Einziehungsgrundes in verwerflicher Weise erworben hat (§ 74a StGB). Doch darf die Einziehung nicht außer Verhältnis zur Bedeutung der Tat stehen (wie etwa beim Schmuggel geringfügiger Warenmengen mit einem wertvollen PKW), § 74b StGB. Ist die Benutzung des B. für die Straftat dem Dritten nicht vorzuwerfen, ist er für die Einziehung zu entschädigen (§ 74f StGB). Ähnliches gilt für das Benutzen von B. bei → Ordnungswidrigkeiten oder sog. Mischtatbeständen nach §§ 22ff. OWiG. Über das Verfahren → Einziehung im Strafverfahren.

**Beförderungspflicht** → Personenbeförderung, → Luftfahrtunternehmen.

**Beförderungsvertrag** ist ein → Werkvertrag über die Beförderung von Personen oder Sachen (Gütern). Sondervorschriften bestehen insbes. für die → Personenbeförderung, den → Frachtvertrag, den → Seefrachtvertrag, nach der → Eisenbahn-Verkehrs-Ordnung, dem Güterkraftverkehrsgesetz (§§ 26ff.), dem → Luftverkehrsgesetz und für die → Binnenschiffahrt.

**Befrachter** im Seehandel ist, wer mit dem → Verfrachter den → Seefrachtvertrag abschließt und in dessen Rahmen die Stückgüter befördern oder das gecharterte Schiff, dessen Teil oder Raum, beladen läßt (vgl. § 556 HGB).

**Befreite Vorerbschaft** → Vorerbe.

**Befreite Vormundschaft.** Die Eltern können bei der Benennung eines → Vormunds – z. B. im Testament für den Todesfall – die Bestellung eines → Gegenvormunds ausschließen, den Vormund von gewissen Vorschriften über die Anlegung von → Mündelgeld oder von seiner Verpflichtung zur periodischen Rechnungslegung befreien (§§ 1852ff. BGB). B. V. kraft Gesetzes ist die → Amtsvormundschaft und die → Vereinsvormundschaft.

**Befreiung** → Dispens.

**Befreiung des Schuldners** → Unmöglichkeit der Leistung, Erfüllung, Erlaßvertrag, Schuldübernahme; s. ferner → Hinterlegung, → Aufrechnung. Wer berechtigt ist, Aufwendungsersatz zu verlangen (→ Auftrag), kann, wenn er für den betreffenden Zweck eine Verbindlichkeit eingegangen ist, B. von dieser Verbindlichkeit vom Auftraggeber usw. verlangen (§ 257 BGB).

**Befreiung von der Gerichtsbarkeit** → Exterritorialität.

**Befriedigung des Gläubigers** → Erfüllung, → Schuldverhältnis (Beendigung), → Ablösungsrecht.

**Befristetes Arbeitsverhältnis** → Zeitarbeitsverhältnis.

**Befristung** → Zeitbestimmung.

**Befruchtung, künstliche** → künstliche Fortpflanzung.

**Befugnis** wird insbesondere im → Ordnungsrecht und im → Polizeirecht die gesetzliche Vorschrift bezeichnet, die die → Ordnungsbehörden oder die → Polizei zur Erfüllung ihrer Aufgaben zum Eingriff in die Rechte anderer ermächtigt (→ ordnungsbehördliche Maßnahmen und → polizeiliche Maßnahmen).

**Begabtenförderung** besteht in der Gewährung von Ausbildungsbeihilfen an überdurchschnittlich begabte Schüler und Studenten. Sie ist landesrechtl. geregelt (vgl. z. B. bayer. BegabtenförderungsG i. d. F. vom 20. 12. 1983, GVBl. 1109). I. w. S. fällt hierunter auch die mit öffentl. Mitteln unterstützte Förderung qualifizierter Studenten durch kirchliche und sonstige Stiftungen.

**Begebungsvertrag** ist ein Begriff aus dem → Wertpapierrecht. Man unterscheidet den schuldrechtlichen B., durch den die im Wertpapier verbriefte Verbindlichkeit entsteht, und den sachenrechtlichen B., durch den das im Wertpapier verbriefte Recht wie eine Sache gemäß § 929 BGB übertragen wird.

**Begehungsdelikt.** Im Strafrecht unterscheidet man nach der Art der Tathandlung Begehungs- und Unterlassungsdelikte, je nachdem, ob ein aktives Tätigwerden oder das Unterlassen einer rechtlich gebotenen Handlung mit Strafe bedroht ist. B.e sind z. B. → Diebstahl, → sexuelle Nötigung, Unterlassungsdelikte, z. B. Nichtanzeige von Verbrechen (→ Anzeigepflicht), unterlassene → Hilfeleistung.

**Begehungsort** → Tatort.

**Beglaubigung** (Urkunden) → Form (erfordernisse), 1 b.

**Beglaubigung von Diplomaten (= Akkreditierung).** Während die Entsendung von Mitarbeitern einer diplomatischen Vertretung einseitig dem Entsendestaat obliegt, wird vor der Ernennung eines Missionschefs (Botschafter, Gesandter; → Diplomat) der Empfangsstaat um seine vorherige Zustimmung gebeten (agrément). Wird diese erteilt, wird der Missionschef vom Entsendestaat ernannt und erhält ein Beglaubigungsschreiben, das er nach Ankunft im Empfangsstaat dem Staatsoberhaupt überreicht. Dann erst ist er zur Ausübung seiner Funktionen als Missionschef berechtigt. Gleichwohl billigt ihm das → Völkerrecht schon bei seiner Anreise die → diplomatischen Vorrechte zu.

**Begleitname** → Name der Familie.

**Begleitpapiere** → Frachtvertrag.

**Begnadigung** → Gnadenrecht.

**Begriffsjurisprudenz** als eine Methode der → Rechtsanwendung geht von dem Grundgedanken aus, daß die Rechtsordnung in einem geschlossenen System von Begriffen besteht, das mit den Mitteln der logischen Deduktion ausgelegt wird (→ Laband).

Aus ihr entwickelte sich die *reine Rechtslehre* (Kelsen), die auf der Grundlage mathematischen Denkens die Rechtsanwendung nach der systematisch-deduktiven Methode ausrichtete. Die B. und ebenso die Kelsen'sche Lehre bergen die Gefahr starren Rechtsdenkens in sich, behindern die rechtschöpfende Tätigkeit des Richters (→ Rechtsfortbildung) und können zu untragbaren Ergebnissen führen.

Im Gegensatz dazu hält die *Freirechtslehre* (Ehrlich) den Richter für berechtigt, den Einzelfall frei von der Bindung an generelle Vorschriften nach seinen Besonderheiten zu würdigen und zu entscheiden, um zu einem gerechten Ergebnis zu gelangen (sog. autonome Fallentscheidung); diese Lehre begründet die Gefahr willkürlicher Rechtsanwendung und wird deshalb in der Rspr. nicht mehr befolgt.

Vielmehr sind für diese heute überwiegend Gesichtspunkte der sog. *Interessenjurisprudenz* (→ Jhering, → Heck, → Rümelin) bestimmend. Nach ihr ist der Einzelfall in kasuistisch-empirischer Methode unter Abwägung der Interessengesichtspunkte zu entscheiden, die den Absichten des Gesetzgebers und seinen in den Rechtssätzen niedergelegten Wertungen zugrunde liegen (kausale Faktoren der Rechtsbildung); dabei ist aber auch der besonderen Interessenlage der Beteiligten im Einzelfall Rechnung zu tragen.

**Begründetheit** → Zulässigkeit.

**Begründung von Entscheidungen** der Gerichte ist bei → Urteilen i. d. R. erforderlich (s. aber §§ 313 a, b, 495 a, 543 ZPO; § 267 IV, V StPO; § 77 b OWiG; §§ 117, 130 a, 130 b VwGO, § 105 V FGO; § 136 III, § 153 II SGG); für → Beschlüsse gilt das, soweit sie mit einem → Rechtsmittel anfechtbar sind oder über ein Rechtsmittel entscheiden oder einen Antrag ablehnen (vgl. § 34 StPO, § 25 FGG, § 122 II VwGO, § 113 II FGO, § 142 II, § 153 IV SGG). Für prozessuale Verfügungen des Vorsitzenden oder eines anderen Richters besteht grundsätzlich kein B.szwang. Über die B. von Widerspruchsbescheiden der Verwaltungsbehörden s. § 73 III VwGO, § 85 III

SGG; über Verwaltungsakte der Sozialversicherungsträger s. § 35 SGB (X). Über Bußgeldbescheide s. § 66 OWiG, über Verfügungen der Kartellbehörden § 57 GWB. Die B. muß ersehen lassen, ob die E. auf tatsächlichen oder rechtlichen Erwägungen beruht und welche für sie maßgebend sind; bloße Wiedergabe des Gesetzeswortlauts genügt in aller Regel nicht.

**Begünstigung** ist nach § 257 StGB die *sachliche* B., nämlich die Hilfeleistung in der *Absicht,* einem Straftäter die Vorteile der Tat zu sichern; Die *persönliche* B. wird nach § 258 StGB als → Strafvereitelung verfolgt. Als Vortat der B. genügt eine rechtswidrige tatbestandsmäßige, wenn auch schuldlos begangene Handlung. Die B. wird nach Vollendung der Vortat geleistet, wodurch sie sich von der → Teilnahme unterscheidet; der Teilnehmer der Vortat ist als solcher aber nicht wegen B. strafbar, außer wenn er einen an der Vortat Unbeteiligten zur B. anstiftet.

Straffrei ist die *Selbstbegünstigung* (z. B. das Beseitigen von Tatspuren durch den Täter), auch wenn dadurch zugleich ein anderer begünstigt wird (die Spuren belasten auch einen anderen Täter). Würde der Begünstiger bei Beteiligung an der Vortat nur auf Strafantrag verfolgt werden können (z. B. als Angehöriger des Bestohlenen), so gilt dies auch für die B. Über Gläubiger- und Schuldner-B. → Insolvenzstraftaten.

**Behandlungspflicht.** Wer an einer → Geschlechtskrankheit leidet und dies weiß oder den Umständen nach annehmen muß, ist verpflichtet, sich unverzüglich von einem in Deutschland bestallten oder zugelassenen Arzt untersuchen und bis zur Beseitigung der Ansteckungsgefahr behandeln zu lassen sowie sich den notwendigen Nachuntersuchungen zu unterziehen. Er muß sich in ein geeignetes Krankenhaus begeben, wenn das → Gesundheitsamt dies anordnet, weil er sich der ordnungsgemäßen Durchführung der Behandlung entzogen hat oder die Einweisung zur Verhütung der Ansteckung erforderlich ist (vgl. § 3 des Ges. zur Bekämpfung der Geschlechtskrankheiten vom 23. 7. 1953, BGBl. I 700) m. Änd.

**Behandlungsvertrag** (Arztvertrag) → Werkvertrag (1).

**Behauptungslast** bedeutet, daß jede Partei im Prozeß, soweit der → Verhandlungsgrundsatz gilt, die Tatsachen behaupten muß, welche die Anwendung einer für sie günstigen → Rechtsnorm durch das Gericht begründen sollen. Die B. deckt sich mit der → Beweislast.

**Behelfsheime** (Behelfsbaracken) → Bestandteil.

**Beherbergungsbetrieb** ist eine → Gaststätte, in der Gäste mit oder ohne Verpflegung beherbergt werden (§ 1 I Nr. 3 GastG). Unter den Begriff fällt auch die private Zimmervermietung (Ausnahme von der Erlaubnispflicht: Betriebe für weniger als 8 Gäste, § 2 IV GastG).

**Beherbergungsvertrag** → Gastwirtshaftung.

**Beherrschungsvertrag** ist ein → Unternehmensvertrag, durch den eine → Aktiengesellschaft oder → Kommanditgesellschaft auf Aktien die Leitung ihrer Gesellschaft einem anderen → Unternehmen unterstellt (§ 291 AktG). Der B. wird meistens im Rahmen eines Unterordnungskonzerns (→ Konzern) abgeschlossen (§ 18 I AktG). Bei einem Gleichordnungskonzern und zwischen den untergeordneten Konzernunternehmen besteht kein B. (§ 291 II AktG).

**Behinderte** *Sozialrecht:* → Eingliederungshilfe für Behinderte; über Arbeits- und Berufsförderung für B. → Bundesanstalt für Arbeit; ferner → Berufsförderung (in der sozialen Rentenversicherung), → Berufshilfe (in der Unfallversicherung), → Rehabilitationsmaßnahmen, → Ausbildungszuschüsse. Vgl. auch Ges. über die Sozialversicherung Behinderter vom 7. 5. 1975 (BGBl. I 1061) m. spät. Änd. und → Schwerbehinderter.

*Steuerrecht:* → Belastungen, außergewöhnliche 2 e: B.-Pauschbetrag.

**Behinderung im Straßenverkehr.** Nach der Grundregel in § 1 II StVO hat jeder Teilnehmer an dem in Bewegung befindlichen Verkehr sich so zu verhalten, daß andere nicht mehr behindert werden, als nach den Umständen unvermeidbar. Darüber hinaus gelten Sondervorschriften gegen B., so nach § 3 II StVO gegen unangebrachtes Langsamfahren, nach § 12 StVO für → Halten und → Parken, nach § 14 II StVO für Vorkehrungen gegen Verkehrsstörungen beim Verlassen eines Fz. Das allgemeine Behinderungsverbot des § 1 trifft alle → Verkehrsteilnehmer, z. B. Fußgänger, die sich einem Fz. in den Weg stellen, nicht verkehrsbedingtes Halten eines Fz. auf einer Kreuzung usw. Ahndung der B. als → Ordnungswidrigkeit (§ 49 StVO) setzt bei Zuwiderhandlungen gegen § 1 II StVO eine *konkrete* B. anderer voraus (anders bei Verletzung der übrigen o. a. Vorschriften). Eine stärkere Form der Behinderung ist das → Hindernisbereiten im Straßenverkehr; s. a. → Belästigung im Straßenverkehr.

**Behinderung von Parlamentariern** → Parlamentsnötigung.

**Behörden** sind allgemein in den Organismus der Verwaltung des Staates (oder anderer Körperschaften und Anstalten des öffentl. Rechts) eingeordnete organisatorische Einheiten von Personen und sächlichen Mitteln, die – mit einer gewissen Selbständigkeit ausgestattet – dazu berufen sind, unter öffentl. Autorität für die Erreichung der Zwecke des Staates oder von ihm geförderter Zwecke tätig zu sein (vgl. BVerfGE 10, 48). Nach § 1 IV VwVfG ist B. im Sinne dieses Gesetzes jede Stelle, die Aufgaben der öffentl. Verwaltung wahrnimmt. Dieser Begriff ist bewußt weit gefaßt, um möglichst umfassende Rechtskontrolle zu gewährleisten. Er sieht von organisationsrechtlichen Erfordernissen ab, so daß auch Personen des Privatrechts darunter fallen können, soweit sie öff.-rechtlich tätig werden (z. B. → beliehene Unternehmer, u. U. auch Privatschulen). Keine B. sind die Träger der öffentlichen Verwaltung, also der Staat oder die sonstige juristische Person selbst (sie sind keine B., sondern haben B.); ebensowenig die Volksvertretungen als solche (aber ihre Verwaltung) und die Gerichte als solche (sie haben aber Verwaltungsabteilungen, die insoweit B. gleichstehen). Die B. ist eine personelle und sachliche Gesamtheit; B. „abteilungen" sind selbst keine B. Die Behördenorganisation (→ Verwaltungsbehörden – Aufbau) ist zumeist durch Gesetz oder RechtsVO geregelt, in geringerem Umfang durch → Verwaltungs(Organisations)vorschriften.

**Behördenbetreuung** → Betreuung.

**Behördenorganisation** → Verwaltungsbehörden (Aufbau); → Behörden.

**Beibehaltungswahlrecht** → Abschreibung.

**Beibringungsgrundsatz** → Verhandlungsgrundsatz.

**Beichtgeheimnis** → Geistliche.

**Beifahrer** sind Personen, die einen Kraftfahrer zu seiner Ablösung oder zur Vornahme von Lade- und Hilfsarbeiten nicht nur gelegentlich begleiten. Über die Arbeitszeitregelung s. → Kraftfahrer.

Den B. eines Fahrzeugs, insbes. eines Lkw, Lieferwagens usw., kann als → Verkehrsteilnehmer nach § 1 StVO selbständig die Pflicht treffen, sich so zu verhalten, daß andere nicht gefährdet, geschädigt oder unnötig behindert oder belästigt werden. Dies jedenfalls dann, wenn er nicht nur Insasse des Fz ist, sondern auf die Tätigkeit des Fahrers unmittelbar unterstützend einwirkt; aus dem Arbeitsverhältnis ergibt sich i. d. R. die Pflicht hierzu z. B. durch Beobachten des Verkehrs usw. Der B. kann dann für Verkehrsverstöße neben dem Fahrer zivil- und strafrechtlich verantwortlich sein. Zum Verlust des Unfallversicherungsschutzes bei 2‰ Blutalkoholgehalt s. BGH NJW 1976, 801. S. a. → Soziusfahrer.

**Beigeladene** → Beteiligter, → Beiladung.

**Beigeordneter** ist in einigen Ländern die Bezeichnung für einen kommunalen → Wahlbeamten als Leiter eines Teiles der Stadtverwaltung (Gemeindeverwaltung; → Gemeindeverfassung, 4). Vgl. → Berufsmäßiger Stadtrat.

**Beihilfe.** Als Gehilfe wird bestraft, wer dem Täter vorsätzlich zur Begehung einer vorsätzlichen rechtswidrigen Tat Hilfe geleistet hat (§ 27 StGB). Der Gehilfe muß die Haupttat wollen; es genügt Hilfeleistung bei einer vorbereitenden Handlung. Die Haupttat muß mindestens versucht worden sein; nach ihrer Beendigung ist keine B., sondern nur noch → Begünstigung oder → Strafvereitelung möglich. Nach dem Grundsatz der limitierten → Akzessorietät genügt es, wenn die Haupttat tatbestandsmäßig und rechtswidrig ist; Schuldlosigkeit des Haupttäters befreit den Gehilfen nicht von Strafe. Der Unterschied zwischen B. und → Mittäterschaft wird meist darin gesehen, daß der Gehilfe eine *fremde Tat fördern,* der Mittäter sie dagegen als eigene begehen will (sog. subjektive Theorie, animus-Formel; s. → animus auctoris/socii). Die Rspr. hat zeitweise als maßgebend angesehen, wer die *äußere Tatherrschaft* gehabt, dann wieder, ob der Tatbeteiligte den *Willen zur Tatherrschaft* besessen hat. Sie bewertet die Frage im Ergebnis auf Grund aller von der Vorstellung der Beteiligten umfaßten Umstände. Die Einzelfallentscheidung, daß selbst derjenige Gehilfe ist, der die volle Tatherrschaft gehabt, aber seinen Willen einem anderen oder einer Organisation voll unterworfen hat (Fall Stachynskij, BGHSt. 18, 87) dürfte durch die Rspr. zum → mittelbaren Täter überholt sein. Tritt der Gehilfe erst nach Beginn der Tathandlung hinzu *(sukzessive B.),* so ist er für den vorhergehenden Teil mitverantwortlich, wenn er in Kenntnis dessen die Haupttat fördert. Für einen *Exzeß* des Haupttäters ist der Gehilfe nicht verantwortlich, sondern nur für die Tat in dem Umfang, in dem er sie fördern will. Die *Strafe* des Gehilfen bestimmt sich nach dem Gesetz, das auf die Haupttat anzuwenden ist, ist jedoch nach § 49 I StGB zu mildern. Bei → Ordnungswidrigkeiten gilt der Begriff der → Beteiligung.

**Beihilfen für Beamte** und Angestellte des öffentlichen Dienstes sind ein den Eigenarten dieses Bereichs angeglichenes Sozialsystem, das für Beamte in seinen sozialen und wirtschaftlichen Auswirkungen dem → Arbeitgeberanteil zur → Sozialversicherung entspricht. Die Aufwendungen für B. sind insgesamt allerdings niedriger als sie für entsprechende Arbeitgeberbeiträge wären. Der Anspruch auf B. ergibt sich für Beamte aus der → Fürsorgepflicht des Dienstherrn. Die Regelung im einzelnen findet sich in den Beihilfevorschriften (→ Verwaltungsvorschrift) des Bundes und in den praktisch übereinstimmenden Vorschriften der Länder (BhV des Bundes i. d. F. vom 19. 4. 1985, GMBl. 290, 308, in Kraft seit 1. 10. 1985, abgedr. mit allen landesrechtlichen Sonderregelungen b. Piller/Hermann, Justizverwaltungsvorschriften, Nr. 11).

**Beihilfen (europ. Gemeinschaftsrecht)** → Subventionswesen, europ.

**Beiladung.** Im → Verwaltungsstreitverfahren kann das Gericht, solange das Verfahren noch bei ihm anhängig ist, von Amts wegen oder auf Antrag andere beiladen, deren rechtliche Interessen durch die Entscheidung berührt werden (§ 65 VwGO). Sind an dem streitigen Rechtsverhältnis Dritte derart beteiligt, daß die Entscheidung auch ihnen gegenüber nur einheitlich ergehen kann, so müssen sie beigeladen werden (notwendige B.). Der B.sbeschluß ist allen Beteiligten zuzustellen. Dabei sollen der Stand der Sache und der Grund der B. angegeben werden. Die B. ist unanfechtbar. Der Beigeladene kann innerhalb der Anträge eines Beteiligten selbständig Angriffs- und Verteidigungsmittel geltend machen und alle Verfahrenshandlungen wirksam vornehmen. Abweichende Sachanträge kann er nur stellen, wenn eine notwendige B. vorliegt. Entsprechendes gilt im Finanzgerichtsverfahren (§ 60, § 60 a FGO).

**Beischlaf** zwischen Verwandten → Blutschande; Nötigung zum B. → sexuelle Nötigung. S. a. → sexueller Mißbrauch Jugendlicher, → Beiwohnung.

**Beischreibung in Personenstandsbüchern** (Nachschreibung, Berichtigung) → Personenstandsbücher, Standesbeamter.

**Beisitzer** nennt man bei einem Kollegialgericht die Richter, die nicht Vorsitzender sind. Bei der → Abstimmung haben die Beisitzer gleiches Stimmrecht wie der Vorsitzende. Das gilt sowohl für richterliche B. (Berufsrichter) wie für beisitzende → ehrenamtliche Richter.

**Beistand.** 1. Im *Familienrecht:* Die frühere (obligatorische) gesetzliche → Amtspflegschaft zur Unterstützung von Müttern nichtehelicher Kinder ist durch eine neu geordnete, freiwillige (vgl. § 52a SGB VIII) Beistandschaft ersetzt worden. Danach wird auf schriftlichen Antrag eines sorgeberechtigten Elternteils, der auch schon vor der Geburt des Kindes zulässig ist, das → Jugendamt (§ 55 SGB VIII; nach Landesrecht auch ein freier Träger, Art. 144 EGBGB, → Vereinsvormundschaft) mit Eingang des Antrags B. des (im Inland lebenden) Kindes (§§ 1712f., 1717 BGB). Dem B. obliegt die Feststellung der Vaterschaft (→ Abstammung, 2c) und die Geltendmachung von Unterhaltsansprüchen des Kindes. Durch die Beistandschaft wird die → elterliche Sorge nicht eingeschränkt; nur die Vertretung des Kindes durch den sorgeberechtigten Elternteil ist in einem von dem B. geführten Rechtsstreit ausgeschlossen (§ 53a ZPO). Im übrigen gelten die Vorschriften über die → Pflegschaft weitgehend sinngemäß (§ 1716 BGB). Die Beistandschaft endet, wenn dies der Antragsteller schriftlich verlangt oder mit dem Wegfall seines Sorgerechts (§ 1715 BGB), sonst mit Aufgabenerfüllung.

2. Im *Prozeßrecht* ist der B. eine von der Partei (oder dem Beteiligten) hinzugezogene Person, die in der Verhandlung neben ihr und ihrem Prozeßbevollmächtigten auftritt und das Wort ergreifen kann. Der B. ist nicht Bevollmächtigter; er muß prozeßfähig sein. Er ist in allen Verfahrensordnungen vorgesehen (§ 90 ZPO, § 67 VwGO, § 62 I FGO, § 73 V, VI SGG, § 13 FGG). Im *Strafverfahren* ist der Ehegatte oder der gesetzliche Vertreter des Angeklagten in der Hauptverhandlung als B. zuzulassen und auf sein Verlangen zur Sache zu hören; er muß von Ort und Zeit der Verhandlung rechtzeitig benachrichtigt werden, falls er die Zulassung beantragt hat. Im → Ermittlungsverfahren besteht hierauf kein Anspruch; es entscheidet richterliches Ermessen (§ 149 StPO). Der Zeuge, der Nebenkläger und der Verletzte können sich im Strafverfahren eines Rechtsanwalts als B. bedienen, der unter bestimmten Voraussetzungen vom Gericht bestellt wird (§§ 68b, 397a, 406f StPO); der Verletzte kann bei seiner Vernehmung auch eine andere Person seines Vertrauens hinzuziehen. Im Verfahren vor dem *Jugendgericht* kann der Vorsitzende dem Beschuldigten einen B. bestellen, insbes. den Erziehungsberechtigten oder gesetzlichen Vertreter, falls dies nicht für die Erziehung des Beschuldigten nachteilig ist (§ 69 JGG).

3. Über den B. im *Besteuerungsverfahren* vgl. § 80 AO und §§ 2ff. StBerG.

4. Vom B. zu unterscheiden ist der berufliche → Rechtsbeistand.

**Beistandschaft** → Beistand (1).

**Beiträge (öffentliche)** sind eine Unterart der öffentlichen → Abgaben. Man versteht darunter Geldleistungen, die dem einzelnen im Hinblick auf eine besondere Gegenleistung des Beitragsberechtigten auferlegt werden, nämlich dafür, daß ihm die Möglichkeit der Benutzung besonderer Einrichtungen oder der Ausnutzung besonderer Vorteile zur Verfügung gestellt wird (Vorzugslasten). Voraussetzung ist deshalb die Nutzungsmöglichkeit; entsprechend dieser sind daher ggf. die Beitragssätze zu staffeln. Ob der Beitragspflichtige von der Nutzungsmöglichkeit Gebrauch macht, ist unerheblich. Praktisch sehr bedeutsame B. sind z. B. die sog. Anliegerbeiträge, die als Erschließungsbeiträge im Baugesetzbuch geregelt sind (vgl. → Erschließung).

**Beitragsbemessungsgrenze** in der → Sozialversicherung ist der Bruttohöchstbetrag, bis zu dem die Entgelte zur Beitragsleistung herangezogen werden. Die B. beträgt in der → Krankenversicherung kalendertäglich ein Dreihundertsechzigstel der Jahresarbeitsentgeltgrenze; diese wiederum entspricht 75 v. H. der in der Rentenversicherung geltenden B. In der → Rentenversicherung wird die B. jährlich durch das BMin. für Arbeit und Sozialordnung bekanntgemacht. Für die → Arbeitsförderung bzw. die Arbeitslosenversicherung gilt die gleiche B. (dort: Beitragsbemessungsgrundlage) wie für die Rentenversicherung. § 341 SGB III, § 223 III SGB V, § 159 SGB VI.

**Beitragserstattung** wird in der sozialen → Rentenversicherung gewährt: auf Antrag eines Versicherten, wenn die Versicherungspflicht in allen Zweigen der Rentenversicherung entfällt, ohne daß das Recht zur → freiwilligen Versicherung besteht; wenn bei Vollendung des 65. Lebensjahres die allgemeine

→ Wartezeit nicht erfüllt ist; auf Antrag der Witwe (des Witwers, der Waise), wenn die Wartezeit für die Hinterbliebenenrente nicht erfüllt ist, Halbwaisen aber nur, wenn eine Witwe oder ein Witwer nicht vorhanden ist. In allen Fällen wird die Hälfte der für die Zeit nach dem 20. 6. 1948 (in Berlin nach dem 24. 6. 1948, im Saarland nach dem 11. 9. 1947) entrichteten Beiträge erstattet, in der → Höherversicherung der ganze Beitrag. Beiträge in den neuen Ländern werden nur erstattet, wenn sie nach dem 30. 6. 1990 gezahlt worden sind. Zu Unrecht entrichtete Beiträge sind ebenfalls zu erstatten. Wurde eine Regelleistung gewährt, so können nur die nachher entrichteten Beiträge erstattet werden. Bei B. entfallen alle Ansprüche aus den erstatteten Beiträgen. § 26 SGB IV, §§ 210, 211 SGB VI.

**Beitragsfreie Zeiten** sind in der → Rentenversicherung Zeiten ohne Beitragsleistung, die dennoch zur Erfüllung der Anspruchsvoraussetzungen für die Inanspruchnahme einer Rente oder zu einer Erhöhung der Rente führen können. Es handelt sich dabei um → Anrechnungszeiten und → Zurechnungszeiten sowie um → Ersatzzeiten (§ 54 IV SGB VI).

**Beitragsgeminderte Zeiten** sind in der gesetzlichen → Rentenversicherung Kalendermonate, die sowohl mit Beitragszeiten als auch mit → Anrechnungszeiten, einer → Zurechnungszeit oder → Ersatzzeiten belegt sind (§ 54 III SGB VI).

**Beitragszeiten** sind in der gesetzlichen → Rentenversicherung Zeiten mit vollwertigen Beiträgen, → beitragsgeminderte Zeiten, → beitragsfreie Zeiten und → Berücksichtigungszeiten (§ 54 I SGB VI).

**Beitreibung.** 1. *Privatrechtliche Forderungen* werden grundsätzlich in der → Zwangsvollstreckung nach den Vorschriften der ZPO beigetrieben.

2. *Öffentlich-rechtliche Geldforderungen* werden nach den → Verwaltungsvollstreckungsgesetzen des Bundes und der Länder vollstreckt, soweit nicht Vorschriften der Abgabenordnung (s. u. 3), des → Sozialversicherungsrechts oder der → Justizbeitreibungsordnung eingreifen. Die Vollstreckung wird durch eine Vollstreckungsanordnung eingeleitet; eines → Vollstreckungstitels bedarf es nicht. Neben den allgemeinen Vollstreckungsvoraussetzungen ist grundsätzlich erforderlich ein Leistungsbescheid, die Fälligkeit der Leistung, der Ablauf einer gewissen Frist nach Bekanntgabe des Bescheids oder nach Fälligkeit oder nach Fristsetzung durch Mahnung (vgl. für das Bundesrecht §§ 1–5 des Verwaltungs-VollstreckungsG vom 27. 4. 1953, BGBl. I 157 m. Änd.; das Landesrecht enthält entspr. Regelungen). Die Zuständigkeit der Vollstreckungsbehörden bestimmt sich jeweils danach, ob es sich um Geldforderungen des Bundes, der Länder oder sonstiger → juristischer Personen des öffentlichen Rechts handelt. Ist zu Unrecht vollstreckt worden, so besteht grundsätzlich ein Erstattungsanspruch (Rückzahlung des Betrages); u. U. kommen auch Schadensersatzansprüche aus → Amtspflichtverletzung in Betracht. S. a. → Justizbeitreibungsordnung.

3. Zur B. (Vollstreckung) von Ansprüchen nach *Steuergesetzen* vgl. §§ 249 ff. AO und §§ 150 ff. FGO; → Vollstreckung von Steueransprüchen.

4. Die Vollstreckung von *Vermögensstrafen* i. w. S. – insbes. Geldstrafen, aber auch z. B. Einziehung – richtet sich gemäß § 459 StPO nach den Justizbeitreibungsvorschriften, soweit nicht prozessuale Sonderbestimmungen (z. B. über Einwendungen, Zahlungserleichterungen, Fristen usw.; §§ 458, 459 a ff. StPO) eingreifen. Die Einforderungs- und BeitreibungsAO – EBAO – vom 20. 11. 1974 (BAnz. Nr. 230) m. Änd., die sich auch auf gerichtlich erkannte Geldbußen, Nebenfolgen, Ordnungs- und Zwangsgeld erstreckt, regelt das Verfahren der Vollstreckungsbehörde. Weitere Verwaltungsvorschriften über die Vollstreckung von Geldstrafen und – bei Nichtzahlung – von Ersatzfreiheitsstrafen enthalten die §§ 48 ff. der StrafvollstreckungsO vom 15. 2. 1956 (BAnz. Nr. 42), m. Änd. Sie betreffen Geld-, Ordnungs-, Wertersatzstrafen, Verfallbeträge u. dgl. Über die Vollstreckung von Bußgeldentscheidungen vgl. §§ 89 ff. OWiG; für solche der Verwaltungsbehörden gelten die → Verwaltungs-Vollstreckungsgesetze. *Gerichtskosten* werden nach der EBAO miteinge-

zogen, sonst ebenso wie *Justizverwaltungsabgaben* nach der → Justizbeitreibungsordnung.

5. In der → Sozialversicherung richtet sich die B. von → Rückständen (z. B. Beitragsforderungen, Säumniszuschläge, Geldstrafen) im Verwaltungsverfahren nach den landesrechtlichen Vorschriften über das Verwaltungsvollstreckungsverfahren (§ 66 SGB X). Grundlage der B. sind Bescheide der Versicherungsträger. Die Behörden sind den Versicherungsträgern gegenüber zur Vollstreckungshilfe verpflichtet.

**Beitritt** gem. dem früheren Art. 23 GG → Wiedervereinigung. B. zu einem → Verein, einer → Genossenschaft, zum Verfahren → Nebenintervention, → Beteiligter, → Nebenklage; eines Gesellschafters → Gesellschaft des bürgerlichen Rechts, → offene Handelsgesellschaft (6).

**Beitrittsgebiet** sind die Teile Deutschlands, die bei der → Wiedervereinigung der Bundesrepublik Deutschland beigetreten sind (→ Abschließende Regelung in bezug auf Deutschland; → Einigungsvertrag). Das B. entspricht der ehemaligen → Deutschen Demokratischen Republik.

**Beiwagen** von *Krafträdern* dürfen nur in einer amtlich genehmigten Bauart ausgeführt werden; Kraftrad und B. müssen seitliche Begrenzungsleuchten haben (§ 22a I Nr. 24, § 51 I StVZO). Die → Fahrerlaubnis Kl. A für Kraftzweiräder gilt auch für solche mit B. Bei *Fahrrädern* müssen B. rote Rückstrahler haben (§ 67 IV 4 StVZO).

**Beiwohnung** ist der normale Geschlechtsverkehr durch Vereinigung der Geschlechtsteile. Wegen der bürgerlichrechtlichen Folgen → Abstammung (2c, Beiwohnungsvermutung). Strafrechtlich → Beischlaf.

**Beiwohnungsvermutung** → Abstammung (2 c).

**Bekanntgabe der Verurteilung.** Bei → Beleidigung und falscher → Verdächtigung kann das Gericht die B. d. V. anordnen (§ 200 StGB). Voraussetzung ist, daß die Tat öffentlich oder durch Verbreiten von → Schriften oder ihnen gleichstehende Darstellungen begangen worden ist und der Verletzte die B. beantragt. Gegen einen Jugendlichen kann die B. nicht angeordnet werden (§ 6 I 2 JGG). Art und Umfang der B. (z. B. Aushang) bestimmt das Gericht; sie ist, wenn die Tat durch Veröffentlichung in einer Zeitung usw. begangen worden ist, in diese aufzunehmen (§§ 103, 165, 200 StGB). Entsprechendes gilt nach § 23 UWG bei Bestrafung wegen → geschäftlicher Verleumdung. Das weitere Verfahren richtet sich nach § 463c StPO; die B. erfolgt nur auf besonderes Verlangen des Antragstellers und ist ggf. mittels Zwangsgeldes oder Zwangshaft durchzusetzen. Bei Aufnahmeverweigerung ist der verantwortliche Redakteur u. U. nach landespresserechtlicher Vorschrift wegen einer → Ordnungswidrigkeit verfolgbar.

**Bekanntgabe von Verwaltungsakten.** → Verwaltungsakte bedürfen der Bekanntgabe gegenüber dem Betroffenen (vgl. § 41 VwVfG). In besonderen Fällen ist → Zustellung erforderlich. Für das Besteuerungsverfahren → Steuerbescheid.

**Bekanntmachung.** Als B. werden gewisse Arten von → Verwaltungsvorschriften bezeichnet. Obwohl sie sich teilweise an die Bevölkerung wenden und zu diesem Zweck veröffentlicht werden (z. B. in Amtsblättern oder durch Aushang), sind sie keine Rechtssätze und begründen daher aus sich heraus für den einzelnen Bürger keine Rechte oder Pflichten. Allerdings geben sie häufig den Inhalt (verbindlicher) Rechtsvorschriften wieder oder erläutern diese. Durch ständige Anwendung können sie zu einer Selbstbindung des → Ermessens der Verwaltungsbehörde führen.

**Bekanntmachung von Rechtsvorschriften** → Verkündung von R.

**Bekanntmachungsbefugnis** → Bekanntgabe der Verurteilung.

**Bekenntnis, religiöses** → Bekenntnisfreiheit, → Bekenntnisschulen; zur Bestimmung des r. B. eines Kindes → Personensorge.

**Bekenntnisfreiheit.** Neben der Freiheit des Glaubens und des Gewissens erklärt Art. 4 I GG die Freiheit des religiösen und weltanschaulichen Bekenntnisses für unverletzlich. Ausfluß der B.

ist damit auch die freie → Religionsausübung. Während die → Glaubens- und Gewissensfreiheit die Bildung und Verwirklichung der inneren Überzeugung und sittlichen Wertvorstellungen schützt, betrifft die auf ihr beruhende Bekenntnisfreiheit die Kundgabe der Glaubens- und Gewissensentscheidungen. Schon aus der Garantie der Glaubens- und Gewissensfreiheit ergibt sich das Recht, auszusprechen und zu verschweigen, was man glaubt, oder nicht glaubt, also auch das Recht, seine religiöse Überzeugung (auch glaubensfeindlicher Art) zu verschweigen. Mit der ausdrücklichen Garantie der Freiheit des religiösen und weltanschaulichen Bekenntnisses ist dieses Recht besonders hervorgehoben. Es wird zudem durch Art. 136 II, III WV., der gemäß Art. 140 GG Bestandteil des Grundgesetzes ist, noch besonders geschützt. Danach ist niemand verpflichtet, seine religiöse Überzeugung zu offenbaren. Die Behörden dürfen nur dann nach der Zugehörigkeit zu einer Religionsgemeinschaft fragen, wenn davon Rechte und Pflichten (z. B. steuerliche) abhängen, außerdem zu Zwecken der Statistik. Der Genuß bürgerlicher und staatsbürgerlicher Rechte sowie die Zulassung zu den öffentlichen Ämtern dürfen vom religiösen Bekenntnis nicht abhängig sein (Art. 33 III GG). Das Grundrecht der B. steht unter keinem Gesetzesvorbehalt, doch gelten auch hier die → immanenten Schranken.

**Bekenntnisschulen** (Konfessionsschulen) waren Schulen, an denen Kinder aus bestimmten Bekenntnissen nach deren Grundsätzen erzogen und unterrichtet werden. Sie stehen damit in Gegensatz zu den christlichen und weltlichen → Gemeinschaftsschulen, in denen nach christlichen Grundsätzen bzw. ohne jeden Einfluß von Religionsgemeinschaften unterrichtet wird. Die Frage, ob und unter welchen Voraussetzungen B. zu errichten sind, hat der Landesgesetzgeber zu entscheiden. Inzwischen ist die B. zu Gunsten der christl. Gemeinschaftsschule fast völlig zurückgetreten. Zum Teil ist innerhalb von Gemeinschaftsschulen die Bildung von Bekenntnis *klassen* vorgesehen (vgl. z. B. Art. 7 Abs. 2 Bay. Ges. über das Erziehungs- und Unterrichtswesen i. d. F. der Bekanntmachung vom 7. 7. 1994 (GVBl. 689, 1024 und GVBl. 1995, 98 und 148).

**Beklagter** → Klage.

**Beladen von Fahrzeugen** → Ladegeschäft.

**Belästigung der Allgemeinheit** durch eine *grob ungehörige Handlung* ist → Ordnungswidrigkeit nach § 118 OWiG, wenn sie geeignet ist, die öffentliche Ordnung zu beeinträchtigen. Die Handlung muß geeignet sein, eine unbestimmte Personenmehrheit unmittelbar zu belästigen. Gleichgestellt ist eine *Gefährdung* der Allgemeinheit. Die Beeinträchtigung der öffentlichen Ordnung kann z. B. in grundlosem Alarmieren von Polizei oder Feuerwehr, Verkehrsbehinderung, Störung erlaubter Filmvorführung liegen. Der Vorsatz des Täters muß die Ungehörigkeit ebenso wie die Eignung zur B. oder Gefährdung und zur Beeinträchtigung der öff. Ordnung umfassen.

Sonderfall der B. d. A. sind bestimmte *grob anstößige oder belästigende Handlungen auf sexuellem Gebiet* (§ 119 OWiG). Bußgeldbedroht ist das in dieser Art öffentlich oder durch Verbreiten von → Schriften oder anderen Darstellungen oder durch öffentliches Zugänglichmachen von Datenspeichern erfolgende Anbieten, Ankündigen oder Anpreisen von Gelegenheit zu sexuellen Handlungen sowie von Mitteln oder Gegenständen, die dem sexuellen Gebrauch dienen (Reizmittel u. dgl.). Ordnungswidrig ist ferner das öffentliche Zugänglichmachen (Ausstellen, Vorführen usw.) von Schriften, Darstellungen usw. sexuellen Inhalts (also nicht nur pornographischen) an Orten, an denen dies grob anstößig wirkt; das ist beim Laden- oder Kioskverkauf an sich noch nicht der Fall, wohl aber bei öffentlicher aufdringlicher Werbung.

**Belästigung im Straßenverkehr.** Jeder → Verkehrsteilnehmer muß sich im öffentlichen Straßenverkehr so verhalten, daß andere nicht mehr belästigt werden, als nach den Umständen unvermeidbar (§ 1 StVO). Die mit dem Verkehr notwendigerweise verbundenen Geräusche insbes. von Fz. müssen dagegen hingenommen werden, so das (nicht übermäßige) Motorengeräusch usw. Verboten ist die unnötige oder übermäßige Abgabe von → Warnzeichen, z. B. vor dem Überholen, unnötiges Laufenlassen von Motoren, übermäßig lautes Schließen von Wagentüren, unnützes Hin- und Herfahren in geschlossenen Ortschaften, das andere belästigt, sowie jedes unnötige Lärmen bei der Fz.benutzung (§ 30 I StVO). Verboten ist auch die B. der Verkehrsteilnehmer durch Lautsprecher, Anbieten von Waren sowie außerhalb geschlossener Ortschaften Werbung durch Bild, Schrift, Licht oder Ton (§ 33 I StVO). Zuwiderhandlungen sind → Ordnungswidrigkeiten nach § 49 StVO. Eine stärkere Form der B. ist die → Behinderung im Straßenverkehr.

**Belästigung von Nachbarn** → Immissionen, → Nachbarrecht, → Lärmbekämpfung.

**Belastung eines Grundstücks** → Grundstücksrechte.

**Belastung von Kraftfahrzeugen.** Das in § 34 StVZO für Kfz zugelassene Höchstgewicht bemißt sich nach der *Achslast* (d. i. die Gesamtlast, die von den Rädern einer Achse auf die Fahrbahn übertragen wird) und nach dem *Gesamtgewicht* (von Fahrzeug und Ladung). So darf z. B. bei luftbereiften Kfz und Anhängern die Achslast der Einzelachse 10,0 t, das Gesamtgewicht bei Einzelfahrzeugen mit nicht mehr als 2 Achsen 18,0 t nicht übersteigen. Für Gelenkfahrzeugomnibusse, Sattelkraftfahrzeuge, Züge und Gleiskettenfahrzeuge gelten Sondervorschriften. S. a. → Überladung.

**Belastung, zumutbare** → Belastungen, außergewöhnliche.

**Belastungen, außergewöhnliche** sind 1. → Lebensführungskosten, die auf Antrag bei der → Einkommen- (Lohn-) steuer vom Gesamtbetrag der Einkünfte abgezogen werden (z. B. Krankheit, Sanatoriumsaufenthalt, Beerdigungskosten, Unterhaltsleistungen, z. B. Zahlung ins Ausland (BMF 15. 9. 1997 BStBl. I 97, 826; zur Abgrenzung Lebensunterhalt – Krankheit BMF BStBl. I 1995, 182). Ab 1996 sind Unterhaltsleistungen grundsätzlich nur noch bei gesetzlicher Unterhaltspflicht absetzbar. Die Aufwendungen müssen *größer* sein, als sie der überwiegenden Mehrzahl der Stpfl. gleichen Einkommens, Vermögens und Familienstands erwachsen, und *zwangsläufig* entstehen, d. h. der Stpfl. kann sich ihnen aus rechtl., tatsächl. oder sittl. Gründen nicht entziehen, und sie müssen notwendig und angemessen sein (§ 33 I u. II EStG).

Hierbei sind die Aufwendungen um die zumutbare Belastung (§ 33 III EStG) zu kürzen; sie beträgt 1–7% des Gesamtbetrags der Einkünfte. Erforderlich ist eine Belastung des *Einkommens,* nicht des Vermögens. Der BFH verneint a. B., wenn Aufwendungen zu einem Gegenwert führen *(Gegenwerttheorie),* ausgenommen im Katastrophenfall.

2. Bei Alleinerziehenden (→ Halbfamilie, steuerlich) und Ehen, bei denen ein Ehegatte behindert oder mind. 3 Mon. erkrankt ist, werden im Rahmen der a. B. → Kinderbetreuungskosten berücksichtigt.

3. In 7 *Sonderfällen*, die dem Abzug nach § 33 EStG grundsätzlich vorgehen, entfällt eine Berücksichtigung der zumutbaren Belastung: a) wenn der Stpfl. Unterhalt zahlt und weder er noch eine andere Person Anspruch auf einen Kinderfreibetrag oder Kindergeld hat (→ Familienleistungsausgleich) hat: bis 12 000 DM für unterhaltene Personen (§ 33 a I EStG). Eigene Einkünfte und Bezüge sind bis 1200 DM unschädlich; Ausbildungsbeihilfen usw. sind voll anzurechnen. b) *Ausbildungsfreibeträge* für Kinder (§ 33 a II EStG), für die der Stpfl. einen → Kinderfreibetrag oder → Kindergeld erhält wenn das 18. Lebensjahr noch nicht vollendet: 1800 DM, falls auswärtig untergebracht; wenn das 18. Lebensjahr vollendet: 2400 DM, falls im Haushalt des Stpfl., und 4200 DM, falls auswärtig untergebracht. Soweit die eigenen Einkünfte und Bezüge des Kindes 3600 DM übersteigen, wird der Ausbildungsfreibetrag um den übersteigenden Betrag gekürzt. Ausbildungshilfen aus öffentlichen Mitteln (z. B. BAföG) oder Zuschußleistungen öffentlich geförderter Förderungseinrichtungen werden stets in voller Höhe angerechnet. Wird das 18. Lebensjahr erst während des Kalenderjahrs vollendet, werden die Ausbildungsfreibeträge gezwölftelt; angefangene Monate zählen voll (§ 33 a IV EStG). c) Für

eine *Hilfe im Haushalt* in 2 Fällen bis 1200 DM jährlich falls ein Ehegatte das 60. Lebensjahr vollendet hat oder bei Krankheit des Stpfl. oder einer zum Haushalt gehörenden unterhaltenen Person, bis 1800 DM bei Hilflosigkeit oder schwerer Behinderung (§ 33 a III Satz 1 EStG), s. a. → Sonderausgaben 1 e (hauswirtschaftl. Beschäftigungsverhältnisse); d) bei *Heimunterbringung* des Stpfl. oder seines Ehegatten 1200 DM oder 1800 DM (Heimbewohner-Freibetrag, § 33 a III Satz 2 EStG). Die Beträge nach Nrn. 1–4 ermäßigen sich für jeden vollen Kalendermonat, in dem die Voraussetzungen nicht vorliegen, um 1/12 (§ 33 a IV EStG); e) *Pauschbeträge für Behinderte,* 600–7200 DM (§ 33 b I–III EStG). Daneben ist bei Geh- und Stehbehinderten (H 188 EStR) der Abzug von Kfz-Aufwendungen (0,52 DM/km) zulässig (BMF 11. 4. 1994, BStBl. I 256); f) *Pauschbetrag für Hinterbliebene,* die Hinterbliebenenrente beziehen, 720 DM (§ 33 b IV EStG). g) *Pflegepauschbetrag* 1800 DM für die persönliche Pflege eines Hilflosen (§ 33 b VI EStG).

**Belegarztvertrag** (Belegungsvertrag) ist ein atypischer Dauervertrag (→ Vertrag, 2), den der frei praktizierende → Arzt mit einem Krankenhaus zur Unterbringung der stationär zu behandelnden Patienten schließt. Bei seiner → Kündigung ist entsprechend der Regelung beim → Dienstvertrag und bei der → Gesellschaft des bürgerlichen Rechts eine angemessene Frist einzuhalten.

**Belegschaftsrabatt** → Rabattfreibetrag.

**Belehrung** → Rechtsmittelbelehrung, → Rechtsbehelfsbelehrung, → Zeugnisverweigerungsrecht, → Verwarnung bei Ordnungswidrigkeiten, → Vernehmungen im Strafverfahren, → Beweisverbote.

**Beleidigung** ist der rechtswidrige Angriff auf die Ehre eines anderen durch vorsätzliche Kundgebung der Mißachtung.

1. → Ehre ist der innere und äußere Wert des Menschen, d. h. seine Würde (geschützt durch Art. 1 I GG) und seine Geltung innerhalb der menschlichen Gesellschaft. Geschützt wird grundsätzlich die Ehre des Lebenden; wegen Beschimpfung des Andenkens Verstorbener s. 2 d. Durch einen (insbes. sittenwidrigen) Angriff auf die Ehefrau oder ein Kind kann der Gatte oder Vater (Mutter) in seiner Ehre gekränkt werden. Beleidigungsfähig sind ferner Behörden und Verwaltungskörperschaften (§ 194 III 2 StGB), nach der Rspr. aber auch sonstige Personengemeinschaften, soweit sie bestimmbar sind (z. B. Mitglieder eines Klubs). Unter einer *Kollektivbeleidigung* versteht man die B. einer Personenmehrheit, die nicht durch solche Beziehungen zusammengehalten wird, aber nach anderen äußeren Kennzeichen abgegrenzt ist (z. B. die deutsche Anwaltschaft, die deutschen Juden; zur Äußerung „Soldaten sind Mörder" s. BVerfG NJW 1995, 3303 mit Sondervotum NJW 1995, 3309). Die Mißachtung (Nichtachtung) kann mündlich, schriftlich, tätlich (körperlicher Angriff, Berührung) oder in sonstiger Weise kundgegeben werden; es ist aber immer eine *Kundgabe* (Äußerung) erforderlich. Vertrauliche Äußerungen (z. B. im Familienkreis) sind nur dann kundgegeben, wenn die begründete Möglichkeit der Weitergabe an Dritte besteht. Durch die Überwachung in einer Haftanstalt verliert eine vertrauliche Äußerung zwischen der inhaftierten Person und einem Dritten diesen Charakter nicht (BVerfG NJW 1995, 1015). Die *Rechtswidrigkeit* der B. entfällt bei → Einwilligung des Verletzten (bei unsittlichen Angriffen auf Jugendliche nur, soweit diese den beleidigenden Charakter der Handlung erkennen) sowie nach § 193 StGB bei *Wahrnehmung berechtigter Interessen* (s. 3 a). In allen Fällen der B. ist Vorsatz des Täters erforderlich.

2. Das StGB unterscheidet folgende Fälle der B.:

a) Nach § 185 StGB wird die Kundgebung der Mißachtung (einfache B., insbes. die sog. *Formalbeleidigung* durch Beschimpfung) mit Geldstrafe oder Freiheitsstrafe bis zu 1 Jahr, die tätliche B. mit Geldstrafe oder Freiheitsstrafe bis zu 2 Jahren bestraft.

b) Besteht die B. in einer *Tatsachenbehauptung* gegenüber einem Dritten, die geeignet ist, den Beleidigten verächtlich zu machen oder in der öffentlichen Meinung herabzusetzen, so handelt es sich um *üble Nachrede,* die in § 186 StGB mit der gleichen Strafe wie zu a) bedroht ist (der erschwerende Fall ist hier die öffentliche Tatbegehung). Es muß sich aber um eine Tatsachenbehauptung handeln, nicht um ein Werturteil. Die Verurteilung wegen übler Nachrede hängt davon ab, daß die behauptete Tatsache in den wesentlichen Punkten *nicht erweislich* wahr ist. Dies hat der Richter zu klären; den Behauptenden trifft keine Beweisführungslast, doch wirkt sich ein Mißlingen des Wahrheitsbeweises (→ non liquet) in Abweichung von dem Grundsatz → in dubio pro reo zu seinem Nachteil aus.

c) Eine *Verleumdung* (§ 187 StGB) liegt vor, wenn der Täter über einen anderen *wider besseres Wissen* eine unwahre Tatsache behauptet, die geeignet ist, diesen verächtlich zu machen oder in der öffentlichen Meinung herabzuwürdigen oder seinen Kredit zu gefährden. Die Strafe ist Freiheitsstrafe bis zu 2 Jahren (bei öffentl. Begehung bis zu 5 Jahren) od. Geldstrafe.

d) Die *Verunglimpfung des Andenkens Verstorbener* wird nach § 189 StGB mit Freiheitsstrafe bis zu 2 Jahren od. Geldstrafe bestraft.

e) Wird eine üble Nachrede oder Verleumdung (§§ 186, 187 StGB) öffentlich oder durch Verbreitung von → Schriften oder andere Darstellungen *gegen eine im politischen Leben stehende Person* aus Motiven begangen, die mit dieser Tätigkeit zusammenhängen, und ist die Tat geeignet, deren öffentliches Wirken erheblich zu erschweren, so ist höhere Freiheitsstrafe verwirkt (§ 188 StGB).

3. a) Die B. ist nicht rechtswidrig, wenn es sich um tadelnde Urteile über wissenschaftliche, künstlerische oder gewerbliche Leistungen, Rügen von Vorgesetzten oder dienstliche Beurteilungen handelt, ebenso nicht, wenn der Täter bei einer inhaltlich beleidigenden Äußerung in Ausübung oder Verteidigung von Rechten oder in *Wahrnehmung berechtigter Interessen* handelt (§ 193 StGB). I. d. R. zählen hierzu nur eigene (persönliche) Interessen des Äußernden, hingegen allgemeine (z. B. wirtschaftliche) nur, wenn sie ihn zugleich – etwa als Staatsbürger – berühren, fremde Interessen nur kraft besonderer Beziehung (Vormund, Rechtsanwalt). Für Presse, Rundfunk und Fernsehen ist (zum Teil schon in den Landespressegesetzen) ein Recht zur Wahrnehmung allgemeiner Interessen im Rahmen ihrer Informationspflicht und ihrer Aufgabe, zur öffentlichen Meinungsbildung beizutragen, anerkannt. Doch ist die Rechtswidrigkeit nur ausgeschlossen, wenn die Schwere des Angriffs der Bedeutung des durch die Interessenwahrnehmung zu wahrenden Rechtsgutes *angemessen* ist (Grundsatz der Verhältnismäßigkeit, Abwägungspflicht). Somit ist eine schwere Ehrenkränkung weder durch die Verteidigung eines minder wichtigen Interesses noch bei Presseveröffentlichungen durch das Sensationsbedürfnis der Leser zu rechtfertigen (BGHSt. 18, 182). Außerdem dürfen ehrenkränkende Behauptungen nicht leichtfertig, d. h. ohne die mögliche und zumutbare *Nachprüfung* ihrer Richtigkeit aufgestellt werden.

b) In den Fällen 2 a–c, e ist die Strafbarkeit wegen B. nicht dadurch ausgeschlossen, daß die behauptete Tatsache wahr ist, wenn schon die Form oder die Umstände der Äußerung eine bewußte Ehrenkränkung erkennen lassen (Beschimpfung eines Angestellten, der gestohlen hat, als „Dieb"; sog. *Formalbeleidigung,* § 192 StGB). Unter denselben Voraussetzungen entfällt der Ausschluß der Rechtswidrigkeit bei Wahrnehmung berechtigter Interessen (§ 193 StGB a. E.).

c) Bei wechselseitigen, auf der Stelle erwiderten B.en kann der Richter beide oder einen Beteiligten für straffrei erklären (*Kompensation,* § 199 StGB).

4. Die B. ist *Antragsdelikt;* sie wird nur auf Antrag des Verletzten oder sonst Antragsberechtigten – insbes. des gesetzlichen Vertreters – verfolgt (§ 194 StGB, → Strafantrag). Bei Verunglimpfung des Andenkens Verstorbener sind deren Ehegatten und Kinder, evtl. Eltern, Geschwister und Enkel antragsberechtigt (§ 77 II StGB). Bei B. eines → Amtsträgers kann auch der Dienstvorgesetzte Strafantrag stellen (§ 194 III StGB). Über Verfolgung von Amts wegen bei (öffentl.) B. von Opfern einer Gewaltherrschaft s. § 194 I 2–5, II 2–4 StGB. Stellt die behauptete Tatsache eine Straftat dar, und ist es für die richterliche Entscheidung von Bedeutung, ob sie wahr oder unwahr ist, so ist der Wahrheitsbeweis als erbracht anzusehen, wenn der Beleidigte rechtskräftig verur-

teilt worden ist; nach rechtskräftigem Freispruch ist er ausgeschlossen (§ 190 StGB). Schweben die Ermittlungen noch, so ist das Verfahren wegen B. auszusetzen (§ 154 e StPO). S. ferner → Privatklage, → Verdächtigung (falsche), → Bekanntgabe der Verurteilung Bekanntgabe der Verurteilung.

**Beleuchtung von Fahrzeugen.**
1. a) Für *Kraftfahrzeuge* regeln die §§ 49 a ff. StVZO insbes. die Abmessungen und das Anbringen der Scheinwerfer für Fern- und Abblendlicht (§ 50 StVZO), der Seitenbegrenzungslampen, Park- und Umrißleuchten (§§ 51 ff. StVZO), der Nebel-, Such- und Rückfahrscheinwerfer (§§ 52 f. StVZO), der Schluß- und Bremsleuchten, Rückstrahler, Warn- und Nebelschlußleuchten (§§ 53, 53 a, d StVZO), der hinteren Kennzeichenbeleuchtung (§ 60 IV, V StVZO) sowie der Kontrolllampen für Fernlicht und Richtungsanzeiger (§§ 50 V, 54 II StVZO). Über Stärke der Scheinwerfer §§ 50 V, VI a, 67 I StVZO (Kleinkraft-, Fahrräder). Verwendung blauen *Blinklichts* ist bestimmten Kfz der Polizei, des Bundesgrenzschutzes, des Zolldienstes, der Feuerwehr, des Katastrophenschutzes sowie den Unfallhilfs- und Krankenwagen vorbehalten, gelbes Blinklicht den Kfz des Straßendienstes und der Müllabfuhr sowie nach Genehmigung den Pannenhilfsfahrzeugen, den Notfallarztwagen und Fz von besonders breiter Bauart (§ 52 III–VI StVZO).

b) *Andere Fahrzeuge* (Pferdefuhrwerke usw.) und ihre Anhänger müssen bei Dunkelheit oder, wenn die Sichtverhältnisse es erfordern, vorn eine Leuchte mit weißem Licht und ein rotes Schlußlicht führen, außerdem an der Rückseite zwei rote Rückstrahler (§ 66 a StVZO). An Fahrrädern und Leichtmofas müssen ein Scheinwerfer mit weißem Licht, ein nach vorn wirkender weißer Rückstrahler, ein rotes Schlußlicht, ein roter Rückstrahler und ein mit dem Buchstaben Z gekennzeichneter roter Großflächen-Rückstrahler an der Rückseite sowie an beiden Seiten der Pedale gelbe Rückstrahler, an den Längsseiten Speichenrückstrahler oder reflektierende Reifenstreifen angebracht sein (§ 67 StVZO; über Mofas u. Kleinkrafträder s. § 50 VI a StVZO).

2. Für die B. des Fz ist in erster Linie der Fahrer verantwortlich, neben ihm der Halter, der sich in Zeitabständen, die dem Umfang der Benutzung angemessen sind, vom Zustand der B.einrichtungen überzeugen muß; der Halter haftet für Mängel, wenn er sie kennt oder kennen muß (§ 31 I, II StVZO). Der Fahrer hat vor Fahrtantritt die B.einrichtungen zu prüfen, während der Fahrt nur, wenn sich dazu Anlaß ergibt. Während der Dämmerung, bei Dunkelheit oder wenn es die Sichtverhältnisse sonst erfordern, sind die B.einrichtungen einzuschalten. Mit Standlicht darf nicht gefahren werden. Bei starkem Nebel, Schneefall oder Regen ist Abblendlicht einzuschalten. *Nebelscheinwerfer* dürfen nur bei solchem Wetter verwendet werden, *Suchscheinwerfer* nur vorübergehend und nicht zum Beleuchten der Fahrbahn; Krafträder müssen auch am Tage mit Abblendlicht fahren (§ 17 StVO, § 52 I, II StVZO). Haltende Fz sind außerhalb geschlossener Ortschaften mit eigener Lichtquelle zu beleuchten; innerorts genügen Parkleuchten, Park-Warntafeln (§ 51 c III StVZO) oder andere Lichtquellen (Straßenbeleuchtung u. dgl., § 17 IV 2 StVO; sog. *Laternengarage* – ausgenommen größere Kfz. und Anhänger). Liegenbleibende mehrspurige Fz sind durch Blinklicht, Warnzeichen (bei Schnellverkehr in 100 m Entfernung) und Warndreieck zu sichern (§ 15 StVO).

**Beliehene Unternehmer** sind (natürliche oder juristische) Personen des Privatrechts, die hoheitliche Funktionen im eigenen Namen und meist auch im eigenen Interesse, aber im Auftrag des Staates ausüben, ohne Teil der Staatsorganisation zu sein. Sind ihnen Aufgaben des öffentl. Rechts in dessen Handlungsformen übertragen, so sind sie → Behörden i. S. von § 1 IV VwVfG; das ist z. B. beim Techn. Überwachungsverein (TÜV) der Fall.

**Belohnung** → Auslobung.

**Belohnung und Billigung von Straftaten.** Wer eine der besonders schweren Straftaten, deren Vorhaben der strafrechtlichen → *Anzeigepflicht* nach § 138 I Nr. 1–5 StGBunterliegt oder deren Androhung nach § 126 I StGB Mittel des → Landzwangs ist (z. B. Mord, Raub, Hochverrat), *belohnt* oder öffentlich oder in → Schriften oder anderen Darstellungen in friedenstörender Weise *billigt,* nachdem sie begangen oder versucht worden ist, macht sich nach § 140 StGB strafbar. Billigung ist die Zustimmung dazu, daß die Tat begangen (versucht) worden ist. Die Vorschrift gilt nur subsidiär, d. h. falls nicht nach anderen Bestimmungen eine schwerere Strafe angedroht ist; so z. B. wenn der Anstifter dem Täter eine vorher zugesagte Belohnung nach der Tat zahlt (Bestrafung dann nur wegen → Anstiftung).

**Belohnungen für Aufklärung von Straftaten** werden durch → Auslobung nach den Landesvorschriften der Innen- und Justizverwaltung für Hinweise aus der Bevölkerung zugesagt, die zur Ermittlung eines Straftäters (namentlich bei Kapitalverbrechen) führen können. Zuständig ist die ermittelnde Staatsanwaltschaft oder Polizeibehörde. I. d. R. behält sich die aussetzende Stelle die Verteilung der B. je nach der Bedeutung der Hinweise unter Ausschluß des Rechtsweges vor, d. h. ohne daß ein Rechtsanspruch zuerkannt wird. Empfänger der B. dürfen nur Privatpersonen sein, nicht Beamte, die berufsmäßig in der Strafverfolgung tätig sind.

**Bemessungsgrundlage** im Steuerrecht ist der Maßstab zur Errechnung der → Steuer *(Besteuerungsmaßstab),* z. B. bei der → Einkommen- u. Körperschaftsteuer das zu versteuernde Einkommen (§ 2 V EStG, § 7 I KStG), bei der → Umsatzsteuer das Entgelt für die Lieferung oder sonstige Leistung (§ 10 I UStG). Verbreiterung der B. ist eine Umschreibung für Erhöhung der B.

**Benachteiligungsverbot** → Gleichberechtigung; s. a. → Diskriminierung (u. folg.).

**beneficium** (lat.; eigentlich Wohltat) war im Mittelalter vornehmlich die Bezeichnung für das dem Lehnsmann (Vasallen) gegebene → Lehen. Es bestand ursprünglich in einer Landschenkung, dann nur noch in einer auf Lebzeiten des Herrn und des Vasallen beschränkten Leihe und konnte erst später erblich sein. Ein b. konnte aber auch unabhängig von einem Lehensverhältnis zur Leihe gegeben werden, so z. B. als Belohnung für geleistete Dienste oder bei Kirchengut zur bäuerlichen Nutzung. Der Begriff b. wird ferner i. S. von Rechtswohltat gebraucht. Historisch ist eines der bekanntesten Benefizien das b. emigrationis, das im Augsburger Religionsfrieden 1555 den Andersgläubigen, die nach dem Grundsatz → cuius regio eius religio den Glauben hätten wechseln müssen, das Recht zur Auswanderung einräumte. Fälle, in denen ein b. eine echte Rechtswohltat darstellte, kannte bereits das → römische Recht, z. B. das b. inventarii (Recht des Erben, durch Aufstellen eines Inventars seine Haftung auf den Nachlaß zu beschränken; so in begrenztem Umfang heute nach § 2009 BGB).

**Benehmen** → Einvernehmen.

**Beneluxstaaten** ist die Abkürzungsbezeichnung für Belgien, Niederlande, Luxemburg; sie sind außer durch Zollunion (seit 1948) vor allem durch die → Europ. Gemeinschaften und die → Europäische Union untereinander verbunden.

**Benutzung der Fahrbahn** im Straßenverkehr → Fahrbahn.

**Benutzung der Gewässer** → Gewässer.

**Benutzung öffentl. Sachen** → Gemeingebrauch.

**Benutzung urheberrechtlich geschützter Werke** → Nutzungsrecht.

**Benutzungsgebühren** → Abgaben.

**Benutzungsordnungen** für öffentliche Einrichtungen (z. B. Verkehrsmittel, Bibliotheken, Schwimmbäder) können öffentlich-rechtlicher (dann sind sie meist → Satzungen) oder privatrechtlicher Natur sein, je nachdem, wie das Rechtsverhältnis der Einrichtung zu den Benutzern geregelt ist.

**Benutzungszwang** → Anschluß- und Benutzungszwang.

**Benzinbleigesetz** → Luftreinhaltung, → Immissionsschutz (2).

**Beobachtung in einem psychiatrischen Krankenhaus.** 1. Im *Strafverfahren* kann zur Vorbereitung eines psychiatrischen Gutachtens die Beobachtung *eines dringend tatverdächtigen* Beschuldigten in einem öffentl. psych. Krankenhaus auf die Dauer von höchstens 6 Wochen durch Gerichtsbeschluß angeordnet werden (§ 81 StPO). Ein Jugendlicher kann auch zur Begutachtung seines Entwicklungsstandes, der für die jugendstrafrechtliche Verantwortlichkeit von Bedeutung ist, in eine geeignete Anstalt eingewiesen werden (§ 73 JGG). Nach dem Grundsatz der → Verhältnismäßigkeit ist die Einweisung nur zulässig, wenn andere Untersuchungsmöglichkeiten nicht ausreichen. Wiederholte Unterbringung ist möglich; die Dauer darf aber 6 Wochen insgesamt nicht übersteigen. Vor der Beschlußfassung hat das Gericht einen Sachverständigen und den Verteidiger, der ggf. zu bestellen ist, zu hören. Gegen den Einweisungsbeschluß ist sofortige Beschwerde zulässig. Sie hat aufschiebende Wirkung. Die Einlieferung und die nötigen körperlichen Untersuchungen können nach § 81 a StPO auf Grund gerichtlicher Anordnung erzwungen werden.

2. Im Verfahren über eine *Betreuung* oder eine *Unterbringung* i. S. von § 70 I FGG kann das Gericht nach Anhörung eines Sachverständigen anordnen, daß der Betroffene zur Vorbereitung eines Gutachtens über die Notwendigkeit der Betreuung oder Unterbringung bis zu 6 Wochen auch in einer Krankenanstalt untergebracht und beobachtet wird (§ 68 b IV, § 70 e II FGG). Eine Verlängerung bis zu 3 Monaten ist möglich.

3. S. a. → Anstaltsunterbringung.

**Beratung** → Raterteilung; – durch die Behörde → Aufklärungspflicht der Verwaltungsbehörde, → Auskunft (behördliche), → Aufklärungspflicht über Sozialleistungen.

**Beratung vor gerichtlichen Entscheidungen.** Das Verfahren, in dem die mitwirkenden Richter beraten und abstimmen (§§ 192–197 GVG), ist bei allen Gerichtsbarkeiten gleich. Die B. darf ebenso wie die Abstimmung nur in Anwesenheit der mitwirkenden Richter und der bei dem Gericht zur juristischen Ausbildung Beschäftigten (auch ausländische Richter usw.) stattfinden (§ 193 GVG, § 52 III FGO). Sie ist geheim (→ Beratungsgeheimnis); der Vorsitzende leitet sie. Jeder Richter (auch der ehrenamtliche, z. B. Schöffe) ist zur Stimmabgabe verpflichtet. Das Gericht entscheidet mit absoluter Mehrheit der Stimmen; im Strafprozeß ist für jede dem Angeklagten nachteilige Entscheidung über Schuld und Strafe – außer in der Frage der Strafaussetzung zur Bewährung – Zweidrittelmehrheit erforderlich (§ 263 StPO). Die Reihenfolge der Stimmabgabe regelt § 197 GVG (vgl. → Abstimmung).

**Beratungsgeheimnis.** Alle Richter – auch ehrenamtliche – haben über den gesamten Hergang bei der → Beratung und Abstimmung zu schweigen, auch nachdem ihr Dienstverhältnis beendet ist (§§ 43, 45 III DRiG). Motiv für das B. ist die → Unabhängigkeit des Richters. Unter besonderen Voraussetzungen gibt es gewisse Ausnahmen (übergesetzlicher Notstand; Feststellung des Abstimmungsverhältnisses für die Nachprüfung der gesetzlichen Voraussetzungen oder von Gesetzwidrigkeiten bei der Beratung, wenn damit Rechtsfolgen verbunden sind). Verletzung des B. ist ein Dienstvergehen (→ Disziplinarrecht). Die Bekanntgabe des Minderheitsvotums des überstimmten Richters – *dissenting opinion (vote)* – ist nur beim Bundesverfassungsgericht zugelassen (§ 30 II BVerfGG; § 55 GeschO d. BVerfG).

**Beratungshilfe** → Rechtsberatung Minderbemittelter.

**Berauschende Mittel** → Betäubungsmittel (-Abkommen, -Delikte, -Gesetz), → Vollrausch, → Anstaltsunterbringung (4), → Drogenfahrt, → Fahruntüchtigkeit, → Fahrverbot, → Straßenverkehrsgefährdung, → Trunkenheit im Verkehr, → Maßregeln d. Besserung u. Sicherung (2).

**Berechtigte Interessen,** Wahrnehmung → Beleidigung (3 a).

**Berechtigung im Verwaltungsrecht** → subjektives öffentliches Recht.

**Berechtigungsvertrag** → Verwertungsgesellschaft, → GEMA.

**Bereicherung** → ungerechtfertigte Bereicherung.

**Bereichsausnahmen** → Wettbewerbsrecht a. E.

**Bereifung.** Alle Straßenfahrzeuge müssen eine B. aufweisen, die den Betriebsbedingungen genügt und insbes. ihrer Belastung und Geschwindigkeit entspricht. Die B. darf keine Unebenheiten aufweisen, die eine feste Fahrbahn beschädigen können; Eisenreifen müssen abgerundete Kanten haben, Nägel eingelassen sein (§ 36 I StVZO). *Kraftfahrzeuge* müssen grundsätzlich Luftreifen mit Profilrillen oder Einschnitten von mind. 1,6 mm haben (→ Fahrräder mit Hilfsmotor, → Kleinkrafträder und Leichtkrafträder 1,0 mm). Spikes dürfen nicht mehr verwendet werden. *Schneeketten* müssen so beschaffen und angebracht sein, daß sie die Fahrbahn nicht beschädigen können; metallene Schneeketten dürfen nur bei Gummireifen verwendet werden (§ 37 II StVZO). Anbringen bei tiefem Schnee (nicht bei Glatteis!) ist gesetzlich nicht vorgeschrieben, kann aber auf Grund der allgemeinen Sorgfaltspflicht nach § 1 StVO geboten sein (Höchstgeschwindigkeit dann 50 km/h, § 3 IV StVO). Vollgummireifen sind für langsamfahrende, Eisenreifen für schwere Kfz. zugelassen. Sondervorschriften gelten für die B. von Gleiskettenfahrzeugen (§ 36 II–V StVZO). Für *andere Fahrzeuge* als Kfz. ist Luftbereifung nicht vorgeschrieben; für sie gilt § 36 I StVZO (vgl. § 63 StVZO).

**Bereitschaftsdienst** → Arbeitszeit.

**Bereitschaftsfall.** Nach § 48 I WehrpflG ist der B. gegeben, wenn die BReg. Wehrübungen als Bereitschaftsdienst nach § 6 VI WehrpflG angeordnet hat; das setzt grundsätzlich eine Krisenlage voraus. Für diesen Fall sind zusätzliche Erleichterungen und Beschleunigungen für das Musterungs- und Einberufungsverfahren vorgesehen. Die als Bereitschaftsdienst zu leistende Wehrübung ist zeitlich nicht befristet. Auch Berufssoldaten im Ruhestand können bis zur Vollendung des 65. Lebensjahres herangezogen werden (§ 51 SoldatenG). Die Anordnung des Bereitschaftsdienstes ist rechtlich als Regierungsakt zu qualifizieren, für den die BReg. lediglich parlamentarisch verantwortlich ist.

**Bereitschaftspolizeien** sind als besondere staatliche Polizeiverbände im → Polizeirecht der meisten Länder der BRep. vorgesehen. Ihre Aufgabe ist i. d. R. die Ausbildung des Nachwuchses für den polizeilichen Einzeldienst, die Unterstützung des ständigen polizeilichen Vollzugsdienstes bei Erfüllung seiner Aufgaben, insbes. bei polizeilichen Einsätzen, und der Einsatz nach Art. 91 GG im Falle einer drohenden Gefahr für den Bestand oder die freiheitliche demokratische Grundordnung des Bundes oder eines Landes. Die B. ist i. d. R. kaserniert und voll motorisiert. Über die Einrichtung von B. sind zwischen Bund und Ländern Verwaltungsabkommen geschlossen worden; in den Ländern bestehen gesetzliche Regelungen (vgl. z. B. Art. 6 d. bayer. PolizeiorganisationsG vom 10. 8. 1976, GVBl. 303; § 71 Sächsisches Polizeigesetz in der Fassung der Bekanntmachung vom 15. 8. 1994, GVBl. 1541). Die B. ist ein organisatorisch selbständiger Teil der → Polizei im institutionellen Sinn (Vollzugspolizei; Polizeivollzugsdienst).

**Bergamt** → Bergbehörden.

**Bergarbeiterwohnung** → Werkmietwohnung.

**Bergaufsicht** → Bergbehörden.

**Bergbahnen** sind Seil- und Schienenbahnen, die Verbindungen auf Berge herstellen, einschl. der Schleppaufzüge (vgl. z. B. Art. 1 III Bay. Eisenbahn- und Bergbahngesetz vom 17. 11. 1966, GVBl. 429). Die Regelung ihrer Rechtsverhältnisse gehört zur ausschließlichen Zuständigkeit des Landesgesetzgebers (vgl. Art. 74 Nr. 23 GG). Die landesrechtlichen Vorschriften sind häufig mit denen über die nicht-bundeseigenen Eisenbahnen in einem Gesetz zusammengefaßt – z. B. Bay. Eisenbahn- und Bergbahngesetz, Niedersächs. Ges. über Eisenbahnen und Bergbahnen vom 16. 4. 1957, GVBl. 39, Rheinl.-pfälz. Ges. über Eisenbahnen, Bergbahnen und Seilschwebebahnen i. d. F. vom 23. 3. 1975, GVBl. 141 – und diesen weitgehend angeglichen (besondere Bau- und Betriebsgenehmigungen, Baubeschränkungen und Schutzmaßnahmen entlang der Streckenführung, Verpflichtung zur Bestellung eines verantwortlichen Betriebsleiters, Versicherungspflicht). Eine Betriebspflicht besteht im Gegensatz zu den → Eisenbahnen des öffentlichen Verkehrs i. d. R. jedoch nur, soweit dies zur Abwendung von Gefahren für Leib und Leben notwendig ist. Zur Haftung s. → Eisenbahnbetriebshaftung.

**Bergbau** ist die Gewinnung von Bodenschätzen. Das in die konkurrierende Gesetzgebungszuständigkeit des Bundes fallende Recht des B. (Art. 74 Nr. 11 GG) ist bundesrechtlich geregelt durch das Bundesberggesetz – BBergG – vom 13. 8. 1980 (BGBl. I 1310) mit Änd. Das BBergG unterscheidet bergfreie und grundeigene Bodenschätze. *Grundeigene* Bodenschätze stehen im Eigentum des Grundeigentümers (§ 3 II), während für *bergfreie* Bodenschätze für den Erwerb wie für das Aufsuchen das Eigentum am Grundstück nicht von Bedeutung ist. Vielmehr richtet sich die Befugnis hierzu allein nach den *Bergbauberechtigungen*. Bergfrei, also dem Bergrecht unterstellt sind praktisch alle wertvollen Bodenschätze (Aufzählung: § 3 III), einschließlich der Bodenschätze im → Festlandsockel und in den Küstengewässern. Nicht dem Bergrecht unterstellt ist das Aufsuchen und die Aneignung von bergfreien Mineralien im Rahmen der geologischen Landesaufnahme, für Lehr- und Unterrichtszwecke sowie für private mineralogische oder geologische Sammlungen. Für Aufsuchen und Gewinnung von bergfreien Bodenschätzen ist eine *Bergbauberechtigung* erforderlich, und zwar für das Aufsuchen eine Erlaubnis, für die Gewinnung eine Bewilligung oder → Bergwerkseigentum (§ 6). Die *Erlaubnis* gewährt das ausschließliche Recht (Begriff: → Unerlaubte Handlung, II a, „absolutes Recht"), in einem bestimmten Feld Bodenschätze aufzusuchen; die *Bewilligung* wie auch das *Bergwerkseigentum* berechtigen zur Gewinnung der Bodenschätze. Bergbauberechtigungen werden auf Antrag verliehen (§ 10). Auf die Verleihung besteht bei Erfüllung der Voraussetzungen ein Rechtsanspruch (§§ 11–13). Erlaubnis und Bewilligung sind widerruflich (→ Widerruf von Verwaltungsakten). Das BBergG regelt im einzelnen den Interessenausgleich zwischen Aufsuchendem und Grundeigentümer (§§ 39–41), die erforderlichen Anzeigen und den Betriebsplan (§§ 50–57), die Bergaufsicht (→ Bergbehörden), die Führung des Berechtsamsbuches (§§ 75, 76), das Recht des Bergschadens (→ Bergwerkseigentum). Von Bedeutung für den Bergbaubetrieb sind ferner die Vorschriften über den → Immissionsschutz sowie die gewerberechtlichen Vorschriften über die → Arbeitszeit. Zur → Arbeitssicherheit im B. s. u. a. VO vom 21. 12. 1983 (BGBl. I 1598). Ohne ausdrückliche Bestimmung ist sonst auf den B. das Gewerberecht nicht anzuwenden (→ Gewerbe, → Urproduktion). S. ferner LagerstättenG vom 4. 12. 1934 nebst AVO vom 14. 12. 1934 (RGBl. I 1223, 1261), das zur Sicherung der deutschen Mineralölversorgung das Forschen nach nutzbaren Lagerstätten vorsieht. Hinsichtlich der *Förderung des Steinkohlenbergbaus* s. Ges. zur Förderung der Rationalisierung im Steinkohlenbergbau vom 29. 7. 1963 (BGBl. I 549), Ges. zur Förderung der Verwendung von Steinkohle in Kraftwerken vom 12. 8. 1965 (BGBl. I 777), Ges. zur Sicherung des Steinkohleneinsatzes in der Elektrizitätswirtschaft vom 5. 9. 1966 (BGBl. I 545) – jeweils m.spät. Änd., Ges. über steuerliche Maßnahmen bei der Stillegung von Steinkohlenbergwerken vom 11. 4. 1967 (BGBl. I 403) und Ges. zur Anpassung und Gesundung des dt. Steinkohlenbergbaus vom 15. 5. 1968 (BGBl. I 365) m. spät. Änd. nebst 1. und 2. AbfindungsgeldDVO vom 8. 7. 1968 (BGBl. I 797, 799) und VO vom 7. 1. 1969 (BGBl. I 16) sowie Art. 8 des SteuerÄndG 1969 vom 18. 8. 1969 (BGBl. I 1211) betr. Gründung einer Gesamtgesellschaft für das Steinkohlenbergbaugebiet Ruhr (RuhrkohleAG). S. a. → Knappschaft, → Mitbestimmungsgesetz, → Europ. Gemeinschaft für Kohle und Stahl.

Im Gebiet der ehem. DDR galt deren Bergrecht der Sache nach in größerem Umfang weiter (vgl. im einzelnen Anl. I zum EinigV Kap V Sachgeb. D Abschn. III Nr. 1, wegen Übergangsvorschriften für Vollzugsvorschriften vgl. Nrn. 2–7, wegen weitergeltenden Vollzugsvorschriften vgl. Anl. II zum EinigV Kap V Sachgeb. D Abschn. III Nr. 1–3). Auch gegenwärtig besteht noch ein unterschiedlicher Rechtszustand, weil Rohstoffe (z. B. Dachschiefer, Feldspat, Kaolin, Quarzsande, aber auch Baurohstoffe wie Kiese, Sande und Tone) in den neuen Ländern als bergfrei gelten, während sie in den alten Ländern als grundeigen eingestuft bzw. bergrechtlich nicht erfaßt sind und damit der Verfügung des Grundeigentümers unterliegen. Das Gesetz zur Vereinheitlichung der Rechtsverhältnisse bei Bodenschätzen vom 15. 4. 1996 (BGBl. I 602) regelt die Vereinheitlichung der durch den EinigV noch aufrecht erhaltenen Rechtsunterschiede.

Leistungen aus öffentlichen Mitteln an Arbeitnehmer des Steinkohlen-, Pechkohlen- und Erzbergbaues, des Braunkohlentiefbaues und der Eisen- und Stahlindustrie aus Anlaß von Stilllegungs-, Einschränkungs-, Umstellungs- oder Rationalisierungsmaßnahmen sind *steuerfrei* (§ 3 Nr. 60 EStG).

**Bergbauregal** → Regalien.

**Bergbehörden.** Die B. gliedern sich in Bergämter zur Ausübung der Bergaufsicht, Oberbergämter (obere Bergbehörden) als Aufsichts- und Beschwerdeinstanz und die Wirtschaftsministerien der Länder (oberste Bergbehörden). Für Bayern s. Bergbehörden-VO vom 20. 12. 1994 (GVBl. 1060). Die *Bergaufsicht* regelt hinsichtlich der Befugnisse der B. das Bundesberggesetz (→ Bergbau). Danach steht der Bergbau unter allgemeiner behördlicher Aufsicht (§ 69 BBergG); es bestehen sehr umfassende Aufsichtsbefugnisse der Behörden sowie Auskunfts- und Duldungspflichten des Berechtigten (§ 70 BBergG), ferner Anordnungsermächtigungen zur Durchführung des Gesetzes (§ 71 BBergG), zur Verhinderung unerlaubter Tätigkeiten (§ 72 BBergG) u. a.

**Bergelohn** → Bergung.

**Bergmannsinvalidenrente.** Frühere Leistung der Rentenversicherung in den → neuen Ländern. Seit dem 1. 1. 1992 wird anstelle der B. → Berufsunfähigkeitsrente oder → Erwerbsunfähigkeitsrente gezahlt (Art. 2 RÜG, § 302 a SGB VI).

**Bergmannsprämie.** Nach dem Ges. über Bergmannsprämien i. d. F. vom 12. 5. 1969 (BGBl. I 434) m. spät. Änd. erhalten unter Tage beschäftigte Arbeitnehmer des Bergbaus (außer leitenden Angestellten) vom Arbeitgeber für jede unter Tage verfahrene volle Schicht eine steuer- (§ 3 Nr. 46 EStG) und sozialversicherungsfreie B. in Höhe von 10 DM (§ 1 ArEV). Der Arbeitgeber behält die für die B. aufgewendeten Beträge bei seiner Lohnsteuerabführung ein; reicht die Lohnsteuer für diese Einbehaltung nicht aus, so wird ihm der übersteigende Betrag auf Antrag vom Finanzamt erstattet. DVO i. d. F. vom 20. 12. 1977 (BGBl. I 3135).

**Bergmannsrente** (Rente für Bergleute) wird als Rentenleistung der knappschaftlichen → Rentenversicherung (→ Knappschaftsversicherung) gewährt bei Verminderung der bergmännischen Berufsfähigkeit (in den letzten 5 Jahren vor deren Eintritt müssen 3 knappschaftliche Pflichtbeitragsjahre vorhanden sein) und Erfüllung der Wartezeit von 5 Jahren oder nach Vollendung des 50. Lebensjahres bei Erfüllung der Wartezeit von 25 Jahren. Verminderte bergmännische Berufsfähigkeit liegt vor, wenn der Versicherte infolge von Krankheit oder Behinderung weder die knappschaftliche noch andere im wesentlichen wirtschaftlich gleichwertige Arbeit in knappschaftlich versicherten Betrieben ausüben kann. Die B. fällt bei Gewährung der → Berufsunfähigkeitsrente, der → Erwerbsunfähigkeitsrente oder der → Altersrente wieder weg; § 45 SGB VI.

**Bergrechtliche Gewerkschaft** → Gewerkschaft, bergrechtliche.

**Bergschaden** → Bergwerkseigentum.

**Bergung** ist die Inbesitznahme und Sicherung eines in Seenot geratenen Schiffes oder der an Bord befindlichen Sachen durch dritte Personen, nachdem die Schiffsbesatzung die Verfügung darüber verloren hat. Leisten Dritte bei der Rettung aus Seenot der Schiffsbesatzung Hilfe, ohne daß diese die Verfügung über das Schiff verloren hat, so liegt *Hilfeleistung* vor (§ 740 HGB). Führen die geleisteten Dienste zum Erfolg, so kann *Berge-* oder *Hilfslohn* von den Eigentümern beansprucht werden (§§ 740, 741 HGB). Er wird nach billigem Ermessen in Geld bestimmt, wenn die Beteiligten seine Höhe nicht vereinbaren (§ 744 HGB); er darf keinesfalls den Wert der geborgenen oder geretteten Gegenstände übersteigen. Aus Seenot gerettete Personen haben keinen Berge- oder Hilfslohn zu entrichten; jedoch können die Retter einen Anteil an der Vergütung beanspruchen, die denjenigen zusteht, die das Schiff oder die an Bord befindlichen Sachen gerettet haben.

**Bergwerk** (Betriebshaftung) → Eisenbahnbetriebshaftung.

**Bergwerkseigentum** ist das ausschließliche Recht, in einem bestimmten Feld die in der Bewilligung bezeichneten Bodenschätze aufzusuchen und zu gewinnen (§ 9 I, § 8 BBergG vom 13. 8. 1980, BGBl. I 1310 m. Änd.). Es wird durch Verleihung begründet und steht rechtlich einem Grundstück gleich (Eintragung auf besonderem Blatt des → Grundbuchs, Eigentumsübertragung durch Auflassung und Eintragung, dingliche Belastung durch Einigung und Eintragung). Der Bergwerkseigentümer kann verlangen, daß der Grundstückseigentümer ihm die für den Betrieb des Bergwerks erforderlichen Grundstücke gegen Entschädigung abtritt (§§ 77 ff., 84 ff. BBergG). Der Bergwerkseigentümer haftet für jeden Schaden, der durch den unterirdisch oder über Tage durchgeführten Betrieb des Bergwerks herbeigeführt wird *(Bergschaden),* und zwar unabhängig von einem Verschulden (→ Gefährdungshaftung) bis zu bestimmten Höchstgrenzen (§§ 114 ff., 117 BBergG). Zu den in diesem Zusammenhang regelmäßig vorzunehmenden Beobachtungen und Messungen vgl. die VO vom 19. 12. 1986 (BGBl. I 2631).

**Berichterstatter** in einem Kollegialgericht ist dasjenige Mitglied, das die Entscheidung durch ein schriftliches oder mündliches Gutachten vorzubereiten und nach → Beratung und Abstimmung schriftlich abzufassen hat. In der Beratung stimmt er zuerst (§ 197 GVG). In Strafsachen trägt er in der Hauptverhandlung des Berufungs- und Revisionsverfahrens die Ergebnisse des bisherigen Verfahrens vor (§§ 324, 351 StPO).

**Berichterstattung, Freiheit der –,** s. → Pressefreiheit.

**Berichtigung.** 1. *gerichtlicher Entscheidungen* in allen ihren Bestandteilen kann im Zivilprozeß sowie im Verwaltungs-, Finanz- und Sozialstreitverfahren von Amts wegen oder auf Antrag vorgenommen werden, soweit es sich um Schreibfehler, Rechenfehler und ähnliche *offenbare Unrichtigkeiten,* z. B. versehentlich falsche Jahresangabe, handelt (§ 319 ZPO, § 118 VwGO, § 107 FGO, § 138 SGG). Der Tatbestand kann ferner auf Antrag der Parteien berichtigt werden, soweit er andere Unrichtigkeiten enthält, insbes. Auslassungen, Unklarheiten oder Widersprüche (§ 320 ZPO, § 119 VwGO, § 108 FGO, § 139 SGG). Die B. erfordert stets einen Beschluß. Im *Strafprozeßrecht* wird eine B. von Urteilen und Beschlüssen nur für zulässig gehalten, soweit es sich um *offenbare Unrichtigkeiten* der genannten Art handelt. Das gilt sowohl für den Spruch (Urteils-, Beschlußtenor) wie für die Gründe. Unzulässig ist es, die Entscheidung oder ihre Begründung sachlich zu ändern oder zu ergänzen. Beschlüsse, die nicht in der Verhandlung verkündet und dadurch wirksam werden, können aber auch insoweit geändert werden, bis sie an eine Behörde oder Person außerhalb des Gerichts hinausgegeben worden sind.

2. In einem *Verhandlungsprotokoll* können *offenbare* Fehler durch eine der beteiligten Urkundspersonen (Vorsitzender, Protokollführer) berichtigt werden. Eine inhaltliche Berichtigung, z. B. über die Beeidigung eines Zeugen, ist bei Übereinstimmung beider zulässig, außer wenn dadurch einer bereits erhobenen und begründeten Revisionsrüge der Boden entzogen würde. Die Revision kann vielmehr weiterhin auf die nach § 165 ZPO, § 274 StPO beweiskräftige bisherige Fassung des Protokolls gestützt werden.

3. In einem → Verwaltungsakt unterlaufene Schreibfehler, Rechenfehler und ähnliche offenbare Unrichtigkeiten kann die Behörde jederzeit berichtigen. Bei berechtigtem Interesse des Beteiligten hat dieser einen Anspruch auf B. (§ 42 VwVfG).

4. Über die entsprechende Regelung für → Steuerverwaltungsakte s. § 129 AO. S. a. → Steuerbescheid.

5. B. von *Erklärungen im Besteuerungsverfahren:* Erkennt ein Steuerpflichtiger nachträglich vor Ablauf der Festsetzungsfrist (§ 169 AO, → Verjährung

5.), daß z. B. eine Steuererklärung unrichtig oder unvollständig ist, so ist er verpflichtet, dies unverzüglich der Finanzbehörde anzuzeigen. Die Verpflichtung trifft auch den → Gesamtrechtsnachfolger (§ 153 AO). Unterlassene B. kann → Steuerhinterziehung sein.

6. Über die B. *im Presserecht* → Gegendarstellung.

**Berichtigung des Grundbuchs.** Stimmt eine Eintragung im → Grundbuch nicht mit der wirklichen Rechtslage überein (z. B. Eintragung eines falschen Berechtigten, Löschung einer bestehenden Belastung oder Verfügungsbeschränkung), so besteht für den wahren Rechtsinhaber wegen des → öffentlichen Glaubens des Grundbuchs und der Möglichkeit eines → gutgläubigen Erwerbs Dritter die Gefahr eines Rechtsverlustes. Sofern der wahre Berechtigte nicht dem → Grundbuchamt gegenüber den Nachweis der *Unrichtigkeit* des Grundbuchs durch öffentliche oder öffentlich beglaubigte Urkunden erbringen kann (z. B. der → Erbe des eingetragenen Rechtsinhabers durch → Erbschein oder → öffentliches Testament, vgl. §§ 22, 35 GBO), hat er nach § 894 BGB einen Anspruch auf Zustimmung zur B. d. G. gegen denjenigen, dessen unrichtig eingetragenes Recht von der Berichtigung betroffen wird (sog. *Grundbuchberichtigungsanspruch;* daneben oft Anspruch aus → ungerechtfertigter Bereicherung). Voraussetzung der B. ist (abgesehen vom Unrichtigkeitsnachweis, s. o.) eine Bewilligung des Betroffenen (sog. Berichtigungsbewilligung); im Weigerungsfall ersetzt ein rechtskräftiges Urteil dessen Erklärung (§ 894 ZPO). Der dingliche Berichtigungsanspruch ist unverjährbar (§ 898 BGB). Im Falle der Unrichtigkeit des G. kann zur einstweiligen Sicherung des wahren Berechtigten ein → Widerspruch eingetragen werden (§ 899 BGB).

**Berichtigung falscher Angaben.** Über B. einer falschen Aussage vor Gericht → Meineid, → falsche uneidliche Aussage, → Falscheid und §§ 158, 163 StGB; über B. unrichtiger oder unvollständiger Angaben bei der Steuerbehörde → Berichtigung (5) und → Selbstanzeige.

**Berichtigungsbewilligung** → Berichtigung des Grundbuchs.

**Berichtstermin** → Insolvenzverfahren (4 a).

**Berlin. 1.** Nach der Besetzung durch sowjetische Truppen Ende April 1945 stand B. zunächst unter deren Alleinherrschaft, bis das Stadtgebiet am 11. 7. 1945 in 4 Sektoren aufgeteilt wurde, deren Verwaltung die aus den 4 Mächten bestehende Alliierte Kommandantur übernahm. Diese erließ am 13. 8. 1946 auf Grund Besatzungsrechts eine „Vorläufige Verfassung". Am 6. 9. 1948 kam es zur Spaltung der Verwaltung und des Parlaments (Stadtverordnetenversammlung); beide verlegten ihren Sitz von Ost- nach West-Berlin. Für die 3 Westsektoren wurde am 1. 9. 1950 eine neue Verfassung beschlossen (VOBl. I 433), die vom 1. 10. 1950 bis 1995 galt. Nach Art. 1 II der früheren Verfassung war B. ein Land der BRep.; dies galt nach deren Art. 87 I aber erst, wenn die Anwendung des GG in B. keinen Beschränkungen mehr unterliegt. Str. war, inwieweit B. als Land der BRep. angesehen werden konnte, weil das Genehmigungsschreiben der westlichen Militärgouverneure zum GG vom 12. 5. 1949 den Vorbehalt enthielt, daß B. keine abstimmungsberechtigte Mitgliedschaft im Bundestag und im Bundesrat erhält und auch nicht durch den Bund regiert wird. Dadurch wurde auch der frühere Art. 23 GG, wonach das GG auch in Groß-Berlin gelten sollte, in seiner Wirksamkeit eingeschränkt. Demgemäß entsandte B. zwar Vertreter in den BT (sie wurden vom Abgeordnetenhaus gewählt, nicht vom Volk) und den BR; sie hatten aber kein Stimmrecht bei rechtsgestaltenden Abstimmungen oder solchen mit Außenwirkung, wohl aber in den Ausschüssen. Aus dem Vorbehalt der MilGouv. folgte auch, daß die vom BT beschlossenen Gesetze in B. nicht unmittelbar galten. Alle Bundesgesetze, die auch für B. gelten sollten, enthielten daher eine sog. → Berlinklausel, wonach sie erst nach ausdrücklicher Übernahme durch die gesetzgebende Körperschaft von B. dort in Kraft traten. Auch eine Verwaltung B. durch Bundesbehörden fand nicht statt. Das BVerfG war für B. grundsätzlich nicht zuständig, konnte aber in

„Berliner Sachen" entscheiden, wenn es sich um die Vereinbarkeit einer in B. ergangenen nach Bundesrecht zu beurteilenden Entscheidung oder eines Verwaltungsaktes mit Bundesrecht handelte (BVerfGE 19, 377).

2. Zur Lösung der B.-Frage schlossen die Vier Mächte am 3. 9. 1971 das B.-Abkommen („Bulletin" 1971 S. 1360), das ihre gemeinsame Verantwortung für B. erneut festlegte, die unterschiedlichen Rechtsstandpunkte aber erwähnte. Zum Status Westberlins bestätigten die Westmächte ihre Auffassung, daß die Bindungen zur BRep. weiterentwickelt werden sollten, daß aber Westberlin wie bisher kein konstitutiver Bestandteil der BRep. wäre und vom Bund nicht regiert werden dürfe; diese Auffassung hat die UdSSR zur Kenntnis genommen. Die Außenvertretung Westberlins oblag im Prinzip den Westmächten; doch konnte die BRep. die konsularische Vertretung der Westberliner auch in den ehemaligen Ostblock-Staaten übernehmen. Auch war die Ausdehnung völkerrechtlicher Abkommen der BRep. auf Westberlin möglich. Die Bestimmung des GG, wonach B. ein Land der BRep. ist, blieb suspendiert; die Verfassungsorgane der BRep. durften keine dem widersprechenden Verfassungs- oder Amtsakte in B. vornehmen (keine → Bundesversammlung, keine Plenarsitzungen des BT und des BR). In Ausfüllung des Vier-Mächte-Abk. vom 3. 9. 1971 wurden zwischen der BRep. und der ehem. DDR ein Abkommen über den Transitverkehr von zivilen Personen und Gütern (vom 17. 12. 1971, BAnz. Nr. 174/72 Beil.) sowie ein Verkehrsvertrag (vom 26. 5. 1972, BGBl. II 1450) abgeschlossen. Zwischen dem Senat von B. und der ehem. DDR waren Vereinbarungen über den Reise- und Besucherverkehr sowie über Gebietsaustausch zustandegekommen.

3. Mit der → Wiedervereinigung wurden auch Ost-Berlin und West-Berlin zum Land Berlin vereinigt. Nach dem → Einigungsvertrag umfaßt das Land Berlin nunmehr alle 23 Bezirke von Berlin. Mit einer eigenen Regelung wurde das bislang nur in West-Berlin geltende Recht mit Maßgaben im einzelnen auch im bisherigen Ostteil der Stadt in Kraft gesetzt (vgl. Gesetz über die Vereinheitlichung des Berliner Landesrechts vom 28. 9. 1990, GVBl. S. 2119).

4. Am 8. Juni 1995 beschloß das Abgeordnetenhaus von Berlin eine neue Verfassung, die am 22. Oktober 1995 von über 75% der Abstimmenden angenommen wurde und am 23. November 1995 in Kraft trat (GVBl. S. 779). Danach ist Berlin ein deutsches Land und zugleich eine Stadt. Das aus mindestens 150 Abgeordneten bestehende Abgeordnetenhaus ist die von den wahlberechtigten Deutschen gewählte Volksvertretung. Die Abgeordneten werden in allgemeiner, gleicher, geheimer und direkter Wahl gewählt. Die Wahlperiode beträgt vier Jahre. Die Regierung wird durch den Senat ausgeübt, der aus dem Regierenden Bürgermeister und höchstens zehn weiteren Senatsmitgliedern (Bürgermeister und Senatoren) besteht. Der Regierende Bürgermeister wird mit der Mehrheit der abgegebenen Stimmen vom Abgeordnetenhaus gewählt. Die Wahl des Bürgermeisters und der Senatoren erfolgt auf Vorschlag des Regierenden Bürgermeisters durch das Abgeordnetenhaus. Der Regierende Bürgermeister vertritt B. nach außen. Er führt den Vorsitz im Senat und leitet die Sitzungen. Bei Stimmengleichheit gibt seine Stimme den Ausschlag. Im Einvernehmen mit dem Senat bestimmt der Regierende Bürgermeister die Richtlinien der Politik; sie bedürfen der Billigung des Abgeordnetenhauses. Die Gesetzgebung erfolgt durch das Abgeordnetenhaus oder durch Volksentscheid. Der neunköpfige Verfassungsgerichtshof wird vom Abgeordnetenhaus mit Zweidrittelmehrheit gewählt. Abschnitt II der Verfassung sichert die Grundrechte und definiert die Staatsziele. Das → Recht auf Arbeit, auf Wohnraum, auf soziale Sicherung sowie auf Mitbestimmung der Arbeiter und Angestellten in der Wirtschaft und Verwaltung sind verfassungsrechtlich abgesichert. Die Umwelt und die natürlichen Lebensgrundlagen stehen unter dem besonderen Schutz des Landes.

5. Innerhalb der Stadt besteht eine Binnengliederung; B. ist nach dem Bezirksverwaltungsgesetz i. d. F. vom 17. 7. 1989 (GVBl. S. 1494) in Bezirke eingeteilt. Diese besitzen jedoch keine eigene Rechtspersönlichkeit. Sie nehmen unter

Beteiligung ehrenamtlicher Bürger die bezirkseigenen Angelegenheiten und die den Bezirken übertragenen Vorbehaltsaufgaben wahr. Organe der Bezirke sind die Bezirksverordnetenversammlungen und die Bezirksämter. Das Bezirksamt besteht aus dem durch die Stadtverordnetenversammlung für die Dauer der Wahlperiode gewählten hauptamtlichen Bezirksbürgermeister sowie je 4 Bezirksstadträten. Die Ausgestaltung entspricht dem System der unechten Magistratsverfassung (→ Gemeindeverfassung, 2 b).

6. Nach Art. 118 a GG (eingefügt durch das 42. Ges zur Änderung des GG vom 27. 10. 1994, BGBl. I 3146; vorher schon Art. 5 – 2. Spiegelstrich – EinigV) kann die → Neugliederung in dem die Länder Berlin und → Brandenburg umfassenden Gebiet abweichend von den allgemeinen Neugliederungsvorschriften des Art. 29 GG unter Beteiligung ihrer Wahlberechtigten durch Vereinbarung beider Länder erfolgen. Im Juni 1994 haben das Abgeordnetenhaus von Berlin und der Landtag von Brandenburg jeweils mit Zweidrittel-Mehrheit einem → Staatsvertrag zur Schaffung eines gemeinsamen Landes zugestimmt. Der nach diesem Vertrag erforderliche Volksentscheid brachte jedoch 1996 in Brandenburg keine Mehrheit für eine Fusion. 1997 wurde ein Staatsvertrag mit Brandenburg geschlossen, der Raumordnung und Landesplanung koordinieren soll.

7. Berlin ist Hauptstadt der BRep. und künftiger Sitz von Bundesregierung, Bundesrat und Bundestag.

**Berliner Testament** wird eine Sonderform des *gemeinschaftlichen Testaments* genannt, in dem sich *Ehegatten* gegenseitig als Alleinerben einsetzen und gleichzeitig bestimmen, daß nach dem Tode des Längstlebenden der beiderseitige Nachlaß an einen Dritten (meist die Kinder) fallen soll. Zu diesem Zweck kann der überlebende Ehegatte als → Vorerbe, der Dritte als *Nacherbe* nach dem Tode des längstlebenden Ehegatten oder als → Ersatzerbe des längstlebenden Ehegatten eingesetzt werden. Um diese Trennung des Nachlasses zu vermeiden, bestimmt § 2269 I BGB, daß im Zweifel der gesamte Nachlaß einheitlich auf den längerlebenden Ehegatten als Alleinerben und von diesem zusammen mit dessen Hinterlassenschaft auf den sog. *Schlußerben* übergeht. Der Schlußerbe ist dann nur Erbe des längstlebenden Ehegatten, muß also dessen Tod erleben und hat vorher keine vererbliche Anwartschaft; er kann jedoch bereits nach dem ersten Erbfall, wenn er gegenüber dem erstversterbenden Ehegatten pflichtteilsberechtigt ist, den → Pflichtteil verlangen, da er ja zunächst enterbt ist. Haben die Ehegatten in einem B. T. ein → Vermächtnis angeordnet, das erst nach dem Tode des Überlebenden zu erfüllen ist, so ist im Zweifel anzunehmen, daß das Vermächtnis dem Dritten erst mit dem Tode des längstlebenden Ehegatten anfällt; der Bedachte muß daher beide Ehegatten überleben (§§ 2269 II, 2160 BGB). → Wiederverheiratungsklausel.

**Berlinförderungsgesetz.** Das B. (vom 2. 2. 1990 – BGBl. I 173) ist am 31. 12. 1994 ausgelaufen. West-Berlin wurde einbezogen in die Förderung für die neuen Länder durch → Investitionszulagen, → Sonderabschreibungen und Abzugsbeträge (Fördergebietsgesetz vom 24. 6. 1991, BGBl. I 1331 m. Änd.). Von Bedeutung sind nur noch

1. die *erhöhte AfA* für Baumaßnahmen an Gebäuden zur Schaffung neuer Mietwohnungen (§ 14 c);
2. die *erhöhte AfA* für Wohnungen mit Mieter- und Preisbindung (§ 14 d), falls fertiggestellt bis 31. 12. 1992;
3. Tarifermäßigung der Einkommen-, Lohn- und Körperschaftsteuer für Einkünfte aus Berlin (§ 21), letztmals für 1994.

**Berlinklausel.** Auf Grund des Genehmigungsvorbehalts der westlichen Militärgouverneure im Schreiben vom 12. 5. 1949 (vgl. → Berlin) galten die vom Bundestag beschlossenen Gesetze nicht unmittelbar in Berlin. Nach Art. 87 II der Verfassung von Berlin konnte das Abgeordnetenhaus aber durch Gesetz feststellen, daß ein Gesetz der BRep. unverändert auch in Berlin Anwendung findet. Wollte der Bundesgesetzgeber eine solche Übernahme, so nahm er eine Bestimmung auf, daß das Gesetz nach Maßgabe des Dritten → Überleitungsgesetzes auch im Land Berlin Anwendung finden sollte. Mit dem Ende der verfassungsrechtlichen

Sonderstellung Berlins durch die → Wiedervereinigung wurde die B. gegenstandslos.

**Berner Übereinkunft** zum Schutze von Werken der Literatur und Kunst wird das erste, 1886 abgeschlossene größere internationale Abkommen zum → Urheberrecht genannt. Darin gestehen die Vertragsstaaten den Angehörigen der anderen Vertragsstaaten den gleichen Urheberrechtsschutz wie den eigenen Staatsangehörigen zu. Die B. Ü. wurde 1896 und 1908 nach Revisionskonferenzen revidiert, insbes. zur Erweiterung des Schutzes auf mechanische Wiedergaben. Weitere Revisionen fanden 1928, 1948, 1967 und 1971 statt. Die BRep. ist der neuen Revidierten B. Ü. beigetreten (BGBl. 1965 II 1213). S. a. → TRIPS

**Berücksichtigungszeiten** in der Rentenversicherung. Zeiten der Kindererziehung bis zur Vollendung des 10. Lebensjahres und der nicht erwerbsmäßigen häuslichen Pflege eines Schwerpflegebedürftigen wirken sich als B. auf die → Wartezeit von 35 Jahren und auf die Gesamtleistungsbewertung von beitragsfreien Zeiten aus. §§ 43 III Nr. 2, 44 IV, 57, 71 III, 263 SGB VI.

**Beruf (freie Wahl und Ausübung).** Nach Art. 12 I GG haben alle Deutschen das Recht, Beruf, Arbeitsplatz und Ausbildungsstätte frei zu wählen; die Berufs *ausübung* kann durch Gesetz geregelt werden. Dieses → Grundrecht gilt für alle Berufe, selbständige und unselbständige (auch für den Übergang von einem B. zu einem anderen), auch für die des öffentlichen Dienstes. B. ist die auf Dauer angelegte, Arbeitskraft und -zeit überwiegend in Anspruch nehmende Tätigkeit, die im allgemeinen zur Gewinnung des Lebensunterhalts dient. Geschützt ist jede nach Gesetz und allgemeiner Wertordnung erlaubte (nicht verbotene) Tätigkeit, also auch Tätigkeiten, die nicht gesetzlich oder herkömmlich fixiert sind (nicht aber sozialschädliche Tätigkeiten wie z. B. Glücksspiel u.ä.). Das Grundrecht garantiert allerdings nicht die Möglichkeit, in einem gewählten Beruf auch wirklich unterzukommen. Gewährleistet ist jedoch die freie Wahl der Ausbildung, insbes. der Zugang zu den Ausbildungsplätzen; ein → numerus clausus ist verfassungsrechtlich nur unter besonderen Voraussetzungen zulässig. In der Frage, ob der für die Berufsausübung bestehende → Gesetzesvorbehalt die Berufs *aufnahme* (insbes. die Zulassung zu einem Gewerbe) umfaßt, weil diese nicht zur Berufs *wahl,* sondern zur Berufs *ausübung* zu rechnen ist, hat das BVerfG im sog. „Apothekenurteil" (BVerfGE 7, 377) entschieden, daß zwischen beiden nicht scharf getrennt werden darf. Berufswahl und Berufsausübung können durch Gesetz im materiellen Sinne, also auch Rechtsverordnungen, beschränkt werden, die Berufswahl aber nur so weit, als dies zur Regelung der Berufsausübung erforderlich ist. Die Berufsausübung ist in weiterem Umfang der gesetzlichen Regelung unterworfen, insbes. soweit vernünftige Erwägungen des Gemeinwohls dies rechtfertigen; nur übermäßige Belastungen sind unzulässig. Die Berufswahl darf nur eingeschränkt werden, wenn es zum Schutz besonders wichtiger Gemeinschaftsgüter zwingend erforderlich ist. Insbes. sind danach subjektive Zulassungsvoraussetzungen (persönliche Eigenschaften; Nachweis von Eignung, Fähigkeiten und Kenntnissen durch Prüfungen u. ä.; → Befähigungsnachweis) statthaft, soweit sie in einem angemessenen Verhältnis zu dem angestrebten Berufsziel stehen. Objektive Zulassungsvoraussetzungen, d. s. solche, auf die der Bewerber keinen Einfluß nehmen kann (insbes. eine → Bedürfnisprüfung), sind nur zulässig, soweit sie zum Schutz überragender Gemeinschaftsgüter unumgänglich notwendig sind, der durch sie erstrebte Zweck also auf andere Weise nicht erreicht werden kann. So wurde die Verfassungsmäßigkeit einer Bedürfnisprüfung z. B. verneint für Gelegenheitsverkehr mit Mietwagen, für den Handel mit unedlen Metallen, bejaht für Hebammen, für Taxen (wegen der Beförderungspflicht). Freier gestellt ist der Gesetzgeber bei „staatlich gebundenen" B. (vgl. z. B. BVerfGE 17, 380: Beschränkung der Zahl der → Notare). Auch für Beamte, Richter und Soldaten läßt Art. 33 GG besondere Regelungen zu, so daß sich die B.freiheit auf das Recht des gleichen Zugangs reduziert (→ Zulassung zu öffentl. Ämtern).

**Berufliche Rehabilitierung (DDR)** → Rehabilitierungsgesetze.

**Berufliche Schulen** ist der Sammelbegriff für die berufsbezogenen (Gegensatz: allgemeinbildende) S.; dazu gehören → Berufsschulen, Berufsaufbauschulen, Berufsfachschulen, Fachschulen, Fachoberschulen, Berufsoberschulen und Fachakademien. Das berufl. Schulwesen ist landesrechtlich geregelt; vgl. Art. 11 ff. bayer. Ges. über das Erziehungs- und Unterrichtswesen v. 7. 7. 1994 (GVBl. 689, ber. S. 1024 u. 1995, 98 und 148).

**Berufsabzeichen** (Schutz) → Berufstrachten.

**Berufsausbildungsabgabe** → Ausbildungsförderung (2).

**Berufsausbildungsbeihilfe.** Die Berufsausbildungsbeihilfe gehört zu den Leistungen der → Arbeitsförderung nach dem SGB III. Anspruch auf Berufsausbildungsbeihilfe haben unter bestimmten Voraussetzungen Auszubildende, die an einer förderungsfähigen Ausbildung teilnehmen und die nicht über die erforderlichen Mittel zur Deckung ihres Lebensbedarfs etc verfügen (§§ 59 ff. SGB III).

**Berufsausbildungsförderung** → Ausbildungsförderung (1).

**Berufsausbildungsverhältnis** ist ein besonders ausgestaltetes → Arbeitsverhältnis, dessen Zweck auf die Berufsausbildung gerichtet ist. Das B. ist weitgehend im Berufsbildungsgesetz – BBiG – (→ Berufsbildung) geregelt. Wegen der einzelnen → Ausbildungsberufe vgl. dort. Das B. unterliegt zahlreichen öffentlich-rechtlichen Bindungen (s. insoweit bei → Berufsbildung). Es ist aber als solches eine zivilrechtliche Vertragsbeziehung. Es wird durch Vertrag begründet (§ 4 BBiG), der Auszubildende ist → Arbeitnehmer (vgl. § 5 ArbGG). Den Ausbildenden treffen besonders ausgestaltete Pflichten (Ausbildung und Fürsorge, § 6 BBiG, Vergütung, §§ 10–12 BBiG). Wegen der Pflichten des Auszubildenden u. a. zum Lernen und zum Gehorsam vgl. § 9 BBiG. Die Probezeit dauert mindestens 1 höchstens 3 Monate. In ihr ist fristlose Kündigung jederzeit möglich, danach nur noch aus wichtigem Grund (Näheres vgl. § 15 BBiG, dort auch wegen weiterer formaler und inhaltlicher Anforderungen an die Kündigung). Das B. endet mit Ablauf der Ausbildungszeit oder mit Bestehen der Abschlußprüfung, bei deren Nichtbestehen verlängert es sich bis zur Wiederholungsprüfung. Bei Weiterarbeit nach der Prüfung gilt ein Arbeitsverhältnis als auf unbestimmte Zeit begründet, § 17 BBiG. Zum Anspruch auf → Zeugnis s. dort.; B. im weiteren Sinne, die nicht vom BerufsbildungsG erfaßt werden, sind das → Anlernverhältnis, das → Volontärverhältnis, das → Praktikantenverhältnis; s. a. → Mitbestimmung, → Ausbildungsförderung.

**Berufsausübung, Untersagung der –,** → Berufsverbot.

**Berufsbeamtentum.** Das B. im heutigen Sinne hat sich im Laufe des 17. Jahrhunderts entwickelt, als die souveränen Landesherren im Zuge des Aufbaus einer obrigkeitlichen Verwaltung ein auf besonderer Pflichterfüllung beruhendes, von dem Landesherrn einseitig gestaltetes Dienstverhältnis schufen (Beamtentum). Die weitere Entwicklung ist gekennzeichnet durch eine zunehmende Sicherung der Rechtsstellung der Beamten (Besoldungs- und Versorgungsrecht, → Disziplinarrecht), wobei insbes. nach dem Wegfall der Monarchie die Verpflichtung der Beamten gegenüber dem Gemeinwohl zum prägenden Charakteristikum wurde (Beamtenethos). Die Weimarer Reichsverfassung hat den Berufsbeamten als einen mit spezifischen Rechten und Pflichten ausgestatteten „Diener der Gesamtheit" verfassungsrechtlich gewährleistet (Art. 128–130). Aus der Erfahrung der tiefgreifenden und widerrechtlichen Eingriffe des Nationalsozialismus in das B. (vgl. Ges. zur Wiederherstellung des B. vom 7. 4. 1933 u. a.) hat der Gesetzgeber des GG die „herkömmlichen Grundsätze des B." verfassungsrechtlich garantiert (Art. 33 V GG). Verfassungsrechtlich gesichert sind hierdurch, bei aller Möglichkeit der Fortentwicklung im einzelnen, die Institution des B. und die sie tragenden Strukturprinzipien (u. a.: öffentl.-rechtl. Ausgestaltung, Begründung auf Lebenszeit als Regel und somit der Charakter als Lebens- und Hauptberuf, Laufbahnprinzip, Fürsorgepflicht des Dienstherrn, vor allem

Anspruch auf angemessene Dienst- und Versorgungsbezüge, Gewährleistung wohlerworbener Rechte, ohne daß damit eine betragsmäßige Garantie der Besoldung verbunden wäre). Zu den hergebrachten Grundsätzen des B. ist auch die Verpflichtung zum aktiven Einsatz und das Bekenntnis zur verfassungsmäßigen Ordnung zu rechnen; s. a. Radikale im öffentlichen Dienst. Im allgemeinen wird zu diesen Grundsätzen auch das Verbot des Streiks – auch in der Form von „Dienst nach Vorschrift", Bummelstreik („go slow") u. dgl. – gezählt.

**Berufsberatung,** d. h. Erteilung von Rat und Auskunft in Fragen der Berufswahl einschl. des Berufswechsels, obliegt nach dem SGB III (→ Arbeitsförderung) der → Bundesanstalt für Arbeit sowie privaten Berufsberatern (§§ 29–34, 289 f. SGB III). Sie wird durch die Vermittlung in berufliche Ausbildungsstätten ergänzt. S. a. → Arbeitsvermittlung.

**Berufsbetreuer** → Betreuung.

**Berufsbezeichnung.** Die unbefugte Führung einer B. ist häufig mit Strafe oder Bußgeld bedroht, wenn die Berufsausübung an den Nachweis besonderer Fachkunde geknüpft ist. Der Strafschutz des § 132 a StGB erfaßt das unerlaubte Führen von Amts(Dienst)-bezeichnungen und der Bezeichnung für andere berufliche Tätigkeiten, die auf Grund öffentlich-rechtlicher Zulassung ausgeübt werden (Arzt, Zahnarzt, Psychotherapeut, Tierarzt, Apotheker, Rechtsanwalt, Patentanwalt, Wirtschaftsprüfer, Steuerberater usw.). Für weitere Berufe bestehen entsprechende Schutzvorschriften in den jeweiligen Berufsordnungen, so in §§ 51, 117 HandwerksO für den Meistertitel, §§ 1, 16 KrankenpflegeG, § 14 MasseurG (auch für med. Bademeister, Krankengymnasten), §§ 1, 12 MedTechnAssG. Die Bezeichnung „Ingenieur" ist durch die Ingenieurgesetze der Länder, „Architekt" durch Landesarchitektengesetze geschützt → akademische Grade.

**Berufsbildung.** Als B. bezeichnet man die Berufsausbildung für → Ausbildungsberufe in einem → Berufausbildungsverhältnis, wie sie in Deutschland für die Berufsausbildung im Handwerk und im kaufmännischen Bereich überkommen ist. Das Berufsbildungsgesetz vom 14. 8. 1969 (BGBl. I 1112) hat diese Form der Ausbildung auf alle Ausbildungsberufe erweitert. Dabei wurde dieser Teil der Berufsausbildung gleichzeitig weitgehend vereinheitlicht. Anders als etwa bei den akademischen Berufen sind die durch die B. erlangten Qualifikationen in aller Regel nicht exklusiv, d. h. gleichwertige Qualifikationen können auch durch Fachschul-, Fachhochschul- oder Hochschulausbildung erreicht werden. Für die B. hat der Bund die → konkurrierende Gesetzgebungskompetenz, die er mit dem BBiG und einigen Nebengesetzen weitgehend ausgeschöpft hat. Für im Ergebnis gleichwertige Schulabschlüsse sind die Länder zuständig. Das BBiG enthält arbeitsrechtliche Vorschriften für das → Berufsausbildungsverhältnis, von denen durch Vereinbarung nicht abgewichen werden kann. Die öffentlich-rechtlichen Vorschriften betreffen die Überwachung der Ausbildung und die Prüfungsbestimmungen (→ Ausbildungsordnungen). Geregelt sind u. a. die Anforderungen an die Ausbilderqualifikation, an die Gestaltung und Überwachung der Ausbildung, die Anerkennung von → Ausbildungsberufen. Weitere Vorschriften betreffen die berufliche Fortbildung und Umschulung und die berufliche Bildung Behinderter. Über organisatorische und Finanzierungsfragen vgl. das Berufsbildungsförderungsgesetz i. d. F. vom 12. 1. 1994 (BGBl. I 78) Sonderregelungen gelten für einzelne Wirtschaftszweige. Die Berufsausbildung im Rahmen des Handwerks bleibt weiterhin im Rahmen der → Handwerksordnung geregelt.

**Berufsfördernde Leistungen zur Rehabilitation** → Berufshilfe.

**Berufsförderung.** Zur Aufrechterhaltung des Wirtschaftswachstums und eines hohen Beschäftigungsstandes erbringt die → Bundesanstalt für Arbeit Leistungen zur institutionellen (Darlehen und Zuschüsse an Berufsbildungsträger) und zur individuellen Förderung der beruflichen Bildung (Leistungen für Einzelpersonen zu deren beruflicher Ausbildung, Fortbildung oder Umschulung; §§ 45 ff., 248 ff. SGB III).

Maßnahmen dieser Art erbringen

ferner die Träger der sozialen → Rentenversicherung und der → Unfallversicherung an Versicherte, die infolge einer Krankheit oder eines → Arbeitsunfalles ihren Beruf nicht mehr ausüben können, aber gesundheitlich in der Lage sind, in einen anderen zumutbaren Beruf überzuwechseln. S. a. → Berufsförderung in der sozialen Rentenversicherung, → Berufshilfe.

**Berufsförderung der Soldaten.** Die B. für die Soldaten auf Zeit umfaßt nach § 3 des → Soldatenversorgungsgesetzes den allgemein-beruflichen Unterricht an der Bundeswehrfachschule während der Dienstzeit und die Fachausbildung in öffentl. und privaten Einrichtungen nach der Wehrdienstzeit (§§ 4–5 a) sowie die Engliederung in das spätere Berufsleben (§§ 6–10). Zur Art des allgemein beruflichen Unterrichts und der Fachausbildung im einzelnen vgl. VO vom 26. 10. 1965 (BGBl. I 1746). Um die Eingliederung in das Berufsleben zu erleichtern, wird nach der durch das EingliederungsG für Soldaten auf Zeit vom 25. 8. 1969 (BGBl. 1347) verbesserten Regelung ein Eingliederungsschein (für die Übernahme als Beamter) oder ein Zulassungsschein (für die Einstellung als Angestellter oder Beamtenanwärter) erteilt, der bestätigt, daß der Inhaber zu dem Personenkreis gehört, für den im öffentlichen Dienst bestimmte Stellen freigehalten werden *(Stellenvorbehalt).* S. hierzu auch VO vom 16. 12. 1969 (BGBl. I 2347). Die Vorschriften über die Eingliederung in das spätere Berufsleben gelten auch für die Berufsförderung dienstunfähiger Berufssoldaten (§§ 39, 40 SoldVersorgG).

**Berufsförderung in der sozialen → Rentenversicherung** umfaßt insbes. Leistungen zur Erhaltung oder Erlangung eines Arbeitsplatzes, zur Förderung der Arbeitsaufnahme, zur Berufsvorbereitung, zur beruflichen Anpassung, Fortbildung, Ausbildung und Umschulung und zur Erzielung eines erforderlichen Schulabschlusses (§ 16 SGB VI). Voraussetzung ist die Erfüllung der Wartezeit von 180 Kalendermonaten oder der Bezug von Rente wegen Berufs- oder wegen Erwerbsunfähigkeit (§ 11 SGB VI). Ist die Wartezeit nicht erfüllt, so ist die → Bundesanstalt für Arbeit für berufsfördernde Leistungen zuständig. Zur berufsfördernden Rehabilitation als Leistung der gesetzlichen → Unfallversicherung → Berufshilfe.

**Berufsfreiheit** → Beruf (freie Wahl).

**Berufsgeheimnis.** Die berufliche Schweigepflicht, deren Strafschutz jetzt zusammenfassend in §§ 203 ff. StGB normiert ist, erstreckt sich auf *Privatgeheimnisse,* d. h. auf Tatsachen insbesondere aus dem persönlichen Lebensbereich oder sonstigen Geheimbereich, die dem Verpflichteten *anvertraut* oder sonst *bekannt geworden* sind. Die Vorschriften betreffen vor allem Angehörige der Heilberufe (Ärzte usw.) und der rechts- und wirtschaftsberatenden Berufe (Anwälte, Steuerberater usw.), Berufspsychologen, Berater für Ehe-, Familien-, Erziehungs-, Jugend-, Schwangerschafts- und Suchtfragen, Sozialarbeiter und -pädagogen, ebenso Angehörige von privaten Kranken-, Lebens- oder Unfallversicherungsunternehmen. Sie dürfen das ihnen in ihrer beruflichen Eigenschaft *(also nicht privat)* bekannt gewordene Geheimnis nicht *unbefugt* offenbaren. Ihnen stehen ihre Gehilfen und die von ihnen auszubildenden Personen gleich.

Der Geheimnisbruch, d. h. die Weitergabe an einen Dritten, kann gerechtfertigt sein einmal durch die Einwilligung des Geschützten (z. B. wenn er sich einer Eignungsuntersuchung unterzieht) oder durch eigene Rechtswahrung (der Arzt klagt sein Honorar ein oder wird auf Schadensersatz verklagt) oder durch ein überwiegendes allgemeines Interesse (das Gericht fordert ein Gutachten an; der Arzt unterrichtet die Gesundheitsbehörde über schwere körperliche Mängel eines Führerscheininhabers). Der Bruch des B. kann sogar *gesetzlich geboten* sein, so durch Anzeigepflicht beim Vorhaben besonders schwerer Straftaten (§ 138, vgl. aber § 139 III 2 StGB; → Anzeigepflicht, strafrechtliche), nach §§ 11–13, 27 GeschlKrankhG, §§ 3 ff., 69 BSeuchenG. Eine übergesetzliche Offenbarungspflicht kann sich bei *Pflichtenkollision* ergeben (z. B. Warnung des Haushaltsvorstandes bei ansteckender Krankheit der Hausangestellten).

Da § 353 b StGB (Verletzung des → Dienstgeheimnisses) nicht eingreift, weil er Gefährdung öffentl. Interessen voraussetzt, erstreckt § 203 II StGB den Strafschutz auf → *Amtsträger* und besonders Verpflichtete sowie andere mit bestimmten öffentl. Aufgaben (z. B. in der Gesetzgebung) betraute Personen, die dienstlich von privaten Geheimnissen Kenntnis erlangen. Zum Meldegeheimnis (→ Meldewesen), → Sozialgeheimnis und → Steuergeheimnis bestehen abschließende gesetzliche Regelungen über die Befugnis zur Offenbarung. Die Verletzung des B. ist → Antragsdelikt (§ 205 StGB). Das B. wird in Verfahren geschützt durch ein → Auskunfts- und ein → Zeugnisverweigerungsrecht.

**Berufsgenossenschaften** sind Träger der gesetzlichen → Unfallversicherung. Sie gliedern sich in → gewerbliche B. und → landwirtschaftliche B. B. sind Selbstverwaltungskörperschaften des öffentlichen Rechts, denen die Unternehmer als Mitglieder angehören, Zusammenstellung der B. in Anl. 1 u. Anl. 2 zu § 114 SGB VII. In den neuen Ländern werden keine B. errichtet, sondern die Bezirke der bestehenden B. auf die neuen Länder erstreckt (Kap. VIII, Sachgebiet I Abschnitt III Nr. 1 c (1) Einigungsvertrag).

**Berufsgerichte** (früher Ehrengerichte) sind Disziplinargerichte einzelner Berufsstände zu deren Reinhaltung und zur Ahndung eines Verhaltens, das mit einer anständigen Berufsgesinnung nicht zu vereinbaren und dem Ansehen des Berufsstandes abträglich ist. Die Disziplinarmaßnahmen reichen i. d. R. vom Verweis über Geldbußen bis zum Ausschluß aus dem Berufsstand. S. a. → Berufsverbot. Die B. sind dabei nicht an feststehende Tatbestände gebunden und können aus den angeführten Gründen jedes Verhalten ahnden. Sie sind z. T. bei den ordentlichen Gerichten (Landgerichte, Oberlandesgerichte) eingerichtet und aus Berufsrichtern als richterlichen Mitgliedern und Berufsvertretern als nichtrichterlichen Mitgliedern besetzt. Das Verfahren ist dem → Strafprozeß angeglichen. Schwebt gleichzeitig ein ordentliches Strafverfahren, so wird das berufsgerichtliche Verfahren i. d. R. bis zu dessen Entscheidung ausgesetzt. Gegen die Entscheidung des Berufsgerichts ist i. d. R. Berufung zu einem Berufsgericht zweiter Instanz (Berufsgerichtshof, Landesberufsgericht) gegeben. Bundesrechtliche Regelungen bestehen für → Rechtsanwälte (dort 4, Anwaltsgerichtsbarkeit), → Wirtschaftsprüfer, → Steuerberater und Steuerbevollmächtigte, landesrechtliche Regelungen für → Ärzte, → Tierärzte, → Zahnärzte, → Apotheker (vgl. z. B. das Bay. KammerG i. d. F. vom 9. 3. 1978, GVBl. 67), Architekten (s. §§ 27 ff. d. Bay. ArchitektenG i. d. F. vom 26. 11. 1990 (GVBl. 513).

**Berufsgruppenbestimmung** → Angestellte.

**Berufsgruppenversicherung** wird eine öffentlich-rechtliche Versicherungs- oder Versorgungseinrichtung bestimmter Berufsgruppen genannt. Besteht eine gesetzliche Pflichtmitgliedschaft (z. B. Ärzte-, Apothekerversorgung), so kann auf Antrag des Mitgliedes Befreiung von einer gleichzeitig bestehenden Versicherungspflicht in der → Rentenversicherung gewährt werden (§ 6 SGB VI).

**Berufshilfe.** Als B. bezeichnete man bis zum Inkrafttreten des SGB VII die Maßnahmen der gesetzlichen → Unfallversicherung, durch die mit allen geeigneten Mitteln einem Versicherten nach einem → Arbeitsunfall zur Aufnahme seines bisherigen oder eines anderen Berufes verholfen werden soll. Nach der Terminologie des SGB VII handelt es sich nunmehr um berufsfördernde Leistungen zur Rehabilitation. Sie umfassen u. a. Leistungen zur Förderung der Arbeitsaufnahme einschließlich Eingliederungshilfen an Arbeitgeber sowie Maßnahmen zur beruflichen Anpassung, Fortbildung, Ausbildung und Umschulung einschließlich eines zur Teilnahme an diesen Maßnahmen erforderlichen schulischen Abschlusses (§§ 35 ff. SGB VII).

**Berufsjäger.** Ausbildung, Prüfung und Berufsbezeichnung der B. regeln bundeseinheitlich die aufgrund des Berufsbildungsgesetzes erlassene Revierjäger-Ausbildungsverordnung vom 26. 4. 1982 (BGBl. I 554) sowie die Prüfungsordnung vom 28. 12. 1982 (BGBl. 1983 I 3) m. Änd.; wegen der Anforderungen an die Ausbildungsstätten s. die VO vom 28. 12. 1982 (BGBl. 1983 I 7).

**Berufskleidung** → Arbeitsmittel, → Werbungskosten, → Aufwandsentschädigungen.

**Berufskrankheiten.** Bestimmte Krankheiten, die ein Versicherter der gesetzlichen → Unfallversicherung bei einer vom Versicherungsschutz umfaßten Tätigkeit erleidet, gelten als → Versicherungsfall mit den daraus für den Betroffenen entstehenden Ansprüchen (§ 9 SGB VII). Diese Krankheiten sind in einer RechtsVO der BReg. bezeichnet (Berufskrankheiten-VO vom 31. 10. 1997, BGBl. I 2623).

**Berufsmäßiger Stadtrat** ist in Bayern die Bezeichnung für einen → Kommunalen Wahlbeamten als Leiter eines Teiles der Stadtverwaltung (Gemeindeverwaltung; → Gemeindeverfassung, 4). Vgl. → Beigeordneter.

**Berufsrichter** ist der in das → Richterverhältnis im Dienst des Bundes oder eines Landes berufene → Richter. Die Berufung setzt deutsche Staatsangehörigkeit, die durch das Bestehen zweier juristischer Staatsprüfungen erlangte → Befähigung zum Richteramt, persönliche Eignung und Verfassungstreue voraus (§§ 5 I, 9, 22 II Nr. 1 DRiG). B. (Gegensatz: → ehrenamtliche Richter) dürfen nur auf Lebenszeit, auf Zeit, auf Probe oder kraft Auftrags berufen werden, also nicht auf Widerruf (§ 8 DRiG).

**Berufsschulen** sind Bildungsanstalten, in denen die Schüler nach erfüllter Volksschulpflicht unter Berücksichtigung ihrer Berufsausbildung unterrichtet und erzogen werden. Sie dienen, wie die Volksschulen, der Erfüllung der allgemeinen → Schulpflicht (s. a. Schulwesen). Aufgabe der B. ist es, die Allgemeinbildung und die Erziehung der Schüler zu erweitern und zu vertiefen, die theoretische und praktische Berufsausbildung zu fördern sowie Berufsgesinnung und staatsbürgerliches Bewußtsein zu wecken. Die B. sind gemäß den Schulgesetzen der Länder i. d. R. öffentliche Schulen; Schulträger sind Gemeinden, Gemeindeverbände und Landkreise. Die Zulassung privater B. ist möglich. B.pflicht besteht i. d. R. bis zum 18. Lebensjahr, z. T. auch länger. Von den B. sind die *Fachschulen* zu unterscheiden, die im allg. die sog. mittlere Reife oder eine abgeschlossene Lehrzeit voraussetzen (→ berufliche Schulen).

**Berufssoldat** → Soldat.

**Berufstrachten, Schutz der –.** Das unbefugte Tragen von Berufstrachten oder von Berufsabzeichen einer Organisation der Kranken- oder Wohlfahrtspflege, die im Inland staatlich anerkannt oder genehmigt ist (z. B. solche der Schwestern vom Roten Kreuz), ist → Ordnungswidrigkeit (§ 126 OWiG). Dasselbe gilt für Trachten und Abzeichen von religiösen Vereinigungen, die von Religionsgesellschaften des öffentlichen Rechts anerkannt sind (z. B. Ordensgewänder). Das Verbot erfaßt auch Trachten und Abzeichen, die den geschützten zum Verwechseln ähnlich sind.

**Berufsunfähigkeit** ist in der → Rentenversicherung neben der Erfüllung der → Wartezeit und bestimmter Pflichtbeitragszeiten vor Rentenbeginn Voraussetzung für die Gewährung einer → Berufsunfähigkeitsrente. Sie ist gegeben bei Minderung der Erwerbsfähigkeit durch Krankheit oder Behinderung auf weniger als die Hälfte der Erwerbsfähigkeit eines gesunden Versicherten mit ähnlicher Ausbildung und gleichwertigen Kenntnissen und Fähigkeiten. Der Versicherte darf auf zumutbare andere Tätigkeiten nur verwiesen werden, wenn er sie noch ausfüllen kann, sie ihm unter Berücksichtigung der Dauer und des Umfangs seiner Ausbildung sowie seines bisherigen Berufes und der besonderen Anforderungen seiner bisherigen Berufstätigkeit zugemutet werden können und der Arbeitsmarkt dafür nicht praktisch verschlossen ist. Kommt nur noch Teilzeitarbeit in Frage, so ist der Arbeitsmarkt verschlossen, wenn weder der Rentenversicherungsträger noch das Arbeitsamt innerhalb eines Jahres seit Stellung des Rentenantrags einen für den Antragsteller in Betracht kommenden Arbeitsplatz anbieten kann, der täglich von seiner Wohnung aus erreichbar ist (§ 43 SGB VI).

**Berufsunfähigkeitsrente.** Rentenleistung der gesetzlichen → Rentenversicherung beim Vorliegen von → Berufsunfähigkeit und nach Erfüllung der → Wartezeit von 5 Jahren, wenn von den letzten 5 Jahren vor Eintritt der Berufsunfähigkeit mind. 3 Jahre mit Pflichtbeiträgen belegt sind oder die Berufsunfähigkeit als Folge eines Arbeitsunfalls oder ähnlicher Ereignisse (vgl. § 53 SGB VI) eingetreten ist. Sie wird auf Zeit oder auf unbestimmte Dauer gewährt, längstens jedoch bis zur Vollendung des 65. Lebensjahres (§ 43 SGB VI). Zur Höhe → Rentenformel.

**Berufsverbandsprinzip.** Das B. liegt Zusammenschlüssen von Arbeitgebern oder Arbeitnehmern (→ Arbeitgeberverbände, → Gewerkschaften) zugrunde, die nur Mitglieder eines bestimmten Berufszweigs aufnehmen (z. B. Handwerker, Angestellte). → Industrieverbandsprinzip.

**Berufsverbot** ist die zeitweilige oder dauernde Untersagung der Ausübung eines bestimmten Berufs wegen eines schwerwiegenden Verstoßes gegen die Berufspflichten. Es kann im berufsgerichtlichen Verfahren von den für verschiedene → freie Berufe (z. B. → Rechtsanwälte, → Ärzte) bestehenden → Berufs- oder Ehrengerichten ausgesprochen werden. Teilwirkung eines B. hat das Vertretungsverbot für Rechtsanwälte nach § 114 I Nr. 4 BRAO und auch das vorläufige Vertretungsverbot, das gegen Rechtsanwälte (§§ 150 ff. BRAO) und Steuerberater (§ 134 StBerG) verhängt werden kann. Einem B. gleich kommt ferner der Widerruf oder die Rücknahme einer für die Berufsausübung erforderlichen Erlaubnis oder → Approbation durch die Zulassungsbehörde (Verwaltungsbehörde). Praktisch die Wirkung eines B. hat auch die → Gewerbeuntersagung wegen Unzuverlässigkeit des Gewerbetreibenden (§ 35 GewO). Im → Strafprozeß kann nach § 70 StGB ein B. als → Maßregel der Besserung und Sicherung verhängt werden. Der Begriff B. wird häufig als irreführendes Schlagwort in der Diskussion um → Radikale im öffentlichen Dienst verwendet.

**Berufsvereinigungen.** Art. 9 I GG garantiert allen Deutschen das Recht, Vereine und Gesellschaften zu bilden (→ Vereinsfreiheit); nach Art. 9 III GG ist für jedermann und für alle Berufe das Recht gewährleistet, zur Wahrung und Förderung der Arbeits- und Wirtschaftsbedingungen Vereinigungen zu bilden (→ Koalitionsfreiheit). Diese Bestimmung erfaßt nur die arbeitsrechtlichen Berufsverbände (Koalitionen), also Vereinigungen von Arbeitnehmern oder Arbeitgebern zur Wahrnehmung ihrer kollektiven (sozialen) Interessen. Dagegen fallen wirtschaftliche Vereinigungen wie Konsumvereine, Kartelle, Syndikate, Wirtschafts- und Unternehmensverbände mangels spezieller arbeitsrechtlicher und sozialer Zielsetzung nicht unter Art. 9 III GG. Sie sind durch Art. 9 I geschützt, können also ebenfalls frei gebildet werden. Ihre Tätigkeit ist allerdings gewissen Einschränkungen unterworfen, namentlich im → Kartellrecht. Danach sind Verträge zwischen Unternehmen und Unternehmensvereinigungen und Beschlüsse von Unternehmensvereinigungen unwirksam, soweit sie geeignet sind, wettbewerbsbeschränkend zu wirken; lehnt eine Wirtschafts- oder Berufsvereinigung die Aufnahme eines Unternehmers ab, so kann die Kartellbehörde die Aufnahme anordnen, wenn die Ablehnung eine sachlich nicht gerechtfertigte ungleiche Behandlung darstellt und zu einer unbilligen Benachteiligung des Unternehmens im Wettbewerb führt (§ 27 GWB).

**Berufsverkehr** → Linienverkehr.

**Berufsvormund** → Vormund, → Amtsvormundschaft, → Vereinsvormundschaft, → Jugendamt.

**Berufswahl, Freiheit der –** → Beruf (freie Wahl und Ausübung).

**Berufung** ist das Rechtsmittel, das grundsätzlich gegen die Urteile des ersten Rechtszuges gegeben ist (§ 511 ZPO, §§ 8 III, 64 I ArbGG, § 124 I VwGO, § 143 SGG, § 312 StPO). Die B. eröffnet im Gegensatz zur → Revision eine neue (zweite) Tatsacheninstanz; im Zivilprozeß können aber neue Tatsachen, Angriffs- und Verteidigungsmittel im Interesse der Beschleunigung des Rechtsstreits nur eingeschränkt vorgetragen werden (vgl. §§ 527–531 ZPO, § 67 ArbGG; sog. *Novenrecht*). Die B. ist im allgemeinen dann zulässig, wenn die → Rechtszugvoraussetzungen vorliegen, nämlich die → Statthaftigkeit, das Einhalten der für die B. vorgeschriebenen Form (§ 518 ZPO, § 151 III SGG, § 314 StPO) und der Berufungsfrist, ferner die → Beschwer. Die *Berufungsfrist* beträgt im Zivilprozeß, im arbeitsgerichtlichen Verfahren und im Sozialgerichtsverfahren 1 Monat ab Zustellung des in vollständiger Form abgefaßten Urteils (§ 516 ZPO – Beginn jedenfalls 5 Monate nach Verkündung –, § 66 I ArbGG, § 151 SGG), im Strafprozeß 1 Woche ab Verkündung des Urteils (§ 314 I StPO). Im Zivilprozeß muß die Berufungssumme (mehr als 1500 DM Beschwer, § 511 a ZPO), im arbeitsgerichtlichen Verfahren eine Berufungssumme von mehr als 800 DM erreicht oder die B. ausdrücklich zugelassen sein (§ 64 II, III ArbGG). Im → Verwaltungsstreitverfahren ist die B. nur bei (innerhalb eines Monats ab Urteilszustellung beim Verwaltungsgericht zu beantragender) Zulassung durch das Oberverwaltungsgericht zulässig (§§ 124, 124 a VwGO) oder in Einzelfällen ganz ausgeschlossen; im letzteren Fall findet (bei Zulassung) unmittelbar die → Revision statt (§ 135 VwGO; → Sprungrevision, → Nichtzulassungsbeschwerde). Auch in der → Sozialgerichtsbarkeit ist für die B. teilweise die Zulassung erforderlich (§ 144 SGG). Im → Strafprozeß bedarf eine B. des Angeklagten, wenn er zu → Geldstrafe bis zu 15 Tagessätzen verurteilt wird, eine → Verwarnung mit Strafvorbehalt in dieser Höhe erhält oder nur zu → Geldbuße verurteilt wird, oder eine B. der → Staatsanwaltschaft nach → Freispruch des Angeklagten oder Einstellung des Verfahrens in der → Hauptverhandlung und Antrag auf Geldstrafe bis zu 30 Tagessätzen der Annahme (§ 313 I StPO). Die B. wird angenommen, wenn sie nicht offensichtlich unbegründet ist oder die Rechtsbeschwerde nach §§ 79, 80 OWiG zulässig wäre. Eine *Berufungsbegründung* ist im Zivilprozeß Rechtszugvoraussetzung, im Strafprozeß freigestellt (§ 317 StPO). Die B. ist nach § 519 ZPO schriftlich zu begründen. Die Frist beträgt im Zivilprozeß und im arbeitsgerichtlichen Verfahren einen Monat (§ 519 II 2 ZPO, § 66 I ArbGG); sie beginnt mit der Berufungseinlegung und kann auf Antrag, wenn erhebliche Gründe vorliegen, verlängert werden. Die B.begründung muß einen *Berufungsantrag* und die *Berufungsgründe* enthalten, d. h. angeben, inwieweit das Urteil angefochten und welche Abänderung begehrt wird, sowie die Gründe hierfür (Tatsachen, Beweismittel, § 519 III ZPO). Im Verwaltungs- und Sozialstreitverfahren muß ein Berufungsantrag gestellt und soll eine Begründung gegeben werden. *Berufungsgericht* ist das Landgericht für die Entscheidungen des Amtsgerichts (s. aber → Familiengericht), das Oberlandesgericht für die Entscheidungen des Landgerichts (in Zivilsachen), das Landesarbeitsgericht für die Entscheidungen des Arbeitsgerichts, das Oberverwaltungsgericht (der Verwaltungsgerichtshof) für die Entscheidungen des Verwaltungsgerichts, das Landessozialgericht für die Entscheidungen des Sozialgerichts. Das Berufungsgericht prüft von Amts wegen die Zulässigkeit der B. (§ 519 b ZPO, § 125 II VwGO, § 158 SGG, § 322 StPO). Eine unzulässige B. wird verworfen. Im übrigen richtet sich das *Berufungsverfahren* grundsätzlich nach den Vorschriften für das Verfahren erster Instanz (§ 523 ZPO, § 64 VI ArbGG, § 125 I VwGO, § 153 I SGG, § 332 StPO). Doch gelten in allen Verfahrensordnungen Sondervorschriften, die dem Wesen des Rechtsmittels angepaßt sind. Eine unbegründete B. wird – i. d. R. durch Urteil – zurückgewiesen. Eine begründete B. führt zur Aufhebung des Urteils erster Instanz und zu neuer Entscheidung des Berufungsgerichts oder zur → Zurückverweisung (§§ 538, 539 ZPO, § 130 VwGO, § 159 SGG). Gegen die Berufungsurteile findet zum Teil → Revision statt. Die B. kann zurückgenommen werden (§ 515 ZPO, § 126 VwGO, § 156 SGG, § 302 StPO); → Zurücknahme von Rechtsmitteln.

**Berühmung** (Anspruchs-B.) → Patentberühmung; s. a. → Feststellungsklage.

**Besatzungsbehörden.** Nach der Kapitulation Deutschlands am 8. 5. 1945 übten die Besatzungsmächte (USA, Großbritannien, Frankreich, Sowjetunion) die gesamte Staatsgewalt in Deutschland durch B. aus (so die Deklaration vom 5. 6. 1945). Sie behielten sich ihre Rechte grundsätzlich auch noch mit Einführung des Besatzungsstatus (1949) vor und verzichteten darauf erst im → Deutschlandvertrag.

**Besatzungsgerichte.** Als Folge der Übernahme der obersten Regierungsgewalt in Deutschland durch die Alliierten Mächte mit der Berliner Erklärung vom 5. 6. 1945 (→ Viermächteerklärung) setzten diese in Deutschland auch eigene Gerichte ein. Zu diesen zählte auch das Internationale Militärtribunal in Nürnberg, das zur Aburteilung von Verbrechen gegen den Frieden, Kriegsverbrechen und Verbrechen gegen die Menschlichkeit für zuständig erklärt wurde (Londoner Abkommen vom 8. 8. 1945).

**Besatzungsrecht** waren die von den → Alliierten Mächten durch ihre zuständigen Stellen für das Gebiet des besetzten Deutschlands erlassenen Rechtsvorschriften. Das Besatzungsrecht trat neben das in der Zeit vor dem 8. 5. 1945 geschaffene und noch fortgeltende Recht. Es war nicht an die Grenzen der deutschen Verfassungen gebunden und konnte von deutschen Gerichten nicht überprüft werden. Durch den → Überleitungsvertrag wurden die BRep. und ihre Länder ermächtigt, das von den Besatzungsbehörden erlassene Recht aufzuheben oder zu ändern. Dies ist in weitem Umfange durch die Bundesgesetze zur Aufhebung des Besatzungsrechts geschehen. Durch die → Abschließende Regelung in bezug auf Deutschland wurde noch fortgeltendes B. gegenstandslos.

Zu Enteignungen, die „auf besatzungsrechtlicher oder besatzungshoheitlicher Grundlage" von 1945–1949 in der ehem. DDR vorgenommen wurden und nicht rückgängig gemacht werden können, vgl. → Offene Vermögensfragen, → Entschädigungs- und Ausgleichsleistungsgesetz.

**Beschädigtenrente** wird als laufende Barleistung der → Kriegsopferversorgung an Beschädigte bei einer Minderung der Erwerbsfähigkeit (MdE) um mindestens 25 v. H. gewährt, wobei die MdE nach der körperlichen Beeinträchtigung im allgemeinen Erwerbsleben beurteilt wird. Höhere Bewertung, wenn der Beruf durch die Schädigung besonders betroffen ist. Die Grundrente gilt als Entschädigung für die Einbuße an körperlicher Unversehrtheit; sie ist von den Einkommensverhältnissen des Beschädigten unabhängig. Ihre Höhe ist nach dem Grade der MdE gestaffelt und für Schwerbeschädigte (MdE mind. 50 v. H.) nach Vollendung des 65. Lebensjahres erhöht. Schwerbeschädigte erhalten dazu eine Ausgleichsrente, auf die andere Einkünfte z. T. anzurechnen sind, ferner Ehegattenzuschlag und Kinderzuschlag (sofern nicht Anspruch auf → Kindergeld, → Kinderzulage, → Kinderzuschuß o. ä. besteht) bis zur Vollendung des 16. bzw. 27. Lebensjahres des Kindes für ein unverheiratetes Kind in Schul- oder Berufsausbildung oder in einem freiwilligen sozialen oder ökologischen Jahr, bei körperlichen oder geistigen Gebrechen und bei Wehr- oder Zivildienst auch darüber hinaus. Zahlungsverlängerung ist möglich aus bestimmten gesetzlichen, vom Anspruchsberechtigten nicht zu vertretenden Gründen. Erwerbsunfähige (MdE mehr als 90 v. H.) Beschädigte, die durch Schädigungsfolgen gesundheitlich außergewöhnlich betroffen sind, erhalten eine gestaffelte Schwerstbeschädigtenzulage (§§ 30–34 BVG).

**Beschädigung fremder Sachen** führt zu Schadensersatz- und anderen Ansprüchen; → unerlaubte Handlung, → Eigentumsstörungen, → positive Vertragsverletzung. *Strafrecht:* → Sachbeschädigung. Die B. gewisser unter öffentlichem Schutz stehender Sachen ist darüber hinaus strafbar: bei amtlich aufbewahrten Sachen als → Verwahrungsbruch (§ 133 StGB), bei böswilliger B. amtlicher Bekanntmachungen usw. (§ 134 StGB), bei B. amtlicher Siegel an gepfändeten Sachen u. dgl. (→ Siegelbruch, § 136 StGB), bei B. von Wehrmitteln als → Wehrmittelsabotage (§ 109 e StGB). Wegen B. von Verkehrseinrichtungen vgl. §§ 315, 315 b, 316 b, 317 StGB, wegen B. fremder Urkunden vgl. § 274 StGB.

**Beschaffungsschuld.** Hier verspricht der Schuldner dem Gläubiger, mit eigenen Geldmitteln bestimmte Gegenstände zu beschaffen. Obwohl es sich eigentlich nicht um eine → Gattungsschuld handelt, finden deren Regeln (→ Unmöglichkeit der Leistung) auf die B. entsprechende Anwendung.

**Beschäftigung, illegale** umfaßt die Beauftragung mit → Schwarzarbeit (§ 2 Ges. zur Bekämpfung der Schwarzarbeit), ferner nach § 5 dieses Ges. B. eines Ausländers ohne die erforderliche Genehmigung (→ Arbeitserlaubnis, -berechtigung) des Arbeitsamtes (§ 404 I Nr. 2 SGB III), unerlaubte Auslandsvermittlung, Anwerbung und B. von Ausländern ohne Genehmigung zu ungünstigen Arbeitsbedingungen oder in größerem Umfang (§§ 406, 407 SGB III), Verleih eines Ausländers ohne Genehmigung (§ 15 AÜG), Entleih von Ausländern ohne Genehmigung zu ungünstigen Bedingungen oder in größerem Umfang (§ 15 a AÜG), Verleih eines Arbeitnehmers ohne Verleiherlaubnis (§ 16 I Nr. 1 AÜG), Verleih oder Entleih von Arbeitnehmern in Betriebe des Baugewerbes (§ 16 I Nr. 1 b AÜG), Entleih eines ausländischen Arbeitnehmers ohne Genehmigung (§ 16 I Nr. 2 AÜG), sowie Vorenthalten von Beiträgen des Arbeitnehmers zur Sozialversicherung und zur Bundesanstalt für Arbeit und Einbehalten von Teilen des Arbeitsentgelt, die an andere Stellen abzuführen sind (§ 266 a StGB → Untreue). Die Handlungen sind als → Straftaten oder → Ordnungswidrigkeiten mit → Strafe oder → Bußgeld bedroht. Der Bekämpfung dienen auch Kontrollen von B.-Stellen, insb. Baustellen, der Ausschuß von öffentlichen Anträgen nach festgestellter i. B. (§ 5 Ges. zur Bekämpfung der Schwarzarbeit) und der → Sozialversicherungsausweis sowie die Unterrichtung und Zusammenarbeit der zuständigen Behörden (→ Leistungsmißbrauch).

**Beschäftigungsgesellschaft** ist eine Form der Trägerschaft für den Einsatz arbeitsmarktpolitischer Maßnahmen. Sie wird vor allem seit der Wiedervereinigung als gemeinnützige GmbH oder eingetragener Verein zur Bewältigung der Massenentlassung und des Strukturwandels in den neuen Ländern eingesetzt. Sie soll arbeitslosen oder von Arbeitslosigkeit bedrohten Personen im Rahmen von Arbeitsbeschaffungsmaßnahmen Arbeitsverhältnisse anbieten. An ihrer Bildung wirken in der Regel das Land und die Kommunen mit.

**Beschäftigungspflicht** ist eine (privatrechtliche) Pflicht des → Arbeitgebers, den → Arbeitnehmer im Rahmen des → Arbeitsverhältnisses zu beschäftigen; sie ist also das Gegenstück zur Arbeitsleistungspflicht des Arbeitnehmers. Die B. (bei voller Zahlung des → Arbeitslohnes) besteht nach neuer Auffassung grundsätzlich stets und nur ausnahmsweise nicht, wenn überwiegende Interessen des Arbeitgebers entgegenstehen (z. B. bei Auftragsmangel). Eine B. besteht auch nach → Kündigung des Arbeitsverhältnisses jedenfalls dann, wenn das Arbeitsgericht – wenn auch noch nicht rechtskräftig – diese für unwirksam erklärt hat (Verbot der → Freistellung).

**Beschäftigungsverhältnis** wird in Anlehnung an das Sozialversicherungsrecht auch das sog. faktische → Arbeitsverhältnis genannt.

**Beschaubezirk** → Fleischhygiene.

**Bescheid** ist eine in der Praxis häufige, vielfach auch gesetzlich vorgesehene Bezeichnung der Entscheidung von Verwaltungsbehörden (z. B. Baubescheid = Entscheidung über einen Antrag auf Baugenehmigung). Ein B. kann die Merkmale des → Verwaltungsaktes erfüllen; doch wird die Bezeichnung auch für bloße Mitteilungen, Auskünfte u.dgl. verwendet.

**Bescheidungsurteil** nennt man das Urteil eines Verwaltungsgerichts, das die beklagte Verwaltungsbehörde verpflichtet, den Kläger unter Beachtung der Rechtsauffassung des Gerichts zu bescheiden (§ 113 V 2 VwGO; → Verwaltungsstreitverfahren). Ein B. ergeht, wenn das Gericht auf Verpflichtungsklage feststellt, daß die Ablehnung oder Unterlassung des vom Kläger beantragten Verwaltungsaktes rechtswidrig und der Kläger dadurch in seinen Rechten verletzt ist, wenn es aber die Verpflichtung der Verwaltungsbehörde zur Vornahme der beantragten Amtshandlung nicht aussprechen kann, weil die Sache nicht spruchreif ist. I. d. R. ist dies der Fall, wenn der Verwaltungsbehörde ein Ermessensspielraum bleibt.

**Beschimpfung** ist eine besonders herabsetzende Form der Kränkung (→ Beleidigung). Das StGB bedroht in § 90 a mit Strafe die *öffentliche* B. oder das *böswillige Verächtlichmachen* der BRep. oder eines ihrer Länder oder ihrer verfassungsmäßigen Ordnung (d. h. der freiheitlich-demokratischen Grundordnung). Dem Begriff der B. steht nahe die *Verunglimpfung,* d. i. eine nach Form, Inhalt oder äußeren Umständen erhebliche Ehrenkränkung. Diese ist nach den §§ 90, 90 a StGB mit Strafe bedroht, wenn sie sich gegen den BPräs. oder gegen Farben, Flagge oder Wappen des Bundes oder eines Landes oder gegen die Hymne richtet und *öffentlich* begangen wird. Hingegen ist die öffentliche Verunglimpfung des Parlaments oder der Regierung der BRep. oder eines Landes nur bei *staatsgefährdender Absicht* (Förderung verfassungsfeindlicher Bestrebungen) strafbar, § 90 b StGB. Der öffentlichen Begehungsform ist in den §§ 90 a, b StGB die Verbreitung von → Schriften und anderen Darstellungen gleichgestellt.

Wegen B. von Teilen der Bevölkerung → Volksverhetzung, wegen B. des Andenkens Verstorbener → Beleidigung (2 d); wegen Gotteslästerung, B. von Religionsgesellschaften und beschimpfendem Unfug an Gräbern oder Leichen → Religionsvergehen.

**Beschlagnahme** ist die zwangsweise Sicherstellung einer Sache durch Verwaltungsakt zur Verfügung einer Behörde zwecks Sicherung öffentlicher oder privater Belange. Sie ist zur Sicherung privater Rechte insbes. vorgesehen durch *Pfändung* sowie im Rahmen des → Insolvenzverfahrens oder der → Zwangsversteigerung, im öffentlichen Interesse durch vorbeugende polizeiliche B. (z. B. Inverwahrnahme gefährlicher Gegenstände) oder als *strafprozessuale* Maßnahme. Die B. hat eine *Verstrickung* der Sache zur Folge, d. h. eine staatliche Herrschaftsgewalt, die nicht immer an die Besitzergreifung durch die Behörde geknüpft ist; so bei Eröffnung des Insolvenzverfahrens (§ 80 InsO) oder bei der → Immobiliarvollstreckung, wo die Anordnung der → Zwangsversteigerung oder → Zwangsverwaltung ein → Veräußerungsverbot bewirkt und die Zwangsverwaltung überdies dem Schuldner (Grundstückseigentümer) die Verwaltung und Benutzung des Grundstücks entzieht (§§ 23, 146, 148 ZVG). Die B. ist durch die Strafvorschrift gegen → Verstrickungsbruch (§ 136 StGB) geschützt.

Die *strafprozessuale* B. (§§ 94–101 StPO) kann Gegenstände erfassen, die als *Beweismittel* für die Untersuchung von Bedeutung sein können (insbes. Überführungsstücke), sowie bewegliche Sachen, die dem → Verfall oder der → *Einziehung* im Strafverfahren unterliegen (§ 111 c StPO). Sie ist nur erforderlich, wenn der Gegenstand vom Gewahrsamsinhaber nicht freiwillig herausgegeben wird oder sonstwie in den Besitz der Behörde gelangt ist; in diesen Fällen genügt es, daß er in *Verwahrung* genommen oder sonst *sichergestellt* wird (über die B. von Grundstücken, Forderungen u. a. Rechten vgl. § 111 c II–IV StPO). Die B. muß grundsätzlich vom Richter angeordnet werden; bei Gefahr im Verzug kann auch der Staatsanwalt oder ein → Hilfsbeamter der StA die Anordnung treffen, soll aber bei Widerspruch des Betroffenen binnen 3 Tagen die richterliche Bestätigung einholen; gegen diese ist Beschwerde zulässig. *Unzulässig* ist die B. schriftlicher Mitteilungen zwischen dem Beschuldigten und zur → Zeugnisverweigerung berechtigten Angehörigen, Geistlichen, Ärzten, Rechtsanwälten und ihnen gleichgestellten Vertrauenspersonen sowie ihrer Aufzeichnungen, aber nur, wenn sie sich in deren Besitz befinden (beschlagnahmefreie Gegenstände, § 97 StPO, z. B. Handakten des Rechtsanwalts, Krankengeschichten, auch in der Krankenanstalt). Die B. ist aber gleichwohl zulässig, wenn der Zeugnisverweigerungsberechtigte selbst der → Teilnahme an der Tat, der → Begünstigung, → Strafvereitelung oder → Hehlerei verdächtig ist. Eine *Postbeschlagnahme,* d. h. die B. aller an den Beschuldigten gerichteten Sendungen, darf nur vom Richter und bei Gefahr im Verzug vom Staatsanwalt angeordnet werden (§§ 99, 100 StPO). Im *Steuerstrafverfahren* sind die Finanzämter beschlagnahmeberechtigt, wenn sie das Ermittlungsverfahren führen (§ 399 AO). Beschlagnahmte Gegenstände sind *zurückzugeben,* sobald sie für das Verfahren nicht mehr benötigt werden, und zwar grundsätzlich an den letzten Gewahrsamsinhaber; sie sind aber dem

Verletzten auszuhändigen, wenn sie ihm durch die Straftat entzogen worden sind, soweit nicht Ansprüche Dritter entgegenstehen (§ 111 k StPO, Nr. 75 RiStBV). *Einstweilige B.* ist bei → Zufallsfunden möglich (§ 108 StPO). Wegen B. des Führerscheins vgl. → Fahrerlaubnis; s. ferner → Vermögensbeschlagnahme. Zur B. von Druckschriften → Pressedelikte.

**Beschleunigtes Verfahren.** Im Strafprozeß kann, wenn die Sache auf Grund des einfachen Sachverhalts oder der klaren Beweislage (z. B. Geständnis des Täters) zur sofortigen Verhandlung geeignet ist, ohne → Anklageschrift und → Eröffnungsverfahren mit abgekürzter → Ladungsfrist von 24 Std. die Hauptverhandlung *vor dem Einzelrichter oder dem Schöffengericht* anberaumt und durchgeführt werden (§§ 417 ff. StPO). Der Staatsanwalt kann die Anklage mündlich in der Sitzung erheben. Ist Freiheitsstrafe von mindestens 6 Monaten zu erwarten, so wird dem Beschuldigten ein Verteidiger bestellt, wenn er noch keinen hat. Das Gericht hat dem Antrag auf Entscheidung im b. V. zu entsprechen, wenn die Sache sich für dieses eignet. Eine höhere Strafe als 1 Jahr Freiheitsstrafe sowie → Maßregeln der Besserung und Sicherung (außer Entziehung der Fahrerlaubnis) dürfen im b. V. nicht verhängt werden. In der → Hauptverhandlung ist → Urkundenbeweis in erweitertem Umfang möglich (§ 420 StPO). Das b. V. ist gegen → Jugendliche nicht zulässig (§ 79 II JGG), wohl aber gegen Heranwachsende; gegen Jugendliche ist statt dessen das → vereinfachte Jugendverfahren vorgesehen (§§ 76–78 JGG).

**Beschleunigung des Rechtsstreits** → mündliche Verhandlung, → Verteidigungsmittel, → Berufung.

**Beschluß.** Der B. als gerichtliche Entscheidung unterscheidet sich vom → Urteil in der Form; sie ist weniger streng. Ein Beschluß hat zum Mindestinhalt eine kurze, dem → Urteilskopf entsprechende Bezeichnung des Rechtsstreits, eine Formel, die der → Urteilsformel entspricht, und die Unterschrift(en). Gründe, die den Tatbestand und die Entscheidungsgründe umfassen, sind bei einem B. je nach Verfahren und Inhalt nicht selten entbehrlich. Über seine Bekanntgabe s. § 329 ZPO. Beschlüsse können angefochten werden (i. d. R. durch → Beschwerde) und in → Rechtskraft erwachsen, soweit nur ein *befristetes* Rechtsmittel zulässig ist oder sie nach ihrem Inhalt endgültig sind.

**Beschlußverfahren.** 1. Gerichtliche Entscheidungen, die weder die Form eines → Urteils erfordern noch als → Verfügung ergehen, werden ohne (oder auf freigestellte) mündliche Verhandlung durch → Beschluß getroffen. Dies gilt für alle gerichtlichen Verfahren; vgl. insbes. § 329 ZPO, § 33 StPO, § 122 VwGO.

2. Daneben sind besondere B. – im Gegensatz zum → Urteilsverfahren – vorgesehen, so im Rahmen der *Arbeitsgerichtsbarkeit,* in der im B. (§§ 80–98 ArbGG) Streitigkeiten aus dem → Betriebsverfassungsrecht (→ Mitbestimmung) und über die → Tariffähigkeit entschieden werden (§ 2 a ArbGG). Das B. wird auf Antrag eingeleitet (§ 81 ArbGG). Es gilt der → Untersuchungsgrundsatz; als → Beteiligte sind der Arbeitgeber, die Arbeitnehmer und die betriebsverfassungsmäßig beteiligten Stellen – insbes. der → Betriebsrat – zuzuziehen (§ 83 ArbGG). Im ersten Rechtszug entscheidet das → Arbeitsgericht durch Beschluß (§ 84 ArbGG), der einen → Vollstreckungstitel darstellt (§ 85 ArbGG). Es findet Beschwerde zum Landesarbeitsgericht, danach → Rechtsbeschwerde (ggf. → Sprungrechtsbeschwerde) zum Bundesarbeitsgericht statt. Str. ist, ob das B. eine besondere Prozeßart für → bürgerlichrechtliche Streitigkeiten (der → freiwilligen Gerichtsbarkeit entsprechend) oder das Verfahren für der Arbeitsgerichtsbarkeit zugewiesene öffentlichrechtliche Streitigkeiten darstellt (so die h. M.).

3. In anderen Gesetzen sind B. vor *Verwaltungsbehörden* geregelt; in ihnen wird meist über Anträge oder Ansprüche in einem förmlichen Verfahren entschieden, das vielfach dem verwaltungsgerichtlichen nachgebildet ist, so im Enteignungsverfahren nach §§ 104 ff., 112 ff. BauGB. Vielfach entscheiden Ausschüsse, die bei der Behörde unter Heranziehung ehrenamtlicher Beisitzer

gebildet sind (z.B. der Ausgleichsausschuß nach dem LastenausgleichsG). Für diese B. gelten die Grundsätze der Mündlichkeit, des rechtlichen Gehörs und das Offizialprinzip. Gegen die Entscheidungen ist i.d.R. der Verwaltungsrechtsweg gegeben.

**Beschränkte dingliche Rechte** → Sachenrecht.

**Beschränkte Geschäftsfähigkeit** → Geschäftsfähigkeit.

**Beschränkte Haftung** → Beschränkung der Erbenhaftung, → Gesellschaft mit beschränkter Haftung.

**Beschränkte persönliche Dienstbarkeit.** Sie entspricht in ihrem Inhalt der → Grunddienstbarkeit, steht jedoch anders als diese nicht dem jeweiligen Eigentümer eines Grundstücks, sondern einer bestimmten Person zu (§ 1090 BGB). Die b.p.D. ist deshalb nicht veräußerlich, übertragbar (Ausnahme bei einer b.p.D. zugunsten einer juristischen Person oder einer rechtsfähigen → Personengesellschaft, insbes. bei einem Strom-, Gas-, Wasser- oder ähnlichen Leitungsrecht), belastbar und vererblich; auch ihre *Ausübung* kann nur bei Gestattung durch den Eigentümer einem Dritten überlassen werden (§ 1092 BGB). Im übrigen gelten die Vorschriften über die Grunddienstbarkeit. Eine besondere Form der b.p.D. ist das dingliche *Wohnungsrecht* (§ 1093 BGB).

**Beschränkte Steuerpflicht** → Steuerpflicht.

**Beschränkung der Erbenhaftung.** Der → Erbe (s. aber → Erbe, vorläufiger) haftet grundsätzlich für die → Nachlaßverbindlichkeiten unbeschränkt, d.h. mit seinem ganzen Vermögen. Neben der → Ausschlagung der Erbschaft hat er jedoch grundsätzlich die Möglichkeit der B.d.E. für die Nachlaßverbindlichkeiten auf den Nachlaß; es tritt eine Trennung in zwei selbständige Vermögensmassen ein (Eigenvermögen, Nachlaß; sog. *separatio bonorum,* → Sondervermögen), so daß Nachlaßgläubiger nicht gegen das Eigenvermögen des Erben vorgehen können. Während der Fiskus als gesetzlicher Erbe (→ Erbfolge) immer beschränkt haftet (vgl. § 2011 BGB), tritt im übrigen die B.d.E. sämtlichen Nachlaßgläubigern gegenüber durch → Nachlaßverwaltung oder durch Eröffnung des → Nachlaßinsolvenzverfahrens ein (§ 1975 BGB). Kommt dieses infolge *Dürftigkeit* eines Nachlasses, der nicht einmal die Kosten deckt, nicht in Betracht oder ist der Nachlaß durch → Vermächtnisse oder → Auflagen überschuldet, so kann der Erbe die Befriedigung eines Nachlaßgläubigers insoweit verweigern, als der Nachlaß nicht ausreicht; er muß in diesem Fall den Nachlaß zum Zweck der Befriedigung der Nachlaßgläubiger im Wege der Zwangsvollstreckung herausgeben. Diese sog. *Dürftigkeits-*, *Erschöpfungs-* oder *Unzulänglichkeitseinrede* (§§ 1990, 1992 BGB) setzt aber voraus, daß der Erbe nicht bereits sein Recht auf B.d.E. verloren hat (s.u.). Einzelnen Nachlaßgläubigern haftet der Erbe beschränkt auf den Nachlaß, wenn sie durch *Aufgebot* ausgeschlossen oder infolge verspäteter Geltendmachung ihrer Forderung (länger als 5 Jahre nach dem → Erbfall) säumig sind.

Der Erbe *verliert* sein Beschränkungsrecht und haftet damit endgültig unbeschränkt allen Gläubigern bei Versäumung der Inventarfrist (§ 1994 I 2 BGB) oder Inventaruntreue (§ 2005 I BGB), einzelnen Gläubigern gegenüber durch Verweigerung der eidesstattlichen Bekräftigung des Nachlaßinventars (§ 2006 III BGB) oder durch Verzicht auf die Haftungsbeschränkung. S.i.e. → Inventarerrichtung. Einen vorübergehenden Schutz bieten dem Erben die → Dreimonatseinrede und die → Aufgebotseinrede.

Der Erbe kann die B.d.E. für eine Schuld des Erblassers nach einem Rechtsstreit nur geltend machen, wenn sie ihm im → Urteil vorbehalten ist (§ 780 ZPO); er muß diese Einrede daher im Prozeß vorbringen. Der *Vorbehalt* ist nicht erforderlich, wenn der Fiskus als gesetzlicher Erbe verurteilt oder der Anspruch gegen einen → Nachlaßverwalter, → Nachlaßpfleger oder gegen einen → Testamentsvollstrecker geltend gemacht wird. Trotz Vorbehalts bleibt die Haftungsbeschränkung im Vollstreckungsverfahren gegen das Eigenvermögen des Erben zunächst unberücksichtigt, bis er sie durch → Vollstreckungsabwehrklage geltend macht (§§ 781, 785, 767 ff. ZPO).

**Beschuldigter** ist jemand, gegen den ein Strafverfahren (auch schon ein → Ermittlungsverfahren der Polizei oder Staatsanwaltschaft) betrieben wird; im → Bußgeldverfahren wird er als Betroffener bezeichnet. Ist gegen den B. → Anklage erhoben, wird er Angeschuldigter, nach Eröffnung des → Hauptverfahrens Angeklagter genannt (§ 157 StPO).

**Beschuldigung,** falsche → Verdächtigung.

**Beschußwesen** ist die amtliche Prüfung und Zulassung von Handfeuerwaffen und bestimmter Zubehörteile sowie von Böllern (→ Waffen). Das B. ist nunmehr vollständig im Waffenrecht geregelt. Die Prüfung erstreckt sich auf die Bauart und auf die Leistungsfähigkeit des konkreten Geräts (Belastungsprobe). Für weniger gefährliche Waffen sind Bauartzulassungen vorgesehen (Typenzulassungen, §§ 21, 22 WaffG). Ohne das amtliche Prüfzeichen dürfen Schußwaffen nicht verwendet und anderen nicht überlassen werden (§ 16 III WaffG). Einzelheiten regelt die 3. VO zum WaffG (3. WaffV) i. d. F. v. 2. 9. 1991 (BGBl. I 1872).

**Beschwer** (lat. gravamen) ist eine → Rechtszugvoraussetzung für → Rechtsmittel. B. bedeutet, daß die Entscheidung, die angefochten werden soll, ungünstig für denjenigen ist, der das Rechtsmittel einlegt. Man unterscheidet *formelle* B., die nur dann vorliegt, wenn die Entscheidung ungünstiger ist, als sie der Rechtsmittelführer beantragt hat, und *materielle* B.; hierfür genügt, daß die angefochtene Entscheidung irgendwie einen nachteiligen Inhalt für den Rechtsmittelführer hat. Soweit eine Revisions-, Berufungs- oder Beschwerdesumme vorausgesetzt wird, muß die B. als Rechtszugvoraussetzung in dieser Höhe bestehen. Im *Strafprozeß* ist für ein Rechtsmittel der Staatsanwaltschaft keine B. erforderlich (§ 296 II StPO). Der Angeklagte kann aus den Urteilsgründen allein keine B. herleiten (z. B. bei Freispruch mangels Beweises).

**Beschwerde.** 1. Als *gerichtlicher Rechtsbehelf* führt die B. dazu, daß die nächsthöhere Instanz die angefochtene Entscheidung oder Maßnahme nachprüft. B. ist auf nahezu allen Rechtsgebieten gesetzlich vorgesehen und vielfach geregelt. Es gibt zahlreiche Arten und Formen von B.n: → Verfassungsbeschwerde, → Rechtsbeschwerde, → sofortige Beschwerde, → weitere Beschwerde, → Anschlußbeschwerde, Verwaltungsbeschwerde (s. u. 2), → Dienstaufsichtsbeschwerde. Unter B. im engeren Sinn versteht man nur das Rechtsmittel, das in den Verfahrensordnungen vorgesehen ist. Darin ist die Beschwerde grundsätzlich gegen Beschlüsse und Verfügungen, nur ausnahmsweise gegen Urteile zugelassen (§ 567 I ZPO, § 146 I VwGO, § 128 FGO, § 172 I SGG, § 304 StPO, § 19 FGG). Die B. ist nur *zulässig,* wenn die → Rechtszugvoraussetzungen vorliegen. Die → Statthaftigkeit der B. ist vielfach durch besondere Vorschriften ausgeschlossen (z. B. § 567 III, IV ZPO, § 146 II VwGO, § 305 StPO), im Zivilprozeß insbes. weitgehend gegen Entscheidungen der Oberlandesgerichte sowie der Landgerichte im Berufungs- und Beschwerdeverfahren. Statthaft ist die B. nach der Rspr. aber auch hier bei „greifbarer Gesetzwidrigkeit" der angefochtenen Entscheidung (sog. *außerordentliche B.;* BGHZ 119, 372). Als *Form* ist für die B. i. d. R. vorgeschrieben: Schriftform oder Erklärung zu Protokoll der Geschäftsstelle. Oft ist auch eine bestimmte Frist einzuhalten (→ sofortige Beschwerde, § 147 VwGO, § 129 FGO, § 311 StPO, § 173 SGG). Der Beschwerdeführer muß i. d. R. beschwert sein (*Beschwer*); im Zivilprozeß muß bei B. gegen eine Entscheidung über Prozeßkosten eine Beschwerdesumme von mehr als 200 DM erreicht sein (§ 567 II ZPO). Hält das Gericht, dessen Entscheidung angefochten wird, die B. für zulässig und begründet, so hat es ihr *abzuhelfen* (§ 571 ZPO, § 148 VwGO, § 130 FGO, § 174 SGG, § 306 StPO). Eine unzulässige B. wird von dem übergeordneten Gericht als Beschwerdegericht verworfen. Für das *Beschwerdeverfahren* gelten grundsätzlich die Verfahrensvorschriften des ersten Rechtszugs; im übrigen ist es dem Berufungsverfahren (→ Berufung) nachgebildet. Sofern es sich nicht um eine → Rechtsbeschwerde handelt, können neue Tatsachen und Beweismittel vorgebracht werden. Ist die B. begründet, so wird die angefochtene Entscheidung vom Beschwerdegericht aufgehoben. Das Beschwerdegericht entscheidet dann in der Sache selbst; ausnahmsweise ist → Zurückverweisung zulässig. Zur Anfechtung der B.entscheidung → weitere B.

2. Im *Verwaltungsrecht* ist die früher häufig vorgesehene B. (auch „Verwaltungsbeschwerde") allgemein durch den → Widerspruch ersetzt worden. Als formlosen Rechtsbehelf gibt es noch die → Dienstaufsichtsbeschwerde (Aufsichtsbeschwerde).

3. Im *Besteuerungsverfahren* ist ab 1. 1. 1996 die Beschwerde nicht mehr statthaft. Als außergerichtlicher Rechtsbehelf gegen Steuerverwaltungsakte ist allein der → Einspruch vorgesehen (§§ 347, 348 AO).

**Beschwerde- und Petitionsrecht.** Nach Art. 17 GG (und entsprechenden Bestimmungen der Verfassungen der Länder) hat jedermann das Recht, sich einzeln oder in Gemeinschaft mit anderen schriftlich mit Bitten oder Beschwerden an die zuständigen Stellen und an die Volksvertretung (Bundestag und Parlamente der Länder; Kommunalvertretungen, z. B. Gemeinderat oder Kreistag, fallen nicht darunter, können aber „zuständige Stelle" sein) zu wenden. Art. 17 verleiht ein → subjektives öffentliches Recht, das aber einen streng formellen Charakter hat und sich nur auf sachliche Prüfung und Erteilung eines schriftlichen Bescheides – nicht auf einen dem Petenten günstigen Bescheid – richtet. Ein Anspruch auf Begründung des Bescheids besteht nicht. Mit dem Recht können nicht nur eigene (wie bei den „förmlichen" Rechtsbehelfen Widerspruch und verwaltungsgerichtlicher Klage, → Widerspruchsverfahren, sondern auch allgemeine Interessen verfolgt werden. Welche Stellen zuständig sind, bestimmt sich nach den einschlägigen Organisationsvorschriften; doch ist der Petent an den behördlichen Instanzenzug nicht gebunden, kann sich daher statt an die für eine Maßnahme zuständige auch an eine vorgesetzte Stelle wenden. Eingaben an die Volksvertretung werden i. d. R. nicht vom Plenum, sondern von einem Petitionsausschuß behandelt (vgl. Art. 45 c GG; Ges. vom 19. 7. 1975, BGBl. I 1921). Das Parlament kann die Petition der Regierung (im Hinblick auf den Gewaltenteilungsgrundsatz ohne rechtliche Bindungswirkung) zur Kenntnisnahme, als Material, zur Erwägung oder zur Berücksichtigung überweisen. Der dem Petenten erteilte Bescheid ist kein → Verwaltungsakt. Eine zweite Eingabe zum gleichen Gegenstand gibt, sofern sie kein wesentliches neues Vorbringen enthält, kein Recht auf erneute Bescheidung.

**Beschwerdeberechtigung** des Beschwerdeführers ist eine Voraussetzung für die Zulässigkeit einer Beschwerde im Verfahren der → freiwilligen Gerichtsbarkeit (§ 20 FGG). Die B. setzt voraus, daß durch die angefochtene Entscheidung der Beschwerdeführer betroffen (d. h. von ihren Wirkungen in seinen Rechten berührt ist) und daß die Unrichtigkeit der angefochtenen Entscheidung behauptet wird. Ist der Antrag auf eine Verfügung, die nur auf Antrag ergehen kann, zurückgewiesen worden, so ist nur der Antragsteller beschwerdeberechtigt (§ 20 II FGG). Die B. im Verfahren nach dem FGG entspricht etwa der → Beschwer als Zulässigkeitsvoraussetzung in anderen Verfahrensarten.

**Beschwerderecht der Soldaten** → Wehrbeschwerdeordnung.

**Beschwerdewert** (Beschwerdesumme, Wert des Beschwerdegegenstandes) ist der für die Zulässigkeit eines → Rechtsmittels maßgebende Wert, der hierfür nach dem in Geld bemessenen Interesse des Rechtsmittelführers am Erfolg seines Rechtsmittels festgestellt wird. Dies entspricht dem Umfang seines Unterliegens im vorangegangenen Rechtszug (anders → Streitwert).

**Beseitigungsanspruch, Beseitigungsklage** → Unterlassungsanspruch.

**Besetzung der Gerichte.** Hierzu s. bei den einzelnen Gerichtszweigen und Gerichtsstufen (→ Arbeitsgericht, → Amtsgericht, → Landgericht, → Verwaltungs-, → Oberverwaltungsgericht, → Sozialgericht, → Landessozialgericht, → Finanzgericht usw.) sowie

Anhang VI: Überblick über das gesamte Gerichtswesen. S. ferner → Quorum.

**Besichtigung** → Vorlegung von Sachen; B. der Mietwohnung durch Vermieter → Miete (2 a); Kauf nach Besicht → Kauf nach Probe.

**Besitz** ist die tatsächliche Herrschaft einer Person über eine → Sache. Anders als das (hiervon scharf zu unterscheidende) → Eigentum erhält der B. keine rechtliche Zuordnung der Sache, sondern lediglich eine tatsächliche Beziehung zwischen dem Besitzer und der Sache (durch die Wegnahme erlangt auch der Dieb den Besitz, aber kein Eigentum). Zugunsten des Besitzers einer beweglichen Sache wird allerdings – widerlegbar – vermutet (→ Vermutung), daß er Eigentümer der Sache sei; dies gilt aber, soweit es sich nicht um Geld oder → Wertpapiere handelt, nicht gegenüber einem früheren Besitzer, dem die Sache gestohlen wurde, verlorengegangen oder sonst abhanden gekommen ist (§ 1006 BGB; s. auch → Eigentumsvermutungen bei Ehegatten). Str. ist, ob der B. ein → Recht ist. Jedenfalls genießt er einen weitgehenden *Besitzschutz* gegen unrechtmäßige Störung oder Entziehung und kann sowohl Gegenstand einer → ungerechtfertigten Bereicherung (§ 812 BGB) als auch eines Schadensersatzanspruchs aus → unerlaubter Handlung sein (§ 823 BGB). Auch besteht verschiedentlich ein „Recht zum Besitz", z. B. (des Mieters u. a. gegenüber dem → Eigentumsherausgabeanspruch, § 986 BGB; über Grundstücke im Beitrittsgebiet Art. 233 § 2 a EGBGB, sofern nicht durch → Sachenrechtsbereinigung überholt). Der B. ist ferner Voraussetzung für die Entstehung und Übertragung verschiedener → dinglicher Rechte (→ Übereignung beweglicher Sachen, → Ersitzung, → Pfandrecht u. a.).

Der B. wird *erworben* durch die Erlangung der tatsächlichen Gewalt über die Sache (dies nach der Verkehrsanschauung zu entscheiden) für eine gewisse Zeit (z. B. nicht bei Ausleihen eines Opernglases vom Nachbarn im Theater) mit Besitzwillen, d. h. mit dem Willen zur tatsächlichen Beherrschung der Sache (§ 854 I BGB). Dieser B.erwerb ist ein rein tatsächlicher Vorgang, daher nicht durch einen Vertreter (→ Stellvertretung), wohl aber durch einen → Besitzdiener möglich; der B.wille setzt keine → Geschäftsfähigkeit voraus (auch Kinder können B. erlangen). Ist der Erwerber in der Lage, die tatsächliche Gewalt über die Sache auszuüben (z. B. gestapeltes Holz im Walde), so genügt zum Besitzerwerb die bloße (hier → rechtsgeschäftliche) Einigung des bisherigen Besitzers und des Erwerbers (§ 854 II BGB). Der B. wird beendigt durch freiwillige Aufgabe oder sonstigen Verlust der tatsächlichen Herrschaftsgewalt, nicht aber durch eine nur vorübergehende Verhinderung in der Ausübung der Gewalt (§ 856 BGB). Auch ohne die tatsächliche Herrschaftsgewalt geht der B. (und damit die Besitzschutzansprüche) mit dem → Erbfall auf den → Erben über (§ 857 BGB; nicht zu verwechseln mit dem → Erbschaftsbesitzer).

Man unterscheidet: 1. *Alleinbesitz* und *Mitbesitz* (Mehrere haben eine Sache gemeinschaftlich und gleichrangig im B., z. B. Ehegatten an der Ehewohnung, § 866 BGB); 2. *Vollbesitz* und *Teilbesitz* (insbes. an abgesonderten Wohnräumen, § 865 BGB); 3. *Eigenbesitz* und *Fremdbesitz:* Eigenbesitzer ist, wer eine Sache als ihm gehörend besitzt (§ 872 BGB; ob tatsächlich zu Recht, ist gleichgültig). Fremdbesitzer ist, wer eine Sache wie eine fremde (wenn auch für sich, sonst Besitzdiener) benutzt, z. B. der Mieter. Die Unterscheidung ist für den Eigentumserwerb, die Ersitzung u. a. von Bedeutung. Nicht zu verwechseln hiermit ist die Unterscheidung: 4. *unmittelbarer* und *mittelbarer Besitz:* über die unmittelbare tatsächliche Sachherrschaft hinaus ist (mittelbarer) Besitzer auch, wer einem anderen den unmittelbaren B. auf Grund eines bestimmten Rechtsverhältnisses überlassen hat (Besitzmittlungsverhältnis, z. B. Miete, Nießbrauch, → Besitzkonstitut, §§ 868 ff. BGB). Eine Kette solcher Besitzmittlungsverhältnisse begründet mehrstufigen Besitz (Hauseigentümer – Mieter – Untermieter); jeder ist also gegenüber seinem Besitzmittler *Oberbesitzer.* Die Möglichkeit eines mehrfachen gleichstufigen mittelbaren B. (*Nebenbesitz;* z. B. der Lagerhalter als unmittelbarer Besitzer will gleichzeitig den B. dem Einlagerer und dessen Gläubiger vermitteln) wird dagegen von der h. M.

und der Rspr. verneint. In der → Zwangsvollstreckung ist der dort geforderte *„Gewahrsam"* des Schuldners dem unmittelbaren B. gleichzustellen. Im Strafrecht dagegen ist „Gewahrsam" als Möglichkeit der unmittelbaren natürlichen Herrschaftseinwirkung unabhängig von den Begriffen des BGB nach der Verkehrsanschauung zu beurteilen; so hat der Besitzdiener keinen B., wohl aber Gewahrsam, umgekehrt der Erbe zwar B. (s. o.), aber keinen Gewahrsam.

**Besitzdiener.** Hat jemand zwar die tatsächliche Gewalt über eine Sache (→ Besitz), übt er sie aber im Haushalt oder Erwerbsgeschäft oder in einem ähnlichen Verhältnis aus, in dem er den Weisungen eines anderen Folge zu leisten hat (z. B. Hausangestellte, Fabrikarbeiter, auch Beamter hinsichtlich Dienstuniform usw.), so ist nur der andere (Dienstherr usw.) Besitzer, der in einem sozialen Abhängigkeitsverhältnis Stehende dagegen Besitzdiener (§ 855 BGB). Der B. hat keinen Anspruch auf → Besitzschutz, ist aber berechtigt, das Recht auf → Selbsthilfe des Besitzers zu dessen Schutz auszuüben (§ 860 BGB). Erwirbt jemand im Rahmen eines derartigen sozialen Abhängigkeitsverhältnisses die tatsächliche Gewalt an einer Sache (z. B. beim Einkauf), so ist, sofern ein entgegenstehender Wille nicht erkennbar wird, davon auszugehen, daß der Besitz hierdurch unmittelbar auf den Besitzherrn übergeht; den → bösen Glauben des B. muß sich jedoch der Besitzherr nach h. M. anrechnen lassen, so daß er dann ggf. kein Eigentum erwirbt. Der Verlust der tatsächlichen Gewalt des B. beendet auch den Besitz des Besitzherrn, desgleichen wenn sich der B. selbst zum Besitzer aufschwingt.

**Besitzeinweisung, vorzeitige.** Ist in Enteignungsverfahren über Grundstücke die sofortige Ausführung der beabsichtigten Maßnahme (vor Rechtskraft des Enteignungsbeschlusses) aus Gründen des Wohls der Allgemeinheit dringend geboten, so kann die Enteignungsbehörde durch Beschluß den Antragsteller vorzeitig in den Besitz des betroffenen Grundstücks einweisen (vgl. z. B. § 116 → Baugesetzbuch; Art. 38 ff. des → Landbeschaffungsgesetzes). Der Eingewiesene wird Besitzer und kann das Grundstück grundsätzlich so nutzen, wie er es mit dem Enteignungsverfahren bezweckt. Der Beschluß über die v. B. ist ein anfechtbarer → Verwaltungsakt. Dem Schutz des Betroffenen dienen Vorschriften über Fristen zur B., über Sicherheitsleistungen und Entschädigungspflichten.

**Besitzentziehung** → Besitzschutz.

**Besitzkehr** → Besitzschutz.

**Besitzkonstitut.** Über den unmittelbaren → Besitz hinaus ist Besitzer auch, wer eine Sache als sog. mittelbarer Besitzer besitzt. Überläßt jemand auf Grund eines konkret bestimmten Rechtsverhältnisses (z. B. → Nießbrauch, → Leihe, → Verwahrung, → Miete, → Sicherungsübereignung, → Eigentumsvorbehalt) den unmittelbaren Besitz einem anderen, so bleibt er selbst mittelbarer Besitzer, solange ihm der andere den Besitz vermittelt, d. h. für ihn besitzen will (§ 868 BGB). Besondere Bedeutung erlangt der mittelbare Besitz beim sog. Besitzkonstitut *(constitutum possessorium);* in diesem Falle wird mittelbarer Besitz dadurch begründet, daß der Besitzer einem anderen (insbes. Kreditgeber) unter Beibehaltung des unmittelbaren Besitzes den mittelbaren Besitz einräumt (→ Eigentumsübertragung an beweglichen Sachen, → Sicherungsübereignung). Das B. kann auch vor Erlangung der tatsächlichen Gewalt durch den unmittelbaren Besitzer vereinbart werden (sog. *antezipiertes B.*). Auch der mittelbare Besitzer hat Anspruch auf → Besitzschutz (§ 869 BGB). Der mittelbare Besitz wird durch Abtretung des Herausgabeanspruchs übertragen (§ 870 BGB). Der mittelbare Besitz endet durch Beendigung der tatsächlichen Gewalt des unmittelbaren Besitzers oder dadurch, daß dieser nicht mehr für den mittelbaren Besitzer (sondern z. B. für sich) besitzen will.

**Besitzmittlungsverhältnis** → Besitz, → Besitzkonstitut.

**Besitznachweis** *(für Orden und Ehrenzeichen)* → Orden.

**Besitzschutz.** Ohne Rücksicht auf eine etwaige Beeinträchtigung des → Eigentums ist auch der → Besitz vom Gesetz in weitem Umfang geschützt. Der B. richtet sich gegen *verbotene Eigenmacht* eines Dritten, d. h. gegen eine widerrechtliche Entziehung oder Störung des Besitzes gegen den Willen des Besitzers, sofern diese nicht ausnahmsweise gestattet ist (§ 858 I BGB), wie z. B. erlaubte → Notwehr, → Pfändung durch den Gerichtsvollzieher, nicht aber Anspruch des Käufers auf Besitzeinräumung. Der durch verbotene Eigenmacht erlangte Besitz – ein Verschulden ist hierfür nicht erforderlich – ist (auch für den bösgläubigen Rechtsnachfolger und den → Erben) fehlerhaft, d. h. er gewährt innerhalb eines Jahres keine B.ansprüche gegen den bisherigen (rechtmäßigen) Besitzer (§§ 858 II, 861 II, 862 II BGB).

Der B. äußert sich zunächst in einem erweiterten *Selbsthilferecht* des Besitzers: dieser darf sich verbotener Eigenmacht mit Gewalt erwehren *(Besitzwehr)* und sich seiner entzogenen Sache sofort nach Entziehung des Besitzes, z. B. bei Verfolgung des Täters, wieder bemächtigen (*Besitzkehr,* § 859 BGB); s. auch → Verfolgungsrecht. Anschließend hat der Besitzer (innerhalb eines Jahres seit Verübung der verbotenen Eigenmacht, § 864 BGB) bei *Besitzentziehung* einen Anspruch auf Wiedereinräumung des Besitzes, bei *Besitzstörung* auf Beseitigung der Störung bzw. bei Wiederholungsgefahr auf Unterlassung weiterer Störungen (§§ 861, 862 BGB). Diese Ansprüche, die auf Wiederherstellung des früheren Besitzstands gehen (nicht auf Schadensersatz, dies nur bei Verschulden, → unerlaubte Handlung), sind im Wege der Klage, in Eilfällen durch → einstweilige Verfügung geltend zu machen. Gegen diese (possessorischen) Ansprüche kann nur eingewandt werden, daß die Besitzentziehung oder -störung keine verbotene Eigenmacht gewesen sei; Einwendungen aus dem Recht zum Besitz (z. B. Anspruch des Vermieters auf Rückgabe der Mietsache nach Beendigung des Mietverhältnisses; petitorische Ansprüche) können gegenüber dem reinen B.-anspruch nicht erhoben, sondern müssen in einem eigenen Verfahren (z. B. auf Räumung, Herausgabe u. a.) vorgebracht werden (§ 863 BGB).

Daneben hat der *frühere Besitzer* einer beweglichen → Sache gegen den jetzigen Besitzer einen Anspruch auf → Herausgabe, wenn dieser bei Erwerb des Besitzes in → bösem Glauben war, sofern er nicht den Besitz freiwillig aufgegeben hat. Ist die Sache dem früheren Besitzer gestohlen worden, verlorengegangen oder sonst abhanden gekommen, so kann er die Herausgabe – mit Ausnahme von Geld- und → Inhaberpapieren – auch von einem gutgläubigen Besitzer verlangen (§ 1007 BGB). Im übrigen gelten die Vorschriften über den → Eigentumsherausgabeanspruch entsprechend.

**Besitzstand im Verwaltungsrecht** ist kein Begriff der Gesetzessprache. Man kann darunter die dem Einzelnen durch eine behördliche Erlaubnis gewährte öffentl.-rechtl. Berechtigung verstehen, die von den Verwaltungsbehörden nur aus Rechtsgründen entzogen oder eingeschränkt werden kann. Der B. ist je nach der Art der Berechtigung verschieden stark gegen Widerruf geschützt. Sie reicht von der durch die Ausnahmebewilligung von einer repressiven Verbotsnorm (Dispens) erlangten Rechtsstellung über die auf Grund einer „Verbotsnorm mit Erlaubnisvorbehalt“ erteilten → Erlaubnis (Genehmigung; z. B. Baugenehmigung, wasserrechtliche Erlaubnis) bis zur → Konzession und → Verleihung. Die Terminologie ist nicht einheitlich (frühere Bezeichnung im Umkreis des Dispenses z. B. „Verstattung“, „Gestattung“, „Ausnahmebewilligung“). Umfang der Rechtsstellung und Widerrufsvoraussetzungen sind nicht allgemein, sondern zumeist in den einzelnen die Materie betreffenden Gesetzen geregelt. S. a. → Verwaltungsakt (6) und §§ 48–50 VwVfG.

**Besitzsteuern** sind Steuern, die vom → Einkommen (→ Einkommensteuer, → Körperschaft-, → Kirchensteuer), vom Ertrag (→ Gewerbesteuer) oder vom Vermögen (→ Erbschaftsteuer/Schenkungsteuer, → Grundsteuer) ausgehen. B. ist kein gesetzlicher Begriff. → Steuern.

**Besitzstörung** → Besitzschutz.

**Besitzunternehmen** → Betriebsaufspaltung.

**Besitzwehr** → Besitzschutz.

**Besoldung des Beamten** → Dienstbezüge, – des Soldaten → Wehrsold.

**Besondere Haverei** → Haverei.

**Besonderes Gewaltverhältnis** → Gewaltverhältnis, öffentl.-rechtl.

**Besonders Verpflichtete** (öffentl. Dienst) → Beamte.

**Besorgung fremder Geschäfte** → Geschäftsbesorgungsvertrag, → Geschäftsführung ohne Auftrag, → Auftrag.

**Besorgung fremder Rechtsangelegenheiten** → Rechtsberatung.

**Besserungsmaßregeln** → Maßregeln der Besserung u. Sicherung.

**Bestallung.** 1. Der Begriff ist überkommen als Bezeichnung für die Erlaubnis zur Betätigung in einigen → freien Berufen. Der Sache nach handelt es sich um eine → Erlaubnis. Die aktuelle Gesetzessprache verwendet anstelle von B. den Begriff → Approbation. 2. Als B. wird ferner die dem → Vormund, → Betreuer oder → Pfleger ausgehändigte amtliche Bescheinigung über seine Bestellung bezeichnet (§§ 1791, 1915 BGB). Zu deren Inhalt s. § 1791 II BGB; weitere Angaben sind zulässig. Einen öffentlichen Glauben wie das → Testamentsvollstreckerzeugnis oder der → Erbschein genießt die B. nicht. Bei Beendigung des Amtes ist die B. zurückzugeben (§ 1893 II BGB).

**Bestandsaufnahme** → Inventur.

**Bestandskraft von Verwaltungsakten** → Verwaltungsakt (8), → Steuerbescheid.

**Bestandsverzeichnis** → Auskunftspflicht, → Grundbuch → Inventar.

**Bestandteil** ist jeder Teil einer → Sache, der nach natürlicher Verkehrsanschauung als zu der Hauptsache gehörig – und nicht als selbständige Sache – angesehen wird. Entscheidend sind also der räumliche Zusammenhang und der Zweck der Verbindung. So ist z. B. die Schraube ein B. der Maschine, das Fenster ein B. des Hauses, nicht aber der Gartenstuhl ein B. der Gastwirtschaft (hier aber → Zubehör). Als B. des Grundstücks gilt auch ein mit dem Eigentum hieran verbundenes Recht (z. B. die → Grunddienstbarkeit, § 96 BGB). Der B. wird grundsätzlich – soweit nichts anderes vereinbart – entsprechend dem Schicksal der *Hauptsache* behandelt, kann aber bei entsprechender Klarstellung Gegenstand besonderer Rechte sein. So bleibt z. B. ein → Eigentumsvorbehalt einer gelieferten Sache, die durch Verbindung B. einer anderen Hauptsache wird, grundsätzlich bestehen.

Anders ist die Rechtslage beim *wesentlichen B.* einer Sache. Dazu zählen die B.e, die nicht getrennt werden können, ohne daß der eine oder der andere zerstört oder in seinem Wesen verändert wird (§ 93 BGB). So sind wesentliche B.e z. B. der Einband eines Buches, Tapeten an der Wand eines Hauses, nicht aber der Motor, Räder usw. eines Kraftfahrzeugs, da diese ohne Wertminderung ausgebaut werden können. Bei → Grundstücken gehören zu den wesentlichen B.en die mit dem Grund und Boden fest verbundenen Sachen, insbes. Gebäude, die Erzeugnisse des Bodens bis zur Trennung (→ Fruchterwerb), Pflanzen seit dem Einpflanzen usw. Eine feste Verbindung mit dem Boden ist gegeben, wenn die Trennung zu einer Zerstörung oder erheblichen Beschädigung der eingefügten Sache führen oder erhebliche Kosten verursachen würde. Zu den wesentlichen B.en eines Gebäudes (und damit eines Grundstücks) gehören die zu seiner Herstellung eingefügten Sachen (§ 94 BGB). Unerheblich ist, ob die Einfügung erforderlich war; entscheidend ist allein deren Zweck sowie die Festigkeit der Verbindung. Wesentliche B.e eines Grundstücks sind demnach festeingebaute oder besonders für den Einzelfall eingefügte Maschinen einer Fabrik, eingebaute Badewannen, die Liftanlage eines Hauses, die eingebaute Zentralheizung, die Fenster, Türen, Wände usw. eines Hauses, nicht aber bloße Behelfsbaracken, nur aufgestellte oder einfach verschraubte Maschinen in einer Fabrikhalle usw. Die Bedeutung der wesentlichen B.e liegt darin, daß diese nicht Gegenstand besonderer Rechte sein können (§ 93 BGB). Diese *Sonderrechtsunfähigkeit* ist zwingend; ein vereinbarter Eigentumsvorbehalt der Lieferfirma z. B. geht daher bei Einbau der gelieferten Steine in das zu errichtende Haus unter. Vgl. – auch über den für den Rechtsverlust vorgesehenen Ausgleich – → Verbindung, → Vermischung,

→ Verarbeitung. Wesentliche B. können deshalb auch nicht selbständig übereignet oder verpfändet werden usw. Das gleiche gilt an sich bei Einbau von Sachen durch den Mieter eines Grundstücks (Hauses); das → Wegnahmerecht des Mieters bei Beendigung des Mietverhältnisses bleibt hiervon unberührt (s. aber u.). Eine wesentliche Ausnahme von der Sonderrechtsunfähigkeit wesentlicher B.e bringt das Gesetz über das → Wohnungseigentum, nach dem auch einzelne Teile eines Hauses Gegenstand besonderer Rechte sein können.

Zu den (wesentlichen) B.en eines Grundstücks (Gebäudes) gehören jedoch trotz fester Verbindung solche Sachen nicht, die nach dem Willen des Einfügenden nur zu einem vorübergehenden Zweck mit dem Grund und Boden verbunden oder in das Gebäude eingefügt worden sind (§ 95 BGB, sog. *Scheinbestandteile*). Dazu gehören Baubuden, Jahrmarktszelte, Pflanzen einer Baumschule usw., aber wegen des hier vermuteten vorübergehenden Zwecks oftmals auch Einbauten im Rahmen eines – auch länger dauernden – Miet- oder Pachtverhältnisses, selbst wenn eine feste Verbindung mit dem Grundstück hergestellt wird, es sei denn, es ist von vornherein nicht an eine Trennung gedacht (Ablösevereinbarung). Ein Scheinb. liegt auch vor, wenn ein Gebäude oder ein anderes Werk in Ausübung eines → dinglichen Rechts, z. B. eines Nießbrauchsrechts an dem Grundstück errichtet wird. Scheinb. teilen als selbständige Sachen mangels besonderer Abrede nicht das rechtliche Schicksal der Hauptsache. Einer besonderen Regelung unterliegt das → Erbbaurecht: Es ist ein grundstücksgleiches Recht; das auf ihm errichtete Gebäude ist daher wesentlicher B. des Erbbaurechts, nicht des Grundstücks (s. dort). Gebiet ehem. DDR → Nutzungsberechtigungen.

**Bestätigung** (eines Rechtsgeschäfts) → Nichtigkeit von Rechtsgeschäften, → Anfechtung von Willenserklärungen, → Eheaufhebung.

**Bestätigungsschreiben** → Vertrag (1). Im Handelsverkehr werden mündlich (auch telefonisch oder telegrafisch) getroffene Vereinbarungen i. d. R. von einem oder beiden Vertragspartnern zum Zweck des Beweises schriftlich bestätigt. Weicht der Inhalt eines solchen *kaufmännischen B.* von dem vorher mündlich Vereinbarten ab und nimmt der Empfänger des B. widerspruchslos entgegen, so gilt nach → Handelsbrauch der Inhalt des Schreibens als der vereinbarte Vertragsinhalt. Diese Wirkung wird nur dann ausgeschlossen, wenn der Empfänger rechtzeitig (innerhalb einer angemessenen, kurzen Frist) widerspricht, es sei denn, der Absender des B. weicht aus Arglist von dem vorher Vereinbarten ab oder der Inhalt des B. widerspricht dem mündlich Vereinbarten so sehr, daß der Absender des B. selbst nicht mehr mit dem Einverständnis des Empfängers rechnen kann. Ist bei den vorangegangenen Vertragsverhandlungen der Vertrag in Wirklichkeit noch nicht zustande gekommen, so kann Schweigen auf ein nachfolgendes B. den Abschluß des Vertrages mit seinem Inhalt herbeiführen (anders bei einer bloßen – gegenüber dem Angebot modifizierten – *Auftragsbestätigung,* § 150 II BGB). Diese Rechtswirkungen gelten uneingeschränkt unter Kaufleuten, nur ausnahmsweise gegenüber einem Nichtkaufmann.

**Bestattung.** Die B. Verstorbener hat grundsätzlich als Erdbestattung zu erfolgen; dieser ist jetzt die → Feuerbestattung gleichgestellt (→ Leichen- und Bestattungswesen). Ob die B. durch Versenkung der Urne mit der Asche des Verstorbenen im Meer („Seemannsgrab“) zulässig ist, bestimmt sich nach Landesrecht; zur Problematik insbes. für Binnenländer vgl. Naser BayVBl. 1980, 107. Die B. der Leiche eines aufgefundenen Unbekannten oder einer Person, bei der Anhaltspunkte für eine nicht natürliche Todesursache (z. B. Vergiftung, Gewaltanwendung, Selbsttötung) bestehen, ist nur mit schriftlicher Genehmigung der Staatsanwaltschaft zulässig. Polizei und Gemeindebehörde sind in solchen Fällen zur sofortigen Anzeige an Staatsanwalt oder Amtsgericht verpflichtet (§ 159 StPO, → Leichenschau, -öffnung).

Wegen der Ausgrabung bereits Bestatteter → Exhumierung.

**Bestattungsgeld** → Hinterbliebene von Kriegsopfern, → Sterbegeld.

**Bestattungswesen** → Leichen- u. B.

**Bestechung** liegt nach § 334 StGB, § 48 WStG vor, wenn der Täter einem → Amtsträger, Soldaten oder für den öffentlichen Dienst besonders Verpflichteten einen Vorteil für diesen oder Dritten anbietet, verspricht oder gewährt, um ihn zu einer Verletzung seiner Dienstpflicht zu bestimmen (aktive B.). Die Strafe ist Freiheitsstrafe von 3 Mon. bis zu 5 Jahren, in minder schweren Fällen bis zu 2 Jahren oder Geldstrafe.

Geschieht dies für die Dienstausübung, so liegt *Vorteilsgewährung* vor, die mit Freiheitsstrafe bis zu 3 Jahren oder Geldstrafe bedroht ist (§ 333 StGB). Der → Amtsträger (Soldat, Verpflichtete), der für sich oder einen Dritten einen Vorteil für eine Dienstpflichtverletzung fordert, sich versprechen läßt oder annimmt, wird wegen *Bestechlichkeit* (passiver B.) mit Freiheitsstrafe von 6 Mon. bis zu 5 Jahren – in minder schweren Fällen bis zu 3 Jahren oder Geldstrafe – bestraft (§ 332 StGB, § 48 WStG).

Ist die Dienstausübung nicht pflichtwidrig, tritt Freiheitsstrafe bis zu 3 Jahren oder Geldstrafe wegen *Vorteilsannahme* ein (§ 331 StGB).

Für die Strafbarkeit des Amtsträgers usw. wegen Bestechlichkeit wie für die des Vorteilsgebers wegen B. ist wesentlich, ob eine *Diensthandlung*, der deren Unterlassen gleichsteht (§ 336 StGB), vorliegt (das ist nicht der Fall bei einer außerdienstlichen Tätigkeit, z. B. bei privatem Anfertigen von Zeichnungen), ob diese *pflichtwidrig* ist (hierüber entscheiden die einschlägigen Gesetze und Verwaltungsbestimmungen), und schließlich, ob der Vorteil (auf Grund einer Unrechtsvereinbarung, BGHSt 15, 88, 97) als Gegenleistung für die erwartete Diensthandlung, also nicht ohne Zusammenhang mit dieser oder nur gelegentlich dienstlicher Tätigkeit gegeben wird (zweifelhaft bei Einladungen). Bei Vorteilsgewährung und -annahme ist eine hinreichend bestimmte Diensthandlung nicht notwendig. Die Unrechtsvereinbarung muß sich nur auf die Dienstausübung beziehen. Damit werden Zuwendungen erfaßt, die keiner Diensthandlung zugerechnet werden können. Der Vorteil braucht kein Vermögensvorteil zu sein. Er kann auch bei Weitergabe eines Geschenks durch den Amtsträger an Dritte vorliegen. Er kann für eine schon vorgenommene Diensthandlung oder -ausübung nachträglich gewährt werden; nicht erforderlich ist, daß überhaupt eine Diensthandlung oder -ausübung stattfindet, weil schon die Hingabe und Annahme des Vorteils in Erwartung einer Diensthandlung oder -ausübung genügt. Bloße Aufmerksamkeiten oder offensichtlich für Werbungszwecke bestimmte Gegenstände von geringem Wert pflegen keine Gegenleistung für eine Diensthandlung zu sein. Hat der Amtsträger die von ihm erwartete Entscheidung nach seinem *Ermessen* zu treffen (sog. Ermessensbeamter), so handelt er pflichtwidrig, wenn er sich durch den gewährten Vorteil in seinem Ermessen beeinflussen läßt; nach § 332 III Nr. 2 aber auch schon, wenn er sich bereit gezeigt hat, sich in seinem Ermessen beeinflussen zu lassen. Genehmigt der Dienstvorgesetzte die Vorteilsannahme, so ist die Rechtswidrigkeit aufgehoben, aber nur bei nicht pflichtwidriger Diensthandlung oder -ausübung; dasselbe gilt, wenn der Amtsträger nachträglich unverzüglich die Genehmigung einholt (hat er irrig mit Genehmigung gerechnet, kommt → Verbotsirrtum in Betracht).

Sondervorschriften gelten nach §§ 331–335 a StGB für die B. usw. von *Richtern*, auch → ehrenamtlichen Richtern oder → Schiedsrichtern im Hinblick auf richterliche Handlungen (erhöhte Strafdrohungen; s. a. → Rechtsbeugung).

Nach § 299 StGB ist strafbar, wer *im geschäftlichen Verkehr* zu Wettbewerbszwecken Angestellte eines Betriebs besticht oder wer sich als Angestellter bestechen läßt (→ Angestelltenbestechung).

S. ferner → Abgeordnetenbestechung, → Stimmenkauf, -verkauf.

Im *Besteuerungsverfahren* sind Bestechungsgelder → Betriebsausgaben bzw. → Werbungskosten, soweit der Zahlende den Empfänger benennt (§ 160 AO), jedoch bei Zuwendungen im Inland, die unter §§ 331 f. StGB und § 299 StGB fallen, nicht mehr abziehbar (§ 4 V Nr. 10 EStG); für den Empfänger sind sie steuerpflichtig (§ 22 Nr. 3 EStG).

**Bestechung im geschäftlichen Verkehr** → Angestelltenbestechung.

**Bestellvertrag.** Bestellt jemand – insbes. ein Verleger – ein geistiges Werk, wobei er dem Urheber den Inhalt des Werks sowie Art und Weise der Behandlung genau vorschreibt, so liegt ein → Werkvertrag vor, der eine → Geschäftsbesorgung zum Gegenstand hat (kein → Verlagsvertrag). Der B. verpflichtet den Verleger nur zur Zahlung einer Vergütung, nicht zur Vervielfältigung und Verbreitung des Werks (§ 47 VerlG).

**Besteuerungsgrenze** → Freibetrag, → Halbteilungsgrundsatz.

**Besteuerungsgrundlagen** sind die steuergesetzlichen Tatbestandsmerkmale persönlicher und sachlicher Art, deren Verwirklichung die Steuerschuld auslöst (z. B. → Einnahmen, Ausgaben, Gewinn). Ihre Feststellung bildet regelmäßig einen unselbständigen (nicht selbständig anfechtbaren) Teil des → Steuerbescheids (§ 157 II AO).

**Besteuerungsmaßstab** → Bemessungsgrundlage.

**Besteuerungsverfahren.** Das B. hat die Aufgabe, den Steueranspruch zu konkretisieren und geltend zu machen. Die Erfassung der Steuerpflichtigen und ihre → Mitwirkungspflichten regeln die §§ 134–154 AO; → Anzeigepflicht, steuerliche. Hierbei ist besonders hervorzuheben, daß der → Steuerpflichtige bei den meisten Steuerarten zur Abgabe von Steuererklärungen verpflichtet ist (§ 149 AO i. V. m. § 25 EStG, § 49 KStG, § 18 UStG, § 25 GewStDV, § 31 ErbschStG), deren Form und Inhalt sich nach § 150 AO richtet. Die Abgabefrist für → Veranlagungssteuern läuft grundsätzlich bis 31. 5. des Folgejahres mit Verlängerungsmöglichkeit (§ 149 II AO; BMF 2. 1. 1998, BStBl. I 97). Nach dem → Untersuchungsgrundsatz (§ 88 AO) hat die Finanzbehörde den Sachverhalt von Amts wegen auch zugunsten des Stpfl. zu ermitteln. Aufgrund der Steuererklärung erfolgt die Steuerfestsetzung durch → Steuerbescheid (§ 155 AO), ohne Steuererklärung mittels → Schätzung der Besteuerungsgrundlagen (§ 162 AO). Bestimmte → Besteuerungsgrundlagen werden in einem vorgeschalteten Verfahren durch Feststellungsbescheid (§ 179 I AO) gesondert festgestellt, z. B. Gewinneinkünfte, falls Betriebs- und Wohnsitzfinanzamt nicht identisch sind, sowie → Einheitswerte und bei Beteiligung mehrerer Personen. Gewerbesteuer- und Grundsteuermeßbeträge werden durch Meßbescheide festgesetzt (§ 184 AO). Diese Grundlagenbescheide (§ 171 X AO) erwachsen selbständig in Bestandskraft und können nicht auf dem Umweg über Folgebescheide angegriffen werden (§ 351 II AO). Umgekehrt führt die Änderung eines Grundlagenbescheids automatisch zur Änderung der Folgebescheide (§ 175 I 1 Nr. 1 AO). Soweit in einem Feststellungsbescheid eine notwendige Feststellung unterblieben ist, ist sie in einem Ergänzungsbescheid nachzuholen (§ 179 III AO).

Im B. gilt die durch → Verwaltungsvorschriften festgelegte Maxime des maßvollen Gesetzesvollzugs. Hierdurch wird einerseits dem Grundsatz der Verhältnismäßigkeit Rechnung getragen, andererseits gewährleistet, daß die Finanzverwaltung trotz fehlenden Personals die Besteuerung aller Steuerpflichtigen durchführen kann (→ Steuerchaos), → Gleichmäßigkeit der Besteuerung, → Verständigung im Besteuerungsverfahren.

**Besteuerungszeitraum** ist bei der → Umsatzsteuer das Kalenderjahr oder der Teil des Kalenderjahres, in dem der Unternehmer seine gewerbl. od. berufl. Tätigkeit ausgeübt hat (§ 16 UStG). Vgl. → Erhebungszeitraum, → Veranlagungszeitraum, → Wirtschaftsjahr.

**Bestimmungsmensur** → Zweikampf, → Sportverletzungen.

**Bestreiten der Klagetatsachen** → Einrede, → Schlüssigkeit.

**Besuchsrecht** → Umgangsrecht.

**Betagung** → Zeitbestimmung, → Leistungszeit.

**Betäubungsmittel-Abkommen.** Das Internat. Suchtstoff (früher: Opium-) Abkommen vom 23. 1. 1912, Bek. vom 2. 12. 1920, 19. 2. 1925 und 26. 6. 1929 (RGBl. II 407), ergänzt durch das Internationale Betäubungsmittelabkommen vom 13. 7. 1931, Bek. vom 10. 6.

1933 (RGBl. II 319) dient der Bekämpfung des Mißbrauchs von B. Es sucht Handel und Verbrauch im wesentlichen auf medizinische und wissenschaftliche Zwecke zu beschränken. S. auch das in Ausführung der Abkommen ergangene → Betäubungsmittel-Gesetz.

**Betäubungsmittel-Gesetz.** Nach dem B. i. d. F. vom 1. 3. 1994 (BGBl. I 358) bedarf der Verkehr mit B. (d. h. mit den in Anl. I–III des Ges. aufgeführten Stoffen und Zubereitungen) der Erlaubnis durch das Bundesinstitut für Arzneimittel und Medizinprodukte (§ 3). Danach sind u. a. erlaubnispflichtig Herstellung, Anbau, Handel, sonstiger Erwerb und sonstige Veräußerung sowie die Aus- und Einfuhr. Ausnahmen z. B. für → Apotheken, Ärzte sowie für Erwerb aufgrund ärztlicher Verordnung regelt § 4. Voraussetzungen für die Erlaubnis sind u. a. → Zuverlässigkeit, Sachkunde und geeignete Betriebseinrichtungen (§§ 5, 6). Wer erlaubt Verkehr mit B. betreibt, unterliegt zahlreichen Überwachungs- und Sicherungsvorschriften (§§ 11–18). Überwachungsbehörde ist das Bundesgesundheitsamt, das umfangreiche Kontrollbefugnisse hat (§§ 19 ff.). Zweck des Ges. ist es, die notwendige Versorgung der Bevölkerung sicherzustellen, daneben aber auch den Mißbrauch von B. zu verhindern (§ 5 I Nr. 6). Die nähere Durchführung regeln die B.-AußenhandelsVO vom 16. 12. 1981 (BGBl. I 1420), die B.-BinnenhandelsVO vom 16. 12. 1981 (BGBl. I 1425), die BetäubungsmittelverschreibungsVO i. d. F. vom 16. 9. 1993 (BGBl. I 1637). Von Bedeutung ist insoweit vor allem die 4. ÄnderungsVO vom 23. 12. 1992 (BGBl. I 2483), die wesentl. Erleichterungen im Interesse einer verbesserten Schmerzbehandlung enthält. Verstöße gegen B.-Vorschriften sind ordnungswidrig oder strafbar; vgl. dazu → Betäubungsmitteldelikte. Früheres B.-Recht ist außer Kraft. Wegen der internationalen Suchtstoffübereinkommen (früher: Opium-Abkommen), auf denen das innerstaatliche Recht der meisten Kulturstaaten beruht, s. a. → Betäubungsmittel-Abkommen.

**Betäubungsmitteldelikte.** Verstöße gegen Ordnungsvorschriften des → Betäubungsmittelgesetzes, z. B. Anzeige-, Mitteilungs- oder Kennzeichnungspflichten sind als → Ordnungswidrigkeiten mit Geldbuße bis zu 50 000 DM bedroht (§ 32 BtMG). Daneben ist Einziehung möglich.

Strafvorschriften enthalten §§ 29, 29 a, 30, 30 a, 30 b BtMG. Danach sind ohne Genehmigung u. a. folgende Handlungen mit Betäubungsmitteln (BtM) – in der Praxis meist Heroin, Kokain und Cannabis-Produkte, insbes. Haschisch – mit Freiheitsstrafe bis zu 5 Jahren oder mit Geldstrafe bedroht: Anbau, Herstellung, Ein-, Aus- und Durchfuhr, Verschreiben, Verabreichen, Überlassen zum unmittelbaren Verbrauch, Abgabe, Inverkehrbringen, Erwerb, Verschaffen, Handeltreiben und Besitz von BtM, Mitteilen, Verschaffen oder Gewähren einer Gelegenheit zu Verbrauch, Erwerb oder Abgabe von BtM, Verleiten zum Verbrauch von BtM, Bereitstellen von Geld oder Vermögensgegenständen für ein B. und Aufforderung zum Verbrauch von BtM (zur Verfassungsmäßigkeit hinsichtl. Cannabisprodukten s. BVerfG NJW 1994, 1577). Teilweise sind auch fahrlässige Handlungen strafbar.

Nur Freiheitsstrafe in erhöhtem Maß ist vorgesehen, wenn bestimmte Begehungsweisen oder Folgen vorliegen, z. B. Handeln mit BtM in nicht geringer Menge, gewerbs- oder bandenmäßiges Vorgehen, Einbeziehung eines Minderjährigen in das B., Gefährdung der Gesundheit mehrerer Menschen, leichtfertige Verursachung des Todes eines Menschen. Der Vertrieb von BtM wird nach dem Weltrechtspflegeprinzip (§ 6 Nr. 5 StGB → Geltungsbereich des Strafrechts) auch bei Taten von Ausländern oder → Auslandsdelikten verfolgt. Die Strafbarkeit wegen Bildung einer → kriminellen Vereinigung gilt auch dann, wenn diese auf den Vertrieb von BtM gerichtet ist und im Ausland besteht (§ 30 b BtMG). Bei allen B. ist → Einziehung, bei bestimmten B. auch Vermögensstrafe (§ 30 c BtMG → Strafen), Erweiterter → Verfall (§ 33 BtMG) und Führungsaufsicht (§ 34 BtMG) zulässig.

Nicht strafbar ist als straflose Selbstgefährdung oder -schädigung der Verbrauch von BtM, wohl aber der Besitz. Ausdrücklich klargestellt ist in § 13 BtMG, daß zur ärztlichen Behandlung einer BtM-Abhängigkeit BtM, also Ersatzdrogen, verschrieben werden dürfen, und in § 29 I 2 BtMG, daß die Abgabe von sterilen Einmalspritzen an BtM-Abhängige kein strafbares Verschaffen von Gelegenheit zum Verbrauch von BtM darstellt. Zu den Einzelheiten der Substitutionsbehandlung insbes. mit Codein und Methadon s. § 5 der BtM-VerschreibungsVO vom 20. 1. 1998 (BGBl. I 74, 80).

Ergänzend enthält das Grundstoffüberwachungsgesetz vom 7. 10. 1994 (BGBl. I 2835) Bußgeld- und Strafvorschriften gegen Herstellen und Inverkehrbringen von bestimmten chemischen Erzeugnissen (Grundstoffen) zum Zwecke der unerlaubten Herstellung von BtM.

Nach § 31 a BtMG, der § 153 StPO ähnelt (→ Opportunitätsprinzip, → Bagatellstrafsachen), kann bei bestimmten B. mit BtM in geringer Menge zum Eigenverbrauch (s. dazu BVerfG NJW 1994, 1577), geringer Schuld des Täters und Fehlen des öffentlichen Interesses an der Strafverfolgung die Staatsanwaltschaft von der Verfolgung absehen oder nach Anklageerhebung das Gericht das Verfahren mit Zustimmung von Staatsanwaltschaft und Angeschuldigtem einstellen. Möglich ist in diesem Fall auch ein → Absehen von Strafe (§ 29 V BtMG). Mithilfe bei Aufklärung weiterer begangener oder geplanter B. kann ebenfalls zu Absehen von Strafe oder Strafmilderung führen (§ 31 BtMG → Kronzeuge). Hat der Täter auf Grund BtM-Abhängigkeit B. oder andere Straftaten, insbes. Beschaffungsdelikte, begangen, für die er höchstens 2 Jahre Freiheitsstrafe zu erwarten oder zu verbüßen hat, und unterzieht er sich einer Entziehungsbehandlung (Drogentherapie), kann von der Verfolgung abgesehen werden (§ 37 BtMG) oder die → Strafvollstreckung mit gerichtlicher Zustimmung, deren Versagung anfechtbar ist, zurückgestellt und die nachgewiesene Zeit in der Therapieeinrichtung in bestimmter Höhe auf die Strafe angerechnet werden (§§ 35, 36 BtMG).

Eine *Drogenfahrt*, d. h. das Führen eines Kfz. unter der Wirkung bestimmter BtM (Cannabis, Heroin, Morphin, Kokain, Amphetamin), die im Blut nachgewiesen werden, wird als Ordnungswidrigkeit mit Geldbuße bis zu 3000 DM und einem → Fahrverbot geahndet (§§ 24 a, 25 StVG). Liegt bei dem Kfz.-Führer infolge dieser oder anderer BtM → Fahruntüchtigkeit vor, macht er sich strafbar wegen → Trunkenheit im Verkehr (§ 316 StGB) oder, wenn er eine Gefährdung verursacht, wegen → Straßenverkehrsgefährdung (§ 315 c StGB).

**Beteiligter** in einem gerichtlichen Verfahren oder förmlichen Verwaltungsverfahren ist, wer – ohne das Verfahren zu führen – eine bestimmte Funktion wahrnimmt und deshalb berechtigt ist, Anträge zu stellen, Rechtsmittel einzulegen und sonstige Verfahrenshandlungen vorzunehmen. Insoweit ist der Begriff enger als der des → Verfahrensbeteiligten (dort insbes. für das *Strafverfahren*), der auch Nebenbeteiligte umfaßt. Im Verwaltungsgerichtsprozeß sind B.: der Kläger, der Beklagte, der Beigeladene und der Vertreter des öffentlichen Interesses (§ 63 VwGO). *Beigeladener* ist, wessen rechtliche Interessen durch das Verfahren berührt werden (z. B. Hauseigentümer in einem Konzessionsstreit); die Beiladung kann durch Gerichtsbeschluß, auf Antrag oder von Amts wegen angeordnet werden (§ 65 VwGO). Ähnliches gilt für die Sozialgerichtsbarkeit (§§ 69, 75 SGG). Der Beigeladene kann selbständig Angriffs- und Verteidigungsmittel geltend machen und alle Verfahrenshandlungen vornehmen.

In der *freiwilligen Gerichtsbarkeit* entspricht der Begriff des B. dem der Partei im Zivilprozeß. B. im materiellen Sinne ist jeder, dessen Rechte und Pflichten durch das Verfahren unmittelbar beeinflußt werden können (z. B. jeder Erbe bei Erteilung eines Erbscheins). B. im formellen Sinne ist, wer am Verfahren, um seine Rechtsstellung wahrzunehmen, teilnimmt oder zum Verfahren zugezogen wird; ferner im Antragsverfahren jeder Antragsteller, im Amtsverfahren außerdem jeder, gegen den ein Verfahren eingeleitet wird (z. B. im Freiheitsentziehungsverfahren der Unterzubringende), im Streitverfahren der Antragsteller und der Antragsgegner (z. B. in Landwirtschaftssachen bei einem Pflichtteilsanspruch der Pflichtteilsberechtigte und der Hoferbe). B. kann nur sein, wer rechtsfähig ist (→ Rechtsfähigkeit). Die gerichtlichen

Entscheidungen werden allen B. bekanntgemacht (§ 16 FGG). Der B. kann sich im Verfahren vertreten lassen (§ 13 FGG). Für die → Zwangsversteigerung vgl. § 9 ZVG.

In *steuerlichen Verfahren* sind Beteiligte 1. Antragsteller und Antragsgegner, 2. die Adressaten des Verwaltungsakts, 3. diejenigen, mit denen die Finanzbehörde einen öffentlich-rechtlichen Vertrag schließen will oder geschlossen hat (§ 78 AO); letzteres – aus der VwGO übernommen – hat im → Besteuerungsverfahren keine Bedeutung; im → außergerichtlichen Rechtsbehelfsverfahren der Einspruchsführer und der Hinzugezogene (§ 359 AO); im Finanzgerichtsverfahren (→ Finanzgerichtsbarkeit) neben Kläger und Beklagtem der → Beigeladene und die beigetretene Behörde (§ 57 FGO).

**Beteiligung** ist strafrechtlich der zusammenfassende Begriff für → Mittäterschaft, → Anstiftung und → Beihilfe (§§ 25 ff. StGB, § 14 OWiG).

**Beteiligungsgesetze** → Vertrauensmänner (frauen).

**Beteiligung an Handelsgesellschaften** ist in folgenden Formen möglich: Eintritt als Gesellschafter in eine → Offene Handelsgesellschaft, → Kommanditgesellschaft, → Gesellschaft mit beschränkter Haftung, durch Gründung einer → Stillen Gesellschaft, durch Erwerb von → Aktien einer → Aktiengesellschaft oder → Kommanditgesellschaft auf Aktien, Eintritt als Mitglied (Genosse) einer → Genossenschaft.

**Beteiligung, wesentliche.** Der Gewinn aus der Veräußerung einer im Privatvermögen (→ Betriebsvermögen) gehaltenen w. B. (mehr als 25%) an einer Kapitalgesellschaft ist einkommensteuerpflichtig (§ 17 EStG), auch wenn nur (ab 1996 Geringst-)Anteile verkauft werden (→ Veräußerungsgewinn). Der wesentlich Beteiligte gilt, obwohl Privatmann, im Zeitpunkt der Veräußerung als Quasi-Unternehmer, der seinen Gewinn aus der Veräußerung von Quasi- → Betriebsvermögen durch Quasi- → Betriebsvermögensvergleich ermittelt. § 17 EStG erfaßt die regelmäßig durch Nichtausschüttung entstandenen Wertsteigerungen der Anteile. Steuerpflichtig ist daher auch die Auflösung der Kapitalgesellschaft (→ Auflösungsgewinn), die Herabsetzung und Rückzahlung des Kapitals und die Ausschüttung und Rückzahlung des Eigenkapitals i. S. des Körperschaftsteuergesetzes (§ 17 IV EStG). Vgl. § 74 AO für die Haftung des wesentlich Beteiligten; ferner § 1 II AStG (mindestens 25%); § 6 I AStG (mehr als 25%).

**Betreibender Gläubiger** ist der Gläubiger, auf dessen Antrag die → Zwangsversteigerung angeordnet wird. B. G. können mehrere Gläubiger zugleich oder nacheinander werden (§ 27 ZVG).

**Betreten der Flur** → Naturschutz, – des Waldes → Wald, Betreten.

**Betretungsrecht.** Der Begriff umfaßt zum einen die Möglichkeit für jedermann, Flur und Wald zum Zweck der Erholung zu betreten (§ 27 BNatSchG, § 14 BundeswaldG, s. a. → Naturschutz, → Wald, Betreten). Zum anderen fällt darunter das behördliche B. zum Zweck der Besichtigung im Interesse des Gemeinwohls, vor allem im Bereich des Wirtschaftsverwaltungsrechts (z. B. § 22 II GastG, § 41 III LmBG, § 17 HandwO, § 52 II BImSchG, s. a. → Geschäftsräume, → Lebensmittelüberwachung, → Wohnung, Unverletzlichkeit der – , → Auskunftspflicht der Wirtschaft, → Nachschau).

**Betreuer** → Betreuung.

**Betreuung.** Die rechtliche B. dient der Regelung der Rechtsstellung psychisch kranker und körperlich, geistig oder seelisch behinderter volljähriger Personen. Sie ist an die Stelle der früheren Entmündigung, der Vormundschaft (über Erwachsene) und der Gebrechlichkeitspflegschaft getreten. (Sondervorschriften bestehen daneben nach wie vor in einigen Bereichen, z. B. über die Bestellung eines Vertreters des Beamten zur Durchführung eines Dienststrafverfahrens oder einer Zwangspensionierung, vgl. § 44 BBG u. a.).

Kann ein Volljähriger aufgrund einer psychischen Krankheit oder einer körperlichen, geistigen oder seelischen Behinderung seine Angelegenheiten ganz oder teilweise nicht besorgen, so bestellt das → Vormundschaftsgericht auf seinen Antrag oder – insbes. bei geistigen Gebrechen – auch von Amts wegen für ihn einen *Betreuer* (§ 1896 I BGB). Die früheren Begriffe Geisteskrankheit, Geistesschwäche, Verschwendung, Trunksucht oder Rauschgiftsucht werden als Voraussetzungen nicht mehr verwendet; entscheidend ist allein die Hilfs- (Pflege-)bedürftigkeit des Betroffenen. Umfang (Aufgabenkreis des Betreuers, z. B. Besorgung der persönlichen Angelegenheiten, Aufenthaltsbestimmung, Unterbringung und/oder Vermögensbetreuung) und Dauer der B. richten sich danach, was im konkreten Fall erforderlich ist, der Betroffene also nicht mehr selbst erledigen kann (§§ 1896 II, 1908 d BGB); andere – private oder öffentliche – Hilfen, insbes. wirksame Maßnahmen des Betroffenen (z. B. die Bestellung eines Bevollmächtigten, sog. *Altersvorsorgevollmacht*), haben Vorrang.

Die B. hat als solche keine Auswirkung auf die → Geschäftsfähigkeit; diese beurteilt sich vielmehr – ebenso wie die Ehe- und Testierfähigkeit – nach allgemeinen Grundsätzen. Soweit es zur Abwendung einer erheblichen Gefahr für die Person oder das Vermögen erforderlich ist, hat das Vormundschaftsgericht jedoch anzuordnen, daß der Betreute zu einer (nicht nur geringfügigen oder ihm lediglich einen rechtlichen Vorteil bringenden) → Willenserklärung, die den Aufgabenkreis des Betreuers betrifft, dessen Einwilligung bedarf (sog. *Einwilligungsvorbehalt,* § 1903 I BGB). Die B. umfaßt alle Tätigkeiten, die erforderlich sind, um die Angelegenheiten des Betreuten im Rahmen des gerichtlich bestimmten Aufgabenkreises rechtlich zu besorgen. Der Betreuer hat hierbei die Angelegenheiten des Betreuten so zu besorgen, wie es dessen Wohl entspricht, wobei dessen Wünschen und Fähigkeiten (auch bei Geschäftsunfähigkeit) soweit als möglich und zumutbar zu entsprechen ist (§ 1901 BGB). In seinem Aufgabenkreis vertritt der Betreuer den Betreuten gerichtlich und außergerichtlich (§ 1902 BGB, § 53 ZPO). Besonders schwerwiegende Maßnahmen des Betreuers oder eines (hierzu ausdrücklich und schriftlich) Bevollmächtigten, z. B. die Einwilligung in eine gefährliche Untersuchung oder Heilbehandlung oder die Kündigung eines Mietverhältnisses über Wohnraum des Betreuten, bedürfen der Genehmigung des Vormundschaftsgerichts (§§ 1904 ff. BGB). Besondere Vorschriften gelten für eine Sterilisation (§ 1905 BGB) und insbes. für eine (vorläufige oder längerdauernde) → Anstaltsunterbringung des Betreuten (§ 1906 BGB, §§ 70 ff. FGG).

Zum Betreuer bestellt das Vormundschaftsgericht grundsätzlich eine (oder auch mehrere, § 1899 BGB) natürliche Person, die geeignet und in der Lage ist, in dem gerichtlich bestellten Aufgabenkreis die Angelegenheiten des Betreuten zu besorgen und ihn hierbei im erforderlichen Umfang persönlich zu betreuen (§ 1897 I BGB). Wer B. im Rahmen seiner Berufsausübung führt (sog. Berufsbetreuer), soll nur dann zum Betreuer bestellt werden, wenn keine andere geeignete Person zur Verfügung steht, die zur ehrenamtlichen Führung der B. bereit ist (§ 1897 VI BGB). Vorschlägen des Betroffenen ist, soweit dies seinem Wohl nicht zuwiderläuft, zu entsprechen; verwandtschaftliche und persönliche Beziehungen und Bindungen sind zu berücksichtigen. Ist B. durch eine natürliche Person nicht möglich, so kann sie auch einem – anerkannten (§ 1908 f BGB) – Verein (sog. VereinsB., → Vereinsvormundschaft) oder der zuständigen (vgl. hierzu das BetreuungsbehördenG. vom 12. 9. 1990, BGBl. I 2002, 2025 m. Änd. und ergänzendes Landesrecht) Behörde (sog. BehördenB.) übertragen werden (§ 1900 BGB). Das Vormundschaftsgericht hat den Betreuer zu entlassen, wenn seine Eignung nicht mehr gewährleistet ist, sonst ein wichtiger Grund hierfür vorliegt oder für den Berufsbetreuer eine andere geeignete Person zur Verfügung steht (§ 1908 b BGB). Zur Vergütung des Betreuers → Vormund (dort auch über Berufsbetreuer), für Vereins- und Behördenbetreuer §§ 1908 e ff. BGB, im Beitrittsgebiet Art. 4 des BetreuungsrechtsÄndG v. 25. 6. 1998 (BGBl. I 1580).

Die B. ist (ganz oder teilweise) aufzuheben, wenn ihre Voraussetzungen wegfallen (§ 1908 d I BGB). Ist der Betreuer auf Antrag des Betreuten bestellt, so ist die B. auf dessen Antrag wieder aufzuheben, es sei denn, daß eine B. von Amts wegen erforderlich ist (§ 1908 d II BGB). Das Verfahren des

Vormundschaftsgerichts in B.sachen ist in §§ 65 ff. FGG geregelt. In B.verfahren ist der Betroffene ohne Rücksicht auf seine Geschäftsfähigkeit verfahrensfähig (§ 66 FGG); erforderlichenfalls hat ihm das Gericht jedoch einen sog. *Verfahrenspfleger* zu bestellen (§ 67 FGG). Das Gericht hat den Betroffenen grdsätzl. persönlich anzuhören und sich einen unmittelbaren Eindruck von ihm zu verschaffen; das Ergebnis der Anhörung und insbes. einer sachverständigen Begutachtung ist in einem sog. Schlußgespräch zu erörtern (§ 68 FGG). Das Gericht kann bereits durch einstweilige Anordnung (auf längstens 6 Monate, verlängerbar bis zu 1 Jahr) einen *vorläufigen Betreuer* bestellen (oder einen vorläufigen Einwilligungsvorbehalt anordnen), wenn die Anordnung einer B. wahrscheinlich ist, ein entsprechendes ärztliches Zeugnis über den Zustand des Betroffenen vorliegt und mit einem Aufschub Gefahr verbunden wäre (§ 69 f FGG). Gegen die Entscheidung des Vormundschaftsgerichts ist (z. T. sofortige) → Beschwerde gegeben, die neben dem Betroffenen auch der Ehegatte sowie nahe Angehörige des Betroffenen und die zuständige Behörde einlegen können (§ 69 g FGG).

**Betreuungsunterhalt** → Unterhaltspflicht bei nicht miteinander verheirateten Eltern, → Ehescheidung (4).

**Betrieb** als arbeitsrechtlicher Begriff ist eine Organisation, in der unter einheitlicher Leitung Personen in Dienst- oder Arbeitsverhältnissen und Sachen zusammengefaßt sind. Der B. kann ein Produktions-, Verkaufs-, Dienstleistungs- oder Verwaltungs-B. sein. Dem Gegenstand nach kann er sein: Gewerbe-B. (fortgesetzte, auf ständigen Gewinn gerichtete private Tätigkeit einschl. Urproduktion), freiberuflicher B. (z. B. Privatklinik, Anwaltskanzlei), Tendenz-B. (eingerichtet zu politischen, gewerkschaftlichen, konfessionellen, karitativen, erzieherischen, wissenschaftlichen oder künstlerischen Zwecken) oder B. einer juristischen Person des öffentlichen Rechts (z. B. Regiebetrieb). Ein B. kann aus mehreren Teilen (sog. Betriebsteilen) bestehen, insbes. dann, wenn er auf mehrere räumlich voneinander getrennte B.stätten verteilt ist. Mehrere B.e können in einem → Unternehmen zusammengefaßt sein, wenn sie in der Hand einer natürlichen oder juristischen Person und in ihrer Zweckbestimmung miteinander verbunden sind (z. B. Produktions- und Verkaufsbetrieb); hierbei ist das Verhältnis Haupt- und Nebenbetrieb möglich (z. B. Kunststeinerzeugung aus abfallender Schlacke des Eisenhüttenwerks). Wichtig ist der B.sbegriff für das → Betriebsverfassungsrecht und den → Kündigungsschutz für Arbeitnehmer sowie für das Steuerrecht.

**Betriebliche Altersversorgung** → Altersversorgung, betriebliche; → Ruhestandsverhältnis.

**Betriebliche Übung** kann einen Rechtsanspruch auf eine Leistung des Arbeitgebers begründen, z. B. auf eine → Gratifikation.

**Betriebsänderung** liegt vor, wenn ein → Betrieb oder Betriebsteil stillgelegt, eingeschränkt oder verlegt oder mit einem anderen Betrieb zusammengeschlossen wird, ferner wenn Betriebszweck, Betriebsorganisation oder Betriebsanlagen geändert oder grundlegend neue Arbeitsmethoden eingeführt werden. Über das Beteiligungsrecht des → Betriebsrats bei B. → Mitbestimmung, → Sozialplan.

**Betriebsärzte** → Arbeitssicherheit.

**Betriebsaufgabe** → Auflösungsgewinn, → Veräußerungsgewinne.

**Betriebsaufspaltung** ist die Aufspaltung eines Unternehmens in zwei rechtlich selbständige Unternehmen (Besitzunternehmen, Betriebsunternehmen). Das *Besitzunternehmen* (i. d. R. Einzelunternehmen oder Personengesellschaft) verpachtet z. B. sein → Anlagevermögen an das *Betriebsunternehmen* (i. d. R. Betriebs-GmbH), das Produktion und Vertrieb übernimmt. Vorteilhaft ist die Haftungsbeschränkung, da im Konkurs der Betriebs-GmbH das verpachtete Anlagevermögen nicht in die Konkursmasse fällt. *Steuerlich* liegt eine B. vor, wenn das Besitzunternehmen mindestens eine wesentliche Betriebsgrundlage an die Betriebs-GmbH verpachtet (sachliche Verflechtung) und beide Unternehmen von derselben Person oder Personengruppe beherrscht werden (einheitlicher geschäftlicher Betätigungswille = personelle Verflechtung). Steuerliche Folgen der B. sind: a) Pachteinnahmen unterliegen beim Besitzunternehmen (Verpachtungsgewerbebetrieb) der → Gewerbesteuer; b) verpachtetes Anlagevermögen bleibt → Betriebsvermögen; c) GmbH-Anteile sind notwendiges Betriebsvermögen des Besitzunternehmens; d) bei Veräußerung des → Umlaufvermögens an die Betriebs-GmbH brauchen stille Reserven nicht aufgelöst zu werden. Die B. ist bei stark schwankenden Ergebnissen problematisch.

**Betriebsausgaben** i. S. der steuerlichen Gewinnermittlung sind Aufwendungen, die durch den Betrieb *veranlaßt* sind (§ 4 IV EStG). B. brauchen weder notwendig noch angemessen zu sein. Bestimmte, enumerativ aufgeführte B., die zwar durch den Betrieb *veranlaßt* sind, sind jedoch unter bestimmten Voraussetzungen bei der → Gewinnermittlung nicht abzugsfähig (§ 4 V u. VII EStG), d. h. sie mindern nicht den Gewinn (zur Umsatzsteuer → Eigenverbrauch). Soweit sie abzugsfähig sind, sind sie „einzeln und getrennt von den sonstigen B." aufzuzeichnen (§ 4 VII EStG). Nicht abzugsfähig (§ 4 V EStG) sind Aufwendungen für: 1. *Geschenke* an Nichtarbeitnehmer, falls Anschaffungs- oder Herstellungskosten über 75 DM je Wirtschaftsjahr und Empfänger; 2. Bewirtung von Geschäftsfreunden ist nur mit 80% abzugsfähig, soweit angemessen und betriebliche Veranlassung nachgewiesen (→ Bewirtung von Personen aus geschäftlichem Anlaß); 3. Gästehäuser außerhalb der Gemeinde einer Betriebsstätte, soweit sie nicht der Bewirtung oder Beherbergung eigener Arbeitnehmer dienen; 4. Jagd, Fischerei, Jachten; 5. Mehraufwendungen für Verpflegung, soweit Höchstbeträge überschritten (→ Reisekosten 3.); 6. Aufwendungen für Fahrten zwischen Wohnung und Betriebsstätte von mehr als 70 Pf. je Tag und Entfernungskilometer (→ Kilometerpauschale); → private Pkw-Nutzung; 6. a) → Doppelte Haushaltsführung über die Dauer von zwei Jahren. 6. b) Häusliches → Arbeitszimmer im beschränkten Umfang. 7. Unangemessene Aufwendungen, die die Lebensführung des Stpfl. oder Dritter berühren; 8. Geldbußen, Ordnungs- und Verwarnungsgelder, soweit gerichtlich oder behördlich in der BRep. oder von Organen der EU festgesetzt; 8. a). Zinsen auf hinterzogene Betriebsteuern; 9. Garantiedividenden an außenstehende Anteilseigner bei körperschaftsteuerlicher → Organschaft; 10. Bestechungsgelder, wenn deswegen rechtskräftig verurteilt (→ Bestechung). *Keine* B. sind → Spenden an politische Parteien (§ 4 VI EStG). Vgl. → Ausgaben, abzugsfähige. Eine Betriebsausgabenpauschale ist u. a. bei haupt- und nebenberuflicher schriftstellerischer Tätigkeit sowie bei nebenamtlicher Lehr- und Prüfungstätigkeit in Höhe von 4800 DM bzw. 1200 DM jährlich vorgesehen. Einzelheiten BMF BStBl. I 1994, 112.

**Betriebsausschuß** → Betriebsrat.

**Betriebsbeauftragte.** In zahlreichen neueren Gesetzen findet sich die Figur von B. Sie hat einmal die Funktion, die innerbetriebliche Überwachung zu gewährleisten, zum anderen dient sie dazu, die Anonymität der Betriebsorganisation durch Zuordnung persönlicher Verantwortlichkeit – auch im straf- und bußgeldrechtlichen Sinne – zu durchbrechen. S. im einzelnen zum Beispiel bei → Immissionsschutzbeauftragter, → Störfallbeauftragter, → Medizinprodukte, → Gentechnik.

**Betriebsbeauftragter für Abfall.** Der B. ist gemäß § 54 KrW-/AbfG (→ Abfälle) für Betriebe und Anlagen zu bestellen, in denen regelmäßig → überwachungsbedürftige Abfälle anfallen. Zu Einzelheiten seiner Aufgaben vgl. § 55 KrW-/AbfG; s. im übrigen bei → Betriebsbeauftragte.

**Betriebsbeauftragter für Immissionsschutz** → Immissionsschutzbeauftragter.

**Betriebsbedingte Kündigung** → Kündigungsschutz für Arbeitnehmer.

**Betriebsbuße** → „Betriebsjustiz".

**Betriebseinnahmen** i. S. der steuerlichen Gewinnermittlung (→ Gewinn) sind alle Güter, die in Geld oder Geldeswert bestehen und dem Stpfl. im Rahmen einer Gewinneinkunft zuzurechnen sind (§ 8 EStG entsprechend), → Einnahmen.

**Betriebserfindung** → Arbeitnehmererfindung.

**Betriebserlaubnis für Kraftfahrzeuge** → Zulassung von Kfz.

**Betriebsferien** → Urlaub.

**Betriebsgefahr.** Die von einem maschinell getriebenen Fahrzeug ausgehende B. ist – abweichend vom Verschuldensgrundsatz im Haftungsrecht des BGB – auf Sondergebieten Grundlage einer → Gefährdungshaftung in Schadensfällen auch ohne Verschulden des Halters oder Führers des Fahrzeugs: so bei Kraftfahrzeugen nach §§ 7 ff. StVG, bei Luftfahrzeugen nach §§ 33 ff. LuftVG, beim Betrieb von Schienen- oder Schwebebahnen nach dem Haftpflichtgesetz i. d. F. vom 4. 1. 1978 (BGB. I 145); dieses gilt auch für die von Energieanlagen für Elektrizität, Gas usw. ausgehende B. Im einzelnen → Gefährdungshaftung, → Straßenverkehrshaftung, → Eisenbahnbetriebshaftung.

**Betriebsgefährdung** (Bahn-, Schiffs-, Luftverkehr) → Transportgefährdung.

**Betriebsgeheimnis** → Geschäftsgeheimnis, → Geheimnisverrat.

**Betriebsgrundstücke** sind in der steuerlichen Einheitsbewertung Grundstücke, die nicht dem Grundvermögen, sondern dem → Betriebsvermögen zugerechnet werden. Diese bloße Zurechnungsbezeichnung ist ohne Einfluß auf die Höhe des → Einheitswerts (§§ 99, 97 BewG). Die Einkommensteuer kennt richtigerweise keine „Betriebsgrundstücke", sondern Grundstücke oder Grundstücksteile „im → Betriebsvermögen" (vgl. R 13 VII bis XIV EStR).

**Betriebshaftung** → Gefährdungshaftung, → Eisenbahnbetriebshaftung.

**Betriebshilfe** → Alterssicherung der Landwirte, → Krankenversicherung der Landwirte, → Unfallversicherung.

**„Betriebsjustiz"** wird gelegentlich ein Verfahren genannt, das in Wirtschaftsbetrieben häufig zur betriebsinternen Ahndung von Disziplinarverstößen der Arbeitnehmer angewendet wird. Es handelt sich hierbei ebensowenig um ein justizielles Verfahren wie etwa die nach → Vereinsrecht zulässige Verhängung von Geldbußen und sonstigen Vereinsstrafen. Vielmehr werden betriebsinterne Maßnahmen, z. B. wegen Unpünktlichkeit, Verletzung des Rauch- oder Alkoholverbots, Beschädigung von Arbeitsgeräten oder unkameradschaftlichen Verhaltens, aber auch wegen krimineller Verfehlungen, etwa wegen Diebstahls oder Betrugs, auf Grund einer Betriebsordnung verhängt (→ Betriebsvereinbarung). In Betracht kommen hiernach insbes. Verwarnung, Verweis, Geldbuße, Entzug freiwilliger Sozialleistungen, Rückstufung, Versetzung an einen anderen Arbeitsplatz usw. Auf einer solchen Ordnung kann auch das Verfahren beruhen, das vielfach äußerlich dem Strafverfahren nachgebildet, mit diesem aber mangels amtlicher Funktion der Beteiligten nicht vergleichbar ist (Ermittlung des Sachverhalts durch den Werkschutz, Vertretung der Beschuldigung durch einen Beauftragten der Betriebsleitung, Entscheidung über die Maßnahmen, soweit sie nicht von der Werksleitung getroffen werden, durch einen Ausschuß unter Mitwirkung von Vertretern der Betriebsleitung und des Betriebsrats). Die auf arbeitsrechtlicher Grundlage getroffenen Maßnahmen, die Gewährung des → rechtlichen Gehörs voraussetzen, unterliegen der gerichtlichen Nachprüfung nach den allgemeinen Bestimmungen (Klage des Arbeitgebers wegen Nichtzahlung der Buße, des Arbeitnehmers bei Herabstufung, ggf. negative → Feststellungsklage). Bei strafbaren Handlungen bleibt die Verfolgung im Wege des ordentlichen → Strafprozesses unberührt.

**Betriebskrankenkasse.** Träger der gesetzlichen → Krankenversicherung. Eine B. kann errichtet werden, wenn in den Betrieben mindestens 1000 Versicherungspflichtige beschäftigt sind, ihre Leistungsfähigkeit auf Dauer gesichert ist und sie den Bestand oder die Leistungsfähigkeit bestehender Ortskrankenkassen nicht gefährdet. Die Errichtung einer B. bedarf der Genehmigung durch die zuständige Aufsichtsbehörde sowie der Zustimmung der Mehrheit der im Betrieb Beschäftigten. Die B. ist Körperschaft des öffentlichen Rechts.

§ 29 SGB IV; §§ 147–156, 174 SGB V; → Kassenwahl, → Krankenkassen.

**Betriebslizenz** → Lizenzvertrag.

**Betriebsnachfolge** liegt vor, wenn ein → Betrieb im Wege einer Rechtsnachfolge auf eine andere Person übergeht, z. B. durch → Erbfolge, Übernahme der → Firma, → Umwandlung oder → Betriebspachtvertrag (i. w. S.). Im allgemeinen tritt der Nachfolger in die Rechte und Pflichten des bisherigen Betriebsinhabers ein, so daß bei fortbestehender Identität des Betriebes insbes. die Rechtsverhältnisse nach dem → Betriebsverfassungsrecht und dem Kündigungsschutzrecht unverändert bleiben. Zum rechtsgeschäftlichen → Betriebsübergang s. i. e. dort.

**Betriebsnormen** → Betriebsvereinbarung.

**Betriebsordnung** ist eine für einen → Betrieb gültige Regelung innerbetrieblicher Angelegenheiten, z. B. Arbeitszeit, Ruhepausen usw.; sie hat vielfach die Form einer → Betriebsvereinbarung.

**Betriebspachtvertrag** ist ein → Unternehmensvertrag, durch den eine → Aktiengesellschaft oder → Kommanditgesellschaft auf Aktien den Betrieb ihres → Unternehmens einem anderen verpachtet (→ Pachtvertrag) oder sonst überläßt (Betriebsüberlassungsvertrag); § 292 I Nr. 3 AktG. Im allgemeinen Sprachgebrauch wird häufig auch die Verpachtung des Betriebes eines anderen Unternehmens als einer AG oder KG a. A. als B. bezeichnet. Solche Verträge fallen nicht unter § 292 AktG und das → Konzernrecht.

**Betriebspensionskassen** → Altersversorgung, betriebliche.

**Betriebspflicht** → Luftfahrtunternehmen, → Personenbeförderung.

**Betriebsprüfung** → Außenprüfung.

**Betriebsrat.** Der B. ist das von den → Arbeitnehmern eines → Betriebs gewählte Organ, das im Rahmen des → Betriebsverfassungsrechts als Partner des → Arbeitgebers (im Zusammenwirken mit den im Betrieb vertretenen → Gewerkschaften und Arbeitgebervereinigungen) in den Angelegenheiten des Betriebes mitbestimmt und mitwirkt (vgl. § 2 BetrVG). B.fähig ist ein Betrieb mit i. d. R. mindestens 5 wahlberechtigten Arbeitnehmern, von denen 3 wählbar sind (§ 1; → Betriebsratswahl); Betriebsteile gelten bei räumlicher oder organisatorischer Selbständigkeit als eigener Betrieb (§ 4). Der B. besteht in Betrieben mit i. d. R. 5 bis 20 wahlberechtigten Arbeitnehmern aus einer Person; darüber hinaus – gestaffelt nach der Zahl der Arbeitnehmer – stets aus einer ungeraden Anzahl (3, 5 usw.) von Mitgliedern (§ 9). → Arbeiter und → Angestellte müssen in einem mehrköpfigen B. entsprechend ihrem zahlenmäßigen Verhältnis im Betrieb vertreten sein (§ 10). Die regelmäßige Amtszeit des B. beträgt 4 Jahre (§ 21); für ein ausscheidendes Mitglied (Gründe: §§ 23, 24) rückt ein Ersatzmitglied nach (§ 25; desgl. als Stellvertreter eines verhinderten B.mitglieds). Der B. wählt aus seiner Mitte den Vorsitzenden und dessen Stellvertreter, die den B. im Rahmen der von ihm gefaßten Beschlüsse vertreten (§ 26). Hat ein B. 9 oder mehr Mitglieder (d. h. in Betrieben mit mindestens 301 Mitgliedern), so wählt der B. zudem aus seiner Mitte 3 bis 9 Mitglieder (im Verhältnis der im B. vertretenen Gruppen), die zusammen mit dem Vorsitzenden und dessen Stellvertreter den *Betriebsausschuß* bilden, der die laufenden Geschäfte des B. führt (§ 27); auch können weitere Ausschüsse gebildet werden. Der B. faßt seine Beschlüsse in nicht-öffentlicher Sitzung (Teilnahme des Arbeitgebers: § 29 IV, von anderen Personen: §§ 31, 32) mit der Mehrheit der Stimmen der anwesenden Mitglieder (§§ 30, 33). Die Mitglieder des B. sind grundsätzlich ehrenamtlich und unentgeltlich tätig; jedoch hat der Arbeitgeber Aufwendungsersatz und je nach Umfang der Tätigkeit und Größe des B. Freistellung von Arbeit bei vollem Arbeitslohn zu gewähren (§§ 37–40; → Bildungsurlaub).

Durch → Tarifvertrag können – zusätzlich zum B. – weitere betriebsverfassungsrechtliche Arbeitnehmervertretungen bestimmter Beschäftigungsarten oder Arbeitsbereiche *(Arbeitsgruppen)* bestimmt werden (§ 3). Umfaßt ein → Unternehmen mehrere Betriebe, so ist neben den Einzel-B.en ein *Gesamt-B.*

unter verhältnismäßiger Berücksichtigung der einzelnen Gruppen zu errichten, der – ohne Überordnung über den Einzel-B. – für die Behandlung von Angelegenheiten des Gesamtunternehmens (oder mehrerer Betriebe) zuständig ist; auf den Gesamt-B. finden die o. g. Vorschriften über den B. im wesentlichen sinngemäß Anwendung (§§ 47–53). Für einen → Konzern (§ 18 I AktG) kann durch Beschlüsse der einzelnen Gesamt-B. ein *Konzern-B.* errichtet werden (§§ 54–59). In Betrieben, in denen i. d. R. mindestens 5 noch nicht 18jährige Arbeitnehmer oder mindestens 5 Auszubildende unter 25 Jahren beschäftigt sind, wird von diesen zusätzlich eine Jugend- und Auszubildendenvertretung gewählt (wählbar sind alle Arbeitnehmer des Betriebs, die das 25. Lebensjahr noch nicht vollendet haben und nicht B.mitglied sind). Die regelmäßigen Wahlen finden insoweit alle 2 Jahre statt. Für die Geschäftsführung gelten die Vorschriften über den B. entsprechend. Die Jugend- und Auszubildendenvertretung hat ein Teilnahmerecht an B.sitzungen; sie hat insbes. die Aufgabe, in ständiger enger Zusammenarbeit mit dem B. die Interessen der jugendlichen Arbeitnehmer im Betrieb wahrzunehmen (§§ 60–71). Unter den gleichen Voraussetzungen wie für den Gesamt-B. ist auch eine *Gesamt-Jugend- und Auszubildendenvertretung* zu errichten (§§ 72–73). Besonderheiten gelten für die *Bordvertretung* und für den *See-B.* (§§ 114 ff. und Wahlordnung vom 24. 10. 1972, BGBl. I 2029). Für im Rahmen der EG gemeinschaftsweit tätige (Groß-)Unternehmen gilt das Gesetz über Europäische B. vom 28. 10. 1996 (BGBl. I 1548).

Hauptaufgabe des B. ist die Mitwirkung und → Mitbestimmung (s. i. e. dort) in sozialen, personellen und wirtschaftlichen Angelegenheiten sowie bei der Gestaltung des Arbeitsplatzes (§§ 87–113). Im übrigen hat der B. in beratender Funktion generell die Interessen der Arbeitnehmer gegenüber dem Arbeitgeber wahrzunehmen und bei berechtigt erscheinenden Anregungen und Beschwerden beim Arbeitgeber auf eine Erledigung (Abhilfe) hinzuwirken (§§ 80, 85). Der B. arbeitet in Wahrnehmung seiner Aufgaben mit dem Arbeitgeber zusammen; beide haben alles zu unterlassen, was den Arbeitsablauf oder den Betriebsfrieden beeinträchtigt (Friedenspflicht). Insbes. ist jede parteipolitische Betätigung im Betrieb unzulässig, desgl. Maßnahmen des → Arbeitskampfes zwischen Arbeitgeber und B. (§ 74; unberührt hiervon bleibt die Beteiligung am rechtmäßigen Arbeitskampf tariffähiger Parteien). Der → Gleichbehandlungsgrundsatz ist zu wahren (§ 75). Zur Beilegung von Meinungsverschiedenheiten zwischen Arbeitgeber und B. ist bei Bedarf eine – paritätisch besetzte – *Einigungsstelle* zu bilden, die in vielen Fällen abschließend entscheidet (§ 76; s. auch → Beschlußverfahren, 2). Einseitige Eingriffe des B. in die Betriebsleitung sind unzulässig. Die gemeinsam vom Arbeitgeber und vom B. gefaßten Beschlüsse, auch Sprüche der Einigungsstelle, führt der Arbeitgeber durch (§ 77; s. auch → Betriebsvereinbarung). B.mitglieder dürfen in der Ausübung ihrer Tätigkeit nicht gestört oder behindert und auf Grund ihrer Stellung (vom Arbeitgeber) nicht bevorzugt oder benachteiligt werden (§ 78). Eine ordentliche → Kündigung eines B.mitglieds (bis 1 Jahr nach Beendigung seiner Amtszeit) ist jedoch grundsätzlich unzulässig und nur bei Betriebsstillegung möglich (§ 15 KSchG). Auch eine außerordentliche Kündigung aus wichtigem Grund bedarf der – allerdings durch Entscheidung des Arbeitsgerichts ersetzbaren – Zustimmung des B. (§ 103 BetrVG). Zum Anhörungsrecht des B. bei Kündigungen → Kündigungsschutz für Arbeitnehmer.

**Betriebsratswahl.** Der → Betriebsrat wird in geheimer und unmittelbarer Wahl gewählt, i. d. R. nach den Grundsätzen der → Verhältniswahl. In Betrieben mit mehr als 20 wahlberechtigten Arbeitnehmern wählen → Angestellte und → Arbeiter in getrennten Wahlgängen (sog. *Gruppenwahl*), wenn sie nicht vorher gemeinsame Wahl beschließen (§ 14 BetrVG). Wahlberechtigt sind alle → Arbeitnehmer, die das 18. Lebensjahr vollendet haben (§ 7 BetrVG), nicht aber arbeitgeberähnliche Personen (wie geschäftsführende Gesellschafter, Organe einer → juristischen Person) sowie → leitende Angestellte (§ 5 II, III BetrVG). Wählbar sind alle

Wahlberechtigten, die seit 6 Monaten dem Betrieb angehören (§ 8 BetrVG; bei neuen Betrieben: seit der Einleitung der B.). Vom bisherigen Betriebsrat, sonst von der → Betriebsversammlung, hilfsweise vom Arbeitsgericht wird ein Wahlvorstand bestimmt, der die Wahl vorbereitet, leitet und durchführt (§§ 16–18 BetrVG). Die regelmäßigen B. finden alle 4 Jahre in der Zeit vom 1. 3. bis 31. 5. statt (§ 13 BetrVG). Einzelheiten der B. regelt die 1. DVO zum BetrVG (Wahlordnung) vom 16. 1. 1972 (BGBl. I 49). Nur bei ganz offensichtlichen groben Verstößen ist die B. nichtig; sonst kann sie bei Mißachtung wesentlicher Vorschriften, die das Wahlergebnis beeinflußt haben kann, binnen 2 Wochen beim → Arbeitsgericht angefochten werden (§ 19 BetrVG).

**Betriebsrentengesetz** → Altersversorgung, betriebliche.

**Betriebsrisiko.** Das B., d. h. die Pflicht zur Lohnzahlung, auch wenn die Belegschaft ohne Verschulden aus betriebstechnischen Gründen (z. B. Stromausfall) nicht oder (z. B. wegen Auftrags- oder Absatzmangel) nur unwirtschaftlich beschäftigt werden kann (sog. *Wirtschaftsrisiko*), trägt grundsätzlich der Arbeitgeber, wenn der Arbeitnehmer seine Arbeit gemäß § 615 BGB anbietet (durch → Betriebsvereinbarung können aber anderweitige Regelungen, z. B. über die Einführung von Kurzarbeit, Ausfall von Arbeitsschichten usw., getroffen werden; s. ferner → Arbeitsförderungsgesetz).

Vom B. ist das sog. *Arbeitskampfrisiko* zu unterscheiden. Während früher bei arbeitskampfbedingten Betriebsstörungen die sog. Sphärentheorie maßgeblich war (d. h. ob die Betriebsstörung aus der „Sphäre" der Arbeitnehmerschaft – Streik in einem Zulieferbetrieb – herrührte), stellt die Rspr. heute auf den in der Tarifautonomie wurzelnden Grundsatz der Kampfparität ab. Können z. B. Fernwirkungen eines (Teil- oder Schwerpunkt-)Streiks das Kräfteverhältnis der kampfführenden Parteien beeinflussen, so tragen, insbes. wenn auch für den mittelbar betroffenen Betrieb die gleichen Verbände zuständig sind, beide Seiten das Arbeitskampfrisiko, so daß für die betroffenen Arbeitnehmer für die Dauer der Betriebsstörung Beschäftigungs- und Vergütungsansprüche entfallen können. Einzelheiten, z. B. Arbeitszeitregelung, unterliegen auch hier der → Mitbestimmung des → Betriebsrats (BAG NJW 1981, 937). S. a. → Dienstvertrag.

**Betriebssabotage** *(Betriebsstörung).* Wer *vorsätzlich* den Betrieb einer Eisenbahn, von Postdienstunternehmen oder -anlagen oder sonstiger öffentlicher Verkehrsunternehmen, eines öffentlichen Versorgungsbetriebs (Elektrizitäts-, Wasserwerk u. dgl.) oder anderer der öffentlichen Sicherheit und Ordnung dienender Anlagen (Feuer-, Polizeimelder) verhindert oder stört, ist nach § 316 b StGB strafbar, wenn er eine dem Betrieb dienende Sache zerstört, beschädigt, unbrauchbar macht oder beseitigt. Auch der Versuch ist strafbar. Die Strafe ist Freiheitsstrafe bis zu 5 Jahren oder Geldstrafe. Die gleichen Strafen sieht § 317 StGB für die Sabotage an *Telekommunikationsanlagen* vor. Dies sind technische Einrichtungen und Systeme, die als Nachrichten identifizierbare elektromagnetische oder optische Signale senden, übertragen, vermitteln, empfangen, steuern oder kontrollieren können (§ 3 Nr. 17 TKG), wie z. B. Fernsprech-, Funk-, Fernseheinrichtungen. Doch ist hier auch fahrlässiges Handeln mit Strafe bedroht (Freiheitsstrafe bis zu 1 Jahr oder Geldstrafe). Sondervorschriften gelten nach §§ 87, 88 StGB für die Agententätigkeit zwecks Sabotage von Betriebs- oder Telekommunikationsanlagen sowie wenn diese *in staatsgefährdender Absicht* vorgenommen wird (→ Rechtsstaatsgefährdung). S. a. → Wehrmittelsabotage.

**Betriebsschädigung** → Anschwärzung.

**Betriebsschutz** als Teil des → Arbeitsschutzes hat seine Rechtsgrundlage sowohl in der arbeitsvertraglichen (privatrechtlichen) Fürsorgepflicht des Arbeitgebers (§§ 618 BGB, 62 HGB) wie in den öffentlich-rechtlichen Normen der §§ 120 a ff. HGB über Betriebssicherheit, die der Staat durch die → Gewerbeaufsicht (§ 139 b, für Handelsbetriebe s. §§ 139 g, h GewO) überwacht und durch Strafdrohung sichert. Danach hat der Gewerbeunternehmer die Arbeitsräume, Betriebsvorrichtungen, Maschinen und Gerätschaften so zu unterhalten, daß die Arbeitnehmer gegen Gefahren für Leben und Gesundheit soweit geschützt sind, wie die Natur des Betriebes es gestattet (§ 120 a); er hat für Aufrechterhaltung der guten Sitten und des Anstandes im Betrieb zu sorgen (§ 120 b). Darüber hinaus kann die zuständige Behörde für einzelne Anlagen die Ausführung aller Maßnahmen anordnen, die zur Durchführung dieser Grundsätze erforderlich sind (§ 120 d). Wegen Einzelheiten s. jetzt Arbeitsstättenverordnung. Aufgaben im Rahmen des B. hat auch der → Immissionsschutzbeauftragte. S. a. die Unfallverhütungsvorschriften der → Berufsgenossenschaften, ferner Gesundheitsschutz in Betrieben sowie Ges. über → technische Arbeitsmittel.

**Betriebsspionage** → Geheimnisverrat, → unlauterer Wettbewerb.

**Betriebsstätte** i. S. d. Steuergesetze ist jede feste Geschäftseinrichtung oder Anlage, die der Tätigkeit eines Unternehmens dient. Als B. gelten der Ort der Geschäftsleitung, Zweigniederlassungen, Fabrikationsstätten usw. und Bauausführungen oder Montagen in einer Gemeinde über 6 Monate (§ 12 AO). Von Bedeutung insbes. für die → Zerlegung des einheitlichen Steuermeßbetrags auf die beteiligten Gemeinden bei der → Gewerbesteuer (§§ 28–34 GewStG), für die Zuständigkeit des Betriebsfinanzamts bei inländischer B. eines ausländischen Betriebs. Bei Doppelbesteuerungsabkommen gelten i. d. R. besondere Begriffsbestimmungen. Vgl. Art. 5 OECD-Muster-DBA.

**Betriebsstillegung** → Sozialplan.

**Betriebsstörung** → Betriebssabotage.

**Betriebsstrafe** → „Betriebsjustiz".

**Betriebsübergang.** Geht ein → Betrieb oder Betriebsteil durch → Rechtsgeschäft auf einen anderen Inhaber über (auch bei Pächterwechsel), so tritt dieser nach § 613 a BGB als → Gesamtschuldner mit dem bisherigen Arbeitgeber in alle Rechte und Pflichten aus den im Zeitpunkt des Übergangs bestehenden → Arbeitsverhältnissen ein. Kündigung des Arbeitnehmers nur wegen des B. ist unzulässig. Ansprüche aus → Tarifvertrag oder → Betriebsvereinbarung bleiben grundsätzlich erhalten. § 613 a BGB gilt auch bei einer → Umwandlung sowie für einen B. im Rahmen eines → Insolvenzverfahrens insbes. für den → Arbeitsplatzschutz, die Kontinuität des → Betriebsrats, den Eintritt in eine Versorgungsanwartschaft sowie für das Verbot einer Kündigung ausschließlich wegen des B. (→ Insolvenzverfahren, 3 a, 4) aber nicht bzgl. Haftungsübernahme für bereits entstandene Ansprüche; insoweit haben die Verteilungsgrundsätze des → Insolvenzverfahrens Vorrang (BAGE 32, 326). S. a. → Übernahme eines Handelsgeschäfts.

**Betriebsüberlassungsvertrag** → Betriebspachtvertrag.

**Betriebsunfall** → Arbeitsunfall, → gefahrgeneigte Arbeit, → Gefährdungshaftung.

**Betriebsunternehmen** → Betriebsaufspaltung.

**Betriebsunterstützungskasse** → Altersversorgung, betriebliche.

**Betriebsurlaub** → Urlaub.

**Betriebsveranstaltung** ist eine Veranstaltung des Arbeitgebers im eigenbetrieblichen Interesse, z. B. Betriebsversammlung, Betriebsausflug, Weihnachtsfeier u.ä. Zuwendungen des Arbeitgebers an seine Arbeitnehmer anläßlich einer B. sind bis 200 DM pro Person pro Jahr steuerfrei (→ Freigrenze; Einzelheiten Abschn. 72 LStR; siehe auch → Aufmerksamkeiten). Soweit steuerpflichtig, kann der Arbeitgeber die Lohnsteuer pauschalieren (25%); → Lohnsteuerpauschalierung.

**Betriebsveräußerung** → Veräußerungsgewinne, → außerordentliche Einkünfte.

**Betriebsvereinbarung** ist ein privatrechtlicher → Vertrag zwischen → Arbeitgeber und → Betriebsrat *(Vertragstheorie),* der gegenseitige Pflichten, Angelegenheiten des → Betriebs und der Betriebsverfassung zum Gegenstand haben, ferner sich auf die → Arbeitsverhältnisse des Betriebs beziehen kann. Nach der *Satzungstheorie* stellt die B. eine autonome → Satzung dar, die dadurch zustande kommt, daß Arbeitgeber und Betriebsrat gleichlautend aufeinander bezogene Beschlüsse fassen. Die B.

bedarf der Schriftform (§ 77 II BetrVG). Vertragspartner sind der Arbeitgeber und die durch den Betriebsrat vertretenen Arbeitnehmer des Betriebs. Die B. gilt nur in dem Betrieb, für den sie abgeschlossen ist, aber für alle seine Arbeitnehmer (nicht für die ausgeschiedenen und im Ruhestand lebenden). Die B. kann nur solche Angelegenheiten zum Inhalt haben, die zum Aufgabenbereich des Betriebsrats gehören. Sie ist vom → Tarifvertrag zu unterscheiden, hat aber mit ihm insbes. gemeinsam, daß sie einen schuldrechtlichen und normativen Teil haben kann. *Schuldrechtlich* können bestimmte Pflichten der Vertragspartner begründet werden (z. B. über Aufwandsentschädigung der Betriebsratsmitglieder). *Normativ* (d. h. wie ein Gesetz auf den Inhalt der Arbeitsverhältnisse wirkend) können durch B. Bestimmungen über Abschluß, Inhalt und Beendigung des Arbeitsverhältnisses (sog. *Inhaltsnormen*) und Regelungen von betrieblichen und betriebsverfassungsrechtlichen Fragen (sog. *Betriebsnormen*) getroffen werden. Inhaltsnormen sind z. B. die Festsetzung von Akkordlohnsätzen, Arbeitszeitbeginn und -ende (§ 87 BetrVG). Betriebsnormen sind z. B. Errichtung und Verwaltung betrieblicher Wohlfahrtseinrichtungen, Erlaß von Unfallverhütungsvorschriften (§ 88 BetrVG). Gegenüber der B. besteht aber ein Vorrang des Tarifvertrags insbes. insoweit, als Arbeitsentgelte (d. h. → Arbeitslohn) und sonstige Arbeitsbedingungen (insbes. die Arbeitszeit) üblicherweise durch Tarifvertrag geregelt werden (auch wenn sie im Einzelfall nicht durch Tarifvertrag geregelt sind); in diesem Rahmen ist eine B. unzulässig (§ 77 III BetrVG) und nichtig (§ 134 BGB), wenn sie im Tarifvertrag nicht ausdrücklich zugelassen ist (anders aber für sog. übertarifliche Zulagen). Eine wirksame B. ist in ihren Inhaltsnormen unabdingbar, d. h. es dürfen in den Arbeitsverträgen für den Arbeitnehmer ungünstigere Arbeitsbedingungen nicht vereinbart werden. Eine B. kann zustande kommen durch freiwilligen Vertragsabschluß (§§ 145–151 BGB) oder im Verfahren nach § 76 BetrVG durch die Einigungsstelle, deren Spruch in vielen Fällen, z. B. bei der sozialen → Mitbestimmung des Betriebsrats nach § 87 BetrVG, erzwingbar ist und die Einigung zwischen Arbeitgeber und Betriebsrat ersetzt. B. können mangels anderweitiger Vereinbarung mit einer Frist von 3 Monaten gekündigt werden. Die B. endet darüber hinaus (bei durch die Einigungsstelle ersetzbaren B. mit Nachwirkung bis zum Abschluß einer anderen Abmachung) durch Zeitablauf, formfreien Aufhebungsvertrag (der auch im Abschluß einer neuen B. gegenteiligen Inhalts gesehen werden kann), ferner mit Beendigung des Betriebs (z. B. durch Stillegung). S. a. → Gesamtzusage.

**Betriebsverfassungsrecht** ist die Gesamtheit der Normen, welche die nicht unmittelbar das → Arbeitsverhältnis betreffenden Beziehungen des Arbeitgebers zu den Arbeitnehmern und deren Vertretungen (insbes. Betriebsrat und Personalrat) regeln. Es ist für die private Wirtschaft im BetriebsverfassungsG i. d. F. vom 23. 12. 1988 (BGBl. 1989 I 1; zum BetrVG 1952 → Mitbestimmung, 2) und in den Mitbestimmungsgesetzen nebst DVOen enthalten. Das B. gehört zum kollektiven → Arbeitsrecht und großenteils zum öffentlichen Recht. Rechtsstreitigkeiten aus dem BetrVG gehören zur Zuständigkeit der Arbeitsgerichte im → Beschlußverfahren, wenn nicht vorher vor einer *Einigungsstelle* (§ 76 BetrVG) oder einer Vermittlungsstelle (§ 112 BetrVG) die Beteiligten sich einigen oder die Einigungsstelle bindend entscheiden kann. Für das B. im öffentlichen Dienst gelten die besonderen Regelungen des Rechts der → Personalvertretung (BundespersonalvertretungsG vom 15. 3. 1974, BGBl. I 693).

**Betriebsverhältnis** → Gewaltverhältnis (öffentlich-rechtliches).

**Betriebsvermögen** 1. Bei der *Einkommensteuer* sind 4 Vermögensarten zu unterscheiden: notwendiges B., notwendiges Privatvermögen, gewillkürtes oder geduldetes B. *Notwendiges B.* sind beim Einzelunternehmer alle Wirtschaftsgüter (WG), die ihm gehören und von ihm überwiegend betrieblich genutzt werden; bei einer → Mitunternehmerschaft (MU) alle WG, die der MU gehören – ausgenommen notwendiges Privatvermögen –, außerdem alle WG, die einem Gesellschafter gehören, soweit sie von der MU genutzt werden oder der Beteiligung dienen („Sonderbetriebsvermögen I und II"). In diesem zweiten Fall fallen Handels- und Steuerbilanz auseinander. Wird notwendiges B. zu Unrecht nicht bilanziert, so wird es steuerlich behandelt, als wäre es bilanziert. Bei betrieblich genutzten Grundstücken ist der betriebl. genutzte Teil (z. B. 47%) notwendiges B. (vgl. R 13 VII–XIV EStR). *Notwendiges Privatvermögen* dient der privaten Lebensführung und darf nicht bilanziert werden, z. B. das selbstgenutzte Einfamilienhaus. WG, die weder notwendiges B. noch notwendiges Privatvermögen sind, sind *neutrales Vermögen.* Werden diese WG bilanziert, sind sie *gewillkürtes B.,* werden sie nicht bilanziert, *Privatvermögen. Geduldetes B.* entsteht a) beim Übergang vom → Betriebsvermögensvergleich zur → Einnahmen-Überschuß-Rechnung aus gewillkürtem B. und b) durch Nutzungsänderung aus früher notwendigem B. Vorteil: Keine Gewinnrealisierung, da keine Zwangsentnahme (→ Entnahme).

2. Bei der *Körperschaftsteuer* (→ Kapitalgesellschaften usw.) gibt es kein gewillkürtes B. Zum B. zählt, was der Kapitalgesellschaft usw. gehört. Insoweit decken sich Handels- und Steuerbilanz.

3. *Einheitsbewertung:* Zum → Einheitswert Gewerbebetrieb gehören alle Wirtschaftsgüter, die bei der steuerlichen Gewinnermittlung zum B. gehören. Im Einheitswert Gewerbebetrieb einer Mitunternehmerschaft sind auch die Wirtschaftsgüter enthalten, die nicht der Personengesellschaft, sondern einem Mitunternehmer gehören, aber von der Mitunternehmerschaft betrieblich genutzt werden (§ 97 I 1 Nr. 5 BewG). Vgl. auch § 101 BewG.

**Betriebsvermögensvergleich.** Beim B. (Bestandsvergleich) ist → Gewinn (Verlust) der Unterschiedsbetrag zwischen dem → Betriebsvermögen am Schluß des → Wirtschaftsjahrs und dem Betriebsvermögen am Schluß des vorangegangenen Wirtschaftsjahrs, vermehrt um den Wert der → Entnahmen u. der nicht abzugsfähigen → Betriebsausgaben sowie vermindert um den Wert der → Einlagen (§ 4 I EStG). Vgl. Gewinnermittlungsarten.

**Betriebsversammlung.** Die aus den → Arbeitnehmern eines Betriebs bestehende B. muß mindestens vierteljährlich stattfinden; ggf. sind Abteilungsversammlungen abzuhalten. Sie wird vom Vorsitzenden des → Betriebsrats geleitet (§ 42 BetrVG). Gewerkschaftsbeauftragte dürfen beratend teilnehmen (§ 46 BetrVG); der → Arbeitgeber ist zur B. einzuladen und berechtigt, in ihr zu sprechen (§ 43 II BetrVG). B. finden grundsätzlich während der Arbeitszeit (mit voller Vergütung der Arbeitnehmer) statt (§ 44 BetrVG). Der Betriebsrat erstattet in der B. einen Tätigkeitsbericht; sonst dürfen nur Angelegenheiten des Betriebs oder der Arbeitnehmer, nicht aber z. B. Maßnahmen des Arbeitskampfes behandelt werden (§ 45 BetrVG). Die B. kann Beschlüsse fassen, die aber nur Stellungnahmen und Anträge an den Betriebsrat darstellen und ihn nicht binden. Die B. ist ferner zuständig für die Wahl eines Wahlvorstands, wenn in einem Betrieb noch kein Betriebsrat besteht (§ 17 BetrVG). Zur Jugend- und Auszubildendenversammlung s. § 71 BetrVG.

**Betriebsvorrichtungen** sind steuerrechtlich Vorrichtungen aller Art, die zu einer Betriebsanlage gehören (z. B. Fabrikschornsteine, Industriegeleise, Lastenaufzug). B. sind betriebsbezogen, während Gebäudeteile personenbezogen sind (z. B. Zentralheizung, Personenaufzug). Zur Abgrenzung vgl. § 68 II 1 Nr. 2 BewG. Obwohl B. regelmäßig wesentliche → Bestandteile des → Grundstücks (§ 94 BGB) sind, werden sie steuerl. in allen Beziehungen wie bewegliche Anlagegüter behandelt. B. werden nach der betriebsgewöhnlichen Nutzungsdauer abgeschrieben (§ 7 I, II EStG) und nicht als Gebäude (§ 7 IV, V EStG). Sie sind nicht im → Einheitswert → Betriebsgrundstück enthalten. Sie unterliegen nicht der → Grund-, sondern der → Gewerbesteuer. Bei Veräußerung entsteht nicht → Grunderwerbsteuer, sondern → Umsatzsteuer. In der Handelsbilanz: Technische Anlagen (§ 266 II HGB).

**Betriebswohnung** → Werkmietwohnung.

**Betroffener** ist im Verwaltungsrecht jeder, der von einer behördlichen Maßnahme (auch Planung) in seinem

Rechtskreis berührt wird; das ist von Bedeutung, weil die Klage im → Verwaltungsstreitverfahren (vgl. dort 1) grundsätzl. die Behauptung des Klägers voraussetzt, in *seinen* Rechten verletzt zu sein (§ 42 VwGO; s. a. → Verbandsklage), was allerdings oft schwierig zu bestimmen ist, z. B. bei Großvorhaben wie Flughäfen, Kernkraft-, Industrie- od. Verkehrsanlagen. In Verfahren nach dem Ges. über → Ordnungswidrigkeiten (vgl. §§ 50, 51, 55, 94, 95) ist B. jeder, gegen den sich das Verfahren richtet; der B. gehört zu den → Beteiligten. S. a. → Beschuldigter.

**Betrug.** Nach § 263 StGB wird wegen Betrugs bestraft, wer in der Absicht, sich oder einem Dritten einen rechtswidrigen Vermögensvorteil zu verschaffen, das Vermögen eines anderen dadurch schädigt, daß er durch Vorspiegeln falscher oder durch Entstellen oder Unterdrücken wahrer Tatsachen einen Irrtum erregt oder unterhält. Der Versuch ist strafbar. Die Strafe ist Freiheitsstrafe bis zu 5 Jahren oder Geldstrafe. Der B. gegen Angehörige, Vormünder oder Mitglieder der Hausgemeinschaft ist → Antragsdelikt, ebenso der mit Bezug auf geringwertige Sachen begangene B. (außer bei besonderem öffentl. Interesse an der Verfolgung).

Der äußere Tatbestand des B. ist gegeben, wenn 4 Voraussetzungen erfüllt sind: 1. eine *Täuschungshandlung* des Täters, 2. ein dadurch hervorgerufener *Irrtum* des Getäuschten, 3. eine hierdurch veranlaßte *Vermögensverfügung* des Getäuschten und 4. ein hierauf zurückzuführender *Vermögensschaden.*

Die Täuschung muß sich auf *Tatsachen* beziehen, wozu auch innere Tatsachen gehören (z. B. Mangel der Zahlungsabsicht). Das Vorspiegeln kann auch durch schlüssige Handlungen geschehen (Hingabe eines ungedeckten Schecks). Eine *Täuschung durch Unterlassen* ist möglich, wenn eine Pflicht zum Reden besteht, sei es kraft Gesetzes (z. B. § 666 BGB: Berichtspflicht des Beauftragten), kraft Vertrags (Aufklärung über Mängel der verkauften Sache, die für den Vertragspartner ersichtlich von Bedeutung sind) oder kraft eines besonderen Vertrauensverhältnisses oder auch nach Treu und Glauben (§ 242 BGB); s. a. → Heiratsschwindel.

Der Irrtum des Getäuschten muß durch die Täuschung verursacht sein, kann also z. B. beim sog. Bettelbetrug fehlen, wenn der Spender sowieso Zweifel an den Angaben des Bettlers hat.

Die vom Getäuschten vorgenommene Verfügung kann das eigene oder fremdes Vermögen betreffen. Getäuschter und Geschädigter brauchen nicht identisch zu sein (sog. Dreiecksbetrug). Die Vermögensverfügung kann in einem Unterlassen liegen (Nichtgeltendmachen von Schadensersatzansprüchen).

Vermögen ist der Inbegriff der geldwerten Güter einer Person; zur Feststellung eines Schadens ist der Bestand des Vermögens vor und nach der auf Grund der Täuschung vorgenommenen Verfügung zu vergleichen, wobei sich eine objektive Wertminderung des Gesamtvermögens ergeben muß. Eine Vermögens*gefährdung* genügt, so bei Darlehenshingabe gegen ein im Wert gemindertes Pfand oder zur Sicherung übereignetes Warenlager. Beim *Anstellungsbetrug* ist ein Schaden anzunehmen, wenn der Täter der übernommenen Tätigkeit nicht gewachsen ist, insbes. nicht die erforderliche Vorbildung hat.

Der vom Täter erstrebte *Vermögensvorteil* muß *rechtswidrig* sein; Erschleichen einer Zahlung, auf die der Täter Anspruch hat, ist nicht B.

Der *Vorsatz* des Täters muß umfassen: das Bewußtsein, durch Täuschung einen Irrtum hervorzurufen, der zu einer Vermögensverfügung des Getäuschten und dadurch zu einem Vermögensschaden führt; ferner muß der Täter die *Absicht* haben, sich einen Vermögensvorteil zu verschaffen (es muß ihm auf diesen Erfolg ankommen), und das Bewußtsein, daß dieser Vorteil rechtswidrig ist (insofern ist nicht Absicht erforderlich; Vorsatz – auch bedingter – genügt).

*Besonders schwere Fälle* des B. sind mit Freiheitsstrafe von 6 Mon. bis 10 Jahren bedroht (§ 263 III StGB). Regelbeispiele sind nach § 263 III 2 StGB gewerbs- oder bandenmäßiges Handeln, Herbeiführen eines großen Vermögensverlustes oder der wirtschaftlichen Not eines anderen, Mißbrauch der Stellung als → Amtsträger, Vortäuschen eines Versicherungsfalles durch Inbrandsetzen (→ Brandstiftung) wertvoller Sachen

*(Brandversicherungs-B.)* oder durch Versenken oder Strandenlassen eines Schiffes *(Seeversicherungs-B.)*.

Eine qualifizierte Straftat ist der gewerbsmäßige *Banden-B.* (§ 263 V StGB) durch ein Mitglied einer Bande, die sich zur fortgesetzten Begehung von B.- und Urkundenfälschungsstraftaten verbunden hat. Die Strafe ist Freiheitsstrafe von 1–10 Jahren; Vermögensstrafe (→ Strafen) und Erweiterter → Verfall sind möglich.

*Sonderfälle* des B. sind der → Computerbetrug (§ 263 a StGB), der → Subventionsbetrug (§ 264 StGB), der → Kapitalanlagenbetrug (§ 264 a StGB), der → Versicherungsbetrug (§ 265 StGB), der → Automatenmißbrauch und das → Erschleichen von Leistungen (§ 265 a StGB), der → Kreditbetrug (§ 265 b StGB), der → Mißbrauch von Scheck- und Kreditkarten (§ 266 b StGB), die → Gebührenüberhebung (§ 352 StGB), die → Steuerhinterziehung (§ 370 AO; → Steuerstrafrecht) u. a. m. S. a. → Arglistige Täuschung.

**Betteln.** Strafrechtlich kann B. nur als → Betrug (s. dort Bettelbetrug) geahndet werden.

**Beugemittel** sind staatliche → Ordnungsmittel (Ordnungsgeld, Zwangsgeld, ersatzweise auch Ordnungshaft), die – vielfach mit dem Erfordernis vorheriger Androhung – dem Zweck dienen, bei Personen bestimmte Handlungen, Duldungen oder Unterlassungen zu erzwingen. B. sind insbes. vorgesehen in der → Zwangsvollstreckung (§§ 888, 890 ZPO), bei der → Offenbarungs(eid)versicherung, in der → freiwilligen Gerichtsbarkeit (§ 33 FGG), bei grundlosem Nichterscheinen eines Zeugen, Sachverständigen, Schöffen oder ehrenamtlichen Richters bzw. unbegründeter Aussage- oder Eidesverweigerung (§§ 380, 390, 409 ZPO, §§ 51, 70, 77 StPO, § 56 GVG, § 28 ArbGG, § 33 VwGO, § 30 FGO, § 21 SGG, §§ 328, 329 AO) u. a.

**Beurkundung(sgesetz)** → Form (erfordernisse), 1 c.

**Beurteilung** (dienstliche B. des Beamten). Die von der Erteilung eines → Zeugnisses nach § 92 BBG zu unterscheidenden dienstliche B. des Beamten ist für die Bundesbeamten in §§ 41, 42 BundeslaufbahnVO (BLV → Laufbahnen der Beamten) geregelt. Die Landesbeamtengesetze enthalten ähnliche Bestimmungen. Danach sind Eignung und Leistung aller Beamten regelmäßig mindestens alle fünf Jahre (periodische B.) sowie aus gegebenem Anlaß (z. B. Beförderungsvorschlag, → Versetzung) zu beurteilen. Wegen Ausnahmen vgl. § 41 II BLV. Die B. soll sich auf allgemeine und geistige Veranlagung, Charakter, Bildungsstand, Arbeitsleistung, soziales Verhalten und Belastbarkeit erstrecken, § 42 I BLV, und mit einem abschließenden Gesamturteil enden, § 42 II BLV. Üblich sind notenähnliche Beurteilungsstufen. Durch Richtlinien ist das Beurteilungswesen auch hinsichtlich der inhaltlichen Gestaltung weitgehend formalisiert. Die B. ist verwaltungsgerichtlich überprüfbar (je nach Fallgestaltung nach Durchführung des → Widerspruchsverfahrens mit → Anfechtungsklage oder → Verpflichtungsklage).

**Beurteilungsspielraum** → Ermessen, → Rechtsanwendung, → unbestimmte Rechtsbegriffe.

**Bevölkerungsschutz** → Zivilschutz.

**Bevollmächtigter** → Vollmacht.

**Bevorrechtigte Fahrzeuge** → Vorfahrt.

**Bevorzugte Bewerber** ist die Bezeichnung für bestimmte Bewerber bei → öffentlichen Aufträgen, die kraft Gesetzes oder auf Grund von Verwaltungsvorschriften bei der Vergabe öffentlicher Aufträge bevorzugt zu berücksichtigen sind: Vertriebene und Sowjetzonenflüchtlinge, rassisch, politisch oder religiös Verfolgte, Evakuierte, Schwerbehinderte (§ 74 BVertriebenenG, § 68 BundesentschädigungsG, § 12 a BundesevakuiertenG, § 56 SchwerbehindertenG), ferner nach entsprechenden Richtlinien des Bundes und der Mehrzahl der Länder Personen und Unternehmen aus sog. notleidenden Gebieten, insbes. dem Zonenrandgebiet. Art und Ausmaß der Bevorzugung regeln gleichfalls Richtlinien des Bundes und der Länder.

**Bewachungsgewerbe.** Wer gewerbsmäßig Leben oder Eigentum fremder

Personen bewachen will, bedarf nach § 34 a GewO einer Erlaubnis. Auf deren Erteilung hat der Bewerber einen Rechtsanspruch, wenn er zuverlässig (→ Zuverlässigkeit) ist und über hinreichende Mittel verfügt (§ 34 a I GewO). Befugnisse und Verpflichtungen bei der Ausübung des B. regelt die VO über das B. i. d. F. vom 1. 6. 1976 (BGBl. I 1341) m. spät. Änd., u. a. Abschluß einer Haftpflichtversicherung, Vorschriften über Ausweis, Dienstkleidung, Waffengebrauch, Buchführungspflichten. Zur Rücknahme der Erlaubnis s. § 53 II GewO. Verkehrsübliche Bezeichnungen für Unternehmen des B. sind Sicherheitsdienst, Werkschutzunternehmen, Wach- und Schließgesellschaft, Schwarze Sheriffs u.ä.

**Bewaffnete Gruppen** → Bildung –.

**Bewährungsauflage** → Strafaussetzung (1).

**Bewährungshelfer.** Der vom Gericht nach § 56 d StGB oder § 24 JGG eingesetzte B. kann haupt- oder ehrenamtlich tätig sein. Er soll den Verurteilten, dem *Strafaussetzung zur Bewährung* gewährt worden ist, als Helfer und Berater betreuen und ihn im Auftrag des Gerichts, dem er regelmäßig Bericht zu erstatten hat, in seiner Lebensführung überwachen, vor allem hins. der Erfüllung gerichtlicher Auflagen; gröbliche oder beharrliche Verstöße gegen Weisungen usw. hat er dem Gericht mitzuteilen. Der B. für Jugendliche soll mit dem Erziehungsberechtigten und dem gesetzlichen Vertreter vertrauensvoll zusammenarbeiten. Sachlich untersteht der B., auch wenn er als hauptberuflicher B. Beamter ist, den Weisungen des Gerichts (§ 56 d IV 2 StGB, § 25 JGG). Seine Berichte dienen dem Gericht zur Vorbereitung der Entscheidungen über Straferlaß, Widerruf der Strafaussetzung usw. Ein B. kann auch eingesetzt werden, wenn *im Gnadenwege bedingte Strafaussetzung* bewilligt wird. Die Rechtsstellung der hauptamtlichen B., Dienstaufsicht usw. sind durch Landesgesetz geregelt (Zusammenstellg.: Tröndle, § 56 d StGB, Rn. 2).

**Bewährungszeit** → Strafaussetzung (1), → Jugendstrafe.

**Bewegliche Sache** → Sache.

**Bewegliches Vermögen, Zwangsvollstreckung in –** → Mobiliarzwangsvollstreckung.

**Beweis** wird von einem Verfahrensbeteiligten im Zivilprozeß durch *Beweisantritt* (Beweisangebot) geführt, in den Verfahren mit → Untersuchungsgrundsatz durch *Beweisantrag;* dadurch wird eine bestimmte Tatsachenbehauptung in den Rechtsstreit eingeführt (für die den Grundsätzen des Zivilprozesses unterliegenden Verfahren vgl. §§ 284 ff., 371, 373, 403, 420 f., 428, 432, 445 ZPO); Beweisermittlungs(Ausforschungs)anträge, durch die erst Beweismittel gefunden werden sollen, sind unstatthaft. *Beweisgegenstand* (Beweisthema) können sein: Tatsachen, Erfahrungssätze, an Rechtssätzen nur ausländisches Recht, Gewohnheitsrecht und Satzungen. *Beweismittel* sind im Zivilprozeß der richterliche → Augenschein, der → Zeuge, der → Sachverständige, die → Urkunde und die → Parteivernehmung, ferner die amtliche Auskunft. Das gleiche gilt für die Arbeitsgerichtsbarkeit (§ 46 II ArbGG). Im Verwaltungs-, Finanz- und Sozialstreitverfahren sind die gleichen B.mittel zugelassen (§§ 96 I, 87 VwGO, §§ 81 I, 79 S. 3 FGO, §§ 118 I, 106 III SGG), anstatt der Parteivernehmung die Beteiligtenvernehmung.

Im Strafprozeß sind Beweismittel im → Strengbeweis nur Augenschein, Zeugen, Sachverständige und Urkunden; die Vernehmung des Angeklagten gehört nicht formell zur Beweisaufnahme (§ 244 I StPO), wenngleich seine Aussage materiell als Beweis gewertet werden kann.

Zum selbständigen B.verfahren → Beweissicherung.

Ein *Beweisbeschluß* ist im Zivilprozeß und den ihm nachgebildeten Verfahrensarten notwendig, wenn die Beweisaufnahme ein besonderes Verfahren erfordert (§ 358 ZPO, § 98 VwGO, § 82 FGO, § 118 I SGG); er kann schon vor der → mündlichen Verhandlung ergehen (§ 358 a ZPO). Er bezeichnet das Beweisthema, das Beweismittel und die beweisführende Partei (§ 359 ZPO). Die *Beweisaufnahme* (Beweiserhebung) obliegt dem Gericht nach näherer gesetzlicher Regelung, für den Zivilprozeß nach §§ 355–455 ZPO, die auch in anderen Verfahrensordnungen mindestens z. T. entsprechend anwendbar sind (§ 98 VwGO, § 82 FGO, § 118 I SGG, § 15 FGG, § 46 II ArbGG, § 28 I BVerfGG; für den Strafprozeß gelten die §§ 244–257, 48–93 StPO). Ein allgemeiner Grundsatz ist die Unmittelbarkeit der Beweisaufnahme, die in § 355 ZPO, § 96 VwGO, § 81 FGO, § 117 SGG, in der StPO verschiedentlich, insbes. in § 250, verankert ist (→ Unmittelbarkeitsgrundsatz); doch gibt es weitgehende Ausnahmen (→ beauftragter und ersuchter Richter). Die Beweisaufnahme unterliegt der → Parteiöffentlichkeit. Sie muß sich auf Tatsachen beschränken, die für die Entscheidung erheblich sind. Über Beweisaufnahme im Ausland → Haager Übereinkommen in Zivil- und Handelssachen.

In der *Beweiswürdigung* bildet sich das Gericht die Überzeugung von der Wahrheit oder Unwahrheit einer Tatsache. Hier gilt allgemein der Grundsatz der freien B.würdigung (§ 286 ZPO, § 261 StPO, § 108 I, § 96 I VwGO § 128 SGG). Nur soweit gesetzliche Vermutungen und Beweisregeln (s. u.) eingreifen, ist das Gericht gebunden; sonst aber kann es z. B. eine bestrittene Tatsache auch ohne Beweisaufnahme für wahr halten, einer unbeeideten Zeugenaussage mehr als einer beeideten, einem Zeugen überhaupt nicht und statt dessen einer Partei (einem Beteiligten) glauben. Für die Überzeugung genügt ein so hoher Grad an Wahrscheinlichkeit, daß vernünftige Zweifel schweigen. Im Strafprozeß gilt dabei der Grundsatz → in dubio pro reo. Ist das Gericht weder von der Wahrheit noch von der Unwahrheit einer Tatsache überzeugt, so kommt es, soweit der → Verhandlungsgrundsatz gilt, auf die → Beweislast an. Die B.würdigung ist in die Entscheidungsgründe des Urteils aufzunehmen; Fehler unterliegen der → Revision nur in sehr beschränktem Umfang. Über die Arten des B. → Strengbeweis, → Freibeweis, → Indizienbeweis, → Anscheinsbeweis.

Soweit *gesetzliche Beweisregeln* bestehen, darf der Beweis nur durch bestimmte Beweismittel geführt werden; dadurch ist die freie Beweiswürdigung eingeschränkt (§ 286 II ZPO; vgl. z. B. §§ 165, 314, 415–418 ZPO). Solche gesetzlichen Beweisregeln finden sich auch im materiellen Recht, insbes. im StGB. So ist z. B. bei übler Nachrede die beleidigende Behauptung einer Straftat als erwiesen anzusehen, wenn der Beleidigte wegen dieser rechtskräftig verurteilt worden ist; nach rechtskräftigem Freispruch ist der Wahrheitsbeweis ausgeschlossen (§ 190 StGB).

**Beweis des ersten Anscheins** *(prima-facie-Beweis)* → Anscheinsbeweis.

**Beweisantrag** → Beweis u. im folg.

**Beweisantrag im Strafprozeß.** I. Im *Ermittlungsverfahren* haben die verfahrenleitende Behörde (Polizei, Staatsanwaltschaft) und der vernehmende Richter einem B. des Beschuldigten stattzugeben, wenn der Beweis von Bedeutung ist (§§ 163 a II, 166 I StPO).

Dem Angeschuldigten ist ferner im → *Eröffnungsverfahren* bei Zustellung der Anklageschrift Gelegenheit zum B. zu geben (§ 201 StPO); er kann einen solchen auch noch vor der Hauptverhandlung stellen (§ 219 StPO). Auch sonst ist ihm nicht verwehrt, einen B. einzureichen; ein unerledigter schriftlicher B., der aufrechterhalten wird, ist in der Hauptverhandlung zu wiederholen.

II. Wird in der → Hauptverhandlung ein B. gestellt, so ist eine *bestimmte Beweistatsache* und ein *bestimmtes Beweismittel* anzugeben; Ausforschungs(Beweisermittlungs)anträge sind nur Anregungen und unterliegen nicht den strengen Vorschriften über die Behandlung des B. Zur Stellung des B. berechtigt sind Staatsanwalt, Verteidiger, Angeklagter und die weiteren Verfahrensbeteiligten (Nebenkläger usw.).

Über die Behandlung des B. gilt folgendes (§ 244 StPO):

1. Ein B. ist *unzulässig* und *muß* abgelehnt werden, wenn die Beweiserhebung unmöglich oder verboten ist (z. B. weil der Zeuge das Zeugnis verweigert oder eine gesetzlich erforderliche Aussagegenehmigung fehlt); ebenso wenn über den Beweisgegenstand bereits rechtskräftig entschieden ist oder wenn er mit der Sache nichts zu tun hat.

2. Ein B. *darf* im übrigen nur aus bestimmten Gründen abgelehnt werden, soweit dadurch nicht die Pflicht des Gerichts zur Sachaufklärung verletzt wird, nämlich a) wenn die Beweistatsache *offenkundig* und die Beweiserhebung des-

halb *überflüssig* ist; b) wenn die behauptete Tatsache für die Entscheidung tatsächlich oder rechtlich *unerheblich* oder wenn sie c) *schon erwiesen* (nicht: schon widerlegt!) ist; d) wenn das Beweismittel *völlig ungeeignet* ist (der Zeuge kann den Umständen nach vom Beweisgegenstand keinesfalls Kenntnis haben); e) wenn es *unerreichbar* ist (Aufenthalt des Zeugen unbekannt; Heranziehung im → Rechtshilfewege nicht möglich oder für den Zeugen mit Gefahr verbunden; alle der Bedeutung des Beweismittels entsprechenden Bemühungen um Heranziehung erfolglos und für absehbare Zeit aussichtslos, BGH NStZ 1982, 212); f) wenn der B. zwecks *Prozeßverschleppung* gestellt ist; g) wenn eine den Angeklagten entlastende Beweistatsache *als wahr unterstellt* werden kann. Beim *Sachverständigenbeweis* ist die Ablehnung *außer in den Fällen a–g* zulässig: h) wenn das Gericht die erforderliche Sachkunde selbst besitzt (oft zweifelhaft in psychologisch bedeutsamen Fragen – z. B. bei Affekthandlungen – oder bei Beurteilung der Glaubwürdigkeit von Kinderaussagen in Sittlichkeitsprozessen); i) der Antrag auf Anhörung eines weiteren Sachverständigen, wenn das Gegenteil der behaupteten Tatsache bereits durch das frühere Gutachten erwiesen ist; doch ist ein neues Gutachten einzuholen, wenn das frühere möglicherweise an Mängeln leidet, weil entweder die Sachkunde des ersten Sachverständigen zweifelhaft ist oder wenn das erste Gutachten von falschen tatsächlichen Voraussetzungen ausgeht oder Widersprüche enthält oder wenn der neue Sachverst. über überlegene Forschungsmittel verfügt (z. B. Arzt der Universitätsklinik gegenüber dem praktischen Arzt). Liegen bereits mehrere Gutachten vor, die einander widersprechen oder Zweifel offenlassen, kann die Aufklärungspflicht (§ 244 II StPO) die Einholung eines *Obergutachtens* erforderlich machen.

3. Die *Augenscheinseinnahme* und die Vernehmung eines *Zeugen*, dessen Vernehmung im Ausland zu bewirken wäre, liegen im pflichtgemäßem Ermessen des Gerichts im Rahmen seiner Aufklärungspflicht (§ 244 V StPO).

4. Die *Ablehnung* des B. erfordert einen *begründeten Beschluß des Gerichts* (also ggf. des Kollegiums). Anders beim *Hilfs(Eventual)-B.*, über den in der Urteilsberatung befunden werden kann; er ist dann in der Urteilsbegründung zu bescheiden. Ein Verstoß gegen diese Verfahrensvorschriften begründet die *Revision* nur, wenn das Urteil möglicherweise auf dem Fehler *beruht* (§ 337 StPO), während die gegen die Bestimmungen zu 1–3 verstoßende Ablehnung des B. ein *absoluter Revisionsgrund* ist (§ 338 I Nr. 8 StPO).

5. Sondervorschriften gelten für → präsente Beweismittel nach § 245 und für *verspätete* B.e nach § 246 StPO. Wegen Verspätung allein darf ein B. im Hinblick auf die Aufklärungspflicht des Gerichts – außer bei Verschleppungsabsicht – nicht abgelehnt werden; doch berechtigt verspätete Benennung von Zeugen oder Sachverständigen den Gegner des Antragstellers, Aussetzung der Verhandlung zwecks Erkundigung zu verlangen, wenn ihm diese wegen der Verspätung nicht möglich war.

**Beweisaufnahme** → Beweis.

**Beweisbeschluß** → Beweis.

**Beweiserhebungsverbote** → Beweisverbote.

**Beweislast.** Grundsätzlich trägt jede Partei die B. für die tatsächlichen Voraussetzungen der ihr günstigen Rechtsnorm; jedoch kann die B. durch gesetzliche Vorschriften, nicht aber durch → Allgemeine Geschäftsbedingungen (§ 11 Nr. 15 AGBG), umgekehrt sein. Die B. deckt sich mit der → Behauptungslast und gilt – insbes. im Zivilprozeß – nur im Rahmen des → Verhandlungsgrundsatzes, in Verfahren mit → Untersuchungsgrundsatz (z. B. Erbscheinsverfahren) nur im Rahmen der sog. objektiven *Feststellungslast* (z. B. Nichterweislichkeit der vom gesetzlichen Erben behaupteten Testierungsfähigkeit des Erblassers). Steht nach Beweiswürdigung nicht fest, ob die behauptete Tatsache wahr oder unwahr ist, wird zuungunsten dessen entschieden, der die B. trägt. Der von der beweisbelasteten Partei geführte Beweis kann durch *Gegenbeweis* der anderen Seite erschüttert werden. S. a. → Anscheinsbeweis.

**Beweismittel** → Beweis.

**Beweisregeln** (gesetzliche) → Beweis (a. E.).

**Beweissicherung.** In einem *selbständigen Beweisverfahren* können auf Antrag außerhalb oder auch während eines Prozesses ein Augenschein eingenommen oder Zeugen vernommen werden, wenn der Gegner zustimmt oder insbes. zu besorgen ist, daß das Beweismittel verlorengeht (z. B. lebensgefährliche Erkrankung eines Zeugen). Ist ein Rechtsstreit noch nicht anhängig, kann darüber hinaus auch die schriftliche Begutachtung durch einen Sachverständigen zur Feststellung des Zustands einer Person oder einer Sache oder des Umfangs eines Schadens und der Kosten für seine Beseitigung angeordnet werden. Zuständig ist das Prozeßgericht, in Eilfällen auch das örtliche Amtsgericht. Ist ein Rechtsstreit nicht anhängig, ist dem Antragsteller auf Antrag des Gegners eine Frist zur Klageerhebung zu setzen, sofern nicht vorher ein → Prozeßvergleich zustandekommt. Einzelheiten §§ 485–494 a ZPO; diese Vorschriften gelten in anderen Verfahrensordnungen entsprechend (§ 98 VwGO, § 82 FGO, § 118 SGG).

**Beweisverbote** im Strafverfahren schränken die Erhebung (Gewinnung) und Verwertung von Beweisen, also den → Untersuchungsgrundsatz (→ Inquisitionsprinzip), zur Wahrung eines rechtsstaatlichen Verfahrens und grundlegender Rechte des Betroffenen, insbes. der → Menschenwürde, ein. Dabei wird zwischen Beweiserhebungsverboten und Beweisverwertungsverboten unterschieden.

Die gesetzlichen *Beweiserhebungsverbote* betreffen Beweis*themen* (z. B. Hergang bei der Beratung, § 43 DRiG; im → Strafregister getilgte Verurteilung § 51 I BZRG), Beweis*mittel* (z. B. Vernehmung eines Zeugen, der sich auf ein → Zeugnisverweigerungsrecht beruft; → Beschlagnahme eines beschlagnahmefreien Gegenstandes) oder Beweis*methoden* (z. B. Beeinträchtigung der Willensfreiheit bei → Vernehmungen im Strafverfahren zur Herbeiführung eines → Geständnisses, § 136 a I, II StPO).

*Beweisverwertungsverbote* sind teils gesetzlich bestimmt (z. B. § 136 a III 2 StPO, § 393 II AO, § 51 I BZRG, § 3 II, § 7 III Ges. zu Art. 10 GG). Sie können sich auch aus dem Verstoß gegen ein Beweiserhebungsverbot ergeben, wenn das Interesse des Betroffenen, insbes. die Sicherung seiner verfahrensrechtlichen Stellung, höher zu bewerten ist als das staatliche Aufklärungsinteresse (z. B. bei → Vernehmungen im Strafverfahren ohne Belehrung des Beschuldigten nach § 136 I StPO). Der BGH wendet dazu die sog. Rechtskreistheorie (BGHSt 11, 213) an und unterscheidet danach, ob die verletzte Vorschrift auch dem Interesse des Beschuldigten (z. B. das → Zeugnisverweigerungsrecht) oder nur dem einer anderen Person (z. B. das → Auskunftsverweigerungsrecht des Zeugen nach § 55 I StPO) dient, so daß das Unterlassen der Belehrung nach § 55 II StPO nicht zu einem Beweisverwertungsverbot führt. Außerdem hat die Rspr. unter bestimmten Voraussetzungen aus den → Grundrechten nach Art. 1, 2 I GG Beweisverwertungsverbote abgeleitet (z. B. bei → Tagebuchaufzeichnungen oder heimlichen → Tonbandaufnahmen).

Eine *Fernwirkung*, die weitere Beweismittel unverwertbar werden läßt, die erst durch eine unverwertbare Beweiserhebung bekannt geworden sind (z. B. Auffinden des Tatopfers oder der Tatbeute auf Grund eines unverwertbaren Geständnisses), besteht grundsätzlich nicht. Der BGH hat sie bislang nur für das Beweisverwertungsverbot nach § 7 III Ges. zu Art. 10 GG bejaht (BGHSt. 29, 244).

Zur Verwertung von in einem Strafverfahren gewonnenen Daten und Erkenntnissen für ein anderes Strafverfahren s. → Zufallsfunde.

**Beweisverfahren** → Beweis, → Zeuge, → Sachverständiger. Zum *selbständigen B.* → Beweissicherung.

**Beweisvermutung** → Vermutung.

**Beweisverwertungsverbote** → Beweisverbote.

**Beweiswürdigung** → Beweis.

**Bewertung.** Bei der Einkommen-(Körperschaft)steuer werden Wirtschaftsgüter i. d. R. mit den → Anschaffungs- oder Herstellungskosten (AK, HK) oder mit dem niedrigeren → Teilwert bewertet oder mit dem höheren Teilwert bis zur Obergrenze AK/HK (§ 6 I Nrn. 1–3 EStG), → Entnahmen und → Einlagen i. d. R. mit dem Teilwert (§ 6 I Nrn. 4, 5 EStG). Vgl. Bilanz, Absetzung für Abnutzung. Die Wertermittlung für → Einheitswerte, → Grund-, sowie → Erbschaft- und Schenkungsteuer regelt sich nach dem → Bewertungsgesetz.

**Bewertungsfreiheit** → Sonderabschreibungen, → geringwertige Wirtschaftsgüter.

**Bewertungsgesetz.** Das BewG i. d. F. vom 1. 2. 1991 (BGBl. I 230) m. Änd., zuletzt 29. 10. 97, BGBl. I 2590, und die BewDV regeln die Wertermittlung für → Einheitswerte, → Grund-, → Erbschaft- und Schenkungsteuer und (z. T.) → Gewerbesteuer.

**Bewertungsstetigkeit.** In der Handelsbilanz soll bei Bewertungswahlrechten die Bewertungsmethode des Vorjahrs beibehalten werden, um die Vergleichbarkeit der Jahresabschlüsse zu verbessern (§ 252 I Nr. 6 HGB). Die B. gilt auch in der Steuerbilanz, soweit keine steuerlichen Sondervorschriften bestehen. Vgl. Bilanz, Bewertung.

**Bewilligung** → Grundbuch, → Verleihung.

**Bewirtschaftung** → Wirtschaftslenkung.

**Bewirtung von Personen aus geschäftlichem Anlaß.** Aufwendungen hierfür sind als → Betriebsausgaben bei der Einkommen-, Körperschaft- und Gewerbesteuer nur mit 80% abzugsfähig, soweit sie angemessen und einzeln und getrennt von den sonstigen Betriebsausgaben aufgezeichnet sind und betrieblicher Anlaß nachgewiesen ist (§ 4 V Nr. 2, VII EStG). Die Rechnung muß alle verzehrten Speisen und Getränke mit den einzelnen Preisen angeben, ab 1995 maschinell ausgedruckt. In der Handelsbilanz erfolgt Vollabzug mit 100%. B. in der Wohnung des Steuerpflichtigen ist nach R 117 EStR regelmäßig nicht abzugsfähig, da einwandfreie Trennung der betrieblich (beruflich) veranlaßten Aufwendungen und der für die private Lebensführung entstandenen unmöglich sei. Einzelheiten BMF BStBl. I 1994, 855. Bewirtung von Arbeitnehmern im eigenen Betrieb kann steuerfrei sein, wenn sie im überwiegenden betrieblichen Interesse des Arbeitgebers erfolgt (Abschn. 31 VI a LStR).

**Bewußtlosigkeit** → Geschäftsfähigkeit, → Schuldunfähigkeit.

**Bewußtsein der Rechtswidrigkeit.** Tatbestandsmerkmale einer Straftat sind die im Gesetz beschriebenen äußeren Voraussetzungen, Vorgänge oder Handlungen, an die das Gesetz die strafrechtlichen Folgen knüpft. Sie müssen daher i. d. R. vom Vorsatz des Täters umfaßt sein (soweit nicht auch Fahrlässigkeit strafbar ist), weil schuldhaftes Handeln Voraussetzung jeglicher Strafbarkeit ist. Die *Rechtswidrigkeit* der Tat dagegen ist zwar ebenfalls Voraussetzung der Strafbarkeit, aber nicht Tatbestandsmerkmal. Str. ist, ob sie gleichwohl vom Vorsatz umfaßt werden muß und somit das B. d. R. Teil des Vorsatzes ist. Nach der Vorsatztheorie ist das zu bejahen, während die herrschende, auch vom BGH (grundlegend St. 2, 194) vertretene Schuldtheorie das B. d. R. als *selbständiges Schuldelement* neben den Vorsatz stellt, so daß das Fehlen des Bewußtseins, Unrecht zu tun, den Vorsatz nicht ausschließt. Das kann der Fall sein, wenn jemand wissentlich gegen gesetzliche Bestimmungen (z. B. über die Zulässigkeit einer Betriebsaufnahme oder einer Mieterhöhung) handelt, dies aber aus besonderen Gründen gleichwohl für erlaubt hält. Nach der Schuldtheorie ist er dann nicht wegen Vorsatzes strafbar, falls er seinen Irrtum nicht hat erkennen können, wohl aber, wenn ihm das vorzuwerfen ist, z. B. weil er sich hätte erkundigen können. Im einzelnen s. → Verbotsirrtum.

**Bewußtseinsstörung** → Schuldunfähigkeit.

**Bezahlte Karenz** nennt man beim → Wettbewerbsverbot, das einen kaufmännischen Angestellten trifft, die Sperrzeit, für die das Verbot wirkt und die vorgeschriebene Entschädigung (§ 74 II HGB) gezahlt wird.

**Bezahlter Urlaub** → Urlaubsentgelt.

**Bezirk.** 1. Allgemein die Bezeichnung territorialer Zuständigkeitsbereiche (z. B. Landgerichtsbezirk). In den Ländern der BRep. führen die Mittelstufen der Staatsverwaltung häufig die Bezeichnung Regierungsbezirk.

2. In einigen Ländern gibt es rechtlich unselbständige, aber mit eigenen Organen ausgestattete → Gemeindebezirke. Besondere Vorschriften gelten für die → Stadtstaaten → Berlin und → Hamburg, wo eigene Bezirksämter errichtet sind.

3. In → Bayern sind für den Bereich der 7 Regierungsbezirke (Mittelstufe der Staatsverwaltung; → Verwaltungsbehörden, Aufbau) Bezirke als höhere Kommunalverbände gebildet (Bezirksordnung i. d. F. vom 6. 1. 1993, GVBl. S. 115). Organe sind der Bezirkstag (unmittelbar vom Volk gewählt), der Bezirkstagspräsident und der Bezirksausschuß. Der Bezirk nimmt eigene und übertragene Aufgaben wahr. Eigene Aufgaben sind überörtliche Angelegenheiten z. B. auf dem Gebiet der Sozialhilfe, der Jugendhilfe oder der psychiatrischen Versorgung (Bezirkskrankenhäuser). → Rheinland-Pfalz kennt den B.verband ähnlich wie Bayern. Entsprechende Körperschaften sind die Landeswohlfahrtsverbände in Bad.-Württbg. und die Landschaftsverbände (→ Landschaftsverband) in Nordrh.-Westf.; s. a. → Kommunalverbände.

4. In der ehem. DDR waren nach Auflösung der Länder die B. (14) Verwaltungseinheiten der Mittelinstanz. Nach der → Wiedervereinigung wurden die B. aufgelöst und z. T. durch Verwaltungseinheiten mit anderer Bezeichnung (im allgemeinen: Regierungsbezirk) ersetzt.

**Bezirksamt** → Bezirk, 2; → Gemeindebezirk; → Berlin, 5; → Hamburg.

**Bezirksausschuß** → Gemeindebezirk.

**Bezirksbeirat** → Gemeindebezirk.

**Bezirksbürgermeister** → Gemeindebezirk; → Berlin, 5.

**Bezirksgericht.** Im → Beitrittsgebiet (ohne Ostberlin) war das B. Gericht zweiter Instanz (→ Kreisgericht). Nach dem → Einigungsvertrag nahmen die Bezirksgerichte die Aufgaben der Landgerichte und der Oberlandesgerichte wahr. Bei den Bezirksgerichten, in deren Bezirk die Landesregierung ihren Sitz hat, wurden besondere Senate gebildet, die die Aufgaben der Oberlandesgerichte wahrnahmen. Ferner nahmen die Bezirksgerichte die Aufgaben der Oberverwaltungsgerichte, der Finanzgerichte, der Landesarbeitsgerichte und der Landessozialgerichte wahr. Alle neuen Länder haben inzwischen durch Gesetz die im → Gerichtsverfassungsgesetz vorgesehenen Gerichte und Staatsanwaltschaften eingerichtet (Übergangs- und Anpassungsvorschriften im Rechtspflege-AnpassungsGes. vom 26. 6. 1992, BGBl. I 1147).

**Bezirksnotar.** In den württemberg. Teilen des Landes Bad.-Württemberg kann zum → Notar auch bestellt werden, wer die Befähigung zum Amt des B. erworben hat. Die Ausbildung ist besonders geregelt und entspricht weitgehend der des → Rechtspflegers; die BNotO gilt für den B. nicht (§ 114 BNotO). Seine Zuständigkeit umfaßt außer den Geschäften des Notars die des → Grundbuchamts und des → Nachlaßgerichts sowie teilweise die des → Vormundschaftsgerichts (LdGes. über die freiwillige Gerichtsbarkeit vom 12. 2. 1975, GBl. 116).

**Bezirksrat** 1. Mitglied eines Bezirkstages (→ Bezirk, 3). 2. → Gemeindebezirk.

**Bezirkstag** → Bezirk, 3.

**Bezirksumlage** → Finanzausgleich.

**Bezirksvertreter** ist ein → Handelsvertreter, dem ein gebietsmäßig bestimmter Bezirk zugewiesen ist. Für diesen genießt der B. den sog. Gebietsschutz, d. h. er erhält Provision für alle Geschäftsabschlüsse in seinem Bezirk, auch wenn sie ohne seine Mitwirkung abgeschlossen werden (sog. Direktgeschäfte, § 87 II HGB). Der Gebietsschutz erstreckt sich aber nur auf Geschäfte der Art, für die die Vermittlungs- oder Abschlußtätigkeit des Handelsvertreters vereinbart ist. Dem B. steht der Handelsvertreter gleich, dem ein bestimmter, abgrenzbarer Kundenkreis zugewiesen ist (§ 87 II HGB).

**Bezirksvertretung** → Gemeindebezirk.

**Bezirksverordnetenversammlung** → Berlin, 5.

**Bezogener** ist bei einem → Wechsel oder → Scheck derjenige, der die Wechsel(Scheck)summe zahlen soll (Art. 1 Nr. 3 WG, Art. 1 Nr. 3 SchG).

Zur Zahlung verpflichtet wird der B. erst, wenn er den Wechsel annimmt (→ Akzept). Ein Scheck kann nicht angenommen werden (Art. 4 SchG); B. darf bei einem Scheck nur ein öffentliches oder privates im Handelsregister eingetragenes Bankinstitut sein (Art. 3, 54 SchG). Verweigert der B. bei einem Wechsel die Annahme, so kann → Wechselprotest erhoben werden (Art. 44 WG).

**Bezugsaktien** sind die neuen (jungen) → Aktien, die eine → Aktiengesellschaft oder → Kommanditgesellschaft auf Aktien bei einer bedingten → Kapitalerhöhung ausgibt, d. h. einer Erhöhung, von der im Rahmen der Ausübung des → Bezugsrechts Gebrauch gemacht wird (§ 192 I AktG).

**Bezugserklärung** ist die schriftliche Erklärung, durch die das → Bezugs- oder Umtauschrecht (→ Wandelschuldverschreibung) nach § 198 AktG ausgeübt wird. Die B. hat die gleiche Wirkung wie eine Zeichnungserklärung (→ Zeichnungsschein). Auf Grund der B. wird die → Bezugsaktie ausgegeben.

**Bezugsgröße.** Bestimmte Grenzwerte in der → Sozialversicherung, z. B. der Mindest-Jahresarbeitsverdienst in der → Unfallversicherung, richten sich nach der B. Die B. entspricht jeweils dem Durchschnittsentgelt der gesetzlichen → Rentenversicherung im vorvergangenen Kalenderjahr, aufgerundet auf den nächsthöheren, durch 840 teilbaren Betrag. In den neuen Ländern gilt eine eigene B., die nach der jeweiligen Entwicklung der dortigen Arbeitsentgelte fortgeschrieben wird; § 18 SGB IV; Kap. VIII Sachg. F Abschn. III Nr. 1 c Einigungsvertrag (BGBl. II 1046).

**Bezugsrecht.** Gibt eine → Aktiengesellschaft bei einer → Kapitalerhöhung neue (junge) → Aktien aus, so hat jeder Aktionär das gesetzliche Recht, daß ihm ein seinem Anteil am bisherigen → Grundkapital entsprechender Teil der neuen Aktien zugeteilt, d. h. zum Ausgabekurs angeboten wird (§ 186 I Satz 1 AktG). Im Kapitalerhöhungsbeschluß kann jedoch das B. ganz oder zum Teil ausgeschlossen werden (zulässig insbes. bei Barkapitalerhöhung bis zu 10% des Grundkapitals, § 186 III); ein solcher Ausschluß liegt aber nicht vor, wenn die neuen Aktien von einer Bank mit der Verpflichtung übernommen werden sollen, sie den Aktionären zum Bezug anzubieten (§ 186 V; *mittelbares B*). Das B. besteht auch bei → Wandelschuldverschreibungen, → Gewinnschuldverschreibungen und Genußrechten (→ Genußschein). Durch → Vertrag kann ein B. für neue Aktien in anderer Weise, als es das gesetzliche B. vorsieht, begründet werden, aber nur unter Vorbehalt des gesetzlichen B. (§ 187). Zur Bezugsberechtigung bei der → Lebensversicherung s. dort.

**Bibliotheksgroschen** → Urheberrecht.

**Bier.** Die Anforderungen an die Herstellung und die Verkehrsfähigkeit von B. und seinen Ausgangsstoffen (das sog. Reinheitsgebot) sind im vorläufigen BierG i. d. F. vom 29. 7. 1993 (BGBl. I 1422) und der DurchführungsVO i. d. F. vom 29. 7. 1993 (BGBl. I 1424) m.Änd. geregelt. Bier aus anderen EG-Ländern, das diesen Anforderungen nicht genügt, ist bei entsprechender Deklaration verkehrsfähig (vgl. auch EuGH NJW 1987, 1133).

**Bierlieferungsvertrag** ist ein gemischter → Vertrag, in dem sich ein Gastwirt verpflichtet, das von einer Brauerei erhaltene → Darlehen durch laufende Abnahme von Bier (und sonstigen Getränken) zu tilgen. Die beiderseitigen Verpflichtungen stehen in engem wirtschaftlichen Zusammenhang. Die Grundsätze des → Sukzessivlieferungsvertrags sind auf den B. anzuwenden; ferner gelten zum Schutze des Verbrauchers die Vorschriften über den → Kreditvertrag. Der B. kann im Falle einer übermäßigen wirtschaftlichen Knebelung (z. B. stets bei über 20jähriger Dauer; sonst ggfs. entspr. Herabsetzung der zeitl. Bindung) wegen → Sittenwidrigkeit nichtig sein. S. a. → Ausschließlichkeitsverträge.

**Biersteuer** wird nach dem B.Ges. vom 12. 7. 1996, BGBl. I 96, 962 auf → Bier und bierähnliche Getränke erhoben. Sie entsteht mit Entfernung des Biers aus der Brauerei oder der Entnahme zum Verbrauch in der Brauerei. Steuerschuldner ist der Hersteller oder

Importeur. Das Aufkommen an B. steht den Ländern zu (Art. 106 II Nr. 5 GG).

**Biet(ungs)abkommen, -vollmacht** → Zwangsversteigerung.

**Bigamie (Doppelehe).** Nach § 1306 BGB darf eine Ehe nicht geschlossen werden, wenn zwischen einer der Personen, die die Ehe eingehen wollen, und einer dritten Person eine Ehe besteht. Der vorsätzliche Verstoß gegen dieses → Eheverbot wird nach § 172 StGB mit Freiheitsstrafe bis zu 3 Jahren oder Geldstrafe bestraft. Die Strafvorschrift erfaßt *Verheiratete,* die wissentlich eine neue Ehe vor Auflösung oder Aufhebung ihrer bisherigen eingehen, sowie *Unverheiratete,* die wissentlich mit einem Verheirateten die Ehe schließen. Die frühere Ehe besteht noch, solange sie nicht aufgelöst ist (durch Tod oder rechtskräftige Scheidung) oder durch Gerichtsurteil rechtskräftig aufgehoben worden ist. Der Vorsatz des Täters muß das Wissen umfassen, daß die frühere Ehe noch besteht, wobei bedingter Vorsatz genügt (so, wenn er das Fortbestehen der früheren Ehe für möglich hält, weil noch keine Rechtskraft des Scheidungsurteils bekannt ist, und er dies billigend in Kauf nimmt).

**Bilanz.** 1. *Handelsbilanz* ist ein das Vermögen und die Schulden gegenüberstellender Abschluß, den jeder → Kaufmann bei Beginn des Geschäftsbetriebs (Eröffnungsbilanz, Gründungsbilanz) und zum Ende eines jeden → Geschäftsjahres (Jahresabschlußbilanz) vorzunehmen hat (§ 242 I HGB). Die B.en sind nach den Grundsätzen ordnungsmäßiger → Buchführung aufzustellen (§ 243 I HGB). Die B. und eine – gesondert zu erstellende – Gewinn- und Verlustrechnung bilden den → Jahresabschluß. In der B. sind für den Zeitpunkt der Aufstellung (Bilanzstichtag) sämtliche Vermögensgegenstände (getrennt nach Anlage- und Umlaufvermögen sowie Eigenkapital), die Schulden und Rechnungsabgrenzungsposten (Aufwendungen oder Erträge für die Zukunft, § 250 HGB) gesondert auszuweisen und hinreichend aufzugliedern (§ 247 I HGB); Posten der Aktivseite dürfen nicht mit Posten der Passivseite verrechnet werden (§ 246 II HGB). Für ungewisse Verbindlichkeiten (z. B. Pensionen) und drohende Verluste aus schwebenden Geschäften sind Rückstellungen zu bilden (§ 249 HGB). Vermögensgegenstände sind höchstens mit den Anschaffungs- oder Herstellungskosten (vermindert um → Abschreibungen und vorhersehbare Risiken), Verbindlichkeiten zu ihrem Rückzahlungsbetrag anzusetzen; trotz grundsätzlich getrennter Bewertung gelten Vereinfachungen für den Wertansatz gleichartiger Vermögensgegenstände (Einzelheiten §§ 252 ff. HGB); ähnlich für Kreditinstitute in §§ 340 ff. HGB. Für → Kapitalgesellschaften enthalten zudem §§ 266 ff. HGB ins einzelne gehende Sondervorschriften über Erstellung und Gliederung der B. (Bewertungsvorschriften in DM und ECU in §§ 279 ff. HGB); ähnlich für Kreditinstitute in §§ 340 ff. HGB und für → Versicherungsunternehmen in §§ 341 ff. HGB. Die B. ist wie das → Inventar zu unterzeichnen (§ 245 HGB) und muß 10 Jahre lang im Original aufbewahrt werden (§ 257 HGB). Verletzungen der Bilanzpflicht sind u. U. strafbar (→ Buchführung, → Insolvenzstraftaten). Für das Gebiet ehem. DDR ist ein Inventar und eine Eröffnungsbilanz in DM zum 1. 7. 1990 zu erstellen; das Kapital ist grundsätzlich nach den (übernommenen) Vorschriften der BRep. neu festzusetzen (D-Markbilanzgesetz i. d. F. vom 28. 7. 1994 (BGBl. I 1842).

2. Die *Steuerbilanz* wird zur Gewinnermittlung nach § 4 I (Land- und Forstwirte, selbständig Tätige) oder § 5 EStG (Gewerbetreibende) aufgestellt. Die St. dient der Ermittlung der → Bemessungsgrundlagen der → Einkommen-, → Körperschaft- und → Gewerbesteuer. Bei Gewinnermittlung nach § 5 EStG muß die St. sowohl den handelsrechtlichen Grundsätzen → ordnungsmäßiger Buchführung wie auch den steuerlichen Vorschriften der §§ 4–7, 9 b, 15 EStG entsprechen. Unter St. wird regelmäßig eine den einkommen- und körperschaftsteuerlichen Vorschriften entsprechende *Ertragsteuerbilanz* verstanden. S. a. → Betriebsvermögensvergleich, → Bewertung, → Maßgeblichkeit der Handelsbilanz, → Mitunternehmerschaften, → D-Markbilanzgesetz; → DM-Eröffnungsbilanz, steuerlich.

**Bilanzänderung** → Bilanzberichtigung.

**Bilanzberichtigung** ist die Richtigstellung von Wertansätzen in der Steuerbilanz, d. h. die Ersetzung unzulässiger Wertansätze durch zulässige. *Bilanzänderung* dagegen ist die Ersetzung zulässiger Wertansätze durch andere zulässige Wertansätze bei Ansatz- und Bewertungswahlrechten (§ 4 II EStG). 1. Die *B.berichtigung* muß vorgenommen werden, unterliegt keiner zeitl. Beschränkung und bedarf nicht der Zustimmung des Finanzamts. Sie wirkt sich auf die Steuerschuld jedoch nur aus, soweit die Veranlagungen noch nicht bestandskräftig sind oder bei bestandskräftigen Veranlagungen eine Änderung des Bescheids z. B. nach § 173 AO erfolgt. Nach Auffassung des BFH (BStBl. 1963 III 599) verlangt bei der Rückwärtsberichtigung der Grundsatz der Vermögensidentität (Bilanzenzusammenhang, Bilanzidentität), daß die Schlußbilanz, die einer bestandskräftigen Veranlagung unterlegen hat, so falsch sie auch sein mag, richtige Eröffnungsbilanz des nächsten → Wirtschaftsjahrs ist. Die Verweigerung der Berichtigung der Eröffnungsbilanz in diesen Fällen bedeutet Verzicht auf die Besteuerung des richtigen Periodengewinns und eine bedenkliche Einschränkung der → Verjährung (§§ 169 ff. AO). 2. Die freiwillige *Bilanzänderung* ist nur mit Zustimmung des Finanzamts zulässig (§ 4 II EStG).

**Bilanzierungsvorschriften** → Bilanz.

**Bilaterale Abkommen** sind zweiseitige → völkerrechtliche Verträge oder A. (Gegensatz: multilaterale Abk.).

**Bildnis.** Das Recht am eigenen B. wird als → Persönlichkeitsrecht nach dem insoweit aufrechterhaltenen Ges. betr. das Urheberrecht an Werken der bildenden Künste und der Photographie – KunstUrhG – vom 9. 1. 1907 (RGBl. 7) geschützt. Danach dürfen Bildnisse (gleich welcher Herstellungsart) nur mit Einwilligung der abgebildeten Person verbreitet oder öffentlich ausgestellt werden. In der Annahme einer Entlohnung liegt im Zweifel die Einwilligung. Die Schutzfrist beträgt 10 Jahre vom Tode des Abgebildeten an; während dieser Zeit ist die Einwilligung der Angehörigen erforderlich (§ 22). Ohne Einwilligung darf ein B. unter den Voraussetzungen der §§ 23, 24 KunstUrhG verbreitet oder ausgestellt werden, insbes. wenn das B. zur Zeitgeschichte gehört, die Person nur als Beiwerk neben einer Landschaft oder sonstigen Örtlichkeit abgebildet ist, Bilder von Versammlungen, Aufzügen u. dgl., bei Vorliegen eines höheren Interesses der Kunst oder eines öffentlichen Interesses (insbes. der Rechtspflege oder öff. Sicherheit, z. B. der Strafverfolgung). Rechtswidrige Verletzung des Rechts am eigenen B. kann strafrechtlich verfolgt werden, wobei der Verletzte Vernichtung des B. verlangen kann; im Zivilrechtswege kann → Schadensersatz (aus § 823 I BGB), Unterlassung und Vernichtung gefordert werden (§§ 33 ff. KunstUrhG). Vom Recht am eigenen B. zu unterscheiden ist das → Urheberrecht am → Lichtbild oder am Werk der bildenden Kunst (Portraitbild oder -büste).

**Bildschirmarbeitsplatz.** Hierunter versteht man die Tätigkeit eines → Arbeitnehmers an einem Datensichtgerät. Zum Umfang der → Mitbestimmung des → Betriebsrats in diesem Zusammenhang s. BAG NJW 1984, 1476.

**Bildschirmtext.** Die Regelungen im Staatsvertrag vom 18. 3. 1983 sind aufgehoben. Die gesetzlichen Rahmenbedingungen ergeben sich jetzt aus den Vorschriften für → Teledienste und → Mediendienste.

**Bildung bewaffneter Gruppen.** Nach § 127 StGB ist strafbar, wer *unbefugt* eine Gruppe (mindestens 3 Personen), die über Waffen oder andere gefährliche Werkzeuge verfügt, bildet oder befehligt oder sich ihr anschließt, sie mit Waffen oder Geld versorgt oder sonst unterstützt.

S. a. → kriminelle Vereinigungen, → terroristische Vereinigungen. Über die Strafbarkeit unerlaubter Herstellung und Inverkehrbringens von → Kriegswaffen s. § 22 a KriegswaffenG.

**Bildungsförderung** → Ausbildungsförderung.

**Bildungsplanung** kann nach Art. 91 b GG Gegenstand von Vereinbarungen zwischen Bund und → Ländern zur Förderung von Einrichtungen und Vorhaben der wissenschaftlichen Forschung von überregionaler Bedeutung sein; hierbei ist die Aufteilung der Kosten zu regeln. Damit ist eine Rechtsgrundlage für die Zusammenarbeit auf den genannten Gebieten gegeben. S. a. → Hochschulbauförderungsgesetz, → Gemeinschaftsaufgaben.

**Bildungsurlaub.** Anspruch auf (bezahlten) B. haben Mitglieder des → Betriebsrats (3–4 Wochen im Verlauf ihrer Amtszeit) zur Teilnahme an Schulungs- und Fortbildungsveranstaltungen für ihr Amt (§ 37 VII BetrVG). Darüber hinaus ist für alle → Arbeitnehmer ein Anspruch auf (bezahlten oder unbezahlten) B. zur politischen, beruflichen oder allgemeinen Weiterbildung im Rahmen hierfür anerkannter Veranstaltungen verschiedentlich durch → Tarifvertrag oder → Betriebsvereinbarung geregelt; in einigen Ländern (z. B. Hessen, Niedersachsen) besteht ein gesetzlicher Anspruch hierauf.

**Bildzeichen** → Marken.

**Bill of Rights** ist ein in England 1689 ergangenes Gesetzeswerk, das die in der *Declaration of Rights* (ebenfalls von 1689) festgelegten Grundsätze des Verfassungsrechts sanktionierte. Diese → Konstitution räumte den Bürgern bestimmte Freiheiten ein, die von der Krone nur mit Zustimmung des Parlaments angetastet werden durften; dem Parlament wurden u. a. das Budgetrecht und die Steuerhoheit zugestanden.

**Billiges Recht, strenges Recht** → Recht (3).

**Billigkeit** → Leistung.

**Billigkeitserlaß.** Nach § 227 AO können im *Einzelfall* Steuern und andere Ansprüche aus dem Steuerschuldverhältnis (§ 37 AO) ganz oder zum Teil erlassen, erstattet oder angerechnet werden, wenn ihre Einziehung nach Lage des Falles *unbillig* wäre. Unter den gleichen Voraussetzungen können Steuern niedriger festgesetzt werden und einzelne Besteuerungsgrundlagen, die die Steuern erhöhen, bei der Festsetzung der Steuer unberücksichtigt bleiben (§ 163 AO). Auch bereits entrichtete Steuern können erstattet oder angerechnet werden. Gegen die Versagung eines B. (Ermessensentscheidung) ist → Einspruch gegeben. Zum Umfang der gerichtlichen Nachprüfung vgl. § 102 FGO. Die Zuständigkeit zum Erlaß von Billigkeitsmaßnahmen richtet sich nach BMF BStBl. I 1996, 583 (Mitwirkung der nächsthöheren Behörden ab bestimmten Beträgen).

**Billigkeitshaftung** → Deliktsfähigkeit.

**Billigkeitskontrolle** → Inhaltskontrolle.

**Billigung von Straftaten** (§ 140 StGB) → Belohnung und Billigung von Straftaten.

**Binding, Karl** (1841–1920), dt. Rechtslehrer, Vertreter der klassischen Strafrechtsschule, die den Vergeltungsgedanken als → Strafzweck in den Vordergrund stellte (s. a. → Strafrechtstheorien).

**Bindungswirkung** *gerichtlicher Entscheidungen.* In bestimmten Fällen bindet eine gerichtliche Entscheidung andere, am Verfahren nicht beteiligte Behörden kraft Gesetzes, so insbes. bei der → Tatbestands- oder Feststellungswirkung des gerichtlichen Urteils, ferner z. B. nach § 3 StVG durch die gerichtliche Entziehung der → Fahrerlaubnis sowie in besonderem Maße durch die nach § 31 BVerfGG mit Gesetzeskraft ausgestatteten Entscheidungen des Bundesverfassungsgerichts. Umgekehrt besteht ausnahmsweise eine gesetzliche Bindung des Gerichts an bestimmte Vorentscheidungen einer *Behörde* (oder die hierauf in einem anderen Gerichtszweig ergehenden Rechtsmittelentscheidungen), so nach § 108 SGB VIII an die Vorentscheidung über das Vorliegen eines Arbeitsunfalls und die hieraus entstehenden Unfallversicherungsansprüche. Eine B. ist ferner für das nachgeordnete Gericht gegenüber Entscheidungen des Rechtsmittelgerichts gesetzlich bestimmt durch Bindung an die rechtliche Beurteilung des Falles durch das Revisionsgericht, aber auch umgekehrt durch eine grundsätzliche Bindung des Revisionsgerichts an die tatsächlichen Feststellungen der Vorinstanz (§§ 561 II, 565 II ZPO, §§ 337, 358 StPO, §§ 137, 144 VwGO, §§ 118, 126 FGO, §§ 163, 170 SGG). Entsprechendes gilt im Zivilprozeß für die B. eines Berufungsurteils nach → Zurückverweisung (h. M.). Dagegen besteht grundsätzlich keine B. für das Gericht derselben Instanz bezgl. der von ihm gefällten früheren Entscheidungen in derselben oder einer anderen Sache; doch begründet § 318 ZPO eine B. für die im Zivilprozeß ergangenen End- und Zwischenurteile, insbes. über den Grund des Anspruchs oder einen Teilbetrag. Schließlich kann nach gesetzlicher Vorschrift eine B. durch Verweisung einer Sache an eine andere Instanz derselben oder an das zuständige Gericht einer anderen Gerichtsbarkeit gegeben sein (vgl. z. B. §§ 281, 506, 696 ZPO, § 270 StPO, § 48 a ArbGG, § 17 GVG, § 41 VwGO).

**Binnenfischerei** → Fischerei.

**Binnengrenze** → EG-Außengrenze, → Grenzkontrollen, → Schengener Übereinkommen.

**Binnenlotse** → Lotsen.

**Binnenmarkt, europäischer.** In der einheitlichen → Europäischen Akte haben sich die Mitgliedstaaten der EG verpflichtet, nach Maßgabe der neu in den EGV eingefügten Art. 8 a–8 c bis Ende 1992 schrittweise einen „Raum ohne Binnengrenzen" zu verwirklichen, in dem „der freie Verkehr von Waren, Personen, Dienstleistungen und Kapital gewährleistet ist" (Art. 8 a „Raumlage der Beschlüsse war die Erkenntnis, daß der durch Abbau von Handels- und Dienstleistungsbeschränkungen geschaffene → Gemeinsame Markt sich nicht als ausreichend erwiesen hatte, Grenzhindernisse effektiv zu beseitigen. Deshalb wurden durch eine Reihe von ergänzenden Vorschriften für den B. die Befugnisse der EG mit dem Ziel des Abbaues von Grenzhindernissen erheblich erweitert. Von Bedeutung sind vor allem die weitreichenden Harmonisierungsermächtigungen (→ Harmonisierungsrichtlinien), Art. 100 a, 100 b, 102 a, von denen die EG im Vollzug des in seinen Zielsetzungen inzwischen weitgehend verwirklichten B. sehr großzügig Gebrauch gemacht hat und noch weiter Gebrauch macht.

**Binnenmarkt, Umsatzsteuer.** 1. Art. 99 EGV setzt ein EG-einheitliches Mehrwertsteuersystem als Ziel. Die Binnenmarkt → Richtlinie vom 16. 12. 1991 (ABl EG 1991 Nr. L 376/1) dient diesem Ziel. Durch das USt-BinnenmarktG vom 25. 8. 1992 (BGBl I 1548) hat der Gesetzgeber die Richtlinie mit Wirkung ab 1. 1. 1993 umgesetzt. Die Binnenmarktbesteuerung wurde durch Einschieben von „a, b, c ..." – §§ in das UStG vorgenommen, was zu starker Unübersichtlichkeit des UStG geführt hat. Sie war als bis zum 31. 12. 1996 befristete Übergangslösung gedacht, bis die EG eine endgültige, einstimmig erforderliche Regelung auf der Grundlage des Ursprungslandprinzips (s. unten 2.a) trifft (Art 100 a EGV). An dieser Neuregelung fehlt es bisher, was eine automatische Verlängerung der bisherigen Regelungen bewirkt.

2. Gemeinschaftsbesteuerung

a) Bestimmungslandprinzip, Ursprungslandprinzip. Bei Lieferungen in der EU an *Unternehmer* entsteht die U. im Importland (Bestimmungslandprinzip), bei Lieferungen an *Privatpersonen,* z. B. im innergemeinschaftlichen Reiseverkehr im Exportland (Ursprungslandprinzip – Ausnahme: großer Versandhandel; s. unter c)). Die Lieferung neuer Fahrzeuge wird stets im Importland besteuert (Fahrzeugeinzelbesteuerung § 1 b UStG s. unter d) und → Reimport).

b) Innergemeinschaftliche Lieferung. Lieferungen an Unternehmer in einem anderen EU-Mitgliedstaat sind im Exportland (Ursprungsland) befreit als innergemeinschaftliche Lieferung (§§ 4 Nr. 1 Buchst. b, 6 a UStG). Der erwerbende Unternehmer muß im Importland (Bestimmungsland) einen innergemeinschaftlichen Erwerb versteuern (§ 1 I Nr. 5 UStG). Er kann die Erwerbsteuer als Vorsteuer abziehen, soweit er Abzugsumsätze tätigt (§ 15 I Nr. 3 UStG). Die befreite innergemeinschaftliche Lieferung im Exportland führt stets zu einem steuerpflichtigen innergemeinschaftlichen Erwerb im Importland. In 2 Fällen fingiert die U. eine befreite innergemeinschaftliche Lieferung im Ursprungsland und einen pflichtigen innergemeinschaftlichen Erwerb im Bestimmungsland: a) bei unternehmensinternem Verbringen in der EU, z. B. vom deutschen Stammhaus in die französische Betriebsstätte; b) bei einer Lohnveredelung zu einem neuen Gegenstand in der EU, z. B. deutscher Unternehmer läßt Stoffe in Italien zu

Anzügen verarbeiten (§ 3 I a Nrn. 1 u. 2 UStG).

c) Lieferungen an Privatpersonen. 3 Fälle: Abholfall: Holt die Privatperson die Ware im Ursprungsland ab, entsteht U. im Ursprungsland. Befördert oder versendet der Lieferant an Privatleute in einem anderen EU-Staat, muß er die Lieferung im Ursprungsland versteuern, falls er die Lieferschwelle des Bestimmungslands nicht überschreitet (kleiner Versandhandel), z. B. Frankreich mit 700 000 FF. Überschreitet er die Lieferschwelle (großer Versandhandel), wird der Ort der Lieferung in das Bestimmungsland verlagert. Es entsteht U. im Bestimmungsland (§ 3 c UStG). Großer Versandhändler muß im Bestimmungsland U.-Erklärungen abgeben. Die Lieferschwellen sind in den EU-Mitgliedstaaten verschieden hoch.

d) Fahrzeugeinzelbesteuerung. Die Lieferung neuer Fahrzeuge (bis 3000 km, stets in den ersten 3 Monaten) unterliegt immer der U. im Bestimmungsland. Lieferant ist zum Vorsteuerabzug berechtigt, nur der Erwerber zahlt Erwerbsteuer, auch wenn beide Privatleute sind (§ 1 b UStG). Erwerber muß binnen 10 Tagen eine U.-Erklärung abgeben (§ 18 V a, X UStG).

e) *Schwellenerwerber* sind Unternehmer a) mit ausschließlich steuerfreien Umsätzen ohne Vorsteuerabzug, z. B. Ärzte; b) nicht regelbesteuerte Kleinunternehmer (§ 19 I UStG); c) pauschalierte Land- und Forstwirte (§ 24 UStG) und d) juristische Personen außerhalb ihres Unternehmens, z. B. die öffentliche Hand im Hoheitsbereich oder ein gemeinnütziger Verein im ideellen Bereich (§ 1 a III UStG).

Deutsche Schwellenerwerber, die die Erwerbsschwelle mit 25 000 DM (= Summe aller Bezüge aus dem übrigen Gemeinschaftsgebiet im Vorjahr) überschreiten oder auf die Erwerbsschwelle verzichten (große Schwellenerwerber), müssen bei Lieferungen aus einem anderen EU-Mitgliedstaat einen innergemeinschaftlichen Erwerb ohne Vorsteuerabzug versteuern (§§ 1 I Nr. 5, 1 a UStG). Auch die Erwerbsschwellen sind in den EU-Mitgliedstaaten verschieden hoch.

Kleine Schwellenerwerber, die die Erwerbsschwelle nicht überschreiten und auch auf sie nicht verzichten, werden wie Privatpersonen behandelt. Sie brauchen keinen innergemeinschaftlichen Erwerb zu versteuern. Bei Abholfällen oder kleinem Versandhandel versteuert der Lieferant die Lieferung im Ursprungsland, beim großen Versandhandel im Bestimmungsland.

f) U.-Identifikationsnummer. Innergemeinschaftlich tätige Unternehmer erhalten auf Antrag eine USt-IdNr., in Deutschland vom Bundesamt für Finanzen, Außenstelle Saarlouis. Bei innergemeinschaftlichen Lieferungen muß der Lieferant die eigene USt-IdNr. und die des Abnehmers in der Rechnung angeben (§ 14 a II UStG). Die Angabe der USt-IdNr. ist materiellrechtliche Voraussetzung der Steuerbefreiung bei innergemeinschaftlichen Lieferungen (§§ 4 Nr. 1 Buchst. b, 6 a UStG).

g) Zusammenfassende Meldung. Der Lieferant muß in vierteljährlichen Zusammenfassenden Meldungen (ZM) an das Bundesamt für Finanzen seine innergemeinschaftlichen Lieferungen je Erwerber melden unter Angabe der USt-IdNr. der Abnehmer. Einziger Zweck der ZM ist die Kontrolle der Versteuerung der innergemeinschaftlichen Erwerbe durch das Empfängerland. Einzelheiten VO 13. 5. 93, BGBl I 726; BMF BStBl. I 1998, 99.

**Binnenschiff(sregister)** → Schiff.

**Binnenschiffahrt** ist die Schiffahrt – auch mit Seefahrzeugen – auf Binnenwasserstraßen (→ Wasserstraßen, → Binnenwasserstraßen). Für die B. hat der Bund die konkurrierende Gesetzgebung (Art. 74 Nr. 21 GG). Für die Verwaltung ist der Bund zuständig, soweit die Aufgaben über den Bereich eines Landes hinausgehen (Art. 89 II 2 GG). S. Ges. über die Aufgaben des Bundes auf dem Gebiet der Binnenschiffahrt i. d. F. vom 4. 8. 1986 (BGBl. I 1270) m.Änd. Danach obliegt dem Bund u. a. die Förderung der Binnenflotte und des Binnenschiffsverkehrs, die Schiffahrtspolizei auf → Bundeswasserstraßen, die Schiffsvermessung und die Ausstellung von Befähigungszeugnissen und Bescheinigungen über Bau, Ausrüstung, Bemannung und Betrieb der Wasserfahrzeuge auf den Bundeswasserstraßen (§ 1 des Ges.) Für den Bereich der EG s. VO über die Beseitigung von Diskriminierungen auf dem Gebiet der Frachten und Beförderungsbedingungen vom 27. 6. 1960 (BGBl. II 2209). Binnenschiffe bedürfen der Erlaubnis für Bauart und Ausrüstung, die je nach Größe und Betriebsart als *Schiffsattest,* Fahrttauglichkeitsbescheinigung oder Fährzeugnis erteilt wird. Für ins → Schiffsregister eingetragene Binnenschiffe gilt die SchiffssicherheitsVO (→ Seeschiffahrt); vgl. ferner Binnenschiffs-UntersuchungsVO vom 17. 3. 1988 (BGBl. I 238) sowie für Rheinschiffe die Rheinschiffs-UntersuchungsVO vom 26. 3. 1976 (BGBl. I 773) m. Änd.; s. ferner EichVO für Binnenschiffe vom 30. 6. 1975 (BGBl. I 1785) m. spät. Änd. Richtlinien der EG für ein einheitliches Schiffsattest werden vorbereitet. Verkehrspolizeiliche Vorschriften für die Binnenschiffahrt enthält die Binnenschiffahrtsstraßen-Ordnung nebst EinführungsVO vom 1. 5. 1985 (BGBl. I 734). S. ferner RheinschiffahrtspolizeiVO i. d. F. der EinführungsVO vom 16. 8. 1983 (BGBl. I 1145), MoselschiffahrtspolizeiVO nebst EinführungsVO vom 16. 3. 1984 (BGBl. I 473), Donauschiffahrtspolizeiverordnung i. d. F. vom 27. 5. 1993 (BGBl. I 741; 1994 I 523). Hins. der Befähigungsvoraussetzungen der → Schiffsführer s. dort. S. ferner → Lotsen sowie → Wasserfahrzeuge (wegen der Berechtigung zum Führen von Sportbooten). Die Schiffsbesatzung, die Art ihres Einsatzes und teilweise auch die Arbeitszeit regelt die Besatzungsvorschrift Binnenschiffahrt (Anl. 1 zur VO vom 11. 1. 1977). Zur Beförderung gefährlicher Güter in der B. vgl. die GefahrgutVO B. vom 21. 12. 1994 (BGBl. I 3971), zur Kennzeichnung von Kleinfahrzeugen VO vom 21. 2. 1995 (BGBl. I 226).

Das Gesetz über die privatrechtlichen Verhältnisse in der Binnenschiffahrt – Binnenschiffahrtsgesetz – vom 15. 6. 1895 (RGBl. 301) m. spät. Änd. enthält Vorschriften über die Pflichten des Schiffseigners, Schiffers, der Schiffsmannschaft, den Schadensersatz bei Zusammenstößen von Schiffen, die Bergung und Hilfeleistung, die Rechtsstellung der Schiffsgläubiger. Auf das Frachtgeschäft zur Beförderung von Gütern auf Binnengewässern finden die Vorschriften über den → Frachtvertrag Anwendung (§ 26). S. a. → Schiff, → Pfandrecht, → Schiffsregister, ferner die Gesetze über den Vollstreckungsschutz für die Binnenschiffahrt vom 24. 5. 1933 (RGBl. I 289) und über das gerichtliche Verfahren in Binnenschiffahrtssachen vom 27. 9. 1952 (BGBl. I 641), beide m. spät. Änd. S. a. → Küstenschiffahrt, → Seeschiffahrt, → Sportboote.

**Binnenschiffahrtssachen** sind → bürgerliche Rechtsstreitigkeiten aus der Benutzung von Binnengewässern (mit Ausnahme des Rheins, → Rheinschiffahrtsgerichte), durch Schiffahrt und Flößerei, insbes. aus von Schiffen verursachten Schäden; ferner Strafsachen wegen Verstoßes gegen strom- und schiffahrtspolizeiliche Vorschriften. Zuständig sind die → Schiffahrtsgerichte.

**Binnenwasserstraßen** → Wasserstraßen, → Bundeswasserstraßen.

**Biologische Sicherheit** → Gentechnik, → Zentrale Kommission für b. S.

**Biotechnik (Biotechnologie)** → Gentechnik, → Reproduktionstechnik.

**Biotopschutz** → Artenschutz, → Naturschutz.

**Bischof.** 1. In der → kath. Kirche wird der bischöfliche Dienst aus göttlichem Recht hergeleitet und durch sakramentale Weihe übertragen. Von der Bischofsweihe ist die Bestellung in ein bestimmtes Bischofsamt zu trennen. Man unterscheidet Diözesanbischöfe und Titularbischöfe. Den *Diözesanbischöfen* obliegt die Leitung einer → Diözese mit gesetzgebender, vollziehender und rechtsprechender Gewalt. *Titularbischöfe* üben entweder unter Leitung des Diözesanbischofs bestimmte Funktionen innerhalb einer Diözese aus (Koadjutor-, Auxiliar-, Weihbischöfe) oder fungieren als Leiter diözesanähnlicher Teilkirchen (Territorialprälaturen, → Apostolische Administraturen, Apostolische Vikariate, Apostolische Präfekturen) oder sind in leitender Stellung in der Römischen Kurie, als päpstliche Gesandte (→ Nuntius) oder ähnlichen Aufgabenbereichen tätig.

Die Bestellung in das Bischofsamt erfolgt durch freie Ernennung durch den → Papst oder, soweit dies durch ein Konkordat vorgesehen ist, durch Bestätigung des rechtmäßig gewählten. In den bayerischen Diözesen und in der Diözese Speyer hat der Papst bei der Auswahl aus den unabhängig von einem Besetzungsfall von den Bischöfen und → Domkapiteln, im Erledigungsfall vom Domkapitel vorzulegenden Kandidatenlisten volle Freiheit; der Apostolische Stuhl muß sich lediglich durch Rückfrage bei der Staatsregierung versichern, daß gegen den zur Ernennung vorgesehenen Kandidaten keine „Erinnerungen politischer Natur obwalten". Im Geltungsbereich des preußischen Konkordats wählt der Papst unter Würdigung der im Erledigungsfall vorzulegenden Kandidatenlisten drei Personen aus, aus denen das zuständige Domkapitel eine wählt. Durch Anfrage bei der zuständigen Landesregierung ist festzustellen, daß keine Bedenken politischer Art gegen den Gewählten bestehen. Ein ähnliches Verfahren ist in den Diözesen Dresden-Meißen, Freiburg, Mainz und Rottenburg-Stuttgart vorgesehen.

Die Bischöfe wirken im → Ökumenischen Konzil an der Leitung der Gesamtkirche mit.

2. Die → Evang. Kirche in Deutschland kennt z. T. die Amtsbezeichnung „Bischof" oder „Landesbischof" für die oberste Spitze ihrer Kirchenleitung, die von der Landes- oder Provinzial-Synode gewählt wird (z. B. in der Evang.-Luth. Landes Kirche in Bayern, der Evang.-Luth. Kirche in Oldenburg oder in der Pommerschen Evang. Kirche).

**Bischofskonferenz** ist in der → kath. Kirche der Zusammenschluß der → Bischöfe eines bestimmten Gebietes oder einer Nation als ständige Einrichtung. Mitglieder sind alle Diözesanbischöfe, die ihnen rechtlich Gleichgestellten (z. B. → Apostolische Administratoren) und die Titularbischöfe, die im Gebiet der Bischofskonferenz eine besondere von der B. oder vom Apostolischen Stuhl übertragene Aufgabe wahrnehmen. Die B.en besitzen eine Reihe von Befugnissen auf dem Gebiet der (partikularen) Gesetzgebung, Verwaltung und Rechtsprechung. Ihre Beschlüsse bedürfen der Bestätigung und Veröffentlichung durch den → Apostolischen Stuhl. S. a. → Katholische Kirche (5).

**Bischofssynode.** In der → kath. Kirche eine vom Papst einberufene Versammlung einer im CIC näher bestimmten Anzahl von → Bischöfen zur Beratung allgemeiner Fragen.

**Bischofsvikar** → Diözese.

**Blankett** → Form(erfordernisse).

**Blankettfälschung** → Urkundenfälschung.

**Blankettgesetz** ist eine Rechtsvorschrift (meist ein förmliches → Gesetz), die eine Rechtsfolge festlegt, aber die Bestimmung der Voraussetzungen hierfür anderen Rechtsquellen – insbes. Ausführungsvorschriften – überläßt. Das B. muß eine ausdrückliche Ermächtigungsnorm zum Erlaß der ausfüllenden Rechtsvorschriften enthalten. An diese sind bei *Strafgesetzen* nach Art. 103 II, 80 I GG besonders strenge Anforderungen zu stellen; die Voraussetzungen der Strafbarkeit müssen schon aus der Ermächtigungsnorm ersichtlich sein (BVerfGE 14, 174, 185, 254, 257).

Als Blankett*straf*gesetz bedroht z. B. § 315a I Nr. 2 StGB den Führer eines Schienenbahn- oder Luftfahrzeugs oder eines Schiffs mit Strafe, der den zur Sicherung des Verkehrs erlassenen Rechtsvorschriften zuwiderhandelt; diese Vorschriften sind die „blankettausfüllenden Normen". Diese sind, weil sich der vollständige Tatbestand erst aus ihnen ergibt, vor allem bei der Feststellung zu berücksichtigen, welches Gesetz bei Gesetzesänderung zwischen Straftat und Aburteilung nach § 2 III StGB als das mildere anzuwenden ist. Ferner ist der Irrtum über eine ausfüllende Norm nach den Grundsätzen der strafrechtlichen Lehre über den → Verbotsirrtum zu berücksichtigen.

**Blankoadoption** → Inkognitoadoption.

**Blankoakzept** wird ein → Blankowechsel genannt, bei dem der Akzeptant die Annahme (→ Akzept) des Wechsels erklärt, wobei aber regelmäßig die → Wechselsumme, oft auch die Verfallzeit offengelassen wird.

**Blankoindossament** → Indossament.

**Blankoscheck.** Ist ein nicht vollständig (z. B. hins. der Schecksumme) ausgestellter → Scheck später einer Abrede zuwider ausgefüllt worden, so kann dies dem Sch.inhaber nur entgegengehalten werden, wenn er hiervon beim Erwerb des B. Kenntnis hatte oder seine Unkenntnis grobfahrlässig ist (Art. 13 ScheckG).

**Blankounterschrift** → Form (erfordernisse).

**Blankowechsel** ist ein → Wechsel, der beim → Begebungsvertrag unvollständig ausgestellt wird (z. B. durch Offenlassen der Wechselsumme) und bei dem derjenige, der den Wechsel begibt, den Empfänger ermächtigt, den Wechsel zu vervollständigen; hierdurch wird der B. zum vollgültigen Wechsel. Der B. darf nur im Rahmen der Ermächtigung ausgefüllt werden. Wird ihm den getroffenen Vereinbarungen zuwider ein anderer Inhalt gegeben, so kann dies dem Erwerber nur entgegengehalten werden, wenn ihm dies beim Erwerb bekannt oder infolge grober Fahrlässigkeit unbekannt war (Art. 10 WG).

**Blankozession** → Abtretung (1).

**Blauhelmeinsätze.** Die Generalversammlung oder der Sicherheitsrat der → Vereinten Nationen können militärische Kräfte der Vereinten Nationen in Gebiete entsenden, in denen der Frieden bedroht ist. Bei der Entsendung dieser sogenannten Friedenstruppen handelt es sich um keine militärische Zwangsmaßnahme im Sinne der Satzung der Vereinten Nationen, da die Entsendung nur mit Genehmigung des betreffenden Staates erfolgt, z. B. in Zypern oder im Südlibanon. Bei der Jugoslawien-Krise 1992 wurde sowohl die Genehmigung des zerfallenden Bundesstaates Jugoslawien als auch die des noch nicht von allen Staaten anerkannten Staates Kroatien eingeholt. Ziel und Aufgabe der Friedenstruppen ist es, einen Zusammenstoß gegnerischer Streitkräfte durch ihre Anwesenheit zu verhindern und die Einhaltung von Waffenstillstandsabkommen zu beobachten. Die Friedenstruppen sollen Waffengewalt nur zur Selbstverteidigung gebrauchen. Im Hinblick auf die der Flagge der Vereinten Nationen entsprechende blaue Farbe der Helme ist für diese Friedenstruppen die Bezeichnung „Blauhelme", für ihre Einsätze der Begriff „B." gebräuchlich. Zur Zulässigkeit der Entsendung deutscher Streitkräfte zu B. → Auslandseinsätze der Bundeswehr.

**Bleifreies Benzin** (Kennzeichnung) → Luftreinhaltung.

**Blendung im Straßenverkehr.** Der Fahrzeugführer, der durch eine fremde Lichtquelle geblendet wird (Scheinwerfer im Gegenverkehr, Sonnenreflex auf Glas usw.), muß seine Geschwindigkeit soweit verringern, daß ihm die noch bestehende Sichtweite gefahrloses Weiterfahren und notfalls rechtzeitiges Halten gestattet (§ 3 I StVO); der Anhalteweg darf nicht größer sein als die Sichtweite. Dauert die Sehbehinderung nach der Blindsekunde fort, muß er sich auf sofortiges Halten einstellen und an den rechten Straßenrand fahren. Bei Dunkelheit muß er auf B. durch andere Fz. gefaßt sein; er kann Fahrer entgegenkommender Fz., die nicht abblenden, durch kurzes → Aufblenden warnen und muß ggf. seine Geschwindigkeit vorsorglich verringern. Begeht der Fahrer während der Blind- oder Schrecksekunde (vgl. Reaktionszeit) einen Verkehrsverstoß, so handelt er nur dann schuldlos, wenn er auf eine B. nicht gefaßt sein mußte. S. a. → Abblenden.

**Blindenfürsorge** i. w. S. umfaßt die Leistungen und sonstigen Maßnahmen für Kriegsblinde nach dem → Bundesversorgungsgesetz, für Zivilblinde nach dem Bundessozialhilfegesetz und nach den Gesetzen der Länder die Gewährung von → Blindenpflegegeld. I. e. S. versteht man unter B. die Leistungen der → Kriegsopferfürsorge, die als persönliche Hilfe oder als Geld- oder Sachleistung für Kriegsblinde in Frage kommen. §§ 25 ff. BVG. S. a. → Schwerbehinderte.

**Blindenhilfe** ist Barleistung der → Sozialhilfe an Blinde, die das 1. Lebensjahr vollendet haben, zum Ausgleich der durch die Blindheit bedingten Mehraufwendungen. Sie wird jährlich den jeweiligen Änderungen der Renten angepaßt. Gleichartige Leistungen nach anderen Rechtsvorschriften (z. B. → Blindenpflegegeld) werden auf die B. angerechnet. Weist der Blinde eine zumutbare Arbeit oder eine Ausbildung oder Umschulung für einen angemessenen Beruf zurück, so entfällt die B. (§ 67 BSHG).

**Blindenpflegegeld** ist eine von Bedürftigkeit unabhängige Barleistung an

Zivilblinde für den besonderen Aufwand infolge der Blindheit. Anspruch auf B. besteht in allen Ländern der BRep. nach den einschlägigen Landesgesetzen. Auf das B. werden die gleichartigen Leistungen der → Blindenhilfe nach dem → Bundessozialhilfegesetz angerechnet.

**Blindenwaren,** Vertrieb von –. Nach dem Blindenwarenvertriebsgesetz vom 9. 4. 1965 (BGBl. I 311) m. Änd. dürfen unter Hinweis auf die Beschäftigung von Blinden oder die Fürsorge für Blinde an öffentlichen Orten oder ohne vorherige Bestellung von Haus zu Haus nur diejenigen B. und Zusatzwaren vertrieben werden, die durch die DVO vom 11. 8. 1965 (BGBl. I 807) m. spät. Änd. zugelassen sind. Der Vertrieb anderer Waren in dieser Form ist unzulässig. Die B. müssen aus anerkannten Blindenwerkstätten oder anerkannten Zusammenschlüssen von solchen stammen. Sie sind besonders zu kennzeichnen (Blindenwarenzeichen, §§ 3, 4). Für ihren Vertrieb in der vorbezeichneten Form ist ein Blindenwarenvertriebsausweis erforderlich (§ 6). Dieser ersetzt zugleich die → Reisegewerbekarte (§ 55 a I Nr. 4 GewO).

**Blinder Passagier** → Erschleichen von Leistungen.

**Blindsekunde** → Blendung im Straßenverkehr.

**Blinklicht** → Bahnübergänge, → Beleuchtung, → Vorfahrt, → Warnblinklicht, → Warnzeichen.

**Blockade** ist Absperrung eines Gebietes, insbes. von der Einfuhr lebens- oder kriegswichtiger Güter. Sie ist zulässig zur Erreichung von Zwecken, die nicht völkerrechtswidrig sind. S. → völkerrechtliches Unrecht. Zur B. durch eine Sitzdemonstration oder ähnliche Aktionen → Nötigung, zur Betriebs-B. → Streik.

**Blockwahl.** Von B. spricht man, wenn in einem Wahlgang mehrere Personen gleichzeitig zu wählen sind und jeder Wähler eine bestimmte Zahl von Stimmen abgeben muß, so daß bei Abgabe von weniger Stimmen seine Stimmabgabe ungültig ist. Dieses vor allem bei parteiinternen Wahlen (z. B. Delegiertenwahlen) geübte System fördert zwar das Interesse der Mitglieder an Personalentscheidungen, birgt aber die Gefahr, daß Minderheiten zur Wahl ihnen nicht genehmer Personen gezwungen werden. Der BGH hat an die Zulässigkeit der B. strenge Anforderungen gestellt (nur bei angemessenem Verhältnis zwischen Mitgliederzahl und abzugebenden Stimmen; NJW 1974, 183).

**Blutalkohol, Blutentnahme.** Der Alkoholgehalt des Blutes kann bei Straftaten für die Feststellung der → Schuldunfähigkeit und für die Strafbarkeit wegen einer unter Alkoholwirkung begangenen strafbedrohten Handlung entscheidend sein (→ Alkoholdelikte, → Vollrausch).

Die Teilnahme am Straßenverkehr ist grundsätzlich jedem untersagt, der sich infolge körperlicher Mängel – dazu zählt auch Trunkenheit – nicht sicher im Verkehr bewegen kann, § 2 I StVZO. Als Grenze für den Blutalkoholgehalt, deren Überschreitung durch den Kfz-Führer allein schon als → Ordnungswidrigkeit mit Geldbuße geahndet werden kann, ist eine Konzentration von 0,5‰ Blutalkohol oder 0,25 mg/l → Atemalkohol bestimmt (§ 24 a StVG). Die Rspr. bezeichnet Kraftfahrer bei einem Blutalkoholgehalt von 1,1‰ (Grundwert von 1,0‰ und Sicherheitszuschlag von 0,1‰) als *absolut fahruntüchtig* (BGH NJW 1990, 2393), Radfahrer bei 1,6‰.

Die Entnahme von Blutproben zur Klärung der Verkehrstüchtigkeit ist nach § 81 a StPO bei dem einer Straftat Verdächtigen auch gegen seinen Willen und notfalls unter Zwangsanwendung zulässig; sie darf aber nur durch einen approbierten Arzt und nur auf Anordnung eines Richters, Staatsanwalts oder eines → Hilfsbeamten der StA vorgenommen werden. Bei Personen, die als Zeugen in Betracht kommen, ist die Blutentnahme – soweit sie nicht ein → Zeugnisverweigerungsrecht geltend machen – in gleicher Weise zulässig, wenn der Blutalkoholgehalt für die Erforschung einer Straftat von Bedeutung ist; unmittelbarer Zwang bei Weigerung setzt richterliche Anordnung und Gefahr im Verzuge oder vergebliche Festsetzung eines Ordnungsgeldes voraus (§ 81 c StPO). Im Strafverfahren entnommene Blutproben dürfen nur in diesem oder einem anderen Strafverfahren sowie in einem → Bußgeldverfahren nach Übergang aus dem Strafverfahren verwendet werden (§§ 81 a III, 81 c V StPO, 46 IV 2 OWiG), im Bußgeldverfahren aber nicht zu → molekulargenetischen Untersuchungen.

Im *Zivilprozeß* kommt die Blutentnahme insbes. zur Feststellung der Abstammung (→ Abstammungsgutachten) durch → Blutgruppenuntersuchung in Betracht.

**Blutgruppenuntersuchung** ist eine besondere Form des Beweises durch → Augenschein. Zwecks Feststellung der → Abstammung (dort 2 c) ist jedermann verpflichtet, die Entnahme von Blutproben zum Zwecke der B. zu dulden, soweit die Untersuchung eine Aufklärung des Sachverhalts verspricht und dem zu Untersuchenden ohne Nachteil für seine Gesundheit, aber auch unter Berücksichtigung möglicher Folgen für nahe Angehörige (Verurteilung zur Unterhaltszahlung) zugemutet werden kann (§ 372 a ZPO).

**Blutprobe** → Blutalkohol.

**Blutschande.** Nach § 173 StGB wird der Beischlaf zwischen *Verwandten* als B. bestraft, und zwar bei Verwandten aufsteigender Linie (Eltern, Großeltern usw., – auch der Vater, der nicht mit der Mutter des Opfers verheiratet ist) mit höherer Strafe als bei solchen absteigender Linie (Kinder, Enkel usw.) oder der B. zwischen *Geschwistern.* Der B. zwischen *Verschwägerten* ist nicht mehr strafbedroht. Straflos bleiben zur Tatzeit noch nicht 18jähr. Verwandte absteigender Linie und Geschwister. Sonstige sexuelle Handlungen an einem noch nicht 18 J. alten leiblichen oder angenommenen Kind sind nach § 174 I Nr. 3 StGB strafbar.

**Blutspenden** → Transfusionsgesetz.

**Bodenaltertümer** sind vorgeschichtlich oder geschichtlich bedeutsame Gegenstände (auch Skelette u. dgl.), die in oder auf einem Grundstück oder in einem wesentlichen → Bestandteil eines solchen so lange verborgen gelegen haben, daß ihr Eigentümer nicht mehr zu ermitteln ist. Der Erlaß von Vorschriften zum Schutze noch nicht erschlossener B. vor Beschädigung, Verminderung usw. ist Sache des Landesgesetzgebers; insbes. sollen Ausgrabungen durch nicht geschulte Personen verhindert, Sucharbeiten unter sachkundige Beobachtung gestellt und der öffentlichen Hand freier Ankauf gefundener Gegenstände ermöglicht werden. So ist z. B. nach Art. 7 ff. des bayer. DenkmalschutzG vom 25. 6. 1973 (GVBl. 328) das Graben nach Bodendenkmälern erlaubnis-, das Auffinden anzeigepflichtig. Ferner bestehen Auswertungs- und Enteignungsrechte des Staates. S. a. Europ. Übereinkommen zum Schutz archäolog. Kulturguts vom 6. 5. 1969 (BGBl. 1974 II 1286).

**Bodenkredit** → Realkredit.

**Bodenkreditinstitute** sind → Kreditinstitute, die vornehmlich die Gewährung von Krediten gegen → Grundpfandrechte (sog. → Realkredit) betreiben. Die erforderlichen Mittel beschaffen sie sich durch die Ausgabe von Pfandbriefen. B. sind teils privatrechtlich (→ Hypothekenbanken) teils öffentlich-rechtlich organisiert (z. B. Deutsche Pfandbriefanstalt, Bayer. Landesbodenkreditanstalt, → Stadtschaften, → Landschaften).

**Bodenordnung** → Baugesetzbuch.

**Bodenrecht** → Sachenrecht, → Grundstück, → Eigentum, → Erbbaurecht, → Grundpfandrechte, → Grundstücksverkehr (landwirtschaftlicher), → Baurecht, → Baugesetzbuch, → Bodenreform. Über den staatsrechtlichen Begriff B. (ius soli) → Staatsangehörigkeit.

**Bodenreform.** Ursprünglich zielte die B. vorwiegend darauf ab, landwirtschaftliche Gebiete, Bau- und Siedlungsland größeren Bevölkerungsschichten zugänglich zu machen, wobei manche Reformer das Privateigentum nicht antasten wollten (Damaschke, J. St. Mill u. a.), während die sozialistischen Vertreter die Überführung von Grund und Boden in Gemeineigentum forderten (Marx, Kautsky u. a.). Eine andere Zielsetzung haben das → Siedlungsrecht, nämlich die Förderung landwirtschaftlicher Ansiedlungen durch Errichtung von Siedlerstellen u.dgl., sowie die → Flurbereinigung, d. h. Zusammenlegung zersplitterten ländlichen

Grundbesitzes und seine Umgestaltung und Verbesserung nach neuzeitlichen betriebswirtschaftlichen Gesichtspunkten.

Der Begriff B. wird auch für die seinerzeit entschädigungslosen Grundstücksenteignungen von 1945 bis 1949 in der ehem. DDR (insgesamt ca. 3,3 Mio ha Land) auf Grund von Vorschriften und Anordnungen der sowjetischen Besatzungsmacht verwendet (s. auch → Offene Vermögensfragen, → Entschädigungs- und Ausgleichsleistungsgesetz). Die Abwicklung dieser B. richtet sich nach Art. 233 §§ 11 ff. EGBGB.

**Bodenschätze** → Bergbau.

**Bodenschutz.** Das Bundesbodenschutzgesetz vom 17. März 1998 (BGBl. I 502) regelt die Sicherung und Wiederherstellung der Funktionen des Bodens. Danach sind schädliche Bodenveränderungen abzuwehren, der Boden von Altlasten sowie hierdurch verursachte Gewässerverunreinigungen zu sanieren und Vorsorge gegen nachteilige Einwirkungen auf den Boden zu treffen (§ 1). Das Gesetz gilt subsidiär gegenüber spezielleren Gesetzen, die Regelungen zu schädlichen Bodenveränderungen oder Altlasten treffen, z. B. gegenüber dem Kreislaufwirtschaft- und Abfallgesetz (→ Kreislaufwirtschaft; → Abfälle), dem → Gentechnikgesetz, dem → Baurecht und dem Immissionsschutzrecht (→ Immissionsschutz, öffentlich-rechtlicher). Jeder, der auf den Boden einwirkt, ist verpflichtet, schädliche Bodeneinwirkungen zu vermeiden (§ 4). Grundstückseigentümer sind verpflichtet, gegen schädliche Bodeneinwirkungen Vorsorge zu treffen (§ 7). Durch Rechtsverordnung können Grenzwerte festgelegt werden (§ 8). Sondervorschriften gelten für Altlasten (§§ 11 ff.). Bei der landwirtschaftlichen Bodennutzung wird die Vorsorgepflicht durch gute fachliche Praxis erfüllt (§ 17).

**Bodenverbände** → Wasser- und Bodenverbände.

**Bodenverwertungs- und -verwaltungsgesellschaft** → Treuhandanstalt, 3.

**Bodin, Jean** (1530–1596), franz. Rechtsgelehrter, entwickelte im Rahmen seiner Staatsrechtstheorie vor allem die Lehre von der (naturrechtlich begrenzten) → Souveränität.

**Bohrinsel** → Seeanlagen.

**Bon** → Inhaberzeichen.

**bona fide** (lat.) = in gutem Glauben; bona fides = guter Glaube.

**Bonität** → Gewährleistung, 1.

**Bonner Konvention** → Deutschlandvertrag.

**Bonus.** Hierunter versteht man im Versicherungs- und Aktienrecht eine vertragsmäßig vereinbarte oder auf Grund des guten Geschäftsergebnisses außerplanmäßig vorgenommene Gutschrift des Versicherungsunternehmens bzw. der Aktiengesellschaft. Der B. wird regelmäßig in Prozenten der Prämie bzw. der Aktie berechnet. Im Handelsverkehr wird ein B. oft vom Lieferanten als Mengenrabatt für umfangreiche Warenabnahme gewährt.

**Bonus-Malus-System** → Studienplätze (Vergabe).

**Bordell** ist ein auf Gewinnerzielung gerichtetes Unternehmen, dessen Inhaber mehrere (männl. od. weibl.) Personen zur → Prostitution bereithält. Die gewerbsmäßige Unterhaltung oder Leitung eines B. oder bordellartigen Betriebs (z. B. einer als Pension, Massagesalon o. dgl. getarnten Einrichtung gleicher Art) ist in § 180 a StGB als → Förderung der Prostitution in bestimmten Formen mit Strafe bedroht: wenn die Prostituierten in persönlicher oder wirtschaftlicher Abhängigkeit gehalten werden oder wenn die Förderung in Maßnahmen besteht, die über das bloße Gewähren von Wohnung mit üblichen Nebenleistungen (einschl. Unbequemlichkeitszuschlag) hinausgehen, z. B. Vermittlung, Werbemaßnahmen, Verhaltensvorschriften nicht nur zur Hausordnung. Wegen strafbarer Wohnungsgewährung an Prostituierte vgl. → Förderung der Prostitution (dort auch über Dirnenwohnheime).

**Bordvertretung** → Betriebsrat.

**Börse** ist ein regelmäßig zu bestimmter Zeit an bestimmtem Orte stattfindender

Markt für vertretbare, i. d. R. nicht gegenwärtige Güter. Man unterscheidet Waren (Produkten-)börsen und Effektenbörsen (für den Handel mit Geld oder Wertpapieren), Versicherungsbörsen (für Schiffsversicherungen), Frachtbörsen. Träger der B. ist i. d. R. die Industrie- und Handelskammer oder ein Börsenverein, dessen Mitglieder am Börsenverkehr teilnehmen. Über Einrichtung und Organisation der B. s. *Börsengesetz.*

**Börsengesetz.** Das B. vom 22. 6. 1896 i. d. F. vom 17. 7. 1996 (BGBl. I 1030) m. Änd. regelt in Teil I (§§ 1–10) die → Börsen und deren Organe. Die Errichtung einer Börse bedarf der Genehmigung der obersten Wirtschaftsbehörde des Landes (§ 1), die die → Börsenordnung genehmigt (§ 4) und Anordnungen über Ordnung und Geschäftsverkehr an der Börse erlassen kann (§ 8). Die Überwachung des Geschäftsverkehrs usw. obliegt dem von der Obersten Landesbehörde zu bestellenden Staatskommissar (§ 2), die Überwachung der Ordnung in den Börsenräumen dem Börsenvorstand (§ 8). Auf Zulassung zur Börse (→ Verwaltungsakt), der vom Börsenvorstand auszusprechen ist, besteht nunmehr ein gesetzlich geregelter Rechtsanspruch (§ 7 IV). Teil II (§§ 29–35) behandelt das Kurswesen; ergänzend gelten die Bestimmungen der Börsenordnungen über die Preisermittlung (hierzu VO über die Feststellung von Börsenpreisen i. d. F. vom 17. 7. 1996, BGBl. I 1073). Teil III (§§ 36–49), ergänzt durch die BörsenzulassungsVO i. d. F. vom 17. 7. 1996 (BGBl. I 1052), behandelt die Zulassung von Wertpapieren zum Börsenhandel. Zuständig ist an jeder Börse eine Zulassungsstelle (§ 37), welche die Einhaltung der Vorschriften über Prospekte überwacht (§§ 36 ff.). Für den Börsenverkehr sind vier Marktsegmente zu unterscheiden, nämlich der amtliche Markt, der geregelte Markt (§§ 71–77 BörsG) sowie der geregelte und der ungeregelte Freiverkehr. Die Regelungen über den amtlichen und über den geregelten Markt beruhen auf → Richtlinien der E. G. (vgl. ABl. EG 1980 L 100/1, 1982 L 48/26 und 1979 L 66/21). Für unrichtige Angaben im Prospekt haften die Emittenten nach Maßgabe der §§ 45–49 (sog. Prospekthaftung); s. hierzu auch die VO über Verkaufsprospekte i. d. F. vom 17. 7. 1996 (BGBl. I 1047). Teil IV (§§ 50–70) enthält Vorschriften über den Börsenterminhandel, den sie teilweise für verboten oder für unverbindlich, jedoch erfüllbar erklären. Für zugelassene Börsentermingeschäfte ist der Einwand des Spiel- und → Differenzgeschäfts (§§ 762, 764 BGB) weitgehend ausgeschlossen. Teil V (§§ 77 ff.) betrifft die Zulassung von Wertpapieren zum Börsenhandel mit nichtamtlicher Notierung. Teil VI (§§ 88–90) enthält Strafandrohungen u. a. für Kursbetrug, Prospektbetrug, Verleitung zur Spekulation sowie Bußgeldvorschriften.

**Börsenmakler** ist ein → Handelsmakler, der an der → Börse Kauf und Verkauf von → Effekten oder Waren vermittelt und dabei den Ausgleich der Kauf- und Verkaufsaufträge (Order) durchführt. Die Voraussetzungen der Zulassung zur Börse durch den Börsenvorstand sind in § 7 BörsenG geregelt. Eine besondere Art des B. ist der → Kursmakler.

**Börsenordnung** ist eine für jede → Börse vom Börsenvorstand erlassene Rechtsvorschrift, die sicherstellen soll, daß die Börse der ihr obliegenden Aufgabe gerecht wird. Sie muß Regelungen enthalten über Geschäftszweig und Organisation der Börse sowie über die Veröffentlichung von Preisen und Kursen, ferner bei Wertpapierbörsen Vorschriften über die Zulassungsstelle, über die Veröffentlichung von Umsätzen sowie über die Bedeutung von Kurszusätzen u.ä. Näheres vgl. § 4 BörsenG.

**Börsentermingeschäft** ist ein → Kaufvertrag über Waren *(Warentermingeschäft)* oder Wertpapiere, die einen Börsenpreis haben. Beim Vertragsabschluß wird ein späterer Zeitpunkt als Erfüllungstermin festgelegt, aber der Kaufpreis sofort vereinbart; er wird durch den später sich ergebenden Markt- oder Börsenpreis nicht beeinflußt. Das B. ist i. d. R. ein → Fixgeschäft. Zur Zulässigkeit von B. auf der Grundlage des später maßgebenden Börsenpreises und zum Handel mit Kaufoptionen → Differenzgeschäft.

**Böser Glaube** (mala fides). Der Erwerber einer beweglichen Sache ist nicht in gutem Glauben, wenn ihm positiv bekannt oder infolge grober Fahrlässigkeit unbekannt ist, daß die Sache nicht dem Veräußerer gehört (§ 932 II BGB). Ob die Unkenntnis grob fahrlässig ist, entscheidet sich nach den Umständen des Falles, ist aber z. B. anzunehmen bei Erwerb eines Kraftfahrzeugs ohne Übergabe des dazu gehörenden → Fahrzeugbriefs, bei Erwerb wertvoller Waren zu besonders günstigen Bedingungen u. a. m. Der b. G. schließt einen → gutgläubigen Erwerb einer beweglichen Sache aus; er ist ferner für den gutgläubig – lastenfreien Erwerb einer Sache, für den Umfang der Schadensersatzansprüche des Eigentümers gegen den Besitzer (→ Eigentumsherausgabeanspruch), für den gutgläubigen Erwerb eines → Pfandrechts, der Rechte aus einem → Wechsel oder Scheck u. a., nicht dagegen für den → „gutgläubigen" Erwerb eines → Grundstücksrechts (z. B. Hypothek) von Bedeutung (dort schadet nur positive Kenntnis bzw. Eintragung eines → Widerspruchs im Grundbuch, vgl. §§ 892, 1155 BGB).

**Bote.** Anders als der Vertreter (→ Stellvertretung) gibt der B. keine eigene Erklärung im Namen des Vertretenen ab, sondern übermittelt nur die bereits fertige → Willenserklärung des Geschäftsherrn. Für die Voraussetzungen und die Wirksamkeit der Erklärung kommt es daher nicht auf die Person des B., sondern auf den Geschäftsherrn an; der B. kann mithin z. B. auch geschäftsunfähig (Kind) sein. Dem B. kann allerdings die Auswahl unter verschiedenen Erklärungen überlassen werden. Man unterscheidet den *Erklärungsboten,* der als Werkzeug des Auftraggebers dessen Willenserklärung weitergibt, und den *Empfangsboten,* der die Erklärung für den Geschäftsherrn entgegennimmt. Empfangsbote ist nur, wer von dem Geschäftsherrn entsprechend beauftragt ist, Erklärungen anderer entgegenzunehmen. In diesem Fall ist die Willenserklärung bereits mit Abgabe gegenüber dem Empfangsb. dem Geschäftsherrn zugegangen und damit wirksam (→ Willenserklärung) (2) sonst – d. h. beim Erklärungsboten – erst, wenn dieser sie dem anderen tatsächlich ausrichtet. Die Gefahr unrichtiger Übermittlung trägt der Geschäftsherr; bei Übermittlungsirrtum des Erklärungsb. – nicht des Empfangsb. – kann der Geschäftsherr die Willenserklärung (als eigene) anfechten (§ 120 BGB, → Anfechtung von Willenserklärungen). Überschreitet der B. seinen Auftrag, gibt er insbes. eigene Erklärungen im Namen des Geschäftsherrn ab, so ist dies wie → Vertretung ohne Vertretungsmacht zu behandeln (h. M.). Sondervorschriften gelten für den *Vermittler* (→ Mäklervertrag, → Handelsmakler, → Handelsvertreter).

**Botschafter** → Diplomat.

**BOT-Vertrag** → Privatisierung.

**Boxveranstaltungen** sportlichen Charakters bedürfen keiner Genehmigung. Dagegen sind gewerbliche Schaukämpfe (Box-, Ring-, Catcherkämpfe u.ä.) → Schaustellungen von Personen im Sinne des Gewerberechts; s. a. → Jugendschutz.

**Boykott** (Verruf), so genannt nach dem 1879 von den Iren wegen seiner Härte persönlich und geschäftlich geächteten engl. Güterverwalter Ch. C. Boykott, ist ein auf einer Verabredung beruhender Kampfzustand, durch den der Boykottierte zu einem bestimmten Verhalten gezwungen werden soll. Außenpolitisch kann er als Kampfmittel zwischen Staaten oder Staatengruppen eingesetzt werden, aber u. U. als → Sanktion völkerrechtlich gerechtfertigt sein.

Der *wirtschaftliche B.* kann darin bestehen, daß der Betroffene planmäßig vom üblichen Geschäftsverkehr ausgeschlossen wird. Er kann Mittel des → Arbeitskampfs sein (z. B. eine Gewerkschaft veranlaßt ihre Mitglieder, bei einem bestimmten Arbeitgeber nicht in ein Arbeitsverhältnis zu treten). Im geschäftlichen Verkehr „zu Zwecken des Wettbewerbs" ist B. regelmäßig unlauter und deshalb verboten (§ 1 UWG – → unlauterer Wettbewerb). Ferner verbietet das Ges. gegen → Wettbewerbsbeschränkungen (§ 26 I GWB) jeden B. in der Absicht, ein anderes Unternehmen unbillig zu behindern. Schließlich kann ein B. durch marktbeherrschende Unternehmen auch eine verbotene Diskriminierung im Sinn von § 26 II GWB sein. Verstöße gegen das GWB sind Ordnungswidrigkeiten nach § 38 I.

Strafbarkeit etwa wegen → Nötigung oder nach § 15 UWG wird nur bei besonderen Umständen infrage kommen.

**Brandenburg** ist ein Land der → Bundesrepublik Deutschland. Nach der Verfassung vom 20. 8. 1992 (GVBl. I S. 298) ist B. ein freiheitliches, rechtsstaatliches, soziales, dem Frieden und der Gerechtigkeit, dem Schutz der natürlichen Umwelt und der Kultur verpflichtetes demokratisches Land. Die Gesetzgebung wird durch den Landtag und durch Volksentscheid ausgeübt. Der Landtag wird auf fünf Jahre gewählt. Er kann sich durch Beschluß einer Mehrheit von zwei Dritteln seiner Mitglieder selbst auflösen. Gesetzesvorlagen im Landtag können aus der Mitte des Landtags, durch die Landesregierung oder im Wege des Volksbegehrens eingebracht werden. Entspricht der Landtag nicht binnen zwei Monaten einem Volksbegehren, so findet innerhalb von weiteren drei Monaten ein Volksentscheid statt. Verfassungsänderungen bedürfen der Zwei-Drittel-Mehrheit. Rechtsverordnungen können nur aufgrund eines Gesetzes erlassen werden, das Inhalt, Zweck und Ausmaß der Verordnung bestimmt. Die Landesregierung besteht aus dem Ministerpräsidenten und den Landesministern. Der Ministerpräsident wird vom Landtag gewählt. Er ernennt und entläßt die Minister. Der Landtag kann dem Ministerpräsidenten das Mißtrauen nur dadurch aussprechen, daß er mit den Stimmen der Mehrheit seiner Mitglieder einen Nachfolger wählt. Der Ministerpräsident bestimmt die Richtlinien der Politik und ist dafür dem Landtag verantwortlich. Innerhalb dieser Richtlinien leitet jeder Minister den ihm anvertrauten Geschäftsbereich selbständig und unter eigener Verantwortung gegenüber dem Landtag. Der Ministerpräsident vertritt das Land nach außen. Das Verfassungsgericht (Gesetz vom 8. 7. 1993, GVBl. I 322) besteht aus neun Richtern, die vom Landtag für die Dauer von zehn Jahren gewählt werden; eine Wiederwahl ist ausgeschlossen. In eigenen Abschnitten der Verfassung werden die Grundrechte gewährleistet. Für das Volk der Sorben sind besondere Minderheitenrechte vorgesehen. Der Verwaltungsaufbau nach dem Gesetz über die Organisation der Landesverwaltung vom 25. 4. 1991 (GVBl. S. 148) ist zweistufig (Landesoberbehörden und Untere Landesbehörden). B. wurde durch das Ländereinführungsgesetz der ehemaligen – DDR vom 22. 7. 1990 (GBl. I Nr. 51 S. 955) mit Wirkung vom 3. 10. 1990 errichtet und ist seit dem selben Tag gem. dem → Einigungsvertrag mit dem Wirksamwerden des → Beitritts Land der Bundesrepublik Deutschland.

Zur Frage einer Vereinigung mit Berlin → Berlin 6.

**Brandgefährdung** → Brandstiftung.

**Brandlegung** → Brandstiftung.

**Brandschutz** → Brandverhütung.

**Brandstiftung** nach §§ 306 ff. StGB besteht darin, daß eine Sache in Brand gesetzt oder durch eine Brandlegung ganz oder teilweise zerstört wird.

*Inbrandsetzen* liegt vor, wenn eine Sache so vom Feuer erfaßt wird, daß es selbständig ohne Fortwirken des Zündstoffs weiterbrennt und der Brand sich auf Teile, die für den bestimmungsgemäßen Gebrauch der Sache wesentlich sind, ausbreiten kann.

*Zerstören durch Brandlegung* liegt vor, wenn die Sache ganz oder teilweise infolge Einwirkung von Hitze, Gas, Rauch, Ruß oder Druck, z. B. Explosion des Zündstoffes, zerstört wird, ohne daß wesentliche Teile selbständig brennen.

Die Strafbarkeit richtet sich danach, welche Sache von der B. erfaßt wird und welche Gefährdung oder Folge durch die B. eintritt.

1. *B.* an *fremden* Gebäuden, Hütten, Betriebsstätten, technischen Einrichtungen wie Maschinen, Warenlagern oder -vorräten, Kfz., Schienen-, Luft- oder Wasserfz., Wäldern, Heiden, Mooren oder land-, ernährungs- oder forstwirtschaftlichen Anlagen oder Erzeugnissen wird mit Freiheitsstrafe von 1–10 Jahren bedroht (§ 306 StGB). Sie ist ein Sonderfall der → Sachbeschädigung. Die Einwilligung des Eigentümers ist ein Rechtfertigungsgrund.

2. *Schwere B.* ist B. an einer Räumlichkeit, die der Wohnung von Menschen dient, z. B. Gebäude, Schiff oder Hütte (auch wenn sich zur Tatzeit niemand darin aufhält), an einer Kirche oder einem anderen der Religionsaus-

übung dienenden Gebäude oder an einer zeitweise dem Aufenthalt von Menschen dienenden Räumlichkeit zu einer Zeit, in der sich Menschen dort aufzuhalten pflegen. Sie wird mit Freiheitsstrafe von mindestens 1 Jahr bestraft (§ 306 a I StGB). Auf das Eigentum an der Sache und den Willen des Eigentümers kommt es dabei nicht an. Ebenso wird bestraft die B. an den in § 306 StGB bezeichneten Sachen, die einen anderen in die Gefahr einer Gesundheitsschädigung bringt (§ 306 a II StGB). Diese Sachen können auch dem Täter gehören oder herrenlos sein.

3. *Besonders schwere B.* ist mit mindestens 2 Jahren Freiheitsstrafe bedroht. Sie liegt vor, wenn durch eine B. eine schwere Gesundheitsschädigung eines anderen oder eine Gesundheitsschädigung einer großen Zahl von Menschen verursacht wird. Die Freiheitsstrafe beträgt mindestens 5 Jahre, wenn der Täter im Fall einer schweren B. einen anderen in Todesgefahr bringt, eine andere Straftat ermöglichen oder verdecken will oder das Löschen des Brandes verhindern oder erschweren will (§ 306 c StGB).

4. *B. mit Todesfolge* ist mit mindestens 10 Jahren oder lebenslanger Freiheitsstrafe bedroht. Sie liegt vor, wenn der Täter durch eine B. wenigstens leichtfertig den Tod eines anderen verursacht (§ 306 c StGB).

5. *Fahrlässige B.* ist nach § 306 d StGB strafbar in den Fällen der B. nach §§ 306 und 306 a StGB.

6. → Tätige Reue durch freiwilliges Löschen des Brandes, bevor erheblicher Schaden entsteht, kann in den Fällen der §§ 306, 306 a und 306 b StGB zu Strafmilderung oder Absehen von Strafe führen und hat bei fahrlässiger B. Straflosigkeit zur Folge. Bei Löschen des Brandes ohne Zutun des Täters genügt dessen freiwilliges und ersthaftes Bemühen (§ 306 c StGB).

7. *Brandgefährdung*, d. h. Herbeiführen einer Brandgefahr, ist nach § 306 f StGB eine mit Freiheitsstrafe bis zu 3 Jahren oder Geldstrafe bedrohte Straftat, die keine B. voraussetzt. Erforderlich ist vielmehr, daß der Täter *fremde* feuergefährdete Betriebe und Anlagen (z. B. Ölraffinerien, Tankstellen), land- und ernährungswirtschaftliche Anlagen, in denen sich Erzeugnisse befinden, Wälder, Heide oder Moore, bestellte Felder oder landwirtschaftliche Erzeugnisse, die auf Feldern lagern, durch Rauchen, offenes Feuer oder Licht, Wegwerfen brennender oder glimmender Gegenstände u.ä. in (konkrete) Brandgefahr bringt (§ 306 f I StGB). Ebenso wird bestraft, ohne daß es auf das Eigentum ankommt, die Brandgefährdung der in § 306 f I StGB bezeichneten Sachen, die Leib oder Leben eines anderen oder fremde Sachen von bedeutendem Wert gefährdet (§ 306 f II StGB). Die Brandgefährdung ist auch bei fahrlässiger Begehung strafbar. S. a. → Waldbrandschutz, Waldbrandstiftung.

S. a. → Versicherungsmißbrauch, → Betrug.

**Brandverhütung.** Strafbestimmungen zur B. enthält das StGB in den Vorschriften gegen → Brandstiftung (§§ 306 ff. StGB) und gegen Herbeiführen einer Brandgefahr (§ 310 a StGB) in feuergefährdeten Anlagen oder Betrieben; der Strafschutz erfaßt insbes. die Gefährdung durch Rauchen, Verwenden von offenem Feuer oder Licht, Wegwerfen brennender oder glimmender Gegenstände usw. Geschützt sind auch land- oder ernährungswirtschaftliche Erzeugnisse u. dgl. S. a. → Waldbrandschutz. Gewerberechtliche Vorschriften bestehen u. a. für überwachungspflichtige Anlagen (§ 24 GewO), → elektrische Anlagen und → brennbare Flüssigkeiten; s. ferner → ArbeitsstättenVO (§ 13) und → Schornsteinfegerwesen. Ergänzend gelten landesrechtliche Vorschriften, insbes. in den → Bauordnungen, über die Feuerbeschau von Gebäuden u. a. brandgefährlichen Gegenständen, Lichtspieltheater (einschl. Ausbildungs- und Bedienungsvorschriften für Filmvorführer), B. in Theatern und Versammlungsräumen, für die Lagerung und Verwendung brandgefährlicher Stoffe, über Blitzableiter, Feuerlöscheinrichtungen und die Bekämpfung von Bränden. Mißachtung der Vorschriften ist teils mit Strafe, teils als Ordnungswidrigkeit mit Geldbuße bedroht.

**Branntwein, Abgabe von** –, ist durch Vorschriften des → GaststättenG teilweise eingeschränkt (Automaten, vgl.

§§ 20 Nr. 1, 28 Nr. 8); über Abgabe an Jugendliche s. → Alkoholverbot.

**Branntweinmonopol** → Finanzmonopole.

**Branntweinsteuer** → Finanzmonopole.

**Brauereidarlehen** → Bierlieferungsvertrag.

**Brautgeschenke** → Verlöbnis.

**Bremen.** Die Freie Hansestadt B. ist Land der BRep. Die staatlichen Verhältnisse der F. H. B. sind durch die Landesverfassung vom 21. 10. 1947 (GBl. 251) geregelt. Die *Gesetzgebung* steht der Bürgerschaft zu. Daneben besteht die Möglichkeit, durch → Volksentscheid Gesetze zu beschließen. Die Bürgerschaft besteht aus 100 Mitgliedern, die in allgemeiner, gleicher, unmittelbarer und geheimer Wahl auf 4 Jahre gewählt werden. Die *vollziehende Gewalt* obliegt der Landesregierung, welche die Bezeichnung Senat führt. Die Mitglieder des Senats (Senatoren) werden von der Bürgerschaft für die Dauer der Wahlperiode gewählt. Der Senat wählt 2 Mitglieder zu Bürgermeistern, einen davon zugleich zum Präsidenten des Senats. Dieser leitet die Geschäfte des Senats. Der Senat führt die Geschäfte nach den Gesetzen und den von der Bürgerschaft gegebenen Richtlinien; er vertritt B. nach außen. Die Mitglieder des Senats tragen nach einer vom Senat zu beschließenden Geschäftsverteilung die Verantwortung für die einzelnen Verwaltungsbehörden und Ämter. Für verfassungsrechtliche Fragen ist der *Staatsgerichtshof* der F. H. B. gebildet (Ges. vom 12. 5. 1964, SaBremR 1102-a-1). Die Verfassung statuiert in einem ersten Hauptteil Grundrechte und Grundpflichten, in einem zweiten Hauptteil Grundsätze für die Ordnung des sozialen Lebens (Familie, Erziehung und Unterricht, Arbeit und Wirtschaft, Kirche und Religionsgesellschaften). Das Land B. besteht aus den Städten Bremen und Bremerhaven. Die örtliche Verwaltung obliegt Ortsämtern.

**Bremer Klausel** → Religionsunterricht.

**Bremsen der Fahrzeuge.** 1. a) *Kraftfahrzeuge* müssen nach § 41 StVZO grundsätzlich zwei voneinander unabhängige Bremsanlagen oder eine solche mit zwei selbständig wirkenden Bedienungsvorrichtungen haben. Diese müssen durch getrennte Übertragungsmittel auf verschiedene Bremsflächen wirken (Ausnahme für Vierradbremsen). Die Bedienungsvorrichtung der zweiten Bremse (Handbremse) von Kraftwagen muß feststellbar sein. Sondervorschriften gelten für bestimmte langsame Fahrzeuge. Schwere Kfz müssen Unterlegkeile mitführen, um das Abrollen zu verhindern; schwere Kraftomnibusse und überschwere Kfz müssen über eine dritte Bremsanlage verfügen. b) *Andere Fahrzeuge* müssen eine ausreichende Bremsvorrichtung haben, Fahrräder zwei unabhängig voneinander wirkende B. Sperrhölzer, Hemmschuhe und Ketten dürfen nur als zusätzliche B. benutzt werden (§ 65 StVZO). Für Fahrräder mit Hilfsmotor gelten die Vorschriften über Kleinkrafträder.

2. Der Fahrer muß die *Betriebssicherheit* der B. vor Antritt der Fahrt prüfen und während der Fahrt auf sie achten, insbes. auf ihre gleichmäßige Einstellung (§ 23 StVO). Der → Halter des Fz. ist für Mängel verantwortlich, die er trotz Kenntnis nicht beseitigt oder die ihm infolge nicht ausreichender regelmäßiger Überwachung unbekannt geblieben sind.

3. Bei *Betätigung der B.* muß die Grundregel des § 1 StVO (Verhalten im Straßenverkehr) beachtet werden; auf schlüpfriger Fahrbahn ist beim Bremsen Vorsicht geboten, bei Glatteis muß es unterbleiben. Die Berechnung des *Anhaltewegs* nach Verkehrsunfällen – wichtig für zivil- und strafrechtliche Folgen – ist nur auf Grund eines Sachverständigengutachtens möglich, in dem insbes. Schrecksekunde, Reaktionszeit des Fahrers, Bremsansprech- und Bremsverzögerungszeit, Beschaffenheit der Fahrbahn, Bremsspur u. a. m. zu berücksichtigen sind. Über Bremsleuchten vgl. § 53 StVZO.

**Brennbare Flüssigkeiten.** Errichtung und Betrieb von Anlagen zur Lagerung, Abfüllung und Beförderung brennbarer Flüssigkeiten zu Lande unterliegen nach der auf Grund des GSG erlassenen VO über brennbare Flüssigkeiten (i. d. F. vom 13. 12. 1996, BGBl. I 1937) ber.

24. 2. 1997 (GBl. I 447) als → überwachungsbedürftige Anlagen einer Anzeige- und Erlaubnispflicht. Welche Anlagen danach zu überwachen sind, ist in §§ 8, 9 der VO näher bestimmt. Geregelt sind dort ferner Bauartzulassung (§ 12), die regelmäßigen und außerordentlichen Prüfungen (§§ 13–15) durch Sachverständige (Technische Überwachungsvereine) oder sonstige Sachverständige (§ 16). Bestimmte Lagerungen sind nach der VO verboten (§ 11). Verstöße gegen die VO sind → Ordnungswidrigkeiten. Die anzuwendenden technischen Vorschriften enthalten im wesentlichen Anhang I und II der VO.

**brevi manu traditio** → Eigentumsübertragung (an beweglichen Sachen).

**Brief-, Post- und Fernmeldegeheimnis. 1.** → *Grundrecht:* Nach Art. 10 I GG sind das B., das P. und das F. unverletzlich. Beschränkungen dürfen nur auf Grund eines Gesetzes angeordnet werden, wobei zu bestimmten Zwecken die Mitteilung an den Betroffenen unterbleiben und der Rechtsweg zugunsten einer Nachprüfung durch Organe ausgeschlossen werden kann, die von der Volksvertretung bestimmt werden (Art. 10 II GG; s. u. 3).

Das B. betrifft schriftliche Mitteilungen aller Art von Person zu Person (nicht nur Briefsendungen i. S. d. Straf- und Postrechts).

Das P. erfaßt die näheren Umstände des Postverkehrs bestimmter Personen und den Inhalt der Postsendungen (§ 39 I PostG, § 206 V StGB).

Dem F. unterliegen der Inhalt der Telekommunikation, d. h. Nachrichten aller Art, die in Zeichen, Sprache, Bildern oder Tönen mit Telekommunikationsanlagen ausgesandt, übermittelt oder empfangen werden, und ihre näheren Umstände, auch erfolglose Verbindungsversuche (§ 85 I TKG, § 206 V StGB).

Das Grundrecht des B.-, P.- u. F. besteht gegenüber den Staatsorganen (Regierung, Verwaltung, Justiz) sowie den Personen, die geschäftsmäßig Post- und Telekommunikationsdienste erbringen oder daran mitwirken. Den Verpflichteten ist es untersagt, sich Kenntnisse zu verschaffen oder diese weiterzugeben. → Drittwirkung gegenüber sonstigen

(nicht nur Briefsendungen i. S. d. Straf- und Postrechts).

2. a) *Privatpersonen,* die einen verschlossenen *Brief* oder ein anderes nicht zu ihrer Kenntnis bestimmtes verschlossenes *Schriftstück,* z. B. ein Testament, *vorsätzlich unbefugt* öffnen, werden nach § 202 StGB wegen Verletzung des B. bestraft (Antragsdelikt!). Gleiches gilt bei Anwendung anderer technischer Mittel oder Öffnen eines verschlossenen Aufbewahrungsbehältnisses zwecks Einsichtnahme in das Schriftstück.

Eine Befugnis kann sich aus Vorschriften der StPO ergeben (→ Beschlagnahme, §§ 99, 100 StPO), bei Einfuhr staatsgefährdender Schriften aus § 2 II des Ges. zur Überwachung strafrechtlicher und anderer → Verbringungsverbote vom 24. 5. 1961 (BGBl. I 607), ferner auf Grund des sog. Abhörgesetzes bei Zulässigkeit der Post- und Telekommunikationsüberwachung (s. u. 3). Bei Strafgefangenen ergibt sie sich für den Anstaltsleiter aus §§ 23, 28, 30, 31 StVollzG; bei Personen in → Untersuchungshaft für den Richter, dem die Briefkontrolle obliegt, aus § 119 VI StPO, Nr. 34 UntersuchungshaftvollzugsO; für den Leiter einer Heil- oder Pflegeanstalt (psych. Krankenhaus) auf Grund des Beaufsichtigungsrechts; für die Eltern aus dem Erziehungsrecht (§ 1631 BGB). Weitere Ausnahmen bestehen für den → Insolvenzverwalter für Briefe an den Gemeinschuldner (§ 99 InsO). Die Befugnis besteht grundsätzlich nicht für den Ehegatten (in besonderen Fällen aber aus → Geschäftsführung ohne Auftrag).

b) Wird ein Brief nicht nur eröffnet, sondern entwendet oder unterschlagen, liegt → Diebstahl oder → Unterschlagung vor.

Beschäftigte und Inhaber von *Postdiensten,* die Postsendungen unbefugt öffnen oder unterdrücken (d. h. sie, wenn auch nur vorübergehend, dem Postverkehr entziehen) oder dies durch andere wissentlich geschehen lassen, sind in § 206 III StGB wegen Verletzung des *Post- oder Fernmeldegeheimnisses* mit Freiheitsstrafe bis zu 5 Jahren oder Geldstrafe bedroht. Tateinheit oder Tatmehrheit (→ Konkurrenz von Straftaten) mit Diebstahl oder Unterschlagung kann vorliegen, wenn sich der Täter den Inhalt aneignet. Ebenfalls wegen Verletzung des Post- oder Fernmeldegeheimnisses werden Beschäftigte oder Inhaber von Postbediensten bestraft, die unbefugt einem anderen von einer ihnen betrieblich bekanntgewordenen, dem P. unterliegenden Tatsache Mitteilung machen. → Sonstige Amtsträger, die befugt oder unbefugt von solchen Tatsachen Kenntnis erlangen und sie unbefugt mitteilen, unterliegen gleichfalls der Strafvorschrift (§ 206 StGB). Die Taten nach § 206 StGB sind Antragsdelikte.

c) Das *unbefugte Abhören von Telefongesprächen* ist grundsätzlich verfassungswidrig und durch §§ 201 ( → Tonaufnahme, unzulässige) und 206 (s. o.) StGB sowie § 95 TKG (→ Abhörverbot) unter Strafe gestellt.

Im *Strafverfahren* kann der Richter, bei Gefahr im Verzug der Staatsanwalt (mit richterlicher Bestätigung binnen 3 Tagen) die Überwachung und Aufzeichnung der Telekommunikation des Beschuldigten bei Verdacht bestimmter schwerwiegender Straftaten (z. B. bei Staatschutzdelikten, Bildung terroristischer Vereinigungen, Mord, Menschenraub, Erpressung, Betäubungsmitteldelikten) anordnen (auch gegen Personen, die Mitteilungen von oder für den Beschuldigten entgegennehmen oder weitergeben), wenn sonst die Ermittlung des Sachverhalts oder des Täters aussichtslos oder wesentlich erschwert wäre (§§ 100 a, b StPO). S. a. die weiteren Hinweise unter → Abhören.

3. 3. Das Ges. zur *Beschränkung des B.-, P.- u. F.* (Ges. zu Art. 10 GG vom 13. 8. 1968, BGBl. I 949) m. Änd. – sog. *Abhörgesetz* – schränkt die genannten → Grundrechte ein. Zur Abwehr von drohenden Gefahren für die → freiheitliche demokratische Grundordnung oder den Bestand oder die Sicherheit des Bundes oder eines Landes einschl. der Sicherheit der in der BRep. stationierten NATO-Truppen sind die Verfassungsschutzbehörden (→ Verfassungsschutz) des Bundes und der Länder, das Amt für den → Militärischen Abschirmdienst und der → Bundesnachrichtendienst berechtigt, den Fernmeldeverkehr zu überwachen und aufzuzeichnen sowie die dem Brief- oder Postgeheimnis unterliegenden Sendungen zu öffnen und einzusehen (→ nachrichtendienstliche Mittel; § 1 I); Post- und Telekommunikationsdienstleistungsunternehmen sind zur Mitwirkung und Verschwiegenheit verpflichtet (§ 1 II); die Verletzung der Verschwiegenheitspflicht ist strafbar (§§ 10, 10 a). Voraussetzung für entsprechende Maßnahmen ist der begründete Verdacht, daß jemand bestimmte staatsgefährdende Straftaten plant, begeht oder begangen hat (insbes. → Friedensverrat, → Hochverrat, → Rechtsstaatsgefährdung, → Landesverrat, Bildung terroristischer Vereinigungen u. dgl.; vgl. im einzelnen § 2 I) sowie, daß die Erforschung des Sachverhalts sonst aussichtslos oder wesentlich erschwert wäre. Die Anordnung darf sich auch gegen Personen richten, die für den Verdächtigen bestimmte oder von ihm herrührende Mitteilungen entgegennehmen oder weitergeben. Darüberhinaus dürfen zur Nachrichtensammlung zwecks Abwehr eines bewaffneten Angriffs auf die BRep. Beschränkungen für Post- und Telekommunikationsbeziehungen durch den Bundesnachrichtendienst angeordnet werden (§ 3 I 2 Nr. 1), die der zuständige Bundesminister mit Zustimmung eines Abgeordnetengremiums (§ 9 I) bestimmt. Außerdem dürfen in gleicher Weise Beschränkungen internationaler Funkverkehre durch den Bundesnachrichtendienst zur Erkennung oder Abwehr insbes. internationaler terroristischer Anschläge in Deutschland sowie unerlaubten Kriegswaffen- und Betäubungsmittelhandels angeordnet werden (§ 3 I 2 Nr. 2–6, verdachtslose Rasterfahndung, s. aber BVerfG NJW 1996, 114).

Die eingangs genannten Beschränkungen werden nur auf Antrag bestimmter Stellen (§ 4 Abs. 2) von einem vom Bundeskanzler beauftragten Bundesminister oder von der zuständigen obersten Landesbehörde angeordnet. Die schriftliche Anordnung muß Art, Umfang und Dauer der Maßnahme (höchstens 3 Monate; Verlängerung möglich) bestimmen. Der Betroffene wird von den Beschränkungsmaßnahmen nach ihrer Einstellung unterrichtet, wenn eine Gefährdung ihres Zwecks ausgeschlossen werden kann, ggf. später bei Wegfall dieser Gefährdung. Im Falle des § 3 I besteht eine besondere Benachrichtigungspflicht (§ 3 VIII). Die Maßnahmen sind unter Aufsicht eines

Bediensteten vorzunehmen, der die → Befähigung zum Richteramt besitzt. Die durch die Maßnahmen erlangten Kenntnisse dürfen nur zu dem begrenzten Verfahrenszweck verwertet werden, d. h. nur zur Verhinderung, Aufklärung oder Verfolgung bestimmter im Gesetz genannter Straftaten (§§ 3 III, 7 III), aber nicht zur Verfolgung anderer Straftaten. Nicht mehr erforderliche Maßnahmen sind aufzuheben und entsprechend die gewonnenen Unterlagen zu vernichten. Der zuständige Bundesminister unterrichtet monatlich eine Kommission über die angeordneten Maßnahmen vor ihrem Vollzug (bei Gefahr im Verzug Vollzug ohne vorherige Unterrichtung) sowie über Mitteilungen an die Betroffenen oder Gründe gegen Mitteilungen. Die Kommission (3 Mitglieder) wird vom Abgeordnetengremium bestellt. Sie entscheidet von Amts wegen oder auf Grund von Beschwerden über Zulässigkeit und Notwendigkeit der Maßnahmen; der Bundesminister ist hieran gebunden. Die parlamentarische Kontrolle der zuständigen Landesbehörden und ihrer Anordnungen ist landesrechtl. geregelt. Der → Rechtsweg gegen die Anordnung von Beschränkungsmaßnahmen nach §§ 2, 3 I 2 Nr. 1 und ihren Vollzug ist in § 9 VI. d. Ges. ausgeschlossen (im Hinblick auf Art. 19 IV GG umstritten, aber nach BVerfGE 30, 1 verfassungskonform). Es bestehen landesrechtl. Ausführungsgesetze, z. B. bayer. Ges. vom 11. 12. 1984 (GVBl. 522) m. Änd.

4. Im *Besteuerungsverfahren* ist die bisherige Verpflichtung der Post, Amtshilfe zu leisten (§ 111 AO), durch das → Postneuordnungsgesetz weggefallen. Das B.-, P.- und F. geht vor (§ 105 II AO).

**Briefgrundschuld** → Grundschuld.

**Briefhypothek** → Hypothek.

**Briefkastenfirma** wird eine Handelsgesellschaft genannt, die zwecks Erlangung von Steuervorteilen in einem Niedrigsteuerland errichtet wird, nach dessen Recht zur Errichtung der Gesellschaft die Bestellung eines Repräsentanten mit Postvollmacht („Briefkasten") ausreicht, ohne daß am Sitzort eine unternehmerische Tätigkeit entfaltet wird. Da Scheingeschäft, wird eine B. steuerlich nicht anerkannt (§ 41 AO). S. a. → Zwischengesellschaft.

**Briefsammlung** → Sammlung, öffentliche.

**Briefwahl** ist als eine Art der Stimmabgabe nunmehr bei fast allen Wahlen in der BRep. zugelassen (vgl. z. B. § 36 des Bundeswahlges. i. d. F. vom 23. 7. 1993, BGBl. I 1288, ber. 1594). Der Regelfall bleibt zwar, daß der Wähler seine Stimme im Wahllokal persönlich (eigenhändig) mittels eines nicht unterschriebenen Zettels abgibt. Hält sich jedoch ein Wähler am Wahltag aus triftigen Gründen außerhalb seines Wahl- (Stimm)bezirks auf, kann er wegen eines körperlichen Gebrechens den Wahlraum nicht aufsuchen oder hat er nach Beginn der Auslegungsfrist für das Wählerverzeichnis seine Wohnung in einen anderen Wahlbezirk verlegt, so kann er einen Wahlschein beantragen, ebenso wenn er zu Unrecht nicht ins Wählerverzeichnis eingetragen und deshalb die persönliche Stimmabgabe nicht möglich ist. Bei der B. wird der Stimmzettel in verschlossenem Umschlag mit dem Wahlschein dem zuständigen Wahlorgan bis zum Ablauf der Abstimmungszeit zugesandt. Ähnliche Bestimmungen enthalten die Landes- und die Kommunalwahlgesetze.

**Bringschuld** → Leistungsort.

**Brotfabrik** → Bäckereien.

**Bruchteilseigentum** → Miteigentum, → Gemeinschaft.

**Bruchteilsgemeinschaft** → Gemeinschaft.

**Brunnenvergiftung** → Vergiftung (gemeingefährliche).

**Brüsseler Vertrag.** Mit Vertrag vom 17. 3. 1948 zwischen Großbritannien, Frankreich, den Niederlanden, Belgien und Luxemburg haben die genannten Staaten eine Verstärkung ihrer Zusammenarbeit auf wirtschaftlichem, sozialem und kulturellem Gebiet (Art. I–III), eine enge Zusammenarbeit mit der Organisation des → Nordatlantikvertrages (Art. IV) und eine gegenseitige militärische Unterstützung (Art. V) vereinbart. Die BRep. und Italien sind dem Vertrag 1954 beigetreten (vgl. Protokoll zur Änderung und Ergänzung des Brüsseler Vertrages vom 23. 10. 1954 nebst Protokoll Nr. II über die Streitkräfte der Westeuropäischen Union, Protokoll Nr. III über die Rüstungskontrolle, Protokoll Nr. IV über das Amt für Rüstungskontrolle der Westeuropäischen Union; BGes. vom 24. 3. 1955, BGBl. II 256). Zur Durchführung des Vertrags, seiner Protokolle und Anlagen ist ein Rat eingerichtet, der die Bezeichnung „Rat der Westeuropäischen Union" führt (Art. VIII). Dieser erstattet jährlich einer aus Vertretern der Vertragsmächte bei der Beratenden Versammlung des → Europarats bestehenden Versammlung Bericht über seine Tätigkeit, insbes. über die → Rüstungskontrolle. S. ferner → Europarat.

**Brutto für netto.** Beim → Handelskauf übliche Klausel, wonach der Kaufpreis nach dem Gewicht einschl. Verpackung berechnet wird.

**Bruttolohn** → Arbeitslohn.

**BSE** (Bovine spongiforme Enzephalopathie, jetzt auch: TSE – Transmissible spongiforme Enzephalopathie, sog. Rinderwahnsinn). Vorschriften insoweit enthalten u. a. die mehrfach geänderte VO vom 28. 3. 1996 (BAnz. S. 3817) und zwar deren Art. 3 betreffend Arzneimittel, Art. 5 betreffend Herstellung von Lebensmitteln und kosmetischen Mitteln und Art. 7 betreffend Medizinprdukte; vgl. ferner die BSE-SchutzVOen v. 22. 3. 1996 (BA S. 3393) und vom 21. 3. 1997 (BGBl. I 565) sowie das RindfleischetikettierungsG vom 26. 2. 1998 (BGBl. I 380) sowie DurchführungsVO hierzu vom 9. 3. 1998 (BGBl. I 438).

**Bücherrevisor, Buchprüfer.** Die Führung der Berufsbezeichnung „Bücherrevisor", „Buchprüfer" oder „Wirtschaftstreuhänder" ist nach § 132 → WirtschaftsprüferO untersagt und als Ordnungswidrigkeit verfolgbar. S. nunmehr → Vereidigte Buchprüfer, ferner → Abschlußprüfer.

**Buchersitzung.** Wer als Eigentümer eines → Grundstücks im → Grundbuch eingetragen ist, ohne daß er das Eigentum erlangt hat (→ Grundstücksrechte), erwirbt das Eigentum, wenn die Eintragung 30 Jahre bestanden hat und er während dieser Zeit das Grundstück im Eigenbesitz (→ Besitz) gehabt hat (§ 900 BGB; sog. Buch- oder *Tabularersitzung*). Ein → guter Glaube ist hier – anders als bei der → Ersitzung beweglicher Sachen – nicht erforderlich. Eine B. ist unter den gleichen Voraussetzungen ferner bei Grundstücksrechten möglich, die zum Besitz berechtigen (z. B. → Grunddienstbarkeit, nicht → Hypothek).

Hingegen kann der wirkliche Eigentümer eines Grundstücks, wenn dieses seit 30 Jahren im Eigenbesitz eines anderen ist, im Wege des → Aufgebotsverfahrens mit seinem Recht ausgeschlossen werden (§ 927 BGB, sog. *Kontratabularersitzung*). Der Eigenbesitzer, der das Ausschlußurteil erwirkt, hat das Recht der → Aneignung des Grundstücks durch Eintragung im Grundbuch. S. a. → Buchversitzung.

**Buchführung.** Darunter versteht man allgemein die kaufmännische B. Hierzu ist jeder → Kaufmann verpflichtet (§ 238 HGB). Die B. besteht darin, daß die → Handelsbücher geführt, → Inventare und → Bilanzen errichtet werden, wobei die Grundsätze ordnungsmäßiger B. einzuhalten sind. Diese haben sich in jahrhundertelanger Übung gebildet und verlangen, daß alle Geschäftsvorfälle und die mit ihnen verbundenen Mengen- und Wertbewegungen lückenlos erfaßt und planmäßig geordnet werden. (Einzelheiten §§ 238 ff. HGB mit Besonderheiten für Kapitalgesellschaften in §§ 264 ff. HGB). Die Unterlagen der B. hat jeder Kaufmann aufzubewahren (§ 257 HGB); Handelsbücher, Inventare und Bilanzen 10 Jahre, → Handelsbriefe und → Buchungsbelege 6 Jahre (bei allen – außer der Bilanz – auch auf Bild- oder Datenträgern zulässig). Wird die B.pflicht verletzt, so können sich daraus, insbes. im Steuerrecht, nachteilige Folgen ergeben. S. a. → Aufzeichnungspflichten (im Steuerrecht). Die Verletzung der B.pflicht in oder vor der Krise (Überschuldung oder Zahlungsunfähigkeit) stellt eine → Insolvenzstraftat dar. Sie ist aber auch ohne Krise in bestimmten Fällen strafbar als unrichtige Darstellung bei Kapitalgesellschaften, Aktiengesellschaften und Kreditinstituten (§§ 331, 340 m HGB, § 400 AktG), für daran beteiligte Abschlußprüfer als Verletzung der Berichtspflicht (§§ 332, 340m HGB, § 403 AktG). Buchführungspflichten nach Steuerrecht: §§ 140, 141 AO.

**Buchführungshelfer.** Gewerblich tätige B. mit kaufmännischer Gehilfenprüfung oder gleichwertiger Vorbildung und mindestens dreijähriger hauptberuflicher Tätigkeit auf dem Gebiet des Buchhaltungswesens dürfen laufende Geschäftsvorfälle verbuchen, die laufende Lohnabrechnung erledigen und Lohnsteuer-Anmeldungen fertigen (§ 6 Nr. 4 StBerG). B. unterliegen – anders als Steuerberater – keinem generellen Werbeverbot (§ 8 I 2 StBerG). Vgl. Steuerberatungsgesetz.

**Buchgrundschuld** → Grundschuld.

**Buchhypothek** → Hypothek.

**Buchmacher** → Rennwett- und Lotteriesteuer.

**Buchprüfer** → Bücherrevisor, → vereidigte Buchprüfer, → Abschlußprüfer.

**Buchungsbelege** sind Schriftstücke, die eine in die → Handelsbücher vorgenommene Eintragung belegen (z. B. Rechnungen, Quittungen). Jeder → Kaufmann ist im Rahmen der → Buchführung zur Aufbewahrung der B. für eine Frist von 6 Jahren, beginnend mit dem Schluß des Kalenderjahres, in dem der B. entstanden ist, verpflichtet (auch auf Bild- oder Datenträgern zulässig, § 257 HGB), → Aufbewahrungspflicht.

**Buchungszwang** → Grundbuch.

**Buchversitzung.** Ist ein → dingliches Recht an einem → Grundstück im → Grundbuch zu Unrecht gelöscht oder ein kraft Gesetzes entstandenes Recht nicht eingetragen worden, so erlischt es, wenn der Anspruch des Berechtigten gegen den Eigentümer → verjährt ist (§ 901 BGB, sog. B. oder Tabularverschweigung).

**Buchwert** ist der Wert, mit dem ein Besitz- oder Schuldposten in der → Bilanz zu Buch steht. B. können u. a. sein → Anschaffungs- oder Herstellungskosten, → gemeiner Wert, → Teilwert, → Erinnerungswert usw.

**Budgetrecht** ist das Recht, den → Haushaltsplan des Staates verbindlich festzustellen. Es gehört zu den ältesten Befugnissen der → Parlamente. Es steht sowohl nach dem GG wie auch nach den Verfassungen der Länder den gesetzgebenden Körperschaften (Bundestag, Landtag) zu. Gegenstand des B. ist die verbindliche Festlegung aller Einnahmen und Ausgaben des Staates durch → Gesetz (im formellen Sinn). Hierdurch kann das Parlament wesentlichen Einfluß auf die Tätigkeit der Regierung nehmen und diese sogar – durch Verweigerung der Mittel – zum Rücktritt zwingen. Die Beratungen des Staatshaushalts führen regelmäßig zu einer allgemeinen Aussprache über die Politik der Regierung („Haushaltsdebatte").

**Bühnenschiedsgericht** → Theater.

**Bulle,** päpstliche. Frühere Bezeichnung für ein in feierlicher Form ergehendes päpstliches Gesetz (bulla = Bleisiegel); → kirchliche Gesetze.

**Bulletin** ist ein in der Staatspraxis – so vom Informationsdienst des Bundespresseamts – verwendeter Ausdruck für einen Bericht (Tagesbericht) oder eine Verlautbarung der Regierung. Er geht auf die Heeresberichte zurück, die Napoleon I. regelmäßig in der Presse abdrucken ließ.

**Bündelungsfunktion** → Planfeststellung.

**Bund** ist die Bezeichnung des GG für den Gesamtstaat (Zentralstaat), dessen Gliedstaaten die → Länder sind (→ Bundesstaat).

**Bundesamt.** Diese Bezeichnung (mit einem das Fachgebiet bezeichnenden Zusatz) führen zahlreiche → Bundesoberbehörden (vgl. dort im einzelnen), die als Behörden der unmittelbaren Bundesverwaltung (→ Verwaltungsbehörden) geschaffen worden sind.

**Bundesamt für Güterkraftverkehr** ist eine selbständige Bundesoberbehörde im Geschäftsbereich des Bundesministers für Verkehr: Es hat im wesentlichen die Aufgabe, die Einhaltung der gesetzlichen Vorschriften für den Güterkraftverkehr zu überwachen (§ 11 GüKG). Zur Erfüllung dieser Aufgabe stehen ihm Überwachungs-, Kontroll-

und Sanktionsbefugnisse zu (§§ 12, 15, 15 a GüKG).

**Bundesanstalt.** Diese Bezeichnung (mit einem dem Fachgebiet entsprechenden Zusatz) führen mehrere → Bundesoberbehörden als Behörden der unmittelbaren Bundesverwaltung. Sie sind zu unterscheiden von den (bundesunmittelbaren) Anstalten des öffentlichen Rechts, deren Bildung nach Art. 87 III GG gleichfalls möglich ist, soweit dem Bund auf einem Gebiet die Gesetzgebungskompetenz zusteht. Letztere sind als selbständige juristische Personen des öffentlichen Rechts Einrichtungen der mittelbaren Bundesverwaltung (vgl. → mittelbare Staatsverwaltung). S. im folg. über einige auch in anderem Zusammenhang erwähnte B.

**Bundesanstalt für Arbeit.** Träger der → Arbeitsförderung nach dem SGB III. Zuständig insbes. für die Gewährung von → Arbeitslosengeld, → Arbeitslosenhilfe, → Kurzarbeitergeld, → Insolvenzgeld, → Winterausfallgeld und → Wintergeld sowie sonstiger Maßnahmen zur Verhütung und Beendigung der Arbeitslosigkeit (z. B. Förderung der beruflichen Bildung, Maßnahmen zur Erhaltung und Schaffung von Arbeitsplätzen, berufliche Rehabilitation Behinderter). Körperschaft des öffentlichen Rechts, die sich in Hauptstelle, Landesarbeitsämter und Arbeitsämter gliedert. Organe sind die Verwaltungsausschüsse der Arbeitsämter und der Landesarbeitsämter, der Vorstand und der Verwaltungsrat der Bundesanstalt. Die Organmitglieder werden aus den Reihen der Arbeitnehmer, der Arbeitgeber und aus den öffentlichen Körperschaften berufen, wobei die regionalen Bereiche, die Wirtschaftszweige, die Berufsgruppen und die Frauen angemessen berücksichtigt werden sollen. Die Rechtsaufsicht führt das BMin. für Arbeit und Sozialordnung. Die B. hat ihren Sitz in Nürnberg. §§ 367–401 SGB III.

**Bundesanstalt für Flugsicherung.** Die B. ist aufgelöst. Ihre Aufgaben werden jetzt im wesentlichen vom → Flugplankoordinator und vom → Flugsicherungsunternehmen wahrgenommen.

**Bundesanstalt für Güterfernverkehr.** Die Aufgaben der B. bzw. des Bundesamtes für Güterfernverkehr sind im wesentlichen weggefallen. Aufsichtsbehörde für den → Güterkraftverkehr ist das Bundesamt für Güterkraftverkehr.

**Bundesanstalt für Landwirtschaft und Ernährung (BLE).** Die BLE wurde durch Gesetz vom 2. 8. 1994 (BGBl. I 2018) unter Zusammenfassung der Bundesanstalt für landwirtschaftliche Marktordnung (BALM) des Bundesamtes für Landwirtschaft und Ernährung als bundesunmittelbare rechtsfähige Anstalt des öffentlichen Rechts mit dem Sitz in Bonn errichtet. Die BLE hat umfassende Zuständigkeiten im Bereich der → Marktorganisationen, der landwirtschaftlichen Absatzförderung, der → Ernährungssicherstellung, des landwirtschaftlichen Subventionswesens und des Außenwirtschaftsverkehrs mit landwirtschaftlichen Produkten einschließlich der EG-Lizenzen. Organe sind der Präsident als gesetzlicher Vertreter und der Verwaltungsrat als Aufsichtsorgan. Wegen Einzelheiten vgl. die Satzung gemäß VO vom 29. 9. 1994 (BGBl. I 2780). Das Inhaltsverzeichnis des o. a. Gesetzes liefert eine instruktive Übersicht über den derzeitigen Stand des landwirtschaftlichen Subventionswesens im weiteren Sinne. Einschlägige Absatzförderungsgesetze sind etwa das → Absatzfondsgesetz, → Saatgutverkehrsgesetz, → Milch- und Fettgesetz, → Vieh- und Fleischgesetz, → Weingesetz (Weinfonds) und → Fischwirtschaftsgesetz. Die BLE ist ferner zuständig für den Vollzug von rund 30 Subventionsgesetzen im Bereich der Landwirtschaft.

Die durch → Intervention im Rahmen der → Marktorganisationen erfolgende Übernahme von landwirtschaftlichen Erzeugnissen durch die BLE sowie die Festsetzung der Preise sind → Verwaltungsakte. Die aus Bundesmitteln finanzierte Vorratshaltung wird im Rahmen privatrechtlicher Verträge abgewickelt.

**Bundesanstalt für landwirtschaftliche Marktordnung** (BALM). Die B. ist aufgelöst. Nachfolgeeinrichtung ist die → Bundesanstalt für Landwirtschaft und Ernährung (BLE).

**Bundesanstalt für Post und Telekommunikation** → Bundespost.

**Bundesanstalt für vereinigungsbedingte Sonderaufgaben** → Treuhandanstalt, 3.

**Bundesanwaltschaft.** Eine solche besteht beim → Bundesgerichtshof unter Leitung des Generalbundesanwalts als selbständiges Organ der → Staatsanwaltschaft, ferner beim → Bundesverwaltungsgericht (Oberbundesanwalt, §§ 35–37 VwGO, und Bundesdisziplinaranwalt, §§ 37–39 BDO) zur Vertretung des öffentlichen Interesses.

**Bundesanzeiger** ist ein vom → Bundesjustizministerium herausgegebenes Bekanntmachungsblatt. Es besteht aus der Stammausgabe und Beilagen wie der Zentralhandelsregister-Beilage und der Beilage Jahresabschlüsse und Hinterlegungsbekanntmachungen. Enthalten sind amtliche Bekanntmachungen, insbes. von → Verwaltungsvorschriften der Bundesministerien, und nichtamtliche Mitteilungen. Diese umfassen vor allem gerichtliche Entscheidungen und private Verlautbarungen, deren Veröffentlichung gesetzlich vorgeschrieben ist.

**Bundesarbeitsgericht.** Das BAG ist der → oberste Gerichtshof des Bundes im Bereich der → Arbeitsgerichtsbarkeit mit dem Sitz in Erfurt (sobald Verlegung von Kassel organisatorisch durchführbar, §§ 40, 40a ArbGG). Die → Gerichtsverwaltung wird vom BArbMin. im Einvernehmen mit dem BMJ ausgeübt (§ 40 II ArbGG). Das BAG besteht aus dem Präsidenten, den Vorsitzenden Richtern, den weiteren → (Berufs-)Richtern am BAG sowie den → ehrenamtlichen Richtern. Die Senate werden mit einem Vorsitzenden, zwei Berufsrichtern und zwei ehrenamtlichen Richtern tätig (§ 41 II ArbGG). Ferner ist ein Großer Senat gebildet (Präsident, je 1 Berufsrichter der Senate, in denen der Präsident nicht den Vorsitz führt, und je 3 ehrenamtliche Richter aus den Kreisen der Arbeitnehmer und Arbeitgeber), der über Rechtsfragen entscheidet, wenn ein Senat von der Entscheidung eines anderen abweichen will (§ 45 ArbGG). Das B. entscheidet über die → Revision gegen Urteile der → Landesarbeitsgerichte (§ 72 ArbGG), über die → Sprungrevision gegen Urteile der Arbeitsgerichte (§ 76 ArbGG), über die → Rechtsbeschwerde gegen Beschlüsse der Landesarbeitsgerichte (§ 92 ArbGG) und die → Sprungrechtsbeschwerde gegen Beschlüsse der Arbeitsgerichte (§ 96a ArbGG) im → Beschlußverfahren sowie über → Beschwerden gegen Beschlüsse der Landesarbeitsgerichte in den Ausnahmefällen des § 70 ArbGG.

**Bundesarchivgesetz.** Nach § 1 des B. vom 6. 1. 1988 (BGBl. I 62) ist das Archivgut des Bundes durch das Bundesarchiv (Sitz Koblenz) auf Dauer zu sichern, nutzbar zu machen und wissenschaftlich zu verwerten. Das B. regelt insbes. Anbietungspflichten, Archivwürdigkeit und Benutzungsrechte (grundsätzl. erst nach 30 Jahren Zeitablauf oder 30 Jahren nach dem Tod Betroffener; Einzelheiten § 1). In den Ländern bestehen Landesarchive.

**Bundesaufsicht** → Ausführung von Gesetzen (1).

**Bundesaufsichtsamt für das Kreditwesen,** selbständige Bundesoberbehörde im Geschäftsbereich des BMF mit Sitz in Berlin. Es übt die Aufsicht über die → Kreditinstitute nach den Vorschriften des KreditwesenG aus und hat Mißständen im Kreditwesen entgegenzuwirken, welche die Sicherheit der den Kreditinstituten anvertrauten Vermögenswerte gefährden, die ordnungsmäßige Durchführung der Bankgeschäfte beeinträchtigen oder erhebliche Nachteile für die Gesamtwirtschaft herbeiführen können (§§ 5–9 KreditwesenG).

**Bundesaufsichtsamt für das Versicherungswesen.** ist eine dem BMF nachgeordnete, selbständige Bundesoberbehörde mit Sitz in Berlin (§ 1 des Ges. vom 31. 7. 1951, BGBl. I 480, i. d. F. vom 22. 12. 1954, BGBl. I 501 – VAG – m. spät. Änd., s. a. DVOen vom 13. 2. 1952, BGBl. I 94, vom 1. 9. 1952, BGBl. I 610, und vom 25. 3. 1953 – Verfahrens- und Geschäftsordnung –, BGBl. I 75). Das B. ist die wichtigste Zulassungs- und Aufsichtsbehörde (→ Versicherungsaufsicht) für → Versicherungsunternehmen. Nach § 7 VerfuGO entscheidet das Bundesaufsichtsamt in den in Abs. 2 genannten Fällen in besonderen Beschlußkammern, die mit 3 Mitgliedern des Bundesaufsichtsamtes und 2 Beiratsmitgliedern besetzt sind. Diese Entscheidungen sind Verwaltungsakte. Über Anfechtungsklagen entscheidet das BVerwG im ersten und letzten Rechtszug (§ 10a VAG).

**Bundesaufsichtsamt für Wertpapierhandel** → Wertpapierhandel.

**Bundesauftragsverwaltung** → Ausführung von Gesetzen (1).

**Bundesausbildungsförderungsgesetz** (BAföG) → Ausbildungsförderung.

**Bundesausfuhramt** wurde mit Ges. vom 28. 2. 1992 (BGBl. I 376) errichtet. Wegen Zuständigkeiten vgl. die VO vom 16. 7. 1992 (BGBl. I 1321); s. a. → Außenwirtschaftsrecht.

**Bundesautobahnen** sind → Bundesfernstraßen, die nur für den Schnellverkehr mit Kraftfahrzeugen bestimmt und so angelegt sind, daß sie frei von höhengleichen Kreuzungen und für Zu- und Abfahrt mit besonderen → Anschlußstellen ausgestattet sind. Sie sollen getrennte Fahrbahnen für den Richtungsverkehr haben (§ 1 III BundesfernstraßenG). S. a. → Autostraßen (insbes. über Benutzung der B.).

**Bundesbahn.** Bis zum 31. 12. 1993 war die Deutsche Bundesbahn ein nicht rechtsfähiges Sondervermögen des Bundes, das für das gesamte Bahnwesen zuständig war. Die Bundesbahn war öffentlich-rechtlich strukturiert. Vgl. dazu im einzelnen das Gesetz über die vermögensrechtlichen Verhältnisse der Deutschen B. vom 2. 3. 1951 (BGBl. I 155) und das BundesbahnGes. vom 13. 12. 1951 (BGBl. I 1955) m. Änd., doch war die Organisation im Zuge von Reformmaßnahmen an die einer Aktiengesellschaft angenähert worden; vgl. Ges. vom 22. 12. 1989 (BGBl. I 1689). Mit der Neuordnung des Eisenbahnwesens zum 1. 1. 1994 durch Gründung der → Deutschen Bahn AG wurde der hoheitliche vom unternehmerischen Bereich organisatorisch getrennt.

Die Betriebsaufgaben liegen bei der neu gegründeten → Deutschen Bahn AG. Für das vereinigte nicht rechtsfähige Sondervermögen von B. und → Reichsbahn nehmen das → Bundeseisenbahnvermögen (u. a. bei der Verwaltung des der DB AG zugewiesenen Personals sowie der Verwaltung und Verwertung der Liegenschaften) und das → Eisenbahnbundesamt (u. a. bei der Planfeststellung) hoheitliche Funktionen im Bereich des Bahnwesens wahr.

**Bundesbahnversicherungsanstalt** → Bahnversicherungsanstalt.

**Bundesbank.** Die Deutsche Bundesbank ist eine bundesunmittelbare juristische Person des öffentlichen Rechts mit Sitz in Frankfurt. Sie ist an die Stelle der am 1. 3. 1948 gegründeten, als Zentralbank mit → Notenprivileg ausgestatteten Bank deutscher Länder getreten. Ihr Grundkapital von 290 Mio DM steht dem Bund zu (§§ 1, 2 des Ges. über die Deutsche B. i. d. F. vom 22. 10. 1992 (BGBl. I 1782) m.Änd. Die B. regelt mit Hilfe der ihr nach §§ 14–18 BBankG zustehenden *währungspolitischen Befugnisse* (Notenausgabe, s. Notenprivileg; → Diskont-, Kredit- und → Offen-Markt-Politik, → Mindestreservenpolitik, Einlagenpolitik usw.) den Geldumlauf und die Kreditversorgung der Wirtschaft mit dem Ziel, die Währung zu sichern; sie sorgt für die bankmäßige Abwicklung des Zahlungsverkehrs im Inland und mit dem Ausland (§§ 19–25 BBankG). Dabei hat die B. die Stellung einer Bank der Banken. Sie dient den → Kreditinstituten durch Gewährung von Diskont- und Lombardkrediten als Refinanzierungsquelle. Außerdem wirkt sie als Staatsbank des Bundes. Die B. unterliegt nicht den Weisungen der BReg., ist aber verpflichtet, unter Wahrung ihrer Aufgaben die Wirtschaftspolitik der BReg. zu unterstützen (§§ 12, 13 BBankG). Die sachliche Unabhängigkeit der B. wird durch organisatorische Vorschriften ergänzt, die die Unabhängigkeit ihrer Organe gewährleisten sollen. Von Bedeutung ist hierfür vor allem das Kollegialprinzip. Die B. unterhält 9 als → Landeszentralbanken bezeichnete Hauptverwaltungen, ferner Haupt- und Zweigstellen (§§ 8 I, 10 BBankG). Landeszentralbanken jeweils in einem Land bestehen in Baden-Württemberg, Bayern, Hessen und Nordrhein-Westphalen, solche für mehrere Länder in Berlin/Brandenburg, Bremen/Niedersachsen/Sachsen-A., Rheinland-Pf./Saarland sowie Sachsen/Thüringen. *Organe* der B. sind 1. der → Zentralbankrat, der die Währungs- und Kreditpolitik der Bank bestimmt (§ 6) und die Satzung der

Bank beschließt (§ 34; Satzung vom 27. 11. 1958, BAnz. 1959 Nr. 7); 2. das Direktorium, bestehend aus dem Präsidenten, dem Vizepräsidenten und 6 weiteren Mitgliedern; ihm obliegt die Durchführung der Beschlüsse des Zentralbankrates (§ 7); 3. die Vorstände der Landeszentralbanken, die als Hauptverwaltungen der B. die in ihren Bereich fallenden Geschäfte und Verwaltungsangelegenheiten durchführen (§ 8). Die B. ist damit rechtlich eine Einheitsbank bei weitgehender Selbständigkeit und Eigenverantwortlichkeit ihrer Hauptverwaltungen. Zentralbankrat und Direktorium haben die Stellung von obersten Bundesbehörden, Landeszentralbanken und Hauptstellen die Stellung von Bundesbehörden (§ 29 I). Die B. veröffentlicht jeweils nach dem Stand vom 7., 15., 23. und Letzten jedes Monats einen Auszug, der die Aktiva (Gold, Devisenbestände, Kassenkredite, Wertpapiere etc.) und Passiva (Banknotenumlauf, Einlagen von Kreditinstituten, öffentlichen Einlegern, anderen inländischen Einlegern, ausländischen Einlegern, Grundkapital, Rückstellungen, Rücklagen etc.) darstellt (§ 28). Mit Inkrafttreten der ESZB (→ Europäisches System der Zentralbanken wird) die B. in dieses eingegliedert und hat dort etwa die Stellung einer → Landeszentralbank im bisherigen deutschen Währungssystem. Die währungspolitischen Instrumentarien (→ Offenmarktpolitik, → Mindestreserven) gehen damit auf die EZB (→ Europäische Zentralbank) über.

**Bundesbeamte(ngesetz)** → Beamtenrecht.

**Bundesbehandlungsschein** ist der Nachweis der Leistungsberechtigung nach dem → Bundesversorgungsgesetz (§ 18 b BVG). Entspricht der → Krankenversichertenkarte in der gesetzlichen Krankenversicherung.

**Bundesbehörden** → Verwaltungsbehörden (Aufbau); → Ausführung von Gesetzen.

**Bundesbesoldungsgesetz** → Dienstbezüge.

**Bundesbürgschaft** → Bürgschaft.

**Bundesdisziplinaranwalt.** Der B. hat die Aufgabe, die einheitliche Ausübung der Disziplinargewalt zu sichern und das Interesse der Verwaltung und der Allgemeinheit in jeder Lage des → Disziplinarverfahrens wahrzunehmen. Er muß die → Befähigung zum Richteramt haben. Der B. kann selbst oder durch Beauftragte Ermittlungen führen (§§ 37–39 BundesdisziplinarO). Er wird vom BPräs. ernannt und untersteht der Dienstaufsicht des BMdInn.

**Bundesdisziplinargericht** → Disziplinargerichte.

**Bundeseigene Verwaltung** → Verwaltungsbehörden (Aufbau); → Ausführung von Gesetzen.

**Bundesentschädigungsgesetz** → Entschädigung(sgesetz).

**Bundeseisenbahnvermögen.** Das B. ist ein nicht rechtsfähiges Sondervermögen des Bundes, das aus den Sondervermögen → Bundesbahn und → Reichsbahn gebildet worden ist. Es nimmt die öffentlich-rechtlichen Befugnisse der Vorgängereinrichtungen wahr, u. a. als Dienstherr der Beamten. Zum Laufbahnrecht der Beamten des B., s. die VO vom 2. 2. 1994 (BGBl. I 193). Zum Unfallschutz vgl. die Regelungen über die Eisenbahn-Unfallkasse, s. a. VO vom 7. 2. 1994 (BGBl. I 198).

**Bundesfernstraßen** sind öffentliche Straßen, die ein zusammenhängendes Verkehrsnetz bilden und einem weiträumigen Verkehr dienen. Sie gliedern sich in → Bundesautobahnen und → Bundesstraßen (mit den Ortsdurchfahrten); → Autostraßen. Die Rechtsverhältnisse der B. sind im BundesfernstraßenG i. d. F. vom 19. 4. 1994 (BGBl. I 854) geregelt. Es enthält insbes. Vorschriften über → Widmung, Umstufung, Einziehung, → Straßenbaulast, → Ortsdurchfahrten, → Eigentumsrechte, → Gemeingebrauch, → Sondernutzungen, Bauanlagen an B., → Veränderungssperren, Kreuzungen, Umleitungen, → Nebenbetriebe an den Bundesautobahnen, Planung und → Planfeststellungsverfahren, → Enteignung und → Straßenaufsicht. Das FernstraßenausbauG i. d. F. vom 15. 11. 1993 (BGBl. I 1877) enthält einen Bedarfsplan, der in Stufen die Projekte neuer od. auszubauender B. festlegt.

Das Recht der B. ist ein bedeutsames Sondergebiet des allgemeinen → Straßen- und Wegerechts. S. neuerdings auch das FernstraßenbauprivatfinanzierungsG vom 30. 8. 1994 (BGBl. I 2243).

**Bundesfinanzhof** (BFH) ist der oberste Gerichtshof für die → Finanzgerichtsbarkeit mit Sitz in München. Er besteht aus Senaten, die in der Besetzung mit fünf Richtern (außerhalb der mdl. Verhandlung drei) entscheiden; ein Großer Senat besteht zur Entscheidung von grundsätzlichen Rechtsfragen oder bei beabsichtigter Abweichung in der Rspr. der Senate (§§ 10, 11 FGO). Der BFH ist zuständig für die Revision gegen Urteile der Finanzgerichte und die Beschwerde gegen andere Entscheidungen der Finanzgerichte und ihrer Senatsvorsitzenden. S. a. Ges. zur Entlastung des BFH vom 8. 7. 1975 (BGBl. I 1861) mit Änd., zuletzt 26. 11. 96, BGBl. I 1810; → Anwaltsprozeß.

**Bundesflagge.** Die Flagge gehört wie Wappen, Hymnen, Feiertage, Orden und Uniformen zu den Symbolen eines Staates (s. a. → Hoheitszeichen). Für die BRep. ist die Flagge (schwarz-rot-gold) verfassungsmäßig in Art. 22 GG festgelegt. Sie besteht nach der Anordnung über die deutschen Flaggen vom 13. 11. 1996 (BGBl. I 1729) aus drei gleich breiten Querstreifen, oben schwarz, mitte rot, unten goldfarben; Verhältnis der Höhe zur Länge des Flaggentuches 3 : 5. Neben der B., die insbes. von allen Kauffahrteischiffen und sonstigen Seeschiffen zu führen ist, deren Eigentümer in der BRep. ansässige Deutsche sind (Flaggenrechtsgesetz → Seeschiffahrt), gibt es die Standarte des Bundespräsidenten und die Dienstflagge der übrigen Bundesbehörden.

**Bundesgebiet** ist das → Staatsgebiet der BRep. Es besteht aus den Gebieten der → Länder. Bundesunmittelbares Gebiet – d. h. Gebiet, das nicht zugleich einem Land angehört – gibt es nicht. Demgemäß bestehen innerhalb des B. die Gebietshoheit sowohl des Bundes als auch der Länder nebeneinander. Änderungen des B. bedürfen eines Bundesgesetzes (in Verbindung mit einem Staatsvertrag) und der Zustimmung des betroffenen Landes. Die innergebietliche Gliederung des B. in Länder wird vom Grundgesetz nicht als unabänderlich betrachtet; es sieht vielmehr in Art. 29 ein Verfahren zur → Neugliederung des Bundesgebiets vor. → Wiedervereinigung.

**Bundesgerichte.** Die → rechtsprechende Gewalt in der BRep. obliegt nach Art. 92GG dem → Bundesverfassungsgericht, dem → Gemeinsamen Senat und den im GG vorgesehenen → Obersten Gerichtshöfen des Bundes sowie sonstigen Bundesgerichten und den Gerichten der Länder. Für das Gebiet der ordentlichen, der Verwaltungs-, der Finanz-, der Arbeits- und der Sozialgerichtsbarkeit sind nach Art. 95 GG oberste Gerichtshöfe errichtet worden: der → Bundesgerichtshof (Sitz Karlsruhe; 5. Strafsenat in Leipzig), das → Bundesverwaltungsgericht (Sitz Leipzig; der Zeitpunkt der tatsächlichen Verlegung vom derzeitigen Sitz in Berlin nach Leipzig wird durch VO festgelegt werden), der → Bundesfinanzhof (Sitz München), das → Bundesarbeitsgericht und das → Bundessozialgericht (beide Sitz Kassel). Auf Grund der Ermächtigung in Art. 96 I GG wurde durch §§ 65 ff. des Patentgesetzes für Angelegenheiten des gewerblichen Rechtsschutzes das → Bundespatentgericht (Sitz München) als selbständiges und unabhängiges Bundesgericht errichtet. Ferner wurden auf Grund des Art. 96 IV GG → Bundesdisziplinargerichte geschaffen. Nach Art. 96 II GG kann der Bund Wehrstrafgerichte für die Streitkräfte als B. errichten. Alle übrigen Gerichte sind Gerichte der Länder. Ausnahmsweise können nach Art. 96 V GG Gerichte der Länder durch Bundesgesetz ermächtigt werden, in Strafverfahren wegen → Friedensverrats und in → Staatsschutzsachen Gerichtsbarkeit *des Bundes* auszuüben („Organleihe"; wichtig für die Mitwirkung des Generalbundesanwalts und für das Begnadigungsrecht); vgl. § 120 GVG.

**Bundesgerichtshof.** Der BGH ist der → oberste Gerichtshof des Bundes (→ Bundesgerichte) im Bereich der → ordentlichen Gerichtsbarkeit. Sein Sitz ist Karlsruhe (§ 123 GVG). Er ist mit dem Präsidenten, Vorsitzenden

Richtern und Richtern am BGH besetzt. Es sind Zivil- und Strafsenate gebildet und → Ermittlungsrichter bestellt; außerdem bestehen Senate für Sondergebiete (z. B. Anwaltssachen). Die Senate entscheiden in der Besetzung von fünf Richtern, in Strafsachen über Beschwerden i. d. R. mit drei Richtern (§ 139 GVG). Ferner bestehen Große Senate für Zivilsachen und für Strafsachen sowie die Vereinigten Großen Senate (§ 132 GVG). Der BGH ist in Zivilsachen in erster Linie für die → Revision zuständig (§ 133 GVG; s. a. → Kartellbehörden). In Strafsachen entscheidet er über Revisionen gegen die Urteile der großen Strafkammern (auch als Schwurgerichte) und der Oberlandesgerichte im ersten Rechtszug (§ 135 GVG). Die Großen Senate und die Vereinigten Großen Senate entscheiden zur Wahrung der Rechtseinheit bei beabsichtigter Abweichung eines Senats von der Entscheidung eines anderen oder auf Anrufung durch einen Senat in einer grundsätzlichen Rechtsfrage (§ 132 GVG).

**Bundesgesetz** ist in der BRep. ein von den gesetzgebenden Körperschaften des Bundes (→ Bundestag, → Bundesrat) beschlossenes → Gesetz (Gegensatz: → Landesgesetz). S. a. → Bundesrecht; → Ausführung von Gesetzen; → Gesetzgebungskompetenz; → Gesetzgebungsverfahren.

**Bundesgesetzblatt.** Das BGBl. ist das Publikationsorgan für die vom Bund erlassenen Rechtsvorschriften (Gesetze und Rechtsverordnungen). Es wird vom Bundesminister der Justiz herausgegeben. In Teil I und II werden die Rechtsvorschriften in zeitlicher Reihenfolge nach ihrer Ausfertigung verkündet (→ Verkündung von Rechtsvorschriften), wobei Teil II insbes. die durch sog. Transformationsgesetz zu innerstaatlichem Recht gewordenen völkerrechtlichen Abkommen sowie bestimmte Arten von Rechtsverordnungen (z. B. EWG-Verordnungen) enthält. In Teil III wird das als fortgeltend festgestellte Bundesrecht auf Grund des Ges. über die → Sammlung des Bundesrechts vom 10. 7. 1958 (BGBl. I 437) nach Sachgebieten geordnet veröffentlicht; dieser Teil dient also der → Rechtsbereinigung. Als Beilage zum BGBl. erscheinen jährlich die Fundstellennachweise A zum BGBl. I und B zum BGBl. II, die die Fundstellen der geltenden Vorschriften enthalten. Im Gegensatz zum BGBl. enthalten die Amtsblätter der Ministerien i. d. R. nur → Verwaltungsvorschriften. S. a. → Bundesanzeiger.

**Bundesgesetzgebung** → Gesetzgebung, → Gesetzgebungsverfahren.

**Bundesgesundheitsamt.** Das B. ist aufgelöst durch Ges. vom 24. 6. 1994 (BGBl. I 1416). Nachfolgeeinrichtungen sind das → Bundesinstitut für Arzneimittel und Medizinprodukte, das → Robert-Koch-Institut und das → Bundesinstitut für gesundheitlichen Verbraucherschutz.

**Bundesgrenzschutz.** Nach Art. 87 I 2 GG können durch Gesetz B.behörden eingerichtet werden. Der B. ist neben dem → Bundeskriminalamt, das aber nur bestimmte präventive Aufgaben hat, die einzige → Polizei des Bundes (ansonsten fällt die Polizei in die Zuständigkeit der Länder). Aufgaben und Verwendungsmöglichkeiten, Befugnisse, Organisation und Zuständigkeiten des B. sind durch das B.gesetz – BGSG – i. d. F. vom 19. 10. 1994 (BGBl. I 2978) geregelt. Der B. wird in bundeseigener Verwaltung geführt und gehört zum Geschäftsbereich des Bundesministeriums des Innern. Der B. gliedert sich in fünf Grenzschutzpräsidien (Berlin, Bad Bramstedt, Bonn, Kassel und München). Aufgabe des B. ist in erster Linie der grenzpolizeiliche Schutz des Bundesgebietes (→ Grenzschutz), soweit nicht ein Land im Einvernehmen mit dem Bund (schriftliche Vereinbarung zwischen Bund und Land mit Veröffentlichung im → Bundesanzeiger, § 2 III BGSG) Aufgaben des grenzpolizeilichen Einzeldienstes mit eigenen Kräften wahrnimmt (z. B. bis 1. 4. 1998 die Bayerische → Grenzpolizei). Der Grenzschutz umfaßt die polizeiliche Überwachung der Grenze, die Kontrolle des grenzüberschreitenden Verkehrs (auch Überprüfung der Grenzübertrittspapiere und Grenzfahndung) und im Grenzgebiet bis zu einer Tiefe von 30 km die Abwehr von Gefahren, die die Sicherheit der Grenzen beeinträchtigen (s. a. → Grenzkontrollen). Weitere Aufgaben des B. sind die Abwehr von Gefahren für die öffentliche Sicherheit und Ordnung auf den Bahnanlagen der Eisenbahnen des Bundes („Bahnpolizei", § 3 BGSG), die Luftsicherheit, der Schutz von Bundesorganen, Wahrnehmung der Befugnisse des Bundes auf See, Gefahrenabwehr im Notstands- und Verteidigungsfall (Art. 91 II, 115f I Nr. 1, 115i I GG), die Mitwirkung an polizeilichen oder anderen nichtmilitärischen Aufgaben auf Ersuchen und unter Verantwortung der Vereinten Nationen, der Europäischen Union oder der Westeuropäischen Union im Ausland, die Unterstützung anderer Bundesbehörden wie insbesondere des Bundesamtes für → Verfassungsschutz sowie in besonderen Fällen die Unterstützung eines Landes (vgl. §§ 4–11 BGSG). Außerdem nimmt der B. bei Verdacht bestimmter Straftaten die Aufgabe der Strafverfolgung wahr (§ 12 BGSG). Die Befugnisse des B. sind in den §§ 14–50 BGSG in enger Anlehnung an die in den Landespolizeigesetze eingehend geregelt, z. B. unter „allgemeine Befugnisse" die subsidiäre Generalklausel und der Gefahrbegriff, der Verhältnismäßigkeits- und der Ermessensgrundsatz, die Verantwortlichkeit für das Verhalten von Personen (Handlungsstörer) sowie für den Zustand von Sachen (Zustandsstörer), die unmittelbare Ausführung einer Maßnahme und die Inanspruchnahme Dritter; vgl. dazu i. e. §§ 14–20 BGSG. Unter den „besonderen Befugnissen" finden sich u. a. die → Datenerhebung, darunter die → Identitätsfeststellung (§§ 21–28 BGSG), Datenverarbeitung und -nutzung (§§ 29–37 BGSG), → Platzverweisung, → Gewahrsam, → Durchsuchung, → Sicherstellung, → Verwahrung (§§ 38–50 BGSG); den Schadensausgleich für Betroffene und unbeteiligte Dritte regeln die §§ 51–56 BGSG. Organisation und Zuständigkeiten des B. behandeln die §§ 57–70 BGSG. S. a. B.-LaufbahnVO i. d. F. vom 20. 10. 1994 (BGBl. I 3152) und VO über die Zuständigkeit der B.behörden vom 29. 3. 1992, BGBl. I 794.

**Bundeshauptstadt** ist → Berlin (Art. 2 I 1 EinigV; Beschluß des Deutschen Bundestags vom 20. 6. 1991). Sie ist Sitz von BTag, BReg (§ 2 I, § 3 I Berlin/Bonn-Ges. vom 26. 4. 1994, BGBl. I 918) und BPräsident. Die Bundesministerien befinden sich in der B. und in der Bundesstadt Bonn (§ 4 I 1 Berlin/Bonn-Ges.). Auch der Bundesrat nimmt Sitz in Berlin. Der Umzug soll ab 1999 stattfinden.

**Bundeshaushalt** → Haushaltsrecht.

**Bundeshymne** → Hymne.

**Bundesinnungsverband** → Handwerksinnung.

**Bundesinstitut für Arzneimittel und Medizinprodukte** ist eine Nachfolgeeinrichtung des Bundesgesundheitsamtes mit dem Sitz in Bonn (Ges. vom 24. Juni 1994, BGBl. I 1416). Das Institut ist zuständig für die Zulassung und die Registrierung von Arzneimitteln, für den Verkehr mit Betäubungsmitteln und für die zentrale Risikoerfassung bei Medizinprodukten.

**Bundesinstitut für gesundheitlichen Verbraucherschutz** ist eine Nachfolgeeinrichtung des Bundesgesundheitsamtes mit dem Sitz in Berlin (Ges. vom 24. Juni 1994, BGBl. I 1416). Das Institut ist im wesentlichen zuständig für den gesundheitlichen Verbraucherschutz im Bereich der Lebensmittel und der Tierhaltung, für die Zulassung und die Registrierung von Tierarzneimitteln, ferner für die Risikoerfassung bei gentechnisch veränderten Lebensmitteln.

**Bundesjagdgesetz** → Jagdrecht.

**Bundesjustizministerium.** Das B. ist die oberste Bundesbehörde für den Bereich der → Justizverwaltung. Ihm obliegt die Dienstaufsicht über die ordentliche Gerichtsbarkeit des Bundes (→ Bundesgerichtshof, → Bundesanwaltschaft) und die Bearbeitung der diese betreffenden Personal- und Haushaltsangelegenheiten. Eine wesentliche Aufgabe ist ferner die Mitwirkung an der gesamten → Gesetzgebung des Bundes (einschl. der Mitprüfung von Gesetz- und Verordnungsentwürfen der übrigen BMin.). Zum Geschäftsbereich des BJM gehören auch → Bundesverwaltungsgericht, → Bundesfinanzhof, → Bundespatentgericht und → Bundesdisziplinargericht (s. a. → Bundesarbeitsgericht), ferner die Rechtsaufsicht über die Bundesrechtsanwaltskammer (→ Rechtsanwalt, 3).

**Bundeskanzler.** Der B. ist Mitglied der → Bundesregierung (Art. 62 GG), deren Geschäfte er leitet. Die besondere Bedeutung seines Amtes liegt darin, daß er die Richtlinien der Politik bestimmt und dafür die Verantwortung trägt; nur innerhalb dieser Richtlinien leitet jeder → Bundesminister seinen Geschäftsbereich selbständig und unter eigener Verantwortung (Art. 65). Die Richtlinienkompetenz ist gesetzlich nicht abgegrenzt, umfaßt aber jedenfalls die grundsätzlichen Ziele der Innen- und Außenpolitik. Der B. schlägt die Bundesminister dem → Bundespräsidenten zur Ernennung und Entlassung vor (Art. 64). Er ernennt einen Bundesminister zu seinem Stellvertreter (Art. 69 I; „Vizekanzler"). Die Wahl des B. (Art. 63 GG) erfolgt auf Vorschlag des BPräs. durch den → Bundestag mit den Stimmen der Mehrheit seiner Mitglieder. Wird der Vorgeschlagene nicht gewählt, so kann der BT in den folgenden 14 Tagen durch die Mehrheit seiner Mitglieder, sodann durch einfache Mehrheit, einen B. wählen. Die Ernennung des B. obliegt dem BPräs.; er kann sie ablehnen, wenn der Gewählte nicht die Mehrheit der Stimmen des BT erreicht hat. Die Amtszeit des B. endet (außer durch Tod) durch freiwilligen Rücktritt sowie mit dem Zusammentritt eines neuen BT, ferner durch ein → Mißtrauensvotum des BT und gleichzeitige Wahl eines neuen B.; in diesem Fall hat der BPräs. den B. zu entlassen (Art. 67).

**Bundeskartellamt.** Das B. ist eine selbständige Bundesoberbehörde mit Sitz in Berlin. Es gehört zum Geschäftsbereich des BWirtschMin. Über seine Zuständigkeit s. Kartellbehörden. Das B. trifft seine Entscheidungen in Beschlußabteilungen durch einen Vorsitzer und zwei Beisitzer (sämtlich mit → Befähigung zum Richteramt od. höheren Verwaltungsdienst, Beamte auf Lebenszeit, § 48 GWB). Das B. veröffentlicht jährlich einen Tätigkeitsbericht (§ 50 GWB) sowie fortlaufend seine Verwaltungsgrundsätze im → Bundesanzeiger. S. a. → Wettbewerbsbeschränkungen, → Wettbewerbsrecht.

**Bundeskindergeldgesetz** → Kindergeld.

**Bundesknappschaft.** Träger der → Krankenversicherung und der → Rentenversicherung der Bergleute. Selbstverwaltungskörperschaft d. öffentl. Rechts. Sitz Bochum. Vgl. Ges. vom 28. 7. 1969 (BGBl. I 974); § 29 SGB IV, § 4 SGB V, § 136 SGB VI.

**Bundeskrebsregistergesetz** → Krebsregister.

**Bundeskriminalamt.** Das B, das unter der Aufsicht des BMI steht, beruht auf Art 73 Nr. 10, 87 I 2 GG und dem dazu erlassenen B.-G (BKAG) vom 7. 7. 1997 (BGBl. I 1650). Danach ist es zentrale Bundeseinrichtung zur Zusammenarbeit des Bundes und der Länder in kriminalpolizeilichen Angelegenheiten (§ 1 I BKAG). Es hat folgende Aufgaben, die die grundsätzliche Zuständigkeit der Länder für Strafverfolgung und Gefahrenabwehr einschließlich vorbeugender Bekämpfung von Straftaten unberührt lassen:

1. Zentralstelle für das polizeiliche Auskunfts- und Nachrichtenwesen und für die Kriminalpolizei bei Verhütung und Verfolgung von Straftaten; hierzu unterhält es insbes. Sammlungen von personenbezogenen Daten und ein polizeiliches Informationssystem (→ INPOL; §§ 2, 7 ff. BKAG);

2. Nationales Zentralbüro für → Interpol und Verbindungsbehörde zu öffentlichen Stellen, insbes. Polizei, anderer Staaten vor allem zu Zwecken der Fahndung (§§ 3, 14, 15 BKAG);

3. Verfolgungsbehörde für bestimmte schwere internationale oder nationale Straftaten, auf Ersuchen der zuständigen Landesbehörde oder des → Generalbundesanwalts oder auf Anordnung des BMI auch für andere Straftaten (§ 4 BKAG); es kann auch eine Koordinierung der Strafverfolgung bei bestimmten Straftaten vornehmen (§ 18 BKAG) und Bedienstete zur Unterstützung entsenden (§ 17 BKAG). Die Beamten des B. können in diesen Fällen Amtshandlungen im gesamten Bundesgebiet vornehmen und sind → Hilfsbeamte der StA (§ 19 BKAG) mit den Befugnissen nach der StPO. Außerdem sind sie in bestimmten Fällen zur Eigensicherung zum Einsatz technischer Mittel nach § 18 BKAG berechtigt, der das Abhören und Aufzeichnen des innerhalb oder außerhalb einer Wohnung nicht öffentlich

gesprochenen Wortes und das Herstellen von Bildern gestattet;

4. Schutz von Mitgliedern der Verfassungsorgane sowie deren Gästen aus anderen Staaten in bestimmten Fällen (§ 5 BKAG); hierbei haben die Beamten des B. die Befugnisse nach §§ 21 ff. BKAG (darunter → Datenerhebung), Vorschriften des BGSG (→ Bundesgrenzschutz) und des UZwG (→ Waffengebrauch der Polizei);

5. Zeugenschutz bei der Strafverfolgung nach 3 (§§ 6, 26 BKAG) mit bestimmten Befugnissen nach 4.

6. Das B. ist außerdem Zentralstelle für den nationalen Teil des SIS (→ Schengener Übereinkommen; s. § 14 IV BKAG), nationale Verbindungsstelle zu → Europol.

7. Schließlich hat das B. noch verschiedene ordnungsbehördliche Aufgaben (s. z. B. § 33 d GewO → Spiele, § 37 III WaffG, § 27 BtMG, § 16 III AsylVfG, § 78 AuslG).

**Bundesland** ist eine verbreitete, aber dem Sprachgebrauch des GG nicht entsprechende Bezeichnung für die → Länder der BRep.

**Bundesleistungsgesetz.** Nach dem BLG i. d. F. vom 27. 9. 1961 (BGBl. I 1770) m. spät. Änd. können die → Anforderungsbehörden auf Antrag von Bedarfsträgern (vgl. VO vom 1. 10. 1961, BGBl. I 1786) für bestimmte öffentl. Zwecke durch schriftl. Leistungsbescheid (§§ 35 ff.; → Verwaltungsakt) die in § 2 des Gesetzes abschließend aufgeführten Leistungen anfordern, wenn der Bedarf auf andere Weise nicht gedeckt werden kann (§ 3). Gesetzliche Zwecke sind die Abwendung einer drohenden Gefahr für den Bestand oder die freiheitliche demokratische Grundordnung des Bundes oder eines Landes, die Abwendung oder Beseitigung einer die Sicherheit der Grenzen gefährdenden Störung der öffentlichen Ordnung im Grenzgebiet, Zwecke der Verteidigung, die Erfüllung der Verpflichtungen des Bundes aus zwischenstaatlichen Verträgen über die Stationierung und die Rechtsstellung von Streitkräften auswärtiger Staaten im Bundesgebiet sowie die Unterbringung von Personen oder Verlegung von Betrieben und öffentlichen Einrichtungen als Folge einer Inanspruchnahme von Grundstücken für die vorgenannten Zwecke (§ 1). Als Leistungen kommen vor allem in Betracht die Überlassung von Grundstükken, Gebäuden und beweglichen Sachen zum Gebrauch, Mitgebrauch oder zur sonstigen Nutzung, die Überlassung beweglicher Sachen zum Eigentum sowie Werkleistungen (z. B. Transportleistungen) und der Abschluß von Verträgen über wiederkehrende oder Dauerleistungen. Über die Beteiligung sachverständiger Stellen der gewerblichen Wirtschaft an dem Verfahren der Erteilung von Leistungsbescheiden vgl. VO vom 13. 12. 1962 (BGBl. I 725). Als Abgeltung für die Inanspruchnahme und Nutzung der angeforderten Sachen wird eine Entschädigung gewährt, die sich nach den im Wirtschaftsverkehr üblichen Miet- und Pachtzinsbeträgen oder dem sonstigen Leistungsentgelt richtet (§§ 20 ff.), bei Zerstörung, Verlust oder Beschädigung der Sache eine Ersatzleistung (§§ 26 ff.). Der Abgeltungsbetrag wird in einem förmlichen Verfahren festgesetzt (§§ 49 ff.). S. a. → Manöver(schäden).

**Bundesminister.** Die B. bilden zusammen mit dem → Bundeskanzler die → Bundesregierung (Art. 62 GG). Sie leiten innerhalb dieser einen Geschäftsbereich (→ Ressort) im Rahmen der vom Bk. gegebenen Richtlinien der Politik selbständig und unter eigener Verantwortung (Art. 65). Zahl und Geschäftsbereich der B. sind vom GG nicht festgelegt; sie werden nach Tradition und Bedürfnis jeweils bestimmt. Eine besondere Stellung hat der Bundesfinanzminister; er überwacht den Vollzug des → Haushaltsplans auch der anderen Ministerien; Haushaltsüberschreitungen und außerplanmäßige Ausgaben bedürfen seiner Zustimmung (Art. 112). Der Bundesverteidigungsminister hat die Befehls- und Kommandogewalt über die Streitkräfte (Art. 65 a). Die B. werden durch den → Bundespräsidenten auf Vorschlag des Bkzlrs. ernannt und ebenso entlassen. Ihr Amt endet ferner mit jeder Erledigung des Amtes des Bk., insbes. beim Zusammentritt eines neuen → Bundestages. Eine unmittelbare Verantwortlichkeit der B. gegenüber dem Bundestag besteht nicht. Die B. haben ein → Amt, ohne aber → Beamte zu sein; ihre Rechtsverhältnisse regelt das

B.gesetz i. d. F. vom 27. 7. 1971 (BGBl. I 1166) m.spät. Änd. Den B. können → Parlamentarische Staatssekretäre beigegeben werden.

**Bundesmittelbehörden** → Verwaltungsbehörden (Aufbau); → Ausführung von Gesetzen.

**Bundesmonopolverwaltung** → Finanzmonopole.

**Bundesnachrichtendienst (BND).** Die Rechtsverhältnisse des BND sind nunmehr durch das BND-Gesetz – BNDG – (Art. 4 des Ges. zur Fortentwicklung der Datenverarbeitung und des Datenschutzes vom 20. 12. 1990, BGBl. I 2954, 2979) geregelt. Nach § 1 ist der BND eine → Bundesoberbehörde im Geschäftsbereich des Chefs des Bundeskanzleramtes. Er sammelt zur Gewinnung von außen- und sicherheitspolitisch bedeutsamen Erkenntnissen über das Ausland die erforderlichen Informationen und wertet sie aus. Das BNDG regelt insbes. die Befugnisse des BND (polizeiliche Befugnisse oder Weisungsbefugnisse stehen ihm nicht zu, § 2 III), Datenerhebung und Datenschutz, Auskunft an den Betroffenen (§ 7) sowie die Informationsübermittlung an und durch den BND. Durch das VerbrechensbekämpfungsG vom 28. 10. 1994 (BGBl. I 3186) sind die Befugnisse des BND zur Überwachung des Fernmeldeverkehrs sowie zur Auswertung und Weitergabe an andere Behörden erweitert worden (kritisch zur Weitergabe von Ergebnissen der „verdachtlosen Rasterfahndung" in individualisierbarer Form ohne Erreichen einer bestimmten Verdachtsschwelle BVerfG vom 5. 7. 1995, NJW 1996, 114, in einer Einstweiligen Anordnung). Der BND gehört neben den Verfassungsschutzbehörden (→ Verfassungsschutz) des Bundes und der Länder und dem → Militärischen Abschirmdienst zu den Stellen, die zur Überwachung des → Brief-, Post- und Fernmeldeverkehrs nach dem Ges. vom 13. 8. 1968 (BGBl. I 949) berechtigt sind. Vgl. → Brief-, Post- und Fernmeldegeheimnis (3) und über die Kontrolle → Nachrichtendienste (→ nachrichtendienstliche Mittel).

**Bundesnaturschutzgesetz** → Naturschutz.

**Bundesoberbehörden** sind Behörden der Bundesverwaltung, die einer obersten Bundesbehörde (Ministerium usw.) nachgeordnet sind, deren Zuständigkeitsbereich aber – im Unterschied zu sonstigen nachgeordneten Bundesbehörden – das gesamte Bundesgebiet umfaßt (→ Verwaltungsbehörden, Aufbau; → Ausführung von Gesetzen). Im Gegensatz zu den → Körperschaften und → Anstalten des öffentlichen Rechts sind die B. Teil der unmittelbaren Bundesverwaltung. Als B. wurden errichtet: Bundesamt für Verfassungsschutz, Bundesoberseeamt, Bundesaufsichtsamt für das Versicherungswesen, Bundesamt für Finanzen, Kraftfahrt-Bundesamt, Bundesausgleichsamt, Bundesanstalt für den Güterfernverkehr, Deutscher Wetterdienst, Bundesanstalt für Flugsicherung, Bundesprüfstelle für jugendgefährdende Schriften und Medieninhalte, Bundessortenamt, Bundesbeauftragter für die Behandlung von Zahlungen an die Konversionskasse, Statistisches Bundesamt, Bundesamt für die gewerbliche Wirtschaft, Bundesamt für → Strahlenschutz, Luftfahrt-Bundesamt, Verwaltungsamt für innere Restitution und Bundesamt für die Prüfung ausländischer Rückgabe- und Wiederherstellungsansprüche gemäß dem Vertrag zur Regelung aus Krieg und Besatzung entstandener Fragen, Bundesversicherungsamt, Bundesverwaltungsamt, Bundeskartellamt, Bundesamt für zivilen Bevölkerungsschutz und Umweltbundesamt.

**Bundespatentgericht.** Zur Entscheidung über Beschwerden gegen Beschlüsse des → Patentamts und für Klagen auf Nichtigerklärung oder Zurücknahme von → Patenten oder Erteilung von Zwangslizenzen ist 1961 das B. errichtet worden; es ist entsprechend zuständig für → Gebrauchsmuster und → Marken. Das B. besteht aus dem Präsidenten, Vorsitzenden Richtern und weiteren Richtern; sie müssen die Befähigung zum Richteramt besitzen (rechtskundige Mitglieder) oder in einem Zweig der Technik sachverständig sein (technische Mitglieder), entsprechend den technischen Mitgliedern des Patentamts. Die Besetzung der Beschwerde- und Nichtigkeitssenate (§ 66 PatG) ist unterschiedlich (§ 67; 3 oder 4

z. T. technische, z. T. rechtskundige Richter). Das Verfahren vor dem B. ist in den §§ 73–99 PatG geregelt; Rechtsmittelgericht ist der → Bundesgerichtshof (§§ 100–122 PatG). Subsidiär gelten das GVG und die ZPO (§ 99 PatG). Über Gebühren → Patentgebühren.

**Bundespersonalausschuß.** Der nach § 95 BBG zur einheitlichen Durchführung der beamtenrechtlichen Vorschriften errichtete B. besteht aus 7 ordentlichen und 7 stellvertretenden Mitgliedern; ständiges ordentliches Mitglied und Vorsitzender ist der Präsident des → Bundesrechnungshofs. Die Mitglieder sind unabhängig und nur dem Gesetz unterworfen. Der B. hat insbesondere über die nach den → laufbahnrechtlichen Bestimmungen vorgesehenen Ausnahmen bei Einstellungen und Beförderungen zu entscheiden (weitere Aufgaben s. § 98 BBG). Zum Verfahren vgl. §§ 99 ff. BBG sowie GeschäftsO vom 25. 6. 1956 (GMBl. 1958, 461) und VerfahrensO vom 3. 9. 1965 (GMBl. 296). Für den Landesbereich s. → Landespersonalausschuß.

**Bundespost.** Durch die → Postneuordnung wurde die Deutsche B. als eine rechtsfähige Anstalt des öffentlichen Rechts gegründet (Gesetz über die Errichtung einer Bundesanstalt für Post und Telekommunikation = Art. 1 des → Postneuordnungsgesetzes, mit Anlagen Satzung, Manteltarife, Sozialeinrichtungen). Sie wird von einem Vorstand geleitet, dem ein Verwaltungsrat zur Seite steht. Sie untersteht der Aufsicht des Bundesministeriums für Post und Telekommunikation. Die B. ist Trägerin des Aktienvermögens der drei privatisierten Postunternehmen (→ PostAG, → PostbankAG und → TelekomAG), ferner der sozial- und dienstrechtlichen Personalbefugnisse. So sind auf sie die dienstrechtlichen Befugnisse für die Postbeamten übergeleitet (§ 24). Sie ist Träger der Bundespostbetriebskrankenkasse und anderer Sozialeinrichtungen.

**Bundespräsident.** Der BPräs. ist das Staatsoberhaupt der BRep. Er wird von der → Bundesversammlung ohne Aussprache gewählt (Art. 54, 55 GG). Wählbar ist jeder Deutsche, der das Wahlrecht zum Bundestag besitzt und das 40. Lebensjahr vollendet hat. Die Amtsdauer beträgt 5 Jahre; anschließende Wiederwahl ist einmal zulässig. Stellvertreter ist der jeweilige Präsident des → Bundesrates (Art. 57 GG). Der BPräs. darf weder der Regierung noch der gesetzgebenden Körperschaft des Bundes oder eines Landes angehören (→ Inkompatibilität). Die rechtlichen Befugnisse des BPräs. sind im GG abschließend geregelt: Mitwirkung bei der → Gesetzgebung durch → Ausfertigung der verfassungsmäßig zustande gekommenen Gesetze; völkerrechtliche Vertretung der BRep., insbes. bei Abschluß von Verträgen des Bundes mit auswärtigen Staaten und durch → Beglaubigung und Empfang der → Gesandten (Art. 59 GG); Vorschlagsrecht bei der Wahl des → Bundeskanzlers (Art. 63 GG); Ernennung und Entlassung des Bundeskanzlers, der Bundesminister, der Bundesrichter, der Bundesbeamten sowie der Offiziere und Unteroffiziere, soweit nicht auf Bundesbehörden übertragen (Art. 63, 64, 69 GG); Genehmigung der Geschäftsordnung der Bundesregierung (Art. 65 GG); Ausübung des → Gnadenrechts für den Bund (Art. 60 II GG). Der B. *kann,* wenn der Bundestag dem Bundeskanzler das Vertrauen verweigert, den Bundestag auflösen (Art. 68 GG) oder den → Gesetzgebungsnotstand (Art. 81 GG) erklären. Ferner kann er die vorzeitige Einberufung des Bundestags verlangen (Art. 39 III GG). Insgesamt ist die Stellung des BPräs. im Vergleich zu der des Reichspräsidenten der Weimarer Verfassung wesentlich schwächer, zumal er für zahlreiche Amtshandlungen der Gegenzeichnung durch den Bundeskanzler oder den zuständigen Bundesminister bedarf (Art. 58 GG). Amtsverlust tritt nur ein, wenn das BVerfG den BPräs. wegen Verletzung des GG oder eines anderen Bundesgesetzes seines Amtes für verlustig erklärt; Voraussetzung ist Anklage durch den BT oder BR, die von 1/4 der Mitglieder des BT oder BR beantragt und von 2/3 der Mitglieder beschlossen werden muß.

**Bundesprüfstelle** → jugendgefährdende Schriften und Medieninhalte.

**Bundesrat.** Durch den B. wirken die → Länder an der → Gesetzgebung und → Verwaltung des Bundes mit (Art. 50

GG). Der B. ist aber, ebenso wie der → Bundestag, ein Bundesorgan, nicht ein Organ der Länder. Er besteht aus Mitgliedern der Regierungen der Länder, die sie bestellen und abberufen, wird also nicht unmittelbar vom Volk oder den Landesparlamenten gewählt. Jedes Land hat mindestens 3 Stimmen, Länder mit mehr als 2 Mill. Einwohnern haben 4, mit mehr als 6 Mill. Einwohnern 5, mit mehr als 7 Mill. Einwohnern 6 Stimmen; demnach haben z. Zt. Bad.-Württ., Bayern, Niedersachsen und Nordrhein-Westfalen je 6 Stimmen, Berlin, Brandenburg, Hessen, Rheinland-Pfalz, Sachsen, Sachsen-Anhalt, Schleswig-Holstein und Thüringen je 4, Bremen, Hamburg, Mecklenburg-Vorpommern und Saarland je 3 Stimmen. Jedes Land kann so viele Mitglieder entsenden, wie es Stimmen hat, dazu die gleiche Zahl von Stellvertretern. Die Stimmen eines Landes können nur einheitlich und nur durch anwesende Mitglieder oder deren Vertreter abgegeben werden (Art. 51 GG). Die Mitglieder des B. sind an die Weisungen ihrer LdReg. gebunden. Organe des B. sind der Präsident, dessen Stellvertreter und die Ausschüsse. Der B. hat das Recht zur Gesetzesinitiative (Art. 51 GG; → Initiativrecht). Im Rahmen des → Gesetzgebungsverfahrens ist bei bestimmten Gesetzen seine Zustimmung nötig (Zustimmungsgesetze); bei anderen kann er gegen das vom Bundestag beschlossene Gesetz Einspruch erheben (Einspruchsgesetze). Im übrigen hat er Mitwirkungsbefugnisse bei der Durchführung des → Bundeszwangs und bei Erklärung des → Gesetzgebungsnotstandes. Der B. entsendet Vertreter in den → Gemeinsamen Ausschuß. Über die Organe des B. und sein Verfahren vgl. die GeschäftsO i. d. F. vom 10. 6. 1988 (BGBl. I 857). Darin sind insbes. geregelt Organe und Einrichtungen, Vorbereitung der Sitzungen, allgem. Verfahrensgrundsätze, Geschäftsgang, Verfahren in den Ausschüssen sowie neuerdings das bes. Verfahren in Angelegenheiten der Europ. Gemeinschaften (§§ 45 a ff.).

**Bundesrechnungshof** → Rechnungshöfe.

**Bundesrecht** ist – im Gegensatz zum → Landesrecht – jede von Rechtssetzungsorganen des Bundes erlassene Rechtsnorm sowie das als Bundesrecht fortgeltende ehemalige → Reichsrecht und Recht der ehem. → DDR. → Rechtsverordnungen, die von Organen eines Landes (LdReg., LdMin.) erlassen werden, sind dagegen Landesrecht, auch wenn sie auf einer bundesrechtl. Ermächtigung beruhen. S. a. → Gesetzgebungskompetenz des Bundes, → „Bundesrecht bricht Landesrecht", → Normenkontrolle.

**„Bundesrecht bricht Landesrecht".** B. sind die von den Rechtssetzungsorganen des Bundes, L. die von den Rechtssetzungsorganen der Länder erlassenen → Gesetze und sonstigen Rechtsvorschriften. Mit der Bestimmung „Bundesrecht bricht Landesrecht" setzt Art. 31 GG den Vorrang des Bundesrechts fest. Jegliches B. (also auch → Rechtsverordnungen) geht jeglichem L. (auch dem Landesverfassungsrecht) vor, gleichgültig, ob es das frühere oder spätere, das speziellere oder das allgemeinere Gesetz ist. Voraussetzung für den Vorrang des B. ist, daß die betreffende Regelung in die → Gesetzgebungskompetenz (für die ausschließliche, konkurrierende oder Rahmengesetzgebung) des Bundes fällt. Ist der Bund zur gesetzlichen Regelung einer bestimmten Materie nicht zuständig, so kann das B. das kompetenzgerecht erlassene L. nicht brechen.

**Bundesrechtsanwaltsordnung** → Rechtsanwalt (1).

**Bundesregierung.** Die BReg. ist ein kollegiales Bundesorgan, das aus dem → Bundeskanzler und den → Bundesministern besteht (Art. 62 GG). Sie wird nicht gewählt. Der → Bundestag wählt nur den Bundeskanzler. Dieser schlägt dem Bundespräsidenten die Bundesminister zur Ernennung vor. Ebenso richten sich ein → Mißtrauensvotum und die Verneinung der Vertrauensfrage nach Art. 68 GG nur gegen den Bundeskanzler. Die Kompetenz der BReg. als Kollegialorgan ist insofern eingeschränkt, als einerseits der Bundeskanzler die Richtlinien der Politik bestimmt, andererseits jeder Bundesminister im Rahmen dieser Richtlinien seinen Geschäftsbereich selbständig leitet. Über Meinungsverschiedenheiten zwischen den Bundesministerien entscheidet die BReg. (Art. 65 GG). An der Rechtsetzung wirkt sie insbes. durch ihr → Initiativrecht im ordentlichen → Gesetzgebungsverfahren (Art. 76 GG) sowie durch die Befugnis zum Erlaß von → Rechtsverordnungen auf Grund besonderer gesetzlicher Ermächtigung (Art. 80 GG) mit. Im übrigen obliegt ihr die vollziehende → Verwaltung, soweit der Bund nach Art. 83 ff. GG Verwaltungskompetenzen besitzt. Die Beschlußfassung der BReg. richtet sich nach der GeschäftsO vom 11. 5. 1951 (GMBl. 137) m. zahlr. Änd.

**Bundesrepublik Deutschland (BRep.).** 1. Nach der Annahme des → Grundgesetzes (GG) durch den → Parlamentarischen Rat, seiner Genehmigung durch die Besatzungsmächte und Billigung durch die → Länder wurde mit Inkrafttreten des GG am 24. 5. 1949 die BRep. errichtet. Sie umfaßte zunächst gebietsmäßig die ehemalige amerikanische, britische und französische Besatzungszone. Str. ist, ob die BRep. Rechtsnachfolger des → Deutschen Reiches oder mit diesem sogar identisch ist (Lehre vom Fortbestand des Reiches) oder ob sie, nachdem das Reich am 8. 5. 1945 untergegangen war, nach einer staatslosen Zwischenzeit durch die Besatzungsmächte als neuer deutscher Staat errichtet worden ist (Lehre vom Untergang des Reiches). Die überwiegende Meinung vertritt die Fortbestandslehre. Str. war bislang aber, ob die BRep., wie von ihr lange vertreten wurde, allein das Reich fortsetzte und daher einen *Alleinvertretungsanspruch* erheben konnte, oder ob die BRep. und die ehem. DDR als zwei staatliche Teilordnungen auf dem Gebiet des ehem. Deutschen Reiches bestanden.

2. Die BRep. bestand zunächst aus dem Gebiet der Länder → Baden-Württemberg, → Bayern, → Bremen, → Hamburg, → Hessen, → Niedersachsen, → Nordrhein-Westfalen, → Rheinland-Pfalz, → Saarland, → Schleswig-Holstein. Auch → Berlin war ein Land der durch das GG organisierten BRep., hatte jedoch eine verfassungsrechtliche Sonderstellung.

3. Mit dem Wirksamwerden des Beitritts am 3. Oktober 1990 (→ Wiedervereinigung, → Einigungsvertrag, → Abschließende Regelung in bezug auf Deutschland) endete die verfassungsrechtliche Sonderstellung Berlins. Zum selben Zeitpunkt wurden → Brandenburg, → Mecklenburg-Vorpommern, → Sachsen, → Sachsen-Anhalt und → Thüringen wiedererrichtet und Länder der Bundesrepublik Deutschland. Die BRep. ist (Art. 20 GG) ein demokratischer und sozialer → Bundesstaat.

4. Die staatliche Ordnung der BRep. wird durch das GG festgelegt. Daneben haben die Länder, die selbst → Staaten darstellen, ihre eigenen Verfassungen, die gemäß Art. 28 GG den Grundsätzen des republikanischen, demokratischen und sozialen Rechtsstaates entsprechen müssen (→ Homogenitätsgrundsatz).

**Bundesschuldbuch** → Bundesschuldenverwaltung.

**Bundesschuldenverwaltung.** Die B. ist zuständig für die Ausstellung von Schuldverschreibungen und Schatzanweisungen des Bundes, verwaltet die Bundesschulden (Tilgung, Zinszahlung usw.) und führt das *Bundesschuldbuch* gemäß dem ReichsschuldbuchG i. d. F. vom 31. 5. 1910 (RGBl. 840). Sie hat gemäß VO vom 13. 12. 1949 (BGBl. 1950 S. 1) die Funktionen übernommen, die nach der ReichsschuldenO vom 13. 2. 1924 (RGBl. I 95) der früheren Reichsschuldenverwaltung oblagen und die zunächst von der Schuldenverwaltung des → Vereinigten Wirtschaftsgebietes übernommen worden waren (Ges. vom 13. 7. 1948, WiGBl. 73). Sie verwaltet auch die Schulden des → Erblastentilgungsfonds.

**Bundesseuchengesetz** → übertragbare Krankheiten.

**Bundessiegel** → Hoheitszeichen.

**Bundessozialgericht.** Oberster Gerichtshof des Bundes für die → Sozialgerichtsbarkeit (Sitz Kassel). Entscheidet über das Rechtsmittel der → Revision bei öffentlich-rechtlichen Streitigkeiten in Angelegenheiten der → Sozialversicherung, der → Arbeitslosenversicherung und der übrigen Aufgaben der Bundesanstalt für Arbeit, der → Kriegsopferversorgung und der übrigen Angelegenheiten, die durch Gesetz der Sozialgerichtsbarkeit zugewiesen sind;

außerdem im ersten und letzten Rechtszug in nichtverfassungsrechtlichen Streitigkeiten dieser Art zwischen Bund und Ländern sowie zwischen den Ländern untereinander. Die Aufsicht führt das Bundesministerium für Arbeit und Sozialordnung. Senate mit dem Vorsitzenden Richter, 2 weiteren Berufsrichtern und 2 ehrenamtlichen Richtern; Großer Senat mit dem Präsidenten des B. als Vorsitzendem, 6 Berufs- und 4 ehrenamtlichen Richtern. Vor dem B. besteht Vertretungszwang; zugelassen sind Anwälte sowie Mitglieder und Angestellte von Gewerkschaften, selbständigen Arbeitnehmervereinigungen mit sozial- oder berufspolitischer Zwecksetzung, Arbeitgebervereinigungen und Vereinigungen der Kriegsopfer. §§ 38 ff., 160 ff. SGG.

**Bundessozialhilfegesetz** → Sozialhilfe.

**Bundesstaat.** Im Gegensatz zum → Staatenbund und zum → Staatenstaat ist der B. eine staatsrechtliche → Staatenverbindung in der Form, daß durch den Zusammenschluß ein neuer → Staat entsteht, die zusammengeschlossenen Staaten jedoch ihre Staatlichkeit nicht verlieren. Neben dem neu gebildeten Gesamtstaat bleiben die bisherigen Staaten als Gliedstaaten bestehen. Nach dem GG ist die BRep. ein Bundesstaat; die → Länder als Gliedstaaten bilden den Gesamtstaat, die BRep. Das bundesstaatliche Prinzip ist Grundlage der Verfassung; die Gliederung des Bundes in Länder ist sogar gegen Verfassungsänderung geschützt (Art. 79 III GG). Im B. haben sowohl die Gliedstaaten wie der Gesamtstaat eigene unabgeleitete (originäre) → Staatsgewalt; weder leitet der Gesamtstaat seine Staatsgewalt von den Gliedstaaten noch leiten umgekehrt diese ihre Staatsgewalt vom Gesamtstaat ab. Gliedstaat wie Gesamtstaat besitzen jedoch die Staatsgewalt nicht auf allen Sachgebieten; vielmehr ist sie gemäß der Verfassung des Bundesstaates gegenständlich aufgeteilt. Die Verfassungsbereiche des Bundes und der Länder in der BRep. stehen nebeneinander. Aus der bundesstaatlichen (föderativen) Gestaltung der BRep. folgt für den Bund wie für die Länder die Rechtspflicht zu bundesfreundlichem Verhalten (→ Bundestreue). Sie müssen dem Wesen des Bündnisses entsprechend zusammenwirken und zur Förderung der Belange des Bundes und der Gliedstaaten beitragen. Daraus folgen die Pflicht zur Verständigung und gegenseitigen Rücksichtnahme zwischen den Staaten und die Pflicht zur Bewahrung und Herstellung der grundgesetzlichen Ordnung. Kein B. sind trotz teilweise erkennbarer bundesstaatlicher Elemente die → Europäischen Gemeinschaften („Staatenverbund").

**Bundesstadt** → Bundeshauptstadt.

**Bundesstatistikgesetz** → Statistik.

**Bundessteuerblatt.** Das BStBl. enthält in Teil I steuerliche Rechtsvorschriften und Verwaltungsanweisungen des Bundes und der Länder, in Teil II vom Bundesfinanzminister ausgewählte Entscheidungen des → Bundesfinanzhofs. Ausgewählte Entscheidungen der Finanzgerichte werden im Fachblatt „Entscheidungen der Finanzgerichte" – EFG – veröffentlicht.

**Bundessteuern** → Verteilung des Steueraufkommens.

**Bundesstraße** ist ein Unterbegriff der → Bundesfernstraßen, zu denen außer den B.n auch die → Bundesautobahnen gehören. S. → Autostraßen.

**Bundestag.** 1. Der Deutsche B. (BT) ist die Volksvertretung der BRep. (vgl. Art. 38–49 GG). Er besteht aus mindestens 656 vom Volk gewählten → Abgeordneten. Er repräsentiert das Volk und übt dessen Rechte aus (mittelbare oder repräsentative → Demokratie).

2. Der BT wird auf 4 Jahre gewählt. Die → Wahlperiode endet mit dem Zusammentritt eines neuen BT; die Neuwahl findet frühestens 46, spätetens 48 Monate nach Beginn der Wahlperiode statt, im Falle der Auflösung spätestens nach 60 Tagen (Gesetz zur Änderung des GG v. 16. 7. 1998, BGBl. I 1822). Nach Art. 38 GG i. Verb. mit dem Bundeswahlgesetz – BWG – i. d. F. vom 23. 7. 1993 (BGBl. I 1282 m. Änd.) und der Bundeswahlordnung – BWO – i. d. F. vom 7. 12. 1989 (BGBl. I 1990 I 1, ber. 142, m. Änd.) werden die Abgeordneten des BT in allgemeiner, unmittelbarer, freier, gleicher und geheimer Wahl von den wahlberechtigten Deut-

schen nach den Grundsätzen einer mit der Persönlichkeitswahl (vgl. → Mehrheitswahl) verbundenen → Verhältniswahl gewählt. Der Wähler wählt mit einer Stimme einen Wahlkreisabgeordneten (328 Wahlkreise), mit der Zweitstimme eine Landesliste. Wahlkreisabgeordneter wird, wer die relative Mehrheit der Stimmen im Wahlkreis erhält. Die Zahl der Sitze im BT für die einzelnen → Parteien wird auf der Grundlage der erzielten Zweitstimmen (Landeslisten) nach § 6 BWG errechnet (neuerdings nach dem Hare-Niemeyer-System; vgl. → d'Hondtsches System). Der BT besteht i. d. R. aus 656 Abgeordneten (davon werden je 328 über Wahlkreise und über Landeslisten gewählt). → Überhangmandate können die Zahl der Mitglieder erhöhen. Bei der Verteilung der Sitze auf die Landeslisten werden nur Parteien berücksichtigt, die mindestens 5% der insgesamt abgegebenen Zweitstimmen erhalten (→ Fünf-Prozent-Klausel) oder in mindestens drei Wahlkreisen einen Sitz für einen Direktkandidaten errungen haben (→ Grundmandatsklausel). Wahlberechtigt ist grundsätzl. jeder Deutsche, der 18 Jahre alt ist und seit mindestens 3 Monaten im Bundesgebiet wohnt oder hier dauernden Aufenthalt hat, neuerdings nach § 12 II BWG unter best. Voraussetzungen auch Deutsche im Ausland; wählbar ist jeder Wahlberechtigte, der volljährig und seit mindestens 1 Jahr Deutscher i. S. von Art. 116 GG ist (vgl. → Wahlrecht; → Wahlprüfung).

3. Zu den Aufgaben des BT gehören:

a) die → Gesetzgebung. Der BT kann aus seiner Mitte Gesetzesentwürfe einbringen (→ Initiativrecht, Art. 76 GG). Er allein kann – außer im Falle des Gesetzgebungsnotstandes – die Bundesgesetze beschließen, in gewissen Fällen nur mit Zustimmung des → Bundesrats;

b) die Mitwirkung bei der Bestellung von Bundesorganen. Der BT wählt den → Bundeskanzler und kann diesem das Mißtrauen aussprechen (vgl. → Mißtrauensvotum; Art. 63, 67 GG). Er wählt die Hälfte der Mitglieder des → Bundesverfassungsgerichts (Art. 94 GG; dazu § 6 BVerfGG). Über den → Richterwahlausschuß ist der BT mittelbar an der Besetzung der oberen → Bundesgerichte (Art. 96 II GG), über die → Bundesversammlung an der Wahl des → Bundespräsidenten beteiligt (Art. 54 GG);

c) die Feststellung des → Haushaltsplans und Entgegennahme der Rechnungslegung (Art. 110 ff. GG);

d) die Kontrolle der → vollziehenden Gewalt durch Anfragen, Überweisung von Petitionen an die Bundesregierung und Einsetzung von parlamentarischen → Untersuchungsausschüssen.

4. Der BT wählt seinen Präsidenten, dessen Stellvertreter (Vizepräsidenten) und die Schriftführer. Weitere Organe sind das Präsidium, der → Ältestenrat und die → Ausschüsse (→ Geschäftsordnung i. d. F. vom 2. 7. 1980, BGBl. I 1237). Die Zahl der Ausschüsse ist nicht beschränkt. Besondere Bedeutung haben die Untersuchungsausschüsse, der Ausschuß für die Angelegenheiten der Europ. Union, der Ausschuß für auswärtige Angelegenheiten und der Verteidigungsausschuß (Art. 44–45 a GG). Der BT verhandelt grundsätzlich öffentlich und beschließt mit der Mehrheit der abgegebenen Stimmen, soweit das GG nicht eine qualifizierte Mehrheit vorschreibt (Art. 42 GG).

**Bundestreue** ist im → Bundesstaat die wechselseitige Verpflichtung zwischen dem Gesamtstaat und den Gliedstaaten (in der BRep. also zwischen Bund und Ländern) zu vertrauensvoller Zusammenarbeit und zur Einhaltung der verfassungsmäßigen Kompetenzverteilung. Die Verpflichtung zur B. (Treue zum „Bund“ i. S. des verfassungsmäßigen „Bündnisses“) ist in der Rspr. des BVerfG als verfassungsrechtlicher Grundsatz anerkannt; vgl. BVerfGE 6, 361; 12, 255; 14, 215.

**Bundesumweltpreis** → Deutsche Bundestiftung Umwelt.

**Bundesunmittelbare Sozialversicherungsträger** sind → Sozialversicherungsträger, deren Zuständigkeitsbereich sich über das Gebiet eines Landes hinaus erstreckt. Die Aufsicht führt das → Bundesversicherungsamt (§ 90 SGB IV, § 2 BundesversicherungsamtsG v. 9. 5. 1956, BGBl. I 415).

**Bundesunmittelbare Verwaltung** → Ausführung von Gesetzen.

**Bundesurlaubsgesetz** → Urlaub.

**Bundesverbände der Krankenkassen, Bundesverbände der Sozialversicherungsträger** → Krankenkassen, → Sozialversicherungsträger.

**Bundesverdienstkreuz** → Orden.

**Bundesverfassungsgericht.** 1. Das B. ist ein allen übrigen → Verfassungsorganen gegenüber selbständiger und unabhängiger Gerichtshof des Bundes. Es übt neben den Verfassungsgerichtshöfen (Staatsgerichtshöfen) der Länder die Verfassungsgerichtsbarkeit der BRep. aus. Seine Zuständigkeit und Verfassung sowie die Verfahrensvorschriften sind in Art. 93, 94 GG und im Ges. über das Bundesverfassungsgericht – BVerfGG – i. d. F. vom 11. 8. 1993 (BGBl. I 1473) geregelt. Das Gericht hat seinen Sitz in Karlsruhe. Seine Mitglieder werden je zur Hälfte vom Bundestag (durch einen besonderen Wahlausschuß, nicht vom Plenum) und vom Bundesrat (Plenum) jeweils mit Zweidrittelmehrheit gewählt (§§ 5 ff. BVerfGG). Sie dürfen weder dem Bundestag, dem Bundesrat, der Bundesregierung noch den entsprechenden Organen der Länder angehören. Das B. besteht aus 2 Senaten mit je 8 Richtern, von denen je 3 aus den → obersten Gerichtshöfen des Bundes gewählt werden. Die Zuständigkeit zwischen den beiden Senaten ist in § 14 BVerfGG aufgeteilt (ungenaue Schlagworte: Erster Senat „Grundrechtssenat", Zweiter Senat „Staatsrechtssenat"). Die Senate berufen für das Geschäftsjahr mehrere *Kammern,* die aus je 3 Richtern bestehen (§ 15 a BVerfGG). Die Kammern sind für die Entscheidung über Verfassungsbeschwerden von besonderer Bedeutung (vgl. §§ 93 b bis 93 d BVerfGG). Will ein Senat von der Rechtsauffassung des anderen Senats abweichen, so entscheidet das *Plenum* (§ 16 BVerfGG; bislang ganz seltener Fall). Die Amtszeit der Richter dauert 12 Jahre, längstens bis zur Altersgrenze (68 J.). Keine Wiederwahl. Jeder Senat ist beschlußfähig, wenn wenigstens 6 Richter anwesend sind. Die Zuständigkeit des B. ist in Art. 93 GG und § 13 BVerfGG enumerativ festgelegt; nur die dort aufgezählten → Verfassungsstreitigkeiten fallen in seine Zuständigkeit, insbes. Verwirkung von Grundrechten (Art. 18 GG), Verfassungswidrigkeit von Parteien (Art. 21 II), Anklage des BPräs. und der Bundesrichter (Art. 61, 18), ferner sog. Organstreitigkeiten zwischen obersten Bundesorganen und solchen des Bundes und der Länder über ihre verfassungsmäßigen Rechte und Pflichten (Art. 93 I 1–3), im besonderen aber Vereinbarkeit von Landesrecht mit Bundesrecht (Art. 93 I 2, 100 I), schließlich die Entscheidung über → Verfassungsbeschwerden.

2. Die Entscheidungen des B. binden die übrigen Verfassungsorgane des Bundes und der Länder sowie alle Gerichte und Behörden. Ein überstimmter Richter kann seine abweichende Ansicht in einem *Sondervotum* niederlegen (§ 30 II BVerfGG). Wird im Verfahren der → Normenkontrolle über die Gültigkeit eines Gesetzes entschieden, so hat diese Entscheidung Gesetzeskraft. Vorschriften zur Organisation und Verwaltung des BVerfG sowie verfahrensergänzende Bestimmungen enthält die Geschäftsordnung vom 15. 12. 1986 (BGBl. I 2529) m. Änd.

3. Im → Verteidigungsfall dürfen Stellung und Aufgaben des B. nicht beeinträchtigt werden (Art. 115 g GG). Das BVerfGG darf vom → Gemeinsamen Ausschuß nur zur Aufrechterhaltung der Funktionsfähigkeit des B. und in Übereinstimmung mit diesem geändert werden.

4. Die wichtigsten Entscheidungen des B. werden in einer fortlaufenden Sammlung (BVerfGE, bis April 1998 96 Bände) veröffentlicht.

**Bundesverfassungsrichter:** Kurzbezeichnung für die „Richter des Bundesverfassungsgerichts".

**Bundesversammlung.** Die B. ist ein oberstes Bundesorgan, das nur die Funktion hat, den → Bundespräsidenten zu wählen (Art. 54 GG). Sie besteht aus den Mitgliedern des → Bundestags und einer gleichen Zahl von Mitgliedern, die von den Volksvertretungen der Länder nach den Grundsätzen der Verhältniswahl gewählt werden. S. Gesetz über die Wahl des Bundespräsidenten durch die Bundesversammlung vom 25. 4. 1959 (BGBl. I 230).

**Bundesversicherungsamt.** Bundesoberbehörde mit dem Sitz in Berlin; führt die Aufsicht über die → bundesunmittelbaren Sozialversicherungsträger und nimmt Verwaltungsaufgaben des ehem. Reichsversicherungsamts wahr (BundesversicherungsamtsG vom 9. 5. 1956, BGBl. I 415 m. spät. Änd.); § 90 SGB IV.

**Bundesversicherungsanstalt für Angestellte,** Träger der → Rentenversicherung für Angestellte. Zuständig für Versicherte, die als Angestellte oder zur Ausbildung für den Beruf des Angestellten beschäftigt werden und für die nicht die → Bundesknappschaft, die → Seekasse oder die → Bahnversicherungsanstalt zuständig ist. Selbstverwaltungskörperschaft des öffentlichen Rechts (Sitz Berlin). Ihre Organe sind der Vorstand und die Vertreterversammlung; ihnen gehören paritätisch Vertreter der Versicherten und der Arbeitgeber an. Die Aufsicht führt das Bundesversicherungsamt. Ges. über die Errichtung der BfA vom 7. 8. 1953 (BGBl. I 857) m. spät. Änd.; §§ 29 ff., 90 SGB IV, § 132 SGB VI.

**Bundesversorgungsgesetz.** Das BVG i. d. F. vom 22. 1. 1982 (BGBl. I 21) m. spät. Änd. ist die Grundlage für die → Kriegsopferversorgung. Außerdem ist der Anwendungsbereich des BVG dadurch erheblich ausgeweitet worden, daß in zahlreichen anderen Gesetzen auf das Leistungsrecht des BVG Bezug genommen wird. Dies gilt für das → Soldatenversorgungsgesetz, das Gesetz über den → Bundesgrenzschutz, das Gesetz über den → Zivildienst, das Bundesseuchengesetz (→ übertragbare Krankheiten), das Gesetz über die Entschädigung für Opfer von → Gewalttaten und das Gesetz über → Häftlingshilfe. Die Organisation der Versorgungsverwaltung ist geregelt im Organisationsgesetz vom 12. 3. 1951 (BGBl. I 169) m. spät. Änd., das Verwaltungsverfahren im Gesetz i. d. F. vom 6. 5. 1976 (BGBl. I 1169) m. spät. Änd. Zum BVG sind zahlreiche DVOen ergangen. Für Streitigkeiten nach dem BVG (mit Ausnahme der Kriegsopferfürsorge, §§ 25–27 BVG) ist nach § 51 SGG die → Sozialgerichtsbarkeit zuständig.

**Bundesvertriebenengesetz.** Das Ges. über die Angelegenheiten der Vertriebenen und Flüchtlinge – BVFG – jetzt i. d. F. vom 2. 6. 1993 (BGBl. I 829), begründet für Vertriebene (einschl. → Aussiedler und → Umsiedler) eine Reihe von Rechten und Vergünstigungen. Die Eigenschaft als Vertriebener wird an das Vorliegen bestimmter Voraussetzungen geknüpft, insbes. an die deutsche Staats- oder Volkszugehörigkeit und einen ehemaligen Wohnsitz in den Vertreibungsgebieten, ferner den Aufenthalt im → Bundesgebiet an einem bestimmten Stichtag (§ 10). Zum Nachweis der Vertriebenen- und Flüchtlingseigenschaft werden Ausweise (A, B und C) ausgestellt. Ziel des BVFG ist die Eingliederung der Vertriebenen und Flüchtlinge in die Wirtschafts- und Sozialordnung der BRep. Zu diesem Zweck erstrebt das Gesetz zunächst eine angemessene Verteilung der Vertriebenen und Flüchtlinge innerhalb der BRep. mit Hilfe von Umsiedlungsmaßnahmen. Ferner sieht es die Eingliederung vertriebener Landwirte durch angemessene Beteiligung an der Neusiedlung sowie Beihilfen und steuerliche Vergünstigungen vor, die erleichterte Zulassung zur Berufs- und Gewerbeausübung, Förderungsmaßnahmen für selbständige und unselbständige Erwerbstätige (Kredite, Zinsverbilligung, Aufträge der öffentlichen Hand, Begünstigung bei der Arbeitsvermittlung) und sonstige begünstigende Regelungen wie den Schutz bei Inanspruchnahme aus früheren Verbindlichkeiten, die Gleichstellung in der Sozialversicherung sowie die Anerkennung von Prüfungen. Das B. gilt für die in die ehem. DDR ausgesiedelten Heimatvertriebenen nicht (ausgenommen die Vorschriften über kulturelle Förderung); Kap. II Sachg. D Abschnitt III Nr. 1 des → Einigungsvertrags.

**Bundesverwaltung** → Verwaltungsbehörden (Aufbau), → Ausführung von Gesetzen.

**Bundesverwaltungsamt.** Das B. ist eine selbständige Bundesoberbehörde und nimmt die ihr durch Gesetz zugewiesenen besonderen Verwaltungsaufgaben des Bundes aus verschiedenen Sachgebieten wahr (z. B. Staatsangehörigkeit, Ausländerwesen, BAföG). Vgl. Ges. über die Errichtung des B. vom 28. 12. 1959 (BGBl. I 829).

**Bundesverwaltungsgericht**. 1. Das B. (BVerwG) ist oberstes Gericht der allgemeinen → Verwaltungsgerichtsbarkeit (Sitz Leipzig, § 2 VwGO). Derzeit befindet sich das BVerwG noch in Berlin. Gemäß Art. 3 des G zur Verlagerung des Sitzes des BVerwG von Berlin nach Leipzig v. 21. 11. 1997 (BGBl. I 2742) wird das Bundesministerium der Justiz ermächtigt, den Zeitpunkt der Sitzverlegung und der Verlegung des Sitzes der Wehrdienstsenate (→ Wehrdienstgerichte) von derzeit München nach Leipzig durch VO zu bestimmen.

2. Das BVerwG besteht aus dem Präsidenten, Vorsitzenden Richtern und weiteren Richtern. Beim B. sind Senate gebildet, die in der Besetzung von 5 Richtern (bei Beschlüssen außerhalb der mündlichen Verhandlung 3 Richter) entscheiden. Zur Wahrung der Einheitlichkeit der Rechtsprechung ist ein aus dem Präsidenten und je einem Richter der Revisionssenate bestehender Großer Senat gebildet (§ 11 VwGO. Zur Wahrung des öffentlichen Interesses ist ein → Oberbundesanwalt bestellt.

3. Das B. entscheidet über das Rechtsmittel der Revision gegen Urteile und Beschlüsse gem. § 47 VwGO des → Oberverwaltungsgerichts nach §§ 132, 133 VwGO, der Revision gegen Urteile des → Verwaltungsgerichts nach §§ 134, 135 VwGO und der Beschwerde nach 99 II, 133 I VwGO, 17 a IV 4 GVG (vgl. § 49 VwGO). Im ersten und letzten Rechtszug ist das B. zuständig für öffentlich-rechtliche Streitigkeiten nicht verfassungsrechtlicher Art zwischen Bund und Ländern oder zwischen verschiedenen Ländern, für Klagen gegen die vom BMin. d. Innern nach § 3 II Nr. 2 des → Vereinsgesetzes ausgesprochenen Vereinsverbote und bestimmte Verfügungen nach diesem Gesetz, sowie für Klagen gegen den Bund auf Grund dienstrechtlicher Vorgänge im Geschäftsbereich des → Bundesnachrichtendienstes (§ 50 VwGO). Für Disziplinarsachen sind Disziplinarsenate gebildet (§ 55 BDO; → Disziplinargerichte).

**Bundeswahlgesetz** → Bundestag.

**Bundeswahlordnung** → Bundestag.

**Bundeswappen** → Hoheitszeichen.

**Bundeswasserstraßen.** Nach Art. 89 I GG ist der Bund Eigentümer der früheren Reichswasserstraßen, die er nach Art. 87 I, 89 II 1 GG durch eigene Behörden verwaltet (→ Wasserverwaltung). Danach sind B. alle Seewasserstraßen sowie grundsätzlich alle Binnenwasserstraßen, die dem allgemeinen Verkehr dienen, da nach Art. 97 WV das Reich die dem allgemeinen Verkehr dienenden Wasserstraßen in sein Eigentum und seine Verwaltung zu übernehmen hatte, ein Verfassungsauftrag, der durch entsprechende Staatsverträge zwischen dem Reich und den Ländern vollzogen wurde (vgl. im einzelnen Gesetz über den Staatsvertrag, betreffend den Übergang der Wasserstraßen von den Ländern auf das Reich vom 29. 7. 1921, RGBl. 961, mit Nachträgen vom 18. 2. 1922, RGBl. 222, und 22. 12. 1928, RGBl. 1929 II 1). Zur Regelung der Rechtsfragen, die sich aus dem Übergang des Eigentums an den Reichswasserstraßen auf den Bund ergeben, s. Ges. über die vermögensrechtlichen Verhältnisse der Bundeswasserstraßen vom 21. 5. 1951 (BGBl. I 352). Verwaltung, Ausbau und Neubau von B. als Verkehrsträger sind im BundeswasserstraßenG i. d. F. vom 23. 8. 1990 (BGBl. I 1818) m. Änd. geregelt, das entsprechend Art. 89 III GG die Bedürfnisse der Landeskultur und der Wasserwirtschaft im Einvernehmen mit den Ländern wahren soll. Wegen der Wasserstraßen der ehem. DDR vgl. die Anl. zu der VO vom 13. 11. 1990 (BGBl. I 2524). Zur Abgrenzung von Binnen- und Seeschiffahrtsstraßen s. 3. DVO zum FlaggenrechtsG vom 3. 8. 1951 (BGBl. II 155) i. d. F. der VO vom 14. 1. 1977 (BGBl. I 59). In wasserwirtschaftlicher Hinsicht unterliegen die B. den wasserrechtlichen Vorschriften der Länder (s. hierzu Wasserrecht, Wasserhaushalt). Über die Benutzung der Wasserstraßen als Verkehrsträger s. → Binnenschiffahrt, → Seeschiffahrt.

**Bundeswehr.** Nach dem 2. Weltkrieg war Deutschland völlig entmilitarisiert; jedoch wurde bereits 1950 von den Westmächten die Forderung nach einem Verteidigungsbeitrag der BRep. erhoben. Die zunächst ins Auge gefaßten gemeinsamen europäischen Streitkräfte

(→ Europ. Verteidigungsgemeinschaft – EVG – Vertrag v. 27. 5. 1952) ließen sich wegen Widerstands Frankreichs nicht verwirklichen. 1955 trat die BRep. daraufhin in den Brüsseler Verträgen der NATO und der → Westeuropäischen Union bei (vgl. Zustimmungsgesetz vom 24. 3. 1955, BGBl. II 256). Parallel zu dieser außenpolitischen Entwicklung vollzog sich der Aufbau der Bundeswehr im Innern: Ges. zur Ergänzung des GG vom 26. 3. 1954 (BGBl. I 45), das dem Bund die ausschließliche Gesetzgebungszuständigkeit für „die Verteidigung einschließlich der Wehrpflicht für Männer vom vollendeten 18. Lebensjahr an und des Schutzes der Zivilbevölkerung“ (Art. 73 Nr. 1) einräumte, Ges. zur Ergänzung des GG vom 19. 3. 1956 (BGBl. I 111), mit dem die sog. Wehrverfassung in das GG eingefügt und die Einordnung der B. in den verfassungsmäßigen Aufbau des Staates vollzogen wurde (insbes. Änderung der Art. 12, 60 GG, Einfügung der Art. 17a, 45a, 45b, 59a, 65a, 87a, 87b und 96 II GG). Aus der darauf folgenden umfangreichen Wehrgesetzgebung sind insbes. zu nennen das Gesetz über die Rechtsstellung der Soldaten (→ Soldatengesetz) sowie das Wehrpflichtgesetz (→ Wehrpflicht). S. ferner Soldatenversorgungsgesetz, Unterhaltssicherungsgesetz, Arbeitsplatzschutzgesetz, Wehrsoldgesetz, Wehrdisziplinarrecht, Wehrstrafrecht, Kriegsdienstverweigerer, Zivildienst. Der Begriff „Bundeswehr“ bezeichnet die Gesamtheit der Einrichtungen der militärischen Landesverteidigung. Die B. besteht aus den Streitkräften (Heer, Luftwaffe, Marine; → Territoriale Verteidigung) einschl. des Sanitäts- und Gesundheitsdienstes und der → Bundeswehrverwaltung. Sie steht in ihrer Gesamtheit einschl. der militärischen Führung unter der einheitlichen politischen Leitung des dem Parlament verantwortlichen Bundesministers der Verteidigung; dagegen ist der „Führungsstab der Streitkräfte“ lediglich der Stab des Generalinspekteurs der Bundeswehr.

**Bundeswehrdisziplinaranwalt** → Wehrdisziplinaranwalt.

**Bundeswehrverwaltung.** Die B. wird als bundeseigene Verwaltung mit eigenem Verwaltungsunterbau geführt. Sie dient den Aufgaben des Personalwesens und der unmittelbaren Deckung des Sachbedarfs der Streitkräfte (Art. 87b I GG). Ferner sind ihr Aufgaben des Wehrersatzwesens – mit Ausnahme der Erfassung – übertragen (Art. 87b II GG, § 14 I WehrpflG). Zur Durchführung dieser Aufgaben stehen zur Verfügung als Bundesoberbehörden das Bundeswehrverwaltungsamt, dem das Bundeswehrersatzamt eingegliedert ist, und das Amt für Wehrtechnik und Beschaffung, als Mittelbehörden die Wehrbereichsverwaltungen, denen die Bereichswehrersatzämter eingegliedert sind, sowie als Behörden und Dienststellen der unteren Verwaltungsstufe die Kreiswehrersatzämter, Standortverwaltungen usw. Die Angehörigen der B. sind im Unterschied zu den Angehörigen der Streitkräfte keine Soldaten. Sie unterliegen daher den Bestimmungen für Bedienstete im zivilen öffentlichen Dienst (Bundesbeamtengesetz, Bundesangestelltentarif, Manteltarifvertrag für Arbeiter des Bundes).

**Bundeszentralregister** → Strafregister; s. a. → Gewerbezentralregister.

**Bundeszwang.** Mit dem B. kann die → Bundesregierung ein → Land zur Erfüllung seiner Pflichten anhalten, wenn dieses die ihm nach dem Grundgesetz oder einem anderen Bundesgesetz obliegenden Bundespflichten (insbes. die Ausführung der Bundesgesetze) nicht erfüllt. Die BReg. kann in einem solchen Fall die notwendigen Maßnahmen treffen, insbes. Beanstandungen erheben, Beauftragte zu den Landesbehörden entsenden, selbst oder durch den Beauftragten Weisungen erteilen sowie vom → Bundesrat förmlich feststellen lassen, daß das Land das Recht verletzt habe (Art. 37, 84 IV GG). Der B. kann nur mit Zustimmung des BRats ausgeübt werden.

**Bündnisfall** → Nordatlantikvertrag.

**Buntbücher** sind amtliche Veröffentlichungen einer Regierung zur auswärtigen Politik, die unregelmäßig, meist aus besonderem politischen Anlaß, herausgegeben werden. Die Bezeichnung bezieht sich auf die verschiedenartigen Farben für die Umschläge, die in den einzelnen Staaten für solche Veröffentlichungen traditionell verwendet werden

(z. B. Weißbücher in Deutschland, Gelbbücher in Frankreich, Graubücher in Japan, Blaubücher in Großbritannien).

**Bürge** → Bürgschaft.

**Bürger** eines Gemeinwesens (Staat, Gemeinde) ist nicht jeder → Einwohner, sondern nur, wer das Bürgerrecht besitzt. Es wird i. d. R. nicht durch Verleihung, sondern beim Vorliegen bestimmter Voraussetzungen kraft Gesetzes erworben, und zwar zusammen mit dem aktiven → Wahlrecht. Inhalt des Bürgerrechts ist das Recht und die Pflicht, nach Maßgabe der Gesetze am politischen Leben des Gemeinwesens teilzunehmen.

**Bürgerbeauftragter** → Ombudsman.

**Bürgerbegehren** → Bürgerbeteiligung; → Bürgerentscheid.

**Bürgerbeteiligung** nennt man im → Gemeinderecht alle Formen der direkten Mitwirkung der Gemeindebürger an Entscheidungen in gemeindlichen Angelegenheiten. Schwächste Form ist die in den meisten Gemeindeordnungen vorgesehene → *Bürgerversammlung.* Entscheiden die Gemeindebürger (sofern gesetzlich vorgesehen) unmittelbar über eine Frage der Gemeindeverwaltung, so spricht man vom → *Bürgerentscheid.*

**Bürgerentscheid.** Der B. ist derzeit nach dem → Gemeinderecht von Baden-Württemberg, Bayern, Hessen, Mecklenburg-Vorpommern, Rheinland-Pfalz, Sachsen, Sachsen-Anhalt, Schleswig-Holstein und Thüringen vorgesehen. In den → Gemeindeordnungen findet sich ein unterschiedlicher Negativkatalog, in welchen Angelegenheiten kein B. durchgeführt werden darf; zu diesen Angelegenheiten gehört in der Regel die Haushaltssatzung. Die Möglichkeit eines B. nur für die Frage des Zusammenschlusses zweier Gemeinden besteht in Brandenburg.

Ein B. kann entweder durch die gewählten Organe der Gemeinde (Gemeinderat) oder durch ein Bürgerbegehren herbeigeführt werden. Das Bürgerbegehren muß i. d. R. von einer bestimmten Prozentzahl der Gemeindebürger unterzeichnet sein (vgl. §§ 24 f. Gemeindeordnung Sachsen v. 21. 4. 1993, GVBl. S. 301). Dieses sog. Quorum ist z. T. sehr niedrig (in Städten über 500 000 Einwohnern in Bayern 3%; vgl. Gemeindeverordnung i. d. F. d. G v. 27. 10. 1995 GVBl. 730). Die Abstimmung über den B. erfordert i. d. R., daß die Mehrheit mindestens 25% der Stimmberechtigten beträgt. In Bayern genügt die einfache Mehrheit.

**Bürgerinitiativen** nennt man die manchmal als → Verein oder → Gesellschaft des bürgerlichen Rechts, sonst aber rechtlich nicht fixierten losen Zusammenschlüsse von Bürgern zur Verfolgung eines bestimmten öffentlichen Zwecks (z. B. Förderung oder Verhinderung bestimmter Bauvorhaben). Die auch vom Kommunalrecht nicht geregelten B. treten besonders in Fragen des → Umweltschutzes (Naturschutzes) in Erscheinung. Sofern sie keine eigene Rechtspersönlichkeit besitzen, können sie nicht selbständig förmliche Rechtsbehelfe ergreifen oder klagen (vgl. auch → Verbandsklage, → Massenverfahren).

**Bürgerkriegsflüchtlinge** → Kriegsflüchtlinge und Bürgerkriegsflüchtlinge.

**Bürgerliche Rechtsstreitigkeit** ist ein gerichtliches Verfahren, in dem der → Streitgegenstand eine unmittelbare Rechtsfolge des Zivilrechts ist. Der Gegensatz ist eine öffentlich-rechtliche Streitigkeit (§ 40 I VwGO; → Verwaltungsgerichtsbarkeit). Die Abgrenzung wird nach heute überwiegender Meinung durch eine gemischte Anwendung der sog. Subjektionstheorie und der Interessentheorie vorgenommen. Eine b. R. liegt insbes. vor, wenn sie aus einem Rechtsverhältnis nach dem BGB, HGB, AktG, WechselG und den anderen zivilrechtlichen Gesetzen stammt, also z. B. aus → Kauf, → Miete, → Arbeitsverhältnis, → Werkvertrag, → unlauterem Wettbewerb (auch wenn gegenüber einem Hoheitsträger). Über b. R.en entscheiden die Gerichte der → ordentlichen Gerichtsbarkeit, soweit nicht der Rechtsweg zu besonderen Gerichten zugelassen ist (§§ 13, 14 GVG), wie namentlich zu den Gerichten der → Arbeitsgerichtsbarkeit.

**Bürgerliches Gesetzbuch** → Bürgerliches Recht.

**Bürgerliches Recht.** Das B. R. ist ein Teil des → Privatrechts. Es ist das Recht des täglichen Lebens, das jeden in seinen privatrechtlichen Beziehungen zur Umwelt betrifft. Anders als die nur für bestimmte Personen oder Lebensbereiche geltenden besonderen Rechtsgebiete des Privatrechts (z. B. Handelsrecht, Gesellschaftsrecht, Wechselrecht, z. T. auch Arbeitsrecht) ist das B. R. die generelle Regelung für den Rechtsverkehr des Bürgers im allgemeinen.

Die Hauptmaterien des B. R. sind im *Bürgerlichen Gesetzbuch* – BGB – vom 18. 8. 1896 (RGBl. 195, in Kraft seit 1. 1. 1900) geregelt. Dieses enthält in 5 Büchern: (1.) allgemeine Vorschriften (z. B. über Rechts- und Geschäftsfähigkeit, Willenserklärung, Verträge, Vertretung, Verjährung usw.) sowie in den weiteren Büchern die wichtigsten Vorschriften über (2.) die persönlichen Rechtsbeziehungen zweier Beteiligter (→ Schuldrecht), (3.) über die dingliche Zuordnung des Eigentums an beweglichen Sachen und Grundstücken sowie die Eigentumsbeschränkungen durch Belastung (→ Sachenrecht), (4.) über die familienrechtlichen Verhältnisse einer Person (→ Familienrecht, insbes., Verwandtschaft, Güterrecht, Vormundschaft, Ehescheidung) und (5.) über die rechtlichen Verhältnisse nach dem Tode einer Person (→ Erbrecht). Daneben sind zum B. R. verschiedene, in Sondergesetzen geregelte Rechtsmaterien zu rechnen, z. B. der → Kreditvertrag, das → Verschollenheitsrecht, das Recht der → Allgemeinen Geschäftsbedingungen, das Beurkundungsgesetz (→ Formerfordernisse, 1 b), das Recht der → Produkthaftung und des → Wohnungseigentums, ferner auch das → internationale Privatrecht.

**Bürgermeister** ist das in der Regel vom Volk gewählte leitende Organ einer → Gemeinde (→ Gemeindeverfassung, 2). In den → kreisfreien Städten kreisfreien Städten und in bestimmten kreisangehörigen Städten führt der B. die Bezeichnung → Oberbürgermeister (→ Gemeindeverfassung, 3).

**Bürgermeistertestament** → Testament (3).

**Bürgerschaft.** Bezeichnung der Volksvertretung (Landesparlament) in den Ländern → Bremen und → Hamburg (→ Landtag).

**Bürgersteig** → Gehweg.

**Bürgerversammlung.** Die Ausgestaltung der zur Erörterung gemeindlicher Angelegenheiten einzuberufenden B. ist in den → Gemeindeordnungen unterschiedlich geregelt; die Einberufung ist z. T. mindestens einmal jährlich vorgeschrieben. In größeren Gemeinden kann sie auf Teile des Gemeindegebiets beschränkt sein. Empfehlungen der B., in der grundsätzlich nur Gemeindebürger das Wort erhalten, müssen vom Gemeinderat binnen bestimmter Frist behandelt werden. Darüber hinausgehende Formen der → Bürgerbeteiligung sind Bürgerbegehren und Bürgerentscheid.

**„Bürgerwehr“** → „Privatpolizeien“ → Sicherheitswacht.

**Burgfriede** → Landfriede.

**Bürgschaft** ist ein → Vertrag, durch den sich der Bürge gegenüber dem Gläubiger verpflichtet, für die Erfüllung der Verbindlichkeit eines Dritten (Schuldner) einzustehen (§ 765 BGB). Neben das → Schuldverhältnis zwischen Gläubiger und Schuldner, dessen Rechtsgrund hierfür gleichgültig ist, tritt also ein weiteres zwischen Gläubiger und Bürgen, das in seinem Bestand vom Umfang der Hauptschuld abhängig ist (s. u.; → Akzessorität). Am wichtigsten sind die *Bank-B.*, die häufig der → Sicherheitsleistung dient (im Rechtsstreit sog. *Prozeß-B.*), sowie die *Bundes-B.* (insbes. zur Absicherung der Exportfinanzierung; → Hermesdeckung). Keine B., wenn auch im wirtschaftlichen Zweck hiermit verwandt, sind die → Schuldmitübernahme (Begründung einer zweiten Hauptschuld), der → Garantievertrag (selbständige Verpflichtung zur Haftung für einen Erfolg; ähnlich auch die sog. *Patronatserklärung* einer Muttergesellschaft für ihre Tochterunternehmen, vgl. BGHZ 117, 127), der → Versicherungsvertrag, die → Delkrederehaftung des Kommissionärs, die → Vertragsstrafe sowie der → Kreditauftrag; Sondervorschriften gelten ferner für den → Wechselbürgen (Art. 30 ff. WG: selbständige Verpflichtung).

Die B. kann auch für eine künftige oder bedingte Schuld übernommen werden (sog. *Kreditbürgschaft,* § 765 II BGB). Zur Gültigkeit des B.vertrags ist die schriftliche Erteilung der B.erklärung erforderlich (§ 766 BGB; → Form, 1 a; Heilung bei Erfüllung der Schuld durch den Bürgen). Keiner Form bedarf die B. des → Kaufmanns, wenn sie auf seiner Seite ein → Handelsgeschäft ist (*Handelsbürgschaft;* § 350 HGB). Für die Verpflichtung des Bürgen (Höhe, Umfang) ist der jeweilige Bestand der Hauptverbindlichkeit maßgebend; die Haftung kann aber auf einen bestimmten Höchstbetrag beschränkt werden. Der Bürge haftet auch für vom Schuldner zu vertretende Schadensersatzansprüche, Prozeßkosten usw., nicht aber für nachträglich durch den Hauptschuldner abgeschlossene Rechtsgeschäfte, welche die Haftung des Bürgen erweitern (§ 767 BGB). Die B. *erlischt* mit der Hauptschuld (z. B. durch deren → Erfüllung, → Aufrechnung, → Erlaß usw.); vorher wird der Bürge frei, wenn er sich nur für eine bestimmte Zeit verpflichtet hat (§ 777 BGB). Der Bürge kann die dem Hauptschuldner gegen die Forderung zustehenden → Einreden (z. B. → Verjährung, nicht aber die → Beschränkung der Erbenhaftung) geltend machen, auch wenn der Hauptschuldner darauf verzichtet hat (§ 768 BGB). Er kann ferner die Befriedigung des Gläubigers verweigern, solange der Schuldner durch ein Gestaltungsrecht seine Verbindlichkeit beseitigen kann (z. B. durch Anfechtung, → Rücktritt vom Vertrag, → Wandelung) oder der Gläubiger sich durch → Aufrechnung gegen eine fällige Forderung des Hauptschuldners befriedigen kann (§ 770 BGB). Verbürgen sich mehrere für dieselbe Verbindlichkeit *(Mitbürgen),* so haften sie, auch wenn sie die B. nicht gemeinschaftlich übernommen haben, als → Gesamtschuldner (§ 769 BGB); untereinander haben sie bei Inanspruchnahme durch den Gläubiger keinen Rückgriffs- (s. u.), sondern nur einen Ausgleichsanspruch (§§ 774 II, 426 BGB). Verbürgt sich jedoch ein weiterer Bürge nicht für den Schuldner, sondern für den Bürgen *(Nachbürge),* so hat er einen vollen Rückgriffsanspruch gegen den Erstbürgen. Wieder anders kann sich der Bürge gegen seine Inanspruchnahme durch einen weiteren Bürgen absichern (sog. *Rückbürge*); hier hat der Bürge bei Leistung an den Gläubiger einen Rückgriffsanspruch gegen den Rückbürgen und dieser gegen den Hauptschuldner.

Der Bürge kann i. d. R. die Befriedigung des Gläubigers verweigern, solange nicht der Gläubiger eine → Zwangsvollstreckung gegen den Hauptschuldner (oder eine Verwertung aus einem haftenden → Pfandrecht u. dgl.) ohne Erfolg versucht hat (Einrede der *Vorausklage,* §§ 771 ff. BGB). Die Einrede der Vorausklage ist ausgeschlossen, wenn über das Vermögen des Hauptschuldners das → Insolvenzverfahren eröffnet ist, die Zwangsvollstrekkung durch Wohnsitzwechsel erheblich erschwert oder sonst anzunehmen ist, daß sie erfolglos sein wird. Die Einrede der Vorausklage ist ferner dann ausgeschlossen, wenn der Bürge hierauf verzichtet, insbes. wenn er sich als *Selbstschuldner* verbürgt hat (§ 773 BGB); auch diese selbstschuldnerische B., die bei der HandelsB. eines Kaufmanns i. d. R. anzunehmen ist (§ 349 HGB), ist eine B., keine Schuldmitübernahme. Zulässig ist im Rahmen der Vertragsfreiheit grdsätzl. die Verpflichtung (insbes. einer Bank oder einer am internationalen Wirtschaftsverkehr beteiligten Aktiengesellschaft), der Bürge habe – ungeachtet der erst später erfolgenden Überprüfung der Berechtigung der Hauptforderung (z. B. aus einem Bauvertrag; Beweislast bleibt hierfür beim Gläubiger) – vorläufig ohne diesbezügl. Einwendungsmöglichkeit an den Gläubiger zu leisten (sog. *Zahlung oder B. auf erstes Anfordern,* BGH WM 1998, 1062). Umgekehrt kann auch vereinbart werden, daß der Bürge nur in Anspruch genommen werden soll, wenn der Gläubiger trotz pflichtgemäßer Wahrnehmung sämtlicher Möglichkeiten in Zwangsvollstreckung und Insolvenz gegen den Schuldner oder bei der Verwertung von Sicherheiten mit seiner Forderung ganz oder teilweise endgültig ausgefallen ist *(Ausfallbürgschaft).* Soweit der Bürge den Gläubiger befriedigt, geht die Forderung des Gläubigers gegen den Hauptschuldner mit allen Nebenrechten auf ihn über (gesetzlicher Forderungsübergang, → Abtretung; § 774

BGB); neben diesem Rückgriffsrecht (*Revalierungsanspruch)* besteht meist ein Anspruch aus dem zwischen Bürgen und Hauptschuldner bestehenden Schuldverhältnis (→ Auftrag, Geschäftsbesorgung), dessen Einwendungen (z. B. Verzicht auf Ersatz) vom Hauptschuldner gegenüber der auf den Bürgen übergegangenen Forderung des Gläubigers geltend gemacht werden können. Schon vor Leistung an den Gläubiger hat der Bürge einen Anspruch auf Befreiung oder auf → Sicherheitsleistung gegen den Hauptschuldner, wenn dieser seine Verbindlichkeit nicht erfüllt oder wenn sich dessen Vermögensverhältnisse wesentlich verschlechtert haben (§ 775 BGB).

**Bürogemeinschaft** → Sozietät.

**Buße.** Dem Täter einer → Straftat kann die Geldzahlung an eine gemeinnützige Einrichtung, um ihn vor Bestrafung zu bewahren, mit seinem Einverständnis bei *vorläufigem Absehen von der Anklageerhebung,* nach dieser bei *vorläufiger Einstellung des Verfahrens* auferlegt werden (§ 153a StPO). Über entsprechende Auflagen für den straffälligen *Jugendlichen* → Zuchtmittel. Zur B. als Bewährungsauflage → Strafaussetzung zur Bewährung.

**Bußgeld, Bußgeldverfahren.** Zuwiderhandlungen gegen Gesetze sind in zahlreichen Fällen, insbes. im → Wirtschaftsrecht, mit *Geldbuße* von mindestens 5 DM (Höchstgrenze grundsätzlich 2000 DM, § 17 OWiG) bedroht; solche Handlungen sind → Ordnungswidrigkeiten und, wenn sie je nach der Schwere der Zuwiderhandlung mit *Strafe oder Geldbuße* geahndet werden können, sog. *Mischtatbestände* (d. h. im ersten Fall Straftat, im zweiten Fall Ordnungswidrigkeit; vgl. z. B. §§ 1, 2 WiStG 1954).

Kommt die Verhängung einer Geldbuße nach Bundes- oder Landesrecht in Betracht, so wird das *Bußgeldverfahren* eingeleitet. Es richtet sich stets nach dem Ges. über Ordnungswidrigkeiten i. d. F. vom 19. 2. 1987 (BGBl. I 602).

Das Ermittlungsverfahren (z. B. wegen Preisvergehens oder sonstiger Wirtschaftsdelikte) wird von der Verwaltungsbehörde geführt, die sich dazu der Polizei bedienen kann (§§ 35 ff. OWiG). Wird das Verfahren nicht eingestellt oder an die Staatsanwaltschaft abgegeben, weil eine Straftat in Betracht kommt, so kann die Verwaltungsbehörde einen *Bußgeldbescheid* erlassen.

Gegen ihn kann der Betroffene binnen 2 Wochen *Einspruch* erheben und dadurch die Entscheidung des Amtsgerichts herbeiführen (§§ 67 ff. OWiG). Dieses entscheidet wie im → Strafprozeß auf Grund einer → Hauptverhandlung durch Urteil oder, wenn der Betroffene und die Staatsanwaltschaft nicht widersprechen, im Beschlußverfahren. Es kann auf Freispruch, Bußgeldfestsetzung oder Einstellung erkennen, auch vom Bußgeldbescheid zum Nachteil des Betroffenen abweichen (§§ 71 ff. OWiG), nicht jedoch, wenn es durch Beschluß entscheidet.

Gegen seine Entscheidung ist die *Rechtsbeschwerde* zulässig, die nur auf Gesetzesverletzung, nicht auf Unrichtigkeiten in der Tatsachenfeststellung gestützt werden kann; sie ist aber nur statthaft, wenn eine Geldbuße von mehr als 500 DM festgesetzt worden ist, im Falle des Freispruchs oder der Einstellung oder des Absehens von einem Fahrverbot nur, wenn der Bußgeldbescheid auf mehr als 1200 DM lautete, in ihm ein Fahrverbot verhängt war oder eine solche Geldbuße oder ein Fahrverbot von der StA beantragt war, ferner wenn der Einspruch durch Urteil als unzulässig verworfen worden ist, sonst auch, wenn die Rechtsbeschwerde ausdrücklich zugelassen worden ist (§§ 79, 80). Über sie entscheidet das Oberlandesgericht.

Die Rechtskraft des B.bescheids schließt erneute Verfolgung wegen der Tat aus, es sei denn, diese stelle sich nachträglich als *Straftat* dar. Auch dann ist aber, wenn das *Gericht* rechtskräftig entschieden hat, erneute Verfolgung ausgeschlossen, gleichviel ob das Gericht die Tat als Straftat oder als Ordnungswidrigkeit angesehen hat (§ 84 OWiG).

Über den Übergang vom Bußgeld- zum strafrechtlichen Ermittlungsverfahren vgl. §§ 41 ff. OWiG, über den Übergang in das gerichtliche Verfahren und die gleichzeitige Behandlung von Straftaten und Ordnungswidrigkeiten §§ 81 ff. OWiG.

Für *Verkehrsordnungswidrigkeiten* gilt die nach § 26a StVG erlassene *Bußgeld-*

*katalog-VO* vom 4. 7. 1989 (BGBl. I 1305) m. Änd. Ferner ist bei grober oder beharrlicher Pflichtverletzung ein → Fahrverbot vorgesehen (§ 25 StVG). Geldbußen sind nach den in der Anlage zu dieser VO bestimmten Beträgen festzusetzen; diese sind Regelsätze für fahrlässige Begehung und gewöhnliche Tatumstände. Bei geringfügigem Verstoß ist auch lediglich eine → Verwarnung oder Verwarnungsgeld möglich.

Zum Verfahren in Bußgeldsachen nach dem → KartellG vgl. §§ 81–85 GWB (Festsetzung der Geldbuße durch die Kartellbehörde, auf Einspruch Entscheidung durch das Oberlandesgericht, Rechtsbeschwerde zum Bundesgerichtshof).

Für die Verfolgung von *Steuerordnungswidrigkeiten* (§§ 377 ff., 409 ff. AO) sind die Finanzämter zuständig. Über den Einspruch binnen zwei Wochen gegen den Bußgeldbescheid entscheidet das Amtsgericht (§§ 67, 68 I OWiG).

**Bußgeldkatalog** → Bußgeld, Bußgeldverfahren.

**Butterverordnung.** Die B. gemäß Art. 1 der VO vom 3. 2. 1997 (BGBl. I 144) ist aufgrund des Milch und Margarinegesetzes (→ Milch), des → Milch- und Fettgesetzes sowie des Lebensmittel- und Bedarfsgegenständegesetzes (→ Lebensmittelrecht) erlassen. Sie ergänzt das einschlägige, unmittelbar geltende europäische Recht. Im einzelnen geregelt sind Fragen der Butter aus Rohmilch, ergänzende Kennzeichnungs- und Handelsklassenbestimmungen und das Gütezeichen Deutsche Markenbutter einschließlich der Anforderungen an Butterprüfungen, die zu dessen Führung berechtigen.

**Campanella, Thomas** → Staatsutopien.

**Campingplätze** → Zeltlagerplätze.

**canon** → Codex iuris canonici.

**Carolina** → Constitutio Criminalis Carolina.

**Carpzow, Benedikt** (1595–1666), kursächsischer Richter und Rechtslehrer, schuf in seinen wissenschaftlichen Werken die theoretische Grundlage für die Weiterentwicklung des Strafrechts. Seine Auffassung über Sinn und Zweck der Strafe war noch weitgehend von den auf religiösen Vorstellungen beruhenden strengen Grundsätzen der → Constitutio Criminalis Carolina bestimmt.

**carry back, carry forward** → Verlustabzug.

**Car-sharing** ist die geteilte Nutzung eines oder mehrerer Pkw durch verschiedene Personen. Rechtlich liegt je nach den Umständen → Gefälligkeitsverhältnis (Gefälligkeitsvertrag), → Leihe, → Miete, → Bruchteilsgemeinschaft, → Gesellschaft bürgerlichen Rechts, → Gesellschaft mit beschränkter Haftung, → Verein oder → Genossenschaft vor.

**case-law** → Common law.

**Cassisformel.** Die im sog. Cassis de Dijon-Fall formulierte C. verwendet der EuGH zur Beschreibung zulässiger Handelsbeschränkungen durch die Mitgliedstaaten (vgl. EuGHE 1979, 649, 662). Maßgebend ist danach neben dem Vorrang gemeinschaftsrechtlicher Regelungen der Grundsatz der Verhältnismäßigkeit für innerstaatliche Beschränkungen und der Schutz maßgeblicher Rechtsgüter (steuerliche Kontrolle, Schutz der öffentlichen Gesundheit, Lauterkeit des Handelsverkehrs und Verbraucherschutz).

**Casus belli** (Kriegsfall) ist das Eintreten der Umstände, die von einem Staat als Kriegsgrund angesehen werden.

**causa** = Rechtsgrund; → Rechtsgeschäft, → ungerechtfertigte Bereicherung.

**CE-Kennzeichnung** → Produktsicherheit.

**Celex-** Datenbank → Gemeinschaftsrecht, europäisches.

**cessio** (Zession) → Abtretung.

**cessio legis** (Legalzession) = gesetzlicher Forderungsübergang; → Abtretung (5).

**Chancenausgleich** → Parteien (politische).

**Chancengleichheit** ist ein aus der → Gleichheit vor dem Gesetz (Gleichheitssatz) und anderen Verfassungsbestimmungen (z. B. Art. 33 GG) folgender Grundsatz, der besagt, daß alle Bewerber um Teilhabe an politischer Macht (z. B. polit. → Parteien), öffentlichen Einrichtungen, Ämtern und Leistungen im Wettbewerb stehen und gleiche Möglichkeiten haben müssen. Der Grundsatz hat je nach Rechtsgebiet verschiedenartige Ausprägungen (vgl. z. B. den finanziellen *Chancenausgleich* bei polit. → Parteien). Besondere Bedeutung hat die C. bei Prüfungen; hier darf das Verfahren keinen Bewerber ohne sachl. Grund bevorzugen oder benachteiligen.

**Charta der Vereinten Nationen** ist die Satzung der → Vereinten Nationen.

**Chartervertrag** ist eine besondere Art des → Seefrachtvertrags, durch den ein Schiff für eine oder mehrere Seereisen ganz, zu einem verhältnismäßigen Teil oder mit einem bestimmt bezeichneten Raum vermietet wird. Der Ch. kann auch für eine bestimmte Zeit oder für eine bestimmte Reise abgeschlossen werden. Der schriftliche Vertrag über einen Ch. heißt *Charterpartie* (§ 557 HGB); diese ist kein → Wertpapier, sondern eine Beweisurkunde. Ein Ch. kann auch in bezug auf Flugzeuge abgeschlossen werden, i. d. R. aber nur für das ganze Flugzeug und für einzelne oder eine bestimmte Anzahl von Flugreisen; je nach Ausgestaltung des Ch. handelt es sich hierbei um einen → Mietvertrag oder um einen → Beförderungsvertrag (Gruppenreise). S. a. → Reeder (Haftung).

**Chemikaliengesetz.** Das C. i. d. F. vom 25. 7. 1994 (BGBl. I 1703) soll Menschen und Umwelt vor schädlichen Einwirkungen gefährlicher Stoffe und Zubereitungen schützen (§ 1 ChemG). Vom Anwendungsbereich des Gesetzes ausgenommen sind u. a. → Arzneimittel, → Abfälle, → Altöle, → Abwasser und radioaktive Abfälle (s. im einzelnen § 2). Was einen chemischen Stoff als gefährlich erscheinen läßt (z. B. Giftigkeit, Expolisionsgefährlichkeit, Umweltgefährdung) ist in § 3 a näher geregelt. Das C. regelt für *neue Stoffe,* d. h. solche, die nicht im → Altstoffverzeichnis aufgeführt sind, ein Anmeldeverfahren (§§ 4–12), – allgemein – Einstufung, Verpackung und Kennzeichnung von gefährlichen Stoffen, Zubereitungen und Erzeugnissen (§§ 13–15), umfangreiche Mitteilungspflichten (§§ 16–16 e), Ermächtigungen zu Verboten und Beschränkungen (u. a. für giftige Pflanzen und Tiere, § 18) und für Vorschriften zum Schutz von Beschäftigten (§ 19). Für Prüfverfahren und Prüfnachweise gelten die → Grundsätze der guten Laborpraxis (GLP). Wichtige Vollzugsvorschriften enthalten die VOen vom 12. 7. 1990 (BGBl. I 1422, betreffend Gefährlichkeitsmerkmale, BGBl. I 1424, betreffend Giftinformationen, BGBl. I 1432, betreffend Prüfnachweise), die ChemikalienverbotsVO i. d. F. vom 12. 7. 1996 (BGBl. I 1151) und die BußgeldVO vom 20. 3. 1994 (BGBl. I 718).

**Chemische Fabriken,** in denen Ausgangsstoffe chemischen Umwandlungen unterworfen werden, bedürfen meist einer Genehmigung nach den Vorschriften über → Immissionsschutz, so vor allem Anlagen zur Herstellung von anorganischen Grundchemikalien (Säuren, Basen, Salzen), organischen Grundchemikalien (Alkoholen, Aldehyden u. a.), Metallen, Farben, Waschmitteln, Kunststoffen u. a. (§ 1 Nr. 17 der VO über genehmigungsbedürftige Anlagen vom 14. 2. 1975, BGBl. I 499). Für Anlagen zur Erzeugung oder Spaltung von Kernbrennstoffen oder zur Aufarbeitung bestrahlter Kernbrennstoffe gelten Sondervorschriften (§§ 7–8 → Atomgesetz). S. a. → Immissionsschutz, öff-rechtl..

**Chipgeld** → Cybergeld, → Bankgeschäfte.

**Christlicher Gewerkschaftsbund** (CGB) ist ein unabhängig vom → Deutschen Gewerkschaftsbund bestehender, nach dem Berufsverbandsprinzip aufgebauter Zusammenschluß von Gewerkschaften; er besitzt → Tariffähigkeit.

**cif** lautet eine Klausel, insbes. beim → Handelskauf, wonach der Verkäufer die Kosten der Verladung (cost), der Versicherung (insurance) und der Fracht (freight) zu tragen hat. Eine Änderung des → Leistungsorts ist mit dieser Klausel allein regelmäßig noch nicht verbunden (→ Versendungskauf). → fob.

**CISG** (convention on contracts for the international sale of goods) ist das Wiener UN-Übereinkommen vom 11. 4. 1980 über den internationalen Warenkauf (Ges. vom 5. 7. 1989, BGBl. II 586). Es regelt – international einheitlich – den Abschluß und vor allem die Abwicklung von Kauf- und Werklieferungsverträgen über Waren (nicht Grundstücke, Rechte oder zum persönlichen Gebrauch des Erwerbers), sofern die Parteien ihre Niederlassung in verschiedenen Vertragsstaaten haben. Das CISG geht dem → Internationalen Privatrecht vor.

**clausula rebus sic stantibus** → Geschäftsgrundlage.

**Clearing** ist eine durch → Aufrechnung zwischen Mitgliedern eines bestimmten Teilnehmerkreises (insbes. Banken) vorgenommene bargeldlose Zahlung; häufig auch im internationalen Verkehr in verschiedenen Währungen.

**CMA** → Absatzfonds.

**CMR-Übereinkommen** → Frachtvertrag.

**Cocceji, Samuel von –** (1679 bis 1755), nahm als Großkanzler und Justizminister Friedrichs d. Gr. starken Einfluß auf die Rechtsentwicklung in Preußen. Im Rahmen einer Justizreform schuf er eine neue Prozeßordnung und entwarf das „Corpus Juris Fridericiani" (1749).

**Code** (franz.) = Gesetzbuch.

**Code civil** (Zivilgesetzbuch) von 1804, zeitweise auch als Code Napoléon bezeichnet, Kodifikation des franz. Zivilrechts, nach der Okkupation des Rheinlands durch Frankreich in den linksrheinischen Gebieten von Preußen, Bayern und Hessen sowie in Baden eingeführt und dort noch bis zum Inkrafttreten des BGB in Geltung. Der C. c. hat weitgehend die Fortentwicklung des bürgerlichen Rechts im romanischen Rechtskreis beeinflußt.

**code de commerce,** die Kodifikation des französischen Handelsrechts von 1807, gehört zu den sog. Napoleonischen Gesetzen, galt bis zum Inkrafttreten des Allgemeinen Deutschen Handelsgesetzbuches von 1861 in bestimmten rheinischen Gebieten Deutschlands; er hat das deutsche → Handelsrecht beeinflußt.

**code pénal:** französ. Strafgesetzbuch vom 12. 2. 1810.

**Codex Hammurabi,** eine nach dem babylonischen König H. (Hammurapi, Chammurabi; 1728–1686 v. Chr.) benannte, in Keilschrift in Stein gehauene Sammlung von Gesetzen; umfaßte bürgerliches, Handels- und Strafrecht.

**Codex iuris canonici (CIC).** 1. Der CIC ist die Kodifikation des allgemeinen katholischen → Kirchenrechts. Er wurde am 25. 1. 1983 von Papst Johannes Paul II. promulgiert (veröffentlicht) und trat am 27. 11. 1983 in Kraft. Der CIC gilt nur für die lateinische (abendländische) Kirche; ein Codex iuris canonici orientalis für alle – unierten – Ostkirchen ist vorgesehen.

2. Der CIC regelt nicht das in eigenen Gesetzbüchern enthaltene Liturgische Recht und läßt das durch Verträge geschaffene Recht (→ Konkordate) unberührt. Im übrigen werden durch den CIC alle früheren Gesetze, die ihm widersprechen, alle Strafgesetze, sowie insbesondere der 1917 promulgierte Codec iuris canonici aufgehoben.

3. Der CIC gliedert sich in sieben Bücher. Buch I – Allgemeiner Teil – befaßt sich mit den kirchlichen Rechtsnormen und Verwaltungsakten, den natürlichen und juristischen Personen, der Leitungsgewalt und den Kirchenämtern, Fristen und Verjährung. Buch II – Überschrift „Volk Gottes" – befaßt sich in Teil I mit Rechten und Pflichten aller Gläubigen sowie Stand und Ausbildung der Kleriker; Teil II regelt die hierarchische Verfassung der Kirche (Papst, Bischofskollegium, Bischofssynode, Kardinäle, Kurie, Gesandte, Metropoliten, Bischöfe und Diözesen); Teil III regelt die Institute des geweihten Lebens (Ordensinstitute, Säkularinstitute) und Gesellschaften des Apostolischen Lebens. Buch III normiert den Verkündigungsdienst, Buch IV den Heiligungsdienst der Kirche. Buch V enthält Bestimmungen über das Kirchenvermögen, Buch VI das kirchliche Strafrecht und Buch VII das Prozeßrecht.

4. Durch den CIC wurde entgegenstehendes Partikularrecht (nur in bestimmten Gebieten geltendes oder sonstiges im Range unter dem CIC stehendes Recht) aufgehoben. Im übrigen bleibt das Partikularrecht unberührt. Auch kann im Rahmen des CIC neues Partikularrecht (z. B. durch → Bischofskonferenzen oder → Bischöfe) geschaffen werden.

5. Weltliches Recht gilt nach can. 22 nur insoweit, als der CIC hierauf verweist und dieses göttlichem Recht nicht widerspricht. Nach weltlichem Rechtsverständnis dagegen besteht, soweit das staatliche Recht nicht auf eine Regelung innerkirchlicher Angelegenheiten verzichtet (vgl. Art. 140 GG i. V. m. Art. 137 WV bzw. konkordatäre Regelungen), Vorrang des weltlichen Rechts (→ Staatskirchenrecht).

**Codex Justinianus** → römisches Recht.

**Commodum (stellvertretendes)** → Unmöglichkeit der Leistung (3).

**Common law** ist das in England geltende gemeine Recht, das weitgehend Gewohnheitsrecht ist. Das engl. Recht ist nur zum geringen Teil in Gesetzeswerken zusammengefaßt (kodifiziert; sog. *statute law*). Es beruht meist als sog. Fall-Recht *(case-law)* auf früheren Entscheidungen höherer Gerichte, die in Fallsammlungen zusammengefaßt sind und die Gerichte binden. Die Sammlungen, die sich als Richterrecht darstellen *(judiciary law)*, werden ständig durch neue Entscheidungen ergänzt; auf diese Weise wird das Recht fortgebildet. Zum Unterschied hiervon umfaßt das *civil law* bürgerlich-rechtliche Grundsätze, die dem → römischen Recht entlehnt sind.

**Commonwealth** (wörtl.: Gemeinwesen) ist die Bezeichnung für den Britischen Staatsverband. Sie verdrängte, endgültig im Westminsterstatut vom 11. 12. 1931, die frühere Bezeichnung → Empire. Während zwischen den beiden Weltkriegen von einem „British Commonwealth of Nations" gesprochen wurde, ist die Bezeichnung heute „Commonwealth of Nations." Aus dem früheren Staatenbund ist inzwischen eine völkerrechtlich nahezu bedeutungslose → Personalunion mit der englischen Königin als Staatsoberhaupt geworden.

**communis opinio** (lat.) = allgemeine Meinung.

**compensatio lucri cum damno** → Vorteilsausgleichung.

**Computer** (Vertrag) → Software. S. a. → Urheberrecht, → unlauterer Wettbewerb.

**Computerbetrug** (§ 263 a StGB) begeht, wer in der Absicht sich oder einem Dritten einen rechtswidrigen Vermögensvorteil zu verschaffen, das Vermögen eines anderen dadurch beschädigt, daß er das Ergebnis eines Datenverarbeitungsvorganges durch unrichtige Gestaltung des Programms, durch Verwendung unrichtiger oder unvollständiger Daten, durch unbefugte Verwendung von Daten oder sonst durch unbefugte Einwirkung auf den Ablauf beeinflußt. Strafe und Verfolgung wie beim → Betrug.

**Computerkriminalität** ist mit Strafe bedroht als → Ausspähen von Daten (sog. Computerspionage), → Computerbetrug, → Fälschung technischer Aufzeichnungen, Fälschung beweiserheblicher Daten (→ Urkundenfälschung), → Urkundenunterdrückung, → Datenveränderung, → Computersabotage, Betriebsspionage (→ Geheimnisverrat, → Geschäftsgeheimnis), unerlaubte Verwertung von Computerprogrammen (§ 106 I UrhG, → Urheberrecht). Solange diese Straftaten nicht vorliegen, ist das Eindringen in eine Datenverarbeitungsanlage durch sog. Hacker straflos.

**Computermanipulation** → Urkundenfälschung.

**Computersabotage.** Wer eine Datenverarbeitung, die für einen fremden Betrieb, ein fremdes Unternehmen oder eine Behörde von wesentlicher Bedeutung ist, durch → Datenveränderung oder dadurch stört, daß er eine Datenverarbeitungsanlage oder einen Datenträger zerstört, beschädigt, unbrauchbar macht, beseitigt oder verändert, wird gemäß § 303 b StGB mit Freiheitsstrafe bis zu 5 Jahren oder Geldstrafe bestraft. *Versuch* ist strafbar. Verfolgung nur nach → Strafantrag oder bei besonderem öffentl. Interesse an der Strafverfolgung.

**condicio** = → Bedingung; → conditio.

**condictio** = Anspruch aus → ungerechtfertigter Bereicherung.

**condictio causa data, causa non secuta** = Anspruch auf Rückgewähr wegen Nichteintritts des mit der Leistung bezweckten Erfolgs.

**condictio causa finita** = Anspruch auf Rückgewähr wegen Wegfalls des mit der Leistung bezweckten Erfolgs.

**condictio indebiti** = Anspruch auf Rückgewähr einer nicht geschuldeten Leistung.

**condictio ob turpem vel iniustam causam** = Anspruch auf Rückgewähr, weil die Annahme der Leistung gegen die guten Sitten oder das Gesetz verstieß.

**condictio possessionis** = Anspruch auf Rückgewähr des ohne Rechtsgrund erlangten Besitzes.

**condictio sine causa** = Anspruch auf Rückgewähr einer ohne Rechtsgrund erbrachten Leistung (s. i. e. → ungerechtfertigte Bereicherung).

**conditio** = → Bedingung; **conditio facti** = tatsächliche Bedingung; **conditio iuris** = Rechtsbedingung (je nachdem, ob die an die Bedingung geknüpfte Rechtsfolge von einem tatsächlichen Ereignis oder von einem rechtlichen Gesichtspunkt abhängt).

**conditio sine qua non** → Bedingungstheorie, → Kausalität im Strafrecht; für das bürgerliche Recht → Schadensersatz (1 a).

**Congress** (USA) ist das Parlament der Vereinigten Staaten von Nordamerika. Der C. besteht aus zwei Häusern, dem Senat und dem Repräsentantenhaus. Die Mitglieder des Repräsentantenhauses, deren Zahl sich nach der Bevölkerungszahl bestimmt, werden in gleicher, unmittelbarer und geheimer Wahl nach einem Mehrheitswahlrecht alle zwei Jahre neu gewählt. Im Senat ist jeder Bundesstaat durch zwei von den Bürgern des betreffenden Bundesstaats unmittelbar auf 6 Jahre gewählten Repräsentanten vertreten; in jedem zweiten Jahr wird ein Drittel der Senatoren turnusmäßig neugewählt. Es handelt sich um ein echtes Zweikammersystem; jedes Gesetz muß von beiden Kammern verabschiedet werden.

**consensus contrarius** → actus contrarius.

**Consolidator** nennt man Tickethändler beim Flugscheinverkauf. Der Verkauf von Einzeltickets für grenzüberschreitende Flüge (Linie oder Charter) ist umsatzsteuerfrei (§ 4 Nr. 5 b UStG; Einzelheiten BMF 12. 11. 1997 BStBl. I 1997, 956).

**Constitutio Criminalis Carolina (CCC),** die Peinliche Hals- und Gerichtsordnung Karls V. von 1532, war das erste Reichsstrafgesetzbuch. Sie beruhte großenteils auf der → Bambergischen Halsgerichtsordnung von 1507. Die CCC enthielt – neben z. T. überaus harten Strafdrohungen und strengen Verfahrensvorschriften (Zulässigkeit der → Folter) – viele noch heute gebräuchliche Straftatbestände, außerdem eine Reihe allgemeiner strafrechtlicher Begriffe wie z. B. Versuch, Notwehr, Zurechnungsfähigkeit. Die CCC galt aber nur subsidiär; das Landesstrafrecht hatte Vorrang (z. B. in Kurbaiern der Codex Bavaricus Criminalis von 1751, in Österreich die Constitutio Criminalis Theresiana von 1768).

**constitutum possessorium** → Besitzkonstitut.

**contempt of court** → Beeinflussung der Rechtspflege.

**contra legem** = gegen das Gesetz (den Wortlaut des Gesetzes).

**contractus** = → Vertrag (s. dort).

**contractus mohatrae.** Werden jemandem → vertretbare Sachen überlassen mit der Vereinbarung, daß der bei der Veräußerung erzielte Erlös geschuldet sein soll, so liegt ein → Darlehen vor. Man spricht insoweit auch von einem uneigentlichen → Trödelvertrag. Der Begriff c. m. wird auch für Stillhalteabkommen gebraucht.

**contrarius actus** → actus contrarius.

**Convaleszenz** → Konvaleszenz.

**Convertible Bonds** sind → Wandelschuldverschreibungen.

**Copyright** ist das anglo-amerikanische → Urheberrecht. Zum Erwerb des Urheberrechts muß jedes Exemplar des Werkes, das geschützt werden soll, den C.-Vermerk mit Jahreszahl der ersten Veröffentlichung und den Namen des Berechtigten tragen (vgl. US-Copyright Law 1947). Eintragung in ein C.-Register. Schutzfrist 28 Jahre mit Verlängerungsmöglichkeit um weitere 28 Jahre. S. → Welturheberrechtsabkommen.

**COREPER** (= Comité des Représentants Permanents des Etats Membres) ist eine ein ständiger Botschafterausschuß, der die Arbeit des → Rats der EG außerhalb der Sessionen aufrechterhält und koordiniert. C. hat keine selbständigen Befugnisse, formuliert aber praktisch endgültig alle nicht problematischen Ratsentscheidungen (sog. A-Vorlagen).

**Corps diplomatique** → Diplomatisches Korps.

**corpus delicti** = Beweisgegenstand, Überführungsstück.

**Corpus iuris canonici.** Das Corpus iuris canonici bildete bis zum Inkrafttreten des → Codex iuris canonici von 1917 die grundlegende Rechtsquelle des kanonischen Rechts. Es regelte nicht nur das innere Kirchenrecht der → Katholischen Kirche, sondern auch die weltlichen Rechtsverhältnisse ihrer Angehörigen und trat damit als umfassendes Rechtssystem neben das römisch-rechtliche Corpus iuris civilis. Das Corpus iuris canonici entstand in der Zeit von 1140 bis 1500 und wurde 1882 neugefaßt veröffentlicht. Es bestand aus sechs Teilen. Der erste und älteste Teil („Decretum Gratiani") enthält eine Sammlung des älteren Kirchenrechts (insbes. Konzilsbeschlüsse und Dekretalen), wie es von Gratian (um 1140) vorgefunden und zusammengestellt wurde. Die in der späteren Zeit ergangenen Konzilsbeschlüsse und Dekretalen wurden in weiteren Büchern gesammelt, die weitere Teile des Corpus iuris canonici bildeten. So als nächstes das Liber Extra („Liber canonum extra Decretum vagantium", auch Decretales Gregorii genannt), das im Jahre 1234 unter Papst Gregor fertiggestellt wurde und sich u. a. mit Straf- und Strafprozeßrecht, Eherecht und Vermögensrecht befaßte. Weitere Dekretalen wurden im Jahre 1298 unter Bonifaz VII. dem Liber Extra hinzugefügt (Liber Sextus). Die Konzilsbeschlüsse von 1311 und Dekretale Papst Clemens V. bilden als sog. „Clementinae" einen weiteren Teil des Corpus, ebenso wie die aus späterer Zeit stammenden Extravagantes Joanni XXII. und die Extravagantes communes. Die Bezeichnung Corpus iuris canonici wurde erstmals von Gregor XIII. im Jahre 1580 verwendet.

**Corpus iuris civilis** → römisches Recht.

**Coupon** → Kupon.

**Courtage** wird die Vermittlungsprovision (→ Provision) des Maklers (→ Mäklervertrag) genannt, aber auch die einer Bank, wenn sie einen Kredit vermittelt.

**cuius regio eius religio** (wessen Gebiet, dessen Bekenntnis). Nach diesem im Augsburger Religionsfrieden 1555 niedergelegten Grundsatz bestimmte jeder Landesherr für sein Gebiet einheitlich das religiöse Bekenntnis seiner Untertanen; Andersgläubige, die nicht konvertieren wollten, konnten von dem → beneficium emigrationis Gebrauch machen und auswandern. Diese Regelung entfiel erst mit dem Westfälischen Frieden 1648.

**culpa** = → Schuld, → Verschulden.

**culpa in abstracto** = Außerachtlassung der im Verkehr allgemein erforderlichen Sorgfalt (→ Verschulden, 1 b).

**culpa in contrahendo** = → Verschulden beim Vertragsschluß.

**culpa in eligendo** = Verschulden bei der Auswahl; (→ unerlaubte Handlung, Va).

**culpa lata** = grobe Fahrlässigkeit (→ Schuld, → Verschulden).

**culpa levis** = leichte Fahrlässigkeit (→ Schuld, → Verschulden).

**cum viribus hereditatis** = beschränkte Haftung des Erben mit den erlangten Nachlaßgegenständen; → Beschränkung der Erbenhaftung.

**Cybergeld** ist die umgangssprachliche Bezeichnung für dem bargeldlosen Zahlungsverkehr dienendes, elektronisches Geld, über das mittels Geldkarten („Chipgeld") oder Rechnernetzen („Netzgeld") verfügt werden kann. Die gewerbsmäßige Ausgabe bzw. Zurverfügungstellung von C unterliegt der → Bankenaufsicht (→ Bankgeschäfte).

**da mihi factum, dabo tibi ius** (wörtl.: gib mir den Tatbestand, ich werde dir das Recht geben). Dieser dem → römischen Recht entstammende Grundsatz ist allgemeine Verfahrensregel. Die Parteien brauchen dem Gericht nur den Sachverhalt zu unterbreiten, aber keine Rechtsausführungen zu machen; das Gericht wendet die Rechtsnormen von Amts wegen an, ohne an die vorgetragenen Rechtsauffassungen der Parteien gebunden zu sein. Insbes. kann es im Rahmen des Grundsatzes → ne ultra petita partium dem Klageantrag aus einem anderen Rechtsgrund als dem vom Kläger herangezogenen stattgeben, sofern die klagebegründenden Tatsachen vorgetragen sind. S. a. → iura novit curia; dort auch über eine Ausnahme für den Nachweis ausländischen Rechts.

**Dachgesellschaft** → Holdinggesellschaft.

**Daktyloskopie** ist die vergleichende Untersuchung eines am Tatort einer → Straftat gefundenen *Fingerabdrucks* mit dem eines Beschuldigten, dem ein solcher gem. § 81 a StPO abgenommen werden darf. Sie basiert auf der Tatsache der biologischen Unregelmäßigkeit in den Papillar-Linien von Fingern und Händen.

**Damnationslegat** → Vermächtnis.

**Damnum** → Disagio.

**damnum emergens** = entstehender → Schaden.

**Dampfkesselanlagen.** Errichtung und Betrieb von D. unterliegen nach der DampfkesselVO (Art. 1 der aufgrund des GSG erlassenen VO vom 27. 2. 1980, BGBl. I 173) als überwachungsbedürftige Anlagen einer Erlaubnispflicht für die Errichtung und den Betrieb der Dampfkessel, einer Abnahmeprüfung vor Inbetriebnahme und regelmäßig wiederkehrenden sowie außerordentlichen Prüfungen durch Sachverständige (Technische Überwachungsvereine). Für Hochdruckdampfkessel ist ein Kesselwärter zu bestellen. Kesselsteinlöse- und -gegenmittel müssen von der zuständ. Landesbehörde zugelassen sein. Verstöße gegen die VO sind → Ordnungswidrigkeiten.

**DARA** (= Deutsche Agentur für Raumfahrtangelegenheiten) → Raumfahrt.

**Darlegungslast** → Substantiierung.

**Darlehen** ist ein → Vertrag, in dem der D.nehmer die Verpflichtung übernimmt, die ihm vom D.geber überlassene Darlehensvaluta (Geld oder andere vertretbare → Sachen), die in sein Eigentum übergeht, in Sachen von gleicher Art, Güte und Menge zurückzuerstatten (§ 607 BGB). Ob das D. ein → Realvertrag ist, also erst mit der Auszahlung der D.valuta zustandekommt, ist str.; das bloße *Darlehensversprechen* ist meist nur ein Vorvertrag (→ Vertrag, 3) auf Abschluß des späteren D.vertrags, kann aber auch bereits selbständig die Verpflichtung zur Hingabe der D.valuta – sowie u. U. zur Abnahme des D. – begründen (z. B. beim sog. *Krediteröffnungsvertrag* mit der Bank, → Kontokorrent). Das D.versprechen kann widerrufen werden, wenn in den Vermögensverhältnissen des anderen Teils vor D.hingabe eine wesentliche Verschlechterung eintritt (§ 610 BGB, Fall des Wegfalls der → Geschäftsgrundlage). Ein D. kann auch durch Novation (Schuldumschaffung, → Vertrag, 5) einer bisherigen Schuld – z. B. aus einer kurzfristigen Wechselschuld – in eine echte D.schuld begründet werden (Vereinbarungsd., Verrechnungsd. oder *Umschuldung* genannt). Soweit das D. der Finanzierung des (privaten) Verbrauchers dient (unmittelbar oder auch mittelbar, z. B. beim Autokauf; weitgehend auch das sog. ExistenzgründungsD.) gelten darüber hinaus zum Schutze des Verbrauchers die zwingenden Vorschriften des Verbraucherkreditgesetzes *(Kreditvertrag)*.

Das D. ist das wichtigste Kreditgeschäft. Es wird oftmals abgedeckt durch Sicherungsmittel persönlicher (*Personalkredit,* → Schuldmitübernahme, Bürgschaft, Wechselakzept) oder sachlicher Art (*Realkredit,* → Hypothek, Grundschuld, Pfandrecht, Lombardgeschäft). Für das D. gelten zunächst die allgemeinen Vorschriften über → Schuldverhältnisse; s. ferner → Erfüllung, → Schuldschein, → Quittung usw. Das D. kann unentgeltlich (dann u. U. → Schenkung) oder entgeltlich sein. Die Entgeltlichkeit für das im Geschäftsleben übliche D. wird entweder durch Vereinbarung entsprechender Zinsen (→ Zinsschuld) oder durch ein → Disagio (Abschlag) bei der Auszahlung der D.valuta erreicht. Ist Verzinsung vereinbart, jedoch deren Höhe nicht bestimmt, so sind regelmäßig 4% zu zahlen (§ 246 BGB). Die Fälligkeit des D. (→ Leistungszeit) tritt mangels besonderer Vereinbarung bei → Kündigung durch einen der beiden Vertragspartner ein; die Kündigungsfrist beträgt bei D. über 300 DM 3 Monate, sonst 1 Monat (§ 609 BGB). Ein unverzinsliches D. kann der Schuldner jederzeit sofort zurückerstatten, ein D. mit veränderlichem Zinssatz (zwingend) mit einer Kündigungsfrist von 3 Monaten kündigen. Auch bei fest vereinbarten Zinsen besteht für den Schuldner unter bestimmten Voraussetzungen (z. B. für einen → Personalkredit) ein (vorzeitiges) Kündigungsrecht (§ 609 a BGB; Umgehung, z. B. durch Vereinbarung einer *Vorfälligkeitsentschädigung* unzulässig); die Kündigung gilt allerdings als nicht erfolgt, wenn der D.schuldner den geschuldeten Betrag dann nicht binnen 2 Wochen zurückzahlt. S. a. → partiarischer Vertrag (Darlehen), → Verwahrung, → Hinterlegungsdarlehen, → contractus mohatrae, → Disagio, → Gesellschafterdarlehen.

**Darlehensmakler** (Darlehensvermittler) bedürfen nach § 34 c I Nr. 1 a GewO einer gewerberechtlichen → Erlaubnis, wenn sie gewerbsmäßig (→ Gewerbe) den Abschluß von → Verträgen über → Darlehen vermitteln oder die Gelegenheit zum Abschluß solcher Verträge nachweisen wollen (→ Maklervertrag). Im einzelnen gelten dieselben Vorschriften wie für → Grundstücksmakler. Zum Kreditvermittlungsvertrag → Kreditvertrag (6).

**Darlehensschuldschein** → Schuldschein.

**Darlehensvaluta** → Darlehen.

**Darlehensversprechen** → Darlehen.

**Darstellungen** sind sinnlich wahrnehmbare, verkörperte Gebilde, die eine Vorstellung oder einen Gedanken ausdrücken. Ihre Formen sind → Schriften und ihnen nach § 11 III StGB gleichstehende D. S. a. → Medieninhalte.

**Daseinsvorsorge** → Leistungsverwaltung.

**Dassonvilleformel.** Die D. verwendet der EuGH zur Definition der Maßnahmen mit gleicher Wirkung wie mengenmäßige → Beschränkungen des Warenverkehrs. Danach ist eine unzulässige Beschränkung jede Handelsregelung der Mitgliedstaaten, die geeignet ist, den innergemeinschaftlichen Handel unmittelbar oder mittelbar, tatsächlich oder potentiell zu behindern (EuGHE 1974, 837).

**Datenabgleich.** Zur Aufklärung einer Straftat oder zur Ermittlung des Aufenthaltsorts einer Person, nach der für Zwecke eines Strafverfahrens gefahndet wird, dürfen personenbezogene Daten aus einem Strafverfahren mit anderen zur Strafverfolgung oder Strafvollstreckung oder zur Gefahrenabwehr gespeicherten Daten unter Einsatz der elektronischen Datenverarbeitung uneingeschränkt abgeglichen werden (§ 98 c StPO). Die besonderen Voraussetzungen der → Rasterfahndung gelten dafür nicht. S. auch → Schleppnetzfahndung. Für den präventiven D. → Datenerhebung und -verarbeitung.

**Datenbank** → Urheberrecht.

**Datenerhebung und -verarbeitung (durch die Polizei).** Nach den im einzelnen unterschiedlichen Polizeiaufgabengesetzen der Länder (vgl. z. B. Art. 30 ff. bayer. PAG i. d. F. vom 14. 9. 1990, GVBl. 397, und Art. 3 ff. des Thüringer PAG vom 4. 6. 1992, GVBl. 199) kann die Polizei in ihrer *präventiven (vorbeugenden) Funktion* personenbezogene Daten erheben, soweit die Polizeigesetze oder andere Rechtsvorschriften dies zulassen. Die Art. 30 ff. bayer. PAG z. B. regeln Grundsätze der D. (grundsätzlich beim Betroffenen und offen, aber zahlreiche Ausnahmen), die Voraussetzungen der D., D. bei öffentlichen Veranstaltungen und Ansammlungen sowie an besonders gefährdeten Objekten, Mittel der D. (z. B. auch die Voraussetzungen längerdauernder Observation, verdeckter Einsatz technischer Mittel und Verdeckter Ermittler); besonders strenge Voraussetzungen gelten für den Einsatz technischer Mittel in Wohnungen (Art. 34 bayer. PAG). S. a. → Bundesgrenzschutz, → Bundeskriminalamt. Für die *repressive (strafverfolgende) Tätigkeit* der Polizei → Einsatz technischer Mittel.

**Datenschutz** ist die Sicherung gespeicherter *personenbezogener* Daten (→ Datenverarbeitung) sowie der Unterlagen und Ergebnisse vor *Mißbrauch* durch Einsichtnahme, Veränderung oder Verwertung unter Beeinträchtigung schutzwürdiger Belange des Betroffenen. Er dient dem Ausgleich zwischen dem Recht des Bürgers, aber auch von Behörden und Unternehmen auf Information (Art. 5 GG) und dem Schutz des Persönlichkeitsrechts (Art. 2 I GG; → informationelle Selbstbestimmung). Das Bundesdatenschutzgesetz (BDSG) i. d. F. vom 20. 12. 1990 (BGBl. I 2954) soll durch Präzisierung der Rechtsgrundlage für die Erhebung und Verarbeitung von personenbezogenen Daten den Anforderungen des Rechts auf → informationelle Selbstbestimmung genügen. Es verstärkt die Zweckbindung bei Erhebung, Verarbeitung oder Nutzung von Daten im öffentl. wie im nicht-öffentl. Bereich und bezieht Akten ein. Es verbessert die Stellung des Betroffenen durch erweiterte Auskunftsrechte, Unentgeltlichkeit der Auskunft, Widerspruchsrecht und verschuldensunabhängigen Schadensersatzanspruch. Die bei der Datenverarbeitung beschäftigten Personen dürfen Daten nicht unbefugt bearbeiten oder nutzen (*Datengeheimnis,* § 5 BDSG). Datenverarbeitende Stellen müssen die Geheimhaltung sicherstellen (§ 9 BDSG). Öffentliche Stellen dürfen personenbezogene Daten nur erheben und verarbeiten, wenn es zur rechtmäßigen Erfüllung ihrer Aufgaben erforderlich oder sonst ausdrücklich zugelassen ist (§§ 13–17 BDSG). Der Betroffene hat ein Recht auf unentgeltliche Auskunft und kann bei Unrichtigkeit gespeicherter Daten Berichtigung, Sperrung oder Löschung verlangen (§ 20 BDSG). Außerdem kann er unabhängig von einem Verschulden *Schadensersatz* verlangen, bei einer schweren Verletzung des Persönlichkeitsrechts auch Schmerzensgeld (§ 7 BDSG). Daneben gelten die Grundsätze der → Amtshaftung. Nichtöffentliche Stellen dürfen Daten für eigene Zwecke im Rahmen eines Vertragsverhältnisses oder zur Wahrung berechtigter Interessen speichern oder übermitteln (§§ 27 ff. BDSG). Sonderbestimmungen gelten, wenn dies geschäftsmäßig für fremde Zwecke geschieht (§§ 29 ff. BDSG: Datenspeicherung nur zulässig, wenn sie schutzwürdige Interessen des Betroffenen nicht beeinträchtigt; Übermittlung an Dritte nur bei Glaubhaftmachung eines berechtigten Interesses; Meldepflicht bei Aufnahme der Tätigkeit). Die nichtöffentlichen Stellen sind zur Benachrichtigung des Betroffenen verpflichtet, wovon aber mehrere Ausnahmen bestehen (§ 33 BDSG). Der Betroffene hat ein Recht auf i. d. R. unentgeltliche Auskunft sowie auf Berichtigung, Löschung und Sperrung (§§ 34, 35 BDSG). Ein Schadensersatzanspruch kann sich aus Vertrags- oder Deliktsrecht ergeben. Die Beweislast trifft dabei die speichernde Stelle (§ 8 BDSG).

Die Einhaltung der Vorschriften wird durch *D.-Beauftragte* überwacht (im privaten Bereich nur bei Dateien größeren Umfangs; §§ 22 ff., 36 ff. BDSG). Der Bundesbeauftragte für den D. führt auch das Dateienschutzregister, zu dem Behörden usw. die von ihnen geführten automatisierten Dateien über personenbezogene Daten zu melden haben.

Der D. bei der Verwendung der Versicherungsnummer in der Sozialversicherung ist in §§ 18 f, 18 g SGB IV geregelt, für die Arbeitsförderung in §§ 402, 403 SGB III, für die Krankenversicherung in §§ 284–305 SGB V, für die Rentenversicherung in §§ 147–152 SGB VI, für die Unfallversicherung in §§ 199–208 SGB III, für die Pflegeversicherung in §§ 107, 108 SGB XI für das SGB im übrigen in §§ 67–85 a SGB X.

Unbefugte Verwertung von Daten ist mit Strafe oder Bußgeld bedroht (§§ 43, 44 BDSG) und kann auch nach anderen Vorschriften strafbar sein (→ Ausspähen von Daten, → Berufsgeheimnis, → Computerbetrug, → Computersabotage und → Datenveränderung). Das BDSG gilt nur subsidiär. Spezielle bundesgesetzliche Vorschriften (z. B. in StPO, PaßG, StVG, BStatG; s. a. §§ 79 ff. SGB X, §§ 2–10, 17 ff. MRRG) und für öffentliche Stellen der Länder auch spezielle landesgesetzl. Bestimmungen und Landesdatenschutzgesetze gehen vor. Besondere Vorschriften gelten für die Datenerhebung im Rahmen polizeilicher Maßnahmen (→ Datenerhebung und -verarbeitung durch die Polizei).

Für die Stasi-Akten (→ Staatsicherheitsdienst) findet das BDSG grundsätzl. keine Anwendung (§ 43 Stasi-Unterlagen-Gesetz).

Zum D. im → Polizeirecht s. → Datenerhebung u. -verarbeitung sowie → polizeiliche Maßnahmen.

**Datensicherheit.** Durch Ges. vom 17. 12. 1990 (BGBl. I 2834) wurde das Bundesamt für Sicherheit in der Informationstechnik errichtet. Es soll diese bei der technischen Verarbeitung und Übertragung von Informationen im Bereich der öffentl. Verwaltung fördern, z. B. durch Unterstützung der Strafverfolgungsbehörden und im Bereich der gewerblichen Wirtschaft, z. B. durch Beratung oder Erteilung von Sicherheitszertifikaten.

**Datenveränderung.** Wer rechtswidrig nicht unmittelbar wahrnehmbar gespeicherte oder übermittelte Daten löscht, unterdrückt, unbrauchbar macht oder verändert, wird nach § 303 a StGB mit Freiheitsstrafe bis zu 2 Jahren oder mit Geldstrafe bestraft. *Versuch* ist strafbar. Verfolgung nur nach → Strafantrag oder bei besonderem öffentlichen Interesse an der Strafverfolgung.

**Datenverarbeitung** ist die zusammenfassende Bezeichnung für Auswahl, Speicherung, Bearbeitung und Wiedergewinnung bestimmter Daten mit Hilfe elektronischer D.anlagen. S. a. → Datenschutz, → Software.

**Datowechsel** ist ein → Wechsel, der auf eine bestimmte Zeit nach Ausstellung fällig gestellt ist. Soll die Frist nicht von der Ausstellung, sondern erst von einem späteren Zeitpunkt ab laufen *(Nachdatowechsel)*, so ist sie vom → Aussteller zu berechnen und auf dem Wechsel datumsmäßig zu bezeichnen; dadurch wird der Nachdatowechsel zum → Tagwechsel (Art. 33 WechselG).

**Dauerarrest** → Jugendarrest.

**Dauerdelikt** wird eine Straftat genannt, deren Tatbestand nicht nur in der Begründung eines rechtswidrigen Zustandes, sondern auch in dessen Aufrechterhaltung durch den Täter besteht, so bei → Freiheitsberaubung oder beim → Hausfriedensbruch durch unbefugtes Verweilen in fremden Räumen. Im Gegensatz dazu ist beim Zustandsdelikt der Tatbestand schon mit der Herbeiführung des rechtswidrigen Zustandes erfüllt. Die Unterscheidung ist bedeutsam für → Beihilfe und → Strafverfolgungsverjährung: Beim D. ist die Tat mit dem Beginn des rechtswidrigen Zustandes zwar rechtlich vollendet, aber noch nicht beendet, solange der Täter den rechtswidrigen Zustand, z. B. die Freiheitsberaubung, schuldhaft aufrechterhält; während dieser Zeit kann ihm noch Beihilfe geleistet werden, und die Verjährung beginnt erst mit dem Ende der Freiheitsentziehung. Beim *Zustandsdelikt* hingegen ist mit Herbeiführung des rechtswidrigen Zustandes die Tathandlung beendet und zugleich das Delikt rechtlich vollendet (z. B. beim Eingehen einer Doppelehe, → Bigamie); mit diesem Zeitpunkt beginnt – ungeachtet der Fortdauer des rechtswidrigen Zustandes – die Verjährung, und Beihilfe ist nicht mehr möglich, sondern nur noch → Begünstigung od. → Strafvereitelung. S. ferner → Sammelstraftat.

**Dauernde Lasten** im Privatvermögen werden einkommensteuerlich zugunsten des Verpflichteten nicht wie → Leibrenten mit dem → Ertragsanteil, sondern mit dem vollen Betrag als → Werbungskosten (§ 9 EStG) oder → Sonderausgaben (§ 10 I Nr. 1 a EStG) abgezogen und in gleicher Weise dem Berechtigten in vollem Umfange als wiederkehrende Bezüge (§ 22 Nr. 1 S. 1 EStG) zugerechnet. D. L. (nicht Leibrenten) liegen vor, wenn die Zahlungen gewinn-, umsatz- oder einkommensabhängig sind oder der → Abänderungsklage nach § 323 ZPO unterliegen oder wenn es sich um eine

Schadensersatzrente (§ 843 BGB) handelt. S. a. → Rentenbesteuerung.

**Dauernutzungsrecht** → Wohnungseigentum.

**Dauerrente.** In der → Unfallversicherung kann das Ausmaß der dauernden Erwerbsminderung oftmals erst nach einiger Zeit beurteilt werden. Der Versicherungsträger soll in solchen Fällen während der ersten drei Jahre eine vorläufige Rente gewähren, die spätestens nach Ablauf dieser Zeit in eine Rente auf unbestimmte Zeit umzuwandeln ist. § 62 SGB VII.

In der → Rentenversicherung ist D. zu gewähren, wenn nicht begründete Aussicht auf Behebung der → Berufsunfähigkeit oder → Erwerbsunfähigkeit in absehbarer Zeit besteht; in diesem Falle wird die Rente auf Zeit, und zwar längstens für drei Jahre, gewährt. Wiederholung ist möglich, in unmittelbarer Folge jedoch nur bis zur Dauer von sechs Jahren seit dem ersten Rentenbeginn. §§ 101, 102 SGB VI.

**Dauerschulden** → Gewerbesteuer.

**Dauerschuldverhältnis** ist ein → Schuldverhältnis, das sich nicht in einmaligen Erfüllungshandlungen erschöpft (z. B. Kauf, Werkvertrag), sondern eine Verpflichtung zu einem fortlaufenden Tun, Unterlassen oder Verhalten begründet (z. B. Miete, Gesellschaft, Arbeitsvertrag). Auf ein D. finden grundsätzlich die allgemeinen Vorschriften über Schuldverhältnisse entsprechende Anwendung. Doch sind die gestaltenden Rechtsgeschäfte der → Anfechtung von Willenserklärungen und des → Rücktritts vom Vertrag, die sonst auf den Zeitpunkt des Vertragsabschlusses zurückwirken, hier weitgehend – insbes. nach Beginn des D. – durch die erst für die Zukunft wirkende → Kündigung ersetzt. So hat z. B. die Anfechtung eines Arbeits- oder Gesellschaftsvertrags wegen eines Willensmangels nach Beginn des D. nach der Rspr. nur die Wirkung einer (fristlosen) Kündigung. S. auch → Sukzessivlieferungsvertrag, → Wiederkehrschuldverhältnis. Die Möglichkeit der Ausgestaltung von D. durch → Allgemeine Geschäftsbedingungen (übermäßige Laufzeit usw.) ist beschränkt (§ 11 Nr. 12 AGBG).

**Dauerstraftat** → Dauerdelikt.

**Dauerwohnrecht** → Wohnungseigentum.

**DDR** → Deutsche Demokratische Republik.

**DDR-Investitionsgesetz (DDR-IG)** vom 26. 6. 1990 (BGBl. I 1143) mit Änd. 31. 8. 90, BGBl. II 889, 978 begünstigt Investitionen westdeutscher Unternehmer durch:

1) steuerfreie Rücklage für Sacheinlagen in eine → Kapitalgesellschaft mit Sitz in den neuen Ländern mit gewinnerhöhender Auflösung ab dem 10. Folgejahr (§ 1).

2) steuerfreie Rücklage für Anlaufverluste von aktiv tätigen ostdeutschen Tochter-Kapitalgesellschaften im Jahr des Anteilserwerbs und in den 4 Folgejahren mit Auflösung, falls Tochtergesellschaft Gewinne erzielt, spätestens im 5. Folgejahr (§ 2).

Sacheinlage oder Beteiligungserwerb müssen vor dem 1. 1. 1992 erfolgt sein. Die steuerfreien Rücklagen mindern auch die Gewerbeertragsteuer (→ Gewerbesteuer).

**DDR-Spionage** gegen die BRep. stellt eine Straftat dar (→ Agententätigkeit, → Landesverrat, → Staatsgeheimnis; BGH NJW 1991, 2498; 1993, 3147; BVerfG NJW 1995, 1811).

Ihre Strafverfolgung nach der Wiedervereinigung verstößt nicht gegen den Gleichheitssatz, das Verbot rückwirkender Strafgesetze oder das Völkerrecht (→ Haager Landkriegsordnung). Es besteht aber gegenüber Staatsbürgern der ehem. DDR, die die Tat allein vom Boden der ehem. DDR aus begingen und dort am 3. 10. 1990 ihren Lebensmittelpunkt hatten, nach dem verfassungsrechtlichen Verhältnismäßigkeitsgrundsatz ein Strafverfolgungshindernis; bei Bürgern der ehem. DDR, die die Tat in der BRep. begingen, ist abzuwägen, ob die Strafverfolgung gegen das Übermaßverbot verstößt (BVerfG NJW 1995, 1811 mit Sondervotum).

**DDR-Straftaten**. 1. Vor dem 3. 10. 1990 in der ehem. DDR begangene S. werden seit dem → Grundvertrag nach den Grundsätzen des → internationalen Strafrechts als → Auslandsdelikte nach § 7 StGB angesehen. Ergänzungen dazu enthalten die durch den → Einigungsvertrag eingefügten Art. 315–315 c EGStGB. Auf die S. ist das mildeste Gesetz anzuwenden (§ 2 III StGB). Wenn nach dem zur Tatzeit geltenden DDR-Strafrecht Freiheitsstrafe, Verurteilung auf Bewährung oder Geldstrafe nicht verwirkt gewesen wäre, ist von Strafe abzusehen. Neben Freiheitsstrafe kommen Sicherungsverwahrung und Führungsaufsicht (→ Maßregeln der Besserung und Sicherung), die das DDR-Strafrecht nicht kannte, nicht in Betracht. Die Vorschriften über → Strafaussetzung zur Bewährung und deren Widerruf sind auf vor dem 3. 10. 1990 in der ehem. DDR verhängte Strafen anzuwenden. Soweit für die S. das Strafrecht der BRep. gegolten hat (z. B. → Denunziation, → Verschleppung), bleibt es dabei (§ 315 IV EGStGB). Bei einer am 3. 10. 1990 eingetretenen → Strafverfolgungs- oder → Strafvollstreckungsverjährung bleibt es. Dies gilt auch, wenn für die S. das Recht der BRep. gegolten hat. Eine noch nicht eingetretene Strafverfolgungsverjährung gilt als am 3. 10. 1990 unterbrochen, beginnt also von neuem. Die Verjährung von SED-Unrechtstaten (S., die während der Herrschaft des SED-Regimes begangen wurden, aber entsprechend dem Willen der Staats- und Parteiführung der DDR aus politischen oder sonstigen Gründen nicht geahndet worden sind) hat in der Zeit vom 11. 10. 1949 bis 2. 10. 1993 geruht (Ges. vom 26. 3. 1993 BGBl. I 392). Für bestimmte mittelschwere S., insbes. der Regierungskriminalität wurde die Verjährungsfrist bis 2. 10. 2000 verlängert; Mord verjährt nicht (Art. 315 a EGStGB). Für einen → Strafantrag gelten §§ 77–77 d StGB. Soweit DDR-Strafrecht fortgilt, werden seine Strafdrohungen durch Freiheitsstrafe und Geldstrafe (→ Strafen) ersetzt. Letztere ist durch das Höchstmaß des StGB und des StGB-DDR begrenzt.

Daneben sind noch §§ 8–10 des 6. StrÄndG-DDR (→ Strafrecht, 3.) von Bedeutung, die in Kraft blieben. §§ 8, 9 bestimmen, daß Strafprozesse einschließlich der Strafvollstreckung wegen nicht mehr strafbarer Taten enden. Eine Ausnahme davon macht §1 für die bis zum 1. 7. 1990 eingeleiteten Strafverfahren wegen vor dem 1. 7. 1990 begangener S. gegen die Volkswirtschaft nach §165 (Vertrauensmißbrauch, bei dem auch Vermögenseinziehung nach § 57 zulässig bleibt), § 166 I Nr. 1, II, § 167 (Wirtschaftsschädigung), § 168 (Schädigung des Tierbestandes), § 170 (Verletzung der Preisbestimmungen), § 171 (Falschmeldung und Vorteilserschleichung), § 173 I Nr. 1 und 3, III (Spekulation) und gegen die staatliche Ordnung nach § 214 StGB-DDR (Beeinträchtigung staatlicher und gesellschaftlicher Tätigkeit). In diesen Fällen, die vor allem die frühere Staats- und Parteiführung betreffen, sollen die Bestimmungen weiterhin anwendbar sein. Im übrigen ist die Strafbarkeit der S. nicht mit der Aufhebung von DDR-Strafvorschriften durch den → Einigungsvertrag (→ Strafrecht 3) entfallen. Für die S. ist grundsätzlich von DDR-Recht auszugehen (§ 2 I StGB), wenn das Strafrecht der BRep. nicht milder ist (§ 2 III StGB, Art. 315 I–III EGStGB). Dies gilt auch für S., die der Staatstätigkeit der DDR zuzuordnen sind (SED-Unrechtstaten, Regierungskriminalität). Strafbar sind insbes. die Todesschüsse von Mauerschützen (BVerfG NJW 1997, 929; BGH NJW 1993, 141, 1932; 1994, 2237, 2240 und 2708; 1995, 2728; 1996, 2042; 1997, 1245, der dabei u. a. auf die → Radbruch'sche Formel und die Menschenrechte hinweist) und der → Schießbefehl dazu, Wahlfälschung (BGH NJW 1993, 1019), → Rechtsbeugung (BGH NJW 1994, 529 und 3238; 1995, 64, 2734 und 3324; 1996, 857), Wirtschaftsstraftaten, u. U. politische → Denunziation (BGH NJW 1994, 3174). Eine besondere Rechtslage besteht hinsichtlich der Strafbarkeit von → DDR-Spionage in der BRep. I. e. s. Tröndle, vor § 3 StGB, Rn. 28 ff.

Zur Verfolgung insbes. von S. im Zusammenhang mit dem DDR-Regime dürfen Stasi-Unterlagen verwendet werden (§ 23 Stasi-Unterlagen-Gesetz → Staatssicherheitsdienst).

Zur Aufarbeitung der auf Berlin konzentrierten Regierungs- und Vereinigungskriminalität hat das Land Berlin eine Zentrale Polizeiliche Ermittlungsstelle für die Verfolgung solcher Straftaten errichtet (ZERV).

2. Nach dem 3. 10. 1990 in den neuen Ländern begangene S. sind nach

dem StGB zu beurteilen, soweit dessen Bestimmungen nicht von der Anwendung ausgenommen sind und weiterhin Vorschriften der ehem. DDR gelten (→ Strafrecht, 3.), deren Strafdrohungen auch hier nach Art. 315 c EGStGB durch Freiheitsstrafe und Geldstrafe ersetzt werden (→ Strafen).

**DDR-Unrechtsbereinigung** → Offene Vermögensfragen, → Entschädigungs- und Ausgleichsleistungsgesetz, → Rehabilitierungsgesetze (strafrechtliches, verwaltungsrechtliches, berufliches Rehabilitierungsgesetz). DDR-Steuerbescheide, die sich unter rechtsstaatlichen Gesichtspunkten als mutmaßlich politisch motivierte Willkürmaßnahme darstellen, können aufgehoben werden (BFH BStBl. II 1995, 686).

**DDR-Urteile** (incl. Berlin-Ost). 1. Urteile aus einem → Zivilprozeß sind grundsätzlich nach wie vor wirksam und vollstreckbar (Art. 18 I EV). Dies schließt eine Überprüfung der Entscheidung und ihrer Vollstreckung dahin nicht aus, ob bei ihr rechtsstaatl. Verfahrensgrundsätze verletzt wurden (z. B. Ehescheidung ohne Beteiligung des in der BRep. lebenden Antragsgegners) oder ob sie dem jetzt geltenden Recht kraß zuwiderläuft.

2. *Urteile in Strafsachen* hatten vor dem 3. 10. 1990 in der BRep. grundsätzlich Wirkung. Die → Strafvollstreckung fand in der BRep. aber nur statt, soweit die U. rechtsstaatlichen Anforderungen genügten, und wurde andernfalls nach dem Ges. über die innerdeutsche Rechts- und Amtshilfe vom 2. 5. 1953 (BGBl. I 161) für unzulässig erklärt (→ innerdeutsche Rechts- und Amtshilfe). Eine solche Feststellung gilt weiter.

Der → Einigungsvertrag bestimmt, daß die vor dem 3. 10. 1990 ergangenen U. wirksam bleiben (Art. 18 I EinigV). Zugleich legt er aber fest, daß sie und ihre Vollstreckung auf die Vereinbarkeit mit rechtsstaatlichen Grundsätzen überprüft werden können. Dazu bestehen folgende Möglichkeiten:

a) *Rehabilitierung* durch Feststellung der Rechtsstaatswidrigkeit und Aufhebung des U. (→ Rehabilitierungsgesetz).

b) *Wiederaufnahme* kommt zur Aufhebung eines U. ebenfalls in Betracht (→ Wiederaufnahmeverfahren).

c) Eine *Feststellung der Unzulässigkeit der* → Strafvollstreckung (s. 1) gilt seit 3. 10. 1990 auch in den neuen Ländern. Sie findet auch weiterhin auf Antrag des Verurteilten oder der StA statt, wenn das U. mit rechtsstaatlichen Maßstäben nicht vereinbar ist oder die Rechtsfolge nach rechtsstaatlichen Grundsätzen nicht angemessen ist oder dem Zweck eines Bundesgesetzes widerspricht (Anl. I Kap. III Sachgebiet A Abschnitt III Nr. 14 d zum EinigV). Der Antrag ist u. a. unzulässig, wenn ein Rehabilitierungsverfahren durchgeführt werden kann.

**de facto** = nach der Tatsachenlage (in Wirklichkeit).

**de facto-Anerkennung** → Anerkennung von Staaten.

**de iure** = nach der Rechtslage (von Rechts wegen).

**de iure-Anerkennung** → Anerkennung von Staaten.

**de lege ferenda** = vom Standpunkt des künftigen (noch zu erlassenden) Gesetzes (Rechts).

**de lege lata** = nach geltendem Gesetz (Recht).

**Deal** (im Strafverfahren) → Verständigung im Strafprozeß.

**Debet** = Schuld (Soll-Seite eines Kontos).

**Debitor** = (→) Schuldner; s. a. → Schuldverhältnis.

**Debitorenziehung** liegt vor, wenn ein Gläubiger auf seinen Schuldner einen → Wechsel lediglich zu dem Zweck zieht, sich durch diesen Wechsel im Wege des → Wechseldiskonts Kredit zu verschaffen. Ein solcher Wechsel zählt zu den → Finanzierungswechseln.

**Deckname** *(Pseudonym)* → Namensrecht.

**Deckungshypothek** ist eine → Hypothek, in der Versicherungsunternehmen Bestände des → Deckungsstocks anlegen dürfen. Einzelheiten regelt das VAG (→ Versicherungsaufsicht), vor allem § 54 a II Nr. 1 a VAG. Danach sind Grundstücke entsprechend den Regelungen für → Hypothekenbanken nur beschränkt belastbar, vgl. § 11 II HypothekenbankG.

**Deckungskauf** → Schadensersatz (2 b).

**Deckungsklausel** → Revalierungsklausel.

**Deckungsprinzip** ist der für die → Zwangsversteigerung geltende Grundsatz, daß die Berechtigten, die dem betreibenden Gläubiger im Rang vorgehen, nicht aus ihren Rechten verdrängt werden dürfen. Das D. wird durch das → geringste Gebot mit der Rechtsfolge verwirklicht, daß grundsätzlich alle Rechte, die in das geringste Gebot fallen, bestehen bleiben oder durch Zahlung zu decken sind (§§ 91 I, 52 ZVG).

**Deckungsregister der Hypothekenbanken** → Hypothekenbanken (Hypothekenregister).

**Deckungsrücklage.** Die D. (Prämienreserve) – bilanzrechtlich: Rückstellung – wird bei Lebens-, Unfall-, Haftpflicht- und Krankenversicherungen (§§ 65, 79 VAG) durch verzinsliche Ansammlung eines Teils der für die Versicherung bezahlten Prämien gebildet. Der zur Ansammlung verwendete Teil ist ebenso wie der Zinsfuß durch den von der Versicherungsaufsichtsbehörde genehmigten Geschäftsplan (§§ 11, 12 VAG) des Unternehmens festgelegt. Der Rest der Prämie ist dazu bestimmt, die fällig werdenden Versicherungssummen zu bezahlen und die Kosten der Verwaltung, insbes. die Abschlußkosten, zu decken; s. i. e. DeckungsrückstellungsVO vom 6. 5. 1996 (BGBl. I 670). Die Deckungsrückstellung bestimmt den Umfang des → Deckungsstocks und des Schutzes, den der einzelne Anspruchsberechtigte im Konkursfall genießt (§ 77 VAG). S. auch §§ 173 bis 177 VVG (Erstattung aus der Prämienreserve bei Umwandlung der Versicherung). § 65 VAG gilt nicht für öffentliche Versicherungsunternehmen; doch wurden die Vorschriften z. T. in das Landesrecht übernommen.

**Deckungsstock** (Prämienreservefonds) ist bei → Versicherungsunternehmen eine Ansammlung von Vermögenswerten in Höhe der → Deckungsrücklage, die gesondert von jedem anderen Vermögen des Unternehmens aufzubewahren ist (§ 66 VAG). Wegen der Anlagevorschriften vgl. § 66 III a VAG und die dazu ergangenen Richtlinien. Die Bestände sind einzeln in ein D.verzeichnis (§ 66 VI VAG) einzutragen. Zur Überwachung des D. wird ein Treuhänder nebst Stellvertreter bestellt (§§ 70 ff.), der ihn unter Mitverschluß des Versicherungsunternehmens verwahrt und unter der Bilanz bestätigt, daß die D.werte vorschriftsmäßig angelegt und aufbewahrt sind. Zur Entnahme von Mitteln aus dem D. sowie zu Verfügungen bei Zwangsvollstreckung und Konkurs s. § 77 VAG.

**Deckungsverhältnis.** Sind an einem Rechtsverhältnis, das schuldrechtliche Ansprüche zum Gegenstand hat, mehr als zwei Personen beteiligt, so unterscheidet man je nach seiner Gestaltung das Valutaverhältnis und das Deckungsverhältnis. Händigt z. B. jemand einem anderen eine → Anweisung (etwa Scheck) aus, in der ein Dritter (Bank) angewiesen wird, eine Geldsumme an den Anweisungsempfänger zu zahlen, weil dieser – etwa aus einem Kaufvertrag – Gläubiger des Anweisenden ist, so wird das Verhältnis zwischen dem Anweisenden und dem Angewiesenen als D., das Verhältnis zwischen dem Anweisenden und dem Anweisungsempfänger als *Valutaverhältnis* bezeichnet. Über weitere Fälle → Vertrag zugunsten Dritter, → ungerechtfertigte Bereicherung.

**Deckungsverkauf** → Schadensersatz (2 b).

**Deckungsvorsorge** für Atomschadenhaftpflicht → Atomgesetz.

**Deckungszusage** → Versicherungsvertrag.

**Declaration of Rights** → Bill of Rights.

**défense sociale** (soziale Verteidigung) ist die Bezeichnung für Maßnahmen der Gesellschaft gegen Straffällige oder Asoziale, die darauf abzielen, den Gestrauchelten oder von Verwahrlosung Bedrohten durch Mittel der Fürsorge, Vorbeugung und persönlichen Betreuung als vollwertiges Glied der Gemeinschaft zurückzugewinnen. Diese Gedankengänge haben insbes. Erwägungen zu einer grundsätzlichen Reform des Strafrechts beeinflußt, die es bei den im geltenden Recht vorgesehenen → Strafen und → Maßregeln der Besserung und Sicherung (sog. → Zweispurigkeit) nicht bewenden lassen wollen. Dem meist charakterlich labilen Straftäter soll mit weniger einschneidenden, erzieherischen Mitteln innerer Halt gegeben werden, um ihn von weiteren gemeinschaftsfeindlichen Handlungen abzuhalten. In Betracht kommt etwa die Einweisung des Straffälligen in eine halboffene Anstalt oder ein Heim, verbunden mit zugewiesener oder freier Arbeit und einer begrenzten Aufsicht über seine Lebenführung. In dieser Richtung bewegt sich die Führungsaufsicht (→ Maßregeln der Besserung und Sicherung, 4). Vielfach wird gefordert, der Richter solle sich auf die Schuldfeststellung beschränken und die Auswahl der Maßnahmen Verwaltungs- oder Fachgremien überlassen (Wohlfahrts-, Schutzkommissionen u. dgl.).

**Defensives Fahren** im Straßenverkehr ist kein Rechtsbegriff, sondern ein Leitbild für den Fahrzeugführer. Zum Unterschied vom Unterlassen gewagter Fahrweise, die sich schon nach § 1 StVO verbietet, verzichtet der defensiv Fahrende zur Risikoverringerung freiwillig auf ein Vorrecht und auf den Schutz des → Vertrauensgrundsatzes im Straßenverkehr.

**Defensivnotstand** → Notstand (2).

**Defensivzeichen** → Marken.

**Deflorationsanspruch** → Verlöbnis.

**Defraudation** = Veruntreuung; → Unterschlagung, → Untreue.

**Degressive Abschreibung** → Absetzung für Abnutzung.

**Deich.** D.e schützen an der See sowie an Flußmündungen und Flüssen bestimmte Gebiete vor Flut, Sturmflut und Hochwasser. Art. 66 EGBGB läßt landesgesetzliche Vorschriften über das Deich- und Sielrecht unberührt. Die Küstenländer haben das Deichwesen umfassend geregelt (z. B. §§ 55 ff. Hamburgisches WasserG vom 20. 6. 1960, GVBl. 335, zuletzt geändert am 26. 4. 1994, GVBl. 97, sowie Hamburgische Deichordnung vom 4. 7. 1978, GVBl. 317, zuletzt geändert durch VO vom 13. 8. 1985, GVBl. 209; Niedersächsisches DeichG vom 16. 7. 1974, GVBl. 387, zuletzt geändert durch G vom 15. 11. 1993, GVBl. 443). Grundsätzlich sind die Eigentümer aller im Schutz der Deiche gelegenen Grundstücke zur gemeinschaftlichen Deicherhaltung verpflichtet (§ 6 Nds. DeichG). Die Eigentümer dieser Grundstücke sollen sich zu → Wasser- und Bodenverbänden zusammenschließen; teilweise – z. B. für Hauptdeiche – wurden Wasser- und Bodenverbände durch Gesetz gegründet (z. B. § 7 Nds. DeichG). An den Kosten beteiligt sich in großem Umfang das jeweilige Land (z. B. § 8 Nds. DeichG). In Hamburg steht der D. i. d. R. in öffentlichem Eigentum und ist von der Wasserbehörde zu unterhalten und wiederherzustellen (§ 56 I Hamburgisches WasserG). S. a. → Wassergefahr.

**Dekan.** I. An der → *Hochschule* führt der D. die Geschäfte der → Fakultät. Er wird aus dem Kreis der ordentlichen (noch nicht entpflichteten) Professoren meist auf 1 oder 2 Jahre gewählt. Sein Vertreter ist der *Prodekan,* früher meist der D. des Vorjahres. Bei einer Gliederung der Hochschule in → Fachbereiche entspricht dem D. der Fachbereichssprecher(-leiter).

II. In der → *kath. Kirche* steht der D. (auch Bezirksvikar, Dechant, Erzpriester oder Archipresbyter) an der Spitze eines Dekanats, in dem mehrere Pfarreien zusammengefaßt sind. Der D. muß → Priester sein. Er wird durch den Bischof bestellt und abgesetzt. Dem D. obliegt die Koordinierung der Seelsorge, die Aufsicht über die → Kleriker und die Seelsorge an diesen. In der → *evang. Kirche* ist der D., auch als *Superintendent* bezeichnet, leitendes Organ eines Kirchenkreises (d. i. die Zusammenfassung mehrerer Kirchengemeinden). Er wird von der Kirchenleitung der Gesamtkirche (Gliedkirche) ernannt, u. U. unter Mitwirkung der Kreissynode, und führt die Aufsicht über die Pfarrer seines Kirchenkreises.

**Dekartellierung** war die gebräuchliche Bezeichnung für die von den Besatzungsmächten nach dem 2. Weltkrieg erlassenen Vorschriften zur Auflösung wirtschaftlicher Machtpositionen (z. B. der IG-Farben AG). Da es dabei überwiegend um die Auflösung von Konzernen ging (→ Entflechtung), ist die Bezeichnung ungenau.

**Deklaration** → völkerrechtlicher Vertrag.

**Deklaratorische Wirkung.** Ein Rechtsakt kann *deklaratorische* oder *konstitutive* Wirkung haben. Im ersten Falle wird das Bestehen eines Rechts oder Rechtsverhältnisses lediglich festgestellt, bezeugt oder klargestellt, z. B. im Zivilprozeß durch Feststellungsurteil über ein streitiges Rechtsverhältnis, im Verwaltungsrecht durch Ausstellung einer Bescheinigung über die Staatsangehörigkeit. Im zweiten Falle wird durch den Rechtsakt ein Recht oder Rechtsverhältnis begründet, aufgehoben oder gestaltet, z. B. durch Verleihung der Staatsbürgerschaft, Erteilung einer Gewerbekonzession, Ehescheidung durch Urteil usw. Konstitutivwirkung eines Rechtsgeschäfts liegt z. B. bei → gutgläubigem Erwerb einer Sache vom Nichteigentümer vor.

**Dekonzentration** ist kein Rechtsbegriff. I. d. R. wird darunter die Verlagerung von Zuständigkeiten auf nachgeordnete Behörden oder Behörden der mittelbaren Staatsverwaltung verstanden. Teilweise wird der Begriff auch synonym mit → Dezentralisation verwendet. D. ist Teil der → Deregulierung. S. a. → Zentralismus, → Konzentration i. d. Verw.

**Delegation.** Der Begriff wird in zweifachem Sinne verwendet. a) Im zwischenstaatlichen Verkehr ist eine D. eine Gruppe von diplomatischen, wirtschaftlichen oder militärischen Bevollmächtigten oder Unterhändlern. b) Innerstaatlich ist D. die Übertragung von Zuständigkeiten eines Staatsorgans auf ein anderes (meist nachgeordnetes). Der wichtigste Fall ist die D. der Rechtsetzungsbefugnis von den gesetzgebenden Körperschaften auf Verwaltungsorgane (→ Rechtsverordnungen). Grundsätzlich sind Staatsorgane, insbes. Behörden, zur D. der Rechtsetzungsbefugnis nicht befugt. Soweit Verwaltungsbehörden zur Rechtsetzung ermächtigt sind, ergibt sich das aus Art. 80 I 4 GG, dessen Grundgedanke auch für landesgesetzliche Ermächtigungen gilt. Danach darf die Ermächtigung zum Erlaß von Rechtsverordnungen von der ermächtigten Behörde nur dann auf eine andere Behörde weiter übertragen werden (sog. Subdelegation), wenn dies in dem ermächtigenden Gesetz vorgesehen ist; die Übertragung bedarf außerdem der Form einer RechtsVO. Auch die Ausübung hoheitlicher Verwaltungskompetenzen (→ Ausführung von Gesetzen) kann die Behörde nur auf Grundgesetzlicher Ermächtigung durch Rechtssatz delegieren, falls die Übertragung Außenwirkung hat, d. h. durch Verschiebung der Behördenzuständigkeit in den Rechtskreis der Bürger eingreift.

**delictum sui generis** → Sonderdelikt.

**Delikt** (lat. = Vergehen) ist ein rechtswidriges, schuldhaftes Verhalten, das im Zivilrecht grundsätzlich mit Schadensersatzpflicht (→ unerlaubte Handlung, „deliktischer → Anspruch"), im Strafrecht mit Straffolge (→ Straftat) verknüpft ist. Eine Sonderstellung nimmt das → völkerrechtliche D. ein.

**Deliktsfähigkeit.** Eine → Straftat und regelmäßig auch eine zu Schadensersatz verpflichtende → unerlaubte Handlung kann nur schuldhaft begangen werden; das Verschulden setzt D. voraus.

1. *Zivilrechtlich* ist für einen durch eine unerlaubte Handlung angerichteten Schaden nicht verantwortlich, wer das 7. Lebensjahr noch nicht vollendet hat, ferner wer im Zustand der nicht selbstverschuldeten (Rausch!) Bewußtlosigkeit oder in einem die freie Willensbestimmung ausschließenden Zustand krankhafter Störung der Geistestätigkeit handelt. Wer das 7., aber noch nicht das 18. Lebensjahr vollendet hat oder taubstumm ist, ist für eine unerlaubte Handlung nicht verantwortlich, wenn er bei deren Begehung nicht die zur Erkenntnis der Verantwortlichkeit erforderliche Einsicht hat (§§ 827, 828 BGB). Wer danach für einen Schaden nicht verantwortlich ist, hat gleichwohl, sofern Schadensersatz nicht von einem aufsichtspflichtigen Dritten zu erlangen ist, den Schaden insoweit zu ersetzen, als die Billigkeit nach den Umständen, insbes. nach den Verhältnissen und den Unterhaltspflichten der Beteiligten, eine Schadlosigkeit erfordert (z. B. reicher Sechsjähriger verletzt Spielkameraden

durch Steinwurf; § 829 BGB, sog. *Billigkeitshaftung*).

2. Im *Strafrecht* spricht man von D. insbes. im *Jugendstrafrecht* i. S. strafrechtlicher Verantwortlichkeit (Strafmündigkeit). Nach § 19 StGB ist strafrechtlich nicht verantwortlich, wer zur Tatzeit noch nicht 14 Jahre alt war *(Kind)*. Ein *Jugendlicher,* d. h. ein zur Tatzeit 14-, aber noch nicht 18jähriger ist bedingt verantwortlich, nämlich wenn er zur Tatzeit nach seiner sittlichen und geistigen Entwicklung reif genug war, das Unrecht der Tat einzusehen und nach dieser Einsicht zu handeln; § 1 II, § 3 JGG (im einzelnen → Strafmündigkeit). Mit dem vollendeten 18. Lebensjahr beginnt die volle strafrechtliche Verantwortlichkeit für die danach begangenen Straftaten mit der Maßgabe, daß Sondervorschriften für → Heranwachsende, d. h. noch nicht 21jährige, gelten.

**Delkredere** ist eine besondere Art des → Garantievertrags. Das D. kommt bei → Handelsvertretern und → Kommissionären vor. Beim D. steht der Handelsvertreter oder Kommissionär dem Unternehmer oder Kommittenten gegenüber dafür ein, daß der Dritte (Kunde, Vertragspartner des Kommissionärs) die Verbindlichkeit aus dem abgeschlossenen oder vermittelten Geschäft erfüllt. Das D. ist also eine Garantie für die Zahlungsfähigkeit. Bei Handelsvertretern bedarf das D. der Schriftform; es kann nur für bestimmte Geschäfte oder für noch unbestimmte Geschäfte mit bestimmten Dritten (Kunden) übernommen werden (§ 86 b I HGB). Bei Kommissionären ist das D. mündlich wirksam, muß aber eigens übernommen werden oder am jeweiligen Ort → Handelsbrauch sein (§ 394 HGB). Das D. begründet den Anspruch auf die (zusätzliche) D.provision (§§ 86 b II, 394 II HGB).

**Demarche** (franz.; wörtl.: Schritt) bedeutet das Vorstelligwerden eines Staates bei einem anderen Staat auf diplomatischem Weg.

**Demarkationslinie** bezeichnet im Waffenstillstandsrecht die Linie, jenseits derer sich die kriegführenden Parteien militärischer Maßnahmen enthalten sollen.

**Dementi** bedeutet in der diplomatischen und politischen Fachsprache das Abstreiten behaupteter Vorfälle oder Äußerungen.

**Demission** = Rücktritt (einer Regierung, eines Ministers).

**Demokratie** (griech.; „Volksherrschaft") ist eine → Staatsform i. w. S., die dadurch gekennzeichnet ist, daß die → Staatsgewalt der Gesamtheit des Volkes zusteht. Das Volk ist Träger des Staatswillens („Volkssouveränität") und übt ihn unmittelbar durch Wahlen und Abstimmungen (Volksbegehren, Volksentscheid) und mittelbar über die Volksvertretung (→ Parlament) aus. Demgemäß unterscheidet man zwischen *unmittelbarer* D., in der das Volk selbst die politischen Entscheidungen trifft, und *mittelbarer (repräsentativer, parlamentarischer)* D., in der es bei den politischen Entscheidungen durch Abgeordnete vertreten wird. Eine unmittelbare D. ist heute selbst in kleineren Gemeinwesen nicht oder nur sehr beschränkt möglich (Beisp.: die Landgemeinden der schweizerischen Kantone; vgl. auch Art. 28 I 3 GG). Wesensmerkmal der repräsentativen D. ist die Existenz einer Volksvertretung, die entscheidenden Einfluß auf die politische Gestaltung des Gemeinwesens nehmen und dadurch den politischen Willen des Volkes verwirklichen kann. Die Volksvertretung muß aus freien Wahlen hervorgehen, an der die Staatsbürger in gleicher Weise teilnehmen können. Sie muß in regelmäßigen, im voraus bestimmten Abständen durch Wahlen abgelöst und so vom Volk neu legitimiert werden. Zum Prinzip der D. gehört weiter, daß bei den staatsgestaltenden Akten die Mehrheit der stimmberechtigten Bürger und die Mehrheit der gewählten Volksvertreter entscheidet („Herrschaft der Mehrheit"). Die freie Willensbildung des Volkes setzt voraus, daß die Staatsbürger politische Gleichheit besitzen und daß Meinungen und Gegenmeinungen im politischen Raum sich frei entfalten können; dies schließt die Möglichkeit einer → Opposition ein. Die D. ist in aller Regel auch durch die mehr oder minder stark ausgeprägte Aufgliederung der Staatsgewalt in Gesetzgebung, vollziehende Gewalt und Rechtsprechung (→ Gewaltentrennung) gekennzeichnet; hierin liegt ein wesentlicher Unterschied der „klassischen" D. („demokratischer → Rechtsstaat") zur „Volksdemokratie" kommunistischer Prägung, die auf eine strenge Gewaltenteilung verzichtet und die Staatsgewalt bei der „Volksvertretung" anhäuft. In der gewaltentrennenden D. steht der Volksvertretung primär die gesetzgebende Gewalt zu. Außerdem besitzt sie i. d. R. ein Kontrollrecht gegenüber der vollziehenden Gewalt, das häufig so ausgeprägt ist, daß die Regierung vom Vertrauen des Parlaments abhängig ist (vgl. parlamentarisches Regierungssystem, Präsidialverfassung). Die rechtsprechende Gewalt ist unabhängig, aber der Verfassung, den von der Volksvertretung beschlossenen Gesetzen und dem auf dieser Grundlage beruhenden Recht unterworfen. In neuerer Zeit wird der Begriff D. mehr und mehr nicht nur nach formalen Ordnungsprinzipien bestimmt, sondern auch nach materialen Gesichtspunkten; insbes. verbindet man mit dem Begriff D. die Anerkennung von → Grundrechten und die Verpflichtung zum → Sozialstaat.

Das GG hat sich in Art. 20 GG ausdrücklich zur Gestaltung der BRep. als D. bekannt. Dieser Grundsatz kann nach Art. 79 III GG auch im Wege der Verfassungsänderung nicht angetastet werden. Nach Art. 28 I GG muß die verfassungsmäßige Ordnung in den Ländern den Grundsätzen des demokratischen Rechtsstaates im Sinne des GG entsprechen. In den Ländern, Kreisen und Gemeinden muß das Volk eine Vertretung haben, die aus allgemeinen, unmittelbaren, gleichen und geheimen Wahlen hervorgegangen ist. S. a. → Grundordnung, freiheitl. demokr.

**Demonstration** nennt man eine Veranstaltung unter freiem Himmel, welche die Kundgabe einer (meist politischen) Meinung bezweckt. D. ist kein Begriff des Gesetzes, das nur von Versammlungen und Aufzügen spricht. Über das Recht zur D. vgl. → Versammlungsfreiheit, → Versammlungsgesetz (hier auch Spontandemonstration).

**Demonstrationsdelikte** (kein Ausdruck des Gesetzes) nennt man Straftaten, die sich im Zusammenhang mit Demonstrationen häufiger ereignen, insbes. Verstöße gegen das → Versammlungsgesetz (s. a. → Ansammlung, unerlaubte), → Widerstand geg. d. Staatsgewalt und → Landfriedensbruch. Die Straftatbestände sind im Hinblick auf das Demonstrationsrecht (→ Versammlungsgesetz) durch das 3. StrRG 1970 reformiert, aber durch Ges. vom 18. 7. 1985 (BGBl. I 1511) erweitert worden. S. a. → Nötigung. Zivilrechtlich → Tumultschäden.

**Demonstrationsrecht** → Versammlungsgesetz.

**Demonstrationsschäden** → Tumultschäden, → unerlaubte Handlung (5 b).

**Denkgesetze, Verstoß gegen** – → Revision (2).

**Denkmalschutz.** Schutz und Pflege von Denkmälern der Kunst und der Geschichte sind jetzt in den meisten Ländern der BRep. umfassend gesetzlich geregelt (vgl. z. B. bad.-württ. Ges. v. 6. 12. 1983, GBl. 797; bayer. Ges. v. 25. 6. 1973, GVBl. 328). Die D.gesetze enthalten Begriffsbestimmungen (Baudenkm., Bodendenkm., bewegl. Denkmäler), Erhaltungsgebote und Veränderungsverbote, Vorschriften über Denkmallisten, D.behörden, das Verfahren, → Enteignung, Vorkaufsrechte und Finanzierung. Umstr. ist, ob Art. 5 III GG sich über den Grundrechtsschutz für das Kunstschaffen hinaus auf die geschaffene Kunst erstreckt und den Staat verfassungsrechtlich zum D. verpflichtet. Das Ges. vom 1. 6. 1980 (BGBl. I 649) sieht für zahlreiche Bundesgesetze (z. B. RaumordnungsG, BundesfernstraßenG, FlurbereinigungsG, NaturschutzG) die Berücksichtigung von Belangen des D. vor. Aufwendungen zur Erhaltung von Denkmälern sind *steuerlich* begünstigt entweder als → Herstellungskosten (§ 7 i EStG, §§ 82 i EStDV, R 160 a EStR) oder als → Erhaltungsaufwand (§ 11 b EStG). Dies gilt auch bei Selbstnutzung (§ 10 f EStG).

**Denunziation.** 1. Die D. ist als falsche → Verdächtigung nach § 164 StGB strafbar, wenn der Täter einen anderen bei einer Behörde einer Straftat oder einer Dienstpflichtverletzung verdächtigt oder eine sonstige nachteilige Behauptung über ihn aufstellt und dabei *wider besseres Wissen* und in der *Absicht* handelt, gegen den Denunzierten ein

Verfahren (Straf-, Disziplinarverfahren o. dgl.) oder andere behördliche Maßnahmen (z. B. Konzessionsentziehung) herbeizuführen.

2. Wegen *politischer* D. wird nach § 241 a StGB bestraft, wer einen anderen durch eine Anzeige oder Verdächtigung der Gefahr aussetzt, aus politischen Gründen verfolgt zu werden und hierbei rechtsstaatswidrig durch Gewalt- oder Willkürmaßnahmen Schaden an Leib, Leben oder Freiheit oder empfindliche berufliche oder wirtschaftliche Nachteile zu erleiden. Dasselbe gilt, wenn der Täter zwar nicht durch eine Anzeige, aber durch eine andere Mitteilung (z. B. mündlich durch einen Mittelsmann) den Betroffenen einer solchen rechtsstaatswidrigen Gefährdung aussetzt. Der Versuch ist strafbar. Tatort kann wegen des Schutzcharakters der Vorschrift die BRep. oder das Ausland sein. Die Strafe ist Freiheitsstrafe bis zu 5 Jahren od. Geldstrafe, in besonders schweren Fällen Freiheitsstrafe von 1–10 Jahren.

**Deportation** (lat.; Wegführung) ist die vom Staat vorgenommene Verschickung von Schwerverbrechern oder politischen Gegnern in weitentlegene, häufig überseeische Gebiete (Strafkolonien) zu langjährigem oder lebenslangem Zwangsaufenthalt. Sie ist unzulässig, sofern sie nicht auf gesetzlicher Grundlage beruht, und verstößt, insbes. wenn mit Zwangsarbeit verbunden, gegen die Europ. Menschenrechtskonvention (vgl. Art. 4).

**Depositengeschäft** (Einlagengeschäft) → Bankeinlagen, → Verwahrung.

**depositum regulare, irregulare** → Verwahrung.

**Depotgeschäft** *(Effektenverwahrung).* Werden Effekten, d. h. eine bestimmte Art von → Wertpapieren (z. B. → Aktien, → Inhaberschuldverschreibungen u. a., nicht aber → Wechsel) bei jemandem, der im Betrieb seines Gewerbes Verwahrungsgeschäfte vornimmt (Verwahrer, insbes. Banken, auch öffentlich-rechtliche Sparkassen), hinterlegt, so gelten für dieses D. über die → Verwahrung hinaus die Besonderheiten des Depotgesetzes vom 4. 2. 1937 (RGBl. I 171) m. Änd. Das D. ist ein → Bankgeschäft, darf also regelmäßig nur von zugelassenen → Kreditinstituten betrieben werden. Meist werden Wertpapiere dem Verwahrer unverschlossen übergeben (offenes Depot). Der Verwahrer hat die Stücke regelmäßig gesondert von seinen eigenen Beständen und von den Wertpapieren Dritter aufzubewahren (*Sonderverwahrung,* § 2 DepotG); es muß also ein eigenes Depotkonto geführt werden. Üblicherweise geschieht dies durch Einlegen der Wertpapiere in ein Streifband unter Angabe des Inhalts und des Inhabers *(Streifbanddepot).* Die Eigentumsverhältnisse an den hinterlegten Effekten werden hierdurch nicht berührt. Der Verwahrer ist jedoch berechtigt, die Wertpapiere einem anderen Verwahrer zur Verwahrung anzuvertrauen (*Drittverwahrung,* § 3 DepotG); er haftet dann als sog. *Zwischenverwahrer* für das → Verschulden des Drittverwahrers wie für eigenes Verschulden. Falls der Hinterleger dem Verwahrer eine ausdrückliche schriftliche Ermächtigung erteilt hat, die nicht in den → Allgemeinen Geschäftsbedingungen der Bank enthalten sein darf, kann der Verwahrer vertretbare Wertpapiere ein und derselben Art auch ungetrennt von eigenen Beständen derselben Art aufbewahren (*Sammelverwahrung,* § 5 DepotG); hierbei entsteht → Miteigentum nach Bruchteilen zwischen Verwahrer und Hinterleger im Verhältnis des jeweiligen Nennbetrags bzw. der Stückzahl und für den Hinterleger nur ein Anspruch auf Herausgabe einer entsprechenden Anzahl von Wertpapieren aus dem Sammelbestand. Durch eine in der gleichen ausdrücklichen Form abgegebene Erklärung kann auch vereinbart werden, daß der Verwahrer ihm anvertraute Wertpapiere aus dem Depot entnehmen darf und statt dessen andere Wertpapiere derselben Art zurückzugeben hat (*Tauschverwahrung,* § 10 DepotG). Wird dagegen vereinbart, daß die Wertpapiere sofort in das Eigentum des Verwahrers übergehen sollen und dieser nur verpflichtet ist, Wertpapiere derselben Art zurückzugeben, so muß diese Erklärung zwar gleichfalls ausdrücklich und schriftlich abgegeben werden; im übrigen finden jedoch die Vorschriften des DepotG keine Anwendung; es liegt vielmehr eine sog. uneigentliche Verwahrung (Stückekonto) vor, auf die die Bestimmungen über das Darlehen angewendet werden (§ 700 BGB). In den Fällen der Sonder-, Sammel-, und Tauschverwahrung hat der Verwahrer über die rechtlichen Verhältnisse des D. sowie über die tatsächlichen Umstände – Verwahrungsart und -ort usw. – ein *Verwahrungsbuch* zu führen (§ 14 DepotG). Im Insolvenzverfahren über das Vermögen des Verwahrers sind die Forderungen der Hinterleger unter bestimmten Voraussetzungen vorrangig vor den Forderungen aller anderen Insolvenzgläubiger aus einer Sondermasse (Wertpapiere derselben Art) zu begleichen (§§ 32 ff. DepotG), soweit die Hinterleger nicht als Eigentümer → Aussonderung begehren können. Das D. ist ein → Bankgeschäft i. S. des § 1 I Nr. 5 KreditwesenG und unterliegt als solches einer besonderen bankaufsichtsrechtlichen *Depotprüfung* (§ 30 KWG).

Soweit der Verwahrer neben dem reinen D. noch andere Handlungen vorzunehmen hat (z. B. Verwaltung der Wertpapiere, Einziehung von Zinsen und Dividenden), liegt daneben ein → Geschäftsbesorgungsvertrag vor. Das DepotG gilt ferner nicht bei der verschlossenen Übergabe von Wertgegenständen (sog. verschlossenes Depot); hier liegt reine → Verwahrung vor (s. dort über Schließfach). S. ferner → Einkaufskommission.

**Depotgesetz** → Depotgeschäft, → Einkaufskommission.

**Depotkonto** → Depotgeschäft.

**Depotprüfung** → Depotgeschäft.

**Depotschein.** Der über ein → Depotgeschäft ausgestellte D. ist ein → Legitimationspapier.

**Depotstimmrecht** → Bankenstimmrecht.

**Depotunterschlagung** (§ 34 DepotG) ist ein Sonderfall der Unterschlagung und Untreue (§§ 246, 266 StGB). D. liegt vor, wenn ein → Kaufmann über ihm in → Verwahrung, → Kommission oder zum → Pfand gegebene → Wertpapiere zum eigenen oder fremden Vorteil rechtswidrig verfügt oder ein Sammeldepot verringert oder darüber rechtswidrig verfügt. Ist der Verletzte ein → Angehöriger, ist die Tat → Antragsdelikt (§ 36 DepotG).

**Depotwechsel** ist ein → Kautionswechsel, der von einer Bank als Gläubigerin bis zum Verfalltag ins Depot genommen wird.

**Deputat** ist ein → Naturallohn, der insbes. Arbeitnehmern der Land- und Forstwirtschaft und auch Bergleuten gewährt wird. Das D. ist Teil des → Arbeitslohns und gehört in der → Sozialversicherung zum beitragspflichtigen → Arbeitsentgelt (§§ 14, 16 SGB IV). Für die Bewertung → Sachbezüge. Neuerdings bezeichnet man als D. auch den Umfang bestimmter Verpflichtungen (z. B. Lehrdeputat der → Hochschullehrer).

**Deputation** ist ein aus der Mitte von Kollegialorganen gebildetes kollegiales Kommissionsorgan. Im alten deutschen Reich setzte der Reichstag zur Erledigung bestimmter Aufgaben sog. Reichsdeputationen ein (→ Reichsdeputationshauptschluß).

**Deregulierung.** Oberbegriff für alle Maßnahmen mit dem Ziel, die Regulierung privater Tätigkeit durch staatliche Rechtsnormen sowie die Regulierung der Tätigkeit der öffentlichen Verwaltung durch Rechtsnormen und Verwaltungsvorschriften zu reduzieren. Die Kompetenz der Entscheidungsträger zu flexibler Reaktion soll dadurch erweitert und deren Verantwortungsbereitschaft erhöht werden; dazu gehört auch, Entscheidungszuständigkeiten einer höheren Ebene nach Möglichkeit auf eine untere Ebene zu delegieren (→ Subsidiarität; → Dekonzentration; → Dezentralisation). Zur D. gehören auch → Privatisierung und → Rechtsbereinigung. Durch die D. sollen Verwaltungsabläufe beschleunigt, vereinfacht und wirtschaftlicher gestaltet sowie private und unternehmerische Eigeninitiative gefördert werden.

**Dereliktion** → Eigentumsaufgabe.

**Derivativer Erwerb** → Rechtserwerb.

**Dernburg, Heinrich** (1829–1907), deutscher Rechtslehrer mit besonderen Verdiensten als Forscher auf dem Gebiet des preußischen und des Reichsprivatrechts sowie des → römischen Rechts (Pandektenlehre).

**Derogation.** Von D. spricht man, wenn ein Rechtssatz durch einen späteren ranggleichen oder ranghöheren Rechtssatz aufgehoben oder ersetzt wird, und zwar derart, daß er nicht vollständig beseitigt (→ Abrogation), sondern seine Geltung nur teilweise beendet wird. Die D. kann durch ausdrückliche Aufhebung oder durch inhaltlichen Widerspruch geschehen. Der spätere Rechtssatz geht dem früheren (ranggleichen) Rechtssatz vor *(lex posterior derogat legi priori)*. Ein späterer allgemeiner Rechtssatz setzt frühere spezielle Rechtsvorschriften grundsätzlich nicht außer Kraft *(lex specialis derogat legi generali)*. Auch → Gewohnheitsrecht kann positives Recht derogieren. Der derogierte Rechtssatz wird nicht nur suspendiert; bei Aufhebung des derogierenden Rechtssatzes lebt er grundsätzlich nicht wieder auf.

**Desertion** (desertieren) → Fahnenflucht.

**Deskriptive Merkmale** sind beschreibende, im Gegensatz zu normativen, die einer Wertung bedürfen. Die Feststellung der deskriptiven (kognitiven) Gesetzesmerkmale ist ohne weiteres durch sinnliche Wahrnehmung möglich (z. B. das Merkmal bewegliche Sache bei der Eigentumsübertragung, § 929 BGB, oder beim Diebstahl, § 242 StGB). Eine Wertung erfordern dagegen Merkmale wie z. B. Verstoß gegen die guten Sitten, in verwerflicher Weise oder Begriffe, die eine rechtliche Wertung voraussetzen, wie fremd (bei einer Sache) oder Dienstvorgesetzter u. dgl.

**Destinatär** ist der Bezugsberechtigte bei einer → Stiftung. Da diese – anders als der → Verein – nicht körperschaftlich organisiert ist, stehen dem D. Mitgliedschaftsrechte an der Stiftung nicht zu.

**Deszendenten** sind die → Abkömmlinge eines Menschen. Gegensatz: → Aszendenten.

**Detachierte (auswärtige) Kammern/Senate** sind für einen oder mehrere Unterbezirke des Gerichtsbezirks des Land(Oberlandes)gerichts gebildete Spruchkörper, die ihren Sitz nicht am eigentlichen Gerichtssitz haben; vgl. für Strafkammer § 78, für Kammer für Handelssachen § 93 II, für OLG-Senate § 116 II GVG.

**Detektei** → Auskunftei.

**Deutsche Angestellten-Gewerkschaft** (DAG) ist die unabhängig vom → Deutschen Gewerkschaftsbund bestehende Gewerkschaft für → Angestellte aller Zweige der Industrie und Verwaltung. Sie hat ihren Sitz in Hamburg und ist in Landesverbände gegliedert.

**Deutsche Ausgleichsbank.** Die aus dem → Lastenausgleich hervorgegangene D. A. dient nach dem Ges. i. d. F. vom 23. 9. 1986 (BGBl. I 1545) der Durchführung von Subventionen im Bereich der Zuständigkeit des Bundes einschließlich des Lastenausgleichs (Einzelheiten: § 4).

**Deutsche Bahn AG (DB).** Die DB wurde nach der erforderlichen Änderung des Grundgesetzes unter Zusammenfassung der → Bundesbahn und der → Deutschen Reichsbahn als privatrechtlich organisiertes Unternehmen des Bundes Anfang 1994 als Aktiengesellschaft gegründet (Art. 2 des Ges. vom 27. 12. 1993 über die Neuordnung des Eisenbahnwesens; → Eisenbahnen). Sie steht vorerst im alleinigen Eigentum des Bundes. Sie betreibt 4 in der Abrechnung unabhängige, also untereinander abzurechnende Abteilungen („profit-centers"), nämlich: Personenverkehr, Güterverkehr, Traktion und Schienenwege. Diese konzernähnliche Struktur ist allerdings nur für das Rechnungswesen relevant, ermöglicht aber, interne Verlustquellen und damit die der Subventionierung eines Geschäftszweigs zugrunde liegenden politischen Entscheidungen offenzulegen. Der nichtbeamtete Personalbestand der Vorgängereinrichtungen wurde unter materieller Wahrung der Rechtsstellung übernommen. Beamte werden gemäß § 12 gewissermaßen vom Bundeseisenbahnvermögen (→ Bundesbahn) ausgeliehen.

**Deutsche Bundesakte** → Wiener Kongreß.

**Deutsche Bundesbahn** → Bundesbahn.

**Deutsche Bundesbank** → Bundesbank.

**Deutsche Bundespost** → Bundespost.

**Deutsche Bundesstiftung Umwelt** ist eine gemäß der Ermächtigung des Ges. vom 18. 7. 1990 (BGBl. I 1448) gegründete Stiftung des privaten Rechts mit der Aufgabe, vorwiegend subsidiär zu staatlichen Programmen Vorhaben zum Schutz der Umwelt zu fördern. Die Stiftung soll jährlich einen Umweltpreis vergeben.

**Deutsche Demokratische Republik (DDR).** Die DDR wurde 1949 nach Gründung der BRep. auf dem Gebiet der sowjet. Besatzungszone errichtet. Auf Grund eines vom „Deutschen Volksrat" aufgestellten Entwurfs billigte der „Volkskongreß" am 30. 5. 1949 eine Verfassung, die von der Sowjet. Militäradministration genehmigt wurde. Am 7. 10. 1949 konstituierte sich ein neu gewählter Volksrat als Provisorische Volkskammer; diese setzte die Verfassung durch Ges. in Kraft (GBl. 5). Durch Ges. vom 23. 7. 1952 wurden die 5 Länder (Thüringen, Sachsen, Sachsen-Anhalt, Brandenburg, Mecklenburg) de facto aufgelöst und durch 14 Bezirke ersetzt. Durch Ges. vom 8. 12. 1958 wurde die Länderkammer abgeschafft, durch Ges. vom 12. 9. 1960 der „Präsident der Republik" durch den kollegialen „Staatsrat" abgelöst. Die Verf. der DDR vom 6. 4. 1968 (GBl. I 199) behandelte in Abschn. I die Grundlagen der sozialistischen Gesellschafts- und Staatsordnung; sie proklamierte die DDR als sozialistischen Staat Deutscher Nation, in dem die politische Macht von den Werktätigen unter Führung der Arbeiterklasse durch demokratisch gewählte Volksvertretungen ausgeübt wurde. Abschn. II regelte Grundrechte und Grundpflichten, die Verhältnisse der Betriebe, Städte und Gemeinden, Gewerkschaften und Produktionsgenossenschaften. Abschn. III enthielt die Vorschriften über die → Volkskammer, den → Staatsrat, den → Ministerrat und die örtl. Volksvertretungen. Abschn. IV behandelte sozialistische Gesetzlichkeit und Rechtspflege. Die Rechtspflege oblag dem Obersten Gericht, Bezirks- und Kreisgerichten, „gesellschaftlichen Gerichten" sowie Militärgerichten und -obergerichten. Das Oberste Gericht sicherte die einheitliche Rechtsanwendung und konnte für alle Gerichte verbindliche Richtlinien und Beschlüsse erlassen (§ 17 GVG vom 17. 4. 1963, GBl. I 45). Wahl und Rechtsstellung der Richter regelten Art. 94–96 d. Verf. und §§ 46 ff. GVG. Organisation und Befugnisse der Staatsanwaltschaft waren in Art. 97, 98 d. Verf. und im Ges. vom 7. 4. 1977 (GBl. I 93) behandelt. Alle StAe unterstanden den Weisungen des GeneralStA der DDR, wurden von ihm ernannt und abberufen und waren an seine Weisungen gebunden. Durch ÄndGes. vom 7. 10. 1974 (GBl. I 425) wurde die Verfassung in wichtigen Punkten revidiert: Alle Bestimmungen, in denen die Vorstellung von der Einheit der Deutschen Nation zum Ausdruck kamen, wurden beseitigt (z. B. „sozialistischer Staat Deutscher Nation" durch „sozialistischer Staat der Arbeiter und Bauern" ersetzt) und der Wiedervereinigungsauftrag des Art. 8 II gestrichen; ferner wurde die Tendenz zu sozialistischer Wirtschaftsordnung verstärkt (vgl. Art. 14) und die Gewichtung in der Kompetenzverteilung der zentralen Staatsorgane verschoben. Zum früheren Verhältnis BRep.-DDR → Bundesrepublik Deutschland, → Grundvertrag, → Zweistaatentheorie, → Hallstein-Doktrin, → Berlin. Mit dem Beitritt (→ Wiedervereinigung, → Einigungsvertrag, → Abschließende Regelung in bezug auf Deutschland) am 3. 10. 1990 ist die DDR untergegangen.

**Deutsche Gerichtsbarkeit über ausländische Streitkräfte** → Streitkräfte, ausländische.

**Deutsche Post.** Das Sondervermögen DP (Ost) wurde mit Wirksamwerden des Beitritts gemäß Art.27 EinigV mit der ehemaligen Bundespost vereinigt; s. a. → Reichspost. Zur „Deutschen Post AG" → Post AG, → Postneuordnung.

**Deutsche Reichsbahn (DR).** Die DR war die Staatsbahn der DDR. Sie wurde nach dem EinigV analog zur ehemaligen Bundesbahn ein nicht rechtsfähiges Sondervermögen des Bundes. Die Betriebsvorschriften der DR galten im wesentlichen weiter. Die Zusammenführung von DR und Bundsbahn war schon im EinigV vorgesehen und erfolgte durch das Ges. über die Neuordnung des Eisenbahnwesens in der Weise, daß als Vermögensträger ein gemeinsames Sondervermögen → „Bundeseisenbahnvermögen" gebildet wurde, während der Betrieb auf die → Deutsche Bahn AG überging. Zur Bahn des früheren Deutschen Reiches s. unter → Reichsbahn.

**Deutsche Welle** → Auslandsrundfunk, → Rundfunk.

**Deutschenspiegel** → Schwabenspiegel.

**Deutscher** (Art. 116 GG) → Staatsangehörigkeit.

**Deutscher Bund** (1815–1866). Der auf dem → Wiener Kongreß gegründete D. B., dem 35 Fürsten und 4 freie Reichsstädte beitraten, war völkerrechtlich ein → Staatenbund, dem nach außen und innen wenig Macht zukam. Leitendes Organ war der unter österreichischem Vorsitz stehende Deutsche Bundestag in Frankfurt a. M., der sich aus Gesandten der – völlig selbständigen – Mitgliedstaaten zusammensetzte. Die Bestrebungen der Nationalversammlung in der Frankfurter Paulskirche (1848), durch die von ihr beschlossene Reichsverfassung einen → Bundesstaat mit einem erblichen Kaiser, einem Reichstag und einem Staatenhaus (als Vertretung der Länder) zu schaffen, schlugen fehl, nachdem der König von Preußen die Kaiserkrone abgelehnt hatte und die Versammlung, die nach dem Ausscheiden der preuß. und österr. und anderer Mitglieder mit dem Rest als Rumpfparlament nach Stuttgart übergesiedelt war, aufgelöst worden war. Auseinandersetzungen zwischen den Großdeutschen und den Kleindeutschen, die über die Einbeziehung Österreichs in ein Deutsches Reich stritten, und der Krieg zwischen Preußen und Österreich 1866 führten schließlich im Prager Frieden (23. 8. 1866) zum Austritt Österreichs aus dem D. B. und zur Gründung des → Norddeutschen Bundes, der ihn ablöste.

**Deutscher Gemeindetag** → Deutscher Städte- und Gemeindebund.

**Deutscher Gewerkschaftsbund** (DGB) ist der Spitzenverband der deutschen Industriegewerkschaften (→ Gewerkschaft, arbeitsrechtliche). Sein Sitz ist Düsseldorf. Organe sind Bundeskongreß, Bundesvorstand, Bundesausschuß und Revisionskommission. Der DGB ist regional gegliedert in Landesverbände, innerhalb derer Kreis- und Ortsausschüsse gebildet sind. Der Rechtsform nach ist der DGB ein nichtrechtsfähiger Verein (→ Verein, 2).

**Deutscher Industrie- und Handelstag** (DIHT) ist eine privatrechtliche Vereinigung (eingetragener → Verein) der → Industrie- und Handelskammern, deren gemeinsame Interessen er wahrnimmt.

**Deutscher Juristentag.** Privatrechtlicher Verein, der sich Fragen der Fortentwicklung des Rechts annimmt und den Meinungsaustausch unter Juristen aller Berufsgruppen fördert, insbes. im Rahmen des alle zwei Jahre stattfindenden Juristentages (Leitungsgremium: „Ständige Deputation").

**Deutscher Landkreistag** ist ein Verband der → Landkreise der BRep. Er gehört zu den → kommunalen Spitzenverbänden. In den Ländern bestehen Landesverbände.

**Deutscher Städte- und Gemeindebund** ist ein Zusammenschluß des früheren Dt. Städtebundes und des Dt. Gemeindetags. Er gehört zu den → kommunalen Spitzenverbänden und umfaßt *kreisangehörige* Städte, die (mittelbare) Mitglieder des → Deutschen Städtetages sind, und kreisangehörige Gemeinden.

**Deutscher Städtetag** ist ein Zusammenschluß der *kreisfreien* Städte des Bundesgebiets, dem in einigen Ländern auch kreisangehörige Städte und Gemeinden (→ Deutscher Städte- und Gemeindebund) beigetreten sind. Der D. St., einer der → kommunalen Spitzenverbände, hat Mitgliederverbände in allen Ländern.

**Deutscher Volkszugehöriger** → Staatsangehörigkeit.

**Deutsches Patentamt** → Patentamt.

**Deutsches Reich.** Das erste D. R. (911–1806; s. a. → Heiliges Römisches

Reich deutscher Nation) war eine Wahlmonarchie, deren Verfassungsleben vom 13. Jh. ab durch die immer stärker werdenden Territorialgewalten (Landesfürsten), zum Schluß insbes. durch die Rivalität zwischen → Preußen und Österreich gekennzeichnet war. Im Jahre 1806 legte der damalige Kaiser Franz II. die Kaiserkrone nieder.

1815 schlossen sich die deutschen Staaten zum → Deutschen Bund zusammen, der nur den Charakter einer völkerrechtlichen Staatenverbindung, nicht den eines Staates hatte. Dasselbe war bei dem nach dem preußisch-österreichischen Kriege 1866 geschlossenen → Norddeutschen Bund der Fall.

Aus ihm entstand durch den Beitritt der süddeutschen Staaten (Österreich blieb ausgeschlossen) im Jahre 1871 das (zweite) D. R. Es bestand bis 1919 aus 25 Staaten, unter denen Preußen durch Gebietsumfang und Bevölkerungszahl eine führende Stellung einnahm. Dem R. stand nur auf bestimmten Gebieten das Gesetzgebungsrecht zu (insbes. Auswärtiger Dienst, Reichspost, Reichsmarine). Es hatte als Organ den Bundesrat, bestehend aus Vertretern der Mitglieder des Bundes (Preußen hatte 17 von 58 Stimmen), das Präsidium, das dem König von Preußen als deutschem Kaiser zustand, und den Reichstag, der aus allgemeiner und direkter Wahl hervorging. Die → Reichsverfassung von 1871 wurde durch Inkrafttreten der Verfassung vom 11. 8. 1919 (Weimarer Reichsverfassung) mit Wirkung vom 14. 8. 1919 aufgehoben.

Danach wurde das D. R. eine Republik; seine Organe waren der aus allgemeinen, gleichen, unmittelbaren und geheimen Wahlen hervorgegangene Reichstag, dem die Gesetzgebung zustand, der Reichsrat als Vertretung der deutschen Länder, der Reichspräsident und die Reichsregierung. Diese Verfassung wurde niemals ausdrücklich aufgehoben.

Wichtige rechtsstaatliche Grundsätze und Grundrechte wurden jedoch nach der Machtübernahme durch den Nationalsozialismus im sog. → Ermächtigungsgesetz vom 24. 3. 1933 und durch die sog. VO zum Schutz von Volk und Staat vom 28. 2. 1933 außer Kraft gesetzt.

Mit der vollständigen Kapitulation Deutschlands 1945 und der Übernahme der Staatsgewalt durch die → Alliierten Mächte wurde zweifelhaft, ob das D. R. noch fortbesteht. Lehre und Rspr. bejahen das überwiegend. Daran hat sich auch durch die Konstituierung der BRep. und der ehem. DDR nichts geändert. Zu der Frage, ob die BRep. allein das D. R. fortsetzt oder ob sie und die DDR als Teilordnungen des D. R. fortbestanden, → Zweistaatentheorie, → Hallstein-Doktrin.

Altes Reichsrecht gilt nach Art. 123 I GG fort; das gilt ebenso grundsätzlich für die vom D. R. abgeschlossenen Staatsverträge (Art. 123 II GG). Soweit das Reichsrecht Gegenstände der ausschließlichen oder konkurrierenden Gesetzgebung des Bundes betrifft, wurde es Bundesrecht, im übrigen Landesrecht. Das Vermögen des R. wurde grundsätzlich Bundesvermögen. Art. 135 a GG (eingefügt durch Ges. vom 22. 10. 1957, BGBl. I 1745) ermächtigt den Bund, durch Gesetz zu bestimmen, daß Verbindlichkeiten des R., des Staates Preußen oder nicht mehr bestehender früherer Körperschaften und Anstalten des öffentlichen Rechts usw. aus der Zeit vor dem 1. 8. 1945 nicht oder nicht in voller Höhe zu erfüllen sind; s. hierzu → Allgemeines Kriegsfolgengesetz.

**Deutschland** → Deutscher Bund, → Deutsches Reich, → Bundesrepublik D.

**Deutschlandvertrag** wird der Vertrag über die Beziehungen zwischen der BRep. und den Drei Mächten vom 26. 5. 1952 genannt (auch „Generalvertrag" oder „Bonner Konvention"), der i. d. F. des am 23. 10. 1954 in Paris unterzeichneten Protokolls über die Beendigung des Besatzungsregimes in der BRep. (BGBl. 1955 II 215; vgl. auch Ges. vom 24. 3. 1955, BGBl. II 213) am 5. 5. 1955 in Kraft getreten ist und bis zur → Wiedervereinigung die völkerrechtliche Stellung der BRep. bestimmt hat. Mit dem Inkrafttreten des Vertrages wurden das Besatzungsstatut aufgehoben und die Alliierte Hohe Kommission sowie die Dienststellen der Landeskommissare aufgehoben. Die BRep. erlangte grundsätzlich die volle

Verfügungsgewalt eines souveränen Staates über ihre inneren und äußeren Angelegenheiten. Bezüglich → Berlins und Deutschlands als Ganzes einschl. der → Wiedervereinigung und einer friedensvertraglichen Regelung behielten die Drei Mächte ihre Rechte und Verantwortlichkeiten. Ferner behielten sie sich ihre Rechte in bezug auf die Stationierung ihrer Streitkräfte in der BRep. vor, solange die zuständigen deutschen Behörden entsprechende Vollmachten durch die deutsche Gesetzgebung noch nicht erhalten hatten und dadurch nicht imstande waren, wirksame Maßnahmen zum Schutz der Sicherheit dieser Streitkräfte zu treffen und ernstlichen Störungen der öffentlichen Sicherheit und Ordnung zu begegnen. Diese Vorbehaltsrechte sind anläßlich der Verabschiedung der → Notstandsverfassung und des Ges. zur Beschränkung des → Brief-, Post- und Fernmeldegeheimnisses vom 13. 8. 1968 (BGBl. I 949) erloschen; vgl. Bek. der Drei-Mächte-Erklärung vom 27. 5. 1968 zur Ablösung der alliierten Vorbehaltsrechte vom 18. 6. 1968 (BGBl. I 714). Alle Beteiligten erkannten im D. als gemeinsames Ziel die → Wiedervereinigung Deutschlands an; die BRep. verpflichtete sich, ihre Politik in Einklang mit den Zielen der → Vereinten Nationen und des → Europarates zu gestalten. Der D. ist durch die → Abschließende Regelung in bezug auf Deutschland überholt.

**Devalvation** → Abwertung.

**Devastationsklage** → Hypothek (4).

**Devisen** sind Ansprüche auf Zahlung in fremder Währung an ausländischen Plätzen in der Form von Guthaben bei ausländischen Banken sowie im Ausland zahlbarer Wechsel und Schecks. Bei → Devisenbewirtschaftung werden i. d. R. auch Gold, Silber, Platin und Legierungen dieser Metalle einbezogen.

**Devisenausländer/-inländer** werden nach dem → AußenwirtschaftsG (§ 4 I Nr. 3, 4) jetzt als „Gebietsansässige" und „Gebietsfremde" bezeichnet. S. a. → Zahlungsverkehr, internationaler.

**Devisenbewirtschaftung.** Die Einführung einer D. ist im Außenwirtschaftsgesetz vorgesehen, materiell besteht aber außer in den im EGV vorgesehenen Notstandsfällen keine nationalstaatliche Zuständigkeit für solche Regelungen mehr. Einzelheiten regelt die Kapitalverkehrsrichtlinie vom 24. 6. 1988 (ABl. L 178/1) (→ Kapitalverkehr, → Zahlungsverkehr).

**Devisenbörsen** (→ Börse) können durch Anordnung der BReg. nach Anhörung der Dt. Bundesbank vorübergehend geschlossen werden, wenn eine erhebliche Marktstörung droht, die schwerwiegende Gefahren für die Gesamtwirtschaft oder das Publikum erwarten läßt (§ 1 IV BörsG).

**Devisenkurs** → Wechselkurs.

**Devisenstrafrecht** sind die Ordnungswidrigkeiten- und Strafbestimmungen nach §§ 33, 34 AWG (s. → Außenwirtschaftsrecht) zur Ahndung von Verstößen gegen Beschränkungen im Kapitalverkehr zwischen Gebietsansässigen (Deviseninländern) und Gebietsfremden (Devisenausländern), die durch → Rechtsverordnung angeordnet werden können. Derzeit bestehen keine Beschränkungen. Für den Kapitalverkehr innerhalb der EG gilt Gemeinschaftsrecht (→ Devisenbewirtschaftung).

**Devolutionsrecht** → Eintrittsrecht.

**Devolutiveffekt** ist die einem → Rechtsmittel eigene Wirkung, daß ein Rechtsstreit oder sonstiges gesetzlich geordnetes Verfahren in der höheren Instanz anhängig wird.

**Dezentralisation** ist kein Rechtsbegriff. I. d. R. wird darunter die Auslagerung von Verwaltungsbehörden aus der Hauptstadt des Bundes, eines Landes oder eines anderen Verwaltungsbezirkes in andere Orte des Bundes, dieses Landes oder dieses Verwaltungsbezirkes verstanden. Teilweise wird der Begriff auch synonym mit → Dekonzentration verwendet. D. ist Teil der → Deregulierung. S. a. → Zentralismus, → Konzentration in der Verwaltung.

**d'Hondt'sches System** (Höchstzahlverfahren) ist ein Berechnungsmodus zur Verteilung der Sitze eines → Parlaments (oder sonstiger Gremien) nach der Zahl der für die Liste der einzelnen Parteien oder Wählergruppen abgegebenen Stimmen im Rahmen einer → Verhältniswahl. Die für die einzelnen Listen abgegebenen Stimmenzahlen werden nacheinander durch 1, 2, 3 usw. geteilt. Von den dadurch gewonnenen Zahlen werden die höchsten ausgesondert, und zwar so viele, wie Sitze zu vergeben sind. Für jede ausgesonderte Höchstzahl erhält die betreffende Partei einen Sitz. Im Vordringen ist an Stelle des d'H. S. als neue Berechnungsart das „Verfahren der mathematischen Proportion" nach Hare-Niemeyer, das seit 1985 für die Sitzverteilung im Deutschen → Bundestag gilt (vgl. § 6 BWG). Nach diesem Verfahren, das die leichte Begünstigung der großen Parteien durch das d'H. S. beseitigen soll, werden die auf eine Partei entfallenen Stimmen mit der zu vergebenden Sitzzahl multipliziert, sodann das Ergebnis durch die Gesamtzahl der Stimmen (für die ins Parlament einziehenden Parteien) dividiert; die Sitzverteilung bestimmt sich nach den sich daraus ergebenden Zahlen (vor, hilfsweise nach dem Komma).

**Diakon.** Niederste Weihestufe in der → kath. Kirche (s. Sakramente). Während das Diakonat zeitweise nur eine Zwischenstufe vor der Weihe zum Priester war, ist nunmehr wieder ein ständiges Diakonat vorgesehen. Bei den ständigen D.en ist zwischen den zölibatären Diakonen und den verheirateten „diaconi uxorati" zu unterscheiden; das Weihealter liegt für die unverheirateten bei 25 Jahren, für verheiratete bei 35 Jahren. Nach der Weihe zum D. darf keine Ehe eingegangen werden. Die D. haben Predigtvollmacht und sind zur Spende der Taufe und zur → Eheassistenz befugt. In der → evang. Kirche ist der D. ohne vorgeschriebene akadem. Ausbildung Helfer des Pfarrers in einzelnen Funktionen.

**Diätassistentin. Diätassistent.** Wer diesen Beruf ausübt, bedarf der Erlaubnis nach dem Ges. vom 8. 3. 1994 (BGBl. I 446). Voraussetzung für die Erteilung der Erlaubnis ist der erfolgreiche Abschluß der vorgeschriebenen Ausbildung (Realschule, 2jähriger Lehrgang, Abschlußprüfung), ferner persönliche → Zuverlässigkeit. Qualifikationen aus dem Gebiet der ehem. DDR sind übergeleitet (§ 9 a).

**Diäten** ist ein immer noch üblicher Ausdruck für die finanzielle Entschädigung der → Abgeordneten der → Parlamente. Nach Art. 48 III GG haben die Abg. Anspruch auf eine angemessene, ihre Unabhängigkeit sichernde Entschädigung, ferner das Recht der freien Benutzung aller staatlichen Verkehrsmittel. Im sog. „Diätenurteil" vom 5. 11. 1975 (BVerfGE 40, 296) hat das BVerfG wichtige Grundsätze über die Entschädigung der Abg. aufgestellt; danach ist sie nicht mehr bloß Aufwandsentschädigung, sondern Entgelt für die Inanspruchnahme des Abg. durch sein zur Hauptbeschäftigung gewordenes Mandat. Ein Mitglied des BT erhält eine monatliche Abgeordnetenentschädigung, die sich an einem Zwölftel der Jahresbezüge eines Richters bei einem obersten Gerichtshof des Bundes oder eines Kommunalen Wahlbeamten der Besoldungsgruppe B 6 orientiert. Abweichend von diesem Grundsatz beträgt die Abgeordnetenentschädigung seit 1. 4. 1998 12 350 DM und ab 1. 1. 1999 12 875 DM (§ 11 I AbgeordnetenG – AbgG – i. d. F. v. 21. 2. 1996, BGBl. I 326). Der BT beschließt innerhalb des 1. Halbjahres nach seiner Konstituierung über die Anpassung der Abgeordnetenentschädigung für die gesamte Wahlperiode (§ 30 AbgG). Zusätzlich zu der Abgeordnetenentschädigung erhält ein Mitglied des BT zur Abgeltung seiner durch das Mandat veranlaßten Aufwendungen eine Amtsausstattung, die Geld- und Sachleistungen umfaßt (insbes. Kostenpauschale für Büro und Reisen, freie Benutzung der Verkehrsmittel der Deutschen Bahn AG und Flugkostenerstattung bei Inlandsflügen). Ehemalige Mitglieder des BT erhalten unter näher bestimmten Voraussetzungen (§§ 18 ff. AbgG) Übergangsgeld, Altersentschädigung, Versorgungsabfindung, Sterbegeld und Hinterbliebenenversorgung. Für die Abg. der Landesparlamente sind Landesgesetze ergangen (z. B. Bayer. Abgeordnetengesetz i. d. F. v. 6. 3. 1996, GVBl. 82). Einige Gesetze gehen vom „Teilzeitmandat" des Abg. aus und sehen deshalb nur eine „Teilalimentation" vor. Die D. sind steuerpflichtig (§ 22 Nr. 4 EStG), die Aufwandsentschädigungen steuerfrei (§ 3 Nr. 12 EStG). → Werbungskosten, die durch das Mandat veranlaßt sind, sind nicht abzugsfähig, auch Wahlkampfkosten; dafür unterliegen Wahlkampfzuschüsse nicht der Steuer.

**Diätetische Lebensmittel** sind → Lebensmittel, die bestimmt sind, einem diätetischen Zweck dadurch zu dienen, daß sie die Zufuhr bestimmter Nährstoffe oder anderer ernährungsphysiologisch wirkender Stoffe steigern oder verringern oder die Zufuhr solcher Stoffe in einem bestimmten Mischungsverhältnis oder in bestimmter Beschaffenheit bewirken. L. für Säuglinge sind gleichgestellt (§ 1 der DiätVO i. d. F. vom 25. 8. 1988, BGBl. I 1713, m. zahlr. Änd.). Die VO enthält Bestimmungen für die Zulassung von → Zusatzstoffen für d. L. (§§ 5 ff.), Sondervorschriften für die Herstellung einzelner, besonders genannter d. L. – z. B. für Diabetiker – (§§ 11 ff.) sowie Bestimmungen über die Kenntlichmachung (§§ 15 ff.). Verstöße gegen die VO werden nach → Lebensmittelrecht bestraft.

**Dichotomie** nennt man die Zweiteilung der → Straftaten in → Verbrechen und → Vergehen (§ 12 StGB).

**Diebstahl** begeht, wer einem anderen eine fremde bewegliche Sache in der Absicht wegnimmt, sie sich oder einem Dritten rechtswidrig zuzueignen (§ 242 StGB).

1. Gegenstand des D. können nur *fremde* bewegliche Sachen sein, nicht dem Täter gehörende oder → herrenlose Sachen, z. B. weggeworfene Gegenstände, wilde Tiere oder Fische in Freiheit (die Erlegung jagdbarer Tiere ist → Wilderei).

Die Zueignung muß durch *Gewahrsamsbruch* begangen werden. Der Gewahrsam ist ein tatsächliches Herrschaftsverhältnis; er ist nicht identisch mit dem → Besitz i. S. des BGB, der eine tatsächliche Herrschaft nicht voraussetzt (z. B. beim mittelbaren Besitz). Eine vorübergehende Behinderung hebt den Gewahrsam nicht auf: er besteht noch für den verreisten Inhaber einer abgeschlossenen Wohnung, den Eigentümer eines geparkten Kraftfahrzeugs, den Hofbesitzer für frei umherlaufende Haustiere. *Mitgewahrsam* genügt, wie z. B. bei mehreren Bewohnern eines Zimmers oder beim → Besitzdiener (Hausangestellte an Sachen des Hausherrn).

Der D. ist vollendet, wenn der Täter die Sache aus fremdem Gewahrsam *weggenommen* und sich *angeeignet* und dadurch eigenen Gewahrsam begründet hat (Apprehensionstheorie); dazu genügt u. U. Verstecken in den Räumen des Bestohlenen, so durch die Hausangestellte oder im Selbstbedienungsladen durch Einstecken in eine Tasche, selbst wenn der Täter beobachtet wird (str.).

Die Wegnahme muß *rechtswidrig* sein, was bei Einwilligung des Gewahrsamsinhabers entfällt (diese liegt nicht vor, wenn ein verdächtigter Postbeamter einen Fangbrief wegnimmt).

Die *Zueignung* schließlich besteht in der Begründung des Eigen- oder Fremdbesitzes unter Ausschluß des Berechtigten mit dem Willen, daß der Täter selbst oder ein Dritter wie ein Eigentümer über die Sache verfügen kann; dazu genügt Zueignen der Sache selbst oder ihres wirtschaftlichen Wertes (vereinigte Substanz- und Sachwerttheorie), so beim D. von Fahrkarten, Biermarken, Sparkassenbüchern. Das Ausnutzen des Wertes ist dann „mitbestrafte Nachtat" (s. Konkurrenz von Straftaten). Zuwendung des Gestohlenen an einen Dritten, z. B. Verschenken, schließt D. nicht aus.

Die *Rechtswidrigkeit* der Zueignung *fehlt* insbes. bei Einwilligung des Verletzten, aber auch, wenn der Täter einen *fälligen Anspruch* auf die konkrete Sache hat (anders bei → Gattungssachen, z. B. Geld).

Der *Vorsatz* des Täters muß die Verletzung fremden Gewahrsams und Eigentums, die Begründung eigenen Gewahrsams und die Zueignung erfassen. Die Absicht rechtswidriger Zueignung erfordert, daß es dem Täter auf Begründung seiner eigentümergleichen Stellung ankommt; bedingter Vorsatz genügt insoweit nicht, wohl aber hinsichtl. der Rechtswidrigkeit der Zueignung.

Der D. wird mit Freiheitsstrafe bis zu 5 Jahren oder Geldstrafe bestraft; *Versuch* ist strafbar.

2. Besonders schwere Fälle (→ Regelbeispiele des D. sind in § 243 StGB mit Freiheitsstrafe von 3 Mon. bis zu 10 Jahren bedroht. Ein solcher Fall liegt i. d. R. vor bei: a) *Einbruch-, Einsteig-* oder *Nachschlüssel-D.* (der Täter dringt in ein Gebäude – bei Wohnung s. 3. –

oder einen anderen umschlossenen Raum ein oder benutzt einen falschen Schlüssel oder ein anderes nicht zur ordnungsmäßigen Öffnung bestimmtes Werkzeug oder hält sich in dem Raum verborgen); b) *D. einer* durch ein verschlossenes Behältnis oder eine andere Schutzvorrichtung *besonders gesicherten Sache;* c) → gewerbsmäßigem D. d) *Kirchen-D.;* e) D. wissenschaftlich, künstlerisch oder für die technische Entwicklung *besonders wertvoller Gegenstände* aus einer öffentlichen *Ausstellung oder Sammlung;* f) D. unter Ausnutzung der Hilflosigkeit eines anderen, eines Unglücksfalles oder einer gemeinen Gefahr (Brand, Überschwemmung usw.); g) D. bestimmter gefährlicher Waffen (Maschinengewehr und -pistole usw.).

3. Qualifizierte Straftaten des D. sind in §§ 244 und 244 a StGB mit Freiheitsstrafe von 6 Mon. bis zu 10 Jahren bedroht; außerdem sind Vermögensstrafe (→ Strafen) und Erweiterter → Verfall möglich. Sie liegen vor, wenn a) der Täter oder Teilnehmer eine Waffe oder ein anderes gefährliches Werkzeug oder ein Mittel zum Überwinden oder Verhindern von Widerstand bei sich führt (*D. mit Waffen*), b) der Täter als Mitglied einer → Bande unter Mitwirkung eines anderen Mitglieds handelt (*Banden-D.*), oder c) der Täter zur Ausführung des D. in eine Wohnung einbricht, einsteigt, mit einem falschen Schlüssel oder sonstigem Werkzeug eindringt oder sich in der Wohnung verborgen hält (*Wohnungseinbruch-D.*). *Schwerer Banden-D.* ist ein Banden-D. unter den Voraussetzungen von a), c) oder 2. Er ist Verbrechen.

4. D. gegen → Angehörige, den Vormund, den Betreuer oder mit dem Täter in Hausgemeinschaft lebende Personen ist Antragsdelikt (§ 247 StGB), ebenso grundsätzlich Entwendung geringwertiger Gegenstände (§ 248 a StGB; hier jedoch Verfolgung bei bes. öffentl. Interesse auch ohne Antrag zulässig). S. ferner → Stromentwendung, → unbefugter Gebrauch von Fahrzeugen, → Feld- und Forstschutzrecht, → Ladendiebstahl, → räuberischer D.

**Diebstahlsicherung am Kraftfahrzeug** → Verlassen eines Fahrzeugs.

**Diebstahlsversicherung** → Schadensversicherung, → Kaskoversicherung.

**Dienst nach Vorschrift** → Berufsbeamtentum.

**Dienstalter.** Man unterscheidet das *allgemeine D.* (ADA), das *Rangdienstalter* und das *Besoldungsdienstalter.* Das ADA hat vor allem zur Sicherstellung einer gleichmäßigen Beförderungspraxis, das RangD. (Dauer der Inhaberschaft eines bestimmten Dienstranges) neben dem ADA für die Vertretungspraxis sowie auch für die Frage des Vorsitzes in Gremien u.ä. Bedeutung; nach dem BesoldungsD. bestimmen sich bei den Besoldungsgruppen der Besoldungsordnung A (aufsteigende Gehälter) die jeweiligen → Dienstbezüge. Die Bedeutung des D. für das → Beamtenverhältnis ergibt sich aus dessen hergebrachter Struktur als Lebensberuf (→ Berufsbeamtentum).

**Dienstaufsicht** ist die Aufsichts- und Weisungsbefugnis der höheren gegenüber der nachgeordneten Behörde und des Vorgesetzten gegenüber den ihm unterstellten Beamten und sonstigen Angehörigen der öffentlichen Verwaltung (s. a. *Weisungsrecht*). Die D. erstreckt sich sowohl auf die fachliche Seite wie auf die Art und Weise der Erledigung der Dienstgeschäfte. Sie umfaßt die Befugnis, das dienstliche Verhalten zu beobachten („Beobachtungsfunktion" der D.), den Beamten in seiner dienstlichen Tätigkeit durch allgemeine oder für den Einzelfall erteilte Weisungen anzuleiten, die ordnungswidrige oder unsachgemäße Erledigung eines Dienstgeschäfts zu beanstanden, zu seiner anderweitigen Erledigung anzuweisen oder es selbst vorzunehmen („Berichtigungsfunktion" der D.). Eine gesteigerte Form der D. ist, daß der Dienstherr den Beamten wegen eines Dienstvergehens, d. h. eines schuldhaften Verstoßes gegen die Dienstpflichten, disziplinar zur Verantwortung ziehen kann (→ Disziplinarrecht). Die D. gegenüber → Richtern darf nicht zu einer Beeinträchtigung der richterlichen → Unabhängigkeit führen. Der Dienstaufsicht sind daher die richterliche Entscheidung und alle richterlichen Handlungen entzogen, die die Rechtsfindung vorbereiten, zustandebringen oder ihr nachfolgen. Der Dienstaufsicht unterliegen nur der äußere Geschäftsablauf und die äußere Form der Erledigung der Amtsgeschäfte. Die D. darf daher keinesfalls dazu benutzt werden, auf die Entscheidung oder den Gang des Verfahrens in einem bestimmten Fall Einfluß zu nehmen. Doch umfaßt sie die Befugnis, die ordnungswidrige Art der Ausführung eines Amtsgeschäftes vorzuhalten und zu ordnungsgemäßer, unverzögerter Erledigung zu ermahnen. Behauptet der Richter, eine Maßnahme der D. beeinträchtige seine Unabhängigkeit, so entscheidet auf seinen Antrag das → Dienstgericht nach Maßgabe des DRiG (§ 26 III DRiG). Beamte können Maßnahmen der Dienstaufsicht, soweit es sich um Verwaltungsakte handelt, mit Widerspruch und Anfechtungsklage angreifen. Soweit es sich um innerdienstliche Maßnahmen handelt, ist der Beamte entgegen der früher vertretenen Auffassung ebenfalls nicht ohne Rechtsschutz; insoweit kommen Feststellungsklage oder allgemeine Leistungsklage in Betracht. Über Rechtsbehelfe gegen Disziplinarmaßnahmen s. → Disziplinarrecht.

**Dienstaufsichtsbeschwerde** ist die an eine übergeordnete Behörde gerichtete Anregung zur Nachprüfung oder zum Einschreiten. Sie ist neben und unabhängig von einem förmlichen → Rechtsbehelf zulässig und von der formellen → Beschwerde und dem → Widerspruch im Verwaltungsverfahren (→ Widerspruchsverfahren) zu unterscheiden. Sie kann von jedermann, nicht nur vom Beschwerten, ohne Einhaltung einer Frist erhoben werden. Die D. hat keine aufschiebende Wirkung. Neuerdings unterscheidet man die D. i. e. S. von der *Aufsichtsbeschwerde.* Danach bezweckt die D., eine dienstrechtliche Überprüfung, also vor allem des dienstlichen Verhaltens des angegriffenen Beamten, die A. dagegen, eine Überprüfung des sachlichen Inhalts einer behördlichen Maßnahme herbeizuführen. Im einen wie im anderen Sinne verpflichtet die D. kraft des verfassungsrechtlichen → Petitionsrechts die Aufsichtsbehörde, die D. entgegenzunehmen, sich sachlich mit ihr zu befassen und sie zu bescheiden. Der Bescheid muß zu erkennen geben, daß eine sachliche Prüfung stattgefunden hat und ob etwas veranlaßt wurde. Eine Begründung ist – auch bei ablehnender Entscheidung – nicht erforderlich.

**Dienstbarkeiten** → Grunddienstbarkeit, → beschränkte persönliche Dienstbarkeit. S. a. → Nießbrauch; Gebiet ehem. DDR → Mitbenutzungsrechte.

**Dienstbefehl** → Gewaltverhältnis (öff.-rechtliches), → Gehorsamspflicht, → Vorgesetzter, militärischer.

**Dienstbezeichnung** → Amtsbezeichnung.

**Dienstbezüge** des Beamten. Der → Beamte hat Anspruch auf die mit seinem Amt verbundene Besoldung (§ 3 BundesbesoldungsG – BBesG – i. d. F. vom 16. 5. 1997, BGBl. I 1065). Die Länder können besoldungsrechtliche Vorschriften nur erlassen, soweit dies bundesrechtlich ausdrücklich geregelt ist. Demgemäß haben landesrechtliche Besoldungsvorschriften nur Randbedeutung. Nach § 1 II BBesG gehören zu den D. das Grundgehalt, Zuschüsse zum Grundgehalt für Professoren, Familienzuschlag, Zulagen, Vergütungen und Auslandsdienstbezüge. Im übrigen erhalten Besoldungsempfänger nach näherer Maßgabe von §§ 67 bis 69 jährliche Sonderzuwendungen („Weihnachtsgeld"), Urlaubsgeld und vermögenswirksame Leistungen. Das Grundgehalt bemißt sich nach der dem Amt des Beamten entsprechenden Besoldungsgruppe (s. hierzu auch → Laufbahnen) und bei der Besoldungsgruppe A nach der Dienstaltersstufe. Das Grundgehalt ist stets ruhegehaltsfähig, Zulagen sind es in der Regel nur, wenn sie unwiderruflich gewährt werden, s. hierzu Auslandsverwendungszuschlags-VO vom 25. 9. 1995 (BGBl. I 1226). Bei besonderer Personalknappheit können Sonderzuschläge (sog. Ballungsraumzulagen) bewilligt werden (VO v. 13. 11. 1990, BGBl. I 2451).

Grundgehalt und Familienzuschläge sind stets ruhegehaltsfähig, Zulagen i. d. R. nur, wenn sie unwiderruflich gewährt werden. Das BBesG gilt für Beamte und Richter des Bundes und der Länder, für Beamte der Gemeinden und sonstigen Körperschaften, Anstalten und Stiftungen des öffentlichen Rechts, für → Berufssoldaten und Soldaten auf Zeit. Beamte auf Widerruf im Vorbereitungsdienst erhalten → Anwärterbezüge (früher Unterhaltszuschuß).

Wegen Weihnachtszuwendungen s. Art. VI des Ges. vom 23. 5. 1975 (BGBl. I 1173) m. Änd. Auf laufende Dienst- und Versorgungsbezüge kann weder ganz noch teilweise verzichtet werden. Zusicherungen, Vereinbarungen oder Vergleiche, die den Beamten eine höhere als nach dem Besoldungsrecht zulässige Besoldung oder über das BeamtenGes. hinausgehende Versorgung verschaffen, sind unwirksam (§ 2 II BBesG, § 3 II BeamtVG). Ansprüche auf Dienst- oder Versorgungsbezüge können grundsätzlich nur insoweit abgetreten oder verpfändet werden, als sie der Pfändung unterliegen (→ Lohnpfändung). Gleiches gilt für eine → Aufrechnung oder ein → Zurückbehaltungsrecht des Dienstherrn gegenüber Ansprüchen auf Dienst- oder Versorgungsbezüge, es sei denn, daß gegen den Empfänger ein Anspruch auf Schadensersatz wegen vorsätzlicher → unerlaubter Handlung besteht (§ 51 BRRG, § 84 BBG u. Länderges.). Die Rückforderung zuviel gezahlter Bezüge richtet sich nach den Vorschriften des BGB über die Herausgabe einer → ungerechtfertigten Bereicherung (§ 12 BBesG). Über *Erschwerniszulagen* vgl. VO i. d. F. vom 13. 3. 1992 (BGBl. I 519) m. Änd.: Dienst zu ungünstigen Zeiten, gefährliche Tätigkeiten u. a. Über *Mehrarbeitsentschädigung* in Bereichen mit meßbarer Mehrarbeit vgl. § 48 BBesG und VO i. d. F. vom 13. 3. 1992 (BGBl. I 528) m. Änd. *Steuerlich* sind die D. → Einkünfte aus nichtselbständiger Arbeit.

**Diensteid** des Beamten. Der → Beamte hat einen Diensteid zu leisten, der eine Verpflichtung auf das GG enthält (§ 40 BRRG). Er hat bei Bundesbeamten folgenden Wortlaut: „Ich schwöre, das Grundgesetz für die Bundesrepublik Deutschland und alle in der Bundesrepublik geltenden Gesetze zu wahren und meine Amtspflichten gewissenhaft zu erfüllen, so wahr mir Gott helfe" (§ 58 I BBG). Entsprechende Bestimmungen über Eidesformeln usw. sehen die Landesbeamtengesetze vor. Die religiöse Beteuerung kann weggelassen oder unter bestimmten Voraussetzungen durch die Beteuerungsformel einer anderen Religionsgemeinschaft ersetzt werden. Mit Beschluß vom 25. 10. 1988 (2 BvR 745/88) hat das BVerfG entschieden, daß im Hinblick auf die → Glaubens- und Gewissensfreiheit kommunale Mandatsträger die Eidesleistung ganz verweigern und an deren Stelle ein Gelöbnis ablegen können. Da die in dieser Entscheidung niedergelegten Grundsätze auch für Beamte herangezogen werden können, wurde in dem bayer. Ges. vom 23. 3. 1989 (GVBl. S. 89) wie auch schon in anderen Ländern die Leistung eines Gelöbnisses an der Stelle des Eides ausdrücklich vorgesehen. Da Richter selbst Eide abnehmen müssen, kommt für diese die Ablegung eines Gelöbnisses an Stelle des Eides nicht in Betracht (vgl. § 38 DRiG). Bei ungerechtfertigter Eidesverweigerung ist der Beamte zu entlassen (§ 28 BBG). An Stelle des D. tritt ferner ein *Gelöbnis* bei ausnahmsweise berufenen nichtdeutschen Beamten (§ 40 II BRRG, § 58 IV BBG) sowie bei Soldaten, die Grundwehrdienst leisten (§ 9 II SoldatenG).

**Dienstenthebung,** vorläufige. Ein Beamter kann vorläufig des Dienstes enthoben werden, wenn das förmliche → Disziplinarverfahren gegen ihn eingeleitet wird oder eingeleitet worden ist (§ 91 BDisziplinarO u. entsprech. Landesgesetze). Daneben oder später kann die teilweise Einbehaltung der Dienstbezüge – höchstens die Hälfte – angeordnet werden, wenn im Disziplinarverfahren voraussichtlich auf Entfernung aus dem Dienst oder Aberkennung des Ruhegehalts erkannt werden wird (§ 92 aaO.; s. → Disziplinarmaßnahmen).

**Dienstentziehung durch Täuschung** → Wehrdienstentziehung.

**Diensterfindung** → Arbeitnehmererfindung.

**Dienstflucht Zivildienstpflichtiger** → Fahnenflucht.

**Dienstgeheimnis.** 1. *Geheim* sind Angelegenheiten, deren Kenntnis nicht über einen begrenzten Personenkreis hinausgeht. Ein D. ist eine Angelegenheit, mit der eine Behörde befaßt ist und deren Geheimhaltung durch Gesetz oder dienstliche Anordnung vorgeschrieben oder ihrer Natur nach erforderlich ist. S. → Amtsverschwiegenheit.

2. Der Bruch des D. ist als → Amtsdelikt in § 353 b StGB unter Strafe gestellt. a) Wer als → Amtsträger oder besonders Verpflichteter unbefugt ein Geheimnis offenbart, das ihm *anvertraut* oder sonst *bekanntgeworden*, wird mit Freiheitsstrafe bis zu 5 Jahren oder Geldstrafe bestraft, wenn durch die Offenbarung *wichtige öffentliche Interessen gefährdet* worden sind (bei fahrlässiger Gefährdung bis zu 1 Jahr oder Geldstrafe). Die Erlaubnis zur Offenbarung kann grundsätzlich nur der zuständige Vorgesetzte erteilen. Wichtige öffentliche Interessen können gefährdet sein, wenn behördliche Maßnahmen, die im Interesse der Allgemeinheit liegen (z. B. polizeiliche), durchkreuzt werden, aber auch schon bei Erschütterung des Vertrauens der Bevölkerung zur Behörde. b) Mit Freiheitsstrafe bis zu 3 Jahren od. Geldstrafe ist bedroht, wer einen Gegenstand oder eine Nachricht an einen anderen gelangen läßt oder öffentlich bekanntmacht, obwohl ihm gemäß Beschluß eines Gesetzgebungsorgans oder förmlicher Verpflichtung (unter Hinweis auf die Strafbarkeit der Zuwiderhandlung) seitens einer anderen amtlichen Stelle Geheimhaltung obliegt; auch hier wird Gefährdung wichtiger öffentl. Interessen vorausgesetzt. Der Versuch ist strafbar. Die Verfolgung setzt Ermächtigung durch die dem Täter vorgesetzte oberste Bundes- od. Landesbehörde bzw. den Präs. des Gesetzgebungsorgans voraus (Prozeßvoraussetzung).

3. S. a. → Berufsgeheimnis, → Steuergeheimnis, → Brief-, Post- u. Fernmeldegeheimnis.

4. Die *Geheimhaltungspflicht im Sozialrecht* umfaßt den persönlichen Lebensbereich des Betroffenen, Betriebs- und Geschäftsgeheimnisse; sie gilt für die Sozialleistungsträger und ihre Verbände und andere öff.-rechtl. Vereinigungen sowie die Aufsichtsbehörden, soweit keine gesetzliche Mitteilungspflicht besteht (§ 35 SGB I, → Sozialgeheimnis).

**Dienstgerichte.** Für Disziplinarverfahren gegen → Beamte bestehen → Disziplinargerichte, gegen Soldaten → Wehrdienstgerichte. D. *für Richter* sind zuständig für die Entscheidung in Disziplinarsachen der Richter (auch im Ruhestand), über → Versetzung im Interesse der Rechtspflege, Nichtigkeit oder Rücknahme einer Ernennung, Entlassung und Versetzung in den Ruhestand wegen Dienstunfähigkeit und Anfechtung bestimmter dienstrechtlicher Maßnahmen(vgl. §§ 62, 78 DRiG). Für die Richter im Bundesdienst ist als D. des Bundes ein besonderer Senat des → Bundesgerichtshofes gebildet (Vorsitzender, 2 ständige Beisitzer und 2 nichtständige Beisitzer, die als Richter auf Lebenszeit dem Gerichtszweig des betroffenen Richter angehören müssen). Der Präsident eines Gerichts und sein ständiger Vertreter können nicht Mitglied des D. sein. Errichtung und Besetzung der D. der Länder sind durch die Richtergesetze der Länder näher geregelt.

**Dienstgrade** in der Bundeswehr. Die Festsetzung der Dienstgradbezeichnungen der Bundeswehrsoldaten obliegt dem Bundespräsidenten (§ 4 III SoldatenG). S. hierzu Anordnung i. d. F. vom 14. 7. 1978 (BGBl. I 1067). Die Zuordnung der Dienstgrade zu den einzelnen Laufbahnen sowie die Erlangung eines höheren Dienstgrades (Beförderung) regelt die → SoldatenlaufbahnVO. Eine Herabsetzung des Dienstgrades ist möglich im disziplinargerichtlichen Verfahren (§ 57 Wehrdisziplinarordnung). Verlust des Dienstgrades tritt kraft Gesetzes bei → Berufssoldaten und Soldaten auf Zeit grundsätzlich bei Entlassung sowie bei Verlust der Rechtsstellung des Berufssoldaten oder Soldaten auf Zeit ein, insbes. bei Verurteilung zu Freiheitsstrafe wegen vorsätzlichen Friedens-, Hoch- oder Landesverrats oder Rechtsstaatsgefährdung oder zu Freiheitsstrafe von mindestens 1 Jahr wegen einer sonstigen, ab → Verbrechen mit Strafe bedrohten Tat, ferner bei Aberkennung der Amtsfähigkeit sowie bei freiheitsentziehenden → Maßregeln der Besserung und Sicherung (§§ 26, 49, 53, 56 SoldatenG); bei Wehrpflichtsoldaten bei Ausschluß aus der Bundeswehr sowie einer der genannten Verurteilungen (§ 30 WehrpflichtG); bei allen Soldaten bei Entfernung aus dem Dienst auf Grund einer Entscheidung im disziplinargerichtlichen Verfahren (§ 58 Wehrdisziplinarordnung).

**Dienstherr** ist eine → juristische Person des öffentlichen Rechts, der das Recht zusteht, Beamte zu haben (sog. Personalhoheit). Die *Dienstherrnfähigkeit* steht nach § 121 BRRG dem Bund, den Ländern, Gemeinden und Gemeindeverbänden sowie sonstigen Körperschaften, Anstalten und Stiftungen des öffentlichen Rechts zu, die dieses Recht im Zeitpunkt des Inkrafttretens des BRRG besitzen (z. B. Landesversicherungsanstalten, Landschaftsverbände) oder denen es nach diesem Zeitpunkt durch Gesetz, RechtsVO oder Satzung verliehen wird. Der D. wird vertreten durch den Dienstvorgesetzten, in einigen wichtigen Angelegenheiten (z. B. Einleitung eines Disziplinarverfahrens) durch die oberste Dienstbehörde (= oberste Behörde des D., in deren Dienstbereich der Beamte ein Amt bekleidet; § 3 I BBG).

**Dienstleistung(spflicht) in Haushalt und Erwerbsgeschäft** → Mitarbeit der Ehegatten, → Hausgemeinschaft.

**Dienstleistungsmarken, -schutz** → Marken.

**Dienstleistungsverkehr (europäisches Gemeinschaftsrecht).** Für die Freiheit des D. gelten nach europäischem → Gemeinschaftsrecht im wesentlichen die Grundsätze für den → Warenverkehr (Art. 30 ff. EGV). Während bei diesem Waren Gegenstand des Handels sind, betrifft der D. den Verkehr mit sonstigen wirtschaftlichen Leistungen über die Grenze. Demgemäß wendet der EuGH die Rechtsprechung zum Warenverkehr (→ Dassonvilleformel, → Cassisformel) weitgehend auch auf den D. an. Zum D. i. S. v. Art. 60 EGV gehört Wirtschaftsverkehr jeder Art, der nicht Waren- oder Kapitalverkehr ist, z. B. die Versicherungswirtschaft und die Bauwirtschaft (hierzu → Entsenderichtlinie) aber auch nur mittelbar wirtschaftliche Leistungen wie kommerzieller Sport, Fernsehen, Werbung, sowie auch die Leistungen der → freien Berufe. Begibt sich der Dienstleistende selbst über die Grenze, spricht man von aktivem D., wird lediglich die Dienstleistung über die Grenze geschickt, etwa eine Versicherungspolice, statische Leistungen etc., wird das passiver D. genannt. S. a. → Arbeitnehmerfreizügigkeit. Zum weltweiten Dienstleistungsverkehr → GATS.

**Dienstordnung** in der Sozialversicherung. Rechte und Pflichten der Angestellten von → Krankenkassen und → Berufsgenossenschaften werden bzw. wurden durch eine von behördlicher Genehmigung abhängige Dienstordnung geregelt. Die Anstellung geschieht durch Privatdienstvertrag; im übrigen nimmt die DO weitgehend Bezug auf Beamten- und Besoldungsrecht oder ist diesem nachgebildet. Seit dem 1. 1. 1993 dürfen bei den Krankenkassen keine neuen Dienstordnungsverhältnisse mehr begründet werden, es sei denn, der Angestellte unterstand am 31. 12. 1992 bereits einer D. (§§ 349 ff. RVO, §§ 144 ff. SGB VII). Für die Rechtsstreitigkeiten ist das Arbeitsgericht zuständig.

**Dienstpflichten** verschiedener Art, welche die in Art. 12 GG festgelegte Berufsfreiheit (→ Beruf) einschränken, können sich aus dem im Zuge der → Notstandsverfassung eingefügten Art. 12 a GG ergeben. Danach können Männer vom vollendeten 18. Lebensjahr an zum Dienst in den → Streitkräften, im → Bundesgrenzschutz oder in einem → Zivilschutzverband verpflichtet werden. Kriegsdienstverweigerer (Art. 4 III GG) können zu einem mit militär. Verbänden nicht zusammenhängenden → Zivildienst verpflichtet werden, der nicht länger als der Wehrdienst dauern und die Freiheit der Gewissensentscheidung nicht beeinträchtigen darf. Wehrpflichtige, die zu keinem der obengenannten Dienste herangezogen sind, können im → Verteidigungsfall zu zivilen Dienstleistungen für Verteidigungszwecke in Arbeitsverhältnisse verpflichtet werden, u. U. auch in öffentl.-rechtl. Dienstverhältnisse. Frauen dürfen keinen Waffendienst leisten, können aber vom 18.–55. Lebensjahr im Verteidigungsfall zu Dienstleistungen im zivilen Sanitäts- und Heilwesen sowie in ortsfesten Lazaretten herangezogen werden, wenn der Bedarf nicht durch freiwillige Kräfte gedeckt werden kann. Unter dieser Voraussetzung können im Verteidigungsfall alle nicht wehrpflichtigen Personen in bestimmten Bereichen (Versorgung, Bevölkerungsschutz) verpflichtet werden, ihren Arbeitsplatz nicht aufzugeben (im einzelnen s. → Arbeitssicherstellungsgesetz). Für den → Spannungsfall gelten besondere Regelungen. Maßnahmen nach Art. 12 a GG dürfen sich nicht gegen → Arbeitskämpfe richten, die zur Wahrung und Förderung der Arbeits- und Wirtschaftsbedingungen von kollektiven Vereinigungen, z. B. Gewerkschaften, geführt werden (Art. 9 III 3 GG).

**Dienstpflichten im Beamtenrecht** umfassen die Gesamtheit der dem Beamten gegenüber seinem → Dienstherrn obliegenden Pflichten (→ Beamtenverhältnis, Disziplinarrecht, Staatshaftung).

**Dienstrecht** ist im → *öffentlichen Recht* das Recht des öffentlichen Dienstes, umfaßt also insbes. die Vorschriften, die das → Beamtenverhältnis und die Rechtsstellung der Angestellten und Arbeiter des öffentlichen Dienstes betreffen. Für das *Privatrecht* vgl. insbes. → Dienstvertrag, → Arbeitsverhältnis.

**Dienstreise** → Reisekosten.

**Dienstsiegel.** Das von einer Behörde geführte D. wird auf amtlichen Urkunden zum Nachweis der Echtheit neben der Unterschrift des unterzeichnenden oder beglaubigenden Beamten verwendet. Das D. der BRep. ist durch Erlaß des Bundespräsidenten vom 20. 1. 1950 (BGBl. 26) bestimmt. Die D. der Länder sind landesrechtlich festgelegt.

**Dienststrafe** (Dienststrafrecht, -gericht) ist ein überholter Begriff und ersetzt durch → Disziplinarmaßnahme.

**Dienstunfähigkeit** → Versetzung in den Ruhestand.

**Dienstunfall** ist ein auf äußerer Einwirkung beruhendes plötzliches, örtlich und zeitlich bestimmbares Ereignis, das in Ausübung oder infolge des Dienstes eingetreten ist und einen Körperschaden verursacht. Ihm steht eine → Berufskrankheit gleich (s. VO vom 20. 6. 1977, BGBl. I 1004). Zum Dienst gehören auch Dienstreisen, Teilnahme an dienstlichen Veranstaltungen sowie das Zurücklegen des mit dem Dienst zusammenhängenden Weges nach und von der Dienststelle (§§ 30 f. VOamtVG; → Versorgung des Beamten). Der D. muß wesentliche Ursache der Verletzung sein; ein während des Beamtenverhältnisses aufgetretenes, aber anlagebedingtes Leiden ist kein D. Ein Beamter, der bei einem nicht vorsätzlich herbeigeführten D. verletzt worden ist, und ggf. seine Hinterbliebenen haben Anspruch auf → Unfallfürsorge.

**Dienstvereinbarung** ist ein öffentlich-rechtlicher Vertrag (h. M.) zwischen einer Dienststelle (des öffentlichen Dienstes) und der → Personalvertretung über bestimmte gesetzlich zugelassene soziale Angelegenheiten (§ 75 BPersVertrG). Die D. entspricht für den öffentlichen Dienst der → Betriebsvereinbarung und entfaltet insbes. normative Wirkung auf die Arbeits- und Dienstverhältnisse.

**Dienstvergehen** → Disziplinarrecht.

**Dienstverhältnis** nennt man ein Rechtsverhältnis, in dem der Verpflichtete Dienstleistungen in abhängiger Stellung erbringt. Vgl. insbes. (für das öffentl. Recht) → Beamtenverhältnis, (für das Privatrecht) → Dienstvertrag, → Arbeitsverhältnis; s. a. → Treueverhältnis.

**Dienstverhältnis Minderjähriger** → Geschäftsfähigkeit.

**Dienstverpflichtung** → Dienstpflichten.

**Dienstverschaffungsvertrag** → Dienstvertrag.

**Dienstvertrag** ist ein → gegenseitiger Vertrag, durch den der eine Teil zur Leistung der versprochenen Dienste, der andere zur Entrichtung der vereinbarten Vergütung verpflichtet wird (§ 611 BGB). Entscheidend gegenüber dem → Werkvertrag ist also die bloße Verpflichtung zum Tätigwerden, nicht zur Herbeiführung eines Erfolgs (Herstellung eines Werks). Deshalb ist z. B. der *Architektenvertrag* nach der Rspr. i. d. R. ein Werkvertrag, auch wenn dem Architekten statt der Planerstellung nur die örtliche Bauaufsicht obliegt (Einstehenmüssen für den Erfolg). Gegenstand eines D. können Dienste jeder Art sein; liegt eine selbständige höhere – meist geistige – Tätigkeit wirtschaftlicher Art vor (z. B. Rechtsanwaltsvertrag), so gelten die Besonderheiten des → Geschäftsbesorgungsvertrags. Verpflichtet sich jemand, Dienste durch einen anderen leisten zu lassen (Zurverfügungstellen einer Arbeitskraft), so liegt, sofern dieser nicht als → Erfüllungsgehilfe des Vertragspartners tätig werden soll, kein D., sondern ein sog. *Dienstverschaffungsvertrag* vor, den der Vertragspartner mit Stellung der Arbeitskraft bereits erfüllt hat. Besondere Bedeutung hat der D. für das Recht der abhängigen Arbeit (→ Arbeitsrecht): Verpflichtet sich jemand zur Leistung von Diensten, indem er in einen Betrieb eingegliedert, der Weisungsbefugnis des Dienstherrn unterworfen, diesem aber gleichzeitig eine Fürsorgepflicht zugunsten seiner Arbeitnehmer auferlegt wird, so spricht man von einem → Arbeitsvertrag. Dieser unterscheidet sich vom D. insbes. dadurch, daß aus der sozialen Einordnung heraus weitergehende gegenseitige Rechte und Pflichten – z. B. Weisungsbefugnis, Fürsorgepflicht, Sozialansprüche, Arbeitsschutz, Urlaub usw. – entstehen. Für den Arbeitsvertrag gelten die Vorschriften über den D. nur hilfsweise; die Bestimmungen für → Handlungsgehilfen und → Handelsvertreter im HGB, für gewerbliche Arbeitnehmer und technische Angestellte in der GewO usw. gehen als Sonderregelung vor; s. i. e. dort. Auch die Rspr. hat dem mehr personenrechtlich orientierten Arbeitsverhältnis insoweit Rechnung getragen, als die allgemeinen Vorschriften, z. B. über die Haftung des Arbeitnehmers, nur ergänzend herangezogen werden können (→ Innerbetrieblicher Schadensausgleich). Weitgehend nach arbeitsrechtlichen Sondervorschriften, vor allem nach dem → BerufsbildungsG vom 14. 8. 1969 (BGBl. I 1112) und der hierdurch geänderten Handwerksordnung, richten sich auch Ausbildungsverhältnisse, insbes. das → Lehr- und das → Volontärverhältnis. Soweit das Dienstverhältnis öffentlich-rechtlich geregelt ist, z. B. das Beamtenverhältnis, gelten gleichfalls Sonderbestimmungen (→ Beamter).

Ein D. liegt stets vor, wenn die vereinbarte Dienstleistung den Umständen nach nur gegen Vergütung zu erwarten ist. Diese braucht nicht notwendig in Geld zu bestehen; mangels Vereinbarung der Höhe ist eine etwa bestehende → Taxe, sonst die ortsübliche Vergütung zu entrichten (§ 612 BGB). Die Dienste sind im Zweifel in Person zu leisten, der Anspruch auf die Dienste ist im Zweifel nicht übertragbar (§ 613 BGB); anders aber bei Arbeitsverhältnissen, → Betriebsübergang. Kommt der Dienstberechtigte mit der Annahme der Dienste in Annahmeverzug, so kann der Verpflichtete die Vergütung ohne Nachleistungspflicht verlangen; er muß sich allerdings einen anderweitigen Verdienst oder ersparte Aufwendungen hierauf anrechnen lassen (§ 615 BGB). Bei unverschuldeter → Unmöglichkeit der Annahme der Dienste trägt nach der Rspr. der Dienstherr grundsätzlich das sog. → *Betriebsrisiko* (dort auch über das Arbeitskampfrisiko); er ist daher z. B. weiterhin lohnzahlungspflichtig, wenn die Arbeit wegen mangelnder Rohstoffe, Stromausfalls, mangelnden Absatzes usw. nicht abgenommen werden kann. Der Vergütungsanspruch entfällt nicht dadurch, daß der Dienstverpflichtete für eine verhältnismäßig nicht erhebliche Zeit – entscheidend ist hier die vereinbarte Dauer des Dienstverhältnisses – durch einen in seiner Person liegenden Grund ohne sein → Verschulden an der Dienstleistung verhindert wird (§ 616 BGB), z. B. durch den Tod eines nahen Verwandten o. dgl. Soweit die Verhinderung auf einer Erkrankung des Dienstpflichtigen beruht, gelten auch hier wieder arbeitsrechtliche Sondervorschriften, die regelmäßig die Lohnfortzahlung durch den Arbeitgeber für 6 Wochen zwingend vorsehen (→ Entgeltfortzahlung im Krankheitsfall). Hat der Dienstverpflichtete daneben Ansprüche gegen einen Dritten (z. B. aus einer ihm schuldhaft zugefügten Körperverletzung, aus einem → Versicherungsvertrag o. dgl.), so hat er diese an den Dienstherrn abzutreten oder für diesen im Wege der Drittschadensliquidation geltendzumachen (→ Schadensersatz, 1 b); der Schädiger wird durch die Lohnfortzahlungspflicht nicht befreit.

Das Dienstverhältnis endet mit Ablauf der vereinbarten Zeit (§ 620 BGB), mit Erreichung seines Zwecks, durch Aufhebungsvertrag (actus contrarius) sowie – bei unbefristeten Dienstverhältnissen – durch → Kündigung. Eine ordentliche Kündigung ist nur unter Einhaltung bestimmter Kündigungsfristen zulässig (§ 621 BGB); diese richten sich nach der Art der Entlohnung (z. B. bei wöchentlicher Entlohnung spätestens am ersten Werktag einer Woche zum Schluß dieser Woche, bei monatlicher Entlohnung spätestens am 15. eines Monats für den Schluß des Kalendermonats usw.). Auch hier gelten für das → Arbeitsverhältnis Sondervorschriften; s. i. e. dort über die arbeitsrechtlichen Kündigungsfristen; vgl. ferner die Sonderbestimmungen über den → Kündigungsschutz für Arbeitnehmer.

Die Kündigung ist als gestaltendes Rechtsgeschäft unwiderruflich, formfrei, zugangsbedürftig und grundsätzlich bedingungsfrei (s. aber → Änderungskündigung). Das Dienstverhältnis kann darüber hinaus von jedem Teil ohne Einhaltung einer Frist gekündigt werden, wenn ein wichtiger Grund hierfür vorliegt (§ 626 I BGB, außerordentliche Kündigung). Dieses Kündigungsrecht ist zwingend. Ein wichtiger Grund liegt vor, wenn dem Kündigenden unter Berücksichtigung aller Umstände des Einzelfalls und unter Abwägung der Interessen beider Vertragsteile die Fortsetzung des D. bis zum Ablauf der normalen Kündigungsfrist nach → Treu und Glauben nicht mehr zugemutet werden kann; ein Verschulden des anderen Teils ist häufig, aber nicht stets Voraussetzung (z. B. strafbare Handlungen, beharrliche Arbeitsverweigerung, Vertrauensbruch usw.). Die außerordentliche Kündigung muß binnen 2 Wochen seit Kenntnis des – auf Verlangen anzugebenden – wichtigen Grundes erklärt werden; sonst ist das Kündigungsrecht verwirkt (§ 626 II BGB). Bei Diensten höherer Art, die auf Grund besonderen Vertrauens übertragen zu werden pflegen (z. B. Rechtsanwaltsvertrag), ist eine jederzeitige außerordentliche Kündigung möglich (§ 627 BGB).

Nach der Kündigung eines dauernden D. oder Arbeitsverhältnisses hat der Dienstherr die Pflicht, dem Dienstverpflichteten auf Verlangen Zeit zur Stellensuche zu gewähren (§ 629 BGB); die Vergütungspflicht besteht während dieser Zeit fort. Bei Beendigung des D. kann der Verpflichtete ferner ein schriftliches → Zeugnis des Dienstherrn über den D. und dessen Dauer verlangen (§ 630 BGB; vgl. auch § 113 GewO, § 73 HGB). Die Rspr. nimmt darüber hinaus an, daß der Dienstverpflichtete bereits angemessene Zeit vor Beendigung des D. zur Bewerbung für eine neue Stelle ein Zeugnis (Zwischenzeugnis) verlangen kann. Das Zeugnis muß wahr sein; es hat die Art der bisherigen Beschäftigung möglichst genau anzugeben (über die Rechtsfolgen eines unrichtigen Zeugnisses s. dort). Auf besonderes Verlangen des Dienstverpflichteten ist es auf die Leistungen und die Führung im Dienst (außerdienstlich nur, soweit dies hierauf einen Einfluß hatte) zu erstrecken (qualifiziertes Zeugnis). Auf die Erteilung eines (richtigen und vollständigen) Zeugnisses kann geklagt werden.

**Dienstvorgesetzter** → Vorgesetzter.

**Dienstwohnung** → Werkmietwohnung.

**Dienstzeugnis** → Beamtenverhältnis, → Zeugnis.

**dies interpellat pro homine** → Schuldnerverzug.

**Differenzbesteuerung** greift ein, wenn ein „Wiederverkäufer", das ist der Unternehmer i. S. des UStG, gebrauchte Gegenstände veräußert oder zum Eigenverbrauch entnimmt, die er ohne Möglichkeit des Vorsteuerabzugs, also von einem Nichtunternehmer (Privatmann), erworben hat. Bemessungsgrundlage für die Umsatzsteuer ist die Differenz von Verkaufspreis zu Einkaufspreis (§ 25 a UStG). Auf diese Weise soll der fehlende Vorsteuerabzug für den Unternehmer nachträglich ausgeglichen werden. Die D. erfaßte ursprünglich (BGBl. I 1990, 597) den Handel mit gebrauchten Pkw und erstreckt sich nun (BGBl. I 1994, 2058) allgemein auf die Umsätze mit gebrauchten Gegenständen sowie mit Kunstgegenständen, Sammlungsstücken und Antiquitäten. Verzicht auf D. und Option zur D. kann zulässig sein. Mit der Einführung der D. ist die EG-Richtlinie 94/5 EG, die sogenannte 7. EG-Richtlinie (ABl. EG 1994 Nr. L 60, Seite 16) in materielles Recht umgesetzt worden. Einzelheiten BMF 11. 8. 1997, BStBl. I 97, 806.

**Differenzgeschäft.** Wird ein auf Lieferung von Waren oder → Wertpapieren lautender Vertrag in der – offenen oder verdeckten – Absicht geschlossen, im Zeitpunkt der Fälligkeit (→ Fixgeschäft) nicht wirklich zu liefern, sondern nur den Unterschied zwischen dem vereinbarten und dem Börsen- oder Marktpreis vom verlierenden an den gewinnenden Teil zu zahlen, so liegt → Spiel vor, das nur eine → Naturalobligation begründet (§ 764 BGB). Ein D. ist schon dann anzunehmen, wenn nur die Absicht des einen Teils auf Zahlung des Unterschieds gerichtet ist und der andere Teil diese Absicht kannte oder fahrlässig nicht kannte; desgl. beim bloßen Handel mit Kaufoptionen zu Spekulationszwecken. Sondervorschriften, insbes. über volle Verbindlichkeit, gelten nach §§ 50 ff. BoersG für bestimmte zugelassene Arten des → Börsen (Waren)termingeschäfts (z. B. Aktienkauf oder -verkauf mit Lieferung zu einem späteren Zeitpunkt zu dem dann geltenden Kurs).

**Differenztheorie** (im Schuldrecht) → Schadensersatz (2 b).

**Digesten** → römisches Recht.

**digitale Signatur** → Signatur, digitale.

**Diktatur.** Von einer D. spricht man, wenn in einem Staat die Herrschaftsgewalt nicht auf verschiedene Organe verteilt ist (→ Gewaltentrennung), sondern unbeschränkt einem einzelnen oder einer Gruppe (insbes. einer Partei oder dem Militär: Partei-, Militärd.) zusteht. In der neueren Geschichte trat die D. häufig unter Bruch der Verfassung auf (→ Faschismus); verschiedentlich wurde sie auch scheinbar legal errichtet (NS-Regime). Die D. neigt häufig zum Totalitarismus (→ totaler Staat) und zur Willkürherrschaft, da es an einer wirksamen Hemmung und Kontrolle der Staatsgewalt, insbes. an einer unabhängigen → Rechtsprechung, fehlt. In einem besonderen Sinne, nämlich dem des beherrschenden Einflusses der Arbeiter- und Bauernklasse auf Staat und Gesellschaft, spricht man von der D. des Proletariats. Nach kommunistischer Auffassung liegt hierin aber keine D. im obigen Sinne, weil die Herrschaft des Proletariats nicht diktatorisch, sondern durch das → Rätesystem verwirklicht wird. Keine D. begründen die auch in rechtsstaatlichen Verfassungen vorgesehenen → Notstandsregelungen mit besonderen Rechten für die → vollziehende Gewalt, z. B. einem → Notverordnungsrecht; bei verfassungsmäßiger Anwendung führen sie lediglich zu einer zeitlich und sachlich begrenzten Konzentration staatlicher Befugnisse bei bestimmten Stellen. Eine gewisse Verwandtschaft besteht zwischen D. und Tyrannei (Tyrannis). Dieser überkommene Begriff wird heute zumeist i. S. materiell ungerechter oder grausamer Ausübung der Staatsgewalt gebraucht, wozu die D. infolge ihrer Machtfülle und des Fehlens von Kontrollinstanzen naturgemäß neigt.

**Diktierter Vertrag** → Vertrag (2).

**Dilatorische Einrede** → Einrede.

**diligentia** = Sorgfalt; **diligentia quam in suis** → Sorgfalt (wie) in eigenen Angelegenheiten.

**Dingliche Haftung** → Haftung.

**Dingliche Rechte** → Sachenrecht, → subjektives Recht, → subjektiv-dingliches Recht, → Recht (1 b).

**Dingliche Surrogation** → Surrogation.

**Dinglicher Anspruch** ist der → Anspruch, der sich aus einem → dinglichen Recht ergibt, z. B. aus dem Eigentum der → Eigentumsherausgabeanspruch.

**Dinglicher Arrest** → Arrest.

**Dinglicher Verwaltungsakt** ist ein gegen alle wirkender V., durch den die öff.-rechtl. Eigenschaft einer Sache oder ihre Benutzung geregelt wird (z. B. Widmung einer Straße, Widmung eines Naturdenkmals, Aufstellung eines Verkehrszeichens). Der d. V. hat keinen bestimmten Adressaten, sondern wird dem Einzelnen gegenüber erst durch dessen Annäherung aktualisiert; er ist häufig Allgemeinverfügung (§ 35 S. 2 VwVfG). Als V. bedarf er einer gesetzl. Grundlage und kann von Betroffenen (§ 42 II VwGO) im verwaltungsgerichtlichen Verfahren angegriffen werden. Der d. V. ist von den allgemein-abstrakten Regelungen (Rechtsnormen), insbes. von → Satzungen und → Rechtsverordnungen zu unterscheiden. Diese Unterscheidung kann u. U. schwierig sein, da das

Gesetz mitunter auch vorsieht, daß die öff.-rechtliche Eigenschaft einer Sache durch eine Rechtsnorm bestimmt wird (z. B. Bestimmung eines Waldes zum Schutzwald durch → Rechtsverordnung).

**Dioxin** → Abfallverbrennung.

**Diözese** 1. D. ist in der → kath. Kirche ein territorial abgegrenzter, vom → Bischof (Diözesanbischof) geleiteter Teil der Gesamtkirche; Erzdiözesen sind D.en, mit deren Bischofssitz das Amt des → Metropoliten verbunden ist; sie werden von einem Erzbischof geleitet. Der D. gleichgestellt sind die diözesanähnlichen Teilkirchen: Territorialprälaturen, Territorialabteien, → Apostolische Administraturen, Apostolische Vikariate und Apostolische Präfekturen.

2. Bei Erledigung des Bischofsamtes oder Behinderung des Bischofs übernimmt die Leitung einer D. der Diözesanadministrator oder ein Koadjutorbischof mit dem Recht der Nachfolge. Der Diözesanbischof wird von Auxiliar- und Koadjutorbischöfen (Titularbischöfen, Weihbischöfen) unterstützt. Als Beratungsorgan besteht die Diözesansynode. Ferner sind ein mit Anhörungsrechten ausgestatteter Priesterrat und als dessen Ausschuß ein Konsultorenkollegium zu bilden; dessen Aufgaben können dem Domkapitel übertragen werden. Im Bereich der Vermögensverwaltung besteht ein mit Anhörungs- und Zustimmungsrechten ausgestatteter Diözesanverwaltungsrat.

3. Die gesetzgebende Gewalt des Bischofs ist nicht delegierbar, wohl aber Verwaltung und Rechtsprechung. Die Verwaltungsaufgaben werden vom Generalvikariat oder Ordinariat (Leitung: ein Generalvikar) ausgeübt; für bestimmte Aufgabenbereiche kann ein Bischofsvikar bestellt werden. Die Rechtsprechung wird durch ein Offizialat oder Konsistorium unter Leitung eines Offizials ausgeübt (→ kirchliche Gerichtsbarkeit).

Die D. gliedert sich in Dekanate (→ Dekan) und → Pfarreien.

**Diplomat.** Die → völkerrechtliche Vertretung eines Staates im Ausland wird auf Regierungsebene von D. wahrgenommen. Aufgabe der D. sind Verhandlungen mit der Regierung des Empfangsstaates, Schutz der Staatsangehörigen des eigenen Staates. Unterrichtung des eigenen Staates über die Verhältnisse im Empfangsstaat sowie die Pflege freundschaftlicher Beziehungen. → Konsuln nehmen vergleichbare Funktionen im Verkehr mit den nachgeordneten Instanzen des Empfangsstaats wahr. Das Recht der D. wurde in dem → Wiener Übereinkommen über Diplomatische Beziehungen vom 18. 4. 1963 (BGBl. 1964 II 958) kodifziert. Bis dahin entsprach das D.recht weitgehend noch der auf dem Wiener Kongreß von 1815 und im Aachener Protokoll von 1818 getroffenen Regelung. Innerstaatlich regelt die Rechte des deutschen Auswärtigen Dienstes das G. v. 30. 8. 1990 (BGBl. I 1842). In der Regel unterhalten Staaten ständige Auslandsvertretungen (Missionen) unter Leitung eines D. (Missionschef) mit weiterem diplomatischen Personal. Alle diese Personen sowie das Verwaltungs- und Dienstpersonals einschließlich ihrer Familienangehörigen genießen in abgestuftem Maße diplomatische Vorrechte und Immunitäten. Der Empfangsstaat ist zu besonderem Schutz der D. verpflichtet; D. sind von persönlichen Dienstleistungen befreit und sind von der Zwangsgewalt und der Straf- und Zivilgerichtsbarkeit einschließlich der Zeugenpflicht des Empfangsstaates ausgenommen (Immunität); D., die Staatsangehörige des Empfangsstaates sind (regnicoles), genießen Immunität nur für ihre dienstlichen Handlungen (→ diplomatische Vorrechte). Die Rangordnung der als Missionschefs tätigen D. hat heute nur mehr protokollarische Bedeutung. Botschafter (entspricht dem → Nuntius) und Gesandter (entspricht dem Internuntius) sind beim Staatsoberhaupt, Geschäftsträger beim Außenminister akkreditiert (→ Beglaubigung).

**Diplomatik** ist eine historische Hilfswissenschaft, die sich mit der Echtheitsprüfung und Auswertung amtlicher oder privater Urkunden – insbes. solcher aus den Kanzleien der Herrscher früherer Jahrhunderte – befaßt. Die Urkunden *(diplomata)* können dadurch rechtshistorische Bedeutung gewinnen.

**Diplomatische Beziehungen** sind die durch Diplomaten vermittelten Beziehungen von Staaten untereinander und mit internationalen Organisationen (→ Völkerrechtssubjekte). Die Aufnahme und der Abbruch der d. B. ist in das Ermessen der Staaten (internationalen Organisationen) gestellt; das Angebot, d. B. aufzunehmen, ist eine der Formen, in denen die → Anerkennung eines Staates oder einer Regierung erfolgen kann. Dagegen bedeutet der Abbruch der d. B. nicht ohne weiteres einen Widerruf der Anerkennung. Die beharrliche Weigerung eines Staates, mit einem anderen Staat d. B. aufzunehmen, kann einen → Unfreundlichen Akt darstellen.

**Diplomatische Vorrechte.** → Diplomaten genießen nach dem → Völkerrecht im Empfangsstaat d. V. und Immunitäten. Früher und zum Teil auch heute noch wird für d. V. und Immunitäten der Begriff der Exterritorialität verwandt. Dies ist irreführend, da das Missionsgebäude weiterhin zum Staatsgebiet des Empfangsstaates gehört.

1. Die Person der Diplomaten ist unverletzlich. Sie genießen grundsätzlich den besonderen Schutz des Empfangsstaates und sind von allen persönlichen Dienstleistungen wie der Übernahme öffentlicher Ämter, Militärdienst, Einquartierung u. a. befreit. Die Diplomaten sind ferner von der Straf- und Zivilgerichtsbarkeit einschließlich der Zeugenpflicht ausgenommen (Immunität). Selbst bei groben Verstößen gegen die Rechtsordnung des Empfangsstaates ist die Immunität nicht verwirkt; der Empfangsstaat kann solche Personen allerdings zur → persona non grata erklären. Die Immunität gilt grundsätzlich auch für private Akte des Diplomaten; ausgenommen sind sein im Empfangsstaat belegenes Grundvermögen betreffende dingliche Klagen, ihn selbst betreffende Nachlaßangelegenheiten und Klagen, die seine gewerbliche oder freiberufliche Tätigkeit betreffen.

2. Das Betreten der Missionsgebäude ist den Behörden des Empfangsstaates nur mit Zustimmung der die Mission leitenden Diplomaten gestattet. Dies gilt nicht nur für die Polizei, sondern auch für die Feuerwehr. Ausnahmen bei Verfolgung auf frischer Tat werden nicht mehr anerkannt. Ein völkerrechtlich anerkanntes Recht auf diplomatisches Asyl wird gleichwohl verneint.

3. Der Empfangsstaat ist ferner zur Sicherstellung des diplomatischen Verkehrs verpflichtet. Dazu gehört die freie Ein- und Ausreise der Mitglieder der diplomatischen Missionen, freie Nachrichtenverbindungen, unkontrollierter Transport des Kuriergepäcks.

4. Die Diplomaten selbst und die für die Missionsgebäude verwendeten Liegenschaften sind von Steuern und Abgaben des Empfangsstaates befreit.

5. Die d. V. genießen in erster Linie die Diplomaten und das diplomatische Personal. In abgestufter Weise stehen sie auch Familienangehörigen, Verwaltungspersonal, technischem Personal und Dienstpersonal zu.

**Diplomatisches Asyl** → Diplomatische Vorrechte.

**Diplomatisches Korps** (Corps diplomatique = CD) ist der Sammelbegriff für die Angehörigen der diplomatischen Vertretungen in einem bestimmten Land. Das Außenministerium des Empfangstaates führt eine Liste der zum d. K. gehörenden Person („Diplomatische Liste"). Sprecher des d. K. ist der → Doyen. Gegenstück ist das Konsularkorps (Corps consulaire = CC).

**Diplomgrad.** Nach § 18 HRG verleiht die → Hochschule auf Grund der Hochschulprüfung, mit der ein berufsqualifizierender Abschluß erworben wird, den D. mit Angabe der Fachrichtung (z. B. Diplom-Volkswirt, Diplom-Ingenieur), → Fachhochschulen mit entspr. Zusatz („FH"). Der D. kann auch auf Grund einer entsprechenden staatlichen oder kirchlichen Prüfung verliehen werden. S. a. → Akademische Grade, → Doktorgrad.

**Diplom-Jurist** war die Bezeichnung für die in der ehem. DDR ausgebildeten Juristen. Neuerdings sollen an einzelnen → Fachhochschulen Studiengänge mit stark eingeschränkter juristischer Ausbildung zum „Diplom-Wirtschaftsjurist (FH)" führen. S. a. → Befähigung zum Richteramt, → Jurist.

**Direkte Steuern** werden unmittelbar bei demjenigen erhoben, den sie wirtschaftlich treffen sollen (z. B. Einkommensteuer), *indirekte* bei anderen Personen, weil sie an formale Verkehrsvorgänge oder Verbrauchsakte anknüpfen; zu den indirekten gehören → Verbrauchsteuern, → Zoll und z. T. die → Verkehrsteuern. S. a. Steuerüberwälzung.

**Direkterwerb** → Verfügung eines Nichtberechtigten, → Anwartschaftsrecht.

**Direktionsrecht** ist das dem → Arbeitgeber aus dem → Arbeitsverhältnis zustehende Recht, einseitig den Inhalt der Arbeitsleistung und die → Arbeitsbedingungen zu bestimmen, soweit dies nicht durch Gesetz, → Tarifvertrag, → Betriebsvereinbarung oder → Arbeitsvertrag festgelegt ist. Auf Grund des D. kann der Arbeitgeber zur Arbeitsleistung und zum Verhalten des Arbeitnehmers im Betrieb Weisungen erteilen, die der Arbeitnehmer auf Grund seiner Gehorsamspflicht befolgen muß, soweit sie nicht gegen Gesetz, Vertrag, die guten Sitten oder gegen die Fürsorgepflicht verstoßen; z. B. → Rauchverbot während der Arbeit.

**Direktmandat** nennt man im Bundeswahlrecht die im Wahlkreis errungenen Mandate im Gegensatz zu den nach Landeswahlvorschlägen (Landeslisten) vergebenen Mandaten (→ Bundestag, 2).

**Direktunterrichtsvertrag** → Fernunterricht.

**Direktversicherung** ist eine Lebensversicherung auf das Leben des Arbeitnehmers (Versicherter), die durch den Arbeitgeber (Versicherungsnehmer) abgeschlossen wird (§ 4 b EStG). Die Beiträge sind beim Arbeitgeber → Betriebsausgaben; der Versicherungsanspruch darf nicht aktiviert werden. Beim Arbeitnehmer sind die Beiträge Arbeitslohn (§ 2 II Nr. 3 LStDV). Bis 3408 DM jährlich kann die → Lohnsteuer mit 20% pauschaliert werden (§ 40 b EStG); → Lohnsteuerpauschalierung. Im Versorgungsfall bezieht der Begünstigte eine Leibrente (§ 22 Nr. 1 a EStG); vgl. → Altersversorgung, betriebliche.

**Dirnenwohnheim** → Förderung der Prostitution.

**Disagio** (Abschlag, Damnum). Verschiedentlich werden → Darlehen, → Schuldverschreibungen und sonstige Wertpapiere nicht zum vollen Nennwert (d. h. pari) ausgegeben, sondern zu einem niedrigeren Kurs. Der Schuldner muß also infolge dieses Abschlags (Disagio) mehr zurückzahlen, als er erhalten hat. Ein D. (→ Unterpariemission) ist bei Aktien unzulässig (§ 9 AktG). Umgekehrt ist gerade bei diesen Wertpapieren häufig der Ausgabekurs höher als der Nennbetrag (sog. *Agio* oder Aufgeld; → Überpariemission).

**Diskont** ist ein Zins, der vorweg bei noch nicht fälligen Zahlungen, insbes. beim Ankauf von → Wechseln, abgezogen wird. S. ferner → Diskontpolitik, → Diskontgeschäft, → Wechseldiskont.

**Diskontgeschäft** ist der Ankauf von Wechseln und Schecks durch → Kreditinstitute. Es gehört zu den → Bankgeschäften, die nur mit Erlaubnis betrieben werden dürfen, wenn sie gewerbsmäßig betrieben werden oder wenn der Umfang der Geschäfte einen in kaufmännischer Weise eingerichteten Geschäftsbetrieb erfordert (§ 32 KWG). Banküblich wird auch die in der Praxis häufigere Bevorschussung eines Wechsel- oder Scheckbetrags (Hereinnahme zum Einzug oder zur Sicherung unter Gutschrift mit Vorbehalt) als D. („Diskontierung") bezeichnet. Bankrechtlich ist dieses Geschäft jedoch ein „Kreditgeschäft". Zum D. der Deutschen → Bundesbank vgl. → Diskontpolitik, → Offenmarktpolitik.

**Diskontinuitätsgrundsatz** nennt man die Regelung, daß die am Ende der → Wahlperiode eines → Parlaments nicht abschließend beratenen Angelegenheiten (insbes. Gesetzentwürfe) nicht weiterleben, sondern – falls sie weiterverfolgt werden sollen – im neuen Parlament erneut eingebracht werden müssen (§ 125 Geschäftsordnung – BT).

**Diskontpolitik** gehörte zum währungspolitischen Instrumentarium der → Bundesbank. Sie bestand in der Beeinflussung des Geldumlaufs und der Kreditgewährung mittels Festsetzung der für ihre Geschäfte maßgeblichen Zinssätze (§ 15 BBankG a. F.). Für das → System der Europäischen Zentralbank ist die D. anders als die → Offenmarktpolitik und die Festsetzung von → Mindestreserven als währungspolitisches Instrumentarium nicht mehr vorgesehen, könnte allerdings mit Mehrheit von zwei Dritteln gemäß Art. 20 EUV-Prot. ESZB als außerordentliches Mittel eingesetzt werden.

**Diskontsatz** → Diskontpolitik.

**Diskothek** → Tanzlustbarkeiten.

**Diskriminierung** ist *im Völkerrecht* die Schlechterstellung eines von mehreren Völkerrechtssubjekten, zu denen Rechtsbeziehungen bestehen. Das Recht des → völkerrechtlichen Vertrags kennt zahlreiche Diskriminierungsverbote, u. a. auf handelspolitischem Gebiet. Sie besagen, daß es den Vertragsstaaten untersagt ist, einen der Vertragspartner in dem von der Regelung betroffenen Bereich schlechter zu stellen als die anderen. S. a. → Meistbegünstigung. *Innerstaatlich* wird der Begriff D. neuerdings gelegentlich zur Kennzeichnung sachlich nicht gerechtfertigter Schlechterstellungen verwendet, aber weniger mit rechtlichem als mit politisch-soziologischem Inhalt; → Gleichberechtigung, → Gleichheit vor dem Gesetz.

**Diskriminierungsverbot im Geschäftsverkehr.** Durch § 26 II GWB ist → marktbeherrschenden Unternehmen, → Kartellen und Unternehmen mit vertikaler → Preisbindung untersagt, ein anderes Unternehmen in einem Geschäftsverkehr, der gleichartigen Unternehmen üblicherweise zugänglich ist, unmittelbar oder mittelbar unbillig zu behindern oder gegenüber gleichartigen Unternehmen ohne sachlich gerechtfertigten Grund unmittelbar oder mittelbar unterschiedlich zu behandeln. Ein Verstoß gegen das Verbot begründet Schadensersatz- und Unterlassungsansprüche (§ 35 GWB; § 823 II BGB – Schutzgesetz, → unerlaubte Handlung, 2 b). Ein vorsätzlicher Verstoß ist als Ordnungswidrigkeit bußgeldbedroht (§ 38 I Nr. 8 GWB). S. ferner → Anschlußpflicht, → Boykott.

**Diskriminierungsverbot nach europ. Gemeinschaftsrecht.** Das D. ist in den verschiedenen Ausprägungen der Verträge der gemeinschaftsrechtliche Gleichheitssatz (grundrechtsähnlich oder Grundrecht). Verboten ist die willkürliche Ungleichbehandlung, vor allem die Anknüpfung an die Staatsangehörigkeit oder den Wohnsitz. Zur Feststellung der Gleichheit nach Gegenstand und Maßstab ist wesentlich auf den Zweck der gemeinschaftsrechtlichen Norm und ihre spezifisch gemeinschaftsrechtlichen Zielsetzungen abzustellen. Nach der Rspr. des EuGH ist das D. weitgehend unmittelbar geltendes Gemeinschaftsrecht und nicht bloß Programmsatz. Für den EGV ist das D. *wegen unterschiedlicher Nationalität* niedergelegt in Art. 6, konkretisiert für Handelsmonopole, Landwirtschaft, → Arbeitnehmerfreizügigkeit und → Niederlassungsfreiheit in Art. 44, 45, 48, 52 (→ Grenzgänger). Über Dienstleistungs- und Kapitalverkehr vgl. Art. 60, 73 a–73 g, über Verkehrsregelung und Wettbewerbsbeschränkungen Art. 76, 85, 86. D. *nach der Herkunft* (Wohnsitz usw.) bestehen insbes. für den Agrarmarktsektor nach Art. 33 I, 40 III, für den Kapitalverkehr nach Art. 73 a ff., für den Bereich des Verkehrs nach Art. 79 I (dazu VO Nr. 11 vom 27. 6. 1960. ABl. 1121). Der EGKStV enthält allgemeine D. in Art. 4 und 3 b sowie besondere D. hins. Preisen und Transporttarifen in Art. 60, 70, für Wettbewerbsbeschränkungen und Kartelle in Art. 4 d und 65, für Unternehmenszusammenschlüsse und marktbeherrschende Unternehmen in Art. 66. S. ferner Euratom-Vertrag Art. 3 d, 52 I.

**Dispache** ist eine Berechnung, in der ein Sachverständiger (der Dispacheur) im Falle einer großen → Haverei die Beitragspflicht der Beteiligten zum Ersatz der entstandenen Schäden feststellt; sie ist vom Schiffer unverzüglich zu veranlassen (§ 728 HGB). Das Verfahren ist in den §§ 149–158 FGG geregelt. Über die vom Dispacheur aufgemachte D. kann auf Antrag eines Beteiligten vor dem → Amtsgericht verhandelt werden. Eine durch Beschluß rechtskräftig bestätigte D. ist ein → Vollstreckungstitel (§ 158 II FGG).

**Dispens.** Der D. *im Verwaltungsrecht* hebt ein repressives gesetzliches Verbot für den Einzelfall auf. Er ist von der → Erlaubnis zu unterscheiden, die von der Verwaltungsbehörde auf Grund des

Erlaubnisvorbehalts einer Verbotsnorm erteil wird. Die Verbotsnorm dient in diesem Falle nur dem Zweck, das von der Erlaubnis abhängige Tun der behördlichen Kontrolle zu unterstellen (nicht, es zu untersagen). So besteht etwa auf Ausübung eines dem materiellen Baurecht entsprechenden Bauvorhabens ein subjektives öffentliches Recht (→ Baufreiheit); sie soll vom Gesetz nicht verhindert werden. Das bestehende formelle Bauverbot (ohne vorherige → Baugenehmigung darf nicht gebaut werden) will nur die Einhaltung der baurechtlichen Vorschriften sichern. Demgegenüber liegt ein D. (Ausnahmebewilligung, Befreiung) dann vor, wenn das Gesetz eine Tätigkeit überhaupt verbieten, also ein gewisses Verhalten verhindern will, hiervon jedoch im Einzelfall von der Verwaltungsbehörde eine Ausnahme bewilligt wird. Der D. soll i. d. R. unbillige Härten für den einzelnen vermeiden, kann aber auch aus Gründen des Allgemeinwohls ergehen. So sind z. B. Befreiungen von den Vorschriften des materiellen Baurechts möglich (→ Ausnahmen und Befreiungen im Baurecht).

Im *Eherecht* ist D. die Befreiung von → Eheverboten; ebenso im kath. → Kirchenrecht.

**Displaced persons** nannte man nichtdeutsche verschleppte Personen und Flüchtlinge, die sich bei Ende des 2. Weltkrieges (insbes. als Zwangsarbeiter) auf dem Gebiet des früheren Deutschen Reiches befanden. Ihr Status wurde durch das Ges. über die Rechtsstellung → heimatloser Ausländer im Bundesgebiet vom 25. 4. 1951 (BGBl. I 269) geregelt.

**Dispositionskredit** → Überziehungskredit.

**Dispositionsmaxime** → Verfügungsgrundsatz.

**Dispositives Recht** = nachgiebiges (abänderliches) Recht; → Recht (3).

**Dispositivurkunde** → Urkunde.

**Dissens** → Vertrag (1).

**dissenting opinion (vote)** → Beratungsgeheimnis.

**Dissimuliertes Geschäft** (Dissimulation) → Scheingeschäft.

**Distanzdelikt** nennt man eine Straftat, die an mehreren Orten begangen wird oder bei der der Erfolg an einem anderen als dem Handlungsort eintritt (z. B. Versendung eines beleidigenden Briefes). Nach § 9 StGB können dann unterschiedliche Strafrechtsnormen in Betracht kommen (→ Geltungsbereich des Strafrechts), weil Tatort sowohl der Ort der Handlung (Unterlassung) wie der des Erfolgs ist. Beim → Teilnehmer ist sowohl der Ort der Haupttat wie der seiner Teilnahmehandlung maßgebend.

**Distanzwechsel** ist ein → Wechsel, bei dem Zahlungs- und Ausstellungsort (Art. 1 Nr. 5, 7 WG) verschieden sind.

**Disziplinargerichte** sind besondere → Verwaltungsgerichte zur Ausübung der Disziplinargerichtsbarkeit. D. erster Instanz sind im Bund das Bundesdisziplinargericht in Frankfurt a. M. (§§ 42 ff. BundesdisziplinarO), in den Ländern Disziplinarkammern bzw. Dienststrafkammern; Rechtsmittelinstanz sind das Bundesverwaltungsgericht (§§ 41, 55 BDO) sowie die Disziplinar- bzw. Dienststrafhöfe der Länder. Die D. des ersten Rechtszuges sind mit 3 Mitgliedern (Vorsitzender, rechtskundiger und weiterer Beisitzer aus der Laufbahn des Beamten) besetzt. Die Disziplinarsenate beim BVerwG bestehen aus 3 richterlichen Mitgliedern einschl. des Vorsitzenden und 2 weiteren Mitgliedern. Die D. sind unabhängig und nur dem Gesetz unterworfen. Für Richter bestehen besondere, ausschließlich mit Berufsrichtern besetzte → Dienstgerichte (oberste Bundesinstanz: Dienststrafsenat beim BGH, § 61 DRiG).

**Disziplinarmaßnahmen** gegen → Beamte sind nach der Bundesdisziplinarordnung i. d. F. vom 20. 7. 1967, BGBl. I 751 (§§ 5 ff.) m. Änd. und den Disziplinar(Dienststraf)ordnungen der Länder: Verweis (= Tadel eines bestimmten Verhaltens), Geldbuße bis zur Höhe der einmonatigen Dienstbezüge, Gehaltskürzung bis zum Höchstbetrag von 1/5 der Dienstbezüge auf längstens 5 Jahre, Versetzung in ein Amt derselben Laufbahn mit geringerem Endgrundgehalt (was eine Minderung der Dienstbezüge und den Verlust der bisherigen Dienstbezeichnung bedeutet) sowie Entfernung aus dem Dienst (mit

Verlust des Anspruchs auf → Dienstbezüge und → Versorgung sowie des Rechts, die Dienstgradbezeichnung zu führen). Hinzu kommen in einzelnen Bundesländern die (für den Bund durch Ges. vom 20. 7. 1967, BGBl. I 725, aufgehobenen) D., nämlich Warnung (= Mißbilligung eines bestimmten Verhaltens und Aufforderung, dies künftig zu vermeiden), Versagung des Aufsteigens im Gehalt (zugleich Beförderungsverbot), Einstufung in eine niedrigere Dienstaltersstufe. Mißbilligende Äußerungen des Dienstvorgesetzten, die nicht ausdrücklich als Warnung oder Verweis bezeichnet werden (Zurechtweisungen, Ermahnungen, Rügen u. dgl.) sind keine Disziplinarmaßnahmen. Trotzdem sind sie vor den Disziplinargerichten anfechtbar (str.). Warnung, Verweis, Geldbuße können vom Dienstvorgesetzten durch Disziplinarverfügung (§ 29 BDO), die schwereren Disziplinarmaßnahmen (sog. Laufbahnstrafen) nur von den → Disziplinargerichten im förmlichen → Disziplinarverfahren ausgesprochen werden. Zur Tilgung der erstgenannten Maßnahmen aus den Personalakten s. § 119 BDO. Bei *Beamten im* → Ruhestand kann nur das → Ruhegehalt gekürzt oder aberkannt werden. Die Aberkennung bewirkt auch den Verlust der Ansprüche auf → Hinterbliebenenversorgung und des Rechts, eine Dienstgradbezeichnung und amtsbezogene Titel zu führen. Bei Entfernung aus dem Dienst und bei Aberkennung des Ruhegehalts kann dem Verurteilten ein Unterhaltsbeitrag zuerkannt werden (§ 77 BDO). Für Soldaten s. → Wehrdisziplinarordnung.

**Disziplinarrecht.** Das D. ist Teil des → Beamtenrechts und umfaßt die Gesamtheit der für die Ahndung dienstlicher Verfehlungen von → Beamten geltenden Rechtsvorschriften. Kern des *materiellen Disziplinarrechts* ist der in den Beamtengesetzen des Bundes und der Länder enthaltene Begriff des „Dienstvergehens“, worunter jede schuldhafte Verletzung der dem Beamten obliegenden Pflichten verstanden wird (§ 77 I BBG, § 45 I BRRG; zu den einzelnen Pflichten des Beamten s. dort); ein Verhalten außerhalb des Dienstes ist jedoch nur dann ein Dienstvergehen, wenn es nach den Umständen des Falles in besonderem Maße geeignet ist, die Achtung und das Vertrauen in einer für das Amt des Betreffenden oder das Ansehen des Beamtentums bedeutsamen Weise zu beeinträchtigen (§ 77 I 2 BBG, § 45 II BRRG). Inhalt des *formellen Disziplinarrechts* ist die Regelung des Aufbaues, der Zuständigkeit und der Befugnisse der im D. vorgesehenen Stellen (→ Disziplinargerichte, → Disziplinarmaßnahmen) sowie die Regelung des → Disziplinarverfahrens. Für den Bund ist das D. geregelt in der Bundesdisziplinarordnung (BDO) i. d. F. vom 20. 7. 1967 (BGBl. I 750) m. Änd. Die Länder haben damit inhaltlich im wesentlichen übereinstimmende Disziplinar-(Dienststraf-)ordnungen erlassen. Zweck des D. ist einerseits, das Vertrauen in das Beamtentum durch Wahrung der Disziplin und Ausschluß untauglicher Personen zu erhalten, andererseits die Rechtsstellung des Beamten selbst durch förmliche Ausgestaltung des Verfahrens und Einrichtung besonderer Disziplinargerichte zu festigen. Im Gegensatz zum allgemeinen Strafrecht gilt das → Opportunitätsprinzip, d. h. der Dienstvorgesetzte und die Einleitungsbehörde entscheiden nach pflichtgemäßem Ermessen unter Würdigung der Tat, der Persönlichkeit des Beamten sowie seines gesamten dienstlichen und außerdienstlichen Verhaltens, ob disziplinäre Ahndung geboten ist. Für geringere Vergehen gilt eine Verjährungsfrist von 2 bzw. 3 Jahren (§ 4 BDO). Erfüllt eine Dienstpflichtverletzung zugleich den Tatbestand eines Strafgesetzes, so ist neben der strafrechtlichen zugleich eine disziplinarrechtliche Ahndung – außer durch Verweis – zulässig; Geldbuße, Gehalts- oder Ruhegehaltskürzung darf nur verhängt werden, wenn aus Disziplinargründen geboten (§ 14 BDO); doch ist das Disziplinargericht in gewissem Umfang an das Urteil im Strafverfahren, dem ein Vorrang zukommt, gebunden (→ Tatbestands-, Feststellungswirkung). Für Soldaten gilt die → Wehrdisziplinarordnung i. d. F. vom 4. 9. 1972 (BGBl. I 1666) m. spät. Änd. für Richter vgl. §§ 61–68 DRiG und die Richtergesetze bzw. Sonderbestimmungen der Disziplinarordnungen der Länder. Über das D. an Hochschulen s. → Studenten.

**Disziplinarstrafen.** Der Begriff ist für den Bereich des Bundes durch den der → Disziplinarmaßnahmen ersetzt worden, um den Unterschied zwischen Straf- und Disziplinarrecht auch äußerlich zu kennzeichnen (Ges. vom 20. 7. 1967, BGBl. I 725). Im Landesrecht wird er noch verwendet.

**Disziplinarverfahren.** Das D. dient der Durchsetzung der Disziplinargewalt des → Dienstherrn gegenüber den Beamten. Es gehört zum formellen → Disziplinarrecht und ist weitgehend dem Strafverfahren nachgebildet. Das D. gliedert sich in ein Vorermittlungsverfahren unter Leitung des Dienstvorgesetzten bei Verdacht eines Dienstvergehens zur Aufklärung des Sachverhalts; es endet durch Einstellung des Verfahrens, durch Erlaß einer Disziplinarverfügung oder Einleitung des förmlichen Disziplinarverfahrens. Die Entscheidung ist dem → Bundesdisziplinaranwalt mitzuteilen (§§ 26–28 BDO). Gegen die Disziplinarverfügung ist Beschwerde an den nächsthöheren Dienstvorgesetzten, gegen dessen Entscheidung Anrufung des → Disziplinargerichts zulässig (Einzelheiten § 31 BDO). Das *förmliche Disziplinarverfahren* wird durch schriftliche Verfügung der Einleitungsbehörde – i. d. R. Ernennungsbehörde – eingeleitet (§§ 33 ff. BDO); von diesem Zeitpunkt ab ist die vorläufige → Dienstenthebung eines Beamten zulässig. Das förmliche Verfahren gliedert sich in die Untersuchung (§§ 56 ff.) und das Verfahren vor den → Disziplinargerichten. Dieses wird mit dem Eingang der Anschuldigungsschrift beim Disziplinargericht rechtshängig. Die Hauptverhandlung ist nach § 73 BDO grundsätzlich nicht öffentlich (abweichend teilweise das Landesrecht). Gegen die Beschlüsse der Disziplinargerichte ist Beschwerde, gegen die Urteile Berufung an das → Bundesverwaltungsgericht zulässig. Zur Wiederaufnahme des rechtskräftig abgeschlossenen Verfahrens s. §§ 97 ff. BDO. Zur Ausübung des Begnadigungsrechts des Bundespräsidenten s. § 120 BDO sowie Anordnung vom 5. 10. 1965 (BGBl. I 1573) m. spät. Änd. Zum Vorrang des gerichtlichen Strafverfahrens vor dem D. wegen des gleichen Tatbestandes s. §§ 17, 18 BDO (Aussetzung des Disziplinarverfahrens) sowie §§ 14, 123 I BDO (keine disziplinarrechtliche Ahndung in Bagatellfällen).

**Disziplinarvergehen** (= Dienstvergehen) → Disziplinarrecht.

**Divergenz gerichtlicher Entscheidungen.** Weichen gerichtliche Entscheidungen in derselben Rechtsfrage voneinander ab, so wird dies als *Innendivergenz* bezeichnet, wenn es sich um Entscheidungen verschiedener Abteilungen (Kammern, Senate) desselben Gerichts handelt; die Abweichungen verschiedener Gerichte bezeichnet man als *Außendivergenz*.

Unterschiedliche Rechtsauffassungen der unteren Gerichte können im Rechtsmittelwege durch Anrufung eines übergeordneten Gerichts geklärt werden.

Eine Regelung für den Fall der Innendivergenz besteht bei den → obersten Gerichtshöfen: Will ein Senat eines solchen Gerichts in einer Rechtsfrage von der Entscheidung eines anderen Senats abweichen, so muß er den → Großen Senat anrufen (beim BGH den Gr. Sen. für Zivilsachen oder den Gr. Sen. für Strafsachen, bei übergreifenden Sachen die Vereinigten Großen Senate; § 132 GVG). Für die Oberlandesgerichte besteht keine entsprechende Einrichtung, wohl aber bei den Oberverwaltungsgerichten (§ 12 VwGO) und beim → Bayer. Obersten Landesgericht (dort wie beim BGH, § 10 EGGVG).

Bei einer Außendivergenz zwischen obersten Gerichtshöfen entscheidet der → Gemeinsame Senat. Für Oberlandesgerichte enthält § 121 II GVG eine Regelung für Strafsachen. Danach muß ein OLG, das von einer nach dem 1. 4. 1950 ergangenen Entscheidung eines anderen OLG oder des BGH abweichen will, die Sache dem BGH zur Entscheidung vorlegen. Voraussetzung ist, daß in einer Rechtsfrage abgewichen werden soll, auf der die voraufgegangene Entscheidung *beruht* (also nicht von einer beiläufigen Bemerkung, sog. obiter dictum). Eine D. liegt auch vor, wenn zwar nicht dieselbe Bestimmung, aber der in anderen Vorschriften enthaltene gleiche Rechtsgrundsatz anders ausgelegt werden soll (z. B. Beisichführen von Waffen bei schwerem Diebstahl und Raub; §§ 244, 250 StGB). Vorlagepflicht besteht auch, wenn das OLG einem anderen OLG beitreten will, von dem inzwischen ein drittes OLG abgewichen ist; nicht dagegen, wenn es sich dem BGH anschließen will, von dem ein anderes OLG abgewichen ist. Eine entsprechende Regelung für den Fall der Außendivergenz zwischen OLGen besteht bei Entscheidungen über Rechtsbeschwerden in Strafvollzugssachen sowie in Angelegenheiten der → freiwilligen Gerichtsbarkeit (§ 28 II FGG, für Grundbuchsachen § 79 II GBO).

Diese Grundsätze gelten sinngemäß für die Innendivergenz.

Für Mietsachen → Rechtsentscheid.

**Divergenzbeschwerde** → Nichtzulassungsbeschwerde.

**Divergenzrevision** → Revision (2 b).

**Diversion** nennt man das Absehen von der Strafverfolgung, zumeist zugunsten der Resozialisierung des Täters oder der Lösung des Konflikts, aus dem die Straftat entstanden ist. Die D. spielt insbesondere im → Jugendstrafrecht eine Rolle, wo gem. § 45 JGG von der Verfolgung abgesehen oder gem. § 47 JGG das Verfahren eingestellt werden kann, dabei aber gegenüber dem Jugendlichen i. d. R. eine erzieherische Maßnahme angeordnet wird. Im Erwachsenenstrafrecht kommt bei → Bagatellstrafsachen Einstellung nach §§ 153, 153 a StPO in Betracht.

**Dividende** ist der auf die Aktionäre entfallende Anteil am Bilanzgewinn der → Aktiengesellschaft, sofern er nicht nach Gesetz, Satzung oder Beschluß der → Hauptversammlung von der Verteilung unter die Aktionäre ausgeschlossen ist (§ 58 IV AktG). Sie bemißt sich nach den Nennbeträgen der → Aktien, wenn die Satzung nicht eine andere Art der Gewinnverteilung bestimmt (§ 60 AktG). Mit dem Beschluß der Hauptversammlung über die Gewinnverwendung (§ 174 AktG) entsteht der Anspruch auf Auszahlung der D. Für diesen selbständig übertragbaren Anspruch werden an die Aktionäre Gewinnanteilscheine ausgegeben (s. a. → Erneuerungsschein).

**Dividenden-Besteuerung** → Körperschaftsteuer.

**Dividendenschein** → Kupon, → Zinsschein.

**D-Markbilanzgesetz.** Neufassung des D-M. vom 28. 7. 1994 (BGBl. I 1842) wegen Einführung der DM in der ehemaligen DDR, um das Rechnungswesen der Unternehmen mit Sitz in den neuen Ländern neu zu ordnen und deren Vermögen neu zu bewerten.

**DM-Eröffnungsbilanz, steuerlich.** Das → D-Markbilanzgesetz gilt auch für die steuerliche Gewinnermittlung (§ 50 I DMBilG). Die Abweichungen von der handelsrechtlichen DM-E. enthält § 50 II. Das D-Markbilanzgesetz über die Neubewertung der Vermögensgegenstände und Schulden gilt entsprechend auch für die Einnahmen-Überschuß-Rechnung und die Überschußeinkünfte (§ 52).

**do ut des** → gegenseitiger Vertrag (1).

**DNA-Analyse** → Genomanalyse, → molekulargenetische Untersuchung

**DO-Angestellte** → Dienstordnung, → öffentlicher Dienst.

**Doktorgrad** ist neben dem → Diplomgrad der praktisch wichtigste der → akademischen Grade. Er wird von den Universitäten und den mit Promotionsrecht ausgestatteten (wissenschaftl.) → Hochschulen (nicht von → Fachhochschulen) verliehen. Je nach der Fachrichtung unterscheidet man den Doktor der Theologie (Dr. theol., auch „D."), der Rechte (Dr. jur.), der Medizin (Dr. med.), der Philosophie (Dr. phil.), der Staatswissenschaften (Dr. rer. pol.), den von den → Technischen Hochschulen verliehenen Dr.-Ing. u. a. Die Voraussetzungen für die Erlangung des D. (i. d. R. wissenschaftliche Arbeit und mündliche Prüfung) und das Verfahren sind in den → Promotionsordnungen der einzelnen Hochschulen geregelt. Der D. ist strafrechtlich geschützt und kann unter bestimmten Voraussetzungen entzogen werden (→ akad. Grade).

Das unbefugte Führen des D. ist nach § 132 a StGB strafbar. Die Vorschrift erfaßt auch das unbefugte Führen einer Bezeichnung, die den Anschein erweckt, als handle es sich um den D. oder als sei dieser dem Doktoranden bereits verliehen (z. B. „Dr. designatus“). Über die Strafbarkeit bei Vermittlung eines ausländ. D. → akademische Grade.

**Doktrin** (lat., wörtl.: Lehre) ist in der Staatenpraxis die programmatische Festlegung bestimmter rechtlicher oder politischer Überzeugungen durch einen Staat. Berühmte D. sind etwa die Monroe-Doktrin, mit der der amerikanische Präsident James Monroe 1823 die Vereinigten Staaten außenpolitisch auf den Grundsatz des Desinteressements an den europäischen Angelegenheiten und auf die Nichtduldung der Einmischung europäischer Staaten in die Angelegenheiten Gesamtamerikas festlegte, und die sog. Stimson-Doktrin, durch die der amerikanische Staatssekretär Stimson 1932 erklärte, die Vereinigten Staaten würden keine durch Gewalt herbeigeführten Gebietsänderungen (→ Annexion) anerkennen. Bekannt ist weiter die → Hallstein-Doktrin. Als einseitige Erklärung vermag die D. keine völkerrechtlichen Rechte und Pflichten (→ Völkerrecht) zu begründen. Häufig finden aber rechtliche und politische Überzeugungen, die zunächst in Form einer D. geäußert wurden, später auch in einen → völkerrechtlichen Vertrag Eingang.

**Dolmetscher** werden im Bereich der Gerichtsbarkeit herangezogen, um bei der Verhandlung mit Personen, die der deutschen Sprache nicht mächtig sind, in die → Gerichtssprache zu übersetzen (§ 185 GVG). Dies gilt auch bei tauben oder stummen Personen (§ 186 GVG). Die Heranziehung ist im Strafverfahren (auch im gerichtl. Bußgeldverfahren, EuGH NStZ 1984, 269) für die Beteiligten kostenfrei (vgl. Art. 6 III e MRK), desgl. weitgehend in der → Arbeitsgerichtsbarkeit (§ 12 V a ArbGG). D. müssen einen Eid leisten und können wie → Sachverständige abgelehnt werden (§§ 189, 191 GVG).

**dolo facit (agit), qui petit, quod statim redditurus est** = arglistig handelt, wer eine Leistung fordert, die er sofort (aus einem anderen Rechtsgrund) wieder zurückgeben muß. Der dem röm. Recht entstammende Grundsatz ist ein Anwendungsfall von → Treu und Glauben.

**dolos** = arglistig.

**dolus** = Vorsatz (strafrechtl.), Arglist (zivilrechtl.).

**dolus antecedens** → Schuld.

**dolus directus** = unbedingter Vorsatz; **dolus eventualis** = bedingter Vorsatz; zu beiden → Schuld, → Verschulden (II 1 a).

**dolus generalis** ist ein im Strafrecht heute nur noch selten verwendeter Rechtsbegriff. Er bezeichnet die Fälle, in denen der Erfolg nicht durch die zu diesem Zweck vorgenommene Handlung, sondern durch eine weitere erreicht wird, die der Täter in der irrigen Annahme ausführt, der Erfolg sei bereits eingetreten (er hält das Opfer, auf das er geschossen hat, irrig für tot und wirft es ins Wasser, um die Tat zu verwischen; der Tod tritt durch Ertrinken ein). Da es sich hierbei nur um eine unwesentliche Abweichung vom gewollten Tatverlauf handelt, nimmt die h. M. vollendete vorsätzliche Tötung (Mord) an, eine Mindermeinung versuchten Mord in Tateinheit mit fahrlässiger Tötung.

**dolus subsequens** → Schuld.

**Domizilgesellschaft** → Briefkastenfirma.

**Domizilwechsel** ist ein → Wechsel, der bei einem Dritten, also nicht beim → Bezogenen, zu zahlen ist (Art. 4 WG). Ein echter D. liegt vor, wenn der Wechsel an einem anderen Ort als am Wohnort des Bezogenen zu zahlen ist, ein unechter D. (sog. Zahlstellenwechsel), wenn die Zahlstelle sich am Wohnort des Bezogenen befindet. Der Dritte, bei dem zu zahlen ist, heißt Domiziliant, die Angabe der Zahlstelle *Domizilvermerk* („Zahlbar in ...“).

**Domkapitel** (auch Kathedralkapitel genannt) ist ein in der Kirche, in der ein → Bischof seinen Sitz hat, zur feierlichen Gestaltung des Gottesdienstes errichtetes geistliches Gremium. Das. D. hat darüber hinaus den Bischof bei der Regierung der → Diözese zu unterstützen, wenn ihm die Aufgaben des Konsultorenkollegiums übertragen werden (→ Diözese). Die Kanoniker des D. sind Teilnehmer der Diözesansynode (s. → Diözese, → Synode).

**Doping** nennt man im Sport die Leistungssteigerung durch Medikamente, deren Verwendung in den von den Fachverbänden des Sports aufgestellten (häufig aktualisierten) Listen verboten ist. Sportintern (→ Sportrecht) ist das D. mit harten Sanktionen bedroht (bis zur Sperre auf Lebenszeit). Das Bestreben, D. zu bekämpfen, hat zu dem Übereinkommen vom 16. 11. 1989 gegen D. geführt (Ges. vom 2. 3. 1994, BGBl. II 334). Die BRep. verpflichtet sich darin, für D.-Kontrollen während des Trainings einzutreten, eine Liste verbotener Medikamente anzuerkennen, die Verfügbarkeit von Anabolika zu beschränken und Finanzhilfe für Dopinganalysen zu gewähren, sowie zu erzieherischer Tätigkeit, Informationsaustausch und Zusammenarbeit mit den Vertragsstaaten und den Sportorganisationen. Ein staatlicher Straftatbestand D. besteht nicht. D. ist, wenn es erhebliche Gesundheitsschädigungen zur Folge haben kann, auch bei hinreichender Aufklärung und → Einwilligung sittenwidrig. Bei eigenverantwortlicher → Selbstgefährdung oder -schädigung des Sportlers kann die Beteiligung am D. durch Verschaffen des D.-Mittels u. U. keine → Körperverletzung oder → Tötung darstellen. Anders ist ein dopender Arzt zu beurteilen, der kraft seines überlegenen Sachwissens das gesundheitl. Risiko besser erfaßt als die gedopte Person (insgesamt zur Strafbarkeit des D. Otto, SpuRt 1994, 10). Staatliche Leistungen an den Sport werden von hinreichenden Dopingkontrollen abhängig gemacht.

Zum D. bei Tieren s. § 3 Nr. 1 b, § 18 I Nr. 4 TierschutzG.

**Doppelbelastung** ist die mehrfache Besteuerung desselben Steuergegenstandes durch denselben Staat, z. B. durch zweimal → Vermögensteuer bei → Kapitalgesellschaft und Anteilseignern (bis einschließlich 1996) oder der Gewinne von Gewerbetreibenden durch → Gewerbesteuer und → Einkommen- oder → Körperschaftsteuer. Die frühere D. → Anrechnung der von der Kapitalgesellschaft entrichteten Körperschaftsteuer mit 3/7 der Dividende auf die Einkommen- oder Körperschaftsteuerschuld des Anteilseigners beseitigt (§ 36 II Nr. 3 EStG).

**Doppelbesteuerung** ist die mehrfache Besteuerung desselben Steuergegenstandes durch zwei Staaten. Sie wird beseitigt oder gemildert durch einseitige Maßnahmen im nationalen Steuerrecht und zwischenstaatliche *D.-Abkommen – DBA* – (§ 2 AO).

1. DBA verwenden folgende Methoden:

a) Freistellungsmethode (= Aufteilung nach dem Ursprungs- oder nach dem Wohnsitzprinzip);

b) Anrechnungsmethode (unbeschränkte Steuerpflicht im Wohnsitzstaat). Vgl. OECD-Muster-DBA.

In den DBA ist *Progressionsvorbehalt* das Recht des Wohnsitzstaates, die Einkommensteile, die ihm zur Besteuerung verbleiben, nach dem Steuersatz zu versteuern, der dem Gesamteinkommen entspricht, d. h. einschließlich der nach dem DBA befreiten Einkommensteile; vgl. § 32 b EStG.

2. *Anrechnungsverfahren,* falls kein DBA: § 34 c EStG, § 26 KStG, § 21 ErbStG.

a) Bei der *direkten* Steueranrechnung (direct tax credit) ist die jeweilige ausländische Steuer höchstens mit dem Betrag der anteiligen inländischen Steuer anrechenbar (per country limitation).

b) Bei der *indirekten* Steueranrechnung (indirect tax credit) sind deutschen → Muttergesellschaften nicht nur solche Steuern anzurechnen, die im Ausland erhoben werden (z. B. ausländische Quellensteuer, § 26 I KStG), sondern auch die Gewinnsteuern ausländischer → Tochtergesellschaften (§ 26 II KStG), die eine aktive Tätigkeit entfalten (§ 8 AStG). Die Schachteldividende bleibt in diesen Fällen Bestandteil des deutschen Einkommens.

c) Bei Entwicklungsländern wird eine fiktive ausländische Steuer (matching tax credit) angerechnet, damit die vom Entwicklungsland gewährte Vergünstigung nicht bei der Steueranrechnung verloren geht. Es wird unterstellt, daß die anrechenbare ausländische Steuer der anteiligen deutschen Steuer entspricht (§ 26 III KStG). Zum Stand der DBA zum 1. 1. 1998 s. BMF BStBl. I 1998, 16.

**Doppelbestrafung, Verbot der** – → Strafklageverbrauch.

**Doppelehe** → Bigamie, → Eheverbote, → Eheaufhebung.

**Doppelerfindung** → Erfindung.

**Doppelfunktion von Verwaltungsbehörden** liegt vor, wenn sich – auf gesetzlicher Grundlage – verschiedene Verwaltungsträger (Bund-Land; Staat-Kommune) zur Erledigung ihrer Angelegenheiten einer gemeinsamen Behörde bedienen. Das ist z. B. der Fall bei den Oberfinanzdirektionen, die sowohl Bundes- wie Landesbehörden sind → Finanzwesen), und bei unteren staatlichen Verwaltungsbehörden (je nach Land die Landratsämter, der Landrat), die zugleich staatliche Verwaltungsbehörde und Behörde der kommunalen Selbstverwaltungskörperschaft sein können (→ Kreisverwaltung). Bei → Amtspflichtverletzungen haftet grundsätzlich die Körperschaft, die → Dienstherr des Beamten ist (Anstellungstheorie), nicht diejenige, deren Funktion er bei der in Frage stehenden Handlung wahrgenommen hat (Funktionstheorie).

**Doppelfunktionelle Prozeßhandlungen** heißen Verfahrenshandlungen, die eine Rechtswirkung für das betreffende Verfahren und zugleich für das sachliche Recht äußern, so z. B. im Zivilprozeß die → Klageerhebung, die ein Prozeßrechtsverhältnis begründet und zugleich die Verjährung unterbricht, oder der Abschluß des → Prozeßvergleichs, der Rechtsbeziehungen zwischen den Parteien regelt und den Prozeß beendet.

**Doppelname** → Name der Familie, → Name des Kindes, → Adoption.

**Doppelstaater** → Mehrstaater.

**Doppelstöckige Personengesellschaft** ist die Beteiligung einer Personen-Obergesellschaft an einer Personen-Untergesellschaft, z. B. einer KG-Obergesellschaft als Kommanditistin an einer GmbH & Co KG-Untergesellschaft. *Steuerlich* sind die Gesellschafter der Obergesellschaft Mitunternehmer der Untergesellschaft (Durchgriff – § 15 I Nr. 2 S. 2 EStG) mit 2 negativen Folgen: Vergütungen der gewerblichen Untergesellschaft an die Gesellschafter der Obergesellschaft sind bei diesen gewerbliche → Einkünfte, z. B. Tätigkeitsvergütung, Miete oder Zinsen. Das vermietete Grundstück ist Sonderbetriebsvermögen. Vgl. → Mitunternehmerschaften.

**Doppelstufiges Rechtsetzungsverfahren** → Gemeinschaftsrecht, europ.

**Doppelte Haushaltsführung** liegt vor, wenn der Stpfl. außerhalb des Ortes, in dem er einen eigenen Hausstand unterhält, beschäftigt ist und auch am Beschäftigungsort wohnt. Notwendige Mehraufwendungen, die dem Stpfl. anläßlich einer beruflich begründeten d. H. entstehen, sind → Betriebsausgaben bzw. → Werbungskosten. Darunter fallen Fahrtkosten anläßlich des Wohnungswechsels zu Beginn und am Ende der doppelten Haushaltsführung sowie wöchentliche Familienheimfahrten oder Aufwendungen für wöchentliche Familien-Ferngespräche, Verpflegungsmehraufwendungen und Aufwendungen für die Zweitwohnung (§ 4 V Nr. 5 S. 6, Nr. 6, 6 a EStG; § 9 I Nr. 5 EStG, Abschn. 43 LStR). Auch bei Alleinstehenden ist eine D. H. möglich (BFH BStBl. II 1995, 180; BMF BStBl. I 1995, 168). Ab 1996 ist die d. H. bei Beschäftigung am selben Ort rückwirkend auf zwei Jahre begrenzt.

**Doppelte Staatsbürgerschaft** → Mehrstaater.

**Doppelversicherung** → Schadensversicherung.

**Doppelwohnsitz** → Wohnsitz.

**Dorftestament** → Testament (3).

**Dotation** *(im Kirchenrecht)* → Säkularisation. Auch sonst wird der Begriff häufig für Zuwendungen gebraucht, die nicht mit einer unmittelbaren Gegenleistung verknüpft sind (für das Staatsrecht → Dotationsauflagen). Im Zivilrecht wird der Begriff gelegentlich im Zusammenhang mit → Ausstattung, → Aussteuer und → Stiftung verwendet.

**Dotationsauflagen** nennt man im Verfassungs- und Verwaltungsrecht die mit einer finanziellen Zuwendung zwischen öffentl.-rechtl. Körperschaften, insbes. zwischen Bund und Ländern, verknüpften Auflagen (Bedingungen) für die Verwendung der Geldmittel. Nach dem Urt. des BVerfG vom 4. 3. 1975 (NJW 1975, 819) muß die bundesstaatliche Ordnung grundsätzlich sicherstellen, daß Finanzhilfen aus dem Bundeshaushalt an die Länder Ausnahme bleiben und nicht zum Mittel der Einflußnahme bei der Erfüllung der diesen obliegenden Aufgaben werden. D. (auch Einvernehmens-, Zustimmungs- und Genehmigungsvorbehalte, Einspruchsrechte) des Bundes, die darauf abzielen, die Planungs- und Gestaltungsfreiheit der Länder außerhalb der Grenzen des Art. 104a IV 1 GG und ohne Grundlage im Gesetz nach Art. 104a IV 2 GG an bundespolitische Interessen und Absichten zu binden, sind unzulässig.

**Doyen** (franz. = lat. decanus) ist der Sprecher des örtlichen → diplomatischen Korps, i. d. R. der ranghöchste und am längsten an diesem Ort akkreditierte Diplomat. Ist beim Staatsoberhaupt ein → Diplomat des → Heiligen Stuhls im Range eines Botschafters beglaubigt, so ist dieser häufig ohne Rücksicht auf die örtliche Anciennität D. mit dem Titel eines → Nuntius. Eine entsprechende Vereinbarung findet sich in den meisten neueren Konkordaten (s. a. Schlußprotokoll z. Reichskonkordat vom 20. 7. 1933, RGBl. II 689).

**Draufgabe** → Vertrag (4).

**Dreiklassenwahlrecht.** Vor dem ersten Weltkrieg bestand in manchen Ländern, insbes. in Preußen, ein nach der Steuerleistung abgestuftes Wahlrecht. Die erste Wählerklasse bestand aus den Wahlberechtigten, die zusammen ein Drittel der direkten Steuern aufbrachten, die zweite Klasse aus den Beziehern weniger hoher Einkommen, die das zweite Drittel aufbrachten, während in der dritten Klasse alle nicht zur Einkommensteuer Veranlagten auf der Grundlage eines niedrigen fiktiven Steuersatzes zusammengefaßt waren. Jede Klasse wählte eine im wesentlichen gleich große Zahl von Wahlmännern, die sodann die Abgeordneten bestimmten. Dieses Wahlsystem, das die wohlhabenden Kreise drastisch bevorzugte, ist mit demokratischen Grundsätzen unvereinbar.

**Dreimonatsakzept** → Wechseldiskont.

**Dreimonatseinrede.** Der → Erbe ist berechtigt, sofern er nicht das Recht auf → Beschränkung der Erbenhaftung bereits verloren hat, die Berichtigung einer → Nachlaßverbindlichkeit bis zum Ablauf der ersten 3 Monate nach der → Annahme der Erbschaft oder Bestellung eines → Nachlaßpflegers, nicht jedoch über die → Inventarerrichtung hinaus, zu verweigern (§§ 2014, 2016, 2017 BGB). Der Erbe kann nur unter dem Vorbehalt der beschränkten Erbenhaftung verurteilt werden (§ 305 ZPO). Eine Zwangsvollstreckung darf während dieser Zeit nur zur Sicherung, nicht zur Befriedigung des Nachlaßgläubigers führen; widrigenfalls kann der Erbe → Vollstreckungsabwehrklage erheben (§§ 782, 783, 785, 767 ff. ZPO).

**Dreißigster.** Der → Erbe ist verpflichtet, Familienangehörigen des → Erblassers, die z. Z. des Todes des Erblassers zu dessen Hausstand gehörten und von ihm Unterhalt bezogen haben, in den ersten 30 Tagen nach Eintritt des → Erbfalls in demselben Umfang, wie es der Erblasser getan hat, *Unterhalt* zu gewähren und die Benutzung der Wohnung und der Haushaltsgegenstände zu gestatten, sofern der Erblasser nicht durch → letztwillige Verfügung eine abweichende Anordnung getroffen hat (§ 1969 BGB). Es handelt sich hierbei um ein gesetzliches → Vermächtnis.

**Dreiteilung der Gewalten** → Gewaltentrennung.

**Dreizeugentestament** → Testament (3).

**Drittaufwand** Es geht darum, ob ein Stpfl. Aufwendungen steuerlich zum Abzug bringen kann, die nicht der Stpfl., sondern der Dritte getragen hat. Beispiel: Eltern zahlen Kfz-Kosten eines Pkw, der auf das Kind zugelassen ist; oder: der Mieter zahlt Reparaturen für den Vermieter unter Verzicht auf Ersatzanspruch. Die steuerliche Abzugsfähigkeit ist ungeklärt und umstritten (vgl. BFH Vorlage an GrS BStBl. II 97, 208, 215, 219).

**Drittelparität** nannte man die im Rahmen der Bestrebungen zur Reform des → Hochschulrechts Ende der 60er Jahre aufgestellte Forderung, daß sich die Entscheidungsgremien einer Hochschule zu gleichen Teilen aus Vertretern der Professoren, des „akademischen Mittelbaus" (Assistenten, sonstiges Personal) und der Studenten zusammensetzen.

**Drittlandsgebiet.** Die → Umsatzsteuer unterscheidet → Inland, Gemeinschaftsgebiet und D. *Gemeinschaftsgebiet* ist das deutsche Inland und das Inland der übrigen EU-Mitgliedstaaten. D. sind alle Gebiete, die nicht Gemeinschaftsgebiet sind, z. B. Nicht-EU-Mitgliedstaaten und deutsche Freihäfen (Freizonen statt bisher Zollfreigebiete) (→ Inland). Lieferungen in Drittländer sind von der Umsatzsteuer befreit als Ausfuhrlieferungen. Einfuhren aus Drittländern unterliegen der Einfuhrumsatzsteuer mit 15, ab 1. 4. 98 mit 16% oder 7% (s. unten 2.).

1. *Ausfuhrlieferungen* sind umsatzsteuerfrei (§§ 4 Nr. 1 a, 6, 7 UStG), wenn der Unternehmer (§ 2 UStG) in ein Drittland befördert oder versendet. Befördert oder versendet der Abnehmer, ist die Ausfuhrlieferung nur befreit, falls dieser ein ausländischer Abnehmer ist (§ 6 II UStG). Ausfuhrnachweis und buchmäßiger Nachweis sind zu führen (§ 6 IV UStG mit §§ 8–13 UStDV).

2. Der *Einfuhrumsatzsteuer* (§ 21 UStG) unterliegt die Einfuhr von Gegenständen aus dem D. in das → Inland, um sie in gleicher Weise mit Umsatzsteuer zu belasten wie im Inland gelieferte Gegenstände (§ 1 I Nr. 4 UStG). → Bemessungsgrundlage ist der → Zollwert bzw. das Entgelt zuzüglich → Einfuhrabgaben, → Verbrauchsteuern ohne Einfuhrumsatzsteuer, Kosten der Vermittlung und Beförderungskosten bis zum 1. Bestimmungsort im Inland (§ 11 UStG). Die entrichtete Einfuhrumsatzsteuer ist als → Vorsteuer abziehbar (§ 15 I Nr. 2 UStG). Befreiungen siehe § 5 UStG und EUStBV vom 11. 8. 1992 (BGBl. I 1526, geänd. 9. 2. 94, BGBl. I 302, 523). Für die Einfuhrumsatzsteuer gelten die Vorschriften für Zölle sinngemäß (§ 21 II UStG).

**Drittmittelforschung.** Nach § 25 des → Hochschulrahmengesetzes sind die in der Forschung tätigen Mitglieder der → Hochschule berechtigt, im Rahmen ihrer dienstlichen Aufgaben auch Forschungsvorhaben durchzuführen, die nicht aus Haushaltsmitteln, sondern aus Mitteln Dritter (z. B. der Industrie) finanziert werden. Hierfür besteht keine Genehmigungs-, wohl aber eine Anzeigepflicht. Die D. ist entgegen früherer BFH-Rechtsprechung steuerfreier Zweckbetrieb (§ 68 Nr. 9 AO; → Körperschaftsteuer 4.) und umsatzsteuerfrei (§ 4 Nr. 21 a UStG 1997; → Umsatzsteuer 4.).

**Drittorganschaft** liegt vor, wenn bei einer → Gesellschaft (des bürgerlichen oder Handelsrechts) oder → Körperschaft die Geschäfte durch besondere Organe (Personen) geführt werden, die nicht notwendig Gesellschafter oder Mitglieder sind, während für die Gesellschafter oder Mitglieder grundsätzlich weder das Recht noch die Pflicht zur Geschäftsführung besteht. Die D. ist Merkmal einer → Kapitalgesellschaft und einer Körperschaft; sie ist bei einer → Personengesellschaft nur in Ausnahmefällen zulässig (→ Selbstorganschaft).

**Drittschadensliquidation** → Schadensersatz (1 b).

**Drittschuldner.** Betreibt der Gläubiger die → Pfändung einer dem Schuldner zustehenden Forderung (oder eines Rechts), so ist D. die Person, gegen die sich diese Forderung (das Recht) richtet. Der D. ist also seinerseits Schuldner des Schuldners, gegen den die Zwangsvollstreckung betrieben wird (z. B. der Arbeitgeber bei Pfändung des Arbeitslohns).

**Drittverwahrung** → Depotgeschäft.

**Drittwiderspruchsklage** (Interventionsklage, Widerspruchsklage, § 771 ZPO) ist eine prozessuale → Gestaltungsklage. Mit ihr macht der Kläger ein sog. veräußerungshinderndes Recht (z. B. Eigentum) an einem → Gegenstand geltend, in den der Gläubiger die Zwangsvollstreckung auf Grund eines Titels betreibt, der nicht gegen den Kläger, sondern gegen einen anderen gerichtet ist. Ziel der D. ist, daß die Zwangsvollstreckung in diesen bestimmten Gegenstand vom → Prozeßgericht für unzulässig erklärt wird. Anders → Vorzugsklage.

**Drittwirkung der Grundrechte.** Nach überwieg. Meinung richten sich die → Grundrechte nur gegen den Staat, d. h. sie sichern dem Einzelnen einen Freiheitsbereich (oder einen „Teilhabeanspruch“) gegenüber der öffentlichen Gewalt; vgl. Art. 1 III GG, wonach die G. die Gesetzgebung, die vollziehende Gewalt und die Rechtsprechung als unmittelbares Recht binden. Vereinzelt wird die Meinung vertreten, daß die G. ganz allgemein unmittelbare Wirkung auch gegenüber Dritten (Bürgern) äußern, also auch im Privatrechtsbereich. Danach wäre z. B. der Gleichheitssatz auch im Verkehr zwischen den Bürgern untereinander als Prinzip zu beachten. Ausdrücklich angeordnet ist eine D. nur in Art. 9 III GG für die Garantie der → Koalitionsfreiheit. Abreden, die dieses Recht einschränken oder zu behindern suchen, sind nichtig, hierauf gerichtete Maßnahmen rechtswidrig. Darüber hinaus kann jedoch eine unmittelbare D. nicht angenommen werden. Allerdings beeinflußt das Verfassungsrecht auch das Privatrecht. Die G. können deshalb z. B. bei der Auslegung der unbestimmten Rechtsbegriffe und Generalklauseln des bürgerl. Rechts nicht außer acht gelassen werden. Deshalb wird es etwa als zulässig erachtet, für die Beurteilung, wann ein Aufruf zum Boykott gegen die guten Sitten verstößt, auch auf das in Art. 5 GG garantierte G. der freien Meinungsäußerung, oder bei Verwertung persönlicher Aufzeichnungen, z. B. im Strafverfahren oder im Eheprozeß, auf den Schutz der Intimsphäre (→ Menschenwürde; freie Entfaltung der Persönlichkeit; Art. 1, 2 GG) abzustellen. Bei der Auslegung der Kündigungsschutzvorschriften im Mietrecht ist Art. 14 GG zu beachten. Auch gegenüber wirtschaftl. Monopol- od. Machtstellungen können u. U. grundrechtl. Gedankengänge, insbes. das Willkürverbot, Bedeutung erlangen. Vor allem kann dies auch für privatrechtl. Betätigungen öffentl.-rechtl. Körperschaften und Anstalten (vgl. → Verwaltungsprivatrecht) gelten.

**Drogen** → Betäubungsmittel-Abkommen, → Betäubungsmittel-Gesetz, → Betäubungsmittel-Delikte, → Doping.

**Drogenfahrt.** Wer unter der Wirkung bestimmter Betäubungsmittel (Cannabis, Heroin; Morphin, Kokain, Amphetamin) ein Kfz. im Straßenverkehr führt, begeht eine → Ordnungswidrigkeit, die mit Geldbuße bis zu 3000 DM und → Fahrverbot geahndet werden kann (§§ 24 a, 25 StVG). Führen die Drogen oder andere berauschende Mittel zur → Fahruntüchtigkeit, macht sich der Kfz.-Führer strafbar wegen → Trunkenheit im Verkehr (§ 316 StGB) oder, wenn er eine Gefährdung verursacht, wegen → Straßenverkehrsgefährdung (§ 315 c StGB).

**Drohung.** Im *Strafrecht* wird der Begriff der D. vielfach als Tatbestandsmerkmal verwendet. Im allgemeinen ist darunter die Ankündigung eines Nachteils zu verstehen, der für den Betroffenen nicht ohne Bedeutung ist. So ist die D. z. B. ein Mittel der → Nötigung oder → Erpressung, D. mit einem empfindlichen Übel oder Entziehung Minderjähriger (§§ 240, 253, 235 StGB). In anderen Strafvorschriften wird eine D. mit gegenwärtiger Gefahr für Leib oder Leben vorausgesetzt, so bei → sexueller Nötigung (§ 177 StGB), → Raub (§ 249 StGB). Entscheidend ist nicht, ob die D. ernst genommen wird, sondern nur, ob der Täter will, daß der Bedrohte sie ernst nimmt.

Im *bürgerlichen Recht* kann eine D. die → Anfechtung von Willenserklärungen begründen (§ 123 BGB).

**Droschken.** → Taxi, → Taxistandplatz, → Personenbeförderung.

**Druckkündigung** ist eine → Kündigung, die der Arbeitgeber unter dem Druck eines Dritten (z. B. eines Teils der Belegschaft) ausspricht. Der Druck allein gibt noch keine Rechtfertigung gegenüber dem → Kündigungsschutz für Arbeitnehmer.

**Druckschriften, Druckwerke** sind nach den Landespresseges. (→ Presserecht, → Pressedelikte) alle mittels Buchdruckerpresse oder eines sonstigen zur Massenherstellung geeigneten Vervielfältigungsverfahren hergestellten und zur Verbreitung bestimmten Schriften, besprochenen Tonträger, bildlichen Darstellungen mit oder ohne Schrift, Bildträger und Musikalien mit Text oder Erläuterungen.

Wegen der Strafbarkeit hochverräterischer oder staatsgefährdender → Schriften → Hochverrat, → Rechtsstaatsgefährdung. Wegen weiterer Strafvorschriften vgl. → jugendgefährdende Schriften und Medieninhalte, → pornographische Schriften, → Einziehung und → Unbrauchbarmachung. Vgl. ferner → örtliche Zuständigkeit des Gerichts (bei strafbaren Handlungen durch Verbreiten von D.).

**Duales System.** Nach § 6 III VerpakkungsVO (→ Abfall) sind Unternehmen, bei denen Verpackungen anfallen, neben primären eigenen Entsorgungsverpflichtungen für Verpackungen gehalten, sich an einem flächendeckenden, verbrauchernahen System der Abholung und Verwertung von Verpackungen zu beteiligen. Diese Funktion nimmt derzeit die Duales System Deutschland-GmbH (DSD-GmbH) wahr. Sie finanziert sich aus einer auf Verpackungen erhobenen Lizenzabgabe der entsorgungspflichtigen Unternehmen, dem sog. „grünen Punkt". Zur rechtlichen Gesamtproblematik vgl. Scholz/Aulehner, Betriebs-Berater 1993, 2250).

**Dual-use-Waren** → Ausfuhrverbot.

**Duchesne-Paragraph** wird nach dem Belgier D., der sich zu einem Mordanschlag auf Bismarck erboten hatte, eine durch Ges. vom 26. 2. 1876 (RGBl. 25) in das StGB eingefügte Strafvorschrift – jetzt §30 – genannt. Sie stellt als Versuch der Beteiligung den erfolglosen Versuch unter Strafe, einen anderen zur Begehung eines → Verbrechens zu bestimmen, ferner das Verabreden eines Verbrechens, das Sichbereiterklären zu einem solchen und die Annahme eines entsprechenden Anerbietens. Im einzelnen (auch wegen Straflosigkeit bei Rücktritt oder tätiger Reue) → Anstiftung (2).

**Duell** → Zweikampf.

**Duldung, behördliche.** 1. Bei *Abschiebung* → Ausländer, 5 c.

2. *Strafrechtl. Bedeutung* bei rechtswidrigen Zuständen → Umweltkriminalität.

3. *Allgemein-verwaltungsrechtlich* kann die D. eines rechtswidrigen Zustands durch die zuständige Behörde (z. B. im Baurecht) noch im Rahmen eines ihr vom Gesetz eingeräumten → Ermessens (z. B. Beseitigung eines „Schwarzbaues") liegen und dann u. U. einen Vertrauensschutz für den Betroffenen begründen. Die D. kann ausdrücklich („D.sverfügung") oder stillschweigend geschehen, muß aber auch im letzteren Falle bewußt geschehen (Nichtwissen ist keine D.). Die (rechtmäßige!) b. D. kann u. U. zur Selbstbindung des Ermessens führen.

**Duldungsbescheid.** Wer kraft Gesetzes verpflichtet ist, die Zwangsvollstrekkung in Vermögen, das seiner Verwaltung unterliegt, zu dulden, kann durch D. des Finanzamts in Anspruch genommen werden (§ 191 I AO). Dies kommt für Verwalter fremden Vermögens (§ 77 I AO) und für Grundstückseigentümer (§ 77 II AO) in Betracht.

**Duldungstitel** ist ein → Vollstrekkungstitel des Inhalts, daß jemand eine bestimmte Handlung (z. B. Vollstrekkung in ein ihm gehörendes Grundstück) zu dulden hat. D. kommen am häufigsten in Form von vollstreckbaren Urkunden und Urteilen vor (→ Leistungsklage).

**Duldungsvollmacht** → Vollmacht.

**Dumping** ist nach Art. VI 1 → GATT die einen Wirtschaftszweig des Importhandels schädigende Einfuhr von Erzeugnissen eines anderen Landes zu einem den normalen Wert, aber vor allem den Inlandpreis des Exportlandes unterschreitenden Preis. Das *Dumpingverbot* des europ. → Gemeinschaftsrechts (Art. 91 EWGV) hatte bis zur vollständigen Verwirklichung des → gemeinsamen Marktes Bedeutung.

**Düngemittel** → Landwirtschaft.

**Dunkelheit, Verhalten im Straßenverkehr bei –.** Vom Beginn der Dämmerung bis zum Wiedereintreten des Tageslichtes bestehen für alle → Verkehrsteilnehmer besondere Sorgfaltspflichten, ebenso bei einer der D. nahekommenden Sichtbehinderung durch Nebel usw. Für die Führer von Fz. (auch Radfahrer) → Beleuchtung. Über Sicherung von Verbänden und Reitern s. §§ 27 IV, 28 II StVO. Die → Fahrgeschwindigkeit ist den Sichtverhältnissen anzupassen. Unbeleuchtete Fahrräder müssen geführt werden. Fußgänger müssen besondere Vorsicht walten lassen, insbes. einen vorhandenen Gehweg benutzen, außerhalb geschlossener Ortschaften grundsätzl. am linken Fahrbahnrand und einzeln hintereinander gehen (§ 25 I StVO). S. a. → Aufblenden.

**Duplik** ist eine Einwendung oder → Einrede, die gegen eine → Replik gerichtet ist und ihr die Wirkung nehmen kann.

**Durchfahrtrecht** → Grunddienstbarkeit.

**Durchfuhr** ist nach den Begriffsbestimmungen des → Außenwirtschaftsrechts die Beförderung von Sachen aus fremden Wirtschaftsgebieten in das Wirtschaftsgebiet, ohne daß sie hier in den freien Verkehr gelangen (§ 4 II Nr. 5 AWG); s. a. → Transithandelsgeschäfte.

**Durchführungsvorschriften(-bestimmungen, -verordnung)** → Verwaltungsvorschriften, → Rechtsverordnung.

**Durchgang** (im Bundesrat) → Gesetzgebungsverfahren.

**Durchgangserwerb** → Verfügung eines Nichtberechtigten, → Anwartschaftsrecht.

**Durchgangsverkehr** → Transitverkehr, → Durchfuhr, → Transithandelsgeschäfte.

**Durchgriffserinnerung** → Rechtspfleger.

**Durchgriffshaftung.** Wegen der rechtlichen Selbständigkeit (→ Rechtsfähigkeit) einer → juristischen Person (Verein, AG, GmbH usw.) haften ihre Mitglieder und Organe grundsätzlich nicht persönlich für deren vertragliche Schulden (Beschränkung auf das Gesellschaftsvermögen; Ausnahmen s. bei den genannten Stichwörtern sowie → Gründerhaftung). Eine D. auf die Person des Mitglieds, Gesellschafters usw. findet nach der Rspr. (vgl. BGHZ 54, 222; 22, 226) nach dem Zweck der Rechtsordnung aber ausnahmsweise dann statt, wenn die Berufung auf die förmliche Selbständigkeit der juristischen Person gegen → Treu und Glauben (§ 242 BGB) verstoßen würde. Dies ist in bestimmten Einzelfällen für den Alleingesellschafter einer → Einmanngesellschaft, für die Muttergesellschaft, welche die handelnde Tochtergesellschaft finanziell und wirtschaftlich (→ Gewinnabführung) völlig beherrscht, und ausnahmsweise für den Kommanditisten einer → Kommanditgesellschaft (wirtschaftliche Beherrschung genügt noch nicht) bejaht worden. Zur Haftung im (qualifiziert faktischen) Konzern → Konzernrecht. S. a. Einwendungsdurchgriff beim → Kreditvertrag (4).

**Durchlaufende Posten** sind im Steuerrecht nicht als → Betriebseinnahmen und → Betriebsausgaben zu erfassende Vorgänge, die im Namen und für Rechnung eines anderen vereinnahmt und verausgabt werden (§ 4 III 2 EStG, § 10 I 5 UStG) → Gewinnermittlungsarten.

**Durchlieferung** → Auslieferung.

**Durchschnittsätze.** Zur Vereinfachung des → Besteuerungsverfahrens ist in bestimmten Fällen eine Besteuerung nach D. vorgesehen. 1. *Einkommensteuer:* bei Einkünften aus Land- und Forstwirtschaft (§ 13a EStG). 2. *Umsatzsteuer:* a) Nach § 23 UStG kann der BMF für Gruppen von Unternehmern für die abziehbaren Vorsteuerbeträge und für die zu entrichtende → Umsatzsteuer (Ausgangsteuer) D. festsetzen, die *auf Antrag* anzuwenden sind. Die Vorsteuerpauschalierung ist in §§ 69, 70 UStDV geregelt, → Umsatzsteuer 10. b) Als Regelbesteuerung der Umsätze eines land- und forstwirtschaftlichen Betriebs sieht § 24 UStG D. von 5, 9 1/2 oder 15% vor. Die Vorsteuer wird mit 5 oder 9 1/2% fingiert.

**Durchschnittsmiete** → sozialer Wohnungsbau.

**Durchsuchung.** 1. Die D. von Räumen und Personen ist im *Strafverfahren* nach §§ 102ff. StPO unter gewissen Voraussetzungen zulässig.

a) Bei dem als Täter oder → Teilnehmer einer Straftat, der Begünstigung, Strafvereitelung oder Hehlerei *Verdächtigen* kann eine D. seiner Wohnung und anderer Räume, seiner Person und seiner Sachen zum Zweck seiner Ergreifung oder dann vorgenommen werden, wenn zu *vermuten* ist (d. h. Anhaltspunkte dafür bestehen), daß sie zur Auffindung von Beweismitteln führen wird (§ 102 StPO).

b) Bei *Nichtverdächtigen* sind die Voraussetzungen der D. enger (§ 103): Sie ist nur zulässig zur Ergreifung des Beschuldigten, zur Verfolgung von *Spuren* einer Straftat oder zwecks → Beschlagnahme *bestimmter Gegenstände* (also nicht – wie zu a) – zwecks Suche nach noch unbestimmten Beweismitteln), wenn *Tatsachen* vorliegen, aus denen zu schließen ist, daß die gesuchte Person, Spur oder Sache sich in den Räumen des Betroffenen oder bei ihm selbst befindet (dann auch Leibesvisitation möglich). Ist aber der Beschuldigte in den Räumen eines Nichtverdächtigen ergriffen worden oder hat er sie während der Verfolgung betreten, so gelten die weiteren Voraussetzungen zu a). Darüber hinaus ist die D. von *Gebäuden* zwecks Ergreifung eines darin vermuteten dringend Tatverdächtigen zulässig in Verfahren wegen Zugehörigkeit zu einer → terroristischen Vereinigung nach § 129 a StGB oder wegen einer der dort bezeichneten schweren Straftaten. d) Wer ein → Zeugnisverweigerungsrecht hat, kann der D. nicht widersprechen, außer wenn sie eine wegen des Verweigerungsrechts nach § 97 StPO unzulässige → Beschlagnahme bezweckt.

c) *Haussuchungen zur Nachtzeit* (d. i. vom 1. 4. bis 30. 9.: 21 bis 4 Uhr; vom 1. 10. bis 31. 3.: 21 bis 6 Uhr) sind nur in Eilfällen zulässig, z. B. bei Verfolgung auf frischer Tat oder bei Gefahr im Verzug oder zwecks Ergreifung eines entwichenen Gefangenen. Die Beschränkung gilt nicht für Räume, die nachts allgemein zugänglich sind (z. B. geöffnete Hotels), sowie für Zusammenkunftsräume Vorbestrafter, Hehlerwarenlager, Schlupfwinkel der Prostitution, des Rauschgift- oder Waffenhandels oder des Glücksspiels (§ 104 StPO).

d) Für die *Anordnung* der D., die höchstens 6 Monate gilt (BVerfG JR 1997, 386), ist grundsätzlich der Richter zuständig, bei Gefahr im Verzug auch die Staatsanwaltschaft und ihre → Hilfsbeamten (diese jedoch nicht im Falle b) bei Verfahren nach § 129 StGB, in Steuerstrafsachen auch das Finanzamt (§ 105 StPO, §§ 399, 402 AO). Der Betroffene erhält auf Verlangen eine schriftliche Mitteilung über die D. nebst Angabe der Gründe und ein Verzeichnis der sichergestellten Gegenstände. Papiere, deren Durchsicht an Ort und Stelle er nicht gestattet, sind verschlossen der Staatsanwaltschaft zu übergeben, der die Durchsicht zusteht (§ 110 StPO).

e) Bei der D. kann ggf. eine → Beschlagnahme der aufgefundenen Gegenstände angeordnet werden. Möglich ist auch die einstweilige Beschlagnahme von → Zufallsfunden.

f) Rechtsbehelf gegen eine Anordnung der D. der Strafverfolgungsbehörde ist der Antrag auf gerichtliche Entscheidung (§ 98 II 2 StPO), gegen eine solche des Richters die Beschwerde. Nach Vollzug der D., durch die sich die Maßnahme erledigt hat, wird der Rechtsbehelf grundsätzlich nicht wegen prozessualer Überholung unzulässig: Das gilt für die nicht richterliche (BGHSt. 36, 242) wie die richterliche Anordnung (BVerfG NJW 1997, 2163).

2. Zwecks Vorführung eines *Wehr- oder Zivildienstpflichtigen* kann die Polizei in dessen Räumen nach ihm suchen; in anderen Räumen nur, wenn er sie kurz zuvor betreten hat, um sich dem Zugriff zu entziehen, und nicht zur Nachtzeit (§ 44 WPflG, § 23 a ZDG).

3. Der Gerichtsvollzieher kann zum Zwecke der *Zwangsvollstreckung* die Wohnung des Schuldners aufgrund richterlicher Anordnung durchsuchen. Dies ist nicht erforderlich, wenn ihre vorherige Einholung den Durchsuchungserfolg gefährden würde. Eine D. zur Nachtzeit oder an Sonn- und Feiertagen bedarf in jedem Fall einer besonderen Anordnung des Richters (§§ 758, 758 a ZPO).

**Dürftigkeit des Nachlasses, Dürftigkeitseinrede** → Beschränkung der Erbenhaftung.

**Dynamische Gehälter** → Geldschuld (Wertsicherungsklausel).

**Dynamische Renten.** In der Publizistik gebräuchliche Bezeichnung für die Renten der → Rentenversicherung, der → Alterssicherung der Landwirte, der → Unfallversicherung und der → Kriegsopferversorgung, durch die zum Ausdruck gebracht werden soll, daß die Renten zum 1. Juli jeden Jahres der jeweiligen Lohn- und Gehaltsentwicklung angeglichen werden. Die Anpassung erfolgt seit dem Inkrafttreten des Rentenreformgesetzes 1992 durch die Anhebung des → aktuellen Rentenwertes (§ 68 SGB VI); Rentenanpassungsgesetze sind anders als nach früherem Recht nicht mehr erforderlich.

§ 65 SGB VI, § 95 SGB VII, § 25 ALG, § 56 BVG.

**d'Hondt'sches System** (Höchstzahlverfahren) ist ein Berechnungsmodus zur Verteilung der Sitze eines → Parlaments (oder sonstiger Gremien) nach der Zahl der für die Liste der einzelnen Parteien oder Wählergruppen abgegebenen Stimmen im Rahmen einer → Verhältniswahl. Die für die einzelnen Listen abgegebenen Stimmenzahlen werden nacheinander durch 1, 2, 3 usw. geteilt. Von den dadurch gewonnenen Zahlen werden die höchsten ausgesondert, und zwar so viele, wie Sitze zu vergeben sind. Für jede ausgesonderte Höchstzahl erhält die betreffende Partei einen Sitz. Im Vordringen ist an Stelle des d'H. S. als neue Berechnungsart das „Verfahren der mathematischen Proportion" nach Hare-Niemeyer, das seit 1985 für die Sitzverteilung im Deutschen → Bundestag gilt (vgl. § 6 BWG). Nach diesem Verfahren, das die leichte Begünstigung der großen Parteien durch das d'H. S. beseitigen soll, werden die auf eine Partei entfallenen Stimmen mit der zu vergebenden Sitzzahl multipliziert, sodann das Ergebnis durch die Gesamtzahl der Stimmen (für die ins Parlament einziehenden Parteien) dividiert; die Sitzverteilung bestimmt sich nach den sich daraus ergebenden Zahlen (vor, hilfsweise nach dem Komma).

**ECE-Regelungen** → Zulassung von Kfz.

**ECU** (European Currency Unit) → Europäische Währungseinheit, s. a. → Euro.

**Edelmetall.** Der Handel mit E. durch auf den H. mit Gebrauchtwaren spezialisierte Betriebe unterliegt als → Gebrauchtwarenhandel den gewerberechtlichen Beschränkungen für → überwachungsbedürftige Gewerbe. Verboten ist es, gewerbsmäßig (→ gewerbsmäßiges Handeln, → Gewerbe) E. sowie Perlen und Edelsteine (einschließlich synthetischer Steine und Schmucksteine) von Minderjährigen zu erwerben; ein Verstoß wird auch bei Fahrlässigkeit als Ordnungswidrigkeit geahndet (§ 147 a GewO). Strafbar ist die fahrlässige → Hehlerei von E. usw. durch Personen, die damit gewerbsmäßig Handel treiben, oder die sie gewerbsmäßig einschmelzen bzw. ähnlichen Bearbeitungen unterziehen (§ 148 b GewO); s. a. → Feingehalt.

**Edelsteine.** Der Handel mit E. durch auf den Handel mit Gebrauchtwaren spezialisierte Betriebe unterliegt als → Gebrauchtwarenhandel den gewerberechtlichen Beschränkungen für → überwachungsbedürftige Gewerbe; s. i. übr. → Edelmetall.

**Editionspflicht** → Vorlegung von Sachen.

**EEA** ist die Abkürzung für Einheitliche Europäische Akte → Europäische Akte.

**Effekten.** Bankrechtlicher Begriff für → Wertpapiere, insbes. → Aktien, → Zins-, → Gewinnanteil- und → Erneuerungsscheine, → Inhaberschuldverschreibungen; ferner andere Wertpapiere, soweit sie vertretbar sind, d. h. durch ein anderes Wertpapier mit gleichlautendem Inhalt beliebig ersetzt werden können (§ 1 DepotG). Keine E. sind insbes. → Wechsel, → Scheck und die gekorenen → Orderpapiere, → kaufmännische Verpflichtungsscheine und → Hypothekenbriefe.

**Effektenbörse** → Börse.

**Effektengeschäft** hieß früher das → Bankgeschäft, das das KWG jetzt mit etwas abweichendem Regelungsinhalt als → Finanzkommissionsgeschäft bezeichnet.

**Effektenkommission** → Einkaufskommission.

**Effektenlombard** → Lombardgeschäft

**Effektenverwahrung** → Depotgeschäft.

**Effektiver Jahreszins** → Kreditvertrag (3).

**Effektivklausel** → Geldschuld. Im → Arbeitsrecht ist die E. eine in → Tarifverträgen enthaltene, weitgehend übliche Vereinbarung, wonach die tarifliche Lohnerhöhung zu dem bisherigen effektiven, durch Einzelarbeitsvertrag festgesetzten Lohn des Arbeitnehmers hinzugezahlt werden muß (sog. begrenzte E.). Damit wird aber der effektive Lohn nicht zum Tariflohn. Eine E., die hierauf abzielt (sog. Effektivgarantieklausel), ist unzulässig und unwirksam (h. M.). Auch die begrenzte E. wird vom BAG (NJW 1968, 1396) für nichtig gehalten.

**EFTA** ist die Kurzbezeichnung für die am 4. 1. 1960 von Großbritannien, Dänemark, Norwegen, Schweden, der Schweiz, Österreich und Portugal gegründeten *European Free Trade Association* (vgl. BGBl. d. Rep. Österreich S. 893); beigetreten ist Island, assoziiert sind Liechtenstein und Finnland. Ihre Ziele sind die fortwährende Ausweitung der wirtschaftlichen Tätigkeit, Vollbeschäftigung, Steigerung der Produktivität und finanziellen Stabilität in den Mitgliedstaaten, die Gewährleistung gerechter Wettbewerbsbedingungen im Handel zwischen den Mitgliedstaaten, die gleichmäßige Versorgung mit Rohstoffen sowie die Ausweitung des Welthandels und die Beseitigung aller Handelshemmnisse. Der Verwirklichung dieser Ziele dient die Errichtung der Freihandelszone durch schrittweise Beseitigung der Ein- und Ausführzölle und Abschaffung mengenmäßiger Handelsbeschränkungen zwischen den Mitgliedstaaten. Anders als bei der → Europäischen Wirtschaftsgemeinschaft ist weder ein gemeinsamer Außenzolltarif noch politischer Zusammenschluß vorgesehen. Zwischen EFTA und EG besteht ein Freihandelsabkommen. Wegen der geplanten engeren Zusammenarbeit zwischen EFTA, der nur noch wenige Staaten angehören, und EG s. → Europäischer Wirtschaftsraum.

**EFTA-Gerichtshof, EFTA-Überwachungsbehörde.** Mit dem Inkrafttreten des Vertrages über den Europäischen Wirtschaftsraum haben der EFTA-G. und die EFTA-Ü. ihre Arbeit aufgenommen. Der Gerichtshof mit Sitz in Genf hat ähnliche Aufgaben wie der EuGH, die Ü. mit Sitz in Brüssel, entspricht, bei weit geringeren Befugnissen etwa der → Europäischen Kommission. Amtssprache der beiden Behörden ist englisch. Die Bedeutung der Institutionen ist seit dem Beitritt von Schweden, Finnland und Österreich zur EG nurmehr gering.

**EG** → Europäische Gemeinschaft.

**eG** = eingetragene → Genossenschaft.

**EG-Amtshilfe** → Amtshilfe.

**EG-Außengrenze. EG-Binnengrenzen.** EG-Außengrenze ist die Zoll- und Außenwirtschaftsgrenze der → Europäischen Gemeinschaft. Die Außengrenze definiert den Anwendungsbereich des gemeinsamen Zolltarifs und der gemeinsamen → Handelspolitik. Binnengrenzen sind die Grenzen zwischen den Mitgliedstaaten. Für die Binnengrenzen gelten die Grundfreiheiten des Binnenmarktes u. a. für → Waren-, → Dienstleistungs-, → Kapital- und → Personenverkehr einschließlich der → Arbeitnehmerfreizügigkeit. Die Binnengrenzen zwischen den Vertragsstaaten des → Schengener Übereinkommens legen den Anwendungsbereich der Liberalisierungen des Personengrenzverkehrs fest. S. a. → Grenzkontrollen.

**EG-Typgenehmigung für Kraftfahrzeuge** → Zulassung von Kfz.

**EGKS** → Europäische Gemeinschaft für Kohle und Stahl.

**Ehe.** Die E. ist die rechtlich anerkannte, mit Eheschließungswillen eingegangene, grundsätzlich auf Lebensdauer bestimmte (§ 1353 I 1 BGB) Lebensgemeinschaft zwischen Mann und Frau. Sie ist die Grundzelle der staatlichen Gemeinschaft. Begründung, Inhalt, Rechtsfolgen und Beendigung der E. werden im → Kirchenrecht oftmals anders behandelt als im staatlichen Recht. Die E. wird durch Vertrag begründet und erlangt durch die besondere Form der → *Eheschließung* kraft staatlicher Anerkennung den gesetzlich näher festgelegten Inhalt als familienrechtliches Gemeinschaftsverhältnis. Nur in äußerst seltenen Fällen liegt bei fehlerhafter Eingehung der E. eine → Nichtehe vor; sonst kommt nur Aufhebung der Ehe (→ Eheaufhebung) durch gerichtliches Urteil in Betracht. Über die Wirkungen der E. s. insbes. → eheliche Lebensgemeinschaft, → Unterhaltspflicht der Ehegatten, gesetzliche → Erbfolge, → Schlüsselgewalt, → Namen der Familie, → Mitarbeit der Ehegatten, → Güterstände. Die → Staatsangehörigkeit wird durch die E. an sich nicht berührt; doch hat der ausländische Ehegatte eines Deutschen einen in seinen Voraussetzungen gegenüber den allg. Bestimmungen erleichterten Anspruch auf → Einbürgerung (§ 9 RuStG i. d.F. vom 8. 9. 1969, BGBl. I 1581). Etwaige Abreden, die dem Wesen der → ehelichen Lebensgemeinschaft widersprechen (z. B. eine Scheinehe zu führen), führen zur Möglichkeit der → Eheaufhebung. Obwohl die E. regelmäßig auf Lebensdauer, d. h. bis zum Tode eines Ehegatten, geschlossen ist, läßt das staatliche Gesetz – anders als das Kirchenrecht – neben der Eheaufhebung die → Ehescheidung zu, wenn die eheliche Lebensgemeinschaft so zerrüttet ist, daß eine dem Wesen der E. entsprechende Wiederherstellung nicht möglich erscheint. Dadurch soll vermieden werden, daß eine inhaltlos gewordene gescheiterte E. nur um ihrer Form willen aufrechterhalten bleibt und das Zusammenleben der Ehegatten unerträglich wird; auf die Feststellung eines Verschuldens kommt es hierbei nicht (mehr) an. Einzelheiten → Ehescheidung; s. ferner → Eheverbote, → Ehefähigkeit, → hinkende Ehe, *steuerlich* → Veranlagungsarten.

**Eheähnliche Gemeinschaft** (auch *nichteheliche Lebensgemeinschaft,* früher „wilde Ehe“ oder *Konkubinat* genannt) ist das auf Dauer abgestellte Zusammenleben zweier Personen verschiedenen Geschlechts ohne förmliche → Eheschließung. Entscheidend für die Annahme einer e. G. ist über die Vereinbarung einer Wohn- und Wirtschaftsgemeinschaft hinaus die gemeinsame Planung und Gestaltung der Lebensführung, die zu einer familienähnlichen inneren Bindung der Partner führt (BVerfGE 82, 6). Auch wenn von den Beteiligten eine dauernde Gemeinschaft gewollt ist (z. B. um Unterhalts- oder Rentenansprüche nicht zu verlieren; sog. Onkelehe), hat die e. G. nicht die Wirkungen einer gültigen → Ehe (sie ist vielmehr – rechtlich gesehen – etwas anderes, ein aliud), begründet insbes. nicht gegenseitige Unterhaltsansprüche oder einen Anspruch auf → Witwenrente (BSG NJW 1982, 1894); die Partner bilden keine → Familie (BGHZ 102, 257; s. aber → Miete, 5 b). Über Kinder aus einer e. G. → Abstammung (2 a), → elterliche Sorge. Unterhaltsleistungen können *steuerlich* als außergewöhnliche → Belastung zu berücksichtigen sein (BFH BStBl. II 1994, 897). Hinsichtlich einzelner Vermögensgegenstände (Haus, Pkw, Unternehmen) kann jedoch u. U. die Annahme einer → Innengesellschaft oder einer sonstigen gemeinschaftlichen Beteiligung in Betracht kommen, falls ausreichende Anhaltspunkte hierfür vorliegen (nur dann Auseinandersetzung; grundsätzlich kein Wegfall der → Geschäftsgrundlage, BGH NJW 1997, 3371). Auf dem Gebiet der → Sozialhilfe dürfen Personen, die in einer e. G. leben, nicht besser gestellt werden als Ehegatten (§ 122 BSHG).

**Eheanbahnung** → Ehevermittlung.

**Eheassistenz** ist in der → kath. Kirche der Teil der Trauung, bei dem das Trauungsorgan – grundsätzlich in Gegenwart zweier Zeugen – den Konsens der persönlich anwesenden Brautleute erfrägt und ihn im Namen der Kirche entgegennimmt. Zur E. sind neben dem Diözesanbischof der Ortspfarrer oder ein durch die Genannten Delegierter befugt (anderer → Priester, → Diakon, in besonderen Ausnahmefällen auch Laien).

**Eheaufhebung.** Die Folgen rechtsfehlerhafter → Eheschließung sind heute in den Vorschriften über die E. vereinheitlicht (vgl. für früher auch → Ehenichtigkeit; zum Übergangsrecht für vor dem 1. 7. 1998 geschlossene Ehe s. Art. 226 EGBGB). Die E. ersetzt die rückwirkende → Anfechtung (wegen Willensmängeln) des allgemeinen bürgerlichen Rechts und wirkt wie die → Ehescheidung nur für die Zukunft. Während sich die Ehescheidung jedoch nur auf Gründe stützen kann, die das Scheitern der Ehe während ihres Verlaufs bewirkt haben, müssen die Gründe für die Aufhebung der Ehe bereits im Zeitpunkt der Eheschließung vorhanden gewesen sein.

Die E. kann nur aus bestimmten, im Gesetz abschließend aufgezählten Gründen begehrt werden (§ 1314 BGB). Danach kann eine Ehe aufgehoben werden, wenn sie entgegen den Vorschriften über die → Ehefähigkeit (§ 1303 BGB), mit einem Geschäftsunfähigen (§ 1304 BGB), unter Verstoß gegen die → Eheverbote der Doppelehe (§ 1306 BGB; s. a. → Wiederverheiratung im Fall der Todeserklärung) und der nahen Verwandtschaft (§ 1307 BGB) sowie unter Verletzung der erforderlichen Form der → Eheschließung geschlossen worden ist (§ 1314 I BGB). Eine Ehe kann ferner aufgehoben werden (§ 1314 II BGB), wenn ein Ehegatte sich bei der Eheschließung im Zustand der Bewußtlosigkeit oder vorübergehenden Störung der Geistestätigkeit befand oder nicht gewußt hat, daß es sich um eine (echte) Eheschließung handelt (z. B. beim Vorspiegeln einer bloßen „Probe“). E. kann auch dann begehrt werden, wenn ein Ehegatte zur Eingehung der Ehe widerrechtlich durch Drohung bestimmt worden ist (→ Anfechtung von Willenserklärungen, 2) oder beide Ehegatten sich bei der Eheschließung darüber einig waren, daß sie in Wahrheit keine Verpflichtung zur → ehelichen Lebemeinsgemeinschaft begründen wollen (z. B. nur um eine Aufenthaltserlaubnis zu erreichen oder eine → Einbürgerung zu erleichtern). Schließlich kann eine Ehe aufgehoben werden, wenn ein Ehegatte zur Eingehung der Ehe durch (vorsätzliche) arglistige Täuschung (→ Anfechtung von Willenserklärungen, 2) über solche Umstände bestimmt worden ist, die ihn bei Kenntnis der Sachlage und bei richtiger Würdigung des Wesens der Ehe von der Eingehung der Ehe abgehalten hätten. Zur Bewertung der Erheblichkeit solcher Umstände sind die gesamten Lebensverhältnisse der Ehepartner heranzuziehen. In Betracht kommen insbes. das Verschweigen gravierender persönlicher Eigenschaften des anderen Ehegatten wie erhebliche geistige oder unheilbare körperliche Erkrankung, frühere strafbare Handlungen oder gleichgeschlechtliche Veranlagung. Die Täuschung über Vermögensverhältnisse oder die von einem Dritten ohne Wissen des anderen Ehegatten verübte Täuschung vermag dagegen eine E. nicht zu rechtfertigen. Auch der bloße (nicht durch arglistige Täuschung bewirkte) Irrtum (→ Anfechtung von Willenserklärungen, 1) über derartige Umstände ist kein Grund für die E. mehr. Weitere Aufhebungsgründe (z. B. Eheschließung unter einem geheimen Vorbehalt) kennt das Gesetz nicht.

Trotz (ursprünglichen) Vorliegens eines E.grundes ist die E. ausgeschlossen, wenn ihr Anlaß weggefallen ist, also z. B. die → Ehefähigkeit eingetreten oder der Ehegatte nach Eintritt der Volljährigkeit, Wegfall der Geschäftsunfähigkeit, Entdeckung der Täuschung oder Drohung usw. – wenn auch nur stillschweigend – zu erkennen gegeben hat, daß er die Ehe fortsetzen will (Bestätigung, § 1315 I BGB). Dasselbe gilt, wenn die bereits ausgesprochene Scheidung der ersten Ehe erst nach Eingehung der neuen Ehe rechtskräftig wird (§ 1315 II BGB).

Eine Ehe kann nur durch gerichtliches (Gestaltungs-)Urteil des → Familiengerichts auf Antrag aufgehoben werden. Mit der → Rechtskraft dieses Urteils ist die Ehe (für die Zukunft) aufgelöst (§ 1313 BGB). Antragsberechtigt ist regelmäßig der aufhebungsberechtigte Ehegatte (ggfs. dessen gesetzlicher Vertreter), im Fall der Doppelehe auch der hiervon betroffene Dritte, in bestimmten Fällen (z. B. bei der genannten nicht ernsthaft gemeinten Ehe) auch die zuständige Verwaltungsbehörde (§ 1316 BGB). Der Antrag kann grdsätzl. nur binnen eines Jahres ab Kenntnis des E.grundes gestellt werden (§ 1317 BGB). Prozessual gelten die Besonderheiten des Verfahrens in → Ehesachen (§§ 606 ff., 631 ZPO). Der Antrag auf E. kann, wenn auch Gründe für die Scheidung der Ehe gegeben sind, mit dem Antrag auf → Ehescheidung verbunden werden (§ 610 ZPO); sind beide Anträge begründet, so ist nur auf E. zu erkennen (§ 631 II 2 ZPO).

Da die E. nur für die Zukunft wirkt, bestimmen sich deren Folgen in bestimmter Hinsicht nach den Vorschriften über die Folgen der → Ehescheidung (§ 1318 BGB). Dies gilt insbes. für die Unterhaltsberechtigung des Ehegatten, der den E.grund bei der Eheschließung nicht gekannt hat oder getäuscht, bedroht usw. worden ist (→ Ehescheidung, 4), für den → Zugewinnausgleich und den Versorgungsausgleich (→ Ehescheidung, 5) sowie für die Teilung des Hausrats nach der → Hausratsverordnung, soweit dies nicht im Hinblick auf die Umstände bei der Eheschließung grob unbillig wäre. Zum Erbrecht des überlebenden Ehegatten → Erbfolge.

**Ehebetrug** (arglistiges Verschweigen eines gesetzl. Ehehindernisses, s. § 1314 I BGB) und Eheerschleichung (arglistige Täuschung i. S. des § 1314 II Nr. 3 BGB sind seit dem 4. StrRG 1974 nicht mehr strafbar, abgesehen vom Fall der → Bigamie. S. aber → Heiratsschwindel.

**Ehebezogene Zuwendung** → Mitarbeit der Ehegatten, → unbenannte Zuwendung.

**Ehebruch** ist der vorsätzlich ausgeführte Beischlaf eines in einer gültigen Ehe lebenden Ehegatten mit einem Dritten, mag auch die Ehe vernichtbar (→ Ehenichtigkeit) oder aufhebbar (→ Eheaufhebung) sein (anders bei → Nichtehe). Vereinigung der Geschlechtsteile ist erforderlich, aber auch ausreichend. Der E. ist zwar kein Ehescheidungsgrund mehr; er wird jedoch vielfach für das Scheitern der Ehe ursächlich sein (→ Ehescheidung, 2). Die

*Strafbarkeit* des E. hat das 1. StrRG 1969 beseitigt.

**Ehedispens** ist eine vielfach übliche, aber ungenaue Bezeichnung für die Befreiung von einem → Eheverbot.

**Eheerschleichung** → Ehebetrug.

**Ehefähigkeit** ist die Fähigkeit einer Person zur rechtswirksamen → Eheschließung. Wer geschäftsunfähig ist (→ Geschäftsfähigkeit), kann eine Ehe nicht eingehen (§ 1304 BGB). Eine Ehe soll ferner nicht vor Eintritt der → Volljährigkeit eingegangen werden (sog. *Ehemündigkeit*, § 1303 I BGB). Das → Familiengericht kann auf Antrag von dieser Vorschrift Befreiung erteilen, wenn der Antragsteller das 16. Lebensjahr vollendet hat und sein künftiger Ehegatte volljährig ist. Widerspricht der gesetzliche Vertreter des Antragstellers oder ein sonstiger Inhaber der → Personensorge dem Antrag, so darf das Familiengericht die Befreiung nur erteilen, wenn der Widerspruch nicht auf triftigen Gründen beruht. Erteilt das Familiengericht die Befreiung, so bedarf der Antragsteller zur Eingehung der Ehe nicht mehr der Einwilligung seines gesetzlichen Vertreters oder des sonstigen Inhabers der Personensorge (§ 1303 II–IV BGB).

Wird eine Ehe entgegen diesen Vorschriften geschlossen, so unterliegt sie grdsätzl. der → Eheaufhebung (§ 1314 I BGB). Eine Aufhebung der E. ist aber ausgeschlossen, wenn der Ehegatte nach Wegfall der Geschäftsunfähigkeit oder Eintritt der Volljährigkeit zu erkennen gegeben hat, daß er die Ehe fortsetzen will (Bestätigung) oder das Familiengericht die Eheschließung eines Minderjährigen nachträglich genehmigt (§ 1315 I BGB).

**Ehefähigkeitszeugnis** → Eheschließung.

**Ehefeststellungsklage** → Ehesachen.

**Ehefrau** (Rechtsstellung) → eheliche Lebensgemeinschaft, → Gleichberechtigungsgesetz, → Schlüsselgewalt, → Mitarbeit der Ehegatten, → Unterhaltspflicht der Ehegatten, → Ehescheidung. Zum Namen der E. → Name der Familie.

**Ehegatte** ist die mit einer anderen Person in einer wirksamen → Ehe verbundene Person. Obwohl zwischen Ehegatten keine → Verwandtschaft besteht, wird die Stellung einer Person durch ihre Eigenschaft als E. im Rechtsleben vielfach beeinflußt; s. insbes. → eheliche Lebensgemeinschaft (mit weiteren Verweisungen), → Güterstände, → Zugewinngemeinschaft, gesetzliche → Erbfolge, → Pflichtteil, → Unterhaltspflicht der Ehegatten, → Staatsangehörigkeit des E., → Einbürgerung, → Ehescheidung, → Mitarbeit der E. (Arbeits- und Gesellschaftsverträge).

**Ehegattenbesteuerung** → Veranlagungsarten.

**Ehegattenerbrecht** → Erbfolge.

**Ehegattengesellschaft (-arbeitsverhältnis)** → Mitarbeit des Ehegatten.

**Eheherstellungsklage** → Ehesachen.

**Ehehindernisse** sind an sich alle Umstände, die einer → Eheschließung entgegenstehen, so im kath. → Kirchenrecht z. B. die Konfessionsverschiedenheit (→ Mischehe). Das staatliche Recht kennt dagegen nur bestimmte → Eheverbote; über den Verstoß hiergegen sowie über die Folgen von Formfehlern, Willensmängeln und über Verstöße gegen die → Ehefähigkeit s. → Eheaufhebung.

**Eheliche Gemeinschaft** → eheliche Lebensgemeinschaft.

**Eheliche Kinder** → Kinder.

**Eheliche Lebensgemeinschaft.** Ehegatten sind einander zur e. L. verpflichtet; sie tragen füreinander Verantwortung (§ 1353 I 2 BGB). Sie können zur Einhaltung dieser Verpflichtung und der daraus resultierenden Folgen (s.u.) im Verfahren in → Ehesachen auf Wiederherstellung der e. L. klagen, allerdings ohne Vollstreckungsmöglichkeit (§§ 606 ff., 888 III ZPO), sofern sich das Verlangen nicht als Rechtsmißbrauch darstellt (z. B. bei ständiger Mißhandlung der Kinder), ferner nicht, wenn die Ehe gescheitert (→ Ehescheidung) oder im Ehescheidungsverfahren das → *Getrenntleben* vom Gericht gestattet worden ist (§ 1353 II BGB, § 620 Nr. 5 ZPO). Über Ansprüche gegen Dritte → Ehestörungen.

Der *Inhalt* der e. L., d. h. des gesamten persönlichen Verhältnisses der Ehegatten zueinander (anders die vermögensrechtlichen Beziehungen, → Güterstand), bestimmt sich aus dem Wesen der Ehe als einer auf Dauer bestimmten Lebens- und Geschlechtsgemeinschaft unter Berücksichtigung der besonderen Lebensumstände der Ehegatten. Regelmäßig umfaßt die e. L. eine Verpflichtung zum Zusammenleben der Ehegatten, soweit dies möglich ist, in häuslicher Gemeinschaft, zur gegenseitigen Treue und Achtung, zum ehelichen Verkehr, zur Sorge für den anderen Ehegatten, zur ordnungsgemäßen Ausübung der → elterlichen Sorge über die (auch vorehelichen) Kinder, insbes. zu deren Erziehung, ggf. zur Unterstützung des anderen Ehegatten in Haushalt und Beruf (→ Mitarbeit der Ehegatten), zur Namensführung (→ Name der Familie), in gewissem Umfange zum Handeln für den anderen (§ 1357 BGB, → Schlüsselgewalt), zum gegenseitigen Unterhalt (§§ 1360 ff. BGB; → Unterhaltspflicht der Ehegatten) sowie überhaupt zur Mitentscheidung über alle Fragen, die das gemeinschaftliche eheliche Leben betreffen. Das frühere Entscheidungsrecht des Mannes sowie ein Kündigungsrecht des Ehemannes bei einem Arbeitsverhältnis der Ehefrau hat das → Gleichberechtigungsgesetz beseitigt. Die e. L. verpflichtet allerdings nur zum Zusammenwirken der Ehegatten bei der Ausgestaltung des ehelichen Lebens; in der Entscheidung rein persönlicher Dinge (z. B. Berufswahl und -ausübung, Lebensstil, Bekleidung usw.) ist jeder Ehegatte frei; er muß aber auf die Belange des anderen Ehegatten und der Familie, soweit diese hierdurch berührt werden, die gebotene Rücksicht nehmen (vgl. § 1356 II 2 BGB). Die → Geschäftsfähigkeit oder die → Prozeßfähigkeit werden durch die Eheschließung nicht berührt; auch folgt aus der e. L. kein allgemeines gegenseitiges Vertretungsrecht der Ehegatten (s. aber → Schlüsselgewalt). S. ferner → Eigentumsvermutungen, → Ehestörungen, → eheähnliche Gemeinschaft.

**Eheliche Pflichten** → eheliche Lebensgemeinschaft.

**Eheliches Güterrecht** → Güterrecht.

**Ehelichkeitsanfechtung** → Abstammung (3).

**Ehemäkler** → Ehevermittlung.

**Ehemündigkeit** → Ehefähigkeit.

**Ehename** → Name der Familie.

**Ehenichtigkeit.** Die früher neben dem Vorliegen einer → Nichtehe und der Möglichkeit der → Eheaufhebung vorgesehene E. (insbes. bei Verstoß gegen die Form der → Eheschließung oder gegen bestimmte → Eheverbote) hat das Gesetz zur Neuordnung des Eheschließungsrechts vom 4. 5. 1998 (BGBl. I 833) abgeschafft. Die Folgen rechtsfehlerhafter Eheschließung sind heute in den Vorschriften über die → Eheaufhebung vereinheitlicht.

**Eheprozeß** ist die frühere Bezeichnung für das Verfahren in → Ehesachen.

**Ehesachen** sind neben den Verfahren auf → Eheaufhebung, Feststellung des Bestehens oder Nichtbestehens einer Ehe und Herstellung der → ehelichen Lebensgemeinschaft insbesondere die Verfahren auf → Ehescheidung und die damit zusammenhängenden *(Scheidungs-) Folgesachen,* insbes. also die Regelung der → elterlichen Sorge (z. B. der Personensorge) über Kinder, die → Unterhaltspflicht der Ehegatten untereinander und gegenüber ihren Kindern, der → Zugewinnausgleich, der → Versorgungsausgleich, die Regelung der Rechtsverhältnisse an der Ehewohnung und am Hausrat usw. (§§ 606, 621 ZPO). Für diese E. ist das → *Familiengericht* ausschließlich zuständig (→ gerichtliche Zuständigkeit, 4). Für das Verfahren in E. gelten besondere Vorschriften (§§ 606–638 ZPO); insbes. ist der → Verfügungs- und → Verhandlungsgrundsatz eingeschränkt, der → Untersuchungsgrundsatz stärker ausgebildet; das Gericht kann z. B. auch von Amts wegen Beweise erheben und nicht vorgebrachte Tatsachen berücksichtigen (§ 616 ZPO). Der Bevollmächtigte bedarf einer speziellen, hierauf gerichteten → Prozeßvollmacht (§ 609 ZPO). Das Gericht kann im Wege der → einstweiligen Anordnung schon während des Verfahrens Regelungen, z. B. über das Getrenntleben der Ehegatten, einstweilige Regelung der Unterhaltspflicht, der Benutzung der

Ehewohnung und des Hausrats, der elterlichen Sorge über gemeinschaftliche Kinder und Leistung eines → Prozeßkostenvorschusses treffen (§§ 620 ff. ZPO).

Besondere Vorschriften gelten insbes. für das – auf Antrag einzuleitende – *Verfahren auf Ehescheidung* (§§ 622 ff. ZPO). Ungeachtet der Tatsache, daß für Scheidungsfolgesachen teilweise andere Verfahrensgrundsätze (insbes. der → freiwilligen Gerichtsbarkeit) gelten, hat das Familiengericht grundsätzlich im Rahmen des Scheidungsverfahrens gleichzeitig auch über diese Folgesachen zu verhandeln und zu entscheiden (§§ 623, 629 ZPO). Durch diesen *Entscheidungsverbund* (Scheidungsverbund), von dem nur unter bestimmten engen Voraussetzungen abgewichen werden kann (§§ 627, 628 ZPO), soll erreicht werden, daß ohne Klarheit über die Scheidungsfolgen, also über das Schicksal der Kinder, die Regelung des Unterhalts, den Zugewinn- und Versorgungsausgleich und die Verteilung von Hausrat und Vermögen, eine Ehescheidung grundsätzlich nicht mehr möglich ist und hierdurch unerquickliche Folgeprozesse vermieden werden. Die Kosten der Ehescheidung und der Folgesachen, die als eine Angelegenheit anzusehen sind (die Werte werden zusamengerechnet, § 19 a GKG, § 7 III BRAGO), tragen die Ehegatten mangels abweichender Entscheidung nach Billigkeit je zur Hälfte (§ 93 a ZPO; lediglich bei Abweisung des Scheidungsantrags trägt die Kosten allein der Antragsteller); ggfs. kann hierfür → Prozeßkostenhilfe beantragt werden.

Der Scheidungsantrag hat ferner Ausführungen darüber zu enthalten, ob der andere Ehegatte der Ehescheidung zustimmt und wie für diesen Fall die Scheidungsfolgesachen geregelt werden sollen (§ 630 ZPO). In diesem Fall der sog. offenen *Konventionalscheidung* soll das Gericht dem Scheidungsbegehren erst stattgeben, wenn die Ehegatten über die Scheidungsfolgesachen einen → Vollstreckungstitel herbeigeführt haben; auch kann die Zustimmung zur Scheidung bis zum Schluß der mündlichen Verhandlung widerrufen werden. Deshalb bevorzugen die Ehegatten, auch wenn sie über die Voraussetzungen der Ehescheidung keinen *Scheidungsvertrag* schließen, vielmehr nur die Folgen der Scheidung (z. B. die Unterhaltszahlung oder den Versorgungsausgleich; → Ehescheidung, 4, 5) vertraglich regeln können, oftmals die sog. verdeckte Konventionalscheidung; dabei wird vereinbart, daß der Antragsgegner das Vorbringen des Antragstellers über die Scheidungsvoraussetzungen (Zerrüttung, Dauer des Getrenntlebens usw.) und über die Scheidungsfolgen nicht bestreitet.

**Ehescheidung.** 1. Obwohl die Ehe grundsätzlich auf Lebenszeit geschlossen ist (§ 1353 I BGB), läßt das in der BRep. geltende Eherecht (anders weitgehend das → Kirchenrecht) neben der Besonderheit der → Eheaufhebung die vorzeitige *Scheidung der Ehe* durch gerichtliches → Gestaltungsurteil (§ 1564 BGB) in der Erkenntnis zu, daß eine gescheiterte Ehe, die jede innere Bindung verloren hat, nicht geeignet ist, weiterhin Grundlage der Gesellschaftsordnung und des Staates zu sein. Eine andere Möglichkeit der Eheauflösung, z. B. durch bloße Aufhebung der → ehelichen Lebensgemeinschaft oder die → Trennung von Bett, Tisch und Wohnung, kennt das deutsche Recht ebensowenig wie die Trennung der Ehe auf andere Weise (z. B. auch nicht für Ausländer durch eine nach deren Heimatrecht zuständige geistliche Instanz oder im Wege der sog. Privatscheidung).

2. Das Recht der E. ist mit Wirkung ab 1. 7. 1977 grundlegend umgestaltet worden. Die neuen Vorschriften über die E. und deren Folgen gelten auch für die Scheidung aller vor diesem Zeitpunkt eingegangenen Ehen. Nur wenn die Ehe noch nach den früheren Bestimmungen geschieden worden ist, bestimmen sich die Scheidungsfolgen (insbes. der Unterhaltsanspruch eines Ehegatten) nach altem Recht; auch frühere (Unterhalts-)Vereinbarungen der Parteien bleiben unberührt (Art. 12 Nr. 3 des 1. Ges. zur Reform des Ehe- und Familienrechts vom 14. 6. 1976, BGBl. I 1421). Die Vorschriften des neuen E.rechts, insbes. über den Versorgungsausgleich (sog. Renten- und Quasi-Splitting; s. i. e. unten 5), sind – auch für Altehen – grundsätzlich verfassungskonform; vom BVerfG geforderte

ergänzende Regelungen für besondere Härtefälle wurden inzwischen erlassen.

Nach früherem Recht konnte das Scheidungsbegehren nur auf bestimmte *Ehescheidungsgründe* gestützt werden, die i. d.R. → Verschulden voraussetzten (z. B. → Ehebruch). Hauptanliegen der Reform des E.rechts war die Ersetzung dieses Verschuldensprinzips, das oftmals schwierige und kaum erträgliche Feststellungen erforderte, durch das *Zerrüttungsprinzip.* Einziger E.grund ist nunmehr das *Scheitern der Ehe* (§ 1565 I 1 BGB). Die Ehe ist gescheitert, wenn die → eheliche Lebensgemeinschaft nicht mehr besteht und wenn nach der voraussichtlichen Prognose über die künftigen Beziehungen der Ehegatten zueinander nicht erwartet werden kann, daß die Ehegatten sie wieder herstellen (§ 1565 I 2 BGB). Die Ursachen der Zerrüttung einer Ehe können mannigfaltig sein; insbes. zählen hierher die früheren „schweren Eheverfehlungen" (also z. B. schwere Verletzungen der ehelichen Treue, der Unterhaltspflicht, Beleidigungen, Beschimpfungen und Tätlichkeiten erheblicher und fortdauernder Art, Verweigerung der ehelichen Lebensgemeinschaft, des ehelichen Verkehrs und der häuslichen Gemeinschaft usw.). Auf ein Verschulden hieran kommt es allerdings nicht (mehr) an. Maßgebend für die Zerrüttung sind vielmehr die individuellen Verhältnisse der Ehegatten.

Das Scheitern der Ehe muß der Antragsteller beweisen. Zur Beweiserleichterung wird jedoch unwiderlegbar *vermutet,* daß die Ehe gescheitert ist, wenn die Ehegatten seit 3 Jahren *getrennt leben* (§ 1566 II BGB). Beantragen beide Ehegatten die E. oder stimmt der Antragsgegner der E. zu, so verkürzt sich diese Frist auf 1 Jahr (§ 1566 I BGB). Ein nochmaliges Zusammenleben der Ehegatten über kürzere Zeit, das einer – versuchten, dann aber doch gescheiterten – Versöhnung der Ehegatten dienen sollte, unterbricht oder hemmt diese Fristen nicht (§ 1567 II BGB). Leben die Ehegatten noch nicht ein Jahr getrennt – eine bestimmte Ehedauer wird dagegen nicht verlangt –, so kann die Ehe nur geschieden werden, wenn die Fortsetzung der Ehe für den Antragsteller aus Gründen, die (ausschließlich) in der Person des anderen Ehegatten liegen (z. B. eheähnliches Zusammenleben mit einem Dritten), eine unzumutbare Härte darstellen würde (§ 1565 II BGB); hierdurch sollen sowohl übereilte Scheidungsanträge als auch die Möglichkeit ausgeschlossen werden, selbst den Zerrüttungsgrund zu setzen und sodann kurzfristig die E. zu erzwingen.

Eine weitere *Härteklausel* enthält § 1568 BGB. Danach soll die Ehe nicht geschieden werden, obwohl sie an sich gescheitert ist, wenn und solange deren Aufrechterhaltung im Interesse der aus der Ehe hervorgegangenen minderjährigen Kinder ausnahmsweise notwendig ist oder die Scheidung für den Antragsgegner, der sie ablehnt, aufgrund außergewöhnlicher Umstände eine so schwere Härte darstellen würde, daß die Aufrechterhaltung der Ehe auch unter Berücksichtigung der Belange des Antragstellers ausnahmsweise geboten erscheint. Danach sind also die Interessen des Kindeswohls und des anderen Ehegatten, allerdings nur in besonders gelagerten Ausnahmefällen, in denen aufgrund der Lebensumstände und der Scheidungsursachen die E. für diese Personen eine weit überdurchschnittliche Härte darstellen würde, gegen die Belange des aus der Ehe drängenden Ehepartners abzuwägen.

3. *Folgen der E.:* Mit der → Rechtskraft des Scheidungsurteils ist die Ehe für die Zukunft in personen- und vermögensrechtlicher Hinsicht aufgelöst. Jeder Ehegatte kann eine neue Ehe eingehen; es besteht kein gegenseitiges → Erbrecht mehr (auch eine Erbeinsetzung entfällt i. d.R.; → Auslegung von Verfügungen von Todes wegen); der → Güterstand ist beendet; die vermögensrechtlichen Beziehungen müssen auseinandergesetzt werden (→ Zugewinnausgleich; s. a. → Hausratsverordnung). Dennoch verliert die aufgelöste Ehe nicht jede Wirkung. Eine aufgrund der Eheschließung erworbene → Staatsangehörigkeit wird durch die E. nicht berührt; desgleichen besteht das durch die Ehe begründete → Zeugnisverweigerungsrecht auch nach der E. fort (§§ 383 ZPO, 52 StPO). Zur Fortführung des bisherigen Ehenamens → Name der Familie.

Die E. der Eltern läßt die → *elterliche Sorge* über ein gemeinschaftliches minderjähriges Kind als solche unberührt. Dies bedeutet, daß es auch nach der E. im Grundsatz bei der gemeinsamen Sorge beider Eltern für das Kind verbleibt. Über Einzelheiten der Ausgestaltung der elterlichen Sorge, insbes. bei Wegfall eines Elternteils oder sonstigen nachträglichen Änderungen s. dort. Leben Eltern, denen die elterliche Sorge gemeinsam zusteht, nicht nur vorübergehend getrennt, so kann jedoch jeder Elternteil beantragen, daß das → Familiengericht die elterliche Sorge ganz oder teilweise ihm allein überträgt (§ 1671 I BGB). Dies gilt unabhängig davon, ob die Eltern einmal miteinander verheiratet waren oder nicht. Wird der Antrag im Zusammenhang mit einem E.verfahren gestellt, so hat das Familiengericht hierüber grdsätzl. im Verbund mit der Scheidungssache (→ Ehesachen) zu verhandeln und zu entscheiden (§ 623 II ZPO). Dem Antrag ist stattzugeben, wenn der andere Elternteil zustimmt (und ein über 14 Jahre altes Kind nicht widerspricht) oder wenn zu erwarten ist, daß die Aufhebung der gemeinsamen Sorge und die Übertragung auf den Antragsteller dem Wohl des Kindes am besten entspricht (§ 1671 II BGB). Dem Antrag ist nicht stattzugeben, soweit die elterliche Sorge aufgrund anderer Vorschriften (insbes. § 1666 BGB bei Mißbrauch der → elterlichen Sorge, s. dort) anderweitig geregelt werden muß (§ 1671 III BGB). Die Eltern haben einen Anspruch auf Beratung und Unterstützung durch das Jugendamt (§ 17 II SGB VIII). Dessen Konzept kann sodann auch Grundlage der gerichtlichen Entscheidung sein. Jedenfalls trifft das Gericht eine Pflicht zur vorherigen – meist persönlichen – Anhörung der Beteiligten, d. h. insbes. der Eltern, aber auch des Kindes, soweit es ein bestimmtes Alter erreicht hat oder die Gewinnung eines persönlichen Eindrucks angezeigt erscheint (§§ 50a ff. FGG). Über das → Umgangsrecht des danach nicht (mehr) sorgeberechtigten Elternteils mit dem Kind s. dort.

4. Mit der E. endet auch nicht jede → Unterhaltspflicht der Ehegatten (die Unterhaltspflicht gegenüber den gemeinsamen Kindern wird als solche durch die E. überhaupt nicht berührt, vgl. § 1609 II 2 BGB; zur Art der Unterhaltsgewährung → Unterhaltspflicht unter Verwandten). Während aber früher Voraussetzungen und Höhe eines Unterhaltsanspruchs unter geschiedenen Ehegatten vornehmlich von dem Maß des festgestellten Verschuldens an der E. abhingen, ist jetzt die ehebedingte Unterhaltsbedürftigkeit unabhängig von den Ursachen der Trennung und Zerrüttung das entscheidende Kriterium für den Unterhaltsanspruch eines geschiedenen Ehegatten (grundsätzl. verfassungskonform; s. aber unten zu § 1579 BGB). Trotz des Grundsatzes der Eigenverantwortung geschiedener Ehegatten (insbes. bei E. einer kurzdauernden Doppelverdienerehe ohne gemeinsame Kinder) gebietet der Gedanke der Mitverantwortlichkeit des wirtschaftlich Stärkeren, für den Ehegatten, der nach der E. nicht selbst (voll) für seinen Unterhalt aufzukommen vermag, in einer Reihe praktisch wichtiger Fälle einen Unterhaltsanspruch auch weiterhin vorzusehen (§§ 1569 ff. BGB). Ein geschiedener Ehegatte kann danach von seinem früheren Ehepartner Unterhalt verlangen, wenn, soweit und solange eine eigene Erwerbstätigkeit von ihm wegen der Pflege oder Erziehung eines gemeinschaftlichen Kindes (sog. Betreuungsunterhalt), wegen Alters, Krankheit oder sonstiger Gebrechen nicht erwartet werden kann (§§ 1570–1572 BGB; im letzteren Fall ist aber ggfs. der Versorgungsausgleich – s. u. 5 – zu berücksichtigen). Auch soweit diese Voraussetzungen nicht gegeben sind, besteht ein Unterhaltsanspruch insoweit, als der geschiedene Ehegatte nach der E. eine *angemessene Erwerbstätigkeit* nicht zu finden vermag oder eine zunächst gefundene trotz seiner Bemühungen (d.h. unverschuldet) wieder verloren hat; ggfs. ist der Differenzbetrag zum vollen Unterhalt zu zahlen (§ 1573 BGB). Dem geschiedenen Ehegatten ist aber nur eine *angemessene* Erwerbstätigkeit zumutbar, d. h. eine solche, die der Ausbildung – ggfs. nach Fortbildung und Umschulung –, dem Lebensalter, dem Gesundheitszustand des Ehegatten sowie den ehelichen Lebensverhältnissen unter Berücksichtigung der Dauer der Ehe und des Vorhandenseins gemeinsamer Kinder entspricht (§ 1574 BGB). Durch diese Regelung soll insbes. der in der Ehe nicht berufstätig gewesene Ehegatte geschützt, ihm die Wiedereingliederung in das Berufsleben erleichtert

und der während des Verlaufs der Ehe erlangte soziale Status erhalten werden. Zu diesem Zweck kann ein geschiedener Ehegatte, der in Erwartung der Ehe oder während dieser eine Schul- oder Berufsausbildung nicht aufgenommen oder abgebrochen hat, Unterhalt verlangen, um eine angemessene Erwerbstätigkeit, die den Unterhalt nachhaltig sichert, alsbald zu erlangen, sofern der erfolgreiche Abschluß der Ausbildung zu erwarten ist; gleiches gilt, wenn er sich fortbilden oder umschulen läßt, um die Nachteile auszugleichen, die durch die Ehe eingetreten sind (§ 1575 BGB). Generell kann darüber hinaus ein geschiedener Ehegatte von dem anderen Unterhalt verlangen, soweit und solange von ihm aus sonstigen schwerwiegenden Gründen (z. B. frühere → Mitarbeit im Geschäft des anderen Ehegatten, langjährige Pflege; nicht aber allein aus Gründen, die zum Scheitern der Ehe geführt haben) eine eigene Erwerbstätigkeit nicht erwartet werden kann und die Versagung von Unterhalt unter Berücksichtigung der Belange beider Ehegatten grob unbillig wäre (§ 1576 BGB). Durch diese sog. *positive Billigkeitsklausel* soll sichergestellt werden, daß jede ehebedingte Unterhaltsbedürftigkeit erfaßt wird.

Der Unterhaltsanspruch setzt – wie stets (s.i.e. → Unterhaltspflicht unter Verwandten) – die *Leistungsfähigkeit des Verpflichteten* und die *Bedürftigkeit des Berechtigten* voraus. Demgemäß kann Unterhalt nicht verlangt werden, soweit der Berechtigte sich aus seinen Einkünften (aus angemessener Erwerbstätigkeit, Ausbildungsbeihilfen usw.) und aus seinem Vermögen (nicht Verwertung des Stammes, soweit unwirtschaftlich oder unbillig) selbst unterhalten kann (§ 1577 BGB). Das Maß des Unterhalts bestimmt sich nach den ehelichen Lebensverhältnissen (§ 1578 BGB). Umgekehrt braucht der Verpflichtete Unterhalt trotz Bedürftigkeit des Berechtigten nur insoweit zu leisten, als er hierzu ohne Gefährdung des eigenen angemessenen Unterhalts in der Lage ist und dies der Billigkeit entspricht (d.h. ggfs. sind erhöhte Anstrengungen und Opfer zumutbar), § 1581 BGB. Ein Unterhaltsanspruch ist zu versagen, herabzusetzen oder zeitlich zu begrenzen, soweit die Inanspruchnahme des Verpflichteten grob unbillig wäre, z. B. weil die Ehe nur von kurzer Dauer war (Einzelfall entscheidet; vgl. BGH NJW 1983, 2321), der Berechtigte sich einer vorsätzlichen Straftat gegen den Verpflichteten (oder gegen nahe Angehörige) schuldig gemacht hat, seine Bedürftigkeit mutwillig herbeigeführt oder selbst vor der Trennung seine Pflicht, zum Familienunterhalt beizutragen, gröblich verletzt hat oder sonst ein Grund vorliegt, der ebenso schwer wiegt (§ 1579 BGB). Durch diese *negative Härteklausel* soll zwar ebenfalls nicht wiederum eine Verschuldensprüfung hinsichtlich der Gründe für die E. eingeführt werden; es wird aber verschiedentlich grob unbillig sein, dem Ehegatten, der selbst die Zerrüttung der Ehe verursacht hat oder dem sonst ein eindeutiges Fehlverhalten gegen den Verpflichteten zur Last fällt, einen Unterhaltsanspruch zuzubilligen.

Der *Umfang eines Unterhaltsanspruchs* bestimmt sich nach den ehelichen Lebensverhältnissen (§ 1578 BGB; für Körper- und Gesundheitsschäden → Unterhaltspflicht unter Verwandten). Der Unterhalt umfaßt den gesamten Lebensbedarf einschließlich der Kosten einer Ausbildung, Fortbildung oder Umschulung, einer angemessenen Versicherung für Krankheit sowie bei Bedürftigkeit infolge Kinderbetreuung usw. auch für den Fall des Alters sowie der Berufs- oder Erwerbsunfähigkeit (sog. *Vorsorgeunterhalt;* zur Berechnung vgl. i. e. BGH NJW 1981, 1556). Die Bedürftigkeit kann für Elementar- und Vorsorgeunterhalt nur einheitlich beurteilt werden. Der laufende Unterhalt ist durch Zahlung einer monatlich im voraus fälligen Geldrente zu gewähren (§ 1585 I BGB); daneben kann ggfs. wegen eines Sonderbedarfs (z. B. infolge Krankheit) Unterhalt auch für die Vergangenheit verlangt werden (§§ 1585 b, 1613 II BGB). Zur Durchsetzung des Anspruchs kann → Auskunft über die Einkommens- und Vermögensverhältnisse (§ 1580 BGB) und ggfs. → Sicherheitsleistung (§ 1585 a BGB) verlangt werden. – *Rangfolge:* Der unterhaltspflichtige Ehegatte haftet vor den Verwandten des anderen Ehegatten, soweit er leistungsfähig ist (§ 1584 BGB). Das Verhältnis zwischen Unterhaltsansprüchen des geschiedenen Ehegatten zu denen eines neuen Ehegatten des Verpflichteten regelt § 1582 BGB (gewisser Vorrang des geschiedenen Ehegatten); im übrigen gelten auch insoweit die Grundsätze für die → Unterhaltspflicht unter Verwandten (§ 1609 BGB). – Der Unterhaltsanspruch erlischt mit der Wiederverheiratung oder mit dem Tode des Berechtigten (§ 1586 BGB), nicht aber mit dem Tode des Unterhaltsverpflichteten (§ 1586b BGB; hier geht die Unterhaltspflicht bis zur Höhe des dem Berechtigten ohne E. zustehenden → Pflichtteils als → Nachlaßverbindlichkeit auf die Erben des Verpflichteten über); im letzteren Fall kann bei Vorhandensein waisenrentenberechtigter Kinder, die vom Berechtigten erzogen werden, daneben ein Anspruch auf → Erziehungsrente in Betracht kommen.

Die vorstehenden Vorschriften sind dispositiv. Die Ehegatten können deshalb – auch schon vor der E. – über die Unterhaltspflicht Vereinbarungen treffen (§ 1585c BGB). Gegenstand eines solchen *Unterhaltsvertrags,* der einer besonderen → Form regelmäßig nicht bedarf, kann z. B. ein Unterhaltsverzicht oder eine Abfindung sein. Ein Unterhaltsvertrag ist nicht schon deshalb unwirksam, weil er die E. ermöglicht oder erleichtert hat; er kann aber im Einzelfall wegen Gesetzesverstoßes oder → Sittenwidrigkeit (§§ 134, 138 BGB) nichtig sein (z. B. bei Täuschung des Gerichts über einen in Wirklichkeit nicht vorhandenen Grund für das Scheitern der Ehe).

5. Unabhängig von obigen Unterhaltsverpflichtungen und ohne Rücksicht auf den Güterstand (→ Güterstände) wird zwischen den geschiedenen Ehegatten bei der E. grundsätzlich ein *Versorgungsausgleich* durchgeführt, um dem während der Ehe nicht oder nur weniger verdienenden Ehegatten, insbes. also einer Hausfrau, einen gerechten Anteil an der Altersversorgung zu gewährleisten (§§ 1587ff. BGB). Entsprechend dem Gedanken des → Zugewinnausgleichs werden deshalb die in der Ehezeit erworbenen Anwartschaften oder Aussichten auf eine Versorgung wegen Alters-, Berufs- oder Erwerbsunfähigkeit (insbes. also Renten aus der → Sozialversicherung, Beamtenpensionen, betriebliche Ruhegeldleistungen, Renten aus einer Zusatzversorgung oder aus einer privaten Versicherung) in der Weise ausgeglichen, daß dem Ehegatten mit den wertniedrigeren Anwartschaften als Ausgleich ein Anspruch auf die Hälfte des Wertunterschieds zusteht (§ 1587a BGB; s. dort auch zu Fragen der jeweiligen Wertberechnung und des hierfür maßgeblichen Bewertungsstichtags; s. ferner BarwertVO vom 24. 6. 1977, BGBl. I 1014 i. d.F. der VO vom 22. 5. 1984, BGBl. I 692). Einzelheiten und Berechnungsbeispiele s. Palandt, BGB, Anm. u. Anh. zu §§ 1587a, b BGB. Zum Ausgleich von Härtefällen, insbes. bei Tod des versorgungsberechtigten Ehegatten innerhalb von 2 Jahren seit der E. oder beim Tod des Verpflichteten, s. das Ges. vom 21. 2. 1983 (BGBl. I 105) i. d.F. des Ges. vom 8. 12. 1986 (BGBl. I 2317).

Der hiernach vorzunehmende *Wertausgleich* vollzieht sich grundsätzlich „in Natur", d. h. mit unmittelbar „dinglicher" Wirkung, so daß z. B. auch eine während der Ehe nicht berufstätige Nurhausfrau einen Rentenanspruch erlangen kann *(öffentlich-rechtlicher Versorgungsausgleich).* Der Wertausgleich wird demnach in den meisten Fällen durch unmittelbare Übertragung von Rentenanwartschaften – sog. *Renten-Splitting* – erfolgen (§ 1587b I BGB). Kommt dies nicht in Frage (z. B. bei der E. eines Beamten), so werden – unter entsprechender Kürzung der Pensionsanwartschaft – Rentenanwartschaften in Höhe des Ausgleichsbetrags im Wege der fiktiven Nachversicherung – *Quasi-Splitting* – begründet (§ 1587b II BGB i. V. m. §§ 76 SGB VI, 161 BBG; hierzu Versorgungsausgleichs-ErstattungsVO vom 11. 3. 1980, BGBl. I 280). Soweit weder ein Renten-Splitting noch eine fiktive Nachversicherung möglich ist, also Anwartschaften weder übertragen noch (z. B. durch Beitragszahlungen des Ausgleichspflichtigen) begründet werden können (z. B. bei privaten Lebensversicherungsverträgen oder betrieblicher Altersversorgung) kommt Realteilung, Quasi-Splitting (s. o.), Abfindung oder – auch über den Tod des Verpflichteten hinaus verlängerter – schuldrechtlicher Versorgungsausgleich (s. u.) in Betracht (§§ 1, 2, 3a ff. des genannten Ges. vom 21. 2. 1983). Ggfs. kann vom → Familiengericht auch eine andere Art des öffentlich-rechtlichen Versorgungsausgleichs vorgesehen (§ 1587 b IV BGB) oder eine frühere Entscheidung abgeändert werden (§ 10 a des Ges. vom 21. 2. 1983). – Ein nur *schuldrechtlicher Versorgungsausgleich* findet sonst auf Antrag statt, soweit der öffentlich-rechtliche Versorgungsausgleich nicht möglich ist, die Ehegatten dies vereinbart haben oder das Familiengericht Entsprechendes bestimmt hat (§ 1587 f BGB). Hier hat der Berechtigte einen unterhaltsähnlichen Anspruch auf eine Geldrente *(Ausgleichsrente)* in Höhe der Hälfte des Wertunterschieds der beiden Versorgungsanwartschaften (§ 1587 g BGB). Wegen künftiger Ausgleichsansprüche kann unter bestimmten Voraussetzungen auch eine Abfindung in Form der Zahlung von Beiträgen zur gesetzlichen Rentenversicherung oder zu einer privaten Lebensversicherung verlangt werden (§ 1587 l BGB). S. ferner → Erziehungsrente.

Ein Versorgungsausgleich unterbleibt, wenn er unter Berücksichtigung der gesamten Erwerbs- und Vermögensverhältnisse während der Ehe oder im Zusammenhang mit der E. grob unbillig wäre. Dies ist insbes. dann anzunehmen, wenn und soweit der Berechtigte in Erwartung der E. bewirkt hat, daß eigene Versorgungsanwartschaften oder -aussichten entfallen sind (um einen höheren Ausgleich zu erlangen), oder wenn der Berechtigte während der Ehe längere Zeit hindurch seine Verpflichtung, zum Familienunterhalt beizutragen, gröblich verletzt hat (§§ 1587 c, h BGB). Außer durch → Ehevertrag vor oder während der Ehe (s. i. e. dort) können die Ehegatten auch im Zusammenhang mit der E. den Versorgungsausgleich durch Vereinbarung abändern – nicht aber Anwartschaften in einer gesetzlichen Rentenversicherung begründen oder übertragen – oder ganz ausschließen (§ 1587 o BGB). Die Vereinbarung muß notariell beurkundet werden (→ Form, 1 c; der Abschluß eines → Prozeßvergleichs vor dem Familiengericht genügt allerdings auch hier) und bedarf der Genehmigung des Familiengerichts.

6. Zum *Verfahren der E.* s. i. e. → Ehesachen (dort auch über Konventionalscheidung), → Familiengericht. Zur Anerkennung einer E. im Ausland → hinkende Ehe. S. ferner → Haager Eheschließungsabkommen.

7. *Gebiet ehem. DDR:* Die E. und ihre Folgen richten sich auch dort seit 3. 10. 1990 grundsätzlich nach den o. a. Vorschriften (Art. 234 § 1 EGBGB). Dies gilt auch für die → Unterhaltspflicht der Ehegatten einer vor diesem Zeitpunkt geschlossenen (und noch nicht rechtskräftig geschiedenen) Ehe. Ist die Ehe (von Angehörigen der ehem. DDR dort) jedoch bereits zuvor geschieden worden, so bleibt für den Unterhaltsanspurch des geschiedenen Ehegatten – abgesehen von etwaigen (fortgeltenden) Unterhaltsvereinbarungen – das bisherige Recht (i.e. §§ 29 ff. des Familiengesetzbuchs der DDR vom 20. 12. 1965, GBl.-DDR 1966 I 1, m. spät. Änd.; DDR-Schönfelder Nr. 30) maßgebend (Art. 234 § 5 EGBGB). Für (rechtskräftige) E. bis zum 31. 12. 1991 gilt das Recht des Versorgungsausgleichs nicht. Wird die Ehe ab 1. 1. 1992 geschieden, so findet ein Versorgungsausgleich grundsätzlich statt; dies allerdings insoweit nicht, als das auszugleichende Anrecht bereits Gegenstand oder Grundlage einer vor dem 3. 10. 1990 geschlossenen wirksamen Vereinbarung oder einer gerichtlichen Entscheidung über die Vermögensverteilung war (Art. 234 § 6 EGBGB). Für den Ausgleich von im Gebiet der ehem. DDR erworbenen Anrechten gelten im übrigen die besonderen Bestimmungen (insbes. zeitweilige Aussetzung des Verfahrens) der Anlage I Kapitel III Sachgebiet B Abschnitt II Nr. 2 des → Einigungsvertrags.

8. *Steuerlich:* Kosten des Scheidungsprozesses sind außergewöhnliche → Belastungen (§ 33 EStG), ebenso Unterhaltszahlungen an Kinder, wenn kein Anspruch auf → Kindergeld oder auf den → Kinderfreibetrag besteht (§ 33 a I EStG); zu Unterhaltszahlungen an den geschiedenen Ehegatten → Realsplitting.

**Ehescheidungsgründe** → Ehescheidung (2).

**Eheschließung.** In Deutschland gilt seit 1875 das Prinzip der obligatorischen Zivilehe. Eine wirksame → Ehe kommt nur zustande, wenn die E. vor dem → *Standesbeamten* stattgefunden hat (§ 1310 I BGB, sonst → Nichtehe); die kirchliche Trauung darf grundsätzlich erst nach der staatlichen E. vorgenommen werden (§ 67 PStG; Ausnahmen: lebensgefährliche Erkrankung eines Verlobten oder bestätigter, anders nicht zu beseitigender schwerer sittlicher Notstand). Zuständig ist der Standesbeamte, in dessen Bezirk einer der Verlobten seinen → Wohnsitz oder gewöhnlichen Aufenthalt hat; der Stb. kann auch einen anderen Standesbeamten zur Vornahme der E. ermächtigen (§ 6 II, IV PStG). Ein Verstoß gegen die Zuständigkeit hat keinen Einfluß auf den Bestand der Ehe, sofern nur überhaupt ein Standesbeamter tätig geworden ist. Das früher (zwecks Bekanntwerden etwaiger Ehehindernisse) grdsätzl. erforderliche vorherige Aufgebot der Verlobten ist ersatzlos entfallen; sie haben lediglich ihre beabsichtigte E. bei einem zuständigen Standesbeamten (s. o.) anzumelden (§ 4 PStG). Dieser hat zu prüfen, ob der E. ein Ehehindernis (→ Eheverbote oder ein sonstiger Grund zur → Eheaufhebung) entgegensteht (§ 5 II, IV PStG). Vor der E. soll der Standesbeamte die Verlobten befragen, ob sie einen Ehenamen (→ Name der Familie) bestimmen wollen (§ 6 I 3 PStG). Von Ausländern, soweit auf sie nicht nach Art. 13 II EGBGB deutsches Recht anzuwenden ist (z. B. ein Verlobter ist Deutscher oder hat seinen gewöhnlichen Aufenthalt im Inland), soll er ein *Ehefähigkeitszeugnis* ihres Heimatlandes verlangen, d. h. ein Zeugnis darüber, daß der E. kein in den Gesetzen ihres Heimatlandes begründetes → Ehehindernis entgegensteht (vgl. zum Übereinkommen über die Ausstellung von Ehefähigkeitszeugnissen vom 5. 9. 1980 das Ges. vom 5. 6. 1997, BGBl. II 1086); hiervon kann aber der zuständige Oberlandesgerichtspräsident Befreiung erteilen (§ 1309 BGB). Besitzt keiner der beiden Verlobten die deutsche → Staatsangehörigkeit, so kann die Ehe ausnahmsweise auch vor einer von dem ausländischen Staat ordnungsgemäß ermächtigten Person, z. B. einem Konsul, in der von den Gesetzen dieses Landes vorgeschriebenen Form geschlossen werden (Art. 13 III 2 EGBGB). Über die Anerkennung ausländischer Ehescheidungen → hinkende Ehe. S. ferner das internationale Übereinkommen vom 10. 12. 1962 über die Erklärung des Ehewillens, das Heiratsmindestalter und die Registrierung von E.en (BGBl. 1969 II 161) sowie → Haager Eheschließungsabkommen.

Der Standesbeamte darf seine Mitwirkung an der E. nicht verweigern, wenn deren Voraussetzungen vorliegen; er muß sie aber verweigern, wenn ein Grund zur → Eheaufhebung offenkundig ist (§ 1310 I 2 BGB). Die Ehe wird dadurch geschlossen, daß die Verlobten vor dem Standesbeamten persönlich, bei gleichzeitiger Anwesenheit (also keine Ferntrauung oder Handschuhehe), unbedingt und unbefristet erklären, die Ehe miteinander eingehen zu wollen (§§ 1310 I, 1311 BGB); ein Verstoß hiergegen führt grundsätzlich zur → Eheaufhebung (§ 1314 I BGB). Der Standesbeamte soll bei der E. die Eheschließenden einzeln befragen, ob sie die Ehe miteinander eingehen wollen, und, nachdem sie diese Frage bejaht haben, aussprechen, daß sie nunmehr rechtmäßig verbundene Eheleute sind. Die E. kann in Gegenwart von einem oder zwei Zeugen (*Trauzeugen*) erfolgen, sofern die Eheschließenden dies wünschen. Der Standesbeamte soll die E. im → Heiratsbuch – unter gleichzeitiger Anlegung eines → Familienbuchs – eintragen (§ 1312 BGB); doch berührt ein Verstoß hiergegen die Wirksamkeit der E. nicht.

Im Gebiet der ehem. DDR gelten diese Vorschriften – ebenso wie die über → Ehefähigkeit, → Eheverbote und → Eheaufhebung – erst für E. nach dem Beitritt (Anlage I Kapitel III Sachgebiet B Abschnitt III Nr. 11 zum → Einigungsvertrag). Die Wirksamkeit vor dem 3. 10. 1990 geschlossener Ehen bestimmt sich nach dem bisherigen Recht, insbes. nach dem Familiengesetzbuch der DDR vom 20. 12. 1965 (GBl.-DDR 1966 I 1) m. spät. Änd. (DDR-Schönfelder Nr. 30).

**Ehestörungen.** Aus dem Charakter der → ehelichen Lebensgemeinschaft als absolutes Recht folgt, daß jeder Ehegatte berechtigt ist, Störungen dieser Gemeinschaft durch Dritte entgegenzutreten, insbes. Angriffe auf den räumlich-gegenständlichen Bereich der Ehe abzuwehren. So hat z. B. die Ehefrau einen Anspruch darauf, daß eine Geliebte des Ehemanns aus der Ehewohnung oder dem hiermit verbundenen Geschäft entfernt wird und künftig derartige Ehestörungen unterläßt. Gegen den Ehegatten selbst ist allerdings nur die nicht vollstreckbare (§ 888 III ZPO) Klage auf Herstellung des ehelichen Lebens oder auf → Ehescheidung gegeben. Zu Schadensersatzansprüchen (insbes. des Scheinvaters) bei E. → Abstammung (3 d).

**Eheunbedenklichkeitszeugnis** → Eheschließung (Ehefähigkeitszeugnis).

**Eheverbote.** Während es im → Kirchenrecht zahlreiche → Ehehindernisse gibt, kennt das staatliche Recht nur noch eine beschränkte, abschließend aufgezählte Anzahl von E. Eine Ehe darf demnach nicht geschlossen werden, wenn zwischen einer der Personen, die die Ehe miteinander eingehen wollen, und einer dritten Person bereits eine Ehe besteht (§ 1306 BGB). Dieses E. der Doppelehe besteht so lange, als die erste Ehe nicht durch Tod, → Eheaufhebung oder → Ehescheidung rechtskräftig beseitigt ist. Eine Ehe darf ferner nicht zwischen Verwandten in gerader Linie (→ Verwandtschaft), auch wenn das Verwandtschaftsverhältnis inzwischen durch → Adoption erloschen ist, sowie zwischen (auch Halb-)Geschwistern eingegangen werden (§ 1307 BGB). Eine Ehe soll auch nicht geschlossen werden zwischen einem angenommenen Kind (und seinen Abkömmlingen) einerseits und dem Annehmenden andererseits, solange die → Adoption besteht (über die Folgen eines Verstoßes s. dort); das → Familiengericht kann auf Antrag von diesem E. unter bestimmten Voraussetzungen Befreiung erteilen (§ 1308 BGB). Weitere E. bestehen nicht (mehr); insbes. kann wegen → Schwägerschaft, erst kurz zuvor aufgelöster anderweitiger Ehe (Wartezeit), verschiedener → Staatsangehörigkeit, großen Altersunterschieds, fehlender Zeugungsfähigkeit od. dgl. die Trauung nicht verweigert werden.

Eine entgegen dem E. der Doppelehe oder der Verwandtschaft geschlossene Ehe unterliegt grdsätzl. der → Eheaufhebung (§ 1314 I BGB). Eine Aufhebung der Ehe ist allerdings ausgeschlossen, wenn vor Schließung der neuen Ehe die Scheidung oder Aufhebung der früheren Ehe bereits ausgesprochen war und dieser Ausspruch erst nach Eingehung der neuen Ehe rechtskräftig wird (§ 1315 II BGB).

**Ehevereinbarung** → Ehevertrag.

**Eheverfahren** → Ehesachen.

**Ehevermittlung.** Der Ehemäkler hat für seine Tätigkeit keinen klagbaren Anspruch auf den Ehemäklerlohn, auch nicht, wenn er in Form eines → Schuldanerkenntnisses o. dgl. versprochen wird (§ 656 BGB, sog. → Naturalobligation; str., ob dies auch dem Anspruch aus einem zu diesem Zweck aufgenommenen → Darlehen entgegengehalten werden kann, sog. finanzierter Ehemäklervertrag). Doch kann das auf Grund eines Zahlungsversprechens Geleistete nicht mit der Begründung zurückgefordert werden, daß eine Verbindlichkeit nicht bestehe. Üblicherweise wird daher bei der entgeltlichen E. die Zahlung eines entsprechenden Vorschusses verlangt. Die Unklagbarkeit des Ehemäklerlohns steht einem Schadensersatzanspruch gegen den Ehemäkler aus → positiver Vertragsverletzung nicht entgegen. Auf einen echten → Dienstvertrag (Servicevertrag) ist § 656 BGB nicht anwendbar, wohl aber auch auf einen Eheanbahnungs- oder Partnerschaftsvermittlungsdienstvertrag (BGH NJW 1990, 2550). Eine Anpassung an das allg. Recht des → Mäklervertrags ist geplant. Zur Überwachung der E. (Überprüfung der Zuverlässigkeit) s. i. e. § 38 GewO.

**Eheversprechen** → Verlöbnis.

**Ehevertrag.** Die Ehegatten können das für sie geltende eheliche → *Güterrecht* durch E. regeln (§ 1408 BGB). Der E. kann sowohl vor wie nach Eingehung der Ehe bei gleichzeitiger Anwesenheit beider Teile (Vertretung insoweit zulässig) vor einem Notar geschlossen werden (§ 1410 BGB). Der Abschluß eines → Erbvertrags in derselben Urkunde ist zulässig; es genügt dann die für den E. vorgesehene Form (§ 2276 II BGB). Beschränkt geschäftsfähige Ehegatten können einen E. nur mit Genehmigung des → gesetzlichen Vertreters abschließen, der, wenn er → Vormund oder → Betreuer ist, bei Ausschluß des

→ Zugewinns oder bei Vereinbarung von → Gütergemeinschaft außerdem der Genehmigung des → Vormundschaftsgerichts bedarf. Für geschäftsunfähige Ehegatten kann nur der gesetzliche Vertreter handeln, ein Vormund nur mit Zustimmung des Vormundschaftsgerichts, Gütergemeinschaft kann nicht vereinbart oder aufgehoben werden (§ 1411 BGB).

*Inhalt* des E. kann der Ausschluß des gesetzlichen → Güterstandes der → Zugewinngemeinschaft und deren Ersetzung durch einen vertraglichen Güterstand sein, dessen weitere spätere vertragliche Änderung sowie die nur teilweise Aufhebung oder Abänderung nicht zwingender Vorschriften innerhalb der gesetzlichen oder vertraglichen Güterstände (z. B. Beseitigung der Verfügungsbeschränkungen, andere Berechnung und Verteilung des Zugewinns beim gesetzlichen Güterstand, Regelung der Verwaltung des Gesamtguts bei Gütergemeinschaft u. a.m.), ferner der Ausschluß des → Versorgungsausgleichs (nur wirksam, wenn nicht innerhalb eines Jahres Antrag auf Scheidung der Ehe gestellt wird, § 1408 II BGB). Ein E. liegt dagegen nicht vor, wenn nur die aus der → ehelichen Lebensgemeinschaft sich ergebenden Rechte und Pflichten (z. B. die → Unterhaltspflicht der Ehegatten oder die → Schlüsselgewalt) vertraglich abgeändert werden sollen (sog. *Ehevereinbarung*), ferner nicht bei Abschluß sonstiger Rechtsgeschäfte unter den Ehegatten (z. B. Schenkungen, Darlehensvertrag, Gesellschafts- und Arbeitsverträge; vgl. Mitarbeit der Ehegatten) sowie bei der Überlassung des Vermögens des einen Ehegatten an den anderen zur Verwaltung (→ Vermögensverwaltung unter Ehegatten; hier bedarf nur der Ausschluß des jederzeitigen Widerrufs der Verwaltungsüberlassung der Form des E., § 1413 BGB). Die grundsätzlich bestehende Vertragsfreiheit findet außer in den allgemeinen Bestimmungen (z. B. Verstoß gegen gesetzliche Verbote oder Sittenwidrigkeit) ihre Grenze in dem Verbot der Abänderung zwingender Vorschriften des jeweiligen Güterstands (z. B. sämtlicher Bestimmungen über die → fortgesetzte Gütergemeinschaft, § 1518 BGB) und in der grundsätzlichen Beschränkung auf die im BGB vorgesehenen → Güterstände.

**Ehewohnung** → eheliche Lebensgemeinschaft, → Getrenntleben der Ehegatten, → Hausratsverordnung.

**Ehezerrüttung** → Ehescheidung (2).

**Ehre.** Die E., d. h. die Anerkennung vor sich selbst und insbes. die Wertschätzung der Person in der Gesellschaft, ist vom Gesetz nicht ausdrücklich – wie z. B. das → Namensrecht – geschützt. Bei einer schuldhaften Ehrverletzung liegt jedoch regelmäßig eine strafbare → Beleidigung und zivilrechtlich eine → unerlaubte Handlung (Verletzung eines Schutzgesetzes, nämlich der Vorschriften des StGB über den Ehrenschutz) vor. Ferner ist die Ehre ein Ausfluß des allgemeinen → Persönlichkeitsrechts und wie dieses geschützt. Schon bei objektiv rechtswidrigen Eingriffen – also ohne Verschulden –, insbes. bei unwahren bzw. ehrmindernden Veröffentlichungen durch Presse, Rundfunk und Fernsehen, kann daher ein → Unterlassungsanspruch gegeben sein (zur Abgrenzung gegenüber der Pressefreiheit → unerlaubte Handlung, 2 c). Über die strafrechtlichen Folgen einer Ehrverletzung → Beleidigung.

**Ehrenamt** wird im engeren Sinn ein öffentliches Amt genannt, das unentgeltlich wahrgenommen wird. Es werden lediglich die baren Auslagen und der Verdienstausfall oder ein Pauschbetrag für Zeitverlust ersetzt. Zur steuerlichen Behandlung des Entgelts für das E. → Aufwandsentschädigungen, → Nebentätigkeit. Im weiteren Sinne spricht man von ehrenamtlicher Tätigkeit auch im privatrechtlichen Bereich, z. B. in Vereinen und Verbänden, wenn dafür außer Auslagenersatz keine Bezahlung stattfindet.

**Ehrenamtliche Richter** wirken an der Rechtsprechung mit vollem richterlichen Stimmrecht mit, stehen aber nicht in einem Dienstverhältnis als → Berufsrichter und brauchen nicht die durch zwei juristische Staatsprüfungen erlangte → Befähigung zum Richteramt zu besitzen. Sie unterliegen grundsätzlich nicht dem DRiG, abgesehen von Bestimmungen über Bestallung und Abberufung (§ 44) und Unabhängigkeit

(§ 45). Sie dürfen nur auf Grund eines Gesetzes unter den darin bestimmten Voraussetzungen tätig werden. E. R. sind in der ordentlichen Gerichtsbarkeit die → Schöffen und die → Handelsrichter; alle anderen Laienrichter werden nur noch als e. R. bezeichnet (→ Richteramtsbezeichnungen). E. R. sind auch die Beisitzer bei den → Disziplinargerichten und den Gerichten der → Ehren- und → Berufsgerichtsbarkeit. Nach dem Ges. vom 1. 10. 1969 (BGBl. I 1753) m. Änd. (zuletzt vom 24. 6. 1994, BGBl. I 1325) erhalten e. R. Entschädigung für Zeitversäumnisse und Aufwand, Fahrtkosten und Wegegeld (im Gebiet der ehem. DDR um 10% ermäßigt). S. a. → Beugemittel (bei Nichterscheinen).

**Ehrenannahme** → Wechselregreß.

**Ehrenbeamte** (§§ 3 II, 115 BRRG) sind Beamte, die ein hoheitliches Amt neben ihrem bürgerlichen Beruf – i. d. R. zeitlich befristet – ausüben (z. B. Wahlkonsuln). Sie werden berufen durch Aushändigung einer Urkunde mit den Worten „unter Berufung in das Beamtenverhältnis als Ehrenbeamter“. E. erhalten weder Dienstbezüge noch Versorgung. Dienstaufwandsentschädigung kann gewährt werden. Von den E. sind die ehrenamtlich tätigen Personen zu unterscheiden; bei ihnen findet keine Berufung in ein Beamtenverhältnis statt (z. B. Schöffen, Stadtverordnete).

**Ehrendoktor** → akademische Würden.

**Ehreneintritt** ist bei → Wechseln, die nicht angenommen (→ Akzept) oder bezahlt werden, in Form der Ehrenannahme (Art. 56–58 WG) und der Ehrenzahlung (Art. 59–63 WG) zulässig. Dadurch soll der Rückgriff auf einen bestimmten Wechselverpflichteten vermieden werden (Art. 55 WG). Der E. kann von jedem Dritten, auch vom → Bezogenen sowie von jedem Wechselverpflichteten, nur nicht vom Akzeptanten ausgehen.

**Ehrengerichtsbarkeit** ist die frühere Bezeichnung der staatlichen Gerichtsbarkeit für die Angehörigen bestimmter freier Berufe; sie entscheidet durch → Berufsgerichte über gewisse auf den Beruf bezogene Streitigkeiten (z. B. über Zulassung) und ahndet die Verletzung von Berufs- oder Standespflichten. Berufsgerichtliche Strafen werden von den Berufsgerichten nicht an Stelle der Strafgerichtsbarkeit verhängt, sondern treten, wenn zugleich Strafgesetze verletzt sind, neben sie; sie dienen dem besonderen Zweck, den Berufsstand reinzuhalten. Berufsgerichte gibt es insbes. für → Rechtsanwälte (dort 4: Anwaltsgerichtsbarkeit), Patentanwälte, Ärzte, Zahnärzte, Tierärzte, Apotheker, Wirtschaftsprüfer, Steuerberater. Voraussetzungen, Zuständigkeit und Verfahren sind z. T. bundesgesetzlich (vgl. z. B. §§ 92–161 a BRAO), im übrigen landesgesetzlich geregelt.

**Ehrenkränkung** → Beleidigung (1).

**Ehrenrechte, Verlust der bürgerlichen** war früher als → Nebenstrafe vorgesehen. Er wurde 1970 aufgehoben. Dafür besteht die enger begrenzte → Aberkennung (Verlust) von Rechten und Fähigkeiten.

**Ehrenschutz** → Persönlichkeitsrecht, → Beleidigung.

**Ehrensold** ist unter den Voraussetzungen des § 3 Nr. 22, 43 EStG steuerfrei.

**Ehrenzahlung** → Wechselregreß.

**Ehrenzeichen** → Orden.

**Ehrverletzung** → unerlaubte Handlung (2 b), → Beleidigung, → Persönlichkeitsrecht.

**EIB** → Europäische Investitionsbank.

**Eichwesen.** Das Ges. über Meß- und Eichwesen – EichG – i. d. F. vom 23. 3. 1992 (BGBl. I 711) begründet im 1. Abschn. (§§ 1–13) eine Eichpflicht zur Richtighaltung der Meßgeräte für den geschäftlichen Verkehr (z. B. für Längen- und Flächenmeßgeräte, Abfüllmaschinen, Gas-, Wasser-, Stromzähler, Wegestreckenmesser, Gewichte und Waagen), für den amtlichen Verkehr, das Verkehrswesen, für die Heilkunde und die Herstellung von Arzneimitteln. Die Eichfähigkeit eines Meßgerätes ist gegeben, wenn die Bauart richtige Meßergebnisse und eine ausreichende Meßbeständigkeit erwarten läßt. Die Meßwerte müssen in gesetzlichen Einheiten (→ Meßwesen) angezeigt werden. Der 2. Abschn. des Ges. (§§ 14–19) betrifft alle vorverpackten Verbrauchsgüter des täglichen Bedarfs, die nach Gewicht oder Volumen verkauft werden, sowie Vorschriften über → Schankgefäße. Wer gewerbsmäßig Fertigpackungen in den Verkehr bringt, hat die Füllmenge nach Gewicht und Volumen auf der Basis des *Grundpreises* für 1 kg oder 1 Liter des Erzeugnisses anzugeben (s. im einzelnen §§ 14–17 sowie VO über *Fertigpackungen* – O – i. d. F. vom 8. 3. 1994 (BGBl. I 451). Das EichG enthält ferner u. a. Vorschriften über Wäger an öffentlichen Waagen (§§ 20–26), über Zuständigkeiten, Kostenregelung sowie Bußgeldvorschriften. Die zur Durchführung erlassene *Eichordnung* vom 12. 8. 1988 (BGBl. I 1657) enthält jetzt zusammenfassend alle wesentlichen Vollzugsbestimmungen, u. a. Pflichten beim Inverkehrbringen und Bereithalten von Meßgeräten, §§ 1–7, Ausnahmen von der Eichpflicht, §§ 8, 9, Angaben im geschäftlichen Verkehr, §§ 10, 11, Gültigkeitsdauer, §§ 12, 14, technische Durchführung der Eichung, §§ 29–35, Anforderungen an Meßgeräte, §§ 36–43 und an Schankgefäße, §§ 44–46, ferner über Prüfstellen für Meßgeräte von Gas, Elektrizität und Wasser, §§ 47–63, sowie – im Anhang D – die verschiedenen Prüfzeichen. Wegen der im wesentlichen bis 31. 12. 1993 befristeten Übergangsvorschriften zum EichG und zur EichVO für das Gebiet der ehem. DDR vgl. Anl. I zum EinigV Kap. V Sachgeb. C Abschnitt III Nr. 3 u. 4).

**Eid** → Beeidigung, → Amtseid, → Diensteid, → Fahneneid, → Meineid u. im folg.

**Eidesbelehrung** → Eidesformel.

**Eidesformel.** Soweit das Gesetz eine → Beeidigung vorsieht, hat der Verpflichtete die Wahl, den Eid mit („ich schwöre es, so wahr mir Gott helfe") oder ohne („ich schwöre es") religiöse Beteuerung abzulegen; als Mitglied einer bestimmten Religionsgemeinschaft kann er auch deren Beteuerungsformel dem Eid anfügen (§ 66 c StPO, § 481 ZPO). Gibt der Verpflichtete an, daß er aus Glaubens- oder Gewissensgründen keinen Eid leisten wolle, so hat er die Wahrheit seiner Aussage mit einem „ja" (auf die entspr. Frage des Gerichts) zu bekräftigen; diese Bekräftigung steht dem Eid gleich (§ 66 d StPO, § 484 ZPO), auch hins. der strafrechtlichen Folgen (§ 155 StGB). Über sein Wahlrecht ist der Verpflichtete zu belehren. Die E. ist von der Eidesnorm (Beeidigung) zu unterscheiden.

**Eidesgleiche Bekräftigung** → Eidesformel.

**Eidesmündigkeit** ist die Fähigkeit, eine Aussage vor Gericht durch Eidesleistung zu bekräftigen; sie tritt mit Vollendung des 16. Lebensjahres ein (§ 393 ZPO, § 60 Nr. 1 StPO).

**Eidesnotstand** → Meineid.

**Eidespflicht** → Zeuge, → Sachverständiger, → Eidesverweigerung.

**Eidesstattliche Versicherung** ist eine Form der Beteuerung der Richtigkeit einer Erklärung. Sie ist eine schwächere Bekräftigung als der Eid. Die e. V. ist in vielen Fällen gesetzlich vorgeschrieben oder zugelassen, kann aber auch sonst in einem *förmlichen Beweisverfahren* vor einer Behörde als Grundlage für eine Entscheidung abgegeben werden. Im *Zivilprozeß* ist sie zulässig insbes. zur → Glaubhaftmachung (nicht zum Beweis) einer Parteibehauptung (§ 294 ZPO), so im Verfahren zur Erlangung einer → einstweiligen Verfügung oder über Prozeßfragen, z. B. für die → Wiedereinsetzung in den vorigen Stand sowie als sog. → Offenbarungs(eid)versicherung. Im *Strafprozeß* ist die e. V. des Beschuldigten unzulässig; wohl aber kann er die e. V. eines Zeugen zur Begründung einer Richterablehnung oder eines Antrags auf → Wiedereinsetzung in den vorigen Stand beibringen (§§ 26 II 1, 45 II 1 StPO). Sie ist ferner im Verfahren der → *freiwilligen Gerichtsbarkeit* zur Glaubhaftmachung tatsächlicher Behauptungen zugelassen (§ 15 II FGG), ebenso im *Verwaltungsverfahren* auf Grund gesetzlicher Vorschrift (§ 27 VwVfG, § 95 AO), so im Aufgebotsverfahren vor dem Standesamt (§ 5 III 3 PStG).

*Strafbar* ist die vorsätzlich oder fahrlässig falsche Abgabe einer e. V. vor einer zur Abnahme *zuständigen Behörde* (§§ 156, 163 StGB). Hierfür genügt die *allgemeine* (abstrakte) Zuständigkeit, selbst wenn sie im konkreten Fall nicht gegeben ist. Nicht strafbar ist die falsche e. V., wenn sie in dem betr. Verfahren überhaupt nicht entgegengenommen werden darf oder sonst rechtlich völlig wirkungslos ist (so die im Zivilprozeß zum *Beweis* einer Parteibehauptung, im Strafprozeß vom Beschuldigten abgegebene). Die Zuständigkeit der Behörde zur Entgegennahme der e. V. muß vom Vorsatz des Täters umfaßt werden. Ist die e. V. nur *fahrlässig* falsch abgegeben worden und wird sie rechtzeitig berichtigt, tritt Straflosigkeit ein (§ 163 II, zum Begriff rechtzeitig § 158 II, III StGB).

**Eidesunmündigkeit** → Eidesmündigkeit.

**Eidesverletzung** → Meineid, → Falscheid.

**Eidesverweigerung.** Grundsätzlich dürfen vernommene Zeugen und Sachverständige den Eid (→ Beeidigung) oder die eidesgleiche Bekräftigung (→ Eidesformel) nicht verweigern (→ Beugemittel). Hingegen steht bei der → Parteivernehmung der Partei das Recht der E. zu (§ 453 II ZPO); dies führt aber i. d.R. zu einer ihr ungünstigen Beweiswürdigung (§ 446 ZPO). Zeugen können im Strafprozeß den Eid nur verweigern, wenn sie ein → Zeugnisverweigerungsrecht haben; dieser von Rspr. und Schrifttum vertretene Grundsatz gilt auch in den anderen Verfahrensordnungen. Bei grundloser E. sind → Beugemittel vorgesehen (§ 390 I ZPO; § 70 StPO).

**Eidliche Vernehmung der Partei** → Parteivernehmung.

**Eigenbedarf** → Miete (5 c).

**Eigenbesitz** → Besitz.

**Eigenbetriebe** sind wirtschaftliche Unternehmen einer → Gemeinde, die keine eigene Rechtspersönlichkeit besitzen; sie können zu ihren Abnehmern (Benutzern) in öffentlich-rechtlichen oder privatrechtlichen Beziehungen stehen. Keine E. sind Betriebe, die von der Gemeinde als sog. Eigengesellschaft in der Form einer juristischen Person betrieben werden (z. B. Aktiengesellschaft, Gesellschaft mit beschränkter Haftung; häufig bei Verkehrs- oder Versorgungsunternehmen), und solche, an denen die Gemeinde nur beteiligt ist. Keine E. sind auch gemeindliche Einrichtungen, die nicht wirtschaftliche Unternehmen sind (z. B. Schwimmbad, Schlachthof). S. a. → Privatisierung.

**Eigene Aktie.** Eine → Aktiengesellschaft kann → Aktien ihres eigenen → Grundkapitals erwerben. Zulässig ist dies jedoch nur unter den Voraussetzungen des § 71 I AktG (z. B. wenn der Erwerb notwendig ist, um schwere Schäden von der AG abzuwenden oder aufgrund einer Ermächtigung der Hauptversammlung bis zu 10% des Grundkapitals). Umgehungsgeschäfte sind nichtig (§ 71 a AktG). Der AG stehen aus den eigenen Aktien keine Rechte zu (§ 71 b AktG). S. a. → Verwaltungsaktie.

**Eigener Wechsel** → Solawechsel.

**Eigener Wirkungskreis** → Gemeinde (3).

**Eigengeschäft** → Kommission.

**Eigengeschäftsführung** → Geschäftsführung ohne Auftrag.

**Eigengewässer** → Territorialgewässer.

**Eigenhändiges Delikt** wird eine Straftat genannt, deren Merkmale nur vom Täter selbst (körperlich) verwirklicht werden können, so z. B. bei → Meineid und → Blutschande. Beim e. D. ist → mittelbare Täterschaft ausgeschlossen, ebenso → Mittäterschaft. Dagegen sind → Anstiftung und → Beihilfe stets auch beim e. D. möglich. Der Bereich des Begriffs e. D. ist i. e. umstritten.

**Eigenhändiges Testament** → Testament (2 a).

**Eigenhändler** → Vertragshändler.

**Eigenheim** i. S. der Bestimmungen über die Förderung des Wohnungsbaus ist ein im Eigentum einer natürlichen Person stehendes Grundstück mit einem Wohngebäude, das nicht mehr als zwei Wohnungen enthält, von denen eine zum Bewohnen durch den Eigentümer oder seine Angehörigen bestimmt ist; § 20 I des Ersten sowie § 9 I des Zweiten Wohnungsbaugesetzes (→ Wohnungsbau); zur Förderung s. → Familienheime.

**Eigenheimzulage** (EigZulG i. d. F. vom 26. 3. 97, BGBl. I 734) löst ab 1996 die Steuerbegünstigung des Wohnens im eigenen Haus/eigener Eigentumswohnung (§ 10 e EStG) ab. Zur Rechtslage bis 1995 → Selbstgenutzte Wohnung, steuerlich, in 13. Auflage 1996. Bei Bauantrag oder Kauf nach dem 31. 12. 1995 zahlt das Finanzamt auf Antrag acht Jahre lang bei Neubauten 5% aus höchstens 100 000 DM Herstellungskosten bzw. Anschaffungskosten einschließlich Grundstück = 5000 DM und bei Altbauten 2,5% aus 100 000 DM = 2500 DM aus, wenn die Wohnung/das Haus zu Wohnzwecken selbst genutzt wird oder einem Angehörigen unentgeltlich überlassen wird. Altbauten sind Bauten, die im 3. Jahr oder später nach Fertigstellung gekauft werden. Entsprechend sind (noch) Neubauten, die spätestens im 2. Jahr nach dem Jahr der Fertigstellung angeschafft werden. Daneben werden als Kinderzulage acht Jahre lang 1500 DM gezahlt. Zusätzlich wird eine „Öko-Zulage“ bis 400 DM jährlich gezahlt, wenn Solar-, Wärmepumpen- oder Wärmerückgewinnungsanlage eingebaut wird, und eine Zulage bis 500 DM jährlich bei einem Niedrigenergiehaus. Die Förderung wird nur bei einem zu versteuernden Einkommen bis 240 000/480 000 DM (Alleinstehende, Verheiratete) gewährt, wobei die Einkommensverhältnisse im Jahr der Fertigstellung bzw. Anschaffung und im Vorjahr maßgebend sind, so daß ein späteres Überschreiten der Grenzen unschädlich ist. Bei Unterschreiten der Grenzen in einem späteren Jahr wird die Zulage von da an gewährt. Die Förderung ist auch für Ausbau- und Erweiterungsmaßnahmen vorgesehen, nicht aber für Ferien- und Wochenendwohnungen. Bei Ausbauten und Erweiterungen ab 1997 beträgt die E. nur noch 2,5% der Herstellungskosten, höchstens 2500 DM pro Jahr. Die Umstellungskosten für Ausbau und Erweiterung sind hierbei nur noch bis 50% als Obergrenze anzusetzen. Ehegatten können die Zulage für zwei Objekte beanspruchen. Bei Erwerb von Genossenschaftsanteilen beträgt die Zulage 2400 DM plus 500 DM je Kind/pro Jahr.

Als steuerliche Förderung bleibt der Abzug der Vorkosten bestehen (§ 10 i EStG). Hiernach sind als → Sonderausgaben abzugsfähig: (1) Pauschale iHv 3500 DM im Jahr der Fertigstellung oder Anschaffung, wenn die genannten Einkommensgrenzen eingehalten sind; (2) Aufwendungen vor dem Einzug, wie z. B. Reparaturkosten bis höchstens 22 500 DM oder Darlehnsdisagio. Zur Verbesserung der Bausparförderung → Wohnungsbauprämie.

Sonderregelung für die Neuen Bundesländer: Die Förderung gilt auch für Mieter, die Wohnungen aus dem kommunalen Wohnungsbestand gemäß § 5 Altschuldenhilfegesetz durch Kaufvertrag nach dem 28. 6. 1995 erwerben. Darüber hinaus wird ein Bürgschaftssonderprogramm aufgelegt, wonach Bauherren zusätzliche Hilfe durch staatliche Bürgschaften erhalten, sofern die Gesamtfinanzierung unter Einfluß von Eigenkapital gesichert ist. Die Höhe der Bürgschaft beträgt 20% des gesamten Kostenaufwands, höchstens bis 330 000 DM bei Neubauten und 150 000 DM bei Altbauten, also 66 000/30 000 DM. Verwaltungsvorschrift zur E. → BMF 10. 2. 1998, BStBl. I 190.

**Eigenjagdbezirk.** Zusammenhängende Grundflächen mit einer land-, forst- oder fischereiwirtschaftlich nutzbaren Fläche von 75 ha an, die im Eigentum ein und derselben Person oder einer Personengemeinschaft stehen, bilden nach § 7 I BJagdG einen E. Landesrechtlich können gewisse Größenabweichungen vorgesehen werden. In einem E. ist jagdausübungsberechtigt der Eigentümer, an seiner Stelle der Nutznießer (→ Jagdpacht), wenn ihm die Nutzung des ganzen E. zusteht.

**Eigenkapital** ist bei → Aktiengesellschaft deren → Grundkapital samt offenen Rücklagen. Über die Rentabilität des E. hat der Vorstand zu berichten (§ 90 I Nr. 2 AktG). S. a. → Sanierung von Handelsgesellschaften, → Gesellschafterdarlehen.

**Eigenkapitalgliederung** → Körperschaftsteuer 3.

**Eigenmacht, verbotene** → Besitzschutz.

**Eigenschaften, Irrtum (Täuschung) über** – → Anfechtung von Willenserklärungen.

**Eigenschaften, zugesicherte** → Gewährleistung (2).

**Eigenschaftsirrtum** → Anfechtung von Willenserklärungen.

**Eigenständiges Delikt** → Sonderdelikt.

**Eigentum** ist das umfassendste → *dingliche Recht* an einer → Sache (→ Sachenrecht). Während demnach im Privatrecht E. nur an einzelnen körperlichen, beweglichen oder unbeweglichen Gegenständen möglich ist (nicht an Sachgesamtheiten, z. B. an einem Betrieb), geht der öffentlich-rechtliche Begriff des E. und sein grundrechtlich gewährleisteter Schutz (Art. 14 I GG: „Das Eigentum ... wird gewährleistet") darüber hinaus und umfaßt z. B. auch Forderungen und Rechte (→ „geistiges Eigentum"), vermögenswerte öffentlich-rechtliche Rechtspositionen (z. B. unwiderrufliche Konzessionen) usw., die damit gleichfalls den einschränkenden Vorschriften über die Möglichkeit einer → *Enteignung* unterliegen. S. → Eigentumsgarantie.

Das (privatrechtliche) E. als das grundsätzlich unbeschränkte *Herrschaftsrecht* über eine Sache berechtigt den Eigentümer regelmäßig, mit der Sache nach Belieben zu verfahren (z. B. durch → Übereignung, → Belastung u. a.) und andere (Unberechtigte) von jeder Einwirkung auszuschließen (§ 903 BGB, → Eigentumsstörungen, → Eigentumsherausgabeanspruch). Das E. an einem → Grundstück erstreckt sich auch auf den Raum über und unter der Oberfläche; der Eigentümer kann jedoch Einwirkungen nicht untersagen, die in solcher Höhe oder Tiefe vorgenommen werden, daß er an der Ausschließung kein schutzwürdiges Interesse hat (§ 905 BGB; z. B. Überfliegen mit einem Flugzeug, Grundwasserstrom; anders U-Bahnbau unter einem Haus). Das E. räumt jedoch kein schrankenloses Herrschaftsrecht ein. Schon § 903 BGB gewährt die genannte umfassende Befugnis dem Eigentümer nur, soweit nicht das Gesetz oder Rechte Dritter entgegenstehen. Als zivilrechtliche Beschränkungen des Eigentums kommen demnach das Verbot der mißbräuchlichen Ausübung (→ Treu und Glauben) und der → Schikane in Betracht, ferner der (zivilrechtliche) → Notstand, das → *Nachbarrecht* sowie sämtliche beschränkten dinglichen Rechte, die das E. belasten und seinen Inhalt einschränken (z. B. Dienstbarkeit, Hypothek, Pfandrecht u. a.; → Sachenrecht). Darüber hinaus betont das Grundgesetz die *Sozialgebundenheit* des Eigentums („Eigentum verpflichtet. Sein Gebrauch soll zugleich dem Wohle der Allgemeinheit dienen. Inhalt und Schranken werden durch die Gesetze bestimmt"). Im öffentlichen Interesse ist das E. daher heute weitgehend pflichtgebunden. Die wichtigsten öffentlich-rechtlichen Beschränkungen des E. enthalten das Bau- und (öffentliche) Nachbarrecht (Aufstellung von Flächennutzungsplänen, Regelung der Baugestaltung, der Grenzabstände, Genehmigungsbedürftigkeit usw.), das Verkehrsrecht (Einschränkung von Anliegerbauten an Straßen), die Regelung des landwirtschaftlichen → Grundstücksverkehrs, der → Naturschutz und → Immissionsschutz, das Wasser-(haushalts-)recht, die im Interesse der Landesverteidigung erlassenen Vorschriften (z. B. → Bundesleistungsgesetz, → Sicherstellungsgesetze) sowie die Beschränkungen bei der Wohnungsmiete (→ Miete 1 b, 5 c) und im Rahmen des → Gemeingebrauchs an öffentlichen Wegen und Gewässern. Über diese inhaltliche Beschränkung des Eigentums hinaus, die regelmäßig vom Eigentümer entschädigungslos hingenommen werden muß, sehen verschiedene Gesetze zum Wohle der Allgemeinheit die Möglichkeit einer – nur gegen angemessene Entschädigung möglichen – → Enteignung vor (s. dort auch über die Abgrenzung zur bloßen Eigentumsbindung). S. ferner enteignungsgleicher Eingriff, Aufopferungsanspruch.

Als *Arten* des E. kommen neben dem Alleineigentum in Betracht: das → Miteigentum nach Bruchteilen, das Gesamthandseigentum (→ Gesamthandsgemeinschaft), das Sicherungs (→ Treuhand-)eigentum, das vorbehaltene E. (→ Eigentumsvorbehalt) und das → Wohnungseigentum; ein Über- und Untereigentum (wie beim → Besitz) ist nicht möglich. Auch das sog. öffentliche Eigentum, d. h. das E. an einer dem Staat, einer Gemeinde oder einer sonstigen öffentlichen Körperschaft gehörenden Sache, ist grundsätzlich wie das privatrechtliche E. zu behandeln; es ist aber, soweit die Sache nicht zum Finanzvermögen gehört (z. B. die Gemeinde hat einen Wald), als sog. Verwaltungsvermögen (öffentliche Wege und Gebäude) nur beschränkt für Verwaltungszwecke u. a. verkehrsfähig (→ Sache). S. → Eigentumserwerb, → Eigentumsverlust, → Eigentumsübertragung; zum E. an Kernbrennstoffen → Europ. Atomgemeinschaft.

Für das im *Gebiet der ehem. DDR* begründete persönliche und sog. sozialistische E. (insbes. das E. sozialistischer Genossenschaften und das sog. *Volkseigentum* als Grundlage der sozialistischen Produktionsverhältnisse, §§ 18 ff. ZGB) gelten hinsichtlich Voraussetzungen, Inhalt und Umfang seit 3. 10. 1990 grundsätzlich die Vorschriften des BGB (Art. 233 § 2 EGBGB). Besonderheiten gelten für → Gebäudeeigentum und dingliche Nutzungsrechte (→ Nutzungsberechtigungen). Wem bisheriges Volkseigentum zufällt oder wer die Verfügungsbefugnis hierüber erhält, richtet sich allerdings nach besonderen Vorschriften, insbes. nach dem → Investitionsvorranggesetz sowie nach dem Gesetz zur Regelung → offener Vermögensfragen (Anlage II Kapitel III Sachgebiet B Abschnitt I Nrn. 1 und 2 des → Einigungsvertrags).

**Eigentümer – Besitzerverhältnis** → Eigentumsherausgabeanspruch.

**Eigentümergrundschuld** ist eine → Grundschuld, die dem Eigentümer des belasteten Grundstücks zusteht; es besteht also Identität zwischen Gläubiger und Eigentümer des haftenden Grundstücks. Sie kann – originär – vom Grundstückseigentümer durch einseitige Erklärung gegenüber dem → Grundbuchamt und Eintragung im → Grundbuch bestellt werden (§ 1196 BGB). Sie entsteht ferner – derivativ – regelmäßig durch Umwandlung einer → Eigentümerhypothek, der keine gesicherte Forderung mehr zugrunde liegt (dann grundsätzlich Anspruch eines nachrangigen Grundpfandgläubigers auf Löschung, § 1196 III BGB), sowie durch Zahlung auf die Grundschuld selbst (nicht auf die Forderung; → Grundschuld). Die Zwangsvollstreckung in sein eigenes Grundstück kann der Inhaber einer E. nicht betreiben (§ 1197 I BGB).

**Eigentümerhypothek.** Eine → Hypothek kann auch dem Grundstückseigentümer als Gläubiger zustehen. Eine *ursprüngliche* E. entsteht, wenn die Forderung, für welche die Hypothek bestellt wurde, nicht oder noch nicht entstanden ist (z. B. die Darlehensvaluta ist noch nicht ausbezahlt, § 1163 I 1 BGB). Desgleichen steht bei der Briefhypothek die Hypothek vor Übergabe des → Hypothekenbriefs an den Gläubiger dem Eigentümer zu (§§ 1117 II, 1163 II BGB). Diese vorläufige E. kann vom Eigentümer zur → Zwischenfinanzierung verwendet werden. *Nachträglich* entsteht eine E., wenn die Forderung, für welche die Hypothek bestellt ist, z. B. infolge Tilgung erlischt (§ 1163 I 2 BGB). Die Hypothek geht hierbei automatisch (also ohne Einigung und Eintragung im Grundbuch, dort nur → Berichtigung) auf den Eigentümer über, sofern sie nicht ausnahmsweise der persönliche Schuldner für eine Ersatzforderung gegen den Eigentümer erwirbt (§ 1164 BGB). Die Hypothek steht ferner dem Eigentümer zu bei einseitigem Verzicht des Gläubigers auf die Hypothek (§ 1168 BGB) und bei → Konsolidation (§ 889 BGB). Regelmäßig erwirbt der Eigentümer die Hypothek ohne eine zugrundeliegende Forderung; in diesem Fall verwandelt sich die E. wegen ihrer → Akzessorietät in eine → *Eigentümergrundschuld*, da sie nicht ohne Forderung bestehen kann (§ 1177 BGB). Der Gläubiger einer nachrangigen Hypothek hat grundsätzlich Anspruch auf Löschung einer solchen E. (§§ 1179 a, b BGB); s. a. → Löschungsvormerkung.

**Eigentumsaufgabe.** Gibt der Eigentümer in der Absicht, auf das → Eigentum zu verzichten, den → Besitz einer beweglichen → Sache auf (z. B. bewußtes Liegenlassen), so verliert er das Eigentum; die Sache wird → herrenlos und unterliegt dem → Aneignungsrecht (§ 959 BGB, sog. *Dereliktion*). Die E. ist – anders als die Aneignung – ein → Rechtsgeschäft, setzt also insbes. → Geschäftsfähigkeit des Aufgebenden voraus. Auch das Eigentum an einem → Grundstück kann – ohne Rücksicht auf die fortbestehenden, hieran begründeten Grundstücksrechte – durch Verzicht gegenüber dem → Grundbuchamt und Eintragung des Verzichts im Grundbuch aufgegeben werden (§ 928 BGB).

**Eigentumsbeschränkungen** → Eigentum, → Nachbarrecht.

**Eigentumserwerb.** Die regelmäßige Form des Eigentumserwerbs ist der abgeleitete *(derivative)* Erwerb durch → Eigentumsübertragung (s. auch Sicherungsübereignung), daneben auch der Erwerb vom Nichtberechtigten (→ gutgläubiger Erwerb). Ursprüngliche *(originäre)* Eigentumserwerbsarten sind die → Aneignung herrenloser Sachen, die → Ersitzung und → Buchersitzung, die → Verbindung, die → Vermischung und → Verarbeitung sowie der → Fruchterwerb. Eigentum wird auch im Wege der → Gesamtrechtsnachfolge (z. B. → Erbfolge, Vereinbarung einer → Gütergemeinschaft) oder durch → Surrogation erworben. Schließlich kommt der E. kraft Staatsakts (z. B. durch Zuschlag bei → Zwangsversteigerung) oder infolge → Enteignung in Betracht.

**Eigentumsfreiheitsanspruch** → Eigentumsstörungen.

**Eigentumsgarantie.** Art. 14 I 1 GG gewährleistet das → Eigentumsrecht als → Grundrecht durch → institutionelle Garantie. Die Verfassung schützt nicht nur das Eigentum im bürgerlich-rechtlichen Sinne, sondern jedes private Vermögensrecht (andere dingliche Rechte, Forderungen, sonstige Vermögensrechte wie z. B. das Recht am eingerichteten und ausgeübten Gewerbebetrieb oder das Patentrecht, neuerdings nach BVerfG auch die Rechtsstellung des Mieters). Darüber hinaus können auch → subjektive öffentliche Rechte darunter fallen, nämlich dann, wenn sie im Einzelfall dem Inhaber eine Position verschaffen, deren ersatzlose Entziehung dem rechtsstaatlichen Gehalt des GG widersprechen würde, insbes. wenn sie der Ausgleich für eine eigene Leistung des Inhabers ist (z. B. anerkannt für den Kernbestand der Versorgungsansprüche eines Berufssoldaten, nicht aber z. B. für das Recht der Weiterversicherung in der Sozialversicherung oder die Freiheit der „Gebührenbeamten" von Konkurrenz). Die E. besteht nur innerhalb der Schranken des Eigentums. Inhalt und Schranken des Eigentums werden durch die Gesetze bestimmt. Als solche Regelungen sind z. B. angesehen worden die Vorschriften des Baurechts, die nachbarrechtliche Pflicht zur Duldung gewisser Emissionen, die Duldung der Tötung verseuchter Tiere, landwirtschaftliche Anbaubeschränkungen sowie die Belastung von Eigentum durch Steuern. Die Substanz des Eigentums muß dabei unberührt bleiben (keine „konfiskatorischen" Steuern). Eigentum verpflichtet: Sein Gebrauch soll zugleich dem Wohl der Allgemeinheit dienen, sein Inhalt und seine Schranken werden durch die Gesetze bestimmt (Art. 14 I, II GG). Die „Sozialpflichtigkeit" ist also dem Eigentum immanent. Der Gesetzgeber kann diese immanenten Schranken näher bestimmen, also Grenzen ziehen und Pflichten auferlegen (z. B. die Erhaltung einer Sache in einem die → öffentliche Sicherheit und Ordnung nicht gefährdenden Zustand gebieten, Bestimmungen über die Nutzung von Grundstücken treffen, bei Bauland befristete Bausperren anordnen oder Grundstücke wertgleich umlegen, in bestimmtem Umfang den Eigentümer zur Erhaltung von Bau- oder Naturdenkmälern verpflichten). Konkretisiert der Gesetzgeber nur die dem Eigentum innewohnende soziale Bindung, so liegt keine → Enteignung vor; es besteht keine Entschädigungspflicht nach den GG. Die Abgrenzung von gesetzlicher Eigentumsbindung und entschädigungspflichtiger Enteignung ist im Einzelfall oft schwierig. Neben der Enteignung stellt die nach Art. 15 GG in beschränktem Umfang zulässige → Vergesellschaftung eine Durchbrechung der E. dar.

**Eigentumsherausgabeanspruch** *(Vindikation, rei vindicatio).* Der Eigentümer kann von dem (unmittelbaren oder mittelbaren) → Besitzer die Herausgabe seiner Sache verlangen, z. B. Rückgabe eines ausgeliehenen Buchs, Räumung einer Wohnung (§ 985 BGB). Der Besitzer kann die Herausgabe verweigern, wenn er oder der mittelbare Besitzer, von dem er sein Recht zum Besitz ableitet (z. B. bei Untervermietung), dem Eigentümer gegenüber zum Besitz berechtigt ist (§ 986 BGB). Diese Berechtigung kann sich aus einem → dinglichen Recht (→ Nießbrauch, → Pfandrecht), aus einem schuldrechtlichen Rechtsverhältnis (z. B. Miete) oder einem → Zurückbehaltungsrecht (z. B. wegen → Verwendungen auf die Sache) ergeben. Der Käufer einer unter → Eigentumsvorbehalt veräußerten Sache hat auf Grund seines → Anwartschaftsrechts ein Recht zum Besitz, solange er nicht mit der Kaufpreiszahlung in Verzug gerät und der Verkäufer deshalb nach § 455 BGB vom Kaufvertrag zurückgetreten oder die gemäß § 326 BGB gesetzte Nachfrist fruchtlos abgelaufen ist; kein Besitzrecht auch, wenn sich der Käufer auf → Verjährung der Kaufpreisforderung beruft. Der E. ist abtretbar (*Vindikationszession;* → Eigentumsübertragung, 2 f).

Der Eigentümer hat ferner *gegen den unrechtmäßigen Besitzer* (dem ein Recht zum Besitz nicht zusteht) einen Anspruch auf *Herausgabe der → Nutzungen,* die dieser nach dem Eintritt der → Rechtshängigkeit des E. zieht oder schuldhafterweise zu ziehen unterläßt (dann Ersatz, § 987 BGB). Ein unentgeltlicher (z. B. Leihe) oder rechtsgrundloser Besitzer (z. B. auf Grund eines nichtigen Kaufvertrags) hat auch die vor Rechtshängigkeit gezogenen Nutzungen der Sache nach den Vorschriften über die → ungerechtfertigte Bereicherung herauszugeben (§ 988 BGB). Kann der E. des Eigentümers nicht zum Erfolg führen, weil die Sache nach Rechtshängigkeit infolge eines Verschuldens des Besitzers verschlechtert worden oder untergegangen ist oder aus einem sonstigen Grund nicht mehr herausgegeben werden kann (z. B. bei wirksamer Weiterveräußerung der Sache, → gutgläubiger Erwerb), so hat der Besitzer → *Schadensersatz* zu leisten (§ 989 BGB). Die vorgenannten Ansprüche auf Herausgabe der Nutzungen und auf Schadensersatz, die auch gegen einen redlichen objektiv unrechtmäßigen Besitzer gegeben sind, stehen dem Eigentümer vor Rechtshängigkeit des E. bereits gegen den sog. *unredlichen Besitzer* zu, d. h. gegen den Besitzer der Sache, der entweder bei Erwerb des Besitzes hinsichtlich seines Rechts zum Besitz in → bösem Glauben war oder der nachträglich positiv erfährt (hier schadet also grobe Fahrlässigkeit nicht mehr), daß er zum Besitz nicht berechtigt ist; eine weitergehende Haftung des unredlichen Besitzers aus → Verzug bleibt unberührt (§ 990 BGB). Über Besitzerwerb durch einen → Besitzdiener s. dort. Die genannten Vorschriften der §§ 987 ff. BGB sind in einem *Eigentümer-Besitzerverhältnis* grundsätzlich Sondervorschriften; die allgemeinen Bestimmungen über die Haftung aus → ungerechtfertigter Bereicherung und aus → unerlaubter Handlung sind daher – insbes. für den redlichen Besitzer, der sich im Rahmen seines vermeintlichen Besitz- und Nutzungsrechts hält – regelmäßig nicht anwendbar (§ 993 BGB). Eine Haftung des Besitzers aus unerlaubter Handlung kommt nur in Betracht, wenn sich der Besitzer den Besitz durch → verbotene Eigenmacht oder eine strafbare Handlung verschafft hat (§ 992 BGB) oder wenn er den Rahmen seines vermeintlichen Besitzrechts überschreitet (z. B. der auf Grund eines unwirksamen Mietvertrags besitzende „Mieter" zerstört die Mietsache, sog. *Fremdbesitzerexzeß).* Gegenansprüche des Besitzers sind dessen Anspruch auf Ersatz von → Verwendungen auf die Sache sowie das → Wegnahme- und das → Zurückbehaltungsrecht.

**Eigentumsstörungen.** Wird das → Eigentum in anderer Weise als durch Entziehung oder Vorenthaltung des → Besitzes (hier → Eigentumsherausgabeanspruch) beeinträchtigt – z. B. durch Betreten (Hausverbot), Eindringen von Feuchtigkeit, Benutzung der Sache durch einen Unberechtigten –, so kann der Eigentümer von dem Störer die Beseitigung der Beeinträchtigung auf dessen Kosten verlangen (Abwehranspruch, *actio negatoria).* Sind weitere Beeinträchtigungen zu besorgen (Wiederholungsgefahr, z. B. bei wiederholtem Begehen eines fremden Grundstücks), so kann er die Unterlassungsklage (→ Unterlassungsanspruch) erheben (§ 1004 BGB) Der Anspruch ist ausgeschlossen, wenn der Eigentümer zur Duldung der Störung verpflichtet ist, z. B. auf Grund eines dinglichen Rechts (→ Grunddienstbarkeit) oder einer persönlichen Gestattung sowie kraft Gesetzes, insbes. nach dem

→ Nachbarrecht (→ Immissionen, Überbau) oder aus dem → Gemeingebrauch. Er setzt nur einen objektiv rechtswidrigen Eingriff (also kein Verschulden) des Störers voraus; Schadensersatz aus → unerlaubter Handlung kann aber nur bei einem zumindest fahrlässigen Verhalten des Störers verlangt werden.

**Eigentumsübertragung.** 1. E. von → *Grundstücken:* Zunächst gelten hierfür die Vorschriften über die Übertragung von → Grundstücksrechten; d. h. es ist die → Einigung zwischen den Beteiligten und die Eintragung des Rechtsübergangs im → Grundbuch erforderlich (§ 873 I BGB). Wegen der besonderen Bedeutung der E. von Grundstücken muß jedoch die erforderliche Einigung zwischen dem Veräußerer und Erwerber, die sog. *Auflassung,* bei gleichzeitiger Anwesenheit beider Teile (→ Stellvertretung zulässig) vor einer zuständigen Stelle – d. i. regelmäßig ein → Notar, aber auch in einem gerichtlichen Vergleich oder in einem → Insolvenzplan – erklärt werden; eine Auflassung unter einer → Bedingung oder Zeitbestimmung ist unwirksam (§ 925 BGB). Die Auflassung ist scharf zu scheiden (→ Sachenrecht) von dem zugrundeliegenden schuldrechtlichen Rechtsgeschäft (→ Grundstückskaufvertrag); die Erklärung einer Auflassung soll jedoch von der zuständigen Stelle nur entgegengenommen werden, wenn der Grundstückskaufvertrag vorgelegt oder eine entsprechende Urkunde zumindest gleichzeitig errichtet wird (§ 925 a BGB). Die Auflassung ist in manchen Fällen genehmigungsbedürftig; s. z. B. → Grundstücksverkehr, landwirtschaftlicher. Mit der stets bindenden Auflassung erlangt der Erwerber ein → Anwartschaftsrecht bis zur Eintragung (h. M.), das allerdings weder zum Besitz des Grundstücks berechtigt (str.) noch gutgläubig erworben werden kann. Regelmäßig geht bei entsprechender Einigung mit der E. des Grundstücks auch das → Zubehör, soweit es im Eigentum des Veräußerers steht, auf den Grundstückserwerber über (§ 926 BGB).

2. E. von *beweglichen Sachen:* a) Zur Übertragung des Eigentums an einer beweglichen → Sache ist regelmäßig die → *Einigung* zwischen dem Veräußerer und dem Erwerber über den Eigentumsübergang *und* die *Übergabe* der Sache, d. h. die Einräumung des unmittelbaren → Besitzes, erforderlich (§ 929 S. 1 BGB; → Traditionsprinzip). Die Einigung ist auch hier infolge des Abstraktionsprinzips (→ Sachenrecht) von dem zugrunde liegenden schuldrechtlichen Geschäft, z. B. Kauf, zu unterscheiden, fällt aber bei den Geschäften des täglichen Lebens häufig mit diesem zusammen. b) Die Übergabe wird ersetzt durch die Einigung über den Besitzübergang, wenn der Erwerber in der Lage ist, die tatsächliche Gewalt über die Sache auszuüben (sog. *longa manu traditio,* § 854 II BGB; → Besitz). Bei den handelsrechtlichen → Traditionspapieren (z. B. Lagerschein, Konnossement) wird die Übergabe der Ware durch die Übergabe des Papiers ersetzt. c) Ist der Erwerber bereits im Besitz der Sache, so genügt die bloße Einigung über den Übergang, die Übergabe entfällt ganz (sog. *brevi manu traditio,* § 929 S. 2 BGB). d) Die Übereignung einer beweglichen Sache ist – anders als bei einem Grundstück – auch unter einer → *Bedingung* möglich; der in der Praxis häufigste Fall ist der → *Eigentumsvorbehalt.* In diesem Fall hat der Erwerber bis zum Eintritt der Bedingung bereits ein (vielfältig verwertbares) → Anwartschaftsrecht. e) Will der bisherige Eigentümer den unmittelbaren Besitz an der Sache nicht aufgeben, so kann die Übergabe dadurch ersetzt werden, daß zwischen ihm und dem Erwerber ein konkret bestimmtes Rechtsverhältnis vereinbart wird (z. B. Miete, Leihe, Verwahrung), auf Grund dessen der Erwerber den → mittelbaren Besitz erlangt (§ 930 BGB, → *Besitzkonstitut*). Der wichtigste Fall der E. durch Vereinbarung eines Besitzkonstituts ist die → *Sicherungsübereignung.* f) Ist ein Dritter im Besitz der Sache, so kann die Übergabe dadurch ersetzt werden, daß der Eigentümer dem Erwerber den Anspruch auf Herausgabe der Sache (→ Eigentumsherausgabeanspruch) abtritt; sog. *Vindikationszession,* § 931 BGB. g) Eine E. über einen *Vertreter des Erwerbers* ist hinsichtlich der Einigung, die ein → Rechtsgeschäft ist, ohne weiteres möglich; die Übergabe dagegen ist ein → Realakt, bei dem es keine Stellver-

tretung gibt; sie führt daher zum Besitzerwerb des Vertretenen nur, wenn der Vertreter → Besitzdiener ist; andernfalls muß der Besitz durch ein Besitzkonstitut vom Vertreter auf den Vertretenen übertragen und damit die Übergabe vollendet werden. Gibt der Vertreter sich nicht als solcher zu erkennen (→ mittelbare Stellvertretung), so erwirbt zunächst der Vertreter das Eigentum; er hat es an den Vertretenen in den genannten Formen (oftmals durch sog. Insichgeschäft; → Selbstkontrahieren) – weiter zu übertragen. Bei vielen Barkäufen des täglichen Lebens ist es jedoch dem Veräußerer gleichgültig, auf wen das Eigentum übergehen soll; hier richtet sich der Übertragungswille auf den eigentlichen Geschäftsherrn; es liegt, wenn auch der Handelnde für den Geschäftsherrn erwerben will, ein Fall unmittelbarer → Stellvertretung vor (sog. *Übereignung an den, den es angeht*).

3. Zum *Erwerb vom Nichtberechtigten* → gutgläubiger Erwerb.

**Eigentumsverletzung** → unerlaubte Handlung (2 a).

**Eigentumsverlust.** Neben den Gründen, die zum (ursprünglichen oder abgeleiteten) → Eigentumserwerb eines anderen führen, kennt das Gesetz noch die Möglichkeit der einseitigen → Eigentumsaufgabe.

**Eigentumsvermutung** zugunsten des Besitzers → Besitz.

**Eigentumsvermutungen bei Ehegatten.** Zugunsten der Gläubiger jedes der Ehegatten – nicht nur, wie früher, des Mannes – wird vermutet, daß bewegliche Sachen, die sich im Besitz eines oder beider Ehegatten befinden, dem jeweiligen Schuldner gehören (§ 1362 I BGB). Dieser gilt auch als der jeweilige Gewahrsamsinhaber und Besitzer (§ 739 ZPO) und kann daher einer → Zwangsvollstreckung nur widersprechen (→ Drittwiderspruchsklage), wenn er sein Eigentum nachweist, im → Konkurs ist darüber hinaus noch der Nachweis erforderlich, daß die Gegenstände nicht mit Mitteln des Gemeinschuldners erworben wurden (§ 45 KO). Diese E. gelten zum Schutze der Gläubiger zwingend bei jedem → Güterstand, dagegen nicht bei → Getrenntleben der Ehegatten. Bei Sachen, die ausschließlich zum persönlichem Gebrauch eines Ehegatten bestimmt sind (z. B. Bekleidung, Schmuck, Geräte zur Berufsausübung), wird im Verhältnis der Ehegatten zueinander und gegenüber Dritten (Gläubigern) vermutet, daß sie dem Ehegatten gehören, für dessen Gebrauch sie bestimmt sind (§ 1362 II BGB).

**Eigentumsvorbehalt.** Anders als die → Auflassung ist die Übereignung beweglicher Sachen (→ Eigentumsübertragung) auch unter einer → Bedingung zulässig. Durch den E., d. h. die aufschiebend bedingte Übereignung bei unbedingt abgeschlossenem Kaufvertrag, behält sich der Veräußerer, z. B. der Warenlieferant, bis zur vollständigen Bezahlung des Kaufpreises das Eigentum vor; andererseits ist der Erwerber bereits berechtigt, die Sache in → Besitz zu nehmen und zu benutzen, ggf. auch zu verwerten (s.u.). Mit dem Eintritt der Bedingung (i. d. R. Zahlung der letzten Kaufpreisrate) geht das Eigentum automatisch auf den Erwerber über, ohne daß es einer nochmaligen → Einigung bedarf. Bei Vereinbarung des E. ist im Zweifel anzunehmen, daß der Verkäufer zum → Rücktritt vom Kaufvertrag (und damit zur Geltendmachung des → Eigentumsherausgabeanspruchs) berechtigt ist, wenn der Käufer mit der Kaufpreiszahlung in → Schuldnerverzug kommt (§ 455 I BGB). Besonders häufig ist der E. beim → *Kreditvertrag;* hier gelten nach dem VerbraucherkreditG für den Rücktritt und seine Folgen besondere Vorschriften (→ Kreditvertrag, 5). Das Eigentum kann auch einseitig, z. B. durch einen Vermerk auf dem mitübersandten Lieferschein oder der Rechnung, wirksam vorbehalten werden, sofern diese Erklärung dem Erwerber mindestens gleichzeitig mit der Übersendung der Ware zugeht. Bis zum Eintritt der Bedingung hat der Vorbehaltskäufer ein → *Anwartschaftsrecht* an der unter E. veräußerten Sache. Während er hinsichtlich der Sache selbst noch Nichtberechtigter ist, so daß eine wirksame Weiterübertragung der Sache nur mit Genehmigung des Eigentümers oder bei → gutgläubigem Erwerb möglich ist, kann der Vorbehaltskäufer über das Anwartschaftsrecht (s. dort) bereits als Berechtigter, insbes. zu Kreditzwecken, verfügen.

Besondere Formen des E. sind der *erweiterte* E. (auch Kontokorrentvorbehalt genannt) und der in → Allgemeinen Geschäftsbedingungen häufige *verlängerte* E. Beim erweiterten E. wird der Eigentumsübergang von der Bezahlung sämtlicher offener Forderungen (z. B. Ausgleich des → Kontokorrents) des Vorbehaltsverkäufers (unzulässig: eines Dritten, z. B. eines mit dem Verkäufer verbundenen Unternehmens, § 455 II BGB) abhängig gemacht. Ist ein verlängerter E. vereinbart, darf der Vorbehaltskäufer die unter E. erworbene Sache im gewöhnlichen Geschäftsgang veräußern oder verarbeiten (→ Verarbeitung), überträgt dafür aber sicherungshalber (→ Sicherungsübereignung) durch vorweggenommenes → Besitzkonstitut das Eigentum an der durch Verarbeitung erlangten Sache bzw. den Erlös an den Lieferanten oder tritt die künftige Kaufpreisforderung aus einem Weiterverkauf an diesen ab. Der verlängerte E. kommt dadurch häufig in Kollision mit der sog. *Globalzession,* d.h. der sicherungsweisen Abtretung sämtlicher Forderungen des Unternehmers, soweit sie hinreichend bestimmt oder bestimmbar sind, an einen Kreditgeber (i. d. R. Bank). Nach der Rspr. gilt bei einem derartigen Zusammentreffen zwischen verlängertem E. und Globalzession, sofern diese nicht z. B. wegen → Sittenwidrigkeit (zur Übersicherung → Abtretung, 1) oder Verstoß gegen § 9 AGBG (keine Freigabe für verlängerten E.) nichtig ist, grundsätzlich das → Prioritätsprinzip; d. h. die zeitlich früher vereinbarte Sicherung hat Vorrang.

**Eigentumswohnung** → Wohnungseigentum, → Werkvertrag (1), → Selbstgenutzte Wohnung, steuerlich.

**Eigenunfallversicherung** Als E. bezeichnete man bis zum Inkrafttreten des SGB VII die von Bund, Bundesanstalt für Arbeit, Ländern und Gemeinden bzw. Gemeindeverbänden für bestimmte (meist eigene) Bereiche selbst durchgeführte gesetzliche → Unfallversicherung. Träger war jeweils die → Ausführungsbehörde für Unfallversicherung bzw. der Gemeindeunfallversicherungsverband. An ihre Stelle sind nach dem SGB VII selbständige → Unfallversicherungsträger getreten (§§ 125 ff., 218 SGB VII).

**Eigenverbrauch** des Unternehmers liegt bei der → Umsatzsteuer in 3 Fällen (§ 1 I Nr. 2 UStG) vor: a) *Entnahme* von Gegenständen für unternehmensfremde Zwecke; anzusetzen mit dem Einkaufspreis und Nebenkosten oder mit den Selbstkosten. b) *Ausführung sonstiger Leistungen* für unternehmensfremde Zwecke (z. B. private Kfz-Nutzung); anzusetzen mit den Kosten. c) Nicht abzugsfähige → *Betriebsausgaben* und Aufwendungen für die Lebensführung; anzusetzen mit den Aufwendungen (§ 10 IV UStG). Die Umsatzsteuer auf den E. soll den → Vorsteuerabzug beim Unternehmer rückgängig machen, um den Unternehmer insoweit dem Endverbraucher gleichzustellen. Der E. ist bei Einkommen- und Körperschaftsteuer nicht abzugsfähig (§ 12 Nr. 3 EStG, § 10 Nr. 2 KStG).

**Eigenverwaltung** → Insolvenzverfahren (2).

**Eigenverwaltung (unmittelbare Staatsverwaltung)** → Ausführung von Gesetzen.

**Eignungsprüfung Wehrpflichtiger.** Die nach dem Musterungsbescheid tauglichen Wehrpflichtigen können vor ihrer Einberufung durch eine Prüfgruppe unter Leitung eines Diplompsychologen auf ihre Eignung für bestimmte Verwendungen geprüft werden (§ 20 a WehrpflG).

**Eignungsübungen** (zu unterscheiden von → Eignungsprüfungen) dienen der Auswahl freiwilliger Soldaten (Berufssoldaten, Soldaten auf Zeit). Das EignungsübungsG vom 20. 1. 1956 (BGBl. I 13) mit spät. Änd. gewährt Schutz vor beruflichen und betrieblichen Nachteilen wegen Ableistung einer E. bis zu einer Dauer von grundsätzlich 4 Monaten für Arbeitnehmer, Handelsvertreter und Beamte. Es sichert Arbeitsplatz und Werkwohnung und hält Versicherungsverhältnisse aufrecht.

**Eike von Repgow** (etwa 1180 bis 1233) war der Verfasser des → Sachsenspiegels; er gilt als der erste deutsche Rechtsdenker.

**Eilbedürftige Gesetze** (Art. 76 II 4 GG) → Gesetzgebungsverfahren, 2.

**Einäscherung** → Feuerbestattung.

**Einbahnstraßen** sind besonders gekennzeichnet. Sie dürfen nur in einer Richtung befahren werden, auch von Zweirädern. Mit einem Zusatzschild ist Radverkehr in der Gegenrichtung bis 31. 12. 2000 zugelassen. Auch auf einer E. ist rechts zu fahren und links zu überholen; Schienenfahrzeuge dürfen rechts oder links überholt werden. Grundsätzlich darf rechts und links gehalten und geparkt werden. Wenden in der E. ist verboten, außer nach irrtümlichem Einfahren. Vgl. §§ 5 VII 4, 12 IV 4 StVO.

**Einbauten des Mieters** → Bestandteil, → Wegnahmerecht, → Miete (2 c).

**Einbenennung.** Der Elternteil, dem die → elterliche Sorge für ein unverheiratetes Kind allein zusteht, und sein Ehegatte, der nicht Elternteil des Kindes ist, können dem Kind durch (öffentlich beglaubigte, → Form, 1 b) Erklärung gegenüber dem → Standesbeamten ihren Ehenamen (→ Name der Familie) erteilen; dies auch in Verbindung mit dem bisherigen → Namen des Kindes (§ 1618 BGB, § 31 a PStG). Diese sog. E. bedarf der Einwilligung des Dritten (Ehegatten), des anderen Elternteils, sofern das Kind bisher dessen Namen führt (diese kann vom → Familiengericht ersetzt werden), sowie des Kindes, wenn es das 5. Lebensjahr vollendet hat. Die E. hat – außer der Namensänderung – keine weitergehenden rechtlichen Wirkungen; insbes. liegt in ihr keine Anerkennung der Vaterschaft (→ Abstammung, 2 b) oder dgl.

**Einberufung Wehrpflichtiger.** Die ungedienten Wpfl. werden auf Grund des Ergebnisses der Musterung gemäß den Personalanforderungen der Truppe auf der Grundlage eines Bedarfsdekkungsplans zu den 4 Einberufungsterminen (Anfang Januar, April, Juli, Oktober) von den Kreiswehrersatzämtern einberufen. Sie werden nach Maßgabe der Tauglichkeit, Vorbildung, Eignung und Verwendbarkeit ausgewählt. Die E. nur eines Teils der verfügbaren Wpfl. verletzt nicht den Gleichheitsgrundsatz, wenn sie sich nach sachlichen Gesichtspunkten richtet (BVerwGE 7, 325). Der E.bescheid ist grundsätzlich sofort vollziehbar (§ 33 V WehrpflG; → Widerspruchsverfahren). Der Widerspruch gegen → Verwaltungsakte im Rahmen des E.verfahrens kann abweichend von den allgemeinen Vorschriften nur innerhalb von zwei Wochen nach Zustellung des Bescheids erhoben werden (§ 33 I WehrpflG). Die Mindestfrist zwischen seiner Zustellung und dem E.termin soll 4 Wochen betragen (§ 13 IV 3 MusterungsVO). Wegen der E. gedienter Wpfl. vgl. §§ 23, 36 WehrpflG und §§ 16–18 MusterungsVO.

Schuldhaftes Ausbleiben oder verspätetes Einrücken ist ein militärisches Dienstvergehen i. S. des § 23 I SoldatenG, das gemäß § 7 WehrdisziplinarO disziplinär geahndet werden kann. Es kann aber auch eine Straftat nach § 15 WStG (eigenmächtige Abwesenheit) oder § 16 WStG (→ Fahnenflucht) vorliegen.

**Einbiegen im Straßenverkehr** → Abbiegen im Str.

**Einbringung von Sachen** → Miete (3), → Gastwirtshaftung, → Fürsorgepflicht, → Verwahrung.

**Einbruchdiebstahl** → Diebstahl (2), → Bandendiebstahl; → Schadensversicherung, → Kaskoversicherung.

**Einbürgerung.** Die deutsche → Staatsangehörigkeit wird nach dem Reichs- und Staatsangehörigkeitsgesetz (§ 3 Nr. 5, §§ 8 ff.) u. a. durch die E. *(Naturalisation)* erworben. Ein → Ausländer, der sich im Inland niedergelassen hat, kann auf seinen Antrag eingebürgert werden, wenn er nach den Gesetzen seiner bisherigen Heimat unbeschränkt geschäftsfähig (oder der Antrag von seinem gesetzlichen Vertreter gestellt) ist, er einen unbescholtenen Lebenswandel geführt, am Ort seiner Niederlassung eine eigene Wohnung oder ein Unterkommen gefunden hat und er dort sich und seine Angehörigen zu ernähren imstande ist. Erleichterungen gelten für die E. des ausländischen Ehegatten eines deutschen Staatsangehörigen (→ Staatsangehörigkeit des Ehegatten), nach §§ 85 ff. Ausländergesetz für junge → Ausländer und Ausländer mit langem Aufenthalt (u. U. auch unter Hinnahme der Eigenschaft als → Mehrstaater) sowie für → heimatlose Ausländer. Die E. ist Verwaltungsakt, der im → Ermessen der Einbürgerungsbehörde steht („Ermessens-E."). Maßgebend ist, ob die E. nach allgemeinen politischen und wirtschaftlichen Gesichtspunkten wünschenswert ist, also allein das Interesse des Aufnahmestaates, nicht der privaten Interessen des Antragstellers. Nach ständiger Verwaltungspraxis kommt eine Einbürgerung grundsätzlich nur bei Aufgabe der bisherigen Staatsangehörigkeit in Betracht (vgl. aber oben). Ehegatten Deutscher sollen eingebürgert werden (§ 9 RuStG), wenn sie sich in die deutschen Lebensverhältnisse einordnen. Nur unter bestimmten gesetzlichen Voraussetzungen besteht ein Rechtsanspruch auf E., so für frühere Deutsche, denen die Staatsangehörigkeit aus politischen, rassischen oder religiösen Gründen entzogen worden ist, sowie für deren Abkömmlinge (Art. 116 II GG). Ein Ausländer, der zwischen 16. und 23. Lebensjahr die Einbürgerung beantragt, ist einzubürgern, wenn er seine bisherige Staatsangehörigkeit aufgibt (zu Ausnahmen s. → Mehrstaater), sich seit 8 Jahren in der BRep. rechtmäßig aufhält, 6 Jahre eine Schule besucht hat und nicht vorbestraft ist. Nach 15 Jahren rechtmäßigem Aufenthalt in der BRep. hat jeder nichtvorbestrafte Ausländer einen Anspruch auf E., wenn er seine bisherige Staatsangehörigkeit aufgibt (zu Ausnahmen s. → Mehrstaater) und für sich und seine Familie selbst sorgen kann. Die E. wird mit der Aushändigung der E.urkunde wirksam.

**EINECS** → Altstoffverzeichnis der EG.

**Einfaches Gesetz** nennt man ein förmliches → Gesetz (des Bundes oder eines → Landes), das keine → Verfassungsänderung zum Inhalt hat und deshalb nicht der hierfür vorgesehenen qualifizierten → Mehrheit bedarf.

**Einfahren aus Grundstücken** auf eine Straße erfordert rechtzeitiges Ankündigen unter Benutzung des Fahrtrichtungsanzeigers und große Vorsicht; eine Gefährdung anderer Verkehrsteilnehmer muß ausgeschlossen sein. Notfalls muß sich der Fahrer einweisen lassen. Der fließende Verkehr darf nicht behindert werden. Dasselbe gilt vom Wechsel von anderen, nicht dem fließenden Verkehr dienenden Straßenteilen auf die Fahrbahn (§ 10 StVO). Besonders ist auf nachfolgende Verkehrsteilnehmer und beim Überqueren eines Radweges auf Radfahrer sowie auf Fußgänger zu achten. Vor Grundstücksein- und -ausfahrten besteht Parkverbot (§ 12 III Nr. 3 StVO), außer für Grundstücksbenutzer.

**Einfamilienhaus** → Selbstgenutzte Wohnung, steuerlich, → Eigenheimzulage, → Erbschaftsteuer.

**Einfuhr** aus den Gliedstaaten der EG (EG-Binnenhandel) ist im Grundsatz keinerlei verfahrensrechtlichen oder sonstigen Beschränkungen unterworfen; das Verfahren der E.-abfertigung nach §§ 27 ff. AWV dient insoweit nur der Kontrolle der tatbestandlichen Voraussetzungen einer genehmigungsfreien E.

Die materielle Regelung der E. aus Drittländern ist außer bei vorbehaltenen Bereichen, vor allem → Kriegswaffen (Art. 223 I b EWGV) primär Sache der gemeinschaftlichen → Handelspolitik (s. dort auch wegen Beschränkungen), bei fehlender gemeinschaftsrechtlicher Regelung können die Mitgliedstaaten nach Maßgabe der → Cassisformel in beschränktem Umfang Regelungen treffen. Verfahrensrechtlich werden die Beschränkungen gewährleistet durch das gemeinschaftsrechtliche Einfuhrdokument (nach deutscher Terminologie „Einfuhrerklärung"). Wegen des innerstaatlichen Vollzugs vgl. § 28 a AWV. Danach sind für die gemeinschaftsrechtlich vorgeschriebenen Abstempelungen die Bundesämter, für die Einfuhrerklärungen die jeweiligen Zollämter zuständig. Der Verkehr mit landwirtschaftlichen Produkten ist durch die gemeinschaftsrechtliche Einfuhrlizenz auch verfahrensrechtlich vereinheitlicht. Fortgeltend ist derzeit noch das nationale Recht der E.-förderung, das allerdings von den Gliedstaaten nicht mehr geändert werden darf. S. a. → Tierseuchen, → Pflanzenschutz.

**Einfuhrabgaben** sind Zölle (→ Zoll), → Abschöpfungen sowie die Einfuhrumsatzsteuer (→ Drittlandsgebiet 2.) und die → Verbrauchsteuern auf eingeführte Waren (Art. 4 Nr. 10 ZK, § 1 I S. 3 ZollVG). E. unterliegen der zollamtlichen Überwachung durch die Zollverwaltung nach dem Zollverwaltungsgesetz (ZollVG).

**Einfuhr- und Vorratsstellen** hatten für die früheren innerstaatlichen Marktordnungen der Ernährungswirtschaft etwa die Funktionen, die jetzt für die gemeinschaftlichen → Marktorganisationen von der → Bundesanstalt für Landwirtschaft und Ernährung wahrgenommen werden.

**Einfuhrkartell** (Importkartell) → Kartell.

**Einfuhrliste** ist die Bezeichnung für die Anlage zum → AußenwirtschaftsG, in der alle Waren enthalten sind, deren Einfuhr genehmigungsfrei ist (§ 10 I AWG). Sie kann durch RechtsVO geändert werden. Einfuhrbeschränkungen sind durch Änderung der Liste aufzuheben, soweit ein berechtigtes Schutzbedürfnis der Wirtschaft oder einzelner Wirtschaftszweige auch unter Berücksichtigung handelspolitischer Erfordernisse nicht mehr besteht. Die E.n werden häufig geändert und i. d. R. im BAnz. veröffentlicht.

**Einfuhrumsatzsteuer.** → Drittlandsgebiet (2.). Zu Lieferungen aus anderen EU-Mitgliedstaaten → Binnenmarkt, Umsatzsteuer.

**Einführungsgesetz** ist ein → Gesetz im formellen und materiellen Sinne, das i. d. R. gleichzeitig mit der umfassenden Neuregelung eines größeren Rechtsgebietes erlassen wird. Es regelt insbes. das Verhältnis des neuen Rechts zum alten Recht (vor allem durch Anpassung anderer Rechtsgebiete an die neuen Bestimmungen), ferner im → Bundesstaat u. U. das Verhältnis des → Bundes- zum → Landesrecht (so die E. zum BGB, HGB, StGB, zur ZPO und StPO). E. können aber auch selbständige Rechtsnormen enthalten, so z. B. das E. zum BGB mit seiner Regelung des → internationalen Privatrechts.

**Einfuhrzoll** ist der → Zoll auf eingeführte Waren. Vgl. → Zolltarif. *Ausfuhrzölle* auf ausgeführte Waren werden z. Zt. in der EU nicht erhoben.

**Eingabe** ist eine gesetzlich nicht genauer umrissene Bezeichnung für Anträge, Einwendungen und Anregungen an Verwaltungsbehörden sowie für Bitten und Beschwerden an die Volksvertretung (→ Beschwerde- und Petitionsrecht). Über „gleichförmige Eingaben" (§§ 17 bis 19 VwVfG) → Massenverfahren.

**Eingebrachte Sachen** → Miete (3), → Gastwirtshaftung, → Fürsorgepflicht, → Verwahrung.

**Eingemeindung.** Unterfall der Gemeindegebietsreform (siehe → Gemeinde, 5), bei dem eine Gemeinde oder ein Teil einer Gemeinde in eine andere – in der Regel größere – Gemeinde eingegliedert wird. Gemeinden genießen dabei keinen absoluten Bestandsschutz. Die E. erfolgt grundsätzlich durch Gesetz.

**Eingerichteter Gewerbebetrieb** (Schädigung) → unerlaubte Handlung (2 a).

**Eingetragene Genossenschaft (e.G.)** → Genossenschaft.

**Eingetragener Verein (e. V.)** → Verein.

**Eingliederung** bedeutet im → Konzernrecht die Aufnahme einer → Aktiengesellschaft in eine andere inländische AG unter Fortbestand äußerer rechtlicher Selbständigkeit. Die E. (§§ 319–327 AktG) setzt voraus, daß die eingliedernde Gesellschaft (Hauptgesellschaft) mindestens 95% der → Aktien der einzugliedernden Gesellschaft besitzt und daß deren → Hauptversammlung die E. beschließt. Die E. bedarf der Zustimmung einer 3/4-Mehrheit der Hauptversammlung der Hauptgesellschaft. Die ausgeschiedenen Aktionäre der eingegliederten Gesellschaft haben Anspruch auf angemessene Abfindung, zuvörderst in eigenen Aktien der Hauptgesellschaft (§ 320 b AktG).

**Eingliederungshilfe für Behinderte.** Körperlich, geistig oder seelisch wesentlich Behinderte erhalten, wenn sie nicht gleichartige Ansprüche gegen andere haben, von der → Sozialhilfe Hilfen zur Eingliederung in Beruf und Gesellschaft und zur Teilnahme am Gemeinschaftsleben (§§ 39–47 BSHG; EingliederungshilfeVO i. d.F. vom 1. 2. 1975 – BGBl. I 433 m. spät. Änd.). Medizinische und berufliche E. obliegt ferner der → Rentenversicherung (§§ 9–32 SGB VI), der → Unfallversicherung (§§ 26 ff. SGB VII ), der → Kriegsopferversorgung und der → Kriegsopferfürsorge (§§ 10 ff., §§ 25 ff. BVG), berufliche E. auch der → Bundesanstalt für Arbeit (§§ 97 ff. SGB III). S. a. → Schwerbehinderte.

**Eingliederungshilfe nach dem Häftlingshilfegesetz** → Häftlingshilfe.

**Eingliederungsschein** für Soldaten auf Zeit → Soldatenversorgungsgesetz, → Berufsförderung für Soldaten.

**Eingliederungsvertrag.** Zur Eingliederung förderungsbedürftiger Arbeitsloser, insbes. → Langzeitarbeitsloser, können der Arbeitsgeber und der Arbeitslose mit Zustimmung des → Arbeitsamtes einen Eingliederungsvertrag abschließen. Der Eingliederungsvertrag ist auf mindestens zwei Wochen, längstens sechs Monate zu befristen. Auf den Eingliederungsvertrag findet grundsätzlich Arbeitsrecht Anwendung, Besonderheiten bestehen jedoch z. B. insoweit, als der Arbeitslose und der Arbeitsgeber die Eingliederung jederzeit ohne Angabe von Gründen für gescheitert erklären können und das Arbeitsamt dem Arbeitgeber ggf das für Zeiten ohne Arbeitsleistung (z. B. Krankheit) zu zahlende Arbeitsentgelt erstattet (§§ 229 ff. SGB III).

**Eingliederungszuschuß.** Zur Eingliederung von Arbeitnehmern, die ohne diese Leistung der → Arbeitsförderung nicht oder nicht dauerhaft eingegliedert werden könnten, können Arbeitgeber Zuschüsse vom → Arbeitsamt zum Arbeitsentgelt zum Ausgleich von Minderleistungen erhalten. Die Regelförderung beträgt 30% für die Dauer von 6 Monaten, sie kann für ältere Arbeitnehmer auf 50% und 24 Monate erweitert werden. Weitere Erhöhungen und Verlängerungen sind möglich (§ 217 SGB III).

**Eingriffskondiktion** → ungerechtfertigte Bereicherung.

**Eingriffsverwaltung** ist der Teil des öffentlichen Verwaltungshandelns, der mit hoheitlichen Anordnungen in die Rechts- und Freiheitssphäre der Rechtsunterworfenen eingreift. Derartige Eingriffe sind nur auf gesetzlicher Grundlage zulässig (→ Gesetzmäßigkeit der Verwaltung, → Rechtsstaat). Anordnungen der E. können mit → Verwaltungszwang durchgesetzt werden. Im Gegensatz zur E. steht die → *Leistungsverwaltung*, die der „Daseinsvorsorge" für die Bürger sowie wirtschafts- und sozialpolitischen Zwecken dient; in ihr gilt der Grundsatz der Gesetzmäßigkeit der Verwaltung nur eingeschränkt. Hauptbeispiel der E. sind das → Polizei- und → Ordnungsrecht.

**Einheit, wirtschaftliche.** Bei der steuerlichen Einheitsbewertung (→ Einheitswerte) ist jede w. E. für sich zu bewerten. Was als w. E. zu gelten hat, ist nach den Anschauungen des Verkehrs zu entscheiden (z. B. bildet ein durch eine öff. Straße zerschnittener Hausgarten zwei w. E.). Mehrere Wirtschaftsgüter kommen als w. E. nur insoweit in Betracht, als sie demselben Eigentümer gehören (§ 2 I, II BewG). Ausnahmen gelten für die Vermögenszusammenrechnung bei Ehegatten (§ 26 BewG).

**Einheit der Rechtsordnung** bedeutete im 19. Jahrhundert vor allem das Bestreben um Vereinheitlichung des territorial und inhaltlich zersplitterten Rechts in Deutschland (Ergebnis z. B. StGB 1871, BGB 1896, HGB 1897). Heute meint man damit häufig das Bemühen, trotz ausufernder Gesetzgebung begriffliche und systematische Unterschiede sowie Wertungsunterschiede zwischen verschiedenen Rechtsgebieten zu vermeiden.

**Einheitlichkeit der Rechtsprechung** i. S. einheitlicher Gesetzesauslegung und → Rechtsfortbildung wird in erster Linie durch die Rechtsprechung der übergeordneten Gerichte, insbes. der → Revisionsgerichte, gewährleistet. Zwischen den → obersten Gerichtshöfen des Bundes wird sie durch den → Gemeinsamen Senat gewahrt. → Divergenz gerichtlicher Entscheidungen.

**Einheitsgesellschaft** ist ein aus dem AHKG Nr. 27 herrührender Begriff. Damit sind Unternehmen gemeint, die im Bereich der Montanindustrie bei Entflechtung der Konzerne neu gebildet und denen die Produktionsanlagen der früheren Konzerne übertragen wurden. Bei E.en besteht die erweiterte → Mitbestimmung nach dem MitbestimmungsG für die Montanindustrie (BGBl. 1951 I 347).

**Einheitsgründung** ist die nach § 29 AktG allein noch zugelassene Form der

Gründung einer → Aktiengesellschaft, bei der die Gründer selbst alle Aktien übernehmen. Die früher außerdem gestattete *Stufengründung* (das Publikum zeichnete die Aktien bereits im Gründungsstadium) ist nicht mehr zulässig.

**„Einheitsjurist"** → Jurist, → Juristenausbildung.

**Einheitsmietvertrag** → Miete (1 a).

**Einheitspreis** ist ein Preis, der auf eine Leistungseinheit, z. B. für Flächenmaß, Gewicht oder Stück bezogen ist. Der E. ist im Preissystem der VOB/B (→ Verdingungsordnungen) der Regelpreis.

**Einheitsstaat.** Der E. steht im Gegensatz zum → Bundesstaat und zu sonstigen → Staatenverbindungen. Er setzt sich nicht aus mehreren → Staaten zusammen, sondern besitzt von vornherein nur eine einzige → Staatsgewalt. Innerhalb dieses Staates bestehende → Gebietskörperschaften haben nicht den Rechtscharakter von Staaten, da sie keine originäre Staatsgewalt besitzen, sondern ihre Hoheitsbefugnisse vom Staat ableiten. Unabhängig davon ist die Frage, ob der E. zentralisiert oder dezentralisiert verwaltet wird. Dem E. wohnt der → Zentralismus häufig, aber nicht notwendig inne.

**Einheitsstrafe.** Hat jemand mehrere selbständige Straftaten begangen *(Tatmehrheit),* so setzt das Gericht für jede Tat eine Einzelstrafe fest; i. d. R. werden dann die mehreren Strafen zu einer *Gesamtstrafe* zusammengezogen, ggf. nachträglich (§§ 53 ff. StGB, § 460 StPO; s. → Konkurrenz von Straftaten).

Im → *Jugendstrafrecht* dagegen wird bei Aburteilung mehrerer selbständiger Straftaten eine einzige Jugendstrafe *(Einheitsstrafe)* oder es werden einheitlich Erziehungsmaßregeln oder Zuchtmittel festgesetzt; aus erzieherischen Gründen wäre ein Nebeneinander verschiedener strafrechtlicher Reaktionsmittel unzweckmäßig. Dabei dürfen die gesetzlichen Höchstgrenzen z. B. der Jugendstrafe nicht überschritten werden (§ 31 I JGG). Schon rechtskräftig abgeurteilte Taten kann der Richter in die E. einbeziehen, wenn das frühere Urteil noch nicht ganz vollstreckt ist; er kann aber hiervon auch absehen (§ 31 II, III JGG). Ist ein Straftäter wegen mehrerer Taten abzuurteilen, die teils nach Jugendstrafrecht, teils nach allgemeinem Strafrecht zu ahnden sind – etwa wenn er sie teils als Jugendlicher oder Heranwachsender, teils als Erwachsener begangen hat –, so soll aus denselben Gründen eine parallele Anwendung beider Strafsysteme unterbleiben. Daher ist auf alle Taten entweder das Jugend- oder das allgemeine Strafrecht anzuwenden, je nachdem, bei welchen Taten das Schwergewicht liegt (§ 32 JGG).

**Einheitstäter** ist im Strafrecht eine begriffliche Zusammenfassung von → Täter und → Teilnehmer; sie gilt nicht im Strafrecht für Vorsatzdelikte, wohl aber für Fahrlässigkeitsdelikte und im Recht der → Ordnungswidrigkeiten (§ 14 OWiG, → Beteiligung).

**Einheitswahl des Betriebsrats** ist der Gegensatz zur Gruppenwahl bei → Betriebsratswahlen.

**Einheitswerte** spielen nach den Entscheidungen des BVerfG (BStBl. II 1995, 655, 671), wonach die Bewertung des Grundbesitzes für Erbschaftsteuer- und Vermögensteuerzwecke nach den Einheitswerten auf der Basis 1. 1. 1964 mit Wertzuschlag zum 1. 1. 1974 für verfassungswidrig erklärt worden ist (→ Erbschaftsteuer, → Vermögensteuer) und nachdem die Gewerbekapitalsteuer aufgehoben worden ist (→ Gewerbesteuer 3.), nur noch für die → Grundsteuer und für die → Gewerbesteuer (3) eine Rolle. Einheitswerte werden für inländischen Grundbesitz, und zwar für Betriebe der Land- und Forstwirtschaft, für Grundstücke und für → Betriebsgrundstücke (§ 19 I BewG) durch Feststellungsbescheid (→ Besteuerungsverfahren) festgestellt. Grundstücke werden nach dem Ertragswertverfahren (§ 76 I BewG) oder nach dem Sachwertverfahren (§ 76 II BewG) bewertet, wobei nach wie vor die Wertverhältnisse zum 1. 1. 1964, für die Gewerbesteuer, mit 40% Zuschlag und in den Neuen Bundesländern die Wertverhältnisse zum 1. 1. 1935 mit verschiedenen Zuschlägen ausschlaggebend sind (§§ 121 a, 125 ff. BewG). → Hauptfeststellung. Übriges → Betriebsvermögen wird mit den Steuerbilanzwerten angesetzt, §§ 95 ff. BewG; → Bilanz 2.

**Einigung** ist im → Sachenrecht der dingliche Vertrag (→ Vertrag, 4), der grundsätzlich zur Begründung, Übertragung und Belastung von → Grundstücksrechten neben der Eintragung im → Grundbuch, bei beweglichen Sachen neben deren Übergabe erforderlich ist, soweit diese nicht durch eine Vereinbarung, z. B. beim Besitzmittlungsverhältnis, ersetzt werden kann (→ Eigentumsübertragung). Die für einen wirksamen Vertrag erforderlichen allgemeinen Voraussetzungen (z. B. → Geschäftsfähigkeit, Freiheit von → Verfügungsbeschränkungen) müssen auch bei der E. vorhanden sein. Die E. ist regelmäßig formfrei, ausgenommen bei der → *Auflassung* von Grundstücken; zum Nachweis gegenüber dem Grundbuchamt (Form) → Grundbuch. Die E. wird für die Beteiligten bei Grundstücksrechten erst bindend, wenn sie notariell beurkundet oder beim Grundbuchamt eingereicht ist (§ 873 II BGB); bis dahin ist sie grundsätzl. frei widerruflich.

**Einigungsmangel** (Dissens) → Vertrag (1).

**Einigungsstellen** → Betriebsrat, → unlauterer Wettbewerb.

**Einigungsvertrag (EinigV).** 1. Der Vertrag zwischen der → Bundesrepublik Deutschland und der → Deutschen Demokratischen Republik über die Herstellung der Einheit Deutschlands vom 31. 8. 1990 (BGBl. II S. 885) beendete verfassungsrechtlich die Teilung Deutschlands (→ Wiedervereinigung). Mit dem Wirksamwerden des Beitritts der DDR gemäß Art. 23 GG am 3. Oktober 1990 wurden die Länder Brandenburg, Mecklenburg-Vorpommern, Sachsen, Sachsen-Anhalt und Thüringen Länder der Bundesrepublik Deutschland. Die 23 Bezirke von Berlin bilden das Land Berlin. Als Hauptstadt wurde Berlin bestimmt. Die Frage des Sitzes von Parlament und Regierung wurde zunächst noch offen gelassen (→ Bundeshauptstadt). Der Tag des Wirksamwerdens des Beitritts wurde zum gesetzlichen Feiertag bestimmt. Die Verwaltungsorgane und sonstigen der öffentlichen Verwaltung oder Rechtspflege dienenden Einrichtungen wurden, soweit ihre Aufgaben der → Verwaltungskompetenz des Bundes unterfallen, auf den Bund, im übrigen auf die Länder übergeführt. Die → Rehabilitierung der Opfer des SED-Unrechts-Regimes wurde vertraglich abgesichert. Im übrigen wurde festgelegt, daß gerichtliche Entscheidungen und Verwaltungsentscheidungen grundsätzlich fortbestehen. Die Beschäftigungsverhältnisse der im öffentlichen Dienst stehenden Personen wurden grundsätzlich auf Bund und Länder übergeleitet. Soweit Einrichtungen nicht übernommen, sondern abgewickelt werden, traten die Beschäftigten in Wartestand, wobei ihre Beschäftigungsverhältnisse nach sechs Monaten endeten, soweit keine anderweitige Beschäftigung für sie gefunden werden konnte. Überdies konnte wegen mangelnden Bedarfs ordentlich und bei Mitarbeit im Ministerium für Staatssicherheit außerordentlich gekündigt werden. Das Verwaltungsvermögen der DDR wurde auf Bund und Länder übergeleitet, das Finanzvermögen auf den Bund. Die bis zum Wirksamwerden des Beitritts aufgelaufene Gesamtverschuldung des Republikhaushaltes der DDR wurde von einem nicht rechtsfähigen Sondervermögen des Bundes übernommen. Die → Treuhandanstalt blieb damit beauftragt, die früheren volkseigenen Betriebe wettbewerblich zu strukturieren und zu privatisieren. Die → Deutsche Reichsbahn und die → Deutsche Post wurden Sondervermögen des Bundes, wobei die Deutsche Post mit der Deutschen → Bundespost vereinigt wurde. Besondere Vorschriften wurden für die Bereiche Arbeit, Soziales, Familie, Frauen, Gesundheitswesen und Umweltschutz sowie Kultur, Bildung, Wissenschaft und Sport getroffen. Die Bestimmungen zur Regelung der → offenen Vermögensfragen wurden bekräftigt. Kernstück des gesamten Vertragswerkes ist die Rechtsangleichung.

2. Das Grundgesetz wurde im → Beitrittsgebiet in Kraft gesetzt und gleichzeitig geändert. Die Präambel wurde neu gefaßt und klargestellt, daß durch den Beitritt Einheit und Freiheit Deutschlands in freier Selbstbestimmung vollendet sind. Die Beitrittsvorschrift des Art. 23 wurde aufgehoben. Die Stimmenverteilung im → Bundesrat wurde neu geregelt. Das Recht im Beitrittsgebiet darf bis 31. Dezember

1992 vom Grundgesetz abweichen. Die Möglichkeit des Erlasses einer neuen Verfassung wurde offen gelassen. Künftige Verfassungsänderungen blieben vorbehalten.

3. Mit dem Wirksamwerden des Beitritts trat in dem Beitrittsgebiet das einfache Bundesrecht in Kraft, soweit in Anlage I des Einigungsvertrags nichts anderes bestimmt ist. Anlage I umfaßt einen umfangreichen Katalog von Maßgaben für alle Rechtsgebiete, die – jeweils mit unterschiedlichen Übergangsfristen – zahlreiche Modifikationen für die Geltung des Bundesrechts enthalten.

4. Das Recht der DDR, das nunmehr Gegenstände des Landesrechts betrifft, galt – soweit es mit dem Grundgesetz vereinbar ist – als Landesrecht fort. Die gesetzgebenden Körperschaften der → neuen Länder können dieses Recht jederzeit ändern oder aufheben. Im übrigen galt das Recht der DDR als Bundesrecht nur dann fort, wenn es in der Anlage II des Einigungsvertrages ausdrücklich aufgeführt ist. In der Regel bestimmt die Anlage II Maßgaben für die Dauer der Fortgeltung.

5. Mit dem Wirksamwerden des Beitritts gelten im Beitrittsgebiet die Verträge über die Europäischen Gemeinschaften nebst Änderungen und Ergänzungen sowie die internationalen Vereinbarungen, Verträge und Beschlüsse, die in Verbindung mit diesen Verträgen in Kraft getreten sind.

6. Sonstige völkerrechtliche Verträge der Bundesrepublik Deutschland gelten auch für das Beitrittsgebiet. Hinsichtlich der völkerrechtlichen Verträge der DDR wurde Einigkeit dahingehend erzielt, daß diese unter den Gesichtspunkten des Vertrauensschutzes, der Interessenlage der beteiligten Staaten und der vertraglichen Verpflichtungen der Bundesrepublik Deutschland zu erörtern sind, um ihre Fortgeltung, Anpassung oder ihr Erlöschen zu regeln beziehungsweise festzustellen. Im übrigen regelt die äußeren Aspekte der Wiedervereinigung die → Abschließende Regelung in bezug auf Deutschland.

**Einkammersystem** ist ein Verfassungssystem, bei dem das → Parlament aus nur einem Organ besteht (Gegensatz: → Zweikammersystem).

**Einkaufsausweis** → Kaufscheinhandel.

**Einkaufskommission.** S. zunächst → Kommission. Ferner enthält das Depotgesetz vom 4. 2. 1937 (RGBl. I 171) Sondervorschriften (§§ 18 ff.) über das Kommissionsgeschäft bei Einkauf von → Effekten. In diesem Fall hat der Kommissionär unverzüglich, spätestens binnen 1 Woche seit Erwerb der Wertpapiere, dem Kommittenten ein Verzeichnis über die gekauften Wertpapiere *(Stückeverzeichnis)* zu übersenden. Bereits mit der Absendung des Verzeichnisses geht das Eigentum an den Wertpapieren auf den Kommittenten über. Unterläßt der Kommissionär unberechtigterweise (nicht z. B., wenn er wegen seiner Forderung noch nicht befriedigt ist) die Übersendung, so kann der Kommittent nach Fristsetzung das Geschäft zurückweisen und → Schadensersatz wegen Nichterfüllung verlangen. Im → Konkurs des Kommissionärs hat der Kommittent, der seine Verpflichtungen voll erfüllt hat, ein Recht auf vorzugsweise Befriedigung – Konkursvorrecht – aus einer Sondermasse (Wertpapiere gleicher Art, §§ 32 ff. DepotG); ist der Kommittent bereits Eigentümer geworden, so kann er darüber hinaus → Aussonderung begehren.

**Einkommen** → Einkommensteuer.

**Einkommensteuer.** 1. Die E. erfaßt als → Personensteuer das Einkommen natürlicher Personen (EStG 1997 BGBl. I 821 mit Änd., zuletzt G v. 9. 6. 1998, BGBl. I 1242). Zugehörige Rechtsgrundlagen (Art. 80 GG): EStDV 1997 BGBl. I 1558, LStDV 1990 (BGBl. I 89, 1848, zuletzt geänd. BGBl. I 95, 1250); Verwaltungsvorschriften (Art. 108 VII GG): EStR 1996 BStBl. I Sonderdr. 1/1997, LStR 1996 (BStBl. I Sonderdr. 3/1995).

Die E. unterliegt der → konkurrierenden Gesetzgebung des Bundes (Art. 105 II GG), der Verwaltungshoheit der Länder (Art. 108 II, III GG) und der gemeinsamen Ertragshoheit von Bund und Ländern (→ Verteilung des Steueraufkommens).

2. *Unbeschränkt Steuerpflichtige* – mit → Wohnsitz oder → gewöhnlichem Aufenthalt im → Inland – werden mit sämtlichen Einkünften in der Welt er-

faßt, *beschränkt Stpfl.* lediglich mit ihren inländischen Einkünften (§ 49 EStG); Sonderfall erweiterte beschränkte Steuerpflicht → Außensteuergesetz. Erweiterte unbeschränkte Steuerpflicht (§§ 1 III, 1 a EStG) → Grenzgänger.

3. Erfaßt werden nur Einkünfte, die unter eine der 7 *Einkunftsarten* fallen. Die → Einkünfte aus Land- und Forstwirtschaft, Gewerbebetrieb, selbständiger Arbeit (§§ 13–18 EStG) – sog. Gewinneinkünfte – werden durch eine der drei → Gewinnermittlungsarten (§§ 4 I, III, 5 EStG) ermittelt. Die → Einkünfte aus nichtselbständiger Arbeit, Kapitalvermögen, Vermietung und Verpachtung und sonstige Einkünfte (§§ 19–23 EStG) – sog. Überschußeinkünfte – ergeben sich aus der Differenz zwischen → Einnahmen (§ 8 EStG) und → Werbungskosten (§ 9 EStG). Die Summe der Gewinne und Überschüsse aus den 7 Einkunftsarten nach Ausgleich mit Verlusten (→ Verlustausgleich) ergibt die *Summe der Einkünfte.* Nach Abzug des → Altersentlastungsbetrags (§ 24 a EStG) und des Freibetrags für Land- und Forstwirte (§ 13 III EStG) verbleibt der *Gesamtbetrag der Einkünfte* (§ 2 III EStG), nach Abzug der → Sonderausgaben (§§ 10–10 i EStG) und der außergewöhnlichen → Belastungen (§§ 33–33 c EStG) das *Einkommen* (§ 2 IV EStG), nach Abzug der Kinderfreibeträge (§§ 31, 32 EStG), des → Haushaltsfreibetrags (§ 32 VII EStG) und des Tariffreibetrags Ost (bis einschließlich 1993; § 32 VIII EStG) das *zu versteuernde Einkommen* (§§ 2 V u. 32 a I EStG). Dieses bildet die → Bemessungsgrundlage für die tarifliche E., die sich bei Einzelveranlagung (§ 25 EStG), getrennter Veranlagung (§§ 26, 26 a EStG) und bei besonderer Veranlagung im Jahr der Eheschließung (§§ 26, 26 c EStG) aus der *Grundtabelle* (§ 32 a IV EStG) und bei Zusammenveranlagung von Ehegatten (§§ 26, 26 b EStG) und bei Einzelveranlagung in den Fällen des → Gnadensplitting aus der *Splittingtabelle* (§ 32 a V u. VI EStG) ergibt. → Antragsveranlagung, → Veranlagungsarten, → Haushaltsbesteuerung.

Aufgrund BVerfG 25. 9. 1992 (BStBl. II 1993, 413) war dem Gesetzgeber aufgegeben, das steuerfreie Existenzminimum (Grundfreibetrag) anzuheben. Hierzu ergingen für 1993 bis 1995 Übergangsregelungen (§ 32 d EStG Anlagen 4 und 5 zum EStG, ersetzt seit 1996 durch § 32 a I EStG). Das gegenüber 1993–1995 für 1996 und folgende Jahre nochmals angehobene steuerfreie Existenzminimum beträgt aufgrund der Grundtabelle/Splittingtabelle ab 1996 12 095 DM/24 191 DM (Alleinstehende/Verheiratete), ab 1998 12 365 DM/24 731 DM, ab 1999 13 067 DM/26 135 DM. Der Eingangsteuersatz oberhalb des Grundfreibetrags beträgt 25,9% (bisher 19,5%). Der Steuersatz steigt mit zu versteuerndem Einkommen (→ Progression) bis 55 727 DM/111 454 DM zunächst flach an (sog. Grundentlastung) und ab 55 728 DM/111 455 DM steiler an bis maximal 53% bei 120 041 DM/240 082 DM. Der Höchststeuersatz für gewerbliche Einkünfte beträgt ab 1994 47% statt 53% (§ 32 c EStG). Die Tarifbegrenzung erfolgt durch Abzug eines Entlastungsbetrags von der tariflichen E., wenn der Anteil der gewerblichen Einkünfte am zu versteuernden Einkommen mindestens 100 278 DM/200 556 DM beträgt. Für nichtgewerbliche Einkünfte, bei denen das zu versteuernde Einkommen mehr als 120 041 DM/ 240 082 DM beträgt, errechnet sich die E. aus 53% (abzügl. 22 842 DM). Die aus der Tabelle sich ergebende tarifliche E. ist noch um Steuerermäßigungen zu kürzen (z. B. Anrechnung ausländischer E. nach § 34 c I EStG oder Mitgliedsbeiträge und Spenden an politische Parteien nach § 34 g EStG) bzw. um Nachsteuer (§ 10 V EStG) und ggf. das Kindergeld (§ 36 II 1 EStG) zu erhöhen (§ 2 VI EStG; → Familienleistungsausgleich). Hieraus ergibt sich dann die festzusetzende E. (§ 2 VI EStG), die die anfechtbare Regelung im → Steuerbescheid als Verwaltungsakt darstellt, während der Systemaufbau bis dahin die unselbständigen → Besteuerungsgrundlagen beinhaltet. Ab dem Veranlagungszeitraum 1995 wird zusätzlich ein → Solidaritätszuschlag in Höhe von 7,5%, ab 1998 5,5% der festgesetzten E. erhoben.

4. Auf die festgesetzte E. werden die E.-Vorauszahlungen (siehe unten 5.), die einbehaltenen und abgeführten Steuerabzugsbeträge (→ Lohnsteuer, → Kapitalertragsteuer, siehe unten 6.) und die anzurechnende → Körper-

schaftsteuer angerechnet. Die Feststellung dieses Saldos stellt einen eigenen, von der Steuerfestsetzung zu trennenden, anfechtbaren Verwaltungsakt dar (→ Abrechnungsbescheid). Ergibt der Saldo für den Steuerpflichtigen einen Schuldbetrag, so ist die sich ergebende Abschlußzahlung binnen 1 Monats nach Bekanntgabe des → Steuerbescheids zu entrichten. Eine Überzahlung zugunsten des Steuerpflichtigen wird erstattet oder gutgeschrieben (§ 36 IV EStG).

5. *Vorauszahlungen* sind regelmäßig in Höhe von je 1/4 der zu entrichtenden Steuer der letzten Veranlagung nach Abzug der Abzugsbeträge am 10. 3., 10. 6., 10. 9. und 10. 12. zu entrichten. Die Vorauszahlungen ab 1995 erhöhen sich um den → Solidaritätszuschlag. Das Finanzamt kann die Vorauszahlungen noch im Folgejahr der voraussichtlichen Steuer anpassen (§ 37 III EStG).

6. *Lohn- und Gehaltsempfänger* zahlen Lohnsteuer als Vorauszahlung auf die E. in der Form des Steuerabzugs vom Arbeitslohn durch den Arbeitgeber (→ Lohnsteuer, §§ 38–42 f, 46 EStG). Sie werden nur veranlagt, wenn einer der Gründe des § 46 EStG vorliegt, z. B. Nebeneinkünfte über 800 DM, bei auf Antrag eingetragenen Freibeträgen auf der Lohnsteuerkarte, bei Antrag auf Veranlagung; andernfalls gilt die ESt durch den Lohnsteuerabzug als abgegolten (§ 46 V EStG). Der Steuerabzug vom Kapitalertrag (vgl. → *Kapitalertragsteuer* – §§ 43, 43 a EStG) ist bei unbeschränkt steuerpflichtigen natürlichen Personen eine Vorauszahlung auf die E. Bei beschränkt steuerpflichtigen *Aufsichts- und Verwaltungsratsmitgliedern* wird die E. als Aufsichtsratsteuer mit 30% der Vergütungen erhoben (§ 50 a EStG).

7. Bei *beschränkt Steuerpflichtigen* gilt die E. als durch den Steuerabzug abgegolten, falls die Einkünfte nicht → Betriebseinnahmen eines inländischen Betriebs sind (§ 50 V EStG).

8. Auch die Abzugsteuern nach 6. und 7. erhöhen sich ab 1995 um den → Solidaritätszuschlag; s. bereits 3. a. E. Vgl. → Antragsveranlagung, → Veranlagungsarten.

**Einkreisung** → Kreisstadt.

**Einkünfte.** 1. E. sind steuerlich bei Land- und Forstwirtschaft (§§ 13–14 a EStG), Gewerbebetrieb (§§ 15–17 EStG) und selbständiger Arbeit (§ 18 EStG) der → Gewinn oder → Verlust, bei nichtselbständiger Arbeit (Arbeitseinkünfte, § 19 EStG), Kapitalvermögen (§ 20 EStG), Vermietung und Verpachtung (§ 21 EStG) und sonstigen Einkünften (§§ 22, 23 EStG) positiv der Überschuß der → Einnahmen über die → Werbungskosten oder negativ der Verlust = Überschuß der Werbungskosten über die Einnahmen (§ 2 I, II EStG). Die ersten 3 Einkunftsarten werden als *Gewinneinkünfte,* die letzten 4 als *Überschußeinkünfte* bezeichnet. Gewinneinkünfte haben gemeinsam: → Betriebseinnahmen, → Betriebsausgaben, → Betriebsvermögen, Gewinnermittlung durch → Betriebsvermögensvergleich (§§ 4 I, 5 EStG) oder Einnahmen-Überschußrechnung (§ 4 III EStG); → Gewinnermittlungsarten. Den Überschußeinkünften sind gemeinsam: → Einnahmen, → Werbungskosten, Einkunftsermittlung durch Gegenüberstellung der Einnahmen und Werbungskosten. S. a. → Liebhaberei.

2. *Inländische E.* Nur die i. E. sind bei beschränkt Steuerpflichtigen heranzuziehen (§ 1 IV EStG, § 2 KStG). I. E. sind nicht alle im Inland bezogenen Einkünfte, sondern nur die in § 49 EStG erschöpfend aufgezählten („49er-Katalog"). Obwohl im Inland bezogen, sind z. B. keine i. E.: E. aus wiederkehrenden Bezügen, soweit dem Steuerabzug nicht unterworfen (§ 49 I Nr. 7 EStG), E. aus Spekulationsgewinnen außer bei Grundstücken (§ 49 I Nr. 8 EStG).

3. *Ausländische E.* i. S. des § 34 d EStG sind Voraussetzung einer Anrechnung bezahlter ausländischer Einkommen- oder Körperschaftsteuer auf die deutsche Einkommen- oder Körperschaftsteuerschuld nach §§ 34 c EStG, 26 KStG („tax credit") oder ihres Abzugs bei der Ermittlung der Einkünfte bei *unbeschränkt* Stpfl. Vgl. → Doppelbesteuerung.

**Einkunftsarten** → Einkommensteuer (3.).

**Einlage** wird der Beitrag eines Gesellschafters (Aktionärs, Genossen) genannt, den er als Beteiligung an einer → Gesellschaft des bürgerlichen Rechts, einer → Handelsgesellschaft oder einer stillen Gesellschaft leistet. Meist wird die Einlage in Geld erbracht (Kapitaleinlage, z. B. durch Einzahlung zum → Gesellschaftsvermögen oder auf die → Stammeinlage, Übernahme von → Aktien). Sie kann aber (insbes. im Rahmen einer Sachgründung) auch durch Übertragung von Sachwerten oder Rechten geleistet werden (sog. *Sacheinlage*). Die E. ist i. d. R. maßgebend für die Höhe des → Geschäftsanteils. Sie ist immer Ausgangsbetrag für die Feststellung des → Kapitalanteils. S. a. → Gesellschafterdarlehen. *Ertragsteuerlich* sind E. alle Wirtschaftsgüter (auch Bareinzahlungen), die der Stpfl. dem Betrieb im Laufe des → Wirtschaftsjahrs zuführt (§ 4 I 5 EStG). Vgl. *Bewertung*.

**Einlagengeschäft** (Depositengeschäft) → Bankeinlagen.

**Einlage, verdeckte** → Körperschaftsteuer 6.

**Einlassungsfrist** ist der Zeitraum zwischen der Zustellung der → Klageschrift und der → mündlichen Verhandlung. Die E. beträgt i. d. R. mindestens 2 Wochen; bei Zustellung im Ausland bestimmt der Vorsitzende die E. (§ 274 III ZPO). Eine E. gibt es nicht im Verfahren über → Arrest und → einstweilige Verfügung. Die E. dient dazu, daß sich der Beklagte auf den Termin vorbereiten kann. S. a. → Ladung.

**Einlieferung** ist der Parallelbegriff zur → Auslieferung. Hat ein ausländischer Staat die Auslieferung eines Strafverfolgten bewilligt, so wird dieser von den Behörden des ersuchten Staates am vereinbarten Grenzübergang überstellt und damit in den ersuchenden Staat eingeliefert.

**Einliegerwohnung** ist eine in einem → Eigenheim (Kaufeigenheim, Kleinsiedlung) enthaltene zweite Wohnung von untergeordneter Bedeutung (§ 11 des II. WohnungsbauG i. d. F. vom 11. 7. 1985, BGBl. I 1284).

**Einlösungsgarantie** ist die Verpflichtung einer in einem → Scheck bezogenen Bank gegenüber dem Scheckinhaber, den Scheck einzulösen. Die E. wird i. d. R. schriftlich gegeben; sie ist dem Wesen nach → Garantievertrag oder → Schuldübernahme. Die E. ist daraus entstanden, daß die Auskunft der Bank, der Scheck sei gedeckt, dem Scheckinhaber nicht genügend Gewähr für die Einlösung des Schecks bietet und Annahme (→ Akzept) des Schecks unzulässig ist (Art. 4 ScheckG). → Scheckkarte.

**Einlösungsrückgriff** (=) → Remboursrückgriff.

**Einmanngesellschaft.** Eine E. ist nur bei einer → Kapitalgesellschaft möglich. Sowohl bei der → Aktiengesellschaft als auch bei der → Gesellschaft mit beschränkter Haftung kann ein Gesellschafter bereits bei der Gründung sämtliche Aktien (§§ 2, 42 AktG) bzw. Geschäftsanteile (§ 1 GmbHG) übernehmen oder diese nachträglich erwerben. Bei einer Personengesellschaft ist die E. begrifflich ausgeschlossen. Für → Rechtsgeschäfte des Alleingesellschafters einer GmbH mit der E. gilt das Verbot des → Selbstkontrahierens – § 181 BGB – (§ 35 IV GmbHG). Zur persönlichen Haftung des Gesellschafters der E. → Durchgriffshaftung.

**Einmischungsklage** → Hauptintervention.

**Einmündungen** → Kreuzungen.

**Einnahmeminderungen** (Staatshaushalt) → Haushaltsrecht.

**Einnahmen** sind alle Güter, die in Geld oder Geldeswert bestehen und dem Steuerpflichtigen im Rahmen der sog. Überschußeinkünfte aus nichtselbständiger Arbeit, Kapitalvermögen, Vermietung und Verpachtung und aus sonstigen Einkünften (§§ 19–23 EStG) zufließen (§ 8 EStG). Für Gewinneinkünfte gilt § 8 EStG entsprechend (→ Betriebseinnahmen). In Geldeswert bezogene Einnahmen (sogenannter *geldwerter Vorteil*) sind mit den üblichen Endpreisen am Abgabeort anzusetzen. Beispiele: Incentivreise, d. i. eine Reise als Belohnung für Arbeitserfolg; vom Arbeitgeber zur Verfügung gestellte Wohnung. Vgl. → Einkünfte, → Sachbezüge.

**Einnahmen-Überschußrechnung** → Gewinnermittlungsarten.

**Einordnungsverhältnis** → Gewaltverhältnis, öff.-rechtl.

**Einphasensteuer** → Allphasensteuer.

**Einrede.** 1. Die E. ist ein Recht, das die Durchsetzung des → subjektiven Rechts eines anderen verhindert, also ein *Gegenrecht.* Durch dieses negative Recht wird das subjektive Recht nicht vernichtet (anders s. u. Einwendung), sondern nur in seiner Verwirklichung mehr oder weniger beeinträchtigt *(Leistungsverweigerungsrecht).* Da sich die Durchsetzung eines subjektiven Rechts regelmäßig in der Form des → Anspruchs äußert, ist E. das Recht, die Erfüllung eines Anspruchs ganz oder teilweise zu verweigern (so z. B. Einrede des nichterfüllten Vertrags; → gegenseitiger Vertrag). Man unterscheidet die aufschiebende E. (hemmende, *dilatorische E.,* z. B. die E. des → Zurückbehaltungsrechts, des nichterfüllten Vertrags, der Stundung usw.) und die dauernde E. (zerstörende, *peremptorische E.,* z. B. die → Verjährung). Die Geltendmachung einer nur aufschiebenden E. (sie führt zur Klageabweisung als zur Zeit unbegründet oder – z. B. beim Zurückbehaltungsrecht – zur Verurteilung → Zug um Zug) hindert die Geltendmachung des Rechts nach Wegfall des Hindernisses nicht; bei einer dauernden E. ist die Verwirklichung des Rechts dagegen praktisch für immer ausgeschlossen. Der E. kann zur Entkräftung von der anderen Seite eine Gegeneinrede *(Replik),* dieser eine weitere Gegeneinrede *(Duplik)* entgegengehalten werden (z. B. gegenüber der E. der Verjährung der Einwand eines Verstoßes gegen → Treu und Glauben durch rechtsmißbräuchliche Herbeiführung der Verjährung).

Anders als die E., die das Recht als solches unberührt läßt und nur ein Leistungsverweigerungsrecht gibt, beseitigt die *Einwendung* das Recht als solches selbst, nicht nur dessen Durchsetzbarkeit. Man unterscheidet rechtshindernde und rechtsvernichtende Einwendungen. Bei den *rechtshindernden* Einwendungen ist das geltendgemachte Recht überhaupt nicht entstanden (z. B. Nichtigkeit des Vertrags wegen mangelnder → Geschäftsfähigkeit, infolge → Sittenwidrigkeit u. dgl.), bei den *rechtsvernichtenden* Einwendungen ist ein zunächst wirksam entstandenes Recht nachträglich wieder erloschen (z. B. infolge → Erfüllung, → Rücktritt vom Vertrag usw.). Der Unterschied zur E. besteht darin, daß die Einwendung als anspruchsvernichtender Umstand im Prozeß von Amts wegen zu berücksichtigen ist, während die E. als bloßes Gegenrecht vom Einredeberechtigten vorgetragen werden muß. So ist z. B. eine Klage wegen Nichtigkeit des Vertrags infolge Geschäftsunfähigkeit eines Teils von Amts wegen abzuweisen, wegen Verjährung der Forderung aber nur, wenn sich der Schuldner auf sie beruft.

2. Im *Zivilprozeßrecht* werden abweichend hiervon alle Umstände, die nicht nur in einem bloßen Leugnen des Klageanspruchs bestehen (z. B. Bestreiten der Hingabe der Darlehenssumme), als Einreden bezeichnet. Diese können sowohl auf prozessualem (→ prozeßhindernde Einrede) als auch auf materiellrechtlichem Gebiet liegen. Die materiell-rechtlichen „Einreden" umfassen daher sowohl rechtsverneinende, d. h. rechtshindernde und rechtsvernichtende Umstände (das sind die oben genannten Einwendungen) als auch rechtshemmende Tatsachen (die eigentlichen Einreden). Die → Beweislast für die tatsächlichen Voraussetzungen einer E. trägt regelmäßig – d. h. soweit keine andere Verteilung der Beweislast vorgesehen ist – derjenige, der sich auf sie beruft. → Schlüssigkeit.

**Einrede der Vorausklage** → Bürgschaft.

**Einrede des nichterfüllten Vertrags** → gegenseitiger Vertrag.

**Einreise.** 1. Für Deutsche (→ Staatsangehörigkeit) ist die Einreise in die BRep. stets frei. Die E. kann ihnen selbst dann nicht verwehrt werden, wenn sie entgegen dem Paßgesetz (→ Paßwesen) nicht einen Paß oder andere zugelassene Ausweispapiere mit sich führen.

2. → Ausländer dürfen grundsätzlich nur dann einreisen, wenn sie die erforderliche Aufenthaltsgenehmigung und den erforderlichen Paß besitzen. Nach § 1 der VO zur Durchführung des Ausländergesetzes (DVAuslG) bedürfen die Angehörigen der meisten europäischen und vieler außereuropäischen Staaten für Aufenthalte bis zu 3 Monaten keiner Aufenthaltsgenehmigung, wenn sie einen Paß oder andere zugelassene Aus-

weispapiere mit sich führen und keine Erwerbstätigkeit aufnehmen (i. d. R. Touristen).

**Einreisefreimengen.** Folgende Reisemitbringsel sind frei von → Einfuhrabgaben (§ 1 I Satz 3ZollVG): 200 Zigaretten, 1 l Alkohol, 50 g Parfüm, 500 g Kaffee. Einreisefreimengen-VO vom 3. 12. 1974 (BGBl. I 3377), zuletzt geänd. 22. 12. 1994 (BGBl. I 3978).

**Einreisevisum** → Sichtvermerk.

**Einsatz technischer Mittel** bei der *Strafverfolgung* kann in vielen Fällen auf §§ 161, 163 StPO gestützt werden.

Eingeschränkt sind *optische, akustische* und *andere technische* Überwachungsmaßnahmen ohne Wissen des Betroffenen; dabei wird zwischen Maßnahmen gegen den *Beschuldigten* und *andere Personen*, im *öffentlichen* und *nichtöffentlichen* Raum sowie *außerhalb* und *innerhalb* der *Wohnung* unterschieden.

Die Herstellung von Lichtbildern und Bildaufzeichnungen und die Verwendung sonstiger besonderer technischer Mittel zu Observierungszwecken, z. B. Peilsender, sind in der Öffentlichkeit zulässig, wenn Sachverhaltserforschung oder Aufenthaltermittlung des Täters auf andere Weise weniger erfolgversprechend oder erschwert wäre (§ 100c I Nr. 1 StPO). Gegen andere Personen als den Beschuldigten erfordern diese Maßnahmen weitere Voraussetzungen (§ 100c II 2, 3 StPO). Eine optische Wohnraumüberwachung, d. h. der Vorgänge in einer Wohnung, ist unzluässig (s. Art. 13 III GG).

Abhören und Aufzeichnen des außerhalb einer Wohnung nichtöffentlich gesprochenen Wortes setzen voraus, daß eine der in § 100a StPO genannten Straftaten vorliegt und eine Ermittlung auf andere Weise aussichtslos oder wesentlich erschwert wäre (§ 100c I Nr. 2 StPO). Bei gezielten Einsätzen gegen Dritte sind weitere Voraussetzungen zu beachten (§ 100c II 3 StPO).

Abhören und Aufzeichnen des in einer Wohnung nichtöffentlich gesprochenen Wortes des Beschuldigten (akustische Wohnraumüberwachung, sog. großer Lauschangriff) sind nach Art. 13 III GG, § 100c I Nr. 3 StPO zulässig, wenn eine der dort genannten Straftaten vorliegt und eine Ermittlung auf andere Weise unverhältnismäßig erschwert oder aussichtslos wäre. In Wohnungen anderer Personen als des Beschuldigten müssen für die Maßnahme weitere Voraussetzungen vorliegen (§ 100c II 5 StPO). Mit der Maßnahme notwendig verbundene Eingriffe, z. B. heimliches Betreten der Wohnung, sind erlaubt. Unzulässig ist die Maßnahme bei Gesprächen des Beschuldigten mit Berufsgeheimnisträgern, die ein → Zeugnisverweigerungsrecht nach § 53 StPO haben, z. B. Geistliche, Verteidiger, Rechtsanwälte, Abgeordnete und Journalisten (§ 100d III 1 StPO).

Weiterhin unbeschränkt zulässig bleiben der Einsatz bloßer Sicht- und Sehhilfen (→ Observation), das Aufzeichnen des öffentlich gesprochenen Wortes und das Mithören des nichtöffentlich gesprochenen Wortes.

Abhören und Aufzeichnen außerhalb der Wohnung nach § 100c I Nr. 2 StPO darf der Richter, bei Gefahr im Verzug auch die StA und ihre Hilfsbeamten, innerhalb der Wohnung nach § 100c I Nr. 3 StPO die Staatsschutzkammer des Landgerichts, bei Gefahr im Verzug auch deren Vorsitzender anordnen (§ 100d I, II StPO). Auch nach Erledigung einer Maßnahme nach § 100c I Nr. 3 StPO kann deren gerichtliche Überprüfung verlangt werden § 100d VI StPO).

Die Verwertung der durch Maßnahmen nach § 100c I Nr. 2 und 3 StPO erlangten personenbezogenen Informationen für andere Strafverfahren ist nach § 100d V StPO beschränkt.

Für die *präventive Tätigkeit der Polizei* → Datenerhebung und -verarbeitung, → Bundeskriminalamt.

**Einsatzhorn** → Vorfahrt.

**Einsatzstrafe** → Konkurrenz von Straftaten.

**Einsatzwechseltätigkeit** liegt bei Arbeitnehmern vor, die typischerweise nur an ständig wechselnden Tätigkeitsstätten eingesetzt werden, z. B. Bau- oder Montagearbeiter, Leiharbeitnehmer, Mitglieder einer Betriebsreserve für Filialbetriebe. Die Fahrten zwischen Wohnung und Einsatzstelle können als → Reisekosten geltend gemacht werden, wenn die einfache Entfernung mehr als 30 km beträgt und die Dauer des Einsatzwechsels nicht über drei Monate hinausgeht (Abschn. 37 VI, 38 V LStR). Auch die → Pauschbeträge für Mehraufwendungen für Verpflegung können geltend gemacht werden (Abschn. 39 VI LStR).

**Einschließung** von 1 Tag bis zu 15 Jahren war eine durch das 1. StrRG 1969 beseitigte besondere Strafart.

**Einschreibung** (Hochschule) → Studenten.

**Einseitige Rechtsgeschäfte** → Rechtsgeschäft, Willenserklärung, → Zustimmung.

**Einsicht(nahme)** → Akteneinsicht, → Grundbuch, → Güterrechtsregister, → Handelsregister, → Vereinsregister, → Patentrolle, → Musterregister, → Vorlegung von Sachen (E. in Urkunden).

**Einsichtsfähigkeit** → Schuldunfähigkeit.

**Einsperren** eines Menschen → Freiheitsberaubung.

**Einspruch** ist im *Zivilprozeß* gegen → Versäumnisurteile und → Vollstreckungsbescheide zulässig (§§ 338, 700 ZPO). Er muß schriftlich mit Begründung (§ 340 ZPO) binnen 2 Wochen eingelegt werden (§ 339 ZPO). Ein zulässiger E. (§ 341 ZPO) versetzt im Umfang der Anfechtung den Prozeß in die Lage zurück, in der er sich vor Eintritt der → Säumnis befunden hat (§ 342 ZPO). Ein Einspruch wird verworfen, wenn er unzulässig ist (hier auch durch Beschluß, § 341 II ZPO) oder wenn die Partei, die ihn eingelegt hat, im nächsten Termin erneut säumig ist (sog. zweites Versäumnisurteil, § 345 ZPO). Im *Strafprozeß* kann gegen einen → Strafbefehl binnen 2 Wochen E. eingelegt werden (§ 410 I StPO), ebenso im → *Bußgeldverfahren* gegen einen Bußgeldbescheid (§ 67 I OWiG). Für das *Verwaltungsverfahren* → Widerspruchsverfahren; für das *Patenterteilungsverfahren* → Patentanmeldung. S. a. → Widerspruch im Zivilprozeß. Im *Besteuerungsverfahren* ist der E. ab 1996 der allein statthafte Rechtsbehelf (vgl. §§ 347, 348, 366, 367 AO) gegen Steuer- u. a. Bescheide der Finanzbehörden (→ Finanzgerichtsbarkeit).

**Einspruchsgesetz** nennt man in der Bundesgesetzgebung ein → Gesetz, das – im Gegensatz zum sog. → Zustimmungsgesetz – nicht der Zustimmung des Bundesrates bedarf, gegen das dieser aber Einspruch erheben kann (Art. 77 III GG; → Gesetzgebungsverfahren, 3).

**Einstandspreis** → unlauterer Wettbewerb.

**Einsteigdiebstahl** → Diebstahl (2).

**Einstellplätze** → Garagen.

**Einstellung** *(prozessual)* → Ermittlungsverfahren in Strafsachen (2), → Bußgeldverfahren, → Vollstreckungsschutz, → Insolvenzverfahren (4 c); *(materiell)* → Arbeitsvertrag, → Arbeitsverhältnis.

**Einstellungszuschuß.** Arbeitgeber, die vor nicht mehr als zwei Jahren eine selbständige Tätigkeit aufgenommen haben, können für die unbefristete Beschäftigung eines zuvor arbeitslosen förderungsbedürftigen Arbeitnehmers, insbes. eines → Langzeitarbeitslosen, auf einem neu geschaffenen Arbeitsplatz vom → Arbeitsamt einen Einstellungszuschuß erhalten. Der Einstellungszuschuß kann für bis zu 12 Monate in Höhe von 50% des Arbeitsentgelts geleistet werden (§§ 225 ff. SGB III).

**Einstrahlung.** Wird ein → Arbeitnehmer im Rahmen eines ausländischen Beschäftigungsverhältnisses vorübergehend in die BRep. entsandt, unterliegt er hier vorbehaltlich anderer Regelungen im EWG-Recht oder in zwischenstaatlichen Sozialversicherungsabkommen nicht der Versicherungspflicht in der → Sozialversicherung. Für Personen, die eine selbständige Tätigkeit ausüben, gilt dies entsprechend. § 5 SGB.

**Einstufige Juristenausbildung** → Befähigung zum Richteramt.

**Einstweilige Anordnung** ist eine vorläufige Entscheidung des Gerichts im Verlaufe eines Rechtsstreits, in dem es die endgültige Entscheidung zu treffen hat. Sie ist in vielen Fällen im Gesetz vorgesehen: vor dem → Bundesverfassungsgericht (§ 32 BVerfGG); im Verfahren in → Ehesachen, wo durch e. A. → Getrenntleben, → Unterhalt, → Personensorge, → Prozeßkostenvorschüsse u. a. geregelt werden können

(§ 620 ZPO); bei → Rechtsbehelfen, wo durch e. A. Vollzug oder Zwangsvollstreckung der angefochtenen Entscheidung einstweilen ausgesetzt werden kann (§§ 707, 719, 732 II, 766 I 2, 572 ZPO, § 307 II StPO). Die e. A. soll vermeiden, daß Entscheidungen vor ihrer → Rechtskraft vollstreckt und dadurch möglicherweise rechtswidrige Zustände herbeigeführt werden. Die e. A. im → Verwaltungsstreitverfahren entspricht der → einstweiligen Verfügung (§ 123 VwGO). Nach § 11 d. Ges. über das gerichtl. Verfahren bei → Freiheitsentziehungen soll sie den Vollzug der Unterbringung vorläufig sicherstellen. Für den *Finanzrechtsweg* vgl. § 114 FGO.

**Einstweilige Einstellung** (der Zwangsvollstreckung) → Vollstreckungsschutz, → Zwangsversteigerung. S. a. → vorläufige Einstellung (strafprozessual), → einstweilige Anordnung.

**Einstweilige Unterbringung.** Ist ein Beschuldigter dringend verdächtig, einen Straftatbestand im Zustand der → Schuldunfähigkeit oder verminderten Schuldfähigkeit verwirklicht zu haben, und ist deshalb mit großer Wahrscheinlichkeit zu erwarten, daß im Strafurteil seine U. in einem psychiatrischen Krankenhaus oder einer Entziehungsanstalt als sichernde → Maßregel angeordnet wird, so kann das Gericht durch → *Unterbringungsbefehl* seine e. U. in einer solchen Anstalt anordnen, falls die öffentliche Sicherheit es erfordert (etwa wegen der Gefährlichkeit des geisteskranken Täters). Der U.befehl tritt an die Stelle des → Haftbefehls. Für ihn gelten entsprechende Vorschriften (§ 126 a StPO). Er ist eine Präventivmaßnahme. – Eine solche ist auch die e. U. eines *Jugendlichen,* gegen den *Jugendstrafe* zu erwarten ist, in einem Heim der Jugendhilfe. Der Richter kann sie anordnen, um den Jugendlichen vor einer weiteren Gefährdung seiner Entwicklung, insbes. vor der Begehung neuer Straftaten, zu bewahren (§ 71 II JGG). Die e. U. in einem Heim der Jugendhilfe kann aber auch gegen einen Jugendlichen *anstelle eines Haftbefehls* angeordnet werden, wenn dessen Voraussetzungen vorliegen, aber die mildere Form der Heim-Einweisung statt Vollzugs in der Untersuchungshaftanstalt ausreicht (§ 72 IV JGG).

**Einstweilige Verfügung** ist eine vorläufige Anordnung des Gerichts, die der Sicherung eines Anspruchs (→ Streitgegenstand) oder des Rechtsfriedens dient (§§ 935, 940 ZPO). Wegen des Verhältnisses zwischen Arrest und e. V. → Arrest (a. E.). Eine e. V. setzt einen *Verfügungsanspruch* – Individualanspruch, z. B. auf Herausgabe einer Sache – und einen *Verfügungsgrund* voraus, nämlich daß durch eine Veränderung des bestehenden Zustandes ein Anspruch vereitelt oder wesentlich erschwert werden kann. Zuständig für den Erlaß der e. V. ist das Gericht, das für die Hauptsache (den zu sichernden Verfügungsanspruch) zuständig wäre (§ 937 ZPO, → Hauptsacheklage), in dringenden Fällen auch das Amtsgericht, in dessen Bezirk sich die streitbefangene Sache befindet (§ 942 ZPO). Bei → Kollegialgerichten kann auch der Vorsitzende die e. V. anstelle des Gerichts erlassen (§ 944 ZPO). Der Inhalt der e. V. wird vom Gericht nach freiem Ermessen bestimmt, insbes. durch Verbot oder Gebot bestimmter Handlungen (z. B. an Vermieter, Mitbenutzung bestimmter Grundstücksteile durch Mieter zu gestatten; Verbot an Dritte, bestimmte Durchgänge zu benutzen), ausnahmsweise auch die Zahlung von Geld (§ 938 ZPO). Die angeordneten Maßnahmen dürfen grundsätzlich nicht dazu führen, daß der Gläubiger des Verfügungsanspruchs befriedigt wird, da die e. V. nur der Sicherung des Anspruchs dient. Das Verfahren der e. V. – insbes. Erlaß und Rechtsmittel – entspricht im übrigen dem → Arrestverfahren mit einigen Sonderregeln (in dringenden Fällen und bei Zurückweisung des Antrags auch ohne mündl. Verhandlung, § 937 II ZPO). Dem Verfahren der e. V. nachgebildet ist die → einstweilige Anordnung im Verfahren der Verwaltungsgerichte (§ 123 VwGO). In der Praxis werden e. V.en am häufigsten erlassen im gewerblichen Rechtsschutz sowie zum Ehren- und Besitzschutz.

**Einstweiliger Rechtsschutz** → Einstweilige Anordnung, → Einstweilige Verfügung.

**Einstweiliger Ruhestand** → Versetzung in den Ruhestand (II).

**Eintragung (von Grundstücksrechten), Eintragungsantrag, Eintragungsbewilligung** → Grundbuch, → Grundstücksrechte. S. a. → Handelsregister.

**Eintragungsfähigkeit.** Nicht alle Rechtsvorgänge, die sich auf → Grundstücke beziehen, werden im → Grundbuch eingetragen. Eintragungsfähig sind nur → Grundstücksrechte, → Vormerkungen, *Widersprüche*, relative – d. h. bestimmte Personen schützende – → Verfügungsbeschränkungen (z. B. Vermerke über → Nacherben, → Testamentsvollstreckung, *Konkurs*, *Nachlaßverwaltung*) sowie sonstige vom Gesetz als eintragungsfähig anerkannte Tatsachen (z. B. → Einreden gegenüber der → Hypothek), nicht aber absolute, d. h. gegen jedermann wirkende Verfügungsbeschränkungen (z. B. bei Ehegatten, → Zugewinngemeinschaft), mangelnde → Geschäftsfähigkeit des Grundstückseigentümers, schuldrechtliche Vorgänge (z. B. → Grundstückskaufvertrag, Miete usw.) und → öffentliche Lasten (dort auch über Baulastenverzeichnis). Entsprechendes gilt für die Nichteintragungsfähigkeit im → Handelsregister, → Genossenschaftsregister und → Vereinsregister.

**Eintragungsklage** → Marken.

**Eintragungsverfahren** → Patentanmeldung, → Marken.

**Eintrittsrecht** *(der übergeordneten Verwaltungsbehörde)* ist die Befugnis der im Verwaltungsaufbau vorgesetzten Behörde, Angelegenheiten, die in den Zuständigkeitsbereich einer ihr nachgeordneten Behörde fallen, an sich zu ziehen und selbst zu entscheiden (Selbsteintritt). Ist die Zuständigkeit einer Behörde rechtssatzmäßig (durch Gesetz, Rechtsverordnung, Satzung) festgelegt, so ist – jedenfalls bei Entscheidungen, die nach außen wirken – der Selbsteintritt nur statthaft, wenn er vom Gesetz zugelassen ist (wie z. B. häufig im Polizeirecht; vgl. auch Art. 3 a BayVwVfG, eingef. durch Ges. vom 23. 7. 1985, GVBl. 269). I. d.R. ist die höhere Behörde nur → Aufsichtsbehörde, die allerdings mit allgemeinen oder auch für den Einzelfall erteilten Weisungen die Tätigkeit der nachgeordneten Behörde steuern kann. Die auf Weisung erlassenen Akte sind solche der angewiesenen Behörde, was z. B. für die Frage des Anfechtungsgegners im Verwaltungsstreitverfahren von Bedeutung ist; die Weisung selbst kann als innerdienstlicher Vorgang grundsätzlich nicht angefochten werden (vgl. → Weisungsrecht). In welchen Fällen auch ohne besondere gesetzliche Ermächtigung ein Selbsteintritt zulässig ist (etwa bei Gefahr im Verzug), ist im einzelnen umstritten. Ein in unzulässigem Selbsteintritt erlassener Verwaltungsakt ist anfechtbar, aber grundsätzlich nicht nichtig, weil Fehler der erstinstanziellen Zuständigkeit nicht so schwerwiegend sind (vgl. → Verwaltungsakt, 5).

In *Strafsachen* steht den leitenden Beamten der LStA beim Oberlandesgericht und Landgericht (GeneralLStA, OberLStA) nach § 145 I GVG das Eintritts- oder *Devolutionsrecht* zu, d. h. die Befugnis, bei allen Gerichten ihres Bezirks die Amtsverrichtungen eines LStA selbst zu übernehmen. Sie können also die Ermittlungen anstelle der nachgeordneten Behörde selbst führen, die Anklage erheben und in der Hauptverhandlung vertreten usw. Statt dessen können sie einen anderen als den geschäftsplanmäßig zuständigen LStA mit der Wahrnehmung bestimmter Dienstgeschäfte beauftragen *(Substitutionsrecht)*.

**Einvernehmen** bedeutet in der Gesetzes- wie in der Verwaltungssprache, daß das Einverständnis eines anderen Gesetzgebungsorgans bzw. einer anderen Behörde (Stelle) vor einem Gesetzes- oder → Verwaltungsakt herbeigeführt werden muß. Ist dagegen eine Entschließung im *Benehmen* mit einer anderen Stelle zu treffen, so ist dieser lediglich Gelegenheit zur Stellungnahme (mit dem Ziel der Verständigung) zu geben, ohne daß eine Bindung an das Einverständnis besteht; allerdings muß die Stellungnahme von der entscheidenden Behörde zur Kenntnis genommen und in ihre Überlegungen einbezogen werden. Ist beim Erlaß eines Verwaltungsaktes die nach einer Rechtsvorschrift erforderliche Mitwirkung einer anderen Behörde unterblieben (das Benehmen oder Einvernehmen also nicht hergestellt), so ist der Verwaltungsakt deswegen nicht nichtig (§ 44 III Nr. 4 VwVerfG), aber fehlerhaft: die versäumte Mitwirkung kann nachgeholt und der Fehler dadurch geheilt werden (§ 45 I Nr. 5 VwVerfG).

**Einvernehmliche Scheidung** (Konventionalscheidung) → Ehesachen.

**Einwendung** → Einrede, → Wechsel.

**Einwendungsdurchgriff** → Kreditvertrag (4).

**Einwilligung des Patienten** ist aufgrund seines Selbstbestimmungsrechts Voraussetzung für ärztliche Behandlung und Heileingriff. Sie ist nur wirksam, wenn der P. über die Maßnahme aufgeklärt (→ Aufklärungspflicht des Arztes) und e.-fähig ist (→ E. des Verletzten). Unter diesen Voraussetzungen ist auch eine *Verweigerung* der E., z. B. für eine Bluttransfusion aus Glaubensgründen, verbindlich.

Ist der P. nicht e.-fähig, so ist zu unterscheiden: Bei volljährigem P. ist dann grundsätzlich eine → Betreuung erforderlich. Ist ihre Anordnung wegen eines Notfalls nicht möglich, richtet sich die Behandlung nach dem mutmaßlichen Willen des P. (§ 677 BGB). Bei minderjährigem P. kommt es auf die Entscheidung des Inhaber der Personensorge an, wenn sie dem Wohl des Kindes entspricht; andernfalls greift das Familien- oder Vormundschaftsgericht ein (§§ 1666, 1837 IV BGB).

Schwierige Fragen wirft die vorweggenommene Verweigerung der E. auf. Ihre Hauptform ist das sog. Patiententestament. Es ist keine letztwillige Verfügung, sondern eine im Zustand der E.-Fähigkeit abgegebene Erklärung, daß für den Fall der E.-Unfähigkeit auf die Aufklärung verzichtet und die E. in bestimmte Maßnahmen zur Lebensverlängerung bei aussichtsloser Lage verweigert wird. Bedeutsam ist sie insbes. im Bereich der → Sterbehilfe. Sie ist wohl zu beachten. Str. ist aber, in welchem Umfang. Sie liefert jedenfalls ein wichtiges Indiz für den Willen des P. Auch die Frage, ob der P. die Entscheidung über die E. oder deren Verweigerung für den Fall der E.-Unfähigkeit einem Vertreter übertragen kann (E.-Ermächtigung), ist noch nicht geklärt. Dagegen spricht das Verbot der Stellvertretung bei der E. in Eingriffe in höchstpersönliche Rechtsgüter (z. Ganzen s. Uhlenbruck MedR 1992, 134; Kern NJW 1994, 753).

**Einwilligung des Verletzten** schließt bei Rechtsverletzungen, insbes. bei → unerlaubten oder mit Strafe bedrohten Handlungen, die → Rechtswidrigkeit und damit → Schadensersatzpflicht und Strafbarkeit aus, wenn der Verletzte über das angegriffene Rechtsgut verfügen kann, wenn er einwilligungsfähig ist und die Bedeutung der E. im wesentlichen erkennt. Das Verfügungsrecht fehlt z. B. bei → Tötung (s. § 216 StGB) und anderen Delikten, die überwiegend im öffentlichen Interesse verfolgt werden; es besteht dagegen bei Vermögensdelikten (Diebstahl usw.). Die Wirksamkeit der E. setzt nicht Geschäftsfähigkeit des Einwilligenden voraus, jedoch die Fähigkeit, die Bedeutung der Verletzungshandlung zu erkennen und demgemäß zu handeln (z. B. bei Sexualdelikten an Jugendlichen); sie wird Kindern i. d. R. fehlen.

Die E. schließt die Rechtswidrigkeit nur aus, wenn sie kundgegeben worden ist (auch schlüssig) und der Täter auf Grund dieser Kundgabe handelt (str.). Nachträgliche Zustimmung des Verletzten reicht nicht aus. Nimmt der Täter irrig an, der Verletzte habe eingewilligt, so wird das wie ein → Irrtum über den Tatbestand behandelt, der Bestrafung wegen Vorsatzes ausschließt (§ 16 StGB). Die erzwungene oder erschlichene E. ist unwirksam. Verstößt sie gegen die guten Sitten, so beseitigt sie i. d.R. gleichwohl die Rechtswidrigkeit, soweit der Verletzte über das Rechtsgut verfügen kann. Stimmt z. B. der Eigentümer der Inbrandsetzung seiner Sache zu, so ist die → Sachbeschädigung nicht rechtswidrig; doch kann der Täter ggf. wegen → Versicherungsmißbrauchs, → Betrugs oder → Brandstiftung verfolgt werden. Bei → Körperverletzung hebt die E. die Rechtswidrigkeit nicht auf, wenn die Tat als solche trotz der E. sittenwidrig ist, z. B. sexuellen Motiven entspringt (§ 228 StGB). Die E. in eine Gefährdung durch den Täter oder das bewußte Eingehen eines solchen Risikos, z. B. das Mitfahren bei Trunkenheit des Kfz.-Führers, enthält auch die Einwilligung in eine fahrlässige Körperverletzung.

S. a. → Aufklärungspflicht des Arztes

vor Heilbehandlung, → Einwilligung des Patienten, → Gefälligkeitsfahrt, → Mitverschulden, → Selbstgefährdung oder -schädigung, → Sportverletzungen.

Die E. schließt schon den *Tatbestand* einer Straftat aus, wenn dieser die Überwindung des Willens eines anderen voraussetzt, z. B. bei der → sexuellen Nötigung (§ 177 StGB). Der Täter muß die E. kennen; andernfalls kann untauglicher → Versuch vorliegen.

**Einwilligung in ein Rechtsgeschäft** → Zustimmung.

**Einwilligungsvorbehalt** → Betreuung.

**Einwirkungen auf Nachbargrundstück** → Immissionen.

**Einwohner** ist, wer im Gebiet eines Gemeinwesens (Staat, → Gemeinde, 6) wohnt, d. h. sich für dauernd aufhält. Wer sich nur vorübergehend im Staatsgebiet aufhält, ist nicht E., wohl aber der Staatsgewalt unterworfen (z. B. in polizeilicher u. strafrechtlicher Hinsicht). Der E. ist vom → Bürger (Staatsbürger) zu unterscheiden, der zur Mitwirkung an der Ausübung der Staatsgewalt berechtigt und verpflichtet ist.

**Einzelausgebot** → Ausgebot.

**Einzelfallgesetz** → Maßnahmegesetz.

**Einzelfirma** → Firma.

**Einzelhaft** (Trennung von anderen Gefangenen) → Untersuchungshaft (3), → Strafvollzug (2).

**Einzelhandel** betreibt, wer gewerbsmäßig Waren anschafft und sie unverändert oder nach im Einzelhandel üblicher Be- oder Verarbeitung in einer oder mehreren offenen Verkaufsstellen zum Verkauf an jedermann feilhält. Zum E. zählt auch das Zeigen von Mustern oder Proben in offenen Verkaufsstellen, um Warenbestellungen entgegenzunehmen, sowie die Versendung von Waren, die nach Katalog, Mustern, Proben oder auf Grund eines sonstigen Angebots bestellt sind (Versandhandel; → Kreditvertrag, 3). Die Vorschriften, die für E. eine Gewerbezulassung vorsahen, sind aufgehoben. Zum E. mit → Arzneimitteln außerhalb von Apotheken s. a. VO vom 24. 11. 1988 (BGBl. I 2151).

**Einzelrichter** ist ein Richter, der eine Rechtssache allein entscheidet (anders der → beauftragte Richter). Beim → Amtsgericht entscheidet der Richter i. d. R. als E., in Strafsachen als „Strafrichter" (§§ 22 I, 25 GVG; Ausnahme u. a. beim → Schöffengericht). Alle anderen Gerichte sind grundsätzlich Kollegialgerichte (Einzelheiten s. Anhang). Im Zivilprozeß beim → Landgericht soll der Rechtsstreit dem E. zur Entscheidung übertragen werden, wenn die Sache keine besonderen Schwierigkeiten aufweist und keine grundsätzliche Bedeutung hat (§§ 348 ff. ZPO; für das finanz- und das verwaltungsgerichtl. Verfahren vgl. § 6 FGO, § 6 VwGO); in deutlich geringerem Umfang gibt es den E. auch beim → Oberlandesgericht (§ 524 ZPO).

**Einzelveranlagung** → Veranlagungsarten.

**Einzelvollmacht** → Vollmacht.

**Einzelvormund** → Amtsvormundschaft, → Vormund.

**Einziehung eines Erbscheins** → Erbschein – **eines Gesellschaftanteils** → Amortisation.

**Einziehung im Strafverfahren** kann als Strafe oder als Sicherungs(Vorbeugungs)maßnahme angeordnet werden. Die E. ist *Strafe* (und zwar → Nebenstrafe), wenn nur Gegenstände eingezogen werden dürfen, die dem Täter oder einem → Teilnehmer an der Straftat gehören. Läßt das Strafgesetz die E. ohne Rücksicht hierauf zu, also auch gegen tatunbeteiligte Dritte, so hat sie grundsätzlich *polizeilichen* Charakter.

Soweit sie Strafe ist, verjährt sie mit der Hauptstrafe und wird mit dieser von einer → Amnestie (mangels anderweitiger gesetzlicher Regelung) erfaßt; sie unterliegt nach § 2 V StGB dem Verbot der → Rückwirkung aber auch, wenn sie Sicherungsmaßnahme ist.

Allgemein ist die E. nach § 74 StGB zulässig (aber nicht vorgeschrieben) bei → Gegenständen, die durch eine vorsätzliche Straftat hervorgebracht oder zu ihrer Begehung gebraucht oder bestimmt sind, sofern sie dem Täter oder einem Teilnehmer gehören. Hervorgebracht *(producta sceleris)* sind z. B. gefälschte Banknoten, zur Tat bestimmt oder benutzt *(instrumenta sceleris)* Einbruchswerkzeuge. Die Eigentumsverhältnisse sind dagegen unerheblich bei allgemeingefährlichen Gegenständen (z. B. Sprengstoff) oder bei Gefahr weiterer Benutzung zu strafbedrohten Handlungen (z. B. Diebeswerkzeug). Die E. kann nach § 74 II StGB durch bes. Vorschrift darüber hinaus zugelassen sein hinsichtlich Gegenständen, auf die sich die Tat bezieht (z. B. § 282 StGB), oder bei fahrlässiger Tat (z. B. §§ 322, 330 c StGB).

Nach anderen gesetzlichen Bestimmungen, die jeweils auf § 74 a StGB verweisen, *kann* die E. mit Wirkung gegen den Dritteigentümer angeordnet werden, wenn dieser leichtfertig zur Benutzung der Sache zur Tat beigetragen oder den Gegenstand in Kenntnis der Tatumstände in verwerflicher Weise erworben hat; so z. B. Jagdgerät bei Wilderei oder das bei verbotenem Glücksspiel beschlagnahmte Geld (§§ 295, 286 StGB). Doch ist nach dem Grundsatz der → Verhältnismäßigkeit von der *fakultativen* E. abzusehen, wenn sie zur Bedeutung von Tat und Schuld außer Verhältnis stehen würde; dann bleibt sie aber vorbehalten und ist durch mildere Maßnahmen zu ersetzen (z. B. Unschädlichmachung; § 74 b StGB). Der tatunbeteiligte Dritte, dessen Rechte von der E. betroffen sind, erhält grundsätzlich eine *Entschädigung* aus der Staatskasse, außer wenn er leichtfertig zur Benutzung des Gegenstandes zur Tat beigetragen oder diesen in Kenntnis der Tat in verwerflicher Weise erworben hat (§ 74 f StGB).

Gegen → juristische Personen, Personenhandelsgesellschaften und nichtrechtsfähige → Vereine kann die E. angeordnet werden, wenn ein vertretungsberechtigtes Organ, Vorstandsmitglied usw. für sie gehandelt und dabei die Voraussetzungen der E. erfüllt hat (§ 75 StGB).

Im *E.verfahren* (§§ 430 ff. StPO) sind die durch die E. betroffenen Drittberechtigten – Eigentümer, Hypothekengläubiger usw.; sog. Einziehungsbeteiligte – im → Ermittlungsverfahren und → Hauptverfahren zu hören, in dem sie dieselbe Rechtsstellung wie ein Angeklagter haben, insbes. Anspruch auf Ladung zur → Hauptverhandlung, auf → rechtliches Gehör und das Recht, Anträge zu stellen und → Rechtsbehelfe einzulegen. Ist die E. rechtskräftig angeordnet, so kann der E.beteiligte, der ohne sein Verschulden seine Rechte nicht geltend gemacht hat, diese in einem *Nachverfahren* zur Geltung bringen.

Ist die E. im (subjektiven) Strafverfahren nicht möglich, weil keine bestimmte Person verfolgt oder verurteilt werden kann – sei es aus tatsächlichen Gründen, etwa weil der Beschuldigte flüchtig ist, oder aus rechtlichen, etwa wegen → Strafverfolgungsverjährung oder → Schuldunfähigkeit des Täters –, so kann das selbständige *(objektive) Einziehungsverfahren* nach Maßgabe der §§ 76 a StGB, 440 ff. StPO durchgeführt werden. Auf Grund einer Antragsschrift der Staatsanwaltschaft kann hierbei auch außerhalb der Hauptverhandlung durch Beschluß entschieden werden, sonst durch Urteil, so wenn ein Beteiligter es beantragt, der einen Rechtsanspruch auf den Gegenstand der E. geltend macht.

Über die *Einziehung des Wertersatzes,* wenn Täter oder Teilnehmer den Gegenstand vor Entscheidung über die E. veräußert oder sonstwie verwertet hat, s. § 74 c StGB. Für die E. bei → *Ordnungswidrigkeiten* gelten nach §§ 22 ff. OWiG entsprechende Vorschriften wie bei Straftaten. Zur E. in Betäubungsmittelsachen s. § 33 BtMG, zur E. von Waffen s. § 56 WaffG. Über E. von → Schriften und anderen Darstellungen → Unbrauchbarmachung.

**Einziehung im Straßenrecht** → Widmung.

**Einziehungsbeteiligte** → Einziehung im Strafverfahren und §§ 431 ff. StPO, § 87 OWiG.

**Einziehungsermächtigung** (Inkassomandat) → Abtretung.

**Einzugsermächtigungsverfahren** → Lastschriftverfahren.

**Eisenbahn** → Bundesbahn, → Bahnkreuzungen, → Bahnübergänge, → Bahnpolizei, → Bundeseisenbahnvermögen, → Deutsche Bahn, → Deutsche Reichsbahn, → Eisenbahnen, → Spediteur, → Reichsbahn, → Verkehrsrecht (II) u. im folg.

**Eisenbahn-Bau- und Betriebsordnung.** Die EBO vom 8. 5. 1967

(BGBl. II 1563) m. Änd. gilt für alle regelspurigen → Eisenbahnen des öffentlichen Verkehrs (→ Bundesbahn, nichtbundeseigene Eisenbahnen) und regelt in eingehenden technischen Vorschriften die Beschaffenheit der Bahnanlagen (§§ 4–17), der Fahrzeuge (§§ 18–33) sowie den Bahnbetrieb (§§ 34–46). Die VO enthält ferner Vorschriften über die Anforderungen an das Betriebspersonal (§§ 47–54) sowie Regelungen über die Sicherheit und Ordnung auf dem Gebiet der Bahnanlagen, Bestimmungen für das Publikum, z. B. Verbot des Betretens und Überquerens von Bahnanlagen auf freier Strecke (§§ 55–64 a). S. ferner Eisenbahn-Bau- und Betriebs-Ordnung für Schmalspurbahnen – ESBO – vom 25. 2. 1972 (BGBl. I 269) m. Änd.

**Eisenbahn-Verkehrsordnung.** Die EVO i. d. F. des G. vom 25. 6. 1998 (BGBl. I 1588) gilt für alle → Eisenbahnen des öffentlichen Verkehrs (→ Deutsche Bahn AG, nichtbundeseigene Eisenbahnen). Sie enthält neben allgemeinen Bestimmungen (Beförderungspflicht, Ablieferung von Fundgegenständen) insbes. Sondervorschriften über die Beförderung von Personen, von Reisegepäck, von Expreßgut, von Leichen und von lebenden Tieren; die Beförderung von Gütern unterliegt dagegen weitgehend dem allgemeinen Transportrecht (s. i. e. → Frachtvertrag). S. ferner die VO über die Beförderung gefährlicher Güter mit der Eisenbahn i. d. F. vom 15. 12. 1995 (BGBl. I 1852) sowie das Übereinkommen über den internationalen Eisenbahnverkehr (COTIF mit den Anhängen ER/CIM und ER/CIV) vom 9. 5. 1980 (Ges. vom 29. 1. 1985, BGBl. II 130 m. Änd. vom 11. 12. 1992, BGBl. II 1182).

**Eisenbahnbetriebshaftung.** Wenn bei dem Betrieb einer Schienen- (Eisenbahn, Straßenbahn) oder Schwebebahn ein Mensch getötet oder körperlich verletzt oder eine Sache beschädigt wird, so haftet der Unternehmer zwingend (ohne Entlastungsmöglichkeit für → Verrichtungsgehilfen) für den dadurch entstandenen Schaden ohne Nachweis eines Verschuldens (→ Gefährdungshaftung), sofern er nicht nachweist, daß der Unfall durch höhere Gewalt (→ Verschulden) oder durch ein eigenes Verschulden (evt. Mitverschulden) des Verletzten verursacht worden ist (§§ 1, 4 d. Haftpflichtgesetzes i. d. F. vom 4. 1. 1978, BGBl. I 145). Eine gleiche Haftung trifft den Unternehmer eines *Gas-* oder *Elektrizitätswerks* bzw. den Inhaber einer sonstigen Rohrleitungsanlage, wenn der Unfall von dieser Anlage ausgeht oder diese sich nicht in ordnungsgemäßem Zustand befindet (§ 2 HPflG; ausgenommen Schäden am oder durch Verbrauchsgerät). Wer ein *Bergwerk,* einen *Steinbruch* oder eine *Fabrik* betreibt, haftet in gleicher Weise für Personenschäden, wenn diese durch ein Verschulden einer Aufsichtsperson eintreten (§ 3 HPflG). Der Schadensersatz umfaßt (grundsätzlich unbeschränkbar, § 7 HPflG) bei einer Tötung die Beerdigungs- und Behandlungskosten sowie eine Geldrente für unterhaltsberechtigte Angehörige (→ unerlaubte Handlung, 6), bei einer Körperverletzung die Heilungskosten, sowie bei Aufhebung oder Minderung der Erwerbsfähigkeit eine Geldrente von höchstens 30 000 DM jährlich. Für Sachschäden beträgt die Haftungshöchstgrenze 100 000 DM (§§ 5–10 HPflG). Für die Verjährung gelten die Vorschriften über die unerlaubte Handlung (s. dort 7) entsprechend. Eine weitergehende Haftung des Inhabers des Unternehmens aus → Beförderungsvertrag oder aus sonstigen Rechtsgrundlagen (z. B. aus unerlaubter Handlung) bei Verschulden bleibt unberührt.

**Eisenbahnbundesamt (EBA)** ist eine Bundesoberbehörde für die hoheitlichen Aufgaben des Bundes im Eisenbahnbereich (Art. 2 des Ges. zur Neuordnung des Eisenbahnwesens, → Eisenbahnen). Es ist Aufsichts- und Genehmigungsbehörde für Eisenbahnen des Bundes und für Eisenbahrverkehrsunternehmen mit Sitz im Ausland für das Gebiet der BRep. Dem EBA obliegen u. a. die Planfeststellung für Schienenwege, die Ausübung der Eisenbahnaufsicht (z. B. technische Aufsicht, Bauaufsicht für Betriebsanlagen) sowie die Erteilung und der Widerruf der Betriebsgenehmigung. Das EBA ist auch zuständig für den technischen Arbeitschutz, VO vom 8. 11. 1994 (BGBl. I 3435).

**Eisenbahnen.** E. sind öffentliche Einrichtungen oder privatrechtlich organisierte Unternehmen, die Eisenbahnverkehrsleistungen erbringen (Eisenbahnverkehrsunternehmen) oder eine Eisenbahninfrastruktur betreiben (Eisenbahninfrastrukturunternehmen); (Ges. zur Neuordnung des Eisenbahnwesens vom 27. 12. 1993, BGBl. I 2378, Art. 2: Allgemeines Eisenbahngesetz – AEGG – § 2). Nicht zu den E. in diesem Sinne gehören andere Schienenbahnen wie Magnetschwebebahnen und Bahnen besonderer Bauart. Das Gesetz regelt, was zum öffentlichen Eisenbahnverkehr gehört (§ 3), die Eisenbahnaufsicht (§ 5), Betriebsgenehmigung (§§ 6, 7), Beförderungspflicht (§ 10), Tarife (§ 12), Planfeststellung und Enteignung für E.-Vorhaben (§§ 17–22). Neu geordnet ist die Stillegung von Schienenwegen (§ 11). Danach hat das für den Schienenweg zuständige Infrastrukturunternehmen die Stillegung eines Bahnhofs oder eines Schienenwegs bei der zuständigen Aufsichtsbehörde zu beantragen, die unter Berücksichtigung verkehrlicher und wirtschaftlicher Kriterien zu entscheiden hat. Zuständige Behörde ist für Bundeseisenbahnen das Eisenbahnbundesamt, das im Benehmen mit den zuständigen Landesbehörden zu entscheiden hat. Damit wird die Stilllegung im Ergebnis außerordentlich erschwert und von lokalen Interessen abhängig gemacht. Das Ges. enthält, wie schon das bisherige Recht, umfangreiche Verordnungsermächtigungen. Vorerst sind noch die bisher geltenden Vorschriften in Kraft, zum Beispiel die → Eisenbahn-Bau- und Betriebsordnung, die → EisenbahnverkehrsO und die EisenbahnsignalO (ESO), die VO über die Haftpflicht der Eisenbahnen vom 21. 12. 1995 (BGBl. I 2101) sowie zum Berufszugang (VO vom 27. 10. 1994, BGBl. I 3203). Die Vorschriften des AEG gelten für die → Deutsche Bahn AG wie auch für alle anderen öffentlichen Eisenbahnen. Die öffentlichrechtlichen Befugnisse betreffend die E. des Bundes werden vom Eisenbahnbundesamt ausgeübt, sonst von den Ländern, soweit diese ihre Aufgaben nicht auf das Eisenbahnbundesamt übertragen. Für die nicht bundeseigenen E. bestehen in Ergänzung zum AEG zum Teil noch landesrechtliche Regelungen, zum Beispiel in Bayern, Niedersachsen, Nordrhein-Westfalen, Rheinland-Pfalz. Für den Verkehr mit dem Ausland → EisenbahnverkehrsO, im übrigen → Verkehrsrecht, auch wegen privater E.; wegen der Haftpflicht im Zusammenhang mit dem Betrieb von E. → Eisenbahnbetriebshaftung.

**Eisenbahnfrachtgeschäft** war früher ein rechtlich besonders ausgestalteter Frachtvertrag. Nach der Vereinheitlichung des Transportrechts gelten auch für den Güterverkehr auf der Schiene grdsätzl. die allgemeinen Bestimmungen über den → Frachtvertrag (s. i. e. dort), insbes. für die Haftung der Bahn bei Verlust und Beschädigung des Transportguts oder Überschreitung der Lieferfrist. In einzelnen Punkten enthält die → Eisenbahn-Verkehrsordnung Sonderbestimmungen, z. B. über die Beförderung von → Reisegepäck (und die Haftung hierbei). Über die Beförderung gefährlicher Güter durch die Bahn und das internationale E. s. gleichfalls → Eisenbahn-Verkehrsordnung.

**Eisenbahnkreuzungen und -übergänge.** Für Kreuzungen von *Eisenbahnen und Straßen* gilt das EisenbahnkreuzungsG i. d. F. vom 21. 3. 1971 (BGBl. I 337). Straßenbahnen mit eigenem Gleiskörper werden, wenn sie Eisenbahnen kreuzen, i. S. des Ges. wie Straßen, wenn sie Straßen kreuzen, wie Eisenbahnen behandelt. Neue Kreuzungen von Eisenbahnen mit Straßen, die dem allgemeinen Kfz.-Verkehr dienen, sind als Überführungen herzustellen. Bestehende Kreuzungen sind, soweit es die Verkehrssicherheit erfordert, zu beseitigen, durch verkehrsmindernde Baumaßnahmen zu entlasten, durch Überführungen zu ersetzen oder durch Schranken, Lichtsignale usw. zu sichern. Bei Herstellung von Kreuzungen oder neuen Straßen besteht für die Beteiligten Duldungspflicht. Das Ges. regelt im einzelnen die Durchführung der Baumaßnahmen, die Verteilung der Kosten auf die Beteiligten usw. Erzielen diese hierüber keine Vereinbarung, kann ein Kreuzungsrechtsverfahren eingeleitet werden; ggf. findet zur Durchführung der erforderlichen Maßnahmen ein Planfeststellungsverfahren statt. Über Kreuzungen von *Schienenbahnen* (einschl. Straßenbahnen) → Bahnkreuzungen; über die Sicherung von → Bahnübergängen s. dort.

**Eisenbahn-Unfallkasse.** Träger der gesetzlichen → Unfallversicherung insbesondere für Versicherte im Bundeseisenbahnvermögen und bei der Deutschen Bahn AG. (§ 126 SGB VII; s. a. → Unfallversicherungsträger).

**EKD** → Evangelische Kirche.

**Elektrische Anlagen** sind vom Abnehmer nach den Allgemeinen Versorgungsbedingungen (→ Energieversorgung) technisch ordnungsgemäß einzurichten und in diesem Zustand zu erhalten, d. h. sie müssen den Regeln der Technik entsprechen, deren Einhaltung bei Anwendung der VDE-Vorschriften vermutet wird. E. A. *in explosionsgefährdeten Räumen* müssen den technischen Vorschriften der VO i. d. F. des Art. 4 d. Ges. vom 27. 2. 1980 (BGBl. I 173) entsprechen. Die VO begründet Zulassungs-, Prüfungs- und Überwachungspflichten.

**Elektrizität** → Energieversorgung; über Entziehung elektr. Energie → Stromentwendung; s. a. → Betriebssabotage (im Elektrizitätswerk).

**Elektrizitätsunternehmen** (Haftung) → Eisenbahnbetriebshaftung; (staatl. Aufsicht, Betriebsvorschriften) → Energieversorgung.

**Elektrofahrzeuge** unterliegen im Straßenverkehr grundsätzlich den Bestimmungen für → Kraftfahrzeuge (§ 1 II StVG). Sondervorschriften gelten für die Ausrüstung der E., z. B. für Bremseinrichtungen (§ 41 VII StVZO), und insbes. für Elektrokarren (kein Rückspiegel erforderlich, § 56 II StVZO); weitere Befreiungen kann die höh. Verwaltungsbehörde zulassen (§ 70 I Nr. 1 StVZO).

**Elektromagnetische Verträglichkeit** von Geräten regelt das Ges. i. d. F. vom 30. 8. 1995 (BGBl. I 1118). Es bestimmt die Sicherheitsanforderungen für Geräte, die elektromagnetische Störungen verursachen können, sowie den Nachweis der Erfüllung der Anforderungen und Zuständigkeiten. Das Gesetz ist im Vollzug der Richtlinie der EG vom 3. 5. 1989 (ABl. L 139/19) ergangen.

**Elektronische Datenverarbeitung** (Vertrag) → Software.

**Elektrosmog** → Elektromagnetische Verträglichkeit.

**Elterliche Gewalt** → elterliche Sorge.

**Elterliche Sorge.** Um die Wechselwirkung zwischen Rechten und Pflichten zu unterstreichen (§ 1618 a BGB: Eltern und Kinder sind einander Beistand und Rücksicht schuldig), ist der frühere Begriff der *elterlichen Gewalt* durch den der e. S. ersetzt worden. E. S. bedeutet demnach die den Eltern eines minderjährigen Kindes obliegende Pflicht und dementsprechend das – auch gegen Dritte wirkende – unverzichtbare und nur der Ausübung nach übertragbare Recht, für das Wohl des Kindes zu sorgen (§ 1626 I BGB). Die e. S. umfaßt insbes. die Sorge für die Person des Kindes (→ Personensorge) und für sein Vermögen (→ Vermögenssorge) sowie die Vertretung des Kindes auf diesen Gebieten (§ 1629 BGB). Zum Wohl des Kindes gehört ferner der Umgang des Kindes mit beiden Eltenteilen und dritten Personen (§ 1626 III BGB, → Umgangsrecht). Bei der Pflege und Erziehung haben die Eltern die wachsende Fähigkeit und das wachsende Bedürfnis des Kindes zu selbständigem verantwortungsbewußtem Handeln zu berücksichtigen. Ferner sollen die Eltern je nach dem Entwicklungsstand des Kindes mit diesem Fragen der e. S. besprechen und versuchen, eine einvernehmliche Lösung herbeizuführen (§ 1626 II BGB); letztlich verbleibt den Eltern aber die verantwortliche Entscheidung.

Die früher unterschiedliche Regelung der e. S. bei ehelichen und nichtehelichen Kindern hat das Kindschaftsrechtsreformgesetz vom 16. 12. 1997 (BGBl. I 2942) im Grundsatz beseitigt. Danach obliegt die e. S. (einschließlich des Vertretungsrechts) den Eltern grdsätzl. gemeinschaftlich (Gesamtvertretung, → Stellvertretung). Sind die Eltern bei der Geburt des Kindes nicht miteinander verheiratet, so steht ihnen die e. S. dann gemeinsam zu, wenn sie einander heiraten oder erklären, daß sie die Sorge gemeinsam übernehmen wollen (§ 1626 a I BGB). Diese *Sorgeerklärung* (§§ 1626 b ff. BGB), die schon vor der Geburt des Kindes abgegeben werden kann, muß unbedingt und unbefristet sein sowie von den Eltern persönlich (ggfs. mit der Zustimmung ihres gesetzlichen Vertreters) abgegeben werden; sie bedarf der öffentlichen Beurkundung (→ Form, 1 c), die auch vom Jugendamt vorgenommen werden kann (§ 59 I Nr. 8 SGB VIII). Die Sorgeerklärung setzt weder einen gemeinsamen Hausstand noch voraus, daß die beiden Elternteile jeweils ledig sind. Wird eine Sorgeerklärung für ein solches Kind nicht abgegeben, so hat die Mutter die e. S. allein (§ 1626 a II BGB); eine originäre Alleinsorge des Vaters kennt das Gesetz nicht. Das Bestehen eines gemeinschaftlichen Hausstandes ist für die e. S. generell grdsätzl. unerheblich. Leben die Eltern jedoch nicht nur vorübergehend getrennt, so kann der Vater beantragen, daß ihm das Familiengericht die e. S. ganz oder teilweise allein überträgt, wenn dies dem Wohl des Kindes dient. Der Antrag bedarf der (nicht ersetzbaren) Zustimmung der Mutter (§ 1672 BGB). Zur e. S. nach der → Ehescheidung der Eltern s. dort 3.

Besteht gemeinschaftliche e. S., so müssen im Grundsatz beide Eltern gemeinsam entscheiden und handeln; doch kann ein Elternteil – auch stillschweigend – den anderen ermächtigen, allein für das Kind zu handeln, was bei den Geschäften des täglichen Lebens oftmals angenommen werden kann. Bei Meinungsverschiedenheiten über die Ausübung der e. S. müssen die Eltern versuchen, sich zu einigen (§ 1627 S. 2 BGB ). Kommt eine Einigung in einer einzelnen Angelegenheit oder in einer bestimmten Art von Angelegenheiten der e. S., deren Regelung für das Kind von erheblicher Bedeutung ist, nicht zustande, so kann das → Familiengericht einem Elternteil die Entscheidung (und Vertretung) übertragen und diese Übertragung mit Beschränkungen oder Auflagen versehen (§ 1626 BGB; eine eigene Entscheidung ist dem Familiengericht dagegen hier verwehrt). Bei Gefahr im Verzug ist jeder Elternteil berechtigt, alle Rechtshandlungen vorzunehmen, die zum Wohl des Kindes notwendig sind (z. B. auch einen Unterhaltsanspruch gegen den anderen Ehegatten geltend zu machen); der andere Elternteil ist hiervon unverzüglich zu unterrichten (§ 1629 I 4BGB). Diese Grundsätze gelten auch dann, wenn Eltern, denen die gemeinsame e. S. zusteht, nicht nur vorübergehend getrennt leben, und zwar für Entscheidungen in Angelegenheiten, deren Regelung für das Kind von erheblicher Bedeutung ist (§ 1687 I 1 BGB). Der Elternteil, bei dem sich das Kind mit Einwilligung des anderen Elternteils oder aufgrund einer gerichtlichen Entscheidung gewöhnlich aufhält, hat jedoch in Angelegenheiten des täglichen Lebens, die häufig vorkommen und die keine schwer abzuändernden Auswirkungen auf die Entwicklung des Kindes haben, das alleinige Entscheidungsrecht, sofern das Familiengericht nicht zum Wohl des Kindes eine andere Entscheidung trifft (§ 1687 I 2–4, II BGB). Jeder Elternteil kann vom anderen bei berechtigtem Interesse Auskunft über die persönlichen Verhältnisse des Kindes verlangen; bei Streitigkeiten entscheidet auch hier das Familiengericht (§ 1686 BGB). In allen Verfahren, die die e. S. betreffen, hat das Gericht zuvor (i. d. R. persönlich) die Beteiligten anzuhören, d. h. die Eltern, aber auch das Kind, soweit es ein bestimmtes Alter erreicht hat oder die Gewinnung eines persönlichen Eindrucks angezeigt erscheint (§§ 50 a ff. FGG), in bestimmten Fällen auch das → Jugendamt (§ 49 a FGG). Das Gericht trifft die Entscheidung, die unter Berücksichtigung der tatsächlichen Gegebenheiten und Möglichkeiten sowie der berechtigten Interessen der Beteiligten dem Wohl des Kindes am besten entspricht (§ 1697 a BGB).

Die e. S., in deren Ausübung die Eltern dem Kind gegenüber nur für die → Sorgfalt haften, die sie auch in eigenen Angelegenheiten anzuwenden pflegen (§§ 1664, 277 BGB), ist nicht unbeschränkt (vgl. BVerfGE 72, 155). Eine Reihe von Rechtsgeschäften kann das minderjährige Kind selbst vornehmen (→ Ehevertrag, → Erbvertrag, → Adoption, → Testamentserrichtung u. a. m.); bei anderen sind die Eltern entweder von der Vertretung völlig ausgeschlossen (z. B. soweit auch ein → Vormund von der Vertretung ausgeschlossen ist, §§ 1629 II, 1795 BGB, insbes. bei Rechtsgeschäften zwischen dem Kind einerseits und den Eltern und deren Verwandten andererseits sowie in den Fällen, in denen ein → Pfleger bestellt ist, § 1630 BGB) oder wegen der Wichtigkeit des Geschäfts von der Zustimmung des Vormundschaftsgerichts abhängig (insbes. §§ 1643, 1821, 1822 BGB, s.i.e. → Vermögenssorge). S.a. → Beistand (1), → Pflegekinder.

Wird das körperliche, geistige oder seelische Wohl des Kindes oder sein Vermögen durch mißbräuchliche Ausübung der e. S., durch Vernachlässigung des Kindes (insbes. Verwahrlosung), aber auch durch unverschuldetes Versagen der Eltern oder durch das Verhalten eines Dritten gefährdet, so hat das Familiengericht, wenn die Eltern nicht gewillt oder nicht in der Lage sind, die Gefahr abzuwenden, subsidiär die hierfür erforderlichen Maßnahmen zu treffen (§ 1666 I BGB). In der Regel ist anzunehmen, daß das Vermögen des Kindes gefährdet ist, wenn der Inhaber der → Vermögenssorge seine Unterhaltspflicht gegenüber dem Kind oder sonstige mit der Vermögenssorge verbundenen Pflichten verletzt (§ 1666 II BGB). Je nach Verhältnismäßigkeit kann demnach das Recht der e. S. in einzelnen Punkten, hinsichtlich einzelner Gegenstände, u. U. aber auch in vollem Umfang entzogen werden; die gesamte Personensorge darf allerdings nur entzogen werden, wenn andere Maßnahmen erfolglos geblieben sind oder voraussichtlich nicht ausreichen (§ 1666a II BGB). Das Gericht kann auch Maßnahmen mit unmittelbarer Wirkung gegen einen Dritten treffen (§ 1666 IV BGB). In diesen Fällen kommt vielfach, weil das Interesse des Kindes zu dem seines gesetzlichen Vertreters in erheblichem Widerspruch steht, die Bestellung eines Pflegers in Betracht (Anwalt des Kindes, § 50 FGG). Maßnahmen, mit denen eine Trennung des Kindes von der elterlichen Familie verbunden ist (Unterbringung in einer geeigneten anderen Familie oder in einer Erziehungsanstalt), sind nur zulässig, wenn der Gefahr nicht auf andere Weise (auch nicht durch öffentliche Erziehungshilfen) begegnet werden kann (§ 1666a I BGB). Die getroffenen Maßnahmen hat das Gericht laufend zu überprüfen und zu ändern, wenn dies aus triftigen, das Wohl des Kindes nachhaltig berührenden Gründen angezeigt ist, insbes. diese aufzuheben, wenn eine Gefahr für das Wohl des Kindes nicht mehr besteht (§ 1696 BGB§ 1696 BGB).

Fällt bei gemeinschaftlicher e. S. ein Elternteil aus, so steht die e. S. dem anderen Elternteil allein zu. Dies gilt gleichermaßen bei Tod eines Elternteils, ganzem oder teilweisem Entzug der e. S., Ruhen der e. S. (z. B. bei Geschäftsunfähigkeit) oder tatsächlicher Verhinderung, z. B. infolge Krankheit (§§ 1678, 1680 f. BGB). Insbes. beim Entzug der e. S. kann das Familiengericht aber im Interesse des Kindeswohls auch eine andere Regelung treffen, z. B. einen Pfleger (§ 50 FGG, s. o.) oder Vormund bestellen. Entfällt die Mutter, der kraft Gesetzes die Alleinsorge nach § 1626a II BGB zustand (s. o.), so hat das Familiengericht die e. S. dem Vater zu übertragen, wenn dies dem Wohl des Kindes dient. Beruhte die Alleinsorge auf gerichtlicher Entscheidung (z. B. nach Ehescheidung), so ist die e. S. dem verbleibenden Elternteil zu übertragen, wenn dies dem Wohl des Kindes nicht widerspricht. Stief- und Pflegeeltern sowie sonstigen Bezugspersonen steht zwar die e. S. nicht zu (→ Pflegekinder). Der nunmehr allein sorgeberechtigte Elternteil kann diesen Personen aber das Kind, wenn es mit ihnen in längerer häuslicher Gemeinschaft lebte, nicht ohne weiteres wegnehmen; vielmehr kann das Familiengericht, wenn das Kindeswohl durch die Wegnahme gefährdet würde, das Verbleiben des Kindes bei diesen anordnen (§§ 1632 IV, 1682 BGB). Will der das Kindesvermögen verwaltende Elternteil eine Ehe mit einem Dritten eingehen, so hat er dies – bei Meidung des Entzugs der Vermögenssorge – dem Familiengericht anzuzeigen, ein Vermögensverzeichnis zu erstellen und ggf. eine Vermögensauseinandersetzung durchzuführen (§ 1683 BGB). Sind beide Eltern verhindert, so muß das Vormundschaftsgericht die notwendigen Maßnahmen (z. B. Bestellung eines Vormunds) ergreifen. Die e. S. *endet* außerdem durch Tod, Volljährigkeit oder → Adoption des Kindes (§ 1765 BGB; bei Heirat → Personensorge, § 1633 BGB); zur Abwicklung der Geschäfte vgl. §§ 1698 ff. BGB. Übergangsrecht für vor dem 1. 7. 1998 geborene Kinder Art. 224 § 2 EGBGB, für vor dem Beitritt im Gebiet der ehem. DDR geborene Kinder Art. 234 § 11 EGBGB.

**Eltern** (Rechtsstellung) → elterliche Sorge.

**Elternbeirat** ist ein an der → Schule von den Schülereltern gewähltes Organ zur Mitwirkung in schulischen Angelegenheiten. Unterschiedliche Ausgestaltung nach Maßgabe des Landesrechts.

**Elternrente** → Hinterbliebenenrenten in der Sozialversicherung, → Hinterbliebene von Kriegsopfern.

**EMA (European Monetary Agreement)** → Europäisches Währungsabkommen.

**Embargo** (span.): ursprünglich Bezeichnung für eine Verfügung, durch die ein Schiff in einem Hafen zurückgehalten oder vom Anlaufen eines Hafens abgehalten wurde, nunmehr Ausdruck für das Verbot der Ausfuhr bestimmter Waren in bestimmte Länder für bestimmte kriegswichtige Rohstoffe und Fertigwaren (Embargolisten). Die Verhängung eines E. ist in der EG Sache der → Handelspolitik.

**Embryo** (Rechtsstellung) → Leibesfrucht, → Rechtsfähigkeit, → Adoptionsvermittlung, → Kinderhandel, → künstliche Fortpflanzung, → Leiche (unbefugte Wegnahme).

**Embryonenschutz** → Künstliche Fortpflanzung.

**Embryotransfer** → Künstliche Fortpflanzung.

**Emissionsgeschäft** wird die Tätigkeit von Banken oder Bankenkonsortien bei der Ausgabe (Emission) von → Effekten genannt. Sie kann im Kauf vom Emittenten (Ausgeber) und Weiterverkauf der Effekten im eigenen Namen und für eigene Rechnung oder im Verkauf der Effekten auf Rechnung des Emittenten in dessen oder im eigenen Namen bestehen. Verbreitet sind Mischformen, z.B. Vereinbarung eines Rückgaberechts. Das KWG definiert als E. die „Übernahme von Finanzinstrumenten für eigenes Risiko oder die Übernahme gleichwertiger Garantien“. Gewerbliches Betreiben des E. in diesem Sinne unterliegt der Bankenaufsicht (→ Bankgeschäfte).

**Emissionskataster,** d. h. kartographische Aufzeichnungen über Art, Menge, räumliche und zeitliche Verteilung von Luftverunreinigungen in Belastungsgebieten (→ Luftreinhaltung, → Immissionsschutz), haben die Landesbehörden nach § 46 BImSchG aufzustellen. S. a. → Umweltschutz.

**Emissionswerte** sind Meß- und Grenzwerte, die auf den Ausstoß einer Anlage bezogen sind, während man von Immissionen spricht, wenn der Eintrag an anderer Stelle den maßgeblichen Parameter bildet; wegen der Regelungen vgl. bei → Immissionsschutz, öffentlich-rechtlich.

**Empfängnisverhütung** → Unfruchtbarmachung.

**Empfängniszeit.** Die E. ist für die → Abstammung (2 c, Vaterschaftsfeststellung) von Bedeutung. Als E. gilt die Zeit vom 181. bis zum 300. Tag (jeweils einschl.) vor dem Tage der Geburt des Kindes. Bei entsprechendem Nachweis gilt auch eine längere oder kürzere Zeit als E. (§ 1600 d III BGB).

**Empfangsbedürftigkeit** → Willenserklärung (I 2).

**Empfangsbekenntnis** ist allgemein die schriftliche Bestätigung des → Gläubigers über den Empfang der Leistung (→ Quittung). Im → Zivilprozeß ist es die schriftliche Erklärung eines → Rechtsanwalts, in dem er bei der → Zustellung von Anwalt zu Anwalt (§ 198 ZPO) oder von Amts wegen (§ 212 a ZPO) den Empfang eines Schriftstückes bestätigt. Das E. ersetzt die → Zustellungsurkunde. S. a. → Gegenbescheinigung.

**Empfangsbote** → Bote.

**Empfangstheorie** → Willenserklärung (I 2).

**Empfehlung** → Raterteilung. Über verbotene E., die gegen das → Kartellgesetz verstoßen, vgl. §38 II GWB, über Ausnahmen für Vereinigungen des Mittelstandes § 38 II 3 GWB.

**Empire (engl.)** war bis zum Westminsterstatut vom 11. 12. 1931 die offizielle Bezeichnung für das Britische Weltreich. Durch dieses Statut wurde sie durch die schon vorher gebrauchte

Bezeichnung → *Commonwealth* ersetzt. Vom Beginn des 17. Jh. ab erwarb Großbritannien ein koloniales Weltreich (→ Kolonien), das zu Beginn des Ersten Weltkrieges ein Viertel der Erdoberfläche und der Erdbewohner umfaßte. Seit 1847 wurde den am weitesten entwikkelten Kolonien das Recht der Selbstverwaltung gegeben (Neufundland 1855, Kanada 1867, Australien 1901, Neuseeland 1907, Südafrika 1910): diese Kolonien wurden in den Status eines sog. *Dominion* erhoben. Es entstanden komplizierte rechtliche Verhältnisse zwischen dem Mutterland einerseits und den Kolonien und den Dominions andererseits sowie unter den letzteren, die sich mit den herkömmlichen Begriffen des Rechts der → Staatenverbindungen nur unvollkommen erfassen lassen. Es lag weder ein → Staatenbund noch ein → Bundesstaat vor. Eine auf der Reichskonferenz von 1926 gebrauchte Formel bezeichnete die Mitgliedstaaten des E. als autonome Gemeinschaften innerhalb des E., gleichberechtigt und voneinander völlig unabhängig in allen Belangen der Innen- und Außenpolitik, vereint durch eine gemeinsame Bindung an die Krone und frei zusammengeschlossen als Mitglieder des British Commonwealth of Nations. Nach dem 2. Weltkrieg schritt die Desintegration des Britischen Reichsverbandes weiter fort, nicht zuletzt dadurch, daß sich einzelne Mitglieder zur Republik erklärt haben; die Schwierigkeiten für die juristische Erfassung wurden damit noch vergrößert. Auch heute noch besteht das E. in Gestalt des → Commonwealth of Nations als Staatenverbindung eigener Art fort.

**Empire (franz.)** war in Frankreich die Bezeichnung für das Kaiserreich Napoleons I. von 1804–1813 und Napoleons III. von 1852–1870.

**Endtermin** → Zeitbestimmung.

**Endurteil** ist ein → Urteil, das die Endentscheidung über einen Rechtsstreit enthält (§ 300 ZPO). Im E. kann über alle → Streitgegenstände (→ Vollurteil), über einen von mehreren oder über einen Teil eines Streitgegenstandes (→ Teilurteil) entschieden werden.

**Endvermögen** → Zugewinnausgleich.

**Energieeinsparung.** Maßnahmen zur E. regelt das Ges. vom 22. 7. 1976 (BGBl. I 1873) nebst DVOen (Wärmeschutz an Gebäuden: VO vom 24. 2. 1982, BGBl. I 209; Heizungsanlagen: VO i. d. F. vom 20. 1. 1989, BGBl. I 120; Heizkostenabrechnung: VO i. d. F. vom 20. 1. 1989, BGBl. I 115). Zur Heizkostenabrechnung müssen die Räume in zentralbeheizten Gebäuden bis 30. 6. 1984 mit Vorrichtungen zur Verbrauchserfassung und Verteilung der Kosten für Wärme und Warmwasser versehen sein; die Kosten sind dem Rauminhalt entsprechend aufzuteilen. Vgl. ferner Ges. i. d.F. vom 12. 7. 1978 (BGBl. I 993) zur Förderung der Modernisierung von Wohnungen und zur Einsparung von Heizenergie m. Änd. (→ Wohnungsmodernisierung).

**Energieentziehung** → Stromentwendung.

**Energieverbrauch.** Im Interesse des Umweltschutzes sind E. und der Verbrauch anderer wichtiger Ressourcen bei Haushaltsgeräten zu kennzeichnen (E-Kennzeichnungsgesetz vom 1. 7. 1997, BGBl. I 1632 und E-KennzeichnungsVO vom 30. 10. 1997, BGBl. I 2616). Die Vorschriften vollziehen eine Reihe von europarechtlichen Vorgaben.

**Energiewirtschaft.** Das Gesetz zur Neuregelung des Energiewirtschaftsrechts vom 24. 4. 1998 (BGBl I 730) enthält in einem neuen Energiewirtschaftsgesetz (Art. 1) eine Reihe von weiteren wichtigen Liberalisierungen dieses Regelungsbereichs. Weggefallen ist u. a. die Ausnahme vom Kartellverbot für die Versorgung mit Elektrizität und Gas und der Wegfall der Ausschließlichkeitsbindungen für Konzessionsverträge (Wegenutzungsverträge). Die Aufnahme der Energieversorgung für andere bedarf der Genehmigung, § 3, auf deren Erteilung Rechtsanspruch besteht. Sie darf nur unter den Voraussetzungen von § 3 Abs. 2 versagt werden. Genehmigungsvoraussetzung ist neben persönlichen und technischen Anforderungen (Abs. 2 Nr. 1), daß die Zulassung nicht zu ungünstigeren Versorgungsbedingungen führt (Abs. 2 Nr. 2). Das Gesetz regelt ferner den Netzzugang für Dritte (§§ 5, 6), Allgemeine Tarife und Versorgungsbedingungen, Wegenutzungsverträge und Vollzugsvorschriften. Durch das Gesetz wird der Kauf von Strom und Gas von anderen Lieferanten als dem unmittelbaren Netzbetreiber ermöglicht. Nach § 16 müssen die Anlagen und Geräte den anerkannten Regeln der Technik entsprechen; deren Einhaltung wird vermutet bei Übereinstimmung mit den Bestimmungen des Verbandes Deutscher Elektrotechniker (VDE) sowie des Deutschen Vereins des Gas- und Wasserfachs (DVGW). Energieversorgungsunternehmen sind verpflichtet, Strom aus erneuerbaren Energien in das öffentliche Netz zu übernehmen (Stromeinspeisungsgesetz vom 7. 12. 1990 – BGBl. I 2633). Zur Haftung der EVU bei Tötung, Körperverletzung oder Sachschäden s. → Eisenbahnbetriebshaftung. Über Atomenergie → Atomgesetz nebst DVOen.

**Enklave.** Der Gebietsteil eines Staates, der vom → Staatsgebiet getrennt und ringsum von fremdem Staatsgebiet umschlossen ist, wird vom Standpunkt des umschließenden Staates als E. (Einschluß), vom Standpunkt des Mutterstaates als *Exklave* (Ausschluß) bezeichnet. Währung, Post und Zoll sind für die E. häufig durch → völkerrechtlichen Vertrag geregelt. Mitunter werden auch kleine Staaten, die ringsum von fremdem Staatsgebiet umschlossen sind, als E. bezeichnet (z. B. San Marino in Italien).

**Enquêtekommissionen** werden vom → Bundestag zur Klärung gesetzgebungspolitischer Fragenkomplexe eingesetzt, z. B. „E.-Verfassungsreform" (Schlußbericht BT-Drs. 7/5924).

**Enquêterecht** i. e. S. ist das Recht des → Parlaments, zur Nachprüfung bestimmter Vorgänge parlamentarische → Untersuchungsausschüsse einzusetzen. Es ist Teil der Kontrolle des Parlaments über die → Regierung. Das E. steht dem → Bundestag nach Art. 44 GG zu und ist auch in den Verfassungen der → Länder vorgesehen. Wegen des E. der → Kommission der Europ. Gemeinschaften in Wettbewerbsangelegenheiten → Kartellrecht, europ.

**Entbindungsanstalten** → Privatkrankenanstalten, → Krankenpflegeanstalten.

**Entbindungsgeld** → Mutterschaftshilfe.

**Entbindungskosten** → Unterhaltspflicht bei nicht miteinander verheirateten Eltern, → Mutterschaftshilfe.

**Entbindungspfleger** → Hebammen.

**Enteignung.** 1. Art. 14 I GG gewährleistet das Eigentum und das Erbrecht. Inhalt und Schranken werden durch die Gesetze bestimmt. Eigentum verpflichtet; sein Gebrauch soll zugleich dem Wohle der Allgemeinheit dienen (Art. 14 II GG). Nach Art. 14 III GG ist eine E. nur zum Wohle der Allgemeinheit zulässig. Sie darf nur durch Gesetz oder auf Grund eines Gesetzes erfolgen, das Art und Ausmaß der Entschädigung regelt. Die Entschädigung ist unter gerechter Abwägung der Interessen der Allgemeinheit und der Beteiligten zu bestimmen. Wegen der Höhe der Entschädigung steht im Streitfall der Rechtsweg vor den ordentlichen Gerichten offen.

2. Der Begriff E. gehört zu den schwierigsten (weil eine Vielzahl denkbarer Lebensverhältnisse umfassend und eine sensible Grundbeziehung zwischen dem Einzelnen und der Allgemeinheit regelnd) und umstrittensten des öffentlichen Rechts. Er ist weder durch die Verfassung noch durch Gesetz definiert. Einigkeit besteht im wesentlichen darüber, daß E. nicht nur bei Entziehung von „Eigentum" im Sinne des bürgerlichen Rechts vorliegen kann; vielmehr kann jede konkrete privatrechtliche (unter gewissen Umständen auch öffentlich-rechtliche, z. B. ein durch Beitragszahlungen erworbener existenzsichernder Rentenanspruch) Rechtsposition, z. B. eine schuldrechtliche Forderung, Gegenstand einer E. sein. Auch ist für den Begriff nicht erforderlich, daß die Rechtsposition (das „Eigentum" im Sinne von Art. 14 GG) zur Gänze entzogen wird; auch eine Belastung oder eine Beschränkung der dem Eigentum wesentlichen Funktionen kann darunter fallen. Daraus ergeben sich die Abgrenzungsschwierigkeiten zwischen E. und der (grundsätzlich entschädigungslos hinzunehmenden) Sozialbindung des Eigentums (Inhalts- und Schrankenbestimmung; s. a. → Eigentumsgarantie). Der Bundesgerichtshof,

in Verfahren über die Höhe der Entschädigung häufig mit E.fragen befaßt, nahm eine E. an, wenn die Beeinträchtigung des Eigentums den Betroffenen im Vergleich zu anderen ungleich traf und ihm ein besonderes, den anderen nicht zugemutetes Opfer für die Allgemeinheit auferlegte (Sonderopfertheorie), während das Bundesverwaltungsgericht zur Abgrenzung mehr auf Schwere und Tragweite des Eingriffs abstellte (Schwere- oder Zumutbarkeitstheorie). Die lange Zeit herrschende Rechtsprechung des BGH führte zu einer starken Ausdehnung des E.begriffs: E. war jeder unmittelbare, den Betroffenen im Vergleich zu anderen ungleich belastende Eingriff der öffentlichen Gewalt in vermögenswerte Rechte Privater zur Verfolgung öffentlicher Zwecke. Jedes Sonderopfer führte zur Entschädigung, sei es für einen rechtmäßigen Enteignungseingriff, sei es für einen rechtswidrigen → enteignungsgleichen Eingriff. Mit dem „Naßauskiesungsbeschluß" vom 15. 7. 1981 (BVerfGE 58, 900) – es ging um den entschädigungslosen Ausschluß der Grundwasserbenutzung durch § 1 a III des Wasserhaushaltsgesetzes – hat das Bundesverfassungsgericht eine dogmatisch und in ihren praktischen Auswirkungen sehr bedeutsame Entscheidung getroffen, der sich inzwischen die Rspr. und weitgehend auch die Literatur angeschlossen haben. Danach ist E. (nur) die vollständige oder teilweise Entziehung vermögenswerter Rechtspositionen (Eigentum im verfassungsrechtlichen Sinn) durch einen gezielten hoheitlichen Rechtsakt zur Erfüllung bestimmter öffentlicher Aufgaben. Dieser E.begriff ist enger als der des BGH, dem jede Beeinträchtigung jenseits der Sozialbindung genügte, während das BVerfG auf Form und Zweckrichtung des Aktes abstellt. Nach dem BVerfG ist strikt zu trennen zwischen der E. und der Inhalts- und Schrankenbestimmung. Der Eigentumsbegriff des Art. 14 GG bedarf gesetzlicher Ausgestaltung: Der Gesetzgeber muß bestimmen, was zum Eigentum in diesem Sinne gehört und was nicht (ob also z. B. das Grundeigentum die Benutzung des Grundwassers überhaupt umfaßt). Bei dieser Inhaltsbestimmung ist er allerdings nicht völlig frei, sondern er muß die Grundentscheidung der Verfassung für privates Eigentum, dessen Wesensgehalt (Art. 19 II GG) mit den sozialen Bindungsbedürfnissen unter Beachtung des Gleichheits- und des Verhältnismäßigkeitsgrundsatzes abwägen. Diese Inhaltsbestimmung begründet erst die durch Art. 14 GG geschützte Rechtsposition. Eine verfassungswidrige gesetzliche Inhaltsbestimmung ist nichtig und kann keine Grundlage für E.akte sein; der Betroffene muß einen hierauf gestützten Verwaltungsakt anfechten, soweit dies möglich und zumutbar ist, kann ihn also nicht einfach hinnehmen und Entschädigung verlangen, wie dies nach der Rspr. des BGH möglich war (kein Wahlrecht zwischen Primär- und Sekundärrechtsschutz; kein „Dulde und liquidiere"). Inhaltsbestimmungen müssen auch berücksichtigen, ob sie im Einzelfall zu unverhältnismäßigen und gleichheitswidrigen Belastungen führen können; dies muß dann durch einen finanziellen Ausgleich gemindert werden („ausgleichspflichtige Inhaltsbestimmung"); vgl. dazu die „Pflichtexemplarentscheidung" des BVerfG vom 14. 7. 1981, BVerfGE 58, 137; in diesen Zusammenhang gehören auch sog. „salvatorische Entschädigungsklauseln": „... eine Maßnahme getroffen, die eine E. darstellt oder einer solchen gleichkommt, so ist dem Berechtigten Entschädigung in Geld zu leisten." S. a. → Enteignungsgleicher Eingriff; → Enteignender Eingriff; → Aufopferungsanspruch.

In der Verwaltungspraxis ist die förmliche Entziehung von Grundeigentum (z. B. zum Straßenbau) selten, da sich die Beteiligten meist privatrechtlich einigen. Gegenstand der Rspr. sind zumeist Fragen der Inhalts- und Schrankenbestimmung (Sozialbindung) und der darüber hinausgehenden Rechtsposition, deren Entzug oder Beeinträchtigung E. bedeutet.

3. Die E. durchbricht die → Eigentumsgarantie des Art. 14 I GG. Sie ist nur zum Wohl der Allgemeinheit und nur durch ein → Gesetz oder auf Grund eines Gesetzes zulässig, das Art und Ausmaß der Entschädigung regelt. Das E.sgesetz muß die Entschädigung selbst gewähren (sog. Junktimklausel). Die Junktimklausel gilt nicht für → vorkonstitutionelle Gesetze; sehen solche Ge-

setze eine E. vor, ohne die Entschädigung zu regeln, so ist das Gesetz gültig und die Entschädigung nach den Grundsätzen des Art. 14 III GG zu gewähren. Schließt das vorkonstitutionelle Gesetz eine Entschädigung ausdrücklich aus, so ist es nichtig. Die Entschädigung ist (anders als beim Schadensersatzanspruch aus → Staatshaftung) unter gerechter Abwägung der Interessen der Allgemeinheit und der Beteiligten zu bestimmen, muß also den Wert des abzutretenden Gegenstandes sowie die sonstigen eintretenden Nachteile nicht unbedingt voll ausgleichen; eine wesentliche Rolle spielt auch hier die „Situationsgebundenheit" der entzogenen oder beeinträchtigten Rechtsposition, z. B. die gegenwärtige Nutzung eines Grundstücks. Wegen der Höhe der Entschädigung steht der → ordentliche Rechtsweg offen. E. kann unmittelbar durch Gesetz oder eine sonstige Rechtsnorm erfolgen (*Legalenteignung,* besser *Legislativenteignung;* verfassungsrechtlich nur in Ausnahmefällen zulässig, da sie den Rechtsschutz des Betroffenen verkürzen würde; vgl. → Einzelfallgesetz) oder aber durch einen auf einer Rechtsnorm beruhenden → Verwaltungsakt *(Administrativenteignung).* Wichtige Grundsätze für die E. zugunsten privater Unternehmen und für den Einzelfall enthält das „Boxberg-Urteil" des BVerfG vom 24. 3. 1987, BVerfGE 74, 296.

4. Das E.recht ist weitgehend Landesrecht. Dort sind E.zweck, Gegenstand der E., Zulässigkeit, Umfang, Art und Maß der Entschädigung sowie das E.verfahren eingehend geregelt (vgl. z. B. Bayer. Gesetz über die entschädigungspflichtige E. i. d.F. vom 25. 7. 1978, BayRS 2141-1-I). Daneben finden sich E.regelungen auch in Fachgesetzen der Länder. Auch Bundesgesetze sehen E.tatbestände vor, so z. B. §§ 85 ff. BauGB für baurechtliche Grundstücksenteignungen, §§ 19 ff. FStrG für den Bau von Bundesfernstraßen oder § 11 des Energiewirtschaftsgesetzes für Freileitungen. Soweit die Bundesgesetze keine eigene Entschädigungs- oder Verfahrensregelung enthalten, verweisen sie auf das entsprechende Landesrecht (vgl. dazu BVerfG NJW 1984, 1873).

5. Zum ganzen vgl. die eingehende Darstellung bei Maurer, Allgem. Verwaltungsrecht, 9. Aufl., § 26 Rz. 1 bis 123, in Rz. 123 Zusammenstellung der umfangreichen Rspr. mit Fundstellen.

6. Zu E. in der ehem. DDR: → Offene Vermögensfragen, → Entschädigungs- und Ausgleichsleistungsgesetz (EALG).

**Enteignender Eingriff** wird in Rspr. und Lit. ein Sonderopfer genannt, das dem Einzelnen als *Nebenfolge rechtmäßigen hoheitlichen Handelns* entstanden ist. Ein e. E. ist keine → Enteignung i. S. des Verfassungsrechts, da hierunter nur *gezielte,* auf Entzug oder wesentliche Beschränkung von Eigentum gerichtete hoheitliche Rechtsakte fallen. Vom *„Enteignungsgleichen Eingriff"* unterscheidet sich der e. E. dadurch, daß nur jener einen rechts *widrigen* E. darstellt. Hauptfälle des e. E. sind Beeinträchtigungen von Nachbarn durch lästige öffentl. Anlagen (Straßen, Kläranlagen). Voraussetzungen, Abwehrmöglichkeiten *(Öffentliches Nachbarrecht)* und Entschädigungsfolgen des e. E. sind im einzelnen str. Die Problematik liegt z. T. ähnlich wie beim → Enteignungsgleichen Eingriff; vgl. dort. Der BGH hält trotz des Naßauskiesungsbeschlusses des BVerfG (→ Enteignung) am e. E. fest (NJW 1984, 1876).

**Enteignungsgleicher Eingriff.** Nach der Rspr. des BGH (vgl. BGHZ 6, 270; 13, 88) kann der einzelne nach den für die → Enteignung geltenden Grundsätzen Entschädigung verlangen, wenn er in seinem Vermögen durch einen *rechtswidrigen* (schuldlosen oder schuldhaften) Eingriff der öffentlichen Gewalt Schaden erlitten hat (im Gegensatz zum Enteignungseingriff, der *rechtmäßig* ist, weil er durch Gesetz oder auf Grund eines Gesetzes i. S. von Art. 14 III GG vorgenommen wird). „Enteignungsgleich" sind nur solche Eingriffe, die, wenn sie rechtmäßig wären, die Merkmale einer „Enteignung" erfüllen würden; so z. B. beim Eingriff in vermögenswerte Rechte auf Grund eines Gesetzes, das etwa wegen Verstoßes gegen die → Junktimklausel des Art. 14 III GG nichtig ist. Ob der e. E. überhaupt noch anerkannt werden kann und ob Entschädigung nur für solche Eingriffe in Betracht kommt, die durch verwaltungsrechtliche Rechtsbehelfe (insbes.

durch Anfechtung im → Verwaltungsstreitverfahren) nicht zu beseitigen waren, ist insbes. auf Grund des „Naßauskiesungsbeschlusses“ des BVerfG (→ Enteignung) vom 15. 7. 1981 (BVerfGE 58, 330) sehr streitig geworden (vgl. z.B. Ossenbühl, NJW 1983, 1 ff.; Papier, JuS 1985, 184 ff.). Der BGH hält sowohl am e. E. (BGHZ 90, 17) wie auch am → „Enteignenden Eingriff“ (NJW 1984, 1876) fest; er gründet sie nunmehr aber nicht auf Art. 14 GG, sondern auf den „Aufopferungsgedanken in seiner richterrechtlich geprägten Ausformung“ (→ Aufopferungsanspruch). Zur Frage der verwaltungsprozessualen Eingriffsabwehr neigt der BGH zu einer entspr. Anwendung von § 254 BGB (vgl. BGHZ 90, 17 ff.). Entschädigung aus e. E. kann also ausgeschlossen oder gemindert sein, wenn der Betroffene es trotz Zumutbarkeit versäumt hat, den Eingriff durch verwaltungsrechtl. Rechtsbehelfe abzuwehren (man kann nach dieser Auffassung also nicht einfach „dulden und liquidieren“).

Wegen der Höhe der Entschädigung für e. E. steht wie bei der Enteignung (Art. 14 III 4 GG) und beim Aufopferungsanspruch der Rechtsweg vor den ordentlichen Gerichten offen.

**Entente** = Bündnis, Einverständnis. Als E. cordiale (= herzliches Einverständnis) wurden insbes. die Beziehungen zwischen England und Frankreich seit 1904 bezeichnet, die auf der gelungenen Einigung über die nordafrikanischen Kolonialfragen beruhten. 1921/22 wurde zwischen der Tschechoslowakei, Jugoslawien und Rumänien die sog. kleine E. gegründet, die sich die Wahrung der nach dem 1. Weltkrieg geschaffenen Verhältnisse gegenüber Ungarn zum Ziel gesetzt hatte.

**Enterbung.** Der → Erblasser kann durch → Testament oder durch einseitige Verfügung in einem → Erbvertrag einen Verwandten oder den Ehegatten von der gesetzlichen → Erbfolge ausschließen (§§ 1938, 2278 II, 2299, 2338 a BGB). Die E. ist möglich durch sog. negatives Testament (auf ausdrücklichen Ausschluß des gesetzlich Erbberechtigten, der auch in der Beschränkung auf den *Pflichtteil* liegen kann) oder durch Berufung anderer Personen zu Erben (gewillkürte Erbfolge). Die E. erstreckt sich im Zweifel nicht auf die Abkömmlinge des Ausgeschlossenen. Von der E. ist die Entziehung des Pflichtteils zu unterscheiden. Während die E. vom Erblasser jederzeit ohne Angabe eines Grundes ausgesprochen werden kann, darf der Pflichtteil, der bei E. den Abkömmlingen, den Eltern und dem Ehegatten des Erblassers zusteht (§ 2303 BGB), nur unter bestimmten engen gesetzlichen Voraussetzungen entzogen werden (Pflichtteilsunwürdigkeit, §§ 2333 ff. BGB). S. a. → Erbunwürdigkeit.

**Entflechtung** ist die Auflösung von → Konzernen und marktbeherrschenden Unternehmen und ihre Aufteilung in kleinere selbständige Einheiten. Die allgemeine Grundlage für Entflechtung und → Dekartellierung bildeten Besatzungsvorschriften. Sie beruhten auf Art. III B Ziff. 12 des → Potsdamer Abkommens. Das derzeit geltende Wettbewerbsrecht sieht zwar Mißbrauchsaufsicht über marktbeherrschende Unternehmen und → Fusionskontrolle, nicht aber die Auflösung marktbeherrschender Positionen durch E. vor. Zur Beendigung der E. und Dekartellierung s. Teil I Art. 9, 11 des → Überleitungsvertrags. S. ferner → Wettbewerbsbeschränkungen.

**Entführung.** 1. E. einer unverheirateten Frau unter 18 Jahren *mit ihrem Willen* aber ohne Einwilligung des Inhabers der Personensorge (Eltern, Vormund, Pfleger), zum Zweck sexueller Handlungen kann als → Entziehung Minderjähriger (§ 235 StGB), → Förderung sexueller Handlungen Minderjähriger (§ 180 StGB) und evtl. → Beleidigung des Inhabers der Personensorge strafbar sein.

2. E. *gegen den Willen* einer Frau wird nach § 177 StGB als → sexuelle Nötigung bestraft, wenn der Täter eine Frau unter Ausnutzung einer Lage, in der die Frau der Einwirkung des Täters schutzlos ausgeliefert ist, nötigt, sexuelle Handlungen vorzunehmen oder zu dulden.

3. S. a. → Kindesentziehung, → Menschenhandel, → Menschenraub, → Luft- und Seepiraterie, → Verschleppung, → sexueller Mißbrauch

von Jugendlichen, → Frauenhandel, → Sklavenhandel.

**Entgangener Gewinn** → Schadensersatz (2 a).

**Entgelt** → Arbeitslohn, → Gehaltsanspruch, → Umsatzsteuer 5.

**Entgeltfortzahlung im Krankheitsfall.** Für alle Arbeitnehmer (Angestellte, Arbeiter sowie die zur Berufsausbildung Beschäftigten) regelt das Entgeltfortzahlungsgesetz vom 26. 5. 1994 (BGBl. I 1014/1065) mit Änderung durch Art. 3 des Arbeitsrechtlichen Beschäftigungsförderungsgesetzes vom 25. 9. 1996, BGBl. I 1476) einheitlich die Fortzahlung des Arbeitsentgelts im Krankheitsfall. Wird ein Arbeitnehmer (nach mindestens vierwöchiger ununterbrochener Dauer des Arbeitsverhältnisses) durch Arbeitsunfähigkeit infolge Erkrankung an seiner Arbeitsleistung verhindert, ohne daß ihn hieran ein → Verschulden trifft (vgl. z. B. → Sportverletzungen), so verliert er dadurch nicht den Anspruch auf Arbeitsentgelt bis zur Dauer von 6 Wochen (§ 3; als unverschuldete Arbeitsunfähigkeit gelten auch nicht rechtswidrige Sterilisation, Schwangerschaftsabbruch sowie eine Kur, §§ 3 II, 9; s. aber → Urlaub). Für diesen Zeitraum ist grdsätzl. das Arbeitsentgelt in Höhe von 80% der bisherigen Vergütung fortzuzahlen (ausgenommen Aufwendungsersatz für tatsächlich erbrachte Leistungen; bei → Kurzarbeit entsprechende Verkürzung, § 4). Der Arbeitnehmer kann verlangen, daß ihm von jeweils 5 Tagen der Erkrankung der erste Tag auf den → Urlaub angerechnet wird/also mit voller Erstattung (§ 4 a). Eine Vereinbarung über die Kürzung von (zusätzlich zum laufenden Arbeitsentgelt erbrachten) Sondervergütungen ist zulässig (§ 4 b). Generell wird es jedoch für zulässig angesehen, durch → Tarifvertrag eine andere Form und Höhe der E. vorzusehen (z. B. 100% Lohnfortzahlung bei abweichender Bemessungsgrundlage); dies ist bereits vielfach geschehen. Der Anspruch auf E. erlischt nicht dadurch, daß der Arbeitgeber das → Arbeitsverhältnis aus Anlaß der Arbeitsunfähigkeit kündigt, wohl aber bei dessen Beendigung aus anderen Gründen (z. B. Zeitablauf, § 8). Für → Heimarbeiter ist als wirtschaftliche Sicherung für den Krankheitsfall ein Zuschlag zum Arbeitsentgelt zu zahlen (§ 10). Durch → Tarifvertrag kann die Bemessungsgrundlage anderweitig festgelegt werden; im übrigen kann von dem Entgeltfortzahlungsgesetz nicht zuungunsten des Arbeitnehmers abgewichen werden (§ 12).

Der Arbeitnehmer ist verpflichtet, dem Arbeitgeber die Arbeitsunfähigkeit und deren voraussichtliche Dauer unverzüglich mitzuteilen. Dauert die Arbeitsunfähigkeit länger als 3 Kalendertage, so hat der Arbeitnehmer eine ärztliche Bescheinigung (Attest) hierüber spätestens an dem darauffolgenden Arbeitstag vorzulegen; der Arbeitgeber kann – unter Berücksichtigung des Grundsatzes der → Gleichbehandlung – eine frühere Vorlage verlangen (§ 5). Solange der Arbeitnehmer schuldhaft dieser Verpflichtung nicht nachkommt, ist der Arbeitgeber berechtigt, die E. zu verweigern (§ 7). Haftet ein Dritter dem Arbeitnehmer auf → Schadensersatz wegen Verdienstausfalls, so geht dieser Anspruch auf den (Arbeitsentgelt und Beiträge zur → Sozialversicherung fortzahlenden) Arbeitgeber über (§ 6). Sondervorschriften gelten für Auszubildende (§ 12 BBiG) und für in der → Seeschiffahrt Beschäftigte (§§ 48 ff. SeemannsG).

Für die Aufwendungen der Arbeitgeber im Rahmen der E. ist bei kleineren Unternehmen (bis zu 20 Arbeitnehmern) ein Ausgleichsverfahren zwingend vorgesehen, darüber hinaus freiwillig. Die Erstattung umfaßt 80% des Arbeitsentgelts und die entsprechenden → Arbeitgeberanteile zur → Sozialversicherung; zuständig sind die → Orts- und → Innungskrankenkassen sowie die → Bundesknappschaft und die → Seekrankenkasse (§§ 10–19 des insoweit aufrechterhaltenen LohnfortzahlungsG. vom 27. 7. 1969 (BGBl. I 946).

**Entgeltpunkte** → Persönliche Entgeltpunkte.

**Entladen von Fahrzeugen** → Ladegeschäft.

**Entlassung aus der Staatsangehörigkeit.** Der Verlust der deutschen → Staatsangehörigkeit tritt u. a. durch Entlassung (Ausbürgerung) nach §§ 17 ff. RuStAG ein. Sie darf nicht verweigert werden, ausgenommen aktiven Beamten, Richtern und Soldaten sowie anderen Personen, die in einem öffentlich-rechtlichen Dienst- oder Amtsverhältnis stehen, und Wehrpflichtigen (§ 22; bei Wehrpflichtigen Ausnahmen möglich). Die E. ist → Verwaltungsakt und wird mit der Aushändigung der E.surkunde wirksam (§ 23 RuStAG). Zur Vermeidung von → Staatenlosigkeit wird ein Deutscher aus der St. nur entlassen, wenn er den Erwerb einer ausländischen St. beantragt und ihm die zuständige Stelle die Verleihung zugesichert hat (§ 18); die E. gilt als nicht erfolgt, wenn er die ausl. St. nicht innerhalb eines Jahres erwirbt (§ 24). Die *Entziehung* der Staatsangehörigkeit, d. h. ihre Aberkennung gegen den Willen des Betroffenen, ist nach Art. 16 I 1 GG unzulässig.

**Entlassung des → Arbeitnehmers** ist jede durch → Kündigung vom → Arbeitgeber herbeigeführte Beendigung des → Arbeitsverhältnisses. Die E. gehört zu den personellen Angelegenheiten, bei denen der Betriebsrat mitzubestimmen hat (s. i. e. → Kündigungsschutz für Arbeitnehmer → Mitbestimmung).

**Entlassung des Beamten.** Die E. beendet das Beamtenverhältnis. Sie tritt unmittelbar kraft Gesetzes ein bei Verlust der Eigenschaft als Deutscher i. S. des Art. 116 GG oder Verlegung des Wohnsitzes oder dauernden Aufenthalts ins Ausland ohne Zustimmung der obersten Dienstbehörde (§ 22 BRRG, § 29 BBG), ferner bei rechtskräftiger strafgerichtlicher Verurteilung zu Freiheitsstrafe von mindestens 1 Jahr wegen vorsätzlicher Tat oder von mindestens 6 Mon. wegen vorsätzlichen Friedens-, Hoch- oder Landesverrats oder Rechtsstaatsgefährdung, bei Verlust der Fähigkeit, ein öffentliches Amt zu bekleiden (§ 45 StGB), und bei Verwirkung eines Grundrechts (Art. 18 GG); s. § 24 BRRG, §§ 48 f. BBG, die insoweit von Verlust der Beamtenrechte sprechen. Eine E. durch Verwaltungsakt findet statt in den in § 23 BRRG genannten Fällen (s. hierzu auch §§ 28–32 BBG und Beamtengesetze der Länder), nämlich Verweigerung des → Diensteides, Annahme oder Beibehaltung eines schon bei Ernennung bestehenden Bundestagsmandats, ferner insbes. bei Beamten auf Widerruf aus jedem sachlichen Grunde (§ 32 BBG) sowie bei Beamten auf Probe bei mangelnder Bewährung (näheres § 31 BBG), ferner bei allen Beamten auf deren schriftlichen Antrag. Zur Entfernung aus dem Dienst → Disziplinarmaßnahmen, → Ruhestand, → Nachversicherung.

**Entlassung zur Bewährung** → Strafaussetzung (2), → Jugendstrafe.

**Entlastung** eines Vorstands, Vormunds usw. bedeutet Einverständnis mit seiner Geschäftsführung sowie i. d. R. Verzicht auf hieraus entstandene Ersatzansprüche (anders § 120 II 2 AktG). Im öffentl. Recht hat die E. mehr politische als rechtliche Bedeutung; vgl. aber z. B. Art. 114 GG (Rechnungslegung durch den BMF vor BT und BR zur E. der BReg.; ähnlich im Haushaltsrecht der Länder und Kommunen).

**Entlastungsbeweis** → unerlaubte Handlung (5 a).

**Entlehnungsfreiheit** ist eine Beschränkung des → Urheberrechts, die es gestattet, einzelne Werke oder Stellen eines Werkes im selbständigen Werk eines anderen zu vervielfältigen, zu verbreiten und öffentlich wiederzugeben. Das *Zitat* muß sich in einem dem Zweck des neuen Werks gebotenen Umfang halten (§ 51 UrhG).

**Entmannung** → Unfruchtbarmachung (Kastration).

**Entmilitarisierung** → Neutralisierung.

**Entmündigung** → Betreuung.

**Entnahmen** des Steuerpflichtigen sind bei → Gewinneinkünften alle → Wirtschaftsgüter (Barentnahmen, Waren, Erzeugnisse, Nutzungen und Leistungen), die er für betriebsfremde Zwecke im Laufe des → Wirtschaftsjahrs entnimmt (§ 4 I 2 EStG). Die E. führen zu Gewinnen oder Verlusten im Unterschied zwischen → Buchwert und → Teilwert, aber Buchwertentnahme, wenn das entnommene Wirtschaftsgut als → Spende an eine von der → Körperschaftsteuer befreite Vereinigung usw. geht (§ 6 I Nr. 4 EStG). Vgl. → Bewertung; für die → Umsatzsteuer → Eigenverbrauch.

**Entnahmerecht des Gesellschafters** → offene Handelsgesellschaft (5); entsprechend für Komplementär der → Kommanditgesellschaft.

**Entnazifizierung.** Hierunter verstand man i. w. S. alle nach dem Zweiten Weltkrieg eingeleiteten Maßnahmen zur Befreiung des politischen und sonstigen öffentlichen Lebens in Deutschland vom Nationalsozialismus und Militarismus. Angehörige nat.-soz. Organisationen sowie Anhänger des Nationalsozialismus wurden durch sog. Spruchkammern als Hauptschuldige, Belastete, Minderbelastete, Mitläufer oder Entlastete eingestuft und – abgesehen von der letzten Gruppe – mit Sanktionen belegt. Diese E. i. e. S. wurde nicht zu Ende geführt, sondern vorzeitig eingestellt. Rechtsgrundlage der E. war sowohl Besatzungsrecht (insbes. Kontrollratsdirektiven 24 u. 50, KontrollratsG Nr. 1, 2 u. 10) wie auch Ges. der Länder (Ges. zur Befreiung von Nationalsozialismus und Militarismus). Nach Art. 139 GG werden die „zur Befreiung des deutschen Volkes vom Nationalsozialismus und Militarismus" erlassenen Rechtsvorschriften von den Bestimmungen des GG nicht berührt.

**Entschädigung** → Enteignung, → Schadensersatz u. im folg.

**Entschädigung (DDR-Unrecht).** → Entschädigungs- und Ausgleichsleistungsgesetz; → Offene Vermögensfragen; → Rehabilitierungsgesetz

**Entschädigung (nationalsozialistisches Unrecht).** Das Recht der E. für nationalsozialistisches Unrecht ist ein Teilgebiet der → Wiedergutmachung. Es regelt die nicht zum Gebiet der → Rückerstattung gehörigen, durch ns. Unrechtsmaßnahmen entstandenen Schäden. Das Bundesergänzungsgesetz zur E. für Opfer der ns. Verfolgung vom 18. 9. 1953 und das Bundesentschädigungsgesetz – BEG – vom 29. 6. 1956 (BGBl. I 562, mehrfach geändert, zuletzt durch das sog. Bundesentschädigungsschlußgesetz vom 14. 9. 1965, BGBl. I 1315) lösten die von den Ländern getroffenen Regelungen ab. Anspruch auf E. nach dem BEG haben die Opfer der ns. Verfolgung (→ Verfolgte), d. h. Personen, die wegen ihrer Gegnerschaft zum Nationalsozialismus oder wegen ihrer Rasse, ihres Glaubens oder ihrer Weltanschauung durch ns. Gewaltmaßnahmen Schaden an Leben, Körper, Gesundheit, Freiheit, Eigentum, Vermögen oder in ihrem beruflichen oder wirtschaftlichen Fortkommen erlitten haben (§§ 4 ff. BEG). Die E. besteht je nach Art des erlittenen Schadens in Kapitalentschädigungen, Renten, Abfindungen, Heilverfahren, Krankenversorgung, Umschulungsbeihilfen, Hinterbliebenenversorgung, Darlehen, Ausbildungsbeihilfen u. a. Besondere Vorschriften bestehen außerdem für juristische Personen, Anstalten, Personenvereinigungen und für gewisse Gruppen von Verfolgten, bei denen die allgemeinen Voraussetzungen des E.anspruches nicht vorliegen (Verfolgte aus den Vertreibungsgebieten, Staatenlose und Flüchtlinge i. S. der Genfer Konvention). Sieht das Gesetz für einen erlittenen Schaden eine E. nicht vor, so kann ein Härteausgleich gewährt werden. Eine E. wird nur auf Antrag bewilligt. Die Antragsfrist ist inzwischen abgelaufen.

**Entschädigung der Abgeordneten** → Diäten.

**Entschädigung der ehrenamtlichen Richter** → ehrenamtliche Richter.

**Entschädigung der Kriegsgefangenen** → Kriegsgefangenenentschädigung.

**Entschädigung der Opfer von Gewalttaten** → Gewalttaten.

**Entschädigung des Verletzten** → Adhäsionsverfahren.

**Entschädigung für Amtspflichtverletzung** → Staatshaftung.

**Entschädigung für Enteignungen in der ehem. DDR** → Offene Vermögensfragen, → Entschädigungs- und Ausgleichsleistungsgesetz (EALG).

**Entschädigung für Inanspruchnahme nach dem Bundesleistungsgesetz** → Bundesleistungsgesetz.

**Entschädigung für nationalsozialistische Verfolgungsmaßnahmen** → Entschädigung (nationalsozialistisches Unrecht).

**Entschädigung für ungerechtfertigte Strafverfolgung** → Strafverfolgung, ungerechtfertigte.

**Entschädigung von Zeugen und Sachverständigen** → Zeuge, → Sachverständiger.

**Entschädigungen (steuerliche Behandlung),** die gewährt worden sind als Ersatz für entgangene oder entgehende Einnahmen oder für die Aufgabe oder Nichtausübung einer Tätigkeit, für die Aufgabe einer Gewinnbeteiligung oder einer Anwartschaft auf eine solche oder als Ausgleichszahlung an Handelsvertreter nach § 89 b HGB sind grundsätzlich stpfl. Einkünfte im Rahmen der Einkunftsart, aufgrund deren Rechtsverhältnis sie gezahlt werden (§ 24 I EStG), z. B. aus Anlaß der Beendigung des Arbeitsverhältnisses. Sie unterliegen wie Abfindungen dem halben Steuersatz (§ 34 EStG). Bei ausdrücklicher Regelung sind sie steuerfrei, z. B. das → Werkzeuggeld (§ 3 Nr. 30 EStG).

**Entschädigungsfonds für Schäden aus Kraftfahrzeugunfällen** → Kraftfahrzeug-Haftpflichtversicherung (1).

**Entschädigungs- und Ausgleichsleistungsgesetz (EALG).** 1. Das „Gesetz über die Entschädigung nach dem Gesetz zur Regelung offener Vermögensfragen und über staatliche Ausgleichsleistungen für Enteignungen auf besatzungsrechtlicher oder besatzungshoheitlicher Grundlage (Entschädigungs- und Ausgleichsleistungsgesetz – EALG)" vom 27. 9. 1994 (BGBl. I 2624) ist das Ergebnis eines langen, außergewöhnlich komplizierten und kontroversen Gesetzgebungsverfahrens. Es enthält in 13 Artikeln (→ Artikelgesetz) insgesamt 10 neue bzw. Änderungsgesetze. Von besonderer Bedeutung sind das Entschädigungsgesetz (Art. 1 EALG; unten 2.), das Ausgleichsleistungsgesetz (Art. 2 EALG; unten 3.), das NS-Verfolgtenentschädigungsgesetz (Art. 3 EALG; unten 5.), das Schuldbuchbereinigungsgesetz (Art. 8 EALG) und das Vertriebenenzuwendungsgesetz (Art. 9 EALG; unten 5.); im übrigen ändert das EALG mehrere andere Gesetze (Steuerrecht Art. 4, 5 EALG).

Über Wiedergutmachung für DDR-Unrecht s. weiter → Offene Vermögensfragen, → Rehabilitierungsgesetze (strafrechtliches, verwaltungsrechtliches und berufliches Rehabilitierungsgesetz).

2. Das „Gesetz über die Entschädigung nach dem Gesetz zur Regelung offener Vermögensfragen *(Entschädigungsgesetz – EntschG)*" vom 27. 9. 1994 (BGBl. I 2624) ergänzt das Vermögensgesetz (→ Offene Vermögensfragen). Letzteres zielt grundsätzlich auf Rückübertragung der in der DDR rechtswidrig entzogenen Vermögensgegenstände (Grundsatz „Rückgabe vor Entschädigung", wenn auch mit verschiedenen Ausnahmen). Das EntschG regelt nun die Fälle, in denen Rückgabe nach dem VermG ausgeschlossen ist (§§ 4 I und II, 6 I 1 und 11 V EntschGgen Unmöglichkeit oder redlichen Erwerbs Dritter) oder der Berechtigte statt Rückgabe Entschädigung gewählt hat (§§ 6 VII, 8 I und 11 I 2 VermG); weitere Fälle von Ansprüchen auf Entschädigung s. §§ 1, 2 EntschG. In mehreren Fällen wird Entschädigung ausgeschlossen, z. B. wenn Grundstücke aufgrund nicht kostendeckender Mieten durch Eigentumsverzicht, Schenkung oder Erbausschlagung in Volkseigentum übernommen wurden. Außerdem wird keine Entschädigung gewährt bei bestimmten Ansprüchen, die schon im Lastenausgleich befriedigt wurden, bei Vermögensverlusten bis 1000 DM und Verlusten, die schon Gegenstand von Entschädigungsabkommen waren (Einzelheiten vgl. § 1 IV EntschG). Der Entschädigungsanspruch wird durch Zuteilung von übertragbaren Schuldverschreibungen des Entschädigungsfonds erfüllt, die mit dem vollen Betrag am 1. 1. 2004 fällig werden, von da an in 5 gleichen Jahresraten durch Auslosung getilgt und ebenfalls von da an mit 6% nachträglich verzinst werden (erste Zinsfälligkeit also am 1. 1. 2005); zu Einzelheiten vgl. § 1 I EntschG. Gemäß § 2 EntschG bestimmt sich die Höhe der Entschädigung nach der Bemessungsgrundlage, von welcher Verbindlichkeiten, erhaltene Gegenleistungen oder Entschädigungen, zurückgegebene Vermögensgegenstände (§ 6 EntschG) und Kürzungsbeträge abgezogen werden. In den §§ 3–5 EntschG werden die Bemessungsgrundlagen für Grundvermögen und land- und forstwirtschaftliches Vermögen, für Unternehmen und für Forderungen und Schutzrechte ein-

gehend geregelt. Die Kürzungsbeträge nach § 7 EntschG bedeuten, daß Entschädigungen über 10 000 DM nach einer Tabelle progressiv gekürzt werden (von 30% bis zu 95% des 3 Millionen übersteigenden Betrages). Die Entschädigungen werden aus einem nicht rechtsfähigen (gleichwohl aber klageberechtigten und verklagbaren) Sondervermögen des Bundes (Entschädigungsfonds) erbracht, das vom Bundesamt zur Regelung offener Vermögensfragen auf Weisung und unter Aufsicht des Bundesministeriums der Finanzen verwaltet wird (§ 9 EntschG). § 10 EntschG behandelt die Einnahmen des Fonds. Für die Durchführung des EntschG gelten die Bestimmungen des VermG entsprechend (vgl. dort §§ 30–38). Ist ein Anspruch auf Rückübertragung aus den Gründen des § 3 III VermG unanfechtbar abgewiesen, so entscheidet das Landesamt zur Regelung offener Vermögensfragen über einen Antrag des Betroffenen auf Entschädigung; dieser Antrag muß binnen einer Ausschlußfrist von 6 Monaten gestellt werden. Vgl. auch IV.

3. a) Das „Gesetz über staatliche Ausgleichsleistungen für Enteignungen auf besatzungsrechtlicher oder besatzungshoheitlicher Grundlage, die nicht mehr rückgängig gemacht werden können *(Ausgleichsleistungsgesetz – AusglLeistG)*" vom 27. 9. 1994 (BGBl. I 2624) regelt Ausgleichsleistungen für Personen, die Vermögenswerte im Sinne von § 2 II VermG durch entschädigungslose Enteignung im Beitrittsgebiet verloren haben (natürliche Personen, auch Erben und Erbeserben). In diesen Fällen (Enteignungen 1945–1949, insbes. auch Zerschlagung des Großgrundbesitzes) ist nach dem → Einigungsvertrag (vgl. Art. 41 I EinigV) eine Rückgabe ausgeschlossen (zur Verfassungsmäßigkeit BVerfG 84, 90). Im Gegensatz zu Enteignungen nach 1949 mußte der Gesetzgeber hier die Voraussetzungen für Ausgleichsleistungen (das „Ob") auch dem Grunde nach festlegen, was er im AusglLeistG getan hat. Für verschiedene Fälle von Vermögensverlusten in diesem Zeitraum werden nach § 1 III AusglLeistG keine Leistungen gewährt (z. B. Reparationsschäden, Restitutionsschäden, Zerstörungsschäden u. a.). Die Ausgleichsleistungen werden grundsätzlich entsprechend den §§ 1–8 EntschG (s. oben II) gewährt (§ 2 I 2 AusglLeistG). Eine Restitutions-(Rückgabe-)regelung trifft § 5 I AusglLeistG für bewegliche Sachen (Ausnahmen entsprechend dem VermG bei Unmöglichkeit, redlichem Erwerb). Kulturgut, das zur Ausstellung für die Öffentlichkeit bestimmt ist (auch Ausstattung denkmalgeschützter, der Öffentlichkeit zugänglicher Gebäude), bleibt auf die Dauer von 20 Jahren dem öffentlichen Gebrauch gewidmet (§ 5 II, III AusglLeistG).

b) Im voluminösen und gesetzestechnisch schwierigen § 3 AusglLeistG wird der Erwerb land- und forstwirtschaftlicher Flächen geregelt (Privatisierung des auf die → Treuhandanstalt übergegangenen Landwirtschafts- und Forstvermögens). Grundsätzlich erwerbsberechtigt sind die sog. Wiedereinrichter, Neueinrichter, u. U. auch juristische Personen (Nachfolgegesellschaften der früheren Landwirtschaftlichen Produktionsgenossenschaften – LPG) sowie nach 1949 Enteignete, die ihr Eigentum nicht zurückerhalten können, sowie zwischen 1945 und 1949 Enteignete. Zu Einzelheiten vgl. § 3 AusglLeistG. In dieser Vorschrift ist auch das Ausmaß des Erwerbsrechts detailliert geregelt.

4. Eine gute Übersicht über Grundsätze, Einzelheiten und verfassungsrechtliche Probleme des EntschG und des AusglLeistG (z. B. die „Wertschere", die dadurch entsteht, daß der nach dem VermG Restitutionsberechtigte mit der Rückgabe den Verkehrswert erlangt, während die Entschädigung i. d. R. nur einen Bruchteil hiervon beträgt) gibt Schmidt-Preuß, NJW 1994, 3249.

5. Das *NS-Verfolgtengesetz* (Art. 3 EALG) gibt Verfolgten des NS-Regimes Wiedergutmachung in Geld nach den Grundsätzen des alliierten Rückerstattungsrechts. Das *Vertriebenenzuwendungsgesetz* (Art. 9 EALG) sieht die einmalige Zahlung von 4000 DM an Vertriebene vor, die ihren Wohnsitz in den neuen Ländern genommen haben. Die Fälligkeit ist nach dem Lebensalter gestaffelt.

**Entscheidung** ist ein im juristischen Sprachgebrauch vor allem für das Erkenntnis eines *Gerichts* verwendeter Begriff. Die E. ergeht je nach Verfahrensart und Entscheidungsinhalt durch → Urteil, → Beschluß oder → Verfügung. Die *Entscheidungsgründe,* die bei Urteilen und anfechtbaren Beschlüssen i. d. R., bei Verfügungen nicht erforderlich sind (→ Begründung von E.en), enthalten eine Sachverhaltsdarstellung (→ Tatbestand d. Urt.), die Beweiswürdigung, Rechtsausführungen und die Subsumtion (→ Rechtsfindung). S. a. → Berichtigung. Zur E. einer *Verwaltungsbehörde* → Verwaltungsakt.

**Entscheidung EG.** Die E. ist eine der rechtlichen Handlungsformen des europäischen → Gemeinschaftsrechts. Sie entspricht etwa dem → Verwaltungsakt nach deutschem Recht; s. im übrigen → Rechtshandlungen der EG.

**Entscheidung nach Aktenlage** → Aktenlageentscheidung.

**Entscheidungsgründe** → Urteil.

**Entscheidungsverbund** (in Scheidungssachen) → Ehesachen.

**Entschließung** ist die in bestimmter Form beschlossene Erklärung eines → Parlaments oder eines sonstigen politischen Gremiums (häufig auch „Resolution" genannt). Meistens handelt es sich dabei um Absichts- oder Begleiterklärungen (z. B. zu einem völkerrechtlichen Vertrag) oder um politische Grundsatzerklärungen ohne unmittelbare rechtliche Außenwirkung. Im *Verwaltungsrecht* findet sich die Bezeichnung E. mitunter für die interne Weisung (→ Weisungsrecht) oder sonstige Entscheidung einer – meist höheren – Verwaltungsbehörde (z. B. Ministerialentschließung); vgl. auch → Verwaltungsvorschriften.

**Entsendegesetz.** Die Entsenderichtlinie vom 16. 12. 1996 (ABl. 1997 L 18/1) regelt mit einer Tendenz zur Gewährleistung des Sozialschutzes, daß für innerhalb der EG entsandte Bauarbeiter i. S. des Anhang 1 der Richtlinie die rechtlich, in Verwaltungsvorschriften oder in für allgemeinverbindlich erklärten Tarifverträgen vorgeschriebenen Mindestbeschäftigungsbestimmungen nicht unterschritten werden dürfen. Im einzelnen geht es dabei um Höchstarbeitszeiten, bezahlten Mindesturlaub, Mindestlohnsätze, Sicherheit, Gesundheitsschutz und Hygiene am Arbeitsplatz, Mutterschutz u. a. (vgl. Art. 3 Abs. 1). Die Anpassungsfrist für das nationale Recht läuft bis 16. 12. 1999. Das deutsche Entsendegesetz vom 28. 2. 1996 (BGBl. I 227) hat im Gegensatz zur Richtlinie eher eine Tendenz zum Konkurrenzschutz, nimmt im übrigen aber weitgehend die Vorgaben der Richtlinie auf. Danach dürfen gemäß näherer Bestimmung von § 1 für entsandte Bauarbeiter die in für allgemeinverbindlich erklärten Tarifverträgen festgelegten Mindestlöhne, sowie die Regelungen über Urlaub, Urlaubsentgelte und zusätzliches Urlaubsentgelt nicht unterschritten werden. Kontrollbehörden sind die Arbeitsämter und die Hauptzollämter (§ 7). Arbeitnehmer, die unter das Gesetz fallen, sind beim Landesarbeitsamt anzumelden. Verstöße gegen das Gesetz sind Ordnungswidrigkeiten. Die Geltung des Gesetzes ist auf den 1. 9. 1999 befristet.

**Entsenderichtlinie** → Entsendegesetz.

**Entsendung** → Abordnung; (von Streitkräften) → Nordatlantikvertrag, → Blauhelmeinsätze.

**Entsorgungsfachbetriebe.** Anforderungen an die Organisation, an die Qualifikation von Inhabern und Personal sowie an Überwachung und Zertifizierung von E. regelt die VO vom 10. 9. 1996 (BGBl. I 1421), s. a. → Abfälle.

**Entsteinerungsklausel** → Rechtsverordnung.

**Entstellung** (eines geschützten Werkes) → Urheberrecht.

**Entstempeln** → Zulassung von Kraftfahrzeugen, → Abmeldung, → Kraftfahrzeug-Haftpflichtversicherung.

**Entwehrung** → Gewährleistung (1 a. E.).

**Entweichen von Gefangenen** ist als solches nach dem Grundsatz der Straflosigkeit der Selbstbefreiung für den ohne strafrechtliche Auswirkungen, es sei denn, es liege zugleich → Meuterei (§ 121 StGB) vor, d. h. ein Ausbruchsunternehmen mehrerer, die mit vereinten Kräften Gewalt gegen Anstaltsbeamte oder gegen die Abschlußvorrichtungen anwenden. Wegen der

Strafbarkeit der Bewacher oder Dritter beim E. v. G. s. → Gefangenenbefreiung.

**Entweichenlassen von Gefangenen** → Gefangenenbefreiung.

**Entwicklungsbereiche** im Bereich des Städtebaus → Städtebauliche Entwicklungsmaßnahmen.

**Entwicklungsdienst** ist nach § 1 I Nr. 1 des EntwicklungshelferGes. – EhfG – vom 18. 6. 1969 (BGBl. I 549) m. Änd. ein Dienst, der in → Entwicklungsländern ohne Erwerbsabsicht geleistet wird, um in partnerschaftlicher Zusammenarbeit zum Fortschritt dieser Länder beizutragen. Das EhfG regelt die Anerkennung von → juristischen Personen des privaten Rechts als Träger des E. sowie die Rechtsverhältnisse der *Entwicklungshelfer,* inbes. Abschluß des Dienstvertrages, Haftpflicht- und Krankenversicherung sowie Vorsorge für den Todesfall, Arbeitslosigkeit oder -unfähigkeit. Entwicklungshelfer sind nach Maßgabe der §§ 13 b WPflG und 14 a ZivildienstG vom → Wehrdienst bzw. → Zivildienst befreit.

**Entwicklungsfonds der EG** für überseeische Länder und Hoheitsgebiete. Mit Durchführungsabkommen über die Assoziierung der überseeischen Länder und Hoheitsgebiete mit der Gemeinschaft vom 25. 3. 1957 (BGBl. II 998) wurde zur Förderung der sozialen und wirtschaftlichen Entwicklung der im Anhang IV zum EGV aufgeführten Länder und Hoheitsgebiete ein E. geschaffen, an den die Mitgliedstaaten nach einem Schlüssel festgesetzte jährliche Beiträge leisten. Maßgebend ist jetzt das Finanzabkommen vom 20. 11. 1979 (ABl. 1980 L 347/210). Für die vom E. verwaltete Entwicklungshilfe der Gemeinschaft ist nun vor allem das 3. AKP-EG-Abkommen von Lomé vom 8. 12. 1984 (BGBl. 1986 II 19) von Bedeutung.

**Entwicklungshelfer, -hilfe** → Entwicklungsdienst, → Entwicklungsländer.

**Entwicklungsländer** werden Gebiete genannt, deren Entwicklungsstand erheblich hinter dem der westlichen und östlichen Industrieländer zurückgeblieben ist (geringe Produktivität, niedriges Pro-Kopf-Einkommen, geringe Kapitalkraft). Finanzielle und technische Hilfe zur Beschleunigung des Wirtschaftswachstums der E. gewähren im Rahmen der *Entwicklungshilfe* zahlreiche Industriestaaten sowie internationale Organisationen, z. B. → Europäische Gemeinschaft (→ Entwicklungsfonds), → Weltbank. S. ferner → ERP-Sondervermögen, → Schwellenländer. *Steuerlich* wurden Investitionen in E. nach dem E.-Steuergesetz vom 21. 5. 1979 (BGBl. I 564) m. Änd. durch gewinnmindernde → Rücklagen begünstigt. Sacheinlagen konnten mit dem → Buchwert angesetzt werden. Der Anwendungsbereich des Ges. ist ausgelaufen. Zur Steueranrechnung → Doppelbesteuerung 2 c.

**Entwidmung** → Widmung.

**Entwürdigende Behandlung** eines Untergebenden durch einen militärischen Vorgesetzten wird bei vorsätzlichem Handeln nach § 31 WStG mit Freiheitsstrafe bis zu 5 Jahren bestraft, ebenso das böswillige Erschweren des Dienstes eines Untergebenen, ferner vorsätzliches Fördern oder pflichtwidriges Dulden solcher Handlungen durch einen Vorgesetzten. In besonders schweren Fällen tritt Freiheitsstrafe von 6 Mon. bis zu 5 Jahren ein.

**Entziehung der Fahrerlaubnis** → Fahrerlaubnis, → Maßregeln der Besserung und Sicherung (5).

**Entziehung der Geschäftsführungsbefugnis** (Vertretung) → Gesellschaft des bürgerlichen Rechts, → Offene Handelsgesellschaft (4).

**Entziehung elektr. Energie** → Stromentwendung.

**Entziehung Minderjähriger** (sog. Muntbruch) ist nach § 235 StGB strafbar. Geschützt werden die elterliche oder sonstige familienrechtliche Sorge und die entzogene Person. Die Einwilligung des Minderjährigen ist bedeutungslos. E. liegt vor, wenn die Obhut für nicht nur ganz vorübergehende Zeit beseitigt wird (BGHSt. 16, 61).

E. M. begeht, wer den Eltern, einem Elternteil, Vormund oder Pfleger a) eine Person unter 18 Jahren (d. h. Kind oder Jugendlichen) mit Gewalt, Drohung mit empfindlichem Übel oder durch List oder b) ein Kind (Person unter 14 Jahren), ohne dessen Angehöriger zu sein, entzieht oder vorenthält, c) ein Kind entzieht oder vorenthält, um es in das Ausland zu verbringen, d) ein Kind im Ausland vorenthält, nachdem es dorthin verbracht worden ist oder sich begeben hat.

Die Tat kann auch von einem Elternteil gegen den anderen Elternteil begangen werden, wenn dieser Mitinhaber der Sorge oder Umgangsberechtigter ist. Die Regelung erfaßt auch die heimliche Wegnahme eines Säuglings (b) sowie die Fälle, in denen ein Kind in das Ausland verbracht oder von dort nicht zurückgebracht wird (c und d). Der Versuch ist in den Fällen b) und c) strafbar.

Die Tat wird nur verfolgt, wenn ein Strafantrag gestellt wird oder die StA das besondere öffentliche Interesse an der Strafverfolgung bejaht.

Die Strafe ist Freiheitsstrafe bis zu 5 Jahren oder Geldstrafe. Sie beträgt bei Todesgefahr, einer schweren Gesundheitsschädigung oder erheblichen Entwicklungsschädigung des Opfers oder Begehung gegen Entgelt oder in Bereicherungsabsicht 1–10 Jahre, bei Tod des Opfers mindestens 3 Jahre; in minder schweren Fällen ist der Strafrahmen niedriger.

Zivilrechtlich → Personensorge, → Ordnungsmittel.

**Entziehung von Vermögensgegenständen** → Rückerstattung.

**Entziehungsanstalt** → Anstaltsunterbringung, → Maßregeln der Besserung und Sicherung (2).

**Entzogenes Vermögen** → Rückerstattung.

**Enumerationsprinzip** ist allgemein der Grundsatz, daß ein Gesetz eine Materie nicht abstrakt, sondern durch Aufzählung (= Enumeration) einzelner Tatbestände regelt (Gegensatz: → Generalklausel). Im besonderen verstand man unter E. die frühere Regelung, daß nur bestimmte, im Gesetz enumerativ aufgeführte → Verwaltungsakte vor den Verwaltungsgerichten angefochten werden konnten. Nach dem Zweiten Weltkrieg wurde allgemein die sog. verwaltungsgerichtliche Generalklausel eingeführt, wonach grundsätzlich alle Verwaltungsakte der Nachprüfung durch die Verwaltungsgerichte unterliegen (→ Verwaltungsgerichtsbarkeit).

**enumerativ** = (abschließend) aufzählend.

**Enzyklika.** Die E. ist nach kath. Kirchenrecht ein Rundschreiben des → Papstes an die → Bischöfe, das eine Stellungnahme zu kirchlichen Fragen enthält. Bedeutsame päpstliche E.en, die nach den Anfangsworten ihres Textes benannt werden, waren *Humani generis,* die eine Stellungnahme zu dogmatischen Fragen, insbes. auch zu kirchlichen Vereinigungsbestrebungen enthielt, und die Sozialenzykliken *Rerum novarum, Quadragesimo anno, Mater et Magistra,* die insbes. wirtschaftliche und soziale Probleme behandelten.

**Erbanfall.** Die → Erbschaft geht mit dem E. kraft Gesetzes auf den → Erben über, ohne daß es einer → Annahme der Erbschaft bedarf (§ 1942 BGB); der Erbe – mit Ausnahme des Fiskus als gesetzlicher Erbe – hat jedoch grundsätzlich die Möglichkeit der → Ausschlagung. → Erbe, vorläufiger.

**Erbauseinandersetzung** → Erbengemeinschaft.

**Erbausgleich** → Ausgleichung von Vorempfängen und Vorleistungen.

**Erbausschlagung** → Ausschlagung der Erbschaft.

**Erbausschluß** → Enterbung.

**Erbbaugrundbuch** → Erbbaurecht.

**Erbbaurecht.** Das E. ist geregelt durch die VO über das Erbbaurecht (ErbbVO) vom 15. 1. 1919 (RGBl. S. 72), welche die §§ 1012 ff. BGB ersetzte und wesentlich ergänzte. Das E. ist als Belastung eines → Grundstücks das veräußerliche und vererbliche Recht, auf oder unter der Erdoberfläche ein Bauwerk zu haben (§ 1). Gegen ein Entgelt in regelmäßig wiederkehrenden Leistungen – sog. *Erbbauzins,* auf den die Vorschriften über die → Reallast entsprechende Anwendung finden, § 9 – erlangt der Berechtigte für eine gewisse Zeit das dingliche Recht, auf diesem Grundstück ein Bauwerk zu errichten. Eine Anpassungsvereinbarung an veränderte Verhältnisse ist im Rahmen der allgemeinen Grundsätze (hinreichende Bestimmbarkeit; s.a. → Geldschuld) zulässig. Dient das aufgrund eines E. errichtete Bauwerk Wohnzwecken, kann aber eine Erhöhung frühestens nach jeweils 3 Jahren und nur dann verlangt werden, wenn diese der Billigkeit nicht widerspricht, insbes. nicht über die Änderung der allgemeinen wirtschaftlichen Verhältnisse hinausgeht (§ 9 a).

Die Bestellung eines E. bedarf der → Einigung der Beteiligten und der Eintragung im → Grundbuch; die Vorschriften über die → Auflassung gelten nicht entsprechend. Der schuldrechtliche Verpflichtungsvertrag bedarf der Form des → Grundstückskaufvertrages. Das E. kann (zum Schutz vor Zwangsvollstreckungen) stets nur an erster Rangstelle im Grundbuch bestellt werden (§ 10). Für das E. wird bei der Eintragung im Grundbuch ein besonderes → Grundbuchblatt *(Erbbaugrundbuch)* angelegt, das für das E. als das Grundbuch anzusehen ist (§§ 14 ff.). Das E. ist ein → grundstücksgleiches Recht; es ist daher grundsätzlich wie ein Grundstück (mit Ausnahme der Auflassung, s. o.) übertragbar und mit einer → Hypothek, Grundschuld oder anderen dinglichen Rechten belastbar, §§ 18 ff. Die dinglichen Rechte lasten dann nur auf dem E., nicht auf dem Grundstück; sie werden auch nur in das Erbbaugrundbuch eingetragen. Der nähere Inhalt des E. unterliegt der im Grundbuch eintragungsfähigen Vereinbarung zwischen dem Grundstückseigentümer und dem E.berechtigten, insbes. über den Heimfall (s. u.), über das zu errichtende Bauwerk sowie z.B. die Abrede, daß die Veräußerung des E. der Zustimmung des Grundstückseigentümers bedarf (§§ 2 ff., 5). Da das E. ein grundstücksgleiches Recht ist, ist das auf ihm errichtete Bauwerk wesentlicher → Bestandteil des E., nicht des Grundstücks (§ 12); das Bauwerk steht also im Eigentum des E.berechtigten, nicht des Grundstückseigentümers, solange das E. besteht.

Mit dem *Erlöschen* des E. – regelmäßig mit Ablauf der vereinbarten Dauer – geht das Eigentum an dem errichteten Bauwerk automatisch auf den Grundstückseigentümer über; der bisherige E.berechtigte hat dafür einen Anspruch auf eine dessen Wert entsprechende Entschädigung, für den das Grundstück erstrangig haftet (§§ 12 III, 27ff.). Das E. kann ferner durch den Berechtigten mit Zustimmung des Grundstückseigentümers aufgehoben werden (§ 875 BGB, § 26 ErbbVO). Schließlich kann eine Verpflichtung des E.berechtigten bestehen, das E. bei Eintreten bestimmter Voraussetzungen auf den Grundstückseigentümer zu übertragen *(Heimfall).* Ein Heimfallanspruch kann vertraglich vereinbart werden, z.B. bei Verzug des E.berechtigten mit der Zahlung des Erbbauzinses für mindestens 2 Jahre (§ 9 III). Anders als beim Zeitablauf erlischt das E. beim Heimfall nicht; es geht vielmehr samt dem Bauwerk und den hierauf ruhenden Lasten auf den Grundstückseigentümer über, der es neu übertragen kann. Der bisherige E.berechtigte hat hinsichtlich des Bauwerks kein → Wegnahmerecht; er muß sich mit einer angemessenen Vergütung durch den Grundstückseigentümer begnügen (§§ 32ff.). Zum *Wohnungserbbaurecht* → Wohnungseigentum. Gebiet ehem. DDR → Nutzungsberechtigungen, → Gebäudeeigentum; zur Befristung § 112 SachenR-BereinigungsG vom 21. 9. 1994 (BGBl. I 2457).

**Erbbauzins** → Erbbaurecht.

**Erbbiologisches Gutachten** ist eine besondere Form des → Beweises, die zwischen → Augenschein und Sachverständigenbeweis steht. Das e. G. wird durch Blutgruppenuntersuchung, erbkundliche Untersuchung und Wirbelsäulenvergleich gewonnen. Für die Feststellung der → Abstammung in den Fällen der §§ 1592 Nr. 3, 1600 d BGB besteht eine Pflicht der beteiligten Personen, die Untersuchungen zu dulden. Das kann erzwungen werden (durch → Ordnungsmittel oder unmittelbaren Zwang), außer wenn die Untersuchung dem Betroffenen im Hinblick auf die Ergebnisfolgen für ihn oder nahe Angehörige insbes. wegen möglicher strafgerichtlicher Verfolgung unzumutbar ist (§§ 372 a, 390 ZPO).

**Erbe** ist, wer beim Tod einer Person (→ Erbfall) kraft → Verfügung von Todes wegen oder kraft Gesetzes (→ Erbfolge) Gesamtnachfolger von Rechten und Pflichten des → Erblassers wird → *(Gesamtrechtsnachfolge),* soweit diese vererblich sind (→ Erbschaft). Der Erbanfall tritt unmittelbar ein, d. h. ohne daß es einer Annahmeerklärung bedarf, aber mit der Möglichkeit einer → *Ausschlagung.* Der Erbanfall tritt auch ein, wenn die Schulden im Nachlaß überwiegen. Der E. hat jedoch die Möglichkeit der *Haftungsbeschränkung* durch Nachlaßkonkurs und Nachlaßverwaltung; s. auch → Inventarerrichtung.

Während der E. den Nachlaß mit Rechten und Pflichten, also allen → Nachlaßverbindlichkeiten erwirbt, hat der → *Vermächtnisnehmer* nur einen schuldrechtlichen Anspruch gegen den E. auf bestimmte Gegenstände. Die Abgrenzung ist oftmals schwierig. Entscheidend ist nicht die Bezeichnung (§ 2087 BGB), sondern der durch Auslegung zu erforschende Wille des Erblassers, ob dem Bedachten nur bestimmte Gegenstände (dann Vermutung für Vermächtnis) oder eine Gesamtrechtsnachfolgestellung eingeräumt werden sollte.

E. kann jede → natürliche oder → juristische Person werden, die im Zeitpunkt des Erbfalls lebte bzw. bestand. Darüber hinaus ist erbfähig auch die → Leibesfrucht (§ 1923 II BGB) sowie eine noch nicht behördlich genehmigte Stiftung (§ 84 BGB). Eine noch nicht erzeugte Person kann als → Nacherbe eingesetzt werden (§ 2101 I BGB); bei Erbeinsetzung einer solchen Person ist dies im Zweifel anzunehmen. Der E. kann entweder Alleinerbe sein oder mit anderen natürlichen oder juristischen Personen in → Erbengemeinschaft stehen; der Nachlaß wird dann bis zur Auseinandersetzung gemeinschaftliches Vermögen aller Miterben. Dem Vollerben steht der → *Vorerbe* gegenüber, der nur für eine bestimmte Zeit Erbe ist und Beschränkungen zugunsten des → *Nacherben* unterliegt, d. h. der Person, die nach dem Vorerben E. des Erblassers – nicht des Vorerben – wird. S. auch → Ersatzerbe, → Erbschaftsbesitzer.

**Erbe, vorläufiger.** Unbeschadet des sofort mit dem Tode des → Erblassers eintretenden → Erbanfalls ist der berufene → Erbe bis zur → Annahme der Erbschaft oder → Ausschlagung der Erbschaft nur vorläufiger Erbe, der in verschiedener Hinsicht einen besonderen *Schutz* genießt. So können Ansprüche gegen den Nachlaß nicht gegen den vorläufigen Erben gerichtlich – wohl aber außergerichtlich, z. B. durch Kündigung u. dgl. – geltend gemacht werden (§ 1958 BGB). Zwangsvollstrekkung wegen → Nachlaßverbindlichkeiten ist nur in den → Nachlaß, wegen Eigenverbindlichkeiten des v. E. nur in dessen Eigenvermögen zulässig (§§ 778, 779 ZPO). Die *Haftung* des v. E. gegenüber dem endgültigen Erben für die Besorgung erbschaftlicher Geschäfte richtet sich nach den Vorschriften über die → Geschäftsführung ohne Auftrag. Unaufschiebbare Verfügungen des v. E. sind stets wirksam (§ 1959 II BGB), andere nach → Ausschlagung der Erbschaft nur, wenn sie der endgültige Erbe genehmigt (§ 185 II BGB) oder wenn die Grundsätze über den Schutz des → gutgläubigen Erwerbs beim Erwerb vom Nichtberechtigten eingreifen. S. → Nachlaßpfleger, → Dreimonatseinrede. Über die Ablaufhemmung der Verjährung bei Ansprüchen, die zu einem Nachlaß gehören oder sich gegen ihn richten, → Verjährung (I 3).

**Erbeinsetzung** → Erbfolge (gewillkürte).

**Erbengemeinschaft.** 1. Hinterläßt der → Erblasser mehrere → Erben (*Miterben,* → Erbfolge), so wird bis zur Auseinandersetzung (s. u. 2) der → Nachlaß gemeinschaftliches Vermögen der Erben (§§ 2032 ff. BGB). Die E. ist eine → Gesamthandsgemeinschaft. Jeder Miterbe kann über seinen Anteil am Nachlaß (im Wege notarieller Beurkundung, → Form 1 c) verfügen; dieses Recht kann mit dinglicher Wirkung auch durch den Erblasser nicht ausgeschlossen werden. Als → Verfügung in diesem Sinne kommen die Bestellung eines → Nießbrauchs (§ 1068 BGB) oder → Pfandrechts (§ 1273 BGB), vor allem aber die Veräußerung (Übertragung aufgrund Verkaufs, → Erbschaftskauf) in Betracht; für diesen Fall haben die übrigen Miterben für 2 Monate ein → Vorkaufsrecht (§§ 2034 ff. BGB), sofern der Erbteil an eine nicht zur E. gehörende Person verkauft werden soll. Der Miterbenanteil unterliegt auch der → Pfändung durch Gläubiger des Miterben (§ 859 II ZPO). Ein Miterbe kann aber auch formfrei (dies auch, wenn sich ein Grundstück im Nachlaß befindet) mit oder ohne → Abfindung aus der E. im Wege der sog. Abschichtung ausscheiden. Als Folge wächst der → Erbteil den verbleibenden Miterben an (→ Anwachsung); bleibt nur ein Miterbe übrig, führt die Anwachsung zu Alleineigentum am Nachlaß und damit zur Beendigung der E. (BGH WM 1998, 1395).

Dagegen kann ein Miterbe auch bei Zustimmung der übrigen Miterben *nicht über seinen Anteil an den einzelnen Nachlaßgegenständen verfügen* (§ 2033 II BGB); erforderlich ist vielmehr eine gemeinschaftliche Verfügung sämtlicher Miterben über den Nachlaßgegenstand (§ 2040 I BGB). Bis zur Auseinandersetzung steht die Verwaltung des Nachlasses den Erben grundsätzlich gemeinschaftlich zu; die zur Erhaltung des Nachlasses notwendigen Maßnahmen kann aber jeder Miterbe ohne Mitwirkung der anderen treffen (§ 2038 BGB). Auch kann, falls ein → Anspruch zum Nachlaß gehört, obwohl der Verpflichtete nur an alle Miterben gemeinschaftlich leisten und auch nicht mit einer ihm nur gegen einen einzelnen Miterben zustehenden Forderung aufrechnen kann, jeder einzelne Miterbe im eigenen Namen Leistung an die Gesamtheit der Miterben verlangen und notfalls gerichtlich geltend machen (§§ 2039, 2040 II BGB). → Nachlaßverbindlichkeiten.

2. *Auseinandersetzung der E.* kann grundsätzlich jeder Miterbe jederzeit verlangen (§ 2042 I BGB). Der Erblasser kann die A. – allerdings nur mit schuldrechtlicher Wirkung, so daß sich die Erben durch einstimmigen Beschluß darüber hinwegsetzen können – für i. d.R. höchstens 30 Jahre ausschließen (*Teilungsverbot,* §§ 2044, 137 BGB; s. a. → Teilungsanordnung). Die Miterben können sie durch Vertrag (nicht durch Mehrheitsbeschluß) für immer oder auf Zeit, auch mit Wirkung für Erbteilserwerber, ausschließen. In beiden Fällen kann die A. aus wichtigem Grund jedoch jederzeit verlangt werden (§ 749 II BGB); eine entgegenstehende Vereinbarung wäre nichtig. Grundsätzlich geschieht die A. durch freie *Vereinbarung* der Miterben, die auch dem Willen des Erblassers widersprechen kann (→ Teilungsanordnung). Kommt eine Vereinbarung nicht zustande, so greifen die gesetzlichen Bestimmungen ein, an die auch der → Testamentsvollstrecker (§ 2204 BGB) gebunden ist. Demnach sind zunächst die → Nachlaßverbindlichkeiten zu berichtigen (§ 2046 BGB); der Rest gebührt den Erben nach dem Verhältnis ihrer Erbteile (§ 2047 BGB). Schriftstücke, die sich auf die persönlichen Verhältnisse des Erblassers, auf dessen Familie oder auf den ganzen Nachlaß beziehen *(Familienpapiere),* bleiben jedoch gemeinschaftlich (§ 2047 II BGB). Die weitere Durchführung der A. richtet sich nach den Vorschriften über die → *Gemeinschaft* (§§ 752 ff. BGB): grundsätzlich Teilung in Natur, wenn ohne Wertminderung möglich, sonst Verkauf nach den Vorschriften über den → Pfandverkauf, bei Grundstücken durch → Teilungsversteigerung (§§ 180 ff. ZVG) und Teilung des Erlöses. Teilauseinandersetzung einzelner Miterben oder über einzelne Nachlaßgegenstände ist zulässig.

Ist ein *Testamentsvollstrecker* berufen, so hat dieser die A. nach den Anordnungen des Erblassers und den gesetzlichen Bestimmungen vorzunehmen (§ 2204 BGB). Andernfalls und mangels Vereinbarung vermittelt das → Nachlaßgericht auf Antrag; ein Gestaltungsrecht gegen den Widerspruch nichtsäumiger Miterben steht ihm nicht zu (§§ 86 ff. FGG). Ein Zuweisungsrecht an einen Miterben hat jedoch das Gericht bei landwirtschaftlichen Grundstücken, soweit die E. kraft Gesetzes zur → Erbfolge berufen ist und keine abweichenden Verfügungen des Erblassers vorliegen (§§ 13 ff. des Grundstückverkehrsgesetzes vom 28. 7. 1961, BGBl. I 1091, → Grundstücksverkehr, landwirtschaftlicher). Versagen diese Möglichkeiten, so kann jeder Miterbe vor dem Prozeßgericht gegen die übrigen Miterben → *Klage* auf A. nach den obigen Grundsätzen erheben (Vereinbarung der Miterben, Teilungsanordnung des Erblassers, hilfsweise nach den gesetzlichen Bestimmungen). Es handelt sich um eine → Leistungsklage auf Zustimmung zu einem bestimmten Teilungsplan; klagebefugt ist jeder Miterbe. Das rechtskräftige Urteil ersetzt die Zustimmung der übrigen Miterben (§ 894 ZPO). → Teilungsanordnung, → Ausgleichung von Vorempfängen und Vorleistungen. Zur *steuerlichen* Behandlung der E. und ihrer Auseinandersetzung s. BFH BStBl. II 1990, 837; BMF BStBl. I 1993, 62; 1994 I, 603. → Sekundärfolgenrechtsprechung.

**Erbenhaftung** → Nachlaßverbindlichkeiten, → Beschränkung der Erbenhaftung.

**Erbenmutter.** Die bedürftige Mutter eines zwar erzeugten, aber noch nicht geborenen → Erben hat bis zur Entbindung Anspruch auf angemessenen Unterhalt aus dem → Nachlaß oder dem → Erbteil des Kindes (§ 1963 BGB). Das gleiche gilt für die Mutter eines zu erwartenden → Nacherben im → Nacherbfall (§ 2141 BGB). Der Anspruch begründet eine → Nachlaßverbindlichkeit.

**Erbersatzanspruch.** Das nichteheliche Kind war bereits aufgrund der seit 1. 7. 1970 geltenden Regelung nicht nur mit seiner Mutter sondern auch mit dem nichtehelichen Vater im Rechtssinne verwandt. Infolge dessen war es seither auch beim Tod seines Vaters (oder eines von dessen Verwandten) zur gesetzlichen → Erbfolge berufen (umgekehrt ebenso der nichteheliche Vater und seine Verwandten gegenüber dem Kind) und hatte grdsätzl. die gleiche erbrechtliche Stellung wie ein ehelicher Abkömmling, z. B. was → Erbanfall und → Ausschlagung der Erbschaft bzw. des → Pflichtteils, die Stellung in der → Erbengemeinschaft, die Haftung für → Nachlaßverbindlichkeiten usw. betrifft (die früheren gesetzlichen Vorschriften über den Ausschluß von der gesetzlichen Erbfolge gelten nur für Erbfälle vor dem 1. 7. 1970 und für vor dem 1. 7. 1949 geborene nichteheliche Kinder fort, Art. 12 § 10 des Ges. vom 19. 8. 1969, BGBl. I 1243).

Um jedoch möglichen Auseinandersetzungen mit Miterben aus der Verwandtschaft des Erblassers vorzubeugen, sah das Gesetz (aaO; Einzelheiten s. 14. Auflage) für die alten Länder (anders bereits für das Beitrittsgebiet, Art. 235 § 1 II EGBGB) statt der Beteiligung an der → Erbengemeinschaft insoweit lediglich einen schuldrechtlichen E. gegen die übrigen Miterben in Höhe des Werts des Erbteils vor. Dieser E. wurde durch das Ges. zur erbrechtlichen Gleichstellung nichtehelicher Kinder vom 16. 12. 1997 (BGBl. I 2968) ersatzlos beseitigt. Nichteheliche Kinder haben somit ab 1. 4. 1998 in vollem Umfang die gleiche erbrechtliche Stellung wie eheliche Kinder.

Die bisherigen Sondervorschriften über das Erbrecht des nichtehelichen Kindes gelten nur noch, wenn der Erbfall vor dem 1. 4. 1998 eingetreten oder vor diesem Zeitpunkt ein Erbausgleich (infolge rechtswirksamer Vereinbarung oder aufgrund rechtskräftigen Urteils) zustande gekommen ist (Art. 225 EGBGB).

**Erbeserbe** ist der → Erbe des Erben. Auf ihn gehen beide → Erbschaften (getrennt hinsichtlich des Rechts der → Ausschlagung; vgl. § 1952 BGB) über.

**Erbfähigkeit** ist die Fähigkeit, → Erbe oder → Nacherbe zu werden (§§ 1923, 2101 BGB).

**Erbfall.** Mit dem Tode einer Person (Erbfall) geht deren Vermögen (→ Erbschaft) nach § 1922 I BGB als ganzes auf eine oder mehrere andere Personen (→ Erben, → Miterben) über. *Nacherbfall* ist dagegen nicht der Tod des → Erblassers, sondern der von diesem bestimmte Zeitpunkt des Übergangs der Erbschaft vom → Vorerben auf den → Nacherben; mangels Bestimmung durch den Erblasser ist dies der Tod des Vorerben (§ 2106 BGB).

**Erbfallschulden** → Nachlaßverbindlichkeiten.

**Erbfolge** ist – anders als das → Vermächtnis – beim → Erbfall die → Gesamtrechtsnachfolge des (der) → Erben in das Vermögen und die Verbindlichkeiten des → Erblassers (s. a. → Erbschaft). Die E. vollzieht sich, ohne daß der Erbe irgendeine Handlung, z. B. Besitzergreifung des → Nachlasses, vornehmen müßte und ohne daß er Kenntnis vom Tod des Erblassers zu haben braucht. Doch ist die Kenntnis von der Berufung zur E. in verschiedener Hinsicht von Bedeutung, z. B. für die → Ausschlagung der Erbschaft und die Möglichkeit der → Beschränkung der Erbenhaftung.

Das Gesetz unterscheidet *gewillkürte* und *gesetzliche* E. Erstere ist gegeben, wenn der Erblasser die Person des Erben und den Umfang seiner Beteiligung am Nachlaß durch einseitige letztwillige Verfügung (→ Testament) oder durch → Erbvertrag bestimmt. Liegt eine solche → Verfügung von Todes wegen nicht vor oder ist sie nicht wirksam (→ Sittenwidrigkeit, → Erbverzicht, → Ausschlagung, → Erbunwürdigkeit, → Anfechtung letztwilliger Verfügungen), so tritt die gesetzliche E. ein. Erschöpft die gewillkürte Erbfolge nur einen Bruchteil der Erbschaft, so gilt in Ansehung des übrigen Teiles ebenfalls die gesetzliche E. (§ 2088 BGB), sofern nicht die eingesetzten Erben nach dem Willen des Erblassers die alleinigen Erben sein sollen (dann verhältnismäßige Erhöhung der → Erbteile, § 2089 BGB).

*Gesetzliche Erben* eines Erblassers sind dessen Verwandte, sein Ehegatte und subsidiär der → Fiskus. Die *Verwandten* des Erblassers sind in 5 Ordnungen zur gesetzl. E. berufen, wobei ein Verwandter nicht zur E. berufen ist, solange ein Verwandter einer vorhergehenden Ordnung vorhanden ist (§ 1930 BGB). Stirbt der Erbe der vorgehenden Ordnung *nach* dem → Erbfall, so war er schon Erbe geworden und vererbt den Nachlaß weiter an seine eigenen Erben. Fällt der Verwandte der vorgehenden Ordnung dagegen vor dem Erbfall weg, z. B. auch durch → Ausschlagung, so ist der Verwandte der nachfolgenden Ordnung als Erbe berufen. In den ersten 3 Ordnungen tritt Erbfolge nach Stämmen *(Parentelen)* ein, d. h. an die Stelle eines z. Z. des Erbfalls nicht mehr lebenden Berufenen treten die durch ihn mit dem Erblasser verwandten Abkömmlinge. Von der 4. Ordnung ab gilt die Berufung nach dem Verwandtschaftsgrad *(Gradualsystem).*

Gesetzl. Erben der 1. Ordnung sind die Abkömmlinge des Erblassers, wobei Kinder zu gleichen Teilen erben (§ 1924 BGB). Gesetzl. E. der 2. Ordnung sind die Eltern des Erblassers und deren Abkömmlinge, wobei die Eltern, sofern sie z. Z. des Erbfalls leben, allein und zu gleichen Teilen erben, während bei Wegfall eines Elternteils an dessen Stelle dessen Abkömmlinge treten (§ 1925 BGB). Entsprechendes gilt bei den gesetzl. E. der 3. Ordnung (Großeltern des Erblassers und deren Abkömmlinge, § 1926 BGB). Gesetzl. E. der 4. u. 5. Ordnung sind die Urgroßeltern bzw. die entfernteren Voreltern des Erblassers und deren Abkömmlinge. Leben diese z. Z. des Erbfalls nicht mehr, so erbt von ihren Abkömmlingen derjenige, welcher mit dem Erblasser dem Grade nach am nächsten verwandt ist; mehrere gleich nahe Verwandte erben zu gleichen Teilen (§§ 1928, 1929 BGB). Wer in den ersten 3 Ordnungen verschiedenen Stämmen angehört, d. h. mehrfach mit dem Erblasser verwandt ist, erhält den ihm in jedem dieser Stämme zufallenden Anteil; jeder Anteil gilt als besonderer → Erbteil (§ 1927 BGB).

Neben den Verwandten des Erblassers ist dessen überlebender *Ehegatte* kraft Gesetzes zur E. berufen, und zwar grundsätzlich – d. h. ohne Berücksichtigung des jeweiligen Güterstandes (s.u.) – neben Verwandten der 1. Ordnung zu 1/4, neben Verwandten der 2. Ordnung oder neben Großeltern zur Hälfte der Erbschaft. Sind weder Verwandte der 1. oder der 2. Ordnung noch Großeltern vorhanden, so erhält der überlebende Ehegatte die ganze Erbschaft (§ 1931 BGB; s. a. → Voraus). Voraussetzung ist allerdings, daß der verstorbene Ehegatte nicht bereits einen begründeten Antrag auf → Ehescheidung oder → Eheaufhebung erhoben hatte (§ 1933 BGB); in bestimmten Fällen findet § 1931 BGB zugunsten des überlebenden Ehegatten, der die Aufhebbarkeit der Ehe bei der Eheschließung gekannt hat, überhaupt keine Anwendung (§ 1318 V BGB). Lebte der Erblasser im gesetzl. → *Güterstand* der → Zugewinngemeinschaft, so wird der Ausgleich des Zugewinns i. d.R. dadurch verwirklicht, daß sich dieser gesetzl. Erbteil des überlebenden Eheg. um 1/4 der Erbschaft erhöht; hierbei ist unerheblich, ob die Eheg. im einzelnen Fall einen Zugewinn erzielt haben (§ 1371 I BGB; i. e. → Zugewinnausgleich). Gehört der überlebende Ehegatte zu den erbberechtigten Verwandten, so erbt er zugleich als Verwandter; der Erbteil, der ihm auf Grund der Verwandtschaft zufällt, gilt als besonderer Erbteil (§ 1934 BGB). Über die E. bei Gütergemeinschaft → fortgesetzte Gütergemeinschaft. Bestand beim Erbfall → Gütertrennung und sind als gesetzliche Erben neben dem überlebenden Ehegatten ein oder zwei Kinder des Erblassers berufen, so erben der überlebende Ehegatte und jedes Kind zu gleichen Teilen (§ 1931 IV BGB).

Ist zur Zeit des Erbfalles weder ein Verwandter noch ein Ehegatte des Erblassers vorhanden, so ist der *Fiskus* als letzter Erbe zur gesetzl. E. berufen (§§ 1936, 1964 BGB).

Tabell. Übersicht zur E. im Anhang.

**Erbgesundheitsgesetz.** Das Ges. zur Verhütung erbkranken Nachwuchses vom 14. 7. 1933 (RGBl. I 529) i. d.F. vom 26. 6. 1935 (RGBl. I 773), das die zwangsweise Sterilisation und Kastration (→ Unfruchtbarmachung) erlaubte, ist nach dem 8. 5. 1945 in einzelnen Ländern der BRep. ganz, in anderen teilweise und schließlich durch Ges. vom 18. 6. 1974 (BGBl. I 1297) völlig aufgehoben worden. Die auf der Grundlage des E. durchgeführten Zwangssterilisierungen sind nationalsozialistisches Unrecht; die noch lebenden Opfer erhalten – neben laufenden Leistungen im Bedarfsfall – eine einmalige Entschädigung von 5000 DM (Entschließung des Deutschen Bundestags vom 5. 5. 1988).

**Erbhofrecht** → Höfeordnung.

**Erbkrankheit** → Erbgesundheitsgesetz, → Unfruchtbarmachung.

**Erblasser** ist eine natürliche → Person, durch deren Tod (→ Erbfall) die → Erbschaft auf den oder die → Erben übergeht. Der E. kann durch einseitige → Verfügung von Todes wegen (→ Testament) oder durch → Erbvertrag den Erben bestimmen, ein → Vermächtnis zuwenden, eine → Auflage festsetzen oder einen Verwandten oder den Ehegatten von der gesetzlichen → Erbfolge ausschließen (→ Enterbung, §§ 1937 ff. BGB). Eine → juristische Person kann nicht E. sein, sie wird aufgelöst oder tritt in → Liquidation; ihre Rechtsbeziehungen nach der Auflösung richten sich nach Vereins- bzw. Handelsrecht (vgl. §§ 45 ff. BGB, §§ 264 ff. AktG usw.).

**Erblasserschulden** → Nachlaßverbindlichkeiten.

**Erblastentilgungsfonds** ist ein Sondervermögen des Bundes. Er umfaßt die Verbindlichkeiten des Kreditabwicklungsfonds, vor allem aus der Gesamtverschuldung des DDR-Haushalts und aus der Währungsumstellung, und der → Treuhandanstalt sowie die → Altschuldenhilfe (i.e.s. Erblastentilgungsfonds-Gesetz vom 23. Juni 1993, BGBl. I 984, zul. geänd. d. G. v. 6. 3. 1997, BGBl. I 434, 435).

**Erbpacht** war früher das → dingliche Recht, auf fremdem Grund einen landwirtschaftlichen Betrieb zu unterhalten, ging also über die schuldrechtliche Pacht hinaus. Heute gibt es dieses Rechtsinstitut neben dem → Erbbaurecht nicht mehr; bei Verwendung des Begriffs E. ist i. d. R. ein langfristiger → Pachtvertrag (u. U. in Verbindung mit einer → Anwartschaft auf ein Erbbaurecht) gemeint. → Wohnungseigentum.

**Erbrecht** im objektiven Sinne ist die Gesamtheit aller privatrechtlichen Vorschriften, die den Übergang der → Erbschaft vom → Erblasser auf dessen Rechtsnachfolger (→ Erbe) regeln. Es ist vornehmlich im 5. Buch des BGB (§§ 1922 ff.) enthalten, aber auch im Sachenrecht (z. B. § 857 BGB) und im Familienrecht (§ 1371 BGB). Für die erbrechtlichen Verhältnisse im Gebiet der ehem. DDR bleibt das bisherige Recht (insbes. §§ 362 ff. ZGB) maßgebend, wenn der Erblasser vor dem 3. 10. 1990 gestorben ist (Art. 235 § 1 EGBGB). Danach gelten grundsätzlich die vorgenannten Vorschriften (s. aber → Verfügung von Todes wegen, → Erbersatzanspruch).

E. im subjektiven Sinne ist dagegen die Summe der Rechte und Pflichten, die dem Erben mit dem → Erbfall aus dem objektiven E. erwachsen. Häufig wird auch die kraft Gesetzes vor dem Erbfall bestehende Aussicht, Erbe zu werden, als E. bezeichnet. Sie ist noch kein → Anwartschaftsrecht (s. aber → Erbvertrag) und kann weder übertragen noch belastet oder gesichert werden, obwohl sie Gegenstand eines → Erbverzichts sein kann.

*Verfassungsrechtlich* gewährleistet Art. 14 I GG das E. als → Grundrecht durch → institutionelle Garantie. Darunter fällt sowohl das Vererbungsrecht (→ Testierfreiheit) wie auch das passive E. Verfassungsrechtlich unzulässig wäre daher eine ausschließliche gesetzliche Erbfolge oder ein generelles Erbrecht des Staates. Zulässig ist eine → Erbschaftsteuer, die aber nicht konfiskatorischen Charakter haben darf. Zulässig sind auch Beschränkungen der Testierfreiheit wie z. B. durch das → Pflichtteilsrecht.

**Erbschaft** *(Nachlaß)* ist das *Vermögen,* d. h. die Gesamtheit der Rechtsverhältnisse des → Erblassers, die beim → Erbfall als Ganzes auf den → Erben übergeht. Zur E. gehören nach h. M. neben den Rechten auch die Schulden des Erblassers *Nachlaßverbindlichkeiten),* für die der Erbe grundsätzlich aufzukommen hat. Vererblich und damit Bestandteil der E. sind alle vorwiegend vermögensbezogenen Rechte und Pflichten, z. B. → Eigentum, sonstige dingliche und persönliche → Rechte, → Forderungen, aber auch der → Besitz (§ 857 BGB), das → Handelsgeschäft mit seiner Firma (§§ 22 ff. HGB), gewerbliche Schutzrechte usw. S. a. → Offene Handelsgesellschaft, 6, → Vollmacht. *Unvererblich* sind dagegen nur → höchstpersönliche Rechtsbeziehungen des Erblassers, z. B. Mitgliedschaftsrechte, soweit sie nicht – wie bei → Kapitalgesellschaften (AG, GmbH) – überwiegend vermögensrechtlich sind, der → Nießbrauch (§ 1061 BGB), die beschränkt persönliche Dienstbarkeit (§ 1090 II BGB), → Unterhaltsansprüche mit Ausnahme von Rückständen (§§ 1360 a III, 1586, 1615 BGB), familienrechtliche Erziehungs-, Verwaltungs- und Nutznießungsrechte sowie der Leichnam des Erblassers, während der Anspruch auf → Schmerzensgeld jetzt vererblich ist. S. ferner → Annahme, → Ausschlagung der E.

**Erbschaftsanspruch.** Der → Erbe hat die Wahl, ob er vom → *Erbschaftsbesitzer* die Herausgabe einzelner Gegenstände (§ 2029 BGB) oder auf Grund des E. die Herausgabe der → Erbschaft im ganzen verlangen will. Bei Erhebung der *Erbschaftsklage* (→ Leistungsklage; Zuständigkeit: § 27 ZPO) sind die einzelnen Nachlaßgegenstände im Klageantrag genau zu bezeichnen (§ 253 II ZPO). Mit ihr kann der Anspruch auf → Auskunft über den Bestand der Erbschaft und über den Verbleib der Erbschaftsgegenstände (§ 2027 BGB) sowie die Klage auf Feststellung des Erbrechts, die über die Herausgabe der verlangten Gegenstände hinaus wirkt (→ Feststellungsklage, → Rechtskraft), verbunden werden, Auskunfts- und Herausgabeanspruch auch im Wege der → Stufenklage.

Der Erbschaftsanspruch geht auf Herausgabe des aus der Erbschaft Erlangten, der Gegenstände, die durch → Rechtsgeschäft aus Mitteln der Erbschaft erworben wurden (Surrogation, § 2019 BGB), der gezogenen → Nutzungen und → Früchte (§ 2020 BGB) unter Berücksichtigung der vom Erbschaftsbesitzer gemachten → Verwendungen (§ 2022 BGB). Die *Haftung* des Erbschaftsbesitzers richtet sich grundsätzlich nach dem Recht der → ungerechtfertigten Bereicherung (§ 2021 BGB), ist aber verschärft ab → Rechtshängigkeit, bei → Bösgläubigkeit oder bei Erwerb durch → unerlaubte Handlung (§§ 2023 ff. BGB; → Eigentumsherausgabeanspruch). Der E. verjährt in 30 Jahren (§ 195 BGB); vorher kann sich der Erbschaftsbesitzer nicht auf → Ersitzung berufen (§ 2026 BGB).

**Erbschaftsbesitzer** ist jeder, der auf Grund eines ihm in Wirklichkeit nicht zustehenden → Erbrechts etwas aus der → Erbschaft erlangt hat (§ 2018 BGB). Ihm steht gleich, wer die Erbschaft durch Vertrag mit einem E. erwirbt (§ 2030 BGB). Voraussetzung ist, daß der E. (gut- oder bösgläubig) ein Erbrecht beansprucht; E. ist daher nicht, wer überhaupt kein Besitzrecht geltend macht (z. B. der Dieb) oder sich aus anderen Rechtsgründen (Vermächtnis, Rechtsgeschäft unter Lebenden) auf den Besitz an den Nachlaßgegenständen beruft. E. ist auch nicht, wer kraft seines Amtes die Erbschaft in Händen hat (z. B. Testamentsvollstrecker, Nachlaßpfleger, Nachlaßverwalter; s. dort). Gegen den E. hat der wirkliche Erbe den → *Erbschaftsanspruch.*

**Erbschaftserwerber** → Erbschaftskauf, → Erbschaftsbesitzer.

**Erbschaftsinsolvenz** → Nachlaßinsolvenzverfahren.

**Erbschaftskauf.** Der → Erbe (Miterbe) kann sich durch schuldrechtliches Geschäft (i. d. R. Kauf, aber auch Tausch, Schenkung u. dgl.) verpflichten, den ihm angefallenen → Nachlaß oder → Erbteil *(Erbteilskauf)* im ganzen

– nicht nur einzelne getrennte Nachlaßgegenstände – auf den Erbschaftserwerber zu übertragen; der Vertrag bedarf der notariellen Beurkundung (§§ 2371, 2385, 1922 II BGB). Nichtig ist dagegen der Vertrag über den Nachlaß eines noch lebenden Dritten, ausgenommen die vorweggenommene – notariell beurkundete – Auseinandersetzung unter künftigen gesetzlichen Erben über ihren gesetzlichen Erb- oder Pflichtteil (§ 312 BGB). Während ein Erbteil auch als Ganzes übertragen werden kann (→ Erbengemeinschaft), kann der Alleinerbe den E. nur durch Einzelübertragung der Nachlaßgegenstände und der → Surrogate nach den jeweils hierfür geltenden Vorschriften – → Übereignung, Abtretung usw. – erfüllen (§ 2374 BGB). Auf den E. finden grundsätzlich die Vorschriften über den → Kauf Anwendung; doch entfällt eine → Gewährleistung für Sachmängel ganz, für Rechtsmängel zum großen Teil (Haftung nur für erbrechtliche Mängel, z. B. Bestehen, Umfang, Beschränkungen und Beschwerungen des Erbrechts sowie Beschränkung der Erbenhaftung, § 2376 BGB). Von dem Abschluß des E. an, mit dem bereits – abweichend vom Kaufrecht – die Gefahr des zufälligen Untergangs der Erbschaftsgegenstände auf den Käufer übergeht (§ 2380 BGB), haftet der Käufer als → Gesamtschuldner neben dem Erben für die → Nachlaßverbindlichkeiten (§ 2382 BGB); im Innenverhältnis ist der Käufer dem Verkäufer gegenüber verpflichtet, die Nachlaßverbindlichkeiten zu erfüllen (§ 2378 BGB), er kann sich allerdings, sofern dies der Verkäufer nicht bereits verwirkt hat, auf die → Beschränkung der Erbenhaftung berufen (§ 2383 BGB).

**Erbschaftsklage** → Erbschaftsanspruch.

**Erbschaftsteuer (Schenkungsteuer).** Das Erbschaftsteuer- und Schenkungsteuergesetz (ErbStG) i. d. F. vom 27. 2. 1997 (BGBl. I 378) und Erbschaftsteuer-DVO (ErbStDV) vom 19. 1. 1962 (BGBl. I 22) zul. geändert durch das JStG 1997 vom 20. 12. 1996 (BGBl. I 2049) erfaßt 1. den Erwerb von Todes wegen, 2. Schenkungen unter Lebenden, 3. Zweckzuwendungen und 4. die Turnusbesteuerung von Familienstiftungen und -vereinen. Sind Erblasser, Schenker oder Erwerber Inländer, so ist der gesamte Vermögensanfall steuerpflichtig, sonst nur der Vermögensanfall, der in Inlandsvermögen (§ 121 BewG) oder in einem Nutzungsrecht an solchen Vermögensgegenständen besteht (§ 2 I ErbStG). Inländer sind natürliche Personen, die im → Inland einen → Wohnsitz (§ 8 AO) oder ihren gewöhnlichen → Aufenthalt (§ 9 AO) haben, ferner Auslandsbedienstete sowie deutsche Staatsangehörige, die sich nicht länger als 5 Jahre dauernd im Ausland aufgehalten haben, ohne im Inland einen Wohnsitz zu haben. Erst wenn diese „verlängerte unbeschränkte Steuerpflicht" des § 2 I Nr. 1 b ErbStG abgelaufen ist, setzt bei Auswanderern in ein Niedrigsteuerland die „erweiterte beschränkte Steuerpflicht" des § 4 AStG ein. Für das → Auslandsvermögen bezahlte ausländische E. wird nach § 21 ErbStG angerechnet; → Doppelbesteuerung. Die Wertermittlung des übergehenden Vermögens erfolgt nach dem → Bewertungsgesetz. Hiernach wird Geldvermögen mit dem Nennwert, Aktien mit dem Kurswert, sonstiges Vermögen (Schmuck, Kunstgegenstände u.ä.) mit dem Verkehrswert, Betriebsvermögen mit den Steuerbilanzwerten (BMF 14. 4. 97, BStBl. I 97, 399) angesetzt. Die Wertermittlung des Grundvermögens ist aufgrund von BVerG (BStBl. II 1995, 655, 671), das den Ansatz der → Einheitswerte auf der Basis 1. 1. 1964 mit Zuschlag zum 1. 1. 1974 für verfassungswidrig erklärte, mit Rückwirkung ab 1. 1. 1996 neu geregelt (JStG 1997; §§ 138 ff. BewG). Hiernach findet für Zwecke der einmaligen Besteuerung eine sog. Bedarfsbewertung statt, wie bisher schon für alle übrigen Vermögensgegenstände. Für unbebaute Grundstücke ermittelt sich der Wert nach der Fläche und dem um 20% ermäßigten Bodenrichtwert; Einzelheiten BMF 15. 4. 1997, BStBl. I 97, 394. Die Bodenrichtwerte sind von den Gutachterausschüssen auf den 1. 1. 1996 zu ermitteln und den Finanzämtern mitzuteilen. Bei bebauten Grundstücken bemißt sich der Wert nach der Jahresdurchschnittsmiete der letzten 3 Jahre multipliziert mit dem Faktor 12,5, vermindert um den Alterswert Faktor 0,5 pro Jahr, höchstens 25% und erhöht um einen 20%-Zuschlag für selbstgenutzte Einfamilien- und Zweifamilienhäuser. Beispiel: Jahresmiete 24 000 DM 12,5 abzüglich 10% (20 Jahre alt) zuzüglich 20% für selbstgenutztes Einfamilienhaus = 324 000 DM. Hieraus ist ersichtlich, daß der für E.-zwecke anzusetzende Wert wieder erheblich hinter dem → Verkehrswert zurückbleibt (ca. 40%–50%). Als Mindeswert sind jedoch 80% des Bodenrichtwertes anzusetzen. Der Stpfl. kann durch Einzelgutachten einen niedrigeren Wert nachweisen. Bei Industriebauten kann der Wert nach einer Kombination der Bewertung für unbebaute Grundstücke mit 30%-Abschlag und für bebaute Grundstücke ermittelt werden. Erbbaurechte werden wie bebaute Grundstücke abzüglich kapitalisiertem Erbbauzins bewertet. Für land- und forstwirtschaftliches Vermögen ist ein Betriebswert und ein Wohnwert zu ermitteln. Wegen der Höherbewertung des Grundvermögens hat der Gesetzgeber zwecks Vermeidung von Überbesteuerungen im Familienbereich hinsichtlich Steuerklassen und Freibeträgen Neuregelungen getroffen. Hierdurch ist Vorgaben des BVerG (BStBl. II 1995, 655, 671) Genüge getan. Die E. wird nach drei Steuerklassen erhoben: I bei einem Steuersatz (→ Progression) von 7%–30% Ehegatten, Kinder, Enkel, Urenkel, bei Erwerb von Todes wegen auch Eltern, Großeltern; II bei einem Steuersatz von 12%–40% Eltern, Großeltern (soweit nicht I), Geschwister, geschiedene Ehegatten, Schwieger- und Stiefeltern, Cousins und Cousinen; III bei einem Steuersatz von 17%–50% alle übrigen. Die persönlichen Freibeträge betragen für Ehegatten 600 TDM, für Kinder und weitere Abkömmlinge 400 TDM, für Groß-/Eltern 100 TDM, für übrige Verwandte 20 TDM, für alle übrigen 10 TDM. Hinzu kommt ein Versorgungsfreibetrag für Ehegatten in Höhe von 500 TDM und für Kinder altersabhängig von 20 TDM bis 100 TDM. Hausrat ist in Steuerklasse I bis 80 TDM steuerfrei, in Steuerklasse II und III bis 20 TDM. Andere bewegliche körperliche Gegenstände sind in Steuerklasse I bis 20 TDM steuerfrei. Alle zehn Jahre werden die genannten Freibeträge neu gewährt (§ 14 ErbStG); Einzelheiten BMF 16. 4. 97, BStBl. I 97, 406. Beim Erwerb von Einzelunternehmen, Anteilen an Personengesellschaften und Anteilen an Kapitalgesellschaften im → Betriebsvermögen durch Erbfall oder durch vorweggenommene Erbfolge (Schenkung) wird ein Freibetrag mit 500 TDM gewährt. Dazu kommt ein Bewertungsabschlag von 40% für Betriebsvermögen und GmbH-Anteile ab 25%-Beteiligung für den 500 TDM übersteigenden Wert. (§ 13 a ErbStG). Wird der → Güterstand der Zugewinngemeinschaft durch Tod eines Ehegatten beendet, so gilt auch bei erbrechtlicher Lösung der Betrag, den der überlebende Ehegatte im Falle der Scheidung als Ausgleichsforderung geltend machen könnte, als nicht erbschaftsteuerbar (§ 5 ErbStG). Vgl. → Zugewinnausgleich. Der Erwerber einer Rente usw. kann statt vom Kapitalwert jährlich im voraus die E. nach dem Jahreswert entrichten (§ 23 I ErbStG). Die jährlich bezahlte E. ist dann abzugsfähige → Sonderausgabe (§ 10 I Nr. 1 a EStG). Bei Belastung von → Einkünften mit E. kann die → Einkommensteuer ermäßigt werden (§ 35 EStG). Im Nacherbfall fällt Erbschaftsteuer als Erwerb vom Vorerben stammend an. Auf Antrag ist der Versteuerung das Verhältnis des Nacherben zum Erblasser zugrunde zu legen (§ 6 II ErbschaftStG).

Die Besteuerung von Familienstiftungen und -vereinen erfolgt turnusmäßig alle 30 Jahre, erstmalig auf den 1. 1. 1984, nach Steuerklasse I aus der Hälfte des Vermögens unter Gewährung von zwei Freibeträgen zu je 400 TDM (§ 15 II ErbStG).

**Erbschaftsverwaltung** → Vorerbe; → Erbe, vorläufiger.

**Erbschein** ist das *amtliche Zeugnis* des → Nachlaßgerichts, in dem die Person des → Erblassers und des (der) → Erben, die Größe der → Erbteile sowie ggf. Beschränkungen des Erbrechts durch Einsetzung eines → Nacherben oder eines → Testamentsvollstreckers anzugeben sind (§§ 2353, 2363, 2364 BGB); nicht aufzunehmen sind dagegen Angaben über den Umfang des → Nachlasses oder → Nachlaßverbindlichkeiten wie z. B. → Pflichtteile oder → Vermächtnisse. Der E. wird nur auf *Antrag* erteilt; antragsberechtigt sind der endgültige Erbe oder Miterbe, ein

→ Nachlaß- oder Erbengläubiger, der einen Titel zur Zwangsvollstreckung besitzt (§§ 792, 896 ZPO), der → Nachlaßverwalter, der Nachlaßinsolvenzverwalter (→ Nachlaßinsolvenzverfahren) und der → Testamentsvollstrecker, nicht dagegen der → vorläufige Erbe, der → Ersatzerbe und der → Nacherbe vor dem Anfall der Erbschaft an ihn sowie der → Nachlaßpfleger. Der E. kann als *Alleinerbschein* für den Alleinerben, als *gemeinschaftlicher E.* für alle Miterben (§ 2357 BGB), als *Teilerbschein* über den Erbteil eines Miterben, als gemeinschaftlicher Teilerbschein über die Erbteile mehrerer, aber nicht aller Miterben – z. B. bei → Verschollenheit eines Miterben – oder ausnahmsweise als *gegenständlich beschränkter E.* (auf Vermögen im Inland, § 2369 BGB) erteilt werden. Zur Begründung des Antrags sind eine Reihe von Nachweisen (z. B. Vorlage des Testaments, Todesnachweis u. a.m.), u. U. auch → eidesstattliche Versicherungen erforderlich; das Nachlaßgericht hat selbst Ermittlungen anzustellen und den E. nach Anhörung der Beteiligten nur zu erteilen, wenn es die zur Begründung des Antrags erforderlichen Tatsachen für festgestellt erachtet (§§ 2354–2360 BGB). Ein formell (z. B. wegen fehlenden Antrags) oder materiell unrichtiger oder unrichtig gewordener E. ist vom Nachlaßgericht einzuziehen; kann er nicht erlangt werden, so ist er für kraftlos zu erklären (§ 2361 BGB). Der wirkliche Erbe kann von dem Besitzer eines unrichtigen E. dessen Herausgabe an das Nachlaßgericht verlangen (§ 2362 BGB), insbes. nach Feststellung seines Erbrechts im Rechtsstreit.

Ist ein E. erteilt, so wird zugunsten des darin als Erben Ausgewiesenen zur Beweiserleichterung, besonders in einem Rechtsstreit und im Grundbuchverkehr (vgl. § 35 GBO), widerlegbar *vermutet,* daß ihm das angegebene Erbrecht zusteht (positive Vermutung) und daß es nicht durch weitere, nicht aufgeführte Anordnungen beschränkt ist (negative Vermutung, § 2365 BGB). Ferner gilt im Rahmen dieser Vermutung gegenüber Dritten, die von dem im E. als Erbe Bezeichneten einen Erbschaftsgegenstand oder ein Recht hieran erwerben oder die an diesen auf Grund eines zur Erbschaft gehörenden Rechts eine Leistung erbringen usw., der Inhalt des E. als richtig (§§ 2366, 2367 BGB). Der E. genießt also beim Erwerb vom nichtberechtigten Erben oder bei Leistung an ihn → *öffentlichen Glauben*; d. h. der Erwerb ist auch dann wirksam, wenn der E. inhaltlich unrichtig war, es sei denn der Dritte kannte die Unrichtigkeit des ausgestellten E. Wegen dieser Wirkung des E. ist im Interesse der Verkehrssicherheit gegen seine Erteilung für andere Beteiligte keine Beschwerde, sondern nur die Anregung auf Einziehung (s.o.) gegeben.

**Erbteil** ist der Anteil eines Miterben (→ Erbe) an der → Erbschaft. Auf den E. finden grundsätzlich die Vorschriften über die → Erbschaft entsprechende Anwendung (§ 1922 II BGB). Werden einige von mehreren Erben auf ein und denselben Bruchteil der Erbschaft eingesetzt (*gemeinschaftlicher E.,* z. B.: „meine Söhne erhalten die Hälfte meines Vermögens"), so bilden sie gegenüber den übrigen Miterben eine Einheit und haben den gemeinschaftlichen E. nach den allgemeinen Teilungsvorschriften, d. h. im Zweifel nach Köpfen, aufzuteilen (§§ 2093, 2089 ff. BGB). → Erbfolge, → Erbengemeinschaft (insbes. zur Übertragung des E.).

**Erbteilung** → Erbengemeinschaft (2).

**Erbteilskauf** → Erbschaftskauf.

**Erbunwürdigkeit.** Erbunwürdig ist, wer den → Erblasser vorsätzlich und widerrechtlich getötet oder zu töten versucht hat, wer den Erblasser vorsätzlich und widerrechtlich verhindert oder durch arglistige Täuschung oder Drohung bestimmt hat, eine → Verfügung von Todes wegen zu errichten oder aufzuheben, und wer sich hinsichtlich einer Verfügung von Todes wegen gegenüber dem Erblasser eines strafbaren Urkundendelikts – → Urkundenfälschung, → Urkundenunterdrückung – schuldig gemacht hat (§ 2339 BGB). Das gleiche gilt für einen Vermächtnisnehmer oder einen Pflichtteilsberechtigten (*Vermächtnisunwürdigkeit, Pflichtteilsunwürdigkeit,* § 2345 BGB). Die E. führt jedoch nicht automatisch zum Ausschluß des Betroffenen. Sofern der Erblasser dem Erbunwürdigen nicht verziehen hat (§ 2343 BGB), gilt der → Erbanfall an den Erbunwürdigen nur dann als nicht erfolgt, wenn die E. auf eine binnen Jahresfrist seit Kenntnis von dem Anfechtungsgrund zu erhebende *Anfechtungsklage* eines Nachberechtigten hin gerichtlich ausgesprochen worden ist (§§ 2340–2342 BGB). Die Erbschaft fällt dann rückwirkend auf den Zeitpunkt des → Erbfalls dem Nächstberufenen zu (§ 2344 BGB). Bei Vermächtnis- und Pflichtteilsunwürdigkeit genügt zur Anfechtung eine formlose Erklärung des Nachberufenen (§ 2345 BGB). Von der E. zu unterscheiden ist die vom Erblasser durch letztwillige Verfügung vorgenommene → *Pflichtteilsentziehung.*

**Erbvertrag.** Der E. ist eine → Verfügung von Todes wegen. In ihm kann der → Erblasser einseitig jede Verfügung treffen, die auch durch → Testament getroffen werden kann. Es gelten dann die gleichen Vorschriften, wie wenn die Verfügung durch Testament getroffen worden wäre (z. B. jederzeitiger → Widerruf durch den Erblasser möglich) mit der Besonderheit, daß mit Wegfall des E. im Zweifel auch die einseitige Verfügung außer Kraft tritt (§ 2299 BGB). Darüber hinaus kann jedoch der Erblasser durch E. mit *vertragsmäßig bindender Wirkung* einen → Erben einsetzen, ein → Vermächtnis oder eine → Auflage anordnen; andere Verfügungen können vertragsmäßig nicht getroffen werden (§§ 1941 I, 2278 BGB). Vertragserbe oder Vermächtnisnehmer kann sowohl der Vertragspartner des Erblassers als auch ein Dritter sein (§ 1941 II BGB); in diesem Fall ist der E. ein → Vertrag zugunsten Dritter (§ 328 BGB).

Der Erblasser – dies können auch beide Vertragspartner sein, sog. zweiseitiger oder *gemeinschaftlicher E.,* vgl. § 2289 BGB – kann den E. nur persönlich, d. h. nicht durch einen Vertreter schließen (§ 2274 BGB). Er muß unbeschränkt → geschäftsfähig sein, ausgenommen Ehegatten und Verlobte mit Zustimmung ihres → gesetzlichen Vertreters; hier genügt beschränkte Geschäftsfähigkeit, § 2275 BGB. Der E. kann nur zur Niederschrift eines → Notars bei gleichzeitiger Anwesenheit beider Vertragspartner geschlossen werden; die Vorschriften über die Errichtung eines öffentlichen Testaments gelten entsprechend (§ 2276 I BGB). Der E. zwischen Ehegatten oder Verlobten kann mit einem → *Ehevertrag* verbunden werden; seine Fortgeltung hängt dann von dessen Schicksal ab, auch genügt die für diesen vorgeschriebene Form (§ 2276 II BGB). Der E. soll wie ein öffentliches Testament verschlossen und amtlich verwahrt werden (§§ 2277, 2300 BGB).

*Inhaltlich* gelten auch für vertragsmäßige Zuwendungen grundsätzlich die gleichen Vorschriften wie für einseitige letztwillige Verfügungen z. B. über die Auslegung (§ 2279 BGB); bei gegenseitiger Erbeinsetzung von Ehegatten gilt auch hier die Vermutung für das Vorliegen eines sog. → Berliner Testaments (§§ 2280, 2269 BGB). Der E. *beschränkt* jedoch die → *Testierfreiheit* des Erblassers. Eine frühere letztwillige Verfügung wird durch den E. insoweit aufgehoben, als sie das Recht des vertragsmäßig Bedachten wirtschaftlich beeinträchtigen würde (§ 2289 BGB). Nachträgliche abweichende Verfügungen von Todes wegen (Testamente oder Erbverträge mit Dritten) sind grundsätzlich im gleichen Umfang unwirksam, sofern dem Erblasser nicht ein Abweichen von dem E. in diesem vorbehalten wurde, die Voraussetzungen für die → Pflichtteilsentziehung in guter Absicht (§§ 2289 II, 2338 BGB) vorliegen oder die erbvertragliche Bindung, z. B. durch Rücktritt (vgl. § 2293 BGB), wegfällt. Dagegen wird durch den E. das Recht des Erblassers, über sein Vermögen durch → Rechtsgeschäft *unter Lebenden* zu verfügen, grundsätzlich nicht beschränkt (§ 2286 BGB), sofern nicht ein Mißbrauch dieses freien Verfügungsrechts zur → Sittenwidrigkeit des Rechtsgeschäfts (§ 138 BGB) führt; der Erblasser kann sich allerdings gleichzeitig durch schuldrechtlichen Vertrag dazu verpflichten, auch auf abweichende Verfügungen unter Lebenden zu verzichten (§ 137 S. 2 BGB). Bei → Schenkungen unter Lebenden (dies grundsätzl. auch bei sog. → *unbenannten Zuwendungen* unter Ehegatten, sofern nicht zur Alterssicherung oder Abgeltung von Unterhalt oder Diensten erbracht, BGHZ 116, 167, 178), die nach Vertragsabschluß von dem Erblasser in der Absicht gemacht wurden, den Vertragserben zu schädigen, kann dieser innerhalb von 3 Jahren nach dem → Erbanfall von dem Beschenkten Herausgabe nach den Vorschriften über die → ungerechtfertigte Bereicherung verlangen (§ 2287 BGB). Im gleichen Sinn ist ein vertragsmäßig bedachter Vermächtnisnehmer gegen absichtliche Zerstörung, Veräußerung oder Belastung des vermachten Gegenstands durch einen Anspruch gegen den Erben auf belastungsfreie Beschaffung des Gegenstands bzw. Wertersatz geschützt (§ 2288 BGB).

Der E. kann unter den gleichen Voraussetzungen wie ein Testament (→ Anfechtung letztwilliger Verfügungen, §§ 2078, 2079 BGB) auch vom Erblasser wegen Irrtums, Drohung oder arglistiger Täuschung *angefochten* werden. Die Anfechtung kann nur vom Erblasser persönlich binnen Jahresfrist seit Kenntnis vom Anfechtungsgrund erfolgen; sie setzt → Geschäftsfähigkeit voraus (sonst durch den gesetzlichen Vertreter) und bedarf notarieller Beurkundung (§§ 2282, 2283 BGB). Der Erblasser kann die anfechtbare Erklärung allerdings auch formlos (§ 144 II BGB) bestätigen. Die sonstigen Anfechtungsberechtigten (§ 2080 BGB, → Anfechtung letztwilliger Verfügungen) können den E. nicht mehr anfechten, wenn das Anfechtungsrecht des Erblassers z. Z. des Erbfalls infolge Fristablaufs oder Bestätigung bereits erloschen war (§ 2285 BGB).

Die *Bindungswirkung* des E. für vertragliche Verfügungen (s. o.) kann *beseitigt* werden durch Aufhebungsvertrag seitens der vertragschließenden Personen unter den gleichen Voraussetzungen wie bei der Errichtung des E. (§§ 2290, 2276 BGB). Ein zwischen Ehegatten geschlossener E. kann auch durch → gemeinschaftliches Testament (§ 2292 BGB), die vertragsmäßige Zuwendung eines Vermächtnisses oder einer Auflage (also nicht Erbeinsetzung) auch durch einseitiges Testament des Erblassers mit notariell beurkundeter unwiderruflicher Zustimmung des anderen Vertragspartners aufgehoben werden (§ 2291 BGB). Der Erblasser kann ferner (nur persönlich und durch notariell beurkundete Erklärung gegenüber dem anderen Vertragspartner bzw. nach dessen Tod durch Testament, §§ 2296, 2297 BGB) von dem E. zurücktreten, wenn er sich den Rücktritt in dem Vertrag vorbehalten hat (§ 2293 BGB), wenn der Bedachte sich einer Verfehlung schuldig macht, die den Erblasser zur → Pflichtteilsentziehung berechtigen würde (§ 2294 BGB), oder wenn eine als Gegenleistung für den E. zugunsten des Erblassers übernommene Unterhaltsverpflichtung in Wegfall kommt (§ 2295 BGB). *Keine Erbverträge* sind der → Erbverzicht sowie Rechtsgeschäfte unter Lebenden wie der → Erbschaftskauf, die Übertragung des Erbteils (→ Erbengemeinschaft) und der Vertrag über den Nachlaß eines noch lebenden Dritten. Dieser ist grundsätzlich aus sittlichen Erwägungen nichtig, sofern er nicht unter künftigen gesetzlichen Erben (gesetzliche → Erbfolge) über den gesetzlichen Erbteil oder → Pflichtteil eines von ihnen in notariell beurkundeter Form geschlossen wird (§ 312 BGB). S. a. → Schenkung von Todes wegen.

**Erbverzicht.** Verwandte des → Erblassers und dessen Ehegatte können durch notariell beurkundeten Vertrag mit dem Erblasser auf ihr gesetzliches Erbrecht (→ Erbfolge) – und damit i. d. R. auf ihr Pflichtteilsrecht – verzichten (§§ 2346, 2348 BGB), ebenso Testamentserben und Vermächtnisnehmer auf die ihnen in einem → Testament oder → Erbvertrag gemachten Zuwendungen (§ 2352 BGB). Über die Pflicht zur Mitwirkung des → gesetzlichen Vertreters oder des → Vormundschaftsgerichts bei beschränkt geschäftsfähigen oder unter → Betreuung stehenden Vertragspartnern vgl. § 2347 BGB. Die *Folge* des E. ist der Ausschluß von der Erbfolge und i. d. R. auch vom Pflichtteilsrecht, wie wenn der Verzichtende im Zeitpunkt des Erbfalls nicht gelebt hätte. Der Verzicht erstreckt sich im Zweifel auf Abkömmlinge (§ 2349 BGB); er kann auch nur für den Fall abgegeben werden, daß ein anderer Erbe wird (§ 2350 BGB). Der E. ist als abstraktes erbrechtliches Verfügungsgeschäft (weder Erbvertrag noch Schenkung) an sich von der meist hiermit verbundenen *Abfindung* des Erben unter Lebenden unabhängig; doch können beide Parteien Leistung und Gegenleistung so miteinander verbinden, daß der

E. bei Unwirksamkeit der Abfindung gleichfalls nichtig ist.

**Erdgassteuer** wird im Rahmen der → Mineralölsteuer erhoben.

**Erdölbevorratung** regelt das Ges. i. d.F. vom 8. 12. 1987 (BGBl. I 2509) zur Sicherung der Versorgung mit Heizöl usw. Meldepflichten gem. VO vom 27. 11. 1978 (BGBl. I 1840); s. a. → Sicherstellungsgesetze.

**Erfahrungssätze, Verstoß gegen –** → Revision (II).

**Erfassung Wehrpflichtiger** ist die den Meldebehörden der Länder gemäß § 15 WehrpflG obliegende Anlage und Führung von Personennachweisen (sog. Wehrstammblätter, -karten und -rollen) für die Wehrpfl. Dazu Erfassungsvorschriften vom 21. 8. 1968 (GMBl. 235). Zwecks Durchführung der E. besteht eine Meldepflicht der Wehrpfl., bei deren Verletzung die Vorführung durch die Polizei angeordnet werden kann. Über die E. für bestimmte Aufgaben auf Grund bestimmter berufl. Vorbildung oder Tätigkeiten vgl. VO vom 28. 9. 1961 (BGBl. I 1795).

**Erfinder(be)nennung** ist die namentliche Bezeichnung des Erfinders (→ Erfindung), die bei der Patenterteilung sowie in der → Patentschrift vorzunehmen ist (§ 63 PatG; Einzelheiten s. VO vom 29. 5. 1981, BGBl. I 525). Die E. unterbleibt nur, wenn der Erfinder es beantragt. Sie kann nachgeholt und berichtigt werden.

**Erfinderrecht.** Das E. beruht wesentlich auf der Theorie vom → geistigen Eigentum. Es entsteht auf Grund der → Erfindung von selbst in der Person des Erfinders, auch bei der → Arbeitnehmererfindung. Es umfaßt bei einem Patent das Recht, als Erfinder genannt, bezeichnet und anerkannt zu werden (sog. *Erfinderehre,* § 63 PatG), das Recht, über das Schicksal der Erfindung zu entscheiden (Veröffentlichung oder Geheimhaltung, Anmeldung des Schutzrechts oder Freigabe zur Benutzung), vor allem aber das Recht, die Erfindung zu nutzen (selbst oder durch → Lizenzverträge), und das Recht auf das → Patent (§ 6 DPatG) oder den → Gebrauchsmusterschutz. Das gesetzlich geschützte E. ist ein absolutes Recht und allgemein durch § 823 I BGB und entsprechend § 1004 BGB geschützt (→ unerlaubte Handlung, → Unterlassungsanspruch); das Recht auf das Patent ist vererblich und übertragbar (§ 15 PatG).

**Erfindung** ist der zentrale, aber umstrittene Begriff für das Recht des → Patents und → Gebrauchsmusters. Ihre wesentlichen Merkmale sind: Sie muß sich auf die Technik, d. h. auf die Beherrschung der belebten und unbelebten Materie beziehen; sie muß eine anwendbare, niederlegungsfähige und ausführbare technische Idee oder Regel zum Gegenstand haben; sie muß einen technischen Fortschritt bedeuten; sie muß persönliche Leistung des Erfinders darstellen und über das hinausgehen, was einem Durchschnittsfachmann erreichbar ist (sog. *Erfindungshöhe*). Nur für eine E., die neu ist, kann ein Patent oder der Gebrauchsmusterschutz erteilt werden. Erfinder kann nur eine natürliche Person sein, nämlich wer durch seine persönliche geistige Leistung die technische Regel oder Idee entwickelt hat. Bei einer Doppel-E. (die gleiche E. wird von mehreren unabhängig voneinander gemacht) hat jeder Erfinder das Recht auf das Patent oder Gebrauchsmuster (→ Erfinderrecht), wobei die Priorität der Anmeldung entscheidet; Miterfinder (auf Grund Zusammenarbeit) erwerben das Recht in Gemeinschaft (§ 6 PatG).

**Erfolgsabwendungspflicht** (Garantenpflicht) → Unterlassungsdelikt.

**Erfolgsdelikt** → Kausalität im Strafrecht, → Bedingungstheorie.

**Erfolgshaftung** → Verschulden.

**Erfolgshonorar** → Rechtsanwalt (2).

**Erfolgsqualifiziertes Delikt** wird eine Straftat genannt, bei der das Gesetz an den Eintritt bestimmter Folgen eine strengere Strafdrohung knüpft, so z. B. bei Gesundheitsschädigung oder Tod nach Sexualstraftaten, Körperverletzung, Freiheitsberaubung, Raub, Brandstiftung (§§ 176b, 178, 179, 226, 227, 239, 251, 306b, 306c StGB). Die erhöhte Strafbarkeit setzt aber voraus, daß der Täter die schwerere Folge *wenigstens fahrlässig* herbeigeführt hat (§ 18 StGB).

**Erfüllung** *(Tilgung)*. Das → Schuldverhältnis erlischt, wenn die geschuldete Leistung an den Gläubiger bewirkt wird (§ 362 BGB). Regelmäßig wird der Schuldner selbst erfüllen; über die E. durch einen Dritten → Leistung, → Ablösungsrecht. Die Leistung ist i. d. R. an den Gläubiger (oder dessen → Vertreter; s. aber → Quittung, → Pfandrecht) zu erbringen; bei Leistung an einen Dritten zum Zwecke der E. finden die Vorschriften über die Verfügung eines → Nichtberechtigten (→ Genehmigung des Gläubigers) entsprechende Anwendung (§§ 362 II, 185 BGB; s. auch → Vertrag zugunsten Dritter). Über die Art und Weise der geschuldeten Leistung → Leistungsort, → Leistungszeit, → Treu und Glauben. Str. ist, ob – neben der tatsächlichen Erfüllungshandlung – ein rechtsgeschäftlicher *Erfüllungswille* des Schuldners und ein entsprechender Annahmewille des Gläubigers Voraussetzung einer rechtswirksamen Erfüllung ist, ob also insbes. zur E. → Geschäftsfähigkeit erforderlich ist. Nach dem Inhalt der geschuldeten Leistung ist zu unterscheiden: Besteht diese in einer bloßen Handlung oder Unterlassung (z. B. → Werkvertrag), so genügt die rein tatsächliche Erbringung (Theorie der realen Leistungsbewirkung); in anderen Fällen – insbes. bei Lieferung von Waren, Übersendung von Geld – wird entweder ein E.svertrag (Vertragstheorie) oder die Bestimmung durch den Schuldner (s. u.) und die Empfangsberechtigung des Gläubigers, die Geschäftsfähigkeit voraussetzen (h. M.), gefordert. *Zahlung* ist regelmäßig E.; ebenso ist i. d. R. die Gewährung eines *Vorschusses* eine vorweggenommene Teilbefriedigung (kein → Darlehen). Auch eine Leistung unter *Vorbehalt,* z. B. um eine drohende → Zwangsvollstreckung abzuwenden, ist eine E., die der Gläubiger anzunehmen verpflichtet ist; der Schuldner behält sich hier nur ausdrücklich das Recht zur Rückforderung des Geleisteten aus → ungerechtfertigter Bereicherung vor. Lehnt der Gläubiger die Annahme der E. ab, so gerät er in → Gläubigerverzug.

Hat der Schuldner mehrere Schuldverhältnisse zu erfüllen, so wird zunächst die Schuld getilgt, die er bei der Leistung bestimmt. Trifft der Schuldner keine Bestimmung, so werden zunächst angefallene Kosten, dann → Zinsen und zuletzt die Hauptsache getilgt (abweichend hiervon beim → Kreditvertrag, 5). Von mehreren Schulden wird mangels Bestimmung durch den Schuldner zunächst die → fällige Schuld, unter mehreren fälligen diejenige, die dem Gläubiger geringere Sicherheit bietet (→ Pfandrecht, → Bürgschaft), unter mehreren gleich sicheren die dem Schuldner lästigere, unter mehreren gleich lästigen die ältere Schuld und bei gleich alten Schulden jede verhältnismäßig getilgt (§§ 366, 367 BGB). Hat der Gläubiger eine ihm als E. angebotene Leistung als solche angenommen, so trifft ihn die – sonst für die E. dem Schuldner obliegende → Beweislast, wenn er die Leistung nicht als E. gelten lassen will, insbes. weil diese eine andere als die geschuldete Leistung oder mangelhaft gewesen sei (Beweislastumkehr, § 363 BGB). Über Ersatzleistungen → Leistung an Erfüllungs Statt und erfüllungshalber. S. ferner → Quittung, → Schuldschein.

**Erfüllungsgehilfe** ist, wer mit Willen des Schuldners bei Erfüllung von dessen Verbindlichkeit tätig wird (z. B. Handwerksgeselle bei Reparaturen im Auftrag des Meisters). Daß der E. zugleich auch eine eigene Verbindlichkeit erfüllt (z. B. der Spediteur des Mieters in dessen Verhältnis zum Vermieter; anders beim → Versendungskauf), steht dem nicht entgegen. Über die Haftung für den vom E. angerichteten Schaden → Verschulden (II 2) sowie Mitverschulden; der Schuldner hat ein Verschulden des E. in gleichem Umfang zu vertreten wie eigenes Verschulden (§ 278 BGB). Eine Haftung des Schuldners entfällt jedoch, wenn die schädigende Handlung vom E. nicht in Erfüllung der Verbindlichkeit des Schuldners, sondern *gelegentlich* dieser vorgenommen wurde (z. B. der E. begeht anläßlich der Erfüllungshandlung einen Diebstahl). Dagegen ist *Verrichtungsgehilfe,* wer von einem anderen zu einer Verrichtung bestellt ist, auch wenn diese nicht in Erfüllung einer Vertragsleistung besteht. Fügt er hierbei einem Dritten Schaden zu, so haftet der Auftraggeber nach § 831 BGB aus vermutetem eigenem Verschulden, aber mit der Möglichkeit des Entlastungsbeweises (→ unerlaubte Handlung, 5 a).

**Erfüllungshalber** → Leistung an Erfüllungs Statt.

**Erfüllungsinteresse** → Schadensersatz (2 b).

**Erfüllungsort** → Leistungsort.

**Erfüllungs Statt** → Leistung an Erfüllungs Statt.

**Erfüllungsübernahme** → Vertrag zugunsten Dritter, → Schuldübernahme.

**Ergänzende Vertragsauslegung** → Auslegung (1 b).

**Ergänzung des Gesetzes** → Auslegung (1 c), → Analogie.

**Ergänzungsabgabe** → Solidaritätszuschlag.

**Ergänzungsbescheid** → Besteuerungsverfahren.

**Ergänzungspflegschaft.** Für Personen, die unter → elterlicher Sorge oder → Vormundschaft stehen, ist E. anzuordnen für die Angelegenheiten, an deren Besorgung die Eltern oder der Vormund *verhindert* sind, sei es tatsächlich (z. B. durch Krankheit, Abwesenheit) oder rechtlich (insbes. bei teilweiser Entziehung oder Verwirkung der elterlichen Sorge, Rechtsgeschäften zwischen dem Kind und seinen Eltern oder dem Vormund, §§ 1795, 181 BGB, Verwaltung des letztwillig Zugewendeten, das von der Verwaltungsbefugnis der Eltern oder des Vormunds ausdrücklich ausgeschlossen wurde, u. dgl., § 1909 BGB). Ein Bedürfnis hierfür ist von dem Sorgerechtsinhaber dem → Vormundschaftsgericht anzuzeigen. Über die Wirkungen der E. vgl. Pflegschaft. Eine besondere Form der E. ist die → Ersatzpflegschaft. Die E. endet – außer durch Aufhebung nach Wegfall des Bedürfnisses – mit Beendigung der elterlichen Sorge oder der Vormundschaft; die Pflegschaft zur Besorgung einer einzelnen Angelegenheit, z. B. Vertragsabschluß, endet außerdem mit deren Erledigung (§ 1918 BGB).

**Ergänzungsrichter** ist ein Richter, der über die gesetzlich bestimmte Zahl der mitwirkenden Richter hinaus in der Verhandlung anwesend ist und im Fall der Verhinderung eines Richter für diesen eintritt; entsprechendes gilt für Ergänzungsschöffen (§ 192 II, III GVG). E. werden nur bei Verhandlungen von längerer Dauer zugezogen, wenn zu befürchten ist, daß ein Richter durch Krankheit oder → Ablehnung ausfallen könnte.

**Ergänzungsurteil** ist ein Urteil, das ein voraufgegangenes Urteil desselben Rechtszuges in einem versehentlich offen gelassenen Punkt ergänzt. Ein E. ergeht nur auf Antrag (§ 321 ZPO, § 120 VwGO, § 109 FGO, § 140 SGG).

**Ergebnisabführungsvertrag** → Gewinnabführungsvertrag.

**Erhaltungsaufwand** kann in voller Höhe als → Betriebsausgabe oder → Werbungskosten abgesetzt werden, während *Herstellungskosten* erst über die → Absetzung für Abnutzung (AfA) absetzbar sind. E. sind neben Aufwendungen für laufende Instandhaltung auch Aufwendungen für die Erneuerung von Teilen und Einrichtungen, die bereits in den Herstellungskosten enthalten sind, z. B. Austausch von Holzfenstern mit Einfachglas gegen Aluminiumfenster mit Doppelglas oder Ersatz intakter Kohle-Einzelöfen durch Öl-Warmwasser-Zentralheizung (R. 157 EStR). Vgl. → Anschaffungs- und Herstellungskosten.

**Erhaltungspflicht** → Miete (2 a).

**Erhaltungssatzung.** Die Gemeinde kann in einem Bebauungsplan (→ Bauleitplan) oder durch eine sonstige → Satzung Gebiete bezeichnen, in denen zur Erhaltung der städtebaulichen Eigenart oder der Zusammensetzung der Wohnbevölkerung oder bei Umstrukturierungen der Abbruch, die Änderung oder die Nutzungsänderung baulicher Anlagen der Genehmigung bedürfen. Einzelheiten in §§ 172 ff. des → Baugesetzbuches. Die Verfassungsmäßigkeit von § 172 BauGB wird vom BVerfG bejaht (NVwZ 1987, 879). Voraussetzung für den Erlaß einer E. ist nicht, daß die Bevölkerung im Geltungsbereich in ihrer Zusammensetzung Besonderheiten gegenüber anderen Wohngebieten aufweist. Von den Gemeinden wird die E. auch eingesetzt, wenn wegen baulicher Aufwertung eines Gebiets die Gefahr der Verdrängung von einkommensschwächeren Bewohnern und damit einer Strukturänderung der derzeitigen Wohnbevölkerung besteht (vgl. BayVGH BayVBl. 1995, 372).

**Erheblich Pflegebedüftige** sind Pflegebedürftige der → Pflegestufe I der sozialen → Pflegeversicherung (§ 15 I Nr. 1 SGB XI).

**Erhebungsverfahren.** Im E. wird der Anspruch aus dem Steuerschuldverhältnis (§ 37 AO) verwirklicht; s. §§ 218–248 AO. → Abrechnungsbescheid.

**Erhebungszeitraum** ist bei der → Gewerbesteuer grundsätzlich das Kalenderjahr (§ 14 II GewStG). Vgl. Besteuerungszeitraum, Veranlagungszeitraum.

**Erholungsurlaub** → Urlaub.

**Erholungswald.** Wald kann zum E. erklärt werden, wenn die Erholungsfunktion des Waldes (→ Forstrecht) dies im Interesse der Allgemeinheit erfordert (§ 13 BundeswaldG). Nach Landesrecht kann für E. die Bewirtschaftung und die Jagdausübung geregelt und beschränkt werden. Der Waldbesitzer kann verpflichtet werden, Erholungseinrichtungen zu dulden (Wege, Bänke, Schutzhütten u. dgl.). Für E. kann das Verhalten der Waldbesucher geregelt werden. S. a. → Wald, Betreten; → Waldschutz; → Umweltschutz.

**Erinnerung** ist ein → Rechtsbehelf der gegen Entscheidungen und Maßnahmen eines beauftragten oder ersuchten Richters, eines Rechtspflegers, Urkundsbeamten oder Gerichtsvollzieher in den gesetzlich bestimmten Fällen zugelassen ist (z. B. §§ 104, 576, 766 ZPO, § 11 RpflG). Über sie entscheidet das jeweils zuständige Gericht, so daß die Sache damit (im Gegensatz zur → Beschwerde) in der gleichen Instanz bleibt. Meist gestattet das Gesetz, daß der E. schon von der erstentscheidenden Stelle abgeholfen wird. S. → VollstreckungsE.; zur DurchgriffsE. → Rechtspfleger.

**Erinnerungswert** (Erinnerungsposten) ist ein Merkposten in der → Bilanz in Höhe von regelmäßig 1 DM für bereits abgeschriebene, jedoch im Betrieb noch vorhandene Wirtschaftsgüter.

**Erkennendes Gericht** ist i. S. der Verfahrensordnungen (vgl. z. B. § 128 I ZPO, § 305 StPO) das Gericht, das im Einzelfall für den jeweiligen Rechtszug die endgültige Entscheidung zu treffen hat. Außerdem wird unter e. G. auch das Gericht als Spruchkörper im Gegensatz zum Gericht als Anstalt (Verwaltungskörper) verstanden. → Prozeßgericht.

**Erkenntnisverfahren** ist der Teil eines gerichtlichen Verfahrens, in dem der Rechtsstreit in der Sache selbst entschieden wird (i. d. R. durch → Urteil). Das E. ist vom Vollstreckungsverfahren (→ Zwangsvollstreckung) zu unterscheiden.

**Erklärung** → Willenserklärung.

**Erklärung der Menschenrechte** → Konvention zum Schutze der Menschenrechte u. Grundfreiheiten, 1 u. 2.

**Erklärungsbote** → Bote.

**Erklärungsirrtum** → Anfechtung von Willenserklärungen.

**Erklärungswille** → Willenserklärung.

**Erkrankung des Arbeitnehmers** → Entgeltfortzahlung im Krankheitsfall.

**Erlaß** (auch „Runderlaß“, „Ministerialerlaß“ o. ä.) wird *im Verwaltungsrecht* eine allgemeine Anordnung für den internen Dienstbetrieb einer oder mehrerer (nachgeordneter) Behörden benannt. E. in diesem Sinn sind → Verwaltungsvorschriften, die nur für die Behörden, nicht aber für Außenstehende verbindlich sind. Ferner sind als E. bestimmte Anordnungen des → Bundespräsidenten bezeichnet worden.

**Erlaß von Steuern** → Billigkeitserlaß.

**Erlaßvertrag.** Das Schuldverhältnis erlischt, wenn der Gläubiger dem Schuldner die Schuld erläßt. Der Erlaß setzt – anders als der einseitige *Verzicht* auf dingliche Rechte im → Sachenrecht (s. Grundstücksrechte) – einen → *Vertrag* (Aufhebungsvertrag) voraus; der einseitige Verzicht des Gläubigers ist wirkungslos (§ 397 I BGB; s. a. → Erbverzicht). Die gleiche Wirkung wie der E.

hat der zwischen Gläubiger und Schuldner abgeschlossene Vertrag, in dem der Gläubiger anerkennt, daß ein Schuldverhältnis nicht besteht (§ 397 II BGB, sog. *negatives* → Schuldanerkenntnis). Über die sog. Schuldumschaffung (Novation) → Vertrag (5); s. ferner → Aufrechnung.

**Erlaubnis (behördliche).** Voraussetzungen, Inhalt, Bestandskraft, Rücknahme und Widerruf b. E. ergeben sich aus den die einzelnen Materien betreffenden Gesetzen (z. B. Gewerbeordnung, Wassergesetze, Baugesetze), allgemeine Grundsätze aus den Vorschriften über das → Verwaltungsverfahren, insbes. den → Verwaltungsakt. Eine allgemeine Einteilung der b. E. (i. w. S.) läßt sich danach treffen, ob a) von einem in einer „repressiven Verbotsnorm" enthaltenen *grundsätzlichen Verbot* eine *Ausnahme* bewilligt wird (Ausnahmebewilligung, Dispens, „Verstattung", Gestattung), oder ob b) die E. auf Grund einer „Verbotsnorm mit E.vorbehalt" erteilt wird (E. im engeren – eigentlichen – Sinn; häufig auch *Genehmigung* genannt). Hier hat die E. im Gegensatz zu a) nicht den Sinn, ein bestimmtes Tun grundsätzlich zu verhindern, sondern soll lediglich bewirken, daß die an eine Erlaubnis gebundene Tätigkeit einer wirksamen, vorherigen Kontrolle durch die Verwaltungsbehörden unterworfen wird; z. B. bei der → Baugenehmigung oder der wasserrechtl. Erlaubnis. Sonderfälle der b. E. im engeren Sinne sind → Konzession und → Verleihung.

Grundsätzlich kann die E. nur dann mit Bedingungen, Auflagen oder Befristungen versehen werden, wenn dies im Gesetz vorgesehen ist. Der Widerruf einer (rechtmäßig erteilten) E. bestimmt sich nach den Grundsätzen über begünstigende → Verwaltungsakte (6); s. a. § 49 VwVfG. Die Beifügung eines Widerrufsvorbehalts ist nur statthaft, soweit das Gesetz dies ausdrücklich oder nach seinem Sinn und Zweck zuläßt.

**Erlebensversicherung** → Lebensversicherung.

**Erledigung der Hauptsache** liegt vor, wenn der Antrag in einem Rechtsstreit durch ein Ereignis nach Eintritt der → Rechtshängigkeit oder der sonstigen Verfahrenseinleitung gegenstandslos wird, z. B. die geforderte Geldsumme bezahlt, die verlangte Sache herausgegeben, der angefochtene Verwaltungsakt zurückgenommen wird. Die Parteien können dann (müssen aber nicht) übereinstimmend die → Hauptsache für erledigt erklären. Dann entscheidet das Gericht durch beschwerdefähigen Beschluß nur noch über die Kosten unter Berücksichtigung des bisherigen Sach- und Streitstands nach billigem Ermessen (§ 91 a ZPO, § 161 VwGO, § 138 I FGO – nicht beschwerdefähig, § 128 IV FGO). Stimmt der Beklagte (Antragsgegner) der vom Kläger (Antragsteller) erklärten E. d. H. nicht zu, so hat das Gericht hierüber (streitig) zu entscheiden; es stellt die E. d. H. fest, wenn die Klage (Antrag) zulässig und begründet war und durch ein erledigendes Ereignis gegenstandlos geworden ist (h. M.).

**Erlös** → Versteigerungserlös, → Pfandrecht (2 c); s. a. → Mehrerlös.

**Ermächtigung** ist die Befugnis, im eigenen Namen ein fremdes Recht geltendzumachen (auszuüben). Im bürgerlichen Recht steht die E. zwischen der → Vollmacht (Stellvertretung, Handeln in fremdem Namen) und der → Abtretung (Übertragung des gesamten Rechts). Die Zulässigkeit einer E. ist heute, obwohl sie im BGB nicht geregelt ist, aus dem Gedanken der → Zustimmung zur → Verfügung eines Nichtberechtigten weitgehend anerkannt. Der wichtigste Fall der E. ist die Einziehungsermächtigung (→ Abtretung; s. a. → Verfügung eines Nichtberechtigten). Im Prozeßrecht läßt die Rspr. die E. (Übertragung der Prozeßführungsbefugnis) zur Vermeidung von Mißbräuchen nur bei eigenem wirtschaftlichen Interesse des E.empfängers zu (→ Prozeßstandschaft).

**Ermächtigung zum Erlaß von Rechtsvorschriften** → Rechtsverordnung, → Delegation.

**Ermächtigungsgesetz** nennt man das Ges. zur Behebung der Not von Volk und Reich vom 24. 3. 1933 (RGBl. I 141), wonach Reichsgesetze außer in dem in der Reichsverfassung vorgesehenen Verfahren auch durch die Reichsregierung beschlossen werden und von der Verfassung abweichen konnten. Mit dieser Übertragung der Gesetzgebungsfunktion hat sich der Reichstag selbst entmachtet und den Weg zur Diktatur formal eröffnet. Nach dem das GG beherrschenden Grundsatz der → Gewaltentrennung ist eine Übertragung der förmlichen Gesetzgebung vom Parlament auf andere Staatsorgane nicht zulässig (vgl. aber → Gesetzgebungsnotstand, → Notstandsverfassung). Ein Gesetz, das im Rahmen des Art. 80 GG zum Erlaß von → Rechtsverordnungen ermächtigt, wird nicht als E., sondern als ermächtigendes Gesetz bezeichnet.

**Ermahnung** ist im Bereich der Erziehung des Minderjährigen eine der Maßregeln i. S. des § 1631 III BGB, durch die der *Familien- oder Vormundschaftsrichter* die Eltern auf Antrag unterstützen kann.

Im → *Jugendstrafrecht* ist sie als formloser Vorhalt vorgesehen, durch den der Jugendrichter den Jugendlichen zur Erfüllung nicht eingehaltener Pflichten ermahnt. Sie kommt z. B. vor Verhängung des Jugendarrestes bei Nichtbefolgung richterlicher Weisungen in Betracht, ferner bei leichten Verfehlungen, wenn der Staatsanwalt in Übereinstimmung mit dem Jugendrichter von der Strafverfolgung absehen will oder der Richter nach Anklageerhebung das Verfahren einstellt, weil eine Entscheidung durch Urteil entbehrlich erscheint (§ 45 III, § 47 I 1 Nr. 3 JGG). Die E. zählt – anders als die → Verwarnung nach Jugendstrafrecht – nicht zu den → Zuchtmitteln.

**Ermessen (Verwaltungsermessen).** Gesetzliche Tatbestände können der Verwaltung ein bestimmtes Tun oder Unterlassen zwingend vorschreiben („Muß-Vorschrift"); man spricht in diesen Fällen von „gebundener" Verwaltung. Das Gesetz kann es aber auch dem E. der Verwaltung überlassen, ob sie in bestimmten Fällen einschreiten (→ Opportunitätsprinzip) oder welche von mehreren in Betracht kommenden Entscheidungen sie treffen will. Der geringste Spielraum für die Betätigung des E. wird durch „Soll-Vorschriften" eingeräumt (sog. gebundenes E.); hier kann die Verwaltung nur in besonderen Ausnahmefällen von der gesetzlich vorgesehenen Rechtsfolge abweichen. Die Formulierungen der Gesetze, die der Verwaltung „freies E." einräumen, sind verschieden (z. B. „kann"; „darf" u. ä.). Auch in diesen Fällen kann aber die Verwaltung nicht nach ihrem Belieben verfahren, sondern hat ihr E. entsprechend dem Zweck der Ermächtigung auszuüben und die gesetzlichen Grenzen des E. einzuhalten (§ 40 VwVfG). Die Behörde hat ihre Entscheidung nach sachlichen Gesichtspunkten unter gerechter und billiger Abwägung des öffentlichen Interesses und der Belange des Bürgers zu treffen und insbes. die Grundsätze der Zweckmäßigkeit und der Verhältnismäßigkeit zu beachten. Das E. ist also nicht „frei", sondern „pflichtgemäß", d. h. in einer dem Sinn und Zweck der Ermächtigung entsprechenden Weise auszuüben. E.fehler (E.überschreitung, E.mißbrauch) machen Maßnahmen der Verwaltung rechtswidrig. E.überschreitung liegt vor, wenn die Verwaltung den vom Gesetz festgelegten Rahmen des E. nicht einhält; E.mißbrauch ist gegeben, wenn die Verwaltung ihre Entscheidung auf Grund gesetzwidriger Erwägungen (z. B. Verletzung des → Gleichheitssatzes oder des Grundsatzes der → Verhältnismäßigkeit; Berücksichtigung sachfremder oder willkürlicher Gesichtspunkte) trifft. Räumt das Gesetz der Verwaltung E.freiheit ein, so hat der Einzelne keinen Anspruch auf eine bestimmte Entscheidung. Bezweckt die Vorschrift jedoch zumindest auch den Schutz des Individualinteresses (→ Rechtsreflex), so besteht ein Anspruch auf fehlerfreie Betätigung des E. Die E.freiheit kann in besonderen Fällen so gering sein, daß nur eine einzige ermessensfehlerfreie Entscheidung denkbar ist, so daß der an sich nur auf fehlerfreie Betätigung des E. gehende Rechtsanspruch im Ergebnis einem Rechtsanspruch auf ein bestimmtes Verwaltungshandeln gleichkommen kann (E.reduzierung). Die Behörde kann sich durch gleichmäßigen E.gebrauch selbst binden; sie darf dann in gleichgearteten Fällen von ihrer Praxis ohne sachliche Gründe nicht abweichen (Auswirkung des Gleichheitssatzes).

Die *Nachprüfung* von E.entscheidungen durch die Verwaltungsgerichte ist auf die Frage beschränkt, ob der Verwaltungsakt oder dessen Ablehnung oder Unterlassung deshalb rechtswidrig ist, weil die gesetzlichen Grenzen des E. überschritten sind oder von dem E. in einer dem Zweck der Ermächtigung nicht entsprechenden Weise Gebrauch gemacht worden ist (§ 114 VwGO). Die Verwaltungsbehörde kann ihre Ermessenserwägungen hinsichtlich des Verwaltungsaktes auch noch im verwaltungsgerichtlichen Verfahren ergänzen. Dagegen findet keine gerichtliche Überprüfung der E.entscheidung darauf statt, ob sie zweckmäßig war oder ob eine „bessere" Entscheidung möglich gewesen wäre.

Kein E. im oben dargelegten Sinn ist das sog. *„kognitive" E.*, das der Verwaltung bei der Anwendung → *unbestimmter Rechtsbegriffe* (z. B. „öffentliches Wohl", „Leichtigkeit des Verkehrs", „Zuverlässigkeit") eingeräumt wird. Ob die Verwaltung die Voraussetzung eines solchen Begriffs zutreffend bejaht oder verneint hat, kann von den Verwaltungsgerichten grundsätzlich in vollem Umfang nachgeprüft werden. Doch ist hierbei häufig ein sog. *Beurteilungsspielraum* zu gewähren; insoweit findet eine Prüfung nur auf Fehlerhaftigkeit infolge unrichtiger Ausgangspunkte oder nicht sachgerechter oder willkürlicher Erwägungen statt. Ein bedeutsames Beispiel bilden Prüfungsentscheidungen, die weitgehend von pädagogischen, im einzelnen nicht gerichtlich überprüfbaren Wertungen abhängen. Voraussetzungen und Umfang des Beurteilungsspielraums sind im einzelnen sehr str.

Ebenfalls kein E. im oben dargelegten Sinne ist das sog. *„richterliche E."* (etwa bei der → Strafzumessung). Der Richter wählt hier nicht zwischen mehreren möglichen Entscheidungen, sondern trifft innerhalb des ihm vom Gesetz zur Verfügung gestellten Rahmens die „allein richtige" Entscheidung.

Das E. im *Steuerrecht* (§ 5 AO, § 102 FGO) entspricht § 40 VwVfG, § 114 VwGO, Beispiele: → Verspätungszuschlag, → Stundung von Steuern, → Billigkeitserlaß.

**Ermittlungsgrundsatz** → Untersuchungsgrundsatz.

**Ermittlungsrichter** wird im → Ermittlungsverfahren der Staatsanwaltschaft der Richter beim Amtsgericht genannt, der auf Antrag der StA – in Eilfällen, wenn ein StA nicht erreichbar ist, als sog. Notstaatsanwalt auch ohne Antrag, z. B. auf Vorlage der Polizei oder von Amts wegen – richterliche Untersuchungshandlungen vornimmt, insbes. Vernehmungen von Beschuldigten und Zeugen, Erlaß eines Haftbefehls u. a. m. (§§ 162, 165 StPO). Bei erstinstanzlicher Zuständigkeit des → Oberlandesgerichts kann dessen besonderer E. – falls der Generalbundesanwalt die Ermittlungen führt, der E. des → Bundesgerichtshofs – neben oder an Stelle des Ri. tätig werden (§ 169 StPO).

**Ermittlungsverfahren in Strafsachen.** 1. Strafrechtliche Ermittlungen können von der *Staatsanwaltschaft* oder von der Polizei (i. d. R. Kriminalpolizei) eingeleitet werden, von anderen zur Strafverfolgung befugten Behörden innerhalb ihres begrenzten Wirkungsbereichs (Finanzamt, Zollfahndungsstelle). Die Ermittlungen werden von Amts wegen oder auf → Strafanzeige angestellt. Die Leitung des E. obliegt der Staatsanwaltschaft als der zur Strafverfolgung berufenen Behörde. Sie hat nach dem → Legalitätsprinzip, sobald sie vom Verdacht einer Straftat Kenntnis erhält (→ Anfangsverdacht), den Sachverhalt zu erforschen oder durch die Polizei erforschen zu lassen (§§ 160, 161 StPO).

Für die Durchführung des E. gilt der Grundsatz der freien Gestaltung. Die Ermittlungen werden deshalb in der Praxis oftmals geführt, ohne daß der Beschuldigte davon weiß. Bei schweren Straftaten kann zudem eine wirksame Strafverfolgung ein heimliches Vorgehen gegen den Beschuldigten erfordern (→ verdeckte Ermittlungen). Die Strafverfolgungsbehörde hat auch die zu Gunsten des Beschuldigten sprechenden Tatsachen und alle für die Bestimmung der Rechtsfolgen der Tat (→ Strafzumessung, → Strafaussetzung zur Bewährung, Anordnung von → Maßregeln der Besserung und Sicherung) bedeutsamen Umstände zu ermitteln.

Ist eine richterliche Untersuchungshandlung erforderlich, z. B. die eidliche Vernehmung eines Zeugen, kann sie das zuständige Amtsgericht darum ersuchen (§ 162 StPO); s. a. → Beschlagnahme, → Durchsuchung, → Haftbefehl. Die Staatsanwaltschaft kann selbst Ermittlungen vornehmen. Beschuldigte, Zeugen und Sachverständige sind verpflichtet, vor ihr zu erscheinen, diese – nicht der Beschuldigte – auch, zur Sache auszusagen bzw. ein Gutachten zu erstatten. Bei Weigerung kann die StA → Ordnungsmittel anwenden, nicht jedoch Haft, deren Festsetzung ebenso wie die eidliche Vernehmung dem Richter vorbehalten ist (§§ 161 a, 163 a StPO).

Die *Polizei* kann auch ohne Auftrag der StA Ermittlungen anstellen; für sie gilt ebenfalls das Legalitätsprinzip, doch kann sie sich, wenn ihr der Verdacht einer Straftat bekannt wird, auf den ersten Zugriff, d. h. auf unaufschiebbare Maßnahmen beschränken (§ 163 StPO; vorläufige Festnahme, Vernehmung, Beschlagnahme, auch Vorführung vor den Richter des Amtsgerichts zum Erlaß eines Haftbefehls). Sie hat alsdann ihre Ermittlungsakten ohne Verzug der StA zu übersenden, die über den Fortgang oder Abschluß des E. entscheidet und ggf. der Polizei Ermittlungsaufträge erteilt, denen diese nachzukommen hat. Die Weisungen sind jedoch grundsätzlich an die Polizei*behörde* zu richten. Nur die polizeilichen → Hilfsbeamten der Staatsanwaltschaft haben als solche die Weisungen des StA ihres Bezirks zu befolgen (§ 152 I GVG).

2. Nach Abschluß der Ermittlungen entscheidet die StA, der das Anklagemonopol (→ Anklageerhebung) zusteht, ob sie Anklage erhebt oder das Verfahren mangels Beweises oder aus Rechtsgründen, z. B. wegen Verjährung, einstellt (§ 170 StPO); s. aber auch → Opportunitätsprinzip, → Bagatellstrafsachen.

Von der Einstellung wird der Beschuldigte nur dann in Kenntnis gesetzt, wenn er als solcher vernommen worden ist, wenn Haftbefehl gegen ihn ergangen war oder wenn er um Bescheid gebeten oder an einem solchen ersichtlich ein besonderes Interesse hat; eine Begründung braucht der Bescheid nicht zu enthalten. Dagegen werden dem Anzeigenden außer der Einstellung auch die Gründe hierfür mitgeteilt; ist er zugleich der durch die Straftat Verletzte (z. B. der Betrogene), so ist er über sein Recht zur Beschwerde und zur Durchführung des → Anklageerzwingungsverfahrens zu belehren (§ 171 StPO); sonst kann er nur → Dienstaufsichtsbeschwerde einlegen. Das eingestellte E. kann beliebig wieder aufgenommen werden (anders, wenn der Anklageerzwingungsantrag vom Gericht verworfen worden ist, § 174 II StPO).

Vor Anklageerhebung ist der Beschuldigte zu hören (→ Schlußanhörung). Ferner vermerkt die StA den Abschluß des E. in den Akten; von da an hat der → Verteidiger unbeschränkte → Akteneinsicht (§§ 169 a, 147 II StPO). Hat der StA Anklage erhoben, kann er sie nur zurücknehmen, solange das → Hauptverfahren noch nicht eröffnet ist (§ 156 StPO).

3. Über das E. wegen → *Ordnungswidrigkeiten* vgl. §§ 35 ff., 46 ff., 59 ff. OWiG (→ Bußgeldverfahren), über das E. wegen *Steuerstraftaten* §§ 397 ff. AO (→ Steuerstrafverfahren).

**Ernährungssicherstellungsgesetz** → Sicherstellungsgesetze.

**Ernährungsvorsorgegesetz** vom 20. 8. 1990 (BGBl. I 1766) enthält Regelungen zur Gewährleistung der Versorgung mit Nahrungsmitteln bei Versorgungskrisen, die nicht unter den Anwendungsbereich der → Sicherstellungsgesetze fallen.

**Ernährungswirtschaft** → Landwirtschaft.

**Ernährungswirtschaftliche Marktordnung/Ernährungswirtschaftliche Marktförderung.** Ernährungswirtschaftliche Marktordnung war die Bezeichnung für die innerstaatliche Lenkung des Marktes auf dem Ernährungssektor. Die innerstaatlichen Vorschriften sind zum größten Teil aufgehoben. Soweit sie noch bestehen, befassen sie sich nur noch mit Marktförderung, vgl. hierzu → Absatzfondsgesetz, → Marktstrukturgesetz, → Vieh- und Fleischgesetz, → Weinfonds.

**Ernennung** der Beamten. Die E. ist ein mitwirkungsbedürftiger Verwaltungsakt (s. dort 2 c), durch den die Rechtsstellung des Beamten nach Art und Inhalt festgelegt wird (Begründung eines Beamtenverhältnisses, Umwandlung eines Beamtenverhältnisses in ein solches anderer Art, z. B. Beamter auf Probe wird Beamter auf Lebenszeit,

→ Beförderung des Beamten). Sie erfolgt durch Aushändigung einer Ernennungsurkunde, die den in § 5 II BRRG enthaltenen Formvorschriften entsprechen muß (§ 5 III 1 BRRG). Die Ernennungen sind nach Eignung, Befähigung und fachlicher Leistung ohne Rücksicht auf Geschlecht, Abstammung, Rasse, Glauben, religiöse oder politische Anschauungen, Herkunft oder Beziehungen vorzunehmen (Art. 33 II, III GG, § 7 BRRG). Rückwirkende E. ist unzulässig und insoweit nichtig (§ 5 IV BRRG, § 10 II 2 BBG). Zur Nichtigkeit der E. (wegen Fehlens wesentlicher Voraussetzungen oder Unzuständigkeit der ernennenden Behörde) und Rücknahme (wegen arglistiger Täuschung, erheblicher Vorstrafen u. dgl.) s. §§ 8, 9 BRRG, §§ 11, 12 BBG und Beamtengesetze der Länder. Im Laufbahnrecht wird die Begründung des Beamtenverhältnisses als Einstellung bezeichnet (§ 3 BLaufbahnVO).

**Erneuerungsschein** (Talon) ist ein an den Inhaber einer → Inhaberschuldverschreibung oder einer → Aktie ausgegebenes → Legitimationspapier, das ihn zur Entgegennahme neuer Zins- (oder Renten-)scheine oder neuer Gewinnanteilscheine berechtigt (§ 805 BGB, § 75 AktG).

**Erneuerungswechsel** → Prolongation.

**Eroberung** → Angriffskrieg, → Annexion.

**Eröffnungsbeschluß** → Eröffnungsverfahren, → Insolvenzverfahren (2).

**Eröffnungsbilanz** → Bilanz, → Inventar.

**Eröffnungsverfahren** (Zwischenverfahren) wird im *Strafprozeß* der Verfahrensabschnitt genannt, in dem das Gericht nach Erhebung der → Anklage entscheidet, ob das → Hauptverfahren zu eröffnen ist (§§ 199 ff. StPO).

Die → Anklageschrift wird dem Angeschuldigten mit einer Frist zur Erklärung zugestellt, ob er Einwendungen erheben oder Beweisanträge stellen will. Das für das Hauptverfahren zuständige Gericht kann weitere Beweiserhebungen anordnen (§§ 201, 202 StPO).

Es beschließt die Eröffnung, wenn es den Angeschuldigten einer Straftat für *hinreichend verdächtig* hält; dabei läßt es die Anklage zur Hauptverhandlung zu, kann aber hierbei von der Anklageschrift in der rechtlichen Beurteilung des Sachverhalts abweichen, einzelne abtrennbare Tatbestände von der Eröffnung ausschließen oder solche Sachverhalte oder einzelne Rechtsverletzungen (bei Tateinheit) als minder bedeutungsvoll ausnehmen; (§§ 203, 207 StPO). Der Eröffnungsbeschluß ist dem Angeschuldigten spätestens mit der Ladung zur Hauptverhandlung zuzustellen (§ 215 StPO). Lehnt das Gericht die Eröffnung ab, so muß der Beschluß ersehen lassen, ob dies aus tatsächlichen oder aus Rechtsgründen geschieht.

Der eröffnende Beschluß kann vom Angeschuldigten nicht angefochten werden, die Ablehnung von der Staatsanwaltschaft mit sofortiger Beschwerde; gibt das Beschwerdegericht dieser statt, so kann es die Sache einer anderen Kammer oder einem anderen Gericht als dem zuweisen, das die Eröffnung abgelehnt hat (§ 210 StPO).

Ist die Eröffnung rechtskräftig abgelehnt, kann eine neue Anklage nur auf Grund neuer Tatsachen oder Beweismittel erhoben werden (§ 211 StPO).

**Erörterungstermin.** 1. Im Verwaltungsrecht sind E. zwischen Behörde sowie Bürgern und Betroffenen verschiedentlich vom Gesetz vorgeschrieben, vor allem bei Planungen oder Entscheidungen, die einen größeren Personenkreis betreffen. Beispiele sind die Erörterung im Rahmen der Bürgerbeteiligung bei der → Bauleitplanung gem. § 3 BauGB, bei der Straßenplanung nach § 17 FStrG und allgemein im Anhörungsverfahren der → Planfeststellung gem. § 73 VwVfG (dort eingehend zum Verfahren der Erörterung; über die nicht erledigten Einwendungen wird im Planfeststellungsbeschluß entschieden, § 74 II VwVfG).

2. Im Besteuerungsverfahren ist während des → außergerichtlichen Rechtsbehelfsverfahrens ab 1. 1. 1996 (§ 364 a AO) und während des Finanzgerichtsverfahrens (§ 79 I 2 Nr. 1 FGO) ein E. vorgesehen, um strittige Tatsachen- und Rechtsfragen einer gütlichen Einigung zuzuführen.

**ERP-Sondervermögen.** Die Bildung des ERP (European Recovery Program)-Sondervermögens beruht auf dem zwischen USA und BRep. 1949 geschlossenen Abkommen über die wirtschaftliche Zusammenarbeit (BGBl. 1950, 9). Die ersten Einlagen stammen aus den Rückzahlungsbeträgen im Rahmen des Marshall-Plans. Das Vermögen wird als nicht rechtsfähiges Sondervermögen getrennt vom übrigen Vermögen des Bundes, gegenwärtig durch den BWirtschMin., verwaltet (Ges. vom 31. 8. 1953, BGBl. I 1312). Es soll in seinem Bestand erhalten bleiben. Die Mittel werden i. d. R. als verzinsliche Darlehen, ausnahmsweise als unverzinsliche Darlehen oder verlorene Zuschüsse insbes. für regionale Förderungsmaßnahmen (Struktur- und Anpassungshilfen), für Wasser- und Luftreinhaltung, zur Förderung des Mittelstandes gewährt (zum Gesamtvolumen vgl. das nunmehr im BGBl. I jährlich veröffentlichte ERP-Wirtschaftsplan-Gesetz). S. a. Ges. über die Finanzhilfen für Entwicklungsländer aus Mitteln des ERP-Sondervermögens vom 9. 6. 1961 (BGBl. II 577).

**Erpresserischer Menschenraub** → Menschenraub.

**Erpressung.** Wer einen Menschen *rechtswidrig* mit *Gewalt* oder durch *Drohung mit einem empfindlichen Übel* zu einer Handlung, Duldung oder Unterlassung nötigt *und* dadurch dem Vermögen des Genötigten oder eines anderen (sog. Dreieckserpressung, die ein Näheverhältnis des Genötigten zum Vermögen des anderen erfordert, BGH JZ 1995, 1019) Nachteil zufügt, um sich oder einen Dritten zu Unrecht zu bereichern, wird mit Freiheitsstrafe bis zu 5 Jahren oder Geldstrafe, in besonders schweren Fällen mit Freiheitsstrafe nicht unter 1 Jahr bestraft (§ 253 StGB). Versuch ist strafbar.

*Rechtswidrig* ist die Tat, wenn die Gewaltanwendung oder Drohung zu dem angestrebten Zweck als *verwerflich* anzusehen ist, d. h. wenn das angewandte Mittel nicht im angemessenen (sozialadäquaten) Verhältnis zum Zweck steht. Unzulässig ist daher Drohung mit *ungerechtfertigter* Klage oder entehrender Veröffentlichung, um Geld zu erlangen; zulässig dagegen Androhung von Kündigung oder legalem Streik, um Lohnerhöhung durchzusetzen, ebenso Androhung einer Strafanzeige durch den Geschädigten (nicht durch Dritte im eigenen Interesse!), um Schadenersatz zu erzwingen.

Der *Vorsatz* des Täters muß die Umstände umfassen, die das Übel empfindlich und sein Vorhaben verwerflich erscheinen lassen, nicht aber das Bewußtsein der Rechtswidrigkeit (insoweit kommt ggf. → Verbotsirrtum in Betracht). Hinzukommen muß – zum Unterschied von der → Nötigung – die Absicht, sich oder einen Dritten zu Unrecht zu bereichern. Die Bereicherung muß das Ziel der Tat sein, insoweit also Absicht (→ Schuld) vorliegen, so daß bedingter Vorsatz nicht genügt; dieser reicht dagegen hinsichtl. der Unrechtmäßigkeit der Bereicherung aus.

Ist eine Erpressung oder Nötigung durch die Drohung begangen worden, eine Straftat des Betroffenen zu offenbaren, so kann von deren Verfolgung abgesehen werden, wenn diese nicht zur Sühne unerläßlich ist (§ 154 c StPO).

Wird die E. mit *Gewalt gegen eine Person* oder unter *Drohung mit gegenwärtiger Gefahr für Leib oder Leben* begangen, sind die Vorschriften gegen → Raub anzuwenden, § 255 StGB (*räuberische* E.: Täter erzwingt durch Vorhalten einer Waffe Hergabe von Geld). Bei Begehung als Mitglied einer → Bande, die sich zur fortgesetzten Begehung solcher Taten verbunden hat, sind Vermögensstrafe (→ Strafen) und Erweiterter → Verfall möglich, letzterer auch bei → gewerbsmäßigem Handeln (§ 255 II StGB).

**Erprobung neuer Leistungen in der Krankenversicherung.** Die Krankenkassen können zur Weiterentwicklung der Krankenversicherung neue Leistungen, Maßnahmen und Verfahren, auch als Modellvorhaben, erproben, ebenso die Kostenerstattung anstelle von Sachleistungen und die Beitragsrückzahlung an Versicherte, die in einem Kalenderjahr keine Leistungen zulasten der Krankenkasse in Anspruch genommen haben; vgl. §§ 63–65 SGB V.

**Erregung öffentlichen Ärgernisses** ist in § 183 a StGB mit Freiheitsstrafe bis zu 1 Jahr oder Geldstrafe bedroht. Strafbar ist die öffentliche Vornahme → sexueller Handlungen, durch die der Täter *absichtlich oder wissentlich* Ä. erregt.

Öffentlich ist die Handlung, wenn sie von unbestimmt vielen Personen, die nicht durch persönliche Beziehungen zusammengehalten werden, wahrgenommen werden kann; auch muß mindestens eine Person Anstoß genommen haben. Insoweit ist Vorsatz erforderlich; bedingter Vorsatz genügt. Die Vorschrift greift nicht ein in dem (weit häufigeren) Fall des → Exhibitionismus, der an andere Merkmale geknüpft ist, aber weder öffentl. Handeln noch bewußte Ärgerniserregung, sondern nur Belästigung voraussetzt.

**error** = Irrtum; s. a. → Anfechtung von Willenserklärungen (1).

**error in obiecto, error in persona** → Irrtum (2).

**Errungenschaftsgemeinschaft.** Den früheren vertraglichen → Güterstand der E. (das in der Ehe erworbene Vermögen der Ehegatten wurde grundsätzlich Gesamtgut; → Gütergemeinschaft) kennt das BGB i. d. F. des → Gleichberechtigungsgesetzes nicht mehr. Für vor dem 1. 7. 1958 abgeschlossene Verträge gilt jedoch das alte Recht fort (§§ 1519 ff. BGB a. F.: Art. 8 I Ziff. 7 des GleichberechtigungsG). Gebiet ehem. DDR → Güterstände.

**Ersatzaussonderung** ist ein Sonderfall der → Aussonderung im Insolvenzverfahren. Ist ein Gegenstand, der aus der Insolvenzmasse hätte ausgesondert werden können, vom → Schuldner oder vom → Insolvenzverwalter veräußert worden, so kann der Aussonderungsberechtigte die Abtretung des Anspruchs auf die Gegenleistung oder die Gegenleistung selbst aus der → Insolvenzmasse verlangen (§ 48 InsO). Die E. ist von der dinglichen → Surrogation zu unterscheiden, bei der unmittelbar Aussonderung nach § 47 InsO verlangt werden kann.

**Ersatzdienstpflicht** → Zivildienst.

**Ersatzeinziehung** → Wertersatz (Einziehung).

**Ersatzerbe.** Der Erblasser kann für den Fall, daß ein → Erbe (auch → Nacherbe) vor oder nach dem Erbfall wegfällt – z. B. vorher durch Tod, nachher durch → Ausschlagung, → Erbunwürdigkeit, Nichtigkeit der Erbeinsetzung – einen anderen als E. einsetzen (§ 2096 BGB). Die Ersatzerbeinsetzung geht der → Anwachsung an die übrigen Miterben vor (§ 2099 BGB). Der Erblasser kann ferner mehrere E. nacheinander oder nebeneinander einsetzen, auch für einen Nacherben (Ersatznacherbe). Der E. wird anders als der → Nacherbe mit dem Erbfall Erbe an Stelle des zunächst berufenen Erben; er braucht daher nur den Erbfall erlebt zu haben, nicht aber den Wegfall des Erstberufenen. Insoweit ist die E.stellung erblich. Die Einsetzung als *Nacherbe* enthält im Zweifel auch die Einsetzung als E. (nicht umgekehrt). Ist zweifelhaft, ob jemand als E. oder als Nacherbe eingesetzt ist, so gilt er als E. (§ 2102 BGB). E.en eines vom Erblasser bedachten Abkömmlings sind im Zweifel (Auslegungsregel) dessen Abkömmlinge, soweit sie bei der gesetzlichen Erbfolge an dessen Stelle treten würden (§ 2069 BGB).

**Ersatzfreiheitsstrafe** tritt kraft Gesetzes ein, wenn eine Geldstrafe uneinbringlich oder die Vollstreckung voraussichtlich erfolglos ist. Die Staatsanwaltschaft ordnet die Vollstreckung an; an Stelle eines Tagessatzes tritt 1 Tag Freiheitsstrafe (§ 43 StGB). Bei nachträglicher Zahlung entfällt die Vollstreckung. Das Gericht kann anordnen, daß die Vollstreckung unterbleibt, wenn sie für den Verurteilten eine unbillige Härte sein würde (§§ 459 e, f StPO). Bessern sich die wirtschaftlichen Verhältnisse des Verurteilten, kann die Geldstrafe gleichwohl nachträglich beigetrieben werden (§ 49 II StVollstrO). Die Vollstreckung der E. nach § 43 StGB kann auch durch freie, unentgeltliche Arbeit oder → gemeinnützige Arbeit abgewendet werden (Art. 293 EGStGB i. V. m. VOen der Länder). Bei Uneinbringlichkeit einer Vermögensstrafe (→ Strafen) tritt an deren Stelle die vom Gericht bestimmte E. (§ 43 a III StGB). S. a. → Strafvollstreckung.

**Ersatzgeldstrafe** wird gelegentlich die Geldstrafe genannt, die nach § 47 II StGB zu verhängen ist, wenn nach dem verletzten Strafgesetz Geldstrafe überhaupt nicht oder nur neben Freiheitsstrafe ausgesprochen werden darf und wenn im Einzelfall Freiheitsstrafe unter 6 Mon. verwirkt ist. Dann ist eine Geldstrafe festzusetzen, wenn nicht Freiheitsstrafe unerläßlich ist.

**Ersatzkassen** sind aus den ehem. „gemeindlichen Hilfskassen" hervorgegangene Träger der gesetzlichen → Krankenversicherung; sie sind Selbstverwaltungskörperschaften öffentl. Rechts. Mitgliedschaft entsteht nicht kraft Gesetzes, sondern durch Ausübung eines entsprechenden Wahlrechts. Es gibt 8 E. für Angestellte und 8 E. für Arbeiter. Neue E. werden nicht mehr zugelassen. Die Aufsicht führt das → Bundesversicherungsamt. §§ 168–171 SGB V; § 21 SGB I; → Kassenwahl, → Krankenkassen.

**Ersatzmutterschaft.** → Künstliche Fortpflanzung (2).

**Ersatzorganisation** → Tarnorganisationen.

**Ersatzpflegschaft.** Die E. ist eine Form der → Ergänzungspflegschaft. Sie ist anzuordnen, wenn die Voraussetzungen für die Anordnung einer → Vormundschaft vorliegen, ein → Vormund aber noch nicht bestellt ist (§ 1909 III BGB).

**Ersatzreserve** → Reserve.

**Ersatzrevision.** Darunter versteht man eine → Revision gegen Urteile eines Gerichts, gegen die an sich → Berufung zulässig sein würde, die aber kraft besonderer Vorschrift unzulässig ist. Das gilt in der Verwaltungsgerichtsbarkeit, wenn die Berufung durch Bundesgesetz – wie z. B. in § 34 I WehrpflG – ausgeschlossen ist (§ 135 VwGO).

**Ersatzschulen** → Privatschulen.

**Ersatzvermächtnis** ist ein → Vermächtnis, das für den Fall des Wegfalls eines Vermächtnisnehmers angeordnet ist. Es gelten die Vorschriften über den → Ersatzerben entsprechend (§§ 2190, 2097 ff. BGB).

**Ersatzversicherung** → Versicherungsvertrag.

**Ersatzvornahme** → Zwangsmittel, → Werkvertrag (3).

**Ersatzzahlung** ist die nach § 50 ZVG vorgeschriebene Erhöhung des → Bargebots, wenn beim → geringsten Gebot ein Recht berücksichtigt ist, das nicht besteht, wegfällt oder erlischt.

**Ersatzzeiten** sind in der gesetzlichen → Rentenversicherung bestimmte Zeiten vor dem 1. 1. 1992, in denen Versicherte aus Gründen, die sie nicht zu vertreten hatten, an der Ausübung einer beitragspflichtigen Beschäftigung gehindert waren. Als E. kamen folgende Zeiten in Frage: militärischer oder militärähnlicher Dienst auf Grund von Dienstpflicht oder während des Krieges, Minenräumdienst nach dem 8. 5. 1945, Kriegsgefangenschaft, Internierung oder Verschleppung i. S. des → Heimkehrergesetzes, Festhaltung im Ausland oder Verhinderung der Heimkehr von dort auf Grund feindlicher Maßnahmen, Freiheitsentziehung oder Arbeitslosigkeit oder Auslandsaufenthalt auf Grund nationalsoz. Verfolgung, außerhalb der BRep. aus politischen Gründen i. S. des → Häftlingshilfegesetzes und schließlich die Zeit vom 1. 1. 1945 bis 31. 12. 1946 sowie außerhalb dieses Zeitraumes liegende Zeiten der Vertreibung, Flucht, Aussiedlung bei den in §§ 1–4 BVertriebenenG bezeichneten Personen. Nach dem Inkrafttreten des Rentenreformgesetzes 1992 zählen die nach früherem Recht entstandenen E. als → beitragsgeminderte Zeiten oder → beitragslose Zeiten (§§ 54, 250 f. SGB VI).

**Ersatzzustellung** ist die → Zustellung, die auf andere Weise als durch Übergabe an den Zustellungsempfänger durchgeführt wird. Die E. ist nur zulässig, wenn der Empfänger nicht angetroffen wird. Sie wird durch Übergabe an bestimmte Personen in der gleichen Wohnung (haushaltszugehörige erwachsene Familienmitglieder oder Dienstboten), in den Geschäftsräumen und im gleichen Haus (empfangsbereiter Vermieter) oder durch Niederlegen des zuzustellenden Schriftstückes bei der Post, Gemeinde- oder Polizeibehörde vollzogen (§§ 181–185 ZPO, § 11 VwZG). Bei verweigerter Annahme kann das zuzustellende Schriftstück einfach am Ort der Zustellung zurückgelassen werden (§ 186 ZPO, § 13 VwZG).

**Ersatzzwangshaft** → Zwangsmittel.

**Erscheinen,** Pflicht zum – → persönliches Erscheinen.

**Erschleichen von Leistungen** eines *Automaten,* eines öffentlichen *Telekommunikationsnetzes,* einer *Verkehrsleistung* oder des *Zutritts zu einer Veranstaltung* oder Einrichtung ist in § 265 a StGB mit Freiheitsstrafe bis zu 1 Jahr oder Geldstrafe bedroht. Die Vorschrift erfaßt Leistungsautomaten, insbes. Warenautomaten (deren völlige Leerung aber → Diebstahl ist), die Benutzung eines Telekommunikationsnetzes unter Umgehung der Abrechnungseinrichtungen, ferner das Mitfahren als „blinder Passagier" (Schwarzfahrer) in Eisenbahn oder Straßenbahn sowie den Zutritt zu Veranstaltungen (Theater oder Konzert) oder die Benutzung von Einrichtungen (Badeanstalt, Kurpark). Erschleichen liegt nur vor, wenn der Täter in der Absicht (→ Schuld), d. h. hier mit dem auf den Erfolg gerichteten Willen handelt, die Gegenleistung nicht zu entrichten. Versuch ist strafbar. Die Tat ist bei geringer Schädigung → Antragsdelikt nach §§ 265 a III, 248 a StGB (s. → Diebstahl 4). Hat der Täter eine *Person* (z. B. einen Schaffner) durch unwahre Angaben getäuscht, liegt → Betrug vor. S. a. → Automatenmißbrauch, → Computerbetrug, → Schwarzhören und -sehen.

**Erschließung.** Die E. von Bauland durch Herstellung von öffentlichen Straßen, Wegen, Plätzen, Parkflächen und Grünanlagen ist in §§ 123 ff. des → Baugesetzbuches geregelt. Sie ist Aufgabe der Gemeinden. Diese haben Erschließungsanlagen entsprechend den Erfordernissen der Bebauung und des Verkehrs herzustellen, die mit den Festsetzungen des Bebauungsplanes übereinstimmen müssen (vgl. → Bauleitplan). Zur Deckung des Aufwands erheben die Gemeinden Erschließungsbeiträge. Der Erschließungsaufwand umfaßt die Kosten für den Grunderwerb und die erstmalige Herstellung oder die Übernahme von Anlagen. Dieser Aufwand ist nach näherer Regelung der → Satzung der Gemeinde auf die durch die Anlage erschlossenen Grundstücke zu verteilen, und zwar nach Art und Maß der baulichen oder sonstigen Nutzung, nach Grundstücksflächen oder nach der Grundstücksbreite an der Erschließungsanlage. Der Beitragspflicht unterliegen Grundstücke, für die eine bauliche oder gewerbliche Nutzung festgesetzt ist, sobald sie bebaut oder gewerblich genutzt werden dürfen. Die Beitragspflicht trifft den Grundstückseigentümer bzw. Erbbauberechtigten; sie entsteht mit der endgültigen Herstellung der Anlage, Teilbeträge und Vorausleistungen können verlangt werden. Das E.sbeitragsrecht hat zu einer umfangreichen und schwer überschaubaren Rechtsprechung der Verwaltungsgerichte geführt. Beiträge für den *Ausbau* von Verkehrswegen (also nicht für die erstmalige Herstellung) sowie für Kanalisierung und Versorgungsanlagen sind landesrechtlich geregelt.

**Erschöpfung des Rechtsweges** → Verfassungsbeschwerde.

**Erschöpfungseinrede** → Aufgebot der Nachlaßgläubiger, → Beschränkung der Erbenhaftung.

**Erschwerniszulage** → Leistungszulage.

**Ersetzungsbefugnis** *(facultas alternativa).* Anders als bei der → Wahlschuld ist bei der E. die aus einem → Schuldverhältnis zu erbringende Leistung auf eine bestimmte Leistung beschränkt, der Schuldner jedoch berechtigt, statt dessen eine andere Leistung als Ersatz zu erbringen (u. U. unter gewissen Voraussetzungen, z. B. Geldersatz statt Naturalherstellung bei der Leistung von → Schadenersatz, § 251 II BGB). Die E. kann auch zugunsten des Gläubigers bestehen (vgl. §§ 249 S. 2, 340 I, 843 III BGB).

**Ersitzung.** Wer eine bewegliche → Sache 10 Jahre im Eigenbesitz gehabt, d. h. als ihm gehörend besessen hat (§ 872 BGB), erwirbt – sofern nicht vorher bereits ein → gutgläubiger Erwerb stattgefunden hat (→ Eigentumserwerb) – das → Eigentum an der Sache. Voraussetzung ist, daß der Ersitzende nicht bei Erwerb des Eigenbesitzes im → bösen Glauben war oder nachträglich erfahren hat, daß ihm das Eigentum nicht zusteht (§§ 937 ff. BGB). Die E. wird durch Verlust des Eigenbesitzes und durch → Klageerhebung (Geltendmachung des → Eigentumsherausgabeanspruchs) unterbrochen (§§ 940, 941 BGB). Durch die E.

erlöschen auch die an der Sache bestehenden Rechte Dritter (§ 945 BGB). Nach h. M. hat der bisherige Eigentümer gegen den Ersitzenden keinen Anspruch aus → ungerechtfertigter Bereicherung, da die E. der rechtliche Grund für den Eigentumserwerb ist. Über die E. von Grundstücken → Buchersitzung.

**Erstattungsanspruch, öffentlichrechtlicher.** Ein ö.-r. E. ist in Rechtsprechung und Literatur allgemein anerkannt (vgl. BVerwGE 48, 279/286). Er ergibt sich aus dem Grundsatz der Gesetzmäßigkeit der Verwaltung und dient dem Ausgleich einer dem materiellen Recht nicht oder nicht mehr entsprechenden Vermögenslage. Er entspricht weitgehend der → ungerechtfertigten Bereicherung des bürgerlichen Rechts (§§ 812 ff. BGB, die grundsätzlich analog anwendbar sind, soweit das öff. Recht keine besondere Regelung trifft). Voraussetzung sind Vermögensverschiebung und Fehlen (oder späterer Wegfall) des rechtlichen Grundes für die Leistung. Im einzelnen str. ist, ob und inwieweit der Empfänger sich auf den Wegfall der Bereicherung (§ 818 III BGB) berufen kann oder stattdessen Gesichtspunkte des Vertrauensschutzes eingreifen. Teilweise ist der ö.-r. E. gesetzlich geregelt, so z. B. bei Leistungen, die auf Grund eines rechtswidrigen und deshalb zurückgenommenen → Verwaltungsakts an die Verwaltung bewirkt wurden (vgl. § 48 II, VI VwVerfG allgemein bei der Rücknahme von Verwaltungsakten, § 44 a BundeshaushaltsO für die Erstattung von Subventionsleistungen). Die Verwaltung kann einen ö.-r. E. durch Verwaltungsakt (Rückforderungsbescheid) geltend machen, der Bürger durch Leistungsklage zum Verwaltungsgericht. Der ö.-r. E. ist vom → Erstattungsverfahren zu unterscheiden. Vgl. auch → Folgenbeseitigungsanspruch (→ Verwaltungsstreitverfahren, 5). Die E. von *Steuern* richtet sich nach § 37 II AO. Erstattungsansprüche können abgetreten, verpfändet oder gepfändet werden (§ 46 AO). Zur Abtretung von Lohnsteuererstattungsansprüchen s. Abschn. 149 VI LStR, von Einkommensteuererstattungsansprüchen § 36 IV EStG.

**Erstattung von Beiträgen** zur Sozialversicherung → Beitragserstattung.

**Erstattungsverfahren.** Ergibt sich bei einer mit Verwaltung öffentlichen Vermögens betrauten Stelle ein Verlust oder Vermögensschaden, so kann gegen den Beamten, Angestellten oder Arbeiter (unter gewissen Voraussetzungen auch gegen sonstige Dritte), der infolge seines schuldhaften Verhaltens für den Fehlbestand haftet, ein E. nach dem Gesetz über das Verfahren für die Erstattung von Fehlbeständen an öffentlichen Vermögen (Erstattungsgesetz) vom 18. 4. 1937 (neu bekannt gemacht BGBl. 1951 I 109) durchgeführt werden (im Deutschen Reich früher als *Defektenverfahren,* in Bayern als *Ersatzzuweisungsverfahren* bezeichnet). Als Fehlbestand gelten nur kassen- oder bestandsmäßige sowie infolge fehlerhafter Rechnungsweise oder unterlassener oder unzureichender rechnerischer Nachprüfung verursachte Verluste sowie ein infolge vorsätzlicher strafbarer Handlung entstandener Vermögensschaden. Sonstige Schäden sind nach den allgemeinen Bestimmungen zu verfolgen (vgl. Haftung des Beamten). Das ErstattungsG selbst bildet keine Rechtsgrundlage für die Haftung des Erstattungspflichtigen; es regelt nur das Verfahren, in dem die in anderen Gesetzen (z. B. Beamtengesetze) begründete Haftung auf möglichst einfache Weise geltend gemacht werden kann, um der berechtigten Stelle rasch eine Grundlage für die Zwangsvollstreckung zu verschaffen . Das E. wird grundsätzlich von der Verwaltungsstelle durchgeführt, bei welcher der Fehlbestand entstanden ist. Nach den Ermittlungen über die Höhe des Fehlbetrages und die Person des Erstattungspflichtigen erläßt sie den Erstattungsbeschluß, der vom Betroffenen angegriffen werden kann (Rechtswege zu den Verwaltungsgerichten für Beamte, zu den Arbeitsgerichten für Angestellte und Arbeiter, zu den ordentlichen Gerichten für sonstige Dritte). In leichteren Fällen oder bei → Unterwerfung des Verpflichteten unter die sofortige Zwangsvollstreckung kann von einem Erstattungsbeschluß abgesehen werden.

**Ersteher** → Zwangsversteigerung.

**Erster Zugriff** → Ermittlungsverfahren in Strafsachen (2).

**Erstprämie** → Versicherungsvertrag.

**Erststimme** → Bundestag.

**Ersuchter Richter** ist der Richter, der auf Grund eines Ersuchens um → Rechtshilfe tätig wird; i. e. → kommissarische Vernehmung.

**Ertragsanteil.** Bei privaten → Leibrenten wird einkommensteuerlich die einzelne Rentenleistung in einen Vermögensanteil und in einen Ertragsanteil aufgespalten. Grundsätzlich ist der Ertragsanteil einkommensteuerpflichtig. Seine gleichbleibende Höhe richtet sich nach dem vollendeten Lebensjahr des Rentenberechtigten bei Beginn der Rente (§ 22 Nr. 1 S. 3a EStG). Der gleiche Betrag ist regelmäßig beim Verpflichteten als → Sonderausgabe (§ 10 I Nr. 1a EStG) oder → Werbungskosten (§ 9 EStG) abzugsfähig. Auch die Renten der → Rentenversicherung werden nach dem E. besteuert, dessen Höhe sich ebenfalls nach dem Alter bei Rentenbeginn richtet. Der E. beträgt z. B. bei Rentenbeginn mit Vollendung des 65. Lebensjahres 27%. Der Ertragsanteil ist der fiktive Zinsanteil des im Lauf des aktiven Erwerbslebens einbezahlten Rentenbeitrags → Rentenbesteuerung.

**Ertragshoheit** → Verteilung des Steueraufkommens.

**Ertragsteuern** (Gewinnsteuern) sind → Einkommen-, → Körperschaft- und → Gewerbesteuer.

**Ertragswertverfahren** → Einheitswerte.

**Erwachsenenbildung** gibt als eigenständiger Bereich des Bildungswesens mit ihren Bildungsangeboten Gelegenheit, die in der Schule, Hochschule oder in der Berufsausbildung erworbene Bildung zu vertiefen, zu erneuern und zu erweitern. Die Ausgestaltung der E. ist landesrechtlich geregelt (vgl. z. B. bayer. Ges. zur Förderung der E. vom 24. 7. 1974, GVBl. 368). Geregelt sind insbes. Grundlagen der Organisation (Träger und Einrichtungen), finanzielle Angelegenheiten (insbes. Förderung durch Staat und Kommunen), Ausbildungsvoraussetzungen, Forschung und Lehre, Zertifikate. Besondere Bedeutung im Bereich der E. haben die → Volkshochschulen.

**Erwachsenheitssumme** = (→) Beschwerdewert.

**Erweiterter Verfall** → Verfall.

**Erwerb vom Nichtberechtigten** → gutgläubiger Erwerb.

**Erwerb von Todes wegen** → Erbe.

**Erwerbermodell** → Bauherren-Modell.

**Erwerbsschwelle** → Binnenmarkt, Umsatzsteuer (2 e).

**Erwerbsunfähigkeit** ist in der sozialen → Rentenversicherung neben der Erfüllung der → Wartezeit und einer Pflichtbeitragszeit von 3 Jahren in den letzten 5 Jahren vor Eintritt des Versicherungsfalls Voraussetzung für die Gewährung einer → Erwerbsunfähigkeitsrente. Sie setzt eine so weitgehende Minderung der Erwerbsfähigkeit eines Versicherten durch Krankheit oder Behinderung voraus, daß er eine Erwerbstätigkeit in gewisser Regelmäßigkeit nicht mehr ausüben oder dabei nur geringfügige Monatseinkünfte (höchstens $^1/_7$ der monatl. → Bezugsgröße) erzielen kann. Verweisung auf jeden Beruf, nicht nur auf den erlernten und bisher ausgeübten, ist möglich. Wer eine selbständige Tätigkeit ausübt, ist nicht erwerbsunfähig. Wer vor Erfüllung der Wartezeit erwerbsunfähig war und es noch ist, erhält Erwerbsunfähigkeitsrente, wenn er eine Wartezeit von 20 Jahren erfüllt (§ 44 SGB VI).

**Erwerbsunfähigkeitsrente** wird als Rentenleistung der sozialen → Rentenversicherung beim Vorliegen von → Erwerbsunfähigkeit und nach Erfüllung der → Wartezeit gezahlt, wenn von den letzten 5 Jahren vor Eintritt der Erwerbsunfähigkeit 3 Jahre mit Pflichtbeiträgen belegt sind oder die Erwerbsunfähigkeit als Folge eines → Arbeitsunfalls oder ähnlicher Ereignisse (vgl. § 53 SGB VI) eingetreten ist. Sie wird auf Zeit oder auf unbestimmte Dauer, längstens jedoch bis zur Vollendung des 65. Lebensjahres gewährt und bei Wegfall der Erwerbsunfähigkeit wieder entzogen (§ 44 SGB VI). Zur Rentenhöhe → Rentenformel. Die Erwerbsunfähigkeitsrente soll ab 1. 1. 2000 ersetzt werden durch eine Rente wegen Erwerbsminderung, die auch an die Stelle der Berufsunfähigkeitsrente tritt.

**Erwerbsverbot** → Veräußerungsverbot.

**Erzbischof, Erzdiözese** → Diözese, → Metropolit.

**Erzeugergemeinschaften** (Landwirtschaft) → Marktstrukturgesetz.

**Erziehungsförderung** soll insbesondere auf Bedürfnisse, Interessen und Erfahrungen von Familien in unterschiedlichen Lebens- und Erziehungssituationen eingehen und junge Menschen auf Ehe, Partnerschaft und das Zusammenleben vorbereiten. Ferner soll für die Betreuung und Versorgung des Kindes in Notsituationen gesorgt werden. §§ 16–21 SGB VIII. → Jugendamt.

**Erziehungsgeld** → Mutterschutz.

**Erziehungsheim** → Anstaltsunterbringung (1), → Erziehungsmaßregeln, → Unterbringungsbefehl.

**Erziehungshilfe** wird geleistet in Form von Beratung und Unterstützung von Kindern, Jugendlichen, Eltern und anderen Erziehungsberechtigten bei individuellen und familienbezogenen Problemen, Lösung von Erziehungsfragen und bei Trennung und Scheidung. Der E. dienen auch soziale Gruppenarbeit, sozialpädagogische Hilfe, Erziehung in Tagesgruppen, Vollzeitpflege, Heimerziehung, betreute Wohnformen und Krankenhilfe. → Jugendamt. §§ 27–41 SGB VIII.

**Erziehungsmaßregeln** können gegen gefährdete Kinder oder Jugendliche oder straffällig gewordene Jugendliche sowohl vom → Familien- oder Vormundschaftsrichter wie vom Jugendrichter (→ Jugendstrafrecht) angewendet werden.

Nach §§ 1666 f., 1837 IV BGB kann, wenn der Inhaber der Personensorge das Kind durch mißbräuchliche Ausübung des Sorgerechts, durch Vernachlässigen oder auch durch unverschuldetes Versagen bei der Erziehung gefährdet, der Familien- oder Vormundschaftsrichter die zur Abwendung der Gefahr erforderlichen Maßnahmen treffen, wenn der Inhaber der Personensorge dazu nicht gewillt oder in der Lage ist; eine Trennung von der Familie (z. B. Heimunterbringung) ist nur als äußerste Maßnahme zulässig.

Im *Strafverfahren* stehen dem Jugendrichter als E. zur Verfügung: die Erteilung von → Weisungen sowie die Anordnung zur Inanspruchnahme von Hilfe zur Erziehung (§§ 9 ff. JGG) durch Erziehungsbeistandschaft i. S. des § 30 SGB VIII oder in einer Einrichtung über Tag und Nacht (Heimerziehung) oder in einer sonstigen betreuten Wohnform i. S. des § 34 SGB VIII.

Gegen *Soldaten* ist während des Wehrdienstes diese Hilfe zur Erziehung i. S. des § 12 JGG nicht zugelassen, aber als weitere Maßregel *Erziehungshilfe* durch den Disziplinarvorgesetzten; diese besteht in der Überwachung des Jugendlichen (Heranwachsenden) auch außerhalb des Dienstes durch Auferlegung von Pflichten und Beschränkungen bezüglich des Dienstes, der Freizeit, des Urlaubs, Auszahlung der Besoldung usw. (vgl. § 112a Nrn. 1, 2, § 112b JGG und VO vom 25. 8. 1958, BGBl. I 645). Die E. sind die milderen Reaktionsmittel im Vergleich zu → Zuchtmitteln und → Jugendstrafe.

**Erziehungspflichtverletzung** → Obhutspflicht, → Vernachlässigen von Schutzbefohlenen.

**Erziehungsrecht(-berechtigter)** → Personensorge.

**Erziehungsregister.** Das E. wird nach §§ 59 ff. BZRG beim Bundeszentralregister → Strafregister geführt. Es soll dieses durch Aufnahme bestimmter jugend- und familien- oder vormundschaftsgerichtlicher Entscheidungen ergänzen, die keinen Strafcharakter haben: → Erziehungsmaßregeln und → Zuchtmittel (§§ 9 ff. JGG), ferner Freisprüche wegen mangelnder Reife, familien- oder vormundschaftsgerichtliche Maßnahmen. Auskunft aus dem E. erhalten nur Straf-, Vormundschafts- und Familiengerichte, Staatsanwaltschaften, Jugendämter und Gnadenbehörden. Die Vermerke des E. werden entfernt, wenn der Betroffene 24 Jahre alt geworden und im Strafregister keine Freiheitsstrafe oder freiheitsentziehende → Maßregel der Besserung und Sicherung vermerkt ist. Der Generalbundesanwalt kann vorzeitige Entfernung entsprechend der → Straftilgung anordnen. Auch vorher braucht der Betroffene Eintragungen im E. und die zugrundeliegenden Sachverhalte grundsätzlich nicht zu offenbaren.

**Erziehungsrente.** Wird eine Ehe (nach dem 30. 6. 1977) geschieden und stirbt ein Ehepartner, so erhält der andere, wenn er vor dem Tod des ersteren in der → Rentenversicherung eine → Wartezeit von 5 Jahren erfüllt hat und nicht wieder heiratet, bis zur Vollendung des 65. Lebensjahres für die Dauer der Erziehung von Kindern E. (§ 47 SGB VI). Berechtigten, die vor dem 1. 1. 1992 für ein Kind Anspruch auf Kinderzuschuß hatten, wird dieser u. U. auch weiterhin zusätzlich gewährt (vgl. § 270 SGB VI).

**Erziehungsurlaub** → Mutterschutz; → Urlaub der Beamten, Richter und Soldaten a. E.

**Erzwingungshaft.** 1. Als → *Zwangsmittel* kann E. angeordnet werden, wenn eine rechtmäßig verhängte → Geldbuße nicht gezahlt und der Betroffene nicht zahlungsunfähig ist. Höchstdauer 6 Wochen, bei mehreren in einer Bußgeldentscheidung festgesetzten Geldbußen höchstens 3 Monate (§ 96 OWiG).

2. Gegen einen *Zeugen,* der ohne gesetzlichen Grund das Zeugnis oder den Eid verweigert, kann im Strafverfahren E. bis zu 6 Mon., im Ordnungswidrigkeitenverfahren bis zu 6 Wochen verhängt werden (§ 70 II StPO, § 48 II OWiG).

3. Zur *Herausgabe von Gegenständen* kann E. angeordnet werden (§ 95 II StPO), so gegen einen Dritten, der einen der Beschlagnahme unterliegenden Führerschein nicht herausgibt, oder gegen den Betroffenen oder Beschuldigten, wenn gegen ihn ein rechtskräftiges Fahrverbot verhängt ist und der deswegen amtlich zu verwahrende Führerschein bei ihm nicht vorgefunden wird (§ 25 IV StVG; § 463 b III StPO).

4. Wegen der E. zur Abgabe einer eidesstattlichen Versicherung im *Zivilverfahren* vgl. § 901 ZPO und → Haftbefehl (3).

5. S. a. → Ordnungsmittel, → persönliches Erscheinen.

**Erzwingungsstrafe** → Beugemittel. Im Verwaltungsrecht ist der Begriff E. (auch Exekutivstrafe, Verwaltungsstrafe, Zwangsstrafe, Ungehorsamsstrafe genannt) ein überholter Ausdruck für das Zwangsgeld (→ Zwangsmittel).

**Essensmarken** → Aufmerksamkeiten, → Sachbezüge.

**Essentialien** = Hauptpunkte, d. h. notwendige Bestandteile eines → Rechtsgeschäfts. Anders *Akzidentalien* (= → Nebenabreden beim Vertragsschluß).

**ESZB** → Europäisches System der Zentralbanken.

**Etat** (Haushaltsplan) → Haushaltsrecht.

**Ethische Indikation** → Schwangerschaftsabbruch.

**EU** → Europäische Union.

**EU-Führerschein** → Fahrerlaubnis, → Auslands-F.

**Eugenische Indikation** → Schwangerschaftsabbruch.

**Euratom** → Europäische Atomgemeinschaft.

**Euro** ist der Name der künftigen europäischen Währung; s. a. → Europäische Währungseinheit, → Wirtschafts- und Währungsunion. Wegen der innerstaatlichen Einführung des E. vor allem zu Übergangs- und Vollzugsvorschriften vgl. das E-EinführungsG vom 9. 6. 1998 (BGBl. I 1242).

**Eurocheque** ist ein international einheitlicher → Scheck, der auch gegenüber ausländischen Kreditinstituten Verfügungen mittels → Scheckkarte zuläßt.

**Eurocontrol** ist eine rechtsfähige → internationale Organisation zur → Flugsicherung, die durch den E.-Vertrag vom 13. 12. 1960 gegründet wurde (vgl. Ges. vom 14. 12. 1962, BGBl. II 2273 – in Kraft seit 15. 12. 1971). An dem Abkommen beteiligte Staaten sind derzeit die BRep., Belgien, Frankreich, Großbritannien, Irland, Luxemburg und die Niederlande. Die Organisation hat ihren Sitz in Brüssel; Organe sind die ständige Kommission zur Sicherung der Luftfahrt und die Agentur für Luftverkehrsdienste. Nach Änderung des Abkommens regelt E. nunmehr die gemeinsame Gebührenerhebung und die Koordinierung der Flugpläne. In der BRep. erhebt E. sämtliche Flugsicherungsgebühren, auch die für den unteren Luftraum. Für Gebührenstreitigkeiten sind die belgischen Zivilgerichte zuständig.

**Euro-Kennzeichen** → Kennzeichen am Kfz.

**Europäische Akte, Einheitliche (EEA).** Die EEA (Text BGBl. II 1986, 1104) institutionalisierte und erweiterte die politische Zusammenarbeit der Mitgliedstaaten, die zuvor im → Europäischen Rat ohne formelle Grundlage im Rahmen der → Europäischen Politischen Zusammenarbeit gepflegt worden war. EPZ und EEA sind Vorstufen der politischen Zusammenarbeit im Rahmen der → Europäischen Union.

**Europäische Atomgemeinschaft** (Euratom) ist eine der → europäischen Gemeinschaften. Sie wurde durch Vertrag vom 25. 3. 1957 (BGBl. II 1014) gemeinsam mit der → Europäischen Wirtschaftsgemeinschaft errichtet. Sie soll vor allem die Voraussetzungen für die schnelle Bildung und Entwicklung von Kernindustrien schaffen. Zu ihren Aufgaben gehört u. a. die Entwicklung der Forschung, die Verbreitung technischer Kenntnisse, die Aufstellung einheitlicher Sicherheitsnormen, die Erleichterung von Investitionen, die Versorgung aller Mitglieder der Gemeinschaft mit Erzen und Kernbrennstoffen, die Überwachung der Verwendung der Kernbrennstoffe zu friedlichen Zwecken sowie die Schaffung eines gemeinsamen Marktes für den Bereich der Kernindustrie. Der E. A. steht das Eigentum an sämtlichem spaltbaren Material innerhalb der Gemeinschaft zu. Staaten und Unternehmen können lediglich ein Nutzungsrecht erwerben. Die Verwaltung des Eigentums der Gemeinschaft, vor allem die Verteilung und die Zuweisung von Nutzungsrechten sowie der Import von spaltbarem Material, obliegt der Agentur der E. A.

**Europäische Blume** → Umweltzeichen.

**Europäische Freihandelszone** → EFTA.

**Europäische Gemeinschaft für Kohle und Stahl.** Der Vertrag über die *EGKS* vom 18. 4. 1951 zwischen Belgien, Frankreich, Italien, Luxemburg, den Niederlanden und der BRep. beruht auf einem Plan des französischen Außenministers Schumann („Schumann-Plan“; ursprünglicher Vertragstext BGBl. 1952 II 447 m. spät. Änd.). Ziel der EGKS ist die Errichtung eines gemeinsamen Marktes für Kohle, Eisen, Schrott und Stahl durch Abschaffung aller Zölle und Kontingente, Vereinfachung der Verwaltungsbestimmungen im grenzüberschreitenden Warenverkehr, Einführung durchgehender Transporttarife, Verpflichtung der Industrien der Mitgliedstaaten auf einheitliche Preisstellung, Kartellkontrolle durch Genehmigungspflicht für bestehende Absprachen und Zusammenschlüsse (→ Kartellrecht, europ.), durch → Diskriminierungsverbote, → Subventionsverbote (→ Subventionsrecht, Europ. Gemeinschaftsrecht), Gewährung von Anpassungshilfen und Umschulungshilfen. Auf Grund der strukturellen Veränderung des Energiemarktes hat sich inzwischen eine Koordinierung mit der Energiepolitik der EWG als unerläßlich erwiesen. Die Organe der EGKS – die Hohe Behörde als Exekutivorgan, die Gemeinsame Versammlung, der Ministerrat und der Gerichtshof – sind mit den entsprechenden Organen der EWG und der Euratom verschmolzen worden. Die EGKS ist daher nunmehr Teil der → Europäischen Gemeinschaft (EG).

**Europäische Gemeinschaft (EG).** Seit dem Vertrag über die → Europäische Union (→ Maastricht) wird die offizielle Bezeichnung im Singular geführt. Das ist Ausdruck des Gedankens, daß es sich um eine einheitliche Gemeinschaft handelt, die allerdings nach Kompetenzen und Handlungsrahmen gegenständlich unterschiedliche Formen hat, nämlich die → Europäische Atomgemeinschaft, die → Europäische Gemeinschaft für Kohle und Stahl sowie die Wirtschaftsgemeinschaft gemäß dem in Vertrag über die europäische Gemeinschaft (EGV) umbenannten EWG-Vertrag. Die wichtigsten Organe der EG sind der → Rat (Rat der EU), die → Europäische Kommission, das → Europäische Parlament und der → Europäische Gerichtshof (EuGH). Die EG hat eine eigene, in ihrer Geltung vom nationalen Recht unabhängige Rechtsordnung (→ Gemeinschaftsrecht), sie bezwecken die Errichtung eines → Gemeinsamen Marktes durch eine Zollunion, europäische → Diskriminierungsverbote, ein gemeinschaftsrechtliches Wettbewerbsrecht (→ Kartellrecht, europäisches), gemeinschaftsrechtliche Regelung des → Subventionswesens, → Niederlassungsfreiheit für Gemeinschaftsbürger, Freizügigkeit des → Dienstleistungsverkehrs sowie des → Kapital- und Zahlungsverkehrs. Zur Verwirklichung ihrer Ziele betreiben die E. G. eine gemeinschaftsrechtliche → Rechtsangleichung. Dem Abbau von innergemeinschaftlichen Grenzhindernissen sonstiger Art dienen die Regelungen für den → Binnenmarkt.

**Europäische Investitionsbank.** Die EIB, durch Art. 129 EGV gegründet (s. a. Protokoll über die Satzung der EIB Sartorius II Nr. 153), hat die Aufgabe, zur ausgewogenen und reibungslosen Entwicklung des Gemeinsamen Marktes Bürgschaften und Darlehen für die Finanzierung bestimmter Vorhaben zu gewähren. Dazu gehören die Erschließung der weniger entwickelten Gebiete, die Modernisierung oder Umstellung von Unternehmen, die Schaffung neuer Arbeitsplätze sowie Vorhaben von gemeinsamem Interesse für mehrere Mitgliedstaaten, die wegen ihres Umfanges von den einzelnen Mitgliedstaaten nicht vollständig finanziert werden können (Art. 130 EGV).

**Europäische Kommission.** Die mit dieser Bezeichnung durch den Unionsvertrag (→ Maastricht) gebildete E. K. hat nach dem Beitritt von Finnland, Österreich und Schweden jetzt 20 Mitglieder (Kommissare). Diese sind nach Funktion und Stellung Ministern vergleichbar. Sie werden für eine Amtszeit von 4 Jahren auf Vorschlag der Mitgliedstaaten berufen und bedürfen der Bestätigung durch das Europäische Parlament. Die E. K. hat das praktisch ausschließliche Initiativrecht für die Rechtssetzung (→ Gemeinschaftsrecht). Eigene Exekutivbefugnisse bestehen in einigen Sachbereichen, z. B. im europäischen → Kartellrecht und bei der → Fusionskontrolle. Die E. K. wacht über die Einhaltung des Gemeinschaftsrechts durch die Mitgliedstaaten (→ Vertragsverletzungsverfahren) und hat die Interessen der Gemeinschaft gegenüber dem Rat und den Mitgliedstaaten zu vertreten.

**Europäische Menschenrechtskonvention** → Konvention zum Schutze der Menschenrechte und Grundfreiheiten, 1.

**Europäische Ordnung der sozialen Sicherheit** vom 16. 4. 1964 (BGBl. 1970 II 909) enthält Mindestnormen für soziale Sicherung, zu deren Anwendung sich die Vertragsstaaten verpflichten. S. Bek. vom 13. 3. 1986 (BGBl. II 546).

**Europäische Politische Zusammenarbeit** (EPZ). Die EPZ ist eine organisatorische Vorstufe der politischen Zusammenarbeit, wie sie heute in der EU verwirklicht ist; s. → Europäischer Rat, → Europäische Akte; s. a. → Europäische Union, → Maastricht.

**Europäische Rechnungseinheit (ERE).** Die erstmals für den Gemeinschaftshaushalt 1978 eingeführte ERE (eine „Korbwährung" wie der ECU) löste die seit 1975 bestehende RE („Rechnungseinheit") ab. Aufgrund der Verordnung des → Rats vom 5. 12. 1978 ist Europäische Rechnungseinheit jetzt die → Europäische Währungseinheit (ECU) des → Europäischen Währungssystems.

**Europäische Sozialcharta** wird der multilaterale Vertrag vom 18. 10. 1961 (BGBl. 1964 II 1261) genannt, in dem sich die 18 Mitgliedstaaten des → Europarats zur gemeinsamen Anerkennung wichtiger sozialpolitischer Grundsätze verpflichten (Recht auf Arbeit, soziale Sicherheit, Schutz der Familie usw.). Bek. über den Geltungsbereich vom 10. 7. 1991 (BGBl. II 866).

**Europäische Union (EU)** ist die Funktionsbezeichnung für bestimmte institutionalisierte Formen der politischen Kooperation nach Maßgabe des Vertrags über die EU (→ Maastricht). Der Begriff wird dort ähnlich verwandt wie die → Europäische Politische Zusammenarbeit nach der → Europäischen Akte. Funktionen der Zusammenarbeit sind die Europäischen Gemeinschaften einschließlich der → Wirtschafts- und Währungsunion, die gemeinsame Außen- und Sicherheitspolitik (→ GASP) sowie die Zusammenarbeit in den Bereich Justiz und Inneres („3. Säule"). Entgegen der verbreiteten Übung vor allem in der deutschen Publizistik ist EU nicht ein neuer Name der Europäischen Gemeinschaften. Die EU hat auch, anders als diese, nach hM keine eigene Rechtspersönlichkeit. Die verschiedentliche Erwähnung einer EU im GG (vgl. Art. 23, 45, 52 III a, 88 GG) kann nicht dahin verstanden werden, daß sie sich spezifisch auf die so nach dem Vertrag über die Europäische Union bezeichnete Organisation bezieht.

**Europäische Verteidigungsgemeinschaft (EVG)** → Bundeswehr.

**Europäische Währungseinheit** (EWE, ECU). Für sie wurde inzwischen die Bezeichnung ECU allgemein gebräuchlich. Der ECU ist die Verrechnungseinheit des → Europäischen Währungssystems. Er ist auch die Abrechnungseinheit des Gemeinschaftshaushalts (→ Europäische Rechnungseinheit) gemäß Art. 207 EWGV. Auf ECU lautende Zahlungsmittel gibt es bisher nur in Belgien, dagegen sind auf ECU lautende Anleihen inzwischen häufig. Der ECU ist eine sog. Korbwährung, an dem die Währungen der beteiligten Staaten mit festen Beträgen teilhaben. Die Beteiligungsverhältnisse lauten derzeit: DM: 30,1%, Franz. Franc: 19%, Engl. Pfund: 13%, It. Lira: 10,15%, Nl. Gulden: 9,4%, Belg. Lux. Franc: 7,9%, Peseta: 5,3%, Dän. Krone: 2,45%, Ir. Pfund: 1,1%, Escudo und Griech. Drachme je 0,8%. Inländische Forderungen, Konten und Anleihen in ECU gelten als nach § 3 Währungsgesetz indexiert und deshalb genehmigungsbedürftig (→ Währungsklausel). Genehmigungen werden nicht erteilt. Der Erwerb ausländischer in ECU ausgedrückter Forderungen und Anleihen ist möglich. Mit Beginn der Endstufe der → Wirtschafts- und Währungsunion soll der amtliche ECU-Korb abgeschafft und im Verhältnis 1 : 1 durch den Euro ersetzt werden.

**Europäische Weltraumorganisation (EWO)** ist eine internationale Organisation mit eigener Rechtspersönlichkeit (→ Völkerrechtssubjekte). Ihre Organe sind der Rat der Mitgliedstaaten und der Generalsekretär. Sitz der EWO ist Paris. Die EWO dient der gemeinsamen friedlichen Weltraumforschung und Weltraumnutzung. Vgl. Ges. vom 23. 11. 1976 (BGBl. II 1861).

**Europäische Wirtschaftgemeinschaft (EWG).** Der Vertrag über die EWG zwischen Belgien, der BRep., Frankreich, Italien, Luxemburg und den Niederlanden (BGBl. 1957 II 766) wurde am 25. 3. 1957 in Rom zusammen mit dem Vertrag über die → Europ. Atomgemeinschaft unterzeichnet *(Römische Verträge)* und trat am 1. 1. 1958 in Kraft. Mit Wirkung vom 1. 1. 1973 wurde die Gemeinschaft durch den Beitritt Dänemarks, Großbritanniens und Irlands, ferner mit Wirkung vom 1. 1. 1981 um Griechenland sowie mit Wirkung vom 1. 1. 1986 um Spanien und Portugal erweitert; später traten Finnland, Österreich und Schweden bei; andere Staaten sind assoziiert. Aufgabe der EWG ist es, durch Errichtung eines gemeinsamen Marktes und die schrittweise Annäherung der Wirtschaftspolitik der Mitgliedstaaten innerhalb einer Übergangszeit von 12–15 Jahren eine harmonische Entwicklung des Wirtschaftslebens innerhalb der Gemeinschaft, eine beständige und ausgewogene Wirtschaftsausweitung, eine größere Stabilität, eine beschleunigte Hebung der Lebenshaltung und engere Beziehungen zwischen den Staaten zu fördern, die in der Gemeinschaft zusammengeschlossen sind (Art. 2 des Vertrages). Die EWG ist die bei weitem wichtigste der → Europäischen Gemeinschaften (→ Rat, → Kommission und → Versammlung der E. G. sowie → Europ. Gerichtshof). Sie heißt seit dem Vertrag über die → Europäische Union → Europäische Gemeinschaft. Der gemeinsame Markt ist durch Abbau von Zöllen und Handelsschranken (→ Warenverkehr) sowie die Einführung eines gemeinsamen Zolltarifs, schließlich durch → Arbeitnehmerfreizügigkeit, Freizügigkeit des → Dienstleistungsverkehrs und → Niederlassungsfreiheit weitgehend verwirklicht. Auch ist der ursprüngliche Rahmen des Vertrags vor allem durch die neuen Vertragsbestimmungen über den → Binnenmarkt erheblich erweitert worden.

Das gemeinschaftsrechtliche Wettbewerbsrecht (→ Kartellrecht, europäisches) sichert den Markt gegen private Beschränkungen des Handels- und Dienstleistungsverkehrs. Schließlich wurde ein gemeinsamer Agrarmarkt geschaffen (→ Marktorganisationen, gemeinsame). Dem gemeinsamen Markt dienen ferner eine gemeinsame Verkehrs- und Wirtschaftspolitik, die Schaffung eines Europ. Sozialfonds (Art. 123 ff.) zur Sicherung der Beschäftigung, eine Europ. Investitionsbank zur Erschließung unterentwickelter Gebiete sowie die Angleichung der innerstaatlichen Rechtsvorschriften, soweit dies für das ordnungsgemäße Funktionieren des gemeinsamen Marktes erforderlich ist (z. B. Harmonisierung der Umsatzsteuern). S. a. Durchführungsabkommen über die Assoziierung der überseeischen Länder und Hoheitsgebiete mit der Gemeinschaft vom 25. 3. 1957, BGBl. II 998 (→ Entwicklungsfonds der EWG).

**Europäische Zentralbank (EZB).** Die Regelungen für die EZB enthält das Protokoll über die Satzung des Europäischen Systems der Zentralbanken und der Europäischen Zentralbank (zitiert Art. ... Prot.), eine Anlage zu Art. 4 a des Vertrags über die → Europäische Union (EUV). Die EZB soll personell und hinsichtlich der sachlichen Mittel aus dem Europäischen Währungsinstitut hervorgehen, ist aber nicht dessen Nachfolgeeinrichtung. Sie ist Spitze des Systems der Europäischen Zentralbanken (→ Europäisches System der Zentralbanken, ESZB). Die EZB hat umfassende Rechtspersönlichkeit in allen Mitgliedstaaten (Art. 9 Prot). Beschlußorgane sind gemäß Art. 106 III EUV, Art. 9.3 Prot der EZB-Rat und das Direktorium. Der Rat besteht aus den Mitgliedern des Direktoriums und den Präsidenten der nationalen Zentralbanken, Art. 10 Prot. Das Direktorium aus dem Präsidenten, dem Vizepräsidenten und vier weiteren Mitgliedern, Art. 11 Prot. Die Amtszeit beträgt 8 Jahre, Wiederernennung ist nicht zulässig. Das Direktorium beschließt mit einfacher Stimmenmehrheit, bei Stimmengleichheit entscheidet der Präsident. Die EZB hat gemäß Art. 105 EUV, Art. 16 Prot. das alleinige Recht zur Ausgabe von → Banknoten (→ Euro).

**Europäische zentrale Fachbehörden.** Die E. G. hat eine Reihe von zentralen Fachbehörden, die auf die Mitgliedstaaten verteilt sind. U. a. handelt es sich um die Europäische Agentur für Beurteilung und Zulassung von Arzneimitteln in London, die Europäische Agentur für Gesundheitsschutz und Sicherheit am Arbeitsplatz in Spanien, die Europäische Drogenbeobachtungsstelle in Lissabon, die Europäische Stiftung für Berufsbildung in Turin, die Europäische → Umweltagentur in Kopenhagen, das Europäische Harmonisierungsamt für den Binnenmarkt (Markenamt, Warenzeichen, Geschmacksmuster) in Madrid, das Europäische Inspektionsbüro für Veterinär- und Pflanzenschutzkontrollen in Irland, das → Europäische Währungsinstitut in Frankfurt a. M., das Europäische Zentrum zur Förderung der beruflichen Bildung (bisher Berlin) in Saloniki und Europol, Europol Drogenstelle in Den Haag.

**Europäischer Abfallkatalog (EAK).** Der EAK gemäß der Richtlinie über Abfälle (ABl. 1994 L 5/15) wurde mit der VO vom 13. 9. 1996 (BGBl. I 1428) in Deutschland innerstaatlich eingeführt.

**Europäischer Ausrichtungs- und Garantiefonds für Landwirtschaft (EAGFL).** Der Fonds wurde auf Grund des Art. 40 EWG-Vertrag durchVO Nr. 25 über die Finanzierung der gemeinsamen Agrarpolitik vom 4. 4. 1962, BGBl. II 760 (Art. 1) geschaffen. Der Fonds hat eine Abt. *Garantie* zur Finanzierung des Interventionssystems der gemeinsamen → Marktorganisationen einschl. der Stützung von Überschußverkäufen, ferner eine Abt. *Ausrichtung,* die Verbesserungen im Bereich von Produktivität und Infrastruktur finanziert. Über die Bedingungen für eine Beteiligung des EAGFL vgl. VO vom 5. 2. 1964 (ABl. EG S. 586), zur Finanzierung der Interventionsausgaben auf dem Binnenmarkt vgl. VOen vom 22. 4./10. 11. 1970 (ABl. EG L 105, 249) sowie ÄVOen vom 8./15. 3. 1977 (ABl. EG L 66). Zur Vollstreckung von Geldforderungen s. Ges. vom 10. 8. 1979 (BGBl. I 1429).

**Europäischer Binnenmarkt** → Binnenmarkt.

**Europäischer Entwicklungsfonds** → Entwicklungsfonds der EWG.

**Europäischer Fonds** → Europ. Währungsabkommen u. im folg.

**Europäischer Fonds für regionale Entwicklung (EFRE)** wurde gegründet durch VO des → Rats der E. G. vom 18. 3. 1975 (ABl. EG L 73 S. 1). Der Fonds dient zur Finanzierung von Industrieförderungs- und Infrastrukturmaßnahmen in strukturschwachen Gebieten der Gemeinschaft. Er wird von der Kommission verwaltet, bei größeren Vorhaben nach Anhörung des Ausschusses für Regionalpolitik, sonst nach Anhörung des Fondsausschusses.

**Europäischer Fonds für währungspolitische Zusammenarbeit (EFWZ)** dient als Basis für das Funktionieren des → Europäischen Währungssystems. Mit seiner Hilfe wird der kurz- und mittelfristige Währungsbeistand verwirklicht. Die vom Fonds verwendete Rechnungseinheit ist jetzt die → Europäische Währungseinheit. Vgl. VO 3180/78 des Rats (ABl. EG L 379 S. 1) u. VO 3181/78 (ABl. EG 1978 L 379 S. 3).

**Europäischer Gerichtshof** (EuGH). Dem Gemeinsamen Gerichtshof der → Europäischen Gemeinschaften kommt es nach den Gemeinschaftsverträgen zu, die einheitliche Anwendung, Auslegung und Fortbildung des → Gemeinschaftsrechts zu gewährleisten. Der EuGH mit Sitz in Luxemburg besteht aus 15 Richtern (Art. 165 I EGV), die in der Regel kollegial (teils als Plenum, teils in Kammern) entscheiden. Er wird von 8 (9) Generalanwälten unterstützt. Das für Einzelsachen zuständige „Gericht erster Instanz" besteht aus weiteren 15 Richtern, die auch Generalanwälte sein können. Sein Verfahren regelt die Verfahrensordnung vom 3. 3. 1959 m. Änd. (ABl. EG 1960, 17; 1962, 1605 u. a.). Der EuGH ist als Verfassungsgericht der Gemeinschaften zuständig für Streitigkeiten unter den Mitgliedstaaten, für Streitigkeiten über die Rechtmäßigkeit von Handlungen der Gemeinschaftsorgane sowie – auf Vorlage der nationalen Gerichte – über die Auslegung der Gemeinschaftsverträge, die Gültigkeit und Auslegung von Handlungen der Gemeinschaftsorgane sowie über die Auslegung des sekundären Gemeinschaftsrechts (Art. 177 EWGV, Art. 150 EuratomGV, Art. 41 EGKSV). Vorlageberechtigung an den EuGH besteht für alle nationalen, Vorlageverpflichtung für letztinstanzlich entscheidende Gerichte. Daneben gewährleistet der EuGH u. a. noch den Individualrechtsschutz der Gemeinschaftsbürger gegenüber den Organen der E. G. (vgl. Art. 173 II EWGV, Art. 46 II EuratomGV, Art. 33 II EGKSV) und den Rechtsschutz der Bediensteten der E. G.

**Europäischer Gerichtshof für Menschenrechte** → Konvention zum Schutze der Menschenrechte und Grundfreiheiten.

**Europäischer Rat.** Der E. R. ist eine organisatorische Vorstufe des → Rats der EU. Er wurde im Rahmen der → Europäischen politischen Zusammenarbeit (EPZ) schon in der Zeit vor der → Einheitlichen Europäischen Akte (EEA) auf der Pariser Gipfelkonferenz vom 9./10. 12. 1972 beschlossen. Im Vollzug der EEA wurde er in die Verfassung der Gemeinschaft integriert (vgl. Art. 1 III 2 sowie Art. 30 EEA). Die Funktionen des E. R. übt jetzt mit erweiterten Befugnissen der Rat der EU aus.

**Europäischer Sozialfonds.** Der E. S. dient gemäß Art. 123 EGV der Verbesserung der Beschäftigungsmöglichkeiten abhängiger Arbeitskräfte (Förderung der Freizügigkeit und der grenzüberschreitenden beruflichen Verwendung). Die Aufgaben sind jetzt gemäß Art. 126 EWGV durch die Ratsbeschlüsse vom 1. 2. 1971 (ABl. L 28/15) und vom 17. 10. 1983 (ABl. L 289/38 m. Änd.) geregelt; s. ferner die DurchführungsVO vom 19. 12. 1988 (ABl. L 374/21). Der E. S. fördert im Schwerpunkt die Beschäftigung von Jugendlichen.

**Europäischer Währungsfonds** sollte in der weiteren Verwirklichung des → Europäischen Währungssystems geschaffen werden und die Funktion einer *Europäischen Zentralbank* haben. Gewissermaßen als Vorstufe dient der → Europäische Fonds für währungspolitische Zusammenarbeit (EFZW).

**Europäischer Wirtschaftsrat** → OEEC.

**Europäischer Wirtschaftsraum.** Der Vertrag über den E. W. enthält eine Art Assoziierung der EFTA mit der Europäischen Gemeinschaft. Er wurde am 2. 5. 1992 in Porto unterzeichnet. Das Abkommen ist inzwischen teilweise ratifiziert und in Kraft getreten. Inhaltlich sieht die Vereinbarung eine weitgehende Eingliederung der EFTA in die EG vor, dies allerdings bei beschränkten Mitwirkungsbefugnissen („decision shaping"). Die Grundfreiheiten des EWGV, also Freiheit des → Warenverkehrs, der → Dienstleistungen, der → Niederlassung und die → Arbeitnehmerfreizügigkeit werden gegenseitig übernommen. Umfassende Darstellung: Hummer in Dauses, Handbuch des EG-Wirtschaftsrechts, unter K III. Der EW ist seit dem Beitritt der Mitglieder Österreich, Finnland und Schweden zur EG praktisch nur noch von geringer Bedeutung. S. a. → EFTA-Gerichtshof, EFTA-Überwachungsbehörde.

**Europäisches Abfallrecht.** Wichtige Regelungen insoweit enthält die Abfallrahmenrichtlinie vom 18. 3. 1991 (ABl. 78/32) sowie die unmittelbar geltende VO (EG) über grenzüberschreitende Abfallverbringung von 1993 (ABl. L 30/1), die letztere ist mit deklaratorischer Wirkung in das Kreislaufwirtschafts- und AbfallG (→ Abfälle) übernommen worden; s. a. → Europäischer Abfallkatalog.

**Europäisches Gemeinschaftsrecht** → Gemeinschaftsrecht, europäisches.

**Europäisches Parlament (E.P., P.E).** Die Bezeichnung war zunächst eine Selbstbezeichnung. Inzwischen ist sie auch die vertragliche Bezeichnung der Volksvertretung der → Europäischen Gemeinschaft, nicht etwa der → Europäischen Union, die als solche über kein entsprechendes Repräsentativorgan verfügt. Das E. P. wird seit 1979 auf 5 Jahre direkt gewählt. Sein Sitz ist in Straßburg. Seit der letzten Erweiterung hat es 626 Sitze. Davon hat Deutschland jetzt 99 und damit die größte Zahl an Abgeordneten (Frankreich, Großbritannien und Italien je 87, Spanien 64). In wesentlichen Politikbereichen ist es am Rechtssetzungsverfahren beteiligt, wobei allerdings die Gesetzgebungsinitiative der → Europäischen Kommission und der eigentliche Gesetzesbeschluß dem → Europäischen Rat zukommt. Gemeinsam mit dem Rat bildet das E. P. die Haushaltsbehörde mit einander ergänzenden Befugnissen. Beitritte und Assoziierungen, wichtige internationale Abkommen und die Ernennung der Mitglieder der Kommission bedürfen seiner Zustimmung. Es soll bei wichtigen Aspekten der Gemeinsamen Außen- und Sicherheitspolitik (→ GASP) sowie der Justiz- und Innenpolitik („3. Säule") im Rahmen der Europäischen Union gehört werden. Die Rechtsverhältnisse der Europaabgeordneten und der Mandatsbewerber aus der BRep. regelt das Ges. vom 6. 4. 1979 (BGBl. I 413) m. Änd. Es gilt der Grundsatz des freien Mandats (§ 2). Die Abgeordneten genießen → Indemnität und → Immunität (§ 5). Das Mandat ist mit Ausübung eines öffentlichen Amtes als Beamter, Richter, Berufssoldat sowie Angestellter oder Arbeiter im öffentlichen Dienst unvereinbar (§ 8, → Inkompatibilität). Die Abgeordneten erhalten eine Entschädigung von derzeit 9664 DM und verschiedene Nebenleistungen. Zum Wahlverfahren s. das EuropawahlG vom 16. 6. 1978 (BGBl. I 709) m. Änd. und die EuropawahlO vom 27. 7. 1988 (BGBl. I 1453).

**Europäisches Patentamt** → Patentamt.

**Europäisches System der Zentralbanken (ESZB)** ist die offizielle Bezeichnung des europäischen Zentralbanksystems nach Verwirklichung der 3. Stufe der Währungsunion. Das ESZB besteht nach Art. 106 Abs. 1 des Vertrages über die → Europäische Union (EUV) aus der EZB (→ Europäische Zentralbank) und den Zentralbanken der Mitgliedstaaten („nationale Zentralbank"). Die Regelungen für das ESZB enthält das Protokoll über die Satzung des Europäischen Systems der Zentralbanken und der Europäischen Zentralbank, eine Anlage zu Art. 4a des Vertrags über die → Europäische Union, (zitiert Art. ... Prot.). Das ESZB wird von den Beschlußorganen der EZB geleitet (Art. 8 Prot.). Ziele des ESZB sind Wahrung der Preisstabilität und Unterstützung der allgemeinen Wirtschaftspolitik. Dabei ist der Grundsatz einer offenen Marktwirtschaft mit freiem Wettbewerb zu wahren (Art. 2 Prot). Aufgaben sind u. a. die Geldpolitik und die Verwaltung und Haltung der Währungsreserven der Mitgliedstaaten (Art. 3 Prot). An währungspolitischen Aufgaben und Operationen nennt das Protokoll unter anderem die Offenmarkt- und Kreditpolitik (Art. 18), die Mindestreservenpolitik (Art. 19), Geschäfte mit öffentlichen Stellen (Art. 21), Verrechnungs- und Zahlungssysteme (Art. 22) und sonstige Geschäfte (Art. 24), für die die EZB weitgehende Freiheit genießt. Rechtsschutz gegen Handlungen und Unterlassungen der EZB ist gemäß Art. 35 gewährleistet.

**Europäisches Währungsabkommen.** Das EWA (European Monetary Agreement) vom 5. 8. 1955, für die BRep. in Kraft getreten am 26. 8. 1959 (Bek. vom 11. 9. 1959, BGBl. II 1016, Text des Abkommens, BGBl. II 295), wurde von den Mitgliedern der → OECD zur Schaffung eines Europ. Fonds und eines multilateralen Systems des Zahlungsausgleichs geschlossen. Das Abkommen soll die währungspolitische Zusammenarbeit der Mitgliedstaaten der am 27. 12. 1958 aufgelösten → Europ. Zahlungsunion (EZU) aufrechterhalten und insbes. die weitere → Liberalisierung des Handels durch kurzfristige Devisenkredite der Zentralbanken der Mitgliedstaaten garantieren. Darüber hinaus können aus dem Europ. Fonds bei Zahlungsbilanzschwierigkeiten der Vertragsparteien auf Antrag Kredite gewährt werden. Die Tätigkeit des Fonds und des Zahlungsausgleichssystems wird nach den Weisungen und unter Aufsicht des Rats durch ein Direktorium (Sitz Paris) und durch die Bank für internationalen Zahlungsausgleich in Basel ausgeübt.

**Europäisches Währungsinstitut (EWI).** Das durch den Vertrag über die Europäische Union (→ Maastricht) geschaffene EWI ist keine europäische Zentralbank und auch nicht mit der im Rahmen der geplanten Währungsunion vorgesehenen Europäischen Zentralbank identisch. Das EWI ist vor allem ein organisatorischer Rahmen für die Zusammenarbeit der Zentralbanken der Mitgliedstaaten. Es soll daneben die Effizienz des grenzüberschreitenden Zahlungsverkehrs fördern und Vorbereitungen für die geplante gemeinsame Währung schaffen. Das EWI hat seinen Sitz in Frankfurt am Main. Mit Verwirklichung der dritten Stufe der Währungsunion wird das EWI durch die EZB (→ Europäische Zentralbank) abgelöst.

**Europäisches Währungssystem** beruht auf einer Entschließung des → Rats der EG vom 5. 12. 1978 (Bulletin der EG 12/1978 S. 10 f.), in deren Vollzug u. a. die Verordnungen des Rats vom 30. 12. 1978 (ABl. EG L 379) ergangen sind. Die rechtliche Verbindlichkeit des Systems ist beschränkt; es besteht zwar Interventionspflicht (→ Interventionspunkte); die Wechselkurse sind aber nicht verbindlich. Die Intervention ist derzeit (Ende 1993) bei einigen Währungen ausgesetzt. Im übrigen sind die Bandbreiten erheblich erweitert. Die Durchführung des Systems beruht im wesentlichen auf einem Abkommen der Zentralbanken der Mitgliedstaaten der EG. Zur Durchführung des EWS wurde als „Korbwährung" die → Europäische Währungseinheit (EWE, ECU) geschaffen. S. a. → Europäischer Währungsfonds, → Europäischer Fonds für währungspolitische Zusammenarbeit. Zu Beginn des Jahres 1996 nahmen bis auf Griechenland, Italien, Großbritannien, Schweden und Finnland alle Mitgliedstaaten am Wechselkursmechanismus des EWS teil. Mit Verwirklichung der dritten Stufe der Währungsunion wird das EWS durch das ESZB (→ Europäisches System der Zentralbanken) abgelöst, für das als Währung der → Euro vorgesehen ist.

**Europakammer.** Nach Art. 52 III a GG kann der → Bundesrat eine E. bilden, deren Beschlüsse als Beschlüsse des Bundesrats gelten.

**Europaß** → Paßwesen.

**Europarat** (Conseil de l'Europe). Der E. wurde am 5. 5. 1949 errichtet; er hat seinen Sitz in Straßburg. Gründungsmitglieder waren Belgien, Dänemark, Frankreich, Großbritannien, Irland, Italien, Luxemburg, Niederlande, Norwegen und Schweden. In der Folgezeit sind fast alle westlich orientierten Staaten Europas beigetreten: 1949 Griechenland (ausgetreten 1969, seit 1975 wieder Mitglied), 1950 Island und Türkei, 1951 Deutschland, 1956 Österreich, 1961 Zypern, 1963 Schweiz, 1965 Malta, 1976 Portugal, 1977 Spanien, 1978 Liechtenstein, 1988 San Marino, 1989 Finnland. Als erste osteuropäische Staaten traten 1990 Ungarn und 1991 die ehem. Tschechoslowakei und Polen bei. Der E. hat die Aufgabe, eine engere Verbindung zwischen seinen Mitgliedern zum Schutze und zur Förderung der Ideale und Grundsätze, die ihr gemeinsames Erbe bilden, herzustellen und ihren wirtschaftlichen und sozialen Fortschritt zu fördern (Art. 1 Buchst. a der Satzung). Organe des E. sind das Ministerkomitee und die Beratende Versammlung, denen das Sekretariat zur Seite steht. Im Ministerkomitee sind die Mitgliedstaaten durch ihre Außenminister vertreten; es herrscht Stimmengleichheit. Die Beratende Versammlung setzt sich aus Vertretern der Parlamente der Mitgliedstaaten zusammen; in Art. 26 der Satzung ist geregelt, wieviele Abgeordnete jeder Staat entsendet. Die Entscheidungsgewalt liegt beim Ministerkomitee. Die Beratende Versammlung kann nur Empfehlungen an das Ministerkomitee richten. Die Satzung bestimmt, welche Mehrheiten im Ministerkomitee bei den einzelnen zu regelnden Materien erforderlich sind. Eine der Hauptfrüchte der Arbeit des E. ist die → Konvention zum Schutze der Menschenrechte und Grundfreiheiten.

**Europarecht** → Gemeinschaftsrecht, europ.

**Europawahl** → Versammlung der Europäischen Gemeinschaften a. E.; → Europäisches Parlament.

**Europol.** In Art. 29 und 30 EUV haben die EU-Mitgliedstaaten u. a. die polizeiliche Zusammenarbeit zur Verhütung und Bekämpfung von Terrorismus, Menschenhandel, Straftaten gegenüber Kindern, illegalem Drogen- und Waffenhandel, Bestechung, Bestechlichkeit und Betrug i. V. m. dem Aufbau eines unionsweiten Systems zum Austausch von Informationen im Rahmen eines Europäischen Polizeiamts (E.) mit Sitz in Den Haag vereinbart. Die Einzelheiten regeln das E.-Übereinkommen vom 26. 7. 1995 (Ges. vom 16. 12. 1997, BGBl. II 2150) und die Protokolle vom 24. 7. 1996 (Ges. vom 17. 12. 1997, BGBl. II 2170) und 19. 6. 1997 (Ges. vom 19. 5. 1998, BGBl. II 974).

**Euroscheck** → Eurocheque.

**Euroscheckkarte** → Mißbrauch von Scheck- und Kreditkarten, → Fälschung von Zahlungskarten und Euroscheckvordrucken.

**Eutelsat** → Satellitenfunk.

**Euthanasie** (griech. „schöner Tod") ist der in anderen Staaten gebräuchliche Begriff für → Sterbehilfe. Er wird in der BRep. kaum verwendet, weil er vom nationalsozialistischen Regime für die systematische Tötung behinderter Menschen („lebensunwertes Leben") mißbraucht wurde.

**e.V.** = eingetragener → Verein; s. a. → Vereinsregister.

**Evakuierung** → Katastrophenschutz.

**Evangelische Kirche.** 1. Die Ordnung der E. K. in Deutschland richtet sich nach der „Grundordnung der Evangelischen Kirche in Deutschland" vom 13. 7. 1948. Danach ist die E. K. in Deutschland (EKD) ein Zusammenschluß von weithin selbständigen lutherischen, reformierten und unierten Landeskirchen. Die in der ehem. DDR gelegenen Gliedkirchen trennten sich 1969 von der EKD und gaben sich am 10. 6. 1969 die „Ordnung des Bundes der Evangelischen Kirchen in der DDR" (BEK). Im Februar 1991 schufen EKD und BEK die rechtlichen Voraussetzungen für den Zusammenschluß der getrennten Vereinigungen EKD und BEK. Am 28./30. 6. 1991 tagte in Coburg erstmals die Synode der wiedervereinigten EKD unter Einschluß der Vertreter der ehem. BEK.

2. Die Vereinigung von EKD und BEK zur wiedervereinigten EKD brachte einige Änderungen der Grundordnung von 1948. Auf Wunsch der Gliedkirchen der ehem. BEK definiert sich die EKD nunmehr als „Gemeinschaft lutherischer, reformierter und unierter Kirchen". Aufgabe der EKD ist

es, die Gliedkirchen in ihrer Arbeit zu unterstützen und den Austausch von Mitteln und Kräften zu fördern. Die EKD fördert die Entwicklung gemeinsamer Grundsätze für das kirchliche Leben und vertritt die Gliedkirchen gegenüber der Bundesregierung und ihren Organen.

3. Die EKD besteht aus 24 Gliedkirchen: Evang. Landeskirche Anhalts, Evang. Landeskirche in Baden, Evang.-Lutherische Landeskirche in Bayern, Evang. Kirche in Berlin-Brandenburg, Evang.-Lutherische Landeskirche in Braunschweig, Bremisch Evang. Kirche, Evang.-Lutherische Landeskirche Hannovers, Evangelische Kirche in Hessen und Nassau, Evang. Kirche von Kurhessen-Waldeck, Lippische Landeskirche, Evang.-Lutherische Landeskirche Mecklenburgs, Nordelbische Evang.-Lutherische Kirche, Evang.-Lutherische Kirche in Oldenburg, Evang. Kirche der Pfalz, Pommersche Evang. Kirche, Evang.-reformierte Kirche mit Sitz in Leer, Evang. Kirche im Rheinland, Evang. Kirche der Kirchenprovinz Sachsen, Evang.-Lutherische Landeskirche Sachsens, Evang.-Lutherische Landeskirche Schaumburg-Lippe, Evang. Kirche der Schlesischen Oberlausitz, Evang.-Lutherische Kirche in Thüringen, Evang. Kirche von Westfalen und Evang. Landeskirche in Württemberg. Die Gliedkirchen in Anhalt, Berlin-Brandenburg, Pommern, Rheinland, Kirchenprovinz Sachsen, Schlesischer Oberlausitz und Westfalen bilden die Evang. Kirche der Union (EKU), die Gliedkirchen in Bayern, Braunschweig, Hannover, Mecklenburg, Nordelbien, Sachsen, Schaumburg-Lippe und Thüringen bilden die Vereinigte Evang.-Lutherische Kirche Deutschlands (VELKD).

4. *Organe der EKD* sind Synode, Kirchenkonferenz und Rat der EKD. Die *Synode* (Amtsdauer 6 Jahre) beschließt die Kirchengesetze, erläßt Kundgebungen, bespricht die Arbeit der EKD und Fragen des kirchlichen Lebens und gibt dem Rat Richtlinien. Sie wählt in Gemeinschaft mit der Kirchenkonferenz den *Rat der EKD.* Die Synode besteht aus 160 Mitgliedern (134 von synodalen Organen der Gliedkirchen gewählte, 26 vom Rat berufene). Sie wählt aus ihrer Mitte ein Präsidium. Die *Kirchenkonferenz* (Vertreter der Kirchenleitungen der 24 Gliedkirchen und der EKD) hat die Aufgabe, über die Arbeit der EKD und die gemeinsamen Anliegen der Gliedkirchen zu beraten. Sie wirkt bei der Wahl des Rates der EKD und bei der Kirchengesetzgebung mit. Sie wird vom Vorsitzenden des Rates geleitet. Der *Rat der EKD* (Amtsdauer 6 Jahre) hat die Aufgabe, die EKD zu leiten und zu verwalten; er vertritt die EKD nach außen. Er besteht aus 19 Mitgliedern (18 von Synode und Kirchenkonferenz gemeinsam gewählt und der Präses der Synode). Der Vorsitzende des Rates und ein Stellvertreter werden aus den Ratsmitgliedern von der Synode und der Kirchenkonferenz für 6 Jahre gewählt. Amtsstelle des Rates ist das Kirchenamt. Ferner besteht ein Schiedsgerichtshof.

5. Die Verfassungen der Gliedkirchen sind unterschiedlich gestaltet (vgl. dazu Scheffler, NJW 1977, 740). Alle Verfassungen sind sowohl von konsistorialen als auch von synodalen Elementen geprägt. Das synodale Element stellt die Gemeinde und Bestimmung durch Wahl in den Vordergrund, das konsistoriale betont den hierarchischen behördenähnlichen Aufbau. Diese beiden Elemente sind in vielfältiger Weise miteinander verflochten. In der Gemeinde ist z. B. der Pfarrer eingesetzt, aber häufig von der Gemeinde gewählt und immer Mitglied des Gemeinderates. Auf den höheren Stufen werden die Behördenleiter oft durch synodale Körperschaften gewählt, während andererseits Teile dieser Körperschaften durch die behördlich organisierte Kirchenleitung berufen werden. Die Landeskirchen bauen auf der Gemeinde auf. Organe der Gemeinde sind der *Pfarrer* und der *Kirchenvorstand* (Gemeindekirchenrat, Presbyterium); letzterer wird vom Pfarrer als Vorsitzendem und den von der Gemeinde gewählten Kirchenvorstehern gebildet. Der Kirchenvorstand achtet auf die laufende Verkündigung des Wortes Gottes und die Verwaltung der Sakramente. Er wirkt bei der Pfarrstellenbesetzung mit, verwaltet das Gemeindevermögen und vertritt die Gemeinde nach außen. Mehrere Gemeinden sind zum *Kirchenkreis* (Kirchenbezirk, Dekanat) vereinigt; dessen Organe sind Kreissynode (Bezirkssynode, Dekanatssynode) und Dekan (Su-

perintendent). Die Kreissynode umfaßt die Pfarrer des Kreises und die von den Gemeinden entsandten Mitglieder. Der Dekan wird i. d.R. von der Kirchenleitung, teilweise unter Mitwirkung der Kreissynode, ernannt. Oberstes Organ der Gesamtkirche (Landeskirche, „Gliedkirche" der EKD) ist die *Kirchensynode.* Sie besteht aus Geistlichen und Laien, die z. T. von den Kreissynoden entsandt, z. T. von der Kirchenleitung ernannt werden. Die Kirchensynode erläßt Kirchengesetze und bestimmt die Kirchenleitung, die als Behörde die Beschlüsse der Kirchensynode ausführt. In den meisten Landeskirchen wählt die Kirchensynode auch die persönliche Spitze der Kirchenleitung (Bischof, Landesbischof, Superintendent, Präses oder Kirchenpräsident).

6. Das Verhältnis zwischen der E. K. und dem Staat regeln die → Kirchenverträge.

**Eventualantrag** → Hilfsantrag.

**Eventualaufrechnung** → Aufrechnung.

**EVG** → Bundeswehr.

**Evidenzprüfung** (kein gesetzestechnischer Ausdruck) besagt, daß sich die gerichtliche Nachprüfung von Gesetzgebungs- oder Verwaltungsakten mit besonders weiten Gestaltungsspielräumen *praktisch* auf die evidente (offenkundige) Fehlerhaftigkeit beschränkt.

**Eviktion** → Gewährleistung (1 a. E.).

**Evokationsrecht** ist die Befugnis einer mit einer Strafsache nicht befaßten, weil zunächst unzuständigen Behörde, das Verfahren an sich zu ziehen. Diese Befugnis steht z. B. der Staatsanwaltschaft in Abgabenstrafsachen (§ 386 IV 2 AO; bedingt auch in → Bußgeldverfahren, § 42 OWiG) oder dem Generalbundesanwalt in → Staatsschutzsachen zu, für die an sich das Landgericht zuständig ist, aber Anklage vor dem Oberlandesgericht (in Bayern: Bayer. Oberstes Landesgericht) in Betracht kommt (§§ 74 a II, 120 II 1 Nr. 1 GVG).

**EWA** → Europäisches Währungsabkommen.

**EWE** → Europäische Währungseinheit; s. a. → Europäisches Währungssystem.

**EWG** → Europäische Wirtschaftsgemeinschaft.

**Ewiger Landfriede** → Landfriede.

**EWIV** (Europäische wirtschaftliche Interessenvereinigung) ist eine supranationale Gesellschaftsform, der im Rahmen der → Europäischen Gemeinschaft einzelne Unternehmensfunktionen (z. B. Vertrieb, Forschung) übertragen werden können. Subsidiär gelten für die BRep. die Vorschriften über die → Offene Handelsgesellschaft (Ges. v. 22. 4. 1988, BGBl. I 514).

**ex lege** = kraft gesetzlicher Vorschrift (s. z. B. → Rechtserwerb).

**ex nunc** = von jetzt ab (mit Wirkung für die Zukunft); z. B. tritt bei gestaltenden Rechtsgeschäften wie → Kündigung die Rechtsfolge erst mit dieser ein.

**ex officio** = von Amts wegen.

**ex tunc** = rückwirkend (auch für die Vergangenheit wirkend); z. B. wirkt die Anfechtung eines Vertrags wegen Willensmangels auf den Abschlußzeitpunkt zurück.

**exceptio** = → Einrede.

**exceptio doli** = Einrede der Arglist (→ Treu und Glauben).

**exceptio ex iure tertii** = Einrede aus dem Recht eines Dritten. Eine solche Einrede (z. B. Zurückbehaltungsrecht) ist grundsätzlich unzulässig, wenn dem Schuldner nicht ausnahmsweise die Geltendmachung des Gegenrechts eines Dritten kraft Vereinbarung oder Gesetzes gestattet ist.

**Exekutive** → vollziehende Gewalt.

**Exekutivstrafe** → Zwangsmittel.

**Exemtion** im Völkerrecht: → Exterritorialität. Im kath. Kirchenrecht die Herausnahme einer Person aus der Leitungsgewalt des unmittelbar für sie zuständigen Amtsträgers und Unterstellung unter den nächsthöheren (z. B. eines Ordensinstituts aus der Leitungsgewalt des zuständigen → Bischofs).

**Exequatur** (lat.; „er übe – sein Amt – aus!") ist im Völkerrecht die Zustimmung zur Ernennung eines → Konsuls durch den Empfangsstaat. Das E. wird jeweils für einen bestimmten Konsulatsbezirk erteilt, entweder dadurch, daß der Antrag mit dem Vermerk „Exequatur“ versehen wird, oder, wie heute meist, durch Ausstellung einer besonderen Urkunde. Nach Erteilung des E. werden die Konsuln regelmäßig bei den Behörden ihres Bezirks eingeführt. Wie das → Agrément kann das E. versagt werden, wenn Einwendungen gegen die Person des Konsuls bestehen. Für den Zivilprozeß s. Vollstreckungsurteil.

**Exhibitionismus** ist der krankhafte Drang (i. d. R. von Männern) zur Selbstentblößung aus sexuellen Motiven. Nach § 183 StGB ist ein Mann strafbar, der eine andere Person durch eine solche Handlung belästigt, auch wenn das nicht öffentlich geschieht (anders bei → Erregung öffentlichen Ärgernisses). Die Tat ist → Antragsdelikt, aber bei besonderem öffentlichen Interesse auch ohne Antrag verfolgbar. → Strafaussetzung ist unter erweiterten Voraussetzungen (Heilbehandlung) zulässig.

**Exhumierung.** Im Strafverfahren kann das Ausgraben (Exhumieren) einer Leiche zum Zwecke der gerichtlichen → Leichenschau oder Leichenöffnung (Obduktion) angeordnet werden, um durch → Augenschein über das Vorliegen einer strafbaren Handlung Beweis zu erheben (§ 87 III StPO). Aus anderen Gründen kann eine *Umbettung* von Leichen oder ihre Ausgrabung z. B. zur Feststellung der Todesursache in einer Rentenangelegenheit auf Anordnung der Verwaltungsbehörde in Frage kommen.

**Existenzgründer** → Ansparrücklage

**Existenzgründungsdarlehen** → Kreditvertrag (1, 2).

**Existenzminimum** → Einkommensteuer 3., → Familienleistungsausgleich.

**Exklave** → Enklave.

**Exklusivlizenz** → Postzwang.

**Exkommunikation** (can. 1331 CIC) ist die schwerste Kirchenstrafe in der → kath. Kirche. Sie besteht im Ausschluß von der Teilnahme an den → Sakramenten und vom sonstigen kirchlichen Leben, jedoch unter Aufrechterhaltung der kirchlichen Mitgliedschaft.

**Exkulpationsbeweis** → unerlaubte Handlung (5 a).

**Exmatrikulation** → Studenten.

**Experimentiergesetz** → Experimentierklausel.

**Experimentierklausel** ist kein verfassungsrechtlich definierter Begriff. Gemeint sind damit Rechtsvorschriften, die die Erprobung bestimmter Regelungen zulassen (z. B. durch Verordnungsermächtigungen oder → Öffnungsklauseln) oder vorsehen. Für diese Rechtsvorschriften wird i. d.R. mit dem Inkrafttreten bereits der Zeitpunkt des Außerkrafttretens festgelegt. S. a. → Zeitgesetz.

**Explosion, Herbeiführen einer –,** → Sprengstoff- u. Strahlungsverbrechen.

**Explosionsgefährliche Stoffe** → Sprengstoffe.

**Export** → Ausfuhr.

**Exportkartell** → Kartell (Ausfuhrkartell).

**Exportkommission** → Konsignation.

**Extensive Interpretation** → Auslegung (1 b).

**Externe Rechtskontrolle** ist eine heute nicht mehr gebräuchliche Bezeichnung für die Nachprüfung von → Verwaltungsakten durch unabhängige, von der Verwaltung organisatorisch und personell getrennte Verwaltungsgerichte. Der Begriff stand im Gegensatz zu der früher üblichen „internen“ Rechtskontrolle durch besondere Verwaltungsbehörden oder Verwaltungsgerichte, die mit den Verwaltungsbehörden organisatorisch und personell verbunden waren (z. B. in Preußen die Bezirksverwaltungsgerichte bei den Regierungen, in Bayern die Bezirksverwaltungsbehörden und Kreisregierungen).

**Exterritorialität.** Der → Diplomat genießt im Empfangsstaat eine Vorzugsstellung. Die ältere Lehre betrachtete mittels einer Fiktion den diplomatischen Vertreter während seines Aufenthalts im Empfangsstaat (insbes. im Gesandtschaftsgebäude, dem sog. Gesandtschaftshotel) als in Wirklichkeit außerhalb des Staatsgebietes (lat. = ex terra) des Empfangsstaats befindlich. Die neuere Lehre hat diese Fiktion aufgegeben und leitet die den diplomatischen Vertretern in der Staatenpraxis zuerkannten Vorrechte und Befreiungen unmittelbar aus dem Zweck der diplomatischen Vertretung ab (→ diplomatische Vorrechte).

**Extremisten** im öffentl. Dienst (Extremistenbeschluß) → Radikale im öffentl. Dienst, → Radikalenerlaß.

**Exzedentenrückversicherung** → Rückversicherung.

**Exzeß** = Ausschreitung, Überschreitung; s. z. B. → Notwehr(exzeß), → Anstiftung (1), → Beihilfe, → Mittäterschaft. Über E. des Fremdbesitzers → Eigentumsherausgabeanspruch.

**EZB** → Europäische Zentralbank.

**Fabrik.** Der gewerberechtliche Begriff der F. (vgl. § 105 b I GewO, § 2 Nr. 12, 17 der VO über genehmigungsbedürftige Anlagen vom 14. 2. 1975, BGBl. I 499) umfaßt Gebäude, Hallen oder Räume, in denen ausschließlich unter Verwendung industrieller Fertigungsmethoden Erzeugnisse hergestellt werden. Der Betrieb einer F. bedarf nur der Genehmigung, wenn *genehmigungsbedürftige Anlagen* oder gewerbliche Tätigkeiten (→ Immissionsschutz) betrieben werden. Über die besondere Betriebshaftung → Gefährdungshaftung, → Eisenbahnbetriebshaftung.

**Fabrikmarke** → Marken.

**Fachakademie** ist ein rechtlich nicht genau umgrenzter Begriff (s.a. → Akademie). Die Tendenz geht dahin, ihn für berufliche Bildungseinrichtungen zu verwenden, welche die Studierenden auf den Eintritt in eine gehobene Berufslaufbahn vorbereiten, i. d.R. im Anschluß an eine dem Studienziel dienende berufliche oder praktische Tätigkeit. Allgemein stehen die F. im Bildungsangebot unter den → Fachhochschulen. Sie sind im Zugang erleichtert und im Lehrangebot praxisnäher und spezialisierter. Sie sind keine → Hochschulen. Im Gegensatz zu den Fachhochschulen ist mit dem Abschluß der F. weder akademische Graduierung noch die allgemeine Hochschulreife verbunden.

**Fachanwalt** ist ein → Rechtsanwalt, der auf einem bestimmten Gebiet (Verwaltungs-, Steuer-, Arbeits-, Sozial-, Familien-, Strafrecht) Spezialkenntnisse aufweist. Das Recht zur Führung dieser Bezeichnung wird ihm auf Grund Nachweises entsprechender theoretischer Kenntnisse und praktischer Erfahrungen von der zuständigen Rechtsanwaltskammer verliehen (§ 43 c BRAO).

**Facharbeiter** ist ein gewerblicher → Arbeitnehmer mit besonderen theoretischen und praktischen Kenntnissen in seinem Fachbereich, der hierüber erfolgreich eine Prüfung abgelegt hat (s.a. → Industrie- und Handelskammer).

**Fachaufsicht** → Staatsaufsicht.

**Fachbereich.** Nach § 64 des → Hochschulrahmengesetz ist der F. die organisatorische Grundeinheit der → Hochschule (z. B. Theologischer F., Juristischer F.). Er ist an die Stelle der früheren → Fakultät getreten (nach Landesrecht führen die F. wissenschaftl. Hochschulen weiterhin diese Bezeichnung; vgl. z. B. Art. 36 I 3 bayer. HochschulG i. d. F. vom 8. 12. 1988, GVBl. 399). Der F. erfüllt unbeschadet der Gesamtverantwortung der Hochschule und der Zuständigkeit zentraler Hochschulorgane für sein Gebiet die Aufgaben der Hochschule. Dazu gehören vor allem die Pflege von Forschung und Lehre in den verschiedenen Bereichen der Wissenschaft, insbes. der planmäßige Unterricht in Vorlesungen, Übungen und Seminaren. Die F. verleihen auf Grund wissenschaftlicher Leistungen und Prüfungen die akademischen Grade → akademischen Grade → Diplom, → Doktor, Lizentiat; zu diesem Zweck werden *Promotionsordnungen* erlassen. In die Zuständigkeit des F. fällt auch, soweit im Hochschulrecht noch vorgesehen, die *Habilitation,* d. h. die förmliche Feststellung der Lehrbefähigung *(venia legendi)* von Bewerbern, die geeignet sind, das gewählte Fachgebiet in Lehre und Forschung vertreten. Die F. unterbreiten Vorschläge zur Besetzung der planmäßigen Professuren (Besetzungslisten, über die meist vom Kultusminister entschieden wird) und sind auch sonst an Personalentscheidungen beteiligt (z. B. Vorschläge zur Bestellung von → Honorarprofessoren und von Lehrbeauftragten). Organe des F. sind der *Fachbereichsrat* und der *Fachbereichssprecher* (früher → Dekan; diese Bezeichnung wird neuerdings wieder zunehmend verwendet). Der F.rat, dessen Zusammensetzung das Landesrecht bestimmt, ist zuständig in allen Forschung und Lehre betreffenden Angelegenheiten des F. Der F.sprecher vollzieht die Beschlüsse des F.rats und führt die Geschäfte des F. in eigener Zuständigkeit. Für Aufgaben, die eine Zusammenarbeit mehrerer F. erfordern, können Gemeinsame Kommissionen gebildet werden. Unter der Verantwortung eines oder mehreren F. können nach Bedarf auf Dauer angelegte wissenschaftliche Einrichtungen und Betriebseinheiten gebildet werden (z. B. Institute, medizin. Einrichtungen).

**Fachgerichte** nennt man teilweise als Gegensatz zu den Verfassungsgerichten (→ Verfassungsgerichtsbarkeit, → Bundesverfassungsgericht) die Gerichte aller anderen Gerichtszweige (→ Gerichtsbarkeit). Das Bundesverfassungsgericht betont immer wieder, daß Anwendung und Auslegung des einfachen Rechts Sache der F. sei und es selbst nur überprüfe, ob hierbei Verfassungsrecht verletzt oder nicht beachtet worden ist. Teilweise wird der Begriff F. im Gegensatz zu der → ordentlichen Gerichtsbarkeit gebraucht und bezeichnet damit Verwaltungsgerichtsbarkeit, Arbeitsgerichtsbarkeit, Sozialgerichtsbarkeit und Finanzgerichtsbarkeit.

**Fachhochschulen** sind Einrichtungen des Bildungswesens, die durch praxisbezogene Lehre eine auf wissenschaftlicher oder künstlerischer Grundlage beruhende Bildung vermitteln, die zu selbständiger Tätigkeit im Beruf befähigt. Die F. sind → Hochschulen im Sinne des → Hochschulrahmengesetzes (vgl. § 1 HRG). Aufgaben und Organisation ergeben sich aus den Hochschulgesetzen der Länder. Die F. sollen eine gehobene Fachbildung neben der Universität vermitteln; Zugangsvoraussetzung ist die i. d. R. durch Realschule und 2 Jahre Fachoberschule erworbene „Fachhochschulreife". Der Abschluß der F. ist mit der Verleihung eines → akademischen Grades verbunden, früher z. B. „Ing. (grad.)", nun nach § 18 HRG dem Diplom mit dem Zusatz (FH). Der Abschluß einer F. vermittelt außerdem die allgemeine Hochschulreife. Die F. umfassen eine oder mehrere Ausbildungseinrichtungen (z. B. „Ingenieurwesen"; „Wirtschaft"). Im allg. sind die F. als → Körperschaften öffentl. Rechts (mit → Selbstverwaltung) errichtet; doch bestehen auch „verwaltungsinterne" F. (z. B. Bayer. Beamtenfachhochschule mit verschiedenen Fachbereichen), sonstige öffentl.-rechtl. (z. B. kirchliche) sowie private F. (die staatlicher Anerkennung bedürfen). Die frühere Tendenz, F. integriert oder kooperativ mit den wissenschaftl. Hochschulen zusammenzuführen (→ Gesamthochschulen), ist aufgegeben.

**Fachoberschulen** vermitteln allgemeine, fachtheoretische und fachpraktische Bildung in verschiedenen fachlichen Bereichen. Der Bildungsgang setzt einen Realschulabschluß oder eine gleichwertige Vorbildung voraus, dauert bei Vollzeitunterricht i. d. R. 2 Jahre und führt zur Fachhochschulreife (→ Fachhochschulen), nicht aber zur allgemeinen → Hochschulreife.

**Fachschule** → Berufsschulen.

**Factoringvertrag** ist ein gemischter verkehrstypischer Vertrag (→ Vertrag, 2), in dem der → Kauf von Kundenforderungen durch eine Bank o.ä. gegen sofortige Wertstellung oder Kreditierung mit der Übernahme von Dienstleistungspflichten (insbes. Kundenbuchhaltung, Beitreibung der Forderungen) kombiniert ist. Beim echten F. übernimmt damit der Factor das Risiko der Uneinbringlichkeit der Kundenforderung. Bei dem in Deutschland vielfach verbreiteten sog. unechten F. werden die Forderungen aber nur → erfüllungshalber an den Factor übertragen, so daß bei deren Nichtbeitreibbarkeit der Kunde aus seinem Kreditverhältnis mit dem Factor in Anspruch genommen wird (BGH NJW 1972, 1715); auch liegt beim unechten F. steuerrechtlich kein Umsatz von Forderungen vor (BFH BB 1982, 170). Factoring ist nicht als → Rechtsberatung genehmigungspflichtig. S. a. Gesetz zu dem Unidroit-Übereinkommen vom 28. 5. 1988 über das internationale F. vom 25. 2. 1998 (BGBl. II 172) sowie → Forfaitierung.

**facultas alternativa** → Ersetzungsbefugnis.

**Fähigkeit zum Richteramt oder höh. Verwaltungsdienst** → Befähigung zum ...

**Fähigkeiten, Aberkennung** → Aberkennung (Verlust) v. Fähigkeiten und Rechten.

**Fahndung** umfaßt die Maßnahmen der Staatsanwaltschaft und der Polizei zur

Ermittlung eines unbekannten Straftäters oder des Aufenthalts eines bekannten oder mutmaßlichen Täters, eines wichtigen Zeugen oder einer Sache. Mittel sind u. a. Auskünfte von Behörden und anderen Stellen, Bundeszentralregister (→ Strafregister), → Verkehrszentralregister, → Gewerbezentralregister, → Ausländerzentralregister, EDV-Fahndungssystem der Polizei (→ INPOL), Deutsches Fahndungsbuch, Amtsblätter des → Bundeskriminalamtes und der Landeskriminalämter, öffentliche Medien, Plakatanschläge, Aussetzung von Belohnung sowie Ausschreibung zur Aufenthaltsermittlung (unter Niederlegung eines → Suchvermerks im Bundeszentralregister), → Steckbrief, Ausschreibung zur Festnahme auf Grund → Haftbefehls- oder → Unterbringungsbefehls, → Observation, → Durchsuchung, → Datenabgleich, F. über → Interpol. Außerdem kommen in Betracht → Rasterfahndung, → Schleppnetzfahndung, → Polizeiliche Beobachtung, → Überwachung der Telekommunikation, → Einsatz technischer Mittel, → Kontrollstellen, → Verdeckte Ermittler; in diesen Fällen ist i. d.R. eine richterliche Anordnung erforderlich, u. U. eine nachträgliche Benachrichtigung des Betroffenen; die Verwertbarkeit der gewonnenen Erkenntnisse für andere Strafverfahren ist zumeist eingeschränkt (→ Zufallsfunde).

**Fahne** → Bundesflagge.

**Fahne, Verunglimpfung der –.** In § 90 a StGB ist die öffentlich, in einer Versammlung oder durch Verbreiten von → Schriften und anderen Darstellungen begangene Verunglimpfung der *Flagge,* der *Farben* oder des *Wappens* der BRep. oder eines ihrer Länder unter Strafe gestellt, ebenso das Entfernen, Zerstören, Beschädigen usw. der öffentlich gezeigten Flagge oder des Hoheitszeichens oder beschimpfender Unfug daran. Zum Verunglimpfen und Beschimpfen → Beschimpfung.

Die Entfernung, Beschädigung usw. der öffentlich gezeigten Flagge eines *ausländischen* Staates oder des an einer ausländischen Vertretung (Botschaft, Konsulat) angebrachten Hoheitszeichens wird nach § 104 StGB bestraft; sie ist aber nur verfolgbar, wenn diplomatische Beziehungen zu dem Staat bestehen, die Gegenseitigkeit verbürgt ist und ein Strafverlangen des Staates sowie die Ermächtigung der BReg. zur Strafverfolgung vorliegen (§ 104 a StGB).

**Fahnen verbotener Vereinigungen** → Kennzeichen verbotener Vereinigungen.

**Fahnenflucht** begeht ein Bundeswehrangehöriger, der eigenmächtig seine Truppe oder Dienststelle verläßt oder ihr (z. B. nach Urlaubsablauf) fernbleibt, um sich der Verpflichtung zum Wehrdienst *dauernd* oder für die Zeit eines bewaffneten Einsatzes zu entziehen oder die Beendigung des Wehrdienstverhältnisses (z. B. durch Entlassung wegen Unwürdigkeit) zu erreichen. Die Strafe ist Freiheitsstrafe bis zu 5 Jahren, der Versuch strafbar. Stellt sich der Täter innerhalb eines Monats zum Wehrdienst (Unterfall der → tätigen Reue), ist die Höchststrafe 3 Jahre; § 16 WStG. Nichtsoldaten, die einen Soldaten zur F. verleiten oder zu verleiten suchen oder ihm die F. erleichtern, sind nach §§ 26, 27, 30 StGB, §§ 1 IV, 16 WStG strafbar. Fehlt dem Soldaten die Absicht, sich dem Wehrdienst überhaupt zu entziehen, ist er aber vorsätzlich oder fahrlässig länger als drei volle Kalendertage von der Truppe abwesend, so liegt *eigenmächtiges Fernbleiben* vor, das milder bestraft wird (§ 15 WStG, der auch bei Anstiftung, Beihilfe oder versuchter Beteiligung eines Nichtsoldaten heranzuziehen ist; § 1 IV WStG). Für *Zivildienstpflichtige* gelten entsprechende Strafvorschriften gegen Dienstflucht und eigenmächtige Abwesenheit nach §§ 52, 53 des → ZivildienstG.

**Fahrbahn.** Die F. einer öffentlichen Straße steht in erster Linie dem Fahrzeugverkehr zur Verfügung. Führer von *Fahrzeugen* müssen grundsätzlich die F. benutzen, von zwei F. die rechte; Seitenstreifen sind nicht Bestandteil der F. (§ 2 I StVO). Ausnahmen sind je nach Verkehrsdichte zulässig, in geschlossenen Ortschaften allgemein (§ 7 StVO).

Auch *Radfahrer* haben, wenn kein → Radweg vorhanden ist, die F. zu benutzen, und zwar auf der äußersten rechten Seite; sie dürfen auf rechten Seitenstreifen fahren, wenn kein Radweg vorhanden ist und sie Fußgänger nicht behindern (§ 2 II, IV StVO). Die F. darf von allen Fahrzeugen zum → Halten und → Parken benutzt werden, soweit nicht Verbote entgegenstehen.

→ *Fußgänger* dürfen die F. nur benutzen, wo weder ein → Gehweg noch ein Seitenstreifen vorhanden ist. In diesem Falle müssen sie *innerhalb geschlossener Ortschaften* am linken oder rechten, *außerhalb* am linken Fahrbahnrand gehen, außer wenn sie ein Fz. (z. B. Fahrrad) mitführen oder in geschlossenen Abteilungen marschieren oder am Linksgehen z. B. durch eine Baustelle gehindert sind (§ 25 I, II StVO).

→ *Sport und Spiel* auf der F. sind nur in gekennzeichneten Straßen erlaubt (§ 31 StVO).

Eine *weiße unterbrochene Linie* auf der F. ist nur eine Leitlinie, die überfahren werden darf, wenn dadurch der Verkehr nicht behindert wird. Eine *nicht unterbrochene Linie* bedeutet Überfahrverbot; auf der Autobahn trennt sie Überhol- und Normalspur.

S. ferner → Einbahnstraßen, → Bankett, → Sommerweg. Über die Verschmutzung der F. → Hindernisbereiten im Straßenverkehr.

**Fahren ohne Führerschein,** d. h. ohne die dafür vorgeschriebene → Fahrerlaubnis, ist strafbar; außerdem kann der Schutz der → Kraftfahrzeug-Haftpflichtversicherung entfallen. Wer auf *öffentlichen* Straßen (also nicht auf privatem Gelände, vgl. § 2 StVG) *vorsätzlich* ein Kfz. führt, obwohl er die dafür erforderliche Erlaubnis nicht besitzt – d. h. wenn er sie nicht erworben hat oder wenn sie ihm entzogen worden ist – oder obwohl ihm ein → Fahrverbot auferlegt ist, wird nach § 21 StVG mit Freiheitsstrafe bis zu 1 Jahr oder Geldstrafe bestraft; dasselbe gilt für den Halter des Kfz., der dies vorsätzlich duldet oder anordnet. Wer die Tat *fahrlässig* begeht, ist mit Freiheitsstrafe bis zu 6 Mon. oder Geldstrafe bis zu 180 Tagessätzen bedroht. Diese Strafdrohung gilt auch für den Fahrer, dessen Führerschein beschlagnahmt (sichergestellt) ist, ohne daß aber eine Entziehung oder ein Fahrverbot ausgesprochen worden ist, und ggf. für den Halter, der die Tat duldet oder anordnet.

Ein Kfz. führt, wer es in Betrieb setzt, wenn auch ohne Inanspruchnahme der Motorkraft; das gilt auch für die unmittelbar einleitenden Handlungen, die der Fortbewegung des Kfz. auf öff. Straße dienen (Einstecken des Zündschlüssels u. dgl.).

Ferner ist nach § 21 III StVG Einziehung des Kfz nach den Vorschriften der §§ 74 ff. StGB zulässig (→ Einziehung im Strafverfahren), wenn der Täter entweder in den letzten 3 Jahren schon wegen F. o.F. verurteilt worden ist oder entgegen einem Fahrverbot oder nach Entziehung (Sperre) der Fahrerlaubnis gehandelt hat. Wer zwar eine Fahrerlaubnis besitzt, aber den Führerschein beim Führen des Kfz. nicht bei sich führt, macht sich einer Ordnungswidrigkeit nach §§ 4 II 2, 69 a I Nr. 5 StVZO, § 24 StVG schuldig, die mit Geldbuße bis zu 1000 DM bedroht ist; statt dessen kann eine → Verwarnung ausgesprochen werden (fakultativ mit Gebühr).

Über das Führen *nicht zugelassener Kfz.* s. → Zulassung. S. a. Mißbrauch von → Kennzeichen an Kfz.

**Fahrerflucht** → unerlaubtes Entfernen vom Unfallort.

**Fahrerlaubnis.** Einer F. bedarf, wer auf öff. Straßen ein Kraftfahrzeug (d. h. ein maschinell getriebenes, nicht an Gleise gebundenes Landfahrzeug) führen will. Die F. ist durch eine amtliche Bescheinigung (Führerschein) nachzuweisen, die beim Führen von Kfz. mitzuführen und zuständigen Personen auf Verlangen zur Prüfung auszuhändigen ist.

Das Recht der F. wird weitgehend durch die 2. EG-Führerscheinrichtlinie 91/439/EWG vom 29. 7. 1991 (ABl. EG L 237/1) m. Änd., die für EU und EWR (Beschluß des Gemeinsamen EWR-Ausschusses 7/94 vom 21. 3. 1994, ABl. EG L 160/80) gilt, bestimmt. Sie enthält insbes.: das internationale System der F.-Klassen und den → Stufenführerschein für Krafträder; die Zugangsvoraussetzungen der einzelnen F.-Klassen; die gegenseitige unbeschränkte Anerkennung der Führerscheine aus den Mitgliedstaaten ohne Umtausch bei Aufenthalts- oder Wohnsitzverlegung (→ Auslandsführerschein); ein einheitliches Führerscheinmuster (EU-Führerschein). Außerdem schreibt sie vor, daß jeder EU-Bürger nur eine F. und einen Führerschein besitzen darf.

Die F. wird danach in folgenden *Klassen* erteilt: A für Krafträder, B für Pkw und andere Kfz. bis 3,5 t Gesamtmasse und 8 Sitzplätzen außer dem Führersitz, C für Lkw, D für Omnibusse, E für Kfz. der Klassen B, C und D mit Anhänger; hinzu kommen Unterklassen; z. B. A1 für Leichtkrafträder.

Das *Mindestalter* für die Erteilung der F. muß betragen: 16 Jahre für die Klasse A1, 18 Jahre für die Klassen A, B und C, 21 Jahre für die Klasse D. In der Klasse A ist ein → Stufenführerschein vorgesehen. Die Einzelheiten werden in einer F.-VO geregelt, die auch die zusätzlichen Klassen M, L und T für die von der Richtlinie nicht erfaßten Kleinkrafträder, Fahrräder mit Hilfsmotor und land- und forstwirtschaftlichen Zugmaschinen enthalten wird.

Voraussetzungen für die Erteilung einer F. sind nach § 2 StVG: ordentlicher Wohnsitz (d. h. mindestens für die Dauer von 185 Tagen, also 1/2 Jahr) im Inland; Mindestalter (s. o.); kein Besitz der beantragten F. in einem anderen EU- oder EWR-Staat; körperliche und geistige, auch charakterliche Eignung zum Führen von Kfz., die bei erheblichem oder wiederholtem Verstoß gegen Verkehrsvorschriften oder Strafgesetze fehlen kann (s. § 4 StVG, → Punktsystem); Ausbildung nach dem FahrlehrerG; Nachweis der Befähigung zum Führen von Kfz. in theoretischer und praktischer Prüfung; Kenntnis der Ersten Hilfe oder der Grundzüge der Versorgung Unfallverletzter.

Die F. für die Klassen C und D kann befristet erteilt werden. Bei bedingter Eignung sind Beschränkungen oder Auflagen zulässig.

F. und Führerscheine, die nach den bisher geltenden Vorschriften, z. B. für die Klassen 1 bis 5, oder nach den Bestimmungen der ehem. DDR erteilt worden sind, bleiben im Umfang der dadurch nachgewiesenen Berechtigung gültig, können aber umgetauscht werden.

Bei erstmaligem Erwerb wird eine F. *auf Probe* mit einer Probezeit von 2 Jahren erteilt. Wird sie während der Probezeit entzogen oder zurückgegeben, so endet diese; mit der Erteilung einer neuen F. beginnt eine neue Probezeit für die Restdauer der ersten. Die Regelungen gelten auch für Inhaber einer F. aus EU oder EWR, die ihren Wohnsitz in das Inland verlegen. Bei 1 schwerwiegenden oder 2 weniger schwerwiegenden Verkehrsverstößen in der Probezeit, die zu rechtskräftiger Entscheidung und Eintragung in das → Verkehrszentralregister führen, kommt es nach § 2 a StVG zu folgenden abgestuften Maßnahmen: Teilnahme an einem → Aufbauseminar – andernfalls Entziehung der F. – und Verlängerung der Probezeit um 2 Jahre; bei 1 weiteren schwerwiegenden oder 2 weiteren weniger schwerwiegenden Verstößen nach dem Aufbauseminar in der Probezeit schriftliche Verwarnung und freiwillige Teilnahme an verkehrspsychologischer Beratung; bei 1 weiteren schwerwiegenden oder 2 weiteren weniger schwerwiegenden Verstößen in der Probezeit Entziehung der F.

Über das Antragsverfahren, Ermittlungen der Verwaltungsbehörde über die Eignung des Bewerbers s. § 2 StVG.

Die F. kann *entzogen* werden

a) durch die *F-Behörde* nach § 3 StVG, wenn sich der Inhaber als ungeeignet oder nicht befähigt zum Führen von Kfz. erweist (bei nur bedingter Eignung sind Beschränkungen oder Auflagen zulässig); hierzu kann sie u. a. Gutachten eines Arztes, einer Begutachtungsstelle für Fahreignung oder eines Sachverständigen oder Prüfers für den Kfz.-Verkehr verlangen. Zur Erkennung ungeeigneter Kfz.-Führer dient das → Punktsystem (§ 4 StVG). Gegen die Entscheidung ist das Widerspruchsverfahren (§§ 68 ff. VwGO) und bei Erfolglosigkeit die Klage im Verwaltungsstreitverfahren (§§ 40, 42 VwGO) zugelassen;

b) durch *strafgerichtliche* Entscheidung nach §§ 69 ff. StGB (→ Maßregeln der Besserung u. Sicherung, 5);

c) *vorläufig* durch das Gericht nach § 111 a StPO. Dies ist zulässig, wenn dringende Gründe die endgültige Entziehung durch das Strafgericht erwarten lassen, und dient zugleich der Verhütung gleichartiger Straftaten durch den ungeeigneten Kraftfahrer. Die vorläufige Entziehung wirkt gleichzeitig als Beschlagnahme des Führerscheins oder deren Bestätigung. Wird die F. im Urteil nicht entzogen, sind die vorläufigen Maßnahmen aufzuheben.

Bei einer ausländischen F. hat die Entziehung die Wirkung einer Aberkennung des Rechts, von der F. im Inland Gebrauch zu machen (§ 3 I StVG, § 69 b StGB). Ist derselbe Sachverhalt Gegenstand eines Verwaltungs- und eines Strafverfahrens, so hat letzteres den Vorrang (§ 4 II, III StVG). Die Verwaltungsbehörde hat das Entziehungsverfahren bis zum Abschluß des Strafverfahrens auszusetzen. Hat das Strafgericht über die Entziehung sachlich (positiv oder negativ) entschieden, so ist die Verwaltungsbehörde an die Sachverhaltsfeststellung und an die Beurteilung der Schuldfrage und der Eignung zum Führen von Kfz. gebunden; nicht dagegen, wenn das Strafurteil hierüber schweigt.

Nach Ablauf der Sperrfrist oder Wegfall des sonstigen Hindernisses ist die *Wiedererteilung der F.* zulässig. Diese wird stets „neu" erteilt, d. h. nach erneuter Prüfung der gesetzlichen Voraussetzungen, wobei aber von einer neuen Eignungsprüfung abgesehen werden kann (§ 15 c StVZO). Ablauf der Sperre allein, die das Gericht auch vorzeitig verfügen kann, wenn der Betroffene nicht mehr ungeeignet erscheint (§ 69 a VII StGB), verpflichtet noch nicht zur Neuerteilung. S. a. → Fahren ohne Führerschein.

Die Kosten zur Erlangung des F. Klasse 3 sind *steuerlich* nicht absetzbar, da sie der Allgemeinbildung dienen.

**Fahrerlaubnisregister.** Die Fahrerlaubnisbehörden führen *örtliche F.* über die von ihnen erteilten oder registrierten Fahrerlaubnisse und Führerscheine sowie über die Entscheidungen dazu, bis der Datenbestand in das → *Zentrale F.* und in das → Verkehrszentralregister übernommen ist, spätestens bis 31. 12. 2005 (§§ 48 I, 65 X StVG).

**Fahrgastbeförderung.** Eine Erlaubnispflicht zur F. besteht nach §§ 15 d ff. StVZO für *Führer* von Kraftomnibussen (mit mehr als 8 Fahrgastplätzen), von einem Taxi, von Mietwagen, Krankenkraftwagen oder Kfz., mit denen gewerbsmäßig Ausflugsfahrten oder Ferienziel-Reisen durchgeführt werden. Voraussetzung ist neben der allgemeinen Fahrerlaubnis Zuverlässigkeit des Bewerbers, ein Mindestalter (21 J.), amtsärztlich festgestellte Eignung, Fahrpraxis, eine besondere Prüfung über Kenntnisse und Fahrfertigkeit sowie Ausbildung in Verkehrsunfallhilfe; Taxiführer (Einstellung meldepflichtig, § 15 g StVZO) müssen Ortskenntnis nachweisen, während die zusätzliche Prüfung entfallen kann. Die Erlaubnis zur F. ist auf 3 Jahre begrenzt (mit Verlängerungsmöglichkeit). Über Nachuntersuchung, Nachprüfung und Entziehung der Erlaubnis s. §§ 15 f, i, k StVZO; Sonderbestimmungen für EG-Omnibusfahrer in § 15 I StVZO.

Im übrigen gelten *für alle Fahrzeuge* Sicherheitsvorschriften nach der StVO: der Fz.-Führer darf Personen neben sich nur mitnehmen, wenn er dadurch nicht behindert wird (§ 23 I 1 StVZO). Die – nicht arbeitsbedingte – Beförderung von Personen auf der Ladefläche eines Lkw ist verboten, ebenso Mitnehmen von Personen auf Krafträdern ohne besondere Sitzgelegenheit; Kinder bis zu 12 Jahren und 1,5 m Körpergröße dürfen im Pkw grundsätzlich nur auf Sitzen mit geeigneten Rückhalteeinrichtungen mitgenommen werden (§ 21 I a StVO, → Sicherheitsgurt).

Wegen der gewerberechtlichen Genehmigungspflicht zur entgeltlichen oder geschäftsmäßigen Beförderung von Personen s. → Personenbeförderung.

**Fahrgeschwindigkeit.** I. Jeder Fahrzeugführer hat nach § 3 StVO die F. so einzurichten, daß er jederzeit seinen Verkehrspflichten genügen und notfalls das Fz. rechtzeitig anhalten kann. Maßgebend sind insbes.: Sichtweite (häufig eingeschränkt durch Witterung oder Dunkelheit), Übersichtlichkeit der Straße, Beschaffenheit der Fahrbahn, Zustand des Fz. (Reifen, Bremsen, Beleuchtung), Fahrtüchtigkeit des Fahrers (Ausfallerscheinungen, Mangel an Übung), Verkehrsdichte, besondere Gefahrenquellen (Baustellen, Schulausgänge) u. a. m. Besondere Vorsicht ist an unübersichtlichen Stellen, höhengleichen → Bahnübergängen, Fußgängerüberwegen (→ Fußgänger) sowie gegenüber Kindern, Hilfsbedürftigen und älteren Menschen geboten; an Straßen mit → Vorfahrt und Überwege darf nur mit mäßiger F. herangefahren werden, und an Überwegen ist notfalls zu halten, um den Fußgängern das Überqueren zu ermöglichen. An → Haltestellen öff. Verkehrsmittel darf an Fahrgästen, die auf der Fahrbahn ein- oder aussteigen wollen, grundsätzlich nur mit Schrittgeschwindigkeit und gehörigem Abstand vorbeigefahren werden; nötigenfalls ist ihnen das ungefährdete Ein- und Aussteigen durch Warten zu ermöglichen (§ 20 StVO). Über den Anhalteweg → Bremsen (3).

II. Die *Höchstgeschwindigkeit* (§§ 3, 18 V StVO) beträgt, soweit sie nicht durch → Verkehrszeichen geregelt ist:

1. *in geschlossenen Ortschaften* (die Grenzen werden durch Ortstafeln oder eindeutig geschlossene Bauweise bestimmt) 50 km/h; für Autobahnen gelten dieselben F. wie außerhalb geschlossener Ortschaften;

2. *außerhalb geschlossener Ortschaften*

a) für Pkw und andere Kfz. bis 3,5 t 100 km/h; i.ü. gilt für diese Kfz. auf Autobahnen und Straßen mit getrennten Fahrbahnen oder mindestens 2 Fahrspuren für jede Richtung keine Höchstgeschwindigkeit; empfohlen ist aber eine *Autobahn-Richtgeschwindigkeit* von nicht mehr als 130 km/h (VO vom 21. 11. 1978, BGBl. I 1824);

b) für Kfz. i. S. von a) mit Anhänger, Kfz. über 3,5 t bis 7,5 t und Omnibusse 80 km/h; für bestimmte Omnibusse ohne Anhänger 100 km/h;

c) für sonstige Kfz. mit Anhänger, Kfz. über 7,5 t und Omnibusse mit Fahrgästen ohne Sitzplätze 60 km/h;

3. nach der *Art des Fz.* für Kfz. mit Schneeketten 50 km/h, für Fz. mit Vollgummi- oder Eisenreifen oder Gleisketten s. § 36 VStVZO;

4. nach den *Sichtverhältnissen:* bei Sichtweite durch Nebel, Schneefall oder Regen von weniger als 50 m 50 km/h.

III. Durch → *Verkehrszeichen* kann in geschlossenen Ortschaften für alle Fz. eine F. über 50 km/h und außerhalb geschlossener Ortschaften für Pkw und sonstige Kfz. bis 2,8 t eine F. von über 100 km/h gestattet werden. Außerdem kann eine MindestF. vorgeschrieben werden. Die zulässigen F.en können durch Verkehrszeichen herabgesetzt werden für Strecken, Zonen mit einer Zonen-Geschwindigkeitsbeschränkung von 30 km/h (Tempo-30-Zone), verkehrsberuhigte Geschäftsbereiche, → verkehrsberuhigte Bereiche, → Fahrradstraßen und Fußgängerbereiche. Kriterien für die Anordnung sind insbes. die Verkehrssicherheit, der Schutz der Bevölkerung vor Lärm und Abgasen und die Unterstützung einer geordneten städtebaulichen Entwicklung (s. § 45 I b, I c StVO). Eine geschwindigkeitsbeschränkte Zone darf nach der Rspr. (BVerwG NJW 1995, 1371) nur angeordnet werden, wenn das Bild des betreffenden Gebiets dem Kraftfahrer stets das Bewußtsein vermittelt, sein Kfz. in einer solchen Zone zu steuern (sog. Zonenbewußtsein).

IV: *Überschreiten* der zulässigen F. ist in § 49 StVO, § 24 StVG mit Geldbuße bedroht; ebenso aber ungewöhnlich langsames Fahren, das den Verkehr behindert (§ 3 II StVO). Die Überschreitung der Geschwindigkeitsgrenze, z. B. zur Rettung eines lebensgefährlich Erkrankten, kann durch → Notstand gerechtfertigt sein, wenn sie andere Verkehrsteilnehmer nicht gefährdet. Wer an unübersichtlichen Stellen, Straßenkreuzungen od. -einmündungen od. Bahnübergängen grob verkehrswidrig und rücksichtslos zu schnell fährt und dadurch Leib oder Leben eines anderen oder bedeutende fremde Sachwerte gefährdet, wird wegen → Straßenverkehrsgefährdung bestraft.

**Fahrkarten** → Inhaberzeichen.

**Fahrlässigkeit** → Verschulden (II 1 b), → Schuld.

**Fahrlehrer.** Nach dem Ges. über das Fahrlehrerwesen vom 25. 8. 1969 (BGBl. I 1336) m. spät. Änd. bedarf, wer Personen ausbildet, die eine Erlaubnis zum Führen von Kraftfahrzeugen nach § 2 StVG (→ *Fahrerlaubnis*) erwerben wollen, einer Fahrlehrererlaubnis (§ 1). Von der *Erlaubnis* darf nur zusammen mit einer Fahrschulerlaubnis oder im Rahmen eines Beschäftigungsverhältnisses bei einer → Fahrschule Gebrauch gemacht werden. Der Bewerber muß mindestens 23 Jahre alt, geistig und körperlich geeignet sein, eine Fahrpraxis von mindestens 3 Jahren in Klasse 3, bzw. 2 Jahren in Klassen 1 und 2 aufweisen (§§ 2, 3) und nach einem Vollzeitlehrgang von 5–8 Monaten (§ 4 a) die F.prüfung bestehen (§ 4); s. ferner AusbildungsO vom 13. 5. 1977

(BGBl. I 733) m. Änd. sowie PrüfungsO vom 27. 7. 1979 (BGBl. I 1263). Der F. erhält einen Fahrlehrerschein, der bei Fahrten mit Fahrschülern mitzuführen ist (§ 5). Für den Betrieb einer → Fahrschule ist eine besondere → Erlaubnis erforderlich. Die Ausbildung zum F. darf nur in amtlich anerkannten F.-Ausbildungsstätten betrieben werden (§§ 22 ff. FahrlG, §§ 6 ff. DVO vom 16. 9. 1969, BGBl. I 1763 m. zahlr. Änd.). Überwachung durch die Aufsichtsbehörde gem. § 33. Für Nachschulungen nach § 2 a StVG ist eine besondere Nachschulungserlaubnis erforderlich (§ 31). Die Nachqualifikation von F. aus der ehem. DDR (140 Unterrichtsstunden und Prüfung) regelt die VO vom 11. 12. 1990 (BGBl. I 2705).

**Fahrnis** = bewegliche Sache, → Sachenrecht. Gegensatz: → Liegenschaft.

**Fahrnisgemeinschaft.** Den früheren vertraglichen → Güterstand der F. (das voreheliche bewegliche Vermögen – *Fahrnis* – wurde neben dem beiderseitigen Vermögenserwerb während der Ehe grundsätzlich Gesamtgut; → Gütergemeinschaft) kennt das BGB i. d.F. des → Gleichberechtigungsgesetzes nicht mehr. Für vor dem 1. 7. 1958 abgeschlossene Verträge gilt jedoch das alte Recht fort (§§ 1549 ff. BGB a. F., Art. 8 I Ziff. 7 des Gleichberechtigungsgesetzes).

**Fahrnispfandrecht** → Pfandrecht.

**Fahrpersonal** i. S. des Fahrpersonalgesetzes (FPersG) i. d.F. vom 19. 12. 1987 (BGBl. I 640) m. Änd. sind Fahrer, → Beifahrer und Schaffner von Kfz über 2,8 t und Straßenbahnen, gleich ob Unternehmer, Arbeiter, Angestellte oder Beamte. F. von Pkw und Kfz bis 2,8 t wird vom FPersG nur erfaßt, wenn es in einem Arbeitsverhältnis steht. Das FPersG dient vor allem dazu, eine Übersicht über die Vorschriften für die Beschäftigungszeiten des F. (→ Kraftfahrer) und für die Kontrollen (→ Kontrollgerät, → Fahrtschreiber) zu schaffen, und bestimmt, welche Verstöße → Ordnungswidrigkeiten darstellen. Das ArbeitszeitG (→ Arbeitszeit) gilt nur subsidiär.

**Fahrprüfung** → Fahrerlaubnis.

**Fahrräder, F. mit Hilfsmotor** 1. Über die Ausrüstung von *Fahrrädern* → Beleuchtung, → Bremsen, → Beiwagen und über das Anbringen einer Glocke § 64 a StVZO; über die Benutzung von F. im öffentlichen Verkehr → Ausweichen, → Überholen, → Autostraßen (unter 2), → Bankett, → Radfahrer, → Radweg.

2. *F. mit Hilfsmotor* sind → Krafträder mit *50 km/h* Höchstgeschwindigkeit und elektrischer Antriebsmaschine oder Verbrennungsmotor bis 50 ccm Hubraum und zusätzlich – zur Unterscheidung von → Kleinkrafträdern – Fahrradmerkmalen *(Mopeds)*. Sie unterliegen bezgl. ihrer Ausrüstung den Vorschriften wie zu 1., hins. der Bauart mit Abweichungen denen für → Kleinkrafträder; wie diese bedürfen sie keiner Zulassung, aber einer Betriebserlaubnis oder EG-Typengenehmigung (§ 18 II Nr. 4, III StVZO). Der Fahrer eines FmH muß mindestens 16 Jahre alt sein. Er muß einen Führerschein (bisher Kl. 4) (→ Fahrerlaubnis) besitzen, außer wenn das Fz. eine Höchstgeschwindigkeit von *25 km/h* hat – *Mofa,* hier aber theoret. Fahrprüfung – (§§ 4 I 2 Nr. 1, 4 a, 5 I 1, 7 I StVZO). FmH werden im Verkehr grundsätzlich als Kfz. behandelt, unterliegen daher den für diese geltenden allgemeinen Verkehrsvorschriften und dem Versicherungszwang für Haftpflicht. Die Versicherung ist durch ein Versicherungskennzeichen nachzuweisen, das für 1 Jahr gilt (soweit nicht, wie bei Behördenfahrzeugen, ein amtliches Kennzeichen erteilt wird, §§ 60, 60 a StVZO). Für *Leichtmofas* (FmH mit bis zu 20 ccm Hubraum und *20 km/h* Höchstgeschwindigkeit) gelten Erleichterungen bei der → Beleuchtung; → Schutzhelm ist entbehrlich (VO vom 26. 3. 1993, BGBl. I S. 394). Die Autobahnen dürfen von FmH nicht benutzt werden (→ Autostraßen), ebensowenig → Radwege, falls der Motor betrieben wird (§ 41 II Nr. 5 StVO). Die → Gefährdungshaftung des Fahrers und Halters eines FmH richtet sich nach den für Kfz. geltenden Bestimmungen (vgl. §§ 7 ff. StVG); dasselbe gilt für das Fahren ohne die vorgeschriebene → Fahrerlaubnis und deren Entziehung.

**Fahrradstraßen.** Für sie gelten grundsätzlich die Vorschriften über die Benutzung einer → Fahrbahn; Radfahrer und sonstige Fz.-Führer, die durch Zusatzschild zugelassen sind, dürfen nur mit mäßiger Geschwindigkeit fahren (§ 41 II Nr. 5 S. 8 StVO).

**Fahrschulen.** Eine F. betreibt, wer geschäftsmäßig (→ geschäftsmäßiges Handeln) Fahrschüler selbständig ausbildet oder durch Fahrlehrer ausbilden läßt. Er bedarf einer Fahrschulerlaubnis (§ 10 FahrlehrerG, → Fahrlehrer), deren Erteilung von persönlichen (Mindestalter 25 Jahre, 2jährige Fahrlehrertätigkeit) und sachlichen (Unterrichtsräume, Lehrmittel) Voraussetzungen abhängig ist (→ Konzession; Einzelheiten §§ 11 ff. FahrlehrerG, §§ 1–5 DVO vom 16. 9. 1969, BGBl. I 1763). Bei rechtskräftigem Führerscheinentzug erlischt die Erlaubnis (§ 20 II FahrlehrerG). Über allgemeine Berufs- sowie Anzeige- und Aufzeichnungspflichten s. §§ 16–18. Die Ausbildung von Fahrschülern an F. regelt die VO vom 31. 5. 1976 (BGBl. I 1366) mit wesentlichen Änd., vor allem (erhöhte Ausbildungsanforderungen) durch die VO vom 24. 10. 1986 (BGBl. I 1658).

**Fahrstreifen.** Auf → Fahrbahnen mit mehreren F. dürfen Kfz. links fahren, wenn die Verkehrsdichte dies rechtfertigt (§ 7 I 1 StVO). Innerhalb geschlossener Ortschaften darf der F. stets frei gewählt werden (§ 7 III StVO). Endet ein F., ist den am Weiterfahren gehinderten Fz. der Übergang auf den benachbarten F. in der Weise zu ermöglichen, daß sich diese Fz. jeweils im Wechsel nach einem auf dem durchgehenden F. fahrenden Fz. einordnen können (§ 7 IV StVO; *Reißverschlußverfahren*). S. a. → Kolonnen.

**Fahrstuhl** → Aufzugsanlagen.

**Fahrtätigkeit** üben Arbeitnehmer aus, deren Berufstätigkeit das Fahren auf einem Fahrzeug ist, z. B. Berufskraftfahrer, Beifahrer, Linienbusfahrer, Taxifahrer, Lokführer, Zugbegleitpersonal usw. (Abschn. 37 V LStR). Je nach tatsächlichen Verhältnissen sind die Fahrten zwischen Wohnung und Standort, Depot usw. entweder begrenzt abzugsfähige → Werbungskosten (siehe auch → Kilometerpauschale) oder abziehbare Aufwendungen im Rahmen einer → Einsatzwechseltätigkeit (Abschn. 38 IV LStR).

**Fahrtauglichkeitsbescheinigung** → Binnenschiffahrt.

**Fahrtenbuch.** Kann nach einer Zuwiderhandlung gegen Verkehrsvorschriften nicht festgestellt werden, wer das beteiligte Fz. (nicht nur Kfz.!) geführt hat, so kann die Verwaltungsbehörde dem Halter die Führung eines *Fahrtenbuches* auferlegen. Darin ist für jede Fahrt nachzuweisen, wer das Fz. geführt hat (auch Fahrerwechsel). Die Eintragung ist vom Halter oder Fahrer vor oder unverzüglich nach jeder Fahrt vorzunehmen; das F. ist zuständigen Beamten auf Verlangen auszuhändigen (§ 31 a StVZO), braucht aber während der Fahrt nicht mitgeführt zu werden.

*Steuerlich* kann mit dem F. der betriebliche/berufliche Anteil der Nutzung eines Pkw nachgewiesen werden, der zum entsprechenden Abzug als → Betriebsausgaben/Werbungskosten führt. Ohne F. kommt die 1%-Regelung zur Anwendung. → Private Pkw-Nutzung, → Kilometerpauschale.

**Fahrtkosten** → Reisekosten.

**Fahrtrecht** über ein fremdes Grundstück → Grunddienstbarkeit.

**Fahrtrichtungsänderung** → Richtungsänderung im Fahrverkehr.

**Fahrtschreiber.** Zum Nachweis der Lenk- und Ruhezeiten des → Fahrpersonals bestimmter Kfz. (→ Kraftfahrer) ist ein F. nach § 57 a StVZO zu benutzen, sofern nicht ein → Kontrollgerät vorgeschrieben ist.

**Fahruntüchtigkeit.** Wer im Straßen-, Schienen- oder Luftverkehr oder auf dem Wasser ein Fz. führt, obwohl er nicht in fahrtüchtigem Zustand ist, macht sich strafbar und u. U. Schadensersatzpflichtig.

Wer sich infolge geistiger oder körperlicher Mängel – dazu gehört auch Trunkenheit – nicht sicher im Verkehr bewegen kann, darf an diesem nicht teilnehmen (§ 2 I StVZO), insbes. kein Fz., auch kein Fahrrad, führen. Zuwiderhandlung kann, wenn keine Folgen eingetreten sind, als Ordnungswidrigkeit geahndet werden (§ 69 a I Nr. 1 StVZO). Zur Ordnungswidrigkeit wegen Führens eines Kfz. mit Alkohol oder Drogen, aber ohne F. § 24 a StVG.

Beruht die F. s. auf dem Genuß von Alkohol oder anderen berauschenden Mitteln, so wird schon die – folgenlose – Führung von Fz. im Verkehr nach § 316 StGB als Vergehen bestraft (→ Trunkenheit im Verkehr). Über absolute und relative F. → Alkoholgenuß des Verkehrsteilnehmers, über Feststellung des Alkoholgehalts → Blutalkohol, Blutentnahme, → Atemalkohol. Fehlt ein Grenzwert für die absolute F., wie z. B. nach Haschischkonsum, muß die erhebliche Beeinträchtigung des Reaktions- und Wahrnehmungsvermögens bei der Fahrt auf andere Weise festgestellt werden.

Führt diese F. oder eine F. infolge geistiger oder körperlicher Mängel (Ausfallerscheinigungen wegen Übermüdung, herabgesetzte Seh- oder Hörvermögen) zu einer Gefährdung von Leib oder Leben eines anderen oder von fremden Sachen von bedeutendem Wert, so kann der Fz.-Führer wegen → Transportgefährdung oder → Straßenverkehrsgefährdung strafbar sein (§§ 315 a, 315 c StGB; → Alkoholdelikte). Kommt es dabei zu einem Verkehrsunfall, so kann der Fz.-Führer auch wegen → Körperverletzung oder → Tötung strafbar sein.

Zivilrechtlich kann die F. in diesen Fällen eine Schadensersatzpflicht begründen.

**Fahrverbot.** 1. Das F. (§ 44 StGB) kann als → Nebenstrafe neben Freiheits- oder Geldstrafe verhängt werden, wenn eine Straftat *bei oder im Zusammenhang mit dem Führen eines Kraftfahrzeugs* oder unter Verletzung der Pflichten eines Kraftfahrzeugführers begangen worden ist (→ Straßenverkehrsgefährdung, → Körperverletzung usw.). Das Verbot, im Straßenverkehr ein Kfz. (oder nur bestimmte Arten) zu führen, kann auf 1–3 Monaten erlassen werden; es ist Warnungs- und Besinnungsstrafe. Ein F. von 1–3 Monaten soll i. d.R. bei Verurteilung nach § 315 c I Nr. 1 a, III oder § 316 StGB wegen → Trunkenheit im Verkehr angeordnet werden, wenn → Entziehung der Fahrerlaubnis unterbleibt. Das F. wird mit Rechtskraft des Urteils wirksam, ggf. mit der späteren, nach § 44 StGB vorgeschriebenen amtlichen Inverwahrnahme des Führerscheins. Die Dauer einer vorläufigen → Entziehung der Fahrerlaubnis (§ 111 a StPO) ist regelmäßig anzurechnen (§ 51 I, V StGB). Ein F. von 1–3 Monaten kann auch neben einer → Geldbuße wegen einer → Ordnungswidrigkeit bei groben oder beharrlichen Verkehrsverstößen – auch von der Verwaltungsbehörde – verhängt werden („erzieherische Nebenfolge“, BVerfG NJW 1969, 1623); das soll i. d.R. nach Führen eines Kfz. trotz eines Gehalts von mind. 0,8‰ Blutalkohol bzw. 0,40 mg/l Atemalkohol oder unter der Wirkung bestimmter Drogen (→ Drogenfahrt) geschehen (§§ 24–25 StVG). Ein grober Verkehrsverstoß erfordert eine gefährliche Ordnungswidrigkeit und besonders verantwortungsloses Handeln, das bei Übersehen eines Verkehrszeichen infolge einfacher Fahrlässigkeit fehlt (BGH NJW 1997, 3252). Verstöße gegen das F. sind in § 21 StVG mit Strafe und Einziehung des Kfz (→ Einziehung im Strafverfahren) bedroht.

2. Ein F. besteht in den Gebieten mit dem → Verkehrszeichen Smog nach Maßgabe landesrechtlicher Smog-VOen oder bei Maßnahmen zur Vermeidung schädlicher Umwelteinwirkungen durch Luftverunreinigungen nach § 40 II BImSchG (öffentlich-rechtlicher → Immissionsschutz, → Luftreinhaltung).

3. Bei erhöhten *Ozonkonzentrationen* ab 240 Mikrogramm je m Luft, die erreicht sind oder am nächsten Tag erreicht werden, greift ein F. nach § 40 a BImSchG ein. Es wird über die Medien bekanntgegeben und besteht ab dem folgenden Tag 6 Uhr für 24 Std. Das F. gilt nicht für Kfz. mit geringem Schadstoffausstoß und Fahrten zu besonderen Zwecken (§§ 40 c, d BImschG). Außerdem können Ausnahmen zugelassen werden.

**Fahrzeug-Alarmsysteme** s. § 38 b StVZO.

**Fahrzeugbrief.** Der F. (§§ 20, 25 StVZO) ist eine → Urkunde, in der das Kfz. und die an ihm bestehenden Rechtsverhältnisse (Eigentum usw.) vermerkt werden. Der F. ist kein → Wertpapier, insbes. kein → Traditionspapier; das → Eigentum am F. steht entsprechend § 952 BGB dem Eigentümer des Kfz. zu (selbständige → Sicherungsübereignung des F. unmöglich). Bei → Übereignung des Kfz. durch Nichtberechtigten ohne gleichzeitige Übergabe des F. ist der Erwerber regelmäßig in → bösem Glauben. Über Ausstellung des F. vgl. → Zulassung von Kfz.

**Fahrzeugeinzelbesteuerung** → Binnenmarkt, Umsatzsteuer 2 d.

**Fahrzeugführer** *im Straßenverkehr* ist, wer die tatsächliche Herrschaft über das Fz. ausübt und den Betriebsvorgang beherrscht. Der F. ist für seine Fahrtüchtigkeit und den ordnungsgemäßen Zustand von Fz. und Ladung verantwortlich (§§ 21, 22, 23 StVO, §§ 2, 3, 31 StVZO). Über F. von Kfz. → Fahrerlaubnis, → Kraftfahrer (auch über Arbeitszeit), → Fahrtenbuch, → Fahrtschreiber, → Kontrollgerät über Führen → Fahren ohne Führerschein. Wegen der Sorgfaltspflicht des F. → Verkehrsteilnehmer und im besonderen → Beleuchtung von Fz., → Bremsen der Fz., → Fahrgeschwindigkeit, → Fahruntüchtigkeit, → Übermüdung usw. F. mit besonderen Sorgfaltspflichten sind auch → Radfahrer, Kraftradfahrer und Führer von → Fuhrwerken. S. a. → Kraftfahrzeughaftung, → Straßenverkehrsgefährdung, → Transportgefährdung (durch F. im Schienen-, Schwebebahn-, Luft- und Schiffsverkehr).

**Fahrzeughalter** → Halter eines Kfz.

**Fährzeugnis** → Binnenschiffahrt.

**Fahrzeugregister.** Über die kennzeichenpflichtigen Fz. (→ Zulassung von Kfz.) werden F. geführt, und zwar von den örtlichen Zulassungsbehörden *örtliche F.* über die in ihrem Bezirk und vom → Kraftfahrt-Bundesamt das *Zentrale F.* über die im Geltungsbereich des StVG zugelassenen Kfz. Registriert werden Daten über Merkmale des Kfz., Papiere, rechtliche Verhältnisse (Eigentümer, Haftpflichtversicherung usw.) sowie persönliche Daten des → Halters u. dgl. (§§ 31 ff. StVG). Das F. dient insbes. für Zulassung und verkehrsrechtl. Überwachung der Kfz., Einhaltung der Vorschriften über Haftpflichtversicherung, des Kfz-Steuerrechts und Verfolgung von Straftaten und Ordnungswidrigkeiten. Über die Übermittlung der Daten an andere Behörden und Stellen, auch durch Abruf im automatisierten Verfahren, s. §§ 35 ff. StVG, zur Verfolgung von Rechtsansprüchen § 39 StVG. Einzelheiten regelt die FahrzeugregisterVO vom 20. 10. 1987 (BGBl. I 2305) m. Änd.

**Fahrzeugschein** → Zulassung von Kfz.

**Fahrzeugteile(VO)** → Zulassung von Kfz.

**Fahrzeugversicherung** → Kaskoversicherung.

**Faires Verfahren.** Der Grundsatz des f. V. vor Gericht (fair trial) ist eine Ausprägung des → Rechtsstaates und auch in Art. 6 der → Konvention zum Schutz der Menschenrechte und Grundfreiheiten enthalten. Er ist von der Rspr. anerkannt (BVerfGE 57, 250, 275), in seinem Umfang aber nicht vollständig geklärt und hat vor allem Bedeutung im Strafprozeß. Dazu wird z. B. gerechnet, daß der Betroffene nicht Objekt des Verfahrens ist, sondern auf das Verfahren Einfluß nehmen kann, insbes. durch Gewährung → rechtlichen Gehörs. Auch Unparteilichkeit des Gerichts und Beiziehung eines Rechtsanwalts gehören dazu. Für den Strafprozeß sind zusätzlich zu nennen die → Unschuldsvermutung sowie die *Waffengleichheit* zwischen Staatsanwaltschaft und Beschuldigtem, die Gleichwertigkeit der prozessualen Stellung bedeutet (s. BVerfGE 52, 131, 156 f.). Sie wird auch auf die → Gleichheit vor dem Gesetz gestützt.

**Faksimile** → Form (erfordernisse), 1 a.

**Faktische Gesellschaft** (richtiger: „fehlerhafte" G.) wird eine → Personengesellschaft genannt, der kein → Gesellschaftsvertrag zugrundeliegt, weil er entweder nicht abgeschlossen worden oder nichtig ist. Ob die f. G. eine G. im Rechtssinne darstellt, ist bestr. Doch werden gutgläubige Dritte geschützt (→ Scheingesellschaft); besteht bereits ein → Gesellschaftsvermögen so werden die Rechtsbeziehungen nicht nach den Grundsätzen der → ungerechtfertigten Bereicherung abgewikkelt, sondern es findet eine → Liquidation statt.

**Faktischer Vertrag** → Vertrag (4).

**Faktisches Arbeitsverhältnis** → Arbeitsverhältnis.

**Faktura** (=) → Rechnung.

**Fakultät** ist die althergebrachte Bezeichnung der organisatorischen Grundeinheit der → Hochschule (z. B. Theologische F.; Juristische F.; Medizinische F.). Im Zuge der → Hochschulreform wurden die F. durch die (fachlich z. T. enger geschnittenen) → Fachbereiche ersetzt. Die Bezeichnung F. ist aber an den wissenschaftlichen Hochschulen (Universitäten) weitgehend wieder üblich (z. B. nach Art. 36 I 3 des Bayer. Hochschulges. vom 18. 12. 1988, GVBl. 399). In der Aufgabenstellung entsprechen die F. weitgehend den Fachbereichen. Organe der F. sind der F.srat (Fachbereichsrat) und der Dekan (Stellvertreter: Prodekan).

**Fakultativklausel.** Mangels anderweitiger Bestimmung ist die Bank bei einer → Überweisung berechtigt, diese auch auf ein anderes Konto des Empfängers vorzunehmen. Die formularmäßige F. ist vom BGH als gegen § 9 AGBG verstoßend und damit unwirksam angesehen worden.

**Fälligkeit** → Leistungszeit.

**Fallrecht** wird ein Rechtssystem genannt, bei dem sich im Gegensatz zum *Gesetzesrecht* die richterliche Entscheidung nicht nach Rechtsnormen richtet, die generell für jeden Einzelfall gelten, sondern nach früheren Urteilen, in denen dieselbe Rechtsfrage bereits entschieden worden ist (→ Präjudizien). Das F. besteht als sog. case-law im angelsächsischen Rechtskreis (→ Common law).

**falsa demonstratio non nocet** (wörtl.: eine unrichtige Erklärung schadet nicht). Sinngemäß bedeutet dieser Grundsatz, daß ein Fehlgreifen des Erklärenden in der Ausdrucksweise ihm nicht nachteilig ist, wenn der wahre Sinn der Erklärung erkennbar oder unzweideutig feststellbar ist (→ Willenserklärung). Das gilt insbes. bei Abschluß eines Vertrags (z. B. bei irrtümlicher Angabe eines falschen Kennzeichens im Kaufvertrag über einen gebrauchten Pkw). Der Satz gilt auch im Verfahrensrecht; insbes. ist die irrige Bezeichnung eines Rechtsmittels i. d.R. unschädlich (vgl. § 300 StPO).

**Falschaussage.** Über *uneidliche* Falschaussage eines Zeugen oder Sachverständigen vor Gericht → falsche uneidliche Aussage, über *eidliche* Falschaussage → Falscheid, → Meineid.

**Falschbeurkundung, mittelbare.** Wer *vorsätzlich bewirkt,* daß Erklärungen, Verhandlungen oder Tatsachen, die für Rechte oder Rechtsverhältnisse erheblich sind, in *öffentlichen Urkunden, Büchern, Dateien oder Registern* als abgegeben oder geschehen beurkundet werden, während sie überhaupt nicht oder in anderer Weise oder von jemand in einer ihm nicht zustehenden Eigenschaft oder von einem anderen abgegeben oder geschehen sind, wird nach § 271 StGB wegen *mittelbarer F.* mit Freiheitsstrafe bis zu 3 Jahren bestraft. Ebenso wird bestraft, wer eine solche Beurkundung oder Datenspeicherung zur Täuschung im Rechtsverkehr *gebraucht.*

Anders als bei der → Urkundenfälschung wird also eine echte, aber inhaltlich unrichtige Urkunde hergestellt (daher die häufige Bezeichnung intellektuelle Urkundenfälschung). Doch fallen darunter nur Eintragungen, denen *öffentlicher Glaube* für und gegen jedermann zukommt; so z. B. in gerichtlichen oder notariellen Protokollen, im Handels- oder Vereinsregister usw. Maßgebend ist, ob und in welcher Eigenschaft die Erklärung abgegeben, nicht ob sie inhaltlich richtig ist; so wenn auf Grund der Erklärung ein Paß, Führerschein o. dgl. mit beglaubigter Unterschrift ausgestellt wird. Sondervorschriften gelten für die Beweiskraft der zu den Personenstandsregistern (Geburten-, Heirats-, Sterbebuch) abgegebenen Erklärungen nach § 60 I PStG.

Die F. wird schwerer bestraft, wenn der Täter sich oder einen Dritten bereichern oder einen anderen schädigen wollte (§ 272 StGB).

Wegen *F. im Amt* wird ein Beamter nach § 348 StGB bestraft, der innerhalb seiner Zuständigkeit *vorsätzlich* eine rechtlich erhebliche Tatsache falsch beurkundet oder in öffentliche Register oder Bücher falsch einträgt; so z. B. bei unrichtiger Wiedergabe rechtlich erheblicher Vorgänge oder Erklärungen in dem Pfändungsprotokoll eines Gerichtsvollziehers oder in der Niederschrift eines Standesbeamten. Innerdienstliche Urkunden gehören nicht hierher. Wer als Nichtbeamter einen Beamten zu der Tat anstiftet, ist wegen Anstiftung zu dem Delikt des § 348 StGB strafbar (eigentliches → Amtsdelikt); wer dagegen einen gutgläubigen Beamten zur Aufnahme falscher Erklärungen veranlaßt, nach § 271 StGB.

**Falschbezeichnung** → Anfechtung von Willenserklärungen (1), → Vertrag (1).

**Falsche Anschuldigung** → Verdächtigung, falsche.

**Falsche Namensangabe** → Namensangabe, falsche.

**Falsche uneidliche Aussage.** Ein *Zeuge* oder *Sachverständiger* (also nicht eine Partei im Zivilprozeß!), der vor Gericht oder einer anderen zur eidlichen Vernehmung zuständigen Stelle, z. B. einem parlamentarischen → Untersuchungsausschuß, *uneidlich vorsätzlich falsch* aussagt, wird nach § 153 StGB mit Freiheitsstrafe von 3 Mon. bis zu 5 Jahren bestraft. Bei *Aussagenotstand* (Täter wollte sich od. einen Angehörigen vor Strafe bewahren) oder rechtzeitiger *Berichtigung* der Aussage ist Strafmilderung oder Absehen von Strafe wie beim → Meineid zulässig (§§ 157, 158 StGB; über rechtzeitig Falscheid). Die fahrlässige unbeeidete Falschaussage ist nicht strafbar. Die → Anstiftung zur vorsätzlichen f. u. A. ist nach §§ 26, 153 StGB strafbar (bei Verleitung zu *unvorsätzlicher* Falschaussage nach (§ 160 StGB), die *mißlungene* Anstiftung, obwohl sie kein Verbrechen betrifft, entsprechend den hierfür nach § 30 StGB geltenden Bestimmungen (§ 159 StGB; → Anstiftung, 2). Wegen der beeideten unrichtigen Aussage → Meineid, → Falscheid.

**Falsche Verdächtigung** → Verdächtigung, falsche.

**Falsche Versicherung an Eides Statt** → eidesstattliche Versicherung.

**Falscheid.** Nach § 163 StGB wird mit Freiheitsstrafe bis zu 1 Jahr oder Geldstrafe bestraft, wer vor Gericht oder einer anderen zur Eidesabnahme zuständigen Behörde (z. B. Konsulat) *fahrlässig* falsch schwört, d. h. eine unrichtige Erklärung eidlich bekräftigt. Wegen der objektiven Tatmerkmale im einzelnen → Meineid. Die Fahrlässigkeit kann darin liegen, daß der Täter sein Gedächtnis nicht gehörig anspannt oder sich nicht vergewissert, auf welche Aussagen sich der Eid erstreckt (er umfaßt häufig auch die Personalangaben). *Straflosigkeit* tritt ein, wenn der Täter die Aussage *rechtzeitig berichtigt,* d.h. bevor ein Nachteil für einen anderen entstanden oder gegen ihn Anzeige erstattet oder eine Untersuchung eingeleitet worden ist und solange die Berichtigung noch verwertet werden kann (§§ 163 II, 158 II, III StGB). Wer einen anderen zur Ableistung eines *objektiv falschen,* d.h. entweder gutgläubig oder fahrlässig falsch geleisteten Eides *verleitet* oder zu verleiten versucht, wird mit Freiheitsstrafe bis zu 2 Jahren oder Geldstrafe bestraft (§ 160 StGB).

**Falschgeld** sind nachgemachte oder verfälschte → Banknoten oder → Münzen. Die → Bundesbank und alle → Kreditinstitute haben F. und als F. verdächtige Banknoten und Münzen gegen Empfangsbescheinigung anzuhalten und mit einem Bericht der Polizei zu übersenden (§ 36 BBankG). Zur Strafbarkeit der Herstellung und Verbreitung sowie zur Einziehung von Falschgeld → Geld- und Wertzeichenfälschung.

**Falschlieferung** → Gewährleistung (2), → Mängelrüge.

**Falschmünzerei** → Geld- und Wertzeichenfälschung.

**Fälschung beweiserheblicher Daten** → Urkundenfälschung.

**Fälschung, landesverräterische** → Landesverrat.

**Fälschung technischer Aufzeichnungen** ist entsprechend der → Urkundenfälschung, auch in den besonders schweren Fällen und bei Begehung durch eine Bande, in § 268 StGB mit Strafe bedroht. Strafbar ist, wer *zur Täuschung im Rechtsverkehr* eine unechte t. A. herstellt oder eine echte t. A. verfälscht oder eine unechte oder verfälschte t. A. gebraucht. Unter einer t. A. ist zu verstehen: eine Darstellung von Daten, Meß- oder Rechenwerten, Geschehensabläufen u. dgl., die a) durch ein techn. Gerät selbsttätig bewirkt wird, b) den Gegenstand der A. erkennen läßt und c) zum Beweis einer rechtserheblichen Tatsache bestimmt ist. Darunter fallen u. a. Registriergeräte zur Ermittlung von Energieleistungen (Strom, Gas usw.), datenverarbeitende Maschinen u. dgl. Die Strafvorschrift soll entsprechend § 267 StGB die Sicherheit und Zuverlässigkeit des Beweisverkehrs mit t. A. schützen; sie ergänzt insofern den Strafschutz gegen Urkundenfälschung, da t. A. an sich nicht als Urkunden anzusehen sind. Über die entsprechende Strafvorschrift gegen Beschädigung oder Unterdrükkung von t. A. in § 274 StGB → Urkundenunterdrückung, -vernichtung.

**Fälschung von Zahlungskarten und Euroscheckvordrucken.** Wer zur Täuschung im Rechtsverkehr in- oder ausländische Z. nachmacht oder verfälscht, verfälschte Z. oder E. sich oder einem anderen verschafft, feilhält, einem anderen überläßt oder gebraucht, wird nach § 152a StGB mit Freiheitstrafe von 1–10 Jahren, bei gewerbs- oder bandenmäßiger Begehung von mindestens 2 Jahren bestraft. Zahlungskarten sind Kreditkarten und Eurocheckkarten sowie sonstige gegen Nachahmung gesicherte Karten, die es ermöglichen, den Aussteller im Zahlungsverkehr zu einer garantierten Zahlung zu veranlassen (sog. Elektronische Geldbörsen).

**falsus procurator** = Vertreter ohne Vertretungsmacht (→ Stellvertretung).

**Familie** ist an sich die Gesamtheit der durch → Ehe und → Verwandtschaft miteinander verbundenen Personen. Nach der Entwicklung unserer Gesellschaftsordnung, die diesen Begriff der „Großfamilie" heute weitgehend nicht mehr kennt, werden unter F. nur noch die Ehegatten und deren Kinder verstanden, nicht aber der Partner einer → eheähnlichen Gemeinschaft. Das BGB enthält keine gesetzliche Definition des Begriffs „Familie", legt aber in verschiedenen Bestimmungen (z. B. bei der Regelung des Unterhalts) ersichtlich diesen engeren Begriff zugrunde. S. zur Abgrenzung → Hausgemeinschaft, → Verwandtschaft, → Schwägerschaft, → Angehörige. Auch Art. 6 GG geht von diesem vorgesehene Begriff aus und stellt Ehe und F. als Grundlage jedes staatlichen Gemeinschaftslebens unter den besonderen Schutz der staatlichen Ordnung. Es erklärt die Pflege und Erziehung der Kinder als das natürliche Recht der Eltern, über deren Betätigung die staatliche Gemeinschaft wacht. Kinder dürfen gegen den Willen der Erziehungsberechtigten von der F. nur getrennt werden, wenn die Erziehungsberechtigten versagen oder wenn die Kinder aus anderen Gründen zu verwahrlosen drohen (→ elterliche Sorge, → Erziehungshilfe). Das damit anerkannte Elternrecht wird durch Art. 7 II GG ergänzt, wonach die Eltern über die Teilnahme eines Kindes am Religionsunterricht entscheiden. Art. 6 GG ist unmittelbar geltendes Verfassungsrecht (Grundsatznorm) und bindet als solches den Gesetzgeber. Er ist daneben → institutionelle Garantie und → Grundrecht. Daher sind störende Eingriffe des Staates in Ehe und F. – wie z. B. die Schlechterstellung von Ehegatten durch die obligatorische Zusammenveranlagung zur Einkommensteuer – verboten. Zur Anpassung der Rechtsstellung der nichtehelichen Kinder → Kinder (mit weiteren Verweisungen).

**Familienbuch.** Das F. ist eines der → Personenstandsbücher; es soll den jeweiligen → *Personenstand* der Familienangehörigen ersichtlich machen (§ 2 I 2 PStG). Im Anschluß an die → Eheschließung wird von dem → Standesbeamten, vor dem die Ehe geschlossen wurde, neben dem → Heiratsbuch ein F. angelegt (§§ 12 ff. PStG; sonst auf Antrag, §§ 15a ff. PStG). In das F. werden zunächst die genauen persönlichen Verhältnisse der Ehegatten, ihrer Eltern sowie die → Staatsangehörigkeit und die Umstände der Eheschließung einschl. des gewählten → Namens der Familie eingetragen. Das F. ist vom Standesbeamten durch Aufnahme aller bedeutsamen Veränderungen ständig fortzuführen. So sind in das F. aufzunehmen der Tod der Ehegatten, die Auflösung der Ehe durch → Eheaufhebung oder → Ehescheidung, eine Änderung des Namens, der Religionszugehörigkeit oder Staatsangehörigkeit der Ehegatten, die gemeinsamen (auch durch → Adoption angenommenen) Kinder der Ehegatten u. a.m.

**Familiendiebstahl** → Diebstahl (3).

**Familienfideikommiß** → Fideikommiß.

**Familiengericht** ist eine Abteilung des → Amtsgerichts, die über → Familiensachen und → Kindschaftssachen entscheidet (§ 23b GVG, § 64k FGG, § 640a I ZPO). Die Zuständigkeit ist ausschließlich (→ gerichtliche Zuständigkeit, 4); örtlich zuständig ist das F. des → Wohnsitzes, hilfsweise des gewöhnlichen Aufenthalts der Ehegatten oder des Antragsgegners (§§ 606 I, 621 II ZPO). In verschiedenen Familiensachen, insbes. in → *Ehesachen* (s. dort auch über das Verfahren vor dem F.) und den hiermit zusammenhängenden Scheidungsfolgesachen besteht auch vor dem F. Anwaltszwang (§ 78 II ZPO; → Anwaltsprozeß); das Gericht kann auch dem Antragsgegner von Amts wegen einen → Rechtsanwalt zur Vertretung seiner Interessen beiordnen (§ 625 ZPO). Soweit es sich um die Beaufsichtigung und Erziehung minderjähriger Kinder handelt, wird das F. vom → Jugendamt unterstützt (§§ 50 ff. SGB VIII), das vorher anzuhören ist (§ 49a FGG). Gegen Entscheidungen des F. ist → Berufung und → Beschwerde zum → Oberlandesgericht, hiergegen ggfs. → Revision zum → Bundesgerichtshof vorgesehen (s. Anhang: Der Rechtsmittelzug in Zivilsachen).

**Familiengesellschaft** → Mitarbeit der Ehegatten.

**Familienheime** i. S. der Bestimmungen über die Förderung des → Wohnungsbaues sind → Eigenheime, → Kaufeigenheime und → Kleinsiedlungen, die nach Größe und Grundriß ganz oder teilweise dazu bestimmt sind, dem Eigentümer und seiner Familie oder einem Angehörigen und dessen Familie als Heim zu dienen (§ 7 des 2. Wohnungsbaugesetzes (→ Wohnungsbau)). Der Neubau von F.n hat Priorität beim Einsatz öffentlicher Mittel für den sozialen Wohnungsbau (§ 26 des Ges.). Voraussetzung der Förderung ist, daß das Einkommen des Bewerbers die Grenze des § 25 des Ges. (Familiengesamteinkommen jährl. 21 600 DM zuzügl. 10 200 DM für den zweiten und 8000 DM für jeden weiteren Familienangehörigen) und das F. die in § 39 festgesetzten Wohnungsgrößen nicht übersteigt; es muß eine Mindestausstattung (§ 40) aufweisen. Die zuständigen Behörden haben Anträge auf Bewilligung öffentlicher Mittel zum Bau eines F. mit Ausnahme der offensichtlich nicht förderungsfähigen entgegenzunehmen, auch wenn öffentliche Mittel noch nicht zur Verfügung stehen (§ 48), und den Antragsteller binnen angemessener Frist endgültig oder vorläufig zu bescheiden. Bauherren mit zwei oder mehr Kindern können Familienzusatzdarlehen bewilligt werden (§ 45). Bei Kaufeigenheimen wird der Bauherr im Bewilligungsbescheid verpflichtet, grundsätzlich bis zum Ablauf eines Jahres nach Anerkennung der Schlußrechnung das Kaufeigenheim einem geeigneten Bewerber zu angemessenen Bedingungen als Eigenheim zu übertragen (§ 54). Die Vorschriften gelten im wesentlichen auch für den Bau von Kaufeigentumswohnungen (§ 61). S. a. → Wohngeld.

**Familienheimfahrt** → Doppelte Haushaltsführung.

**Familienkassen** → Kindergeld.

**Familienleistungsausgleich.** (§ 31 EStG) Nach Ansicht des BVerfG (BVerGE 82, 60, 198) muß für Einkommensteuerzwecke das Existenzminimum der Familie, wofür die Sätze der → Sozialhilfe Leitlinien darstellen, steuerfrei bleiben. Kindergeld und Kinderfreibetrag in der für 1983–1985 geltenden Fassung genügten diesem Anspruch nicht und sind verfassungswidrig. Der Gesetzgeber hat hierauf ab 1996 Neuregelungen betr. Kinderfreibetrag (§ 32 EStG) und Kindergeld (§§ 62 ff. EStG) getroffen, wonach das Existenzminimum eines Kindes steuerfrei gestellt wurde. Fällt keine Steuer an, dient das Kindergeld der Förderung der Familie. Im laufenden Kalenderjahr wird das Kindergeld als Steuervergütung (→ Vergütung) monatlich gezahlt. Reicht das Kindergeld zur gebotenen steuerlichen Entlastung nicht aus, ist bei der Veranlagung zur Einkommensteuer (→ Veranlagungsarten I) der Kinderfreibetrag abzuziehen. Im letzteren Fall ist dann das Kindergeld anzurechnen, um Doppelbegünstigung zu vermeiden. Erhält der StPfl. nach ausländischem Recht ein höheres Kindergeld, beschränkt sich die Verrechnung auf die Höhe des inländischen Kindergeldes. Das bis 1995 geltende duale System (Kindergeld und Kinderfreibetrag) ist also ab 1996 unter Erhöhung der entlastenden Wirkung auf ein Alternativsystem (Kindergeld oder Kinderfreibetrag; sog. Kinderlastenausgleich) umgestellt worden, wobei in 95% aller Fälle der Kinderfreibetrag nicht zum Tragen kommt, weil die gebotene Entlastung durch das Kindergeld in ausreichendem Maß bewirkt wird. Für welche Kinder Kindergeld gezahlt wird bzw. der Kinderfreibetrag gewährt wird → Kinder, steuerliche Berücksichtigung, → Kindergeld, → Kinderfreibetrag; s. a. → Verwaltungsvorschriften: BStBl. I 98, 347, 386, 558. Ein Wahlrecht zwischen Kindergeld und Kinderfreibetrag besteht nicht.

**Familienname** → Name der Familie.

**Familienpapiere** → Erbengemeinschaft (2).

**Familienpflege** → Pflegekinder.

**Familienrecht** ist die Gesamtheit der staatlichen Rechtsnormen, welche die rechtlichen Beziehungen der Mitglieder der → Familie zueinander und zu Dritten regeln, insbes. das Recht der → Ehe in ihren personenrechtlichen und güterrechtlichen Auswirkungen, die → elterliche Sorge und ihre Ergänzung durch → Vormundschaft, → Betreuung und → Pflegschaft sowie die Regelung des Unterhalts unter Ehegatten, Verwandten und des Kindes bei nicht miteinander verheirateten Eltern. Das F. ist vornehmlich im 4. Buch des BGB (§§ 1297–1921) geregelt; formelle Vorschriften enthält das Personenstandsgesetz (→ Personenstandsbücher).

**Familiensachen** sind die Angelegenheiten, über die das → Familiengericht zu entscheiden hat. Es handelt sich hierbei zunächst um die → *Ehesachen* samt den Scheidungsfolgesachen (Unterhalt, Versorgungsausgleich, → elterliche Sorge usw.; s. i. e. → Ehescheidung). Andere F. sind z. B. die Entscheidung über die → Abstammung, über die → elterliche Sorge generell, das → Umgangsrecht, die → Unterhaltspflicht bei nicht miteinander verheirateten Eltern sowie über Ansprüche aus dem ehelichen → Güterrecht usw. (s. i. e. § 621 ZPO). Über das Verfahren in F. → Ehesachen.

**Familienstand** → Personenstand.

**Familienstiftung** → Stiftung, → Fideikommiß.

**Familienunterhalt** → Unterhaltspflicht der Ehegatten.

**Familienversicherung** besteht in der gesetzlichen → Krankenversicherung für die unterhaltsberechtigten Ehegatten und Kinder, sofern sich diese gewöhnlich im Inland aufhalten und nicht selbst einen gesetzlichen Anspruch auf die Leistungen haben. Dies jedoch nur, wenn sie kein Gesamteinkommen von i. d.R. mehr als 1/7 der → Bezugsgröße haben; für Kinder eines Versicherten nicht, wenn der andere nichtversicherte Elternteil ein Gesamteinkommen über der → Jahresarbeitsentgeltgrenze der Krankenversicherung und über dem Gesamteinkommen seines versicherten Ehegatten hat. § 10 SGB V, § 7 KVLG 1989. Für die soziale → Pflegeversicherung gelten die vorstehenden Ausführungen entsprechend (vgl. § 25 SGB XI).

**Fangprämie** → Ladendiebstahl.

**FAO** (= Food and Agriculture Organization) ist die für Fragen der Landwirtschaft und Ernährung zuständige Unterorganisation der → Vereinten Nationen.

**Farbengesetz.** Das Ges. betr. die Verwendung *gesundheitsschädlicher Farben* bei der Herstellung u. a. von Gebrauchsgegenständen vom 5. 7. 1887 (RGBl. 277) – FarbenG – hat noch Bedeutung für die Verwendung gesundheitsschädlicher Farben bei Bedarfsgegenständen. Es gilt auch im Beitrittsgebiet (Anl. I Kap X E III Nr. 20 EinigV). Für Lebensmittel s. bei → Zusatzstoffe.

**Farbstoffe in Lebensmitteln** s. jetzt → Zusatzstoffe.

**Faschismus.** Politische Bewegung, in Italien von Benito Mussolini 1919 mit Stoßrichtung gegen alle sozialistischen, kommunistischen, liberalen und demokratischen Gesellschaftsordnungen unter dem Sinnbild des fascio (= Rutenbündel, Bund) organisiert. Der F. stellt den absoluten Wert des Staates heraus, dem sich das Individuum unterzuordnen hat. Der → totale Staat unter einem mit allen Machtvollkommenheiten ausgestatteten Führer beherrscht das gesamte Leben des Volkes und durchdringt alle gesellschaftlichen Organisationen (Verbände usw.). Die den Staat beherrschende faschistische Partei erhob den Alleinvertretungsanspruch für das Volk. Mussolini wurde nach dem Marsch auf Rom (28. 10. 1922) italien. MinPräs. und machte sich 1925 mittels Staatsstreichs zum Diktator. Alle anderen Parteien wurden verboten, jede Opposition unterdrückt, das Parlament durch einen vom Duce (Führer) ernannten Großen Faschistenrat und die Gewerkschaften durch eine Zwangsorganisation ersetzt. Die faschistische Partei stützte sich auf eine Miliz (Schwarzhemden) und richtete staatliche Jugendorganisationen ein (Avantguardia, Balilla). Der F. wurde in anderen Ländern das Vorbild für ähnliche rechtsextreme politische Bewegungen, so in Deutschland für den → Nationalsozialismus unter Hitler, in Spanien (Franco), Portugal (Salazar), Rumänien (Antonescu), Ungarn (Horthy), England (Mosley) und Argentinien (Perón). Während des 2. Weltkrieges wurde der F. nach der Landung der Alliierten in Italien beseitigt.

**Faustpfandrecht** → Pfandrecht.

**Faustrecht** kann in Zeiten eines rechtlosen Zustandes herrschen, in denen sich jeder „auf eigene Faust" Recht oder vermeintliches Recht zu verschaffen sucht, weil keine staatliche Ordnung ihm hierzu verhilft. Das F. bestand in der Geschichte vor Errichtung staatlicher Organisationen und trat in Zeiten staatlicher Desorganisation oder Anarchie wieder auf, so z. B. bei Zusammenbruch der Staatsgewalt infolge unglücklichen Kriegsausgangs. Im Mittelalter war das Raubrittertum eine Erscheinungsform des F. als Folge des Machtverlustes des Kaisertums. Mit zunehmender Erstarkung der Staatsgewalt und Ausbau der Rechtspflege wurde das F. verdrängt. Rechtlich gebilligte Restformen des F. bestehen noch im Recht der → Selbsthilfe und der → Notwehr.

**Fautfracht** → Frachtvertrag.

**Fehde.** Nach altem germanischen Recht durfte die Sippe, die über die Unversehrtheit ihrer Glieder zu wachen hatte, Angriffe auf die Ehre oder andere Rechtsgüter ihrer Angehörigen durch *Fehde* oder *Blutrache* ahnden. Die Sippenrache konnte bei Festnahme des Täters auf „handhafter Tat" durch sofortige Aburteilung und Vollstreckung geübt werden, sonst in Form der F., die auf Vergeltung, Wiederherstellung der Sippenehre und Schadloshaltung im Wege der Selbsthilfe gerichtet war und sich gegen die gesamte Sippe des Täters wandte. Sie konnte durch *Urfehde* enden, d. h. durch Versöhnung, die durch Eide, Friedensbund und sogar durch Verlobung gefestigt wurde (wodurch es zu einer „Umsippung" kommen konnte); meist ging die Festsetzung einer Buße durch ein Schiedsgericht voraus. Verletzung der U. konnte zur → Acht und Friedlosigkeit führen. Nach späteren Rechten schwor der Angeklagte U. mit dem Versprechen, weitere Missetaten zu unterlassen oder – insbes. nach Freispruch – Kläger und Gerichtspersonen nicht anzugreifen. Fehdeverbote wurden häufig auf Zeit durch → Gottesfrieden oder → Landfrieden ausgesprochen. Seit der fränkischen Zeit versuchten die Könige immer wieder, diese Form der privaten Justiz auf die ordentlichen Gerichte überzuleiten; zeitweise war die Rechtmäßigkeit der F. davon abhängig, daß ein Anerbieten zu richterlicher Beilegung ergebnislos blieb. Ausdrückliche gesetzliche Verbote der F. konnten erst durchgesetzt werden, seitdem diese zugleich als Verstoß gegen das Landfriedensgebot mit schwerer Strafe bedroht war.

**Fehlbelegungsabgabe** → sozialer Wohnungsbau.

**Fehlbestand** → Mankohaftung.

**Fehlbeträge** → Erstattungsverfahren.

**Fehler** einer verkauften Sache → Gewährleistung (2); s. a. → Produkthaftung.

**Fehlerhafte Entscheidungen** von Gerichten oder Behörden, die auf unrichtigen Tatsachenfeststellungen oder auf Verletzung von sachlichen oder Verfahrensvorschriften beruhen, sind gleichwohl grundsätzlich wirksam und können nur mit den zulässigen → Rechtsbehelfen beseitigt werden. Ausnahmen gelten bei → Nichtigkeit gerichtlicher Entscheidungen. Ist eine E. in ihrer Art oder Bezeichnung fehlerhaft, ist z. B. in einem Zivilprozeß Beschluß statt Urteil ergangen, so kann die inkorrekte E. mit jedem → Rechtsmittel angefochten werden, das gegen die richtige, gewählte falsche oder jede mögliche Art der Entscheidung stattfindet (sog. Meistbegünstigungstheorie); im Strafprozeß richtet sich das zulässige Rechtsmittel nach dem sachlichen Inhalt der E.

**Fehlerhafte Gesellschaft** → faktische Gesellschaft.

**Fehlgebrauch des Ermessens** → Ermessen.

**Fehlgeldentschädigungen** → Mankohaftung.

**Fehlgeschlagener Versuch** → Rücktritt vom Versuch.

**Feiertage** werden unterschieden in *gesetzliche* (staatlich anerkannte) F., die zugleich F. im Sinne der gewerberechtlichen und arbeitsrechtlichen Bestimmungen (→ Ladenschluß, → Arbeitszeit, → Sonntagsarbeit) und allgemeine F. im Sinne der Bestimmungen über → Fristen und Termine sind, und *staatlich geschützte* (kirchliche) F., die lediglich während der ortsüblichen Zeit des Hauptgottesdienstes einen beschränkten Feiertagsschutz (Arbeitsruhe nach Maßgabe der gewerberechtlichen und arbeitsrechtlichen Bestimmungen) genießen. Die gesetzlichen F. waren früher durch Ges. vom 27. 2. 1934 (RGBl. I 129) reichseinheitlich bestimmt. Heute ist bundesgesetzlich nur der 3. 10. als „Tag der Deutschen Einheit" gesetzlicher Feiertag (Art. 2 II → Einigungsvertrag). Im übrigen gelten die Sonn- und Feiertagsgesetze der Länder. Danach sind im wesentlichen übereinstimmend gesetzliche F. Neujahr, Karfreitag, Ostermontag, 1. Mai, Christi-Himmelfahrtstag, Pfingstmontag, 1. und 2. Weihnachtsfeiertag. Hinzu kommen in katholischen Gegenden Heilige Drei Könige (6. 1.), Fronleichnam, Mariä Himmelfahrt (15. 8.) und Allerheiligen (1. 11.); in evangelischen Gegenden Buß- und Bettag (zum Ausgleich der Arbeitgeberbelastung außer in Sachsen durch die → Pflegeversicherung abgeschafft) und das Reformationsfest. S. a. im folg.; über Fristablauf an F. → Frist.

**Feiertagsfahrverbot** → Lastkraftwagen.

**Feiertagsgeld** ist die Feiertagsbezahlung, die → Heimarbeiter und → Hausgewerbetreibende nach § 11 des Entgeltfortzahlungsgesetzes vom 26. 5. 1994 (BGBl. I 1014/1065) beanspruchen können.

**Feiertagsvergütung** ist das Entgelt, das dem → Arbeitnehmer für die an einem gesetzlichen Feiertag ausgefallene Arbeitszeit zu zahlen ist (§ 2 des Entgeltfortzahlungsgesetzes vom 26. 5. 1994, BGBl. I 1014/1065). Die F. entspricht in der Höhe dem Arbeitslohn, den der Arbeitnehmer ohne den Arbeitsausfall erhalten hätte. Der Anspruch auf F. entfällt, wenn der Arbeitnehmer am letzten Arbeitstag vor oder am ersten Arbeitstag nach dem Feiertag unentschuldigt der Arbeit fernbleibt.

**Feiertagszuschlag** ist der Zuschlag zum normalen Arbeitslohn, den der → Arbeitnehmer dafür erhält, daß er an einem gesetzlichen Feiertag auf Grund des Arbeitsverhältnisses Arbeit leistet. Der F. wird i. d.R. auf Grund eines → Tarifvertrags oder einer Einzelvereinbarung bezahlt; er entspricht dem Zuschlag für Sonntagsarbeit. Der F. ist pfändbares Arbeitseinkommen (→ Lohnpfändung) und fällt nicht unter § 850a Nr. 1 ZPO (teilweise Pfändbarkeit von Mehrarbeitslohn). Der Zuschlag ist bis zu den in § 3b EStG genannten Beträgen steuerfrei (siehe auch Abschn. 30 LStR). Aufwendungen in diesem Zusammenhang können nicht als → Werbungskosten abgezogen werden (§ 3c EStG).

**Feindstaatenklausel.** Nach Art. 107 der Charta der → Vereinten Nationen soll keine Bestimmung der Charta einem Staat gegenüber, der im 2. Weltkrieg Feind einer der Vertragsmächte gewesen ist, Maßnahmen unwirksam machen oder „ausschließen", die als Folge dieses Krieges von den für diese Maßnahmen verantwortlichen Regierungen getroffen oder gestattet worden sind. Art. 53 der Charta, der Zwangsmaßnahmen ohne Zustimmung des Sicherheitsrats grundsätzlich verbietet, nimmt von diesem Verbot Maßnahmen gegen einen Feindstaat aus, die in Anwendung des Art. 107 oder in regionalen Abkommen vorgesehen sind und sich gegen die Wiederaufnahme einer Angriffspolitik eines solchen Staates richten, und zwar bis zu dem Zeitpunkt, da die Organisation auf Antrag der interessierten Regierungen mit der Verhütung jedes weiteren Angriffs eines solchen Staates betraut wird. Die Bedeutung der F. ist insbes. im Zusammenhang mit dem → Atomwaffensperrvertrag, häufig diskutiert worden. Die USA, Großbritannien und Frankreich haben anläßlich der Unterzeichnung dieses Vertrags durch die BRep. am 28. 11. 1969 erklärt, daß die Art. 53 und 107 der UN-Charta kein Recht gewähren, einseitig in der BRep. mit Gewalt zu intervenieren. Spätestens durch den Gewaltverzicht im Vertrag vom 12. 8. 1970 (→ Ostverträge) und die Aufnahme der BRep. in die UNO ist die F. auch im Verhältnis zur früheren UdSSR bedeutungslos geworden.

**Feingehalt.** Die Kennzeichnung des Edelmetallanteils („F") von Gold- und Silberwaren (s.a. Edelmetalle) regelt das Ges. vom 16. 7. 1884 (RGBl. 120) m. spät. Änd. Ein bestimmter Mindestanteil an Edelmetallen ist nicht vorgeschrieben. Doch kann der Vertrieb von Gold- und Silberwaren mit einem Edelmetallanteil unterhalb des Verkehrsüblichen ohne deutliche Kennzeichnung wettbewerbswidrig sein.

**Feldgeschworene** → Grenzregelung bei Grundstücken.

**Feld- und Forstschutzrecht.** 1. Die besonderen landesrechtlichen, milderen *Strafvorschriften* gegen F.- und F.diebstahl, -hehlerei usw. sind gem. Art. 4 EGStGB vom 2. 3. 1974 beseitigt, jedoch nicht Landesrecht, das unbedeutende Fälle straflos läßt oder von der Verfolgung ausnimmt. Bei geringwertigen Sachen greift im übrigen § 248a StGB (→ Diebstahl, 4) ein. Dagegen sind andere Forstschutzdelikte (insbes. Schädigung von Früchten am Boden, von Wegen, Einfriedungen, Wegweisern, unbefugtes Betreten von Grundstücken usw.) landesrechtlich → *Ordnungswidrigkeiten.* (s. NebenstrafR Nr. 238). S. a. → Forstrügesachen.

2. *Polizeirechtliche Vorschriften* der unter 1 genannten Gesetze regeln insbes. Bestellung und polizeiliche Befugnisse der Feld- und Forsthüter.

3. Die Landesgesetze enthalten auf Grund des Gesetzesvorbehalts in Art. 107 EGBGB z. T. auch Vorschriften über *Schadensersatzansprüche,* Wertersatz, Ersatzgeld und Pfändungsrechte des Geschädigten.

**Felonie** war im Mittelalter die Bezeichnung für den Treubruch des Vasallen gegenüber dem Lehnsherrn, so z. B. Versagen der Gefolgschaft bei Kriegszügen, Auflehnung gegen Verordnungen oder Weisungen. Die F. führte zum Heimfall des → Lehens an den Lehnsgeber.

**Feme** (mittelhochdeutsch = Strafe) war eine Form der im frühen Mittelalter ausgeübten ordentlichen Gerichtsbarkeit; sie ging aus den westfälischen Grafengerichten hervor (Femegerichte, Freigerichte, Freistühle unter Vorsitz von Freiherren oder Freigrafen mit Freischöffen als Beisitzern). Die F.gerichte entwickelten sich vorwiegend zu Strafgerichten, an denen sieben Freischöffen teilnahmen; die Schöffen waren als „Wissende" in einem Freischöffenbund zusammengefaßt. Die F.gerichte übten ihre Tätigkeit als sog. „stille" oder „heimliche" Gerichte aus, wenn auch zunächst öffentlich; mit der Zeit erstreckten sie als dem König unmittelbar unterstehende Rechtspflegeorgane ihre Zuständigkeit auf das gesamte Reichsgebiet. Im „Rügeverfahren" wurde der Beschuldigte vor das F.gericht geladen; bei Nichterscheinen konnte er der → Acht und damit dem Tode verfallen. Bei Ergreifung auf „handhafter Tat" konnte ein Schnellverfahren durchgeführt und das Urteil sofort vollstreckt werden. Späteres Eindringen unehrenhafter Elemente in den Freischöffenbund hatte Mißbräuche zur Folge (Käuflichkeit, Willkür usw.) und führte zum Verfall der F., Ausscheiden der unbescholtenen Mitglieder und Übergang der F.gerichte zum heimlichen Verfahren, das häufig mit Unrechtsurteilen verbunden war. Diese

Entwicklung hatte eine Abwertung der F. zur Folge. In der Neuzeit ist der Begriff F. daher mit dem Makel der Anrüchigkeit behaftet (Verurteilung Mißliebiger in einem Geheimverfahren auf Grund angemaßter Privatgerichtsbarkeit; z. B. F.urteile in der Reichswehr nach 1919).

**Feriensachen** → Gerichtsferien.

**Ferienwohnungen, -appartements** sind anders als sog. Zweitwohnungen nur beschränkt nutzbar. Für sie besteht eine aus dem → Grundbuch nicht ersichtliche *öffentlich-rechtliche Zweckbindung.* Danach ist die Nutzung auf Zwecke des → Fremdenverkehrs und des Tourismus beschränkt. Die Benutzung durch den Eigentümer ist nur in geringem Umfang (etwa 1 Monat im Jahr) zulässig. Unzulässige Nutzung kann durch → Verwaltungszwang verhindert bzw. unterbunden werden. F. zur eigenen Nutzung sind steuerlich nicht begünstigt; → Eigenheimzulage.

**Fernadoption** → Inkognitoadoption.

**Fernkauf** → Versendungskauf.

**Fernmeldeanlagen.** Das Recht der früher so bezeichneten F. ist jetzt im wesentlichen im → Telekommunikationsgesetz TKG) geregelt. Das gilt für den Inhalt des Fernmeldeanlagengesetzes wie des Telegraphenwegegesetzes samt zugehöriger Planungsvorschriften. Vom früheren Fernmeldeanlagengesetz gelten i. d.F. des TKG im wesentlichen nur noch Übergangsvorschriften bis 31. 12. 1997 (vgl. § 28). Das Telegraphenwegegesetz ist aufgehoben; s. a. → Funkstörungen, → Sendeanlagenmißbrauch.

**Fernmeldegeheimnis** → Brief-, Post- u. Fernmeldegeheimnis.

**Fernmelde-Union.** Die Internationale F.-U. (gegründet durch Vertrag v. 12. 11. 1965 in Montreux; Sitz Genf) verfolgt – ähnlich dem → Weltpostverein – die Zusammenarbeit der angeschlossenen Staaten zur Verbesserung und technischen Weiterentwicklung des Fernmeldedienstes. Die BRep. ist der I. F.-U. beigetreten (BGBl. 1968 II 931).

**Fernmeldewesen** → Post- und Telekommunikation; → Telekommunikationsgesetz.

**Fernschreiben,** *Rechtsmitteleinlegung durch* –, → telefonische/telegrafische Einlegung von Rechtsmitteln.

**Fernsehen** → Rundfunk.

**Fernsehrichtlinie der EG.** Die F. vom 3. 10. 1989 (ABl. EG L 298, 23) ist eine → Harmonisierungsrichtlinie vor allem für den Programm- und Werbemarkt. Sie dient der Verwirklichung des freien → Dienstleistungsverkehrs für diese Marktbereiche. Die Regelungen zur „Programmquote" bestimmen, daß 50% des Hauptprogramms aus europäischer Produktion stammen müssen (Art. 4), auch sollen 10% des Programmbudgets unabhängigen europäischen Herstellern vorbehalten bleiben (Art. 5). Für die Werbung soll eine Beschränkung auf 20% der Sendezeit gelten (Art. 18), die sog. Unterbrecherwerbung ist nur in engen Grenzen zulässig (Art. 11). Werbeverbote bestehen für Tabak und bestimmte Arzneimittel, Alkoholwerbung ist nur beschränkt zulässig. Wegen des Netzzugangs zum Kabelfernsehen vgl. die Richtlinie vom 18. 10. 1995 (ABl. L 256/49).

**Fernsehwerk.** Das → Urheberrecht an einem schöpferischen F. wird nach § 2 I Nr. 6 UrhG entsprechend dem → Filmurheberrecht behandelt. Dagegen sind bloße Wiedergaben von Ereignissen, Übertragungen u. dgl. als *Laufbilder* nach § 95 UrhG zu beurteilen.

**Fernsprechanlagen, -geheimnis** → Post- und Fernmeldewesen, → Fernmeldeanlagen, → Brief-, Post- u. Fernmeldegeheimnis; → Telekommunikationsgesetz.

**Fernstraßenausbau** → Bundesfernstraßen.

**Fernstudium** soll nach § 13 des → Hochschulrahmengesetzes vom 9. 4. 1987 (BGBl. I 1170) bei der Studienreform berücksichtigt werden. Gewisse Studienleistungen können auch im Wege des F. erbracht werden, wenn sie den im Präsenzstudium erworbenen Leistungen gleichwertig sind. In Hagen besteht eine Fernuniversität-Gesamthochschule. Vgl. ZRP 1986, 68.

**Ferntrauung** → Eheschließung.

**Fernunterricht** bedarf nach dem Fernunterrichtsschutzgesetz (FernUSG) vom 24. 8. 1976 (BGBl. I 2525) der *Zulassung* (→ Verwaltungsakt). Sie wird auf Grund einer Eignungsprüfung erteilt (§ 12); Rücknahme und Widerruf regelt § 14. Verboten ist der Vertrieb im → Reisegewerbe wie überhaupt durch Vertreter oder Berater, wenn die Beratung nicht ausdrücklich schriftlich angefordert wurde (Einzelheiten §§ 16, 17). Gegenüber den Zulassungsbehörden besteht Auskunftspflicht (§ 20). Verstöße gegen das Gesetz werden als → Ordnungswidrigkeiten geahndet (§ 21).

Der *F.vertrag,* der ohne Zulassung nichtig ist (§ 7), muß schriftlich abgefaßt sein und einen bestimmten Mindestinhalt über die Verpflichtungen des Teilnehmers enthalten (§ 3). Innerhalb von 2 Wochen nach Eingang der ersten Lieferung des Fernlehrmaterials hat der Teilnehmer ein Widerrufsrecht (§ 4) sonst – abgesehen von der jederzeit möglichen außerordentlichen Kündigung aus wichtigem Grund – ein Kündigungsrecht, erstmals nach 6 Monaten ab Vertragsschluß (mit 6 Wochen Kündigungsfrist), sodann jederzeit mit 3 Monaten Kündigungsfrist (§ 5; dies gilt nicht für den *Direktunterrichtsvertrag,* BGHZ 90, 280). Widerruf und Kündigung müssen schriftlich erklärt werden. Außer der vereinbarten Vergütung dürfen Nebenforderungen (Provision, Auslagen, Vertragsstrafe, pauschalierter Schadensersatz usw.) nicht vereinbart und verlangt werden (§ 2). Abweichende Vereinbarungen zum Nachteil des Teilnehmers sind unwirksam (§ 10). Ausschließlicher → Gerichtsstand ist grundsätzlich der → Wohnsitz des Teilnehmers (§ 26). Zur Anwendung des Verbraucherkreditgesetzes → Kreditvertrag (2, 3).

**Fernverkehrsstraßen** → Autostraßen.

**Fertighaus(vertrag)** → Werkvertrag (1).

**Fertigpackungen** → Eichwesen.

**Festhalten** von Parteien, Beschuldigten, Zeugen, Sachverständigen und an einer Gerichtsverhandlung nicht Beteiligten kann der Vorsitzende zur Unterbindung von Störungen bis zu 24 Std. anordnen (§ 177 GVG). Bei sonstigen Amtshandlungen im Strafverfahren kann der diese leitende Beamte das F. von Störern für die Dauer der Handlung anordnen, spätestens jedoch bis zum Ablauf des nächsten Tages (§ 164 StPO). Die gleiche Begrenzung gilt für das F. zur → Identitätsfeststellung.

**Festlandsockel** ist nach Art. 2 der Genfer Konvention über den F. vom 29. 4. 1958 der Meeresgrund und Meeresuntergrund der an die Küste grenzenden Unterwasserzone außerhalb des Küstenmeeres bis zu einer Tiefe von 200 m oder darüber hinaus, soweit die Tiefe des darüber befindlichen Wassers die Ausbeutung der Naturschätze dieser Zone gestattet. Die Erforschung des F. und die Ausbeutung seiner Naturschätze ist nur mit ausdrücklicher Zustimmung des Küstenstaates zulässig. Andererseits hat dieser dafür zu sorgen, daß durch die Ausübung seiner Rechte Schiffahrt und Fischfang nicht unbillig behindert oder gefährdet werden. Die über dem F. befindlichen Gewässer sind weiterhin Hohe See. Die BReg. hat mit Proklamation vom 22. 1. 1964 (BGBl. II 104) die Erforschung und Ausbeutung des deutschen F. als ausschließliches Hoheitsrecht der BRep. deklariert. Das 1994 in Kraft getretene Seerechtsübereinkommen von 1982 erweiterte die Rechte der Küstenstaaten. Danach erhält der Küstenstaat Rechte am F. über seine ganze natürliche Ausdehnung bis zu dem Punkt, an dem der Steilabfall des F. den Grund der Tiefsee erreicht, mindestens aber 200 und höchstens 350 Seemeilen von der Küstenlinie. Selbst ohne Proklamation sollen dem Küstenstaat Hoheitsrechte an dem so definierten F. zur Ausbeutung der Naturschätze zustehen. Freie Schifffahrt und Fischfang über dem F. dürfen aber nicht beeinträchtigt werden. An Binnenmeeren oder Buchten (Deutschland) gelegene Staaten werden durch diese Regelung benachteiligt. S. a. → Freiheit des Meeres, → Seerecht.

Die Verleihung der Berechtigung zum Aufsuchen und zur Gewinnung von Naturschätzen aus dem F. regelt als innerstaatliches Recht das Gesetz zur Regelung des Meeresbodenbergbaus vom 6. 6. 1995 (BGBl. I 782). S. a. → Seerecht. *Steuerlich* gehört der F. zum Inland

(§ 1 I 2 EStG, § 1 III UStG, § 2 VII GewStG, § 2 II ErbStG).

**Festnahme** 1. a) Die F. des Beschuldigten ist bei Verdacht einer *Straftat* auf Grund eines → Haftbefehls oder → Unterbringungsbefehls (ggf. auch eines → Steckbriefes, § 131 StPO) zulässig.

b) Liegt noch kein Haft(Unterbringungs)befehl vor, sind aber dessen Voraussetzungen gegeben, so sind StA und Polizeibeamte nach § 127 II StPO zur *vorläufigen F.* befugt, wenn Gefahr im Verzug ist, d. h. der richterliche Befehl sonst nicht rechtzeitig erwirkt und vollstreckt werden könnte, weil der Beschuldigte flüchten würde.

Auch ohne diese Voraussetzungen ist *jedermann* zur v. F. eines Beschuldigten berechtigt, der *auf frischer Tat betroffen oder verfolgt* wird und entweder fluchtverdächtig ist oder nicht sofort identifiziert werden kann (§ 127 I StPO). Zivilpersonen müssen den Festgenommenen unverzüglich der Polizei übergeben.

StA und Polizeibeamte sind zur v. F. eines auf frischer Tat Betroffenen oder Verfolgten auch befugt, wenn eine unverzügliche Entscheidung im → beschleunigten Verfahren wahrscheinlich ist und das Fernbleiben des Festgenommenen von der Hauptverhandlung zu befürchten ist (§ 127 b StPO).

Bei der v. F. darf Gewalt angewendet werden, aber nur soweit nötig; das angewandte Mittel darf nicht außer Verhältnis zur Bedeutung der Straftat stehen (s. Verhältnismäßigkeitsgrundsatz). Daher darf z. B. beim Gebrauch der Schußwaffe gegen einen flüchtenden Einbrecher die Verletzungshandlung nicht weiter gehen, als zur v. F. erforderlich ist (anders bei Notwehr gegen einen Angriff des Täters); s. a. → Waffengebrauch der Polizei.

c) Hat der Beschuldigte im Inland keinen festen Wohnsitz oder Aufenthalt, so kann von der F. gegen Sicherheitsleistung Abstand genommen werden, wenn nur Fluchtgefahr vorliegt und weder Freiheitsstrafe noch eine freiheitsentziehende → Maßregel der Besserung und Sicherung zu erwarten ist (§ 127 a StPO).

d) Eine v. F. wegen einer → Ordnungswidrigkeit ist unzulässig (§ 46 III OWiG).

2. Wird der Festgenommene von Polizei oder StA nicht wieder in Freiheit gesetzt, ist er *spätestens mit Ablauf des Tages nach der v. F.* dem Amtsgericht des Festnahmebezirks, nach → Anklageerhebung dem Amtsgericht oder dem mit dem Hauptverfahren befaßten Gericht vorzuführen (Art. 104 III GG, §§ 128, 129 StPO). Der Richter vernimmt ihn und gibt ihm Gelegenheit, sich zu entlasten; er muß ihn darauf hinweisen, daß er zur Sache nicht auszusagen braucht. Diesen Hinweis muß auch die Polizei geben, falls sie vorher den Beschuldigten vernimmt. Handelt es sich um die erste Vernehmung in der Sache, müssen Polizei und Richter außerdem den Beschuldigten darauf aufmerksam machen, daß er zunächst einen selbstgewählten Verteidiger befragen darf (§§ 136 I 2, 163 a IV 2 StPO; s. a. → Vernehmungen im Strafverfahren). Ergeht Haftbefehl, ist der Verhaftete über sein Recht auf Beschwerde, Haftprüfung und mündliche Verhandlung über diese vom Richter zu belehren (§§ 128 I, 129, 115 III, IV, 117 I, II, 118 I, II StPO). Der Richter muß außerdem einen *Angehörigen* des Verhafteten oder eine Person dessen Vertrauens (Freund, Anwalt) *benachrichtigen* und dem Verhafteten selbst, falls der Untersuchungszweck dadurch nicht gefährdet wird, zu einer solchen Benachrichtigung Gelegenheit geben (Art. 104 IV GG, § 114 b StPO).

3. In *Steuerstrafsachen* steht das Recht zur v. F. beim Vorliegen der Voraussetzungen eines Haftbefehls auch der *Finanzbehörde* und ihren Hilfsbeamten nach Maßgabe des § 399 AO zu. Über die Befugnis der *Bahnpolizei* zur v. F. → Bundesgrenzschutz.

4. Das Gericht (nicht nur ein Strafgericht) kann, wenn in einer – auch nichtöffentlichen – Sitzung eine Straftat begangen wird, z. B. ein Meineid, die v. F. des Täters verfügen, § 183 S. 2 GVG; dieser ist sodann der Staatsanwaltschaft zu überstellen. Über die Festhaltung von Störern einer Gerichtsverhandlung oder einer sonstigen strafprozessualen Amtshandlung → Festhalten.

5. Über die polizeiliche F. zur *Personenfeststellung* → Identitätsfeststellung, → persönliches Erscheinen.

6. Zur Sicherung *bürgerlich-rechtlicher Ansprüche* kann der Gläubiger im Wege

der *Selbsthilfe* den fluchtverdächtigen *Schuldner* festnehmen, wenn amtliche Hilfe nicht rechtzeitig zu erlangen ist und die Gefahr besteht, daß die Verwirklichung des Anspruchs vereitelt oder wesentlich erschwert wird (F. auf dem Flugplatz vor Auslandsreise). Der Gläubiger muß den Festgenommenen unverzüglich dem Amtsgericht des Festnahmebezirks vorführen und den persönlichen → Arrest beantragen (§§ 229f. BGB; §§ 918, 933 ZPO).

**Festpreise** sind Preise (→ Preisrecht), die weder über- noch unterschritten werden dürfen. S.a. → Höchst-, → Mindestpreise. Im privaten Baurecht wird mit F. auch ein → Pauschalpreis bezeichnet.

**Festsetzungsfrist, Festsetzungsverjährung** (steuerl.) → Verjährung (5).

**Feststellung der Vaterschaft** → Abstammung (2 c).

**Feststellung von Besteuerungsgrundlagen** → Besteuerungsverfahren.

**Feststellungsbescheid** → Besteuerungsverfahren.

**Feststellungsklage** ist im → Zivilprozeß (auch in der → Arbeitsgerichtsbarkeit) eine → Klage (oder → Widerklage), mit der der Kläger erstrebt, daß das Bestehen *(positive F.)* oder Nichtbestehen *(negative F.)* eines Rechts oder eines Rechtsverhältnisses festgestellt werde. Es kann auch auf Feststellung der Echtheit oder Unechtheit einer Urkunde, aber nicht auf Feststellung anderer Tatsachen geklagt werden. Die F. bedarf als → Prozeßvoraussetzung eines besonderen → Rechtsschutzbedürfnisses, des Feststellungsinteresses (§ 256 I ZPO); sie ist daher i.d.R. unzulässig, soweit Leistungs- oder Gestaltungsklage erhoben werden kann. Die erfolgreiche F. führt zum Feststellungsurteil; es ist seinem Wesen nach nicht vollstreckungsfähig, wirkt aber durch seine → Rechtskraft; s.a. → Zwischenfeststellungsklage. Im Verwaltungs- und Finanzstreitverfahren kann sich die F. außer auf Bestehen oder Nichtbestehen eines Rechtsverhältnisses auch auf die Nichtigkeit eines → Verwaltungsaktes richten; hierfür ist wie im Zivilprozeß ein Festellungsinteresse erforderlich (§ 43 VwGO, § 41 FGO). Hat sich der Verwaltungsakt vorher durch Zurücknahme oder anders erledigt, so spricht das Gericht auf Antrag durch Urteil aus, daß der Verwaltungsakt rechtswidrig gewesen ist, wenn der Kläger ein berechtigtes Interesse an dieser Feststellung hat (Fortsetzungsfeststellungsklage; § 113 I 4 VwGO, § 100 I 4 FGO). Im Sozialstreitverfahren sind außerdem noch F. anderen Inhalts zulässig, z.B. über die Zuständigkeit eines → Versicherungsträgers oder den ursächlichen Zusammenhang zwischen einem → Arbeitsunfall oder einer Impfkrankheit und einem Gesundheitsschaden oder dem Tod des Versicherten (§ 55 SGG). Anträge (nicht Klagen) mit feststellendem Inhalt gibt es auch im Verfahren vor dem Bundesverfassungsgericht (z.B. §§ 39, 46 BVerfGG).

**Feststellungslast** → Beweislast.

**Feststellungsurteil** ist ein → Urteil mit feststellendem Inhalt; dazu zählen die einer → Feststellungsklage stattgebenden und alle klageabweisenden Urteile.

**Feststellungswirkung** → Tatbestandswirkung.

**Festungshaft** war im StGB früher (ohne entehrende Wirkungen) zugelassen. Das 3. StrÄndG vom 4. 8. 1953 hat sie durch die Einschließung ersetzt, die durch das 1. StrRG 1969 ebenfalls beseitigt wurde.

**Fette, Verkehr mit -n** → Milch- und Fettgesetz.

**Feuchtgebiete** → Artenschutz.

**Feudalismus** ist die Bezeichnung für eine aus dem Mittelalter herrührende Sozialordnung, die sich bis in die neuere Zeit in Europa erhalten hat. Als feudum wurde im Mittelalter das → Lehen (Lehnsgut) bezeichnet, das der Lehnsherr dem Vasallen auf Lebenszeit zur Nutzung überließ, wodurch der Belehnte zu Dienstleistungen verpflichtet wurde. Nachdem das Lehen vielfach erblich geworden war, bildete sich eine Schicht von „Feudalherren“, die den ihnen überlassenen Grund und Boden von Vasallen oder (meist hörigen) Hintersassen bewirtschaften ließen. Während die Feudalherren, die Adelige oder hohe geistliche Würdenträger waren, ursprünglich auch an der staatlichen Gewalt beteiligt waren, blieb ihnen nach der politischen Entmachtung noch die wirtschaftliche Machtstellung bis zur französischen Revolution.

**Feuerbach, Anselm von** – (1775–1833), deutscher Strafrechtswissenschaftler, Schöpfer des bayer. StGB von 1813, Begründer der neuen Strafrechtsdogmatik und Verfechter der psychologischen Abschreckungstheorie (→ Strafzweck).

**Feuerbestattung** ist als Bestattungsart der Erdbestattung grundsätzlich gleichgestellt. Die F. darf nur in behördlich genehmigten Anlagen stattfinden. Die Aschenreste sind in ein zu verschließendes Behältnis aufzunehmen und in einer Urnenhalle oder einem Grabe beizusetzen. Die F. ist jetzt landesrechtlich geregelt (→ Leichen- und Bestattungswesen) und hierbei auch in den Zulassungsvoraussetzungen der Erdbestattung gleichgestellt. Hinsichtlich der immissionsschutzrechtlichen Fragen ist die VO über Anlagen zur Feuerbestattung v. 19. 3. 1997 (BGBl. I 545) zu beachten.

**Feuerschutzabgabe** → Gemeindeabgaben.

**Feuerschutzsteuer** schulden nach dem Ges. vom 10. 1. 1996 (BGBl. I 18, geändert 17. 12. 97, BGBl. I 98, 3) die Feuerversicherungsunternehmen.

Zweck: zur Förderung des Brandschutzes. Der Steuersatz beträgt 8%. Bemessungsgrundlage ist das erhaltene Versicherungsentgelt.

**Feuerversicherung.** Die F. ist eine Art der → Schadensversicherung, bei der der Versicherer für den durch Brand, Explosion oder Blitzschlag entstehenden oder hiermit unmittelbar zusammenhängenden Schaden haftet (z. B. auch für Wasserschäden durch Löscharbeiten, Diebstahl von versicherten Sachen während des Brandes); §§ 81ff. VVG. Ausgeschlossen ist die Haftung für Schäden im Kriegsfall, durch Erdbeben, auch für bloße Glimmschäden. Über die allgemeinen Bestimmungen hinaus (→ Schadensversicherung, → Versicherungsvertrag) gelten Sondervorschriften für den Vertragsabschluß (Annahme des Antrags nur binnen 2 Wochen), Anzeige des Versicherungsfalls (binnen 3 Tagen), Kündigung des Versicherungsverhältnisses (nach einem Versicherungsfall jederzeit mit monatlicher Frist für den Versicherer) sowie für die Haftung nach einem Versicherungsfall (nur noch in Höhe des Differenzbetrags zwischen ausbezahltem Schadensersatz und vereinbarter Versicherungssumme). Spezialbestimmungen gelten insbes. für die Versicherung eines Gebäudes gegen Feuer *(Gebäudeversicherung)*, da ein Grundpfandrecht – Hypothek, Grundschuld – sich auf die Versicherungsforderungen erstreckt (besondere Anzeigepflichten, Verwendung zum Wiederaufbau u. a.; der Versicherer haftet gegenüber dem Hypothekengläubiger auch, wenn er gegenüber dem Versicherten von seiner Leistungspflicht befreit ist). Ein Versicherungsmonopol öffentlich-rechtlicher Anstalten für die F. besteht nicht mehr.

Steuerlich fällt die F. nicht unter Vorsorgeaufwendungen und ist daher keine → Sonderausgabe. Bei Vermietung kann die F. als → Werbungskosten abgezogen werden.

**Feuerwehr-Unfallkasse.** Träger der gesetzlichen → Unfallversicherung (§ 114 SGB VII).

**Feuerwehrwesen.** Das F. ist landesrechtlich geregelt (vgl. z. B. Berlin Ges. vom 3. 5. 1984, GVBl. 764; Bayer. Ges. vom 23. 12. 1981, GVBl. 526). Organisation (Berufsfeuerwehr, Freiwillige Feuerwehr), Rechtsformen, Aufgaben und Befugnisse unterscheiden sich z. T. in den Ländern. Der Aufgabenbereich erstreckt sich meist über die Brandbekämpfung hinaus auf sonstige Unglücks- und Notfälle. Gegebenenfalls kann die Einsatzbereitschaft freiwilliger Feuerwehren durch die Heranziehung von Gemeindebürgern (Feuerwehrdienstpflicht) gesichert werden (Pflichtfeuerwehr). Die in einigen Ländern (Baden-Württemberg, Bayern, Thüringen) aufgrund Landesrechts (als → Gemeindeabgabe) erhobene Feuerwehrabgabe (Feuerschutzabgabe, Brandschutzabgabe), die nur männlichen Gemeindebürgern auferlegt wird, die keinen freiwilligen Feuerwehrdienst leisten, ist wegen Verstoßes gegen Art. 3 I GG und wegen Fehlens der Voraussetzungen für eine Sonderabgabe (vgl. → Abgaben, öffentliche) verfassungswidrig (BVerfG vom 24. 1. 1995, NJW 1733 ff.).

**FH** → Fachhochschule.

**Fideikommiß** (lat. fidei commissum = der Treue anvertraut), dem röm. Erbrecht entlehnter Begriff, bezeichnete im deutschen Recht eine Vermögensmasse, die nach dem durch Rechtsgeschäft unter Lebenden oder → Verfügung von Todes wegen erklärten Willen des Berechtigten unveräußerlich bleiben und sich nach bestimmten Regeln – meist innerhalb einer Familie – vererben soll. I. d.R. handelt es sich um Großgrundbesitz (Latifundien) im Besitz von Adelsfamilien *(Familien-F.)*. Die Fideikommisse waren schon nach Art. 155 II 2 WV und den Reichsgesetzen vom 26. 6. 1935 (RGBl. I 785) und 6. 7. 1938 (RGBl. I 825) aufzulösen (demnach war Art. 59 EGBGB überholt). Die noch bestehenden Familien-F. wurden weitgehend zu freiem, den allgemeinen Gesetzen unterworfenem Eigentum erklärt. S. ferner das Ges. vom 28. 12. 1950 (BGBl. 820) i. d.F. vom 3. 8. 1967 (BGBl. I 839). Die F. wurden häufig schon vor der gesetzlichen Auflösung in → Stiftungen übergeführt; das war auch nach der Auflösung noch zulässig, wenn es sich um Vermögensteile von besonderem künstlerischen, geschichtlichen oder heimatlichen Wert oder um gemeinnützige Einrichtungen handelte.

**Fiduziarische Abtretung** → Abtretung (2).

**Fiduziarische Rechtsgeschäfte** → Rechtsgeschäft (2 i), → Treuhandeigentum.

**Fiktion** wird in der Rechtslehre eine im Gesetz festgelegte Annahme eines Sachverhalts genannt, der in Wirklichkeit nicht besteht; die F. ermöglicht in besonderen Fällen die Ableitung sonst nicht gegebener Rechtsfolgen (z. B. § 1923 II BGB: wer zur Zeit des Erbfalles noch nicht lebte, aber bereits erzeugt war, gilt als vor dem Erbfall geboren und kann deshalb ggf. Erbe sein). Umgekehrt kann das Gesetz einen Sachverhalt entgegen der Wirklichkeit als nicht bestehend fingieren (so galt früher das „nichteheliche" Kind im Rechtssinne als mit dem Vater nicht verwandt, so daß kein Erbrecht bestand). Von der F. zu unterscheiden ist die gesetzliche → *Vermutung;* sie kann – anders als die F. –, soweit das Gesetz sie nicht als unwiderlegbar bezeichnet, durch den Beweis des Gegenteils entkräftet werden (vgl. § 1362 BGB: Eigentumsvermutung zugunsten des Gläubigers hinsichtl. der im Besitz eines oder beider Ehegatten befindlichen beweglichen Sachen).

**Fiktionstheorie** → juristische Person.

**Filiale** → Zweigniederlassung.

**Filibustern** ist die Bezeichnung für langes Reden im Parlament mit dem Ziel, eine Abstimmung zu verhindern.

**Filmabgabe** → Filmrecht.

**Filmbezugs(verleih)vertrag** ist ein gemischter verkehrstypischer Vertrag (→ Vertrag, 2) mit wesentlichen Elementen des → Mietvertrags und des → Lizenzvertrags, verbunden mit gegenseitiger Interessenwahrnehmung.

**Filmförderung** → Filmrecht.

**Filmrecht.** Bundesgesetzlich ist im F. bisher nur die *Filmförderung* geregelt, und zwar durch das Filmförderungsgesetz i. d.F. vom 25. 1. 1993 (BGBl. I 66). Die Förderung wird von der Filmförderungsanstalt mit Sitz in Berlin wahrgenommen (§ 1), und zwar zur Steigerung der wirtschaftlichen Leistungsfähigkeit und der Qualität (Einzelheiten: § 2). Organe: Vorstand, Präsidium, Verwaltungsrat (§§ 3–6) sowie Vergabekommission (§ 8). Gefördert werden nach bestimmten Kategorien (z. B. programmfüllender Film, Kurzfilm) Filme und Drehbücher (§ 14). Nicht förderungswürdig sind nach § 19 Vorhaben, die gegen Verfassung oder Gesetze verstoßen oder das sittliche oder religiöse Gefühl verletzen, die aufdringlich vergröbernd Sexualität oder Brutalität darstellen oder die aus den in § 19 näher erläuterten Gründen von geringer Qualität sind. Finanziert wird die Filmförderung aus Haushaltsmitteln sowie durch die Filmabgabe, die von den Veranstaltern entgeltlicher Filmvorführungen und von der Videowirtschaft (§§ 66, 66 a) aufgebracht wird. Die Abgabe ist nach Jahresumsatz gestaffelt. Durchführungsbestimmungen enthält die FilmförderVO vom 21. 4. 1993 (BGBl. I 562).

**Filmurheberrecht** ist ein im Rahmen des → Urheberrechts besonders ausgestattetes Recht. Der Film, an dem mehrere durch geistige Werke und Leistungen mitwirken, ist ein „verbundenes Werk" i. S. des § 9 UrhG. Filmurheber sind gemeinsam alle, die schöpferisch an der Herstellung beteiligt sind, d. h. ein geistiges Werk oder eine geistige Leistung erbringen, insbes. Regisseur, Darsteller, Kameramann. Für alle Miturheber des Films gilt die Vermutung, daß sie ihre → Verwertungsrechte dem Filmhersteller zur ausschließlichen Nutzung übertragen (§§ 89, 92 UrhG, → Nutzungsrecht). Der Filmhersteller hat danach das – übertragbare – ausschließliche Leistungsschutzrecht an dem Film (§ 94 UrhG). Vom Recht am Filmwerk ist das Recht zur *Verfilmung* zu unterscheiden (§ 88 UrhG). Diese stellt eine → Bearbeitung dar, muß jedoch vom Urheber des verfilmten Werkes (z.B. Roman, Schauspiel, Oper, Ballett) dem Verfilmer gestattet werden. Zu den zur Herstellung benutzten Werken i. S. des § 88 UrhG gehören auch die Werke, die eigens für den Film geschaffen werden (Drehbuch, Filmmusik). Das Recht zur Verfilmung umfaßt das ausschließliche Nutzungsrecht der Verbreitung, öffentlichen Vorführung, Funksendung usw. (nicht Wiederverfilmung) auf 10 Jahre, wenn nichts anderes vereinbart ist (§ 88 II UrhG).

**Finale Handlungslehre.** Im allgemeinen wird unter strafrechtlich erheblichem Handeln jedes menschliche Tun oder Unterlassen verstanden, das als äußeres Verhalten von einer Strafnorm erfaßt wird – normativer od. kausaler Handlungsbegriff. Die f. H. (Welzel) dagegen versteht unter Handlung im strafrechtlichen Sinne nur ein Verhalten, das, durch den Willen des Täters gesteuert, auf den Erfolg als Ziel ausgerichtet ist; sie trägt also in den Handlungsbegriff subjektive Elemente hinein. Diese Lehre ist im Hinblick auf Fahrlässigkeits- und unbewußte Unterlassungsdelikte vielfach auf Bedenken gestoßen, weil der Täter nur bei Vorsatz, nicht aber bei Fahrlässigkeit zielbewußt handele (d.h. mit Wissen und Billigung des Erfolges); s. → Schuld.

**Finaler Rettungsschuß** → Waffengebrauch.

**Finanzamt** ist die örtliche Behörde der Landesfinanzverwaltung (§ 6 II 5 AO, § 2 → FinanzverwaltungsG). Die AO unterscheidet: 1. *Lage-F.,* in dessen Bezirk ein land(forst)wirtschaftlicher Betrieb, ein Grundstück oder Betriebsgrundstück liegt (§ 18 I Nr. 1 AO); zuständig für Feststellungen dieser → Einheitswerte. 2. *Betriebs-F.,* in dessen Bezirk sich die Geschäftsleitung eines inländischen Gewerbebetriebs – bei ausländischen Unternehmen: die wirtschaftlich bedeutendste inländische Betriebsstätte – befindet (§ 18 I Nr. 2 AO); zuständig u. a. für Gewerbesteuer-Meßbescheide, einheitliche Gewinnfeststellungsbescheide, Umsatz-, Lohnsteuer usw. 3. *Wohnsitz-F.,* in dessen Bezirk die (natürliche) Person ihren Wohnsitz hat (§ 19 AO); zuständig für Einkommensteuer. 4. *F. der → Geschäftsleitung,* zuständig für die Besteuerung nach dem Einkommen bei Körperschaften, Personenvereinigungen und Vermögensmassen (§ 20 AO; → Körperschaftsteuer). Ein Verstoß gegen die örtliche Zuständigkeit ist unbeachtlich, wenn der Steuerverwaltungsakt (s.a. → Steuerbescheid) inhaltlich rechtmäßig ist (§ 127 AO).

**Finanzausgleich.** 1. *Bund-Länder* (horizontaler, vertikaler) → Verteilung des Steueraufkommens. 2. Ein F. findet auch zwischen *Staat, Gemeinden und Gemeindeverbänden* statt (vgl. z. B. bayer. F.sgesetz i. d. F. v. 1. 8. 1996, GVBl. 344). Danach erhalten Gemeinden und Landkreise sog. Schlüsselzuweisungen sowie sonstige allgemeine oder auf besondere Belastungen abgestellte finanzielle Zuwendungen. Ferner sieht das Gesetz vor, daß die → Bezirke und die → Landkreise ihren durch die sonstigen Einnahmen nicht gedeckten Bedarf durch Umlagen (Bezirksumlage, Kreisumlage) aufbringen. In der sozialen → *Krankenversicherung* kann ein F. innerhalb einer Kassenart durchgeführt werden, wenn bei einer Krankenkasse besonders aufwendige Fälle auftreten oder sich ein überdurchschnittlicher Finanzbedarf oder eine besondere finanzielle Notlage ergibt. §§ 265–273 SGB V. Innerhalb der → Arbeiterrentenversicherung findet zwischen deren Trägern ebenfalls ein F. statt, ferner zwischen der Arbeiterrentenversicherung und der → Angestelltenversicherung. §§ 218, 219 SGB VI.

**Finanzdienstleistungen** sind nach § 1 a KWG die Vermittlung von Geschäften über → Finanzinstrumente sowie deren Anschaffung und Veräußerung im fremden Namen, deren Verwaltung (Finanzportfolioverwaltung) und der Eigenhandel mit ihnen. Zu den F. gehört ferner die Vermittlung von Einlagen außerhalb des Europäischen Wirtschaftsraums, die Besorgung von Zahlungsaufträgen dorthin sowie der Sortenhandel. Die gewerbsmäßige Erbringung von F. (→ Finanzdienstleistungsinstitute) unterliegt der → Bankenaufsicht. Der Begriff wurde im Vollzug europarechtlicher Vorgaben in das deutsche Recht übernommen (Wertpapierdienstleistungsrichtlinie vom 10. 5. 1993, ABl. L 141/27).

**Finanzdienstleistungsinstitute** sind nach § 1 Abs. 1 a KWG Unternehmen, die → Finanzdienstleistungen gewerbsmäßig oder in vollkaufmännischem Umfang betreiben. F. unterliegen wie → Kreditinstitute der Bankenaufsicht. Der Begriff wurde im Vollzug europarechtlicher Vorgaben in das deutsche Recht übernommen (Wertpapierdienstleistungsrichtlinie vom 10. 5. 1993, ABl. L 141/27).

**Finanzgerichtsbarkeit.** Die F. ist *besondere → Verwaltungsgerichtsbarkeit* und in der → Finanzgerichtsordnung – FGO – vom 6. 10. 1965 (BGBl. I 1477) m. Änd. (zuletzt 18. 6. 97, BGBl. I 1430) geregelt. Die F. wird in den Ländern durch die Finanzgerichte (FG) als obere Landesgerichte, im Bund durch den → Bundesfinanzhof (BFH) ausgeübt (§ 2 FGO). Die FGe sind zuständig insbesondere für Klagen gegen Finanzbehörden in öffentlich-rechtlichen Streitigkeiten über Abgabenangelegenheiten, über berufsrechtliche Streitigkeiten usw. (§ 33 FGO). Wie bei den → Verwaltungsgerichten können → Anfechtungs-, → Verpflichtungs-, → allgemeine Leistungs- und → Feststellungsklagen erhoben werden (§§ 40, 41 FGO). Regelmäßig muß ein Einspruchsverfahren (§§ 347 ff. AO) der Klage vorhergehen (§ 44 FGO; außergerichtliches Rechtsbehelfsverfahren). Der Einspruch ist binnen eines Monats nach Ergehen des → Steuerbescheids einzulegen; bei Fristversäumung → Wiedereinsetzung in den vorigen Stand. Das Finanzamt entscheidet über den Einspruch durch Einspruchsentscheidung (§ 367 AO), also kein → Devolutiveffekt, soweit es dem Einspruch nicht durch Änderungsbescheid abhilft. → Abhilfe, → schlichte Änderung, → Steuerbescheid. Die → *Sprungklage* (= Klage ohne außergerichtliches Vorverfahren) ist nur mit Zustimmung der Finanzbehörde zulässig (§ 45 FGO). Das FG entscheidet i. d.R. nach mdl. Verhandlung durch Urteil, kann aber auch ohne Verhandlung einen Gerichtsbescheid erlassen. Die Senate der FG sind mit 3 Berufs- und 2 ehrenamtlichen Richtern besetzt. Der Senat des FG kann den Rechtsstreit einem seiner Mitglieder als Einzelrichter zur Entscheidung übertragen (§ 6 FGO). Die Revision gegen FG-Urteile und Gerichtsbescheide an den BFH ist i. d.R. nur möglich, wenn vom FG oder BFH zugelassen (wegen grundsätzlicher Bedeutung der Sache, wegen Abweichung von einer Entscheidung des BFH oder wegen eines Verfahrensmangels, § 115 FGO; vgl. Ges. zur Entlastung des BFH vom 8. 7. 1975, BGBl. I 1861 m. spät. Änd.). Die Streitwertrevision wurde 1985 abgeschafft. Der BFH entscheidet über die Revision durch Senate in der Besetzung mit 5 Berufsrichtern, über Beschwerden gegen Beschlüsse u. a. nicht urteilsmäßige Erkenntnisse der FG (§ 128 FGO). Vor dem BFH besteht Vertretungszwang, nicht dagegen vor dem FG. Vertretungsbefugt sind Rechtsanwälte, Steuerberater und Wirtschaftsprüfer, nicht jedoch Steuerberatungs- u. Wirtschaftsprüfungsgesellschaften. Vgl. → Postulationsfähigkeit.

**Finanzgerichtsordnung** → Finanzgerichtsbarkeit.

**Finanzhilfen** → Subventionen. Nach Art. 104 a IV 1 GG kann der Bund den Ländern F. für besonders bedeutsame Investitionen der Länder und Gemeinden gewähren, die zur Abwehr einer Störung des gesamtwirtschaftlichen Gleichgewichts, zum Ausgleich unterschiedlicher Wirtschaftskraft oder zur Förderung des wirtschaftlichen Wachstums erforderlich sind. Näheres wird durch Bundesgesetz oder auf Grund des Bundeshaushaltsgesetzes durch → Verwaltungsvereinbarung geregelt. S. a. → Dotationsauflagen.

**Finanzhoheit** → Finanzwesen.

**Finanzierungsgeschäft, finanzierter Kauf** → Kreditvertrag (4), → Teilzahlungskredite.

**Finanzierungs-Leasing** → Leasingvertrag, → Kreditvertrag (2, 3 a. E.).

**Finanzinstrumente** sind nach § 1 XI KWG Wertpapiere, Geldmarktinstrumente, Devisen oder Rechnungseinheiten sowie ihre Derivate. Der hier verwendete Wertpapierbegriff ist davon unabhängig, ob die betreffenden Rechte in Urkunden verkörpert sind. Der Begriff wurde im Vollzug europarechtlicher Vorgaben in das deutsche Recht übernommen (Wertpapierdienstleistungsrichtlinie vom 10. 5. 1993, ABl. L 141/27). Für einen Teil der Geschäfte besteht keine europarechtliche Vorgabe (u. a. Einlagenvermittlung, Sortenhandel).

**Finanzierungswechsel** (Finanzwechsel, Kreditwechsel) ist ein → Wechsel, der ausschließlich der Geldbeschaffung dient. Insofern steht der F. im Gegensatz zum → Warenwechsel. F. kommen in folgenden Formen vor: → Gefälligkeitsakzept, → Debitorenziehung, Reitwechsel (→ Wechselreiterei), → Kellerwechsel. F. dürfen von den Landeszentralbanken nicht diskontiert werden.

**Finanzkommissionsgeschäft** ist die Anschaffung und die Veräußerung von → Finanzinstrumenten im eigenen Namen für fremde Rechnung (§ 1 I Nr. 4 KWG). Das F. ist ein → Bankgeschäft.

**Finanzmonopole** sind ausschließliche Berechtigungen des Staates, aus dem Verkauf bestimmter Waren oder aus bestimmten Dienstleistungen Einkünfte zu erzielen. Gesetzgebungs- und Ertragshoheit liegen beim Bund (Art. 105 I, 106 I GG). Einziges F. ist das *Branntweinmonopol.* Es umfaßt das Übernahme-, Herstellungs-, Einfuhr-, Reinigungs- und Handelsmonopol im → Inland (Gesetz vom 8. 4. 1922, RGBl. I 405, nebst Ausführungsbestimmungen, mehrfach geändert, zuletzt 12. 7. 1996, BGBl. I, 962). Die Bundesmonopolverwaltung setzt das Jahresbrennrecht der Brennereien und die Übernahmepreise fest und setzt den abgelieferten Branntwein ggf. nach Bearbeitung ab. Der von der Bundesmonopolverwaltung verwertete Branntwein unterliegt einer *Branntweinsteuer* zwischen 0 und 2550 DM je hl Weingeist (§ 131 BrMG). Vgl. Verbrauchsteuer-Binnenmarktges. vom 21. 12. 1992 (BGBl. I 2150, zuletzt geänd. 12. 7. 96, BGBl. I 962) und Branntweinsteuerverordnung vom 21. 1. 1994 (BGBl. I 104), geänd. 11. 7. 1997 (BGBl. I 1800).

**Finanzreform** → Gemeinschaftsaufgaben, → Finanzwesen, → Gemeindefinanzen.

**Finanzunternehmen** (früher Finanzinstitute) sind gemäß § 1 III KWG Unternehmen, die nicht → Kreditinstitute oder → Finanzinstitute sind und deren Haupttätigkeit in den dort näher aufgeführten Tätigkeiten besteht (u. a. Anlageberatung, Erwerb von Beteiligungen und Geldforderungen, Leasinggeschäfte, Ausgabe von Kreditkarten). Weitere Unternehmen dieser Art können durch VO als F bezeichnet werden. Der Begriff wurde im Vollzug europarechtlicher Vorgaben in das deutsche Recht übernommen und entsprechend diesen Vorgaben ausgestaltet (2. Bankenrechtskoordinierungsrichtlinie vom 15. 12. 1989, ABl. L 386/1). Die Tätigkeit der F. wird vom → Bundesaufsichtsamt für das Kreditwesen überwacht.

**Finanzvermögen** → öffentliche Sachen.

**Finanzverwaltung(sgesetz).** Nach dem FVG i.d.F. vom 30. 8. 1971 (BGBl. I 1426) m. Änd. (zuletzt 4. 5. 1998, BGBl. I 845) sind *Bundesfinanzbehörden* der Bundesminister der Finanzen als oberste Behörde, das Bundesamt für Finanzen als Oberbehörde, die Oberfinanzdirektionen (OFD) als Mittelbehörden und Hauptzollämter und Zollfahndungsämter als örtliche Behörden (§ 1 FVG). *Landesfinanzbehörden* sind das Landesfinanzministerium als oberste Behörde, die Oberfinanzdirektionen als Mittelbehörden und Finanzämter als örtliche Behörden (§ 2 FVG).

**Finanzwesen.** Die Grundlagen der *Finanzverfassung* von Bund und Ländern, insbes. die *Finanzhoheit,* sind in Art. 104a ff. GG geregelt. Art. 104a bestimmt, daß Bund und Länder grundsätzlich die Ausgaben tragen, die sich aus der Wahrnehmung ihrer Aufgaben ergeben (Kostenlast folgt der Abgabenlast). Handeln die Länder im Auftrag des Bundes (→ Verwaltungskompetenz), so trägt der Bund die sich daraus ergebenden Ausgaben. Bundesgesetze, die Geldleistungen gewähren und von den Ländern ausgeführt werden, können bestimmen, daß die Geldleistungen ganz oder zum Teil vom Bund getragen werden. Ferner kann der Bund den Ländern *Finanzhilfen* für besonders bedeutsame Investitionen der Länder und Gemeinden gewähren, um das gesamtwirtschaftliche Gleichgewicht zu erhalten, die unterschiedliche regionale Wirtschaftskraft auszugleichen oder das wirtschaftliche Wachstum zu fördern. Über die Finanzgesetzgebung ist bestimmt, daß der Bund die → ausschließliche Gesetzgebung über → Zölle und → Finanzmonopole hat. Die → konkurrierende Gesetzgebung besitzt er für die übrigen Steuern, deren Aufkommen ihm ganz oder teilweise zusteht (→ *Verteilung des Steueraufkommens*), oder wenn nach Art. 72 II GG das Bedürfnis bundesgesetzlicher Regelung besteht (→ Konkurrierende Gesetzgebung). Die Länder haben grundsätzlich die Befugnis zur Gesetzgebung über die örtlichen → Verbrauch- und Aufwandsteuern. Die *Finanzverwaltung* ist zwischen Bund und Ländern aufgeteilt (Art. 108), aber nicht in vollem Umfang parallel zur Gesetzgebungskompetenz. Der Bund verwaltet die Zölle, Finanzmonopole, bundesrechtlichen Verbrauchsteuern und Abgaben im Rahmen der Europ. Gemeinschaften. Die übrigen Steuern werden durch Landesfinanzbehörden verwaltet. Der Aufbau dieser Behörden und die einheitliche Ausbildung der Beamten können bundesrechtlich geregelt werden. Die Leiter der Mittelbehörden (Oberfinanzpräsidien), die z. T. Bundes-, z. T. Landesbehörden sind, werden von den Ländern im Einvernehmen mit der BReg. bestellt. Zur Verwaltungsvereinfachung kann ein Zusammenwirken von Bundes- und Landesbehörden oder die Verwaltung der Bundessteuern durch Landesbehörden oder umgekehrt gesetzlich bestimmt werden. Der Behördenaufbau und das Verfahren sind durch das → Finanzverwaltungsgesetz geregelt.

**Finanzzölle** sind Zölle, die aus rein fiskalischen Gründen erhoben werden, nicht – wie → Prohibitivzölle – zum Schutz inländischer Hersteller. Vgl. → Zoll.

**Findelkind** → Vormundschaft.

**Finder, Finderlohn** → Fund.

**Fingerabdruck** → Daktyloskopie.

**Firma** ist im → Handelsrecht der Name, unter dem ein → Kaufmann (auch → Handelsgesellschaft) seine Geschäfte betreibt und die Unterschrift abgibt (§ 17 I HGB). Die F. bezeichnet den Kaufmann als Inhaber des Handelsgeschäfts, ist aber lediglich sein Name. Daraus folgt, daß der Kaufmann zwar z. B. unter seiner F. klagen und verklagt werden kann (§ 17 II HGB), Träger aller Rechte und Pflichten (insbes. Vertragspartner und Prozeßpartei) aber der Kaufmann, nicht etwa die F. ist. Der Kaufmann kann auch unter seinem bürgerlichen Namen Handelsgeschäfte abschließen, andererseits im privaten Rechtsverkehr seine F. verwenden. Einzel-F. ist die F. eines Einzelkaufmanns, Gesellschafts-F. die F. einer → Handelsgesellschaft. Personal-F. ist eine F., die den Namen des Inhabers oder eines der (auch früheren) Inhaber enthält; Sach-F. eine F., die sich auf den Gegenstand des Unternehmens bezieht (z. B. Bremer HolzhandelsAG). Die F. setzt die Kaufmannseigenschaft voraus. Sie erlischt deshalb, wenn das Unternehmen endgültig eingestellt oder ein → Handelsgewerbe nicht mehr betrieben (und die F. deshalb im → Handelsregister wieder gelöscht) wird. Die F. kann auf eine andere Person übertragen werden, aber nur zusammen mit dem Handelsgeschäft, für das sie geführt wird (§ 23 HGB). Von dem Rechtsbegriff F. zu unterscheiden ist ein Markenname (→ Marken), die gebräuchliche Bezeichnung des Unternehmens (z. B. X-Werk) und die geschäftliche Bezeichnung nichtkaufmännischer Kleinbetriebe (sog. Etablissementsbezeichnungen, z. B. Malermeister Klecksl). Das –

früher wesentlich strengere – F.recht ist durch das HandelsrechtsreformG vom 22. 6. 1998 (BGBl. I 1474) ab 1. 7. 1998 grundlegend liberalisiert worden.

Demnach gilt jetzt folgendes: Der Grundsatz, daß Einzelkaufleute und → Personenhandelsgesellschaften nur eine Personal-F., → Kapitalgesellschaften dagegen z. T. nur eine Sach-F. führen dürfen, ist entfallen. Vielmehr steht es jedem Kaufmann grdsätzl. frei, bei der Bildung seiner F. eine Personal-F., eine Sach-F. oder auch eine reine Fantasie-F. (z. B. Sieben Zwerge GmbH) zu wählen. Dies gilt sowohl für Einzelkaufleute als auch für Gesellschaften. Die F. muß lediglich zur Kennzeichnung des Kaufmanns geeignet sein und hinreichende Unterscheidungskraft besitzen (§ 18 I HGB). Eine derartige Unterscheidungskraft muß daher auch einer Fantasie-F. zukommen, kann hier aber andererseits durchaus eher gegeben sein als bei einer reinen Sach-F. von Wettbewerbern im selben Geschäftszweig. Im Interesse der Transparenz und der Information muß zur Offenlegung der Haftungsverhältnisse die F. aller handelsrechtlichen Unternehmensformen die Bezeichnung ihrer (aktuellen) Rechtsform als Zusatz enthalten, wobei eine allgemeinverständliche Abkürzung genügt (z. B. Aktiengesellschaft, KG, GmbH, eingetragene Genossenschaft oder eG). Einzelkaufleute haben (zur Unterscheidung von den o. g. Etablissementsbezeichnungen) in ihrer F. die Bezeichnung „eingetragener Kaufmann (Kauffrau)" oder eine entsprechende Abkürzung (insbes. e. Kfm., e. Kfr.) zu verwenden (§ 19 I HGB).

Um einem Unternehmen den erworbenen Ruf und seine Geschäftsbeziehungen unbeeinträchtigt zu erhalten, darf die F. zwar auch fortgeführt werden, wenn sie den veränderten Verhältnissen nicht mehr entspricht (sog. F.beständigkeit). Dies gilt insbes., wenn sich der in der F. enthaltene Name des Inhabers oder eines Gesellschafters ändert (§ 21 HGB), ein bestehendes Handelsgeschäft unter Lebenden oder von Todes wegen mit Einwilligung des bisherigen Inhabers (oder der Erben) in die Fortführung der F. (auch mit dem Namen des bisherigen Inhabers) erworben wird (§ 22 HGB) oder bei Änderung im Gesellschafterbestand (§ 24 HGB). In allen diesen Fällen muß aber die F. einen Zusatz erhalten, die durch Hinweis auf die nunmehrige Rechtsform die aktuellen Haftungsverhältnisse offenlegt (§ 19 I HGB, §§ 4, 279 I AktG, § 4 GmbHG, § 3 I GenG). Wenn in einer → offenen Handelsgesellschaft, einer → Kommanditgesellschaft oder einer → Kommanditgesellschaft auf Aktien keine natürliche Person persönlich haftet (→ GmbH & Co.), muß die F. auch eine Bezeichnung enthalten, die diese Haftungsbeschränkung kennzeichnet (§ 19 II HGB, § 279 II AktG, z. B. GmbH & Co. KG aA). Soweit in Sondervorschriften strengere Anforderungen gestellt werden (z. B. Aufnahme der Bezeichnung „Bank" nach § 39 KWG oder „Steuerberatungsgesellschaft" nach § 53 StBerG), bleiben diese unberührt.

Darüber hinaus darf die F. keine Angaben enthalten, die geeignet sind, über für die angesprochenen Geschäftskreise wesentliche geschäftliche Verhältnisse irrezuführen (§ 18 II 1 HGB; F.klarheit). Dies betrifft nicht nur täuschende oder irreführende Zusätze zum sog. Firmenkern, d. h. dem Mindestinhalt einer F.; vielmehr werden sämtliche Bestandteile der F. sowie die F. insgesamt hiervon erfaßt. Andererseits scheiden Angaben aus, die in ihrer wettbewerblichen Relevanz für die Beteiligten von nebensächlicher Bedeutung sind (z. B. ggfs. eine ungenaue Ortsangabe). Bei der Eintragung der F. in das Handelsregister wird die Eignung zur Irreführung nur berücksichtigt, wenn sie „ersichtlich" (§ 18 II 2 HGB), d. h. ohne eingehende Prüfung im Einzelfall zu bejahen ist. Sonstige Verstöße werden nur auf Unterlassungsklage eines Wettbewerbers oder eines klagebefugten Verbandes nach § 3 UWG (→ unlauterer Wettbewerb, → unerlaubte Werbung) berücksichtigt (→ Firmenschutz).

Die F. muß zum → Handelsregister angemeldet, eingetragen und bekanntgemacht werden, desgleichen Änderungen oder ihr Erlöschen (§§ 29, 31 HGB). Bei Ladengeschäften und Gastwirtschaften ist die F. an der Außenseite oder am Eingang anzubringen (§ 15 a GewO). Für jedes Unternehmen darf nur eine einzige F. geführt werden (F.einheit). Nur wenn ein Kaufmann mehrere Unternehmen betreibt, kann er für jedes eine andere F. benutzen, für eine → Zweigniederlassung die F. des Unternehmens mit einem entsprechenden Zusatz. Jede neue F. muß sich von allen an demselben Ort (Gemeinde) bereits bestehenden F. deutlich unterscheiden, damit sie nicht verwechselt werden können (F.ausschließlichkeit, § 30 HGB); ggfs. muß einer erst später einzutragenden F. ein unterscheidender Zusatz beigefügt werden. Über unzulässige Führung einer F. → Firmenschutz. Die vor dem 1. 7. 1998 nach dem alten Rechtszustand eingetragenen F. dürfen bis längstens 31. 3. 2003 unverändert weitergeführt werden (Art. 38 I EGHGB); danach müssen sie an die neue Rechtslage angepaßt werden.

**Firmeneintragung, -löschung** → Handelsregister.

**Firmenfortführung** → Firma, → Übernahme eines Handelsgeschäfts, → Unternehmen.

**Firmenschutz.** Das Recht auf die → Firma ist ein absolutes Recht und wirkt daher gegen jedermann; es ist dem → Namensrecht verwandt und wird auf folgende Weise geschützt: Öffentlich-rechtlich durch § 37 I HGB, indem das Registergericht (→ Handelsregister) gegen denjenigen einschreitet, der eine ihm nicht zustehende Firma gebraucht, wobei insbes. Ordnungsmittel angedroht und verhängt werden können; das Verfahren ist in den §§ 132ff. FGG geregelt (zur Amtslöschung der F. s. §§ 142ff. FGG). Privatrechtlich kann derjenige, der durch den unbefugten Gebrauch einer Firma in seinen Rechten verletzt wird (also insbes. der Inhaber einer Firma), → Unterlassungsklage erheben (§ 37 II HGB), unter den Voraussetzungen einer → unerlaubten Handlung auch Schadensersatz verlangen.

**Firmentarif(vertrag)** → Tariffähigkeit.

**Firmenwert** → Geschäftswert (handelsrechtlich).

**Fischerei.** Wer den Fang von Fischen u. a. dem → Fischereirecht unterliegenden Tieren ausübt, mußte bisher nach Bundesrecht in der → Seefischerei einen auf seinen Namen lautenden, mit Lichtbild versehenen *Fischereischein* bei sich führen und diesen auf Verlangen den Beamten der Polizei und den Fischereiausübungsberechtigten vorzeigen. Das zugrundeliegende Ges. vom 19. 4. 1939 ist aufgehoben durch das Ges. vom 30. 7. 1981 (BGBl. I 778). Nunmehr gilt entsprechend den Wünschen der vier Küstenländer eine einheiliche Fischereiberechtigung für die Küsten- und die Binnenfischerei. Ganz ausgenommen von der Fischereischeinpflicht sind die große Hochseefischerei und die Heringsfischerei. Der Fischereischein berechtigt in Binnengewässern noch nicht zur Ausübung der F.; hierzu ist stets die Erlaubnis des F.berechtigten (Inhaber des → Fischereirechts) erforderlich. Für die Seefischerei s. dort, ferner Ges. vom 28. 4. 1957 (BGBl. II 213) nebst Bek. vom 15. 10. 1957 (BAnz. Nr. 200), betr. den internationalen Vertrag über die polizeiliche Regelung der Fischerei in der Nordsee außerhalb der Küstengewässer vom 6. 5. 1882, der im wesentlichen sicherheitspolizeiliche Vorschriften enthält. Weitere internat. Abkommen betreffen die Regelung der F. im Atlantik, der Schollen- und Flundernfischerei in der Nord- und Ostsee u. a. von der Überfischungskonferenz getroffene Vereinbarungen. Der Förderung des Fischmarktes dient das → Fischwirtschaftsgesetz; zur gemeinschaftsrechtlichen → Marktorganisation für F. s. bei → Seefischerei.

**Fischereirecht** ist die Befugnis, in einem Binnengewässer (See, Teich, Fluß, Bach) Fische, Krebse und andere nutzbare Wassertiere (z. B. Muscheln, Frösche), die nicht Gegenstand des → Jagdrechts sind, zu hegen und sich anzueignen. Das F. ist ein privates → absolutes Recht. Es steht grundsätzlich dem Eigentümer des betreffenden Gewässers zu, kann aber selbständig begründet und auf andere Personen ohne das Eigentum übertragen oder verpachtet werden. Umfang und Ausübung des F. ist landesrechtlich geregelt. Für bestimmte Fischarten bestehen Schonzeiten und Mindestmaße (Schon- oder Brittelmaße). Eine widerrechtliche Verletzung des F. ist eine → unerlaubte Handlung und strafbar (sog. Fischwilderei; → Wilderei).

**Fischereischein** → Fischerei.

**Fischwilderei** → Wilderei.

**Fischwirtschaftsgesetz** und Fischwirtschaftsverordnung sind aufgehoben (Ges. vom 22. 12. 1997 (BGBl. I 3276).

**Fiskalvertreter** → Umsatzsteuer 3.

**Fiskus** ist die Bezeichnung des Staates, soweit er nicht hoheitlich, d. h. im Über/Unterordnungsverhältnis, tätig wird, sondern als → juristische Person am Privatrechtsverkehr teilnimmt. Von fiskalischem Handeln spricht man bei privatrechtl. Beschaffungstätigkeiten der öff. Verwaltung (z. B. Bau von Amtsgebäuden) und bei erwerbswirtschaftl. Betätigung (z. B. staatliches Weingut, Holzverkauf), nicht aber, wenn die öffentliche Verwaltung sich zur Erfüllung *öffentlicher Aufgaben* privater Rechtsformen bedient (→ Verwaltungsprivatrecht). Der F. untersteht als solcher grundsätzlich den Regeln des Zivilrechts, kann (und muß) z. B. vor den Zivilgerichten klagen und verklagt werden, kann dabei aber doch gewissen Beschränkungen, insbes. dem Willkürverbot (Art. 3 GG), unterliegen, z. B. bei der Auswahl von Vertragspartnern (s. dazu auch → Drittwirkung der Grundrechte). Über die zivilrechtliche Haftung → Verein (1), → Juristische Person (2); über den F. als Erbe → Erbfolge.

**FIS-Regeln** sind die von der Federation International de Ski 1967 aufgestellten Verhaltensregeln für den alpinen Skilauf. Trotz ihres privaten Charakters werden sie teilweise schon als → Gewohnheitsrecht (also über den Verband hinaus als allgemeinverbindlich) angesehen. Die Regeln spielen in der gerichtlichen Praxis für die Haftung bei Skiunfällen eine wichtige Rolle. S. a. → Wintersport.

**Fixgeschäft.** Ein F. liegt vor, wenn wesentlicher Inhalt des Rechtsgeschäfts gerade die Erfüllung zu einem bestimmten Termin oder innerhalb einer bestimmten Frist ist, so daß also mit der Einhaltung der Leistungszeit das Geschäft stehen oder fallen soll (z. B. entsprechende Klauseln: „genau, fix, präzise", aber auch stillschweigend, z. B. Bestellung eines Taxis zu einem bestimmten Zug, Lieferung von Weihnachtsartikeln usw.); dagegen noch nicht allein wegen Vereinbarung einer bestimmten → Leistungszeit. Ist in einem → gegenseitigen Vertrag ein echtes F. zu sehen, so ist im Zweifel der andere Teil zum → *Rücktritt* berechtigt, wenn die Leistung nicht fristgerecht erbracht wird, auch wenn der Schuldner die Verspätung nicht zu vertreten hat (→ Verschulden; § 361 BGB). Ein Anspruch auf → Schadensersatz wegen Nichterfüllung setzt allerdings Verschulden voraus. Bei einem → Handelskauf ist der Erfüllungsanspruch nach Fristablauf grundsätzlich ausgeschlossen, wenn der Gläubiger nicht sofort danach darauf besteht; dem Gläubiger bleibt hier das Recht zum Rücktritt oder Schadensersatz, wenn der Schuldner in → Schuldnerverzug ist (§ 376 HGB; eine Mahnung ist hierzu nicht erforderlich, da die Leistungszeit in einem F. stets kalendermäßig bestimmt ist).

**Fixkostenspedition** → Speditionsvertrag.

**Flächennutzungsplan** → Bauleitpläne.

**Flagge** → Bundesflagge; → Seeschiffahrt.

**Flaggenrechtsgesetz (-verordnung)** → Seeschiffahrt.

**Flaschen** → Eichwesen; → Abfälle.

**Flaschenpfand** → Kauf; → Abfälle.

**Fleisch, Verkehr mit –** → Vieh- und Fleischgesetz.

**Fleischhygiene.** Das F.-gesetz i. d. F. vom 8. 7. 1993 (BGBl. I 1189) enthält die wesentlichen lebensmittelrechtlichen (→ Lebensmittelrecht) Sonderbestimmungen für Schlachttiere, Fleisch sowie Schlacht- und Fleischverarbeitungsbetriebe. Die Vorschriften sind erheblich umfassender als die früheren über Fleischbeschau. Das gilt vor allem für den Inhalt, den zeitlichen und räumlichen Rahmen sowie den sonstigen Umfang der zugelassenen behördlichen Überwachungs- und Kontrollmaßnahmen. Nach § 1 unterliegen mit gewissen Ausnahmen für den Eigenverbrauch alle herkömmlichen Schlachttiere und erlegtes Haarwild der Untersuchungspflicht. Allgemein verboten ist es, das Fleisch von Affen, Hunden und Katzen zum Genuß für den Menschen zu gewinnen. Untersuchungen auf Rückstände sind schon in Erzeugerbetrieben und beim Transport möglich (§ 2). Weitgehende VO-Ermächtigungen bestehen für die Festsetzung hygienischer Mindestanforderungen, für die Zulassung von → Schlachtbetrieben (einschließlich der Betriebe zur Weiterverarbeitung), über Untersuchungsnachweise und zum Untersuchungs- und Überwachungsverfahren (§ 5). Die Untersuchungen obliegen dem amtlichen Tierarzt und den Fleischkontrolleuren (§ 6), die dem → öffentlichen Dienst angehören müssen. Für Erzeugerbetriebe, bei denen Verdacht auf Rückstände besteht, können Meldepflichten für Abgabe und Beförderung von Schlachttieren angeordnet werden (§ 7). In jedem Fall müssen Schlachttiere so gekennzeichnet werden, daß der Erzeugerbetrieb auch nach der Schlachtung noch ermittelt werden kann (§ 8). Schlachttiere werden erst nach Untersuchung zur Schlachtung (Schlachterlaubnis, § 9) freigegeben. Aufgrund der Untersuchung wird das Fleisch als tauglich, bedingt tauglich und untauglich eingestuft (§§ 10–12) und entsprechend gekennzeichnet. Fleisch aus Drittländern unterliegt der Einfuhruntersuchung (§ 16), die Einfuhr von zubereitetem Pferdefleisch ist verboten. Fleisch von Hunden, Katzen und Affen darf auch nicht aus den Mitgliedstaaten der E. G. in die BRep. verbracht werden (§ 15). Im übrigen wird die Verbringung von Fleisch aus den Mitgliedstaaten auf die Einhaltung der gemeinschaftsrechtlichen Dokumentationsverpflichtungen überwacht. Verstöße gegen Verkehrsverbote sind strafbar (§ 28), sonstige Verstöße sind durchweg mit Bußgeld bedroht. Umfangreiche Vollzugsvorschriften, vor allem über die Tauglichkeitsprüfung, Anforderungskataloge, die Beseitigung der Kategorie „bedingt tauglich" („Freibank") etc. enthält die F-VO vom 21. 5. 1997 (BGBl. I 1138) m. Änd. Sonderregelungen bestehen für Geflügel nach dem GeflügelfleischhygieneG vom 17. 7. 1996 (BGBl. I 991) sowie der GeflügelfleischhygieneVO Art. 1 der VO vom 3. 12. 1997 (BGBl. I 2786). S. ferner → Hackfleisch; → Lebensmittel. Zugelassene → Zusatzstoffe in Fleisch und Fleischerzeugnissen sind jetzt in den allgemeinen Bestimmungen geregelt.

**Fleischkontrolleure** → Fleischhygiene.

**Flexibilisierung der Arbeitszeit.** In → Tarifverträgen wird neuerdings verschiedentlich nur die regelmäßige wöchentliche Arbeitszeit geregelt, während die individuelle Ausgestaltung einer ergänzenden → Betriebsvereinbarung vorbehalten wird.

**Flexible Altersgrenze** wird in der gesetzlichen → Rentenversicherung die nach § 41 SGB VI zulässige Vorverlegung der → Altersrente um bis zu 5 Jahre vor den Regelfall genannt. Der Rentenbeginn kann auch über das 65. Lebensjahr hinausgeschoben werden, wodurch sich die Rente erhöht (§ 77 SGB VI).

**Flüchtlinge.** 1. Nach dem Genfer Abkommen über die Rechtsstellung der Flüchtlinge vom 28. 7. 1951 (BGBl. 1953 II 559) i. V.m. dem Protokoll über die Rechtsstellung der Flüchtlinge vom 31. 1. 1967 (BGBl. 1969 II 1293) sind F. Personen, die sich aus der begründeten Furcht vor Verfolgung wegen ihrer Rasse, Religion, Nationalität, Zugehörigkeit zu einer bestimmten sozialen Gruppe oder wegen ihrer politischen Überzeugung außerhalb des Landes befinden, dessen Staatsangehörigkeit sie besitzen. F. dürfen nur aus Gründen der öffentlichen Sicherheit und Ordnung ausgewiesen werden. Kein F. darf in ein Land ausgewiesen werden, in dem sein Leben oder seine Freiheit wegen seiner Rasse, Religion, Nationalität, Zugehörigkeit zu einer bestimmten sozialen Gruppe oder wegen seiner politischen Überzeugung bedroht sein würde. Weitergehenden Schutz gewährt das → Asylrecht; s. a. → Ausländer, → Fremdrenten.

2. Die Rechte der F., die als deutsche Volks- oder Staatsangehörige in das Gebiet der BRep. gekommen sind, sind im → Bundesvertriebenengesetz geregelt.

**Fluchtlinie.** Der in früheren Gesetzen (z. B. preuß. FluchtlinienG vom 2. 7. 1875/28. 3. 1918) verwendete Begriff F. ist im geltenden Bundesrecht ersetzt durch → Baulinie. Er findet sich vereinzelt noch im Landesrecht für die Abgrenzung von Straßen- und Anliegergrundstücken.

**Fluglärm** → Lärmbekämpfung, → Luftverkehrshaftung (Überschall).

**Fluglinienverkehr** → Luftfahrtunternehmen.

**Fluglizenz** → Luftfahrtrecht.

**Fluglotsen.** Ausbildung, Prüfung und Berufszulassung von F. regelt die VO vom 1. 4. 1993 (BGBl. I 427); s. im übrigen bei → Flugsicherung, → Flugsicherungsunternehmen, → Eurocontrol.

**Flugplankoordinierung** (Flugplankoordinator). F. ist die im Einzelfall oder generell durchgeführte öffentlich-rechtliche Verwaltung örtlich knapper Start-/Landezeiten und Flugsicherungskapazitäten (§§ 27 a, 27 b → LuftverkehrsG). Mit der F. ist gemäß VO vom 17. 12. 1992 (BGBl. I 2072) ein Herr Ulrich als → beliehener Unternehmer betraut. Einzelheiten, u. a. den Koordinierungsausschuß und den Umfang der Koordinierungspflicht, regelt die DVO vom 13. 6. 1994 (BGBl. I 1282). Die F. ist nach europäischem Wettbewerbsrecht weitgehend vom Verbot wettbewerbsbeschränkender Vereinbarungen freigestellt (vgl. die VO EG Nr. 1617/93 mit ÄVO vom 24. 7. 1996 (ABl. L 190/11).

**Flugplätze.** Man unterscheidet *Flughäfen* (= Flugplätze, die nach Art und Umfang des vorgesehenen Flugbetriebs einer Sicherung durch einen Bauschutzbereich bedürfen, § 38 LuftVZO), *Landeplätze* (§ 49 LuftVZO) und *Segelfluggelände* (§ 54 LuftVZO). F. dürfen nach § 6 LuftVG nur mit Genehmigung der Luftfahrtbehörden (s. hierzu § 31 LuftVG) angelegt oder betrieben werden. Bei der Genehmigung müssen die Erfordernisse der → Raumordnung, der Landesplanung und des Städtebaues angemessen berücksichtigt werden. Die Genehmigung für einen Flughafen, der dem allgemeinen Verkehr dient, ist außerdem zu versagen, wenn durch die Anlegung und den Betrieb die öffentlichen Interessen in unangemessener Weise beeinträchtigt werden. Für Flughäfen und Landeplätze mit beschränktem Bauschutzbereich ist ein Planfeststellungsverfahren durchzuführen (§§ 8 ff. LuftVG, §§ 38 ff. LuftVZO). Über Baubeschränkungen und Entschädigungsregelung s. → Luftverkehrshaftung (a.E.). Im Interesse des Wettbewerbs von Dienstleistungen auf Flughäfen regelt die VO vom 11. 11. 1997 (BGBl. I 2694) die Zulassung von externem Bodenpersonal und die VO vom 10. 12. 1997 (BGBl. I 2885) die Zulassung von Bodenabfertigungsdiensten.

**Flugsicherung.** F. ist gemäß § 27 c LuftVG (→ Luftverkehr) der F.-Betriebsdienst (Verkehrskontrolle, Verkehrsregelung u. a.) sowie verschiedene sicherungstechnische Hilfsdienste (§ 27 c Abs. 2 Nr. 2–4). Die F. wird vom → Flugsicherungsunternehmen als → beliehenem Unternehmer betrieben. Einzelheiten regelt die VO über die Betriebsdienste der F. vom 12. 12. 1992 (BGBl. I 2068). Dieses regelt u. a. Näheres zu Aufgaben und Befugnissen der Flugverkehrskontrolle, §§ 4–8, und der Steuerung der Luftraumnutzung, §§ 9–11, sowie die Einrichtung des Fluginformations- und Flugalarmdienstes, §§ 12–16.

**Flugsicherungsunternehmen.** Nach der hierfür erforderlichen Änderung des GG wurde der BM für Verkehr durch §§ 31 a–31 c LuftverkehrsG ermächtigt, Privatpersonen und jur. Personen des Privatrechts mit der → Flugplankoordinierung sowie jur. Personen des Privatrechts mit der → Flugsicherung sowie mit gewissen Regelungsaufgaben für Flugsportgerät zu betrauen. Die Rechts- und Fachaufsicht über diese Privaten steht dem BMV zu (§ 31 d LuftVG). Die Bundesanstalt für Flugsicherung wurde aufgelöst. Mit der Flugsicherung ist die „Deutsche Flugsicherung GmbH" betraut (VO vom 11. 11. 1992, BGBl. I 1928). Diese nimmt als → beliehener Unternehmer die öffentlich-rechtlichen Aufgaben der Flugsicherung wahr.

**Flugzeug** → Luftfahrzeug.

**Flugzeugentführung** (§ 316 c StGB) → Luft- und Seepiraterie

**Flurbereinigung** ist nach § 1 FlurbereinigungsG i. d.F. vom 16. 3. 1976 (BGBl. I 546) die Neuordnung ländlichen Grundbesitzes zur Verbesserung der Produktions- und Arbeitsbedingungen in der Land- und Forstwirtschaft sowie zur Förderung der allgemeinen Landeskultur und der Landesentwicklung. Sie wird in einem behördlich geleiteten Verfahren von den Flurbereinigungsbehörden – landesrechtlich: Kulturamt, Flurbereinigungsamt, Bodenwirtschaftsamt o.ä. – innerhalb eines Flurbereinigungsgebiets unter Mitwirkung der Gesamtheit der beteiligten Grundeigentümer und der Träger öffentlicher Belange Berufsvertretung – Landwirtschaftskammern – durchgeführt (§ 2 FlurbG). Dabei soll das Flurbereinigungsgebiet unter Beachtung der jeweiligen Landschaftsstruktur zum Wohle der Beteiligten und der Allgemeinheit neu gestaltet werden; den Erfordernissen insbes. der → Raumordnung und → Landesplanung, des → Naturschutzes, des → Umweltschutzes, der → Wasserwirtschaft, der → Energieversorgung, des öffentlichen Verkehrs, der landwirtschaftlichen Siedlung sowie einer etwaigen bergbaulichen Nutzung ist Rechnung zu tragen (§ 37 II). Die beteiligten Grundstückseigentümer bilden eine öffentlich-rechtliche Körperschaft mit Zwangsmitgliedschaft (→ Teilnehmergemeinschaft; zur Zulässigkeit s. Vereinigungsfreiheit). Sie haben die für gemeinschaftliche und öffentliche Anlagen (Wege- und Gewässernetz) erforderlichen Flächen grundsätzlich nach dem Wertverhältnis ihrer in das Verfahren einbezogenen Grundstücke aufzubringen (§ 47). Im übrigen sind sie für ihre alten Grundstücke grundsätzlich mit Land vom gleichen Wert abzufinden (§ 44). Grundstücksrechte gehen nach Maßgabe der §§ 49 ff. auf die neuen Grundstücke über. Die sich aus der F. ergebenden Beschränkungen des Eigentums sind Sozialbindung und keine → Enteignung.

Das *Verfahren* wird von Amts wegen oder auf Antrag durchgeführt. Es wird eingeleitet durch den Flurbereinigungsbeschluß, der das Flurbereinigungsgebiet sowie Name und Sitz der → Teilnehmergemeinschaft festsetzt (§§ 4, 6, 7). Daran schließen sich an die Ermittlung der Beteiligten und Nebenbeteiligten (§§ 10–14), das Wertermittlungsverfahren (§§ 27–33), die Aufstellung allgemeiner Grundsätze für die zweckmäßige Neugestaltung des Flurbereinigungsgebiets (sog. Vorplanung, § 38), die Aufstellung des Wege- und Gewässerplans (§ 41) und des Flurbereinigungsplans als Zusammenfassung der Ergebnisse des Verfahrens (§ 58) unter Darstellung der Abfindungen der Beteiligten, schließlich die Ausführungsanordnung zum Flurbereinigungsplan nach dessen Unanfechtbarkeit (§§ 61, 62). Nach § 65 können die Beteiligten vorläufig in den Besitz der neuen Grundstücke eingewiesen werden. Die öffentlichen Bücher – Grundbuch usw. – werden auf Anregung der Flurbereinigungsbehörden berichtigt (§ 79). Ein *vereinfachtes Flurbereinigungsverfahren* findet statt für die Beseitigung landeskultureller Nachteile beim Bau von Eisen- und Straßenbahnen. Straßen, Wasserläufen etc. (§ 86). Auf Antrag wird ferner eine F. durchgeführt, wenn aus besonderem Anlaß in größerem Umfange Land in Anspruch genommen wird (ggf. Enteignung), um den Landverlust auf eine größere Zahl von Grundstückseigentümern zu verteilen (§§ 87–90). Ein beschleunigtes *Zusammenlegungsverfahren* zur Abkürzung der meist langwierigen F. ist nach §§ 91–103 möglich, wenn die Anlage eines neuen Wegenetzes und größere wasserwirtschaftliche Maßnahmen zunächst nicht erforderlich sind. Nach Möglichkeit sollen ganze Flurstücke ausgetauscht werden (§ 87). Die Abfindung ist nach Möglichkeit durch Vereinbarung mit den Beteiligten zu bestimmen. Als *Rechtsmittel* gegen Verwaltungsakte der Teilnehmergemeinschaften und -verbände sowie der F.behörden sind *Widerspruch* und ggf. *Klage* zulässig, über die der Flurbereinigungssenat beim Oberverwaltungsgericht im Verfahren nach der VwGO mit einigen Besonderheiten (§§ 138 ff.) entscheidet.

**Flurschutz** → Feld- u. Forstschutzrecht.

**Flurstück** ist jeder abgegrenzte Teil der Erdoberfläche, der im Liegenschaftskataster (→ Kataster) unter einer besonderen Nummer, der *Flurstücksnummer,* aufgeführt ist. S. a. → Grundstück.

**fob** ist eine beim → Handelskauf häufige Klausel, wonach der Verkäufer die Ware auf seine Kosten bis zum Schiff („free on board") zu liefern hat, also bis dahin die Kosten der Versendung und

Verladung sowie regelmäßig auch die → Gefahr zu tragen hat (→ Versendungskauf). Der → Leistungsort wird durch diese Klausel allein i. d.R. nicht geändert. → „cif".

**Föderalismus** (von lat. foedus = Bündnis) nennt man im → Bundesstaat die Tendenz, die Gliedstaaten durch Zuweisung von Kompetenzen (in Gesetzgebung, Verwaltung und Rechtsprechung) möglichst zu stärken. Auch in einem „Staatenverbund" wie der → Europäischen Gemeinschaft (→ Europäische Union) kann man von einem mehr oder weniger ausgeprägten F. sprechen. S. a. → Subsidiarität. Gegensatz zu F.: → *Zentralismus, Unitarismus.* Übersteigerte Formen: *Partikularismus* und – mit dem Ziel der Lösung vom Gesamtstaat – *Separatismus.*

**Föderatives Gesetz** wird gelegentlich ein Ges. genannt, das der Zustimmung des → Bundesrats bedarf, weil es die bundesstaatl. Grundlage der BRep. berührt (→ Gesetzgebungsverfahren).

**Folgebescheid** → Besteuerungsverfahren.

**Folgelasten** (Nachfolgelasten) nennt man die aus einem Bauvorhaben für die Gemeinde entstehenden Aufwendungen für öffentliche Einrichtungen (Kindergärten, Schulen u. a. Maßnahmen der Infrastruktur). Verträge über Abwälzung von F., meist zwischen Gemeinden und Bauträgern bei größeren Bauvorhaben, sind öffentlich-rechtlicher Natur; aus ihnen können sich Pflichten der Gemeinde ergeben, deren Verletzung zur Haftung nach den Grundsätzen des → Verschuldens beim Vertragsschluß (culpa in contrahendo) führen kann.

**Folgenbeseitigungsanspruch** → Verwaltungsstreitverfahren (5).

**Folgeprämie** → Versicherungsvertrag.

**Folgerecht** wird das Recht des bildenden Künstlers genannt, vom Erlös aus der Weiterveräußerung des Orginalwerkes, wenn hieran ein Kunsthändler oder Versteigerer beteiligt ist und der Erlös mindestens 100 DM beträgt, einen Anteil von 5% zu verlangen (§ 26 UrhG). Das F. gehört zu den „sonstigen Rechten" des Urhebers, das neben dem Urheberpersönlichkeits- und dem Verwertungsrecht besteht (→ Urheberrecht).

**Folgesachen** (Ehescheidung) → Ehesachen.

**Folgeschäden** → Schadensersatz (1 a).

**Folter.** In früheren Jahrhunderten war die F. im Strafverfahren zur Erzwingung eines Geständnisses zugelassen. Sie durfte nach → römischem Recht ursprünglich nur gegen Sklaven, später auch gegen Freie angewendet werden. Im frühen deutschen Mittelalter war sie in Verfahrensordnungen unter Einschränkungen vorgesehen (→ Constitutio Criminalis Carolina). Unter dem Einfluß des → Naturrechts wurde sie im 18. Jh. abgeschafft (in Preußen 1740 durch Friedrich d. Gr.). Die Anwendung der F. ist heute ausdrücklich untersagt, z. B. durch Art. 1 (Menschenwürde), 2 II (körperliche Unversehrtheit), 104 I 2 (keine seelische oder körperliche Mißhandlung bei Freiheitsentziehung) GG, Art. 3 der Europäischen → Konvention zum Schutze der Menschenrechte, Art. 7 des Internationalen Pakts vom 19. 12. 1966 über bürgerliche und politische Rechte (BGBl. 1973 II 1533), im deutschen Strafprozeß nach §§ 136 a, 69 III, 163 a III–V StPO für Vernehmungen. S. a. UN-Übereinkommen vom 10. 12. 1984 gegen F. u.a. (BGBl. 1990 II 246) und Europäisches Übereinkommen vom 26. 11. 1987 zur Verhütung von F. u.a. (BGBl. 1989 II 946).

**Fonds** ist aus dem angelsächsischen juristischen Sprachgebrauch übernommene Bezeichnung für ein Sondervermögen. Das Wort und die Sache werden im öffentlichen Haushaltsrecht vor allem für Finanzierungsvermögen außerhalb des regulären Haushalts („Schattenhaushalt") verwendet. Im Privatrecht/Steuerrecht bezeichnet es insbesondere die Investment- und Immobilienfonds, also Sondervermögen in Wertpapieren und Grundbesitz. Bei den Grundbesitzfonds sind offene und geschlossene Immobilienfonds zu unterscheiden. Die offenen sind als → Kapitalanlagegesellschaften einzuordnen. Bei ihnen sind die Anleger („Investoren") Teilhaber eines auf Erweiterung von Besitz und Anlegerkreis ausgerichteten Vermögensmasse. Die Erträge sind steuerlich Kapitalererträge. Dagegen ist der geschlossene Fonds auf eine gesellschaftsrechtliche Beteiligung unterschiedlicher rechtlicher Konstruktion an einer Immobilienanlage (meist ein einzelnes größeres Anlageobjekt) ausgerichtet. Steuerlich sind geschlossene Fonds eine Sonderform der → Verlustzuweisungsgesellschaften. Die Erträge/Verluste sind solche aus Vermietung und Verpachtung; s. a. → Stiftung des Privatrechts, des öffentlichen Rechts, → Deckungsstock und im folgenden.

**Fonds „Deutsche Einheit“.** Bis 31. 12. 1994 waren die → neuen Länder noch nicht am System des bundesstaatlichen Finanzausgleiches beteiligt (→ Verteilung des Steueraufkommens). Diese Aufgabe erfüllte für die neuen Länder zunächst der im Zusammenhang mit der → Währungs-, Wirtschafts- und Sozialunion geschaffene Fonds „Deutsche Einheit“ zur Finanzierung der Kosten der → Wiedervereinigung (G. v. 25. 6. 1990, BGBl. II 518, 533) m. spät. Änd. Nach dem → Einigungsvertrag wurden 85% der jährlichen Leistungen des Fonds „Deutsche Einheit“ zur Deckung des allgemeinen Finanzbedarfs der → neuen Länder und Berlins und 15% zur Erfüllung zentraler Aufgaben im → Beitrittsgebiet verwendet. 40% der an die Länder fließenden Leistungen waren an die Gemeinden weiterzugeben. Nach § 2 II des G v. 25. 6. 1990 waren ab 1. 1. 1995 die Finanzbeziehungen zwischen Bund und Ländern neu zu regeln. Der Fonds „Deutsche Einheit“ trat ab diesem Zeitpunkt in eine reine Abwicklungs- und Tilgungsphase, die 2013 abgeschlossen sein soll.

**Forderung** → Schuldverhältnis, → Anspruch, → Abtretung, → Pfandrecht.

**Fördergebietsgesetz** → Sonderabschreibungen und Abzugsbetrag im Fördergebiet.

**Förderung der Prostitution.** Über den Begriff der → Prostitution s. dort. Die F. d. P. ist nach § 180a StGB in 2 Fällen strafbar: 1. Unterhalten eines → Bordells (nicht eines *Dirnenwohnheims* ohne besondere Maßnahmen oder Einrichtungen zur F. d. P.); 2. → gewerbsmäßige Unterkunftsgewährung an Prostituierte, wenn diese entweder noch nicht 18 Jahre alt sind oder vom Wohnungsgeber zur P. angehalten oder ausgebeutet werden. Die Strafe ist Freiheitsstrafe bis zu 3 bzw. 5 Jahren oder Geldstrafe. S. a. → Menschenhandel.

**Förderung sexueller Handlungen Minderjähriger** ist eine der noch strafbaren Formen der → Kuppelei. Die ungestörte geschlechtliche Entwicklung der M. soll dadurch gewährleistet werden, daß § 180 StGB unter Strafe stellt: 1. das Vorschubleisten → sexueller Handlungen mit einer Person *unter 16 Jahren* durch a) Vermittlung oder b) Gewähren oder Verschaffen der Gelegenheit (z. B. durch Überlassen von Räumlichkeiten); Inhaber der Personensorge sind im Falle b) straflos, außer wenn sie durch das Vorschubleisten ihre Erziehungspflicht gröblich verletzen (so bei Duldung häufigen Partnerwechsels; anders, wenn ein Eingreifen den Umständen nach nicht zumutbar ist); 2. das Bestimmen einer *noch nicht 18jährigen Person* zu sexuellen Handlungen mit Dritten gegen Entgelt oder die Vermittlung; 3. der Mißbrauch eines Unterordnungs- oder Abhängigkeitsverhältnisses der in § 180 III StGB bezeichneten Art, um eine *noch nicht 18jährige Person* zu sexuellen Handlungen mit Dritten zu bestimmen. Die Strafe ist Freiheitsstrafe bis zu 3 (im Fall 1) bzw. 5 Jahren oder Geldstrafe. Der Versuch ist in den Fällen 2 und 3 strafbar.

**Forderungsabtretung** → Abtretung (1), → Factoringvertrag, → Forfaitierung.

**Forderungskauf** → Abtretung (1).

**Forderungspfändung** → Pfändung, → Lohnpfändung, → Pfändung von Sozialleistungsansprüchen.

**Forderungsübergang** → Abtretung.

**Forderungsverletzung** → positive Vertragsverletzung.

**Forfaitierung.** Hierunter versteht man den Ankauf von Forderungen und deren → Abtretung (z. B. zur Refinanzierung des Leasinggebers) unter Verzicht auf eine Rückgriffsmöglichkeit gegen den bisherigen Forderungsinhaber. Zum Schutz des neuen Gläubigers gegenüber nachträgl. Vereinbarungen mit dem Schuldner vgl. BGHZ 111, 84. → Factoringvertrag.

**Form(erfordernisse, -vorschriften).**

1. Eine → Willenserklärung kann grundsätzlich in jeder beliebigen F., die geeignet ist, den Empfänger zu erreichen, abgegeben werden; ein → Rechtsgeschäft bedarf an sich gleichfalls zur Herbeiführung des rechtlichen Erfolgs keiner bestimmten F. (Grundsatz der *Formfreiheit*). In zahlreichen Fällen bestehen aber Formvorschriften, die bezwecken, entweder den Zeitpunkt des Abschlusses eines Rechtsgeschäfts und dessen Inhalt genau festzulegen (Abgrenzung gegenüber bloßen Vorverhandlungen), einen hinreichenden Beweis hierfür zu sichern oder die Beteiligten vor übereiltem Vertragsabschluß zu warnen; schließlich dient das *Formerfordernis* in verschiedenen Fällen auch zur Kontrolle für bestimmte Behörden. Die F. ist dabei regelmäßig gesetzlich vorgeschrieben; doch können die Parteien auch eine bestimmte F. vereinbaren (*gewillkürte F.,* z. B. Abrede in einem schriftlichen Vertrag, daß mündliche Nebenabreden ungültig sein sollen, s. u.). Das Gesetz unterscheidet folgende Formen:

a) *Schriftform* (Sf.): Die Sf. ist die einfachste F. Sie verlangt, wenn nichts anderes ausdrücklich vorgeschrieben ist (wie z. B. bei einem privatschriftlichen Testament; → Testament, 2 a) nicht, daß die gesamte Erklärung von dem Erklärenden selbst verfaßt oder niedergeschrieben wird, sondern nur, daß die → Urkunde von dem Aussteller eigenhändig durch Namensunterschrift oder mittels eines beglaubigten Handzeichens unterzeichnet ist (§ 126 I BGB). Die *Unterschrift* ist grundsätzlich mit dem Familiennamen zu leisten (Abkürzung wie Paraphe genügt nicht; Vorname, Pseudonym o.ä. reicht nur ausnahmsweise aus, z. B. bei genügender Bestimmtheit in einem Testament). Sie muß individuelle Züge tragen, nicht aber unbedingt lesbar sein. Sie muß ferner eigenhändig vollzogen werden; mechanische Vervielfältigung *(Faksimilestempel),* Übermittlung durch Telegramm, Telex oder Telefax genügt daher nicht, sofern nicht das Gesetz eine Ausnahme zuläßt (z. B. bei der Ausgabe von → Inhaberschuldverschreibungen oder Banknoten; s. a. → telefonische/telegrafische Einlegung von Rechtsmitteln). Die Unterschrift muß – ihrem Wortlaut gemäß – regelmäßig unter das Schriftstück gesetzt werden, d. h. dessen Inhalt decken, sofern der Rechtsverkehr keine andere Übung entwickelt hat (z. B. bedeutet die Unterschrift auf der linken Seite eines → Wechsels dessen Akzeptierung). Eine „Oberschrift" (z. B. auf einem Bank-Überweisungsformular) genügt regelmäßig nicht (BGH NJW 1991, 487). Hierdurch wird eine *Blankounterschrift* (Unterzeichnung vor – vollständiger – Ausfüllung der Urkunde) nicht ausgeschlossen; sobald der Text darüber gesetzt wird, ist dem Formerfordernis genügt (abredewidrige Ausfüllung des *Blanketts* berechtigt zur → Anfechtung der Willenserklärung); dies gilt nur dann nicht, wenn – wie z. B. bei der → Bürgschaft oder beim Verbraucherkredit (→ Kreditvertrag) – der Schuldnerschutz eine echte Unterschrift gebietet (BGHZ 132, 114). Die Sf. ist auch bei Unterzeichnung durch einen Vertreter gewahrt; „eigenhändige" Unterzeichnung liegt daher auch vor, wenn der Vertreter mit seinem Namen unter Angabe des Vertretungsverhältnisses oder – was als zulässig angesehen wird – ohne weiteren Hinweis mit dem Namen des Vertretenen unterschreibt (Ausnahme auch hier beim privatschriftlichen Testament). Bei einem *Vertrag* müssen die Parteien auf derselben Urkunde unterzeichnen; bei mehreren gleichlautenden Urkunden über denselben Vertrag genügt es jedoch, wenn jede Partei die für die andere bestimmte Urkunde unterzeichnet (§ 126 II BGB). Ist die Sf. nicht gesetzlich vorgeschrieben, sondern nur von den Parteien vereinbart, so genügt – mangels anderweitiger Abrede – im Zweifel auch telegrafische Übermittlung und bei einem Vertrag Briefwechsel (§ 127 BGB). Die Sf. wird durch die stärkere Form der notariellen Beurkundung – s. u. c) – ersetzt (§ 126 III BGB). Hauptfälle: Mietvertrag über Grundstück, Bürgschaftserklärung, Schuldversprechen, Schuldanerkenntnis, Testament.

b) *Öffentliche Beglaubigung* (ö.B.): Ist durch Gesetz für eine Erklärung ö. B. vorgesehen, so muß die Erklärung schriftlich abgefaßt (s.o. a) und die Unterschrift des Erklärenden von einem → Notar beglaubigt werden (§ 129 I BGB). Die Urkunde bleibt hier also Privaturkunde; es wird lediglich öffentlich bestätigt, daß die Unterschrift des Betreffenden tatsächlich von diesem herrührt (Identitätsnachweis). Die Beglaubigung geschieht durch einen entsprechenden Vermerk nach Ableistung der Unterschrift in Gegenwart des Notars oder einer landesrechtlich für zuständig erklärten anderen Stelle (§§ 40ff., 63 des BeurkundungsG vom 28. 8. 1969, BGBl. I 1513). Nicht ausreichend ist die *amtliche Beglaubigung,* z. B. durch eine Gemeindebehörde, Polizei usw., deren Beweiskraft auf Verwaltungszwecke beschränkt ist und die durch das BeurkundungsG nicht berührt wird (§ 65 aaO); anders auch die Beglaubigung zuzustellender Schriftstücke durch einen → Rechtsanwalt (§ 170 II ZPO). Auch die ö. B. wird durch die stärkere Form der notariellen Beurkundung (s.u. c) ersetzt (§ 129 II BGB). Hauptfälle: Anmeldung zum Handels-, Vereins-, Güterrechtsregister und zum Grundbuchamt sowie Abgabe gegenüber Behörden (s.u. e).

c) *Beurkundung:* Anders als bei der bloßen öffentlichen Beglaubigung wird bei der Beurkundung die Urkunde als solche, d. h. ihr gesamter Inhalt, von der Urkundsperson errichtet und ist damit → öffentliche Urkunde, die deshalb vollen Beweis des beurkundeten Vorgangs erbringt (§ 415 ZPO). Es wird z. B. bezeugt, daß die Beteiligten an einem bestimmten Tag vor dem Notar erschienen sind, die in der Urkunde niedergelegten Erklärungen abgegeben haben, ferner daß der Inhalt ihnen vorgelesen wurde und sie ihn durch ihre Unterschrift genehmigt haben. Für die Errichtung dieser notariellen Urkunden enthält das BeurkG ins einzelne gehende Vorschriften über den Ausschluß des Notars als Urkundsperson, z. B. bei eigener Beteiligung, und insbes. über die Form der Verhandlung (z. B. Verlesung von Anlagen wie Baubeschreibung o.ä.) sowie den Inhalt der Urkunde und des über die Verhandlung aufzunehmenden Protokolls. Ein Verstoß gegen zwingende F.vorschriften (z. B. fehlende Unterschrift oder Genehmigung) bewirkt die Ungültigkeit (→ Nichtigkeit von Rechtsgeschäften) der Beurkundung. Die jetzt strengeren Beurkundungsvorschriften für → Grundstückskaufverträge führen aber grundsätzl. nicht zur rückwirkenden Nichtigkeit einer früheren Beurkundung (§ 1d. Ges. vom 20. 2. 1980, BGBl. I 157).

Zuständig zur Beurkundung ist der → Notar (*notarielle Beurkundung,* § 1 BeurkG). Die früher vorgesehene Möglichkeit der *gerichtlichen Beurkundung* ist grundsätzlich weggefallen; das Amtsgericht ist jetzt nur noch in bestimmten Einzelfällen zuständig, z. B. zur Beurkundung der Anerkennung der Vaterschaft (→ Abstammung, 2b; § 62 BeurkG). Die notarielle Beurkundung ersetzt jede andere F.; dem F.erfordernis wird allerdings auch durch Abschluß eines → Prozeßvergleichs genügt (§ 127a BGB). Ist durch Gesetz die notarielle Beurkundung eines Vertrags vorgesehen, so genügt getrennte Beurkundung des Antrags und später der Annahme (§ 128 BGB). Hauptfälle: Schenkungsversprechen, Grundstückskaufvertrag, Erbschaftskauf, Verfügung über einen Erbteil, Nachweis von dinglichen Rechtsgeschäften gegenüber dem Grundbuchamt, Gründung einer AG oder GmbH usw.

d) *„Zur Niederschrift eines Notars":* Hiermit ist die notarielle Beurkundung (s.o. c) gemeint.

e) Abgabe einer *Erklärung gegenüber einer Behörde:* Hier ist an sich nur erforderlich, daß die Erklärung der Behörde zugeht. Regelmäßig verlangt das Gesetz jedoch hier zum Nachweis der Identität des Erklärenden öffentliche Beglaubigung (s.o. b; z. B. bei der → Ausschlagung einer Erbschaft).

f) *Abschluß vor einer Behörde:* Hier wird die Anwesenheit der Beteiligten – oftmals persönlich (z. B. bei der → Eheschließung) – vor der zuständigen Behörde verlangt. Vielfach sieht das Gesetz das Erfordernis der gleichzeitigen Anwesenheit und Abgabe der Erklärungen vor (z. B. bei der → Auflassung eines Grundstücks).

g) *Sonstige Formen* sind in Einzelbestimmungen vorgesehen, z. B. für die Errichtung eines Testaments, für die Eheschließung, für den Abschluß eines → Tarifvertrags usw.

2. Ein Rechtsgeschäft, das der gesetzlich vorgeschriebenen F. ermangelt, ist grundsätzlich nichtig (→ Nichtigkeit von Rechtsgeschäften; § 125 S. 1 BGB), sofern nicht ausnahmsweise eine Sollvorschrift verletzt wurde (z. B. beim Erfordernis der Zuziehung von zwei

Trauzeugen zur Eheschließung) oder das Gesetz etwas anderes vorsieht (z. B. formloser Mietvertrag über ein Grundstück gilt als auf unbestimmte Zeit geschlossen). Dasselbe gilt im Zweifel auch bei Verletzung der gewillkürten F. (§ 125 S. 2 BGB); doch ist hier zu beachten, daß die Parteien die vereinbarte F. – auch stillschweigend – wieder aufheben können oder daß die Vereinbarung der F. sich abredegemäß nur auf bestimmte Teile des Rechtsgeschäfts beziehen kann. Die gesetzlichen F.vorschriften umfassen dagegen auch sämtliche *Nebenabreden* (die Urkunde hat die → Vermutung der Vollständigkeit und Richtigkeit für sich), so daß z. B. die Nichtbeurkundung einer Nebenabrede in einem Grundstückskaufvertrag im Zweifel zur Nichtigkeit des ganzen Vertrags wegen *Formmangels* führt (→ Teilnichtigkeit). In verschiedenen Fällen sieht das Gesetz allerdings trotz Nichtigkeit des Rechtsgeschäfts eine *Heilung* des F.mangels bei ordnungsgemäßer Erbringung der formwidrig versprochenen Leistung vor, insbes. bei Erfüllung eines Schenkungsversprechens und einer formwidrigen → Bürgschaft sowie bei Auflassung und Eintragung trotz formungültigen Grundstückskaufvertrags. Auf die Nichtigkeit wegen F.mangels kann sich nicht berufen, wer diesen arglistig herbeigeführt (z. B. durch die Versicherung, eine F. brauche nicht eingehalten zu werden) oder wer die F.nichtigkeit zwar ohne böse Absicht bewirkt, aber aus dem Rechtsgeschäft bereits Vorteile gezogen hat, ferner wenn es sonst aus besonderen Gründen gegen → Treu und Glauben verstößt (Einrede der Arglist), den F.mangel geltend zu machen (z. B. wenn sich der Verkäufer gegenüber einer von seinem Vertreter mündlich abgegebenen und als ausreichend bezeichneten Zusicherung auf die in den Allgemeinen Geschäftsbedingungen vermerkte Ungültigkeit mündlicher Nebenabreden beruft).

**Formelle Rechtskraft** → Rechtskraft.

**Formelles Gesetz** → Gesetz.

**Formelles Konsensprinzip** → Grundbuch.

**Formelles Recht** → Recht (3), → Strafrecht (1 a).

**Formfreiheit** → Form(erfordernisse).

**Formkaufmann** ist die abgekürzte Bezeichnung für den → Kaufmann kraft Rechtsform.

**Formularvertrag** → Vertrag (2), → Allgemeine Geschäftsbedingungen.

**Formwechsel** → Umwandlung (I 1).

**Forschung, wissenschaftliche** → Wissenschaft (Freiheit der –), → Bildungsplanung.

**Forst** → Wald.

**Forstrecht.** Das F. ist bundeseinheitlich nunmehr im Gesetz zur Erhaltung des Waldes und zur Förderung der Forstwirtschaft – *Bundeswaldgesetz* – vom 2. 5. 1975 (BGBl. I 1037) geregelt. Das Gesetz definiert den Wald als mit Forstpflanzen bestockte Grundfläche einschließlich der Lichtungen, Waldwiesen u. a. (§ 2). Zweck des Gesetzes ist es, die verschiedenen Funktionen des Waldes aufeinander abzustimmen. Zu unterscheiden ist die *Nutzfunktion* des Waldes als Ertragsobjekt, die *Schutzfunktion* für Klima, Wasserhaushalt, Fruchtbarkeit, Agrarstruktur (→ Schutzwald, → Bannwald), schließlich die *Erholungsfunktion* (→ Erholungswald) für die Bevölkerung. Zur Sicherung dieser Funktionen enthält das Gesetz Rahmenvorschriften (→ Rahmengesetz) für die landesrechtlichen Waldgesetze (s.a. Waldschutz). Der Förderung der Forstwirtschaft dienen die unmittelbar geltenden Vorschriften über forstwirtschaftliche Zusammenschlüsse in privatrechtlicher Form (*Forstbetriebsgemeinschaften* von Grundstückseigentümern) oder in öffentlich-rechtlicher Form (*Forstbetriebsverbände,* → Körperschaften des öffentl. Rechts mit Zwangsmitgliedschaft), schließlich *Forstwirtschaftliche Vereinigungen* (privatrechtliche Dachverbände der beiden vorgenannten Vereinigungsformen) zur Information der Mitglieder, zur Absatzförderung und zur gemeinsamen Maschinenhaltung. Zahlreiche eigenständige Regelungen enthalten die Waldgesetze der Länder (z. B. Bad.-Württbg. vom 10. 2. 1976, GBl. 99). S. a. Absatzfondsgesetz, → Handelsklassen sowie über forstliches Saat- und Pflanzgut Ges. vom 26. 7. 1979 (BGBl. I 1242). S. ferner → Feld- und

Forstschutzrecht, → Jagdrecht, → Naturschutz u. im folg.

**Forstrügesachen.** Für Zuwiderhandlungen gegen Forstschutzbestimmungen war früher in manchen Landesrechten vorgesehen, daß an Stelle der Staatsanwaltschaft das Forstamt die Strafverfolgung übernimmt. Nach § 3 III EGStPO kann durch Landesgesetz angeordnet werden, daß Feld- und Forstrügesachen in einem besonderen Verfahren und vor dem Amtsrichter als Einzelrichter verhandelt und entschieden werden. Das Forstrügeverfahren ist jedoch beseitigt. Dafür bestehen meist ergänzende Verfahrensvorschriften (z. B. Art. 45 des Waldgesetzes für Bayern i. d.F. vom 25. 8. 1982, GVBl. 824, m. Änd.). S. a. → Feld- und Forstschutzrecht.

**Forstschaden** → Wildschaden, → Waldschutz.

**Forstschutz** → Waldschutz.

**Forststrafrecht** → Feld- und Forstschutzrecht (1).

**Forstwiderstand** → Widerstand gegen die Staatsgewalt.

**Fortbildung(sverhältnis)** → Berufsbildungsgesetz, → Werbungskosten.

**Fortführungsmitteilung** → Veränderungsnachweis.

**Fortgesetzte Begehung.** Werden bestimmte Straftaten, z. B. Diebstahl (→ Bandendiebstahl), Hehlerei (→ Bandenhehlerei) von Mitgliedern einer → Bande verübt, die sich zur f. B. verbunden hat, so erhöht sich die Strafdrohung (§§ 244 I Nr. 2, 24 a I, 260 I Nr. 2). F. B. ist nicht eine → fortgesetzte Handlung, sondern B. mehrerer selbständiger, im einzelnen noch ungewissen Taten.

**Fortgesetzte Gütergemeinschaft.** 1. Während die → Gütergemeinschaft nach Auflösung der Ehe durch den Tod eines Ehegatten früher grundsätzlich zwischen dem anderen Ehegatten und den gemeinschaftlichen Abkömmlingen fortgesetzt wurde, geht das BGB seit dem → Gleichberechtigungsgesetz davon aus, daß der Anteil des verstorbenen Ehegatten am Gesamtgut grundsätzlich zu seinem → *Nachlaß* gehört und der verstorbene Ehegatte nach den allgemeinen erbrechtlichen Vorschriften beerbt wird (§ 1482 BGB). Die Ehegatten können allerdings eine Fortsetzung der Gütergemeinschaft zwischen dem überlebenden Ehegatten und gemeinschaftlichen Abkömmlingen vereinbaren, soweit diese bei gesetzlicher → Erbfolge als Erben berufen wären und nicht vom Erbrecht z. B. infolge → Erbunwürdigkeit usw. ausgeschlossen sind (§ 1483 BGB). Die f. G. erstreckt sich nur auf das → *Gesamtgut*, das in diesem Fall nicht zum Nachlaß des verstorbenen Ehegatten gehört; dessen → Testierfreiheit beschränkt sich daher zwingend (§ 1518 BGB) auf das Vorbehalts- und Sondergut, sofern nicht durch → Ehevertrag, → Erbvertrag, → gemeinschaftliches Testament oder ausnahmsweise durch einseitige → letztwillige Verfügung zulässigerweise etwas anderes bestimmt ist (§§ 1509 ff. BGB, dies insbes. bei Möglichkeit der Klage auf Aufhebung der Gütergemeinschaft oder auf Ehescheidung; Ausschluß eines Abkömmlings jederzeit möglich). Der überlebende Ehegatte kann nach den Vorschriften über die → Ausschlagung einer Erbschaft die Fortsetzung der G. ablehnen (§ 1484 BGB).

2. Für die f. G. gelten weitgehend die Vorschriften über die → Gütergemeinschaft entsprechend, z. B. hinsichtlich der verschiedenen Vermögensmassen, der Schuldenhaftung usw. Der überlebende Ehegatte hat die rechtliche Stellung und die entsprechende persönliche Haftung des das Gesamtgut allein verwaltenden Ehegatten (§§ 1487, 1489 BGB). Die f. G. endet mit dem Tode oder der Wiederverheiratung des überlebenden Ehegatten (§§ 1493, 1494 BGB, nicht dagegen mit dem Tod eines Abkömmlings; hier treten dessen Abkömmlinge an seine Stelle; sind keine vorhanden, tritt → Anwachsung ein, § 1490 BGB), durch notariell beurkundeten Aufhebungsvertrag seitens aller Beteiligten oder durch einseitige öffentlich beglaubigte Erklärung des überlebenden Ehegatten gegenüber dem Nachlaßgericht (§ 1492 BGB) sowie durch → Gestaltungsurteil nach Aufhebungsklage eines Abkömmlings (§ 1495 BGB; Voraussetzungen wie bei der Gütergemeinschaft). Nach der Beendigung der f. G. müssen sich der überlebende Ehegatte und die Abkömmlinge hin-

sichtlich des Gesamtguts nach den der Gütergemeinschaft entsprechenden Vorschriften auseinandersetzen (§§ 1497 ff. BGB). Für das → Insolvenzverfahren über das Gesamtgut einer f. G. gelten die Vorschriften über das → Nachlaßinsolvenzverfahren entsprechend (§ 332 InsO).

3. *Steuerlich:* Bei der Erbschaftsteuer wird der Anteil am Gesamtgut des verstorbenen Ehegatten so behandelt, wie wenn er ausschließlich den anteilsberechtigten Abkömmlingen angefallen wäre (§ 4 ErbStG).

**Fortgesetzte Handlung,** von der die → fortgesetzte Begehung zu unterscheiden ist, ist eine im StGB nicht vorgesehene, von der Rspr. entwickelte rechtliche Handlungseinheit, bei der mehrere Handlungen, die jeweils selbständig den Straftatbestand erfüllen, zu einer einzigen Handlung im Rechtssinne zusammengefaßt werden. Voraussetzung ist, daß der Täter *denselben Grundtatbestand* durch Verletzung *gleichartiger Rechtsgüter* in *gleichartiger Begehungsform* auf Grund eines *Gesamtvorsatzes* mehrfach verwirklicht. Sie ist aber nicht möglich, wenn es sich um *höchstpersönliche* Rechtsgüter wie Ehre, Leben, Freiheit, sexuelle Selbstbestimmung usw. von verschiedenen Personen handelt. Gesamtvorsatz liegt nur vor, wenn der Täter die Teilakte wenigstens in den Grundzügen nach Ausführungsart, -ort und -zeit plant; er fehlt nach der insbes. von der Rspr. vertretenen Auffassung, wenn der Täter vor Begehung weiterer Taten erst einen neuen Entschluß fassen muß. Im Schrifttum wird dagegen häufig ein *Fortsetzungsvorsatz* für ausreichend gehalten, so daß der spätere Entschluß die innere Fortsetzung des vorausgegangenen umfassenden Entschlusses ist. Die Annahme einer f. H. bedeutet: Es ist keine Gesamtstrafe zu bilden, sondern nur wegen einer einzigen Tat zu verurteilen (→ Konkurrenz von Straftaten); die → *Rechtskraft* des Urteils umfaßt auch alle dem Tatrichter bis zur Aburteilung unbekannten Einzelakte; die → *Strafverfolgungsverjährung* beginnt mit dem letzten Teilakt; eine → Amnestie greift nur ein, wenn der letzte Teilakt nicht nach dem Stichtag liegt.

Die Rspr. hat in der Praxis zur Verfahrenserleichterung häufig f. H. angenommen, was nach Ansicht des BGH (NJW 1994, 1663) zu Unzuträglichkeiten geführt hat. Er läßt deshalb eine f. H. nur noch zu, wenn dies – was am Straftatbestand zu messen ist – zur sachgerechten Erfassung des verwirklichten Unrechts und der Schuld unumgänglich ist (s. z. B. BGH NStZ 1997, 280). Andernfalls stellen die einzelnen Handlungen sog. Serienstraftaten dar.

**Fortpflanzung, künstliche** → Künstliche Fortpflanzung.

**Fortpflanzungsfähigkeit, Verlust der** → Körperverletzung (4), → Unfruchtbarmachung.

**Fortschreibung** → Hauptfeststellung.

**Fortsetzungsfeststellungsklage** → Verwaltungsstreitverfahren (5), → Feststellungsklage.

**Fortsetzungszusammenhang** → fortgesetzte Handlung.

**Fortwälzung** → Steuerüberwälzung.

**forum** ist der gemeinrechtliche Begriff für → Gerichtsstand; z. B. *forum rei sitae:* G. der belegenen Sache; *forum delicti commissi:* G. des Tatorts.

**Fotografie** → Lichtbild.

**Fracht** – auch Frachtgeld genannt – ist das Entgelt, das der → Frachtführer erhält; dagegen werden die vom Frachtführer beförderten beweglichen Sachen als *Frachtgut* bezeichnet (vgl. §§ 407 I, 420 I, 421 I, 441 I HGB).

**Frachtbrief** ist eine Urkunde über den Abschluß und den Inhalt eines → Frachtvertrags zwischen Absender und → Frachtführer. Ein F.zwang besteht nicht; der Frachtführer kann aber die Ausstellung eines F. durch den Absender (mit dessen Unterschrift) verlangen. Wesentlicher Inhalt des F. sind Ort und Tag seiner Ausstellung, Name und Anschrift des Absenders, des Frachtführers und des Empfängers, Ort und Tag der Übernahme des Gutes und ggfs. von dessen Ablieferung (Lieferfrist), die Bezeichnung des Gutes nach Art, Zahl, Gewicht, Verpackung usw., die vereinbarte → Fracht, eine bei der Ablieferung des Gutes einzuziehende Nachnahme, Weisungen des Absenders für die Durchführung des Transports usw. (§ 408 HGB).

Der F. ist kein → Wertpapier und vom → Ladeschein zu unterscheiden. Ist er jedoch von beiden Parteien unterzeichnet (der Absender kann dies verlangen), so dient er bis zum Beweis des Gegenteils als Beweisurkunde für Abschluß und Inhalt des Frachtvertrags sowie für die Übernahme des Gutes durch den Frachtführer (§ 409 I HGB). Der von beiden unterzeichnete F. begründet ferner die → Vermutung, daß das Gut und seine Verpackung bei der Übernahme durch den Frachtführer in äußerlich gutem Zustand waren und daß Zahl, Bezeichnung und überprüftes Gewicht der Frachtstücke mit den Angaben im F. übereinstimmen, sofern der Frachtführer nicht einen begründeten Vorbehalt (z. B. weil eine zumutbare Überprüfungsmöglichkeit fehlte) eingetragen hat (§ 409 II, III HGB). Eine Sperrwirkung (Verbot anderweitiger Verfügung durch den Absender), hat der F., sofern nicht besonders vereinbart, nicht; im Handelsverkehr wird jedoch häufig gegen Aushändigung einer Abschrift des F. bezahlt und die Übereignung des Frachtguts nach § 931 BGB (→ Eigentumsübertragung, 2 f) hieran geknüpft.

**frachtfrei** (franko) ist eine insbes. beim → Handelskauf übliche Klausel, wonach der Verkäufer die Kosten der Versendung zu übernehmen hat (→ Versendungskauf). Der → Leistungsort wird durch diese Klausel allein regelmäßig nicht geändert.

**Frachtführer** ist, wer es unternimmt, gegen Entgelt Frachtgut (→ Fracht) zu Land (Straße, Schiene), auf Binnengewässern oder mit Luftfahrzeugen zu befördern und an den Empfänger abzuliefern (Frachtgeschäft, § 407 HGB). Einzelheiten, insbes. über Rechte und Pflichten des F. → Frachtvertrag. Vielfach gehört die Beförderung zum Betrieb des gewerblichen Unternehmens des F. (Transport- und Speditionsbetrieb, Eisenbahn, Möbeltransportgeschäft, Binnenschiffahrtsbetrieb), der dann → Kaufmann ist; von den Vorschriften über das Frachtgeschäft werden aber auch solche Transporte erfaßt, die jemand nur gelegentlich ausführt (sog. Gelegenheitsf.). Der F. ist an sich Alleinf., d. h. er übernimmt die gesamte Beförderung (bei wechselnden Transportmitteln → mulitmodaler Verkehr). Dies schließt aber nicht aus (und ist in der Praxis häufig), daß sich der als Hauptf. bestellte F. (ganz oder über einzelne Teilstrecken) zur Ausführung des Auftrags eines Unterf. als → Erfüllungsgehilfen bedient; in diesem Fall haften F. und ausführender F. dem Absender gegenüber in gleicher Weise als → Gesamtschuldner für Schäden durch Verlust oder Beschädigung des Gutes oder durch Überschreitung der Lieferfrist (§ 437 HGB). Teilf. ist, wer selbständig gegenüber dem Absender die Beförderung nur über eine Teilstrecke übernimmt; der sog. nachfolgende F. hat dann auch die Rechte der vorhergehenden F. (z. B. das → Pfandrecht am Frachtgut) auszuüben (§ 442 HGB). Ein Subunternehmer des Teilf. wird auch Zwischenf. genannt. Es können aber auch von vorneherein mehrere als → Gesamtschuldner (sog. Samtf.) die Beförderung des Gutes übernehmen (und nur intern unter sich aufteilen).

**Frachtgeschäft** → Frachtvertrag, → Frachtführer.

**Frachtgut** → Fracht.

**Frachtprüfer** ist, wem die Erlaubnis zur → Rechtsberatung für die Prüfung von Frachtrechnungen und die Verfolgung der sich hierbei ergebenden Frachterstattungsansprüche erteilt worden ist.

**Frachtvertrag** ist der auf die entgeltliche Beförderung von Gütern gerichtete → Werkvertrag zwischen Absender und → Frachtführer (*Frachtgeschäft*). Durch den F. wird der Frachtführer verpflichtet, das Gut zum Bestimmungsort zu befördern und dort an den Empfänger abzuliefern (Transportvertrag); der Absender hat die vereinbarte → Fracht zu zahlen (§ 407 HGB). Da der Empfänger des Frachtgutes daraus unmittelbar Rechte erwirbt (insbes. auf Ablieferung des Gutes, § 421 HGB), ist der F. i. d. R. ein → Vertrag zugunsten eines Dritten (§ 328 BGB). Die §§ 407 ff. HGB gelten nach dem TransportrechtsreformG vom 25. 6. 1998 (BGBl. I 1588) nunmehr im Grundsatz gleichermaßen für die Beförderung auf der Straße, auf der Schiene (→ Eisenbahnfrachtgeschäft), auf Binnengewässern (→ Binnenschiffahrt) und mit Luftfahrzeugen (→ Luftverkehrshaftung). Sondervorschriften gelten insbes. für die Beförderung von Möbeln und sonstigem Umzugsgut (→ Umzugsvertrag), für die Beförderung mit verschiedenartigen Transportmitteln auf verschiedenen Teilstrecken der Gesamtbeförderung (→ multimodaler Verkehr) sowie für den grenzüberschreitenden (Transport-)Verkehr mit Kraftfahrzeugen zwischen den Vertragsstaaten (die meisten Staaten Europas und vielfach darüber hinaus) in den zwingenden Bestimmungen des CMR-Übereinkommens vom 19. 5. 1956 (BGBl. 1961 II 1119 m. Änd.). Für den Transport gefährlicher Güter s. § 410 HGB (besondere Hinweispflichten des Absenders, sonst Befreiung des Frachtführers) und VO vom 18. 7. 1995 (BGBl. I 1025). Der F. ist vom → Speditionsvertrag zu unterscheiden. Zur Ausstellung eines → Frachtbriefs s. dort.

Das Gesetz enthält zunächst Vorschriften über die Pflicht des Absenders zur ordnungsgemäßen Verpackung, Kennzeichnung und Verladung des Gutes (insbes. Ladezeit) sowie über die Beigabe (z. B. für die Zollabfertigung) erforderlicher Begleitpapiere; ihre Verletzung führt zu einer grdsätzl. verschuldensunabhängigen (Ausnahme bei einem Verbraucher; s. u.) Haftung des Absenders auf → Schadensersatz und Ersatz der dem Frachtführer erwachsenen Aufwendungen (§§ 411–414 HGB). Der Absender kann den F. jederzeit, der Frachtführer z. B. bei Nichteinhaltung der Ladezeit kündigen; der Frachtführer kann dann die vereinbarte Fracht (inkl. einem vereinbarten oder durch die Verzögerung veranlaßten Standgeld, § 412 III HGB) abzüglich durch die Aufhebung des F. ersparter Aufwendungen, mindestens aber ein Drittel der vereinbarten Fracht (sog. *Fautfracht*) verlangen (§§ 415, 417 II HGB). Der Absender bleibt bis zur Ablieferung über das Gut verfügungsbefugt (ab dann der Empfänger); er kann dem Frachtführer Weisungen erteilen, die dieser bei Beförderungs- und Ablieferungshindernissen von sich aus einzuholen hat (§§ 418, 419 HGB). Die Fracht ist bei Ablieferung des Gutes zu zahlen (§ 420 HGB; wenn der Empfänger dessen Ablieferung verlangt, auch von ihm, § 421 HGB); eine vereinbarte Nachnahme ist vom Frachtführer (mangels anderweitiger Abrede in bar) einzuziehen (sonst Haftung des Frachtführers, § 422 HGB).

Der Frachtführer ist verpflichtet, das Gut innerhalb der vereinbarten, sonst der nach den Umständen vernünftigerweise zuzubilligenden Lieferfrist abzuliefern (§ 423 HGB). Für Schäden, die durch Verlust oder Beschädigung des Gutes in der Zeit von der Übernahme zur Beförderung bis zur Ablieferung oder durch Überschreitung der Lieferfrist entstehen, haftet der Frachtführer auch ohne Verschulden (→ Gefährdungshaftung), es sei denn, dies konnte auch bei größter Sorgfalt nicht vermieden werden (unabwendbares Ereignis, → Verschulden II 3; § 425 I, 426 HGB). Der Frachtführer, der ein geeignetes (z. B. für einen Kühltransport) und betriebssicheres Fahrzeug zur Verfügung zu stellen hat, ist in bestimmten Fällen (z. B. bei Schäden infolge ungenügender Verpackung, Be- oder Entladung) von seiner Haftung befreit; im übrigen kann bei Ursächlichkeit mehrerer Umstände für den Schaden eine Schadensteilung nach den Grundsätzen des → Mitverschuldens in Betracht kommen (§§ 425 II, 427 HGB). Die verschuldensunabhängige Haftung des Frachtführers auf Wertersatz ist auf einen Höchstbetrag von 8,33 Rechnungseinheiten für jedes Kilogramm des Rohgewichts der Sendung (derzeit ca. 18 DM) begrenzt (§§ 429, 431 HGB); dies betrifft auch außervertragliche Ansprüche (z. B. den → Eigentumsherausgabeanspruch, § 434 HGB). Bei sonstigen Vermögensschäden aufgrund einer Vertragsverletzung des Frachtführers ist dessen Haftung auf das Dreifache des Betrages begrenzt, der bei Verlust des Gutes zu zahlen wäre (§ 433 HGB). Höhere Schäden können nur durch eine entsprechende → Transportversicherung abgedeckt werden. Die Haftungsbefreiungen und Haftungsbegrenzungen gelten allerdings nicht, wenn der Schaden auf eine Handlung oder Unterlassung zurückzuführen ist, die der Frachtführer (oder einer seiner Leute in Ausübung ihrer Verrichtungen, § 428 HGB) vorsätzlich oder leichtfertig (→ Verschulden II 1 b, → Schuld) begangen hat (§ 435 HGB). Der Schaden muß innerhalb bestimmter kurzer Fristen (z. B. bei nicht sofort erkennbaren Schäden spätestens innerhalb von 7 Tagen ab Ablieferung) angezeigt werden (sonst → Vermutung der Ablieferung in vertragsgemäßem Zustand, § 438 HGB). Ansprüche aus dem F. verjähren in einem Jahr ab Ablieferung (oder wann das z. B. verlorengegangene Gut hätte abgeliefert werden müssen); bei Vorsatz oder Leichtfertigkeit beträgt die → Verjährung 3 Jahre (§ 439 HGB).

Ist der Absender ein Verbraucher (d.h. eine natürliche Person, die den F. weder in ihrer gewerblichen noch ihrer sonstigen beruflichen Tätigkeit abschließt, § 414 IV HGB), so kann von diesen Bestimmungen nicht zu seinem Nachteil abgewichen werden. Sonst sind abweichende Vereinbarungen grdsätzl. nur zulässig, wenn sie i. e. ausgehandelt, also nicht nur einseitig vom Frachtführer vorformuliert sind; durch → Allgemeine Geschäftsbedingungen können allerdings die genannten Haftungshöchstgrenzen in bestimmtem Rahmen auch anderweitig festgelegt werden (§ 449 I, II HGB). Unterliegt der F. ausländischem Recht (insbes. bei Beförderung im Inland durch ausländische Frachtführer, sog. freie Kabotage), so gilt dies gleichermaßen, wenn Übernahme- und Ablieferungsort im Inland liegen (§ 449 II HGB). Dem Frachtführer steht wegen des Frachtgeldes und seiner anderen Ansprüche auf Ersatz seiner Aufwendungen und Auslagen am Frachtgut, solange er es im → Besitz hat, ein gesetzliches → Pfandrecht zu (§ 441 HGB). Über die Verpflichtung zur Auslieferung des Frachtgutes kann der Frachtführer einen → Ladeschein ausstellen (§ 444 HGB).

**Fragerecht** → Parteiöffentlichkeit.

**Fragestunde** → Anfragen (des Parlaments).

**Fraktion** nennt man den Zusammenschluß von Mitgliedern eines Parlaments, die i. d.R., aber nicht notwendig derselben → Partei angehören. Die für die moderne Parlamentsarbeit unerläßliche F.bildung und ihre Rechtsstellung sind neuerdings z. T. gesetzlich geregelt (vgl. für den Bundestag den durch Ges. vom 11. 3. 1994, BGBl. I 526, eingefügten Elften Abschnitt des Abgeordnetengesetzes – AbgG – vom 18. 11. 1977; für ein Land das Bayer.F.ges. vom 26. 3. 1992, GVBl. 38). Ergänzende Bestimmungen enthalten die Geschäftsordnungen der Parlamente (vgl. §§ 10 ff. GeschOBT). Nach § 45 AbgG können sich Mitglieder des Bundestags zu F. zusammenschließen (Mindestzahl grundsätzl. 5 v. H. der Mitgliederzahl des Bundestags, § 10 GeschOBT). Nach § 46 AbgG sind die F. rechtsfähige Vereinigungen, die klagen und verklagt werden können. Weitere Bestimmungen regeln Aufgaben, Organisation, Anspruch auf Geld- und Sachleistungen aus dem Bundeshaushalt, Haushalts- und Wirtschaftsführung, Rechnungslegung, Rechnungsprüfung, Liquidation (§§ 47–54 AbgG). Erreicht ein Zusammenschluß nicht F.sstärke, so kann er als *Gruppe* anerkannt werden. Den F. – nicht den Gruppen – stehen besondere Rechte (insbes. bestimmte Antragsrechte) zu. F. in → Gemeindevertretung und → Kreistag kam ursprünglich kein eigener Rechtsstatus zu. Inzwischen gewährt die → Gemeindeverfassung einer Reihe von Ländern den F. eigene Vorschlags- und Antragsrechte.

**Fraktionswechsel** → Mandat des Abgeordneten.

**Fraktionszwang** bedeutet die Verpflichtung eines → Abgeordneten zur Abstimmung i. S. eines vorher von der → Fraktion festgelegten Ergebnisses. Der F. entspricht zwar nicht der Stellung des Abgeordneten, der Vertreter des ganzen Volkes, an Weisungen und Aufträge nicht gebunden und nur seinem Gewissen unterworfen ist (vgl. Art. 38 I GG); er wird aber gleichwohl nicht als unzulässig angesehen. Ein Verstoß gegen den F. darf allenfalls mit dem Ausschluß des Abgeordneten aus Partei und Fraktion geahndet werden; die Niederlegung des → Mandats darf nicht erzwungen werden (auch nicht mittelbar dadurch, daß der Abg. zur Hinterlegung einer „freiwilligen" Verzichterklärung veranlaßt wird, von der die Fraktions- oder Parteiführung bei einem Verstoß gegen den F. Gebrauch machen darf).

**Franchiseklausel.** In einem → Versicherungsvertrag kann vereinbart werden, daß bestimmte (meist geringfügige) Schäden überhaupt nicht, andere dagegen voll (oder mit einem bestimmten Abzugsbetrag) entschädigt werden *(Selbstbeteiligung)*.

**Franchisevertrag** *(Franchising)* ist ein gemischter verkehrstypischer Vertrag (→ Vertrag, 2) mit wesentlichen Elementen der → Pacht. Dem F.nehmer, der – wie der → Vertragshändler – im eigenen Namen und für eigene Rechnung tätig wird, wird über einen bloßen → Lizenzvertrag hinaus im Rahmen eines → Dauerschuldverhältnisses gegen entsprechendes Entgelt vom F.geber gestattet, dessen Namen, Marken, Schutzrechte, technische Ausstattung, Vorteile beim Großeinkauf usw. beim Vertrieb von Waren und Dienstleistungen gewerblich zu nutzen. Der F.geber hat ferner regelmäßig seine Erfahrungen zur Verfügung zu stellen *(know-how-Vereinbarung)* und das F.system zeitgerecht fortzuentwickeln; andererseits hat er mehr oder weniger weitgehende Kontrollrechte über den Betrieb des in der Ausstattung usw. z. T. weisungsgebundenen Einzelhändlers. Einzelheiten: Skaupy, NJW 1992, 1785.

**franko** → frachtfrei.

**Frauenarbeitsschutz** → Arbeitszeit, → Mutterschutz.

**Frauenbeauftragte** → Gleichstellungsbeauftragte.

**Frauenhandel** (nach üblicher Ausdrucksweise als Mädchenhandel bezeichnet) ist nach dem internat. Abkommen vom 4. 5. 1910 (RGBl. 1913, 31) das Anwerben, Verschleppen oder Entführen von *minderjährigen* Frauen oder Mädchen – selbst mit deren Einwilligung –, um der Unzucht anderer Vorschub zu leisten, sowie von *volljährigen* Frauen oder Mädchen zu dem gleichen Zweck mittels Täuschung, Gewalt, Drohung, Mißbrauch des Ansehens oder anderer Zwangsmittel. Auf der Grundlage dieses Abkommens und des ergänzenden Abkommens vom 30. 9. 1921 (RGBl. 1924 II 180) sind diese Handlungen in allen Kulturstaaten unter Strafe gestellt, in der BRep. durch §§ 180 b, 181 StGB (→ Menschenhandel). Nach dem Weltrechtspflegeprinzip ist auch die von einem Ausländer im Ausland begangene Tat strafbar (§ 6 Nr. 4 StGB; s. → Auslandsdelikte).

**Frauenquote** → Quotenregelung.

**„Frei Haus".** Beim → Kauf gebräuchliche Klausel, wonach der Verkäufer die Kosten der Versendung bis zu den Geschäfts- oder Wohnräumen des Käufers übernimmt.

**Freibetrag** → Einnahmen sind bis zur Höhe des F. steuerfrei. Nur der über den F. hinausgehende Betrag ist stpfl., z. B. → Abfindung, 6. (§ 3 Nr. 9 EStG), → Veräußerungsgewinne (§ 16 IV EStG), Sparerfreibetrag (§ 20 IV EStG). Bei der *Freigrenze* bleibt die Einnahme nur steuerfrei, wenn der Gesamtbetrag den Betrag der Freigrenze nicht erreicht, z. B.: → Spekulationsgewinne unter 1000 DM (§ 23 III 3 EStG). Übersteigt die Einnahme die Freigrenze, ist der gesamte Betrag stpfl. *Höchstbeträge* sind steuerliche Abzugsbeträge, die der Höhe nach begrenzt sind, z. B. Vorsorgeaufwendungen (§ 10 II EStG; → Sonderausgaben 1 d). Aufwendungen unterhalb der Höchstbeträge bleiben in tatsächlicher Höhe abziehbar. *Pauschbeträge* sind steuerliche Abzugsbeträge, die in der gesetzlich vorgesehenen Höhe zum Abzug kommen, unabhängig davon, ob tatsächliche Aufwendungen überhaupt entstanden sind, z. B. → Arbeitnehmer-Pauschbetrag in Höhe von 2000 DM (§ 9 a EStG). Überschreiten die tatsächlichen Aufwendungen den Pauschbetrag, kommen die tatsächlichen Aufwendungen zum Abzug (→ Werbungskosten).

**Freibeweis.** Im Verfahrensrecht wird zwischen *Streng-* und *Freibeweis* unterschieden, je nachdem, ob das Gericht an bestimmte gesetzliche Formen der Aufnahme von → Beweisen gebunden ist oder diese frei gestalten kann. Handelt es sich um die Feststellung der Beweistatsachen als Grundlage der Urteilsentscheidung, so gelten die Beweiserhebungsvorschriften (insbes. §§ 355–455 ZPO, §§ 244–256 StPO); anders, wenn Feststellungen außerhalb der gerichtlichen Verhandlung getroffen oder in der Verhandlung prozeßerhebliche Tatsachen geklärt werden sollen, insbes. ob eine → Prozeßvoraussetzung oder ein Prozeßhindernis gegeben oder ein Rechtsmittel rechtzeitig eingelegt worden ist u.ä. Insoweit können Feststellungen im Wege des F. getroffen werden,

d. h. mit den vom Gericht für sachdienlich gehaltenen Mitteln, etwa durch Einholen schriftlicher Auskünfte von Behörden oder Zeugen u. dgl.

**Freibleibend** (Klausel) → Vertrag (1).

**Freie Arbeitnehmer** sind Personen, die, ohne (abhängige) → Arbeitnehmer zu sein, vereinbarungsgemäß Arbeitsleistungen erbringen (→ Dienstvertrag; z. B. bei Presse, Rundfunk, Fernsehen). Sie sind vielfach → arbeitnehmerähnliche Personen und genießen dann den → Kündigungsschutz für Arbeitnehmer wie in einem → Arbeitsverhältnis.

**Freie Benutzung** eines urheberrechtlich geschützten Werks (ohne Zustimmung des Urhebers) ist zulässig, um ein neues selbständiges Werk hervorzubringen, das der Benutzer sodann veröffentlichen und verwerten darf (§ 24 UrhG). Diese Regelung dient der Fortentwicklung von Kunst und Wissenschaft. Die Leistung des Benutzenden muß aber selbst alle Voraussetzungen eines geistigen Werkes (§ 2 UrhG) aufweisen und die individuelle schöpferische Leistung des benutzten in gewissem Umfang verdrängen (z. B. liegt f. B. immer dann vor, wenn ein Werk der Dichtung, Musik oder bildenden Kunst in eine andere dieser Kunstformen übertragen wird). Die unfreie B. verletzt das Urheberrecht; in diesem Fall spricht man von → Plagiat. Nach ähnlichen Grundsätzen ist die f. B. bei einem → Geschmacksmuster erlaubt (§ 4 GeschmMG). S. a. → gemeinfreie Werke.

**Freie Berufe.** Die Unterscheidung zwischen → Gewerbe und freien Berufen stammt aus der Zeit des frühen Liberalismus. Der Begriff wird nicht ganz einheitlich verwandt. Er deckt sich im Grundsatz mit den „höheren Berufsarten", die § 6 Gewerbeordnung von ihrem Anwendungsbereich ausnimmt. Gemeint sind die Dienstleistungsberufe, die eine höhere Ausbildung erfordern und durch persönliche Mitarbeit des Betriebsinhabers geprägt sind (Rechtsanwälte, Wirtschaftsprüfer, Steuerberater, Ärzte, Architekten, Ingenieure, künstlerische und schriftstellerische Tätigkeiten). Da die meisten anderen Mitgliedstaaten der EG die Unterscheidung zwischen Gewerbe und freiem Beruf nicht kennen, kommt sie im Europäischen → Gemeinschaftsrecht nur ausnahmsweise zum Tragen. Die Geltung des Wettbewerbsrechts für f. B. ist nicht mehr umstritten. Auch f. B. können zum Gewerbe werden, wenn wesentliche Teile der Tätigkeit auf Leistungen qualifizierter Mitarbeiter beruhen (typisch z. B. für Ingenieurbüros). Über Zusammenschluß von Angehörigen f. B. → Partnerschaftsgesellschaft.

*Steuerlich* erzielen Angehörige der freien Berufe Einkünfte aus selbständiger Arbeit (§ 18 EStG). Sie sind nicht gewerbesteuerpflichtig, auch nicht als Mitunternehmer; → Mitunternehmerschaften. Die Abgrenzung zwischen Gewerbetreibenden und Angehörigen freier Berufe bereitet insbesondere im Hinblick auf neue Berufsfelder (Wirtschaftsberater, Unternehmensberater, EDV-Berufe) zunehmend Schwierigkeiten, die die Unterscheidung zwischen Angehörigen freier Berufe und Gewerbetreibenden fraglich erscheinen lassen (vgl. BFH BStBl. II 1994, 362, 650); s. a. die Abgrenzung zu → Arbeitnehmer; → wirtschaftliche Betrachtungsweise.

**Freie Beweiswürdigung** → Beweis, → Freibeweis.

**Freie Erfindung** → Arbeitnehmererfindung.

**Freie Körperschaftsbildung** → juristische Person.

**Freie Meinungsäußerung** → Meinungsfreiheit.

**Freie Rechtsfindung** → Rechtsanwendung, → Rechtsfortbildung, → Begriffsjurisprudenz.

**Freie Wohlfahrtspflege.** Aufgabe der neben den Trägern der → Sozialhilfe selbständig tätigen f. W., die durch private Träger wahrgenommen wird, ist die Sorge für notleidende oder gefährdete Mitmenschen. Die Träger der Sozialhilfe sind verpflichtet, bei Durchführung ihrer Aufgaben mit den Verbänden der freien Wohlfahrtspflege zur gegenseitigen Ergänzung der Hilfsmaßnahmen zusammenzuarbeiten und diese Verbände angemessen zu unterstützen (§§ 10, 93, 95 BSHG). Diese Zusammenarbeit obliegt auch den übrigen im → Sozialgesetzbuch genannten Sozialleistungsträgern (§ 17 I SGB I ). Spitzenverbände der f. W. sind: Arbeiterwohlfahrt, Deutscher Caritasverband, Diakonisches Werk (Innere Mission und Hilfswerk) der Evg. Kirchen in Deutschland, Deutscher Paritätischer Wohlfahrtsverband, Deutsches Rotes Kreuz und Zentralwohlfahrtsstelle der Juden in Deutschland, Deutscher Blindenverband, Bund der Kriegsblinden, Verband Deutscher Wohltätigkeitsstiftungen, Bundesarbeitsgemeinschaft „Hilfe für Behinderte" und Verband der Kriegs- und Wehrdienstopfer, Behinderten und Sozialrentner Deutschlands (§ 23 UStDV). Diese Verbände sind in der Bundesarbeitsgemeinschaft der freien Wohlfahrtspflege zusammengeschlossen.

**Freies Geleit** (sicheres Geleit) → Abwesenheitsverfahren.

**Freiexemplare** → Verlagsvertrag.

**Freifinanzierte Wohnungen** → Miete (1 b), → Mieterschutz.

**Freigabeanspruch** → Abtretung (1).

**Freigrenze** → Freibetrag.

**Freihafen** → Zollgebiet.

**Freihandelszone,** europäische → EFTA. S. a. → Zollunion.

**Freihändiger Verkauf.** Bei der Pfandverwertung ist anstatt öffentlicher → Versteigerung auch der f. V. der gepfändeten Sache durch den Gerichtsvollzieher möglich, wenn das Vollstreckungsgericht es anordnet (§ 825 ZPO). Dasselbe gilt für die Verwertung von Sachen, die einen Börsen- oder Marktpreis haben, auf Grund eines → Pfandrechts oder beim Selbsthilfeverkauf infolge → Gläubigerverzugs (§§ 1221, 385 BGB, § 373 HGB).

**Freiheit, persönliche.** Unter dem als → Grundrecht ausgestalteten allgemeinen Recht der Freiheit der Person garantiert Art. 2 GG jedermann das Recht auf freie Entfaltung seiner Persönlichkeit, soweit er nicht die Rechte anderer verletzt und nicht gegen die verfassungsmäßige Ordnung oder das Sittengesetz verstößt (Abs. 1), ferner das Recht auf Leben und körperliche Unversehrtheit sowie die körperliche Freiheit der Person, in die nur auf Grund eines Gesetzes eingegriffen werden darf (Abs. 2).

a) Mit dem Recht auf *freie Entfaltung der Persönlichkeit* hat das GG die menschliche Handlungsfreiheit (besser: Verhaltensfreiheit) in einem umfassenden Sinn garantiert, nicht nur einen Kernbereich. Entfaltung ist innerlich wie äußerlich gemeint, umfaßt den persönlichen wie den sozialen Bereich, Kultur- und Wirtschaftsleben, aktives Tun und Unterlassen, das Sich-dem-Gemeinschaftsleben-Öffnen wie auch das Sich-Zurückziehen. Dementsprechend weit ist der Anwendungsbereich der Vorschrift: er reicht vom Schutz der Intimsphäre, des familiären Bereiches, des allgemeinen → Persönlichkeitsrechts bis zur wirtschaftlichen Betätigungsfreiheit, zur Freiheit der Vertragsgestaltung und zur Freiheit der Ausreise aus dem Bundesgebiet. Schranken der Entfaltungsfreiheit sind die Rechte anderer, das Sittengesetz und die verfassungsmäßige Ordnung (gelegentlich „Schrankentrias" genannt). Rechte anderer sind private u. subj.-öff. Rechte dritter Personen (gleiche Freiheitsräume für alle). Sittengesetz ist die Summe der von der Rechtsgemeinschaft anerkannten sittlichen Gemeinsamkeiten. Umstr. ist der Begriff „verfassungsmäßige Ordnung". Nach der Rechtsprechung des BVerfG (BVerfGE 6, 37 f.) sind darunter alle Rechtsnormen zu verstehen, die formell und materiell mit der Verfassung übereinstimmen. Haupteinwand gegen diese Auslegung ist, daß damit das Grundrecht unter einen allgemeinen Gesetzesvorbehalt gerate und gewissermaßen „leerlaufe". Dem aber ist entgegenzuhalten, daß Gesetze nur dann verfassungsmäßig sind, wenn sie auch materiell mit den Grundwerten der freiheitlich-demokratischen Grundordnung als der verfassungsrechtlichen Wertordnung in Einklang stehen. Eine diesen Grundsätzen entsprechende Norm ist Bestandteil der verfassungsmäßigen Ordnung und verletzt die allgemeine Handlungsfreiheit nicht (BVerfGE 24, 235). Im sozial- und gesellschaftspolitischen Raum hat der Gesetzgeber einen weiten Raum zur freien Gestaltung. Wenn sich dort eine Zielsetzung nur unter Eingriff in die allgemeine Handlungsfreiheit erreichen läßt, so hat der Gesetzgeber das Spannungsverhältnis zwischen dem Schutz der Freiheit des

Einzelnen und den Anforderungen einer sozial-staatlichen Ordnung zu lösen (BVerfGE 29, 235). Der Einzelne muß sich diejenigen Schranken seiner Handlungsfreiheit gefallen lassen, die der Gesetzgeber zur Pflege des sozialen Zusammenlebens in den Grenzen des allgemein Zumutbaren zieht, sofern dabei die Eigenständigkeit der Person gewahrt bleibt (BVerfGE 19, 96).

b) Das Recht auf *Leben und körperliche Unversehrheit* entzieht dem Staat grundsätzlich die Verfügung über Leben und Körper des Menschen. Außer dem Eingriffsverbot (negatives Recht) verpflichtet es den Staat positiv zu einem Tun (z. B. zu Schutzmaßnahmen gegen ansteckende Krankheiten), wenn sonst das Leben vernichtet oder gefährdet würde. Die Grenze liegt im Selbstbestimmungsrecht des Menschen (z. B. keine lebenverlängernden Operationen gegen den Willen des Patienten). Andererseits läßt der → Gesetzesvorbehalt z. B. Impfzwang, Zwangsbehandlung von Geschlechtskrankheiten, zwangsweise Blutgruppenuntersuchung, Pflichtröntgenreihenuntersuchungen usw. zu. Auch die gesetzlich begründete Verpflichtung, Gesundheit und Leben im Interesse der Allgemeinheit zu opfern (Soldat, Polizeibeamter), schränkt das Grundrecht in zulässiger Weise ein.

c) Unter dem Recht auf (körperliche) *Freiheit der Person* ist die Freiheit vor Verhaftungen, Festnahmen u.ä. zu verstehen, nicht jedoch die Freiheit von jeglichem staatlichem Zwang. Der Gesetzesvorbehalt gestattet → Freiheitsentziehungen unter den gesetzlich festgelegten Vorausetzungen.

**Freiheit des Meeres.** Nach einem Satz des modernen → Völkergewohnheitsrechts und geschriebenem Völkerrecht (vgl. Übereinkommen vom 29. 4. 1958 über die Hohe See, BGes. vom 21. 9. 1972, BGBl. II 1089) unterliegt das freie Meer (mare librum) im Gegensatz zum → Küstengewässer nicht der → Okkupation und untersteht der Hoheit keines Staates. Daraus ergibt sich eine Reihe von Folgerungen: Piraterie und Kaperei sind verboten; alle Schiffe haben eine Flagge zu führen; ein allgemeines Anhalte- und Durchsuchungsrecht für fremde Kriegsschiffe besteht nicht; die Fischerei ist frei. Der Grundsatz der Meeresfreiheit erstreckt sich nicht auf den Meeres(unter)grund (vgl. → Festlandsockel); dieser ist okkupierbar, was etwa bei der Gewinnung von Bodenschätzen oder beim Bau von Tunneln unter dem Meeresgrund bedeutsam werden kann. Zahlreiche Fragen des Seevölkerrechts (z. B. Küstengewässer, Anschlußzone, Fischerei, Festlandsockel, Meerengen, Meeresverschmutzung, Archipel-Gewässer-Status) waren Gegenstand der UN-Seerechtskonferenzen (→ Seerecht).

**Freiheitsberaubung** (§ 239 StGB) begeht, wer einen Menschen durch Einsperren oder auf andere Art – wenn auch vorübergehend – vorsätzlich und widerrechtlich daran hindert, seinen Aufenthaltsort nach eigenem Willen zu verlassen. Einsperren ist das Betätigen äußerer Verschlußvorrichtungen. Auf andere Art kann die F. z.B. durch List, Drohung, Gewalt oder Betäubung begangen werden (Verhaftenlassen durch Täuschung eines Polizisten, Verhindern des Aussteigens durch schnelles Fahren, Wegnahme der Kleider eines Badenden). Die F. ist → Unterlassungsdelikt, wenn der Täter sie erst später bemerkt, aber nicht die Befreiung bewirkt. Die Rechtswidrigkeit fehlt bei → Einwilligung des Verletzten, kraft Gesetzes z. B. auf Grund des Erziehungsrechts, bei erlaubter → Festnahme wegen einer Straftat oder zur → Selbsthilfe. Ein Irrtum des Täters über Tatsachen, die eine F. rechtfertigen, entschuldigt ihn nach § 16 StGB (Polizist nimmt bei Verfolgung eines Flüchtigen den Falschen fest); Irrtum über die Berechtigung zum Freiheitsentzug ist → Verbotsirrtum. Fahrlässige F. ist straflos, kann aber Schadensersatzansprüche begründen (§§ 823, 847 BGB). Die F. ist i. d.R. mit Freiheitsstrafe bis zu 5 Jahren oder Geldstrafe zu ahnden, in erschwerten Fällen (Dauer der F. über eine Woche, Gesundheitsschädigung oder Tod des Opfers) mit höheren Freiheitsstrafen. Über weitere qualifizierte Fälle von F. → Menschenraub (dort auch über Geiselnahme).

**Freiheitsentziehung** ist die Unterbringung einer Person gegen ihren Willen oder im Zustand der Willenlosigkeit in einem Haftraum oder einer abgeschlossenen Verwahr-, Fürsorge- oder

Krankenanstalt. Nach Art. 104 GG kann die → Freiheit der Person nur auf Grund eines förmlichen → Gesetzes und nur unter Beachtung der darin vorgeschriebenen Formen beschränkt werden. Über die Zulässigkeit und Fortdauer einer F. hat nur der → Richter zu entscheiden. Daher ist bei jeder nicht auf richterlicher Anordnung beruhenden F. unverzüglich eine richterliche Entscheidung herbeizuführen. Die Polizei darf aus eigener Machtvollkommenheit niemanden länger als bis zum Ende des Tages nach dem Ergreifen in Gewahrsam halten.

a) Jeder wegen des Verdachtes einer *Straftat* vorläufig Festgenommene ist spätestens am Tage nach der Festnahme dem Richter vorzuführen, der ihm die Gründe der Festnahme mitzuteilen, ihn zu vernehmen und ihm Gelegenheit zu Einwendungen zu geben hat. Der Richter hat unverzüglich entweder einen mit Gründen vorgesehenen schriftlichen → Haftbefehl (oder → Unterbringungsbefehl) zu erlassen oder die Freilassung anzuordnen. Von jeder richterlichen Entscheidung über die Anordnung oder Fortdauer der F. ist unverzüglich ein Angehöriger des Festgehaltenen oder eine Person seines Vertrauens zu benachrichtigen. Diesen Grundsätzen entspricht das → Strafprozeßrecht mit seinen Vorschriften über die vorläufige → Festnahme, die Verhaftung (→ Untersuchungshaft) und die → einstweilige Unterbringung.

b) Das Ges. über das gerichtliche Verfahren bei Freiheitsentziehungen i.d.F. vom 12. 9. 1990 (BGBl. I 2002) regelt das Verfahren bei der F., die – außerhalb des Strafrechts – auf Grund *Bundesrechts* (z. B. des → Bundesseuchengesetzes) angeordnet wird; sie kann nur vom Amtsgericht auf Antrag der zuständigen Verwaltungsbehörde verfügt werden. Das Gericht hat den Betroffenen grundsätzlich mündlich zu hören; erscheint er auf Vorladung nicht, so kann Vorführung angeordnet werden. Die Unterbringung in einer abgeschlossenen Krankenanstalt oder -abteilung darf nur nach Anhörung eines ärztlichen Sachverständigen angeordnet werden. Das Gericht entscheidet über die F. durch Beschluß, der mit sofortiger Beschwerde angefochten werden kann. Die eine F. anordnende Entscheidung wird erst mit der → Rechtskraft wirksam; das Gericht kann jedoch sofortige Wirksamkeit anordnen. Die Fortdauer der F. ist vom Gericht von Amts wegen binnen bestimmter Frist (höchstens 1 Jahr) zu überprüfen. Die F. ist von Amts wegen aufzuheben, wenn der Grund für sie weggefallen ist. Das Gericht kann eine einstweilige F. anordnen, wenn ein Antrag auf F. gestellt ist und dringende Gründe für die Annahme vorhanden sind, daß die Voraussetzungen für die Unterbringung vorliegen, und wenn über die endgültige Unterbringung nicht rechtzeitig entschieden werden kann.

c) Für Freiheitsentziehungen nach *Landesrecht* (→ Anstaltsunterbringung 4) bestehen ebenfalls Verfahrensvorschriften, die sich an das Bundesrecht anlehnen oder hierauf verweisen. Unter besonderen Voraussetzungen kann die – richterlich angeordnete – F. auch zum Zweck der Verhinderung von Straftaten erfolgen (→ Unterbindungsgewahrsam).

d) Ein Rechtsmittel gegen eine richterliche Anordnung der F. wird nach Beendigung der F., durch die sich die Maßnahme erledigt hat, grundsätzlich nicht wegen prozessualer Erledigung unzulässig (BVerfG NJW 1997, 2163).

**Freiheitsstrafe** ist seit dem 1. StrRG 1969 nach dem StGB die einzige Strafe an der Freiheit; in ihr sind die früheren Strafarten Zuchthaus, Gefängnis, Einschließung, Haft vereinigt. Als weitere F. kennt das JGG: die Jugendstrafe (hingegen ist der Jugendarrest keine Strafe, sondern Zuchtmittel, → Jugendstrafrecht); das WStG: den Strafarrest. Im einzelnen → Strafen (1).

**Freikirchen** werden z. T. die → Religionsgesellschaften genannt, die neben den mit dem Recht einer → Körperschaft öffentlichen Rechts ausgestatteten Kirchen bestehen. Auch den F. gewähren Art. 4 und 140 GG, Art. 137 WeimVerf. das Recht freier Vereinigung und Religionsausübung sowie der Regelung ihrer eigenen Angelegenheiten. Sie erwerben Rechtsfähigkeit i. d. R. nach den Vorschriften des BGB (→ Verein), behalten jedoch die Stellung von Körperschaften öffentlichen Rechts, soweit ihnen diese vor Inkrafttreten des GG zustand. S. a. → Sekten.

**Freilager** → Zollgebiet.

**Freiliste** → Einfuhrliste, → Konterbande.

**Freirechtslehre** → Begriffsjurisprudenz.

**Freischärler** wird der Angehörige einer Freischar genannt, d. h. einer sich im Kriege ohne Ermächtigung durch die kriegführenden Staaten durch freiwilligen Zulauf bildenden militärischen Formation. Nach Art. 1 der → Haager Landkriegsordnung ist der F. den Angehörigen des Heeres gleichgestellt, wenn die Freischar einen verantwortlichen Führer hat, ein bestimmtes aus der Ferne erkennbares Abzeichen verwendet, die Waffen offen führt und die Gesetze und Gebräuche des Krieges beachtet. Hiervon geht auch Art. 4 des Genfer Abkommens über die Behandlung der Kriegsgefangenen vom 12. 8. 1949 (→ Genfer Konventionen) aus. Die Regelung der Haager Landkriegsordnung ist durch das 1. Zusatzprotokoll von 1949 überholt. Im wesentlichen verlangt das Völkerrecht nur noch das offene Tragen der Waffen als Voraussetzung für den Kombattantenstatus, der zur Gleichstellung mit den Angehörigen des Heeres führt. S. a. → Kriegsrecht (2), → Kombattant.

**Freischuß** (Freiversuch) nennt man die erstmals 1990 in Bayern für die Erste Juristische Staatsprüfung (→ Befähigung zum Richteramt) zum Zwecke der Studienzeitverkürzung eingeführte Möglichkeit, die Prüfung frühzeitig (spätestens nach dem 8. Fachsemester) mit der Folge abzulegen, daß sie bei einem Mißerfolg als nicht abgelegt gilt, dem Teilnehmer also die regulären Versuche bleiben. Nunmehr bundesweit für das jur. Studium geregelt in § 5d Abs. 5 S. 1 DRiG. Den F. gibt es inzwischen auch in anderen Studiengängen.

**Freisetzung** → Gentechnik.

**Freisetzungsrichtlinie (Gentechnik).** Die aufgrund von Art. 100a EGV erlassene F. der EG vom 23. 4. 1990 (ABl. L 117, 16) regelt die absichtliche Freisetzung von genetisch veränderten Organismen in die Umwelt. Die Richtlinie ist im wesentlichen im → Gentechnikgesetz in deutsches Recht umgesetzt, hat aber wegen des Grundsatzes der gemeinschaftsfreundlichen Auslegung für das deutsche Recht noch erhebliche Bedeutung; das gilt vor allem für die eingehenden Vorschriften im Anhang u. a. über den Inhalt von Anmeldungen sowie für die einleitenden Erwägungen; s. a. → Systemrichtlinie.

**Freispruch im Strafverfahren** → Hauptverhandlung, → Kostenpflicht, → Strafverfolgung (ungerechtfertigte).

**Freistaat** ist andere Bezeichnung für → Republik. F. ist nach seiner Verfassung von 1946 → Bayern, seit 1990 aufgrund Landtagsbeschlusses und seit 1992 nach Art. 1 der Verfassung → Sachsen, seit 1994 auch → Thüringen.

**Freistellung** Der Arbeitgeber kann im Zusammenhang mit der → Kündigung eines → Arbeitsverhältnisses den Arbeitnehmer bis zur Auflösung des Arbeitsverhältnisses nicht einseitig von der Arbeit freistellen (→ Beschäftigungspflicht); zur Vergütungspflicht → Gläubigerverzug. S. a. → Betriebsrat. Über F. von Bundesbeamten (halbjährl. 1 Tg.) s. § 1a der VO vom 24. 9. 1974 (BGBl. I 2356). Während der F. bezahlter Lohn ist, auch als Einmalbetrag bezahlt, steuerlich keine → Abfindung (BFH BStBl. II 1994, 653).

**Freistellungsauftrag** → Kapitalertragsteuer (Zinsabschlagsteuer).

**Freistellungsbescheid** ist ein dem Steuerbescheid gleichgestellter Bescheid, der einen Sachverhalt von der Steuer ganz oder teilweise freistellt (§ 155 I 3 AO; z.B. Steuerfreistellung eines gemeinnützigen Vereins). Die Ablehnung eines F. durch das Finanzamt ist kein vollziehbarer Verwaltungsakt (→ Vollziehung, sofortige II.).

**Freistellungsverordnungen der EG.** Gemäß Art. 85 EGV sind wettbewerbsbeschränkende Verträge, Beschlüsse und abgestimmte Verhaltensweisen zwischen Unternehmen verboten, wenn sie den Wirtschaftsverkehr zwischen den Mitgliedstaaten spürbar beeinträchtigen können. Von diesem allgemein und unmittelbar geltenden Verbot können sie durch Einzelentscheidung oder durch Verordnung („Gruppenfreistellung") der → Europäischen Kommission freigestellt werden. Die wichtigsten Gruppenfreistellungen betreffen Alleinvertriebsvereinbarungen, VO vom 22. 6. 1983 (ABl. L 173/1), Alleinbezugsvereinbarungen VO vom 22. 6. 1983 (ABl. L 173/5), Patentlizenzen, VO vom 23. 7. 1984 (ABl. L 219/15) Vertriebsbindungen und Kundendienstvereinbarungen bei Kraftfahrzeugen, VO vom 12. 12. 1984 (ABl. 1985 L 15/16), Spezialisierungen, VO vom 19. 12. 1984 (ABl. 1985 L 53/1), Forschung und Entwicklung, VO vom 19. 12. 1984 (ABl. 1985 L 53/5), Franchisevereinbarungen, VO vom 30. 11. 1988 (ABl. L 359/46), Luftverkehr, VO vom 26. 6. 1993 (ABl. L 155/18).

**Freistuhl** → Feme.

**Freiverband** → Zweckverband.

**Freiverkehr** wird der Handel mit → Wertpapieren genannt, die an der → Börse zum amtlichen Verkehr nicht zugelassen sind. Der sog. *geregelte* F. wird von einem „Ausschuß für amtlich nicht notierte Werte" überwacht; der *ungeregelte* F. spielt sich außerhalb amtlicher Überwachung von Bank zu Bank ab („Telefonverkehr"); s. a. → Börsengesetz.

**Freiversuch** → Freischuß.

**Freiwillige.** Für Soldaten, die auf Grund freiwilliger Verpflichtung Wehrdienst leisten, gelten die Vorschriften für Berufssoldaten und Soldaten auf Zeit nach dem → Soldatengesetz und den weiteren wehrrechtlichen Bestimmungen (s. → Wehrdienstverhältnis).

**Freiwillige Gerichtsbarkeit** ist ein Teil der → ordentlichen Gerichtsbarkeit; sie steht im Gegensatz zur streitigen Gerichtsbarkeit. Sie ist ein staatlich geregeltes Verfahren für bestimmte (meist privatrechtliche) Angelegenheiten, das teils von Amts wegen, teils auf Antrag eingeleitet wird. Die f. G. umfaßt → Rechtsprechung (z. B. Entscheidungen des Nachlaßgerichts über den Antrag auf Erteilung eines Erbscheins) und sonstige → Rechtspflege (z. B. notarielle Beurkundung eines Vertrages). Das grundlegende Verfahrensgesetz ist das Ges. über die Angelegenheiten der freiwilligen Gerichtsbarkeit – FGG – vom 17. 5. 1898 m. zahlr. spät. Änd. In der f. G. herrscht weitgehend → Amtsbetrieb; es gilt der → Untersuchungsgrundsatz (§ 12 FGG). Entscheidungen ergehen nicht durch → Urteil, sondern nur durch → Beschluß oder → Verfügung. Es gibt keine → Parteien, sondern → Beteiligte. Die Verhandlung ist nicht öffentlich. Eine mündliche Verhandlung ist i. d.R. nicht notwendig, soll aber z. T. (z. B. § 44 I WEG) stattfinden. Gegen die Beschlüsse und Verfügungen im ersten Rechtszug (u. U. auch → Vorbescheid) findet die einfache oder die sofortige → Beschwerde statt (§§ 19, 22 FGG), über die das → Landgericht entscheidet. Gegen die Beschwerdeentscheidung kann (aber nicht allein wegen der erstinstanzlichen Kosten) → weitere Beschwerde eingelegt werden, die als → Rechtsbeschwerde ausgestaltet ist (§ 27 FGG) und über die das → Oberlandesgericht, in Bayern das → Bayerische Oberste Landesgericht entscheidet, sofern es nicht wegen beabsichtigter Abweichung von einer anderen obergerichtlichen Entscheidung (→ Divergenz) die weitere Beschwerde dem → Bundesgerichtshof vorlegt (§ 28 FGG). Zur f. G. gehören insbes.: die Tätigkeit der Amtsgerichte als → Vormundschafts-, → Nachlaß-, → Registergericht (Handels-, Vereins-, Genossenschafts-, Güterrechts-, Schiffs- und Musterregister), → Grundbuchamt, die Beurkundungen (→ Form, 1 c), → Wohnungseigentum, → Landwirtschaftssachen, → Freiheitsentziehung, → Wiedergutmachung (Rückerstattungsverfahren). S. a. → Beugemittel. Besonderheiten gelten für → Familiensachen (→ Familiengericht) und insbes. für die gemeinsame Entscheidung der sog. Scheidungsfolgesachen im Zusammenhang mit der → Ehescheidung (hierüber → Ehesachen).

**Freiwillige Selbstkontrolle** → Selbstkontrolle.

**Freiwillige Versicherung** in der → Sozialversicherung ist möglich in der → Krankenversicherung für Personen, die aus der Versicherungspflicht ausgeschieden sind und in den letzten 5 Jahren zuvor mindestens 12 Monate oder unmittelbar vorher ununterbrochen 6 Monate versichert waren. Familienversicherte nach Erlöschen der → Familienversicherung; Kinder, die wegen zu hohen Einkommens des Vaters oder der Mutter nicht familienversichert sind; Personen nach erstmaliger Aufnahme einer Beschäftigung, die wegen Überschreitung der → Jahresarbeitsentgeltgrenze versicherungsfrei sind; Schwerbehinderte, wenn der Vater oder die Mutter oder der Ehegatte oder sie selbst in den letzten 5 Jahren vor dem Beitritt mindestens 3 Jahre versichert waren (auch ohne diese Voraussetzung, wenn ihnen deren Erfüllung wegen ihrer Behinderung nicht möglich war); Arbeitnehmer, deren Mitgliedschaft wegen Aufnahme einer Arbeit im Ausland endete, wenn sie innerhalb von 2 Monaten nach der Rückkehr wieder eine Beschäftigung aufnehmen; § 9 SGB V, § 6 KVLG 1989. Freiwillige Mitglieder in der gesetzlichen Krankenversicherung sind versicherungspflichtig (→ Versicherungspflicht) in der sozialen → Pflegeversicherung (§ 20 III SGB XI).

Erlischt die Mitgliedschaft eines Versicherungspflichtigen, weil sein Entgelt die → Jahresarbeitsentgeltgrenze übersteigt (§ 6 IV SGB V), muß die Krankenkasse den Versicherten darauf hinweisen, daß er aus der Versicherung austreten kann; er hat dann 14 Tage Zeit sich zu entscheiden. Läßt er die Frist verstreichen, setzt sich die Mitgliedschaft als freiwillige fort, § 190 SGB V.

In der → Unfallversicherung ist sie möglich für Unternehmer (nicht Haushaltsvorstände) und ihre im Unternehmen tätigen Ehegatten sowie für Personen, die in Kapital- oder Personenhandelsgesellschaften regelmäßig wie ein Unternehmer selbständig tätig sind (§ 6 SGB VII).

In der → Rentenversicherung ist sie möglich für nichtversicherungspflichtige Personen vom 17. Lebensjahr an; bei gewöhnlichem Auslandsaufenthalt nur für Deutsche. Beamte und andere versicherungsfreie oder von der Versicherung befreite Personen können sich i. d.R. nur dann freiwillig versichern, wenn sie die allgemeine → Wartezeit erfüllt haben, § 7 SGB VI.

In der sozialen → Pflegeversicherung besteht die Möglichkeit einer freiwilligen Weiterversicherung u. U. für Personen, die in den letzten fünf Jahren vor ihrem Ausscheiden aus der → Versicherungspflicht mindestens 24 Monate oder unmittelbar vor dem Ausscheiden mindestens 12 Monate versichert waren. Gleiches gilt für Personen, deren → Familienversicherung erlischt; der Antrag ist in diesem Fall innerhalb von drei Monaten nach Beendigung der Mitgliedschaft zu stellen. Personen, die wegen der Verlegung ihres Wohnsitzes oder gewöhnlichen Aufenthalts ins Ausland aus der Versicherungspflicht ausscheiden, können sich auf Antrag ebenfalls weiterversichern; der Antrag ist bis spätestens einen Monat nach Ausscheiden aus der Versicherungspflicht bei der → Pflegekasse zu stellen, bei der die Versicherungspflicht zuletzt bestanden hat (§ 26 SGB XI).

**Freizeichen** war die – heute überholte (→ Marken) – Bezeichnung für Warenzeichen, die sich im freien Gebrauch mehrerer selbständiger Gewerbetreibender befanden (z. B. weißes Kreuz auf grünem Grund für Drogerien).

**Freizeichnungsklausel** → Verschulden (II 1 c), → Allgemeine Geschäftsbedingungen, → Vertrag (1), → Selbstbelieferungsvorbehalt.

**Freizeitarrest** ist eine der drei Formen des → Jugendarrestes, der nach §§ 13, 16 JGG als → Zuchtmittel verhängt werden kann.

**Freizone** → Zollgebiet.

**Freizügigkeit.** 1. Nach Art. 11 GG genießen alle Deutschen F. im ganzen → Bundesgebiet. Es ist ihnen damit als → Grundrecht garantiert, daß sie ohne Behinderung durch die Staatsgewalt an jedem Ort innerhalb des Bundesgebietes Aufenthalt und Wohnsitz nehmen können. Art. 11 GG garantiert zugleich allen Deutschen das Recht, in das Bundesgebiet einzureisen und einzuwandern. Allerdings kann das Grundrecht der F. durch Gesetz für die Fälle eingeschränkt werden, in denen eine ausreichende Lebensgrundlage nicht vorhanden ist, so daß der Allgemeinheit besondere Lasten entstehen würden, ferner wenn die Einschränkung zum Schutze der Jugend vor Verwahrlosung, zur Seuchenbekämpfung oder zur Verhinderung strafbarer Handlungen erforderlich ist; ferner zur Abwehr drohender Gefahren für die freiheitliche demokratische Grundordnung oder zur Bekämpfung von Naturkatastrophen u. dgl. Demnach sind z. B. die Vorschriften des Familienrechts und des Jugendwohlfahrtsgesetzes über die Bestimmung des Aufenthalts der Minderjährigen, des Gesetzes zum Schutze der Jugendlichen in der Öffentlichkeit, des Bundesseuchengesetzes sowie des Polizei- und Sicherheitsrechtes verfassungsgemäß, auch wenn sie die Freizügigkeit beschränken. Das Grundrecht der F. innerhalb des Bundesgebietes garantiert nicht das Recht auf → Ausreise; letzteres läßt sich nur aus der allgemeinen persönlichen → Freiheit (Art. 2 I GG) ableiten. Die F. gilt nicht für Ausländer. Ihre Einreise und ihr Aufenthalt kann gesetzlich beschränkt werden (→ Ausländer); doch ist gem. Art. 48 EGV die F. der Arbeitnehmer innerhalb der EG herzustellen (→ Aufenthaltserlaubnis). Nach Art. 12 I des Internat. Paktes über bürgerl. und polit. Rechte vom 19. 12. 1966 (BGBl. 1973 II 1434) hat jedermann, der sich rechtmäßig im Hoheitsgebiet eines Staates aufhält, das Recht, sich dort frei zu bewegen und seinen Wohnsitz frei zu wählen. Nach Art. 12 II dieses Paktes steht es jedermann frei, jedes Land einschließlich seines eigenen zu verlassen (Einschränkungsmöglichkeiten nach Art. 12 III z. B. zum Schutze der nationalen Sicherheit oder der öffentl. Ordnung).

2. F. im europäischen Gemeinschaftsrecht → Arbeitnehmerfreizügigkeit, → Niederlassungsfreiheit, → Dienstleistungsverkehr.

**Fremdarbeiter** → Gastarbeiter, → Arbeitnehmerfreizügigkeit.

**Fremdbesitz** → Besitz.

**Fremdbesitzerexzeß** → Eigentumsherausgabeanspruch.

**Fremdenführer.** Die gewerbliche Betätigung der F. (auch Bergführer), die ihre Dienste auf öffentlicher Straße anbieten, ist als → Reisegewerbe genehmigungspflichtig.

**Fremdenrecht** ist der inzwischen überholte Begriff für diejenigen Rechtsvorschriften, die sich mit der Rechtsstellung der → Ausländer befassen.

**Fremdenverkehr.** Für das Recht des F. sind *privatrechtlich* vor allem das → Reisevertragsrecht, die → Gastwirtshaftung und die Bedingungen des Beherbergungsvertrages von Bedeutung. *Öffentlich-rechtlich* sind die Fremdenverkehrsabgaben (Kurtaxe, → Gemeindeabgaben), das Recht der → Gaststätten (mit Erleichterungen für kleine Privatvermieter), die besonderen Bedingungen für → Ferienwohnungen sowie das Recht der → Personenbeförderung zu beachten. S. a. → Fremdenführer, → Reisebüro. Zur *Förderung* des F. durch → Subventionen im Rahmen von Regionalprogrammen usw. s. a. → Zonenrandförderung.

**Fremdgeschäftsführung** → Geschäftsführung ohne Auftrag.

**Fremdrenten** sind Renten der gesetzlichen → Rentenversicherung, die auf Grund des Fremdrentengesetzes vom 25. 2. 1960 (BGBl. I 93) m. spät. Änd. an Vertriebene, heimatlose Ausländer und sonstige im § 1 FRG genannte Personen gewährt werden. Hierbei werden bestimmte bei einem Versicherungsträger außerhalb der BRep. zurückgelegte Versicherungszeiten sowie bestimmte Beschäftigungszeiten angerechnet. In den neuen Ländern gilt das F.gesetz nicht (Kap. VIII Sachg. H Abschn. I Nr. 17 EinigV).

**Fremdstoffe in Lebensmitteln** s. jetzt → Zusatzstoffe.

**Fremdversicherung** → Schadensversicherung, → Lebensversicherung.

**Fremdvergleich.** Bei Rechtsverhältnissen, die nicht von gegensätzlichen wirtschaftlichen Interessen geprägt sind (wie im Geschäftsverkehr üblich), sondern bei denen nicht auszuschließen ist, daß sie wegen gleichliegender wirtschaftlicher Interessen aus anderen als Geschäftsgründen abgeschlossen worden sind, ist zwecks steuerlicher Anerkennung ein F. erforderlich. Das bedeutet, daß die Besteuerung so durchgeführt wird, wie das Rechtsverhältnis unter fremden Dritten abgeschlossen und durchgeführt worden wäre. Betroffen hiervon sind insbesondere die Rechtsverhältnisse zwischen Kapitalgesellschaft und (beherrschendem) Gesellschafter (§ 8 III KStG; → Verdeckte Gewinnausschüttung), die Rechtsbeziehungen zwischen verbundenen Unternehmen, insbes. auf internationaler Ebene (Art. 9 OECD-Musterabkommen; § 1 Außensteuergesetz; BMF BStBl. I 1995 SonderNr.1; BMF BStBl. I 1983, 218; → Außensteuergesetz; → Arm's length-Klausel; → Verrechnungspreise) sowie die Rechtsverhältnisse unter Familienangehörigen (R 138 a EStR; Abschnitt 69 LStR; → Mitarbeit des Ehegatten; → wirtschaftliche Betrachtungsweise).

**Fremdverwaltung (mittelbare Staatsverwaltung)** → Ausführung von Gesetzen.

**Fremdwährungsschuld** → Geldschuld.

**Frequenzordnung.** Die Wahrung einer effizienten und störungsfreien Nutzung von Frequenzen auch unter Berücksichtigung der Belange des Rundfunks gehört gemäß § 2 Nr. 5 TKG zu den Zielen des Telekommunikationsgesetzes (→ Telekommunikationsgesetz). Die Einzelheiten zur F. regeln §§ 44 bis 49 TKG. Demgemäß werden ein Frequenzzuweisungs- und ein Frequenznutzungsplan aufgestellt, Frequenzen zugeteilt und Frequenznutzungen überwacht. § 48 TKG sieht die erforderlichen Gebührenregelungen vor. Zuständig für die F. ist die → Regulierungsbehörde.

**Friedenspflicht.** Die Parteien eines → Tarifvertrags sind verpflichtet, während der Vertragsdauer alle Maßnahmen des → Arbeitskampfes gegeneinander zu unterlassen und vor Ausbruch eines Arbeitskampfes miteinander zu verhandeln und über die Vermeidung des Arbeitskampfes zu beraten. Ferner haben sie auf ihre Mitglieder, welche die F. nicht unmittelbar trifft, einzuwirken, alle Arbeitskampfmaßnahmen zu unterlassen. Durch ausdrückliche Vereinbarung kann die F. auf die Zeit nach Ablauf des Tarifvertrags ausgedehnt werden (sog. erweiterte F.). Die F. gehört zum schuldrechtlichen Teil des Tarifvertrags, dessen notwendiger Bestandteil sie ist. Bei schuldhafter Verletzung Schadensersatzpflicht (→ Streik). S. a. → Betriebsrat.

**Friedensrecht** nennt man den Teil des → Völkerrechts, der nicht Kriegs-Völkerrecht ist, z. B. das Recht der → diplomatischen Beziehungen und im kulturellen und wirtschaftlichen Bereich. Das → Kriegsrecht ist der Teil des Völkerrechts, der sich auf bewaffnete internationale Konflikte bezieht, z. B. → Genfer Konventionen, → Haager Landkriegsordnung.

**Friedensrichter** sind im angelsächsischen Rechtskreis Richter ohne vorgeschriebene juristische Ausbildung, denen die Ausübung der Gerichtsbarkeit in Zivil- und Strafsachen geringerer Bedeutung obliegt. S. a. → Ortsgericht.

**Friedensstörung** (Störung des öffentlichen Friedens) ist Tatbestandsmerkmal einzelner Straftaten, z. B. → Landzwang, → Volksverhetzung; s. a. → Religionsvergehen.

**Friedenstruppen** → Vereinte Nationen, → Blauhelmeinsätze.

**Friedensverrat** ist nach § 80 StGB die Vorbereitung eines → Angriffskrieges, an dem die BRep. beteiligt sein soll; er wird, wenn dadurch eine *konkrete Kriegsgefahr* für die BRep. herbeigeführt wird, mit lebenslanger Freiheitsstrafe oder Freiheitsstrafe nicht unter 10 Jahren bestraft. Das *Aufstacheln* zum Angriffskrieg ist mit Freiheitsstrafe von 3 Mon. bis zu 5 Jahren bedroht, wenn es innerhalb der BRep. und öffentlich, durch Verbreiten von → Schriften und anderen Darstellungen geschieht (§ 80 a StGB).

**Friedensvertrag** ist ein → völkerrechtlicher Vertrag, durch den der Kriegszustand zwischen zwei oder mehreren Staaten beendet wird. Im Gegensatz dazu beendet der dem F. meist vorausgehende *Waffenstillstand* nur die Kampfhandlungen. S. a. → Versailler Vertrag, → Präliminarfriede. Der 2. Weltkrieg wurde zunächst nicht durch einen Friedensvertrag beendet. An seine Stelle trat letztlich der → Zwei-plus-Vier-Vertrag.

**Friedhöfe** → Leichen- und Bestattungswesen.

**Friedlosigkeit** → Acht.

**Frist.** Rechtswirkungen hängen oftmals von einer Zeitbestimmung ab, wobei diese auf Gesetz, richterlicher Anordnung oder Parteivereinbarung beruhen kann. Man unterscheidet Fristen und Termine. F. ist ein abgegrenzter bestimmter oder bestimmbarer (nicht notwendig zusammenhängender) Zeitraum (z. B. Kündigungsfrist 1 Monat); *Termin* ist ein bestimmter Zeitpunkt (Fälligkeit der Leistung am 1. März). Die Fristen gliedern sich wieder in Verjährungs- und Ausschlußfristen. Während bei der *Verjährungsfrist* dem Schuldner nach Fristablauf eine von ihm zu beweisende → Einrede – Leistungsverweigerungsrecht – zusteht (→ Verjährung), verlangt die *Ausschlußfrist* (Verfallfrist), daß ein → subjektives Recht, insbes. ein Gestaltungsrecht (z. B. → Anfechtung von Willenserklärungen, → Ausschlagung der Erbschaft, Vorbringen von Tatsachen im Besteuerungsverfahren, § 364 b AO, § 79 b FGO) oder ein Anspruch zur Vermeidung des Ausschlusses *(Präklusion)* innerhalb dieser Frist geltend gemacht wird; das rechtzeitige Handeln ist bei der Ausschlußfrist vom Anspruchsberechtigten zu beweisen. Eine Verjährungsf. liegt nur vor, wo das Gesetz dies ausdrücklich sagt; sonst ist – insbes. bei den prozessualen Fristen – eine Ausschlußfrist anzunehmen. Im Interesse der Rechtseinheit gelten die Vorschriften des BGB über Fristbestimmung und Fristberechnung auch für alle sonstigen Gebiete des Privatrechts (insbes. für das Handels- und Wechselrecht) sowie für das öffentliche Recht, insbes. für das Prozeßrecht (§§ 222 ZPO, 17 FGG; vgl. auch §§ 42 ff. FGGO), wobei gesetzliche und richterliche Fristen gleich behandelt werden; s. auch → Notfrist. Für die *Berechnung der F.* sind in §§ 187 ff. BGB Regeln aufgestellt, die z. T. → Fiktionen enthalten (sog. *Zivilkomputation* im Gegensatz zur *Naturalkomputation,* bei der die genaue Zeitrechnung maßgebend ist, z. B. bei einer nach Stunden berechneten F.).

Danach gilt folgendes: Das Gesetz geht, soweit nicht eine Frist von nur wenigen Stunden in Frage steht, von der Berechnung nach vollen Tagen aus. Für den *Beginn* wird grundsätzlich der Tag, an dem das maßgebende Ereignis eintritt (Zustellung, Kündigung usw.) nicht mitgerechnet, ausgenommen, wenn der Beginn eines Tages ausdrücklich maßgebend sein soll bzw. bei Berechnung des Lebensalters (am 18. Geburtstag ist man bereits volljährig, § 187 BGB). Eine nach Tagen bestimmte F. *endet* mit Ablauf des letzten Tages der F. (24 Uhr). Eine nach Wochen, Monaten oder Jahren bestimmte F. endet i. d.R. mit Ablauf des Tages, der durch seine Bezeichnung oder Zahl dem Tage entspricht, an dem das auslösende Ereignis eingetreten ist, bei den oben genannten Ausnahmen für den F.beginn jedoch einen Tag früher (§ 188 BGB, *Beispiele:* Zustellung eines Strafbefehls am Mittwoch, 13. 1., Zustellungstag wird nicht mitgerechnet, Einspruchsfrist 2 Wochen, F.ablauf Mittwoch 27. 1., 24 Uhr. Miete eines Zimmers ab 1. 7.: 1. 7. wird bereits mitgerechnet, Fristablauf bei Kündigung: Monatsende. Fristbeginn 31. 1., Frist 1 Monat, Fristablauf 28. 2. – im Schaltjahr 29. 2. – 24 Uhr). Weitere Auslegungsregeln enthalten §§ 189–192 BGB (Halbes Jahr = 6 Monate, 1/4 Jahr = 3 Monate, 1/2 Monat = 15 Tage, Mitte des Monats = der 15. usw.). Bei einem → Handelsgeschäft sind darüber hinaus unter einer Frist von 8 Tagen regelmäßig volle 8 Tage zu verstehen (§ 359 HGB); die Bezeichnungen „Frühjahr, Sommer“ usw. sind nach den ortsüblichen Anschauungen zu entscheiden. Fällt der letzte Tag der F. auf einen Samstag (Sonnabend), Sonntag oder gesetzlichen Feiertag, so läuft die F. für die Abgabe der → Willenserklärung, der → Prozeßhandlung usw. erst am nächstfolgenden Werktag ab (§ 193 BGB).

Fristen zur Einreichung von Steuererklärungen und behördlich gesetzte Fristen können verlängert werden. Die Verlängerung kann von einer Sicherheitsleistung abhängig gemacht werden (§ 109 AO). Gesetzliche Fristen, wie z. B. die Rechtsbehelfsfrist (§ 355 AO), die Wiedereinsetzungsfrist (§ 110 Abs. 2 AO, § 56 FGO) können nicht verlängert werden.

Zur Fristversäumung vgl. → Wiedereinsetzung in den vorigen Stand.

**Fristlose Kündigung** → Kündigung, → Kündigungsschutz für Arbeitnehmer.

**Fristsetzung** → gegenseitiger Vertrag (II 2).

**Fristversäumung** → Wiedereinsetzung in den vorigen Stand.

**Fruchtbehandlung** → Zusatzstoffe.

**Früchte** einer → Sache sind die Erzeugnisse der Sache (Milch, Wolle, Kalb, Obst) und die sonstige bestimmungsgemäße Ausbeute (Sand, Steine aus Steinbruch usw.), sog. *Sachfrüchte* (§ 99 I BGB). Eine Frucht liegt auch bei übermäßiger Ausnutzung (*Raubbau,* z. B. Kahlschlag) vor, nicht dagegen bei Verwertung der Muttersache selbst (Schlachten der Kuh). Mittelbare Sachf. sind die Erträge, welche die Sache infolge eines Rechtsverhältnisses gewährt (z. B. die Einnahmen aus einer Vermietung der Sache, Mietzins). Außer den Sachf. fallen unter den Fruchtbegriff auch die sog. *Rechtsfrüchte,* d.h. die Erträge, die ein Recht seiner Bestimmung gemäß (unmittelbare Rechtsf.) oder infolge eines weiteren Rechtsverhältnisses (mittelbare Rechtsf.) gewährt. Ersteres ist z. B. der Fall bei den vom Pächter auf Grund seines Pachtrechts gezogenen, letzteres bei den bei Unterverpachtung anfallenden Erträgen (§ 99 II BGB). *Nutzungen* sind alle (Sach- und Rechts-) Früchte sowie darüber hinaus alle Vorteile, die der Gebrauch der Sache oder des Rechts gewährt (*Gebrauchsvorteile,* § 100 BGB). Nutzungen sind z. B. auch das Bewohnen eines Hauses, das Fahren eines Kraftfahrzeugs, das Stimmrecht als Mitglied eines Vereins usw.

Der Begriff der F. und der Nutzungen ist für das gesamte bürgerliche Recht von Bedeutung, insbes. bei Gebrauchsüberlassungsverträgen (→ Pacht, → Nießbrauch). Über ihre Herausgabe bzw. die Ersatzpflicht vgl. z. B. → Eigentumsherausgabeanspruch und (im Erbrecht) → Erbschaftsanspruch; über den Eigentumserwerb an natürlichen (Sach-)Früchten → *Fruchterwerb.* Bei Rechtsf. richtet sich die Zuordnung nach der jeweiligen Rechtsstellung (Fruchtziehungsberechtigung). Scharf zu unterscheiden ist hiervon die weitere Frage, ob der Erwerber die Früchte usw. behalten darf oder an einen anderen herausgeben muß. Hier entscheidet zunächst die Bestimmung der Beteiligten; hilfsweise stellt § 101 BGB für die Frage, wem die Früchte endgültig gebühren, bei unmittelbaren Sachf. auf die Berechtigung im Augenblick der Trennung von der Hauptsache, bei anderen F. (z. B. Zinsen) auf die jeweilige Fälligkeit während der Dauer der Berechtigung ab (bei wiederkehrenden Erträgen entsprechende Aufteilung). Wer danach zur Herausgabe von F. verpflichtet ist, kann Ersatz der bei ordnungsgemäßer Wirtschaft entstandenen Fruchtgewinnungskosten verlangen (§ 102 BGB). Wer verpflichtet ist, die *Lasten* einer Sache oder eines Rechts (auch → öffentliche Lasten) zu tragen, hat – soweit nichts anderes vereinbart oder gesetzlich bestimmt ist – entsprechend der Regelung bei der Fruchtziehung nur die Lasten zu tragen, die während der Dauer seiner Verpflichtung zu entrichten sind (bei wiederkehrenden Lasten entspr. Aufteilung; z. B. Grundsteuer nur für die Zeit des Eigentums am Grundstück, § 103 BGB).

**Fruchterwerb.** → Früchte einer Sache und sonstige wesentliche → Bestandteile stehen bis zur Trennung im → Eigentum des Eigentümers der Sache. Auch nach der Trennung, z. B. bei der Aberntung, gehören sie grundsätzlich diesem (§ 953 BGB; Ausnahme: → Überfall), sofern nicht ein Eigentumserwerb durch andere Berechtigte eintritt. So erwirbt der Inhaber eines dinglichen Fruchtziehungsrechts (→ Nießbrauch, → Pfandrecht) sowie der gutgläubige → Eigenbesitzer das Eigentum an den Früchten und sonstigen Bestandteilen einer Sache mit der Trennung (§§ 954, 955 BGB). Ihnen gehen die Personen vor, denen die Aneignung vom Eigentümer oder dem dinglich Berechtigten schuldrechtlich gestattet ist (z. B. Verpachtung, Überlassen eines Hauses zum Abbruch). Ist einem hiernach persönlich Aneignungsberechtigten der Besitz an der fruchttragenden Sache bereits überlassen (z. B. Pächter), so erwirbt dieser das Eigentum an den Früchten mit deren Trennung von der Sache, sonst – z. B. bei Gestattung des Abholzens – erst mit der Ergreifung des → Besitzes an ihnen (§ 956 BGB). Das gleiche gilt, wenn der die Aneignung Gestattende zwar hierzu nicht berechtigt, aber im Besitz der Sache und der Erwerber gutgläubig ist (§ 957 BGB).

**Fruchtsäfte, Fruchtsaftgetränke.** Die VO i. d.F. vom 17. 2. 1982 (BGBl. I 198) regelt die Voraussetzungen, unter denen Fruchtgetränke unter der Bezeichnung *Fruchtnektar* und *Fruchtsirup* vertrieben werden dürfen. Die FruchtsaftVO vom 17. 2. 1982 (BGBl. I 193) bestimmt, was als *Fruchtsaft* gehandelt werden darf. Während Fruchtsäfte im wesentlichen naturrein sein müssen und nur begrenzt gezuckert werden dürfen (besondere Regelung für Konzentrate), ist bei Fruchtnektar und Fruchtsirup höherer Zucker- und Wasserzusatz zulässig; s. a. → Lebensmittel.

**Früher erster Termin** → mündliche Verhandlung.

**Früherkennung** von Krankheiten → Vorsorgeuntersuchungen, → Sozialhilfe.

**Führen eines nicht zugelassenen Kraftfahrzeugs** → Zulassung von Kraftfahrzeugen.

**Führerschein** → Fahrerlaubnis.

**Führungsaufsicht** → Maßregeln der Besserung und Sicherung (4).

**Führungszeugnis.** Nach §§ 30 ff. BZRG ist das F. eine Form der Auskunftserteilung aus dem → Strafregister. Es kann vom Betroffenen (ab 14. Lebensjahr) oder seinem gesetzlichen Vertreter bei der polizeilichen Meldebehörde beantragt werden und ergibt, ob und ggf. welche Strafvermerke im Bundeszentralregister eingetragen sind. Das F. ist schon wegen seiner inhaltlichen Beschränkung kein Leumundszeugnis. Es enthält aber auch nicht alle im Strafregister vermerkten Verurteilungen. *Nicht aufgenommen* werden insbes. Freiheitsstrafen bis zu 3 Mon. und Geldstrafen bis zu 90 Tagessätzen – i. d. R. nur, wenn keine weitere Verurteilung vermerkt ist –, Jugendstrafen bis 2 Jahre bei Strafaussetzung, Maßregeln der Besserung und Sicherung ohne Strafausspruch usw.; anders ist es, wenn die Sanktionen wegen bestimmter → Sexualstraftaten verhängt werden. Stets aufzunehmen sind lebenslange Freiheitsstrafen, in F. für Behörden auch isoliert angeordnete freiheitsentziehende Maßregeln. Dagegen erscheinen die Strafen schon nach Ablauf kürzerer Fristen, als für die → Straftilgung vorgesehen, nicht mehr im F., um die Resozialisierung des Verurteilten zu erleichtern (nach 3 bzw. 5 Jahren), bei Verurteilungen zu Freiheitsstrafe oder Jugendstrafe von mehr als 1 Jahr wegen bestimmter → Sexualstraftaten aber erst nach 10 Jahren. Auch vorher schon kann der Generalbundesanwalt auf Antrag oder von Amts wegen die Nichtaufnahme von Vermerken anordnen; Rechtsbehelfe bei Ablehnung wie bei der Straftilgung. Auch für das F. gilt die Regel der *Unteilbarkeit* wie bei der → Straftilgung: solange eine Verurteilung noch aufzunehmen ist, gilt das für alle Vermerke. Ist eine Verurteilung in das F. nicht aufzunehmen, so kann sich der Verurteilte als unbestraft bezeichnen und braucht den Tatsachverhalt nicht zu offenbaren.

**Fuhrwerke.** Für die Führer der von Tieren gezogenen Fahrzeuge gelten im Straßenverkehrsrecht die allgemeinen Vorschriften der StVO für → Verkehrsteilnehmer sowie für Fahrzeuge. Ferner sind nach § 63 StVZO die für Kraftfahrzeuge geltenden Vorschriften über → Belastung, → Bereifung, zulässige Höhe und Breite anzuwenden; über Bespannung vgl. § 64 II StVZO. Für bespannte Schlitten ist ein Glocke vorgeschrieben (§ 64 a StVZO). Auf Gespannfahrzeugen (außer Kutschen, Personenschlitten und land- oder forstwirtschaftlichen Arbeitsgeräten) müssen links Vor- und Zuname und Wohnort des Besitzers deutlich angegeben sein (§ 64 b StVZO). S. a. → Bremsen, → Verlassen des Fz., → Beleuchtung (16); über Ahndung von Zuwiderhandlungen §§ 24 StVG, 49 StVO, 69 a StVZO.

**Fund.** Finder ist, wer eine verlorene d. h. *besitzlose* (nicht → herrenlose!) Sache *entdeckt und an sich nimmt* (§ 965 BGB); das bloße Auffinden genügt also nicht. Der F. ist ein → Realakt, der Finder bedarf daher keiner Geschäftsfähigkeit; der → Besitzdiener (z. B. ein Angestellter) findet i. d. R. für den Besitzer. Der Finder hat dem Eigentümer oder einem ihm bekannten Empfangsberechtigten, sonst der zuständigen Behörde (ausgenommen bei einem Kleinfund bis zu 10 DM Wert) unverzüglich *Anzeige* zu erstatten; sonst macht er sich der → Unterschlagung schuldig. Der Finder ist zur → Verwahrung der Sache (bei Verderb zur öffentlichen Versteigerung) und auf Verlangen der zuständigen Behörde zur Ablieferung an sie verpflichtet (§§ 966, 967 BGB). Der ehrliche Finder, der nur für Vorsatz und grobe Fahrlässigkeit (→ Verschulden) haftet (§ 968 BGB), hat Anspruch auf Ersatz seiner Aufwendungen und auf einen *Finderlohn* (5% bis zu 1000 DM Wert der Sache, darüber hinaus 3%, bei Tieren nur 3%). Mit dem Ablauf von 6 Monaten seit der Anzeige des Fundes bei der zuständigen Behörde erwirbt der Finder das Eigentum an der Sache (bzw. am Erlös), sofern sich vorher kein Empfangsberechtigter gemeldet hat; die sonstigen Rechte an der Sache erlöschen (§ 973 BGB). Der Finder haftet aber noch 3 Jahre nach dem Eigentumsübergang aus → ungerechtfertigter Bereicherung (§ 977 BGB). Besonderheiten gelten für den F. in den Geschäftsräumen oder den Beförderungsmitteln einer öffentlichen Behörde oder einer dem öffentlichen Verkehr dienenden Anstalt (z. B. Bahnhof). Hier hat der Finder die Pflicht zur unverzüglichen Ablieferung der Sache; ein Recht auf Eigentumserwerb steht ihm nicht zu; der Finderlohn ist begrenzt auf die Hälfte der oben genannten Beträge und auf Gegenstände ab 100 DM Wert (§§ 978 ff. BGB). Eine Sonderregelung enthält § 984 BGB für den F. eines → Schatzes.

**Fundstellennachweis** → Bundesgesetzblatt.

**Fünf-Mächte-Pakt** → Brüsseler Vertrag.

**Fünf-Prozent-Klausel** (Sperrklausel) wird die Bestimmung der Wahlgesetze genannt, wonach bei der Zuteilung von Sitzen im → Parlament nur Parteien berücksichtigt werden, die mindestens 5% der im Wahlgebiet abgegebenen gültigen Stimmen erhalten haben. Die Klausel soll die bei dem System der → Verhältniswahl auftretende Gefahr der Parlamentszersplitterung bannen, indem sie Parteien mit geringerem Stimmenanteil fernhält (so u. a. in § 6 Bundeswahlgesetz für die Wahl zum → Bundestag, 2). Die Festlegung der Grenze bei 5% ist weithin üblich und auch für die Landesparlamente die Regel. Verfassungsrechtliche Bedenken gegen die F. bestehen jedenfalls hinsichtlich der Wahlen zum Bundestag und zu den Landtagen nicht. Für die Vertreter nationaler Minderheiten können die Wahlgesetze Ausnahmen von der F. vorsehen (z. B. für die dänische Minderheit in Schleswig-Holstein), ohne daß hierin ein Verstoß gegen den Gleichheitsgrundsatz (Art. 3 GG) liegt. Im kommunalen Bereich ist die F. nicht üblich. Nach dem Bundeswahlgesetz kommt es auf die F. nicht an, wenn die betreffende Partei in mindestens drei Wahlkreisen einen Sitz für einen Direktkandidaten errungen hat (→ Grundmandatsklausel).

**Funkanlagen** → Fernmeldeanlagen, → Amateuerfunk, → Postwesen und Telekommunikation.

**Funkstörungen** durch Hochfrequenzgeräte und Funkanlagen soll das Ges. vom 4. 8. 1978 (BGBl. I 1180) m. spät. Änd. verhindern, das nach Richtlinien des → Rats der EG ergangen ist. Das Ges. betrifft elektrische Haushalts-, Werkzeug- u.ä. Geräte (Typenprüfung mit Kontrolle der vorgeschriebenen Meßwerte); Ausdehnung auf weitere (industrielle, medizinische, wissenschaftliche) Geräte durch RechtsVO, soweit zur Erfüllung bindender Verpflichtungen im Verhältnis zu den → Europäischen Gemeinschaften erforderlich, ist vorbehalten. S. hierzu jetzt ferner FunkentstörVO vom 16. 2. 1989 (BGBl. I 244). Zur Strafbarkeit der Störung von Funkanlagen vgl. § 19 FernmG, verbotene Werbung für Sendeanlagen und Störung der Überwachung von Fernmeldeanlagen sind → Ordnungswidrigkeiten nach §§ 5 c, 6, 19 a FernmG.

**Funktionelle Zuständigkeit** → gerichtliche Zuständigkeit (3).

**Funktionsnachfolge.** Der Grundsatz der F. wurde von Wissenschaft und Rechtsprechung entwickelt, um eine Haftung des Bundes oder der Länder für Schadensersatz- und Enteignungsentschädigungsschulden des → Deutschen Reiches zu begründen. Das GG hat eine Regelung der Schulden des Reiches nicht vorgenommen; nach Art. 134 ist nur das (Aktiv-)Vermögen des Reiches Bundesvermögen geworden. Für Verbindlichkeiten aus einer normalen rechtsstaatlichen Funktion des Reiches (z. B. Schadensersatzansprüche wegen Amtspflichtverletzung; Entschädigung wegen Enteignung) haften aus dem Gesichtspunkt der F. der Bund oder die Länder, soweit sie die Funktionen des Reiches übernommen haben und tatsächlich ausüben, weil mit dem Übergang der Funktionen auch ein Übergang der ihnen innewohnenden Verbindlichkeiten verknüpft ist. Die Haftung aus F. wurde allerdings durch das Allgemeine Kriegsfolgengesetz vom 5. 11. 1957 (BGBl. I 1747) m. spät. Änd. erheblich eingeschränkt. Die Verbindlichkeiten der ehem. → Deutschen Demokratischen Republik hat im wesentlichen der Bund übernommen (→ Erblastentilgungsfonds). Die → neuen Länder begannen am 3. 10. 1990 (→ Wiedervereinigung) ohne eigene Schulden.

**Funktionstheorie** → Doppelfunktion von Verwaltungsbehörden.

**Funktionsvorbehalt** → Beamtenvorbehalt.

**fur semper in mora** („der Dieb ist immer in Verzug") → Schuldnerverzug.

**Fürsorge, öffentliche** → Sozialhilfe.

**Fürsorgeerziehung** gibt es seit der Aufhebung des Jugendwohlfahrtgesetzes nicht mehr. S. jetzt → Erziehungsmaßregeln, → Erziehungsförderung, → Erziehungshilfe.

**Fürsorgepflicht** ist im Rahmen des privatrechtlichen → Arbeitsvertrags eine im Grundsatz auf § 242 BGB beruhende Pflicht des → Arbeitgebers; sie entspricht der → Treuepflicht des Arbeitnehmers. Sie wirkt auf den Inhalt aller Pflichten des Arbeitgebers und begründet eine Reihe von Einzelpflichten, insbes. die z. T. gesetzlich normierte F. für Leben und Gesundheit des Arbeitnehmers (§§ 617, 618 BGB, § 62 HGB); für – soweit zumutbar – geschützte Aufbewahrung von Eigentum des Arbeitnehmers, das er in den Betrieb mitbringt (Kleidung, Fahrzeuge usw.); zur Erfüllung öffentlich-rechtlicher Vorschriften des → Arbeitsschutzes. Auf der F. beruht auch der arbeitsrechtliche → Gleichbehandlungsgrundsatz. Die F. gibt dem Arbeitnehmer Ansprüche auf Erfüllung, auf Schadensersatz aber nur bei schuldhafter Verletzung (§§ 276, 278 BGB); über die Haftungsbeschränkung bei Betriebsunfällen s. aber §§ 104 ff. SGB VII.

Im Rahmen des Beamtenverhältnisses hat der → Dienstherr für das Wohl des Beamten und seiner Familie zu sorgen (§ 48 BRRG, § 79 BBG und Beamtengesetze der Länder). Daraus erwächst ein Rechtsanspruch auf wohlwollende und gerechte Behandlung sowie auf angemessene Gewährung von Rechtsschutz und Schutz gegen Gefahren und Angriffe, ferner ein Rechtsanspruch auf Beihilfe in Krankheits-, Geburts- und Todesfällen (→ Beihilfen für Beamte). Daneben kann den Beamten ausnahmsweise eine i. d.R. einmalige Unterstützung gewährt werden. Aus der F. ergibt sich jedoch nur in Ausnahmefällen Anspruch auf Beförderung (→ Beförderung von Beamten). S. ferner Soldatengesetz, Soldatenversorgungsgesetz usw.

Zur F. für Hilfsbedürftige → Sozialhilfe.

**Fürsorgepflichtverletzung** → Obhutspflicht, → Vernachlässigen von Schutzbefohlenen.

**furtum usus** → Gebrauchsanmaßung.

**Fusion** → Umwandlung (I 2).

**Fusionskontrolle.** Unternehmensverbindungen, durch die ein → marktbeherrschendes Unternehmen entsteht oder eine marktbeherrschende Stellung verstärkt wird, unterliegen nach § 24 GWB einer Kontrolle durch das → Bundeskartellamt. Dieses hat einen marktbeherrschenden Zusammenschluß i. d.R. zu untersagen. Diese Möglichkeit besteht während eines Jahres nach Eingang der für bestimmte Fusionen vorgeschriebenen Anzeige. Ausnahmen von der Untersagungsverpflichtung gelten, wenn die beteiligten Unternehmen eine Verbesserung der Wettbewerbsbedingungen nachweisen, die die Nachteile der Marktbeherrschung überwiegt (§ 24 I). Auch kann ein Zusammenschluß vom BMW auf Antrag erlaubt werden, wenn im Einzelfall die Wettbewerbsbeschränkung von gesamtwirtschaftlichen Vorteilen des Zusammenschlusses aufgewogen wird und dieser durch ein überragendes Interesse der Allgemeinheit gerechtfertigt ist (§ 24 III). Auflagen sind zulässig; die marktwirtschaftliche Ordnung darf nicht beeinträchtigt werden. Im Interesse einer wirksamen F. sind Unternehmenszusammenschlüsse anzuzeigen (§ 23). Anzeige ist vorgeschrieben für Unternehmen mit gemeinsamem Marktanteil von

20% und für Großunternehmen (gemeinsame Beschäftigtenzahl 10 000, gemeinsamer Jahresumsatz 500 Mio DM u. a.). Als Zusammenschluß gelten u. a. die → Verschmelzung, → Unternehmensverträge und die Bildung von → Konzernen. Unmittelbar geltende Regelungen des europäischen Gemeinschaftsrechts zur F. enthält die VO vom 21. 12. 1989 (ABl. L 395/1). Die gemeinschaftsweite Bedeutung von Zusammenschlüssen wird über Umsatzzahlen festgelegt (Art. 1). Maßstäbe für die Beurteilung enthält Art. 2. Relevante Zusammenschlüsse sind innerhalb einer Woche nach dem Vertragsschluß anzumelden. Die Kommission kann sie dann nach näherer Bestimmung von Art. 7 ff. verhindern oder modifizieren. Die VO enthält eine Reihe von Begriffsbestimmungen, die auch für das Verständnis des Deutschen Rechts von Interesse sind, z. B. Definition für das Gemeinschaftsunternehmen zur Abgrenzung von → Kartell und Fusion und für eine Reihe von Zusammenschlußformen (Art. 3).

**Fußgänger** dürfen am Straßenverkehr nicht oder nicht ohne entsprechende Vorsorge teilnehmen, wenn sie sich infolge geistiger oder körperlicher Mängel nicht sicher im Verkehr bewegen können (§ 2 I StVZO). Sie haben als → Verkehrsteilnehmer im Straßenverkehr die Pflicht zur Rücksichtnahme auf andere, sind andererseits durch § 1 StVO gegen Gefährdung, Schädigung oder Belästigung insbes. durch Fahrzeuge (Fz.) geschützt. Die → Gehwege sind ihnen vorbehalten; sie müssen bezeichnete Gehwege benutzen, auch wenn diese in der Gehrichtung links liegen. Beim *Überqueren der Fahrbahn* hat der F. zügig den kürzesten Weg quer zur Fahrtrichtung zu nehmen, und zwar, wenn es die Verkehrslage erfordert, z. B. bei starkem Fahrzeugverkehr, nur an Kreuzungen oder Einmündungen sowie vor allem an Verkehrsampeln und *Fußgängerüberwegen* (§ 25 StVO). An den durch „Zebrastreifen", ein → Verkehrszeichen, gekennzeichneten F.überwegen hat der F. Vorrechte. Gibt er dort deutlich die Absicht zu erkennen, die Straße zu überschreiten, müssen ihm alle Fz. (außer Schienenfz.) das Überqueren ermöglichen, dürfen nur mit mäßiger Geschwindigkeit heranfahren und haben nötigenfalls zu halten. Überdies dürfen sie an den Überwegen nicht überholen (§ 26 StVO). Vorrang hat der F. auch in → *verkehrsberuhigten Bereichen.* Soweit Vorrechte bestehen, gilt zwar der → *Vertrauensgrundsatz;* gleichwohl muß der F. auf den Fahrverkehr achten und stets eine gewisse Vorsicht walten lassen. Mitwirkendes Verschulden des F. kann bei Unfällen die Haftpflicht des Kraftfahrers und Fz.-halters ausschließen (§ 9 StVG, § 254 BGB). Beim Einbiegen von Fz. sowie an → Haltestellen ist auf F. besondere Rücksicht zu nehmen (→ Fahrgeschwindigkeit). S. a. Verhalten bei → Dunkelheit und → Verbände (geschlossene).

**Fußgängerbereich** ist eine Fußgängern vorbehaltene Verkehrsfläche (§ 41 II Nr. 5 S. 7 StVO). Durch Zusatzschild zugelassene Fz. dürfen nur mit Schrittgeschwindigkeit fahren und die Fußgänger weder gefährden noch behindern. → Fahrgeschwindigkeit.

**Fußweg** → Gehweg.

**Futtermittel** sind Stoffe, die zur Tierernährung bestimmt sind, einschließlich der Zusatzstoffe und Vormischungen, § 2 des Futtermittelgesetzes i. d. F. vom 19. 11. 1997 (BGBl. I 2713) m. Änd. Das Ges. regelt die Erzeugung und den Vertrieb von F. mit dem Ziel, die Versorgung mit leistungsfähigem und für Mensch und Tier gesundheitlich unbedenklichem Tierfutter zu gewährleisten und Täuschungen zu verhindern, ferner auch den Vollzug des europäischen → Gemeinschaftsrechts sicherzustellen (§ 1). Von besonderer Bedeutung sind Bestimmungen über Qualitätsanforderungen (§§ 3, 4), → Zusatzstoffe (§ 5), Kennzeichnung, Werbung und Verpackung (§§ 6–8). Inhaltlich unterscheiden sich die Regelungen wenig von denen für → Lebensmittel. Wer F. gewerbsmäßig herstellen will, hat dies der zuständigen Behörde anzuzeigen. Er ist zur Buchführung über Herstellung, Eingänge und Ausgänge verpflichtet. Die Anforderungen an die Betriebe werden in Vollzugsvorschriften geregelt. Wegen Einzelheiten s. a. FuttermittelVO i. d.F. vom 11. 11. 1992 (BGBl. I 1898) m. spät. Änd. und die F.herstellungsVO vom 27. 5. 1993 (BGBl. I

732). Verstöße gegen Qualitätsvorschriften (§ 3) sind strafbar; sonstige Verstöße sind durchweg als → Ordnungswidrigkeiten zu ahnden. Wegen der → Marktordnung für F. vgl. → Getreidegesetz, → Marktorganisationen; s. a. → Arzneimittel, → Höchstmengen.

# G

**Garagen, Stellplätze.** Die Reichsgaragenordnung vom 17. 2. 1939 (RGBl. I 219) regelte erstmals zusammenfassend die Verpflichtung der Bauherren zur Schaffung von G. Sie wurde, soweit sie Bundesrecht geworden war, im wesentlichen durch das Bundesbaugesetz (jetzt → Baugesetzbuch) aufgehoben; soweit sie Landesrecht geworden war, ist sie zumeist durch die → Bauordnungen (vgl. z. B. Art. 52, 53 der bayer. Bauordnung i. d. F. v. 4. 8. 1997, GVBl. 433) und besondere Vorschriften der Länder ersetzt (z. B. GaragenVO Nordrhein-Westfalen vom 2. 11. 1990, GVBl. 600). Vorschriften über die Zulässigkeit von E. und G. in den verschiedenen Baugebieten enthält § 12 der → BaunutzungsVO i. d.F. vom 23. 1. 1990 (BGBl. I 132). Die landesrechtlichen Regelungen gehen i. d.R. von folgenden Grundsätzen aus: Werden bauliche oder sonstige Anlagen errichtet, bei denen ein Zu- und Abfahrtsverkehr zu erwarten ist, so sind St. oder G. in einer für den zu erwartenden Benutzungsumfang ausreichenden Zahl und Größe und in geeigneter Beschaffenheit herzustellen, und zwar grundsätzlich auf dem Grundstück selbst, mit besonderer Gestattung auch auf einem in der Nähe des Baugrundstücks gelegenen geeigneten Grundstück. Bestehen beide Möglichkeiten nicht, so kann der Bauherr seine Verpflichtung dadurch erfüllen, daß er sich der Gemeinde gegenüber verpflichtet, die Kosten für die Herstellung der vorgeschriebenen St. und G. in angemessener Höhe zu tragen, wenn die Gemeinde die Errichtung, z. B. durch Bau eines Parkhauses, übernimmt (Ablöse- oder Ausgleichsbetrag). Andererseits ermächtigen einzelne Länder die Gemeinden, zur Verkehrsvermeidung die Herstellung von G. u. St. in bestimmten Gebieten zu untersagen. Über die Verpflichtung zur Herstellung von G. und E. entscheiden die Baubehörden im Verfahren über die → Baugenehmigung. Neuerdings – im Zuge der Deregulierung des Baurechts – bedarf nach einigen Bauordnungen die Errichtung kleinerer Garagen und Stellplätze keiner Baugenehmigung mehr (vgl. z. B. § 67 VII BauO NW v. 7. 3. 1995, GVBl. 218).

**Garantenstellung.** Im Strafrecht ist die G. bei den sog. unechten Unterlassungsdelikten von Bedeutung. Besteht nach Gesetz, Vertrag oder aus einem anderen Grund eine Rechtspflicht zum Handeln (z. B. zur Rettung aus Gefahr), unterläßt der Verpflichtete dies aber gleichwohl und schädigt er dadurch einen anderen, so kann sich aus der G. eine strafrechtliche Verantwortlichkeit ergeben. Im einzelnen → Unterlassungsdelikt.

**Garantiefrist.** Falls nicht ein → Garantievertrag vorliegt, kann die Vereinbarung einer G. z. B. bedeuten, daß sie an Stelle der (kürzeren) → Verjährungsfrist tritt; aber auch, daß die Verjährung erst mit Ablauf der G. beginnt. Regelmäßig sollen alle innerhalb der G. auftretenden Mängel (hiermit beginnt deren Verjährung) vom Hersteller (Lieferanten) auf dessen Kosten beseitigt werden.

**Garantiefunktion** wird die Wirkung eines → Indossaments genannt, die in der Haftung des Indossanten für Annahme und Zahlung besteht (Art. 15 WechselG, Art. 18 ScheckG).

**Garantiegeschäft** ist ein → Bankgeschäft (§ 1 I Nr. 8 KWG), nämlich die Übernahme von → Bürgschaften (Avalkredit), Garantien und sonstigen Gewährleistungen (z. B. wechsel- und scheckrechtliche Indossamentsverpflichtung, → Schuldmitübernahme, Akkreditiveröffnung und -bestätigung) für andere. Erfordert der Umfang der Geschäfte einen in kaufmännischer Weise eingerichteten Geschäftsbetrieb, so ist das Unternehmen ein → Kreditinstitut, unterliegt also der → Bankenaufsicht und den sonstigen Beschränkungen des KWG.

**Garantiehaftung** → Gewährleistung (2).

**Garantiemengen (Milch)** → Milch (Marktorganisation).

**Garantievertrag** *(Gewährvertrag)* ist ein → Vertrag, in dem jemand die Haftung für einen bestimmten Erfolg oder die → Gefahr bzw. den Schaden übernimmt, der aus einem Rechtsverhältnis mit einem Dritten entstehen kann. Der im BGB nicht geregelte, aber infolge der Vertragsfreiheit (→ Vertrag) zulässige, formfreie G. sichert also ein künftiges Risiko. So bedeutet die „Garantie" des Warenherstellers dessen unmittelbare vertragliche Verpflichtung auf → Gewährleistung gegenüber dem Endabnehmer – ungeachtet der Haftung des Verkäufers (Händlers), auf deren Vorrang allerdings verwiesen werden kann (BGH NJW 1981, 275). Übernahme einer Garantie beim Kauf oder Werkvertrag kann Haftung für zugesicherte Eigenschaften auch für den Fall bedeuten, daß der Lieferant den Mangel nicht zu vertreten hat. Der G. unterscheidet sich von der → Bürgschaft dadurch, daß durch ihn eine selbständige neue Verbindlichkeit begründet wird. Gegenüber der → Schuldmitübernahme liegt der Unterschied darin, daß die Schuld des Gewährleistenden in ihrem Inhalt und in ihren Voraussetzungen von der Hauptschuld verschieden ist; die Garantieverpflichtung muß regelmäßig über die Haftung für die bloße Vertragsmäßigkeit der Leistung hinausgehen (Anspruch auf Schadloshaltung). S. a. → Delkredere.

**Garderobenmarke** → Legitimationszeichen.

**GASP** (Gemeinsame Außen- und Sicherheitspolitik) ist ein – keine erzwingbaren Verpflichtungen begründender – Kooperationsrahmen der → Europäischen Union. Die im Unionsvertrag vorgesehene Umsetzung in „gemeinsame Aktionen" ist auf die freiwillige Mitwirkung der Mitgliedstaaten angewiesen.

**Gastarbeitnehmer** bedürfen zur Arbeitsaufnahme in der BRep. grundsätzlich einer → Aufenthalts- und einer → Arbeitserlaubnis (§ 2 I AusländerG, § 19 AFG, VO i. d. F. vom 12. 9. 1980, BGBl. I 1754); diese ist nicht erforderlich, soweit supranationale oder bilaterale Verträge ihnen → Freizügigkeit einräumen, insbes. auf Grund des europäischen → Gemeinschaftsrechts (→ Arbeitnehmerfreizügigkeit) und der Abkommen der BRep. mit Dänemark, Finnland, Griechenland, Irland, Österreich, Schweden, Schweiz und Spanien. Für den → Arbeitsvertrag und das → Arbeitsverhältnis gelten grundsätzlich die allgemeinen Vorschriften. Ein mangels Arbeitserlaubnis geschlossener Arbeitsvertrag ist rechtsunwirksam (§ 134 BGB); jedoch entsteht ein faktisches → Arbeitsverhältnis. Dem → Arbeitgeber kann gegenüber dem G. eine gesteigerte → Fürsorgepflicht – insbes. zur Überwindung von Sprachschwierigkeiten – obliegen. Bei der → Betriebsratswahl haben G. das gleiche aktive und passive Wahlrecht wie deutsche Arbeitnehmer (§§ 7, 8 BetrVG). *Steuerlich* können Unterhaltszahlungen an im Heimatland verbliebene Familienangehörige, insbesondere an Kinder, sogenannte → Auslandskinder, steuerlich berücksichtigt werden. → Belastungen, außergewöhnliche.

**Gästehäuser** → Betriebsausgaben.

**Gaststätte.** Der Betrieb einer G. als stehendes → Gewerbe in → Schankwirtschaften, → Speisewirtschaften und → Beherbergungsbetrieben, ebenso im → Reisegewerbe mit ortsfester Einrichtung (Bierzelt o. ä.) anläßlich vorübergehender Veranstaltungen, ist im GaststättenG – GastG – vom 5. 5. 1970 (BGBl. I 465) m. spät. Änd. geregelt. Wer eine G. betreiben will, bedarf der *Erlaubnis* (§ 2 GastG); diese kann auch juristischen Personen oder nichtrechtsfähigen Vereinen erteilt werden. Die Erlaubnis ist nicht übertragbar; daher bedarf auch der Erlaubnis, wer eine G. als Stellvertreter betreiben will (§ 9 GastG). Die Erlaubnis wird für eine bestimmte Person, für eine bestimmte Betriebsart und für bestimmte Räume (§ 3 I GastG) erteilt. Deshalb sind erlaubnisbedürftig auch die Verlegung des Betriebes, wesentliche Veränderungen in den Betriebsräumen oder die Veränderung des Betriebszuschnitts. Stets ist → Zuverlässigkeit des Antragstellers erforderlich. Außerdem muß er durch eine Bescheinigung der Industrie- und Handelskammer nachweisen, daß er im erforderlichen Umfang über lebensmittelrechtliche Vorschriften unterrichtet worden ist. Hingegen ist eine Berufsausbildung in einem der Berufe des Gaststättengewerbes (vgl. hierzu VOen vom 13. 2. 1998, BGBl. I 351 – Gaststättengewerbe allgemein –, BGBl. I 364 – Koch/Köchin) nicht erforderlich. Die Betriebs- und Personalräume müssen den gewerbeaufsichtlichen und -polizeilichen Anforderungen an Hygiene, Ordnung, Sicherheit und Sittlichkeit genügen. Ferner dürfen öffentliche Interessen nicht entgegenstehen, insbes. erhebliche Nachteile, Gefahren oder Belästigungen für die Allgemeinheit nicht zu befürchten sein. Zur Gewährleistung dieser gesetzlichen Anforderungen dürfen *Auflagen* zum Schutz der Gäste, des Personals, der Nachbarschaft und der Allgemeinheit gemacht werden, insbes. über Belüftung sowie gegen unangemessene Lärm- oder Geruchsbelästigung.

Das G.recht gilt nicht für → Nebenbetriebe der Deutschen Bahn und nur beschränkt für solche der Bundesautobahnen. Ausnahmen von der Erlaubnispflicht gelten u. a. für Milch und Milcherzeugnisse, alkoholfreie Getränke aus Automaten usw.

Die Betriebserlaubnis *erlischt*, wenn der Inhaber von ihr binnen eines Jahres keinen Gebrauch macht (§ 8 GastG). Sie kann *zurückgenommen* werden, wenn nachträglich bekannt wird, daß bei ihrer Erteilung die → Zuverlässigkeit des Inhabers nicht gegeben war. *Widerruf* ist zulässig, wenn nachträglich Versagungsgründe eintreten, bei unbefugter Veränderung der Betriebsart, Nichterfüllung von Auflagen usw. (§ 15 II, III GastG).

Das GastG ist die Grundlage für die Festsetzung von Sperrzeiten (sog. Polizeistunde) durch RechtsVOen der Länder (§ 18). Es verbietet Feilhalten von Branntwein und überwiegend branntweinhaltigen Lebensmitteln in Automaten, die Abgabe alkoholischer Getränke an erkennbar Betrunkene im Rahmen eines Gewerbes; das Verabreichen von Speisen darf nicht von der Bestellung von Getränken abhängig gemacht, bei Nichtbestellung von Getränken dürfen die Speisenpreise nicht erhöht werden (§ 20 GastG). Verstöße gegen das GastG sind durchwegs als → Ordnungswidrigkeiten mit Bußgeld bedroht. S. im übrigen *Arbeitszeit, Sonntagsgewerbe, Gastwirtshaftung, Preisangaben.*

**Gastwirtshaftung.** Der *Gastwirtsvertrag* ist ein im Gesetz nicht geregelter → gemischter Vertrag, der, sofern er mit Beherbergung verbunden ist *(Beherbergungsvertrag),* neben Elementen des → Kauf- und → Werklieferungsvertrags (Verköstigung) sich vornehmlich aus → Miete und → Dienstvertrag zusammensetzt; bei (schuldhafter) Vertragsverletzung steht dem Gast ein (unbeschränkter) Anspruch auf → Schadensersatz zu (BGHZ 63, 333). – Unabhängig von dem Abschluß und der Gültigkeit eines derartigen Beherbergungsvertrags haftet ein Gastwirt, der gewerbsmäßig Fremde zur Beherbergung aufnimmt, auch ohne eigenes Verschulden oder Verschulden seiner → Erfüllungsgehilfen für den Schaden, der durch den Verlust oder die Beschädigung von Sachen entsteht, die ein im Betrieb des Gastwirts aufgenommener Gast eingebracht hat (Erfolgshaftung, § 701 BGB). Es haftet nur der eigentliche Gastwirt *(Hotel)*, nicht der bloße Schank- oder Speisewirt (Restaurant, keine Beherbergung), auch nicht der Zimmervermieter, wohl aber der Pensionsinhaber. Eingebracht sind die Sachen, die vom Gastwirt oder seinen Leuten (auch z. B. am Bahnhof) in ihre Obhut genommen wurden oder die der Gast auf Anweisung des Gastwirts an einen bestimmten Ort verbracht hat; die Ersatzpflicht erstreckt sich nicht auf Fahrzeuge, in einem solchen belassene Sachen und lebende Tiere, soweit nicht eine weitergehende Haftung (bei Verschulden) aus Beherbergungsvertrag (s. o.) gegeben ist. Die G. ist ausgeschlossen, wenn der Schaden durch den Gast, seinen Begleiter oder durch → höhere Gewalt entstanden ist. Die Haftung des Gastwirts kann einseitig (Anschlag) nicht ausgeschlossen werden; vertraglich ist der Erlaß nur möglich durch ausdrückliche schriftliche Vereinbarung (nicht z. B. auf dem Anmeldeformular) und nur, soweit es sich um die Höchstgrenzen der Haftung handelt (§ 702 a BGB). Der Gastwirt haftet nur bis zu dem Betrag, der dem Hundertfachen des Beherbergungspreises (mindestens 1000, höchstens 6000 DM) entspricht; bei Geld, Wertpapieren und Kostbarkeiten ist die Höchstgrenze der Haftung 1500 DM (hier Möglichkeit der Verwahrung beim Gastwirt). Die Höchstgrenzen gelten nicht, wenn der Schaden vom Gastwirt oder seinen Leuten verschuldet worden ist. Der Gastwirt hat für seine Forderungen aus dem Beherbergungsvertrag ein gesetzliches → Pfandrecht an den eingebrachten Sachen des Gastes; auf das Pfandrecht finden die Vorschriften über das Vermieterpfandrecht (→ Miete, 3) entsprechende Anwendung (§ 704 BGB).

**Gastwirtsvertrag** → Gastwirtshaftung.

**Gasversorgung** → Energiewirtschaft.

**Gaswerk** (Betriebshaftung) → Eisenbahnbetriebshaftung.

**GATS** (engl.: General Agreement on Trade in Services; Allgemeines Übereinkommen über den Handel mit Dienstleistungen). Im Rahmen der Übereinkommen zur Errichtung der Welthandelsorganisation → WTO vom 15. 4. 1994 wurde auch das GATS vereinbart. Darin verpflichten sich die Mitgliedsstaaten hinsichtlich aller Maßnahmen, den Dienstleistungen und Dienstleistungserbringern eines anderen Mitgliedsstaates sofort und bedingungslos eine Behandlung, die nicht weniger günstig ist als diejenige zu gewähren, die sie den gleichen Dienstleistungen oder Dienstleistungserbringern eines anderen Landes gewähren. Unter bestimmten Voraussetzungen gewährt überdies jeder Mitgliedsstaat den Dienstleistungen und den Dienstleistungserbringern eines anderen Mitgliedsstaates eine Behandlung, die nicht weniger günstig ist als die, die er seinen eigenen inländischen Dienstleistungen und Dienstleistungserbringern gewährt. Ziel des GATS ist eine Liberalisierung des weltweiten Austausches der Dienstleistungen. Das GATS trat für Deutschland am 1. 1. 1995 in Kraft.

**GATT** (engl.: General Agreement on Tariffs and Trade; Allgemeines Zoll- und Handelsabkommen) ist eine auf Art. 1 der UN-Charta beruhende → internationale Wirtschaftsorganisation (Vertrag vom 30. 10. 1947). Das G. hat Voll- und assoziierte Mitglieder; die BRep. ist Vollmitglied (Ges. vom 10. 8. 1951, BGBl. II 173). Organe sind die Versammlung, ein Intersessionsausschuß, Arbeitsausschüsse und das Sekretariat. Ziel des G. ist es insbes., die handelspolitische Zusammenarbeit der Mitglieder auf der Grundlage der → Meistbegünstigung zu koordinieren, die mengenmäßigen Beschränkungen im Außenhandel (Kontingente) zu beseitigen, Diskriminierungen zu bekämpfen und die Zölle schrittweise herabzusetzen. S. a. → nichttarifäre Beschränkungen (NTB). Das GATT ist nunmehr einbezogen in das umfassende Vertragswerk der Welthandelsorganisation → WTO. Das Protokoll von Marrakesch vom 15. 4. 1994 enthält weitere Zugeständnisse und Handelserleichterungen. Es ist für Deutschland am 1. 1. 1995 in Kraft getreten.

**Gattung** → Gattungsschuld.

**Gattungs(handlungs)vollmacht** → Vollmacht, → Handlungsvollmacht.

**Gattungskauf** ist der → Kauf einer nur der Gattung nach bestimmten Sache (→ Gattungsschuld; anders Specieskauf). Besonderheiten gelten beim Gattungskauf für die → Gewährleistung für Sachmängel (Nachlieferungsanspruch; § 480 BGB).

**Gattungssache** → Gattungsschuld, → Sache.

**Gattungsschuld.** Ist in einem → Schuldverhältnis die Leistung nicht konkret bestimmt (z. B. Kauf eines bestimmtes Bildes, sog. *Stückschuld* oder *Speziesschuld)*, sondern nur der *Gattung* nach (d.h. nur nach bestimmten Sachmerkmalen, z. B. Lieferung von 100 kg Jonathanäpfeln), so liegt eine G. vor. Bei der G. handelt es sich regelmäßig um → vertretbare Sachen; den Umfang der Gattung bestimmt jedoch allein der Wille der Beteiligten. Ist nur aus einem begrenzten Posten zu liefern (z. B. 3 Faß Wein aus einer genau bezeichneten Lage), so liegt eine sog. beschränkte G. *(Vorratsschuld)* vor, bei der sich die Gattung auf den Vorrat beschränkt. Auch die → Geldschuld ist i. d. R. eine G. Wer eine nur der Gattung nach bestimmte Sache schuldet, hat eine Sache von mittlerer Art und Güte zu leisten (§ 243 I BGB). Die Bedeutung der G. zeigt sich bei → Unmöglichkeit der Leistung (Leistungspflicht besteht auch bei unverschuldetem Unvermögen, solange Leistung aus der Gattung möglich ist, § 279 BGB), und bei → Gewährleistung für Sachmängel (Anspruch auf Lieferung einer mangelfreien Sache, § 480 BGB, → Gattungskauf).

Hat der Schuldner das zur Leistung einer Gattungssache seinerseits Erforderliche getan, so beschränkt sich das Schuldverhältnis auf diese Sache; aus der G. wird also durch die *Konkretisierung (Individualisierung, Konzentration)* eine Stückschuld, § 243 II BGB. Was der Schuldner hierzu unternehmen muß, hängt von der Art seiner vertraglichen Verpflichtung ab (→ Schickschuld, *Bringschuld, Holschuld*); beim → Versendungskauf z. B. genügt zur Konkretisierung die Übergabe der ausgesuchten Ware an die Transportperson (Absendung), wodurch die → Gefahr des zufälligen Untergangs auf den Käufer übergeht (§ 447 BGB). Dasselbe gilt regelmäßig, wenn der Schuldner den Gläubiger in → Annahmeverzug gebracht hat (vgl. § 300 II BGB). S. a. → Wahlschuld. Über Gefahrübergang bei noch nicht konkretisierter G. → Gläubigerverzug.

**Gattungsvermächtnis.** Der → Erblasser kann den Gegenstand des → Vermächtnisses nur der Gattung nach bestimmen, § 2155 BGB (→ Gattungsschuld, z. B. eine Warenmenge). Anders als beim → Stückvermächtnis ist dieses Vermächtnis grundsätzlich auch wirksam, wenn sich keine Sachen dieser Gattung im → Nachlaß befinden; der Erblasser kann die Gattungsschuld aber auf vorhandene Sachen beschränken (beschränktes Gattungsvermächtnis). Bei Rechts- und Sachmängeln gelten für die Haftung des Beschwerten beim G. die → Gewährleistungsansprüche im Kaufrecht entsprechend (§§ 2182, 2183 BGB).

**Gebäude** → Bestandteil, → Erbbaurecht.

**Gebäudeeigentum.** Allgemein → Bestandteil, → Erbbaurecht. Im Gebiet der ehem. DDR entstand ein – vom Grundstück gesondertes – G., wenn ein Gebäude aufgrund eines dinglichen Nutzungsrechts (→ Nutzungsberechtigungen) errichtet wurde oder als Volkseigentum nach § 459 ZGB (von staatlichen Organen oder volkseigenen Betrieben auf fremdem Grund errichtet). Dieses – dem → Erbbaurecht ähnliche – G. besteht fort (Art. 233 §§ 2b, 3, 4, 8 EGBGB; zur Bereinigung → Nutzungsberechtigungen, → Miete, 7). Das G. war in ein besonderes Gebäudegrundbuch einzutragen, das heute nach den Vorschriften der Grundbuchordnung (→ Grundbuchamt) weitergeführt wird. Besondere Vorschriften gelten für das Eigentum von Anpflanzungen landwirtschaftlicher Produktionsgenossenschaften und von sog. Meliorationsanlagen (z. B. Entwässerungsbauten); Art. 3, 4 SchuldRÄndG vom 21. 9. 1994 (BGBl. I 2538).

**Gebäudehaftung** → unerlaubte Handlung (4 b).

**Gebäudeversicherung** → Feuerversicherung.

**Gebietshoheit** ist die Befugnis zur Entfaltung staatlicher Macht (→ Staatsgewalt) in einem bestimmten Raum (→ Staatsgebiet). Sie steht dem Staat, sachlich beschränkt auch den sonstigen öffentlich-rechtlichen → Gebietskörperschaften zu. Sie erstreckt sich grundsätzlich auf alle in dem Gebiet befindlichen Personen (ohne Rücksicht auf ihre → Staatsangehörigkeit) und Gegenstände. Andererseits kann sich die Staatsgewalt grundsätzlich nur innerhalb des Staatsgebiets entfalten und nur ausnahmsweise auf Grund völkerrechtlichen Vertrags oder ungeschriebener völkerrechtlicher Grundsätze darüber hinauswirken. Im → Bundesstaat bestehen die G. des Bundes und die der → Länder unter bestimmten gegenseitigen Beschränkungen nebeneinander. S. a. → Lufthoheit, → Freiheit des Meeres, → Seerecht.

**Gebietskörperschaften** sind → Körperschaften des öffentlichen Rechts, deren Hoheitsbereich durch einen räumlich abgegrenzten Teil des Staatsgebietes bestimmt wird (im Gegensatz zu den durch Mitgliedschaft gebildeten Körperschaften, z. B. Universitäten). Mitglieder der G. sind die Bewohner dieses Gebietes. Die wichtigsten G. sind die → Gemeinden und die → Kommunalverbände (→ Kreise, → Bezirke). In einem weiteren Sinne zählen auch die Staaten zu den G.; s. a. → Kommunen.

**Gebietsreform** bezeichnet die umfassende territoriale Neugliederung des

Gebietes von → Gemeinden (Gemeindegebietsreform) oder → Kreisen (Kreisgebietsreform). Die G. in der BRep. erfolgte 1960 bis 1980; in den → neuen Ländern wurde die Kreisgebietsreform 1992/1993 vorgenommen, die Gemeindegebietsreform ist dort noch nicht abgeschlossen. Nach neuerem Rechtsverständnis darf eine G. gegen den Willen der betroffenen Gebietskörperschaften nur durch Gesetz vorgenommen werden. Der Gesetzgeber hat dabei einen weiten Gestaltungsspielraum.

**Gebot, geringstes** → geringstes Gebot.

**Gebrauchsanmaßung** (furtum usus), d. h. *vorübergehende* Benutzung einer fremden Sache zum eigenen Gebrauch, ist grundsätzlich nicht strafbar, ausgenommen der → unbefugte Gebrauch von Fahrzeugen (§ 248 b StGB) und die unbefugte Ingebrauchnahme von Pfandstücken durch öffentliche Pfandleiher (§ 290 StGB). Eignet sich der Täter aber durch die G. den wirtschaftlichen Wert der Sache zu, so liegt bei vorsätzlichem Handeln → Diebstahl vor, selbst wenn der benutzte Gegenstand später zurückgegeben wird (z. B. der abgenutzte Autoreifen, die entleerte Batterie), ebenso wenn ein benutztes Kraftfahrzeug an einem dem Berechtigten unbekannten Ort abgestellt wird, wo es dem Zugriff Dritter zugänglich ist.

**Gebrauchslizenz** → Lizenzvertrag.

**Gebrauchsmuster.** Als G. schützbar ist eine → Erfindung, die neu ist, auf einem erfinderischen Schritt beruht und gewerblich anwendbar ist (§ 1 GebrMG i. d. F. vom 28. 8. 1986, BGBl. I 1455, m. Änd.), z. B. Arbeitsgeräte oder Gebrauchsgegenstände (oder Teile davon), die dem Arbeits- oder Gebrauchszweck durch eine neue Raumform (Gestaltung, Anordnung, Vorrichtung oder Schaltung, nicht aber Entdeckungen, Spielregeln, Programme oder Verfahren) dienen sollen (zum gewerblichen Warenausstattungsschutz → Marken). Das G. setzt an Erfindungshöhe und technischem Fortschritt der Erfindung weniger voraus als beim → Patent. Die Sachen müssen einen wirtschaftlichen oder technisch nutzbaren Zweck haben (z. B. auch den der Werbung, des Spiels); darin liegt der wichtigste Unterschied zum → Geschmacksmuster, das einem ästhetischen Zweck dient. Gebrauchsmusterfähig sind danach insbes. Werkzeuge, Haushaltsgeräte, Maschinen, Spielzeug. Die vorausgesetzte Neuheit des G.s kann darin bestehen, daß eine erkennbare Verschiedenheit zu einem bisher bekannten Arbeitsgerät oder Gebrauchsgegenstand besteht, z. B. ein anderes Material (Kunststoff statt Holz). Im übrigen umschreibt das Gesetz den Begriff „neu“ mit unwiderlegbarer Vermutung ähnlich wie beim Patent (§ 3 GebrMG).

Die *Anmeldung* eines G.s geschieht bei der Gebrauchsmusterstelle des → Patentamts (§§ 4 ff. GebrMG; Einzelheiten GebrMAnmeldeVO vom 12. 11. 1986, BGBl. I 1739 m. Änd.). Schutzfähige G. werden in die *G.rolle* eingetragen und im Patentblatt bekanntgemacht (§ 8 GebrMG). Mit der Eintragung entsteht der *Schutz* wie beim Patent mit der Wirkung, daß allein dem Inhaber das Recht zusteht, gewerbsmäßig das G. zu nutzen; jedem Dritten ist es verboten, ohne Zustimmung des Inhabers den Gegenstand des G. unmittelbar oder auch nur mittelbar herzustellen, anzubieten, in Verkehr zu bringen oder zu gebrauchen (§ 11 GebrMG). Der G.schutz wirkt auch gegenüber einem später angemeldeten Patent (§ 14 GebrMG). Die *Schutzfrist* beträgt 3 Jahre mit mehrmaliger Verlängerungsmöglichkeit bis auf höchstens 10 Jahre (§ 23 GebrMG). Der G.schutz ist vererblich und übertragbar und kann durch → Lizenzvertrag genutzt werden. Die *Löschung* des G.s kann von jedermann verlangt werden, wenn die G.fähigkeit fehlt oder das G. bereits für eine frühere Patent- oder G.anmeldung geschützt war (§ 15 I GebrMG), dagegen nur vom Verletzten bei widerrechtlicher Entnahme aus dessen Beschreibungen, Modellen usw. (§ 15 II GebrMG). Das Löschungsverfahren führt die Gebrauchsmusterstelle des Patentamts durch (§§ 16 ff. GebrMG). Das G. wird ferner gelöscht nach Ablauf der Schutzfrist oder Verzicht des Inhabers gegenüber dem Patentamt. Gegen alle Beschlüsse in Anmeldungs- und Löschungsverfahren findet die Beschwerde zum → Bundespatentgericht statt (§ 18 GebrMG).

Bei rechtswidriger *Verletzung des G.schutzes* entstehen Ansprüche auf → Auskunft, → Unterlassung, → Schadensersatz und Vernichtung der das G. beeinträchtigenden Produkte und Vorrichtungen (§§ 24 ff. GebrMG; → Gebrauchsmusterstreitsachen). Vorsätzliche Verletzung des G.s ist als → Antragsdelikt unter Strafe gestellt (§ 25 GebrMG). S. a. → Produktpiraterie.

**Gebrauchsmusterberühmung** entspricht für das → Gebrauchsmuster der → Patentberühmung mit den gleichen Rechtsfolgen.

**Gebrauchsmusterrolle** → Gebrauchsmuster.

**Gebrauchsmusterstreitsachen** entsprechen für den Gebrauchsmusterschutz den → Patentstreitsachen. Ohne Rücksicht auf den → Streitwert sind für G. die Zivilkammern der → Landgerichte ausschließlich zuständig (§ 27 GebrMG; Zusammenfassung durch RechtsVO der LdReg. mögl.).

**Gebrauchsvorteile** → Früchte.

**Gebrauchtwagenkauf** → Gewährleistung, → gutgläubiger Erwerb, → Tausch.

**Gebrauchtwarenhandel** ist ein überwachungsbedürftiges Gewerbe (→ Überwachungsbedürftige Gewerbe) im Sinne von § 38 GewO. Zum G. in diesem Sinne gehören u. a. der Handel mit hochwertigen Konsumgütern, Kraftfahrzeugen und Fahrrädern, Edelmetallen, Edelsteinen, Perlen und Schmuck sowie Altmetallen durch auf den Handel mit Gebrauchtwaren spezialisierte Betriebe.

**Gebrechlichkeitspflegschaft** → Betreuung.

**Gebühren** → Abgaben (öffentliche) und → Gemeindeabgaben, → Gerichtskosten, → Rechtsanwaltsgebühr, → Notar, → SteuerberatergebührenVO; s. a. → Preisrecht.

**Gebührenpflichtige Verwarnung** → Verwarnung bei Ordnungswidrigkeiten.

**Gebührenüberhebung.** Nach § 352 StGB macht sich ein → Amtsträger, der für seine Tätigkeit Gebühren erhält (Notar, Gerichtsvollzieher, Beamteter Arzt usw.), sowie ein Anwalt oder sonstiger Rechtsbeistand (i. w. S.) strafbar, wenn er Gebühren o. a. Vergütungen erhebt, obwohl er weiß, daß sie nicht oder nicht in der verlangten Höhe geschuldet werden. Nach § 353 StGB wird die *Abgabenüberhebung* eines Amtsträgers bestraft, der für eine öffentliche Kasse Gebühren, Steuern usw. vereinnahmt und den rechtswidrig erhobenen Betrag nicht abführt; ebenso wenn ein Amtsträger bei Auszahlungen ungerechtfertigte Abzüge macht, aber die volle Ausgabensumme in Rechnung stellt.

**Geburt** → Rechtsfähigkeit, → Erbe, → Leibesfrucht; über Anzeigepflicht → Geburtenbuch.

**Geburtenbuch.** Das G. ist eines der → Personenstandsbücher; es dient zur Beurkundung der Geburten (§ 2 II PStG; auch → Totgeburt). In das G. werden die persönlichen Verhältnisse der Eltern, Ort und Zeit der Geburt des Kindes, dessen Geschlecht und Namen eingetragen (§ 21 PStG). Wird die Vaterschaft erst nach der Beurkundung der Geburt des Kindes anerkannt oder gerichtlich festgestellt (→ Abstammung, 2b, c), so ist dies am Rande des Geburtseintrags zu vermerken (§ 29 I PStG). S. a. → Transsexualität. – Die Geburt eines Kindes muß dem → Standesbeamten, in dessen Bezirk es geboren ist, binnen einer Woche angezeigt werden. Anzeigepflichtig sind in folgender Reihenfolge: der Vater, wenn er (Mit-)Inhaber der → elterlichen Sorge ist, die bei der Geburt anwesende Hebamme, der anwesende Arzt, jede andere anwesende Person, hilfsweise auch die Mutter des Kindes, soweit sie hierzu imstande ist. Bei Geburten in öffentlichen Entbindungs- oder Krankenanstalten trifft die Anzeigepflicht ausschließlich den Leiter der Anstalt oder den zur Anzeige ermächtigten Verwaltungsangehörigen (§§ 16 ff. PStG). Die Verletzung der Anzeigepflicht ist eine → Ordnungswidrigkeit (§ 68 PStG).

**Geburtsanzeige,** Pflicht zur –, → Geburtenbuch.

**Geburtsname** → Name der Familie, → Name des Kindes.

**Geburtsurkunde** → Personenstandsurkunden.

**Geduldetes Betriebsvermögen** → Betriebsvermögen.

**Gefahr(tragung).** Mit „Gefahr" wird im BGB das Risiko des zufälligen Untergangs einer → Leistung in einem → Schuldverhältnis bezeichnet (sog. *Leistungsgefahr*). Die Regeln über die Leistungsg. finden sich in den Bestimmungen über → Unmöglichkeit der Leistung, → Schuldnerverzug, → Gläubigerverzug u. a.; s. a. → Gefährdungshaftung. Darüber hinaus versteht man unter G.tragung auch die Frage, ob in einem → gegenseitigen Vertrag trotz Wegfalls der Leistung der andere Teil die Gegenleistung zu erbringen hat (sog. *Preis- oder Vergütungsgefahr*). Leistungsg. und Preisg. müssen streng auseinander gehalten werden. Der Zeitpunkt des *Gefahrübergangs*, d. h. des Augenblicks, in dem das Risiko des Untergangs oder der Verschlechterung einer Leistung auf den anderen Teil übergeht, ist jedoch abweichend von den allgemeinen Vorschriften über gegenseitige Verträge bei bestimmten Vertragstypen besonders geregelt (→ Versendungskauf). Der G.übergang ist darüber hinaus für verschiedene Rechte der Beteiligten, insbes. für → Gewährleistungsansprüche bei der Sachmängelhaftung, von entscheidender Bedeutung.

**Gefährdung des demokratischen Rechtsstaates** → Rechtsstaatsgefährdung.

**Gefährdung des Straßen-, Bahn-, Luft-, Schiffsverkehrs** → Straßenverkehrsgefährdung, → Transportgefährdung.

**Gefährdungsdelikt.** Nach der Wirkung einer Straftat ist zwischen Verletzungs- und Gefährdungsdelikt zu unterscheiden. Beim *Verletzungsdelikt* setzt die Vollendung der Tat voraus, daß ein fremdes Rechtsgut geschädigt worden ist; so bei Körperverletzung, Sachbeschädigung. Das G. ist dagegen schon mit dem Eintritt der *Gefährdung* des angegriffenen Rechtsgutes vollendet. Hierbei wird wieder zwischen dem *konkreten* und dem *abstrakten* G. unterschieden, je nachdem, ob die Gefährdung im Einzelfall festgestellt werden muß, so bei Straßenverkehrsgefährdung infolge Trunkenheit usw. (§ 315 c StGB; → Alkoholdelikte), oder ob die bloße Möglichkeit des Eintritts einer Schädigung genügt, so bei schwerer → Brandstiftung, bei der das bloße Inbrandsetzen wegen der damit verbundenen Gefahr die Strafbarkeit begründet (§ 306 a I StGB).

**Gefährdungshaftung.** Eine Pflicht zum → Schadensersatz wegen Verletzung eines → Vertrags oder aus → unerlaubter Handlung sieht das Gesetz i. d.R. nur bei einem → Verschulden des Schädigers vor. In einer Reihe von Fällen knüpft das Gesetz jedoch an die von der bloßen Inbetriebnahme einer Einrichtung ausgehende Gefährdung *(Betriebsgefahr)* eine Haftung des Halters der Einrichtung (oder des Tieres) auch ohne dessen Verschulden, wenn durch den Betrieb der Einrichtung Dritte zu Schaden kommen (→ Schadensersatz, 1 a). Das Gesetz geht davon aus, daß es hier dem Geschädigten nicht zumutbar sei, im Einzelfall ein Verschulden des Halters nachzuweisen; der Haftungsgrund liegt bereits in der Inbetriebnahme einer Einrichtung oder im Inverkehrbringen sicherheitsgefährdender Produkte die geeignet sind, anderen Schaden zuzufügen. Die wichtigsten Fälle sind die Haftung der Eisenbahn, Straßenbahn, u. a. für Personen- und Sachschäden (→ Eisenbahnbetriebshaftung), die Haftung des Halters und u. U. des Fahrers eines Kraftfahrzeugs (→ Straßenverkehrshaftung), die → Produkthaftung, die → Umwelthaftung, die Haftung des Halters eines → Luftfahrzeuges, die Haftung für → Wild- und → Jagdschäden sowie für Bergschäden (→ Bergwerkseigentum), im BGB die → Tierhalterhaftung und die Haftung für → Immissionen usw. Verschiedentlich – z. B. für den Halter eines Kraft- oder Luftfahrzeugs – verlangt das Gesetz für die möglicherweise eintretende G. den Abschluß einer → Haftpflichtversicherung. Da die fortschreitende technische Entwicklung immer neue Gefahrenpunkte schafft, ist die G. ständig im Vordringen begriffen (AtomG, WasserhaushaltsG). Die G. ist in den einzelnen Gesetzen verschieden ausgestaltet; da sie kein Verschulden voraussetzt, ist sie, um den Schädiger nicht unverhältnismäßig zu belasten, unter anderen Gesichtspunkten wieder eingeschränkt, insbes. meist ausgeschlossen, wenn der Schaden auf höhere Gewalt oder ein unabwendbares Ereignis zurückzuführen ist, sowie im Umfang der Ersatzpflicht. Dagegen hat die Rspr. (vgl. BGHZ 55, 229) eine sog. *öffentlichrechtliche G.,* d. h. eine allgemeine Haftung der öffentlichen Hand für von ihrem Bereich ausgehende schädigende Ereignisse, stets verneint und Schadensersatz nur bei Vorliegen der Voraussetzungen eines → enteignungsgleichen Eingriffs oder eines → Aufopferungsanspruchs zugesprochen; s. ferner → Staatshaftung.

**Gefahrenabwehr.** Abwehr von Gefahren und Beseitigung von Störungen für die öffentliche → Sicherheit und Ordnung sind im → Polizeirecht und → Ordnungsrecht geregelte Aufgaben der → Polizei und der → Ordnungsbehörden (dazu gehört auch die Verhütung von Straftaten und Ordnungswidrigkeiten). Eine Gefahr liegt vor, wenn eine Beeinträchtigung der öff. Sicherheit und Ordnung noch nicht eingetreten, aber zu befürchten, d. h. mit Wahrscheinlichkeit zu erwarten ist. Die Gefahr muß konkret sein, d. h. sie muß an Ort und Stelle drohen und nach allgemeiner Lebenserfahrung erwarten lassen, daß sie sich zu einer Beeinträchtigung der öff. Sicherheit und Ordnung verdichten wird; eine Verordnung kann auch aufgrund einer abstrakten Gefahr erlassen werden (→ polizeiliche Maßnahmen; → ordnungsbehördliche Maßnahmen).

**Gefahrenrückversicherung** → Rückversicherung.

**Gefahrerhöhung** (Anzeigepflicht usw.) → Versicherungsvertrag.

**Gefahrgeneigte Arbeit** (schadensgeneigte A.) → innerbetrieblicher Schadensausgleich.

**Gefährliche Güter** → Beförderung g. G.

**Gefährliche Stoffe** → Gefahrstoffe.

**Gefahrstoffe (gefährliche Stoffe).** Regelungen für G. enthalten vor allem die VOen vom 26. 10. 1993 (BGBl. I 1782) und vom 14. 10. 1993 (BGBl. I 1720).

**Gefahrtarif.** In der gesetzlichen → Unfallversicherung werden die Beiträge nach dem Grade der Unfallgefahr abgestuft. Dies geschieht in einem G., den die Vertreterversammlung des Trägers der UV mit Genehmigung der Aufsichtsbehörde aufstellt. Vgl. §§ 157 ff. SGB VII.

**Gefahrübergang** → Gefahr.

**Gefahrverschollenheit** → Todeserklärung.

**Gefälligkeitsakzept, -wechsel.** Nimmt jemand einen → Wechsel durch G.akzept lediglich zu dem Zweck an, ihn kreditfähig zu machen, so hat er im Verhältnis zu anderen Wechselverpflichteten Anspruch darauf, von seiner Wechselverbindlichkeit freigestellt zu werden. G.wechsel sind i. d. R. → Finanzierungswechsel, als solche gültig und begründen die Haftung aus dem Wechsel gegenüber gutgläubigen Wechselinhabern.

**Gefälligkeitsfahrt.** Kommt bei einem Verkehrsunfall der mitfahrende Insasse eines Kfz. zu Schaden, so stehen ihm Ansprüche aus der den Fahrer oder den Halter des Fz. treffenden → *Gefährdungshaftung* (d. h. ohne Nachweis eines Verschuldens) nur zu, wenn es sich um eine entgeltliche, geschäftsmäßige Personenbeförderung handelt (§ 8 a StVG). Der Geschädigte ist daher bei privaten Fahrten i. d.R. auf Ersatzansprüche aus → *Beförderungsvertrag* oder → *unerlaubter Handlung* angewiesen und muß Verschulden des Halters oder Fahrers nachweisen. Beim Mitnehmen aus Gefälligkeit fehlt es i. d.R. an einer vertraglichen Vereinbarung; Zahlung eines Entgelts, Kostenbeitrag oder ausdrückliche Zusage der Mitnahme kann aber für vertragliche Abrede sprechen, ebenso eigenes Interesse des Fahrers oder Halters (z. B. Mitnehmen eines Kaufinteressenten). Liegt dagegen eine G. vor, so ist hieraus nicht schon ein *stillschweigender Haftungsausschluß* zu folgern (BGH NJW 1966, 42). Dieser kann sich aber aus besonderen Umständen ergeben, so wenn dem Mitfahrenden Mängel am Kfz. oder in der Person des Fahrers (Trunkenheit, Übermüdung) bekannt sind; mußte er hiernach mit erheblichen Unfallfolgen rechnen, kann sogar stillschweigender Haftungsverzicht für *grobe* Fahrlässigkeit angenommen werden, so bei Fehlern an Beleuchtung oder Bremsen oder starker Trunkenheit des Fahrers. Haftungsausschluß für *vorsätzliches* Handeln ist nach § 276 II BGB unzulässig. Minderjährige bedürfen zu einem rechtswirksamen Haftungsverzicht der Einwilligung des gesetzlichen Vertreters; doch kann nach neuerer Rspr. ein Inkaufnehmen möglicher Gefährdung, wenn eine dem Alter entsprechende Einsichtsfähigkeit vorliegt, als *Handeln auf eigene Gefahr* zum Haftungsausschluß führen (→ Mitverschulden). Ein ausdrücklicher, ohne Widerspruch entgegengenommener Hinweis, der Insasse fahre „auf eigene Gefahr" mit, schließt i. d.R. nur Haftung für *leichte* Fahrlässigkeit aus. Bei nahen Angehörigen kann stillschweigender Haftungsausschluß nicht ohne weiteres angenommen werden, allenfalls nur für leichte Fahrlässigkeit. Hat der Mitfahrende zwar den Mangel nicht erkannt, hätte er ihn aber erkennen müssen, kann die Haftung wegen → Mitverschuldens ausgeschlossen oder beschränkt sein (§ 254 BGB).

*Strafrechtlich* wirkt sich der Haftungsverzicht als → Einwilligung des Verletzten aus, die sich bei der G. aber immer nur auf leichte Körperverletzungen und i. d. R. nur auf leichte Fahrlässigkeit erstrecken wird; sie schließt insoweit die → Rechtswidrigkeit aus.

**Gefälligkeitsverhältnis, Gefälligkeitsvertrag** → Schuldverhältnis.

**Gefangene** sind Personen, denen aufgrund hoheitlicher Gewalt, insbes. richterlicher Anordnung die Freiheit entzogen ist und die sich in amtlichem Gewahrsam befinden (→ Untersuchungshaft, → Strafvollzug). Davon zu unterscheiden sind aufgrund hoheitlicher Anordnung in einer Anstalt verwahrte oder sonst untergebrachte Personen. S. a. → Verkehr mit Gefangenen.

**Gefangenenbefreiung.** Wer einen Gefangenen (auch behördlich Anstaltsverwahrten) aus der Anstalt oder sonstigem amtlichen Gewahrsam oder aus der Bewachung gegen den Willen der zuständigen Stelle befreit oder ihn zum Entweichen verleitet oder dabei fördert, wird mit Freiheitsstrafe bis zu 3 Jahren oder Geldstrafe bestraft (§ 120 StGB). Höhere Strafdrohungen gelten gegen → Amtsträger oder sonstige besonders Verpflichtete, die gehalten sind, das Entweichen zu verhindern (z. B. Aufsichtsbeamte, Unternehmer). Versuch ist strafbar. Die Selbstbefreiung ist nicht strafbar, daher nach h. M. auch nicht Anstiftung oder Beihilfe zur G. durch den Gefangenen, wohl aber die Zusammenrottung mehrerer Gefangener zu einem gewaltsamen → Ausbruch aus der Gefangenenanstalt (→ Meuterei).

**Gefangenenmeuterei** → Meuterei.

**Gefängnis** (von 1 Tag bis zu 5 Jahren) war eine der Strafarten, die durch das 1. StrRG 1969 mit anderen zur einheitlichen → Freiheitsstrafe zusammengefaßt worden sind.

Der Ort der Strafverbüßung wird ebenfalls nicht mehr als G., sondern als Justizvollzugsanstalt (JVA) bezeichnet; → Strafvollzug.

**Gegenbescheinigung** ist bei einer → Zustellung von Anwalt zu Anwalt im → Zivilprozeß die schriftliche Erklärung des zustellenden → Rechtsanwalts, der die Vornahme der Zustellung bestätigt. Die G. ist auf Verlangen des Rechtsanwalts auszustellen, dem zugestellt wurde (§ 198 II 2 ZPO; → Empfangsbekenntnis).

**Gegenbeweis** → Beweislast.

**Gegendarstellung.** Der verantwortliche Redakteur (nach einigen Landesrechten daneben der Verleger) einer periodischen Druckschrift ist nach den Pressegesetzen der Länder verpflichtet, zu Tatsachen, die in der Druckschrift veröffentlicht werden, auf Verlangen einer unmittelbar betroffenen Person oder Behörde deren Gegendarstellung *(Berichtigung)* abzudrucken. Die G. muß die beanstandeten Stellen bezeichnen, sich auf tatsächliche Angaben beschränken und vom Einsender unterzeichnet sein. Sie ist unverzüglich und in demselben Teil des Druckwerkes sowie in derselben Schrift wie der Abdruck des beanstandeten Teils ohne Einschaltungen und Weglassungen abzudrucken. Die Aufnahme ist kostenfrei, soweit nicht die Entgegnung den Raum der zu berichtigenden Mitteilung überschreitet. Der Abdruck darf nur verweigert werden, wenn die G. einen strafbaren Inhalt hat. Die Berichtigungspflicht setzt nicht voraus, daß die Pressedarstellung falsch war, sondern besteht bei jeder Pressemitteilung zugunsten des Betroffenen. Die G. ist auch dann aufzunehmen, wenn sie den Tatsachen nicht entspricht. Ob die Verpflichtung zur G. öffentlich-rechtlichen oder privatrechtlichen Charakter hat, ist str. Der Anspruch auf G. kann vor den Zivilgerichten durchgesetzt werden, da die Bestimmungen über die G. als Schutzgesetz i. S. des § 823 II BGB (→ unerlaubte Handlung, 2 b) anzusehen sind. S. a. → Ehre, → Presserecht.

**„Gegeneinander aufheben"** (Kosten) → Kostenpflicht.

**Gegenforderung** → Aufrechnung.

**Gegenschluß** (argumentum e contrario) → Auslegung (1 c).

**Gegenseitiger Vertrag** *(synallagmatischer V.).* I. Ein g. V. ist ein → Vertrag, bei dem die notwendig beiderseitigen Verpflichtungen (anders z. B. → Darlehen, nur einseitig verpflichtend) in einem gegenseitigen Abhängigkeitsverhältnis – Synallagma – stehen; die eine Leistung soll nur um der anderen willen erbracht werden *(Austauschv.;* „do ut des" = ich gebe, damit du gibst). Die wichtigsten Vertragstypen des BGB sind gegenseitige Verträge, insbes. Kauf, Tausch, Miete, Pacht, Dienst- und Werkv. (s.d.). Das Gesetz enthält im Hinblick auf den engen Zusammenhang beider Leistungen Sondervorschriften über das Schicksal der Gegenleistung bei → Leistungsstörungen (§§ 320 ff. BGB, mit Abwandlungen bei den einzelnen Vertragstypen):

Wer aus einem g. V. verpflichtet ist, kann die ihm obliegende Leistung, sofern er nicht vorleistungspflichtig ist, bis zur Bewirkung der Gegenleistung verweigern (§ 320 BGB; Ausschluß in → Allgemeinen Geschäftsbedingungen unzulässig, § 11 Nr. 2 a AGBG). Diese *Einrede des nicht erfüllten Vertrags* ist eine Unterart des allgemeinen → Zurückbehaltungsrechts; sie gilt kraft Verweisung ebenfalls beim → Rücktritt und bei der → Wandelung (§§ 348, 467 BGB). Die Einrede steht nur demjenigen zu, der selbst vertragstreu, also z. B. leistungsbereit ist; sie führt bei einer Klage des einen Teils, falls sie geltend gemacht wird (echte → Einrede), nur zu einer Verurteilung Zug um Zug (d. h. Vollstreckung nur bei vorheriger Erbringung der eigenen Leistung, § 322 BGB). Bereits das Bestehen der Einrede des nichterfüllten Vertrags hindert jedoch das Eintreten des → Schuldnerverzugs. Eine gesetzlich oder vertraglich vereinbarte *Vorleistungspflicht* entfällt auf Einrede bei einer wesentlichen Verschlechterung der Vermögensverhältnisse des anderen Teils, bis die Gegenleistung bewirkt oder → Sicherheitsleistung für sie erbracht wird (Sonderfall des Wegfalls der → Geschäftsgrundlage, § 321 BGB).

II. Ferner enthalten die §§ 323–325 BGB über das Schicksal der Gegenleistung bei *nachträglicher → Unmöglichkeit der Leistung* (sog. *Preisgefahr*) und § 326 BGB bei *Schuldnerverzug Sonderbestimmungen:* 1. a) Wird die aus einem g. V. dem einen Teil obliegende Leistung infolge eines Umstandes unmöglich, den weder er noch der andere Teil zu vertreten hat (→ Verschulden), so braucht er nicht mehr zu leisten (§ 275 BGB), verliert aber den Anspruch auf die Gegenleistung; ist die Gegenleistung schon bewirkt, so kann sie nach den Vorschriften über → ungerechtfertigte Bereicherung zurückgefordert werden (§ 323 BGB). Bei Teilunmöglichkeit mindert sich die Gegenleistung, ebenso wenn Herausgabe eines → Surrogats für die unmöglich gewordene Leistung verlangt wird (das sog. stellvertretende commodum). Über den Zeitpunkt des Gefahrübergangs, d. h. des Zeitpunkts, in dem die Preisgefahr auf den Käufer übergeht, so daß Kaufpreiszahlungspflicht trotz Untergangs der Sache besteht, enthält das Kaufrecht Sonderbestimmungen (§§ 446, 447 BGB; → Versendungskauf). b) Ist die Unmöglichkeit der Leistung *vom Gläubiger zu vertreten* – z. B. Hinderung des Leistungserfolgs durch ihn –, so wird der Schuldner mangels eigenen Verschuldens von seiner Leistungspflicht frei, behält aber den Anspruch auf die Gegenleistung (§§ 275, 324 I BGB). Entsprechendes gilt, wenn die Leistung während des → Gläubigerverzugs ohne eigenes Verschulden des Schuldners unmöglich wird (§ 324 II

BGB). c) Wird die Leistung – wie meist – durch ein *Verschulden des Schuldners* unmöglich, so hat der andere Teil ein dreifaches Wahlrecht: Er kann → Schadensersatz wegen Nichterfüllung verlangen (s. dort 2b über die Berechnung), vom Vertrag zurücktreten (→ Rücktritt) oder die Rechte nach § 323 BGB – s. o.: beiderseitige Schuldlosigkeit – geltend machen (§ 325 BGB). Der Rücktritt ist als rechtsgestaltende empfangsbedürftige → Willenserklärung endgültig (dann kein Schadensersatz); vom Schadensersatzanspruch kann jedoch bis zu dessen Befriedigung zum Rücktritt übergegangen werden. Bei nur teilweiser Unmöglichkeit tritt eine entsprechende Aufteilung ein; hat die teilweise Erfüllung des Vertrags für den Gläubiger jedoch kein Interesse, so kann er die genannten Rechte auch hinsichtlich des ganzen Vertrags geltend machen. 2. Schließlich kann, wenn der Schuldner mit einer sog. *Hauptleistung* (also nicht nur mit einer relativ unwichtigen *Nebenleistung*) in *Schuldnerverzug* ist (oder der Schuldner sich einer → positiven Vertragsverletzung schuldig gemacht hat), der vertragstreue Gläubiger dem Schuldner eine nach den Umständen angemessene *Nachfrist* mit der Erklärung bestimmen, daß er die Annahme der Leistung nach dem Ablauf der Frist ablehne. Die Fristsetzung muß ausdrücklich erfolgen; sie kann mit der den Verzug begründenden Mahnung verbunden werden. Eine Nachfristsetzung ist nicht erforderlich, wenn der Schuldner bereits ernsthaft und endgültig die Leistung verweigert hat oder wenn die Erfüllung des V. infolge des Verzugs für den anderen Teil kein Interesse mehr hat (z. B. bei Saisonartikeln). Nach erfolglosem Ablauf der Nachfrist ist der Erfüllungsanspruch ausgeschlossen; der Gläubiger ist berechtigt, → Schadensersatz wegen Nichterfüllung zu verlangen oder vom Vertrag zurückzutreten (§ 326 BGB). Bei teilweisem Verzug finden die Vorschriften über die teilweise Unmöglichkeit (s.o.) entsprechende Anwendung.

**Gegenstand.** Unter G. ist das der Rechtsmacht eines → Rechtssubjekts unterworfene *Rechtsobjekt* zu verstehen. Der Begriff des G. umfaßt (körperliche) → Sachen und andere unkörperliche Gegenstände, wie insbes. Rechte, Forderungen und sonstige objektive Werte, z. B. Geschäftswert einer Firma, Energieleistungen u. a., die aber – soweit faßbar – oftmals wie eine Sache behandelt werden (Kauf von elektrischem Strom, Wärme usw.).

**Gegenstandswert** ist der für die → Rechtsanwaltsgebühren maßgebende in Geld bemessene Wert des Gegenstandes, den die anwaltliche Tätigkeit betrifft (§ 7 I BRAGO). Der G. richtet sich nach dem → Streitwert oder → Geschäftswert (§§ 8, 9 BRAGO). Soweit nicht das Gericht auf Antrag den G. durch beschwerdefähigen Beschluß festsetzt (§ 10 BRAGO), berechnet ihn der RA selbständig (§ 18 BRAGO).

**Gegenüberstellung** → Vernehmungen im Strafverfahren.

**Gegenverkehr** → Ausweichen, → Abbiegen, → Überholen.

**Gegenvormund.** Neben dem → Vormund kann ein G. bestellt werden; das soll geschehen, wenn die → Vormundschaft eine erhebliche Vermögensverwaltung umfaßt, ein *Mitvormund* nicht bestellt ist und auch keine → befreite Vormundschaft vorliegt (§ 1792 BGB). Dem Jugendamt (→ Amtsvormundschaft) kann kein G. bestellt werden; doch kann das Jugendamt seinerseits G. sein. Für die Auswahl, Bestellung und Haftung des G. gelten die Vorschriften über die Vormundschaft entsprechend. Der G. hat als Kontrollorgan im Interesse des → Mündels die ordnungsgemäße Geschäftsführung des Vormunds zu überwachen, dessen Rechnungslegung zu überprüfen und Pflichtwidrigkeiten des Vormunds dem V.gericht anzuzeigen (§§ 1799, 1842 BGB). Zu einer Reihe von Rechtsgeschäften bedarf der V. der Genehmigung des G.s (§§ 1809, 1812, 1813 BGB, → Mündelgeld), auf deren Erteilung die Vorschriften über die vormundschaftsgerichtliche Genehmigung (→ Vormund) entsprechende Anwendung finden (§ 1832 BGB). Die Genehmigung durch das V.gericht ersetzt die Genehmigung des G. s.

**Gegenvorstellungen.** Neben den förmlichen, in den Verfahrensgesetzen geregelten → Rechtsmitteln und

→ Rechtsbehelfen gibt es sog. formlose Rechtsbehelfe, die im allgemeinen gesetzlich nicht geregelt sind. Zu ihnen gehört die G. *(Remonstration)*. Sie wendet sich an die Behörde, die den beanstandeten Akt erlassen hat, mit dem Ziel, ihn nochmals auf seine Rechtmäßigkeit und Zweckmäßigkeit zu überprüfen. Die G. ist an keine Frist oder Form gebunden und äußert keine Rechtswirkungen (kein → Suspensiv- und Devolutionseffekt; kein Rechtsanspruch auf sachliche Verbescheidung). Eine G. kann grundsätzlich gegen jedes Tun oder Unterlassen einer Behörde (ohne Beschränkung auf → Verwaltungsakte) erhoben werden, auch neben einem förmlichen Rechtsbehelf. Gegen gerichtliche Entscheidungen kommt eine G. nur in Betracht, wenn das Gericht nach der Verfahrensordnung zu einer Änderung seiner Entscheidung befugt ist. Wendet sich die G. an die übergeordnete Behörde, so spricht man von Aufsichtsbeschwerde (→ Dienstaufsichtsbeschwerde).

**Gegenwerttheorie** (Steuerrecht) → Belastungen, außergewöhnliche 1.

**Gegenzeichnung** → Ausfertigung von Gesetzen.

**Geh- und Fahrtrecht** → Grunddienstbarkeit.

**Gehaltsanspruch.** Der G. des → Angestellten unterliegt weitgehend den gleichen Rechtsgrundsätzen wie der → Arbeitslohn. Die → Verjährungsfrist dauert ebenfalls 2 Jahre (§ 196 I Nr. 8, 9 BGB); → Abtretung ist nur für den Teil möglich, der nicht der → Lohnpfändung unterliegt (§ 400 BGB); → Aufrechnung gegen den G. ist nur im gleichen Umfang zulässig (§ 394 BGB). Über den G. des Beamten → Dienstbezüge.

**Gehaltsfortzahlung** → Entgeltfortzahlung im Krankheitsfall.

**Gehaltsklausel** → Geldschuld.

**Gehaltspfändung** → Lohnpfändung.

**Geheimbereich.** Der Schutz des G. (der *Intimsphäre*) ist verfassungsrechtlich durch die Bestimmungen über die → Menschenwürde und das → Persönlichkeitsrecht gewährleistet (s. dort auch über materielle und immaterielle Schadensersatzansprüche wegen Rechtsverletzung), strafrechtlich durch die §§ 201 ff. StGB; diese stellen insbes. die Verletzung der Vertraulichkeit des Wortes durch unzulässige → Tonaufnahmen oder deren Weitergabe sowie die unbefugte Verletzung des → Briefgeheimnisses und von → Berufsgeheimnissen unter Strafe. S. a. → Datenschutz, → Tagebuchaufzeichnungen.

**Geheimbündelei** ist Teilnahme an einer Verbindung, deren Dasein, Verfassung oder Zweck vor der Regierung geheimgehalten werden soll. G. war nach § 128 StGB a. F. bis zum 31. 7. 1968 allgemein strafbar. Jetzt stellt nur noch § 92 I Nr. 7 AusländerG die Teilnahme an einer überwiegend aus *Ausländern* bestehenden inländischen Verbindung unter Strafe, deren Bestehen, Zielsetzung oder Tätigkeit vor den Behörden geheimgehalten werden soll, um ihr Verbot abzuwenden. S. a. → Kriminelle Vereinigungen, → Terroristische Vereinigungen.

**Geheimdienstliche Tätigkeit** → Agententätigkeit.

**Geheimer Vorbehalt** → Willenserklärung (I 2).

**Geheimhaltungspflicht** → Berufsgeheimnis, → Dienstgeheimnis, → Geheimnisverrat.

**Geheimnisverrat.** Wegen des Verrats von *Staats-* oder *Berufsgeheimnissen* s. → Landesverrat, → Berufsgeheimnis, → Dienstgeheimnis; s. ferner → Briefgeheimnis. Gegen Verrat geschützt ist auch das → *Geschäfts- oder Betriebsgeheimnis:* Nach § 17 UWG werden Angestellte, Arbeiter und Lehrlinge bestraft, die ein ihnen bekannt gewordenes Geheimnis dieser Art während ihres Dienstverhältnisses unbefugt zu Wettbewerbszwecken, aus Eigennutz, zugunsten eines Dritten oder, um dem Geschäftsinhaber zu schaden, einem Dritten mitteilen. Ebenso wird bestraft, wer sich unbefugt ein Geschäftsgeheimnis verschafft oder sichert *(Betriebsspionage)* oder die gesetz- oder sittenwidrig erlangte Mitteilung eigennützig oder zu Wettbewerbszwecken unbefugt verwertet. Verrat oder Verwertung für Auslandszwecke ist erhöht strafbar. Auch die unbefugte Verwertung von Vorlagen, technischen Zeichnungen, Mustern usw. zu Wettbewerbszwecken wird bestraft (§ 18 UWG). In § 20 UWG ist überdies das versuchte Verleiten oder Sicherbieten zum G. unter Strafe gestellt. S. a. → Wirtschaftsspionage.

**Geheimpatent** → Patentanmeldung.

**Geheimsphäre** → Geheimbereich.

**Gehilfe** → Beihilfe, → Erfüllungsgehilfe, → Verrichtungsgehilfe, → Handlungsgehilfe, → Hausgehilfen, → Streitgehilfe.

**Gehör, rechtliches** → rechtliches Gehör.

**Gehorsamspflicht.** Durch Verpflichtungsgeschäft (→ Rechtsgeschäft, 2 g) kann für den einen Teil gegenüber dem anderen eine G. begründet werden *(privatrechtliche G.)*, so für den *Arbeitnehmer* innerhalb eines → Arbeitsverhältnisses (→ Direktionsrecht).

Eine wesentlich strengere *öffentlichrechtliche G.* besteht für *Beamte* und *Soldaten.* Beide haben ihren Vorgesetzten zu gehorchen. Der Beamte hat dienstliche Anweisungen des Vorgesetzten und allgemeine Richtlinien zu befolgen, sofern er nicht nach besonderen gesetzlichen Vorschriften an Weisungen nicht gebunden und nur dem Gesetz unterworfen ist (z. B. Mitglieder des Rechnungshofes, des Personalausschusses); der Soldat hat Befehle nach besten Kräften vollständig, gewissenhaft und unverzüglich auszuführen (§ 37 BRRG, § 55 BBG und Beamtengesetze der Länder; § 11 SoldatenG).

Die Gehorsamspflicht setzt die *Verbindlichkeit* des Befehls voraus. Bedenken gegen die Rechtmäßigkeit dienstlicher Anordnungen hat der Beamte unverzüglich bei seinem unmittelbaren Vorgesetzten und erforderlichenfalls dem nächsthöheren Vorgesetzten vorzutragen. Bestätigt dieser die Anordnung, so muß der Beamte sie ausführen und ist von eigener Verantwortung befreit, es sei denn, sie verletzt die Würde des Menschen oder ist erkennbar auf ein strafbares oder ordnungswidriges Verhalten gerichtet (§ 38 BRRG, § 56 BBG und Beamtengesetze der Länder). Ebenso darf nach § 11 II SoldatenG ein Befehl nicht befolgt werden, wenn dadurch eine Straftat begangen würde (anders bei → Ordnungswidrigkeit).

*Unter Strafe gestellt* ist der *militär. Ungehorsam* (und das – wenn auch nur versuchte – Verleiten dazu), d. h. das Nichtbefolgen eines (verbindlichen) Befehls durch einen militär. Untergebenen, wenn es vorsätzlich oder leichtfertig (grob fahrlässig) geschieht und eine *Gefahr* für die Sicherheit der BRep., die Schlagkraft der Truppe, Leib oder Leben eines Menschen oder fremde Sachen von bedeutendem Wert herbeiführt; ferner auch ohne diese Folgen die *Gehorsamsverweigerung,* wenn sich der Täter mit Wort oder Tat gegen einen Befehl auflehnt oder ihn trotz Wiederholung nicht ausführt (§§ 19–21 WStG). Nimmt der Untergebene irrig an, der Befehl sei auf eine Straftat gerichtet, so wird er, wenn er den Irrtum nicht vermeiden konnte, nicht wegen Ungehorsams bestraft (u. U. aber z. B. wegen eines anderen → Unterlassungsdelikts). Dasselbe gilt, wenn er den Befehl aus anderen Gründen für unverbindlich hält, etwa weil er den dienstlichen Zweck verkennt, und wenn er den Irrtum nicht vermeiden konnte, ihm auch die Inanspruchnahme von → Rechtsbehelfen nicht zuzumuten war; war ihm dies zuzumuten, kann von Strafe abgesehen werden (§ 22 WStG). *Befolgt* der Untergebene den auf eine *Straftat* abzielenden Befehl trotz dessen Unverbindlichkeit, so ist er strafrechtlich verantwortlich, wenn er das Unrecht erkennt oder wenn es offensichtlich ist; doch kann das Gericht bei geringer Schuld die Strafe mildern, bei Vergehen auch von ihr absehen (§ 5 WStG). Die Verantwortlichkeit des Vorgesetzten wegen → Anstiftung bleibt unberührt.

Der *Mißbrauch der Befehlsbefugnis* zu unzulässigen Zwecken wird an dem militär. Vorgesetzten mit Freiheitsstrafe bis zu 2 Jahren bestraft (§ 32 WStG). Hat der Vorgesetzte den Untergebenen zu einer rechtswidrigen, strafbedrohten Tat veranlaßt oder zu veranlassen versucht, besteht eine höhere Strafbarkeit als beim Anstifter nach §§ 26, 30 StGB: Begeht der Untergebene die Tat, kann die Strafe des Vorgesetzten bis auf das Doppelte der vorgesehenen Höchststrafe, aber nicht über das allgemeine gesetzliche Höchstmaß der betreffenden Strafart (Freiheitsstrafe usw.), erhöht werden;

die mißlungene Verleitung ist auch bei Vergehen strafbar (§§ 33, 34 WStG).

**Geh- und Stehbehinderungen** → Belastungen, außergewöhnliche 2 e.

**Gehweg** (Fußweg). Ein G. kann durch → Verkehrszeichen den Fußgängern vorbehalten sein. Die Eigenschaft als G. kann sich auch durch Abgrenzung von der Fahrbahn (Bordstein u. dgl.) ergeben. Fahrzeuge dürfen dann nur die Fahrbahn benutzen (§ 2 I StVO); durch → Verkehrszeichen kann Mitbenutzung des G. zum → Parken gestattet sein. Fußgänger müssen den neben einer Fahrbahn befindlichen G. benutzen, außer wenn sie Gegenstände mitführen, die andere Fußgänger behindern, z. B. Fahrräder (§ 25 I 1, II 1 StVO). Geschlossen marschierende Verbände benutzen nicht den G., sondern die Fahrbahn (§ 27 I 1 StVO).

**Geiselnahme** in besetzten Gebieten wird völkerrechtlich teilweise für zulässig gehalten, wenn sie die Einhaltung des Kriegsrechts durch die Bevölkerung erzwingen soll. Oft werden mit ihr aber auch andere Zwecke verfolgt. In der → Genfer Konvention zum Schutz der Zivilbevölkerung ist sie verboten. Über die entsprechend dem Internat. Übereinkommen vom 18. 12. 1979 (BGBl. 1980 II 1362) nach § 239 b StGB strafbare G. → Menschenraub.

**Geisterfahrer** ist die gängige Bezeichnung für einen sich grob verkehrswidrig und rücksichtslos verhaltenden Kraftfahrer, der auf Autobahnen oder Kraftfahrstraßen entgegen der Fahrtrichtung fährt. Werden dadurch Leib oder Leben eines anderen oder fremde Sachen von bedeutendem Wert gefährdet, wird die Tat bei → Vorsatz mit bis zu fünf Jahren, bei → Fahrlässigkeit mit bis zu zwei Jahren Freiheitsstrafe, oder mit Geldstrafe bestraft (§ 315 c I Nr. 2 f StGB).

**Geisteskranke, Geistesschwache (Unterbringung)** → Anstaltsunterbringung.

**Geisteskrankheit** → Betreuung, → Schuldunfähigkeit.

**Geistesschwäche** → Betreuung.

**Geistiges Eigentum.** Die Theorie vom g. E. bildet die wichtigste Grundlage des → Urheberrechts und des Schutzes der → Erfindung. Sie wurde im Zuge der Naturrechtslehre begründet, erstmals in England 1709 gesetzlich anerkannt, in Deutschland erst seit dem 19. Jh. Im Patentrecht und auch im UrhG von 1965 ist die Theorie vom g. E. wegen der zeitlich begrenzten Schutzfrist vom Gesetzgeber nicht voll verwirklicht worden. S. a. → Produktpiraterie, → gewerblicher Rechtsschutz, → TRIPS.

**Geistliche** genießen im Hinblick auf ihre Berufspflichten, namentlich das Beichtgeheimnis, besonderen rechtlichen Schutz. Die sonst in § 138 StGB begründete → Anzeigepflicht bei Kenntnis vom Vorhaben bestimmter schwerer Straftaten entfällt, wenn dem G. der Sachverhalt *bei Ausübung der Seelsorge anvertraut* worden ist (§ 139 II StGB). Insoweit sind G. der staatlich anerkannten öffentlich-rechtlichen Religionsgemeinschaften berechtigt, als Zeuge im gerichtlichen Verfahren die Aussage zu verweigern, im Strafprozeß auch über das ihnen bei der Seelsorge bekannt Gewordene. Im Zivilprozeß besteht das Verweigerungsrecht nicht, wenn der Geistliche von der Schweigepflicht entbunden worden ist; im Strafprozeß bleibt es trotzdem bestehen (§ 383 I Nr. 4, § 385 II ZPO, § 53 I Nr. 1, II StPO). Das Verweigerungsrecht gilt aber nicht, wenn es sich um Vorgänge handelt, die der G. nicht in seiner seelsorgerischen Funktion erfahren hat, sondern anläßlich einer karitativen, verwaltenden, erzieherischen oder sonstigen beruflichen Tätigkeit. G. können ferner die Berufung zum → Schöffen ablehnen (§ 34 GVG), die zum Betreuer (→ Betreuung) oder → Vormund, falls die etwa erforderliche Genehmigung der kirchlichen Behörde nicht erteilt wird (§§ 1784, 1888, 1908 i BGB). Im Besteuerungsverfahren Dritter steht den G. ein → Auskunftsverweigerungsrecht zu (§ 102 I Nr. 1 AO). G. unterliegen der Disziplinargewalt der Religionsgemeinschaft (s. → Kirchenbeamte); den Rechtsweg zur → Verwaltungsgerichtsbarkeit gegen innerkirchliche Maßnahmen, wegen ihrer Gehaltsansprüche usw. können sie nur beschreiten, soweit das in entsprechenden innerkirchlichen Vorschriften zugelassen ist (BVerfGE 25, 226; BGHZ 46, 96). Eine kirchliche Trauung dürfen sie – von Ausnahmefällen eines sittlichen Notstandes abgesehen – vor der standesamtlichen nicht vornehmen (Ordnungswidrigkeit; s. → Eheschließung). Unbefugtes Führen der Amtsbezeichnung oder Tragen der Amtskleidung eines G. ist strafbar (§ 132 a StGB). S. a. → Klerus.

**Gekreuzter Scheck** ist ein → Scheck, der vom → Bezogenen nur an eine andere Bank (vgl. Art. 54 SchG) oder an einen Kunden des Bezogenen bezahlt werden darf (Art. 38 SchG). Gekreuzt wird durch zwei gleichlaufende Striche auf der Vorderseite (Art. 37 SchG). Der g. S. dient denselben Zwecken wie ein → Verrechnungsscheck; daher wird er, da die Art. 37, 38 SchG nicht in Kraft gesetzt worden sind, wie ein solcher behandelt (Art. 3 EGSchG; VO vom 28. 11. 1933, RGBl. I 1019).

**Geld** ist das vom Staat („gesetzliches Zahlungsmittel") oder vom Verkehr allgemein als Wertmaßstab und Recheneinheit anerkannte Tauschmittel. Vom Warengeld (z. B. Vieh, Stoffe als Tauschmittel) entwickelte es sich zum Metallgeld mit Fixierung des Wertes durch Prägung (→ Münzwesen). Dabei verlieh der Stoffwert den Münzen Geldfunktion. Auch die als Münzersatz verwendeten → Banknoten waren zunächst voll in Gold einlösbar. Erst im 1. Weltkrieg übernahm das Papiergeld immer mehr die volle Geldfunktion ohne Einlösbarkeit und vielfach ohne Golddeckung (Zeichengeld). Buchgeld oder Giralgeld werden die im bargeldlosen Zahlungsverkehr entstehenden Guthaben genannt. Während → Banknoten und Münzen rechtlich als → Sachen behandelt werden, besteht das Buch- oder Giralgeld in einer schuldrechtlichen Forderung (→ Schuldverhältnis). Der Wert des Geldes beruht nach der Theorie vom Nominalismus auf der staatlichen Anerkennung; nach der Quantitätstheorie hängt er vom Verhältnis der umlaufenden Geldmenge und ihrer Umlaufgeschwindigkeit zum freien Güterangebot (Handelsvolumen) ab. Die Ausgabe von G. ist mit der Verwirklichung der 3. Stufe der Währungsunion der Europäischen Zentalbank (EZB; → System der Europäischen Zentralbanken) vorbehalten (sog. → Notenprivileg); s. a. → Geldschuld.

**Geld- und Wertzeichenfälschung** sind in §§ 146 ff. StGB unter Strafe gestellt. Der Strafschutz erfaßt *Geld*, d. h. die staatlich genehmigten – auch ausländischen – Zahlungsmittel, sowie die gleichgestellten geldwerten Papiere. Außer Metall- und Papiergeld sind geschützt: Inhaber- und Orderschuldverschreibungen sowie Reiseschecks mit bestimmter Summenangabe, Aktien und Investmentzertifikate (§ 151 StGB). Bestraft wird das *Nachmachen* in der Absicht, das Geld (Wertpapier) als echtes in Verkehr zu bringen; die Veränderung echten oder nicht mehr gültigen (verrufenen) Geldes, dem der Anschein eines höheren Geldwertes oder der Gültigkeit gegeben werden soll; das Sichverschaffen der Falschstücke in der Absicht, sie als echt in Verkehr zu bringen; schließlich das Inverkehrbringen selbst. Die Strafe ist Freiheitsstrafe nicht unter 1 Jahr, bei gewerbs- oder bandenmäßiger Begehung nicht unter 2 Jahren, in minder schweren Fällen Freiheitsstrafe bis zu 5 Jahren bzw. 10 Jahren (§ 146 StGB). Die mildere Strafdrohung gilt auch, wenn der Täter das zunächst ohne Verbreitungsabsicht hergestellte oder wenn er als echt empfangenes Geld nach Erkennen der Fälschung als echtes in Verkehr bringt; der Versuch ist strafbar (§ 147 StGB). *Vorbereitungshandlungen* sind in § 149 StGB unter Strafe gestellt, und zwar das Beschaffen oder Anfertigen von Platten u. dgl. zum Zwecke der Geldfälschung. Wer solche Gegenstände zwar ohne diese Zweckbestimmung, aber ohne schriftlichen behördlichen Auftrag anfertigt oder anderen verabfolgt, begeht eine → Ordnungswidrigkeit; das gilt ebenso für das Herstellen oder Vertreiben von papiergeldähnlichen Drucksachen u. dgl. (§§ 127, 128 OWiG). Über → Vermögensstrafe, Erweiterten → Verfall und Einziehung von Falschgeld (→ Einziehung im Strafverfahren) s. § 150 StGB. Die Fälschung oder Verwendung gefälschter oder schon benutzter Post- oder sonstiger amtlicher *Wertzeichen* (auch Versuch) ist nach § 148 StGB strafbar. Die *Nachprägung außer Kurs gesetzter Münzen* ist Ordnungswidrigkeit nach § 11 a des

→ ScheidemünzenG. *Medaillen* und *Marken* dürfen mit Geld nicht verwechslungsfähig sein (VO vom 13. 12. 1974, BGBl. I 3520). S. a. → Fälschung von Zahlungskarten und Euroscheckvordrucken.

**Geldbuße.** Der Begriff G. wird in verschiedenem Sinne gebraucht. Die Androhung einer G. kennzeichnet eine → *Ordnungswidrigkeit* zum Unterschied von der *Straftat*, die unter Strafdrohung steht; bei sog. Mischtatbeständen kann dieselbe Zuwiderhandlung je nach ihrer Schwere Straftat oder Ordnungswidrigkeit sein (vgl. §§ 1, 2 WiStG 1954). Die G. beträgt 10–20 000 DM, soweit das Gesetz nichts anderes bestimmt; sie soll den Gewinn, den der Täter aus der Ordnungswidrigkeit gezogen hat, übersteigen und kann deshalb auch die gesetzliche Höchstgrenze überschreiten (§ 17 OWiG). Über das Verfahren zur Verhängung einer G. (Bußgeldbescheid) → Bußgeldverfahren, über die Auferlegung einer Geldzahlung aus anderen gesetzlichen Gründen → Buße.

Geldbußen können ebenso wie Geldstrafen nicht steuermindernd berücksichtigt werden (§ 4 V 2 Nr. 8, § 9 V EStG; § 12 Nr. 4 EStG; § 10 Nr. 3 KStG). → Ausgaben, → Betriebsausgaben.

**Geldentwertung** (Wertsicherung gegen –) → Geldschuld.

**Geldersatz** → Schadensersatz (2 a).

**Geldmarkt** ist der Markt des kurzfristigen Geldkapitals, das die Funktion von Zahlungsmitteln ausübt. Er wird unterschieden vom → Kapitalmarkt als Markt für langfristige Kredite und Beteiligungen. Die Bedeutung des Geldmarktes liegt in der Bereitstellung bzw. Verwertung von Bankgeldern, die in sog. Geldmarktpapieren (kurzfristige Werttitel wie Schatzanweisungen und Schatzwechsel des Bundes und der Länder, vom Bund verbürgte Wechsel der → Bundesanstalt für Landwirtschaft und Ernährung (BLE), Bankakzepte) angelegt und als Tagesgeld, Ultimogeld, Monatsgeld, Dreimonatsgeld gehandelt werden. Die Regulierung des Geldmarktes obliegt der Bundesbank, die im Rahmen der → Offenmarktpolitik die in § 21 BBankG genannten Papiere (Schatzwechsel des Bundes und der Länder u. dgl.) zu Marktsätzen kauft und verkauft.

**Geldschuld.** 1. Die Geldschuld ist regelmäßig eine → Gattungsschuld auf Leistung von → Geld in Höhe des Nennbetrags (sog. *Geldsummenschuld*); eine Stückschuld ist nur bei Verpflichtung zur Leistung ganz bestimmter Münzen gegeben (z. B. zu Sammlerzwecken). Die G. kann in inländischer oder ausländischer Währung vereinbart sein; die deutsche Währung (Deutsche Mark, § 1 des WährungsG vom 20. 6. 1948) ist eine Zwangswährung, so daß grundsätzlich jeder Gläubiger zur Annahme verpflichtet ist. Ist eine in *ausländischer Währung* ausgedrückte G. *(Valutaschuld)* im Inland zu bezahlen, so kann in deutscher Währung gezahlt werden (Umrechnung nach Kurswert), sofern nicht Zahlung in ausländischer Währung ausdrücklich bedungen ist (dann sog. echte Valutaschuld, § 244 BGB). Ist eine G. in einer besonderen Münzsorte zu zahlen *(Geldsortenschuld)*, so ist die Vereinbarung trotz dieser sog. Effektivklausel hinfällig, wenn die Münzsorte z. Z. der Zahlung nicht mehr im Umlauf ist; dann ist entsprechend dem Wert der Schuld in üblichem Geld zu zahlen (§ 245 BGB). Über die Effektivklausel auf einem Wechsel oder Scheck vgl. Art. 41 WG, Art. 36 ScheckG.

2. Die *Geldentwertung* ist für die G. grundsätzlich ohne Bedeutung (allerdings ist ggfs., z. B. beim → Zugewinnausgleich, auf die jeweils maßgeblichen Wertverhältnisse abzustellen, BGHZ 61, 385). *Wertsicherungsklauseln* können aber vertraglich vereinbart werden, z. B. wenn sich die Höhe der Forderung automatisch nach dem jeweiligen Preis des Goldes (sog. Goldwertklausel) oder anderer Güter oder Leistungen, z. B. Entwicklung der Beamtengehälter (Gehaltsklausel), oder des Lebenshaltungskostenindexes (Indexklausel) richten soll. Bis zum Inkrafttreten des Euro-Einführungsgesetzes vom 9. 6. 1998 (BGBl. I 1242) am 1. 1. 1999 waren solche Klauseln nach § 3 WährungsG der Genehmigung durch die zuständige Landeszentralbank unterworfen. Künftig gelten hierfür die Regelungen des Preisangaben- und Preisklauselgesetzes vom 3. 12. 1984 i. d. F. des Euro-Ein-

führungsgesetzes. Danach darf der Betrag von G. nicht unmittelbar und selbsttätig durch den Preis oder Wert von anderen Gütern oder Leistungen bestimmt werden, die mit den vereinbarten Gütern oder Leistungen nicht vergleichbar sind. Bei langfristigen Zahlungen kann das Bundesministerium für Wirtschaft Ausnahmen genehmigen. Der Geld- und Kapitalverkehr bleibt vom Indexierungsverbot ausgenommen. Auch sind Verträge von gebietsansässigen Kaufleuten mit Gebietsfremden vom Indexierungsverbot ausgenommen. Einzelheiten wird die BReg. durch Rechtsverordnung regeln. Nach § 10a MHG i. d. F. des Euro-Einführungsgesetzes kann schriftlich vereinbart werden, daß die Entwicklung des Mietzinses an einen vom Statistischen Bundesamt ermittelten Preisindex für die Gesamtlebenshaltung angepaßt wird, wenn der Vermieter für zehn Jahre auf sein Kündigungsrecht verzichtet oder der Mietvertrag auf Lebenszeit eines Vertragspartners abgeschlossen wird.

**Geldsortenschuld** → Geldschuld.

**Geldstrafe** → Strafen (1); s. a. → Geldbuße, → Ordnungsmittel, → Zwangsmittel.

**Geldsummenschuld** → Geldschuld.

**Geldwäsche** wird allgemein das Einschleusen von Vermögensgegenständen aus → Organisierter Kriminalität in den legalen Finanz- und Wirtschaftskreislauf genannt. Strafbar ist nach § 261 StGB die G. von Gegenständen, d. h. von vermögenswerten Sachen und Rechten, die aus einem → Verbrechen, aus bestimmten → Betäubungsmitteldelikten und Streuerstraftaten, aus bestimmten Delikten wie z. B. → Betrug oder → Urkundenfälschung, die gewerbsmäßig oder vom Mitglied einer zur fortgesetzten Begehung solcher Taten verbundenen Bande begangen worden sind, oder aus einem von einem Mitglied einer → kriminellen Vereinigung begangenen → Vergehen herrühren. Diese Vortaten können auch im Ausland begangen worden sein. Der Täter muß einen solchen Gegenstand verbergen, dessen Herkunft verschleiern oder die Ermittlung der Herkunft, das Auffinden, den → Verfall, die → Einziehung oder die → Sicherstellung vereiteln oder gefährden. Es genügt auch, wenn er den Gegenstand sich oder einem Dritten verschafft oder – bei Bösgläubigkeit im Zeitpunkt der Erlangung – verwahrt oder für sich oder einen Dritten verwendet, es sei denn, daß zuvor ein Dritter den Gegenstand erlangt hat, ohne eine Straftat zu begehen. Die Strafe beträgt für vorsätzliche Begehung Freiheitsstrafe von 3 Monaten bis zu 5 Jahren, in besonders schweren Fällen (z. B. gewerbs- oder bandenmäßige Begehung) Freiheitsstrafe von 6 Monaten bis zu 10 Jahren, bei leichtfertigem Nichterkennen der strafbaren Herkunft des Gegenstandes Geldstrafe oder Freiheitsstrafe bis zu 2 Jahren. Vermögensstrafe (→ Strafen) und Erweiterter → Verfall sind bei bandenmäßiger Begehung zulässig, letzterer auch bei gewerbsmäßiger Begehung. Aufdeckung der Tat kann unter bestimmten Voraussetzungen zu Straflosigkeit, Absehen von Strafe oder Strafmilderung führen (§ 261 IX, X StGB). Nicht nach § 261 StGB wird bestraft, wer wegen Beteiligung an der Vortat strafbar ist (§ 261 IX, 2 StGB). Für eine wirksame Verfolgung der G. wurde das G.-Gesetz vom 25. 10. 1993 (BGBl. I 1770) m. Änd. zur → Gewinnaufspürung erlassen. Außerdem kann der → Bargeldtransport kontrolliert werden.

**Geldwerter Vorteil** (Steuerrecht) → Einnahmen.

**Gelegenheitsarbeiter** → Arbeitsverhältnis.

**Gelegenheitsgesellschaft** *(Konsortium)* ist eine → Gesellschaft des bürgerlichen Rechts, die nur vorübergehend zur Vornahme einzelner Rechtsgeschäfte oder Arbeiten eingegangen wird; z. B. Zusammenarbeit von Banken zur Ausgabe von → Wertpapieren; sog. Arbeitsgemeinschaften von mehreren Bauunternehmen, die an einer Baustelle zusammenarbeiten (→ ARGE) sowie das sog. (A-) Meta-Geschäft (Vereinbarung der Gewinnteilung bei Geschäften, die nach außen von jedem selbständig geschlossen werden).

**Gelegenheitstäter** ist der Gegensatz zum → Hangtäter.

**Gelegenheitsverkehr mit Kraftfahrzeugen** → Personenbeförderung.

**Geleit, sicheres** → Abwesenheitsverfahren.

**Geliebten-Testament** → Sittenwidrigkeit.

**Gelöbnis** → Diensteid.

**Geltungsbereich des Rechts.** Über den *räumlichen G.* der Rechtsnormen im allgemeinen → gemeines Recht, über den des Strafrechts → Geltungsbereich des Strafrechts. Beim *sachlichen G.* unterscheidet man generelles (für jedermann geltendes) und spezielles (für bestimmte Rechtskreise oder Einzelfälle erlassenes) Recht. Über die Rechtsanwendung bei Kollision von Normen s. → internationales, → interlokales.

**Geltungsbereich des Strafrechts.** Das deutsche Strafrecht gilt nach §§ 3 ff. StGB:

1. nach dem *Territorialprinzip*, das durch das 2. StrRG 1975 anstelle des früheren (auf die Staatsangehörigkeit des Täters abstellenden) Personalitätsprinzips wieder eingeführt worden ist, für alle Taten, die im *Inland* begangen wurden, zu dem auch das Küstengewässer und das Küstenmeer gehören; zum Gebiet der ehem. DDR → DDR-Straftaten;

2. für Auslandstaten auf deutschen *Schiffen* (s. a. → Umweltkriminalität) oder *Luftfahrzeugen (Flaggenprinzip);*

3. ohne Rücksicht auf den Tatort, wenn die Tat wichtige deutsche Interessen verletzt insbes. gegen deutsche → Amtsträger gerichtet ist, sowie bei Friedens-, Hoch- oder Landesverrat gegen die BRep., Verschleppung sowie bestimmten anderen Straftaten gegen Deutsche, aber auch Ausländer (*Schutzprinzip*);

4. ebenso, wenn es sich um ein international verfolgbares Verbrechen handelt (Völkermord, Sprengstoff- u. Strahlungsdelikte, Geld- od. Wertpapierfälschung, Luft- und Seepiraterie, Vertrieb von Betäubungsmitteln, Menschenhandel, Verbreitung pornographischer Schriften; ferner bei Verfolgung auf Grund internat. Abkommen – *Weltrechtspflegeprinzip*);

5. bei Auslandstaten gegen einen Deutschen, wenn die Tat auch am Tatort strafbar ist; ebenso für andere im Ausland strafbare Auslandstaten, wenn der Täter inzwischen Deutscher geworden ist oder in Deutschland betroffen und nicht an das Land des Tatorts ausgeliefert wird *(stellvertretende Strafrechtspflege).* Nach § 1 a WStG gilt das deutsche Strafrecht für *Soldaten* während dienstlichen Aufenthalts im Ausland sowie für Auslandstaten, die unter das WStG fallen (insoweit auch für militär. Vorgesetzte, die nicht Soldaten sind).

**GEMA** (Gesellschaft für musikalische Aufführungs- und mechanische Vervielfältigungsrechte) ist eine → Verwertungsgesellschaft für die durch → Urheberrecht geschützten Musikwerke. Die G. nimmt die Rechte der Komponisten, Textdichter und Musikverleger auf Grund eines sog. Berechtigungsvertrags wahr und verteilt die Tantiemen nach einem bestimmten Schlüssel.

**Gemeinbedarf** nennt man die bei der Aufstellung von → Bauleitplänen zu berücksichtigende Ausstattung des Gemeindegebiets mit den der Allgemeinheit dienenden baulichen Anlagen und Einrichtungen (Schulen, Kirchen, Krankenhäuser u. a. öffentl. Gebäude; vgl. § 9 I Nr. 5 BauGB).

**Gemeinde.** 1. Die G. ist die kleinste Gebietskörperschaft. Die → Gemeindeverfassung und die Rechte und Pflichten der G. sind im → Gemeinderecht der Länder (→ Gemeindeordnung) geregelt. Die Rechtsstellung der G., nicht aber deren Bestand im einzelnen, ist verfassungsrechtlich gewährleistet (→ kommunale Selbstverwaltung). Die G. ist entweder kreisangehörig oder kreisfrei (→ kreisfreie Städte). In einigen Ländern bestehen Zwischenformen wie z. B. die „große kreisangehörige Stadt" (→ Stadt). Dabei handelt es sich um kreisangehörige G.en, die einen Teil der Aufgaben der Kreisverwaltungsbehörde (→ Kreisverwaltung) oder des → Kreises wahrnehmen.

2. Die Rechtsstellung der Organe der G. und die politische Willensbildung in der G. regelt die → Gemeindeverfassung.

3. Der Aufgabenbereich der G. ist in den Ländern unterschiedlich geregelt. Man unterscheidet den dualistischen und den monistischen Aufgabenbegriff. Die Unterschiede in der Praxis der Gemeindeverwaltung sind dabei trotz der

divergierenden rechtlichen Bestimmungen i. d. R. gering.

a) Nach dem überkommenen dualistischen Modell unterscheidet man Selbstverwaltungsangelegenheiten und Auftragsangelegenheiten. Selbstverwaltungsangelegenheiten gliedern sich in freiwillige und pflichtige Selbstverwaltungsangelegenheiten, die zusammen den eigenen Wirkungskreis der G. bilden. Auftragsangelegenheiten sind staatliche Aufgaben, die als übertragener Wirkungskreis den G.en vom Staat zur Ausführung übertragen sind. Das Gemeinderecht in Bayern, Niedersachsen, Rheinland-Pfalz und dem Saarland folgt dem dualistischen Modell.

b) Das monistische Modell geht von einem einheitlichen Begriff der öffentlichen Aufgabe aus. Danach sind die G.en als ausschließliche Träger der öffentlichen Gewalt auf ihrem Gebiet berechtigt und verpflichtet, dort alle öffentlichen Aufgaben allein und in eigener Verantwortung zu erfüllen. Die Auftragsangelegenheiten nach dem dualistischen Modell werden im monistischen Modell als Pflichtaufgaben zur Erfüllung nach Weisung erledigt. Hinsichtlich der Selbstverwaltungsaufgaben unterscheidet sich das monistische Modell nicht vom dualistischen Modell. Das Gemeinderecht in Baden-Württemberg, Brandenburg, Hessen, Mecklenburg-Vorpommern, Nordrhein-Westfalen, Sachsen, Sachsen-Anhalt und Schleswig-Holstein folgt dem monistischen Modell.

c) Auftragsangelegenheiten (nach dem dualistischen Modell) bzw. Pflichtaufgaben zur Erfüllung nach Weisung (nach dem monistischen Modell) sind u. a. Melde-, Paß-, Staatsangehörigkeits- und Personenstandsangelegenheiten, Wehrerfassung, ziviler Bevölkerungsschutz sowie die Mitwirkung der G.en bei Bundes- und Landtagswahlen. Pflichtige Selbstverwaltungsangelegenheiten (nach dem dualistischen Modell) bzw. sonstige Pflichtaufgaben (nach dem monistischen Modell) sind die Aufrechterhaltung der öffentlichen → Sicherheit und Ordnung (→ Ordnungsbehörden), Bau der Ortsstraßen und Wohnungsfürsorge. Freiwillige Aufgaben sind z. B. kommunale Wirtschaftsförderung, Sportförderung und gemeindliche Kulturarbeit. Bei der Wahrnehmung der freiwilligen Aufgaben sind die G.en frei. Allerdings dürfen sie sich auch insoweit nicht in die Zuständigkeit anderer Hoheitsträger einmischen. So müssen sich die G.en z. B. bei außen- und verteidigungspolitischen Fragen Zurückhaltung auferlegen.

d) Kreisfreie Städte nehmen als Selbstverwaltungsaufgaben auch die Selbstverwaltungsaufgaben des → Kreises und als Auftragsangelegenheiten (nach dem dualistischen Modell) bzw. als Pflichtaufgaben zur Erfüllung nach Weisung (nach dem monistischen Modell) die Auftragsangelegenheiten bzw. Pflichtaufgaben zur Erfüllung nach Weisung des Kreises und die Aufgaben der staatlichen → Kreisverwaltung wahr.

e) Als Ausfluß des Selbstverwaltungsrechts stehen der G. die Finanzhoheit verbunden mit der Abgabenhoheit (→ Gemeindeabgaben), die Planungshoheit, die Personalhoheit und die Satzungsautonomie zu. Die Satzungsautonomie gibt der G. das Recht, → Satzungen mit bindender Wirkung zu erlassen, z. B. einen Anschluß und Benutzungszwang für gemeindliche Einrichtungen anzuordnen. Als Satzung ergeht auch der Bebauungsplan (→ Bauleitpläne). Die Gemeindeabgaben reichen i. d.R. nicht zur Deckung des gemeindlichen Finanzbedarfs aus; neben Anteilen an verschiedenen staatlichen Steuern erhalten die G.en daher auch noch Zuweisungen aus dem → Finanzausgleich (s. a. → Gemeindefinanzen). Die Verfassungen der Länder enthalten unterschiedliche Vorschriften dazu, inwieweit der Staat für Aufgaben der Auftragsverwaltung bzw. für nach Weisung wahrzunehmende Aufgaben der G.en finanziellen Ausgleich gewähren muß (z. B. Art. 83 II Bayer. Verfassung, Art. 85 II Sächs. Verfassung); hinsichtlich der Ausgestaltung dieses Ausgleiches kommt den Landesgesetzgebern ein weiter Spielraum zu. Ferner ist zum Ausgleich des gemeindlichen Haushaltes die Aufnahme von Krediten möglich; die Aufnahme von Krediten zu konsumtiven Zwecken ist i. d. R. unzulässig (→ Haushaltsrecht, 9).

4. Das → Gemeinderecht regelt auch die Frage der Aufsicht über die G.en. Aufsichtsbehörde für kreisangehörige G.en sind Kreisverwaltungsbehörde (→ Kreisverwaltung) bzw.

→ Kreis, soweit keine staatliche Kreisverwaltungsbehörde besteht. → Kreisfreie Städte unterstehen i. d.R. der Aufsicht der staatlichen Mittelbehörde (→ Regierungspräsident, Regierungspräsidium, Bezirksregierung; → Regierung); in Ländern ohne staatliche Mittelbehörden (Schleswig-Holstein, Saarland, Brandenburg) liegt die Aufsicht über die kreisfreien Städte beim Innenminister. Die Aufsicht bezüglich der Selbstverwaltungsaufgaben (nach dem dualistischen Modell) bzw. bezüglich der nicht nach Weisung wahrzunehmenden Aufgaben (nach dem monistischen Modell) beschränkt sich auf eine bloße Rechtmäßigkeitskontrolle. Instrumentarien sind Beratung, Unterrichtung, Anzeige-, Vorlage- und Genehmigungspflichten, Beanstandung, Aufhebung, Anordnung und Ersatzvornahme, im Extremfall Bestellung eines Beauftragten und Auflösung der → Gemeindevertretung. Bei allen Aufsichtsmaßnahmen ist in besonderer Weise der → Verhältnismäßigkeitsgrundsatz zu beachten. Bei Auftragsangelegenheiten (nach dem dualistischen Modell) bzw. bei Pflichtaufgaben zur Erfüllung nach Weisung (nach dem monistischen Modell) ist die Aufsicht grundsätzlich nicht auf die Rechtsaufsicht beschränkt. Weisungen an die G. können auch aufgrund von Zweckmäßigkeitserwägungen erteilt werden. die Ausgestaltung im → Gemeinderecht der Länder ist sehr unterschiedlich. Die über die Rechtmäßigkeitskontrolle hinausgehenden Aufsichtsrechte im Ermessensbereich sind häufig auf besondere Fälle beschränkt (so nach Art. 109 II der bayer. Gemeindeordnung).

5. Grundsätzlich gehört jeder Teil des Staatsgebietes zu einer G. → Gemeindefreie Gebiete sind nach dem → Gemeinderecht einiger Länder in Ausnahmefällen zulässig. Ein bestimmtes Territorium kann nie zu zwei G.en gleichzeitig gehören. Gebietsänderungen gegen den Willen einer G. sind nur durch Gesetz zulässig → Gebietsreform). Nach dem Gemeinderecht einiger Länder kann oder muß das Gemeindegebiet ab einer bestimmten Größe in → Gemeindebezirke aufgegliedert werden.

6. Gemeindeangehörige (Gemeindebürger) sind die G.einwohner, d. h. alle in der G. wohnhaften Personen – sie dürfen die öffentlichen Einrichtungen der G. benutzen, müssen aber die G.lasten tragen – und die G.bürger, die das Recht haben, an den G.wahlen teilzunehmen und im Rahmen der → Bürgerbeteiligung (→ Bürgerentscheid) an gemeindlichen Entscheidungen mitzuwirken. Voraussetzung hierfür ist Besitz der deutschen Staatsangehörigkeit sowie eine bestimmte Wohndauer in der G. Nach BVerfG v. 31. 10. 1990 (BVerfGE 83, 37/59) sind grundsätzl. nur Deutsche wahlberechtigt; Art. 28 I 3 GG (eingefügt 1994) eröffnet auch EG-Angehörigen nach Maßgabe des Gemeinschaftsrechts (dazu EG-Richtlinie 94/80 v. 19. 12. 1994) auf kommunaler Ebene das Wahlrecht (→ Kommunalwahlrecht). Das Bürgerrecht begründet auch öffentlich-rechtliche Pflichten (insbes. zur Übernahme gemeindlicher Ehrenämter). Außer bei den politischen Mitwirkungsrechten besteht in der Rechtsstellung kein Unterschied zwischen G.einwohnern und G.bürgern.

**Gemeindeabgaben** sind Gemeindesteuern, → Beiträge und → Gebühren. *Gemeindesteuern* (Art. 106 VI GG) sind die Realsteuern (→ Grund- und → Gewerbesteuer) und die örtlichen Verbrauch- und Aufwandsteuern, die bundesgesetzlich geregelten Steuern nicht gleichartig sein dürfen (Art. 105 II a GG). Die örtlichen Verbrauchs- und Aufwandsteuern bedürfen landesgesetzlicher Ermächtigung; z. B. Bay. Kommunalabgabengesetz vom 4. 4. 1993 (GVBl. 264); → Satzung; → Satzungsgewalt (→ Getränke-, → Schankerlaubnis-, → Hunde-, → Fischerei-, → Spielgeräte- und → Zweitwohnungssteuer). In einigen Ländern dürfen verschiedene örtliche Verbrauchs- und Aufwandsteuern kraft Landesrechts nicht erhoben werden, so z. B. in Bayern → Getränkesteuer, → Jagdsteuer, → Speiseeissteuer, Steuer auf das Innehaben einer Wohnung (→ Zweitwohnungsteuer) und → Vergnügungssteuer. *Gemeindebeiträge* sind z. B. Feuerschutzabgabe, Kurtaxen, Kurförderungsabgaben, Erschließungsbeiträge. *Gemeindegebühren* sind die Verwaltungsgebühren z. B. für Lagepläne, Benutzungsgebühren wie z. B. Müllabfuhr, Gas, Wasser,

Strom und Verleihungsgebühren (Konzessionsabgaben).

**Gemeindebezirk.** Das → Gemeinderecht sieht teilweise vor, daß das Gemeindegebiet (→ Gemeinde, 5) abhängig von der Gemeindegröße oder der geographischen Situation in G. aufzuteilen ist oder aufgeteilt werden kann, die über eigene Organe, Aufgaben und Befugnisse verfügen. Die Bezeichnung der G. ist je nach Land und Gemeindegröße höchst unterschiedlich, z. B. Gemeindeteile (Bayern), Ortsteile (Brandenburg, Mecklenburg-Vorpommern), Ortsbezirke (Hessen, Rheinland-Pfalz) oder Ortschaften (Baden-Württemberg, Niedersachsen, Sachsen, Sachsen-Anhalt), in Städten auch Stadtbezirke (z. B. in Bayern, Niedersachsen, Nordrhein-Westfalen oder Sachsen). In der Regel bestehen in einem G. ein Kollegialorgan (Bezirksausschuß, Bezirksbeirat, Bezirksrat, Bezirksvertretung, Ortsbeirat, Ortsteilvertretung, Ortsrat, Ortschaftsbeirat, Ortschaftsrat, Stadtbezirksbeirat oder Stadtbezirksrat) und ein Vorsitzender (Bezirksbürgermeister, Ortsbürgermeister, Ortsvorsteher oder Ortssprecher). Aufgaben und Befugnisse dieser Organe reichen abhängig vom jeweiligen Gemeinderecht von Anhörungs-, Vorschlags- und Mitwirkungsrechten bis hin zur Entscheidung von den G. betreffenden Angelegenheiten kraft Übertragung durch die → Gemeindevertretung. Der G. ist unselbständiger Teil der jeweiligen Gemeinde und hat keine eigene Rechtspersönlichkeit. Besondere Vorschriften gelten für die → Bezirke in → Berlin und → Hamburg, für die eigene Bezirksämter gebildet sind, sowie für die Ortsämter in → Bremen.

**Gemeindebürger** → Gemeinde (6).

**Gemeindedirektor** war bislang in Niedersachsen und Nordrhein-Westfalen der Leiter der Gemeindeverwaltung; der Bürgermeister führte dort bislang nur den Vorsitz im Rat. Nach Ablauf einer Übergangsfrist wird der Gemeindedirektor als Organ der Gemeinde abgeschafft. Niedersachsen und Nordrhein-Westfalen führen dann eine → Gemeindeverfassung nach dem Muster der süddeutschen Ratsverfassung ein. In Städten (→ Stadt) führte der G. die Bezeichnung Stadtdirektor.

**Gemeindeeinwohner** → Gemeinde (6).

**Gemeindefinanzen.** Nach dem GemeindefinanzreformG i. d. F. v. 6. 2. 1995 (BGBl. I 189) erhalten die Gemeinden 15% des örtlichen Aufkommens an Lohn- und Einkommensteuer und 12% aus dem Zinsabschlag (bemessen nach dem Steueraufkommen im Landesgebiet unter Berücksichtigung der → Zerlegung nach Art. 107 I GG). Der Gemeindeanteil an der Einkommensteuer wird nach einem bestimmten Schlüssel (§ 3) auf die Gemeinden aufgeteilt. Diese haben jedoch eine Umlage aus ihrem Gewerbesteueraufkommen an das Finanzamt zur Verteilung auf Bund und Länder abzuführen.

**Gemeindefreie Gebiete.** Grundsätzlich ist jeder Teil des Staatsgebiets einer → Gemeinde zugewiesen. Die keiner Gemeinde zugewiesenen – meist unbewohnten – Flächen sind g. G. (auch „ausmärkische Gebiete“ genannt; s. a. → Gutsbezirk). Die Eigentümer der g. Grundstücke erfüllen die Aufgaben des eigenen Wirkungskreises, die im Gemeindegebiet der Gemeinde obliegen; hoheitliche Befugnisse stehen ihnen nicht zu. Sie tragen die entstehenden Kosten, sind aber anderseits von gemeindlichen Abgaben grundsätzlich befreit. Umlagen an den → Kreis (Landkreis) müssen sie entrichten. Hoheitliche Befugnisse und die Aufgaben des übertragenen Wirkungskreises in g. G. fallen dem Kreis (Landkreis) zu (vgl. z. B. Art. 10 a BayGO).

**Gemeindegebietsrefom.** → Gebietsreform.

**Gemeindegerichte** als (reine) Laiengerichte bestehen heute in der BRep. nicht mehr, da die Gerichte staatlich sind. S. aber → Ortsgericht.

**Gemeindekirchenrat.** Der G. (Kirchenvorstand, Presbyterium) ist ein Organ der evang. Kirchengemeinde. Er setzt sich zusammen aus dem Pfarrer und den von den Gemeindemitgliedern gewählten Kirchenvorstehern (Gemeindevertretern, Kirchenältesten). Er vertritt die Kirchengemeinde, verwaltet deren Vermögen und wacht über die Seelsorge in der Gemeinde. → Evangelische Kirche (4).

**Gemeindeordnung.** In der Regel Bezeichnung für das das → Gemeinderecht regelnde Gesetz eines Landes (so z. B. in Baden-Württemberg, Bayern, Hessen, Niedersachsen, Nordrhein-Westfalen, Rheinland-Pfalz, Sachsen, Sachsen-Anhalt und Schleswig-Holstein).

**Gemeinderat** ist nach der → Gemeindeverfassung einiger Länder die Bezeichnung für die Gemeindevertretung (so in Bayern, Baden-Württemberg, Rheinland-Pfalz, Saarland, Sachsen, Sachsen-Anhalt und Thüringen).

**Gemeinderecht.** 1. Regelungen über die → Gemeindeverfassung und die sonstigen Rechtsverhältnisse der → Gemeinden. Das G. in diesem Sinne ist als Teil des → Kommunalrechts Landesrecht. Vgl. z. B. für Bayern Gemeindeordnung i. d. F. vom 6. 1. 1993 (GVBl. 65), zuletzt geändert durch Gesetz vom 26. 7. 1997 (GVBl. S. 344), für Hessen Gemeindeordnung i. d. F. vom 1. 4. 1993 (GVBl. I 1992, 534), zuletzt geändert durch Gesetz vom 17. 10. 1996 (GVBl. I 456), für Nordrhein-Westfalen Gemeindeordnung i. d. F. vom 14. 7. 1994 (GV NW 666), zuletzt geändert durch Gesetz vom 20. 3. 1996 (GV NW 124), für Sachsen Gemeindeordnung vom 21. 4. 1993 (GVBl. 301), zuletzt geändert durch Gesetz vom 14. 12. 1995 (GVBl. 414), und für Sachsen-Anhalt Gemeindeordnung vom 5. 10. 1993 (GVBl. 568), zuletzt geändert durch Gesetz vom 6. 11. 1995 (GVBl. 314).

2. Bezeichnung für das von den Gemeinden nach dem G. im Sinne von Ziffer 1 gesetzte lokale Recht (→ Gemeinde; → Satzung).

**Gemeindesatzung** → Gemeinde (3 e), → Satzung.

**Gemeindesteuern** → Gemeindeabgaben.

**Gemeindestraßen** → Gemeindewege.

**Gemeindeteil** → Gemeindebezirk.

**Gemeindeunfallversicherungsverband** → Ausführungsbehörden für Unfallversicherung; → Unfallversicherungsträger.

**Gemeindeverbände** → Kommunalverbände.

**Gemeindeverfassung**. 1. Die G. regelt, welche Organe es in einer Gemeinde gibt, wie diese gewählt oder bestellt werden, welche Entscheidungsbefugnisse sie haben und wer die Gemeinde nach außen vertritt. Die G. wird durch die → Gemeindeordnungen geregelt. Jede Gemeinde muß gemäß Art. 28 I 2 GG (→ Kommunale Selbstverwaltung) ein aus allgemeinen, unmittelbaren, freien, gleichen und geheimen Wahlen hervorgegangenes Kollegialorgan (Gemeinderat, → Gemeindevertretung) haben (→ Kommunalwahlen).

2. Da das → Gemeinderecht als Teil des → Kommunalrechts in die Gesetzgebungszuständigkeit der Länder fällt, weist die G. in Deutschland erhebliche Unterschiede auf. Seit der Wiedervereinigung besteht die Tendenz zur Vereinheitlichung der G.en.

a) Vorherrschend ist die aus der süddeutschen Ratsverfassung hervorgegangene G. Nach dieser dualistischen G. sind die beiden Hauptorgane der Gemeinde die von den Gemeindebürgern direkt gewählte Gemeindevertretung (z. T. auch Gemeinderat oder Rat) und der ebenfalls direkt von den Bürgern gewählte → Bürgermeister. Die Gemeindevertretung ist zuständig für grundsätzliche Beschlüsse und Ent-scheidungen. Der in aller Regel hauptamtliche Bürgermeister vertritt die Gemeinde nach außen, vollzieht die Beschlüsse der Gemeindevertretung, entscheidet in den Geschäften der laufenden Verwaltung und leitet die gemeindlichen Verwaltungsbehörden. Die G. nach dem Muster der süddeutschen Ratsverfassung gilt inzwischen außer in Bayern und Baden-Württemberg in Rheinland-Pfalz, im Saarland, in Sachsen, in Sachsen-Anhalt und Thüringen sowie mit Abweichungen im Detail in Brandenburg und ab 1999 in Mecklenburg-Vorpommern; in Niedersachsen gilt sie ab dem Ende der Amtszeit der noch amtierenden hauptamtlichen Gemeindedirektoren, spätestens nach dem 31. 10. 2001; in Nordrhein-Westfalen gilt sie mit Modifikationen – Bürgermeister, Beigeordnete und Kämmerer bilden den Verwaltungsvorstand – ab 1999, soweit die Gemeinde nicht bereits vorher die

Einführung beschließt. Die G. von Schleswig-Holstein entspricht seit 1. 4. 1998 (in kreisfreien Städten seit 1. 1. 1997) der süddeutschen Ratsverfassung.

b) In Hessen gilt noch die sogenannte unechte Magistratsverfassung. Neben der Gemeindevertretung mit ähnlichen Kompetenzen wie nach dem Muster der süddeutschen Ratsverfassung besteht dort der Magistrat (Gemeindevorstand) mit dem vom Volk gewählten Bürgermeister und den von der Gemeindevertretung gewählten Beigeordneten. Anders als bei der früheren echten Magistratsverfassung bedürfen die Beschlüsse der Gemeindevertretung aber nicht der Zustimmung des Magistrats.

c) Besonderheiten gelten in den → Stadtstaaten → Berlin, → Bremen und → Hamburg.

3. Die G. der Städte (→ Stadt) entspricht grundsätzlich der G. der übrigen Gemeinden. Unterschiede gibt es insbesondere hinsichtlich der Bezeichnung der Gemeindeorgane. Die Gemeindevertretung in den Städten heißt u. a. Stadtrat, Stadtverordnetenversammlung oder Stadtvertretung. Der Bürgermeister führt in → Kreisfreien Städten sowie in bestimmten kreisangehörigen Städten die Bezeichnung → Oberbürgermeister.

4. An der Spitze der Gemeindeverwaltung steht der Bürgermeister (Oberbürgermeister). Auf der zweiten Ebene unterhalb der Spitze finden sich Dezernate (auch Referate) unter der Leitung entweder des Bürgermeisters (Oberbürgermeisters) selbst oder eines kommunalen → Wahlbeamten (Beigeordete, Berufsmäßige Stadträte); vereinzelt stehen an der Spitze dieser Organisationseinheiten auch (Berufs-)Beamte oder Verwaltungsangestellte. Auf der dritten Ebene der Gemeindeverwaltung finden sich in der Regel sog. Ämter, die von (Berufs-)Beamten oder Verwaltungsangestellten geleitet werden.

5. Zur unmittelbaren Beteiligung der Gemeindebürger an der Gemeindeverwaltung s. a. → Bürgerbeteiligung.

**Gemeindeverkehrsfinanzierungsgesetz.** Nach dem G. i. d. F. vom 28. 1. 1988 (BGBl. I 100) gewährt der Bund den Ländern Finanzhilfen für Investitionen zur Verbesserung der Verkehrsverhältnisse der Gemeinden. Die Länder können damit zahlreiche Vorhaben im gemeindlichen Bereich fördern, z. B. örtlichen Straßenbau und -ausbau, Verkehrswege von Straßen-, Hoch- und Untergrundbahnen (auch Bahnen besonderer Bauart) sowie sonstige Maßnahmen zur Förderung des öffentlichen Nahverkehrs (etwa Park + Ride-Plätze). Die Förderung beträgt grundsätzlich bis zu 60% der Kosten. Das Gesetz regelt ferner die Aufstellung von Programmen sowie Zweckbindung und Verteilung der Mittel.

**Gemeindevermögen.** In den Gemeindeordnungen der Länder finden sich u. a. Vorschriften über das G., das in der Gesamtheit der einer Gemeinde gehörenden Sachen und Rechte besteht. Es kann Verwaltungs-, Finanz- und Sondervermögen sein. Das *Verwaltungsvermögen* ist das der Gemeindeverwaltung unmittelbar dienende G. einschl. der gemeindlichen öffentlichen Sachen und Einrichtungen. *Finanzvermögen* ist das G., das der Erzielung von Erträgen dient einschl. des Betriebsvermögens (Vermögen der Versorgungsbetriebe, Beteiligungen an Unternehmen). Zum Sondervermögen gehören insbes. das Stiftungsvermögen und die Eigenbetriebe. Das G. muß in seinem Grundstock erhalten bleiben. Während der Erwerb von Vermögen – im Rahmen der öffentlichen Aufgabenstellung – uneingeschränkt zulässig ist, ist die Veräußerung nur unter bestimmten Voraussetzungen und in vielen Fällen nur mit der Genehmigung der Aufsichtsbehörden zulässig. Grundsätzlich ist nur eine Veräußerung zum vollen Wert und soweit die öffentlichen Aufgaben nicht beeinträchtigt werden zulässig. Verschenken ist daher unzulässig. Zwangsvollstrekkung in das Verwaltungsvermögen ist ausgeschlossen, in Finanz- und Sondervermögen nur unter besonderen Voraussetzungen zulässig; Konkurs ist nicht möglich. Im übrigen ist das G. pfleglich und nach den Grundsätzen einer gesunden Wirtschaft zu verwalten. Es ist aus Haushaltsmitteln zu unterhalten, sein Erlös dem Haushalt zuzuführen.

**Gemeindeverordnung** → Landesverordnung.

**Gemeindevertretung** ist das vom Volk direkt gewählte Hauptorgan der → Gemeinde (→ Gemeindeverfassung, 2). Sie ist für alle Angelegenheiten grundsätzlicher Bedeutung, den Gemeindehaushalt, den Erlaß von Ortsrecht und die Errichtung öffentlicher Einrichtungen und wirtschaftlicher Unternehmen zuständig. Je nach Gemeindegröße und Gemeindeverfassung wird die G. auch Rat, Gemeinderat, Stadtrat, Stadtvertretung oder Stadtverordnetenversammlung genannt. Vorsitzender der G. ist je nach Gemeindeverfassung der → Bürgermeister oder ein aus deren Mitte gewählter Vorsitzender. Die G. kann beratende oder beschließende → Ausschüsse bilden; die Stärke der → Fraktionen ist bei der Besetzung der Ausschüsse zu berücksichtigen. Die G. ist kein Parlament; die Mitglieder genießen daher weder → Immunität noch → Indemnität.

**Gemeindeverwaltung** i. w. S. ist die Verwaltung der → Gemeinde durch ihre Organe (Bürgermeister; Gemeindevertretung; → Gemeindeverfassung). I. e.S. sind darunter die dem Bürgermeister unterstehenden, hierarchisch aufgebauten Behörden der Gemeinde zu verstehen (→ Gemeindeverfassung, 4).

**Gemeindeverwaltungsverband** → Verwaltungsgemeinschaft, 1.

**Gemeindevorstand** ist in manchen Gemeindeordnungen (z. B. Hessen) die Bezeichnung für ein kollegiales Führungsorgan der → Gemeinde mit unterschiedlichen Funktionen (s. a. → Gemeindeverfassung, 2 b); vergleichbar ist in Nordrhein-Westfalen der Verwaltungsvorstand.

**Gemeindewahlen** → Kommunalwahlen.

**Gemeindewege (-straßen)** sind eine im → Straßen- und Wegerecht der Länder vorgesehene Straßenklasse. Als *Gemeindeverbindungsstraßen* vermitteln sie den Verkehr der Gemeinden untereinander oder mit anderen Verkehrswegen (Gemeindeanschlußstraßen), als *Ortsstraßen* den Verkehr innerhalb der geschlossenen Ortslage. Auf Grund einer → Widmung haben sie den Charakter öffentlicher Straßen, stehen damit jedermann im Rahmen des → Gemeingebrauchs zur Benutzung zur Verfügung. → Sondernutzungen können durch Gemeindesatzung geregelt werden. Die Gemeinden sind Träger der → Straßenbaulast; die Kosten der erstmaligen Herstellung, teilweise auch der Verbesserung, können sie als Erschließungsbeitrag auf die Eigentümer der anliegenden Grundstücke umlegen (vgl. i. e. Erschließung, Beiträge). Nach besonderer landesgesetzlicher Bestimmung trifft die Gemeinde an den innerhalb der geschlossenen Ortslage gelegenen Straßen eine Streu-, Reinigungs- und Schneeräumpflicht.

**Gemeine Gefahr.** Der Begriff ist noch Tatbestandsmerkmal z. B. der unterlassenen → Hilfeleistung (§ 323 c StGB). Ansonsten ist er durch die Formel Gefahr für Leib oder Leben eines anderen oder fremde Sachen von bedeutendem Wert ersetzt. Er setzt voraus, daß bestimmte (bedeutende) Rechtsgüter einer unbestimmten Vielzahl von Menschen, insbes. Leben oder Eigentum, konkret gefährdet sind. Zu den → gemeingefährlichen Straftaten dagegen gehören sowohl Tatbestände, die eine konkrete, als auch solche, die nur eine abstrakte Gefährdung voraussetzen.

**Gemeineigentum** → Vergesellschaftung.

**Gemeiner Wert** im Steuerrecht → Teilwert.

**Gemeines Recht** wird das R. genannt, das für ein Gebiet als Ganzes gilt. Im Gegensatz dazu gilt das *partikulare Recht* nur für einen Gebietsteil. Haben Rechtsnormen für alle Teile eines Rechtsgebiets Geltung, beruhen sie aber auf verschiedenen Rechtsquellen, so werden sie als *gemeinsames* oder *allgemeines* R. bezeichnet; so wenn inhaltsgleiche Gesetze in verschiedenen Gebieten im Wege der *Parallelgesetzgebung* erlassen werden.

**Gemeinfreie Werke** sind solche, bei denen das → Urheberrecht erloschen ist (Zeitablauf) oder niemals bestanden hat.

**Gemeingebrauch** *(Allgemeingebrauch)* besteht an bestimmten öffentlichen, d. h. dem Staat oder sonstigen Verwaltungsträgern zustehenden Sachen, insbes. an öffentlichen Straßen, Wegen und Plätzen sowie an oberirdischen Gewässern (→ öffentliche Sachen im G.). G. bedeutet, daß der Gebrauch dieser Sachen jedermann im Rahmen der → Widmung und der die Benutzung regelnden gesetzlichen Vorschriften gestattet ist, so bei öff. Straßen und Wegen zu Verkehrszwecken im Rahmen der jeweiligen Widmung und der verkehrsrechtlichen Vorschriften, nicht zu gewerblichen Zwecken (z. B. Aufstellung von Verkaufswagen oder von Tischen und Stühlen auf dem Gehsteig vor einem Café). Über den G. an oberirdischen Gewässern s. Gewässer (II). Die neueren Gesetze enthalten häufig besondere Vorschriften über den G. (z. B. § 7 des → BundesfernstraßenG). Der G. ist von einer besonderen Zulassung nicht abhängig; für ihn ist i. d. R. die Erhebung einer Gebühr nicht vorgesehen (vgl. § 7 I 4 BFernStrG). Der G. muß gemeinverträglich ausgeübt werden, darf also den Widmungszweck und die Interessen der übrigen Berechtigten nicht mehr als unvermeidbar beeinträchtigen. Übersteigt die Benutzung einer öff. Sache diese Grenzen, so bedarf sie als → Sondernutzung der behördlichen Erlaubnis.

Gesteigerter Gemeingebrauchist die erhöhte Benutzungsmöglichkeit der Anlieger (u. U. auch der Hinterlieger) an den öffentlichen Straßen und den oberirdischen Gewässern (Anliegernutzung, Anliegergebrauch). Die Anlieger (das sind die Eigentümer der an die öffentliche Straße oder das oberirdische Gewässer angrenzenden Grundstücke und die zur Nutzung dieser Grundstücke Berechtigten) sowie u. U. auch die Hinterlieger (Eigentümer usw. der dahinterliegenden Grundstücke) sind darauf angewiesen, die Straße oder das Gewässer in einer über den gewöhnlichen G. hinausgehenden Weise zu nutzen, so z. B. bei vorübergehender Inanspruchnahme des Gehsteiges für die Errichtung eines Bauzaunes. Nach § 24 II WasserhaushaltsG können die Länder für die Anlieger (Hinterlieger) die Benutzung eines oberirdischen Gewässers für den eigenen Bedarf ohne besondere Erlaubnis vorsehen, wenn keine nachteilige Beeinträchtigung des Wassers, der Wasserführung und des Wasserhaushalts zu erwarten ist. Der G. anderer darf jedoch nicht erheblich beeinträchtigt werden; sonst liegt eine Sondernutzung vor.

**Gemeingefährliche Straftaten** ist die Sammelbezeichnung für die in §§ 306–323 c StGB (28. Abschnitt) unter Strafe gestellten Handlungen, die allerdings nicht sämtlich eine echte Gemeingefahr begründen (so z. B. nicht → Vollrausch, § 323 a StGB). Die gemeingefährlichen Straftaten sind teils *abstrakte*, teils *konkrete* → Gefährdungsdelikte, je nachdem ob schon die *Möglichkeit* eines Schadens zur Vollendung der Straftat genügt oder ob die Gefahr *im Einzelfall* eingetreten sein muß. Die abstrakte Gefährdung reicht aus z. B. bei schwerer Brandstiftung (§ 306 a StGB), gemeingefährlicher Vergiftung (§ 314 StGB). Anders bei Gefährdung des Eisenbahn-, Luft- oder Straßenverkehrs (§§ 315–315 c StGB) oder beim Herbeiführen einer Explosion (§§ 307 ff. StGB); in diesen Fällen wird Gefährdung von Leib oder Leben eines anderen oder fremder Sachen von bedeutendem Wert vorausgesetzt. Ähnlich bei Baugefährdung durch Verletzung anerkannter Regeln der Technik bei Bauplanung, -leitung oder -ausführung (§ 319 StGB).

**Gemeingefährlichkeit** → Anstaltsunterbringung (1, 4).

**Gemeinnützige Arbeit** ist im → Strafrecht der BRep. vorgesehen als Auflage bei der → Strafaussetzung zur Bewährung (§ 56 b II Nr. 3 StGB), bei der → Verwarnung mit Strafvorbehalt (§ 59 a II StGB) und bei der Einstellung von Verfahren nach § 153 a I Nr. 3 StPO (→ Bagatellstrafsachen), ferner an Stelle einer → Ersatzfreiheitsstrafe, sowie im → Jugendstrafrecht (§ 10 I 3 Nr. 4, § 15 I 1 Nr. 3 JGG).

**Gemeinnütziger Wohnungsbau** mit Nutzungsüberlassung ist steuerfrei (§ 5 Nr. 10 KStG, § 3 Nr. 15 GewStG).

**Gemeinnützigkeit** → Steuerbegünstigte Zwecke.

**Gemeinsame Marktorganisationen** der EG → Marktorganisationen, → Ernährungswirtschaftliche Marktordnung.

**Gemeinsamer Ausschuß** (Art. 53 a GG) ist ein aus Mitgliedern des → Bundestages und des → Bundesrates bestehendes Verfassungsorgan, das im

→ Verteidigungsfalle die Befugnisse dieser Organe übernimmt, soweit sie dazu nicht selbst in der Lage sind. Der G. A. besteht zu 2/3 aus Abgeordneten des BT, zu 1/3 aus Mitgliedern der BR. Die Abgeordneten werden vom BT nach dem Stärkeverhältnis der Fraktionen bestimmt; sie dürfen nicht der BReg. angehören. Jedes → Land entsendet ein Mitglied des BR; diese Mitglieder sind (anders als sonst die Mitglieder des BR) nicht an Weisungen gebunden. Über Bildung des G. A. und sein Verfahren vgl. Geschäftsordnung vom 23. 7. 1969 (BGBl. I 1102).

**Gemeinsamer Markt** → Europäische Gemeinschaft, → Europ. Atomgemeinschaft, → Europ. Gemeinschaft für Kohle und Stahl.

**Gemeinsamer Senat** der → obersten Gerichtshöfe des Bundes ist ein auf Grund des Art. 95 III GG mit Sitz in Karlsruhe gebildeter Spruchkörper, der die Einheitlichkeit der Rechtsprechung dieser Gerichtshöfe zu wahren hat. Er besteht aus den Präsidenten aller obersten Gerichtshöfe sowie den Vorsitzenden Richtern und je einem weiteren Richter der an der einzelnen Sache beteiligten Senate. Näheres, insbes. das Verfahren, regelt das RsprEinhG vom 19. 6. 1968 (BGBl. I 661). Der G. S. entscheidet bindend über die Rechtsfrage, die von einem der obersten Gerichtshöfe durch Beschluß vorgelegt wird, wenn er von der Entscheidung eines anderen obersten Gerichtshofs oder des G. S. abweichen will. Die Entscheidung ist für das Gericht bindend. Der G. S. ersetzt das → Oberste Bundesgericht.

**Gemeinsames Recht** → gemeines Recht.

**Gemeinschaft** *(nach Bruchteilen)*. Steht ein Recht (z. B. Eigentum, aber auch Pfandrecht usw.) mehreren gemeinschaftlich zu, so ist i. d. R. eine G. *nach Bruchteilen* gegeben. Hierfür gelten die §§ 741 ff. BGB, sofern das Gesetz keine Sonderregelung enthält (z. B. für das → Miteigentum; s. auch → Mitbesitz, → Nachbarrecht, → Wohnungseigentum) oder eine andere (engere) Form der Beteiligung vorsieht (s. insbes. → Gesamthandsgemeinschaft, → Gesellschaft des bürgerlichen Rechts, → Gesamtgläubigerschaft, → Gesamtschuld; die Regeln über die G. gelten jedoch auch für diese Rechtsformen weitgehend ergänzend). Die G. kann durch Rechtsgeschäft, gesetzliche Regelung (z. B. → Verbindung), auch durch → letztwillige Verfügung entstehen. Jedem Teilhaber steht ein fest bestimmter, im Zweifel gleich großer ideeller Anteil (Bruchteil) an Hauptsache und Früchten sowie an den Lasten zu (§§ 742, 743, 748 BGB, *Bruchteilsgemeinschaft* anders bei der Gesamthandsgemeinschaft). Die Verwaltung des gemeinschaftlichen Gegenstandes steht den Teilhabern in ihrer Gesamtheit zu; jeder ist jedoch berechtigt, die zur Erhaltung notwendigen Maßnahmen ohne Zustimmung der übrigen Beteiligten zu treffen, auch kann durch Abrede Stimmenmehrheit u. ä. vereinbart werden (§§ 744, 745 BGB). Eine entsprechende Vereinbarung, auch über die Aufhebung der G., wirkt gegen einen Sonderrechtsnachfolger (§§ 746, 751 BGB) und einen Erben, nicht aber gegenüber einem Pfändungsgläubiger. Jeder Teilhaber kann über seinen Anteil frei verfügen (Übertragung, Verpfändung; auch Pfändung möglich). Über den gemeinschaftlichen Gegenstand im ganzen können aber die Teilhaber nur gemeinschaftlich verfügen (§ 747 BGB). Jeder Teilhaber kann jederzeit – bei abweichender Vereinbarung jedenfalls bei Vorliegen eines wichtigen Grundes – die Aufhebung der G. verlangen (§ 749 BGB). Sie wird – soweit möglich – durch Teilung in Natur, sonst durch Verkauf des gemeinschaftlichen Gegenstands nach den Vorschriften über den Pfandverkauf (→ Pfandrecht) – bei Grundstücken durch → Teilungsversteigerung – und durch anschließende Teilung des Erlöses durchgeführt (§ 753 BGB).

**Gemeinschaft zur gesamten Hand** → Gesamthandsgemeinschaft.

**Gemeinschaftliches Testament** ist die gleichzeitige gemeinschaftliche → letztwillige Verfügung mehrerer → Erblasser in der Form, daß jeder von ihnen einseitig (anders → Erbvertrag) für den Fall seines Todes Anordnungen trifft. Ein g. T. kann nur von Ehegatten errichtet werden, § 2265 BGB (nicht von Verlobten oder Verwandten; in diesem Fall nur Umdeutung in eigenhändige Einzeltestamente, soweit deren Form gewahrt ist); seine Wirksamkeit ist, sofern nichts anderes anzunehmen ist, vom Fortbestand der Ehe abhängig (§ 2268 BGB). Das g. T. kann völlig selbständige Verfügungen der Ehegatten enthalten (ledig gleichzeitige, äußerliche Testiergemeinschaft), eine gegenseitige Bedenkung der Ehegatten (sog. *reziproke* Verfügungen) oder darüber hinaus wechselbezügliche *(korrespektive)* Verfügungen, deren Wirksamkeit von dem Fortbestand der Verfügungen des anderen Ehegatten untrennbar abhängig sein soll; der Unterschied ist für den *Widerruf eines g. T.* von Bedeutung.

Für das g. T. gelten die allgemeinen Vorschriften über das → Testament mit folgenden Besonderheiten: Das g. T. kann als → außerordentliches Testament bereits dann errichtet werden, wenn die Hinderungsgründe für die Errichtung eines ordentlichen T. nur bei einem der Ehegatten vorliegen (§ 2266 BGB). Zur *Errichtung* eines gemeinschaftlichen → eigenhändigen Testaments genügt es, wenn einer der Ehegatten das Testament in der für ein eigenhändiges vorgeschriebenen Form (§ 2247 BGB) errichtet und der andere die gemeinschaftliche Erklärung eigenhändig mitunterzeichnet, wobei er Zeit und Ort der Mitunterzeichnung angeben soll (§ 2267 BGB); eine ausdrückliche Beitrittserklärung ist nicht erforderlich. Testieren die Ehegatten nicht auf dem gleichen Papier, so liegt ein g. T. nur vor, wenn der Wille, gemeinschaftlich zu verfügen, aus den Einzelverfügungen klar hervorgeht und diese in einem räumlichen Verhältnis zueinander stehen. Eine besonders häufige Form des g. T. ist das sog. → *Berliner Testament.* S. ferner → Wiederverheiratungsklausel, → Widerruf eines g. T.

**Gemeinschaftsantenne** → Antenne.

**Gemeinschaftsaufgaben,** bei denen der Bund wegen ihrer überragenden Bedeutung zur Erfüllung von Aufgaben der Länder der BRep. mitwirken kann, wenn dies zur Verbesserung der Lebensverhältnisse erforderlich ist, sind nach Art. 91 a GG: Ausbau und Neubau von Hochschulen (einschl. Hochschulkliniken), Verbesserung der regionalen Wirtschaftsstruktur, Verbesserung der Agrarstruktur und des Küstenschutzes. Die entsprechenden Bundesgesetze enthalten u. a. allgemeine Grundsätze sowie Bestimmungen über das Verfahren und (mit Zustimmung des betr. Landes) eine gemeinsame Rahmenplanung. Der Bund trägt grundsätzlich die Hälfte der Ausgaben in jedem Land. Aufgrund des Art. 91 a GG sind inzwischen das Ges. über die G. „Ausbau und Neubau von Hochschulen" (→ Hochschulbauförderungsgesetz) vom 1. 9. 1969 (BGBl. I 1556), das Ges. über die G. „Verbesserung der regionalen Wirtschaftsstruktur" vom 6. 10. 1969 (BGBl. I 1861) und das Ges. über die G. „Verbesserung der Agrarstruktur und des Küstenschutzes" i. d. F. vom 21. 7. 1988 (BGBl. I 1055) ergangen.

**Gemeinschaftsgebiet** → Drittlandsgebiet.

**Gemeinschaftsmarke** → Marken.

**Gemeinschaftsmauer** → Grenzregelung bei Grundstücken.

**Gemeinschaftspatent** ist ein einheitliches europäisches → Patent mit Wirkung im Bereich der → Europäischen Gemeinschaft (Übereink. vom 15. 12. 1975 (BGBl. 1979 II 833 m. Änd.); ein neues Übereink. vom 15. 12. 1989 (BGBl. 1991 II 1354) ist bisher noch nicht ratifiziert. Das nationale Patentrecht ist den Regeln des G. angepaßt worden durch Ges. vom 26. 7. 1979 (BGBl. I 1269). → Patentamt, → Patentanmeldung.

**Gemeinschaftspraxis** → Sozietät.

**Gemeinschaftsrecht, europäisches.** Innerhalb der Rechtsordnung der → Europäischen Gemeinschaft (EG, EGKSt, Euratom) unterscheidet man: a) das *primäre G.*, bestehend aus den Verträgen (EGV usw.) nebst Anhängen und Protokollen; b) das *sekundäre G.*, nämlich das von den Organen der Gemeinschaften erlassene *Folgerecht*, vor allem → Verordnungen der Europäischen Gemeinschaften, → Richtlinien und Entscheidungen. Das primäre wie das sekundäre G. entfaltet weitgehend unmittelbare Wirkung in den Gliedstaaten. Abweichend hiervon sind vor allem bei Richtlinien Rechtsetzungsakte der Gliedstaaten erforderlich. Hat allerdings ein Mitgliedstaat die rechtzeitige Anpassung des nationalen Rechts an eine Richtlinie versäumt, so können sich nach der Rechtsprechung des EuGH auch aus der Richtlinie unmittelbare Berechtigungen von Bürgern ergeben (Näheres s. bei → Richtlinien der EG).

Kein G. i. e. S. ist das auf Grund von Richtlinien usw. im sog. *doppelstufigen Rechtsetzungsverfahren* erlassene Recht. Es nähert sich aber dem G., weil der nationale Gesetzgeber hins. der angeglichenen Normen an einer Abweichung von der Richtlinie gehindert ist (sog. *integriertes* G.; vgl. z. B. Art. 100 EGV).

Das G. ist eine eigene autonome Rechtsordnung, die anders als → Völkerrecht im innerstaatlichen Bereich unmittelbar normativ wirkt. Es hat Vorrang vor jedem nationalen Recht der Gemeinschaftsmitglieder, also auch vor nationalem Verfassungsrecht, so auch für → Grundrechte. Das entspricht der Rechtsprechung des EuGH, wonach Grundrechtsverletzungen durch Rechtsakte der Gemeinschaften ausschließlich nach Gemeinschaftsrecht zu beurteilen sind (NJW 1980, 505). Für die Interpretation des G. ist nach der Rechtsprechung des EuGH in Zweifelsfällen auf die Fassungen in sämtlichen amtlichen Sprachen zurückzugreifen. Bei Unklarheiten ergibt vor allem häufig der Rückgriff auf die französische Fassung Aufschlüsse. Das G. wird amtlich publiziert im ABl. der EG Teil L (= Rechtsvorschriften), zitiert nach dem Jahrgang, Teil (L oder C), Nummer des Jahrgangs/Seite der Nummer. Eine laufend aktualisierte Textsammlung in deutscher Sprache enthält v. d. Groeben/Thiesing/Ehlermann, Handbuch des europäischen Rechts, Loseblattausgabe in 23 Bd. Der Rechtsstand ist in Volltext auf CD-Rom mit halbjährlicher Aktualisierung erhältlich (Celex-Datenbank); er kann ferner elektronisch bei der EG abgefragt werden.

**Gemeinschaftsschulen.** Christliche G. (Simultanschulen) sind Sch., in denen die Kinder – abgesehen von dem nach Bekenntnissen getrennten Religionsunterricht – gemeinsam nach christlich-abendländischen Grundsätzen, also unabhängig von den einzelnen Bekenntnissen, unterrichtet und erzogen werden. Sie stehen in Gegensatz einerseits zu den früheren → *Bekenntnisschulen*, an denen die Kinder eines bestimmten Bekenntnisses nach den Grundsätzen dieses Bekenntnisses unterrichtet werden, andererseits zu den *bekenntnisfreien Schulen* (weltliche G.), die überhaupt nicht unter dem Einfluß einer Religionsgemeinschaft stehen. Die Frage ist in den einzelnen Ländern unterschiedlich geregelt. Häufig ist eine Schulart als Regelschule vorgesehen, während eine andere nur auf Antrag und unter besonderen Voraussetzungen errichtet wird. Bestehen mehrere Schularten nebeneinander, so haben die Erziehungsberechtigten die Wahl, auf welche Schule sie ihr Kind schicken wollen. Inzwischen ist die G. in der BRep. fast überall zur Regelschule geworden, soweit keine bekenntnisfreien Schulen vorgesehen sind (vgl. → LER; → Religionsunterricht).

**Gemeinschaftssteuern** → Verteilung des Steueraufkommens.

**Gemeinschaftsunternehmen** → Fusionskontrolle.

**Gemeinschaftswaren** sind Waren, die im → Zollgebiet der EU gewonnen oder hergestellt oder zum freien Verkehr in das Zollgebiet eingeführt werden (Art. 4 Nr. 7 ZK). *Nichtgemeinschaftswaren* sind unverzollte Drittlandswaren, die bei der Einfuhr in das Zollgebiet der EU einem Zollverfahren zugeführt werden müssen (Art. 4 Nr. 8 ZK).

**Gemeinschuldner** war die frühere Bezeichnung des Schuldners, über dessen Vermögen das Konkursverfahren eröffnet worden war. S. heute → Insolvenzrecht, → Insolvenzverfahren.

**Gemeinwohl** → Wohl der Allgemeinheit.

**Gemischte Bedingung** → Bedingung.

**Gemischte Schenkung** → Schenkung.

**Gemischter Vertrag** → Vertrag (2).

**Gemißbilligte Klausel** → Rechtsmißbrauch, → Treu und Glauben, → Nichtigkeit, → Allgemeine Geschäftsbedingungen.

**Gen-Datei.** Durch Anordnung des Präsidenten des → Bundeskriminalamtes vom April 1998 wurde dort zur Bekämpfung schwerer Straftaten insbesondere aus dem Sexualbereich eine zentrale Gen-Datei errichtet. Teilweise wird gefordert, daß die Errichtung einer Gen-Datei durch Verwaltungsvorschrift nicht ausreichend und ein Gesetz erforderlich sei.

**Genehmigtes Kapital** ist nach § 202 AktG der Nennbetrag, um den der Vorstand einer → Aktiengesellschaft oder → Kommanditgesellschaft auf Aktien kraft besonderer Ermächtigung das → Grundkapital durch Ausgabe neuer → Aktien gegen entsprechende Einlagen erhöhen darf (→ Kapitalerhöhung). Die Ermächtigung kann nur durch die Satzung oder Satzungsänderung auf die Dauer von 5 Jahren erteilt werden. Der Nennbetrag des g. K. darf die Hälfte des Grundkapitals nicht übersteigen (§ 202 III). Die Ausgabe der neuen Aktien geschieht grundsätzlich so wie bei der effektiven Kapitalerhöhung.

**Genehmigung** (im Verwaltungsrecht) → Erlaubnis; (eines Rechtsgeschäfts) → Zustimmung; s. a. → Vormund.

**Genehmigungsbedürftige Anlage** → Immissionsschutz.

**General Agreement on Tariffs and Trade** → GATT.

**Generalanwalt** → Europäischer Gerichtshof.

**Generalbundesanwalt** → Staatsanwaltschaft, → Strafregister.

**Generalklausel.** Zu den → normativen (wertausfüllungsbedürftigen) Rechtsbegriffen gehört die G. Sie wird vom Gesetzgeber häufig verwendet, um durch allgemein gehaltene Formulierung möglichst viele Tatbestände zu erfassen. Dadurch soll der Gesetzeswortlaut von der Belastung mit detaillierten Merkmalen freigehalten, zugleich aber die Gefahr ungewollter Einengung des Anwendungsbereichs vermieden werden. In allen Rechtsgebieten finden sich zahlreiche G., so z. B. im bürgerlichen, Straf- und Nebenstrafrecht die Begriffe „Verstoß gegen die guten Sitten", „allgemeine Verkehrsauffassung", im Verwaltungsrecht als G. die Befugnis der Polizei zur „Abwendung aller der Allgemeinheit drohenden Gefahren" oder die Zuständigkeit der allgemeinen Verwaltungsgerichte für alle öffentlichrechtlichen Streitigkeiten, die nicht einem anderen Gericht zugewiesen sind (im Gegensatz zum → Enumerationsprinzip; s. → Verwaltungsgerichtsbarkeit, 3).

**Generalkonsul** → Konsul.

**Generalprävention** ist einer der im Strafrecht anerkannten → Strafzwecke, nämlich die Abschreckung anderer von der Begehung gleichartiger Straftaten.

**Generalrückversicherungsvertrag** → Rückversicherung.

**Generalsekretär der Vereinten Nationen.** Der G. ist der Leiter des Sekretariats der → Vereinten Nationen und damit deren höchster Vollziehungsbeamter. Er nimmt an den Sitzungen des → Sicherheitsrats und der → Vollversammlung teil und nimmt die ihm von diesen Organen zugewiesenen Aufgaben wahr. G. waren bisher der Norweger Trygve Lie, der Schwede Dag Hammerskjöld, der Burmese U Thant, der Österreicher Kurt Waldheim, der Peruaner Javier Perez de Cuellar und der Ägypter Butros Ghali. Derzeitiger G. ist Kofi Annan aus Ghana. Der G. wird auf Vorschlag des Sicherheitsrats von der Vollversammlung gewählt. Seit 1998 wird für den Generalsekretär auch ein Stellvertreter bestellt, erstmals die Kanadierin Louise Frechette.

**Generalstaatsanwalt** → Staatsanwaltschaft.

**Generalstreik** → Streik.

**Generalsuperintendent.** In der → evang. Kirche sind neben der Zusammenfassung der Kirchengemeinden zu Kirchenkreisen, die der Wahrnehmung überörtlicher kirchlicher Aufgaben durch die Organe des Kirchenkreises (Kreissynode, Dekan, bzw. Superintendent, Kreiskirchenvorstand) dient, die Gemeinden z. T. zum Zwecke der geistlichen Aufsicht in größeren Bezirken zusammengefaßt, in denen diese Aufsicht einem G. obliegt.

**Generalübernehmervertrag** → Baubetreuung(svertrag).

**Generalunternehmervertrag** → Baubetreuung(svertrag).

**Generalversammlung.** Die G. einer → Genossenschaft ist das Organ, durch das deren Mitglieder (Genossen) ihre Mitgliedschaftsrechte in bezug auf die Geschäftsführung, Bilanzprüfung sowie Gewinn- und Verlustbeteiligung ausüben (§ 43 GenG). Die G. entspricht der Mitgliederversammlung eines → Vereins und der → Hauptversammlung einer AG. Bei Genossenschaften mit mehr als 3000 Mitgliedern besteht die G. aus gewählten Vertretern der Genossen; sog. Vertreterversammlung (§ 43 a GenG). In der G. hat jeder Genosse eine Stimme; das Statut kann aber Mehrstimmrechte vorsehen, auch ist Stimmvollmacht unter bestimmten Voraussetzungen möglich (§ 43 III–VI GenG). Die G. wird i. d.R. durch den Vorstand einberufen; eine im Statut festgelegte Minderheit der Genossen – sonst der 10. Teil – kann die Einberufung verlangen (§§ 44, 45 GenG G. beschließt insbes. über den → Jahresabschluß, die Gewinn- und Verlustverteilung sowie die Entlastung von Vorstand und → Aufsichtsrat (§§ 48–50 GenG). Über Beschlüsse der G. ist eine Niederschrift anzufertigen, in die jeder Genosse und der → Prüfungsverband jederzeit Einsicht haben (§§ 47, 57 GenG). Sie können nach ähnlichen Grundsätzen wie ein → Hauptversammlungsbeschluß der AG nichtig sein, bei Verletzung des Gesetzes oder des Statuts auch im Wege der Klage angefochten werden (§ 51 GenG). – Über die G. der UNO → Vereinte Nationen.

**Generalvertrag** → Deutschlandvertrag.

**Generalvikar.** Der G. steht dem → Bischof bei der Verwaltung seiner → Diözese zur Verfügung. Der Bischof ist zur Bestellung eines G. grundsätzlich verpflichtet; er kann diesen frei ernennen und auch frei absetzen. Der G. hat, soweit nicht dem Bischof vorbehalten, die Befugnisse die dem Bischof zukommen, darf aber nicht gegen dessen Willen handeln. Sein Amt erlischt durch Zeitablauf, Verzicht, durch Widerruf seitens des Bischofs und durch Sedisvakanz des bischöflichen Stuhles.

**General(handlungs)vollmacht** → Vollmacht, → Handlungsvollmacht.

**Genetischer Fingerabdruck** → Genomanalyse, → molekulargenetische Untersuchung.

**Genfer Abkommen** über die Rechtsstellung der Flüchtlinge → Flüchtlinge, → Asylrecht, → Ausländer.

**Genfer Konventionen** ist der Sammelbegriff für eine Reihe von internat. Verträgen, die insgesamt von der Tendenz getragen sind, den zunächst von dem Schweizer Arzt *Henri Dunant* vertretenen humanitären Forderungen im Kriegsrecht Geltung zu verschaffen. Die erste G. K. vom 22. 8. 1864 regelte die Behandlung der Verwundeten im Kriege. Sie wurde abgelöst durch die zweite G. K. „Zur Verbesserung des Loses der Verwundeten und Kranken bei den im Felde stehenden Heeren“ vom 6. 7. 1906. Am 27. 7. 1929 kam ein neues Genfer Abkommen „zur Verbesserung des Loses der Verwundeten und Kranken im Feld“ und ebenfalls am 27. 7. 1929 ein Genfer Abkommen über die Behandlung der Kriegsgefangenen zustande. Am 12. 8. 1949 wurden vier neue Genfer Abkommen vereinbart: Abk. „Zur Verbesserung des Loses der Verwundeten und Kranken der Streitkräfte im Felde“, Abk. „Zur Verbesserung des Loses der Verwundeten, Kranken und Schiffbrüchigen der Streitkräfte zur See“, Abk. „über die Behandlung der Kriegsgefangenen“ und Abk. „zum Schutze von Zivilpersonen in Kriegszeiten“ (vgl. BGBl. 1954 II 783 ff.). Im Juni 1977 verabschiedete eine Konferenz (noch ratifizierungsbedürftige) Zusatzprotokolle vom 12. 12. 1977 zu den Konventionen von 1949. Das 1. Zusatzprotokoll enthält Vereinbarungen über den erweiterten Schutz der Zivilbevölkerung (Verbot des Flächenbombardements, der Aushungerung, der Zerstörung von Lebensmittellagern und Wasserreserven sowie von Angriffen auf Staudämme, Atomkraftwerke u. dgl.; Verbot von Mißhandlungen, Geiselnahmen und Kollektivstrafen). Anderseits wurde der Begriff des „internationalen Krieges“ ausgedehnt auf Kämpfe gegen Kolonialherrschaft sowie gegen Besetzung und rassistische Regimes. Die Erweiterung soll den sog. Freiheitskämpfern, falls sie ihre Waffen offen tragen, einen gewissen Schutz als → Kombattanten und als Kriegsgefangene verschaffen. Das 2. Zusatzprotokoll nähert das Bürgerkriegsrecht dem Kriegsrecht an. Teilweise wird auch das Genfer Abkommen über die Rechtsstellung der → Flüchtlinge als „Genfer Konvention" oder „Genfer Flüchtlingskonvention" bezeichnet (→ Asylrecht, → Ausländer).

**Genocid** (genocidium) → Völkermord.

**Genomanalyse** ist eine Untersuchung menschlicher Zellen (z. B. im Blut, Haar oder Speichel), die einen Rückschluß auf die Erbanlagen des Menschen zuläßt. Zur genetischen Beratung (z. B. vor einer Zeugung) und pränatalen Diagnostik wird sie für zulässig erachtet. Dagegen soll ihr Einsatz zur Untersuchung von Arbeit- und Versicherungsnehmern gesetzlich eingeschränkt oder verboten werden.

Ausdrücklich zugelassen ist sie als DNA-Analyse (genetischer Fingerabdruck) zur Vaterschaftsfeststellung im gerichtlichen Verfahren durch die Rspr. aufgrund der geltenden Vorschriften (BGH NJW 1991, 749) und im Stafverfahren zur Aufklärung bestimmter Sachverhalte (→ molekulargenetische Untersuchung).

**Genossenschaft.** 1. Die G. ist ein → Verein mit nicht geschlossener (d. h. freier und wechselnder) Mitgliederzahl, dessen Zweck darauf gerichtet ist, den Erwerb und die Wirtschaft der Mitglieder (Genossen) zu fördern, und der in das → Genossenschaftsregister eingetragen werden muß. Die G. ist → juristische Person und einer → Handelsgesellschaft gleichgestellt (§ 17 GenG i. d.F. vom 19. 8. 1994, BGBl. I 2202 m. Änd.). Je nach dem Zweck der G. unterscheidet man insbes. Absatz- und Produktions-(Produktiv-)G., Verbraucher-G. (Konsumverein), Vorschuß-, Rabattspar- (→ Rabatt) und Kreditvereine (insbes. auch G.-Banken), Bau-G. (§ 1 GenG). Für die Verbindlichkeiten der G. haftet den Gläubigern nur das Vermögen der G. (§ 2 GenG); das Statut der G. muß jedoch u. a. eine Bestimmung darüber enthalten, ob die Genossen für den Fall, daß die Gläubiger im → Insolvenzverfahren der G. nicht befriedigt werden, *Nachschüsse* zur Insolvenzmasse unbeschränkt, beschränkt auf eine bestimmte Haftsumme oder überhaupt nicht zu leisten haben (§ 6 Nr. 3 GenG; → Nachschußpflicht). Zur → Firma der G. s. dort.

2. Die *Gründung* einer G. vollzieht sich wie beim eingetragenen → Verein. Die Mindestzahl der Genossen ist 7 (§ 4 GenG). Das Statut (Satzung) muß schriftlich aufgestellt werden (§ 5 GenG) und den in den §§ 6–8 GenG vorgeschriebenen Inhalt aufweisen. Es kann nur durch einen Beschluß der Generalversammlung mit 3/4-Mehrheit geändert werden (§ 16 GenG). Die G. entsteht erst mit der Eintragung im Genossenschaftsregister (§ 13 GenG).

3. Jede G. hat 3 notwendige *Organe:* die → Generalversammlung, den → Aufsichtsrat und den Vorstand. Der Vorstand besteht aus mindestens 2 Mitgliedern; ihm stehen Geschäftsführung und Vertretung der G. grundsätzlich gemeinsam zu (§§ 24–26 GenG; abweichende Regelung möglich). Die Vertretungsmacht ist nach außen hin unbeschränkbar (§ 27 GenG). Daneben können noch Personen als Vertreter mit beschränkter Vertretungsmacht bestellt werden, auch Prokuristen (→ Prokura) und Generalbevollmächtigte (§ 42 GenG). Der Vorstand wird von der Generalversammlung gewählt (§ 24 II GenG). Seine Bestellung kann jederzeit auch ohne wichtigen Grund widerrufen werden. Die Vorstandsmitglieder können auch unbesoldet (ehrenamtlich) tätig werden (§ 24 III GenG). Im Rahmen der Geschäftsführung hat der Vorstand insbes. folgende Aufgabe: ein Verzeichnis der Genossen zu führen (§ 30 GenG), die → Buchführung, den → Jahresabschluß und den → Lagebericht zu erstellen und der Generalversammlung vorzulegen (§ 33 I GenG). Die Mitglieder des Vorstandes haben bei der Geschäftsführung die Sorgfalt eines ordentlichen Geschäftsmannes anzuwenden; sie sind hierfür der G. verantwortlich und bei Verstößen schadensersatzpflichtig (§ 34 GenG). Mindestens in jedem 2. Jahr muß die Geschäftsführung eingehend geprüft werden (§ 53 I GenG), und zwar durch einen → Prüfungsverband, dem die G. angehören muß (§§ 54, 55 GenG); den Prüfern hat der Vorstand alle Bücher und Schriftstücke der G. offenzulegen (§ 57; über Prüfungsverfahren und Or-

ganisation der Prüfungsverbände vgl. §§ 53–64 c GenG).

4. Die *Mitgliedschaft* einer G. setzt Teilnahme an der Gründung (durch Unterzeichnung des Statuts) oder eine unbedingte schriftliche Beitrittserklärung voraus (§ 15 GenG), wird aber erst durch die Eintragung in die vom Registergericht geführte Genossenliste erworben. Die Mitgliedschaft selbst kann nicht übertragen (wohl aber vererbt, § 77 GenG) werden; nur das → Geschäftsguthaben kann an eine andere Person, die Genosse ist oder wird, schriftlich übertragen werden (§ 76 GenG). Grundsätzlich kann einem Genossen nur *eine* Mitgliedschaft zustehen; jedoch kann das Statut den Erwerb mehrerer → Geschäftsanteile zulassen oder bestimmen (Pflichtbeteiligung, § 7 a GenG). Die *Mitgliedschaftsrechte* eines Genossen umfassen diesen Geschäftsanteil, das Geschäftsguthaben (d.i. der Betrag, mit dem der Genosse an der G. tatsächlich beteiligt ist, nämlich die Summe der geleisteten Einlagen und der nicht abgehobenen Gewinne unter Abzug des Verlusts), das Recht auf Mitverwaltung, das im allgemeinen in der → Generalversammlung ausgeübt wird, den Anspruch auf einen Anteil am Reingewinn (§§ 19, 20 GenG) und das Recht zur Benutzung von genossenschaftlichen Einrichtungen (z. B. Verwendung von Maschinen, Bezug von Waren). Daneben treffen die Genossen im Rahmen der Mitgliedschaft auch Pflichten, die vielfach im Statut begründet werden, insbes. die Leistung der Einlagen, die → Nachschußpflicht, ferner Lieferungs- und Abnahmepflichten.

5. Der *Verlust der Mitgliedschaft* tritt ein durch Tod (§ 77 GenG, aber Vererbung – s. o. 4 –), Austritt (Kündigung gemäß §§ 65, 66 GenG oder Abtretung des Geschäftsguthabens, § 76 GenG) und durch Ausschluß (§ 68 GenG). Nach Ausscheiden des Genossen findet die *Auseinandersetzung* mit der G. in der Weise statt, daß das Geschäftsguthaben des Genossen auf Grund der Bilanz zu errechnen und auszuzahlen ist (§ 73 GenG).

6. *Auflösung* der G. ist vorgesehen insbes. durch Beschluß der Generalversammlung mit 3/4 Mehrheit (§ 78 GenG), Beschluß des Registergerichts (unter den Voraussetzungen der §§ 54, 54 a, 80 GenG), Eröffnung des → Insolvenzverfahrens (Einzelheiten §§ 98 ff. GenG) oder deren (rechtskräftige) Ablehnung mangels Masse, durch Löschung der G. wegen Vermögenslosigkeit (§§ 81 a, 101 GenG, § 141 a FGG) sowie → Umwandlung. Nach der Auflösung findet eine → Liquidation statt, sofern nicht ein Insolvenzverfahren stattfindet oder die G. wegen Vermögenslosigkeit gelöscht oder verschmolzen ist. Bis zur Beendigung der Liquidation besteht die G. noch fort. Im Insolvenzverfahren wird ggf. die → Nachschußpflicht der Genossen bedeutsam. Besonderheiten gelten für den → Insolvenzplan (§ 116 GenG) sowie für die Fotsetzung der G. nach Beendigung der Insolvenz und das Kündigungsrecht der Genossen in diesem Fall (§§ 117 f. GenG).

7. G. sind als Erwerbs- und Wirtschaftsgenossenschaften körperschaftsteuerpflichtig (§ 1 I Nr. 2 KStG) und gewerbesteuerpflichtig (§ 2 II Satz 1 GewStG). Steuerbefreit sind gemeinnützige WohnungsbauG (§ 5 Nr. 10 KStG; § 3 Nr. 15 GewStG) und land- und forstwirtschaftliche G. (§ 5 I Nr. 14 KStG, § 3 Nr. 8, 14 GewStG). Gewinnanteile und sonstige Bezüge sind als Einkünfte aus Kapitalvermögen einkommensteuerpflichtig (§ 20 I Nr. 1 EStG).

**Genossenschaftsregister** ist das vom Amtsgericht als Registergericht geführte Register, das der Eintragung der → Genossenschaften und ihrer Rechtsverhältnisse dient. Es wird nach ähnlichen Grundsätzen geführt wie das → Handelsregister. Grundlage ist die VO über das G. vom 22. 11. 1923 (RGBl. I 1123) i. d.F. vom 19. 2. 1934 (RGBl. I 113).

**Genprodukthaftung** → Gentechnik.

**Gen-Recht** ist in einer unspezifischen Verwendung ein Sammelbegriff für Rechtsnormen, die sich mit der künstlichen Veränderung oder Beeinflussung von Vererbungsvorgängen bei Menschen, Tieren und Pflanzen befassen. Bei einer wissenschaftlich-spezifischen Verwendung des Begriffs ist zwischen dem Recht der → Gentechnik i.e.S., d. h. der Einflußnahme auf Gene im biologischen Sinne einerseits, und der

→ Reproduktionstechnik (Reproduktionsmedizin) andererseits zu unterscheiden. Ferner sind Verfahren der Züchtung hier nicht eigentlich einschlägig. Während das Gentechnikrecht überwiegend Probleme aus dem Bereich des → Umweltschutzes und der Anlagensicherheit (→ Immissionen, öffentlichrechtlich) aufwirft, stellen sich bei den Reproduktionstechniken, soweit sie auf den Menschen angewandt werden, verfassungsrechtliche Probleme aus dem Bereich der → Menschenwürde, ferner eine Fülle von familien- (hierzu: BGH u. Coester-Waltjen NJW 1983, 2073 u. 2059) und erbrechtlichen (hierzu etwa Lauff/Arnold, ZRP 1984, 279, 281 f) Fragen. Ein erheblicher Teil der insoweit sich ergebenden Probleme ist inzwischen positivrechtlich geregelt: → Adoptionsvermittlung, → Künstliche Fortpflanzung). Randprobleme betreffen z. B. die Rechtsfragen der → Genomanalyse.

**Gentechnik. Gentechnikgesetz.** Gentechnik ist der Zweig der Biotechnik (Biotechnologie), der sich mit der Charakterisierung und Isolierung von genetischem Material befaßt mit dem Ziel, neue Kombinationen genetischen Materials zu bilden, sowie neukombiniertes Erbmaterial in andere biologische Umgebung einzuführen und zu vermehren. Mit dem vorrangigen Ziel des vorbeugenden Gesundheitsschutzes für Menschen, Tiere und Pflanzen sowie des → Umweltschutzes regelt die G. das Gentechnikgesetz vom 20. 6. 1990 (BGBl. I 1080), nämlich im einzelnen gentechnische Anlagen, gentechnische Arbeiten, Freisetzungen und das Inverkehrbringen von Produkten, die gentechnisch veränderte Organismen enthalten oder aus ihnen bestehen (§ 2). Diese Begriffe werden neben anderen in § 3 umfassend definiert und gegenüber anderen biologischen Techniken, vor allem aus dem Bereich der → Reproduktionstechnik (bzw. Reproduktionsmedizin) abgegrenzt.

1. Gentechnische Arbeiten außerhalb von zugelassenen *gentechnischen Anlagen* sind verboten. Errichtung und Betrieb solcher Anlagen bedarf in der Regel einer Anlagengenehmigung. Genehmigungsvoraussetzungen sind neben Zuverlässigkeit und Sachkunde der Betreiber die Sicherheit der Anlagen (§ 13). Für die Sicherheitsbewertung sind die Arbeiten in vier, nach Maßgabe der Gefährlichkeit abgestufte Sicherheitsstufen eingeteilt (§ 7). Näheres regelt eine RechtsVO. RechtsVOen sind auch für die technischen Sicherheitsanforderungen vorgesehen (s.a. Ende). Sind die Voraussetzungen erfüllt, besteht ein Rechtsanspruch auf Genehmigung. Die Tatbestände räumen allerdings der Exekutive erhebliche Einschätzungs- und Prognosefreiheiten ein. Lediglich einer Anmeldung bedürfen gentechnische Arbeiten der Sicherheitsstufe 1 für Forschungszwecke (§§ 8, 12).

2. Eine Veränderung oder Erweiterung der Nutzung für „weitere" *gentechnische Arbeiten* ist nur für Forschungsanlagen der Sicherheitsstufe 1 ohne weiteres zulässig. Im übrigen sind weitere Forschungsarbeiten, die die Sicherheitsstufe der Anlage anzumelden, sonst bedürfen sie einer neuen Genehmigung (§ 9). Bei Arbeiten zu gewerblichen Zwecken ist die Sicherheitsstufe 1 anmelde-, jede höhere genehmigungspflichtig (§ 10).

3. *Freisetzungen* und *Inverkehrbringen* sind ebenfalls nach näherer Bestimmung der §§ 14–16 genehmigungsbedürftig.

4. Ständige *behördliche Überwachung* ist vorgesehen, ferner sind vorläufige Betriebseinstellungen und ergänzende Anordnungen möglich.

5. *Haftung.* Für Schäden, die aus Anlagen und Maßnahmen entstehen, besteht → Gefährdungshaftung mit einem Haftungshöchstbetrag (§§ 32 ff.). „Genprodukthaftung" nach Maßgabe des Arzneimittelrechts besteht gemäß § 37 für bei aus der Gentechnik herrührenden Arzneien entstandene Schäden.

6. Wegen der *Vorschriften der EG,* die vor allem auch für die Auslegung des Gesetzes von erheblicher Bedeutung sein können, vgl. → Systemrichtlinie und → Freisetzungsrichtlinie; in Vorbereitung sind EG-Richtlinien für den Arbeitsschutz im Bereich der G. sowie für Patente und sonstige Schutzrechte. Wegen der „Gentechnikkommission" vgl. → Zentrale Kommission für biologische Sicherheit.

7. Vollzugsvorschriften enthalten die SicherheitsVO i. d.F. vom 14. 3. 1995 (BGBl. I 297) sowie verschiedene VOen i. d.F. vom 4. 11. 1996, nämlich

die AnhörungsVO (BGBl. I 1649), die AufzeichnungsVO (BGBl. I 1644) und die VerfahrensVO (BGBl. I 1657) m. Änd. Notfälle bei Anlagen der Sicherheitsstufe 2 regelt die G-NotfallVO vom 10. 12. 1997 (BGBl. I 2882).

**Gentechnikkommission** → Zentrale Kommission für biologische Sicherheit.

**Gentechnische Anlagen** → Gentechnik.

**Gentherapie** ist ein gentechnischer Eingriff in das Erbgut zur Heilung eines Erbleidens. Der Eingriff in Körperzellen wirkt nur auf den behandelten Menschen und ist zulässig. Dagegen überträgt ein Eingriff in das Erbgut der Keimbahnzellen, d. h. der Zellen, die in eine Zell-Linie von der befruchteten Eizelle (Zygote) bis zu den Ei- oder Samenzellen des aus ihr hervorgegangenen Menschen führen, die dadurch geschaffene Erbinformation auf das Erbgut künftiger Nachkommen (Gentransfer). Diese künstliche Veränderung menschlicher Keimbahnzellen ist verboten und wird durch § 5 EmbryonenschutzG mit Strafe bedroht (→ künstliche Fortpflanzung).

**Gentlemen's agreement** → Kartell („abgestimmtes Verhalten"), → Kartellrecht, europäisches („abgestimmte Verhaltensweisen").

**Gentransfer** → Gentherapie, → Gentechnik, → Künstliche Fortpflanzung.

**Genußmittel** → Lebensmittel.

**Genußschein** ist ein → Wertpapier – i. d.R. eine → Inhaberschuldverschreibung –, in dem ein Genußrecht verbrieft wird, d. h. ein Recht, das eine → Aktiengesellschaft einer Person einräumt und das sich in einem geldwerten Anspruch erschöpft, während Mitgliedschaftsrechte (z. B. Stimmrecht) nur durch → Aktien eingeräumt werden können. Meistens besteht es in einem Anteil am Reingewinn. G.e werden zu verschiedenen Zwecken ausgegeben (z. B. als Belohnung für Angestellte und Vorstandsmitglieder, als Vergütung für Patent- oder Lizenzbenutzung, auch zur Aufstockung des Eigenkapitals, BGHZ 119, 305). Voraussetzung ist ein Beschluß der → Hauptversammlung mit qualifizierter Mehrheit.

**Gepäckschein** → Legitimationszeichen, → Reisegepäck.

**Gerätesicherheit** → technische Arbeitsmittel, → überwachungsbedürftige Anlagen.

**Geräuschvolle Anlagen** → Immissionsschutz.

**Gerechtigkeit** ist *objektiv* als Ideal die vollkommene Ordnung im Rahmen des → Rechts. Man unterscheidet schon seit Aristoteles die *ausgleichende (kommutative = austauschende)* G. als Prinzip gerechter Regelung der Verhältnisse der einzelnen untereinander und die *austeilende (distributive)* G. als Grundlage der Regelung von Rechten und Pflichten des einzelnen gegenüber der Gemeinschaft (suum cuique distribuere = jedem das Seine zuteilen). Sie ist Richtschnur für jedes staatliche Handeln in Gesetzgebung und Verwaltung; aus ihr resultiert insbes. der Grundsatz der → Gleichheit vor dem Gesetz. Die *subjektive G.* ist das dem einzelnen zuteil werdende Recht, also die Verwirklichung der objektiven G.

**Geregelter Markt** → Börsengesetz.

**Gericht** ist ein Organ, dem Rechtsprechung obliegt, d. h. das die Entscheidung darüber trifft, was bei bestimmten konkreten Sachverhalten rechtens ist. Die G.e sind i. d.R. staatlich; daneben gibt es private G.e (→ Schiedsgericht). Die staatlichen G.e sind nach den → Gerichtsbarkeiten aufgeteilt (→ Verfassungsgerichtsbarkeit, → ordentliche Gerichtsbarkeit, → Arbeitsgerichtsbarkeit, → Verwaltungsgerichtsbarkeit, → Finanzgerichtsbarkeit, → Sozialgerichtsbarkeit, → Disziplinargerichtsbarkeit, → Ehrengerichtsbarkeit). Bei dem Begriff G. unterscheidet man das G. als organisierte Behörde (z. B. → Landgericht, → Amtsgericht, → Verwaltungsgericht) und das G. als *Spruchkörper* (z. B. → Schwurgericht, → Zivilkammer, → Einzelrichter). Notwendig ist jedes G. mit mindestens einem → Richter besetzt; neben → Berufsrichtern werden häufig auch → ehrenamtliche Richter tätig. Zum Aufgabenbereich und zur Organisation der G. s. im folg., insbes. → Gerichtsbarkeit, → Gerichtsverfassung, → gerichtliche Zuständigkeit, → Gerichtsverwaltung sowie den

„Überblick über das gesamte Gerichtswesen“ im Anhang.

**Gericht der Hauptsache** → Arrest, → einstweilige Verfügung.

**Gerichtliche Beurkundung** → Form-(erfordernisse), 1 c.

**Gerichtliche Zuständigkeit.** Welches → Gericht im Einzelfall (insbes. in einem Rechtsstreit) die → Gerichtsbarkeit auszuüben hat, bestimmt sich nach folgenden Gesichtspunkten:

1. *Sachliche* Z. Sie ist → Prozeßvoraussetzung; nach ihr bestimmt sich, welches Gericht in erster Instanz den Rechtsstreit seiner Art nach zu erledigen hat. Das ist i. d.R. das Amts-, Land-, Arbeits-, Verwaltungs-, Finanz- oder Sozialgericht, nur ausnahmsweise ein oberes Gericht. Die sachliche Z. ist in zahlreichen Gesetzen geregelt, vor allem im GVG (§§ 23 ff., 71), im ArbGG (§§ 2 ff.), in der VwGO (§§ 45, 48, 51, 83), in § 35 FGO, § 8 SGG sowie für die Z. innerhalb der einzelnen → Rechtswege (→ Verweisung) in §§ 17 ff. GVG.

2. Die *örtliche* Z. (→ Gerichtsstand) ist ebenfalls Prozeßvoraussetzung. Nach ihr regelt sich, welches sachlich zuständige Gericht wegen seines Sitzes den Rechtsstreit zu erledigen hat. Hierfür ist der Gerichtsbezirk maßgebend. Die örtliche Z. wird in erster Linie bestimmt durch die §§ 12 ff. ZPO, §§ 7 ff. StPO, § 52 VwGO, § 38 FGO, § 57 SGG.

3. Die *funktionelle* Z. bezieht sich darauf, welches Rechtspflegeorgan in ein und demselben Rechtsstreit tätig zu werden hat. Darunter fällt die Z. als → Rechtsmittelgericht, die sich aus der Überordnung der Gerichte ergibt, auch z. B. die Z. des Prozeß-, Insolvenz- oder Vollstreckungsgerichts, die des Richters, Rechtspflegers oder Urkundsbeamten.

4. Die *ausschließliche* Z. bedeutet, daß die Z. der Parteivereinbarung entzogen ist (→ Zuständigkeitsvereinbarung). Die funktionelle Z. ist immer ausschließlich, die sachliche und örtliche Z. nur in nichtvermögensrechtlichen Streitigkeiten (z. B. → Familiengericht) oder wenn es im Gesetz ausdrücklich bestimmt ist.

5. Die *internationale* Z. besagt, inwieweit die Gerichte eines Staates dessen Gerichtsbarkeit ausüben und wie diese im Verhältnis zu den Gerichten anderer Staaten begrenzt wird; sie wird in erster Linie durch Vereinbarung der Parteien und internationale Übereinkommen bestimmt (vgl. insbes. Europ. Gerichtsstand – Übereinkommen vom 27. 9. 1968 (BGBl. 1972 II 773) und AusführungsG vom 29. 7. 1972 (BGBl. I 1328) sowie – über den Bereich der EG hinaus – das Übereinkommen vom 16. 4. 1988 über die g. Z. und Vollstreckung gerichtl. Entscheidungen in Zivil- und Handelssachen, sog. Lugano-Übereinkommen, Ges. vom 30. 9. 1994 (BGBl. II 2658).

**Gerichtsarzt.** Für gerichtsmedizinische Untersuchungen, insbes. im → Strafprozeß, kann das Gericht oder die Staatsanwaltschaft einen G. als Sachverständigen heranziehen. Bei der → Leichenöffnung muß nach § 87 StPO einer der beiden Obduzenten ein G. (od. Angehöriger eines gerichtsmed./pathol. Instituts) sein. In Bayern ist für jedes Landgericht ein Landgerichtsarzt zu bestellen (Art. 3 II des Ges. über den öffentlichen Gesundheitsdienst vom 12. 7. 1986, GVBl. 120).

**Gerichtsassessor** → Assessor.

**Gerichtsbarkeit** ist die Ausübung der → Rechtspflege, insbes. der → Rechtsprechung. Vielfach wird G. auch i. S. von → Gerichtshoheit verstanden. Die G. gliedert sich im Rahmen der deutschen → Gerichtsverfassung dem Wesen nach in die Verfassungs-, Zivil-, Straf- und Verwaltungsgerichtsbarkeit, nach Gerichtszweigen in die → ordentliche (Justiz-) G., die → Arbeitsgerichtsbarkeit, die allgemeine → Verwaltungsgerichtsbarkeit, in die → Sozial-, → Finanz-, → Patent-, → Disziplinar-, → Ehren- und → Wehrdienstgerichtsbarkeit. Eine Sonderstellung nimmt die → Verfassungsgerichtsbarkeit ein. Träger der G. ist der Staat; nämlich der Bund für die → Bundesgerichte, die Länder für die übrigen Gerichte. Ausgeübt wird die G. durch die einzelnen → Gerichte. Der Umfang der G. ist räumlich auf das Staatsgebiet beschränkt. Der G. unterliegt jede Person, die auch der deutschen Staatsgewalt unterworfen ist; also auch alle Ausländer, die sich im deutschen Staatsgebiet aufhalten, soweit sie nicht → exterritorial sind. Zur G. über ausländ. Staaten s. Europ. Übereinkommen vom 16. 5. 1972 (BGBl. 1990 II 34). Sachlich ist die G. dadurch begrenzt, daß nur diejenigen Angelegenheiten in ihren Aufgabenbereich fallen, für die ein → Rechtsweg offensteht; alle anderen staatlichen Aufgaben sind solche der → Gesetzgebung, der Verwaltung (→ Verwaltung, öffentliche) oder der → Regierung. Auch die → Gerichtsverwaltung gehört nicht zur eigentlichen G. S.a. → Streitige G., → Freiwillige G., → KonsularG.

**Gerichtsbescheid** → Verwaltungsstreitverfahren (5), → Finanzgerichtsbarkeit.

**Gerichtsferien** in dem Sinne, daß in einer bestimmten Jahreszeit außer in sog. Feriensachen keine Gerichtstermine abgehalten und keine gerichtlichen Entscheidungen erlassen werden sowie prozessuale → Fristen nicht laufen, gibt es nicht mehr. Für die Zeit vom 1. 7.–31. 8. eines Jahres sind jedoch im → Zivilprozeß (nicht aber in den anderen Verfahrensarten, § 102 IV VwGO, § 91 IV FGO) auf Antrag Gerichtstermine zu verlegen, sofern das Verfahren nicht besonderer Beschleunigung bedarf (dies z. B. bei → einstweiliger Verfügung, → Wechselprozeß, → Zwangsvollstreckung, § 227 III ZPO).

**Gerichtsgebühren** → Gerichtskosten.

**Gerichtsgewährungsanspruch** → Justizgewährungsanspruch.

**Gerichtsgewalt** ist die → Gerichtshoheit.

**Gerichtsherr** ist eine im früheren Militärstrafrecht (vgl. MilitärstrafgerichtsO i. d.F. vom 29. 9. 1936, RGBl. I 751 und KriegsstrafverfahrensO vom 17. 8. 1938, RGBl. 1939 I 1457) verwendete Bezeichnung, die für das heutige Recht der BRep. keine Bedeutung hat. Der G. nahm weitgehend die Stellung der Staatsanwaltschaft ein.

**Gerichtshilfe.** Für ihre Ermittlungen über Umstände, die bei der strafgerichtlichen Entscheidung über die Rechtsfolgen der Tat (Strafzumessung, Strafaussetzung, ggf. Maßregeln der Besserung und Sicherung) von Bedeutung sind, kann sich die StA der G. bedienen (§ 160 III StPO). Gericht und Vollstreckungsbehörde können die G. bei nachträglichen Entscheidungen über Strafaussetzung, Verwarnung mit Strafvorbehalt, Strafaufschub, Zahlungserleichterungen u. dgl. in Anspruch nehmen (§ 463 d StPO). Die G. ist i. d.R. im Geschäftsbereich der Landesjustizverwaltung eingerichtet, kann aber durch RechtsVO einer Sozialbehörde übertragen werden (Art. 294 EGStGB). S. a. → Jugendgerichtshilfe. Die Berichte der G. dürfen im Hinblick auf den → Unmittelbarkeitsgrundsatz in der → Hauptverhandlung nicht verlesen werden (§ 256 StPO ist nicht anwendbar); ihr Inhalt kann aber mit dem Angeklagten erörtert und ggf. zum Gegenstand einer Beweiserhebung durch Vernehmung von Zeugen usw. gemacht werden.

**Gerichtshof** ist eine früher allgemein für ein Kollegialgericht übliche Bezeichnung; sie wird heute z. B. in der BRep. noch verwendet für → oberste Gerichtshöfe (Art. 95 GG; BGH, BFH) und die Verfassungs- und Verwaltungsgerichtshöfe der Länder, ferner für die supranationalen G.e der Europäischen Gemeinschaften und des Europarats sowie den → Internationalen Gerichtshof.

**Gerichtshoheit** *(Justizhoheit)* ist das auf staatlicher Machtbefugnis beruhende Recht, die → Gerichtsbarkeit auszuüben.

**Gerichtskosten** sind die Gerichtsgebühren und Auslagen, die in einem gerichtlichen Verfahren anfallen. Sie werden auf Grund eingehender gesetzlicher Vorschriften erhoben, und zwar insbes. für den → Zivilprozeß nach dem Gerichtskostengesetz (GKG) i. d.F. vom 15. 12. 1975 (BGBl. I 3047) sowie für das Verfahren der → freiwilligen Gerichtsbarkeit nach der Kostenordnung (KostO) i. d.F. vom 26. 7. 1957 (BGBl. I 960), beide m. Änd. Diese Kosten sind im Gegensatz zu den außergerichtlichen Kosten (insbes. den Gebühren der → Rechtsanwälte) an den Staat zu entrichten. In *bürgerlichen Rechtsstreitigkeiten* (und Familiensachen) sind als Gebühr für das Verfahren im allgemeinen 3 Gebühren (Ermäßigung z. B. bei → Klagerücknahme oder → Prozeßvergleich) zu entrichten, die für jede Instanz gesondert erhoben werden. Die Gebühren bestimmen sich nach dem Wert des → Streitgegenstandes bzw. nach dem → Geschäftswert. G. sind auch die Kosten der → Zwangsvollstreckung (§ 788 ZPO). Zu den gerichtlichen *Auslagen* gehören z. B. Schreib-, Post- und Telekommunikationsentgelt und Beträge, die an Zeugen und Sachverständige bezahlt werden.

In *Strafsachen* ist nur eine Gebühr vorgesehen, die sich nach der Höhe der erkannten Strafe richtet (§ 40 GKG). Zu den Kosten des Strafverfahrens zählen auch die im → Ermittlungsverfahren der StA entstandenen einschl. der Auslagen der Polizei bei Ausführung von Ersuchen der StA und bei ihrer Tätigkeit als deren Hilfsbeamte sowie bei eigenen Ermittlungen nach § 163 StPO. Auch die Kosten der *Vollstreckung* des Strafurteils gehören zu den Gerichtskosten (§ 464 a I StPO); jedoch werden *Haftkosten* nicht erhoben, wenn der Gefangene die ihm zugewiesene Arbeit verrichtet oder wenn er ohne sein Verschulden nicht arbeiten kann (Arbeitsmangel, Krankheit); § 10 I JustizverwaltungskostenO vom 14. 2. 1940 (BGBl. I 357) m. Änd.; § 12 d. bundeseinheitlichen Kostenverfügung vom 1. 3. 1976, abgedr. b. Piller/Hermann, Justizverw.vorschr., Nr. 10). S. a. → Kostenpflicht und Anhang. S. ferner → Niederschlagung von G. Im Gebiet der ehem. DDR ermäßigen sich die G. um 10%.

Für den Bereich der → *Verwaltungsgerichtsbarkeit* und der → *Finanzgerichtsbarkeit* gilt gleichfalls das GKG, ebenso – mit Besonderheiten – für die → *Arbeitsgerichtsbarkeit.*

In der → *Sozialgerichtsbarkeit* haben nur die beteiligten Körperschaften und Anstalten des öffentlichen Rechts zu den G. durch Pauschgebühren beizutragen. Auf den Ausgang des Rechtsstreits kommt es hierbei nicht an. Natürliche Personen können nur zur Kostentragung herangezogen werden, wenn sie als → Beteiligte Kosten durch Mutwillen, Verschleppung oder Irreführung verursacht haben. §§ 183, 184, 192 SGG; i. d.F. vom 23. 9. 1975 (BGBl. I 2535) m. Änd.

**Gerichtskostenvorschuß.** In verschiedenen gerichtlichen Verfahren wird die Tätigkeit des Gerichts von einem G. abhängig gemacht, insbes. in → bürgerlichen Rechtsstreitigkeiten, in Strafsachen bei → Privatklage, in der → freiwilligen Gerichtsbarkeit in Antragssachen, z. B. Grundbuchsachen (§§ 65 ff. GKG, § 8 KostO). Bei Erhebung einer Klage soll vor Einzahlung der Gebühr für das Verfahren im allgemeinen (→ Gerichtskosten) und der Auslagen die Klage nicht zugestellt werden.

**Gerichtsnotorische (gerichtskundige) Tatsache** → notorische Tatsache.

**Gerichtsorganisation** → Gerichtsverfassung.

**Gerichtsreferendar** → Referendar.

**Gerichtssprache** ist vor deutschen Gerichten ausschließlich deutsch (§ 184 GVG). Jedoch können die → Sorben in ihren Heimatkreisen vor Gericht sorbisch sprechen (Anl. I Kap. III Sachgebiet A Abschnitt III Nr. 1 r zum EV). Bei tauben und stummen Personen sowie bei solchen, die der deutschen Sprache nicht mächtig sind, ist regelmäßig ein → Dolmetscher zuzuziehen (§§ 185–191 GVG).

**Gerichtsstand.** Darunter wird in der Regel (so in Strafsachen) die → örtliche Zuständigkeit der Gerichte verstanden; gelegentlich ist aber auch die sachliche Zuständigkeit eingeschlossen (→ gerichtliche Zuständigkeit).

**Gerichtsstandsvereinbarung** → Zuständigkeitsvereinbarung; s. a. → Leistungsort.

**Gerichtstag** ist der bei einem Gericht als Terminstag für die Verhandlung bestimmter Rechtsstreitigkeiten jeweils festgesetzte Tag. Die Abhaltung *auswärtiger G.e* außerhalb des Sitzes des Gerichts regelt die → Gerichtsverwaltung.

**Gerichtsverfassung.** Unter diesem Begriff versteht man den Aufbau, die Funktion und die Zuständigkeit der → Gerichte und sonstigen Behörden aller → Gerichtsbarkeiten (also die Verfassungs-, Zivil-, Straf- und Verwaltungsgerichtsbarkeit) einschl. der in ihrem Rahmen tätig werdenden Rechtspflegeorgane (z. B. Richter, Staatsanwälte, Rechtsanwälte, Rechtspfleger). Das Gerichtsverfassungsrecht gehört zu einem Teil zum allgemeinen → Verfassungsrecht; zugleich bildet es die Grundlage des Prozeßrechts. Es ist im wesentlichen durch Bundesgesetze geregelt, in untergeordnetem Maße auch durch Landesrecht. In erster Linie gilt das GG (insbes. Art. 92–104), in seinem ganzen Inhalt das *Gerichtsverfassungsgesetz (GVG)* i. d. F. vom 9. 5. 1975 (BGBl. I 1077) m. spät. Änd., das DRiG, das RechtspflegerG, weiter Teile der Verfahrensordnungen ZPO, StPO, BVerfGG, FGG, VwGO, ArbGG, FGO und SGG, ferner die BRAO. In zahlreichen anderen Gesetzen finden sich Einzelvorschriften über die G.

**Gerichtsverwaltung** ist die behördliche Tätigkeit, die als Teil der allgemeinen Verwaltung (→ Verwaltung, öffentliche) folgende Aufgaben umfaßt: Gerichte einzurichten, mit dem erforderlichen Personal zu besetzen und den Sachbedarf (z. B. Gebäude, Bibliotheken) zu beschaffen; die → Dienstaufsicht über die Rechtspflegeorgane auszuüben; bestimmte nichtrichterliche Entscheidungen zu treffen (z. B. → Justizverwaltungsakte). Für den Bereich der → ordentlichen Gerichtsbarkeit wird die G. → Justizverwaltung genannt. Für die → Arbeits-, → Verwaltungs-, → Finanz-, → Sozial- und → Wehrdienstgerichtsbarkeit obliegt die G. dem zuständ. Ressortminister (vgl. §§ 15, 34 ArbGG) oder dem Justizminister (→ Rechtspflegeministerium).

**Gerichtsvollzieher** ist ein → Beamter (des mittleren Dienstes), der mit den Zustellungen, Ladungen und Vollstrekkungen betraut wird (§ 154 GVG). Die wichtigste Aufgabe des G. ist die → Zwangsvollstreckung, soweit dafür nicht das → Vollstreckungsgericht zuständig ist (§ 753 ZPO). Er soll hierbei in jeder Lage des Zwangsvollstrekkungsverfahrens auf eine gütliche und zügige Erledigung hinwirken und z. B. im Einverständnis des Gläubigers mit dem Schuldner Teilzahlungen (Raten) vereinbaren (§ 806 ZPO). Zu seinen Aufgaben gehört auch die Entgegennahme des → Vermögensverzeichnisses und die Abnahme der → Offenbarungsversicherung (§§ 807, 899 ff. ZPO). Daneben führt der G. → Zustellungen im Parteibetrieb durch (§ 166 ZPO), bedient sich aber hierbei meistens der Post (§ 194). Vom übrigen Aufgabenbereich ist die Aufnahme von → Scheck- und → Wechselprotesten bedeutsam (Art. 79 I WechselG, Art. 55 III ScheckG). Der G. kann wie ein Richter von der Ausübung seines Amtes ausgeschlossen sein (→ Ausschließung, § 155 GVG). Bei der Durchführung seiner Dienstgeschäfte ist der G. an die bundeseinheitliche Geschäftsanweisung für Gerichtsvollzieher (GVGA) gebunden; bei schuldhaftem Verstoß liegt eine Amtspflichtverletzung vor (→ Staatshaftung). Die Dienst- und Geschäftsverhältnisse des G. sind durch die landesrechtlichen Gerichtsvollzieherordnungen (GVO) geregelt. Er ist i. d.R. selbständiger Beamter mit eigenem Bezirk und erhält neben festen Bezügen Gebühren; er untersteht der Dienstaufsicht des Gerichts. Die für seine Tätigkeit anfallenden Gerichtsvollzieherkosten richten sich nach dem Ges. vom 26. 7. 1957 (BGBl. I 887) m. spät. Änd., insbes. vom 20. 8. 1975 (BGBl. I 2189) und 24. 6. 1994 (BGBl. I 1325); sie gehören zu den → außergerichtlichen Kosten.

**Geringfügige Beschäftigung** oder selbständige Tätigkeit bleibt in der gesetzlichen Kranken-, Renten- und Arbeitslosenversicherung versicherungsfrei, wenn sie regelmäßig weniger als 15 Std. wöchentl. ausgeübt wird und das → Arbeitsentgelt regelmäßig 1/7 der monatl. → Bezugsgröße, bei höherem Arbeitsentgelt 1/6 des Gesamteinkommens nicht überschreitet; ferner wenn die Beschäftigung pro Jahr seit Beginn nicht länger dauert als 2 Monate oder 50 Arbeitstage, es sei denn, daß sie berufsmäßig ausgeübt und die bezeichnete Entgeltgrenze überschritten wird. Mehrere geringfügige Beschäftigungen oder Tätigkeiten sind dabei zusammenzuzählen. § 27 SGB III V; § 8 SGB IV; § 7 SGB V; § 5 SGB VI.

Die *Besteuerung* kann über → Lohnsteuerpauschalierung vorgenommen werden (§ 40 a EStG; → Teilzeitbeschäftigung).

**Geringfügigkeit** ist strafrechtlich ein zunächst vorwiegend im Verfahrensrecht verwendeter Begriff. So ist z. B. die Einstellung des Strafverfahrens wegen G. für das allgemeine Strafverfahren in §§ 153, 153 a StPO, für das Jugendstrafverfahren in §§ 45, 47 JGG, für das Privatklageverfahren in § 383 II StPO geregelt; für das Bußgeldverfahren vgl. §§ 47, 56 OWiG (im einzelnen → Bagatellstrafsachen, → Opportunitätsprinzip).

Im materiellen Recht findet sich der Begriff im Bereich des Privatrechts nur vereinzelt (vgl. § 1 ZugabeVO); häufiger wird er im Strafrecht verwendet, so in §§ 248 a, 257 IV 2, 259 II, 265 a III, 266 III StGB zur Einschränkung der Verfolgung geringfügiger Rechtsverletzungen, in § 326 VI StGB zum Ausschluß der Strafbarkeit (s.a. § 184 c Nr. 1 StGB), zum Ausschluß von Straferhöhungsgründen in § 243 II StGB, zur Strafmilderung in § 174 IV StGB.

**Geringstes Gebot** ist in der → Zwangsversteigerung ein Gebot, das mindestens die Kosten der Zwangsversteigerung und die dem betreibenden Gläubiger im Rang vorgehenden Rechte deckt. Nur solche Gebote, die diesen Betrag decken, werden in der Versteigerung zugelassen (§ 44 ZVG). Dadurch wird verhindert, daß solche Berechtigte, die einen besseren Rang einnehmen als der betreibende Gläubiger, ihr Recht am Grundstück verlieren, da die nicht ins g. G. fallenden Rechte mit dem Zuschlag grundsätzlich erlöschen (§ 91 ZVG). Das g. G. wird mit den Versteigerungsbedingungen im Versteigerungstermin festgestellt.

**Geringwertige Wirtschaftsgüter** (GWG) sind abnutzbare bewegliche → Wirtschaftsgüter des → Anlagevermögens, die einer selbständigen Nutzung fähig sind, und deren → Anschaffungs- oder Herstellungskosten netto, d. h. vermindert um einen darin enthaltenen Vorsteuerbetrag, 800 DM nicht übersteigen. Sie können im Jahr der Anschaffung, Herstellung oder Einlage voll als → Betriebsausgaben oder → Werbungskosten abgesetzt werden. Falls über 100 DM, müssen sie unter Angabe des Tages der Anschaffung oder Herstellung und der AH-Kosten in einem besonderen Verzeichnis aufgeführt werden oder aus der Buchführung ersichtlich sein (§§ 6 II, 9 I Nr. 7 EStG).

**Gerontokratie** (griech.), Herrschaft der Alten, wird eine Staatsform genannt, in der die Regierungsgewalt in den Händen eines Rates der Ältesten oder eines ähnlichen Gremiums liegt. Eine G. bestand im Altertum z. B. in Sparta. In abgewandelter Form findet sie sich noch im Bereich religiöser Gemeinschaften (→ Presbyterium). Im Gegensatz zu dem auf eine staatliche Ordnung bezogenen Begriff der G. wird als *Patriarchat* ein im Verband der Sippe oder des Stammes geltendes Herrschaftsrecht des Vaters bezeichnet, der innerhalb des Verbandes einzelne sonst der Obrigkeit zukommende Funktionen wahrnimmt; im germanischen Recht bestand das Patriarchat in Form der → Munt. Das Gegenstück ist das *Matriarchat,* in dem die Herrschaft der Mutter zusteht; es ist im germanischen Recht nicht nachweisbar, hat aber möglicherweise in der vorindogermanischen Zeit bestanden und soll sich noch bei einzelnen Naturvölkern erhalten haben. Beim Patriarchat und Matriarchat handelt es sich um lokale Formen oder Vorstufen einer echten staatlichen Ordnung. Beim Patriarchat besteht Vaterrecht, beim Matriarchat Mutterrecht, nach dem sich Name, Erbrecht usw. bestimmen.

**Gesamtakt** → Rechtsgeschäft (2 a), → Verein (1).

**Gesamtausgabe.** Hat der Verfasser eines Werks der Literatur oder Tonkunst einem Verleger das → Verlagsrecht übertragen, so kann er das Werk nach 20 Jahren desungeachtet für eine Ausgabe vervielfältigen und verbreiten lassen, die nur Werke dieses Verfassers enthält und ein abgerundetes Bild seines Schaffens vermitteln soll (§ 2 III VerlG).

**Gesamtausgebot** → Ausgebot.

**Gesamtbetrag der Einkünfte** → Einkommensteuer 3.

**Gesamtbetriebsrat** → Betriebsrat.

**Gesamterbfolge** → Sondererbfolge.

**Gesamtforderung** → Gesamtgläubigerschaft.

**Gesamtgläubigerschaft.** Haben mehrere eine *teilbare* Leistung (→ Gesamtschuld) zu fordern, so ist jeder Gläubiger im Zweifel nur zu einem entsprechenden Anteil berechtigt (*Teilforderung*, § 420 BGB). Besonderheiten gelten für die Forderung einer → Gesamthandsgemeinschaft (*Gesamthandsforderung:* Leistung nur an die Gemeinschaft). Sind mehrere eine Leistung in der Weise zu fordern berechtigt, daß jeder die ganze Leistung fordern kann, der Schuldner diese aber nur einmal zu bewirken verpflichtet ist, so liegt eine *Gesamtforderung* vor (§ 428 BGB). Der Schuldner ist hier berechtigt, an jeden der *Gesamtgläubiger* befreiend nach seinem Belieben zu leisten. Für die Begründung und den Inhalt der G. – insbes. hinsichtlich der Ausgleichungspflicht unter den Gesamtgläubigern – gelten die Vorschriften über die → Gesamtschuld entsprechend. Haben mehrere Gläubiger eine *unteilbare* Leistung zu fordern, so kann, sofern sie nicht Gesamtgläubiger sind, ähnlich wie bei der Gesamthandsgemeinschaft der Schuldner nur an alle gemeinschaftlich leisten; jeder Gläubiger kann zwar selbständig Leistung, aber nur an die Gesamtheit, also nicht an sich persönlich verlangen (sog. *Mitforderung;* § 432 BGB). Entsprechendes gilt für die → Erbengemeinschaft (§ 2039).

**Gesamtgrundschuld** → Gesamthypothek.

**Gesamtgut** → Gütergemeinschaft.

**Gesamtgutsverbindlichkeiten** → Gütergemeinschaft.

**Gesamthandsforderung** → Gesamthandsgemeinschaft.

**Gesamthandsgemeinschaft.** Das BGB kennt als Vermögensgemeinschaften außer der → juristischen Person (mit eigener Rechtspersönlichkeit) noch die → *Gemeinschaft nach Bruchteilen* und die *Gemeinschaft zur gesamten Hand.* Eine G. liegt vor bei der → Gesellschaft des bürgerlichen Rechts (§§ 705 ff. BGB, deshalb kraft Verweisung auch bei der → offenen Handelsgesellschaft und bei der → Kommanditgesellschaft, §§ 105 II, 161 II HGB), beim ehelichen Güterstand der → Gütergemeinschaft und der → fortgesetzten Gütergemeinschaft (§§ 1416 ff., 1485 ff. BGB) sowie bei der ungeteilten → *Erbengemeinschaft* (§§ 2033 ff. BGB). Sonstige G.en können durch Parteivereinbarung nicht begründet werden. Das Wesen der G. besteht darin, daß Rechte und Verbindlichkeiten den Gesamthändern in dieser Eigenschaft jeweils in vollem Umfang zustehen; eine eigene → Rechtsfähigkeit hat die G. dagegen als solche nicht. So ist z. B. jeder Gesellschafter – zusammen mit den übrigen – Eigentümer des gesamten der Gesellschaft gehörenden Grundstücks, nicht nur eines Bruchteils; jeder Gesamthänder schuldet aus dem Gesamthandsvermögen als einer Art Sondervermögen die gesamte Schuld, haftet daneben aber auch oft persönlich mit seinem eigenen Vermögen, meist als → Gesamtschuldner. Zur G. gehört ferner, daß der einzelne Gesamthänder niemals über seinen „Anteil" an dem *einzelnen* zum *Gesamthandsvermögen* gehörenden Gegenständen verfügen kann; dagegen widerspricht die Verfügung über den *ganzen* Gesamthandsanteil selbst nicht dem Wesen der G. (zulässig bei der Erbengemeinschaft, bei der Gesellschaft nur bei Vereinbarung im Gesellschaftsvertrag, naturgemäß ausgeschlossen bei der Gütergemeinschaft der Ehegatten, §§ 719, 1416, 2033 BGB). Obwohl als Folge der gesamthänderischen Verbindung grundsätzlich nur alle Gesamthänder forderungsberechtigt und verpflichtet sind und daher die Zwangsvollstreckung ein Urteil gegen alle voraussetzt (vgl. §§ 736, 743 ZPO), läßt das Gesetz in Ausnahmefällen auch das Handeln eines einzelnen für und gegen das Gesamthandsvermögen zu (z. B. § 2039 BGB: Klagerecht eines Miterben; § 740 ZPO: Titel nur gegen den das Gesamtgut verwaltenden Ehegatten erforderlich). S. i. e. bei den gen. Stichw., ferner → Gesamtgläubigerschaft, → Gesamtschuld.

**Gesamthandsschuld** → Gesamthandsgemeinschaft; s. a. → Gesamtschuld.

**Gesamthandsvermögen** → Gesamthandsgemeinschaft.

**Gesamthochschule.** Nach dem inzwischen aufgehobenen § 5 des → Hochschulrahmengesetzes (HRG) waren → Hochschulen grundsätzlich als G. auszubauen oder zusammenzuschließen *(integrierte G.)* oder unter Aufrechterhaltung ihrer rechtlichen Selbständigkeit durch gemeinsame Gremien zu G. zu verbinden *(kooperative G.)*. Die G. sollten die Aufgaben der wissenschaftlichen Hochschulen (Universitäten) und der → Fachhochschulen vereinigen. Errichtete G. bleiben bestehen. Derzeit bestehen G. noch in Hessen und Nordrhein-Westfalen.

**Gesamthypothek.** Eine G. ist eine einheitliche → Hypothek für eine Forderung an mehreren → Grundstücken (§ 1132 BGB). Entsprechend der → Gesamtschuld haftet jedes der belasteten Grundstücke für die gesamte Forderung; der Gläubiger ist aber berechtigt, den Betrag der Forderung auf die einzelnen Grundstücke in der Weise zu verteilen, daß jedes Grundstück nur für den zugeteilten Betrag haftet. Wird der Gläubiger aus einem der Grundstücke befriedigt, so werden auch die übrigen Grundstücke frei (§ 1181 II BGB). Wird die gesicherte Forderung bezahlt, so entsteht eine → Eigentümerhypothek, die den Eigentümern der belasteten Grundstücke in → Gemeinschaft zusteht (§§ 1172, 1163, 741 ff. BGB). Befriedigt nur einer der Eigentümer den Gläubiger der G., so erwirbt nur er die Hypothek, und zwar an seinem Grundstück; die Hypothek an den übrigen Grundstücken erlischt, sofern er nicht von den anderen Grundstückseigentümern Ersatz verlangen kann (dann sichert die Hypothek diese Ersatzforderung, § 1173 BGB). Entsprechendes gilt bei der Befriedigung des Gläubigers durch den ersatzberechtigten persönlichen Schuldner (§ 1174 BGB). Die obigen Ausführungen gelten sinngemäß für eine einheitliche → Grundschuld an mehreren Grundstücken *(Gesamtgrundschuld)*.

**Gesamtjugendvertretung** → Betriebsrat.

**Gesamtprokura** → Prokura.

**Gesamtrechtsnachfolge** (Universalsukzession) ist der unmittelbare Übergang eines → Vermögens mit allen Rechten und Verpflichtungen auf den Gesamtnachfolger, der damit völlig in die Stellung seines Rechtsvorgängers eintritt (→ Rechtserwerb). Es bedarf keines besonderen Eigentumsübertragungsaktes, bei Grundstücken nur einer → Berichtigung im Grundbuch. Wichtigste Fälle einer G. sind der Erbfall (→ Erbe, → Erbfolge) und die → Umwandlung von Kapitalgesellschaften. S. aber → Sondererbfolge. *Steuerlich* vgl. § 45 AO.

**Gesamtschuld.** Schulden mehrere eine teilbare Leistung, d. h. eine solche, die in mehrere gleichartige Teile (Quoten) zerlegt werden kann (insbes. → Geldschuld), so ist im Zweifel jeder Schuldner nur zu einem gleichen Anteil verpflichtet (*Teilschuld,* § 420 BGB). Ist eine → Gesamthandsgemeinschaft verpflichtet *(Gesamthandsschuld),* so gelten weitgehend Sonderregeln (s. dort). Zwischen Teilschuld und Gesamthandsschuld steht die G. Hier ist zwar jeder der verschiedenen Schuldner verpflichtet, die gesamte Leistung zu bewirken, der Gläubiger kann sie – nach seinem Belieben – jedoch nur einmal von einem der Schuldner fordern (§ 421 BGB). Eine G. kann durch → Vertrag oder kraft Gesetzes entstehen, z. B. Haftung der Miterben (→ Nachlaßverbindlichkeiten, § 2058 BGB), Ersatzpflicht mehrerer aus einer → unerlaubten Handlung (§ 840 BGB), → Schuldmitübernahme kraft Gesetzes (z. B. → Vermögensübernahme), Haftung der Gesellschafter in einer → offenen Handelsgesellschaft usw. Verpflichten sich mehrere durch Vertrag gemeinschaftlich zu einer teilbaren Leistung, so haften sie im Zweifel (§ 427 BGB), bei einer unteilbaren Leistung stets (§ 431 BGB) als *Gesamtschuldner.* Die G. setzte nach bisher h. M. zwar keinen einheitlichen Rechtsgrund, aber stets eine innerliche Verbindung der mehreren Schulden *(objektive Zweckgemeinschaft)* voraus; fehlt diese, schulden also mehrere Personen zwar anläßlich des gleichen Ereignisses, aber ohne unmittelbare Beziehung zueinander – z. B. der Dieb und der Verwahrer, der seine Aufbewahrungspflicht verletzt –, so liegt nur eine sog. *unechte* G. vor. Auf diese finden die Vorschriften über die G. – insbes. über die Ausgleichungspflicht (s.u.) – i. d. R. keine Anwendung; oftmals gelten hierfür Sondervorschriften (z. B. im Versicherungsrecht; s. auch → Drittschadensliquidation). Der BGH hat jedoch – im Interesse eines gerechten Ausgleichs zwischen den Beteiligten – die Voraussetzung der objektiven Zweckgemeinschaft immer weiter aufgelockert und

z. B. – trotz Verschiedenartigkeit der Ansprüche und der geschuldeten Leistungen – Bauunternehmer und Architekt wegen eines Mangels am Bauwerk (BGHZ 51, 275) sowie Dieb und Abnehmer der gestohlenen Sache (BGHZ 52, 39) als Gesamtschuldner behandelt („rechtliche Zweckgemeinschaft", BGH NJW 1972, 1802).

Grundsätzlich stehen die verschiedenen Verpflichtungen in einer G. *selbständig* nebeneinander. Tatsachen, die nur in der Person eines Schuldners eintreten – z. B. → Unmöglichkeit der Leistung, Schuldnerverzug, Verschulden, Kündigung, Verjährung, Konfusion, rechtskräftiges Urteil gegen einen Schuldner usw. –, wirken i. d.R., soweit sich aus dem Schuldverhältnis nichts Gegenteiliges ergibt (z. B. bei gemeinschaftlicher Werkherstellung), nur für und gegen den betreffenden Gesamtschuldner (§ 425 BGB). Bis zur Bewirkung der gesamten Leistung bleiben sämtliche Schuldner verpflichtet. Die → Erfüllung durch einen Gesamtschuldner wirkt jedoch – ebenso wie die Leistung an → Erfüllungs Statt, die → Hinterlegung und die → Aufrechnung – auch für die übrigen Schuldner (§ 422 BGB); jeder Gesamtschuldner kann allerdings nur mit einer eigenen Forderung aufrechnen. Auch ein → Erlaßvertrag (falls das gesamte Schuldverhältnis aufgehoben werden soll) und der → Gläubigerverzug erstrecken sich auf sämtliche Schuldner (§§ 423, 424 BGB). Die Gesamtschuldner sind im Verhältnis zueinander (Innenverhältnis) grundsätzlich zu gleichen Teilen verpflichtet, sofern nicht durch Vertrag oder Gesetz etwas anderes bestimmt ist (z. B. Haftung mehrerer Gesellschafter regelmäßig nach deren Beteiligung; bei einer unerlaubten Handlung allein der eigentliche Täter usw.). Daraus folgt, daß der freiwillig oder zwangsweise die gesamte Leistung an den Gläubiger erbringende Gesamtschuldner einen entsprechenden Ausgleichsanspruch gegen die anderen Gesamtschuldner hat (§ 426 I BGB). Die *Ausgleichungspflicht* kann sich ferner aus dem zwischen den Gesamtschuldnern bestehenden Rechtsverhältnis ergeben (z. B. → Gesellschaft des bürgerlichen Rechts, → Geschäftsführung ohne Auftrag). Schließlich geht neben diesen beiden Ansprüchen aus eigenem Recht die Forderung des Gläubigers auf den leistenden Gesamtschuldner insoweit über, als dieser von den anderen Ausgleichung verlangen kann (§ 426 II BGB; → Abtretung, 5). S. a. → Gesamtgläubigerschaft. *Steuerlich* sind Personen, die nebeneinander dieselbe Leistung aus dem → Steuerschuldverhältnis schulden oder für sie haften (→ Haftung im Steuerrecht) oder die zusammen zu einer Steuer zu veranlagen sind (→ Veranlagungsarten) G. Jeder G. schuldet die gesamte Leistung. Gegen G. kann ein zusammengefaßter Bescheid ergehen. Die Zahlung durch einen G. wirkt schuldbefreiend für die anderen G. (§§ 44, 155 II AO). Auf Antrag eines G. kann die Vollstreckung gegen ihn beschränkt werden (§§ 268 ff. AO).

**Gesamtsozialversicherungsbeitrag** ist die Summe der Pflichtbeiträge zur → Krankenversicherung, → Rentenversicherung, → Pflegeversicherung und → Arbeitslosenversicherung, die vom Arbeitgeber jeweils zusammengefaßt an die Einzugsstelle abzuführen sind (§ 348 SGB III; §§ 28 d–28 n, 28 r SGB IV; § 253 SGB V; § 174 SGB VI; § 60 SGB XI).

**Gesamtstaat** → Bundesstaat.

**Gesamtstrafe** → Konkurrenz von Straftaten.

**Gesamtumsatz** → Umsatzsteuer 11.

**Gesamtvereinbarung** (Kollektivvereinbarung) → Arbeitsrecht, → Tarifvertrag.

**Gesamtvertretung** → Stellvertretung.

**Gesamtvollmacht** → Vollmacht.

**Gesamtvollstreckungsordnung** i. d.F. vom 23. 5. 1991 (BGBl. I 1185) war im Gebiet der ehem. DDR bis zum Inkrafttreten der Insolvenzordnung (→ Insolvenzrecht) die Rechtsgrundlage für die Durchführung eines → Insolvenzverfahrens.

**Gesamtvorsatz** → fortgesetzte Handlung.

**Gesamtzusage** ist die Erklärung eines → Arbeitgebers, bestimmte Leistungen (z. B. Gratifikation) erbringen zu wollen. Auch wenn hierüber keine → Betriebsvereinbarung abgeschlossen wird, können hierdurch die Einzelarbeitsverträge entsprechend abgeändert werden.

**Gesandter** → Diplomat.

**Gesandtschaftsrecht** wird traditionell das Recht genannt, → Diplomaten zur Aufnahme → diplomatischer Beziehungen ins Ausland zu entsenden und selbst ausländische Diplomaten zu empfangen. Das G. steht allen als → Völkerrechtssubjekten anerkannten Staaten sowie dem → Heiligen Stuhl und z. T. dem souveränen Malteser Ritterorden zu. Bei Bundesstaaten kann nach Maßgabe der Bundesverfassung das G. sowohl dem Gesamtstaat als auch den Gliedstaaten zustehen. So ließ die Reichsverfassung von 1871 ein G. der Einzelstaaten und des Reiches zu. Nach dem GG liegt das G. beim Bund.

**Geschäft für den, den es angeht** → Eigentumsübertragung (von beweglichen Sachen, 2 g) → Stellvertretung.

**Geschäftliche Verleumdung** begeht, wer *wider besseres Wissen* über das Erwerbsgeschäft eines anderen, dessen Inhaber oder Leiter, Waren oder Leistungen unwahre Tatsachen (nicht bloße Werturteile) behauptet oder verbreitet, die geschäftsschädigend zu wirken geeignet sind; strafbar mit Freiheitsstrafe bis zu 1 Jahr oder Geldstrafe (§ 15 UWG).

**Geschäftsähnliche Handlung** → Rechtshandlung.

**Geschäftsanteil** ist der Anteil des Gesellschafters am → Gesellschaftsvermögen. Er stellt den Anteil an einer → Gesamthandsgemeinschaft dar, ist vom → Kapitalanteil zu unterscheiden und wird nicht in einer Geldsumme, sondern durch einen bestimmten Bruchteil ausgedrückt. Der Gesellschaftsanteil kann beim Ausscheiden eines Gesellschafters auf die anderen Gesellschafter durch → Anwachsung übergehen; an seine Stelle tritt dann das → Abfindungsguthaben. Der G. kann nur dann übertragen werden (vgl. § 719 BGB), wenn alle Gesellschafter zustimmen oder die Übertragung im Gesellschaftsvertrag zugelassen ist. Der G. kann gepfändet werden (→ Pfändung, § 859 I ZPO); der Pfändungsgläubiger ist dann berechtigt, die Gesellschaft zu kündigen. Bei einer → *Gesellschaft mit beschränkter Haftung* bestimmt sich der G. nach dem Betrag der übernommenen → Stammeinlage in ihrem Verhältnis zum → Stammkapital (§ 14 GmbHG). Er ist veräußerlich und vererblich (§ 15 I GmbHG). In der Satzung kann bestimmt sein, daß die Veräußerung des G. der Zustimmung der GmbH bedarf (sog. *vinkulierter G.*). Die Abtretung des G. und die Verpflichtung hierzu ist nur wirksam, wenn sie notariell beurkundet wird (§ 15 III, IV GmbHG). Jeder Gesellschafter kann weitere G.e hinzuerwerben; doch behalten diese ihre Selbständigkeit (§ 15 II GmbHG). Wenn die Stammeinlage verzögert eingezahlt wird, kann der G. unter den Voraussetzungen des § 21 GmbHG zugunsten der Gesellschaft kaduziert (→ Kaduzierung) oder öffentlich versteigert werden (§ 23 GmbHG). Durch → Amortisation kann ein G. erlöschen. Bei einer → *Genossenschaft* bedeutet G. den Höchstbetrag, bis zu dem sich der einzelne Genosse mit Einlagen beteiligen kann (§ 7 Nr. 1 GenG). Die Pflicht-(Mindest)einlage richtet sich nach dem Statut der Genossenschaft oder dem Beschluß der → Generalversammlung (§ 50 GenG). Der Mindestbetrag der Pflichteinlage ist 10% des G. (§ 7 Nr. 1 GenG). Das Statut kann auch vorsehen, daß sich die Genossen mit mehreren G. beteiligen können oder müssen (Pflichtbeteiligung, § 7 a GenG). Der G. ist vom → Geschäftsguthaben und von der → Haftsumme zu unterscheiden.

**Geschäftsauslagen** → Schaufensterauslagen.

**Geschäftsbedingungen** → Allgemeine Geschäftsbedingungen.

**Geschäftsbericht** → Lagebericht.

**Geschäftsbesorgungsvertrag.** Auf einen → Dienstvertrag oder → Werkvertrag, der eine Geschäftsbesorgung zum Inhalt hat, finden die Vorschriften über den → Auftrag mit Ausnahme der jederzeitigen Kündigungsmöglichkeit entsprechende Anwendung (§ 675 BGB), auch wenn diese Tätigkeit entgeltlich ausgeführt wird. Insbes. sind daher anwendbar die Bestimmungen über die Anzeigepflicht bei Ablehnung des Auftrags, die Auskunft- und Rechenschaftspflicht, die Pflicht zur Herausgabe des aus der Geschäftsbesorgung Erlangten sowie umgekehrt ein Anspruch auf Ersatz für entstandene Aufwendungen. Der Begriff der Geschäftsbesorgung umfaßt hier – enger als beim Auftrag – nur selbständige Tätigkeiten auf rechtlichem oder wirtschaftlichem Gebiet (z. B. Rechtsanwaltsvertrag, Baubetreuungsvertrag, Girovertrag, Kontokorrentvereinbarung, Vermögensverwaltung, Bankvertrag, nicht aber der Vertrag mit einem Arzt, Hausangestellten usw.). S. a. → Geschäftsführung ohne Auftrag.

**Geschäftsbetrieb** ist eine selbständig ausgeübte, auf Gewinn gerichtete und für die Dauer bestimmte Tätigkeit. Unter einem *kaufmännischen G.* versteht das HGB einen in kfm. Weise eingerichteten Gewerbebetrieb (→ Handelsgewerbe). Er wird unter einer → Firma betrieben und erfordert eine kfm. → Buchführung. Vgl. für das *Steuerrecht* → Wirtschaftlicher G.

**Geschäftsbriefe** (→ Handelsbriefe) einer → Aktiengesellschaft, einer → Kommanditgesellschaft auf Aktien oder einer → Gesellschaft mit beschränkter Haftung müssen, wenn sie an einen bestimmten Empfänger gerichtet werden, Angaben enthalten über Rechtsform und Sitz der Gesellschaft, das Registergericht und die Nummer der Eintragung im → Handelsregister, alle Vorstandsmitglieder (bzw. Geschäftsführer oder Komplementäre) unter Bezeichnung des Vorsitzenden sowie den Vorsitzenden des → Aufsichtsrats (§ 80 AktG; § 35 a GmbHG). Bei → Liquidation ist zusätzlich diese Tatsache anzugeben, auch wer die Abwickler (Liquidatoren) sind (§ 268 IV AktG, § 71 V GmbHG). Werden Angaben über das Kapital der Gesellschaft gemacht, sind die in den genannten Vorschriften enthaltenen Gebote zu beachten. Ähnliches gilt jetzt auch für die G. eines Einzelkaufmanns, einer → offenen Handelsgesellschaft und einer → Kommanditgesellschaft §§ 37 a, 125 a, 161 II HGB). Als G. in diesem Sinne gelten z. B. auch Bestellscheine.

**Geschäftsbücher** → Buchführung.

**Geschäftsfähigkeit** ist – als Unterart der allgemeinen → Handlungsfähigkeit – die Fähigkeit, durch eigenes Handeln wirksam → Rechtsgeschäfte abzuschließen. Das Gesetz geht – ohne ausdrückliche Bestimmung – davon aus, daß volle G. ab Eintritt der → Volljährigkeit beginnt. Da die G. als Regelfall angenommen wird, trifft denjenigen die → Beweislast, der ihr Fehlen behauptet. Die Vorschriften über die G. sind zwingend; es besteht kein Gutglaubensschutz (→ gutgläubiger Erwerb; jemand glaubt, sein Geschäftspartner sei bereits volljährig). Für einen nicht voll Geschäftsfähigen muß regelmäßig dessen → gesetzlicher Vertreter (→ elterliche Sorge, → Vormund) handeln. Zum Schutz von nicht voll Geschäftsfähigen, die ohne gesetzlichen Vertreter sind, → Verjährung (I 3: Ablaufhemmung). Von der G. ist ferner die → Verfügungsbefugnis zu unterscheiden. Der G. entspricht im Rechtsstreit die → Prozeßfähigkeit.

*Geschäftsunfähig* ist, wer das 7. Lebensjahr nicht vollendet hat und wer sich nicht nur vorübergehend in einem die freie Willensbestimmung ausschließenden Zustand krankhafter Störung der Geistestätigkeit befindet (§ 104 BGB). Hat der Geisteskranke einen sog. lichten Augenblick *(lucidum intervallum),* so ist er in dieser Zeit geschäftsfähig. Die G. kann auch nur auf einem bestimmten Gebiet ausgeschlossen sein (*partielle Geschäftsunfähigkeit,* z. B. bei einem Querulantenwahn, der nur einen bestimmten Komplex umfaßt; nicht aber generell, z. B. für besonders schwierige Rechtsgeschäfte). Die → Willenserklärung eines Geschäftsunfähigen ist absolut nichtig (§ 105 I BGB). Nichtig ist auch eine Willenserklärung, die im Zustand der Bewußtlosigkeit oder vorübergehender Störung der Geistestätigkeit abgegeben wird, obwohl hierdurch die G. als solche nicht berührt wird (§ 105 II BGB; z. B. Abschluß eines Rechtsgeschäfts im Vollrausch).

*Beschränkt geschäftsfähig* sind Minderjährige ab vollendetem 7. Lebensjahr bis zur Volljährigkeit (Vollendung des 18. Lebensjahrs). Der beschränkt Geschäftsfähige kann Rechtsgeschäfte vornehmen, die ihm lediglich einen rechtlichen Vorteil bringen (§ 107 BGB, z. B. Annahme einer Schenkung; auf einen wirtschaftlichen Vorteil – z. B. besonders günstiger Kauf – kommt es nicht an). Ist das Rechtsgeschäft – wie meist –

nicht nur rechtlich vorteilhaft (z. B. Abschluß eines → gegenseitigen Vertrags, der zur Erbringung der Gegenleistung verpflichtet usw.), so ist ein einseitiges Rechtsgeschäft (z. B. Eigentumsaufgabe, Kündigung) ohne Einwilligung des gesetzlichen Vertreters – bei Minderjährigen regelmäßig beide Eltern, → elterliche Sorge, → Vormund – unwirksam (§ 111 BGB), ein Vertrag dagegen nur „schwebend unwirksam" (§§ 108, 109 BGB; z. B. → Autovermietung an Minderjährige). *Schwebende Unwirksamkeit* bedeutet, daß die Wirksamkeit des Vertrags von der nachträglichen Genehmigung des gesetzlichen Vertreters abhängig ist. Bis zur Genehmigung kann der andere Teil den Vertrag widerrufen, sofern er nicht die Minderjährigkeit usw. gekannt hat, es sei denn, der Minderjährige hat die nicht vorliegende Einwilligung des gesetzlichen Vertreters wahrheitswidrig behauptet. Der Vertragspartner kann den Vertreter zur Erklärung über die Genehmigung auffordern. Die Genehmigung kann dann nur innerhalb von 2 Wochen seit Empfang der Aufforderung erklärt werden; geschieht das nicht, so gilt sie als verweigert, so daß der Vertrag endgültig unwirksam wird. Ist der Minderjährige inzwischen volljährig geworden, so tritt seine Genehmigung an die Stelle der Erklärung des Vertreters (auch stillschweigend, z. B. durch Vertragserfüllung).

Ein von einem beschränkt Geschäftsfähigen ohne Zustimmung des gesetzlichen Vertreters abgeschlossener Vertrag gilt jedoch von Anfang an als wirksam, wenn der Minderjährige die vertragsmäßige Leistung mit Mitteln bewirkt, die ihm zu diesem Zwecke oder zur freien Verfügung von dem Vertreter oder mit dessen Zustimmung von einem Dritten überlassen worden sind (§ 110 BGB; sog. *Taschengeldparagraph*). Wird also in diesem Sinne Geld einem Schüler überlassen, so ist z. B. bei einem Kauf nicht nur das Verpflichtungs-, sondern auch das Erfüllungsgeschäft voll wirksam, wenn sich das Rechtsgeschäft im üblichen Rahmen hält (d.h. der Vertreter bei Hingabe des Taschengeldes solche Geschäfte erwarten und damit stillschweigend genehmigen konnte); da die Leistung tatsächlich bewirkt werden muß, wird eine Kreditgewährung an beschränkt Geschäftsfähige hierdurch nicht gedeckt. – Auf bestimmten Gebieten kann auch eine *partielle* G. des Minderjährigen usw. begründet werden: Ermächtigt der gesetzliche Vertreter mit Genehmigung des → Vormundschaftsgerichts den Minderjährigen zum selbständigen Betrieb eines Erwerbsgeschäfts, so ist dieser für solche Rechtsgeschäfte unbeschränkt geschäftsfähig, die der Geschäftsbetrieb mit sich bringt (sog. *Handelsmündigkeit*); ausgenommen sind solche Geschäfte, zu denen auch der gesetzliche Vertreter der Genehmigung des Vormundschaftsgerichts bedarf (→ elterliche Sorge, → Vormundschaft, § 112 BGB). Ermächtigt der gesetzliche Vertreter den Minderjährigen, ein Dienst- oder Arbeitsverhältnis (nicht → Berufsausbildungsverhältnis, h. M.) einzugehen, so ist der Minderjährige für solche Rechtsgeschäfte unbeschränkt geschäftsfähig, welche die Begründung oder Aufhebung eines Dienst- oder Arbeitsverhältnisses der gestatteten Art (nicht also eine völlig andere Beschäftigung) oder die Erfüllung der sich aus einem solchen Vertrag ergebenden Verpflichtungen betreffen (§ 113 BGB; früher *Arbeitsmündigkeit* genannt). Ausgenommen sind auch hier Rechtsgeschäfte, zu denen der gesetzliche Vertreter der Genehmigung des Vormundschaftsgerichts bedarf.

**Geschäftsführer** ist der gesetzliche → Vertreter einer → Gesellschaft mit beschränkter Haftung (§ 35 I GmbHG). Im allgemeinen Sprachgebrauch wird unter G. auch der tatsächliche Leiter eines → Unternehmens, → Vereins oder → Verbandes verstanden.

**Geschäftsführung ohne Auftrag** *(negotiorum gestio).* G.o. A liegt vor, wenn jemand ein Geschäft für einen anderen besorgt, ohne daß er hierzu einen → Auftrag hat oder sonst dazu – z. B. aus Vertrag, Einwilligung, Amtsstellung – berechtigt ist (§ 677 BGB). Voraussetzung ist also nicht nur, daß jemand tatsächlich ein fremdes Geschäft führt, sondern er muß auch das Bewußtsein und den Willen haben, es – zumindest neben seinem eigenen Interesse – im Interesse des Geschäftsherrn zu führen. Für das Vorliegen eines derartigen Fremdinteresses spricht bei Vornahme objektiv fremder Geschäfte (z. B. Bezahlung einer Rechnung des Nachbarn) eine → Vermutung; bei objektiv eigenen Geschäften und bei neutralen Rechtsgeschäften (z. B. Abschluß eines Kaufvertrags) muß die entsprechende Absicht vom Geschäftsführer nachgewiesen werden. Der wahre Geschäftsherr braucht dem Geschäftsführer dabei nicht bekannt zu sein (vgl. § 686 BGB). Geschäftsbesorgung ist hier ebenso wie beim Auftrag ein umfassender Begriff; darunter fallen auch rein tatsächliche Handlungen (z. B. der herbeigerufene Arzt behandelt einen Bewußtlosen; der Kraftfahrer fährt an einen Baum, um unvorsichtige Kinder nicht zu gefährden usw.).

Liegt echte GoA vor, so hat der Geschäftsführer das Geschäft so zu führen, wie es das Interesse des Geschäftsherrn mit Rücksicht auf dessen wirklichen oder mutmaßlichen Willen verlangt (§ 677 BGB). Steht die Geschäftsführung hiermit in Widerspruch und mußte der Geschäftsführer dies erkennen, so ist er zum → Schadensersatz verpflichtet, auch wenn ihm ein sonstiges → Verschulden nicht zur Last fällt (§ 678 BGB). Ein entgegenstehender Wille des Geschäftsherrn ist allerdings unbeachtlich, wenn die Geschäftsführung im öffentlichen Interesse liegt oder zur Erfüllung einer gesetzlichen Unterhaltspflicht dient (§ 679 BGB). Bei dringender Gefahr hat der Geschäftsführer nur Vorsatz und grobe Fahrlässigkeit zu vertreten (§ 680 BGB). Im übrigen gelten für den Geschäftsführer, sofern er geschäftsfähig (→ Geschäftsfähigkeit) ist (sonst nur Haftung aus unerlaubter Handlung bzw. ungerechtfertigter Bereicherung), die Vorschriften über die Pflichten des Beauftragten beim → Auftrag über → Rechenschaftslegung und Herausgabe des Erlangten entsprechend (§ 681 S. 2 BGB). Umgekehrt kann der Geschäftsführer Aufwendungsersatz wie beim Auftrag verlangen, wenn die Übernahme der Geschäftsführung dem Interesse und dem – wenn auch nur mutmaßlichen – Willen des Geschäftsherrn entspricht oder der Geschäftsherr die Geschäftsführung genehmigt. Ist dies nicht der Fall, so besteht für den Geschäftsführer nur ein Anspruch aus → ungerechtfertigter Bereicherung (§§ 683, 684 BGB). Dem Geschäftsführer steht ein Anspruch auch nicht zu, wenn er nicht die Absicht hatte, von dem Geschäftsherrn Ersatz zu verlangen (anzunehmen z. B. bei Unterhaltsleistung von Eltern an Abkömmlinge, § 685 BGB).

Besorgt jemand ein fremdes Geschäft in der irrigen Meinung, es sei sein eigenes, so fehlt das Bewußtsein, im Interesse eines anderen zu handeln; GoA scheidet aus (§ 687 I BGB; irrtümliche *Eigengeschäftsführung,* unechte GoA). Das gleiche gilt an sich, wenn jemand ein fremdes Geschäft als sein eigenes behandelt, obwohl er weiß, daß er hierzu nicht berechtigt ist. Um jedoch dem von einer derartigen unerlaubten Eigengeschäftsführung Betroffenen die Vorteile des unberechtigt abgeschlossenen Geschäfts zukommen zu lassen, erklärt § 687 II BGB die Vorschriften über die GoA in diesem Fall für entsprechend anwendbar. Der Betroffene kann also z. B. Herausgabe des durch die unerlaubte Eigengeschäftsführung Erlangten (§§ 681 S. 2, 667 BGB), insbes. eines erzielten Gewinns verlangen, z. B. bei bewußter Verletzung fremder Patent- und Urheberrechte.

**Geschäftsführung ohne Auftrag, öffentlich-rechtliche.** Die Anwendung der BGB-Vorschriften über die → Geschäftsführung ohne Auftrag im öffentlichen Recht wird von der Rechtsprechung grundsätzlich anerkannt (vgl. BVerwGE 80, 170/173). Ansprüche aus öff.-rechtl. GoA. sind sowohl zwischen Bürger und Verwaltung (in beiden Richtungen) wie auch zwischen öffentl. Rechtsträgern denkbar. Die Pflicht des Bürgers zum Ersatz von Aufwendungen der öff. Hand bei einer gegen seinen Willen vorgenommenen G. entfällt nicht, wenn er zur Vornahme verpflichtet war (§ 679 BGB) und die Erfüllung durch eine andere als die nach der öff.-rechtl. Regelung bestimmte Person in der gegebenen Situation im öffentl. Interesse liegt. Das ist unter Würdigung aller Umstände des Einzelfalles zu ermitteln. Bedenken gegen die öffentl.-rechtl. GoA. werden mit dem Hinweis erhoben, daß sie eine Umgehung des Gesetzesvorbehalts für Eingriffsregelungen ermögliche.

**Geschäftsführungsbefugnis** → Stellvertretung, → Geschäftsbesorgungsvertrag, → Geschäftsführung ohne Auftrag,

→ Auftrag, → Gesellschaft des bürgerlichen Rechts, → Gesellschaft mit beschränkter Haftung (3), → Aktiengesellschaft (3), → Offene Handelsgesellschaft (4), → Kommanditgesellschaft.

**Geschäftsgeheimnis** *(Betriebsgeheimnis)* ist jede auf ein Geschäft oder einen Betrieb bezogene Tatsache, die nur ein begrenzter Personenkreis kennt, die der Geschäfts- oder Betriebsinhaber erkennbar und berechtigt geheim halten will und die anderen Personen nicht einfach zugänglich ist (z. B. Kundenlisten, Herstellungsverfahren).

Der *Verrat* eines G. durch Arbeitnehmer während des Arbeitsverhältnisses ist strafbar (§ 17 UWG → Geheimnisverrat) und verpflichtet zum → Schadensersatz (§ 19 UWG, § 823 II BGB), wenn dem Arbeitnehmer das G. auf Grund des Arbeitsverhältnisses anvertraut oder zugänglich ist und er aus Eigennutz, zu Wettbewerbszwecken, zugunsten eines Dritten oder in der Absicht handelt, dem Geschäfts(Betriebs)inhaber Schaden zuzufügen. Das gleiche gilt für die unbefugte Verschaffung (Betriebsspionage) oder *Verwertung* des erlangten G. durch Dritte oder von Vorlagen oder technischen Vorschriften (z. B. Zeichnungen), die jemand im geschäftlichen Verkehr anvertraut wurden (§§ 17 II, 18 UWG). Der Verrat eines G. durch Angehörige privater Kranken-, Unfall- ,Lebensversicherungsunternehmen usw. ist in §§ 203 ff. StGB unter Strafe gestellt (→ Berufsgeheimnis. Über die Schweigepflicht der Mitglieder des Betriebsrats vgl. §§ 79, 120 BetrVG, über strafbare unbefugte Offenbarung von G. durch Leistungsorgane oder Prüfer von Gesellschaften od. Genossenschaften vgl. § 404 AktG, § 85 GmbHG, § 151 GenG.

**Geschäftsgrundlage.** Zur G. zählen alle nach den Vorstellungen der Beteiligten für den Vertragsabschluß wesentlichen Umstände (in Vergangenheit und Zukunft), die zwar nicht Vertragsinhalt sind – z. B. in Form einer → Bedingung –, aber andererseits über das bloße Motiv zum Abschluß des Rechtsgeschäfts hinausgehen. So ist die Erwartung, ein günstiges Geschäft abzuschließen, nur Beweggrund des Handelns (bewußtes Risiko); Geschäftsgrundlage ist dagegen z. B. das Gleichbleiben äußerer Umstände, die für den Vollzug des Vertrags entscheidend sind, insbes. die Erwartung der Beteiligten, daß sich das Verhältnis zwischen Leistung und Gegenleistung bis zur Erfüllung nicht grundlegend verändert (sog. *clausula rebus sic stantibus;* wichtig insbes. bei → Dauerschuldverhältnissen).

Nach einem allgemeinen Rechtssatz müssen → Verträge grundsätzlich erfüllt werden (→ pacta sunt servanda). Fehlt jedoch die Geschäftsgrundlage (z. B. bei beiderseitigem → Irrtum über das Vorhandensein wesentlicher Umstände), fällt sie nachträglich weg oder wird sie durch den Eintritt nicht vorhergesehener Tatsachen derartig verändert, daß ein Festhalten an dem ursprünglichen Vertrag eine mißbräuchliche Rechtsausübung wäre, so gebietet der Grundsatz von *Treu und Glauben,* daß von dem Schuldner nicht eine nicht mehr zumutbare Leistung verlangt werden kann. Der *Wegfall der G.* führt nicht generell zu einer Befreiung des Schuldners von seiner Leistungspflicht, sondern nur zu einer Anpassung des Vertrags an die veränderten Umstände, z. B. zu einer Erhöhung der Gegenleistung (Kaufpreis). Gebieten diese Umstände allerdings eine völlige Lösung von dem Vertrag – u. U. nur für die Zukunft –, so kann der Wegfall der G. über die hier nicht gegebene → Unmöglichkeit der Leistung hinaus im Einzelfall (strenge Voraussetzungen!) auch zu einem Rücktritts- oder Kündigungsrecht des Schuldners führen.

**Geschäftsguthaben** ist der Geldbetrag, mit dem das Mitglied einer → Genossenschaft (Genosse) tatsächlich an der Genossenschaft beteiligt ist. Das G. ist nie höher als der → Geschäftsanteil des Genossen; es besteht aus der geleisteten Einlage und dem nicht abgehobenen Gewinn unter Abzug des Verlustes. Das G. entspricht etwa dem → Kapitalanteil. Das G. bestimmt den Abfindungsanspruch des Genossen, wenn er aus der Genossenschaft ausscheidet oder wenn diese aufgelöst wird.

**Geschäftsirrtum** → Anfechtung von Willenserklärungen.

**Geschäftsjahr** ist der Zeitraum, den ein → Kaufmann von einem → Jahresabschluß zum anderen festlegt. Das G. darf 12 Monate nicht überschreiten (§ 240 II HGB), ist vom Kalenderjahr unabhängig und wird, wenn kürzer als 12 Mon., Rumpf-G. genannt. S. a. → Wirtschaftsjahr.

**Geschäftsleitung** ist nach § 10 AO der Mittelpunkt der geschäftlichen Oberleitung (Ort der Einzelfallentscheidungen). → Finanzamt 4; → Körperschaftsteuer 4.

**Geschäftsmäßiges Handeln** ist Tatbestandsmerkmal einzelner Straftaten, z. B. bei unerlaubter → Rechtsberatung (§ 8 RechtsberatungsG) oder Ordnungswidrigkeiten. Es liegt vor, wenn der Täter – wenn auch nur bei einer einzelnen Tat – beabsichtigt, die Wiederholung gleichartiger Taten zum Gegenstand seiner wirtschaftlichen oder beruflichen Betätigung zu machen, auch wenn er damit keine Erwerbsabsicht verbindet. Wegen der Bewertung des g. H. Tat → Sammelstraftat. Das g. H. ist bei einer beruflichen oder gewerblichen Tätigkeit u. U. Voraussetzung und Anknüpfungspunkt für die Genehmigungsbedürftigkeit (vgl. → Rechtsberatung, → Fahrlehrer).

**Geschäftsordnung.** Die GO eines → Parlaments kommunaler Vertretungen, einer Regierung, Behörde oder eines sonstigen Gremiums bestimmt das Verfahren, nach dem die zugewiesenen Aufgaben zu erledigen sind, d. h. den förmlichen Geschäftsgang. So regelt die GO des Bundestages i. d.F. der Bek. vom 2. 7. 1980 (BGBl. I 1237) das Verfahren bei der Wahl des Präsidenten, der Stellvertreter und Schriftführer sowie deren Aufgaben, die Pflichten und Rechte der Abgeordneten, die Stellung der Fraktionen, die Ansetzung und Durchführung der Sitzungen, Aufgaben und Bildung der Ausschüsse und des Ältestenrates, die Behandlung der Vorlagen, Anträge, Anfragen und Petitionen. Weiter besteht eine GO für den Bundesrat i. d.F. vom 26. 11. 1993 (BGBl. I 2007) und eine Gemeinsame Geschäftsordnung des Bundestages und des Bundesrates für den Ausschuß nach Art. 77 GG (Vermittlungsausschuß) vom 19. 4. 1951 (BGBl. II 103) m. spät. Änd., ferner eine GO für den → Gemeinsamen Ausschuß im Bundestag und Bundesrat vom 23. 7. 1969 (BGBl. I 1102) und eine GO des → Bundesverfassungsgerichts. Die GO der Bundesregierung vom 11. 5. 1951 (GMBl. 137) m. spät. Änd. regelt die Verteilung (und förmliche Behandlung) der Aufgaben unter Bundeskanzler, Bundesminister und Bundesregierung, insbes. die Beratung und Beschlußfassung des Kabinetts. Die Grundsätze des Geschäftsganges der Bundesministerien sind in einer Gemeinsamen GO der Bundesministerien festgelegt. Die entsprechenden Organe der Länder der BRep. haben sich ebenfalls GO.en gegeben. Auch die kommunalen Parlamente haben i. d.R. eine GO, die insbes. die Ladung zu den Sitzungen sowie den Geschäftsgang des Parlaments und seiner Ausschüsse sowie die Verteilung der Geschäfte innerhalb der Kommunen näher regelt. Die GO kann bei Staatsbehörden durch die übergeordnete Behörde als → Verwaltungsvorschrift erlassen werden; in den übrigen Fällen ergeht sie meist als autonome Regelung (→ Satzung) durch Beschluß des Parlaments, der Regierung oder der kommunalen Volksvertretung. Für Gerichte s. → Geschäftsverteilung.

**Geschäftsräume** (und Betriebsräume) stehen auch gegenüber den im Wirtschaftsverwaltungsrecht häufigen Betretungsrechten (vgl. z. B. § 41 III LmBG) unter dem Grundrechtsschutz für die → Wohnung (vgl. § 287 AO). Das gilt nach der Rechtsprechung (EuGHE 1989, 2859 „Hoechst") allerdings nicht für die Ausübung von Amtsgewalt der EG-Organe. Der EuGH prüft insoweit aber die → Verhältnismäßigkeit.

**Geschäftsraummakler** unterliegen den gleichen Beschränkungen wie Wohnungsmakler (→ Wohnungsvermittlung). S. a. → Grundstücksmakler, → Makler.

**Geschäftsraummiete.** Hierfür gelten die allg. Vorschriften über die → Miete (zur Kündigungsfrist s. dort 5 b). Sondervorschriften (Mieterschutz, Mietpreisbindung) bestehen nicht.

**Geschäftsreise** → Reisekosten, 3.

**Geschäftsschädigung** → Anschwärzung, → geschäftliche Verleumdung,

→ unlauterer Wettbewerb, → unerlaubte Handlung (2 a, c, e).

**Geschäftsstelle.** Bei jedem Gericht ist mindestens eine Geschäftsstelle eingerichtet, die mit mindestens einem → Urkundsbeamten besetzt ist (§ 153 GVG). Der G. obliegen grundsätzlich alle nichtrichterlichen Geschäfte eines Gerichts, soweit sie nicht durch den → Rechtspfleger wahrgenommen werden, insbes. die Verwaltung des Schriftgutes.

**Geschäftsträger** → Diplomat.

**Geschäftsunfähigkeit** → Geschäftsfähigkeit.

**Geschäftsverteilung** bei den Gerichten ist eine Tätigkeit der gerichtlichen Selbstverwaltung, die das → Präsidium ausübt. Im Geschäftsverteilungsplan verteilt es vor Beginn des Geschäftsjahres für dessen Dauer die richterlichen Geschäfte auf die einzelnen Senate, Kammern oder Abteilungen des Gerichts und bestimmt die Mitglieder der einzelnen Spruchkörper. Für den Fall der Verhinderung eines Richters werden außerdem die Vertreter bestellt. Die G. wird bei allen Gerichten nach ähnlichen Grundsätzen vorgenommen (§ 21 e GVG sowie Verweisungen und z. T. Sonderregelungen in § 4 VwGO, § 4 FGO, §§ 6 a, 30, 39 ArbGG, § 6 SGG). Um den → gesetzlichen Richter zu gewährleisten, ist ihre Änderung während des Geschäftsjahres nur wegen Überlastung, Wechsels oder dauernder Verhinderung eines Richters zulässig. Die G. innerhalb eines mit mehreren Richtern besetzten Spruchkörpers obliegt – nach Maßgabe eines vor Beginn des Geschäftsjahres festgelegten Plans – dem → Vorsitzenden (§ 21 g GVG).

**Geschäftswert** ist der für die Gebühren in Angelegenheiten der → freiwilligen Gerichtsbarkeit (im Zivilprozeß → Streitwert) maßgebende, in Geld bemessene Wert des vom Gericht oder Notar behandelten Geschäfts (§ 18 I der Kostenordnung i. d.F. vom 26. 7. 1957, BGBl. I 960 m. spät. Änd., → Gerichtskosten). Für die Berechnung enthält die KostO zahlreiche Vorschriften. Der G. wird durch das Gericht beim Kostenansatz (§ 14 KostO) oder durch den Notar bei der Kostenberechnung (§ 154 KostO) festgesetzt; dies unterliegt Erinnerungen, Einwendungen und der Beschwerde (§§ 14 II, III, 156 KostO). *Handels- und steuerrechtlich* ist der G. der Inbegriff von Gewinnchancen, die der Erwerber eines Unternehmens über die Teilwerte der Wirtschaftsgüter hinaus dem Veräußerer vergüten würde. Der G. ist der Mehrbetrag des Ertragswerts über den Substanzwert. Der entgeltlich erworbene *Praxiswert* des Freiberuflers unterliegt der linearen → Absetzung für Abnutzung in 2–3 Jahren, der gewerbliche G. (Firmenwert – goodwill) steuerlich in 15 Jahren (§ 7 I 3 EStG).

**Geschäftswille** → Willenserklärung.

**Geschenke** → Schenkung, → Verlöbnis. *Steuerlich* können Geschenke → Betriebsausgaben sein, wenn der Wert pro Empfänger im Jahr 75 DM nicht übersteigt (§ 4 V Nr. 1 EStG). Übliche Gelegenheitsgeschenke sind von der Erbschaftsteuer befreit (§ 13 I Nr. 14 ErbStG).

**Geschenke, Annahme von -n durch Beamte.** Der Beamte darf – auch nach Beendigung des Beamtenverhältnisses – Belohnungen oder Geschenke *in bezug auf sein Amt* nicht annehmen; Ausnahmen bedürfen der Zustimmung seines gegenwärtigen oder letzten Dienstherrn annehmen (§ 43 BRRG, § 70 BBG und Beamtengesetze der Länder). Soweit Zuwendungen für die *Dienstausübung* oder eine *Diensthandlung* gewährt werden, ist der Beamte bei Annahme grundsätzlich wegen Vorteilsannahme oder der Bestechlichkeit strafbar (→ Bestechung).

**Geschlechtsehre, Verletzung der –** → unerlaubte Handlung (2 d), → Sexualstraftaten.

**Geschlechtsgemeinschaft** → eheliche Lebensgemeinschaft.

**Geschlechtskrankheiten.** Die im G.gesetz i. d.F. vom 12. 9. 1990 (BGBl. I 2002) geregelte Bekämpfung der G. umfaßt Maßnahmen zur Verhütung, Feststellung, Erkennung und Heilung von G. sowie die vorbeugende und nachgehende Gesundheitsfürsorge. Die Durchführung dieser Aufgaben obliegt den → Gesundheitsämtern. G. im Sinne des Gesetzes sind Syphilis (Lues), Tripper (Gonorrhoe), Weicher Schanker und Venerische Lymphknotenentzündung, ohne Rücksicht darauf, an welchen Körperteilen die Krankheitserscheinungen auftreten. Keine Geschlechtskrankheit i. S. dieses Gesetzes ist → AIDS. Wer an einer G. leidet und dies weiß oder annehmen muß, ist verpflichtet, sich unverzüglich untersuchen und behandeln zu lassen oder sich in ein geeignetes Krankenhaus zu begeben, wenn das Gesundheitsamt dies anordnet. Er hat sich des Geschlechtsverkehrs zu enthalten. Bestimmte ärztliche Eingriffe, insbes. Entnahme von Rückenmarks- oder Gehirnflüssigkeit, Salvarsanbehandlung bedürfen der Einwilligung des Kranken (2. DVO vom 5. 7. 1955, BGBl. I 402). Geschlechtskranke müssen sich vor Eheschließung auf Ansteckungsgefahr untersuchen lassen und ggf. den künftigen Ehepartner davon unterrichten. Das Gesundheitsamt kann die Untersuchung krankheitsverdächtiger Personen anordnen und die Vorlage von Gesundheitszeugnissen verlangen. Bei Ansteckungsgefahr kann die zuständige Verwaltungsbehörde die Berufsausübung untersagen. Die Maßnahmen können mit Zwangsmitteln durchgesetzt werden. Die Untersuchung und Behandlung ist nur einem in Deutschland bestallten oder zugelassenen Arzt gestattet, der dabei besonders angeordnete Pflichten zu erfüllen hat (bezüglich Behandlung, Belehrung, Ermittlung, Meldung an das Gesundheitsamt; dazu 1. DVO vom 28. 12. 1954, BGBl. I 523). Bestimmte Verstöße gegen das Gesetz, insbes. unerlaubtes Verlassen des Krankenhauses nach Zwangseinweisung, ungenehmigtes Inverkehrbringen von Verhütungs- und Heilmitteln gegen G., sind mit Strafe bedroht.

**Geschlechtsumwandlung** → Transsexualität.

**Geschlossene Verbände im Straßenverkehr** → Verbände (geschlossene), → Kolonnen.

**Geschlossener Immobilienfonds** → Immobilienfonds.

**Geschmacksmuster** sind *Muster* (in Flächenform) und *Modelle* (in Raumform), die ästhetisch wirken und nach dem GeschmMG für den Urheber schutzfähig sind, wenn sie als neues und eigentümliches Erzeugnis angesehen werden (§ 1 GeschmMG vom 11. 1. 1876, RGBl. 11, i. d.F. des ÄndGes. vom 18. 12. 1986, BGBl. I 2501 m. Änd.; VOen vom 8. 1. 1988, BGBl. I, 76, 78; für den gewerblichen Warenausstattungsschutz → Marken). *Schutzgegenstand* können z. B. sein Kleiderschnitte, Tapetenmuster, Lampen, Bestecke, Vasen. Voraussetzungen sind: Das G. muß eigentümlich sein, d. h. auf einer individuellen, selbständigen Leistung beruhen; es muß neu, d. h. zur Zeit der Anmeldung (§ 7 GeschmMG) den beteiligten Verkehrskreisen unbekannt sein; es muß im Gewerbe verwertbar, d. h. gewerblich herstellbar und verwendbar sein; es muß einen über das Auge wirkenden ästhetischen Gehalt aufweisen (in diesem ästhetischen Gehalt liegt der wesentliche Unterschied zum → Gebrauchsmuster). Der G.schutz als Ausfluß des → Urheberrechts wird dem Musterurheber gewährt (§ 1 GeschmMG), d. h. demjenigen, der das G. in seiner Eigenart durch seine persönliche Leistung geschaffen hat oder als Unternehmer in seinem Auftrag oder für seine Rechnung von einem Arbeitnehmer hat anfertigen lassen (§ 2 GeschmMG). Der *G.schutz* besteht darin, daß der Urheber die ausschließliche Befugnis hat, das G. nachzubilden und zu verbreiten (§ 5 GeschmMG); nur die → freie Benutzung einzelner Motive ist erlaubt (§ 4 GeschmMG), ferner Einzelkopien ohne Absicht gewerblicher Verwertung, eine Nachbildung in Schriftwerken (→ Entlehnungsfreiheit) und die sog. Dimensionsvertauschung zwischen plastischen und Flächenmustern (§ 6 GeschmMG). Der G.schutz dauert 5 Jahre ab Anmeldung; er kann (gegen weitere Gebühr) mehrfach bis auf höchstens 20 Jahre verlängert werden (§ 9 GeschmMG). Die *Anmeldung* erfolgt zum → Musterregister. Das G.recht ist vererblich und kann beschränkt oder unbeschränkt durch Abtretungsvertrag nach §§ 398, 413 BGB übertragen werden (§ 3 GeschmMG). *Rechtsverletzungen* ziehen Bestrafung, Unterlassungs- und Schadensersatzansprüche nach sich (§§ 14, 14a GeschmMG). S. a. → Produktpiraterie.

**Geschoßfläche(nzahl)** → Baunutzungsverordnung.

**Geschwindigkeitsbegrenzer** sind vorgeschrieben zur Beschränkung der → Fahrgeschwindigkeit von → Omnibussen über 10 t auf 100 km/h und von → Lastkraftwagen über 12 t auf 85 km/ h durch Steuerung der Kraftstoffzufuhr (§ 57 c StVZO).

**Geschwindigkeitsbegrenzungen** → Fahrgeschwindigkeit.

**Geschwindigkeitsbeschränkte Zone** → Fahrgeschwindigkeit.

**Geschwister** → Verwandtschaft.

**Geschworene** hießen früher die → ehrenamtlichen Richter beim → Schwurgericht. Sie tragen jetzt wie die übrigen ehrenamtlichen Beisitzer bei den Strafgerichten die Bezeichnung → Schöffe.

**Geselle.** Die Bezeichnung wird fast nur noch für → Handwerksgesellen verwendet; für gewerbliche Arbeiter (früher Titel VII GewO) außerhalb des → Handwerks ist sie kaum mehr üblich und ohne rechtliche Bedeutung.

**Gesellschaft des bürgerlichen Rechts** ist eine auf Vertrag (Gesellschaftsvertrag) beruhende Vereinigung von mindestens zwei Personen (Gesellschaftern) zur Förderung eines von ihnen gemeinsam verfolgten Zwecks (§ 705 BGB). Ob die G. generell → Rechtsfähigkeit besitzt, ist umstritten. Sie (z. B. eine → ARGE) kann sich aber rechtswirksam durch → Scheck zur Zahlung verpflichten (BGH NJW 1997, 2754) und Gegenstand einer → Umwandlung sein; steuerrechtlich (z. B. für die → Umsatzsteuer) ist sie gleichfalls Rechtssubjekt (→ Mitunternehmerschaften). Die G. ist → Gesamthandsgemeinschaft und die Grundform der → Personengesellschaft. G.en kommen sehr häufig und in mannigfaltigen Formen vor; vielfach wird es den Beteiligten nicht bewußt, daß sie durch das Rechtsgeschäft, das sie abschließen, eine G. gebildet haben (z. B. Mieten eines Omnibusses für Ausflugsfahrt). Praktisch wichtige Formen von G.en sind: Zusammenschlüsse von Gewerbetreibenden, die → Minderkaufleute oder überhaupt nicht Kaufleute sind; die → Sozietät von → Rechtsanwälten (weitergehend → Partnerschaftsgesellschaft), die → Gelegenheitsgesellschaften, → ARGE; → Kartelle. Nicht zu den Gesellschaften gehört der → partiarische Vertrag.

Der *Gesellschaftsvertrag* ist ein personenrechtlicher gemeinschaftsbegründender Vertrag, der grundsätzlich dem → Schuldrecht unterliegt. Er ist nur in einzelnen Bestimmungen ein → gegenseitiger Vertrag. Er ist formfrei, kann daher mündlich, auch durch schlüssiges Verhalten zustandekommen; nur wenn er formbedürftige Leistungsversprechen enthält (z. B. Grundstücksübereignung, § 313 BGB), muß er in der hierfür erforderlichen Form abgeschlossen werden. Die *Gesellschafter* haben folgende *Pflichten*: Sie müssen die vereinbarten Beiträge leisten, z. B. Geld, Übereignung oder Leihe von Sachen (§ 706 I BGB), sind aber nicht verpflichtet, sie nachträglich zu erhöhen oder bei Verlust zu ersetzen (§ 707 BGB); die Treuepflicht der Gesellschafter bedeutet, daß sie die Interessen der Gesellschaft wahrzunehmen, insbes. auch alles zu unterlassen haben, was diese Interessen beeinträchtigt. Bei Erfüllung ihrer Pflichten haften die Gesellschafter für die Sorgfalt, die sie in eigenen Angelegenheiten aufzuwenden pflegen (§§ 708, 277 BGB). Die wichtigsten *Rechte der Gesellschafter* sind die Ansprüche auf den Gewinn (§§ 721, 722 BGB) und auf das Auseinandersetzungsguthaben (§§ 734, 738 BGB). Jeder Gesellschafter hat das Informationsrecht des § 716 BGB.

Zur *Geschäftsführung* sind die Gesellschafter berechtigt und verpflichtet; sie steht ihnen grundsätzlich gemeinschaftlich zu, wobei für jedes Geschäft die Zustimmung aller Gesellschafter erforderlich ist (§ 709 BGB). Im Gesellschaftsvertrag kann bestimmt werden, daß bei der Geschäftsführung die Mehrheit der Stimmen entscheidet (§ 709 II BGB), die Geschäftsführung einem oder mehreren Gesellschaftern übertragen wird und die anderen Gesellschafter davon ausgeschlossen werden (§ 710 BGB). Widerspruch gegen die Vornahme einzelner Geschäfte (§ 711 BGB), Entziehung und Kündigung der Geschäftsführung (§ 712 BGB) ist zulässig. In demselben Umfang wie die Geschäftsführung den Gesellschaftern zusteht, sind sie im Zweifel auch zur → *Vertretung* gegenüber Dritten ermächtigt (§ 714 BGB). Die Vertretungsmacht kann dann nur mit der Geschäftsführung zusammen entzogen werden (§ 715 BGB).

Das *Gesellschaftsvermögen* steht den Gesellschaftern zur gesamten Hand zu (§ 719 I BGB, → Gesamthandsgemeinschaft). Es umfaßt die Beiträge der Gesellschafter und die durch die Geschäftsführung für die Gesellschaft erworbenen Gegenstände (→ Sachen und → Rechte); ferner fällt in das Gesellschaftsvermögen der → Surrogationserwerb (§ 718 BGB). Gesellschaftsschulden sind alle Verbindlichkeiten, die die Gesellschafter als solche zu erfüllen haben. Für Verbindlichkeiten aus Rechtsgeschäften haften die Gesellschafter als → Gesamtschuldner (§ 427 BGB) mit ihrem gesamten Vermögen; jedoch kann mit den Gläubigern vereinbart werden, daß die Haftung auf das Gesellschaftsvermögen beschränkt wird. Die → Zwangsvollstreckung in das Gesellschaftsvermögen ist nur zulässig, wenn der → Vollstreckungstitel gegen alle Gesellschafter ergangen ist oder auf sie umgeschrieben wird (§ 736 ZPO). Weitere Gesellschafter können durch Vertrag mit allen bisherigen Gesellschaftern in die Gesellschaft eintreten; es besteht dann die alte Gesellschaft unter Einschluß des neuen Gesellschafters fort.

Ein Gesellschafter kann unter Fortbestand der Gesellschaft aus ihr nur dann freiwillig *ausscheiden,* wenn der Gesellschaftsvertrag es vorsieht oder alle übrigen Gesellschafter mit dem Austritt einverstanden sind. Ein Gesellschafter kann ohne oder gegen seinen Willen durch Beschluß der übrigen Gesellschafter unter den Voraussetzungen des § 737 BGB aus wichtigem Grund aus der Gesellschaft *ausgeschlossen werden.* Wenn bei → Kündigung, Tod oder → Insolvenzverfahren über das Vermögen eines Gesellschafters der Gesellschaftsvertrag vorsieht, daß die Gesellschaft unter den übrigen Gesellschaftern fortbestehen soll, scheidet der Gesellschafter mit Eintritt dieses Ereignisses aus der Gesellschaft aus (§ 736 BGB). Alle ausscheidenden Gesellschafter können → Abfindung (im Falle des Todes die Erben) von den übrigen Gesellschaftern in Höhe des Betrages beanspruchen, den er im Falle der Auseinandersetzung erhalten würde; dafür wächst den anderen Gesellschaftern der Anteil des ausscheidenden Gesellschafters an (→ Anwachsung, § 738 BGB). Zu diesem Zweck ist zugunsten des ausscheidenden Gesellschafters eine Abschichtungs-(Auseinandersetzungs-)Bilanz zu erstellen, die den wahren Wert seiner Beteiligung (z. B. auch die stillen Reserven, → goodwill) ausweisen muß. Davon zu unterscheiden ist der Fall, daß ein Gesellschafter seinen Gesellschaftsanteil auf eine andere Person überträgt; dazu ist aber immer die → Zustimmung aller übrigen Gesellschafter erforderlich. Die Nachhaftung des Ausscheidenden ist wie bei der → Offenen Handelsgesellschaft (dort 5) begrenzt (§ 736 II BGB).

Die Gesellschaft kann aus zahlreichen Gründen *aufgelöst* werden, insbes. durch Kündigung eines Gesellschafters (§ 723 BGB), Zeitablauf (§ 724 BGB), Erreichen oder Unmöglichwerden des vereinbarten Zwecks (§ 726 BGB), Tod eines Gesellschafters oder Eröffnung des → Insolvenzverfahrens über das Vermögen der G. oder eines Gesellschafters (§§ 727, 728 BGB). Mit der Auflösung tritt die Gesellschaft in das Stadium der → Liquidation (sofern nicht ein Insolvenzverfahren stattfindet); sie besteht als Liquidationsabwicklungsgesellschaft fort (§ 730 BGB) und erlischt erst, wenn die → Auseinandersetzung voll durchgeführt ist. Soweit die Gesellschafter nichts anderes vereinbaren, werden hierbei zunächst die von Gesellschaftern lediglich zur Benutzung überlassenen Gegenstände zurückgegeben (§ 732 BGB), dann die Gesellschaftsschulden beglichen und die Einlagen der Gesellschafter zurückerstattet (§ 733 BGB). Zu diesem Zweck ist das Gesellschaftsvermögen, soweit erforderlich, in Geld umzusetzen (§ 733 III BGB). Reicht es nicht aus, um die Gesellschaftsschulden zu begleichen, und die Einlagen zurückzuerstatten, so haben die Gesellschafter den fehlenden Betrag im Verhältnis ihrer Verlustanteile aufzubringen (§ 735 BGB). *Steuerlich* → Mitunternehmerschaften.

**Gesellschaft mit beschränkter Haftung.** 1. Die GmbH ist eine → Kapitalgesellschaft, in mancher Beziehung aber wie eine → Personengesellschaft ausgestaltet. Die Gesellschafter haften für die Verbindlichkeiten der GmbH nicht persönlich, sondern es haftet die GmbH als → juristische Person allein (zur Haftung im sog. qualifizierten faktischen Konzern → Konzernrecht). Die GmbH ist stets → Handelsgesellschaft und damit → Kaufmann (§ 13 III GmbHG, § 6 HGB), wobei es gleichgültig ist, welchen Zweck der Betrieb verfolgt. Die GmbH wurde als Rechtsform ohne historisches Vorbild durch das GmbHG von 1892 geschaffen. Sie hat seitdem sehr große praktische Bedeutung erlangt. Das Recht der GmbH ist durch Ges. vom 4. 7. 1980 (BGBl. I 836) reformiert worden.

2. *Gründung*: Eine GmbH kann zu jedem gesetzlich zulässigen Zweck (jetzt auch für Angehörige freier Berufe, z. B. Anwalts-GmbH, s. → Partnerschaftsgesellschaft) durch eine (sog. → Einmanngesellschaft) oder mehrere Personen errichtet werden (§ 1 GmbHG); der Gesellschaftsvertrag (Satzung) bedarf notarieller → Form (§ 2 I GmbHG). Der Mindestinhalt eines Gesellschaftsvertrags ist in § 3 GmbHG vorgeschrieben. Die GmbH hat ein → *Stammkapital* von mindestens 50 000 DM (künftig 25 000 Euro) (für bestehende GmbH in der ehem. DDR erst ab 1. 7. 1995); jeder der gründenden Gesellschafter muß eine → *Stammeinlage* von mindestens 500 DM (künftig 100 Euro) übernehmen (zur Erhöhung des Stammkapitals §§ 55 ff. GmbHG, aus Gesellschaftsmitteln – Rücklagen – §§ 57 c ff. GmbHG, zur Möglichkeit einer vereinfachten Kapitalherabsetzung zwecks Erleichterung der Umstrukturierung und Sanierung, vor allem im Rahmen eines → Insolvenzverfahrens, §§ 58 ff. GmbHG). Zur → Firma der GmbH s. dort. Die *Entstehung* der GmbH setzt Einlagen von mindestens 25 000 DM (verschärfte Überprüfung von Sacheinlagen), Anmeldung (§§ 7, 8 GmbHG) und Eintragung in das → Handelsregister voraus (§ 10 GmbHG; zum Umfang der registergerichtlichen Satzungskontrolle vgl. § 9 c GmbHG). Zur Haftung insoweit → Gründungsgesellschaft, → Durchgriffshaftung. Die Höhe des *Geschäftsanteils* eines Gesellschafters bestimmt sich nach der Stammeinlage.

3. Die GmbH hat als *Organ* notwendig mindestens einen Geschäftsführer und die → Gesellschafterversammlung (Gesamtheit der Gesellschafter); sie entsprechen dem Vorstand und der → Hauptversammlung einer AG. Ferner kann die GmbH einen → Aufsichtsrat haben; sie muß einen solchen haben, wenn sie mehr als 500 Arbeitnehmer beschäftigt (§ 77 BetrVG 1952). Der oder die *Geschäftsführer* sind die gesetzlichen Vertreter der GmbH (§ 35 GmbHG). Ihre Vertretungsmacht kann nach außen hin nicht beschränkt werden (§ 37 II GmbHG). Die Geschäftsführer ggf. auch ihre Stellvertreter (§ 44 GmbHG), werden im Gesellschaftsvertrag oder durch → Gesellschafterbeschluß bestellt. Die Bestellung kann jederzeit widerrufen werden; jedoch kann der Gesellschaftsvertrag bestimmen, daß der Widerruf nur aus wichtigem Grund zulässig ist (§ 38 GmbHG). Hiervon zu unterscheiden ist die → Kündigung des der Geschäftsführerbestellung zugrunde liegenden → Dienstvertrages, die sich nach § 622 I BGB richtet. Die Geschäftsführer haben bei einer Veränderung eine aktuelle Gesellschafterliste zum Handelsregister einzureichen (§ 40 GmbHG). Sie haften der GmbH gegenüber dafür, daß sie bei der Geschäftsführung die Sorgfalt eines ordentlichen Geschäftsmannes anwenden. Bei Verletzung dieser Pflichten haften sie auf → Schadensersatz (§§ 40 II, 43 II GmbHG; s. ferner → Jahresabschluß, → Abschlußprüfer). Die Gesamtheit der Gesellschafter faßt die Gesellschafterbeschlüsse regelmäßig in der *Gesellschafterversammlung* (§ 48 GmbHG). Ihre umfassende Zuständigkeit ergibt sich aus § 46 GmbHG; sie erstreckt sich insbes. auf die Prüfung und Überwachung der Geschäftsführung. Die Gesellschafter, die ihre aus dem Geschäftsanteil sich ergebenden Rechte in den Gesellschaftsbeschlüssen ausüben, trifft neben der Pflicht zur Leistung der Stammeinlage eine Dekkungspflicht, wenn die übrigen Gesellschafter ihre Stammeinlage nicht aufbringen (§ 24 GmbHG; Ausfallhaftung); außerdem kann eine → Nachschußpflicht bestehen. Durch den Ge-

sellschaftsvertrag können auch Nebenleistungsverpflichtungen begründet werden. Schließlich trifft die Gesellschafter auch eine Treuepflicht. Änderungen des Gesellschaftsvertrages (Satzung) setzen einen Gesellschafterbeschluß mit 3/4-Mehrheit voraus, der notariell beurkundet werden muß (§ 53 GmbHG). Ein Gesellschafter kann aus der GmbH ausscheiden durch Übertragung seines → Geschäftsanteils (in notarieller Form, § 15 GmbHG), durch → Amortisation, bei Vorliegen eines wichtigen Grundes, auch durch Austritt oder Ausschluß aus der GmbH. Austritt und Ausschluß können durchgeführt werden, indem der Ausscheidende den Geschäftsanteil freiwillig an die GmbH oder einen Dritten abtritt, oder durch Amortisation.

4. Die *Auflösung* der GmbH ist aus mehreren gesetzlichen und den im Gesellschaftsvertrag bestimmten Gründen vorgesehen (§ 60 GmbHG), insbes. durch gerichtliches Urteil auf Grund einer Auflösungsklage wegen eines wichtigen Grundes, namentlich Unmöglichkeit, den Gesellschaftszweck zu erreichen (§ 61 GmbHG), durch die Verwaltungsbehörde wegen gesetzwidriger Beschlüsse oder Handlungen (§ 62 GmbHG) und durch Eröffnung des → Insolvenzverfahrens, deren (rechtskräftige) Ablehnung mangels Masse oder durch die Löschung der Gesellschaft wegen Vermögenslosigkeit (auf Antrag des Finanzamts oder von Amts wegen, wenn das Insolvenzverfahren durchgeführt wurde und keine Anhaltspunkte für weiteres Vermögen vorhanden sind) nach § 141 a FGG (§ 60 GmbHG). Die Geschäftsführer haben die Pflicht, bei Eintritt der → Zahlungsunfähigkeit oder der → Überschuldung unverzüglich, spätestens aber innerhalb von 3 Wochen, die Eröffnung des Insolvenzverfahrens zu beantragen (§ 64 GmbHG; sonst persönliche Schadensersatzpflicht). Die Auflösung ist zum Handelsregister anzumelden (§ 65 GmbHG) und führt zur → Liquidation (sofern kein Insolvenzverfahren stattfindet), bis zu deren Beendigung die GmbH als Liquidationsgesellschaft fortbesteht. Die GmbH kann ferner in eine andere Kapitalgesellschaft umgewandelt werden (→ Umwandlung). Vgl. → Körperschaftsteuer, → GmbH & Co. KG, → GmbH & Stille, → Mantelkauf, → Partnerschaftsgesellschaft.

**Gesellschafterbeschluß** ist eine Entscheidung der Gesamtheit der Gesellschafter einer → Gesellschaft des bürgerlichen Rechts, einer → offenen Handelsgesellschaft, einer → Kommanditgesellschaft oder einer → Gesellschaft mit beschränkter Haftung (→ Gesellschafterversammlung). Über die Zulässigkeit von Mehrheitsbeschlüssen bei der Personengesellschaft → Minderheitsrechte. Dem G. entspricht der → Hauptversammlungsbeschluß bei der AG. Bei den → Personengesellschaften ist für den G. Einstimmigkeit notwendig, wenn der Gesellschaftsvertrag nicht eine Mehrheitsentscheidung vorsieht (§ 709 BGB, §§ 119, 161 II HGB). Bei der GmbH genügt stets die Mehrheit der abgegebenen Stimmen (§ 47 I GmbHG). Jeder Gesellschafter hat das Stimmrecht; aus verschiedenen Gründen (insbes. bei Interessenkollision in Angelegenheiten, die den betreffenden Gesellschafter selbst berühren, z. B. Entzug der Vertretungsmacht) darf im Einzelfall der Gesellschafter nicht mitstimmen (vgl. § 47 IV GmbHG). Ein G. kann nichtig sein (z. B. nach §§ 134, 138 BGB wegen Gesetzes- oder Sittenverstoßes) oder wegen Anfechtung der Stimmabgabe (§§ 119, 123 BGB) unwirksam werden. Ein G. einer GmbH kann ferner wie ein → Hauptversammlungsbeschluß angefochten werden.

**Gesellschafterdarlehen.** Auch ein Gesellschafter kann seiner Gesellschaft ein → Darlehen gewähren; hierfür gelten an sich keine Sondervorschriften. Wird aber in der Krise der Gesellschaft anstelle der an sich gebotenen Zuführung von Eigenkapital (→ Einlage) ein sog. *kapitalersetzendes Darlehen* gegeben, so kann der Gesellschafter den Rückgewähranspruch im → Insolvenzverfahren über das Vermögen einer GmbH nur als nachrangiger Insolvenzgläubiger geltend machen; im letzten Jahr vor dem Antrag auf Eröffnung des Insolvenzverfahrens (oder danach) zurückbezahlte Darlehen sind der Gesellschaft zu erstatten (§§ 32 a, b GmbHG, § 39 I Nr. 5 InsO). Die Regeln über den Eigenkapitalersatz gelten nicht für einen nicht geschäftsführenden Gesellschafter, der mit höchstens

10% am Stammkapital beteiligt ist (§ 32 a III GmbHG a. E.). S. a. → Insolvenzanfechtung, → Gläubigeranfechtung.

**Gesellschaftereinlage** → Einlage.

**Gesellschafterfremdfinanzierung** Spielt bei der → Körperschaftsteuer eine Rolle. Durch das Standortsicherungsgesetz (BGBl. I 1993, 1569) ist § 8 a KStG eingeführt worden. Bis dahin war die Finanzierung der Gesellschaft durch insbesondere ausländische Anteilseigner über Fremdmittel in der Regel steuerlich günstiger als die Zuführung von Eigenkapital. Dies zu verhindern ist Ziel des § 8 a KStG. Hiernach werden die Entgelte, die die Gesellschaft für Fremdmittel bezahlt, die durch nicht anrechnungsberechtigte, wesentlich beteiligte Gesellschafter der Gesellschaft zugeführt worden sind, in → verdeckte Gewinnausschüttungen umqualifiziert, wenn und soweit das Verhältnis zwischen hingegebenen Fremdmitteln und anteiligem Eigenkapital dieses Gesellschafters bestimmte Grenzen – den sogenannten save haven – überschreitet. Einzelheiten BMF BStBl. I 1995, 25.

**Gesellschafterverbrauch** → Umsatzsteuer (2 b).

**Gesellschafterversammlung.** Bei einer → Gesellschaft mit beschränkter Haftung ist die G. das Organ, durch das die Gesamtheit der Gesellschafter handelt. In der G. fassen die Gesellschafter ihre Beschlüsse (→ Gesellschafterbeschluß, § 48 I GmbHG). Eine G. kann unterbleiben, wenn sämtliche Gesellschafter schriftlich sich mit dem vorgeschlagenen Beschluß oder damit einverstanden erklären, daß schriftlich abgestimmt wird (§ 48 II GmbHG), oder wenn die Satzung es vorsieht. Die G. wird von den Geschäftsführern mit Wochenfrist durch eingeschriebenen Brief einberufen (§§ 49, 51 GmbHG). In die Zuständigkeit der G. gehören grundsätzlich alle Angelegenheiten der GmbH, soweit die Satzung nichts anderes bestimmt (§ 45 GmbHG), insbes. Feststellung der Jahresbilanz (→ Jahresabschluß) und Verteilung des Reingewinns, Bestellung und Abberufung der Geschäftsführer, Prüfung und Überwachung der Geschäftsführung (§ 46 GmbHG).

**Gesellschafterwechsel** → Gesellschaft des bürgerlichen Rechts, → Offene Handelsgesellschaft (6), → Gesellschaft mit beschränkter Haftung (3).

**Gesellschaftsrecht** ist das Recht von Personenvereinigungen des → Privatrechts, die durch → Rechtsgeschäft gegründet werden, um einen bestimmten gemeinsamen Zweck zu erreichen. Das G. umfaßt daher insbes. alle Rechtsnormen mit Bezug auf die → Gesellschaft des bürgerlichen Rechts, die → offene Handelsgesellschaft, die → Kommanditgesellschaft, die → stille Gesellschaft, die → Aktiengesellschaft, die → Kommanditgesellschaft auf Aktien, die → Gesellschaft mit beschränkter Haftung, die eingetragene → Genossenschaft, die → Reederei, den → Versicherungsverein auf Gegenseitigkeit. In begrenztem Umfang gehört zum G. auch das Recht des → Vereins.

**Gesellschaftsschuld** ist die Verbindlichkeit einer → Gesellschaft des bürgerlichen Rechts, einer → offenen Handelsgesellschaft oder einer → Kommanditgesellschaft, die von der Gesamtheit der Gesellschafter (→ Gesamthandsgemeinschaft) zu erfüllen ist. Für eine G. haftet das → Gesellschaftsvermögen. Für die G.en haften aber auch die Gesellschafter als → Gesamtschuldner, und zwar grundsätzlich mit ihrem Privatvermögen (§§ 427, 431 BGB, §§ 128, 161 II HGB). Bei den reinen Kapitalgesellschaften dagegen haftet grundsätzlich nur das Gesellschaftsvermögen; vgl. § 1 I 2 AktG, § 13 II GmbHG.

**Gesellschaftsvermögen** einer → Gesellschaft des bürgerlichen Rechts, einer → offenen Handelsgesellschaft oder einer → Kommanditgesellschaft ist das gemeinsame Vermögen der Gesellschafter, das ihnen zur gesamten Hand zusteht (→ Gesamthandsgemeinschaft). Den Gesellschaftern stehen → Geschäftsanteile am G. zu. Das G. ist vom Privatvermögen der Gesellschafter zu unterscheiden und getrennt zu halten. Es besteht aus den Beiträgen der Gesellschafter und den durch Geschäftsführung für die Gesellschaft oder → Surrogation erworbenen geldwerten Sachen und Rechten (§ 718 BGB). Das G. ist bei Auflösung, Ausscheiden eines Gesellschafters usw. Gegenstand der → Auseinandersetzung. Zur → Zwangsvollstreckung in das G. ist bei einer Gesellschaft des bürgerlichen Rechts ein → Vollstreckungstitel gegen alle Gesellschafter erforderlich (§ 736 ZPO), bei einer oHG oder KG ein Vollstreckungstitel gegen die Gesellschaft (§§ 124 II, 161 II HGB).

**Gesellschaftsvertrag.** Die vertragliche Grundlage einer Gesellschaft bildet der G. Er ist → Rechtsgeschäft; durch ihn verpflichten sich die Gesellschafter gegenseitig, die Erreichung eines gemeinsamen Zweckes in der durch den G. bestimmten Weise zu fördern (§ 705 BGB). Bei einer GmbH wird der G. auch Satzung genannt; meistens geht ein Vorgründungsvertrag voraus. Der G. ist bei den → Personengesellschaften grundsätzlich formfrei, dem Wesen nach ein schuldrechtlicher Vertrag; zweifelhaft ist, inwieweit er auch als → gegenseitiger Vertrag anzusehen ist. Fehlen oder Nichtigkeit des G. kann zur → faktischen Gesellschaft oder → Scheingesellschaft führen.

**Gesellschaftsvertrag unter Ehegatten** → Mitarbeit der Ehegatten.

**Gesetz.** Der Begriff G. wird in doppeltem Sinne verwendet. G. *im materiellen Sinne* ist jede Rechtsnorm, d. h. jede hoheitliche Anordnung, die für eine unbestimmte Vielzahl von Personen allgemein verbindliche Regelungen enthält. *G. im formellen Sinne* ist jeder Beschluß der zur G.gebung zuständigen Organe, der im verfassungsmäßig vorgesehenen förmlichen → Gesetzgebungsverfahren ergeht, ordnungsgemäß ausgefertigt und verkündet ist (→ Ausfertigung, → Verkündung von Rechtsvorschriften). Die meisten formellen G.e sind zugleich materielle G. e. Vereinzelt gibt es aber auch nur formelle G.e, die ihrem materiellen Inhalt nach nicht G. sind, weil sie keine allgemein verbindlichen Anordnungen enthalten, mithin nicht die Eigenschaft eines Rechtssatzes haben; hierzu wird herkömmlicherweise der → Haushaltsplan gerechnet, weil er keine unmittelbaren Rechte und Pflichten für die Staatsbürger erzeugt, sondern nur für die Staatsorgane verbindlich ist. Ein G., das seinem Inhalt nach nicht allgemeine Wirkung entfaltet, sondern nur einen oder mehrere Einzelfälle regelt, nennt man „Einzelfallgesetz" oder → Maßnahmegesetz (→ Ausnahmegesetz). Zu den G.en im materiellen Sinne zählen neben den formellen G.en mit Rechtssatzqualität alle anderen Rechtsnormen, also außer der → Verfassung die → Rechtsverordnungen und die → Satzungen; beide enthalten allgemeinverbindliche Regelungen, sind aber nicht im verfassungsmäßig vorgesehenen förmlichen G.gebungsverfahren ergangen. G. im materiellen Sinne ist auch das → Gewohnheitsrecht. Kein G. im materiellen Sinne sind die Verwaltungsvorschriften (Verwaltungsverordnungen); sie enthalten keine allgemein verbindlichen Anordnungen, sondern nur Anweisungen an die nachgeordneten Verwaltungsbehörden. Eingriffe in die Rechtssphäre des Bürgers („Freiheit und Eigentum" im umfassenden Sinne) dürfen nach dem Grundsatz der → Gesetzmäßigkeit der Verwaltung nur auf Grund Ermächtigung durch ein förmliches G., eine durch ein förmliches G. gedeckte RechtsVO oder Satzung erfolgen. Abzugrenzen von den G.en sind die → *Verwaltungsakte*, weil sie nicht eine unbestimmte Vielzahl von Fällen (abstrakt) regeln, sondern nur einen oder mehrere konkrete Einzelfälle. Innerhalb der formellen G.e ist der Rangordnung nach zwischen einfachen G. und Verfassungsgesetzen zu unterscheiden. Die → *Verfassung* ist G. mit der Besonderheit, daß die Möglichkeit der Abänderung erschwert und z. T. sogar ausgeschlossen ist; zumeist bedarf die → Verfassungsänderung einer qualifizierten Mehrheit im Parlament (vgl. Art. 79 GG). Im Bundesstaat ist ferner zwischen *Bundes- und Landesgesetzen* zu unterscheiden. Formelles Bundes- bzw. Landesgesetz ist das von den G.gebungsorganen des Bundes bzw. eines Landes erlassene formelle G. Materielles Bundesgesetz (gebräuchlicher Ausdruck: Bundesrecht) ist jede von Rechtsetzungsorganen des Bundes erlassene Rechtsnorm und das als Bundesrecht fortgeltende ehemalige → Reichsrecht und Recht der früheren DDR, materielles Landesgesetz (gebräuchlicher Ausdruck: Landesrecht) jede von Rechtsetzungsorganen eines Landes erlassene Rechtsnorm und das als Landesrecht fortgeltende ehemalige Reichsrecht und Recht der früheren DDR. Als G. im materiellen Sinn sind auch die von Organen der → Europäischen Gemeinschaften erlassenen unmittelbar für den Bürger geltenden Rechtssätze anzusehen. S. a. → kirchliche Gesetze.

**Gesetzesanalogie** → Analogie.

**Gesetzesbeschluß** → Gesetzgebungsverfahren.

**Gesetzesinitiative** → Initiativrecht.

**Gesetzeskonkurrenz** → Konkurrenz von Straftaten.

**Gesetzespositivismus,** d. h. Rechtsanwendung ausschließlich nach Wortlaut und Inhalt des Gesetzes, ist eine Form des → Rechtspositivismus.

**Gesetzesrecht** → Fallrecht.

**Gesetzessprache.** Die Sprache von Rechtsvorschriften ist Teil der juristischen Fachsprache. Allgemeine Merkmale jeder Fachsprache sind Klarheit und Eindeutigkeit sowie Formalisierung und Normierung des Ausdrucks. Eine Besonderheit der juristischen Fachsprache liegt in der Verwendung von Ausdrücken, deren Bedeutung von der in der Alltagssprache abweicht (z. B. → Eigentum, → Besitz). Allgemeinverständlichkeit darf dabei nicht auf Kosten der Präzision gehen. Fachausdrücke und Begriffe, die in der G. in einer von der Alltagssprache abweichenden Bedeutung verwendet werden, sollten im Text der Rechtsvorschrift durch Begriffsbestimmungen verdeutlicht werden. Die Verwendung einer spezifischen G. steht nicht zwingend im Gegensatz zu den Bestrebungen nach → Rechtsvereinfachung. Kurze, knappe und übersichtliche Regelungen lassen sich häufig nur durch einen stark formalisierten Sprachgebrauch erreichen. S. a. → weibliche Gesetzessprache, → Rechtsetzung.

**Gesetzesvorbehalt** i. S. von „Vorbehalt des Gesetzes" → Gesetzmäßigkeit der Verwaltung. Im eigentlichen Sinne ist G. die von der Verfassung vorgesehene Möglichkeit, Grundrechte durch Gesetz oder auf Grund eines Gesetzes einzuschränken. Diese Möglichkeit besteht bei zahlreichen Grundrechten des GG und der Landesverfassungen. Das grundrechtsbeschränkende Gesetz muß allgemein und nicht nur für den Einzelfall gelten. Es muß das eingeschränkte Grundrecht nennen und darf es nicht in seinem Wesensgehalt antasten (Art. 19 I, II GG). Auch ohne ausdrücklichen G. im GG können Grundrechte durch Gesetz „beschränkt" werden, aber nur im Rahmen der dem einzelnen Grundrecht von Natur aus → immanenten Schranken; ein solches Gesetz schränkt das Grundrecht nicht konstitutiv ein, sondern interpretiert gewissermaßen nur seinen Inhalt.

**Gesetzgebende Gewalt.** Die g. G. *(Legislative)* ist neben → vollziehender Gewalt und → Rechtsprechung ein Teil der → Staatsgewalt (→ Gewaltentrennung). Ihr Träger ist nach der Staatsform verschieden. In der → Demokratie liegt die g. G. entweder beim Volk selbst (so z. T. in der Schweiz) oder – so die Regel – bei der vom Volk gewählten Vertretung, dem → Parlament. Hauptaufgabe der g. G. ist der Erlaß von → Gesetzen im formellen Sinn. Sie ist aber nicht hierauf beschränkt. Schon nach der Lehre → Montesquieus sollte sie auch die Ausführung der Gesetze überwachen. In der parlamentarischen Demokratie (anders in der → Präsidialdemokratie) ist es darüber hinaus Aufgabe des Parlaments, den Träger der vollziehenden Gewalt, also die Regierung, zu bestellen; ihr Fortbestand ist vom Vertrauen des Parlaments abhängig (vgl. Mißtrauensvotum). Auch sonst stehen dem Parlament vielfach exekutive Befugnisse zu (z. B. im Haushalts- und Finanzwesen, bei der Behandlung von → Petitionen, in der → Wahlprüfung). Umgekehrt kann auch die vollziehende Gewalt (insbes. beim Erlaß von → Rechtsverordnungen) gesetzgeberisch tätig werden. Solange die Aufteilung der Staatsgewalt im Prinzip gewahrt bleibt, wird der Grundsatz der Gewaltentrennung durch solche Überschneidungen nicht verletzt. Jedoch gebietet die primäre Zuständigkeit der vom Volk unmittelbar legitimierten g. G. verfassungsrechtlich, daß der Gesetzgeber selbst die wesentlichen Entscheidungen zur Regelung der Lebensverhältnisse trifft und diese nicht der vollziehenden Gewalt überläßt (s.a. Wesentlichkeitsprinzip). Ermächtigungen zum Erlaß von RechtsVOen müssen also grundlegende Wertentscheidungen bereits enthalten (BVerfGE 33, 303); → Verwaltungsvorschriften, z. B. schulische Richtlinien, können nicht von sich aus grundlegende Bildungs- und Erziehungsentscheidungen treffen (BVerwG DVBl. 1975, 421; „verwaltungsfreundlicher" Bayer. VerfGH DVBl. 1975, 425).

**Gesetzgebung.** Entsprechend der Unterscheidung beim → Gesetz ist zwischen der G. im materiellen und im formellen Sinne zu unterscheiden; erstere umfaßt jeden Erlaß von Rechtssätzen (einschl. → Rechtsverordnungen und → Satzungen), letztere die Hoheitsakte der zur G. berufenen Organe, die im vorgeschriebenen förmlichen → Gesetzgebungsverfahren erlassen werden. Im funktionellen Sinne ist G. der Aufgabenbereich, welcher der gesetzgebenden Gewalt (Legislative) im Rahmen der → Gewaltentrennung zugewiesen ist (zur Überschneidung der Zuständigkeiten s. a. → gesetzgebende Gewalt). Im → Bundesstaat ist die Zuständigkeit zur G. zwischen Bund und Ländern aufgeteilt. In der BRep. (Art. 70 GG) ist die G. den Ländern zugewiesen, soweit das GG selbst sie nicht dem Bund verleiht. Obwohl sonach die Vermutung für die Zuständigkeit der Länder spricht, liegt doch das Schwergewicht der Gesetzgebung beim Bund, da ihm die meisten und bedeutsamsten Sachgebiete teils als → ausschließliche, teils als → konkurrierende G. oder als → Rahmengesetzgebung zugewiesen sind (Art. 71 ff. GG). Darüber hinaus kann der Bund nicht gesetzgeberisch tätig werden; eine ungeschriebene Zuständigkeit des Bundes kraft „Sachzusammenhangs" oder aus der „Natur der Sache" ist nur sehr beschränkt anzuerkennen.

**Gesetzgebungskompetenz** (-zuständigkeit) → Gesetzgebung.

**Gesetzgebungsnotstand.** Nach Art. 81 GG kann der G. vom → Bundespräsidenten auf Antrag der Bundesregierung mit Zustimmung des → Bundesrates für eine Gesetzesvorlage erklärt werden, wenn der → Bundestag sie ablehnt, obwohl die BReg. sie als vordringlich bezeichnet hatte. Voraussetzung ist, daß der Bundestag einen Antrag des → Bundeskanzlers, ihm das Vertrauen auszusprechen, vorher abgelehnt hatte oder gleichzeitig ablehnt. Lehnt der Bundestag nach Erklärung des G. die Vorlage erneut ab oder verabschiedet er sie nicht innerhalb von 4 Wochen nach erneuter Einbringung, so genügt zum Zustandekommen des Gesetzes die Zustimmung des Bundesrates. Innerhalb einer Frist von 6 Monaten nach Erklärung des G. kann während der Amtszeit desselben Bundeskanzlers auch jede andere Gesetzesvorlage, nachdem sie vom Bundestag abgelehnt worden ist, nach erneuter Einbringung in den Bundestag und erneuter Ablehnung mit Zustimmung des Bundesrats Gesetzeskraft erlangen. Eine weitere Erklärung des G. während der Amtszeit desselben Bundeskanzlers ist nach Ablauf der Frist nicht mehr zulässig. Eine inhaltliche Schranke für die Gesetzgebung während des G. liegt darin, daß ein auf diesem Wege zustandegekommenes Gesetz das Grundgesetz weder ändern noch ganz oder teilweise außer Kraft oder außer Anwendung setzen darf. Vom G. zu unterscheiden ist die Gesetzgebung in Notstandsfällen (vgl. Notstandsverfassung, Verteidigungsfall).

**Gesetzgebungsverfahren.** 1. G. ist das Verfahren, in dem → Gesetze im formellen Sinn erlassen werden. Im demokratischen Rechtsstaat, der auf dem Grundsatz der → Gewaltentrennung beruht, ist es dadurch gekennzeichnet, daß die Gesetzgebung ausschließlich dem → Parlament (der Volksvertretung) zusteht. Das G. ist verfassungsrechtlich festgelegt.

2. Nach Art. 76 GG – entsprechende Bestimmungen enthalten auch die Verfassungen der Länder – können Gesetzesvorlagen (Gesetzesentwürfe) durch die → Bundesregierung, aus der Mitte des → Bundestages und durch den → Bundesrat eingebracht werden („Gesetzesinitiative"). Vorlagen der BReg. sind zunächst dem BR zuzuleiten. Dieser ist berechtigt, binnen 6 Wochen Stellung zu nehmen (sog. „1. Durchgang" beim BR). Aus wichtigem Grund (z. B. Umfang der Vorlage) kann der Bundesrat Verlängerung auf 9 Wochen verlangen. Vorlagen, welche die BReg. bei der Zuleitung an den BR ausnahmsweise als besonders eilbedürftig bezeichnet hat, kann sie bereits nach 3 Wochen (bei Verlängerungsverlangen des BR nach 6 Wochen) dem BT zulei-

ten, auch wenn die Stellungnahme des BR noch nicht bei ihr eingegangen ist; in diesen Fällen hat sie die Stellungnahme des BR unverzüglich nach Eingang dem BT nachzureichen (Art. 76 II 4 GG). Vom BR auf Grund seines Initiativrechts beschlossene Gesetzesvorlagen sind durch die BReg. innerhalb von 6 Wochen (Art. 76 III 1 GG) dem BT zuzuleiten; sie hat hierbei ihre Auffassung darzulegen. Aus wichtigem Grund kann Verlängerung auf 9 Wochen verlangt werden. Bei Gesetztesinitiativen des BT findet kein 1. Durchgang im BR statt. Im BT werden sie in 3 „Lesungen" beraten (grundsätzliche Aussprache, Einzelberatung, Schlußbestimmung); zwischen der 1. und der 2. Lesung liegen zumeist die Beratungen in den → Ausschüssen. Gesetze werden vom BT im allgemeinen mit einfacher Mehrheit beschlossen; bei → Verfassungsänderungen ist die Zustimmung von 2/3 der gesetzlichen Mitgliederzahl des BT notwendig.

3. Ist ein Gesetz vom BT *beschlossen,* so ist es nach seiner Annahme durch den Präsidenten des BT unverzüglich dem BR zuzuleiten, der sich im sog. „2. Durchgang" damit befaßt. Er kann binnen 3 Wochen nach Eingang des Gesetzesbeschlusses verlangen, daß ein aus Mitgliedern des BT und des BR gebildeter Ausschuß (→ Vermittlungsausschuß; Art. 77 GG) einberufen wird. Ist zu einem Gesetz die Zustimmung des BR erforderlich, so können auch BT und BReg. die Einberufung des Ausschusses verlangen. Über etwaige Änderungsvorschläge hat der BT erneut Beschluß zu fassen. Ist zu einem Gesetz die Zustimmung des BR nicht erforderlich, kann der BR, wenn die Anrufung des Vermittlungsausschusses erfolglos geblieben ist oder wenn der BT auf einen Änderungsvorschlag des Ausschusses erneut Beschluß gefaßt hat, gegen das Gesetz binnen 2 Wochen *Einspruch* einlegen. Die Einspruchsfrist beginnt mit dem Eingang des vom BT erneut gefaßten Beschlusses oder mit dem Eingang der Mitteilung des Vorsitzenden des Vermittlungsausschusses, daß das Verfahren vor diesem Ausschuß abgeschlossen ist (Art. 77 III 2 GG). Wird der Einspruch mit der Mehrheit der Stimmen des BR beschlossen, so kann er durch Beschluß der Mehrheit der Mitglieder des BT (Art. 121 GG) zurückgewiesen werden, bei 2/3-Mehrheit des BR nur mit 2/3-Mehrheit des BT, mindestens der Mehrheit der BT-Mitglieder.

4. Ist das Gesetz hiernach *zustandegekommen,* so folgen → Ausfertigung und → Verkündung. Erst damit ist das G. abgeschlossen. Vgl. Schaubild im Anhang. Über das G. im Notstandsfall s. → Verteidigungsfall, → Notstandsverfassung.

**Gesetzliche Beweisregeln** → Beweis (a.E.).

**Gesetzliche Erbfolge** → Erbfolge.

**Gesetzliche Vermutung** → Vermutung.

**Gesetzlicher Forderungsübergang** → Abtretung (5), → Überleitungsanzeige.

**Gesetzlicher Güterstand** → Güterstände.

**Gesetzlicher Richter.** Nach Art 101 I GG (und den entsprechenden Bestimmungen der Landesverfassungen) darf niemand seinem g. R. entzogen werden; → Ausnahmegerichte sind unzulässig. Der g. R. ist damit als (justizielles) → Grundrecht garantiert. Dieses Grundrecht schützt vor unbefugten Eingriffen in die Rechtspflege, insbes. vor willkürlichen Verschiebungen durch Richteraustausch. G. R. ist sowohl das Gericht (z. B. Landgericht) als organisatorische Einheit, das erkennende Gericht (z. B. Zivilkammer) als Spruchkörper wie der zur Entscheidung im Einzelfall berufene R. Es muß von vornherein generell feststehen, welcher R. zur Behandlung bestimmter Arten von Sachverhalten zuständig ist. Die Zuständigkeit ergibt sich aus den Prozeßordnungen, dem Gerichtsverfassungsrecht sowie der → Geschäftsverteilung durch die Präsidien der Gerichte. Die Geschäftsverteilungspläne werden von den Präsidien in richterlicher Unabhängigkeit beschlossen. Die personelle Besetzung und die Zuständigkeit müssen im Hinblick auf das Grundrecht des gesetzlichen Richters so geregelt sein, daß niemand durch Maßnahmen der → Justizverwaltung dem in seiner Sache berufenen Richter entzogen werden kann; dieser muß von vornherein so eindeutig wie möglich bestimmt sein. Dem widerspricht nicht eine Überbesetzung von Spruchkörpern (mit mehr als der gesetzlichen Mindestzahl), aber nur, soweit dies zur Gewährleistung einer geordneten Rechtspflege unvermeidbar und der Vorsitzende zur sachgemäßen Leitung des Kollegiums noch in der Lage ist (vgl. Geschäftsverteilung). Die Verletzung des Grundrechts des g. R. kann (außer mit den durch die Prozeßgesetze vorgesehenen Rechtsmitteln) nach Erschöpfung des Rechtsweges mit der → Verfassungsbeschwerde gerügt werden.

**Gesetzlicher Vertreter** → Stellvertretung, → elterliche Sorge.

**Gesetzliches Güterrecht** → Güterrecht, eheliches; → Güterstände.

**Gesetzliches Pfandrecht** → Pfandrecht (1).

**Gesetzliches Schuldverhältnis** → Schuldverhältnis.

**Gesetzliches Verbot** → Gesetzwidrigkeit von Rechtsgeschäften.

**Gesetzliches Vermächtnis** ist ein auf gesetzlicher Vorschrift beruhendes → Vermächtnis, z. B. → Dreißigster; zur Zuwendung an einen (Mit-)Erben über seinen Erbteil hinaus → Vorausvermächtnis.

**Gesetzliches Zahlungsmittel** ist ein Z., mit dem ein Zahlungsverpflichteter gegenüber dem Berechtigten eine → Geldschuld rechtswirksam tilgen kann. Der sich hieraus ergebende Annahmezwang kann beschränkt (so bei → Scheidemünzen) oder unbeschränkt sein (so bei den → Banknoten der Deutschen Bundesbank und nach Verwirklichung der 3. Stufe der Währungsunion der EZB; → Europäisches System der Zentralbanken. Sie sind in der BRep. das einzige unbeschränkte g. Z. (§ 14 I 3 BBankG).

**Gesetzmäßigkeit der Verwaltung.** 1. Der Grundsatz der G. d. V. besagt, daß in die Rechtssphäre des Bürgers nur auf Grund eines formellen → Gesetzes oder einer hierauf beruhenden sonstigen → Rechtsnorm (→ Rechtsverordnung; → Satzung) eingegriffen werden darf (Vorbehalt des Gesetzes). Ferner müssen wesentliche Entscheidungen zur Regelung der Lebensverhältnisse vom Gesetzgeber getroffen werden (→ Wesentlichkeitsprinzip). Die G. d. V. ist ein tragender Grundsatz des → Rechtsstaates mit Verfassungsrang; nach Art. 20 III GG sind die vollziehende Gewalt und die Rechtsprechung an Gesetz und Recht gebunden. Seine historische Wurzel hat der Grundsatz in der Formel, daß Eingriffe in „Freiheit und Eigentum" dem Vorbehalt gesetzlicher Ermächtigung unterliegen. Eingriffe in verfassungsmäßige → Grundrechte kann das Gesetz nur vorsehen, soweit die Verfassung das zuläßt (→ Gesetzesvorbehalt). Für nur begünstigende Verwaltungsmaßnahmen (z. B. Gewährung einer → Subvention) gilt der Grundsatz der G. d. V. nur eingeschränkt: Hier genügt die Bereitstellung entsprechender Mittel im → Haushaltsplan; die Zuwendung selbst ist häufig nur durch → Verwaltungsvorschriften geregelt, wobei die Verwaltung aber an allgem. Rechtsgrundsätze, insbes. den Gleichheitsgrundsatz (→ Gleichheit vor dem Gesetz), sowie ggf. bestehende gesetzliche Regelungen (Vorrang des Gesetzes) gebunden ist.

2. Die Einhaltung des Grundsatzes der G. d. V. unterliegt gerichtlicher Kontrolle. Nach Art. 19 IV GG steht der Rechtsweg offen, wenn jemand durch die öffentliche Gewalt in seinen Rechten verletzt wird; hierfür ist, soweit eine andere Zuständigkeit nicht begründet ist, der ordentliche Rechtsweg gegeben. Gegenüber → Verwaltungsakten kann auf Grund der verwaltungsgerichtlichen → Generalklausel der Rechtsweg zu den → Verwaltungsgerichten beschritten werden.

3. Im Steuerrecht gilt entsprechendes gem. § 85 AO. S. a. → Besteuerungsverfahren, → Gleichmäßigkeit der Besteuerung.

**Gesetzwidrigkeit von Rechtsgeschäften.** Ein → Rechtsgeschäft (R.), das gegen ein gesetzliches Verbot verstößt, ist nichtig (→ Nichtigkeit), wenn sich aus dem Gesetz nichts anderes ergibt (§ 134 BGB). *Verbotsgesetz* in diesem Sinne ist jede Rechtsnorm (also auch z. B. eine Verordnung), gleichgültig ob sie dem öffentlichen oder dem Privatrecht angehört. Entscheidend für die Frage, ob eine G. zur Nichtigkeit des R. führt, sind Inhalt und Zweck des Verbotsgesetzes. Oftmals gibt das Gesetz durch seinen Wortlaut selbst die Rechtsfolge zu erkennen (z. B. Nichtigkeit bei „kann nicht", „ist unzulässig"; anders bei bloßem „soll nicht"); sonst entscheiden die Umstände. So will z. B. das Ladenschlußgesetz nur aus öffentlichen Gründen den Verkauf auf bestimmte Stunden beschränken; ein außerhalb der Ladenzeit getätigter Kauf ist daher nicht zivilrechtlich nichtig.

Dagegen sind z. B. nichtig R., die gegen Bewirtschaftungsvorschriften, gegen die zwingenden Bestimmungen über die Gründung einer Aktiengesellschaft oder gegen Strafgesetze verstoßen, die sich gegen den Inhalt des Geschäfts richten (z. B. Verbot der Bestechung, → Schwarzarbeit, nicht bei Übertretung der Sperrstunde). Bedarf ein R. der behördlichen Genehmigung, so tritt bis zu ihrer Erteilung → schwebende Unwirksamkeit ein; s. ferner → Veräußerungsverbot, → Sittenwidrigkeit.

Wird das Verbotsgesetz durch ein R. umgangen, das den gleichen Erfolg auf andere Weise zu erreichen versucht *(Umgehungsgeschäft)*, so ist dieses gültig, wenn das Verbotsgesetz nur eine bestimmte Form des R. mißbilligt (z. B. Ersetzung des → Pfandrechts durch die besitzlose → Sicherungsübereignung). Das Umgehungsgeschäft ist dagegen gleichfalls nichtig, wenn der Erfolg als solcher nicht eintreten soll (→ Kreditvertrag, 2); auch kann durch eine solche Umgehung nicht die Steuerpflicht gemildert oder beseitigt werden (§ 42 AO). Verstößt ein → Vertrag gegen ein gesetzliches Verbot, so haftet derjenige, der die Nichtigkeit kannte oder fahrlässigerweise nicht kannte, auf Ersatz des → Vertrauensschadens gegenüber einem gutgläubigen Vertragspartner (§§ 309, 307 BGB; → Verschulden beim Vertragsschluß).

**Gespaltene Mutterschaft** → Künstliche Fortpflanzung (1.), → Adoptionsvermittlung.

**Gestaltungsklage** ist eine → Klage, mit der der Kläger erstrebt, daß die bestehende Rechtslage umgestaltet wird. G.n sind nur zulässig, wenn sie gesetzlich vorgesehen sind. Sie haben meist zum Ziel, daß ein Rechtsverhältnis gelöst oder vernichtet wird (z. B. Eheaufhebung, Auflösung einer OHG). Diese Wirkung tritt mit der → Rechtskraft des *Gestaltungsurteils* ein. Dieses ist seinem Wesen nach nicht vollstreckungsfähig.

**Gestaltungsmißbrauch** → Mißbrauch von Gestaltungsmöglichkeiten.

**Gestaltungsrecht** ist ein → subjektives Recht, dessen Ausübung einseitig und unmittelbar auf ein bestehendes Rechtsverhältnis einwirkt und dieses verändert *(Konstitutivwirkung)*. Anders als beim Herrschaftsrecht (Eigentum u. a.) entfließen dem G. keine → Ansprüche. Man unterscheidet selbständige (z. B. → Aneignung, → Wiederkauf) und unselbständige G.e, die sich aus einem bereits bestehenden Rechtsverhältnis ergeben (z. B. → Kündigung, → Anfechtung, → Rücktritt). Während die selbständigen G.e grundsätzlich frei abtretbar sind (§ 413 BGB, → Abtretung), ist das unselbständige G. mit dem Schicksal des Hauptanspruchs verbunden (so kann z. B. das Kündigungsrecht aus einem Mietvertrag nicht allein übertragen werden). Das G. wird grundsätzlich durch formlose → Willenserklärung geltend gemacht; in verschiedenen besonders wichtigen Fällen sieht das Gesetz jedoch das Erfordernis einer gerichtlichen Entscheidung (Gestaltungsurteil), d. h. die Erhebung einer → Gestaltungsklage vor (→ Ehescheidung – 1 –, → Eheaufhebung, → Offene Handelsgesellschaft). Die Ausübung eines G. ist regelmäßig unwiderruflich, so z. B. die Kündigung eines Arbeitsverhältnisses (die Rechtsfolgen können allerdings einverständlich wieder beseitigt werden). → Einrede.

**Gestaltungsurteil** → Gestaltungsklage.

**Geständnis** bedeutet, daß von einer Partei, einem Beteiligten oder Beschuldigten eine von anderer Seite behauptete Tatsache als wahr bezeichnet wird.

1. Im *Zivilprozeß* werden an ein G. bestimmte Wirkungen geknüpft, z. T. im Gesetz ausdrücklich geregelt (§§ 288–290 ZPO); vor allem bedarf die zugestandene Tatsache, soweit sie im Bereich der Verfügungsbefugnis der Parteien liegt, keines Beweises. Bei einem *qualifizierten G.*, d.i. ein mit Einschränkungen oder Zusätzen versehenes G., entscheidet sich dies nach der Lage des Falles (§ 289 II ZPO).

2. Im *Strafprozeß* unterliegt das G. der freien Beweiswürdigung (§ 261 StPO), aber mit gesetzlichen Begren-

zungen: Ein *Verwertungsverbot* besteht – selbst wenn der Beschuldigte der Verwertung zustimmt – nach § 136a III 2 StPO für ein G., das durch Täuschung, Drohung, Zwang, Quälerei, Mißhandlung oder sonstige körperliche Eingriffe, durch Ausnützen einer Ermüdung, durch → Hypnose oder durch Verabreichen von Mitteln zustande gekommen ist, mit denen die freie Willensbildung beeinflußt wird (Narkotika, Pervitin, Evipan u. dgl.; anders bei bloßen Stärkungsmitteln). Das gleiche gilt für das Versprechen von Vorteilen, die das Gesetz nicht vorsieht (z. B. Haftentlassung). Auch die Unterlassung der gesetzlich vorgeschriebenen Belehrung des Beschuldigten über sein Recht, nicht zur Sache auszusagen, kann zur Unverwertbarkeit eines G. führen (BGH NJW 1992, 1463). Eingeschränkt ist in der Hauptverhandlung der Urkundenbeweis durch Verlesen von Protokollen über ein G. des Beschuldigten; er ist nur bei *richterlichen* Protokollen zugelassen, während andere nur zum Vorhalt bei Widersprüchen dienen können (§ 254 StPO). Durch einen Widerruf wird das G. im Strafverfahren nicht unverwertbar; es unterliegt weiterhin der freien Beweiswürdigung durch das Gericht. S. a. → Beweisverbote, → Vernehmungen im Strafverfahren.

**Gestattung** → Erlaubnis (behördliche), → Besitzstand im Verwaltungsrecht.

**Gesteigerter Gemeingebrauch** → Gemeingebrauch.

**Gestellung eingeführter Waren** → Zollverfahren.

**Gestellung eines Kfz** → private Pkw-Nutzung.

**Gesundheitsamt.** Das G. ist eine (meist staatliche) Behörde, die bei einer unteren Verwaltungsbehörde eingerichtet ist (vgl. Ges. über die Vereinheitlichung des Gesundheitswesens vom 3. 7. 1934, RGBl. I 531, das als Landesrecht fortgilt, soweit keine neuen landesrechtlichen Regelungen erlassen worden sind). Bayern hat das → Gesundheitswesen und damit auch die Zuständigkeit des G. unter Aufhebung der reichsrechtlichen Bestimmungen neu geregelt (Ges. über den öffentlichen Gesundheitsdienst vom 12. 7. 1986, GVBl. 120). Das G. wird von einem staatlichen Amtsarzt geleitet und mit der erforderlichen Zahl von Ärzten und Hilfskräften besetzt. Ihm obliegen die Durchführung der ärztlichen Aufgaben der Gesundheitspolizei, der gesundheitlichen Volksbelehrung, die Schulgesundheitspflege, der Mütter- und Kinderberatung, der Fürsorge für Tuberkulöse, Geschlechtskranke, körperlich Behinderte, Sieche und Süchtige und die ärztliche Mitwirkung bei Maßnahmen zur Körperpflege und Leibesübungen. Die Tätigkeit der G. beschränkt sich hierbei auf die ärztlichen Feststellungen und die Begutachtung, wie etwaige gesundheitliche Gefahren oder Mißstände zu beheben oder sonst Maßnahmen zur Förderung der Volksgesundheit zu treffen sind. Die Durchführung der vorgeschlagenen Maßnahmen verbleibt den zuständigen Stellen.

**Gesundheitsschädigung** → Körperverletzung, → unerlaubte Handlung (2a). Bei bestimmten Straftaten gelten verschärfte Strafrahmen, wenn für das Opfer eine schwere G. droht oder verursacht wird. Der Begriff reicht weiter als der Tatbestand der schweren Körperverletzung (§ 226 StGB). Es reicht aus, daß das Opfer in eine ernste, langwierige Krankheit verfällt oder seine Arbeitskraft erheblich beeinträchtigt wird.

**Gesundheitsförderung** → Krankenversicherung.

**Gesundheitsschutz in Betrieben** ist Gegenstand des → Betriebsschutzes und → Unfallschutzes sowie der werksärztlichen Betreuung der Arbeitnehmer am Arbeitsplatz durch Einrichtung eines *werksärztlichen Dienstes.* S. hierzu → Arbeitssicherheit.

**Gesundheitswesen.** Auf dem Gebiet des G. hat der Bund zwar keine umfassende Gesetzgebungszuständigkeit, im praktischen Ergebnis erfassen aber die von ihm erlassenen Regelungen für die ihm im GG zugewiesenen Einzelbereiche fast das gesamte materielle Recht des G. und wesentliche Teile des Verwaltungsverfahrens (Art. 19, 19a, 20 GG; s. im einzelnen etwa → Heilkunde, → Arzt, → Tierarzt, → Zahnarzt, → Apothekenwesen, → Arzneimittel, → Betäubungsmittel, → Lebensmittelrecht, → übertragbare Krankheiten, → Tierseuchen, → Strahlenschutz). Für das Verwaltungsverfahren (→ Gesundheitsamt) und für den Gesetzesvollzug besteht allerdings noch Handlungs- und Gestaltungsfreiheit der Länder (vgl. etwa das bayer. Ges. über den öffentlichen Gesundheitsdienst vom 12. 7. 1986, GVBl. 120).

**Gesundheitszeugnis.** Ärzte oder sonstige approbierte Medizinalpersonen (z. B. Hebammen) werden mit Freiheitsstrafe bis zu 2 Jahren oder Geldstrafe bestraft, wenn sie über den Gesundheitszustand eines Menschen wider besseres Wissen ein inhaltlich unrichtiges Zeugnis (Attest) *zum Gebrauch bei einer Behörde,* z. B. der Sozialversicherung, *oder einer Versicherungsgesellschaft* ausstellen (§ 278 StGB); handelt der Betreffende als beamtete Medizinalperson, kann Falschbeurkundung im Amt vorliegen (§ 348 StGB). Wer, ohne approbiert zu sein, unter der Bezeichnung eines Approbierten ein solches unrichtiges Zeugnis ausstellt oder ein richtiges verfälscht und von dem Zeugnis zur Täuschung einer Behörde oder Versicherungsgesellschaft Gebrauch macht, wird nach § 277 StGB mit Freiheitsstrafe bis zu 1 Jahr oder Geldstrafe bestraft. Ebenso wird bestraft, wer – z. B. als Patient – von einem i. S. der §§ 277, 278 StGB unrichtigen Zeugnis zur Täuschung einer Behörde od. Versicherungsgesellschaft Gebrauch macht (§ 279 StGB; ggf. Tateinheit mit → Betrug). Dagegen ist die Fälschung eines *inhaltlich richtigen* Zeugnisses → Urkundenfälschung. Inhaltlich unrichtige Todesbescheinigungen fallen nicht unter § 278 StGB.

**Getränke,** Verabreichen von -n, Bestellzwangverbot → Gaststätte.

**Getränkebezugsverpflichtung** → Bierlieferungsvertrag, → Ausschließlichkeitsverträge.

**Getränkeschankanlagen.** Gewerblich, wirtschaftlich oder im Gefährdungsbereich von Arbeitnehmern betriebene G. unterliegen als → *überwachungsbedürftige Anlagen* der → Erlaubnispflicht. Kennzeichnend für solche Anlagen ist, daß sie mit Betriebsüberdruck arbeiten (Näheres § 2 der GetränkeschankanlagenVO vom 27. 11. 1989, BGBl. I 2040 m. Änd.). Vom Anwendungsbereich sind u. a. nicht erfaßt die Bundesbahn mit Nebenbetrieben, Kraftfahrzeuge, Luftfahrzeuge und Tagesanlagen des Bergwesens (§ 2 III). Die VO regelt aus Gründen der technischen Sicherheit und der Hygiene Erlaubnis-, Anzeige-, Prüfungs- und Reinigungspflichten, ferner auch sicherheitstechnische Anforderungen.

**Getränkesteuer** kann von den Gemeinden nach Maßgabe der NotVO vom 26. 7. 1930 nebst DurchfBest. vom 4. 9. 1930 (RGBl. I 311, 450) oder auf Grund landesgesetzlicher Ermächtigung erhoben werden. Die Bedeutung der G. ist rückläufig.

**Getreidegesetz.** Das G., das die innerstaatliche Marktförderung für Getreide regelte, ist seit 1. 1. 1995 aufgehoben.

**Getrennte Veranlagung** → Veranlagungsarten.

**Getrenntleben der Ehegatten.** Die Ehegatten sind einander grundsätzlich zur → ehelichen Lebensgemeinschaft und damit auch zur häuslichen Gemeinschaft verpflichtet. Ist diese – auch innerhalb der ehelichen Wohnung – aufgehoben und will sie zumindest ein Ehegatte nicht mehr herstellen, so leben die Ehegatten im Rechtssinne getrennt (§ 1567 I BGB), nicht aber, wenn sie nur aus äußerl. Gründen in verschiedenen Wohnungen wohnen. Ein *Recht zum G.* besteht nur, wenn das Verlangen des anderen Ehegatten auf Herstellung der häuslichen Gemeinschaft mißbräuchlich ist oder wenn die Ehe gescheitert ist (§ 1353 II BGB). Das G. – ob berechtigt oder nicht – begründet innerhalb gewisser Fristen die unwiderlegbare Vermutung des Scheiterns der Ehe (→ Ehescheidung, 2; während eines Ehescheidungsverfahrens kann das Gericht durch einstweilige Anordnung das G. gestatten, § 620 Nr. 5 ZPO); außerdem führt es zu einer Änderung der → Unterhaltspflicht der Ehegatten (§ 1361 BGB) und der → Eigentumsvermutungen (§ 1362 BGB). Über die → elterliche Sorge bei G. → Ehescheidung (3). Ferner sind Hausratsgegenstände bis zur Wiederbegründung der ehelichen Lebensgemeinschaft oder bis zur Ehescheidung auf der Grundlage des jeweiligen Eigentums an ihnen, gemeinsame Gegenstände nach Billigkeitsgrundsätzen einstweilen zu verteilen, wobei zu berücksichtigen ist, daß ein Ehegatte möglicherweise Gegenstände des anderen Ehegatten zur Führung eines gesonderten Haushalts benötigt (§ 1361 a BGB). Kommt eine Einigung der Ehegatten nicht zustande, so entscheidet das → Familiengericht (§ 18 a der HausratsVO; § 620 Nr. 7 ZPO), das auch die Ehewohnung einem Ehegatten (gegen entspr. Vergütung) zuweisen kann (§ 1361 b BGB). *Steuerrechtlich* führt dauerndes G. zu den gleichen Folgen wie → Ehescheidung. → Veranlagungsarten.

**Gewährfrist** → Viehkauf.

**Gewährleistung** (beim → *Kauf*; bei sonstigen Verträgen s. die jew. Stichw.).

1. G. für *Rechtsmängel:* Der Verkäufer ist grundsätzlich verpflichtet, dem Käufer den gekauften Gegenstand frei von Rechten zu verschaffen, die von Dritten gegen den Käufer geltend gemacht werden können (§§ 434 ff. BGB). So hat der Verkäufer regelmäßig auf der Sache lastende → dingliche Rechte oder persönliche Ansprüche vorher zu beseitigen bzw. abzulösen, im → Grundbuch eingetragene, aber nicht bestehende Rechte löschen zu lassen usw.; er haftet dagegen nicht für die Freiheit eines Grundstücks von öffentlichen Abgaben und anderen → öffentlichen Lasten. Beim Verkauf einer → Forderung oder eines sonstigen Rechts haftet der Verkäufer für den rechtlichen Bestand der Forderung oder des Rechts (sog. *Verität* der Forderung), mangels besonderer Abrede aber nicht für die Zahlungsfähigkeit des Schuldners (sog. *Bonität* der Forderung, §§ 437, 438 BGB). Der Verkäufer hat für einen – notfalls vom Käufer zu beweisenden – Rechtsmangel nicht einzustehen, wenn der Käufer diesen bei Abschluß des Kaufs kennt (§ 439 BGB), die Belastung ausdrücklich übernimmt (z. B. bei Übernahme einer → Hypothek in Anrechnung auf den Kaufpreis) oder wenn die Rechtsmängelhaftung durch Vereinbarung zwischen den Parteien ausgeschlossen ist (§ 443 BGB; Ausschluß ist nichtig, wenn der Verkäufer den Mangel arglistig verschweigt). Liegt ein Rechtsmangel vor, so bestimmen sich die Rechte des Käufers nach den Vorschriften über den → gegenseitigen Vertrag (Erfüllungsanspruch, Einrede des nichterfüllten Vertrags, Schadensersatz oder Rücktritt wegen Schuldnerverzugs, Unmöglichkeit der Leistung usw.; § 440 I BGB). Da der Verkäufer einen Rechtsmangel regelmäßig zu vertreten haben wird (→ Verschulden), liegt weitgehend eine *Garantiehaftung* für Rechtsmängel vor. Bei Verkauf einer beweglichen Sache kann der Käufer wegen eines Rechts, das einen Dritten zum Besitz der Sache berechtigt, Schadensersatz wegen Nichterfüllung nur verlangen, wenn er die Sache dem Dritten herausgegeben oder dem Verkäufer zurückgegeben hat (§ 440 II BGB; sog. Entwehrung oder Eviktion).

2. Für *Sachmängel (S.):* Vom Übergang der → Gefahr an (→ Kauf, → Versendungskauf) haftet der Verkäufer für S. nach besonderen Vorschriften (§§ 459 ff. BGB). Dadurch werden die bis dahin geltenden allgemeinen Vorschriften über den gegenseitigen Vertrag (§§ 320 ff. BGB, insbes. über Schuldnerverzug und Unmöglichkeit der Leistung) weitgehend ersetzt. Ferner sind die Vorschriften über → Verschulden beim Vertragschluß und Wegfall der → Geschäftsgrundlage, soweit sie sich auf S. beziehen, durch die Sonderregelung der S.haftung ebenso ausgeschlossen wie eine → Anfechtung des Käufers wegen Irrtums über wesentliche Eigenschaften der Kaufsache; eine Anfechtung wegen arglistiger Täuschung bleibt jedoch ebenso unberührt wie ein Anspruch aus – über den S. hinausgehender – → positiver Vertragsverletzung. Diese setzt jedoch – anders als die Haftung für S. (s.u.) – ein → Verschulden des Verkäufers voraus. Zur unmittelbaren Haftung des Warenherstellers gegenüber dem Verbraucher für Schäden, die infolge der Fehlerhaftigkeit der verkauften Sache entstehen, → Produkthaftung.

Ein S. liegt vor, wenn die gekaufte Sache z. Z. des Gefahrübergangs mit einem *Fehler* behaftet ist, der den Wert oder die Tauglichkeit zu dem gewöhnlichen oder dem nach dem Vertrag vorausgesetzten Gebrauch aufhebt oder nicht nur unerheblich mindert (§ 459 I BGB). Fehler ist also nicht in erster Linie die Abweichung von der normalen Beschaffenheit (objektiv), sondern (subjektiv) die Abweichung von der von den Parteien, insbes. vom Käufer, vorausgesetzten Zweckbestimmung. Ein Fehler kann sowohl in der tatsächlichen Beschaffenheit der verkauften Sache (z. B. Schwamm im Haus, Verderb, fehlende → Produktsicherheit usw.) als auch in rechtlichen Verhältnissen (Baubeschränkung) liegen. Immer muß aber die verkaufte Sache selbst fehlerhaft sein. Wird eine andere Sache, ein sog. *aliud,* geliefert (Falschlieferung; Abgrenzung beim → Gattungskauf oft schwierig; entscheidend ob noch Lieferung aus der vereinbarten Gattung), so liegt nach bürgerlichem Recht kein S., sondern eine Nichterfüllung vor (anders z. T. beim → Handelskauf, § 378 HGB). Der Verkäufer haftet ferner dafür, daß die Kaufsache z. Zt. des Gefahrübergangs die *zugesicherten Eigenschaften* hat (§ 459 II BGB). Ein S. liegt also auch vor, wenn eine zugesicherte Eigenschaft (z. B. Echtheit eines Bildes, bestimmte Mieteinnahmen aus einem Haus), die an sich kein Fehler zu sein braucht, nicht vorhanden ist. Die Eigenschaft muß aber zugesichert, d. h. als vertragsmäßig bindend gewollt, und die entsprechende Erklärung, z. B. unter Einhaltung der erforderlichen Form, abgegeben sein. Bloß einseitige übertriebene allgemeine Anpreisungen oder bloße Nichteinhaltung technischer Vorschriften (DIN-Normen, CE-Kennzeichnung → Produktsicherheit) genügen als solche noch nicht.

Wegen eines derartigen S. kann der Käufer regelmäßig Rückgängigmachung des Kaufs *(Wandelung)* oder Herabsetzung des Kaufpreises *(Minderung)* verlangen (§ 462 BGB). Bei Fehlen einer zugesicherten Eigenschaft kann der Käufer statt der Wandelung oder der Minderung, ohne daß auch hier ein Verschulden des Verkäufers erforderlich wäre *(Garantiehaftung),* → *Schadensersatz wegen Nichterfüllung* verlangen (§ 463 BGB). Ein Schadensersatzanspruch des Käufers besteht ferner, wenn der Verkäufer einen Fehler arglistig, d. h. vorsätzlich und nach den Umständen treuwidrig verschwiegen oder nicht vorhandene Eigenschaften oder die Abwesenheit von Fehlern arglistig vorgespiegelt hat. Der Käufer kann hier entweder die Sache zurückgeben und vollen Schadensersatz verlangen oder sie behalten und ordnungsgemäße – zusätzliche – Erfüllung verlangen (s.i.e. → Schadensersatz, 2 b). Bei einem Gattungskauf kann der Käufer außerdem – statt Wandelung oder Minderung bzw. einem evt. Schadensersatzanspruch – verlangen, daß ihm anstelle der mangelhaften Sache eine mangelfreie aus der Gattung geliefert wird (*Nachlieferungsanspruch,* § 480 BGB). Einen Anspruch auf *Nachbesserung* für den Käufer sieht das Gesetz – anders als beim → Werkvertrag – dagegen nicht vor; doch kann der Grundsatz von → Treu und Glauben gebieten, daß dem Verkäufer diese Möglichkeit bei leicht zu behebenden S. eingeräumt wird, ehe der Käufer Wandelung oder Minderung geltend macht; auch wird dies oft durch → Allgemeine Geschäftsbedingungen vereinbart. Der Verkäufer hat dann die zum Zwecke der Nachbesserung erforderlichen Aufwendungen – Transport-, Arbeits-, Materialkosten usw. – zu tragen (§ 476 a BGB).

Zwischen den verschiedenen G.ansprüchen (s.o.) hat der Käufer die *Wahl.* Die Wandelung oder Minderung ist erst vollzogen und damit für den Käufer unwiderruflich, wenn sich der Verkäufer auf das – formlose – Verlangen des Käufers mit ihr einverstanden erklärt hat (§ 465 BGB) oder entsprechend verurteilt worden ist. Nach der Rspr. braucht der Käufer jedoch nicht auf Abschluß eines entsprechenden Wandelungsvertrags usw. zu klagen (so die Vertragstheorie); er kann vielmehr unmittelbar Rückgängigmachung des Kaufs oder Herabsetzung des Kaufpreises verlangen (Herstellungstheorie). Auf die Wandelung finden die Vorschriften über den → Rücktritt entsprechende Anwendung (§§ 467, 346 ff. BGB); sie ist also insbes. ausgeschlossen, wenn der Käufer eine wesentliche Verschlechterung der Kaufsache verschuldet hat (§ 351 BGB), jedoch nicht, wenn sich der Mangel erst bei der Umgestaltung der Sache gezeigt hat. Sind von mehreren gekauften Sachen nur einzelne mangelhaft, so kann, sofern kein untrennbarer Zusammenhang besteht, grundsätzlich auch bei einem Gesamtpreis nur hins. der mangelhaften Gegenstände Wandelung begehrt werden. Auf Grund der Wandelung ist der Käufer zur Rückgabe der Kaufsache, der Verkäufer zur Rückerstattung des Kaufpreises (mit → Zinsen) und zum Ersatz entstandener Kosten (Transport usw.) verpflichtet. Die Minderung besteht in einer verhältnismäßigen Herabsetzung des vereinbarten Kaufpreises, wobei der Wert der Sache in mangelfreiem Zustand mit dem wirklichen Wert verglichen wird (§§ 472 ff. BGB). Besonderheiten gelten hier für den → Viehkauf.

G.ansprüche des Käufers sind *ausgeschlossen,* wenn dieser den S. bei Kaufabschluß kennt oder infolge grober Fahrlässigkeit nicht kennt, sofern nicht der Verkäufer den Fehler arglistig verschwiegen oder seine Abwesenheit arglistig zugesichert hat (§ 460 BGB). Nimmt der Käufer eine mangelhafte Sache an, obwohl er den Mangel z. B. bei der Übergabe positiv erkennt (hier schadet grobe Fahrlässigkeit nicht), so stehen ihm die G.ansprüche nur zu, wenn er sie sich bei der Annahme der Kaufsache vorbehält (§ 464 BGB). Hat der Verkäufer zur Abgabe der Wandelungserklärung dem Käufer eine angemessene Frist gesetzt, so kann die Wandelung nur innerhalb dieser Frist erklärt werden (§ 466 BGB). G.ansprüche wegen S. können ferner durch Vereinbarung zwischen den Parteien beschränkt oder völlig ausgeschlossen werden; ein derartiger *Haftungsausschluß* ist insbes. beim Kauf gebrauchter Gegenstände, z. B. Autos, üblich und zulässig (kein Verstoß gegen § 9 AGBG; BGH NJW 1979, 1886), ebenso die Klauseln „wie besehen", d. h. keine Haftung für bei Untersuchung sichtbare Mängel; „wie die Sache steht und liegt" = „tel-quel", d. h. auch für verborgene Mängel wird nicht gehaftet, usw.; s. ferner → Arbitrage. Ein Haftungsausschluß ist nichtig, wenn der Verkäufer einen ihm bekannten Mangel arglistig verschweigt oder eine bestimmte Eigenschaft oder die Abwesenheit von Fehlern arglistig zusichert (§ 476 BGB). Solche Freizeichnungsklauseln sind nach dem Recht der → Allgemeinen Geschäftsbedingungen für neu hergestellte Sachen nur eingeschränkt möglich (§ 11 Nrn. 10, 11 AGBG).

Die G.ansprüche wegen S. *verjähren* bei beweglichen Sachen in 6 Monaten von der Ablieferung, bei Grundstücken in 1 Jahr von der Übergabe an – ausgenommen auch hier bei Arglist des Verkäufers, dann 30 Jahre – (§ 477 BGB). Die Verjährungsfrist kann vertraglich verlängert – nicht verkürzt – werden (s.a. → Garantiefrist); im übrigen gelten die allgemeinen Vorschriften über die → Verjährung (Unterbrechung auch durch Antrag auf selbständiges Beweisverfahren (→ Beweissicherung). Hat der Käufer innerhalb der Verjährungsfrist den Mangel dem Verkäufer nur angezeigt oder die Anzeige rechtzeitig abgesandt, so kann er nach Eintritt der Verjährung zwar nicht mehr wandeln oder den Kaufpreis (z. B. aus → ungerechtfertigter Bereicherung, vgl. § 813 BGB) zurückverlangen, wohl aber die Zahlung des noch nicht erbrachten Kaufpreises insoweit verweigern, als er auf Grund der G.ansprüche hierzu berechtigt wäre (§ 478 BGB). Die kurze Verjährung des § 477 BGB gilt auch für Ansprüche aus → positiver Vertragsverletzung, die unmittelbar auf dem S. beruhen (*Mangelfolgeschaden;* z. B. ein geliefertes krankes Tier steckt andere Tiere des Käufers an, str.; anders bei sonstigen Schäden). Beim → Handelskauf (s.i.e. dort) gilt darüber hinaus die Pflicht zur unverzüglichen Untersuchung der gelieferten Ware und zur unverzüglichen Rüge etwaiger Mängel; widrigenfalls gilt der Mangel als genehmigt (§ 377 HGB, → Mängelrüge).

**Gewahrsam** → Besitz.

**Gewahrsamsbruch** → Diebstahl (1), → Verwahrungsbruch.

**Gewährsperson** → verdeckte Ermittlungen, → Zeugnisverweigerungsrecht, → nachrichtendienstliche Mittel.

**Gewährvertrag** → Garantievertrag.

**Gewalt, Gewaltdelikte.** Im Strafrecht ist Gewalt vielfach Tatbestandsmerkmal einer Straftat, z. B. → Widerstand gegen die Staatsgewalt, → Vergewaltigung, → Menschenraub, → Verschleppung, → Raub. Die Gewaltanwendung kann derart sein, daß sie den Gezwungenen überwältigt, d. h. seinen Willen völlig ausschaltet *(vis absoluta),* so bei Entführen in einem Kfz oder Vergewaltigung einer Frau; darunter fällt auch die Anwendung narkotischer Mittel oder der Hypnose ohne Wissen und Wollen des Betroffenen. Sie kann aber auch den Betroffenen durch eine u. U. nur mittelbare Beeinflussung zu dem vom Täter gewollten Verhalten treiben *(vis compulsiva),* so durch Einsperren zwecks → Nötigung oder durch Bedrohen von Angehörigen mit einer Waffe bei räuberischer → Erpressung. Zum Problem der Gewalt bei → Sitzblockaden → Nötigung.

**Gewaltdarstellung** nach § 131 StGB erfaßt Schriften und andere Darstellungen, die grausame oder sonst unmenschliche Gewalttätigkeiten von Menschen in verherrlichender, verharmlosender oder die Menschenwürde verletzender Weise darstellen. Wer sie verbreitet – auch im Rundfunk –, zugänglich macht, herstellt, anbietet, ein- oder ausführt usw., macht sich strafbar. Dies gilt aber nicht, wenn die G. der Berichterstattung über Vorgänge des Zeitgeschehens oder der Geschichte dient.

**Gewaltentrennung** ist ein auf die Lehre von → Montesquieu zurückgehendes tragendes Organisationsprinzip der meisten modernen demokratischen Verfassungen und konstitutives Merkmal eines → Rechtsstaates. Die politische Macht im Staate wird durch die G. in Funktionsbereiche aufgeteilt; durch die gegenseitige Kontrolle der Gewalten soll eine Mäßigung der Staatsgewalt erreicht werden. Herkömmlicherweise sind dies die → gesetzgebende (Legislative), die → vollziehende (Exekutive) und die → rechtsprechende Gewalt (→ Rechtsprechung; veraltet: Judikative). Der Grundsatz, daß die Staatsgewalt „durch besondere Organe der Gesetzgebung, der vollziehenden Gewalt und der Rechtsprechung" ausgeübt wird (Art. 20 II 2 GG), kann auch im Wege der Verfassungsänderung nicht beseitigt werden (Art. 79 III GG). Zu der *funktionellen* G. sollte in gewissem Umfang eine *personelle* G. treten in dem Sinne, daß die verschiedenen Funktionsbereiche auch durch verschiedene Personen wahrgenommen werden; das ist nur in gewissem Umfang verwirklicht (→ Inkompatibilität). Die G. kann allerdings nicht streng durchgeführt werden; Überschneidungen (→ gesetzgebende Gewalt) verstoßen nicht gegen das Rechtsstaatsprinzip, solange die G. dem Grundsatz nach eingehalten ist.

**Gewaltmonopol des Staates** bedeutet, daß der Einzelne oder auch Gruppen Rechtsansprüche oder politische Zielsetzungen nicht eigenmächtig mit Gewalt durchsetzen dürfen, sondern nur in den gesetzlich vorgesehenen Verfahren durch staatliche Organe, insbesondere durch die Gerichte und deren Vollstreckungsorgane; politische Forderungen müssen im Wege der → Gesetzgebung durchgesetzt werden. Das G. d.S. ist ein grundlegendes Element des → Rechtsstaats. Ausnahmen sieht das Gesetz nur in engen Grenzen vor, z. B. bei → Notwehr oder im Falle der → Selbsthilfe. S. a. → Widerstandsrecht.

**Gewalttaten, Entschädigung für Opfer von –.** Wer durch einen vorsätzlichen, rechtswidrigen tätlichen Angriff auf sich oder einen Dritten oder durch dessen rechtmäßige Abwehr einen Gesundheitsschaden erleidet, erhält nach dem OpferentschädigungsG – OEG – i. d. F. vom 7. 1. 1985 (BGBl. I 1) m. spät. Änd. auf Antrag Versorgung nach dem → Bundesversorgungsgesetz (ggf. seine Hinterbliebenen). Anspruchsberechtigt sind unter bestimmten Voraussetzungen auch Ausländer. Als tätlicher Angriff gelten auch Giftbeibringung und mindestens fahrlässige Herbeiführung einer Gefahr für Leib oder Leben anderer durch ein mit gemeingefährlichen Mitteln begangenes → Verbrechen (z. B. → Sprengstoff- oder Strahlungsverbrechen). Ausgeschlossen sind Angriffe mittels Kraftfahrzeugs. Gründe, die E. zu versagen, sind u. a., daß der Geschädigte die Schädigung verursacht hat oder daß die E. nach seinem eigenen Verhalten unbillig wäre (z. B. weil er bei Begehung einer Straftat geschädigt worden ist) oder daß er die möglichen Maßnahmen zur Aufklärung (insbes. unverzügliche Strafanzeige) unterlassen hat. Die Kosten trägt das Land, in dem die Schädigung eingetreten ist; Schadensersatzansprüche des Geschädigten gegen Dritte gehen auf das Land über. Für Ansprüche ist grundsätzl. die → Sozialgerichtsbarkeit zuständig. An einer Forderung, die ein Täter oder Teilnehmer im Hinblick auf eine öffentliche Darstellung der Tat (z. B. gegen ein Presseunternehmen) erwirbt, hat der Verletzte ein gesetzliches → Pfandrecht (OpferanspruchssicherungsG vom 8. 5. 1998, BGBl. I 905). Zur (zivilrechtlichen) Haftung für G. → unerlaubte Handlung (insbes. 5 b), → Tumultschäden.

**Gewaltverhältnis, öffentlich-rechtliches.** Jeder Staatsbürger steht zum Staate in einem sog. *allgemeinen G.*, dessen Inhalt von der Gesamtheit aller staatsbürgerlichen Rechte und Pflichten bestimmt wird. Dabei unterscheidet man gewöhnlich den *status passivus* (Pflichten des Einzelnen gegen den Staat), den *status activus* (Rechte des Einzelnen auf Teilnahme am staatlichen Leben, z. B. Wahlrecht, Zugang zu öffentlichen Ämtern), den *status negativus* (Abwehransprüche des Einzelnen gegen grundrechtswidrige Eingriffe) und den *status positivus* (Ansprüche des Einzelnen auf ein staatliches Handeln oder Gewähren, z. B. Anspruch auf Rechtsschutz). Daneben bestehen noch sog. *besondere* G. (neuerdings als „besondere Verwaltungsrechtsverhältnisse" oder „Einordnungsverhältnisse" bezeichnet), die durch eine besonders enge Abhängigkeit des Einzelnen von der Hoheitsgewalt des Staates geprägt sind (z. B. Beamten-, Soldaten-, Schulverhältnis). Solche besonderen G. entstehen teils auf Grund freiwilligen Eintritts (z. B. Schüler höherer staatlicher Schulen, Studenten, Berufssoldaten), teils auf Grund gesetzlichen Zwanges (Wehrpflichtige, Strafgefangene – für diese verneint vom BVerfG NJW 1972, 811 – z. T. auch Zwangsmitgliedschaft bei jur. Personen des öffentlichen Rechts). Im Rahmen der Zweckbestimmung des besonderen G. ist stärkere Einschränkung der Grundrechte möglich als im allgemeinen G. (vgl. z. B. für Soldaten Art. 17 a GG). Solche Einschränkungen finden aber jedenfalls in der Unverletzlichkeit der Menschenwürde (Art. 1 GG), dem Gleichheitssatz (Art. 3 GG) und der Unantastbarkeit des Wesensgehalts der Grundrechte (Art. 19 II GG) ihre Grenzen. Die Befugnis zu Anordnungen im besonderen G. ist wegen der Vielfalt der möglichen Anordnungen häufig nur in Form von Generalklauseln (z. B. Gehorsamspflicht des Beamten oder Soldaten) geregelt; sie besteht aber immer nur im Rahmen der Zweckbestimmung des G. Inwieweit Anordnungen im besonderen G. → Verwaltungsakte sind, ist str. Die h. M. nimmt jedenfalls dann einen Verwaltungsakt an, wenn sich die Anordnung nicht auf den inneren Dienstbetrieb, das sog. „Betriebsverhältnis", bezieht (innerdienstliche Anordnung; Dienstbefehl), sondern darüber hinaus in den Rechtskreis des Betroffenen, das sog. „Grundverhältnis", eingreift, insbes. wenn sie sich auf den Bestand des besonderen G. selbst bezieht (z. B. Maßnahmen, die über die Amtsausübung hinaus in die persönliche Rechtsstellung des Beamten eingreifen; auch die Nichtversetzung eines Schülers wird als Verwaltungsakt angesehen, wohl nicht aber die Bewertung einer Arbeit im Laufe des Schuljahres oder die Verhängung einer einfachen Schulstrafe). Nach nunmehr h. M. unterliegen aber sämtliche Maßnahmen der gerichtlichen Nachprüfung, soweit in ihnen möglicherweise eine Verletzung der Rechte des Betroffenen liegt.

**Gewaltverzicht** → Ostverträge, → Grundvertrag.

**Gewässer.** I. Die G. können eingeteilt werden in Binnengewässer (oberirdische Gewässer und Grundwasser), → Küstengewässer und die Hohe See. Die Binnen- und Küstengewässer unterliegen den Vorschriften des Wasserhaushaltsgesetzes – WHG – (§ 1) und der Wassergesetze der Länder (→ Wasserhaushalt, → Wasserrecht). Hinsichtlich der Hohen See s. → Freiheit des Meeres. Oberirdische Gewässer, d. h. ständig oder zeitweilig in Betten fließende oder stehende oder aus Quellen abfließende Wasser, werden durch die Wassergesetze der Länder nach ihrer wasserwirtschaftlichen Bedeutung eingeteilt in Gewässer 1. Ordnung, umfassend die → Bundeswasserstraßen und die in einem Verzeichnis aufgeführten Flüsse und Seen, Gewässer 2. Ordnung, die nicht zu den Gewässern 1. Ordnung gehören, aber wasserwirtschaftlich insbes. wegen ihrer Wasserführung oder Nutzbarkeit von größerer Bedeutung sind (die Verzeichnisse werden durch VO der höheren Verwaltungsbehörden aufgestellt), und alle übrigen Wasserläufe als Gewässer 3. Ordnung. Das Eigentum an den Gewässern steht an den Bundeswasserstraßen dem Bund, an den übrigen Gewässern 1. Ordnung grundsätzlich den Ländern, im übrigen den Eigentümern der Ufergrundstücke, in Baden-Württemberg und Hessen den Gemeinden zu. Die Einteilung der G. ist von Bedeutung für die Unterhaltungslast und Ausbaupflicht (→ Unterhaltung der Gewässer) sowie die Errichtung von Anlagen an oder in G. (grundsätzlich besondere landesrechtliche Genehmigungspflicht bei Gewässern 1. und 2. Ordnung).

II. Die *Benutzung* der Gewässer bedarf nach §§ 2 ff. WasserhaushaltsG

(→ Wasserhaushalt) der Genehmigung, soweit sich nicht aus dem WHG (§§ 23–25, 32 a, 33) oder den Wassergesetzen der Länder etwas anderes ergibt. Danach ist die Benutzung der oberirdischen Gewässer zum → Gemeingebrauch jedermann gestattet. Hierher gehören Baden, Waschen, Schöpfen mit Handgefäßen, Viehtränken, Schwemmen, Kahnfahren, Eislaufen. *Genehmigungspflichtig* ist nach § 3 WHG das Entnehmen und Ableiten von Wasser sowie fester Stoffe aus oberirdischen Gewässern, das Aufstauen und Absenken von oberirdischen Gewässern, das Einleiten von Stoffen in oberirdische Gewässer und Grundwasser, das Entnehmen und Ableiten von Grundwasser sowie sonstige Maßnahmen, die geeignet sind, eine schädliche Veränderung der Beschaffenheit des Wassers herbeizuführen. Die Genehmigung wird unter einem allgemeinen Gemeinwohlvorbehalt (§ 5) als *Erlaubnis* (§ 7 WHG: widerrufliche Befugnis zur Benutzung des Gewässers in einer nach Art und Ausmaß bestimmten Weise) oder als *Bewilligung* (§ 8 WHG: Recht auf Benutzung, das i. d.R. nur gegen Entschädigung beschränkt oder zurückgenommen werden kann, § 12 WHG) erteilt. Erlaubnis und Bewilligung können mit Einschränkungen versehen werden. Für die Einleitung von Stoffen ist nur noch die widerrufliche Erlaubnis vorgesehen. Auch sonst darf eine Bewilligung nur ganz ausnahmsweise erteilt werden (Näheres § 8 II). Die Genehmigung ist zu versagen, soweit von der beabsichtigten Benutzung eine Beeinträchtigung des Wohls der Allgemeinheit, insbes. eine Gefährdung der öffentlichen Wasserversorgung zu erwarten ist (§ 6 WHG). Zum Verfahren s. die Wassergesetze der Länder (zusammengestellt b. Sartorius, Verf.- u. Verwaltungsgesetze, Anm. zu Nr. 845). Jede Benutzung von Gewässern über den Gemeingebrauch hinaus unterliegt ständiger behördlicher Überwachung gemäß § 21 WHG (→ Gewässeraufsicht). S. ferner → Reinhaltung der Gewässer, → Wasserverwaltung.

**Gewässeraufsicht.** Aufgabe der G. ist es, die Ausführung der nach dem WasserhaushaltsG und den Wassergesetzen der Länder bestehenden oder auf Grund dieser Gesetze begründeten öffentlichrechtlichen Verpflichtungen zu überwachen. Sie obliegt grundsätzlich den unteren Verwaltungsbehörden, in Bergbaubetrieben den → Bergbehörden. S. ferner → Wasserverwaltung.

**Gewässerschutz** → Reinhaltung der Gewässer, → Unterhaltung der Gewässer, → Umweltschutz.

**Gewässerschutzbeauftragter.** Betriebsbeauftragte für Gewässerschutz sind nach §§ 21 a, b WHG (→ Wasserhaushalt) von Betrieben zu bestellen, die in größerem Umfang Abwässer in Gewässer einleiten. Aufgaben und Stellung entsprechen denen des → Immissionsschutzbeauftragten.

**Gewerbe** ist jede erlaubte, auf Gewinn gerichtete und auf gewisse Dauer angelegte, selbständige Tätigkeit, ausgenommen die → Urproduktion und die → freien Berufe. G.betriebe sind alle Unternehmen des Handels (→ Handelsgewerbe), des → Handwerks, der → Industrie und des → Verkehrs. Der Begriff des G.(betriebs) ist Anknüpfungspunkt für zahlreiche Vorschriften des Privatrechts (Bürgerliches Recht, Handelsrecht, Arbeitsrecht, Versicherungsrecht) und des öffentlichen Rechts (Steuerrecht, Gewerberecht). Die Vorschriften über den *Betrieb eines Gewerbes* enthält die → Gewerbeordnung, ergänzt und z. T. verdrängt durch Nebengesetze, die für bestimmte Gewerbezweige Sonderregelungen geschaffen haben. Hierher gehören z. B. → HandwerksO, → GaststättenG, → BlindenwarenvertriebsG, Ges. über den Verkehr mit → unedlen Metallen, → LebensmittelG, → ArzneimittelG, → PersonenbeförderungsG, → GüterkraftverkehrsG. Ferner die gesetzlichen Regelungen für → Kreditinstitute, → Versicherungsunternehmen u. a. Jedes von einer inländischen natürlichen oder juristischen Person ausgeübte Gewerbe ist ein → Beruf i. S. des Art. 12 I GG. Die → Gewerbefreiheit ist somit Teil der als → Grundrecht geschützten Berufsfreiheit. Ein G. kann als → stehendes G., als → Reisegewerbe oder im → Marktverkehr ausgeübt werden.

**Gewerbeanmeldung** → Anzeigepflicht, gewerberechtliche.

**Gewerbeaufsicht.** Alle Gewerbebetriebe unterliegen einer staatlichen Aufsicht, die von den i. d.R. bei den Regierungspräsidien oder in kreisfreien Städten eingerichteten *Gewerbeaufsichtsämtern* ausgeübt wird. Die GewO (§§ 139 b, g) schreibt den Gewerbeaufsichtsbeamten lediglich die Überwachung der Arbeitsschutzbestimmungen vor; weitere Überwachungsaufgaben sind ihnen durch Landesrecht übertragen. I. w.S. versteht man unter G. das gesamte Recht der → Gewerbezulassung und der → Gewerbeuntersagung.

**Gewerbebetrieb** → Gewerbe. Im einzelnen s. ferner → stehendes Gewerbe (§§ 14 ff. GewO) und → Reisegewerbe (§§ 55 ff. GewO). Über den zivilrechtlichen Schutz des *eingerichteten und ausgeübten* G. → unerlaubte Handlung.

I. S. der → Einkommen-, → Körperschaft- und → Gewerbesteuer ist G. eine selbständige, nachhaltige und auf Gewinn gerichtete Tätigkeit, die sich am allgem. wirtschaftl. Verkehr beteiligt und weder Land- und Forstwirtschaft noch selbständige Arbeit oder bloße Vermögensverwaltung ist (§ 15 II EStG). Vgl. → Betrieb, → Wirtschaftlicher Geschäftsbetrieb, → Unternehmer (USt). → Freie Berufe.

**Gewerbeerlaubnis** → Gewerbezulassung.

**Gewerbeertrag** (Besteuerung) → Gewerbesteuer.

**Gewerbefreiheit.** Die G. als Rechtsbegriff ist in § 1 GewO normiert; danach sind der Betrieb und die Fortführung eines Gewerbes jedermann gestattet. Die G. wird allerdings durch den Vorbehalt, daß die GewO selbst Abweichendes bestimmen kann, sowie die Möglichkeit einer Änderung der GewO durch die spätere Gesetzgebung weitgehend relativiert (→ Gewerbezulassung). Die Grenzen für die Freiheit der gewerblichen Tätigkeit werden damit letztlich durch Art. 12 GG gezogen; s. (freie Wahl und Ausübung) → Beruf (freie Wahl). Der Begriff G. ist darüber hinaus seit Abschaffung der → Zünfte Ausdruck eines wirtschaftspolitischen Postulats.

**Gewerbeordnung.** Die GewO i. d.F. vom 1. 1. 1987 (BGBl. I 425) geht nach Regelungskonzept und Grundbestand an Vorschriften auf die G. von 1869 zurück. Sie bildet immer noch eine wichtige Grundlage der öffentlich-rechtlichen *Gewerbeüberwachung,* hat aber ihren ursprünglichen Charakter als → Kodifikation längst verloren (→ Gewerbe). Die GewO unterscheidet in Tit. II–IV → stehendes Gewerbe, → Reisegewerbe, → Marktverkehr. Die zulässigen Maßnahmen der Gewerbeüberwachung, insbes. die Voraussetzungen der → Gewerbezulassung, sind bei diesen Gewerbearten verschieden. Tit. VII (§§ 105 ff. GewO) ordnet die innerbetrieblichen Beziehungen zwischen Gewerbetreibenden und gewerblichen Arbeitnehmern; er enthält einen großen Teil nach wie vor gültiger arbeitsrechtlicher, insbes. dem → Arbeitsschutz im Gewerbebetrieb dienender Vorschriften.

**Gewerbesteuer**. 1. G. ist eine bundeseinheitlich geregelte → Real-, → Objekt- oder Sachsteuer. Stehende → Gewerbebetriebe und → Reisegewerbebetriebe unterliegen der G., soweit sie im Inland betrieben werden (§§ 1, 2, 35 a GewStG). Sie ist die wichtigste Steuerquelle der Gemeinden (→ Verteilung des Steueraufkommens). Rechtsquelle ist das GewerbesteuerG 1991 vom 21. 3. 1991 (BGBl. I 814), GewStDV 1991 vom 21. 3. 1991 (BGBl. I 831), zuletzt geändert am 24. 3. 1998 (BGBl. I 529), GewStR 1990 vom 21. 8. 1990 (BStBl. I 2). Steuergegenstand ist seit 1998 allein der Gewerbeertrag.

2. Ausgangspunkt des *Gewerbeertrags* ist der nach den Einkommen- oder Körperschaftsteuervorschriften ermittelte Gewinn aus Gewerbebetrieb nach § 15 EStG (§ 7 GewStG), der um die Hinzurechnungen des § 8 GewStG (z. B. 50% der Dauerschuldentgelte) erhöht und um die Kürzungen des § 9 GewStG (z. B. 1,2 v. H. des → Einheitswerts der → Betriebsgrundstücke) gemindert wird. Durch Anwendung der Steuermeßzahl 1–5% ergibt sich der *Meßbetrag nach dem Gewerbeertrag* (§ 11 GewStG). Bei Einzelgewerbetreibenden und → Mitunternehmerschaften wird der auf volle 100 DM abgerundete Gewerbeertrag um einen Freibetrag von

48 000 DM gekürzt. Anschließend steigt die Steuermeßzahl in Stufen von je 24 000 DM, bis bei 144 000 DM die volle Höhe von 5% erreicht ist. *Juristische Personen* erhalten weder einen Freibetrag noch die Staffelung der Steuermeßzahl. Die Meßzahl nach dem Gewerbeertrag beträgt einheitlich 5% (§ 11 II GewStG).

3. Das *Gewerbekapital* ist seit 1998 nicht mehr Steuergegenstand (BGBl. I 97, 2590), s. Vorauflagen.

4. Das Finanzamt setzt den Meßbetrag durch Gewerbesteuermeßbescheid fest (§ 184 AO) und teilt diesen der hebeberechtigten Gemeinde mit. Unterhält ein Gewerbebetrieb → Betriebsstätten in mehreren Gemeinden, wird der Steuermeßbetrag durch *Zerlegungsbescheid* (§§ 28–34 GewStG) regelmäßig nach den gezahlten Löhnen aufgeteilt. Die hebeberechtigte Gemeinde setzt die G. nach ihrem Hebesatz (z. B. 400%) durch *Gewerbesteuerbescheid* fest (§ 16 GewStG).

5. Der Einheitswert Betriebsgrundstück sowie der G.meßbescheid sind gegenüber dem G.bescheid Grundlagenbescheide (→ Besteuerungsverfahren), deren Änderungen zu einer Änderung des G.bescheids berechtigen (§ 175 I 1 Nr. 1 AO).

6. *Vorauszahlungen* auf die G. sind jeweils am 15. 2., 15. 5., 15. 8. und 15. 11. zu leisten (§ 19 GewStG).

7. Zu Abgrenzungsfragen oder Gewerbesteuerpflicht → Freie Berufe, → Mitunternehmerschaften.

**Gewerbeuntersagung.** 1. Die Ausübung jedes → stehenden Gewerbes, für das keine besonderen gesetzlichen Erlaubnisrücknahme- oder Untersagungsregelungen bestehen (→ Gewerbezulassung), kann entschädigungslos untersagt werden, wenn wegen fehlender *persönlicher Zuverlässigkeit* des Gewerbetreibenden oder einer mit der Leitung des Betriebs beauftragten Person die Untersagung zum Schutze der Allgemeinheit oder der Beschäftigten des Betriebs erforderlich ist. Die G. kann auch für andere Gewerbe, ja selbst für jede gewerbliche Betätigung ausgesprochen werden, wenn insoweit Unzuverlässigkeit anzunehmen ist (§ 35 I GewO). Bei Untersagung auf Grund eines Sachverhalts, der bereits Gegenstand eines Strafverfahrens war, darf jedoch von den Feststellungen des Strafrichters zum Sachverhalt, zur Schuldfrage und zur Frage, ob erhebliche rechtswidrige Handlungen zu erwarten sind (→ Berufsverbot), nicht zum Nachteil des Gewerbetreibenden abgewichen werden (§ 35 III). Zu Einzelheiten des Untersagungsverfahrens s. § 35 III a bis VII (Anhörung der → Industrie- und Handels- oder → Handwerkskammer).

2. Nach § 51 GewO kann gegen Ersatz des erweislichen Schadens die Benutzung jeder *gewerblichen Anlage* – gleichgültig, ob genehmigungspflichtig oder nicht – zu jeder Zeit „wegen überwiegender Nachteile und Gefahren für das Gemeinwohl" untersagt werden. Die Vorschrift hat wegen der Erweiterung des öffentlich-rechtlichen → Immissionsschutzes nurmehr geringe praktische Bedeutung.

3. Die G. ist ein anfechtbarer → Verwaltungsakt. Sie ist von der Rücknahme und vom Widerruf einer → Gewerbezulassung zu unterscheiden. Ähnliche Wirkung wie eine G. hat ein → Berufsverbot. Der wirksamen Durchsetzung der G. dient vor allem das → Gewerbezentralregister.

**Gewerbezentralregister.** Das beim Bundeszentralregister (→ Strafregister) nach § 149 GewO eingerichtete G. soll gegenüber ungeeigneten oder unzuverlässigen Personen eine einheitliche Untersagungs- und Genehmigungspraxis bei gewerberechtlichen Entscheidungen gewährleisten, insbesondere die mißbräuchliche Umgehung der → Gewerbeuntersagung verhindern. Einzutragen sind u. a. Versagung, Entzug und ähnliche Entscheidungen hinsichtlich Erlaubnissen (→ Gewerbezulassung) mangels → Zuverlässigkeit oder Eignung, die Gewerbeuntersagung, ferner Bußgeldentscheidungen über mehr als 200 DM wegen Ordnungswidrigkeiten im Zusammenhang mit der Ausübung des Gewerbes. Auskunft über die Eintragungen erhalten die in § 150 a GewO aufgeführten Behörden und der Betroffene. Wegen Entfernung und Tilgung (Geldbußen bis 300 DM nach 3, sonst nach 5 Jahren) vgl. §§ 152, 153 GewO.

**Gewerbezulassung.** Von → Gewerbefreiheit als gesetzlichem Regelungsprinzip kann für die BRep. nicht gesprochen werden. Die Regel ist vielmehr auch für das → stehende Gewerbe die G. in Form einer Genehmigung (Gewerbeerlaubnis) durch die Verwaltungsbehörde. Ohne Erlaubnis ist praktisch nur noch der → Handel zugänglich, und auch dieser nur, soweit er nicht in Verbindung mit einem → Handwerk betrieben wird. Die Voraussetzungen für die Erteilung der Genehmigung können die *persönlichen* Verhältnisse des Gewerbetreibenden, die *sachlichen* Grundlagen des Betriebes oder beides (→ Konzession) betreffen. Dagegen ist es i. d.R. verfassungswidrig, die G. von einem Bedürfnis abhängig zu machen (s. → Bedürfnisprüfung).

1. Die Erteilung der *persönlichen Erlaubnis* kann den Nachweis bestimmter Kenntnisse und Fähigkeiten voraussetzen (s. → Befähigungsnachweis) und/oder von der charakterlichen → Zuverlässigkeit des Gewerbetreibenden abhängig sein (z. B. → Bewachungsgewerbe, → Baubetreuer, → Grundstücks- und → Wohnungsmakler, → Anlageberater, → Pfandleiher, → Versteigerer, → Reisegewerbe; → Schaustellungen von Personen; vgl. ferner § 81 GüKG). Hierher gehören grundsätzlich auch die Regelungen für das → Handwerk, für → Gaststätten, → Kreditinstitute, → Versicherungsunternehmen, → Personenbeförderung, → Güterkraftverkehr u. a. Die Ausübung eines nichtgenehmigten Gewerbes, und zwar sowohl die Aufnahme ohne die erforderliche Genehmigung als auch die Fortsetzung nach Entzug der Genehmigung, kann entschädigungslos verhindert werden (§ 15 II GewO).

2. Die früher hauptsächlich gewerbliche Anlagen betreffende sachbezogene Genehmigung nach §§ 16 ff. GewO (zur danach seinerzeit bestehenden Rechtslage s. auch VO über *genehmigungsbedürftige Anlagen* vom 14. 2. 1975, BGBl. I 499) ist nunmehr, im wesentlichen unter Aufrechterhaltung des Bestandes an Genehmigungen, in den öffentlich-rechtlichen → Immissionsschutz einbezogen worden. Hier ist jetzt auch der früher nach § 27 GewO anzeigepflichtige Betrieb von *geräuschvollen* gewerblichen *Anlagen* geregelt.

3. Aufgrund des Gerätesicherheitsgesetzes sind die dort geregelten → überwachungsbedürftigen Anlagen, auch wenn sie nicht geweblich betrieben werden, Anlagen (u. a. → Dampfkessel, → Aufzugsanlagen, → Getränkeschankanlagen, Anlagen zur Lagerung und Beförderung von → brennbaren Flüssigkeiten Flüssigkeiten, Acetylenanlagen, Druckgasbehälter) durch VO vom 27. 2. 1980 (BGBl. I 173) m. Änd. Anzeige-, Erlaubnis- und Überwachungspflichten. Für Druckbehälter s. die VO i. d.F. vom 21. 4. 1989 (BGBl. I 843) m. Änd. Für die Überwachung medizinisch-technischer Geräte s. a. VO vom 14. 1. 1985 (BGBl. I 93). Die Kostentragung bei Prüfung der Anlagen richtet sich nach der VO vom 23. 11. 1992 (BGBl. I 1944).

**Gewerblich geprägte Personengesellschaft** → Personengesellschaft.

**Gewerbliche Arbeitnehmer** → Arbeiter, → Angestellte.

**Gewerbliche Berufsgenossenschaften.** Die nach Gewerbezweigen gegliederten (vgl. Anlage 1 zu § 114 SGB VII) gewerblichen Berufsgenossenschaften gehören zu den Trägern der gesetzlichen → Unfallversicherung. Sie sind zuständig, sofern keine spezielle Zuständigkeit der → landwirtschaftlichen Berufsgenossenschaften oder der Unfallversicherungsträger der öffentlichen Hand besteht (§ 121 SGB VII; → Unfallversicherungsträger).

**Gewerblicher Grundstückshandel.** Der Verkauf von Grundstücken des Privatvermögens (→ Betriebsvermögen) außerhalb der Spekulationsfrist (→ Spekulationsgewinn) ist nicht steuerpflichtig. Die Verkaufstätigkeiten können aber einen Umfang und eine Intensität annehmen, daß sie in die Gewerblichkeit hineinwachsen (→ Gewerbebetrieb), mit der Folge, daß die Veräußerungsgewinne der → Einkommensteuer und der → Gewerbesteuer unterliegen. Die Rechtsprechung hat für die Annahme eines g. G. folgende Grundsätze aufgestellt: G. G. liegt vor, wenn ein Stpfl. mehr als drei Objekte (z. B. Einfamilienhaus, Grundstücksparzelle, aber auch Miteigentumsanteil) innerhalb von fünf Jahren nach der Anschaffung oder Herstellung verkauft. Einen g. G. betreibt auch, wer ein Objekt kauft, aufteilt und davon mindestens drei Teilobjekte innerhalb von fünf Jahren nach der Anschaffung wieder verkauft.

**Gewerblicher Rechtsschutz** ist der Inbegriff der Rechtsnormen, die dem Schutz der gewerblich-geistigen Leistung und der damit zusammenhängenden Interessen dienen. Dazu gehört das → Patent-, → Gebrauchsmuster-, → Geschmacksmuster-, → Wettbewerbs- und Markenrecht (→ Marken), während das → Urheberrecht Werke der Literatur, Wissenschaft und Kunst schützt. Die Schutzrechte gelten grundsätzlich jeweils nur im Inland (Territorialitätsprinzip). Der internationale g. R. wird im wesentlichen durch die → Pariser Übereinkunft zum Schutz des gewerbl. Eigentums, durch die beiden → Madrider Abkommen und das → Haager Abkommen über die internationale Hinterlegung gewerblicher Muster oder Modelle begründet; sie gewähren abweichend vom Territorialitätsprinzip den internationalen g. R. dadurch, daß alle Angehörigen der Mitgliedstaaten in jedem Vertragsstaat wie Inländer behandelt werden. S. ferner → Gemeinschaftspatent und → TRIPS.

**Gewerbsmäßiges Handeln** ist bei manchen Straftatbeständen ein *strafbegründendes*, bei anderen ein *strafschärfendes* Merkmal. Im ersten Fall hängt die Strafbarkeit davon ab, daß der Täter gewerbsmäßig handelt, so beim Betreiben eines → Bordells (§ 180 a I StGB). Dagegen wirkt es straferhöhend z. B. bei Diebstahl (§ 243 I 2 Nr. 3 StGB), Hehlerei (§§ 260, 260 a StGB) und Wilderei (§ 292 II StGB). Gewerbsmäßig handelt, wer die Absicht (den auf den Erfolg gerichteten Willen) hat, sich durch wiederholtes Begehen der Tat eine nicht nur vorübergehende Einnahmequelle zu verschaffen. Wegen der Bewertung des g. H. als Tat → Sammelstraftat.

**Gewerbsunzucht** → Prostitution.

**Gewere** ist der altdeutsche Rechtsbegriff für ein Herrschaftsrecht mit personellem oder sächlichem Inhalt. Die G. stand dem Hausherrn über das unfreie Gesinde zu (im Gegensatz zur → Munt über die freien Hausangehörigen). Als Form des Verfügungsrechts über Sachgüter erscheint der Begriff z. B. für die treuhänderische G. des Königs am Reichsgut, im Lehensrecht als Verfügungsbefugnis des Vasallen (Lehensgewere). Die G. war nicht nur an Sachen (Land usw.) möglich, sondern auch an Ämtern, Rechten und Forderungen (z. B. Renten) u. dgl.

**Gewerkschaft, arbeitsrechtliche,** ist ein freiwilliger Zusammenschluß von → Arbeitnehmern (i. d. R. nichtrechtsfähiger → Verein), dessen Zweck die Wahrung und Förderung der Arbeitsbedingungen seiner Mitglieder ist. Die im → Deutschen Gewerkschaftsbund und im → Christlichen Gewerkschaftsbund Gewerkschaftsbund zusammengeschlossenen G.en sind nach dem → Industrieverbandsprinzip (z. B. Metall, Chemie), darüber hinaus regional (Landesbezirke, Kreis- und Ortsverwaltungen) gegliedert. Organe sind i. d.R. Hauptversammlung und Vorstand. Eine weitere wichtige G. ist die → Deutsche Angestellten-Gewerkschaft. G.en genießen für ihren Bestand und ihre Betätigungsfreiheit den Schutz des Art. 9 III GG (sog. → Koalitionsfreiheit). Sie besitzen → Tariffähigkeit und prozessuale → Parteifähigkeit. S. a. → Arbeitskammern.

**Gewerkschaft, bergrechtliche,** war eine Personenvereinigung (vielfach → juristische Person) zur gemeinschaftlichen Nutzung des → Bergwerkseigentums. Die Mitgliedschaftsrechte (Anteile) hieran wurden *Kuxe* genannt. Seit dem 1. 1. 1986 bestehen keine G.en mehr. Aus ihnen hervorgegangene → Kapitalgesellschaften dürfen die Bezeichnung weiterführen (§ 163 BBergG).

**Gewicht von Kraftfahrzeugen, zulässiges,** → Belastung v. Kfz.

**Gewichtseinheiten** → Meßwesen.

**Gewillkürte Erbfolge** → Erbfolge.

**Gewillkürte Form** → Form (erfordernisse), 1.

**Gewillkürtes Betriebsvermögen** → Betriebsvermögen.

**Gewinn** bzw. Verlust ist ertragsteuerlich beim → Betriebsvermögensvergleich *(Bestandsvergleich)* der Unterschiedsbetrag zwischen dem → Betriebsvermögen am Schluß des → Wirtschaftsjahrs und dem Betriebsvermögen am Schluß des vorangegangenen Wirtschaftsjahrs, vermehrt um den Wert der → Entnahmen und der nichtabzugsfähigen Betriebsausgaben und vermindert um den Wert der → Einlagen (§ 4 I EStG). Bei der *Einnahmen-Überschußrechnung* ist Gewinn der Überschuß der → Betriebseinnahmen über die → Betriebsausgaben und Verlust der Überschuß der Betriebsausgaben über die Betriebseinnahmen (§ 4 III EStG). S. a. → Gewinnermittlungsarten.

**Gewinn- und Verlustrechnung** → Jahresabschluß.

**Gewinn, entgangener** → Schadensersatz (2 a).

**Gewinnabführungsvertrag** (Ergebnisabführungsvertrag) ist ein → Unternehmensvertrag, durch den sich eine → Aktiengesellschaft, → Kommanditgesellschaft auf Aktien oder → GmbH (Organgesellschaft) verpflichtet, ihren gesamten Gewinn an ein anderes → Unternehmen (Organträger) abzuführen (§ 291 I AktG). Darunter fällt auch ein Vertrag, durch den es eine AG usw. übernimmt, ihr Unternehmen für Rechnung eines anderen Unternehmens zu führen. Der *Teilgewinnabführungsvertrag* beschränkt sich auf einen Teil des Gewinns oder den Gewinn einzelner Betriebe des Unternehmens (§ 292 I Nr. 2 AktG). Bei der *körperschaftsteuerlichen* → *Organschaft* wird der G. nur anerkannt, wenn er schriftlich auf mindestens 5 Jahre abgeschlossen und im Handelsregister eingetragen wird, sich auf das gesamte Ergebnis des Organs bezieht, eine Verlustübernahme vereinbart und die Abführung von Erträgen aus der Auflösung von freien vorvertraglichen Rücklagen ausgeschlossen wird (§§ 14–19 KStG) mit dem Ziel eines umfassenden Gewinn- und Verlustausgleichs zwischen den beteiligten Unternehmen. Der Zustimmungsbeschluß der Organgesellschafter zum G. muß notariell beurkundet werden.

**Gewinnanteil** *(Dividende)* ist bei einer → Handelsgesellschaft oder einem → Verein (i.w.S.), insbes. einer → Genossenschaft, der Anteil am Jahresgewinn, der unter die Mitglieder der betr. Personenvereinigung verteilt wird.

**Gewinnaufspürung** soll der Bekämpfung der → Organisierten Kriminalität durch Maßnahmen zur Verhinderung oder Aufklärung von → Geldwäsche dienen. Durch das GeldwäscheG vom 25. 10. 1993 (BGBl. I 1770) m. Änd. sind u. a. Kreditinstitute bei Bargeschäften ab 30 000 DM zur Identifizierung ihrer Kunden, Ermittlung der wirtschaftlich Berechtigten, Aufzeichnung und Aufbewahrung der Feststellungen, Anzeige des Verdachts von Geldwäsche und Schaffung interner Sicherungsmaßnahmen zur Verhinderung oder Aufklärung von Geldwäsche verpflichtet. Zu diesen gesetzlichen Maßnahmen ist die BRep. durch das Suchtstoffübereinkommen 1988 (→ Betäubungsmittel-Abkommen) und die EG-Richtlinie 91/308/EWG vom 10. 6. 1991 (ABl. EG L 166/77) verpflichtet. S. a. → Bargeldtransport.

**Gewinnausschüttungen, verdeckte** → Körperschaftsteuer 5.

**Gewinnbeteiligung** → Tantieme, → Gewinnanteil; s. a. → Vermögensbildung der Arbeitnehmer.

**Gewinneinkünfte** → Einkünfte (1).

**Gewinnermittlungsarten.** Das Steuerrecht kennt drei G.: Den allgemeinen → Betriebsvermögensvergleich (§ 4 I EStG), den Betriebsvermögensvergleich für bestimmte Gewerbetreibende (§ 5 EStG) sowie die Einnahmen-Überschußrechnung (§ 4 III EStG). Beim *allgemeinen* Bvv. besteht kein Zwang zum Ansatz des niedrigeren → Teilwerts. Der allg. Bvv. gilt für buchführende Land- und Forstwirte, bilanzierende selbständig Tätige und für Gewerbetreibende, die ihren laufenden Gewinn durch Einnahmen-Überschußrechnung (§ 4 III EStG) ermitteln, bei Betriebsaufgabe oder -veräußerung zur Ermittlung des privileg. Veräußerungsgewinns (§§ 14, 14 a, 16, 18 III EStG). Beim Bvv. für bestimmte Gewerbetreibende ist das → Betriebsvermögen nach den handelsrechtl. Grundsätzen ordnungsmäßiger Buchführung anzusetzen mit der Folge, daß ein niedrigerer → Teilwert angesetzt werden muß. Der Bvv. für bestimmte Gewerbetreibende gilt nur für solche, die nach Handels- oder Steuerrecht verpflichtet sind, Bücher zu führen, oder die freiwillig Bücher führen und regelmäßig Abschlüsse machen (§ 5 EStG). Bei der *Einnahmen-Überschußrechnung* (§ 4 III EStG) ist → Gewinn der Überschuß der → Betriebseinnahmen über die → Betriebsausgaben. → Durchlaufende Posten scheiden hierbei aus. Warenforderungen, -schulden, -bestand beeinflussen den → Gewinn nicht.

**Gewinnerzielungsabsicht** (§ 15 II 1 EStG) → Liebhaberei.

**Gewinnfeststellung** → Besteuerungsverfahren.

**Gewinngemeinschaftsvertrag** ist ein → Unternehmensvertrag, durch den sich eine → Aktiengesellschaft oder → Kommanditgesellschaft auf Aktien verpflichtet, ihren Gewinn ganz oder teilweise mit dem Gewinn anderer Unternehmen zusammenzulegen, um dann den gemeinschaftlichen Gewinn aufzuteilen (§ 292 Nr. 1 AktG).

**Gewinnschuldverschreibung** ist ein → Wertpapier – i. d.R. → Inhaberschuldverschreibung –, in dem eine → Aktiengesellschaft dem Inhaber (Gläubiger) keine oder keine festen Zinsen, sondern eine Gewinnbeteiligung in der Weise verspricht, daß die Zinsen oder die jährlich zu zahlenden Beträge mit der → Dividende in Verbindung stehen (z. B. die G. hat einen Zinssatz von 5%; er erhöht sich auf 7%, wenn die Dividende eine bestimmte Höhe erreicht). Die Ausgabe von G.en setzt einen Beschluß der Hauptversammlung mit qualifizierter Mehrheit voraus. Sie begründet für die Aktionäre ein → Bezugsrecht (§ 221 AktG).

**Gewinnverwendungsbeschluß** ist der → Hauptversammlungsbeschluß, durch den die Verwendung des durch die → Bilanz ausgewiesenen Gewinns der Aktiengesellschaft festgelegt wird. Der G. muß insbes. enthalten: Gewinn, Ausschüttungsbetrag, Rücklagen, Gewinnvortrag, zusätzl. Aufwand (§ 174 AktG). Er kann aus den in § 256 AktG aufgeführten Gründen nichtig sein (z. B. nicht ordnungsmäßige Prüfung des → Jahresabschlusses).

**Gewissensfreiheit** → Glaubens- und Gewissensfreiheit.

**Gewohnheitsmäßiges Handeln** kann ein *strafbegründendes* oder *straferhöhendes* Merkmal einer Straftat sein. Im ersten Fall hängt die Strafbarkeit davon ab, daß der Täter gewohnheitsmäßig handelt, d. h. auf Grund eines durch wiederholte Begehung hervorgerufenen *Hangs* zu dem betreffenden Delikt, so z. B. beim Glücksspiel in begrenzten Gruppen (§ 284 II StGB). G. H. wirkt straferhöhend z. B. bei Wilderei (§ 292 II StGB). Gewohnheitsmäßigkeit setzt voraus, daß der Täter mindestens zwei gleichartige Delikte begangen hat, wobei auch bereits abgeurteilte Straftaten berücksichtigt werden können. Wegen der Bewertung des g. H. als Tat → Sammelstraftat.

**Gewohnheitsrecht** → Recht (1 a).

**Gewohnheitsverbrecher.** Den durch Ges. vom 24. 11. 1933 (RGBl. I 995) eingeführten Begriff des gefährlichen G. kennt das Ges. als Grundlage einer erhöhten Strafbarkeit und der Sicherungsverwahrung seit dem 1. StrRG 1969 nicht mehr. Seither setzt die Sicherungsverwahrung nicht mehr eine Strafschärfung voraus (→ Maßregeln der Besserung und Sicherung (3).

**Gewöhnlicher Aufenthalt(sort)** → Aufenthalt, gewöhnlicher; → Wohnsitz.

**Gezielter Todesschuß** → Waffengebrauch.

**Giebelmauer** → Grenzregelung bei Grundstücken.

**Gierke, Otto von** – (1841–1921), deutscher Rechtslehrer, Verfasser zahlreicher Werke auf dem Gebiet des Staats- und Privatrechts, Rechtshistoriker; Gegner des → Rechtspositivismus und der → Begriffsjurisprudenz. G. trat für die Berücksichtigung der historischen Entwicklungen in der Rechtswissenschaft und den Vorrang der ethischen Grundlagen bei der Anwendung der Rechtsnormen ein; den Maßstab der Gerechtigkeit sah er in der Rechtsüberzeugung der Gemeinschaft. Unter dem Gesichtspunkt der Abhängigkeit des positiven Rechts von den Erscheinungsformen der jeweiligen Sozialordnung wandte sich G. gegen die Allgemeingültigkeit der Grundsätze des → Naturrechts.

**Giftbeibringung** → Vergiftung.

**Gifte.** Es gilt für das Inverkehrbringen von und den Umgang mit Giften vor allem die VO über → gefährliche Stoffe

(GefStoffV) und die GiftinformationsVO i. d.F. vom 31. 7. 1996 (BGBl. I 1198); s. ferner → Umweltschutz, → ChemikalienG, → Pflanzenschutz, → Höchstmengen, → Arzneimittel. Zum Verbot des Vertriebs von Giften im → Reisegewerbe s. § 56 I Nr. 1b GewO. Vorschriften zum Schutz gegen die Verwendung giftiger Stoffe enthalten u. a. das PflanzenschutzG, die VO über Anwendungsverbote u. -beschränkungen für Pflanzenschutzmittel (→ Pflanzenschutz) sowie ergänzende landesrechtl. Bestimmungen.

**Giro** (ital.) wird vielfach das → Indossament bei Orderpapieren genannt.

**Girogeschäft** ist die Durchführung des bargeldlosen Zahlungs- und des Abrechnungsverkehrs durch → Kreditinstitute (§ 1 I Nr. 9 KWG). Es ist ein → Bankgeschäft und umfaßt die Verrechnung von Buchgeld mittels Gut- oder Lastschriften als bankübliche Dienstleistung (→ Geschäftsbesorgungsvertrag) sowie den Ausgleich von Verbindlichkeiten ohne Barzahlung über zentrale Abrechnungsstellen (vgl. Art. 38 WechselG, Art. 31 ScheckG, VO vom 10. 11. 1953, BGBl. I 1521) oder über Girozentralen und sonstige Kreditinstitute. Der Giroverkehr mit Wertpapieren gehört zum → Effektengeschäft. Er wird abgewickelt über Wertpapiersammelbanken (s. → Girovertrag, → Depotgeschäft, → Sammelverwahrung).

**Girokonto** → Girovertrag.

**Giroverband, Girozentrale** → Sparkassen.

**Girovertrag** ist ein Vertrag mit einem Kreditinstitut zur bargeldlosen Abwicklung von Schuldverpflichtungen oder Zahlungsansprüchen des Kunden. Es handelt sich um einen → Geschäftsbesorgungsvertrag. Auf Grund des G. ist die Bank zur Gutschrift eingehender Beträge auf das Girokonto des Kunden, zur Durchführung von → Überweisungen, → Lastschriftverfahren usw. verpflichtet. Erst mit der Gutschrift erwirbt der Kunde einen Anspruch auf Zahlung gegen die Bank (Herausgabe des aus der Geschäftsführung Erlangten). → Pfändung des jeweiligen Tagesguthabens ist zulässig (anders beim → Kontokorrent). S. a. → Überziehungskredit.

**Glasversicherung** → Schadensversicherung.

**Glatteis** → Streupflicht, → Bereifung, → Bremsen der Fahrzeuge (3).

**Glaube, guter/böser** → böser Glaube, → gutgläubiger Erwerb.

**Glaube, öffentlicher** → öffentlicher Glaube, → gutgläubiger Erwerb.

**Glaubens- und Gewissensfreiheit.** Nach Art. 4 GG ist die Freiheit des Glaubens und des Gewissens unverletzlich; ferner gewährleistet die Vorschrift die Freiheit des religiösen und weltanschaulichen Bekenntnisses (→ Bekenntnisfreiheit) und die ungestörte Religionsausübung. Insgesamt kann man diese zusammengehörigen → Grundrechte als *Religionsfreiheit (Weltanschauungsfreiheit)* bezeichnen. Während die *Bekenntnisfreiheit* die freie Kundgabe der Glaubens- und Gewissensentscheidungen sichert und das Recht der *freien Religionsausübung* die Kultushandlungen im privaten und öffentlichen Bereich (auch in Gemeinschaften) schützt, garantiert die *Glaubens- und Gewissensfreiheit* als vorstaatliches und überpositives Menschen- und Grundrecht, daß jedermann frei von staatlichem oder gesellschaftlichem Zwang seine Überzeugung von Gott und seine sittlichen Wertvorstellungen bilden und ihnen anhängen darf. Ohne Bedeutung ist die zahlenmäßige Stärke oder gesellschaftliche Relevanz eines bestimmten Glaubens oder einer Weltanschauung. Geschützt sind auch vereinzelt auftretende Überzeugungen und Abweichungen von den Lehren bestehender → Religionsgesellschaften. Der Staat ist nach dem GG zu religiös-weltanschaulicher Neutralität verpflichtet (BVerfGE 18, 386; 33, 28; vgl. auch → Kruzifix in Schulen, → Schulgebet). Das Grundrecht ist durch Gesetze weder eingeschränkt noch einschränkbar. Es sichert das Recht, auszusprechen und zu verschweigen, daß und was man glaubt oder nicht glaubt und umfaßt das Recht, nicht zur Teilnahme an einer religiösen Übung gezwungen zu werden. Es schützt die Werbung für eine Glaubensrichtung, gestattet aber auch die Abwerbung von fremdem Glauben, solange nicht – unter Mißbrauch des Grundrechts – mit Hilfe unerlaubter Methoden andere ihrem Glauben abspenstig gemacht werden. → Immanente Schranken der Glaubens- und Gewissensfreiheit sind Leben, Gesundheit, Glaubens-, Gewissens- und Meinungsfreiheit anderer Menschen. Schwierige Fragen entstehen bei der Verwirklichung von Glaubens- und Gewissensentscheidungen, soweit sie in Widerstreit zu anderen (insbes. staatsbürgerlichen) Pflichten treten. Gesetzliche Regelungen sind nur vereinzelt anzutreffen, so z. B. für → Kriegsdienstverweigerer (Art. 4 III GG) und → Eidesverweigerung. Bei Übernahme eines besonderen Pflichtenkreises müssen u. U. individuelle Gewissensentscheidungen zurücktreten. So muß der Richter entsprechend dem (verfassungskonformen) Gesetz Ehen scheiden, auch wenn die Scheidung seinem persönlichen Glauben oder Gewissen widerspricht. Im Beamtenverhältnis wird es hingegen inzwischen als zulässig angesehen, den aus Gewissensgründen verweigerten → Diensteid durch ein feierliches Gelöbnis zu ersetzen.

**Glaubhaftmachung** ist eine Beweisführung, die dem Gericht oder einer Behörde einen geringeren Grad von Wahrscheinlichkeit vermitteln soll als den vollen → Beweis. Dafür reicht die überwiegende Wahrscheinlichkeit aus. G. genügt nur da, wo das Gesetz sie ausdrücklich zuläßt; das ist häufig zur Bekräftigung verfahrensrechtlich bedeutsamer Behauptungen der Fall. Sie kann durch jedes → Beweismittel, auch durch → eidesstattliche Versicherung erfolgen; jedoch müssen die Beweise sofort erhoben werden können (→ präsente Beweismittel; § 294 ZPO; § 15 II FGG).

**Gläubiger** ist im materiellen Recht derjenige, dem ein → Anspruch gegen einen anderen (→ Schuldner) zusteht (→ Schuldverhältnis). Außerdem wird G. als Parteibezeichnung in der → Zwangsvollstreckung für denjenigen verwendet, der einen vollstreckbaren Anspruch geltend macht.

**Gläubigeranfechtung.** Rechtshandlungen (Unterlassungen) eines Schuldners, die seine Gläubiger benachteiligen, können auch außerhalb eines → Insolvenzverfahrens nach Maßgabe des Anfechtungsgesetzes (Art. 1 des EinführungsGes. zur Insolvenzordnung vom 5. 10. 1994, BGBl. I 2911) angefochten werden (§ 1 AnfG). Die G. dient dazu, dem Gläubiger einer Geldforderung auch dann die → Zwangsvollstreckung gegen den Schuldner zu ermöglichen, wenn dieser Vermögensgegenstände unter anfechtbaren Voraussetzungen veräußert oder beiseite geschafft hat. Die G. ist der → Insolvenzanfechtung nachgebildet, aber unabhängig von der Eröffnung eines Insolvenzverfahrens (kommt es hierzu, so tritt der Insolvenzverwalter an die Stelle der Gläubiger, §§ 16 ff. AnfG).

Zur G. ist jeder Gläubiger einer fälligen Forderung berechtigt, der einen vollstreckbaren Schuldtitel erlangt hat, wenn die → Zwangsvollstreckung in das Vermögen des Schuldners nicht zu einer vollständigen Befriedigung des Gläubigers geführt hat oder wenn anzunehmen ist, daß sie nicht dazu führen würde (§ 2 AnfG). Besteht noch kein solcher Titel, so kann die G. bereits durch → Einrede geltend gemacht werden (§ 9 AnfG). Anfechtungsgründe sind die Absichts- und die Schenkungsanfechtung (→ Insolvenzanfechtung) sowie die Sicherung oder Befriedigung für die Forderung eines Gesellschafters auf Rückgewähr eines kapitalersetzenden Darlehens (→ Gesellschafterdarlehen, §§ 4–6 AnfG). Rechtsfolge der begründeten G. ist, daß der Gegenstand (oder sein Wert), der durch die anfechtbare Handlung dem Vermögen des Schuldners entzogen wurde, dem Gläubiger zur Verfügung gestellt werden muß, soweit er zu dessen Befriedigung erforderlich ist. Dies hat der Gläubiger mit einem bestimmten Klageantrag gegen den Empfänger gerichtlich geltend zu machen (§§ 11, 13 AnfG). Der Gläubiger kann dann in den Gegenstand die Zwangsvollstreckung so betreiben, als ob dieser noch zum Vermögen des Schuldners gehören würde.

**Gläubigerausschuß** ist wie die → Gläubigerversammlung ein Organ der Insolvenzgläubiger. Der G. kann in einem → Insolvenzverfahren vor der ersten Gläubigerversammlung vom Insolvenzgericht eingesetzt werden. In ihm sollen alle Gläubigergruppen vertreten sein; es können aber auch Personen zu Mitgliedern bestellt werden, die keine Gläubiger sind (§§ 67 ff. InsO). Seine Aufgabe ist vor allem, den → Insolvenzverwalter bei seiner Tätigkeit zu unterstützen und zu überwachen (§ 69 InsO).

**Gläubigerbegünstigung** → Insolvenzstraftaten.

**Gläubigergefährdung** → unerlaubte Handlung (2 e), → Sittenwidrigkeit.

**Gläubigerversammlung** ist ein Organ der → Insolvenzgläubiger, durch das sie in einem → Insolvenzverfahren ihre gemeinschaftlichen Interessen vertreten. Ein Stimmrecht in der G. gewähren die Forderungen, die angemeldet und nicht bestritten worden sind (§ 77 InsO). Der Umfang der Befugnisse der G. ist in der InsO nicht unerheblich erweitert worden. Hierzu gehört insbes. die Wahl eines anderen → Insolvenzverwalters (§ 57 InsO), dessen Überwachung (soweit kein → Gläubigerausschuß besteht, §§ 66, 69 InsO), die Zustimmung zu wichtigen Verwaltungshandlungen und insbes. die Entscheidung darüber, ob das Unternehmen des Schuldners stillgelegt (liquidiert) oder (vorläufig) fortgeführt werden soll (z. B. Betriebsänderung zur Sanierung, Übertragung des Unternehmens oder anderweitige Befriedigung im Rahmen eines → Insolvenzplans usw., § 157 InsO).

**Gläubigerverzeichnis** → Insolvenzverfahren (3 a), → Abschlagsverteilung.

**Gläubigerverzug** *(Annahmeverzug).* Auch der Gläubiger eines → Schuldverhältnisses kann – wie der Schuldner (→ Schuldnerverzug) – in Verzug geraten, wenn er die ihm ordnungsgemäß angebotene → Leistung nicht annimmt (§§ 293 ff. BGB). Voraussetzung ist, daß die Leistung dem Schuldner nicht unmöglich ist (→ Unmöglichkeit der Leistung) und dem Gläubiger so angeboten wird, wie sie tatsächlich zu bewirken ist(→ Leistungsort; sog. *Realangebot*). Ein wörtliches Angebot *(Verbalangebot)* genügt nur, wenn der Gläubiger bereits erklärt hat, er werde die Leistung nicht annehmen (z. B. → Freistellung nach der Kündigung eines Arbeitsverhältnisses) oder wenn die Mitwirkung des Gläubigers erforderlich ist, z. B. der Gläubiger die Sachen abzuholen hat (Holschuld). Ist hierfür eine Zeit nach dem Kalender bestimmt, so bedarf es auch des wörtlichen Angebots nur, wenn der Gläubiger die Handlung rechtzeitig vornimmt. Der G. setzt – anders als der Schuldnerverzug – ein → Verschulden des Gläubigers nicht voraus, tritt jedoch bei einer vorübergehenden Behinderung nur dann ein, wenn der Schuldner die Leistung rechtzeitig vorher angekündigt hat. Trotz Annahmebereitschaft tritt Annahmeverzug ein, wenn der Gläubiger eine fällige Gegenleistung (→ Zug um Zug) nicht zu entrichten bereit ist. Die Annahme ist an sich keine „Pflicht" (→ Obliegenheit); wird im Einzelfall jedoch mehr verlangt (z. B. die Abnahme bei Kauf- und Werkvertrag), so gelangt der Käufer bei Nichtabnahme der Kaufsache sowohl in G. wie in Schuldnerverzug; die Voraussetzungen sind streng zu unterscheiden.

*Wirkungen:* Der Schuldner hat während des G. hinsichtlich des Leistungsgegenstandes nur Vorsatz und grobe Fahrlässigkeit (→ Verschulden) zu vertreten (§ 300 I BGB); eine Zinspflicht bei einer → Geldschuld erlischt (§ 301 BGB). Die Verpflichtung zur Herausgabe etwaiger → Nutzungen beschränkt sich während des G. auf die tatsächlich gezogenen Nutzungen (§ 302 BGB). Hat der Schuldner bewegliche Sachen zu leisten, so kann er sich durch → Hinterlegung von seiner Schuld befreien (§§ 372 ff. BGB); bei einem → Grundstück kann er nach Androhung den → Besitz aufgeben (§ 303 BGB). Bei einem → Dienst- oder → Arbeitsvertrag besteht die Vergütungspflicht des Dienstherrn (Arbeitgebers) – bei Anrechnung anderweitigen Erwerbs oder ersparter Aufwendungen – fort (§ 615 BGB). Schließlich geht bei einer → Gattungsschuld die → Gefahr des zufälligen Untergangs, sofern nicht bereits vorher eine Konkretisierung durch Auswahl eingetreten ist, auf den Gläubiger über (sog. Leistungsgefahr; entsprechendes gilt für die sog. Preisgefahr beim → gegenseitigen Vertrag, § 324 II BGB).

**Glaubwürdigkeit von Zeugen(Kinder)aussagen.** Die Beurteilung der G. von Zeugen unterliegt im Zivil- wie im Strafprozeß der freien Beweiswürdigung durch das Gericht (§ 286 ZPO, § 261 StPO; entsprechendes gilt für andere Verfahrensordnungen). Sie ist von der Eidesleistung eines Zeugen unabhängig: eine beeidete Aussage braucht nicht für wahr, eine unbeeidete nicht für wenig beweiskräftig gehalten zu werden. Vielmehr hat das Gericht im Einzelfall die G. des Vernommenen zu prüfen. Erforderlichenfalls ist er über Umstände zu befragen, die seine G. in der Sache beeinflussen können, im Zivilprozeß z. B. über seine Beziehungen zu den Parteien (§ 395 II 2 ZPO), im Strafprozeß, wenn sich Anhaltspunkte für begründete Zweifel an seiner G. ergeben, wobei auch Fragen nach Vorstrafen, etwa wegen wissentlich falscher Verdächtigung, gerechtfertigt sind (§§ 68 IV, 68 a II StPO). Die G. von *Kinderaussagen* ist oft bei → Sexualstraftaten an Kindern von entscheidender Bedeutung; sie ist u. U. durch Gutachten eines Jugendpsychologen zu klären.

**Gleichbehandlungsgrundsatz.** Die Pflicht zur Gleichbehandlung entspricht der → Gleichheit vor dem Gesetz (Art. 3 GG). Danach können Personen, die anderen Personen oder Behörden in gleicher Rechtslage gegenüberstehen, Gleichbehandlung verlangen. Der Verstoß gegen den G. ist daher z. B. im *Verwaltungsrecht* ein Mißbrauch des behördlichen → Ermessens. Im *Gesellschaftsrecht* bedeutet der G., daß kein Gesellschafter (Aktionär) durch die Gesellschaft ohne seine Zustimmung schlechter gestellt werden darf als die anderen Gesellschafter, soweit nicht durch Gesellschaftsvertrag oder Satzung wirksam und zulässig Vorrechte begründet sind. Das gilt insbes. für Stimmrecht, Gewinnverteilung, Nachschußpflicht, Erwerb von Vorrechten, → Amortisation. Im *Arbeitsrecht* ist zu unterscheiden: 1. die Gleichbehandlung von Männern und Frauen am Arbeitsplatz, → Gleichberechtigung; 2. der betriebsverfassungsrechtliche G. (§ 75 BetrVG), an den Arbeitgeber und → Betriebsrat gegenüber allen im Betrieb Tätigen gebunden sind; 3. der auf der → Fürsorgepflicht (§ 242 BGB) beruhende Grundsatz der gleichmäßigen Behandlung. Der G. wirkt nur zugunsten des Arbeitnehmers, gilt für freiwillige Sonderleistungen (insbes. Gratifikationen, Urlaubsgeld) und für das → Direktionsrecht. Die Geltung für → Arbeitsbedingungen insbes. für den → Arbeitslohn ist umstritten. Der G. verbietet willkürliche Schlechterstellung einzelner Arbeitnehmer, gestattet aber, Gruppen von Arbeitnehmern mit gleichen Merkmalen (z. B. Familienstand, Dauer der Betriebszugehörigkeit) gegenüber anderen Gruppen anders zu behandeln (z. B. höhere Gratifikationszahlung). Stets ist erlaubt, einzelne Arbeitnehmer besser zu stellen. Verletzt der Arbeitgeber den G., so haben die benachteiligten Arbeitnehmer einen Erfüllungsanspruch auf Gleichbehandlung mit Arbeitnehmern entsprechender Merkmale. Im *Steuerrecht* → Gleichmäßigkeit der Besteuerung.

**Gleichberechtigung.** Als Unterfall des allgemeinen Grundsatzes der → Gleichheit vor dem Gesetz garantiert Art. 3 II Satz 1 GG die G. von Mann und Frau. Diese Bestimmung machte eine Anpassung zahlreicher gesetzlicher Vorschriften, insbes. auf dem Gebiet des Familienrechts, erforderlich (→ Gleichberechtigungsgesetz). Der Grundsatz der G. steht einer rechtlichen Regelung, welche die objektiven biologischen und funktionalen Unterschiede von Mann und Frau entsprechend der Natur des jeweiligen Lebensverhältnisses berücksichtigt und dementsprechend differenziert, nicht entgegen. So sind Regelungen, die den biologischen Besonderheiten der Frau im Rahmen ihres Arbeitsverhältnisses schützend Rechnung tragen, unbedenklich (BVerfGE 5, 12). Aus diesen Gründen ist es auch unbedenklich, wenn Art. 12 a I GG eine Wehrpflicht für Männer vorsieht und Art. 12 a V GG den Waffendienst von Frauen ausdrücklich verbietet. Strafvorschriften im Sexualbereich können zwischen Mann und Frau differenzieren, da hier der Geschlechtstrieb des Menschen das konstituierende Element ist (BVerfGE 6, 421); dies ist aber seit 1994 grundsätzlich nicht mehr der Fall (→ Homosexuelle Handlungen). Mehr formale Vorschriften beeinträchtigen die G. nicht, so über den einheitlichen

Familiennamen (BVerfGE 17, 168). Außer im familien- und erbrechtlichen Bereich (Vorrang des männl. Geschlechts bei der Hoferbfolge verfassungswidrig, BVerfGE 15, 337) ist Art. 3 II GG von besonderer Bedeutung für Berufsausbildung und -ausübung. Dementsprechend verbieten §§ 611 a, b, 612 a BGB grundsätzlich die ungleiche Behandlung bei Begründung, Gestaltung oder Kündigung eines → Arbeitsverhältnisses, bei Stellenausschreibungen oder zulässiger Wahrnehmung der Rechte des Arbeitnehmers *(Benachteiligungs-, Diskriminierungsverbot)*. Bei Verstoß hiergegen besteht zwar kein Anspruch auf Begründung eines Arbeitsverhältnisses, wohl aber auf angemessene Entschädigung in Geld (die nur dann auf höchstens 3 Monatsverdienste beschränkt ist, wenn der Bewerber auch bei benachteiligungsfreier Auswahl nicht eingestellt worden wäre). Der Anspruch muß innerhalb einer Frist von höchstens 6 Monaten schriftlich angemeldet (§ 611 a II–IV BGB) und innerhalb von weiteren 3 Monaten (beim Arbeitsgericht) gerichtlich geltend gemacht werden (§ 61 b ArbGG). Unzulässig ist auch eine unterschiedliche Entlohnung (§ 612 III BGB; → Lohngleichheit). Eine „Quotenregelung" verstößt gegen die sog. Gleichbehandlungsrichtlinie 76/207/EWG vom 9. 2. 1976 (ABl. EG L 829/40; s. EuGH NJW 1995, 3109). Die Arbeit der Frau in Haushalt und Familie darf rechtlich nicht unterbewertet werden (BVerfGE 17, 12), sondern ist grundsätzlich als gleichwertig mit dem Unterhaltsbeitrag des erwerbstätigen Ehemannes anzusehen (BVerfGE 22, 368). Art. 3 II GG hat zu zahlreichen Entscheidungen im Bereich des Sozialversicherungsrechts und des Beamtenversorgungsrechts Anlaß gegeben (vgl. z. B. BVerfGE 17, 1 zur Waisenrente und zur Witwenrente, BVerfGE 21, 329 zum Witwengeld im Beamtenrecht). Allgemein verpflichtet Art. 3 II GG den Gesetzgeber zum Abbau gesellschaftlicher Benachteiligungen der Frau. Vgl. auch Übereinkommen vom 18. 12. 1979 zur Beseitigung jeder Diskriminierung der Frau (dazu Slupik ZRP 1989, 246); → Quotenregelung. Durch das Gesetz vom 27. 10. 1994 (BGBl. I 3146) wurde Art. 3 II Satz 2 GG angefügt, wonach der Staat die tatsächliche Durchsetzung der Gleichberechtigung von Frauen und Männern zu fördern und auf die Beseitigung bestehender Nachteile hinzuwirken hat.

**Gleichberechtigungsgesetz.** Das G. vom 18. 6. 1957 (BGBl. I 609) hat mit Wirkung vom 1. 7. 1958 die dem Grundsatz der → Gleichberechtigung (Art. 3 II GG) widersprechenden Bestimmungen des Zivilrechts, insbes. des BGB, grundsätzlich auf einen diesem Verfassungsgrundsatz entsprechenden Stand gebracht. S. i.e. → eheliche Lebensgemeinschaft, → Schlüsselgewalt, → Mitarbeit der Ehegatten, → elterliche Sorge, → Güterstände u. a.m. Das 2. G. vom 24. 6. 1994 (BGBl. I 1406) dient der weiteren Durchsetzung der Gleichberechtigung von Frauen und Männern, insbes. durch Maßnahmen zur Förderung von Frauen in den Verwaltungen und Gerichten des Bundes. Die Länder haben ähnliche Gesetze erlassen (z. B. Bayer. Gleichstellungsges. vom 24. 5. 1996, GVBl. 186). S. a. → Gleichstellungsbeauftragte.

**Gleichförmige Eingaben** → Massenverfahren.

**Gleichgeschlechtliche Lebensgemeinschaften** stehen nicht unter dem besonderen Schutz des Art. 6 GG (Schutz von Ehe und Familie). Auch nach europäischem Gemeinschaftsrecht (→ Gemeinschaftsrecht, europäisches) sind gleichgeschlechtliche Lebensgemeinschaften der Ehe oder heterosexuellen Lebensgemeinschaften nicht gleichgestellt (EuGH, Urt. v. 17. 2. 1998). Zivilrechtlich kann ähnliches gelten wie für → eheähnliche Gemeinschaften zwischen heterosexuellen Partnern.

**Gleichgeschlechtliche Beziehungen** → Homosexuelle Handlungen.

**Gleichheit vor dem Gesetz (Gleichheitssatz).** Nach Art. 3 GG sind alle Menschen „vor dem Gesetz gleich". Niemand darf wegen seines Geschlechts, seiner Abstammung, seiner Rasse, seiner Sprache, seiner Heimat und Herkunft, seines Glaubens, seiner religiösen oder politischen Anschauungen benachteiligt oder bevorzugt werden. Männer und Frauen sind gleichberechtigt (→ Gleichberechtigung). Dieses → Grundrecht, das den Charakter eines vorstaatlichen Menschenrechtes hat, bindet Gesetzgebung, vollziehende Gewalt und Rechtsprechung (Art. 1 III GG). Der Gleichheitssatz gebietet, tatbestandlich Gleiches rechtlich gleich zu behandeln. Ungleiches dagegen kann je nach seinen eigengearteten Tatbeständen unterschiedlich behandelt werden; nur eine willkürliche, d. h. sachfremde Differenzierung ist verboten. Der *Gesetzgeber* ist gehalten, tatsächliche relevante Gleichheiten oder Ungleichheiten der zu ordnenden Lebensverhältnisse zu berücksichtigen; innerhalb dieser Grenze hat er eine weitgehende Gestaltungsfreiheit. Art. 3 ist nur verletzt, wenn der Gesetzgeber Fälle gleich behandelt, zwischen denen offensichtlich so gewichtige Unterschiede bestehen, daß sie gerechterweise unterschiedlich behandelt werden müssen, oder wenn er Fälle ungleich behandelt, zwischen denen keine Unterschiede erkennbar sind, die gewichtig genug wären, die unterschiedliche Behandlung zu rechtfertigen (BVerfGE 65, 354; 71, 58). Der Gleichheitssatz verlangt daher z. B. vom Landesgesetzgeber nicht, sich anderen Gesetzgebern gleicher Stufe anzupassen oder die seiner Rechtssetzungsgewalt Unterstehenden ebenso zu stellen wie die Angehörigen anderer Länder. Zur Bindung der Tarifpartner vgl. → Lohngleichheit. Für die *Verwaltung* ist der Gleichheitssatz vor allem im Bereich des → Ermessens bedeutsam. Er bindet die Verwaltungsbehörden dahin, daß sie ihren Entscheidungen keine sachfremden oder willkürlichen Erwägungen zugrunde legen, z. B. nicht ohne sachlichen Grund von ihrer bisherigen Praxis abweichen. Langjährige Verwaltungsübung kann einen Rechtsanspruch auf unveränderte Fortführung oder Anwendung einer Verwaltungsvorschrift begründen, sofern nicht sachliche Gründe eine Abweichung rechtfertigen (Selbstbindung). Dagegen ist unterschiedliche Auslegung eines Gesetzes durch verschiedene Behörden noch keine Verletzung des Gleichheitssatzes. Ebensowenig verletzt eine *Gerichtsentscheidung* den Gleichheitssatz allein schon durch fehlerhafte Rechtsanwendung oder Verfahrensweise, sondern erst dann, wenn sie unter Berücksichtigung der Verfassungsgrundsätze unvertretbar erscheint und sich deshalb der Schluß aufdrängt, daß sie auf sachfremden Erwägungen beruht, also objektiv willkürlich ist.

**Gleichmäßigkeit der Besteuerung.** Der Grundsatz der G. (§ 85 I AO) ist Ausfluß des Gleichheitssatzes des Art. 3 I GG (→ Gleichheit vor dem Gesetz). Er bedeutet, daß die Steuergesetze auf alle gleichmäßig anzuwenden sind, bei denen der Tatbestand zutrifft, an den das Gesetz die Leistungspflicht knüpft (§ 3 I AO). Die unterschiedliche Höhe der steuerlichen Belastung aufgrund der Steuerprogression (→ Progression, → Einkommensteuer 4., → Erbschaftsteuer) entspricht unter dem Gesichtspunkt der Umverteilung dem Sozialstaatsprinzip (→ Sozialstaat). Der Grundsatz der G. wird faktisch durch den von der Verwaltung in Teilbereichen praktizierten „maßvollen Gesetzesvollzug" (→ Besteuerungsverfahren) eingeschränkt. Die Finanzverwaltung versucht durch den maßvollen Gesetzesvollzug wegen fehlender Personalressourcen die anfallende Massenarbeit zu bewältigen. Hierzu werden Stimmen laut, daß der Grundsatz „keine Gleichheit im Unrecht" dann nicht mehr anzuwenden sei, vielmehr von der Besteuerung im Einzelfall abzusehen sei, wenn der Besteuerungsvorgang der Einzelfall und der mangelnde Gesetzesvollzug in vergleichbaren anderen Fällen der überwiegende Normalfall sei. Die Finanzgerichtsbarkeit wird sich in nächster Zeit aufgrund der tatsächlich praktizierten unterschiedlichen Intensität der Besteuerung mit diesem Problem verstärkt befassen müssen (vgl. BVerfG BStBl. II 1991, 654 zur Verfassungswidrigkeit der Besteuerung der Einkünfte aus Kapitalvermögen wegen weitgehenden Nichtvollzugs des Gesetzes, was zur Einführung der → Zinsabschlagsteuer geführt hat).

**Gleichstellungsbeauftragte** oder Frauenbeauftragte haben die Aufgabe, den Vollzug der → Gleichberechtigungsgesetze des Bundes und der Länder in öffentlichen Stellen zu überwachen, insbes. bei der Gleichstellung von Frauen und Männern, der Vereinbarkeit von Familie und Beruf sowie der Verbesserung der beruflichen Situation der beschäftigten Frauen.

**Gleitende Arbeitszeit** → Arbeitszeit.

**Gleitklausel** → Geldschuld, → Mietpreisbindung, → Währungsklausel.

**Gliedstaat** → Bundesstaat.

**Globalsicherung, Globalzession** → Abtretung (1), → Eigentumsvorbehalt.

**Glockengeläute.** Für die Klage eines Nachbarn gegen das liturgische G. einer Kirche ist der Verwaltungsrechtsweg gegeben, da es zwar als kultische Handlung zu den inneren kirchlichen Angelegenheiten zählt, aber auch staatliche Belange berührt. Liturgisches G. ist nach BVerwG JZ 1984, 228 Schallimmission i. S. von § 22 I 1 Nr. 1 BImSchG, jedoch regelmäßig keine erhebliche Belästigung i. S. von § 3 I BImSchG, sondern eine zumutbare, sozialadäquate Einwirkung.

**Glossatoren** → römisches Recht.

**GLP** → Grundsätze der guten Laborpraxis.

**Glücksspiel.** Wer ohne behördliche Erlaubnis *öffentlich* ein G. *veranstaltet* oder hält oder die Einrichtungen hierzu bereitstellt, wird nach § 284 StGB mit Freiheitsstrafe bis zu 2 Jahren oder Geldstrafe bestraft. Gewerbsmäßige oder bandenmäßige Begehung von G. wird mit Freiheitsstrafe von 3 Monaten bis zu 5 Jahren bestraft; bei beiden ist Erweiterter → Verfall möglich, bei letzterer auch Vermögensstrafe (→ Strafen). Als öffentlich veranstaltet gilt auch das in Vereinen oder *geschlossenen Gesellschaftengewohnheitsmäßig* betriebene G. Werben für ein G. ist ebenfalls strafbar. Wer sich an einem öffentlichen G. *beteiligt,* wird mit Freiheitsstrafe bis zu 6 Mon. oder Geldstrafe bis zu 180 Tagessätzen bestraft (§ 285 StGB). Die Spieleinrichtungen und das vorgefundene Geld unterliegen der → Einziehung (§ 286 StGB). Vom Geschicklichkeitsspiel unterscheidet sich das G. darin, daß bei diesem über Gewinn oder Verlust des Einsatzes im wesentlichen der Zufall entscheidet, nicht Fähigkeiten, Kenntnisse oder Aufmerksamkeit des Spielers. Wegen behördlicher Erlaubnis des G. vgl. §§ 33 d ff. GewO sowie → Spielbanken. *Kinder und Jugendliche* (unter 18 Jahren) dürfen Spielhallen nicht betreten und nicht am öffentlich veranstalteten G. teilnehmen, abgesehen von Volksbelustigungen (§ 7 JÖSchG, → Jugendschutz). Über die zivilrechtliche Beurteilung des G. → Wette, über die Strafbarkeit ungenehmigter Lotterieveranstaltungen usw. → Lotterie.

**GmbH** = → Gesellschaft mit beschränkter Haftung.

**GmbH & Co** ist i. d. R. eine → Kommanditgesellschaft, bei der eine → GmbH persönlich haftender Gesellschafter ist und andere Rechtspersonen – meist die Gesellschafter der GmbH – Kommanditisten sind. Dadurch wird – obwohl → Personengesellschaft – praktisch eine Beschränkung der Haftung auf das Kapital der GmbH erreicht. Für sog. kapitalersetzende Darlehen eines Kommanditisten gelten jedoch die Vorschriften des GmbHG sinngemäß (§ 172 a HGB; → Gesellschafterdarlehen). Auch in anderen Fällen behandelt das Gesetz eine GmbH & Co wie eine → Kapitalgesellschaft, z. B. hinsichtlich der Pflicht, bei → Zahlungsunfähigkeit oder → Überschuldung die Eröffnung eines → Insolvenzverfahrens zu beantragen (§ 130 a HGB) sowie bei der Auflösung und Amtslöschung nach Insolvenz (§ 131 II HGB, § 141 a III FGG). S. a. → Firma. *Steuerliche Vorteile:* Die Kommanditistengewinne werden nur durch die Einkommen-, nicht durch die Körperschaftsteuer erfaßt. Verluste entstehen unmittelbar in der Person der Kommanditisten, die diese Verluste mit anderen Gewinnen oder Überschüssen saldieren können. Die G. ist bei stark schwankenden Ergebnissen der → Betriebsaufspaltung überlegen. Die Gesellschafter einer GmbH & Co können aus der G. nur gewerbliche Einkünfte haben (§ 15 III EStG). Vgl. → Mitunternehmerschaften, → negatives Kapitalkonto.

**GmbH & Stille** ist eine typische oder atypische stille Gesellschaft von GmbH-Gesellschaftern, die an der GmbH mit einer weiteren Einlage beteiligt sind. *Steuerlicher Vorteil:* Gewinne aus der stillen Gesellschaft unterliegen nur der → Einkommensteuer und nicht der → Körperschaftsteuer. An Verlusten nimmt der stille Gesellschafter unmittelbar teil (→ Verlustausgleich).

**Gnadenrecht.** Das Recht zu Gnadenerweisen umfaßt die Befugnis, rechtskräftig verhängte Strafen (in Ausnahmefällen auch Maßregeln der Besserung und Sicherung, § 61 StGB) zu erlassen, umzuwandeln, zu ermäßigen oder auszusetzen (Begnadigung) und anhängige Strafverfahren niederzuschlagen (→ Abolition). Gnadenerweise können durch Begnadigung im *Einzelfalle* oder als generelle Maßnahme durch *Amnestie* ergehen. Diese bedarf eines Gesetzes (→ Straffreiheit), ebenso die → Abolition.

Das Begnadigungsrecht im Einzelfalle wird, soweit es nicht auf nachgeordnete Stellen delegiert ist, nach Art. 60 GG, § 452 StPO im Bund vom BPräs. (Anordn. vom 5. 10. 1965, BGBl. I 1573), in den Ländern von den durch die Verfassung oder anderweitig bestimmten Organen ausgeübt; d. i. im Saarland die LdReg., sonst der MinPräs., in Berlin, Bremen und Hamburg der Senat; von der verfassungsmäßigen Delegationsbefugnis ist in allen Ländern durch Übertragung auf den für das erkennende Gericht zuständigen Minister Gebrauch gemacht worden, insbes. für Strafsachen auf den Justizminister, Dienststrafsachen auf den Innenminister usw. Die Justizminister (JSen.) haben in dem durch die Gnadenordnungen bestimmten Umfang die Ausübung des G. auf die Generalstaatsanwälte u. Vollstreckungsbehörden weiterübertragen (in NRW außerdem auf Gnadenstellen bei den Landgerichten). Die örtliche Zuständigkeit bestimmt sich nach dem Gericht des ersten Rechtszuges, das Verfahren nach den in den Ländern geltenden Gnadenordnungen (Zusammenstellung b. Schönfelder, Deutsche Ges., Anm. zu § 452 StPO).

Ob die Ausübung des G. sich als → Verwaltungsakt darstellt und die Ablehnung eines Gnadenerweises der gerichtlichen Nachprüfung nach §§ 23 ff. EGGVG oder im Verwaltungsstreitverfahren unterliegt, ist str., wird aber von der h. M. verneint, weil ein Gnadenerweis nicht Rechtsanwendung, sondern ein Akt des Wohlwollens und des nicht nachprüfbaren Ermessens ist (BVerfGE 25, 352); doch ist der Widerruf des Gnadenerweises gerichtlich nachprüfbar (BVerfGE 30, 108) nach § 23 I EGGVG. S. ferner → Strafaufschub, → Strafaussetzung, → Strafausstand, → Straferlaß.

**Gnadensplitting** bedeutet bei der → Einkommensteuer Anwendung des Splittingtarifs trotz Einzelveranlagung; (→ Splittingverfahren, → Veranlagungsarten). Bei Scheidung oder Tod erhält der geschiedene bzw. verstorbene Ehegatte in diesem Kalenderjahr das G., falls er und sein bisheriger Ehegatte die Voraussetzungen der Zusammenveranlagung erfüllen, der bisherige Ehegatte wieder geheiratet hat und mit seinem neuen Ehegatten zusammenveranlagt werden kann (§ 32 a VI Nr. 2 EStG).

**Gneist, Rudolf von** – (1816–1895), deutscher Rechtslehrer, Verfasser einer sozialen Staatslehre, deren Eckpfeiler nach dem Vorbild der engl. Demokratie die Trennung der Staatsgewalten, die Unabhängigkeit der Justiz und die Sicherung gegen Mißbrauch der Staatsmacht durch Herrscherwillkür sind.

**Gold** gehört zu den sog. → Edelmetallen im Sinne des → Metallhandelsrechts. Wegen seines besonderen Wertes im internationalen Wirtschaftsverkehr unterliegt G. den Beschränkungen des → AußenwirtschaftsG, soweit es sich um Feingold, Legierungsgold in Form von Barren oder Halbmaterial sowie außer Kurs gesetzte oder nicht mehr kursfähige Goldmünzen ohne anerkannten Sammlerwert handelt (§ 4 II Nr. 6 AWG). Insbes. gelten die Vorschriften der §§ 8–13 AWG über den Warenverkehr. Daneben kann wegen der besonderen währungspolitischen Bedeutung des Goldes nach § 24 AWG der Verkehr mit Gold zwischen Gebietsansässigen und Gebietsfremden sowie die Aus- und Einfuhr von Gold beschränkt werden, um eine Beeinträchtigung der Kaufkraft der DM zu verhüten und das Gleichgewicht der Zahlungsbilanz zu sichern. Diese Vorschriften gelten nicht für die Deutsche → Bundesbank (§ 25 AWG). S. a. → Feingehalt.

**Goldene Bulle,** Gesetzgebungswerk Kaiser Karls IV. (1356), grundlegendes Verfassungswerk, das aus einer Reihe von Einzelgesetzen bestand. Die G. B. regelte insbes. die Rechtsstellung der 7 Kurfürsten (Recht der Königswahl, Versammlungsrecht, Majestätsrechte, Unteilbarkeit der Kurländer) sowie das

Recht der Reichsfürsten, reichsunmittelbaren Grafen und freien Herren, über bestimmte Rechtsangelegenheiten im Reichstag zu beschließen. Weitere Bestimmungen der G. B. staats- und strafrechtlichen Inhalts betrafen den → Landfrieden, die Einschränkung des → Faustrechts u. a.m.

**Gold(wert)klausel** → Geldschuld.

**goodwill** ist bei einem kaufmännischen Unternehmen (→ Kaufmann) die Gesamtheit aller tatsächlichen Verhältnisse und Beziehungen, insbes. zu anderen Kaufleuten und zu Kunden, die den Wert des Betriebs über den Substanzwert hinaus beeinflussen. Der g. gehört zum inneren → Geschäftswert. Er ist bei einer Abschichtungsbilanz zu berücksichtigen (→ Gesellschaft des bürgerlichen Rechts).

**Gottesfriede** war im Mittelalter ein auf kirchlichen Vorschriften beruhendes allgemeines Friedensgebot, durch das Fehden und andere Feindseligkeiten unterbunden werden sollten. Der G. wurde entweder als *pax* zum Schutz bestimmter Personengruppen oder bestimmter Orte, insbes. des unbewaffneten Teiles des Volkes (Klerus, Alte, Frauen und Kinder) oder kirchlicher Bereiche (Gotteshäuser, Klöster, Friedhöfe), oder als *treuga (dei)* für bestimmte Tage (hohe Festtage, Sonntage und die drei letzten Wochentage) verkündet. Der G. wurde von der Kirche veranlaßt und von den → Ständen beschworen, so z.B. 1082 in Lüttich, 1085 in Mainz. Die Einhaltung des G. wurde durch kirchliche Sanktionen, später zugleich durch weltliche Strafen gesichert; hieraus entwikkelte sich der → Landfriede.

**Gotteslästerung** → Religionsvergehen.

**Gottesstaat,** Idealbild einer von Augustinus in seinem Werk De Civitate Dei (413–426) verfochtenen Staatsauffassung, nach der Zweck des Staates die Errichtung der Herrschaft Gottes auf Erden ist. Von dieser Auffassung leitete die Kirche im Mittelalter einen Unterordnungsanspruch gegenüber dem weltlichen Staat (civitas terrena) und ihre Forderung auf unmittelbare Einflußnahme auf das weltliche Regiment ab. Insbes. beanspruchte der Papst das Recht, die Wahl des Kaisers zu prüfen und zu bestätigen. Folgen der Auflehnung der weltlichen Gewalt gegen diese Staatsauffassung waren u. a. der → Investiturstreit und die Auseinandersetzungen um die → Zweischwerterlehre. S. a. → Theokratie.

**Gottesurteil** (Ordal), im Bereich früherer Kulturkreise Entscheidung über Schuld oder Unschuld durch Eingreifen der Elemente (Elementordal) oder angebliche Zeichen Gottes. Das Ordal wurde (und wird bis in die heutige Zeit bei einzelnen Naturvölkern) im Prozeß als Beweismittel benutzt, wenn andere Beweise nicht zur Verfügung standen. Im deutschen Mittelalter war das G. neben dem Reinigungseid des Beschuldigten subsidiär für Eidesunfähige (Frauen, Unfreie) zugelassen. Üblich waren insbes. Feuer-, Wasser-, Bahrprobe u. a.m., später als weitere Form des G. auch der Zweikampf, bei dem sich die Parteien durch berufsmäßige Kämpen vertreten lassen durften. Das lateranische Konzil 1215 verbot das G., das sich aber gleichwohl noch erhielt, insbes. in Hexenprozessen die Feuer- und Wasserprobe.

**Grabschändung,** d. h. Zerstörung oder Beschädigung einer Aufbahrungs-, Beisetzungs- oder öffentliche Totengedenkstätte oder beschimpfender Unfug an ihr, wird als Religionsvergehen nach § 168 II StGB bestraft. Die Beschädigung oder Zerstörung eines Grabdenkmals ist nach § 304 StGB als → Sachbeschädigung (auch ohne den sonst erforderlichen → Strafantrag) strafbar.

**Gradualsystem** → Erbfolge.

**Grammatikalische Interpretation** → Auslegung (1 a).

**Gratifikation** ist ein Teil des → Arbeitslohns, der aus besonderen Anlässen (z. B. Weihnachten, Dienstjubiläum) neben dem laufenden Gehalt (Lohn) gezahlt wird. Die G. kann freiwillig geleistet werden (dann ist zur Vermeidung eines Rechtsanspruchs entsprechender Vorbehalt bei jeder Zahlung erforderlich) oder auf einer Rechtspflicht (Arbeits- oder Tarifvertrag, Betriebsvereinbarung, betriebliche Übung) beruhen. Die G. unterliegt dem → Gleichbehandlungsgrundsatz. Anspruch nur, wenn das Arbeitsverhältnis im maßgeblichen Zeitpunkt noch besteht. Nach der Rspr. ist eine → Rückzahlungsklausel für den Fall der Kündigung des Arbeitsverhältnisses nur beschränkt zulässig (s. Palandt, BGB, § 611 Rn. 81 ff.; z. B. bei einer Weihnachtsgratifikation bis zur Höhe eines Monatsgehalts nur Bindung bis zum 31. 3. des folgenden Jahres). Zur steuerlichen Behandlung der G. → Einnahmen, → Lohnsteuer.

**gravamen** (lat.) → Beschwer.

**Grenzbaum, Grenzeinrichtungen** → Grenzregelung bei Grundstücken.

**Grenzgänger** auch Grenzpendler genannt, sind Personen, die in einem Staat ansässig sind, d. h. dort ihren privaten Lebensmittelpunkt (Wohnsitz oder gewöhnlichen Aufenthalt) haben und die ihre Berufstätigkeit über der Grenze im Nachbarstaat ausüben, um nach Arbeitsende über die Grenze an ihren privaten Lebensmittelpunkt zurückzukehren. Die Besteuerung der G. richtet sich grundsätzlich nach → Doppelbesteuerungsabkommen. Da G. bis 1995 trotz Grenzpendlergesetz nicht wie unbeschränkt Stpfl. (→ Steuerpflicht) behandelt wurden, ist die Verfassungsmäßigkeit der damals einschlägigen Regelung (§ 50 III EStG) fraglich (FG Köln EFG 1995, 273: → Normenkontrolle). Wegen der mangelnden Gleichstellung der G. mit unbeschränkt Stpfl. wurde gegen die BRep. ein Vertragsverletzungsverfahren durch die EU-Kommission eingeleitet (BB 1994, 1331, 1404; → Arbeitnehmerfreizügigkeit). Der EuGH (DStR 1995, 326, Fall Schumaker) hat aufgrund von Art. 48, 52 EG-Vertrag dem Gesetzgeber Vorgaben gesetzt. Ab 1996 gelten Personen, deren Einkünfte im Kalenderjahr zu mindestens 90% der deutschen Einkommensteuer unterliegen, auf Antrag als unbeschränkt stpfl. (§ 1 III EStG; sog. erweiterte unbeschränkte Steuerpflicht). Darüber hinaus werden EU-Angehörige (→ Europäische Union und Personen aus dem → Europäischen Wirtschaftsraum den unbeschränkt Stpfl. weitgehend gleichgestellt (§ 1 a EStG). Hiermit ist dem → Diskriminierungsverbot entsprochen. Für beschränkt Stpfl., die dem 25%-Abzug unterliegen (§ 50 a EStG), ist rückwirkend ab 1996 ein Veranlagungswahlrecht eingeführt worden, um Überbesteuerungen im Einzelfall zu vermeiden (§ 50 I 4 EStG idF JStG 1997). Mit der Grenzgängerbesteuerung sind die Härten der beschränkten Steuerpflicht, die persönliche Umstände außer acht läßt, weitgehend beseitigt, so daß Fragen der Verfassungsmäßigkeit und Europarechts-Übereinstimmung nunmehr in den Hintergrund treten dürften. Fraglich bleibt die Nichtprivilegierung der Grenzgänger, die nicht EU-/EWR-Angehörige sind. → Arbeitnehmerfreizügigkeit.

**Grenzkontrollen.** 1. Die G. sind Aufgabe des → Bundesgrenzschutzes, in Bayern der Landespolizei (s.a. → Identitätsfeststellung, → Paßwesen, → Personalausweise, → Sichtvermerk).

2. Die Vertragsstaaten des Durchführungsübereinkommens zum → Schengener Übereinkommen (SDÜ) haben vereinbart, an ihren gemeinsamen Landesgrenzen *(Binnengrenze)* die G. von Personen aufzuheben. Einbezogen sind auch Flughäfen für Flüge (Binnenflüge) und Seehäfen für Fährverbindungen jeweils zwischen Gebieten der Vertragsstaaten. Die Binnengrenzen dürfen an jeder Stelle ohne G. überschritten werden. Als Ausgleich wurden u. a. einheitliche, verstärkte G. von Personen an den Außengrenzen zu Staaten, die nicht Vertragspartei sind (Drittstaaten), vereinbart. Die Außengrenzen dürfen nur an den Grenzübergangsstellen und während der festgesetzten Verkehrsstunden überschritten werden. Dort werden durch die G. Personen, deren Fahrzeuge und mitgeführte Sachen erfaßt. Alle Personen sind zumindest auf ihre Identität anhand der Reisepapiere zu überprüfen. Personen, die nicht EG-Mitgliedstaatsangehörige sind (Drittausländer), werden eingehend kontrolliert. Bei Umsteigen von einem Binnenflug in einen Drittstaatsflug und umgekehrt finden die G. im letzten bzw. ersten Binnenflughafen statt.

Das SDÜ wird erst angewendet, wenn es in Kraft gesetzt worden ist. Dies ist für die Benelux-Staaten, Deutschland, Frankreich, Portugal und Spanien am 26. 3. 1995 sowie für Italien und Österreich geschehen. An ihren Binnengrenzen finden keine G. von Personen mehr statt. Ihre jeweiligen Grenzen zu den weiteren Vertragsstaaten (→ Schengener Übereinkommen) sind, bis diese das SDÜ in Kraft setzen, Außengrenzen, an denen verstärkte G. von Personen stattfinden.

In der BRep. wird das SDÜ durch die Kontrollbefugnis des Bundesgrenzschutzes im Grenzgebiet bis zu einer Tiefe von 30 km (s. § 2 II Nr. 3 BGSG) und teilweise, wie in Bayern gemäß Art. 13 I Nr. 5 PAG i. d.F. vom 14. 9. 1990 (GVBl. 397) m. Änd., durch die Befugnis der Polizei zur Indentitätsfeststellung in diesem 30-km-Streifen sowie auf Durchgangsstraßen und in öffentlichen Einrichtungen des internationalen Verkehrs ergänzt (sog. Schleierfahndung).

**Grenzmauern** → Grenzregelung bei Grundstücken, → Nachbarrecht.

**Grenznorm** → Internationales Privatrecht.

**Grenzpolizei.** Zur polizeilichen Überwachung der Landesgrenzen und zur polizeil. Kontrolle des grenzüberschreitenden Verkehrs bestand in Bayern als einzigem Land der BRep. bis 1. 4. 1998 noch eine eigene G. (Art. 5 des Polizeiorganisationsgesetzes vom 10. 8. 1976, GVBl. 303). Die Zuständigkeit des → Bundesgrenzschutzes trat im Rahmen der Zuständigkeit der G. zurück.

**Grenzregelung bei Grundstücken.** Der Eigentümer eines Grundstücks kann von seinem Nachbarn verlangen, daß dieser bei der *Abmarkung* (Errichtung oder Wiederherstellung von Grenzzeichen) mitwirkt, wenn der Grenzverlauf unstreitig, aber ein Grenzzeichen unkenntlich geworden ist o. dgl. (§ 919 BGB). Die Art der Abmarkung und das Verfahren bestimmen sich nach den Landesgesetzen (zuständig i. d.R. Vermessungs- oder Katasterbehörden; in einigen Ländern, z. B. Bayern, sind hierfür – sowie für die Überwachung der Grenzzeichen – besonders gewählte sog. *Feldgeschworene* bestellt; s. im übrigen auch → Vermessungswesen). Die Grundeigentümer sind öffentlich-rechtlich verpflichtet, Vermessungs- und Abmarkungsarbeiten zu dulden. Enthalten die Landesgesetze keine Vorschriften, so entscheidet die Ortsüblichkeit über die Art der Abmarkung und das Verfahren (§ 919 II BGB). Soweit nach Landesrecht Kosten für die Abmarkung erhoben werden, sind diese von den Beteiligten zu gleichen Teilen zu tragen, wenn sich nicht aus einem zwischen diesen bestehenden Rechtsverhältnis etwas anderes ergibt (§ 919 III BGB).

Ist die Grenze selbst streitig *(Grenzverwirrung),* so ist sie durch Urteil (auf *Grenzscheidungsklage*) nach dem jeweiligen Besitzstand, hilfsweise unter Teilung des streitigen Stücks, festzusetzen (§ 920 BGB). Bei Grenzeinrichtungen, z. B. Graben, Mauer, Hecke, Zaun usw., wird, sofern nicht äußere Merkmale darauf hinweisen, daß sie einem der Nachbarn allein gehören, vermutet, daß beide Nachbarn zur gemeinschaftlichen Benutzung berechtigt sind; die Unterhalts- (nicht die Errichtungs-)kosten sind von beiden gemeinsam und verhältnismäßig nach den Regeln der → Gemeinschaft zu tragen (§§ 921, 922 BGB). Dasselbe gilt regelmäßig von der zwischen zwei aneinander gebauten Häusern befindlichen gemeinsamen halbscheidigen Giebel-, Grenz- oder Kommunmauer, die grundsätzlich im → Miteigentum beider Grundstücksnachbarn steht (BGH, h. M.). Vor dem Anbau des zweiten Hauses entscheiden die Grundsätze des → Überbaus; beim Anbau entsteht ein entsprechender anteiliger Ablösungs(Ausgleichs)anspruch. Von dem auf der Grenze stehenden Baum oder Strauch (Grenzbaum) gebühren die Früchte (und das Holz) jedem der Nachbarn zur Hälfte; jeder kann Beseitigung des Baumes verlangen (§ 923 BGB). → Nachbarrecht.

**Grenzscheidung** → Grenzregelung bei Grundstücken.

**Grenzschutz** → Bundesgrenzschutz, → Grenzpolizei; → Grenzkontrollen, zur G.dienstpflicht → Wehrpflicht.

**Grenzüberschreitende Beförderung (Umsatzsteuer).** Die g. B. von *Gegenständen* in Drittländer (→ Drittlandsgebiet) ist umsatzsteuerfrei (§ 4 Nr. 3 a UStG), die g. B. in das Gemeinschaftsgebiet ist steuerpflichtig entweder im EU-Mitgliedstaat, in dem die g. B. beginnt (= Startort) oder im EU-Mitgliedstaat, dessen → Umsatzsteuer-Identifikationsnummer der Auftraggeber verwendet (§ 3b III UStG). Die g. B. von *Personen* ist umsatzsteuerpflichtig hinsichtlich des im → Inland ausgeführten Teils, jedoch nichtsteuerbar hinsichtlich des im → Ausland ausgeführten Teils unabhängig davon, ob Drittland oder EU-Mitgliedstaat (§ 3b I UStG).

**Grenzüberschreitender Warenverkehr** → Zollverfahren.

**Grenzverkehr (Kleiner)** → Kleiner Grenzverkehr.

**Grenzverletzung** → Nachbarrecht, → Überbau, → Eigentumsstörungen.

**Grenzverwirrung** → Grenzregelung bei Grundstücken.

**Grenzzeichen** → Grenzregelung bei Grundstücken.

**Grobe Fahrlässigkeit** → Verschulden (II 1 c), → Schuld.

**Grober Undank** → Schenkung.

**Grober Unfug** ist in der durch § 118 OWiG als → Belästigung der Allgemeinheit erfaßten Ordnungswidrigkeit enthalten.

**Große Anfragen** → Anfrage, parlamentarische.

**Große Haverei** → Haverei.

**Große Kreisstadt** → Kreisstadt; → Gemeinde (1, 3).

**Große Senate** bestehen bei den → Obersten Gerichtshöfen des Bundes, um innerhalb des Gerichts unterschiedliche Entscheidungen der Senate zu vermeiden und dadurch sowie in Grundsatzfragen die Einheitlichkeit der Rechtsprechung zu wahren. Der zur Entscheidung berufene (erkennende) Senat *muß* den Gr. S. anrufen, wenn er von der Entscheidung eines anderen Senats oder des Gr. S. abweichen will und dieser an seiner Entscheidung festhält; in grundsätzlichen Rechtsfragen *kann* er die Entscheidung des Gr. S. herbeiführen (§ 11 VwGO, § 11 FGO, § 45 ArbGG, § 41 SGG). Beim Bundesgerichtshof besteht je ein Gr. S. für Zivil- und Strafsachen; bei beabsichtigter Abweichung von Zivil- und Strafsenaten untereinander entscheiden die Vereinigten Großen Senate (§ 132 GVG). Entsprechendes gilt für das Bayer. Oberste Landesgericht (§ 10 EGGVG).

**Großhandel** → Handel.

**Großvorhaben** → Oberverwaltungsgericht.

**Grotius, Hugo** (Hugo de Groot, 1583- 1645), niederländ. Historiker, Rechtswissenschaftler und Theologe; verfaßte außer geschichtlichen Schriften eine Reihe grundlegender völker- und staatsrechtlicher Werke, insbes. über das Recht des Krieges und des Friedens, die Freiheit des Meeres, das → Prisenrecht, aber auch kirchenrechtliche Abhandlungen, in denen er u. a. das Verhältnis von Staat und Kirche behandelte. Seine Grundauffassungen sind wesentlich von Gedanken des → Naturrechts beeinflußt und Ausdruck christlich-humanistischer Ethik. Seiner Staatsauffassung liegt eine Vertragstheorie zugrunde, ähnlich der → Rousseaus im „contrat social". Sie wird – im Hinblick auf die damaligen staatsrechtlichen Verhältnisse in den Niederlanden – von föderalistischen Tendenzen getragen. Von nachhaltigem Einfluß ist sein Eintreten für eine humanitäre Kriegführung, insbes. den Schutz der Kriegsgefangenen und Geiseln, Frauen und Kinder. Auch finden sich bereits Gedanken über einen Völkerbund; die Rechtfertigung des Krieges wird von G. auf den Fall der Verteidigung gegen Völkerrechtsbruch beschränkt.

**Grundbesitz** (§ 19 I Nr. 1 BewG) wird durch → Einheitswerte für Betriebe der Land- u. Forstwirtschaft (§§ 33, 48 a, 51 a BewG), Grundstücke (§ 68 BewG) und → Betriebsgrundstücke (§ 99 BewG) für Zwecke der → Grundsteuer und → Gewerbesteuer bewertet.

**Grundbuch.** Das G. dient im Interesse des Rechtsverkehrs der Offenlegung der Rechtsverhältnisse an einem → Grundstück. Wer ein berechtigtes Interesse darlegt, hat ein Recht auf Einsicht in das vom *Grundbuchamt* geführte G. (§ 12 GBO). Jedes Grundstück erhält in dem nach räumlichen Bezirken angelegten G. eine besondere Stelle im *Grundbuchblatt,* das als das G. für das betreffende Grundstück gilt (§ 3 GBO); über Führung des G. in maschineller Form als automatisierte Datei §§ 126 ff. GBO, §§ 61 ff. GBVfg. (→ Grundbuchamt). Mit wenigen Ausnahmen besteht *Bu-*

*chungszwang;* buchungsfrei sind z. B. Grundstücke des Bundes, der Länder und der Gemeinden, öffentliche Wege, Wasserläufe, Eisenbahnen (sie erhalten ein G.blatt nur auf Antrag). Neben diesem sog. *Realfolium* (für jedes rechtlich selbständige Grundstück ein besonderes G.blatt) kann das G. auch, solange die Übersichtlichkeit nicht leidet, als sog. *Personalfolium* (mehrere Grundstücke eines Eigentümers erhalten ein gemeinschaftliches G.blatt) geführt werden. Das G.blatt besteht neben der Aufschrift aus dem Bestandsverzeichnis (Bezeichnung des Grundstücks nach dem → Kataster) sowie aus 3 Abteilungen. In Abt. 1 werden der jeweilige Eigentümer des Grundstücks sowie die dinglichen Erwerbsgründe (→ Eigentumserwerb, → Erbfolge, nicht aber der schuldrechtliche → Grundstückskauf) vermerkt. Abt. 3 enthält die → Hypotheken, Grund- und Rentenschulden, die auf dem Grundstück lasten, Abt. 2 sämtliche übrigen Belastungen mit Ausnahme der → Grundpfandrechte (z. B. → Dienstbarkeit, *Reallast*) sowie Verfügungsbeschränkungen (→ Konkurs, Nacherbschaft) und einstweilige Sicherungen (→ Vormerkung, *Widerspruch*). – Mehrere Grundstücke können durch *Vereinigung* zu einem Grundstück (hier bleiben Belastungen auf den jeweiligen Teilen bestehen) oder durch *Zuschreibung* eines Grundstücks zu einem anderen (hier erstrecken sich die Belastungen des Hauptgrundstücks auch auf den zugeschriebenen Teil, nicht umgekehrt) zu einem neuen Grundstück verbunden werden (§ 890 BGB, §§ 5, 6 GBO). Ein Grundstücksteil kann grundsätzlich nicht selbständig belastet werden (Ausnahme: Dienstbarkeit, Reallast); er ist vorher von dem Grundstück *abzuschreiben* und als neues selbständiges Grundstück einzutragen (§ 7 GBO). Für ein → Erbbaurecht, das als → grundstücksgleiches Recht gilt, wird ein eigenes *Erbbaugrundbuch* angelegt (§§ 14 ff. ErbbVO). Zum Wohnungsgrundbuch → Wohnungseigentum.

Voraussetzung einer *Eintragung* im G. (d.h. jedes Vermerks, auch Löschung) ist neben der Eintragungsfähigkeit grundsätzlich ein Eintragungsantrag; Eintragungen werden von Amts wegen nur in Ausnahmefällen vorgenommen, z. B. Amtslöschung bei Eintragung unzulässiger, z. B. nicht eintragungsfähiger Tatsachen; zum Amtswiderspruch → Widerspruch. Der *Eintragungsantrag* ist, sofern in ihm nicht ein weiteres Erfordernis, z. B. die Eintragungsbewilligung enthalten ist, formlos (§ 30 GBO); er kann sowohl von dem Betroffenen wie von dem Begünstigten sowie bei notarieller Beurkundung oder Beglaubigung auch von dem Notar gestellt werden (§§ 13, 15 GBO). Das Grundbuchamt hat bei Vorliegen mehrerer Eintragungsanträge, die das gleiche Recht betreffen (z. B. mehrere Hypotheken auf einem Grundstück), diese nach der Reihenfolge ihres Eingangs zu erledigen (§§ 17, 45 GBO; → Rang); zur Rangwahrung dient bei behebbaren Mängeln die → Zwischenverfügung sowie eine von Amts wegen einzutragende → Vormerkung (§ 18 GBO). Ferner ist zur Eintragung, sofern sie nicht von Amts wegen, im Wege der → Zwangsvollstreckung oder auf Grund → einstweiliger Verfügung vorgenommen wird, die *Bewilligung* desjenigen erforderlich, dessen Recht von ihr betroffen wird (§ 19 GBO; je nach Art der Eintragung: Eintragungsbewilligung, Löschungsbewilligung, Berichtigungsbewilligung). Während für die Entstehung von → Grundstücksrechten neben der Eintragung eine materiellrechtliche → Einigung Voraussetzung ist (sog. *materielles Konsensprinzip*), genügt für den Nachweis dem Grundbuchamt gegenüber grundsätzlich die einseitige Bewilligung des Betroffenen *(formelles Konsensprinzip);* lediglich im Fall der → Auflassung eines Grundstücks oder bei Bestellung eines → Erbbaurechts ist die materiell-rechtliche Einigung nachzuweisen (§ 20 GBO). Der durch die Eintragung Betroffene, dessen Bewilligung Eintragungsvoraussetzung ist, muß grundsätzlich als Berechtigter voreingetragen sein (§ 39 GBO; Ausnahme: der Erbe des Eingetragenen überträgt das Grundstück oder ein hieran bestelltes Recht oder hebt es auf, § 40 GBO). Alle Eintragungsvoraussetzungen müssen dem Grundbuchamt durch öffentliche (insbes. notarielle) oder öffentlich beglaubigte Urkunden nachgewiesen werden (§ 29 GBO; → Formerfordernisse), während die → Einigung an sich grundsätzlich formfrei ist. Gegen die Entscheidungen des Grundbuchamts (z. B. Ablehnung des Eintragungsantrags, Zwischenverfügung) ist Erinnerung/Beschwerde zulässig (§ 11 RPflG, §§ 71 ff. GBO; zur sog. Durchgriffserinnerung → Rechtspfleger); das Verfahren richtet sich nach dem Ges. über die → freiwillige Gerichtsbarkeit. Das G. genießt → öffentlichen Glauben. Im Hinblick darauf ist die Beschwerde gegen eine Eintragung, an die sich ein → gutgläubiger Erwerb anschließen kann, unzulässig, sofern nicht mit der Beschwerde die Eintragung eines Amtswiderspruchs oder die Vornahme einer Amtslöschung (s.o.) erreicht werden soll (§ 71 II GBO). Zur Fortführung des G. im Gebiet der ehem. DDR, das dort nur eine dem → Kataster ähnliche staatl. Grundstücksdokumentation war, → Grundbuchamt, → Grundbuchbereinigung.

**Grundbuchamt.** Das G. ist eine Abteilung des → Amtsgerichts, dem die Führung des → Grundbuchs obliegt (nur in Baden-Württemberg z. T. durch → Bezirksnotare). Die Aufgaben des Grundbuchbeamten (zur Haftung → Staatshaftung) sind heute weitgehend dem → Rechtspfleger übertragen (§ 3 Nr. 1 h RPflG). Das G. entscheidet im Verfahren der → freiwilligen Gerichtsbarkeit; Grundlage ist die Grundbuchordnung i. d.F. vom 26. 5. 1994 (BGBl. I 1114). Einzelheiten: Grundbuchverfügung i. d.F. vom 24. 1. 1995 (BGBl. I 114) m. Änd. Diese Vorschriften gelten mit Besonderheiten grundsätzlich auch für die Fortführung der Grundbücher im Gebiet der ehem. DDR (Anlage I Kapitel III Sachgebiet B Abschnitt III des → Einigungsvertrags). S. a. → Grundbuchbereinigung.

**Grundbuchbereinigung** (in den neuen Ländern). Nach der Wiedervereinigung bestand ein erhebliches Bedürfnis für eine G. Die wesentlichen Maßnahmen waren: Durch Art. 231 § 5 III, IV, Art. 233 § 4 II, § 5 II EGBGB wird der öffentliche Glaube des Grundbuchs ab 1. 1. 2000 in vollem Umfang wiederhergestellt. Das BodensonderungsG vom 20. 12. 1993 (BGBl. I 2182, 2215) ermöglicht die grundbuchtaugliche Bestimmung unvermessener Grundstücke nach einer Karte. Das G.-Gesetz vom 20. 12. 1993 (BGBl. I 2182, 2192) m. Änd. erleichtert die Löschung gegenstandsloser Rechte im Grundbuch und begründet beschränkte persönliche Dienstbarkeiten für die Leitungsrechte von Energieversorgungsunternehmen u. a.

**Grundbuchberichtigung** → Berichtigung des Grundbuchs.

**Grundbuchblatt** → Grundbuch.

**Grundbucheintragung** → Grundbuch.

**Grunddienstbarkeit** ist die Belastung eines → Grundstücks (sog. *dienendes* Grundstück) gegenüber dem jeweiligen Eigentümer eines anderen Grundstücks (sog. *herrschendes* Grundstück; anders → beschränkte persönliche Dienstbarkeit). Die G. kann einen dreifachen Inhalt haben (§ 1018 BGB):

1. Der Berechtigte darf das fremde Grundstück in bestimmten einzelnen Beziehungen benützen, z. B. Geh- und (Durch-) Fahrtrecht, Verlegen von Leitungen u. a.

2. Auf dem dienenden Grundstück dürfen zugunsten des herrschenden Grundstücks bestimmte Handlungen nicht vorgenommen werden (Verbot einer bestimmten Bebauung, sog. Aussichtsgerechtigkeit; auch aus Wettbewerbsgründen, z. B. Verbot der Errichtung einer Tankstelle oder der Ausübung eines bestimmten Gewerbes auf dem dienenden Grundstück u. a.).

3. Die Ausübung eines Rechts, das sich aus dem Eigentum des belasteten Grundstücks ergäbe, wird ausgeschlossen (z. B. die Regelung von → Immissionen, → Eigentumsstörungen).

Die G. muß jeweils für das herrschende Grundstück – nicht nur für dessen Eigentümer persönlich – einen Vorteil bringen (§ 1019 BGB); einen anderen Inhalt, als in § 1018 BGB vorgesehen, kann sie nicht haben. Die G. kann insbes. nicht auf ein positives Tun des Eigentümers des dienenden Grundstücks gerichtet sein (anders → Reallast); auch kann ein Wettbewerbsverbot, das nur die rechtliche Verfügungsfreiheit, nicht aber das Eigentum am Grundstück berührt (z. B. Verbot des Vertriebs von Waren aus einem Konkurrenzunternehmen), nicht Inhalt einer G. sein (zulässig aber generelles Verbot mit schuldrechtlicher Einzelgestattung).

Für die *Bestellung, Übertragung und Aufhebung* einer G. gelten die allgemeinen Vorschriften über → Grundstücksrechte (§§ 873 ff. BGB); eine Eigentümergrunddienstbarkeit (das Eigentum an beiden Grundstücken steht bei der Bestellung derselben Person zu) ist nach h. M. zulässig. Der Inhaber einer G. hat gegen deren Beeinträchtigung einen dem Eigentumsabwehranspruch (→ Eigentumsstörungen) entsprechenden Beseitigungs- und Unterlassungsanspruch (§§ 1027, 1004 BGB); er genießt auch → Besitzschutz (z. B. ein Selbsthilferecht), wenn die G. im → Grundbuch eingetragen und innerhalb eines Jahres vor der Störung mindestens einmal ausgeübt worden ist (§ 1029 BGB). S. auch → Nießbrauch. Gebiet ehem. DDR → Mitbenutzungsrechte.

**Gründerhaftung.** Die bei der Gründung einer → Aktiengesellschaft oder → Kommanditgesellschaft auf Aktien Beteiligten haften der AG oder KGaA für bestimmte Pflichtverletzungen bei der Gründung auf Schadensersatz (§§ 46–51 AktG), und zwar für unwahre oder unvollständige Angaben, für eine Schädigung der Gesellschaft bei Sacheinlagen, Sachübernahmen oder Gründungsaufwand sowie für den Ausfall infolge Zahlungs- oder Leistungsunfähigkeit eines Aktionärs. Außer den Gründern selbst haften ihre Hintermänner, die sog. Gründergenossen und Emittenten (vgl. § 47 AktG), die Mitglieder des Vorstandes und → Aufsichtsrats, ferner die Gründungsprüfer. Zur G. bei der GmbH → Gründungsgesellschaft.

**Grunderwerbsteuer.** Der G. mit 2% (Grunderwerbsteuergesetz vom 17. 12. 1982, BGBl. I 1777), ab 1997 mit 3,5% (BGBl. I 96, 2049) i. d.F. vom 26. 2. 97, BGBl. I 418, 1804) unterliegt der Erwerb inländischer Grundstücke. Sie entsteht grundsätzlich bereits mit Abschluß des Kaufvertrags, nicht erst mit der Eigentumsverschaffung. Schuldner sind Veräußerer und Erwerber als → Gesamtschuldner. Besteuerungsmaßstab ist die Gegenleistung, mangels einer solchen die Bewertung nach §§ 138 ff. BewG; → Erbschaftsteuer. Steuerpflichtig ist auch die Vereinigung sämtlicher Anteile an → Kapitalgesellschaften in einer Hand, die vollständige oder wesentliche Änderung des Gesellschafterverbandes einer Personengesellschaft sowie die → Umwandlung (§ 1 II a, III GrEStG). Langfristige Verpachtung unter Einräumung des Rechts, das Grundstück zu bebauen, kann GrESt auslösen, falls der Pächter die *wirtschaftliche Verwertungsmacht* erlangt (§ 1 II GrEStG). Steuerbefreit (§ 3 GrEStG) ist u. a. Erwerb bis 5000 DM, Erwerb von Todes wegen und Grundstücksschenkungen (vgl. → Erbschaft-[Schenkung-]steuer), Erwerb von Miterben zur Teilung des Nachlasses, Erwerb durch Personen, die in gerader Linie verwandt sind, Erwerb durch Ehegatten oder geschiedenen Ehegatten.

**Grundfreibetrag** → Einkommensteuer 3.

**Grundgehalt** des Beamten → Dienstbezüge.

**Grundgesetz (GG). 1.** Das „Grundgesetz für die Bundesrepublik Deutschland" vom 23. 5. 1949 (BGBl. 1) ist die → Verfassung der BRep. Es wurde auf Grund von Vorarbeiten eines von der Konferenz der Ministerpräsidenten der Länder bestellten Sachverständigenausschusses (Herrenchiemseer Verfassungskonvent) vom → Parlamentarischen Rat ausgearbeitet und am 8. 5. 1949 beschlossen. Die Besatzungsmächte (→ Besatzungsbehörden) genehmigten es unter gewissen Vorbehalten (→ Vorbehalte der Alliierten) am 12. 5. 1949; in der Folgezeit wurde es in den Landesparlamenten (außer Bayern) angenommen. Das GG wurde am 23. 5. 1949 verkündet (BGBl. 1949 S. 1) und trat am 25. 5. 1949 in Kraft. Der Begriff „Grundgesetz" will nichts anderes besagen als Verfassung; er wurde seinerzeit gewählt, um den provisorischen Charakter der BRep. zu dokumentieren.

2. Das GG regelt die rechtliche und politische Grundordnung der BRep. Es enthält eine → Präambel (die früher das → Wiedervereinigungsgebot enthielt und auf Grund des Einigungsvertrags neu gefaßt wurde) und ist in 13 Abschnitte gegliedert. Abschn. I (Art. 1–19) enthält die → Grundrechte, Abschn. II (Art. 20–37) allgemeine Grundsätze über Staatsform und Funktionen von Bund und Ländern; die Abschn. III bis

VI (Art. 38–69) behandeln → Bundestag, → Bundesrat, → Gemeinsamen Ausschuß, → Bundespräsident und → Bundesregierung, Abschn. VII (Art. 70–82) Zuständigkeit zur → Gesetzgebung und → Gesetzgebungsverfahren, Abschn. VIII, VIIIa (Art. 83–91 b) die → Ausführung der Bundesgesetze, die Bundesverwaltung und die → Gemeinschaftsaufgaben, Abschn. IX (Art. 92–104) die → Rechtsprechung, Abschn. X (Art. 105–115) das → Finanzwesen; Abschn. Xa (Art. 115 a–115 l) regelt den → Verteidigungsfall; Abschn. XI (Art. 116–146) schließlich enthält Übergangs- und Schlußbestimmungen, darunter den 1990 eingefügten Art. 143, der im Zusammenhang mit der → Wiedervereinigung Abweichungen von den Bestimmungen des GG übergangsweise zuläßt.

Zum Inhalt des GG im einzelnen vgl. die Übersicht im Anhang.

3. Das GG kann gemäß Art. 79 durch Gesetz, das der Zustimmung von 2/3 der Mitglieder des Bundestages und 2/3 der Stimmen des Bundesrates bedarf, geändert werden (→ Verfassungsänderung). Bestimmte Verfassungsgrundsätze dürfen auch im Wege der Verfassungsänderung nicht berührt werden (Art. 79 III GG, gelegentlich als „Ewigkeitsklausel" bezeichnet).

Gemäß Art. 146 gilt das GG nach Vollendung der Einheit und Freiheit Deutschlands für das gesamte deutsche Volk; es verliert seine Gültigkeit an dem Tage, an dem eine Verfassung in Kraft tritt, die von dem deutschen Volk in freier Entscheidung beschlossen worden ist.

4. Das GG ist bis Juli 1998 durch 46 Gesetze geändert worden (Übersicht bei Sartorius: Verfassungs- und Verwaltungsgesetze der Bundesrepublik Deutschland, vor Nr. 1). Die wichtigsten Änderungen der letzten Jahre waren: 1990 durch den → Einigungsvertrag, 1992 zur Entwicklung der → Europäischen Union (insbes. Art. 23 GG), 1993 Neuregelung des → Asylrechts (Art. 16 a GG) und der Rechtsverhältnisse der → Eisenbahnen. Das 41. Gesetz zur Änderung des GG vom 30. 8. 1994 (BGBl. I 2245) brachte die verfassungsrechtliche Neuordnung des Postwesens. Zur 42. Änderung des GG s. unten 6.

5. Durch Art. 5 EinigV wurde den gesetzgebenden Körperschaften empfohlen, sich innerhalb von zwei Jahren mit den im Zusammenhang mit der deutschen Einigung (→ Wiedervereinigung) aufgeworfenen Fragen zur Änderung des Grundgesetzes zu befassen, insbesondere in bezug auf das Verhältnis zwischen Bund und Ländern, in bezug auf die Möglichkeit einer Neugliederung für den Raum Berlin/Brandenburg, mit den Überlegungen zur Aufnahme von Staatszielbestimmungen in das Grundgesetz und mit der Frage einer Volksabstimmung über das Grundgesetz. Die daraufhin eingesetzte *Gemeinsame Verfassungskommission von Bundestag und Bundesrat* hat im Oktober 1993 ihren Abschlußbericht vorgelegt. Ihre Empfehlungen galten u. a. der Durchsetzung der Gleichberechtigung von Frauen und Männern, dem Umweltschutz als → Staatsziel und dem Schutz der Identität ethnischer, kultureller und sprachlicher Minderheiten; andere Vorschläge, z. B. „plebiszitäre Elemente" (vgl. → Volksabstimmung) und weitere Staatsziele (Arbeit, Wohnung, Bildung) blieben in der Kommission ohne Mehrheit.

6. Die Arbeit der Gemeinsamen Verfassungskommission beeinflußte wesentlich das 42. Gesetz zur Änderung des GG vom 27. 10. 1994 (BGBl. I 3146). Neben verschiedenen Einzeländerungen hat das Gesetz u. a. folgende Schwerpunkte: Art. 3 GG: Der Staat fördert die tatsächliche Durchsetzung der Gleichberechtigung von Frauen und Männern und wirkt auf die Beseitigung bestehender Nachteile hin. Art. 20 a GG (neu): Der Staat schützt auch in Verantwortung für die künftigen Generationen die natürlichen Lebensgrundlagen im Rahmen der verfassungsmäßigen Ordnung durch die Gesetzgebung und nach Maßgabe von Gesetz und Recht durch die vollziehende Gewalt und die Rechtsprechung. Art. 28 GG: Die Gewährleistung der Selbstverwaltung für Gemeinden und Gemeindeverbände umfaßt auch die Grundlagen der finanziellen Eigenverantwortung. *Art. 29 GG*: Die → Neugliederung wird durch eine „Staatsvertragsoption" erleichtert. Die Neufassung von Art. 72 GG soll die Gesetzgebungskompetenz der Länder bei der konkurrierenden Gesetzgebung stärken. *Art. 74 GG:* Erstreckung der konkurrierenden Gesetzgebung auf die

→ *Staatshaftung* und die künstliche Befruchtung beim Menschen, die Untersuchung und die künstliche Veränderung von Erbinformationen sowie Regelungen zur Transplantation von Organen und Geweben. *Art. 75 GG*: Rahmenvorschriften des Bundes dürfen nur unter den Voraussetzungen des Art. 72 II GG (Erforderlichkeit zur Herstellung gleichwertiger Lebensverhältnisse im Bundesgebiet oder zur Wahrung der Rechts- oder Wirtschaftseinheit im gesamtstaatlichen Interesse) erlassen werden und dürfen nur in Ausnahmefällen in Einzelheiten gehende oder unmittelbar geltende Regelungen erhalten. *Art. 118 a GG*: Erleichterung für die Neugliederung Berlins und Brandenburgs (→ Berlin, 6.).

**Grundkapital** ist der bei der Gründung einer → Aktiengesellschaft oder → Kommanditgesellschaft auf Aktien von den Aktionären mindestens aufzubringende Kapitalbetrag. Das G. ist in → Aktien zerlegt (§ 1 II AktG), ziffernmäßig in der Satzung anzugeben (§ 23 III Nr. 3 AktG) und muß auf einen Nennbetrag in DM lauten (§ 6 AktG). Mindestnennbetrag ist 100 000 DM (künftig 50 000 Euro, § 7 AktG). Umstellung des G. und der Aktiennennbeträge für vor dem 1. 1. 1999 eingetragene AG erfolgt entsprechend dem festgelegten Umrechnungskurs durch Beschluß der Gesellschafter mit einfacher Stimmenmehrheit (§ 4 EGAktG). Das G. kann, abgesehen vom Fall des → genehmigten Kapitals Kapitals, nicht ohne Änderung der Satzung verändert werden (→ Kapitalerhöhung, Kapitalherabsetzung). Das G. ist vom → Gesellschaftsvermögen zu unterscheiden. Um das G. der AG zu sichern und zu erhalten, ist eine → Unterpariemission verboten (§ 9 I AktG); die Einlagen der Aktionäre (nämlich die Einzahlung für den Erwerb der Aktien) müssen voll eingezahlt und dürfen nicht zurückgewährt oder erlassen werden (§§ 57, 66 AktG). Damit kein Gewinn verteilt wird, solange das Gesellschaftsvermögen das G. nicht übersteigt, ist das G. in der → Bilanz stets unter die Passiva aufzunehmen (§§ 266, 272 HGB). S. a. → Eigenkapital.

**Grundkreditverbände** → Stadtschaften, → Landschaften.

**Grundlagenbescheid** → Besteuerungsverfahren.

**Grundmandatsklausel** nennt man die Regelung in § 6 VI 1 des Bundeswahlgesetzes (→ Bundestag), wonach eine Partei, obwohl sie nicht mindestens 5% der im Wahlgebiet abgegebenen Stimmen erhalten hat, dann ihrem Stimmenanteil entsprechend in den Bundestag einzieht, wenn sie in mindestens drei Wahlkreisen einen Sitz errungen hat (so z. B. die PDS bei der Wahl zum 13. Deutschen Bundestag am 16. 10. 1994). Die Grundmandatsklausel wurde vom BVerfG mit Beschluß vom 10. 4. 1997 (NJW 1997, 1568) als verfassungsgemäß bestätigt. S. a. → Fünf-Prozent-Klausel.

**Grundordnung, freiheitliche demokratische,** ist ein in der Gesetzessprache (z. B. in Art. 18 GG, § 4 I Nr. 2 BRRG, §§ 86 II, 93 II StGB) gebrauchter zusammenfassender Begriff für die dem Staatswesen der BRep. zugrundeliegenden Ordnungs- und Wertvorstellungen. Man versteht darunter eine Ordnung, die unter Ausschluß jeglicher Willkürherrschaft (wie im → totalen Staat) eine rechtsstaatliche Herrschaftsordnung auf der Grundlage der Selbstbestimmung des Volkes nach dem Willen der jeweiligen Mehrheit und den Grundsätzen der Freiheit und Gleichheit darstellt. Zu den Prinzipien der f. d.G. gehören neben der Volkssouveränität vor allem die Achtung vor den Menschenrechten, die → Gewaltentrennung, die Verantwortlichkeit der Regierung gegenüber dem → Parlament, die → Gesetzmäßigkeit der Verwaltung, die → Unabhängigkeit der Richter, das Mehrparteiensystem, die Chancengleichheit für alle politischen → Parteien und das Recht auf Bildung und Ausübung einer → Opposition. Dem Schutz der f. d.G. gegen Angriffe von innen dienen die im Zuge der → Notstandsverfassung eingefügten Vorschriften der Art. 87 a IV, 91 GG (vgl. Notstand, innerer). Die f. d.G. ist der wesentliche Inhalt der → verfassungsmäßigen Ordnung der BRep. S. a. → Verfassungsgrundsätze. In das Richter- oder Beamtenverhältnis kann nur berufen werden, wer die Gewähr dafür bietet, daß er jederzeit für die freiheitlich demokratische Grundordnung eintritt (→ Radikale im öffentlichen Dienst).

**Grundpfandrechte** sind dingliche Rechte (→ Sachenrecht), die zur Sicherung einer Forderung auf einem → Grundstück ruhen; durch sie kann das Grundvermögen zu Kreditzwecken belastet werden (→ Realkredit). Als G. kennt das BGB die → Hypothek, → Grundschuld und → Rentenschuld.

**Grundpflichten.** Das → Grundgesetz enthält im Gegensatz zur Weimarer → Reichsverfassung (Zweiter Hauptteil: Von den Grundrechten und G. der Deutschen) keine geschlossene Festlegung von G., sondern nur punktuelle Regelungen (z. B. die Pflicht zum Wehrdienst, Pflicht der Eltern zur Kindererziehung), die aber als Ausfluß eines allg. Grundsatzes angesehen werden können. Die Landesverfassungen sind unterschiedlich (allgem. Grundpflicht in Art. 117 der bayer. Verfassung).

**Grundpreis** → Eichwesen.

**Grundrechte.** 1. G. sind die der Einzelperson zustehenden Rechte, die für sie meist durch die → Verfassung als Elementarrechte verbürgt sind. Gewisse G. wie z. B. die → Menschenwürde oder der → Gleichheitssatz werden insbes. von naturrechtlichen Standpunkten aus als überstaatlich (vorstaatlich) angesehen und bestehen hiernach unabhängig von staatlicher Anerkennung in Verfassung oder Gesetz. Andere Grundrechte werden erst von der Verfassung konstituiert und inhaltlich bestimmt. Die G. sind weitgehend identisch mit den Menschenrechten, die Art. 1 II GG unverletzlich und unveräußerlich nennt und als Grundlage jeder menschlichen Gemeinschaft, des Friedens und der Gerechtigkeit in der Welt bezeichnet (→ Konvention zum Schutze der Menschenrechte). Die meisten G. des GG stehen jedem Menschen zu (also auch Ausländern und Staatenlosen), einige (z. B. Versammlungsfreiheit, Vereinigungsfreiheit, Freizügigkeit, Berufsfreiheit) werden nur → „Deutschen" gewährt.

2. Das GG hat die G. bewußt an den Anfang gestellt (Art. 1–18), um ihre überragende Bedeutung für das staatliche Leben zu betonen. Die hier niedergelegten G. sind keine bloßen → Programmsätze, sondern binden nach Art. 1 III GG Gesetzgebung, vollziehende Gewalt und Rechtsprechung als unmittelbar geltendes Recht. In der bundesstaatlichen Ordnung der BRep. bestehen neben den durch das GG verbürgten G. auch die der Landesverfassungen. Letztere bleiben insoweit in Kraft, als sie G. in Übereinstimmung mit dem GG gewährleisten (Art. 142 GG); jedoch stehen sie nach dem Grundsatz „Bundesrecht bricht Landesrecht" im Range dem einfachen Bundesrecht nach. Von den G. werden die → institutionellen Garantien unterschieden, die nicht individuelle Rechte, sondern nur eine Einrichtung als solche garantieren.

3. Str. ist, ob die G. nur gegenüber der öffentlichen Gewalt oder ob sie als umfassende Wertordnung auch im Bereich des privaten Rechts gelten (→ Drittwirkung der G.). Im allgemeinen wird eine solche Drittwirkung abgelehnt; doch beeinflussen die in den G. zum Ausdruck kommenden Wertvorstellungen die Auslegung von Generalklauseln (z. B. „gute Sitten").

4. Einschränkungen der G. sind möglich, wenn ihnen ein → Gesetzesvorbehalt (spezieller Verfassungsvorbehalt) beigefügt ist, sie also schon nach ihrem Wortlaut durch Gesetz oder auf Grund eines Gesetzes beschränkt werden können; eine Einschränkung des Freiheitsbereichs ist dann durch einfaches Gesetz möglich, solange das G. nicht in seinem Wesensgehalt angetastet wird (vgl. Art. 19 II GG). Aber auch die G. ohne Gesetzesvorbehalt sind nicht schlechthin jeder Beschränkung entzogen. Allerdings können insoweit nur die dem einzelnen G. bereits innewohnenden → immanenten Schranken, die sich aus der Konkurrenz verschiedener Freiheitsrechte ergeben, durch Gesetz festgelegt (oder genauer: interpretiert) werden. Darüber hinaus wäre durch → Verfassungsänderung eine Abänderung der G. nicht schlechthin ausgeschlossen. Unantastbar auch für Verfassungsänderungen ist nach Art. 79 III GG nur die in Art. 1 GG garantierte Würde des Menschen; aber auch sonst ergeben sich Schranken bei überstaatlichem Charakter der G. Der Mißbrauch von G. kann ihre → Verwirkung zur Folge haben (Art. 18).

5. Als einzelne G. nennt das GG insbes. die → Menschenwürde, die persönliche → Freiheit (auch Handlungsfreiheit), die → Gleichheit, die → Glaubens- und Gewissensfreiheit, die → Meinungsfreiheit, der Schutz von Ehe und Familie, die → Versammlungsfreiheit, die → Vereins- und → Koalitionsfreiheit, die → Freizügigkeit, die freie Wahl der Ausbildung und des → Berufs, die Unverletzlichkeit der → Wohnung, das → Briefgeheimnis, das Eigentum (→ Eigentumsgarantie) und das Erbrecht, den Schutz vor Ausbürgerung und Auslieferung, das Asylrecht und das → Beschwerde- und Petitionsrecht. Als „formelles Hauptgrundrecht" bezeichnet man Art. 19 IV, wonach jemand, der durch die öff. Gewalt in seinen Rechten verletzt wird, der Rechtsweg (d.h. der Weg zu den unabhängigen Gerichten) offensteht. Auch außerhalb des „Grundrechtskatalogs" finden sich noch einzelne G. im GG, so das → Widerstandsrecht gegen Unternehmen zur Beseitigung der verfassungsmäßigen Ordnung (Art. 20 IV GG), Zugang zu öffentlichen Ämtern (Art. 33 II GG) sowie die „justiziellen G.", nämlich das → rechtliche Gehör (Art. 103 I), der Anspruch auf den → gesetzlichen Richter (Art. 103), das Verbot, jemand wegen derselben Tat mehrmals zu bestrafen („ne bis in idem", → Strafklageverbrauch), und das Verbot der → Rückwirkung von Strafgesetzen von Strafgesetzen (Art. 103 II, III GG). Grundsätzlich gehen die speziellen G. dem allgemeinen G. auf freie Entfaltung der Persönlichkeit („allgemeines Persönlichkeitsrecht"; Art. 2 I GG) vor.

6. Insgesamt werden die G. heute nicht nur als „Abwehrrechte" des Einzelnen gegenüber dem Staat, sondern auch als Rechte auf „Teilhabe" an staatl. Leistungen verstanden (vgl. insbes. das „numerus-clausus-Urteil", BVerfGE 33, 303).

7. Die G. gelten auch für inländische juristische Personen, soweit sie ihrem Wesen nach hierauf anwendbar sind (Art. 19 III GG), so z. B. die → Gleichheit und die → Eigentumsgarantie. Juristische Personen des öffentlichen Rechts können sich in der Regel nicht auf die Grundrechte berufen. Etwas anderes gilt nur für die Verfahrensgrundrechte des rechtlichen Gehörs und des gesetzlichen Richters sowie für diejenigen juristischen Personen des öffentlichen Rechts, die unmittelbar einem durch ein G. geschützten Lebensbereich zugeordnet sind, hinsichtlich dieses Grundrechts. So werden z. B. die öffentlich-rechtlichen Rundfunkanstalten durch die Rundfunkfreiheit geschützt (Art. 5 I 2 GG). Die betreffenden juristischen Personen des öffentlichen Rechts sind aber auf die Geltendmachung dieses sie betreffenden Grundrechts beschränkt. So können sich die → Gemeinden nach strittiger, aber herrschender Meinung nur auf Art. 28 II GG, nicht aber auf die Eigentumsgarantie (Art. 14) berufen.

8. Verhältnis G. zu EG-Recht: Das BVerfG wird nach dem „Solange II-Beschluß" vom 22. 10. 1986 (NJW 1987, 577) entgegen seiner früheren Rspr. („Solange I-Beschluß", BVerfGE 37, 271) die Vereinbarkeit abgeleiteten Gemeinschaftsrechts mit den G. nicht mehr überprüfen, solange die EG einen wirksamen Schutz der G. gegenüber der Hoheitsgewalt der Gemeinschaften generell gewährleistet, der dem vom GG als unabdingbar gebotenen im wesentlichen gleichzuachten ist. In der „Maastricht-Entscheidung" vom 12. 10. 1993 (BVerfGE 89, 155; → Maastricht-Vertrag) hat das BVerfG seine Rspr. dahingehend präzisiert, daß das BVerfG seine Gerichtsbarkeit über abgeleitetes Gemeinschaftsrecht in einem Kooperationsverhältnis mit dem → Europäischen Gerichtshof ausübt, in dem letzterer im Einzelfall den Grundrechtsschutz garantiert, während das BVerfG sich gemäß dem „Solange II-Beschluß" auf die generelle Gewährleistung der unabdingbaren Grundrechtsstandards beschränkt.

9. Verletzung von G. durch die öffentliche Gewalt kann vor dem → Bundesverfassungsgericht und den Verfassungsgerichten der Länder gerügt werden (→ Verfassungsstreitigkeiten). Insbes. kann nach Art. 93 I Nr. 4 a GG jedermann mit der Behauptung, durch die öffentliche Gewalt in seinen Grundrechten verletzt zu sein, → Verfassungsbeschwerde erheben, grundsätzlich aber erst nach Ausschöpfung des → Rechtsweges. Die Verletzung kann in Maßnahmen der vollziehenden Gewalt (→ Verwaltungsakten), in gerichtlichen Ent-

scheidungen oder in Akten der → Gesetzgebung liegen. Das Grundrecht muß durch den Hoheitsakt unmittelbar und gegenwärtig verletzt sein. Ein Gesetz oder eine sonstige Rechtsvorschrift kann nur dann mit der Verfassungsbeschwerde angegriffen werden, wenn es unmittelbar und nicht erst mittels eines behördlichen Vollzugsaktes in ein Grundrecht eingreift.

**Grundrente** → Beschädigtenrente.

**Grundsätze der guten Laborpraxis** (GLP). Die als Anhang 1 zum → ChemikalienG erlassenen GLP (amtliche Abkürzung) enthalten Qualitäts-, Sicherheits-, Dokumentations- und Kontrollstandards. Ihre Einhaltung ist Voraussetzung für die Verwertung von Prüfergebnissen in Zulassungs-, Erlaubnis-, Registrierungs-, Anmelde- und Mitteilungsverfahren für chemische Stoffe. Wegen Einzelheiten vgl. u. a. §§ 19 a I, 19 b ChemG. Unwahre Erklärungen über GLP sowie das Erschleichen von GLP-Bescheinigungen sind strafbar (§ 27 a ChemG).

**Grundschuld.** Die G. belastet ein Grundstück in der Weise, daß dieses für die Zahlung einer bestimmten Geldsumme haftet (§§ 1191 ff. BGB). Anders als die → Hypothek ist die G. rechtlich nicht zur Sicherung einer Forderung bestellt, ist also nicht → akzessorisch. In der Praxis wird die G. allerdings fast nur – wie die Hypothek – zur Sicherung einer Forderung bewilligt (sog. *Sicherungsgrundschuld,* die aber gleichfalls nicht vom Bestand der Forderung abhängig ist). Auf die G., insbes. ihre Begründung, Übertragung usw., finden die Vorschriften über die → Hypothek entsprechende Anwendung mit Ausnahme solcher, denen die Abhängigkeit der Hypothek von einer Forderung zugrunde liegt. Auch bei einer Sicherungsgrundschuld gilt daher z. B. § 1163 BGB nicht, wonach bei Nichtentstehung oder Tilgung der gesicherten Forderung die Hypothek dem Eigentümer als → Eigentümerhypothek zusteht. Auch sonstige Einwendungen aus dem Grundgeschäft können nicht erhoben werden; es entsteht nur ein persönlicher, durch → Vormerkung sicherbarer Anspruch auf Übertragung oder Löschung der G. Tilgt dagegen der Schuldner nicht die gesicherte Forderung, sondern die – abstrakte – G. selbst (dies ist oftmals nach den Geschäftsbedingungen ausgeschlossen), so geht die G. auf den Grundstückseigentümer als → Eigentümergrundschuld über (nach h. M. gem. §§ 1142, 1143 BGB, nach a. A. gem. §§ 1168, 1170 BGB). Die G. kann ferner – anders als die Hypothek – von vornherein für den Eigentümer bestellt werden (§ 1196 BGB, → Eigentümergrundschuld). Der Grundschuldbrief kann auch auf den jeweiligen Inhaber ausgestellt werden (sog. *Inhabergrundschuld*); auf einen solchen Brief sind die Vorschriften über → Inhaberschuldverschreibungen entsprechend anzuwenden (§ 1195 BGB).

**Grundsteuer.** Die G. ist eine bundesrechtlich geregelte → Gemeindesteuer; sie wird als → Real-, → Objekt- oder Sachsteuer (§ 3 II AO) von inländischen Grundstücken erhoben, die land- und forstwirtschaftlichen, Wohn- oder gewerblichen Zwecken dienen (GrundsteuerG vom 7. 8. 1973, BGBl. I 965 m. Änd. zuletzt 29. 10. 97, BGBl. I 2590). Befreit sind u. a. gemeinnützigen, mildtätigen, religiösen oder wissenschaftlichen Zwecken dienende Grundstücke, Krankenhäuser usw. (§§ 3, 4 GrStG). Das Finanzamt setzt durch Anwendung der *Steuermeßzahl* (je nach Objekt 2,6–6,0 v. T.) auf den → Einheitswert den *Steuermeßbetrag* fest (§§ 13–15 GrStG). Die Gemeinde bestimmt den Hebesatz und erläßt den G.bescheid (§ 25 GrStG). Rechtsbehelf geg. d. G.meßbescheid des FA: Einspruch (§§ 348, 367 AO) und Anfechtungsklage zum FG (§ 40 FGO), geg. G.bescheid d. Gemeinde: Widerspruch (§ 69 VwGO) und Anfechtungsklage zum Verwaltungsgericht (§ 45 VwGO). *Erlaßgründe* sind in §§ 32, 33 GrStG geregelt. Die G. ist regelmäßig vierteljährlich am 15. 2., 15. 5., 15. 8. und 15. 11. fällig (§ 28 GrStG).

Die G. ist von den Neuregelungen der Bewertung des → Grundbesitzes ab 1996 (→ Erbschaftsteuer) nicht betroffen; d. h. die → Einheitswerte gelten insofern weiter.

**Grundstück** i. S. des → Sachenrechts des BGB (und der Grundbuchordnung) ist jeder abgegrenzte Teil der Erdoberfläche, der im Bestandsverzeichnis des betreffenden Grundbuchblatts gesondert aufgeführt ist. Nicht G. im Rechtssinne ist das Flurstück (Katasterparzelle), das lediglich eine vermessungstechnische Einheit darstellt. Das G. kann aus mehreren Flurstück-(Plan-)nummern bestehen; soll über eine von ihnen verfügt werden, so ist die vorherige Abschreibung (Bildung eines neuen G.) erforderlich. In den Bau- und Bodengesetzen (→ Grundstücksverkehr, landwirtschaftlicher) wird der Begriff G. wirtschaftlich als Nutzungseinheit verstanden; ein G. in diesem Sinne kann mehrere G.e im Rechtssinne umfassen. S. a. → Betriebsgrundstücke, → Einheitswerte, → Gewerblicher Grundstückshandel.

**Grundstücksaus(ein)fahrten** → Einfahren aus Grundstück, → Parken.

**Grundstücksgleiches Recht** ist ein dingliches Recht (→ Sachenrecht), das rechtlich wie ein → Grundstück behandelt wird (z. B. → Erbbaurecht).

**Grundstückskaufvertrag.** Während ein → Vertrag grundsätzlich ohne besondere Form geschlossen werden kann, bedarf der Vertrag, durch den sich jemand verpflichtet, das Eigentum an einem → Grundstück zu übertragen, ein → Erbbaurecht hieran zu bestellen oder → Wohnungseigentum einzuräumen, wegen seiner besonderen Bedeutung der notariellen Beurkundung (§ 313 S. 1 BGB; → Formerfordernisse, 1 c). Das gleiche gilt auch für eine bloße Erwerbsverpflichtung des Käufers. Formbedürftig ist jeder Vertrag, der irgendwie die Verpflichtung enthält, Grundstückseigentum zu übertragen oder zu erwerben, so z. B. die Einbringung in eine → Gesellschaft des bürgerlichen Rechts ein bindendes → Vertragsangebot, die Begründung eines → Ankaufs- oder → Optionsrechts, auch eine unwiderruflich erteilte → Vollmacht, weil bereits hierdurch eine Bindung des Verkäufers eintritt; s. a. → Baubetreuungsvertrag, → Parzellierung. Auch der bloße Vorvertrag (→ Vertrag, 3) bedarf der Form des § 313 S. 1 BGB, desgl. ein Kaufanwärtervertrag beim → Baubetreuungsvertrag i.w. S. Eine nachträgliche Abänderung bedarf der Beurkundung nur insoweit, als die Pflichten eines Vertragsteils hierdurch vergrößert werden (z. B. geringerer Kaufpreis), daher z. B. nicht die Aufhebung eines wirksam geschlossenen G. vor dessen Vollzug (anders, wenn bereits eine → Auflassungsvormerkung eingetragen wurde). Formbedürftig ist der gesamte Vertrag mit allen Nebenabreden; ein Verstoß hiergegen – z. B. bei bewußt zu niedrig angegebenem Kaufpreis, sog. *Schwarzkauf* – führt zur Nichtigkeit des Vertrags. Ein ohne Beachtung der erforderlichen Form geschlossener G. wird jedoch durch *Heilung* des Mangels (→ ex nunc) wirksam, wenn er erfüllt wird, d. h. die Auflassung ordnungsgemäß erklärt und der Rechtsübergang im → Grundbuch eingetragen wird (§ 313 S. 2 BGB; → Grundstücksrechte, → Eigentumsübertragung). Der Rechtserwerb des Käufers im Wege der Heilung kann nach Erklärung der Auflassung nur durch eine → einstweilige Verfügung verhindert werden (Erwerbsverbot; → Verfügungsbeschränkungen). Zum Grundstücksverkehr im Beitrittsgebiet (Genehmigungspflicht u. a.) s. VO vom 18. 4. 1991 (BGBl. I 999) m. Änd. vom 14. 7. 1992 (BGBl. I 1266).

**Grundstücksmakler.** Wer sich gewerblich (→ Gewerbe) als G. (→ Mäklervertrag) – auch für → grundstücksgleiche Rechte – betätigen will, bedarf der → Gewerbezulassung (§ 34 c GewO). S. a. → Wohnungsvermittlung. Zu den Zulassungsvoraussetzungen → Makler.

**Grundstücksmiete.** Über die für die Grundstücks- und Wohnraummiete geltenden Sondervorschriften → Miete (insbes. 1, 5 c).

**Grundstücksrechte.** Als Recht an einem → Grundstück (→ Sachenrecht) kommen neben dem → Eigentum als Vollrecht und dem → Erbbaurecht als → grundstücksgleichem Recht die beschränkten dinglichen Rechte in Betracht: die → Grunddienstbarkeit, die → beschränkte persönliche Dienstbarkeit, der → Nießbrauch, die → Reallast, das dingliche → Vorkaufsrecht und insbes. die Grundpfandrechte (→ Hypothek, Grundschuld, Rentenschuld). Man unterscheidet Rechte, die einer bestimmten Person zustehen (sog. *Personalrechte,* z. B. das Eigentum oder die Hypothek), und Rechte, die mit einem

Grundstück verbunden sind (sog. *Realrechte,* z. B. die Grunddienstbarkeit).

Soweit bei den einzelnen Rechten nichts Abweichendes vorgesehen ist (→ Eigentumsübertragung von Grundstücken, → Grundbuch), bedarf die Übertragung eines G. sowie dessen Neubestellung, Belastung oder inhaltliche Änderung der → *Einigung* des Berechtigten und des anderen Teils sowie der *Eintragung* der Rechtsänderung im Grundbuch (§§ 873, 877 BGB). Erforderlich zur rechtsgeschäftlichen Eigentumsübertragung, Hypothekenbestellung usw. (anders bei Erwerb durch Staatsakt, z. B. in der → Zwangsversteigerung, oder durch → Enteignung sowie kraft Gesetzes, z. B. als → Erbe) ist daher neben dem entsprechenden Vermerk im Grundbuch eine wirksame dingliche Einigung (sog. materielles Konsensprinzip; anders für den Nachweis zur Eintragung im → Grundbuch). Die Einigung als das dingliche Erfüllungsgeschäft darf nicht mit dem zugrundeliegenden schuldrechtlichen Verpflichtungsvertrag, z. B. dem → Grundstückskaufvertrag, verwechselt werden (→ Sachenrecht). Nur die dingliche Rechtsänderung, nicht der Kauf, ist eintragungsfähig; zur näheren Bezeichnung des Rechts kann auf die *Eintragungsbewilligung* Bezug genommen werden (§ 874 BGB; → Grundbuch). Die Eintragung ist zwar wesentliches Erfordernis der Rechtsänderung und ist auch für den → Rang des G. sowie für den → öffentlichen Glauben des Grundbuchs und einen → gutgläubigen Erwerb von Bedeutung, bewirkt aber allein keine Änderung der Rechtslage; fehlt es an einer wirksamen Einigung (z. B. wegen mangelnder → Geschäftsfähigkeit eines Teils oder Bestehens von → Verfügungsbeschränkungen), so führt die Eintragung zur Unrichtigkeit des Grundbuchs (→ Berichtigung des Grundbuchs). Verfügungsbeschränkungen, die erst nach der Einigung, aber vor der Eintragung im Grundbuch eintreten (z. B. Veräußerungsverbot durch → einstweilige Verfügung, Eröffnung des → Konkurses, → Testamentsvollstreckung), sind ohne Einfluß auf die Einigung, wenn diese bereits bindend geworden ist (→ Einigung) und der Eintragungsantrag beim Grundbuch gestellt war (§§ 878 BGB, 15 KO). Die Übertragung und Belastung von G.n bedarf ferner in verschiedenen Fällen wie bei Grundstücken der behördlichen Genehmigung, z. B. bei landwirtschaftlichen Grundstücken (→ Grundstücksverkehr, landwirtschaftlicher). Zur Aufhebung eines G. ist dagegen nur die einseitige (anders beim schuldrechtlichen → Erlaß einer Forderung) Aufgabeerklärung, die ggf. der Zustimmung eines Berechtigten an diesem Recht bedarf, sowie die → Löschung des Rechts im Grundbuch erforderlich (§§ 875, 876 BGB). S. ferner → Vormerkung, → Widerspruch, → Konsolidation.

**Grundstücksteilung, -vereinigung** → Grundbuch, → Wohnungseigentum. S. a. → Parzellierung.

**Grundstücksüberlassung** (Gebiet ehem. DDR) → Miete (7).

**Grundstücksveräußerung** → Grundstückskaufvertrag.

**Grundstücksverkehr, landwirtschaftlicher.** Nach dem Grundstücksverkehrsgesetz vom 28. 7. 1961 (BGBl. I 1091) bedarf zum Schutz der Landwirtschaft vor Ausverkauf ihres Bodens und zur Erhaltung und Verbesserung der Agrarstruktur nach den Richtlinien der → Europäischen Wirtschaftsgemeinschaft (BVerfG) die rechtsgeschäftliche Veräußerung eines land- oder forstwirtschaftlich genutzten → Grundstücks sowie der entsprechende Verpflichtungsvertrag grundsätzlich der *Genehmigung* der nach Landesrecht zuständigen Landwirtschaftsbehörde. Dasselbe gilt für die Veräußerung eines → Miteigentumsanteils, eines → Erbteils oder die Bestellung eines → Nießbrauchs. In bestimmten Fällen (z. B. Veräußerung an den Bund oder ein Land, nach Landesrecht auch gewisse Rechtsgeschäfte kleineren Umfangs, i. d.R. bis zu 1 ha) ist eine Genehmigung nicht erforderlich; in anderen Fällen, z. B. bei Erwerb durch eine Gemeinde, Veräußerung eines land- oder forstwirtschaftlichen Betriebs im ganzen an nahe Verwandte, muß sie erteilt werden. Im übrigen darf sie nur versagt oder durch Auflagen oder Bedingungen (z. B. Verpachtung an einen Landwirt) eingeschränkt werden, wenn die Veräußerung eine ungesunde Verteilung des Grund und Bodens bedeuten oder durch sie eine unwirtschaftliche Verkleinerung oder Aufteilung eintreten würde, ferner wenn der Gegenwert in einem groben Mißverhältnis zum Wert des Grundstücks steht. Im → Grundbuch darf die Rechtsänderung erst eingetragen werden, wenn der Genehmigungsbescheid rechtskräftig geworden ist. Gegen die Ablehnung der Genehmigung (oder ihre Erteilung unter Bedingungen oder Auflagen) können die Beteiligten binnen 2 Wochen Antrag auf gerichtliche Entscheidung stellen. Zuständig ist nach dem Gesetz über das gerichtliche Verfahren in *Landwirtschaftssachen* vom 21. 7. 1953 (BGBl. I 667) m. spät. Änd. das Amtsgericht (Besetzung: 1 Richter am AG, 2 landwirtschaftliche Beisitzer; früher „Bauerngericht" genannt). Für das Verfahren nach dem LwVG gelten im wesentlichen ergänzend die Vorschriften über die → freiwillige Gerichtsbarkeit (§ 9). Gegen die Entscheidung des Amtsgerichts ist die → sofortige Beschwerde zum Oberlandesgericht zulässig, das gleichfalls mit 2 landwirtschaftlichen Beisitzern entscheidet. Gegen die Entscheidung des OLG findet in bestimmten Fällen die → Rechtsbeschwerde zum Bundesgerichtshof (oder Bayerischen Obersten Landesgericht) statt. Schließlich besteht nach §§ 13ff. des GrundstücksverkehrsG für das Gericht die Möglichkeit, auf Antrag eines → Miterben einen landwirtschaftlichen Betrieb, der einer durch → gesetzliche Erbfolge entstandenen Erbengemeinschaft gehört, ungeteilt einem Miterben zuzuweisen, um den Hof in seiner Gesamtheit zu erhalten (Zuweisungsverfahren); den übrigen Miterben steht dann an Stelle ihres Erbanteils nur ein Anspruch auf Zahlung einer entsprechenden Abfindung in Geld zu. S. a. → Höfeordnung.

**Grundstücksvertiefung** → Immissionen.

**Grundstückswerte** (Ermittlung). Nach §§ 192ff. des → Baugesetzbuchs ist über den Verkehrswert bebauter und unbebauter Grundstücke (ohne land- und forstwirtschaftlich genutzte) auf Antrag des Eigentümers, sonstiger Berechtigter, in ernsthaften Kaufverhandlungen stehender Personen sowie von Behörden und Gerichten durch einen selbständigen Gutachterausschuß ein Gutachten zu erstellen. Dieses hat mangels anderer Vereinbarung keine bindende Wirkung. Sie dienen zur Einrichtung von Kaufpreissammlungen, auf Grund deren für die einzelnen Gemeindeteile oder das gesamte Gemeindegebiet durchschnittliche Lagewerte (Richtwerte) ermittelt werden. Diese sind in regelmäßigen Abständen ortsüblich bekanntzumachen. Jedermann kann vom Gutachterausschuß Auskunft über die Richtwerte verlangen. Der vom Gutachterausschuß zu ermittelnde *Verkehrswert* (gemeiner Wert) wird durch den Preis bestimmt, der im Ermittlungszeitpunkt im gewöhnlichen Geschäftsverkehr nach den rechtlichen Gegebenheiten und tatsächlichen Eigenschaften, der sonstigen Beschaffenheit und der Lage des Grundstücks ohne Rücksicht auf ungewöhnliche oder persönliche Verhältnisse zu erzielen wäre (vgl. § 194 BauGB). S. a. WertermittlungsVO vom 6. 12. 1988 (BGBl. I 2209).

**Grundtabelle** → Einkommensteuer 3, 4.

**Gründungsbericht.** Bei der Gründung einer → Aktiengesellschaft haben die Gründer schriftlich über den Hergang der Gründung zu berichten und dabei insbes. die wesentlichen Umstände darzulegen, von denen die Angemessenheit der Leistungen für Sacheinlagen oder Sachübernahmen abhängt (§ 32 AktG). Der G. bildet die Grundlage für die → Gründungsprüfung.

**Gründungsbilanz** → Bilanz.

**Gründungsgesellschaft.** Die → Rechtsfähigkeit einer → juristischen Person des Privatrechts beginnt erst mit der Erfüllung gewisser gesetzlicher Voraussetzungen, regelmäßig mit der Eintragung in das Handels- oder Vereinsregister (→ Aktiengesellschaft, → Gesellschaft mit beschränkter Haftung, → Verein). Schon vorher – insbes. nach Abschluß eines Gesellschaftsvertrags – besteht jedoch unter den Beteiligten eine G. *(Vorgesellschaft)*. Diese wurde früher – mangels Rechtsfähigkeit – vielfach als → Gesellschaft des bürgerlichen Rechts angesehen. Die neuere Rspr. sieht in der G. eine Vorform der aus ihr erwachsenden juristischen Person und überträgt deren Rechtssätze, soweit sie nicht ausdrücklich von der Rechtsfähigkeit ausgehen, auf die G. Nach dieser h. M. sind, sofern in der Zwischenzeit kein wesentlicher Wechsel eintritt, die G. und die später entstehende juristische Person identisch, so daß z. B. nur eine → Berichtigung des Grundbuchs (keine Umschreibung) erforderlich ist. Die G. wird durch Rechtsgeschäfte, die der für sie rechtmäßig Handelnde (Geschäftsführer o.ä.) vornimmt, verpflichtet; daneben haftet der Handelnde persönlich (mehrere als → Gesamtschuldner; § 11 II GmbHG). Die Rechte und Pflichten aus solchen Geschäften gehen mit der Eintragung der Gesellschaft voll auf diese über. Im gleichen Zeitpunkt erlischt an sich die Haftung des Handelnden und der Gründer. Ist aber infolge solcher Vorbelastungen das Stammkapital wertmäßig nicht mehr gedeckt, so haften die Gesellschafter insoweit anteilig für den Fehlbetrag. Diese einheitliche Gründerhaftung (bis zur Eintragung der Gesellschaft: Verlustdeckungshaftung; ab dann: Vorbelastungs- oder Unterbilanzhaftung) ist nach der Rspr. (BGHZ 134, 333; str.) eine reine Innenhaftung gegenüber der GmbH (bzw. ihrem Insolvenzverwalter); der Anspruch der GmbH gegen ihre Gesellschafter kann aber von Gesellschaftsgläubigern gepfändet werden. Für ein Handeln vor Gründung der Gesellschaft *(Vorgründungsgesellschaft)* gilt § 11 II GmbHG dagegen nicht (hier ggf. → Vertretung ohne Vertretungsmacht, BGH NJW 1984, 2164). S. a. → Gründerhaftung.

**Gründungsprüfung.** Nach Gründung einer → Aktiengesellschaft wird der Hergang der Gründung durch die Vorstands- und Aufsichtsratsmitglieder geprüft (§ 33 I AktG). Außerdem wird eine G. in bestimmten Fällen durch besondere vom Gericht bestellte Gründungsprüfer durchgeführt, z. B. wenn ein Vorstands- oder Aufsichtsratsmitglied zu den Gründern gehört (§ 33 II AktG). Umfang und Verfahren der G. ergeben sich aus den §§ 34, 35 AktG.

**Grundurteil** ist ein → Zwischenurteil, in dem über den Grund des prozessualen Anspruchs (→ Streitgegenstand) vorab entschieden wird (§ 304 ZPO, § 61 III ArbGG, § 111 VwGO, § 99 FGO, § 130 SGG; § 406 I 2 StPO). Es setzt voraus, daß Grund und Betrag des Anspruchs streitig sind und das Gericht den Anspruch dem Grunde nach bejaht. Der Erlaß des G. steht im Ermessen des Gerichts. Das G. wird grundsätzlich wie ein Endurteil angefochten (Ausnahme: § 61 III ArbGG).

**Grundverhältnis** → Gewaltverhältnis (öff.-rechtliches).

**Grundvermögen** → Grundbesitz.

**Grundversorgung** (Rundfunkrecht) → Rundfunkurteile.

**Grundvertrag (Grundlagenvertrag)** ist die (nichtamtl.) Bezeichnung des am 21. 12. 1972 unterzeichneten, am 21. 6. 1973 in Kraft getretenen Vertrages über die Grundlagen der Beziehungen zwischen der → Bundesrepublik Deutschland und der ehem. → Deutschen Demokratischen Republik (Ges. vom 6. 6. 1973, BGBl. II 421). Der G. sah vor, daß BRep. und DDR normale gutnachbarliche Beziehungen auf der Grundlage der Gleichberechtigung entwickeln, daß sie sich von den in der UN-Charta niedergelegten Zielen und Prinzipien leiten lassen, ihre Streitfragen ausschließlich mit friedlichen Mitteln lösen und sich der Drohung mit Gewalt oder der Anwendung von Gewalt enthalten. Die Vertragspartner bekräftigten die Unverletzlichkeit der zwischen ihnen bestehenden Grenze auch für die Zukunft und verpflichteten sich zur Achtung ihrer territorialen Integrität. Keiner der beiden Staaten konnte den anderen international vertreten. Die Hoheitsgewalt beschränkte sich auf das eigene Staatsgebiet. Die Unabhängigkeit und Selbständigkeit der beiden Staaten in ihren inneren und äußeren Angelegenheiten wurden respektiert. Ferner erklärten die Vertragsparteien ihre Bereitschaft zur Regelung praktischer und humanitärer Fragen. Der G. war die Rechtsgrundlage für die Errichtung „Ständiger Vertretungen" am Sitz der jeweiligen Regierung. Früher von den Vertragsparteien abgeschlossene oder sie betreffende zweiseitige und mehrseitige internationale Verträge und Abkommen blieben unberührt. Das BVerfG (NJW 1973, 1539) hat die Verfassungsmäßigkeit des G. in der sich aus den Urteilsgründen ergebenden Auslegung bejaht; die Gründe betonten insbes. das → Wiedervereinigungsgebot. Der G. ist durch → Wiedervereinigung und → Einigungsvertrag gegenstandslos.

**Grundwasser** → Wasserhaushalt, → Gewässer, → Reinhaltung der Gewässer, → Umweltschutz.

**Grundwasserabgabengesetz** des Landes Schleswig-Holstein vom 14. 2. 1994. Hiergegen ist beim Bundesverfassungsgericht eine Verfassungsbeschwerde anhängig.

**Grundwehrdienst.** Der G. (s.a. → Wehrdienst) dient der grundlegenden militärischen Ausbildung des Wehrpflichtigen. Er dauert 10 Monate (derzeit im Vorgriff auf eine zum 1. 1. 1996 beabsichtigte gesetzliche Kürzung von bisher 12 Monaten, § 5 WPflG) und gliedert sich beim Heer in eine 3monatige allgemeine Grundausbildung und eine anschließende Vollausbildung. Zum vollen G. herangezogen werden Wehrpflichtige bis zur Vollendung des 28. Lebensjahres; ferner Wehrpflichtige, die wegen ihrer beruflichen Ausbildung vorwiegend militärfachlich verwendet werden, z. B. Ärzte, Apotheker im Sanitätsdienst, bis zur Vollendung des 32. Lebensjahres (§ 5 I WehrpflG). Zum G. *in zeitl. getrennten Abschnitten* können Wehrpflichtige herangezogen werden, die sonst über das 28. (32.) Lebensjahr hinaus zurückgestellt werden müßten. Freiwillig geleisteter Wehrdienst muß (§ 7), Wehrdienst in fremden Streitkräften kann (§ 8) auf den G. angerechnet werden.

**Grüner Plan** → Landwirtschaft.

**Grüner Punkt** → Duales System.

**Grünpfeil** → Verkehrsampeln.

**Gruppenakkord** → Gruppenarbeitsverhältnis, Akkordarbeit.

**Gruppenarbeitsverhältnis** liegt vor, wenn mehrere Arbeitnehmer zum Zweck gemeinsamer Arbeitsausführung und bei gesonderter Entlohnung bei demselben Arbeitgeber im selben Zeitraum in einem → Arbeitsverhältnis stehen (z. B. Akkordkolonne). Man unterscheidet die selbständige Eigengruppe und die vom Arbeitgeber zusammengefaßte Betriebsgruppe. Bei einer Eigengruppe kann das Rechtsverhältnis zum Unternehmer so ausgestaltet sein, daß die Gruppe als → Gesellschaft des bürgerlichen Rechts Partner eines → Dienst- oder → Werkvertrages ist; dann besteht aber kein Arbeitsverhältnis. S. a. → Job-sharing.

**Gruppenfreistellung** → Freistellungsverordnungen der EG.

**Gruppenversicherung** → Versicherungsvertrag.

**Gruppenwahl** → Betriebsratswahl.

**Guerillakämpfer** ist eine andere Bezeichnung für → Freischärler oder Partisanen. S. a. → Genfer Konventionen, → Kombattant, → Kriegsrecht.

**Günstigkeitsprinzip** → Tarifvertrag.

**Gutachten** der in gerichtlichen Verfahren auftretenden → Sachverständigen sind Hilfsmittel für das Gericht zur Beurteilung von Tatsachen oder Tatsachenkomplexen, insbes. auf Grund von Erfahrungssätzen; sie vermitteln dem Richter die ihm fehlende Sachkunde. Ein G. basiert auf einem bereits festgestellten oder unstreitigen Sachverhalt oder auf einer oder mehreren als möglich unterstellten Tatsachengrundlagen; im Sachbericht kann es „Befundtatsachen“ verwerten. Die Würdigung des G. und die aus ihm für die Sachentscheidung zu ziehenden Schlußfolgerungen bleiben dagegen dem Gericht vorbehalten (§§ 286 ZPO, 261 StPO). – Der Begriff G. wird auch für Ausarbeitungen verwendet, die gerichtliche Entscheidungen vorbereiten; solche G. enthalten einen Sachbericht (Tatsachendarstellung), die rechtliche Würdigung und einen Entscheidungsvorschlag.

**Gutachterausschuß** → Grundstückswerte.

**Gute Dienste in Staatenstreitigkeiten.** Versucht ein an einer → völkerrechtlichen Streitigkeit unbeteiligter Staat, die Streitteile zur Aufnahme direkter Verhandlungen zu bewegen, so nennt man das die Leistung „guter Dienste“ (bons offices). Von der *Vermittlung* unterscheiden sich die guten Dienste dadurch, daß bei jener konkrete Vorschläge für die Beilegung des Streits gemacht werden.

**Gute Sitten** → Sittenwidrigkeit, → Verkehrssitte, → Treu und Glauben.

**Guter Glaube** → gutgläubiger Erwerb, → böser Glaube, → Gutglaubensschutz.

**Güterabwägungsprinzip** → Abwägungsgebot.

**Güterfernverkehr.** Die Sonderregelungen und Beschränkungen für den → G. sind aufgehoben. Es gelten jetzt einheitliche Bestimmungen für den → Güterkraftverkehr.

**Gütergemeinschaft.** 1. Die G. ist einer der → Güterstände des BGB; sie entsteht nur durch → Ehevertrag (§ 1415 BGB). Entscheidendes Merkmal der G. ist, daß – entgegen dem gesetzlichen Güterstand der → Zugewinngemeinschaft – mit Abschluß des Ehevertrags kraft Gesetzes, also ohne daß es jeweils einer Übertragung durch → Rechtsgeschäfte bedarf, grundsätzlich das gesamte vorhandene Vermögen des Mannes und der Frau gemeinschaftliches Vermögen beider Ehegatten *(Gesamtgut)* wird. Zu dem Gesamtgut gehört auch das Vermögen, das der Mann oder die Frau während der G. erwirbt (§ 1416 BGB). Zwischen den Ehegatten entsteht hinsichtlich des Gesamtguts eine → Gesamthandsgemeinschaft, vor Beendigung der G. (s.u.) kann weder Teilung begehrt oder über den Anteil am Gesamtgut oder an den einzelnen Gegenständen durch Rechtsgeschäft verfügt werden (§ 1419 BGB), noch unterliegen diese Anteile der Pfändung (§ 860 ZPO). Vom Gesamtgut ausgenommen (d.h. im Eigentum des jeweiligen Ehegatten verbleibend) ist das *Sondergut* und das *Vorbehaltsgut* jedes Ehegatten. Sondergut sind die Gegenstände, die durch Rechtsgeschäft nicht übertragen werden können (§ 1417 BGB, z. B. ein → Nießbrauch, unpfändbare Unterhaltsansprüche u. a.). Das Sondergut wird von dem Ehegatten selbst verwaltet, aber – anders als das Vorbehaltsgut – für Rechnung des Gesamtgutes; → Nutzungen fallen daher ins Gesamtgut, das auch die Lasten des Sonderguts zu tragen hat. Vorbehaltsgut sind die Gegenstände, die im Ehevertrag oder bei einer – z. B. letztwilligen – Zuwendung ausdrücklich vom Gesamtgut ausgenommen wurden sowie deren → Surrogate (§ 1418 BGB). Das Vorbehaltsgut wird von jedem Ehegatten in eigener Rechnung verwaltet.

2. Während Sondergut und Vorbehaltsgut von jedem Ehegatten selbständig verwaltet werden, können die Ehegatten im Ehevertrag bestimmen, wem von ihnen die *Verwaltung des Gesamtgutes* obliegen soll; mangels einer Bestimmung verwalten die Ehegatten das Gesamtgut gemeinschaftlich (§ 1421 BGB). In diesem Fall sind sie grundsätzlich nur gemeinschaftlich zu Rechtsgeschäften, insbes. → Verfügung über das Gesamtgut, berechtigt; auch steht ihnen der → Besitz an den zum Gesamtgut gehörenden Sachen und die → Prozeßführungsbefugnis in Rechtsstreitigkeiten, die sich auf das Gesamtgut beziehen, nur gemeinschaftlich zu (§ 1450 BGB; Ausnahmen § 1455 BGB, z. B. für Rechtsgeschäfte und Prozesse gegenüber dem anderen Ehegatten sowie dringende Maßnahmen). Das → Vormundschaftsgericht kann die Zustimmung des anderen Ehegatten ersetzen, wenn sie ohne ausreichenden Grund verweigert wird (§ 1452 BGB). Haben dagegen die Ehegatten die Verwaltung des Gesamtguts durch einen von ihnen vereinbart, so ist dieser berechtigt, die zum Gesamtgut gehörenden Sachen in Besitz zu nehmen, sich grundsätzlich frei rechtsgeschäftlich für das Gesamtgut zu verpflichten und hierüber zu verfügen sowie Rechtsstreitigkeiten in eigenem Namen für das Gesamtgut zu führen (§ 1422 BGB). Zur Zwangsvollstreckung ist hier – anders als bei der gemeinschaftlichen Verwaltung – ein Urteil gegen den allein verwaltenden Ehegatten erforderlich und ausreichend (§ 740 ZPO), sofern nicht der nichtverwaltende Ehegatte ein selbständiges Erwerbsgeschäft betreibt (hier Titel gegen diesen Ehegatten erforderlich, § 1431 BGB, § 741 ZPO). Da jedoch der handelnde Ehegatte nicht Vertreter (→ Stellvertretung) des anderen ist, wird dieser durch die Verwaltungshandlungen nicht persönlich verpflichtet. Auch bedarf der verwaltende Ehegatte zu einer Reihe von Rechtsgeschäften, z. B. zur Verfügung über ein zum Gesamtgut gehörendes Grundstück oder zu einer → Schenkung, der Zustimmung des anderen Ehegatten, die ebenfalls durch das Vormundschaftsgericht ersetzt werden kann (§§ 1423 ff. BGB).

Persönliche Rechtsgeschäfte, z. B. die Annahme einer Erbschaft, sind auch dem nichtverwaltenden Ehegatten nicht verwehrt (§ 1432 BGB). Der verwaltende Ehegatte hat das Gesamtgut ordnungsgemäß zu verwalten und auf Verlangen dem anderen Auskunft zu erteilen (§ 1435 BGB); er haftet allerdings auch hier nur für die → Sorgfalt, die er in eigenen Angelegenheiten anzuwenden pflegt (§ 1359 BGB). Das Gesamtgut und seine Erträgnisse sind primär zur Bestreitung des Familienunterhalts heranzuziehen.

3. Die *Schuldenhaftung* richtet sich gleichfalls nach der Regelung des Verwaltungsrechts. Für die persönlichen Schulden jedes Ehegatten *gegenüber Dritten* haften zunächst Vorbehalts- und Sondergut. Die Gläubiger der Ehegatten können außerdem grundsätzlich aus dem Gesamtgut Befriedigung verlangen (§§ 1437, 1459 BGB); die persönlichen Schulden eines Ehegatten sind sog. Gesamtgutsverbindlichkeiten, sofern die ihnen zugrunde liegenden Rechtsvorgänge sich nicht ausschließlich auf das Vorbehalts- oder Sondergut beziehen (§§ 1439 ff., 1461 f. BGB; hier allerdings auch dann Haftung des Gesamtguts, wenn die Schulden aus einem selbständig geführten Erwerbsgeschäft eines der Ehegatten herrühren). Bei gemeinschaftlicher Verwaltung haften für diese Gesamtgutsverbindlichkeiten darüber hinaus beide Ehegatten auch persönlich als → Gesamtschuldner; bei Alleinverwaltung haftet nur der verwaltende Ehegatte für die Gesamtgutsverbindlichkeiten des nichtverwaltenden Ehegatten, nicht umgekehrt (§§ 1422 S. 2, 1437 II, 1459 II BGB). Auch *im Innenverhältnis der Ehegatten* fallen Gesamtgutsverbindlichkeiten grundsätzlich dem Gesamtgut zur Last; gewisse Schulden, z. B. aus unerlaubten Handlungen und aus Geschäften, die sich auf das Vorbehalts- oder Sondergut beziehen, treffen aber den Ehegatten, in dessen Person sie entstehen (§§ 1441 ff., 1463 ff. BGB; hier bestehen unter den Ehegatten dann auch entsprechende Ausgleichspflichten).

4. Die G. *endet* durch Auflösung der Ehe (bei Tod eines Ehegatten s. aber → *fortgesetzte G.*), durch Aufhebung in einem → Ehevertrag oder durch rechtskräftiges → Gestaltungsurteil. An Stelle einer formlosen → Kündigung tritt nach §§ 1447 ff., 1479 f. BGB die Möglichkeit einer Aufhebungsklage eines Ehegatten gegen den anderen, insbes. bei nicht ordnungsgemäßer Verwaltung des Gesamtguts sowie bei Verursachung übermäßig hoher Gesamtgutsverbindlichkeiten; in diesem Falle gilt ab Rechtskraft des Aufhebungsurteils → Gütertrennung. Nach Beendigung der G. müssen sich die Ehegatten über das Gesamtgut auseinandersetzen (§§ 1471 ff. BGB). Das Gesamtgut, das jetzt von beiden Ehegatten gemeinschaftlich verwaltet wird, bleibt zunächst als Gesamthandsgemeinschaft erhalten; nach Berichtigung der Gesamtgutsverbindlichkeiten ist der Überschuß zu teilen. Sofern beim Tod eines Ehegatten nicht → fortgesetzte Gütergemeinschaft eintritt, gelten die allgemeinen erbrechtlichen Vorschriften; der Anteil des verstorbenen Ehegatten am Gesamtgut gehört zu seinem Nachlaß (§ 1482 BGB). Wird der überlebende Ehegatte nicht (*Mit-*)Erbe des verstorbenen Ehegatten, so stehen ihm keine besonderen Rechte auf das Gesamtgut zu. Sondervorschriften gelten für die Auseinandersetzung der G. nach → Ehescheidung (§ 1478 BGB). Zum → Insolvenzverfahren über das gemeinschaftlich verwaltete Gesamtgut einer G. s. §§ 333 f. InsO. S. ferner → Errungenschaftsgemeinschaft, → Fahrnisgemeinschaft.

**Gütergemeinschaft, fortgesetzte** → fortgesetzte Gütergemeinschaft.

**Güterkraftverkehr.** Mit dem Gesetz zur Reform des Güterkraftverkehrsrechts vom 22. 6. 1998 (BGBl. I 1485) sind zahlreiche Beschränkungen und Sonderregelungen für verschiedene Verkehrsarten (Fern- und Nahverkehr, Möbelfernverkehr) aufgehoben worden. Der Regelungsbereich ist jetzt drastisch vereinfacht worden. Das neue GüKG (Art. 1 des o. a. Gesetzes) regelt neben Begriffsbestimmungen (§ 1) und Ausnahmen (§ 2) eine allgemeine Erlaubnispflicht für den gewerblichen G. Die Erteilung der Erlaubnis setzt Zuverlässigkeit, finanzielle Leistungsfähigkeit des Unternehmens und fachliche Eignung des Unternehmers oder der zur Führung des Unternehmens bestellten Person voraus (Näheres § 3 Abs. 2 u. 3 GüKG). Die Gemeinschaftslizenz gemäß der VO der EG vom 26. 3. 1992 in der jeweils geltenden Fassung ist der Erlaubnis nach § 3 gleichgestellt. Die Erlaubnis kann befristet, unter Bedingungen, Auflagen oder mit verkehrmäßigen Beschränkungen erteilt werden, § 3 Abs. 4. Das Gesetz regelt im übrigen u. a. Versicherungspflichten und die Aufsicht des Bundesamtes für G. sowie Sanktionen für Verstöße.

**Güternahverkehr** Die Sonderregelungen und Beschränkungen für den → G. sind aufgehoben. Es gelten jetzt einheitliche Bestimmungen für den → Güterkraftverkehr.

**Güterrecht, eheliches.** Das e. G. regelt die vermögensrechtlichen Beziehungen der Ehegatten untereinander und gegenüber Dritten (§§ 1363 ff. BGB). Während die aus der → ehelichen Lebensgemeinschaft resultierenden Rechte und Pflichten (insbes. → Unterhaltspflicht der Ehegatten, Eigentumsvermutungen, Schlüsselgewalt, Mitarbeit der Ehegatten) bei jedem → Güterstand gegeben sind, bestimmen sich die Eigentums- und Vertretungsverhältnisse der Ehegatten sowie deren Folgen unterschiedlich nach dem jeweiligen Güterstand. Das Gesetz normiert seit dem → GleichberechtigungsG als gesetzlichen Güterstand grundsätzlich die → Zugewinngemeinschaft; es läßt jedoch zu, durch → Ehevertrag weitere Formen der Vermögenszuordnung und -verwaltung zu schaffen (s.i.e. → Güterstände). Zur Verlautbarung etwaiger Änderungen des gesetzlichen G. und zur Wirkung gegenüber Dritten dient das → Güterrechtsregister. Gebiet ehem. DDR → Güterstände.

**Güterrechtsregister.** Das G. dient dazu, die güterrechtlich bedeutsamen Abweichungen vom gesetzlichen Güterstand Dritten, die hiervon betroffen werden, zu offenbaren. Das G. wird vom Amtsgericht des → Wohnsitzes des Ehemanns geführt. Eintragungen werden nur auf Antrag der Ehegatten vorgenommen; die Einsicht ist jedermann gestattet (§§ 1558 ff. BGB). Eintragungsfähig sind *Eheverträge* sowie jede Änderung und Ausschließung des gesetzlichen *Güterstandes* kraft Vertrags, Gesetzes oder Urteils (z. B. bei vorzeitigem → Zugewinnausgleich, § 1388 BGB), aber auch einseitige Maßnahmen, z. B. die Entziehung der → Schlüsselgewalt (§ 1357 BGB). Die Eintragung im G. hat zwar – anders als z. B. beim → Grundbuch – keinen → Gutglaubensschutz für Dritte zur Folge; die Ehegatten können jedoch Veränderungen der kraft Gesetzes bestehenden güterrechtlichen Verhältnisse oder Veränderungen der eingetragenen Umstände (z. B. Wiederaufhebung eines vertraglichen Güterstandes) einem Dritten bei einem Erwerb durch → Rechtsgeschäft oder kraft Urteils (nicht bei Rechtserwerb kraft Gesetzes, z. B. im Erbrecht) nur dann entgegenhalten, wenn diese Tatsache dem Dritten bekannt oder in das G. eingetragen war. Jeder Dritte kann daher zwar nicht auf die Richtigkeit einer eingetragenen Tatsache, wohl aber auf das Schweigen des G. oder auf den Fortbestand der eingetragenen Rechtslage vertrauen (§ 1412 BGB, sog. *negative Publizität*).

**Güterstände.** Das eheliche → Güterrecht kennt zur Regelung der vermögensrechtlichen Beziehungen der Ehegatten gesetzliche und vertragliche G. e. Gesetzlicher G. ist für den Regelfall die → Zugewinngemeinschaft; dies gilt grundsätzlich auch für vor dem 1. 7. 1958 abgeschlossene Ehen (zur Übergangsregelung vgl. i. e. Art. 8 I des → Gleichberechtigungsgesetzes). Auch für → Vertriebene und → Flüchtlinge, die als Ehegatten in der BRep. leben, gilt seit 1. 10. 1969 der gesetzliche G. der Zugewinngemeinschaft, sofern sie nicht – abgesehen von der Möglichkeit eines Ehevertrages – bis zum 31. 12. 1970, seither innerhalb von 15 Monaten nach Übersiedlung in die BRep.) durch notariell beurkundete Erklärung gegenüber dem Amtsgericht zum Ausdruck bringen, daß für die Ehe der bisherige gesetzliche G. eines außerhalb der BRep. maßgebenden Rechts fortgelten solle (Ges. vom 4. 8. 1969, BGBl. I 1067).

*Gebiet ehem. DDR:* Haben die Ehegatten am 3. 10. 1990 im gesetzl. G. der Eigentums- und Vermögensgemeinschaft (ähnlich der früheren → Errungenschaftsgemeinschaft) gelebt, so gelten mangels abweichender Vereinbarung ab diesem Zeitpunkt die Vorschriften über den gesetzl. Güterstand der → Zugewinngemeinschaft (Art. 234 § 4 EGBGB). Jeder Ehegatte kann jedoch, sofern nicht vorher ein → Ehevertrag geschlossen oder die Ehe geschieden worden ist, bis zum 3. 10. 1993 gegenüber dem → Kreisgericht erklären, daß der bisherige gesetzl. G. (§§ 13 ff., 39 ff. Familiengesetzbuch, DDR-Schönfelder Nr. 30) fortgelten soll. Auch für Ehegatten, die vor dem Beitritt der DDR geschieden worden sind, bleibt hinsichtl. der Auseinandersetzung des gemeinschaftl. Eigentums und Vermögens das bisherige Recht maßgebend.

Das BGB geht vom Grundsatz der güterrechtlichen Vertragsfreiheit aus. Der gesetzliche Güterstand der Zugewinngemeinschaft gilt daher nur, wenn die Ehegatten durch *Ehevertrag* nichts anderes vereinbart haben. Allerdings sind die Partner an die vom BGB aufgezählten G. gebunden. Der Güterstand kann daher nicht durch Verweisung auf ein nicht mehr geltendes Gesetz (z. B. Güterstand der Verwaltung und Nutznießung des Ehemannes) oder auf ausländisches Recht (s. aber *Internationales Privatrecht*, 2) bestimmt werden (§ 1409 BGB). Als vertragsmäßige G. kommen demnach nur noch die *Gütergemeinschaft* (§§ 1415 ff. BGB) und die *Gütertrennung* (§ 1414 BGB) in Betracht. Die früheren vertraglichen G. der → Errungenschaftsgemeinschaft und der → Fahrnisgemeinschaft gelten nur noch für die vor dem 1. 7. 1958 geschlossenen Eheverträge fort. Schließen die Ehegatten in dem Ehevertrag lediglich den gesetzlichen G. der Zugewinngemeinschaft oder den Ausgleich des Zugewinns als deren wesentlichen Bestandteil aus oder heben sie die Gütergemeinschaft auf, ohne einen neuen G. zu bestimmen, so tritt als hilfsweiser G. kraft gesetzlicher Auslegung des mutmaßlichen Willens der Ehegatten Gütertrennung ein (§ 1414 BGB).

Zur *steuerlichen* Behandlung → Veranlagungsarten.

**Gütertrennung.** Die G. war nach Wegfall des Güterstands der → Vermögensverwaltung und Nutznießung durch den Ehemann auf Grund des Grundsatzes der → Gleichberechtigung vom 1. 4. 1953 bis 30. 6. 1958 gesetzlicher Güterstand. Heute kann G. durch → Ehevertrag vereinbart werden. Schließen die Ehegatten den gesetzlichen Güterstand der *Zugewinngemeinschaft,* den → Zugewinnausgleich als deren wesentliches Merkmal oder den → Versorgungsausgleich aus oder heben sie eine vereinbarte → Gütergemeinschaft auf, ohne einen neuen Güterstand zu bestimmen, so tritt G. kraft Gesetzes ein (§ 1414 BGB). Das gleiche gilt bei einem rechtskräftigen Urteil auf Aufhebung der Gütergemeinschaft (§§ 1449, 1470 BGB) oder auf vorzeitigen Zugewinnausgleich (§ 1388 BGB). Die G. ist dadurch gekennzeichnet – das BGB enthält keine nähere Regelung –, daß die beiden Vermögensmassen der Ehegatten in güterrechtlicher Hinsicht (z. B. Eigentum, Schuldenhaftung) völlig getrennt sind; jeder Ehegatte verwaltet – abgesehen von den sich aus der → ehelichen Lebensgemeinschaft ergebenden Verpflichtungen – sein Vermögen selbst (s. aber → Vermögensverwaltung unter Ehegatten). Da die G. den nicht verdienenden Ehegatten i. d.R. benachteiligt, weil er nicht am Vermögenserwerb in der Ehe teilhat und auf eine vertragliche Sicherung oder → Unterhaltsansprüche angewiesen ist, hat sie das GleichberechtigungsG nicht zum neuen gesetzlichen Güterstand des BGB (→ Zugewinngemeinschaft) gemacht. Der überlebende Ehegatte ist jedoch erbrechtlich in gewisser Hinsicht besser gestellt (§ 1931 IV BGB; → Erbfolge).

**Gütestellen** sind von der → Landesjustizverwaltung eingerichtete Einigungsstellen (z. B. → unlauterer Wettbewerb). Ein vor der G. abgeschlossener → Vergleich ist – wie der → Prozeßvergleich – → Vollstreckungstitel (§§ 794 I 1, 797 a ZPO).

**Güteverfahren** ist der besonders ausgestaltete → Sühneversuch vor dem Arbeitsgericht (§ 54 ArbGG). Das G. findet vor dem Vorsitzenden statt, stellt den Beginn der → mündlichen Verhandlung dar und endet, soweit möglich, mit dem Abschluß eines → Prozeßvergleichs. Andernfalls schließt sich – unmittelbar oder später – die streitige mündliche Verhandlung an (§ 54 IV ArbGG).

**Güteverhandlung** ist der Teil einer → mündlichen Verhandlung, in dem versucht wird, den Rechtsstreit gütlich beizulegen (→ Sühneversuch, → Güteverfahren).

**Gütezeichen** ist ein Wort- und/oder Bildzeichen o.ä., das nach Überprüfung der Qualifikationsmerkmale der Ware und/oder ihrer Herstellungsart in einem besonderen Verfahren anerkannt worden ist (z. B. „Wollsiegel"). Die Bezugnahme auf ein G. in einem Kaufvertrag bedeutet regelmäßig eine entsprechende Eigenschaftszusicherung durch den Verkäufer (→ Gewährleistung, 2). S. a. → Marken.

**Gutglaubensschutz.** Der Schutz des redlichen rechtsgeschäftlichen Verkehrs gebietet es, nicht stets auf die wirkliche Rechtslage abzustellen, sondern den redlichen Erwerber, Geschäftspartner usw., der zulässigerweise auf einen äußeren *Rechtsschein* vertraut, in seinem Vertrauen zu schützen, soweit nicht übergeordnete Gesichtspunkte dem entgegenstehen. Der G. ist jedoch im Gesetz nicht einheitlich durchgeführt: So findet z. B. im ehelichen → Güterrecht und beim Erwerb einer Forderung (hinsichtlich Inhaberschaft und Bestand, §§ 404, 437 BGB; → Abtretung, → Kauf) ein G. überhaupt nicht statt. In anderen Fällen, insbes. bei der → Anfechtung von Willenserklärungen, bei der → Stellvertretung u. a., verhindert neben positiver Kenntnis bereits jede Fahrlässigkeit den G.; das Gesetz schließt hier den G. aus, wenn der Betreffende den maßgeblichen Umstand „kannte oder kennen mußte" (= jede Fahrlässigkeit, vgl. § 122 II BGB). Der eigentliche G. findet statt bei Erwerb des Eigentums und anderer dinglicher Rechte an Grundstücken oder beweglichen Sachen; hier wird der „gute Glaube" des Erwerbers vermutet und nur bei Kenntnis oder grober Fahrlässigkeit (bei beweglichen Sachen vgl. § 932 II BGB) bzw. bei Kenntnis oder Eintragung eines Widerspruchs im Grundbuch (bei Grundstükken vgl. § 892 BGB) beseitigt; s. i.e. → *gutgläubiger Erwerb.* Damit hängen zusammen der → öffentliche Glaube des Grundbuchs und des → Erbscheins, während Handels-, Vereins- und Güterrechtsregister nur negative Publizität kennen (s.i.e. dort). Ebenso wie hinsichtlich der Rechtsstellung (Rechtsinhaberschaft) findet verschiedentlich ein G. hinsichtlich der → Verfügungsbefugnis über einzelne Gegenstände (so im Handelsrecht nach § 366 HGB; zu § 135 II BGB → Verfügung eines Nichtberechtigten, relative → Unwirksamkeit) sowie gegenüber dem Inhaber einer Vollmacht statt (§§ 171 ff. BGB; → Stellvertretung, → Vollmacht, Duldungs-, Anscheins-Vollmacht). Im rechtsgeschäftlichen Verkehr wird dagegen nicht der gute Glaube an die → Geschäftsfähigkeit und grundsätzlich auch nicht an die Vertretungsmacht des Geschäftspartners geschützt. Ein besonders weitgehender G. findet statt beim Erwerb eines → Wechsels (Art. 16, 17 WechselG) oder eines sonstigen → Orderpapiers (§ 363 HGB) sowie bei der Leistung auf ein → Inhaberpapier (§ 793 BGB).

**Gutgläubiger Erwerb.** 1. Bei → *Grundstücksrechten*: Zugunsten desjenigen, der ein Recht an einem → Grundstück oder ein Recht an einem solchen Recht durch → Rechtsgeschäft erwirbt, führt der *öffentliche Glaube* des → Grundbuchs dahin, daß dessen Inhalt als richtig gilt, es sei denn, daß ein → Widerspruch gegen die Richtigkeit eingetragen oder die Unrichtigkeit dem Erwerber positiv bekannt ist (§ 892 I BGB). Anders als beim g. E. beweglicher Sachen (s.u. 2) schadet hier grob fahrlässige Unkenntnis (→ böser Glaube) nicht. Der für die Kenntnis entscheidende Zeitpunkt ist regelmäßig die Zeit der Stellung des Eintragungsantrags (§ 892 II BGB). Gleichgültig ist, ob der Erwerber tatsächlich in das Grundbuch Einsicht genommen und hierauf vertraut hat. Voraussetzung ist der Erwerb eines eintragungsfähigen Rechts durch rechtsgeschäftliches Verkehrsgeschäft; Erwerber und Verfügender müssen also zwei verschiedene Personen sein (z. B. nicht bei Bestellung einer → Eigentümergrundschuld durch den Grundstückseigentümer). Kein rechtsgeschäftlicher Erwerb und damit kein g. E. greift ein bei Erwerb kraft Gesetzes (z. B. → Erbfolge), durch Staatsakt (→ Enteignung, → Zuschlag in der Zwangsversteigerung) oder auf Grund einer Zwangsvollstreckungsmaßnahme (z. B. Eintragung einer → Zwangshypothek). „Inhalt des Grundbuchs" in diesem Sinne sind alle eintragungsfähigen Umstände, auch z. B. die Katasterbezeichnung zur genauen Bestimmung des Grundstücks; rein tatsächliche Angaben (z. B. über Größe, Bebauung) haben dagegen nicht am öffentlichen Glauben des Grundbuchs teil.

Die Vorschriften über den g. E. vom Nichtberechtigten (z. B. der eingetragene Nichteigentümer übereignet oder belastet das Grundstück) gelten entsprechend für die gutgläubige *Leistung an einen Nichtberechtigten* (z. B. Tilgung einer → Hypothek) sowie für sonstige Rechtsgeschäfte, die eine → Verfügung über das Grundstücksrecht enthalten (z. B. → Kündigung der Hypothek, Bestellung einer → Vormerkung durch den eingetragenen Nichtberechtigten, § 893 BGB). Schließlich erstreckt sich der öffentliche Glaube des Grundbuchs bei einem Grundstücksrecht auch darauf, daß mangels Eintragung (neben der Freiheit von eintragungsfähigen Belastungen) auch keine relativen, d. h. nur zugunsten einer bestimmten Person wirkenden → Verfügungsbeschränkungen – z. B. Eröffnung des → Insolvenzverfahrens, Beschränkung durch einen → Nacherben, → Veräußerungsverbote, → Beschlagnahme in der Zwangsvollstreckung – vorhanden sind (§ 892 I 2 BGB); nicht geschützt wird dagegen der gute Glaube an das Fehlen absoluter Verfügungsbeschränkungen (z. B. nach Baurecht oder unter Ehegatten, → Zugewinngemeinschaft, *Güterrechtsregister*), an die → Geschäftsfähigkeit, Vertretungsmacht u.ä.

2. G. E. von *beweglichen Sachen:* Durch eine → Eigentumsübertragung mittels Einigung und Übergabe (§ 929 BGB) wird der Erwerber auch dann Eigentümer, wenn die Sache nicht dem Veräußerer gehört, sofern er nicht im Zeitpunkt der Übergabe im → bösen Glauben ist (§ 932 BGB). Der gute Glaube muß sich auf das → Eigentum des Veräußernden beziehen; der gute Glaube an die → Geschäftsfähigkeit, Verfügungsbefugnis usw. wird nach diesen Vorschriften nicht geschützt (s. aber Verfügungsbeschränkung). Auch bei den anderen Arten der Eigentumsübertragung (→ Besitzkonstitut, Abtretung des Herausgabeanspruchs) ist ein g. E. möglich, allerdings erst, wenn der Erwerber den unmittelbaren *Besitz* erlangt, der wegen seiner → Eigentumsvermutung den g. E. einer Sache rechtfertigt (§§ 933, 934 BGB; → Sicherungsübereignung). Trotz guten Glaubens tritt ein Eigentumserwerb nicht ein, wenn dem Eigentümer die Sache gestohlen worden (→ Diebstahl), verloren gegangen oder sonst abhanden gekommen ist, sofern es sich nicht um Geld oder → Inhaberpapiere handelt (§ 935 BGB). Unter *Abhandenkommen* ist der unfreiwillige Besitzverlust durch den unmittelbaren → Besitzer zu verstehen, d. h. auch bei Weggabe durch den → Besitzdiener oder einen Ladenangestellten (vgl. § 56 HGB), nicht aber bei Weggabe der Sache gegen den Willen des → mittelbaren Besitzers, da dieser dem unmittelbaren Besitzer den Besitz freiwillig eingeräumt hat. Der g. E. steht der normalen Eigentumsübertragung gleich und gewährt dem Erwerber vollwertiges Eigentum. Guter Glaube ist auch hier (s.o. 1) nur bei Erwerb durch → Rechtsgeschäft erforderlich (also nicht z. B. in der Zwangsvollstreckung). Mit dem g. E. des Eigentums erlöschen regelmäßig, d. h. bei gutem Glauben auch an die Belastungsfreiheit, etwaige Belastungen der Sache (z. B. → Pfandrecht, § 936 BGB, sog. *gutgläubig-lastenfreier Erwerb*).

3. Über den g. E. eines → Pfandrechts, einer → Hypothek u. a. s. dort. S. allgemein: → Gutglaubensschutz.

**Gütliche Verhandlung in Staatenstreitigkeiten.** Ein Großteil von Staatenstreitigkeiten wird im Wege diplomatischer Verhandlungen geklärt. → Völkerrechtliche Verträge sehen nicht selten als Rechtspflicht der Vertragspartner den Versuch vor, Meinungsverschiedenheiten im Wege der g. V. zu klären. Art. 33 der Satzung der Vereinten Nationen verpflichtet die Mitgliedstaaten, Streitigkeiten, die den internationalen Frieden oder die internationale Sicherheit gefährden, in erster Linie durch „Verhandlung, Untersuchung, Vermittlung, Vergleich, Schiedsspruch oder gerichtliche Erledigung" zu beseitigen. Die ersten vier Möglichkeiten fallen in den Bereich der g. V.

**Gutsbezirk** war nach der VO über gemeindefreie Grundstücke und Gutsbezirke vom 15. 11. 1938 (RGBl. I 1631) ein → gemeindefreies Gebiet, in dem der Gutsbesitzer die öffentlichen Aufgaben erfüllte, die im Gemeindegebiet der → Gemeinde obliegen (§§ 3–5 der VO).

**Gutschein** ist eine → Urkunde, die je nach den Umständen ein → Inhaberzeichen oder ein → Schuldschein sein kann.

**Gutschrift** → Rechnung.

**Gymnasium.** Das G. ist eine weiterführende Schule mit unterschiedlicher Ausgestaltung in den Ländern. Es dauert von der 5. oder 7. bis zur 12. oder 13. Jahrgangsstufe. Die erfolgreiche Ablegung der Abschlußprüfung (Abitur) berechtigt zum Besuch aller Hochschulen, insbesondere der Universitäten (wissenschaftliche Hochschulen). S. a. allgemeine → Hochschulreife.

# H

**Haager Abkommen über die internationale Hinterlegung gewerblicher Muster oder Modelle** vom 6. 11. 1925 ist ein Nebenabkommen zur → Pariser Übereinkunft. Vgl. BGBl. 1962 II 774.

**Haager Eheschließungsabkommen.** Das H. E. vom 12. 6. 1902 (RGBl. 1904, 221) enthält Bestimmungen über Voraussetzungen der → Eheschließung zwischen Angehörigen verschiedener Staaten, in denen dieses Abkommen wie in der BRep. Geltung hat. Dagegen ist die BRep. nicht mehr Vertragsstaat des *Haager Ehewirkungsabkommens* vom 17. 7. 1905, und des *Haager Ehescheidungsabkommens* vom 12. 6. 1902; hier bestimmt sich das anzuwendende materielle Recht, soweit kein spezieller Staatsvertrag besteht, nach Art. 14ff., 17 EGBGB (→ Internationales Privatrecht, 2).

**Haager Friedenskonferenzen.** Die Beschlüsse der HF von 1899 und 1907 haben ihren Niederschlag in den sog. Haager Konventionen gefunden, die der Schlichtung internationaler Streitigkeiten, einer den Geboten der Menschlichkeit entsprechenden Kriegführung und der Regelung privatrechtlicher Fragen dienen. S. insbes. → Haager Landkriegsordnung.

**Haager Internationaler Gerichtshof** → Internationaler Gerichtshof.

**Haager Landkriegsordnung** (HLKO). Auf der zweiten Haager Friedenskonferenz von 1907 einigten sich die Mächte u. a. auf das Abkommen über die Gesetze und Gebräuche des Landkriegs, nachdem schon auf der ersten Haager Friedenskonferenz von 1899 ein ähnlicher Entwurf angenommen worden war. Dieses Abkommen (RGBl. 1910, 107ff.) gilt noch heute; es regelt eine große Zahl von Fragen des → Kriegsrechts. Im ersten Abschnitt wird zunächst der Begriff des „Heeres" und der „kämpfenden Bevölkerung" bestimmt; bei der bewaffneten Macht wird zwischen → Kombattanten und Nichtkombattanten unterschieden. Es folgen Bestimmungen über die rechtliche Stellung und Behandlung von → Kriegsgefangenen, insbes. über Unterbringung und gesundheitliche Versorgung, Garantie persönlichen Eigentums, Begrenzung des Arbeitszwangs, Einrichtung von Auskunftsstellen, Betreuung durch Hilfsgesellschaften, Entlassung nach Friedensschluß. Im zweiten Abschnitt versucht das Abkommen, die zulässigen Mittel zur „Schädigung des Feindes" zu bestimmen (Verbot der Verwendung von Giftgas usw.) und regelt die Behandlung von Spionen und Parlamentären sowie Fragen aus dem Waffenstillstandsrecht (Pflichten der Kriegsparteien; Voraussetzungen für die Wiederaufnahme der Feindseligkeiten usw.). Der dritte Abschnitt enthält Regeln für die militärische Besetzung von Feindgebiet (Rechte und Pflichten der Besatzungsmacht, Schonung der Bevölkerung und ihres Eigentums u. a. m.). Art. 2 des Abkommens bestimmt, daß seine Regeln nur unter den Vertragsparteien Anwendung finden. Es wird aber weitgehend angenommen, daß sie → Völkergewohnheitsrecht geworden sind.

**Haager Minderjährigenschutzabkommen** vom 5. 10. 1961 (BGBl. 1971 II 217) sieht für alle Minderjährigen in den Mitgliedsstaaten (die es sowohl nach ihrem Heimatrecht wie nach dem Recht ihres → gewöhnlichen Aufenthalts sind) ohne Rücksicht auf deren Staatsangehörigkeit die Möglichkeit vielfältiger Schutzmaßnahmen für Person und Vermögen vor, z. B. die Bestellung eines → Vormunds, Anordnung der → Fürsorgeerziehung, Regelung der → elterlichen Sorge usw.

**Haager Übereinkommen in Zivil- und Handelssachen.** Eine Reihe zwischenstaatlicher Kollektivverträge regelt für die ihnen beigetretenen Staaten verfahrensrechtliche Fragen im Verkehr mit dem Ausland, soweit nicht Einzelverträge oder speziellere internationale Übereinkommen vorgehen (z. B. im Rahmen der → Europäischen Gemeinschaft; s. hierzu → gerichtliche Zuständigkeit, 5; → Vollstreckungsurteil). Zu erwähnen sind insbes. das Haager Zustellungsübereinkommen (BGBl. 1977 II 1453), das H.Ü. über die Beweisaufnahme im Ausland (BGBl. 1977 II 1472) sowie allgemein das H.Ü. über den Zivilprozeß (BGBl. 1958 II 576).

**Haager Übereinkommen über internationale Kindesentführung** → Personensorge.

**Haager Unterhaltsvollstreckungsübereinkommen** vom 2. 10. 1973 (BGBl. 1986 II 825) mit AusfG vom 25. 7. 1986 (BGBl. I 1156) ist ein zwischenstaatlicher Kollektivvertrag, der die Anerkennung und Vollstreckung von gerichtlichen Entscheidungen oder Vergleichen eines Vertragsstaats über Unterhaltspflichten aus Familie und Ehe sowie gegenüber einem nichtehelichen Kind regelt. S. ferner → Unterhaltsanspruch (Auslandsunterhalt).

**Haager Zivilprozeßübereinkommen** → Haager Übereinkommen in Zivil- und Handelssachen.

**Habeas-Corpus-Akte.** Sie ist ein englisches Gesetz aus dem Jahre 1679, das den Bürgern Schutz vor willkürlicher Verhaftung gewährleistete; sie bestimmte, daß kein Untertan Englands ohne gerichtliche Untersuchung in Haft gehalten werden durfte. Sie bildete seither ein grundlegendes Freiheitsrecht des englischen und amerikanischen Verfassungslebens. Ihr Grundinhalt hat auch in allen modernen demokratischen Verfassungen Eingang gefunden (vgl. Art. 104 GG; → Freiheitsentziehung).

**Habilitation** ist der höchste der → akademischen Grade. Durch die H. wird der Nachweis der besonderen Befähigung zu selbständiger wissenschaftlicher Forschung und Lehre erbracht. Zur Habilitationsleistung gehören i. d.R. eine wissenschaftliche Arbeit (Habilitationsschrift), ein Probevortrag und ein Kolloquium. Die Einzelheiten regeln das Landesrecht und die Habilitationsordnungen der → Hochschulen.

**Hackfleisch.** Für H. und sonstige → Lebensmittel aus stark zerkleinertem rohem Fleisch regelt die VO vom 10. 5. 1976 (BGBl. I 1186) m. Änd. strenge Anforderungen an die Ausstattung der Herstellungsbetriebe sowie an Herstellung, Aufbewahrung und Transport.

**Hafengeld** sind die Gebühren und Auslagen, die für die Benutzung eines Hafens durch ein Schiff zu zahlen sind. Beim → Seefrachtvertrag gehört das H. zu den gewöhnlichen Kosten der Schiffahrt, die den Verfrachter treffen, sofern das H. nicht auf einer großen → Haverei beruht (§ 621 HGB).

**Haft** → Untersuchungshaft, → Haftbefehl, → Haftprüfungsverfahren, → Haftunfähigkeit, → Erzwingungshaft, → Ordnungsmittel, → Offenbarungs(eid)versicherung (2). Der Begriff H. wird in der Umgangssprache fälschlicherweise häufig statt → Freiheitsstrafe gebraucht.

**Haftbefehl** ist die – in aller Regel richterliche (Ausnahme unten 2) – Anordnung zur Inhaftnahme einer Person.

1. Im *Strafprozeß* kann gegen den Beschuldigten ein H. erlassen werden, um die Durchführung des Verfahrens zu sichern. *Voraussetzungen* sind *dringender Tatverdacht* und ein *Haftgrund* (§§ 112, 127 b II StPO).

Haftgründe sind: *Flucht* des Beschuldigten, *Fluchtgefahr, Verdunkelungsgefahr,* bei bestimmten schwerwiegenden Delikten *Wiederholungsgefahr,* sowie *Befürchtung des Fernbleibens von der Hauptverhandlung*. Bei Mord, Totschlag, → Völkermord nach § 220 a I Nr. 1 StGB, schwerer → Körperverletzung, besonders schwerer → Brandstiftung, Brandstiftung mit Todesfolge und personengefährdendem Sprengstoffverbrechen nach § 308 StGB sowie Gründung von oder Beteiligung an → terroristischen Vereinigungen ist die *Schwere des Delikts* gesetzlicher Haftgrund. Bis auf den letztgenannten muß sich der Haftgrund aus *bestimmten,* im H. anzuführenden *Tatsachen* ergeben; unbestimmter Verdacht oder Vermutungen reichen nicht aus.

Fluchtgefahr muß unter Würdigung aller Umstände gerechtfertigt sein, die im Einzelfall abzuwägen sind (Bindung an Arbeitsplatz und Familie; anderseits Fluchtvorbereitungen).

Verdunkelungsgefahr ist nur begründet, wenn bestimmte Tatsachen die Absicht des Beschuldigten erkennen lassen, Beweismittel zu beseitigen oder zu fälschen (Tatspuren, belastende Schriftstücke) oder *in unlauterer Weise* auf Mitbeschuldigte, Zeugen oder Sachverständige, wenn auch mittelbar, einzuwirken (Versuch, Belastungszeugen zu anderen Aussagen – nicht nur zur → Zeugnisverweigerung – zu bewegen), und wenn dadurch die Wahrheitsermittlung erschwert wird.

Wiederholungsgefahr ist Haftgrund nur bei bestimmten Sexualstraftaten (§§ 174, 174a, 176–179 StGB); ferner in schweren Fällen bestimmter, wiederholt oder fortgesetzt begangener Delikte, wenn mehr als 1 Jahr Freiheitsstrafe zu erwarten ist: Besonders schwerer Fall des Landfriedensbruchs, Körperverletzung, Diebstahl, Raub, Erpressung, Hehlerei, Betrug, Brandstiftung, Autostraßenraub, Betäubungsmittelstraftaten (§ 112a StPO).

Bei Vergehen, die mit höchstens 6 Mon. Freiheitsstrafe oder Geldstrafe bis zu 180 Tagessätzen bedroht sind, ist als Haftgrund nur Fluchtgefahr zugelassen und nur bei Beschuldigten, die keinen inländischen Wohnsitz haben oder sich nicht ausweisen können oder sich dem Verfahren bereits einmal durch Flucht entzogen oder zu entziehen versucht haben (§ 113 StPO). Aber auch bei anderen Straftaten darf die Untersuchungshaft nach dem → Verhältnismäßigkeitsgrundsatz nicht verhängt werden, wenn sie zur Bedeutung der Sache und der zu erwartenden Strafe (Maßregel der Besserung und Sicherung) außer Verhältnis steht; § 112 I 2 StPO.

Allerdings kann bei Befürchtung des Fernbleibens von einer Hauptverhandlung, im → beschleunigten Verfahren, die binnen 1 Woche nach der Festnahme zu erwarten ist, Haft für 1 Woche angeordnet werden (§ 127b II StPO; sog. *Hauptverhandlungshaft*). Damit sollen insbes. reisende Straftäter u. gewalttätige Demonstranten erfaßt werden. Der schriftliche H. muß die Personalien des Beschuldigten, die ihm zur Last gelegte Straftat, den Haftgrund, das anzuwendende Strafgesetz und die für Tatverdacht und Haftgrund sprechenden Tatsachen anführen. Er ist dem Beschuldigten mündlich und schriftlich bekanntzugeben (§§ 114, 114a StPO). Der Richter benachrichtigt von der Verhaftung einen Angehörigen des Beschuldigten oder eine Person seines Vertrauens; außerdem ist dazu dem Verhafteten selbst Gelegenheit zu geben, wenn dies den Untersuchungszweck nicht gefährdet (§ 114b StPO).

Der *Vollzug* des H. kann (bei Fluchtgefahr: muß) *ausgesetzt* werden, wenn weniger einschneidende Maßnahmen zur Sicherung des Haftzwecks genügen; so bei Fluchtgefahr Abgabe des Passes, regelmäßige Meldung bei der Polizei, Sicherheitsleistung (die Sicherheit verfällt, wenn der Beschuldigte sich der Untersuchung oder einer Freiheitsstrafe entzieht; §§ 116, 124 StPO), bei Verdunkelungs- oder Wiederholungsgefahr das Verbot der Kontaktaufnahme mit Zeugen oder dem Tatopfer; selbst bei Mord, Totschlag oder Völkermord kann sich Aussetzung des Vollzugs im Hinblick auf den Verhältnismäßigkeitsgrundsatz rechtfertigen (BVerfG NJW 1966, 243).

S. ferner (vorläufige) → Festnahme, → Haftprüfungsverfahren (auch über Haftbeschwerde), → Haftunfähigkeit; wegen Inhaftnahme zur Durchführung des → Sicherungsverfahrens → Unterbringungsbefehl.

Ein H. kann auch gegen einen Jugendlichen ergehen (§ 72 JGG), ferner gegen den trotz ordnungsmäßiger Ladung in der Hauptverhandlung unentschuldigt ausgebliebenen Angeklagten, um sein Erscheinen zu erzwingen § 230 StPO), auch ohne die besonderen Voraussetzungen des § 112 StPO. Im → Privatklageverfahren und → Bußgeldverfahren ist H. unzulässig. Auslieferungshaft → Auslieferung, Abschiebehaft → Ausländer.

2. Ein H. kann von der *Vollstreckungsbehörde* gegen den rechtskräftig Verurteilten erlassen werden, der sich auf Ladung nicht zur Vollstreckung einer Freiheitsstrafe oder freiheitsentziehenden Maßregel stellt oder fluchtverdächtig ist, ebenso gegen den vollzugsflüchtigen Strafgefangenen. Statt des H. kann Vorführungsbefehl ergehen (§ 457 StPO, § 33 StrafvollstreckungsO); → Strafvollstreckung. Gegen einen Beschuldigten im Ausland kann durch den Verfolgungsstaat ein *Internationaler H.,* der vom Aufenthaltsstaat nur noch vollzogen werden müßte, nicht erlassen werden. Es handelt sich in diesen Fällen nur um ein Ersuchen um (vorläufige) Festnahme zum Zwecke der Auslieferung, z. B. durch Ausschreibung zur internationalen Fahndung, oder um Ausliefe-

rung. Ob der Aufenthaltsstaat dem Ersuchen nachkommt und den Beschuldigten inhaftiert, richtet sich nach seinem Recht und etwaigen zwischenstaatlichen Verträgen.

3. Hat ein Schuldner nach *bürgerlichem* oder *Zivilprozeßrecht* eine eidesstattliche Versicherung (→ Offenbarungsversicherung) abzugeben, kann das Gericht zu deren Erzwingung H. erlassen (§ 901 ZPO), ebenso zur Vollstrekkung des persönlichen → Arrests (§ 933 ZPO).

**Haftbeschwerde** → Haftprüfungsverfahren.

**Haftentschädigung** → Strafverfolgung, ungerechtfertigte.

**Haftgründe** → Haftbefehl (1).

**Häftlingshilfe.** Das Ges. über Hilfsmaßnahmen für Personen, die aus politischen Gründen in Gebieten außerhalb der BRep. in Gewahrsam genommen wurden (Häftlingshilfegesetz – HHG – i. d. F. vom 2. 6. 1993, BGBl. I 838, m. Änd.), regelt Leistungen an Personen, die nach dem 8. 5. 1945 in den Vertreibungsgebieten aus politischen und nach freiheitlich-demokratischer Auffassung von ihnen nicht zu vertretenden Gründen in Gewahrsam genommen wurden, sowie an ihre Angehörigen und Hinterbliebenen; über gleichgestellte Gruppen vgl. VO vom 1. 8. 1962 (BGBl. I 545) m. Änd. Für Gesundheitsschäden wird Versorgung nach den Vorschriften der → Kriegsopferversorgung gewährt. Ist der Häftling in der Haft oder an der Haftschädigung verstorben, so erhalten die Hinterbliebenen Versorgung nach den gleichen Vorschriften. Weitere Leistungen sind Eingliederungshilfe, Existenzaufbaudarlehen und Hilfe zur Wohnraumbeschaffung. Die Zeit der Haft und einer anschließenden Krankheit oder unverschuldeten Arbeitslosigkeit wird in der → Rentenversicherung als → Ersatzzeit angerechnet. Bei besonderer wirtschaftlicher Beeinträchtigung gewährt die öffentl.-rechtl. „Stiftung für ehemalige politische Häftlinge" Hilfe.

Die Leistungen nach dem HHG sind steuerfrei (§ 3 Nr. 23 EStG, § 111 Nr. 5 c BewG, § 13 I Nr. 7 c ErbStG).

**Haftpflicht** für *Eisenbahn, Straßenbahn* usw. → Eisenbahnbetriebshaftung; für Luftfahrzeuge → Luftverkehrshaftung; für *Betriebe* → Gefährdungshaftung; für *Kraftfahrzeuge* → Straßenverkehrshaftung; für *Baustellen* usw. → Verkehrssicherungspflicht, → Baustellen; für *Kinder* und *Tiere* → unerlaubte Handlung (3, 4 a).

**Haftpflichtversicherung.** Die H. ist eine Art der → Schadensversicherung. Der Versicherer ist hier verpflichtet, dem Versicherungsnehmer den Schaden zu ersetzen, den dieser durch eine Leistung auf Grund seiner Verantwortlichkeit für einen während der Versicherungszeit eintretenden Umstand erleidet (Haftungsfall, z. B. vom Dach des Hauses des Versicherungsnehmers löst sich ein Teil und trifft einen Passanten); er ist ferner verpflichtet, ihn von etwaigen Ansprüchen Dritter freizuhalten (§ 149 VVG). Neben diesen Ersatz- und Befreiungsanspruch tritt ein Anspruch auf → Rechtsschutz. Die H. umfaßt danach die gerichtlichen und außergerichtlichen Kosten, die durch die Verteidigung gegen den von einem Dritten geltendgemachten Anspruch entstehen, auch wenn sich dieser als unbegründet erweist, die Kosten einer Strafverteidigung im Zusammenhang mit dem Versicherungsfall usw., dies auch über die → Versicherungssumme hinaus, wenn der Rechtsstreit auf Veranlassung des Versicherers geführt wird (§ 150 VVG). Bei der H. sind daher das Haftpflichtverhältnis zwischen Versichertem und Dritten und das Versicherungsverhältnis zwischen Versichertem und Versicherer zu unterscheiden. Wenn auch der Versicherer meist (Ausnahme → Kraftfahrzeug-H.) keine unmittelbaren Rechtsbeziehungen zu dem Dritten hat, so wird doch i. d.R. der Versicherer die Abwicklung für den Versicherungsnehmer vornehmen, da eine rechtskräftige Entscheidung im Haftpflichtprozeß mit dem Dritten für die Entschädigungspflicht des Versicherers (Versicherungsfall) vorgreiflich und weitgehend bindend ist.

Für die H. gelten über die allgemeinen Bestimmungen der Schadensversicherung (→ Versicherungsvertrag) hinaus Sonderbestimmungen: Der Versicherer haftet nicht, wenn der Versicherte den V.fall vorsätzlich herbeigeführt hat (§ 152 VVG). Der Versicherungsnehmer hat innerhalb 1 Woche den Anspruch eines Dritten oder Tatsachen, die einen solchen Anspruch als möglich erscheinen lassen, dem Versicherer anzuzeigen (§ 153 VVG). → Verfügungen des V.nehmers über seine Entschädigungsforderung gegen den Versicherer sind dem Dritten (Geschädigten) gegenüber unwirksam; einer Verfügung steht eine Pfändung usw. dieser Forderung gleich (§ 156 VVG). Ist über das Vermögen des V.nehmers das → Insolvenzverfahren eröffnet, so hat der geschädigte Dritte wegen seiner Ersatzforderung einen Anspruch auf → Absonderung an der Entschädigungsforderung des V.nehmers (§ 157 VVG). Nach Eintritt eines V.falls haben beide Teile ein Kündigungsrecht (Frist 1 Monat), wenn der Versicherer auf Aufforderung die Leistungspflicht anerkannt oder verweigert hat (§ 158 VVG). Weitere Einzelheiten sind in den Allgemeinen → Versicherungsbedingungen geregelt. Besondere Vorschriften gelten darüber hinaus für eine H., für deren Abschluß eine gesetzliche Pflicht besteht (z. B. für den Halter eines Kraftfahrzeugs, → Pflichtversicherung, → Kraftfahrzeug-H.).

**Haftprüfungsverfahren.** Im Strafverfahren steht dem in Haft genommenen Beschuldigten, seinem Verteidiger und ggf. seinem gesetzlichen Vertreter das Recht der *Beschwerde* und, wenn diese beim Beschwerdegericht erfolglos bleibt, der *weiteren Beschwerde* gegen den → Haftbefehl zu (§§ 304, 310 I StPO). *Statt der Beschwerde* kann während der Dauer der Untersuchungshaft jederzeit Antrag auf *Haftprüfung* gestellt werden mit dem Ziel, den Haftbefehl aufzuheben oder seinen Vollzug durch mildere Maßnahmen zu ersetzen; neben diesem Antrag ist die Beschwerde unzulässig. Die Haftprüfung findet auch ohne Antrag statt, wenn die Untersuchungshaft 3 Mon. andauert, der Beschuldigte ohne Verteidiger ist und weder Haftprüfung beantragt noch Haftbeschwerde eingelegt hat (§ 117 StPO). Zur Haftprüfung kann eine *mündliche Verhandlung* in Anwesenheit des Beschuldigten (§ 118a StPO) auf dessen Antrag oder von Amts wegen durchgeführt werden. Ihre Wiederholung kann nicht unbegrenzt beantragt werden, sondern nur, wenn die voraufgegangene Verhandlung mindestens 2 Mon. zurückliegt und die Untersuchungshaft mindestens 3 Mon. andauert. Die Haftprüfung entfällt während der Hauptverhandlung und nach Erlaß eines auf Freiheitsstrafe lautenden Urteils (§ 118 StPO). Ein Rechtsbehelf gegen den Haftbefehl wird nach Beendigung der Haft grundsätzlich nicht wegen prozessualer Überholung unzulässig (BVerfG NJW 1997, 2163).

**Haftstrafe** → Freiheitsstrafe.

**Haftsumme** ist bei einer *Genossenschaft* der Betrag, auf den die → Nachschußpflicht des Genossen beschränkt werden kann. Die H. darf nicht niedriger sein als der → Geschäftsanteil des Genossen; sie wird bei Errichtung der Genossenschaft durch das Statut bestimmt (§ 119 GenG). Bei einer *Kommanditgesellschaft* ist H. der Betrag, in dessen Höhe der Kommanditist seine → Einlage zu leisten hat und mit dem er den Gläubigern der KG persönlich und unmittelbar haftet (§ 171 I HGB). Diese Haftung ist ausgeschlossen, soweit der Kommanditist seine Einlage geleistet hat.

**Haftunfähigkeit** besteht, wenn die Untersuchungs- oder Strafhaft an einem Gefangenen wegen seines Gesundheitszustandes nicht in der Haftanstalt vollzogen werden kann.

Voraussichtliche Dauer und Schwere der Krankheit können zur Aufhebung des → Haftbefehls durch den Richter führen; erfordert der Haftgrund gleichwohl den weiteren Vollzug der Untersuchungshaft, wird der Häftling in eine Krankenanstalt überführt und dort bewacht (Nr. 58 RiStBV).

Über die Unterbrechung einer *Freiheitsstrafe* wegen H. entscheidet die Strafvollstreckungsbehörde (i. d. R. die StA). Die Unterbrechung setzt voraus, daß keine überwiegenden Gründe, insbes. solche der öffentlichen Sicherheit, entgegenstehen. Unterbrechungsgründe sind Geisteskrankheit, nahe Lebensgefahr bei weiterem Vollzug und sonstige schwere Erkrankungen, die in Vollzugseinrichtungen nicht behandelt werden können (§ 455 IV StPO). Der Gefangene ist dann ggf. in eine geeignete öffentliche Anstalt zu überführen, z. B.

bei geistiger Erkrankung in ein psychiatrisches Krankenhaus. Ist dagegen mit seiner Wiederherstellung zu rechnen, kann die Strafvollstreckung in einem Krankenhaus des Justizvollzugs fortgesetzt werden.

S.a. Art. 6 EGWStG (für den Vollzug durch Bundeswehrbehörden) sowie → Zwangsbehandlung.

**Haftung.** 1. Der Begriff H. wird im BGB nicht einheitlich gebraucht: vielfach nur als Einstehenmüssen für eine aus einem → Schuldverhältnis herrührende Schuld (z. B. auf → Schadensersatz), in engerem Sinn als H. des Vermögens des Schuldners gegenüber dem Zugriff des Gläubigers. Jeder → Anspruch ist grundsätzlich gerichtlich durchsetzbar (→ Klage); für seine Erfüllung haftet das Vermögen. Ausnahmen gelten z. B. für die nicht einklagbare → unvollkommene Verbindlichkeit (Naturalobligation, insbes. aus Spiel oder Wette, Ehemäklerlohn; s. auch → eheliche Lebensgemeinschaft). Eine verjährte Forderung ist zwar einklagbar; doch steht ihr die → Einrede der → Verjährung entgegen.

Von einer beschränkten H. spricht man, wenn der Schuldner nur mit Teilen seines Vermögens (Sondervermögen) für die Schuld einzustehen hat, s. z.B. → beschränkte Erbenhaftung, H. der Mitglieder beim nichtrechtsfähigen Verein u. a. Höchstgrenzen – z. B. für die H. des → Gastwirts oder des → Kraftfahrzeughalters – befreien nicht von der H., beschränken aber die Höhe der Schuldverpflichtung. Ein anderer Fall von H. ist schließlich die Verpflichtung des Eigentümers, die Verwertung seiner auf Grund eines → Pfandrechts, einer → Hypothek oder → Grundschuld haftenden Sache durch den Gläubiger zu dulden (der Schuldner schuldet die Erfüllung der Forderung, der Eigentümer haftet hierfür, ohne als solcher selbst zu schulden, mit seiner Sache, sog. *dingliche H.*).

2. Grundsätzlich ist die H. vom *Verschulden* abhängig (s.a. → Schadensersatz); s. hierzu aber → Sorgfalt in eigenen Angelegenheiten und über wichtige Ausnahmefälle: → Gefährdungshaftung, → Billigkeitshaftung, → Gewährleistung; s. ferner → Staatshaftung. Über H. *für Verkehrsunfälle* (Halter, Fahrer von Fahrzeugen) → Straßenverkehrshaftung, → unerlaubte Handlung, → Gefälligkeitsfahrt. S. a. → Produkthaftung.

**Haftung des Arbeitgebers** → Fürsorgepflicht, → Dienstvertrag, → Verwahrung, → Zeugnis, → Arbeitsschutz.

**Haftung des Arbeitnehmers** → innerbetrieblicher Schadensausgleich, → Arbeitsverweigerung, → Mankohaftung.

**Haftung des Beamten.** Seinem → Dienstherrn hat der Beamte den aus einer vorsätzlichen oder grobfahrlässigen Pflichtverletzung entstehenden Schaden zu ersetzen (§ 46 I BRRG, § 78 I BBG). Dies gilt in gleicher Weise für unmittelbare Schäden des Dienstherrn wie für die Schäden Dritter, für die der Dienstherr im Rahmen der → Staatshaftung aufgekommen ist (sog. *Regreß*). Da die Regelung jetzt allgemein und nicht bloß für den öffentlichrechtlichen Bereich gilt, ist die Streitfrage über das Haftungsmaß bei → gefahrgeneigter Arbeit überholt. Die Haftung der Angestellten des öffentlichen Dienstes ist an die der B. angeglichen (Nr. 14 BAT). Schadensersatzleistungen wegen schuldhaft verursachter Fehlbestände in Kassen, Lagern usw. können im Wege des *Erstattungsverfahrens* nach dem ErstattungsG nebst DVO i. d.F. vom 24. 1. 1951 (BGBl. I 109, 111) m. Änd. durch vollstreckbaren Erstattungsbeschluß durchgesetzt werden. Zur H. gegenüber dem Bürger s. bei → Staatshaftung.

**Haftung für Kinder** → unerlaubte Handlung (3).

**Haftung für Kraftfahrzeugunfälle** → Straßenverkehrshaftung.

**Haftung im Steuerrecht.** Während das Finanzamt gegenüber dem Steuerschuldner zur Inanspruchnahme verpflichtet ist, steht die Inanspruchnahme eines *Haftungsschuldners* in seinem pflichtgemäßen Ermessen (§§ 191, 219 AO). Gesetzliche Vertreter, Vermögensverwalter und Verfügungsberechtigte (§§ 34, 35 AO) haften, soweit Ansprüche aus dem Steuerschuldverhältnis infolge vorsätzlicher oder grob fahrlässiger Verletzung der ihnen auferlegten Pflichten nicht oder nicht rechtzeitig festgesetzt oder erfüllt werden (§ 69 AO). Organgesellschaften (Organe) haften für solche Steuern des Organträgers, für welche die → Organschaft zwischen ihnen steuerlich von Bedeutung ist (§ 73 AO). Wesentlich Beteiligte haften mit zum Gebrauch überlassenen Gegenständen für diejenigen Steuern des Unternehmens, bei denen sich die Steuerpflicht auf den Betrieb des Unternehmens gründet (z. B. USt, GewSt, → Versicherungsteuer bei Versicherungsunternehmen, → Verbrauchsteuer bei Erzeugerbetrieben). Wesentlich ist beteiligt, wer mit mehr als 25% am Nennkapital oder am Vermögen des Unternehmens beteiligt ist. Als wesentlich beteiligt gilt auch, wer einen beherrschenden Einfluß ausübt und durch sein Verhalten dazu beiträgt, daß fällige Steuern nicht entrichtet werden (§ 74 AO). Der Betriebsübernehmer haftet mit dem übernommenen Vermögen ebenfalls für Steuern, bei denen sich die Steuerpflicht auf den Betrieb des Unternehmens gründet, und für Steuerabzugsbeträge, sofern diese seit Beginn des letzten vor der Übereignung liegenden Kalenderjahrs entstanden sind (§ 75 AO). Eine weitergehende Haftung gegenüber dem Finanzamt kann sich aus der Fortführung der Firma (§ 25 HGB) oder Vermögensübernahme (§ 419 BGB) oder Erbschaftskauf (§ 2382 BGB) ergeben. Die Inanspruchnahme erfolgt durch schriftlichen *Haftungsbescheid* (§ 191 AO), der die Haftung feststellt, und die Zahlungsaufforderung (§ 219 AO). Wer verpflichtet ist, die Vollstreckung zu dulden, kann durch *Duldungsbescheid* in Anspruch genommen werden. Beruht die Haftung auf einem Vertrag, so muß das FA vor dem ordentlichen Gericht klagen (§ 192 AO). Zur Verjährung der Haftung vgl. §§ 191 V, 229 II AO. Lohnsteuer wird geschuldet vom Arbeitnehmer; der Arbeitgeber haftet für Einbehaltung und Abführung (§ 42 d EStG). Kapitalertragsteuer wird geschuldet vom Empfänger der Kapitalerträge (z. B. Aktionär); der Schuldner der Kapitalerträge (z. B. AG) haftet für Einbehaltung und Abführung (§ 44 V EStG). Steuerschuldner und Haftungsschuldner sind → Gesamtschuldner (§ 44 I AO).

**Haftungsausschluß** → Gewährleistung (2), → Freizeichnungsklausel.

**Haftungsbescheid** → Haftung im Steuerrecht.

**Haftuntauglichkeit** → Haftunfähigkeit.

**Hagelversicherung** ist eine Art der → Schadensversicherung, bei der die versicherten Bodenerzeugnisse gegen Schäden, die durch Hagelschlag entstehen, versichert sind. Über die allgemeinen Vorschriften hinaus (→ Schadensversicherung, → Versicherungsvertrag) enthalten die §§ 108 ff. VVG Sonderbestimmungen, insbes. über die Anzeigepflicht (binnen 4 Tagen), die jederzeitige Kündigungsmöglichkeit nach Eintritt eines → Versicherungsfalls zum Ende der → Versicherungsperiode sowie über die Fortdauer der Haftung des Versicherers (innerhalb der gleichen Versicherungsperiode für einen zweiten Schaden nur in Höhe des Differenzbetrags zwischen bereits erstattetem Schaden und Versicherungssumme).

**Halbdeckung** war in der → Rentenversicherung früher erforderlich für die Anrechnung bestimmter Zeiten (z. B. Schulzeiten, Zurechnungszeiten); durch das Rentenreformgesetz 1992 entfallen.

**Halbfamilie, steuerlich.** Verwitwete, geschiedene, dauernd getrenntlebende oder unverheiratete Väter oder Mütter (Alleinerziehende) versteuern ihr → Einkommen nach der Grundtabelle (→ Veranlagungsarten). Sie erhalten für ihre Kinder bestimmte steuerliche Vergünstigungen (→ Haushaltsfreibetrag, → Kinder, steuerliche Berücksichtigung); → Kinderbetreuungskosten.

**Halbleiterschutz.** Dreidimensionale Strukturen von mikroelektronischen Halbleitererzeugnissen (Topographien) sind – ähnlich wie Erfindungen durch ein → Patent – schutzfähig, soweit sie Eigenart aufweisen (H. Ges. vom 22. 10. 1987, BGBl. I 2294 m. Änd.); s. auch H.AnmeldeVO vom 4. 11. 1987 (BGBl. I 236). S. a. → Produktpiraterie.

**Halbscheidige Giebel- (Kommun)-mauer** → Grenzregelung bei Grundstücken.

**Halbteilung** → Kinderbetreuungskosten; → Kirchensteuer.

**Halbteilungsgrundsatz** → Vermögensteuer.

**Halbwaisen** sind Kinder, deren Vater oder Mutter verstorben ist. Die in der → Rentenversicherung, → Alterssicherung der Landwirte, → Unfallversicherung und → Kriegsopferversorgung vorgesehenen Rentenleistungen sind für H. niedriger als für Vollwaisen. §§ 48, 82 SGB VI; §§ 67 f. SGB VII; § 15 ALG; §§ 46, 47 BVG. S. a. → Waisengeld.

**Hallstein-Doktrin** ist eine nach Prof. Dr. Walter Hallstein (1951–1958 Staatssekretär im Auswärtigen Amt) benannte → Doktrin. Sie besagte, daß die BRep. im Hinblick auf den von ihr in Anspruch genommenen Alleinvertretungsanspruch für Deutschland die Aufnahme diplomatischer Beziehungen zur DDR durch andere Staaten als unfreundlichen Akt ansehen und in solchem Fall ihrerseits überprüfen müsse, ob sie ihre Beziehungen zu dem betreffenden Staat aufrechterhalten könne; die H. wurde später aufgegeben (→ Grundvertrag).

**Halsgerichtsordnung, Bambergische** → Constitutio Criminalis Carolina.

**Halten im Straßenverkehr** ist die gewollte, nicht durch die Verkehrslage oder eine Anordnung gebotene Fahrtunterbrechung von höchstens 3 Min., auch im eingeschränkten Haltverbot zulässig; sonst → Parken. H. ist verboten an engen und unübersichtlichen Stellen, scharfen Kurven, Fußgängerüberwegen (und 5 m davor), auf → Bahnübergängen, bis 10 m vor Lichtzeichen und Vorfahrtschildern usw. Soweit nicht durch Verkehrszeichen untersagt, ist auf der rechten Seite der Fahrbahn, also nicht auf Geh- oder Radwegen, zu halten; befinden sich dort Schienengleise, darf links, in → Einbahnstraßen rechts und links gehalten werden (§ 12 StVO). S. a. → Verlassen eines Fz., → Beleuchtung (2), → Haltestellen.

**Halter eines Kraftfahrzeugs** ist, wer es für *eigene Rechnung* in Gebrauch hat und die *Verfügungsgewalt* darüber besitzt, die ein solcher Gebrauch voraussetzt. Die Feststellung des H. ist wichtig insbes. für die Pflicht zum Abschluß einer → Kraftfahrzeug-Haftpflichtversicherung, die → Straßenverkehrshaftung, die Instandhaltungspflicht u. a. m. Wer H. ist, bestimmt sich nach tatsächlichen und wirtschaftlichen Gesichtspunkten; die Eigentumsverhältnisse bieten Anhaltspunkte, sind aber nicht entscheidend. Bei → Sicherungsübereignung ohne Besitzübertragung wird der Erwerber i. d.R. nicht H. Andererseits kann die Verfügungsgewalt des H. fortbestehen, der das Kfz. einem anderen zum Gebrauch überläßt (z. B. die Firma einem Handelsvertreter). Der Mieter des Kfz. ist H., wenn er es für eigene Rechnung in Gebrauch nimmt, insbes. die Betriebskosten trägt, über seine Verwendung bestimmt und die Führung selbst übernimmt oder einem Angestellten überträgt (z. B. auch der Leasingnehmer); nicht bei Anmietung für eine einzelne Fahrt. Wer ein Kfz. zwecks längerer Benutzung stiehlt oder unterschlägt, ist H., nicht dagegen bei vorübergehender Gebrauchsanmaßung. Bei gemeinsamer Verwendung können mehrere nebeneinander als H. verantwortlich sein.

**Halterhaftung.** Kann der Führer eines Kfz., der gegen die Vorschriften über das → Halten im Straßenverkehr oder das → Parken verstoßen hat, vor Eintritt der → Verfolgungsverjährung nicht oder nur mit unangemessenem Aufwand ermittelt werden, können dem Halter des Kfz. die Kosten des Bußgeldverfahrens auferlegt werden (§ 25 a StVG).

**Halter von Tieren** → Tierhalter, → unerlaubte Handlung (4 a).

**Haltestellen.** An Straßenbahnen, Linienbussen und Schulbussen, die an H. halten, darf grundsätzlich nur vorsichtig, und wenn ein Fahrgast ein- oder aussteigt, in Schrittgeschwindigkeit vorbeigefahren werden. Linien- und Schulbusse, die das Warnblinklicht eingeschaltet haben, dürfen vor H. nicht überholt und an H., auch vom Gegenverkehr, nur mit Schrittgeschwindigkeit passiert werden. Die Fahrgäste dürfen stets nicht gefährdet oder behindert werden; nötigenfalls ist anzuhalten. Besondere Vorsicht ist bei haltenden *Schulbussen* geboten. Diese haben – ebenso wie Linienbusse – beim Abfahren von H. Vorrang (§ 20 StVO). Fahrgäste müssen auf H.inseln bzw. auf dem Gehweg oder Seitenstreifen oder am Fahrbahnrand warten (§ 20 StVO), → Parken ist in 15 m Entfernung vor und hinter H.schildern verboten (§ 12 III Nr. 4 StVO). Fahrgäste dürfen öffentl. Verkehrsmittel nur an H. betreten oder verlassen (§ 14 BOKraft, § 54 BOStrab; → Personenbeförderung).

**Haltverbot** → Halten im Straßenverkehr, → Ladegeschäft.

**Hamburg.** Die Freie und Hansestadt H. ist Land der BRep. Nach der Verfassung vom 6. 6. 1952 (GVBl. 117) steht die Gesetzgebung der *Bürgerschaft* zu. Diese besteht aus mindestens 120 Abgeordneten, die in allgemeiner, gleicher, unmittelbarer und geheimer Wahl gewählt werden. Zur Wahrnehmung besonders bestimmter Aufgaben wird ein aus dem Präsidenten der Bürgerschaft und 20 von der Bürgerschaft aus ihrer Mitte gewählten Mitgliedern bestehender Bürgerausschuß gebildet. Die Landesregierung führt die Bezeichnung *Senat.* Die Mitglieder des Senats (Senatoren) werden von der Bürgerschaft gewählt. Der Senat wählt aus seiner Mitte seinen Präsidenten und dessen Stellvertreter (Erster und Zweiter Bürgermeister). Der Senat als Kollegium (nicht der Erste Bürgermeister) bestimmt die Richtlinien der Politik; er führt und beaufsichtigt die Verwaltung (z. T. durch Senatskommissionen). Der Senat hat das Recht, gegen ein von der Bürgerschaft beschlossenes Gesetz innerhalb eines Monats Einspruch zu erheben, worauf die Bürgerschaft nochmals mit der Mehrheit ihrer gesetzlichen Mitgliederzahl das Gesetz beschließen muß, wenn es zustande kommen soll. Die örtliche Verwaltung obliegt Bezirksämtern, Ortsämtern und Ortsdienststellen. Zur Entscheidung verfassungsrechtlicher Streitigkeiten ist das Hamburgische *Verfassungsgericht* gebildet; Ges. i. d.F. vom 23. 3. 1982 (GVBl. 59).

**Hamburger Arbitrage** ist – über die bloße → Arbitrage (klausel) hinaus – die Vereinbarung eines → schiedsrichterlichen Verfahrens zur Überprüfung behaupteter Sachmängel beim Kauf (→ Gewährleistung).

**Hammelsprung** wird ein besonderes Verfahren bei der → Abstimmung in einem → Parlament genannt. Ist der Sitzungsvorstand bei Abstimmung durch Handzeichen oder Aufstehen über das Ergebnis im Zweifel, so wird in der Weise erneut abgestimmt, daß alle Abgeordneten den Sitzungssaal verlassen und ihn durch drei verschiedene Türen wieder betreten, je nachdem, ob sie mit „Ja“ oder „Nein“ stimmen oder sich der Stimme enthalten.

**Hammurabi** → Codex Hammurabi.

**Hand wahre Hand** war ein Grundsatz des altdeutschen Rechts, nach dem der Eigentümer einer Sache, die er einem anderen überlassen hatte, sich wegen Rückgabe oder Schadensersatz nur an diesen und nicht an einen Dritten halten konnte, an den der Empfänger sie weitergegeben hatte. Im BGB wirkt sich der Satz noch heute beim → gutgläubigen Erwerb durch den Dritten aus.

**Handel.** Der Groß- und Einzelhandel unterliegt als → Gewerbe den Vorschriften der GewO (insbes. Anzeigepflicht nach § 14, Untersagungsmöglichkeit nach § 35). Für viele Branchen ist die Ausübung des Groß- und Einzelhandels durch Spezialgesetze geregelt, z. B. im → LebensmittelG, → ArzneimittelG, → WaffenG. Handelsunternehmen gehören kraft Gesetzes einer → Industrie- und Handelskammer an.

**Handeln auf Befehl** → Gehorsamspflicht.

**Handeln auf eigene Gefahr** → Mitverschulden, → Gefälligkeitsfahrt.

**Handeln für einen anderen** kann die strafrechtl. Verantwortlichkeit (§ 14 StGB, § 9 OWiG) bei einem → Sonderdelikt begründen.

**Handeln in (unter) fremdem Namen** → Stellvertretung.

**Handelsbilanz** → Bilanz.

**Handelsbrauch.** Im Handelsverkehr haben sich unter Kaufleuten zahlreiche Gewohnheiten und Gebräuche entwickelt. Diese sog. Handelsbräuche stellen keine Rechtsnormen, insbes. kein Gewohnheitsrecht dar, bilden aber Regeln, die in der kaufmännischen Praxis befolgt werden und auf die in der Rechtsprechung Rücksicht zu nehmen ist (§ 346 HGB). Ein H. entsteht dadurch, daß er unter Zustimmung der beteiligten Handelskreise über einen gewissen Zeitraum tatsächlich geübt wird. Meistens entstehen Handelsbräuche nur in bestimmten Geschäftszweigen (Branchen). Sie wandeln unter Kaufleuten – nur ausnahmsweise auch gegenüber einem Nichtkaufmann – die allgemeine Verkehrssitte, die nach den §§ 133, 157 BGB zu berücksichtigen ist, für den Handelsverkehr vielfach ab. Die ausdrücklichen oder stillschweigenden Vereinbarungen der Geschäfts- und Vertragspartner gehen den Handelsbräuchen jedoch vor. Soweit aber nichts anderes vereinbart ist, gelten die Handelsbräuche auch dann, wenn die Beteiligten sie nicht gekannt oder das rechtliche Ergebnis des H. nicht gewollt haben. Soweit ein H. zwingendem Gesetzesrecht widerspricht, gilt er nicht; dem dispositiven (nachgiebigen) Gesetzesrecht geht er jedoch i. d.R. vor. Im Rechtsstreit muß das Bestehen eines H. derjenige behaupten und beweisen, der sich auf ihn beruft. Zu den praktisch wichtigsten Handelsbräuchen gehören die → Handelsklauseln und die Bedeutung eines kaufmännischen → Bestätigungsschreibens.

**Handelsbriefe** sind Schriftstücke, die ein → Handelsgeschäft betreffen. Jeder → Kaufmann hat im Rahmen seiner → Buchführung die empfangenen H. und eine Wiedergabe der abgesandten H. 6 Jahre lang – gerechnet vom Schluß des Kalenderjahres ab – aufzubewahren (auch auf Datenträgern zulässig, § 257 III, IV HGB). → Geschäftsbriefe.

**Handelsbuch.** Das H. als Instrument der → Bankenaufsicht darf nicht mit den Büchern verwechselt werden, zu deren Führung jeder Kaufmann verpflichtet ist (→ Handelsbücher). Vielmehr begründet die Verpflichtung zur Führung des H. für größere Banken und Finanzinstitute spezielle Buchführungsverpflichtungen über → Finanzinstrumente, die ein spezielles Marktrisiko darstellen. Die Regelung beruht im wesentlichen auf der Kapitaladäquanzrichtlinie und dient der Kontrolle des Geschäftsverhaltens an den einschlägigen Märkten. Wegen inhaltlichen Einzelheiten vgl. § 1 Nr. 12 KWG.

**Handelsbücher.** Jeder → Kaufmann ist verpflichtet, nach den Grundsätzen ordnungsmäßiger → Buchführung H. zu führen, aus denen sich die Geschäftsvorfälle lückenlos ergeben. Das bedeutet, daß alle Zu- und Abgänge an Geld, Waren und sonstigen Vermögensgegenständen (z. B. Wertpapiere, Grundstücke) in einer bestimmten planmäßigen Ordnung aufgezeichnet werden müssen. Die H. werden i. d.R. in der einfachen oder der doppelten Buchführung mit Konten für Personen und Sachen angelegt; die doppelte Buchführung erfordert für jeden Geschäftsvorfall Buchung und Gegenbuchung. Der Kaufmann hat sich dabei einer lebenden Sprache und ihrer Schriftzeichen zu bedienen; die Bedeutung von Abkürzungen, Symbolen usw. muß eindeutig festliegen. Eintragungen in Büchern müssen vollständig, richtig, zeitgerecht und geordnet sein; eine nachträgliche Veränderung mit der Folge, daß der ursprüngliche Inhalt nach Art und Zeit seiner Eintragung nicht mehr feststellbar ist, ist unzulässig. H. und die sonst erforderlichen Aufzeichnungen können im Rahmen einer ordnungsgemäßen Buchführung auch auf Datenträgern geführt werden (§ 239 HGB). Die H. sind 10 Jahre lang aufzubewahren (§ 257 IV HGB).

**Handelsbürgschaft** → Bürgschaft.

**Handelsfirma** → Firma.

**Handelsgeschäft** ist das kaufmännische → Unternehmen, für das eine → Firma geführt wird. Das H. ist vom → Handelsgewerbe zu unterscheiden. H. ist ferner ein → Rechtsgeschäft oder eine → Rechtshandlung eines → Kaufmanns, die zum Betrieb seines → Handelsgewerbes gehört (§ 343 HGB). Die H. werden unterteilt in *Grundhandelsgeschäfte,* das sind die unmittelbar dem betriebenen Handelsgewerbe dienenden (z. B. Anschaffung von Waren, die zum Weiterverkauf in einem Einzelhandelsgeschäft bestimmt sind); *Hilfshandelsgeschäfte,* das sind diejenigen H., die den Geschäftsbetrieb ermöglichen oder fördern sollen (Kauf von Einrichtungsgegenständen für den Laden, Abschluß von Arbeitsverträgen); *Nebenhandelsgeschäfte,* die der Kaufmann zwar im Rahmen seines Handelsgewerbes abschließt, die aber nicht zum gewöhnlichen Betrieb seines Handelsgewerbes zählen

(z. B. kommissionsweiser Verkauf eines Autos durch einen Einzelhändler einer anderen Branche). Es besteht eine widerlegbare gesetzliche Vermutung dafür, daß die von einem Kaufmann vorgenommenen Rechtsgeschäfte H. sind (§ 344 I HGB). Ferner besteht eine unwiderlegbare Vermutung für das Vorliegen eines H., wenn ein Kaufmann einen → Schuldschein zeichnet (§ 344 II HGB); darunter sind grundsätzlich alle → Wertpapiere (insbes. → Wechsel, → Scheck) zu verstehen. Bei H.en tritt an Stelle der im Verkehr erforderlichen Sorgfalt (→ Fahrlässigkeit) die Sorgfalt eines ordentlichen Kaufmanns (§ 347 HGB). Unter bestimmten Voraussetzungen kommen H. anstatt einer ausdrücklichen Erklärung durch Stillschweigen zustande (§ 362 HGB). Einseitige H. sind solche Rechtsgeschäfte, die nur für einen von beiden Vertragspartnern ein H. darstellen; für sie gelten aber grundsätzlich alle Vorschriften über H.e auch für den nichtkaufmännischen Vertragspartner (§ 345 HGB). Für beiderseitige H. gelten verschiedene Sonderregeln (z. B. Zinsen ab Fälligkeit in Höhe von 5%; §§ 352, 353 HGB; → Abtretungsverbote sind unwirksam, § 354a HGB); insbes. ist hierbei auf → Handelsbräuche Rücksicht zu nehmen (§ 346 HGB). Das praktisch wichtigste H. ist der → Handelskauf.

**Handelsgesellschaft** ist eine → Gesellschaft, die ein → Handelsgewerbe betreibt (oder dem gleichsteht) und infolgedessen → Kaufmann ist. H.en sind die → offene Handelsgesellschaft, die → Kommanditgesellschaft, die → Reederei, die → Aktiengesellschaft, die → Kommanditgesellschaft auf Aktien und die → Gesellschaft mit beschränkter Haftung. Den H.en weitgehend gleichgestellt sind die → Genossenschaften und → Versicherungsvereine auf Gegenseitigkeit, die als sog. Formkaufmann dem → Handelsrecht unterliegen.

**Handelsgesetzbuch** (HGB) → Handelsrecht.

**Handelsgewerbe** ist jeder Gewerbebetrieb (→ Gewerbe; also nicht sog. → freie Berufe, hierzu → Partnerschaftsgesellschaft), es sei denn, daß das → Unternehmen (ausnahmsweise; Beweislast hat hierfür im Einzelfall der Unternehmer) nach Art oder Umfang einen in kaufmännischer Weise eingerichteten → Geschäftsbetrieb nicht erfordert (§ 1 II HGB). Bestimmte „Grund-H.“, die nach der Art der vorgenommenen Geschäfte stets H. sind, kennt das HGB i. d. F. des HandelsrechtsreformG vom 22. 6. 1998 (BGBl. I 1474) nicht mehr. Umgekehrt sind auch nicht bestimmte Gruppen, z. B. Lohnhandwerker, Dienstleistungsgewerbe, → Urproduktion, von vorneherein ausgeschlossen. Entscheidend ist das Gesamtbild des Betriebs nach Art und Umfang der Geschäftstätigkeit, ob also nach den gesamten Umständen ein kaufmännisch eingerichteter Geschäftsbetrieb erforderlich (nicht: tatsächlich vorhanden) ist. Bestimmte Mindestanforderungen, z. B. hinsichtlich der Höhe von Umsatz und/oder Gewinn, der Zahl der Arbeitnehmer usw., sieht das Gesetz nicht vor. Wer ein derartiges H. betreibt, ist kraft Gesetzes (auch ohne Eintragung im → Handelsregister, die hier nur deklaratorisch wirkt) → Kaufmann im Sinne des Handelsgesetzbuchs (§ 1 I HGB).

Ein gewerbliches Unternehmen, dessen Gewerbebetrieb nicht schon nach § 1 II HGB H. ist, gilt darüber hinaus kraft gesetzlicher → Fiktion als H. im Sinne des HGB, wenn die → Firma des Unternehmens in das → Handelsregister eingetragen ist (§ 2 Satz 1 HGB). Der Unternehmer ist hier berechtigt, aber nicht verpflichtet, den Eintragungsantrag zu stellen und eine eingetragene Firma wieder löschen zu lassen, solange die Voraussetzungen des § 1 II HGB nicht gegeben sind (§ 2 Sätze 2 und 3 HGB). Hierdurch wird insbes. Kleingewerbetreibenden (z. B. Straßenhändler, Inhaber kleiner Ladengeschäfte oder Gaststätten) die Möglichkeit eingeräumt, die (volle) Kaufmannseigenschaft durch freiwillige Eintragung im Handelsregister (die dann konstitutiv wirkt) herbeizuführen. Eine Unterscheidung zwischen Voll- und Minderkaufmann sieht das Gesetz nicht mehr vor (s. i. e. → Kaufmann). Ein land- und forstwirtschaftliches Unternehmen ist an sich kein H.; sofern es aber nach Art und Umfang einen in kaufmännischer Weise eingerichteten Geschäftsbetrieb erfordert, gilt § 2 HGB (also freiwillige Eintragungsmöglichkeit) entsprechend (§ 3 HGB).

**Handelskammer** → Industrie- und Handelskammer. Anders → Kammer für Handelssachen.

**Handelskauf** ist ein → Kauf (vertrag), der zugleich ein → Handelsgeschäft darstellt. Für den H. trifft das HGB in den §§ 373–382 zu den allgemeinen Vorschriften des BGB eine Sonderregelung, die im Interesse des Handelsverkehrs darauf abzielt, die Rechtsbeziehungen zwischen den Vertragspartnern rasch zu klären und abzuwickeln. Die Vereinbarungen der Parteien, heute weitgehend durch → Allgemeine Geschäftsbedingungen gestaltet, gehen der gesetzlichen Regelung im allgemeinen vor. Das Gesetz ändert das allgemeine Kaufrecht für den H. insbes. in folgenden Punkten ab: Bei einem → Fixgeschäft kann der Gläubiger bei Verzug auch ohne Nachfrist Schadensersatz verlangen; jedoch ist der Erfüllungsanspruch ausgeschlossen, wenn der Gläubiger nicht rechtzeitig anzeigt, daß er auf Erfüllung besteht (§ 376 HGB). Im Fall eines → Annahmeverzugs kann der Verkäufer jede Ware hinterlegen; außerdem ist der → Selbsthilfeverkauf erleichtert (§ 373 HGB). Für die → *Mängelrüge* unterliegt der Käufer verschärften Vorschriften (s.i.e. dort; ferner → Untersuchungspflicht).

**Handelsklassen** (Qualitätsnormen, Vermarktungsnormen). Nach dem H.gesetz i. d.F. vom 23. 11. 1972 (BGBl. I 2201) m. Änd., mit dem die Angleichung an die ernährungswirtschaftliche gemeinsame → Marktorganisation der → Europ. Gemeinschaften durchgeführt wurde, können durch RechtsVO gesetzliche H. insbes. zur Förderung der Erzeugung, der Qualität und des Absatzes von Erzeugnissen der Landwirtschaft und der Fischerei sowie zur Durchführung von Vorschriften über Qualitäts- und Handelsnormen u.ä. des europ. Gemeinschaftsrechts eingeführt werden. Die H. sind nach bestimmten Merkmalen (z. B. Qualität, Herkunft usw.) festzulegen; sie können zur weitgehenden Verwendung im geschäftlichen Verkehr vorgeschrieben werden. Im einzelnen bestehen Regelungen für H. usw. für folgende Erzeugnisse: BananenVO vom 17. 6. 1996 (BGBl. I 857), Blumen, VO vom 12. 11. 1971 (BGBl. I 1815), Bruteier, VO vom 4. 4. 1973 (BGBl. I 273), Butter, §§ 5 ff. → ButterVO, Eier, VO Vermarktungsnormen für Eier i. d.F. vom 18. 1. 1995 (BGBl. I 46), Fischereierzeugnisse, VO i. d.F. vom 22. 12. 1997 (BGBl. I 3368) und die dort in Bezug genommenen EG-VOen, Geflügelfleisch (Handelsklassen), VO vom 20. 4. 1983 (BGBl. I 444) m. Änd., Geflügelfleisch (Vermarktungsnormen), VO i. d.F. vom 23. 12. 1994 (BGBl. I 3989), Hühner (gefroren), VO vom 10. 8. 1980 (BGBl. I 836), Obst und Gemüse (frisch – Handelsklassen), VO vom 9. 10. 1971 (BGBl. I 1640 ber. BGBl. 1972 I 81) m. Änd., Obst und Gemüse (Qualitätsnormen), VO vom 9. 10. 1971 (BGBl. I 1637) m. Änd., Rindfleisch, VO i. d.F. vom 20. 12. 1991 (BGBl. I 2387 ber. BGBl. I 1992, 384), Schaffleisch, VO i. d.F. vom 21. 6. 1993 (BGBl. I 993), Schweinehälften, VO i. d.F. vom 16. 8. 1990 (BGBl. I 1809), Speisekartoffeln, VO vom 6. 3. 1985 (BGBl. I 542) m. Änd. Mit der Angabe der H. im Geschäftsverkehr sind deren festgelegte Qualitätsmerkmale zugesicherte Eigenschaften i. S. des § 459 II BGB. Verstöße gegen die Qualitätsvorschriften können als Ordnungswidrigkeiten mit Geldbuße bis zu 20 000 DM geahndet werden. S. a. → KäseVO, → MilchG und für den Bereich der vom HandelsklassenG nicht erfaßten Forstwirtschaft Ges. über gesetzliche H. für Rohholz vom 25. 2. 1969 nebst VO vom 31. 7. 1969 (BGBl. I 149, 1075).

**Handelsklauseln** sind Abkürzungen, die im Handelsverkehr für bestimmte Vereinbarungen verwendet werden. Sie wirken nur auf Grund eines bestehenden → Handelsbrauchs oder wenn die Vertragspartner im Vertrag darauf Bezug nehmen, insbes. in → Allgemeinen Geschäftsbedingungen oder durch die Verweisung auf → Incoterms. H. und ihre Bedeutung sind aufgezeichnet in den → Trade Terms. Wichtige H. sind z. B.: „Ab Werk (Fabrik usw.)“: Kosten und Gefahrübergang auf den Käufer ab Übergabe im Werk des Verkäufers usw.; „→ Hamburger Arbitrage“: u. a. → Schiedsgerichtsklausel für alle Streitigkeiten aus dem Vertrag; „Cif ... (Bestimmungshafen)“: der Verkäufer trägt Kosten für Fracht, Versicherung bis zum Bestimmungshafen; „Fob ... (Verschiffungshafen)“: frei an Bord, der Verkäufer muß auf seine Kosten die Ware an Bord des Schiffes im Verschiffungshafen verbringen; „Frachtfrei ... (Ort)“: Verkäufer trägt die Frachtkosten bis zum Bahnhof, nicht die Ablade- und Abfuhrkosten; „Netto Kasse“: Skonto auch bei sofortiger Zahlung ausgeschlossen; „Wie besichtigt“: Ausschluß von → Gewährleistung für Mängel, die bei Besichtigung erkennbar wurden oder erkennbar waren.

**Handelsmakler** (-mäkler) ist ein Makler (→ Mäklervertrag), der gewerbsmäßig Geschäfte vermittelt, die Gegenstand des Handelsverkehrs sind, insbes. Waren, Wertpapiere, Versicherungen (§ 93 HGB). Zur Eigenschaft als → Kaufmann s. dort. Besondere Arten des H. sind der → Börsenmakler, der → Schiffsmakler und der → Versicherungsmakler. Nicht H. ist der → Grundstücksmakler, der aber vielfach → Vollkaufmann auf Grund seiner Eintragung im → Handelsregister ist. Im Gegensatz zum allgemeinen sog. Zivilmakler ist die Tätigkeit des H. allein auf die Vermittlung von Geschäften ausgerichtet. Der H. vertritt i. d.R. nicht einseitig eine Partei, sondern beide Vertragsparteien. Er ist insoweit zur Neutralität verpflichtet. Dient der H. nur einer Partei, so hat er das der anderen gegenüber kenntlich zu machen. Nach dem Abschluß des Geschäfts hat der H. eine → Schlußnote zu erstellen (§ 94 HGB). Der H. ist ferner verpflichtet, ein Tagebuch zu führen, in das er alle abgeschlossenen Geschäfte einträgt (§§ 100–103 HGB). Für die Vermittlung erhält er auch ohne besondere Vereinbarung Provision (§ 354 HGB), und zwar mangels besonderer Vereinbarung oder abweichenden Ortsgebrauchs von jeder Vertragspartei zur Hälfte (§ 99 HGB). Die Provision wird vielfach auch Courtage oder Maklergebühr genannt.

**Handelsmarken** → Marken.

**Handelsmündigkeit** → Geschäftsfähigkeit.

**Handelsniederlassung** → Niederlassung.

**Handelspolitik** ist nach der Terminologie des EGV (Art. 113 EGV) und des Sekundärrechts das materielle Außenwirtschaftsrecht der EG. H. ist somit der Verkehr („Einfuhr“, „Ausfuhr“) von Gütern und Dienstleistungen mit „Drittländern“, während der innergemeinschaftliche Beziehungen über die Staatsgrenzen „Waren-“, „Kapital-“ oder „Dienstleistungsverkehr“ sind. Die H. ist bis auf gewisse Restbestände, z. B. für → Kriegswaffen (nicht aber für die sog. *dual use-Waren* – vgl. insoweit → Ausfuhrverbot) ausschließlich Sache der Gemeinschaft. Die H. umfaßt im einzelnen die Regelung des gemeinsamen Außenzolls, den Abschluß von Handelsabkommen sowie die Ein- und Ausfuhrpolitik einschließlich von Regelungen und Beschränkungen aus außen- oder handelspolitischen Gründen. Allgemeine Rechtshandlungen im Rahmen der H. erläßt der Rat gemäß Art. 113 Abs. 3 u. 4, Art. 116 Abs. 1 EGV. Die wichtigsten Regelungen des Sekundärrechts sind die gemeinsame Ausfuhrregelung, VO vom 20. 12. 1969 (ABl. L 324) i. d.F. der VO (ABl. 1991 L 372/31) m. Änd. sowie die gemeinsame Einfuhrregelung vom 22. 12. 1994 (ABl. L 349/53 sowie die SchutzVO gegen Dumping und subventionierte Einfuhren vom gleichen Tage (ABl. L 349/1 und 22), ferner die VO über die Verwaltung von Kontingenten vom 22. 10. 1994 (ABl. L 276/3); vgl. ferner die VO vom 1. 12. 1986 (ABl. L 357/1) betreffend Schutzmaßnahmen gegen nachgeahmte Waren u.Ä. Für den Verwaltungsvollzug ist die → Europäische Kommission zuständig. Diese kann die Mitgliedstaaten gem. Art. 115 EGV zu Schutzmaßnahmen ermächtigen.

**Handelsrecht** ist das Sonderrecht des → Kaufmanns. Es ist im wesentlichen → Privatrecht. Subsidiär gilt das bürgerliche Recht (→ Bürgerliches Gesetzbuch), dem die Rechtsnormen des Handelsgesetzbuchs (s. u.) als spezielle Regelung vorgehen (Art. 2 EGHGB). Das deutsche H. ist aus deutschen → Stadtrechten hervorgegangen und stark beeinflußt vom italienischen und französischen H. (code de commerce). Unter H. i.e.S. versteht man das im HGB, in seinen Nebengesetzen und in verschiedenen, auf dem HGB beruhenden Verordnungen geregelte Recht. Eine Sonderstellung nimmt hierbei das → Seehandels- und → Binnenschifffahrtsrecht ein. Zum H. i.w.S. gehören das → Gesellschaftsrecht, das Recht des → gewerblichen Rechtsschutzes, das → Wertpapierrecht und das Bank- und Börsenrecht. Quelle des H. ist vor allem das HGB vom 10. 5. 1897 (RGBl. S. 219 m. spät. Änd., zuletzt umfassend durch das H.reformG vom 22. 6. 1998, BGBl. I 1474), das zusammen mit dem BGB am 1. 1. 1900 in Kraft getreten ist; es geht auf das Allgemeine Deutsche Handelsgesetzbuch von 1861 zurück, das die erste Kodifikation des deutschen H.s darstellt. Weitere Quellen sind zahlreiche das HGB ergänzende Nebengesetze und Verordnungen. Daneben gelten in gewissem Umfang Handelsgewohnheitsrecht (→ Gewohnheitsrecht) und → Handelsbräuche (§ 346 HGB); ferner spielen im H. → Allgemeine Geschäftsbedingungen eine große Rolle. Zusätzlich gelten im H. viele internationale Vereinbarungen. Das Wesen des H.s wird durch folgende Grundgedanken bestimmt: Das Vertrauen in den → Rechtsschein wird besonders geschützt. Es wird berücksichtigt, daß nur gegen Entgelt gehandelt wird und die Geschäfte des Handelsverkehrs rasch abgewickelt werden. Um den H. beweglich zu gestalten, sind Formvorschriften aufgehoben oder aufgelockert. Die Gerichtsbarkeit ist verteilt auf die streitige Gerichtsbarkeit im → Zivilprozeß (→ Kammer für Handelssachen), auf die → freiwillige Gerichtsbarkeit (insbes. Handelsregister) und weitgehend auf → Schiedsgerichte.

**Handelsregister** ist ein öffentliches Register (Verzeichnis), in dem die Vollkaufleute und bestimmte, auf sie bezogene Tatsachen und Rechtsverhältnisse eingetragen werden. Zweck des H. ist es, jedermann (vgl. § 9 I HGB) darüber Auskunft zu geben, wer → Kaufmann ist und wie die wichtigsten Rechtsverhältnisse dieser Kaufleute sowie sonstige entscheidende Umstände (z. B. Geburtsdatum, Geschäftsadresse) gestaltet sind. Das H. wird vom → Amtsgericht – Registergericht – (§ 8 HGB, § 125 FGG; ab. 1. 1. 2002 konzentriert am Ort des übergeordneten Landgerichts) als Organ der → freiwilligen Gerichtsbarkeit geführt (auch in automatisierter Form). Dem Registergericht müssen alle Gerichte, Staatsanwaltschaften, Notare, Polizei- und Gemeindebehörden mitteilen, wenn sie von einer falschen, unvollständigen oder unterlassenen Anmeldung zum H. erfahren (§ 125 FGG); die Industrie- und Handelskammern sowie die Handwerkskammern haben im Zweifel daran mitzuwirken, unrichtige Eintragungen zu verhüten oder zu berichtigen, unvollständige zu ergänzen, auch auf unzulässigen Gebrauch einer → Firma hinzuweisen; zu diesem Zweck sind sie antrags- und beschwerdeberechtigt (§ 126 FGG). Das H. wird nach den Vorschriften des FGG (insbes. §§ 125–158) und nach der auf Grund des § 125 III FGG erlassenen Handelsregisterverfügung vom 12. 8. 1937 (RMBl. 515 m. spät. Änd.) geführt. In Abteilung A werden die Einzelkaufleute und → Personalgesellschaften, in Abteilung B die → Kapitalgesellschaften eingetragen. Die Eintragung (ihr gleichgestellt die Löschung) im H. wird i. d.R. auf Anmeldung (diese entspricht einem Eintragungsantrag), in bestimmten Fällen auch von Amts wegen vorgenommen. Die Anmeldung muß in öffentlich beglaubigter → Form abgegeben werden (§ 12 HGB). Eingetragen wird auf Grund einer gerichtlichen Verfügung und nur, wenn die gemeldete Tatsache eintragungsfähig ist (d.h. eine gesetzlich vorgeschriebene oder zugelassene Eintragung darstellt), eine wirksame Anmeldung vorliegt und das Registergericht gegen die Richtigkeit der angemeldeten Tatsache keine durchgreifenden Bedenken hegt. Jede Eintragung wird im Bundesanzeiger und in mindestens einem weiteren Blatt – i. d. R. in der führenden örtlichen Tageszeitung – bekanntgemacht (§§ 10, 11 HGB). Von jeder Eintragung wird der Anmelder benachrichtigt (§ 130 II FGG); jeder kann nach § 9 HGB beglaubigte Abschriften verlangen, auch Bescheinigungen, daß bestimmte Eintragungen nicht geschehen sind. Vielfach besteht eine Pflicht, bestimmte Anmeldungen vorzunehmen. Das Registergericht hat solche Anmeldungen durch → Ordnungsmittel zu erzwingen (§ 14 HGB, sog. Registerzwang; Verfahren: §§ 132–139 FGG). Eintragungen erloschener Firmen und unzulässige Eintragungen hat das Registergericht von Amts wegen zu löschen (§ 31 II HGB, §§ 141 a, 142 FGG), die Eröffnung und Beendigung eines → Insolvenzverfahrens über das Vermögen eines Kaufmanns von Amts wegen einzutragen (§ 32 HGB). Die Eintragungen (und Löschungen) haben eine unterschiedliche Wirkung: Sie können rechtsbegründend (konstitutiv) sein, z. B. Erwerb der Kaufmannseigenschaft nach § 2 HGB; rechtsbekundend (deklaratorisch), z. B. die Eintragung eines Kaufmanns, der ein Handelsgewerbe nach § 1 II HGB betreibt; rechtsbestärkend (konfirmatorisch), in den Fällen, in denen eine einzutragende Tatsache im Rechtsverkehr infolge der positiven und negativen Publizität des H. (§ 15 HGB) durch die Eintragung dritten Personen gegenüber unter bestimmten Voraussetzungen wirkt. *Negative Publizität* (§ 15 I HGB) des H.s bedeutet, daß der Kaufmann, in dessen Angelegenheiten eine Tatsache (z. B. Erlöschen einer → Prokura) im H. einzutragen war, aber nicht eingetragen wurde, diese Tatsache nur dann einem Dritten entgegenhalten kann, wenn er beweist, daß der Dritte die einzutragende Tatsache kannte. *Positive Publizität* (§ 15 II HGB) bedeutet, daß eine eingetragene und bekanntgemachte Tatsache jedem Dritten entgegengehalten werden kann, außer bei Rechtshandlungen, die innerhalb von 15 Tagen nach der Bekanntmachung vorgenommen werden, oder wenn der Dritte beweist, daß er die Tatsache nicht gekannt hat und diese Unkenntnis nicht auf Fahrlässigkeit beruht. Dieser Beweis kann i. d. R. nicht geführt werden, weil die Rspr. strenge Anforderungen stellt und erwartet, daß jeder, der am Handelsverkehr teilnimmt, die Bekanntmachungen aus dem Handelsregister verfolgt. Nach § 15 III HGB kann sich bei unrichtiger Bekanntmachung einer einzutragenden Tatsache ein Dritter auf die bekanntgemachte Tatsache berufen, wenn er ihre Unrichtigkeit nicht kannte. Ganz allgemein gilt kraft Gewohnheitsrechts, daß derjenige, der unrichtige Anmeldungen zum H. vornimmt oder es schuldhaft unterläßt, unrichtige Eintragungen im H. zu beseitigen, an die (unrichtig) eingetragenen Tatsachen gutgläubigen Dritten gegenüber gebunden ist.

**Handelsreisender** → Handlungsreisender.

**Handelsrichter** ist ein → ehrenamtlicher Richter (§ 45 a DRiG), der in einer → Kammer für Handelssachen als Beisitzer tätig wird. H. werden von der Justizverwaltung auf Vorschlag der Industrie- und Handelskammer ernannt; sie müssen das 30. Lebensjahr vollendet haben und als → Kaufmann, als Vorstand einer AG, Geschäftsführer einer GmbH oder Vorstand einer anderen juristischen Person im Handelsregister eingetragen sein oder gewesen sein (§ 109 I GVG).

**Handelssache** ist ein → Rechtsstreit, in dem einer der in § 95 GVG aufgeführten Ansprüche geltend gemacht wird, insbes. aus beiderseitigen → Handelsgeschäften, aus → Handelsgesellschaften, aus → Wechseln oder → Schecks sowie aus → unlauterem Wettbewerb. Eine H. wird auf Antrag vor der → Kammer für Handelssachen verhandelt.

**Handelsvertreter** ist, wer als selbständiger Gewerbetreibender ständig damit betraut ist, für einen anderen Unternehmer – nicht notwendig einen → Kaufmann – Geschäfte zu vermitteln (sog. *Vermittlungsvertreter*) oder in dessen Namen abzuschließen (sog. *Abschlußvertreter*). Zur Eigenschaft des H. als → Kaufmann s. dort H. kann auch eine → juristische Person, insbes. eine → Handelsgesellschaft sein.

1. H. ist nur, wer selbständig ist, d. h. im wesentlichen frei seine Tätigkeit gestalten und seine Arbeitszeit bestimmen kann (§ 84 I 2 HGB). Fehlt dieses Merkmal, so ist derjenige, der für einen Unternehmer Geschäfte abschließt und vermittelt, als kaufmännischer Angestellter (→ Handlungsgehilfe) und damit als → Arbeitnehmer anzusehen (§ 84 II HGB). Hingegen ist der sog. Untervertreter, der für einen H. selbständig Geschäfte abschließt und vermittelt, echter Handelsvertreter (§ 84 III HGB). Ein H. kann zugleich für mehrere Unternehmen tätig sein. Ist er jedoch nur für einen Unternehmer tätig (sog. Ein-Firmenvertreter, § 92 a I HGB), so wird er als → arbeitnehmer-

ähnliche Person wie ein Arbeitnehmer behandelt, auch wenn er selbständig tätig ist, sofern seine Monatsbezüge 2000 DM nicht überschreiten (§ 5 III ArbGG). Der H. ist vom → Kommissionär und vom → Handelsmakler zu unterscheiden. Sein Vertrag mit dem Unternehmer ist ein → Dienstvertrag, der eine → Geschäftsbesorgung zum Gegenstand hat. Er ist formlos wirksam; jedoch kann jeder Teil verlangen, daß der Vertragsinhalt und spätere Vereinbarungen schriftlich abgefaßt und unterzeichnet werden (§ 85 HGB). Im Regelfall ist der H. lediglich mit der Vermittlung von Geschäften betraut, so daß die vermittelten Geschäfte (meist Kauf- oder Werkverträge) erst vom Unternehmer mit dem Dritten (Kunden) abgeschlossen werden. Ist der H. jedoch zum Abschluß der Geschäfte ermächtigt, so ist hierfür die → Vollmacht des Unternehmers notwendig. Diese gehört ihrem Wesen nach zur → Handlungsvollmacht. Auch der Vermittlungsvertreter gilt jedoch für die Entgegennahme von gewissen Erklärungen, insbes. → Mängelrügen, sowie gegenüber gutgläubigen Dritten als zum Vertragsabschluß bevollmächtigt (§§ 91, 91 a HGB). Im allgemeinen ist der H. für den Verkauf tätig; er kann jedoch auch, sogar ausschließlich, mit dem Einkauf beauftragt sein. Sonderregeln bestehen für den → Bezirksvertreter, den → Versicherungs- und → Bausparkassenvertreter sowie für den H. im Nebenberuf (§ 92 b HGB).

2. *Pflichten des H.:* Er hat sich zu bemühen, für den Unternehmer Geschäfte zu vermitteln oder abzuschließen, darf also nicht unter Verzicht auf Provision untätig bleiben. Bei seiner Tätigkeit hat der H. das Interesse des Unternehmers wahrzunehmen (§ 86 I HGB). Seine Nachrichtspflicht erstreckt sich darauf, daß er über seine Tätigkeit die erforderlichen Berichte geben, insbes. von jedem vermittelten und abgeschlossenen Geschäft unverzüglich Mitteilung machen muß (§ 86 II HGB). Die Treuepflicht des H. verbietet ihm i. d. R. auch, ohne besondere Absprache die Vertretung eines Konkurrenzunternehmens zu übernehmen (→ Wettbewerbsverbot), ferner Geschäfts- und Betriebsgeheimnisse preiszugeben oder später zu verwerten (§ 90 HGB). Was der H. aus oder zur Durchführung seiner Tätigkeit für den Unternehmer erlangt, hat er herauszugeben (§ 667 BGB, z. B. Muster, Gerätschaften). Haftungsmaßstab für alle Pflichten ist die Sorgfalt eines ordentlichen Kaufmanns (§ 86 III HGB).

3. *Rechte des H.:* Als Entgelt für seine Tätigkeit hat er Anspruch auf Provision für alle während der Dauer des Vertragsverhältnisses abgeschlossenen Geschäfte, die auf seine Tätigkeit zurückzuführen sind oder mit solchen Kunden abgeschlossen werden, die er für Geschäfte der gleichen Art geworben hat (§ 87 I HGB; weiter für den → Bezirksvertreter). Der Provisionsanspruch besteht auch dann, wenn das Geschäft erst nach Beendigung des H.verhältnisses abgeschlossen worden ist, sofern der H. es vermittelt oder so vorbereitet hat, daß der Abschluß vorwiegend auf seiner Tätigkeit beruht und das Geschäft innerhalb angemessener Frist zustandekommt; ggfs. ist die Provision nach Billigkeit zwischen dem alten und dem neuen H. aufzuteilen (§ 87 III HGB).

Die Höhe der Provision richtet sich nach der vertraglichen Vereinbarung; fehlt eine solche, so gilt der übliche Provisionssatz als vereinbart (§ 87 b I HGB). Die Provision ist fällig, sobald und soweit der Unternehmer das Geschäft ausgeführt hat (§ 87 a I HGB). Der Provisionsanspruch entfällt, wenn feststeht, daß der Kunde seine Leistung nicht erbringt, insbes. nicht zahlt (§ 87 a II HGB). Führt der Unternehmer das Geschäft nicht oder nicht ganz aus, wie es abgeschlossen ist, so entfällt der Provisionsanspruch nur, wenn die Ausführung ohne Verschulden des Unternehmers unmöglich oder ihm nicht zuzumuten ist, insbes. wegen eines wichtigen Grundes in der Person des Kunden (§ 87 a III HGB). Der H. hat weiter Anspruch auf die i. d.R. monatlich zu erstellende Provisionsabrechnung (§ 87 c I HGB), ferner auf einen Buchauszug über alle provisionspflichtigen Geschäfte und auf Mitteilung aller für den Provisionsanspruch wesentlichen Umstände (§ 87 c II, III HGB). Er kann verlangen, daß der Unternehmer ihm alle erforderlichen Nachrichten für seine Tätigkeit gibt und ihm die hierfür erforderlichen Unterlagen, z. B. Muster, Preislisten, zur Verfügung stellt (§ 86 a

HGB). Aufwendungsersatz (insbes. Reisespesen), die im regelmäßigen Geschäftsbetrieb anfallen, erhält der H. nur, wenn es besonders vereinbart oder handelsüblich ist. Für alle Ansprüche aus dem Vertragsverhältnis gilt eine → Verjährungsfrist von 4 Jahren; sie beginnt mit dem Schluß des Jahres, in dem der betreffende Anspruch fällig geworden ist (§ 88 HGB).

4. Der H.-Vertrag endet mit Ablauf der Zeit, für die er eingegangen wurde; wenn er auf unbestimmte Zeit abgeschlossen wurde, endet das Vertragsverhältnis durch außerordentliche (fristlos mögliche) Kündigung aus wichtigem Grund (§ 89a HGB) oder durch ordentliche, befristete Kündigung (§ 89 HGB). Die gesetzliche Kündigungsfrist steigt mit der Dauer des Vertragsverhältnisses (z.B. im ersten Jahr 1 Monat, nach dem fünften Jahr 6 Monate, jeweils zum Schluß des Kalendermonats); bei einer vertraglichen Vereinbarung können diese Fristen nur verlängert werden und müssen für beide Teile gleich lang sein (§ 89 HGB). Mit Beendigung des Vertragsverhältnisses erlangt der H. unter bestimmten Voraussetzungen einen → Ausgleichsanspruch (§ 89b HGB). Die Verschwiegenheitspflicht (§ 90 HGB) besteht fort. Eine Wettbewerbsabrede, die den H. in seiner weiteren gewerblichen Tätigkeit beschränkt, ist nur unter den Voraussetzungen des § 90a HGB möglich (längstens 2 Jahre, nur gegen Karenzentschädigung; bei Kündigung aus wichtigem Grund Möglichkeit, sich von der Wettbewerbsabrede binnen 1 Monat loszusagen).

**Handelswechsel** → Warenwechsel.

**Handgeld** → Vertrag (4).

**Handgepäck** → Reisegepäck.

**Handgeschäft** → Vertrag (4).

**Handlung** → Rechtshandlung, → unerlaubte Handlung, → Handlungsbegriff im Strafrecht, → fortgesetzte Handlung, → Prozeßhandlung.

**Handlungsagent** ist eine veraltete Bezeichnung für den → Handelsvertreter.

**Handlungsbegriff** *im Strafrecht.* Eine Handlung ist ein menschliches Verhalten, worunter nach dem psychologischen H. auch das Unterlassen zu verstehen ist. Eine Straftat dagegen ist eine Handlung, die einen gesetzlichen Straftatbetand (d.h. seine äußeren Merkmale) erfüllt und die außerdem rechtswidrig und schuldhaft ist. Die Strafbarkeit des aktiven Tuns hängt davon ab, ob und inwieweit es bewußt und gewollt ist (also nicht bloße Reflexbewegung) und der Erfolg bewußt oder unbewußt verursacht wird (Schuß des Jägers verletzt Wilderer oder Treiber); beim Unterlassen davon, ob es bewußt oder unbewußt ist (z.B. bei mangelnder Beaufsichtigung eines Kindes). Aus dem kausalen hat sich der soziale H. entwikkelt, der nicht entscheidend auf die Willensrichtung des Täters, sondern auf sein sozial-erhebliches Verhalten abstellt. Nach der → finalen Handlungslehre dagegen wird der H. nur durch eine bewußt auf den Erfolg ausgerichtete Handlung erfüllt. Die Fälle, in denen eine Handlung als sozial-adäquat (sozialüblich) von der Rechtsordnung toleriert wird, werden in der Rechtslehre meist den Rechtfertigungsgründen (→ Rechtswidrigkeit) zugeordnet; manche verneinen dagegen bereits die Erfüllung des Tatbestandes.

**Handlungsbevollmächtigter** → Handlungsvollmacht.

**Handlungseinheit** → Konkurrenz von Straftaten.

**Handlungsfähigkeit.** Von der → Rechtsfähigkeit, d.h. der Fähigkeit, Rechte und Pflichten zu haben, ist die H. zu unterscheiden. Unter H. ist die Möglichkeit zu verstehen, durch eigenes verantwortliches Handeln Rechtswirkungen hervorzurufen, insbes. Rechte zu erwerben und Pflichten zu begründen. Die Rechtslehre gliedert die H., deren Begriff im BGB nicht näher geregelt ist, in die → *Geschäftsfähigkeit* (für rechtsgeschäftliches Handeln), in die → *Deliktsfähigkeit* (Verantwortlichkeit für → unerlaubte Handlungen; s. auch *Billigkeitshaftung*) und in die *Verschuldensfähigkeit* (Einstehenmüssen für schuldhafte Pflichtverletzungen, → Verschulden). Fehlt die H. (insbes. bei Minderjährigen), so steht diese regelmäßig einem → gesetzlichen Vertreter zu. Auch die → juristische Person ist nach h.M. durch ihre Organe handlungsfähig, die nicht nur Vertreter der handlungsunfähigen juristischen Person sind (→ Verein). Besondere Vorschriften, insbes. z. T. andere Altersgrenzen als die normale → Volljährigkeit, enthält das Gesetz für die → Ehefähigkeit, die → Testierfähigkeit sowie für die Fähigkeit, über seine Religionszugehörigkeit zu bestimmen (→ Lebensalter). Dagegen besteht heute keine Beschränkung der H. einer Frau, insbes. einer Ehefrau mehr (→ eheliche Lebensgemeinschaft, → Gleichberechtigung). Über H. im Verwaltungsrecht → Verwaltungsverfahren. Für Anträge auf und Entgegennahme von Sozialleistungen nach dem → Sozialgesetzbuch besteht H. ab Vollendung des 15. Lebensjahres (§ 36 SGB I). S. ferner → Verfügungsbefugnis. *Steuerlich* handlungsfähig, also z. B. zur Abgabe von Steuererklärungen verpflichtet (→ Besteuerungsverfahren), ist, wer bürgerlichrechtlich geschäftsfähig ist oder als geschäftsfähig gilt (§§ 112, 113 BGB), gesetzliche Vertreter oder besonders Beauftragte für juristische Personen, Vereinigungen oder Vermögensmassen und Leiter, deren Vertreter oder Beauftragte für Behörden (§ 79 AO).

**Handlungsfreiheit** (Grundrecht) → Freiheit, persönl. (a); → Persönlichkeitsrecht.

**Handlungsgehilfe** (kaufmännischer Angestellter) ist ein → Angestellter, der bei einem → Kaufmann auf Grund → Arbeitsvertrags kaufmännische Dienste leistet (z. B. Buchhalter, Ein- oder Verkäufer, Korrespondent, Kassierer). Für das → Arbeitsverhältnis gelten besonders die §§ 59 ff. HGB. Über ordentliche (Fristen) und außerordentliche Kündigung → Dienstvertrag, → Arbeitsverhältnis, → Kündigungsschutz für Arbeitnehmer. Für die Dauer der Anstellung besteht ein gesetzliches → Wettbewerbsverbot (§ 60 HGB), das vertraglich verlängert werden kann.

**Handlungshaftung** i. S. des → Polizei- und → Ordnungsrechts tritt ein, wenn eine Gefährdung oder Störung der öffentlichen Ordnung durch eine Person (den „polizeilichen Störer") – sei es auch ohne Verschulden – hervorgerufen wird (anders → Zustandshaftung). Neuerdings spricht man auch von „Verhaltenshaftung", womit nicht nur das positive Tun, sondern auch das Unterlassen einbezogen wird. Wegen der Verantwortlichkeit s. → Störer.

**Handlungslehrling** ist die früher im HGB verwendete Bezeichnung für einen kaufmännischen Auszubildenden (→ Berufsausbildungsverhältnis).

**Handlungsreisender** kann ein selbständiger → Handelsvertreter oder ein → Angestellter sein, der ständig damit betraut ist, für einen Unternehmer Geschäfte zu vermitteln oder abzuschließen (§ 84 II HGB). Er erhält für die Geschäftsabschlüsse → Provision (vgl. § 65 HGB). Der H. ist kaufmännischer Angestellter (→ Handlungsgehilfe), wenn er bei einem → Kaufmann angestellt ist.

**Handlungsunfähigkeit** → Handlungsfähigkeit.

**Handlungsvollmacht** ist eine besondere Art der → Vollmacht. Sie kann durch jeden → Kaufmann, für ihn auch durch einen Prokuristen (→ Prokura), erteilt werden. Die Erteilung der H. kann stillschweigend (sog. Duldungsvollmacht) geschehen; sie kann auch als Scheinvollmacht fingiert werden. Die H. wird nicht ins → Handelsregister eingetragen. Der Umfang der H. kann vom Vollmachtgeber beliebig bestimmt, insbes. auf einzelne oder bestimmte Arten von → Rechtsgeschäften und → Rechtshandlungen (z. B. bis zu einem bestimmten Geldbetrag) beschränkt werden. Zugunsten gutgläubiger Dritter wird jedoch, wenn H. erteilt ist, vermutet, daß sie sich auf solche Rechtsgeschäfte und Rechtshandlungen erstreckt, die der Betrieb eines derartigen → Handelsgewerbes oder die Vornahme derartiger Geschäfte für gewöhnlich mit sich bringen (§ 54 I, III HGB); dies gilt jedoch nicht für Veräußerung oder Belastung von Grundstükken, Eingehung von Wechselverbindlichkeiten, Darlehensaufnahme und Prozeßführung (§ 54 II HGB). Der Handlungsbevollmächtigte hat, wenn er in Vertretung handelt, einen Zusatz anzufügen, der das Vollmachtsverhältnis ausdrückt (z. B. „i.V."), aber nicht eine Prokura andeuten darf. Die H. erlischt nach den allgemein für die Vollmacht geltenden Grundsätzen. Die Eigenschaft als Handlungsbevollmächtigter erwirbt der → Handlungsgehilfe allein durch die Erteilung der H. ohne Rücksicht darauf, ob er ausdrücklich zum „Handlungsbevollmächtigten" bestellt wird.

**Handlungswille** → Willenserklärung.

**Handschenkung** → Schenkung.

**Handschuhehe** → Eheschließung.

**Handwerk** ist ein → Gewerbe, das handwerksmäßig betrieben wird. Ein handwerksmäßiger Betrieb unterscheidet sich von der Industrie durch weitgehend persönlich-fachliche, also nicht bloß kaufmännische Mitarbeit des Betriebsinhabers, überwiegende Beschäftigung von Handwerksgesellen des gleichen Gewerbezweiges, Überwiegen der Einzelfertigung. Es muß zu einem der in der Anlage A zur → Handwerksordnung – sog. Positivliste – aufgeführten Gewerbe gehören (§ 1 II HandwO). Der selbständige Betrieb eines H. als → stehendes Gewerbe bedarf der Erlaubnis (durch Eintragung in die → Handwerksrolle), § 1 I HandwO. Diese wird in der Regel nur erteilt, wenn der Bewerber die Meisterprüfung in dem betreffenden Handwerk bestanden hat (sog. großer Befähigungsnachweis, s. a. Handwerksmeister). Eine Ausnahmebewilligung nach §§ 8, 9 HandwO ist nur unter sehr eingeschränkten Voraussetzungen zulässig. Gleichwertige Qualifikationen, die in Mitgliedstaaten der E. G. erworben worden sind, werden aber anerkannt (vgl. EG/EWR-HandwerkVO vom 4. 8. 1966 (BGBl. I 469) m. Änd. Anders als das H. sind die *handwerksähnlichen Gewerbe,* d.h. die in der Anlage B zur HandwerksO aufgeführten Gewerbearten nicht erlaubnispflichtig. Ihre Aufnahme und Beendigung bedarf aber – neben der → Gewerbeanzeige – der Anzeige bei der örtlichen Handwerkskammer (§ 18). Das Handwerksrecht ist ein Teil des Gewerberechts. Für den Betrieb des H. gelten daher die Vorschriften der → Gewerbeordnung (z. B. Anzeigepflicht nach § 14), soweit nicht die HandwO Sonderrecht enthält. Über die Kaufmannseigenschaft des Handwerkers s. Ges. vom 31. 3. 1953 (BGBl. I 106) m. Änd. sowie → Kaufmann. Vor allem dem Schutz des H. dienen die Bestimmungen gegen → Schwarzarbeit. Handwerksberechtigungen aus dem Gebiet der ehem. DDR sind gemäß Anl. I zum EinigV Kap. V Sachgeb. G Abschn. III Nr. 1 unter Aufrechterhaltung vergleichbarer Besitzstände übergeleitet worden. Die Einkaufs- und Liefergenossenschaften und Arbeitsgemeinschaften der Produktionsgenossenschaften des Handwerks sind weiterhin Mitglieder der Handwerkskammer. Ausnahmen von den nach § 25 HandwO erlassenen Ausbildungsordnungen können die Handwerkskammern bis 1. 12. 1995 zulassen (lit. k) a. a. O.).

**Handwerker** (Ansprüche, Verjährung) → Werkvertrag. S. a. im folg.

**Handwerkerversicherung.** Als Handwerkerversicherung bezeichnete man die gesetzliche Rentenversicherung für selbständige Handwerker nach dem Ges. über eine Rentenversicherung der Handwerker (Handwerkerversicherungsgesetz – HwVG) vom 8. 9. 1960 (BGBl. I 737) m. spät. Änd. Durch das Rentenreformgesetz 1992 ist das HwVG aufgehoben worden; die Rentenversicherung der Handwerker ist nunmehr Teil der allgemeinen Rentenversicherung nach dem SGB VI.

Versicherungspflichtig sind danach selbständig tätige Handwerker, die in die → Handwerksrolle eingetragen sind; ist eine Personengesellschaft in die Handwerksrolle eingetragen, gilt als Handwerker, wer als Gesellschafter in seiner Person die Voraussetzungen für die Eintragung in die Handwerksrolle erfüllt. Die Möglichkeit einer Befreiung von der Versicherungspflicht besteht, wenn für mindestens 18 Jahre Pflichtbeiträge gezahlt worden sind. Zuständig für die Durchführung der Versicherung sind die → Landesversicherungsanstalten (§§ 2 Nr. 8, 6 I Nr. 4, 129 I SGB VI).

**Handwerksgeselle** ist, wer bei Ablauf der Lehrzeit als → Handwerkslehrling vor einem Gesellenprüfungsausschuß die Gesellenprüfung mit Erfolg abgelegt hat (§§ 36 ff. HandwO). Das Bestehen der Prüfung sowie eine mehrjährige Tätigkeit als Geselle sind Voraussetzungen für die Zulassung zur Meisterprüfung im Handwerk (→ Handwerksmeister). Zur Wahrung eines guten Verhältnisses zwischen Handwerksmeistern und Gesellen werden bei den → Handwerksinnungen Gesellenausschüsse errichtet (§§ 68 ff. HandwO). Der Handwerksausbildung zum H. ist eine Reihe von Fachschulabschlüssen gleichgestellt.

**Handwerksinnung** ist ein freiwilliger Zusammenschluß selbständiger Handwerker des gleichen Handwerks oder fachlich oder wirtschaftlich nahestehender Handwerke eines bestimmten Bezirks zur Förderung ihrer gemeinsamen gewerblichen Interessen (§§ 52, 58 HandwO). Über die Aufgaben der H. s. § 54; danach können die Innungen auch → Krankenkassen errichten und → Tarifverträge abschließen. Die H. ist eine → Körperschaft des öffentlichen Rechts, die mit Genehmigung der Satzung durch die → Handwerkskammer rechtsfähig wird; sie unterliegt deren Aufsicht (Rechtsaufsicht). Organe der H. sind die Innungsversammlung, der Vorstand und die Ausschüsse (§ 60). Handwerksinnungen des gleichen Handwerks oder fachlich oder wirtschaftlich nahestehender Handwerke können sich zu einem *Landesinnungsverband,* einer juristischen Person des Privatrechts, zusammenschließen (§ 79 HandwO). Diese können einen Bundesinnungsverband bilden. Einen Zusammenschluß fachfremder Innungen auf bezirklicher Grundlage bildet die → Kreishandwerkerschaft.

**Handwerkskammer.** Die H. vertritt die Interessen des Handwerks als Berufsstand (nicht der einzelnen Handwerker). Sie ist eine → Körperschaft des öffentlichen Rechts und wird von der obersten Landesbehörde (Wirtschaftsminister) jeweils für einen bestimmten Bezirk errichtet (§ 90 HandwO). Die oberste Landesbehörde erläßt die Satzung (§ 105) und führt die Aufsicht (§ 115 – regelmäßig Rechtsaufsicht). Zur H. gehören (Zwangsmitgliedschaft) die selbständigen Handwerker und die Inhaber handwerksähnlicher Betriebe des Bezirks mit Beitragspflicht (§ 113), ferner ihre Gesellen und Lehrlinge (§ 90 II). Für nichthandwerkliche Beriebsteile ist Doppelmitgliedschaft bei der → Industrie- und Handelskammer vorgeschrieben (§ 2 III IHKG). Die H. hat u. a. (s. § 91) die → Handwerksrolle zu führen und hat in diesem Zusammenhang umfangreiche Befugnisse zur Durchsetzung des Handwerksrechts (z. B. bei → Schwarzarbeit). Sie regelt die Berufsausbildung einschl. der beruflichen Fortbildung und Umschulung im Handwerk zu regeln (Berufsbildungsausschuß). Die H. benennt Sachverständige, erstattet Gutachten für Gerichte und Behörden und führt die Aufsicht über die → Kreishandwerkerschaften und → Handwerksinnungen ihres Bezirks. Organe der Kammer sind die aus gewählten Mitgliedern bestehende Mitgliederversammlung (Vollversammlung, §§ 93 ff.), der Vorstand (§§ 108 f.) und die Ausschüsse (§ 110).

**Handwerkskarte** → Handwerksrolle.

**Handwerkslehrling** ist, wer zur Ausbildung in einem → Handwerk in einem → Lehrverhältnis steht (s.a. → Berufsausbildungsverhältnis). Zur Ausbildungsbefugnis für Handwerkslehrlinge s. §§ 21–24 HandwO. Die Ausbildung richtet sich nach → Ausbildungsordnungen (§§ 25 ff. HandwerksO). S. i. übr. VO über die Festsetzung der Lehrzeitdauer im Handwerk vom 23. 11. 1960, BGBl. I 851) m. spät. Änd. Den Abschluß der Lehrzeit bildet die Gesellenprüfung (§§ 31 ff. HandwO; → Handwerksgeselle).

**Handwerksmeister** ist, wer nach Bestehen der Gesellenprüfung (→ Handwerksgeselle) und anschließender mehrjähriger Berufspraxis die Meisterprüfung bestanden hat. Die Qualifikation als H. ist regelmäßig Voraussetzung für den selbständigen Betrieb eines → Handwerks. Die Bezeichnung Meister in Verbindung mit einem Handwerk ist gesetzlich geschützt, § 51 HandwO. Wegen der Meisterprüfung für H. vgl. die VO über gemeinsame Anforderungen in der Meisterprüfung im Handwerk vom 12. 12. 1972 (BGBl. I 2381) sowie die VOen über die Anerkennung von Prüfungen vom 26. 6. 1981 (BGBl. I 596) und vom 2. 11. 1982 (BGBl. I 1475), jeweils m. Änd. Wegen der fachlichen Prüfungsanforderungen in den einzelnen Meisterprüfungen vgl. die im Fundstellennachweis A zum BGBl. I unter Nr. 7110–3 bis 7110–7 rund 150 nachgewiesenen Berufsbild- und PrüfungsVOen. Zur Anerkennung von Meisterprüfungen der ehem. volkseigenen Betriebe als

Voraussetzung für die Eintragung in die Handwerksrolle vgl. die VO vom 6. 12. 1991 (BGBl. I 2162, zur Gleichstellung österreichischer und französischer Meisterprüfungen die VOen vom 31. 1. 1997 (BGBl. I 142) und vom 22. 12. 1997 (BGBl. I 3324).

**Handwerksordnung.** Die geltende HandwerksO wurde 1953 erlassen. Sie gilt derzeit i. d.F. vom 28. 12. 1965 (BGBl. 1966 I 1) m. zahlreichen Änd. Inhaltlich geht sie größtenteils auf frühere Regelungen der Gewerbeordnung und aus nationalsozialistischer Zeit zurück. Die H. regelt den Berufszugang zum Handwerk (→ Handwerksrolle), die Berufsbildung (→ Handwerkslehrling, → Handwerksgeselle), die Befähigungsnachweise (Meisterprüfung, → Handwerksmeister), die Aufsicht über die Berufsausübung sowie die berufsständische Organisation (→ Handwerkskammer, → Handwerksinnung, → Kreishandwerkerschaften).

**Handwerksrolle.** Die H. wird von den → Handwerkskammern geführt. Sie ist eine Dokumentation der Erlaubnisse zum selbständigen Betrieb eines → Handwerks (§ 6 HandwO, sowie die EG/EWR-HandwerksVO (→ Handwerk)). Die Eintragung in die H. ist für die Erlaubnis zum Betrieb eines Handwerks konstitutiv. Über die Eintragung wird eine Bescheinigung, die sog. Handwerkskarte ausgestellt, die lediglich Nachweiszwecken dient (§ 10 II HandwO). Die Einsicht in die H. ist jedem gestattet, der ein berechtigtes Interesse nachweist.

**Hangtäter** → Maßregeln der Besserung und Sicherung (3), → Gewohnheitsverbrecher.

**Hardware** (engl.) → Software.

**Hare-Niemeyer-System** (zur Berechnung der Sitzverteilung) → d'Hondtsches System.

**Harmonisierungsrichtlinien** (E.G.). Zu den Aufgaben der → Europäischen Gemeinschaft gehört auch die Harmonisierung der nationalen Rechtsordnungen, soweit das für die Verwirklichung des freien Waren-, Dienstleistungs-, Niederlassungs- und Kapitalverkehrs erforderlich ist. Die Richtlinien haben als Vorgaben für die nationale Gesetzgebung aber auch für die Auslegung der in Umsetzung der Richtlinie ergangenen Gesetze Bedeutung. Die einzelnen Richtlinien sind, soweit sie von besonderer sachlicher Bedeutung sind, bei den einzelnen Rechtsgebieten nachgewiesen.

**Härteausgleich.** Ergeben sich in der → Kriegsopferversorgung oder → Kriegsopferfürsorge im Einzelfall bei Anwendung des BundesversorgungsG besondere Härten, so kann mit Zustimmung des BMA ein Ausgleich gewährt werden. § 89 BVG.

**Härtebeihilfen.** Die Regelungen über H. nach dem → Allgemeinen Kriegsfolgengesetz (AKG) sind ausgelaufen.

**Härteklauseln** (im Scheidungsrecht) → Ehescheidung (2, 4, 5).

**Häufeln** (bei → Kommunalwahlen) → Kumulieren.

**Hauptanspruch** ist der Grundanspruch bei einer → Forderung; Gegensatz: → Nebenforderung (z. B. Zinsen, vgl. §§ 4, 321 ZPO).

**Hauptfeststellung** ist die allgem. Feststellung von → Einheitswerten auf einen Hauptfeststellungszeitpunkt (§ 21 BewG). Die letzte H. für die Einheitswerte des Grundvermögens erfolgte auf den 1. 1. 1964. Für Grundstücke in den neuen Ländern ist auf den 1. 1. 1991 ein Einheitswert nach den Wertverhältnissen 1. 1. 1935 nachträglich festzustellen (§§ 129, 132, 133 BewG). *Fortschreibung* ist eine neue Feststellung hinsichtlich der Höhe eines Einheitswerts (Wertfortschreibung, § 22 I BewG), über die Art des Gegenstands (Artfortschreibung, § 22 II BewG) oder über die Zurechnung des Gegenstands (Zurechnungsfortschreibung, § 22 II BewG). *Nachfeststellung* (§ 23 BewG) ist eine nachträgliche Feststellung eines Einheitswerts auf einen Nachfeststellungszeitpunkt, wenn nach dem Hauptfeststellungszeitpunkt die wirtschaftl. → Einheit (Untereinheit) neu entsteht (z. B. ein Grundstück wird geteilt) oder eine bereits bestehende wirtschaftliche Einheit (Untereinheit) erstmals zu einer Steuer herangezogen werden soll.

**Hauptfürsorgestellen** sind staatliche oder kommunale Stellen zur Durchführung der → Kriegsopferfürsorge und von Maßnahmen für → Schwerbeschädigte und → Schwerbehinderte, insbesondere Erhaltung und Wiederherstellung der Arbeitskraft, Kündigungsschutz, Wohnungsbeschaffung und Familienfürsorge, nachgehende Fürsorge am Arbeitsplatz, Ausstattung mit Prothesen u. a. Hilfsmitteln.

**Hauptintervention** liegt vor, wenn jemand eine Sache oder ein Recht, worüber zwischen anderen Personen ein Rechtsstreit anhängig ist, dadurch für sich in Anspruch nimmt, daß er beide Parteien in einem neuen Rechtsstreit (Interventionsprozeß) verklagt (§ 64 ZPO).

**Haupt(leistungs)pflicht** → gegenseitiger Vertrag.

**Hauptmangel** → Viehkauf.

**Hauptname** → Name der Familie.

**Hauptniederlassung** → Niederlassung.

**Hauptsache** entspricht als *prozeßrechtlicher* Begriff dem → Streitgegenstand; er wird aber je nach Zusammenhang verschieden verwendet. Die → Nebenforderungen (insbes. Prozeßkosten) gehören an sich nicht zur H.; selbständig eingeklagt (oder nach Erledigung des übrigen Teils des Rechtsstreits) können sie aber zur H. werden. S. ferner → Erledigung der H., → Kostenentscheidung. Für das *materielle* Recht → Bestandteil, → Zubehör.

**Hauptsacheklage** ist die → Klage, mit der der Anspruch geltend gemacht wird, den ein → Arrest oder eine → einstweilige Verfügung sichert. H. einerseits, Arrest und einstw. Verfügung andererseits sind verschiedene Rechtsstreitigkeiten. Bei der H. soll der Anspruch selbst verwirklicht, bei Arrest und einstw. Verfügung lediglich gesichert werden.

**Hauptschöffen** → Schöffen.

**Hauptschule.** Die H. beginnt als weiterführende Schule mit dem 5., in Berlin, Bremen, Hamburg und Niedersachsen mit dem 7. Schuljahr und endet je nach Dauer der Schulpflicht mit dem 9. oder 10. Schuljahr. Grundschule und H. sind häufig zu einer Schuleinheit zusammengefaßt und entsprechen in dieser Form der früheren Volksschule.

**Hauptstadt der BRep.** → Bundeshauptstadt.

**Hauptstrafen** → Strafen (1).

**Haupttermin** → mündliche Verhandlung.

**Hauptuntersuchung** → Überwachung von Kfz. und → Kraftfahrern.

**Hauptverfahren** ist der dem → Eröffnungsverfahren folgende Abschnitt des *Strafprozesses,* in dem das Gericht über die Schuld des Angeklagten und ggf. über die Verhängung von → Strafen und → Maßregeln entscheidet (§§ 213–295 StPO). Im Mittelpunkt des H. steht die → Hauptverhandlung. Ihre Vorbereitung liegt in der Hand des Gerichtsvorsitzenden. Er bestimmt den Hauptverhandlungstermin und die zu ladenden Zeugen usw. sowie die durch die StA herbeizuschaffenden sonstigen Beweismittel (§§ 213, 214 StPO). Angeklagter und Verteidiger sind mit mindestens 1 Woche Frist zu laden; bei Nichteinhaltung können sie → Aussetzung der Verhandlung verlangen (§§ 217, 218 StPO). Über Beweisanträge eines Verfahrensbeteiligten entscheidet vor der Hauptverhandlung der Vorsitzende. Lehnt er sie ab, kann die StA Zeugen und Sachverständige selbst laden; das gleiche Recht haben Angeklagter und Verteidiger (Ladung durch den Gerichtsvollzieher), die aber auch Zeugen und Sachverständige zur Hauptverhandlung stellen können (§§ 220, 222 II StPO). Zur weiteren Vorbereitung kann das Gericht die → kommissarische Vernehmung entfernt wohnender, kranker oder sonst am Erscheinen verhinderter Zeugen sowie einen richterlichen → Augenschein beschließen (§§ 223 ff. StPO). Das H. schließt mit der Rechtskraft des Strafurteils ab, ggf. also nach Erschöpfung der vorgesehenen → Rechtsmittel (Berufung, Revision).

**Hauptverhandlung.** Die H. (§§ 226–275 StPO) ist das Kernstück des *Strafprozesses.* Das Strafurteil beruht auf dem Inbegriff der in ihr geschöpften Überzeugung des Gerichts (§ 261 StPO). Sie ist nach den Grundsätzen der *Mündlichkeit, Öffentlichkeit* und *Unmittelbarkeit* (der Beweisaufnahme) durchzuführen. Daher ist die *dauernde Anwesenheit* der Richter und Schöffen, eines StA und, wenn die Verteidigung notwendig ist, auch die eines → Verteidigers vorgeschrieben (StA und Verteidiger können wechseln). Der Angekl. muß ebenfalls ständig zugegen sein, außer wenn nur Geldstrafe bis zu 180 Tagessätzen, Fahrverbot, Einziehung usw. zu erwarten und er in der Ladung darauf hingewiesen worden ist, daß ohne ihn verhandelt werden kann (§ 232 StPO). Ist nur Freiheitsstrafe bis zu 6 Mon., Geldstrafe bis zu 180 Tagessätzen, Fahrverbot, Einziehung usw. zu erwarten, so kann er auf Antrag vom Erscheinen entbunden werden, ist dann aber vor der H. richterlich zu vernehmen (§ 233 StPO, → kommissarische Vernehmung). Bleibt er sonst in der H. unentschuldigt aus, kann Vorführungs- oder Haftbefehl ergehen; entfernt er sich ohne Erlaubnis, kann ihn das Gericht in Gewahrsam nehmen lassen (§§ 230, 231 StPO). Hat der Angekl. vorsätzlich und schuldhaft seine *Verhandlungsunfähigkeit* herbeigeführt und verhindert er dadurch wissentlich die Durchführung der H., kann ohne ihn verhandelt werden, wenn das Gericht seine Anwesenheit nicht für unerläßlich hält. Der Angeklagte muß vorher Gelegenheit zur Äußerung vor dem Gericht oder einem kommissarischen Richter gehabt haben. Auch ist vorher ein ärztl. Sachverständiger zu hören (§ 231 a StPO). Auch bei ordnungswidrigem Verhalten, das zum Ausschluß des Angeklagten von der H. oder zur Inhaftnahme führt (→ Ungebühr vor Gericht), kann gem. § 231 b StPO ohne ihn weiterverhandelt werden. In H.en gegen mehrere Angeklagte kann einzelnen von ihnen und ihren Verteidigern gestattet werden, sich während einzelner, sie nicht betreffender Teile der Verhandlung zu entfernen (§ 231 c StPO).

Die *Leitung* der H. obliegt dem Vorsitzenden, insbes. die Vernehmung des Angeklagten, der Zeugen und Sachverständigen. Er hat den Beisitzern, dem StA, dem Verteidiger, dem Angeklagten und dem Nebenkläger auf Verlangen Fragen zu gestatten, dem StA und dem Verteidiger auf übereinstimmenden Antrag auch das → Kreuzverhör. Wird seine Verhandlungsleitung oder die Zulässigkeit einer Frage beanstandet, entscheidet das Gericht (§§ 238–242 StPO). Grundsätzlich ist die H. in einem Zuge durchzuführen. Eine *Unterbrechung* ist nur für 10 Tage zulässig, anderenfalls mit ihr erneut begonnen werden muß. Hat sie aber 10 Tage gedauert, darf sie bis zu 30 Tagen unterbrochen werden; dasselbe kann nochmals geschehen. Weitere Unterbrechungsmöglichkeiten einer H. nach Ablauf von 12 Monaten und bei Erkrankung des Angekl. (§ 229 StPO).

Die H. beginnt mit dem Aufruf der Sache (in Verfahren 1. Instanz vor dem Land- oder Oberlandesgericht ist bis dahin die Besetzung des Gerichts bekanntzugeben, § 222 a StPO). Dem Aufruf folgen (in Abwesenheit der Zeugen) die Vernehmung des Angeklagten zur Person und die Verlesung des Anklagesatzes durch den StA, sodann die Vernehmung des Angeklagten zur Sache; nur bis zu diesem Zeitpunkt kann die örtliche Unzuständigkeit oder im Falle des § 222 a StPO die vorschriftswidrige Besetzung des Gerichts gerügt werden (§§ 16, 222 b StPO). Zur Sache auszusagen ist der Angeklagte nicht verpflichtet (§ 243 StPO). Hieran schließt sich die Beweisaufnahme (→ Beweis, Beweisantrag) an. Nach deren Abschluß erhalten StA, Verteidiger und Angeklagte Gelegenheit zu ihren Schlußvorträgen und Anträgen; dem Angeklagten gebührt stets das letzte Wort (§ 258 StPO).

Die H. schließt mit der Verkündung des *Urteils*, das es auf Freispruch, Verurteilung zu Strafe, Anordnung einer Maßregel der Besserung und Sicherung oder auf Einstellung lauten kann (wenn sich ein → Prozeßhindernis ergibt). Jede dem Angeklagten nachteilige Entscheidung über Schuld, Strafe oder eine Maßregel der Besserung und Sicherung erfordert Zweidrittelmehrheit (§ 263 StPO). Das Urteil soll sich auf den in Anklage und Eröffnungsbeschluß bezeichneten Sachverhalt erstrecken, der den Prozeßstoff begrenzt (§ 264 StPO). Ein anderer rechtlicher Gesichtspunkt oder ein neu hervorgetretener Umstand, z. B. ein straferhöhender, darf nur berücksichtigt werden, nachdem der Angeklagte hierauf hingewiesen und ihm Gelegenheit zur Verteidigung gegeben worden ist; u. U. kann er zu diesem Zweck Aussetzung der H. verlangen (§ 265 StPO). Weitere selbständige

Straftaten können in die H. einbezogen werden, wenn der Angeklagte zustimmt. Der StA erhebt dann mündlich die Anklage; wenn erforderlich, ist die H. – insbes. auf Antrag des Angeklagten – zu unterbrechen (§ 266 StPO). S. a. → Verhandlungsprotokoll, → Urteil.

**Hauptversammlung** ist das Organ einer → Aktiengesellschaft oder → Kommanditgesellschaft auf Aktien, durch das die Aktionäre ihre Rechte ausüben (§ 118 AktG). Die ordentliche H. findet regelmäßig jedes Jahr statt; sie muß in den ersten acht Monaten des Geschäftsjahres einberufen werden (§ 120 I AktG); s. a. → Entlastung). Eine außerordentliche H. wird in den in der Satzung bestimmten Fällen und dann einberufen, wenn das Wohl der Gesellschaft es fordert (§ 121 I AktG); sie kann auch durch den → Aufsichtsrat einberufen (§ 111 III AktG) und ihre Einberufung von Aktionären verlangt werden, deren Anteile $^1/_{20}$ des Grundkapitals erreichen (§ 122). Die H. wird i. d. R. durch den Vorstand einberufen; die Einberufung ist mit der Tagesordnung in den Gesellschaftsblättern bekanntzumachen (sind alle Aktionäre bekannt, genügt eingeschriebener Brief). Zur Teilnahme sind alle Aktionäre ohne Rücksicht darauf berechtigt, ob ihnen das → Aktienstimmrecht zusteht. Die Mitglieder des Vorstands und des Aufsichtsrats sollen an der H. teilnehmen (§ 118 II AktG). Bei jeder H. ist ein Verzeichnis der erschienenen oder vertretenen Aktionäre und ihrer Vertreter nach Namen und Wohnort aufzustellen; die H. kann sich mit $^3/_4$-Mehrheit eine Geschäftsordnung geben (§ 129 AktG). Sind alle Aktionäre erschienen, kann die H., sofern kein Widerspruch erfolgt, Beschlüsse auch ohne Einhaltung dieser Formvorschriften fassen. Den Vorsitzenden der H. bestimmt die Satzung; i. d.R. ist es der Vorsitzende des Aufsichtsrats. Über die H. und ihre Beschlüsse muß, wenn die Aktien an der Börse zum Handel zugelassen sind, ein notarielles Protokoll aufgenommen werden, in dem alle → H.-Beschlüsse zu beurkunden sind (§ 130 AktG). Jeder Aktionär kann in der H. vom Vorstand Auskunft über Angelegenheiten der Gesellschaft verlangen (§ 131 AktG). Zuständigkeit und Aufgaben der H. erstrecken sich insbes. auf die Bestellung der Mitglieder des Aufsichtsrats, die Gewinnverwendung, die Entlastung des Vorstandes und des Aufsichtsrats, die Bestellung der → Abschlußprüfer, Satzungsänderungen, → Kapitalerhöhung und → Kapitalherabsetzung, → Sonderprüfungen, auch auf sonstige Fragen der Geschäftsführung (§ 119 AktG). Nach der H. hat der Vorstand unverzüglich eine öffentlich beglaubigte Abschrift des Protokolls zum → Handelsregister einzureichen (§ 130 V AktG). Über die Gültigkeit der Beschlüsse der H. s. im folgenden.

**Hauptversammlungsbeschluß.** In der → Hauptversammlung treffen die (Kommandit)Aktionäre ihre Entscheidungen durch H.; dabei üben sie das → Aktienstimmrecht aus. Ein H. bedarf grundsätzlich der einfachen Mehrheit aller abgegebenen Stimmen. Gesetz oder Satzung können größere Mehrheiten oder weitere Erfordernisse vorschreiben (§ 133 AktG), insbes. die sog. Kapitalmehrheit (Mehrheit des vertretenen → Grundkapitals unabhängig von den Stimmen). H. können aus den Gründen des § 241 AktG) *nichtig* sein; hier handelt es sich um besonders schwere Verstöße, z. B. fehlerhafte Einberufung der Hauptversammlung, inhaltliche Verstöße gegen zwingende Vorschriften oder gegen die guten Sitten. Die Nichtigkeit kann bei bloßen Formverstößen durch Eintragung in das Handelsregister geheilt werden, sonst auch, wenn sie nicht binnen 3 Jahren durch → Feststellungsklage geltendgemacht wird (§§ 242, 249 AktG). Die → Rechtskraft des Urteils erstreckt sich auf alle Aktionäre, Vorstands- und Aufsichtsratsmitglieder, auch wenn sie nicht Partei des Rechtsstreits sind (§§ 248, 249 I AktG). *Anfechtbar* ist ein H., der auf sonstigen Verstößen gegen Gesetz oder Satzung beruht (§ 243 AktG), z. B. Fehler bei der Abstimmung). Die Anfechtung kann nur von den in (§ 245 AktG) aufgeführten Personen innerhalb eines Monats nach der Beschlußfassung durch Klage gegen die Aktiengesellschaft geltend gemacht werden (§ 246 AktG). Die Anfechtung ist ausgeschlossen, wenn die Hauptversammlung den anfechtbaren Beschluß durch einen neuen gesetz- und satzungsmäßigen Beschluß bestätigt (§ 244 AktG). Der Umfang der Rechtskraft des Urteils ist der gleiche wie bei der Nichtigkeitsklage (§ 248 AktG). Ferner ist in den (§§ 250–257 AktG) die Nichtigkeit und Anfechtbarkeit bestimmter H. (z. B. über Aufsichtsratswahlen und Gewinnverwendung) geregelt. H. sind *schwebend unwirksam,* wenn ihnen noch ein Erfordernis, insbes. eine Zustimmungserklärung, fehlt; sie werden von selbst wirksam, wenn es erfüllt wird. Vorher darf der H. nicht ins → Handelsregister eingetragen werden.

**Hauptvollmacht** → Vollmacht.

**Hauptwohnsitz** → Wohnsitz.

**Hauptzollamt** → Zollbehörden.

**Hausangestellte** → Hausgehilfen.

**Hausarbeitstag** → Arbeitszeit.

**Hausdiebstahl** → Diebstahl (4).

**Hausfriedensbruch** begeht, wer in die Wohnung, Geschäftsräume oder das befriedete (d.h. eingehegte) Besitztum eines anderen oder in verschlossene, zum öffentlichen Dienst oder Verkehr bestimmte Räume *widerrechtlich eindringt* oder sie *trotz Aufforderung* des Berechtigten *nicht verläßt* (§ 123 StGB); einmalige Aufforderung genügt.

Das *Hausrecht* besitzt, wer über die Benutzung des geschützten Raums verfügen darf, also auch der Mieter gegenüber dem Vermieter. Die Ausübung des Hausrechts kann anderen übertragen werden, z. B. Familienmitgliedern oder Angestellten. Sie kann sich im besonderen in einem *Hausverbot* äußern. Die Rechtswidrigkeit kann aufgehoben sein durch Einwilligung des Berechtigten oder kraft eines stärkeren Rechts, insbes. nach öffentlichem Recht, z. B. für Gerichtsvollzieher oder Polizeibeamte zur Vornahme von Amtshandlungen (Pfändung, Durchsuchung).

Strafverfolgung wegen H. tritt nur auf Antrag ein (Antragsdelikte).

Die Strafe ist Freiheitsstrafe bis zu 1 Jahr oder Geldstrafe.

*Schwerer H.* (sog. *Heimsuchung*) liegt vor, wenn sich eine Menschenmenge öffentlich zusammenrottet und in geschützte Räume widerrechtlich in der Absicht eindringt, mit vereinten Kräften Gewalt gegen Personen oder Sachen zu üben. Die Strafe ist Freiheitsstrafe bis zu 2 Jahren oder Geldstrafe (§ 124 StGB). S. a. → Landfriedensbruch.

**Hausgehilfen** sind (männliche oder weibliche) → Arbeitnehmer, die in einem Haushalt hauswirtschaftliche Dienste leisten, ohne Rücksicht darauf, ob sie im Haushalt wohnen oder nicht. Stundenweise beschäftigte Personen (sog. Putz-, Zugeh- oder Aufwartefrauen) fallen nicht darunter. → Arbeitgeber ist i. d.R. der Haushaltungsvorstand. Für den → Arbeitsvertrag gelten die gesetzlichen Vorschriften über den → Dienstvertrag (§§ 611–630 BGB), die durch tarifvertragliche Regelungen ergänzt werden. Bei jugendlichen H. gelten für die Arbeitszeit §§ 8 ff. JArbSchG. Für die gesetzliche → Unfallversicherung von H. sind die Unfallversicherungsträger im kommunalen Bereich zuständig. *Einkommensteuerlich* vgl. → Sonderausgaben 1 e (hauswirtschaftl. Beschäftigungsverhältnisse) und → Belastungen, außergewöhnliche 2 c (Hilfe im Haushalt).

**Hausgemeinschaft.** Über die → Familie hinaus kann die H. auch familienfremde Personen umfassen (z. B. Hausangestellte, Auszubildende u. a.). Wenn auch ein familienrechtliches Verhältnis hierdurch nicht geschaffen wird, so entstehen aus ihr doch Verpflichtungen, z. B. zur Krankenfürsorge und zum Schutz vor Gefahren für Leben, Gesundheit und Sittlichkeit im Rahmen eines Dienstverhältnisses (§§ 617, 618 II BGB), zur Dienstleistung hauseigener, auch volljähriger Kinder im Hauswesen und Geschäft (§ 1619 BGB), zur Auskunft über den Bestand der Erbschaft des der H. angehörenden Erblassers (§ 2028 BGB, → Erbschaftsanspruch) u. a. m. S. a. → Dreißigster, → eheliche Lebensgemeinschaft.

**Hausgerichtsbarkeit** → Rechtspflegeministerium.

**Hausgewerbetreibender** ist, wer in eigener Arbeitsstätte mit nicht mehr als 2 fremden Hilfskräften im Auftrag von Gewerbetreibenden oder → Zwischenmeistern unter wesentlicher eigener Mitarbeit Waren herstellt, bearbeitet oder verpackt, die Verwertung der Arbeitsergebnisse aber dem Gewerbetreibenden überläßt (§ 2 II HeimarbeitsG vom 14. 3. 1951, BGBl. I 191) m. spät. Änd. Arbeitnehmereigenschaft, Arbeitsschutz und Kündigung sind im wesentlichen wie beim → Heimarbeiter geregelt. In der → Unfallversicherung und der → Rentenversicherung besteht für H. unabhängig von der Höhe ihres Einkommens Versicherungspflicht (§ 12 SGB IV; §§ 2, 129 SGB VI; § 2 SGB VII).

**Haushaltsbesteuerung** ist die Veranlagung auf Grund Zusammenrechnung der → Einkünfte von Ehegatten. Bei der *Einkommensteuer* können Ehegatten regelmäßig zwischen Zusammenveranlagung, getrennter Veranlagung und besonderer Veranlagung im Jahr der Eheschließung wählen (§§ 26–26 c EStG). Vgl. → Veranlagungsarten. Die Zusammenveranlagung begründet ein Gesamtschuldverhältnis der zusammenveranlagten Personen (§ 44 AO), d. h. jeder Beteiligte schuldet das Ganze, beide jedoch nur ein einziges Mal. → Gesamtschuldner.

**Haushaltsfreibetrag.** Steuerpflichtige, auf die der Splittingtarif (§ 32 a V od. VI EStG; → Splittingverfahren) keine Anwendung findet (z. B. Unverheiratete, Geschiedene, dauernd Getrenntlebende), können vom Einkommen einen H. mit 5616 DM abziehen, wenn sie einen → Kinderfreibetrag oder → Kindergeld erhalten und mindestens 1 Kind beim Stpfl. mit Wohnsitz im Inland gemeldet ist (§ 32 VII EStG).

**Haushaltsführung der Ehegatten** → Mitarbeit der Ehegatten, → Schlüsselgewalt.

**Haushaltsgegenstände** (Rechtsverhältnisse an -n) → Zugewinngemeinschaft, → Hausratsverordnung, → Getrenntleben der Ehegatten.

**Haushaltsgeld** → Unterhaltspflicht der Ehegatten.

**Haushaltsgerät** (Sicherheitsprüfung) → technische Arbeitsmittel.

**Haushaltsgesetz** → Haushaltsrecht (2).

**Haushaltsgrundsätze** → Haushaltsrecht (8).

**Haushaltshilfe.** 1. Für das *Steuerrecht* vgl. → Sonderausgaben 1 e (hauswirtschaftl. Beschäftigungsverhältnisse) und → Belastungen, außergewöhnliche 2 c (Hilfe im Haushalt).

2. In der → Sozialversicherung wird H. durch Stellung einer Ersatzkraft oder Erstattung der Kosten hierfür gewährt, wenn der Haushalt wegen Krankenhaus- oder Kuraufenthalt nicht weitergeführt werden kann und mindestens ein Kind unter 12 Jahren (oder behindert und auf Hilfe angewiesen) vorhanden ist. Keine Kostenerstattung für Verwandte und Verschwägerte bis zum 2. Grad, ggf. jedoch Fahrtkosten und Verdienstausfall in angemessenem Verhältnis. § 38 SGB V; § 29 SGB VI; § 42 SGB VII; § 10 KVLG 1989.

**Haushaltsjahr** → Haushaltsrecht (2).

**Haushaltsplan** → Haushaltsrecht.

**Haushaltsrecht** im obj. Sinne ist die Gesamtheit der Vorschriften über die Feststellung des Haushalts des Staates und sonstiger jur. Personen des öffentl. Rechts (z. B. Gemeinden). Im subj. Sinne (Recht, den Staatshaushalt verbindlich festzustellen) bezeichnet man das H. herkömmlich als → Budgetrecht.

1. Nach Art. 109 GG sind Bund und → Länder in ihrer *Haushaltswirtschaft* selbständig und voneinander unabhängig. Sie haben bei ihrer Haushaltswirtschaft den Erfordernissen des gesamtwirtschaftlichen Gleichgewichts Rechnung zu tragen. Durch Bundesgesetz mit Zustimmung des Bundesrates können für Bund und Länder gemeinsam geltende Grundsätze für das H., für eine konjunkturgerechte Haushaltswirtschaft und für eine mehrjährige Finanzplanung aufgestellt werden. Zur Abwehr einer Störung des gesamtwirtschaftlichen Gleichgewichts können Bestimmungen über die Aufnahme von Krediten durch Gebietskörperschaften und Zweckverbände sowie über → Konjunkturausgleichsrücklagen getroffen werden.

2. Alle Einnahmen und Ausgaben des Bundes sind in den *Haushaltsplan* einzustellen; er ist in Einnahme und Ausgabe auszugleichen (Art. 110 I GG). Der Haushaltsplan wird für ein oder mehrere Rechnungsjahre nach Maßgabe des Art. 110 II–IV GG durch *Haushaltsgesetz* festgestellt (vgl. z. B. HaushaltsG 1995 vom 22. 6. 1995,

BGBl. I 819). Da dieses den Staatsbürger nicht unmittelbar berechtigt oder verpflichtet, wird es nicht als Gesetz im materiellen Sinne, sondern als klassischer Fall eines (nur) formellen → Gesetzes angesehen. Das HaushaltsG enthält die Feststellung des Haushaltsplans (eine umfangreiche Anlage; der Gesamtplan gliedert sich in Haushaltsübersicht, Finanzierungsübersicht und Kreditfinanzierungsplan) sowie Einzelvorschriften zu den Staatseinnahmen und -ausgaben.

3. Ist bis zum *Schluß eines Rechnungsjahres* der Haushaltsplan für das folgende Jahr nicht durch Gesetz festgestellt, so ist die BReg. ermächtigt, alle Ausgaben zu leisten, die nötig sind, um gesetzlich bestehende Einrichtungen zu erhalten und gesetzlich beschlossene Maßnahmen durchzuführen; sie darf die rechtlich begründeten Verpflichtungen des Bundes erfüllen und Bauten, Beschaffungen und sonstige Leistungen fortsetzen oder gewähren, sofern durch den Haushaltsplan eines Vorjahres bereits Beträge bewilligt worden sind (Art. 111 GG). Näheres zu diesem Ausgabenrecht der BReg. während des „etatlosen" Zustandes BVerfG NJW 1977, 1387.

4. *Überplanmäßige* (d.h. über den im Haushaltsplan veranschlagten Betrag hinausgehende) und *außerplanmäßige* (d.h. im Haushaltsplan überhaupt nicht vorgesehene) *Ausgaben* bedürfen der Zustimmung des BFinMin., die nur im Falle eines unvorhergesehenen und unabweisbaren Bedürfnisses erteilt werden darf (Art. 112 GG). Für die Anwendung des Art. 112 GG hat das BVerfG (NJW 1977, 1387) strenge Grundsätze aufgestellt; grundsätzlich ist die in Art. 110 II GGbegründete Etatkompetenz des Gesetzgebers durch einen Nachtrags- oder Ergänzungshaushaltsplan zu wahren (vgl. z.B. NachtragshaushaltsG 1993 vom 18. 6. 1993, BGBl. I 934).

5. Gesetze, welche die von der BReg. vorgeschlagenen Ausgaben des Haushaltsplanes erhöhen oder neue Ausgaben bereits in sich schließen oder künftig mit sich bringen *(Ausgabenerhöhungen),* bedürfen der Zustimmung der BReg. (Art. 113 GG; „Vetorecht"). Das gleiche gilt für Gesetze, die Einnahmeminderungen in sich schließen oder künftig mit sich bringen. Die BReg. kann verlangen, daß der Bundestag die Beschlußfassung über solche aussetzt; in diesem Falle hat sie binnen 6 Wochen dem BT eine Stellungnahme zuzuleiten. Sie kann innerhalb von 4 Wochen nach dem Gesetzesbeschluß des BT verlangen, daß dieser erneut Beschluß faßt. Ist das Gesetz „zustandegekommen" (Art. 78 GG → Gesetzgebungsverfahren), so kann die BReg. ihre Zustimmung nur binnen 6 Wochen und nur dann versagen, wenn sie vorher die Aussetzung der Beschlußfassung über das Gesetz oder innerhalb von 4 Wochen nach dem Gesetzesbeschluß des BT erneute Beschlußfassung beantragt hat.

6. Der BFinMin. hat dem BT und dem BR über alle Einnahmen und Ausgaben sowie über das Vermögen und die Schulden im Laufe des nächsten Rechnungsjahres zur Entlastung der BReg. Rechnung zu legen (Art. 114 GG); diese wird vom Bundesrechnungshof geprüft (→ Rechnungshöfe).

7. Die Aufnahme von *Krediten* sowie die Übernahme von *Bürgschaften* u.ä., die zu Ausgaben in künftigen Rechnungsjahren führen können, bedürfen einer der Höhe nach bestimmten oder bestimmbaren Ermächtigung durch Bundesgesetz (Art. 115 GG). Die Verwaltung kann zur Übernahme von Verpflichtungen zwecks Leistung von Ausgaben in künftigen Jahren ermächtigt werden *(Verpflichtungsermächtigungen).* Dadurch wird das Budgetrecht des Parlaments gewahrt; anderseits werden der Verwaltung längerfristige (über den Haushaltszeitraum hinausgehende) ausgabenwirksame Planungen ermöglicht.

8. Das Ges. über die Grundsätze des H. des Bundes und der Länder (*Haushaltsgrundsätzegesetz* – HGrG) vom 19. 8. 1969 (BGBl. I 1273) enthält allgemeine Vorschriften zum Haushaltsplan (§§ 2–7), Bestimmungen über seine Aufstellung (§§ 8–18) und Ausführung (§§ 19–31), Zahlungen, Buchführung und Rechnungslegung (§§ 32–47) sowie über die Finanzplanung und den Finanzplanungsrat (§§ 50 ff.). Ergänzend gilt die *Bundeshaushaltsordnung* vom 19. 8. 1969 (BGBl. I 1284). Sie ist für den Bundeshaushalt an die Stelle der Reichshaushaltsordnung vom 31. 12. 1922 getreten (diese gilt z. T. noch in den Ländern). Die BHO gilt auch weitgehend für die bundesunmittelbaren → jur. Per-

sonen des öffentlichen Rechts (vgl. §§ 105 ff.).

9. Das H. der Länder ist, soweit nicht die obenerwähnten Bestimmungen des GG und des HGrG eingreifen, durch die Landesverfassungen und sonstiges Landesrecht geregelt (vgl. z. B. für Bayern: Haushaltsgesetz 1987/1988 vom 30. 7. 1987, GVBl. 221; Nachtragshaushaltsgesetz 1986 vom 20. 12. 1985, GVBl. 818). Das H. der sonstigen juristischen Personen des öffentlichen Rechts im Landesbereich, insbes. der → Gemeinden und → Gemeindeverbände, bestimmt sich subsidiär nach den Landesverfassungen und sonstigem Landesrecht (z. B. Gemeindeordnungen).

10. Das H. der → Sozialversicherungsträger ist in den §§ 67–79 SGB IV geregelt.

**Haushaltswirtschaft** ist die Gesamtheit der mit der Aufstellung und dem Vollzug des Haushaltsplanes zusammenhängenden Angelegenheiten (→ Haushaltsrecht).

**Hausierhandel** → Reisegewerbe, → Haustürgeschäft.

**Häusliche Gemeinschaft** → eheliche Lebensgemeinschaft, → Ehescheidung (2).

**Häusliche Krankenpflege** durch Krankenpfleger, -schwestern usw. neben der ärztlichen Behandlung erhalten Versicherte der → Krankenversicherung, wenn → Krankenhausbehandlung geboten, aber nicht ausführbar ist oder dadurch nicht erforderlich wird, soweit eine im Haushalt lebende Person sie nicht durchführen kann. Bei Selbstbeschaffung angemessene Kostenerstattung. § 37 SGB V; § 8 KVLG 1989. *Steuerlich* → Pflege-Pauschbetrag.

**Häusliche Pflege** gehörte bis zum 31. 3. 1995 zu den Leistungen der gesetzlichen → Krankenversicherung.

Seit dem 1. 4. 1995 sind an die Stelle der h. P. der Krankenversicherung die Leistungen bei häuslicher Pflege aus der → Pflegeversicherung getreten. Die h. P. umfaßt nunmehr die Grundpflege und die hauswirtschaftliche Versorgung. Anspruchsberechtigt sind → Pflegebedürftige, die in ihrem Haushalt oder in einem anderen Haushalt, in den sie aufgenommen worden sind, gepflegt werden. H. P. wird durch geeignete Pflegekräfte erbracht, die entweder von der → Pflegekasse oder bei einer ambulanten Pflegeeinrichtung, mit der die Pflegekasse einen Versorgungsvertrag abgeschlossen hat, angestellt sind. Der Anspruch auf h. P. umfaßt je Kalendermonat für Pflegebedürftige der → Pflegestufe I Pflegeeinsätze bis zu einem Gesamtwert von 750,– DM, für Pflegebedürftige der Pflegestufe II Pflegeeinsätze bis zu einem Gesamtwert bis zu 1800,– DM und für Pflegebedürftige der Pflegestufe III Pflegesätze bis zu einem Gesamtwert von 2800,– DM (§ 36 SGB XI). Ist eine Pflegeperson wegen Erholungsurlaubs, Krankheit oder aus anderen Gründen an der Pflege gehindert, übernimmt die Pflegekasse die Kosten für eine Ersatzkraft für längstens vier Wochen im Kalenderjahr, sofern die Pflegeperson den Pflegebedürftigen vor der erstmaligen Verhinderung mindestens zwölf Monate in seiner häuslichen Umgebung gepflegt hat (§ 39 SGB XI; → Kurzzeitpflege).

Zur Hauspflege als Leistung der → Unfallversicherung vgl. § 44 SGB VII.

**Hausmeier** (maior domus) hieß der Inhaber eines der höchsten Hofämter im Mittelalter: Truchseß, Seneschall, Marschall, Hausmeier, Schenk, Kämmerer. Die H., denen ursprünglich nur die Hausverwaltung oblag, erlangten mit der Zeit einen immer größeren Machtbereich und wurden schließlich die Leiter der Regierungsgeschäfte. Ihr Einfluß steigerte sich noch, als das Amt zunächst unentziehbar und später außerdem erblich wurde. Im Gerichtswesen traten die H. als Sonderbeauftragte des Königs im Königsgericht in Erscheinung. Als Nachfolger in der Rechtsstellung des H. im späteren Mittelalter ist der *Hofmeister* anzusehen, der als Generalvertreter des Fürsten eine ähnlich überragende Stellung am Hofe einnahm.

**Hausrat** → Zugewinngemeinschaft, → Zugewinnausgleich (2), → Hausratsverordnung, → Getrenntleben der Ehegatten.

**Hausratspfändung** → Unpfändbarkeit.

**Hausratsverordnung.** Unabhängig von der Auflösung des → Güterstands und der Auseinandersetzung anläßlich der → Ehescheidung (s. a. → *Zugewinnausgleich*) werden auf Antrag der Hausrat und die eheliche Wohnung, falls die Ehegatten sich nicht einigen, im Zusammenhang mit der Ehescheidung (s. hierüber → *Ehesachen*) oder bei → Getrenntleben der Ehegatten vom → Familiengericht nach den Vorschriften der H. vom 21. 10. 1944 (RGBl. I 256) m. spät. Änd. geteilt. Der Richter ist in seiner Entscheidung frei und entscheidet nach billigem Ermessen unter Berücksichtigung der gesamten Umstände und Erfordernisse (auch des Wohls der Kinder). Der Richter kann rechtsbegründend die Eigentumsverhältnisse neu regeln, Mietverhältnisse begründen oder auflösen und alle sonstigen geeignet erscheinenden Maßnahmen mit gestaltender Wirkung treffen. Unter Hausrat sind dabei die nach den Verhältnissen der Ehegatten für ihre Wohnung und Hauswirtschaft erforderlichen, nicht aber die zum persönlichen Gebrauch bestimmten Gegenstände (z. B. Kleider, Schmucksachen) zu verstehen.

**Hausratversicherung** gegen Schäden durch Feuer, Einbruchdiebstahl, Raub, Sturm, Glasbruch (bei besonderem Abschluß) ist eine Form der → Schadensversicherung.

**Hausrecht** → Hausfriedensbruch.

**Haussammlung** → Sammlung, öffentliche.

**Haussuchung** → Durchsuchung.

**Haustier,** Haftung für – → unerlaubte Handlung (4 a); s. a. → Tierschutz.

**Haustürgeschäft** nennt man einen Vertragsabschluß in der Privatwohnung, auf der Straße, am Arbeitsplatz, auf sog. Kaffeefahrten u. dgl. Ein solches H. kann von dem Kunden innerhalb einer Woche widerrufen werden (Fristbeginn erst nach ordnungsmäßiger ausdrücklicher Belehrung; fristgemäße Absendung des Widerrufs genügt); dann sind die gegenseitigen Leistungen zurückzugewähren. Das Widerrufsrecht entfällt, wenn das H. auf Bestellung des Kunden zustandegekommen ist (noch nicht, wenn der Kunde zuvor lediglich, z. B. telefonisch, sein Interesse bezeugt und/oder eine Präsentation des Warenangebots erbeten hat) oder das Entgelt 80 DM nicht übersteigt. Das Ges. über den Widerruf von H. und ähnlichen Geschäften vom 16. 1. 1986 (BGBl. I 122) ist nicht anwendbar bei Abschluß eines → Versicherungsvertrags, einer → Bürgschaft für einen Geschäftskredit oder wenn der Kunde einen eigenen Geschäftsbetrieb unterhält. S. a. → Kapitalanlagegesellschaft. Das H. kann unabhängig hiervon wegen → Sittenwidrigkeit (Art und Umfang des Geschäfts) nichtig sein. Ist das H. mit einer Kreditgewährung, Finanzierung, Stundung o.ä. verbunden, so gelten darüber hinaus die Vorschriften über den → Kreditvertrag.

**Hausverbot** → Hausfriedensbruch, → Eigentumsstörungen.

**Hausverwaltung** → Geschäftsbesorgung, → Wohnungseigentum.

**Hauswirtschaftliche Beschäftigungsverhältnisse** → Sonderausgaben 1 e; → Haushaltshilfe.

**Haverei (Havarie)** werden die Schäden genannt, die ein Schiff oder die Ladung während einer Seereise erleiden. Zur *großen H.* gehören die Schäden, die der Schiffskapitän dem Schiff und der Ladung vorsätzlich zufügt, um sie aus einer gemeinsamen Gefahr zu retten, ferner Schäden, die durch solche Maßnahmen weiter entstehen und die hierfür aufgewendeten Kosten (§ 700 HGB). Große H. liegt insbes. vor, wenn Ladung über Bord geworfen oder auf andere Schiffe übergeladen wird, das Schiff absichtlich auf Strand gesetzt oder ein Nothafen angelaufen wird (§ 706 HGB). *Besondere H.* sind alle durch einen Unfall verursachten Schäden und Kosten, die nicht unter den Begriff der großen H. fallen (§ 701 HGB). Bei der großen H. werden Schäden und Kosten von Schiff, Fracht und Ladung gemeinschaftlich, bei der besonderen H. von den Eigentümern des Schiffes und der Ladung von jedem für sich allein getragen, sofern sie nicht der Schädiger zu erstatten hat (i. e. s. §§ 716 ff. HGB). Das Verfahren gehört zur → freiwilligen Gerichtsbarkeit (§§ 149–158 FGG); über die H. wird eine → Dispache aufgemacht. *Kleine H.* sind alle durch die Seereise entstehenden Kosten, z. B. Hafen- und Lotsengebühren, Schlepplohn usw. (§ 621 HGB).

**Hebammen** (Entbindungspfleger). Die Berufszulassung und -ausübung ist geregelt im HebammenG vom 4. 6. 1985 (BGBl. I 902) m. Änd. Die Tätigkeit als H. und die Führung der Berufsbezeichnung H. (Männer: Entbindungspfleger) bedürfen der Erlaubnis, soweit es sich nicht um vorübergehende Tätigkeit im Rahmen des freien → Dienstleistungsverkehrs nach Europäischem Gemeinschaftsrecht handelt (§ 1 I, II). Die Erteilung der Erlaubnis setzt das Bestehen der H.prüfung voraus (§ 2 I; hierzu Ausbildungs- und PrüfungsO i. d. F. vom 16. 3. 1987 (BGBl. I 929) m. Änd., ferner persönliche → Zuverlässigkeit und Eignung (Näheres (§ 2 I Nr. 2, 3). Prüfungsabschlüsse aus anderen Mitgliedstaaten der EG sind gleichgestellt (§ 2 II; ferner Anl. BGBl. 1985 I 909). Die Erlaubnis ist nach Maßgabe von (§ 3 zurückzunehmen bzw. zu widerrufen, wenn ihre Voraussetzungen nicht vorgelegen haben oder weggefallen sind. Zur Leistung von Geburtshilfe sind, abgesehen von Notfällen, außer Ärzten nur H. berechtigt. Bei ärztlicher Geburtshilfe ist eine H. zuzuziehen (§ 4 I). Wegen der Gebühren für H.-hilfe vgl. die VO vom 28. 10. 1986 (BGBl. I 1662). Unerlaubte Führung der Berufsbezeichnung und unerlaubte Geburtshilfe sind mit Bußgeld bedroht (§ 25 I).

H. sind rentenversichert in der → Rentenversicherung der Angestellten (§§ 2, 134 SGB VI). In der gesetzlichen → Krankenversicherung ist die Hebammenhilfe Teil der Leistungen bei Schwangerschaft und Mutterschaft (§§ 195f. RVO; §§ 22f. KVLG); die Vergütung, die die H. hierfür erhalten, bestimmt sich nach der Hebammenhilfe-Gebührenverordnung (vgl. § 134 SGB V).

**Hebesatz** ist der für die Erhebung der → Gewerbe- oder → Grundsteuer von den Gemeinden für jedes Rechnungsjahr festzusetzende Vomhundertsatz, mit dem der Steuermeßbetrag zwecks Berechnung der Steuerschuld zu vervielfältigen ist (§ 16 GewStG, § 25 GrStG).

**Heck, Philipp von** – (1858–1943), deutscher Rechtslehrer, Mitbegründer der Lehre von der Interessenjurisprudenz (→ Begriffsjurisprudenz).

**Hegegemeinschaft** ist nach § 10a BJagdG ein Zusammenschluß von Jagdausübungsberechtigten mehrerer Jagdbezirke zu Zwecken der Hege des Wildes. Die H. ist anders als die → Jagdgenossenschaft eine privatrechtliche Vereinigung.

**Hegemonie.** Unter H. versteht man zunächst die Vorherrschaft eines Staates über andere, die in den tatsächlichen Machtverhältnissen (faktische H.), aber auch rechtlich begründet sein kann (→ Staatenverbindungen). Die H. ist kein technischer Begriff des → Völkerrechts und umschließt deshalb die verschiedenartigsten rechtlichen Verhältnisse. Auch außerhalb des außerpolitischen Bereichs spricht man von der H. etwa bestimmter Schichten oder Klassen im Staat, bestimmter wirtschaftlicher Gruppierungen usw.

**Hehlerei** begeht, wer eine Sache, die ein anderer durch Diebstahl oder ein sonstiges Vermögensdelikt rechtswidrig erlangt hat, ankauft oder sonst sich oder einem Dritten verschafft, sie absetzt oder absetzen hilft, um sich oder einen Dritten zu bereichern (§ 259 StGB). Die Vortat braucht nicht schuldhaft begangen zu sein, muß aber ein Vermögensdelikt sein (also z. B. nicht Prostitution). Die Vorschrift richtet sich gegen die Aufrechterhaltung des durch die Vortat geschaffenen rechtswidrigen Zustandes, erfaßt daher nach h. M. nicht die sog. Ersatzhehlerei, d. h. das Ansichbringen des Erlöses aus der Verwertung der durch die Vortat erlangten Sache (also z. B. des mit dem gestohlenen Sparbuch abgehobenen Geldes); doch können Erzielen und Erwerb des Erlöses neue Straftaten sein (Betrug und H.).

Der Vorsatz, der sich auf das Vorliegen einer mit Strafe bedrohten, wenn auch im einzelnen nicht bekannten Vortat bezieht, kann ein bedingter sein. Dagegen wird die *fahrlässige* H. nur bei gewerbsmäßigen Edelmetall(Edelstein)-händlern nach § 148b GewO bestraft. Der vom Hehler erstrebte *Vorteil* muß ein Vermögensvorteil sein.

Wer an der Vortat mitgewirkt hat, kann nicht wegen H. an den dadurch erlangten Sachen bestraft werden (diese ist insoweit mitbestrafte Nachtat; → Konkurrenz von Straftaten); doch können Anstifter und Gehilfen der Vortat H. an Sachen begehen, die andere Teilnehmer an der Vortat durch diese erlangt haben (BGHSt. 33, 52).

Die Strafe für H. (auch Versuch ist strafbar) ist Freiheitsstrafe bis zu 5 Jahren oder Geldstrafe, für → gewerbsmäßige H. und Banden-H. (H. als Mitglied einer → Bande, die sich zur fortgesetzten Begehung von → Raub, → Diebstahl oder H. verbunden hat) Freiheitsstrafe von 6 Mon. bis zu 10 Jahren (§ 260 StGB), für gewerbsmäßige Banden-H. Freiheitsstrafe von 1 Jahr bis zu 10 Jahren (§ 260 a StGB). Bei Banden-H. und gewerbsmäßiger Banden-H. sind Vermögensstrafe (→ Strafen) und Erweiterter → Verfall möglich, letzterer auch bei gewerbsmäßiger H.

H. unter Angehörigen oder Hausgenossen ist Antragsdelikt, ebenso i. d. R. H. an geringwertigen Sachen.

Über *Steuerhehlerei* s. → Steuerstrafrecht.

**Heilbehandlung** ist eine Leistung der gesetzlichen → Unfallversicherung. Sie umfaßt insbesondere Erstversorgung, ärztliche Behandlung, zahnärztliche Behandlung einschließlich der Versorgung mit Zahnersatz, die Versorgung mit Arznei-, Verband-, Heil- und Hilfsmitteln, häusliche Krankenpflege, Behandlung in Krankenhäusern und Rehabilitationseinrichtungen sowie Leistungen zur medizinischen Rehabilitation einschließlich Belastungserprobung und Arbeitstherapie (§§ 27 ff. SGB VII; ähnlich für die → Kriegsopferversorgung § 11 BVG.

**Heilhilfsberufe** → Heilkunde.

**Heilige Allianz** nannte sich die am 26. 9. 1815 zwischen Österreich, Preußen und Rußland geschlossene Vereinbarung, durch die sich die regierenden Monarchen der drei Länder gegenseitige Hilfe zusicherten und ihren Willen zur Sicherung von Frieden und Gerechtigkeit bekundeten. Dem Vertrag traten später weitere Staaten bei.

**Heiliger Stuhl** ist die Bezeichnung, unter der der → Papst als Oberhaupt der → Katholischen Kirche gegenüber den Staaten als → Völkerrechtssubjekt auftritt. Der H. S. schließt die Kirchenverträge mit den einzelnen Staaten ab (vgl. Konkordat, Reichskonkordat) und unterhält zu den ausländischen Staaten → diplomatische Beziehungen. Zur innerkirchlichen Stellung → Apostolischer Stuhl. Vom H. S. ist die souveräne → Vatikanstadt zu unterscheiden.

**Heiliger Synod.** Als H. S. wird die von 1721–1917 fungierende oberste Behörde der Russischen orthodoxen Kirche bezeichnet. Er löste im Jahre 1721 das Patriarchat ab und wurde 1917 wieder durch dieses ersetzt. Der H. S. war ein Gremium aus Klerikern unter einem weltlichen Oberprokurator.

**Heiliges Römisches Reich Deutscher Nation** nannte sich das Deutsche Reich, nachdem Otto der Große 962 die röm. Kaiserkrone und damit die Stellung eines Schirmherrn der Christenheit erlangt hatte. Der von den 7 Kurfürsten zum Kaiser gewählte König – meist ein Habsburger – hatte Anspruch auf Bestätigung der Wahl und Krönung durch den Papst. Die Gesetzgebung stand dem *Reichstag* zu, einer Versammlung der Fürsten und Stände (in späterer Zeit gegliedert in Kurfürstenkollegium, Fürstenrat und Städtekollegium); außerdem hatte er ein Anhörungsrecht vor Reichsheerfahrten. In dieser Form blieb das Reich bestehen, obwohl es durch Religionskriege und durch die Anerkennung der Territorialhoheit der Reichsstände (nach dem Westfälischen Frieden) zunehmend geschwächt wurde und im 18. Jh. durch den wachsenden Zwiespalt zwischen Preußen und Österreich auseinanderzufallen drohte. Es wurde formell erst dadurch aufgelöst, daß Kaiser Franz II. 1806 die Kaiserkrone niederlegte.

**Heilkunde.** Ausübung der Heilkunde ist nach § 1 II des HeilpraktikerG nebst DVO vom 17./18. 2. 1939 (RGBl. I 251, 259) m. Änd. jede berufs- oder gewerbsmäßig vorgenommene Tätigkeit zur Feststellung, Heilung oder Linderung von Krankheiten, Leiden oder Körperschäden bei Menschen, auch wenn sie im Dienste von anderen ausgeübt wird. Hierunter fällt die Tätigkeit des → Arztes, → Zahnarztes und → Heilpraktikers sowie des Psychotherapeuten. Die H. ist zu unterscheiden von gesundheitspflegerischen Hilfstätigkeiten, wie sie z. B. durch Krankenschwestern, technische Assistenten in der Medizin, Masseure, Hebammen und

Physiotherapeuten ausgeübt werden *(Heilhilfsberufe)*.

Wer die H. ausübt, ohne die Approbation als *Arzt* oder eine besondere Erlaubnis zur Betätigung als *Heilpraktiker* nach § 1 HeilpraktikerG zu besitzen, wird mit Freiheitsstrafe bis zu 1 Jahr oder mit Geldstrafe bestraft. Keine Ausübung der H. ist die Feststellung eines Apothekers über die Art des Leidens, wenn sie nur dem Verkauf des richtigen Mittels dient, ebensowenig die Prüfung der Sehschärfe durch Optiker (BVerfG NJW 1966, 1187). Wer die Zahnheilkunde unerlaubt, d. h. ohne → Approbation als Arzt oder Zahnarzt ausübt, ist nach § 18 des Ges. über die Ausübung der Zahnheilkunde (→ Zahnarzt) strafbar.

**Heilmittel** → Arzneimittel.

**Heilmittelwerbung.** Die Werbung für → Arzneimittel, Heilverfahren und → kosmetische Mittel sowie Mittel der Körperpflege regelt das Ges. i. d. F. vom 19. 10. 1994 (BGBl. I 3068). Das Ges. enthält allgemeine *Werbeverbote* für irreführende Werbung (§ 3), ferner Vorschriften über stets erforderliche Grundinformationen (Namen des Herstellers, Bezeichnung des Medikaments, Anwendungsgebiete, Nebenwirkungen, Gegenanzeigen usw. – § 4). Während in *Fachkreisen* verhältnismäßig frei geworben werden kann, unterliegt die *Allgemeinwerbung* zahlreichen Beschränkungen sowohl hins. der Art (Einzelheiten § 11) wie bezügl. des Gegenstandes; untersagt ist insoweit insbes. Werbung für verschreibungspflichtige oder Schlafmittel, für Mittel gegen Geschwulst- oder Blutkrankheiten, Epilepsie, Geisteskrankheiten u. a. m. (§ 12). Dadurch sollen vor allem Selbstmedikation und übermäßiger Arzneimittelkonsum zurückgedrängt werden. Irreführende H. ist strafbar; andere Verstöße werden als → Ordnungswidrigkeiten geahndet. Vgl. ferner das Ges. über die Werbung für Säuglingsnahrung vom 10. 9. 1994 (BGBl. I 3082). Die Werbung für *Betäubungsmittel* (→ Betäubungsmittelgesetz) ist in § 14 V BtMG teils verboten, teils eingeschränkt.

**Heilpraktiker** ist nach § 1 I HeilpraktikerG, vom 17. 2. 1939 (RGBl. I 251), wer → Heilkunde ohne Approbation als → Arzt ausübt. Der H. bedarf der Erlaubnis der unteren Verwaltungsbehörde, die im Benehmen mit dem Gesundheitsamt (s.u.) entscheidet. Auf die Erteilung der Erlaubnis besteht bei persönlicher Qualifikation ein Rechtsanspruch. Zu Einzelheiten des Verfahrens s. 1. DVO zum HeilpraktikerG vom 18. 2. 1939 (RGBl. I 259) m. spät. Änd. Unbefugte Berufsausübung ist strafbar (§ 5 d. Ges.).

Vor Erteilung der Erlaubnis überprüft das Gesundheitsamt nach § 2 I 1 der DVO zum HeilpraktikerG, ob die Ausübung der → Heilkunde durch den Bewerber eine Gefahr für die Volksgesundheit bedeuten würde. Diese Überprüfung ist keine Prüfung im rechtstechnischen Sinne, also kein formalisierter Qualifikationsnachweis. Die inhaltlichen Anforderungen sind in Erlassen der Länder geregelt (vgl. z. B. Baden-Württemberg vom 6. 7. 1953 GABl. 211, Bayern vom 12. 11. 1968 MABl. 584, Hessen vom 19. 1. 1978 StAnz. 15). Soweit der Bewerber im Einzelfall seine Eignung für die angestrebte Heiltätigkeit in anderer Weise nachweisen kann (z. B. Psychotherapie durch einen entsprechend aus- oder weitergebildeten Dipl. Psychologen), kann die Ablegung der H.prüfung nicht verlangt werden (BVerwG NJW 1984, 1114).

**Heilung fehlerhafter Rechtsgeschäfte** → Formerfordernisse (2), → Nichtigkeit von Rechtsgeschäften, → Grundstückskaufvertrag.

**Heilung fehlerhafter Verwaltungsakte** → Verwaltungsakt (5 c).

**Heilung von Verfahrensmängeln** → Rügeverzicht.

**Heilverfahren** war früher die Bezeichnung für die medizinischen Leistungen in der → Rentenversicherung. Das Rentenreformgesetz 1992 faßt sie nun unter dem Begriff → medizinische Rehabilitation zusammen.

**Heimarbeiter** ist, wer in selbstgewählter Arbeitsstätte (insbes. in eigener Wohnung) allein oder mit Familienangehörigen im Auftrag eines Gewerbetreibenden oder → Zwischenmeisters gewerblich arbeitet und die Verwertung seines Arbeitsergebnisses dem auftraggebenden Gewerbetreibenden überläßt (§ 2 I HeimarbeitsG vom 14. 3. 1951, BGBl. I 191 m. spät. Änd.). Der H. ist nicht → Arbeitnehmer, weil er nicht persönlich abhängig ist, aber sog. → arbeitnehmerähnliche Person (§ 5 I ArbGG), weil er wirtschaftlich abhängig ist. Für die H. gewährt das HeimarbeitsG insbes. Arbeitszeit-, Gefahren- und Entgeltschutz (Führung von H.listen und Entgeltverzeichnissen sowie Ausstellung von Entgeltbelegen durch den Auftraggeber; Entgeltregelung durch Tarifvertrag unter Mitwirkung des Heimarbeitsausschusses, behördliche Überwachung der Entgelte, Bestimmungen über Gesundheitsschutz an der Arbeitsstätte). Die Kündigungsfrist beträgt mindestens 4 Wochen zum 15. oder zum Ende eines Kalendermonats, wenn der H. aus der Beschäftigung überwiegend seinen Lebensunterhalt bezieht; sie ist bei längerer Beschäftigung gestaffelt (§ 29 HeimarbeitsG). Der H. steht dem → Hausgewerbetreibenden weitgehend gleich (§ 1 HeimarbeitsG).

Da H. gem. § 12 II SGB IV als Beschäftigte gelten, besteht i. d.R. in allen Zweigen der → Sozialversicherung Versicherungspflicht (vgl. § 5 SGB V, § 2 SGB VI, § 2 SGB VII, § 20 SGB XI). S. ferner → Entgeltfortzahlung im Krankheitsfall.

**Heimatlose Ausländer** i. S. d. Ges. über die Rechtsstellung h. A. vom 25. 4. 1951 (BGBl. I 269, Änd. durch Ges. vom 9. 7. 1990, BGBl. I 1383: Angehörige, erleichterte → Einbürgerung) gehören zu den sog. privilegierten → Ausländern, die gegenüber den A. i.S. des AusländerG eine bevorzugte Rechtsstellung einnehmen; sie sind in weiten Bereichen den deutschen Staatsangehörigen gleichgestellt. Eine Ausweisung ist nur aus bes. Gründen möglich. S. a. → Fremdrenten.

**Heimatvertriebene** sind → Vertriebene, die am 31. 12. 1937 ihren Wohnsitz in dem Gebiet des Staates hatten, aus dem sie vertrieben worden sind. Die Gebiete, die am 1. 1. 1914 zum Deutschen Reich, zur Österreichisch-Ungarischen Monarchie oder später zu Polen, Estland, Lettland oder Litauen gehört haben, gelten als einheitliches Vertreibungsgebiet. § 2 BundesvertriebenenG i. d. F. vom 3. 9. 1971 (BGBl. I 1565) m. spät. Änd. Das Ges. sieht Hilfen für H. zu ihrer Eingliederung in Form von Krediten u. dgl. vor. S. a. → Fremdrenten. Für die „Altvertriebenen" in den neuen Ländern gilt das BVFG nicht, ausgenommen die Vorschrift über die kulturelle Förderung.

**Heimbeirat** → Altenwohnheime.

**Heimbewohner-Freibetrag** → Belastungen, außergewöhnliche 2 d.

**Heime, Heimgesetz** → Altenwohnheime.

**Heimeinweisung, Heimerziehung Jugendlicher** → Erziehungsmaßregeln, → Jugendstrafrecht (4).

**Heimfall** → Erbbaurecht.

**Heimkehrer.** Das Gesetz über Hilfsmaßnahmen für Heimkehrer sah Leistungen zum Ausgleich von Nachteilen an Heimkehrer aus dem 2. Weltkrieg vor. Das HeimkehrerG wurde mit Wirkung ab 1. 1. 1993 aufgehoben (BGBl. 1991 I 2317).

**Heimpflege** kann in der Sozialversicherung als Leistung der → Unfallversicherung in Gestalt der erforderlichen Hilfen mit Unterkunft und Verpflegung in einer geeigneten Einrichtung in Anspruch genommen werden (§ 44 Abs. 4 SGB VII). Sie ist ferner eine Maßnahme der → Sozialhilfe für Behinderte (§§ 39, 43 BSHG).

**Heimstätte.** Die Ausgabe einer (rechtlich besonders geschützten) H. war eine Maßnahme des Siedlungsrechts. Die diesbezüglichen Vorschriften sind seit 1. 10. 1993 aufgehoben. Übergangsregelungen für bestehende H. in Art. 6 des Ges. vom 17. 6. 1993 (BGBl. I 912).

**Heimsuchung** → Hausfriedensbruch.

**Heimunterbringung** → Anstaltsunterbringung, → Personensorge, → Vormund; s. a. → Unterbringungsgesetze, → Heimeinweisung, → Jugendstrafrecht (4).

**Heirat** → Eheschließung.

**Heiratsbuch.** Das H. ist ein → Personenstandsbuch, in dem die → Eheschließung im Beisein der Ehegatten und etwaiger Trauzeugen vom → Standesbeamten zu beurkunden ist. Die Eintragung hat die persönlichen Verhältnisse der Ehegatten, den gewählten → Namen der Familie und die Tatsache der Eheschließung zum Inhalt. Sie ist von den genannten Personen zu unterschreiben (§§ 9 ff. PStG). → Familienbuch.

**Heiratsschwindel** ist als → Betrug nach § 263 StGB strafbar. Voraussetzung ist, daß der Täter in der Absicht, sich einen rechtswidrigen Vermögensvorteil zu verschaffen, durch Vorspiegelungen (insbes. von Heiratsabsichten) oder durch Unterdrücken wahrer Tatsachen (Verschweigen einer schon bestehenden Ehe) in dem Partner einen Irrtum über die beabsichtigte Eheschließung hervorruft, der diesen zu einer ihn schädigenden Vermögensverfügung veranlaßt (Geschenke, Darlehen usw.). Bei bloß einseitiger Erwartung, der andere werde zur Eheschließung bereit sein, liegt keine Täuschungshandlung vor. Es fehlt am ursächlichen Zusammenhang zwischen dieser und der Vermögensverfügung, wenn der Geschädigte dem anderen ohne Rücksicht auf ein Heiratsversprechen oder trotz bestehender Zweifel Geschenke macht. Das Verleiten zur Eheschließung selbst z. B. unter Täuschung über die eigenen Vermögensverhältnisse kann Betrug sein, wenn der Täter darauf ausgeht und es erreicht, daß ein ihm günstiger güterrechtlicher Vertrag abgeschlossen wird, der ihm die Möglichkeit des Mißbrauchs gibt.

**Heiratsurkunde** → Personenstandsurkunden.

**Heiratsvermittlung** → Ehevermittlung.

**Heizkosten** → Energieeinsparung, → Miete (1 b; s. dort zur Abrechnung).

**Heizölsteuer** → Mineralölsteuer.

**Hemmung der Verjährung** → Verjährung (I 2, 3).

**Heranwachsende** → Jugendstrafrecht, → Jugendliche und Heranwachsende.

**Herausgabe** ist die Übertragung des unmittelbaren → Besitzes an dem Ort, an dem sich die Sache bestimmungsgemäß befindet. Beim → Eigentumsherausgabeanspruch muß daher der Eigentümer die Sache abholen und die Kosten der Abholung tragen. S. a. → ungerechtfertigte Bereicherung.

**Herausgabe des Kindes,** Anspruch auf – gegen den Ehegatten oder Dritte → Personensorge, → Umgangsrecht, → Pflegekinder, → Ordnungsmittel.

**Herausgeber** eines → Sammelwerks ist derjenige, dem die ordnende und organisatorische Arbeit daran obliegt. Dem H. steht das → Urheberrecht am Sammelwerk zu. Sein Vertrag mit dem Verleger kann ein → Verlagsvertrag, ein → Geschäftsbesorgungs- oder ein → Arbeitsvertrag sein.

**Herkommen** → Observanz.

**Hermeneutik** → Rechtsanwendung.

**Hermesdeckung.** Hierunter versteht man die Übernahme einer Garantie (→ Garantievertrag) oder einer → Bürgschaft durch den Bund zur Absicherung der Exportfinanzierung. Der Name kommt von der mit ihr (u. a.) betrauten Hermes-Kreditversicherung. Einzelheiten sind im jeweiligen → Haushaltsgesetz geregelt.

**Herrenchiemseer Verfassungskonvent** → Grundgesetz.

**Herrenlose Sachen** sind solche, an denen kein → Eigentum besteht, sei es, daß es nie bestanden hat (wilde Tiere in der Freiheit, § 960 BGB), erloschen ist (ausgebrochener Bienenschwarm, §§ 961 ff. BGB) oder aufgegeben wurde (→ Eigentumsaufgabe). H. S. unterliegen der → Aneignung. Anders beim → Fund der nur bei besitzlosen, nicht aber bei h. S. möglich ist.

**Herrschaftsrecht** → subjektives Recht.

**Hersteller** → Verarbeitung.

**Herstellerhaftung** → Produkthaftung.

**Herstellung des ehelichen Lebens** → eheliche Lebensgemeinschaft, → Getrenntleben der Ehegatten, → Ehesachen.

**Herstellungsanspruch.** Nach dem → Sozialgesetzbuch hat jeder Anspruch auf Beratung über seine Rechte und Pflichten nach dem Sozialgesetzbuch. Darüber hinaus sind die nach Landesrecht zuständigen Stellen sowie die Träger der gesetzlichen → Krankenversicherung und der sozialen → Pflegeversicherung verpflichtet, über alle sozialen Angelegenheiten nach dem Sozialgesetzbuch Auskunft zu erteilen (§§ 14f. SGB I; → Auskunftspflicht in sozialen Angelegenheiten).

Werden diese Betreuungspflichten verletzt, kommt nach der Rechtsprechung des → Bundessozialgerichts ein Herstellungsanspruch in Betracht. Der Herstellungsanspruch ist grundsätzlich darauf gerichtet, jenen (hypothetischen) Zustand herzustellen, der bei ordnungsgemäßer Belehrung bestehen würde. Die Behörde hat dem Betroffenen diejenige Rechtsposition einzuräumen, die er gehabt hätte, wenn von Anfang an ordnungsgemäß verfahren worden wäre.

**Herstellungsklage** leitet einen Rechtsstreit (→ Ehesache) mit dem Ziel ein, daß der verklagte Ehegatte die eheliche Lebensgemeinschaft herstellt. Der Anspruch beruht auf § 1353 I 2 BGB. Das Urteil kann nicht vollstreckt werden (§ 888 III ZPO), aber als Grundlage für einen Antrag auf → Ehescheidung dienen.

**Herstellungskosten** → Anschaffungs- und Herstellungskosten.

**Herstellungslizenz** → Lizenzvertrag.

**Herstellungstheorie** → Gewährleistung.

**Hessen** ist ein Land der BRep. Die Gesetzgebung liegt nach der Verfassung vom 1. 12. 1946 (GVBl. 229) grundsätzlich beim *Landtag*; doch kann die Landesregierung gegen Gesetzesbeschlüsse Einspruch einlegen, der vom Landtag nur durch Mehrheitsbeschluß der gesetzlichen Mitgliederzahl ausgeräumt werden kann. Außerdem kann das Volk im Wege eines Volksentscheids nach vorhergegangenem Volksbegehren Gesetze beschließen. Der Landtag besteht aus den vom Volk in freier, gleicher, geheimer und unmittelbarer Wahl gewählten Abgeordneten. Die *Landesregierung* besteht aus dem vom Landtag gewählten Ministerpräsidenten und den von diesem ernannten Ministern. Sie bedarf des durch besonderen Beschluß ausgesprochenen Vertrauens des Landtags, der sie nur durch konstruktives Mißtrauensvotum ablösen kann. Der MinPräs. führt den Vorsitz in der Landesregierung und leitet deren Geschäfte; er bestimmt die Richtlinien der Politik, innerhalb derer jeder Minister den ihm anvertrauten Geschäftszweig selbständig und unter eigener Verantwortung gegenüber dem Landtag leitet. H. ist in 2 Regierungsbezirke eingeteilt, diese wiederum in Landkreise und kreisfreie Städte. Für die Entscheidung verfassungsrechtlicher Streitigkeiten besteht ein *Staatsgerichtshof* (Gesetz vom 30. 11. 1994, GVBl. I 684). Die Verfassung behandelt im ersten Hauptteil die Rechte des Menschen: Gleichheit und Freiheit, Grenzen und Sicherung der Menschenrechte, Soziale und Wirtschaftliche Rechte und Pflichten, Staat, Kirchen, Religions- und Weltanschauungsgemeinschaften, Erziehung und Schule.

**Heterologe Insemination** → künstliche Fortpflanzung.

**Heuer** ist der → Arbeitslohn, der dem Besatzungsmitglied eines Seeschiffs zu zahlen ist. Die H. besteht aus dem nach Monaten bemessenen festen Entgelt (Grundheuer) und den sonstigen auf Grund des → H.verhältnisses gewährten Vergütungen, insbes. Anteil an Fracht, Gewinn oder Erlös (§ 30 SeemG). Der H.anspruch entsteht mit Dienstantritt, wird fällig mit Ende des Monats oder des H.verhältnisses (§§ 31 ff. SeemG).

**Heuerverhältnis** ist das besonders ausgestaltete → Arbeitsverhältnis zwischen Reeder und Besatzungsmitglied (auch Kapitän) eines Seeschiffes; der wesentliche Inhalt des H. wird im *Heuerschein* niedergelegt (§ 24 SeemG). Bei Dienstantritt an Bord ist die Anmusterung vorzunehmen, bei Dienstbeendigung die Abmusterung (→ Musterung). Das H. endet durch Zeitablauf oder Kündigung (§§ 62–68 SeemG). Die Kündigungsfristen bei ordentlicher Kündigung betragen bei Schiffsleuten während der ersten 3 Monate 1 Woche; sie erhöht sich je nach Dauer des H. für den Reeder auf bis zu 7 Monate. Außerordentliche (fristlose) Kündigung ist aus wichtigem Grund zulässig. Für das H. des Kapitäns gelten Sonderregeln (§§ 78, 79 SeemG).

**Heuervertrag** ist der → Arbeitsvertrag zwischen Reeder und Besatzungsmitglied (auch Kapitän) eines Seeschiffs.

Durch den H. wird das → Heuerverhältnis begründet (sog. Anheuern).

**Hiebwaffen** → Waffen.

**Hierarchie** (griech.), im ursprünglichen Sinne Rangordnung der Geistlichkeit; hieraus entwickelte sich ein allgemeiner Rechtsbegriff für ein Verhältnis der Über- und Unterordnung (z. B. Beamtenhierarchie). Die → kath. Kirche unterscheidet zwischen Weihe-H., der die zur Spendung der → Sakramente berechtigten, und Jurisdiktions-H., der die zur Lenkung der Gläubigen berufenen Kleriker angehören. Über den engeren Begriff der *Hierokratie* (Priesterherrschaft) → Theokratie.

**Hierokratie** → Theokratie.

**Hilfe in besonderen Lebenslagen** → Sozialhilfe.

**Hilfe in Seenot.** Am 17. 6. 1960 wurde in London von zahlreichen Staaten (darunter der BRep.) ein Abkommen zum Schutz des menschlichen Lebens auf See unterzeichnet (BGBl. 1965 II 480). Das Abkommen trat an die Stelle des Londoner Übereinkommens vom 10. 6. 1948. Es enthält eine Vielzahl von Regeln hinsichtlich der im Schiffsverkehr einschl. des Schiffsbaus erforderlichen Sicherheitsbestimmungen. Schon seit dem 23. 9. 1910 (RGBl. 1913 S. 49) besteht ein internationales Übereinkommen zur einheitlichen Feststellung von Regeln über die Hilfsleistung und Bergung in Seenot. Dort ist in Art. 11 I bestimmt, daß jeder Kapitän verpflichtet ist, allen Personen, selbst feindlichen, die auf See in Lebensgefahr angetroffen werden, Beistand zu leisten, soweit er dazu ohne ernste Gefahr für sein Schiff und für dessen Besatzung und Reisende imstande ist. S. a. → Bergung.

**Hilfeleistung** bei Erfüllung von Verpflichtungen → Erfüllungsgehilfe, bei unerlaubten Handlungen → Verrichtungsgehilfe, bei Straftaten → Beihilfe.

**Hilfeleistung, unterlassene.** Wer bei *Unglücksfällen* oder gemeiner Gefahr oder Not nicht Hilfe leistet, obwohl dies *erforderlich* und ihm den Umständen nach *zuzumuten* ist, wird mit Freiheitsstrafe bis zu 1 Jahr oder Geldstrafe bestraft (§ 323c StGB). Unglücksfall ist jedes plötzlich eintretende Ereignis, das erhebliche Gefahr für Menschen oder Sachen mit sich bringt (→ Verkehrsunfall; Komplikation bei Krankheit; Betrunkener auf der Fahrbahn; Waldbrand; str. für den vom Betroffenen selbst herbeigeführten Zustand, z. B. Selbsttötungsversuch). Die Hilfeleistungspflicht entfällt, wenn anderweit Hilfe gewährleistet ist. *Zumutbar* ist die H., wenn sie ohne erhebliche eigene Gefahr und ohne Verletzung anderer wichtiger Pflichten möglich ist; maßgebend sind die eigenen körperlichen Möglichkeiten (Nichtschwimmer braucht nicht in tiefes Wasser zu springen) und ggf. die Güterabwägung (Arzt wird zu zwei Unglücksstellen gerufen). Nach § 323c StGB wird nur vorsätzliches (auch bedingt vorsätzliches) Unterlassen bestraft, und zwar nur das Unterlassen als solches; ist der Unterlassende für daraus entstehende Folgen strafrechtlich verantwortlich, z. B. für Tötung oder Körperverletzung, so tritt § 323c StGB zurück (Gesetzeskonkurrenz; → Konkurrenz von Straftaten).

Über Schadensersatzpflicht bei Verletzung der Hilfepflicht vgl. § 823 II BGB.

**Hilfe zum Lebensunterhalt** → Sozialhilfe.

**Hilflose, Aussetzung von –n** → Aussetzung Hilfloser.

**Hilfsantrag** (Eventualantrag) ist ein Antrag, der nur für den Fall gestellt ist, daß der in erster Linie gestellte Antrag (Hauptantrag) keinen Erfolg hat. H.e sind im Prozeßrecht i. d.R. zulässig.

**Hilfsbeamte der Staatsanwaltschaft** sind Strafverfolgungsorgane (meist Polizei-, insbes. Kriminalbeamte), die für Eilfälle mit besonderen, sonst dem Richter oder StA vorbehaltenen Befugnissen ausgestattet sind: → Beschlagnahme, → Durchsuchung, Anordnung der → körperlichen Untersuchung, insbes. Blutentnahme (§§ 98, 105, 81a, c StPO). Sie unterstehen den fachlichen Weisungen der Staatsanwälte ihres Bezirks und der diesen vorgesetzten Stellen, im übrigen ihrer Dienstbehörde (Dienstaufsicht). Sie werden nach Beamtengruppen (auch Angestellte, wenn mind. 21 Jahre) durch RechtsVO der Landesregierung im Einvernehmen mit der Landesjustizverwaltung bestellt; zu den in den Ländern gleichlautenden Regelungen vgl. die Zusammenstellung bei Kleinknecht/Meyer-Goßner, StA. Andere Beamte sind kraft Gesetzes H. d. St., so Zoll- und Steuerfahndungsbeamte (§ 404 AO, → Zollfahndung, → Steuerfahndung), bestätigte Jagdaufseher (§ 25 II BJagdG), Vollzugsbeamte des Bundes und der Länder nach § 19 BKAG, Beamte des Bundesgrenzschutzes (§ 12 V BGSG) u. a. m.

**Hilfsbedürftige,** Fürsorge für – → Sozialhilfe.

**Hilfs(straf-, zivil-)kammern** kann das → Präsidium des Gerichts unter Änderung der → Geschäftsverteilung einrichten, wenn es im Laufe des Geschäftsjahres, insbesondere wegen Überlastung einer Kammer, notwendig wird (§ 21 e III GVG). Zur Bestandsdauer einer H.Strafkammer vgl. BGHSt. 33, 303.

**Hilfsrichter.** Überholte und abzulehnende Bezeichnung für Richter auf Probe oder kraft Auftrags und abgeordnete R. (→ Richterverhältnis, → Abordnung).

**Hilfsschöffe** → Schöffe.

**Hindernisbereiten im Straßenverkehr.** Nach § 32 StVO dürfen Gegenstände nicht auf eine Straße gebracht oder dort liegengelassen werden, wenn das den Verkehr gefährdet oder erschwert (z. B. Nichtbeseitigen von herabgefallenem Ladegut). Dasselbe gilt für verkehrsbehinderndes Beschmutzen (auslaufende Flüssigkeit, Tierexkremente). Der für die Störung Verantwortliche muß die Gegenstände unverzüglich entfernen und sie bis dahin kenntlich machen, bei Sichtbehinderung oder Dunkelheit durch rotes bzw. gelbes Licht. Zuwiderhandlungen können als Ordnungswidrigkeiten (§ 49 StVO) und, wenn Leib oder Leben eines anderen oder fremde Sachen von bedeutendem Wert gefährdet werden, als Vergehen der → Straßenverkehrsgefährdung (§ 315 b StGB) geahndet werden. S. ferner → Autostraßenraub (Autofallen), → Transportgefährdung.

**Hinkende Ehe** wird eine E. genannt, deren Gültigkeit in mehreren Staaten unterschiedlich beurteilt wird. Die → Ehescheidung von Ausländern in ihrem Heimatstaat wird dabei in der BRep. grundsätzlich als rechtswirksam behandelt (vgl. dazu BVerfG NJW 1983, 511). Hat jedoch auch nur einer der Ehegatten die deutsche Staatsangehörigkeit, so muß die ausländische Ehescheidung anerkannt werden, bevor sie Wirkungen im Inland äußern kann (Voraussetzungen s. § 328 ZPO). Zuständig zur *Anerkennung* ist die Landesjustizverwaltung (landesrechtlich übertragbar auf OLG-Präsident), gegen deren Entscheidung das Oberlandesgericht angerufen werden kann (Art. 7 § 1 des FamRÄndG vom 11. 8. 1961, BGBl. I 1221). Die Ehescheidung von Ausländern in einem dritten Staat wird zur Vermeidung von h. E. nur anerkannt, wenn auch deren Heimatstaat dies tun würde.

**Hinkende Inhaberpapiere** werden die qualifizierten → Legitimationspapiere genannt.

**Hinterbliebene** von Kriegsopfern (Versorgung). Stirbt ein rentenberechtigter Beschädigter infolge einer Schädigung, so wird Bestattungsgeld gewährt, ebenso beim Tode versorgungsberechtigter Hinterbliebener. Von dem Bestattungsgeld werden zunächst die Kosten der Bestattung bestritten; ein etwaiger Überschuß verbleibt nacheinander dem Ehegatten, den Kindern, Eltern usw., wenn häusliche Gemeinschaft bestand (§§ 36, 53 BVG). In gleicher Reihenfolge wird bei häuslicher Gemeinschaft beim Tode eines Beschädigten → Sterbegeld in Höhe des 3fachen der für den Sterbemonat zustehenden Versorgungsbezüge gezahlt (§ 37 BVG).

Ist der Tod Schädigungsfolge, erhält die Witwe (bzw. der Witwer) eine monatliche Grundrente; hat sie wenigstens die Hälfte ihrer Erwerbsfähigkeit auf Dauer verloren oder das 45. Lebensjahr vollendet oder mindestens für 1 waisenrentenberechtigtes Kind zu sorgen, kommt Ausgleichsrente (je nach anzurechnendem Einkommen) hinzu, ferner bei geringem Eigeneinkommen ein Schadensausgleich bzw. ein Pflegeausgleich, wenn die Witwe den Beschädigten länger als 20 Jahre gepflegt hat.

Ein früherer Ehegatte steht einer Witwe (bzw. einem Witwer) gleich, wenn die Ehe geschieden, aufgehoben oder für nichtig erklärt wurde und der Verstorbene zur Todeszeit Unterhalt zu leisten hatte oder im Jahr zuvor geleistet hat; auch ohne diese Voraussetzungen erhält sie Rente, wenn die Ehe im Zusammenhang mit einer Schädigungsfolge aufgelöst wurde, ebenso, wenn eine Unterhaltsverpflichtung aus kriegs- oder wehrdienstbedingten Gründen nicht bestand.

Bei Wiederheirat erhält der Überlebende eine Abfindung in Höhe der 50fachen Grundrente (§§ 38 ff. BVG).

Voll- und Halbwaisen erhalten bis zum 18., bei nicht abgeschlossener Ausbildung bis zum 27. Lebensjahr – Gebrechliche darüber hinaus – Waisengrund- und (einkommensabhängige) Waisenausgleichsrente (§§ 45 ff. BVG).

War der Tod nicht Schädigungsfolge, wird Witwen- und Waisenbeihilfe nach § 48 BVG gewährt.

Elternrente wird gewährt, wenn der Tod des Beschädigten Schädigungsfolge war und der Berechtigte das 60. Lebensjahr vollendet hat; vor diesem Zeitpunkt nur, wenn → Erwerbsunfähigkeit i. S. des § 44 SGB VI vorliegt. Sind mehrere Kinder an Schädigungsfolgen gestorben, wird sie erhöht. Eigenes Einkommen ist z. T. anzurechnen. §§ 49 ff. BVG.

**Hinterbliebenengeld.** Das Hinterbliebenengeld war eine Leistung der Altershilfe für Landwirte nach dem Ges. über eine Altershilfe für Landwirte. An die Stelle des H. ist mit dem Inkrafttreten des Gesetzes über die → Alterssicherung der Landwirte (ALG) vom 29. 7. 1994 (BGBl. I 1890, 1891 m. Änd.) am 1. 1. 1995 die Witwen- und Witwerrente (→ Hinterbliebenenrenten) getreten (vgl. § 94 III Nr. 3 ALG).

**Hinterbliebenen-Pauschbetrag** als Steuervergünstigung (§ 33 b IV EStG) → Belastungen, außergewöhnliche (2 f); → Kinder, steuerl. Berücksichtigung.

**Hinterbliebenenrenten.** In der gesetzlichen → Rentenversicherung werden folgende Renten wegen Todes gewährt: Kleine Witwen- oder Witwerrente erhalten Witwen und Witwer, die nicht wieder geheiratet haben nach dem Tod des versicherten Ehegatten, wenn der versicherte Ehegatte die allgemeine → Wartezeit erfüllt hat (§ 46 I SGB VI). Große Witwen- oder Witwerrente erhalten Witwen und Witwer, die nicht wieder geheiratet haben nach dem Tod des versicherten Ehegatten, der die allgemeine Wartezeit erfüllt hat, wenn sie ein eigenes Kind oder ein Kind des versicherten Ehegatten, das das 18. Lebensjahr noch nicht vollendet hat, erziehen oder das 45. Lebensjahr vollendet haben oder berufsunfähig oder erwerbsunfähig sind (§ 46 II SGB VI). Anspruch auf Erziehungsrente haben Versicherte, wenn ihre Ehe nach dem 30. 6. 1977 geschieden und ihr Ehegatte gestorben ist, sie ein eigenes Kind oder ein Kind des geschiedenen Ehegatten erziehen, sie nicht wieder geheiratet haben und sie bis zum Tode des versicherten Ehegatten die allgemeine Wartezeit erfüllt haben (§ 47 SGB VI; bei Scheidung vor dem 1. 7. 1977 vgl. § 243 SGB VI). Anspruch auf Halbwaisenrente haben Kinder nach dem Tode eines Elternteils, wenn sie noch einen unterhaltspflichtigen Elternteil haben und der verstorbene Elternteil die allgemeine Wartezeit erfüllt hat. Vollwaisenrente kann dagegen bezogen werden, wenn das Kind keinen unterhaltspflichtigen Elternteil mehr hat und der verstorbene Elternteil die allgemeine Wartezeit erfüllt hat. Sowohl Halb- als auch Vollwaisenrente wird im Regelfall bis zur Vollendung des 18. Lebensjahres gewährt, die Bezugsdauer verlängert sich jedoch bis zur Vollendung des 27. Lebensjahres, wenn die Waise sich in Schul- oder Berufsausbildung befindet oder behindert ist und sich deshalb nicht selbst unterhalten kann (§ 48 SGB VI). Sind Ehegatten, geschiedene Ehegatten oder Elternteile verschollen, besteht u. U. Anspruch auf Verschollenheitsrente (§ 49 SGB VI).

Die gesetzliche → Unfallversicherung leistet bei Tod durch → Arbeitsunfall folgende Renten an Hinterbliebene: Witwen und Witwer erhalten bis zu ihrem Tod oder ihrer Wiederverheiratung grundsätzlich eine (kleine) Witwen- oder Witwerrente in Höhe von 30% des Jahresarbeitsverdienstes. Sie beträgt 40% des Jahresarbeitsverdienstes, wenn der Berechtigte das 45. Lebensjahr vollendet hat oder berufs- oder erwerbsunfähig ist oder ein waisenrentenberechtigtes Kind erzieht oder für ein behindertes Kind sorgt (§ 65 SGB VII). Früheren Ehegatten des durch Arbeitsunfall Verstorbenen, deren Ehe geschieden ist, wird nach dem Tode des Versicherten auf Antrag Rente gewährt, wenn der Verstorbene dem früheren Ehegatten während des letzten Jahres vor seinem Tode Unterhalt geleistet hat oder ein entsprechender Anspruch bestand (§ 66 SGB VII). Kinder des Verstorbenen erhalten eine Halb- oder Vollwaisenrente bis zur Vollendung des 18. Lebensjahres, wobei sich der Bezugszeitraum bis zur Vollendung des 27. Lebensjahres und u. U. auch darüber hinaus verlängern kann (§ 67 SGB VII). Hinterläßt der durch Arbeitsunfall Verstorbene Verwandte der aufsteigenden Linie, Stief- oder Pflegeeltern, die er aus seinem Arbeitsverdienst wesentlich unterhalten hat oder ohne den Arbeitsunfall wesentlich unterhalten würde, so wird diesen eine Elternrente gewährt (§ 69 SGB VII). Schließlich werden auch in der gesetzlichen Unfallversicherung Renten bei Verschollenheit gezahlt (§ 63 IV SGB VII).

**Hinterbliebenenversorgung** bei Beamten. Die Versorgung der Hinterbliebenen eines verstorbenen Beamten (Ruhestandsbeamten) – entsprechend bei Richtern, Berufs- und Zeitsoldaten – besteht in der Zahlung der vollen Dienstbezüge (Ruhegehalt) für den Sterbemonat an die Erben sowie der Hinterbliebenenbezüge für Witwen (→ *Witwengeld*) und Waisen (→ *Waisengeld*) ab dem auf den Sterbemonat folgenden Monat (§§ 17, 19, 23 BeamtVG; → Versorgung der Beamten). Daneben wird den überlebenden Ehegatten, leiblichen Abkömmlingen und an Kindes Statt angenommenen Kindern ein *Sterbegeld* in Höhe des Zweifachen der Dienstbezüge des Verstorbenen zur Abgeltung der Kosten und Aufwendungen bezahlt, die durch die Krankheit und den Tod des Beamten erwachsen sind (§ 18 BeamtVG). Sind solche Anspruchsberechtigten nicht vorhanden, so ist das Sterbegeld auf Antrag anderen Angehörigen zu gewähren, die mit dem Verstorbenen in häuslicher Gemeinschaft gelebt haben oder deren Ernährer er gewesen ist, oder Personen, welche die Kosten der letzten Krankheit oder der Bestattung getragen haben (§ 18 II BeamtVG).

**Hinterlegung.** Ist der Gläubiger eines → Schuldverhältnisses in → Annahmeverzug oder die Person des Gläubigers ungewiß, ohne daß den Schuldner hieran ein → Verschulden trifft, so kann der Schuldner Geld, Wertpapiere und sonstige Urkunden bei einer dazu bestimmten öffentlichen Stelle hinterlegen (§ 372 BGB). Andere bewegliche Sachen sind – mit Ausnahme des → Handelskaufs, wo alle Waren in einem Lagerhaus o.ä. hinterlegt werden können (§ 373 I HGB) – nicht hinterlegungsfähig; sie sind im Wege des → *Selbsthilfeverkaufs* zu versteigern und der Erlös zu hinterlegen (§§ 383 ff. BGB, § 373 HGB). *Hinterlegungsort* ist die Hinterlegungsstelle des → Leistungsorts (§ 374 BGB). Der Schuldner ist berechtigt, die hinterlegte Sache zurückzunehmen, sofern er nicht auf das Recht der Zurücknahme verzichtet oder der Gläubiger, dem die H. unverzüglich anzuzeigen ist, gegenüber der H.stelle die Annahme erklärt hat (§ 376 BGB). Ist die Rücknahme ausgeschlossen, so wird der Schuldner durch die H. von seiner Verbindlichkeit in gleicher Weise wie bei einer ordnungsgemäßen → Erfüllung *befreit* (§ 378 BGB). Ist die Rücknahme nicht ausgeschlossen, so ist zwar noch nicht erfüllt; der Schuldner kann den Gläubiger aber auf die hinterlegte Sache verweisen. Auch trägt während der H. der Gläubiger die → Gefahr (Preisgefahr); eine Zinspflicht besteht nicht (§ 379 BGB). Die Kosten der H., die der Schuldner der H.stelle zu erstatten hat, fallen dem Gläubiger zur Last, sofern nicht der Schuldner die hinterlegte Sache zurücknimmt (§ 381 BGB). Das H.verhältnis zwischen dem Schuldner und der H.stelle ist ein öffentlich-rechtliches Verwahrungsverhältnis. Einzelheiten regelt die *Hinterlegungsordnung* vom 10. 3. 1937 (RGBl. I 285) m. Änd.; ergänzend gelten entsprechend die Vorschriften über die → Verwahrung.

**Hinterlegungsdarlehen** → Verwahrung.

**Hintermann** → mittelbarer Täter, → Rädelsführer, → Scheingeschäft, → Gründerhaftung.

**Hinterziehungszinsen** → Zinsen, steuerlich.

**Hinzurechnungen** → Gewerbesteuer 2.

**Hirntod** → Tod.

**Hirtenbrief** ist nach kath. Kirchenrecht die Stellungnahme eines → Bischofs oder einer Bischofskonferenz zu geistlichen oder kirchlichen Fragen; sie ist zur Verlesung in der (den) → Diözese(n) bestimmt. Die Einrichtung des H. ist auch in der evang. Kirche bekannt.

**Historische Interpretation** → Auslegung (1 b).

**Historische Rechtsschule** wird eine im Bereich der → Rechtsphilosophie herausgebildete Auffassung über das Werden des Rechts genannt. Sie geht davon aus, daß das R. keine natürliche Gegebenheit sei (→ Naturrecht), sondern mit der Geschichte wachse und sich aus der Lebenseinheit eines Volkes, seiner geistigen Haltung und Rechtsüberzeugung entwickele. Nach → Savigny, dem Begründer der h. R., ist daher das Gewohnheitsrecht das ursprüngliche, gewordene R. Die Gesetzgebung hat nach dieser Auffassung keine eigenschöpferische Kraft, sondern kann nur der Niederschlag des schon gewordenen Rechts sein. Die Grundgedanken der h. R. hat → Jhering zur soziologischen Schule weiterentwickelt.

**Hochschulbauförderungsgesetz.** Das Ges. über die → Gemeinschaftsaufgabe „Ausbau und Neubau von Hochschulen" vom 1. 9. 1969 (BGBl. I 1556) soll sicherstellen, daß diese als Bestandteil des gesamten Forschungs- und Bildungssystems den Anforderungen der Zukunft genügen. Bund und Länder sollen darauf hinwirken, daß die Hochschulen nach Fachrichtungen, Zahl, Größe und Standort ein zusammenhängendes System bilden, Forschungsschwerpunkte gefördert und die baulichen Voraussetzungen für ein ausgewogenes Verhältnis von Forschung und Lehre geschaffen werden. Diesen Zielen dient die im Gesetz vorgesehene Aufstellung von Gesamt-, Rahmen- und Einzelplänen. In den → neuen Ländern werden ab 1. 1. 1994 dieselben Maßstäbe angelegt.

**Hochschulen** sind Einrichtungen des Bildungswesens, denen das → Hochschulrahmengesetz (HRG) und das → Hochschulrecht der Länder (in erster Linie also die Hochschulgesetze) diese Stellung einräumen. Dazu zählen vor allem die Universitäten (Wissenschaftliche H.), die Pädagogischen H., die Kunsth. und die → Fachhochschulen. Die H. sind i. d.R. staatlich. Doch können unter bestimmten Voraussetzungen (vgl. § 70 HRG) auch sonstige Einrichtungen des Bildungswesens nach näherer Bestimmung des Landesrechts die Eigenschaft einer staatlich anerkannten H. erhalten, z. B. kirchliche H. (Theologische H.), deren Träger die Kirchen sind, oder private Fachhochschulen; auch „verwaltungsinterne" Bildungseinrichtungen wie die Bundeswehrhochschulen oder Beamtenfachhochschulen. Aufgaben, Stellung und innere Organisation der H. sind in den allg. Grundsätzen durch das HRG geregelt. Nach § 2 HRG dienen die H. der Pflege und der Entwicklung der Wissenschaften und der Künste durch Forschung, Lehre und Studium. Sie bereiten auf berufliche Tätigkeiten vor, die die Anwendung wissenschaftlicher Erkenntnisse und wissenschaftlicher Methoden oder die Fähigkeit zu künstlerischer Gestaltung erfordern. Die H. sind → Körperschaften des öffentlichen Rechts (nach früherer Auffassung → Anstalten, weil ihre Angehörigen nicht als „Mitglieder", sondern als „Benutzer" angesehen wurden) und zugleich staatliche Einrichtungen. Sie haben das Recht der → Selbstverwaltung im Rahmen der Gesetze. Das Land übt die → Rechtsaufsicht aus. Mitglieder der H. sind die hauptberuflich (z. T. auch nebenberuflich, z. B. → Honorarprofessoren) an der H. Tätigen und die eingeschriebenen → Studenten. Entscheidungsbefugnisse haben zentrale Organe und Organe der Fachbereiche. Die H. wird nach § 62 HRG durch einen Rektor oder ein Rektorat (Rektoratsverfassung) oder einen Präsidenten oder ein Präsidialkollegium (Präsidialverfassung) geleitet. Ferner sind bestimmte Kollegialorgane zu bilden (§ 63 HRG). Organisatorische Grundeinheit der H. ist der → Fachbereich (→ Fakultät). Die allgemeine → Hochschulreife berechtigt zum Zugang zu allen H., die → Fachhochschulreife nicht zum Besuch wissenschaftlicher H. (Universitäten).

**Hochschulgrad** ist die neuere Bezeichnung (§ 18 HRG) für einen → akademischen Grad. Die wichtigsten H.e sind der bundesrechtlich (§ 18 HRG) vorgesehene → Diplomgrad und der landesrechtlich geregelte → Doktorgrad.

**Hochschullehrer.** Die Stellung der H. ist in den allg. Grundsätzen bundesrechtlich durch das → Hochschulrahmengesetz (HRG) i. d.F. vom 9. 4. 1987 (BGBl. I 1170), im einzelnen durch die Hochschulgesetze und die H.gesetze der Länder (→ Hochschulrecht) geregelt. Nach § 42 HRG besteht das hauptberuflich tätige wissenschaftliche und künstlerische Personal aus den Professoren, den wissenschaftl. und künstl. Assistenten, den Oberassistenten und Oberingenieuren, den wissenschaftl. und künstl. Mitarbeitern sowie den Lehrkräften für besondere Aufgaben; das Landesrecht kann Ämter für Hochschuldozenten vorsehen (vgl. §§ 43–53 HRG). Zu den H. zählen außer den Professoren die nicht hauptamtlich tätigen → Honorarprofessoren sowie die → Privatdozenten, nicht aber die Lehrbeauftragten (§ 55 HRG). Zu den Einstellungsvoraussetzungen der Professoren an Universitäten gehört in der Regel die Habilitation. Privatdozent wird man durch Erteilung der Lehrbefähigung (venia legendi) seitens der Fakultät im Wege der Habilitation; das Landesrecht kann zusätzlich eine staatl. Erlaubnis (Lehrbefugnis) vorsehen. Nach BVerfGE 64, 323 muß bei der Amtsbezeichnung zwischen Professoren an wissenschaftlichen (Universitäten) und anderen Hochschulen (insbes. → Fachhochschulen) unterschieden werden.

**Hochschulrahmengesetz** (HRG). Das auf Grund der Gesetzgebungskompetenz des Bundes nach Art. 75 I Nr. 1 a HRG(→ Hochschulrecht) 1976 erlassene H. i. d. F. vom 9. 4. 1987 (BGBl. I 1170) enthält Rahmenvorschriften für die allgemeinen Grundsätze des Hochschulwesens (→ Hochschule). Es gilt für die Einrichtungen des Bildungswesens, die nach Landesrecht staatliche Hochschulen sind, teilweise auch für staatlich anerkannte Hochschulen. I. e. regelt das H.: Aufgaben der Hochschulen und Ordnung des Hochschulwesens (der Vorrang von → Gesamthochschulen ist beseitigt); Grundsätze von Studium und Lehre (z. B. Studienreform, Studiengänge, Studienordnungen, Grundsätze für Hochschulprüfungen, Hochschulgrade); Forschung (Aufgaben, Koordination, Veröffentlichung von Forschungsergebnissen, Forschung mit Mitteln Dritter); Zulassung zum Studium (allgem. Voraussetzungen, Widerruf der Einschreibung wegen ordnungswidrigen Verhaltens eines Studenten, Maßstäbe der Ausbildungskapazität, Festsetzung von Zulassungszahlen, die bisher durch Staatsvertrag der Länder geregelte zentrale Vergabe von Studienplätzen mit allgemeinem und besonderem Auswahlverfahren); Bestimmungen über die Mitglieder der Hochschule, also der an der Hochschule hauptberuflich Tätigen und der eingeschriebenen Studenten (Mitwirkung, Grundsätze für die Zusammensetzung und das Stimmrecht der Kollegialorgane, Wahlen und die Bildung von → Studentenschaften, das wissenschaftliche und künstlerische Personal – Professoren, Hochschulassistenten, wissenschaftliche und künstlerische Mitarbeiter, Lehrbeauftragte, Lehrkräfte für besondere Aufgaben); allgem. Vorschriften über Organisation und Verwaltung der Hochschule (Selbstverwaltung und Staatsverwaltung, Rechtsstellung der Hochschule, Aufsicht, Zusammenwirken von Land und Hochschule, allg. Organisationsgrundsätze, Leitung der Hochschule, Aufgaben zentraler Kollegialorgane, Gliederung in → Fachbereiche), Bildung gemeinsamer Kommissionen und Einrichtung von Studienbereichen, Anerkennung anderer Bildungseinrichtungen als Hochschulen und Fristen für die Anpassung des Landesrechts (§ 72); die Regelungen des HRG sind binnen 3 Jahren nach dem → Beitritt in Landesrecht der → neuen Länder umzusetzen.

**Hochschulrecht** ist die Gesamtheit der Vorschriften, die Aufgaben, Organisation und Betrieb der → Hochschulen regeln. Dazu gehören zunächst einige Vorschriften des GG (z. B. über die Freiheit der → Wissenschaften; Art. 74 Nr. 1 a : Förderung der wissenschaftlichen Forschung; Art. 91 a I: → Gemeinschaftsaufgabe „Ausbau und Neubau von wissenschaftlichen Hochschulen") und der Landesverfassungen. Im übrigen war das H. früher fast ausschließlich durch die Hochschulgesetze der Länder geregelt. Der 1968 eingefügte Art. 75 I Nr. 1a GG hat dem Bund das Recht gegeben, Rahmenvorschriften für die allgemeinen Grundsätze des Hochschulwesens zu erlassen. Von diesem Recht hat der Bundesgesetzgeber 1976 mit dem → Hochschulrahmengesetz (HRG) Gebrauch gemacht. Die Hochschulgesetze der Länder (Zusammenstellung s. Sartorius, Verfassungs- und Verwaltungsgesetze der BRep., Nr. 500 Fußnote 1) regeln die Organisation der Hochschulen, Rechte und Pflichten der Organe, die Rechtsstellung der → Hochschullehrer (z. T. eigene Gesetze), der sonstigen Dienstkräfte und der Studenten (auch das Ordnungs- und Disziplinarrecht), ferner das → Selbstverwaltungsrecht der Hochschulen (auch ihr → Satzungsrecht) und den Umfang der → Staatsaufsicht. Die → neuen Länder haben inzwischen nach den Vorgaben des HRG (§ 72) eigene Hochschulgesetze erlassen.

**Hochschulreife, Allgemeine.** Die A. H. wird nach dem erfolgreichen Besuch der Oberstufe des Gymnasiums und Ablegung einer Prüfung erreicht. Sie brechtigt zum Besuch aller Hochschulen, insbes. auch der Universitäten (wissenschaftlichen Hochschulen). Die abschließende Prüfung wird nur in einigen Ländern (Baden-Württemberg, Bayern, Saarland) zentral gestellt.

**Hochseefischerei** → Fischerei, → Seerecht.

**Hochseeschiffahrt** → Seeschiffahrt.

**Höchstbeträge** → Freibetrag.

**Höchstbetragshypothek.** Die H. ist eine → Sicherungshypothek, bei der nur der Höchstbetrag, bis zu dem das mit ihr belastete Grundstück haften soll, bestimmt und im Grundbuch eingetragen ist, während im übrigen der Umfang der → Hypothek der jeweiligen Forderungshöhe entspricht (§ 1190 BGB). Die H. dient z. B. zur Sicherung eines → Kontokorrents. In dem nicht valutierten Umfang steht die Hypothek dem Eigentümer des Grundstücks als – vorläufige – → Eigentümergrundschuld (s.a. Eigentümerhypothek) zu. Für die sog. *verdeckte H.* (Hypothek mit der nicht eintragungsfähigen Vereinbarung, daß das Grundstück trotz des festen Haftungsumfangs nur für die jeweilige Schuld haften solle) gelten dagegen nach außen die allgemeinen Vorschriften über die Hypothek. Die H. ist heute in der Praxis weitgehend durch die (von einer Forderung nicht abhängige) → Grundschuld ersetzt.

**Höchstgeschwindigkeit** → Fahrgeschwindigkeit.

**Höchstmengen** *schädlicher Stoffe* in Lebensmitteln regeln u. a. VOen über Höchstmengen an Rückständen von Pflanzenschutz- und Schädlingsbekämpfungsmitteln, Düngemitteln und sonstigen Mitteln in oder auf Lebensmittel- und Tabakerzeugnissen vom 1. 9. 1994 (BGBl. I 2299), vom 30. 11. 1976, BGBl. I 3313 (für Aflatoxine), vom 24. 5. 1977, BGBl. I 782 (für den Gehalt an Erukasäure), vom 25. 7. 1989, BGBl. I 1568 (für Lösungsmittel) alle m. Änd. S. a. → Zusatzstoffe, → Pflanzenschutz.

**Höchstpersönliche Rechte** sind → subjektive Rechte, die ihrem Wesen nach so eng mit der Person des Berechtigten verbunden sind, daß sie nicht übertragen werden können (→ Abtretung) und mit dem Tod des Berechtigten erlöschen, z. B. Mitgliedschaftsrechte (→ Verein), → Nießbrauch u. a. m.

**Höchstpreise** sind Preise, die nicht überschritten werden dürfen. Bestimmungen über H. bestehen in der BRep. nur noch vereinzelt, so bei → öffentlichen Aufträgen (§ 1 VO PR 1/72; → Baupreisrecht). Eine praktisch wichtige Höchst/Mindestpreisregelung (Rahmenpreis, Margenpreis) enthält die Honorarordnung für Architekten und Ingenieure (HOAI); s. a. → Festpreise, → Mindestpreise, → Preisrecht. Zur Festsetzung von Höchst- und Mindestpreisen im Rahmen der Europäischen Gemeinschaft s. Art. 61 des Vertrages über die Gründung der → Europ. Gemeinschaft für Kohle und Stahl (Festsetzung durch die Kommission zur Erreichung der in Art. 3 des Vertrages genannten Ziele der Gemeinschaft) sowie Art. 44 EG-Vertrag (Einführung von Mindestpreisen zur Verwirklichung der gemeinsamen Agrarpolitik).

**Höchststimmrecht** → Aktienstimmrecht.

**Höchstzahlverfahren** → d'Hondtsches System.

**Hochverrat** ist das auf *gewaltsamen Umsturz im Innern* der BRep. gerichtete Unternehmen, während der → Landesverrat den eigenen Staat in seiner Sicherheit *gegenüber ausländischen Staaten* schwächt; die → Rechtsstaatsgefährdung dagegen zielt auf den *gewaltlosen Umsturz* durch Maßnahmen im Innern (mit Unterstützung von außen) ab. Wegen H.s wird nach §§ 81, 82 StGB bestraft, wer es *unternimmt* – d. h. mindestens versucht (§ 11 I Nr. 6 StGB) –, mit Gewalt oder durch Drohung mit Gewalt die verfassungsmäßige Ordnung der BRep. oder eines ihrer Länder zu ändern *(Verfassungs-H.)* oder einen Gebietsteil zugunsten eines ausländischen Staates oder eines der Länder abzutrennen *(Bestands-H.)*. Die Strafe ist lebenslange Freiheitsstrafe oder Freiheitsstrafe nicht unter 10 Jahren (bei H. gegen ein Land der BRep.: von 1–10 Jahren); in minder schweren Fällen Freiheitsstrafe von 1–10 Jahren (bzw. von 6 Mon. bis zu 5 Jahren). Auch *Vorbereitungshandlungen* werden bestraft, aber nur, wenn sie auf ein bestimmtes hv. Unternehmen gerichtet sind, das nach Angriffsgegenstand und -ziel und in den Grundzügen auch nach Ort und Art der Durchführung umrissen ist (§ 83 StGB). Die Strafe ist Freiheitsstrafe von 1–10 Jahren, in minder schweren Fällen von 1–5 Jahren, bei H. gegen ein Land der BRep. Freiheitsstrafe von 3 Mon. bis zu 5 Jahren. Die Vorbereitung liegt im Vorfeld des Unternehmens (Versuchs); sie umfaßt z. B. das Sammeln von Beiträgen oder die Herstellung von Flugschriften für eine hv. Aktion. Die Strafe kann gemildert oder es kann von ihr abgesehen werden, wenn der Täter aus freien Stücken seine Tätigkeit aufgibt und den Erfolg abwendet oder sich wenigstens ernstlich darum bemüht (§ 83 a StGB; Unterfall der → tätigen Reue).

**Höfeordnung.** In den Ländern Hamburg, Niedersachsen, Nordrhein-Westfalen und Schleswig-Holstein gilt für land- oder forstwirtschaftliche Betriebe mit einem Wirtschaftswert von grundsätzlich mindestens 20 000 DM die H. i.d.F. vom 26. 7. 1976 (BGBl. I 1933) mit VerfahrensO vom 29. 3. 1976 (BGBl. 1976 I 885); ähnliche Vorschriften gelten in Rheinland-Pfalz, Baden-Württemberg, Hessen und Bremen (Fundstellen i. e. bei Palandt, BGB, RdNr. 7 zu Art. 64 EGBGB). Wichtigster Inhalt der H. ist die – zulässige (vgl. Art. 64 EGBGB) – Regelung des sog. *Anerbenrechts.* Dieses durchbricht die sonst im Erbrecht geltende → Universalsukzession im Interesse der Erhaltung der Einheit des Hofes und seines Zubehörs zugunsten einer Sondererbfolge eines der Miterben. Der Hof fällt demnach kraft Gesetzes nur dem sog. *Hoferben* zu, während die übrigen Miterben gegen diesen nur einen Ausgleichs(Abfindungs)anspruch in Geld haben. Hoferbe wird, wen der Erblasser (Hofeigentümer) hierzu durch → Verfügung von Todes wegen oder unter Lebenden durch → Übergabevertrag bestimmt; hilfsweise sind kraft Gesetzes die Verwandten des Erblassers in einer bestimmten Reihenfolge (zunächst dessen Kinder, sofern sie nach den allgem. Bestimmungen → gesetzliche Erben sind, dann Ehegatte, Eltern, Geschwister) berufen. Innerhalb der gleichen gesetzlichen Ordnung entscheidet, falls nicht ein Miterbe schon nach dem Umfang seiner Beschäftigung auf dem Hof zum Hoferben bestimmt ist, je nach örtlichem Brauch *Ältestenrecht* (Anfall an das älteste Kind des Hofeigentümers) oder *Jüngstenrecht.* S. a. → Grundstücksverkehr, landwirtschaftlicher.

**Hoferbe** → Höfeordnung.

**Höferecht** → Höfeordnung.

**Hofmeister** → Hausmeier.

**Hofübergabe** → Übergabevertrag.

**Hohe Behörde** → Europäische Gemeinschaft für Kohle und Stahl, jetzt → Kommission der Europäischen Gemeinschaft.

**Hohe See** → Freiheit des Meeres, → Seerecht.

**Hoheitliche Gewalt** wird ausgeübt, wenn der Staat (oder eine sonstige öffentlich-rechtliche Körperschaft oder Anstalt) zur Verwirklichung seiner Ziele kraft öff.-rechtl. Überordnung tätig wird. Im besonderen spricht man von Ausübung h. G. (neuere Ausdrucksweise: *hoheitliches Handeln, hoheitliche Tätigkeit, hoheitliche Verwaltung*), wenn die Verwaltungsbehörde eine Angelegenheit mit dem Anspruch auf Verbindlichkeit regelt (im Gegensatz zum privatrechtlichen Handeln [fiskalische Verwaltung oder → Verwaltungsprivatrecht]); Ausübung h. G. in diesem Sinne ist Wesensmerkmal des → Verwaltungsaktes. Von „schlicht-hoheitlichem" Handeln spricht man, wenn der Träger öff. Verwaltung zwar öff.-rechtl. Zwecke verfolgt und sich dabei auch nicht privatrechtl. Formen bedient, aber auf den Einsatz von Verwaltungsakt und Verwaltungszwang verzichtet (vor allem im Bereich der → Daseinsvorsorge). S. a. → Staatsgewalt, → Hoheitsaufgaben.

**Hoheitsaufgaben** sind die Aufgaben, die ein öffentliches Gemeinwesen (Staat, Gemeinde oder sonstige Körperschaft, Anstalt) kraft öffentlichen Rechts zu erfüllen hat; sie stehen im Gegensatz zu der privatrechtlichen (fiskalischen) Betätigung. Die Ausübung hoheitsrechtlicher Befugnisse ist als ständige Aufgabe i. d. R. Angehörigen des öffentlichen Dienstes, die in einem öffentlich-rechtlichen Dienst- und Treueverhältnis stehen (→ Beamte), zu übertragen (Art. 33 IV GG). Eine Übertragung an Angestellte und Arbeiter des öffentlichen Dienstes oder an Personen außerhalb des öffentlichen Dienstes (z. B. an → „beliehene Unternehmer") ist danach zwar grundsätzlich möglich, muß aber auf Ausnahmen beschränkt bleiben. Der Umfang des Begriffs „hoheitsrechtliche Befugnisse" i. S. von Art. 33 IV GG ist nicht unumstritten.

**Hoheitsbetriebe** sind nicht steuerpflichtige Betriebe der öffentlichen Hand, die überwiegend der Ausführung öffentlicher Aufgaben dienen (§ 4 V KStG, § 2 II GewStDV, § 2 III UStG), z. B. Schlachthöfe, Forschungsanstalten, Wetterwarten, Friedhöfe, Anstalten zur Leichenverbrennung, zur Desinfektion, zur Lebensmitteluntersuchung, zur Müllbeseitigung und Müllverbrennung, zur Straßenreinigung und zur Abführung von Abwässern und Abfällen.

**Hoheitsrechte** nennt man die Gesamtheit der dem Staat (i. w. S. auch sonstigen öffentl.-rechtl. Aufgabenträgern) zur Ausübung der → Staatsgewalt zustehenden Befugnisse (Gesetzgebung, Gesetzesvollzug, Rechtsprechung). Die H. bestehen nach außen im Rahmen des → Völkerrechts, innerstaatlich im Rahmen der → Verfassung und der → Gesetze. Nach Art. 24 GG kann der Bund durch Gesetz H. auf zwischenstaatliche Einrichtungen übertragen und sich zur Wahrung des Friedens einem System gegenseitiger kollektiver Sicherheit einordnen; er wird hierbei in die Beschränkungen seiner H. einwilligen, die eine friedliche und dauerhafte Ordnung in Europa und zwischen den Völkern der Welt herbeiführen und sichern. Ferner wird der Bund zur Regelung zwischenstaatlicher Streitigkeiten Vereinbarungen über eine allgemeine, umfassende, obligatorische, internationale Schiedsgerichtsbarkeit beitreten. S. a. → supranationale Organisationen. Nach Art. 23 GG wirkt die BRep. zur Verwirklichung eines vereinten Europas bei der Entwicklung der → Europäischen Union (→ Europäische Akte) mit. Der Bund kann hierzu durch Gesetz mit Zustimmung des Bundsrates H. übertragen. Wenn bei Rechtsetzungsakten der Europ. Union im Schwerpunkt Gesetzgebungsbefugnisse der Länder betroffen sind, ist bei der Willensbildung des Bundes die Auffassung des Bundesrates maßgeblich zu berücksichtigen.

**Hoheitszeichen** sind Gegenstände, in denen die Staatshoheit symbolisiert wird (staatliche Symbole), insbes. Flaggen, Standarten, Wimpel, Wappen, Kokarden, Amtsschilder und Siegel. Jedem Staat steht auch ohne ausdrückliche Bestimmung die Gestaltung seiner H. zu. Im GG ist nur die → Bundesflagge geregelt (schwarz-rot-gold, Art. 22); damit sind die Bundesfarben auch für alle anderen H. festgelegt, auf denen Farben geführt werden. Weitere Bundessymbole sind durch Bek. des BPräs. betreffend das Bundeswappen und den Bundesadler vom 20. 1. 1950 (BGBl. 26) und Erlaß über die Dienstsiegel vom 20. 1. 1950 (BGBl. 26 i. d. F. vom 28. 8. 1957, BGBl. I 1328) bestimmt. Die Länder haben eigene H. Der *Mißbrauch* bestimmter H. (Bundesadler,

Wappen oder Dienstflagge des Bundes oder eines Landes), nämlich die unbefugte – nicht durch Erlaubnis oder sonstige Ermächtigung gedeckte – Benutzung ist → Ordnungswidrigkeit (§ 124 OWiG).

**Höhere Gewalt** → Verschulden (II 3).

**Höhere Verwaltungsbehörde** → Verwaltungsbehörden (Aufbau).

**Höherversicherung.** In der sozialen → Rentenversicherung konnten bis zum 31. 12. 1991 neben Pflicht- oder freiwilligen Beiträgen zusätzlich Beiträge zum Zwecke der H. entrichtet werden. Wer vor diesem Zeitpunkt davon Gebrauch gemacht hat, kann dies weiterhin tun. Für Versicherte, die vor dem 1. 1. 1942 geboren sind, gilt dies auch ohne diese Vorversicherung. Dadurch erhöht sich die normale Rente um Steigerungsbeträge, die in Vomhundertsätzen der Beitragswerte nach dem Lebensalter im Zeitpunkt der Beitragsentrichtung berechnet werden; sie nehmen an der → Rentenanpassung nicht teil, sondern bleiben konstant, §§ 234, 269 SGB VI.

**Holdinggesellschaft** ist eine → Handelsgesellschaft, meist in Form einer → Aktiengesellschaft oder → Gesellschaft mit beschränkter Haftung, deren Aufgabe im wesentlichen darin besteht, im Rahmen eines → Konzerns als Dachgesellschaft die Geschäftsanteile oder Aktien der abhängigen Unternehmen zu verwalten und den Konzern einheitlich zu leiten.

**Holographisches Testament** → Testament (2 a).

**Holschuld** → Leistungsort.

**Homologe Insemination** → künstliche Fortpflanzung.

**Homogenitätsgrundsatz** (im Bundesstaat). Der H. besagt, daß wesentliche Merkmale der (geschriebenen und gelebten) Verfassung im Gesamtstaat und den Gliedstaaten übereinstimmen. Art. 28 GG legt Rahmenbestimmungen fest, die bei der Ausgestaltung der Landesverfassungen und des sonstigen Landesrechts eingehalten werden müssen. Die Vorschrift verlangt also keine Uniformität, sondern ein Mindestmaß gleicher Regelung. Sie verlangt von den Landesverfassungen, daß sie republikanisch, demokratisch, sozialstaatlich und rechtsstaatlich ausgestaltet sind. Diesen Grundsätzen muß die verfassungsmäßige Ordnung der Länder analog der des Bundes entsprechen, worunter die „freiheitliche demokratische Grundordnung“ zu verstehen ist, die „unter Ausschluß jeglicher Gewalt- und Willkürherrschaft eine rechtsstaatliche Herrschaftsordnung auf der Grundlage der Selbstbestimmung des Volkes nach dem Willen der jeweiligen Mehrheit und der Freiheit und Gleichheit darstellt“.

Art. 28 I 2 GG spezifiziert das Homogenitätsgebot für das Wahlrecht in den Ländern und Kommunen. Danach muß das Volk auf Landes-, Kreis- und Gemeindeebene eine Vertretung haben, die aus allgemeinen, unmittelbaren, freien, gleichen und geheimen Wahlen hervorgegangen ist; in Gemeinden kann an deren Stelle auch die Gemeindeversammlung treten. Ein weiteres spezifiziertes Homogenitätsgebot enthält Art. 28 II GG. Danach muß den Gemeinden das Recht gewährleistet sein, alle Angelegenheiten der örtlichen Gemeinschaft im Rahmen der Gesetze in eigener Verantwortung zu regeln. Auch die Gemeindeverbände haben im Rahmen ihres gesetzlichen Aufgabenbereichs nach Maßgabe der Gesetze das Recht der Selbstverwaltung. Als Ausprägungen des H. kann man auch Art. 21 GG (politische Parteien, auch wenn sie nur auf Landesebene tätig sind) und Art. 33 I GG (staatsbürgerliche Gleichheit aller Deutschen in jedem Land) ansehen.

**Homosexuelle Handlungen,** die ein Mann über 18 Jahren an einem Mann unter 18 Jahren vornimmt oder von diesem an sich vornehmen läßt, waren nach der Jugendschutzvorschrift des § 175 StGB strafbar. Sie wurden durch das 29. StrÄndG 1994 heterosexuellen Handlungen gleichgestellt und sind wie diese nur noch unter den weiteren Voraussetzungen der → Sexualstraftaten, insbes. des → sexuellen Mißbrauchs von Jugendlichen, strafbar.

**Honoraranspruch** → Arzt, → Rechtsanwalt, → Dienstvertrag, → Werkvertrag.

**Honorarkonsul** → Konsul, → Wahlkonsul.

**Honorarordnung für Architekten und Ingenieure** → Architektenvertrag.

**Honorarprofessoren** werden nebenberuflich an wissenschaftlichen → Hochschulen tätig. Maßgebend ist das Hochschulrecht des Landes. Zum H. kann bestellt werden, wer zur wissenschaftlichen Tätigkeit geeignet und nach seinen wissenschaftlichen Leistungen den Anforderungen entspricht, die an Professoren dieser Hochschulen gestellt werden. Sie sind häufig wissenschaftlich ausgewiesene Praktiker mit langjähriger Bewährung in der Lehre. H. sind Mitglieder der Hochschule. Die Verleihung der Honorarprofessur ist nach Maßgabe des Landesrechts eine von der tatsächl. Ausübung unabhängige → akademische Würde.

**Hospitant** → Fraktion.

**Hotel** → Beherbergungsbetrieb, → Gaststätte; zum Beherbergungsvertrag → Gastwirtshaftung.

**House of Commons** (Unterhaus). Zweite Kammer des britischen Parlaments, deren Mitglieder aus allgemeinen, freien und geheimen Wahlen nach einem Mehrheitswahlrecht hervorgehen. Beim H. o. C. liegt die Machtfülle des Parlaments; das → House of Lords hat demgegenüber nur geringe politische Befugnisse.

**House of Lords** (Oberhaus) ist die erste Kammer des britischen Parlaments. Ihm gehören mehrere hundert Mitglieder der englischen und schottischen Hocharistokratie sowie einige Repräsentanten der englischen Staatskirche und der Richterschaft an. Das H. o. L. wirkt bei der Gesetzgebung (ausgenommen die sog. „money-bills"-Gesetze über Steuern und Staatsausgaben –) mit; versagt es einem Gesetzentwurf die Zustimmung, so kann es vom → House of Commons überstimmt werden. Das richterliche Committee des H. o. L. ist oberstes Gericht des Vereinigten Königreichs.

**Humangenetik** → Gen-Recht.

**Humanitäres Völkerrecht** → Genfer Konventionen.

**Humanitätsverbrechen** → Menschlichkeitsverbrechen.

**Hundehaltung** → Tierhalter.

**Hundesteuer** ist eine → Gemeindesteuer, die das Halten eines über 3 Monate alten Hundes erfaßt. Befreit sind u. a. Diensthunde, Blindenhunde. Ermäßigte Sätze gelten für Wachhunde, Melde-, Sanitäts-, Schutz- und Fährtenhunde, für Hundezüchter (Zwingersteuer) und -händler.

**Hungerstreik** → Zwangsbehandlung.

**Hupen von Kraftfahrzeugen** → Warnzeichen im Straßenverkehr.

**Hymne der Bundesrepublik.** Die H. gehört wie die → Bundesflagge zu den Symbolen der BRep. Die *öffentlich* oder durch Verbreiten von → Schriften oder anderen Darstellungen begangene *Verunglimpfung* (→ Beschimpfung) der H. ist in § 90 a StGB mit Freiheitsstrafe bis zu 3 Jahren (bei absichtlicher Unterstützung von Bestrebungen gegen den Bestand der BRep. oder gegen Verfassungsgrundsätze: bis zu 5 Jahren) oder Geldstrafe bedroht.

**Hypnose.** Die Anwendung der H. kann als Mittel der Gewalt ein Tatbestandsmerkmal eines sog. Gewaltdelikts erfüllen (→ Gewalt, Gewaltdelikte). Die Anwendung von H. ist – ebenso wie Mißhandlung, Täuschung usw. – bei der Vernehmung von Beschuldigten oder Zeugen im Strafverfahren verboten (§§ 136 a, 163 a III, 69 III StPO); s. a. → Geständnis, → Vernehmungen im Strafverfahren, → Beweisverbote.

**Hypothek.** 1. Die H. ist nach der Systematik des BGB die Grundform des → Realkredits. Die H. ist eine Belastung eines → Grundstücks oder → Miteigentumsanteils in der Weise, daß zugunsten des Berechtigten eine bestimmte Geldsumme wegen einer diesem zustehenden (auch künftigen oder bedingten) Forderung aus dem Grundstück zu zahlen ist (§§ 1113, 1114 BGB); ein Recht zum → Besitz an dem Grundstück gewährt die H. nicht. Während der Schuldner die Erfüllung der Forderung schuldet, haftet, ohne selbst zu schulden (→ Haftung), hierfür der Grundstückseigentümer mit dem Wert seines Grundstücks. Entgegen dem Sprachgebrauch der Praxis ist das Entscheidende der Bestand der Forderung, an die die H. nur „angelehnt" ist. Diese → Akzessorietät zeigt sich vor allem bei der Begründung (nur der Forderungsgläubiger kann Hypothekengläubiger werden, während andererseits Forderungsschuldner und Grundstückseigentümer nicht dieselbe Person zu sein brauchen, s. 4), bei der Übertragung (die H. geht mit der Forderung auf den neuen Gläubiger über; eine getrennte Übertragung ist nicht möglich, § 1153 BGB; Ausnahme: gutgläubiger Erwerb, s. 5) und beim Erlöschen der Forderung (s. 6). Die folgenden Ausführungen gelten für die vom Gesetz als Regelfall angenommene sog. *Verkehrsh.* Sondervorschriften enthält das BGB für die → Sicherungshypothek, → Gesamthypothek, → Höchstbetragshypothek. S. ferner → Tilgungshypothek, → Eigentümerhypothek, → Zwangshypothek, → Arresthypothek sowie → Grundschuld und → Rentenschuld *(Grundpfandrechte).*

2. Die H. *entsteht* durch → Einigung zwischen Gläubiger und Grundstückseigentümer und Eintragung aller wesentlichen Umstände, insbes. Höhe der Forderung, Zinssatz, Gläubiger, im → Grundbuch (§ 1115 BGB, → Grundstücksrechte). Dies gilt jedoch nur für die sog. *Buchhypothek.* Regelmäßig, d. h. sofern zwischen den Beteiligten nichts anderes vereinbart ist, wird über die H. ein → Hypothekenbrief erteilt (sog. *Briefhypothek,* § 1116 BGB). Der Gläubiger erwirbt eine Briefhypothek erst, wenn ihm der Brief von dem Eigentümer des Grundstücks oder bei entsprechender Vereinbarung direkt vom → Grundbuchamt ausgehändigt wird (§ 1117 BGB; vorher → Eigentümergrundschuld; → Zwischenfinanzierung).

3. Dem H.gläubiger *haften* auf Grund der H. das Grundstück mit allen → Bestandteilen, Früchte bis zu einem → Fruchterwerb durch einen Berechtigten, das dem Grundstückseigentümer gehörende → Zubehör, etwaige Miet- und Pachtzinsforderungen, Forderungen gegen eine Versicherung (z. B. Gebäudeversicherung) sowie → Anwartschaftsrechte (bei Erwerb von Zubehörstücken unter → Eigentumsvorbehalt), §§ 1120 ff. BGB. Erzeugnisse, Bestandteile u. dgl. werden von der hypothekarischen Haftung frei, wenn sie vor der → Beschlagnahme durch den H.gläubiger in der Zwangsvollstreckung (s. 4) veräußert oder von dem Grundstück entfernt worden sind (§§ 1121 f. BGB); Veräußerungen nach der Beschlagnahme sind dem H.gläubiger gegenüber unwirksam (relative → Verfügungsbeschränkung; s. aber → gutgläubig – lastenfreier Erwerb).

4. Während der H.gläubiger zugleich auch Forderungsgläubiger (die Forderung kann allerdings ausgewechselt werden, § 1180 BGB) sein muß, kann der persönliche Schuldner der Forderung von dem Eigentümer des Grundstücks verschieden sein (z. B. bei nachträglicher Übereignung des Grundstücks, s. aber → Schuldübernahme). Für das Rechtsverhältnis zwischen Gläubiger und persönlichem Schuldner gelten die allgemeinen Vorschriften (z. B. → Darlehen). Gegenüber dem Grundstückseigentümer hat der Gläubiger vor → Fälligkeit der Forderung bei Verschlechterung des Grundstücks und mithaftender Gegenstände Beseitigungs- und Unterlassungsansprüche (§§ 1133 ff. BGB; sog. *Devastationsklage*). Nach Fälligkeit der persönlichen Forderung kann er vom Grundstückseigentümer nicht Zahlung der Forderung, sondern nur *Duldung der Zwangsvollstreckung* in das Grundstück und in die mithaftenden Gegenstände verlangen (§ 1147 BGB). Voraussetzung für die Geltendmachung der H. ist ein dinglicher Titel (→ Urteil, → vollstreckbare Urkunde u. a., die sich auf die H. beziehen); die Zwangsvollstreckung in das Grundstück erfolgt durch → Zwangsversteigerung oder → Zwangsverwaltung. Gegenüber der Klage des H.gläubigers kann der Grundstückseigentümer auch die dem persönlichen Schuldner gegen die Forderung zustehenden → Einreden (z. B. Stundung) sowie die einem → Bürgen zustehenden Einreden geltend machen (§ 1137 BGB). Um die Zwangsvollstreckung in sein Grundstück abzuwenden, ist der Grundstückseigentümer berechtigt, den Gläubiger zu befriedigen (auch durch → Hinterlegung oder → Aufrechnung), sobald die Forderung fällig oder der persönliche Schuldner leistungsberechtigt ist (§ 1142 BGB, sog. *Ablösungsrecht*). Ist der Eigentümer

nicht der persönliche Schuldner, so geht durch die Ablösung die Forderung (und damit die H., s. 6) wie bei der → Bürgschaft auf ihn über (§ 1143 BGB). Auch Dritte (z. B. ein Pächter des Grundstücks) haben unter diesen Voraussetzungen ein → Ablösungsrecht (§ 1150 BGB); Forderung und H. gehen mit der Ablösung auf sie über (§§ 268, 401, 412, 1153 BGB).

5. Die H. kann nur zusammen mit der durch sie gesicherten Forderung *übertragen* werden (§ 1153 BGB). Zur Abtretung der Briefh. ist eine → Abtretung der Forderung in schriftlicher Form und die Übergabe des Hypothekenbriefs erforderlich (also keine Eintragung im Grundbuch), während es bei der Buchh. bei den allgemeinen Vorschriften über → Grundstücksrechte verbleibt (d.h. Einigung und Eintragung im Grundbuch, § 1154 BGB). Die schriftliche Abtretung bei der Briefh. muß auf Verlangen des neuen Gläubigers in öffentlich beglaubigter → Form stattfinden. Dies ist von erheblicher Bedeutung für einen etwaigen gutgläubigen Erwerb. Ergibt sich nämlich das Gläubigerrecht des Besitzers des H.briefs aus einer zusammenhängenden, auf einen im Grundbuch eingetragenen Gläubiger zurückführenden Reihe von öffentlich beglaubigten Abtretungserklärungen, so finden die Vorschriften über den → öffentlichen Glauben des Grundbuchs und den → gutgläubigen Erwerb Erwerb (§§ 891 ff. BGB) in gleicher Weise Anwendung, wie wenn der Besitzer des Briefs bereits im Grundbuch als H.gläubiger eingetragen wäre (§ 1155 BGB). Ein *gutgläubiger Erwerb* einer eingetragenen aber nicht bestehenden H. ist nach den allgemeinen Vorschriften möglich (§ 892 BGB). Besteht nur die gesicherte Forderung nicht oder infolge Tilgung nicht mehr (→ Eigentümerh.), so erlangt ein gutgläubiger Erwerber der H. zwar nicht die (nicht existierende) Forderung, weil das BGB einen gutgläubigen Erwerb einer Forderung nicht kennt; für das Verhältnis zwischen Grundstückseigentümer und neuem Gläubiger wird jedoch fingiert (→ Fiktion), daß der nunmehr forderungsentkleideten H. tatsächlich eine Forderung zugrunde liege (§ 1138 BGB; anders bei der forderungsabhängigen → Sicherungsh.). Die Vorschriften über den gutgläubigen Erwerb gelten schließlich auch für die dem Eigentümer gegenüber dem (neuen) Gläubiger zustehenden Einreden (gutgläubig einredefreier Erwerb, §§ 1137, 1157 BGB).

6. Die H. *erlischt* bei Befriedigung des Gläubigers aus dem Grundstück, d. h. nach Durchführung der Zwangsvollstreckung (§ 1181 BGB), ferner bei Ausfall in der Zwangsversteigerung, d. h. wenn der Erlös nicht zur Befriedigung einer nachrangigen H. ausreicht (§ 52 ZVG). In allen anderen Fällen (mit Ausnahme der rechtsgeschäftlichen Aufhebung, zu der die Zustimmung des Grundstückseigentümers erforderlich ist, § 1183 BGB), z. B. bei freiwilliger Befriedigung des Gläubigers durch den Eigentümer, bei Tilgung der Forderung durch den persönlichen Schuldner, bei → Konsolidation usw. geht die H. nicht unter; sie geht vielmehr mit gleicher Rangstelle regelmäßig auf den Grundstückseigentümer über (→ Eigentümerhypothek, → Eigentümergrundschuld). Hat der persönliche Schuldner, der den H.gläubiger befriedigt, einen Ersatzanspruch gegen den Grundstückseigentümer, so geht zu seiner Sicherung insoweit auch die H. (als Fremdh.) auf ihn über (§ 1164 BGB). Auch bei einseitigem, im Grundbuch eintragungsbedürftigem Verzicht des Gläubigers auf die H. erwirbt diese der Eigentümer (§ 1168 BGB). Im Interesse der Erhaltung des Rangs (→ Rang von Grundstücksrechten) für den Eigentümer ist daher das strenge Akzessorietätsprinzip (Erlöschen des dinglichen Rechts mit der gesicherten Forderung) bei der H. zugunsten der Eigentümerh. aufgegeben.

7. *Gebiet ehem. DDR:* Die bisher (nach §§ 452 ff. ZGB) bestellten, inhaltlich einer → Sicherungshypothek ähnelnden H. gelten nach Art. 233 §§ 3, 6 EGBGB mit ihrem bisherigen Inhalt und Rang (sog. Aufbauhypotheken bis zum 1. 7. 1990 zwingend an erster Rangstelle) fort. Für ihre Übertragung und Aufhebung gelten die o. g. Vorschriften des BGB; eine → Eigentümerhypothek entsteht jedoch nicht. Altrechte aus der Zeit vor dem ZGB richten sich ausschließlich nach BGB.

**Hypothekenbanken** sind privatrechtliche → Kreditinstitute, deren Geschäftsbetrieb darauf gerichtet ist, Grundstücke zu beleihen und auf Grund der erworbenen → Hypotheken Schuldverschreibungen (→ Hypothekenpfandbriefe) auszugeben (§ 1 HypothekenbankG i. d.F. vom 19. 12. 1990, BGBl. I 2898). Sie dürfen nur in der Rechtsform der → Aktiengesellschaft oder Kommanditgesellschaft auf Aktien geführt werden. Sie unterstehen der Aufsicht des Bundesaufsichtsamts für das Kreditwesen (→ Bankenaufsicht), das diese nach den Vorschriften des HypothekenbankG und des KreditwesenG (→ Kreditinstitute) ausübt. Das HypothekenbankG beschränkt in § 5 den Umfang der zulässigen Geschäfte; weitere Vorschriften betreffen Ausgabe und Ausgestaltung der Hypothekenpfandbriefe, Beleihung und Darlehensgewährung sowie Bilanzierung und Geschäftsbericht. Die Hypothekenbeleihung darf die ersten $^{3}/_{5}$ des Grundstückswerts nicht übersteigen (§ 11 II). Die zur Deckung der Hypothekenpfandbriefe verwendeten Hypotheken werden in ein → Hypothekenregister eingetragen. Bei jeder Hypothekenbank wird durch die Aufsichtsbehörde ein Treuhänder bestellt, der darauf zu achten hat, daß die vorschriftsmäßige Deckung der Hypothekenpfandbriefe jederzeit vorhanden ist (§§ 29 ff.). Die Ausgabe von Hypothekenpfandbriefen und Kommunalobligationen öffentl.-rechtl. Realkreditinstitute behandelt das PfandbriefG i. d.F. vom 8. 5. 1963 (BGBl. I 312) m. spät. Änd.

**Hypothekenbrief.** Über die → Hypothek wird regelmäßig ein H. erteilt. Der Brief ist sowohl für den Erwerb dieser sog. *Briefhypothek* durch den Gläubiger, ihre Übertragung, Verpfändung und Pfändung wie auch für ihre Geltendmachung von Bedeutung (ohne Vorlage des Briefs kann der Schuldner widersprechen, §§ 1160, 1161 BGB). Der H. ist eine vom → Grundbuchamt ausgestellte öffentliche Urkunde und ein → Wertpapier; allerdings steht das → Eigentum hieran stets dem Gläubiger der Hypothek zu (§ 952 II BGB). Der H. genießt – anders als das → Grundbuch – keinen → öffentlichen Glauben, kann aber umgekehrt den öffentlichen Glauben des Grundbuchs zerstören (z. B. wenn auf ihm eine Tilgung der Hypothek vermerkt ist, § 1140 BGB). Der H. kann jedoch die Grundlage eines gutgläubigen Erwerbs der Hypothek (s. dort 5) sein (§ 1155 BGB). Bei Verlust kann der H. für kraftlos erklärt werden (→ Aufgebotsverfahren, § 1162 BGB).

**Hypothekengewinnabgabe** → Lastenausgleich.

**Hypothekenpfandbriefe** sind → Inhaberschuldverschreibungen, die → Hypothekenbanken im Rahmen des von ihnen betriebenen Pfandbriefgeschäfts zur Finanzierung der von ihnen ausgereichten Hypothekendarlehen ausgeben.

**Hypothekenregister.** In das H. haben die → Hypothekenbanken die zur Deckung der von ihnen ausgegebenen → Hypothekenpfandbriefe dienenden Hypotheken einzeln einzutragen. Es wird von dem Treuhänder der Hypothekenbank überwacht (§ 22 HypothekenbankG).

**Hypothekenübernahme.** Oftmals wird bei einem → Grundstückskaufvertrag in Anrechnung auf den Kaufpreis eine hypothekarisch gesicherte Schuld übernommen. Diese H. ist eine *Schuldübernahme;* deren allgemeine Regeln gelten auch hier. Daneben sieht § 416 BGB eine erleichterte Form für die H. vor: Ist der Erwerber des Grundstücks (neuer Schuldner) als Eigentümer im Grundbuch eingetragen worden und teilt er – nicht der bisherige Schuldner – die H. dem Gläubiger schriftlich mit dem Hinweis mit, daß er an Stelle des bisherigen Schuldners trete, wenn die Genehmigung nicht binnen 6 Mon. verweigert werde, so gilt die Genehmigung des Gläubigers als erteilt (→ Fiktion), wenn der Gläubiger sie nicht vorher ausdrücklich verweigert, also auch bei Schweigen.

**Hypothetische Schadensentwicklung** → Schadensersatz (1 a).

# I

**IAEA** (= International Atomic Energy Agency) ist die Internationale Atomenergiebehörde der → Vereinten Nationen; s. a. → Atomwaffensperrvertrag.

**IBRD** (International Bank for Reconstruction and Development) → Weltbank; Vereinte Nationen.

**ICAO** (= International Civil Aviation Organization) ist die internationale Zivilluftfahrtsorganisation der → Vereinten Nationen.

**Idealkonkurrenz** (Tateinheit) → Konkurrenz von Straftaten.

**Idealverein** → Verein (1).

**Ideeller Schaden** → Schaden.

**Identifikationsnummer** → Binnenmarkt, Umsatzsteuer 2 f.

**Identische Norm.** Nach dem Grundsatz der i. N. sind im → internationalen Recht bestimmte Rechtsfolgen davon abhängig, daß die im Einzelfall maßgeblichen Rechtsvorschriften in den beteiligten Staaten übereinstimmen. Das gilt z. B. für die → Auslieferung strafrechtlich Verfolgter; ferner nach deutschem Strafrecht für die Strafbarkeit einer im Ausland gegen einen Deutschen begangenen Tat (s. → Geltungsbereich des Strafrechts, 5).

**Identitätsfeststellung.** 1. Die → Polizei in ihrer Präventivfunktion kann nach Landesrecht unter gesetzl. bestimmten Voraussetzungen die Identität einer Person feststellen und sie zur Dienststelle bringen und vorübergehend festhalten, wenn die I. an Ort und Stelle nicht möglich ist oder der Verdacht unrichtiger Angaben besteht (vgl. z. B. Art. 12, 13 bayer. PolizeiaufgabenG i. d. F. vom 14. 9. 1990, GVBl. 397 m. Änd.). Die I. ist auch möglich bei einer nach § 111 StPO eingerichteten → Kontrollstelle. Ferner sind teilweise verdachtsunabhängige Kontrollen im Grenzgebiet bis zu einer Tiefe von 30 km, an Durchgangsstraßen und Flughäfen zugelassen (Art. 13 I Nr. 5 bayer. PolizeiaufgabenG).

2. Im Strafverfahren (auch → Ermittlungsverfahren) können Polizei und StA die zur I. des Beschuldigten erforderlichen Maßnahmen treffen. Vorher ist ihm zu eröffnen, welche Straftat ihm zur Last gelegt wird. Notfalls kann er festgehalten werden; auch sind Durchsuchung seiner Person und der mitgeführten Sachen sowie erkennungsdienstliche Maßnahmen zulässig. Gegen andere Personen dürfen die Maßnahmen zur I. nur eingeschränkt angewendet werden, gegen ihren Willen jedoch nicht Durchsuchungen und erkennungsdienstliche Maßnahmen (§ 163 b StPO). Über die Zulässigkeit der Festhaltung, die 12 Std. nicht überschreiten darf, ist eine Entscheidung des Richters beim Amtsgericht herbeizuführen; der Festgehaltene kann verlangen, daß ein Angehöriger oder eine Person seines Vertrauens benachrichtigt wird (§ 163 c StPO). Für die Benachrichtigung der Angehörigen gilt ähnliches wie bei der → Festnahme (2).

3. Der → Bundesgrenzschutz hat die Befugnis zur I., soweit er Straftaten verfolgt, wie die Polizei und im übrigen nach § 23 BGSG.

**Illegale Schriften.** Das Herstellen, Vervielfältigen, Vorrätighalten oder Verbreiten von → Schriften und anderen Darstellungen, die sich gegen den Bestand oder gegen gestimmte → Verfassungsgrundsätze der BRep. richten, kann als Hochverrat oder Rechtsstaatsgefährdung strafbar sein. Das vorsätzliche Herstellen von S., die einen gewaltsamen Umsturz anstreben, wird als Unternehmen des *Hochverrats* oder Vorbereitung hierzu nach §§ 81 ff. StGB verfolgt. Fördert der Inhalt der i. S. usw. Bestrebungen, die sich ohne das Mittel der Gewaltandrohung, also insbes. durch Propaganda für eine verbotene Partei oder Vereinigung, gegen die freiheitliche demokratische Grundordnung oder gegen die Völkerverständigung richten, so ist das Herstellen, Einführen, Ausführen, Vorrätighalten, Verbreiten oder öffentliches Zugänglichmachen in Datenspeichern als

→ Rechtsstaatsgefährdung zu bestrafen (§ 86 StGB).

Zwecks Vorbereitung der → Beschlagnahme eingeführter i. S. sind Zollbeamte nach § 2 Ges. zur Überwachung strafrechtlicher und anderer Verbringungsverbote vom 24. 5. 1961 (BGBl. I 607) berechtigt, eine Überprüfung eingebrachter Gegenstände vorzunehmen, wenn sich tatsächliche Anhaltspunkte für den Verdacht strafbarer Einfuhr ergeben.

S. a. → jugendgefährdende Schriften und Medieninhalte, → pornographische Schriften.

**Illegale Staatsgeheimnisse** → Landesverrat, → Staatsgeheimnis.

**„Im Zweifel".** Sieht das Gesetz vor, daß „im Zweifel" eine bestimmte Rechtsfolge eintreten soll, so stellt es eine (widerlegbare) Auslegungsregel auf; falls von den Beteiligten nichts anderes vereinbart oder nach den Umständen keine andere Auslegung begründet ist, gilt die im Gesetz vorgesehene Rechtsfolge. Solche Auslegungsregeln, die besonders im → Erbrecht sehr häufig sind (→ Auslegung von Verfügungen von Todes wegen), gehen bloßen gesetzlichen Ergänzungsvorschriften vor, die lediglich eingreifen, wenn ein Wille der Beteiligten nicht zu ermitteln ist.

**Im Zweifel für den Angeklagten** → in dubio pro reo.

**Immanente Schranken.** → Grundrechte ohne → Gesetzesvorbehalt sind nicht schlechthin jeder Beschränkung entzogen. Jedes Grundrecht findet vielmehr seine Grenze an anderen durch das Grundgesetz geschützten Rechten und Verfassungsgrundsätzen. So begrenzen z. B. die Unantastbarkeit der Würde des Menschen (Art. 1 I GG) und das Recht auf Leben (Art. 2 II GG) das Grundrecht der Glaubensfreiheit (Art. 4 I GG). Sollte also z. B. der Kult einer Glaubensgemeinschaft Tempelprostitution oder Menschenopfer vorsehen, so wäre dies durch Art. 4 I GG nicht geschützt. Die i. S. sind durch Auslegung zu ermitteln; sie sind oft Gegenstand der Ausgestaltung des Grundrechts durch den Gesetzgeber.

**Immaterialgüterrechte** sind → subjektive Rechte, die an unkörperlichen Gütern bestehen und einen selbständigen Vermögenswert haben. Der wichtigste Fall dieser Verwertungsrechte an geistigen Gütern ist das → Urheberrecht.

**Immaterielle Wirtschaftsgüter.** Selbstgeschaffene nicht körperliche Anlagegüter, z. B. Patente, Schutzrechte, Geschäftswert, dürfen in der Handels- und Steuerbilanz nicht aktiviert werden (§ 248 II HGB, § 5 II EStG). Falls entgeltlich erworben oder ins Betriebsvermögen eingelegt, müssen sie aktiviert und auf die betriebsgewöhnliche Nutzungsdauer abgeschrieben werden. Der entgeltlich erworbene → Geschäftswert ist in der Steuerbilanz aktivierungspflichtig und in 15 Jahren linear abzuschreiben. In der Handelsbilanz besteht ein Aktivierungswahlrecht.

**Immaterieller Schaden** → Schaden.

**Immatrikulation** → Studenten.

**immediat** (lat.) = unmittelbar; früher häufig z. B. für reichsunmittelbare → Stände verwendeter Begriff, heute gelegentlich noch im Zusammenhang mit Gesuchen, die nicht an die zunächst zuständige, sondern unmittelbar an die oberste Behörde gerichtet werden (Immediatgesuche).

**Immissionen** sind Einwirkungen unkörperlicher Art (z. B. die Zuführung von Gasen, Dämpfen, Gerüchen, Rauch, Ruß, Wärme, Geräuschen, Erschütterungen, Licht, Funken, nicht aber von Steinen oder Wasser) von einem → Grundstück auf das andere. Die I. beschränken privatrechtlich das → Eigentum am Grundstück; der Eigentümer des beeinträchtigten Grundstücks hat sie jedoch zu dulden, wenn hierdurch die Benutzung seines Grundstücks nicht oder nur unwesentlich beeinträchtigt wird oder wenn zwar eine wesentliche Beeinträchtigung vorliegt, diese aber ortsüblich ist (z. B. Lichteinwirkung durch Straßenbeleuchtung, Fabrikrauch in Industrieorten) und nicht durch Maßnahmen verhindert werden kann, die Benutzern dieser Art wirtschaftlich zumutbar sind (z. B. Abgasentgiftungsanlage); im letzteren Fall kann der Grundstückseigentümer angemessenen Ausgleich in Geld verlangen, wenn die Einwirkung das Grundstück mehr als zumutbar beeinträchtigt (§ 906 BGB; → Aufopferungsanspruch). Eine nur unwesentliche Beeinträchtigung liegt i. d. R. vor, wenn die nach dem öffentlich-rechtlichen Immissionsschutz (s. im folg.) ermittelten Grenzwerte nicht überschritten werden.

Andere I., insbes. Zuführungen durch eine besondere Leitung, sind grundsätzl. unzulässig; ihnen kann mit dem Abwehranspruch gegen → Eigentumsstörungen begegnet werden. Einschränkend hierzu kann bei einer Anlage, die nach den Vorschriften des Bundes-ImmissionsschutzGes. i. d. F. vom 14. 5. 1990 (BGBl. I 880) nebst DVOen (insbes. vom 24. 7. 1985, BGBl. I 1586, betr. *genehmigungsbedürftige Anlagen*) und ergänzenden landesrechtlichen Bestimmungen unanfechtbar genehmigt worden ist (→ Immissionsschutz, öffentl.-rechtlicher), niemals die Einstellung des Betriebs verlangt werden; es besteht nur ein Anspruch auf Durchführung zumutbarer Abwehrmaßnahmen. Soweit solche Vorkehrungen nach dem Stand der Technik nicht durchführbar oder wirtschaftlich nicht vertretbar sind, kann lediglich → Schadensersatz (auch ohne Verschulden, → Aufopferungsanspruch) verlangt werden (§ 14 BImSchG; entspr. § 7 AtomG, § 11 LuftVG). Entsprechendes gilt für lebenswichtige öffentliche Betriebe (z. B. Eisenbahn, Energieversorgungsbetriebe). Bei *Industrie-Immissionen* trifft – wie bei der → Produkthaftung – den Betreiber die → Beweislast, daß er alle ihm zumutbaren Vorkehrungen getroffen hat, um eine Schädigung zu verhindern (BGH NJW 1985, 47).

Soweit demnach I. nicht zu dulden sind, kann der Grundstückseigentümer vorbeugend verlangen, daß gefahrdrohende Anlagen nicht errichtet werden (§ 907 BGB), daß bei der Gefahr des Einsturzes oder der Ablösung von Teilen eines Nachbargebäudes die entsprechenden Vorkehrungen getroffen werden (§ 908 BGB) und daß ein Grundstück, z. B. bei Ausschachtungsarbeiten, nicht unzulässig vertieft wird, so daß das Nachbargrundstück die erforderliche Stütze verliert (§ 909 BGB); bei einer unzulässigen Grundstücksvertiefung ist Schadensersatz aus → unerlaubter Handlung zu leisten. → Nachbarrecht, → Luftreinhaltung u. im folg.

**Immissionsschutz, öffentlich-rechtlicher.** Den Schutz vor schädlichen Umwelteinwirkungen durch Luftverunreinigung, Geräusche, Erschütterungen u. ä. (I) regelt das Bundes-Immissionsschutzgesetz – BImSchG – i. d. F. vom 14. 5. 1990 (BGBl. I 880), zuletzt geändert durch Ges. vom 9. 10. 1996 (BGBl. I 1498). Zweck des Gesetzes ist es, Menschen, Tiere und Pflanzen, die natürliche Umwelt sowie Kultur- und Sachgüter vor schädlichen Umwelteinwirkungen zu schützen und ihnen vorzubeugen, ferner – soweit es sich um genehmigungsbedürftige Anlagen handelt, vor Gefahren Nachteilen und Belästigungen zu schützen (§ 1). *Zweck* des Gesetzes ist es, den Menschen und seine Umwelt vor schädlichen Einwirkungen und Gefahren, aber auch vor Belästigungen und Nachteilen zu schützen und dem Entstehen von Umweltschäden vorzubeugen (§ 1).

*Schädlich* in diesem Sinne sind nach § 3 Auswirkungen, die nach Art, Ausmaß oder Dauer geeignet sind, Gefahren, erhebliche Nachteile oder erhebliche Belästigungen für die Allgemeinheit oder für die Nachbarschaft herbeizuführen. Das Ges. enthält im Bereich des *Rechts der Anlagen* überwiegend unmittelbar vollziehbare Vorschriften, die das bisherige Recht für gewerbliche Anlagen ablösen. Die übrigen Regelungsbereiche sind zum großen Teil als Verordnungsermächtigungen ausgestaltet. Im einzelnen befaßt sich das Ges. mit der Genehmigung und Überwachung von Anlagen (1) einschl. Raumplanung und → Immissionsschutzbeauftragter für größere Anlagen, ferner mit Vorschriften über die Beschaffenheit von Produkten (2) und den Straßenbau (3).

1. *Anlagen* sind nach § 3 V Betriebsstätten und sonstige ortsfeste Einrichtungen. Das Ges. unterscheidet *genehmigungsbedürftige Anlagen* (1 a) und die Anforderungen an den Betrieb *nicht genehmigungsbedürftiger Anlagen* (1 b). a) Welche Anlagen im einzelnen genehmigungsbedürftig sind, regelt eine VO i. d. F. vom 14. 3. 1997 (BGBl. I 304), die den Kreis der betroffenen Anlagen wesentlich erweitert. Das BImSchG erfaßt als genehmigungsbedürftige Anlagen solche, die in besonders hohem Maße geeignet sind, schädliche Umwelteinwirkungen hervorzurufen, oder

die sonst besonders nachteilig oder lästig sind. Die Anlagen müssen so errichtet werden, daß Umweltschädigungen möglichst vermieden werden; für die ordnungsgemäße Beseitigung der Abfälle muß gesorgt sein (§ 5). Für die Anforderungen im einzelnen sind Verwaltungsvorschriften *(„technische Anleitungen“)* sowie technische Normen von Bedeutung. Genehmigungsformen sind die uneingeschränkte Genehmigung *(Vollgenehmigung)*, ferner die *Teilgenehmigung* (vorläufige Genehmigung aufgrund kursorischer Überprüfung – § 8) sowie der *Vorbescheid,* mit dem die Behörde sich verbindlich zu den Genehmigungsaussichten für eine Anlage äußert (§ 9). Unter besonderen Voraussetzungen ist ein vorzeitiger Beginn der Errichtung einer Anlage möglich (§ 8 a). Die Grundsätze des Genehmigungsverfahrens regelt die VO vom 29. 5. 1992 (BGBl. I 1001), zuletzt geändert durch Ges. vom 9. 10. 1996 (BGBl. I 1498), so vor allem Form und Inhalt des Genehmigungsantrags sowie die erforderlichen Unterlagen (§§ 3–5) und die Beteiligung der Betroffenen durch Bekanntmachung, Akteneinsicht und öffentliche Verhandlung über rechtzeitige Einwendungen (§§ 8 bis 19). Die Planungen müssen veröffentlicht werden, Einwendungen können befristet von jedermann erhoben werden, spätere Einwendungen sind nicht zulässig. Die Genehmigung ist zu erteilen, wenn sichergestellt ist, daß die Anlage den Zwecken des Ges. gerecht wird. Der innerbetrieblichen Überwachung und Wahrung der Belange des Umweltschutzes dient bei genehmigungsbedürftigen Anlagen die Einrichtung des → Immissionsschutzbeauftragten, mit Schwerpunkt bei der Anlagensicherheit auch die der → Störfallbeauftragten. b) Wer gewerblich oder nichtgewerblich andere *lästige Anlagen* betreibt, hat nach § 22 diese so zu errichten und zu betreiben, daß vermeidbare Umweltschädigungen verhindert werden und unvermeidbare auf ein Mindestmaß beschränkt werden; er hat ferner für die ordnungsgemäße Beseitigung der → Abfälle zu sorgen (Vollzugsregelung durch RechtsVO). c) Durch die Genehmigung oder auch durch Untätigkeit der Behörden können die Nachbarn in → subjektiven öffentlichen Rechten verletzt sein. d) Die Durchsetzung der Immissionsschutzverpflichtungen gewährleisten geeignete Anordnungen der ermächtigten Behörden, die auch nach Genehmigung ergehen können. Vorsorgemaßnahmen sowie die Überwachung von *Störfällen* (Meldepflichten u. a.) regelt die StörfallVO i. d. F. vom 20. 9. 1991 (BGBl. I 1891).

2. Im 3. und 4. Teil des Gesetzes werden der BReg. im wesentlichen Ermächtigungen erteilt, durch RechtsVO die Beschaffenheit von Anlagen (§§ 23, 33), Brennstoffen und Treibstoffen (§ 34, BenzinbleiG und BenzinQualitätsVO vom 27. 6. 1988, BGBl. I 969), Stoffen und Erzeugnissen (§ 35) sowie Fahrzeugen (§ 38) festzulegen und Schallschutzmaßnahmen anzuordnen (§ 43); vgl. hierzu die VO über Schallschutzmaßnahmen an Verkehrswegen vom 4. 2. 1997, BGBl. I 172) ber. 16. 5. 1997 (BGBl. I 1253). Dadurch soll eine *vorbeugende Kontrolle auf Umweltschädlichkeit* gewährleistet werden.

3. Für das Gebiet der ehem. DDR gilt die Überleitungsregelung des § 67 a BImSchG. Danach gilt für Altanlagen lediglich eine Anzeigepflicht (I), außerdem gelten Erleichterungen bei den Grenzwerten (II) und für Übergangsfristen (III).

4. Auch die Vorschriften über den Straßenbau enthalten im wesentlichen Verordnungsermächtigungen, durch die eine umweltfreundliche Straßenplanung erreicht werden soll. S. a. → Luftreinhaltung, → Emissionskataster, → Reinhaltung der Gewässer, → Lärmbekämpfung, → Verkehrslärm.

**Immissionsschutzbeauftragter.** Wer eine *genehmigungsbedürftige Anlage* (→ Immissionsschutz, 1) betreibt, hat durch schriftliche Verfügung einen fachkundigen und zuverlässigen Betriebsbeauftragten für den Immissionsschutz zu bestellen, falls dies bei der Größe der Anlage erforderlich ist. Die Rechtsnatur der Bestellung (→ Verwaltungsakt oder privatrechtlicher betrieblicher Organisationsakt) ist str., ebenso die Rechtsstellung des I. (privatrechtlich oder öffentlich-rechtlich). Der I. ist der zuständigen Behörde zu benennen. Seine Stellung ist gesetzlich so ausgestaltet, daß er die Interessen des → Umweltschutzes weitgehend selbständig wahrnehmen kann. Bei Investitionsentscheidungen ist seine Stellungnahme einzuholen (§ 56 BImSchG), Bedenken kann er unmittelbar der Geschäftsleitung vortragen (§ 57). Er ist zu jährlicher Berichterstattung verpflichtet. Die Anforderungen an Fachkunde und Zuverlässigkeit von I. und Störfallbeauftragten regelt die VO vom 30. 7. 1993 (BGBl. I 1433); s. a. → Störfallbeauftragter.

**Immissionswerte** sind Meß- und Grenzwerte, die – im Gegensatz zu Werten für → Emissionen – auf den Eintrag schädlicher Stoffe auf Menschen, Pflanzen oder Grundstücke abstellen; zu den Regelungen s. bei → Luftreinhaltung, → Lärmbekämpfung, → Immissionsschutz, öffentlichrechtlicher.

**Immobiliarpfandrechte** = → Grundpfandrechte.

**Immobiliarzwangsvollstreckung** ist die Zwangsvollstreckung in das unbewegliche Vermögen, nämlich in → Grundstücke, → grundstücksgleiche Rechte und → Schiffe (§ 864 ZPO). Der I. unterliegen auch die beweglichen Sachen und Rechte, auf die sich die → Hypothek erstreckt, z. B. Bodenfrüchte und Zubehör, soweit sie im Eigentum des Grundstückseigentümers stehen, Miet- und Pachtzinsen (§ 865 ZPO). Die I. erfolgt durch Eintragung einer → Zwangshypothek, durch → Zwangsversteigerung oder durch → Zwangsverwaltung.

**Immobilien** sind alle nicht beweglichen → Sachen, also → Grundstücke und deren → Bestandteile.

**Immobilienfonds.** Ein I. wird zur Durchführung eines bestimmten Immobilienvorhabens meist in Form einer KG (Immobilien-KG), häufig unter der Initiative einer Bank oder einer Versicherung, gegründet, um das in bestimmter Höhe erforderliche Eigenkapital zu sammeln (geschlossener Immobilienfonds, z. B. Bau eines Einkaufszentrums, einer Hotelanlage o. ä.). Zweck des I. ist nach der Bauphase die Vermietung/Verpachtung des Objekts. Die KG ist im Handelsregister eingetragen, gilt aber mangels Betrieb eines Handelsgewerbes als Gesellschaft des bürgerlichen Rechts (§§ 705 ff. BGB, sog. Schein-KG), außer sie wird als gewerblich geprägte Personengesellschaft geführt (→ Personengesellschaften, → Verlustzuweisungsgesellschaft). Steuerlich erzielt der geschlossene I. durch seine Gesellschafter Einkünfte aus Vermietung und Verpachtung. Die Einkünfte werden mittels Feststellungsverfahrens auf die einzelnen Gesellschafter verteilt (→ Besteuerungsverfahren). Hohe Anfangsverluste aufgrund → Sonderabschreibungen, fondsbedingter Aufwendungen (BMF BStBl. I 1990, 366, 1992, 585, und 1995, 167) und aufgrund Schuldzinsen durch Fremdfinanzierung des Eigenkapital-Anteils des einzelnen Beteiligten machen die Beteiligung an einem geschlossenen I. steuerlich interessant, weil die zugewiesenen Verluste mit anderen positiven Einkünften des Anteilseigners saldiert werden können (→ Verlustausgleich), so daß ein Teil der Investition durch Steuerersparnis finanziert wird. Steuerlich werden die Verluste nur anerkannt, wenn sowohl der I. als auch der einzelne Anleger mit Einkunftserzielungsabsicht handelt (→ Liebhaberei). Die Veräußerung des Anteils nach Ablauf der Verlustphase kann steuerschädlich sein. Auch der Erwerb eines Anteils an einem I. mit Rückkaufgarantie ist Indiz gegen die Einkunftserzielungsabsicht (BFH BStBl. II 1995, 165).
Offener Immobilienfonds → Kapitalanlagegesellschaft.

**Immobilien-KG** → Immobilienfonds.

**Immobilienmakler** → Makler, → Maklervertrag, → Wohnungsvermittlung.

**Immunität.** 1. Parlamentarische I. ist die Beschränkung der Strafverfolgung gegenüber → Abgeordneten. Ein Abgeordneter darf wegen einer mit Strafe bedrohten Handlung nur mit Genehmigung des → Parlaments, dem er angehört, zur Verantwortung gezogen oder verhaftet werden, es sei denn, daß er bei Begehung der Tat oder im Laufe des folgenden Tages festgenommen wird. Jedes Strafverfahren, jede Haft und jede sonstige Beschränkung der persönlichen Freiheit eines Abgeordneten sind auf Verlangen des Parlaments auszusetzen (vgl. Art. 46 GG; ähnliche Bestimmungen finden sich in den Verfassungen der

Länder). Die I. soll die Funktionsfähigkeit des Parlaments schützen; sie ist ein Vorrecht des Parlaments, nicht des Abgeordneten, daher für ihn unverzichtbar; sie begründet ein → Prozeßhindernis für strafrechtliche Verfahren. Sie endet mit dem Mandat. Bei → Ordnungswidrigkeiten besteht keine I. (für Bad.-Württbg. und Berlin vgl. Göhler, OWiG, 6. Aufl., Rn. 42 vor § 59). Von der I. ist die → Indemnität zu unterscheiden.

2. Zur I. der völkerrechtlichen Vertreter → Diplomat, → diplomatische Vorrechte, → Konsul.

**Immutabilitätsprinzip.** Nach Eröffnung des Hauptverfahrens im Strafprozeß → Eröffnungsverfahren darf der StA die Klage nicht mehr zurücknehmen (§ 156 StPO; Ausnahmen für Auslands- oder Staatsschutzdelikte nach §§ 153c III, 153d II StPO). Mit der Eröffnung ist die Sache bei Gericht rechtshängig geworden; der StA hat die Dispositionsbefugnis über die öffentliche Klage grundsätzl. verloren, kann diese insbes. nicht mehr abwandeln (mutieren).

**Imperatives Mandat** → Mandat des Abgeordneten.

**Impfschäden** sind Gesundheitschäden, die infolge einer Impfung eintreten und über das übliche Ausmaß einer Impfreaktion hinausgehen. Wer einen solchen Schaden durch eine gesetzlich vorgeschriebene oder auf Grund des BundesseuchenG angeordnete (→ Impfzwang) oder eine von einer Gesundheitsbehörde öffentlich empfohlene Schutzimpfung erleidet, hat Anspruch auf Entschädigungsleistungen in entsprechender Anwendung des → Bundesversorgungsgesetzes (§§ 51 ff. des BundesseuchenG i. d. F. vom 18. 12. 1979, BGBl. I 2262 m. spät. Änd.; § 8 des – inzwischen aufgehobenen – Ges. über die Pockenschutzimpfung vom 18. 5. 1976, BGBl. I 1216). Zuständig sind die → Versorgungsämter. S. a. → Aufopferungsanspruch.

**Impfzwang** gegen Pocken bestand nach § 1 des PockenschutzimpfG vom 18. 5. 1976 (BGBl. I 1216) nur noch in sehr eingeschränktem Maße. Dieses Gesetz ist nunmehr aufgehoben (Ges. vom 24. 11. 1982, BGBl. I 1529), so daß kein I. mehr besteht. Das BundesseuchenG (→ Impfschäden) sieht in §§ 14 ff. als Maßnahmen zur Verhütung → übertragbarer Krankheiten öffentliche unentgeltliche Schutzimpfungen vor, jedoch auf freiwilliger Basis. Allerdings kann der BMin. für das Gesundheitswesen (ersatzweise auch die LdReg.) durch RechtsVO (zwangsweise) Schutzimpfungen gegen Pocken, Cholera, Typhus und Diphtherie für bedrohte Teile der Bevölkerung anordnen, wenn eine dieser Krankheiten in bösartiger Form auftritt und mit epidemischer Verbreitung zu rechnen ist. Über Entschädigungsleistungen → Impfschäden.

**Import** → Einfuhr.

**Impressum** ist die Benennung des Druckers und Verlegers nach Name (oder → Firma) und Anschrift bei einem veröffentlichten Druckwerk. Das I. ist in den PresseG (→ Presserecht, → Pressedelikte) für alle erscheinenden Druckwerke vorgeschrieben; ausgenommen sind solche, die ausschließlich Zwecken des Verkehrs oder Gewerbes oder des häuslichen oder geselligen Lebens dienen (z. B. Formulare, Preislisten, Besuchskarten), sowie Stimmzettel für Wahlen. Beim Selbstverlag muß der Verfasser oder Herausgeber benannt werden. In Zeitungen und Zeitschriften müssen auf jeder Nummer zudem Name und Anschrift sowie das Sachgebiet des verantwortlichen Redakteurs enthalten sein.

**imprimatur** (es möge gedruckt werden) wird die Druckerlaubnis genannt, die der Verfasser eines Schriftwerkes nach Durchsicht des Schriftsatzes gibt; der Begriff entstammt dem kath. → Kirchenrecht (Publikationserlaubnis des Bischofs).

**in dubio pro reo** (im Zweifel für den Angeklagten) ist ein ungeschriebener Rechtssatz, der vor allem im Strafprozeßrecht gilt, sich aber auch auf das materielle Strafrecht auswirkt. Gewinnt der Richter bei der freien Beweiswürdigung (§ 261 StPO; → Beweis) nicht die volle Überzeugung von der Schuld des Angekl., darf er ihn nicht verurteilen.

Wenn ein Tatvorgang nur deshalb zweifelhaft bleibt, weil 2 Verhaltensweisen möglich sind, ist eine Verurteilung in folgenden Fällen möglich:

Besteht zwischen diesen Verhaltensweisen ein *Stufenverhältnis* i. S. eines Mehr oder Weniger, so ist nach dem Grundsatz i. d. p. r. nach dem milderen Gesetz zu bestrafen. Ein begrifflich-logisches Stufenverhältnis wird bejaht zwischen feststehendem Grundtatbestand und nicht nachgewiesener qualifizierter Straftat, ein normativ-ethisches zwischen Versuch und Vollendung, Beihilfe und Täterschaft, Fahrlässigkeit und Vorsatz (a. A. hier Auffangtatbestand), Rauschtat und → Vollrausch (s. BGHSt. 32, 48); i. e. str.

Liegt eine Postpendenz oder Präpendenz (→ Wahlfeststellung) vor, erfolgt eine eindeutige Verurteilung.

Ist eine → Wahlfeststellung möglich, kommt es zu einer mehrdeutigen Verurteilung.

Bei *verfahrensrechtlich* erheblichen Tatsachen, die im → Freibeweisverfahren festzustellen sind, gilt der Grundsatz i. d. p. r. nicht einheitlich. Er ist anwendbar z. B. in der Frage der → Strafverfolgungsverjährung, wenn die Tatzeit nicht feststeht, oder bei Zweifeln an der Rechtzeitigkeit des → Strafantrags; anders bei Unklarheit, ob ein → Zeugnisverweigerungsrecht besteht oder ein Verfahrensverstoß vorliegt.

**in fraudem legis** = unter Umgehung des Gesetzes.

**Inbrandsetzen** → Brandstiftung, → Waldbrandschutz/Waldbrandstiftung.

**Incentivereise** → Einnahmen.

**Incoterms** (International Commercial Terms i. d. F. vom 1. 7. 1990; Text bei Baumbach-Hopt HGB Anhang 6) ist eine von der Internationalen Handelskammer aufgestellte Liste von → Handelsklauseln und der sich daraus ergebenden Pflichten für Käufer und Verkäufer. Die I. gelten nur, wenn die Vertragspartner darauf Bezug genommen haben. Sie enthalten u. a. folgende Handelsklauseln: „Ab Werk", „Ab Fabrik" usw.; „Frei (franko) Waggon ... (Abgangsort)"; „F.A.S. ... (Verschiffungshafen)"; „F.O.B. (→ fob) ... (Verschiffungshafen)"; „C & F ... (Bestimmungshafen)"; „C.I.F. (→ cif) ... (Bestimmungshafen)"; „Frachtfrei ... (Bestimmungsort)"; „Ab Schiff ... (Bestimmungshafen)"; „Ab Kai ... (Hafen)" sowie die Möglichkeit elektronischer Dokumentenübermittlung.

**Indemnität** bedeutet *strafrechtliche* Verantwortungsfreiheit (Straflosigkeit), ist also ein Begriff des *materiellen* Strafrechts im Unterschied zur → Immunität, die ein → Prozeßhindernis begründet. Nach Art. 46 I GG, § 36 StGB dürfen Bundestags- und Landtagsabgeordnete wegen ihrer Abstimmung oder wegen einer Äußerung, die sie im Plenum oder in einem Ausschuß des Parlaments getan haben, zu keiner Zeit – also auch nicht nach Ablauf ihres Mandats – zur Verantwortung gezogen werden; ausgenommen sind Verleumdungen (§ 187 StGB). Die I. kommt als persönlicher → Strafausschließungsgrund nur dem Abgeordneten, nicht einem an der Straftat beteiligten Nichtparlamentarier zugute. Nach Art. 42 III GG, § 37 StGB besteht ferner I. für inhaltlich – wenn auch nicht wörtlich – *wahrheitsgetreue Berichte* über die *öffentlichen* Sitzungen des Bundestags und der Landtage sowie ihrer Ausschüsse; die I. ist hier → Rechtfertigungsgrund, wirkt also auch zugunsten eines Tatteilnehmers. Nach h. M. steht die I. auch einer *zivilrechtlichen* Inanspruchnahme des Abgeordneten entgegen.

**Index librorum prohibitorum** war das Verzeichnis der Bücher, welche die → kath. Kirche. ihren Angehörigen zu lesen, übersetzen, überlassen und aufzubewahren verboten hat. Die Regelungen des → CIC von 1917 über die Bücherzensur lassen sich bis ins 15. Jahrhundert zurückverfolgen. Durch Dekret der Glaubenskongregation vom 15. 11. 1966 wurden die gesetzlichen Bücherverbote abgeschafft und die Strafen, die auf Grund dieser Verbote eingetreten waren, aufgehoben. Durch ein Dekret derselben Kongregation vom 19. 3. 1975 wurde auch die *Vorzensur* der Bücher mit theologischem Inhalt grundlegend geändert. Nach der Regelung des CIC von 1983 sind die → Bischöfe berechtigt, alle Schriften, die von Christen herausgegeben werden und Glaube und Sitte betreffen, ihrem Urteil zu unterziehen und solche, die zum Schaden des rechten Glaubens und der Sittlichkeit gereichen, zu verwerfen. Die → Bischofskonferenz kann eine Liste als Zensoren geeigneter Personen zusammenstellen, die den → Diözesen zur Verfügung stehen. Bücher der Heiligen Schrift dürfen nicht ohne Approbation des → Apostolischen Stuhls oder der → Bischofskonferenz herausgegeben werden. Die Herausgabe liturgischer Bücher ist dem Apostolischen Stuhl vorbehalten. Die Veröffentlichung von Gebetsbüchern bedarf der Genehmigung, die Herausgabe von Katechismen der Approbation des zuständigen Bischofs.

**Indexierung, Indexklausel** (bei Forderungen) → Währungsklausel, → Geldschuld (2).

**Indigenat** (lat. indigena = eingeboren) ist eine früher gebräuchliche Bezeichnung für die Angehörigkeit einer Person zu einem bestimmten Gemeinwesen (Gemeinde, Staat), insbes. aber auch für die aus dieser Zugehörigkeit entspringenden Rechte. Nach Art. 3 der Reichsverfassung von 1871 bestand für ganz Deutschland ein „gemeinsames Indigenat" mit der Wirkung, daß die Angehörigen eines jeden Bundesstaates in jedem anderen Bundesstaate als Inländer zu behandeln und demgemäß zum festen Wohnsitz, zum Gewerbebetrieb, zu öffentlichen Ämtern, zum Grundstückserwerb und zum Genuß aller sonstigen bürgerlichen Rechte wie Einheimische zuzulassen waren und den gleichen Rechtsschutz genossen. Der Grundgedanke dieses I. ist heute in Art. 33 I GG enthalten, wonach jeder Deutsche in jedem Lande der BRep. die gleichen staatsbürgerlichen Rechte und Pflichten hat.

**Indikation** bedeutet, daß eine ärztliche Maßnahme angezeigt ist (indicare = anzeigen); über medizinische, soziale usw. I. → Schwangerschaftsabbruch, → Unfruchtbarmachung.

**Indirekte Stellvertretung** → mittelbare Stellvertretung.

**Indirekte Steuern** → direkte Steuern.

**Individualarbeitsrecht** → Arbeitsrecht.

**Individualisierung** einer Gattungsschuld → Gattungsschuld.

**Individualschutzgesetz** → unerlaubte Handlung (2 b).

**Indizienbeweis.** Beim Indizien- oder Anzeichenbeweis wird aus einer mittelbar bedeutsamen auf eine andere, für die richterliche Entscheidung erhebliche Tatsache geschlossen (z. B. aus Fingerabdrücken an der Tatwaffe auf deren Benutzung durch den Angeklagten). Indizien sind im Urteil anzugeben, wenn die richterliche Entscheidung auf sie gestützt wird (§ 267 I 2 StPO).

**Indossament** (Giro) ist eine rechtsgeschäftliche Erklärung, durch die der *Indossant* bei → Orderpapieren die Rechte aus dem Papier auf den *Indossatar* überträgt (Art. 11 WG, Art. 14 SchG, § 363 HGB). Das I. muß schriftlich auf das Orderpapier oder auf ein damit verbundenes Blatt gesetzt werden (Art. 13 WG, Art. 16 SchG, § 365 I HGB). Ein sog. *Vollindossament* lautet: „Für mich an (Name des Indossatars)" mit Unterschrift des Indossanten. Ein sog. *Blankoindossament* besteht nur aus der Unterschrift des Indossanten; es muß auf der Rückseite des Papiers stehen (Art. 13 II WG, Art. 16 II SchG, § 365 I HGB). Das I. hat folgende Wirkungen: Die *Transportfunktion,* d. h. es überträgt das verbriefte Recht (Art. 14 WG, Art. 17 SchG, § 365 I HGB); die *Legitimationsfunktion,* d. h. die ununterbrochene Reihe von I.en legitimiert den Inhaber des Orderpapiers als den Inhaber des darin verbrieften Rechts (Art. 16 I WG; Art. 19 SchG; § 365 I HGB); die *Garantiefunktion,* d. h. der Indossant haftet für die Zahlung des → Wechsels (Art. 15 WG) oder Schecks (Art. 18 I, 20 SchG). Ein *Vollmachtindossament (Prokuraindossament, Inkassoindossament)* bewirkt, daß der Indossatar alle Rechte aus dem Wechsel oder Scheck geltend machen, das Papier aber nur durch ein weiteres Vollmachtindossament übertragen kann (Art. 18 I WG, Art. 23 SchG). Für die Einwendungen kommt es dann nur auf diejenigen an, die gegen den Indossanten bestehen (Art. 18 II WG, Art. 23 II SchG). Ein offenes Vollmachtindossament lautet: „Wert zur Einziehung", „zum Inkasso", „in Prokura" o. ä. Fehlt ein solcher Vermerk, so liegt ein verdecktes Vollmachtindossament vor. Aus einem *Pfandindossament* kann der Indossatar alle Rechte aus dem Wechsel geltend machen (Art. 19 I WG). Er kann aber den Wechsel nur mit der Wirkung eines Vollmachtindossaments weiter übertragen. Beim Pfandindossament können dem Inhaber Einwendungen, die gegenüber dem Indossanten bestehen, bei gutgläubigem Erwerb nicht entgegengesetzt werden (Art. 19 II WG). Ein offenes Pfandindossament lautet: „Wert zur Sicherheit", „Wert zum Pfand" o. ä. Fehlt ein solcher Vermerk, so kann ein verdecktes Pfandindossament vorliegen. Ein solches ist auch beim Scheck möglich. *Nachindossament* nennt man ein I., das erst nach Verfall des Wechsels (Art. 20 WG) oder nach Scheckprotest, einer gleichbedeutenden Feststellung oder nach Ablauf der Vorlegungsfrist (Art. 24 SchG) geschrieben wird. Ein Nachindossament hat die Wirkung einer gewöhnlichen → Abtretung; nur beim Wechsel hat es volle Wirkung, wenn es vor dem Protest oder vor Ablauf der Protestfrist auf den Wechsel gesetzt wird (Art. 20 I WG). *Teilindossament* ist ein I., das sich nur auf einen Teil des verbrieften Rechts bezieht; es ist, ebenso wie ein bedingtes oder befristetes I., nichtig (Art. 12 WG, Art. 15 SchG). Ein *Treuhandindossament* (als Blanko- oder Vollindossament zu geben) überträgt die vollen Rechte aus dem Orderpapier, verpflichtet aber im Innenverhältnis den Indossatar gegenüber dem Indossanten (→ Rechtsgeschäfts, 2 i). Beim *Ermächtigungsindossament* (als Blanko- oder Vollindossament zu geben) bleibt der Indossant Inhaber des verbrieften Rechts; jedoch ist der Indossatar ermächtigt, das Recht im eigenen Namen geltend zu machen (Einziehungsermächtigung, → Abtretung, 2.).

**Indossant** → Indossament.

**Indossatar** → Indossament.

**Industrie.** Als I. bezeichnet man im Gegensatz zum → Handwerk Produktions- und Dienstleistungsformen, die durch bedeutende Kapitalausstattung, Einsatz von Managern und Mitarbeitern, fehlende oder nur leitende Mitarbeit des Betriebsinhabers und maschinelle, arbeitsteilige Produktion gekennzeichnet sind. Die genannten Indizien müssen dabei nicht sämtlich gegeben sein, es genügt, wenn einige den Betrieb entscheidend prägen. In industriemäßiger Form bedarf die Betätigung in einem → Handwerk keiner Genehmigung.

**Industrie- und Handelskammer.** Die IHKn., Selbstverwaltungsorganisationen der Wirtschaft, sind → Körperschaften öffentl. Rechts. Sie haben die Aufgabe, „das Gesamtinteresse der ihnen zugehörigen Gewerbetreibenden ihres Bezirks wahrzunehmen, für die Förderung der gewerblichen Wirtschaft zu wirken und dabei die wirtschaftlichen Interessen einzelner Gewerbezweige oder Betriebe abwägend und ausgleichend zu berücksichtigen; dabei obliegt es ihnen insbesondere, durch Vorschläge, Gutachten und Berichte die Behörden zu unterstützen und zu beraten sowie für Wahrung von Anstand und Sitte des ehrbaren Kaufmanns zu wirken" (§ 1 I des Ges. zur vorläufigen Regelung des Rechts der Industrie- und Handelskammern vom 18. 12. 1956, BGBl. I 920 m. spät. Änd.). Sie führen Verzeichnisse der Ausbildungsverhältnisse für kaufmännische und gewerbliche Ausbildungsberufe (§§ 31 ff. BerufsbildungsG) und nehmen die Lehrabschlußprüfungen ab. Es besteht Zwangsmitgliedschaft (→ Vereinigungsfreiheit) für alle Gewerbetreibenden ihres Bezirks (Ausnahmen: Handwerk und handwerksähnliche Gewerbe, dies jedoch nur für den handwerklichen Betriebsteil, Landwirtschaft), soweit sie zur Gewerbesteuer veranlagt werden oder in das Handelsregister eingetragen sind (§ 2). Zur Beitragspflicht s. § 3. Die Kammerbeiträge können im Gebiet der ehem. DDR bis 31. 12. 1992 abweichend von § 3 festgesetzt werden. Wichtigstes Organ der Kammer ist die Vollversammlung, deren Mitglieder von den Kammerzugehörigen gewählt werden (§§ 4, 5) und die u. a. den Präsidenten und Hauptgeschäftsführer wählt sowie über die Satzung, die Beitragsordnung und die Entlastung der geschäftsführenden Organe beschließt. Die Kammern unterstehen der Aufsicht (Rechtsaufsicht) der Länder (§ 11), die im wesentlichen übereinstimmende ergänzende Vorschriften (Ausführungsgesetze) erlassen haben (§ 212). Eine Ehrengerichtsbarkeit der Kammer über ihre Mitglieder besteht nicht. Die Mitwirkung der IHK.n ist in verschiedenen Rechtsvorschriften vorgesehen (z. B. Einrichtung von Einigungsstellen zur Beilegung von Wettbewerbsstreitigkeiten, § 27 a UWG, Mitwirkung bei der Börsenaufsicht, § 1 I 4 BörsenG, Vorschlag zur Ernennung von Handelsrichtern, § 108 GVG, Mitwirkung bei der Unabkömmlichstellung Wehrpflichtiger, § 2 II Nr. 2 UKVO vom 24. 7. 1962, BGBl. I 524). Die IHK.n sind zum Deutschen Industrie- und Handelstag, einem e. V., zusammengeschlossen. Ferner bestehen deutsche Auslandshandelskammern und eine Ständige Konferenz der HK.n der EWG-Länder.

**Industriebetrieb** (Betriebshaftung) → Gefährdungshaftung, → Eisenbahnbetriebshaftung.

**Industrieimmissionen** → Immissionen.

**Industriemeister** (geprüfter I.) ist eine dem → Handwerksmeister verwandte, gehobene berufliche Qualifikation, die in der Regel nach Abschluß einer → Berufsbildung und anschließenden praktischer Tätigkeit erlangt werden kann. Fundstellen für die einschlägigen Meisterprüfungsordnungen s. bei Schlegelberger-Friedrich, Stichwort I.; der Abschluß als I. ist u. a. für die Ausbilderqualifikation im Rahmen der Berufsbildung von Bedeutung.

**Industrieobligation** wird eine → Inhaberschuldverschreibung genannt, die von einem Industrieunternehmen, meist einer → Aktiengesellschaft, ausgegeben worden ist.

**Industriespionage** → Wirtschaftsspionage.

**Industrieverbandsprinzip** ist der maßgebende Gesichtspunkt für die Zugehörigkeit zu den im → Deutschen Gewerkschaftsbund und im → Christlichen Gewerkschaftsbund zusammengeschlossenen → Gewerkschaften. Es bedeutet, daß die Arbeitnehmer eines Betriebes derjenigen Gewerkschaft angehören, zu deren Industriezweig der Betrieb gehört (z. B. Metall, Chemie). Ein gewisser Gegensatz zum I. liegt im → Berufsverbandsprinzip.

**Infallibilität** → Papst (1). Andere Bezeichnung für Unfehlbarkeit.

**Informant** ist eine Person, die im Einzelfall bereit ist, gegen Zusicherung der Vertraulichkeit der Strafverfolgungsbehörde Informationen zu geben (s. Richtlinien der Justiz- und Innenminister, z. B. BayJMBl. 1986, 33 und 1994, 87). Er gehört zu den Privatpersonen, die zur Strafverfolgung herangezogen oder eingesetzt werden (s. → verdeckte Ermittlungen).

**Informationelle Selbstbestimmung.** Das BVerfG hat im „Volkszählungsurteil" vom 15. 12. 1983 (BVerfGE 65, 1) ausgeführt, daß unter den Bedingungen der modernen → Datenverarbeitung der Schutz des Einzelnen gegen unbegrenzte Erhebung, Speicherung, Verwendung und Weitergabe seiner persönlichen Daten von dem allgemeinen → Persönlichkeitsrecht des Art. 2 I i. V. m. Art. 1 I GG umfaßt wird. Das Grundrecht gewährleistet insoweit die Befugnis des Einzelnen, grundsätzl. selbst über die Preisgabe und Verwendung seiner persönl. Daten zu bestimmen. Einschränkungen dieses Rechts auf i. S. sind nur im überwiegenden Allgemeininteresse zulässig; sie bedürfen einer verfassungsgemäßen gesetzlichen Grundlage, die dem rechtsstaatl. Gebot der Normenklarheit entsprechen muß. Bei seinen Regelungen hat der Gesetzgeber den Grundsatz der Verhältnismäßigkeit zu beachten; auch hat er verfahrensmäßige Vorkehrungen gegen die Gefahr einer Verletzung des Persönlichkeitsrechts zu treffen.

**Informationsfreiheit** ist das durch Art. 5 I GG geschützte Recht, sich „aus allgemein zugänglichen Quellen" (insbes. Bücher, Zeitungen, Rundfunk, Fernsehen) zu unterrichten. Die I. steht als selbständiges → Grundrecht neben der → Meinungsfreiheit und der → Pressefreiheit. Allgemein zugänglich ist eine Informationsquelle, wenn sie geeignet und bestimmt ist, der Allgemeinheit Informationen zu verschaffen. Die I. schützt nicht nur die Entgegennahme von Informationen, sondern auch Aktivitäten zur Informationsverschaffung. Zur I. der Presse s. a. → Presserecht.

**Informationsrecht** → Auskunftspflicht, → Datenschutz, → Mitbestimmung (1), → offene Handelsgesellschaft (4); s. a. → Informationsfreiheit.

**Infrastrukturrat** → Bundespost.

**Ingebrauchnahme von Fahrzeugen** → unbefugter Gebrauch von Fahrzeugen.

**Ingenieur.** Die Regelung der Berufsbezeichnung I. gehört nicht zum Recht der Wirtschaft i. S. v. Art. 74 Nr. 11 GG (BVerfGE 26, 246). Daher ist die Berufsbezeichnung mit im wesentlichen übereinstimmenden Festlegungen landesrechtlich geregelt (vgl. z. B. für Bayern Ges. vom 27. 7. 1970, GVBl. 336). Von der Berufsbezeichnung I. sind die akademischen Grade Diplomingenieur (ggf. FH) und Ing. (grad) zu unterscheiden. Für die Honorare selbständig tätiger Ingenieure gilt die HOAI (Einzelheiten bei → Architekt).

**Ingerenz** → Unterlassungsdelikt.

**Inhaberaktie** → Aktie.

**Inhaberanteilschein** ist ein → Inhaberpapier, das von einer → Kapitalanlagegesellschaft (Investmentgesellschaft) ausgegeben wird. Gesetzl. Grundlage ist das KapitalanlagenG vom 16. 4. 1957 (BGBl. I 378) i. d. F. vom 14. 1. 1970 (BGBl. I 127) mit spät. Änd.

**Inhabergrundschuld** → Grundschuld.

**Inhaberhypothek** → Sicherungshypothek.

**Inhaberklausel** ist ein Vermerk auf einem → Inhaberpapier, wonach der Aussteller (Wertpapierschuldner) verpflichtet ist, an den berechtigten Inhaber zu leisten. Die I. ist an keinen bestimmten Wortlaut gebunden. Sie kann sich auch in Verbindung mit dem Namen des Gläubigers aus dem Zusatz ergeben „oder Überbringer" (wie z. B. beim Scheck).

**Inhaberpapier** ist ein → Wertpapier, bei dem das verbriefte Recht vom jeweiligen Inhaber – praktisch vom → Besitzer – geltend gemacht werden kann. Das I. ist Wertpapier i. e. S.: das Recht aus dem Papier folgt dem Recht am Papier, d. h. das Recht wird wie eine Sache durch Übereignung der Urkunde übertragen. Einwendungen gegenüber dem Vorerwerber können dem Inhaber gegenüber grundsätzlich nicht geltend gemacht werden. Zu den I.en gehören insbes. die → Inhaberschuldverschreibung, das → Inhaberzeichen, die → Inhaberaktie, der → Inhaberscheck, der → Inhaberanteilschein; nicht dagegen die qualifizierten → Legitimationspapiere, obwohl sie vielfach als „hinkende" I. bezeichnet werden.

**Inhaberscheck** ist ein → Scheck, der – wie andere → Inhaberpapiere – auf den Inhaber oder auf eine bestimmte Person mit dem Zusatz „oder Überbringer" ausgefertigt ist (Art. 5 SchG). Infolge der Bankbedingungen kommen Schecks heute praktisch nur noch als I. vor, obwohl der Scheck an sich ein → Orderpapier ist.

**Inhaberschuldverschreibung** ist ein → Inhaberpapier, das ein Forderungsrecht verbrieft. Zur Leistung ist der Aussteller verpflichtet (§ 793 BGB). Diese Pflicht entsteht durch die Ausstellung der Urkunde (→ Wertpapierrechtstheorien). Sie besteht auch dann, wenn die I. dem Aussteller gestohlen wird, verloren geht oder sonst ohne Willen des Ausstellers in den Verkehr gelangt (§ 794 BGB). Der Aussteller kann nur solche Einwendungen gegen den Anspruch geltend machen, die die Gültigkeit der Ausstellung betreffen, sich aus der Urkunde ergeben oder dem Aussteller unmittelbar gegen den Inhaber zustehen (§ 796 BGB). Der Aussteller ist nur gegen Aushändigung der Urkunde zur Leistung verpflichtet (§ 797 BGB). Gläubiger ist stets der Inhaber (Eigentümer) der I. Abhandengekommene oder vernichtete I.en können für kraftlos erklärt werden (§ 799 BGB; → Aufgebotsverfahren). I. d.R. werden nur I.en ausgegeben, in denen die Zahlung einer bestimmten Geldsumme versprochen wird. Hierfür ist zum Schutz der Allgemeinheit vor Betrugsmanövern und im Interesse eines geordneten Kapitalmarktes grundsätzlich eine staatliche Genehmigung erforderlich (§ 795 BGB; Ges. vom 26. 6. 1954, BGBl. I S. 147). Schuldverschreibungen des Bundes und der Länder sind genehmigungsfrei. Zu den I.en gehören: die Schuldverschreibungen der öffentlichrechtlichen Körperschaften, insbes. des

Bundes, der Länder und Gemeinden (z. B. Prämienanleihen, Kommunalobligationen), → Hypothekenpfandbriefe, → Gewinnanteilscheine einer AG, Inhaberlagerscheine (→ Lagerschein).

**Inhaberverpflichtungsschein** → Inhaberzeichen.

**Inhaberzeichen** (Inhaberverpflichtungsscheine) werden im täglichen Verkehr als Karten oder Marken ausgegeben, auf denen ein Gläubiger nicht bezeichnet ist und bei denen angenommen wird, daß der Aussteller an jeden rechtmäßigen Inhaber leisten will (sog. „kleine" → Inhaberpapiere; § 807 BGB). I. sind von den → Legitimationszeichen zu unterscheiden. Die I. sind Wertpapiere, weil der Aussteller nur dann zu leisten braucht, wenn das I. ausgegeben, vorgelegt oder entwertet wird. Die praktisch wichtigsten I. sind Fahrkarten, Eintrittskarten, Lotterielose.

**Inhaltsirrtum** → Anfechtung von Willenserklärungen.

**Inhaltskontrolle.** Hierunter versteht man die gerichtliche Überprüfung von (untergeordneten) Rechtsnormen (z. B. → Betriebsvereinbarung), insbes. aber von Willenserklärungen oder vertraglichen Regelungen (z. B. → Arbeitsvertrag), auf deren Übereinstimmung mit dem (übergeordneten) geltenden Recht, vor allem im Hinblick auf eine ausgewogene Berücksichtigung der beiderseitigen Interessen *(Billigkeitskontrolle)*. Besondere Bedeutung hat die I. im Rahmen der Überprüfung → Allgemeiner Geschäftsbedingungen.

**Inhibitorium** → Pfändung.

**Initiativrecht** ist das Recht, Gesetzentwürfe (Gesetzesvorlagen) bei den gesetzgebenden Körperschaften einzubringen. Gesetzesvorlagen werden beim Bundestag durch die Bundesregierung, aus der Mitte des Bundestages (meist von einer → Fraktion, aber auch von einzelnen Abgeordneten) oder durch den Bundesrat eingebracht (Art. 76 I GG; → Gesetzgebungsverfahren). Innerhalb des Bundesrates kann jedes Land eine Gesetzesinitiative des BR beantragen. Nach den Landesverfassungen steht das I. der Staatsregierung und dem Landesparlament zu, vereinzelt auch dem Volk (→ Volksbegehren), in Bayern bis einschließlich 31. 12. 1999 auch dem → Senat.

**Inkassobüro.** Ein I. betreibt, wer sich gewerbsmäßig mit der Einziehung fremder oder zur Einziehung abgetretener Forderungen befaßt (sog. Inkassozession, s. *Abtretung*). Die Aufnahme des Betriebs ist nach § 14 GewO anzeigepflichtig, unterliegt aber außerdem als geschäftsmäßige Besorgung fremder Rechtsangelegenheiten (→ Rechtsberatung) einer besonderen Erlaubnispflicht nach dem RechtsberatungsG (dort auch über Voraussetzungen und Umfang der Erlaubnis). Soweit die zur Einziehung übernommenen Beträge sofort gutgeschrieben oder ausgezahlt werden, liegt eine Kreditgewährung vor; zur Erlaubnispflicht bei Kreditgeschäften, die gewerblich betrieben werden; → Bankgeschäft, → Kreditinstitute. Zur Erstattung der Kosten des I. → Schuldnerverzug. S. a. → Factoringvertrag, → Detektei.

**Inkassogebühren** → Schuldnerverzug.

**Inkassomandat, -vollmacht** → Abtretung.

**Inkassozession** → Abtretung.

**Inkognitoadoption.** Die Eltern, die in eine → Adoption ihres Kindes einwilligen müssen (§ 1747 I, II BGB), können diese Einwilligung zwar nicht allgemein, d. h. für jeden denkbaren Fall erteilen (Verbot der sog. *Blankoadoption*). Um aber spätere Störungen des Adoptionsverhältnisses durch die leiblichen Eltern zu vermeiden, ist es zulässig, daß der Einwilligende für einen bestimmten Adoptionsfall weder die Person (Name) noch die näheren Lebensumstände des Annehmenden kennt (§ 1747 II 2 BGB; auch *Fernadoption* genannt).

**Inkompatibilität** ist die Unvereinbarkeit der gleichzeitigen Ausübung öffentlicher Funktionen in verschiedenen Gewalten durch eine Person, insbes. des Mandats als → Abgeordneter (gesetzgebende Gewalt) mit der Tätigkeit als Beamter (Exekutive) oder Richter (rechtsprechende Gewalt). Die Unvereinbarkeit dieser Tätigkeiten wird aus dem Grundsatz der → Gewaltentrennung hergeleitet, der nicht nur in organisatorischer und funktioneller, sondern auch in personeller Hinsicht durchgeführt werden soll. Zweifelhaft ist allerdings, ob und inwieweit der Grundsatz der I. verfassungsrechtlich bindend oder nur ein Programmsatz ist. Für die Abgeordneten des → Bundestages bestimmt das Abgeordnetengesetz vom 18. 2. 1977 (BGBl. I 297), daß Rechte und Pflichten eines in den BT gewählten Beamten, Richters, Soldaten oder Angestellten des öffentl. Dienstes für die Dauer der Mitgliedschaft ruhen (früher: Eintritt in den Ruhestand). In den Ländern der BRep. bestehen ähnliche Regelungen für die Mitgliedschaft in ihren gesetzgebenden Körperschaften oder sie werden vorbereitet. Für Richter (im Bundes- oder Landesdienst) schließt das Deutsche → Richtergesetz die gleichzeitige Ausübung des Richteramts und einer Tätigkeit in Gesetzgebung oder Verwaltung grundsätzlich aus (vgl. § 4 DRiG, für Richter des BVerfG Art. 94 GG). Kraft ungeschriebenen Verfassungsrechts wird die Mitgliedschaft im Bundestag und im → Bundesrat als unvereinbar angesehen, da sich beide Körperschaften ergänzen und gegenseitig kontrollieren sollen. Doch gilt es als unbedenklich, daß der zum Mitglied der → Bundesregierung ernannte Abgeordnete sein Mandat behält, obgleich er damit Mitglied der gesetzgebenden Körperschaft bleibt, der auch die Kontrolle der Regierung obliegt. Dagegen darf der BPräs. weder der Regierung noch dem Parlament des Bundes oder eines Landes angehören (Art. 55 GG). Über die Unvereinbarkeit der Ämter des BK und der BMin. mit anderen besoldeten Ämtern vgl. Art. 66 GG; s. a. § 34 BRRG.

**Inkongruente Deckung** → Insolvenzanfechtung.

**Inkorrekte Entscheidungen** → fehlerhafte Entscheidungen.

**Inkrafttreten der Gesetze.** Ist das → Gesetzgebungsverfahren mit Verkündung des Gesetzes abgeschlossen, so kann das Gesetz in Kraft treten, d. h. seine normative Wirkung äußern. Der Zeitpunkt des I. richtet sich in erster Linie nach dem Gesetz selbst; es kann und soll den Tag des I. bestimmen. Fehlt eine solche Regelung, so treten nach Art. 82 II 2 GG Gesetze und Rechtsverordnungen des Bundes mit dem 14. Tage nach Ablauf des Tages in Kraft, an dem das BGBl. ausgegeben worden ist. Ähnliche subsidiäre Regelungen (z. T. Frist 1 oder 7 Tg.) finden sich in den meisten Landesverfassungen. S. a. → Rückwirkung von Gesetzen.

**Inland** ist *staatsrechtlich* das Gebiet innerhalb der Staatsgrenzen. *Steuerrechtlich* ist I. bei der Einkommen-, Körperschaft-, Gewerbe- und Erbschaftsteuer die BRep. einschl. des Anteils der BRep. am → Festlandsockel, soweit dort Naturschätze des Meeresgrundes oder des Meeresuntergrundes erforscht oder ausgebeutet werden (§ 1 I EStG, § 1 III KStG, § 2 I GewStG, § 2 I ErbschStG). I. i. S. d. Umsatzsteuer ist die BRep. ohne Büsingen, Helgoland, Freihäfen und Hoheitsgewässer (§ 1 II UStG). *Strafrechtlich* → Geltungsbereich des Strafrechts.

**Inländerdiskriminierung.** Nach europäischem → Gemeinschaftsrecht ist es den Mitgliedstaaten nicht verwehrt, die eigenen Staatsangehörigen ungünstiger zu behandeln als die Angehörigen der anderen Mitgliedstaaten. Eine I. besteht in Deutschland z. B. im Bereich des → Handwerks, weil Deutsche, soweit sie über keine EG-ausländische Befähigung verfügen, an die strengen Voraussetzungen der → Handwerksordnung gebunden sind, während Befähigungsnachweise aus anderen Mitgliedstaaten mit weit geringeren Anforderungen anerkannt werden. Nach deutschem Verfassungsrecht ist eine I. dieser Art nicht unproblematisch.

**Inländische Einkünfte** → Einkünfte 2.

**Inline-Skating** → Sport und Spiel auf Straßen.

**Innengesellschaft.** Darunter versteht man eine → Gesellschaft des bürgerlichen Rechts, bei der die Gesellschafter nach außen (d. h. im allgemeinen Rechtsverkehr) nicht gemeinschaftlich hervortreten, sondern nur im Verhältnis zueinander eine Gesellschaft bilden. → Stille Gesellschaft, → Unterbeteiligung, → Interessengemeinschaft.

**Innenverhältnis** → Auftrag, → Vollmacht.

**Innenvollmacht** → Vollmacht.

**Innerbetrieblicher Schadensausgleich** ist ein Begriff aus dem Arbeitsrecht, der den Ausgleich von Schäden und Schadensersatzpflichten im Verhältnis von → Arbeitgeber und → Arbeitnehmer betrifft. Er umfaßt die Fälle, in denen der Arbeitnehmer im Rahmen seiner Arbeitsleistung dem Arbeitgeber, einem anderen Arbeitnehmer des gleichen Betriebs oder einem betriebsfremden Dritten Sach- oder Personenschaden zufügt. Die Haftung des Arbeitnehmers für Sachschäden, Produktionsausfälle usw., die anläßlich einer im Rahmen eines → Arbeitsverhältnisses erbrachten Arbeit verursacht werden, ist gegenüber den allgemeinen Haftungsmaßstäben (→ Verschulden) beschränkt, und zwar unabhängig davon, ob es sich um eine besonders gefahrenträchtige (sog. „gefahrgeneigte") Arbeit gehandelt hat (BAG NJW 1995, 210). Im einzelnen gilt: Bei Vorsatz und grober Fahrlässigkeit (Beweislast Arbeitgeber) ist der Schaden voll, bei nur geringer Schuld überhaupt nicht und bei normaler Fahrlässigkeit anteilig nach der Quote der Verursachung zu ersetzen (BAG NJW 1988, 2816). In diesem Umfang hat der Arbeitgeber den Arbeitnehmer von Ansprüchen Dritter, die hierdurch nicht beschränkt werden, freizustellen. Bei Personenschäden, insbes. bei Betriebsunfällen, sind die besonderen Vorschriften der Sozialversicherung zu beachten (§§ 104 ff. SGB VII).

**Innerdienstliche Anordnung** → Gewaltverhältnis (öff.-rechtliches), → Verwaltungsvorschriften.

**Innere Angelegenheiten.** Aus der → Souveränität eines Staates folgt, daß sich andere Staaten nicht in dessen i. A. einmischen dürfen. Die Einmischung in i. A. stellt → völkerrechtliches Unrecht dar. Verboten sind z. B. die Einmischung von → Diplomaten in den Wahlkampf des Empfangsstaates oder die vorzeitige → Anerkennung von (Revolutions-)*Regierungen*. Die Gewährung politischen Asyls (→ Asylrecht) stellt keine nach dem → Völkerrecht verbotene Einmischung in i. A. dar. Das Verbot der Einmischung in i. A. schützt Staaten auch als Mitglieder → Internationaler Organisationen. Andererseits beinhaltet der Beitritt zu einer Internationalen Organisation in der Regel den Verzicht auf eigene Rechtspositionen. Inwieweit Maßnahmen Internationaler Organisationen eine verbotene Einmischung in i. A. darstellen, richtet sich nach dem Statut der jeweiligen Internationalen Organisation.

**Innere Verwaltung** ist ein Teil der in Fachbereiche (→ Ressorts) gegliederten öffentlichen → Verwaltung. Oberste Behörde der i. V. ist der Minister des Innern. Der Bereich der i. V. war früher umfassender und erstreckte sich grundsätzlich auf alle Angelegenheiten, die nicht zu den übrigen „klassischen" Ministerien (Auswärtiges; Krieg; Justiz; Finanzen) gehörten. In neuerer Zeit haben sich von der i. V. zahlreiche Sonderbereiche abgespalten (weshalb man den Geschäftsbereich auch als „allgemeine i. V." bezeichnet). Die Geschäftsbereiche der Innenministerien in Bund und Ländern werden durch Gesetze und Geschäftsordnungen (der BReg. und der LdReg.en) näher bestimmt; sie sind nicht einheitlich. Aus der Fülle der Aufgaben der i. V. seien erwähnt: Angelegenheiten der → Gemeinden und → Kommunalverbände; Recht der → öffentlichen Sicherheit und Ordnung (insbes. → Ordnungsbehörden, Polizei und Verfassungschutz); Gesundheits- und Veterinärwesen; Bauwesen einschl. Straßen- und Wegerecht; Wasserrecht; Personenstandswesen und Namensrecht; Ausländerwesen; Waffen- und Sprengstoffrecht; Sozialhilfe (z. T. auch bei den Arbeits- und Sozialministerien); Beamtenrecht; Wahlrecht.

**Innerer Notstand** → Notstand, innerer.

**Innergemeinschaftliche Lieferung/innergemeinschaftlicher Erwerb** → Binnenmarkt, USt; → Reihengeschäft.

**Innerorganisationsrechtliche Streitigkeiten** → Kommunalverfassungsstreitigkeiten.

**Innung.** Der Begriff bezeichnet den Zusammenschluß selbständiger Gewerbetreibender zur Förderung gemeinsamer Interessen. Die wenigen, außerhalb des Handwerks (→ Handwerksinnung) noch bestehenden Innungen (z. B. für Gastwirte, im Fuhrgewerbe) erhielten durch Art. V des Ges. zur Änderung der GewO vom 5. 2. 1960 (BGBl. I 61) die Rechtsstellung eines Vereins, dem die Rechtsfähigkeit nach § 22 BGB verliehen ist (wirtschaftlicher Verein). Sie dürfen ihren Namen behalten und bestehende Innungskrankenkassen fortführen.

**Innungskrankenkasse.** Die I. ist Selbstverwaltungskörperschaft des öffentlichen Rechts und Träger der gesetzlichen → Krankenversicherung für eine oder mehrere → Innungen. Sie kann mit behördlicher Genehmigung und mit Zustimmung der Innungsversammlung und des Gesellenausschusses von der Innung oder mehreren Innungen gemeinsam errichtet werden, wenn mindestens 1000 Versicherungspflichtige in den Betrieben der Innung(en) insgesamt beschäftigt werden, ihre Leistungsfähigkeit auf Dauer gesichert ist und sie den Bestand oder die Leistungsfähigkeit vorhandener Ortskrankenkassen nicht gefährdet (§§ 157–164, 175 SGB V). → Kassenwahl, → Krankenkassen.

**Innungsmeister.** Nach den Satzungen der → Handwerksinnungen führt der Innungsvorstand (§ 66 HandwO) i. d. R. die Bezeichnung Obermeister der Innung. Landesinnungsmeister ist die satzungsgemäße Bezeichnung des Vorsitzenden des Vorstands des Landesinnungsverbandes.

**Inobhutnahme des Kindes.** Bitten Kinder oder Jugendliche um Obhut, hat sie das → Jugendamt in Obhut zu nehmen. Dies geschieht durch vorläufige Unterbringung bei einer geeigneten Person, in einer geeigneten Einrichtung oder in einer betreuten Wohnform. Dies gilt auch, wenn die Inobhutnahme erforderlich ist, um eine dringende Gefahr für das Wohl des Kindes oder des Jugendlichen abzuwenden (§ 42 SGB VIII). Halten sich Kinder oder Jugendliche mit Zustimmung der Eltern oder der sonst Sorgeberechtigten bei einer anderen Person oder Einrichtung auf und wird dadurch ihr körperliches, geistiges oder seelisches Wohl gefährdet, kann sie das Jugendamt bei Gefahr im Verzug vorläufig von dort entfernen und bei einer geeigneten Person, Einrichtung oder betreuten Wohnform unterbringen. Bei Widerspruch der Sorgeberechtigten muß das Jugendamt unverzüglich eine Entscheidung des Familiengerichts herbeiführen. § 43 SGB VIII.

**INPOL** ist das polizeiliche Informationssystem des Bundes und der Länder. Es beruht auf Beschlüssen der Innenministerkonferenz. In I. werden mit elektronischer Datenverarbeitung mehrere Dateien geführt, z. B. zur Personen- oder Sachfahndung, Terrorismusbekämpfung. Zentralstelle ist das → Bundeskriminalamt.

**Inquisitionsprinzip.** Im Strafprozeß hat das Gericht nach dem Grundsatz der *materiellen Wahrheit* selbständig und ohne Bindung an die von den Verfahrensbeteiligten gestellten Anträge den Sachverhalt zu erforschen (§ 155 II StPO; auch Instruktions- oder Ermittlungsgrundsatz). Im Zivilprozeß besteht, abweichend von dem dort im allgemeinen geltenden → Verhandlungs- oder → Beibringungsgrundsatz (Prinzip der sog. formellen Wahrheit), die Befugnis des Gerichts zur Ermittlung des Sachverhalts von Amts wegen – mit einigen Besonderheiten – in Ehe- und Kindschaftssachen (§§ 616, 640 ZPO). Im Verwaltungsstreitverfahren, Finanzgerichtsverfahren, Verfahren der freiwilligen Gerichtsbarkeit und der Sozialgerichtsbarkeit hat das Gericht den Sachverhalt von Amts wegen zu erforschen; es ist an das Vorbringen und die Beweisanträge der Beteiligten nicht gebunden (§ 86 VwGO, § 76 FGO, § 12 FGG, § 103 SGG).

**Inquisitionsprozeß** wird die im Mittelalter weiterentwickelte Form des Strafverfahrens genannt, in dem im Gegensatz zum früheren → Akkusationsprozeß die Strafverfolgung vor Gericht nicht von dem durch die Straftat Verletzten, sondern von einer Behörde betrieben wird. Der I. wird vom → Inquisitionsprinzip bestimmt (Pflicht des Gerichts zur Erforschung des Sachverhalts ohne Bindung an Parteianträge). Der Begriff I. hat vom Mittelalter her einen abwertenden Beiklang, weil in den auf Veranlassung der Kirche durchgeführten Strafverfahren gegen Ketzer inhumane Vernehmungsmethoden (→ Folter) angewandt wurden, um Geständnisse zu erreichen.

**Insassen von Kraftfahrzeugen.** Wird eine mit einem Kfz. beförderte Person durch Unfall verletzt oder getötet oder werden von ihr mitgeführte Sachen beschädigt, so kann den Fahrer und den → Halter des Kfz. eine → Haftung treffen (→ Straßenverkehrshaftung). Sie kann sich bei *schuldhaftem Handeln* aus Vertrag (i. d. R. für den Halter aus Beförderungsvertrag) oder → unerlaubter Handlung ergeben, u. U. aber auch für den Fahrer aus *vermutetem Verschulden* (§ 18 I StVG) sowie für den Halter *ohne Verschulden* auf Grund der → Gefährdungshaftung nach § 7 StVG. Diese am weitesten gehende Haftung aus dem Gesichtspunkt der Betriebsgefahr des Kfz. besteht aber nicht zugunsten von Insassen langsamer Fahrzeuge (bis 20 km/h) und auch sonst nur, wenn es sich um eine *entgeltliche, geschäftsmäßige* Personenbeförderung handelt (§§ 8, 8a StVG). Auch ist die Gefährdungshaftung durch gesetzliche Höchstbeträge begrenzt; Ansprüche verjähren in 3 Jahren und werden bei Nichtanmeldung binnen 2 Mon. verwirkt (§§ 12, 14, 15 StVG). Handelt es sich um eine → Gefälligkeitsfahrt, so kann die Haftung – auch die Gefährdungshaftung – durch ausdrückliche oder stillschweigende Vereinbarung zwischen I. und Fahrer oder Halter ausgeschlossen sein.

**Insassenunfallversicherung.** Besteht eine Haftung des Fahrers oder → Halters eines Kfz. für Schäden, die mitfahrende Personen erleiden, weder aus schuldhafter Vertragsverletzung noch aus → unerlaubter Handlung oder auf Grund der → Gefährdungshaftung (→ Insassen von Kfz.), so wird auch eine → Haftpflichtversicherung nicht wirksam. Für diesen Fall können mitfahrende Personen gegen Unfälle durch Abschluß einer Insassenversicherung für den Fall des Todes oder der Invalidität versichert werden. Ausgeschlossen sind Unfälle bei Begehung von Verbrechen oder Vergehen oder Schwarzfahrten. Vgl. §§ 179 ff. VVG, §§ 16 ff. AKB.

**Insemination** → künstliche Fortpflanzung.

**Insichgeschäft** → Selbstkontrahieren; s. a. → Eigentumsübertragung.

**Insider-Geschäft** ist die Ausnutzung des Wissens um eine nicht öffentlich bekannte Tatsache, die sich auf ein zum Börsenhandel zugelassenes oder in den Freihandel in der BRep. einbezogenes Wertpapier oder ein anderes auf einem solchen Markt gehandeltes Finanzinstrument, z. B. Option, Termingeschäft (I.-Papier) oder deren Emittenten bezieht und geeignet ist, bei öffentlichem Bekanntwerden den Kurs des I.-Papiers erheblich zu beeinflussen (I.-Tatsache). Es besteht in Erwerb oder Veräußerung des I.-Papiers oder Empfehlung dazu oder Mitteilung der I.-Tatsache gegenüber einem anderen mit dem Ziel, einen wirtschaftlichen Vorteil zu erlangen, der als Verstoß gegen den Grundsatz der Chancengleichheit der Anleger am Wertpapiermarkt angesehen und mißbilligt wird. I. ist, wer unmittelbar Zugang zur I.-Informationen hat, z. B. auf Grund Mitgliedschaft, Beteiligung oder Tätigkeit in dem Unternehmen (Primär-I.), aber auch ein beliebiger Dritter, der Kenntnis von der I.-Tatsache hat (Sekundär-I.). I.-G. gefährden das Vertrauen der Anleger in die Finanzmärkte. Bislang bestanden in der BRep. gegen I.-G. nur die auf Unterwerfung beruhenden privatrechtlichen I.-Richtlinien sowie einige Strafvorschriften für Teilbereiche (§ 404 AktG, §§ 203 ff. StGB, § 333 HGB, § 17 UWG). Die I.-Richtlinie der EG vom 13. 11. 1989 (ABl. EG L 334/30) verlangt von der BRep. Verfolgung und präventive Bekämpfung von I.-G. Sie wurde im Wertpapierhandelsgesetz (WpHG) vom 26. 7. 1994 (BGBl. I 1749) umgesetzt. Es sieht vor allem ein Verbot von I.-G. (§ 14 WpHG) vor, das durch bestimmte Pflichten der Marktteilnehmner zu Meldung, Auskunft, Offenlegung und Veröffentlichung abgesichert wird. Der Verstoß gegen das Verbot stellt eine Straftat dar, ein Verstoß gegen die Pflichten eine Ordnungswidrigkeit (§§ 38, 39 WpHG). Die Überwachung und Aufsicht über den Handel mit I.-Papieren obliegt dem Bundesaufsichtsamt für den Wertpapierhandel.

**Insolvenz** → Insolvenzrecht, → Insolvenzverfahren und im folg.

**Insolvenzanfechtung.** Rechtshandlungen (und Unterlassungen), die – vor allem seitens des Schuldners – vor der Eröffnung eines → Insolvenzverfahrens vorgenommen worden sind und die die Insolvenzgläubiger benachteiligen, kann der → Insolvenzverwalter unter bestimmten (gegenüber früher verschärften) Voraussetzungen anfechten (§§ 129 ff. InsO; Gerichtsstand hierfür § 19 a ZPO). Anfechtbar ist eine Rechtshandlung, die einem Insolvenzgläubiger eine Sicherung oder Befriedigung gewährt hat, auf die er einen Anspruch hatte (sog. *kongruente Deckung*), wenn sie in den letzten 3 Monaten vor dem Antrag auf Eröffnung des Insolvenzverfahrens oder nach diesem vorgenommen wurde, der Schuldner zu diesem Zeitpunkt bereits zahlungsunfähig war (→ Zahlungsunfähigkeit) und der Gläubiger dies (unmittelbar oder aus den Umständen) wußte (§ 130 InsO). Entsprechendes gilt für sonstige Rechtsgeschäfte des Schuldners, die die Insolvenzgläubiger unmittelbar benachteiligen (§ 132 InsO). Hatte der Gläubiger auf die Sicherung oder Befriedigung (überhaupt oder nach Art und Zeit) keinen Anspruch (sog. *inkongruente Deckung*), sind Rechtshandlungen im letzten Monat vor dem Eröffnungsantrag uneingeschränkt anfechtbar; für die letzten 3 Monate genügt die bloße Zahlungsunfähigkeit oder die Kenntnis von der Benachteiligung der Insolvenzgläubiger (§ 131 InsO). Gegenüber Personen, die dem Schuldner nahestehen (Ehegatte, nahe Verwandte, Partner einer → eheähnlichen Gemeinschaft, § 138 InsO) wird vermutet, daß sie die Zahlungsunfähigkeit, den Eröffnungsantrag oder die Benachteiligungsabsicht kannten. Anfechtbar ist ferner eine Rechtshandlung, die der Schuldner in den letzten 10 Jahren vor dem Eröffnungsantrag (oder nach diesem) mit dem Vorsatz, seine Gläubiger zu benachteiligen, vorgenommen hat (§ 133 InsO, sog. *Absichtsanfechtung*), eine unentgeltliche Leistung des Schuldners in den letzten 4 Jahren vor dem Eröffnungsantrag (§ 134 InsO, sog. *Schenkungsanfechtung*) sowie eine Sicherung oder Befriedigung für die Forderung eines Gesellschafters auf Rückgewähr eines kapitalersetzenden Darlehens (→ Gesellschafterdarlehen, § 135 InsO).

Was durch die anfechtbare Handlung aus dem Vermögen des Schuldners veräußert, weggegeben oder aufgehoben worden ist, muß zur → Insolvenzmasse zurückgewährt werden (§ 143 InsO). Es handelt sich um einen schuldrechtlichen Anspruch auf Rückgängigmachung der anfechtbaren Rechtshandlung (unter Wiederaufleben der ursprünglichen Forderung des Empfängers und ggfs. Ausgleich einer Gegenleistung, § 144 InsO). Der Anspruch auf I. verjährt in 2 Jahren seit Eröffnung des Insolvenzverfahrens; auch danach kann der Insolvenzverwalter aber die Erfüllung einer auf einer anfechtbaren Rechtshandlung beruhenden Leistungspflicht verweigern (§ 146 InsO). Von der I. zu unterscheiden ist die → Gläubigeranfechtung, die außerhalb eines Insolvenzverfahrens stattfindet.

**Insolvenzantrag** → Insolvenzverfahren (1).

**Insolvenzdelikte** → Insolvenzstraftaten.

**Insolvenzfähigkeit.** Ein → Insolvenzverfahren kann über das Vermögen jeder natürlichen und → juristischen Person des Privatrechts (z. B. AG, GmbH, Verein), eines nichtrechtsfähigen Vereins, einer → Personengesellschaft (z. B. OHG, KG, Gesellschaft des bürgerlichen Rechts, EWIV) sowie über einen Nachlaß (→ Nachlaßinsolvenzverfahren) und das Gesamtgut einer Gütergemeinschaft eröffnet werden (§ 11 InsO). Über das Vermögen des Bundes oder eines Landes findet ein Insolvenzverfahren nicht statt, über das Vermögen einer juristischen Person unter Aufsicht eines Landes nur dann, wenn dies das Landesrecht bestimmt (§ 12 InsO).

**Insolvenzforderung** → Insolvenzmasse.

**Insolvenzgeld.** Das Insolvenzgeld als Leistung der → Arbeitsförderung soll mit dem Inkrafttreten der Insolvenzordnung am 1. 1. 1999 an die Stelle des → Konkursausfallgeldes treten (§§ 183 ff., 358 ff. SGB III). Arbeitnehmer und ähnliche Personen (z. B. Handelsvertreter) haben für ihren Anspruch auf Arbeitsentgelt für die letzten 3 Monate vor Eröffnung des → Insolvenzverfahrens oder der Abweisung eines solchen Antrags mangels Masse bei Zahlungsunfähigkeit ihres Arbeitgebers einen Anspruch auf I. in Höhe des letzten Arbeitsentgelts, vermindert um die gesetzlichen Abzüge (§§ 183, 358 SGB III). Das I. wird vom zuständigen → Arbeitsamt auf Antrag gewährt, der binnen einer Ausschlußfrist von 2 Monaten seit Eröffnung des Insolvenzverfahrens zu stellen ist. Die Mittel für das I. werden von den → Berufsgenossenschaften aufgebracht. Das Insolvenzgeld ist steuerfrei (§ 3 Nr. 2 EStG), unterliegt aber dem → Progressionsvorbehalt (§ 32b I Nr. 1a EStG).

**Insolvenzgericht** → Insolvenzverfahren (1).

**Insolvenzgläubiger** → Insolvenzmasse.

**Insolvenzgrund** → Insolvenzverfahren (1).

**Insolvenzmasse.** Das → Insolvenzverfahren erfaßt das gesamte Vermögen, das dem Schuldner zur Zeit der Eröffnung des Verfahrens gehört; darüber hinaus – anders als früher – auch das Vermögen, das er während des Verfahrens erwirbt (sog. *Teilungsmasse*, § 35 InsO). Zur I. gehören nicht persönliche Rechte des Schuldners (insbes. Familienrechte), ferner weitgehend nicht solche Gegenstände, die der Zwangsvollstreckung nicht unterliegen (→ Unpfändbarkeit) sowie der gewöhnliche Hausrat des Schuldners (§§ 36, 40 InsO). Zur I. zählen dagegen auch Rückgewähransprüche aus einer → Insolvenzanfechtung, ferner noch nicht fällige oder bedingte Forderungen des Schuldners; Forderungen, die nicht auf Geld gerichtet sind, werden auf ihren Wert umgerechnet (§§ 41 ff. InsO). Nicht in die I. fallen Gegenstände, die dem Schuldner nicht gehören (→ Aussonderung), wohl aber solche, an denen dem Gläubiger ein Recht auf abgesonderte Befriedigung (→ Absonderung) zusteht.

Die I. unterliegt der Verwaltung und Verfügung des → Insolvenzverwalters (§ 80 InsO; → Insolvenzverfahren, 2). Sie dient zur Befriedigung der persönlichen Gläubiger, die einen zur Zeit der Eröffnung des Insolvenzverfahrens begründeten Vermögensanspruch *(Insolvenzforderung)* gegen den Schuldner haben (*Insolvenzgläubiger*, § 38 InsO). Im Interesse einer möglichst gleichmäßigen Befriedigung aller Insolvenzgläubiger sind deren Forderungen (sog. *Schuldenmasse*) grdsätzl. gleichrangig; nur bestimmte Insolvenzforderungen sind nachrangig, z. B. Zinsforderungen seit der Eröffnung des Insolvenzverfahrens, Geldstrafen, Forderungen auf Rückgewähr eines kapitalersetzenden Darlehens (→ Gesellschafterdarlehen) oder Forderungen, deren Nachrang in einem → Insolvenzplan vereinbart worden ist (§ 39 InsO). Ein Insolvenzvorrecht bestimmter Forderungen, z. B. auf Lohn- oder Gehaltsansprüche (→ Lidlohn; s. aber auch → Insolvenzgeld) kennt die InsO nicht mehr.

Vor Befriedigung der Insolvenzgläubiger sind aus der I. die Masseansprüche der sog. Massegläubiger zu berichtigen (§ 53 InsO). Hierzu zählen die Kosten des Insolvenzverfahrens (*Massekosten*) und die sonstigen Masseverbindlichkeiten. Massekosten sind die Gerichtskosten des Insolvenzverfahrens sowie die Vergütungen und Auslagen des Insolvenzverwalters und der Mitglieder des Gläubigerausschusses (§ 54 InsO), ferner ein etwa durch Beschluß der Gläubigerversammlung dem Schuldner und seiner Familie bewilligter Unterhalt aus der I. (§ 100 InsO). Sonstige *Masseverbindlichkeiten* (Masseschulden) sind Verbindlichkeiten, die durch Handlungen des Insolvenzverwalters (z. B. Vertragsabschlüsse zur Verwaltung oder Verwertung der I.) begründet wurden, aus gegenseitigen Verträgen, deren Erfüllung der Insolvenzverwalter zur I. verlangt (→ Insolvenzverfahren, 3a), sowie Verbindlichkeiten aus einer → ungerechtfertigten Bereicherung der Masse (§ 55 InsO).

**Insolvenzordnung** → Insolvenzrecht, → Insolvenzverfahren.

**Insolvenzplan.** Im Rahmen eines → Insolvenzverfahrens können die Befriedigung der absonderungsberechtigten und der Insolvenz-Gläubiger, die Verwertung der → Insolvenzmasse und deren Verteilung sowie die Haftung des Schuldners nach Beendigung des Insolvenzverfahrens (→ Restschuldbefreiung) in einem I. auch abweichend von den Vorschriften der InsO geregelt werden (§ 217 InsO). Ziel des I. ist es vor allem, eine Insolvenz im Einzelfall flexibel und wirtschaftlich effektiv abwickeln zu können. In erster Linie kommt in diesem Zusammenhang – statt der Liquidation des Unternehmens des Schuldners oder dessen Veräußerung – die Sanierung des Schuldners, der Träger des Unternehmens bleibt und dessen künftige Erträge für die (teilweise) Befriedigung der Gläubiger zur Verfügung stellt, in Betracht.

Zur Vorlage eines I. an das Insolvenzgericht sind sowohl der Schuldner als auch der → Insolvenzverwalter berechtigt; auch die → Gläubigerversammlung kann den Insolvenzverwalter hierzu verpflichten (§ 218 InsO). Der I. besteht aus dem darstellenden Teil, in dem die getroffenen und geplanten Maßnahmen beschrieben werden, und dem gestaltenden Teil, in dem festgelegt wird, wie die Rechtsstellung der Beteiligten durch den Plan geändert werden soll (§§ 220, 221 InsO). Soweit – wie sehr häufig – Gläubiger mit unterschiedlicher Rechtsstellung betroffen sind (z. B. absonderungsberechtigte oder nachrangige Gläubiger) sind verschiedene Gruppen zu bilden, die ihrerseits nach sachlichen Kriterien weiter unterteilt werden können; → Arbeitnehmer sollen, Kleingläubiger können eine besondere Gruppe bilden (§ 222 InsO). Das Insolvenzgericht bestimmt sodann einen Termin, in dem der I. und das Stimmrecht der Gläubiger erörtert und anschließend über den Plan abgestimmt wird (§ 235 InsO). Zur Annahme des I. ist in jeder – gesondert abstimmenden – Gruppe eine Mehrheit sowohl nach Köpfen als auch nach der Höhe der Ansprüche der abstimmenden Gläubiger erforderlich (§§ 243, 244 InsO). Der I. bedarf sodann der Zustimmung des Schuldners und der Bestätigung durch das Insolvenzgericht (§§ 247, 248 InsO).

Inhalt eines I. ist im wesentlichen (in der Art eines → Vergleichs) ein Verzicht der Gläubiger auf einen Teil ihrer Forderungen und/oder eine Stundung eines weiteren Teils, um dem Schuldner die Sanierung seines Unternehmens zu ermöglichen. Eine bestimmte Mindestquote, die den Gläubigern bei dieser Art Vergleich erhalten bleiben muß, ist hierfür (anders als im früheren Vergleichsverfahren) nicht vorgesehen; doch kann ein Gläubiger (auch wenn seine Gruppe mit Mehrheit zugestimmt hat) eine Versagung der Bestätigung erwirken, wenn er durch den I. schlechter gestellt wird, als er ohne Plan stehen würde (§ 251 InsO). Mit der → Rechtskraft der Bestätigung des I. treten die im gestaltenden Teil festgelegten Wirkungen für und gegen alle Beteiligten mit unmittelbarer Wirkung (also ohne besondere zusätzliche Erklärung) ein (§ 254 InsO); das Insolvenzverfahren wird aufgehoben (§ 258 InsO). Ein Erlaß oder eine Stundung wird hinfällig, wenn der Schuldner mit der Erfüllung des I. erheblich in Rückstand gerät (§ 255 InsO). Aus einem rechtskräftig bestätigten I. kann ein Gläubiger wie aus einem vollstreckbaren Urteil die → Zwangsvollstreckung gegen den Schuldner betreiben (§ 257 InsO). Im I. kann auch vorgesehen werden, daß seine Erfüllung bis zu 3 Jahren nach Aufhebung des Insolvenzverfahrens vom Insolvenzverwalter überwacht wird (§§ 260, 268 InsO) und daß Ansprüche aus Sanierungskrediten, die während dieser Überwachungszeit gegen den Schuldner oder eine Übernahmegesellschaft begründet worden sind, in einem bestimmten Rahmen gegenüber den Ansprüchen der Insolvenzgläubiger vorrangig zu befriedigen sind (§ 264 InsO).

**Insolvenzrecht** werden die Rechtsnormen genannt, die im Falle von (drohender) → Zahlungsunfähigkeit oder → Überschuldung von (natürlichen und juristischen) Personen, Personengesellschaften und Vermögensmassen (z. B. Nachlaß) das Verfahren zum Zwecke einer möglichst gleichmäßigen Befriedigung der Gläubiger regeln. Rechtsgrundlage ist – unter Zusammenfassung des bisher zweispurigen Konkurs- und Vergleichsverfahrens in den alten Ländern sowie der Gesamtvollstreckungsordnung im Gebiet der ehem. DDR – (neben Einzelbestimmungen zahlreicher Gesetze) im wesentl. die Insolvenzordnung (InsO) vom 5. 10. 1994 (BGBl. I 2866) m. Änd. Die InsO gilt für alle → Insolvenzverfahren, die ab 1. 1. 1999 beantragt werden (dann auch für früher begründete Rechtsverhältnisse und Rechte). Für früher beantragte Verfahren gelten die bisherigen Vorschriften (s. hierzu insbes. die Stichw. Konkurs, Konkursverfahren, Vergleichsverfahren, Gesamtvollstreckungsordnung in der

14. Auflage) fort (Art. 103, 104 EGInsO vom 5. 10. 1994, BGBl. I 2911).

Wesentliche Grundgedanken des I. sind (außer der genannten Rechtsvereinheitlichung): Bestmögliche Befriedigung aller Gläubiger (bei Wegfall früherer Konkursvorrechte) unter Berücksichtigung der Interessen des insolventen Schuldners und der grdsätzl. fortbestehenden Rechte seiner Arbeitnehmer, die Möglichkeit der Erhaltung (Sanierung) des Unternehmens des Schuldners (ggfs. unter Erstellung eines → Insolvenzplans), die verschärfte Möglichkeit, gläubigerschädigende Vermögensverschiebungen anzufechten (→ Insolvenzanfechtung) sowie ein → Verbraucherinsolvenzverfahren (hier insbes. mit der Möglichkeit der → Restschuldbefreiung). Einzelheiten → Insolvenzverfahren.

**Insolvenzsicherung** → Altersversorgung, betriebliche.

**Insolvenzstraftaten.** Im Interesse der ordnungsmäßigen Durchführung des Insolvenzverfahrens sind bestimmte Handlungen von Schuldnern oder Gläubigern als rechtswidrig unter Strafe gestellt.

1. a) Der *Schuldner,* der seine *Zahlungen eingestellt* hat, oder über dessen Vermögen das Insolvenzverfahren eröffnet worden ist, wird nach § 283 StGB wegen *Bankrotts* mit Freiheitsstrafe bis zu 5 Jahren oder Geldstrafe bestraft, wenn er bei *Überschuldung* oder *drohender Zahlungsunfähigkeit* Vermögensstücke verheimlicht oder beiseitegeschafft, Schulden vorgetäuscht oder erdichtete Rechte anderer anerkannt, gegen die Buchführungs- oder Bilanzpflicht verstoßen oder seine Handelsbücher vernichtet, verheimlicht, gefälscht oder unübersichtlich geführt oder Bilanzen verschleiert hat.

Das gleiche gilt, wenn der Schuldner im Widerspruch zu einer ordnungsmäßigen Wirtschaft Verlust- oder Spekulationsgeschäfte oder Differenzgeschäfte mit Waren oder Wertpapieren betrieben oder durch unwirtschaftlichen Aufwand, Spiel oder Wette übermäßige Beträge verbraucht hat oder wenn er Waren oder Wertpapiere auf Kredit entnommen und erheblich unter Wert verkauft hat, schließlich auch, wenn er in anderer Weise entgegen einer ordnungsmäßigen Wirtschaft seinen Vermögensstand verringert oder seine geschäftlichen Verhältnisse verschlechtert hat.

Die gleiche Strafvorschrift gilt, wenn der Täter durch eine der vorgenannten Handlungen vorsätzlich seine Überschuldung oder Zahlungsunfähigkeit *herbeigeführt* hat.

Auch *Versuch* ist strafbar. Bei einem im Rahmen des § 283 II StGB strafbaren *fahrlässigen* Handeln ist die Freiheitsstrafe auf 2 Jahre begrenzt. In besonders schweren Fällen wird der Bankrott, insbes. bei Handeln aus Gewinnsucht oder wissentlicher Gefährdung einer großen Zahl von Vermögenseinlegern, mit Freiheitsstrafe von 6 Mon. bis zu 10 Jahren bestraft (§ 283 a StGB).

b) Die *Verletzung der Buchführungs- oder Bilanzpflicht* ist, falls der Täter seine Zahlungen eingestellt hat oder über sein Vermögen das Insolvenzverfahren eröffnet worden ist, nach § 283 b StGB auch schon dann strafbar, wenn beim Täter zur Tatzeit noch nicht (wie zu a) Überschuldung oder Zahlungsunfähigkeit bestand oder drohte.

c) Mit Freiheitsstrafe bis zu 2 Jahren oder Geldstrafe bedroht § 283 c StGB die *Gläubigerbegünstigung,* durch die der Schuldner in Kenntnis seiner Zahlungsunfähigkeit einem Gläubiger, um diesen zu bevorzugen, eine Sicherung oder Befriedigung gewährt, die der Gläubiger nicht oder nicht in der Art oder zu der Zeit beanspruchen kann.

d) In den Fällen a bis c ist die Zahlungseinstellung oder Eröffnung des Insolvenzverfahrens → Bedingung der Strafbarkeit, muß also vom Vorsatz des Täters nicht umfaßt werden. Die Strafvorschriften gelten auch für Handlungen vertretungsberechtigter Organe einer → juristischen Person, Gesellschafter einer Personenhandelsgesellschaft (→ Offene Handelsgesellschaft, → Kommanditgesellschaft) usw. (§ 14 StGB).

2. Ein *Gläubiger* oder ein *Dritter* begeht *Schuldnerbegünstigung,* wenn er im Interesse des Schuldners vorsätzlich in Kenntnis der diesem drohenden Zahlungsunfähigkeit oder nach Zahlungseinstellung oder Eröffnung des Insolvenzverfahrens dem Schuldner gehörende, in die → Insolvenzmasse fallende

Vermögensstücke verheimlicht oder beiseiteschafft. Versuch ist strafbar. Die Strafe ist Freiheitsstrafe bis zu 5 Jahren oder Geldstrafe, in besonders schweren Fällen (s.o. 1 a) Freiheitsstrafe von 6 Mon. bis zu 10 Jahren (§ 283 d StGB). Auch hier ist Bedingung der Strafbarkeit Zahlungseinstellung des Schuldners oder Eröffnung des Insolvenzverfahrens. Der Eröffnung des Insolvenzverfahrens steht bei den I. die Ablehnung der Eröffnung mangels Masse gleich.

3. Das *Organ* eines *beschränkt haftenden Schuldners* (z. B. Geschäftsführer einer GmbH, Vorstandsmitglied einer AG oder Genossenschaft, organschaftlicher Vertreter einer oHG oder KG, bei der kein Gesellschafter eine natürliche Person ist) wird mit Freiheitsstrafe bis zu 3 Jahren, bei Fahrlässigkeit bis zu 1 Jahr, oder Geldstrafe bedroht wenn er es bei Zahlungsunfähigkeit oder Überschuldung unterläßt, unverzüglich, spätestens aber nach 3 Wochen die Eröffnung des Insolvenzverfahrens zu beantragen (§§ 64, 84 GmbHG, 401 AktG, 148 GenG, 130 a, 130 b HGB).

**Insolvenztabelle** → Insolvenzverfahren (4 b)

**Insolvenzverfahren.** Das nunmehr einheitliche (→ Insolvenzrecht) I. dient dazu, die Gläubiger eines Schuldners gemeinschaftlich zu befriedigen, indem das gesamte (s. aber → Sonderinsolvenz) Vermögen des Schuldners verwertet und der Erlös verteilt (Liquidation) oder in einem → Insolvenzplan eine abweichende Regelung insbes. zum Erhalt des Unternehmens des Schuldners (Veräußerung, Sanierung) getroffen wird. Dem redlichen Schuldner wird, sofern er eine natürliche Person ist, Gelegenheit gegeben, sich von seinen restlichen Verbindlichkeiten zu befreien (→ Restschuldbefreiung, § 1 InsO).

1. Das I. wird auf Antrag eines Gläubigers oder des Schuldners (bei einer Gesellschaft jedes Mitglieds des Vertretungsorgans, jedes persönlich haftenden Gesellschafters oder Abwicklers, §§ 13–15 InsO) vom *Insolvenzgericht* eröffnet. Insolvenzgericht ist das → Amtsgericht, in dessen Bezirk der Schuldner seinen allgemeinen → Gerichtsstand bzw. seine gewerbliche Niederlassung hat (§§ 2, 3 InsO). Dabei umfaßt ein ausländisches I. grdsätzl. auch das im Inland befindliche Vermögen des Schuldners; über dieses kann jedoch auch ein gesondertes I. eröffnet werden (Art. 102 EGInsO vom 5. 10. 1994, BGBl. I 2911). In zahlreichen Fällen, insbes. für → juristische Personen und für die → GmbH & Co besteht die Pflicht, das I. zu beantragen (sonst Schadensersatzpflicht der gesetzlichen Vertreter). Allgemeiner Grund zur Eröffnung des I. über ein insolvenzfähiges Vermögen (→ Insolvenzfähigkeit) ist die → Zahlungsunfähigkeit, beim Antrag des Schuldners auch die drohende Zahlungsunfähigkeit, d. h. wenn der Schuldner voraussichtlich nicht in der Lage sein wird, die bestehenden Zahlungsverpflichtungen im Zeitpunkt ihrer Fälligkeit zu erfüllen (§§ 17, 18 InsO). Bei einer juristischen Person, einer Personengesellschaft ohne persönlich haftende natürliche Person (z. B. einer GmbH & Co) sowie bei einem Nachlaß ist darüber hinaus auch die → Überschuldung Eröffnungsgrund (§§ 19, 320 InsO).

Das Insolvenzgericht hat zunächst alle Maßnahmen zu treffen, die erforderlich erscheinen, um bis zur Entscheidung über den Eröffnungsantrag (insbes. durch Prüfung des Umfangs der vorhandenen → Insolvenzmasse eine den Gläubigern nachteilige Veränderung in der Vermögenslage des Schuldners zu verhüten. Es kann z. B. einen vorläufigen Insolvenzverwalter (mit entsprechender Verwaltungs- und Verfügungsbefugnis zur Prüfung der Erfolgsaussichten eines I. oder einer Fortführung des Unternehmens) bestellen, dem Schuldner ein allgemeines Verfügungsverbot auferlegen und Maßnahmen der Zwangsvollstreckung gegen den Schuldner untersagen (§§ 21, 22 InsO).

Das Insolvenzgericht, weist den Antrag auf Eröffnung des I. ab, wenn das Vermögen des Schuldners voraussichtlich nicht ausreichen wird, die Kosten des Verfahrens (Gerichtskosten, Vergütungen und Auslagen des Insolvenzverwalters und der Mitglieder des → Gläubigerausschusses, § 54 InsO) zu decken *(Massearmut)*. Die Abweisung unterbleibt, wenn der Antragsteller einen ausreichenden Geldbetrag vorschießt, den er von jeder Person erstattet verlangen kann, die entgegen den Vorschriften des

Gesellschaftsrechts (z. B. als Geschäftsführer einer GmbH) den Antrag auf Eröffnung des I. pflichtwidrig und schuldhaft (was vermutet wird) nicht (rechtzeitig) gestellt hat (§ 26 InsO). Gegen die Entscheidungen des Insolvenzgerichts findet nur in den in der InsO vorgesehenen Fällen, z. B. gegen eine Entscheidung über die (Nicht-)Eröffnung des I. (§ 34 InsO) die sofortige → Beschwerde (ggfs. eine vom OLG zugelassene weitere Beschwerde) statt (§§ 6, 7 InsO).

2. Wird das I. eröffnet, so ernennt das Insolvenzgericht im Eröffnungsbeschluß i. d. R. einen → Insolvenzverwalter (§ 27 I InsO), den die (erste) Gläubigerversammlung durch eine andere Person ersetzen kann (§ 57 InsO). Einzelheiten über den Umfang von Rechten und Pflichten des Insolvenzverwalters, seine Haftung und Vergütung s. dort. Durch die Eröffnung des I. geht das Recht des Schuldners, das zur → Insolvenzmasse gehörende Vermögen zu verwalten und hierüber zu verfügen, auf den Insolvenzverwalter über (§ 80 InsO). Verfügungen des Schuldners sind (relativ) unwirksam (§ 81 InsO, → Unwirksamkeit, 2). Das Insolvenzgericht kann aber – vorbehaltlich einer anderweitigen Entscheidung der Gläubigerversammlung – (ausnahmsweise, insbes. wenn sich der Schuldner korrekt verhalten hat und das Vertrauen der Gläubiger genießt) dem Schuldner auf Antrag auch das eigene Verwaltungs- und Verfügungsrecht belassen (*Eigenverwaltung*) und ihn lediglich der Aufsicht eines Sachwalters unterstellen (§§ 270 ff. InsO; dieser hat u. a. die Pflicht, Umstände, durch die die Gläubiger benachteiligt werden können, sowie eine Masseunzulänglichkeit mitzuteilen). Im Regelfall sind aber Verfügungen des Schuldners nach Eröffnung des I. über einen Gegenstand der Insolvenzmasse grdsätzl. unwirksam (§ 81 InsO). Von einer Leistung an den Schuldner, die nicht in die Insolvenzmasse gelangt, wird der Leistende nur befreit, wenn er zur Zeit der Leistung die Eröffnung des I. nicht kannte (§ 82 InsO). Rechtsstreitigkeiten über die Insolvenzmasse werden unterbrochen (§ 240 ZPO) und können nur vom Insolvenzverwalter (unter bestimmten Voraussetzungen auch gegen ihn) wieder aufgenommen werden (§§ 85, 86 InsO). Die Insolvenzgläubiger können ihre Forderungen nur nach den Vorschriften über das I. verfolgen (§ 87 InsO). Dies bedeutet, daß Einzelzwangsvollstreckungen während der Dauer des I. grdsätzl. sowohl in die Insolvenzmasse als auch in das sonstige Vermögen des Schuldners unzulässig sind (§§ 89 f. InsO); Rechte an Gegenständen der Insolvenzmasse können nicht erworben werden, auch wenn keine Verfügung des Schuldners zugrunde liegt (Ausnahme: gutgläubiger Erwerb von Grundstücksrechten, §§ 81 I 2, 91 InsO); die → Aufrechnung mit erst nach der Eröffnung des I. entstandenen oder erworbenen Forderungen ist unzulässig (§§ 94 ff. InsO).

Im Eröffnungsbeschluß werden ferner Tag und Stunde der Eröffnung des I. angegeben (§ 27 InsO). Die Gläubiger werden aufgefordert, ihre Forderungen innerhalb einer bestimmten Frist beim Insolvenzverwalter schriftlich anzumelden (§§ 28, 174 InsO) und etwaige Sicherungsrechte (→ Sicherungseigentum, → Eigentumsvorbehalt) unverzüglich geltend zu machen. Personen, die Verpflichtungen gegenüber dem Schuldner haben, werden aufgefordert, nicht mehr an den Schuldner (sondern nur noch an den Insolvenzverwalter) zu leisten (§ 28 III InsO; früher arrestatorium oder offener Arrest genannt). Das Gericht bestimmt gleichzeitig Termin für die Gläubigerversammlung, und zwar den ersten Termin auf der Grundlage eines Berichts des Insolvenzverwalters über den Fortgang des Verfahrens (Berichtstermin) innerhalb von höchstens 3 Monaten (§§ 29, 156 f. InsO) sowie den Prüfungstermin zur Überprüfung der von den Gläubigern angemeldeten Forderungen (§§ 29, 176 ff. InsO). Vor der ersten Gläubigerversammlung kann das Insolvenzgericht ferner einen → Gläubigerausschuß einsetzen, der den Insolvenzverwalter bei seiner Amtsführung zu unterstützen und zu überwachen hat (§§ 67 ff. InsO). Der Eröffnungsbeschluß ist öffentlich bekanntzugeben (Tageszeitung, auszugsweise im Bundesanzeiger, §§ 30, 9 InsO), dem Handels- und Vereinsregister mitzuteilen und (zur Vermeidung gutgläubigen Erwerbs) im → Grundbuch einzutragen (§§ 31, 32 InsO, § 38 GBO).

3. a) Nach der Eröffnung des I. hat der Insolvenzverwalter das gesamte zur

Insolvenzmasse gehörende Vermögen des Schuldners sofort in Besitz und Verwaltung zu nehmen (§ 148 InsO). Er hat ferner ein Verzeichnis der einzelnen Gegenstände der Insolvenzmasse und der Insolvenzgläubiger (*Gläubigerverzeichnis*) aufzustellen (§§ 151 f. InsO). Ist ein → gegenseitiger Vertrag zur Zeit der Eröffnung des I. noch nicht oder nicht vollständig erfüllt, so hat der Insolvenzverwalter ein Wahlrecht, ob er den Vertrag erfüllen (und seinerseits Erfüllung verlangen) will oder nicht (§ 103 InsO), sofern nicht zugunsten des Gegners des Schuldners eine → Vormerkung eingetragen oder unter Besitzübergang ein → Eigentumsvorbehalt vereinbart worden ist (dann Erfüllungsanspruch des Gegners, §§ 106, 107 InsO). Lehnt der Verwalter die Erfüllung ab, so kann der andere Teil eine Forderung wegen Nichterfüllung nur als Insolvenzgläubiger geltend machen (§ 103 II InsO). Ein Miet-, Pacht- oder Leasingverhältnis kann der Vertragspartner des Schuldners nicht wegen Verzugs oder Vermögensverschlechterung kündigen (§ 112 InsO). Der Insolvenzverwalter kann eine → Betriebsvereinbarung vorzeitig kündigen (§ 120 InsO) und im Falle einer geplanten Betriebsänderung die Zustimmung des Arbeitsgerichts hierzu herbeiführen, wenn ein Interessenausgleich zwischen ihm und dem → Betriebsrat nach § 112 BetrVG nicht zustande kommt (§ 122 InsO). Ein Dienst- oder → Arbeitsverhältnis, bei dem der Schuldner der Dienstberechtigte (Arbeitgeber) ist, kann vom Insolvenzverwalter mit einer Frist von längstens 3 Monaten gekündigt werden (§ 113 InsO); der (grdsätzl. auch hier gegebene) → Kündigungsschutz für Arbeitnehmer ist entsprechend den besonderen Bedürfnissen des I. modifiziert (z. B. besonderes Beschlußverfahren vor dem Arbeitsgericht zur Feststellung eines dringenden betrieblichen Erfordernisses für Kündigungen, §§ 113 II, 125 ff. InsO). Zum → Sozialplan im Rahmen eines I. s. dort. S. a. → Sukzessivlieferungsvertrag.

b) Der Insolvenzverwalter hat im Interesse der am I. Beteiligten die → Insolvenzmasse möglichst zusammenzuhalten und zu mehren. Hierzu gehört, daß auch bewegliche Sachen, die sich im Besitz des Schuldners befinden und an denen ein Recht des Gläubigers auf abgesonderte Befriedigung (insbes. aufgrund Sicherungsübereignung, Eigentumsvorbehalt, Pfändung) besteht (→ Absonderung), vom Insolvenzverwalter zunächst weiter verwendet und grdsätzl. nur von ihm (unter Kostenbeteiligung des absonderungsberechtigten Gläubigers) verwertet werden (§§ 165 ff. InsO). Im Verfahren auf → Zwangsversteigerung oder → Zwangsverwaltung eines Grundstücks kann die einstweilige Einstellung des Verfahrens beantragt werden (§§ 30 d ff., 153 b ZVG). Insbesondere aber hat der Insolvenzverwalter im Rahmen der → Insolvenzanfechtung Gegenstände, die der Schuldner vor Eröffnung des I. in anfechtbarer Weise weggegeben oder an ihnen Rechte Dritter begründet hat (auch z. B. im Wege der Pfändung), zur Insolvenzmasse zurückzufordern (§§ 129 ff. InsO).

4. a) Im *Berichtstermin* hat der Insolvenzverwalter über die wirtschaftliche Lage des Schuldners und ihre Ursachen zu berichten, insbes. darüber, ob Aussichten bestehen, das Unternehmen des Schuldners im ganzen oder in Teilen zu erhalten (§ 156 InsO). Die Gläubigerversammlung beschließt sodann, ob das Unternehmen des Schuldners stillgelegt oder (vorläufig) fortgeführt werden soll; sie kann den Verwalter auch beauftragen, einen → Insolvenzplan zu erstellen (§ 157 InsO). Entschließt sich die Gläubigerversammlung für eine Fortführung des Unternehmens des Schuldners, so kann sie neben dessen Übertragung (→ Betriebsübergang) auch in einem – von den Vorschriften der InsO abweichenden – Insolvenzplan regeln, daß der Schuldner Träger des Unternehmens bleibt und die künftigen Erträge zur (teilweisen) Befriedigung der Gläubiger zur Verfügung stellt (§§ 217 ff. InsO). Nach dem Berichtstermin hat der Insolvenzverwalter unverzüglich das zur Insolvenzmasse gehörende Vermögen entsprechend den Beschlüssen der Gläubigerversammlung zu verwerten (§§ 159 ff. InsO), wobei er in entscheidenden Punkten der Zustimmung des Gläubigerausschusses (soweit nicht vorhanden: der Gläubigerversammlung) bedarf.

b) Der Insolvenzverwalter hat jede angemeldete Forderung eines Insolvenzgläubigers (mit Angaben zu Grund, Höhe und Rang) in eine Tabelle (*Insolvenztabelle*) einzutragen (§ 175 InsO). Im *Prüfungstermin* werden sodann die angemeldeten Forderungen ihrem Betrag und Rang nach geprüft (§ 176 InsO). Wird gegen sie weder vom Insolvenzverwalter noch von einem anderen Insolvenzgläubiger Widerspruch erhoben, so gilt die Forderung als festgestellt (§ 178 InsO). Wird eine Forderung bestritten, so kann deren Gläubiger Klage auf ihre Feststellung gegen den Bestreitenden erheben (oder einen bereits gegen den Schuldner anhängigen Rechtsstreit durch Aufnahme mit diesem Ziel fortsetzen); die rechtskräftige Entscheidung wirkt für und gegen alle Beteiligten (§§ 179 ff., 183 InsO). Aus der (endgültigen) Eintragung in die Tabelle kann, sofern der Schuldner im Prüfungstermin nicht widersprochen hat (abgesehen von einer → Restschuldbefreiung) später wie aus einem vollstreckbaren Urteil die → Zwangsvollstreckung gegen den Schuldner betrieben werden (§ 201 II InsO).

c) Mit der Befriedigung der Insolvenzgläubiger kann erst nach dem allgemeinen Prüfungstermin begonnen werden (§ 187 I InsO). Einzelheiten → Abschlagsverteilung, → Schlußverteilung, → Schlußtermin, → Nachtragsverteilung.

Sobald die Schlußverteilung vollzogen ist, beschließt das Insolvenzgericht die Aufhebung des I. (§ 200 InsO). Die Insolvenzgläubiger können nach Aufhebung des I. ihre restlichen (unbefriedigten) Forderungen gegen den Schuldner grdsätzl. unbeschränkt geltend machen (§ 201 InsO; s. aber → Restschuldbefreiung). Das I. ist schon vorher einzustellen, wenn sich im Lauf des Verfahrens herausstellt, daß die Insolvenzmasse nicht ausreicht, um die Kosten des Verfahrens zu decken (*Massearmut*, § 207 InsO; s. oben 1). Bei *Masseunzulänglichkeit* (hier sind zwar die Kosten des I. gedeckt, die Insolvenzmasse reicht jedoch nicht aus, um die fälligen sonstigen Masseverbindlichkeiten zu erfüllen) hat der Insolvenzverwalter nach deren Anzeige und Bekanntmachung die Massegläubiger in einer bestimmten Reihenfolge zu befriedigen; sodann wird das I. eingestellt (§§ 208 ff. InsO). Mit Zustimmung aller Insolvenzgläubiger ist das I. auch sonst einzustellen (§ 213 InsO). Nach Durchführung eines I. ist eine AG, GmbH oder GmbH & Co grdsätzl. von Amts wegen zu löschen (§ 141 a FGG).

5. Besondere Arten des I. sind das → Verbraucherinsolvenzverfahren und das → Nachlaßinsolvenzverfahren (s. i. s. dort).

**Insolvenzverwalter.** Der I. ist ein Organ zur Durchführung eines → Insolvenzverfahrens. Bereits vor dessen Eröffnung kann vom Insolvenzgericht ein vorläufiger I. bestellt werden (§ 21 II InsO). Nach Eröffnung des Insolvenzverfahrens wird (ausgenommen bei Eigenverwaltung des Schuldners, → Insolvenzverfahren, 2) ein I. ernannt (§ 27 InsO). I. kann nur eine natürliche Person sein (§ 56 InsO); vielfach ist es ein – auf die Durchführung von Insolvenzverfahren spezialisierter – Rechtsanwalt. Die → Gläubigerversammlung kann einen anderen I. wählen (§ 57 InsO).

Aufgabe des I. ist es, die → Insolvenzmasse in Besitz zu nehmen, sie zu verwalten und über sie (zum Teil mit Zustimmung des → Gläubigerausschusses oder der → Gläubigerversammlung) zu verfügen (§§ 80, 148 InsO). Der I. wirkt bei der Feststellung der Forderungen der Insolvenzgläubiger zur Insolvenztabelle mit und führt die Verteilung der Masse an die Gläubiger durch (→ Gerichtsstand für Klagen des I. § 19 a ZPO). Der I. steht unter der Aufsicht des Insolvenzgerichts, das ihn aus wichtigen Gründen aus dem Amt entlassen kann (§§ 58 f. InsO), aber auch der Gläubigerversammlung. Der I. ist allen Beteiligten zum → Schadensersatz verpflichtet, wenn er schuldhaft die Pflichten verletzt, die ihm nach seiner von der InsO umrissenen Rechtsstellung obliegen (§ 60 InsO). Er hat Anspruch auf Vergütung für seine Geschäftsführung und auf Erstattung angemessener Auslagen; die Höhe setzt das Insolvenzgericht (auf der Grundlage einer – noch zu erlassenden – Rechtsverordnung) fest (§§ 63 ff. InsO). Nach der Rspr. ist der I. nicht gesetzlicher Vertreter des Schuldners, sondern → Partei kraft Amtes; er handelt im eigenen Namen (wenn auch letztlich nur mit Wirkung für und gegen die am Insolvenzverfahren Beteiligten).

**Insolvenzwarenverkauf.** In einer öffentlichen Ankündigung des Verkaufs von Waren, die aus einer → Insolvenzmasse stammen, darf auf diese Herkunft nur hingewiesen werden, wenn die Waren noch zum Bestand der Insolvenzmasse gehören, d. h. der Verfügung des → Insolvenzverwalters unterliegen. Verstöße sind ein Sonderfall → unerlaubter Werbung, ziehen die Rechtsfolgen → unlauteren Wettbewerbs nach sich und sind → Ordnungswidrigkeiten (§ 6 UWG).

**Installationsmonopol.** Als I. bezeichnete man Regelungen, nach denen die Abnehmer von Elektrizität oder Gas verpflichtet waren, die erforderlichen Geräte und Vorrichtungen vom Energieversorgungsunternehmen zu beziehen. Ein I. in diesem Sinne wird heute nicht mehr gehandhabt. Es wäre auch zweifelsfrei nach § 26 GWB (→ Wettbewerbsrecht) unzulässig, im grenzüberschreitenden Verkehr zu EG-Nachbarstaaten auch nach europäischem → Kartellrecht (Art. 85, 86 EWGV). Dagegen können die → Energieversorgungsunternehmen Arbeiten an den Leitungen von persönlicher und fachlicher Qualifikation der Installationsunternehmen abhängig machen.

**Instandsetzungsgebot** → Baugebot.

**Instandsetzungspflicht bei elektrischen Anlagen.** Eine besondere Prüfungs- und Instandsetzungspflicht für elektrische Energieanlagen und Energieverbrauchsgeräte besteht für landwirtschaftliche Betriebe und ländliche Anwesen. Vgl. §§ 2 ff. der 2. DVO zum EnergiewirtschaftsG vom 31. 8. 1937, RGBl. I 918 m. spät. Änd.; dort auch über Durchführung und Kosten der Prüfungen.

**Instandsetzungspflicht bei Wohnräumen** → Miete (2 a).

**Instanz(enzug)** → Rechtszug.

**Institute des geweihten Lebens.** In der → kath. Kirche besondere Gemeinschaften von → Laien und/oder Klerikern (→ Klerus) mit i. d. R. eigener Rechtspersönlichkeit. Man unterscheidet → Ordensinstitute und Säkularinstitute.

**Institutionelle Garantie.** Das GG enthält neben den → Grundrechten, die dem Einzelnen eine individuelle Rechtsstellung verbürgen, auch institutionelle Garantien (auch „Institutsgarantien" genannt; ein Teil der Lehre macht zwischen beiden Begriffen gewisse Unterschiede, z. B. hinsichtlich der Zugehörigkeit des geschützten Instituts zum privaten – Institutsgarantie – oder zum öffentlichen Recht – i. G.). Diese gewährleisten ihrem Wesen nach zunächst nur den Bestand bestimmter Einrichtungen; allerdings können diese verfassungsrechtlich verankerten Institute für den Einzelnen zugleich subjektive Rechte (mit Grundrechtsrang) begründen. Als solche Gewährleistungen bestehen das Institut der Ehe und Familie (Art. 6 GG; Schutz der → Familie), der → Religionsunterricht und die → Privatschulen (Art. 7 GG, jedoch eingeschränkt durch die „Bremer Klausel" des Art. 141 GG) das → Brief-, Post- und Fernmeldegeheimnis (Art. 10 GG), das → Eigentum und das Erbrecht (Art. 14 GG), die kommunale → Selbstverwaltung (Art. 28 GG), die hergebrachten Grundsätze des → Berufsbeamtentums (Art. 33 V GG), der → gesetzliche Richter (Art. 101 GG) und der Schutz des Sonntags und der staatlichen → Feiertage (Art. 140 GG i. V. m. Art. 139 WV).

**Institutionen** → römisches Recht.

**Institutsgarantie** → institutionelle Garantie.

**instrumenta sceleris** → Einziehung im Strafverfahren.

**Integration** wird grundlegend als Einigungsprozeß von Teil und Gliedern zu einem einheitlichen Ganzen verstanden, so von Rudolf Smend für das Verfassungsrecht i. S. der ständigen Selbstverwirklichung des Staates als geistige Einheit. Im *Völkerrecht* spricht man von I. im Zusammenhang mit → Staatenverbindungen, insbes. für den supranationalen Zusammenschluß z. B. der → europäischen Gemeinschaften. Ähnliches gilt für die *militärische I.* (z. B. die Zusammensetzung militär. Kommandostellen aus Offizieren der NATO-Mitglieder zwecks Koordinierung der Verteidigung). Als I. *im ökonomischen Sinne* wird innerstaatlich der wirtschaftliche und rechtliche Zusammenschluß mehrerer Unternehmen bezeichnet (Konzentration; s. a. → Konzern, → Kartell).

**Integriertes Gemeinschaftsrecht** → Gemeinschaftsrecht, europ.

**Intellektuelle Urheberschaft** wird im Strafrecht gelegentlich die → Anstiftung genannt.

**Intellektuelle Urkundenfälschung** → Falschbeurkundung.

**Intelsat** (Internat. Fernmeldesatellitenorganisation): Zeichen s. BGBl. 1983 I 833; vgl. im übrigen → Satellitenfunk.

**Interesse (öffentliches)** → öffentliches Interesse;

**Interesse (positives, negatives)** → Schadensersatz (2 b).

**Interessengemeinschaft.** Darunter versteht man eine → Gesellschaft des bürgerlichen Rechts, die eine reine → Innengesellschaft darstellt und deren Zweck darin besteht, Gewinn und Verlust mehrerer → Unternehmen zusammenzurechnen und nach einem bestimmten Schema auf die Mitglieder der I. zu verteilen. Ist an einer I. eine → Aktiengesellschaft oder → Kommanditgesellschaft auf Aktien beteiligt, so gehört die I. zu den sog. verbundenen Unternehmen (§ 15 AktG). Der der I. zugrunde liegende Vertrag stellt einen → Unternehmensvertrag dar (§ 292 AktG).

**Interessenjurisprudenz** → Begriffsjurisprudenz.

**Interessenkollision** → Selbstkontrahieren, → Parteiverrat.

**Interessensphäre.** Als I. bezeichnet man in der Staatenpraxis die Gebiete, für die ein besonderes politisches Interesse eines Staates von anderen Staaten anerkannt wird. Die Anerkennung solcher I., die sich meist auf staatsfreies Gebiet oder das Staatsgebiet schwacher Staaten bezieht, spielte u. a. im Kolonialzeitalter (→ Kolonie) eine bedeutsame Rolle.

**Interimsschein** → Zwischenschein.

**Interlokales Recht** ist der Inbegriff der Rechtsnormen, die für den Fall anzuwenden sind, daß innerhalb einer umfassenden Rechtsordnung (z. B. in einem → Bundesstaat) für Teilgebiete unterschiedliche Bestimmungen gelten. Über Kollisionsfälle im *privatrechtlichen* Bereich → Internationales Privatrecht (1), dessen Grundsätze auch für das i. R. gelten. Im *Strafrecht* kann eine Normenkollision entstehen, wenn das am Tatort und das für das urteilende Gericht geltende Recht nicht übereinstimmen. Grundsätzlich ist das Recht des Tatorts maßgebend, insbes. bei Abweichungen in den Ländern der BRep. Dies gilt nach dem Beitritt der DDR auch zwischen den alten und den neuen Ländern (→ DDR-Straftaten, → Strafrecht, 3.). Hat der Täter an mehreren Orten gehandelt, so ist nach § 9 I StGB das strengere Tatortrecht anzuwenden (z. B. bei Schüssen über die Grenze; BGH NJW 1975, 1610). Eine → Amnestie ergreift nur die von den Gerichten des amnestierenden Landes ausgesprochenen Urteile, hat insoweit aber Wirkung auch in anderen Ländern; ob sie bei noch nicht abgeurteilten Taten nur für die im Bereich des amnestierenden Landes begangenen und nur für dessen Gerichte oder auch in den übrigen Ländern gilt, ist str.

**Internationale Arbeitsorganisation (ILO)** ist eine Sonderorganisation der → Vereinten Nationen mit dem Sitz in Genf. Hierzu entsendet jeder Mitgliedstaat nicht nur zwei Regierungsvertreter, sondern zusätzlich je einen Vertreter der Arbeitnehmer und Arbeitgeber; die vier Vertreter müssen nicht einheitlich abstimmen.

**Internationale Gerichte.** Europäischer Gerichtshof; → Europäischer Gerichtshof für Menschenrechte (→ Konvention zum Schutze der Menschenrechte und Grundfreiheiten); → Internationaler Strafgerichtshof; → Internationaler Gerichtshof; → Jugoslawien – Strafgerichtshof; Ständiger → Schiedsgerichtshof; → Seegerichtshof (→ Seerecht).

**Internationale Organisationen** sind ein wichtiger Fall der → Staatenverbindung. 1. I. O. sind Verbindungen souveräner → Staaten (→ Souveränität), die mindestens über ein Organ verfügen, das einen Willen zum Ausdruck bringen kann, der nicht notwendig mit dem Willen aller sich zusammenschließenden Staaten identisch ist. I. O. verfolgen einen

Zweck, der – von den einzelnen Staaten vorgenommen – zu dessen Hoheitsaufgaben zählen würde. Gemäß Art. 24 Abs. 1 GG kann der Bund Hoheitsrechte auf I. O. übertragen. Wachsen einer I. O. Hoheitsrechte zu, die unmittelbar gegenüber den Bürgern der Mitgliedstaaten ausgeübt werden können, so spricht man von → supranationalen O. I. O. sind → Völkerrechtssubjekte, soweit dies dem Willen der Mitgliedstaaten entspricht. Neben Vollmitgliedern können einer I. O. auch assoziierte Mitglieder angehören. Als Beispiele für I. O. sind zu nennen die → Vereinten Nationen (UNO), Sonderorganisationen der Vereinten Nationen wie z. B. die → UNESCO, Regionalorganisationen wie z. B. der → Europarat oder die NATO (→ Nordatlantikvertrag), internationale Wirtschaftsorganisationen und Organisationen zur Gründung einer Wirtschaftsgemeinschaft wie die EFTA; die → Europäischen Gemeinschaften können bereits als supranationale O. angesehen werden.

Noch keine I. O. mit eigener Rechtspersönlichkeit ist die → KSZE.

2. Keine I. O. im eigentlichen Sinn sind Vereinigungen von Privatpersonen und nichtstaatlichen juristischen Personen (Non-Governmental Organizations – NGO) im internationalen Bereich, z. B. das Internationale Olympische Komitee (IOC).

**Internationale Rechtshilfe** → Rechtshilfe (2), → Auslieferung.

**Internationale Wirtschaftsorganisationen** als Form der → Internationalen Organisationen haben für die internationale Zusammenarbeit im wirtschaftlichen Bereich seit dem 2. Weltkrieg zunehmende Bedeutung. Anders als multilaterale Konferenzen sind sie selbständige Träger von völkerrechtlichen Rechten und Pflichten (→ Völkerrechtssubjekte). Die Willensbildung von I. W. vollzieht sich auf der Ebene von Fachausschüssen, die in Zusammenarbeit mit einem ständigen Sekretariat Berichte und Lösungsvorschläge erarbeiten. Der Ausgleich von Kontroversen wird in Gremien auf der Ebene der Ministerialbürokratie versucht. Die für die Mitglieder verbindlichen Beschlüsse und Entscheidungen werden in Beschlußgremien auf Regierungsebene getroffen. Die wichtigsten I. W. sind der Internationale → Währungsfonds, → WTO, → OECD und → GATT, ferner die → Internationale Arbeitsorganisation (ILO).

**Internationaler Führerschein** → internationaler Kraftfahrzeugverkehr.

**Internationaler Gerichtshof.** Die internationale Gerichtsbarkeit unterscheidet sich von der internationalen Schiedsgerichtsbarkeit (Ständiger → Schiedsgerichtshof) dadurch, daß die Streitteile keinen Einfluß auf die Auswahl der zur Streitentscheidung berufenen Richter haben. Durch Art. 14 der Satzung des → Völkerbunds wurde der Ständige Internationale Gerichtshof errichtet. Durch die Satzung der → Vereinten Nationen wurde er in den Internationalen Gerichtshof umgewandelt. Er ist „richterliches Hauptorgan" der Vereinten Nationen (Art. 92 der Satzung). Er wird von 15 Richtern gebildet, die von Vollversammlung und → Sicherheitsrat auf je 9 Jahre gewählt werden. Vor dem G. können klagen (verklagt werden) alle Mitglieder der Vereinten Nationen sowie andere Staaten, die entweder dem Statut des I. G. beigetreten sind oder sich im Einzelfall der Entscheidung des Gerichtshofs unterstellen. Eine Verpflichtung, den I. G. anzurufen, besteht grundsätzlich nicht. Nach Art. 36 II des Statuts des I. G. können die Staaten aber generell erklären, daß sie sich allgemein oder für bestimmte Gruppen von Streitigkeiten der Entscheidung durch den I. G. unterwerfen werden. Eine solche Erklärung begründet eine Verpflichtung zur Anrufung (sog. fakultatives Obligatorium). Aus Art. 36 II des Statuts ergibt sich, daß der I. G. nur für Rechtsstreitigkeiten, nicht für politische Streitigkeiten zuständig ist; die Abgrenzung macht im Einzelfall große Schwierigkeiten. Ferner fehlt dem I. G. die Zuständigkeit für Eingriffe in den Bereich des nationalen Rechts („domaine reservé"); auch das bereitet im Einzelfall Schwierigkeiten. Neben der Streitentscheidung ist der I. G. auch zur Erstattung von Rechtsgutachten auf Anfrage von Organen und Unterorganisationen der Vereinten Nationen verpflichtet (Text des Statuts des I. G.: BGBl. 1973 II 505 – Anl. zum Ges. über UN-Beitritt). Neben dem I. G. wurde inzwischen aufgrund der

Seerechtsübereinkommen von 1982 (→ Seerecht) in Hamburg ein internationaler → Seegerichtshof errichtet.

**Internationaler Kraftfahrzeugverkehr.** Das Übereinkommen über den Straßenverkehr vom 8. 11. 1968 (BGBl. 1977 II 809) und das Internat. Abkommen über Kraftfahrzeugverkehr vom 24. 4. 1926 (RGBl. 1930 II 1233) sollen den Verkehr zwischen den angeschlossenen Staaten sichern und erleichtern. Sie bezeichnen die Sicherheitsvorrichtungen, mit denen ein für den i. K. zugelassenes Kfz. versehen sein muß, und regeln die Ausstellung internat. Zulassungsscheine, die Führung von Nationalitätszeichen und die Voraussetzungen für die Zulassung von Kraftfahrern zum i. K.; als Grundlage hierfür kann der Internat. Führerschein, aber auch eine innerstaatliche Fahrerlaubnis dienen. Es besteht zwischenstaatliche Auskunfts- und Mitteilungspflicht bei Unfällen international zugelassener Kfz. oder Fahrer; ferner sind die zwischen der BRep. und einer Anzahl ausländischer Staaten bestehenden Vereinbarungen über den Rechtshilfeverkehr in Verkehrsstrafsachen zu beachten. Die in der BRep. geltende VO über Internat. Kraftfahrzeugverkehr vom 12. 11. 1934 (RGBl. I 1137) m. Änd. begrenzt ergänzend die Verkehrserlaubnis auf Grund eines → Auslandsführerscheins oder einer → Auslandszulassung grundstätzlich auf 1 Jahr (bei Internat. Zulassung oder Führerschein ab Ausstellung gerechnet, bei ausländischer Erlaubnis ab Einreise); sie regelt ferner die Ausstellung des Internat. Zulassungs- und Führerscheins durch deutsche Stellen u. a. m.

**Internationaler Strafgerichtshof.** Ein ständiger I. S. besteht nicht (zu den Bemühungen s. Ambos ZRP 1996, 263; Roggemann ZRP 1996, 388). Der Sicherheitsrat der → Vereinten Nationen hat aber einen → Jugoslawien-Strafgerichtshof und mit Resolution 955 vom 8. 11. 1994 einen Ruanda-Strafgerichtshof (s. Ges. vom 4. 5. 1998, BGBl. II 843) eingerichtet. S. a. → Kriegsverbrechen.

**Internationaler Währungsfonds (IWF)** → Währungsfonds, internationaler.

**Internationaler Warenkauf** → CISG.

**Internationaler Zulassungsschein** → internationaler Kraftfahrzeugverkehr.

**Internationales Arbeitsrecht.** Abgesehen von internationalen Sonderregelungen bestimmt sich die für die rechtliche Beurteilung eines → Arbeitsverhältnisses maßgebende Rechtsordnung nach den Grundsätzen des → Internationalen Privatrechts. S. a. → Gastarbeitnehmer.

**Internationales Privatrecht.** 1. Die privatrechtlichen Beziehungen der am Rechtsleben Beteiligten reichen nicht selten über den Bereich einer Rechtsordnung hinaus (z. B. ein Deutscher hat in Österreich ein Testament gemacht und stirbt in Frankreich; ein Deutscher kauft in Holland Blumenzwiebeln). Hier entscheiden die Normen des sog. IPR, welches Recht zur Abwicklung und Entscheidung im Einzelfall anzuwenden ist, sofern nicht zwischenstaatl. Verträge und Abkommen vorgehen (s. u.). Die Normen des IPR sind kein → Völkerrecht, sondern als sog. *Zwischenrecht* Teil der Rechtsordnung des jeweiligen Staates. Anders als die meisten übrigen Vorschriften des → Privatrechts enthält das IPR jedoch i. d. R. keine Sach-, sondern Grenznormen *(Kollisionsnormen),* die entweder nur den Anwendungsbereich der deutschen Rechtsordnung festlegen (einseitige Kollisionsnormen) oder die ganz allgemein (wie nunmehr – Ges. vom 25. 7. 1986, BGBl. I 1142 – ganz überwiegend) den maßgeblichen Anknüpfungspunkt regeln (zweiseitige oder vollkommene Kollisionsnormen). Ist das Privatrecht innerhalb einer umfassenden Rechtsordnung nicht einheitlich, sondern in Einzelfragen weiterhin aufgespalten (z. B. in einem Bundesstaat), so ist nach den Maßstäben des IPR auch das Recht dieser speziellen Rechtsordnung zu ermitteln und anzuwenden (Art. 4 III EGBGB; sog. *interlokales Privatrecht*). Für vor dem Beitritt der ehem. DDR (3. 10. 1990) abgeschlossene Vorgänge bleibt das bisherige IPR maßgebend (Art. 236 § 1 EGBGB; Übergangsvorschriften und Sonderregelungen anläßlich des Beitritts in Art. 230 ff. EGBGB, s. bei den einzelnen Str. und → Einigungsvertrag).

*Anknüpfungspunkte* für das IPR zur Bestimmung der anwendbaren Rechtsordnung können persönliche (z. B. Staatsangehörigkeit, Wohnsitz des Betroffenen) oder räumliche Umstände (z. B. Ort der belegenen Sache, um die sich der Rechtsstreit dreht, *lex rei sitae*) sein. Möglich ist aber auch, die Rechtsordnung für anwendbar zu erklären, unter der die maßgebliche Willenserklärung, Handlung usw. abgegeben bzw. vorgenommen wurde *(lex loci actus)*. Schließlich kann auch vorgesehen werden, daß auf gewissen Gebieten die Rechtsordnung anzuwenden ist, in deren Herrschaftsbereich sich das angerufene Gericht befindet *(lex fori)*. So ist für das im Einzelfall maßgebliche Prozeßrecht, also hins. der Voraussetzungen für die Durchsetzung eines Anspruchs (Klage, Rechtsmittel usw.), die Verfahrensordnung des jeweiligen Gerichts (lex fori) maßgebend. Dagegen kann sich die Ermittlung des maßgeblichen materiellen Rechts (Begründetheit eines Anspruchs) nicht nach der Zufälligkeit des gerade angerufenen Gerichts richten. Ist nach dem IPR eine ausländische Rechtsordnung maßgebend, so ist nicht nur auf deren Sach-, sondern auch auf deren Kollisionsnormen verwiesen. Der Richter hat also zu beachten, ob das ausländische IPR nicht wieder auf das deutsche Recht verweist (*Rückverweisung, renvoi,* vgl. Art. 4 I EGBGB), oder eine dritte Rechtsordnung für anwendbar erklärt *(Weiterverweisung)*. Beispiel: 19jähriger Ausländer schließt in Deutschland Kaufvertrag ab. Nach deutschem IPR ist für die Geschäftsfähigkeit und damit für die Wirksamkeit des Vertrags die Staatsangehörigkeit des Ausländers, also dessen Rechtsordnung maßgebend. Enthält diese jedoch eine Bestimmung, wonach das Recht des Staates maßgebend ist, in dem das Rechtsgeschäft abgeschlossen wird, so ist deutsches Recht anzuwenden (und der Vertrag damit wirksam). Ausländische Rechtssätze, auf die das IPR verweist, sind auch dann anzuwenden, wenn sie von inländischem Recht abweichen. Die Anwendung einer ausländischen Rechtsnorm ist jedoch ausgeschlossen, wenn dies zu einem Ergebnis führt, das mit wesentlichen Grundsätzen des deutschen Rechts offensichtlich unvereinbar ist, insbes. gegen → Grundrechte verstößt (Art. 6 EGBGB; sog. *Vorbehaltsklausel* oder *ordre public,* z. B. die in verschiedenen Staaten zulässige Vielehe); es muß sich hierbei jedoch um erhebliche, mit der deutschen Rechtsanschauung absolut unvereinbare – z. B. im Ausland ausdrücklich gegen die deutschen Wirtschaftsinteressen erlassene – Vorschriften handeln.

2. Das deutsche IPR ist in Art. 3 bis 38 EGBGB i. d. F. vom 21. 9. 1994 (BGBl. I 2494) geregelt; soweit allerdings zwei- oder mehrseitige Abkommen bestehen (z. B. die verschiedenen EWG- und Haager Übereinkommen; s. a. → CISG, → gerichtliche Zuständigkeit, 5), gehen deren Regelungen dem IPR vor (Art. 3 II).

a) Allgemeines: Hauptanknüpfungspunkt des deutschen IPR ist die → Staatsangehörigkeit (Staatsangehörigkeitsprinzip), bei Mehrstaatern das Recht des Staates, mit dem die Person am engsten verbunden ist (z. B. durch den gewöhnlichen Aufenthalt, der auch bei Staatenlosen maßgebend ist, Art. 5). So richtet sich die → Rechtsfähigkeit, die → Geschäftsfähigkeit (Art. 7), aber auch das → Namensrecht (Art. 10) nach dem Recht des Staates, dem die Person angehört; ein Angehöriger eines fremden Staates, der seinen Aufenthalt im Inland hat, kann aber auch nach deutschem Recht einen Betreuer erhalten (Art. 24). Verträge und einseitige Rechtsgeschäfte sind formgültig, wenn die → Form dem für das Geschäft geltenden Recht (s. u.) oder dem Recht des Abschlußorts entspricht (Ortsform, Art. 11); der Vertragspartner wird bei Unkenntnis von aus dem Heimatrecht des anderen Vertragsteils herrührenden Handlungsbeschränkungen geschützt (Art. 12).

b) Familienrecht: Die Voraussetzungen für eine → Eheschließung unterliegen für jeden Verlobten dem Recht des Staates, dem er angehört; eine im Inland abgeschlossene Ehe bedarf aber der nach deutschem Recht vorgesehenen Form (Art. 13). Die allgemeinen Ehewirkungen (mit Ausnahme der güterrechtlichen Beziehungen und der Scheidungsfolgen, s. u.) richten sich nach der gemeinsamen Staatsangehörigkeit der Ehegatten, bei gemischten Ehen nach dem Recht des Staates, in dem beide Ehegatten ihren gewöhnlichen Aufenthalt haben oder dem sie auf andere Weise (z. B. durch die Herkunft) gemeinsam am engsten verbunden sind (Ehewirkungs- oder Familienstatut, Art. 14). Die güterrechtlichen Wirkungen der Ehe (→ Güterstände) richten sich nach dem hiernach maßgeblichen Recht im Zeitpunkt der Eheschließung (Gebiet ehem. DDR im Zeitpunkt des Beitritts am 3. 10. 1990, Art. 236 § 3); den Ehegatten steht jedoch die Möglichkeit einer gewissen Rechtswahl zu (Art. 15). Für die → Ehescheidung ist das Familienstatut im Zeitpunkt der Erhebung des Scheidungsantrags maßgebend; kann die Ehe hiernach nicht geschieden werden, so unterliegt die Scheidung bei einem deutschen Antragsteller dem deutschen Recht (Art. 17 I); auch ein → Versorgungsausgleich ist ggfs., insbes. wenn der Antragsgegner während der Ehe eine inländische Versorgungsanwartschaft erworben hat, nach deutschem Recht durchzuführen (Art. 17 III). Die Unterhaltspflicht bestimmt sich nach dem Recht des gewöhnlichen Aufenthalts des Unterhaltsberechtigten, hilfsweise nach deutschem Recht (Art. 18). Im EGBGB geregelt sind ferner noch die Anknüpfungen für die → Abstammung (Art. 19 ff.), → Adoption (Art. 22) sowie von → Vormundschaft, → Betreuung und → Pflegschaft (Art. 24).

c) Erbrecht: Die Rechtsnachfolge von Todes wegen unterliegt dem Recht des Staates, dem der Erblasser im Zeitpunkt seines Todes angehörte; für im Inland belegenes unbewegliches Vermögen kann deutsches Recht gewählt werden (Art. 25; über Formerfordernisse für → Verfügungen von Todes wegen vgl. Art. 26).

d) Das internationale *Sachenrecht* ist im EGBGB nicht geregelt. Für die Begründung und Übertragung dinglicher Rechte an einem Grundstück (Eigentum, Pfandrecht u. a.) gilt jedoch nach allgem. Ansicht – wie bei schuldrechtlichen Verträgen hierüber (Kauf, Pacht; vgl. Art. 28 III) – die Rechtsordnung, in deren Herrschaftsbereich sich die Sache befindet (Ortsrecht, lex rei sitae, Territorialitätsprinzip); auch an beweglichen Sachen bestehen bei Verbringen unter eine andere Rechtsordnung die bisher begründeten Rechte grundsätzlich fort.

e) Schuldrechtincl. *Handels- und Arbeitsrecht* (Schuldstatut): Die im folgenden dargestellte Regelung des deutschen Rechts entspricht den Vorgaben des EG-Übereinkommens über das auf vertragliche Schuldverhältnisse anzuwendende Recht (EVÜ) vom 19. 6. 1980 (BGBl. 1986 II 809; vgl. ferner über die Auslegung dieses Übereinkommens durch den → Europäischen Gerichtshof Ges. vom 16. 11. 1995, BGBl. II 914). Der Vertrag unterliegt dem Grundsatz nach dem von den Parteien einvernehmlich gewählten Recht; die Rechtswahl muß ausdrücklich sein oder sich mit hinreichender Deutlichkeit aus dem Vertrag oder aus den Umständen des Falles ergeben (Vertragsstatut, Art. 27 I). Fehlt eine solche Rechtswahlvereinbarung, so ist der Vertrag nach dem Recht des Staates zu beurteilen, mit dem er die engsten Verbindungen aufweist; dies ist i. d. R. der Staat, in dem die Partei, die die charakteristische Leistung zu erbringen hat (z. B. die Lieferung der Ware durch den Verkäufer, die Erstellung des Werks durch den Unternehmer) ihren gewöhnlichen Aufenthalt (Sitz, Verwaltung) hat (Art. 28). Bei Verträgen über die Lieferung beweglicher Sachen oder die Erbringung von Dienstleistungen darf die Vertragswahl nicht dazu führen, daß dem Verbraucher der Schutz der in seinem Aufenthaltsstaat zu seinen Gunsten erlassenen zwingenden Bestimmungen (z. B. → Allgemeine Geschäftsbedingungen) entzogen wird (Art. 29); dasselbe gilt für die Rechtswahl bei → Arbeitsverträgen und → Arbeitsverhältnissen (Art. 30). Nach dem Vertragsstatut richten sich das Zustandekommen und die Wirksamkeit des Vertrags (Art. 31), aber auch die Auslegung, die Erfüllung der durch ihn begründeten Verpflichtungen, die Folgen der Nicht- oder Schlechterfüllung, die Verjährung usw. (Art. 32). Die Vorschriften der Art. 27 ff. EGBGB gelten nicht für die Verpflichtungen aus → Wechseln, → Schecks und anderen handelsrechtlichen Wertpapieren sowie für Fragen des Gesellschafts(Vereins-)rechts und das Recht der juristischen Personen (Art. 37). Für internationale Warenkäufe geht allerdings weitgehend das → CISG vor. Außervertragliche Schuldverhältnisse sind im EGBGB nur insoweit angesprochen, als aus einer im Ausland begangenen unerlaubten Handlung gegen einen Deutschen keine weitergehenden Ansprüche als nach deutschem Recht geltendgemacht werden können (Art. 38). Ein weiteres Gesetz zur Regelung des internationalen Rechts der außervertraglichen Schuldverhältnisse (z. B. → ungerechtfertigte Bereicherung, → unerlaubte Handlung), des Rechts der juristischen Personen und des Sachenrechts ist in Vorbereitung.

**Internationales Prozeßrecht.** Unabhängig von der → Staatsangehörigkeit der Parteien (Beteiligten) und von dem materiell anzuwendenden Recht (→ Internationales Privatrecht) gilt für Rechtsstreitigkeiten vor Gerichten der BRep. grundsätzlich deutsches Verfahrensrecht, z. B. die Zivilprozeßordnung. Doch enthalten zahlreiche internationale Abkommen Sonderregelungen; → Haager Übereinkommen, → gerichtliche Zuständigkeit (5).

**Internationales Recht.** Unter i. R. versteht man auf dem Gebiet des Zivilrechts in erster Linie das → *internationales Privatrecht* also die Rechtsnormen, die bei über ein Land hinausgreifenden Tatbeständen die anwendbare Rechtsordnung bestimmen. Unter i. R. wird darüber hinaus aber auch das *supranationale Recht* verstanden, d. h. das Recht, das von übernationalen Instanzen (→ Supranationale Organisationen, → Internationale Organisationen) für mehrere Staaten einheitlich (z. B. von den Organen der EG) erlassen wird, gelegentlich auch das → *Völkerrecht.* Als i. R. wird schließlich auch das Recht bezeichnet, das durch Ratifikation vorher abgeschlossener Verträge in mehreren Staaten mit gleichem Wortlaut gilt. S. ferner → Geltungsbereich des Strafrechts.

**Internationales Rotes Kreuz.** 1864 wurde das aus 25 Schweizern bestehende Internationale Komitee vom → Roten Kreuz auf Veranlassung des Arztes *Henri Dunant* gegründet; es bildet zusammen mit den nationalen Gesellschaften vom Roten Kreuz und deren Dachorganisation, der Liga der Rot-Kreuz-Gesellschaften, das I. R.K. Das I. Komitee vom R. K. ist → Völkerrechtssubjekt.

**Internationales Steuerrecht.** 1. I. S. umfaßt Rechtssätze, die → Doppelbesteuerung und Nichtbesteuerung vermeiden sollen; sie sind z. T. dem allgemeinen → Völkerrecht, hauptsächlich aber den Doppelbesteuerungsabkommen (§ 2 AO) zu entnehmen. I. w. S. umfaßt das i. St. auch die Rechtsnormen des nationalen Außensteuerrechts, das sich mit der Besteuerung von ausländ. Einkommen und Vermögen befaßt. S. a. → Außensteuergesetz.

2. Gewinnermittlung. a) *Direkte G.* (separate accounting). Hat ein inländisches Unternehmen eine → Betriebsstätte im Ausland oder ein ausländisches Unternehmen eine Betriebsstätte im Inland, so ist das jeweilige Betriebsstätten-Ergebnis und Betriebsstätten-Vermögen durch direkte G., d. h. durch eine separate Betriebsstätten-Buchführung zu ermitteln. Die Isolierung des Betriebsstätten-Ergebnisses ist erforderlich bei – allgemeiner oder erweiterter – beschränkter Steuerpflicht (§ 49 I Nr. 2 EStG, § 2 I AStG), aber auch bei unbeschränkter Stpfl. (im Hinblick auf DBA-Freistellung oder auf die Steueranrechnung nach § 34 c EStG, § 26 KStG). Die direkte G. verlangt, daß die Betriebsstätte steuerlich „wie ein selbständiges Unternehmen" zu stellen ist. Das Betriebsstättenergebnis bemißt sich unter Berücksichtigung der *arm's length-Klausel,* d. h. unter Zugrundelegung von Vergütungen, die zwischen voneinander unabhängigen Geschäftspartnern vereinbart werden (§ 1 I AStG). b) Die *indirekte* G. (fractional apportionment) teilt den Gesamtgewinn des Unternehmens nach geeigneten Zerlegungsfaktoren wie z. B. Umsatz, Material-, Lohn- oder Kapitaleinsatz auf. Vgl. Art. 7 Nr. 2 OECD-Muster-DBA.

**Internationales Strafrecht.** Nach dem I. S. entscheidet sich, welches nationale S. anzuwenden ist, wenn der Tatort außerhalb des Heimatlandes des Täters oder in mehreren Ländern liegt oder das verletzte Rechtsgut ein ausländisches ist. Das deutsche I. S. (§§ 3 ff. StGB, → Geltungsbereich des Strafrechts) regelt nur den Anwendungsbereich des inländischen S., enthält also –

anders als das → internationale Privatrecht – keine echten Kollisionsnormen.

**Internationales Verwaltungsrecht.** Das i. V. bestimmt den Geltungsbereich des → Verwaltungsrechts gegenüber dem → Ausland. Es ist nicht kodifiziert. Grundsätzlich wirkt das V. nur gegenüber eigenen Staatsangehörigen sowie im Rahmen der → Gebietshoheit; doch kann das → Völkerrecht etwas anderes vorsehen.

**Interne Rechtskontrolle** → externe Rechtskontrolle.

**Internet** → Teledienste.

**Internuntius** → Nuntius.

**Interpellation** (parlamentarische → Anfrage) ist das Ersuchen des → Parlaments an die → Regierung, über eine bestimmte Angelegenheit Auskunft zu erteilen. Das Parlament hat einen Anspruch auf Auskunftserteilung (Interpellationsrecht), der aus der Verpflichtung der Regierung abgeleitet wird, auf Verlangen des Parlaments anwesend zu sein (Art. 43 I GG; entsprechende Vorschriften in den Landesverfassungen). Das Interpellationsrecht ist ein wichtiges Mittel der → parlamentarischen Kontrolle der Regierung.

**Interpol** (Internationale Kriminalpolizeiliche Organisation – IKPO) ist eine Vereinigung von ca. 170 nationalen Polizeibehörden. Zweck ist die grenzüberschreitende Verhütung und Verfolgung von Sraftaten (mit Ausnahme von politischen, militärischen, religiösen und rassischen Fragen) im Rahmen des nationalen Rechts und im Geiste der allgemeinen Erklärung der Menschenrechte. Dazu sind nationale Zentralbüros, in der BRep. das → Bundeskriminalamt (§ 3 I BKAG) eingerichtet. Hauptaufgaben sind polizeilicher Informationsaustausch und Rechtshilfeverkehr über Straftaten mit internationalem Bezug. I. hat keine hoheitlichen Befugnisse. Organe sind die Generalversammlung der Mitglieder, das Generalsekretariat (in Lyon/Frankreich), das auch Informationszentrale ist und mehrere Dateien führt, sowie das Exekutivkomitee.

**Interpretation** → Auslegung.

**Interregnum** ist die Zeit zwischen dem Wegfall eines Regenten und dem Regierungsantritt seines Nachfolgers, in der ein herrscherloser Zustand besteht. Ein I. kann insbes. nach dem Tode eines Monarchen, aber auch im Falle unheilbarer Erkrankung eintreten, wenn sie ihn regierungsunfähig macht. In der deutschen Geschichte versteht man unter dem I. insbes. die Zeit zwischen dem Tode Konrads IV. (1254) und der Wahl Rudolfs von Habsburg zum deutschen Kaiser (1273).

**Intervention.** Als I. bezeichnet man im System der europäischen Marktorganisationen (→ Marktorganisationen, gemeinsame – GMO) den Ankauf von Organisationswaren zur Sicherung von Preisen. Die I. bewirkt die → Abschöpfung.

**Interventionsklage** ist die → Drittwiderspruchsklage im Zivilprozeß.

**Interventionspunkte** sind die von den Währungsbehörden gegenüber einer fremden Währung festgesetzten Tiefst- und Höchstkurse, deren Einhaltung diese Stellen durch kursregulierende An- und Verkäufe der eigenen Währung auf dem Devisenmarkt überwachen. Das Europäische Währungsabkommen (Art. 9) schreibt die verbindliche Anzeige der von den Mitgliedsstaaten angewandten I. vor. S. a. → Wechselkurs.

**Interventionsstellen** sind die innerstaatlichen Behörden, die im Vollzug der gemeinsamen → Marktorganisationen der EG tätig werden. In der BRep. ist wichtigste I. die → Bundesanstalt für Landwirtschaft und Ernährung.

**Interventionswirkung** → Nebenintervention.

**Interzession** ist der Oberbegriff des Eintretens für eine fremde Schuld, insbes. daher → Bürgschaft, → Schuld(mit)übernahme, Verpfändung (→ Pfandrecht) u. a.

**Interzonenhandel.** Der I. (später „innerdeutscher Handel") unterfiel nicht dem → Außenwirtschaftsrecht; wegen der wichtigsten Rechtsvorschriften vgl. Anl. I EinigV Kap. 5 Sachgeb. F Abschn. II. Die Vorschriften über den I. sind aufgehoben (vgl. EinigV w. o.).

**Intestaterbfolge** nennt man die bei Fehlen einer → Verfügung von Todes wegen eintretende gesetzliche → Erbfolge.

**Intimsphäre** → Menschenwürde, → Persönlichkeitsrecht, → Geheimbereich, → Tagebuchaufzeichnungen.

**Invalidenrente für Behinderte.** Leistung der Rentenversicherung in der ehem. DDR; seit 1. 1. 1992 ist an ihre Stelle die → Berufsunfähigkeitsrente oder die → Erwerbsunfähigkeitsrente getreten (§ 302 a SGB VI).

**Invalidenversicherung.** Kurzbezeichnung für die Versicherung nach dem „Gesetz betreffend die Invaliditäts- und Altersversicherung" vom 22. 6. 1889, das am 1. 1. 1891 in Kraft trat. Das Gesetz war das dritte der grundlegenden Bismarck'schen Sozialversicherungsgesetze und direkter Vorläufer des heutigen Rechts der gesetzlichen → Rentenversicherung nach dem SGB VI.

**Inventar.** Ist ein Grundstück samt I. Gegenstand eines → Pachtrechts oder eines → Nießbrauchs, so ist unter I. die Gesamtheit der beweglichen → Gegenstände zu verstehen, die zur zweckentsprechenden Betriebsführung erforderlich sind. Im Erbrecht ist I. *(Nachlaßinventar)* ein Verzeichnis sämtlicher beim → Erbfall vorhandener Nachlaßgegenstände und → Nachlaßverbindlichkeiten (§§ 1993, 2001 BGB; → Inventarerrichtung). Im *Handelsrecht* ist I. ein genaues Verzeichnis aller Vermögensgegenstände und Schulden eines → Kaufmanns, das zu Beginn des Handelsgewerbes und zum Schluß jedes Geschäftsjahrs aufzustellen ist (§ 240 HGB) und die Grundlage für Eröffnungsbilanz und → Jahresabschluß darstellt. Das I. ist innerhalb einer dem ordnungsmäßigen Geschäftsgang entsprechenden Zeit zu errichten (bei Kapitalgesellschaften grundsätzlich innerhalb von 3 Monaten seit Abschluß des Geschäftsjahrs) und vom Kaufmann oder den vertretungsberechtigten Organen zu unterzeichnen. Das I. muß 10 Jahre aufbewahrt werden (auch auf Datenträger zulässig, § 257 HGB).

**Inventarerrichtung.** Der → Erbe ist berechtigt, ein Verzeichnis des → Nachlasses (→ Inventar) bei dem → Nachlaßgericht einzureichen (§ 1993 BGB). Auf Antrag eines → Nachlaßgläubigers hat das Nachlaßgericht dem Erben bzw. dem Testamentsvollstrecker (nicht aber bei → Nachlaßverwaltung oder → Nachlaßinsolvenzverfahren, da hier ohnedies beschränkte Erbenhaftung eingetreten ist) zur I. eine Frist zu setzen – Inventarfrist –, die regelmäßig 1–3 Monate, beginnend mit der → Annahme der Erbschaft, beträgt (§§ 1994, 1995 BGB). Das rechtzeitig errichtete Inventar hat die Vermutung der Richtigkeit und Vollständigkeit für sich (§ 2009 BGB). Die I. führt *nicht* zur *Beschränkung der Erbenhaftung;* der Erbe verliert aber allen Nachlaßgläubigern gegenüber die Beschränkungsmöglichkeit, wenn er die Inventarfrist versäumt (§ 1994 I 2 BGB) oder das Inventar absichtlich unvollständig oder unrichtig erstellt (§ 2005 BGB, sog. *Inventaruntreue*). Jeder Nachlaßgläubiger kann verlangen, daß der Erbe die Richtigkeit des Inventars zu Protokoll des → Nachlaßgerichts eidesstattlich versichert; verweigert der Erbe die Abgabe der → eidesstattlichen Versicherung, so haftet er dem antragstellenden Gläubiger unbeschränkt (§ 2006 BGB).

**Inventaruntreue** → Inventarerrichtung.

**Inventur** bedeutet im Handels- und Steuerrecht die körperliche Aufnahme von Beständen des → Anlage- und → Umlaufvermögens durch Zählen, Messen, Wiegen oder (ausnahmsweise) Schätzen zur Erstellung des → Inventars. Methoden: *jährliche I.*, erleichtert durch *zeitnahe I.* (10 Tage vor bis 10 Tage nach Bilanzstichtag, Abschn. 30 I EStR), *Stichproben-I.* mit Hilfe anerkannter mathem.-statist. Methoden (§ 241 I HGB), *permanente I.*, d. h. kontinuierliches mengenmäßiges Fortschreiben der Bestände (Skontration), Buchinventur auf den Bilanzstichtag und mindestens einmal jährlich Soll-Ist-Vergleich mit Protokollen. Bei *zeitlich verlegter I.* wird ein besonderes → Inventar auf einen Stichtag 3 Mon. vor bis 2 Mon. nach dem Bilanzstichtag erstellt; die Bestände werden wertmäßig fortgeschrieben oder rückgerechnet. Fehlen der I. bedeutet regelmäßig Verlust der „Ordnungsmäßigkeit" der Buchführung für 2 Jahre.

**Inverkehrbringen** von Mitteln zum → Schwangerschaftsabbruch s. dort; –

von *Falschgeld* → Geld- und Wertzeichenfälschung; – nichtverkehrsfähiger → *Lebensmittel* s. dort; – *vergifteter Sachen* → Vergiftung.

**Investitionsrücklage.** In den *neuen Ländern* ansässige Stpfl., die in 1990 einen → Gewinn aus → Gewerbebetrieb oder → selbständiger Arbeit oder einen Überschuß aus Vermietung und Verpachtung erzielten, konnten eine steuerfreie I. bilden mit 20% der Einkünfte, höchstens 50 000 DM. Die I. ist, wenn keine begünstigten → Wirtschaftsgüter angeschafft oder hergestellt werden, spätestens im Veranlagungszeitraum 1995 ergebniserhöhend aufzulösen (§ 58 II EStG).

**Investitionsvorranggesetz.** Im Interesse des wirtschaftlichen Neuaufbaus in der ehem. DDR (dazu schon Art. 41 II EinigV, das Investitionsgesetz der DDR vom 29. 9. 1990 sowie das „Hemmnisbeseitigungsgesetz" vom 22. 3. 1991, BGBl. I 766) enthält das „Gesetz über den Vorrang für Investitionen bei Rückübertragungsansprüchen nach dem Vermögensgesetz" – InVorG – vom 14. 7. 1992 (BGBl. I 1268) verschiedene Fälle, in denen vom Grundsatz „Rückgabe vor Entschädigung" (→ Offene Vermögensfragen) bei rückübertragungsbelasteten Vermögenswerten im Interesse baldiger Investitionen abgewichen werden kann (Schlagwort: *„Investive Vorfahrtregelungen"*). Nach § 1 InVorG dürfen Grundstücke, Gebäude und Unternehmen, die Gegenstand von Rückübertragungsansprüchen nach dem VermG sind oder sein können, ganz oder teilweise für besondere Investitionszwecke verwendet werden. Die den Restitutionsanspruch sichernden Verfügungsbeschränkungen (§ 3 III–V VermG) sind dann nicht anzuwenden. Besondere Investitionszwecke sind insbes. Sicherung oder Schaffung von Arbeitsplätzen, Schaffung von Wohnraum, Schaffung investitionsnotwendiger Infrastrukturmaßnahmen (vgl. dazu §§ 3, 18 bis 20 VermG). Liegen die Voraussetzungen vor und bietet der Vorhabensträger Gewähr für die Durchführung der Investitionen, so erteilt der Verfügungsberechtigte (z. B. die → Treuhandanstalt oder eine Kommune, bei Privatpersonen die Behörde) einen Investitionsvorrangbescheid. Der Rückübertragungsberechtigte muß angehört werden, hat aber nur bei gleichem oder annäherndem Selbstinvestitionsvorhaben Vorrang. Das InVorG regelt i. e. das Erteilungsverfahren, den Investitionsvorrangbescheid und den investiven Vertrag, den Rechtsschutz und die Sicherung von Investitionen (Vertrauensschutz des Investors), die Durchführung der Investition und die Rückabwicklung fehlgeschlagener Vorhaben, den Ausgleich für den Rückübertragungsberechtigten sowie besondere Verfahren.

**Investitionszulage.** Das Investitionszulagengesetz 1996 vom 22. 1. 1996 (BGBl. I 60), geändert 18. 8. 1997 (BGBl. I 2070), gewährt unbeschränkt und beschränkt Einkommen- und Körperschaftsteuerpflichtigen mit Gewinneinkünften (→ Einkünfte) für begünstigte Investitionen im Fördergebiet, die bis 31. 12. 1998 abgeschlossen werden, eine I.

1. *Fördergebiet* sind die neuen Länder einschließlich Gesamt-Berlin (§ 1 II).

2. *Begünstigt* sind die Anschaffung oder Herstellung neuer abnutzbarer beweglicher Anlagegüter. *Nicht begünstigt* sind geringwertige Wirtschaftsgüter (GWG) und Personenkraftwagen. Die Wirtschaftsgüter müssen mindestens 3 Jahre nach Anschaffung oder Herstellung zum Anlagevermögen einer Betriebsstätte im Fördergebiet gehören und während dieses Zeitraums dort verbleiben. Unschädlich ist eine Vermietung oder Veräußerung an einen anderen Unternehmer, der das Wirtschaftsgut in seiner Betriebsstätte im Fördergebiet nutzt. Schädlich ist eine Privatnutzung von mehr als 10% jährlich.

3. *Bemessungsgrundlage* der I. ist die Summe der Anschaffungs- oder Herstellungskosten der im Wirtschaftsjahr abgeschlossenen begünstigten Investitionen. I. kann bereits für Anzahlungen und Teilherstellungskosten beantragt werden (§ 4 S. 2 u. 3).

4. *Höhe der I.:* 12% für Investitionen, die abgeschlossen wurden bis 30. 6. 1992; 8%, wenn abgeschlossen bis 31. 12. 1994, falls Investitionsbeginn bis 31. 12. 1992; 8% bei Investitionsbeginn vom 1. 1. 1993 bis 30. 6. 1994, wenn abgeschlossen bis 31. 12. 1998; 5% für Investitionen, die ab 1. 7. 1994 begonnen und bis 31. 12. 1998 abgeschlossen

werden (§§ 3, 5). Der Zeitraum 1. 1. 1993 bis 31. 12. 1998 schließt Groß- und Einzelhandel, Kreditinstitute, Versicherungen, Elektrizitäts- und Gasversorgung und Berlin-West von der Begünstigung aus (§ 3 S. 3).

5. *Erhöhte I. mit 20%* nur für bestimmte Wirtschaftszweige aus höchstens 1 Mio DM jährlich und nur für Unternehmer, die am 9. 11. 1989 einen Wohnsitz in den neuen Ländern hatten. Bei Personen- und Kapitalgesellschaften müssen 51% der Anteile von Gesellschaftern gehalten werden, die diese Voraussetzungen erfüllen (§ 5 II).

6. *Antrag* auf I. ist bis zum 30. 9. des folgenden Kalenderjahrs zu stellen (§ 6). Die I. gehört nicht zu den Betriebseinnahmen und mindert nicht die steuerlichen Anschaffungs- und Herstellungskosten (§ 10). Für Berlin-West gelten Besonderheiten (§ 11 II).

7. Zu Zweifelsfragen BMF BStBl. I 1996, 2.

8. Die I. kann eine Beihilfe i. S. des Art. 92 EG-Vertrags sein, die der Genehmigung der → Europäischen Kommission bedarf. Diese Genehmigung wurde für die 8%ige I. nicht gewährt, so daß das I. G. geändert werden muß (BMF 12. 12. 1997, BStBl. I 97, 1028). → Subvention, → Subventionswesen.

9. Das InvZG 1999 vom 18. 8. 97 (BGBl. I 97 2070) geändert durch G v. 24. 3. 1998 (BGBl. I 529), beendet die steuerliche Förderung nach dem → Fördergebietsgesetz. Die I. ist ab 1999 die einzige Förderung. Im betrieblichen Bereich werden Investitionen des verarbeitenden Gewerbes, des Handwerks, der produktionsnahen Dienstleistungen und des innerstädtischen Handels gefördert durch eine I. iHv 10%. Gefördert werden auch Sanierungsarbeiten an Mietwohnungen und bei selbstgenutzter Immobilie im Privatvermögen iHv 15%. Berlin-West ist in die Förderung miteinbezogen. Der Investitionszeitraum reicht von 1999 bis 2004, teilweise bis 2001. Die formalrechtlichen Vorschriften entsprechen bisherigem Recht.

**Investiturstreit.** Der Streit um das Recht der Investitur (Einkleidung = Einsetzung) hoher geistlicher Würdenträger entzündete sich schon im frühen Mittelalter, als Bestrebungen der Kirche aufkamen, das ursprünglich auf der sakralen Auffassung von der weltlichen Obrigkeit beruhende Recht der Auswahl oder Bestätigung der Bischöfe, Äbte usw. durch den König (sog. Laien-Investitur) zu beseitigen. Die Kämpfe um die Neuordnung des Verhältnisses von Kirche und Staat kamen zum offenen Ausbruch, als Nikolaus II. 1059 im Papstwahlgesetz das Ein- und Absetzungsrecht des Kaisers durch das Wahlrecht des Kardinalkollegiums ersetzte. Papst Gregor VII. beanspruchte, gestützt auf die → Zweischwerterlehre, für den Papst das Recht, als höchste Autorität der Welt den Kaiser abzusetzen; er verbot 1075 die Laien-Investitur. Sein Gegner Heinrich IV. vermochte nicht, die gegenteilige Auffassung gegenüber dem Papst durchzusetzen, zumal er nicht die volle Unterstützung des Hochadels fand und seine Position durch Aufstellung von Gegenkönigen geschwächt wurde. Sein Bußgang nach Canossa (1077) demonstrierte seine politische Niederlage. Der I. fand erst sein Ende durch das Wormser Konkordat (1122) unter Heinrich V. Es enthielt einen Kompromiß, nach dem der Kaiser spiritualiter unter dem Papst, aber temporaliter über ihm stand: dem Kaiser verblieb die Investitur mit den weltlichen Rechten des Kirchenamtes (Kirchengüter, Regalien und weltliche Regierungsrechte) mittels Verleihung des Zepters, während der Auftrag zur Seelsorge nach kanonischem Recht erteilt wurde (Wahl durch das Domkapitel und Konsekration, Verleihung von Ring und Stab durch den Papst). Je nachdem, ob nach der in den einzelnen Gebieten unterschiedlichen Regelung die weltliche Investitur oder die Konsekration zuerst stattfand, bestand Vorrang der weltlichen oder der geistlichen Investitur.

**„Investive Vorfahrtregelungen"** → Investitionsvorranggesetz.

**Investmentfonds, -gesellschaft** → Kapitalanlagegesellschaft.

**Investmentrichtlinie (EG)** („Harmonisierungsrichtlinie") → Kapitalanlagegesellschaft.

**invitatio ad offerendum** = Einladung (Aufforderung) zur Abgabe eines (Vertrags-) Angebots → Vertrag (1).

**in-vitro-Fertilisation** → künstliche Fortpflanzung.

**Inzest** = → Blutschande.

**Inzidentfeststellungsklage** → Zwischenfeststellungsklage.

**Ionisierende Strahlen** → Lebensmittel, → Sprengstoff- u. Strahlungsverbrechen.

**IPR** = → Internationales Privatrecht.

**ipso iure** = kraft Rechts (Gesetzes), unmittelbar. Der rechtliche Erfolg tritt also ohne zusätzliche Handlung oder → Willenserklärung eines Beteiligten ein, z. B. Erwerb des Nachlasses durch den (die) Erben mit dem Tode des Erblassers (→ Erbanfall, → Rechtserwerb).

**IRO.** Die International Refugee Organisation (IRO) war eine Flüchtlingsorganisation der → Vereinten Nationen, die sich bis Ende 1951 auch in der BRep. mit der Heimschaffung, Auswanderung und Neuansiedlung verschleppter Personen befaßte. Nachfolger ist seit 1961 der Hohe Kommissar für das Flüchtlingswesen (UNHCR). S. a. → displaced persons, → heimatlose Ausländer.

**Irreführung im Wettbewerb** → unlauterer Wettbewerb, → unerlaubte Werbung.

**Irrtum.** 1. Zur Irrtumslehre im *bürgerlichen Recht* → Anfechtung von Willenserklärungen (1), → Geschäftsgrundlage, → Vertrag (1: Dissens), → Anfechtung letztwilliger Verfügungen.

2. Der *strafrechtlich* erhebliche I. kann sich auf den Tatbestand oder auf die Rechtswidrigkeit des Handelns beziehen. Im letzteren Falle handelt es sich um → Verbotsirrtum.

Ein Tatbestands-I. liegt vor, wenn der Täter ein Tatbestandsmerkmal objektiv verwirklicht, ohne dies zu wissen (z. B. versehentliche Mitnahme eines fremden Kleidungsstücks in einer Gaststätte). Er kann dann nach § 16 StGB nicht wegen vorsätzlichen Handelns bestraft werden (→ Schuldausschließungsgrund), aber bei verschuldetem I. wegen Fahrlässigkeit, falls diese mit Strafe bedroht ist (fahrlässiger Diebstahl ist straflos; anders – nämlich fahrlässige Körperverletzung – wenn ein Polizist auf einen Passanten schießt, den er schuldhaft mit dem verfolgten Einbrecher verwechselt). Entsprechendes gilt, wenn der Täter irrig Tatumstände annimmt, die den Tatbestand eines milderen Gesetzes erfüllen. Beim sog. *umgekehrten I.* – Täter nimmt irrig ein Tatbestandsmerkmal als gegeben an – kann nicht wegen vollendeter Tat bestraft werden, aber wegen Versuchs, falls dieser mit Strafe bedroht ist (z. B. eidliche Aussage, die der Aussagende für falsch hält, die aber objektiv richtig ist). Rechtsunerheblich ist ein Irrtum über den Gegenstand des Delikts, insbes. über die verletzte Person – *error in obiecto, error in persona* –, wenn das gewollte und das tatsächliche Angriffsobjekt gleichwertig sind (z. B. wenn der Täter versehentlich B statt, wie beabsichtigt, A erschießt). Anders wieder bei → aberratio ictus. Zum I. über das Vorliegen von → Notstand oder → Notwehr s. dort.

Schwierig ist die Abgrenzung des Tatbestands- vom *Subsumtions-I.,* d.i. der I. darüber, ob ein Sachverhalt unter ein Strafgesetz oder einen gesetzlichen Begriff fällt (z. B. I. des Täters darüber, ob für das Kfz. die Geschwindigkeitsgrenzen für Pkw oder Lkw gelten; oder I. über den Begriff Urkunde i. S. des § 267 StGB bei Fälschen einer Garderobenmarke). Der echte Subsumtions-I. schließt Vorsatz nicht aus, kann aber nach den Grundsätzen des → Verbotsirrtums zu behandeln sein.

S. ferner → Wahndelikt, → Gehorsamspflicht (I. über Rechtmäßigkeit eines Befehls), → Staatsgeheimnis (I. über dessen Illegalität).

**Islam** ist die von Mohammed gestiftete monotheistische Weltreligion. Die Anhänger des I. bezeichnen sich als Muslime. Die Bezeichnung Mohammedaner ist irreführend, da Mohammed als menschlicher Überbringer der Heilsbotschaft nicht Gegenstand des Glaubens ist. Anders als bei den → Kirchen (→ Katholische Kirche; → Evangelische Kirche) gibt es beim I. keine institutionelle Struktur mit hierarchischen Gliederungen und keine Organe mit Vertretungsmacht für die Glaubensgemeinschaft. Der I. ist daher in Deutschland auch keine → Körperschaft des öffentlichen Rechts (→ Religionsgesellschaften). Überdies stünde die mit der Verfassungsordnung des Grundgesetzes nicht vereinbare fundamentalistische Grundhaltung einiger islamischer Gruppen einer Anerkennung als Körperschaft des öffentlichen Rechts entgegen. Der Islamische Arbeitskreis in Deutschland ist nach seiner Satzung vom 14. 2. 1994 als gemeinnütziger privatrechtlicher Verein organisiert; Mitglieder sind eine Vielzahl ebenfalls als privatrechtliche Vereine organisierter islamischer oder muslimischer Vereinigungen. Daneben besteht der am 21. 11. 1986 in Berlin gegründete Islamrat für die Bundesrepublik Deutschland, der sich als Koordinierungsinstanz der ihm angehörenden islamischen Religionsgemeinschaften und Institutionen versteht. Teilweise gehören islamische Vereinigungen sowohl dem Islamischen Arbeitskreis als auch dem Islamrat an. Die Zugehörigkeit zum I. ist nicht von der Mitgliedschaft in einer islamischen Vereinigung abhängig. → Religionsunterricht; → Moschee.

**Israelitische Kultusgemeinden.** → Jüdische Gemeinden.

**Istbesteuerung** → Umsatzsteuer (6.).

**iudex a quo** ist die abgekürzte Bezeichnung für den Richter (das Gericht), dessen Entscheidung angefochten worden ist.

**iudex ad quem** für den Richter, der über das Rechtsmittel zu entscheiden hat.

**iudex inhabilis** ist die gemeinrechtliche Bezeichnung für den kraft Gesetzes ausgeschlossenen,

**iudex suspectus** für den wegen Besorgnis der Befangenheit abgelehnten Richter (→ Ausschließung, → Ablehnung von Gerichtspersonen).

**iudicium** (lat.) = gerichtliche Entscheidung, Urteilsspruch.

**iura circa sacra** ist der Inbegriff der dem Staat der Kirche gegenüber zustehenden, aus seiner → Souveränität abgeleiteten Hoheitsrechte (insbes. Zulassung von Religion und Religionsausübung, Anerkennung und Aufsicht bezüglich der Religionsgesellschaften und deren Schutz). Das Verhältnis von staatlicher Obrigkeit und Kirche ist in der BRep. durch Art. 4, 140 GG dahin festgelegt, daß der Staat → Glaubens- und Bekenntnisfreiheit garantiert, die Freiheit der Vereinigung zu Religionsgesellschaften und deren Selbstverwaltung gewährleistet und diese im bisherigen Umfang als öffentlich-rechtliche Körperschaften anerkennt. Der Staat ist der Kirche gegenüber zwar an bestimmte Beschränkungen gebunden; seine Hoheit über die Kirche ist jedoch nicht in Frage gestellt. Der Begriff der i. c.s. ist von dem der → iura in sacra zu unterscheiden (→ Staatskirchenrecht).

**iura in sacra.** Während der Begriff der → iura circa sacra die dem Staat der Kirche gegenüber zustehenden Hoheitsrechte bezeichnet, die aus der Souveränität des Staates folgen, versteht man unter den iura in sacra die dem Landesherrn zustehenden Rechte bezüglich des Kirchenregiments. Die i. i.s. kamen in den deutschen evangelischen Landeskirchen früher dem Landesherrn zu; erst im 19. Jahrhundert ging die Entwicklung dazu über, die Befugnisse der inneren Kirchengewalt auf kirchliche, aber noch vom Landesherrn bestellte Institutionen (Provinzialkonsistorien) zu übertragen.

**iura novit curia** (das Gericht kennt die Rechtssätze). Die Parteien brauchen dem Gericht nur Tatsachen vorzutragen; Rechtsausführungen sind nicht erforderlich, weil das Gericht das Recht kennt und von Amts wegen anwendet. Eine Ausnahme von diesem für alle Verfahrensarten geltenden Grundsatz besteht nach § 293 ZPO, soweit eine Partei sich auf ausländisches Recht, Gewohnheitsrecht oder Satzungsrecht beruft und die Rechtssätze dem Gericht unbekannt sind; in diesem Falle hat sie den Nachweis zu erbringen. S. a. *da mihi factum, dabo tibi ius.*

**ius aequum** = billiges Recht.

**ius cogens** = zwingendes Recht (Gegensatz).

**ius dispositivum** = nachgiebiges Recht); → Recht (3).

**ius divinum** ist kirchenrechtlich das auf göttlichem Willen beruhende Recht. Der Begriff ist nicht einheitlich, insbes. unterschiedlich in den einzelnen Kirchen; in der evang. Kirchenrechtswissenschaft wird ein i. d. zum Teil bezweifelt, zumindest scharf von der weltlichen

Rechtsordnung getrennt. Im kath. Kirchenrecht war die Anerkennung des i. d. nie in Frage gestellt; es ist höchste Rechtsquelle und dem → ius humanum übergeordnet. Das i. d. ergibt sich als ius divinum positivum aus der heiligen Schrift und der Tradition, als ius divinum naturale (Naturrecht) aus dem Rechtsgefühl. Es kann nicht außer Kraft gesetzt, jedoch nach Auffassung der kath. Kirche von ihr authentisch interpretiert werden.

**ius gentium** = → Völkerrecht.

**ius honorarium** → römisches Recht.

**ius humanum** (menschliches Recht) umfaßt im Gegensatz zu dem auf göttlichem Willen beruhenden → ius divinum (soweit ein solches anerkannt wird) sowohl das positive Kirchenrecht, wie es durch die kirchliche Gesetzgebung geschaffen wird (in der → kath. Kirche durch den → Papst und die → Bischöfe jeweils für ihr Gebiet), wie auch das gesamte von weltlichen Einrichtungen geschaffene Recht.

**ius offerendi** = → Ablösungsrecht.

**ius privatum** = Privatrecht (bürgerliches R.),

**ius publicum** = öffentliches Recht (→ Recht, 2).

**ius sanguinis** → Staatsangehörigkeit.

**ius strictum** = strenges Recht (→ Recht, 3).

**ius soli** → Staatsangehörigkeit.

**ius tollendi** = → Wegnahmerecht.

**ius variandi** = Wahlrecht des Käufers (→ Gewährleistung, 2).

**iustitia (commutativa/distributiva)** → Gerechtigkeit.

**Jagd- und Schonzeiten.** Nach den Grundsätzen der Hege und Pflege und unter Berücksichtigung der Erfordernisse der Landeskultur werden durch RechtsVO des BMELuF für die jagdbaren Tiere Zeiten bestimmt, in denen die Jagd auf sie ausgeübt werden darf (Jagdzeiten). Außerhalb der Jagdzeiten sind die jagdbaren Tiere mit der Jagd zu verschonen (Schonzeiten). Die Länder können die Jagdzeiten abkürzen oder vorübergehend aufheben oder die Schonzeiten für bestimmte Gebiete oder für einzelne Jagdbezirke insbes. zur Beseitigung kranken oder kümmernden Wildes, zur Wildseuchenbekämpfung oder aus Gründen der Wildhege befristet aufheben (§ 22 BJagdG; VO vom 2. 4. 1977, BGBl. I 531).

**Jagdaufseher** ist ein Bediensteter des Jagdausübungsberechtigten, dem dieser die Wahrnehmung des → Jagdschutzes übertragen hat. Der J. bedarf der Bestätigung der nach Landesrecht zuständigen Landesbehörde. Er erhält dadurch innerhalb seines Dienstbezirks in Angelegenheiten des Jagdschutzes die Rechte und Pflichten der Polizeibeamten sowie die Stellung eines → Hilfsbeamten der Staatsanwaltschaft, sofern er → Berufsjäger oder forstlich ausgebildet ist, was bei hauptberuflich angestellten J. der Fall sein soll (§ 25 I, II BJagdG). Über Widerstand gegen J. *(Forstwiderstand)* s. → Widerstand gegen die Staatsgewalt.

**Jagdausübung, jagdbare Tiere** → Jagdrecht, → Jagdbeschränkungen, → Jagdpacht.

**Jagdbeschränkungen** sind Einschränkungen des → Jagdrechts, denen der Berechtigte im Interesse der Wildhege und des Wildschutzes bei Ausübung der Jagd nach den §§ 19 ff. BJagdG sowie den ergänzenden Vorschriften der WildschutzVO vom 25. 10. 1985 (BGBl. I 2040) und der Länder unterliegt (Verbot bestimmter Arten der Jagdausübung – z. B. mittels Schlingen, zur Nachtzeit u. a. m. –, Aufstellung von Abschußplänen, Abschußmeldeverfahren, Abschußverbote, → Jagd- und Schonzeiten).

**Jagdbeute, Einziehung der –** → Wilderei.

**Jagdbezirk.** Ein J., in dem die Jagd ausgeübt werden darf, ist entweder → Eigenjagdbezirk oder gemeinschaftlicher Jagdbezirk, bestehend aus allen Grundflächen einer oder (auf Antrag) mehrerer Gemeinden, die nicht zu einem Eigenjagdbezirk gehören, wenn sie im Zusammenhang mindestens 150 Hektar umfassen (§ 4 BJagdG; → Jagdgenossenschaft). J.e können durch Austausch von Grundstücken usw. abgerundet werden (§ 5 I). In befriedeten Bezirken ruht die Jagd (§ 6).

**Jagdgenossenschaft** ist eine → Körperschaft des öffentlichen Rechts (str.; anders → Hegegemeinschaft), der kraft Gesetzes (§ 9 BJagdG) die Eigentümer der einen gemeinschaftlichen → Jagdbezirk bildenden Grundflächen angehören. Organe der J. sind der Jagdvorstand und die Genossenschaftsversammlung. Die J. nutzt die Jagd durch Verpachtung (→ Jagdpacht) oder Ausübung der Jagd auf eigene Rechnung durch angestellte Jäger (§ 10).

**Jagdgeräte, Einziehung der –** → Wilderei.

**Jagdpacht.** Das Jagdausübungsrecht kann grundsätzlich nur einheitlich und nur an Personen verpachtet werden, die einen Jahres- → Jagdschein besitzen und schon vorher 3 Jahre in Deutschland besessen haben (§ 11 BJagdG). Der J.vertrag bedarf der Schriftform. Er ist der zuständigen Behörden anzuzeigen, die ihn binnen 3 Wochen nach Eingang der Anzeige beanstanden kann (Einzelheiten s. § 12).

**Jagdrecht.** Das Jagdrecht im objektiven Sinne ist geregelt im BundesjagdG i. d. F. vom 29. 9. 1976 (BGBl. I 2849) als Rahmengesetz i. S. des Art. 75 GG sowie in den Jagdgesetzen und -verordnungen der Länder (Zusammenstellung b. Schönfelder, Dt. Gesetze, Anm. Z. § 1 BJagdG). Als subjektives Recht ist J. die ausschließliche Befugnis, auf einem bestimmten Gebiet (→ Jagdbezirk)

Wild, d. h. dem J. unterliegenden Tierarten (vgl. § 2 BJagdG), zu hegen, auf sie die Jagd auszuüben und sie sich als Jagdbeute anzueignen (§ 1 I BJagdG). Mit dem J. ist die Pflicht zur Hege verbunden. Das J. steht dem Eigentümer von Grund und Boden zu; es kann nicht selbständiges → dingliches Recht sein (§ 3 I); seine Ausübung kann an Dritte verpachtet werden (→ Jagdpacht). Der Jagdgast übt fremdes Jagdrecht aus.

**Jagdschaden.** Der Jagdausübungsberechtigte hat dem Grundstückseigentümer oder Nutzungsberechtigten jeden aus mißbräuchlicher Jagdausübung entstehenden Schaden zu ersetzen (§ 33 BJagdG); mißbräuchlich ist insbes. das schonungslose Betreten besäter Felder und nicht abgemähter Wiesen, Treibjagd über reifende Felder u. dgl. Der Ersatzanspruch erlischt, wenn der Schaden nicht innerhalb einer Ausschlußfrist von grundsätzlich 1 Woche bei der zuständigen Behörde angemeldet wird (§ 34 BJagdG). S. a. → Wildschaden.

**Jagdschein.** Wer die Jagd ausübt, muß einen auf seinen Namen lautenden J. (Jahresjagdschein, Tagesjagdschein) mit sich führen und auf Verlangen den Polizeibeamten sowie den Jagdschutzberechtigten vorzeigen. Die erste Erteilung eines J. setzt das Bestehen der Jägerprüfung voraus, in der ausreichende Kenntnisse der jagdbaren Tiere, in der Führung von Jagdwaffen, in der Behandlung des erlegten Wildes und in der Jagdgesetzgebung nachgewiesen werden müssen (§ 15 BJagdG sowie Jägerprüfungsordnungen der Länder). Der Bewerber muß das 18. Lebensjahr vollendet haben (beim Jugendjagdschein: 16. Lebensjahr), körperlich und geistig geeignet sein und eine ausreichende Haftpflichtversicherung nachweisen (Einzelheiten s. § 17). Ein gültiger J. berechtigt den Inhaber nur im Zusammenhang mit einer Waffenbesitzkarte zum Führen von Jagd- und Faustfeuerwaffen (→ Waffenrecht). Entziehung des J. ist zulässig, wenn Versagungsgründe später bekannt werden und bei gewissen Jagddelikten (§§ 18, 41 BJagdG); bei anderen Straftaten oder → Ordnungswidrigkeiten in bezug auf die Jagdausübung kann ein *Jagdverbot* für 1–6 Mon. verhängt werden (§ 41 a BJagdG).

**Jagdschutz.** Der J. umfaßt nach näherer Bestimmung durch die Länder den Schutz des Wildes vor Wilderern, Futternot, Wildseuchen, wildernden Hunden und Katzen sowie die Sorge für die Einhaltung der zum Schutze des Wildes und der Jagd erlassenen Vorschriften (§ 23 BJagdG). Hierzu gehört das Verbot, Wild durch Aufsuchen, Fotografieren, Filmen u. dgl. zu stören (§ 19 a BJagdG). Der J. obliegt neben den zuständ. öffentlichen Stellen dem Jagdausübungsberechtigten, sofern er Inhaber eines → Jagdscheines ist, und den von der zuständigen Behörde bestätigten → Jagdaufsehern.

**Jagdsteuer** kann neben der Jagdscheingebühr von den Gemeinden bzw. Stadt- und Landkreisen aufgrund landesgesetzlicher Ermächtigung erhoben werden. Sie bemißt sich beim Eigentümer nach dem Jahresjagdwert, beim Pächter nach dem Pachtpreis (JagdsteuermusterO vom 7. 2. 1937, RMBl. V 1937 S. 249). S. a. → Gemeindeabgaben.

**Jagdverbot** → Jagdschein.

**Jagdvorstand** → Jagdgenossenschaft.

**Jagdwilderei** → Wilderei.

**Jagdzeiten** → Jagd- und Schonzeiten.

**Jäger** → Berufsjäger.

**Jägerprüfung** → Jagdschein.

**Jahresabschluß** ist der Teil der → Handelsbücher, der für ein → Geschäftsjahr die Jahresabschlußbilanz (→ Bilanz) und die Gewinn- und Verlustrechnung (Gegenüberstellung der Aufwendungen und Erträge; Gliederung für → Kapitalgesellschaften nach §§ 275 ff. HGB) umfaßt (§ 242 III HGB). Er ist aufgrund eines → Inventars nach den Grundsätzen ordnungsmäßiger → Buchführung aufzustellen (§ 243 I HGB) – bei → Kapitalgesellschaften grundsätzlich innerhalb von 3 Monaten seit Beendigung des → Geschäftsjahrs (§ 264 I HGB) – und vom Kaufmann oder allen maßgeblichen Organen der Gesellschaft zu unterzeichnen (§ 245 HGB). Ergänzende Vorschriften gelten für den J. von Kapitalgesellschaften (§§ 264 f. HGB, §§ 286, 337 AktG, § 42 a GmbHG, § 33 GenG); insbes. ist deren J. (durch Einreichung zum → Handelsregister und Bekanntmachung im Bundesanzeiger) grundsätzlich offenzulegen (§§ 325 ff., 339 HGB). Vgl. für Kreditinstitute und Finanzierungsdienstleistungsinstitute die Sondervorschriften in §§ 340 ff. HGB, für → Versicherungsunternehmen in §§ 341 ff. HGB.

**Jahresarbeitsentgeltgrenze** ist in der sozialen → Krankenversicherung der jährliche Bruttoentgeltbetrag, bei dessen Überschreitung Versicherungsfreiheit für Arbeiter und Angestellte eintritt (75 v. H. der → Beitragsbemessungsgrenze der Rentenversicherung). Gilt nicht für Seeleute. Bei der Berechnung bleiben Familienzuschläge außer Betracht. § 6 SGB V.

**Jahresarbeitsverdienst** ist in der → Unfallversicherung Grundlage für die Berechnung der Barleistungen. Als Jahresarbeitsverdienst gilt grundsätzlich der Gesamtbetrag aller Arbeitsentgelte und Arbeitseinkommen des Verletzten in den zwölf Kalendermonaten vor dem Monat, in dem der Arbeitsunfall eingetreten ist. Daneben sind Mindest- und Höchstsätze vorgesehen. Der Jahresarbeitsverdienst beträgt für Personen unter 18 Jahren mindestens 40 v. H. und nach Vollendung des 18. Lebensjahres mindestens 60 v. H. der im Zeitpunkt des → Arbeitsunfalles maßgeblichen → Bezugsgröße (§§ 82 ff. SGB VII). Für die Versicherten der → landwirtschaftlichen Berufsgenossenschaften gelten Sonderregelungen (§ 93 SGB VII).

**Jahressteuergesetz.** 1. Das Steuerrecht der BRep. dient nicht nur der Erzielung von Einnahmen für den Staat, sondern auch aufgrund des Sozialstaatsprinzips dem Sozialtransfer und unter Geltung der Marktwirtschaft der Wirtschaftslenkung und -förderung (→ Steuer). Man spricht in diesem Zusammenhang von Sozialzwecknormen und Lenkungsnormen. Diese z. T. gegensätzlichen Zielsetzungen führten seit langem mehr und mehr zu ausufernder, nicht mehr auf Langzeitwirkung bedachter Gesetzgebung (→ Steuerchaos), die auch in anderen Rechtsgebieten festzustellen ist, sich im Steuerrecht aber besonders niederschlägt. Insbes. seit den 70er Jahren sind die Steuerrechtsänderungen kaum mehr zu übersehen (vgl. z. B. für die Einkommensteuer die Übersicht bei Herrmann/Heuer/Raupach, ESt/KStG, Band I Dok 1, 2). Pro Jahr ergeht mindestens ein größeres Gesetzeswerk mit Änderungen des Steuerrechts (allein 1993 waren es vier).

2. Das J. 1996 vom 11. 10. 1995 (BGBl. I 1250) regelt hauptsächlich: Anhebung des Grundfreibetrags (steuerfreies Existenzminimum; → Einkommensteuer, 3.) und Neuregelung des Familienleistungsausgleichs aufgrund von Vorgaben des BVerfG, Neuregelung der Grenzgängerbesteuerung, die das → Grenzpendlergesetz von 1994 insoweit schon wieder ablöst. Entgegen ursprünglicher Absicht ist die Unternehmenssteuerreform im J. 1996 noch nicht enthalten.

3. Das **J. 1997** vom 20. 12. 1996 (BGBl. I 96, 2049) enthält in erster Linie die vom BVerfG (BStBl. II 1995, 655, 671) veranlaßte Neuregelung der → Erbschaftsteuer (→ Einheitswerte) sowie die dazugehörige Bewertung des → Grundbesitzes; s. a. → Vermögensteuer). Darüberhinaus ist u. a. die Ansparabschreibung für Existenzgründer (→ Ansparrücklage, → Sonderabschreibung), die Anhebung der → Grunderwerbsteuer von 2% auf 3,5%, sowie die Verschiebung der Anhebung des → Grundfreibetrags enthalten. Neben dem J. 1997 ist das Umsatzsteuer-Änderungsgesetz 1997 ergangen (BGBl. I 96, 1851; → Umsatzsteuer).

4. Für 1998 ist entgegen ursprünglicher politischer Absicht kein J. ergangen. Die vorgesehene Steuerreform ab 1999 ist auf das Jahr 2000/2001 verschoben. Die vielfältigen Änderungen ab 1998 sind außer dem Kfz-Steueränderungsgesetz 1997 vom 18. 4. 1997 BGBl. I 805 in „Nicht-Steuer"-Gesetzen niedergelegt. Die wichtigsten Änderungsgesetze: Gesetz zur Fortsetzung der wirtschaftlichen Förderung in den neuen Ländern vom 18. 8. 1997, BGBl. I 2070: Investitionszulage ab 1999; Begleitgesetz zum Gesetz zur Umsetzung von EG-Richtlinien zur Harmonisierung bank- und wertpapieraufsichtsrechtlicher Vorschriften vom 22. 10. 1997 (BGBl. I 2567): Änderungen des Verfahrensablaufs bei der Kapitalertragsteuer; Gesetz zur Fortsetzung der Unternehmenssteuerreform von 29. 10. 1997, BGBl. I 2590: Abschaffung der Gewerbekapitalsteuer mit Ge-

genfinanzierungen betr. EStG, KStG, UmwStG; Gesetz zur Senkung des Solidaritätszuschlags vom 21. 11. 1997, BGBl. I 2743; 2. Zwangsvollstreckungsnovelle vom 17. 12. 1997 BGBl. I 3039: Änderung von Vollstreckungsvorschriften der AO; Erstes Gesetz zur Änderung des SGB III vom 16. 12. 1997, BGBl. I 2970: Aufhebung der belastenden Rückwirkung einiger Gegenfinanzierungsmaßnahmen aus dem Gesetz zur Fortsetzung der Unternehmenssteuerreform; Gesetz zur Finanzierung eines Bundeszuschusses zur gesetzlichen Rentenversicherung vom 19. 12. 1997 BGBl. I 3121: Erhöhung der USt auf 16% ab 1. 4. 1998 und weitere Aufhebungen der belastenden Rückwirkung aus dem Gesetz zur Fortsetzung der Unternehmensteuerreform.

**Jahrmarkt** → Marktverkehr.

**Jellinek, Georg** (1851–1911), deutscher Staatsrechtslehrer, Verfasser grundlegender Werke, insbes. Allgemeine Staatslehre, Staatenverbindungen und Das System der subjektiven öffentlichen Rechte.

**Jhering, Rudolf von** (1818–1892), deutscher Rechtslehrer und Forscher insbes. auf dem Gebiet des → römischen Rechts. J. nahm starken Einfluß auf die deutsche Rechtsentwicklung des 19. Jh. Sein Wirken trug wesentlich dazu bei, daß die Grundgedanken der → historischen Rechtsschule zur soziologischen Schule weiterentwickelt wurden.

**Job-sharing** → Arbeitsplatzteilung.

**Job-Ticket.** Zuschüsse des Arbeitgebers zu Fahrten zwischen Wohnung und Arbeitsstätte *mit öffentlichen Verkehrsmitteln* im Linienverkehr sind steuerfrei (§ 3 Nr. 34 EStG). Zuschüsse des Arbeitgebers zu Fahrten zwischen Wohnung und Arbeitsstätte *mit eigenem Fahrzeug* sind steuerpflichtiger Arbeitslohn, können aber vom Arbeitgeber bis 0,70 DM je Entfernungskilomter mit 15% pauschallohnversteuert werden (§ 40 II EStG; → Lohnsteuerpauschalierung).

**Joint venture-Vertrag** ist die (meist zeitlich begrenzte) Beteiligung an einem Unternehmen oder auch nur an einem bestimmten Projekt, vielfach durch Kapital (venture capital-Beteiligung), aber auch durch Produktionsmittel oder unternehmerische Beratung und Betreuung (know how). Charakteristisch ist die (Mit-)Übernahme des Risikos für die Realisierungsmöglichkeit. Rechtlich liegt oftmals eine → Gesellschaft des bürgerlichen Rechts (→ ARGE) oder eine → (stille) Gesellschaft vor.

**Journalisten** → Presserecht, → Pressedelikte, → Zeugnisverweigerungsrecht.

**Jubiläumsverkauf** ist eine zulässige → Sonderveranstaltung zur Feier des Bestehens eines Unternehmens im selben Geschäftszweig nach Ablauf von jeweils 25 Jahren (§ 7 III Nr. 2 UWG).

**Jubiläumszuwendungen** des Arbeitgebers an den Arbeitnehmer sind in folgenden Grenzen steuerfrei (§ 3 LStDV): a) Arbeitnehmerjubiläum 10jährig 600 DM, 25jährig 1200 DM, 40-, 50-, 60jährig 2400 DM; b) Geschäftsjubiläum 25jährig oder ein Vielfaches 1200 DM.

**Judiciary Law** → Common law.

**Judikatur** = → Rechtsprechung.

**Jüdische Gemeinden.** Nach jüdischer Religionsauffassung ist die Kultusgemeinde der einzige Träger des religiösen Lebens; der Gesamtheit der Gemeindeangehörigen obliegt die Wahrnehmung der religiösen Pflichten. Über der Gemeinde besteht keine kirchliche Institution; es gibt nur Gemeindeverbände. Zwischen den → Ländern und den J. G. gibt es Verträge ähnlich den → Kirchenverträgen (z. B. Vertrag zwischen dem Freistaat Bayern und dem Landesverband der Israelitischen Kultusgemeinden in Bayern v. 14. 8. 1997, GVBl. 1998, 30).

**Jugendamt, Landesjugendamt.** Das J. ist örtlicher Träger der öffentlichen Jugendhilfe und besteht grundsätzlich bei jedem Landkreis und jeder kreisfreien Stadt (der überörtliche Träger wird durch Landesrecht bestimmt). Es hat folgende Leistungen und andere Aufgaben der Jugendhilfe zu erbringen: Angebote der → Jugendarbeit, → Jugendsozialarbeit und des erzieherischen Kinder- und Jugendschutzes; ferner zur Förderung und der Erziehung in der Familie (→ Erziehungsförderung), zur Förderung von Kindern in Tageseinrichtungen und von Tagespflege. Weitere Leistungen sind → Erziehungshilfe, Hilfe für junge Volljährige und Nachbetreuung, → Inobhutnahme von Kindern und Jugendlichen, Herausnahme eines Kindes oder Jugendlichen ohne Zustimmung der Eltern oder sonst Sorgeberechtigten, Erteilung, Widerruf und Zurücknahme der Pflegeerlaubnis sowie der Erlaubnis und von Auflagen für den Betrieb einer Einrichtung; Untersagung einer Tätigkeit, Mitwirkung vor den Vormundschafts-, Familien- und Jugendgerichten, Beratung und Belehrung bei Adoption, Beratung und Unterstützung von Pflegern und Vormündern, Erteilung, Widerruf und Zurücknahme der Erlaubnis von → Vereinsvormundschaften. Ferner obliegen dem J. die → Amtsvormundschaft, Beistandschaft (→ Beistand, 1) und Gegenvormundschaft, Beurkundung und Beglaubigung in Adoptions- und Unterhaltssachen sowie die Aufnahme von vollstreckbaren Urkunden. §§ 2, 11–60 SGB VIII.

Die Aufgaben des J. werden durch den → Jugendhilfeausschuß und die Verwaltung des J. wahrgenommen, die des L. durch dessen Verwaltung und durch den → Landesjugendhilfeausschuß. §§ 69–72 SGB VIII.

**Jugendarbeit** ist in erster Linie außerschulische allgemeine, politische, soziale, gesundheitliche, kulturelle, naturkundliche und technische Bildung, ferner J. in Sport, Spiel und Geselligkeit, in der Arbeitswelt und in schulischer und familiärer Beziehung, inländisch und international, sowie Kinder- und Jugenderholung und Jugendberatung. Die J. wird von Verbänden, Gruppen und Initiativen und anderen Trägern der J. (die öffentlich gefördert werden) sowie vom → Jugendamt angeboten. §§ 11, 12, 74 SGB VIII.

**Jugendarbeitsschutz** regelt das Jugendarbeitsschutzgesetz – JArbSchG – vom 12. 4. 1976 (BGBl. I 965) m. spät. Änd. für die Beschäftigung von noch nicht 18jährigen (§ 1 I JArbSchG). Ausgenommen sind geringfügige Hilfeleistungen aus Gefälligkeit, aufgrund familienrechtlicher Vorschriften u. dgl. Für Kinder (unter 14 Jahren) sowie für noch voll Schulpflichtige gilt ein Beschäftigungsverbot (§ 5 JArbSchG) mit Ausnahmekatalog (→ Kinderarbeit). Für Jgdl. unter 15 Jahren besteht grundsätzliches Beschäftigungsverbot mit Ausnahmen für Ausbildungsverhältnisse und für leichte Tätigkeiten; letztere nur bis zu 35 Wochenstd. (§ 7 JArbSchG). Im übrigen ist die Arbeitszeit der Jgdl. grundsätzlich auf 40 Wochenstd. beschränkt, wobei Teilnahme am Berufsschulunterricht und an außerbetrieblichen Ausbildungsmaßnahmen auf die Arbeitszeit anzurechnen ist (§§ 8–10 JArbSchG). Nachtruhezeit besteht grundsätzlich zwischen 20 und 6 Uhr; Ausnahmen – ab 16 Jahren – für Gaststätten, Landwirtschaft, Bäckereien u. a. (§ 14 JArbSchG). Für Jgdl. gilt grundsätzlich die Fünftagewoche (§ 15 JArbSchG) und Arbeitsruhe an Samstagen, Sonn- und Feiertagen als Regel (§§ 16–18 JArbSchG). Tarifverträge und Betriebsvereinbarungen können den starren Zeitrahmen des Ges. durch Umschichtungen verändern (Näheres § 21 a JArbSchG). Urlaubsanspruch für Jgdl. unter 16 bzw. 17 Jahren mindestens 30 bzw. 27, im übrigen mindestens 25 Arbeitstage (§ 19 JArbSchG). Beschäftigungsverbote und -beschränkungen bestehen für gefährliche Arbeiten und schädliche Beschäftigungen (§ 22 JArbSchG), für Akkordarbeit u. ä. (§§ 23, 24 JArbSchG) sowie für die Beschäftigung durch wegen bestimmter Delikte vorbestrafte Personen (§ 25 JArbSchG). Wegen des Beschäftigungsverbots bei sittlich gefährdenden Tätigkeiten s. VO vom 3. 4. 1964 (BGBl. I 262). Es besteht Züchtigungsverbot sowie Verbot der Ausgabe von Alkohol und Tabak an Jgdl. unter 16 Jahren (§ 31 JArbSchG). Die regelmäßige gesundheitliche Betreuung der Jgdl. regeln §§ 32–46 JArbSchG. Das Gesetz ist im Betrieb auszulegen; Arbeitszeit und Pausen der Jgdl. sind durch Aushang bekanntzumachen (§ 48 JArbSchG). Der Arbeitgeber hat ein Verzeichnis der beschäftigten Jgdl. zu führen und der Aufsichtsbehörde auf Verlangen vorzulegen (§§ 49, 50 JArbSchG). Es sind Landesausschüsse mit beratenden Aufgaben zu bilden. Verstöße gegen das Gesetz sind meist als → Ordnungswidrigkeiten verfolgbar; (§§ 58, 59 JArbSchG); besonders schwere vorsätzliche Verstöße (Näheres § 58 V, VI JArbSchG) sind strafbar. Sondervorschriften gelten für die → Binnenschiffahrt (§ 20 JArbSchG) sowie nach §§ 8, 55, 94–100 SeemannsG für die → Seeschiffahrt. Für Beamte gelten die allgemeinen Vorschriften über J. grundsätzlich entsprechend (§ 80 a BBG, § 55 a BRRG).

**Jugendarrest** ist das strengste der im Jugendgerichtsgesetz vorgesehenen → Zuchtmittel. Diese werden verhängt, wenn die → Jugendstrafe als schwerste strafrechtliche Reaktion nicht erforderlich erscheint, dem Jugendlichen aber zum Bewußtsein gebracht werden muß, daß er für das begangene Unrecht einzustehen hat (§ 13 JGG). Der J. ist keine Strafe; er wird nicht im Strafregister, sondern im → Erziehungsregister vermerkt. Er wird als *Freizeitarrest* für 1 oder 2 wöchentliche Freizeiten (Einschließung jeweils am Wochenende), als *Kurzarrest* bis zu 4 Tagen oder als *Dauerarrest* von 1 bis zu 4 Wochen verhängt (§ 16 JGG). Er wird in besonderen Anstalten oder Arresträumen vollzogen. Vollzugsleiter ist der Jugendrichter am Vollzugsort (§ 90 JGG). Den Vollzug des J. regeln die JugendarrestvollzugsO i. d. F. vom 30. 11. 1976 (BGBl. I 3270) m. Änd. und die bundeseinheitlichen Richtlinien der Länder vom 1. 7. 1977, insbes. für Unterbringung und Behandlung des Arrestanten, Verhalten, Arbeits- und Freizeitgestaltung, Leibesübungen, Gesundheitsfürsorge, Hausstrafen usw. (s. StrafR Nr. 730).

**Jugendbehörden** sind in erster Linie die mit der Kinder- und Jugendhilfe befaßten → Jugendämter, Landesjugendämter und obersten Landesjugendbehörden. Die Bundesregierung wird in grundsätzlichen Fragen der Jugendhilfe von einem Bundesjugendkuratorium beraten. Weitere Behörden, die mit Jugendhilfe befaßt sind: → Arbeitsamt (→ Berufsberatung, → Arbeitsvermittlung, → Berufsförderung), → Gesundheitsamt, → Gewerbeaufsicht, (→ Jugendarbeitsschutz), → Jugendgericht, → Vormundschaftsgericht. §§ 69–72, 82, 83 SGB VIII.

**Jugendgefährdende Schriften und Medieninhalte** sind → Schriften und andere Darstellungen, die Kinder oder Jugendliche (d. h. noch nicht 18jährige) sittlich gefährden. Dazu zählen außer unsittlichen auch verrohend wirkende S. Schriften und solche, die zu Gewalttätigkeiten, Verbrechen oder Rassenhaß anreizen oder den Krieg verherrlichen. Das Ges. über die Verbreitung j. S. u. M. i. d. F. vom 12. 7. 1985 (BGBl. I 1502) m. Änd. verbietet, solche S. Schriften, wenn sie in eine von der *Bundesprüfstelle* für j. S. u. M. geführte *Liste* aufgenommen worden sind, Kindern oder Jugendlichen zugänglich zu machen, sie im Einzelhandel außerhalb von Geschäftsräumen, im Versandhandel, in Kiosken oder gewerblichen Leihbüchereien zu vertreiben, zu verbreiten oder zu verleihen oder sie zu diesen Zwecken vorrätig zu halten; die geschäftliche Werbung ist eingeschränkt (§§ 3–5). J. S.u.M. fallen auch ohne Aufnahme in die Liste unter das Verbot, wenn es *offensichtlich* (d. h. für jeden erkennbar) ist, daß sie Kinder oder Jugendliche *sittlich schwer gefährden,* oder wenn sie → Volksverhetzung nach § 130 II StGB oder → Gewaltdarstellung zum Inhalt haben, sowie → pornographische S. u. M. (§ 6). Die Prüfstelle entscheidet durch 12 nicht weisungsgebundene Mitglieder, die teils vom BMFSF., teils von den LdReg.en ernannt werden (§§ 9, 19). Die Aufnahme allein wegen des politischen, sozialen, religiösen oder weltanschaulichen Inhalts ist unzulässig; ebenso, wenn die S. u. M. der Kunst oder Wissenschaft, Forschung oder Lehre dienen (absoluter Vorbehalt, keine Abwägung mit Jugendschutzinteressen; BVerwG NJW 1966, 2374) oder im öffentlichen Interesse liegt und die Art der Darstellung nicht zu beanstanden ist (§ 1 II). Vorläufige Aufnahme ist bei Gefahr im Verzuge zulässig (§ 15); über ein vereinfachtes Aufnahmeverfahren s. § 15 a. Sind S. u. M. im wesentlichen inhaltsgleich mit in die Liste aufgenommenen S. u. M. oder in einem rechtskräftigen Strafurteil als pornographisch, hetzerisch oder gewaltdarstellend i. S. der §§ 130 II, 131 StGB, werden sie ohne weiteres in die Liste aufgenommen (§ 18). Gegen die Entscheidung der Bundesprüfstelle ist Klage im Verwaltungsrechtsweg gegeben (§ 20).

Vorsätzliche und fahrlässige Zuwiderhandlungen gegen die Verbotsvorschriften sind mit Strafe bedroht; Überlassen j. S.u.M. an Kinder oder Jugendliche durch Inhaber der → Personensorge ist straflos; ist Täter ein anderer Angehöriger oder Jugendlicher, kann von Strafe abgesehen werden (§ 21). Die j. S.u.M. werden im Strafverfahren eingezogen, wenn auch nur ein Stück durch eine Straftat verbreitet oder zur Verwertung bestimmt worden ist; die → Einziehung erfaßt aber nur Stücke, die sich im Besitz eines an der Verbreitung Beteiligten oder auf dem Versandweg befinden oder die öffentlich ausgelegt sind (§ 74 d StGB).

**Jugendgerichte, Jugendgerichtsgesetz** → Jugendstrafrecht.

**Jugendgerichtshilfe.** Die J. wirkt im Jugendstrafverfahren (→ Jugendstrafrecht, 4) als Hilfe für das Gericht und für den jugendlichen Beschuldigten mit. Ihre frühzeitige Beteiligung ist vorgeschrieben (§ 38 JGG). Sie soll Unterlagen für die Erforschung der Persönlichkeit des Jugendlichen und seine Beurteilung beibringen; in diesem Rahmen leistet sie Ermittlungshilfe. Ihr obliegt es, während des ganzen Strafverfahrens die erzieherischen, sozialen und fürsorgerischen Gesichtspunkte zur Geltung zu bringen und sich zu den zu ergreifenden strafrechtlichen Maßnahmen zu äußern. → Rechtsmittel stehen ihr nicht zu. Während des Verfahrens soll sie zugleich den Jugendlichen betreuen. Werden diesem im Urteil Weisungen gegeben oder besondere Pflichten auferlegt, so überwacht die J. deren Erfüllung, falls ein → Bewährungshelfer ausnahmsweise nicht bestellt wird. Träger der J. sind die → Jugendämter (§ 52 SGB VIII).

**Jugendhilfe** → Kinder- und Jugendhilfe.

**Jugendhilfeausschuß, Landesjugendhilfeausschuß.** Dem J., der die Aufgaben des → Jugendamts zusammen mit dessen Verwaltung wahrnimmt, gehören zu 3/5 Mitglieder des Kreistags bzw. des Stadtrats oder Personen an, die in der Jugendhilfe erfahren sind und vom Kreistag bzw. Stadtrat gewählt werden. Die übrigen Mitglieder werden auf Vorschlag der im Bereich des öffentlichen Trägers wirkenden und anerkannten freien Träger der Jugendhilfe von der Vertretungskörperschaft gewählt.

Dem L. gehören zu 2/5 Personen an, die auf Vorschlag der anerkannten freien Jugendhilfeträger von der obersten Landesjugendbehörde berufen werden. Die übrigen Mitglieder werden durch Landesrecht bestimmt. §§ 70, 71 SGB VIII.

**Jugendkammer** → Jugendstrafrecht (3).

**Jugendliche und Heranwachsende.** Das → Jugendstrafrecht unterscheidet zwischen Jugendlichen und Heranwachsenden, je nachdem, ob der Täter *bei Begehung der Straftat* zwar 14, aber noch nicht 18 Jahre oder schon 18, aber noch nicht 21 Jahre alt war.

Gegen *Jugendliche* können nach §§ 5 ff. JGG ausschließlich die milderen Maßnahmen des Jugendstrafrechts angewendet werden, also → Erziehungsmaßregeln, → Zuchtmittel oder → Jugendstrafe (nicht Freiheitsstrafe oder Geldstrafe). Als → Maßregeln der Besserung und Sicherung sind nur Unterbringung in einem psychiatrischen Krankenhaus oder einer Entziehungsanstalt, Führungsaufsicht und Entziehung der Fahrerlaubnis zugelassen (nicht Sicherungsverwahrung, Berufsverbot).

Bei *Heranwachsenden* dagegen ist im Einzelfall zu entscheiden, ob die Tat nach Jugendstrafrecht oder nach dem für Erwachsene geltenden allgemeinen Strafrecht zu beurteilen ist (§ 105 JGG). Jugendstrafrecht ist anzuwenden, wenn der Täter seiner Persönlichkeit nach im Hinblick auf seinen geistigen und sittlichen Reifegrad zur Tatzeit noch einem Jugendlichen gleichstand oder wenn die Tat nach Art, Umständen und Beweggründen noch als Jugendverfehlung anzusehen ist (in diesem Falle ist der Heranwachsende seiner Persönlichkeit nach altersgemäß entwickelt, aber mit der Straftat in eine jugendliche Verhaltensweise zurückgefallen). Es bedarf daher einer eingehenden Erforschung der Täterpersönlichkeit, bei der die → Jugendgerichtshilfe mitwirkt; häufig wird außerdem ein kriminalbiologischer Sachverständiger herangezogen. Entscheidet sich das Gericht für die Anwendung des allgemeinen Strafrechts gegen den Heranwachsenden, so kann es anstelle von lebenslanger Freiheitsstrafe auf eine solche von 10–15 Jahren erkennen; es kann ferner anordnen, daß Amtsunfähigkeit und Wahlrechtsverlust nicht eintreten. Sicherungsverwahrung ist unzulässig (§ 106 JGG).

**Jugendpsychotherapie** → Psychotherapeut.

**Jugendrichter** → Jugendstrafrecht (3).

**Jugendschöffengericht** → Jugendstrafrecht (3).

**Jugendschutz (in der Öffentlichkeit).** Das Ges. zum Schutze der Jugend in der Ö. (J.gesetz – JÖSchG vom 25. 2. 1985, BGBl. I 425 m. Änd.) enthält u. a. Vorschriften über den Aufenthalt der Kinder (noch nicht 14 Jahre) und Jugendlichen (14 bis 18 Jahre) an Orten mit Gefahren für ihr körperliches, geistiges oder seelisches Wohl (§ 2 JÖSchG), bei öffentl. Tanz- (§ 5 JÖSchG) und Filmveranstaltungen (§ 6 JÖSchG), die Abgabe und den Verzehr von Alkohol (§ 4 JÖSchG), die Anwesenheit in Spielhallen, die Teilnahme an Gewinnspielen und die Benutzung von Bildschirm-Unterhaltungsspielgeräten (§ 8 JÖSchG) und verbietet Kindern und Jugendlichen unter 16 Jahren das Rauchen in der Öffentlichkeit (§ 9 JÖSchG). Dem Schutz vor Schriften und anderen Darstellungen, die Kinder und Jugendliche sittlich gefährden können, dient das Ges. über die Verbreitung → jugendgefährdender Schriften und Medieninhalte i. d. F. vom 12. 7. 1985 (BGBl. I 1502) m. Änd.

**Jugendschutzsachen** sind Strafsachen, die Straftaten Erwachsener an Kindern oder Jugendlichen oder Verstöße gegen Jugendschutz- oder Jugenderziehungsvorschriften zum Gegenstand haben, z. B. → Sexualstraftaten, Vernachlässigung von Kindern, Verletzung von Jugendarbeitsschutzbestimmungen usw. In diesen Sachen kann der StA die Anklage entweder vor dem allgemeinen, für Erwachsene zuständigen Gericht oder vor dem Jugendgericht (→ Jugendstrafrecht, 3) erheben. Statt der Strafkammer kann er die Jugendkammer anrufen. Er soll aber nur dann die Sache beim Jugendgericht anhängig machen, wenn eine Verhandlung vor diesem zweckmäßig erscheint, insbes. wenn Kinder oder Jugendliche als Zeugen benötigt werden (§§ 26, 74 b GVG). Die Wahl bindet das Gericht nicht. Die Strafkammer oder Jugendkammer kann vielmehr das Verfahren vor dem Amtsgericht als Erwachsenengericht eröffnen; das vom StA angegangene Amtsgericht kann die Sache der Strafkammer oder der Jugendkammer vorlegen, wenn es diese für zuständig hält (§§ 209, 209 a StPO).

**Jugendsozialarbeit** umfaßt sozialpädagogische Hilfen zur Förderung der schulischen und beruflichen Ausbildung sowie der Eingliederung in Arbeitswelt und Gesellschaft bei sozial benachteiligten und individuell beeinträchtigten jungen Menschen, → Jugendamt; § 13 SGB VIII.

**Jugendstaatsanwalt** → Jugendstrafrecht (3).

**Jugendstrafe** darf gegen einen → Jugendlichen oder nach → Jugendstrafrecht zu verurteilenden Heranwachsenden nur verhängt werden, wenn wegen der in der Tat hervorgetretenen schädlichen Neigungen des Angeklagten → Erziehungsmaßregeln (Weisungen, Hilfe zur Erziehung) oder → Zuchtmittel (Verwarnung, Erteilung von Auflagen, Jugendarrest) nicht ausreichen oder wenn die Schwere der Schuld die Verhängung der J. erfordert. Die Dauer der J. beträgt 6 Mon. bis 5 Jahre, bei schweren Verbrechen bis 10 Jahre. Die J. von unbestimmter Dauer würde durch Ges. vom 30. 8. 1990 (BGBl. I 1853) abgeschafft. Das Gericht kann im Strafurteil eine J. von höchstens 1 Jahr entsprechend den Grundsätzen der → *Strafaussetzung zur Bewährung* für eine Bewährungszeit von 2 bis 3 Jahren aussetzen; der Verurteilte ist einem → Bewährungshelfer zu unterstellen. Ergibt sich bis zum Ablauf der Bewährungsfrist aus dem Verhalten des Probanden oder aus anderen Gründen kein Anlaß zum Widerruf der Strafaussetzung, wird die Strafe erlassen (§§ 21–26 a JGG). Kann der Jugendrichter in der Hauptverhandlung nicht mit Sicherheit beurteilen, ob die schädlichen Neigungen des Angeklagten die Verhängung einer J. erfordern oder ob Erziehungsmaßregeln oder Zuchtmittel ausreichen, so kann er sich im Urteil darauf beschränken, die Schuld des Angeklagten festzustellen, und die Entscheidung über den *Strafausspruch* für eine Bewährungszeit von 1 bis 2 Jahren *aussetzen*. Ergibt sich während der Bewährungszeit, daß wegen der schädlichen Neigungen des Verurteilten auf eine J. nicht verzichtet werden kann, so wird diese auf Grund einer weiteren

Hauptverhandlung durch Urteil verhängt; andernfalls wird der Schuldspruch nach Ablauf der Bewährungszeit durch Urteil oder Beschluß getilgt (§§ 27–30, 62, 63 JGG).

Die J. wird in *Jugendstrafanstalten* durch erzieherisch befähigte Beamte unter besonderen, auf den Erziehungszweck gerichteten Gesichtspunkten vollzogen. Jugendliche über 18 Jahre, die sich für den Jugendstrafvollzug nicht eignen, und Verurteilte, die das 24. Lebensjahr erreicht haben, werden dem Erwachsenenvollzug überwiesen (§§ 91, 92 JGG). *Vollstreckungsleiter* ist der Jugendrichter (§ 82 I JGG), *Vollzugsleiter* der Anstaltsleiter. Die nähere Regelung enthalten die bundeseinheitlichen *Verwaltungsvorschriften zum Jugendstrafvollzug* vom 15. 12. 1976 (StrafR Nr. 720); sie betreffen insbes. Vollzugsplan, Arbeit, Unterricht, Freizeitgestaltung, Besuchs- und Schriftverkehr, Disziplinarmaßnahmen, Urlaub, offenen Vollzug, soziale Hilfen usw. Die Aussetzung eines Strafrestes zur Bewährung ist nach Verbüßung eines Teils der J. zulässig, wenn dies im Hinblick auf die Entwicklung des Jugendlichen, auch unter Berücksichtigung des Sicherheitsinteresses der Allgemeinheit, verantwortet werden kann. I. d.R ist dies erst nach Ablauf von 6 Mon. der Fall, bei Strafen von mehr als 1 Jahr nach Verbüßung eines Drittels. Die Vorschriften über die Strafaussetzung zur Bewährung (Bewährungszeit, Bewährungshelfer) gelten entsprechend; §§ 88, 89 JGG.

**Jugendstrafrecht.** Für die Strafbarkeit und die Verurteilung von Straftätern, die zur Tatzeit noch nicht 21 Jahre alt waren, gilt das allgemeine Straf- und Strafprozeßrecht nur, soweit nicht das Jugendgerichtsgesetz i. d. F. vom 11. 12. 1974 (BGBl. I 3427) m. spät. Änd. Sondervorschriften enthält.

1. Nach §§ 1, 3 JGG sind *Jugendliche* (zur Tatzeit 14-, aber noch nicht 18jährige) nur bedingt verantwortlich, nämlich soweit sie ihrer Entwicklung nach die erforderliche Einsichts- und Willensbildungsfähigkeit besaßen. *Heranwachsende* (zur Tatzeit 18, aber noch nicht 21jährige) sind voll verantwortlich. *Kinder* (zur Tatzeit noch nicht 14jährige) sind strafrechtlich überhaupt nicht verantwortlich (§ 19 StGB). Während bei Jugendlichen stets das mildere Jugendstrafrecht anzuwenden ist, entscheidet beim Heranwachsenden das Gericht im Einzelfall, ob der Täter nach seinem Reifegrad oder der Art seiner Tat noch einem Jugendlichen gleichzustellen und daher nach J. abzuurteilen oder ob er wie ein Erwachsener nach allgemeinem Strafrecht zu bestrafen ist (§ 105 JGG; im einzelnen s. → Jugendliche und Heranwachsende).

2. Eine nach J. zu beurteilende „Jugendstraftat" ist in erster Linie durch *Erziehungsmaßregeln* zu ahnden; zu diesen gehört die Erteilung von Weisungen für die Lebensführung, z. B. Annahme einer Arbeitsstelle, Erbringung von Arbeitsleistungen, Betreuung und Aufsicht durch einen Betreuungshelfer, Teilnahme an einem sozialen Trainingskurs oder Verkehrsunterricht, Bemühung um einen Täter-Opfer-Ausgleich; ferner die Anordnung zu Inanspruchnahme von Hilfe zur Erziehung durch eine Erziehungsbeistandschaft oder in einer Einrichtung über Tag und Nacht oder in einer sonstigen betreuten Wohnform. Reichen Erziehungsmaßregeln nicht aus, können *Zuchtmittel* angewendet werden, nämlich Verwarnung, Erteilung von Auflagen – z. B. Schadenswiedergutmachung, Bußzahlung an eine gemeinnützige Einrichtung, Erbringung von Arbeitsleistungen – oder → Jugendarrest. Nur wenn auch Zuchtmittel nicht ausreichen, weil die Straftat schädliche Neigungen des Jugendlichen offenbart hat, oder bei besonders schwerer Tatschuld wird *Jugendstrafe* verhängt (§§ 5, 9 ff. JGG; über Aussetzung der Jugendstrafe oder des Strafausspruchs → Jugendstrafe). Nicht verhängt werden dürfen nach §§ 6, 7 JGG: Amtsunfähigkeit, Wahlrechtsverlust; von den → Maßregeln der Besserung und Sicherung sind nur Unterbringung in einem psychiatrischen Krankenhaus oder einer Entziehungsanstalt, Führungsaufsicht und Entziehung der Fahrerlaubnis zugelassen (nicht Sicherungsverwahrung, Berufsverbot). Sondervorschriften gelten nach §§ 112 a ff. JGG bei jugendlichen Soldaten der Bundeswehr (Erziehungshilfe durch den Disziplinarvorgesetzten als Erziehungsmaßregel; keine Hilfe zur Erziehung).

3. Als *Jugendgericht* wird grundsätzlich das *Jugendschöffengericht* (Strafrichter, zwei Jugendschöffen) tätig; doch kann

der Staatsanwalt, wenn nur Erziehungsmaßregeln oder Zuchtmittel zu erwarten sind, die Anklage vor dem *Jugendrichter* (Einzelrichter) erheben. Die *Jugendkammer* entscheidet anstelle des → Schwurgerichts; sie ist ferner zuständig, wenn sie eine ihr vom Jugendschöffengericht ihres Umfangs wegen vorgelegte Sache übernimmt oder wenn gegen einen Heranwachsenden nicht die Verhängung von Jugendstrafe, sondern Freiheitsstrafe von mehr als 3 Jahren zu erwarten ist. Sie ist als Große Jugendkammer grundsätzlich mit 3 Richtern und 2 Schöffen besetzt; sie soll aber bis 31. 12. 2000 in der Hauptverhandlung mit 2 Richtern und 2 Schöffen entscheiden, wenn sie nicht als Schwurgericht zuständig ist oder nach Umfang oder Schwierigkeit ein 3. Richter notwendig ist (§§ 33–33 b, 39–41, 108 III 2 JGG). Außerdem entscheidet sie als Kleine Jugendkammer (1 Richter, 2 Schöffen) über Berufungen gegen Urteile des Jugendrichters und als Große Jugendkammer (3 Richter, 2 Schöffen) über Berufungen gegen Urteile des Jugendschöffengerichts. Von der Jugendkammer zu unterscheiden ist die *Jugendschutzkammer* (§ 74 b GVG); sie ist für schwerere Straftaten Erwachsener in → Jugendschutzsachen zuständig. Ausgenommen von der Zuständigkeit der Jugendgerichte sind Hoch- und Landesverrat u. a. Staatsschutzsachen, die im ersten Rechtszuge vor das Oberlandesgericht oder die Strafkammer nach § 74 a GVG – sog. Staatsschutzkammer – gehören (§ 102 JGG). Zu *Jugendstaatsanwälten* werden besondere Staatsanwälte bestimmt, die – ebenso wie die Jugendrichter – erzieherisch befähigt und in der Jugenderziehung erfahren sein sollen (§§ 36, 37 JGG).

4. Das *Jugendstrafverfahren* (§§ 43 bis 81 JGG) weicht vom allgemeinen Strafprozeß erheblich ab. Um den Jugendlichen durch das Verfahren möglichst wenig zu belasten, kann der Richter mit Zustimmung des Staatsanwalts ohne voraufgegangene Anklage (§ 45 JGG), nach Anklage ohne Hauptverhandlung und Urteil (§ 47 JGG) leichtere Erziehungsmaßregeln oder Zuchtmittel durch Beschluß anordnen, wenn diese ausreichen. Die Hauptverhandlung ist nicht öffentlich (§ 48 JGG). Gesetzliche Vertreter und Erziehungsberechtigte haben ein Recht auf Anhörung, insbes. in der Hauptverhandlung. Ferner wirkt die → Jugendgerichtshilfe mit, um die erzieherischen, sozialen und fürsorgerischen Gesichtspunkte zur Geltung zu bringen. Das *Rechtsmittelverfahren* ist eingeschränkt, um die strafrechtlichen Folgen der Tat möglichst bald wirksam werden zu lassen: Wer gegen ein Urteil → Berufung eingelegt hat, kann nicht mehr → Revision einlegen (§ 55 II JGG). Im *vereinfachten Jugendverfahren* kann auf Grund eines Antrags des StA ohne Anklage im Urteilsverfahren entschieden werden, wenn nur Weisungen, Hilfe zur Erziehung durch Erziehungsbeistandschaft, Zuchtmittel, Fahrverbot, Einziehung oder Verfall zu erwarten sind (§ 76 JGG). *Untersuchungshaft* ist nur beschränkt zulässig und soll möglichst durch mildere Maßnahmen ersetzt werden, etwa durch Einweisung in ein Heim der Jugendhilfe; diese kann auch angeordnet werden, um den Jugendlichen vor einer weiteren Gefährdung seiner Entwicklung zu bewahren (§§ 72, 71 II JGG). Die Vorschriften des Jugendstrafverfahrens gelten grundsätzlich auch im Verfahren gegen *Heranwachsende;* nicht anwendbar sind z. B. die Bestimmungen über die Nichtöffentlichkeit, das vereinfachte Jugendverfahren und die Einweisung in ein Erziehungsheim. Ein → Strafbefehl ist gegen einen Jugendlichen unzulässig, ebenso → Privatklage; bei Heranwachsenden ist nur ein Strafbefehl, durch den Freiheitsstrafe verhängt wird, unzulässig (§§ 79, 80, 109 JGG). Im → Strafregister werden nur Verurteilungen zu Jugendstrafe vermerkt; Erziehungsmaßregeln und Zuchtmittel werden im → Erziehungsregister eingetragen. Verwaltungsvorschriften für die Staatsanwaltschaft zur Durchführung des Verfahrens enthalten die Richtlinien zum Jugendgerichtsgesetz (RiJGG) i. d. F. vom 1. 8. 1994 (StrafR Nr. 50 a).

5. S. ferner → Einheitsstrafe, Beseitigung des → Strafmakels.

**Jugendstraftat** → Jugendstrafrecht (1, 2).

**Jugendstrafvollzug** → Jugendstrafe.

**Jugendversammlung** → Betriebsversammlung.

**Jugendvertretung** → Betriebsrat.

**Jugendweihe** war in der ehem. → DDR eine sog. gesellschaftliche Einrichtung der kommunistischen Erziehung der Jugendlichen im 8. Schuljahr. Nach einer Vorbereitung gemäß dem zentralen Jugendstundenprogramm legten die Jugendlichen in einer besonderen Feier ein Bekenntnis zum „sozialistischen Vaterland", zur Freundschaft mit der ehem. Sowjetunion und zu den Zielen der sozialistischen Gesellschaft ab (→ Sozialismus). Die Teilnahme galt offiziell als freiwillig. Nach der → Wiedervereinigung wird in dem Gebiet der ehem. DDR die Jugendweihe ohne Verwendung ihrer auf der sozialistischen Ideologie beruhenden Begriffe weiterhin von privatrechtlichen Vereinen organisiert.

**Jugendwohlfahrt** → Jugendamt, → Kinder- und Jugendhilfe.

**Jugoslawien-Strafgerichtshof.** Der Sicherheitsrat der → Vereinten Nationen hat 1993 zur strafrechtlichen Ahndung schwerer Verletzungen des humanitären Völkerrechts, die seit dem 1. 1. 1991 auf dem Gebiet des ehem. Jugoslawien begangen wurden, einen Internationalen Strafgerichtshof mit dem Sitz in Den Haag eingerichtet. Hierzu ist das Gesetz über die Zusammenarbeit mit dem Internationalen Strafgerichtshof für das ehemalige Jugoslawien – Jugoslawien-Strafgerichtshof-Gesetz – vom 10. 4. 1995 (BGBl. I 485) ergangen. Es regelt neben der allg. Pflicht deutscher Gerichte und Behörden zur Zusammenarbeit u. a. das Verhältnis zu nationalen Strafverfahren (Überleitung auf den J.-S.), Überstellung und Durchbeförderung, sonstige Rechtshilfe sowie Vorrechte und Immunitäten für Mitglieder des Gerichtshofes.

**Jüngstenrecht** → Höfeordnung.

**Junktimklausel** nennt man die Bestimmung einer Rechtsnorm, daß eine im Range unter ihr stehende Rechtsvorschrift eine bestimmte Regelung nur in Verbindung mit einer anderen Regelung treffen dürfe; so Art. 14 III 2 GG, wonach eine → Enteignung nur durch Gesetz oder auf Grund eines Gesetzes zulässig ist, das Art und Ausmaß der Entschädigung regelt.

**juris** ist die Bezeichnung des Juristischen Informationssystems für die BRep., das vom BMJ entwickelt wurde und von einer GmbH in Saarbrücken betrieben wird. Es enthält mehrere Datenbanken, insbes. zu Rechtsprechung, Rechtsliteratur, Bundesrecht und Gesetzesmaterialien. In ihm kann auch auf Celex, die Datenbanken der EG-Kommission zu EG-Recht und Rspr. des EuGH (europäisches → Gemeinschaftsrecht), zugegriffen werden. Rechtsinformationen aus J. kann jedermann gegen Entgelt im Wege der Datenfernübertragung abrufen.

**Jurisdiktion** = → Gerichtsbarkeit, → Gerichtshoheit, → Rechtsprechung.

**Jurisdiktionskonsul** → Konsulargerichtsbarkeit.

**Jurisprudenz** = → Rechtswissenschaft.

**Jurist** ist kein rechtlich geschützter Titel, wird aber auch in der Gesetzessprache (z. B. Juristenausbildungs-Gesetz) nur für den umfassend ausgebildeten „Volljuristen" mit der einheitlichen → Befähigung zum Richteramt, zum höheren Verwaltungsdienst sowie zum Rechtsanwalt und Notar („Einheitsjurist") verwendet. Die Bezeichnungen „Justizjurist" und „Verwaltungsjurist" besagen im allgemeinen nur, in welchem Bereich der J. tätig ist. S. a. → Diplom-Jurist.

**Juristenausbildung** ist die zum Erwerb der → Befähigung zum Richteramt erforderliche wissenschaftliche und praktische Ausbildung. Sie umfaßt die Ausbildung zum höheren Verwaltungsdienst und zu allen gebundenen jur. Berufen, z. B. Rechtsanwalt, Notar (einheitliche J., daher der Begriff „Einheitsjurist").

**Juristische Handlung** → Rechtshandlung.

**Juristische Person. I.** Die j. P. ist eine Personenvereinigung oder ein Zweckvermögen mit vom Gesetz anerkannter rechtlicher Selbständigkeit. Anders als bei der → Gesamthandsgemeinschaft oder gar bei der → Gemeinschaft nach Bruchteilen, bei denen die Gesamtheit der Mitbeteiligten Träger von Rechten und Pflichten bleibt, besitzt die j. P. eine eigene *Rechtsfähigkeit* und damit auch

→ Parteifähigkeit (s. auch → Insolvenzfähigkeit). Die j. P. ist also von ihren Mitgliedern und deren Bestand bzw. Wechsel losgelöst; die Mitglieder sind allerdings an ihr vermögensrechtlich (s. z. B. Aktie) und korporativ (Einfluß auf die Geschäftsführung, s. u.) beteiligt. Abgesehen von den nur einer natürlichen Person zustehenden Rechten und möglichen Rechtsgeschäften (z. B. Staatsangehörigkeit, Eheschließung, Testamentserrichtung) kann die j. P. im Rechtsleben wie jeder Mensch auftreten; sie hat auch ein → Namensrecht. Die j. P. besitzt nach h. M. ferner → Handlungsfähigkeit, d. h. sie handelt durch ihre *Organe* (Organtheorie), die danach nicht Vertreter der j. P. sind; daneben hat die j. P. aber auch Vertreter, z. B. Prokuristen, Angestellte. Vom Gesetz ist die Deliktsfähigkeit der j. P. bei Handlungen ihres Vorstands oder anderer verfassungsmäßig berufener Vertreter anerkannt (§§ 31, 89 BGB; Organhaftung, → Verein, 1). Die Organe der j. P. sind je nach Gestaltung verschieden; regelmäßig handelt die j. P. durch die Gesamtheit ihrer Mitglieder (Mitgliederversammlung, Hauptversammlung usw.) sowie für die laufenden Geschäfte durch einen von dieser bestimmten Vorstand, Geschäftsführer u. dgl. Über das Wesen der j. P., die als solche allgemein anerkannt ist, herrscht viel Streit. Neben verschiedenen anderen Theorien wird vor allem vertreten, die j. P. sei als Rechtsperson neben dem Menschen an sich nicht denkbar; ihre Existenz werde zur Erreichung gemeinsamer Zwecke nur unterstellt *(Fiktionstheorie).* Demgegenüber betont die herrschende sog. Theorie der realen *Verbandspersönlichkeit* das tatsächliche Vorhandensein eines besonderen Rechtssubjekts mit eigener Rechts- und Handlungsfähigkeit. Über den Rechtszustand vor Beginn der Rechtsfähigkeit der j. P. → *Gründungsgesellschaft.* Die Rechtsfähigkeit der j. P. endet regelmäßig nicht bereits mit dem Übergang in das Abwicklungsstatium (→ Liquidation), sondern erst mit der vollständigen Beendigung und Auflösung nach Durchführung der Liquidation (→ Verein, → Aktiengesellschaft).

Eine j. P. kann, sofern sie nicht seit unvordenklicher Zeit kraft natürlicher Entstehung am Rechtsleben teilnimmt (z. B. die öffentl.-rechtl. Gebietskörperschaften wie Staat und Gemeinden, die kath. Kirche u. a.), auf zweierlei Weise entstehen: Entweder hängt die Entstehung von einer staatlichen Genehmigung bzw. Erlaubnis ab, auf die kein Anspruch besteht (sog. *Konzessionssystem,* z. B. für den wirtschaftlichen → Verein, für die → Stiftung und oftmals kraft besonderer gesetzlicher Vorschriften im öffentlichen Recht), oder es muß – i. d. R. zwingend – bei Erfüllung gewisser gesetzlicher Voraussetzungen die j. P. als existent angesehen werden *(Normativsystem);* regelmäßig wird hier zur Klarstellung und zum Schutz der Öffentlichkeit die Eintragung in ein besonderes Register (→ Handelsregister, → Vereinsregister usw.), auf die dann ein Anspruch besteht, gefordert (Eintragungsprinzip, insbes. beim Idealverein sowie bei den j. P. des Handelsrechts wie Aktiengesellschaft, Gesellschaft mit beschränkter Haftung usw.). Eine *freie Körperschaftsbildung* (unabhängig vom Staat) kennt dagegen das deutsche Recht grundsätzlich nicht.

II. Man unterscheidet j. P. des Privatrechts und des öffentlichen Rechts.

1. Als Grundlage der *j. P. des Privatrechts* ist in §§ 21 ff. BGB der → Verein geregelt. Soweit daher bei den anderen j. P. des Privatrechts, insbes. des Handelsrechts (AG, GmbH, Genossenschaft, Kommanditgesellschaft auf Aktien) eine spezielle Regelung fehlt, kann – z. B. für die Haftung – auf die Grundgedanken des Vereinsrechts zurückgegriffen werden. Neben diesen körperschaftlich (mitgliedschaftlich) organisierten j. P. kennt das Privatrecht noch die → Stiftung als ein Zweckvermögen mit eigener Rechtspersönlichkeit. Auch wenn in der Form einer j. P. des Privatrechts öffentliche Zwecke verfolgt werden (z. B. eine städtische GmbH betreibt eine Straßenbahn), so sind wegen der gewählten Form allein die Vorschriften des Privatrechts (Abschluß eines Beförderungsvertrags, keine hoheitliche Gebühr) anzuwenden. Über die Haftung der j. P. des Privatrechts → Verein (1), über die persönliche Haftung ihrer Mitglieder → Durchgriffshaftung. Zur Besteuerung von j. P. → Körperschaftsteuer.

2. *J. P. des öffentlichen Rechts* sind Rechtssubjekte, die auf öffentlichrechtlichem und auf privatrechtlichem

Gebiet → Rechtsfähigkeit besitzen. Sie bestehen auf Grund öffentlich-rechtlicher Anerkennung (z. B. Kirchen; Gemeinden) und können grundsätzlich nur durch Gesetz (z. B. Kraftfahrt-Bundesamt) oder durch Hoheitsakt auf Grund eines Gesetzes (z. B. Stiftung) neu errichtet werden. Sie haben das Recht der → Selbstverwaltung, unterstehen staatlicher Aufsicht und können i. d. R. durch → Satzungen objektives Recht für ihren Aufgabenbereich setzen. Die j. P. d. ö. R. werden eingeteilt in → Körperschaften, → Anstalten und → Stiftungen des öffentlichen Rechts. Die Vorschriften über die Vereinshaftung (→ Verein, 1) finden auf den Staat sowie auf die Körperschaften, Anstalten und Stiftungen des öffentlichen Rechts entsprechende Anwendung, soweit diese durch ihre Organe privatrechtlich handeln bzw. privatrechtliche Rechtspflichten, z. B. die → Verkehrssicherungspflicht, verletzen (§ 89 BGB). Anders ist die Haftung geregelt bei hoheitlichem Handeln der j. P. des öffentlichen Rechts; s. i. e. → Staatshaftung; → Hoheitsbetriebe.

**Jury** ist die Bezeichnung für a) die allein über die Schuldfrage entscheidenden → Geschworenen eines Gerichts (→ Schwurgericht) und b) die Personen, die als Sachverständige bei Wettbewerben, vor allem im Sport (Kampfgericht), Auszeichnungen, Ausstellungen u.ä. die Leistungen bewerten.

**Justitiar** ist die häufig verwendete Bezeichnung für einen beamteten oder angestellten Rechtsberater.

**Justitium** = Stillstand der Rechtspflege; → Verjährung, → Unterbrechung des Verfahrens.

**Justiz** ist ein formeller Begriff, der diejenige staatliche Tätigkeit umfaßt, die der Rechtspflege in Zivil- und Strafsachen dient. Sie besteht aus → Rechtspflege und → Justizverwaltung. Die Organe der J. sind die Gerichte der → ordentlichen Gerichtsbarkeit, die → Staatsanwaltschaften, die Justizministerien des Bundes und der Länder (oder gleichstehende Behörden), die Notariate, Straf- und sonstigen Vollzugsbehörden. In einem anderen Sinne wird der Begriff J. auch für die → Rechtsprechung als eine der drei staatlichen Gewalten (neben Gesetzgebung und Verwaltung) verwendet.

**Justizausbildung** → Juristenausbildung. I. w. S. ist J. auch die Ausbildung für die übrigen Laufbahnen des Justizdienstes, insbes. zum → Rechtspfleger.

**Justizbehörden** sind die Behörden der → Justizverwaltung und die Gerichte der → ordentlichen Gerichtsbarkeit.

**Justizbeitreibungsordnung.** Die JBeitrO vom 11. 3. 1937 (RGBl. I 298) m. spät. Änd. regelt, wie Ansprüche der → Justizbehörden einzuziehen sind, insbes. → Gerichtskosten, sonstige Justizverwaltungsabgaben, Gerichtsvollzieherkosten (§ 1 GvKostG). Sie gilt kraft entspr. landesrechtlicher Vorschriften auch für die Einziehung solcher nicht auf bundesrechtlicher Regelung beruhender Ansprüche. Vollstreckungsbehörden sind die Gerichtskassen. Das Verfahren richtet sich im übrigen weitgehend nach den Vorschriften der → Zwangsvollstreckung.

**Justizgerichtsbarkeit** ist eine Bezeichnung für die → ordentliche Gerichtsbarkeit.

**Justizgewährungsanspruch** (Rechtsgewährungsanspruch) nennt man allgemein den verfassungsrechtlich gewährleisteten Anspruch des Einzelnen, in Streitfällen ein Gericht anrufen zu können (→ Rechtsprechung). Im besonderen meint man damit, daß jemandem, der durch die öffentliche Gewalt in seinen Rechten verletzt wird, der Rechtsweg offensteht (Art. 19 IV 1 GG; „formelles Hauptgrundrecht"). Der J. umfaßt nicht nur den Zugang zu den unabhängigen Gerichten, sondern gewährleistet auch, daß dieser Zugang nicht in unzumutbarer Weise (etwa durch zu hohe Kosten) erschwert wird und daß die Sache binnen angemessener Zeit entschieden wird. Dagegen garantiert der J. nicht, daß mehrere Instanzen zur Verfügung stehen.

**Justizhoheit** → Gerichtshoheit.

**Justizmitteilungen** sind *verfahrensübergreifende* Mitteilungen *personenbezogener Daten* durch Gerichte der ordentlichen Gerichtsbarkeit, StAen und Arbeitsgerichte von Amts wegen an öffentliche Stellen des Bundes oder der Länder zur

Erfüllung der Aufgaben des Empfängers. Da sie in das Recht auf → informationelle Selbstbestimmung eingreifen, bedürfen sie einer gesetzlichen Grundlage. Diese ist in zahlreichen bereichsspezifischen Rechtsvorschriften enthalten. Soweit solche fehlen, richten sich die J. nach §§ 12 ff. EGGVG. Danach sind sie zulässig bei Einwilligung oder offensichtlichem Interesse des Betroffenen, über öffentlich bekanntgemachte oder registrierte Daten, bei Eintritt bestimmter Rechtsfolgen (§ 13 I EGGVG), im übrigen unter den Voraussetzungen der §§ 14–17 EGGVG, z. B. zur Verfolgung von Straftaten. Die Übermittlung unterbleibt, wenn eine besondere Verwendungsregelung entgegensteht (§ 12 III EGGVG).

Verfahrensrechtlich ist das Persönlichkeitsrecht des Betroffenen abgesichert durch Einschränkung der J. bei Datenüberhang, Zweckbindung für den Empfänger, Pflicht zur Mitteilung des Verfahrensausgangs, Auskunftsanspruch des Betroffenen, u. U. Pflicht zur Unterrichtung des Betroffenen und eine Rechtsschutzmöglichkeit (§§ 18–22 EGGVG).

Die J. sind für die Gerichte und Behörden in den Verwaltungsvorschriften über → Mitteilungen in Zivilsachen und → Mitteilungen in Strafsachen zusammengefaßt.

Nicht zu den J. gehören verfahrensbezogene Mitteilungen, die Bestandteil des jeweiligen Verfahrens sind, und Mitteilungen zur Wahrnehmung von Aufsichts- und Weisungsbefugnissen u. ä. i. S. des § 14 III BDSG (s. z. B. zur Berichtspflicht der StA gegenüber den vorgesetzten Behörden bayer. JMBI. 1960, 167 m. Änd.).

**Justizverwaltung** ist diejenige Tätigkeit der → Justiz, die nicht → Rechtspflege darstellt. Sie besteht in der → Dienstaufsicht über die Organe der Rechtspflege (einschl. der → Rechtsanwälte und → Notare), in der Sorge für den Personal- und Sachbedarf der Justizbehörden, insbes. der Gerichte, in der Durchführung des → Strafvollzugs, Führung des → Strafregisters und in bestimmten Entscheidungen (→ Justizverwaltungsakte). Die J. wird ausgeübt durch die Ministerien als oberste Behörden (→ Bundesjustizministerium, → Landesjustizverwaltung), im wesentlichen Umfang durch die Präsidenten der → Oberlandesgerichte, denen hierfür eine Verwaltungsabteilung eingegliedert ist, durch die Präsidenten der → Landgerichte und → Amtsgerichte (oder deren aufsichtführende Richter).

**Justizverwaltungsakte** sind → Verwaltungsakte aus dem Bereich der → Justizverwaltung, nämlich Anordnungen, Verfügungen und sonstige Maßnahmen von Justizbehörden auf den Gebieten des bürgerlichen Rechts (einschl. → Handelsrecht), des → Zivilprozesses, der → freiwilligen Gerichtsbarkeit und der Strafrechtspflege (einschl. → Strafvollzug, → Untersuchungshaft, → Jugendarrest und → Maßregeln der Sicherung und Besserung). Der J. gehört nicht zur → Rechtspflege und ist von deren Maßnahmen (insbes. gerichtlichen Entscheidungen) zu unterscheiden. J. ist z. B. Befreiung von der Beibringung des Ehefähigkeitszeugnisses für Ausländer (§ 1309 II BGB). Ein J. kann – nach Durchführung eines etwa vorgesehenen förmlichen Beschwerdeverfahrens – im Verfahren nach den §§ 23 ff. EGGVG mit Antrag auf gerichtliche Entscheidung angefochten werden. Über den Antrag entscheidet, soweit keine anderen gesetzlichen Rechtsbehelfe vorgesehen sind (§ 23 III EGGVG, z. B. §§ 458–462 StPO, § 109 StVollzG → Strafvollstreckungskammer), das → Oberlandesgericht endgültig. Bei beabsichtigter Abweichung von anderen obergerichtlichen Entscheidungen (→ Divergenz) ist Vorlage an den Bundesgerichtshof vorgesehen (§§ 25, 29 EGGVG). Neben den förmlichen Rechtsbehelfen sind gegen einen J. → Gegenvorstellung und → Dienstaufsichtsbeschwerde möglich.

**Justizverwaltungskostenordnung.** Die JVKostO vom 14. 2. 1940 (BGBl. III 363–1) m. spät. Änd. ist die Grundlage für Erhebung von Gebühren und Auslagen, die in Justizverwaltungsangelegenheiten (→ Justizverwaltungsakte) anfallen, z. B. für Erlaubniserteilung, Erledigung von Rechtshilfeersuchen. Bestimmte Amtshandlungen sind kostenfrei. Vollstreckt wird nach der → Justizbeitreibungsordnung (→ Beitreibung).

**Justizvollzugsanstalt** → Strafvollzug.

**Juwelier** → Edelmetalle.

**Kabinett** → Regierung.

**Kabinettsjustiz** wurde das im Mittelalter immer stärker entwickelte Recht des Landesherrn genannt, gewisse Rechtsentscheide, besonders im Bereich der Strafrechtspflege, im landesherrlichen Kabinett – d. h. selbst – zu treffen. Diese Entwicklung begann damit, daß das Begnadigungsrecht des Landesherrn ständig erweitert und der strafrechtliche Schutz gegen Majestätsbeleidigung und Hochverrat zunächst von den Kurfürsten, später von allen Fürsten übernommen wurde. Hinzu kam das → Evokationsrecht, d. h. das Recht, ein schwebendes Verfahren an sich zu ziehen. Die K. ging sogar so weit, daß die Landesherren nicht nur die Befugnis beanspruchten, die Gerichtsurteile zu bestätigen, sondern auch schon vor Erlaß des Urteils die voraussichtliche Strafe zu mildern oder gar aufzuheben. Mitte des 18. Jh. wurde die K. im Zuge der Aufklärung nach und nach beseitigt; nur das Begnadigungsrecht verblieb dem Landesherrn.

**Kabinettsvorlagen** sind die Angelegenheiten, die der → Bundesregierung oder einer Landesregierung (Kabinett) als Kollegium – meist von einem Minister – zur Beratung und Beschlußfassung unterbreitet werden. Dazu gehören nach § 15 der → Geschäftsordnung der BReg. alle Angelegenheiten von allgemeiner innen- oder außenpolitischer, wirtschaftlicher, sozialer, finanzieller oder kultureller Bedeutung, insbes. alle Gesetzentwürfe und solche von Verordnungen der BReg. Ferner werden als K. die von der BReg. auf Grund ihres → Initiativrechts bei den gesetzgebenden Körperschaften eingebrachten Gesetzesvorlagen bezeichnet (richtiger: Gesetzesvorlagen der Bundesregierung).

**Kabotage** → Frachtvertrag.

**Kaduzierung.** Hat ein Aktionär die Einlage auf die → Aktien oder der Gesellschafter einer → GmbH die → Stammeinlage nicht rechtzeitig einbezahlt und ist eine Nachfrist mit Androhung der K. erfolglos verstrichen, so kann der Aktionär seiner Aktien und der geleisteten Einzahlung, der GmbH-Gesellschafter seines → Geschäftsanteils und der geleisteten Teilzahlungen zugunsten der AG oder GmbH für verlustig erklärt werden (§ 64 AktG, § 21 GmbHG). Anders → Amortisation.

**Kaffee.** Die auf Grund des LmBG (→ Lebensmittelrecht) erlassene KaffeeVO vom 12. 2. 1981 (BGBl. I 225) m. Änd. regelt den Verkehr mit und die Kennzeichnung von K. sowie von K.-Extrakt, K.-Ersatzstoffen und K.-Zusatzstoffen. Nach ihr richtet sich, wann Kaffee als verdorben, nachgemacht, verfälscht anzusehen ist oder eine irreführende Bezeichnung vorliegt (s. a. Täuschung im Lebensmittelhandel). Verstöße sind mit Strafe oder mit Bußgeld bedroht (§ 5 d VO).

**„Kaffeefahrt"** → Haustürgeschäft.

**Kaffeesteuer** wird als → Verbrauchsteuer neben dem Zoll auf Röstkaffee mit 4,30 DM/kg und löslichen Kaffee mit 9,35 DM/kg erhoben (K.gesetz vom 21. 12. 1992, BGBl. I 2199, zuletzt geänd. am 12. 7. 1996, BGBl. I 962, DVO vom 14. 10. 1993, BGBl. I 1747, geänd. 13. 2. 1997, BGBl. I 235).

**Kahlpfändung** bedeutet, daß alle pfändbaren Gegenstände, die einer Person gehören, gepfändet werden (→ Pfändung). Eine völlige K. ist bei natürlichen Personen durch die Vorschriften über → Unpfändbarkeit verboten.

**Kakao.** Die auf Grund der Lebensmittelgesetze von 1936 und 1974 erlassene VO über Kakao und Kakaoerzeugnisse vom 30. 6. 1975 (BGBl. I 1760) m. zahlr. Änd. enthält Vorschriften über die Bezeichnung (Begriffsbestimmungen), die Kenntlichmachung sowie die Zulässigkeit von Zusätzen und Herstellungsverfahren (s. auch → Täuschung im Lebensmittelhandel). Für den Handel mit Tafelschokolade bestehen besondere Gewichtsvorschriften (§ 9). Die von der VO erfaßten K. erzeugnisse sind aus einer Anlage ersichtlich.

**Kalamitätsnutzungen** → außerordentliche Einkünfte (1 c).

**Kalendermäßige Leistung** → Schuldnerverzug, → Gläubigerverzug.

**Kalkulationsirrtum** → Anfechtung von Willenserklärungen.

**Kameralistik** ist ein in der deutschen Literatur des 18. Jh. gebräuchlicher Ausdruck für die Finanzwissenschaft. Gegenstand dieser Wissenschaft waren damals in erster Linie die Grundsätze für die Verwaltung der Kammergüter der Fürsten, vor allem der Domänen.

**Kaminkehrer** → Schornsteinfegerwesen.

**Kammer.** Die Bezeichnung K. für öffentliche Organe wird in verschiedenem Sinne gebraucht: für Spruchkörper von Gerichten (z. B. → Zivilkammer) und für Körperschaften des öffentlichen Rechts, welche die Angehörigen eines Berufs- oder Wirtschaftszweiges auf genossenschaftlicher Grundlage zur Selbstverwaltung ihrer gemeinsamen berufs-(wirtschafts)ständischen Angelegenheiten zusammenfaßt. Diese sind entweder Repräsentativkörperschaften, bei denen die Mitglieder der Kammer aus gewählten Repräsentanten des Berufs-(Wirtschafts)zweiges bestehen – so → Industrie- und Handelskammer, → Handwerkskammer, → Landwirtschaftskammer –, oder Mitgliedskörperschaften, bei denen die in dem Beruf selbständig Tätigen unmittelbar die Kammern bilden, z. B. Rechtsanwalts-, Ärzte-, Apothekerkammern; sog. *Kammergesetze* regeln ihr → Standesrecht.

**Kammer für Baulandsachen** ist eine Kammer des Landgerichts, die Rechtsstreitigkeiten in → Baulandsachen entscheidet.

**Kammer für Handelssachen** ist der Spruchkörper eines → Landgerichts, der für → Handelssachen an Stelle der → Zivilkammer tritt (§ 94 GVG). Die K. f.H. ist mit einem Mitglied (Richter) des LG als Vorsitzenden und zwei → Handelsrichtern als Beisitzer besetzt (§ 105 I GVG), soweit nicht der Vorsitzende als → Einzelrichter entscheidet (§ 349 ZPO).

**Kammergericht** ist das für Berlin zuständige → Oberlandesgericht; die abweichende Bezeichnung ist historisch zu erklären.

**Kammergesetz** (von → Kammer) ist die Kurzbezeichnung für Gesetze im → Standesrecht, z. B. Ges. über die Berufsvertretungen und die Berufsgerichtsbarkeit der Ärzte, Zahnärzte, Tierärzte und Apotheker (vgl. bayer. Ges. i. d.F. v. 20. 7. 1994, GVBl. 853).

**Kampfhunde** sind Hunde, bei denen auf Grund rassespezifischer Merkmale, Zucht oder Ausbildung von einer gesteigerten Aggressivität und Gefährlichkeit gegenüber Menschen oder Tieren auszugehen ist. Mehrere Landesrechte (vgl. z. B. Art. 37 I 2, 37 a des bayer. Landesstraf- und Verordnungsgesetzes vom 13. 12. 1982, BayRS 2011–2–I, m.spät. Änd. und bayer. VO über Hunde mit gesteigerter Aggressivität und Gefährlichkeit vom 10. 7. 1992, GVBl. 268) sehen für K. Einschränkungen vor, insbes. hinsichtlich Freilaufenlassen, Erlaubnisvorbehalt und Untersagungsmöglichkeit für das Halten, Zuchtverbot, Ausbildungserlaubnis und -verbote). Diese Einschränkungen verstoßen nach der Entscheidung des Bayerischen Verfassungsgerichtshofes vom 12. 10. 1994 (BayVBl. 1995, 109) nicht gegen die Bayerische Verfassung (keine unzulässige Einschränkung des Grundrechts der Handlungsfreiheit). Verstöße können als Ordnungswidrigkeiten geahndet werden. Vgl. auch § 121 OWiG über das Halten gefährlicher Tiere.

**Kann-Vorschrift** → Ermessen, → Auslegung (1 a).

**Kanon** (canon), abgekürzt c. oder can. Entspricht dem → Artikel oder → Paragraph im staatlichen Recht. Der → Codex iuris canonici (CIC) gliedert sich in 1752 „canones“.

**Kanonisches Recht** wird das Recht der → katholischen Kirche bezeichnet, und zwar sowohl, soweit es nach kirchlichem Verständnis als göttliches Recht (→ ius divinum), als auch, soweit es als kirchlich gesetztes Recht (→ ius humanum) gilt.

**Kanzler.** a) Kurzbezeichnung für → Bundeskanzler; b) Amtsbezeichnung des leitenden Verwaltungsbeamten an verschiedenen → Hochschulen.

**Kanzlermehrheit** ist kein Ausdruck des Gesetzes; er wird neuerdings häufiger für ein bestimmtes Mehrheitserfordernis im → Bundestag verwendet. Nach Art. 63 II GG ist als → Bundeskanzler gewählt, wer die Stimmen der Mehrheit der Mehrheit der Mitglieder des → Bundestages, d. h. seiner gesetzlichen Mitgliederzahl (Art. 121 GG), nicht nur der tatsächlich abgegebenen Stimmen (Art. 42 II GG), auf sich vereinigt; die K. ist auch bei der → Vertrauensfrage bedeutsam (Art. 68 GG). Wird bei einem → Einspruchsgesetz der Einspruch mit der Mehrheit der Stimmen des Bundesrates beschlossen, so kann er vom Bundestag nur durch Beschluß der Mehrheit seiner Mitglieder, also die sog. K., zurückgewiesen werden (Art. 77 IV GG); vgl. auch → Gesetzgebungsverfahren.

**Kapazitätsermittlung** (bei Hochschulen). Die Zulassungszahlen (→ Studienplätze, → numerus clausus) sind so festzusetzen, daß die personellen, räumlichen, sächlichen und fachspezifischen Gegebenheiten der Hochschule erschöpfend genutzt werden (§ 29 II HRG). Zu diesem Zweck ist in den Ländern eine Vielzahl eingehendster Vorschriften über die K. ergangen (vgl. z. B. KapazitätsVO Bayern vom 9. 12. 1993, GVBl. 1079, m. spät. Änd.).

**Kapital** → Grundkapital, → Stammkapital, → offene Handelsgesellschaft (5); s. a. → Kapitalanteil.

**Kapitalabfindungen** aufgrund der gesetzlichen Rentenversicherung und der beamtenrechtlichen Versorgung sind steuerfrei (§ 3 Nr. 3 EStG). S. a. → Abfindung, 6.

**Kapitalanlagebetrug** (§ 264 a StGB) begeht, wer im Zusammenhang mit dem Vertrieb von Wertpapieren und dgl. in Prospekten, Darstellungen oder Übersichten über den Vermögensgegenstand hinsichtlich der für die Entscheidung über den Erwerb oder die Erhöhung erheblichen Umstände gegenüber einem größeren Kreis von Personen unrichtige vorteilhafte Angaben macht oder nachteilige Tatsachen verschweigt. Die Strafe ist Freiheitsstrafe bis zu 3 Jahren oder Geldstrafe. Wer die Erbringung der durch den Erwerb bedingten Leistung verhindert oder sich darum bemüht (→ tätige Reue), bleibt straflos.

**Kapitalanlagegesellschaft** ist ein Unternehmen, dessen Geschäftszweig darauf gerichtet ist, bei ihm angelegte Gelder im eigenen Namen für gemeinschaftliche Rechnung der Einleger nach dem Grundsatz der Risikomischung in → Wertpapieren oder Grundstücken gesondert von dem eigenen Vermögen anzulegen und über die hieraus sich ergebenden Rechte der Einleger (Anteilinhaber) Urkunden (Anteilscheine) auszustellen (Investmentgeschäft). Eine K. darf nach dem Ges. über Kapitalanlagegesellschaften i. d.F. vom 14. 1. 1970 (BGBl. I 127) zuletzt geänd. 22. 10. 1997 (BGBl. I 2567) nur in der Rechtsform der AG oder GmbH betrieben werden; sie muß einen Aufsichtsrat haben. Das Mindestkapital beträgt 5 Mio DM. Das Investmentgeschäft ist → Bankgeschäft i. S. des KAGG (§ 1 II Nr. 6); die K. unterliegt daher als → Kreditinstitut den Vorschriften des KWG und damit der → Bankenaufsicht und Erlaubnispflicht. Darüber hinaus schreibt das Ges. über K.en vor, daß das gegen Ausgabe von Anteilscheinen eingelegte Geld und die damit angeschafften Vermögensgegenstände ein je nach Anlagekonzept im Bestand veränderliches („offenes") oder festes („geschlossenes") Sondervermögen („Investmentfonds", „Fonds") bilden (§ 6), das im Interesse der Risikomischung und Vermögenssicherung nur nach Maßgabe der besonderen Vorschriften für Wertpapier-Sondervermögen (§§ 8 ff.) und für Grundstücks-Sondervermögen (§§ 26–37) angelegt werden darf. Mit der Verwahrung des Sondervermögens sowie mit der Ausgabe und Rücknahme der Anteilscheine ist ein anderes Kreditinstitut (Depotbank) zu beauftragen (§§ 12, 31). Dem Erwerber eines Anteilscheins sind die Vertragsbedingungen und ein Verkaufsprospekt mit allen für die Beurteilung des Anteilscheins wesentlichen Angaben auszuhändigen; bei unrichtigen Angaben im Verkaufsprospekt besteht ein Rückgaberecht (§§ 19, 20). Unabhängig davon besteht ein unverzichtbares Recht des Käufers auf schriftlichen Widerruf binnen 2 Wochen bei Verkäufen außerhalb der ständigen Geschäftsräume des Verkäufers (außer bei Erwerb für den eigenen Geschäftsbetrieb oder auf Grund vorhergehender Bestellung; § 23, sog. „Haustürgeschäft"). S. a. → Anlagenberater, → Reisegewerbe. Zur *steuerlichen* Behandlung der Ausschüttungen von Anteilscheinen an Wertpapier-Sondervermögen s. §§ 38–43, an Grundstücks-Sondervermögen s. §§ 44–50; s. a. → Immobilienfonds. Das Auslandsinvestmentgesetz vom 28. 7. 1969 (BGBl. I 986 m. Ä.) enthält Vorschriften zum Schutz der inländischen Erwerber (Anzeigepflicht, inländ. Repräsentanz, Vermögensverwahrung durch inländ. Depotbank, regelmäßige Veröffentlichung von Ertragsrechnungen, Beachtung bestimmter Verkaufserfordernisse; vgl. §§ 1–10). Sondervorschriften gelten für EG-Investmentanteile gem. der Investmentrichtlinie vom 20. 1. 1965 (ABl. EG Nr. L 375/3) vor allem gem. §§ 15 a bis 15 k AuslnvG. Bei Verkäufen außerhalb der ständigen Geschäftsräume des Verkäufers und bei unrichtigen Angaben im Verkaufsprospekt besteht gleichfalls ein Widerrufs- bzw. Rückgaberecht (§§ 11, 12). Bestimmte Verstöße gegen das Ges. werden als → Ordnungswidrigkeiten mit Geldbuße bis zu 50 000 DM geahndet (§ 13).

**Kapitalanteil** ist der auf einen bestimmten Geldbetrag lautende Anteil eines Gesellschafters an einer → offenen Handelsgesellschaft oder → Kommanditgesellschaft. Er ist nicht mit dem → Geschäftsanteil identisch, sondern richtet sich allein nach der wechselnden, kapitalmäßigen Beteiligung des Gesellschafters am → Gesellschaftsvermögen. Der K. ist in Verbindung mit dem Geschäftsanteil eine der Berechnungsgrundlagen für das → Abfindungsguthaben. Dem K., dessen Grundlage die → Einlage ist, werden Gewinn und Verlust zu- oder abgeschrieben (§ 120 HGB). Der Gesellschafter darf jährlich Geld bis 4% vom K. entnehmen, den K. aber nicht ohne Zustimmung der anderen Gesellschafter vermindern (§ 122 HGB). Der K. kann daher auch passiv (negativ) werden; in diesem Fall besteht aber keine Geldforderung der Gesellschaft gegenüber dem betreffenden Gesellschafter. Bei der Kommanditgesellschaft ist der K. der Höhe nach durch den Betrag der Kommanditeinlage (→ Haftsumme, § 167 II HGB) begrenzt.

**Kapitalausfuhr, -einfuhr.** Der Zahlungs- und Kapitalverkehr mit dem Ausland ist nach dem → Außenwirtschaftsrecht grundsätzlich genehmigungsfrei. Auch die AußenwirtschaftsVO (§§ 59–69) enthält lediglich gewisse für die Aufstellung der Zahlungsbilanz und Beobachtung des Geldverkehrs erforderliche Meldevorschriften (→ Zahlungsverkehr, internationaler). Das AWG ermächtigt allerdings dazu, die Kapitalausfuhr und -einfuhr zu beschränken, und zwar die Kapitalausfuhr (insbes. zum Erwerb ausländischer Grundstücke, Wertpapiere und zur Unterhaltung ausländischer Guthaben) dann, wenn dies erforderlich ist, um das Gleichgewicht der Zahlungsbilanz sicherzustellen (§ 22 AWG), die Kapitaleinfuhr (insbes. Erwerb inländischer Grundstücke, Schiffe, Wertpapiere, Unternehmen und Unterhaltung inländischer Konten durch Gebietsfremde) dann, wenn dies erforderlich ist, um einer Beeinträchtigung der Kaufkraft der DM entgegenzuwirken oder das Gleichgewicht der Zahlungsbilanz sicherzustellen (§ 23 AWG). Die Beschränkung erfolgt durch RechtsVO (vgl. § 27 AWG, §§ 51 ff. AWV). S. a. → Kapitalverkehr, → Zahlungsverkehr, → Europäisches Währungssystem. Die Beschränkungen können mit Verwirklichung der 3. Stufe der Währungsunion nicht mehr nationalstaatlich abgeführt werden.

**Kapitaleinlage** → Einlage.

**Kapitalerhöhung** ist bei der → Aktiengesellschaft oder der → Kommanditgesellschaft auf Aktien die Erhöhung des → Grundkapitals. Man unterscheidet die K. gegen Einlagen (sog. *effektive K.*, §§ 182–191 AktG) und die K. aus Gesellschaftsmitteln (sog. *nominelle* K., §§ 207–220 AktG). Eine K. erfolgt grdsätzl. durch Ausgabe neuer (junger) → Aktien (s. aber unten). Die *effektive* K. erfordert einen mit qualifizierter Mehrheit zu fassenden Beschluß der Hauptversammlung, durch den die Satzungsbestimmung über die Höhe des Grundkapitals geändert wird; bei einer Gesellschaft mit Stückaktien muß sich die Zahl der Aktien in demselben Verhältnis wie das Grundkapital erhöhen (§ 182). Der Beschluß ist zum → Handelsregister anzumelden, einzutragen und bekanntzumachen (§ 184). Die neuen Aktien werden gezeichnet (→ Zeichnungsschein); dabei ist das → Bezugsrecht zu beachten. Sacheinlagen bedürfen der Prüfung (§ 183 III AktG). Die K. wird wirksam, wenn ihre Durchführung im Handelsregister nach Anmeldung (§ 188) eingetragen wird (§ 189). Erst danach dürfen neue Aktien und → Zwischenscheine ausgegeben werden (§ 191). Während bei der effektiven K. das Gesellschaftsvermögen durch fremde Mittel vermehrt wird, geschieht die *nominelle K.* ausschließlich aus Mitteln der Gesellschaft selbst, insbes. dann, wenn das Gesellschaftsvermögen durch offene und stille Reserven so angewachsen ist, daß es das Grundkapital weit übersteigt. Die nominelle K. setzt einen mit qualifizierter Mehrheit gefaßten, satzungsändernden Beschluß der Hauptversammlung voraus (§ 207); dabei soll das Grundkapital in der Weise erhöht werden, daß die offenen Rücklagen in Grundkapital umgewandelt werden, wobei diese Rücklagen schon in der letzten Jahresbilanz ausgewiesen sein müssen (§ 208). Gesellschaften mit Stückaktien können hierbei ihr Grundkapital auch ohne Ausgabe neuer Aktien erhöhen. Der Beschluß ist zum Handelsregister anzumelden; bereits mit seiner Eintragung wird die K. wirksam; es wird fingiert (→ Fiktion), daß die neuen Aktien voll einbezahlt sind (§ 211). Sie stehen den Aktionären im Verhältnis ihrer Beteiligung am bisherigen Grundkapital zu (§ 212). Eine *bedingte K.* (§§ 192–201) liegt vor, wenn die Hauptversammlung eine Erhöhung des Grundkapitals beschließt, die nur soweit durchgeführt werden soll, als Dritte von einem ihnen zustehenden → Bezugsrecht oder Umtauschrecht (→ Wandelschuldverschreibungen) Gebrauch machen (§ 192 I). Die bedingte K. soll nur beschlossen werden zwecks Gewährung von Umtausch- oder Bezugsrechten an Gläubiger von Wandelschuldverschreibungen, zwecks → Fusion oder Ausgabe von Arbeitnehmeraktien. Der satzungsändernde, mit qualifizierter Mehrheit zu fassende Beschluß der Hauptversammlung (§ 193) ist zum Handelsregister anzumelden (§ 195). Erst nach seiner Eintragung dürfen die → Bezugsaktien ausgegeben werden (§ 197), aber nur nach voller Leistung des Gegenwerts (§ 199). Das Grundkapital ist erst mit der Ausgabe der Bezugsaktien erhöht (§ 200). Eine weitere besondere Form der K. ist die durch → genehmigtes Kapital. Für die Erhöhung des Stammkapitals einer → Gesellschaft mit beschränkter Haftung (GmbH) gelten ähnliche Vorschriften (allgemein in §§ 55 ff. GmbHG, für die K. aus Gesellschaftsmitteln §§ 57 c ff. GmbHG). *Steuerlich* ist die K. dadurch begünstigt, daß der Wert der neuen Anteilsrechte aufgrund der K. aus Gesellschaftsmitteln nicht zu → Einkünften führt; vgl. Ges. über steuerrechtliche Maßnahmen bei Erhöhung des Nennkapitals aus Gesellschaftsmitteln i. d. F. vom 10. 10. 1967 (BGBl. I 977) m. Änd., zuletzt 22. 12. 1983 (BGBl. I 1592).

**Kapitalersetzendes Darlehen** → Gesellschafterdarlehen.

**Kapitalertragsteuer** ist → Einkommen- bzw. → Körperschaftsteuer, die als Abzugsteuer (Quellensteuer) aus bestimmten inländischen Kapitalerträgen erhoben, vom Schuldner der Kapitalerträge einbehalten und an das Finanzamt abgeführt wird (§§ 43–45 d EStG). Die Abzüge wirken als Vorauszahlung und sind bei der Einkommensteuerveranlagung anzurechnen (§ 36 II 2 EStG; Ausnahme für beschränkt Steuerpflichtige: § 50 V EStG).

1. Die K. beträgt 25% z. B. bei Gewinnanteilen aus Aktien, GmbH-Anteilen, Genußscheinen, Anteilen an Genossenschaften sowie bei Einnahmen als typischer stiller Gesellschafter und Zinsen aus partiarischen Darlehen (§ 43 I Nrn. 1–4 EStG).

2. Der *Zinsabschlagsteuer* mit 30% unterliegen Zinsen, z. B. aus Sparguthaben und festverzinslichen Wertpapieren, und zinsähnliche Erträge, nicht jedoch aus privaten oder betrieblichen Darlehen (§ 43 I Nr. 7 EStG). Abzugsverpflichtet ist das auszahlende inländische Kreditinstitut (§ 44 I S. 3 u. 4 EStG). Der Zinsabschlag entfällt bei *Freistellungsauftrag* oder *Nichtveranlagungsbescheinigung* des Wohnsitz-Finanzamts (§ 44 a EStG). Der Freistellungsauftrag ist bei der aus-

zahlenden Bank zu stellen mit der Folge, daß diese bis zum → Sparer-Freibetrag und → Werbungskosten-Pauschbetrag von 6100 DM, bei zusammenveranlagten Ehegatten 12 200 DM, keinen Zinsabschlag vornimmt. Bei Tafelgeschäften, bei denen die Zinsscheine am Schalter eingelöst werden, beträgt der Zinsabschlag 35% (§ 43 a I Nr. 4 EStG). Die Freistellungsaufträge bei den Banken können durch das Bundesamt für Finanzen überprüft werden (§ 45 d EStG, Freistellungsauftrags-Datenträger-VO vom 7. 4. 1994, BGBl. I 768).

**Kapitalgesellschaft** ist – im Gegensatz zur Personengesellschaft – eine Gesellschaft, bei der die Mitgliedschaft auf die reine Kapital (Geld)beteiligung und nicht auf persönliche Mitarbeit der Gesellschafter zugeschnitten ist. Die Merkmale einer K. sind insbes., daß die Anteile grundsätzlich frei veräußert und vererbt werden können, die Gesellschafter nicht persönlich haften und ihre persönliche Mitarbeit bei der Geschäftsführung nicht notwendig ist (→ Drittorganschaft); K.en besitzen als → juristische Personen die → Rechtsfähigkeit. K.en sind die → Aktiengesellschaft, die → Kommanditgesellschaft auf Aktien, die → Gesellschaft mit beschränkter Haftung. In Einzelheiten kann die K., insbes. die GmbH, so ausgestattet werden, daß sie der → Personengesellschaft angenähert ist; umgekehrt kann die Personengesellschaft, insbes. die → Kommanditgesellschaft, der K. angenähert sein. *Steuerrechtlich* unterliegen K.en der → Körperschaftsteuer.

**Kapitalherabsetzung** ist bei der → Aktiengesellschaft oder → Kommanditgesellschaft auf Aktien die Herabsetzung des → Grundkapitals. Sie wird vorgenommen, wenn ein Teil des Grundkapitals, z. B. wegen Verkleinerung des Betriebs, nicht mehr benötigt wird, oder wenn infolge von Verlusten eine → Sanierung notwendig ist, oder für längere Zeit keine → Dividende verteilt werden kann, falls das Grundkapital unverändert bleibt. Die K. erfordert einen satzungsändernden Beschluß der Hauptversammlung, der mit qualifizierter Mehrheit gefaßt werden muß (§§ 222, 229 III, 237 II AktG). Mit der Eintragung des Beschlusses im → Handelsregister wird die K. wirksam (§§ 224, 229 III), bei der K. durch Einziehung von → Aktien erst mit der Einziehung, wenn sie der Eintragung des Beschlusses nachfolgt (§ 238). Es gibt 3 Arten der K.: Bei der *ordentlichen K.* (§§ 222–228) werden entweder die Nennbeträge der Aktien herabgesetzt oder die Aktien zusammengelegt (§ 222 IV) und die dadurch freiwerdenden Geldbeträge an die Aktionäre ausbezahlt. Die Gläubiger der AG werden durch § 225 geschützt. Die *vereinfachte K.* (§§ 229–236) geschieht in der gleichen Weise, führt aber nie zu einer Rückzahlung von Geldbeträgen an die Aktionäre (§ 230); es werden vielmehr nur die Nennbeträge der Aktien herabgesetzt. Voraussetzung der vereinfachten K. ist, daß sie dazu dient, Wertminderungen auszugleichen, Verluste zu dekken oder Beträge in die gesetzliche → Rücklage einzustellen (§ 229 I). Bei der *K. durch Einziehung von Aktien* (§§ 237–239) werden Aktien zwangsweise oder nach Erwerb durch die Gesellschaft (→ eigene Aktien) eingezogen (sog. → Amortisation). Die zwangsweise Einziehung ist nur zulässig, wenn sie in der Satzung vorgesehen ist oder durch eine Satzungsänderung vor Übernahme oder Zeichnung der Aktie zugelassen wird (§ 237 I). Die Gläubiger der AG werden wie bei der ordentlichen K. geschützt, weil i. d.R. die Inhaber der eingezogenen Aktien hierfür den Gegenwert in Geld erhalten (§ 237 II). Eine Ausnahme gilt, wenn die AG die Aktien unentgeltlich erhält oder zu Lasten des Bilanzgewinns oder einer freien Rücklage einzieht (§ 237 III). Für die GmbH s. allgemein § 58 GmbHG und für die vereinfachte K. §§ 58 a ff. GmbHG (→ Gesellschaft mit beschränkter Haftung, 2). Die K., die mit einer Rückzahlung des Kapitals einhergeht, ist steuerpflichtig (§ 17 IV EStG).

**Kapitalmarkt** ist der Markt für langfristige Kredite (→ Anleihen) und Beteiligungen (→ Aktien, Anteile), zum Unterschied vom → Geldmarkt als Markt des kurzfristigen Geldkapitals. Der K. umfaßt den Emissionsmarkt und den Effektenmarkt (→ Börse), wobei allgemein zwischen dem Aktienmarkt und dem Rentenmarkt (Markt der festverzinslichen Wertpapiere) sowie dem

Hypothekenmarkt der Realkreditinstitute unterschieden wird. Die Funktionsfähigkeit des K. ist abhängig von dem Verhältnis der Kapitalbildung (vgl. hierzu die staatlichen Maßnahmen zur Förderung der Vermögensbildung und -streuung) und der Anlagebereitschaft des Publikums zum Kapitalbedarf der Wirtschaft und der öffentlichen Hand. Die Pflege des K. ist Aufgabe eines von den Geschäftsbanken gegründeten zentralen K.ausschusses, der die Emissionspolitik der einzelnen Emittentengruppen koordiniert. S. a. → Stabilitätsgesetz.

**Kapitalverkehr** ist (neben der → Handelspolitik) nach der Terminologie des EGV und des Sekundärrechts das materielle → Außenwirtschaftsrecht der EG. Einige Regelungen für den K. betreffen allerdings auch die Innenbeziehungen der Mitgliedstaaten. Die H. ist bis auf geringe Restbestände, etwa die Regelungen für Notfallsituationen, ausschließlich Sache der EG. Terminologisch wird zum Teil zwischen K. im Sinne von einseitiger Wertübertragung und Zahlungsverkehr im Sinne der einer Waren- oder Dienstleistung korrespondierenden Wertübertragung unterschieden. Für die letztere gelten die Liberalisierungen für den Verkehr, dessen Bezahlung sie dienen. Mögliche Schutzmaßnahmen beschränken sich auf die Kontrolle, ob ein liberalisierter Vorgang vorliegt (Luisi u. Carbone, EuGHE 1984, 377). Von allen Beschränkungen befreit sind ferner schon lange „laufende" Zahlungen gemäß Art. 67 II EGV. Die Regelungen der Kapitalverkehrsrichtlinie vom 24. 6. 1988 (ABl. 178/1), die den K. schon weitgehend liberalisiert hatte, sind im wesentlichen in die seit 1. 1. 1994 geltende Neuregelung der Art. 73a–73g EGV übernommen worden.

Einzelstaatliche Beschränkungen sind nach Art. 73d EGV nur noch aus steuerlichen, statistischen und sicherheitsrechtlichen Gründen und nur dann möglich, wenn sie keine materiellen Beschränkungen des K. enthalten (Kontrollen, Meldepflichten, Strafverfolgung). Schutzmaßnahmen für den K. anzuordnen, ist ausschließlich Sache des Rats (Art. 73f EGV). Für Beschränkungen aus politischen Gründen gegenüber Drittstaaten haben Maßnahmen des Rats Vorrang (→ GASP) vor einzelstaatlichen Maßnahmen aus Gründen der Außen- und Sicherheitspolitik.

**Kapitalverkehrsteuern** waren die Gesellschaftsteuer und die Börsenumsatzsteuer. Beide sind ab 1993 entfallen.

**Kapitalversicherung** → Lebensversicherung.

**Kapitän** → Schiffer, → Heuerverhältnis.

**Kapitularien** → Rechtsgeschichte (2).

**Kapitulation** ist ein → völkerrechtlicher Vertrag, der die bewaffneten Handlungen nicht nur – wie der *Waffenstillstand* (→ Friedensvertrag) – unterbricht, sondern allgemein oder örtlich begrenzt unter Entwaffnung und Gefangennahme der Streitkräfte einer Partei endgültig beendet. Von „bedingungsloser K." spricht man, wenn keine Ausnahmeregelungen getroffen werden. Die von den Alliierten im 2. Weltkrieg verlangte „unconditional surrender" war kein völkerrechtlicher Begriff, sondern ein (weitergehendes) politisches Leitziel.

**Kappungsgrenze** → Mietpreisbindung.

**Kaplan** ist in der → kath. Kirche ein → Priester, dem auf Dauer die Seelsorge wenigstens teilweise für eine Gemeinschaft oder eine bestimmte Gruppe von Gläubigen anvertraut wird (lat. capellanus, can. 564 CIC). Im deutschen Sprachraum wird häufig der (Pfarr-) → Vikar – fälschlich – als K. bezeichnet.

**Kardinal.** Die Kardinäle bilden in der → kath. Kirche den Rat des Papstes und unterstützen ihn bei der Behandlung von Fragen größerer Bedeutung im → Konsistorium. Viele K. bekleiden Ämter in der Leitung der Gesamtkirche oder der Verwaltung des Kirchenstaates. Voraussetzung der Ernennung durch den Papst ist die Weihe zum → Priester. Nach der Ernennung sind sie zum → Bischof zu weihen, falls sie diesen Rang noch nicht bekleiden. Die K. sind Titular- oder Diözesanbischöfe bzw. → Metropoliten. Das K.kollegium wird vom K.dekan geleitet, es bestehen folgende Rangklassen: 1. K.bischöfe (Titularbischöfe der suburbikarischen Bistümer und die → Patriarchen der unierten Ostkirchen); 2. K.priester (i. d. R. Diözesanbischöfe mit Titelkirche in Rom); 3. K.diakone. Die K. haben das Recht der Papstwahl (→ Papst).

**Karenzentschädigung** → Wettbewerbsverbot.

**Karenzzeit** (Wartezeit) ist im Arbeitsrecht der Zeitraum, in dem für einen ehemaligen Angestellten ein → Wettbewerbsverbot läuft.

**Kartell.** Kartelle sind Vereinbarungen oder Beschlüsse von Unternehmen oder Unternehmenszusammenschlüssen, die einen gemeinsamen Zweck verfolgen und deren Zweck oder Folge eine Beschränkung des Wettbewerbs ist. Der hier verwendete Unternehmensbegriff ist sehr weit (vgl. bei → Wettbewerbsbeschränkungen). Ein gemeinsamer Zweck ist in der Regel bei Unternehmen gleicher Wirtschaftsstufe gegeben, daher die Bezeichnung des K. als „horizontale Bindung" während das bei unterschiedlichen Wirtschaftstufen nur seltener der Fall ist. Deshalb unterscheidet man Wettbewerbsbeschränkungen in diesem Bereich als → vertikale Bindungen von den Kartellen. Jedes K., das geeignet ist, Erzeugung oder Marktverhältnisse für den Verkehr mit Waren oder gewerblichen Leistungen durch Beschränkung des Wettbewerbs zu beeinflussen, ist verboten, soweit nicht ein besonderer gesetzlicher Erlaubnistatbestand gegeben ist (Kartellverbot mit Erlaubnisvorbehalt, § 1 GWB → Wettbewerbsbeschränkungen). Verboten ist auch ein abgestimmtes Verhalten mit gleicher Folge, ferner die Empfehlung eines verbotenen Verhaltens (Kartellempfehlung). Von dem Kartellverbot nimmt das Gesetz eine Reihe von Vereinbarungen und Empfehlungen aus, die in §§ 2 bis 8 GWB abschließend geregelt sind. Wirksame Kartelle bedürfen stets der Schriftform, § 34 GWB. Nach den Genehmigungsvoraussetzungen sind zu unterscheiden Kartelle, die erst durch Erlaubnis wirksam werden (teils Ermessensentscheidung teils gebundene) ferner die sog. Widerspruchskartelle, die durch Anmeldung und Fristablauf (drei Monate) ohne Widerspruch wirksam werden, schließlich solche, die lediglich der Anmeldung bedürfen (Anmeldekartelle). Der Erlaubnis bedürfen: Strukturkrisenkartelle (§ 4, → Produktionskartelle), → Rationalisierungskartelle nach § 5 II, III, Exportkartelle mit Inlandswirkung (§ 6 II), Importkartelle (§ 7), Sonderkartelle nach § 8. Die Erlaubnis soll i. d.R. auf nicht länger als 3 Jahre erteilt werden (§ 11). Widerspruchskartelle sind: → Konditionenkartelle (§ 2 I), Rabattkartelle (§ 3 I), Spezialisierungskartelle (§ 5 a), mittelständische → Kooperationskartelle (§ 5 b). Lediglich angemeldet werden müssen Normen- und Typenkartelle nach § 5 I sowie Exportkartelle ohne Inlandswirkung (§ 6 I). Kartellverträge und -beschlüsse bedürfen der Schriftform (§ 34); sie können von jedem Beteiligten jederzeit aus wichtigem Grunde fristlos schriftlich gekündigt werden, insbes. wegen unbilliger Einschränkung der Bewegungsfreiheit oder ungerechtfertigter Benachteiligung gegenüber Konkurrenten (§ 13). Über zugelassene Kartelle erteilt die Kartellbehörde Auskunft (→ Kartellauskunft). Sämtliche zugelassenen Kartelle stehen unter *Mißbrauchskontrolle* und dürfen die von der BRep. in zwischenstaatlichen Abkommen anerkannten Grundsätze über den Verkehr mit Waren oder gewerblichen Leistungen nicht verletzen (§ 12; K., die den Wirtschaftsverkehr zwischen den Mitgliedstaaten spürbar beeinträchtigen, sind auch dann verboten und unwirksam (Art. 85 EGV), wenn eine innerstaatliche Zulassung, Freistellung oder Bereichsausnahme vorliegt. S. hierzu → Kartellrecht, europäisches). Zuwiderhandlungen gegen das GWB können als → Ordnungswidrigkeiten mit Geldbuße geahndet werden (§§ 38, 39). Bei Submissionskartellen kann Strafbarkeit wegen Submissionsabsprachen oder → Betrugs gegeben sein.

**Kartellauskunft.** Über Verträge und Beschlüsse, die nach §§ 2–8 GWB angemeldet oder erlaubt worden sind (→ Kartell), erteilt die Kartellbehörde auf Verlangen Auskunft (§ 9 IV GWB). Ein Kartellregister wird nicht mehr geführt.

**Kartellbehörden** sind nach § 44 GWB: das → *Bundeskartellamt*, zuständig für Strukturkrisen-, Export- und

Import- → Kartelle, die Anmeldung und Mißbrauchsaufsicht über → Preisbindungen und über → Preisempfehlungen sowie die → Fusionskontrolle, ferner für Bahn und Post sowie in allen sonstigen Fällen, wenn die Wirkung der Marktbeeinflussung oder des wettbewerbsbeschränkenden oder diskriminierenden Verhaltens oder einer → Wettbewerbsregel über das Gebiet eines Landes hinausreicht; der *BMin. für Wirtschaft* für die Erlaubnis eines sog. Sonderkartells nach § 8 GWB, in allen übrigen Fällen die nach Landesrecht zuständigen *obersten Landesbehörden* (Kartellreferate der Wirtschaftsministerien). Den Kartellbehörden stehen nach § 46 GWB Auskunfts-, Einsicht- und Prüfungsrechte zu, denen entsprechende Geheimhaltungspflichten und Verwertungsverbote ihrer Dienstkräfte entsprechen. Gegen ihre Verfügungen ist binnen 1 Monats Beschwerde an das Oberlandesgericht, gegen dessen Entscheidung in gleicher Frist → Rechtsbeschwerde an den Bundesgerichtshof statthaft (diese nur, wenn ausdrücklich zugelassen). §§ 62 ff., 73 ff. GWB.

**Kartellempfehlung** → Kartell. Angemeldete K. werden im BAnz veröffentlicht. Dies gewährleistet nicht, daß sie im Sinne des Gesetzes über → Allgemeine Geschäftsbedingungen unbedenklich und wirksam sind.

**Kartellgesetz** → Kartell; s. a. → Wettbewerbsbeschränkungen.

**Kartellrecht, europäisches.** Dieses regelt in Art. 85 ff. EGV (für Kohle und Stahl vgl. Art. 65 I EGKStV) nicht nur → Kartelle im Sinne des deutschen → Wettbewerbsrechts, sondern auch sonstige Wettbewerbsbeschränkungen (vor allem → vertikale Bindungen (z. B. → Preisbindungen, Vertriebsbindungen, → Koppelungsgeschäfte). Es verbietet ferner mit der Generalklausel des Art. 86 EWGV auch Machtmißbrauch jeder Art. Gegenstand des Verbots sind Verträge, Beschlüsse und abgestimmte Verhaltensweisen unter Unternehmen. Der Begriff „Unternehmen" umfaßt dabei wirtschaftliche Betätigungen jeder Art (auch Sport, Medien, Kunst, freie Berufe). Vereinbarungen und Verhaltensweisen sind allgemein verboten, wenn sie geeignet sind, durch Beeinflussung des Wettbewerbs den Wirtschaftsverkehr zwischen den Mitgliedstaaten spürbar zu beeinträchtigen. Verbotene Verhaltensweisen kann die Kommission freistellen (→ Freistellungsverordnungen). Sie kann ggf. auch bescheinigen, daß sie – etwa bei geringfügigen Beeinträchtigungen – keinen Anlaß zum Einschreiten sieht (Negativattest). Von dem Anwendungsbereich weitgehend ausgenommen ist die Landwirtschaftspolitik (→ Marktorganisationen). Zur europäischen → Fusionskontrolle s. dort. Die Kommission verfügt über eigene Verfahrenszuständigkeiten und Gestaltungsmöglichkeiten (Enqueterecht) zur Anwendung und Durchsetzung des europäischen Wettbewerbsrechts. Nach dem GWB können daneben auch die deutschen Kartellbehörden auf der Grundlage des europäischen Kartellrechts einschreiten.

**Kartellregister** → Kartellauskunft.

**Kartensteuer** → Vergnügungsteuer.

**Käseverordnung.** Die K. i.d.F. vom 14. 4. 1986 (BGBl. I 412) m. Änd. regelt die lebensmittelrechtlichen Anforderungen an Herstellung und Vertrieb von Käse im Rahmen eines → Gewerbes. Genaue Begriffsbestimmungen enthält § 1; §§ 3–5 normieren die Anforderungen an die Herstellung, vor allem auch die Bezeichnung und den jeweiligen Fettgehalt der Fettgehaltsstufen (§ 5). Einzelheiten über die Standardsorten für Hartkäse, Schnittkäse, Weich- und Frischkäse sowie für Sauermilchkäse regelt Anlage 1 zu § 7. Unter der Gütebezeichnung „Markenkäse" darf inländischer Käse nur nach besonderer Prüfung und Genehmigung in Verkehr gebracht werden (Einzelheiten: § 11). Eingehende Vorschriften über → Fremdstoffe enthalten die §§ 23–25, Anlage 2. Verstöße werden nach → Lebensmittelrecht bestraft oder als → Ordnungswidrigkeit geahndet (§§ 30, 31). Käse aus Gliedstaaten der EG, der dort verkehrsfähig ist, braucht nicht den Anforderungen der K. zu genügen (§ 28).

**Kaskoversicherung** (vom span. casco = Schiffsrumpf im Gegensatz zur Ladung) ist eine freiwillige Versicherung, die zur Deckung von Schäden insbes.

am Kraftfahrzeug abgeschlossen werden kann. Die *Vollkaskoversicherung,* bei der eine Selbstbeteiligung möglich ist, umfaßt Beschädigung, Zerstörung und Totalverlust des Fz. durch Unfall, böswillige Handlungen Dritter sowie die von der *Teilkaskoversicherung* gedeckten Schäden. Diese erstreckt sich auf Schäden (ohne Totalschäden), die auf Diebstahl od. sonstige Entwendung, Brand, Unwetterschäden oder Explosion zurückzuführen sind. Der Versicherungsschutz entfällt, wenn der Versicherungsnehmer den Schaden vorsätzlich oder grob fahrlässig herbeigeführt hat (z. B. infolge Alkoholeinwirkung, Nichtbeseitigung von erheblichen Mängeln). Nicht ersetzt werden i. d. R. Reifenschäden. Nach Maßgabe der Versicherungsbedingungen ist ein Schaden spätestens binnen einer Woche anzuzeigen; ferner sind alle Maßnahmen zur Schadensminderung zu treffen. Bei Entwendung oder Brand des Kfz. ist die Polizei zu verständigen. Über Schadenshöhe, Notwendigkeit von Reparaturen usw. entscheidet im Streitfall ein Sachverständigenausschuß. Die Ersatzleistung richtet sich nach dem Zeitwert des Fz. am Schadenstage. §§ 16 ff., 61 f. VVG, §§ 7, 12 ff. AKB.

**Kassageschäft** ist ein Börsengeschäft (vgl. § 29 BörsenG), das sofort oder kurzfristig – binnen 3 Tagen – erfüllt werden muß (an Warenbörsen: → Lokogeschäft). Im Handelsverkehr ist K. im weiteren Sinne jedes unter sofortiger Barzahlung abzuwickelnde Geschäft. Gegensatz: → Termingeschäft.

**Kassation** ist in manchen ausländischen Rechten (z. B. in Frankreich) die Aufhebung eines Urteils auf Rechtsmittel. Anders als bei der → Revision überprüft das K.gericht nur die von der betr. Partei erhobene konkrete Rüge. Es kann in der Sache nicht selbst entscheiden, sondern diese nur zurückverweisen.

**Kassatorische Klausel** → Verwirkungsklausel.

**„Kasse gegen Dokumente“** → Handelsklausel beim → Kauf; der Kaufpreis ist bei Aushändigung der Transportpapiere (Duplikatfrachtbrief) zu zahlen.

**„Kasse gegen Faktura“.** Nach dieser Vertragsklausel ist der Kaufpreis (→ Kauf) bei Erhalt der Rechnung zu zahlen; eine → Aufrechnung ist ausgeschlossen.

**Kassenarzt** bzw. – nach der noch wenig gebräuchlichen neuen gesetzlichen Terminologie – Vertragsarzt ist ein für die Behandlung von Mitgliedern der gesetzlichen → Krankenkassen zugelassener Arzt. Die Versicherten können unter den zur vertragsärztlichen Versorgung zugelassenen Ärzten frei wählen (§ 76 I SGB V).

Um die Zulassung als Vertragsarzt kann sich jeder Arzt bewerben, der seine Eintragung in ein Arzt- oder Zahnarztregister (→ Arztregister) nachweist. Die Arztregister werden von den Kassenärztlichen Vereinigungen für jeden Zulassungsbezirk geführt. Ob eine Zulassung erfolgt, ist seit dem Inkrafttreten des Gesundheitsstrukturgesetzes am 1. 1. 1993 (BGBl. I 1992 S. 2266) nicht zuletzt davon abhängig, ob (noch) ein entsprechender Bedarf besteht oder eine Überversorgung vorliegt (§§ 95 ff. SGB V).

Zur Erfüllung der ihnen durch das SGB V übertragenen Aufgaben der vertragsärztlichen Versorgung haben die Vertragsärzte für den Bereich jedes Landes Kassen(Zahn-)ärztliche Vereinigungen gebildet, die ihrerseits die Kassen(Zahn-)ärztlichen Bundesvereinigungen gebildet haben. Zu ihren Aufgaben gehören u. a. der Abschluß von Verträgen mit den Verbänden der Krankenkassen. Gegenstand der Bundesmantelverträge zwischen den Kassen(Zahn-)ärztlichen Bundesvereinigungen und den Spitzenverbänden der Krankenkassen sind u. a. einheitliche Bewertungsmaßstäbe für die ärztlichen Leistungen. Die auf Landesebene geschlossenen Gesamtverträge regeln nicht zuletzt die Höhe der Gesamtvergütung, die die Krankenkasse für die gesamte vertragsärztliche Versorgung an die Kassenärztliche Vereinigung zu entrichten hat; diese Gesamtvergütung wird von der kassenärztlichen Vereinigung nach dem Honorarverteilungsmaßstab an ihre Mitglieder, die Vertragsärzte, verteilt. Für den Fall, daß es nicht zu einer Einigung zwischen den Kassenärztlichen Vereinigungen und den Krankenkassen kommt, ist ein

Schiedsverfahren vorgesehen (§§ 82ff., 89 SGB V).

**Kassenskonto** ist der Abzug eines gewissen Prozentsatzes von der Rechnung (i. d. R. 2–3%) bei sofortiger Barzahlung. Das K. ist, sofern es nicht vertraglich gestattet ist, nur bei entsprechendem → Handelsbrauch zulässig; es stellt eine erlaubte Form des → Rabatts dar. → Leistungszeit.

**Kassenwahl.** Versicherte der gesetzlichen → Krankenversicherung haben (von geringfügigen Ausnahmen abgesehen) die Möglichkeit, frei zu wählen, bei welcher → Krankenkasse sie und ihre mitversicherten Familienangehörigen versichert sein wollen. Versicherungspflichtige und Versicherungsberechtigte können z. B. wählen die → Ortskrankenkasse des Beschäftigungs- oder Wohnortes, jede → Ersatzkasse, deren Zuständigkeit sich auf den Beschäftigungs- oder Wohnort erstreckt, die → Betriebs- oder → Innungskrankenkasse, wenn sie in dem Betrieb beschäftigt sind, für den die Kasse besteht oder wenn die Satzung dies vorsieht oder die Krankenkasse, bei der der Ehegatte versichert ist. Die Ausübung des Wahlrechts hat gegenüber der gewählten Krankenkasse zu erfolgen; diese darf die Mitgliedschaft nicht ablehnen. Der Versicherte ist an die Wahl mindestens zwölf Monate gebunden; eine Kündigung der Mitgliedschaft ist möglich mit einer Frist von drei Monaten zum Ende eines Kalenderjahres (§§ 173ff. SGB V).

**Kastration** → Unfruchtbarmachung.

**Kasuelle Bedingung** → Bedingung.

**Kasuistik** nennt man *gesetzestechnisch* eine auf Einzelfälle abstellende Regelung, bei der *Rechtsfindung* die in besonderem Maße auf den Einzelfall ausgerichtete Sachentscheidung; bei einer Mehrheit von Rechtsfällen kann diese der unterschiedlichen Fallgestaltung durch entsprechende Rechtsregeln Rechnung tragen.

**Kataster.** Das *Liegenschaftskataster* verzeichnet sämtliche Bodenflächen in einem amtlichen vermessungstechnischen Verzeichnis, das genauen Aufschluß über die tatsächlichen Verhältnisse des Grundstücks (z. B. Lage, Größe, Nutzung) gibt. Es ist als amtliches Verzeichnis (§ 2 Abs. 2 GBO) Grundlage der Bezeichnung der → Grundstücke im → Grundbuch. Die rein tatsächlichen Angaben im K. nehmen nicht am → öffentlichen Glauben des Grundbuchs teil. Einrichtung und Führung des Liegenschaftsk. ist Sache der Länder; sie erfolgt zunehmend im Wege der automatisierten Datenverarbeitung. S. a. → Flurstück, → Vermessungswesen, → Grenzregelung bei Grundstücken. Daneben gibt es noch andere K., z. B. das Immissionskataster.

**Katastrophenschutz.** Mit dem Gesetz der Neuordnung des → Zivilschutzes (Zivilschutzneuordnungsgesetz – ZSNeuOG) vom 25. März 1997 (BGBl. I 726) wurde das Gesetz über die Erweiterung des Katastrophenschutzes vom 14. Februar 1990 (BGBl. I 229) m. Änd. weitgehend aufgehoben. Die Fragen des Zivilschutzes im → Verteidigungsfall sind nunmehr im ZSNeuOG geregelt. Die Katastrophenschutzgesetze der Länder regeln die Befugnisse der zuständigen Behörden im Katastrophenfall und die Zusammenarbeit der Behörden und Hilfsorganisationen (z. B. bayr. G v. 24. 7. 1996, GVBl. 282, LandeskatastrophenschutzG für Mecklenburg-Vorpommern v. 23. 10. 1992 GVBl. 602). Wehrpflichtige, die sich vor Vollendung des 25. Lebensjahres mit Zustimmung der zuständigen Behörde auf mindestens sieben Jahre zum ehrenamtlichen Dienst als Helfer im Zivilschutz oder Katastrophenschutz verpflichtet haben, werden nicht zum Wehrdienst herangezogen, solange sie als Helfer im Zivilschutz oder Katastrophenschutz mitwirken (§ 13a I Wehrpflichtgesetz). Eine entsprechende Regelung enthält § 14 I Zivildienstgesetz für anerkannte Kriegsdienstverweigerer. Die nach Landesrecht im Katastrophenschutz mitwirkenden Einheiten und Einrichtungen nehmen auch die Aufgaben zum Schutz der Bevölkerung vor den besonderen Gefahren und Schäden, die im Verteidigungsfall drohen, wahr; sie werden zu diesem Zweck ergänzend ausgestattet und ausgebildet (§ 11 I ZSNeuOG).

**Katholische Kirche.** 1. Nach ihrem eigenen Rechtsverständnis ist die k. K. nicht nur Volk Gottes und geistgewirkte

Gemeinschaft, sondern ebenso deren sichtbarer, rechtlich verfaßter und durch seine Organe handelnder Verband. Glieder der K. sind alle getauften Gläubigen, sowohl → Laien als auch Kleriker (→ Klerus).

2. Die k. K. ist hierarchisch verfaßt. An der Spitze steht der → Papst, unterstützt von den Behörden und Ämtern der → Kurie und den → Kardinälen. Als Versammlung aller → Bischöfe kann der Papst ein → Ökumenisches Konzil und als beratende Versammlung eine → Bischofssynode einberufen. Die → lateinische Kirche gliedert sich in Teilkirchen (→ Diözesen und diözesanähnliche Teilkirchen); mehrere Diözesen sind zu → Kirchenprovinzen unter einem → Metropoliten zusammengefaßt. Die Diözesen werden von Bischöfen geleitet und gliedern sich in Dekanate (→ Dekan) und → Pfarreien. Das → kanonische Recht regelt die Kirchenverfassung.

3. Die Sendung der k. K. umfaßt aus theologischer Sicht Leitungs-, Verkündigungs- (Lehr-) und Heiligungsgewalt. Die Leitungsgewalt umfaßt gesetzgebende (→ kirchliche Gesetze, → Codex iuris canonici), vollziehende und rechtsprechende Gewalt (→ kirchliche Gerichtsbarkeit). Die Einzelheiten regelt das → kanonische Recht. Eine dem staatlichen Recht entsprechende Gewaltentrennung besteht nicht.

4. Die Rechtsverhältnisse von k. K. und Staat sind weitgehend durch → Konkordate und Kirchenverträge geregelt (→ Staatskirchenrecht).

5. Die k. K. in Deutschland ist in 7 Kirchenprovinzen mit 7 Erzdiözesen und 27 zugehörigen Diözesen eingeteilt: Kirchenprovinz Bamberg (Erzdiözese Bamberg, Diözesen Eichstätt, Speyer und Würzburg); Kirchenprovinz Berlin (Erzdiözese Berlin, Diözesen Dresden-Meißen und Görlitz); Kirchenprovinz Freiburg (Erzdiözese Freiburg, Diözesen Mainz und Rottenburg-Stuttgart); Kirchenprovinz Hamburg (Erzdiözese Hamburg, Diözesen Osnabrück und Hildesheim); Kirchenprovinz Köln (Erzdiözese Köln, Diözesen Aachen, Essen, Limburg, Münster und Trier); Kirchenprovinz München-Freising (Erzdiözese München-Freising, Diözesen Augsburg, Passau und Regensburg); Kirchenprovinz Paderborn (Erzdiözese Paderborn, Diözesen Fulda, Magdeburg und Erfurt). Während die Kirchenprovinzen Bamberg, Freiburg, Köln und München-Freising in der heutigen Form bereits vor der → Wiedervereinigung Deutschlands bestanden, ergaben sich in den anderen Kirchenprovinzen erhebliche Veränderungen. Am 13. 4. 1994 wurde der Vertrag zwischen dem → Heiligen Stuhl und dem Land Brandenburg, dem Land Sachsen-Anhalt und dem Freistaat Sachsen über die Errichtung der Diözese Magdeburg unterzeichnet. Das Gebiet der neuen Diözese Magdeburg gehörte bisher kirchenrechtlich zur Erzdiözese Paderborn; bereits 1973 wurde in Magdeburg eine → Apostolische Administratur errichtet. Am 4. 5. 1994 wurde der Vertrag zwischen dem Heiligen Stuhl und dem Land Brandenburg und dem Freistaat Sachsen über die Errichtung der Diözese Görlitz unterzeichnet. Die Diözese Görlitz ist aus dem im Gebiet der ehemaligen DDR gelegenen Teil der Erzdiözese Breslau entstanden; seit 1972 war Görlitz eine Apostolische Administratur. Am 14. 6. 1994 wurde der Vertrag zwischen dem Heiligen Stuhl und dem Freistaat Thüringen über die Errichtung der Diözese Erfurt unterzeichnet. Ihr Gebiet setzt sich aus den in der früheren DDR gelegenen Teilen der Diözesen Fulda und Würzburg zusammen; bereits 1973 wurde für dieses Gebiet ein Apostolischer Administrator ernannt. Am 22. 9. 1994 wurde der Vertrag über die Errichtung der Erzdiözese Hamburg zwischen dem Heiligen Stuhl und den Ländern Hamburg, Schleswig-Holstein und Mecklenburg-Vorpommern unterzeichnet; die Erzdiözese Hamburg entstand aus Teilen der Diözesen Osnabrück und Hildesheim.

**Kauf.** 1. Der K. ist ein → gegenseitiger Vertrag, durch den eine Verpflichtung zum Austausch einer → Sache oder eines sonstigen Gegenstandes, insbes. eines → Rechts (Rechtskauf) oder einer Sachgesamtheit, gegen Geld (sonst → Tausch) begründet wird (§§ 433 ff. BGB). Durch den Kaufvertrag wird der Verkäufer verpflichtet, dem Käufer die Sache zu übergeben (s. aber Kommission, Konditionsgeschäft), ihm also den → Besitz einzuräumen, und das → Eigentum an der Sache bzw. das verkaufte

Recht zu verschaffen (§ 433 I BGB). Infolge des unser Recht beherrschenden → Abstraktionsprinzips, also der Trennung zwischen schuldrechtlichem Grundgeschäft und dinglichem Erfüllungsgeschäft, tritt durch den K. allein noch keine Änderung der Rechtslage ein; der Verkäufer ist vielmehr auf Grund des Kaufvertrags nur *verpflichtet,* diese herbeizuführen (→ Veräußerung; → Eigentumsübertragung, → Verfügung).

Der K. kann auch unter einer → Bedingung abgeschlossen werden, z. B. daß es dem Verkäufer gelingt, die verkaufte Sache zu beschaffen (→ Selbstbelieferungsvorbehalt); s. a. → Kauf auf Probe. Daneben hat der Verkäufer regelmäßig eine Pflicht zur Auskunft über die den verkauften Gegenstand betreffenden rechtlichen Verhältnisse, zur Herausgabe der zum Beweis des Rechts dienenden Urkunden (§ 444 BGB), zur Tragung der Kosten der Übergabe, Verpackung, insbes. der Kosten der Versendung der verkauften Sache bis zum → Erfüllungsort (→ Versendungskauf sowie die Klauseln → cif, „fob", → franko, → frachtfrei) sowie u. U. zur Verwahrung bis zur Lieferung usw. Ist der Verkäufer verpflichtet, neben der Beschaffung des Stoffs die Sache selbst erst herzustellen, so liegt ein → Werklieferungsvertrag vor. Das K.objekt kann sich auf einen ganz bestimmten Gegenstand beziehen (→ Spezieskauf), aber auch nur der Gattung nach bestimmt sein (→ Gattungskauf).

2. Die Hauptpflicht des Käufers ist die Zahlung des vereinbarten Kaufpreises (§ 433 II BGB; *Barkauf*). Die Höhe des Preises kann grdsätzl. frei bestimmt werden, sofern keine öffentl.-rechtl. Preisvorschriften bestehen; die Mehrwertsteuer (→ Umsatzsteuer) ist hierin mangels besonderer Angabe i. d.R. bereits enthalten (str.). S. die Klauseln → brutto für netto, → Kasse gegen Dokumente, → Kasse gegen Faktura, → Netto Kasse, → Preis freibleibend; s. ferner → Kassenskonto. Die Verpflichtung des Käufers zur Zahlung des Kaufpreises ist eine → Geldschuld, die regelmäßig auch durch → Aufrechnung oder Leistung an → Erfüllungs Statt erbracht werden kann; die Hingabe eines Wechsels oder Schecks geschieht regelmäßig nur → erfüllungshalber. Die Angabe eines Kontos auf einer Rechnung ist die Ermächtigung an den Käufer, die K.preisschuld durch → Überweisung zu tilgen. Daneben trifft den Käufer die Pflicht, die gekaufte Sache abzunehmen, z. B. bei K. auf Abruf binnen angemessener Frist. Die *Abnahme* ist eine echte Schuldverpflichtung des Käufers; ihre Verletzung führt daher nicht nur zum → Annahmeverzug des Gläubigers, sondern zum → Schuldnerverzug. Nebenpflichten des Käufers sind ferner i. d.R. die Tragung der Versendungskosten an einen anderen als den Erfüllungsort (§ 448 BGB) sowie bei einem Grundstückskauf die Übernahme der Kosten der → Auflassung und der Eintragung im Grundbuch, die Pflicht zur Verzinsung des Kaufpreises ab Nutzung des K.gegenstandes (§ 452 BGB) usw. Ob die Verpackung zurückzugeben ist, hängt von den Umständen (Bezahlung, Art der Verpackung) ab; das sog. *Flaschenpfand* ist eine darlehensähnliche Verpflichtung des Käufers zur Rückgabe entsprechender Flaschen (u. U. Miete). Zur Pfanderhebung aus Gründen des → Umweltschutzes → Abfälle.

3. Die Grundsätze des K. finden auf andere Verträge, die auf Veräußerung oder Belastung eines Gegenstandes gegen Entgelt gerichtet sind – z. B. Verpflichtung, eine Hypothek zu bestellen –, entsprechende Anwendung (§ 445 BGB); auch der Erwerb im Wege der → Zwangsvollstreckung sowie bei jeder Versteigerung ist K. (vgl. §§ 456 ff. BGB). Der K. ist grundsätzl. formfrei und genehmigungsfrei. Ausnahmen gelten für den → Grundstückskaufvertrag, für den → Erbschaftskauf, für den K. eines Vermögens (→ Vermögensübernahme) sowie beim Verkauf landwirtschaftlicher Grundstücke (→ Grundstücksverkehr, landwirtschaftlicher).

Bei Nichterfüllung der gegenseitigen Verpflichtungen aus dem K. gelten die Vorschriften des allgemeinen Schuldrechts über → Leistungsstörungen (→ Unmöglichkeit der Leistung, → Schuldnerverzug, → positive Vertragsverletzung) mit den Besonderheiten des → gegenseitigen Vertrags; hat jedoch der Verkäufer den Vertrag voll erfüllt (nicht bei → Eigentumsvorbehalt, s. u.) und den Kaufpreis gestundet *(Kreditkauf),* so steht ihm ein Recht auf → Rücktritt vom Vertrag nicht mehr zu (§ 454 BGB). Sondervorschriften gelten für die *Gewährleistung* des Verkäufers, wenn der verkaufte Gegenstand mit Rechts- oder Sachmängeln behaftet ist. Außerdem geht die → Gefahr des zufälligen Untergangs und einer zufälligen Verschlechterung der K.sache, d.h. Fortdauer der Pflicht zur Kaufpreiszahlung trotz Untergangs der Sache (Preisgefahr) – abweichend von § 323 BGB – bei einer beweglichen Sache mit deren Übergabe an den Käufer, bei einem Grundstück auch bereits bei einer der Übergabe vorausgehenden Eintragung im Grundbuch auf den Käufer über (§ 446 BGB). Von der Übergabe an gebühren dem Käufer die → Nutzungen und trägt er die Lasten der Sache (Steuern, Versicherungsprämien usw.). Eine Sonderregelung für die Gefahrtragung beim K. gilt für den → Erbschaftsk. und insbes. für den → Versendungsk. (§ 447 BGB); ferner für den → Handelsk., d.h. den Kaufvertrag zwischen → Kaufleuten (§§ 343 ff. HGB), der in seiner näheren Ausgestaltung weitgehend von → Handelsbräuchen beeinflußt wird. S. auch → Viehkauf, → Kauf auf Probe, → Kauf nach Probe, → Umtauschvorbehalt, → Wiederkauf, → Vorkaufsrecht, → Spezifikationskauf, → Sukzessivlieferungsvertrag, → Wiederkehrschuldverhältnis.

4. In der Praxis häufig ist der K. unter *Eigentumsvorbehalt*; er ist regelmäßig ein unbedingt abgeschlossener K.vertrag, bei dem aber die Übertragung des Eigentums an der K.sache unter der aufschiebenden → Bedingung der vollständigen Zahlung des K.preises steht (§ 455 BGB). Der Käufer hat demnach sofort ein Recht zum → Besitz an der Sache und ein → Anwartschaftsrecht auf Erwerb des Eigentums; das Eigentum geht mit Eintritt der Bedingung automatisch, d.h. ohne daß es noch eines entsprechenden Willens des Verkäufers bedarf, auf den Käufer über. Zur Möglichkeit des → Rücktritts vom Vertrag im Rahmen eines Verbraucherkredits, insbes. bei → Schuldnerverzug des Käufers s.i.e. → Kreditvertrag (5); sonst genügt im Zweifel jeder Verzug (§ 455 BGB). Besonderheiten gelten ferner für den *internationalen K.* von Waren; s. hierzu → CISG.

**Kauf auf Probe.** Bei einem K.a.P. steht die Billigung des gekauften Gegenstandes im Belieben des Käufers. Der → Kauf ist im Zweifel unter der aufschiebenden → Bedingung der Billigung innerhalb der vereinbarten, sonst innerhalb einer von dem Verkäufer bestimmten angemessenen Frist abgeschlossen. Ist die Sache dem Käufer bereits zur Besichtigung übergeben, so gilt sein Schweigen als Billigung, sonst als Ablehnung (§§ 495, 496 BGB). Anders → Umtauschvorbehalt.

**„Kauf bricht nicht Miete“** → Miete (4).

**Kauf nach Probe.** Wird bei einem → Kauf zunächst lediglich eine kleine Menge verkauft, damit der Käufer die Eigenschaften der Ware kennen lernen kann (sog. *Kauf zur Probe*), so gelten hierfür keine rechtlichen Besonderheiten. Entschließt sich jedoch der Käufer auf Grund der Probe oder eines übersandten Musters zum Kauf einer weiteren Menge dieser Ware *(Kauf nach Probe),* so sind – auch ohne eine entsprechende Vereinbarung – die Eigenschaften der Probe oder des Musters als zugesichert anzusehen (§ 494 BGB). Diese Zusicherung ist für die → Gewährleistung für Sachmängel von Bedeutung. Zur Untersuchungspflicht → Ausfallmuster.

**Kauf zur Probe** → Kauf nach Probe.

**Kaufanwärtervertrag** → Grundstückskaufvertrag, → Baubetreuungsvertrag.

**Kaufanwartschaft** nennt man das beim → Kauf unter → Eigentumsvorbehalt erworbene → Anwartschaftsrecht.

**Kaufeigenheim** i.S. der Bestimmungen über die Förderung des Wohnungsbaus (s.a. → Familienheime) ist ein Grundstück mit einem Wohngebäude, das nicht mehr als zwei Wohnungen enthält und von einem Bauherrn mit der Bestimmung geschaffen worden ist, es einem Bewerber als → Eigenheim zu übertragen (§ 9 II des 2. WohnungsbauG, → Wohnungsbau).

**Kauffahrteischiff** ist die veraltete Bezeichnung für ein Schiff, das dem Seehandel dient.

**Kaufkraftausgleich.** Der Arbeitgeber kann dem für einen begrenzten Zeitraum ins Ausland entsandten Arbeitnehmer, der dort → Wohnsitz oder → gewöhnlichen Aufenthalt hat, einen steuerfreien K. bis zur Grenze des § 54 BBesG für Mehraufwendungen wegen Währungsdifferenz bezahlen (§ 3 Nr. 64 EStG; BMF BStBl. I 1998, 91, 360).

**Kaufkraftschwund** (Wertsicherung) → Geldschuld.

**Kaufmann** i. S. des → Handelsrechts ist, wer ein → Handelsgewerbe betreibt (§ 1 I HGB) oder dessen gewerbliches Unternehmen als Handelsgewerbe gilt (§§ 2, 3 HGB). Die frühere Unterscheidung zwischen dem Ist- oder Muß-K. (der bestimmte, gesetzlich definierte Grundhandelsgeschäfte betreibt) und dem Soll- bzw. Kann-K. (der die K.eigenschaft durch verpflichtete oder freiwillige Eintragung im → Handelsregister erlangt) hat das HandelsrechtsreformG vom 22. 6. 1998 (BGBl. I 1474) zugunsten des nunmehr einheitlichen K.begriffs aufgegeben. Dieser umfaßt damit gleichermaßen Unternehmen des Warenhandelsverkehrs (z. B. Groß- und Einzelhandel, → Kommission), des Dienstleistungsgewerbes (z. B. Beförderungsunternehmen, Spedition), des → Handwerks und auch der sog. → Urproduktion (z. B. Bergbau, Ziegelei, Steinbruch). Es wird lediglich zwischen dem K. kraft Gewerbebetriebs, der nach Art und Umfang einen in kaufmännischer Weise eingerichteten Geschäftsbetrieb erfordert (§ 1 II HGB), und dem K. kraft Eintragung im → Handelsregister (insbes. für Kleingewerbetreibende und -handwerker, Land- und Forstwirtschaft, Urproduktion, §§ 2, 3 HGB) unterschieden. Bei ersterem besteht die K.eigenschaft kraft Gesetzes (also auch ohne Eintragung im Handelsregister), bei letzterem wird sie durch diese (freiwillige) Eintragung (konstitutiv) begründet. Einzelheiten → Handelsgewerbe.

Daneben kennt das Gesetz noch den K. kraft Rechtsform (sog. Form-K., § 6 HGB). Dies sind die → Handelsgesellschaften, also insbes. die → Aktiengesellschaft, die → Gesellschaft mit beschränkter Haftung, die → Offene Handelsgesellschaft, die → Kommanditgesellschaft sowie die eingetragene → Genossenschaft, auch wenn diese im Einzelfall kein Handelsgewerbe betreiben. Diese Gesellschaften erlangen die K.eigenschaft durch ihre Eintragung im Handelsregister. Dagegen bestehen für gewerbliche Unternehmen der öffentlichen Hand (z. B. städtische Verkehrsbetriebe, Sparkassen, staatliche Regiebetriebe) keine Besonderheiten mehr; sie sind jetzt in das Handelsregister einzutragen (Übergangsregelung bis 31. 3. 2000 Art. 38 III EGHGB). Einzel-K. nennt man denjenigen, der als alleiniger Inhaber ein Handelsgewerbe betreibt; das kann auch ein hierzu von seinem gesetzlichen Vertreter mit Zustimmung des Vormundschaftsgerichts ermächtigter Minderjähriger sein, der dann insoweit voll geschäftsfähig ist (§ 112 BGB). Die K.eigenschaft wird nicht dadurch in Frage gestellt, daß der Inhaber des Handelsgeschäfts nicht selbst tätig ist, sondern das Geschäft durch eine andere Person leiten und sich selbst vertreten läßt. Kaufleute sind auch die Gesellschafter der offenen Handelsgesellschaft und die persönlich haftenden Gesellschafter der Kommanditgesellschaft, nicht dagegen die Vorstandsmitglieder und Geschäftsführer einer → Kapitalgesellschaft, die Kommanditisten und Prokuristen. Auf den K. finden die Vorschriften des HGB in vollem Umfang Anwendung. Insbes. führt der K. eine → Firma, ist im → Handelsregister einzutragen, hat → Handelsbücher zu führen und kann → Prokura erteilen; Rechtsgeschäfte, die er beim Betrieb seines Handelsgewerbes vornimmt, sind → Handelsgeschäfte (s. z. B. → Handelskauf, → Mängelrüge). Die frühere Unterscheidung zwischen Voll- und MinderK. (auf den diese Vorschriften nicht oder nur eingeschränkt Anwendung gefunden hatten) ist ersatzlos entfallen. Dies bedeutet, daß auch Kleingewerbetreibende, sofern sie sich (freiwillig) in das Handelsregister haben eintragen lassen, dem Handelsrecht in vollem Umfang (z. B. Formfreiheit für → Bürgschaft u. dgl.) unterliegen. Umgekehrt finden die Vorschriften über → Handelsvertreter, → Handelsmakler, → Kommission, → Speditionsvertrag, → Frachtvertrag und → Lagervertrag auch dann Anwendung, wenn ihr Unternehmen nach Art und Umfang einen in kaufmännischer Weise eingerichteten Geschäftsbetrieb nicht erfordert (§§ 84 IV, 93 III, 383 II, 407 III, 452 III, 466 III HGB). Dem K. wird aufgrund Rechtsscheins der sog. → Schein-K. gleichgestellt.

**Kaufmännische Anweisung** → Anweisung.

**Kaufmännische Buchführung** → Buchführung.

**Kaufmännischer Angestellter** → Handlungsgehilfe.

**Kaufmännischer Verpflichtungsschein** ist eine Urkunde, in der sich ein → Kaufmann zur Leistung von Geld, → Wertpapieren oder anderen vertretbaren Sachen verpflichtet, ohne daß diese Leistung von einer Gegenleistung abhängig ist (§ 363 I 2 HGB). Der k. V. ist ein sog. gekorenes → Orderpapier. Seiner Rechtsnatur nach ist er mit dem → Solawechsel verwandt. Es handelt sich um ein in bestimmter Form gegebenes → Schuldversprechen. Der k. V. kann dazu benutzt werden, die staatliche Genehmigung bei der → Inhaberschuldverschreibung zu umgehen. Zu diesem Zweck werden k. V.e. auf Order gestellt, von einer Emissionsbank blanko indossiert (→ Indossament) und verkauft. Infolge des Blankoindossaments können solche k. V.e wie → Inhaberpapiere übertragen werden.

**Kaufmännisches Bestätigungsschreiben** → Bestätigungsschreiben.

**Kaufmännisches Zurückbehaltungsrecht** → Zurückbehaltungsrecht.

**Kaufmannsgehilfe** ist ein → Handlungsgehilfe oder kaufmännischer → Angestellter.

**Kaufmannslehrling** → Handlungslehrling.

**Kaufpreissammlungen** → Grundstückswerte.

**Kaufrechtsvermächtnis** ist ein → Vermächtnis, durch das dem Bedachten das Recht eingeräumt wird, einen Nachlaßgegenstand zu einem bestimmten niedrigen Kaufpreis zu erwerben. Macht er hiervon Gebrauch, so fällt bei ihm → Erbschaftsteuer nur aus dem Unterschiedsbetrag zwischen dem Wert des Gegenstands und dem von ihm bezahlten Kaufpreis an.

**Kaufscheinhandel.** Die Ausgabe von Kaufberechtigungsscheinen an Letztverbraucher (zum verbilligten Einkauf bei Großhändlern) ist grundsätzlich als → unerlaubte Werbung und damit → unlauterer Wettbewerb unzulässig (§ 6b UWG); ausgenommen ist das echte Unterkundengeschäft, bei dem der Kunde auf Anforderung für einen einzelnen, einmaligen Einkauf eine entsprechende Bescheinigung erhält.

**Kaufzwang** → unlauterer Wettbewerb.

**Kausale Handlungslehre** → Handlungsbegriff.

**Kausalgeschäft.** Nach dem unsere Rechtsordnung beherrschenden Abstraktionsprinzip (→ Sachenrecht) ist von dem dinglichen Erfüllungsgeschäft (z. B. → Eigentumsübertragung) das ihm zugrunde liegende Verpflichtungs- oder Kausalgeschäft (z. B. → Kauf) zu unterscheiden. Die Unwirksamkeit des K. läßt daher regelmäßig das Erfüllungsgeschäft unberührt und gibt nach Durchführung des Erfüllungsgeschäfts nur einen Anspruch aus → ungerechtfertigter Bereicherung. S. i.e. → Sachenrecht.

**Kausalität im bürgerlichen Recht** → Schadensersatz (1 a).

**Kausalität im Strafrecht.** Der Straftatbestand verlangt häufig außer der Handlung des Täters auch den Eintritt eines Erfolges (*Erfolgsdelikte,* z. B. bei fahrlässiger Tötung den Tod des vom Täter Verletzten; Gegensatz: die mit der Handlung abgeschlossenen *Tätigkeitsdelikte,* z. B. → Falscheid). Bei den Erfolgsdelikten hat der Täter für den Erfolg strafrechtlich einzustehen, der ihm als Ergebnis seiner Handlung *zugerechnet* werden kann, wenn also die Handlung für den Erfolg kausal ist. Kausalzusammenhang ist nach der h. M. gegeben, wenn die Handlung des Täters nicht hinweggedacht werden kann, ohne daß der Erfolg entfiele (*Bedingungstheorie,* Begründer: v. Buri; die Handlung ist conditio sine qua non). Dabei sind alle den Erfolg bedingenden Handlungen gleichwertig *(Äquivalenztheorie)*; es gibt keine überwiegenden Bedingungen. Demnach ist auch ohne Bedeutung, ob die kausale Handlung eine von mehreren Bedingungen ist und längere Zeit zurückliegt, ebenso ob der Erfolg auch durch später eintretende Umstände herbeigeführt worden wäre (das Haus des Getöteten brennt ab, er wäre darin umgekommen). Die im Zivilrecht bedeutsame *überholende Kausalität* ist für das Strafrecht ohne Belang (Infektion des Verletzten im Krankenhaus). Der *Kausalzusammenhang* wird nur *unterbrochen,* wenn eine andere Bedingung *ohne Fortwirken der früheren* zum Erfolg führt (der Vergiftete wird, bevor das Gift wirkt, von einem anderen Täter erschossen). Wirkt dagegen die vom Täter gesetzte Bedingung noch fort, sind weitere von einem Dritten oder auch vom Verletzten (z. B. durch Unvorsichtigkeit) gesetzte Bedingungen ohne Bedeutung.

Weitere Kausalitätstheorien sind: Die (für das Zivilrecht bedeutsame) *Adäquanztheorie,* nach der nur solche Folgen durch die Handlung verursacht sind, mit deren Eintritt nach allgemeiner Lebenserfahrung gerechnet werden konnte; der Erfolg muß der gesetzten Bedingung angemessen (adäquat) sein, wobei unterschiedliche Auffassungen darüber bestehen, ob diese Entscheidung vom Standpunkt des Täters oder dem eines objektiven Dritten zur Tatzeit oder als nachträglich-objektive Prognose zu treffen ist. Nach der *Relevanztheorie* ist zwar jede Bedingung kausal, die nicht hinweggedacht werden kann, ohne daß der Erfolg entfiele; doch muß zwischen Tathandlung und Erfolg ein adäquater Kausalzusammenhang bestehen. Schließlich ist – auch für die Frage der *Rechtswidrigkeit* – zu beachten, daß dem Täter nur solche Tatfolgen zuzurechnen sind, die vom *Schutzbereich der Norm* umfaßt werden (wer z. B. einem anderen seinen Führerschein überläßt, ist nach § 281 StGB strafbar, nicht dagegen wegen Körperverletzung, wenn der Nichtfahrberechtigte einen Dritten bei einem auf Alkoholeinfluß – nicht auf mangelnde Fahrkenntnis – zurückzuführenden Unfall verletzt).

**Kausalzusammenhang** → Kausalität im Strafrecht, → Schadensersatz (1 a).

**Kautel** = Vorbehalt, Absicherung, namentlich im → Vertrag.

**Kautelarjurisprudenz** ist ein Begriff des → römischen Rechts. Vor dem → Zwölftafelgesetz waren Rechtskunde, Rechtsgestaltung und Rechtsfindung zunächst Sache der Priester, die im sakralen wie im weltlichen Bereich Geschäfts- und Prozeßformulare entwickelten, Rechtsauskünfte erteilten und Rechtsgutachten erstellten. Für den privaten Rechtsverkehr übernahmen später weltliche Juristen aus dem Stande der Patrizier diese Tätigkeit, namentlich die Formulierung von Vertragsbedingungen (Kautelen); sie begründeten mit dieser sog. *Kautelarjurisprudenz* die erste Epoche der röm. Rechtswissenschaft. Der Begriff wird heute häufig für die Gestaltung von Rechtsbeziehungen durch Verwendung vorgeformter Vereinbarungen oder → Allgemeiner Geschäftsbedingungen gebraucht, allgemein auch für die vorsorgende, planende, (vertrags)gestaltende Tätigkeit von Organen der Rechtspflege (insbes. Notaren, Rechtsanwälten, Wirtschaftsjuristen) im Gegensatz zur forensischen Tätigkeit.

**Kaution** → Sicherheitsleistung, → Mietkaution.

**Kautionswechsel** ist ein → Wechsel, der lediglich zur Sicherung einem Gläubiger gegeben wird. Bei Fälligkeit kann ein Dritter, aber auch der Gläubiger aus dem K. wie aus einem normalen Wechsel vorgehen. Der Schuldner kann nur dem Gläubiger gegenüber einwenden, daß dieser aus dem zu sichernden Rechtsverhältnis weder einen fälligen Anspruch hat noch daß ein solcher künftig entstehen wird.

**Keck, Keck & Mithouard.** Unter diesen Namen wird eine wichtige Entscheidung des EuGH zitiert, die die → Dassonville- und die Cassisformel ergänzt und modifiziert. Danach sind nichtdiskriminierende innerstaatliche Beschränkungen des Waren- und des Dienstleistungsverkehrs erlaubt, wenn sie sich auf Einfuhrwaren nicht anders auswirken als auf innerstaatliche (Beispiele: Verbot des Verkaufs unter Einstandspreis = K.; Ladenschluß).

**Kehrbezirke, Kehrzwang** → Schornsteinfegerwesen.

**Kellerwechsel** wird ein → Wechsel genannt, bei dem der → Bezogene zahlungsunfähig oder fingiert ist. Der K. gehört zu den → Finanzierungswechseln und ist grundsätzlich gültig; jedoch kann → Betrug vorliegen.

**Kelloggpakt.** Am 27. 8. 1928 unterzeichneten die Vertreter Deutschlands, der USA, Belgiens, Frankreichs, Großbritanniens, Italiens, Japans, Polens, der Tschechoslowakei sowie der Vertreter der britischen Dominions Kanada, Australien, Neuseeland, Irland, Indien und Südafrika in Paris einen nach dem amerikanischen Staatssekretär Frank B. Kellogg benannten Vertrag über die Ächtung des Krieges. Sie verurteilten darin den Krieg als Mittel für die Lösung internationaler Streitfälle und erklärten, daß sie auf den Krieg als Werkzeug nationaler Politik in ihren gegenseitigen Beziehungen verzichten. Mehr als 60 weitere Staaten sind dem Pakt beigetreten. Die Auslegung des Vertrags hat in der Folge zu Schwierigkeiten geführt. Sie hatten ihren Grund teilweise in dem pauschalen Wortlaut des Pakts (RGBl. 1929 II 97), der z. B. keine Regelung des Verteidigungskriegs enthielt, teilweise aber auch in den verschiedenen Vorbehalten, unter denen einzelne Staaten dem Pakt beitraten. S. a. → völkerrechtliche Streitigkeit; → Kriegsrecht.

**Kennenmüssen.** Ein → Gutglaubensschutz tritt verschiedentlich nicht ein, wenn der Betreffende einen maßgeblichen Umstand zwar nicht kannte, ihn aber „kennen mußte", d. h. infolge von (jeder, auch leichter) → Fahrlässigkeit nicht kannte (§ 122 II BGB). S. z. B. → Anfechtung von Willenserklärungen.

**Kennzeichen am Kraftfahrzeug, Kennzeichenmißbrauch.** 1. Die Zuteilung des am Kfz. und Anhänger anzubringenden amtlichen K. regelt sich nach § 23 StVZO (Antrag an die Zulassungsbehörde unter Vorlage des → Fahrzeugbriefes, Nachweis einer → Kraftfahrzeug-Haftpflichtversicherung). Das K. (mit schwarzer Schrift auf weißem Grund) wird auf Dauer oder befristet für 2–11 Monate als Saisonkennzeichen zugeteilt; letzteres kann jedes Jahr in diesem Zeitraum verwendet werden. Die Ausgestaltung des K. richtet sich nach § 60 StVZO (für ab 29. 9. 1989 in den Verkehr gekommene Kfz. sind reflektierende K. vorgeschrieben; zum Euro-K. und zum Oldtimer-K. s. § 60 I b, I d StVZO). Besondere K. führen Dienst-Kfz. des Bundes, der Länder, des → diplomatischen Korps und bevorrechtigter internat. Organisationen. Der Präsident des Bundestags hat für 1 Dienst-Kfz. Anspruch auf das K. „1–1" (Anlage IV zur StVZO). Prüfungs-, Probe- und Überführungsfahrten ohne Betriebserlaubnis oder EG-Typgenehmigung sind zulässig, dabei müssen rote K. zur mehrmaligen Verwendung oder Kurzzeit-K. zur einmaligen Verwendung, die höchstens 5 Tage gültig sind, geführt werden (§ 28 StVZO). S. a. → Oldtimer. Grüne K. sind für bestimmte von der Kfz-Steuer befreite Kfz. vorgesehen (§ 60 I StVZO). Nach Abstempelung ist das K. i.V. mit dem Kfz. als öffentliche Urkunde anzusehen. Über die sog. Versicherungskennzeichen → Fahrräder mit Hilfsmotor, Kleinkrafträder.

2. Nach § 22 StVG wird mit Freiheitsstrafe bis zu 1 Jahr oder Geldstrafe bestraft, wer *in* rechtswidriger Absicht an einem Kfz. ein anderes als das für es bestimmte K. oder wer ein Zeichen anbringt, das einem amtlichen K. ähnlich sieht, desgleichen wer das echte K. beseitigt, verdeckt oder seine Erkennbarkeit sonstwie beeinträchtigt oder wer wissentlich ein vorschriftswidrig gekennzeichnetes Kfz. auf öffentl. Wegen gebraucht. Die Bestimmung gilt aber nur subsidiär (→ Konkurrenz von Straftaten), d. h. wenn nicht im Einzelfall ein strengeres Strafgesetz anzuwenden ist, z. B. Urkundenfälschung. Zum Schutz gegen K.mißbrauch werden Herstellung, Vertrieb und Ausgabe der K. und ihrer Vorprodukte nach Maßgabe der §§ 6 b–d StVG überwacht (Anzeige- und Auskunftspflichten, Berechtigungsscheine, ggf. Untersagung). Mißbräuchliches Herstellen usw. ist strafbar, Verstoß gegen Nachweispflichten usw. Ordnungswidrigkeit (§§ 22 a, 24 b StVG).

**Kennzeichen verbotener Vereinigungen,** insbes. Fahnen, Abzeichen, Uniformstücke, aber auch Parolen und Grußformen („Heil Hitler", „Rotfront") sowie ihnen zum Verwechseln ähnliche K. dürfen weder öffentlich noch in → Schriften und anderen Darstellungen verwendet werden; auch dürfen Gegenstände mit solchen K. nicht zu den verbotenen Zwecken hergestellt, vorrätig gehalten oder ein- oder ausgeführt werden. Unter das Verbot fallen K. einer nach Art. 21 II GG vom BVerfG für verfassungswidrig erklärten Partei (KPD, SRP), einer Vereinigung, die nach Art. 9 II BVerfG, §§ 3 ff. VereinsG unanfechtbar verboten worden ist, weil ihre Zwecke oder Tätigkeit sich gegen Strafgesetze, die verfassungsmäßige Ordnung oder die Völkerverständigung richten, sowie die der früheren NSDAP und ihrer Organisationen. Ausgenommen von der Strafbarkeit (Freiheitsstrafe bis zu 3 Jahren oder Geldstrafe, § 86a StGB bei vollziehbarem, aber noch nicht unanfechtbar gewordenem Verbot bis zu 1 Jahr oder Geldstrafe, § 20 I Nr. 5 VereinsG) ist die Verwendung im Rahmen der staatsbürgerlichen Aufklärung, der Abwehr verfassungswidriger Bestrebungen und zu ähnlichen sog. sozialadäquaten Zwecken (Gegenpropaganda, historische Werke, Theaterstücke u. dgl.).

**Kennzeichenschutz.** Wer vor Inkrafttreten des Markengesetzes (→ Marken) im geschäftlichen Verkehr den Namen, die → Firma, den Titel von Druckschriften, Filmen, Musikwerken, Bühnenwerken oder Sendungen, die Bezeichnungen oder Kennzeichen von Geschäften in einer Weise benutzte, die eine Verwechslungsgefahr herbeiführt, konnte vom Verletzten wegen → unlauteren Wettbewerbs auf Unterlassung, bei → Verschulden auch auf → Schadensersatz in Anspruch genommen werden. Jetzt ergibt sich dieser Anspruch aus § 14 Markengesetz.

**Kennzeichenstreitsachen** sind → Zivilprozesse, in denen Ansprüche aus einem im Markengesetz (→ Marken) geregelten Rechtsverhältnis geltend gemacht werden. Hierzu gehören Unterlassungs- und Schadensersatzansprüche aus Verletzung der Marke (Ausstattung, geschäftliche Bezeichnung usw.), aber auch Eintragungs- und Löschungsklagen. Für K. sind die → Landgerichte ausschließlich zuständig; wie bei → Patentstreitsachen kann die Landesregierung eines von ihnen für den Bezirk mehrerer Landgerichte als Gericht für K. bestimmen (§ 140 MarkenG).

**Kennzeichnung von Lebensmitteln.** Die allgemeinen Kennzeichnungsvorschriften sind in der LMKV – i. d. F. vom 6. 9. 1984 (BGBl. I 1221) m. Änd. – enthalten. Geregelt sind die erforderlichen Kennzeichnungselemente (§ 3) und die Bezeichnung (wie durch Rechtsvorschrift vorgeschrieben, sonst wie verkehrsüblich; Phantasiebezeichnungen unzulässig – § 4). Allgemein vorgeschrieben ist jetzt das Verzeichnis der Zutaten (§ 6, Begriffsbestimmung § 5) und die Angabe von Haltbarkeitsdaten (§ 7); s. im übrigen auch → Zusatzstoffe u. → Nährwertangaben. Wegen Sondervorschriften vgl. u. a. → Diätetische Lebensmittel, → ButterVO, → KäseVO, → Fruchtsäfte, → Kaffee. Zur K. von Fertigpackungen s. → Eichwesen.

**Kernenergie** → Atomgesetz, → Europ. Atomgemeinschaft, → Sprengstoff- u. Strahlungsverbrechen.

**Kernwaffen** → Atomwaffensperrvertrag, → ABC-Waffen.

**Kettenarbeitsvertrag** → Zeitarbeitsverhältnis.

**Kettenbrief.** Bei einer K.Aktion zahlt der Empfänger des Briefes i. d.R. einen bestimmten Betrag an den Absender und gibt den Brief sodann unter Streichung einer darauf befindlichen Adresse und Hinzufügung seines Namens an mindestens zwei Personen weiter, die ebenso verfahren sollen. Da sich der Brief damit in Form einer geometrischen Reihe verbreitet, muß der Teilnehmerkreis ständig außerordentlich stark anwachsen, was irgendwann zum Zusammenbruch des Systems führen muß. Das Veranstalten einer privaten K.Aktion ist nicht strafbar (BGHSt. 34, 171; anders aber § 6c UWG) und unterliegt nicht der → Lotteriesteuer (BFH BStBl. 1977 II 495).

**Kettenhandel** → Streckengeschäft.

**Kettenschenkung.** Erhält jemand als Durchgangs- oder Mittelsperson eine Zuwendung, die er entsprechend einer bestehenden Verpflichtung in vollem Umfang an einen Dritten weitergibt, liegt schenkungsteuerrechtlich nur *eine* Zuwendung aus dem Vermögen des Zuwendenden an den Dritten vor. Wegen der Verpflichtung zur Weitergabe besteht keine Bereicherung der Mittelsperson aus dem Vermögen des Zuwendenden; eine Schenkung der Mittelsperson an den Dritten kommt nicht in Betracht (BFH BStBl. II 1994, 128). Durch eine K. kann also der Schenkungsteuerfreibetrag nicht mehrfach ausgenutzt werden.

**kidnapping** Entziehung Minderjähriger, → Menschenraub.

**KG =** → Kommanditgesellschaft.

**KG a. A. =** → Kommanditgesellschaft auf Aktien.

**Kiesgruben.** Die Anlage von K. bedarf i. d.R. der Genehmigung im Wege der → Planfeststellung, wobei vor allem wasserrechtliche, bauplanungsrechtliche und baurechtliche Gesichtspunkte von Bedeutung sind. Bauplanungsrechtlich sind K. zwar privilegierte Vorhaben i. S. von § 35 I Nr. 4 BauGB; jedoch können ihnen öffentliche Belange nach § 35 II BauGB entgegengehalten werden. Zum „Naßauskiesungsbeschluß" des BVerfG vgl. → Enteignung.

**Kilometerpauschale.** Arbeitnehmer können bei Benutzung eines eigenen Kraftfahrzeugs für Fahrten zwischen Wohnung und Arbeitsstätte bei den Arbeitseinkünften als → Werbungskosten pro Arbeitstag 0,70 DM je Entfernungskilometer, bei Benutzung eines Motorrads oder Motorrollers 0,33 DM, bei Moped oder Mofa 0,28 DM und beim Fahrrad 0,14 DM als → Pauschbetrag geltend machen (§ 9 I Nr. 4 EStG). Im Interesse der Gleichstellung von Arbeitnehmern und Unternehmern gelten diese Pauschalen auch für Gewerbetreibende, Freiberufler usw. (§ 4 V Nr. 6 EStG). Benutzt der Arbeitnehmer für eine Dienstreise oder einen Dienstgang sein eigenes Kraftfahrzeug, können für jeden gefahrenen Kilometer ohne besonderen Nachweis 0,52 DM als Werbungskosten geltend gemacht werden (Abschn. 38 LStR); für selbständig Tätige gilt eine entsprechende Regelung nach R 119 II EStR; → Reisekosten 3). Der Arbeitgeber kann die Aufwendungen mittels → Lohnsteuerpauschalierung (15%) übernehmen (§ 40 II 2 EStG). Stellt der Arbeitgeber dem Arbeitnehmer einen Pkw auch zur privaten Nutzung zur Verfügung – dazu zählen auch die Fahrten zwischen Wohnung und Arbeitsstätte –, so ist die private Nutzung als Einnahme zu versteuern (Abschn. 31 VII LStR), nämlich entweder laut → Fahrtenbuch oder mit 1% des Listenpreises des PKW pro Monat für Privatfahrten und mit 0,03% des Listenpreises pro Monat für Fahrten zwischen Wohnung und Arbeitsstätte. → Private Kfz-Nutzung. Zuzahlungen des Arbeitnehmers für die Privatnutzung mindern den Vorsteuerabzug (→ Umsatzsteuer, 8.) des Arbeitgebers grundsätzlich nicht.

**Kinder** i. S. des BGB sind die → Abkömmlinge ersten Grades (→ Erbfolge). S. auch → Jugendschutz, → Jugendstrafrecht. S. ferner → Unterhaltspflicht unter Verwandten, → elterliche Sorge sowie zum UN-Übereinkommen über die Rechte des K. das Ges. vom 17. 2. 1992 (BGBl. II 121).

Das Kindschaftsrechtsreformgesetz vom 16. 12. 1997 (BGBl. I 2942) hat (im Zusammenhang mit weiteren gesetzlichen Maßnahmen, → Amtspflegschaft, → Erbersatzanspruch) in Vollzug des Verfassungsauftrags des Art. 6 V GG den bisherigen rechtlichen Unterschied zwischen ehelichen und nichtehelichen (unehelichen) Kindern im Grundsatz beseitigt. Dies gilt insbes. für die → Abstammung, den → Namen des Kindes, die → elterliche Sorge (vor allem → Personensorge) und das → Umgangsrecht. Lediglich soweit eine Differenzierung noch erforderlich war, bestehen Sondervorschriften für K, deren Eltern nicht miteinander verheiratet sind (s. z. B. → Unterhaltspflicht bei nicht miteinander verheirateten Eltern).

K. erhalten die deutsche → Staatsangehörigkeit, wenn ein Elternteil diese bei der Geburt besitzt (§ 4 I RuStG). Sie teilen, solange sie minderjährig sind, den → Wohnsitz ihrer Elten (nicht aber, insbes. bei → Getrenntleben, den Wohnsitz des Elternteils, dem die Personensorge nicht zusteht, § 11 BGB). Eltern und K. sind einander Beistand und Rücksicht schuldig (§ 1618 a BGB). K. haben gegen ihre Eltern einen Unterhaltsanspruch (→ Unterhaltspflicht unter Verwandten), sind aber andererseits entsprechend ihren Kräften und ihrer Lebensstellung zu Dienstleistungen im Haushalt und Geschäft verpflichtet (§ 1619 BGB, → Hausgemeinschaft). S. ferner → Ausstattung, → Aussteuer, → Mitgift.

**Kinder, Haftung für –,** → unerlaubte Handlung (3).

**Kinder- und Jugendhilfe** wurde durch das Kinder- und Jugendhilfegesetz – KJHG – vom 26. 6. 1990 (jetzt i. d.F. vom 15. 3. 1996, BGBl. I 477, m. spät. Änd.) neu geordnet und als VIII. Buch in das → Sozialgesetzbuch eingegliedert. Jedem jungen Menschen wird darin ein Recht auf Förderung seiner Entwicklung und auf Erziehung zu einer eigenverantwortlichen und gemeinschaftsfähigen Persönlichkeit eingeräumt. Zur Verwirklichung dieses Rechts soll die Jugendhilfe insbesondere junge Menschen in ihrer individuellen und sozialen Entwicklung fördern und dazu beitragen, Benachteiligungen zu vermeiden oder abzubauen, Eltern und andere Erziehungsberechtigte bei der Erziehung beraten und unterstützen. – Ferner soll sie Kinder und Jugendliche vor Gefahren für ihr Wohl schützen und dazu beitragen, positive Lebensbedingungen für junge Menschen und ihre Familien sowie eine kinder- und familienfreundliche Umwelt zu erhalten oder zu schaffen; § 1 SGB VIII. → Erziehungsförderung, → Erziehungshilfe, → Inobhutnahme des Kindes, → Jugendamt.

**Kinder, steuerliche Berücksichtigung.** 1. Die grundgesetzlich geforderte staatliche Entlastung von den Aufwendungen für die Kindererziehung (→ Familie, – → Unterhaltspflicht unter Verwandten) erfolgt in erster Linie durch das → Kindergeld (→ Familienleistungsausgleich). Daneben sind bei der → Einkommensteuer folgende Entlastungen vorgesehen (sog. Kinderadditive): a) → Kinderfreibetrag (§ 32 VI EStG); b) → Haushaltsfreibetrag (§ 32 VII EStG); c) → Ausbildungsfreibetrag (§ 33 a II EStG) → Belastungen außergewöhnliche II. 2.; d) → Kinderbetreuungskosten (§ 33 c EStG); e) Senkung der zumutbaren Belastung bei → außergewöhnlichen Belastungen (§ 33 III EStG); f) Übertragung des → Behinderten - und → Hinterbliebenen-Pauschbetrags (§ 33 b V EStG); g) Sonderausgabenabzug i. H. von 30% des Schulgelds (§ 10 I Nr. 9 EStG); h) → Haushaltshilfe (§ 33 a III EStG); i) Erziehungsgeld (→ Mutterschutz) ist steuerfrei (§ 3 Nr. 67 EStG). Der Arbeitgeber kann steuerfrei u. a. leisten: a) Geburtshilfe (§ 3 Nr. 15 EStG): 700 DM; b) Kinderbetreuung von nicht schulpflichtigen Kindern (§ 3 Nr. 33 EStG.

Zur Bemessung der → Kirchensteuer wird der → Kinderfreibetrag vom → Einkommen abgezogen (§ 51 a II, II a EStG). Bei der → Eigenheimzulage wird eine Kinderzulage in Höhe von 1500 DM gewährt.

2. Die Gewährung der oben genannten Kinderadditive setzt voraus (§ 32 I–V EStG): Es muß sich um Kinder handeln, die im ersten Grad mit dem StPfl. verwandt sind oder um Pflegekinder, das sind Kinder, die zum StPfl. durch ein familienähnliches, auf längere Dauer berechnetes Band bei Tragung der Kosten durch die Pflegeeltern verbunden sind und bei denen das Obhuts- und Pflegeverhältnis zu den Eltern nicht mehr besteht. Die steuerliche Berücksichtigung des Kindes erfolgt ab dem Monat, in dem es lebend geboren wurde, bis zu dem Monat, zu dessen Beginn es das 18. Lebensjahr vollendet hat. Über das 18. Lebensjahr hinaus wird ein Kind berücksichtigt, wenn es 1) noch nicht das 21. Lebensjahr vollendet hat, arbeitslos ist und der Arbeitsvermittlung im Inland zur Verfügung steht oder 2) noch nicht das 27. Lebensjahr vollendet hat und a) für einen Beruf ausgebildet wird, worunter auch Schule und Hochschule fallen, oder b) sich in einer Übergangszeit zwischen zwei Ausbildungsabschnitten von höchstens vier Monaten befindet oder c) eine Berufsausbildung mangels Ausbildungsplatzes nicht beginnen oder fortsetzen kann oder d) ein freiwilliges soziales oder ökologisches Jahr i. S. dieser Gesetze leistet. Eigene Einkünfte und Bezüge des über 18 Jahre alten Kindes bis 12 000 DM/Jahr (1997), 12 360 DM (1998), 13 020 DM (ab 1999) stehen der steuerlichen Berücksichtigung nicht entgegen. Wehrdienst und gleichgestellte

Dienste verlängern die Berücksichtigung über das 21. bzw. 27. Lebensjahr hinaus.

Körperlich, geistig oder seelisch behinderte Kinder, die außerstande sind, sich selbst zu unterhalten, werden ohne Altersbegrenzung und ohne Anrechnung eigener Einkünfte und Bezüge berücksichtigt. Zusammenveranlagung mit Kindern gibt es bei der Einkommensteuer nicht.

3. Der Kindbegriff für das → Kindergeld ist weiter als der des § 32 I EStG. S. a. → Erbschaftsteuer (Schenkungsteuer).

**Kinderadditive** → Kinder, steuerliche Berücksichtigung.

**Kinderarbeit,** d. h. Beschäftigung von noch nicht 14jährigen oder vollzeitschulpflichtigen Jugendlichen, ist grdsätzl. verboten (§§ 2, 5 I JugendarbeitsschutzG vom 12. 4. 1976, BGBl. I 965). Ausnahmen für leichte Arbeiten von Kindern über 13 Jahren, insbes. in der Landwirtschaft (§ 5 III), sowie ab 6 Jahren mit Bewilligung der Aufsichtsbehörde für kulturelle Veranstaltungen (z. B. für Musik-, Fernsehaufführungen, Foto- und Filmaufnahmen, ab 3 Jahren für Theatervorstellungen) mit zeitlichen Beschränkungen (§ 6). S. a. (insbes. über die Beschäftigung Jugendlicher) → Jugendarbeitsschutz.

**Kinderberücksichtigungszeiten** → Berücksichtigungszeiten in der Rentenversicherung; → Kindererziehungszeiten.

**Kinderbetreuungskosten** als Aufwand des Stpfl. sind keine → Betriebsausgaben oder → Werbungskosten, auch wenn sie die Berufstätigkeit des Stpfl. erst ermöglichen. Sie sind abzugsfähig als → Sonderausgaben (I. 5; § 10 I Nr. 8 EStG). Daneben gilt: Alleinerziehende können Aufwendungen für Dienstleistungen zur Betreuung von Kindern unter 16 Jahren vom Gesamtbetrag der Einkünfte abziehen, soweit diese durch die Erwerbstätigkeit, Behinderung oder längere Krankheit des Alleinerziehenden veranlaßt sind (z. B. für Hausaufgabenbetreuung, nicht für Nachhilfeunterricht). Auch Ehegatten können K. abziehen, wenn ein Ehegatte behindert oder mind. 3 Monate krank ist. Nach Kürzung um die zumutbare Belastung (1–4% des Gesamtbetrags der Einkünfte) sind für das 1. Kind höchstens 4000 DM, für jedes weitere 2000 DM berücksichtigungsfähig. Diese Beträge sind beim jeweils Berechtigten zur Hälfte anzusetzen, wenn das Kind gleichzeitig zum Haushalt von zwei Alleinstehenden gehört (§ 33 c IV 3 EStG; sog. Halbteilung). Ohne Nachweis kann ein Pauschbetrag mit 480 DM je Kind im Kalenderjahr abgezogen werden. Höchstbetrag und Pauschbetrag werden gezwölftelt, wenn die Voraussetzungen nicht während des ganzen Kalenderjahrs vorliegen (§ 33 c EStG).

**Kindererziehung, religiöse** → Personensorge.

**Kindererziehungszeiten.** Für Zeiten der Erziehung eines Kindes in dessen ersten drei Lebensjahren gelten für Geburten seit dem 1. 1. 1992 Pflichtbeiträge als gezahlt, d. h. für die Dauer der sogenannten Kindererziehungszeit wird ein Elternteil rentenversicherungsrechtlich so behandelt, als habe es eine beitragspflichtige Beschäftigung oder Tätigkeit ausgeübt. Voraussetzung für die Anrechnung von Kindererziehungszeiten ist, daß die Erziehungszeit diesem Elternteil zugeordnet ist und die Erziehung im Gebiet der Bundesrepublik Deutschland erfolgt (ist). Die Eltern können wählen, welchem Elternteil in welchem Umfang die Kindererziehungszeit zugeordnet werden soll; geben sie keine übereinstimmende Erklärung ab, wird die Erziehungszeit der Mutter zugeordnet (§ 56 SGB VI). Bei Geburten vor dem 1. 1. 1992 beträgt die Kindererziehungszeit zwölf Monate (§ 249 SGB VI; für die neuen Bundesländer vgl. § 249 a SGB VI). S. a. → Berücksichtigungszeiten in der Rentenversicherung.

Vor 1921 geborene versicherte und nichtversicherte Mütter erhalten für jedes Kind eine steuerfreie (§ 3 Nr. 67 EStG) monatliche Kindererziehungsleistung, die auf andere Sozialleistungen nicht angerechnet wird, sog. Trümmerfrauengeld. Zuständig sind die → Rentenversicherungsträger (§§ 294 ff. SGB VI).

**Kinderfreibetrag** s. zunächst → Familienleistungsausgleich. Für welche Kinder steuerlich ein K. gewährt wird

→ Kinder, steuerliche Berücksichtigung 2. Für jedes zu berücksichtigende Kind des Stpfl. wird, soweit das → Kindergeld die erforderliche Entlastung nicht bewirkt, ein K. von 261 DM/Monat (= 3132 DM/Jahr), ab 1997 288 DM (3456 DM), bei der Veranlagung zur → Einkommensteuer abgezogen (→ Veranlagungsarten). Bei zusammenveranlagten Ehegatten verdoppelt sich der Betrag (522 DM/Monat = 6264 DM/Jahr), ab 1997 576 DM (6912 DM), wenn das Kind zu beiden Ehegatten in einem Kindschaftsverhältnis steht. Der K. von 522 DM/Monat, ab 1997 576 DM, wird auch abgezogen, wenn der andere Elternteil verstorben oder nicht unbeschränkt einkommensteuerpflichtig ist (→ Steuerpflicht) oder der StPfl. allein das Kind angenommen hat oder das Kind nur zu ihm in einem Pflegekindschaftsverhältnis steht (§ 32 VI 1–3 EStG). Zum Sonderfall → Auslandskind (§ 32 VI 4 EStG). Liegen die Voraussetzungen zur Zusammenveranlagung zur Einkommensteuer nicht vor (→ Veranlagungsarten), ist auf Antrag eines Elternteils der K. des anderen Elternteils auf ihn zu übertragen, wenn er, nicht jedoch der andere Elternteil seiner Unterhaltspflicht gegenüber dem Kind für das Kalenderjahr im wesentlichen nachkommt (§ 32 VI 5 EStG). Der K. kann auch auf einen Stiefelternteil oder auf Großeltern übertragen werden, wenn sie das Kind in ihren Haushalt aufgenommen haben (§ 32 VI 6 EStG).

**Kindergarten.** Die Förderung von Kindern in Tageseinrichtungen, zu denen vor allem der K. gehört, ist als Teil der → Kinder- und Jugendhilfe Aufgabe der örtlichen Träger (s. → Jugendamt, Landesjugendamt). Nach § 24 S. 1 SGB VIII hat ein Kind vom vollendeten 3. Lebensjahr bis zum Schuleintritt Anspruch auf den Besuch eines Kindergartens. Ein Versorgungsdefizit muß bis 31. 12. 1998 geschlossen werden.

**Kindergeld** (§§ 62 ff. EStG ab 1996) s. zunächst → Familienleistungsausgleich. Der K.-Anspruch nach § 62 EStG setzt Wohnsitz oder gewöhnlichen Aufenthalt des K.-Berechtigten im Inland voraus. Ohne Wohnsitz oder gewöhnlichen Aufenthalt im Inland ist anspruchsberechtigt, wer der erweiterten unbeschränkten Einkommensteuerpflicht (§ 1 II, III EStG) unterliegt (→ Steuerpflicht, → Grenzgänger). Ein Ausländer hat nur Anspruch auf K., wenn er im Besitz einer Aufenthaltsberechtigung oder Aufenthaltserlaubnis ist (→ Ausländer 3.). Weitere Anspruchsvoraussetzung ist, daß es sich entweder um Kinder handelt, für die ein Kinderfreibetrag zu gewähren ist (→ Kinder, steuerliche Berücksichtigung 2.) oder um vom Berechtigten in seinen Haushalt aufgenommene Kinder seines Ehegatten oder vom Berechtigten in seinen Haushalt aufgenommene Enkel (§ 63 I EStG). Bei zu berücksichtigenden Kindern bis zur Vollendung des 18. Lebensjahres findet kein Ausbildungs- und Einkommensnachweis statt. Bei Kindern über 18 Jahre gelten die Beschränkungen wie beim Kinderfreibetrag (→ Kinder, steuerliche Berücksichtigung 2.). Für jedes Kind wird nur einem Berechtigten das K. gezahlt. Entscheidend ist grundsätzlich, in wessen Haushalt das Kind lebt (§ 64 EStG). Das K. wird nur auf Antrag gezahlt, aber rückwirkend ab Vorliegen der Voraussetzungen, längstens ab 1. 7. 97 (§ 66 III EStG ab 1998 entfallen). Bei Kindern über 18 Jahre ist ein eigener Antrag erforderlich (§ 67 EStG). Das Kindergeld beträgt für das erste und zweite Kind 200 DM/Monat, ab 1997 220 DM, für das dritte 300 DM/Monat und für jedes weitere Kind 350 DM/Monat. Kindergeldzuschlag für Eltern mit geringem Verdienst sowie einkommensabhängige Abschläge für Eltern mit gutem Verdienst entfallen. Bei Arbeitnehmern ist die Auszahlung des Kindergelds auf den Arbeitgeber verlagert. Dies ist verfassungsrechtlich nicht zweifelsfrei (BFH 26. 5. 1998, noch nicht veröffentlicht; zu den verfassungsrechtlichen Grenzen der Indienstnahme Privater für öffentliche Aufgaben BVerfG 16. 3. 71, BVerfGE 30, 292; 17. 2. 77, BVerfGE 44, 103). Der Arbeitgeber hat hierzu das Kindergeld mit der Lohnsteuerschuld zu verrechnen. Arbeitgeber mit bis zu 50 Arbeitnehmern können wählen, ob sie die Kindergeldzahlung nicht übernehmen. In diesem Fall und bei Kindergeldberechtigten, die nicht Arbeitnehmer sind, sind die Familienkassen (bisheriges Arbeitsamt als Bundesfinanzbehörde) für das Kindergeld zuständig. Das Kindergeld wird hier als Steuervergütung (→ Vergütung 1.) behandelt. Bei Angehörigen des öffentlichen Dienstes wird das K. vom Dienstherrn bezahlt (§ 72 EStG). Zur Auszahlung des K. durch den Arbeitgeber vgl. „VO zur Auszahlung des Kindergeldes an Arbeitnehmer außerhalb des öffentlichen Dienstes". Kindergeldauszahlungs-VO (KAV) vom 10. 11. 1995, BGBl. I 1510. Aufrechnung und Pfändung des K. sind beschränkt möglich (§§ 75, 76 EStG). Das BKGG findet nur noch Anwendung, soweit das K. mangels Steuerpflicht im Inland nicht über das EStG abgewickelt werden kann. Das K. ist steuerfrei (§ 3 Nr. 24 EStG). Kindergeld-Merkblatt BMF 9. 4. 1998, BStBl. I 386, 558. Das K. wird vom Bund zu 74% und von den Ländern zu 26% aus dem Umsatzsteueraufkommen getragen (→ Verteilung des Steueraufkommens).

**Kinderhandel**. 1. K. ist auf Grund des Art. 2 des internat. Abkommens vom 30. 9. 1921 (RGBl. 1924 II 180) in allen Kulturländern entsprechend dem Abk. vom 4. 5. 1910 (RGBl. 1913, 31) über das Verbot des → Frauenhandels unter Strafe gestellt. Nach dem Weltrechtspflegeprinzip (→ Auslandsdelikte) tritt die Strafbarkeit (→ Menschenhandel) ohne Rücksicht auf Tatort und Staatsangehörigkeit des Täters ein.

2. K. ist in Form von Verkauf, Kauf und unbefugter → Adoptionsvermittlung nach § 236 StGB strafbar, auch der Versuch dazu.

Erfaßt wird, wer *sein eigenes* noch nicht 14jähriges Kind unter grober Vernachlässigung der Fürsorge- und Erziehungpflicht einem anderen auf Dauer gegen Entgelt oder in der Absicht, sich oder einen Dritten zu bereichern, überläßt. Täter können hier nur Eltern oder Elternteile sein. Ebenso ist strafbar, wer gegen Gewährung eines Entgelts *ein fremdes* Kind auf Dauer bei sich *aufnimmt* und dabei die Pflichtverletzung der Eltern kennt oder billigend in Kauf nimmt. Die Strafe ist Freiheitsstrafe bis zu 5 Jahren oder Geldstrafe.

*Unbefugte Adoptionsvermittlung* einer Person unter 18 Jahren und *unbefugte Vermittlungstätigkeit* mit dem Ziel der Aufnahme einer Person unter 18 Jahren auf Dauer bei einem anderen gegen Entgelt oder in Bereicherungsabsicht wird mit Geldstrafe oder Freiheitsstrafe bis zu 3 Jahren, bei Verbringung der vermittelten Person in das Inland oder Ausland bis zu 5 Jahren bestraft.

Unter qualifizierten Voraussetzungen (Gewinnsucht, gewerbs- oder bandenmäßiges Handeln, Gefahr einer heblichen Entwicklungsschädigung für das Opfer) gelten erhöhte Strafrahmen.

**Kinderlastenausgleich.** → Familienleistungsausgleich.

**Kinderpornographie** → Pornographische Schriften.

**Kinderpsychotherapie** → Psychotherapeut.

**Kinderspiele,** auch Fahren mit Rollern usw., sind, soweit nicht ausdrücklich zugelassen, auf der *Fahrbahn* untersagt (§ 31 StVO). Auf → Gehwegen sind K. erlaubt, soweit sie Fußgänger nicht gefährden oder *wesentlich* behindern oder belästigen (s. a. → Sport und Spiel auf Straßen). Für die Einhaltung der Vorschriften ist der gesetzliche Vertreter (→ elterliche Sorge) verantwortlich.

**Kinderzulage** wird in der gesetzlichen → Unfallversicherung, sofern vor dem 1. 1. 1984 ein Anspruch darauf bestand, als Zulage zur Rente eines Schwerverletzten (Erwerbsminderung mindestens 50%) für jedes Kind bis zur Vollendung des 18. Lebensjahres gewährt; darüber hinaus längstens bis zur Vollendung des 25. Lebensjahres für Kinder, die sich noch in Schul- oder Berufsausbildung befinden, ein freiwilliges soziales oder ökologisches Jahr ableisten oder infolge körperlicher oder geistiger Gebrechen außerstande sind, sich selbst zu unterhalten. Bei Unterbrechung oder Verzögerung der Ausbildung durch gesetzlichen Wehrdienst, Zivildienst oder einen gleichgestellten Dienst entsprechende Zahlung über das 25. Lebensjahr hinaus. Die K. beträgt 10 v. H. der Verletztenrente. K. wird über das 18. Lebensjahr hinaus nicht gezahlt, wenn das Kind Ausbildungsbezüge, → Unterhaltsgeld oder → Übergangsgeld in bestimmter Mindesthöhe erhält. § 217 SGB VII. S. a. → Kinderzuschlag, → Kinderzuschuß.

**Kinderzuschlag** für jedes Kind erhält ein Schwerbeschädigter (Erwerbsminderung mindestens 50%) in Höhe des

→ Kindergeldes, wenn nicht dieses, → Kinderzulage oder → Kinderzuschuß zu zahlen ist. §§ 31 III, 33b BVG.

**Kinderzuschuß** ist eine (auslaufende) Leistung der → Rentenversicherung, die zu einer Rente aus eigener Versicherung an Berechtigte gezahlt wird, die bereits vor dem 1. 1. 1992 Anspruch darauf hatten. Über das 18. Lebensjahr hinaus wird K. nicht gezahlt, wenn Ausbildungsvergütung, Unterhaltsgeld oder Übergangsgeld in einer bestimmten Mindesthöhe gezahlt wird. Der Kinderzuschuß fällt u. a. weg, wenn das Kind in seiner Person die Voraussetzungen für eine → Waisenrente nicht mehr erfüllt, für das Kind eine → Kinderzulage geleistet wird oder für das Kind Anspruch auf Waisenrente entsteht, § 270 SGB VI.

**Kindesannahme** → Adoption.

**Kindesentziehung** Strafrechtlich → Entziehung Minderjähriger. Zivilrechtlich → Personensorge, → Ordnungsmittel.

**Kindesherausgabe** → Personensorge.

**Kindesmißhandlung** → Körperverletzung (3).

**Kindesraub** → Entziehung Minderjähriger, → Menschenraub.

**Kindesunterhalt** → Unterhaltspflicht unter Verwandten, → Unterhaltspflicht gegenüber dem nichtehelichen Kind.

**Kindesunterschiebung** → Personenstandsfälschung.

**Kindesvermögen** → Vermögenssorge, → elterliche Sorge, → Vormund.

**Kindschaftsprozeß** → Kindschaftssachen.

**Kindschaftssachen.** Das Verfahren in K. ist eine besondere Verfahrensart der ZPO, die dem Verfahren in → Ehesachen nachgebildet ist (§§ 640–641i ZPO). Sachlich zuständig ist das Amtsgericht als → Familiengericht, in dessen Bezirk das Kind seinen Wohnsitz hat (§ 640a I ZPO); die Berufung geht zum Oberlandesgericht (§§ 23a Nr. 1, 119 Nr. 1 GVG). K. sind Verfahren über die Feststellung des Bestehens oder Nichtbestehens eines Eltern-Kind-Verhältnisses und der Wirksamkeit oder Unwirksamkeit einer Vaterschaftsanerkennung und deren Anfechtung (Abstammung, 2b, 3) sowie über das Bestehen oder Nichtbestehen der → elterlichen Sorge. Vermögensrechtliche Streitigkeiten über die Unterhaltspflicht gehören nicht dazu; s. hierzu → Unterhaltsprozeß.

**Kino** → Lichtspieltheater.

**Kirchen.** Der Begriff „Kirche" (griech. Kyriake = dem Herrn gehörig) ist der engere gegenüber dem der → Religionsgesellschaft. Er bezeichnet die im christl. Bekenntnis vereinigte Glaubensgemeinschaft in ihren verschiedenen Formen. Schon in der Auffassung über den Begriff der K. unterscheidet sich die → Evangelische K. von der → Katholischen K. Während nach evangelischer Auffassung die K. als Gemeinschaft der Gläubigen zu verstehen ist, in der das Evangelium verkündet und die → Sakramente gereicht werden, faßt sich die Katholische K. als hierarchische Ordnung auf, in der die ihr Zugehörigen im Dienste des Reiches Gottes stehen. In dieser unterschiedlichen Auffassung liegt bereits die unterschiedliche Gestaltung der beiden Kirchenverfassungen begründet (s. → Evang. K., → Kath. K., → Staatskirchenrecht). Die Zugehörigkeit zur Kirche wird bei beiden Bekenntnissen durch die Taufe begründet.

**Kirchenasyl** (historisch Schutz vor Verfolgung an heiligen Orten) nennt man in jüngster Zeit die Aufnahme von abgelehnten und abzuschiebenden Asylbewerbern ( → Asylrecht) in Räumen der Kirche mit dem Ziel, sie dem staatlichen Zugriff zu entziehen. Der moderne Staat erkennt seit langem ein Recht auf K. nicht an. Vorschriften des staatlichen Rechts, die ein Recht der Kirchen oder der Zufluchtsuchenden gegenüber der Staatsgewalt in diesem Bereich begründen könnten, bestehen nicht.

**Kirchenaustritt.** Der *Austritt* aus der Kirche ist im kath. und wohl auch im evang. Kirchenrecht nicht vorgesehen, da die Mitgliedschaft in der Kirche durch die Taufe erworben wird und nicht erlöschen kann. Hingegen sehen die staatlichen Gesetze einen K. vor, mit dem die Verpflichtungen staatlichen Rechts, die sich aus der Mitgliedschaft ergeben, gelöst werden können, so z. B. die Kirchensteuerpflicht (→ Kirchensteuer). Kirchenrechtlich hat der K. keine Auswirkungen auf die Mitgliedschaft. Der K. ist in den Landesgesetzen geregelt (so z. B. im preuß. Ges. vom 30. 11. 1920, GS 1921, 119; im bayer. Kirchensteuergesetz i. d. F. vom 21. 11. 1994, GVBl. 1026). Der Austritt bedarf zu seiner öffentlich-rechtlichen Wirksamkeit der Erklärung zu Protokoll entweder beim Amtsgericht oder auf dem Standesamt (so in Hamburg: Ges. vom 5. 3. 1962, GVBl. 65 i. d. F. vom 15. 10. 1973, GVBl. 431; Niedersachsen, Ges. vom 4. 7. 1973, GVBl. 221). Er wird von diesem der betroffenen Religionsgemeinschaft und dem Finanzamt mitgeteilt. Kinder über 14 Jahre können über ihre Zugehörigkeit zu einer Religionsgesellschaft, also auch über den Austritt, selbst entscheiden; ab Vollendung des 12. Lebensjahres bedarf die Austrittserklärung durch den Erziehungsberechtigten der Zustimmung des Kindes (§ 5 d. Ges. über die religiöse Kindererziehung vom 15. 7. 1921, BGBl. 929). Im Gegensatz zum Austritt ist der *Übertritt* zu einer anderen Kirche nicht durch Formvorschriften der Landesgesetze geregelt, seine Anerkennung durch den Staat deshalb nicht von einer Erklärung vor einer Behörde abhängig. Str. ist, inwieweit die Erklärung des Austritts aus einer Kirche als kirchensteuerberechtigter öffentl.-rechtl. Körperschaft wirksam ist, wenn der Erklärende seine Zugehörigkeit zur Kirche als Glaubensgemeinschaft vom K. ausdrücklich ausnimmt (sog. „modifizierter K."; vgl. dazu OLG Oldenburg NJW 1970, 713; OVG Hamburg NJW 1975, 1900 m. Anm.; BayVGH DVBl. 1976, 908); die Frage bestimmt sich nach staatlichem Recht und wird überwiegend verneint. Eine gesetzl. Regelung darf die Wirksamkeit einer Erklärung über den K. davon abhängig machen, daß die Erklärung keinerlei Zusätze enthält (BVerwG BayVerwBl. 1979, 376). So sieht das K.sgesetz von NRW vom 26. 5. 1981 (GVBl. 260) vor, daß die Austrittserklärung keine Vorbehalte, Bedingungen oder Zusätze enthalten darf (§ 3 IV).

**Kirchenbaulast** ist die Verpflichtung nichtkirchlicher Personen (häufig Gemeinden) zur baulichen Unterhaltung (Renovierung, u. U. Neubau) kirchlicher Gebäude. Die K. reicht meist weit in die Vergangenheit zurück und beruht auf sehr unterschiedlichen Rechtsgrundlagen (vgl. auch → Patronatsrecht). Teilweise wird die Problematik durch → Kirchenverträge geregelt. Für Streitfälle zwischen kirchlichen Institutionen und Gemeinden über Fragen der K. ist das → Verwaltungsstreitverfahren gegeben.

**Kirchenbeamte.** Die → evang. Kirche unterscheidet zwischen den Inhabern eines geistlichen Amtes, denen primär die geistlichen Aufgaben zur Wahrnehmung obliegen, aber auch solche weltlicher Art übertragen werden können, und den K., die rein weltliche Aufgaben zu erfüllen haben. K. ist, wer zur Evangelischen Kirche Deutschlands, zu einer Gliedkirche, einer Gemeinde oder einem kirchlichen Gemeinde- oder Synodalverband in einem öffentl.-rechtl. Dienstverhältnis steht, das ausdrücklich als K.nverhältnis begründet worden ist. Geistliche sind als solche nicht K. Die Rechtsverhältnisse der K. sind (weitgehend entsprechend dem staatl. Beamtenrecht, das bei fehlender kirchenrechtl. Regelung analog angewendet werden kann) durch das K.ngesetz der EKD vom 18. 3. 1954 (ABl. EKD 100) geregelt. Es gilt unmittelbar nur für die K. der EKD; entsprechende Ges. bestehen aber auch in den Gliedkirchen. Ähnlich ist die Lage beim Disziplinarrecht (Disziplinargesetz der EKD vom 11. 3. 1955, ABl. EKD 84), das für K. und Geistliche gilt. Es sieht Disziplinargerichte und Disziplinarstrafen (ähnlich dem staatl. Disziplinarrecht) vor. Die Stellungnahme Geistlicher zu Fragen des Bekenntnisses und der Lehre ist als solche kein Dienstvergehen. Ein irrgläubiger Pfarrer kann also nicht im Disziplinarwege entfernt werden. Einige Kirchen sehen allerdings besondere → Lehrbeanstandungsverfahren vor. Der Rechtsweg zu den staatl. Verwaltungsgerichten steht den K. nur offen, wenn nach innerkirchlichen Vorschriften vorgesehen (BVerwGE 25, 226; BGHZ 46, 96); vgl. dazu → Kirchliche Akte (Anfechtung).

**Kirchenbücher** → Personenstandsbücher.

**Kirchendiebstahl** → Diebstahl (4).

**Kirchenglocken** → Glockengeläute.

**Kirchenpräsident.** In einigen Gliedkirchen der → Evangelischen Kirche in Deutschland (z. B. in der Evang. Landeskirche Anhalts) Bezeichnung für die Spitze der Kirchenleitung.

**Kirchenprovinz.** In der → kath. Kirche ein aus einer Erzdiözese und einer oder mehreren → Diözesen (Suffragandiözesen) bestehender Verband mehrerer Teilkirchen. Leiter ist als → Metropolit der der jeweiligen Erzdiözese vorstehende Erzbischof.

**Kirchenrecht** ist die Gesamtheit der Rechtsnormen, die das Verhältnis des Staates zu Religion und Religionsgemeinschaften (Staatskirchenrecht; staatliches K.; äußeres K.) oder die inneren Verhältnisse der Kirchen (inneres K.; in der → Kath. Kirche auch → kanonisches Recht genannt) regeln. Das → Staatskirchenrecht ist in den Verfassungen und staatlichen Gesetzen sowie in Verträgen zwischen Staat und Kirchen (s. → Kirchenvertrag, → Konkordat) festgelegt. Das innere K. ist autonomes Recht der Kirchen; es ist in den einzelnen Kirchen nach Wesen, Umfang und Form sehr verschieden. Die Kath. Kirche betrachtet das göttliche Gebot als oberste Rechtsquelle (→ ius divinum im Gegensatz zum → ius humanum). In der → Evang. Kirche ist das Wesen des K. umstritten. Das K. ist z. T. geschriebenes, z. T. Gewohnheitsrecht. Hauptquellen des kath. Kirchenrechts sind der → codex iuris canonici und die → Konkordate. Das K. der → Evang. Kirche hat sich weitgehend partikulär (in den einzelnen Kirchen) entwickelt, zeigt aber trotzdem viele Gemeinsamkeiten.

**Kirchenstaat** → Vatikanstadt.

**Kirchensteuer.** Nach Art. 137 VI WV. i. V. m. Art. 140 GG sind die Religionsgesellschaften, die → Körperschaften des öffentlichen Rechts sind, berechtigt, auf Grund der bürgerlichen Steuerlisten nach Maßgabe der landesrechtlichen Bestimmungen Steuern zu erheben. Die → Kirchen in Deutschland haben von dieser Möglichkeit Gebrauch gemacht. Die Steuerpflicht der Kirchenmitglieder ergibt sich nach dem inneren → Kirchenrecht für die → katholische Kirche aus can. 222 § 1 cic (→ Codex iuris canonici), für die → evangelische Kirche aus § 4 II des Kirchengesetzes über die Kirchenmitgliedschaft, das kirchliche Meldewesen und den Schutz der Daten von Kirchenmitgliedern vom 10. November 1976 (ABl. EKD S. 389). Die Länder haben entsprechend der verfassungsrechtlichen Vorgabe Gesetze über die Erhebung der K. erlassen (vgl. z. B. Bayer. K.gesetz i. d.F. vom 8. 7. 1994, GVBl. 554). Darin sind Bemessungsgrundlage, Schuldner und Gläubiger, Verwaltung und Vollstreckung der K. geregelt. Steuerschuldner ist jeweils das Mitglied der betreffenden Kirche, wobei sich der Erwerb der Mitgliedschaft nach innerem Kirchenrecht richtet. Der → Kirchenaustritt ist i. d.R. gegenüber dem → Standesamt zu erklären. Die K. wird als → Zuschlagsteuer (8 oder 9%, BStBl. I 96, 383) zur → Einkommensteuer (vgl. § 51 a EStG) und → Lohnsteuer erhoben, in einigen Ländern als Zuschlag zur → Grundsteuer. Die Höhe des Zuschlages bestimmen in dem vom Landesrecht gesteckten Rahmen die steuerberechtigten Kirchen. Zur K. können nur natürliche Personen herangezogen werden. Bei *konfessionsverschiedener* Ehe gilt grundsätzlich *Halbteilung*, d.h. die K. bemißt sich nach der Hälfte des zusammengerechneten Einkommens der Ehegatten. Dies ist verfassungsgemäß (BFH 15. 3. 1995, BStBl. II 95, 547). Bei *glaubensverschiedener* Ehe gilt ausnahmslos der Grundsatz der Individualbesteuerung, der bei einer Zusammenveranlagung die gesonderte Feststellung der Steuerbemessungsgrundlage für den kirchensteuerpflichtigen Ehegatten verlangt. Gezahlte K. natürlicher Personen ist, auch als Zuschlag zur Grundsteuer, regelmäßig als → Sonderausgabe (§ 10 I Nr. 4 EStG) abzugsfähig. Bei Austritt aus der Kirche darf die K. längstens bis Ende des Kalendermonats der Austrittserklärung erhoben werden; eine Nachbesteuerung Ausgetretener ist unzulässig (BVerfG BGBl. 1974 I 571; NJW 1977, 1279, 1281). Bei → Lohnsteuerpauschalierung ist die Erhebung von K. nur bei Kirchenangehörigen zulässig (BFH vom 7. 12. 1994, BStBl. II 95, 507). Die Kirchen haben die Verwaltung der K. i. d. R. den staatlichen Finanzämtern übertragen. Eine Sonderform von K. ist das → Kirchgeld.

**Kirchenverträge.** Der Begriff wird für die Verträge des Staates mit der → Kath. und der → Evang. Kirche verwendet.

1. Als evangelische Kirchenverträge bestehen z. B. in Bayern der Vertrag vom 15. 11. 1924, im früheren Preußen Verträge vom 11. 5. 1931, in Baden vom 14. 11. 1931; aus der Nachkriegszeit in Niedersachsen vom 19. 3. 1955, in Schleswig-Holstein vom 23. 4. 1957, in Hessen vom 18. 2. 1960. Nach der Wiedervereinigung schlossen auch die neuen Länder K. (vgl. z. B. Vertrag des Freistaates Sachsen mit den Evangelischen Landeskirchen im Freistaat Sachsen vom 24. 3. 1994, GVBl. S. 1253). Den K. mit der Evangelischen Kirche vergleichbare Verträge gibt es zwischen den Ländern und den Jüdischen Gemeinden (vgl. z. B. Vertrag des Freistaates Sachsen mit dem Landesverband der Jüdischen Gemeinden vom 7. 6. 1994, GVBl. S. 1346; Vertrag zwischen dem Freistaat Bayern und dem Landesverband der Israelitischen Kultusgemeinden in Bayern vom 14. 8. 1997, GVBl. 1998, 30).

2. Die K. mit der Kath. Kirche wurden traditionell als → Konkordate bezeichnet; jüngere Verträge der Kath. Kirche mit den Ländern nennen sich auch K. (vgl. z. B. Kath. Kirchenvertrag Sachsen vom 2. 7. 1996).

**Kirchenzehnt** → Zehnt.

**Kirchgeld.** In einigen Ländern kann von den Kirchen unabhängig von der → Kirchensteuer ein sog. K. erhoben werden (z. B. Art. 20 ff. Bayer. KirchensteuerG). Das K. wird anders als die Kirchensteuer nicht als → Zuschlagsteuer, sondern meist in pauschalierter Form für Zwecke der örtl. Kirchengemeinde erhoben.

**Kirchliche Akte** (Anfechtung). Kirchliche Maßnahmen sind nur dann Ausübung öffentlicher Gewalt i. S. von Art. 19 IV GG, § 90 I BVerfGG, wenn sie sich auf vom Staat verliehene Befugnisse gründen oder den staatlichen Bereich berühren, nicht aber, wenn sie dem innerkirchlichen Bereich zuzurechnen sind. Ersteres ist z. B. bei Steuerbescheiden kirchlicher Steuerämter der Fall, während etwa die Verweigerung von Sakramenten, kirchliche Organisationsakte oder die → Lehrbeanstandung eines Pfarrers dem innerkirchlichen Bereich angehören und daher nicht vor den staatlichen Verwaltungsgerichten angefochten oder mit Verfassungsbeschwerde verfolgt werden können. Insoweit ist der Betroffene auf innerkirchliche Rechtsbehelfe angewiesen (→ kirchliche Gerichtsbarkeit). Nicht vor den staatlichen Verwaltungsgerichten anfechtbar sind auch K. A., die den Bestand oder Fortbestand von Dienstverhältnissen der Geistlichen betreffen. In vermögensrechtlichen Streitigkeiten aus kirchlichen Dienstverhältnissen ist der Rechtsweg zu den Verwaltungsgerichten ausnahmsweise gegeben, soweit dieser vom kirchlichen Recht ausdrücklich eröffnet wird.

**Kirchliche Gerichtsbarkeit.** 1. a) In der → *kath. Kirche* besteht ein dreistufiger Aufbau der G.: Bischöfliche Gerichte, Metropolitangerichte und päpstliche Gerichte als Obergerichte. Jedoch kann der → Papst jeden Rechtsstreit an sich ziehen (can. 1405 § 1 CIC), und jedes Glied der Kirche kann eine Sache unmittelbar beim → Heiligen Stuhl anbringen.

b) Die → Bischöfe und die ihnen gleichgestellten Oberen können die G. *in 1. Instanz* selbst oder durch andere ausüben, insbesondere durch den *Offizial,* der Vorsitzender des Kollegialgerichts ist. Gegen seine Urteile ist Berufung zum Bischof nicht zulässig. Das Amt des Offizials ist mit dem des → Generalvikars grundsätzlich nicht vereinbar. Der Offizial wird in weniger wichtigen Streitsachen als Einzelrichter tätig. Kollegiale Verfahrensweise mit wenigstens drei erkennenden Richtern ist bei Ehe- und Weihesachen sowie bei Strafsachen vorgeschrieben. Darüber hinaus kann der Bischof in wichtigen Fällen die Behandlung im Dreier- oder auch Fünfergremium anordnen. Der Vernehmungsrichter (auditor) ist Hilfsorgan des Gerichts. Das öffentliche Interesse im gerichtlichen Bereich wird vom Kirchenanwalt (promotor iustitiae) und vom Bandverteidiger (defensor vinculi) wahrgenommen.

c) Das *Metropolitangericht* ist 2. Instanz für alle Gerichte einer → Kirchenprovinz und zugleich Gericht 1. Instanz für das → Erzbistum.

d) *Päpstliche Gerichte* sind die Rota Romana sowie die Apostolische Signatur. Die Rota ist Berufungsgericht für Streitsachen, die in 2. Instanz von den Metropolitangerichten entschieden wurden oder die im Wege der Sprungrevision gegen eine Entscheidung der 1. Instanz an sie gelangt sind. Ferner ist der Rota die Rechtsprechung über die Streitsachen der Bischöfe und anderer Oberer vorbehalten. Die Apostolische Signatur ist Überwachungsgericht gegenüber der Rota und zugleich oberste Gerichtsverwaltungsbehörde. Ferner ist die Apostolische Signatur Verwaltungsgericht für Einsprüche gegen Verwaltungsakte der Diözesanbischöfe und der diesen gleichgestellten Oberen sowie für die sonstigen ihr zugewiesenen Fälle und Kompetenzkonfliktsgerichtshof für Zuständigkeitsstreitigkeiten zwischen kirchlichen Behörden. Zu den päpstlichen Gerichten zählt auch die Apostolische Pönitentiarie.

e) Das *Verfahren* ist grundsätzlich nicht-öffentlich und schriftlich. Streitsachen privaten Charakters werden vom Verhandlungsprinzip bestimmt, für Ehe-, Weihe- und Strafsachen gilt die Offizialmaxime.

2. Die → *evang. Kirche* besitzt aufgrund der Besonderheiten des föderalen Aufbaus keine einheitliche G. Nach dem für Pfarrer und Kirchenbeamte der → EKD und einiger Landeskirchen geltenden Disziplinargesetz der EKD bestehen ein *Disziplinarhof* bei der EKD und *Disziplinarkammern* bei den Kirchenleitungen der betreffenden Landeskirchen. Das Verfahrensrecht ist an den staatlichen → Strafprozeß angelehnt. Es gelten Mündlichkeits-, Akkusations- und Untersuchungsprinzip; die Durchführung des Verfahrens liegt allerdings im Ermessen der zuständigen Stelle (Opportunitätsprinzip) und ist nichtöffentlich. Über den Vorwurf, ein Pfarrer sei in seiner Verkündigung von dem Bekenntnis der Kirche abgewichen, kann nicht im Disziplinarverfahren entschieden werden, sondern nur im → Lehrbeanstandungsverfahren. Die teilweise erst im Ansatz bestehende kirchliche Verwaltungsgerichtsbarkeit wird schrittweise zu einem vollständigen Rechtsschutzsystem ausgebaut. So wurde z. B. mit dem Kirchengesetz über die Verwaltungsgerichtsbarkeit in der Evangelisch-Lutherischen Kirche in Bayern vom 9. 12. 1992 die Rechtsgrundlage für die Errichtung eines landeskirchlichen Verwaltungsgerichts mit Sitz in München geschaffen. Das Verfahren ist an die Verwaltungsgerichtsordnung (→ Verwaltungsstreitverfahren) angeglichen (vgl. BayVBl. 1994, 518).

**Kirchliche Gesetze.** 1. Die → *kath. Kirche* kennt keine Gewaltentrennung i. e. S.; der → Papst und im partikularen Bereich die → Bischofskonferenzen sowie die Diözesanbischöfe und die diesen gleichgestellten Oberen sind auch Gesetzgeber. Dennoch sind Rechtsnormen von Akten der Verwaltung und Rechtsprechung zu unterscheiden. Man unterscheidet Gesetze (leges) und die wie Gesetze zu behandelnden allgemeinen Dekrete (decreta generalia), Statuten (z. B. der Stiftungen) und Konstitutionen (z. B. der Ordensgemeinschaften). Keinen Gesetzesrang besitzen allgemeine Durchführungsdekrete (decreta generalia executoria), Verwaltungsverordnungen (instructiones) und (Geschäfts-)Ordnungen (ordines).

2. Die → *evang. Kirche* besitzt kein allgemein geltendes Gesetzbuch. Da bis zum Beginn des 19. Jh. das Landeskirchentum vorherrschte, sind die meisten Kirchenrechtsordnungen aus dieser Zeit vom Staat für die Kirche erlassen worden. Im Laufe des 19. Jh. räumte die staatliche Kirchengesetzgebung den Landeskirchen eine beschränkte eigene Regelungszuständigkeit ein (z. B. in Preußen die Kirchengemeinde- und Synodalordnung von 1873). Das aufgrund dieser staatl. Kirchengesetze von kirchlichen Organen erlassene Recht ist z. T. auch heute noch in Geltung. Nach 1918 schufen sich die vom Staat unabhängig gewordenen Landeskirchen eigene Kirchenverfassungen, die – soweit nicht abgeändert oder ersetzt – fortgelten. Ferner gilt, soweit es der Grundordnung der → EKD nicht widerspricht, das Recht der 1933 organisierten Deutschen Evangelischen Kirche (DEK) fort. Heute haben auf der Ebene

der EKD die Synode und auf der Ebene der Landeskirchen i. d. R. die Kirchensynode Gesetzgebungsbefugnisse. Kirchengesetze der EKD bedürfen der zweimaligen Beratung und Beschlußfassung. Der Rat der EKD sowie die Kirchenleitungen der jeweiligen Landeskirchen besitzen bei nichtversammeltem Synodalorgan unter bestimmten Voraussetzungen ein Notverordnungsrecht.

**Kirchliche Trauung.** Die Vorschriften des Kirchenrechts über die Ehe werden durch die staatlichen Bestimmungen über die Eheschließung grundsätzlich nicht berührt (§ 1588 BGB). Die k. T. hat jedoch nach staatlichem Recht regelmäßig der standesamtlichen T. nachzufolgen; → Eheschließung. In der → kath. Kirche ist das Eherecht im → Codex iuris canonici geregelt. Zur Ehe unter konfessionsverschiedenen Eheleuten → „ökumenische Trauung".

**Klagbarkeit** eines → Anspruchs bedeutet, daß dieser bei Gericht durch → Klage geltend gemacht werden kann. Die K. ist grundsätzlich bei jedem Anspruch gegeben, kann aber ausnahmsweise durch Gesetz oder vertragliche Vereinbarung ausgeschlossen sein; in diesen Fällen spricht man auch von → Naturalobligation.

**Klage.** Der Begriff geht auf die → actio des → römischen Rechts zurück. Sie ist die Prozeßhandlung, durch die der Kläger bei Gericht um Rechtsschutz nachsucht. Die K. richtet sich an das Gericht und gegen den Beklagten. K. kann in verschiedenen → Klagearten (auf Leistung, Feststellung usw.) erhoben werden im Zivilprozeß (§ 253 ZPO) und in der Arbeitsgerichtsbarkeit, im Verwaltungs- (§§ 42, 43 VwGO), Finanz- (§§ 40, 41 FGO) und Sozialstreitverfahren (§ 53 SGG). Im Strafprozeß gibt es die öffentliche und die → Privatklage. In der K. werden Gericht, → Parteien und → Streitgegenstand bezeichnet; sie muß in bestimmter Form erhoben werden (→ Klageerhebung). Das Gericht entscheidet über sie im Regelfall durch → Urteil, in dem es ihr ganz oder zum Teil stattgibt oder sie abweist. Nach dem → Streitgegenstand gibt es verschiedene Arten von K., auch eine → Widerklage. Eine K. kann geändert (→ Klageänderung) und zurückgenommen (→ Klagerücknahme) werden. K.n können miteinander verbunden werden (→ Klagenverbindung). Eine K. ist zulässig, wenn alle → Prozeßvoraussetzungen erfüllt sind. Nur dann darf eine → Sachentscheidung ergehen. Begründet ist eine K., wenn ihr Tatsachen zugrundegelegt werden dürfen, die den Klageantrag rechtfertigen. S. ferner → Leistungsklage, → Feststellungsklage und → Gestaltungsklage.

**Klage, öffentliche.** Im → Strafprozeß kann ö. K. erhoben werden durch Einreichen einer → Anklageschrift, Antrag auf Durchführung des → beschleunigten Verfahrens, Antrag auf Erlaß eines → Strafbefehls oder → Nachtragsanklage. S. a. → Ermittlungsverfahren in Strafsachen.

**Klageabweisung** → Klage, → Prozeßurteil, → Sachurteil.

**Klageänderung** besteht darin, daß der Kläger im gleichen Verfahren (Prozeß) einen anderen → Klageantrag stellt oder seinen Klageantrag auf einen anderen → Klagegrund stützt. Eine K. ist nur zulässig, wenn der Beklagte bzw. die → Beteiligten einwilligen (auch stillschweigend, § 267 ZPO), oder das Gericht die K. für sachdienlich erachtet, aber nicht mehr in der Revisionsinstanz (§ 263 ZPO, § 91 I VwGO, § 67 I FGO, §§ 99 I, 168 SGG). Die Zulässigkeit der K. ist eine besondere → Prozeßvoraussetzung. Bestimmte Fälle von Änderung des Klageantrags oder Klagegrundes werden nicht als Klageänderung angesehen, insbes. ergänzende oder berichtigende Ausführungen, Erweiterung oder Beschränkung des erhobenen Anspruchs (§ 264 ZPO, § 173 VwGO, § 155 FGO, § 99 III SGG). Im *Strafverfahren* kann sich eine Änderung des Schuldvorwurfs im → Eröffnungsverfahren und in der → Hauptverhandlung durch K. oder → Nachtragsanklage ergeben (§§ 207, 265, 266 StPO).

**Klageanspruch** → Streitgegenstand.

**Klageantrag** → Klageschrift.

**Klagearten.** Man unterscheidet im Zivilprozeß → Leistungsklage, → Feststellungsklage und → Gestaltungsklage, im Verwaltungs-, Finanz- und Sozialstreitverfahren die Anfechtungsklage (Aufhebungsklage), → Verpflichtungsklage und Feststellungsklage, im Verwaltungsstreitverfahren ferner die Allgemeine Leistungsklage. In diese Kategorien lassen sich alle Klagen nach ihrem → Streitgegenstand einordnen.

**Klagebefugnis** nennt man im → Verwaltungsstreitverfahren die für → Anfechtungsklage und → Verpflichtungsklage ausdrücklich normierte Zulässigkeitsvoraussetzung, daß – soweit gesetzlich nichts anderes bestimmt ist – der Kläger geltend macht, in *seinen* Rechten verletzt zu sein (§ 42 II VwGO). Es genügt also z. B. nicht, daß er seine Klage mit der Verletzung von Vorschriften begründet, die im Interesse der Allgemeinheit ergangen sind, nicht aber (zumindest auch) dem Schutz des Einzelnen dienen (z. B. → „nachbarschützende" Vorschriften des Baurechts wie etwa → Abstandsflächen). Das Gesetz schließt damit die → Popularklage und die → Verbandsklage aus. Geltendmachung bedeutet, die Verletzung eigener Rechte substantiiert vorzutragen, so daß eine Verletzung *möglich* erscheint; ob sie wirklich vorliegt, ist dann eine Frage der Begründetheit der Klage. Da das → Widerspruchsverfahren eine Vorstufe des gerichtlichen Verfahrens ist, gilt § 42 II VwGO auch hier. In der → Finanzgerichtbarkeit besteht eine eingeschränkte K. bei einheitlicher und gesonderter Feststellung (§ 48 FGO; → Besteuerungsverfahren).

**Klagebegründung** → Klageschrift.

**Klageerhebung.** Im Zivilprozeß und in der Arbeitsgerichtsbarkeit wird Klage durch (unverzügliche, § 271 ZPO) → Zustellung der → Klageschrift erhoben (§ 253 ZPO; auch in → mündlicher Verhandlung, § 261 II ZPO), im Verwaltungs- (§ 81 VwGO), Finanz- (§ 64 FGO) und Sozialstreitverfahren (§ 90 SGG) ohne Zustellung durch Einreichen der Klageschrift oder zur Niederschrift des Urkundsbeamten der Geschäftsstelle. Durch die K. wird die → Rechtshängigkeit begründet (§ 261 I ZPO, § 90 VwGO, § 66 I FGO, § 94 I SGG). Einhaltung einer *Klagefrist* ist nur ausnahmsweise gesetzlich vorgeschrieben (z. B. Nichtigkeits-, Restitutionsklage, § 586 ZPO). Hierbei handelt es sich meistens um eine besondere → Prozeßvoraussetzung. → Anfechtungsklagen in Verwaltungs-, Finanz- und Sozialstreitsachen können nur binnen einer Monatsfrist erhoben werden (§ 74 VwGO, § 47 I FGO, § 87 SGG; → Verwaltungsstreitverfahren). Über die K. im Strafprozeß → Ermittlungsverfahren, → Anklageschrift, → Privatklage.

**Klageerzwingungsverfahren** → Anklageerzwingung.

**Klagefrist** → Klageerhebung.

**Klagegrund** → Klageschrift.

**Klageleugnen** → Einrede, → Schlüssigkeit.

**Klagenhäufung** → Klagenverbindung.

**Klagenverbindung** (Klagenhäufung). Werden mehrere Ansprüche oder Klagebegehren gegen denselben Beklagten in einer Klage verfolgt, spricht man von *objektiver* K. Sie ist im Zivilprozeß und im arbeitsgerichtlichen Verfahren zulässig, wenn dasselbe Prozeßgericht zuständig und dieselbe → Prozeßart zulässig ist (§ 260 ZPO), im Verwaltungs- und im Sozialstreitverfahren, wenn dasselbe Gericht zuständig ist und die Klagebegehren im Zusammenhang stehen (§ 44 VwGO, § 56 SGG). Klagen mehrere gemeinsam oder werden mehrere gemeinsam verklagt, spricht man von *subjektiver* K. oder → Streitgenossenschaft. Die K. steht grundsätzlich im Belieben des Klägers; jedoch kann das Gericht trennen und verbinden (§§ 145, 147 ZPO; § 93 VwGO, § 73 FGO, § 113 SGG). Ist die K. unzulässig, muß das Gericht trennen. Die Zulässigkeit der K. ist keine → Prozeßvoraussetzung.

**Kläger** → Klage.

**Klagerücknahme** ist eine → Prozeßhandlung, durch die der Kläger auf die Durchführung des Prozesses und auf eine Entscheidung über seine → Klage (oder → Widerklage) ganz oder zum Teil verzichtet. Die K. ist grundsätzlich bis zum rechtskräftigen Abschluß des Verfahrens möglich, im Sozialstreitverfahren nur bis zum Schluß der mündlichen Verhandlung (§ 102 SGG). Von einem gewissen Zeitpunkt an ist zur K. erforderlich, daß der Beklagte und im Verwaltungsstreitverfahren auch der Vertreter des öffentlichen Interesses einwilligt (§ 269 I ZPO – Beginn der mündl. Verhandlung des Beklagten zur Hauptsache –, § 92 I VwGO, § 72 I FGO). Die Wirkungen der K. sind verschieden: im Zivilprozeß wird fingiert, daß der Rechtsstreit nicht anhängig geworden sei (§ 269 III ZPO), im Verwaltungs- und Finanzstreitverfahren hat das Gericht ohne Antrag das Verfahren einzustellen (§ 92 II VwGO, § 72 II FGO), im Sozialstreitverfahren ist der Rechtsstreit in der Hauptsache erledigt (§ 102 SGG). Infolge der K. sind dem Kläger die Kosten des Rechtsstreits aufzuerlegen (§ 269 III S. 2 ZPO, § 155 VwGO, § 136 II FGO); im Sozialstreitverfahren ist darüber nach billigem Ermessen zu entscheiden (BSGE 6, 92). Diese Wirkungen sind durch Beschluß auszusprechen, entweder auf Antrag (§ 269 III S. 3 ZPO, § 102 SGG) oder von Amts wegen (§ 92 II VwGO, § 72 II S. 2 FGO). Im Strafverfahren ist K. nur bis zur Eröffnung des Hauptverfahrens zulässig, bei Privatklage nach Beginn der Sachvernehmung des Angeklagten in der ersten Instanz nur mit dessen Einwilligung (§§ 156, 391 StPO).

**Klageschrift.** Im Zivilprozeß und in der Arbeitsgerichtsbarkeit (§ 253 ZPO, § 46 ArbGG) muß die K. notwendig die Bezeichnung des Gerichts und der → Parteien, den Klageantrag und den Klagegrund enthalten. Nicht notwendig, aber vorgeschrieben (instruktioneller Inhalt) ist die Angabe des → Streitwerts und alles, was ein vorbereitender Schriftsatz enthalten soll (§ 130 ZPO). Im *Klageantrag* muß der Kläger kennzeichnen, welchen Rechtsschutz er vom Gericht begehrt (z. B. „Der Beklagte wird verurteilt, an den Kläger DM 1000 zu zahlen." „Es wird festgestellt, daß zwischen dem Kläger und dem Beklagten für das Anwesen Karlsplatz 7 in München kein Mietvertrag besteht.") Dieser Antrag muß bestimmt sein (eindeutig), er kann alternativ (→ Alternativantrag) oder eventuell (→ Hilfsantrag) gestellt werden. Den *Klagegrund* hat der Kläger nach der herrschenden Substantiierungs-Theorie durch Vortrag der Tatsachen darzulegen, durch die er den Klageantrag rechtfertigen will. (Nach der überwundenen Individualisierungstheorie war lediglich das konkrete Rechtsverhältnis, aus dem geklagt wird, zu kennzeichnen.) Klageantrag und -grund grenzen den → Streitgegenstand ab und können im Verlaufe des Rechtsstreits geändert werden (→ Klageänderung). Für das Strafverfahren → Anklageschrift. Im → Verwaltungsstreitverfahren und in der → Finanzgerichtsbarkeit (§ 82 VwGO, § 65 FGO) muß die K. lediglich Kläger und Beklagten sowie den Streitgegenstand bezeichnen, damit die Klage wirksam ist. Ein bestimmter Antrag sowie die zur Begründung dienenden Tatsachen und Beweismittel sollen in der K. enthalten sein. Die angefochtene Entscheidung (Verwaltungsakt, Verfügung oder Bescheid) soll bezeichnet, im Verwaltungsstreitverfahren in Urschrift oder Abschrift beigefügt werden.

Im Sozialgerichtsverfahren ist dieser gesamte Inhalt zwar vorgeschrieben, aber nicht zwingend („soll", § 92 SGG).

In allen Verfahrensarten sollen so viele Abschriften der K. eingereicht werden, wie es für die Zustellung und Mitteilung an den Beklagten und die anderen → Beteiligten erforderlich ist.

**Klageverzicht** → Verzichtsurteil.

**Klaglose Forderungen** → unvollkommene Rechte, → Naturalobligation.

**Klassenkampf, Anreizung zum –** war bis zum 6. StrÄnd.G 1960 besonders unter Strafe gestellt und wird jetzt vom Tatbestand der → Volksverhetzung umfaßt, soweit sie sich gegen Teile der Bevölkerung wendet.

**Kleinbeträge** (Steuerrecht). Aufgrund § 156 AO hat der BMF die Kleinbetragsverordnung vom 10. 12. 1980, BGBl. I 2255, zuletzt geändet durch BGBl. I 1996, 2049 erlassen, die die Behandlung von steuerlichen Bagatellbeträgen regelt. So findet z. B. eine Steueränderung zu Ungunsten des Steuerpflichtigen nicht statt, wenn der Änderungsbetrag 20 DM unterschreitet.

**Kleine Freihandelszone** → EFTA.

**Kleine Haverei** → Haverei.

**Kleiner Grenzverkehr** wird der nachbarliche Verkehr zwischen Grenzgebieten von Staaten genannt (insbes. zu Ausflugs-, Besuchs- und Gewerbezwecken). Nach Maßgabe zwischenstaatl. Abkommen genießt er paß-, ausweis- und zollrechtl. Erleichterungen. Für Deutschland ist der k. G. inzwischen praktisch bedeutungslos.

**Kleingärten.** Für die → Pacht von K. (*Schrebergärten* mit i. d. R. nicht mehr als 400 $m^2$ Fläche; eine einfache Laube ist zulässig; ausgenommen Eigentümergärten u. a.) enthalten die §§ 4 ff. des BundeskleingartenG vom 28. 2. 1983 (BGBl. I 210; m. Änd. vom 8. 4. 1994, BGBl. I 766). Sondervorschriften, insbes. über den zulässigen Höchstpachtzins und die Möglichkeit der Anpassung des vereinbarten Pachtzinses hieran (§ 5). Das Recht zur ordentlichen → Kündigung des K.pachtvertrags ist eingeschränkt (§ 9); im Einzelfall hat der Pächter Anspruch auf angemessene Entschädigung (§ 11), bei Dauerk. (im → Bebauungsplan als solche ausgewiesen) ggf. auch auf Bereitstellung geeigneten Ersatzlandes durch die Gemeinde (§ 14). Im Gebiet der ehem. DDR begründete Verträge über K. gelten fort (→ Nutzungsberechtigungen); über deren Dauer, Pachtzinshöhe (Anpassung) usw. s. § 20 a und NutzungsentgeltVO i. d. F. vom 27. 7. 1997 (BGBl. I 1920).

**Kleingewerbetreibender** → Handelsgewerbe, → Kaufmann, → Offene Handelsgesellschaft (1 a).

**Kleinhandel mit Branntwein** → Alkoholverbot.

**Kleinkrafträder** sind → Krafträder mit 50 km/h Höchstgeschwindigkeit und elektrischer Antriebsmaschine oder Verbrennungsmotor bis 50 ccm Hubraum, aber ohne Fahrradmerkmale wie → Fahrräder mit Hilfsmotor (Mopeds). Von den K. sind auch die Leichtkrafträder zu unterscheiden; sie sind Krafträder mit elektrischer Antriebsmaschine oder Verbrennungsmotor mit Nennleistung bis 11 kW und bei Verbrennungsmotor mit 50–125 ccm Hubraum. Diese sowie K. bedürfen keiner Zulassung (Fz.-Brief und -Schein werden nur auf Antrag ausgestellt), aber einer Betriebserlaubnis oder EG-Typgenehmigung und eines amtl. → Kennzeichens (§§ 18 II–V, VII, 20, 21 StVZO).

Der Führer eines K. muß → Fahrerlaubnis Kl. M, eines Leichtkraftrades Kl. A1 besitzen.

Die Haftung des Fahrers und des → Halters für einen durch das K. verursachten Schaden und der Zwang zum Abschluß einer → Kraftfahrzeug-Haftpflichtversicherung richten sich nach den Bestimmungen für Kfz. (§§ 7 ff. StVG, §§ 29 a ff. StVZO).

**Kleinkunst** → Schaustellung von Personen.

**Kleinsiedlung** i. S. der Bestimmungen über die Wohnungsbauförderung ist eine Siedlerstelle, die aus einem Wohngebäude mit angemessener Landzulage besteht und die nach Größe, Bodenbeschaffenheit und Einrichtung dazu bestimmt und geeignet ist, dem Kleinsiedler durch Selbstversorgung aus vorwiegend gartenbaumäßiger Nutzung des Landes eine fühlbare Ergänzung seines sonstigen Einkommens zu bieten (§ 10 des Zweiten Wohnungsbaugesetzes (Wohnungsbau); zur Förderung i. e. → Familienheime.

**Kleinunternehmer** → Umsatzsteuer (11.).

**Klerikalismus.** Im Unterschied zum *Laizismus,* der eine klare Trennung der Sphäre von Kirche und Staat erstrebt, ist es das Ziel des sog. Klerikalismus, der Kirche entscheidenden Einfluß auf das gesamte öffentliche Leben, insbes. den Staat, zu verschaffen. Diese Geisteshaltung ist so alt wie die Kirchen selbst und ist nicht allein mit der kath. Kirche verbunden, wenngleich sie hier am klarsten Gestalt gewonnen hat, so im „Dictatus papae" (1075). In der modernen Staatslehre wird eine solche Überordnung der Kirche nicht mehr anerkannt.

**Klerus.** Die → kath. Kirche unterscheidet innerhalb des Rechts der Gläubigen zwischen Laien und Klerikern (can. 232–293 CIC). Kleriker wird man durch Empfang der Diakonatsweihe (→ Diakon); weitere Weihestufen sind die Priesterweihe (→ Priester) und die Bischofsweihe (→ Bischof). Die Kleriker sind Träger der Heiligungs- und Leitungsgewalt der Kirche; die Lehrgewalt (Verkündigung) kann in Ausnahmefällen auf Laien übertragen werden (→ missio canonica). Jeder Kleriker ist einer Teilkirche eingegliedert (sog. Inkardination), kann aber in anderen Teilkirchen tätig oder dorthin versetzt werden. Kleriker sind dem Papst und den Bichöfen zu Gehorsam verpflichtet, müssen dem Dienst in der Kirche zur Verfügung stehen, sind zu einfacher Lebensführung, geziemender Kleidung und standesgemäßem Verhalten gehalten. Gewerbetätigkeit, Übernahme öffentlicher Ämter und politische Betätigung sind ihnen i. d. R. verboten. Sie sind zum → Zölibat verpflichtet; Besonderheiten gelten insoweit für → Diakone. Die Kleriker haben Anspruch auf angemessenen Unterhalt und soziale Sicherung.

**Klonen** → Künstliche Fortpflanzung (1).

**Knappschaft** → Bundesknappschaft; → Knappschaftsversicherung.

**Knappschaftsausgleichsleistung** ist eine Barleistung der knappschaftlichen Rentenversicherung (→ Knappschaftsversicherung), um den durch Rationalisierungsvorgänge frei werdenden älteren Bergleuten einen Berufswechsel in den letzten Jahren vor dem Bezug einer Rente wegen Alters zu ersparen. Sie wird dem Versicherten gewährt, der nach Vollendung seines 55. Lebensjahres seine Beschäftigung im Bergbau aufgibt und bis dahin bestimmte Wartezeiten zurückgelegt hat. Rente aus eigener Versicherung wird daneben nicht gezahlt; § 239 SGB VI.

**Knappschaftsversicherung** ist der Versicherungszweig der → Sozialversicherung, der die → Kranken- und → Rentenversicherung für die in knappschaftlichen Betrieben (Bergbau- und Nebenbetrieben) beschäftigten Arbeitnehmer umfaßt. Die Krankenversicherung wird nach den Vorschriften des SGB V durchgeführt (§ 167 SGB V). Die Rentenversicherung regelt sich nach dem SGB VI, das eine Reihe von Sonderregelungen enthält (vgl. §§ 45, 60, 61, 79–87, 136–141, 215, 238, 239, 242, 254, 254 a, 265, 265 a, 273, 274, 293 SGB VI). Träger der Knappschaftsversicherung ist die → Bundesknappschaft.

**Knebelungsvertrag** → unerlaubte Handlung (2 e), → Sittenwidrigkeit.

**know-how-Vereinbarung** → Franchisevertrag, → joint venture-Vertrag.

**Koadjutor** → Bischof (1).

**Koalition** nennt man den Zusammenschluß zweier oder mehrerer in einem → Parlament vertretener → Parteien zwecks gemeinsamer Regierungsbildung (K.sregierung). Eine K. wird zumeist dann eingegangen, wenn das Kräfteverhältnis der Parteien dazu zwingt, insbes. wenn keine Partei über die absolute Mehrheit verfügt, eine von ihr allein gebildete Regierung demnach stets auf die Unterstützung oder Tolerierung durch Abgeordnete einer nicht regierungsbeteiligten Partei angewiesen wäre. Es gibt allerdings auch Fälle, in denen eine Partei mit absoluter Mehrheit im Parlament aus politischen oder taktischen Erwägungen eine K. eingeht. Möglich ist auch eine Allparteienk., an der alle im Parlament vertretenen Parteien beteiligt sind; es fehlt dann eine organisierte parlamentarische → Opposition. Bei Bildung einer K. wird häufig eine K.sabsprache getroffen (K.svertrag), in der insbes. die in den K.sverhandlungen erarbeiteten Grundsätze des Regierungsprogramms enthalten sind oder auch Positionen und Einflußmöglichkeiten der K.sparteien abgegrenzt werden (z. B. durch Vereinbarungen über die Verteilung der politischen Ämter).

**Koalitionsfreiheit** ist eine besondere Ausprägung der → Vereinigungsfreiheit. Art. 9 III GG gewährleistet als ein gegenüber der Vereinsfreiheit selbständiges → Grundrecht für jedermann und für alle Berufe das Recht, zur Wahrung und Förderung der Arbeits- und Wirtschaftsbedingungen Vereinigungen zu bilden. Es schützt damit die arbeitsrechtlichen Koalitionen, d. s. freiwillige, privatrechtliche und korporativ gestaltete Vereinigungen von Arbeitnehmern oder von Arbeitgebern auf unabhängiger überbetrieblicher Grundlage zur Wahrnehmung kollektiver Arbeitnehmer- bzw. Arbeitgeberinteressen. Der Einzelne hat das Recht, einer Koalition beizutreten, ihr anzugehören und sich in ihr zu betätigen *(positive K.)*. Darüber hinaus genießt aber auch die Koalition selbst in ihrem Bestand wie in ihrer Betätigung den Schutz des Grundrechts. Damit sind zwar noch nicht die einzelnen Koalitionsziele geschützt; den Koalitionen ist aber doch ein Kernbereich garantiert, innerhalb dessen sie zur Gestaltung der Arbeitsbedingungen berufen sind (insbes. das Recht zum Abschluß von → Tarifverträgen, also zum Setzen von → Rechtsnormen; sog. „Tarifautonomie"). Schließlich enthält (z. T. allerdings bestr.) Art. 9 III GG auch die Garantie der *negativen K.*, d. h. das Recht des Einzelnen, einem bestimmten Verband oder allen Verbänden fernzubleiben. Die K. darf durch Abreden weder eingeschränkt noch behindert werden; hierauf gerichtete Maßnahmen sind nichtig. Damit hat das GG für dieses Grundrecht ausnahmsweise → Drittwirkung im Privatrechtsbereich angeordnet. Grundsätzlich darf deshalb ein Arbeitnehmer im Arbeitsverhältnis wegen seiner (Nicht-)Zugehörigkeit zu einer Gewerkschaft nicht benachteiligt werden; problematisch ist die Zulässigkeit von Lohnabschlägen für nichtorganisierte Arbeitnehmer. Maßnahmen nach Art. 12a GG (→ Dienstpflichten), 35 II, III GG (→ Naturkatastrophen), 87a IV und 91 GG (innerer → Notstand) dürfen sich nicht gegen Arbeitskämpfe richten, die zur Wahrung und Förderung der Arbeits- und Wirtschaftsbedingungen von arbeitsrechtlichen Koalitionen geführt werden (Art. 9 III 3 GG).

**Kodifikation** ist Zusammenfassung der Rechtssätze eines Rechtsgebietes in einem einheitlichen Gesetzeswerk. Grundsätzlich soll die K. das Rechtsgebiet erschöpfend regeln und weitere Rechtsquellen ausschließen; die Vielschichtigkeit der Gesetzgebung bringt es aber häufig mit sich, daß eine K. durch Bestimmungen in anderen Gesetzen ergänzt wird. K.en sind beispielsweise das Bürgerliche Gesetzbuch für das bürgerliche Recht, das Strafgesetzbuch für das Strafrecht, das Handelsgesetzbuch für das Handelsrecht; Ergänzungen finden sich z. B. im Ehegesetz, in den Nebenstrafgesetzen, im Wechsel- und Scheckrecht usw.

**Kodizill.** Das K. war im → römischen Recht zunächst ein privatschriftlicher Zusatz zu einem formgültig errichteten Testament, später eine in erleichterter Form (vor Zeugen) errichtete letztwillige Verfügung, in der allerdings eine Erbeinsetzung nicht vorgenommen werden konnte. Der Begriff K. ist heute nicht mehr gebräuchlich.

**Kognaten** → Agnaten.

**Kognition** → Rechtsanwendung.

**Kognitives Ermessen** → Ermessen.

**„Kohlepfennig"** zog die Stromverbraucher zur Finanzierung eines Sonderfonds heran, der den Einsatz der Steinkohle bei der Verstromung fördern soll (§ 8 Drittes Verstromungsges. i. d.F. vom 17. 11. 1980, BGBl. I 2137). Der K. ist verfassungswidrig (BVerfG vom 1. 10. 1994, NJW 1995, 381), weil er als Sonderabgabe (→ Abgaben) die inländischen Stromverbraucher belastet, die lediglich ein gemeinsames Interesse an einer Stromversorgung kennzeichnet, das heute so allgemein ist wie das Interesse am täglichen Brot. Der Kreis der Stromverbraucher ist nahezu konturenlos und geht in der Allgemeinheit der Steuerzahler auf. Diese Verbraucher trifft keine besondere Verantwortlichkeit für die Finanzierung der Kohleverstromung, wie es für eine Sonderabgabe erforderlich wäre. Die Sicherstellung der Strom- oder Energieversorgung ist ein Interesse der Allgemeinheit, das nicht durch eine Sonderabgabe finanziert werden darf.

**Koimperium** → Kondominium.

**Kollationspflicht** = Ausgleichungspflicht; → Ausgleichung von Vorempfängen, → Pflichtteil.

**Kollegialgericht** → Einzelrichter.

**Kollegialprinzip.** Das K. steht im Gegensatz zum monokratischen Prinzip. Damit wird umschrieben, daß Leitungs-, Führungs- und Entscheidungsbefugnisse nicht einem einzelnen Entscheidungsträger, sondern einem Kollegium grundsätzlich gleichrangiger Personen zustehen. Es handelt sich dabei um eine typische Form der Entscheidungsfindung in unabhängigen Gremien (Gerichte, Prüfungsausschüsse) oder an der Spitze von juristischen Personen (→ Gemeinderat, → Bundesregierung). Häufig ist das K. von anderen Führungs- und Entscheidungsprinzipien überlagert (so z. B. die Richtlinienkompetenz des Regierungschefs). Entscheidungen werden abhängig von den im Einzelfall geltenden Vorschriften einstimmig, mit qualifizierter Mehrheit oder – wenn nichts anderes bestimmt ist – mit einfacher Mehrheit getroffen.

**Kollektivdelikt** → Sammelstraftat.

**Kollektives Arbeitsrecht** → Arbeitsrecht

**Kollektivmarken** → Marken.

**Kollektivvertragliche Regelung** ist der Oberbegriff für → Tarifvertrag, → Betriebsvereinbarung und → Dienstvereinbarung. Eine k. R. geht einzelvertraglichen Abmachungen (→ Arbeitsvertrag) vor, sofern in ihr kein entsprechender Vorbehalt enthalten ist; eine Besserstellung der Arbeitnehmer durch Einzelvertrag ist aber stets zulässig (→ übertarifliche Zulagen).

**Kollisionsnorm** → Internationales Privatrecht.

**Kollusion** → Sittenwidrigkeit, → Vertretung ohne Vertretungsmacht.

**Kolonie** i. w. S. ist die Niederlassung einer Gruppe von Menschen in fremdem Gebiet, die sich staatsrechtlich vom Heimatland lösen und zumeist die fremde Staatsangehörigkeit annehmen, aber ihr Volkstum mehr oder weniger bewahren („deutsche Kolonie" in den USA). Im eigentlichen Sinne versteht man unter K. die auswärtigen Besitzungen eines Staates. Die rechtliche Stellung dieser K. war sehr unterschiedlich geregelt; sie wurden im Prinzip „völkerrechtlich als Inland, staatsrechtlich als Ausland" behandelt, was z. B. zur Folge hatte, daß ihre Bevölkerung nicht die Staatsangehörigkeit des Mutterlandes erwarb. K. gab es seit dem Altertum (Rom); in neuerer Zeit hatten Spanien, Portugal, England und Frankreich große Kolonialbesitzungen. Mit dem Erwachen des politischen Selbstbewußtseins der kolonialen Bevölkerung und dem Vordringen des Gedankens der → Selbstbestimmung ging das Zeitalter des Kolonialismus mehr und mehr zu Ende. Die ehemaligen deutschen K. wurden nach dem 1. Weltkrieg von verschiedenen Staaten als → Mandatsgebiete des → Völkerbunds verwaltet.

**Kolonnen** müssen im Straßenverkehr die durch die Verkehrslage gebotene Vorsicht walten lassen, haben aber auch einen gewissen Vorrang; → Verbände (geschlossene) im Straßenverkehr. Haben sich Fahrzeugschlangen nebeneinander gebildet, so darf rechts schneller gefahren werden als links; Fahrstreifenwechsel verlangt Ankündigung und besondere Vorsicht (§ 7 StVO).

**Kombattant.** Begriff des → Kriegsrechts, der in verschiedenartigem Sinn gebraucht wird. Einmal wird die Unterscheidung von K. und Nichtk. zur Charakterisierung zweier Gruppen innerhalb der Streitkräfte verwendet, je nachdem, ob sie zum Einsatz im Kampf bestimmt sind oder nicht; zu letzteren zählen Militärbeamte, Sanitäter und Militärgeistliche. In diesem Sinn ist die Unterscheidung völkerrechtlich ohne große Bedeutung; insbesondere haben auch die Nichtk. in diesem Sinn Anspruch auf Behandlung als → Kriegsgefangene, wenn sie in die Hand des Feindes fallen. Bedeutsamer ist die Unterscheidung, wenn man unter K. die am Kampf gegen den Feind aktiv (auch potentiell) Beteiligten, unter Nichtk. die am Kampf nicht teilnehmende friedliche Zivilbevölkerung versteht. Nur gegen K. in diesem Sinne können legale Kriegshandlungen des Gegners gerichtet sein. Welche Personengruppen dazu zählen, wird weitgehend vom innerstaatlichen Recht bestimmt. Innerhalb der Gruppe der K. in diesem Sinn ist völkerrechtlich zu unterscheiden zwischen rechtmäßigen K. im Sinn der → Haager Landkriegsordnung und der → Genfer Konventionen, die legale Kampfhandlungen vornehmen können und Anspruch auf Behandlung als Kriegsgefangene haben, und unrechtmäßigen K., die wegen ihrer Beteiligung an den Kampfhandlungen bestraft werden können. Auch für die Behandlung dieser Gruppe von K. enthalten die Genfer Konventionen aber gewisse Mindestbedingungen. S. a. → Freischärler.

**Kombinationsgrundsatz** im Vertragsrecht → Vertrag (2).

**Kommanditaktionär** ist bei einer → Kommanditgesellschaft auf Aktien ein Gesellschafter, der an dem in → Aktien zerlegten → Grundkapital beteiligt ist, ohne persönlich für die Verbindlichkeiten der Gesellschaft zu haften (§ 278 I AktG). Der K. entspricht also dem Aktionär einer → Aktiengesellschaft.

**Kommanditgesellschaft** ist eine handelsrechtliche → Personengesellschaft, die sich von der → Offenen Handelsgesellschaft allein dadurch unterscheidet, daß bei einem Teil der Gesellschafter die Haftung gegenüber den Gesellschaftsgläubigern auf einen bestimmten Betrag begrenzt ist (§ 161 I HGB). Es müssen also im übrigen alle Voraussetzungen einer oHG vorliegen. Gesellschafter der KG sind die unbeschränkt haftenden *Komplementäre* und die beschränkt haftenden *Kommanditisten*. Jede KG muß mindestens einen Komplementär und mindestens einen Kommanditisten haben. Wie bei der oHG kann Komplementär auch eine → juristische Person, insbesondere eine Gesellschaft mit beschränkter Haftung sein (z. B. Firma X GmbH & Co KG). Gerade diese Rechtsform bietet sich für den Fall an, daß keiner der Gesellschafter persönlich die unbeschränkte Haftung übernehmen will (→ GmbH & Co). Die Rechtsverhältnisse der KG entsprechen grundsätzlich denen der oHG (§ 161 II HGB); zur → Firma der KG s. dort) mit folgenden Ausnahmen: In das → Handelsregister sind die Namen der Kommanditisten und die Geldbeträge ihrer Einlage (→ Haftsumme) einzutragen, während bei der Bekanntmachung nur die Zahl der Kommanditisten anzugeben ist (§ 162 HGB). Die Kommanditisten sind von der Geschäftsführung ausgeschlossen; diese steht allein den Komplementären zu (§ 164 HGB). Jedoch kann im Gesellschaftsvertrag einem Kommanditisten die Geschäftsführung übertragen werden. Die Kommanditisten haben stets Kontrollrechte (§ 166 HGB). Bei der Verteilung von Gewinn und Verlust (§§ 167, 168 HGB) ist wichtig, daß der Kommanditist am Verlust nur bis zum Betrag seines Kapitalanteils und seiner noch rückständigen Einlage teilnimmt. Für die Verbindlichkeiten der Gesellschaft haftet er ebenso wie der Komplementär persönlich und unmittelbar, jedoch nur bis zur Höhe seiner Einlage (Haftsumme); seine Haftung entfällt, wenn er seine Einlage geleistet hat und so der Betrag der Haftsumme in das Gesellschaftsvermögen geflossen ist (§ 171 I HGB); s. aber → Durchgriffshaftung. Wird die Einlage an den Kommanditisten zurückbezahlt, so haftet er wieder, als habe er sie nicht geleistet (§ 172 IV HGB). Nur beim Tod eines Komplementärs scheidet dieser (wie bei der oHG im Regelfall) aus der KG aus; beim Tod eines Kommanditisten wird die Gesellschaft dagegen (mangels abweichender vertraglicher Bestimmung) mit dessen Erben fortgesetzt (§ 177 HGB). Das Ausscheiden eines Kommanditisten aus einer KG, die auf die Mitgliedschaft vieler rein geldmäßig beteiligter Kommanditisten angelegt ist (sog. *Publikumsgesellschaft;* → Minderheitsrechte; s. ferner → Werbeangaben, → Abschreibungsgesellschaft), berührt deren Bestand nicht. In einer sog. *kapitalistischen* KG ist der Gesellschaftsvertrag so ausgestaltet, daß im Innenverhältnis (der Gesellschafter zueinander) die KG von den Kommanditisten beherrscht wird. Das kann z. B. dadurch erreicht werden, daß dem (den) Kommanditisten die Geschäftsanteile weit überwiegend zustehen, Gewinn oder Verlust sie allein trifft, während der Komplementär in der Geschäftsführung an die Weisungen der Kommanditisten gebunden ist. In diesen Fällen wird dem Komplementär durch den Gesellschaftsvertrag i. d.R. ein → Befreiungs (Feststellungs)anspruch gegen die Kommanditisten zugestanden. *Steuerlich* → Mitunternehmerschaften, → Negatives Kapitalkonto, → GmbH & Co.

**Kommanditgesellschaft auf Aktien.** Die KGaA ist eine → Kapitalgesellschaft, die rechtlich als eine besondere Art der → Aktiengesellschaft ausgestaltet, aber viel seltener als diese ist. Da mindestens ein Gesellschafter (Komplementär; dies kann aber auch eine GmbH sein, § 279 II AktG) den Gesellschaftsgläubigern unbeschränkt haftet, finden Vorschriften über die → Kommanditgesellschaft Anwendung, soweit es sich um die Stellung der Komplementäre handelt (§ 278 AktG). Im übrigen gilt für die KGaA das gleiche wie bei der AG, soweit nicht die §§ 278 bis 290 AktG etwas anderes bestimmen. Die Komplementäre haben für die Geschäftsführung und Vertretung die gleiche Stellung wie der Vorstand einer AG

(§ 283 AktG). Sie können sich aber mit einer → Einlage beteiligen oder → Aktien erwerben, so daß sie zugleich die Stellung eines → Kommanditaktionärs erlangen. Der → Aufsichtsrat wird nur von den Kommanditaktionären gewählt; hierbei dürfen die Komplementäre auch dann nicht mitwirken, wenn sie Aktien besitzen (§ 285 I Nr. 1). Der Aufsichtsrat hat die gleichen Befugnisse wie bei der AG; darüber hinaus führt er auch die Beschlüsse der Kommanditaktionäre aus (§ 287). Die → Hauptversammlungsbeschlüsse, insbes. der über den → Jahresabschluß, bedürfen grundsätzlich der Zustimmung der Komplementäre (§§ 285 II, 286 I). Die KGaA wird aus den gleichen Gründen und auf die gleiche Weise aufgelöst wie die KG (§ 289 AktG, §§ 161 II, 131 ff. HGB). Die → Liquidation besorgen die Komplementäre und mindestens ein von der Hauptversammlung gewählter Liquidator (§ 290 AktG).

**Kommanditist** → Kommanditgesellschaft.

**Kommanditwechsel** ist ein gezogener Wechsel (→ Tratte), in dem sich der → Aussteller selbst als → Bezogener angibt und den er i. d. R. von der Hauptniederlassung auf die Zweigniederlassung zieht.

**Kommentatoren** → römisches Recht.

**Kommissarische Vernehmung** von Zeugen oder Sachverständigen oder ein sonstiger Akt der → Beweisaufnahme kann durch einen *beauftragten* oder *ersuchten* Richter vorgenommen werden, der anstelle des Gerichts tätig wird. Der beauftragte Richter ist ein Mitglied des mit der Sache befaßten Gerichts; er erhebt den Beweis anstelle des Kollegiums. Der ersuchte Richter gehört einem anderen Gericht an, das um die Beweiserhebung im Wege der → Rechtshilfe ersucht wird (auch ein ausländisches Gericht). Für den *Zivilprozeß* s. §§ 361, 362 ZPO. Im *Strafprozeß* ist im Hinblick auf den Grundsatz der Unmittelbarkeit der Beweisaufnahme die k. V. eines Zeugen oder Sachverständigen nur zulässig, wenn seinem Erscheinen in der Hauptverhandlung für längere oder ungewisse Zeit nicht zu beseitigende Hindernisse entgegenstehen (Krankheit, Gebrechlichkeit; Aufenthalt im Ausland, wenn Ladung undurchführbar) oder wenn ihm das Erscheinen wegen großer Entfernung, z. B. mit Rücksicht auf die Verkehrsverhältnisse, den entstehenden Zeitverlust oder starke berufliche Inanspruchnahme, nicht zugemutet werden kann (§ 223 StPO). Eine k. V. des Angeklagten kann seine Vernehmung in der Hauptverhandlung nicht ersetzen, außer wenn er bei geringfügigen Delikten vom Erscheinen in der Hauptverhandlung entbunden worden ist; dann ist seine vorherige k. V. vorgeschrieben (§ 233 StPO).

**Kommission** liegt vor, wenn ein → Kaufmann im Betrieb seines → Handelsgewerbes für Rechnung eines anderen (des *Kommittenten*) im eigenen Namen mit Dritten ein Geschäft ausführt (Gegensatz: Eigengeschäft). *Kommissionsvertrag* (K.auftrag) ist der Vertrag zwischen dem Kommissionär und dem Kommittenten, in dem die K. übernommen wird; s. a. Konditionsgeschäft. Das Geschäft, das der Kommissionär mit dem Dritten ausführt, ist das Ausführungsgeschäft. Abwicklungsgeschäft nennt man die Vorgänge, durch die das Ergebnis des Ausführungsgeschäfts auf den Kommittenten übertragen wird. Der K.vertrag ist entweder ein → Werkvertrag oder ein → Dienstvertrag, der eine → Geschäftsbesorgung zum Gegenstand hat. *Kommissionär* i. S. des HGB ist, wer es gewerbsmäßig übernimmt, Waren oder Wertpapiere für Rechnung eines anderen im eigenen Namen zu kaufen oder zu verkaufen (§ 383 HGB). Zur Eigenschaft als → Kaufmann s. dort. Die Vorschriften des HGB (§§ 383–406) gelten in gleicher Weise für den Kommissionär i. S. des § 383 HGB wie für den Kaufmann, der im Betrieb seines Handelsgewerbes gelegentlich eine K. übernimmt (§ 406 I HGB). Der Kommissionär ist verpflichtet, das übernommene Geschäft mit der Sorgfalt eines ordentlichen Kaufmanns auszuführen (§ 384 HGB). Beim Ausführungsgeschäft hat er das vom Kommittenten festgesetzte Limit – Höchstpreis bei Einkaufskommission, Mindestpreis bei Verkaufskommission – einzuhalten (§ 386 HGB). Er hat das Ausführungsgeschäft mit dem Dritten, dessen Vertragspartner er – nicht der

Kommittent – ist, abzuwickeln, dem Kommittenten Rechnung abzulegen und das aus der Geschäftsbesorgung Erlangte herauszugeben (§ 384 II HGB). Das → Delkredere trifft ihn nur unter den Voraussetzungen des § 394 HGB. Der Kommissionär hat Anspruch auf Provision und Aufwendungsersatz (§ 396 HGB). Für diese Ansprüche steht ihm ein gesetzliches → Pfandrecht am K.gut zu, sofern er es im Besitz hat (§ 397 HGB). Betrifft die K. Waren oder Wertpapiere, die einen Börsen- oder Marktpreis haben, kann der Kommissionär selbst als Verkäufer liefern oder selbst als Käufer übernehmen (→ Selbsteintritt, §§ 400–405 HGB). An Stelle des Ausführungsgeschäfts tritt dann der Kaufvertrag zwischen Kommissionär und Kommittent; der K.vertrag bleibt daneben (mit Provisionsanspruch) bestehen. Bei der Effekten-K. (→ Effekten) führen die Banken i. d.R. die Aufträge ihrer Kunden durch Selbsteintritt aus. S. a. → Konsignation. *Umsatzsteuerlich* liegen beim Kommissionsgeschäft zwei selbständige Lieferungen vor (§ 3 III UStG).

**Kommission der Europäischen Gemeinschaften** wurde durch Fusion der Kommissionen der drei Gemeinschaften als gemeinsame K. gebildet. Sie heißt jetzt → Europäische Kommission.

**Kommission für Menschenrechte, Europ.** → Konvention zum Schutze der Menschenrechte.

**Kommissionär** ist ein → Kaufmann, der gewerbsmäßig Kommissionsgeschäfte (→ Kommission) ausführt.

**Kommissionsagent.** Als Zwischenstufe zwischen → Handelsvertreter und Kommissionär (→ Kommission) hat sich im Handelsverkehr der K. herausgebildet. Er tritt nach außen wie der Kommissionär im eigenen Namen auf, steht aber zu seinem Geschäftsherrn in dem gleichen Verhältnis wie der Handelsvertreter.

**Kommissionsverlag.** Übernimmt es ein Verleger gegen Vergütung ein Schriftwerk für Rechnung des Verfassers, aber im eigenen Namen zu vervielfältigen und zu verbreiten, so gelten die Regeln der → Kommission (§§ 383 ff. HGB), nicht die des → Verlagsvertrags.

**Kommissionsvertrag** → Kommission.

**Kommissionsvertreter** ist eine andere Bezeichnung für → Kommissionsagent.

**Kommissionswechsel** ist ein gezogener Wechsel (→ Tratte), den der → Aussteller im eigenen Namen, aber für Rechnung eines Dritten zieht. Im Wortlaut des Wechsels wird das durch den Vermerk ausgedrückt: „Zahlen Sie für Rechnung des X ...“.

**Kommittent** ist, wer einen anderen (Kommissionär) damit betraut, im eigenen Namen, aber für Rechnung des K. Waren oder Wertpapiere zu kaufen oder zu verkaufen (→ Kommission). Der K. hat hieraus grundsätzlich nur Ansprüche gegen den Kommissionär, da dieser das Ausführungsgeschäft mit dem Dritten im eigenen Namen, nicht als Vertreter (→ Stellvertretung), abschließt.

**Kommunalabgaben** → Gemeindeabgaben.

**Kommunale Selbstverwaltung** ist das nach Art. 28 II 1 GG garantierte Recht der → Gemeinde, alle Angelegenheiten der örtlichen Gemeinschaft im Rahmen der Gesetze in eigener Verantwortung zu regeln. Gegen Angriffe auf dieses Recht können sich die Gemeinden mit der → Verfassungsbeschwerde nach Art. 93 I Nr. 4 b GG zur Wehr setzen. Das Recht steht unter dem Vorbehalt des Gesetzes und beinhaltet nur eine institutionelle Garantie, kein Recht der einzelnen Gemeinde auf ihren Bestand. Das Recht auf k. S. ist auch in den Länderverfassungen geschützt (z. B. Art. 82 II Sächsische Verfassung).

**Kommunale Spitzenverbände** sind der → Deutsche Städtetag, der → Deutsche Landkreistag und der → Deutsche Städte- und Gemeindebund. Sie sind zusammengeschlossen in der „Bundesvereinigung der kommunalen Spitzenverbände“. Ihre Aufgabe ist insbes. der Erfahrungsaustausch über gemeinsame kommunale Probleme, die Beratung staatlicher und kommunaler Stellen, die Vertretung kommunaler Interessen gegenüber Regierung und Parlament sowie die Förderung des Verwaltungsrechts und der Verwaltungstätigkeit.

**Kommunale Wahlbeamte** sind neben → Bürgermeistern und → Landräten u. a. → Beigeordnete und → berufsmäßige Stadträte. Als → Wahlbeamte sind sie regelmäßig Beamte auf Zeit.

**Kommunalobligation** → Inhaberschuldverschreibung.

**Kommunalrecht.** Sammelbegriff für alle Rechtsvorschriften, die Organisation, Rechtsstellung, Aufgaben, Bildung, Umbildung und Auflösung von → Gemeinden (→ Gemeinderecht) und anderen Gebietskörperschaften (→ Gemeindeverbände) sowie die Rechtsverhältnisse gegenüber ihren Angehörigen regeln. Das K. ist im wesentlichen Landesrecht (→ Gemeindeordnung, → Landkreisordnung). I. w.S. ist K. auch das von den Kommunen im Rahmen ihrer → Autonomie gesetzte Recht.

**Kommunalverbände** sind öffentlich-rechtliche → Körperschaften (Gebietskörperschaften) im Bereich oberhalb der → Gemeinde. Im Gegensatz zum früheren Recht handelt es sich aber nicht nur um Zusammenschlüsse der Gemeinden zu einer neuen Rechtspersönlichkeit, sondern z. T. um eigenständige Körperschaften, in denen eine unmittelbar gewählte Volksvertretung besteht.

1. K. unterhalb der Kreisebene sind die → Verwaltungsgemeinschaften in Bayern, Sachsen-Anhalt und Thüringen, der Gemeindeverwaltungsverband in Baden-Württemberg und Hessen, die Verbandsgemeinden in Rheinland-Pfalz, die Samtgemeinden in Niedersachsen, die Verwaltungsverbände in Sachsen sowie die Ämter in Schleswig-Holstein, Brandenburg und Mecklenburg-Vorpommern. Besondere Formen der K. sind die Stadt-Umland-Verbände wie z. B. der Stadtverband Saarbrücken, der Zweckverband „Großraum Hannover" und der Kommunalverband „Ruhrgebiet".

2. Wichtigste Form der K. sind die → Kreise (Landkreise).

3. In zahlreichen Ländern existieren oberhalb der Kreisebene höhere K. Teilweise werden bei diesen die Mitglieder direkt vom Volk gewählt, wie bei den → Bezirken in Bayern und dem Bezirksverband Pfalz in Rheinland-Pfalz, überwiegend sind jedoch Kreise und Gemeinden Mitglieder; hierzu gehören die Landeswohlfahrtsverbände in Baden-Württemberg und Sachsen, die Landschaftsverbände in Nordrhein-Westfalen und die Ostfriesische Landschaft sowie der Oldenburgische Bezirksverband in Niedersachsen.

4. Für die Erfüllung bestimmter Aufgaben können sich Gemeinden und Kreise zu → Zweckverbänden zusammenschließen.

**Kommunalverfassung.** In einigen Ländern Bezeichnung des das Recht der → Gemeinden und → Landkreise regelnden Landesgesetzes (z. B. Kommunalverfassung für das Land Mecklenburg-Vorpommern vom 26. 1. 1994 (GVOBl. S. 249). Allgemeine Bezeichnung für das die Rechtsverhältnisse der Gebietskörperschaften regelnde Landesrecht (→ Gemeindeverfassung; → Landkreisordnung).

**Kommunalverfassungsstreitigkeiten** sind Streitigkeiten zwischen Organen der Gebietskörperschaften (insbes. Gemeinden, Landkreise) untereinander über Rechte und Pflichten aus dem körperschaftlichen Verhältnis (Beispiele: Wahl von Organen; Maßnahmen gegen Mitglieder, etwa Ausschluß wegen Befangenheit oder Beteiligung). Für K. steht das → Verwaltungsstreitverfahren offen, und zwar die allgemeine Leistungs- oder Feststellungsklage. Auch für entsprechende Fälle innerhalb anderer öff.-rechtl. Körperschaften (z. B. Universitäten) hat man ein Klagerecht bejaht. Allgemein wird für solche Klagen, deren Zulässigkeit früher weitgehend verneint wurde und deren Voraussetzungen im einzelnen auch jetzt noch streitig sind, auch der Ausdruck „Organklagen" oder „innerorganisationsrechtl. Streitigkeiten" verwendet.

**Kommunalwahlen.** Nach Art. 28 I 2 GG muß in den Kreisen und Gemeinden das Volk eine Vertretung haben, die aus allgemeinen, unmittelbaren, freien, gleichen und geheimen Wahlen hervorgegangen ist. Die Wahlen zu diesen Vertretungsorganen (z. T. auch zu anderen Kommunalorganen, z. B. → Oberbürgermeister oder → Landrat) sind durch Landesgesetz geregelt. Vgl. z. B. Bayer. Gemeinde- u. Landkreiswahlgesetz in der Fassung vom 27. 8. 1995 (GVBl. 590). Das Wahlrecht für die K. ist im einzelnen sehr unterschiedlich ausgestaltet. Die 5%-Klausel gilt z. B. nicht in Bayern und der Mehrzahl der → neuen Länder. → Kumulieren und → Panaschieren ist in Baden-Württemberg, Bayern, Niedersachsen, Rheinland-Pfalz und den neuen Ländern möglich. Die Wahlperiode beträgt vier, fünf (z. B. Sachsen) oder sechs Jahre (z. B. Bayern) für die Vertretungsorgane, für andere Kommunalorgane z. T. länger. Nach BVerfGE 83, 37, 59 ist die Einführung des Ausländerwahlrechts für Nicht-EG-Angehörige durch einfaches Gesetzesrecht nach der gegenwärtigen Verfassungslage nicht zulässig. Gem. Art. 28 I 3 GG (eingefügt 1994) sind auch EG-Angehörige nach Maßgabe des Gemeinschaftsrechts (dazu EG-Richtlinie 94/80 vom 19. 12. 1994) auf kommunaler Ebene wahlberechtigt und wählbar. Näheres regelt das Landesrecht.

**Kommunen.** Als kommunale Gebietskörperschaften bestehen in allen Ländern der BRep. die → Gemeinden, ferner mit Ausnahme der Stadtstaaten Hamburg, Bremen und Berlin die → Kreise, in einigen Ländern (Bayern, Rheinland-Pfalz, Nordrhein-Westfalen) noch → Bezirke (Bezirksverbände; Landschaftsverbände). Den Kommunen steht auf Grund Gesetzes (Gemeinde-, Landkreis-, Bezirksordnungen) das Recht der → kommunalen Selbstverwaltung zu, das durch Art. 28 II GG sowie entsprechende Bestimmungen in den Landesverfassungen garantiert ist. Den Gemeinden muß das Recht gewährleistet sein, alle Angelegenheiten der örtlichen Gemeinschaft im Rahmen der Gesetze in eigener Verantwortung zu regeln. Die Gemeindeverbände (Kreise; Bezirke) haben im Rahmen ihres gesetzlichen Aufgabenbereiches das Recht der Selbstverwaltung. Dementsprechend erledigen die Gemeinden, Kreise und Bezirke die auf ihr Gebiet beschränkten (örtlichen bzw. überörtlichen) Aufgaben als Selbstverwaltungsangelegenheiten (oder Angelegenheiten des eigenen Wirkungskreises). Insoweit unterstehen sie zwar der → Staatsaufsicht. Diese beschränkt sich aber darauf, die Rechtmäßigkeit der kommunalen Verwaltungstätigkeit und die Erfüllung der gesetzlichen Pflichten zu überwachen. Staatliche Aufgaben hingegen sind den K. – sofern sie nicht von unteren staatlichen Verwaltungsbehörden wahrgenommen werden (vgl. → Kreisverwaltung) – zur Erledigung als Pflichtaufgaben nach Weisung (oder Aufgaben des übertragenen Wirkungskreises) zugewiesen. Der Staat übt hierbei die Fachaufsicht aus, d. h. er überprüft nicht nur die Rechtmäßigkeit, sondern kann auch Weisungen hinsichtlich der Ausübung des Verwaltungsermessens erteilen. In manchen Ländern sind Eingriffe in das Verwaltungsermessen auf die Fälle beschränkt, in denen das Wohl der Allgemeinheit oder sonstige Interessen dies dringend erfordern.

**Kommunismus** ist eine im 19. Jh. entstandene, insbes. auf Karl Marx (Marxismus) und Friedrich Engels zurückgehende politische Bewegung. Philosophische Ausgangspunkte sind die beherrschende Rolle des Ökonomischen (der Produktionsverhältnisse; demgegenüber sind Verfassung, Recht, Religion usw. nur ideologischer Überbau), die dadurch bedingte Klassenstruktur der Gesellschaft und die dialektischen Entwicklungsgesetze. Ziel des K. ist die Diktatur des Proletariats und letztlich das Absterben des herkömmlichen Staates. Der K. gewann erstmals in der ehem. Sowjetunion größere staatliche Gestalt. Die ehem. kommunistischen Staaten Ost- und Südosteuropas wiesen zwar gewisse Unterschiede auf, stimmten aber in Organisation und Zielsetzung weitgehend überein. Organisatorisch kennzeichnend waren das → Rätesystem und der umfassende Einfluß der kommunistischen Parteien auf alle staatlichen und gesellschaftlichen Funktionen. Das Staatsleben wurde vom Vorrang kollektiver Interessen gegenüber individuellen Freiheitsräumen i. S. westlicher Demokratien beherrscht. Die Wirtschaft war fast vollständig sozialisiert.

**Kommunistische Partei Deutschlands (KPD).** Das BVerfG hat durch Urt. vom 17. 8. 1956 (BVerfGE 5, 85 ff.) gem. Art. 21 II GG Verfassungswidrigkeit der KPD festgestellt und die Partei aufgelöst; zugleich wurde die Schaffung von → Ersatzorganisationen verboten. Im Sept. 1968 wurde die

„Deutsche Kommunistische Partei" (DKP) gegründet; auch diese verstieß nach BVerwG NJW 1982, 779 in ihren Zielen gegen die → freiheitl. demokrat. Grundordnung.

**Kommunmauer** → Grenzregelung bei Grundstücken, → Nachbarrecht.

**Kompensation** im Strafrecht → Absehen von Strafe.

**Kompetenz** (im Verwaltungsrecht) ist ein in der Gesetzessprache kaum noch vorkommender zusammenfassender Begriff für die Aufgaben und Befugnisse eines Verwaltungsorgans. Vielfach wird der Begriff gleichbedeutend mit Zuständigkeit gebraucht (z. B. Gesetzgebungskompetenz i. S. von Aufteilung der Zuständigkeit zur → Gesetzgebung zwischen Bund und Ländern).

**Kompetenzkompetenz** ist die Befugnis eines staatlichen Organs (insbes. eines Gerichts), Zweifel über die Zuständigkeit von Verwaltungsbehörden oder die → gerichtliche Zuständigkeit verbindlich zu entscheiden. S. aber → Zuständigkeitsstreit. Eigene Kompetenzkonfliktsgerichte bestehen nicht mehr. Sie sind durch ein System verbindlicher → Verweisungen entbehrlich geworden.

**Kompetenzkonflikt** = → Zuständigkeitsstreit.

**Komplementär** ist derjenige Gesellschafter einer → Kommanditgesellschaft oder → Kommanditgesellschaft auf Aktien, der unbeschränkt haftet und dem grundsätzlich die Geschäftsführung zusteht (§§ 161 I, 164 HGB; § 278 I AktG).

**Komplott** = Verschwörung; → Mordkomplott.

**Kondemnation** ist im Seekriegsrecht die Beschlagnahme einer Prise durch ein Prisengericht (→ Prisenrecht, Konterbande).

**Kondiktion** = Anspruch aus → ungerechtfertigter Bereicherung.

**Konditionenempfehlung.** Wirtschafts- und Berufsvereinigungen können nach § 38 II Nr. 3 GWB einheitliche Konditionen empfehlen, wenn sie zulässiger Inhalt eines → Konditionenkartells sein könnten. Die K. ist als unverbindlich zu bezeichnen und bei der → Kartellbehörde anzumelden; Stellungnahmen der betroffenen Wirtschafts- und Berufsvereinigungen sind beizufügen.

**Konditionenkartelle** sind → Kartelle, in denen sich die Beteiligten verpflichten, nach Maßgabe von § 2 I GWB einheitliche allgemeine Geschäfts-, Liefer- und Zahlungsbedingungen einschließlich der Skonti einzuhalten. Preise oder Preisbestandteile dürfen nicht vereinbart werden. K. sind bei der → Kartellbehörde anzumelden. Sie werden nur wirksam, wenn diese nicht innerhalb von drei Monaten nach Eingang der Anmeldung widerspricht. Der Widerspruch kann mit Verfahrensfehlern oder mit Mißbrauch begründet werden (§ 9 II GWB). Die wettbewerbsrechtliche Wirksamkeit der Kartellvereinbarung besagt nichts über die Wirksamkeit der Geschäftsbedingungen nach dem Gesetz über → Allgemeine Geschäftsbedingungen. Allerdings kann die Kartellbehörde unter dem Gesichtspunkt des Mißbrauchs diese Frage prüfen. Bei der Anmeldung ist nachzuweisen, daß die betroffenen Lieferanten und Abnehmer in angemessener Weise gehört wurden. Ihre Stellungnahme ist der Anmeldung beizufügen.

**Konditionsgeschäft** ist – anders als bei der → Kommission – die Übergabe einer Sache mit dem Recht der Weiterveräußerung oder Rückgabe bis zu einem bestimmten Zeitpunkt (z. B. im Sortimentsbuchhandel). Hier ist i. d.R. ein aufschiebend bedingter → Kauf anzunehmen, so daß der Verkäufer die → Gefahr des Untergangs der Sache trägt (BGH NJW 1975, 776).

**Konditoreien** → Bäckereien.

**Kondominium** ist gemeinsame Herrschaftsausübung durch zwei oder mehr Staaten in einem Gebiet, das ihnen gehört (Kondominialgebiet). Durch letzteres unterscheidet sich das K. vom *Koimperium,* das die gemeinsame Herrschaftsausübung im fremden (drittstaatlichen) Gebiet bedeutet. Beispiele sind das K. Preußens und Österreichs in Schleswig-Holstein 1864–1866 und das K. Frankreichs und Großbritanniens über die Neuen Hebriden. Ein Koimperium bestand z. B. in Bosnien-Herzegowina unter Österreich und der Türkei 1878–1908. Nach 1945 erhielt die Unterscheidung besondere Bedeutung bei der Diskussion um die Rechtslage Deutschlands. Überwiegend wird angenommen, daß das Deutsche Reich fortbestand und deshalb allenfalls ein Koimperium, nicht aber ein K. der Alliierten vorlag.

**Konfessionsschule** → Bekenntnisschule.

**Konfiskation** ist ein manchmal noch für entschädigungslose → Einziehung im Strafverfahren oder → Enteignung gebrauchter Ausdruck. S. a. → Konterbande.

**Konfitüren (VO)** vom 26. 10. 1982 (BGBl. I 1434) regelt Begriffsbestimmungen, Zusammensetzung, Zutaten und Zusatzstoffe, Kennzeichnungspflichten und Verkehrsverbote. Vorsätzliche Verstöße gegen Zutatenbeschränkungen und Verkehrsverbote im gewerblichen Verkehr sind strafbar, fahrlässige bußgeldbedroht (§ 5); s. a. → Lebensmittelrecht.

**Konföderation** → Staatenbund.

**Konfusion** ist die Vereinigung von Gläubiger und Schuldner in einer Person; dadurch tritt beim → Schuldverhältnis grundsätzlich Erlöschen der Forderung ein, weil niemand zugleich Gläubiger und Schuldner derselben Forderung sein kann (z. B. der Schuldner beerbt den Gläubiger). Anders bei → Grundstücksrechten (→ Konsolidation).

**Kongregation** → Kurie.

**Kongreß** (USA) → Congress.

**Kongruente Deckung** → Insolvenzanfechtung.

**Königsteiner Abkommen** wird das Staatsabkommen der Länder der BRep. über die Finanzierung wissenschaftlicher Forschungseinrichtungen vom 30./31. 3. 1949 i. d. F. vom 12. 12. 1963 genannt. Der darin festgelegte Beteiligungsschlüssel (nach Steueraufkommen und Bevölkerungszahl) wird auch für Vereinbarungen auf anderen Gebieten angewendet.

**Konjunkturausgleichsrücklage** ist eine Vermögensmasse, gebildet aus unverzinslichen Guthaben, die Bund und Länder bei der Deutschen Bundesbank auf Grund besonderer gesetzlicher Verpflichtung zur Abwehr einer Störung des gesamtwirtschaftlichen Gleichgewichtes zu halten haben (Art. 109 IV GG). S. hierzu ferner → Stabilitätsgesetz.

**Konjunkturrat.** Nach § 18 des → Stabilitätsgesetzes wird bei der BReg. ein Konjunkturrat für die öffentliche Hand gebildet, dem die BMin. für Wirtschaft und der Finanzen, je 1 Vertreter jedes Landes sowie 4 Vertreter der Gemeinden und Gemeindeverbände angehören. Der K. berät in regelmäßigen Abständen alle zur Erreichung der Ziele des Stabilitätsgesetzes erforderlichen konjunkturpolitischen Maßnahmen sowie die Möglichkeiten der Deckung des Kreditbedarfs der öffentlichen Haushalte. Er ist insbes. vor allen Maßnahmen zu hören, welche die Selbständigkeit von Bund, Ländern und Gemeinden in ihrer Haushaltswirtschaft durch Dotierung der → Konjunkturausgleichsrücklage sowie Begrenzung oder Terminierung von Kreditaufnahmen nach Maßgabe der §§ 15, 19 und 20 StabilitätsG. beschränken. Die → Bundesbank hat das Recht, an den Sitzungen des K. teilzunehmen.

**Konklave** → Papst (4).

**Konkludentes Handeln** → Willenserklärung (I 2).

**Konkordat** werden traditionell die Verträge zwischen einem Staat und der → kath. Kirche genannt. Die entsprechenden Verträge mit der → evang. Kirche werden als → Kirchenverträge bezeichnet. In neuerer Zeit hat sich auch für Verträge zwischen den Ländern und der Kath. Kirche der Begriff Kirchenvertrag eingebürgert (vgl. z. B. Kath. Kirchenvertrag Sachsen vom 2. 7. 1996). Die Rechtsnatur des K. war früher streitig; nach Ansicht der Kirche enthielt es vom Papst gewährte Privilegien, nach Ansicht der absolutistischen Staatsrechtslehre ein Staatsgesetz. Nach der heute überwiegenden Ansicht ist das K. eine Art → völkerrechtlichen Vertrags; es bedarf damit, um als innerstaatliches Recht zu gelten, der → Transformation durch staatliches Gesetz. Als K. bestehen in Deutschland das

Bayerische K. vom 29. 3. 1924, zuletzt geändert durch Vertrag vom 8. 6. 1988 GVBl. 241, das Preußische K. vom 14. 6. 1929, das Badische K. vom 12. 10. 1932. Diese K. werden von dem am 20. 7. 1933 abgeschlossenen → Reichskonkordat nicht berührt. Am 1. 1. 1958 kam ein Vertrag über die Errichtung des Ruhrbistums zwischen Nordrhein-Westfalen und dem Hl. Stuhl zustande, am 26. 2. 1965 ein K. mit Niedersachsen.

**Konkordatslehrstuhl** nennt man eine Professur oder einen Lehrauftrag an einer staatl. Hochschule, dessen Einrichtung oder Besetzung in einem → Konkordat oder Kirchenvertrag festgelegt ist (zur verfassungsrechtl. Zulässigkeit BayVerfGH BayVerwBl 1980, 462). Der Inhaber eines K. unterrichtet als solcher nicht im Auftrag der Kirche, doch werden diese erst dann ernannt, wenn vom zuständigen Bischof keine Erinnerung erhoben worden ist. S. a. → Lehrbefugnis (b).

**Konkrete Betrachtungsweise im Strafrecht.** Sie geht (im Gegensatz zur → abstrakten B.) von der Strafe aus, die der Täter *im Einzelfall verwirkt* hat; z. B. ist bei Tateinheit (Verletzung mehrerer Strafgesetze durch dieselbe Handlung, § 52 StGB) das Strafgesetz anzuwenden, nach dem der Täter im konkreten Fall die schwerste Strafe verwirkt hat. Straferhöhung oder -milderung (bes. schwerer Fall, minder schwerer Fall) sind also zu berücksichtigen.

**Konkrete Normenkontrolle** → Normenkontrolle.

**Konkrete Schadensberechnung** → Schadensersatz (2 b).

**Konkretisierung** einer Gattungsschuld → Gattungsschuld.

**Konkubinat** → eheähnliche Gemeinschaft.

**Konkurrentenklage** nennt man die verwaltungsgerichtliche Klage eines übergangenen Mitbewerbers (z. B. eines nicht beförderten Beamten, eines nicht berücksichtigten Bewerbers um eine Subvention); sie wird häufig auf unrichtigen Gebrauch des → Ermessens oder eines Beurteilungsspielraums der Verwaltungsbehörde gestützt. Bei K. von Beamten ist zu beachten, daß seitens des Bewerbers gegen die Ernennungsbehörde nur ein Anspruch auf fehlerfreie Ermessensausübung besteht. Nach h. M. ist die K. unzulässig, wenn die angestrebte Stelle bereits besetzt ist, da die Ernennung nur aus bestimmten, in den Beamtengesetzen im einzelnen geregelten Gründen zurückgenommen werden darf.

**Konkurrenz, unlautere** → unlauterer Wettbewerb.

**Konkurrenz (Zusammentreffen) von Ansprüchen** → Anspruchskonkurrenz.

**Konkurrenz (Zusammentreffen) von Straftaten.** 1. Hat der Täter mehrere Straftaten begangen (*Tatmehrheit,* Realkonkurrenz) und dadurch mehrere Freiheitsstrafen oder mehrere Geldstrafen verwirkt, so wird aus den für die Einzeltaten verwirkten Strafen eine Gesamtstrafe gebildet (ggf. nachträglich aus Einzelstrafen, die noch nicht vollstreckt, verjährt oder erlassen sind). Dabei wird die schwerste Einzelstrafe – sog. Einsatzstrafe – erhöht (Asperationsprinzip); die Gesamtstrafe muß geringer sein als die Summe der Einzelstrafen und darf bei zeitigen Freiheitsstrafen 15 Jahre Freiheitsstrafe, bei Vermögensstrafen den Wert des Vermögens des Täters, bei Geldstrafen 720 Tagessätze nicht übersteigen; ist eine Einzelstrafe lebenslange Freiheitsstrafe, ist auf diese als Gesamtstrafe zu erkennen (§§ 53–55 StGB, § 460 StPO). Eine Zusammenrechnung (Kumulation) findet auch bei Geldstrafen nicht statt. Treffen Freiheitsstrafe und Geldstrafe oder Vermögensstrafe zusammen, kann auf beide gesondert erkannt werden.

2. Hat der Täter durch dieselbe Handlung mehrere Strafgesetze oder dasselbe Strafgesetz mehrmals verletzt (*Tateinheit,* Idealkonkurrenz), so wird nur eine Strafe verhängt; sie ist dem Gesetz zu entnehmen, das die schwerste Strafe androht (Absorptionsprinzip, § 52 StGB; so z. B. bei mit wörtlicher Beleidigung verbundener Körperverletzung aus § 223 StGB). Mehrere an sich rechtlich selbständige Taten können eine *natürliche Handlungseinheit* bilden und demgemäß zur einmaligen Bestrafung nur aus *einem* Strafgesetz entspre-

chend den für die Tateinheit geltenden Grundsätzen führen; so bei Verletzung mehrerer höchstpersönlicher Rechtsgüter durch dieselbe Handlung (Beleidigung mehrerer Personen in einem Brief). Tateinheit durch *Verklammerung* kann sich zwischen 2 rechtlich selbständigen Straftaten aus der Klammerwirkung einer – minder schweren – 3. Straftat ergeben, wenn mit dieser jede der beiden Straftaten ideell konkurriert, i. d. R. wegen Teilidentität der Ausführungshandlung (z. B. Verklammerung von unerlaubtem Schußwaffenerwerb und Totschlag durch unerlaubtes Schußwaffenführen).

3. *Gesetzeskonkurrenz* ist gegeben, wenn eine Handlung mehrere Strafgesetze verletzt, von denen das eine das andere ausschließt (verdrängt); so bei *Spezialität* (z. B. Raub, § 249 StGB, gegenüber Nötigung und Diebstahl, §§ 240, 242 StGB); *Subsidiarität* (Trunkenheit am Steuer, § 316 StGB, wird bei Gefährdung anderer durch § 315 c I Nr. 1 StGB verdrängt); *Konsumtion* (Wohnungseinbruchsdiebstahl, § 244 StGB, umfaßt Hausfriedensbruch und Sachbeschädigung, §§ 123, 303 StGB). Eine *straflose* (mitbestrafte) *Nachtat* liegt vor, wenn durch die neue Tat nur die durch die Vortat erlangten Vorteile gesichert werden sollen (z. B. Vernichtung des gestohlenen Sparbuchs); anders wenn ein weiteres Rechtsgut verletzt wird (so z. B. Betrug durch Verkauf gestohlener Sachen). Eine *Vortat* ist straflos, wenn sie in der Nachtat aufgeht (z. B. ein unterbrochener Versuch, der später zu Ende geführt wird).

**Konkurrenzklausel** ist ein auf ein → Wettbewerbsverbot bezogener Vertragsbestandteil in Vereinbarungen zwischen den Gesellschaftern einer → Handelsgesellschaft, mit → Handlungsgehilfen oder sonstigen Angestellten, → Handelsvertretern usw. Sie ist nichtig, wenn sie den Verpflichteten in seinem Fortkommen unbillig behindert (§ 138 BGB, § 74 a HGB, § 133 f GewO); s. i. e. → Wettbewerbsverbot (Entschädigungspflicht).

**Konkurrenzverbot** → Sittenwidrigkeit, → Wettbewerbsverbot.

**Konkurrierende Gesetzgebung.**
1. Soweit die → Gesetzgebungskompetenz im Bundesstaat nicht ausschließlich dem Zentralstaat (Bund) oder den Gliedstaaten (Länder) zugewiesen ist, besteht eine Gesetzgebungskonkurrenz. In der BRep. haben nach Art. 72 GG im Bereich der k. G. die Länder die Befugnis zur Gesetzgebung, solange und soweit der Bund von seinem Gesetzgebungsrecht keinen Gebrauch macht. Der Bund hat in diesem Bereich das Gesetzgebungsrecht, wenn und soweit die Herstellung gleichwertiger Lebensverhältnisse im Bundesgebiet oder die Wahrung der Rechts- oder Wirtschaftseinheit im gesamtstaatlichen Interesse eine bundesgesetzliche Regelung erforderlich macht (Art. 72 II GG). Hat der Bund dementsprechend eine Materie geregelt, so sind die Länder von dieser Regelung ausgeschlossen (sog. Vorranggesetzgebung des Bundes). Der Bund kann aber in einer → Öffnungsklausel einen bestimmten Teilbereich der Regelung durch die Länder überlassen. Aufgrund der früheren (weiteren) Fassung des Art. 72 II GG bis 15. November 1994 erlassenes Recht gilt fort. Durch Bundesgesetz kann bestimmt werden, daß es durch Landesrecht ersetzt werden kann (Art. 125 a II GG); auch insoweit wird z. T. von einer Öffnungsklausel gesprochen.

2. Die k. G. erstreckt sich nach Art. 74 GG auf die meisten und bedeutsamsten Sachgebiete, so z. B. das bürgerliche Recht, die Gerichtsverfassung, das gerichtliche Verfahren, die Rechtsanwaltschaft, das Notariat und die Rechtsberatung, das Strafrecht und den Strafvollzug, das Personenstandswesen, das Vereins- und Versammlungsrecht, das Aufenthalts- und Niederlassungsrecht der Ausländer, das Waffen- und Sprengstoffrecht, die Angelegenheiten der Flüchtlinge und Vertriebenen, die öffentliche Fürsorge, die Kriegsopferversorgung, das Recht der Wirtschaft, das Arbeitsrecht, die Regelung der Ausbildungsbeihilfen und die Förderung der wissenschaftlichen Forschung, das Recht der Enteignung (soweit sie auf Sachgebieten der Art. 73, 74 GG in Betracht kommt), die Verhütung des Mißbrauchs wirtschaftlicher Machtstellung, die Förderung von Land- und Forstwirtschaft, den Grundstücksverkehr, das Bodenrecht und das Wohnungswesen, die Maßnahmen gegen gemeingefährli-

che und übertragbare Krankheiten, die Zulassung zu ärztlichen und anderen Heilberufen, die wirtschaftl. Sicherung der Krankenhäuser und die Krankenhauspflegesätze, den Schutz beim Verkehr mit Lebens- und Genußmitteln und Bedarfsgegenständen, den Tierschutz, den Straßenverkehr, das Kraftfahrwesen, den Bau und die Unterhaltung von Fernstraßen, die Schienenbahnen (ohne Bundeseisenbahnen und Bergbahnen) sowie – seit 1972 – die Abfallbeseitigung, die Luftreinhaltung und die Lärmbekämpfung. Nach Art. 74 a GG erstreckt sich die k. G. ferner auf die Besoldung und Versorgung des öff. Dienstes. Auf dem Gebiet des Finanzwesens hat der Bund nach Art. 105 II GG die k. G. über die meisten Steuern, wenn ihm das Aufkommen der Steuern ganz oder zum Teil zusteht oder die Voraussetzungen des Art. 72 II GG vorliegen (vgl. dazu → Finanzwesen).

**Konkurrierendes Verschulden** → Mitverschulden.

**Konkurs.** Der K. war das gerichtliche Verfahren, in dem durch Vollstreckung in das gesamte Vermögen des → Gemeinschuldners alle persönlichen Gläubiger anteilig befriedigt werden sollten. S. jetzt → Insolvenzrecht, → Insolvenzverfahren.

**Konkursausfallgeld.** An die Stelle des K. tritt ab 1. 1. 1999 das → Insolvenzgeld (§§ 183 ff., 358 ff. SGB III).

**Konkursverfahren.** Das K. regelte die Einzelheiten zur Durchführung des Konkurses. S. jetzt → Insolvenzverfahren.

**Konnexität** → Zurückbehaltungsrecht.

**Konnivenz** ist die Verleitung (oder versuchte Verleitung) eines → Amtsträgers zu einer strafbedrohten Handlung durch seinen Vorgesetzten oder das wissentliche Geschehenlassen der Tat durch den Vorgesetzten (z. B. Körperverletzung an Gefangenen). Auch ein Aufsichts- oder Kontrollbeamter, der nicht Vorgesetzter ist, kann Täter sein. Der Täter hat die auf die Handlung angedrohte Strafe verwirkt (§ 357 StGB); dadurch werden Anstiftung, mißlungene Anstiftung und Beihilfe zum selbständigen Delikt erhoben. Wegen der Verleitung von Soldaten zu Verbrechen oder Vergehen durch militär. Vorgesetzte (§ 33 WStG) → Gehorsamspflicht.

**Konnossement.** Das K. ist ein → Wertpapier des → Seehandelsrechts. Es ist ein gekorenes → Orderpapier (§ 647 HGB); es ist zugleich → Traditionspapier (§ 650 HGB). Das K. wird vom Verfrachter demjenigen erteilt, der das Frachtgut an Bord abládt; es ist nach seinem Inhalt für das Rechtsverhältnis zwischen dem Verfrachter und dem Empfänger des Guts maßgebend (§ 656 HGB). Man unterscheidet das *Übernahme-K.*, das über die Güter ausgestellt wird, die zur Beförderung übernommen, aber noch nicht an Bord gekommen sind, und das *Bord-K.*, das nur erteilt wird, sobald das Frachtgut an Bord genommen ist (§ 642 HGB). Das K. enthält außer den Namen von Verfrachter, Schiff und Schiffer, Ablader, Empfänger, Abladungs- und Löschungshafen insbes. die Art der übernommenen Güter, deren Maß, Zahl oder Gewicht, auch ihre äußerlich erkennbare Beschaffenheit (§ 643 HGB).

**Konsensprinzip** → Grundbuch, → Grundstücksrechte, → Traditionsprinzip.

**Konsensualkontrakt (-vertrag)** → Vertrag (4).

**Konservierungsstoffe** s. jetzt → Zusatzstoffe.

**Konsignation** ist eine Form der → Kommission im Auslands- (insbes. Übersee-)Geschäft. Es kann sich hierbei um eine bloße Verkaufskommission handeln; vielfach übergibt der Auftraggeber *(Konsignant)* die Ware an den *Konsignatar* mit dem Ziel, daß dieser deren Absatz durch Abschluß eines (weiteren) Kommissionsauftrags vermittelt (sog. *Exportkommission*).

**Konsiliatoren** → römisches Recht.

**Konsistorium** ist in der → kath. Kirche die Versammlung der → Kardinäle zur Beratung des Papstes in bedeutenderen kirchlichen Angelegenheiten. Das K. wird vom Papst einberufen. Man unterscheidet ordentliche und außerordentliche K. Zum ordentlichen K. werden alle Kardinäle, die sich in Rom aufhalten, einberufen, um wichtige Angelegenheiten zu beraten oder feierliche Akte vorzunehmen. Zum außerordentlichen K. werden alle Kardinäle einberufen. Öffentlich sind nur K., die ausschließlich zeremonielle Bedeutung haben. – In der → evang. Kirche war das K. ursprünglich eine aus geistlichen und weltlichen Mitgliedern bestehende Behörde, die vom Landesherrn zur Ausübung seiner kirchenregimentlichen Funktionen eingesetzt worden war. Mit deren Wegfall (1918) wurde es eine selbständige Kirchenbehörde, deren Wirkungsbereich mit der Einführung des Amtes des → Bischofs zunehmend auf diesen überging.

**Konsolidation.** Während im → Schuldverhältnis (desgleichen beim → Pfandrecht an beweglichen Sachen) bei Zusammenfallen von Gläubiger und Schuldner das Recht erlischt (→ Konfusion), geht ein → Grundstücksrecht nicht dadurch unter, daß der Eigentümer des Grundstücks und der Inhaber des das Grundstück belastenden Rechts in einer Person zusammenfallen (sog. Konsolidation, § 889 BGB). Vielmehr wandelt sich automatisch eine Hypothek in eine → Eigentümerhypothek, eine Grundschuld in eine → Eigentümergrundschuld um. Das Gesetz sieht diese Regelung vor, um dem Eigentümer den → Rang des Grundstücksrechts zur weiteren Verwendung zu erhalten und ein Nachrücken der übrigen Grundstücksgläubiger zu verhindern. Das gilt auch für einen → Nießbrauch an Grundstücken; dagegen tritt beim N. an beweglichen Sachen ein Erlöschen nur dann nicht ein, wenn der Eigentümer am Fortbestehen des N. ein rechtliches Interesse hat (§ 1063 BGB).

**Konsolidierung** wird die Umwandlung offener Schulden in langfristige Anleihen (→ Schuldverschreibung) oder die Zusammenfassung älterer Anleihen zu einer neuen Gesamtanleihe mit günstigeren Bedingungen genannt.

**Konsortium** → Gelegenheitsgesellschaft.

**Konspiration, landesverräterische,** → Landesverrat.

**Konstitution** ist der überkommene Ausdruck für → Verfassung („konstitutionelle" → Monarchie; → „vorkonstitutionelles" Recht).

**Konstitutionen** werden in der → kath. Kirche die → Statuten der → Ordensinstitute genannt (→ kirchliche Gesetze).

**Konstitutivurkunde** ist ein Begriff aus dem → Wertpapierrecht. Er wird für → Urkunden verwendet, deren Herstellung dafür notwendig ist, daß das darin verbriefte Recht entsteht (z. B. → Wechsel, → Scheck, → Inhaberschuldverschreibung).

**Konstitutivwirkung** → deklaratorische Wirkung, → Gestaltungsrecht.

**Konsul.** Während → Diplomaten die völkerrechtliche Vertretung eines Staates im Ausland auf Regierungsebene wahrnehmen, sind K. Vertreter auf den Ebenen unterhalb der Regierung. Dem K. obliegt i. d. R. die Wahrnehmung der Interessen des Entsendestaates auf den Gebieten des Handels, der Schiffahrt und des Verkehrs; Berichterstattung über wirtschaftliche Vorgänge im Empfangsstaat; Schutz der Interessen einzelner Staatsbürger des Heimatstaats. K. sind nicht zwingend Beamte des Entsendestaates. Dieser kann auch Privatpersonen, die entweder Staatsangehörige des Entsendestaates oder Staatsangehörige des Empfangsstaates sind, mit der nebenamtlichen Wahrnehmung konsularischer Aufgaben betrauen (Wahl- oder Honorarkonsuln). Berufskonsuln sind in der Regel Leiter einer mehrere Personen umfassenden konsularischen Vertretung. Das Protokoll unterscheidet Generalkonsuln, Konsuln, Vizekonsuln und Konsularagenten. Die Ausübung der konsularischen Befugnisse bedarf der Zustimmung des Empfangsstaats. Nach der Ernennung des K. durch den Heimatstaat (mittels der sog. lettre de provision) wird auf diplomatischem Weg um die Erteilung dieser Zustimmung für den vorgesehenen Konsularbezirk (Exequatur oder Placet) ersucht. Da der K. nicht als diplomatischer Vertreter angesehen wird, genießt er die → diplomatischen Vorrechte nicht in vollem Umfang. Konsulatsarchiv und Konsulatspapiere sind dem Zugriff des Empfangsstaats entzogen; der K. ist von der Gerichtsbarkeit des Empfangsstaates für Handlungen befreit, die er in amtlicher Eigenschaft vorgenommen hat *(Amtsimmunität)*. Die allgemeinen Fragen des Konsularrechts sind z. T. im → Wiener Übereinkommen über konsularische Beziehungen vom 24. 4. 1963 geregelt (s. Ges. vom 26. 8. 1969, BGBl. II 1585). Das deutsche Konsularrecht, insbes. die Organisation der Bundeskonsulate und die amtlichen Rechte und Pflichten der K. (z. B. Sichtvermerke, Beglaubigungen, Aufnahme von Erklärungen, Testamenten und Erbverträgen) regelt das KonsularG vom 11. 9. 1974 (BGBl. I 2317).

**Konsulargerichtsbarkeit.** Durch → völkerrechtlichen Vertrag kann ein Staat einem anderen Staat das Recht einräumen, durch seine → Konsuln innerhalb des Konsularbezirks über die Staatsangehörigen des Entsendestaates in näher bestimmtem Umfang die Zivil- und Strafrechtspflege auf der Grundlage des Heimatrechts auszuüben (sog. *Jurisdiktionskonsuln*). Hierfür galt in Deutschland das Ges. vom 7. 4. 1900 (RGBl. 213). Die K., die im Kolonialzeitalter ihre Blüte hatte und dem Zweck diente, die weiße Bevölkerung nicht der Rechtsordnung einer kolonialen Bevölkerung zu unterwerfen, besteht heute nicht mehr.

**Konsumentenkredit** → Kreditvertrag.

**Konsumgutlösung** nennt man die ab 1. 1. 1987 geltende Rechtslage, wonach für die selbstgenutzte Wohnung keine → Einkünfte, d. h. kein fiktiver Mietwert, dem → Werbungskosten entgegengerechnet werden können, anzusetzen sind. § 21 a EStG ist außer Kraft. Es gelten Übergangsregelungen bis Ende 1998 (→ Nutzungswert). Ab 1987 bis 1995 war für die selbstgenutzte Wohnung ein Sonderausgabenabzug möglich (§ 10 e EStG). Ab 1996 werden Investitionen für das eigene Wohnen durch die → Eigenheimzulage gefördert.

**Konsumsteuer** → Umsatzsteuer 1.

**Konsumtion** → Konkurrenz von Straftaten.

**Konsumvereine** → Genossenschaft.

**Kontaktperson** → Kontaktsperre.

**Kontaktsperre** ist bei Untersuchungs- und Strafgefangenen zulässig, die wegen (Verdachts) einer mit der Tätigkeit → terroristischer Vereinigungen zusammenhängenden Straftat einsitzen, wenn eine auf eine solche Vereinigung zurückgehende gegenwärtige Gefahr für Leib, Leben oder Freiheit einer Person (Entführung!) besteht und die K. zur Abwehr der Gefahr geboten ist. Die Feststellung der Voraussetzungen obliegt der Ld.- bzw. BReg.; sie bedarf der Bestätigung des OLG bzw. BGH. Die K. umfaßt auch den schriftlichen und mündlichen Verkehr mit dem Verteidiger und dessen Akteneinsichtsrecht sowie den Ausschluß bei → Parteiöffentlichkeit, nicht aber den Schriftverkehr mit dem Gericht. S. i. e. §§ 31–38 EGGVG, auch über Anrufung des OLG gegen Einzelmaßnahmen sowie über prozessuale Schutzmaßnahmen für den Betroffenen (Fristenhemmung, keine Hauptverhandlung, Unterbrechung anderer Verfahren, ggf. Bestellung eines Verteidigers, auf Antrag auch Beiordnung eines Rechtsanwalts als *Kontaktperson,* aber Ausschluß auch bei → Parteiöffentlichkeit). Über Anwendung auf Angehörige → krimineller Vereinigungen s. Art. 2 d. Ges. vom 30. 9. 1977 (BGBl. I 1877).

**Konterbande** werden im Seekriegsrecht die Güter genannt, die für Kriegszwecke verwendbar sind. Je nachdem, ob sie ausschließlich oder neben anderem der militärischen Verwendung dienen können, spricht man von absoluter oder relativer K. Güter, die weder absolute noch relative K. sind, werden in einer sog. Freiliste geführt. Die → Londoner Deklaration von 1909 hat für alle drei Gruppen von Gütern Listen aufgestellt, die aber in beiden Weltkriegen durch die Seemächte weitgehend abgeändert wurden. Es ist ein alter Satz des Seekriegsrechts, daß Schiffe, die K. für den Feind führen, beschlagnahmt werden können. Die Kriegsparteien sind berechtigt, durch ihre Kriegsschiffe fremde Handelsschiffe auf hoher See anhalten und auf K. untersuchen und bei Feststellung von K. das Handelsschiff in einen ihrer Häfen bringen zu lassen (→ Prisenrecht; → Internationaler Prisenhof). Anbordbringen oder -nehmen von K. ohne Wissen des Schiffsführers (Kapitän) oder Reeders ist als *Schiffsgefährdung durch Bannware* strafbar, wenn sie die Gefahr der Beschlagnahme oder Einziehung von Schiff oder Ladung begründet (§ 297 StGB).

**Kontokorrent** (laufende Rechnung) ist eine im Handelsverkehr – insbes. bei Banken – stark verbreitete Einrichtung, durch die eine Mehrheit von gegenseitigen Ansprüchen zwischen 2 Personen durch Verrechnung auf eine Geldschuld zurückgeführt wird. Ein K. setzt eine Geschäftsverbindung zwischen 2 Personen voraus, von denen mindestens eine → Kaufmann sein muß (sonst *uneigentliches* K.) und aus der eine größere noch unbestimmte Anzahl von Geschäftsvorgängen, die Geldforderungen begründen, entstehen können. Ferner muß vereinbart sein, daß die gegenseitigen Geldansprüche verrechnet werden und in bestimmten Perioden, mindestens einmal jährlich, so abgerechnet werden, daß ein *Saldo* festgestellt wird. Das K. ist in den §§ 355–357 HGB nur unvollkommen geregelt. Die wesentlichen rechtlichen Wirkungen eines K. sind: Die in das K. fallenden Einzelansprüche können nicht gesondert geltend gemacht, auch nicht gepfändet werden (vielmehr nur Saldopfändung; anders das Tagesguthaben beim → Girovertrag), dürfen ferner nicht abgetreten und gesondert erfüllt werden; sie sind gestundet (→ Stundung). Bei Abschluß der jeweiligen K.periode werden die gegenseitigen Einzelansprüche verrechnet; sie erlöschen und werden durch den Anspruch auf den Saldo ersetzt. Wird der Saldo anerkannt, so liegt ein abstraktes → Schuldanerkenntnis vor. Wird der Saldoanspruch nicht durch Zahlung erfüllt (§ 362 I BGB) und besteht das K. weiter, so wird der Anspruch in die weiterlaufende Rechnung vorgetragen. Wenn keine andere Vereinbarung besteht, können Zinsen nur vom Saldo verlangt werden. *Staffel-K.* nennt man ein K., bei dem der Saldo mit jedem in das K. fallenden Geschäftsvorgang, ggf. täglich, errechnet wird (insbes. beim Bankkonto üblich). S. a. → Überziehungskredit, → Kreditvertrag (2).

**Kontokorrentvorbehalt** → Eigentumsvorbehalt.

**Kontradiktorisches Urteil** → streitiges Urteil.

**Kontrahieren mit sich selbst** (Insichgeschäft) → Selbstkontrahieren.

**Kontrahierungszwang** → Vertrag (2); s. a. → Anschluß- u. Benutzungszwang, → Anschlußpflicht, → Beförderungspflicht, → Diskriminierungsverbot im Geschäftsverkehr.

**Kontrakt** = → Vertrag.

**Kontratabularersitzung** → Buchersitzung.

**Kontributionen** sind außerordentliche Geldleistungen, die der Bevölkerung eines im Krieg besetzten Gebiets von der Besatzungsmacht auferlegt wurden. Sie sind, soweit nicht besondere Abmachungen getroffen wurden, nur zulässig in den Grenzen der Art. 48, 49, 51 der → Haager Landkriegsordnung sowie der → Genfer Konvention zum Schutze von Zivilpersonen in Kriegszeiten vom 12. 8. 1949. K. sind insbes. der Höhe nach begrenzt durch die Kosten der militär. Besetzung und Verwaltung des Gebiets. K. zu Strafzwecken sind unzulässig. S. a. → Requisitionen.

**Kontrolle von Kriegswaffen** → Kriegswaffen.

**Kontrollgerät.** Zum Nachweis der Lenk- und Ruhezeiten des → Fahrpersonals bestimmter Kfz. zur Güter- und Personenbeförderung (→ Kraftfahrer) ist ein K. nach VO (EWG) 3821/85 vom 20. 12. 1985 (ABl. Nr. L 370/8) oder nach Art. 10 AETR (Ges. vom 31. 7. 1985, BGBl. II 899, m. Änd.) zu benutzen.

**Kontrollkommission, Parlamentarische** → Nachrichtendienste.

**Kontrollmeldeverfahren.** Das K. soll die Besteuerung → beschränkt Steuerpflichtiger, denen von deutschen Schuldnern Vergütungen zufließen, auf vereinfachte Weise sichern, indem das Bundesamt für Finanzen auf Antrag des Schuldners eine vereinfachte Abzugsbesteuerung zuläßt (§ 50 d III 3–9 EStG; Einzelheiten BMF BStBl. I 1994, 4).

**Kontrollmitteilungen** sind steuerliche schriftliche Feststellungen z. B. des Außenprüfers (→ Außenprüfung), die für die Besteuerung dritter Personen von Bedeutung sein können, z. B. bei → Ohne-Rechnung- (OR-)Geschäften. K. werden den zuständigen Finanzbehörden zur Auswertung übergeben (§ 194 III AO). → Amtshilfe.

**Kontrollrat (Alliierter).** Der durch Proklamation vom 5. 6. 1945 geschaffene K. war ein von den Befehlshabern der 4 Besatzungszonen gebildetes Gremium (→ Alliierte Mächte). Ihm standen keine Befugnisse der vollziehenden und rechtsprechenden Gewalt zu; diese waren den Zonenbefehlshabern vorbehalten. Doch konnte der K. Gesetze beschließen, die aber in den Besatzungszonen verkündet werden mußten. Die Zonenbefehlshaber waren dabei allerdings an die – Einstimmigkeit erfordernden – Beschlüsse des K. gebunden. Am 20. 3. 1948 wurde er durch den Auszug der Vertreter der UdSSR beschlußunfähig und hat seither nicht mehr getagt.

**Kontrollstellen** kann die Polizei nach richterlicher Anordnung oder bei Gefahr im Verzug selbst auf Straßen usw. im Rahmen von Fahndungsmaßnahmen wegen bestimmter schwerer Straftaten (Tötungsdelikte, Unterstützung terroristischer Vereinigungen, erpresserischer Menschenraub, Geiselnahme, Raub mit Waffen u. a. m.) zwecks → Identitätsfeststellung von Personen einrichten; die hiermit verbundenen Durchsuchungen sind auch bei nicht tatverdächtigen Personen zulässig (§ 111 StPO). Eine generelle richterliche Ermächtigung an die Polizei, für einen längeren Zeitraum nach ihrem eigenen Ermessen zu jeder Tages- und Nachtzeit an jedem öffentl. zugänglichen Ort der BRep. K. einzurichten, ist aber durch § 111 II StPO nicht gedeckt (BGH NStZ 1989, 82). S. a. → Schleppnetzfahndung.

**Kontumazialverfahren** wird ein Verfahren genannt, das in Abwesenheit einer Partei gegen diese oder gegen einen abwesenden Beschuldigten durchgeführt werden kann, *Kontumazialurteil* das gegen die Partei bzw. den Angeklagten in einem solchen Verfahren ergehende Urteil. S. z.B. → Versäumnisurteil (für den Zivilprozeß), → Abwesenheitsverfahren (für den Strafprozeß).

**Konvaleszenz** nennt man das nachträgliche Erstarken eines – i. d. R. schwebend unwirksamen – → Rechtsgeschäfts zu einem voll wirksamen. Hierunter fällt vor allem das Gültigwerden durch → Zustimmung (Genehmigung) zu einem z. B. wegen fehlender Geschäftsfähigkeit oder Vertretungsmacht mangelhaften Rechtsgeschäft, die Heilung einer unwirksamen → Verfügung eines Nichtberechtigten, die → Bestätigung eines nichtigen oder anfechtbaren Rechtsgeschäfts usw.

**Konvention** → völkerrechtlicher Vertrag.

**Konvention über die Rechte des Kindes** → Konvention zum Schutze der Menschenrechte und Grundfreiheiten.

**Konvention über die Verhütung und Bestrafung des Völkermordes** → Völkermord.

**Konvention zum Schutze der Menschenrechte und Grundfreiheiten.** 1. Am 4. 11. 1950 schlossen die Mitglieder des → Europarats eine Konvention, in der sie sich verpflichteten, allen ihrer Herrschaft unterstehenden Personen bestimmte Rechte und Freiheiten zu gewähren, insbes. das Recht auf Leben und persönl. Freiheit, Gewissens- und Religionsfreiheit, freie Meinungsäußerung, Versammlungs- und Vereinigungsfreiheit, rechtliches Gehör, Verbot rückwirkender Strafdrohungen usw. Sie bestimmt ferner, daß bis zum Beweis der Schuld des Angeklagten dessen Schuldlosigkeit vermutet wird. Um die Einhaltung dieser Verpflichtung zu gewährleisten, wurden die *Europäische Kommission für Menschenrechte* und der *Europäische Gerichtshof für Menschenrechte* mit Sitz in Straßburg errichtet. Die Zahl der Mitglieder der Kommission entspricht der der Vertragsschließenden; der Gerichtshof besteht aus ebensovielen Richtern, wie der Europarat Mitglieder hat. In beiden Gremien darf nur je ein Staatsangehöriger eines Vertragsteils vertreten sein. Die Kommission kann von jedem Vertragsstaat wegen Verletzung der K. angerufen werden, von einer Einzelperson (Individualbeschwerde) aber nur, wenn der jeweilige innerstaatliche Rechtsweg erschöpft ist. Die Kommission versucht dann in einem Siebener-Ausschuß eine gütliche Einigung zwischen Beschwerdeführer und betroffenem Staat herbeizuführen. Gelingt dies nicht, so hat sie die Sache dem Ministerausschuß vorzulegen; dieser entscheidet, wenn nicht binnen einer bestimmten Frist gemäß Art. 48 der K. der Gerichtshof angerufen wird. Diesem kann auch die betroffene Person die Rechtssache vorlegen, wobei zunächst ein Ausschuß von 3 Richtern entscheidet, ob der Fall vom Gerichtshof geprüft wird. Lehnt der Ausschuß dies ab, entscheidet der Ministerausschuß. Künftig soll ein ständiger Gerichtshof eingerichtet werden, der an die Stelle der Kommission, des Ministerausschusses und des bisherigen Gerichtshofes tritt. Entscheidungen des EuGHMR hindern a) die Vollstrekkung entgegenstehender innerstaatlicher Urteile und b) die Anwendung der für konventionswidrig erklärten Rechtsnormen (vgl. Stöcker NJW 1982, 1905). Die in der K. (ZustimmungsG vom 7. 8. 1952, BGBl. II 685) aufgeführten Menschenrechte und Grundfreiheiten sind in der BRep. geltendes Recht. Meist gehen sie jedoch nicht weiter als die Grundrechte des GG, so daß Zweifelsfragen über das Verhältnis der beiden Grundrechtskataloge nur vereinzelt aufgetreten sind. Der verfahrensrechtliche Teil („Kontrollmechanismus") der K. ist durch das Protokoll Nr. 11 vom 11. 5. 1994 (Gesetz vom 24. 7. 1995, BGBl. II 578, der Tag des Inkrafttretens des Protokolls für die BRep. – ein Jahr nach Zustimmung aller Vertragspartner: Art. 3, 4 Prot. – wird im BGBl. bekanntgegeben) geändert worden. Die bisherigen Art. 19 bis 56 der Konvention werden durch die neuen Art. 19 bis 51 ersetzt. Es wird ein ständiger „Europäischer Gerichtshof für Menschenrechte" errichtet. Mitgliederzahl entspricht Zahl der Vertragsstaaten. Ernennungsvoraussetzungen (u. a. „hohes sittliches Ansehen"), Wahl, Amtszeit und Entlassung der Richter sind in Art. 21–24 geregelt. Der Gerichtshof tagt in Ausschüssen mit 3, in Kammern mit 7 und in der Großen Kammer mit 17 Richtern (Art. 27). Die Ausschüsse können durch einstimmigen Beschluß eine Individualbeschwerde für unzulässig erklären, ansonsten entscheidet darüber eine Kammer. Bedeutende Sachen kann die Kammer an die Große Kammer abgeben (Art. 30). Der Gerichtshof kann von jeder natürlichen Person, nichtstaatlichen Organisation oder Personengruppe, die behauptet, durch einen Vertragsstaat in einem in der K. (oder den Protokollen) anerkannten Recht verletzt zu sein, mit einer Beschwerde befaßt werden („Individualbeschwerde", Art. 34). Jeder Vertragsstaat kann den Gerichtshof wegen jeder behaupteten Verletzung der K. durch einen anderen Vertragsstaat anrufen („Staatenbeschwerde", Art. 33). Der Gerichtshof kann sich mit einer Angelegenheit erst nach Erschöpfung aller innerstaatlichen Rechtsbehelfe befassen (Art. 35). Der Gerichtshof soll auf eine gütliche Einigung hinwirken. Kommt diese nicht zustande, so findet grundsätzlich eine öffentl. Verhandlung statt (Art. 40). Bei Feststellung einer Verletzung der K. spricht der Gerichtshof unter bestimmten Voraussetzungen eine gerechte Entschädigung zu (Art. 41). Gegen Urteile der Kammern kann in Ausnahmefällen binnen 3 Monaten die Verweisung an die Große Kammer beantragt werden; ein Ausschuß dieser Kammer nimmt den Antrag an, wenn die Sache schwerwiegende Fragen aufwirft (Art. 43). Die Vertragsparteien verpflichten sich, endgültige Urteile des Gerichtshofs zu befolgen; das Ministerkomitee überwacht die Durchführung (Art. 46).

2. Die K. ist von der „Allgemeinen Erklärung der M." zu unterscheiden, die am 10. 12. 1948 von der Generalversammlung der → Vereinten Nationen genehmigt wurde (Text s. Sartorius, Internat. Verträge, Nr. 19).

3. Dem Sch. d. M. dienen ferner folgende von der UN-Vollversammlung 1966 verabschiedete völkerrechtliche Abkommen: Internationaler Pakt über wirtschaftliche, soziale und kulturelle Rechte (in Kraft getreten am 3. 1. 1976; Text BGBl. 1973 II 1569); bedeutsamer der Internationale Pakt über bürgerliche und politische Rechte (in Kraft seit 23. 3. 1976, Text BGBl. 1973 II 1534) sowie das diesen Pakt ergänzende und mit ihm in Kraft getretene Fakultativprotokoll (Text BGBl. 1992 II 1246), außerdem 2. Fakultativprotokoll vom 15. 12. 1989 (BGBl. 1992 II 390), Übereinkommen vom 22. 11. 1989 über die Rechte des Kindes (Ges. vom 17. 2. 1992, BGBl. II 121).

**Konventionalscheidung** → Ehesachen.

**Konventionalstrafe** → Vertragsstrafe.

**Konvergenzkriterien.** Mit Konvergenz bezeichnen die Vereinbarungen über die → Wirtschafts- und Währungsunion die Annäherung der Währungs- und Wirtschaftspolitik der Mitgliedstaaten. Nach dem Vertrag über die → Europäische Union ist die K. bei wichtigen volkswirtschaftlichen Daten (z. B. Inflationsraten, Zinsen, Haushaltsdefizit, Schuldenstand) neben der Wechselkursstabilität eine wesentliche Voraussetzung für den Übergang in die Endstufe zur → Wirtschafts- und Währungsunion. Die genannten Daten sowie die Stabilität der Wechselkurse machen die K. aus.

**Konvergenzprogramme** haben die Mitgliedstaaten vor dem Eintritt in die zweite Stufe der Wirtschafts- und Währungsunion gemäß § 109 e EGV vorzulegen; s. a. → Konvergenzkriterien.

**Konversion** bedeutet im bürgerlichen Recht soviel wie Umdeutung (→ Nichtigkeit von Rechtsgeschäften, 3). Im Wertpapierrecht versteht man unter K. die Änderung der Zahlungsbedingungen (Umschuldung), insbes. bei → Inhaberschuldverschreibungen (Anleihen).

**Konvertibilität** (Konvertierbarkeit) ist die freie Austauschbarkeit einer Währung gegen Gold oder andere Währungen im offiziellen Devisenverkehr. Die K. war nach dem 1. und 2. Weltkrieg eingeschränkt. K. besteht grundsätzlich für die BRep. seit dem Inkrafttreten des Außenwirtschaftsgesetzes (→ Außenwirtschaftsrecht).

**Konzentration einer Gattungsschuld** → Gattungsschuld.

**Konzentration in der Verwaltung** ist die Zusammenfassung von Zuständigkeiten bei einem Verwaltungsorgan. Bei Verlagerung auf nachgeordnete Behörden (→ Verwaltungsbehörden – Aufbau –) oder die → mittelbare Staatsverwaltung spricht man von → Dekonzentration; horizontal nennt man die K. auf wenige Stellen einer Verwaltungsstufe, vertikal die K. auf die Verwaltungsspitze hin. S. a. → Zentralisation.

**Konzentration in der Wirtschaft** → Fusionskontrolle, → marktbeherrschende Unternehmen, → Rechnungslegung von Unternehmen und Konzernen.

**Konzentrationsgrundsatz** ist ein Verfahrensgrundsatz, wonach ein Rechtsstreit möglichst in einer Verhandlung erledigt werden soll. Ausgeprägt in § 272 ZPO, § 56 ArbGG, § 87 VwGO, § 79 FGO, § 106 II SGG (s. hierzu → mündliche Verhandlung), am ehesten im Strafprozeß verwirklicht (§ 229 StPO).

**Konzern.** Der K. ist ein Sonderfall der → verbundenen Unternehmen. Zu einem aktienrechtlichen K. werden verbundene Unternehmen erst durch die einheitliche Leitung. Man unterscheidet den *Unterordnungskonzern* (§ 18 I AktG), in dem ein herrschendes und ein oder mehrere abhängige Unternehmen unter der Leitung des herrschenden Unternehmens zusammengefaßt sind, vom *Gleichordnungskonzern* (§ 18 II AktG), wo die rechtlich selbständigen Konzernunternehmen unter einer einheitlichen Leitung stehen.

Bei Vorliegen eines Beherrschungsvertrages (§ 291 AktG) oder bei einer Eingliederung (§ 319 AktG) wird die einheitliche Leitung unwiderlegbar vermutet. Zum K. nach HGB unter §§ 290, 293 HGB. S. a. → Trust, → Holdinggesellschaft. Zur Haftung → Konzernrecht.

**Konzernabschluß** → Konzernbilanz.

**Konzernbetriebsrat** → Betriebsrat.

**Konzernbilanz.** In einem → Konzern, ist die Aufstellung einer zusammengefaßten → Bilanz aller Konzernunternehmen vorgeschrieben. Das gleiche gilt für den → Jahresabschluß (Konzernabschluß) und den Lagebericht sowie für die Gewinn- und Verlustrechnung (§§ 290 ff. HGB, § 337 AktG). Der Konzernabschluß ist so aufzustellen, als ob die Konzernunternehmen insgesamt ein einziges Unternehmen wären.

**Konzernrecht.** Das K. ist für → Konzerne und → verbundene Unternehmen, an denen → Aktiengesellschaften beteiligt sind, im AktG (§§ 291–337) geregelt. Schließen sich andere Kapitalgesellschaften, Personengesellschaften oder Einzelpersonen zu einem Konzern zusammen, so entscheidet sich die Frage, welche Rechtsvorschriften hierfür maßgebend sind, nach der Rechtsform der beteiligten Unternehmen und nach dem Grad der Unterstellung unter eine einheitliche Leitung, insbes. hinsichtlich der Übertragung von Geschäftsführungsbefugnissen, Verteilung oder Abführung des Gewinns usw. So kann z. B. beim Zusammenschluß handelsrechtlicher Gesellschaften zu einer Interessen- oder Gewinngemeinschaft auch die Form einer → Gesellschaft des bürgerlichen Rechts gewählt werden. Ein spezielles normiertes Konzernrecht besteht indes außerhalb des Aktienrechts nicht. Für den GmbH-Konzern behilft man sich teilweise mit Analogien zum aktienrechtlichen Konzern. Nach der Rspr. (BGHZ 122, 123) haftet im bloßen *qualifizierten faktischen Konzern* (z. B. mehrerer GmbHs ohne besonderen → Unternehmensvertrag) die die Geschäfte dauernd und umfassend führende Gesellschaft oder der die GmbH beherrschende Unternehmensgesellschafter, der die Konzernleitungsmacht ohne angemessene Rücksicht auf die eigenen Belange der abhängigen Gesellschaft ausübt, für Verluste des beherrschten Unternehmens entspr. §§ 302, 303 AktG.

**Konzertierte Aktion** ist nach § 3 des → Stabilitätsgesetzes die Bezeichnung für das aufeinander abgestimmte Verhalten der Gebietskörperschaften (Bund, Länder, Gemeinden), Gewerkschaften und Unternehmerverbände zur Gewährleistung des gesamtwirtschaftlichen Gleichgewichts. Die k. A. stützt sich auf Orientierungsdaten, welche die BReg. zur Verfügung stellt; diese enthalten eine Darstellung der gesamtwirtschaftlichen Zusammenhänge im Hinblick auf die gegebene Situation.

Als K. A. im Gesundheitswesen entwickeln die an der gesundheitlichen Versorgung der Bevölkerung Beteiligten medizinische und wirtschaftliche Orientierungsdaten und Rationalisierungsvorschläge; alljährlich gibt sie entsprechende Empfehlungen, insbesondere über die angemessene Veränderung der Gesamtvergütung (→ Kassenarzt), über Maßnahmen bei Über- und Unterversorgung mit Ärzten und Zahnärzten, Hinweise zur Ausschöpfung von Wirtschaftlichkeitsreserven und zur Beitragssatzstabilität. §§ 141, 142 SGB V.

**Konzession** ist eine Form der → Gewerbezulassung, bei der bestimmte persönliche und sachliche Voraussetzungen erfüllt sein müssen, insbes. Befähigung, Zuverlässigkeit bzw. bauliche oder technische Einrichtungen; so z. B. für → Apotheken (§§ 1, 2 ApothekenG), → Privat-Krankenanstalten (§ 30 GewO), Schaustellungen (§ 33a GewO), → Gaststätten, Milchhändler (§ 14 MilchG), → Personenbeförderung gegen Entgelt (§ 13 PBefG), → Güterfernverkehr (§§ 8 ff. GüKG), → Kreditinstitute, → Versicherungsunternehmen. S. a. → Erlaubnis (behördliche).

**Konzessionsabgaben** nennt man die Zahlungen, die Energieversorgungsunternehmen den Gemeinden für die Benutzung von Gemeindegrund (Straßen) zur Verlegung von Leitungen oder für den Verzicht auf eigene Energieversorgung leisten. Rechtsgrundlage: Verordnung über K. für Strom und Gas vom 9. 1. 1992 (BGBl. I S. 12). Zu steuerlichen Fragen in diesem Zusammenhang BMF BStBl. I 1994, 264.

**Konzessionssystem** → juristische Person.

**Konzil** → Ökumenisches Konzil, → Katholische Kirche (2).

**Kooperationskartell,** mittelständisches, ist ein → Kartell, in dem kleine oder mittlere Unternehmen zur Förderung ihrer Leistungsfähigkeit im Interesse der Rationalisierung zusammenarbeiten. Zulässig sind in diesem Rahmen alle sonst verbotenen Formen der Zusammenarbeit einschließlich der Preisabsprachen; der Wettbewerb auf dem Markt darf aber nicht wesentlich beeinträchtigt werden (§ 5b GWB). Das K. ist bei der → Kartellbehörde anzumelden und wird nach Ablauf einer Widerspruchsfrist von 3 Mon. wirksam.

**Koordinierungsrichtlinie** → Verdingungsordnungen.

**Kopierrecht** → Vervielfältigungsrecht.

**Koppelungsgeschäft.** S. zunächst → Ausschließlichkeitsverträge. Soweit das K. darin besteht, einen begünstigenden → Verwaltungsakt gegen eine wirtschaftliche Gegenleistung zu erlangen, ist es grundsätzlich nach §§ 134, 138 BGB nichtig, wenn nicht ausnahmsweise ein innerer Zusammenhang (z. B. Übernahme von Erschließungskosten für Baugenehmigung) bejaht werden kann (BGH NJW 1972, 1657). Das K. zwischen einem → Grundstückskaufvertrag und einem → Architekten- (Ingenieur-)Vertrag ist unwirksam (Art. 10 § 3 des Ges. vom 4. 11. 1971, BGBl. I 1745).

**Körperbehinderte** → Eingliederungshilfe für Behinderte, → Pflegebedürftige, → Schwerbehinderte, → Schwerbeschädigte, Behinderten-Pauschbetrag (→ Belastungen, außergewöhnliche 2 e).

**Körperliche Untersuchung im Prozeß.** 1. a) Im Strafverfahren har der Beschuldigte eine k. U. zu dulden, wenn Tatsachen festgestellt werden sollen, die für das Verfahren von Bedeutung sind (körperliche Merkmale, Fremdstoffe oder -körper im Innern usw.). Körperliche Eingriffe, insbes. Entnahme von Blutproben (→ Blutalkohol) oder Harn dürfen nur von einem Arzt nach den Regeln der ärztlichen Kunst vorgenommen werden und ohne Einwilligung des Beschuldigten nur, wenn kein Nachteil für seine Gesundheit zu befürchten ist (§ 81 a StPO). Doch gilt auch hier der → Verhältnismäßigkeitsgrundsatz, d. h. der Grad des Eingriffs darf nicht außer Verhältnis zur Bedeutung der Straftat stehen.

b) Für *Zeugen* besteht eine beschränkte Duldungspflicht. Sie dürfen *gegen ihren Willen* nur untersucht werden, soweit zur Erforschung der Wahrheit festgestellt werden muß, ob sich an ihrem Körper eine bestimmte Spur oder Folge einer Straftat befindet (Verletzungen, Veränderungen usw.); außerdem müssen sich Zeugen und dritte Personen, die nicht Beschuldigte sind, einer ärztlichen U. zur Feststellung der Abstammung oder einer Blutprobe unterziehen, wenn kein gesundheitlicher Nachteil zu befürchten und die Maßnahme zur Wahrheitserforschung unerläßlich ist. In allen Fällen kann der Zeuge oder Dritte die U. verweigern, wenn sie ihm nicht zuzumuten ist (etwa wegen seines hohen Alters) oder wenn ihm ein → Zeugnisverweigerungsrecht zusteht (§ 81 c StPO).

c) U. und Eingriffe bedürfen grundsätzlich *richterlicher Anordnung.* Kann eine Verzögerung den Untersuchungserfolg gefährden, können auch die StA und ihre → Hilfsbeamten die Anordnung treffen. Im *Weigerungsfalle* kann gegen den Beschuldigten unmittelbarer Zwang angewendet werden, gegen Zeugen nur auf Anordnung des Richters und wenn die Festsetzung eines Ordnungsgeldes erfolglos geblieben oder wenn Gefahr im Verzug ist. Besondere Schutzvorschriften gelten zur Schonung des Schamgefühls einer zu untersuchenden Frau (§ 81 d StPO). Eine molekulargenetische U. darf nur vom Richter zu bestimmten Zwecken angeordnet werden (§§ 81 e, 81 f StPO). S. a. → Beobachtung (des Beschuldigten) in einem psyiatrischen Krankenhaus.

2. Für den *Zivilprozeß* s. Abstammungsgutachten.

**Körperschaften des öffentlichen Rechts** sind → juristische Personen des öffentlichen Rechts, die – im Gegensatz zu den → Anstalten – verbandsförmig organisiert, d. h. wesentlich auf der Mitgliedschaft der ihnen zugehörigen Personen aufgebaut sind. Die Mitgliedschaft kann freiwillig sein oder auf Zwang beruhen (z. B. Zwangsmitgliedschaft in Ärzte-, Zahnärzte-, Apotheker- und Rechtsanwaltskammern). Haben die Mitglieder weitgehend das Recht, auf die Bildung der Organe der K. und die im Rahmen der Verwaltung zu treffenden Entscheidungen einzuwirken, so spricht man auch von „öffentlichen Genossenschaften“. Hauptarten der K. d. ö. R. sind die *Gebietskörperschaften* (z. B. → Gemeinden, Gemeindeverbände; maßgebend für die Mitgliedschaft einer Person ist ihr Wohnsitz), die *Personal- oder Vereinskörperschaften* (z. B. Berufskammern; maßgebend für die Mitgliedschaft ist der freiwillige Beitritt oder die Zugehörigkeit zu einer bestimmten Gruppe, insbes. zu einem bestimmten Beruf) und die *Verbandskörperschaften* (z. B. gemeindliche Zweckverbände; Mitglieder sind nur juristische Personen des öffentlichen Rechts). Weitere Einzelbeispiele für K. d. ö. R.: Handwerksinnungen und -kammern

(§§ 53, 90 HandwerksO); Träger der Sozialversicherung, z. B. Ortskrankenkassen (§ 225 RVO); Jagdgenossenschaften (§ 9 BJagdG); auch die → Hochschulen sind K. d. ö. R. Teilweise haben die Religionsgesellschaften den Status einer K. d. ö. R.

**Körperschaftsteuer.** 1. Die K. ist die → Einkommensteuer der nicht natürlichen Personen (KStG 1996 vom 22. 2. 96, BGBl. I 96, 340, zuletzt geänd. am 24. 3. 1998, BGBl. I 529, BGBl. I 97, 3121. KStDV vom 22. 2. 1996, BGBl. I 96, 365; KStR 1995, BStBl. I 1996, SonderNr. 1). Ihr unterliegen → Kapitalgesellschaften, → Genossenschaften, → Versicherungsvereine auf Gegenseitigkeit, sonstige → juristische Personen des privaten Rechts, rechtsfähige → Vereine, Anstalten, → Stiftungen und andere Zweckvermögen, nichtrechtsfähige Vereine sowie die Betriebe gewerblicher Art von juristischen Personen des öffentl. Rechts (§ 1 KStG; → Hoheitsbetriebe).

2. Seit 1977 ist die frühere → Doppelbelastung der ausgeschütteten Gewinne von → Kapitalgesellschaften und Erwerbs- und Wirtschaftsgenossenschaften (→ Genossenschaft) durch K. und → Einkommensteuer beseitigt. Die auf ausgeschüttete Gewinne entfallende K. wird auf die ESt- oder KSt-Schuld der Anteilseigner angerechnet (§ 36 II Nr. 3 EStG, §§ 36a–36e EStG). Schüttet eine Kapitalgesellschaft ihre Gewinne voll aus, entsteht im wirtschaftl. Ergebnis lediglich ESt beim Anteilseigner mit 0–53% (→ Progression). Bei einem zur Ausschüttung verwendeten Gewinn vor Abzug der K. von 100 DM beträgt die K. 30% *(Ausschüttungsbelastung, § 27 KStG)* = 30 DM. Auf die Ausschüttung *(Dividende)* von 70 DM ist 25% → Kapitalertragsteuer mit 17,50 DM einzubehalten, so daß die *Auszahlung* 52,50 DM beträgt. Der Anteilseigner erhält in bar 52,50 DM, in Form einer Kapitalertragsteuerbescheinigung 17,50 DM und einer K.-bescheinigung 30 DM, somit insgesamt 100 DM, die er regelmäßig als Einnahmen aus Kapitalvermögen (§ 20 I Nrn. 1, 3 EStG) oder als Betriebseinnahmen (§ 15 I EStG) versteuert. Ausländische Anteilseigner sind von einer Anrechnung der K. auf ihre ESt- oder KSt-Schuld grundsätzlich ausgeschlossen. Zum Sonderfall der Vergütung der K. → Vergütung.

3. Der *Steuersatz* beträgt grundsätzlich 45% *(Tarifbelastung)* (§ 23 KStG). Schütten Kapitalgesellschaften aus, sind sie verpflichtet, eine Ausschüttungsbelastung von 30% des ausgeschütteten Gewinns vor Abzug der K. herzustellen, damit die Anrechnung der K. beim Anteilseigner stets mit 3/7 (30/70) der Ausschüttung erfolgen kann. *Herstellung der Ausschüttungsbelastung* von 30% bedeutet, daß bei Ausschüttung von mit 45% belasteten Rücklagen die K. sich um 15% mindert, bei einer Belastung mit 0% um 30% erhöht. Diese Erhöhung und Minderung der K. (§ 27 KStG) erfordert eine *Gliederung des für Ausschüttungen verwendbaren Eigenkapitals* nach seiner Belastung mit K. in EK 45 (voll belastet), EK 30 (ermäßigt belastet), EK 0 (unbelastet) und zwar EK 01 = aus ausländischen Quellen, EK 02 = aus inländischen Quellen, EK 03 = Altkapital, EK 04 = Einlagen neu, in einer Nebenrechnung außerhalb des Abschlusses. Der am höchsten belastete Eigenkapitalteil gilt als zuerst ausgeschüttet. Über das verwendbare Eigenkapital (§ 29 KStG) erläßt das Finanzamt einen *Feststellungsbescheid* (§ 47 KStG), der neben dem K.-Bescheid ergeht. Vgl. → Schütt-aus-Hol-zurück-Verfahren.

4. *Unbeschränkt körperschaftsteuerpflichtige* Körperschaften usw. (mit → Geschäftsleitung oder → Sitz im Inland) werden mit sämtl. Einkünften erfaßt, *beschränkt steuerpflichtige* nur mit ihren inländischen Einkünften, juristische Personen des öffentl. Rechts mit den → inländischen Einkünften, von denen ein Steuerabzug vorzunehmen ist (§§ 1, 2 KStG). *Befreit* sind Unternehmen des Bundes, kirchlichen, gemeinnützigen oder mildtätigen Zwecken dienende Körperschaften usw. (§ 5 KStG, §§ 51 ff. AO). Unter die Befreiung fallen auch Zweckbetriebe, das sind wirtschaftliche Geschäftsbetriebe von Trägern gemeinnütziger Organisationen, die dazu dienen, die steuerbegünstigten satzungsmäßigen Zwecke der Körperschaft zu verwirklichen und die im wesentlichen nicht in Wettbewerb zu nicht steuerbegünstigten Betrieben stehen (§ 65 AO). Beispiele: §§ 66 ff. AO. Besteuerungsmaßstab ist das Einkommen,

das nach den Vorschriften des EStG und den §§ 8 ff. KStG ermittelt wird. Bei → Steuerpflichtigen, die nach HGB zur Führung von Büchern verpflichtet sind, sind alle Einkünfte als solche aus Gewerbebetrieb zu behandeln (§ 8 II KStG). Auszugehen ist vom Steuerbilanzgewinn, korrigiert um verdeckte Einlagen. Hinzuzurechnen sind die nichtabziehbaren Aufwendungen des § 10 KStG (Erfüllung von Satzungszwecken, Personensteuern, Hälfte der Aufsichtsratsvergütungen) und verdeckte Gewinnausschüttungen; abzuziehen sind die abziehbaren Aufwendungen des § 9 KStG (z. B. Spenden). Der sich ergebende steuerliche Gewinn (Verlust) führt nach → Verlustabzug zum zu versteuernden Einkommen, auf das der Steuersatz anzuwenden ist. Vgl. → Mantelkauf; → wirtschaftlicher Geschäftsbetrieb.

5. *Verdeckte Gewinnausschüttungen* (§ 8 III 2 KStG) sind alle Vorteile, die eine Gesellschaft ihrem Gesellschafter oder einer diesem nahestehenden Person (z. B. → Angehörige) zuwendet und die sie einem Nicht-Gesellschafter bei Anwendung der Sorgfalt eines ordentlichen und gewissenhaften Geschäftsleiters nicht zugewendet hätte; z. B. zinsgünstiges Darlehen, verbilligte Miete, unentgeltliche Pkw-Nutzung. Die Korrektur einer verdeckten Gewinnausschüttung führt regelmäßig bei der Kapitalgesellschaft zu einem Mehreinkommen (= mehr K. und GewSt); beim Anteilseigner zu Mehr-Einnahmen aus Kapitalvermögen oder aus Gewerbebetrieb. Die verdeckte Gewinnausschüttung bewirkt beim betroffenen Gesellschafter einen höheren Gewinnanteil als den von der Gesellschafterversammlung beschlossenen. Rückzahlungsklauseln sind handelsrechtlich möglich, steuerlich aber ohne Auswirkung. S. a. → Gesellschaftsfremdfinanzierung.

6. *Verdeckte Einlage* (Abschn. 36 a KStR) liegt vor, wenn der Anteilseigner oder eine ihm nahestehende Person der Gesellschaft einen bilanzierungsfähigen Vermögensvorteil zuwendet, z. B. Unterpreislieferung eines Lkw, nicht dagegen eine unentgeltliche oder verbilligte Nutzungsüberlassung, z. B. zinsloses Darlehen. In der Steuerbilanz wird unterstellt, daß die Gesellschaft ein angemessenes Entgelt zahlt, z. B. mit der Folge höherer Anschaffungskosten des Lkw und der Passivierung der v. E. in Höhe des Vorteils. Beim Gesellschafter führt die v. E. zu höheren Anschaffungskosten der Beteiligung und damit bei Veräußerung einer wesentlichen Beteiligung (§ 17 EStG) oder einer Beteiligung im → Betriebsvermögen zu einem niedrigeren Veräußerungsgewinn. In der Handelsbilanz wird der Lkw mit dem vereinbarten Kaufpreis aktiviert. Vgl. Beteiligung, wesentliche.

**Körperverletzung.** Über *zivilrechtliche* Schadensersatzansprüche wegen K. vgl. § 823 II BGB (→ unerlaubte Handlung, 2 a).

*Strafrechtlich* (§ 223 StGB) ist K. entweder körperliche *Mißhandlung*, d. h. jede unangemessene Behandlung, die das körperliche Wohlbefinden oder die Unversehrtheit des Körpers nicht nur unwesentlich beeinträchtigt, oder *Gesundheitsschädigung*, die einen Krankheitszustand hervorruft oder steigert. Geschütztes Rechtsgut ist die körperliche Unversehrtheit.

1. Die *vorsätzliche* (einfache K.) ist mit Freiheitsstrafe bis zu 5 Jahren oder Geldstrafe bedroht. Die Rechtswidrigkeit kann ausgeschlossen sein, z. B. durch → Einwilligung des Verletzten (s. dort auch zur Frage der Sittenwidrigkeit, § 228 StGB). Der zu Heilzwecken vorgenommene ärztliche Eingriff wird von der Rspr. ebenfalls als K. angesehen. Die Rechtswidrigkeit kann hier durch Einwilligung des Behandelten, durch → Geschäftsführung ohne Auftrag (vermutete Einwilligung) oder nach § 35 StGB durch → Notstand (bei Gefahr im Verzug) ausgeschlossen sein.

2. Als *gefährliche* K. wird die Tat mit Freiheitsstrafe von 6 Mon. bis zu 10 Jahren oder Geldstrafe bestraft, wenn sie durch Beibringung von Gift oder anderen gesundheitsschädlichen Stoffen, mittels eines gefährlichen Werkzeugs (Waffe, Messer, aber auch beschuhter Fuß) oder mittels hinterlistigen Überfalls oder von mehreren gemeinschaftlich oder mittels lebensgefährdender Behandlung begangen wird (§ 224 StGB).

3. Wegen *Mißhandlung von Schutzbefohlenen* wird nach § 225 StGB mit Frei-

heitsstrafe von 6 Mon. bis zu 10 Jahren bestraft, wer Personen unter 18 Jahren oder wegen Gebrechlichkeit oder Krankheit Wehrlose, die seiner Fürsorge oder Obhut unterstehen, seinem Hausstand angehören, von dem Fürsorgepflichtigen seiner Gewalt überlassen worden sind oder ihm im Rahmen eines Dienst- oder Arbeitsverhältnisses untergeordnet sind, quält oder roh mißhandelt oder sie durch böswillige Vernachlässigung seiner Obhutspflicht gesundheitlich schädigt. Bei Gefahr des Todes oder einer schweren Gesundheitsschädigung oder einer erheblichen Schädigung der körperlichen oder seelischen Entwicklung des Opfers beträgt die Freiheitsstrafe mindestens 1 Jahr.

4. Eine *schwere* K. liegt vor, wenn die K. zur Folge hat, daß der Verletzte ein wichtiges Körperglied verliert oder nicht mehr gebrauchen kann, das Sehvermögen auf einem oder beiden Augen, das Gehör, das Sprechvermögen oder die Fortpflanzungsfähigkeit verliert oder erheblich dauernd entstellt wird (z. B. bei Gesichtsverletzungen, u. U. auch bei Verlust mehrerer Vorderzähne) oder in Siechtum, Lähmung oder geistige Krankheit oder Behinderung verfällt. Die schwere K. ist mit Freiheitsstrafe von 1 bis 10 Jahren bedroht. War die schwere Tatfolge absichtlich oder wissentlich verursacht, ist Freiheitsstrafe von mindestens 3 Jahren zu verhängen (§ 226 StGB). Die strafrechtliche Haftung für die nicht beabsichtigte schwere Folge tritt nach § 18 StGB aber nur ein, wenn der Täter mit ihr gerechnet hat oder hat rechnen müssen.

5. Hat der Täter nur eine K. begehen wollen, dabei aber wenigstens fahrlässig den *Tod des Verletzten* herbeigeführt, so ist auf Freiheitsstrafe von mindestens 3 Jahren zu erkennen (§§ 227, 18 StGB); war die Todesfolge gewollt, gelten auch die Bestimmungen über → Tötungsdelikte.

6. In minder schweren Fällen der Straftaten nach 2.–5. sind geringere Strafen zugelassen. Versuch ist in allen Fällen strafbar.

7. Die *fahrlässige* K. ist mit Geldstrafe oder Freiheitsstrafe bis zu 3 Jahren bedroht (§ 229 StGB).

8. Sonderfall der K. ist die *Beteiligung an einer → Schlägerei* (§ 231 StGB).

9. K. *im Amt* (§ 340 StGB) ist eine K., die ein → Amtsträger oder ein Offizier oder Unteroffizier (§ 48 WStG) während der Ausübung seines Dienstes oder in Beziehung auf diesen begeht oder begehen läßt (s. a. → Amtsdelikte). Sie mit Freiheitsstrafe von 3 Monaten bis zu 5 Jahren bedroht. Der Versuch ist strafbar. Die §§ 224–229 StGB gelten für K. im Amt entsprechend.

10. Die einfache und die fahrlässige K. (§§ 223–229 StGB) sind → Antragsdelikt; doch kann die StA die Tat auch ohne Strafantrag von Amts wegen verfolgen, wenn ein besonderes öffentliches Interesse ihrer Ahndung gebietet, so wenn der Täter einschlägig vorbestraft ist oder besonders leichtfertig gehandelt hat, z. B. bei einem Verkehrsdelikt (§ 230 StGB, Nr. 234 RiStBV). K. im Amt ist stets Offizialdelikt. S. ferner → Privatklage, → Nebenklage.

**Korporationen** → Verbindungen, studentische.

**Korrespektive** (wechselbezügliche) Verfügungen → gemeinschaftliches Testament.

**Korrespondenzanwalt** → Verkehrsanwalt.

**Korruption** wird im Strafrecht vor allem dank der Vorschriften gegen Bestechlichkeit, Vorteilsannahme und -gewährung, → Bestechung (§§ 331 ff. StGB), Verletzung von → Dienst- oder Privatgeheimnissen (§§ 353 b, 203 StGB, → Berufsgeheimnis), → Geheimnisverrat (§ 17 UWG), → Angestelltenbestechung (§ 299 StGB), → Submissionsabsprachen (§ 298 StGB) und → Untreue (§ 266 StGB) sowie gegen → Stimmenkauf, -verkauf bekämpft. Das → Steuergeheimnis hindert die Verfolgung von K. nicht. Auch die → Verdingungsordnungen sollen der K. vorbeugen. Zur Behandlung der K. im Zivil- und Arbeitsrecht → Schmiergelder, im Steuerrecht → Bestechung, im Beamtenrecht → Geschenke, Annahme von -n durch Beamte.

**Kosmetische Mittel** unterliegen dem → Lebensmittelrecht (§§ 24–29 LmBG). Die Vorschriften verbieten u. a. die Herstellung gesundheitsschädlicher K. und den Zusatz verschreibungspflichtiger → Arzneimittel, ferner die irreführende Werbung mit der Wirkung des Mittels oder mit Erfolgsaussichten. Einzelheiten regelt die KosmetikVO i. d. F. vom 7. 10. 1997 (BGBl. I 2410), so allgemein verbotene Stoffe (§ 1 und Anlage 1), eingeschränkt zugelassene Stoffe (§ 2 und Anlage 2), Zulassung von Farbstoffen (§ 3 und Anlage 3), Konservierungsstoffe (§ 3 a und Anlage 6), UV-Filter (§ 3 b und Anlage 7). *Deklarationspflicht* besteht für einen Teil der Stoffe, vor allem hinsichtlich des Herstellers und des Herstellungspostens. Ferner müssen der Nenninhalt und – bei Haltbarkeit von weniger als 30 Mon. – das *Mindesthaltbarkeitsdatum* angegeben werden (§ 5). Umfassende Neufassung der Anlagen enthält die VO vom 23. 7. 1986 (BGBl. I 1181). Angaben zur Zusammensetzung sind nicht vorgeschrieben. Schwere Verstöße sind mit Strafe, sonstige Zuwiderhandlungen mit Bußgeld bedroht.

**Kostenansatz** ist die Berechnung der → Gerichtskosten durch den Kostenbeamten (→ Kostenrechnung). Anders → Kostenfestsetzung.

**Kostenaufhebung** (bei Teilerfolg der Klage, § 92 I ZPO) bedeutet, daß jede Partei ihre eigenen (außergerichtlichen) Kosten (z. B. Rechtsanwalt) sowie die Hälfte der Gerichtskosten trägt.

**Kostenausgleich** → Kostenfestsetzung.

**Kostenberechnung** wird die Kostenrechnung des *Notars* über die ihm zufließenden Gebühren und Auslagen genannt (§ 154 KostO; → Kostenschuld). Auf Grund der K. kann auch die → Zwangsvollstreckung durchgeführt werden (§ 155 KostO). Über Einwendungen gegen die K. entscheidet das Landgericht (§ 156 KostO).

**Kostenbeteiligung der Versicherten.** Arznei- und Verbandmittel: Die Zuzahlung zu jedem zu Lasten der gesetzlichen → Krankenversicherung verordneten Arznei- und Verbandmittel beträgt für kleine Packungsgrößen 9 DM, für mittlere Packungsgrößen 11 DM und für große Packungsgrößen 13 DM.

Heilmittel (z. B. Massagen, Krankengymnastik): 15 v. H. der Kosten.

Hilfsmittel: 20 v. H. der Kosten.

Brillen: Die Krankenkasse zahlt die Gläser, die Kosten des Brillengestells trägt der Versicherte.

Zahnersatz: Versicherte, die vor dem 1. 1. 1979 geboren sind, erhalten Festbeträge und haben die übrigen Kosten selbst zu tragen, jüngere Versicherte tragen die Kosten grundsätzlich allein.

Krankenhausbehandlung: Für 14 Tage innerhalb eines Kalenderjahres 17 DM.

Rehabilitationskuren: Für jeden Kalendertag 25 DM.

Fahrtkosten: Bis 25 DM je Fahrt.

Kieferorthopädische Behandlung: 20 v. H. der Kosten. Bei mindestens zwei versicherten Kindern im Haushalt 10 v. H. für das zweite und jedes weitere Kind.

Für die gesetzliche → Rentenversicherung gelten die vorstehend skizzierten Regelungen im wesentlichen entsprechend; für die Zeit des Bezugs von Übergangsgeld ist jedoch keine Zuzahlung zu leisten, wenn der unmittelbare Anschluß der stationären Behandlung an eine Krankenhausbehandlung medizinisch notwendig ist.

Die Kostenbeteiligung trifft nur Versicherte über 18 Jahre. Bestimmte Personen sind befreit oder teilbefreit.

Bei unzumutbarer Belastung kann der Versicherungsträger von der Forderung der Zuzahlung absehen. §§ 29–33, 39–41 SGB V; § 32 SGB VI.

**Kostendeckungsprinzip** ist im Bereich der öffentlichen Verwaltung der Grundsatz, daß eine → Gebühr einerseits die tatsächlichen Aufwendungen der Verwaltungsbehörde für die betreffende Errichtung voll ausgleichen, andererseits der Behörde keine darüber hinausgehenden Einnahmen verschaffen soll. Das K. gehört nicht zum Wesen einer Gebühr und gilt nur da, wo das Gesetz es ausdrücklich festlegt. Im allgemeinen ist vom → Äquivalenzprinzip auszugehen. Besondere Bedeutung hat das K. bei der Frage, ob die Verwaltung für bestimmte Leistungen (z. B. für die Lieferung von Wasser) höhere Gebühren festsetzen darf, um damit Minderaufkommen bei anderen (insbes. verwandten) defizitären Leistungen auszugleichen, z. B. bei Verkehrsbetrieben. Neuerdings wird auch in der Justiz eine höhere Kostendeckung durch Gebühren gefordert.

**Kostenentscheidung** ist der gerichtliche Ausspruch darüber, wer die Kosten eines gerichtlichen Verfahrens zu tragen hat (→ Kostenpflicht). Sie ist i. d. R. Bestandteil der Entscheidung in der → Hauptsache. Die K. bezieht sich auf die Kosten des Rechtsstreits (Verfahrens) und ist von Amts wegen zu treffen (§ 308 II ZPO, § 464 StPO, § 161 I VwGO, § 193 I SGG, § 143 I FGO). Sie umfaßt die gerichtlichen und außergerichtlichen Kosten. Die K. (anders die → Kostenfestsetzung) kann grundsätzlich nicht selbständig angefochten werden (§ 99 ZPO, § 158 VwGO, § 140 FGO). Andererseits ergreift der Rechtsbehelf, der gegen die Entscheidung in der → Hauptsache eingelegt wird, auch die K.

**Kostenerstattungsanspruch** ist der Anspruch einer Partei oder eines Beteiligten gegen den Verfahrensgegner, die ihr entstandenen Prozeßkosten zu ersetzen (→ Kostenpflicht). Zu erstatten sind die vom Gesetz anerkannten Kosten (z. B. eines Rechtsanwalts, § 91 II ZPO), darüber hinaus die für eine sachgerechte Prozeßführung im Einzelfall notwendigen Auslagen, z. B. Fahrtkosten zum auswärtigen → Prozeßbevollmächtigten, u. U. die Kosten eines → Verkehrsanwalts (§ 52 BRAGO), eines Privatgutachtens o. ä. (erheblich eingeschränkt im Verfahren der → Arbeitsgerichtsbarkeit, § 12 a ArbGG). Man unterscheidet den *prozessualen* K., der allein auf den prozessualen Vorschriften beruht und der nur in dem Rechtsstreit, in dem er entsteht, geltend gemacht wird, und den *materiell-rechtlichen K.*, der entweder unmittelbar aus Vertrag oder als Aufwendungs- oder Schadensersatzanspruch entsteht; er kann gerichtlich in einem selbständigen Rechtsstreit geltend gemacht werden. Der prozessuale K. wird über eine → Kostenfestsetzung verwirklicht.

**Kostenfestsetzung** geschieht auf Antrag durch K.beschluß (§ 104 ZPO, § 464 b StPO, § 164 VwGO, § 197 SGG, § 149 FGO); hierbei wird über den prozessualen → Kostenerstattungsanspruch entschieden (ggf. durch Kostenausgleich der beiderseitigen Ansprüche bei Teilobsiegen und entsprechender Kostenteilung, § 92 ZPO). Der Beschluß ist Vollstreckungstitel (§ 794 I Nr. 2 ZPO); er ist anfechtbar, nach § 104 III ZPO, § 11 II RPflG, § 464 b StPO, § 148 FGO mit auf 2 Wochen befristeter Erinnerung, nach § 165 VwGO mit Antrag auf Entscheidung des Gerichts in gleicher Frist, nach § 197 II SGG mit Anrufung des Gerichts innerhalb eines Monats. Zuständig für die K. ist grundsätzlich der → Urkundsbeamte der Geschäftsstelle, im Bereich der ordentlichen Gerichtsbarkeit der → Rechtspfleger (§ 21 Nr. 1 RPflG). S. a. → Kostenansatz.

**Kostenfreiheit** → Kostenschuld.

**Kostenklausel** → Geldschuld.

**Kostenmiete** → Sozialer Wohnungsbau.

**Kostenordnung** → Gerichtskosten.

**Kostenpflicht.** Wer in einem Rechtsstreit oder sonstigen gerichtlichen Verfahren die gerichtlichen und außergerichtlichen Kosten zu tragen hat, entscheidet sich nach dem Grundsatz, daß die Kosten dem aufzuerlegen sind, der im Verfahren unterliegt oder im Strafverfahren verurteilt wird, im Rechtsmittelverfahren dem, der erfolglos das Rechtsmittel eingelegt hat, in der → Zwangsvollstreckung der Schuldner; unterliegt der Staatsanwalt oder sonstige Vertreter des öffentlichen Interesses, trifft die K. die Staatskasse. Vgl. §§ 91, 97, 788 ZPO, § 154 I, II VwGO, § 135 I, II FGO, §§ 465, 473 StPO. Bei einem (Prozeß-)Vergleich (im Zivilprozeß) ist in erster Linie die Vereinbarung der Beteiligten maßgebend; fehlt eine solche, gilt → Kostenaufhebung (§ 98 ZPO). Ausnahmsweise wird über die K. nach billigem Ermessen entschieden (§ 91 a ZPO, § 13 a FGG). Unter verschiedenen Gesichtspunkten kann die K. verteilt werden, insbes. prozentual bei nur teilweiser Verurteilung im Zivilprozeß. In Ehesachen werden die Kosten, falls die Ehe geschieden, aufgehoben oder für nichtig erklärt wird, „gegeneinander aufgehoben" (d. h., jede Partei trägt ihre außergerichtlichen Kosten selbst, dazu die Hälfte der Gerichtskosten); jedoch können sie aus Billigkeitsgründen anders verteilt werden (§ 93 a I, III

ZPO). Zum Umfang der K. → Kostenschuld, → Kostenerstattungsanspruch.

Die Kosten des *Strafverfahrens* hat der Angeklagte zu tragen, soweit gegen ihn Strafe verhängt oder eine → Maßregel der Besserung und Sicherung angeordnet worden ist (§ 465 StPO). Wird er freigesprochen oder wird die Eröffnung des → Hauptverfahrens abgelehnt oder das Verfahren eingestellt, so trägt er nur die Kosten, die er durch schuldhafte Säumnis verursacht hat; im übrigen trifft die K. die Staatskasse. Seine *notwendigen* Auslagen – auch die eines gewählten Verteidigers, selbst wenn die Heranziehung eines Verteidigers nicht gesetzlich vorgeschrieben, aber nach Lage des Falles sachgemäß war – werden im Falle des Freispruchs usw. der Staatskasse auferlegt. Er muß sie selbst tragen, wenn er die Anklage durch Selbstbezichtigung veranlaßt hatte; das Gericht *kann* ihn damit belasten, wenn er durch unrichtige Angaben in wesentlichen Punkten oder Verschweigen entlastender Umstände die Anklage herbeigeführt hat oder wenn er nur wegen eines Verfahrenshindernisses nicht verurteilt wird (§ 467 StPO). Dem *Anzeigenden,* der vorsätzlich oder leichtfertig (grob fahrlässig) eine falsche Beschuldigung erhoben hat, werden die Verfahrenskosten und die notwendigen Auslagen des Beschuldigten, und zwar auch nach Einstellung des Ermittlungsverfahrens, auferlegt (§ 469 StPO). Wird ein Strafverfahren eingestellt, weil der zur Verfolgung erforderliche *Strafantrag zurückgenommen* worden ist, trägt der Antragsteller die Verfahrenskosten und die notwendigen Auslagen des Beschuldigten, falls sie nicht vom Angeklagten übernommen oder aus Billigkeitsgründen der Staatskasse auferlegt werden (§ 470 StPO). Kommt es nicht zum Hauptverfahren, weil die Staatsanwaltschaft nach Zurücknahme der Anklage das Ermittlungsverfahren einstellt, so bürdet das Gericht die notwendigen Auslagen des Beschuldigten auf Antrag ganz oder z. T. der Staatskasse auf (§ 467 a StPO).

In der → *Sozialgerichtsbarkeit* besteht keine K. Doch haben die beteiligten Körperschaften oder Anstalten des öffentlichen Rechts ohne Rücksicht auf den Ausgang des Prozesses eine Pauschgebühr zu entrichten. Haben Beteiligte dem Gericht oder einem anderen Beteiligten durch Mutwillen, Verschleppung oder Irreführung Kosten verursacht, so kann sie ihnen das Gericht im Urteil ganz oder teilweise auferlegen (§§ 183, 184, 192 SGG; VO vom 31. 3. 1955, BGBl. I 180 m. spät. Änd.).

**Kostenrechnung** ist die dem Zahlungspflichtigen von der Geschäftsstelle erteilte Aufstellung über die → Gerichtskosten (→ Kostenschuld). Zahlt der Kostenschuldner nicht freiwillig, so treibt die Gerichtskasse die Gerichtskosten ein, und zwar nach den Vorschriften der → Justizbeitreibungsordnung (RGBl. 1937 I 298). → Kostenberechnung.

**Kostenrecht** → Gerichtskosten, → Gebühren, → Justizbeitreibungsordnung.

**Kostenschuld** ist die öffentlich-rechtliche Pflicht gegenüber dem Staat, die Gerichtskosten zu entrichten. Die K. folgt unmittelbar aus dem Gesetz (§§ 49–69 GKG, §§ 2–6 KostO). Darin ist bestimmt, wer Kostenschuldner ist und wann die K. fällig wird. In bestimmtem Umfang, insbes. für Bund und Länder, besteht Kostenfreiheit (§ 2 GKG, §§ 11–13 KostO). Für die Kosten der → Notare vgl. §§ 140, 141 KostO. Über die Gerichtskosten wird dem Kostenschuldner eine → Kostenrechnung übersandt, über die Notarkosten eine → Kostenberechnung. Zur Höhe (im Gebiet der ehem. DDR um 10% ermäßigt) s. Anhang.

**Kostenteilung** → Kostenfestsetzung.

**Kostentrennung** liegt vor, wenn die Kosten einzelner Prozeßhandlungen, einzelner Prozeßabschnitte oder eines ganzen Rechtszuges gesondert von den übrigen Kosten eines Rechtsstreits auferlegt werden. K. ist in zahlreichen gesetzlichen Vorschriften vorgesehen, z. B. bei Terminsversäumung, Verweisung an das zuständige Gericht u. a. m. (vgl. §§ 94–97, 281 III, 344 ZPO).

**Kostenvoranschlag** → Werkvertrag (5).

**Kostenvorschußpflicht** des Ehegatten → Unterhaltspflicht der Ehegatten, → Prozeßkostenvorschuß.

**Kraftdroschken.** Überholte Bezeichnung für → Taxen (s. dort).

**Kraftfahrer** → Fahrerlaubnis, → Fahrgastbeförderung, → Haftung (2), → Kraftfahrzeug-Haftpflichtversicherung.

Die K. und Beifahrer bestimmter Fz. zur Güter- und Personenbeförderung (→ Fahrpersonal) benötigen ein Mindestalter und haben Lenk- und Ruhezeiten einzuhalten und zum Nachweis (→ Kontrollgerät, → Fahrtschreiber) aufzuzeichnen. Die einzelnen Regelungen enthalten die VOen (EWG) Nr. 3820/85 und 3821/85 vom 20. 12. 1985 (ABl. Nr. L 370/1 und 8) für den Verkehr im EG-Bereich, das Europ. Übereinkommen über die Arbeitszeit des im internat. Straßenverkehr beschäftigten Fahrpersonals (AETR) vom 1. 7. 1970 (Ges. vom 31. 7. 1985, BGBl. II 889, m. Änd.) für den grenzüberschreitenden Verkehr in Vertragstaaten, die nicht EG-Mitglied sind, und die FahrpersonalVO vom 22. 8. 1969 (BGBl. I 1307, 1791) m. Änd. für den Verkehr im Bundesgebiet mit weiteren, von der VO (EWG) Nr. 3820/85 nicht erfaßten Fahrzeugen. Daneben gelten subsidiär die arbeits-, sozial- und tarifrechtlichen Bestimmungen (s. → Arbeitszeit).

**Kraftfahrstraßen** sind gekennzeichnete Schnellstraßen, die nur von Kfz. mit mehr als 60 km/h Höchstgeschwindigkeit benutzt werden dürfen (§ 18 I StVO). S. a. → Autostraßen, → Fahrgeschwindigkeit, → Vorfahrt.

**Kraftfahrt-Bundesamt.** Das KBA in Flensburg ist die Bundesoberbehörde für den Straßenverkehr (Ges. vom 4. 8. 1951, BGBl. I 488, m. Änd.). Es ist nach § 2 des Ges. u. a. zuständig: für Typgenehmigung und Typprüfung von Fz.en und Fz.-Teilen, Akkreditierung von Stellen, die Fze und Fz.-Teile prüfen; Führung von → Verkehrszentralregister, → Zentralem Fahrzeugregister und → Zentralem Fahrerlaubnisregister; Erstellung, Veröffentlichung und Auswertung von Verkehrsstatistiken; Zusammenarbeit mit Stellen anderer Staaten oder der EU auf den Gebieten des Straßenverkehrs und des Kraftfahrwesens. Die Einzelheiten, insbes. die Übermittlung von Daten aus Registern, sind in zahlreichen Gesetzen und VOen zum Straßenverkehr geregelt.

**Kraftfahrzeug** i. S. des Straßenverkehrsrechts ist ein maschinell getriebenes, nicht an Bahngleise gebundenes Landfahrzeug (§ 1 II StVG). Die Rechtsvorschriften für die Inbetriebnahme und Benutzung sind insbes. im Straßenverkehrsgesetz (StVG), in der Straßenverkehrs-Ordnung (StVO) und der Straßenverkehrs-Zulassungs-Ordnung (StVZO) enthalten. S. insbes. → Zulassung von Kfz., → Kennzeichen am Kfz., → Lastkraftwagen, → Omnibusse, → Personenkraftwagen, → Anhänger, → Internat. Kraftfahrzeugverkehr, → unbefugter Gebrauch von Fz. u. im folg.

**Kraftfahrzeug-Haftpflichtversicherung.** 1. Der → Halter eines *inländischen Kfz.* ist nach dem PflichtversicherungsG i. d. F. vom 5. 4. 1965 (BGBl. I 213) m. Änd. zum Abschluß einer H. für sich, den Eigentümer und den Fahrer zwecks Deckung der durch das Kfz. verursachten Personen- und Sachschäden *verpflichtet,* wenn das Kfz. auf öffentlichen Wegen verwendet wird. Der Umfang des notwendigen Versicherungsschutzes, den der Versicherungsvertrag zu gewähren hat, ist in der Kfz-PflichtversicherungsVO vom 29. 7. 1994 (BGBl. I 1837) bestimmt.

a) Die *Mindesthöhe* der H. beträgt 5 Mio DM für Personenschäden, 15 Mio bei Tötung oder Verletzung von 3 oder mehr Personen, 1 Mio DM für Sachschäden und 100 000 DM für sonstige reine Vermögensschäden (Anlage zu § 4 II PflVersG; für → Omnibusse höhere Sätze). Für langsamfahrende Kfz. besteht kein Versicherungszwang, ebenso nicht für Kfz. von Behörden, die aber für Schäden in gleichem Umfange selbst einzutreten haben. Der Versicherungsabschluß ist vor → Zulassung des Kfz. nachzuweisen; bei zulassungsfreien → Kleinkrafträdern und → Fahrrädern mit Hilfsmotor genügt ein Versicherungskennzeichen. Das Erlöschen der Versicherung hat der Versicherer der Zulassungsbehörde zu melden. Die Zulassungspapiere werden dann eingezogen und das Kfz.-Kennzeichen entstempelt (vgl. §§ 29 b–d StVZO); der Halter ist ebenfalls zur Rückgabe und Entstempelung verpflichtet. Gebrauch eines nicht versicherten Kfz. auf öffentlichen Straßen oder Gestattung des Gebrauchs ist strafbar (§ 6 PflVersG) und kann bei Vorsatz zur Einziehung des Kfz. (→ Einziehung im Strafverfahren) und zur Entziehung der → Fahrerlaubnis führen.

b) Der *Versicherungsschutz* beginnt mit Einlösung des Versicherungsscheins oder vorläufiger Deckungszusage. Anerkennung der Leistungspflicht im Schadensfall oder ihre Ablehnung durch den Versicherer berechtigen beide Teile zur Kündigung des Versicherungsvertrags binnen 1 Monat (§ 158 VVG). Der Versicherte hat die Allgem. Bedingungen für die Kraftfahrtversicherung (AKB) i. d.F. vom 26. 7. 1988 (BAnz. Nr. 152) m. spät. Änd. einzuhalten, um die Ansprüche aus dem Versicherungsvertrag nicht zu verlieren. Insbes. ist er zu schriftlicher Anzeige eines Unfalls binnen 1 Woche, zu wahrheitsgemäßen Auskünften über den Unfallhergang und Vorlage von Belegen sowie zur Schadensabwendung oder -minderung verpflichtet. Ohne Zustimmung des Versicherers darf er die Schadensersatzpflicht nicht anerkennen und keinen Vergleich abschließen. Der Versicherungsschutz ist nicht dadurch ausgeschlossen, daß der Versicherte den Unfall verschuldet hat, regelmäßig auch nicht bei grober Fahrlässigkeit; anders i. d. R. bei bewußt gesetz- oder vorschriftswidrigem Handeln, → Fahren ohne Führerschein oder erheblicher Erweiterung des Risikos ohne Einwilligung des Versicherers.

c) § 3 PflVersG räumt auch dem geschädigten Dritten (neben dem für den Schaden haftenden Versicherten) einen *Direktanspruch* gegen den Versicherer ein; Versicherter und Versicherer haften als → Gesamtschuldner. Der Versicherer kann dem Geschädigten nicht entgegenhalten, daß er von der Leistungspflicht frei ist, weil der Versicherte gegen den Versicherungsvertrag verstoßen, z. B. keine Unfallanzeige erstattet oder unrichtige Angaben gemacht hat. Doch muß der Geschädigte, um sich den Direktanspruch zu erhalten, innerhalb von 2 Wochen dem Versicherer Anzeige machen und ihm die nach dem Versicherungsvertrag erforderlichen Auskünfte geben.

d) Kann das Unfallfahrzeug nicht ermittelt werden oder besteht keine H. und erlangt der Geschädigte infolgedessen keinen Schadensersatz, so kann er binnen 3 Jahren Ansprüche, die ihm gegen den Fahrer, Halter oder Eigentümer des Kfz. zustehen, gegen den Entschädigungsfonds für Schäden aus Kraftfahrzeugunfällen, dessen Aufgaben der Verkehrsopferhilfe e. V. in Hamburg übertragen sind (VO v. 14. 12. 1965, BGBl. I 2093, m. Änd.; Bek. vom 19. 12. 1994, BAnz. 1995 S. 257), geltend machen; doch werden Leistungen von dritter Seite, z. B. aus einer Sozialversicherung oder aus → Staatshaftung, angerechnet (§ 12 PflVersG).

e) S. a. → Rechtsschutzversicherung, → Rückvergütung, → Straßenverkehrshaftung, → Kaskoversicherung.

2. *Ausländische Kfz.* müssen bei der Einreise in die BRep. eine den Vorschriften des Ges. über die Haftpflichtversicherung für ausländische Kfz. und Kfz.-Anhänger vom 24. 7. 1956 (BGBl. I 667) m. Änd. entsprechende ausreichende Kfz.-H. nachweisen; andernfalls werden sie von den Zollstellen zurückgewiesen. Davon ausgenommen sind Fz. aus den EG-Mitgliedstaaten (VO vom 8. 5. 1974, BGBl. I 1062, m. Änd.). Für Kfz. der *ausländischen* → *Streitkräfte* gilt Art. 11 des Zusatzabkommens z. Truppenstatut vom 3. 8. 1959 (BGBl. 1961 II 1218).

**Kraftfahrzeugbrief** → Fahrzeugbrief.

**Kraftfahrzeugführer** → Fahrzeugführer, → Kraftfahrer.

**Kraftfahrzeughaftung** → Straßenverkehrshaftung, → Gefährdungshaftung, → Gefälligkeitsfahrt, → Kraftfahrzeug-Haftpflichtversicherung.

**Kraftfahrzeughalter** → Halter eines Kraftfahrzeugs.

**Kraftfahrzeughandel.** Der Handel mit K. durch auf den Handel mit Gebrauchtwagen spezialisierte Betriebe unterliegt als → Gebrauchtwarenhandel den gewerberechtlichen Beschränkungen für → überwachungsbedürftige Gewerbe.

**Kraftfahrzeugschein** → Zulassung von Kraftfahrzeugen.

**Kraftfahrzeugsteuer.** 1. Die K. wird erhoben für das Halten eines Kraftfahrzeugs oder Kfz.-Anhängers zum Verkehr auf öffentlichen Straßen, die Zuteilung eines Kennzeichens für Probe- und Überführungsfahrten und die widerrechtliche Benutzung auf öffentlichen Straßen (§ 1 KraftStG i. d. F. vom 24. 5. 1994 (BGBl. I 1102, zuletzt geänd. 18. 4. 97, BGBl. I 805). Sie ist → Verkehrsteuer. Die Ertragshoheit steht den Ländern zu (Art. 106 II Nr. 3 GG). Der Halter eines inländischen Kfz. hat dieses über die Zulassungsbehörde beim Finanzamt, der eines ausländischen bei der Zollstelle anzumelden (§§ 3, 10 ff. KraftStDV i. d. F. vom 24. 5. 1994, BGBl. I 1144, zuletzt geänd. 18. 4. 97, BGBl. I 805). Das Finanzamt (die Zollstelle) setzt die Steuer fest und gibt sie dem Steuerschuldner durch einen Steuerbescheid bekannt (§ 12 I KraftStG). Eine *Steuerkarte* erhalten nur die Halter nicht im Inland zugelassener Fahrzeuge. *Steuerbefreiungen* bestehen u. a. für nicht zulassungspflichtige Kfz. und für bestimmte Kfz. von Bund und Ländern, Gemeinden, Polizei und Körperbehinderten (§ 3 KraftStG). *Steuerschuldner* ist die Person, für welche das Kraftfahrzeug zugelassen ist, bei widerrechtlicher Benutzung jeder Benutzer, bei gebietsfremden Fahrzeugen, wer das Fahrzeug im Inland benutzt, bei rotem Kennzeichen der, dem es zugeteilt ist (§ 7 KraftStG). *Bemessungsgrundlage* ist bei Krafträdern und Personenkraftwagen grundsätzlich der *Hubraum,* sonst das zulässige *Gesamtgewicht* und die Anzahl der Achsen (§ 8 KraftStG). Die K. ist i. d. R. jährlich im voraus zu entrichten (§ 11 KraftStG); vgl. auch → Steuerkarte (II).

2. Das Kraftfahrzeugsteueränderungsgesetz 1997 (BGBl. I 805) richtet die Besteuerung ab 1. 7. 1997 nach der Fahrzeugemission aus. Pkw mit hohem Schadstoffausstoß (ohne Katalysator oder mit ungeregeltem Katalysator) werden spürbar höher besteuert als zuvor, Pkw mit Euro-1 oder 2-Norm geringer; Kfz-Neuzulassungen mit Euro 3 oder 4-Norm sind befristet steuerfrei bis 31. 12. 2005. Die Steuersätze (z. B. Euro-1 13,20 DM/je angefangene 100 ccm Hubraum, Euro-2 12 DM;) werden ab 1. 1. 2001, für Euro-2, -3, -4 Autos, die nicht steuerfrei sind, ab 1. 1. 2004 erhöht. Die Schadstoffemission wird in einer Schlüsselnummer ausgewiesen, die im Fahrzeugschein vermerkt wird. Oldtimer, älter als 25 Jahre zahlen eine Pauschalsteuer von 375 DM/Jahr. Das Steueraufkommen soll sich durch Erhöhungen und Senkungen ausgleichen. Die Auswirkungen des Gesetzes werden nach einer Erfahrungszeit von 5 Jahren, also im Jahr 2002 durch die Bundesregierung überprüft. In die Überprüfung ist die Umlegung der K. auf die → Mineralölsteuer einzubeziehen. Eine Übersicht der 30 verschiedenen Steuersätze mit Gegenüberstellung zu den bisherigen Steuersätzen enthalten die BMF-Finanznachrichten 7/97.

**Kraftfahrzeugvermietung an Minderjährige** → Autovermietung.

**Kraftfahrzeugversicherung.** Zur Deckung von Schäden, die beim Betrieb eines Kfz. entstehen können, kommen insbes. in Betracht: die für die meisten Kfz. gesetzlich vorgeschriebene → Kraftfahrzeug-Haftpflichtversicherung, ferner die → Kaskoversicherung und die → Insassenunfallversicherung.

**Kraftloserklärung** von Urkunden → Aufgebotsverfahren.

**Kraftomnibusse** → Omnibusse.

**Krafträder** sind Zweiräder, auch mit → Beiwagen. Mit mehr als 50 ccm Hubraum und 50 km/h Höchstgeschwindigkeit unterliegen sie den allgemeinen Vorschriften für → Kraftfahrzeuge, K. mit geringerem Hubraum denen für → Kleinkrafträder (s. dort auch über Leichtkrafträder). Doch gelten auch für die größeren K. Sonderbestimmungen, z. B. für → Beleuchtung, Rückspiegel, Richtungsanzeiger. Auch ist nur ein → Kennzeichen (hinten) erforderlich. → Beiwagen dürfen nur in amtlich genehmigter Bauart ausgeführt werden. Für → Soziusfahrer müssen ein besonderer Sitz, ein Handgriff und auf beiden Seiten Fußstützen eingebaut sein. Vgl. §§ 35 a IX, 41 VI, 50 II, 53 I, II, 54 IV, 56, 60 III StVZO, §§ 21 I, 21 a II StVO. S. a. → Fahrräder m. Hilfsmotor, → Zulassung v. Kraftfahrzeugen, → Fahrerlaubnis, → Schutzhelm.

**Krankenbehandlung** können Versicherte der gesetzlichen → Krankenversicherung in Anspruch nehmen, wenn sie erforderlich ist, um eine → Krankheit zu erkennen, zu heilen, ihre Verschlimmerung zu verhüten oder Krankheitsbeschwerden zu lindern. Die Krankenbehandlung umfaßt ärztliche Behandlung, zahnärztliche Behandlung, einschließlich der Versorgung mit Zahnersatz, Versorgung mit Arznei-, Verband-, Heil- und Hilfsmitteln, → häusliche Krankenpflege und → Haushaltshilfe, → Krankenhausbehandlung, medizinische und ergänzende Leistungen zur Rehabilitation sowie Belastungserprobung und Arbeitstherapie (§ 27 SGB V). Unter bestimmten Voraussetzungen gehören außerdem auch medizinische Maßnahmen zur Herbeiführung einer Schwangerschaft (künstliche Befruchtung) zu den Leistungen der Krankenbehandlung (§ 27 a SGB V).

**Krankengeld.** Barleistung der gesetzlichen → Krankenversicherung mit dem Zweck, den durch die → Arbeitsunfähigkeit ausfallenden Lohn zu ersetzen. Es beträgt 70 v. H. des Regelentgelts und darf das Nettoentgelt nicht übersteigen. Die Leistungsdauer ist bei Arbeitsunfähigkeit wegen derselben Krankheit auf 78 Wochen innerhalb von 3 Jahren vom Beginn der Arbeitsunfähigkeit an beschränkt. Es ist für die gleiche Höchstdauer auch bei → Krankenhausbehandlung zu gewähren, ebenso bei stationärem Kur- oder Genesungsaufenthalt. Nach Ablauf eines Jahres erhöht es sich entsprechend der letzten Rentenanpassung.

K. können Versicherte ferner in Anspruch nehmen, wenn es nach ärztlichem Zeugnis erforderlich ist, daß sie zur Betreuung ihres erkrankten Kindes, das das 12. Lebensjahr noch nicht vollendet hat, der Arbeit fernbleiben. Der Anspruch besteht für jedes Kind für längstens 10 Kalendertage, für alleinerziehende Versicherte längstens für 20 Arbeitstage im Jahr. Unabhängig von der Zahl der Kinder ist der Anspruch allerdings auf 25 bzw. 50 (Alleinerziehende) Kalendertage im Jahr limitiert.

Bei Entgeltfortzahlung durch den Arbeitgeber (→ Entgeltfortzahlung im Krankheitsfall) ruht das K. in entsprechender Höhe. Bei vorsätzlich herbeigeführter Erkrankung kann die Satzung für deren Dauer das K. ganz oder teilweise versagen. §§ 44–52 SGB V; §§ 8, 13 KVLG 1989.

Das K. ist steuerfrei (§ 3 Nr. 1 a EStG), unterliegt aber dem → Progressionsvorbehalt (§ 32 b Nr. 1 b EStG).

**Krankengymnast** jetzt → Physiotherapeut.

**Krankenhaus** (Zulassung zum Betrieb) → Krankenpflegeanstalten.

**Krankenhausbehandlung** wird von der → Krankenversicherung gewährt, wenn sie erforderlich ist, um die Krankheit zu erkennen oder zu behandeln oder die Beschwerden zu lindern und dieses Ziel ambulant oder häuslich nicht erreicht werden kann. Eine zeitliche Begrenzung besteht nicht. Daneben ist u. U. → Krankengeld zu gewähren. Wählt der Versicherte ein anderes als das in der ärztlichen Einweisung bezeichnete Krankenhaus, muß er die Mehrkosten tragen. Vom Beginn der K. an muß der Versicherte innerhalb eines Kalenderjahres für längstens 14 Tage an das Krankenhaus 17 DM pro Tag zahlen. §§ 39, 107, 108 SGB V; § 8 KVLG 1989.

**Krankenhausfinanzierung** (Pflegesätze). Die Kosten der Errichtung und den Erhalt von Krankenhäusern und der Anschaffung der dazugehörenden Wirtschaftsgüter (ohne Verbrauchsgüter) tragen grundsätzlich die Länder. Die Kosten des Betriebs werden von den Benutzern durch Pflegesätze getragen, die zwischen den Krankenhausträgern und den Sozialleistungsträgern mit behördlicher Genehmigung vereinbart werden. Krankenhausfinanzierungsgesetz – KHG i. d. F. vom 10. 4. 1991 (BGBl. I 886 mit Änd.); Bundespflegesatzverordnung – BPflV vom 26. 9. 1994 (BGBl. I 2750 mit Änd.).

Von 1997 bis 1999 soll ein wesentlicher Teil der Instandhaltungskosten ebenfalls über die Pflegesätze finanziert werden; die Versicherten sollen in diesem Zeitraum einen Zusatzbeitrag in Höhe von 20 DM pro Jahr leisten.

**Krankenhausvertrag** → Werkvertrag (1).

**Krankenhilfe** ist eine Leistung der → Sozialhilfe. Die Krankenhilfe umfaßt ärztliche und zahnärztliche Behandlung, die Versorgung mit Arzneimitteln, Verbandmitteln und Zahnersatz, Krankenhausbehandlung sowie sonstige zur Genesung, zur Besserung oder zur Linderung der Krankheitsfolgen erforderliche Leistungen. Die Leistungen sollen in der Regel den Leistungen entsprechen, die nach den Vorschriften über die gesetzliche → Krankenversicherung gewährt werden (§ 37 BSHG).

**Krankenkassen.** Die K. sind die Träger der gesetzlichen → Krankenversicherung. Sie gliedern sich in allgemeine → Ortskrankenkassen, → Betriebskrankenkassen, → Innungskrankenkassen, die → See-Krankenkassen, die → landwirtschaftlichen Krankenkassen, die → Bundesknappschaft und → Ersatzkassen (§§ 143 ff. SGB V). Die K. sind Selbstverwaltungskörperschaften des öffentl. Rechts. Ihre Organe sind die Vertreterversammlung (erläßt die Satzung) und der → Vorstand (Vollzugsorgan). Für die Führung der laufenden Geschäfte besteht eine hauptamtliche Geschäftsführung mit einem vom Vorstand gewählten hauptamtl. Geschäftsführer an der Spitze (§§ 29 ff. SGB IV). S. auch → Dienstordnung. Die Orts-, Betriebs- und Innungskrankenkasssen sind zu Landesverbänden und diese wiederum zu Bundesverbänden zusammengeschlossen (§§ 207 ff. SGB V), die landw. K. nur zu einem Bundesverband (§§ 34 ff. KVLG 1989); es besteht gesetzliche Zwangsmitgliedschaft. Die Verbände sind Körperschaften des öffentlichen Rechts.

**Krankenpapiere** (Einsicht, Herausgabe) → Vorlegung von Sachen.

**Krankenpflege** in der sozialen → Krankenversicherung, → Krankenbehandlung.

**Krankenpflegeanstalten.** Zur Genehmigungsbedürftigkeit gewerblicher (→ Gewerbe) Kranken- und Pflegeeinrichtungen s. bei → Privatkrankenanstalten. S. a. → Altenwohnheime. Zu den Pflegesätzen in Krankenanstalten s. → Preisrecht. Die Sonderregelungen über die → Arbeitszeit in K. sind zum 1. 1. 1996 aufgehoben.

**Krankenpfleger, -schwester.** Für die Ausübung einer Tätigkeit unter der Berufsbezeichnung Krankenpfleger, Krankenschwester und Kinderkrankenschwester ist nach dem KrankenpflegeG i. d. F. vom 4. 6. 1985 (BGBl. I 893) m. Änd. u. a. gem. Ges. vom 23. 3. 1992 (BGBl. I 719) betreffend die Gleichstellung von Diplomen der EG-Mitgliedstaaten die Erlaubnis der von der LdReg. bestimmten Verwaltungsbehörde erforderlich. Voraussetzungen für die Erlaubnis sind eine 3jährige Ausbildung (Lehrgang an einer – an eine Klinik angegliederten – Krankenpflegeschule: Unterricht und praktische Arbeit am Krankenbett) und Ablegung einer Prüfung (Ausbildungs- u. PrüfungsO vom 16. 10. 1985, BGBl. I 1973). S. a. KrankenpflegeVO vom 28. 9. 1938 (RGBl. I 1310) sowie Säuglings- und KinderpflegeVO vom 15. 11. 1939 (RGBl. I 2239). Unbefugte Führung der Berufsbezeichnung ist → Ordnungswidrigkeit.

**Krankenschein.** Bis zum 31. 12. 1994 diente der K. in der gesetzlichen → Krankenversicherung als Ausweis der Versicherungszugehörigkeit und bildete die Grundlage für die ärztliche oder zahnärztliche Behandlung Der K. ist ersetzt worden durch die → Krankenversichertenkarte.

**Krankenvergütung** → Entgeltfortzahlung im Krankheitsfall.

**Krankenversichertenkarte.** Die K., die jeder Versicherte der gesetzlichen → Krankenversicherung bis zum 1. 1. 1995 erhalten hat, ersetzt den früheren Krankenschein. Die K. enthält folgende Angaben: Bezeichnung der ausstellenden Krankenkasse, Name des Versicherten, Geburtsdatum, Anschrift, Krankenversichertennummer, Versichertenstatus, Tag des Beginns des Versicherungsschutzes und bei befristeter Gültigkeit der Karte das Datum des Fristablaufs. Versicherte, die ärztliche oder zahnärztliche Behandlung in Anspruch nehmen wollen, haben dem Arzt bzw. Zahnarzt vor Beginn der Behandlung ihre K. vorzulegen; in dringenden Fällen kann die K. auch nachgereicht werden (§§ 15, 291 SGB V).

**Krankenversicherung.** 1. Die *gesetzliche K.* ist ein Versicherungszweig der → Sozialversicherung mit der Aufgabe, Leistungen zur Förderung der Gesundheit (z. B. Aufklärung und Beratung), zur Verhütung von Krankheiten (z. B. zahnärztliche → Vorsorgeuntersuchungen, Vorsorgekuren), Früherkennungsuntersuchungen bei Erwachsenen (z. B. auf Krebs, Herz- Kreislauf-, Nieren- und Zuckerkrankheit) und bei Kindern, Krankenbehandlung (z. B. ärztliche und zahnärztliche Behandlung, → Arzneimittel, Heil- und Hilfsmittel, → häusliche Krankenpflege und → Haushaltshilfe, Behandlung im Krankenhaus (→ Krankenhausbehandlung), medizinische und ergänzende Leistungen zur Rehabilitation sowie Belastungserprobung und Arbeitstherapie) zu gewähren. Auch medizinische Leistungen zur Herbeiführung einer Schwangerschaft (künstliche Befruchtung) gehören zur Krankenbehandlung. Bei Entgeltausfall wird Krankengeld gezahlt. Leistungen werden ferner bei Schwangerschaft und Mutterschaft und legitimem Schwangerschaftsabbruch oder Sterilisation erbracht. Auch Fahrkosten werden in bestimmtem Umfang erstattet (§§ 20 ff. SGB V; §§ 195 ff. RVO).

Pflichtmitgliedschaft besteht für → Arbeiter und für → Angestellte bis zu einem regelmäßigen → Jahresarbeitsverdienst von 75 v. H. der → Beitragsbemessungsgrenze der Rentenversicherung, wobei Familienzuschläge unberücksichtigt bleiben, ferner für bestimmte selbständige Berufe (z. B. Landwirte, Künstler, Publizisten), für eingeschriebene Hochschulstudenten und für Praktikanten während eines vorgeschriebenen Berufspraktikums (sofern nicht familienversichert) mit Befreiungsmöglichkeit zugunsten der Privatversicherung, desweiteren für Behinderte, die in Werkstätten für → Behinderte tätig sind oder bestimmte Leistungen erbringen sowie für Rentenantragsteller und Rentner der gesetzlichen → Rentenversicherung bei Erfüllung bestimmter Voraussetzungen. Versicherungsfrei sind insbes. Beamte sowie vorübergehend oder unentgeltlich Beschäftigte (§§ 5–9 SGB V). Auch → freiwillige Versicherung möglich. S. a. → Krankenversicherung der Landwirte und → Rentnerkrankenversicherung. Träger der K. sind die → Krankenkassen.

2. Die *privatrechtliche K.* ist eine Art der → Personenversicherung. Der Versicherer gewährt hier nach Maßgabe der → Versicherungsbedingungen und der Vereinbarungen im Einzelfall (Tarif) Versicherungsschutz durch Ersatz der Aufwendungen, die durch notwendige Heilungskosten wegen Krankheit oder Unfallfolgen (einschl. Schwangerschaft und Entbindung) entstehen. Krankheit ist dabei ein nach ärztlichem Urteil anormaler körperlicher oder geistiger Zustand. Die Krankheitskostenversicherung umfaßt die notwendige ärztliche Behandlung (einschließlich Arzneimittel, im gewissen Umfang Kuren, auch → künstliche Samenübertragung o.ä., nicht aber Schönheitsoperationen u. dgl.). Daneben kann auch eine Krankenhaustagegeldversicherung bei medizinisch notwendiger stationärer Heilbehandlung vereinbart werden. Für die privatrechtliche K. gelten die allgemeinen Vorschriften des Ges. über den → Versicherungsvertrag mit ergänzenden Sondervorschriften in §§ 178 a ff. VVG. Zugrundegelegt werden meist die Allgemeinen K.bedingungen (für das Sterbegeld gelten die Vorschriften über die → Lebensversicherung). Danach ist der Versicherer regelmäßig von seiner Leistungspflicht frei, wenn die Krankheit bereits vor Beginn des Versicherungsverhältnisses oder vor Beendigung der Wartezeit bestanden hat (kein Rücktrittsrecht des Versicherers nach Ablauf von 3 Jahren ab Verletzung der Anzeigepflicht). Eine Wartezeit scheidet regelmäßig beim sofortigen Übergang von der → Sozialversicherung aus. Bei Zahlungsverzug (→ Schuldnerverzug) trotz Fristsetzung des Versicherers hat dieser i. d. R. ein fristloses Kündigungsrecht und ist von der Leistungspflicht befreit. Zum Ablauf des ersten (und jedes folgenden) Versicherungsjahres besteht ein ordentliches Kündigungsrecht des Versicherungsnehmers. S. a. → Rückvergütung, → Pflegeversicherung.

3. Leistungen aus der K. sind steuerfrei (§ 3 Nr. 1 a EStG). → Krankengeld, → Sonderausgaben 1 d.

**Krankenversicherung der Landwirte.** Pflichtmitgliedschaft bei der K. d. L. besteht insbes. für land- und forstwirtschaftl. Unternehmer, mitarbeitende Familienangehörige und Altersrentenempfänger. Die Leistungen entsprechen im wesentlichen denen der allgemeinen → Krankenversicherung. Zusätzlich wird Betriebshilfe durch Stellung einer Ersatzkraft oder Kostenerstattung gewährt. Träger sind die bei den → Landw. Berufsgenossenschaften errichteten → Landw. Krankenkassen. Ges. über die Krankenversicherung der Landwirte – KVLG 1989 – vom 20. 12. 1988 (BGBl. I 2477) m. spät. Änd.

**Krankheit** im Sinne der gesetzlichen → Krankenversicherung ist ein regelwidriger Körper- oder Geisteszustand, der Behandlungsbedürftigkeit und/oder Arbeitsunfähigkeit zur Folge hat. Als Regelwidrigkeiten im Sinne dieser Definition sind z. B. angesehen worden Sucht (insbesondere Trunksucht), wenn ein Verlust der Selbstkontrolle eintritt und die zwanghafte Abhängigkeit ohne ärztliche Hilfe nicht gebessert oder auch nur vor Verschlimmerung bewahrt werden kann, Neurosen, wenn der Betroffene auch bei zumutbarer Willensanspannung aus eigener Kraft die seelische Störung nicht überwinden kann, sowie Dauerleiden, die wesentliche Funktionsstörungen verursachen. Auf die Ursache der Regelwidrigkeit kommt es nicht an. Behandlungsbedürftigkeit ist zu bejahen, wenn der regelwidrige Zustand nach den Regeln der ärztlichen Kunst einer Behandlung mit dem Ziel der Heilung, zumindest der Besserung oder der Verhütung der Verschlimmerung des Zustandes oder der Linderung von Schmerzen zugänglich ist. Arbeitsunfähigkeit liegt vor, wenn der Betroffene seiner bisher ausgeübten Erwerbstätigkeit nicht mehr oder nur noch auf die Gefahr hin nachgehen kann, seinen Zustand zu verschlimmern.

Krankheit im Sinne der gesetzlichen → Rentenversicherung ist ein regelwidriger Körper- oder Geisteszustand; auf die Behandlungsbedürftigkeit oder eine aus der Regelwidrigkeit folgende Arbeitsunfähigkeit kommt es nicht an. Ähnliches gilt für die anderen Bereiche des Sozialrechts.

**Krankheit des Arbeitnehmers.** Über die Auswirkungen auf den Arbeitsvertrag → Arbeitsverhältnis, → Entgeltfortzahlung im Krankheitsfall. In der gesetzlichen → Krankenversicherung ist die K. ein → Versicherungsfall. K. im sozialversicherungsrechtlichen Sinne ist jeder regelwidrige Körper- und Geisteszustand, der behandlungsbedürftig ist und/oder → Arbeitsunfähigkeit zur Folge hat, auch die Verletzung durch Unfall.

**Krankheiten, übertragbare** → Geschlechtskrankheiten, → übertragbare Krankheiten.

**Krankheitsverhütung.** Die → Krankenkassen als Träger der gesetzlichen → Krankenversicherung können zur Krankheitsverhütung in ihren Satzungen Schutzimpfungen vorsehen, soweit diese nicht aus Anlaß eines nicht beruflich veranlaßten Auslandsaufenthalts angezeigt sind (§ 20 SGB V).

**Krankmeldung** → Entgeltfortzahlung im Krankheitsfall.

**Krawallschäden** → Tumultschäden.

**Kreationstheorie** → Wertpapierrechtstheorien.

**Krebsregister.** Nach dem Gesetz über K. vom 4. 11. 1994 (BGBl. I 3351) können zur Verbesserung der Krebsbekämpfung einschlägige Daten erhoben werden. Die Meldungen durch Ärzte und Kliniken sind freiwillig. Der betroffene Patient ist zu unterrichten und hat das Recht, seiner Eintragung in das Register zu widersprechen. In diesem Fall sind seine einschlägigen Daten zu löschen.

**Kredit** → Realkredit, → Personalkredit, → Kontokorrent, → Kreditvertrag, → Darlehen.

**Kreditauftrag** ist der Auftrag, im eigenen Namen und auf eigene Rechnung einem Dritten Kredit zu geben. Auf den K. finden die Vorschriften über den → Auftrag Anwendung; der Auftraggeber haftet aber dem Beauftragten daneben für die aus der Kreditgewährung entstehende Verbindlichkeit des Dritten als → Bürge (§ 778 BGB), jedoch wenn der K. für ihn ein Handelsgeschäft ist, ohne Einrede der Vorausklage (§§ 349, 351 HGB). → Akkreditiv.

**Kreditbetrug** (§ 265 b StGB) begeht, wer im Zusammenhang mit einem Kreditgewährungsantrag über wirtschaftliche Verhältnisse unrichtige od. unvollständige *Unterlagen* (Bilanzen, Vermögensübersichten u. dgl.) vorlegt oder *schriftlich* unrichtige oder unvollständige

*Angaben* macht, soweit es sich um für den Kreditnehmer günstige, entscheidungserhebliche Umstände handelt. Die Strafe ist Freiheitsstrafe bis zu 3 Jahren oder Geldstrafe. Die Vorschrift bezieht sich auf Kredite i. w. S. (auch Bürgschaften u. dgl.), erfaßt aber nur solche, die für einen *kaufmännisch zu führenden Betrieb oder Unternehmen* (auch freiberuflich, z. B. Arzt-, Anwaltspraxis) von einem ebensolchen Betrieb (Unternehmen) gewährt werden sollen. Die Tathandlung kann sich auch auf Belassung eines Kredits oder Konditionsänderung beziehen. Wer die Kredithergabe verhindert oder sich darum bemüht (→ tätige Reue), bleibt straflos.

**Kreditbrief** ist eine → Anweisung, bei welcher der Anweisende (Aussteller des K.) den Anweisungsempfänger ermächtigt, sich beim Angewiesenen (meist Bank) unter Vorlage des K. Geldbeträge bis zu einem bestimmten Höchstbetrag auszahlen zu lassen.

**Kreditbürgschaft** → Bürgschaft.

**Krediteröffnungsvertrag** → Darlehen.

**Kreditgefährdung** → unerlaubte Handlung (2 c).

**Kreditgenossenschaft** → Kreditverein, Genossenschaft (1).

**Kreditgeschäft** → Kreditvertrag.

**Kreditgewinnabgabe** → Lastenausgleich.

**Kreditinstitute** sind nach § 1 des Ges. über das Kreditwesen (KWG) i. d.F. vom 22. 1. 1996 (BGBl. I 64) m. grundlegenden Änd. durch die 6. KWG-Novelle (Art. 1 Ges. vom 22. 10. 1997, BGBl. I 2518) Unternehmen, die → Bankgeschäfte gewerblich oder in einem Umfang betreiben, der einen in kaufmännischer Weise eingerichteten Geschäftsbetrieb erfordert. Dadurch daß nunmehr jeder gewerbliche Betrieb von Bankgeschäften der → Bankenaufsicht unterliegt, soll Mißständen auf dem sog. grauen Kapitalmarkt begegnet werden. Zu den K. gehören nunmehr auch öffentliche und private → Bausparkassen. Im regeltechnischen Ergebnis wie K. werden → Finanzdienstleistungsinstitute behandelt, nicht aber → Finanzunternehmen. Nicht zu den K.n i. S. des KWG zählen wegen der für sie bestehenden Sondervorschriften insbes. die Deutsche → Bundesbank, die → Bundespost, die Kreditanstalt für Wiederaufbau (s. Ges. i. d. F. vom 23. 6. 1969, BGBl. I 573), die Sozialversicherungseinrichtungen und die Bundesanstalt für Arbeit, die privaten und öffentlichen → Versicherungsunternehmen sowie → Pfandleiher; für diese – mit Ausnahme der Bundesbank – gelten nur einzelne Vorschriften des KWG (vgl. § 2 II, III).

Der Betrieb eines K. unterliegt den Vorschriften des KWG; für bestimmte Arten von K.n bestehen außerdem Sondervorschriften (→ Hypothekenbanken, → Kapitalanlagegesellschaften). Die Errichtung eines K.s bedarf der schriftlichen Erlaubnis des Bundesaufsichtsamtes für Kreditwesen (→ Bankenaufsicht), auf deren Erteilung ein Rechtsanspruch besteht, wenn keiner der in § 33 genannten Versagungsgründe vorliegt (Fehlen der erforderlichen Mittel, jetzt 5 Mio ECU, die aufrechtzuerhalten sind, Unzuverlässigkeit, mangelnde fachliche Eignung, Fehlen eines Geschäftsplans und von mind. zwei hauptberuflichen Geschäftsleitern). Neben diesen Voraussetzungen muß jetzt auch zuverlässig sein, wer eine „bedeutende Beteiligung“ an einem K. besitzt oder erwirbt (§ 2b KWG). Zur Sicherung dieser Anforderung bestehen Meldevorschriften. Die Vorschrift dient vor allem der Bekämpfung der → Organisierten Kriminalität und der → Geldwäsche. Bestimmte Arten von Bankgeschäften sind generell verboten (Werksparkassen, Zwecksparunternehmen, Mißbrauch des bargeldlosen Zahlungsverkehrs; § 3). Für die K. gelten besondere Struktur- und Ordnungsvorschriften (§§ 10ff., jetzt an die → Solvabilitätsrichtlinie angepaßte Vorschriften insbes. über Eigenkapitalausstattung, Liquidität, Anzeigepflichten für Großkredite und Organkredite, Vorlage von Monatsausweisen, Prüfung der Jahresabschlüsse und Depotprüfungen); ihre Befolgung wird durch das Bundesaufsichtsamt überwacht. Die Beteiligung von K. an Unternehmen, die nicht K, → Versicherungsunternehmen oder → Finanzinstitute sind, ist nach § 12 V KWG auf 15% des Eigenkapitals im Einzelfall und 60% des Eigenkapitals insgesamt beschränkt. Zur Führung der Bezeichnung „Bank", „Bankier" oder „Sparkasse" sind nach §§ 39 ff. grundsätzlich nur Kreditinstitute befugt, die eine Erlaubnis nach § 32 besitzen. Für K. aus den EG-Staaten gilt jetzt durchgehend das Prinzip der „Heimatlandkontrolle", d. h. deutsche K. können EG-ausländische Zweigstellen frei gründen, während umgekehrt Zweigstellen von EG-ausländischen Banken keinen inländischen Zugangsbeschränkungen mehr unterliegen, es bestehen aber Anmeldepflichten und Beaufsichtigungsmöglichkeiten (§§ 53 b bis 53 d KWG sog. Europaß für K.). Sondervorschriften über → Bilanz und → Jahresabschluß von K. s. §§ 340 ff. HGB.

**Kreditkarte.** Die von einer bestimmten Organisation (→ Kredit- oder → Finanzinstitut) ausgestellte K. berechtigt den Inhaber, bei den angeschlossenen Unternehmen Leistungen ohne Bargeldzahlung (bei periodischer Abrechnung) in Anspruch zu nehmen. S. a. → Scheckkarte, → Kreditvertrag (2).

Strafrechtlich → Mißbrauch von Scheck- und Kreditkarten, Fälschung von Zahlungskarten und Euroscheckvordrucken.

**Kreditkauf** → Barkauf, → Kreditvertrag.

**Kreditor** = (→)Gläubiger.

**Kreditverein** ist eine → Genossenschaft, deren Zweck darin besteht, ihren Mitgliedern → Darlehen zu verschaffen, und zwar meistens durch gemeinsame Beiträge. Die Aufgabe von K. werden heute i. d. R. durch die Genossenschaftsbanken wahrgenommen.

**Kreditvermittler** → Darlehensmakler.

**Kreditvermittlungsvertrag** → Kreditvertrag (6).

**Kreditvertrag.** 1. Anders als bei der früheren gesetzlichen Regelung des *Abzahlungsgeschäfts* (nur: Kauf von beweglichen Sachen, bei denen der Kaufpreis nicht bar – → Barkauf –, sondern in Raten – Ratenkauf, Teilzahlungsgeschäft – zu entrichten war) regelt das Verbraucherkreditgesetz vom 17. 12. 1990 (BGBl. I 2840) umfassend (mit wenigen Ausnahmen) das gesamte Recht des *Verbraucherkredits.* Es gilt für alle K. und Kreditvermittlungsverträge (s.u. 6) zwischen Personen (Kreditgeber), die in Ausübung ihrer gewerblichen oder beruflichen Tätigkeit handeln (Banken, Händler, Handwerker, auch Freiberufler, soweit nicht im privaten Bereich), und einer natürlichen (Privat-) Person, sofern der Kredit nach dem Inhalt des Vertrags nicht – die → Beweislast hierfür hat der Kreditgeber – für deren bereits ausgeübte gewerbliche oder selbständige berufliche Tätigkeit bestimmt ist (Verbraucher; § 1 I). Das Gesetz gilt auch für sog. Existenzgründungsdarlehen, soweit diese nicht über 100 000 DM liegen (§ 3 I 2). Das Gesetz gilt ferner für einen Schuldbeitritt zu einem K. (→ Schuldmitübernahme, BGHZ 133, 71), nach h. M. dagegen nicht für die Übernahme einer → Bürgschaft zur Absicherung eines Geschäftskredits (BGH WM 1998, 1120).

2. K. ist jeder Vertrag, durch den ein Kreditgeber einem Verbraucher einen entgeltlichen Kredit in Form eines → Darlehens, eines Zahlungsaufschubs oder einer sonstigen Finanzierungshilfe gewährt oder zu gewähren verspricht (§ 1 II). Es werden also nicht nur grundsätzlich alle Formen von Darlehensverträgen (auch → Überziehungs- und Kontokorrentkredit, Kreditkartengeschäft; allgemein → Teilzahlungskredit, rückzahlbar auf einmal oder in Raten; nicht aber bei → Abschlagszahlung) und die bisherigen Abzahlungsgeschäfte (unabhängig von einem hiermit vielfach verbundenen, aber nicht notwendigen → Eigentumsvorbehalt) umfaßt, sondern auch Werk- und Dienstleistungen sowie Geschäftsbesorgungen usw., bei denen die Fälligkeit der Gegenleistung des Kreditnehmers (Verbraucher) hinausgeschoben ist. Dem Gesetz unterliegen deshalb grundsätzlich auch das Finanzierungs-Leasing (→ Leasingvertrag; z. B. bei Pflicht zum Ausgleich des Minderwerts nach Rückgabe eines geleasten Pkw) sowie → Realkredite (s. aber unten 3 a. E.). Für den Kredit muß ein Entgelt, z. B. in der Form von Zinsen, einer einmaligen Vergütung oder „Gebühr" oder eines Teilzahlungszuschlags, vereinbart sein.

Das Gesetz gilt entsprechend bei regelmäßigen Lieferungen von Sachen gleicher Art (Zeitschriftenabonnement), bei wiederkehrenden (Buchgemeinschaft) oder zusammengehörenden Leistungen mit Teilzahlungsabrede (z. B. Erwerb eines Lexikons) oder bei sonstiger Verpflichtung zu wiederkehrendem Erwerb oder Bezug (z. B. → Fernunterricht, → Bierlieferungsvertrag; § 2). Das Gesetz gilt dagegen – außer den bereits erwähnten Großkrediten für die Existenzgründung – nicht, wenn der Kreditbetrag 400 DM nicht übersteigt oder dem Verbraucher ein Zahlungsaufschub von nicht mehr als 3 Monaten eingeräumt wird (§ 3). Die Vorschriften des Gesetzes sind zum Schutz des Verbrauchers zwingend; eine hiervon zum Nachteil des Verbrauchers abweichende Vereinbarung (auch Einwendungsverzicht) ist unwirksam (§§ 18 S. 1, 10 I); zur Ausstellung von Wechseln oder Schecks darf der Verbraucher nicht verpflichtet werden (§ 10 II). Das Gesetz erfaßt auch *Umgehungsgeschäfte* (§ 18 S. 2; z. B. Aufspaltung in verschiedene, dem Gesetz an sich nicht unterworfene Kleinverträge; Verdeckung des privaten Charakters der Kreditaufnahme; zunächst nur mietweise Überlassung der Sache bei Erwerbsrecht oder -pflicht nach Ablauf der Miet- oder Leasingzeit – → Mietkauf – usw.). Eine etwaige → Sittenwidrigkeit des K. (insbes. bei übermäßig hohen Zinsen; s. dort 1, 2) bleibt unberührt.

3. Der K. bedarf der Schriftform (→ Form 1 a; auch automatische Datenvereinbarung); der Kreditgeber hat dem Verbraucher eine Abschrift der Urkunde auszuhändigen (§ 4 I, III). Bei K. im allgemeinen, insbes. Darlehensverträgen, sind anzugeben: der *Nettokreditbetrag* (d.h. der tatsächlich ausbezahlte Betrag, z. B. ohne Disagio), ggfs. die Höchstgrenze des Kredits, soweit möglich der Gesamtbetrag aller vom Verbraucher zu entrichtenden Teilzahlungen (incl. Zinsen und Kosten), die Art und Weise der Rückzahlung (Beendigung) des Kredits, der Zinssatz und alle sonstigen Kosten des Kredits, der sog. *effektive Jahreszins* (das ist die in einem Prozentsatz des Nettokreditbetrags anzugebende Gesamtbelastung pro Jahr), die Kosten einer Restschuld(versicherung) und zu bestellende Sicherheiten (§ 4 I Nr. 1). Bei K. über Abzahlungsgeschäfte im bisherigen Sinn sind Bar- und Teilzahlungspreis gegenüberzustellen sowie Betrag, Zahl und Fälligkeit der einzelnen Teilleistungen, effektiver Jahreszins, die Kosten einer Versicherung und die Vereinbarung eines Eigentumsvorbehalts anzugeben (§ 4 I 2). Diese Formvorschriften gelten nicht für die Einräumung eines → Überziehungskredits (wenn nur die Zinsen hierfür höchstens vierteljährlich in Rechnung gestellt werden) oder für die bloße Duldung einer derartigen Kontoüberziehung; das Kreditinstitut muß jedoch den Verbraucher über die wesentlichen Umstände eines solchen Kredits unterrichten (§ 5). Im reinen Versandhandel genügen entsprechende Angaben im Verkaufsprospekt (§ 8 I).

Ist die Schriftform insgesamt oder auch nur in einer der genannten Einzelheiten nicht eingehalten, so ist der K. nichtig (§ 6 I). Er wird jedoch dessen ungeachtet gültig, soweit der Verbraucher das Darlehen empfängt oder den Kredit sonst in Anspruch nimmt, z. B. wenn dem Verbraucher die Sache übergeben oder die Leistung erbracht wird (Heilung; z. B. auf die volle Laufzeit des Kredits). Die Gegenleistung des Verbrauchers richtet sich in diesem Fall nach dem Grund der ursprünglichen Nichtigkeit des K. (z. B. Ermäßigung auf den gesetzlichen Zinssatz; Einzelheiten § 6 II–IV).

Die auf den Abschluß eines K. gerichtete Willenserklärung des Verbrauchers wird generell (also nicht nur bei → Haustürgeschäften) erst wirksam, wenn dieser sie nicht binnen einer Frist von einer Woche *widerruft* (§ 7 I ; fristgemäße Absendung des Widerrufs genügt). Die Angabe eines Grundes ist hierfür nicht erforderlich. Die Frist beginnt erst nach – vom Verbraucher gesondert zu unterschreibender – Belehrung über das Widerrufsrecht (incl. Frist), spätestens aber nach Ablauf eines Jahres (§ 7 II). Hat der Verbraucher das Darlehen empfangen, so gilt der Widerruf als nicht erfolgt, wenn er das Darlehen nicht binnen zwei Wochen zurückzahlt (§ 7 III). Im Versandhandel kann das Widerrufsrecht des Verbrauchers durch das uneingeschränkte Recht auf Rückgabe der Ware binnen einer Woche ersetzt werden (§ 8 II). Die genannten Formvorschriften gelten nicht (oder nur abgeändert) für Finanzierungs-Leasingverträge und (gerichtlich oder notariell) beurkundete K.; für letztere, für Fernunterrichtsverträge und für Real-K. gilt auch das Widerrufsrecht nach § 7 nicht (§ 3 II).

4. Nicht selten – z. B. beim Autokauf – wird ein K. mit einem anderen Rechtsgeschäft in der Weise *verbunden,* daß der Kredit der Finanzierung des Kaufpreises oder einer sonstigen Leistung dient und beide Verträge als wirtschaftliche Einheit anzusehen sind. Dies ist insbes. dann anzunehmen, wenn der Verkäufer ständig mit einer Bank zur Finanzierung seiner Geschäfte zusammenarbeitet oder der Kreditgeber sich bei der Vorbereitung oder der Durchführung des K. der Mitwirkung des Verkäufers bedient, der auf diese Weise den Kaufpreis (das Leistungsentgelt) direkt oder über den Verbraucher sofort erhält, während der Verbraucher diesen sodann als Kredit abträgt (sog. finanzierter Kauf, Teilzahlungs- oder Kundenfinanzierung; § 9 I, IV). Hier gilt – anders als bei einem reinen Personalkredit (sog. Anschaffungsdarlehen) – zugunsten des Verbrauchers (und auch eines etwaigen → Gesamtschuldners, z. B. Ehegatte) das Widerrufsrecht (oben 3) auch für den verbundenen (Kauf-)Vertrag (§ 7 II). Der Verbraucher kann die Rückzahlung des Kredits verweigern, soweit ihn Einwendungen aus dem verbundenen Kauf- (oder sonstigen) Vertrag zur Verweigerung seiner Leistung berechtigen würden (insbes. wegen Mängeln der erworbenen Sache; → Gewährleistung). Dieser *Einwendungsdurchgriff* gilt allerdings nicht bei finanzierten Geschäften bis zu 400 DM oder bei nachträglich vereinbarten Vertragsänderungen; kommt Nachbesserung oder Ersatzlieferung in Betracht, kann die Rückzahlung des Kredits erst verweigert werden, wenn diese (z. B. auch bei Wegfall oder Insolvenz des Verkäufers) fehlgeschlagen ist (§ 9 III). Zur Art der Finanzierung → Teilzahlungskredite.

5. Soweit der Verbraucher mit seiner Zahlungsverpflichtung aufgrund eines K. in → Schuldnerverzug gerät, ist der geschuldete Betrag (pauschal) mit 5% über dem → Diskontsatz der Deutschen Bundesbank zu verzinsen, sofern nicht im Einzelfall der Kreditgeber einen höheren oder der Verbraucher einen niedrigeren Schaden nachweist (§ 11 I). Teilzahlungen des Schuldners werden – abweichend von § 367 BGB (→ Erfüllung) – nach Begleichung etwaiger Rechtsverfolgungskosten erst auf den geschuldeten Betrag (Hauptsache) und zuletzt auf die Zinsen (die deshalb nicht in 4 Jahren verjähren; → Verjährung, I) verrechnet (§ 11 III). Bei vorzeitiger Rückzahlung, die – ebenso wie Teilzahlungen des Verbrauchers – nicht zurückgewiesen werden kann, vermindert sich die Verpflichtung des Kreditnehmers entsprechend (§ 14).

Der Kreditgeber kann einen in Teilzahlungen rückzahlbaren Kredit nur *kündigen,* wenn der Verbraucher mit mindestens zwei Raten und mindestens 10% des Nennbetrags des Kredits (bei über dreijähriger Laufzeit 5%) in Verzug ist und der Kreditgeber dem Verbraucher erfolglos eine mindestens zweiwöchige Frist zur Zahlung mit der Erklärung gesetzt hat, er werde anderenfalls die gesamte Restschuld zur Zahlung fällig stellen (§ 12 I). Ab Kündigung entfallen die laufzeitabhängigen Kosten und die Vertragszinsen (§ 12 II); es gelten die o. g. Verzugsfolgen. Eine → Verfallklausel → Vertragsstrafe darf den Verbraucher nicht ungünstiger stellen (§ 18 S. 1).

Der *Rücktritt* des Kreditgebers vom K., der die Lieferung einer Sache oder die Erbringung einer anderen Leistung zum Inhalt hat, wegen Zahlungsverzugs ist nur unter denselben Voraussetzungen wie die o. g. Kündigung zulässig (§ 13 I), also nicht – wie im Zweifel bei sonstiger Lieferung unter Eigentumsvorbehalt (§ 455 BGB) – wegen jeden Verzugs. Nimmt der Kreditgeber (auch bei einem gemäß oben 4 verbundenen Vertrag) die gelieferte Sache wieder an sich (z. B. aufgrund des vereinbarten Eigentumsvorbehalts; desgl. bei Pfändung der Sache), so gilt dies – mangels abweichender Vereinbarung mit dem Verbraucher und Vergütung des Verkaufswerts der Sache – als Ausübung des Rücktrittsrechts. Die für den → Rücktritt vom Vertrag geltenden Vorschriften finden Anwendung. Der Verbraucher hat ferner die vertragsmäßigen Aufwendungen des Kreditgebers (z. B. Transportkosten) zu ersetzen sowie die zwischenzeitliche Nutzung der zurückzugewährenden Sache zu vergüten (üblicherweise in Höhe einer sonst für die Nutzungszeit angefallenen Miete), wobei auf die eingetretene Wertminderung Rücksicht zu nehmen ist (§ 13 II); ggfs. ist auch → Schadensersatz für vom Verbraucher zu vertretende Beschädigungen der Sache zu leisten.

6. Das Verbraucherkreditgesetz findet auch auf den *Kreditvermittlungsvertrag* Anwendung. Kreditvermittlungsvertrag ist ein Vertrag, nach dem ein gewerblich oder beruflich tätiger Kreditvermittler (Makler, Handelsvertreter; auch Zweigstelle eines Kreditinstituts) es unternimmt, einem Verbraucher gegen Entgelt einen Kredit zu vermitteln oder ihm die Gelegenheit zum Abschluß eines K. nachzuweisen (§ 1 III). Zu Schriftform und notwendigem Inhalt des Vertrags vgl. § 15. Der Verbraucher ist zur Zahlung der vereinbarten Vergütung (nicht: sonstiger Nebenentgelte, außer erforderlicher Auslagen des Vermittlers; § 17) nur verpflichtet, soweit das Darlehen an ihn geleistet und ein Widerruf (s.o. 3) nicht mehr möglich ist. Dient das Darlehen nach dem Wissen des Kreditvermittlers der vorzeitigen Ablösung eines anderen Kredits (Umschuldung), so entsteht ein Anspruch auf die Vergütung nur, wenn sich der effektive Jahreszins (oben 3) nicht erhöht (§ 16).

7. *Prozessuales:* Einen einheitlichen → Gerichtsstand (ausschließlich am Wohnsitz des Kreditnehmers) sieht das Verbraucherkreditgesetz nicht vor. Eine von der gesetzlichen Regelung der §§ 12, 13 ZPO (→ Wohnsitz des Verbrauchers für Klagen des Kreditgebers gegen ihn) zu Lasten des Verbrauchers abweichende → Zuständigkeitsvereinbarung wäre jedoch, soweit der Verbraucher nicht ausnahmsweise → Kaufmann ist, unzulässig. Das → Mahnverfahren findet nicht statt, wenn der – im Antrag anzugebende – effektive Jahreszins den bei Vertragsschluß geltenden Diskontsatz der Deutschen Bundesbank um über 12% übersteigt (§ 688 II 1 ZPO); im übrigen sind Haupt- und Nebenforderungen im Antrag gesondert und einzeln zu bezeichnen.

**Kreditwechsel** → Finanzierungswechsel.

**Kreditwesengesetz** → Kreditinstitute.

**Kreditwucher** → Wucher (2).

**Kreditzinsen** → Zinsen.

**Kreis.** 1. Der K. (auch Landkreis) ist eine öffentlich-rechtliche → Gebietskörperschaft, die das Recht hat, die Angelegenheiten der durch das Kreisgebiet begrenzten überörtlichen (übergemeindlichen) Gemeinschaft im Rahmen der Gesetze zu ordnen und zu verwalten. K. bestehen in allen Ländern mit Ausnahme der → Stadtstaaten. In den meisten Ländern besteht deckungsgleich mit dem K. ein staatlicher Verwaltungsbezirk; anders z. B. in Niedersachsen und Sachsen, wo die staatlichen Verwaltungsaufgaben durch den Kreis als Gebietskörperschaft wahrgenommen werden (Vollkommunalisierung).

2. Die Rechtstellung der K. ist durch Landesrecht (→ Kommunalrecht) geregelt. Die maßgeblichen Rechtsgrundlagen finden sich in den Kreisordnungen (vgl. z. B. für Nordrhein-Westfalen Kreisordnung v. 14. 7. 1994, GV NW S. 646, zuletzt geändert durch Gesetz vom 20. 3. 1996, GV NW 124), den → Landkreisordnungen (z. B. Bayern und Sachsen) oder der → Kommunalverfassung (z. B. Mecklenburg-Vorpommern).

3. Die Kreisverfassung weist nach Maßgabe des jeweiligen Landesrechts erhebliche Unterschiede auf. Hauptorgan ist in der Regel der → Kreistag. An der Spitze K.verwaltung steht der → Landrat, in Hessen in Anlehnung an die Magistratsverfassung (→ Gemeindeverfassung, 2 b) der → Kreisausschuß unter Vorsitz des Landrates.

4. Der K. hat Aufgaben von überörtlicher Bedeutung zu erfüllen, die über den Bereich oder die Leistungsfähigkeit der → Gemeinden hinausgehen; er ist deshalb gegenüber den Gemeinden nur subsidiär zuständig. Teilweise wird zwischen eigenen und übertragenen Aufgaben unterschieden. Soweit der Landrat zugleich Leiter der Staatsverwaltung im Kreisgebiet ist, nimmt das Landratsamt als Behörde auch des staatlichen Verwaltungsbezirkes K. zugleich staatliche und kommunale Aufgaben wahr. Im Falle der Vollkommunalisierung ist das Landratsamt bereits als Kreisbehörde für die Staatsaufgaben auf unterer Ebene zuständig (→ Kreisverwaltung). Je nach der Art des Geschäftsbereichs unterliegt der K. der Rechts- oder der Fachaufsicht der übergeordneten Behörde (→ Staatsaufsicht).

**Kreisausschuß** (auch Hauptausschuß) ist ein vom → Kreistag bestellter ständiger Ausschuß zur Verwaltung des → Kreises (Kreisorgan). Organisation, Aufgabenbereich und Bezeichnung sind in den einzelnen Ländern unterschiedlich geregelt. Der K. besteht aus dem → Landrat als Vorsitzenden und ehrenamtlichen Mitgliedern, die vom Kreistag entweder aus seiner Mitte oder aus wählbaren Kreisangehörigen gewählt werden. Dem K. obliegt die Verwaltung des K., soweit nicht der Kreistag oder der Landrat zuständig ist; er bereitet die Sitzungen des Kreistags vor. In einigen Ländern kann der K. die ihm vom Kreistag zugewiesenen Aufgaben selbständig erledigen oder in Eilfällen entscheiden. In Hessen ist der K. unter Vorsitz des Landrates entsprechend der gemeindlichen Magistratsverfassung (→ Gemeindeverfassung, 2 b) Organ der Verwaltungsleitung.

**Kreisfreie Städte** (Stadtkreise). Die → Gemeinden sind entweder kreisangehörig (so die Regel) oder kreisfrei. K. S. sind in erster Linie diejenigen Gemeinden, die bei Inkrafttreten der Gemeindeordnungen der Länder wegen ihrer Größe oder Bedeutung nicht in einen Landkreis eingegliedert waren. Im übrigen können Gemeinden bei Erfüllung bestimmter Voraussetzungen (insbes. Mindesteinwohnerzahl, nach den Gemeindeordnungen zwischen 25 000 und 100 000; entsprechende Bedeutung der Stadt) durch Gesetz oder (z. B. in Bayern) durch RechtsVO für kreisfrei erklärt werden. Neben den der Gemeinde obliegenden Aufgaben haben die k. S. auch die Aufgaben des → Kreises (Landkreises) und der unteren staatlichen Verwaltungsbehörde wahrzunehmen, also alle Aufgaben, die sonst der → Kreisverwaltung obliegen. Die Staatsaufsicht wird gegenüber den kreisfreien Gemeinden nicht vom Landrat, sondern von der höheren Verwaltungsbehörde ausgeübt. Von den k. S. sind die sog. Großen → Kreisstädte zu unterscheiden.

**Kreisgebietsreform.** → Gebietsreform.

**Kreisgericht.** Bis zur Übernahme der → Gerichtsverfassung der BRep. (hierzu RPflAnpGes. vom 26. 6. 1992, BGBl. I 1147) galt im Gebiet der ehem. DDR die bisherige Gerichtsorganisation (zunächst) fort. Danach war in Zivilsachen (bürgerliche Rechtsstreitigkeiten incl. Ehe- und Familiensachen, Angelegenheiten der freiwilligen Gerichtsbarkeit, Zwangsvollstreckung u. a.) in erster Instanz anstelle des → Amts- und des → Landgerichts das K. zuständig. Dies galt auch für alle erstinstanzlichen Strafsachen, soweit hierfür nicht ausdrücklich das Bezirksgericht zuständig war oder mehr als drei Jahre Freiheitsstrafe in Betracht kamen. Das – dem K. übergeordnete – → *Bezirksgericht* hatte in Zivil- und Strafsachen über → Berufungen und → Beschwerden zu entscheiden, in Strafsachen auch erstinstanzlich (s.o.). Besondere Senate des Bezirksgerichts traten an die Stelle des → Oberlandesgerichts. Revisionsgericht war auch hier der → Bundesgerichtshof. Bis zur Errichtung einer selbständigen Verwaltungs-, Finanz-, Arbeits- und Sozialgerichtsbarkeit entschieden K. und Bezirksgericht (mit besonderer Besetzung) auch in den in deren Zuständigkeit fallenden Sachen. (Einzelheiten und Besetzung vgl. Anlage I Kapitel III Sachgebiet A Abschnitt III Nr. 1 zum → Einigungsvertrag).

**Kreishandwerkerschaft.** Die K. wird aus den → Handwerksinnungen gebildet, die in einem Stadt- oder Landkreis ihren Sitz haben (gesetzliche Mitgliedschaft, §§ 86 ff. HandwO). Sie ist eine → Körperschaft des öffentlichen Rechts, die mit Genehmigung ihrer Satzung durch die Handwerkskammer rechtsfähig wird und deren Aufsicht untersteht. Die K. hat die Gesamtinteressen der selbständigen Handwerker zu wahren und die Handwerksinnungen in ihren Aufgaben zu unterstützen.

**Kreislaufwirtschaft** ist ein Regelungsprinzip des Abfallrechts (→ Abfälle). Unter diesem Gesichtspunkt sind Abfälle gemäß § 4 Abs. 1 KrW-/AbfG in erster Linie zu vermeiden und in zweiter Linie stofflich oder energetisch zu verwerten. Einzelheiten regeln §§ 4 Abs. 2 sowie 5 bis 8).

**Kreisordnung** → Kreis, 2; → Landkreisordnung.

**Kreisstadt** ist eine häufige (nicht gesetzestechnische) Bezeichnung der

→ Stadt, in der sich der Sitz der → Kreisverwaltung befindet. Mitunter wird damit irreführend die → kreisfreie Stadt bezeichnet. Das neuere Kommunalrecht kennt den Begriff der „Großen K." (auch „Große selbständige Stadt" oder „Große kreisangehörige Stadt"); das sind → Gemeinden, die zwar kreisangehörig sind, denen aber die Erfüllung bestimmter Aufgaben übertragen ist, die sonst von der unteren staatlichen Verwaltungsbehörde (Landratsamt) wahrgenommen werden. Die Rechtsstellung der Großen K. ist in den → Gemeindeordnungen landesrechtlich verschieden geregelt. Die Eigenschaft als Große K. wird durch Gesetz oder VO der Länder im Hinblick auf Einwohnerzahl und regionale Bedeutung verliehen. Zu Großen K. werden i. d. R. bis dahin kreisfreie Städte nach Eingliederung in einen Landkreis (Einkreisung).

**Kreisstraßen** → Landstraßen.

**Kreissynode.** In einigen Gliedkirchen der Evang. Kirche Bezeichnung für das synodale Organ auf der mittleren (Kreis-)Ebene.

**Kreistag** heißt die Volksvertretung in den → Kreisen. Er muß aus allgemeinen, unmittelbaren, freien, gleichen und geheimen Wahlen hervorgehen (Art. 28 I 2 GG). Die Rechtsstellung des K. und sein Aufgabenbereich sind in den Kreisordnungen näher geregelt. Die Mitglieder des K. (Kreisräte, Kreisverordnete, Kreistagsabgeordnete, Kreistagsmitglieder) werden von den Kreisbürgern meist auf 4 oder 6 Jahre gewählt; sie sind ehrenamtlich tätig. Der K. beschließt grundsätzlich über alle Angelegenheiten des K. und überwacht die Ausführung seiner Beschlüsse, soweit hierfür andere Organe zuständig sind. Vorsitzender des K. ist entweder der → Landrat oder der aus der Mitte des K. gewählte K.präsident (auch „Kreistagsvorsitzender" genannt). In den meisten Ländern ist die Bildung von → Kreisausschüssen vorgesehen.

**Kreisumlage** → Finanzausgleich.

**Kreisverkehr,** bei dem ein Platz nur in einer Richtung – also ohne Gegenverkehr – rechts umfahren werden darf, kann durch → Verkehrszeichen angeordnet sein. Ein Recht zur → Vorfahrt besteht für den K. nicht, soweit nicht besonders bestimmt.

**Kreisverordnung** → Landesverordnung.

**Kreisverwaltung.** Der Begriff bezeichnet einmal die Verwaltung *des* → Kreises als Selbstverwaltungskörperschaft. Zum anderen wird darunter die Ausübung staatlicher Verwaltung *durch* Behörden des Kreises verstanden. Die K. erledigt neben den Aufgaben der Selbstverwaltungskörperschaft Kreis grundsätzlich alle Aufgaben des Staates in der Unterstufe. Im letzteren Sinne ist K. also staatseigene Verwaltung auf Kreisebene. Insoweit hat die K. eine Doppelnatur als zugleich kommunale und staatliche Behörde. Im Falle der Vollkommunalisierung (z. B. Niedersachsen und Sachsen) ist die K. ausschließlich kommunale Behörde, die als solche die staatlichen Aufgaben wahrnimmt. In den → kreisfreien Städten ist die K. stets nur kommunale Behörde für die Wahrnehmung der staatlichen Aufgaben (Kreisverwaltungsamt).

**Kreiswahlen** → Kommunalwahlen.

**Kreiswehrersatzamt** → Bundeswehrverwaltung.

**Kreuzungen.** An Straßenkreuzungen oder -einmündungen *ohne Vorfahrtregelung* hat nach § 8 StVO jedes Fz. den Vorrang, das von rechts kommt; im einzelnen → Vorfahrt. Das Vorfahrtrecht kann durch → Verkehrszeichen anders geregelt sein, so daß Benutzer einer *Hauptverkehrsstraße* stets Vorrang haben; das gilt auch für den Vorfahrtberechtigten, der in eine Seitenstraße einbiegen will. Den Vorrang hat ferner zu achten, wer aus der Seitenstraße in die bevorrechtigte einbiegen will. Die K. ist freizumachen bei entsprechendem Farbzeichen einer → Verkehrsampel (gelb) oder Zeichen des verkehrsregelnden Polizeibeamten (§§ 36, 37 StVO). Zuwiderhandlungen gegen die Bestimmungen sind → Ordnungswidrigkeiten (§ 49 StVO). Wer an Straßenkreuzungen oder -einmündungen grob verkehrswidrig und rücksichtslos zu schnell fährt und dadurch andere Personen oder bedeutende fremde Sachwerte gefährdet, macht sich der → Straßenverkehrsgefährdung (§ 315 c I Nr. 2 d StGB) schuldig. S. ferner → abknickende Vorfahrt, → Parken, → Fußgänger(überwege), → Eisenbahnkreuzungen, → Bahnkreuzungen.

**Kreuzverhör** ist in der Hauptverhandlung im Strafverfahren die Vernehmung von Zeugen oder Sachverständigen allein durch StA und Verteidiger, also ausnahmsweise nicht durch den Vorsitzenden, der aber ergänzende Fragen stellen kann. Das K. ist auf übereinstimmenden Antrag von StA und Verteidiger zu gestatten. Die Vernehmung wird von dem Antragsteller begonnen, der das Beweismittel benannt hat, und vom Gegner fortgesetzt (§ 239 StPO). Dem Verfahrensbeteiligten, der das Fragerecht mißbraucht, kann es vom Vorsitzenden entzogen werden; dieser kann ferner ungeeignete oder nicht zur Sache gehörende Fragen zurückweisen (§ 241 StPO). Das K. ist im angelsächsischen Rechtskreis im Strafverfahren die Regel, hat aber in Deutschland keine Bedeutung erlangt.

**Kriegsbeschädigte** → Kriegsopferversorgung.

**Kriegsdienst** → Wehrdienst, → Kriegsdienstverweigerer.

**Kriegsdienstverweigerer.** Art. 4 III GG gewährleistet das Recht, den Kriegsdienst mit der Waffe aus Gewissensgründen zu verweigern. Die Wirkungen der Kriegsdienstverweigerung regeln das Kriegsdienstverweigerungsgesetz (Art. 1 des Ges. vom 28. 2. 1983, BGBl. I 203) sowie die VerfahrensO vom 2. 1. 1984 (BGBl. I 42). Über die Berechtigung zur Kriegsdienstverweigerung wird auf entsprechend begründeten, schriftlichen Antrag entschieden (§ 2 I; Einzelheiten: II–V). Antragstellung befreit nicht von der Verpflichtung, sich zur Erfassung zu melden und zur Musterung vorzustellen. Sie hemmt aber bis zur unanfechtbaren oder rechtskräftigen Ablehnung die Einberufung zum Wehrdienst (§ 3). Bei *ungedienten Wehrpflichtigen* entscheidet das Bundesamt für den Zivildienst im Verwaltungswege, i. d.R. aufgrund der angeführten schriftlichen Begründung. Bei *einberufenen Wehrpflichtigen* und bei *Soldaten* entscheiden Ausschüsse für Kriegsdienstverweigerung (näheres §§ 9–16). Gegen ablehnende Entscheidungen des Bundesamts kann unmittelbar Klage zum Verwaltungsgericht erhoben werden. Gegen eine Entscheidung des Ausschusses für Kriegsdienstverweigerung ist zunächst Widerspruch einzulegen (Frist: 2 Wochen). Klagefrist zum Verwaltungsgericht: 1 Monat nach Zustellung der Entscheidung des Bundesamts bzw. des Widerspruchsbescheids. Berufung gegen die Entscheidung des Verwaltungsgerichts ist ausgeschlossen. Die Entscheidung hat zwar nur feststellende Bedeutung, da sich die Berechtigung zur Kriegsdienstverweigerung unmittelbar aus Art. 4 III GG ergibt. Nach Auffassung des BVerfG (E 12, 45 ff.) schützt Art. 4 III GG nur diejenigen, die den Kriegsdienst mit der Waffe schlechthin verweigern. Das sind nicht nur die grundsätzlichen Pazifisten, sondern auch diejenigen, die den Kriegsdienst hier und jetzt ablehnen, die Motive hierzu aber der historisch-politischen Situation entnehmen. Nicht geschützt ist in Art. 4 III GG die „situationsbedingte Kriegsdienstverweigerung", bei der die Teilnahme an einem bestimmten Krieg, an Kriegen bestimmter Art, unter bestimmten Bedingungen oder mit bestimmten Waffen verweigert wird. Der K. hat → Zivildienst zu leisten. Verweigert er den Zivildienst, ist er nach § 53 ZivildienstG strafbar. Zur Frage der Mehrfachbestrafung (Art. 103 III GG) bei wiederholter oder fortdauernder Verweigerung des Zivildienstes oder auch einzelner militärischer/zivildienstlicher Anordnungen s. BVerfG NJW 1983, 1600 (m. w. N.).

**Kriegsfall** → casus belli.

**Kriegsflüchtlinge und Bürgerkriegsflüchtlinge.** Ausländer aus Kriegs- oder Bürgerkriegsgebieten können aufgrund eines Einvernehmens von Bund und Ländern vorübergehenden Schutz in der Bundesrepublik Deutschland erhalten (§ 32 a Ausländergesetz; → Asylrecht; → Ausländer). In diesen Fällen ordnet die zuständige oberste Landesbehörde an, daß zur vorübergehenden Aufnahme eine Aufenthaltsbefugnis erteilt oder verlängert wird. Die Aufenthaltsbefugnis darf nur erteilt werden, wenn der Ausländer keinen Asylantrag stellt. Der Kriegs- oder Bürgerkriegsflüchtling darf seinen Wohnsitz und seinen gewöhnlichen Aufenthalt nur in dem Gebiet des Landes nehmen, das die Aufenthaltsbefugnis erteilt hat. Wenn die Voraussetzungen für die Aufnahme entfallen sind, hat der Ausländer das Bundesgebiet innerhalb einer Frist von 4 Wochen nach dem Erlöschen der Aufenthaltsbefugnis zu verlassen.

**Kriegsgefangene.** Die → Haager Landkriegsordnung enthält in Art. 4f. der Anlage eine Reihe von Bestimmungen über die rechtliche Stellung und Behandlung von K. Eine wesentlich umfassendere Regelung wurde nach dem 2. Weltkrieg durch das Genfer Abkommen vom 12. 8. 1949 über die Behandlung der Kriegsgefangenen getroffen. Die detaillierte Regelung enthält u. a. Bestimmungen über den Begriff des K., wobei die ältere Auffassung, daß die Gefangennahme im Verlauf von Kampfhandlungen erfolgt sein muß, nicht mehr aufrechterhalten wird. Auch Angehörige von Widerstandsbewegungen unterfallen dem Begriff des K., wenn sie militärisch organisiert sind, ein bleibendes und deutliches Unterscheidungskennzeichen tragen, die Waffen offen führen und die Gesetze und Gebräuche des Krieges einhalten (s.a. → Freischärler, → Kombattant). Unterbringung, Verpflegung und Bekleidung der K. sind ebenso geregelt wie Arbeitspflicht, Beschwerderecht und die zulässigen Straf- und Disziplinarmaßnahmen. Dem Abkommen sind die meisten Staaten beigetreten, die BRep. durch Ges. vom 21. 8. 1954 (BGBl. II 781).

**Kriegsgefangenenentschädigung** nach dem Kriegsgefangenenentschädigungsgesetz i. d. F. vom 4. 2. 1987 (BGBl. I 506) m. spät. Änd. erhielten Deutsche, die kriegsgefangen, interniert oder verschleppt waren. Das Kriegsgefangenenentschädigungsgesetz ist aufgehoben worden durch das Kriegsfolgenbereinigungsgesetz vom 21. 12. 1992 (BGBl. I 2094). Soweit Leistungen nach dem Kriegsgefangenenentschädigungsgesetz vor dem 31. 12. 1993 beantragt worden sind, gelten Übergangsvorschriften. Die → Rentenversicherung rechnet Zeiten der Kriegsgefangenschaft unter bestimmten Voraussetzungen als → Ersatzzeiten sowohl für die Erfüllung der → Wartezeit als auch rentensteigernd an (§ 250 SGB VI).

**Kriegsopferfürsorge** besteht in Fürsorgemaßnahmen für Kriegsopfer (→ Kriegsopferversorgung). Die Leistungen der K. werden gewährt, wenn und soweit der Beschädigte oder seine Hinterbliebenen bei Berücksichtigung sonstiger Sozialleistungen und des eigenen Einkommens und Vermögens nicht in der Lage sind, eine angemessene Lebensstellung zu erlangen oder sich zu erhalten. Die K. obliegt den Trägern der → Sozialhilfe. §§ 25–27i BVG; → Schwerbehinderte.

**Kriegsopferversorgung.** Anspruch auf K. hat nach dem BundesversorgungsG i. d. F. vom 22. 1. 1982 (BGBl. I 21) m. spät. Änd., wer durch militärischen oder militärähnlichen Dienst oder die ihm eigentümlichen Verhältnisse, unmittelbare Kriegseinwirkung, Kriegsgefangenschaft, Internierung im Ausland oder in nicht unter deutscher Verwaltung stehenden deutschen Gebieten (wegen deutscher Staatsangehörigkeit oder Volkszugehörigkeit) eine gesundheitliche Schädigung erlitten hat. Zu den Schädigungstatbeständen zählt ferner eine mit militärischem oder ähnlichem Dienst oder mit den allgemeinen Auflösungserscheinungen zusammenhängende, offensichtlich unrechtmäßige Straf- oder Zwangsmaßnahme sowie ein Unfall, den der Beschädigte bei Durchführung von Versorgungsmaßnahmen oder auf einem damit zusammenhängenden Weg erleidet (§§ 1–6 BVG). Zum anspruchsberechtigten Personenkreis gehören Deutsche und deutsche Volkszugehörige mit Wohnsitz oder gewöhnlichem Aufenthalt im Inland, in den zum Staatsgebiet des Deutschen Reiches nach dem Stand vom 31. 12. 1937 gehörenden Gebieten östlich der Oder-Neiße-Linie oder im Ausland. Andere Kriegsopfer gehören nur dazu, wenn sie ihren Wohnsitz oder gewöhnlichen Aufenthalt im Inland haben und die Schädigung auf Dienst im Rahmen der deutschen Wehrmacht oder militärähnlichem Dienst für eine deutsche Organisation beruht oder in Deutschland oder in einem im Schädigungszeitpunkt von der deutschen Wehrmacht besetzten Gebiet durch unmittelbare Kriegseinwirkung eingetreten ist (§§ 7f. BVG). Die Leistungen im Gesundheitsbereich sind im wesentlichen die gleichen wie in der → Krankenversicherung. Im übrigen → Kriegsopferfürsorge, → Beschädigtenrente, Pflegezulage, Bestattungsgeld, → Sterbegeld (dreifacher monatl. Versorgungsbezug), → Hinterbliebenenrente und Bestattungsgeld beim Tode von Hinterbliebenen (→ Hinterbliebene von Kriegsopfern), ferner Witwen- und Waisenbeihilfe, wenn der Tod nicht Schädigungsfolge ist (§§ 10–53 BVG). Den Aufwand trägt der Bund. Die Durchführung obliegt den Behörden und sonstigen Einrichtungen der Versorgungsverwaltung (→ Versorgungsämter). Die laufenden Rentenleistungen werden jeweils dem v. H.-Satz angepaßt, um den sich der aktuelle Rentenwert ändert.

S.a. → Schwerbehinderte, → Schwerbeschädigte; Ges. über das Verwaltungsverfahren der Kriegsopferversorgung i. d. F. vom 6. 5. 1976 (BGBl. I 1169) m. Ä.; Kriegsopferversorgungs-Strukturgesetz vom 23. 3. 1990 (BGBl. I 582).

In den neuen Ländern wurde die K. ab 1. 1. 1991 eingeführt.

**Kriegsrecht.** 1. Durch die Satzung der → Vereinten Nationen ist die Anwendung militärischer Gewalt grundsätzlich verboten. Damit sind Kriege grundsätzlich völkerrechtswidrig (→ Völkerrecht). Bei → völkerrechtlichen Streitigkeiten ist aber die Anwendung militärischer Gewalt gegen einen bewaffneten Angriff zulässig. Ferner läßt das Völkerrecht militärische Zwangsmaßnahmen der Vereinten Nationen zu. Im übrigen konnte das völkerrechtliche Gewaltverbot in der Vergangenheit kriegerische Auseinandersetzungen nicht verhindern.

2. Bei der Kriegführung ist nach dem Völkerrecht das K. i.e.S. zu beachten. Quellen des K. sind die Abkommen der 1. und 2. Haager Friedenskonferenz 1899 und 1907, insb. die → Haager Landkriegsordnung, und die Genfer Rotkreuzabkommen von 1949 mit zwei (noch ratifizierungsbedürftigen) Zusatzprotokollen vom 12. 12. 1977 (→ Genfer Konventionen). Das 1. Zusatzprotokoll regelt die Rechtsstellung der Freiheitskämpfer, das 2. Zusatzprotokoll nähert das Recht des Bürgerkriegs dem Recht zwischenstaatlicher Kriege an. Nach dem K. dürfen sich Kampfhandlungen nur gegen → Kombattanten richten. Dabei ist der Grundsatz der Verhältnismäßigkeit zu beachten. Die Tötung von Kombattanten, die sich ergeben haben, ist unzulässig. Kombattanten sind alle uniformierten Angehörigen einer bewaffneten Macht mit Ausnahme des Sanitätspersonals, ferner die sich gegen den eindringenden Feind erhebende Bevölkerung (levée en masse), Freiwillige und Milizen, soweit sie die Waffen offen tragen (→ Freischärler). Strittig ist die Zubilligung terroristischer Kampfmethoden für Freiheitskämpfer. Angriffe auf die Zivilbevölkerung als solche sind unzulässig. Partisanen, die die Waffen nicht offen tragen und so keinen Kombattantenstatus genießen, dürfen bestraft werden. Die Verhängung der Todesstrafe ist aber nur dann zulässig, wenn das Recht des besetzten Staates bereits vor der Besetzung die Todesstrafe für die von dem Partisanen begangene Handlung vorsah. An Privateigentum besteht im Landkrieg anders als im Seekrieg kein Beuterecht (→ Konterbande; → Kontributionen; → Prisenrecht; → Requisitionen). In besetzten Gebieten ist von der Besatzungsmacht Sicherheit und Ordnung herzustellen. Gerichte und Verwaltung sind an das von der Besatzungsmacht gesetzte Recht gebunden. Besondere Regeln bestehen für die Behandlung von → Kriegsgefangenen. S. a. → Neutralität.

3. Innerstaatlich wird als Kriegsrecht die durch den Kriegszustand veranlaßte Änderung der Rechtsordnung bezeichnet (→ Standrecht); s. a. → Ausnahmezustand. In Deutschland gilt im → Verteidigungsfall, im Spannungsfall und in Fällen des inneren → Notstands die → Notstandsverfassung.

**Kriegsschäden** → Kriegsopferversorgung.

**Kriegsverbrechen** ist der Sammelbegriff für Straftaten, die im Zusammenhang mit der Kriegführung von Angehörigen einer kriegführenden Macht gegen Angehörige der Gegenseite oder Neutrale unter Verletzung des → Völkerrechts begangen worden sind. In Betracht kommt insbes. die Verletzung der → Haager Landkriegsordnung. In

Art. II 1 b des KontrollratsG Nr. 10 vom 20. 12. 1945 (KRABl. 50) waren Gewalttaten gegen die Zivilbevölkerung, gegen Kriegsgefangene oder Geiseln, Plünderung usw. als K. unter Strafe gestellt. Über die rechtliche Beurteilung und die Aufhebung des KRG 10 → Menschlichkeitsverbrechen.

Mit Beschluß vom 25. 5. 1993 hat der Sicherheitsrat der → Vereinten Nationen die Resolution 827 über die Errichtung eines Internationalen Tribunals (Strafgerichtshofes) für schwere Verletzungen des Internationalen Humanitären Rechts im früheren Jugoslawien angenommen; → Jugoslawien-Strafgerichtshof.

**Kriegsverschollenheit** → Todeserklärung.

**Kriegswaffen** sind zur Kriegführung bestimmte Waffen. Sie dürfen nach Art. 26 II GG nur mit Zustimmung der BReg. hergestellt, befördert oder in Verkehr gebracht werden. Das Nähere regelt das Ges. über die *Kontrolle von Kriegswaffen* i. d. F. vom 22. 11. 1990 (BGBl. I 2506). Danach sind K. die in der Anlage zu dem Ges. *(Kriegswaffenliste)* aufgeführten Gegenstände, Stoffe und Organismen. Die Liste umfaßt in Teil A Kriegswaffen, die auch vom Amt für → Rüstungskontrolle der Westeuropäischen Union kontrolliert werden (Atomwaffen, chemische und biologische Waffen, Waffen mit einem Kaliber von mehr als 90 mm, Flugkörper, Minen und Bomben, Kriegsschiffe, Kriegsflugzeuge u. a.), und in Teil B sonstige Kriegswaffen (Waffen mit geringerem Kaliber, Panzerabwehrwaffen, Werfer und Geräte, Flugkörper, Minen und Bomben mit geringerer Wirkungskraft, wesentliche Bestandteile von Kriegswaffen, Kampfhubschrauber, Panzerzüge, Kriegsschiffe bis zu 1500 t). Herstellung, In-Verkehr-Bringen und Beförderung von K. im Bundesgebiet oder auf deutschen Seeschiffen oder Luftfahrzeugen bedürfen der Genehmigung (§§ 2–7). Zuständig sind die nach § 11 durch 1. DVO vom 1. 6. 1961 (BGBl. I 649) bestimmten BMin. für Verteidigung, Finanzen, Inneres, Wirtschaft und Verkehr; das Antrags- und Genehmigungsverfahren regelt die 2. DVO vom 1. 6. 1961 (BGBl. I 649) m. spät. Änd. Überwachungsbehörden sind die BMin. für Wirtschaft bzw. Verkehr, bei Ein- und Ausfuhr der BFinMin. und die Zolldienststellen (§ 14). Befreiungen genießen die Bundeswehr, der Zolldienst und der Bundesgrenzschutz (§ 15). Die Richtlinien der BReg. zum Verkehr mit K. (keine Lieferung in Spannungsgebiete u. ä.) haben lediglich den Charakter von politischen Direktiven und keine unmittelbare rechtliche Bedeutung.

Entwicklung, Herstellung und Verbreitung von → ABC-Kriegswaffen im Inland und die Mitwirkung von Deutschen an solchen Handlungen im Ausland (→ Auslandsdelikte) sind nach §§ 19 ff. mit Strafe bedroht. Zur Ausfuhr von sonstigen Waffen → Außenwirtschaft.

**Kriminalbiologie, -psychologie, -somatologie, -soziologie** → Kriminologie.

**Kriminalistik** nennt man die Lehre von der unmittelbaren Bekämpfung der Kriminalität durch die Strafverfolgungsorgane und ihre Helfer. Sie erforscht wissenschaftlich kriminelles Verhalten und befaßt sich auch mit der Aufklärung und Verhinderung von → Straftaten (Kriminaltechnik und Kriminaltaktik).

**Kriminalpolizei** ist der Zweig der → Polizei, der mit der Aufklärung von Straftaten befaßt ist. Sie wird also nur repressiv tätig, d. h. zur Verfolgung bereits begangener Delikte, während die Verhinderung von Straftaten durch vorbeugende Maßnahmen Sache der *Sicherheitspolizei* ist. Behörden der K. sind in den Ländern Kriminalpolizeistellen, Bezirkskriminalpolizeistellen und das Landeskriminalamt oder entsprechende Dienststellen, im Bund das → Bundeskriminalamt (Ges. vom 7. 7. 1997 BGBl. I 1650). Als K. im materiellen (funktionellen) Sinne können außer den eigentlichen K.beamten auch andere Polizeibeamte oder sonstige mit kriminalpolizeilichen Befugnissen ausgestattete Amtsträger (z. B. des Zoll- oder Steuerfahndungsdienstes) tätig werden. Die Aufgaben der K. im einzelnen bestehen insbes. im „ersten Zugriff", d. h. im Erforschen der ihr bekanntgewordenen Straftaten und in der Vornahme unaufschiebbarer strafprozessualer Maßnahmen (§ 163 StPO). Die K. handelt als Ermittlungsorgan der Staatsanwaltschaft. Gewisse grundsätzlich dem Richter vorbehaltene Anordnungen, insbes. Beschlagnahme und Durchsuchung, dürfen nur von den Beamten der K. getroffen werden, die → Hilfsbeamte der StA sind. Die K. kann im → Ermittlungsverfahren notfalls auch vom Gericht statt vom StA für Untersuchungshandlungen in Anspruch genommen werden (§ 165 StPO).

**Kriminelle Vereinigungen** sind Zusammenschlüsse von mindestens 3 Personen auf längere Dauer und unter organisierter Willensbildung, wenn Tätigkeit oder Hauptzweck auf die Begehung von Straftaten gerichtet ist. Sie sind nach Art. 9 II GG verboten. Die Gründung, Beteiligung an ihnen, ihre Unterstützung und die Werbung für sie werden nach § 129 StGB mit Freiheitsstrafe bis zu 5 Jahren oder Geldstrafe bestraft. Die Strafvorschrift gilt aber nicht, wenn der kriminelle Zweck nur Nebenzweck ist, ferner nicht für politische Parteien, die das BVerfG nicht für verfassungswidrig erklärt hat (Parteienprivileg). Für → Rädelsführer und Hintermänner gelten schwerere Strafdrohungen. Bei Mitläufern kann das Gericht von Strafe absehen. Bei tätiger Reue kann es die Strafe mildern oder von ihr absehen, insbes. bei rechtzeitiger Anzeige bei der Behörde, so daß Straftaten noch verhindert werden können, oder bei freiwilligem und ernstlichem Bemühen, Straftaten zu verhindern oder die k. V. aufzulösen. Für k. V. mit → *rechtsstaatsgefährdenden* Zielen gelten Sondervorschriften (§§ 84–87 StGB), ebenso für → *terroristische Vereinigungen* (§ 129 a StGB). K. V., die nicht oder nicht nur im Inland bestehen, sind strafbar, wenn ihr Zweck oder ihre Tätigkeit auf den unbefugten Vertrieb von Betäubungsmitteln gerichtet ist (§ 6 Nr. 5 StGB, § 30 b BtMG → Betäubungsmitteldelikte).

**Kriminologie** ist die Wissenschaft vom Verbrechen (lat. crimen). Sie befaßt sich mit der *Beschreibung* des Verbrechens als einer soziologischen Gegebenheit und versucht, seine *Ursachen* zu erklären. Die K. gliedert sich in die Kriminalbiologie, die der Entstehung des Verbrechens nachgeht, und die Kriminalsoziologie, die das Verbrechen im Verhältnis des Täters zu seiner Umwelt, also als soziologische Erscheinungsform, beschreibt.

Die *Kriminalbiologie* untersucht die Verbrechensursachen mit den Mitteln der *Kriminalsomatologie* (auch Kriminalanthropologie genannt), die das Körperliche des Täters als Verbrechensursache in den Vordergrund rückt, insbes. die sich aus Körperbau und körperlicher Veranlagung ergebenden Tatursachen.

Die *Kriminalpsychologie* beschäftigt sich mit dem in der Tatsituation bestehenden seelischen Zustand des Täters (Triebreaktion, Affektstauung u. dgl.; die Feststellung krankhafter geistiger Störungen ist Aufgabe der Kriminalpsychopathologie). Hierbei handelt es sich um Grenzgebiete, in denen sich körperliche und seelische Funktionen und Zustände vielfach berühren und aufeinander einwirken.

Geht somit die Kriminalbiologie in den genannten Zweigen von der Erforschung der Täterpersönlichkeit aus, versucht die *Kriminalsoziologie,* die Erforschung der Umwelteinflüsse für die Erklärung des Verbrechens nutzbar zu machen (Familienverhältnisse, Kindheit, berufliche Entwicklung, Lebensweise u. dgl.).

Erst aus der Zusammenfassung der verschiedenen kriminologischen Gesichtspunkte kann ein zutreffendes Bild von den Ursachen einer Straftat und vom Täter gewonnen werden; hiervon hängt wiederum die Beurteilung seiner Schuld ab. Die namentlich von Exner, Seelig, Mezger, Frey u. a. entwickelten Lehren der K. versuchen manche Forscher (insbes. A. Mergen) durch Betonung der soziologischen Gesichtspunkte, insbes. der Umwelteinflüsse, in neue Bahnen zu lenken. Dazu gehört vor allem die Forderung, die Schuldstrafe in weiterem Umfang als bisher durch bessernde und vorbeugende Maßnahmen zu ersetzen (s. a. → défense sociale).

**Krisenkartell** → Kartell (Strukturkrisenkartelle).

**Kronzeuge.** Der Begriff K. stammt aus dem englischen Strafverfahren, das als Parteiprozeß zwischen der Krone und dem Beschuldigten ausgestaltet ist; er wird für den Zeugen verwendet, der – selbst als Mittäter oder Teilnehmer der Straftat verdächtig oder überführt – für die Anklage (Vertretung der Krone) als

Belastungszeuge auftritt. Dem deutschen Strafprozeßrecht war der K. unbekannt.

Durch Ges. vom 9. 6. 1989 (BGBl. I 1061) ist eine bis zum 31. 12. 1999 befristete, auf Straftaten nach § 129a StGB (→ terroristische Vereinigungen) oder damit zusammenhängende Straftaten beschränkte K.regelung geschaffen worden; inzwischen wurde sie durch Ges. vom 28. 10. 1994 (BGBl. I 3186) auf Straftaten nach § 129 StGB (→ kriminelle Vereinigungen) oder damit zusammenhängende Straftaten erweitert.

Nach der Regelung kann der Generalbundesanwalt mit Zustimmung eines Strafsenats des Bundesgerichtshofs von der Verfolgung solcher Straftaten absehen, wenn der Täter oder Teilnehmer sein Wissen über Tatsachen, deren Kenntnis geeignet ist, 1. die Begehung einer solchen Straftat zu verhindern, 2. die Aufklärung einer solchen Straftat, falls er daran beteiligt war, über seinen eigenen Tatbeitrag hinaus zu fördern oder 3. zur Ergreifung eines Täters oder Teilnehmers einer solchen Straftat zu führen, selbst oder durch Vermittlung eines Dritten (der zu einer Anzeige des ihm als Vermittler Anvertrauten nicht verpflichtet ist) gegenüber einer Strafverfolgungsbehörde offenbart, und wenn die Bedeutung des Offenbarten, insbesondere im Hinblick auf die Verhinderung künftiger Straftaten, das Absehen von der Verfolgung im Verhältnis zur eigenen Tat rechtfertigt. Ist die Tat verfolgt worden, so kann noch das Gericht unter diesen Voraussetzungen von Strafe absehen oder die Strafe nach seinem Ermessen mildern.

Bei → Völkermord gilt die Regelung nicht; für Täter eines (vollendeten) Mordes oder Totschlags (Tötung) ist ein Absehen von der Verfolgung nicht und eine Strafmilderung nur bis zu einer Mindeststrafe von 3 Jahren zulässig.

Eine kleine K.-Regelung enthalten für terroristische und kriminelle Vereinigungen auch § 129 VI, § 129a V StGB, für → Betäubungsmitteldelikte § 31 BtMG, für → Geldwäsche § 261 X StGB und für → Staatsschutzdelikte §§ 153d, e StPO.

**Kruzifix in Schulen.** Die Anbringung von K.en in Klassenzimmern wird überwiegend als zulässig angesehen (vgl. z. B. OVG Münster NVwZ 1994, 597; BayVGH NVwZ 1991, 1099). Die zwingend vorgeschriebene Anbringung durch die bayer. Volksschulordnung vom 21. 6. 1983 wurde vom BVerfG als (NJW 1995, 2477) als verfassungswidrig angesehen. Nach der Aufhebung der genannten Vorschrift traf das Bayer. Erziehungs- und UnterrichtsG mit dem ÄnderungsG v. 23. 12. 1995 (GVBl. 850) in Art. 7 III für Grund- und Hauptschulen eine differenzierte Regelung. Danach muß der Schulleiter eine gütliche Einigung versuchen, wenn der grundsätzlich vorgeschriebenen Anbringung eines K. in einem Klassenzimmer aus ernsthaften und einsehbaren Gründen des Glaubens oder der Weltanschauung durch die Erziehungsberechtigten widersprochen wird; gelingt eine Einigung nicht, hat der Schullleiter unter Berücksichtigung der Interessen aller Beteiligten eine Regelung für den Einzelfall zu treffen, die den Willen der Mehrheit soweit als möglich berücksichtigt. Diese Vorschrift wurde vom BayVerfGH und vom BVerfG inzwischen als verfassungsgemäß bestätigt.

**KSZE** (Konferenz über Sicherheit und Zusammenarbeit in Europa). Die am 1. 8. 1975 in Helsinki von 33 Staaten Europas (einschl. der ehem. UdSSR, ohne Albanien), den USA und Kanada unterzeichnete Schlußakte der Konferenz anerkennt die Gleichberechtigung und das Selbstbestimmungsrecht der Völker, die Souveränität und territoriale Integrität der Staaten, die Unverletzlichkeit ihrer Grenzen sowie das Verbot der Einmischung in innere Angelegenheiten; Streitfälle sind friedlich zu regeln, völkerrechtliche Verpflichtungen nach Treu und Glauben zu erfüllen und die Zusammenarbeit der Staaten auf der Grundlage der UN-Charta zu fördern; die Achtung der Menschenrechte und Grundfreiheiten wird als tragender Grundsatz herausgestellt; den Zielen der Humanität dienen Vereinbarungen über Erleichterungen in der Familienzusammenführung und der Eheschließung zwischen Bürgern verschiedener Staaten. Folgekonferenzen fanden in Belgrad (1978), Madrid (1980–1983), Wien (1986–1989) und Helsinki (1992) statt. In der Pariser Charta schuf die KSZE 1990 ein Sekretariat in Prag und ein Konfliktverhütungszentrum in Wien. Gleichwohl ist die KSZE noch keine → internationale Organisation mit eigener Rechtspersönlichkeit. Die Schlußakte der KSZE und alle weiteren Beschlüsse sind Absichtserklärungen und keine → völkerrechtlichen Verträge. 1994 wurde in Budapest die Umbenennung der KSZE in OSZE (Organisation für Sicherheit und Zusammenarbeit in Europa) mit Wirkung vom 1. 1. 1995 beschlossen. Damit trat jedoch keine rechtliche Änderung ein; insbesondere erlangte die frühere KSZE hierdurch noch keine Rechtspersönlichkeit.

**Kulturgut** (Schutz gegen Abwanderung). Nach dem Ges. zum Schutz deutschen Kulturgutes gegen Abwanderung vom 6. 8. 1955 (BGBl. I 501) m. Änd. sind Kunstwerke oder sonstiges Kulturgut, dessen Abwanderung einen wesentlichen Verlust für den deutschen Kulturbesitz bedeuten würde, in ein von der obersten Landesbehörde geführtes Verzeichnis einzutragen. Die Ausfuhr bedarf der Genehmigung des BMin. d. Innern. Entsprechendes gilt für Archivgut. Zum Ausgleich für die Bindung bestehen Steuervergünstigungen. Die Vorschriften des Europäischen Gemeinschaftsrechts sehen nationale Beschränkungen zugunsten von K. vor (Art. 36 EWGV). Allerdings ist dabei nach der sog. → Cassisformel der Grundsatz der Verhältnismäßigkeit und der Vorrang gemeinschaftsrechtlicher Regelungen zu wahren. S. hierzu die einschlägige Richtlinie des Rats der EG.

**Kulturhoheit der Länder** wird deren primäre Zuständigkeit für Gesetzgebung und Verwaltung auf kulturellem Gebiet (insbes. im Schul- und Hochschulwesen, Rundfunk und Fernsehen) genannt. Sie ergibt sich aus Art. 30 GG, da das GG dem Bund auf kulturellem Gebiet nur geringe Kompetenzen einräumt (vgl. aber Art. 74 Nr. 13 sowie Art. 75 I Nr. 1 a und Art. 91 a I Nr. 1 GG).

**Kulturpflanzen,** Schutz der –, → Pflanzenschutz.

**Kumulation von Strafen** → Konkurrenz von Straftaten (Tatmehrheit).

**Kumulative Schuldübernahme** → Schuldmitübernahme.

**Kumulieren.** Im Kommunalwahlrecht (→ Kommunalwahlen) werden teilweise die Grundsätze des → Verhältniswahlrechts durch K. und → Panaschieren ergänzt. Von K. spricht man, wenn der Wähler so viele Stimmen hat, wie Sitze zu vergeben sind, er aber auf einen Bewerber mehrere Stimmen (in Bayern bis zu drei) häufeln kann.

**Kumulierungsverbot** Wer eine Arbeitnehmersparzulage erhält, kann für seine Beiträge nicht → Sonderausgaben geltend machen (§ 10 II Nr. 3 EStG).

**Kundenbindung.** Gewährt ein Unternehmen für häufige Leistungsabnahme Sachprämien, die öffentlich ausgeschrieben sind, z. B. das Lufthansaprogramm „miles and more“, so ist die Inanspruchnahme für den Begünstigten bis 2400 DM/Jahr steuerfrei (§ 3 Nr. 38 EStG 1997). Darüber hinausgehende Prämien kann das Unternehmen auf Antrag mit 2% Pauschalsteuer abgelten (§ 37 a EStG 1997; → Pauschbesteuerung). Die Steuerfreiheit gilt auch für die Zeit vor dem 1. 1. 1997, die Pauschbesteuerung, wenn ein entsprechender Antrag vor dem 30. 6. 1997 gestellt worden ist.

**Kundenfang** → unlauterer Wettbewerb.

**Kundenfinanzierung, -kredit** → Kreditvertrag (4).

**Kündigung.** An die Stelle des → Rücktritts vom Vertrag tritt bei → Dauerschuldverhältnissen i. d. R. die K. Sie ist im BGB nicht zusammenfassend geregelt, sondern bei den einzelnen Vertragstypen (→ Dienstvertrag, Arbeitsverhältnis, Miete, Gesellschaft usw.) besonders ausgestaltet. Dies gilt insbes. hinsichtlich der *K.fristen* (s. dort) sowie der sonstigen K.voraussetzungen. Man unterscheidet allgemein die sog. ordentliche und die außerordentliche K. Die *ordentliche K.* ist regelmäßig an eine bestimmte Frist und oftmals an sonstige gesetzliche oder vertraglich vereinbarte Voraussetzungen gebunden; sie kann auch für eine bestimmte Zeit vertraglich ganz ausgeschlossen werden (z. B. Mietverhältnis auf 5 Jahre), sofern hierin keine → Sittenwidrigkeit oder ein Verstoß gegen → Treu und Glauben zu sehen ist. Daneben gibt die *außerordentliche K.* das Recht, ein Vertragsverhältnis i. d. R. ohne Einhaltung einer Frist *(fristlose K.)*, vielfach aber erst nach vorheriger erfolgloser Abmahnung, zu lösen. Die Voraussetzungen für eine außerordentliche K. sind gleichfalls bei den einzelnen Vertragsverhältnissen verschieden; gemeinsam ist jedoch allen, daß ein *wichtiger Grund,* der in einzelnen Fällen gesetzlich konkretisiert ist, vorliegen muß, der unter Berücksichtigung der gesamten Verhältnisse (auch des Gegners) nach Treu und Glauben die Fortsetzung des Dauerschuldverhältnisses – bis zum nächsten ordentlichen K.termin – dem Kündigenden nicht mehr zumutbar erscheinen läßt (vgl. § 626 I BGB). Verschiedentlich ist auch vorgesehen, daß die außerordentliche K. innerhalb einer bestimmten Frist ab Kenntnis des wichtigen Grundes erklärt werden muß (z. B. bei einem Dienst- oder Arbeitsverhältnis innerhalb von 2 Wochen); sonst wird das K.recht verwirkt (vgl. § 626 II BGB). Das Recht zur außerordentlichen K. kann durch Vertragsbestimmung regelmäßig nicht ausgeschlossen werden (vgl. § 723 III BGB). Für die K.erklärung als Ausübung eines → Gestaltungsrechts gelten die Grundsätze über die Rücktrittserklärung (einseitige empfangsbedürftige → Willenserklärung) entsprechend. Durch die wirksame K. erlischt das → Schuldverhältnis für die Zukunft (ex nunc); eine Rückforderung wie beim Rücktritt ist daher ausgeschlossen (u. U. jedoch Abwicklung und Ansprüche aus → ungerechtfertigter Bereicherung). → Änderungskündigung, → Kündigungsschutz für Arbeitnehmer.

**Kündigungsfristen für Mieträume (Wohnraum)** → Miete (2).

**Kündigungsfristen im Arbeitsrecht** → Arbeitsverhältnis u. im folg.

**Kündigungsgrund** → Kündigung, → Kündigungsschutz für Arbeitnehmer.

**Kündigungsschutz für → Arbeitnehmer** (An.) besteht nach dem KSchG i. d. F. vom 25. 8. 1969 (BGBl. I 1317) m. spät. Änd. zugunsten der An. jeden Alters (anders im → Berufsausbildungsverhältnis) in Betrieben und Verwaltungen mit mehr als i. d. R. 10 Beschäftigten (§ 23; Teilzeitkräfte werden entsprechend dem Umfang ihrer Tätigkeit berücksichtigt), die seit mindestens 6 Monaten ohne Unterbrechung dem Betrieb od. Unternehmen angehören (§ 1 I). Die ordentliche Kündigung (zu den Kündigungsfristen → Arbeitsverhältnis) ist unwirksam, wenn sie sozial ungerechtfertigt ist, d. h. nicht durch Gründe in der Person oder im Verhalten des An., z. B. schlechte Arbeitsleistung, oder durch dringende betriebliche Erfordernisse, z. B. Rationalisierung, bedingt (§ 1 II); bei der *betriebsbedingten Kündigung* müssen bei der Auswahl des zu kündigenden An. die Dauer der Betriebszugehörigkeit, das Lebensalter und die Unterhaltspflichten des An. (nicht aber z. B. Krankheit oder wirtschaftliche Lage) ausreichend berücksichtigt werden (§ 1 III); auch ist ggf. nur eine → Änderungskündigung zulässig (BAG NJW 1985, 1797). Der An. kann zunächst binnen 1 Woche Einspruch beim → Betriebsrat einlegen (§ 3). Führt dies nicht zur Einigung, muß der An. binnen 3 Wochen nach Zugang der Kündigung → Feststellungsklage beim → Arbeitsgericht mit dem Antrag erheben, daß das Arbeitsverhältnis durch die Kündigung nicht aufgelöst sei und deshalb fortbestehe (§ 4; sog. *Kündigungsschutzklage*), wenn er verhindern will, daß die zunächst schwebend unwirksame, sozial ungerechtfertigte Kündigung wirksam wird (§ 7). Verspätet eingereichte Klagen können aus ähnlichen Gründen wie bei → Wiedereinsetzung nachträglich zugelassen werden (§ 5). Wird der Klage stattgegeben, so steht fest, daß die Kündigung unwirksam war und das Arbeitsverhältnis fortbestanden hat. Bis zur Rechtskraft besteht jedenfalls nach einer der Klage stattgebenden Entscheidung des Erstgerichts eine Beschäftigungspflicht des Arbeitgebers. Ist in einem solchen Fall dem An. nicht zuzumuten, das Arbeitsverhältnis fortzusetzen, so hat es das Gericht auf Antrag durch → Gestaltungsurteil aufzulösen und dem An. eine Abfindung in Geld (regelmäßig bis zu 12 Monatsverdiensten, bei längerdauerndem Arbeitsverhältnis auch mehr) zuzusprechen (§§ 9, 10). Auch der Arbeitgeber kann Auflösungsantrag stellen (§ 9 I). Durch das KSchG wird das Recht zur außerordentlichen (i. d. R. fristlosen) Kündigung nicht berührt; jedoch muß die Unwirksamkeit einer solchen Kündigung in gleicher Weise und Frist geltend gemacht werden, weil sie sonst wie eine ordentliche, sozial ungerechtfertigte Kündigung auch ohne Vorliegen eines wichtigen Grundes heilt und wirksam wird (§ 13 I). Für Kündigungen, die aus anderen Gründen – z. B. nach §§ 138, 134 BGB – nichtig sind, gilt das nicht (§ 13 II, III). Der → Betriebsrat ist – unter Mitteilung der Gründe – vor jeder (auch außerordentlichen oder → Änderungs)Kündigung (auch z. B. zur Frage der Auswahl des An. bei betriebsbedingter Kündigung) zu hören (gilt nicht für → leitende Angestellte); eine ohne Anhörung ausgesprochene Kündigung ist unwirksam (§ 102 I BetrVG). Der Betriebsrat (die → Personalvertretung) kann in bestimmten Fällen (z. B. Außerachtlassung ausreichender sozialer Gesichtspunkte, mögliche Weiterbeschäftigung des Arbeitnehmers) der Kündigung innerhalb einer Woche schriftlich widersprechen; bei berechtigtem Widerspruch ist die Kündigung gleichfalls sozial ungerechtfertigt (§ 102 III BetrVG, § 1 II KSchG). Weitergehender K. besteht für Mitglieder eines → Betriebsrats (einer Personalvertretung) nach § 15 KSchG, § 103 BetrVG, für Frauen während und nach der Schwangerschaft (→ Mutterschutz) und für → Schwerbehinderte (§§ 12–19 SchwbG). Über Kündigungsfristen für langjährige An. → Arbeitsverhältnis. Allgemein verboten ist eine Benachteiligung des Arbeitnehmers durch Kündigung nur wegen seiner Geschlechtszugehörigkeit (§ 611 a BGB; → Gleichberechtigung). Über K. für wehrpflichtige An. → ArbeitsplatzschutzG, über Massenentlassungen → anzeigepflichtige Entlassungen, über K. beim befristeten Arbeitsvertrag → Zeitarbeitsverhältnis. Zum K. im Falle der Insolvenz → Insolvenzverfahren (3 a), → Arbeitsverhältnis; s. a. → Betriebsübergang. Zum (beschleunigten) Verfahren in K.prozessen s. § 61 a ArbGG.

**Kündigungsschutz für Miet(Wohn)räume** → Miete (5 c).

**Kündigungsschutzklage** → Kündigungsschutz für Arbeitnehmer.

**Künftige Leistung** → Leistungszeit.

**Kunst, Freiheit der –.** Nach Art. 5 III GG ist die K. frei. Dies bedeutet primär eine → institutionelle Garantie. Die Freiheit des Einzelnen, künstlerisch tätig zu sein und zu gestalten, folgt schon aus der → Meinungsfreiheit (Art. 5 I GG), die auch den Ausdruck von Gedanken durch Bild-, Plastik- und Tonwerke sichert. Der Begriff wird weit gefaßt. Nach BVerfGE 30, 189 ist Kunst die freie schöpferische Gestaltung, in der Eindrücke, Erfahrungen, Erlebnisse des Künstlers durch das Medium einer bestimmten Formensprache zu unmittelbarer Anschauung gebracht werden. Die Kunstfreiheit erstreckt sich nicht nur auf die schöpferische Tätigkeit selbst, sondern auch auf Darbietung und Verbreitung. Für die Freiheit der Kunst gelten die → immanenten Schranken; ein spezieller Gesetzesvorbehalt besteht nicht.

**Kunstfehler, ärztliche.** Jeder ärztl. Eingriff wird in der Rspr. überwiegend als → Körperverletzung angesehen, bei der aber das Vorliegen eines Rechtfertigungsgrundes (Einwilligung des Betroffenen, u. U. Geschäftsführung ohne Auftrag oder eine Notstandslage) die straf- und zivilrechtliche Verantwortlichkeit des Arztes ausschließt. Voraussetzung ist, daß der Eingriff *medizinisch indiziert* (angezeigt) war, d. h. nach Gesundheitszustand und Heilungsaussichten unter Berücksichtigung der Gefährlichkeit geboten oder mindestens vertretbar, und daß er *nach den Regeln der ärztl. Kunst (lege artis) vorgenommen* worden ist. (Nach einer im Schrifttum vielfach vertretenen Auffassung ist der Eingriff unter den genannten Voraussetzungen keine Körperverletzung und daher schon aus diesem Grund rechtens). Ob ein Eingriff medizinisch indiziert war und fachgerecht durchgeführt worden ist, beurteilt sich nach dem Zustand zum Zeitpunkt seiner Vornahme und den damals nach ärztl. Erfahrung begründeten Erwartungen, nicht nach dem später eingetretenen Erfolg oder Mißerfolg. War der Eingriff danach nicht indiziert, lag z. B. eine Fehldiagnose vor, oder ist er nicht mit der gebotenen ärztl. Sorgfalt durchgeführt worden, ist der Arzt wegen rechtswidriger Körperverletzung oder Tötung strafbar, wenn eine Verschlechterung des Gesundheitszustandes oder der Tod des Patienten durch den K. verursacht worden ist. Ferner ist nach bürgerlichem Recht Schadensersatz aus → Dienst- oder → Werkvertrag oder → unerlaubter Handlung (s. dort 2 b, zur Beweislast 6) zu leisten. Zum Ersatz des Unterhalts bei fehlerhafter Sterilisation o.ä. → Schaden. S. a. → Aufklärungspflicht des Arztes.

**Kunsthandel.** Der K. durch auf den Handel mit Gebrauchtwaren spezialisierte Betriebe unterliegt als → Gebrauchtwarenhandel den gewerberechtlichen Beschränkungen für → überwachungsbedürftige Gewerbe. Im übrigen bestehen keine gewerberechtlichen Beschränkungen; s. aber → Auktionator, → Antiquitätenhandel.

**Künstlersozialabgabe** ist eine Umlage der einschlägigen Unternehmen (Verlage, Konzertagenturen usw.) für die → Künstlersozialversicherung. Sie bemißt sich nach einem durch Rechtsverordnung vom BMin für Arbeit und Sozialordnung festgesetzten Vomhundertsatz der gezahlten Entgelte (§§ 23 ff. KSVG).

**Künstlersozialkasse** → Künstlersozialversicherung.

**Künstlersozialversicherung** besteht seit 1. 1. 1983 für selbständige Künstler, die schöpferisch, ausübend oder lehrend auf den Gebieten Musik, darstellende oder bildende Kunst tätig sind sowie Publizisten (Schriftsteller, Journalisten usw.). Sie unterliegen, sofern sie erwerbsmäßig und nicht nur vorübergehend künstlerisch oder publizistisch tätig sind und nicht mehr als einen → Arbeitnehmer beschäftigen, der → Rentenversicherung und in den ersten 5 Jahren der → Krankenversicherung (Wahl einer privaten KV möglich, ebenso Befreiung bei höherem Einkommen). Keine Versicherungspflicht für Jahre, in denen das Einkommen 1/7 der → Bezugsgröße bzw. 1/6 des Gesamteinkommens nicht übersteigt. Die Mittel werden durch Beiträge der Versicherten, eine → Künstlersozialabgabe der einschlägigen Unternehmen (Verlage, Konzertveranstalter usw.) und Bundeszuschüsse aufgebracht. Die K. wird von der Landesversicherungsanstalt Oldenburg-Bremen durchgeführt. Künstlersozialversicherungsgesetz – KSVG – vom 27. 7. 1981 (BGBl. I 705) m. spät. Änd.; VO über den Beirat und die Ausschüsse bei der Künstlersozialkasse vom 13. 8. 1982 (BGBl. I 1149) mit spät. Änd. und DVO vom 23. 5. 1984 (BGBl. I 709) mit spät. Änd.; Künstlersozialabgabe-Verordnung 1998 vom 26. 9. 1997 (BGBl. I 2364).

**Künstliche Fortpflanzung.** Wegen ungewollter Kinderlosigkeit wird zunehmend die Hilfe der Fortpflanzungsmedizin und der → Reproduktionstechnik gesucht. Ihre im Tierversuch und in der Tierzucht (unten 3.) entwickelten Methoden, deren Erfolgsaussichten und Risiken oft nicht richtig eingeschätzt werden, lassen gezielte Eingriffe in die Entstehung und Entwicklung menschlichen Lebens zu. Die Grenzen der Anwendung sind rechtlich durch den Embryonenschutz (unten 1.) festgelegt. Außerdem sind bestimmte Vereinbarungen über die Vermittlung von Kindern (→ Adoptionsvermittlung, → Kinderhandel) und über Ersatzmutterschaft (unten 2.) verboten und zum Teil mit Strafe bedroht.

1. *Embryonenschutz.* Der Gesetzgeber geht davon aus, daß mit Abschluß der Befruchtung, d. h. mit der Kernverschmelzung innerhalb der befruchteten Eizelle, menschliches Leben entsteht, das verfassungsrechtlich geschützt ist. Durch Fortpflanzungsmedizin und Reproduktionstechnik wurden zur Erzeugung und Veränderung des Lebens folgende Methoden entwickelt: Insemination (Samenübertragung), in-vitro-Fertilisation und Embryotransfer (Zusammenführung von Samen und Eizellen im Reagenzglas und Einbringung der entstandenen Embryonen in die Gebärmutter), intratubarer Gametentransfer (gleichzeitiges Einbringen von Ei- und Samenzellen in die Eileiter), Eispende (Übertragung der Eizelle einer anderen), Embryospende (Übertragung eines von anderen stammenden Embryos), Gewinnung totipotenter Zellen (Erzeugung eineiiger Mehrlinge durch Teilung der Zellen eines Embryos), Bildung von Chimären (Vereinigung von Zellen eines Embryos mit Zellen eines anderen Embryos), Gentransfer in Keimbahnzellen (Veränderung der genetischen Struktur einer befruchteten

Eizelle vor Beginn der Zellteilungen durch Entnahme eines defekten Gens oder dessen Austausch durch ein intaktes Gen, → Gentherapie).

Die strafrechtlichen Bestimmungen zum Schutz des menschlichen Lebens vor Manipulationen enthält das EmbryonenschutzG (ESchG) vom 13. 12. 1990 (BGBl. I 2746). I. e. sind verboten gezielte Erzeugung menschlicher Embryonen zu Forschungszwecken (§ 1 I Nr. 2), Verwendung menschlicher Embryonen zu nicht ihrer Erhaltung dienenden Zwecken (§ 2), Übertragung von mehr als 3 Embryonen innerhalb 1 Zyklus (§ 1 I Nr. 3), Befruchtung von mehr als 3 Eizellen durch intratubaren Gametentransfer innerhalb 1 Zyklus (§ 1 I Nr. 4), extrakorporale Befruchtung von mehr Eizellen, als innerhalb 1 Zyklus übertragen werden sollen (§ 1 I Nr. 5), Gentransfer in menschliche Keimbahnzellen (§ 5), Klonen, d. h. gezielte Erzeugung genetisch identischer Menschen (§ 6), Bildung von Hybriden (Embryo aus Mensch und Tier) und menschlichen Chimären (§ 7), gezielte Geschlechtsfestlegung des künftigen Kindes (§ 7), eigenmächtige Befruchtung, eigenmächtige Übertragung eines Embryos und Übertragung des Samens eines Mannes nach dessen Tod (§ 4). Gespaltene Mutterschaften, bei denen genetische und austragende Mutter nicht identisch sind, sollen verhindert werden. Deshalb sind verboten Übertragung fremder Eizellen auf eine Frau (§ 1 I Nr. 1), Befruchtung einer Eizelle für eine Embryospende oder eine Übertragung des Embryos auf eine Ersatzmutter (§ 1 I Nr. 2), Entnahme eines Embryos zur Übertragung auf eine andere Frau (§ 1 I Nr. 6), künstliche Befruchtung oder Embryoübertragung bei einer Ersatzmutter (§ 1 I Nr. 7) (unten 2.). Nur ein Arzt darf die künstliche Befruchtung, die Embryoübertragung und die Konservierung eines Embryos oder einer befruchteten Eizelle vornehmen (§ 9). Die Mitwirkung an bestimmten Taten ist für die beteiligte Frau nicht strafbar.

Die besonders umstrittene heterologe Insemination wurde nicht verboten oder eingeschränkt. Diese und die weiteren insbes. zivil-, sozial- und berufsrechtlichen Fragen sollen in einem Fortpflanzungsmedizingesetz geregelt werden. Demnach gelten für → Kinder aus einer homologen Insemination keine Besonderheiten; für Kinder aus einer heterologen Insemination (ggfs. nach Vaterschaftsanfechtung, → Abstammung, 3) gelten die Sondervorschriften für Kinder nicht verheirateter Personen, z. B. → Unterhaltspflicht bei nicht miteinander verheirateten Eltern. Gleichwohl besteht die Unterhaltspflicht des (der heterologen Insemination zustimmenden) Ehemannes (auch z. B. nach einer → Ehescheidung) grdsätzl. fort, es sei denn, das Kind habe seinerseits die Abstammung angefochten (BGH, NJW 1995, 2028 und 2031). Für → Erbfolge und Vaterschaftsanerkennung (→ Abstammung, 2 b) gelten keine Besonderheiten. § 27 a SGB V bestimmt bereits, daß Ehepaare gegen die gesetzlichen Krankenkassen Anspruch auf Leistung für Maßnahmen der künstlichen Befruchtung im homologen System haben. Aufwendungen hierfür sind *steuerlich* außergewöhnliche → Belastungen (§ 33 I EStG).

2. *Ersatzmutterschaft* (Leih-, gespaltene –) führt dazu, daß genetische und austragende Mutter nicht identisch sind. Sie muß nicht mit einer künstlichen Fortpflanzung verbunden sein, beruht aber i. d. R. auf einer Insemination. Ersatzmutter ist nach § 13 a AdoptionsvermittlungsG (AdVermiG) i. d. F. vom 27. 11. 1989 (BGBl. I 2016) eine Frau, die auf Grund einer Vereinbarung bereit ist, sich einer künstlichen oder natürlichen Befruchtung zu unterziehen oder einen nicht von ihr stammenden Embryo auf sich übertragen zu lassen oder sonst auszutragen und das Kind nach der Geburt Dritten zur Annahme als Kind oder zur sonstigen Aufnahme auf Dauer zu übertragen. Die Vereinbarung ist unwirksam. Die Ersatzmuttervermittlung durch Zusammenführen von Bestelleltern (Personen, die das Kind annehmen oder sonst auf Dauer aufnehmen wollen) mit einer Ersatzmutter oder durch Nachweis einer Gelegenheit zur Vereinbarung einer E. ist verboten und mit Strafe bedroht (§§ 13 b, c, 14 b AdVermiG). Strafbar sind auch die künstliche Befruchtung und die Embryoentnahme oder -übertragung zum Zweck einer E. (§ 1 I Nr. 1, 2, 6, 7 ESchG, s. oben 1.). Eizellen- oder Embryospenderin, Ersatzmutter und Bestelleltern werden

nicht bestraft. Die Suche oder das Angebot von Ersatzmüttern oder Bestelleltern durch öffentliche Erklärungen, z. B. Zeitungsanzeigen, ist ebenfalls untersagt (§ 13 d AdVermiG) und wird als → Ordnungswidrigkeit geahndet.

3. *Tierzucht.* Für die Zucht von Rindern, Schweinen, Schafen, Ziegen und Pferden regelt das TierzuchtG, → Landwirtschaft) die künstliche Besamung und den Embryotransfer (Gewinnung, Behandlung, Übertragung und Abgabe von Eizellen und Embryonen).

**Künstliche Samenübertragung** (Insemination) → künstliche Fortpflanzung.

**Kunsturheberrechtsgesetz** → Bildnis.

**Kunstwerk** → Urheberrecht.

**Kupon** (franz. coupon) ist ein → Inhaberpapier, das meistens einer → Inhaberschuldverschreibung oder einer → Aktie beigegeben ist und das zur Empfangnahme von Zinsen (→ Zinsschein) und → Dividenden legitimiert (§§ 803, 804 BGB). Neue K. werden nur gegen → Erneuerungsscheine (Talons) ausgegeben.

**Kuppelei** als Förderung sexueller Handlungen zwischen anderen war nach §§ 180, 181 StGB a. F. bei eigennützigem oder gewohnheitsmäßigem Handeln, bei Anwendung hinterlistiger Kunstgriffe und bei Ausnutzung gewisser Autoritätsverhältnisse unter Strafe gestellt. Das 4. StrRG 1973 hat die Straftatbestände auf → *Förderung sexueller Handlungen von Minderjährigen* unter 16 Jahren (bei „Bestimmen" zur Prostitution oder Mißbrauch eines Abhängigkeitsverhältnisses: 18 Jahre) sowie → *Förderung der Prostitution* insbes. bei noch nicht 18- bzw. (bei Bestimmen) 21jährigen, durch gewerbsmäßiges Anwerben, in einem → Bordell o. dgl. beschränkt. S. a. → Zuhälterei.

**Kur.** Die → Krankenversicherung kann stationäre Behandlung in Kur- oder Spezialeinrichtungen in Form von Vorsorgekuren oder Rehabilitationskuren bewilligen, in der Satzung auch Zuschüsse sowie für Arbeitnehmer Übernahme der gesamten Kosten vorsehen (§§ 23 f., 40 f. SGB V). Die → Rentenversicherung sowie die → Kriegsopferversorgung können ebenfalls Kuren gewähren (§ 15 SGB VI; § 11 BVG). In der Kranken- und in der Rentenversicherung müssen sich die Versicherten (über 18 Jahre) an den Kosten einer stationären K. mit 25 DM pro Tag beteiligen; bei Unzumutbarkeit kann hiervon abgesehen werden (§ 39 SGB V; § 32 SGB VI). Wiederholung erst nach 4 Jahren, es sei denn, ein früherer Zeitpunkt ist ärztlich dringend geboten. Zu vergleichbaren Leistungen der gesetzlichen → Unfallversicherung vgl. § 33 SGB VII.

**Kuratel** ist ein überholter Ausdruck für → Vormundschaft.

**Kurie** ist die Bezeichnung für den dem Papst zur Seite stehenden Regierungsapparat, der aus verschiedenen Behörden (Dikasterien) besteht. Die Kurialorgane gliedern sich in das Staatssekretariat und den Rat für die Öffentlichen Angelegenheiten der Kirche, in 10 Kongregationen (für die Glaubenslehre, für die Ostkirchen, für die Bischöfe, für die Sakramente, für den Gottesdienst, für den Klerus, für die Ordensleute und die Säkularinstitute, für das Bildungswesen, für die Evangelisation oder Glaubensverbreitung, für die Selig- und Heiligsprechungen), den Päpstlichen Rat für die Laien und den Päpstlichen Rat für die Familie, 3 Gerichtshöfe (→ Apostolische Signatur, → Rota Romana und Apostolische Pönitentiarie; → kirchliche Gerichtsbarkeit), 3 Sekretariate (für die Einheit der Christen, für Nichtchristen, für Nichtglaubende) und weitere Kommissionen und Ämter. Die Kongregationen und die hier genannten Päpstlichen Räte entsprechen den staatl. Ministerien. Eine Neugestaltung der K. ist z. Zt. in Arbeit. Das kanonische Recht bezeichnet den Papst und die Kurie als → Heiligen Stuhl oder → Apostolischen Stuhl. Eine Entscheidung, für die der Heilige bzw. Apostolische Stuhl zuständig ist, muß nicht der Papst persönlich, sondern kann auch eine der obengenannten Behörden der Kurie treffen. Die Behörden der Kurie unterliegen aber den Weisungen des Papstes. Schwerwiegende und außergewöhnliche Entscheidungen können ohne Vorwissen des Papstes nicht gefällt werden; soweit nicht besondere Vollmachten erteilt sind, bedürfen Erlasse, Entscheidungen und Gnadenerweise der päpstlichen → Bestätigung.

**Kurierfreiheit.** Im *Gesundheitswesen* wird K. das Recht zur unbeschränkten Ausübung der → Heilkunde genannt. In der BRep. ist es dadurch eingeschränkt, daß die berufs- oder gewerbsmäßige Ausübung der Heilkunde dem → Arzt und dem → Heilpraktiker vorbehalten ist. Zur K. im *Völkerrecht* → diplomatische Vorrechte (3).

**Kurpfuscher.** Herabsetzende Bezeichnung für die unerlaubte Ausübung der → Heilkunde und auch für → Heilpraktiker; s. aber a. → Kunstfehler, ärztliche.

**Kursmakler** sind → Börsenmakler, die als Hilfsorgane des Börsenvorstandes bei der Feststellung der Börsenkurse tätig werden und im übrigen die Vermittlung von Börsengeschäften betreiben (§§ 30, 32 BörsenG). Sie werden durch die LdReg. bestellt und sind in Kursmaklerkammern zusammengeschlossen. In dem Geschäftszweig, in dem sie mitwirken, dürfen sie keine Geschäfte für eigene Rechnung abschließen. S. a. → Handelsmakler.

**Kurtaxe** → Fremdenverkehr.

**Kurzarbeit** ist die Verkürzung der täglichen Arbeitszeit oder der planmäßige Ausfall von Arbeitstagen aus betrieblichen Gründen (z. B. Auftragsmangel).

1. *Arbeitsrechtlich* muß der K. grundsätzlich eine vertragliche Vereinbarung von Arbeitgeber und Arbeitnehmer (Änderung des → Arbeitsvertrags) zugrundeliegen; sie wird i. d. R. durch die normative Wirkung einer → Betriebsvereinbarung oder eines → Tarifvertrags herbeigeführt. Einseitig kann der Arbeitgeber K. einführen, wenn das Landesarbeitsamt es zuläßt (§ 19 KSchG); das setzt voraus, daß der Arbeitgeber seine Arbeitnehmer vorübergehend nicht voll beschäftigen kann. Durch diese K. soll eine → Massenentlassung vermieden werden. Zur entsprechenden Kürzung des → Arbeitslohns ist in diesem Fall der Arbeitgeber nur von dem Zeitpunkt an berechtigt, zu dem das Arbeitsverhältnis – ohne außerordentliche Kündigung – beendet werden könnte (§ 19 II KSchG).

2. Die → Arbeitsförderung nach dem SGB III gewährt Leistungen, wenn die regelmäßige betriebliche Arbeitszeit wegen unvermeidbaren, vorübergehenden Arbeitsmangels verkürzt wird. Die K. ist dem Arbeitsamt anzuzeigen. Arbeitnehmern gewähren die Arbeitsämter Kurzarbeitergeld, wenn die betriebsübliche Arbeitszeit im jeweiligen Kalendermonat für mindestens ein Drittel der im Betrieb tatsächlich beschäftigten Arbeitnehmer zu mehr als 10 v. H. ausfällt. Leistungsdauer i. d. R. höchstens 6 Mon., kann jedoch durch RechtsVO verlängert werden. §§ 169–182 SGB III; VO über die Verlängerung der Frist für den Bezug des Kurzarbeitergeldes vom 30. 3. 1992 (BGBl. I 742) m. Änd.

**Kurzarbeitergeld** → Kurzarbeit, → Progressionsvorbehalt.

**Kurzarrest** → Jugendarrest.

**Kurzzeitkennzeichen** → Kennzeichen am Kfz.

**Kurzzeitpflege.** Kann → häusliche Pflege als Leistung der → Pflegeversicherung zeitweise nicht, noch nicht oder nicht im erforderlichen Umfang erbracht werden und reicht auch → teilstationäre Pflege nicht aus, besteht Anspruch auf Pflege in einer vollstationären Einrichtung. Dies gilt sowohl für eine Übergangszeit im Anschluß an eine stationäre Behandlung als auch für Krisensituationen, in denen vorübergehend häusliche oder teilstationäre Pflege nicht möglich oder nicht ausreichend ist. Der Anspruch auf K. ist auf vier Wochen pro Kalenderjahr beschränkt (§ 42 SGB XI).

**Küstenfischerei** gehört zur → Seefischerei. Im übrigen s. → Fischerei.

**Küstengewässer.** Die an die offene See (→ Freiheit des Meeres) angrenzenden Staaten beanspruchen in verschiedenem Umfang die Kontrolle über den der Küste vorgelagerten Meeresstreifen (→ Seerecht). Ausgehend von den (damaligen) Möglichkeiten der effektiven Beherrschung des Küstenstreifens setzte sich im 17./18. Jh. die Dreimeilenzone (sog. Kanonenschußweite) durch. Inzwischen ist es gewohnheitsrechtlich anerkannt, daß die Küstenstaaten mindestens die Kontrolle über 3 Seemeilen beanspruchen können. Eine Reihe von

Staaten gibt sich hiermit nicht zufrieden und verlangt weiterreichende Zonen. Die Seerechts-Konvention von 1982 läßt die Ausdehnung der Hoheitszone auf 12 Seemeilen generell zu. Die BRep. hat hiervon mit der Proklamation über die Ausweitung des deutschen Küstenmeeres vom 11. 11. 1994 (BGBl. I 3428) Gebrauch gemacht. Die Ausdehnung wirft Probleme für zahlreiche Meerengen auf, die bisher dem Regime der Hohen See unterworfen waren. Die Ausübung der Kontrolle im K. ist – anders als beim → Territorialgewässer – völkerrechtlichen Beschränkungen unterworfen. So muß den Handelsschiffen aller Nationen die freie Durchfahrt ohne Abgabenzahlung gestattet werden. Darüber hinaus gestattet die Staatenpraxis heute i. d. R. auch die freie Durchfahrt von Kriegsschiffen. Weiter erstreckt sich zwar die Straf- und Polizeigewalt des Uferstaates auf das K. und damit auch auf die es durchfahrenden Schiffe fremder Nationalität. Er darf davon aber nur Gebrauch machen, wenn eine Tat „über Bord des Schiffes" hinausreicht. Dagegen kann der Uferstaat bestimmte Rechte, insbes. das Fischereirecht im K., seinen Staatsangehörigen vorbehalten. Demgemäß ist nach Bundesgesetzen als K. das Meer zwischen der Küstenlinie bei mittlerem Hochwasser oder der seewärtigen Begrenzung der oberirdischen Gewässer und der seewärtigen Begrenzung des Küstenmeeres anzusehen; vgl. § 9 I 2 a d. Ges. über die Aufgaben des Bundes auf dem Gebiet der → Seeschiffahrt und § 1 I Nr. 1 a WasserhaushaltsG – WHG – (→ Wasserhaushalt). Zum K. gehört auch das Wattengebiet. Die Vorschriften des WHG sind mit Ausnahme des nur für oberirdische Gewässer geltenden II. Teils und des nur für das Grundwasser geltenden IV. Teils auch auf Küstengewässer anwendbar (insbes. behördliche Zulassung der Wasserbenutzung, Haftung nach § 22 WHG bei Veränderung der Beschaffenheit des Wassers; s. a. → Reinhaltung der Gewässer). S. a. → Seeschiffahrt.

**Küstenschiffahrt** i. S. des Gesetzes über die Küstenschiffahrt i. d. F. vom 27. 9. 1994 (BGBl. I 2809) betreibt, wer Fahrgäste oder Güter an einem Ort im Geltungsbereich des Gesetzes an Bord nimmt und unter Benutzung des Seeweges gegen Entgelt an einen Bestimmungsort in diesem Bereich befördert. Die K. darf nur betrieben werden mit Seeschiffen, die nach dem Flaggenrechtsgesetz (→ Seeschiffahrt) die Bundesflagge führen, sowie mit Binnenschiffen, die im → Schiffsregister eingetragen sind. Verstöße können als Ordnungswidrigkeiten geahndet werden (§ 3 d. Ges.). S. a. → Binnenschiffahrt, → Seeschiffahrt.

**Kux** → Gewerkschaft, bergrechtliche.

**Laband, Paul** (1838–1918), deutscher Rechtslehrer; seine in die Zeit des Kaiserreichs nach 1871 fallenden Werke sind in hohem Grade von positivistischem Rechtsdenken beeinflußt (→ Begriffsjurisprudenz, → Rechtspositivismus).

**Laborpraxis** → Grundsätze der guten L. → Chemikaliengesetz.

**Ladegeschäft.** Das Be- und Entladen von Fahrzeugen darf die übrigen → Verkehrsteilnehmer nicht über Gebühr belästigen (§ 1 II StVO). Wo ein Verbot des → Haltens besteht, aber durch → Verkehrszeichen eingeschränkt ist, darf das L. ohne Verzögerung durchgeführt werden. Auch an Parkuhren oder Parkautomaten ist das L. erlaubt (§ 13 StVO). Das erlaubte L. umfaßt Nebenverrichtungen (Annahme des Geldbetrages für abgelieferte Ware, Aufladen des Leerguts; nicht zeitraubendes Anbieten von Waren). S. a. → verkehrsberuhigter Bereich.

**Ladenangestellte,** die ein → Kaufmann in seinem Ladengeschäft oder offenen Warenlager angestellt hat, besitzen kraft unwiderlegbarer gesetzlicher Vermutung die → Vollmacht zu Verkäufen und Empfangnahmen, die gewöhnlich dort geschehen (§ 56 HGB).

**Ladendiebstahl.** Nimmt der Täter insbes. im Selbstbedienungsladen Waren an sich und verbirgt er sie in der Kleidung oder in mitgebrachten Behältnissen in der Absicht, den Kaufpreis nicht zu bezahlen, so liegt vollendeter → Diebstahl (§ 242 StGB) vor (bei geringwertigen Gegenständen grundsätzl. → Antragsdelikt, § 248 a StGB). Wird der Täter bei der Tat vom Personal beobachtet, so fragt es sich, ob er gleichwohl bereits eigenen Gewahrsam begründet und somit die Tat vollendet hat oder ob nur → Versuch vorliegt, weil das Mitnehmen noch verhindert werden kann. Die Rspr. nimmt im Anschluß an BGHSt. 16, 271 überwiegend Vollendung an.

*Zivilrechtlich* ist str., welche Ansprüche die bestohlene Firma außer dem Kaufpreis hat. Nach BGH NJW 1980, 119 kann sie weder eine Bearbeitungsgebühr noch einen Anteil der Überwachungskosten verlangen, wohl aber Ersatz einer Fangprämie in angemessener, den Wert der entwendeten Ware mitberücksichtigenden Höhe (z. B. 50 DM).

**Ladenschluß.** Nach dem Ges. über den Ladenschluß vom 28. 11. 1956 (BGBl. I 875) m. spät. Änd. müssen Verkaufsstellen (= Ladengeschäfte aller Art, Tankstellen, Kioske, Basare und ähnliche Einrichtungen, in denen von einer festen Stelle aus ständig Waren zum Verkauf an jedermann feilgehalten werden) an Sonn- und Feiertagen sowie Montag bis Freitag bis 6 und ab 20 Uhr, Samstag (Sonnabend) bis 6 Uhr und ab 16 Uhr, an vier aufeinanderfolgenden Sonnabenden vor Weihnachten bis 6 und ab 18 Uhr, am 24. 12. bis 6 und ab 14 Uhr für den geschäftlichen Verkehr mit den Kunden geschlossen sein (§ 3). Bei L. anwesende Kunden dürfen noch bedient werden. Empfehlungen zu Öffnungszeiten sind abweichend vom allgemeinen → Wettbewerbsrecht (s. a. → Kartellempfehlung) zulässig (§ 3 Abs. 2). Sonderregelungen gelten für → Bäckereien, Apotheken (§ 4), Zeitungskioske (§ 5), Tankstellen (§ 6), Warenautomaten (§ 7), Verkaufsstellen auf Personenbahnhöfen (§ 8), ferner mit erweiterten Befreiungsmöglichkeiten in Städten mit über 200 000 Einwohnern für Personenbahnhöfe und Verkehrsknotenpunkte des Nah- und Stadtverkehrs (§ 3 II a), auf Flug- und Fährhäfen (§ 9), ferner auf Grund landesrechtlicher Bestimmungen in Kur-, Erholungs- und Ausflugsorten mit starkem Fremdenverkehr (§ 10) sowie in ländlichen Gebieten (§ 11). Zur Regelung für Versteigerer s. § 10 VerstVO (→ Versteigerungsgewerbe). Die VO vom 21. 12. 1957 (BGBl. I 1881) läßt einen befristeten Verkauf von frischer Milch, Konditoreiwaren, Blumen und Zeitungen an Sonn- und Feiertagen zu. Sondervorschriften gelten für Friseurbetriebe (§ 18), Blumenhandlungen an Friedhöfen (§ 18 a) und für den → Marktverkehr (§ 19). Die zulässige

Dauer der Beschäftigung von Arbeitnehmern in Verkaufsstellen, die an Sonn- und Feiertagen geöffnet sein dürfen, regelt § 17. Warenautomaten (→ Automatenaufstellung) dürfen nach § 7 während der L.zeiten geöffnet sein, auch wenn sie nicht an einer Verkaufsstelle angebracht sind und deren Waren führen; die sog. Residenzpflicht für Warenautomaten ist verfassungswidrig (BVerfGE 14, 19). Zuwiderhandlungen gegen das Ges. werden als Ordnungswidrigkeiten (§ 24), teils auch als Straftaten (§ 25) geahndet. Die Durchführung des Ges. wird von den für den → Arbeitsschutz zuständigen Landesbehörden überwacht (§ 22). Zusammenstellg. der Landesgesetze bei Sartorius, Verf.- u. Verw.gesetze Nr. 805.

**Ladeschein** ist eine Urkunde, die der → Frachtführer (mit dem Inhalt wie beim → Frachtbrief) ausstellt und in der er bescheinigt, daß er das Frachtgut angenommen und die Verpflichtung übernommen hat, es dem legitimierten Inhaber des L. auszuhändigen (§§ 444; 408 I HGB). Der L. entspricht für das Land- und Flußfrachtgeschäft dem → Konnossement. Er ist ein gekorenes → Orderpapier, außerdem → Traditionspapier (§ 448 HGB). Zum Empfang des Frachtguts ist derjenige legitimiert, der im Ladeschein als Empfänger bezeichnet oder auf den er durch → Indossament übertragen ist, falls der L. als Orderpapier ausgestellt ist (§ 446 HGB). Der Frachtführer ist zur Ablieferung des Gutes an den Empfänger nur gegen Rückgabe des L. verpflichtet (§ 445 HGB). Üblich ist der L. nur in der → Binnenschiffahrt.

**Ladezeit** ist der Zeitraum, der für die Abladung bei einem Schiff (→ Ablader) festgesetzt wird, entweder durch Vertrag, Verordnung des Abladungshafens oder durch Ortsgebrauch (§ 568 HGB). Die L. beginnt mit dem Tag, der auf die Anzeige des Verfrachters folgt, daß er zur Einnahme der Ladung fertig und bereit ist (§ 567 I, II HGB). S. a. → Frachtvertrag.

**Ladung** ist die Aufforderung, zu einem gerichtlichen oder behördlichen Termin zu erscheinen. Eine L. im gerichtlichen Verfahren ist grundsätzlich zuzustellen (§ 214 ZPO, § 56 VwGO, § 53 FGO, § 63 SGG, § 217 StPO; → Zustellung); sie obliegt dem Gericht (Geschäftsstelle). Zwischen der Zustellung und dem Termin muß ein Mindestzeitraum liegen *(Ladungsfrist);* er beträgt im Zivilprozeß (einschl. → Ehesachen) 1 Woche (sonst beim Amtsgericht 3 Tage; s. aber → Einlassungsfrist), in Verwaltungs- und Finanzgerichtssachen 2 Wochen, vor dem BVerwG und BFH 4 Wochen (§ 217 ZPO, § 102 VwGO, § 91 FGO). Bei Nichteinhaltung darf gegen den Widerspruch des Gegners nicht verhandelt werden und insbes. kein → Versäumnisurteil ergehen. Im Strafprozeß ist die Mindestfrist für die Ladung zur Hauptverhandlung 1 Woche (im → beschleunigten Verfahren 24 Std.). Wird sie nicht eingehalten, können Angeklagter und Verteidiger Aussetzung der Verhandlung verlangen (§§ 217, 218, 212a III 3 StPO).

**Ladungsfrist** → Ladung.

**Lagebericht** (früher: Geschäftsbericht) ist bei Kapitalgesellschaften, insbes. bei der → Aktiengesellschaft und bei bestimmten Unternehmen und Konzernen (→ Rechnungslegung) der für jedes Geschäftsjahr aufzustellende Bericht über den Geschäftsverlauf und die Lage der Gesellschaft, des Unternehmens oder Konzerns. Einzelheiten §§ 289, 315 HGB, §§ 286, 337 AktG, § 42a GmbHG, § 33 GenG.

**Lagergeschäft** → Lagervertrag, → Lagerhalter.

**Lagerhalter** ist, wer gewerbsmäßig die Lagerung und Aufbewahrung von Gütern, d. h. von beweglichen Sachen, die zum Einlagern geeignet sind, übernimmt (Lagergeschäft; § 467 HGB; zur Eigenschaft als → Kaufmann s. dort). Über Rechte und Pflichten des L. → Lagervertrag. Die → Spediteure und → Frachtführer sind meist L., weil sie im Betrieb ihres Handelsgewerbes auch regelmäßig Güter lagern.

**Lagerkosten** sind die dem → Lagerhalter auf Grund des → Lagervertrages zustehenden Beträge, nämlich das vereinbarte oder ortsübliche Lagergeld (die Vergütung für seine Leistung), die Auslagen für → Fracht und → Zoll und die übrigen Aufwendungen für das Lagergut, soweit der Lagerhalter sie für erforderlich halten durfte (§§ 467 II, 474 HGB). Wegen der L. hat der Lagerhalter ein gesetzliches → Pfandrecht am Lagergut, solange er es im Besitz hat (§ 475 b HGB).

**Lagerschein** ist eine Urkunde, in der sich der → Lagerhalter verpflichtet, das eingelagerte Gut gegen Aushändigung des L. herauszugeben (Inhalt: § 475 c HGB). Der L. ist → Wertpapier und → Traditionspapier (§ 475 g HGB). Er wird i. d. R. auf den Namen des Empfangsberechtigten ausgestellt und ist dann → Rektapapier. Auch als → Inhaberpapier kann der L. vorkommen; dann gelten die §§ 793 ff. BGB. Als gekorenes → Orderpapier ist die Ausstellung des L. als Order-L. zulässig. Der L. ist für das Rechtsverhältnis zwischen dem Lagerhalter und dem legitimierten Besitzer des L. maßgebend; insbes. begründet er eine → Vermutung für die Richtigkeit der in ihm enthaltenen Angaben (z. B. über Menge und Zustand der gelagerten Ware, § 475 d HGB). Zum Empfang des Gutes legitimiert ist derjenige, an den das Gut nach dem L. ausgeliefert werden soll oder auf den ein OrderL. durch → Indossament übertragen worden ist (§ 475 f BGB). Ist ein L. ausgestellt, so ist der Lagerhalter zur Herausgabe der Ware nur gegen Rückgabe des L., auf dem die Auslieferung bescheinigt ist, verpflichtet (§ 475 e HGB).

**Lagervertrag** ist der einem Lagergeschäft zugrundeliegende entgeltliche Verwahrungsvertrag zwischen → Lagerhalter und Einlagerer über bewegliche Sachen, die zum Lagern geeignet sind (§ 467 HGB). I. d. R. wird Einzel- oder Sonderlagerung vereinbart. Der Lagerhalter ist nur dann berechtigt, vertretbare Sachen mit anderen Sachen gleicher Art und Güte zu vermischen (Sammelverwahrung), wenn die beteiligten Einlagerer hiermit ausdrücklich einverstanden sind; in diesem Fall entsteht → Miteigentum nach Bruchteilen im Verhältnis der eingelagerten Mengen (§ 469 HGB). Kein Lagergeschäft ist die sog. Summenverwahrung (→ Verwahrung). Für den L. gelten die §§ 467–475 h HGB, subsidiär die Vorschriften über die → Verwahrung und – soweit diese, wie weitgehend (vgl. § 475 h HGB), nicht zwingend sind – → Allgemeine Geschäftsbedingungen infolge Einbeziehung in den L. durch Parteivereinbarung, insbes. die Allgemeinen Deutschen Spediteurbedingungen (→ Speditionsvertrag) oder sonstige Lagerbedingungen. Der Lagerhalter ist verpflichtet, das Gut entgegenzunehmen, zu lagern und aufzubewahren (§ 467 I HGB), auf Verlangen einen → Lagerschein auszustellen (§ 475 c HGB), Ersatzansprüche des Einlagerers (z. B. bei Annehmen beschädigter Ware) zu sichern (§ 470 HGB), das Gut auf Verlangen des Einlagerers zu versichern (§ 472 I HGB) und dem Einlagerer die Besichtigung des Gutes, die Entnahme von Proben und die zur Erhaltung des Gutes notwendigen Handlungen zu gestatten (§ 471 I HGB; Einlagerung bei einem Dritten nur mit Zustimmung des Einlagerers, § 472 II HGB). Der Einlagerer kann das Gut jederzeit zurückverlangen, bei einem L. auf unbestimmte Zeit ohne Vorliegen eines wichtigen Grundes jedoch nur bei Einhaltung einer Kündigungsfrist von 1 Monat (§ 473 HGB; dies gilt umgekehrt auch für eine Kündigung des Lagerhalters). Der Lagerhalter hat Anspruch auf Zahlung der → Lagerkosten (s. dort auch über das → Pfandrecht des Lagerhalters). Der Lagerhalter haftet für den Schaden, der durch Verlust oder Beschädigung des Gutes in der Zeit von der Aufnahme bis zur Auslieferung entstanden ist, es sei denn, daß der Schaden durch die Sorgfalt eines ordentlichen Kaufmanns nicht abgewendet werden konnte (also nur bei → Verschulden, § 475 HGB). Für die → Verjährung von Ansprüchen aus einem L. gelten die Vorschriften über den → Frachtvertrag entsprechend (§ 475 a HGB).

**Laien.** Unter L. werden in der → kath. Kirche diejenigen Gläubigen verstanden, die keine Angehörigen des → Klerus sind. Leitungs- und Heiligungsgewalt kommt nur Klerikern zu. Die Verkündigung (Lehre) kann in Einzelfällen Laien übertragen werden (→ missio canonica).

**Laienrichter** ist die volkstümliche Bezeichnung für den → ehrenamtlichen Richter (§§ 1, 44, 45 DRiG), der neben dem → Berufsrichter mit vollem Stimmrecht und gleicher sachl. Unabhängigkeit an der Rechtsprechung mitwirkt. I. e. S. kann man als L. die ehrenamtlichen Richter bezeichnen, die nicht (wie z. B. in Handelssachen oder in arbeits- und sozialgerichtlichen Verfahren) wegen besonderer Sachkunde, sondern als Vertreter des Volkes schlechthin tätig werden sollen (insbes. → Schöffen).

**Laizismus** → Klerikalismus.

**Landabgaberente** erhielt nach dem Gesetz über eine Altershilfe für Landwirte (GAL) i. d. F. vom 14. 9. 1965 (BGBl. I 1448) m. Änd. ein ehemaliger landwirtschaftlicher Unternehmer, wenn er bis zum 31. 12. 1983 das 60. Lebensjahr vollendet hatte oder berufsunfähig war, er für mindestens 60 Kalendermonate Beiträge an die landwirtschaftliche Alterskasse gezahlt hatte, er in den letzten fünf Jahren überwiegend hauptberuflicher landwirtschaftlicher Unternehmer gewesen war und er sein landwirtschaftliches Unternehmen zum Zwecke der Strukturverbesserung abgegeben hatte. Verstirbt der Empfänger einer L. nach dem 31. 12. 1994, erhält die Witwe oder der Witwer nach dem Gesetz über die Alterssicherung der Landwirte (ALG) vom 29. 7. 1994 (BGBl. I 1890, 1891) m. Änd. die Landabgaberente, wenn sie nicht wieder geheiratet haben und nicht Landwirt sind (§§ 121 ff. ALG).

**Landarbeiter.** Für das → Arbeitsverhältnis der L. gelten die §§ 611–630 BGB (→ Dienstvertrag), ferner die allgemeinen arbeitsrechtlichen Sondervorschriften (z. B. → Kündigungsschutz).

**Landbeschaffung.** Die Beschaffung von Grundstücken für Aufgaben der Verteidigung regelt das LandbeschaffungsG vom 23. 3. 1957 (BGBl. I 134) m. spät. Änd. Soweit die erforderlichen Grundstücke nicht freihändig erworben werden können (hierzu § 2), ist → Enteignung zulässig, die von Landesbehörden durchgeführt wird (Verfahren §§ 28 ff.).

**Landeplätze** → Flugplätze.

**Länder (der BRep.).** Die Bundesrepublik Deutschland ist ein → Bundesstaat. Dem entspricht es, daß im Bundesgebiet L. (die Bezeichnung „Bundesländer" entspricht nicht dem Sprachgebrauch des Grundgesetzes) mit eigener Staatlichkeit und eigener Verfassung bestehen. Nach der → Wiedervereinigung bestehen in der BRep. 16 L., nämlich → Baden-Württemberg, Freistaat → Bayern, → Berlin, → Brandenburg, Freie Hansestadt → Bremen, Freie und Hansestadt → Hamburg, → Hessen, → Mecklenburg-Vorpommern, → Niedersachsen, → Nordrhein-Westfalen, → Rheinland-Pfalz, → Saarland, Freistaat → Sachsen, → Sachsen-Anhalt, Freistaat → Thüringen, → Schleswig-Holstein; s. a. → neue Länder. Nach Art. 28 GG muß die verfassungsmäßige Ordnung in den L. den Grundsätzen des republikanischen demokratischen und sozialen Rechtsstaats i. S. des GG entsprechen (Homogenitätsklausel, H.prinzip). Das Volk in den L., Kreisen und Gemeinden muß eine Vertretung haben, die aus allgemeinen, unmittelbaren, freien, gleichen und geheimen Wahlen hervorgegangen ist. Der Bund gewährleistet die verfassungsmäßige Ordnung in den L. Die Ausübung der staatlichen Befugnisse und die Erfüllung der staatlichen Aufgaben ist nach Art. 30 GG Sache der L., soweit das GG keine andere Regelung trifft oder zuläßt. Die L. wirken durch den → Bundesrat bei der Gesetzgebung und Verwaltung des Bundes mit. Sie haben das Recht der Gesetzgebung, soweit das GG diese nicht dem Bund zuweist (Art. 70 GG; → Gesetzgebungskompetenz). Die → Ausführung der Bundesgesetze obliegt den L. als eigene Angelegenheit, soweit das GG nichts anderes bestimmt (Art. 83 GG). Die rechtsprechende Gewalt wird durch die im GG vorgesehenen Gerichte des Bundes und durch die Gerichte der L. ausgeübt. Bestimmungen der Landesverfassungen bleiben auch insoweit in Kraft, als sie in Übereinstimmung mit den Art. 1–18 GG Grundrechte gewährleisten (Abweichung vom Grundsatz „Bundesrecht bricht Landesrecht", Art. 31 GG).

**Länderkammer** wird im → Bundesstaat die Vertretung der Länder genannt (Zweite Kammer). In der BRep. ist L. der → Bundesrat, der aber kein Länder-, sondern ein Bundesorgan ist.

**Landesamt für Verfassungsschutz** → Verfassungsschutz.

**Landesanwaltschaft** ist die Bezeichnung der Vertreter des öffentlichen Interesses bei den Gerichten der Verwaltungsgerichtsbarkeit; sie kann durch RechtsVO der LdReg. bei den Verwaltungsgerichten und den Oberverwaltungsgerichten eingerichtet werden (§§ 35–37 VwGO). Sie nimmt durch Landes-, Oberlandes- und Generallandesanwälte das öffentliche Interesse wahr, z. T. auch die Vertretung des am Verfahren beteiligten Staates oder anderer öffentl.-rechtl. Körperschaften und Behörden (so in Bayern). Beim Bundesverwaltungsgericht wird ein Oberbundesanwalt bestellt, der sich zur Wahrung des öffentl. Interesses an jedem Verfahren beteiligen kann; er ist an die Weisungen der BReg. gebunden.

**Landesarbeitsamt** → Bundesanstalt für Arbeit.

**Landesarbeitsgericht** ist das für Arbeitssachen im zweiten Rechtszug zuständige Gericht der → Arbeitsgerichtsbarkeit (§§ 33–39 ArbGG). Das L. besteht aus dem Präsidenten, den Vorsitzenden der Kammern und den → ehrenamtlichen Richtern. Die Kammer wird mit 1 Berufsrichter als Vorsitzenden und 2 ehrenamtlichen Richtern tätig (§ 35 II ArbGG). Das L. ist zuständig für → Berufungen und → Beschwerden gegen Entscheidungen des → Arbeitsgerichts (§§ 64, 78, 87 ArbGG). Gegen Urteile des L. ist → Revision (§ 72 ArbGG), gegen verfahrensabschließende Beschlüsse → Rechtsbeschwerde zum → Bundesarbeitsgericht zulässig (§ 92 ArbGG); nur ausnahmsweise findet die Beschwerde statt (§ 70 ArbGG). Die → Gerichtsverwaltung wird wie bei den → Arbeitsgerichten ausgeübt.

**Landesbehörden** → Verwaltungsbehörden (2).

**Landesbischof.** In einigen Gliedkirchen der → Evangelischen Kirche in Deutschland Bezeichnung für die Spitze der Kirchenleitung (z. B. in der Evang.-Lutherischen Kirche in Bayern und in Thüringen).

**Landesgesetz** → Landesrecht.

**Landesinnungsverband** → Handwerksinnung.

**Landesjugendamt** → Jugendamt.

**Landesjustizverwaltung.** Als oberstes Organ der → Justizverwaltung eines Landes führt die LJV die Dienstaufsicht über die Justizbehörden (Gerichte, Staatsanwaltschaften usw.); ferner bearbeitet sie Personal- und Haushaltsachen und andere das Rechtswesen betreffende Angelegenheiten. Neben den eigentlichen Verwaltungsaufgaben obliegt es der LJV, die → Gesetzgebung vorzubereiten. LJV ist das Justiz(Rechtspflege)-ministerium, in Berlin und Bremen die Senatsverwaltung für Justiz, in Hamburg das Justizamt der Justizbehörde. Die LJV ist i. d. R. in Abteilungen und Referate gegliedert und beschäftigt Beamte und abgeordnete Richter oder Staatsanwälte.

**Landeskinderklausel** wird eine Bestimmung genannt, wonach Studienbewerber, die den Vorbildungsnachweis in einem bestimmten Land erworben und dort auch ihren Wohnsitz haben, Vergünstigungen bei dem durch den Eignungsgrad bestimmten Zulassungsrang zu einer Hochschule erhalten. In Fächern mit absolutem → numerus clausus ist eine L. nicht statthaft (BVerfGE 33, 303); s. jetzt → Studienplätze (Vergabe).

**Landeskirchen.** Als L. (oder Provinzialkirchen) bezeichnen sich z. T. die Gliedkirchen der → Evangelischen Kirche in Deutschland, so z. B. die Evang. L. in Baden, die Evang. L. in Württemberg, die Evang.-Lutherische L. Sachsens u. a.

**Landeskriminalamt** → Kriminalpolizei.

**Landespersonalausschuß.** Nach § 61 Beamtenrechtsrahmengesetz ist im Bereich eines jeden Landes eine unabhängige, an Weisungen nicht gebundene Stelle gesetzlich zu bestimmen, welche über die nach dem Beamtenrecht – insbes. über die → Laufbahnen der Beamten – vorgesehenen Ausnahmen von den Voraussetzungen für eine Amtsübertragung zu entscheiden und die Befähigung anderer Bewerber festzustellen hat. Demgemäß sehen alle Beamtengesetze der Länder die Errichtung von Landespersonalausschüssen bzw. Landespersonalämtern vor. S. im übrigen auch Bundespersonalausschuß.

**Landespflege** → Naturschutz.

**Landesplanung** ist der Teil der → Raumordnung, der sich im Gebiet eines Landes mit der überörtlichen, übergeordneten, zusammenfassenden Planung befaßt. Für das Gebiet eines jeden Landes ist ein zusammenfassender und übergeordneter Plan aufzustellen (§ 8 RaumordnungsG – ROG – v. 18. 8. 1997, BGBl. 2081). Rechtsgrundlage der L. sind neben dem ROG die Landesplanungsgesetze der Länder. Sie enthalten i. d. R. nähere Bestimmungen über die Aufgabe der L., die L.behörden einschl. einem L.beirat, die Mittel der L. (Programme, Pläne, Raumordnungsverfahren), die Sicherung der Raumordnung und die Entschädigung für Planungsschäden (vgl. z. B. Bayer.L.gesetz i. d. F. vom 16. 9. 1997, GVBl. 500).

**Landesrecht** ist – im Gegensatz zum → Bundesrecht – jede von Rechtsetzungsorgangen eines → Landes erlassene → Rechtsnorm sowie das als Landesrecht fortgeltende ehemalige → Reichsrecht. S. a. → Gesetzgebung, → „Bundesrecht bricht Landesrecht", → Normenkontrolle. L. sind auch → Rechtsverordnungen, die von einer Landesbehörde auf Grund bundesrechtlicher Ermächtigung erlassen werden.

**Landesrechte** im historischen Sinne sind Aufzeichnungen der überkommenen oder vom Landesherrn erlassenen, in einem bestimmten Gebiet geltenden Rechtssätze (→ Rechtsgeschichte).

**Landessozialgericht.** Das LSG ist das Landesgericht der → Sozialgerichtsbarkeit zur Entscheidung im zweiten Rechtszug über Berufung und Beschwerde gegen Entscheidungen der → Sozialgerichte. Es besteht aus Senaten mit einem Vorsitzenden Richter, 2 weiteren Berufsrichtern und 2 → ehrenamtlichen Richtern. Es besteht kein → Anwaltszwang oder Vertretungszwang. Die allgemeine Dienstaufsicht übt die Landesregierung oder die von ihr beauftragte Stelle aus. §§ 28 ff. SGG.

**Landessteuern** → Verteilung des Steueraufkommens.

**Landesstrafrecht.** Da dem Bund die konkurrierende Gesetzgebung für das Strafrecht zusteht (Art. 74 Nr. 1 GG), können die Länder Strafgesetze nur auf den vom Bund nicht *abschließend* geregelten Gebieten erlassen. Soweit eine solche bundesrechtliche Regelung besteht, tritt Landesrecht zurück (Art. 31, 72 I GG). Das L. darf nur Freiheitsstrafe bis zu 2 Jahren oder Geldstrafe (nur kumulativ) oder Einziehung androhen, Freiheitsstrafe nur von mindestens 1 und im Höchstmaß mindestens 6 Mon. (Art. 3 EGStGB). Die Vorschriften des L. über → Abgaben sowie → Feld- und Forstschutz bleiben gemäß Art. 4 III–V EGStGB unberührt. Vgl. insbes. das bayer. Landesstraf- und VerordnungsG i. d. F. vom 13. 12. 1982 (GVBl. 1098) m. Änd.

**Landesstraßengesetze** → Straßen- und Wegerecht.

**Landessuperintendent.** In einigen Gliedkirchen der → Evangelischen Kirche in Deutschland (z. B. der Lippischen Landeskirche) Bezeichnung für die Spitze der Kirchenleitung.

**Landesunmittelbare Sozialversicherungsträger** sind → Sozialversicherungsträger, deren Zuständigkeitsbereich sich nicht über das Gebiet eines Landes hinaus erstreckt (z. B. Landesversicherungsanstalt). Die Aufsicht führen die Arbeits- und Sozialminister der Länder oder die von ihnen bestimmten Behörden. § 3 BVersicherungsamtsG vom 9. 5. 1956 (BGBl. I 415) m. spät. Änd., § 90 II SGB IV; § 145 SGB VI.

**Landesverbände der Krankenkassen** → Krankenkassen.

**Landesverordnung** ist allgemein eine von Verwaltungsbehörden eines Landes erlassene → Rechtsverordnung (s. a. → Landesrecht), i. e. S. eine RechtsVO, die für das Gebiet des ganzen Landes gilt und von der zuständigen obersten Landesbehörde erlassen wurde. I. w. S. gehören zu den L. auch die im Rahmen der jeweiligen Zuständigkeit erlassenen Gemeinde- oder Kreisverordnungen.

**Landesverrat** richtet sich – im Gegensatz zum → Hochverrat und zur → Rechtsstaatsgefährdung – gegen die äußere Sicherheit der BRep. im Verhältnis zu fremden Staaten.

Wer *vorsätzlich* ein → Staatsgeheimnis einer fremden Macht oder einem ihrer Mittelsmänner mitteilt oder sonst an einen Unbefugten gelangen läßt oder öffentlich bekanntmacht, um die BRep. zu benachteiligen oder eine fremde Macht zu begünstigen, und dadurch die Gefahr eines schweren Nachteils für die äußere Sicherheit der BRep. herbeiführt, wird wegen *Landesverrats* (§ 94 StGB) mit Freiheitsstrafe nicht unter 1 Jahr bestraft (in besonders schweren Fällen, z. B. bei Mißbrauch einer verantwortlichen Stellung oder schwerer Schädigung der BRep., mit höherer Strafe).

Das Sichverschaffen eines Staatsgeheimnisses zu Verratszwecken ist als *Ausspähung* mit Freiheitsstrafe von 1–10 Jahren bedroht (§ 96 StGB).

Wer vorsätzlich oder bei dienstlich zugänglichen Geheimnissen leichtfertig ein Staatsgeheimnis an einen Unbefugten gelangen läßt und dadurch *fahrlässig* die Gefahr eines schweren Nachteils für die äußere Sicherheit der BRep. verursacht, hat dagegen nur Vergehensstrafe wegen Preisgabe von Staatsgeheimnissen verwirkt (§ 97 StGB).

Über geheimdienstliche Tätigkeit (§§ 98, 99 StGB) → Agententätigkeit. *Landesverräterische Konspiration* begeht ein Deutscher, der, obwohl er seine Lebensgrundlage in der BRep. hat, mit einer fremden Regierung, Vereinigung o. dgl. Beziehungen aufnimmt oder unterhält in der Absicht, einen Krieg oder ein bewaffnetes Unternehmen gegen die BRep. herbeizuführen (§ 100 StGB).

Vom L. zu unterscheiden ist das *Offenbaren von Staatsgeheimnissen,* bei dem der Täter, ohne aus verwerflichen Motiven zu handeln, das Geheimnis an einen Unbefugten gelangen läßt oder öffentlich bekanntmacht und dadurch die Gefahr eines schweren Nachteils für die äußere Sicherheit der BRep. herbeiführt; die Tat ist in § 95 StGB grundsätzlich – abgesehen von schweren Fällen – mit Vergehensstrafe bedroht (Freiheitsstrafe von 6 Mon. bis zu 5 Jahren). Damit wird für Fälle des sog. *publizistischen Landesverrats* die Möglichkeit milderer Beurteilung eröffnet.

Der Verrat eines sog. *illegalen* → Staatsgeheimnisses ist nur in besonderen Fällen strafbar: bei unmittelbarer Mitteilung an eine fremde Macht oder einen ihrer Agenten und Herbeiführung eines schweren Nachteils für die äußere Sicherheit der BRep. (§ 97 a StBG). Nimmt der Täter fälschlich an, das Geheimnis sei illegal, so kann er nach der Sondervorschrift des § 97 b strafbar sein.

Weitere Fälle des L. betreffen die *landesverräterische Fälschung*: Der Täter läßt Gegenstände, Nachrichten oder Tatsachenbehauptungen, die im Falle der Echtheit oder Wahrheit für die äußere Sicherheit der BRep. oder ihre Beziehungen zu einer anderen Macht von Bedeutung wären (z. B. militär. Pläne, Vertragsentwürfe), in Kenntnis der Unrichtigkeit zur Täuschung einer fremden Macht an einen anderen gelangen oder macht sie öffentlich bekannt; die Strafbarkeit nach § 100 a StGB setzt voraus, daß dadurch die Gefahr eines schweren Nachteils für die Sicherheit der BRep. oder für ihre Beziehungen zu einer fremden Macht entsteht.

**Landesversicherungsanstalt.** Träger der → Arbeiterrentenversicherung als Teil der → Rentenversicherung; Anstalt des öffentlichen Rechts mit Selbstverwaltung. §§ 127, 129 I, 130 SGB VI, §§ 29 ff. SGB IV.

**Landesversorgungsamt** → Versorgungsämter.

**Landesverweisung** → Ausweisung.

**Landeszentralbanken** waren bis zum Inkrafttreten des BBankG auf Grund von Landesgesetzen errichtete, rechtlich selbständige regionale Zentralbankinstitute, die zusammen mit der am 1. 3. 1948 durch MRegG Nr. 60 gegründeten Bank deutscher Länder das westdeutsche → Zentralbanksystem bildeten. Die L. wurden durch das BBankG (§ 1) mit der Bank deutscher Länder verschmolzen und diese in die → Bundesbank überführt. Die L. sind nunmehr als Hauptverwaltungen der Deutschen → Bundesbank Bundesbehörden. Da nach der Neugliederung meistens kein Bezug mehr zu einem einzelnen Land besteht, ist die Bezeichnung eher irreführend. Der Präsident der L. ist Mitglied des → Zentralbankrates. Die Geschäftsführung der Hauptverwaltung obliegt dem Vorstand der L., der Zentralbankrat kann ihm Weisungen erteilen.

**Landfriede** war im Mittelalter ein vom Kaiser oder König zur Verhinderung von → Fehden erlassenes allgemeines Friedensgebot; er konnte regional beschränkt sein. Der L. hat sich als weltliche Institution aus dem → Gottesfrieden entwickelt, der auf kirchlicher Vorschrift beruhte. Der L. war Gesetz und allgemein verbindlich; seine Verletzung wurde als Landfriedensbruch verfolgt (ein im heutigen Strafrecht i. e. S. verwendeter Begriff). Der Schutz des L. war Sache des Reiches, des Königs (mittels des Friedensbannes) oder der Herzöge. Der L. wurde von den Ständen beschworen und galt auf Zeit (meist für mehrere Jahre). Die bekanntesten sind der Reichslandfriede Heinrichs II. von 1103, Barbarossas von 1152, Friedrichs II. von 1235, der Rheinfränkische Friede von 1179; ein ewiger L. wurde erst 1495 von Maximilian I. verkündet.

Im Gegensatz zum L. waren die *Burg- oder Stadtfrieden* auf den Bezirk einer Burg oder Stadt beschränkt; soweit dem Burgherrn oder der Stadt die Gerichtsbarkeit zustand, war der Gerichtsbezirk zugleich Friedensbezirk. Doch waren die Burg- oder Stadtfrieden zum Unterschied vom L. zeitlich nicht beschränkt. Sie wurden außerhalb der allgemeinen Gerichtsbarkeit durch eine freiwillige Sühnegerichtsbarkeit gesichert.

**Landfriedensbruch** liegt vor, wenn aus einer Menschenmenge in einer die öffentl. Sicherheit gefährdenden Weise mit vereinten Kräften Gewalttätigkeiten gegen Personen oder Sachen begangen oder Menschen mit einer Gewalttätigkeit bedroht werden (§ 125 StGB). Strafbar ist, wer sich als Täter oder Teilnehmer an Gewalttätigkeiten beteiligt oder dazu anreizt. Dabei ist Mitführen von Schußwaffen oder Vermummung zusätzlich nach dem → Versammlungsgesetz strafbar. Höhere Strafe droht bei Verstoß gegen § 125 StGB in bes. schweren Fällen, z. B. bei Mitführen von Waffen, Gewalttätigkeiten mit Gefahr des Todes oder schwerer Gesundheitsschädigung für andere, bei Plünderung u. dgl. (§ 125 a StGB). S. a. → Ansammlung, unerlaubte.

**Landgericht** ist das → ordentliche Gericht, das im Gerichtsaufbau zwischen dem → Amtsgericht und dem → Oberlandesgericht steht. Beim LG sind Kammern als Spruchkörper gebildet, in erster Linie → Zivilkammern, → Kammern für Handelssachen und → Strafkammern (§ 60 GVG), ferner Kammern für besondere Rechtsstreitigkeiten (z. B. für Baulandsachen und für Wertpapierbereinigung). Die Kammern sind besetzt mit Vorsitzenden Richtern und Richtern am LG. Sie entscheiden grundsätzlich mit 3 Berufsrichtern (s. aber → Kammer für Handelssachen, → Strafkammer, → Einzelrichter). Entscheidungen des LG können im Rahmen ihrer Zuständigkeit auch → Rechtspfleger und → Urkundsbeamte treffen. Die Zuständigkeit des LG erstreckt sich in → bürgerlichen Rechtsstreitigkeiten im ersten Rechtszug auf alle Streitigkeiten, die nicht den → Amtsgerichten zugewiesen sind, sowie auf Ansprüche aus → Staatshaftung, § 71 GVG. Ferner entscheidet das LG über → Berufungen und → Beschwerden gegen Entscheidungen des ihm nachgeordneten Amtsgerichts mit Ausnahme der → Familien- und → Kindschaftssachen, die zum Oberlandesgericht gehen (§§ 72, 119 Nrn. 1, 2 GVG). In Strafsachen ist das LG im ersten Rechtszuge zuständig zur Aburteilung von → Verbrechen – insoweit auch als → Schwurgericht – und → Vergehen, soweit nicht das Amtsgericht oder ein höheres Gericht zuständig ist; es entscheidet ferner über Berufungen und Beschwerden gegen Urteile und Beschlüsse der Amtsgerichte (§§ 73 ff. GVG). S. zu allem i. e. die Tabelle zum Rechtsmittelzug im Anhang.

**Landgerichtsarzt** → Amtsarzt, → Gerichtsarzt.

**Landkreis** ist in der Mehrzahl der Länder (z. B. Bayern, Sachsen) Bezeichnung für den → Kreis.

**Landkreisordnung.** In der Regel Bezeichnung für das die Rechtsverhältnisse der → Landkreise regelnde Gesetz eines Landes (vgl. z. B. in Bayern Landkreisordnung i. d. F. vom 6. 1. 1993 (GVBl. S. 93), zuletzt geändert durch Gesetz vom 26. 7. 1997 (GVBl. 344), für Hessen Landkreisordnung i. d. F. vom 1. 4. 1993 (GVBl. I 1992 S. 569), zul. geänd. durch Gesetz vom 15. 7. 1997 (GVBl. I 217), für Niedersachsen Landkreisordnung vom 22. 8. 1996

(GVBl. 365), für Sachsen Landkreisordnung vom 19. 7. 1993 (GVBl. S. 577), für Sachsen-Anhalt Landkreisordnung vom 5. 10. 1993 (GVBl. S. 598), jeweils m. spät. Änd. Teilweise sind die entsprechenden Regelungen in der sogenannten Kreisordnung (Nordrhein-Westfalen) oder der → Kommunalverfassung (vgl. z. B. Kommunalverfassung für das Land Mecklenburg-Vorpommern vom 18. 2. 1994, GVOBl. S. 249) enthalten. S. a. → Kreis.

**Landkreiswahlen** → Kommunalwahlen.

**Landpacht** → Pacht.

**Landrat.** Rechtsstellung und Aufgabenbereich des L. sind in den Ländern der BRep., insbes. in den → Landkreisordnungen, unterschiedlich ausgestaltet (→ Kreis). Grundsätzlich leitet der L. die → Kreisverwaltung. Der L. ist Kommunalbeamter. Überwiegend wird der Landrat von den Kreisbürgern unmittelbar gewählt (so z. B. in Bayern, Nordrhein-Westfalen, Sachsen oder im Saarland). Teilweise erfolgt die Wahl durch den Kreistag (so z. B. in Brandenburg) oder unter Mitwirkung staatlicher Stellen (so z. B. in Baden-Württemberg). Der L. ist, wenn keine andere Regelung besteht, Vorsitzender des Kreistags. Dem L. steht meist ein Beanstandungsrecht gegenüber rechtswidrigen Beschlüssen des Kreistages und des Kreisausschusses zu. I. d. R. ist der L. auch berechtigt, einfache Geschäfte der laufenden Verwaltung und eilige Angelegenheiten selbständig zu erledigen. Ferner erledigt der Landrat die staatlichen Auftragsangelegenheiten und ist Leiter der (unteren) staatlichen Verwaltungsbehörde („Landratsamt"; in den einzelnen Ländern unterschiedlich geregelt; vgl. → Kreis, → Kreisverwaltung).

**Landrecht, Preuß. Allgemeines,** → Allgemeines Landrecht.

**Landschaften** sind in Form öffentlich-rechtlicher Körperschaften (Kreditverbände) errichtete Bodenkreditinstitute auf genossenschaftlicher Basis in den ehemaligen preußischen Gebieten und Ländern. Sie wurden von Grundbesitzern eines bestimmten Gebietes mit dem Zweck gegründet, ihren Mitgliedern hypothekarisch gesicherte Darlehen unter Ausgabe von Pfandbriefen zu gewähren. Ihre Organisation wurde durch die vom Staat zu genehmigende Satzung geregelt. Ergänzend für die Beleihung städtischen Grundbesitzes s. Stadtschaften.

**Landschaftsgesetze** → Naturschutz.

**Landschaftspflege** → Naturschutz.

**Landschaftsplanung** als Mittel des → Naturschutzes wird durch überörtliche Landschaftsprogramme (für das Gebiet eines Landes) oder Landschaftsrahmenpläne (für Teile eines Landes), ferner im lokalen Bereich durch Landschaftspläne verwirklicht (§§ 5 ff. BNaturschutzG). Programme und Rahmenpläne sollen den Zielen des Naturschutzes im Rahmen von Raumordnung und Landesplanung Geltung verschaffen; der Landschaftsplan ergänzt mit naturschützenden Zielsetzungen die → Bauleitplanung.

**Landschaftsschutz** → Naturschutz, Umweltschutz.

**Landschaftsverband.** Die L. sind höhere → Kommunalverbände mit dem Recht der Selbstverwaltung durch ihre gewählten Organe (Landschaftsverbandsordnung für Nordrhein-Westfalen vom 14. 6. 1994, GVBl. 657, m. Änd.). Ihnen obliegen insbes. soziale Aufgaben, Aufgaben der Jugendhilfe, der Gesundheitsangelegenheiten, des Straßenwesens, der landschaftlichen Kulturpflege und der Kommunalwirtschaft. Die L. können ihre Angelegenheiten durch → Satzung regeln, soweit nicht Gesetze etwas anderes bestimmen. Sie sind berechtigt und verpflichtet, Gebühren und Beiträge und zur Deckung ihres Finanzbedarfs eine Landschaftsumlage von den angehörenden Mitgliedskörperschaften zu erheben. Sie unterstehen der Aufsicht des Innenministers. Als Organ bestehen die Landschaftsversammlung, der Landschaftsausschuß und Fachausschüsse, der Direktor des L. und Landesräte. Ähnliche Einrichtungen in anderen Ländern sind die → Bezirke (3).

**Landstände** → Stände.

**Landstraßen** ist ein im → Straßen- und Wegerecht der Länder der BRep. teilweise noch gebräuchlicher Begriff. Man unterscheidet a) Straßen, die zusammen mit den → Bundesfernstraßen ein Verkehrsnetz bilden und dem Durchgangsverkehr zu dienen bestimmt sind (auch L. I. Ordnung, oder – so z. B. in Bayern – Staatsstraßen genannt), und b) Straßen, die dem überörtlichen Verkehr innerhalb eines Kreises oder dem Verkehr zwischen benachbarten Kreisen zu dienen bestimmt sind (auch als L. II. Ordnung oder Kreisstraßen bezeichnet). Über die → Straßenbaulast s. dort.

**Landstreicherei,** d. h. zielloses Umherziehen mit wechselndem Quartier, wobei der Lebensunterhalt überwiegend auf Kosten anderer bestritten wird, ist nicht strafbar.

**Landtag** wird in den Verfassungen der meisten → Länder der BRep. die in allgemeiner, unmittelbarer, freier, gleicher und geheimer Wahl gewählte Volksvertretung (Landesparlament) genannt, so in Baden-Württemberg (Art. 27 der Landesverfassung), Bayern (Art. 13 ff.), Hessen (Art. 75 ff.), Niedersachsen (Art. 3 ff.), Nordrhein-Westfalen (Art. 30 ff.), Rheinland-Pfalz (Art. 79 ff.), Saarland (Art. 67 ff.), Schleswig-Holstein (Art. 9 ff.) sowie in den → neuen Ländern Brandenburg, Mecklenburg-Vorpommern, Sachsen, Sachsen-Anhalt und Thüringen. In Berlin (Art. 25 ff.) wird die Volksvertretung als *Abgeordnetenhaus,* in Bremen (Art. 75 ff.) und Hamburg (Art. 6 ff.) als *Bürgerschaft* bezeichnet. Die Existenz von Volksvertretungen und die Grundsätze für ihre Wahl sind durch Art. 28 I 2 GG den Ländern vorgeschrieben. Als wesentliche Rechte stehen den L. die → Gesetzgebung und die → parlamentarische Kontrolle der Regierung zu (→ Parlament).

**Landwirtschaft.** Die Förderung der land- und forstwirtschaftlichen Erzeugung sowie die Sicherung der Ernährung zählen zu den Gegenständen der konkurrierenden Gesetzgebung des Bundes (Art. 74 Nr. 17 GG). Der Bund hat von dieser Ermächtigung durch zahlr. Gesetze Gebrauch gemacht, so insbes. durch das *Landwirtschaftsgesetz* vom 5. 9. 1955 (BGBl. I 565) m. Änd., das Gesetz zur Förderung der bäuerlichen Landwirtschaft (LaFG) vom 12. 7. 1989 (BGBl. I 1435) m. Änd., sowie die der Stärkung der Wettbewerbsfähigkeit der deutschen Landwirtschaft im Rahmen der EG dienenden Strukturgesetze (→ AbsatzfondsG, → MarktstrukturG; s. hierzu ferner EWG-AnpassungsG vom 9. 9. 1965 (BGBl. I 1201) m. spät. Änd. und Ges. über die → Gemeinschaftsaufgaben „Verbesserung der Agrarstruktur und des Küstenschutzes" i. d. F. vom 21. 7. 1988, BGBl. I 1055) m. Änd. Nach § 1 LandwirtschaftsG ist die L. mit den Mitteln der allgemeinen Wirtschafts- und Agrarpolitik, insbes. der Handels-, Steuer-, Kredit- und Preispolitik, in den Stand zu setzen, die für sie bestehenden naturbedingten und wirtschaftlichen Nachteile gegenüber anderen Wirtschaftsbereichen auszugleichen und ihre Produktivität zu steigern. Damit soll gleichzeitig die soziale Lage der in der L. Tätigen an die vergleichbarer Berufsgruppen angeglichen werden. Nach § 2 LandwirtschaftsG hat der BErnMin. jährlich einen Bericht über die Lage der landwirtschaftlichen Betriebe vorzulegen, auf dessen Grundlage die BReg. bis 15. 2. jeden Jahres einen Bericht über die Lage der Landwirtschaft, den sog. *Grünen Plan,* vorzulegen hat, der insbes. auch Vorschläge zur Förderung der L. enthalten soll. L. und Handel mit landwirtschaftlichen Erzeugnissen sind Gegenstände des Gemeinsamen Marktes (Art. 38 f. EGV), der insoweit durch die gemeinsamen → Marktorganisationen verwirklicht wurde; deren innerstaatliche Durchführung in der BRep. regeln vor allem das Marktorganisationsgesetz – MOG – sowie das Ges. über die → Bundesanstalt für landwirtschaftliche Marktordnung. Aus dem umfangreichen Bereich der landwirtschaftlichen und ernährungswirtschaftlichen Gesetzgebung sind noch besonders zu erwähnen: aus dem Bereich des *landwirtschaftlichen Bodenrechts* Regelungen über Maßnahmen zur Verbesserung der Agrarstruktur und zur Sicherung der land- und forstwirtschaftlichen Betriebe (→ Grundstücksverkehr, landwirtschaftlicher), über Landpacht (→ Pacht) und über → Flurbereinigung; aus dem Bereich der *Bodennutzung und Tierhaltung* Regelungen über Düngemittel (Ges. vom 15. 11. 1977, BGBl. I 2134 nebst DVO vom 19. 12. 1977, BGBl. I 2845, m. spät. Änd.), Saatgutverkehr (Ges. i. d. F. vom 20. 8. 1985, BGBl. I 1633 mit zahlreichen DVOen), → Sortenschutz und → Pflanzenschutz, über Tierzucht (TierzuchtG i. d. F. vom 22. 1. 1998, BGBl. I 145) sowie schließlich über → Viehseuchen; aus dem Bereich der *Statistik* umfassend das Agrarstatistikgesetz i. d. F. vom 23. 9. 1992 (BGBl. I 1632); zur Einkommensstatistik vgl. etwa die VO vom 2. 1. 1996 (BGBl. I 2). S. a. → Handelsklassen und → Sicherstellungsgesetze. Regelungen zum → Tierschutz enthält das TierschutzG. *Steuerrecht* → Einkommensteuer III, → Umsatzsteuer XV.

**Landwirtschaftliche Altershilfe** → Alterssicherung der Landwirte.

**Landwirtschaftliche Alterskasse** → Alterskasse.

**Landwirtschaftliche Berufsgenossenschaften.** Die l. B. (Verzeichnis s. Anlage 2 zu § 114 SGB VII) gehören zu den Trägern der gesetzlichen → Unfallversicherung. Sie sind zuständig für landwirtschaftliche Unternehmen, sofern nicht ausnahmsweise ein Unfallversicherungsträger der öffentlichen Hand zuständig ist (§ 123 SGB VII; → Unfallversicherungsträger).

**Landwirtschaftliche Buchstelle.** Steuerberater und Steuerbevollmächtigte, die eine besondere Sachkunde auf dem Gebiet der Hilfeleistung in Steuersachen für land- und forstwirtschaftliche Betriebe nachgewiesen haben, dürfen diese Bezeichnung als Zusatz zur Berufsbezeichnung führen (§ 44 StBerG).

**Landwirtschaftliche Krankenkassen** → Krankenkassen, → Krankenversicherung der Landwirte.

**Landwirtschaftliche Krankenversicherung** → Krankenversicherung der Landwirte.

**Landwirtschaftliche Marktordnung** → Marktorganisationen, gemeinsame; → Bundesanstalt für Landwirtschaft und Ernährung (BLE).

**Landwirtschaftliche Unfallversicherung** → Landwirtschaftliche Berufsgenossenschaften; → Unfallversicherung.

**Landwirtschaftliches Bodenrecht** → Grundstücksverkehr, landwirtschaftlicher.

**Landwirtschaftsbehörden.** Die Einrichtung der Behörden auf dem Gebiet der Landwirtschaft ist Angelegenheit der Länder (vgl. z. B. bayer. VO über die Ämter für Landwirtschaft und Ernährung v. 18. 5. 1993, GVBl. 384).

**Landwirtschaftskammern.** Für die L. fehlt im Gegensatz zu den → Industrie- und Handelskammern und → Handwerkskammern bisher eine bundesgesetzliche Grundlage. Landesrechtliche Regelungen bestehen in Bremen, Hessen, Niedersachsen, Nordrhein-Westfalen, Rheinland-Pfalz, Saarland und Schleswig-Holstein. Danach ist die Kammerorganisation weitgehend den IHKn nachgebildet. Die Kammern unterhalten u. a. Fachschulen sowie Forschungs- und Untersuchungsanstalten. Mitglieder sind außer den selbständigen Landwirten auch die mitarbeitenden Familienangehörigen und sämtliche Arbeitnehmer. In Baden-Württemberg und Bayern werden die Aufgaben der L. im wesentlichen vom Bauernverband wahrgenommen.

**Landwirtschaftssachen** → Grundstücksverkehr, landwirtschaftlicher.

**Landzwang** (§ 126 StGB) ist die Androhung gewisser → gemeingefährlicher Straftaten, von Tötungsverbrechen, Raub oder räuberischer Erpressung, Straftaten gegen die persönliche Freiheit u. dgl., wenn durch die Androhung der öffentliche Friede gestört, d. h. das Gefühl der Rechtssicherheit wenigstens bei einem Teil der Bevölkerung erschüttert wird. Das gilt auch, wenn der Täter wider besseres Wissen das Bevorstehen einer solchen Tat vortäuscht. L. ist mit Freiheitsstrafe bis zu 3 Jahren bedroht.

**Langzeitarbeitslose** iSd → Arbeitsförderung nach dem SGB III sind Arbeitslose, die ein Jahr und länger arbeitslos sind (§ 18 SGB III). Ihre Wiedereingliederung wird ua gefördert durch den Abschluß von → Eingliederungsverträgen.

**Lärm, unzulässiger.** Eine → Ordnungswidrigkeit begeht, wer ohne berechtigten Anlaß oder in einem unzulässigen oder vermeidbaren Ausmaß L. erregt, der geeignet ist, die *Allgemeinheit* oder die *Nachbarschaft* erheblich zu belästigen oder die Gesundheit eines anderen zu schädigen (§ 117 OWiG). Danach darf auch eine an sich rechtmäßige Geräuschentwicklung (z. B. Beladen eines Lkw, Laufenlassen eines Motors, Musik) kein Übermaß annehmen und muß unterbleiben, wenn es den Umständen nach vermeidbar ist. Daß eine Belästigung eingetreten ist, wird nicht vorausgesetzt. S. a. → Belästigung der Allgemeinheit. Sondervorschriften der Länder zur Lärmbekämpfung bleiben unberührt. Unter Strafe gestellt ist die bestimmungswidrige Verursachung von L. beim Betreiben einer Anlage, wenn der Lärm außerhalb des Anlagenbereichs die Gesundheit anderer zu schädigen geeignet ist (§ 325 a StGB). S. a. im folg.

**Lärmbekämpfung** ist verwaltungsrechtlich in erster Linie durch das Bundes-Immissionsschutzgesetz (→ Immissionsschutz, öffentl.-rechtl.; → Verkehrslärm) und die Landes-Immissionsschutzgesetze (z. B. bayer. Ges. vom 8. 10. 1974, GVBl. 499) geregelt. Daneben bestehen noch weitere verwaltungsrechtliche Vorschriften, z. B. im Luftverkehrsgesetz, im Gesetz zum Schutz gegen Fluglärm vom 30. 3. 1971 (BGBl. I 282), in Vorschriften des Straßenverkehrs, der Bauordnungen, des Wasserrechts und des Rechts zum Schutz der Sonn- und Feiertage. Zur L. bei Baumaschinen vgl. die VO vom 10. 11. 1986 (BGBl. I 1729) m. Änd. Zu lärmtechnischen Zulassungsanforderungen bei zivilen → Luftfahrzeugen s. jetzt § 11 c → LuftverkehrsO. Die Landes-Immissionsschutzgesetze enthalten auch Ermächtigungen der Gemeinden, Vorschriften über die zeitliche Beschränkung ruhestörender Haus- oder Gartenarbeiten, über die Benutzung von Musikinstrumenten, Tonübertragungsgeräten und Tonwiedergabegeräten sowie über das Halten von Haustieren zu erlassen. Neben den besonderen Straf- und Ordnungswidrigkeitentatbeständen der vorgenannten Gesetze dienen der L. allgemeine Straf- und Bußgeldvorschriften (→ Lärm, unzulässiger). Zivilrechtliche Schutzvorschriften nach dem BGB sind insbes. die §§ 862, 906, 1004, 823; vgl. Immissionen.

**Lasten** → Früchte, → öffentliche Lasten.

**Lasten, prozessuale** → Beweislast, → Substantiierung.

**Lastenausgleich.** Der L. bezweckt einen teilweisen Ausgleich der durch Vertreibungen und Zerstörungen der Kriegs- und Nachkriegszeit entstandenen Schäden und Verluste sowie der Währungsschäden. Nach dem LastenausgleichsG i. d. F. vom 1. 10. 1969 (BGBl. I 1909), jetzt i. d. F. vom 2. 6. 1993 (BGBl. I 845), erfolgt er durch Erhebung von *Ausgleichsabgaben* und Gewährung von *Ausgleichsleistungen.* Als Ausgleichsabgaben sieht das LAG vor: a) eine *Vermögensabgabe,* d. i. eine verrentete Substanzabgabe von 50 v. H. des abgabepflichtigen Vermögens am Währungsstichtag (§§ 16 ff. LAG); b) eine *Hypothekengewinnabgabe* wurde gemäß § 91 LAG auf Schuldnergewinne aus der Umstellung von durch Grundpfandrechte an inländischen Grundstücken gesicherten RM-Verbindlichkeiten oder im Verhältnis 10 : 1 umgestellten Grundpfandrechten erhoben; c) eine *Kreditgewinnabgabe* (§§ 161 ff. LAG); diese erfaßte die Schuldnergewinne der gewerblichen Wirtschaft. – *Ausgleichsleistungen* gewährt das LAG: a) mit Rechtsanspruch (§ 232 LAG): Hauptentschädigung, Kriegsschadensrente, Hausratentschädigung, Entschädigung im Währungsausgleich für Sparguthaben Vertriebener und Altsparerentschädigung (→ Altsparer); b) ohne Rechtsanspruch (§ 233 LAG): Eingliederungsdarlehen, Wohnraumhilfe, Leistungen aus dem *Härtefonds,* sonstige Förderungsmaßnahmen. Die maßgebliche Schadensgrundlage wird festgestellt nach dem Feststellungsgesetz für Vertreibungs-, Kriegssach- und Ostschäden i. d. F. vom 1. 10. 1969 (BGBl. I 1885) m. spät. Änd., nach dem Altsparergesetz (Sparerschäden) oder dem Ges. über einen Währungsausgleich für Sparguthaben Vertriebener i. d. F. vom 1. 12. 1965 (BGBl. I 2060). Zur zentralen Archivierung der Unterlagen vgl. das Ges. vom 6. 1. 1988 (BGBl. I 65). Die Neufassung des L.gesetzes vom 2. 6. 1993 (BGBl. I 845) faßt die zahlreichen zwischenzeitlichen Änderungen des LAG zusammen. Der L. wird durch eine Stichtagsregelung 31. 12. 1993 weitgehend abgeschlossen. Der für Vertriebene in den neuen Ländern vorgesehene L.

durch eine einmalige Zahlung soll erst in einem Entschädigungsgesetz geregelt werden.

**Lastenzuschuß** → Wohngeld.

**Lastkraftwagen** sind Straßenfz., und zwar Kfz., die nach Bauart und Einrichtung zur Beförderung von Gütern – nicht von Personen – bestimmt sind (§ 4 IV PBefG). Sie unterliegen besonderen Vorschriften z. B. hins. ihrer Abmessungen und der Motorleistung – mindestens 4,4 kW je t zulässigen Gesamtgewichts – (§§ 32, 35 StVZO) sowie Sicherheitseinrichtungen wie → Geschwindigkeitsbegrenzer, seitliche Schutzvorrichtungen, Unterfahrschutz. Im übrigen gelten für L. die allgemeinen Bestimmungen über Bauart und Einrichtungen der Kfz. (§§ 35 a ff. StVZO), insbes. über Führersitz und -räume, Kraftstoffbehälter, Richtungsanzeiger, Rückspiegel, Geschwindigkeitsmesser, Wegstreckenzähler usw. Über Achslast und Gesamtgewicht → Belastung; ferner → Bereifung, → Bremsen, → Beleuchtung. Für die → Fahrgeschwindigkeit außerhalb geschlossener Ortschaften gelten Höchstgrenzen (§ 3 III StVO). Über das Sonn- und Feiertagsfahrverbot von 0–22 Uhr vgl. § 30 III StVO. Auf Ladeflächen der L. dürfen höchstens 8 Personen und nur zu Arbeitszwecken befördert werden (§ 21 II StVO). Zum Führen von L. ist → Fahrerlaubnis Kl. C erforderlich. Der Fahrer eines L. hat Lenk- und Ruhezeiten einzuhalten (→ Kraftfahrer) und zum Nachweis aufzuzeichnen (→ Kontrollgerät, → Fahrtschreiber). Für *Lastzüge* gelten Sondervorschriften über höchstzulässige Länge, Mitführen von Anhängern und Zugvorrichtungen (§§ 32, 32 a, 42, 43 StVZO, §§ 18 I, 22 II StVO).

**Lastschriftverfahren** ist (im Rahmen eines → Girovertrags) eine Form des bargeldlosen Zahlungsverkehrs. Anders als bei der → Überweisung geht hier die Initiative vom Gläubiger aus, der eine Forderung seiner Bank bekanntgibt; diese erteilt ihm eine vorläufige Gutschrift und zieht den Betrag von der Schuldnerbank ein, die ihrerseits das Konto des Schuldners entsprechend belastet. Man unterscheidet das *Abbuchungsverfahren* (→ Auftrag des Schuldners an seine Bank; hier Widerruf nur für die Zukunft möglich) und das *Einzugsermächtigungsverfahren* (→ Ermächtigung des Schuldners gegenüber dem Gläubiger; hier befristetes Widerspruchsrecht des Schuldners gegen eine Belastung). Einzelheiten regelt das Abkommen der Spitzenverbände des dt. Kreditgewerbes vom 1. 7. 1982 (hierzu i. e. Hadding WM 1983 Sonderbeilage Nr. 1).

**Lateinische Kirche.** In der → kath. Kirche Bezeichnung für die abendländische Kirche im Gegensatz zu den unierten Ostkirchen. Als Oberhaupt der l. K. führt der Papst den Titel „Patriarch des Abendlandes".

**Lateranverträge.** Durch die L. vom 11. 2. 1929 wurden die seit der Annexion des Kirchenstaates (1870) zwischen dem italienischen Staat und der kath. Kirche bestehenden Spannungen beseitigt. Der kath. Glaube wurde zur einzigen Staatsreligion Italiens; andere religiöse Bekenntnisse werden nur toleriert. Ferner wurde der → Vatikanstaat geschaffen, das Eigentum des → Heiligen Stuhls an zahlreichen Gebäuden anerkannt und die Pflicht des Staates festgelegt, alles zu unterlassen, was dem heiligen Charakter der Stadt Rom widerspricht. Die Kirche sollte die Bischöfe ohne Mitwirkung des Staates einsetzen können. Ein Teil des kirchlichen Rechts, insbes. das Eheschließungsrecht, wurde vom Staat als verbindlich anerkannt. Durch Art. 7 II der italienischen Verfassung von 1949 wurden die in den L. getroffenen Abmachungen verfassungsmäßig aufrechterhalten. Die Rechtslage wurde 1984 durch ein neues Konkordat teilweise geändert.

**Laternengarage** → Beleuchtung von Fahrzeugen (2), → Parken.

**laudatio auctoris** ist die gemeinrechtliche Bezeichnung für die → Urheberbenennung im Zivilprozeß.

**Laufbahnen der Beamten.** Laufbahn ist die Zusammenfassung von Ämtern derselben Fachrichtung, die eine gleiche Vor- und Ausbildung voraussetzen. Nach dem *Laufbahnprinzip,* einem Grundsatz des → Berufsbeamtentums, sind im Regelfall nur die jeweils unteren

Ämter durch Einstellung zu besetzen, alle höheren nur durch Beförderung (Gegensatz: Ämterprinzip; Ausnahmen: „Außenseiter", „Seiteneinsteiger"); ferner sind die L. nach fachlichen Gesichtspunkten sowie nach Vor- und Ausbildungsvoraussetzungen, schließlich vertikal nach *Laufbahngruppen* mit einem jeweils allgemein geltenden Anforderungsprofil zu ordnen. Demgemäß ist nach §§ 11 ff. BRRG zu unterscheiden zwischen Laufbahngruppen des *einfachen Dienstes* (Amtsgehilfen, Oberamtsgehilfen, Hauptamtsgehilfen, Amtsmeister, Oberamtsmeister und gleichgestellte Gruppen, BesGr. A 1–5; Laufbahnvoraussetzungen: Hauptschule, Vorbereitungsdienst, Probezeit), des *mittleren Dienstes* (Assistenten, Sekretäre, Obersekretäre, Hauptsekretäre, Amtsinspektoren, BesGr. A 5–9; Laufbahnvoraussetzungen: Realschule oder Abschluß einer förderlichen Berufsausbildung, Vorbereitungsdienst mit einem theoretischen Lehrgang, Prüfung, Probezeit), des *gehobenen Dienstes* (Inspektoren, Oberinspektoren, Amtmänner, Oberamtmänner, Amtsräte, Oberamtsräte; BesGr. A 9–13, Laufbahnvoraussetzungen: Berechtigung zum Hochschulstudium oder gleichwertiger Bildungsabschluß, Vorbereitungsdienst von 3 Jahren im Studiengang einer → Fachhochschule oder in einem gleichstehenden Studiengang, Prüfung, Probezeit 2½ Jahre) und des *höheren Dienstes* (Regierungsräte, Oberregierungsräte, Regierungsdirektoren, Ministerialräte und gleichgestellte Gruppen, BesGr. A 13–16, sowie Spitzenstellen, BesGr. B; Laufbahnvoraussetzungen: durch Prüfung abgeschlossenes, mindestens dreijähriges Hochschulstudium, Vorbereitungsdienst von 24 Monaten, Abschlußprüfung, Probezeit i. d. R. 3 Jahre). Für gewisse Beamtengruppen, z. B. Polizei-Vollzugsdienst, besteht eine *Einheitslaufbahn* vom einfachen oder mittleren bis zum höheren Dienst. Die näheren Vorschriften über die einzelnen Laufbahnvoraussetzungen, Probezeiten, Einstellungs- und Beförderungsbedingungen (Mindestalter, zeitl. Zwischenraum vor Beförderung usw.), → Aufstieg in höhere Laufbahnen, dienstliche → Beurteilung sowie die Einstellungsvoraussetzungen für andere Bewerber, welche die Laufbahnvoraussetzungen nicht erfüllen, regeln die im wesentlichen übereinstimmenden Laufbahnvorschriften des Bundes und der Länder (s. Bundes-LaufbahnVO i. d. F. vom 8. 3. 1990 (BGBl. I → 49 ber. 863) m. Änd. Über L. von Beamten in besonderen Fachrichtungen vgl. VO i. d. F. vom 20. 10. 1994 (BGBl. I 3152) – Bundesgrenzschutz –, VO vom 22. 7. 1971 (BGBl. I 1110) – Kriminaldienst-, Laufbahn Polizeivollzugsdienst beim Deutschen Bundestag i. d. F. vom 10. 5. 1994 (BGBl. I 1001) und VO vom 14. 7. 1989 (BGBl. I 1469) – PostlaufbahnVO –, sämtl. m. Änd. Wegen der L. der Soldaten → Soldatenlaufbahn. Einen für Berufssoldaten vereinfachten Zugang zu den allgemeinen Laufbahnen, vor allem eine wesentliche Verkürzung und Erleichterung des Vorbereitungsdienstes, regelt das Verwendungsförderungsgesetz (→ Soldatenversorgungsgesetz).

**Laufbahnstrafen** (zur Abgrenzung von den Strafen des → Strafrechts besser „gerichtliche → Disziplinarmaßnahmen") ändern den nach den laufbahn- und besoldungsrechtlichen Bestimmungen erreichten Status des → Beamten oder → Soldaten: Gehaltskürzung, Versagen des Aufsteigens im Gehalt, Einstufung in eine niedrigere Dienstaltersstufe, Dienstgradherabsetzung, Entfernung aus dem Dienstverhältnis. Sie können – anders als die einfachen Disziplinarmaßnahmen wie Verweis usw. – nur im förmlichen → Disziplinarverfahren durch die Disziplinargerichte bzw. Wehrdienstgerichte verhängt werden.

**Laufbilder** → Fernsehwerk.

**Laufende Rechnung** → Kontokorrent.

**„Lauschangriff"** (Großer L.). Als L. wird – meist kritisch – bei der *Strafverfolgung* der → Einsatz technischer Mittel, bei der *präventiven Tätigkeit der Polizei* die verdeckte → Datenerhebung und -verarbeitung (insbes. in Wohnungen und Geschäftsräumen) bezeichnet.

**Lautsprecher** dürfen → Verkehrsteilnehmer nicht verkehrsgefährdend ablenken oder belästigen (§ 33 StVO; dort auch über Beschränkung der Werbung durch Ton). Überlautes Einstellen eines Rundfunkgeräts, so daß der L. über den Bereich einer Wohnung hinaus hörbar ist, kann unzulässiger → Lärm sein (§ 117 OWiG).

**Leasingvertrag** ist rechtlich gesehen, auch wenn er mit einer Kaufoption verbunden ist (→ Mietkauf), ein → Mietvertrag. Der L.geber überläßt dem L.nehmer gegen Entgelt (L.raten) eine Sache oder Sachgesamtheit zum Gebrauch; dabei trägt regelmäßig der L.nehmer die Gefahr bzw. Haftung für Instandhaltung, Untergang und Beschädigung, während der L.geber dafür seine Ansprüche gegen Dritte (insbes. den Lieferanten) dem L.nehmer überträgt. Das Risiko ist also ähnlich wie beim → Kauf verteilt; insbes. richten sich Ansprüche aus → Gewährleistung wegen Sachmängeln gegenüber dem Lieferanten nach Kaufrecht. → Halter eines Kraftfahrzeugs ist i. d. R. der Leasingnehmer; dieser kann auch → Erfüllungsgehilfe des Leasinggebers gegenüber dem Hersteller sein. Die Miete (Leasingzins) ist so bemessen, daß sie die Vergütung für den Substanzwert darstellt. Zur Anwendbarkeit des Verbraucherkreditgesetzes beim Finanzierungs-L. und bei zunächst nur mietweiser Überlassung einer Sache mit Erwerbsrecht oder -pflicht (→ Mietkauf) → Kreditvertrag (2,3 a. E.). Der L. dient wirtschaftlich in erster Linie einer mittelfristigen Finanzierung, sog. *Finanzierungs-L.* (bei Industrieanlagen bis zu 14 Jahren Laufzeit). *Steuerlich* wird das Leasinggut grundsätzlich dem Leasinggeber als dem bürgerlich-rechtlichen Eigentümer zugerechnet, falls Grundmietzeit 40–90% der betriebsgewöhnlichen Nutzungsdauer beträgt. Falls Grundmietzeit bis 39% oder 91–100% beträgt, erfolgt Zurechnung beim Leasingnehmer. Falls Grundmietzeit bis 39%, wird der Leasingnehmer wie ein Ratenzahlungskäufer behandelt, ab 91% wie ein Käufer, der durch Bankdarlehen finanziert; Grundmietzeit zwischen 40 und 90% dagegen schließt Überlassung an weitere Leasingnehmer nicht aus. Vgl. z. B. Erlaß des BMF vom 19. 4. 1971 (BStBl. I 264), vom 21. 3. 1972 (BStBl. I 188), 22. 12. 1975 und vom 23. 12. 1991 (BStBl. 1992 I 13) sämtliche Anhang 21 EStR.

**Lebensalter.** Im Leben des Menschen, dessen → Rechtsfähigkeit mit Vollendung der Geburt eintritt (§ 1 BGB), sind folgende Altersstufen von besonderer rechtlicher Bedeutung – jeweils von der Vollendung des Lebensjahrs gerechnet –:

*6. Lj.:* Schulpflichtbeginn (nach den Landesschulgesetzen);

*7. Lj.:* beschränkte → Geschäftsfähigkeit (§§ 106 ff. BGB); beschränkte → Deliktsfähigkeit nach bürgerl. Recht (§ 828 II BGB);

*10., 12. Lj.:* Recht auf Anhörung bzw. Zustimmungserfordernis zum Bekenntniswechsel (Ges. über d. relig. Kindererziehung);

*14. Lj.:* volle Religionsmündigkeit, Mitspracherecht hins. der → elterlichen Sorge nach Scheidung der Eltern (§ 1671 II BGB, → Ehescheidung, 3); bedingte Strafmündigkeit (§§ 1 II, 3 JGG);

*15. Lj.:* sog. Arbeitsmündigkeit, §§ 7 ff. JArbSchG; Antrags- und Leistungsempfangsrecht für Sozialleistungen (sozialrechtliche → Handlungsfähigkeit, § 36 SGB I);

*16. Lj.:* beschränkte → Testierfähigkeit (§§ 2229 I, 2247 IV BGB) und → Ehefähigkeit (§ 1 II EheG), Beginn der Eidesfähigkeit (§§ 393, 455 II ZPO, § 60 Nr. 1 StPO), Möglichkeit zum Erwerb der → Fahrerlaubnis Kl. A1, M, T und L, Pflicht zum Besitz eines → Personalausweises (§ 1 PersAuswG), Ende des bedingten Gaststättenverbots und des Verbots zur Teilnahme an öff. Tanzveranstaltungen und des öff. Tabakgenusses sowie des absoluten Verbots zur Entnahme von alkohol. Getränken zum eigenen Genuß – außer Branntwein – (§§ 2, 3 II, 4 II, 9 JSchÖG); in einigen Ländern aktives Wahlrecht auf kommunaler Ebene (z. B. Niedersachsen);

*18. Lj.:* Volljährigkeit, volle → Geschäfts-, → Testier- (§§ 2, 2229 BGB), → Ehe- (§ 1 EheG) und → Deliktsfähigkeit nach bürgerl. Recht (§ 828 II BGB); Strafmündigkeit als → Heranwachsender (§§ 1, 105, 106 JGG); aktives und passives → Wahlrecht zum Bundestag und den Länderparlamenten; aktives und passives Wahlrecht zum Betriebsrat (§ 7 BetrVerfG); Möglichkeit des Erwerbs der Fahrerlaubnis Kl. A, B und C; Beginn der Wehrpflicht (§ 1 WehrpflG); Zulassung zu Kabarett-, Revue- und Varietéveranstaltungen, Erlaubnis zum Genuß von Branntwein, unbeschränktes Recht zur Teilnahme an öff. Tanzveranstaltungen (§§ 3 I, 4 II, 5 I JSchÖG);

*21. Lj.*: volle strafrechtliche Verantwortlichkeit als Erwachsener (§ 1 II JGG); Möglichkeit zum Erwerb der Fahrerlaubnis Kl. D;

*25. Lj.*: Mindestalter für Schöffen und ehrenamtliche Richter beim Arbeits- oder Sozialgericht (§ 33 Nr. 1 GVG, § 21 I 1 ArbGG, § 16 I SGG);

*30. Lj.*: Mindestalter für Handelsrichter und ehrenamtliche Richter beim Verwaltungs- oder Finanzgericht sowie beim Landessozialgericht (§ 109 I GVG, § 20 VwGO, § 17 FGO, § 35 I SGG);

*35. Lj.*: Mindestalter der Richter an einem Obersten Gerichtshof des Bundes (§ 125 II GVG, § 15 III VwGO, § 38 II 2, § 47 SGG, § 14 II FGO, § 42 II, § 43 II ArbGG);

*45. Lj.*: Ende der Wehrpflicht für Mannschaften in Friedenszeiten;

*60. Lj.*: Ende der Wehrpflicht für Offiziere und Unteroffiziere sowie für alle im → Verteidigungsfall.

Beamte und Richter erlangen mit dem *63. Lj.* das Recht zum Eintritt in den Ruhestand, der für das *65. Lj.* vorgeschrieben ist vgl. §§ 41, 42 III BBG, § 48 DRiG.

Bei Erreichen bestimmter Altersstufen treten *Steuervergünstigungen* ein (z. B. 6. (§ 3 Nr. 33 EStG); 18. (§ 32 IV EStG); 21. (§ 32 IV EStG); 27. (§ 32 IV EStG); 50., 55. (§ 3 Nr. 9 EStG, § 16 IV EStG); 60., 62. (§ 19 II Nr. 2 EStG, § 33 a III EStG); 64. (§ 24 a EStG); 65. Lj. (§ 22 Nr. 1 b. Satz 3 a EStG); → Altersentlastungsbetrag bei Einkommensteuer).

In der → Rentenversicherung ist die Vollendung des 60., 63. und (*i. d. R.*) *65. Lj.* Voraussetzung für die Gewährung von → Altersrente. In der → Arbeitslosenversicherung (→ Arbeitsförderung) tritt von der Vollendung des *65. Lj.* an → Versicherungsfreiheit ein. Bei Witwen oder Witwern ist Vollendung des *45. Lj.* für die Erhöhung der Witwenrente (Witwerrente) von Bedeutung. § 28 SGB III; §§ 33 ff. SGB VI.

**Lebensführungskosten** dürfen grundsätzlich das zu versteuernde Einkommen nicht mindern, außer das Gesetz läßt ausdrücklich den Abzug zu, wie dies bei den → Sonderausgaben und außergewöhnlichen → Belastungen der Fall ist. Das Aufteilungsverbot des § 12 Nr. 1 EStG bedeutet, daß Aufwendungen, die sowohl → Betriebsausgaben oder → Werbungskosten als auch Lebensführungskosten darstellen, grundsätzlich nicht schätzweise aufgeteilt werden dürfen mit der Folge der Nichtabzugsfähigkeit des vollen Betrags z. B. Studienreise. Ausnahmen: Aufteilung ist rechnerisch objektiv möglich z. B. → private Pkw-Nutzung, private Telefonnutzung, Versicherungsanteile, → Eigenverbrauch (c). Ist die private Nutzung von untergeordneter Bedeutung (nicht mehr als 10%), können die Aufwendungen in vollem Umfang abgezogen werden z. B. Computer. → Ausgaben, → Zuordnung.

**Lebensführungsschuld.** Nach § 20 a StGB a. F. konnte bei wiederholter Straffälligkeit eine das gesetzliche Höchstmaß übersteigende *Strafschärfung* eintreten, wenn der Täter sich auf Grund eines Hangs zu Straftaten als gefährlicher → Gewohnheitsverbrecher erwiesen hatte. Die Zulässigkeit der Strafschärfung wurde vielfach mit einer Lebensführungsschuld des Täters begründet. Das 1. StrRG 1969 hat § 20 a StGB gestrichen, weil nach dem → Schuldgrundsatz eine Strafschärfung stets an die der Einzeltat zugrundeliegende Schuld des Täters anknüpfen muß. Nach § 46 II StGB ist jedoch im Rahmen der allgem. Strafzumessungserwägungen das Vorleben des Täters zu berücksichtigen, insoweit auch seine L., soweit sie in der Tat zum Ausdruck kommt.

**Lebensgemeinschaft.** → eheähnliche Gemeinschaft, → eheliche Lebensgemeinschaft, → gleichgeschlechtliche Lebensgemeinschaften.

**Lebenshaltungs(kosten)index** → Unterhaltspflicht gegenüber dem nichtehelichen Kind, → Abänderungsklage, → Geldschuld (Wertsicherungsklausel), → Statistik.

**Lebenslange Freiheitsstrafe** → Strafen, → Strafaussetzung zur Bewährung.

**Lebensmittel** sind Stoffe, die dazu bestimmt sind, von Menschen zur *Ernährung* oder zum *Genuß* verzehrt zu werden (§ 1 LmBG). Keine L. sind damit

Stoffe, die überwiegend aus anderen Gründen eingenommen werden sollen (z. B. → Tabak, → Arzneimittel, Tonika, Stärkungsmittel, Schlankheitsmittel). Anders als nach dem LMG a. F. ist damit der Geltungsbereich des → Arzneimittel- und des → Lebensmittelrechts eindeutig gegeneinander abgegrenzt. Der Verkehr mit L. ist durch Verbote und Vorschriften zum Schutz der Gesundheit eingehend geregelt. L. dürfen nicht hergestellt oder in Verkehr gebracht werden, wenn ihr Verzehr zur Schädigung der Gesundheit geeignet ist. Eingehende Verordnungsermächtigungen sollen den Verbraucher vorbeugend vor Gesundheitsschädigungen schützen (Vorschriften u. a. über Herstellung und Behandlung von L., über Warnhinweise, über Fachkenntnisse – § 9 LmBG –, Hygienevorschriften – § 10 LmBG –). Verboten ist die Behandlung von L. mit ultravioletten od. ionisierenden Strahlen (§ 13 LmBG), ferner das Inverkehrbringen tierischer L., bei denen → Höchstmengen von pharmakologischen Stoffen überschritten werden, sowie die Behandlung von Tieren, die der Lebensmittelgewinnung dienen, mit pharmakologischen Stoffen (Einzelheiten s. VO i. d. F. vom 29. 9. 1984, BGBl. I 1251). Im Inland nicht verkehrsfähige L. dürfen nicht eingeführt werden. Lebensmittelrechtliche Einzelregelungen enthalten u. a. → BrotG, → MilchG, → MargarineG, → ButterVO, → KäseVO, für Fleisch → Fleischhygiene, ferner die Vorschriften über → Zusatzstoffe, → diätetische Lebensmittel, → Fruchtsäfte, → Mineral- und Tafelwasser, → Nährwertangaben, → Kaffee, Kaffeersatz, Kakao, Tee u. a. m. (s. Beck-Textsammlung „Lebensmittelrecht“ u. Komm. v. Zipfel). Welche Arzneimittel und sonstige pharmakologische Stoffe zur Vermeidung von Rückständen in tierischen L. in der Viehhaltung verboten sind, regelt die VO i. d. F. vom 25. 9. 1984, BGBl. I 1251 (Verzeichnis der Stoffe und der verbotenen Anwendungsgebiete jeweils im Anhang). L. aus EG-Ländern, die dort verkehrsfähig sind, aber den deutschen Vorschriften nicht entsprechen, dürfen – ggf. mit entsprechender Kennzeichnung – gemäß § 47a LmBG in Verkehr gebracht werden. Voraussetzung ist eine auf Antrag ergehende Bekanntmachung, auf die ein Rechtsanspruch besteht, wenn die Anforderungen der → Cassisformel eingehalten sind.

**Lebensmittelmonitoring** ist ein System wiederholter Beobachtungen, Messungen und Bewertungen von Gehalten an gesundheitlich unerwünschten Stoffen in Lebensmitteln (§ 46c LmBG). Einzelheiten regeln §§ 46c–46e LmBG und die zu § 46e LmBG erlassenen Verwaltungsvorschriften.

**Lebensmittelrecht.** Das L. ist umfassend im Gesetz über Lebensmittel und Bedarfsgegenstände i. d. F. vom 9. 9. 1997 (BGBl. I 2296) geregelt. Der Anwendungsbereich ist gegenüber dem für → Arzneimittel abzugrenzen, betrifft aber bei weitem nicht nur → Lebensmittel im Wortsinne, vielmehr auch → kosmetische Mittel, → Bedarfsgegenstände und → Tabakerzeugnisse. Die zum Vollzug ergangenen Rechtsvorschriften betreffen u. a. → Zusatzstoffe (→ Farben) sowie → Brot, → Bier u. a. Verstöße gegen lebensmittelrechtliche Vorschriften sind mit Strafe oder mit Bußgeld bedroht. *Strafbar* sind vorsätzliche oder fahrlässige Verstöße gegen Vorschriften zum Schutze der Gesundheit, ferner vorsätzliche Verstöße gegen Vorschriften zum Schutz gegen Täuschung (→ Täuschung im Lebensmittelhandel), über → Kennzeichnung und über → Zusatzstoffe. Alle anderen Zuwiderhandlungen können als → *Ordnungswidrigkeiten* geahndet werden, das sind vor allem fahrlässige Zuwiderhandlungen, aber auch vorsätzliche Verstöße gegen Hygienevorschriften und gegen das Verbot gesundheitsbezogener Werbung.

Das deutsche L. wird zunehmend überlagert durch Vorschriften des Europäischen → Gemeinschaftsrechts. Es gilt insoweit der Grundsatz, daß die Verkehrsfähigkeit und Kennzeichnung von Lebensmitteln aus EG-Ländern sich nach dem sog. Heimatlandprinzip, also nach dem Recht des EG-Ursprungsstaates richtet, und zwar unabhängig davon, ob der deutsche Gesetzgeber das bereits umgesetzt hat (Art. 30 EGV; s. a. → Dassonvilleformel, wegen möglicher Ausnahmen s. → Cassisformel).

**Lebensmittelüberwachung.** Die Überwachung des Verkehrs mit → Lebensmitteln und Bedarfsgegenständen (§§ 40–46 LmBG) ist Aufgabe der Länder. Sie obliegt i. d. R. den unteren Verwaltungsbehörden, zu deren Unterstützung beeidigte Sachverständige bestellt und Untersuchungsanstalten eingerichtet werden. Das LmBG ermächtigt die Verwaltungsangehörigen und Sachverständigen, bei Gefahr im Verzuge auch alle Beamte der Polizei zum Betreten der Räume, in denen Lebensmittel, Tabakerzeugnisse, Kosmetika oder Bedarfsgegenstände gewerbsmäßig gewonnen, zubereitet, aufbewahrt oder verkauft werden, zur Entnahme von Proben, zur Einsichtnahme in geschäftliche Aufzeichnungen. Der Betriebsinhaber ist zur Duldung und Mitwirkung verpflichtet. Die fachlichen Anforderungen an die in der L. tätigen Lebensmittelkontrolleure regelt die VO vom 16. 6. 1977 (BGBl. I 1002). S. a. → Lebensmittelmonitoring.

**Lebensvermutung** → Todeserklärung.

**Lebensversicherung.** Die L. ist eine Form der → Personenversicherung (→ *Versicherungsvertrag*). Sie kann auf die Person des V.nehmers oder eines Dritten mit dessen schriftlicher Einwilligung genommen werden (§ 159 VVG). Man unterscheidet die *Erlebensv.* (Fälligkeit der V.summe bei Erreichen eines bestimmten Lebensjahres) und die *Todesfallv.;* beide Formen werden oft miteinander verbunden (z. B. Fälligkeit mit dem Tod, spätestens mit Erreichen des 60. Lebensjahrs). Die L. kann in der Form abgeschlossen werden, daß im V.fall ein bestimmter Kapitalbetrag (*Kapitalv.*) oder daß ab diesem Zeitpunkt, weil die dem Vertrag notwendigerweise innewohnende Ungewißheit beseitigt ist, eine laufende Rente an den Bezugsberechtigten zu zahlen ist (*Rentenv.*). Zu unterscheiden von der Versicherung auf das Leben eines anderen (*Fremdv.*) ist die bloße Bestimmung eines Bezugsberechtigten für die Eigenv., insbes. für die Todesfallv., die ja dem V.nehmer nicht mehr zugute kommen kann. Es handelt sich bei der Bestimmung eines Bezugsberechtigten i. d. R. um einen → Vertrag zugunsten Dritter; die L.summe gehört dann als selbständig entstehender Anspruch nicht zum → Nachlaß des V.nehmers und ist vom Schicksal des Nachlasses unabhängig. Bei einer Kapitalv. ist im Zweifel anzunehmen, daß der V.nehmer berechtigt ist, durch einseitige Erklärung (auch durch → letztwillige Verfügung) nachträglich einen Bezugsberechtigten zu bezeichnen oder an die Stelle eines bereits Bezeichneten einen anderen zu setzen; der Bezugsberechtigte erwirbt das Recht auf Leistung gegen den Versicherer regelmäßig erst mit Eintritt des V.falls (§ 166 VVG). Mehrere als Bezugsberechtigte Bezeichnete sind mangels näherer Bestimmung zu gleichen Teilen berechtigt; ist bei der Todesfallv. kein Bezugsberechtigter benannt, fällt die L. den → Erben getrennt vom Nachlaß und unabhängig von dessen Schicksal, z. B. bei → Ausschlagung, zu (§ 167 VVG).

Über die allgemeinen Bestimmungen hinaus (→ Versicherungsvertrag) gelten ferner folgende Sondervorschriften (§§ 159 ff. VVG): Bei Verletzung der Anzeigepflicht des V.nehmers über wesentliche Umstände besteht 10 Jahre lang ein Rücktrittsrecht des Versicherers, bei Arglist zeitlich unbeschränkt (§ 163 VVG). Bei unrichtiger Altersangabe insbes. ist ein Rücktrittsrecht nur gegeben, wenn die Abweichung so erheblich ist, daß bei wahrer Angabe ein Versicherungsvertrag nicht abgeschlossen worden wäre; sonst mindert sich lediglich die Leistungspflicht des Versicherers im gleichen Verhältnis, in dem die Prämie zu niedrig festgesetzt wurde (§ 162 VVG). Als nachträgliche Gefahrerhöhung mit den sich daraus ergebenden Folgen (§§ 23 ff. VVG) kommen nur die Umstände in Betracht, die vertraglich ausdrücklich ausbedungen wurden (§ 164 VVG). Bei einer Todesfallv. wird der Versicherer von seiner Leistungspflicht frei, wenn derjenige, auf dessen Person die Versicherung genommen wurde, *Selbstmord* begangen hat. Die Leistungspflicht bleibt jedoch bestehen, wenn der Selbstmord in einem die freie Willensbestimmung ausschließenden Zustand krankhafter Störung der Geistestätigkeit begangen wurde; der Anteil an der Deckungsrücklage (s. u.) ist stets auszuzahlen (§ 169 VVG). Ist die L. auf den Tod eines anderen genommen, so tritt Leistungsfreiheit des Versicherers auch dann ein, wenn der

V.nehmer vorsätzlich durch eine widerrechtliche Handlung den Tod des anderen herbeiführt (§ 170 VVG).

Das angesparte Kapital hat der Versicherer teilweise einer sog. Prämienreserve (→ *Deckungsrücklage*) zuzuführen. Über den durch die Ansparung entstandenen wirtschaftlichen Wert kann der V.nehmer bereits vor Eintreten des V.falls rechtlich verfügen (z. B. durch Verpfändung). Sind laufende Prämien zu entrichten, so kann der V.nehmer jederzeit für den Schluß der laufenden → Versicherungsperiode kündigen (§ 165 VVG; bei der Todesfallv. auch bei einmaliger Prämie) oder (nach mind. 3 Jahren) unter bestimmten Voraussetzungen die Umwandlung der L. in eine prämienfreie V. verlangen (§§ 173, 174 VVG). Die bis dahin angesammelte Prämienreserve gilt dann als einmalige Prämie; an die Stelle der ursprünglichen V.summe tritt der – je nach dem Alter des Versicherten – verschieden hohe Anteil der Versicherung an der → Deckungsrücklage (zum Rückkaufswert → Rückvergütung). Das gleiche gilt, wenn die L. vorzeitig durch Kündigung, z. B. infolge mangelnder Prämienzahlung, durch Rücktritt oder Anfechtung aufgehoben wird (§§ 175, 176 VVG). Im → Insolvenzverfahren des Versicherers haben die Versicherten ein Vorzugsrecht auf Befriedigung aus der Deckungsrücklage (s. dort); im Insolvenzverfahren des V.nehmers oder bei Zwangsvollstreckung in den V.anspruch hat ein bereits benannter Bezugsberechtigter das Recht, in das V.verhältnis einzutreten (§ 177 VVG). Über Verjährung → Versicherungsvertrag. S. ferner → Versicherungsbedingungen, → Leibrente, → Sonderausgaben 1 d.

**Leerlaufende Grundrechte.** Als „leerlaufend" bezeichnete man zahlreiche Grundrechte der Weimarer → Reichsverfassung infolge des allgemeinen → Gesetzesvorbehalts, dem jedes formell verfassungsmäßig erlassene Gesetz entsprach. Bei den Grundrechten des GG ist die Einschränkbarkeit durch Gesetz unterschiedlich geregelt. Auch soweit ein allgemeiner Gesetzesvorbehalt besteht (z. B. Art. 2 II, 10 GG), können diese Grundrechte nicht als „leerlaufend" bezeichnet werden, weil nach heutiger Auffassung Einschränkungen von Grundrechten inhaltlich an den Grundwerten der verfassungsrechtlichen Ordnung orientiert sein müssen und ein G. keinesfalls in seinem Wesensgehalt antasten dürfen (Art. 19 II GG).

**legal** = gesetzlich (gesetzmäßig).

**Legaldefinition** ist die in demselben oder einem späteren Gesetz enthaltene Erläuterung eines Rechtsbegriffs (z. B. § 11 I Nr. 2 StGB: „Im Sinne dieses Gesetzes ist Amtsträger ..."). Die L. hat die gleiche bindende Wirkung wie die durch sie ausgefüllte Bestimmung.

**Legalenteignung** → Enteignung.

**Legalinterpretation** → Auslegung (1 d).

**Legalisation** einer → Urkunde ist die i. d. R. durch ein Konsulat oder eine andere Behörde, z. B. Justizbehörde (→ Apostille), erteilte amtliche Bescheinigung, daß die Urkunde echt ist, d. h. die Unterschrift von der ausstellenden Person stammt. Die L. kommt nur für ausländische Urkunden oder für solche inländischen Urkunden in Betracht, die im Ausland verwendet werden.

**Legalität** bedeutet Gesetzmäßigkeit und bezeichnet die Übereinstimmung einer bestimmten Handlung oder Maßnahme mit dem geltenden Recht. Mitunter wird der Begriff aber auch für die Kennzeichnung einer „bloß formalen" Übereinstimmung des staatlichen oder privaten Handelns mit dem positiven Recht verwendet; dabei kann trotz der formalen Gesetzmäßigkeit materielle Rechtswidrigkeit („legales Unrecht") vorliegen (z. B. beim → Rechtsmißbrauch oder beim Widerspruch einer Vorschrift zu höherrangigem Recht). Der L. wird oft der Begriff der *Legitimität*, d. h. die Frage nach der Rechtfertigung des Staates und seiner Rechtsordnung aus höheren Grundsätzen, entgegengestellt (→ überstaatliches Recht). Unter *Legalitätskontrolle* versteht man die Prüfung der Rechtmäßigkeit des Handelns einer Verwaltungsbehörde durch eine übergeordnete Behörde (→ Rechtsaufsicht) oder ein Gericht oder das Parlament.

**Legalitätsprinzip** im Strafverfahren. Die Strafverfolgungsbehörden (StA, Polizei, Finanzamt usw.) haben nach §§ 152 II, 160, 163 StPO, § 386 AO bei Verdacht einer Straftat *von Amts wegen,* also auch ohne Anzeige, einzuschreiten. Ausnahmen gelten nach dem → Opportunitätsprinzip insbes. in → Bagatellstrafsachen. Das L. soll die Einhaltung des Grundsatzes der Gleichheit vor dem Gesetz (Art. 3 I GG) sichern. Es ist insofern die notwendige Ergänzung zum *Anklagemonopol* der StA, die im Einzelfall nach Abschluß des → Ermittlungsverfahrens darüber entscheidet, ob das Strafverfahren durchgeführt werden soll (→ Anklageerhebung, → Anklageerzwingung). Verletzung des L. durch vorsätzliche Nichtverfolgung eines Schuldigen ist als → Strafvereitelung im Amt strafbar (§ 258 a StGB).

**Legalzession** → Abtretung, 5.

**Legat(um)** (das, lat. *legatum*) = → Vermächtnis.

**Legat(us)** (der, lat. *legatus*) ist in der → kath. Kirche allgemein ein Abgesandter des → Papstes, der in dessen Auftrag bestimmte Aufgaben erledigt. Man unterscheidet i. d. R. Apostolische Delegaten, die für die Teilkirchen delegiert sind, und die bei einem Staat akkreditierten → Diplomaten (→ Nuntius, Internuntius, Pronuntius).

**leges barbarorum** → Rechtsgeschichte (2).

**Legislative** → Gesetzgebung.

**Legislaturperiode** ist der Zeitraum, für den eine gesetzgebende Körperschaft gewählt wird (→ Wahlperiode).

**Legitimation.** Hierunter verstand man, daß ein nichteheliches Kind – abgesehen von einer → Adoption – die Rechtsstellung eines ehelichen Kindes erlangen konnte, und zwar durch nachfolgende Ehe seiner Eltern oder durch gerichtliche Ehelicherklärung. Die L. ist als Folge der grundsätzlichen Gleichstellung ehelicher und nichtehelicher Kinder (→ Abstammung) ersatzlos entfallen.

**Legitimationspapier** ist eine → Urkunde, bei welcher der Schuldner mit befreiender Wirkung an jeden leisten kann, der die Urkunde vorlegt. Der Schuldner wird dadurch geschützt, daß er nicht nachzuprüfen braucht, ob der Inhaber der Urkunde auch der wirklich Berechtigte ist. Das trifft für zahlreiche Arten von → Wertpapieren zu; jedoch versteht man unter L.en nur solche Urkunden, deren Wirkung sich in der genannten Schutzfolge erschöpft. Diese reinen L. werden allgemein nicht zu den Wertpapieren gezählt, wohl aber die sog. qualifizierten L. (hinkende Inhaberpapiere) des § 808 BGB, weil bei diesen der Schuldner nur an den Inhaber zu leisten braucht. Die qualifizierten L. stehen den → Rektapapieren nahe und werden wie solche behandelt. Sie geben den Namen des Gläubigers an, werden aber mit der Bestimmung ausgegeben, daß die versprochene Leistung an jeden Inhaber bewirkt werden kann. Zu den qualifizierten L. gehören z. B. das → Sparkassenbuch, der → Pfandschein und der → Depotschein, zu den einfachen L. (sog. → Legitimationszeichen) z. B. die Garderobenmarke und der Gepäckschein.

**Legitimationszeichen** sind einfache → Legitimationspapiere. Sie benennen den Gläubiger nicht; der Schuldner kann mit befreiender Wirkung an jeden Inhaber des L. leisten. L. sind z. B. Gepäckscheine, Garderobenmarken. Das L. ist kein Wertpapier; es ist vom → Inhaberzeichen zu unterscheiden.

**Legitimität** → Legalität.

**Lehen (Lehnswesen).** Im deutschen Mittelalter wurde als Lehen (L.) ein Gut bezeichnet, das der Lehnsherr dem Lehnsmann (Vasallen) – ursprünglich nur auf Zeit – gegen persönliche Dienstleistung (Heeresdienst usw.) zur Nutzung überließ. Das L. hat somit zwei Wurzeln: das → *beneficium,* das in der Überlassung wirtschaftlicher Güter bestand – Länder, aber auch Rechte, z. B. Abgaben oder sonstige öffentliche Einkünfte, oder auch beide zusammen als Herrschaftsbezirk –, und das *Vasallenverhältnis,* dem ein oder mehrere Untervasallenverhältnisse nachgeordnet sein konnten, so daß sich eine Kette solcher Bindungen vom König über hohe Adelige bis zum niederen Adel bildete (→ Mediatisierung). Über den Heimfall bei Treubruch des Vasallen → Felonie, über die weitere Entwicklung des Lehnswesens (Verleihung des L. auf Lebenszeit beider Teile, später Erblichkeit) und seine politische und soziale Bedeutung → Feudalismus. S. a. → Hausmeier.

**Lehrbeanstandung** (im Kirchenrecht) ist die Feststellung einer kirchlichen Instanz, ob ein zur Verkündigung der christlichen Lehre Befugter hierbei in Widerspruch zum Bekenntnis seiner Kirche getreten ist; i. w. S. umfaßt die L. auch die mit einer solchen Feststellung verbundenen dienstrechtlichen Folgen. Das (vom Disziplinarverfahren zu unterscheidende) L.sverfahren ist in den einzelnen Kirchen verschieden geregelt. Für die → kath. Kirche vgl. die von der Kongregation für die Glaubenslehre erlassene „Nova agendi ratio in doctrinarum examine" vom 15. 1. 1971 und das von der Deutschen Kath. Bischofskonferenz erlassene „L.sverfahren bei der Deutschen Bischofskonferenz". Im Codex Iuris Canonici wurde keine Regelung getroffen. Für die Evang. Kirche vgl. das „Kirchenges. über das Verfahren bei L.en" vom 16. 6. 1956 (Vereinigte Evang.-Luth. Kirche Deutschlands) sowie die L.sordnung der Evang. Kirche der Union vom 27. 6. 1963. S. a. → Lehrbefugnis, → missio canonica, → kirchliche Akte (Anfechtung).

**Lehrbefähigung** → Lehrbefugnis.

**Lehrbefugnis** bedeutet a) im *Hochschulrecht* im Gegensatz zu der (i. d. R. durch die → Habilitation erworbenen) *Lehrbefähigung* die staatliche Erlaubnis zur Ausübung der Lehrtätigkeit (vgl. z. B. Art. 31 bayer. HochschullehrerG vom 24. 8. 1978, GVBl. 571). Mit der Erteilung der L. ist das Recht zur Führung der Bezeichnung „Privatdozent" verbunden. b) Eine *kirchenrechtliche* L. kann auch für Hochschullehrer an theologischen Fakultäten staatlicher Hochschulen von Bedeutung sein. So werden z. B. nach Art. 3 § 2 des → Konkordats zwischen dem Hl. Stuhl und Bayern vom 29. 3. 1924 i. d. F. der Bek. vom 7. 7. 1978 (GVBl. 673) Professoren und andere lehrberechtigte Personen vom Staat erst ernannt oder zugelassen oder erhalten Lehraufträge, wenn der zuständige Diözesanbischof keine Erinnerung erhoben hat. Wird ein solcher Lehrer vom Diözesanbischof wegen seiner Lehre oder wegen seines sittlichen Verhaltens aus triftigen Gründen beanstandet, so wird der Staat unbeschadet der staatsdienerlichen Rechte alsbald auf andere Weise für einen entsprechenden Ersatz sorgen (Art. 3 § 3 des Konkordats). Ähnliche Bestimmungen enthalten auch jüngere → Kirchenverträge (vgl. Kath. Kirchenvertrag Sachsen vom 2. 7. 1996).

**Lehrer** → Aufsichtspflicht (Verletzung); → Hochschullehrer; → pädagogische Freiheit; → Schule; → Züchtigungsrecht.

**Lehrerkonferenz** ist das kollegiale Beratungs- und Entscheidungsorgan vor allem für die pädagogischen Angelegenheiten der → Schule. Die Einzelheiten sind im Landesrecht geregelt. Die L. ist an Verwaltungsvorschriften und Weisungen der Verwaltung gebunden. Für die Ausführung der Beschlüsse ist der Schulleiter verantwortlich.

**Lehrfreiheit** (Art. 5 III GG). Die L. ist wie die Forschungsfreiheit ein Unterfall der Freiheit der → Wissenschaft. Lehre ist die wissenschaftlich korrekte Übermittlung der durch Forschung gewonnenen Ergebnisse. Dies ist im wesentlichen die Lehrtätigkeit der → Hochschulen. Nicht von der Freiheit der Lehre ist der Unterricht an den Schulen umfaßt.

**Lehrling** → Handwerkslehrling, → Auszubildender.

**Lehrlingsrolle** ist das von der Handwerkskammer zu führende Verzeichnis der → Berufsausbildungsverhältnisse für → Handwerker (§§ 28–30 HandwerksO). Die Eintragung hat der Ausbildende unverzüglich nach Abschluß des Ausbildungs(Lehr)-Vertrages zu beantragen.

**Lehrstellenvermittlung** → Arbeitsvermittlung.

**Lehrverhältnis** ist die überkommene aber nicht mehr der gesetzlichen Terminologie entsprechende Bezeichnung für das → Berufsausbildungsverhältnis i. e. S.; s. a. → Auszubildender, → Berufsbildung, → Handwerkslehrling.

**Lehrvertrag** → Berufsausbildungsverhältnis.

**Leibesfrucht** (lat. *nasciturus*). Die L. besitzt an sich noch keine → Rechtsfähigkeit, kann aber in einzelnen Beziehungen bereits Träger von Rechten und Ansprüchen sein. So ist die L. erbfähig (→ Erbe), wenn sie im Zeitpunkt des → Erbfalls bereits erzeugt, wenn auch noch nicht geboren war (§ 1923 II BGB). Der Unterhaltsanspruch des Kindes kann bereits vor dessen Geburt durch eine → einstweilige Verfügung gesichert werden (§ 1615 o BGB, → Unterhaltspflicht bei nicht miteinander verheirateten Eltern). Die L. kann Schadensersatzansprüche, z. B. wegen Schädigung im Mutterleib, haben und nach der Geburt geltend machen u. a. m. Soweit die Eltern die L. nicht vertreten können, ist ihr ein Pfleger zu bestellen (→ Ergänzungspflegschaft). S. a. → künstliche Fortpflanzung.

**Leibesfrucht, Tötung der –,** → Schwangerschaftsabbruch.

**Leibgedinge** wird die bei Übergabe eines landwirtschaftl. Anwesens an den Übernehmer übliche lebenslange Versorgung des Übertragenden (Wohnung, Kost usw.) genannt. → Übergabevertrag.

**Leibrente.** Der Vertrag auf Zahlung einer L. begründet ein → Dauerschuldverhältnis, bei dem aus einem selbständigen einheitlichen Rechtsverhältnis *(Stammrecht)* regelmäßig wiederkehrende Leistungen zu erbringen sind. Keine L. ist i. d. R. die Leistung aus dem → Altenteil (hier → Reallast), aus einer Ruhegehaltsvereinbarung (keine selbständige Vereinbarung, sondern Teil des Arbeitsvertrags), aus der Verpflichtung zur Unterhaltsleistung und zum Schadensersatz in Rentenform (anderer Rechtsgrund, aber Vorschriften entsprechend anwendbar) sowie auf Grund der Zinszahlungspflicht. Die L. ist regelmäßig auf die Lebensdauer des Gläubigers begründet (§ 759 BGB); doch sind auch andere zusätzliche Befristungen denkbar. Die L. ist vierteljährlich im voraus zu entrichten (§ 760 BGB). Der Vertrag, durch den eine L. versprochen wird, bedarf, soweit keine andere Form vorgeschrieben ist – z. B. im Rahmen eines → Grundstückskaufvertrags oder → Erbschaftskaufs – der Schriftform (§ 761 BGB). Zur Wertsicherungsklausel bei der L. → Geldschuld. Zur *steuerlichen* Behandlung → Rentenbesteuerung.

**Leiche.** Über strafrechtl. Fragen s. im folg. und → Transplantation. Über die zivilrechtl. Behandlung der L. → Sache, → Erbschaft. S. ferner → Exhumierung.

**Leiche, unbefugte Wegnahme oder Beerdigung einer –.** Die unbefugte Wegnahme einer L. oder einer toten Leibesfrucht, oder Teilen von diesen (s. a. → Transplantation), oder der Asche eines Verstorbenen *aus dem Gewahrsam des Berechtigten* (Angehörige, Krankenhausverwaltung usw.) ist kein Diebstahl, weil eine L. grundsätzlich nicht Gegenstand fremden Eigentums ist; sie ist aber nach § 168 StGB als Störung der Totenruhe (→ Religionsvergehen) strafbar. S. a. im folg.

**Leichenfund.** Wird die Leiche eines Unbekannten aufgefunden, so sind Polizei und Gemeindebehörde zur sofortigen Anzeige bei StA oder Amtsgericht verpflichtet. Die Leiche darf nur mit schriftlicher Genehmigung der StA bestattet werden (§ 159 StPO). Dasselbe gilt, wenn der Aufgefundene zwar bekannt ist, aber Anhaltspunkte für eine nicht natürliche Todesursache bestehen (gewaltsame Einwirkung; auch Selbsttötung).

**Leichenschändung** ist kein Delikt i. S. des StGB. S. aber → Leiche, unbefugte Wegnahme *(Leichenentwendung)* und → Religionsvergehen *(Störung der Totenruhe)*.

**Leichenschau, -öffnung** sind im Strafverfahren Formen des richterlichen → Augenscheins. Die (äußere) *Leichenschau* wird von der Staatsanwaltschaft, auf deren Antrag auch vom Richter, grundsätzlich unter Hinzuziehung eines Arztes, vorgenommen; sie ist nach einem → Leichenfund (§ 159 StPO) i. d. R. notwendig. Die *Leichenöffnung* (innere Leichenschau, Obduktion, → Sektion) dient der Feststellung der Todesursache, wenn Verdacht einer Straftat vorliegt. Sie wird von zwei Ärzten durchgeführt, unter diesen muß sich ein → Gerichtsarzt od. Leiter eines gerichtsmedizin. o.ä. Instituts und darf sich nicht der zuletzt behandelnde Arzt befinden (§ 87 StPO). Die StA, auf deren Antrag auch der Richter, können an der Öffnung teilnehmen. Der Tote ist vorher nach Möglichkeit zu identifizieren (§ 88 StPO). Bei Verdacht einer Vergiftung ist außer der Obduktion eine chemische Untersuchung der in der Leiche gefundenen verdächtigen Stoffe erforderlich (§ 91 StPO).

Über die Zulässigkeit der klinischen und anatomischen → Sektion s. dort. Eine *ärztliche Leichenschau* ist allgemein durch Landesrecht für jeden Todesfall, also unabhängig vom Verdacht einer Straftat, vorgeschrieben. Über die *amtsärztliche Leichenschau* bei Seuchenverdacht vgl. § 32 III BSeuchenG i. d. F. vom 18. 12. 1979 (BGBl. I 2262). S. a. → Bestattung, → Feuerbestattung, → Leichen- und Bestattungswesen.

**Leichen- und Bestattungswesen.** Das L. u. B. ist in den Ländern der BRep. unterschiedlich geregelt. Zusammenfassende Gesetze sind in einigen Ländern ergangen (z. B. das niedersächs. Gesetz über das L. vom 29. 3. 1963, GVBl. 142, und das bayer. Bestattungsgesetz v. 24. 9. 1970, GVBl. 417). Jede Leiche muß durch Beisetzung in einer Grabstätte (Erdbestattung) oder durch Einäscherung in einer Feuerbestattungsanlage und Beisetzung der Aschenreste in verschlossener Urne in einer Grabstätte (→ Feuerbestattung) bestattet werden. Die Art der Bestattung richtet sich nach dem Willen des Verstorbenen, bei Minderjährigen unter 16 Jahren und Geschäftsunfähigen nach dem des Personensorgeberechtigten. Mangels Willenskundgebung des Verstorbenen entscheiden die Angehörigen. Der Bestattung muß die ärztliche Leichenschau (Totenschau) vorausgehen (Verpflichtung des Leichenschauers zur Anzeige von Zeichen unnatürlichen Todes). Vor Eintragung des Sterbefalles in das Personenstandsregister ist die Bestattung nur mit pol. Genehmigung zulässig (§ 39 PersonenstandsG); diese kann landesrechtlich auch sonst vorgeschrieben werden (Rhein.-Pf.: VO vom 21. 10. 1974, GVBl. 448). Grundsätzlich sind die Gemeinden verpflichtet, die erforderlichen Einrichtungen herzustellen und zu unterhalten, in erster Linie Friedhöfe. Die Rechtsverhältnisse der Friedhöfe sind häufig durch → Satzung („Friedhofsordnung") geregelt, z. B. die Benutzung des Friedhofs und die Benutzungsrechte an den Gräbern, deren Anlage und Ausgestaltung und die Durchführung der Bestattungen. In Friedhöfen der Kirchen oder Religionsgemeinschaften ist auch die Beisetzung Andersgläubiger unter den für sie üblichen Formen und ohne räumliche Absonderung zu gestatten, wenn eine andere geeignete Grabstätte nicht vorhanden ist. Z. T. bestehen besondere Vorschriften für die → Feuerbestattung. Zum L. gehören ferner z. B. Bestimmungen über die Beförderung von Leichen („Leichenpaß", zwischenstaatliche Vereinbarungen) und Straf- oder Ordnungswidrigkeitenvorschriften über die unbefugte Verwendung von Leichen, die vorzeitige Bestattung oder die Beisetzung an nicht zugelassenen Stätten. S. a. → Bestattung.

Bestattungsplätze sind von der Grundsteuer befreit (§ 4 II GrEStG).

**Leichte Fahrlässigkeit** → Verschulden (II 1 b), → Schuld.

**Leichtfertiges Handeln** → Schuld, → Steuerstrafrecht.

**Leichtkrafträder** → Kleinkrafträder.

**Leichtmofas** → Fahrräder mit Hilfsmotor.

**Leiharbeitsverhältnis.** Ein L. liegt vor, wenn ein → Arbeitgeber einen → Arbeitnehmer für eine begrenzte Zeit einem anderen Arbeitgeber zur Arbeitsleistung überläßt und ihn dessen Weisungen (→ Direktionsrecht) unterstellt. Wegen § 613 S. 2 BGB ist die Zustimmung des Arbeitnehmers notwendig. Die Rechtsnatur des L. ist umstritten. Jedenfalls hat der Arbeitnehmer Anspruch auf Lohnzahlung gegen seinen eigentlichen Arbeitgeber, schuldet aber die Arbeitsleistung dem Arbeitgeber, dem der Anspruch hierauf übertragen ist. Diesen trifft die → Fürsorgepflicht; er muß dem anderen Arbeitgeber das mit ihm vereinbarte Entgelt zahlen. Das L. ist vom → mittelbaren Arbeitsverhältnis zu unterscheiden. Für die gewerbsmäßige Überlassung von Leiharbeitnehmern an Dritte (ohne damit → Arbeitsvermittlung zu betreiben) bedarf der Arbeitgeber grundsätzlich (Ausnahme z. B. aufgrund zwischenstaatlicher Vereinbarung) der Erlaubnis; teilweise (Baugewerbe) ist sie gesetzlich untersagt oder eingeschränkt, § 1 b des Arbeitnehmerüberlassungsgesetzes i. d. F. vom 3. 2. 1995 (BGBl. I 158) m. Änd. Im Interesse der Leiharbeitnehmer enthält das AÜG weitere Schutzbestimmungen, insbes. über Erlaubnispflicht, für den Fall der Unwirksamkeit der vertraglichen Beziehungen zwischen Verleiher und Entleiher (illegale Verleihung; vgl. hierzu BGH NStZ 1984, 26) sowie die Begrenzung des L. für denselben Arbeitgeber auf 12 Monate. In der → Sozialversicherung hat der Entleiher den Arbeitnehmer, den Arbeitgeber sowie Beginn und Ende der Überlassung an die zuständige → Krankenkasse zu melden. Für die Beitragszahlung der Arbeitgeber haftet auch der Entleiher. Wird das Arbeitsentgelt unmittelbar an den Leiharbeitnehmer gezahlt, gelten der Verleiher und der Entleiher als Arbeitgeber und haften als → Gesamtschuldner; §§ 28 a, 28 e SGB IV.

**Leihe.** Durch den Leihvertrag wird der Verleiher verpflichtet, dem Entleiher den Gebrauch einer Sache unentgeltlich zu gestatten (§§ 598 ff. BGB). Es muß also eine vertragliche Bindung zwischen den Beteiligten gewollt sein; bei der „Leihe“ des täglichen Lebens liegt dagegen oftmals nur ein → Gefälligkeitsverhältnis ohne rechtliche Bindung vor, in dem nur nach den Vorschriften über das → Eigentümer-Besitzerverhältnis, u. U. auch aus → ungerechtfertigter Bereicherung gehaftet wird. Sobald ein Entgelt für die Gebrauchsüberlassung zu zahlen ist, liegt – trotz fälschlicher Bezeichnung („Leihbücherei“) → Miete, bei verbrauchbaren Sachen → Darlehen vor. Die Haftung des *Verleihers* ist auf Vorsatz und grobe Fahrlässigkeit beschränkt. Der *Entleiher* darf von der Sache keinen vertragswidrigen Gebrauch machen, insbes. diese nicht ohne Erlaubnis des Verleihers weiter verleihen (sonst Möglichkeit der außerordentlichen → Kündigung). Der Entleiher ist außerdem verpflichtet, die entliehene Sache nach Ablauf der vereinbarten Zeit (nach Gebrauch), mangels Vereinbarung jederzeit auf Anforderung des Verleihers zurückzugeben.

**Leihhaus, Leihhausschein** → Pfandleiher.

**Leihmutterschaft** → künstliche Fortpflanzung (2), → Adoptionsvermittlung, → Standesrecht a. E., → Abstammung (1).

**Leihwagen** (Kostenersatz) → Schadensersatz (2 a).

**Leistung.** Der Inhalt der L. (hierüber s. i. e. *Schuldverhältnis,* → ungerechtfertige Bereicherung) muß bestimmt, zumindest bestimmbar sein. Die nähere Bestimmung des Inhalts einer L. kann durch vertragliche Vereinbarung sowohl dem Gläubiger wie dem Schuldner überlassen sein, insbes. die Bestimmung der Gegenleistung, die dann im Zweifel vom Forderungsberechtigten festgesetzt werden kann (§ 316 BGB). Die Bestimmung hat regelmäßig durch Erklärung gegenüber dem anderen Teil nach billigem Ermessen (z. B. Tageskurs, Ladenpreis) zu erfolgen; entspricht sie nicht der Billigkeit (= ausgewogenes Verhältnis zwischen Leistung und Gegenleistung, das der Gerechtigkeit entspricht), so wird sie durch gerichtliches Urteil getroffen (§ 315 BGB). Besondere Regeln für noch unbestimmte L. enthält das Gesetz für die → Wahlschuld, die → Gattungsschuld und den → Spezifikationskauf. Die Bestimmung der L. kann auch einem Dritten überlassen werden; für die Durchführung gelten die gleichen Regeln wie bei der Bestimmung durch eine Partei (§§ 317 ff. BGB). Dies gilt auch bei Abschluß eines → Schiedsgutachtervertrages, während für das → schiedsrichterliche Verfahren besondere Vorschriften bestehen.

Der Schuldner ist regelmäßig zu Teil L. nicht berechtigt (§ 266 BGB). Ausnahmen können sich aus → Treu und Glauben und bei entsprechender Vereinbarung (z. B. Ratenzahlung, Abschlagszahlung, → Sukzessivlieferungsvertrag, → Kreditvertrag) ergeben; sie gelten auch bei Forderungen aus → Wechsel oder → Scheck (Art. 39 II WG, 34 II SchG) sowie in der → Zwangsvollstreckung und Insolvenz (s. aber auch → Gerichtsvollzieher). Der Gläubiger kann dagegen grundsätzlich auch Teil L. verlangen. Hat der Schuldner nicht in Person zu leisten (z. B. bei bestimmten Dienstleistungen), so kann auch ein *Dritter* die L. bewirken (§ 267 BGB). Die Einwilligung des Schuldners ist hierzu nicht erforderlich; der Gläubiger kann aber die L. ablehnen, wenn der Schuldner widerspricht. Der Widerspruch des Schuldners ist unbeachtlich, wenn er die L. durch den Dritten zu dulden hat (z. B. ein Gläubiger, der beim Schuldner eine unter → Eigentumsvorbehalt gekaufte Sache und dessen → Anwartschaftsrecht gepfändet hat, zahlt die letzten Raten, um der → Drittwiderspruchsklage des Vorbehaltsverkäufers zu begegnen; s. a. § 162 BGB). Ein besonderes L.recht des Dritten ist das → Ablösungsrecht. S. ferner → Leistungsort, → Leistungszeit, → Zurückbehaltungsrecht, → Aufwendungen; s. a. → Aufrechnung.

**Leistung an Erfüllungs Statt, erfüllungshalber.** Wird eine andere als die geschuldete → Leistung bewirkt, so liegt darin an sich keine → *Erfüllung.* Nimmt der Gläubiger diese Leistung jedoch als Erfüllung an, so erlischt durch diese Leistung an E. S. gleichfalls das → Schuldverhältnis (z. B. der Gläubiger nimmt statt des geschuldeten Geldes eine Sachleistung als Erfüllung an, § 364 I BGB). Wegen eines Sach- oder Rechtsmangels der an E. S. gegebenen Sache, Forderung oder des Rechts haftet der Schuldner wie ein Verkäufer (→ Gewährleistung, § 365 BGB). Anders als die Leistung an E. S. ist eine nur *erfüllungshalber* erbrachte Leistung keine Erfüllung des Schuldverhältnisses. Eine Leistung erfüllungshalber liegt vor, wenn dem Gläubiger ein Gegenstand überlassen wird, aus dem er seine Befriedigung suchen soll (z. B. → Abtretung einer Forderung zur Einziehung); hier tritt die Erfüllung des Schuldverhältnisses erst ein, wenn dem Gläubiger aus dem erfüllungshalber überlassenen Gegenstand tatsächlich Mittel zufließen. Der Gläubiger ist nach → Treu und Glauben verpflichtet, zunächst die Verwertung des erfüllungshalber überlassenen Gegenstands zu versuchen. Ob Leistung an E. S. oder nur erfüllungshalber vorliegt, ist durch → Auslegung zu ermitteln. Übernimmt der Schuldner zum Zwecke der Befriedigung des Gläubigers diesem gegenüber eine neue Verbindlichkeit (z. B. Akzeptierung eines → Wechsels), so ist im Zweifel anzunehmen, daß er nur erfüllungshalber leistet, die alte Forderung also bestehen bleibt (§ 364 II BGB). → Aufrechnung.

**Leistung erfüllungshalber** → Leistung an Erfüllungs Statt.

**Leistungsbescheid** ist ein → Verwaltungsakt, mit dem die Verwaltung einen auf öffentlichem Recht beruhenden Zahlungsanspruch gegen eine Privatperson geltend macht (im Gegensatz zur privatrechtlichen Zahlungsaufforderung bei fiskalischen Rechtsverhältnissen). Der L. ist Grundlage für die Vollstreckung, ohne daß es noch gerichtlicher Geltendmachung bedarf. Ob L. ohne besondere gesetzliche Grundlage stets zulässig sind, ist str., jedenfalls aber bei Rückforderung öff.-rechtlicher Leistungen („Kehrseite") zu bejahen.

**Leistungsfreiheit** (des Versicherers) → Versicherungsvertrag.

**Leistungsgefahr** → Gefahr (tragung).

**Leistungsklage** ist die → Klage, mit der die Verurteilung des Beklagten zu einer Leistung, d. h. zu einem Tun, Unterlassen oder Dulden erstrebt wird. Die erfolgreiche Klage im Zivilprozeß führt zum *Leistungsurteil,* das je nach Art der Leistung vollstreckt wird; → Geldforderungen nach §§ 803–882 ZPO, → Herausgabe von Sachen nach §§ 883–886 ZPO, Handlungen und Unterlassungen nach §§ 887–892 ZPO, Abgabe von → Willenserklärungen nach §§ 894–898 ZPO. Für das Sozialgerichtsverfahren vgl. § 54 IV, V SGG, für das → Verwaltungsstreitverfahren (s. dort 1 a) § 42 VwGO, für den Steuerprozeß vgl. § 40 I FGO.

**Leistungskondiktion** → ungerechtfertigte Bereicherung.

**Leistungsmißbrauch.** Wer Sozialleistungen beantragt oder bezieht, hat dem Leistungsträger alle für die Leistung erheblichen Tatsachen (→ Sozialdaten) anzugeben und nachträgliche Änderungen in den Verhältnissen unverzüglich mitzuteilen (§§ 60 I SBG I, 8 AsylbLG). Eine vorsätzliche Verletzung dieser Pflicht, die zum unberechtigten Bezug von Sozialleistungen führt, ist als → Betrug mit Strafe bedroht. Die Ordnungswidrigkeit nach § 404 II Nr. 23 SGB III, § 60 I 1 Nr. 2 SBG I bei Verstoß gegen die Mitteilungspflicht tritt zurück.

Da die → Sozialdaten dem → Sozialgeheimnis unterliegen, enthält das

SGB zur Bekämpfung von L. und → illegaler Beschäftigung Vorschriften über die Übermittlung von Sozialdaten für die Durchführung von Strafverfahren (§ 73 SGB X) sowie über die Unterrichtung und Zusammenarbeit, insbes. durch Datenabgleich, von Bundesanstalt für Arbeit, Leistungs- und sonstigen Sozialversicherungsträgern und andern Behörden (§§ 304 ff. SGB III, 28 p, 107 SGB IV, 306 SGB V, 321 SGB VI, 211 SGB VII, 67 e, 71 I SGB X, 117 BSHG; s. a. § 31 AO).

**Leistungsort** ist der Ort, an dem in einem → Schuldverhältnis die → Leistung zu erfolgen hat (oftmals auch *Erfüllungsort* oder Schuldort genannt). Die Bestimmung des L. unterliegt in erster Linie der Vereinbarung der Parteien. Ist ein Ort für die Leistungshandlung (der Leistungserfolg kann auch anderswo eintreten, s. u.) weder bestimmt – z. B. auch stillschweigend, nicht aber einseitig auf Rechnung – noch aus den Umständen, insbes. aus der Natur des Schuldverhältnisses zu entnehmen, so ist an dem Ort zu leisten, an dem der Schuldner z. Z. der Entstehung des Schuldverhältnisses seinen → Wohnsitz oder seine gewerbliche Niederlassung hatte (§ 269 BGB). Die Schulden sind daher grundsätzlich *Holschulden* (vom Gläubiger beim Schuldner abzuholen); *Bringschulden* (Leistung am Wohnsitz des Gläubigers) nur bei besonderer Vereinbarung, die nicht bereits darin liegt, daß der Schuldner die Kosten der Versendung übernommen hat (§ 269 III BGB; s. die Klauseln → cif, → fob, → frachtfrei). L. und Erfolgsort können auseinanderfallen; dies ist bei den sog. *Schickschulden* der Fall. Hier bleibt der L. am Wohnsitz des Schuldners unverändert; dieser ist jedoch verpflichtet, die Versendung der Ware an den Gläubiger vorzunehmen (insbes. beim → Versendungskauf). Eine Schickschuld ist i. d. R. die → Geldschuld; Geld hat der Schuldner regelmäßig auf seine Kosten und → Gefahr dem Gläubiger an dessen Wohnsitz zu übermitteln, ohne daß hierdurch der L. geändert würde (§ 270 BGB; → Anweisung, Überweisung). Ob Bring- oder Schickschuld vorliegt, entscheiden die Umstände; Warenschulden im Handelsverkehr sind regelmäßig Schickschulden, während bei Einzelbestellungen von Nichtkaufleuten (z. B. Kohlenlieferung) oftmals eine Bringschuld und damit eine Änderung des L. angenommen werden kann. Als L. gilt bei Versendung innerhalb eines Ortes – sog. *Platzgeschäft* – die Leistungsadresse (Wohnung, Geschäftslokal). Der L. ist für das → internationale Privatrecht (Bestimmung der anwendbaren Rechtsordnung bei internationalen Rechtsgeschäften) sowie für den → Gerichtsstand des § 29 ZPO („wo die streitige Verpflichtung zu erfüllen ist") von Bedeutung; über die Grenzen einer zulässigen vertraglichen Gerichtsstandsvereinbarung → Zuständigkeitsvereinbarung. Leistet der Schuldner nicht am L., so gerät er in → Schuldnerverzug. Zum → Gefahrübergang beim → Versendungskauf s. dort. Zum L. bei der *Umsatzsteuer* s. dort 3.

**Leistungsprinzip** (Beamtenrecht) → Beförderung von Beamten, → Beurteilung.

**Leistungsstörungen** → Unmöglichkeit der Leistung, → Schuldnerverzug, → positive Vertragsverletzung; s. a. → Geschäftsgrundlage.

**Leistungsurteil** → Leistungsklage.

**Leistungsverwaltung.** Die öffentliche Verwaltung wird nicht nur ordnend, sondern auch leistend tätig, indem sie zur Erreichung wirtschafts-, gesellschafts-, sozial- oder kulturpolitischer Zwecke im öffentlichen Interesse für den Bürger bestimmte Leistungen erbringt oder Einrichtungen für die Öffentlichkeit bereitstellt. Sie dient damit der *Daseinsvorsorge.* Hierher gehört insbes. die sog. *Vorsorgeverwaltung* (Bereitstellung von öffentlichen Einrichtungen für die Allgemeinheit: z. B. Verkehrs- und Beförderungseinrichtungen; Gas-, Wasser- und Elektrizitätsversorgung; Müllabfuhr; Abwasserbeseitigung; Bildungs- und andere Kultureinrichtungen; Krankenhäuser; Friedhöfe usw.), die *Sozialverwaltung* (z. B. Sozialversicherung, Sozialhilfe) und die *Förderungsverwaltung* (z. B. Subventionen für Landwirtschaft und Bergbau; Förderung von Kunst und Wissenschaft; Vermögensbildung; Ausbildungsförderung). Auch soweit die L. keine Eingriffe in Freiheit und Eigentum vornimmt (→ Gesetzmäßigkeit der Verwaltung), sondern begünstigend oder „schlicht-hoheitlich" (→ hoheitliche Gewalt) tätig wird, bedarf die Leistungsgewährung durch die Verwaltung grundsätzlich einer gesetzlichen Grundlage. Hierfür genügen aber (insbes. bei Subventionen) die Bereitstellung der Mittel im → Haushaltsplan und allgem. Aufgabenzuweisung. Wesentliche Gebiete der L. sind gesetzlich geregelt (z. B. Sozialversicherung; Sozialhilfe), die kommunale L. häufig durch → Satzungen oder → Anstaltsordnungen. Die L. kann öffentlichrechtlich (z. B. Sozialhilfe; Widmung öffentlicher Sachen zum Gemeingebrauch) oder privatrechtlich (z. B. Gewährung von Darlehen) ausgestaltet sein. Auch wenn die Gewährung von Leistungen nicht näher gesetzlich geregelt ist oder in privatrechtlicher Form vorgenommen wird, ist die Verwaltung nicht frei, sondern an die Grundrechte (insbes. den → Gleichheitssatz) und an die allgemeinen Grundsätze rechtsstaatlichen Handelns gebunden. Sofern sie privatrechtlich tätig wird (s. a. → Verwaltungsprivatrecht), gilt das → Verwaltungsverfahrensgesetz nicht.

**Leistungsverweigerung** → positive Vertragsverletzung, → Zurückbehaltungsrecht, → Einrede (1, „E. des nicht erfüllten Vertrags").

**Leistungsverweigerungsrecht** → Einrede, → gegenseitiger Vertrag (1), → Verjährung.

**Leistungsverzug** → Schuldnerverzug.

**Leistungsvorbehalt** → Geldschuld.

**Leistungswucher** → Wucher (2).

**Leistungszeit.** Die Bestimmung des Zeitpunkts der → Leistung in einem → Schuldverhältnis unterliegt der freien Vereinbarung der Beteiligten. Die genaue Bestimmung der L. kann auch dem Schuldner (im Rahmen von Treu und Glauben), dem Gläubiger (Leistung auf Abruf) oder einem Dritten (Festsetzung nach billigem Ermessen) überlassen sein. Ist die L. weder bestimmt oder bestimmbar noch aus dem Gesetz oder den Umständen zu entnehmen, so kann der Gläubiger die Leistung sofort – d. h. so schnell sie der Schuldner nach den Umständen erbringen kann – verlangen, der Schuldner sie sofort bewirken (§ 271 I BGB). Die sofortige Leistungspflicht des Schuldners (mit der Möglichkeit des → Schuldnerverzugs usw.) wird als *Fälligkeit* der Schuld bezeichnet. Maßgeblich ist die Leistungshandlung, nicht der Eintritt des Leistungserfolgs, so daß ein Überweisungsauftrag oder die Absendung eines Verrechnungsschecks innerhalb der L. ausreicht, ein vereinbartes → Skonto in Anspruch nehmen zu können.

Ist eine L. bestimmt, so ist im Zweifel anzunehmen, daß der Schuldner die Leistung zwar vorher bewirken (Ausnahme z. B. bei einem zinspflichtigen → Darlehen; s. aber → Zinsschuld), der Gläubiger sie aber nicht vorher verlangen kann (die Fälligkeit also nicht vor diesem Zeitpunkt eintritt, § 271 II BGB). Bezahlt der Schuldner eine unverzinsliche Schuld vor Fälligkeit, so ist er zum Abzug wegen der Zwischenzinsen regelmäßig nicht berechtigt (§ 272 BGB); auch ein → Kassenskonto kann nur bei entsprechender Vereinbarung oder → Handelsbrauch abgezogen werden. Die Fälligkeit der (gesamten restlichen) Leistung kann von einer → Bedingung (z. B. schuldhafte Nichterfüllung von Zins- und Tilgungsbeträgen, sog. Fälligkeitsklausel) oder von einer einseitigen, gestaltenden Erklärung eines Teils, insbes. von einer → Kündigung abhängig gemacht werden (→ Darlehen); hier tritt die Fälligkeit der Leistung mit Ablauf der Kündigungsfrist ein. Besondere Bedeutung hat die L. beim → Fixgeschäft, bei dem die ordnungsgemäße Erfüllung mit der genauen Einhaltung der L. steht und fällt. Die Fälligkeit einer Leistung kann durch eine *Stundung* hinausgeschoben werden; in dieser – ursprünglichen oder nachträglichen – Vereinbarung (also nicht einseitig) liegt regelmäßig nicht – wie bei einer Bedingung oder Zeitbestimmung – ein späteres Wirksamwerden des Schuldverhältnisses als solches, sondern nur ein Hinausschieben der sofortigen Leistungspflicht, also der Fälligkeit für eine bestimmte Zeit (sog. *betagte Forderung*). S. a. → pactum de non petendo. Zur Zulässigkeit einer Klage auf künftige Leistung s. §§ 257 ff. ZPO.

Für *Steuerschulden* ergibt sich die Fälligkeit aus § 220 AO i. V. mit dem jeweiligen Einzelsteuergesetz, z. B. § 36 IV EStG: Fälligkeit der Einkommensteuerabschlußzahlung grundsätzlich ein

Monat nach Bekanntgabe des Einkommensteuerbescheids; Fälligkeit von Vorauszahlungen: Lohnsteuer und Umsatzsteuer am 10. jeden Monats (§ 41 a I EStG, § 18 I UStG), Einkommensteuer: am 10. 3., 10. 6., 10. 9., 10. 12. (§ 37 I EStG). Bei Überschreiten der Fälligkeit fallen → Säumniszuschläge an. Durch → Stundung (§ 222 AO) oder → Aussetzung der Vollziehung (§ 361 AO) kann die Fälligkeit hinausgeschoben werden. Hierfür sind dann entsprechende → Zinsen (§§ 236, 237 AO) zu zahlen.

**Leistungsprämien** → Leistungszulagen.

**Leistungszulagen** (turnusmäßig) und Leistungsprämien (einmalig) dürfen Beamten der Besoldungsordnung A gemäß § 42 a BBesG (→ Dienstbezüge) nach näherer Bestimmung einer besonderen RechtsVO zur Abgeltung von herausragenden besonderen Leistungen gewährt werden. Sie sind nicht ruhegehaltsfähig. Die Zahlung von L. ist zu befristen und bei Leistungsabfall zu widerrufen.

**Leitende Angestellte** sind → Angestellte, die nach Stellung und Dienstvertrag erhebliche eigenverantwortliche, im wesentlichen weisungsfrei spezifisch unternehmerische (Teil-)Aufgaben wahrnehmen, z. B. Generalvollmacht (→ Vollmacht, → Handlungsvollmacht) oder → Prokura haben, zur selbständigen Einstellung und Entlassung von → Arbeitnehmern befugt sind oder ein bestimmtes Mindesteinkommen beziehen (§ 5 III, IV BetrVG). Wegen ihrer arbeitgeberähnlichen Stellung gelten für sie verschiedene Sonderregelungen, z. B. bei der → Betriebsratswahl, → Kündigungsschutz für AN, → Arbeitszeit u.ä. S. ferner → Sprecherausschuß, → Mitbestimmung (2).

**Lenkung der Wirtschaft** → Wirtschaftslenkung.

**Lenkungssteuer** ist eine → Steuer zur → Wirtschaftslenkung. Sie ist verfassungsrechtlich zulässig (→ Verteilung des Steueraufkommens), wenn sie nicht in die Sachkompetenz des Gesetzgebers (Art. 70 ff GG; → Gesetzgebung) eingreift. → Gemeindeabgaben, → Verpackungssteuer, → Zwecksteuern.

**Lenkzeit, tägliche** → Kraftfahrer.

**LER (Lebensgestaltung-Ethik-Religionskunde).** Dieses Unterrichtsfach soll im Land Brandenburg den → Religionsunterricht ersetzen. Die verfassungsrechtliche Zulässigkeit ist umstritten.

**Lernmittelfreiheit** heißt der heute allgemein geltende Grundsatz, daß die erforderlichen Schulbücher und z. T. auch andere Lernmittel an den öffentl. Schulen (mittelbar auch an Privatschulen) kostenlos zur Verfügung gestellt werden (vgl. z. B. NRWGes. vom 24. 3. 1982, GVBl. 165; Art. 20 des Bayer. Schulfinanzierungsgesetzes vom 7. 7. 1994, GVBl. 728, ber. 819).

**Lesbische Beziehungen** in Form von sexuellen Handlungen zwischen Frauen sind nach deutschem Recht nicht strafbar, sofern nicht eine → Sexualstraftat vorliegt, z. B. Mißbrauch von Kindern oder Abhängigen.

**Lesung** (eines Gesetzes) → Gesetzgebungsverfahren.

**lettre de provision** → Konsul.

**lettre de rappel** → Abberufung von Diplomaten.

**Letztes Wort** → Hauptverhandlung.

**Letztwillige Verfügung** ist eine andere Bezeichnung für ein → Testament (§ 1937 BGB). → Verfügung von Todes wegen.

**Leuchtzeichen** → Warnzeichen.

**Leumundszeugnis** wurde früher eine behördliche Bescheinigung genannt, daß über den darin Bezeichneten nichts Nachteiliges bekannt sei. S. jetzt → Führungszeugnis.

**lex** = Gesetz.

**lex commissoria** → Verwirkungsklausel.

**lex fori.** Gesetz, das am Gerichtsort gilt; s. a. → Internationales Privatrecht.

**lex generalis** = allgemeines (eine allgemeine Regelung enthaltendes) Gesetz.

**lex imperfecta.** Ein Gesetz, das deshalb unvollkommen (imperfekt) ist, weil für den Fall seiner Übertretung weder eine Strafe noch Unwirksamkeit der verbotenen Rechtshandlung vorgesehen ist. Droht ein Gesetz Strafe, aber keine Nichtigkeit an, spricht man von *lex minus quam perfecta*.

**lex loci actus.** → Internationales Privatrecht.

**lex minus quam perfecta** → lex imperfecta.

**lex posterior.** ein später erlassenes Gesetz; *lex posterior derogat legi priori:* das später erlassene Gesetz geht dem älteren vor.

**lex rei sitae** = das Recht der belegenen Sache (R. des Ortes, an dem sich die streitbefangene Sache befindet).

**Lex Salica,** älteste Quelle des fränkischen Rechts (Stammesrecht der salischen Franken), vermutlich 508–511 entstanden, später durch Zusätze ergänzt; Hauptanwendungsbereich der L. S. war das späte Frankreich. S. → Rechtsgeschichte (2).

**lex specialis.** besonderes Gesetz; *lex specialis derogat legi generali:* das besondere Gesetz geht dem allgemeinen vor. S. a. → Internationales Privatrecht.

**Liberaler Rechtsstaat** (kein Rechtsbegriff) wird eine staatliche Ordnung genannt, welche die Ziele des → Liberalismus verwirklichen will, also bestrebt ist, dem Staatsbürger eine möglichst weite freiheitliche Sphäre mit möglichst wenigen staatl. Eingriffen zu belassen. Dieses Ziel soll dadurch erreicht werden, daß die Macht des Staates in Schranken gehalten wird, insbes. durch seine Bindung an Gesetz und Recht und die umfassende Garantie von → Grundrechten (s. a. Rechtsstaat). Auf wirtschaftlichem Gebiet erstrebt der liberale Staat eine freiheitliche Entwicklung durch Unterlassen staatlicher Interventionen.

**Liberalisierung** des Handels ist die Befreiung der → Einfuhr von mengen- und wertmäßigen Beschränkungen. Sie wurde bereits durch den Liberalisierungskodex der → OECD im Jahre 1950 gefordert und in der Folgezeit in vielen Bereichen verwirklicht; s. ferner → GATT, → Europäische Wirtschaftsgemeinschaft.

**Liberalismus** ist eine freiheitliche Staats-, Gesellschafts- und Wirtschaftsauffassung, die sich im 19. Jh. herausbildete und die – damit im Gegensatz zum → totalen Staat stehend – eine möglichst weitgehende Freiheit des Einzelnen vom Staat und den sonstigen gesellschaftlichen Verbänden erstrebt. Dem Staat soll allein die Aufgabe zufallen, die Entwicklung der Einzelpersönlichkeit durch Aufrechterhaltung der öffentlichen Sicherheit und Ordnung mittels Gesetzgebung, Rechtspflege und Polizei und durch die Abwehr von Angriffen anderer Staaten zu sichern (deshalb auch spöttisch Nachtwächterstaat genannt). Auf wirtschaftlichem Gebiet wendet sich der L. gegen jede staatliche Einmischung in das Wirtschaftsleben und steht damit im Gegensatz zum Merkantilismus und zur Planwirtschaft, bei denen der Staat auf den Wirtschaftsablauf Einfluß nimmt oder ihn durch Aufstellen verbindlicher Pläne bestimmt. Das Gedankengut des L. hat die deutschen Verfassungen des 19. und des frühen 20. Jh. stark beeinflußt.

**Lichtbild.** Ein → Urheberrecht besteht nur an solchen Fotografien, die als *Lichtbildwerke* künstlerische Auffassung und Gestaltungskraft aufweisen (§ 2 I Nr. 5 UrhG). Nichtschöpferische *Lichtbilder* werden als geistige Leistung wie L.werke geschützt (§ 72 UrhG). Der Schutz erlischt 25 Jahre nach Erscheinen oder Herstellung (§ 68 UrhG). Vom Urheberrecht am L. zu unterscheiden ist das Recht am eigenen → Bildnis. S. a. → Luftbildwesen.

**Lichtspieltheater.** Der Betrieb eines L.s ist nach § 14 GewO anzeigepflichtig, unterliegt aber nicht der Erlaubnispflicht nach § 33 a GewO (s. → theatralische Darbietungen). Landesrechtliche Sicherheitsvorschriften enthalten die insoweit im wesentlichen übereinstimmenden Versammlungsstättenverordnungen (§§ 64–81: Einrichtung von L.; Teil III: Betrieb); vgl. z. B. für Bayern VO vom 7. 8. 1969 (GVBl. 293), NRW VO vom 1. 7. 1969 (GVBl. 548), Bad.-Württ. VO vom 10. 8. 1974 (GBl. 330), Schl.-Holst. VO vom 22. 6. 1971 (GVOBl. 365). S. im übrigen → Filmrecht.

**Lichtzeichen** (§ 37 StVO) → Verkehrsampeln.

**Lidlohn** war die frühere Bezeichnung für Lohn- und Gehaltsansprüche der Arbeitnehmer sowie für sonstige Vergütung von Arbeitsleistungen (z. B. der Provisionsanspruch des Handelsvertreters). Bei Insolvenz des Arbeitgebers sind diese Ansprüche nicht mehr bevorrechtigt (→ Insolvenzmasse). S. aber → Insolvenzgeld, → Sozialplan.

**Liebhaberei** bedeutet steuerlich, daß die wirtschaftlichen Ergebnisse einer Tätigkeit (z. B. Rennstall, Segelboot, → Ferienwohnung) unter keine der 7 Einkunftsarten des EStG fallen, so daß Verluste nicht mit anderen → Einkünften ausgeglichen werden können. L. liegt vor, wenn die Tätigkeit nicht aus *wirtschaftlichen,* sondern aus *persönlichen* Gründen, d. h. ohne Gewinnerzielungsabsicht, betrieben wird und – auf eine größere Zahl von Jahren gesehen – ein → Gewinn oder Überschuß nicht zu erwarten ist. Streben nach Steuerersparnis begründet keine Gewinn- oder Einnahmenerzielungsabsicht (§ 15 II Satz 2 EStG). Bei positivem Ergebnis (→ Gewinn, → Einkünfte, 1) wird trotz möglicher L. Gewinnerzielungsabsicht unwiderleglich vermutet.

**Liebhaberinteresse** → Schadensersatz (2 a).

**Lieferbarkeitsbescheinigung** → Affidavit.

**Lieferkoordinierungsrichtlinie** → Verdingungsordnungen.

**Lieferschein** ist die einer Warenlieferung beigegebene Urkunde. Ihr Inhalt kann das vertraglich Vereinbarte (→ Vertrag, 1) nicht einseitig ändern; s. aber → Eigentumsvorbehalt, → Bestätigungsschreiben. Ist die Ware eingelagert, so ist der L. eine → Anweisung an den Lagerhalter, nur gegen Zahlung zu liefern.

**Lieferschwelle** → Binnenmarkt, Umsatzsteuer 2 c.

**Lieferung** → Umsatzsteuer 2–4.

**Liefer(ungs)bedingungen** → Allgemeine Geschäftsbedingungen.

**Lieferungskauf** → Werklieferungsvertrag.

**Liegegeld** → Überliegezeit.

**Liegenbleiben von Fahrzeugen** auf öffentl. Straße erfordert sofortige Sicherungsmaßnahmen, ggf. Beleuchtung des Fz. Bei mehrspurigen Fz., die nicht sofort als Hindernis erkennbar sind, ist *Warnblinklicht* einzuschalten und in der nach der Verkehrslage erforderlichen Entfernung (bei Schnellverkehr: 100 m) ein *Warndreieck* aufzustellen (§§ 15, 17 StVO; § 53 a StVZO). Zuwiderhandlung ist → Ordnungswidrigkeit (§ 49 I Nr. 15, 17 StVO), u. U. → Straßenverkehrsgefährdung.

**Liegenschaft** = unbewegliche Sache; → Grundstück, → Sachenrecht. Gegensatz: → Fahrnis.

**Liegenschaftskataster** → Kataster.

**Lift** → Aufzugsanlagen.

**Limit** ist eine Preis- oder Mengengrenze, die der Beauftragte nicht überschreiten darf. Dies betrifft i. d. R. aber nur das Innenverhältnis, nicht zugleich auch die → Vollmacht. Zum L. bei der → Kommission s. dort.

**Limitierte Akzessorietät** → Akzessorietät (2).

**Lindauer Abkommen, Lindauer Beschlüsse.** Das Recht der Länder zum Abschluß von → Staatsverträgen und anderen → völkerrechtlichen Verträgen nach Art. 32 Abs. 3 GG konkurriert mit dem Recht des Bundes, auch seinerseits völkerrechtliche Verträge mit ausländischen Staaten auf Gebieten abzuschließen, die ganz oder teilweise in die ausschließliche Gesetzgebungszuständigkeit der Länder fallen (z. B. Kultur- oder Polizeirecht). Da durch solche Verträge auch Verpflichtungen der Länder begründet werden können, hat der Bund gemäß dem L. A. vom 14. 11. 1957 das Einverständnis aller Länder herbeizuführen, bevor ein solcher Vertrag völkerrechtlich wirksam wird. Dieses Einverständnis aller Länder wird durch die Beteiligung des Bundesrates bei einem etwaigen Ratifikationsgesetz nicht ersetzt. Ferner sind nach dem L. A. die Länder auch bei allen Vertragsvorhaben zu hören, die nicht deren Gesetzgebungszuständigkeit betreffen. Die Beteiligungsrechte werden von den Ländern in der *Ständigen Vertragskommission* wahrgenommen.

**Lineare Abschreibung** → Absetzung für Abnutzung.

**Linienverkehr** mit Kraftfahrzeugen ist eine zwischen bestimmten Ausgangs- und Endpunkten eingerichtete, regelmäßige Verkehrsverbindung, auf der Fahrgäste an bestimmten Haltestellen ein- und aussteigen können. Fahrpläne und Zwischenhaltestellen sind nicht erforderlich (§ 42 PBefG). Zum L. zählt auch die unter Ausschluß anderer Fahrgäste stattfindende regelmäßige Beförderung von Berufstätigen zwischen Wohnung und Arbeitsstelle (Berufsverkehr), von Schülern zwischen Wohnung und Lehranstalt (Schülerfahrten), von Personen zum Besuch von Märkten (Marktfahrten) und von Theaterbesuchern (§ 43 PBefG). Der L. mit Kfz. bedarf der Genehmigung, die i. d. R. von einem öffentlichen Verkehrsbedürfnis (→ Bedürfnisprüfung) abhängt. Zum Genehmigungsverfahren s. → Personenbeförderung. Im Schienen-Parallelverkehr und Schienenersatzverkehr außerhalb des Orts- und Nachbarorts-Linienverkehrs sind die Schienenunternehmer (→ Straßenbahnen, → Eisenbahnen) berechtigt, den L. selbst durchzuführen (§ 13 II Nr. 2c S. 2 PBefG). Über Sicherheit und Ordnung des L. mit Kraftfahrzeugen (BO-Kraft) → Personenbeförderung. Über Fluglinienverkehr → Luftfahrtunternehmen.

**Liquidation** (Abwicklung). Wird ein → Verein, eine → Personengesellschaft, eine → Kapitalgesellschaft oder eine → Genossenschaft aufgelöst oder verliert sie die Rechtsfähigkeit, so findet eine L. statt (Ausnahme → Umwandlung), wenn bei einer Personengesellschaft nicht eine andere Form der Auseinandersetzung gewählt wird oder ein → Insolvenzverfahren stattfindet. Bei den → juristischen Personen ist Zweck der L. in erster Linie, daß die Gläubiger befriedigt werden, erst in zweiter Linie die Verteilung des L.erlöses an die Mitglieder, Gesellschafter, Aktionäre oder Genossen. Bei einer Personengesellschaft ist Zweck der L. ausschließlich, das gemeinsame Gesellschaftsvermögen zu verteilen, da die Haftung der Gesellschafter gegenüber den Gesellschaftsgläubigern fortbesteht. Grundsätzlich geschieht die L. in der Weise, daß die laufenden Geschäfte beendet, die Schulden getilgt, die Forderungen eingezogen und das Vermögen in Geld umgesetzt und verteilt wird (§ 49 BGB, §§ 732–735 BGB, §§ 149, 155, 161 II HGB, §§ 268, 271 AktG, §§ 70, 72 GmbHG, §§ 88, 91, 92 GenG). Die L. wird durch die Liquidatoren (Abwickler) durchgeführt, die den bis zur Beendigung der L. fortbestehenden Verein (Gesellschaft, Genossenschaft) gesetzlich vertreten (§ 48 BGB, §§ 149, 161 II HGB, § 269 AktG, § 70 GmbHG, § 88 GenG). Liquidatoren sind i. d. R. diejenigen Personen, die bisher die Geschäfte des Vereins usw. geführt und ihn gesetzlich vertreten haben, sofern nicht dritte Personen vom Gericht, durch → Gesellschafterbeschluß, Gesellschaftsvertrag, Satzung, Haupt- oder Generalversammlungsbeschluß bestellt werden (§§ 48 BGB, §§ 146, 161 II HGB, § 265 AktG, § 66 GmbHG, § 83 GenG). Die Liquidatoren müssen ihre Handlungen in gleicher Weise verantworten wie vorher der Vorstand (§ 48 II BGB, § 268 II AktG, § 89 GenG), Geschäftsführer (§ 71 II GmbHG) und geschäftsführende Gesellschafter. Die L. endet i. d. R. mit Verteilung des Vereins(Gesellschafts)vermögens.

Zur steuerlichen Behandlung → Veräußerungsgewinne, → Auflösungsgewinn, → außerordentliche Einkünfte.

**Liquidation des Drittinteresses** → Schadensersatz (1 b).

**Listenmandat** → Direktmandat.

**Listenwahl** nennt man die → Verhältniswahl, weil der Wähler hier seine Stimme für eine der aufgestellten Kandidatenlisten abgibt (Gegensatz: Persönlichkeitswahl).

**Liszt, Franz von** – (1851–1919), deutscher Rechtslehrer, Mitbegründer der soziologischen Strafrechtsschule, setzte sich für die empirische Erforschung der Erscheinungsformen und Ursachen der Kriminalität mit dem Ziel ein, die Beurteilung des Straffälligen individuell nach dessen Persönlichkeit auszurichten und im → Strafzweck den Vergeltungsgedanken durch den Erziehungs-, Besserungs- und Sicherungszweck zu ersetzen.

**Literatur-Urheberrecht** → Urheberrecht; s. a. → Verlagsrecht.

**litis denuntiatio** ist die gemeinrechtliche Bezeichnung für → Streitverkündung.

**Lizenz** → Nutzungsrecht.

**Lizenzvertrag** ist ein Vertrag, durch den der Urheber oder der Inhaber eines → Nutzungsrechts, → Patents, → Gebrauchsmusters oder → Marke sein Recht ganz oder zum Teil auf eine andere Person überträgt (§§ 31 ff. UrhG; § 15 PatG; § 22 GebrMG; § 30 MarkenG). Der Erwerber erlangt dadurch die Rechte in dem Umfang und mit der Wirkung (gegenüber Dritten, da es sich um absolute Rechte handelt), wie sie dem Urheber, Patent-, Marken- oder Gebrauchsmusterinhaber zustanden. Man unterscheidet die *ausschließliche Lizenz,* bei der das Urheber- oder Erfinderrecht so übertragen wird, daß der Erwerber nicht nur die Benutzungshandlungen vornehmen, sondern sie auch anderen verbieten darf, und die *einfache Lizenz,* bei der er nur die Benutzungshandlungen vornehmen darf, während das Recht, es Dritten zu verbieten, beim Urheber, Patent-, Marken- oder Gebrauchsmusterinhaber verbleibt. Ein Rechtsübergang oder die Erteilung einer Lizenz berühren nicht Lizenzen, die Dritten vorher erteilt worden sind. Die Lizenzen können zeitlich und räumlich begrenzt oder auf bestimmte Personen, Gegenstände, Betriebe, Mengen und Benutzungsarten beschränkt werden. Man unterscheidet demnach: *Gebrauchslizenz* (insbes. zur Herstellung von anderen Sachen, die nicht Gegenstand der Erfindung sind), *Herstellungslizenz* (mit Beschränkung auf das Herstellungsrecht), *Betriebslizenz* (Beschränkung des Nutzungsrechts auf einen bestimmten Betrieb) und *Verkaufs(Vertriebs)lizenz* (Beschränkung auf den Vertrieb, u. U. in einem bestimmten Gebiet). Der L. verpflichtet i. d. R. den Lizenzgeber, das Benutzungsrecht einzuräumen, sowie zur Haftung für dessen Bestand und → Gewährleistung wie beim Kauf dafür, daß Mängel der Erfindung oder des Werks nicht bestehen. Der Lizenznehmer ist insbes. zur Zahlung der vereinbarten Vergütung *(Lizenzgebühr)* verpflichtet. Ein L. ist unwirksam, soweit er dem Erwerber oder Lizenznehmer Beschränkungen im Geschäftsverkehr auferlegt, die über den Inhalt des Schutzrechts hinausgehen, ausgenommen Auflagen über die technische Verwendung, Preisbindungen, die Verpflichtung zum Nicht-Angriff auf das Schutzrecht u. dgl. (§ 20 GWB). S. a. → Franchisevertrag.

**Lobbyismus** (nach dem englischen „lobby" = Wandelhalle des Parlaments) ist eine Erscheinung des modernen parlamentarischen Staates. Er bezeichnet das Bestreben von Interessengruppen, durch ihre Beauftragten (Lobbyisten) über die Abgeordneten und maßgebende Personen in der Exekutive auf Gesetzgebung und Verwaltungspraxis im Sinne ihrer Ziele und Wünsche Einfluß zu gewinnen. Versuche, auf solchem Wege die Entscheidung der Parlamente und Regierungen zu beeinflussen, wird es notwendig in jeder pluralistischen Gesellschaftsordnung geben, für die ja der Interessengegensatz der einzelnen Gruppen kennzeichnend ist. Sie sind auch in der zum Teil doch faktisch bestehenden Beziehungen der Abgeordneten und der Parteien zu Interessengruppen begründet. Gesetzliche Bestimmungen für Lobbyisten (z. B. eine Registrierungspflicht) bestehen in der BRep. nicht. Jedoch führt nach der GeschO des Bundestages (Anlage 2) dessen Präsident eine öffentliche Liste aller Interessenverbände und ihrer Vertreter, die – z. B. bei Ausschußberatungen – angehört werden können.

**Lockspitzel** → agent provocateur.

**Lockvogelwerbung** nennt man die auffallend preisgünstige Herausstellung einiger bestimmter Waren ohne deren besondere Kennzeichnung (als Sonderangebot o. ä.). Sie ist als → unerlaubte Werbung (Irreführung über die Preisgestaltung des gesamten Sortiments) unzulässig.

**Locusprinzip** → Rang von Grundstücksrechten.

**Logische Interpretation** → Auslegung (1 b).

**Lohn** → Arbeitslohn.

**Lohnabzüge.** Neben den vertraglich vereinbarten (z. B. Abrede der Verwendung eines Teils des → Arbeitslohns für die → Vermögensbildung der Arbeitnehmer) gibt es gesetzliche L. (insbes. → Lohnsteuer, → Sozialversicherung), zu deren Einbehaltung der Arbeitgeber verpflichtet ist.

**Lohnanspruch** → Arbeitslohn, → Lidlohn, → Konkursausfallgeld.

**Lohndumping** → Entsenderichtlinie.

**Lohnersatzleistung** → Progressionsvorbehalt.

**Lohnfortzahlung bei Arbeitsunfähigkeit wegen Erkrankung** → Entgeltfortzahlung im Krankheitsfall.

**Lohngleichheit.** Der Gleichheitsgrundsatz des Art. 3 GG garantiert auch die L. von Mann und Frau bei gleicher Arbeit, verbietet also insbes. niedrigere Entlohnung der Frauenarbeit nur wegen der Geschlechtszugehörigkeit. Hieran sind auch die Tarifvertragsparteien gebunden. Allgemein untersagt daher § 612 III BGB, für gleiche oder gleichwertige Arbeit eine geringere Vergütung zu vereinbaren als bei einem Arbeitnehmer des anderen Geschlechts; das darf auch nicht im Hinblick auf besondere Schutzvorschriften, z. B. für Frauen, geschehen. Lohndifferenzierungen sind danach zwar nicht allgemein ausgeschlossen; sie müssen aber für Männer und Frauen gleich sein. Ein weiteres Problem der L. liegt darin, ob Lohnabschläge für nichtorganisierte Arbeitnehmer (sog. „Trittbrettfahrer“) zulässig sind (nach h. M. nicht).

**Lohnhandwerker** ist ein Handwerker, der im Rahmen seines Gewerbebetriebs fremde Waren be- oder verarbeitet, z. B. repariert oder färbt (anders der → Warenhandwerker, der Waren anschafft und weiterveräußert). Der L. ist nur dann → Kaufmann, wenn er sein Gewerbe nicht handwerksmäßig, sondern z. B. fabrikmäßig betreibt (§ 1 II Nr. 2 HGB).

**Lohnkostenzuschuß** → Eingliederungszuschuß, → Einstellungszuschuß.

**Lohnnebenkosten** → Arbeitsschutz, → Lohnsteuer, → Sozialversicherungsbeiträge.

**Lohnpfändung.** Das Arbeitseinkommen (vgl. § 850 ZPO) ist nur beschränkt der → Pfändung unterworfen; aus sozialen Gründen bestehen *Pfändungsfreigrenzen*. Pfändungsfrei sind derzeit (Ges. vom 1. 4. 1992, BGBl. I 745) i. d. R. 1209 DM monatl. (279 DM wöch., 55,80 DM tägl.). Der Betrag erhöht sich, wenn der Schuldner nahen Angehörigen Unterhalt gewährt, um 468 DM monatl. (108 DM wöch., 21,60 DM tägl.) für die erste und um 351 DM monatl. (81 DM wöch., 16,20 DM tägl.) für die zweite bis fünfte unterhaltsberechtigte Person bis zu einem Höchstbetrag von 3081 DM monatl. (711 DM wöch., 142,20 DM tägl.); eigenes Einkommen des Unterhaltsberechtigten kann berücksichtigt werden. Ist das Arbeitseinkommen höher als die danach unpfändbaren Beträge, so ergibt sich der zulässige Umfang der L. bei Einkommen bis 3796 DM monatl. (876 DM wöch., 175,20 DM tägl.) aus der L.tabelle (Anlage zu § 850 c ZPO). Der darüber hinausgehende Teil des Arbeitseinkommens ist voll pfändbar (s. i. e. § 850 c ZPO). Zur Berechnung des Arbeitseinkommens s. § 850 e ZPO (Nettoeinkommen nach Abzug von Lohnsteuer und Sozialversicherungsbeiträgen). Gewisse Teile des Arbeitseinkommens sind völlig (z. B. Urlaubsgeld, Weihnachtsgratifikation bis 540 DM, Überstundenlohn zur Hälfte, § 850 a ZPO) oder bedingt (insbes. Unterhaltsrenten, § 850 b ZPO) unpfändbar. Andererseits gelten die genannten Pfändungsfreigrenzen nicht bei L. wegen gesetzlicher → Unterhaltsansprüche; hier ist dem → Pfändungsschuldner nur das zur Bestreitung des notwendigen Unterhalts Erforderliche zu belassen (§ 850 d ZPO). Das → Vollstreckungsgericht kann nach den Besonderheiten des Einzelfalles eine abweichende Regelung treffen (§ 850 f ZPO).

Auch das mittelbare Arbeitseinkommen unterliegt der L. (falls das Arbeitsentgelt an einen Dritten gezahlt wird, § 850 h ZPO; → Lohnschiebungsvertrag). Eine L. in Lohn- oder Gehaltskonten, die über den pfändungsfreien Rahmen hinausgeht, ist auf Antrag des Schuldners vom Vollstreckungsgericht aufzuheben (§ 850 k ZPO); dem Gläubiger darf aus dem Guthaben erst nach Ablauf von 2 Wochen überwiesen werden (§ 835 III 2 ZPO).

**Lohnschiebungsvertrag** ist eine Vereinbarung, die bezweckt, Arbeitseinkommen zu verschleiern und der Lohnpfändung zu entziehen, indem z. B. der Arbeitgeber einen Teil des Lohns einbehält und mit Leistungen verrechnet, die unmittelbar an Dritte (z. B. die Ehefrau des Arbeitnehmers) erbracht werden. Ein L. ist i. d. R. sittenwidrig und daher nichtig (§ 138 BGB) und verpflichtet zum → Schadensersatz (§ 826 BGB); er steht der Lohnpfändung nicht im Wege, weil es nach § 850 h ZPO so angesehen wird, als ob auch der entzogene Lohnanteil dem Arbeitnehmer zustehe.

**Lohnsteuer.** 1. Einkünfte aus nichtselbständiger Arbeit (→ Arbeitnehmer), u. a. Gehälter, Löhne, Pensionen (vgl. § 2 LStDV), unterliegen der Besteuerung durch Steuerabzug (§§ 19, 38–42 f EStG; LStDV 1990 vom 10. 10. 1989, BGBl. I 1848, m. Änd. 11. 10. 95, BGBl. I 1250; LStR 1996 vom 10. 11. 1995, BStBl. I SonderNr. 3). Die L. ist eine Vorauszahlung auf die → Einkommensteuer. Der Arbeitnehmer wird zur Einkommensteuer nur unter bestimmten Voraussetzungen veranlagt (§ 46 EStG; → Veranlagung), z. B. bei anderen → Einkünften oder → Lohnersatzleistungen über 800 DM oder bei Lohn von mehreren Arbeitgebern oder bei Lohnsteuerklasse V oder VI oder auf Antrag (→ Antragsveranlagung). Entfällt eine Veranlagung, gilt die Einkommensteuer durch den L.-abzug als abgegolten. Bei Veranlagung (→ Veranlagungsarten) wird die einbehaltene L. auf die Einkommensteuerschuld angerechnet (§ 36 II Nr. 2 EStG; → Einkommensteuer, 4.).

2. Nicht zum steuerpfl. Arbeitslohn gehören grundsätzl. → Aufmerksamkeiten, → Aufwandsentschädigungen aus öffentlichen Kassen (§ 3 Nr. 12 EStG) od. von Übungsleitern usw. bis 2400 DM (§ 3 Nr. 26 EStG), Heirats- und Geburtsbeihilfen (§ 3 Nr. 15 EStG), → Reisekosten- und → Umzugskosten- vergütungen (§ 3 Nr. 16 EStG), durchlaufende Gelder und Auslagenersatz (§ 3 Nr. 50 EStG), → Trinkgelder bis 2400 DM jährlich, falls kein Rechtsanspruch (§ 3 Nr. 51 EStG), → Jubiläumszuwendungen (§ 3 LStDV) und Zuschläge für Sonntags-, Feiertags- und Nachtarbeit (§ 3 b EStG). Von → *Versorgungsbezügen* bleiben 40%, höchstens jedoch 6000 DM jährlich steuerfrei (§ 19 II EStG).

3. Arbeitnehmer sind verpflichtet, die von der Gemeindebehörde unentgeltlich ausgeschriebene L.karte dem Arbeitgeber auszuhändigen (§ 39 b EStG) und Änderungen der Eintragungen beim Finanzamt bzw. bei der Gemeinde zu beantragen (§ 39 IV EStG). Arbeitgeber haben den Steuerbetrag der Lohnsteuertabelle zu entnehmen, bei der Lohnauszahlung einzubehalten und an das Finanzamt abzuführen (§§ 41–41 c EStG), L.anmeldungen grundsätzlich monatlich abzugeben, Lohnkonten zu führen und L.bescheinigungen auszufüllen. Die *Höhe* der L. ergibt sich aus den amtlichen (Jahres-, Monats-, Wochen-, Tages-)Tabellen unter Berücksichtigung der Eintragungen auf der L.karte (Steuerklasse, Familienstand, Kinder, Religionsgemeinschaft, Hinzurechnungsbetrag oder steuerfreier Betrag). Es gelten *Allgemeine* und *Besondere* L.tabellen (für Arbeitnehmer mit ungekürzter bzw. gekürzter Vorsorgepauschale; → Sonderausgaben 5). Ab 1996 gilt ein erhöhtes Existenzminimum (→ Grundfreibetrag), das in die L.tabellen eingearbeitet ist. In die Tabellen sind der → Arbeitnehmer-Pauschbetrag mit jährlich 2000 DM, der Sonderausgabenpauschbetrag von 108/216 DM, die → Vorsorgepauschale und der → Haushaltsfreibetrag mit 5616 DM eingearbeitet. Vgl. → Kinder, steuerliche Berücksichtigung. Höhere tatsächliche → Werbungskosten über den → Arbeitnehmer-Pauschbetrag von 2000 DM hinaus oder höhere → Sonderausgaben über den Sonderausgaben-Pauschbetrag von 108/216 DM hinaus können grundsätzl. nach Wahl des Steuerpflichtigen als steuerfreie Beträge auf der L.karte eingetragen (§ 39 a EStG) oder durch → Antragsveranlagung nachträglich geltend gemacht werden. Unbeschränkt → Steuerpflichtige werden in 6 Steuerklassen eingeteilt (§ 38 b EStG).

4. Der Arbeitnehmer ist Schuldner der L. (§ 38 II EStG); jedoch haftet der Arbeitgeber für die Einbehaltung und Abführung (§ 42 d EStG). Vgl. → Haftung im Steuerrecht. Zur → Nettolohnvereinbarung → Nettolohn; s. a. Lohnsteuerpauschalierung.

5. Die *L.-Anrufungsauskunft* (§ 42e EStG) gibt Arbeitgeber und Arbeitnehmer ein Recht auf verbindliche Auskunft des Finanzamts über Lohnsteuerfragen.

6. Die *Lohnsteueraußenprüfung* (§ 42f EStG) überprüft in den Geschäftsräumen des Arbeitsgebers (→ Außenprüfung) die zutreffende Abführung der Lohnsteuer ans Finanzamt durch den Arbeitgeber. Steuernachholungen können gegenüber dem Arbeitgeber durch Haftungsbescheid (§ 42d EStG; → Haftung im Steuerrecht) oder gegenüber dem Arbeitnehmer durch → Steuerbescheid erfolgen.

**Lohnsteuerhilfeverein** → Steuerberatungsgesetz 3.

**Lohnsteuerjahresausgleich.** Der L. ist seit 1991 abgelöst durch eine → Antragsveranlagung. Der Arbeitgeber ist aber nach wie vor berechtigt und ab 10 Arbeitnehmern verpflichtet, den L. durchzuführen (§ 42b EStG). Der L. durch den Arbeitgeber schließt die → Antragsveranlagung nicht aus, durch die vom Arbeitgeber nicht erstattungsfähige Lohnsteuer (vgl. § 42b II EStG) vom Finanzamt erstattet wird.

**Lohnsteuerpauschalierung** ist in den §§ 40–40b EStG geregelt. Lohnsteuerpauschalierung bedeutet, daß der Arbeitgeber in den gesetzlich geregelten Fällen für steuerpflichtige Leistungen an den Arbeitnehmer (z. B. → Betriebsveranstaltungen, → Direktversicherung, → Kilometerpauschale, → Pensionskasse, → Teilzeitbeschäftigung, → Unfallversicherung) die L. in Höhe von 15%, 20%, 25% übernehmen kann, damit zum Steuerschuldner wird, der pauschal besteuerte Arbeitslohn einschließlich Pauschalsteuer bei der Veranlagung des Arbeitnehmers zur Einkommensteuer außer Betracht bleibt und die Pauschalsteuer weder auf die Einkommensteuer noch auf die Jahreslohnsteuer des Arbeitnehmers anzurechnen ist (§ 40 Abs. 3 EStG). Pauschal besteuerte Leistungen des Arbeitgebers sind auch sozialversicherungsfrei (§ 2 I Arbeitsentgeltverordnung, BGBl. I 1984, 1642, zuletzt geändert BGBl. I 1989, 2177). Arbeitsvertraglich kann die pauschale L. auf den Arbeitnehmer überwälzt werden, d. h. in Höhe der pauschalen L. wird der Lohn gekürzt.

**Lohnzahlung für Feiertage** → Feiertagsgeld, → Feiertagsvergütung, → Feiertagszuschlag.

**Lohnzahlung im Krankheitsfalle** → Entgeltfortzahlung im Krankheitsfall.

**Lohnzuschläge** → Arbeitslohn.

**Lokaltermin** ist ein gerichtlicher Termin, der außerhalb des Gerichtsgebäudes abgehalten wird (§ 219 ZPO). Ein L. findet i. d. R. aus Anlaß eines → Augenscheins statt.

**Lokogeschäft** an Warenbörsen ist ein auf sofortige Lieferung abgeschlossenes Geschäft. Gegensatz: → Börsentermingeschäft.

**Lombardgeschäft** ist die Hergabe von Darlehen (z. B. bei Überziehung eines → Girokontos) durch Bankinstitute gegen Bestellung eines → Pfandrechts (meist an hinterlegten Wertpapieren, sog. *Effektenlombard;* bei Warenlagern – *Warenlombard* – meist → Sicherungsübereignung). Der Lombardzinssatz liegt regelmäßig über dem → Diskontzinssatz und ändert sich meist mit diesem. Der Begriff L. ist daraus abgeleitet, daß diese Art von Darlehensgeschäften sich im Mittelalter in der Lombardei entwickelt hat.

**Londoner Deklaration von 1909.** Die Londoner Konferenz der Seemächte bemühte sich, wichtige Fragen des Seekriegsrechts, insbes. die Fragen des Handelskriegs, in einem Abkommen zu regeln. Sie erarbeitete u. a. eine „déclaration relative au droit de guerre maritime", in der die von ihr festgestellten allgemein anerkannten Regeln des → Völkerrechts hinsichtlich folgender Fragen enthalten waren: → Blockade; Kriegs- → Konterbande; neutralitätswidrige Unterstützung; Zerstörung neutraler Prisen; Flaggenwechsel; feindliche Eigenschaft; Geleit; Widerstand gegen die Ausübung des → Prisenrechts; Schadensersatz. Die D. wurde von keiner der beteiligten Mächte ratifiziert (→ Ratifikation). Es herrscht aber Übereinstimmung darüber, daß zahlreiche der in ihr festgestellten Regeln bindendes → Völkergewohnheitsrecht geworden sind.

**Londoner Schuldenabkommen.** Das am 27. 2. 1953 unterzeichnete, am 16. 9. 1953 in Kraft getretene Abk. (BGBl. 1953 II 333ff., 556) bezweckte die Wiederaufnahme des während des 2. Weltkrieges von Deutschland eingestellten Schuldendienstes und damit verbunden die Normalisierung der wirtschaftlichen Beziehungen zwischen der BRep. und den Gläubigerstaaten. Das Abk. behandelt die öffentlichen und privaten Vorkriegsschulden, die vor dem 8. 5. 1945 entstanden oder festgestellt oder fällig waren. Dabei wurde grundsätzlich keine Kapitalherabsetzung gewährt, jedoch Zinssätze und Zinsrückstände gekürzt und die Fälligkeiten hinausgeschoben. In weiteren Abkommen und Verträgen der Londoner Schuldenkonferenz wurde u. a. auch die Verbindlichkeiten aus der Deutschland gewährten Nachkriegswirtschaftshilfe geregelt (s. Auslandsschulden). Nicht von den Abkommen erfaßt sind die Wiedergutmachungszahlungen an Israel, ferner die Reparationsansprüche gegen das Deutsche Reich aus dem 1. Weltkrieg sowie die während des 2. Weltkrieges entstandenen Besatzungskosten. Für Streitfälle aus dem Abkommen ist eine → Schiedsgerichtsbarkeit vereinbart (Art. 28ff.). Sitz des Schiedsgerichtshofs ist Koblenz (vgl. hierzu Verwaltungsabkommen vom 1. 12. 1954, BAnz. 1955 Nr. 185 m. spät. Änd.).

**longa manu traditio** → Eigentumsübertragung (von beweglichen Sachen).

**Löschung** *im Grundbuch* ist die Eintragung, daß ein → Grundstücksrecht oder sonstige → eintragungsfähige Umstände nicht mehr bestehen. Die L. wird im Grundbuch durch rotes Unterstreichen des betr. Textes gekennzeichnet.

**Löschungsanspruch** → Löschungsvormerkung.

**Löschungsbewilligung** → Grundbuch.

**Löschungsfähige Quittung.** Bei Befriedigung des Gläubigers einer → Hypothek kann der Grundstückseigentümer statt der Bewilligung der Löschung oder der Berichtigung im Grundbuch vom Gläubiger eine Quittung in öffentlich beglaubigter Form über die geleistete Zahlung und die Herausgabe des → Hypothekenbriefs verlangen. Diese sog. löschungsfähige Q. dient für den Nachweis der Unrichtigkeit des Grundbuchs (→ Eigentümerhypothek, → Berichtigung des Grundbuchs).

**Löschungsklage** → Marken.

**Löschungsvormerkung** ist eine → Vormerkung, insbes. zugunsten eines nachrangigen Gläubigers, durch die dessen Anspruch gegen den Grundstückseigentümer auf Löschung einer im Rang (→ Rang von Grundstücksrechten) vorgehenden → Hypothek für den Fall, daß sie mit dem Eigentum in einer Person zusammenfällt (→ Eigentümerhypothek), gesichert wird (§ 1179 BGB). Eine etwaige anderweitige Verfügung über die Hypothek ist dann dem durch die L. geschützten Gläubiger gegenüber unwirksam (§§ 883 II, 888 BGB). Ein nachrangiger Hypothekengläubiger hat grundsätzlich bereits kraft Gesetzes einen Anspruch auf Löschung einer vor- oder gleichrangigen → Eigentümerhypothek (§§ 1179a, b BGB).

**Lose** → Lotterielose.

**Lösungssumme** ist der in einem Arrestbefehl (→ Arrest) von Amts wegen festzustellende Geldbetrag, durch dessen Hinterlegung der Schuldner erwirken kann, daß der Arrest nicht weiter vollzogen wird und auf Antrag des Schuldners aufzuheben ist (§ 923 ZPO).

**Lotsen** (Schiffslotsen). Die Voraussetzungen der Berufszulassung (Befähigung) und -ausübung für *Binnenlotsen* sind geregelt für eine Tätigkeit auf → Bundeswasserstraßen im Ges. über die Aufgaben des Bundes auf dem Gebiet der → Binnenschiffahrt und der BinnenschiffahrtstraßenO. Für Seelotsen gilt das Ges. über das Seelotswesen i. d. F. vom 13. 9. 1984 (BGBl. I 1213) m.Änd. Seelotse ist, wer nach behördlicher Zulassung (Bestallung) in einem Seelotsrevier berufsmäßig Schiffe als orts- und schiffahrtskundiger Berater begleitet. Die Tätigkeit eines Seelotsen außerhalb eines Seelotsreviers bedarf besonderer Erlaubnis (§ 42 SeelotsG). Seelotsen sind berufsständisch in Lotsenbrüderschaften und diese in der Bundeslotsenkammer organisiert (beides Körperschaften öffentl. Rechts), §§ 27 f., 34 f. SeelotsG; s. im übr. a. die Allgemeine LotsO vom 21. 4. 1987 (BGBl. I 1290). S. a. → Fluglotsen.

**Lotsgeld** ist die Vergütung (Entgelt; vgl. § 45 des Ges. über das Seelotswesen i. d. F. vom 13. 9. 1984, BGBl. I 1213) des → Lotsen. Es gehört zu den gewöhnlichen Kosten der Schiffahrt und fällt, sofern es nicht anders vereinbart ist, dem → Verfrachter zur Last (§ 621 HGB).

**Lotterie, Ausspielung.** Beide sind eine Art des → Glücksspiels, weil über Gewinn und Verlust der Zufall entscheidet. Doch wird die L. nach einem bestimmten Plan gegen einen bestimmten Einsatz mit der Aussicht auf bestimmte Geldgewinne veranstaltet; bei der A. besteht der Gewinn nicht in Geld, sondern in Gegenständen (z. B. Tombola). Ein *Lotterievertrag* ist auch gegeben bei Veranstaltung von Rennwetten bei Pferderennen (Totalisator), bei Teilnahme am *Zahlenlotte* und *Fußballtoto* u. dgl. Durch *Spielvertrag*, also auch durch den auf L. oder A. gerichteten Vertrag, wird nur eine sog. *unvollkommene Verbindlichkeit* begründet (→ Naturalobligation). Diese berechtigt den Gläubiger nicht, die Forderung einzuklagen; doch kann der Schuldner das gleichwohl Geleistete nicht zurückverlangen (§ 762 BGB). Ist die L. oder A. behördlich genehmigt, entstehen durch den Vertrag echte Verbindlichkeiten (§ 763 BGB).

Nach § 286 StGB ist das behördlich nicht erlaubte *Veranstalten* einer *öffentlichen* L. oder A. beweglicher oder unbeweglicher Sachen, namentlich das Angebot und der Abschluß von Spielverträgen sowie das Werben hierfür mit Strafe bedroht. Nicht strafbar ist also z. B. Veranstalten einer Tombola in geschlossener Gesellschaft und die bloße Teilnahme an der L. oder A. Die staatliche Genehmigung richtet sich nach der LotterieVO vom 6. 3. 1937 (RGBl. I 283), die in einigen Ländern durch Sonderbestimmungen ersetzt ist (Zusammenstellung bei Tröndle, § 286 StGB, Rn. 1). S. ferner → Spielbanken, → Spiele, → Spielgeräte, → Wette und insbes. für Wetten beim Buchmacher → Rennwett- und Lotteriesteuer.

**Lotterielose** sind i. d. R. → Inhaberpapiere. Der Handel mit L. (Losen von Geldlotterien und Anteilscheinen an anderen Ausspielungen) ist in § 6 GewO grundsätzlich von der Geltung der GewO ausgenommen, soweit nicht in einzelnen Bestimmungen Abweichendes bestimmt ist (§ 14 II: Anzeigepflicht; § 33 h Nr. 2, § 35: Untersagung wegen Unzuverlässigkeit; § 56 I Nr. 1 h: Vertrieb im Reisegewerbe). Für die Veranstaltung von → Lotterien und Ausspielungen gilt in der Mehrzahl der Bundesländer noch die LotterieVO vom 6. 3. 1937 (RGBl. I 283), die Landesrecht geworden ist. S. ferner → Glücksspiel.

**Lotteriesteuer** → Rennwett- und Lotteriesteuer.

**Lotterievertrag** → Lotterie.

**Lotto** → Lotterie.

**lucidum intervallum** = lichter Augenblick, in dem ein geistig Gestörter zurechnungsfähig ist. Zur zivilrechtlichen Bedeutung → Geschäftsfähigkeit; zur strafrechtlichen Verantwortlichkeit → Schuldunfähigkeit.

**lucrum cessans** → Schadensersatz (2 a).

**Luftbildwesen.** Die Aufnahme von Lichtbildern von einem → Luftfahrzeug aus (Luftbildaufnahme) ist außerhalb des Fluglinienverkehrs nur mit Erlaubnis der Luftfahrtbehörden der Länder zulässig (§ 27 des Luftverkehrsgesetzes; → Luftfahrtrecht). Zum Erlaubnisverfahren s. §§ 83–89 LuftverkehrszulassungsO. Luftbildaufnahmen, die in den Verkehr gebracht werden sollen, sowie solche aus Luftbildsperrgebieten bedürfen zudem einer besonderen Freigabe, die zu erteilen ist, wenn dadurch eine Gefährdung der öffentlichen Sicherheit und Ordnung nicht eintritt. Die Aufnahme erhält einen Freigabevermerk mit Numerierung (§ 88 LuftVZO).

**Luftfahrerschein** → Luftfahrtrecht.

**Luftfahrt-Bundesamt** ist die durch Gesetz vom 30. 11. 1954 (BGBl. I 354) für Aufgaben der Zivilluftfahrt mit Sitz in Braunschweig errichtete Bundesoberbehörde. Dem Amt, das dem BVerkMin. untersteht, obliegt u. a. die Musterzulassung des Luftfahrtgeräts sowie die Führung der → Luftfahrzeugrolle.

**Luftfahrtrecht.** Das L. gliedert sich in nationale Rechtsvorschriften und internationale Vereinbarungen. Die wichtigste deutsche Rechtsvorschrift seit Wiederherstellung der → Lufthoheit ist das LuftverkehrsG i. d. F. vom 14. 1. 1981 (BGBl. I 61) m. Änd. Danach dürfen → Luftfahrzeuge i. d. R. erst nach einer Verkehrszulassung und Eintragung in die → Luftfahrzeugrolle verkehren (§ 2). Luftfahrer bedürfen einer Erlaubnis (§ 4), Fluglehrer einer besonderen Erlaubnis (§ 5; s. hierzu auch §§ 20 ff. LuftVZO sowie VO über Luftfahrtpersonal – LuftPersV – i. d. F. vom 13. 2. 1984 (BGBl. I 265) m. Änd.) – u. a. mit Regelungen über Fluglizenzen (Luftfahrerschein), Erwerbsvoraussetzungen, Geltung. Das LuftVG regelt ferner die Errichtung von → Flugplätzen (§§ 6–19) und begründet für → Luftfahrtunternehmen und Luftfahrtveranstaltungen eine Genehmigungspflicht (§§ 20–24). Nach § 26 können vorübergehend oder dauernd Luftsperrgebiete und Gebiete mit Flugbeschränkungen festgelegt werden. Die Beförderung gefährlicher Güter (z. B. Waffen, Sprengstoffen) sowie die Fertigung von Lichtbildern außerhalb des Fluglinienverkehrs (→ Luftbildwesen) ist von einer besonderen Genehmigung abhängig (§ 27). Nach § 28 ist für Zwecke der Zivilluftfahrt eine Enteignung möglich. Die Luftaufsicht zur Abwehr von Gefahren für die Sicherheit des Luftverkehrs und die öffentliche Sicherheit und Ordnung ist Aufgabe der Luftfahrtbehörden (§ 29; zur Aufgabenabgrenzung zwischen Bund und Ländern s. § 31). Sondervorschriften bestehen für Bundeswehr, Bundesgrenzschutz und Polizei (§ 30), ferner für die → Raumfahrt. Im 2. Abschnitt enthält das LuftVG die dem Privatrecht zugehörigen Vorschriften über die → Luftverkehrshaftung, wobei zwischen der Haftung für Personen und Sachen, die nicht im Luftfahrzeug befördert werden (§§ 33–43), und der Haftung aus dem Beförderungsvertrag für Fluggäste, Reisegepäck und Frachtgüter (§§ 44–52) unterschieden wird. S. ferner Gesetz über Rechte an Luftfahrzeugen vom 26. 2. 1959 (BGBl. I 57), das für in der → Luftfahrzeugrolle eingetragene → Luftfahrzeuge die Bestellung eines (besitzlosen) → Registerpfandes regelt sowie Sondervorschriften über Zwangsvollstreckung und Arrestvollziehung in Luftfahrzeuge enthält.

Der öffentlich-rechtliche Teil des LuftVG wird ergänzt durch die → LuftverkehrsO i. d. F. vom 14. 11. 1969 (BGBl. I 2118), die → LuftverkehrszulassungsO, die VO über Luftfahrtpersonal i. d. F. vom 13. 2. 1984 (BGBl. I 265), die BauO, die PrüfO und die BetriebsO für Luftfahrtgerät (→ Luftfahrzeuge), die VO über die Flugsicherungsausrüstung der Luftfahrzeuge FlugsicherungsausrüstungsVO vom 17. 12. 1992 (BGBl. I 2073), VO über Flugfunkzeugnisse vom 1. 3. 1994 (BGBl. I 346) sowie die UnterschallVO vom 1. 7. 1986 (BGBl. I 1097) und die LuftsicherheitsVO vom 17. 5. 1985 (BGBl. I 788). Die Luftverkehrsverwaltung wird in bundeseigener Verwaltung durch den BVerkMin., das → Luftfahrt-Bundesamt in Braunschweig (Bundesoberbehörde; Ges. vom 30. 11. 1954, BGBl. I 354) sowie durch beliehene Unternehmer (→ Flugsicherung, → Flugplankoordinierung), für einzelne in § 31 II LuftVG abschließend aufgezählte Aufgaben durch die Länder im Auftrag des Bundes geführt (vgl. auch Art. 87 d GG). Zu den Kosten der Luftfahrtverwaltung s. VO vom 14. 2. 1984 (BGBl. I 346). Im internationalen Bereich gelten die von der BRep. mit den USA, Großbritannien und Frankreich getroffenen überstaatlichen Vereinbarungen (BGBl. 1956 II 403, 1071, 1077) sowie die Abkommen vom 7. 12. 1944 über die Internationale Zivilluftfahrt und den Durchflug im Internationalen Fluglinienverkehr (Beitritt der BRep. durch Ges. vom 7. 4. 1956, BGBl. II 411, Bek. vom 12. 10. 1956, BGBl. II 934) und das sog. Warschauer Ankommen vom 12. 10. 1929 zur Vereinheitlichung von Regeln über die Beförderung im internationalen Luftverkehr i. d. F. von Den Haag 1955 (BGBl. 1958 II 312). Es gilt in der BRep. gem. Bek. vom 14. 8. 1964 (BGBl. II 1295).

**Luftfahrtunternehmen,** d. h. Unternehmen, die Personen oder Sachen gewerbsmäßig durch Luftfahrzeuge befördern, bedürfen nach § 20 LuftverkehrsG der Genehmigung. Diese ist zu versagen, wenn Tatsachen die Annahme rechtfertigen, daß die öffentliche Sicherheit und Ordnung gefährdet werden kann. Für *L. im Fluglinienverkehr* ist für jede Fluglinie eine zusätzliche Genehmigung erforderlich, die sich auf die Flugpläne, Flugpreise und Beförderungsbedingungen erstreckt (über ausländische L. s. a. § 21 a); auch die genehmigten Beförderungsbedingungen unterliegen aber als → Allgemeine Geschäftsbedingungen der gerichtlichen Inhaltskontrolle. Die Genehmigung kann versagt werden, wenn durch den beantragten Fluglinienverkehr öffentliche Interessen beeinträchtigt werden (§ 21 I). Es besteht grundsätzlich eine Betriebs- und Beförderungspflicht (§ 21 II). Zur Untersagung von Beförderungen im Nicht-Fluglinienverkehr *(Gelegenheitsverkehr)* s. § 22 LuftVG. Das Genehmigungsverfahren regeln die §§ 61 ff. LuftVZO. Zum Vorrang der deutschen L. im Inlandsverkehr und der Beschränkung ausländischer L. bei mangelnder Gegenseitigkeit s. §§ 23, 23 a LuftVG. Ferner kann nach § 19 AußenwirtschaftsG die Beförderung von Personen und Gütern durch ausländische Luftfahrzeuge und das Chartern solcher Luftfahrzeuge durch Gebietsansässige zur Verhinderung erheblicher nachteiliger Wirkungen auf die wirtschaftliche Lage des deutschen Luftverkehrs beschränkt werden.

**Luftfahrzeuge** sind nach den als erschöpfende Aufzählung zu verstehenden Bestimmungen von § 1 LuftverkehrsG (→ Luftverkehr) neben Flugzeugen jeder Art, Ballons, Luftschiffen, Drachen usw. alle Geräte, die zur Benutzung im Luftraum bestimmt sind, einschließlich der Raketen und Raumfahrzeuge, diese solange sie sich im Luftraum befinden.

L. bedürfen in der Regel einer Zulassung, wenn das durch VO vorgeschrieben ist, auch der Eintragung in die → Luftfahrzeugrolle (§§ 1–19 LuftVZO sowie Bauordnung, Prüfordnung und Betriebsordnung für Luftfahrtgerät vom 16. 8. 1974, BGBl. I 2058, vom 16. 5. 1968, BGBl. I 416, und vom 4. 3. 1970, BGBl. I 262). Wer ein Luftfahrzeug führt oder bedient, bedarf einer Erlaubnis als Luftfahrer (§ 4 LuftVG, §§ 20 ff. LuftVZO sowie VO über Luftfahrtpersonal i. d. F. vom 13. 2. 1984, BGBl. I 265).

Obwohl das L. eine bewegliche → Sache ist und auch wie eine solche zu Eigentum übertragen wird, kann nach dem Gesetz über Rechte an Luftfahrzeugen vom 26. 2. 1959 (BGBl. I 57) ein → Pfandrecht – ähnlich wie eine → Schiffshypothek – bei in die Luftfahrzeugrolle eingetragenen L.en nur durch Einigung und Eintragung in einem besonderen Pfandrechtsregister bestellt werden (sog. *Registerpfandrecht*). Das Registerpfandrecht am L. ähnelt stark einer → Hypothek.

**Luftfahrzeugrolle** ist ein Verzeichnis der deutschen → Luftfahrzeuge, das vom → Luftfahrt-Bundesamt geführt wird (s. hierzu auch Allg. Verfügung über die Einrichtung und Führung der Luftfahrzeugrolle vom 10. 7. 1959, BAnz. Nr. 141, m. spät. Änd.). Die Eintragung ist, soweit durch RechtsVO vorgeschrieben, neben der Verkehrszulassung Voraussetzung dafür, daß ein deutsches Luftfahrzeug verkehren darf. Sie findet von Amts wegen statt (über das Verfahren s. §§ 14 ff. Luftverkehrs-ZulassungsO). Die Eintragung setzt grundsätzlich voraus, daß das Luftfahrzeug im ausschließlichen Eigentum eines deutschen Staatsangehörigen oder einer juristischen Person mit Sitz im Inland steht, deren Kapital und Verwaltung sich überwiegend in deutschen Händen befinden (§ 3 LuftVG).

**Lufthoheit.** Im Gegensatz zur → Freiheit des Meeres ist eine Freiheit der Luft völkerrechtlich nicht anerkannt. Vielmehr wird angenommen, daß jeder Staat die L., d. h. die Herrschaftsgewalt an der Luftsäule über seinem Territorium besitze, wobei die Reichweite der L. streitig ist. Nach h. M. reicht die L. so weit, wie die Tragkraft der Luft die Fortbewegung eines Luftfahrzeuges ermöglicht. Das Recht des Flugverkehrs ist bisher dem Recht des → völkerrechtlichen Vertrags vorbehalten geblieben. Auch hinsichtlich der Rechtslage in der Stratosphäre und im Weltall konnten sich Sätze des → Völkergewohnheitsrechts bisher nicht entwickeln (→ Weltraumrecht).

**Luft- und Seepiraterie,** die sich gegen ein im zivilen Luftverkehr eingesetztes

Luftfahrzeug vor dem Start, im Flug oder nach der Landung oder ein im zivilen Seeverkehr eingesetztes Schiff richtet, ist nach § 316c StGB zum Schutz der Sicherheit des Luft- und Seeverkehrs mit Freiheitsstrafe nicht unter 5 Jahren bedroht. Erfaßt werden die – auch erfolglose – *Entführung* durch Anwenden von Gewalt, Angreifen der Entschlußfreiheit oder Machenschaften mit der Absicht, die Herrschaft über das Fz. oder dessen Führung zu erlangen, und die *Sabotage* durch Schußwaffengebrauch oder Unternehmen zur Herbeiführung einer Explosion oder eines Brandes in der Absicht, das Fz. oder die Ladung zu zerstören oder zu beschädigen. Verursacht der Täter wenigstens leichtfertig den Tod eines anderen, ist die Freiheitsstrafe lebenslang oder nicht unter 10 Jahren. Die *Vorbereitung* einer L.- u. S. durch Herstellen, Beschaffen, Vermehren oder Überlassen von Schußwaffen, Sprengstoff oder sonstigen Stoffen oder Einrichtungen zur Herbeiführung einer Explosion oder eines Brandes wird mit Freiheitsstrafe von 6 Mon. bis 5 Jahren bestraft.

**Luftreinhaltung.** Die Verunreinigung der Luft vor allem durch Industrie und Verkehr macht die L. zu einer vordringlichen öffentlichen Aufgabe. Einschlägige Rechtsvorschriften finden sich in zahlreichen Bundes- und Landesgesetzen. S. hierzu insbes. für den Bereich des Verkehrs die für die einzelnen Fahrzeugarten bestehenden Bau- und Betriebsvorschriften (z. B. bei Kraftfahrzeugen § 47 StVZO). Die sachlich wichtigsten Vorschriften über die L. enthält nunmehr das bundeseinheitliche Bundes-Immissionsschutzgesetz (→ Immissionsschutz, öff.-rechtlich). Für die L. von besonderer Bedeutung sind dessen Vorschriften über die Ermittlung und über die Überwachung von Luftverunreinigungen (§§ 26–31, §§ 44–47). Danach können die Behörden von den Betreibern schädlicher Anlagen die Vornahme von Messungen (§ 26) und Erklärungen über Belastungswerte verlangen (§ 27). Die Kosten trägt der Betreiber der Anlage (§ 30), Messungsunterlagen hat er 5 Jahre aufzubewahren und den Behörden auf Verlangen zur Kenntnis zu geben (§ 31). Der Überwachung dienen Vorschriften über die Feststellung von Belastungsgebieten (§ 41), über die Aufstellung eines Emissionskatasters (§ 46) und von Luftreinhalteplänen (§ 47, sog. Smogplan). Der Luftreinhalteplan ist aufzustellen, wenn schädliche Umwelteinwirkungen durch Luftverunreinigung für ein bestimmtes Gebiet zu erwarten sind. Er enthält Feststellungen über Art und Ursachen von Luftverunreinigungen sowie Maßnahmen zu ihrer Verminderung (z. B. Verkehrsbeschränkungen). Zur Strafbarkeit rechtl. verbotener Luftverunreinigung s. § 325 StGB. S. a. das sog. *BenzinbleiG:* Ges. zur Verminderung von Luftverunreinigungen durch Bleiverbindungen in Ottokraftstoffen für Kraftfahrzeugmotore vom 5. 8. 1971 (BGBl. I 1234) m. Änd. mit DVO vom 7. 12. 1971 (BGBl. I 1966). Die Beschaffenheit und die Auszeichnung von Benzinqualität regelt die VO vom 27. 6. 1988 (BGBl. I 969). Die Reinhaltung der Luft ist nach § 2 I Nr. 7 RaumordnungsG ein Grundsatz der → Raumordnung. Die Finanzierung von Anlagen zur L. wird aus Mitteln des → ERP-Sondervermögens gefördert. Darüber hinaus bestehen nach § 82 EStDV erhöhte Abschreibungsmöglichkeiten. Zur zivilrechtlichen Behandlung der Immissionen → Nachbarrecht.

**Luftschutz.** Der Begriff wird seit 1964 amtlich nicht mehr verwendet. Er ist in dem umfassenden Begriff → Zivilschutz aufgegangen (Rdschr. d. BMI vom 7. 7. 1964 GMBl. S. 324).

**Luftschutzalarmdienst** → Warndienst.

**Luftschutzhilfsdienst** → Katastrophenschutz, → Zivilschutz.

**Luftschutzwarndienst** → Warndienst.

**Luftverkehrsgesetz** → Luftfahrtrecht.

**Luftverkehrshaftung.** Wird beim Betrieb eines → Luftfahrzeugs durch Unfall jemand, der *nicht Fluggast* ist, getötet, körperlich verletzt oder an seinem Eigentum beschädigt, so ist der Halter des Luftfahrzeugs verpflichtet, den Schaden – ohne Nachweis eines Verschuldens (→ Gefährdungshaftung) – zu ersetzen (§§ 33 ff. LuftverkehrsG i. d. F. vom 14. 1. 1981, BGBl. I 61; → Luftfahrtrecht). Unfall ist jedes plötzlich auf das Luftfahrzeug einwirkende Ereignis, durch das ein Schaden eintritt, der nicht notwendigerweise auf den besonderen Gefahren des Luftfahrtrechts beruhen muß (z. B. Blitzschlag). Der Umfang der Ersatzpflicht bei Tötung und Körperverletzung sowie der Schadensersatz in Form einer Geldrente entsprechen der Regelung bei der → Straßenverkehrshaftung (s. a. → Kraftfahrzeug-Haftpflichtversicherung). Die Höchstsumme des Schadensersatzes für jede verletzte Person beträgt 500 000 DM; die Gesamthaftungshöhe richtet sich nach dem zulässigen Höchstgewicht des Luftfahrzeugs (ab 850 000 DM, vgl. § 37 LuftVG). Zur → Verjährung → unerlaubte Handlung (7).

Wird ein *Fluggast* an Bord des Luftfahrzeugs oder beim Ein- oder Aussteigen getötet oder körperlich verletzt oder erleidet er einen Schaden an seinem Gepäck, so ist der Luftfrachtführer – gleichfalls ohne Nachweis eines Verschuldens – zum Schadensersatz verpflichtet (§§ 44 ff. LuftVG). Auch hier gelten Haftungsgrenzen (320 000 DM bei Tötung oder Körperverletzung für jede Person; 67,50 DM für jedes kg Gepäck, maximal 3200 DM usw.). Ein Anspruch auf Grund sonstiger Rechtsvorschriften (→ Beförderungsvertrag) kann ebenfalls nur nach Maßgabe dieser Einschränkungen geltendgemacht werden. Auf das Frachtgeschäft zur Beförderung von Gütern mit Luftfahrzeugen finden die Vorschriften über den → Frachtvertrag Anwendung (§ 407 III Nr. 1 HGB). Ist der Schaden bei einer internationalen Luftbeförderung entstanden, so gelten die internationalen Vereinbarungen, insbes. das Warschauer Abkommen (BGBl. 1958 II 291, in der BRep. in Kraft seit 1. 8. 1963), in denen ähnliche Höchstsätze für die Haftung der Luftverkehrsunternehmen vorgeschrieben sind (bis zu 250 000 francs mit Umrechnungskurs: 100 francs = 21,40 DM; vgl. VO vom 4. 12. 1973, BGBl. I 1815). Ein weitergehender Schutz kann nur durch Abschluß eines → Versicherungsvertrags erreicht werden.

Die gleichen Grundsätze gelten an sich für *Überschallschäden,* soweit in ihnen ein „Unfall" zu sehen ist. Dies ist zu bejahen z. B. bei einem plötzlichen Schock oder bei Sachschäden, die durch einen Überschallknall verursacht werden; zu verneinen bei Gesundheitsschäden durch andauernde Tiefflüge (hier kann aber → Staatshaftung in Betracht kommen, BGHZ 122, 363). Die Bestimmungen des LuftVG sind auch auf militärische Luftfahrzeuge anwendbar (§§ 53, 54 LuftVG); daneben kommen die Grundsätze der → Staatshaftung (bei NATO-Truppen → Stationierungsschäden) zur Anwendung.

**Luftverkehrsordnung.** Die LuftVO (→ Luftfahrtrecht) regelt die Pflichten der Teilnehmer am Luftverkehr und die Luftfahrtregeln (u. a. über Sicherheitsmindesthöhen, Vermeidung von Zusammenstößen, Ausweichregeln, Kunstflug, Schleppflug, Wolkenflug mit Segelflugzeugen, Gefahrenmeldungen, Flugbetrieb auf Flugplätzen, Sichtflugregeln, Instrumentenflugregeln). Verstöße werden als Ordnungswidrigkeiten geahndet. S. a. → Flugsicherung.

**Luftverkehrszulassungsordnung.** Die LuftVZO (→ Luftfahrtrecht) regelt u. a. die Musterzulassung (§§ 1–5) und Verkehrszulassung von Luftfahrtgerät (§§ 6–13) durch das → Luftfahrtbundesamt (s. a. BauO, PrüfO und BetriebsO für Luftfahrtgerät vom 16. 8. 1974, BGBl. I 2058, vom 16. 5. 1968, BGBl. I 416, und vom 4. 3. 1970, BGBl. I 262, das Erlaubnisverfahren für Luftfahrer einschl. der Zulassungsvoraussetzungen (Mindestalter, Ausbildung; s. auch VO über Luftfahrtpersonal vom 9. 1. 1976, BGBl. I 53), die Einteilung der → Flugplätze und das Genehmigungsverfahren sowie die Pflichten der Flughafenunternehmer (§§ 38 ff.), ferner Verwendung und Betrieb von Luftfahrtgerät (§§ 61 ff.), das → Luftbildwesen (§§ 83 ff.) sowie die Haftpflicht- und Unfallversicherung (§§ 102 ff.). Für Luftsportgerät kann die Zulassung von Gerät, die Erteilung der Flugerlaubnis (Fluglizenz) und die Flugüberwachung auf ein privates Unternehmen übertragen werden (§ 31 c LuftVG).

**Luftverschollenheit** → Todeserklärung.

**Lügendetektor.** Die Verwendung von Geräten, mit deren Hilfe bei der Vernehmung von Beschuldigten oder Zeugen im strafrechtlichen Ermittlungsverfahren die Reaktion von Blutdruck, Herztätigkeit und Atmung zur Kontrolle der Aussage benutzt werden soll, ist nach §§ 136 a, 69 III StPO verboten, weil sie die Willensentschließung und -betätigung unzulässig beeinträchtigt. Die unter Verstoß hiergegen zustandegekommenen Aussagen dürfen selbst dann nicht verwertet werden, wenn der L. mit der zum Zwecke seiner Entlastung erteilten Zustimmung des Betroffenen angewendet worden ist (BVerfG NJW 1982, 375). S. a. → Menschenwürde, → Geständnis, → Vernehmungen im Strafverfahren, → Beweisverbote.

**Lustmord** ist die Tötung eines Menschen aus sexuellen Motiven. Sie ist nach § 211 StGB als Mord (→ Tötung zur Befriedigung des Geschlechtstriebes) mit lebenslanger Freiheitsstrafe bedroht. Vom L. zu unterscheiden ist die Tötung aus Mordlust; hierbei handelt der Täter nicht aus geschlechtlichen Motiven, sondern aus unnatürlicher Freude an der Vernichtung von Menschenleben. Sie ist mit der gleichen Strafe bedroht.

**Lutherische Kirchen.** Die L. K. sind mit Ausnahme von Württemberg und Oldenburg nicht nur in der EKD (→ Evangelische Kirche), sondern außerdem in der „Vereinigten Evangelisch-Lutherischen Kirche Deutschlands" (VELKD) zusammengeschlossen; Organe der VELKD sind die Generalsynode, die Bischofskonferenz, die Kirchenleitung und als Verwaltungsbehörde das Lutherische Kirchenamt. Die einzelnen lutherischen Kirchen dauern innerhalb der VELKD fort (s. → Evang. Kirche, 3).

**luxuria** (bewußte Fahrlässigkeit) → Schuld, → Verschulden (II 1 b).

**Lynchjustiz** ist die gesetzwidrige Bestrafung – i. d. R. Tötung – eines Straffälligen ohne gerichtliches Verfahren, meist durch eine erregte Menge („Volksjustiz"). Die Herkunft des Wortes L. wird unterschiedlich erklärt (Bürgermeister in Galway/Irland im 15./16. Jahrhundert; 2 Richter, 1 Soldat in den USA im 17./18. Jh.).

# M

**Maastricht-Vertrag** (Vertrag über die Europäische Union). Der am 7. 2. 1992 unterzeichnete Vertrag von M. (ABl. EG 1992 C 191/1; s.a. C 224/1) ist entgegen den ursprünglichen Absichten nicht zum Inkrafttreten des → Binnenmarktes am 1. 1. 1993 ratifiziert worden. Im Zusammenhang und in Verbindung mit dem Vertrag stehen eine Reihe von Protokollen, im wesentlichen die über die Einrichtung einer gemeinschaftlichen Zentralbank und über die Einführung der Währungsunion. Der Vertrag enthält eine Reihe von institutionellen Änderungen des EWGV (jetzt daher EGV), Umbenennung der Wirtschaftsgemeinschaft in „Europäische Gemeinschaft", Verlängerung der Amtszeit der Kommissionsmitglieder, Änderungen bei der Stellung des Rechnungshofs und des Gerichtshofs. Die Gemeinschaftskompetenzen werden beträchtlich erweitert, z. B. im Bereich Erziehung, Aus- und Weiterbildung, Ausbau europäischer Netze, Gesundheits-, Umwelt- und Verbraucherpolitik. Die Kontrollbefugnisse des europäischen Parlaments sollen um eine Art Vetobefugnis gegen die Gesetzgebung des Rats erweitert werden. Der Rat kann künftig in einer größeren Zahl von Fällen durch Mehrheit entscheiden, bleibt im übrigen das wesentliche Gesetzgebungsorgan. Im Vertrag werden für das Handeln der Gemeinschaft die Prinzipien der Subsidiarität und der Verhältnismäßigkeit (Art. 3a EGV) niedergelegt. Während das letzte schon jetzt ein tragender Grundsatz des Gemeinschaftsrechts mit grundrechtsähnlichem Charakter war, ist die praktische Tragweite des Subsidiaritätsprinzips, nicht zuletzt wegen der unterschiedlichen nationalen Traditionen, schwer abzuschätzen. Insoweit wird viel davon abhängen, wie der EuGH das Prinzip justiziabel macht. Das größte sachliche Gewicht kommt der geplanten Wirtschafts- und Währungsunion zu, deren Verwirklichung allerdings auch nach Ratifizierung der Verträge keineswegs gesichert ist. Das Bundesverfassungsgericht hat in seiner Entscheidung vom 12. 10. 1993, BVerfGE 89, 155 den Vertrag von M. für mit dem GG vereinbar erklärt. Es hat dabei aber einige einschränkende Rahmenbedingungen formuliert. Das Gericht betont die lediglich abgeleitete demokratische Legitimation der Gemeinschaft, ihre lediglich enumerative Handlungsermächtigung (im Gegensatz zur Souveränität) und daraus folgende Überprüfungsmöglichkeiten auf die Einhaltung von Zuständigkeiten und Handlungsschranken („ultra vires"-Gesichtspunkt). Es modifiziert den „Solange II-Beschluß" (→ Solange-Beschlüsse), der nicht mehr als Verzicht auf Überprüfung des Gemeinschaftsrechts, sondern als Kooperationsverhältnis zum EuGH interpretiert wird (→ Grundrechte, 8). Das BVerfG bezeichnet die Gemeinschaft nicht als → Staatenbund, sondern als „Staatenverbund"; s. jetzt a. → Amsterdam, Vertrag von.

**Machiavelli, Niccolò** (1469–1527), florentin. Historiker, Politiker und Literat, der in seinen Werken das Idealbild des durch keine moralischen Rücksichten gehemmten Alleinherrschers zeichnete (Hauptwerk: Il principe). Als *Machiavellismus* wird seither eine ausschließlich vom Gebot der Klugheit getragene, von moralischen Bedenken freie Staatskunst bezeichnet, bei der allein der alle Mittel rechtfertigende Erfolg entscheidet. Diese Gedankengänge wurden u.a. von Friedrich d. Gr. in seiner Schrift Antimachiavell bekämpft.

**Mädchen, Verführung von –,** → Verführung.

**Mädchenhandel** → Frauenhandel.

**Madrider Abkommen** von 1891 betreffend die Unterdrückung falscher Herkunftsangaben auf Waren und betreffend die internationale Registrierung von Fabrik- oder Handelsmarken sind zwei Nebenabkommen zur → Pariser Übereinkunft. Deutschland trat ihnen 1922 und 1925 bei. Die Fassung wurde zuletzt 1958 bzw. 1967 revidiert (vgl. BGBl. 1961 II 273; 1970 II 293, 418). S. a. → TRIPS.

**Magazinverein** ist eine Form der → Absatzgenossenschaft.

**Magister** → Akademische Grade.

**Magistratsverfassung** → Gemeindeverfassung, 2.

**Magna Charta (libertatum),** vom König von England 1215 erlassenes Gesetz, das der Hochadel im Kampf gegen die bis dahin bestehende Allmacht des Monarchen erzwungen hatte. Die M. Ch. war ein Staatsgrundgesetz, das die Freiheit der Kirche und die Rechtsstellung der Vasallen des Königs sicherte und diesen bei Verletzung ihrer Rechte ein Widerstandsrecht einräumte (Sanktionen gegen den König durch Pfändung seines Besitzes). Außerdem ordnete sie die Rechtspflege und gewährleistete jedem Untertanen die Entscheidung durch das ihm zustehende Gericht. Die Auswirkungen der M. Ch. kamen daher indirekt auch den Bürgern und Bauern zugute. Verfassungsrechtlich stellte sie eine Vorstufe auf dem Weg zum Parlamentarismus in England dar.

**Magnetschwebebahn.** Für die M. (Transrapid) gilt gegenüber dem allgemeinen Eisenbahnrecht zum Teil Sonderrecht, vgl. z. B. G. zur Regelung des Planungsverfahrens vom 23. 11. 1994 (BGBl. I 3486). Der Betrieb von Magnetschwebebahnen ist in einem besonderen Betriebsgesetz geregelt, dem Allgemeinen MagnetschwebebahnG vom 19. 7. 1996 (BGBl. I 1019). Die Errichtung der Transrapidstrecke wird durch ein Maßnahmegesetz erleichtert, in dem der Bedarf gesetzlich festgestellt wird (Ges. vom 19. 7. 1996, BGBl. I 1018).

**Mahnbescheid** → Mahnverfahren.

**Mahnkosten** → Schuldnerverzug.

**Mahnung** → Schuldnerverzug.

**Mahnverfahren.** Das M. (§§ 688 bis 703 d ZPO; Besonderheiten in § 46 a ArbGG, dazu VO vom 15. 12. 1977, BGBl. I 2625) soll für möglicherweise nicht bestrittene Ansprüche auf eine Geldsumme (DM oder Euro) rasch ohne mündliche Verhandlung zu einem Vollstreckungstitel führen. Ausschließlich zuständig ist das → Amtsgericht, bei dem der Antragsteller seinen → Wohnsitz (Sitz) hat (§ 689 ZPO; abweichende → Zuständigkeitsvereinbarung unzulässig; Konzentration auf bestimmte Mahngerichte kann vorgesehen werden); funktionell zuständig ist der → Rechtspfleger. Das M. wird eingeleitet durch den Antrag auf Erlaß eines Mahnbescheids, der (vereinfacht) einer → Klageschrift entsprechen muß (§ 690 ZPO; über Vordrucke s. VO vom 6. 5. 1977, BGBl. I 693, m. Änd., zuletzt vom 9. und 19. 6. 1998, BGBl. I 1242, 1364). Ist das der Fall, so ergeht – ohne Prüfung, ob der Anspruch tatsächlich besteht (Besonderheiten beim → Kreditvertrag; s. dort 7) – ein *Mahnbescheid* (früher: Zahlungsbefehl), durch den der Antragsgegner aufgefordert wird, den Anspruch nebst Zinsen und Kosten binnen 2 Wochen ab Zustellung zu erfüllen oder innerhalb gleicher Frist Widerspruch einzulegen (§ 692 ZPO). Bei (formlosem) *Widerspruch* gibt das Mahngericht, sofern eine Partei die Durchführung des streitigen Verfahrens beantragt hat, den Rechtsstreit an das hierfür zuständige Gericht ab (§ 696 ZPO); das weitere Verfahren regelt § 697 ZPO. Wird kein Widerspruch eingelegt, so ergeht auf Antrag ein *Vollstreckungsbescheid,* der, wenn nicht anders beantragt, dem Antragsgegner gleichfalls von Amts wegen zuzustellen ist (§ 699 ZPO). Der Vollstreckungsbescheid steht einem für → vorläufig vollstreckbar erklärten → Versäumnisurteil gleich, d. h. er ist Vollstreckungstitel und kann mit → *Einspruch* binnen 2 Wochen angefochten werden (dann gleichfalls Abgabe an das zuständige Prozeßgericht; § 700 ZPO). Ein verspäteter Widerspruch gegen den Mahnbescheid ist, sobald der Vollstreckungsbescheid verfügt ist, in einen Einspruch gegen diesen umzudeuten (§ 694 II ZPO).

**Makler.** Wer gewerbsmäßig den Abschluß von Verträgen über Grundstücke, grundstücksgleiche Rechte, gewerbliche Räume, Wohnräume und Darlehen vermitteln oder die Gelegenheit zum Abschluß solcher Verträge nachweisen will *(Immobilienmakler),* bedarf – ebenso wie der gewerbsmäßige Bauträger und Baubetreuer – der Erlaubnis (→ Gewerbezulassung), die bei Unzuverlässigkeit des M. zu versagen ist (§ 34 c GewO). Zum Schutze der Immobilienkäufer enthält die DVO hierzu – *Makler- und BauträgerVO* – i. d. F. vom 7. 11. 1990 (BGBl. I 2479) m. Änd. Vorschriften über besondere Sicherheitsleistungen, Buchführungs-, Auskunfts- und Informationspflichten. Die Einhaltung der Vorschriften haben die M. jährlich durch geeignete Prüfer prüfen zu lassen und den Prüfbericht vorzulegen (§ 16 I). S. ferner → Wohnungsvermittlung, → Kursmakler, → Handelsmakler, → Mäklervertrag, → Kreditvertrag (6, Kreditvermittlung).

**Mäklervertrag.** Der M. ist ein → gegenseitiger Vertrag, durch den jemand für den Nachweis der Gelegenheit zum Abschluß eines Vertrags (Nachweismäkler) oder für die Vermittlung eines Vertrags (Vermittlungsmäkler) einen Mäklerlohn verspricht (§ 652 BGB). Die Vorschriften über den M. gelten grundsätzlich für alle zu vermittelnden Verträge, insbes. für Grundstücksgeschäfte (→ Grundstücksmakler); Sonderbestimmungen enthalten §§ 93 ff. HGB für den → Handelsmakler (Vermittlung von Waren) sowie Art. 9 des Ges. vom 4. 11. 1971 (BGBl. I 1745) für die → Wohnungsvermittlung. Voraussetzung für das Entstehen der Verpflichtung des Auftraggebers zur Zahlung der vereinbarten, hilfsweise der üblichen Vergütung ist, daß der Vertrag infolge des Nachweises oder der Vermittlung des Mäklers (→ Kausalität; Mitverursachung genügt) formgültig zustande kommt; eine Verpflichtung zum Ersatz von Aufwendungen des Mäklers, auch bei Nichtzustandekommen des vermittelten Geschäfts, besteht nur, wenn dies besonders vereinbart ist. Dies gilt auch für die sog. Vorkenntnisklausel, d. h. die Vereinbarung, daß ein nachgewiesenes Objekt als unbekannt gilt, falls der Auftraggeber nicht innerhalb bestimmter Frist widerspricht. (Eine gesetzliche Neuregelung – insbes. zwingender Grundsatz des Erfolgshonorars, kein Anspruch auf Vergütung bei wirtschaftlicher Verflechtung des Mäklers mit einer Partei – ist im Interesse des Kundenschutzes geplant.) Der Mäkler ist regelmäßig nicht zum Tätigwerden verpflichtet, wie andererseits der Auftraggeber grundsätzlich jederzeit vom M. zurücktreten, den vom Mäkler vermittelten Vertrag nicht abschließen, selbst einen Interessenten für das Objekt finden kann usw. Ist dem Mäkler jedoch *Alleinauftrag* erteilt, d. h. ihm der Vertragsabschluß für bestimmte Zeit fest und ausschließlich an die Hand gegeben worden, so trifft ihn eine Verpflichtung zum Tätigwerden (sog. Maklerdienstvertrag; auch kann ein Erfolg – z. B. bestimmte Finanzierung – geschuldet sein, sog. Maklerwerkvertrag; hierzu BGH WM 1988, 221); andererseits wird der Auftraggeber schadensersatzpflichtig, wenn er den Alleinauftrag verletzt (im Zweifel aber noch nicht durch ein Eigengeschäft des Auftraggebers). Der Anspruch auf Mäklerlohn ist ausgeschlossen, wenn der Mäkler treuwidrig auch für den Vertragsgegner tätig geworden ist (§ 654 BGB; s. aber → Handelsmakler). Dem M. unterliegt auch die gewerbsmäßige *Heiratsvermittlung* (→ Ehevermittlung). Die Tätigkeit der Mäkler auf dem Gebiet der Stellenvermittlung ist durch das Monopol der Arbeitsämter für die → Arbeitsvermittlung praktisch weggefallen. → Agenturvertrag, → Trödelvertrag.

**mala fides** = (→) böser Glaube.

**Management Buy Out (MBO)** wird eine Form der Unternehmensübernahme genannt, bei der die bisherigen Manager den Betrieb, zumeist mit Fremdkapital, mit dem Ziel der Sanierung und Weiterführung übernehmen.

**Mandant** (lat.) = Auftraggeber, insbes. eines → Rechtsanwalts.

**Mandantenschutzklausel** → Wettbewerbsverbot.

**Mandat** (lat.) = (→) Auftrag; s. a. im folg.

**Mandat des Abgeordneten** ist der durch die Wahl dem → Abgeordneten erteilte Auftrag; er geht nach Art. 38 GG und den Verfassungen der Länder dahin, daß der Abg. Vertreter des ganzen Volkes, an Aufträge und Weisungen nicht gebunden und nur seinem Gewissen unterworfen ist. Der Abg. ist also bei der Abstimmung im Parlament weder an Beschlüsse und Weisungen seiner Partei – unbeschadet der Zulässigkeit eines → Fraktionszwangs – noch seiner Wähler gebunden. Das sog. *imperative Mandat,* das mit einer Bindung an einen bestimmten Auftrag der Wähler (oder der

Partei, die ihn aufgestellt hat) verknüpft und in seinem Fortbestand hiervon abhängig ist – Abwahl des Mandatsträgers –, kennen die deutschen Verfassungen nicht (anders im → Rätesystem). Da der Abg. Vertreter des ganzen Volkes ist, ist sein M. auch nicht von der Zugehörigkeit zu einer bestimmten Partei abhängig. Parteiausschluß, -austritt und -übertritt berühren nach geltendem Verfassungsrecht sein M. daher nicht. Nach dem Urt. des BVerfG vom 5. 11. 1975 (NJW 2331; „Diäten-Urteil") verlangen die Art. 48 III, 38 I GG gesetzliche Vorkehrungen dagegen, daß Abg. Bezüge aus Angestelltenverhältnissen, Beraterverträgen u.ä. nur deshalb erhalten, weil erwartet wird, daß sie die Interessen des Zahlenden im Parlament vertreten.

**Mandatar** = Beauftragter, Bevollmächtigter (→ Vollmacht).

**Mandatsgebiete.** Nach dem 1. Weltkrieg wurde für die deutschen → Kolonien und Teile der Türkei eine neue Form der Verwaltung geschaffen. Art. 22 der Völkerbundsatzung übertrug die Verwaltung dieser Gebiete einzelnen Staaten, welche die Verwaltung im Auftrag (Mandat) des Völkerbundes und unter Überwachung durch die ständige Mandatskommission des Völkerbundes führen sollten. Ein Teil der M. wurde in unabhängige Staaten umgewandelt (Irak 1932, Syrien, Libanon 1944, Jordanien 1946, Israel 1948). Nach dem Zweiten Weltkrieg wurden die noch bestehenden M. in → Treuhandgebiete umgewandelt, mit Ausnahme der früheren Kolonie Deutsch-Südwest-Afrika, das nach längeren Auseinandersetzungen mit der ehem. Mandatarmacht Südafrika 1989 als Namibia seine staatliche Unabhängigkeit erlangte.

**Mangel** einer verkauften (gelieferten) Sache → Gewährleistung, → Werkvertrag (3).

**Mangelfolgeschaden** → Gewährleistung (2), → Produkthaftung.

**Mängelhaftung** → Gewährleistung, → Miete (2 a), → Werkvertrag (3).

**Mängelheilung** bei Formmängeln usw. → Form(erfordernisse), 2.

**Mängelrüge.** Mit der M. können beim → Kauf und → Werkvertrag Ansprüche aus → Gewährleistung geltend gemacht werden (s. i. e. dort). Die beim beiderseitigen → *Handelskauf* gesetzlich besonders ausgestaltete M. ist die Anzeige des Käufers an den Verkäufer, daß die gelieferte Ware einen Sachmangel aufweist, daß eine andere als die vereinbarte Warenmenge (sog. Falschmenge) oder eine andere als die bestellte Ware (sog. Falschlieferung, *aliud*) geliefert wurde (§§ 377, 378 HGB). Die Pflicht zur M. beruht auf der kaufmännischen → Untersuchungspflicht. Wird die M. unterlassen, so wird unwiderlegbar vermutet, daß der Sachmangel, die Falschmenge oder Falschlieferung genehmigt ist; damit verliert der Käufer seine Ansprüche aus → Gewährleistung, außer bei Mängeln und Abweichungen, die bei der Untersuchung nicht erkennbar waren. Stellt sich später ein Sachmangel, die Falschmenge oder Falschlieferung heraus, so muß die M. → unverzüglich nach der Entdeckung erhoben werden. Stets genügt für die M., daß der Käufer die Anzeige rechtzeitig absendet (§ 377 IV HGB). Kein Ausschluß der Rechte des Käufers tritt ein, wenn der Verkäufer einen Sachmangel arglistig verschwiegen hat oder wenn die Falschmenge oder Falschlieferung nicht genehmigungsfähig ist, d. h. so erheblich von der Bestellung abweicht, daß der Verkäufer eine Genehmigung für ausgeschlossen halten mußte.

**Mankohaftung.** Mangels besonderer Vereinbarung, die im Einzelfall wegen Sittenwidrigkeit oder Verstoßes gegen Treu und Glauben unwirksam sein kann, haftet ein Arbeitnehmer für einen Kassen- oder Warenfehlbestand nur, wenn eine (schuldhafte) Verletzung des → Arbeitsvertrags (Stellung des Arbeitnehmers im Betrieb) oder eine → unerlaubte Handlung vorliegt. Der Arbeitgeber muß die Voraussetzungen (Fehlbestand, Kausalität, z.B. Zugang zur Kasse) dartun; dann erst muß der Arbeitnehmer sein fehlendes Verschulden beweisen. Zahlt der Arbeitgeber seinem Arbeitnehmer, der im Kassen- oder Zähldienst beschäftigt ist, Fehlgeldentschädigungen, so sind diese bis 30 DM pro Monat steuerfrei, darüber steuerpflichtiger Arbeitslohn (Abschn. 70 II Nr. 11 LStR).

**Manöver** sind größere Übungen militärischer Verbände. Die Berechtigung zur Abhaltung von Manövern und anderen Übungen ist lediglich für die ausländischen Streikräfte in Art. 45, 46 des Zusatzabkommens zum NATO-Truppenstatut geregelt. Im übrigen enthalten die §§ 66–83 des → Bundesleistungsgesetzes eine Kodifizierung des Manöverrechts einschl. der Entschädigungsansprüche, die auch für die Übungen von Verbänden und Einheiten des zivilen Bevölkerungsschutzes (→ Zivilschutz) gilt. Bei Zerstörungen ist der gemeine Wert, bei Beschädigungen sind die Instandsetzungskosten zu ersetzen; außerdem Ertragsminderung und Nutzungsausfall. Die Entschädigung ist in einem besonderen Verfahren geltend zu machen, in dem zuerst auf eine Vereinbarung hinzuwirken ist. Kommt eine solche nicht zustande, wird die Entschädigung durch schriftlichen Bescheid festgesetzt, gegen den Beschwerde gegeben ist. Gegen die Beschwerdeentscheidung kann binnen 2 Monaten der ordentliche Rechtsweg beschritten werden (Landgericht). S. ferner → Streitkräfte, ausländische.

**Mantelgesetz** → Rechtsetzung.

**Mantelkauf** ist der Erwerb von Anteilen einer GmbH, um deren Verlust zu nutzen. Der Erwerber will die Gründungskosten sparen und frühere Verluste der GmbH von künftigen Gewinnen abziehen. Der steuerliche → Verlustvortrag wird nicht gewährt, wenn der neue Gesellschafter mehr als 75% der Anteile, ab 1998 50% übernimmt und die GmbH ihren Geschäftsbetrieb mit überwiegend neuem → Betriebsvermögen fortführt oder wieder aufnimmt (Wegfall der wirtschaftlichen Identität, § 8 IV KStG).

**Manteltarifvertrag** ist ein → Tarifvertrag, der auf einen längeren Zeitraum berechnet ist und solche → Arbeitsbedingungen – daneben auch betriebsverfassungsrechtliche Fragen – regelt, die länger gelten und nicht häufig verändert werden sollen (sog. *Rahmentarifvertrag;* z.B. allgemeine Lohnbedingungen, Kündigungsfristen, Arbeitszeit, Urlaub, Nachtarbeiterzuschläge). Der M. wird ergänzt durch die zwischen denselben → Sozialpartnern abgeschlossenen Lohn(Gehalts)tarifverträge mit meist kürzerer Laufzeit und häufig längeren Kündigungsfristen, in denen zugleich die Lohn(Gehalts)höhe vereinbart wird.

**mare librum** (lat.; freies Meer) → Freiheit des Meeres.

**Margarine.** Die für M. geltenden Vorschriften finden sich im Milch- und M.gesetz; → Milch (Lebensmittelrecht).

**Margentarife** → Höchstpreise.

**Marken.** Das MarkenG vom 25. 10. 1994 (BGBl. I 3082) hat nicht nur die Vorgaben der EG-Markenrechtsrichtlinie in nationales Recht umgesetzt, sondern gleichzeitig die bisherigen Vorschriften über den Schutz von *Warenzeichen* (Handels-, Fabrik- und DienstleistungsM.) und sonstigen Kennzeichen vereinheitlicht. Nach diesem Gesetz werden M. (für Dach- und Spitzenverbände auch Verbandszeichen – sog. KollektivM., §§ 97 ff.), geschäftliche Bezeichnungen und geographische Herkunftsangaben geschützt (§ 1), was einen Schutz nach anderen Vorschriften (vgl. z. B. → Namensrecht) nicht ausschließt (§ 2). Die Vorschriften dieses Gesetzes sind auf international registrierte M. entsprechend anzuwenden (§§ 107 ff.), desgleichen weitgehend auch auf (gem. Art. 25 der VO Nr. 40/94 des Rates der EG vom 20. 12. 1993, ABl. EG Nr. L 11 S. 1) Gemeinschaftsmarken (§§ 125 a ff.).

Als M. können alle Zeichen, insbes. Wörter (einschl. Namen), Abbildungen, Buchstaben (Firmen-)Abkürzungen, Zahlen, Symbole (auch in Kombinationen, z. B. AS 2000), Hörzeichen (in Medien) und dreidimensionale Gestaltungen, aber auch die Form oder Verpackung einer Ware und sonstige Aufmachungen in Form, Farbe usw. (sog. *Warenausstattungsschutz*) sowie deren Ankündigung (Werbeslogan usw.) geschützt werden, die geeignet sind, Waren (sog. HandelsM.) oder Dienstleistungen (sog. DienstleistungsM.) eines Unternehmens von denjenigen anderer Unternehmen zu unterscheiden (§ 3; s. a. → Gütezeichen). Dem Schutz als M. sind allerdings solche Zeichen nicht zugänglich, die ausschließlich aus einer

Form bestehen, die durch die Art der Ware selbst bedingt, zur Erreichung einer technischen Entwicklung erforderlich ist oder der Ware einen wesentlichen Wert verleiht (wo also die Form das Wesentliche ist, § 3 II). Als geschäftliche Bezeichnungen werden Unternehmenskennzeichen (Name, Firma oder besondere Bezeichnung eines Unternehmens durch Geschäftsabzeichen oder dgl.) und Werktitel (Namen und Bezeichnungen von Druckschriften, Film-, Ton- oder Bühnenwerken und dgl.) geschützt (§ 5). Zu geographischen Herkunftsangaben siehe unten. Nicht schutzfähig sind M., die sich nicht graphisch darstellen lassen, denen jegliche Unterscheidungskraft fehlt, die nach dem allgemeinen Sprachgebrauch die Ware lediglich allgemein umschreiben oder bezeichnen (wie es beim → Geschmacks- oder → Gebrauchsmuster der Fall sein kann) sowie irreführende, sittenwidrige Kennzeichnungen usw. (§ 8). Der M.schutz kann nicht nur einem Gewerbetreibenden, sondern jeder (natürlichen oder juristischen) Person (auch Personengesellschaft) ohne konkreten Bezug zu einer bestimmten Herstellung zustehen. Dies hat zur Folge, daß sich z. B. Werbeagenturen, Designer usw. auch M., die im Augenblick noch nicht verwendet (aber später vermarktet) werden sollen (sog. Vorratszeichen) – ebenso wie Unternehmen auch ihnen bereits zustehende (Haupt-)M. durch Eintragung ähnlicher Marken (zur Abwehr von Konkurrenten; sog. Defensivzeichen) – schützen lassen können. Gezielte Beeinträchtigung bestehender Unternehmen durch M.manipulationen kann aber → unlauterer Wettbewerb sein.

Der Schutz solcher M. entsteht durch Eintragung in ein beim Deutschen → Patentamt geführtes *M. Register* (sofern sie nicht bereits durch Benutzung innerhalb beteiligter Verkehrskreise Verkehrsgeltung erworben hat oder sonst notorisch bekannt ist, § 4). Bereits mit dem Anmeldetag entsteht eine Anwartschaft auf Eintragung (soweit kein Eintragungshindernis besteht, s. o.; letzteres auch bei Identität oder Ähnlichkeit mit einer bereits bekannten – sog. notorischen – M., § 10) und beginnt der M.schutz (§ 32). Eingereichte Anmeldungen werden bereits vor ihrer Eintragung veröffentlicht (§ 33 III). Einzelheiten über die Durchführung des Anmeldeverfahrens, die Klassifizierung der Waren (Warenklasseneinteilung) und Dienstleistungen, den Inhalt des M.registers usw. s. M.VO vom 30. 11. 1994 (BGBl. I 3555) m. Änd.

Unter verschiedenen identischen M., bei → Verwechslungsgefahr (hinsichtlich der M.; nicht erforderlich hinsichtlich der Ware oder Dienstleistung) auch bei ähnlichen Zeichen hat die früher angemeldete (und sodann eingetragene) M. den absoluten Vorrang (Priorität, § 6). Das Patentamt prüft aber lediglich die formellen Eintragungserfordernisse (§ 36) und das Vorliegen absoluter Schutzhindernisse (§ 37) und verfügt sodann die Eintragung (§ 41). Der Inhaber einer rangälteren eingetragenen (angemeldeten) oder notorischen M. kann hiergegen innerhalb von 3 Monaten ab Veröffentlichung der Eintragung *Widerspruch* erheben (§ 42). Das Patentamt entscheidet über den Widerspruch (z. B. bei Identität oder Verwechslungsgefahr der neuen M., bei bekannten M. und geschäftlichen Bezeichnungen auch außerhalb dessen, z. B. bei Rufausbeutung, durch Löschung der neu eingetragenen M., § 9) durch Beschluß; hiergegen findet die Beschwerde zum → Bundespatentgericht (§§ 66 ff.) und dagegen ggfs. die → Rechtsbeschwerde zum → Bundesgerichtshof (§§ 83 ff.) statt. Der Anmeldende kann nach einer so erfolgten Löschung (binnen 6 Monaten nach Anfechtbarkeit der Entscheidung) im Wege der → Klage gegen den Widersprechenden geltend machen, daß ihm trotz der Löschung ein Anspruch auf Eintragung der M. zusteht (Eintragungsklage, § 44). Voraussetzung für alle Eintragungen (auch Verlängerung, Widerspruch usw.) ist die (zeitgerechte) Entrichtung einer Gebühr, deren Höhe sich nach dem Gesetz über → Patentgebühren richtet.

Der Erwerb des M.schutzes gewährt dem Inhaber ein ausschließliches – auch übertragbares, pfändbares oder verpfändbares sowie (z. B. bei einer Betriebsteilübertragung) teilbares Recht. Dritten ist es untersagt, ohne Zustimmung des Inhabers der M. im geschäftlichen Verkehr identische oder ähnliche (verwechslungsfähige) Zeichen für Waren oder Dienstleistungen zu benutzen (dies auch mit Zustimmung nicht, wenn das Kennzeichen in einer Weise benutzt wird, die geeignet ist, die Wertschätzung der M. zu beeinträchtigen). Das durch die Eintragung oder Benutzung einer M. begründete Recht kann insbes. (ganz oder teilweise) Gegenstand einer – ausschließlichen oder nicht ausschließlichen – Lizenz (→ Lizenzvertrag) sein (§ 30); daneben ist auch eine nur schuldrechtliche Überlassung (z. B. im Rahmen einer Betriebsverpachtung) möglich. Die rechtswidrige Verletzung des M.rechts begründet Ansprüche auf → Auskunft und Unterlassung (→ Unterlassungsanspruch), bei → Verschulden auch auf → Schadensersatz, ferner grdsätzl. auch auf Vernichtung der die M. beeinträchtigenden Gegenstände (§§ 14 ff.; → Verjährung binnen 3 Jahren ab Kenntnis, § 20; zum Verfahren → Kennzeichenstreitsachen). Einen ähnlichen Schutz genießen geographische Herkunftsangaben, die im geschäftlichen Verkehr zur Kennzeichnung von Waren oder Dienstleistungen verwendet werden, sofern es sich nicht nur um Gattungsbezeichnungen (z. B. Wiener Würstchen) handelt (§§ 126 ff.). Daneben besteht Strafbarkeit (bzw. Verstoß als → Ordnungswidrigkeit) mit der Möglichkeit der → Einziehung im Strafverfahren und der → Beschlagnahme bei Ein- und Ausfuhr (§§ 143 ff.; s. a. → Produktpiraterie). Der Inhaber einer eingetragenen M. kann aber gegen Dritte Ansprüche (oder einen Widerspruch gegen dessen Eintragung) nur geltend machen, wenn er seine M. innerhalb der letzten 5 Jahre für die Waren oder Dienstleistungen, für die sie eingetragen worden ist, ernsthaft benutzt hat (§§ 25 f.). Hierfür genügt allerdings auch eine abgewandelte Form der Benutzung (um die Fortentwicklung nicht zu behindern), sofern nur der kennzeichnende Charakter der M. nicht verändert wird. Die *Schutzdauer* einer eingetragenen M. beträgt 10 Jahre ab Anmeldung; sie kann (gegen Gebührenzahlung) beliebig oft um jeweils weitere 10 Jahre verlängert werden (§ 47).

Das Recht aus der eingetragenen M. erlischt bei Löschung auf Antrag des Inhabers, von Amts wegen bei Schutzfristablauf, Nichtbenutzung innerhalb von 5 Jahren ab Eintragung (Verfall, § 49) sowie auf Betreiben eines Dritten vor allem bei Nichtigkeit wegen Bestehens absoluter Eintragungshindernisse (s. o., § 50) oder nach erfolgreicher Löschungsklage, insbes. aufgrund eines Prioritätsanspruchs (§§ 51, 55). S. a. → Inhaberzeichen.

**Markenartikel** → Markenwaren.

**Markenregister** → Marken.

**Markenwaren.** Der Begriff wird im → gewerblichen Rechtsschutz für Erzeugnisse verwendet, die mit einer → Marke versehen sind. Eine eigenständige Bedeutung hat er im Recht der → Wettbewerbsbeschränkungen. Nur für M. ist gemäß § 38 a GWB eine – unverbindliche – vertikale → Preisempfehlung zulässig. In diesem Sinne sind M. Waren (nicht Dienstleistungen wie z. B. KFZ-Service oder Filmentwicklung) ohne Beschränkung auf Endprodukte (Fertigwaren), die mit einer auf das preisempfehlende Unternehmen (Hersteller oder Händler) eindeutig hinweisenden Kennzeichnung versehen sind. Eine Ausstattung (→ Marke) im Sinne des Markenrechts genügt nicht, ebensowenig eine urheber- oder geschmacksmusterrechtlich geschützte Gestaltung oder ein Gütezeichen. Mit der Kennzeichnung muß das empfehlende Unternehmen gewährleisten, daß die Ware ständig unter gleicher oder verbesserter Güte geliefert wird. Für landwirtschaftliche M. gibt es hinsichtlich der Gewährleistung gleichbleibender Qualität gewisse Erleichterungen (§ 38 a II 2 GWB).

**Markgenossenschaft** → Allmende.

**Markscheider** → Vermessungswesen.

**Markt.** Nach der bayer. Gemeindeordnung mögliche Bezeichnung größerer → Gemeinden. Rechtliche Bedeutung kommt ihr nicht zu; s. a. → Marktverkehr.

**Markt (amtlicher, geregelter)** → Börsengesetz.

**Marktbeherrschende Unternehmen** unterliegen nach § 22 GWB einer Mißbrauchsaufsicht durch die → Kartellbehörde. Marktbeherrschung liegt danach vor, wenn ein U. (einschl. konzernangehöriger U.) auf einem Markt ohne (wesentlichen) Wettbewerber ist (Monopol, Teilmonopol) oder über eine überragende Marktstellung verfügt. Der für die Feststellung *relevante Markt* reicht so weit, als dem Kunden aus seiner Sicht in räumlicher und sachlicher Hinsicht funktionell austauschbare Waren oder Leistungen angeboten werden. Marktbeherrschung wird, außer bei geringfügigen Umsätzen, bei einem Marktanteil von 1/3 vermutet. Mehrere an einem Markt auftretende U. gelten als m. U., wenn zwischen ihnen aus tatsächlichen Gründen kein wesentlicher Wettbewerb besteht und wenn sie insgesamt über ein Monopol, ein Teilmonopol oder eine überragende Marktstellung verfügen. Dabei wird Marktbeherrschung vermutet bei bis zu drei beteiligten U., wenn sie gemeinsam über die Hälfte des *relevanten Marktes* verfügen, bei bis zu fünf beteiligten U., wenn ihr gemeinsamer Marktanteil 2/3 beträgt. Zur Kontrolle von Unternehmenszusammenschlüssen s. → Diskriminierungsverbot. Die gemeinschaftsrechtliche Aufsicht über m. U. regelt Art. 86 EGV (s. a. → Fusionskontrolle). Sie ist weniger kasuistisch und durch die vom EuGH entwickelten, z. T. nicht widerleglichen, an bestimmtes Marktverhalten angeknüpfte Vermutungen sehr effektiv.

**Marktordnung** ist die Regelung des Marktes als ökonomische Institution durch staatliche Eingriffe in das Marktgeschehen (Gegensatz: Vereinbarungen der Marktparteien untereinander; s. hierzu → Wettbewerbsbeschränkungen). Die M. ist im wirtschaftlichen Sinne eine Beschränkung der → Marktwirtschaft, im rechtlichen Sinne eine Maßnahme der staatlichen → Wirtschaftslenkung. In der Ernährungswirtschaft wird für die gesamte EG eine praktisch lückenlose M. durch die gemeinsamen → Marktorganisationen erreicht.

**Marktordnung (Gewerberecht).** Der Begriff M. bezeichnet im Gewerberecht die einen einzelnen Markt betreffenden normativen Regelungen des → Marktverkehrs, also z. B. Zulassungsbedingungen, Marktwaren, Marktzeiten usw. eines Wochenmarktes.

**Marktorganisationen, gemeinsame (GMO).** Unter den in Art. 39–46 EGV vorgesehenen Steuerungsmitteln der gemeinschaftlichen Agrarpolitik der EG sind die GMO heute die einzigen, mit denen die Landwirtschaftspolitik betrieben wird. GMO bestehen inzwischen für praktisch alle Produkte, die in der Anl. II zum EWGV als zur Landwirtschaftspolitik gehörend aufgeführt sind. Die GMO regeln mit unterschiedlicher Intensität eine → Marktordnung für landwirtschaftliche Erzeugnisse oder für Gruppen von Erzeugnissen. Nach der Intensität der Lenkungsmöglichkeiten kann man unterscheiden: a) GMO ohne Lenkungsmaßnahmen außer Zöllen (für lebende Pflanzen/Waren des Blumenhandels). b) GMO, die außer durch Zölle allein mit Beihilfen reguliert werden (für Eier, Geflügelfleisch, Hopfen). c) GMO, bei denen neben Beihilfen Preise festgesetzt und durch → Abschöpfungen stabilisiert werden (für Flachs/Hanf, Obst/Gemüse-Verarbeitungserzeugnisse, Saatgut, Hopfen). d) GMO, bei denen die Preise zusätzlich durch Interventionsmöglichkeiten („fakultative Intervention") stabilisiert werden (Obst/Gemüse, Schaffleisch, Schweinefleisch, Wein). e) GMO, die durch ein Preis- und Abnahmesystem, den Interventionspreisen bei obligatorischer Intervention, den Erzeugern Mindestpreise garantieren. Solche GMO bestehen für Fette, Fischerzeugnisse, Getreide, Milch/Milcherzeugnisse, Reis, Rindfleisch, Rohtabak, Zucker. Die GMO mit obligatorischer Intervention sind jetzt alle zur Verhinderung von Überproduktionen mit Begrenzungsmaßnahmen (den sog. Stabilisatoren) verbunden, etwa „Marktverantwortungsabgaben" für Getreide, Produktionsbeschränkung durch sog. Referenzmengen für Milch, Höchstgarantiemengen. Wegen der Fundstellen für die GMO, die sämtlich durch innerstaatlich unmittelbar geltendes → Gemeinschaftsrecht (Verordnungen) geregelt sind, vgl. Dauses, Handbuch des EG-Rechts, v. d. Groeben/Thising/Ehlermann, Handbuch des Europäischen Rechts, Band 4 und 5, oder die bei → Gemeinschaftsrecht nachgewiesenen Hilfsmittel. Das Preissystem der GMO basiert auf – meist jährlich festgesetzten – → Richtpreisen, die die Grundlage für die Berechnung der → Abschöpfung und für die Intervention bilden. Die Intervention, im Ergebnis eine Preissubventionierung, erfolgt bei fakultativer Intervention, wenn der

Richtpreis wesentlich unterschritten wird. Bei obligatorischer Intervention ist der Richtpreis im Ergebnis mit einem geringen Abschlag in Höhe des sog. Interventionspreises garantiert. Die obligatorische Intervention stabilisiert also den Richtpreis auf der Basis des Interventionspreises als eines staatlich garantierten Mindestpreises für die Waren der betreffenden Marktorganisation. Die Intervention erfolgt in der Weise, daß die → Interventionsstelle ihr zu Interventionsbedingungen angebotene Ware der betreffenden GMO übernimmt und durch Lagerung, Denaturierung oder Export dem Markt entzieht.

Die Entscheidung der Interventionsstelle, für eine bestimmte, ihr angebotene Ware zu intervenieren, ist ein → Verwaltungsakt, die Abwicklung der Intervention erfolgt mit privatrechtlichen Figuren, hauptsächlich durch Ankauf (→ Subventionen unter Zweistufentheorie). Finanziert werden die GMO über den → Europäischen Ausrichtungs- und Garantiefonds.

Den Vollzug der gemeinsamen M. in der BRep. regelt das Gesetz zur Durchführung der gemeinsamen Marktorganisationen i. d. F. vom 20. 9. 1995 (BGBl. I 1146). Dieses bestimmt die für den innerstaatlichen Vollzug zuständigen Behörden, vor allem die Marktordnungs- und Interventionsbehörden (§ 3). Danach ist für den Vollzug die → Bundesanstalt für Landwirtschaft und Ernährung zuständig. Das Ges. ermächtigt zu umfangreichen Vollzugsvorschriften (§§ 6–9), regelt den Verwaltungsvollzug (§§ 10–14) und die hierfür gegebenen sonstigen Behördenzuständigkeiten (§ 31: Bundesfinanzverwaltung). Es normiert die zum Vollzug erforderlichen Eingriffsermächtigungen, u. a. zu Schutz- und Überwachungsmaßnahmen (§§ 27, 28); Meldepflichten (§ 32), Prüfungsrechte und Auskunftspflichten (§ 33). Das Gesetz regelt ferner die → Ein- und → Ausfuhr von Marktordnungswaren und die Erhebung von → Abschöpfungen und Ausfuhrerstattungen (§§ 18 ff.). Für Streitigkeiten aus dem Vollzug ist der Rechtsweg zu den Finanzgerichten gegeben (§ 34). Zuwiderhandlungen und Defraudationen werden z. T. in entsprechender Anwendung des → Steuerstrafrechts (§§ 35 ff.), im übrigen durchweg als → Ordnungswidrigkeiten (§ 36) geahndet. Zum Vollzug vgl. ferner für Einfuhr das AbschöpfungserhebungsG vom 25. 7. 1962 (BGBl. I 453) m. spät. Änd., für die Ausfuhr die VO vom 17. 1. 1975 (ABl. EG L 25 S. 1) m. Änd. (Ausfuhrerstattungen) sowie die DVO vom 29. 3. 1977 (BGBl. I 525) m. Änd. Zur *Vollstreckung* von Geldforderungen aus dem System der gemeinsamen M. s. Ges. vom 10. 8. 1979 (BGBl. I 1429).

**Marktstrukturgesetz.** Nach dem Ges. zur Anpassung der landwirtschaftlichen Erzeugung an die Erfordernisse des Marktes – Marktstrukturgesetz – i. d. F. vom 26. 9. 1990 (BGBl. I 2134) m. Änd. können sich Inhaber landwirtschaftlicher oder fischwirtschaftlicher Betriebe zu Erzeugergemeinschaften zusammenschließen, die nach Anerkennung durch die zuständigen Landesbehörden (§§ 2–4) durch staatliche Beihilfen aus Haushaltsmitteln gefördert werden (Einzelheiten §§ 5, 6 u. DVOen). Die aus dem Zusammenschluß zur gemeinsamen Regelung von Erzeugung und Absatz erwachsenden Wettbewerbsbeschränkungen werden vom Gesetz gebilligt; die Erzeugergemeinschaften sind insoweit von dem Verbot des § 1 GWB (→ Kartellgesetz) befreit. Über eine entsprechende Regelung für den Bereich der Forstwirtschaft (forstwirtschaftliche Zusammenschlüsse) s. → Forstrecht. Im Gebiet der ehem. DDR tritt das Gesetz mit den dazu erlassenen Rechtsverordnungen am 1. 1. 1994 in Kraft (Anl. I zum EinigV Kap. X Sachgeb. C. Abschn. III Nr. 1).

**Marktverkehr.** Der M. ist nach der GewO (§§ 64 ff.) weitgehend privilegiert; er steht „einem jeden mit gleichen Befugnissen frei". Es bedarf weder einer Anzeige (→ stehendes Gewerbe) noch einer Reisegewerbekarte (→ Reisegewerbe); anders bei → Volksfesten. Die GewO unterscheidet Ausstellungen (überwiegend zur Information über das Angebot eines Wirtschaftszweigs oder einer Region), Großmärkte (für gewerbliche Wiederverkäufer, gewerbliche Verbraucher und Großabnehmer), *Wochenmärkte* (für landwirtschaftliche Erzeugnisse, frische Lebensmittel und Fabrikate, die mit der Landwirtschaft oder anderen Zweigen der Urproduktion in Verbindung stehen, sowie sonstige Waren des täglichen Bedarfs nach Landesrecht; § 66), *Spezial- und Jahrmärkte* (Kram-Märkte, Dulten), auf denen außer den genannten auch „Verzehrgegenstände" und Fabrikate aller Art feilgehalten werden (§ 68), und → *Messen.* Zahl, Zeit, Dauer und Platz der Messen und Märkte werden von der zuständ. Verwaltungsbehörde festgesetzt (§ 69; Verwaltungsakt gegenüber dem Marktträger). Die Festsetzung regelt Marktzeit, Gegenstände des Marktes sowie die Ordnung auf dem Marktplatz bzw. Messegelände. Für Wochenmärkte gelten dabei grundsätzlich die Vorschriften über den Ladenschluß (§ 19 I SchlG); wegen Vergütungen s. § 71 GewO. Auf die Zulassung zum M. hat grundsätzlich jedermann einen Rechtsanspruch, der zum festgesetzten Teilnehmerkreis gehört (§ 70 GewO).

**Marktwirtschaft** ist die wirtschaftswissenschaftliche Bezeichnung für einen Zustand der Volkswirtschaft, bei dem der Ablauf des Wirtschaftsprozesses maßgeblich durch individuelle Wirtschaftspläne (Konsum-, Produktions-, Investitionspläne) bestimmt wird; deren Koordinierung regelt sich durch die am freien Markt gemäß Angebot und Nachfrage sich bildenden Preise (Preismechanismus). Gegensatz: → Planwirtschaft. Eine von staatlichen Eingriffen völlig *freie Marktwirtschaft* entsprach den Vorstellungen des frühen Liberalismus (sog. Manchester-Liberalismus, laissez-faire-System), dessen Überzeugung von einer „prästabilisierten Harmonie der Volkswirtschaft" durch die wirtschaftliche Entwicklung nicht bestätigt worden ist. Nach dem Neo-Liberalismus des 20. Jahrhunderts, dem die Wirtschaftspolitik der *sozialen Marktwirtschaft* der BRep. zuzurechnen ist, hat der Staat dagegen die Aufgabe, die institutionellen Rahmenbedingungen des Wirtschaftsprozesses (Wirtschaftsordnung) so festzusetzen, daß sich eine funktionsfähige (soziale) Wettbewerbswirtschaft entfalten kann. Hierzu gehört u. a. die Bekämpfung marktbeherrschender Einflüsse (→ Wettbewerbsrecht). Direkte staatliche Eingriffe (→ Wirtschaftslenkung) sind dem System der M. fremd. Durch das → Stabilitätsgesetz wurde der mit Berufung des Sachverständigenrates zur Begutachtung der gesamtwirtschaftlichen Entwicklung erstmals erkennbare Auftrag an den Staat nach einer zusätzlichen *globalen Steuerung* der wirtschaftlichen Entwicklung instrumental ergänzt. Eine völlig freie Marktwirtschaft wäre, ebenso wie die Planwirtschaft, mit dem GG nicht vereinbar (Sozialstaatsgarantie). Innerhalb dieser wirtschaftstheoretischen Extremfälle verbleibt der staatlichen Wirtschaftspolitik jedoch ein weiter Handlungsraum. Die These Nipperdeys von der Garantie der sozialen Marktwirtschaft durch das GG hat sich in Wissenschaft und Rspr. nicht durchgesetzt. Vgl. BVerfGE 4, 18; 7, 400; 12, 363 u. a. (ständ. Rspr.). S. a. → Wirtschaftsverfassung.

**Maschinenschutzgesetz** – jetzt: Gerätesicherheitsgesetz – → technische Arbeitsmittel.

**Maschinenverordnung** s. jetzt → Produktsicherheit.

**Maßeinheiten** → Meßwesen.

**Masse** → Insolvenzmasse.

**Masseanspruch** → Insolvenzmasse.

**Massearmut** → Insolvenzmasse (1, 4 c).

**Massegläubiger** → Insolvenzmasse.

**Massekosten** → Insolvenzmasse.

**Massenentlassung** → anzeigepflichtige Entlassungen.

**Massenverfahren** nennt man im Verwaltungsrecht Verfahren, an denen eine Vielzahl von Personen mit gleicher Interessenrichtung beteiligt ist (so z. B. in → Planfeststellungsverfahren). Vorschriften über die Vertretung in solchen Verfahren enthalten die §§ 17–19 VwVfG. Danach gilt bei „gleichförmigen Eingaben" (Anträge und Eingaben, die in einem Verwaltungsverfahren von mehr als 50 Personen auf Listen unterzeichnet oder in vervielfältigten Texten eingereicht werden) der darin so Bezeichnete als Vertreter. Ist kein Vertreter bezeichnet, so kann die Behörde nach ortsüblicher Bekanntmachung die gleichförmigen Eingaben unberücksichtigt lassen. Endet die Vertretungsmacht und bestellen die Vertretenen keinen neuen Vertreter, so kann die Behörde von Amts wegen einen neuen Vertreter bestellen (§ 17 VwVfG). Sind an einem Verwaltungsverfahren mehr als 50 Personen mit gleichem Interesse beteiligt, so kann die Behörde zur Bestellung eines gemeinsamen Vertreters auffordern und ihn erforderlichenfalls von Amts wegen bestellen (§ 18 VwVfG). S. a. → Verbandsklage.

**Masseschulden** → Insolvenzmasse.

**Masseunzulänglichkeit** → Insolvenzverfahren (4 c).

**Masseverbindlichkeiten** → Insolvenzmasse.

**Masseur.** Der Beruf des M. als ist nunmehr als im Verhältnis zum → Physiotherapeuten eigenständiger Heilhilfsberuf geregelt (Ges. vom 26. 5. 1994, BGBl. I 1084). Die vollständige Berufsbezeichnung ist M. und medizinischer Bademeister, in der weiblichen Form Masseurin und medizinische Bademeisterin. Das Berufsbild entspricht im wesentlichen den bisherigen Regelungen. Die Ausbildungszeit beträgt drei Jahre und ist durch eine erfolgreich abgelegte Prüfung abzuschließen, vgl. hierzu die VO über Ausbildung und Prüfung vom 6. 12. 1994 (BGBl. I 3770). Die unbefugte Führung der Berufsbezeichnung wird als ordnungswidrig geahndet, die Bezeichnung „Masseuse“ gilt allerdings als nicht geschützt. Qualifikationen aus dem Gebiet der ehem. DDR sind übergeleitet; die Übergangsvorschriften sind ausgelaufen.

**Maßgeblichkeit der Handelsbilanz** für die Steuerbilanz bedeutet: Die handelsrechtlichen Ansatz- und Bewertungsvorschriften gelten auch für die Steuerbilanz, soweit keine steuerrechtliche Sonderregelung besteht = Steuerbilanz zieht mit (§ 5 I 1 EStG). Bilanzierungsverbote in der Handelsbilanz gelten auch für die Steuerbilanz, z. B. für selbstgeschaffene immaterielle Anlagegüter. Ein Aktivierungswahlrecht in der Handelsbilanz wird steuerlich zur Aktivierungspflicht, z. B. hinsichtlich des entgeltlich erworbenen Geschäftswerts, ein Passivierungswahlrecht dagegen steuerlich zum Passivierungsverbot, denn der Kaufmann darf sich in der Steuerbilanz nicht ärmer machen.

*Ansatz- und Bewertungswahlrechte* müssen in der Handels- und Steuerbilanz einheitlich ausgeübt werden, z. B. lineare oder degressive Abschreibung (§ 5 I S. 2 EStG), wobei steuerliche Abschreibungsmöglichkeiten auch in der Handelsbilanz angesetzt werden dürfen (*umgekehrte Maßgeblichkeit*).

**Maßnahmegesetz** nennt man ein → Gesetz, das nicht allgemeine Tatbestände, sondern (offen oder versteckt) einen oder wenige Einzelfälle regelt (daher auch „Einzelfallgesetz“), z. B. Enteignung eines Industriebetriebs durch Gesetz. M. sind nur unter engen Voraussetzungen zulässig; insbes. dürfen sie nicht gegen den → Gleichheitssatz (Art. 3 GG) verstoßen. Zur Rspr. vgl. BVerfGE 7, 129 („lex Schörner“), 10, 234 („Platow-Komplex“), 13, 229 („Bahnhofsapotheke“), BVerfG NJW 1987, 1251 („Boxberg“).

**Maßnahmen der Arbeitsbeschaffung** → Arbeitsbeschaffung.

**Maßregeln der Besserung und Sicherung.** Durch das Ges. gegen gefährliche Gewohnheitsverbrecher vom 24. 11. 1933 (RGBl. I 995) sind als Reaktion auf die Straftat neben der Strafe bestimmte M. zugelassen worden, die nicht wie die Strafe dem Ausgleich begangenen Unrechts, sondern der Vorbeugung durch Besserung des Täters oder der Sicherung der Gemeinschaft dienen (sog. *Zweispurigkeit:* Strafe und M.). Die M. (§ 61 ff. StGB) kommen daher auch gegen Schuldunfähige in Betracht. Inwieweit für die Prognose über die Gefährlichkeit des Täters der Satz → in dubio pro reo gilt, ist str. Nach dem → Verhältnismäßigkeitsgrundsatz darf eine M. d. B. u. S. nicht außer Verhältnis zur Bedeutung der Straftaten und zur Gefährlichkeit des Täters stehen (§ 62 StGB). Zugelassen sind folgende 6 M.:

1. *Unterbringung in einem psychiatrischen Krankenhaus,* wenn der Täter die rechtswidrige Tat im Zustand der Schuldunfähigkeit oder verminderten Schuldfähigkeit begangen hat und wenn die öffentliche Sicherheit die Unterbringung erfordert, also insbes. bei Geisteskranken (§ 63 StGB).

2. *Unterbringung in einer Entziehungsanstalt;* sie wird angeordnet, wenn jemand, der aus Gewohnheit im Übermaß alkoholische Getränke oder andere berauschende Mittel (z. B. Rauschgift) zu sich nimmt, wegen einer auf den

Hang zu Rauschmitteln zurückzuführenden rechtswidrigen Tat zu Strafe verurteilt oder wegen (möglicher) Schuldunfähigkeit nicht bestraft wird und seine Unterbringung wegen der Gefahr neuer erheblicher rechtswidriger Taten erforderlich ist (§ 64 StGB). Zulässig ist und bleibt sie aber nur, wenn eine hinreichend konkrete Aussicht auf Behandlungserfolg besteht (BVerfG NJW 1995, 1077).

3. Sicherungsverwahrung. a) Sie ist nach § 66StGB *zwingend vorgeschrieben,* wenn der Täter wegen vorsätzlicher Tat zu zeitiger Freiheitsstrafe von mindestens 2 Jahren verurteilt wird, nachdem er früher bereits wegen vorsätzlicher Taten *zweimal* zu je mindestens 1 Jahr Freiheitsstrafe verurteilt worden war und dafür mindestens 2 Jahre Freiheitsstrafe verbüßt oder sich im Vollzug einer freiheitsentziehenden M. d. B. u. S. befunden hat.

b) Sie ist nach § 66 II StGB *möglich,* wenn jemand – auch ohne Vorstrafen – *drei* vorsätzliche (zur Aburteilung stehende) Straftaten begangen und für diese jeweils mindestens 1 Jahr Freiheitsstrafe verwirkt hat und wenn er dafür zu mindestens 3 Jahren Freiheitsstrafe verurteilt wird.

c) Sie ist nach § 66 III StGB auch möglich, wenn jemand wegen eines Verbrechens oder einer bestimmten Tat, insbes. bestimmter → Sexualstraftaten, zu mindestens 2 Jahren Freiheitsstrafe verurteilt wird, nachdem er früher wegen einer solchen Tat schon *einmal* zu mindestens 3 Jahren Freiheitsstrafe verurteilt worden war und dafür mindestens 2 Jahre Freiheitsstrafe verbüßt oder sich im Vollzug einer freiheitsentziehenden M. d. B. u. S. befunden hat; ferner, wenn jemand – ohne Vorverurteilung – *zwei* (zur Aburteilung stehende) Verbrechen oder bestimmte Taten begangen hat, dafür jeweils mindestens 2 Jahre Freiheitsstrafe verwirkt hat und zu mindestens 3 Jahren Freiheitsstrafe verurteilt wird.

Allgemeine Voraussetzung in diesen Fällen ist, daß die öffentliche Sicherheit die M. noch nach der Strafverbüßung erfordert, weil nach der Persönlichkeit des Täters *(Hangtäter)* mit weiteren erheblichen Verstößen gegen Strafgesetze zu rechnen ist und andere vorbeugende Maßnahmen, z. B. Führungsaufsicht, nicht ausreichen, daß auch nicht besondere Umstände, etwa der Gesundheitszustand des Täters, weitere kriminelle Betätigung einschränken.

Gegen *Jugendliche* (zur Tatzeit noch nicht 18jährige) und *Heranwachsende* (zur Tatzeit 18, aber noch nicht 21 Jahre) darf die Sicherungsverwahrung nicht angeordnet werden (§§ 7, 106 II JGG). In den neuen Ländern sind, da es in der ehem. DDR eine Sicherungsverwahrung nicht gab, nach dem Ges. vom 16. 6. 1995 (BGBl. I 818) die Vorschriften über Sicherungsverwahrung grundsätzlich erst auf nach dem 1. 8. 1995 begangene Taten uneingeschränkt anzuwenden.

Die Maßregeln zu 1–3 dauern so lange, wie ihr Zweck es erfordert, die Unterbringung in einer Entziehungsanstalt höchstens 2 Jahre. Sicherungsverwahrung wird nach 10 Jahren Vollzug für erledigt erklärt, wenn nicht die Gefahr erheblicher Staftaten mit schwerer seelischer oder körperlicher Schädigung der Opfer besteht (§ 67 d StGB). Die M. zu 1 und 2 werden mangels anderer Anordnung des Gerichts vor einer Freiheitsstrafe vollzogen; die Vollzugszeit wird auf die Strafe angerechnet, bis diese zu zwei Dritteln erledigt ist (§ 67 StGB). Wird dagegen eine Freiheitsstrafe vor der Unterbringung vollzogen, so darf diese erst durchgeführt werden, wenn die Strafvollstreckungskammer entschieden hat, daß sie noch erforderlich ist (§ 67 c StGB, § 463 III StPO). *Aussetzung zur Bewährung* ist zulässig, hat aber Führungsaufsicht zur Folge (§§ 67 b, 67 d II StGB).

4. Führungsaufsicht (§§ 68 ff. StGB). Sie ist in gesetzlich bestimmten Fällen bei Verurteilung zu mindestens 6 Mon. Freiheitsstrafe oder nach vollständiger Vollstreckung einer mindestens 2jähr. Freiheitsstrafe wegen einer vorsätzlichen Straftat oder bei Aussetzung einer freiheitsentziehenden M. d. B. u. S. zur Bewährung zwecks Verhütung weiterer Straftaten und zugleich zur Resozialisierung des Verurteilten zulässig. Der Verurteilte wird für 2–5 Jahre einer Aufsichtsstelle und einem → Bewährungshelfer unterstellt; das Gericht kann ihn mit Weisungen versehen (Ortsbindung, Verbot bestimmter Tätigkeiten, Meldepflichten u. dgl.). Unter den Voraussetzungen des § 68 c II StGB kann

unbefristete Führungsaufsicht angeordnet werden. Über die Strafbarkeit der Zuwiderhandlung gegen bestimmte richterliche Weisungen vgl. § 145 a StGB.

5. *Entziehung der Fahrerlaubnis* nach §§ 69 ff. StGB (sichernde M. zum Unterschied von der Nebenstrafe des → Fahrverbots). Sie setzt voraus, daß der Täter wegen einer strafbedrohten Handlung, die er bei oder im Zusammenhang mit dem Führen eines Kfz. oder unter Verletzung der Führerpflichten begangen hat, verurteilt oder nur wegen Schuldunfähigkeit nicht verurteilt worden ist und daß er sich durch die Tat als ungeeignet zum Führen von Kfz. erwiesen hat. Mit der Entziehung ist zugleich eine *Sperre* (Verbot der Erteilung einer neuen Fahrerlaubnis) entweder auf Zeit – 6 Mon. bis 5 Jahre – oder für immer anzuordnen, jedoch mindestens für 1 Jahr, wenn in den letzten 3 Jahren vor der Tat bereits eine Sperre angeordnet worden war. Die Fahrerlaubnis ist *regelmäßig* zu entziehen, wenn es sich um bestimmte erheblichere Verkehrsdelikte handelt (Straßenverkehrsgefährdung, Trunkenheit im Verkehr, unerlaubtes Entfernen vom Unfallort in Kenntnis eingetretener schwerer Unfallfolgen, Volltrunkenheit im Verkehr, §§ 315 c, 316, 142, 323 a, 69 II StGB). Ausnahmsweise kann die Sperre auf bestimmte Arten von Kfz., z. B. Lkw., beschränkt werden. War die Fahrerlaubnis dem Täter nach § 111 a StPO *vorläufig* entzogen oder der Führerschein nach § 94 StPO beschlagnahmt oder sonstwie sichergestellt worden (→ Fahrerlaubnis, vorläufige Entziehung), so wird die entsprechende Zeit bei Bemessung der Sperrfrist berücksichtigt; das gesetzliche Mindestmaß der Frist (6 Mon.) verkürzt sich dementsprechend, aber nicht unter 3 Mon. Die Sperrfrist beginnt mit *Rechtskraft des Urteils;* doch wird die Dauer der vorläufigen Entziehung oder Sicherstellung, soweit sie nach der letzten Tatsachenentscheidung liegt, stets angerechnet. *Vorzeitige Aufhebung* der Sperre ist zulässig, wenn angenommen werden kann, daß der Verurteilte nicht mehr zum Führen von Kfz. ungeeignet ist, jedoch nicht vor Ablauf von 3 Mon. (bei Rückfall 1 Jahr); die Entscheidung trifft das Gericht (§ 69 a VII StGB, §§ 463 V, 462 StPO; es handelt sich um einen richterlichen, nicht um einen Gnadenakt, der i. d. R. bei M. d. B. u. S. nicht in Frage kommt). Nach Ablauf der Sperrfrist entscheidet die *Verwaltungsbehörde* auf Antrag über Erteilung einer (neuen) Fahrerlaubnis; sie ist hierzu nicht schon wegen des Fristablaufs verpflichtet, sondern an die gesetzlichen Voraussetzungen des § 2 StVG gebunden (→ Fahrerlaubnis; dort auch über deren vorläufige Entziehung, die keine Sicherungsmaßregel i. S. der §§ 61 ff. StGB ist, diese aber neben ihrem allgemeinen Präventivzweck verfahrensrechtlich sichern soll).

6. Berufsverbot. Es ist zulässig, wenn der Täter wegen einer rechtswidrigen Tat verurteilt wird, die er unter Mißbrauch seines Berufes oder Gewerbes oder unter grober Verletzung der mit ihnen verbundenen Pflichten begangen hat und wenn die Gefahr weiterer erheblicher mißbräuchlicher Taten besteht. Dauer der Maßregel mindestens 1, höchstens 5 Jahre, bei besonders ungünstiger Prognose ohne Befristung; währenddessen darf der Verurteilte den Beruf oder das Gewerbe auch nicht für einen anderen ausüben oder durch einen von seinen Weisungen Abhängigen für sich ausüben lassen (§ 70 StGB). Die M. ist unabhängig von einem Berufsverbot der *Verwaltungsbehörde.* Doch hat das Strafverfahren den Vorrang; die strafgerichtliche Entscheidung hat Sperrwirkung (vgl. § 35 III GewO). Über das *vorläufige Berufsverbot* vgl. § 132 a StPO, über die Strafbarkeit von Verstößen gegen das Verbot § 145 c StGB.

7. Als weitere M. war *die Unterbringung in einer sozialtherapeutischen Anstalt* vorgesehen. Sie ist jedoch nicht als gerichtliche Anordnung normiert, sondern als Modalität des Strafvollzugs eingeführt worden. Nach §§ 7 II, 9 StVollzG kann ein Strafgefangener mit seiner Zustimmung und der des Leiters der Aufnahmeanstalt in eine sozialtherapeutische Anstalt (oder die sozialtherapeutische Abteilung einer Vollzugsanstalt) verlegt werden, wenn deren besondere therapeutische Mittel und soziale Hilfen zu seiner Resozialisierung angezeigt sind; bei einem wegen einer → Sexualstraftat zu mehr als 2 Jahren verurteilten Strafgefangenen ist die Ver-

legung zwingend, wenn die Behandlung in einer sozialtherapeutischen Anstalt angezeigt ist. Zu den möglichen sozialtherapeutischen Maßnahmen gehört z. B. eine Pyschotherapie.

8. Die durch das Ges. vom 24. 11. 1933 eingeführte Unterbringung in einem *Arbeitshaus* (neben der Strafe wegen Bettelns, Landstreicherei, Gewerbsunzucht u. dgl.) ist durch das 1. StrRG 1969 weggefallen.

9. Die M. zu 1, 2, 5, 6 können, da sie auch gegen zur Tatzeit Schuldunfähige und gegen im Strafprozeß Verhandlungsunfähige zulässig sind, auch im → objektiven Verfahren selbständig angeordnet werden (§ 71 StGB, § 413 StPO).

Die Verhängung einer nach M. kann für sich allein mit dem gegen das Urteil zulässigen *Rechtsmittel* angefochten werden. Der *Schuldspruch* wird durch die beschränkte Anfechtung nicht berührt; diese ergreift aber den *Strafausspruch,* wenn die Entscheidungen über Strafe und Maßnahme sachlich nicht voneinander getrennt werden können.

Sondervorschriften über den *Vollzug der freiheitsentziehenden Maßregeln* im psychiatrischen Krankenhaus und in der Entziehungsanstalt (1, 2) enthalten die *Maßregelvollzugsgesetze* der Länder; vgl. die Zusammenstellung bei Tröndle vor § 61 StGB, Rn. 6.

10. Weitere im Strafverfahren zugelassene Maßregeln sind Verfall, Einziehung und Unbrauchbarmachung (§§ 73 ff. StGB); sie haben Sicherungscharakter, soweit sie auch gegen Dritte zulässig sind. Außerhalb des Strafrechts können auf Grund anderer Vorschriften ebenfalls sichernde Maßregeln getroffen werden, so zur Gefahrenabwehr nach allgemeinem → Polizeirecht sowie gegen Geisteskranke, Süchtige, Seuchenverdächtige usw. (→ Freiheitsentziehung, → Seuchenbekämpfung, → Anstaltsunterbringung).

**Maßregelvollzugsgesetze** → Maßregeln der Besserung und Sicherung (9).

**Maßvoller Gesetzesvollzug** → Besteuerungsverfahren, → Gleichmäßigkeit der Besteuerung.

**Materielle Rechtskraft** → Rechtskraft.

**Materielles Konsensprinzip** → Grundbuch, → Traditionsprinzip.

**Materielles Recht** → Recht (3), → Strafrecht (1 a).

**Matriarchat** → Gerontokratie.

**Mauer- und Grenzgrundstücke** sind Immobilien, die von der ehem. DDR zum Zweck der 1961 durchgeführten Errichtung der Mauer quer durch und um Berlin (West) sowie der Sperranlagen an der innerdeutschen Grenze enteignet oder durch Zwangsverkauf entzogen wurden. Diese Grundstücke werden durch das Vermögensges. (s. → Offene Vermögensfragen) nicht erfaßt, sind also der öffentlichen Hand zugefallen. Die Maßnahmen stellen zwar kein individuelles Unrecht, aber ein Symbol für das Unrechtsregime der ehem. DDR und für die frühere Teilung Deutschlands dar. Durch das Mauergrundstücksges. vom 15. 7. 1996 (BGBl. I 980) wurde deshalb bestimmt, daß ein früherer Eigentümer oder sein Rechtsnachfolger sein Grundstück zum Preis von 25% des Verkehrswertes zurückkaufen kann oder, falls die BRep. das Grundstück im öffentlichen Interesse verwenden oder an einen Dritten veräußern will, Anspruch auf Zahlung von 75% des Verkehrswertes hat.

Der Erwerb eines M-. u. G. ist von der → Grunderwerbsteuer befreit und stellt keine Anschaffung i. S. eines Spekulationsgeschäftes (→ Spekulationsgewinne) dar.

**Mauern** *(Grenzmauern)* → Grenzregelung bei Grundstücken, → Nachbarrecht.

**Maximalhypothek** = (→ Höchstbetragshypothek).

**Mechanische Wiedergabe von Werken der Tonkunst** → Urheberrecht.

**Mecklenburg-Vorpommern** ist ein Land der → Bundesrepublik Deutschland. Nach der Verfassung vom 23. 5. 1993 (GVBl. S. 372) ist M.-V. ein republikanischer, demokratischer, sozialer und dem Schutz der natürlichen Lebensgrundlagen verpflichteter Rechtsstaat. Die Gesetzgebung erfolgt durch den Landtag oder durch Volksentscheid. Gesetzesentwürfe werden von der Landesregierung, aus der Mitte des Landtags oder durch Volksbegehren eingebracht. Nimmt der Landtag einen durch Volksbegehren eingebrachten Gesetzesentwurf nicht innerhalb von sechs Monaten im wesentlichen unverändert an, findet frühestens drei, spätestens sechs Monate nach Ablauf der Frist oder dem Beschluß des Landtags, den Entwurf nicht als Gesetz anzunehmen, über den Gesetzesentwurf ein Volksentscheid statt. Der Landtag kann dem Volk auch einen eigenen Gesetzesentwurf zum Gegenstand des Volksbegehrens zur Entscheidung vorlegen. Verfassungsändernde Gesetze bedürfen jeweils einer Zwei-Drittel-Mehrheit. Die Landesregierung besteht aus dem Ministerpräsidenten und den Ministern. Der Ministerpräsident wird vom Landtag gewählt. Der Ministerpräsident ernennt und entläßt die Minister. Der Landtag kann das Vertrauen nur dadurch entziehen, daß er mit der Mehrheit seiner Mitglieder einen Nachfolger des Ministerpräsidenten wählt. Das Landesverfassungsgericht (Gesetz vom 19. 7. 1994, GVBl. 734) besteht aus sieben Richtern. Sie werden auf Vorschlag eines besonderen Ausschusses vom Landtag mit Zweidrittel-Mehrheit gewählt. Eigene Abschnitte der Verfassung befassen sich mit den Grundrechten und den Staatszielen. Die kulturelle Eigenständigkeit ethnischer und nationaler Minderheiten wird besonders geschützt. M.-V. wurde durch das Ländereinführungsgesetz der ehemaligen → DDR vom 22. 7. 1990 (GBl. I Nr. 51 S. 955) mit Wirkung vom 3. 10. 1990 errichtet und ist seit dem selben Tag gem. dem → Einigungsvertrag mit dem Wirksamwerden des → Beitritts Land der Bundesrepublik Deutschland.

**Medaillen** (Herstellung, Vertrieb) → Münzwesen; s. a. → Geld- und Wertzeichenfälschung.

**Mediat(isierung).** Im Gegensatz zu den reichsunmittelbaren Ständen, die ihr → Lehnsrecht direkt vom König ableiteten, standen im Mittelalter die mediatisierten, deren Lehnsverhältnis zum König durch einen ihnen übergeordneten Reichsstand vermittelt wurde. Kleinere Reichsstände wurden im Laufe der Zeit häufig mediatisiert, andere versuchten sich dem zu entziehen. Im → Reichsdeputationshauptschluß (1803) wurde neben der → Säkularisation in großem Umfange eine Mediatisierung in der Weise durchgeführt, daß alle geistlichen und viele weltlichen Territorien größeren zugeschlagen wurden.

**Mediation** (engl. Vermittlung) ist eine in den USA entwickelte Form zur außergerichtlichen, von den Beteiligten selbst erarbeiteten, einvernehmlichen Lösung von Konflikten vor allem im Fall der → Ehescheidung (z. B. über die → elterliche Sorge) mit Hilfe eines unparteiischen Mediators (Vermittlers) ohne Entscheidungsbefugnis (s. a. §§ 52, 52 a FGG, § 17 SGB VIII).

**Mediendienste** regelt der Mediendienstestaatsvertrag der Länder (abgedruckt bei Engel-Flechsig u. a., Neue gesetzliche Rahmenbedingungen für Multimedia, Heidelberg 1997). Die Abgrenzung des Anwendungsbereichs zum Teledienst (→ Teledienste) (=„Informations- und Kommunikationsdienste“) kann im Einzefall schwierig sein. Die Regelungen jeweils in § 2 TelediensteG bzw. Art. 2 Medienstaatsvertrag sind keineswegs eindeutig. Grundsätzlich gilt, daß ein Mediendeinst Angebote der Meinungsbildung für die Allgemeinheit enthält, während Teledienste Informations- oder Kommunikationscharakter haben.

**Medieninhalte** sind Ton- und Bildträger, Datenspeicher, Abbildungen und andere Darstellungen, die nach § 1 III Ges. über die Verbreitung → jugendgefährdender Schriften und M. den → Schriften gleichstehen.

**Medienrecht** → Presserecht, → Rundfunk, → Bildschirmtext, → Teledienste, → Mediendienste, → Signatur, digitale.

**Medizinisch-technische Assistenten.** Nach dem Ges. über technische Assistenten in der Medizin (MTAG) vom 2. 8. 1993 (BGBl. I 1402) bedürfen med.techn. Laboratoriums-, Radiologie- und veterinärmedizin.-techn. Assistenten (-innen) einer Erlaubnis der zuständigen Verwaltungsbehörde. Sie setzt 3 Jahre theor. und prakt. Ausbildung und die Prüfung vor einem staatlichen Prüfungsausschuß voraus (Ausbildungs- u. PrüfungsO vom 25. 4. 1994, BGBl. I 922). Gleichwertige Qualifikationen aus EG-Ländern sind gleichgestellt (§ 2 II). Nach § 9 des Ges. ist ihnen die Ausübung der wichtigsten medizinischen Hilfsleistungen vorbehalten.

**Medizinische Bademeister** → Masseur.

**Medizinische Indikation** → Schwangerschaftsabbruch, → Unfruchtbarmachung.

**Medizinische Rehabilitation.** In der gesetzlichen → Rentenversicherung umfassen die Leistungen zur medizinischen Rehabilitation die Behandlung durch Ärzte und Angehörige anderer Heilberufe, soweit deren Leistungen unter ärztlicher Aufsicht oder auf ärztliche Anordnung durchgeführt werden, die Versorgung mit Arznei- und Verbandmitteln, Heilmitteln einschließlich Krankengymnastik, Belastungserprobung und Arbeitstherapie sowie die Versorgung mit Körperersatzstücken und orthopädischen und anderen Hilfsmitteln. Die medizinischen Leistungen zur Rehabilitation werden stationär erbracht (§ 15 SGB VI).

In der gesetzlichen → Unfallversicherung sind vergleichbare Leistungen Teil der → Heilbehandlung (§§ 27 ff. SGB VII).

**Medizinischer Dienst der Krankenversicherung.** Dieser ist als eine von den Krankenkassen und ihren Verbänden in einem Land gemeinsam getragene Arbeitsgemeinschaft an die Stelle des früheren vertrauensärztlichen Dienstes getreten. Aufgaben: Vorschläge zur Sicherung des Heilerfolges und zur Einleitung von Rehabilitationsmaßnahmen, Erstattung von Gutachten bei Zweifeln an der Arbeitsunfähigkeit, Überprüfung der Verordnungen von Versicherungsleistungen. Im Rahmen der → Pflegeversicherung haben außerdem die → Pflegekassen durch den M. D. prüfen zu lassen, ob die Voraussetzungen der Pflegebedürftigkeit (→ Pflegebedürftige) erfüllt sind und welche Stufe der Pflegebedürftigkeit (→ Pflegestufen) vorliegt. Körperschaft des öffentlichen Rechts mit Selbstverwaltung. §§ 275–283 SGB V; § 18 SGB XI.

**Medizinprodukte.** M. sind im wesentlichen Apparate und Stoffe zur Diagnose, Verhütung, Behandlung und Linderung von Krankheiten und Behinderungen des Menschen. Die genaue, außerordentlich perfektionistische Begriffsbestimmung findet sich in § 3 des Medizinproduktegesetzes – MPG – vom 2. 8. 1994 (BGBl. I 1963). Das Gesetz regelt Herstellen, Inverkehrbringen und Betreiben von M., nämlich im einzelnen Vorschriften für das Errichten, Betreiben und Anwenden von M., §§ 22–24, sowie ein Überwachungssystem, §§ 25–32 MPG. Im Zusammenhang mit diesem ist die Einführung eines Betriebsbeauftragten (Sicherheitsbeauftragter für M., § 31 MPG) sowie eines besonderen Medizinprodukteberaters, § 32 MPG, vorgesehen. Das Gesetz soll zu einer weitgehenden Vereinheitlichung des einschlägigen Regelungsbereichs dienen. Wegen Einzelheiten zu grundlegenden Anforderungen, Klassifizierung, klinischer Bewertung und Prüfung u. a. vgl. die M-ProdukteVO vom 17. 12. 1997 (BGBl. I 3138), die im Vollzug weiterer europarechtlicher Vorgaben ergangen ist. Zuständige Vollzugsbehörden sind das → Bundesinstitut für Arzneimittel und Medizinprodukte sowie die Physikalisch-technische Bundesanstalt. Für M. gelten anstelle allgemeiner Vorschriften, etwa des → Eichwesens und der → Gerätesicherheit, die Sondervorschriften der BetreiberVO vom 29. 6. 1998 (BGBl. I 1762).

**Meeresverschmutzung.** Durch Ges. vom 23. 12. 1981 (BGBl. 1982 II 2) sind das Internationale Übereinkommen von 1973 und das Protokoll von 1978 zu diesem Ü. ratifiziert worden. Das Übereinkommen verpflichtet die Vertragsstaaten zu gemeinsamen Bemühungen gegen die im normalen Schiffsbetrieb und durch Tankerunfälle verursachte M. (dazu VO i. d. F. vom 19. 2. 1989, BGBl. I 248). Das Übereinkommen vom 4. 6. 1974 zur Verhütung der M. vom Lande aus ist durch Ges. vom 18. 9. 1981 (BGBl. II 870) ratifiziert worden.

**Mehrarbeit** ist die Arbeitszeit, die 8 Stunden am Tag überschreitet; sie ist von → Überarbeit zu unterscheiden. M. ist grundsätzlich verboten. Soweit sie ausnahmsweise zulässig ist (→ Arbeitszeit), ist ein angemessener Ausgleich in entsprechender Freizeit oder ein Zuschlag zum Bruttoarbeitslohn zu gewähren. Die gesamte Vergütung für M.stunden ist zur Hälfte unpfändbar (§ 850 a Nr. 1 ZPO; → Lohnpfändung).

**Mehraufwendungen.** → Doppelte Haushaltsführung; → Reisekosten 3.

**Mehrerlös.** Im Verfahren wegen einer dem WirtschaftsstrafG 1954 i. d. F. vom 3. 6. 1975 (BGBl. I 1313) unterliegenden Zuwiderhandlung kann angeordnet werden, daß der Verurteilte den durch die Tat erlangten unzulässigen Überpreis (Mehrerlös) an das Land abführt, soweit er ihn nicht schon auf Grund bürgerlich-rechtlicher Verpflichtung dem Geschädigten zurückerstattet hat. Statt dessen kann auf Antrag des Geschädigten die Rückerstattung an diesen angeordnet werden. Wäre die Abführung des vollen Betrags eine unbillige Härte, so kann sie auf einen angemessenen Betrag beschränkt werden oder unterbleiben. Die Anordnung, den M. abzuführen, ist keine Strafe, sondern Nebenfolge; sie kann daher auch getroffen werden, wenn der Täter nicht schuldhaft gehandelt hat, und kann im → objektiven Verfahren verhängt werden, wenn ein Straf- oder Bußgeldverfahren gegen den Täter z. B. wegen Abwesenheit oder Schuldunfähigkeit nicht durchgeführt werden kann (§§ 8 ff. WiStG 1954; s. a. → Wirtschaftsstrafrecht). Die Abführung des M. tritt an die Stelle des → Verfalls (§§ 73 ff. StGB, § 29 a OWiG).

**Mehrfachpfändung** → Pfändung, → Anschlußpfändung.

**Mehrfachtäter** (Straßenverkehr) → Punktsystem.

**Mehrheit** (einfache, qualifizierte) → Abstimmung; → Kanzlermehrheit; s. a. → Minderheitsrechte (M.beschluß).

**Mehrheit von Schädigern** → unerlaubte Handlung (5 b).

**Mehrheitswahl** ist ein Wahlsystem, bei dem die Person gewählt ist, die in einem Wahlkreis die (absolute oder relative) Mehrheit der abgegebenen Stimmen erhält. M. ist gleichbedeutend mit *Persönlichkeitswahl* und steht im Gegensatz zur *Verhältniswahl (Listenwahl).* Als Hauptvorzüge der M. werden angesehen, daß die Parteien profilierte Persönlichkeiten aufstellen müssen, daß Splitterparteien weitgehend ausgeschaltet werden und damit klare Mehrheitsverhältnisse in der gewählten Körperschaft zu erwarten sind. Als Hauptnachteil der M. gilt, daß sie die Mehrheitsverhältnisse oft ungenau, im Extremfall sogar verzerrt widerspiegelt, und daß sie u. U. zahlenmäßig kleinere, aber politisch bedeutsame Gruppen von der Mitarbeit im Parlament ausschließt. Häufig wird daher versucht, M. und Verhältniswahl zu kombinieren (sog. „verbessertes Verhältniswahlrecht"), etwa durch das System der für eine Liste abzugebenden Zweitstimme.

**Mehrlieferung** → Minderlieferung.

**Mehrmalige Bestrafung** (Verbot der –) → Strafklageverbrauch.

**Mehrphasensteuer** → Allphasensteuer.

**Mehrstaater.** 1. Besitzt jemand die → Staatsangehörigkeit zweier Staaten *(sujet mixte),* so hat er die staatsbürgerlichen Rechte und Pflichten beider Staaten. Der Erwerb mehrerer Staatsangehörigkeiten ist z. B. möglich, wenn sich die Staatsangehörigkeit des Staates, dem der Vater einer Person angehört, nach der Abstammung richtet (Personalitätsprinzip), das Kind jedoch in einem Land geboren wird, in dem die Staatsangehörigkeit kraft Geburt im Lande erworben wird (Territorialitätsprinzip). Ferner kann eine doppelte Staatsangehörigkeit auch dann eintreten, wenn eine fremde Staatsangehörigkeit erworben wird, zuvor aber die Genehmigung zur Beibehaltung der bisherigen Staatsangehörigkeit erteilt worden ist.

2. Die Mitgliedstaaten des → Europarats haben am 6. 5. 1963 das Übereinkommen über die Verringerung der Mehrstaatigkeit und über die Wehrpflicht von Mehrstaatern beschlossen, dem die BRep. mit Ges. v. 29. 9. 1969 (BGBl. II 1953) zugestimmt hat. Danach verlieren volljährige Staatsangehörige ihre Staatsangehörigkeit, wenn sie kraft ausdrücklicher Willenserklärung durch → Einbürgerung, → Option oder Wiedereinbürgerung die Staatsangehörigkeit einer anderen Vertragspartei erwerben. Staatsangehörige mehrerer Vertragsparteien brauchen ihre Wehrpflicht nur einer gegenüber erfüllen.

3. Um die ungünstigen Auswirkungen der Mehrstaatigkeit zu vermeiden, kommt nach ständiger Verwaltungspraxis eine → Einbürgerung nur bei Aufgabe der bisherigen Staatsangehörigkeit in Betracht. Soweit durch Rechtsvorschrift ein Anspruch auf Einbürgerung begründet ist, setzt dieser die Aufgabe der bisherigen Staatsangehörigkeit oder deren Verlust (siehe z. B. oben Ziffer 2) voraus. In den Fällen der Einbürgerung junger → Ausländer und der Einbürgerung von Ausländern mit langem Aufenthalt läßt § 87 AusländerG die Hinnahme der Mehrstaatigkeit zu, wenn der Heimatstaat die Entlassung aus der bisherigen Staatsangehörigkeit nicht vorsieht, regelmäßig verweigert, willkürhaft versagt oder von der Ableistung des Wehrdienstes abhängig macht, obwohl der überwiegende Teil der Schulausbildung in der BRep. absolviert wurde. In jüngster Zeit wird in der BRep. die weitere Erleichterung doppelter Staatsangehörigkeit diskutiert.

**Mehrstimmrechtsaktie** ist eine → Aktie, die bei gleichem Nennbetrag wie eine → Stammaktie ein mehrfaches → Aktienstimmrecht gewährt. Sie ermöglicht es, daß auch mit geringerer Kapitalbeteiligung eine → Aktiengesellschaft von den Inhabern der M. beherrscht wird. M. dürfen grundsätzlich nicht mehr geschaffen werden (§ 12 II AktG), ausnahmsweise mit Genehmigung der obersten für die Wirtschaft zuständigen Landesbehörden aber dann, wenn dadurch überwiegende gesamtwirtschaftliche Belange gewahrt werden müssen. Früher begründete M. bestehen fort, können aber durch → Hauptversammlungsbeschluß beschränkt oder abgeschafft werden (§ 5 EGAktG).

**Mehrstufiger Verwaltungsakt** → Mitwirkungsverwaltung.

**Mehrvertretung** → Selbstkontrahieren.

**Mehrwertsteuer** → Umsatzsteuer.

**Meierrecht** war im Mittelalter eine Form des bäuerlichen Pachtrechts. Es entstand aus der Überlassung von Höfen durch die Grundherren an die bisherigen Verwalter („Meier") oder an freigelassene Hintersassen, zunächst auf Zeit, später in Erbpacht. Bei Mißwirtschaft oder Zinsrückstand konnte der Grundherr das M. entziehen *(Abmeierung)*. Das erbliche M. entwickelte sich im 19. Jh. zum Eigentumsrecht der Meier.

**Meineid** ist die *vorsätzliche eidliche* Bekräftigung einer unrichtigen Aussage vor Gericht oder einer anderen zur Eidesabnahme zuständigen Stelle (Konsulat, parlamentarischer Untersuchungsausschuß usw.). Täter kann z. B. die im Zivilprozeß eidlich vernommene Partei oder ein Zeuge oder Sachverständiger sein. Ein M. kann auch durch eine an Stelle des Eides abgegebene eidesgleiche Bekräftigung (§ 66 d StPO, § 484 ZPO) oder durch Berufung auf einen früheren Eid (eine frühere Bekräftigung) geleistet werden (§§ 154, 155 StGB). Ob der Eid falsch ist, richtet sich nach dem Inhalt der *beschworenen* Aussage, insbes. ob der Vernommene eine Tatsache als wahr hingestellt oder nur seine Überzeugung hiervon zum Ausdruck gebracht hat, ob sie sich auf Nebenangaben wie Personalien bezieht usw. Der *Vorsatz* des Täters muß das Bewußtsein, daß die Aussage unrichtig ist, und die Zuständigkeit der den Eid abnehmenden Stelle umfassen. Hält er eine objektiv richtige Aussage für unwahr, liegt untauglicher → Versuch vor. Vollendet ist die Tat mit Abschluß der Eidesleistung. Außer → Anstiftung (auch mißlungener) ist → Beihilfe zum M. möglich, u. U. dadurch, daß eine Prozeßpartei den M. eines Zeugen durch ihr Verhalten fördert, obwohl sie zur Richtigstellung verpflichtet ist. *Strafmilderung* oder Absehen von Strafe ist zulässig, wenn ein *Zeuge oder Sachverständiger* den M. geleistet hat, um von sich oder einem Angehörigen die Gefahr gerichtlicher Bestrafung abzuwenden (§ 157 StGB, *Eidesnotstand*). Das gleiche gilt – hier auch bei M. einer Partei –, wenn der Täter die Aussage rechtzeitig *berichtigt,* d. h. bevor ein Nachteil für einen anderen entstanden, eine Anzeige erstattet oder eine Untersuchung eingeleitet worden ist und solange die Berichtigung noch verwertet werden kann (§ 158 StGB). Wegen der uneidlichen Falschaussage von Zeugen oder Sachverständigen s. → falsche uneidliche Aussage, wegen der fahrlässigen Eidesverletzung s. → Falscheid.

**Meinungsfreiheit.** Nach Art. 5 I GG hat jeder das Recht, seine Meinung in

Wort, Schrift und Bild frei zu äußern und zu verbreiten. Meinung in diesem Sinne ist nicht die bloße Wiedergabe von Tatsachen, sondern nur auf Überzeugungsbildung gerichtete Äußerungen, also Stellungnahmen, Wertungen, Beurteilungen, wenn diese auch in Form von Tatsachenberichten abgegeben werden können. Die M. ist eines der wichtigsten → Grundrechte und Wesensbestandteil einer freiheitlichen demokratischen Staatsordnung. Sie kann deshalb auch durch → Verfassungsänderung nicht beseitigt werden. Doch ist dieses Freiheitsrecht nicht schrankenlos; es findet nach Art. 5 II GG seine Schranken in den allgemeinen Gesetzen, den gesetzlichen Bestimmungen zum Schutze der Jugend und in dem Recht der persönlichen Ehre. Allgemeine Gesetze sind nur solche, die sich nicht gegen eine bestimmte Meinung richten, so insbes. die Strafgesetze, die allgemeinen Polizeigesetze, die Richter- und Beamtengesetze (Gebot der Mäßigung und Zurückhaltung), sowie die Grundregeln über das Arbeitsverhältnis (z. B. betriebliche Friedenspflicht, Verbot parteipolitischer Betätigung des Betriebsrats). Die Auslegung der das Grundrecht der M. einschränkenden „allgemeinen Gesetze" darf aber den besonderen Wertgehalt des Grundrechts nicht beeinträchtigen. Es besteht eine Wechselwirkung: die allgem. Gesetze schränken zwar ihrem Wortlaut nach das Grundrecht ein, sind aber ihrerseits aus der wertsetzenden Bedeutung des Grundrechts auszulegen und so in ihrer begrenzenden Wirkung selbst wieder einzuschränken (vgl. BVerfGE 7, 207; 12, 124; 20, 176). Als besondere Ausprägungen der M. werden die → Pressefreiheit und die Freiheit der Berichterstattung durch Rundfunk und Film gewährleistet (Art. 5 I 2, 3 GG). In engem Zusammenhang mit der M. stehen → Informationsfreiheit sowie Freiheit der → Presse, → Kunst, → Wissenschaft und → Lehre.

**Meistbegünstigung** ist die Verpflichtung eines Staates, die anderen Staaten eingeräumten handelspolitischen Vergünstigungen, insbes. Zollvorteile, den Staaten zu gewähren, mit denen die M. vereinbart ist. Die M. kann eine ein-, zwei- oder mehrseitige sein und auf einem zwei- oder mehrseitigen Vertrag beruhen. Eine *unbedingte* M. hat deren Gewährung automatisch zur Folge, eine *bedingte* nur unter der Voraussetzung, daß derselbe Vorteil durch den Partner eingeräumt wird (sog. *Reziprozitätsklausel*). Eine unbeschränkte Verpflichtung zur M. begründet das Internat. Zoll- und Handelsabkommen (→ GATT). In privatrechtlichen Verträgen kann die Vereinbarung einer M. gegen das AGBG verstoßen oder den verbotenen Mißbrauch einer marktbeherrschenden Stellung darstellen (§ 22 GWB, Art. 86 EWGV → marktbeherrschende Unternehmen).

**Meister.** Die in der Industrie üblichen Bezeichnungen M., Werk.-M., Maschinen-M. u.ä. sind nicht gesetzlich geregelt oder geschützt. Anderes gilt jedoch für → Handwerksmeister, für Baumeister (→ Baugewerbe) und für die nach erfolgreicher Berufsbildung erlangten Meistertitel, z. B. geprüfter Industriemeister, Landwirtschaftsmeister, Hauswirtschaftsmeister.

**Meistgebot** ist bei einer → Versteigerung oder → Zwangsversteigerung das höchste abgegebene Gebot. Nur in der Zwangsversteigerung gibt das M. ein Recht auf den → Zuschlag (§ 81 I ZVG).

**Meldepflichten** gegenüber Behörden bestehen: für die Aufenthaltsmeldung nach den Vorschriften über das → Meldewesen, bei Geburten (→ Geburtenbuch), ferner bei → übertragbaren Krankheiten für Medizinalpersonen nach dem BSeuchenG und dem GeschlKrankhG. Über die Anzeige bei Beginn, Verlegung usw. eines stehenden Gewerbes s. dort, über die M. nach dem WehrpflG → Wehrpflicht.

In der → Sozialversicherung besteht für den Arbeitgeber die Pflicht zur Meldung der Versicherungspflichtigen. Er hat Beginn, Ende und jede Änderung jedes versicherungspflichtigen Beschäftigungsverhältnisses der zuständigen → Krankenkasse für die → Arbeitsförderung, die → Krankenversicherung und die → Rentenversicherung zu melden (Beginn innerhalb 2 Wochen, Ende innerhalb 6 Wochen; §§ 28a–c SGB IV; §§ 198–206 SGB V; §§ 190–195 SGB VI; §§ 50f. SGB XI; §§ 27–33

KVLG 1989; 2. DatenerfassungsVO – 2. DEVO – vom 29. 5. 1980, BGBl. I 593 m. spät. Änd.).

In der → Unfallversicherung ist dem zuständigen → Unfallversicherungsträger die Inbetriebnahme jedes Unternehmens und die Zahl der Versicherten binnen 1 Woche zu melden, ebenso jeder Unternehmerwechsel. Jeden → Arbeitsunfall, der tödlich verläuft oder völlige oder teilweise Arbeitsunfähigkeit von mehr als 3 Tagen nach sich zieht, muß der Unternehmer binnen 3 Tagen dem Versicherungsträger melden (§§ 192 ff. SGB VII; §§ 28 a–c SGB IV).

In der → Künstlersozialversicherung bestehen M. für Versicherte (§§ 11–13 KSVG) und für die zur → Künstlersozialabgabe Verpflichteten (§§ 27–29 KSVG).

Über die *steuerliche M.* → Anzeigepflicht, steuerliche.

**Meldewesen.** Das M. dient in erster Linie der Identitätsfeststellung und dem Wohnungsnachweis natürl. Personen, daneben weiteren Zwecken wie z. B. der Ausstellung der Lohnsteuerkarten und der Vorbereitung von Wahlen. Es war früher – inhaltlich weitgehend übereinstimmend, aber in verschiedenen Punkten unvollständig und zum Teil nur durch Verwaltungsvorschriften – landesrechtlich geregelt. Vor allem die Notwendigkeit wirksamen und einheitlichen Datenschutzes hat Anlaß gegeben, daß der Bund von seiner Befugnis zur Rahmengesetzgebung (Art. 75 Nr. 5 GG) mit dem Melderechtsrahmengesetz – MRRG – i. d. F. vom 24. 6. 1994 (BGBl. I 1430) Gebrauch gemacht hat. Danach haben die Meldebehörden der Länder die Einwohner zu registrieren und Melderegister zu führen. Personenbezogene Daten dürfen nur mit gesetzlicher Ermächtigung erhoben, verarbeitet oder sonst genutzt werden. Das MRRG regelt u. a. die Datenspeicherung, Zweckbindung, Datenerhebung, Meldegeheimnis, Schutzrechte der Betroffenen (insbes. Auskunfts-, Berichtigungs- und Löschungsrecht, §§ 7–10). Nach § 11 muß sich jeder, der eine Wohnung bezieht oder auszieht, bei der Meldebehörde an- oder abmelden („Allgemeine Meldepflicht"), bei mehreren Wohnungen (Hauptwohnung, Nebenwohnungen) vgl. § 12. Eingehend geregelt ist die Zulässigkeit von Datenübermittlungen zwischen den Meldebehörden und anderen öff. Stellen (§§ 17 ff.). Dritten Personen darf die Meldebehörde nur Auskunft über Vor- und Familiennamen, akad. Grade und Anschriften einzelner bestimmter Einwohner übermitteln („einfache Melderegisterauskunft"); bei berechtigtem Interesse dürfen darüber hinausgehende Angaben gemacht werden („erweiterte Melderegisterauskunft"); Einzelheiten vgl. § 21. Die Meldepflicht bei vorübergehendem Aufenthalt (Hotels, Krankenhäuser u. a.) überläßt das MRRG z. T. dem Landesrecht; vorgeschrieben ist aber, daß bei Unterkunft in Beherbergungsbetrieben Meldevordrucke auszufüllen sind, die handschriftlich vorzulegen und zu unterschreiben sind (Einzelheiten § 16). Das Melderecht der Länder ist dem MRRG angepaßt worden (Zusammenstellg. der Landesmeldegesetze bei Sartorius, Verfassungs- und Verwaltungsgesetze der BRep., Bd. I, Nr. 256 Fußn. 3). Verstöße gegen die Meldepflicht können als → Ordnungswidrigkeit geahndet werden.

**Memorandum** (memoire) ist ein Schriftstück des diplomatischen Verkehrs, das meist zusammenfassende Stellungnahmen zu bestimmten Fragenkreisen enthält. Von der diplomatischen → Note unterscheidet es sich dadurch, daß es nicht an bestimmten Formen gebunden ist. Es wird regelmäßig nicht unterzeichnet. Ein *aide-memoire* ist zur Unterstützung einer bereits gemachten Mitteilung bestimmt; es wiederholt oder ergänzt häufig mündliche Mitteilungen.

**Mengenmäßige Beschränkungen** (Europ. Gemeinschaftsrecht) → NTB.

**Mengenrabatt** → Rabatt.

**Menschenhandel** und schwerer M. sind strafbare Handlungen, um eine andere Person zur → Prostitution oder zur Vornahme → sexueller Handlungen im Zusammenhang mit Dritten zu bestimmen (§§ 180 b, 181 StGB). Voraussetzungen sind beim M. eine bestimmte Lage des Opfers (Zwangslage; Hilflosigkeit, die mit dem Aufenthalt in einem fremden Land verbunden ist; Alter unter 21 Jahren) und teilweise Handeln wegen des Vermögensvorteils. Schwerer M. ist Verbrechen und erfordert besondere Begehungsmittel (Gewalt, Drohung, List) oder Gewerbsmäßigkeit. Bei M. und schwerem M. ist Führungsaufsicht (§ 181 b StGB) möglich, in bestimmten Fällen Vermögensstrafe (→ Strafen) und Erweiterter → Verfall (§ 181 c StGB).

**Menschenmenge** (Ansammlung). Nach dem → Versammlungsgesetz ist die Veranstaltung öffentlicher Versammlungen und die Teilnahme an ihnen grundsätzlich gestattet; Versammlungen in geschlossenen Räumen dürfen nur unter besonderen Voraussetzungen untersagt werden (s. a. → Versammlungsfreiheit). Das Verbleiben in einer M. trotz rechtmäßiger Aufforderung des zuständigen Beamten zum Auseinandergehen ist eine Ordnungswidrigkeit (→ Ansammlung). Unter Strafe gestellt sind Gewalttätigkeiten einer zusammengerotteten Menschenmenge (→ Landfriedensbruch; nicht mehr bloße Teilnahme an einer solchen Zusammenrottung, → Aufruhr); ferner der schwere → Hausfriedensbruch (§ 124 StGB), bei dem eine zusammengerottete Menge in eine Wohnung oder ein befriedetes Anwesen in der Absicht eindringt, mit vereinten Kräften Gewalttätigkeiten zu begehen.

**Menschenraub** liegt nach § 234 StGB vor, wenn sich der Täter eines anderen mit Gewalt, durch List oder Drohung mit einem empfindlichen Übel bemächtigt, um ihn in hilfloser Lage auszusetzen, in Sklaverei, Leibeigenschaft zu bringen oder dem Dienst in einer militärischen oder militärähnlichen Einrichtung im Ausland zuzuführen (Sonderfall der → Freiheitsberaubung; es genügt das Sichbemächtigen). Die Strafe ist Freiheitsstrafe nicht unter 1 Jahr, in minder schweren Fällen 6 Mon. bis 5 Jahre. Zur Strafbarkeit des Sklavenraubs und -handels → Sklaverei. Wird das Opfer in ein Gebiet außerhalb der BRep. gebracht und dadurch der Gefahr politischer Verfolgung ausgesetzt, kommt → *Verschleppung* (§ 234 a StGB) in Betracht.

*Erpresserischen Menschenraub* begeht, wer einen anderen entführt oder sich seiner bemächtigt, um die Sorge des Opfers um sein Wohl oder eines Dritten um das Wohl des Opfers zu einer → Erpressung auszunutzen, oder wer die von ihm durch eine Entführung aus anderen, z. B. sexuellen, Motiven geschaffene Lage eines anderen zu einer Erpressung ausnutzt. Die Tat ist mit Freiheitsstrafe nicht unter 5 Jahren bedroht, bei wenigstens leichtfertig verursachter Todesfolge mit lebenslanger Freiheitsstrafe oder einer solchen nicht unter 10 Jahren; bei → tätiger Reue ist Milderung möglich (§ 239 a StGB).

Gleiche Strafdrohungen gelten für *Geiselnahme* (§ 239 b StGB), bei der die Entführung (das Sichbemächtigen) keine Erpressung, sondern die Nötigung des Opfers oder eines Dritten zu einer Handlung, Duldung oder Unterlassung (Freilassung politischer Gefangener o. dgl.) bezweckt und bei der das Tatopfer mit dem Tode, einer schweren Körperverletzung oder einer Freiheitsentziehung von über einer Woche bedroht wird.

Da §§ 239 a und 239 b StGB nicht nur die Dreiecksstruktur (Täter, Entführter, Genötigter), sondern seit 1989 auch das 2-Personen-Verhältnis (Täter, Geisel = Genötigter) erfassen, schränkt die Rspr wegen der hohen Strafdrohung die Anwendung in diesem Fall dadurch ein, daß sie einen funktionalen Zusammenhang zwischen Entführen (Sichbemächtigen) und Nötigung (BGHSt. 40, 350) und beim Sichbemächtigen zudem eine stabilisierte Bemächtigungslage verlangt (BGH NJW 1997, 1092).

S. a. → Entziehung Minderjähriger, → Kinderhandel.

**Menschenrechte** → Konvention zum Schutze der Menschenrechte und Grundfreiheiten; s. dort auch über UN-Konventionen zum Schutz der M. S. a. → Grundrechte.

**Menschenwürde.** Nach Art. 1 I GG ist die Würde des Menschen unantastbar; sie zu achten und zu schützen, ist Verpflichtung aller staatlichen Gewalt. Unter der Würde der menschlichen Persönlichkeit ist der innere und zugleich der soziale Wert- und Achtungsanspruch zu verstehen, der dem Menschen als Träger höchster geistiger und sittlicher Werte zukommt; der Mensch verkörpert einen sittlichen Eigenwert, der unverlierbar und auch gegenüber jedem Anspruch der Gemeinschaft eigenständig und unantastbar ist. Aus diesem Grundsatz leiten sich die unverletzlichen und unveräußerlichen Menschenrechte als Grundlage jeder menschlichen Gemeinschaft ab. Demgemäß ist Art. 1 GG unabänderlich und einer → Verfassungsänderung nicht zugänglich (Art. 79 III GG). Die Würde des Menschen ist der staatlichen Verfügungsgewalt entzogen. Doch ist eine Verletzung der M. nicht schon bei jeder Beeinträchtigung der Persönlichkeit gegeben, sondern erst bei einer solchen Beeinträchtigung des Persönlichkeitswertes, daß über die Auswirkung auf den Betroffenen hinaus die menschliche Würde als solche ohne Berücksichtigung der Einzelperson getroffen erscheint (z. B. bei heimlichen → Tonbandaufnahmen; bei Verwendung eines → Lügendetektors).

Die Würde des Menschen ist im innerstaatlichen Bereich auch *strafrechtlich* geschützt. Ausdrücklich geschieht dies z. B. in § 130 StGB, der es verbietet, die M. anderer in einer den öffentlichen Frieden gefährdenden Weise durch Aufstachelung zum Haß gegen Teile der Bevölkerung, Aufforderung zu Gewalt- oder Willkürmaßnahmen gegen sie oder Beschimpfung, böswilliges Verächtlichmachen oder Verleumdung anzugreifen. Für den militärischen Bereich bestimmt § 22 WStG, daß ein gegen die M. verstoßender Befehl nicht verbindlich ist; der Untergebene, der ihn nicht befolgt, handelt nicht rechtswidrig. Die vorsätzliche entwürdigende Behandlung eines Untergebenen ist nach § 31 WStG strafbar. Das in Art. 3 der → Konvention zum Schutz der Menschenrechte ausgesprochene Verbot, jemand der Folter oder unmenschlicher oder erniedrigender Strafe oder Behandlung zu unterwerfen, gilt im strafrechtlichen Bereich für die Durchführung des Verfahrens – Vernehmung, Untersuchungshaft, Verurteilung – wie auch für die Strafvollstreckung. So leitet z. B. der BGH auch aus der M. ab, daß Angaben eines Beschuldigten, die er in einer Vernehmung ohne die erforderliche Belehrung über sein Aussageverweigerungsrecht gemacht hat, einem Beweisverwertungsverbot unterliegen (BGH NJW 1992, 1463); s. a. → Beweisverbote.

**Menschlichkeitsverbrechen.** Art. II 1 c KontrollratsG Nr. 10 vom 20. 12. 1945 (KR ABl. 50) stellte als sog. *Verbrechen gegen die Menschlichkeit* unter diesen Begriff fallende *Gewaltakte* unter Strafe, insbes. Mord, Ausrottung, Verschleppung, aber auch Freiheitsberaubung, Vergewaltigung u. a. an der Zivilbevölkerung begangene unmenschliche Handlungen, ebenso Verfolgung aus politischen, rassischen oder religiösen Gründen. Das KRG Nr. 10, gegen das wegen der Unbestimmtheit der Straftatbestände und deren Rückwirkung Bedenken erhoben worden sind, ist endgültig aufgehoben worden durch das 1. Ges. zur Aufhebung des Besatzungsrechts vom 30. 5. 1956 (BGBl. I 437), in Berlin durch Anordnung der Alliierten Kommendantur vom 30. 4. 1957 (GVBl. 442).

**Mensur** → Zweikampf.

**Mentalreservation** → Willenserklärung (I 2).

**Merchandising.** Hierunter versteht man alle Aktivitäten im Zusammenhang mit Warenpräsentation und -plazierung, insbesondere alle Arten der Werbung (sales promotion). M. ist kein einheitlicher rechtlicher Begriff; es sind vielmehr die jeweiligen gesetzlichen und vertraglichen Regelungen (z. B. → Kauf, → Lizenzvertrag, → Franchisevertrag) heranzuziehen und das → Wettbewerbsrecht (s. hier insbes. → unlauterer Wettbewerb) zu beachten.

**Merkantiler Minderwert** → Schadensersatz (2 a).

**Messen** sind öffentliche behördliche Marktveranstaltungen (→ Marktverkehr), auf denen innerhalb eines bestimmten Bezirks (Messegelände) und in einem bestimmten Zeitraum (Messezeit) und regelmäßig periodisch wiederkehrend unter Vorlage von Mustern (Mustermesse) ein für die Erzeugung des Bundesgebiets repräsentatives Warenangebot dargeboten wird. Beschränkt sich die M. auf Erzeugnisse *eines* Wirtschaftsbereichs, spricht man von einer *Fachmesse* im Unterschied zur *allgemeinen* M., auf der mehrere Wirtschaftszweige vertreten sind. Den Zugang zur M. regelt die Messeordnung (→ Marktordnung, gewerberechtlich). Grundsätzlich steht die M. Erzeugern, Großhändlern und Handelsvertretern als Ausstellern sowie jedem offen, der diese Erzeugnisse zu gewerblichen Zwecken erwerben will. Verkauf an nicht gewerbliche Letztverbraucher und sog. Handverkauf (sofortige Aushändigung der Ware) beeinträchtigen den Charakter als Messe nicht, solange sie im Rahmen des Gesamtumsatzes unbedeutend bleiben. Zur gewerberechtlichen Behandlung der M. → Marktverkehr.

**Messungsanerkennung.** Soll nur ein Teil eines Grundstücks verkauft werden (→ Grundstückskaufvertrag), so wird die → Auflassung regelmäßig erst erklärt (und vollzogen), wenn dieser Teil von der zuständigen Stelle (→ Vermessungswesen) abgemessen (→ Veränderungsnachweis) und von den Beteiligten die Vermessung (notariell) als vertragsgemäß anerkannt worden ist.

**Meßwesen.** Maße und Gewichte sind im Gesetz über Einheiten im Meßwesen i. d. F. vom 22. 2. 1985 (BGBl. I 408) festgelegt. Nach § 1 sind im geschäftlichen und amtlichen Verkehr – mit Ausnahmen für den Verkehr mit dem Ausland – Größen in den gesetzlichen Einheiten anzugeben. Das Ges. regelt in den §§ 2–6 die gesetzlichen Einheiten für Länge, Masse, Zeit, elektrische Stromstärke, thermodynamische Temperatur und Lichtstärke, ferner atomphysikalische Einheiten für Stoffmenge, Masse und Energie sowie die Ableitungen, Vielfachen und Teile der Einheiten. Die Einheiten gehen auf Maßeinheiten des internationalen metrischen Einheitssystems zurück, das im wesentlichen von der 10. Generalkonferenz für Maß und Gewicht 1954 beschlossen wurde. Die Darstellung der gesetzlichen Einheiten obliegt der Physikalisch-Technischen Bundesanstalt (§ 7). Die gesetzlichen Einheiten und Einheitszeichen einschließlich der Abkürzungen sowie der Vorsätze und Vorsatzzeichen ergeben sich aus der VO vom 13. 12. 1985 (BGBl. I 2272) m. Anl.; wegen Definitionen und Beziehungen verweist die VO auf die einschlägigen DIN-Normen (u. a. DIN 1301). Verstöße gegen das Gesetz werden grundsätzlich als Ordnungswidrigkeiten geahndet. S. im übrigen → Eichwesen.

**Meta-Geschäft** → Gelegenheitsgesellschaft.

**Metallhandel.** → Edelmetalle, → Altmetallhandel.

**Methodenlehre** umfaßt in der Rechtswissenschaft die Regeln, nach denen ein bestimmter Sachverhalt einer Rechtsnorm zugeordnet und das Recht angewendet wird. Von Bedeutung sind insbes. der → Rechtssatz, die → Auslegung und die richterliche → Rechtsfortbildung.

**Metropolit.** In der → kath. Kirche Leiter einer → Kirchenprovinz. Dieses Amt ist mit einer bestimmten → Diözese verbunden, die die Bezeichnung Erzdiözese führt. Als deren Leiter führt der M. den Titel → Erzbischof. In den übrigen Diözesen seiner Kirchenprovinz (Suffragandiözesen) hat der M. nur ein Aufsichtsrecht, im übrigen aber keine Leitungsgewalt.

**Meuterei** von *Soldaten* (§ 27 WStG) ist das Zusammenrotten mehrerer, die mit vereinten Kräften den Gehorsam verweigern, einen Vorgesetzten bedrohen oder nötigen oder ihn tätlich angreifen. Auch der Versuch ist strafbar. Teilnehmer an der Zusammenrottung werden mit Freiheitsstrafe von 6 Mon. bis zu 5 Jahren bestraft; für besonders schwere Fälle, insbes. gegen → Rädelsführer, ist Freiheitsstrafe von 1–10 Jahren angedroht. Wer sich nur an der Zusammenrottung beteiligt und zur Ordnung zurückkehrt, bevor eine der genannten Straftaten begangen wird, kann milder bestraft werden (Unterfall des → Rücktritts vom Versuch).

*Gefangenenmeuterei* (§ 121 StGB) ist das Zusammenrotten von Gefangenen, die mit vereinten Kräften Anstalts- oder Aufsichtsbeamte angreifen oder nötigen. Sie wird mit Freiheitsstrafe von 3 Mon. bis zu 5 Jahren bestraft, ebenso – als Ausnahme vom Grundsatz der Straflosigkeit der Selbstbefreiung – das Zusammenrotten und der gewaltsame Ausbruch unter Überwindung der Abschlußvorrichtungen mit vereinten Kräften. Versuch ist strafbar. In bes. schweren Fällen, insbes. bei Mitführen von Waffen, wird die G. mit Freiheitsstrafe von 6 Mon. bis zu 10 Jahren bestraft. → Ausbruch aus der Gefangenenanstalt, → Gefangenenbefreiung.

**Mietbeihilfen** → Wohngeld.

**Miete.** 1. *Allgemeines.* a) Die M. ist ein → gegenseitiger Vertrag, durch den sich der Vermieter (V.) zur Überlassung des Gebrauchs einer → Sache gegen Entgelt – sog. Mietzins – verpflichtet (§ 535 BGB). Gegenstand des M.vertrags können sowohl bewegliche wie unbewegliche Sachen (Grundstücks-, Wohnungsm., s. u.) sein; die Vorschriften über die Grundstücksm. gelten, soweit nichts anderes bestimmt ist, für die Wohnungsm. entsprechend (§ 580 BGB). Tritt neben die bloße Benutzungsmöglichkeit das Recht zur Fruchtziehung, so liegt → Pacht vor; s. ferner zur Abgrenzung → Leihe (unentgeltlich) und → Verwahrung (Obhutspflicht) sowie → Geschäftsraummiete, → Werkraumwohnung, → Vormiete.

Praktisch am wichtigsten ist die M. von Grundstücken, Wohnräumen und anderen Räumen. Für die Grundstücks- und Wohnungsm. gelten über die allgemeinen Bestimmungen hinaus Sondervorschriften, insbes. für die Kündigung und Räumungsfristen (s. u. sowie → Mietgericht). Soweit sich der Inhalt von M.verträgen über Wohnräume – z. T. abweichend von nachgiebigen Vorschriften des BGB – nach vorformulierten Regelungen richten soll (vielfach als „Einheitsmietvertrag“ oder „Mustermietvertrag“ bezeichnet), muß ihr Inhalt (da nur vorgefertigter Vertragsentwurf, keine gesetzliche Regelung) von den Beteiligten ausdrücklich vereinbart werden und dem Gesetz über die → Allgemeinen Geschäftsbedingungen entsprechen.

b) Das Recht der Wohnungsm. war in den letzten Jahrzehnten durch den vorhandenen Mangel an Wohnräumen weitgehend von einer *Wohnungszwangswirtschaft* beherrscht, durch die – abgesehen von völlig freifinanzierten Wohnungen – sowohl die M. festgelegt bzw. nach oben begrenzt (Mietpreisbindung) wie auch die Kündigungsmöglichkeit erheblich eingeschränkt, z. T. ganz ausgeschlossen war. Diese Vorschriften sind heute aufgehoben (→ Mieterschutz, → Wohnraumbewirtschaftung, → Mietpreisbindung; s. dort auch über Besonderheiten für das Gebiet der ehem. DDR).

Dennoch herrscht auch heute auf diesem Gebiet aus praktischen Notwendigkeiten keine völlige Vertragsfreiheit. Zunächst ist auf die verschiedenen – zum Schutz des Mieters zwingenden – Vorschriften über Kündigungsschutz für Wohnräume und die (eingeschränkten) Möglichkeiten einer Mieterhöhung zu verweisen (s. u. 5 c sowie → Mietpreisbindung), ferner auf die grundsätzliche Pflicht des Vermieters, die Kosten einer zentralen Heizung oder Warmwasserversorgung nach dem tatsächlichen Verbrauch abzurechnen (VO i. d. F. vom 20. 1. 1989, BGBl. I 115). Außerdem kann die *Zweckentfremdung* von Wohnraum (auch z. B. Einrichtung von Schlafstellen für Gastarbeiter, nicht bei bloßen Nebenräumen) von der Genehmigung einer von der jeweiligen Landesregierung bestimmten Stelle (z. B. Wohnungsamt) abhängig gemacht werden (Art. 6 des Ges. vom 4. 11. 1971, BGBl. I 1745); weitere Sondervorschriften der Länder s. Schönfelder, Dt. Gesetze, Anm. vor § 535 BGB. Schließlich gilt eine Zweck- und Preisbindung weiterhin für Wohnungen, die den Vorschriften über den → *sozialen Wohnungsbau* unterliegen (sog. Sozialwohnungen; Wohnungsbindungsgesetz i. d. F. vom 19. 8. 1994, BGBl. I 2166). Besonderen Belastungen durch erhöhte M. soll durch die Bestimmungen über das → *Wohngeld* begegnet werden. S. ferner → *Baukostenzuschuß*.

c) Gebiet ehem. DDR s. unten 7.

2. *Mietvertrag, Vertragspflichten.* Der M.vertrag kann grundsätzlich ohne besondere → Form abgeschlossen werden; ein M.vertrag über ein Grundstück und über Wohnraum bedarf jedoch der Schriftform, wenn er für längere Zeit als für ein Jahr geschlossen wird (§§ 566, 580 BGB). Ein Verstoß hiergegen führt allerdings nicht zur Nichtigkeit des Vertrags; dieser gilt vielmehr als auf unbestimmte Zeit mit Kündigung frühestens nach 1 Jahr geschlossen.

a) Der *Vermieter* ist verpflichtet, dem M. die vermietete Sache in einem zum vertragsmäßigen Gebrauch geeigneten Zustand zu überlassen und während der M.zeit in diesem Zustand zu erhalten (§ 536 BGB). Er hat also die

Pflicht, die M.sache instandzuhalten (z. B. Hauseingänge zu bestreuen, Treppen zu beleuchten, nicht aber die M.sache zu verbessern oder zu modernisieren), Störungen Dritter fernzuhalten, die auf der Sache ruhenden öffentlichen und privatrechtlichen Lasten zu tragen usw.; die normalen Erhaltungskosten einer Wohnung, z. B. das Streichen der Wände und Türen von innen, die Erhaltung der Fußböden usw. – sog. *Schönheitsreparaturen –,* werden jedoch im M.vertrag oftmals (grdsätzl. nach AGBG wirksam) dem M. auferlegt (Zeitpunkt der Reparaturpflicht je nach Abnützung.) Der M. hat die Durchführung von Erhaltungsarbeiten stets (§ 541 a BGB), Maßnahmen zur Verbesserung der Mietsache, zur Schaffung neuen Wohnraums oder zur Einsparung von Heizenergie nur dann nicht zu dulden, wenn diese bei Abwägung aller Umstände für den M. eine nicht zu rechtfertigende Härte bedeuten würden (§ 541 b BGB); s. a. → Wohnungsmodernisierung. Der M. hat dem V., nach Kündigung auch einem Nachfolgemieter, zu angemessener Zeit die Besichtigung der M.sache zu gestatten. Die *Sachmängelhaftung* des V. entspricht weitgehend dem Kaufrecht (→ Gewährleistung). Enthält die vermietete Sache bei Überlassung an den M. einen nicht unerheblichen Fehler, so ist der M., wenn der Fehler die Tauglichkeit zum vertragsmäßigen Gebrauch völlig aufhebt (z. B. unzureichende Tragfähigkeit der Decke), von der Pflicht zur Entrichtung des M.zinses befreit, bei Herabsetzung der Tauglichkeit entsprechend den Vorschriften über die → Minderung nur zu einem entsprechenden Teil verpflichtet (§ 537 BGB). Das gleiche gilt, wenn eine zugesicherte Eigenschaft (z. B. Grundstücksgröße, Bebauungsfähigkeit) fehlt oder nachträglich wegfällt. War der Mangel der Sache schon bei Vertragsschluß vorhanden, hat der V. ihn verschuldet oder kommt er mit der Beseitigung eines Mangels in → Schuldnerverzug, so kann der M. außerdem → Schadensersatz wegen Nichterfüllung verlangen; bei Verzug des V. kann der M. den Mangel selbst beseitigen und Ersatz der erforderlichen Aufwendungen beanspruchen (§ 538 BGB). Mit einer derartigen Schadensersatzforderung kann der M. gegen den M.zins aufrechnen oder ein → Zurückbehaltungsrecht geltend machen, auch wenn im M.vertrag eine gegenteilige Vereinbarung enthalten ist, sofern der M. dies mindestens 1 Monat vor Fälligkeit des M.zinses dem V. angekündigt hat (§ 552 a BGB). Ein Haftungsausschluß ist nichtig, wenn der V. den Mangel arglistig verschweigt (§ 540 BGB). Für *Rechtsmängel,* insbes. wenn dem M. infolge des Rechts eines Dritten der vertragsmäßige Gebrauch der gemieteten Sache entzogen wird, gelten die Vorschriften über die Sachmängelhaftung entsprechend (§ 541 BGB).

Neben diesen Rechten hat der M. die Möglichkeit, das M.verhältnis *fristlos* zu *kündigen* (bei Wohnraum zwingend), wenn ihm der vertragsmäßige Gebrauch der gemieteten Sache ganz oder teilweise nicht rechtzeitig gewährt oder wieder entzogen wird und eine zur Abhilfe gesetzte angemessene Frist erfolglos abgelaufen ist (§ 542 BGB). Die → Beweislast für ein vertragsgemäßes Handeln trifft den V.; auf das Kündigungsrecht finden die Vorschriften über die → Wandelung entsprechende Anwendung. Gewährleistungs- und Kündigungsansprüche sind ausgeschlossen, wenn der M. bei Abschluß des Vertrags den Mangel kannte oder grob fahrlässig nicht kannte (ausgenommen Arglist des V.) oder sich bei der Übernahme seine Ansprüche nicht vorbehält (§ 539 BGB). Der M. hat im Laufe der Mietzeit auftretende Mängel der Sache (oder Rechte Dritter) unverzüglich dem V. mitzuteilen; unterläßt er dies, so ist er zum Ersatz des hieraus entstehenden Schadens verpflichtet; seine Gewährleistungsansprüche erlöschen, wenn der V. bei rechtzeitiger Anzeige zur Beseitigung des Mangels in der Lage gewesen wäre (§ 545 BGB). Ein außerordentliches Kündigungsrecht besteht ferner für den M. – trotz Kenntnis des Mangels oder eines etwaigen Verzichts auf seine Rechte –, wenn die Benützung einer Wohnung oder anderer zum Aufenthalt von Menschen bestimmter gemieteter Räume (z. B. Büro) zu einer erheblichen Gesundheitsgefährdung des M. führen würde (§ 544 BGB).

b) Der *Mieter* ist zur Zahlung des vereinbarten *Mietzinses* verpflichtet (zur Möglichkeit der Mieterhöhung → Mietpreisbindung, zur Maklerprovision → Wohnungsvermittlung). Die in § 551 BGB vorgesehene Zahlung am Ende der Mietzeit (bei Grundstücken und Wohnräumen jeweils vierteljährlich) ist in der Praxis i. d. R. in eine monatliche Vorleistungspflicht abgeändert; s. ferner → Mietkaution. Eine persönliche Verhinderung des M. am Gebrauch der M.sache berührt die M.zinszahlungspflicht nicht (§ 552 BGB). Der M. hat die gemietete Sache pfleglich zu behandeln. Änderungen oder Verschlechterungen, die durch den vertragsmäßigen Gebrauch eintreten, hat er nicht zu vertreten (§ 548 BGB). Macht der M. dagegen trotz Abmahnung des V. von der Sache einen vertragswidrigen Gebrauch (unzulässig sind ohne Einwilligung des V. z. B. bauliche Veränderungen, Änderung der Benutzungsart, unerlaubte Tierhaltung – bei Kleintieren str. –; nicht aber Aufstellung einer Waschmaschine in der Wohnung, Anbringung einer → Antenne, Umstellung auf Ölheizung, sehr str.), so kann der V. auf → Unterlassung klagen (§ 550 BGB), bei erheblicher Rechtsverletzung ohne Einhaltung einer Kündigungsfrist kündigen (§ 553 BGB) und bei Verschulden des M. und seiner → Erfüllungsgehilfen (Haushaltsangehörige, Untermieter) Schadensersatz verlangen (§§ 276, 278 BGB). Ein vertragswidriger Gebrauch ist auch die Überlassung der M.sache an einen Dritten ohne Erlaubnis des V. (*Untermiete,* § 549 BGB). Der M. von Wohnräumen hat gegenüber dem V. einen Anspruch auf Erteilung der Erlaubnis zur Untervermietung, wenn für ihn hierzu nach Abschluß des Vertrags ein berechtigtes Interesse entsteht und die Untervermietung dem V. zugemutet werden kann; u. U. hat der V. deshalb – wegen der erhöhten Abnutzung – einen Anspruch auf entsprechende Erhöhung des M.zinses (Untermietzuschlag). Zwischen M. und Unterm. finden die Vorschriften über die M. Anwendung; zwischen Unterm. und V. bestehen keine direkten Beziehungen, der M. hat aber ein Verschulden des Unterm. wie ein eigenes Verschulden zu vertreten. Bei gewerblicher Untervermietung (sog. *Zwischenmiete*) kann der Untermieter nach Beendigung des Zwischenmietverhältnisses seine Rechte (insbes. Kündigungsschutz, s. u. 5) unmittelbar gg. den Vermieter geltend machen (§ 549 a BGB).

c) Der M. hat gegen den V. einen Anspruch auf Ersatz der auf die Sache gemachten notwendigen → Verwendungen (mit Ausnahme der Fütterungskosten eines Tieres); andere Verwendungen sind nur nach den Vorschriften über die → Geschäftsführung ohne Auftrag zu ersetzen (§ 547 BGB). Der M. hat ferner das Recht zur → Wegnahme der Einrichtungen – z. B. eingebaute Maschinen, Pflanzen –, mit denen er die Sache versehen hat (§ 547 a BGB). Der V. kann das Wegnahmerecht durch Zahlung einer angemessenen Entschädigung abwenden; ein vertraglicher Ausschluß des Wegnahmerechts ist nur bei entsprechendem anderweitigem Ausgleich möglich.

Die Vereinbarung einer → Vertragsstrafe zugunsten des V. ist bei Wohnraum unwirksam (§ 550 a BGB). Die Ersatzansprüche des V. wegen Verschlechterungen der M.sache sowie die Ansprüche des M. auf Ersatz von Verwendungen oder Gestattung der Wegnahme (nicht die Gewährleistungsansprüche) verjähren in 6 Mon. (Ansprüche des V. seit Rückgabe der Sache, des M. seit Beendigung des M.verhältnisses; § 558 BGB); M.zinsansprüche verjähren in 4 Jahren nach Ablauf des Jahres, in dem die Fälligkeit eingetreten war (§§ 197, 201 BGB).

3. *Vermieterpfandrecht.* Der V. eines Grundstücks (Wohnung, Raum) hat für seine Forderungen aus dem M.verhältnis (M.zins, Schadensersatz usw.) ein *gesetzliches Pfandrecht* an den eingebrachten Sachen (auch Geld) des M. (§ 559 BGB). Die Sachen müssen im Eigentum des M. stehen (nicht bei → Sicherungsübereignung, → Eigentumsvorbehalt); ein → gutgläubiger Erwerb des besitzlosen *Vermieterpfandrechts* ist ausgeschlossen (aber u. U. gesetzliches Pfandrecht am → Anwartschaftsrecht). Das Pfandrecht entsteht mit dem Verbringen der Sachen in die M.wohnung; es erstreckt sich jedoch nicht auf Sachen, die der → Pfändung nicht unterworfen sind. Das Pfandrecht erlischt regelmäßig mit der Entfernung der Sachen von dem Grundstück, sofern dies nicht ohne Wissen oder unter

Widerspruch des V. geschieht. Der Widerspruch des V. ist unbeachtlich, wenn die Entfernung im regelmäßigen Geschäftsbetrieb des M. erfolgt oder wenn die zurückbleibenden Sachen zur Sicherung des V. offensichtlich ausreichen (§ 560 BGB). Sofern der V. hiernach ein Widerspruchsrecht hat, darf er im Wege der → Selbsthilfe bei Auszug des M. die Sachen in Besitz nehmen und, solange noch nicht 1 Mon. verstrichen ist, die Zurückschaffung von weggebrachten Sachen verlangen (§ 561 BGB). Das Pfandrecht des V. kann durch → Sicherheitsleistung des M. abgewendet werden (§ 562 BGB). Es kann für künftige Forderungen nur einschließlich des folgenden Jahres geltend gemacht werden (§ 559 S. 2 BGB). Der Pfändung der Sachen durch einen Gläubiger des M. kann der V. nicht widersprechen; er hat jedoch ein Recht auf vorzugsweise Befriedigung (§ 805 ZPO), allerdings nur für Rückstände bis zum letzten Jahr vor der Pfändung (§ 563 BGB). S. a. → Absonderung.

4. *Veräußerung der Mietsache.* Wird ein vermietetes Grundstück nach Überlassung an den M. vom V. an einen Dritten veräußert, so tritt der Erwerber mit allen Rechten und Pflichten aus dem M.verhältnis an die Stelle des bisherigen V. (§§ 571 ff. BGB; *„Kauf bricht nicht Miete"*; → Vertragsübernahme). Der bisherige V. haftet aber für die Erfüllung der Verpflichtungen des Erwerbers wie ein selbstschuldnerischer → Bürge, bis er dem M. von dem Eigentumsübergang Kenntnis gibt und dieser dann nicht zu dem nächstzulässigen Termin kündigt. Vorausverfügungen des V. über den M.zins (Abtretung, Verpfändung) sind gegenüber dem Erwerber, sofern er hiervon keine Kenntnis hatte, nur für den laufenden, evtl. für den nächsten Monat wirksam (§ 573 BGB). Eine Vorauszahlung des M.zinses durch den M. ist dem Erwerber gegenüber lediglich im gleichen Umfang wirksam, sofern der M. hierbei noch nicht den Eigentumsübergang gekannt hat (§ 574 BGB). Diese Regelung gilt jedoch nach der Rspr. nicht für → Baukostenzuschüsse und vertragsgemäße M.vorauszahlungen, wenn diese bestimmungsgemäß für den M.gegenstand (Wohnung) verwendet wurden und somit auch dem Erwerber zugute kommen. Der Grundsatz „Kauf bricht nicht Miete" gilt auch bei Belastung eines Grundstücks mit einem → dinglichen Recht (§ 577 BGB) sowie bei Veräußerung im Wege der → Zwangsversteigerung; der Erwerber hat jedoch im letzteren Fall ein Kündigungsrecht mit gesetzlicher Frist, sofern nicht der M. einen geleisteten Baukostenzuschuß noch nicht abgewohnt hat (§§ 57 a, 57 c ZVG).

5. a) *Ende des Mietverhältnisses.* Das befristete M.verhältnis endet mit dem Ablauf der Zeit, für die es eingegangen ist, sofern nicht ein vorzeitiger Kündigungsgrund (s. o. 2 a, b) gegeben ist (§ 564 I BGB). M.verhältnisse auf unbestimmte Zeit werden – abgesehen von der Möglichkeit eines → Aufhebungsvertrags – durch → *Kündigung* (Kü.) beendet. Die Kü. eines M.verhältnisses über Wohnräume, die nicht nur zu vorübergehendem Zweck vermietet sind, bedarf der Schriftform (§ 564 a BGB). Auch hier ist die außerordentliche, nicht an eine Kü.frist gebundene Kü. von der ordentlichen befristeten Kü. zu unterscheiden. Über die *außerordentlichen Kü.gründe* für den M. (vertragswidriger Entzug der Sache, § 542 BGB, und ungesunde Wohnung, § 544 BGB) s. o. 2 a. Der V. hat – abgesehen von dem bereits erwähnten Fall des vertragswidrigen Gebrauchs der M.sache durch den M. (§ 553 BGB) – ein Recht zur fristlosen Kü. bei → Konkurs oder → Vergleichsverfahren des M. (§§ 19 KO, 50 VglO) sowie bei → Schuldnerverzug des M. mit zwei aufeinanderfolgenden M.raten oder einem nicht unerheblichen Teil, der bei Wohnraum, sofern er nicht nur vorübergehend vermietet ist, eine Monatsrate übersteigen muß (§ 554 BGB); die Kü. wird hier unwirksam, wenn der M. innerhalb eines Monats nach → Rechtshängigkeit des Zahlungsanspruchs den V. befriedigt. Beide Seiten haben ferner zwingend ein Recht zur außerordentlichen Kü., wenn der andere Vertragsteil schuldhaft seine Verpflichtungen aus dem Mietverhältnis über Wohnräume verletzt, insbes. den Hausfrieden so nachhaltig stört, daß dem anderen Teil die Fortsetzung des M.verhältnisses nicht mehr zugemutet werden kann (§ 554 a BGB). Weitere außerordentliche Kü.gründe können für den V. von

Wohnräumen vertraglich nicht vereinbart werden (§ 554 b BGB).

b) Eine *ordentliche Kü.* kann mit der vertraglich vereinbarten Frist erklärt werden. Sonst gelten die gesetzlichen Kü.fristen des § 565 BGB, die auch auf eine vorzeitige Auflösung mit gesetzlicher Kü.frist (s. o.) anzuwenden sind. Bei einem M.verhältnis über bewegliche Sachen sind sehr kurze Kü.fristen vorgesehen (1–3 Tage). Ist ein Grundstück (Raum) vermietet, so hängt die Länge der Kü.frist von der Art der M.zinszahlung ab (z. B. bei monatlicher Zahlweise spätestens am 3. eines Monats für den Ablauf des übernächsten Monats, bei Geschäftsräumen am 3. eines Kalendervierteljahrs für den Ablauf des nächsten). Bei *Wohnraum* (auch möblierte Wohnungen, die für dauernd an eine Familie vermietet sind, nicht aber möblierte Einzelzimmer in der Wohnung des V. oder nur vorübergehend vermieteter Wohnraum; hier kurze Kü.fristen, z. B. bei monatlicher M.zinszahlung spätestens am 15. eines Monats für den Ablauf dieses Monats) gelten im Interesse langjähriger M. zwingende Kü.fristen: Die Kü. muß hier spätestens am 3. Werktag eines Kalendermonats für den Ablauf des übernächsten Monats erklärt werden. Nach 5, 8 und 10 Jahren seit der Überlassung des Wohnraums verlängert sich die Kü.frist um jeweils weitere 3 Monate (§ 565 II BGB). Besonderheiten gelten für → Werkdienst- und → Werkmietwohnungen sowie für eine Kündigung des Mieters nach einem Mietpreiserhöhungsverlangen des Vermieters (→ Mietpreisbindung). Wird nach Ablauf der M.zeit der Gebrauch der M.sache von dem M. fortgesetzt, so gilt – mangels entgegenstehender Erklärung binnen 2 Wochen – das M.verhältnis als auf unbestimmte Zeit verlängert (§ 568 BGB). Das gleiche gilt nach Eintritt einer auflösenden Bedingung, falls nicht ausdrücklich Kü. erklärt wird (§ 565 a BGB). Während beim *Tod des V.* keine Besonderheiten gelten, ist beim *Tod des M.* grundsätzlich sowohl der → Erbe als auch der V. berechtigt, das M.verhältnis mit der gesetzlichen Kü.-frist zum erstzulässigen Termin zu kündigen (§ 569 BGB). Sonderbestimmungen gelten auch hier für das M.verhältnis über Wohnräume: In ein derartiges M.verhältnis treten der Ehegatte, wenn er Mitmieter war bzw. wenn er mit dem verstorbenen M. einen gemeinsamen Hausstand führte, hilfsweise die in der M.wohnung lebenden Familienangehörigen des M. – unabhängig von einer Erbenstellung (→ Sondererbfolge) – ein mit der Möglichkeit, die Fortsetzung des M.verhältnisses abzulehnen; der V. hat nur bei wichtigem Grund in der Person des Nachfolgers ein Kü.recht (§§ 569 a, 569 b BGB). Dies gilt auch für den Überlebenden einer echten → eheähnlichen Gemeinschaft (BGH NJW 1993, 999).

c) Nach der sog. *Sozialklausel* des § 556 a BGB kann der M., der nicht selbst gekündigt und auch dem V. keinen Grund zur außerordentlichen Kü. gegeben hat, der Kü. des V., die der schriftlichen → Form bedarf und die Kü.gründe angeben soll (§ 564 a BGB; sonst keine Berufung hierauf möglich), widersprechen; er kann vom V. die Fortsetzung des Mietverhältnisses verlangen – ggf. unter angemessener Änderung der Vertragsbedingungen –, wenn die vertragsgemäße Beendigung des Mietverhältnisses für den M. oder seine Familie eine Härte bedeuten würde, die auch unter Würdigung der berechtigten Interessen des V. nicht zu rechtfertigen ist. Eine solche Härte liegt auch vor, wenn angemessener Ersatzwohnraum zu zumutbaren Bedingungen nicht beschafft werden kann. Der Widerspruch des M. bedarf der Schriftform; er muß spätestens 2 Monate vor Beendigung d. M.verhältnisses dem V. gegenüber erklärt werden. Der M. kann bei Vorliegen dieser Voraussetzungen verlangen, daß das M.verhältnis so lange fortgesetzt wird, wie dies unter Berücksichtigung aller Umstände angemessen ist. Kommt eine Einigung nicht zustande, so wird über die Fortdauer des M.verhältnisses (auf bestimmte oder unbestimmte Zeit) sowie über die Vertragsbedingungen, unter denen das M.verhältnis evtl. fortgesetzt wird, durch Urteil des *Mietgerichts* entschieden, wobei das Gericht an Anträge nicht gebunden ist (§ 308 a ZPO) und die Kosten auch dem obsiegenden Teil auferlegen kann, insbes. wenn dieser dem anderen Teil auf dessen Verlangen nicht unverzüglich die Gründe für sein Verhalten (z. B. für die berechtigten Interessen des V. oder für den Widerspruch des M.) mitgeteilt hatte (§ 93b ZPO). War das Mietverhältnis nach diesen Bestimmungen auf eine bestimmte Zeit verlängert worden, so kann der M. eine weitere Verlängerung nur verlangen, wenn dies durch eine wesentliche Änderung der für die gerichtliche Festsetzung maßgeblichen Umstände gerechtfertigt ist (§ 556c BGB). Wird vom Gericht auf Räumung erkannt, so kann das Gericht – vor der Vollstreckung des Räumungsurteils durch den → Gerichtsvollzieher (§ 885 ZPO) – auf Antrag oder von Amts wegen dem Mieter eine angemessene Räumungsfrist bis längstens 1 Jahr bewilligen (§ 721 ZPO). Entsprechendes gilt, wenn die Parteien einen Räumungsvergleich (→ Prozeßvergleich) geschlossen haben (§ 794a ZPO). Eine → einstweilige Verfügung auf Räumung einer Wohnung ist nur zulässig, wenn der M. sie durch verbotene Eigenmacht (→ Besitzschutz) in Besitz genommen hat (§ 940a ZPO).

Darüber hinaus kann nach § 564b BGB der V. ein Mietverhältnis über Wohnraum (ausgenommen bloße Nebenräume, deren Ausbau zu Wohnraum erleichtert ist, sowie Ferienwohnungen) nur kündigen, wenn er ein *berechtigtes Interesse* an der Beendigung des Mietverhältnisses hat. Das gilt auch für möblierte Wohnungen, die für dauernd an eine Familie vermietet sind, nicht aber für möblierte Einzelzimmer in der Wohnung des V., Räume in Studentenwohnheimen o. ä. oder für nur vorübergehend vermieteten Wohnraum; bei sog. Einliegerwohnung ist Kündigung mit verlängerter Kündigungsfrist möglich. Als berechtigte Interessen des V., die im Kündigungsschreiben anzugeben sind (sonst keine Berücksichtigung), gelten nach § 564b II BGB insbes.: erhebliche verschuldete Vertragsverletzungen des M. (z. B. vertragswidriger Gebrauch der Mietsache, erhebliche Belästigungen, Zahlungsverzug des M. – bei Verurteilung des M. zur Zahlung einer erhöhten Miete, → Mietpreisbindung, aber erst 2 Monate nach Rechtskraft, sofern der M. nicht bereits vorher mit der bisherigen Miete in Verzug war, § 9 II des Ges. zur Regelung der Miethöhe, BGBl. 1974 I 3604), ferner *Eigenbedarf* des V. (es genügt jeder vernünftige und nachvollziehbare Grund, sofern er ernsthaft verfolgt wird – z. B. keine bloße Vorratskündigung – und dies auch sonst nicht mißbräuchlich ist, BVerfG NJW 1989, 970; 1993, 2035; bei Umwandlung in → Wohnungseigentum Kündigungserklärung aber nicht vor Ablauf von 3–10 Jahren – je nach Verordnung der Landesregierung – seit dem Erwerb, sofern Vermieter nicht bereits vorher (Mit-)Eigentümer war) sowie Hinderung des V. an einer angemessenen wirtschaftlichen Verwertung mit der Folge erheblicher Nachteile (noch nicht anzunehmen allein bei der Möglichkeit einer anderweitigen günstigeren Vermietung oder Umwandlung in Wohnungseigentum). Durch LandesVO können darüber hinaus Gemeinden (oder Teile hiervon) bestimmt werden, in denen wegen Gefährdung der Versorgung der Bevölkerung mit angemessenen Mietwohnungen bei neu begründetem Wohnungseigentum die Berufung des V. auf Eigenbedarf und unzureichende Verwertungsmöglichkeit auf 10 Jahre, bei Unzumutbarkeit auch noch darüber hinaus, ausgeschlossen ist. (Bei Verkauf von Wohnungseigentum an einen Dritten hat der Mieter zudem ein → Vorkaufsrecht, § 570b BGB). Eine zum Nachteil des M. hiervon abweichende Vereinbarung ist unwirksam (§ 564b VI BGB). Eine Kündigung eines Mietverhältnisses über Wohnraum allein zum Zwecke der Mieterhöhung ist ausgeschlossen (§ 1 des Ges. zur Regelung der Miethöhe; s. über die Möglichkeiten einer Mieterhöhung durch den V. i. e. → Mietpreisbindung). Ist ein Mietverhältnis über Wohnraum auf bestimmte Zeit für länger als 5 Jahre eingegangen, so kann der Mieter spätestens 2 Monate vor dessen Beendigung durch schriftliche Erklärung gegenüber dem V. die Fortsetzung des Mietverhältnisses auf unbestimmte Zeit verlangen, wenn nicht der V. ein – dem § 564b BGB entsprechendes – berechtigtes Interesse an dessen Beendigung hat, z. B. bei geplanter Eigennutzung oder wesentlicher Veränderung der Mieträume (§§ 564c, 556b BGB). S. ferner → Wohnungsmodernisierung.

6. Nach *Beendigung* des M.verhältnisses hat der M. – oder ein Dritter, der im Besitz der Sache ist – die gemietete Sache dem V. zurückzugeben (§ 556 BGB); ein → Zurückbehaltungsrecht wegen eines Gegenanspruchs steht dem

M. eines Grundstücks oder Wohnraums nicht zu. Ist der M.zins bereits im voraus entrichtet, so ist er zurückzuerstatten (§ 557a BGB; → Baukostenzuschuß). Gibt der M. die M.sache nach Beendigung des M.verhältnisses nicht zurück, so kann der V. für die Dauer der Vorenthaltung als Entschädigung den vereinbarten M.zins verlangen (sog. *Nutzungsentschädigung*); bei einem M.verhältnis über Räume kann er anstelle dessen als Entschädigung den Mietzins verlangen, der für vergleichbare Räume ortsüblich ist (§ 557 BGB). Die Geltendmachung eines weiteren – dann vom V. zu beweisenden – Schadens ist nicht ausgeschlossen, bei der M. von Wohnraum jedoch auf Fälle beschränkt, in denen der M. die verzögerte Rückgabe zu vertreten hat (→ Verschulden; z. B. nicht, wenn ihm eine gerichtliche Räumungsfrist bewilligt wurde).

7. Für das *Gebiet der ehem. DDR* gelten ab 3. 10. 1990 grundsätzlich die vorstehenden Vorschriften, jedoch mit (im wesentl.) folgenden Besonderheiten: Bei der M. von Wohnraum kann sich der V. zur Begründung einer ordentlichen Kündigung auf wirtschaftliche Interessen bis 31. 12. 2000 überhaupt nicht, auf Eigenbedarf grdsätzl. (soweit nicht unzumutbar) erst ab 1. 1. 1996 berufen (Einzelheiten Art. 232 § 2 EGBGB); zur Zulässigkeit einer Mieterhöhung → Mietpreisbindung. Darüber hinaus werden frühere Grundstücks-Überlassungsverträge (ohne Rücksicht auf → Nutzungsberechtigungen) grdsätzl. als M.- oder Pachtverträge fortgeführt, wobei nur eingeschränkte Kündigungsmöglichkeiten und Sondervorschriften für Vertragsdauer, Nutzungsentgelt und Entschädigung für vom Nutzer veranlaßte Wertsteigerungen bestehen (Art. 1 SchuldrechtsänderungsG vom 21. 9. 1994, BGBl. I 2538; → Schuldrechtsanpassung). Mit der Beendigung des Vertragsverhältnisses geht (begründetes und fortbestehendes) → Gebäudeeigentum auf den Grundstückseigentümer (gegen Entschädigung) über (Art. 1 §§ 11 ff. SchuldrechtsänderungsG).

**Mieterdarlehen** → Baukostenzuschuß, → Miete (4).

**Mieterhöhung** → Miete (1 b, 5 c), → Mietpreisbindung.

**Mieterschutz.** Der M. des früheren Rechts war ein Teil der → Wohnungszwangswirtschaft. Nach deren Abbau (→ Miete, 1 b) sind die Vorschriften des M.gesetzes, die schon vorher auf Geschäftsräume, frei finanzierte oder lediglich steuerbegünstigte Wohnungen und auf Untermietverhältnisse unanwendbar waren, in vollem Umfang außer Kraft getreten. An ihrer Stelle gelten die Vorschriften des neuen Mietrechts im BGB, insbes. die sog. Sozialklausel und der Wohnraumkündigungsschutz (→ Miete, 5 c) sowie die eingeschränkten Voraussetzungen für eine Mieterhöhung (→ Mietpreisbindung). Gebiet ehem. DDR → Miete (7), → Mietpreisbindung.

**Mietgericht.** Das M., eine Abteilung des → Amtsgerichts, ist ausschließlich zuständig zur Entscheidung von Streitigkeiten über Ansprüche aus einem Mietverhältnis (→ Miete) über Wohnraum oder über den Bestand eines solchen Mietverhältnisses (§ 23 Nr. 2a GVG). Örtlich ist das Gericht ausschließlich zuständig, in dessen Bezirk sich die Räume befinden (§ 29a ZPO). Zur Herbeiführung einer einheitlichen Rspr. über Rechtsfragen aus einem Mietverhältnis über Wohnraum sind die Landgerichte als Berufungsgerichte verpflichtet, vor Erlaß einer abweichenden Entscheidung den *Rechtsentscheid* des Oberlandesgerichts herbeizuführen (§ 541 ZPO).

**Mietkauf.** Unter M. versteht man einen Vertrag, bei dem eine (i. d. R. kostspielige) Sache dem Mieter zunächst mietweise überlassen und ihm das Recht (oder die Pflicht) eingeräumt wird, durch einseitige Erklärung die Sache später unter Anrechnung der bis dahin gezahlten Mieten auf den Kaufpreis käuflich zu erwerben. Während zunächst bis zur Abgabe dieser Erklärung grundsätzlich die Vorschriften über die → Miete Anwendung finden, bestimmen sich die gegenseitigen Rechte und Pflichten danach rückwirkend nach Kaufrecht. Zum Schutze des Verbrauchers gelten hierfür die zwingenden Vorschriften über den → Kreditvertrag. Der M. ist vom reinen → Leasingvertrag zu unterscheiden.

**Mietkaution** ist – anders als ein → Baukostenzuschuß (oder ein Mieterdarlehen) – lediglich eine Sicherheitsleistung durch den Mieter an den Vermieter, die dessen Vertrags- und Ersatzansprüche (→ Miete) sichern soll. Die M., die, wenn solche Ansprüche nicht bestehen, nach Beendigung des Mietverhältnisses zurückzuzahlen ist, darf das Dreifache des monatlichen Mietzinses nicht übersteigen (auch darf keine darüber hinausgehende sonstige → Sicherheitsleistung vereinbart werden). Sie ist (auch bei gewerblicher Miete) vom Vermieter zu dem für Spareinlagen mit dreimonatiger Kündigungsfrist üblichen Zinssatz anzulegen; die Zinsen stehen dem Mieter zu (§ 550 b BGB).

**Mietmutter** → künstliche Samenübertragung.

**Mietomnibusse, -wagen.** Der Verkehr mit M. bedarf nach §§ 2, 46 PersonenbeförderungsG der Genehmigung. Verkehr mit Mo. oder Mw. liegt vor, wenn die Fahrzeuge im ganzen zur Beförderung angemietet werden und der Unternehmer Fahrten ausführt, deren Zweck, Ziel und Ablauf der Mieter bestimmt. Die Teilnehmer müssen beim Mietomnibusverkehr einen zusammengehörigen Personenkreis bilden (anders bei → Linienverkehr und → Ausflugsfahrten). Mw. und Mo. dürfen nicht öffentlich bereitgestellt werden (anders bei → Taxen). Aufnahme von Fahrgästen bei Leerfahrten ist i. d. R. unzulässig (§ 49 PBefG). Die Genehmigung ist befristet (höchstens vier Jahre, § 50 PBefG). Betriebs- und Beförderungspflicht besteht nicht. Zur Festsetzung der Beförderungsbedingungen und -entgelte s. § 51 PBefG; Vorschriften zur Ordnung des Betriebs sowie zur Sicherheit der Kraftfahrzeuge und des Verhaltens der Benutzer enthält die BOKraft (→ Personenbeförderung). Kein Mietwagenverkehr ist die Vermietung von Kfz. an → Selbstfahrer; sie unterliegt nicht dem PBefG.

**Mietpreisbindung.** Die M. war ein Teil der → Wohnungszwangswirtschaft. Die einschlägigen Vorschriften traten mit dem jeweiligen Ende der Wohnraumbewirtschaftung außer Kraft.

Nach dem Ges. zur Regelung der Miethöhe – MHG – (Art. 3 des II. Ges. über den Kündigungsschutz für Mietverhältnisse über Wohnraum – 2. Wohnraumkündigungsschutzgesetz – vom 18. 12. 1974, BGBl. I 3603 m. spät. Änd.); bestehen jedoch zugunsten des Mieters (zwingende, § 10 I) Beschränkungen der Mietpreisgestaltung. Die Kündigung eines Mietverhältnisses über Wohnraum (ausgenommen möblierte Zimmer, Räume in Studentenwohnheimen o.ä. sowie nur vorübergehende Vermietung) zum Zweck der Mieterhöhung ist ausgeschlossen (§ 1). Der Mietzins kann zwar bei Abschluß des Mietverhältnisses und auch während dessen Bestehens zwischen den Vertragsparteien grundsätzlich frei bestimmt (bzw. abgeändert) werden; auch kann von vornherein für eine Zeit bis zu 10 Jahren ein Mietzins in unterschiedlicher (steigender) Höhe – jeweils für mindestens ein Jahr unverändert – (sog. *Staffelmiete,* § 10 II) oder eine Wertsicherungsklausel (sog. Mietanpassungsvereinbarung entsprechend dem amtlich ermittelten Preisindex für die Gesamtlebenshaltung bei Mietverträgen ohne Kündigungsmöglichkeit des Vermieters innerhalb von 10 Jahren oder auf Lebenszeit des Vertragspartners, § 10 a, s. a. → Geldschuld) vereinbart werden. Einseitig kann der Vermieter a, ber eine Zustimmung des Mieters zu einer Erhöhung des Mietzinses, falls dies nicht vertraglich überhaupt ausgeschlossen ist oder ein Mietverhältnis auf bestimmte Zeit mit festem Mietzins vorliegt, nur verlangen, wenn der Mietzins – abgesehen von Nebenkosten – seit mindestens einem Jahr unverändert ist, der verlangte Mietzins die ortsüblichen Entgelte für Wohnraum in vergleichbarer Art, Größe, Beschaffenheit und Lage nicht übersteigt (*Vergleichsmiete*) und sich der Mietzins innerhalb von 3 Jahren nicht um mehr als 30 v. H. (bei vor 1981 errichteten Wohnräumen 20 v. H.) – sog. Kappungsgrenze – erhöht (§ 2). Der Anspruch auf die Vergleichsmiete ist dem Mieter gegenüber schriftlich (auch mechanisch vervielfältigt, § 8) zu begründen, wobei auf gemeindliche oder von Interessenvertretern beider Seiten gemeinsam erstellte Mietwerttabellen (sog. *Mietspiegel*) oder auf ein Sachverständigengutachten Bezug genommen werden kann; auch können (mindestens drei) vergleichbare Wohnungen benannt werden. Stimmt der Mieter einem demnach begründeten Mieterhöhungsverlangen nicht bis zum Ablauf des 2. Monats nach dessen Zugang zu, so kann der Vermieter → Klage auf Zustimmung erheben. Unabhängig hiervon kann der Vermieter die Kosten baulicher Verbesserungen (→ Wohnungsmodernisierung) sowie Erhöhungen der Betriebs- und Kapitalkosten in bestimmter Höhe anteilig auf den Mieter umlegen (§§ 3–5). Verlangt der Vermieter eine Mieterhöhung nach § 2 MHG, so ist der Mieter berechtigt, bis zum Ablauf des zweiten Monats, der auf den Zugang des Erhöhungsverlangens folgt, für den Ablauf des übernächsten Monats zu kündigen (§ 9 I – bei Erhöhungsverlangen wegen umgelegter Nebenkosten bestehen kürzere Kündigungsfristen); kündigt der Mieter, so tritt die Mieterhöhung nicht ein.

Für das *Gebiet der ehem. DDR* gelten die Sondervorschriften der §§ 11 ff. MHG. Danach sind die oben genannten Regelungen uneingeschränkt nur auf solche Wohnräume anwendbar, die nach dem 3. 10. 1990 neugeschaffen und nicht mit öffentlichen Mitteln gefördert worden sind. Für alle anderen ist eine stufenweise Anpassung an das allgemeine Vergleichsmietensystem (s. o.) vorgesehen. Bei guter Ausstattung der Wohnräume (mindestens 3 von 5 Kriterien müssen erfüllt sein) ist demnach zunächst bis 31. 12. 1997 eine Erhöhung von grdsätzl. 20% (ohne Bad oder Zentralheizung 15%) auf die Grundmiete zulässig, sofern dies nicht die ortsüblichen Entgelte übersteigt (§ 12 MHG). Erst danach sollen die allgemeinen Vorschriften Anwendung finden. Einzelheiten regelt das MietenüberleitungsG vom 6. 6. 1995 (BGBl. I 748).

**Mietpreisüberhöhung** → Mietwucher.

**Mieträume** (Kündigungsschutz) → Miete (5 c).

**Mietspiegel** → Mietpreisbindung.

**Mietverhältnis** ist das durch einen Mietvertrag (→ Miete, 2) begründete Rechtsverhältnis zwischen Vermieter und Mieter.

**Mietvertrag** → Miete (2).

**Mietvorauszahlung** → Baukostenzuschuß, → Miete (3, 4), → Mietkaution.

**Mietwagen** → Taxen, → Fahrgastbeförderung, → Selbstfahrer, → Mietomnibusse.

**Mietwagenkosten,** Ersatz nach Verkehrsunfall → Schadensersatz (2 a).

**Mietwert** → Nutzungswert.

**Mietwucher** begeht, wer *vorsätzlich* die Zwangslage, die Unerfahrenheit, die Urteils- oder erhebliche Willensschwäche eines anderen dadurch ausbeutet, daß er sich oder einem Dritten für *Wohnraumvermietung* ein Entgelt versprechen läßt, das in auffälligem Mißverhältnis zum Mietwert steht. Dasselbe gilt für die *Wohnraumvermittlung* gegen überhöhtes Entgelt. Die Tat ist mit Freiheitsstrafe bis zu 3 Jahren oder Geldstrafe, bei → gewerbsmäßigem Handeln und in anderen schweren Fällen mit höherer Strafe bedroht (§ 291 StGB).

Liegt keine vorsätzliche Ausbeutung einer Zwangslage usw. vor, so ist die *Mietpreisüberhöhung* als → Ordnungswidrigkeit mit Geldbuße bis zu 100 000 DM bedroht, wenn der Täter *vorsätzlich oder leichtfertig* ein unangemessen hohes Entgelt fordert, annimmt oder sich versprechen läßt (§ 5 WiStG 1954; der Mietvertrag bleibt hier mit angemessenem Mietzins wirksam, BGH NJW 1984, 722). Unangemessen ist i. d. R. ein Entgelt, das infolge Ausnutzung des geringen Angebots an vergleichbaren Räumen die ortsüblichen Entgelte für Vergleichswohnungen in den letzten 4 Jahren um mehr als 20% übersteigt. Abführung od. Rückerstattung des → Mehrerlöses kann nach §§ 8, 9 WiStG 1954 angeordnet werden.

Für die Wohnungsvermittlung vorsätzlich oder fahrlässig mehr als 2 Monatsmieten zu fordern, sich versprechen zu lassen oder anzunehmen, ist als → Ordnungswidrigkeit mit Geldbuße bis zu 50 000 DM bedroht (§§ 3, 8 Ges. zur Regelung der Wohnungsvermittlung). S. a. → Preistreiberei, → Preisverstöße, → Wohnungsvermittlung, → Wucher.

**Mietzins** → Miete (2 b).

**Mietzuschuß** → Wohngeld.

**Mikrozensus** nennt man die Repräsentativstatistik über die Bevölkerung und den Arbeitsmarkt (Ges. vom 10. 6. 1985, BGBl. I 955); dazu VO vom 14. 6. 1985 (BGBl. I 967), jeweils m. Änd. S. a. → Volkszählung.

**Milch (Lebensmittelrecht).** Das das allgemeine → Lebensmittelrecht ergänzende (§ 18) Milch- und MargarineG vom 25. 7. 1990 (BGBl. I 1471) betrifft für den menschlichen Verzehr bestimmte Milch- und Milcherzeugnisse, Margarineerzeugnisse und mit beiden verwechselbare Erzeugnisse (§ 1). Es enthält detaillierte Begriffsbestimmungen (§ 2), VOErmächtigungen (§ 3, vgl. hierzu die VO vom 14. 2. 1992, BGBl. I 258), auch zur Ausführung des Europäischen → Gemeinschaftsrechts (§ 16). Milchwirtschaftliche Unternehmen bedürfen der Erlaubnis (§ 4), die Zuverlässigkeit, Sachkunde und die Erfüllung räumlicher und hygienischer Anforderungen voraussetzt (§§ 4, 5). Bestandsschutz für bestehende Unternehmen ist gemäß § 6 gewährleistet. Die Überwachung obliegt den Ländern, der Bund kann jedoch allgemeine Vorschriften erlassen (§ 11).

**Milch (Marktorganisation).** Für die gemeinsame → Marktorganisation M. wird nur noch innerhalb der festgelegten Mengen („Referenzmengen") interveniert. Die für den deutschen Milchmarkt maßgebenden Regelungen enthält die MilchgarantiemengenVO i. d. F. vom 21. 3. 1994 (BGBl. I 586). Die Referenzmenge läßt sich als eine Art betriebsverbundene öffentlich-rechtliche Subvention beschreiben. Der Berechtigte kann über sie auch durch zeitweilige Überlassung verfügen. Zur steuerlichen Behandlung der Anlieferungsreferenzmenge BMF BStBl. I 1995, 148.

**Milchwirtschaftliche Unternehmen** bedürfen grundsätzlich einer Betriebserlaubnis (§ 4 Milch- und Margarinegesetz; → Milch). Ausgenommen sind der Handel, bei Milch nur für abgepackte Erzeugnisse, und die Abgabe in → Gaststätten u. ä. (§ 4 I, § 2 I Nr. 8).

**Mildernde Umstände** (Strafmilderungsgründe) → Strafzumessung.

**Militärgerichte** → Wehrstrafgerichte, → Besatzungsgerichte.

**Militärische Straftaten** sind die im 2. Teil des WehrstrafG i. d. F. vom 24. 5. 1974 (BGBl. I 1213) unter Strafe gestellten Handlungen, die von *Soldaten* der Bundeswehr, von militärischen Vorgesetzten, auch wenn sie nicht Soldaten sind (Bundeswehrbeamte!), sowie von anderen Nichtsoldaten als Anstifter oder Gehilfen einer m. S. begangen werden (§ 1 WStG). Mit Strafe bedroht sind

1. als Verstöße gegen die Pflicht zur militär. Dienstleistung (§§ 15–18 WStG): eigenmächtige Abwesenheit von der Truppe (länger als 3 volle Kalendertage), → Fahnenflucht, Selbstverstümmelung und Dienstentziehung durch Täuschung (→ Wehrdienstentziehung);

2. als Straftaten gegen die Pflichten des Untergebenen (§§ 19–29 WStG): Ungehorsam und Gehorsamsverweigerung → Gehorsamspflicht), leichtfertiges Nichtbefolgen eines Befehls, Bedrohung oder Nötigung eines Vorgesetzten oder tätlicher Angriff auf ihn, → Meuterei oder Verabredung zur Unbotmäßigkeit (d. h. zu einer der vorgenannten Straftaten);

3. Straftaten gegen die Pflichten eines Vorgesetzten (§§ 30–41 WStG), insbes.: vorsätzliche körperliche Mißhandlung oder deren Duldung, vorsätzliche entwürdigende Behandlung oder böswillige Diensterschwerung sowie Duldung dieser Straftaten, Mißbrauch der Befehlsbefugnis zu unzulässigen Zwecken (hierzu und über die Verbindlichkeit eines Befehls → Gehorsamspflicht), Unterdrücken von Beschwerden, Mißbrauch der Dienststrafgewalt, mangelhafte Dienstaufsicht, wenn sie schwere Folgen hat (Gefahr für die Sicherheit der BRep., die Schlagkraft der Truppe, für Leib oder Leben eines anderen oder für Sachen von bedeutendem Wert, die dem Täter nicht gehören). Erhöhter Bestrafung unterliegen Vorgesetzte, die Untergebene durch Mißbrauch der Befehlsbefugnis zu einer Straftat verleiten oder dies versuchen (→ Gehorsamspflicht).

4. Weitere m. S. sind: unwahre dienstliche Meldung, Unterlassung der Anzeige vom Vorhaben oder der Ausführung einer → Meuterei oder

→ Wehrmittelsabotage, *Wachverfehlung* rechtswidriger Waffengebrauch u. a. m. (§§ 42 ff. WStG).

Auf m. S. ist, soweit nichts anderes bestimmt ist, das allgemeine Strafrecht anzuwenden, insbes. das StGB; für → jugendliche und heranwachsende Soldaten gelten Sondervorschriften (§ 3 WStG; → Jugendstrafrecht 2 a. E.). Als *Strafe* gegen Soldaten gibt außer Freiheitsstrafe und Geldstrafe nach §§ 9 ff. WStG den *Strafarrest* (Freiheitsentziehung von 2 Wochen bis 6 Mon., tunlichst unter Förderung der Ausbildung, vgl. Bundeswehrvollzugsordnung vom 29. 11. 1972, BGBl. I 2205). Für die *Strafaussetzung zur Bewährung* gelten Sondervorschriften nach §§ 14, 14a WStG.

**Militärische Verteidigung.** Die m. V. umfaßt alle Maßnahmen, die der Abwehr von Angriffen anderer Staaten auf das Territorium der BRep. mit Hilfe der Streitkräfte dienen. Zusammen mit der → zivilen Verteidigung bildet sie die Gesamtverteidigung, wie sie das GG versteht, wenn es von „Verteidigung einschließlich des Schutzes der Zivilbevölkerung" spricht (vgl. Art. 73 Nr. 1, 87b II GG). Die m. V. der BRep. gliedert sich in die NATO-Verteidigung, an der die BRep. durch die der → NATO assignierten Verbände mitwirkt, und die sog. → Territoriale Verteidigung mit einem im wesentlichen auf die Unterstützung der NATO-Streitkräfte ausgerichteten Kampfauftrag, die dem nationalen Kommando untersteht. S. ferner → Bundeswehr.

**Militärische Zwangsmaßnahmen** → Vereinte Nationen.

**Militärischer Abschirmdienst (MAD)** des Bundesministers der Verteidigung. Die Rechtsverhältnisse des MAD sind nunmehr durch das MAD-Gesetz – MADG – (Art. 3 des Ges. zur Fortentwicklung der Datenverarbeitung und des Datenschutzes vom 20. 12. 1990 BGBl. I 2954, 2977) geregelt. Gem. § 1 MADG ist Aufgabe des MAD des Bundesministers der Verteidigung in erster Linie die Sammlung und Auswertung von Informationen über verfassungsfeindliche Bestrebungen sowie sicherheitsgefährdende oder geheimdienstliche Tätigkeiten im Bereich der Verteidigung. Das Ges. regelt insbes. die Zusammenarbeit mit Behörden des → Verfassungsschutzes, die Befugnisse des MAD (polizeiliche Befugnisse oder Weisungsbefugnisse stehen ihm nicht zu, § 4 II), Datenerhebung und Datenschutz, Informationsübermittlung an und durch den MAD, Auskunftsrecht des Betroffenen (§ 9 MADG). Der MAD gehört neben den Verfassungsschutzbehörden (→ Verfassungsschutz) des Bundes und der Länder und dem → Bundesnachrichtendienst zu den Stellen, die zur Überwachung des Brief- und Postverkehrs sowie der Telekommunikation nach dem Gesetz vom 13. 8. 1968 (BGBl. I 949) berechtigt sind. Vgl. → Brief-, Post- und Fernmeldegeheimnis (3); → Nachrichtendienste; → nachrichtendienstliche Mittel.

**Militärstrafgesetzbuch** → Wehrstrafrecht.

**Militärstrafgerichtsordnung** → Wehrstrafrecht.

**Minarett** → Moschee.

**Minderheitenrecht** ist die Gesamtheit der Rechtsnormen, welche die Rechtsstellung völkerschaftlicher oder auch religiöser Minderheiten in einem Staat oder sonstigen Verband regeln. Eine umfassende Regelung des M. im allgemeinen → Völkerrecht besteht nicht. Soweit sie nicht in → völkerrechtlichen Verträgen getroffen wurde (wie etwa in den Friedensverträgen von Versailles, St. Germain, Neuilly, Trianon und Lausanne oder in den Vereinbarungen über Südtirol zwischen Österreich und Italien vom 5. 9. 1946), ist es Sache des innerstaatlichen Rechts, das M. zu regeln. Hierbei sind die großen völkerrechtlichen Konventionen, insbes. die Europäische → Konvention zum Schutz der Menschenrechte und Grundfreiheiten und das → Völkermord-Abkommen, zu beachten. Anerkannt ist, daß die völlige Entrechtung oder gar die Ausrottung einer Minderheit → völkerrechtliches Unrecht ist. S. a. → Autonomie.

**Minderheitsrechte** bestehen bei einer Gesellschaft oder einem Verein darin, daß bei einem Gesellschafter- oder Hauptversammlungsbeschluß eine Minderheit der Gesellschafter (Mitglieder, Aktionäre) einen für alle verbindlichen Beschluß fassen, nicht nur (wie bei der → Sperrminorität) verhindern kann. M. sind bei der → Aktiengesellschaft für die → Sonderprüfung und die Geltendmachung von Ersatzansprüchen gegen Gründer, Vorstand und Aufsichtsrat vorgesehen (§ 147 AktG). Bei der → Personengesellschaft kann der Gesellschaftsvertrag *Mehrheitsbeschlüsse* zulassen (weitgehend bei der sog. Publikumsgesellschaft; → Kommanditgesellschaft). Dies gilt – im Interesse des Minderheitenschutzes – aber nicht für die Änderung der Gesellschaftsgrundlagen (z. B. Gesellschaftsform, -zweck usw.).

**Minderjährigkeit** → Volljährigkeit, → Geschäftsfähigkeit, → Handlungsfähigkeit, → Prozeßfähigkeit, → elterliche Sorge, → Vormundschaft, → Haager Minderjährigenschutzabkommen, → Autovermietung an Minderjährige, → Strafmündigkeit.

**Minderkaufmann** → Kaufmann.

**Minderlieferung.** Die M., d. h. die Lieferung einer geringeren als der vertraglich bedungenen Menge, wird (ebenso wie eine Mehrlieferung) beim → Handelskauf wie ein Sachmangel behandelt (→ Mängelrüge).

**Minderung** (beim Kauf) → Gewährleistung (2).

**Minderung der Erwerbsfähigkeit** bezeichnet in der → Unfallversicherung und der → Kriegsopferversorgung das Ausmaß, in dem die normale körperliche und geistige Fähigkeit, unter Ausnutzung der sich auf dem gesamten Gebiet des Erwerbslebens bietenden Arbeitsgelegenheiten einen Erwerb zu erzielen, durch → Arbeitsunfall oder Kriegsschäden gemindert ist. In der Unfallversicherung richtet sich die Höhe der Rente nach dem Grad der MdE (Vomhundertsatz der vollen Erwerbsfähigkeit) und dem Jahresarbeitsverdienst; auf eine tatsächliche Einbuße an Erwerbseinkommen kommt es nicht an (§ 56 SGB VII). In der Kriegsopferversorgung ist die Höhe der Leistungen von der MdE sowie (teilweise) vom anrechenbaren Einkommen des Geschädigten abhängig (§§ 30 ff. BVG).

**Minderwert, merkantiler, technischer,** → Schadensersatz (2 a).

**Mindestarbeitsbedingungen** können unter bestimmten Voraussetzungen durch Beschluß eines vom BArbMin. errichteten Fachausschusses für einzelne Wirtschaftszweige oder Beschäftigtengruppen nach dem Ges. v. 11. 1. 1952 (BGBl. I 17) festgesetzt werden. Die M. sind dann diejenigen → Arbeitsbedingungen, unter denen im ungünstigsten Fall gearbeitet werden darf. Für den Arbeitnehmer dürfen günstigere Bedingungen vereinbart werden. Die Festsetzung von M. ist nur zulässig, wenn sie für die sozialen und wirtschaftlichen Bedürfnisse der Arbeitnehmer erforderlich erscheinen, keine → Allgemeinverbindlichkeit von Tarifverträgen vorliegt und Gewerkschaften oder Arbeitgeberverbände für den Wirtschaftszweig oder die Beschäftigtengruppe nicht bestehen oder nur eine Minderheit umfassen. Das Ges. über die M. ist bisher noch nicht angewendet worden. Zu Mindestlöhnen im Baugewerbe → Allgemeinverbindlichkeit. Über M. für die Beschäftigung fremder Hilfskräfte durch → Hausgewerbetreibende vgl. § 22 HeimarbeitsG.

**Mindestgebot** ist bei einer öffentlichen Versteigerung ein Gebot, das mindestens die Hälfte des gewöhnlichen Verkaufswerts der Sache erreicht (§ 817 a ZPO), in der → Zwangsversteigerung den Betrag von 7/10 des Grundstückswerts (Verkehrswert). Einem → Meistgebot, das unter diesem Betrag bleibt, kann der → Zuschlag auf Antrag eines Beteiligten, dessen Rechte durch dieses Meistgebot nicht gedeckt sind, versagt werden (§ 74 a ZVG). Das M. ist vom → geringsten Gebot zu unterscheiden.

**Mindest-Ist-Besteuerung** → Umsatzsteuer 6.

**Mindestlohn** → Arbeitsbedingungen, → Mindestarbeitsbedingungen.

**Mindestpreise** sind Preise, die nicht unterschritten, aber überschritten werden dürfen (im Gegensatz zu → Höchstpreisen). M. sind die Interventionspreise (→ Marktorganisationen) sowie die Honorare der → Architekten und Ingenieure nach der HOAI. S. a. → Festpreis, → Preisrecht.

Über Mindest-Höchstpreise → Höchstpreise.

**Mindestreserven** sind Guthaben, die von → Kreditinstituten auf allgemeine Anordnung der Deutschen → Bundesbank (Rechtsnatur: Verordnung) bei dieser unterhalten werden (§ 16 I 1 BBankG). Die M. bemessen sich nach Verbindlichkeiten aus Sichteinlagen, befristeten Einlagen und Spareinlagen sowie aus aufgenommenen kurz- und mittelfristigen Geldern mit Ausnahme der Verbindlichkeiten gegenüber anderen mindestreservepflichtigen Kreditinstituten. Der maßgebliche Satz wird in dem von § 16 vorgegebenen Rahmen von der BBank autonom festgesetzt. Eine Erhöhung der Mindestreservesätze bewirkt eine Verringerung des Kreditvolumens, weil dadurch entweder die den Kreditinstituten zur Verfügung stehenden Mittel abgeschöpft werden (Überschußreserve) oder eine zusätzliche Verschuldung bei der Bundesbank erzwungen wird. Eine Herabsetzung der M. wirkt demgegenüber tendenziell expansiv. Als M.-Politik wird der Einsatz der M. als währungspolitische Maßnahme bezeichnet. Mit Verwirklichung der ESZB (→ Europäisches System der Zentralbanken) wird die Anordnung von M. und die M-Politik als währungspolitisches Mittel von ESZB (→ Europäische Zentralbank) wahrgenommen (Art. 19 EUV Prot. ESZB).

**Mindesturlaub** ist der den → Arbeitnehmern und arbeitnehmerähnlichen Personen mindestens zu gewährende → Urlaub. Er beträgt bei Erwachsenen 24 Werktage (§ 3 BundesurlaubsG vom 8. 1. 1963, BGBl. I 2, m. spät. Änd.), bei Jugendlichen (14–18 Jahre) je nach Alter 25–30 Werktage (bei Beschäftigung im Bergbau unter Tage 3 Werktage zusätzlich), § 19 JArbSchG. → Schwerbehinderte erhalten 5 Tage Zusatzurlaub (§ 47 SchwbG), nach Landesrecht z. T. auch politisch Verfolgte. Durch → Tarifvertrag, → Betriebsvereinbarung oder Einzelarbeitsvertrag darf der M. nur erhöht werden (§ 13 BUrlG).

**Mineralölsteuer.** Die M. ist eine zweckgebundene → Verbrauchsteuer auf die im → Inland gewonnenen oder eingeführten Mineralöle (MinöStG i. d. F. vom 21. 12. 1992, BGBl. I 2185, zuletzt geänd. 20. 12. 96, BGBl. I 2049, 2074; MinöStVO vom 15. 9. 1993, BGBl. I 1602, zuletzt geänd. 20. 12. 96, BGBl. I 2049, 2074). Der auf den Kraftverkehr entfallende Teil des M.aufkommens ist für Zwecke des Straßenwesens zu verwenden (StraßenbaufinanzierungsG vom 28. 3. 1960, BGBl. I 201). Im Interesse des → Umweltschutzes beträgt die M. auf bleifreies Benzin 0,98 DM je Liter und für bleihaltiges Benzin 1,08 DM, für Erdgas 47,60 DM pro Einheit. S. a. *Kraftfahrzeugsteuer* (2.). Das Aufkommen aus der Besteuerung der Heizöle ist zweckgebunden für energiepolitische Maßnahmen; es dient u. a. der Anpassung des Steinkohlenbergbaus.

**Mineral- und Tafelwasser.** Bezeichnungen, Kennzeichnung, Anerkennung, hygienische Anforderungen an Gewinnung, Herstellung und Verpackung regelt die VO vom 1. 8. 1984 (BGBl. I 1036). Zum Zulassungsverfahren s. Ges. vom 25. 7. 1984 (BGBl. I 1016); s. a. → Lebensmittel.

**minima non curat praetor:** Der Richter kümmert sich nicht um Kleinigkeiten. Grundsatz des → römischen Rechts, der als solcher heute keine Gültigkeit mehr hat; s. aber → Opportunitätsprinzip.

**Minister** stehen an der Spitze der Ministerien, also der obersten Verwaltungsbehörden des Staates (→ Bundes-, → Staats-, Landesminister; in den Stadtstaaten Senator). Ihre Rechtsstellung ist z. T. durch die Verfassungen, im übrigen durch besondere Gesetze geregelt (vgl. BundesministerG i. d. F. vom 27. 7. 1971, BGBl. I 1166 m. spät. Änd.). Die M. sind nicht → Beamte, sondern stehen in einem öffentlichrechtlichen Amtsverhältnis besonderer Art. Ihre Ernennung ist in den einzelnen Verfassungen unterschiedlich geregelt. In den demokratischen Staaten werden sie meist auf Vorschlag des durch das → Parlament gewählten Regierungschefs (Ministerpräsident, Bundeskanzler) vom Staatsoberhaupt ernannt und ebenso entlassen; ihr Amt endet zugleich mit dem des Regierungschefs. Im Rahmen der vom Regierungschef gesetzten Richtlinien der

Politik leiten die M. ihr Ministerium i. d. R. selbständig unter eigener Verantwortung (→ Ressort). Zahl und Sachgebiete der Ministerien unterliegen im allgemeinen der Disposition des Regierungschefs; z. T. sind sie verfassungsmäßig oder in einer Geschäftsordnung festgelegt. Die Gesamtheit der M. eines Staates bildet die → Regierung (Kabinett; Ministerrat; Bundes-, Staatsregierung; in den Stadtstaaten: Senat).

**Ministeranklage.** Nach Art. 59 der Weimarer Verfassung war der Reichstag berechtigt, den Reichspräsidenten, den Reichskanzler und die Reichsminister vor dem Staatsgerichtshof für das Deutsche Reich anzuklagen, daß sie schuldhaft die Reichsverfassung oder ein Reichsgesetz verletzt haben. Im Gegensatz hierzu kennt das Bonner Grundgesetz eine Anklage des Bundeskanzlers oder eines Bundesministers nicht (aber eine Anklage des → Bundespräsidenten und die → Richteranklage; Art. 61, 98 II, V). Die Verfassungen einzelner Länder sehen dagegen die M. vor dem Verfassungs(Staats)gerichtshof vor.

**Ministerpräsident** → Regierung.

**Ministerrat** → Regierung, → Europ. Wirtschaftsgemeinschaft, → Europ. Atomgemeinschaft, → Rat der Europäischen Gemeinschaften u. im folg.

**Ministerrat der (ehem.) DDR.** Der M. (Art. 76 bis 80 der Verfassung der ehem. DDR) war als Organ der → Volkskammer die Regierung der DDR und leitete die einheitliche Durchführung der Staatspolitik. Er handelte im Auftrag der Volkskammer und war ihr verantwortlich. Er bestand aus dem Vorsitzenden, den Stellvertretern und den Ministern, die nach Neuwahl der Volkskammer von ihr auf 5 Jahre gewählt wurden.

**Mischehe.** Die Eheschließung zwischen einem Angehörigen der → kath. Kirche und einem Angehörigen eines anderen religiösen Bekenntnisses ist nach kath. Kirchenrecht unstatthaft; jedoch kann Dispens gegen das schriftliche Gelöbnis erteilt werden, die Ehe nach kath. Ritus zu schließen, die Kinder im kath. Glauben zu erziehen und den kath. Eheteil in der Religionsausübung nicht zu behindern. Die → evang. Kirche kann die Einsegnung der Ehe ablehnen, wenn die Erziehung der Kinder in ihrem Glauben nicht versprochen wird. Nicht möglich ist eine kirchliche Trauung in der Form einer → Ökumenischen Trauung.

**Mischtatbestände** → Ordnungswidrigkeiten (1).

**Mischverwaltung.** Weder der Bund noch die Länder können über ihre im GG festgelegten Kompetenzen (→ Verwaltungskompetenz, → Ausführung von Gesetzen) verfügen. Kompetenzüberschreitungen sind auch mit Zustimmung der Beteiligten nicht zulässig. Mitplanungs-, Mitverwaltungs- und Mitentscheidungsbefugnisse gleich welcher Art im Aufgabenbereich der Länder verstoßen, sofern nicht die Verfassung dem Bund entsprechende Sachkompetenzen übertragen hat – wie z. B. im Bereich der → Gemeinschaftsaufgaben – gegen das grundgesetzliche Verbot einer M. (BVerfGE 32, 145 ff.; 39, 96). Vgl. auch → Dotationsauflagen.

**Mißbilligte Klausel** → Allgemeine Geschäftsbedingungen; s. a. → Rechtsmißbrauch, → Treu und Glauben, → Nichtigkeit.

**Mißbrauch Abhängiger** → Sexueller Mißbrauch von Schutzbefohlenen.

**Mißbrauch der Befehlsbefugnis** → Gehorsamspflicht, → Militärische Straftaten.

**Mißbrauch der Vertretungsmacht** → Vertretung ohne Vertretungsmacht.

**Mißbrauch geschützter Daten** → Datenschutz, → Computerkriminalität.

**Mißbrauch von Ausweispapieren** → Ausweismißbrauch.

**Mißbrauch von Gestaltungsmöglichkeiten.** Bürgerlich-rechtliche Gestaltungen sind für die Besteuerung unbeachtlich, wenn Steuerersparnis durch außergewöhnliche Gestaltung einziger Zweck ist (§ 42 AO). Besteuert wird nach der angemessenen Gestaltung. → wirtschaftliche Betrachtungsweise.

**Mißbrauch von Grundrechten** → Verwirkung von Grundrechten.

**Mißbrauch von Hoheitszeichen** → Hoheitszeichen.

**Mißbrauch von Notrufen** oder Notzeichen (Feuer-, Unfallmelder, SOS-Zeichen), d. h. absichtliche od. wissentliche Anwendung trotz Fehlens der Voraussetzungen, ist nach § 145 StGB strafbar. Die Vorschrift bedroht auch absichtliche oder wissentliche Beeinträchtigung oder Beschädigung von Einrichtungen, die der Verhütung von Unglücksfällen oder gemeiner Gefahr dienen, oder von Rettungsgeräten u. dgl. mit Strafe.

**Mißbrauch von Scheck- und Kreditkarten** durch den berechtigten Karteninhaber mittels Belastung des ungedeckten Kontos wird, wenn der Aussteller der Karte dadurch geschädigt wird, nach § 266 b StGB mit Freiheitsstrafe bis zu 3 Jahren oder mit Geldstrafe bestraft, bei geringem Schaden Verfolgung aber nur auf → Strafantrag oder bei besonderem öffentlichen Interesse. Das (zivilrechtliche) Risiko des M. trägt der Kontoinhaber (auch bei Fälschung von Scheckformularen).

**Mißbrauch von Sozialleistungen** → Leistungsmißbrauch.

**Mißbrauch wirtschaftlicher Macht** → marktbeherrschende Unternehmen.

**Mißbrauch zu sexuellen Handlungen** → sexueller Mißbrauch; s. a. → Sexualstraftaten.

**Mißbräuchliche Rechtsausübung** → Treu und Glauben, → Schikaneverbot.

**Mißhandlung** → Körperverletzung, → militärische Straftaten.

**Mißhandlung von Tieren** → Tierschutz.

**missio canonica** ist im kath. Kirchenrecht allgemein die Übertragung von Lehrbefugnissen an dazu befähigte Personen. → Diakonen, → Priestern und → Bischöfen steht bereits im Rahmen ihres Amtes die Lehrgewalt zu, so daß die besondere Bedeutung der m. c. darin liegt, daß durch sie die Lehrbefugnis für einen bestimmten Bereich auch auf Laien übertragen werden kann, so z. B. → Pastoralassistenten, Religionslehrern (→ Religionsunterricht) und Hochschullehrern (→ Lehrbefugnis). Die m. c. ist widerruflich, insbesondere bei Nichtübereinstimmung mit der kirchlichen Lehre oder Beanstandungen der privaten Lebensführung.

**Missionschef** → Diplomaten.

**Mißtrauensvotum.** Allgemein bezeichnet man als M. die Kundgabe des → Parlaments, daß die Regierung oder einzelne ihrer Mitglieder nicht mehr das Vertrauen der Volksvertretung besitzen (→ parlamentarisches Regierungssystem). Häufig ist in den Verfassungen vorgesehen, daß die Regierung durch die allgemein oder in Verbindung mit einer bestimmten Vorlage gestellte Vertrauensfrage ein Votum des Parlaments herbeiführen kann. Nach Art. 67 GG kann der Bundestag dem Bundeskanzler das Mißtrauen nur dadurch aussprechen, daß er mit der Mehrheit seiner Mitglieder einen Nachfolger wählt und den Bundespräsidenten ersucht, den Bundeskanzler zu entlassen; der BPräs. muß dem Ersuchen entsprechen und den Gewählten ernennen. Dieses sog. „konstruktive M." soll verhindern, daß der BK durch ein M. gestürzt wird, ohne daß die parlamentarische Grundlage für die Bildung einer neuen BReg. vorhanden ist. Findet ein Antrag des BK, ihm das Vertrauen auszusprechen (→ *Vertrauensfrage*), nicht die Zustimmung der Mehrheit der Mitglieder des Bundestages, so kann der BPräs. auf Vorschlag des BK binnen 21 Tagen den Bundestag auflösen (Ermessensentscheidung); das Recht zur Auflösung erlischt, sobald der Bundestag mit der Mehrheit seiner Mitglieder einen anderen BK wählt (Art. 68 GG).

**Mitarbeit der Ehegatten.** Aus der → ehelichen Lebensgemeinschaft folgt generell die Verpflichtung der Ehegatten, einander, soweit möglich, beizustehen und zu helfen. Dies bedeutet, daß die Ehegatten gehalten sind, auch in einem Beruf oder Erwerbsgeschäft (Handwerksbetrieb, Landwirtschaft usw.) des anderen Ehegatten mitzuarbeiten, soweit dies nach den Verhältnissen, in denen die Ehegatten leben, üblich und zumutbar ist. Unabhängig hiervon regeln die Ehegatten die *Haushaltsführung* im gegenseitigen Einvernehmen; sie steht also nicht nur der Ehefrau zu, kann vielmehr jedem Ehegatten in eigener Verantwortung übertragen oder gemeinsam ausgeübt werden (§ 1356 I BGB). Beide Ehegatten sind berechtigt, erwerbstätig zu sein; sie müssen jedoch bei der Wahl und Ausübung einer Erwerbstätigkeit auf die berechtigten Belange des anderen Ehegatten und der Familie, z. B. hinsichtlich der Haushaltsführung, Rücksicht nehmen (§ 1356 II BGB). Zur Frage des Unterhalts in diesen Fällen → Unterhaltspflicht der Ehegatten.

M. im üblichen Umfang ist familienrechtliche Pflicht und daher grundsätzl. unentgeltlich zu leisten. Werden aber weit überdurchschnittliche Arbeitsleistungen (z. B. zur Errichtung eines Familienheims) oder sonstige ehebezogene Zuwendungen (in der Erwartung des Fortbestands der Ehe) erbracht, so liegt hierin nach der Rspr. keine Schenkung. Im Falle des Scheiterns der Ehe kann hier nach Treu und Glauben ein Ausgleichsanspruch wegen Wegfalls der → Geschäftsgrundlage gegeben sein, sofern der güterrechtliche Ausgleich (→ Zugewinnausgleich) ausgeschlossen ist (→ Gütertrennung) oder zumutbarerweise nicht ausreicht (BGH NJW 1997, 2747). Die Rspr. der Arbeits- und insbes. der Finanzgerichte hat darüber hinaus anerkannt, daß das Wesen der Ehe einem → Gesellschaftsvertrag zwischen den Ehegatten mit allen seinen vermögensrechtlichen Folgen (Familiengesellschaft) und auch einem echten → *Arbeitsverhältnis* mit Über- und Unterordnung sowie den sich hieraus ergebenden Pflichten zur Lohnzahlung, Sozialversicherung und Abführung der Lohnsteuer nicht entgegensteht. Voraussetzung für die *steuerrechtliche* Anerkennung ist allerdings in jedem Fall die ernsthafte Begründung eines Gesellschafts- oder Arbeitsverhältnisses auf Grund objektiv nachweisbarer Umstände. Maßstab für die steuerliche Anerkennung ist der → Fremdvergleich; d. h.: Das Rechtsverhältnis zwischen den Ehegatten wird nur dann steuerlich anerkannt, wenn es wie unter fremden Dritten abgeschlossen ist und tatsächlich durchgeführt wird.

Sofern ein Arbeitsverhältnis vorliegt, besteht Versicherungspflicht in der sozialen → Krankenversicherung, der → Pflegeversicherung, → Rentenversicherung und → Arbeitslosenversicherung (→ Arbeitsförderung) – in der → Unfallversicherung nach Maßgabe der Satzung. Vgl. § 24 SGB III; § 5 SGB V; § 1 SGB VI; §§ 2 I Nr. 1, 3 I Nr. 1, 6 I Nr. 1 SGB VII; § 20 SGB XI.

Wird die M. d. E. im Haushalt oder Erwerbsgeschäft des anderen durch eine rechtswidrige Schädigung (Körperverletzung u. a.) ganz oder teilweise vereitelt, so steht der Anspruch auf → Schadensersatz dem verletzten Ehegatten selbst zu (BGHZ 59, 172); § 845 BGB (Ersatzanspruch des anderen Ehegatten wegen entgangener Dienste) ist daneben nicht anwendbar, weil die M. d. E. auf der Unterhaltspflicht beruht. Untereinander haften die Ehegatten nur für die → Sorgfalt, die sie in eigenen Angelegenheiten anzuwenden pflegen (§§ 1359, 277 BGB).

**Mitarbeit von Kindern** im Haushalt der Eltern → Hausgemeinschaft, → Fremdvergleich.

**Mitbenutzungsrechte.** Die im Gebiet der ehem. DDR begründeten M. (zu unterscheiden von den dinglichen → Nutzungsrechten und den vertraglichen → Nutzungsberechtigungen), die ähnlich einer Grunddienstbarkeit die (Mit-)Benutzung eines Grundstücks in bestimmter Weise zulassen (§§ 321 f. ZGB), gelten mit ihrem bisherigen Inhalt und Rang fort (Art. 233 §§ 3, 5 EGBGB). M. bedurften zu ihrer Entstehung nicht der Eintragung im → Grundbuch; der Nutzer kann aber von dem Eigentümer (gegen Entgelt) die Eintragung einer → Dienstbarkeit verlangen (§§ 116 ff. SachenRBereinigungsG vom 21. 9. 1994, BGBl. I 2457).

**Mitbesitz** → Besitz.

**Mitbestimmung** der Arbeitnehmer. Hierunter ist die Mitentscheidung und sonstige *Mitwirkung der Arbeitnehmer* in allen Bereichen des → Betriebs zu verstehen. I. e. ist zu unterscheiden:

1. In allen Betrieben, in denen ein → *Betriebsrat* besteht, hat dieser aufgrund des BetrVG (BGBl. 1989 I 1) ein umfangreiches Mitspracherecht in personellen, sozialen und wirtschaftlichen Angelegenheiten. In sozialen Angelegenheiten (z. B. Betriebsordnung,

Arbeitszeit, Urlaubsplan, Akkordsätze, Werkwohnungen, Änderung des Arbeitsplatzes, Überwachung von Arbeitnehmern am Arbeitsplatz, Einführung neuer Techniken) hat der Betriebsrat ein echtes M.recht; kommt es zu keiner Einigung mit dem Arbeitgeber, so entscheidet die Einigungsstelle (§§ 87 ff. BetrVG). In allgemeinen personellen Angelegenheiten (Personalplanung u. a.) hat der Betriebsrat nur ein Informations- und Beratungsrecht (§§ 91 ff.; anders bei der Erstellung von Auswahlrichtlinien für Einstellungen, Kündigungen, § 95, sowie bei der betrieblichen Berufsbildung, § 98); zu personellen Einzelmaßnahmen (→ Einstellung, → Umgruppierung, → Versetzung des Arbeitnehmers) bedarf in Betrieben mit i. d. R. mehr als 20 wahlberechtigten Arbeitnehmern der Arbeitgeber der – durch Entscheidung des Arbeitsgerichts ersetzbaren – Zustimmung des Betriebsrats (§ 99). Zur praktisch wichtigsten Form der M. des Betriebsrats bei Kündigungen s. i. e. → Kündigungsschutz für Arbeitnehmer. Bei geplanten → Betriebsänderungen hat der Betriebsrat in Betrieben über 20 Arbeitnehmern ein Beratungsrecht zur Herbeiführung eines Interessenausgleichs und eines → Sozialplans für die betroffenen Arbeitnehmer (§§ 111 ff.). Zur M. des Betriebsrats in wirtschaftlichen Angelegenheiten s. im übrigen → Wirtschaftsausschuß. Diese M. des Betriebsrats kann durch → Tarifvertrag oder → Betriebsvereinbarung erweitert werden. S. ferner → Tendenzbetriebe.

2. Im → *Aufsichtsrat* werden die Arbeitnehmer zu einem Drittel der Sitze (aufgrund sog. Stimmbindungsverträge auch bis zur Hälfte) beteiligt in → Aktiengesellschaften, → Kommanditgesellschaften auf Aktien, → Gesellschaften mit beschränkter Haftung und (früheren) bergrechtlichen → Gewerkschaften, soweit diese 500 oder mehr Arbeitnehmer beschäftigen(§§ 76, 77 BetrVG 1952). Lediglich im Bergbau sowie in der Eisen und Stahl erzeugenden Industrie (→ Montanindustrie) entsenden die Arbeitnehmer nach dem Montan-MitBestG vom 21. 5. 1951 (BGBl. I 347) ebenso viele Aufsichtsratsmitglieder wie die Anteilseigner (Aktionäre, Gesellschafter, Gewerken); Pattsituationen werden hier durch Entscheidung eines neutralen weiteren Mitglieds aufgelöst. S. a. → Arbeitsdirektor. Diese Regelung gilt nach dem MitBestErgG vom 7. 8. 1956 (BGBl. I 707), geänd. 20. 12. 1988 (BGBl. I 2312, 2324) auch für die herrschenden Unternehmen eines → Konzerns, solange die Montanquote insgesamt mindestens 20% erreicht. Zur Fortgeltung der Montan-M. s. Ges. vom 29. 11. 1971 (BGBl. I 1857), vom 21. 5. 1981 (BGBl. I 441) und vom 23. 7. 1987 (BGBl. I 1676); WahlO zum MitBestErgG vom 23. 1. 1989 (BGBl. I 147).

Das Mitbestimmungsgesetz vom 4. 5. 1976 (BGBl. I 1153) m. Änd. – dazu Wahlordnungen vom 23. 6. 1977 (BGBl. I 861, 893, 934) – sieht darüber hinaus für Gesellschaften mit i. d. R. mehr als 2000 Beschäftigten im Grundsatz die *paritätische M.* (gleichmäßige Beschickung des Aufsichtsrats durch Vertreter der *Anteilseigner* – Aktionäre, Gesellschafter usw. – und der → Arbeitnehmer) vor. Für → leitende Angestellte ist ein Minderheitenschutz in der Form vorgesehen, daß sie zwar an der Wahl der Mitglieder des Aufsichtsrats im Rahmen der Gruppe der Angestellten teilnehmen, ihnen aber auf jeden Fall ein Aufsichtsratssitz vorbehalten ist. Wird im Aufsichtsrat bei einer Abstimmung die erforderliche Mehrheit nicht erreicht (Pattsituation), so steht dem Aufsichtsratsvorsitzenden eine zweite Stimme zu. Dieser ist mit einer 2/3-Mehrheit zu wählen; wird diese Mehrheit nicht erreicht, so wählen die Aufsichtsratsmitglieder der Anteilseigner aus ihrer Mitte den Aufsichtsratsvorsitzenden, die Vertreter der Arbeitnehmer dessen Stellvertreter. Ein „Arbeitsdirektor" mit Befugnissen wie in der Montan-M. ist nicht vorgesehen; Arbeitsdirektor heißt vielmehr jetzt lediglich das für Personalangelegenheiten zuständige Vorstandsmitglied. Eine sog. Öffnungsklausel, d. h. die Möglichkeit der Erweiterung der M. der Arbeitnehmer über diese Rechte hinaus durch entsprechende Vereinbarung, enthält das M. Ges. nicht.

**Mitbestrafte Vor(Nach)tat** → Konkurrenz von Straftaten.

**Mitbürge** → Bürgschaft.

**Miteigentum.** Das → Eigentum an einer Sache kann mehreren Personen zustehen. Sofern nicht ausnahmsweise eine → Gesamthandsgemeinschaft gegeben ist, steht das M. mehreren *zu Bruchteilen* zu, d. h. jeder Miteigentümer hat einen bestimmten ideellen (nicht realen) Anteil an der Sache. Für das M. nach Bruchteilen, das durch → Rechtsgeschäft oder kraft Gesetzes (→ Verbindung, → Schatzfund) entstehen kann, gelten die Vorschriften über die → Gemeinschaft (§§ 741 ff. BGB). Sondervorschriften enthalten die §§ 1008 ff. BGB. Jeder Miteigentümer kann danach seinen Anteil nach den Vorschriften über die → Eigentumsübertragung übertragen und – auch zugunsten eines Miteigentümers – belasten, z. B. mit einem Pfandrecht (§§ 747, 1009 BGB); auch die Pfändung des Miteigentumsanteils ist möglich (§ 857 ZPO). Vereinbarungen der Miteigentümer eines Grundstücks über die Verwaltung und Benutzung der gemeinschaftlichen Sache, über die Aufhebung der Gemeinschaft u. dgl. wirken gegenüber dem Nachfolger eines Miteigentümers nur, wenn sie als Belastung des Anteils im → Grundbuch eingetragen sind (§ 1010 BGB). Jeder Miteigentümer kann die Ansprüche aus dem Eigentum Dritten gegenüber für die ganze Sache geltend machen, Herausgabe (→ Eigentumsherausgabeanspruch) jedoch nur an alle Miteigentümer verlangen (§§ 1011, 432 BGB). → Wohnungseigentum. Gebiet ehem. DDR: Nach § 459 ZGB (bei erheblichen Werterhöhungen durch den Nutzer) kraft Gesetzes entstandenes M. kann im Wege der → Berichtigung in das Grundbuch eingetragen werden (§§ 113 ff. Sachenrechts-BereinigungsG vom 21. 9. 1994, BGBl. I 2457).

**Miterbe** → Erbengemeinschaft.

**Mitfahrerzentrale** wird ein Gewerbebetrieb genannt, der die Beförderung von Personen in PKW gegen Kostenbeteiligung vermittelt. Die Vermittlung bedarf keiner Genehmigung nach dem PersonenbeförderungsG, soweit das Gesamtentgelt die Betriebskosten der Fahrt nicht übersteigt (§ 1 II PBefG). Nach § 38 I Nr. 8 GewO sind die Landesregierungen im übrigen ermächtigt, zur Erleichterung der Überwachung der Mitfahrerzentralen auf dem Gebiet des Kraftverkehrs und Luftverkehrs durch RechtsVO besondere Buchführungs-, Auskunfts- und Duldungspflichten zu begründen. Von der Ermächtigung wurde bisher nicht Gebrauch gemacht.

**Mitforderung** → Gesamtgläubigerschaft.

**Mitgift.** Wird einer Frau anläßlich ihrer Eheschließung von den Eltern eine M. zugewendet, so liegt – nach dem Wegfall der → Aussteuer – eine → Ausstattung vor. Eine M. von Seiten Dritter ist, sofern sie nicht im Rahmen einer → Unterhaltspflicht unter Verwandten geleistet wird, regelmäßig eine → Schenkung (Folge z. B.: Formbedürftigkeit des M.versprechens).

**Mitgliederversammlung** → Verein.

**Mitgliedschaft** (Beitritt, Austritt) → Verein, → Genossenschaft; s. a. → Gesellschaft des bürgerlichen Rechts, → Offene Handelsgesellschaft (6).

**Mitnehmen im Kraftfahrzeug** → Schuldverhältnis, → Mitverschulden, → Gefälligkeitsfahrt → Insassen von Kfz.

**Mittäterschaft.** Begehen mehrere gemeinschaftlich eine strafbare Handlung, so wird jeder als Täter – *Mittäter* – bestraft (§ 25 II StGB). Voraussetzung ist vorsätzliches Handeln und der Wille zur gemeinsamen Begehung (bewußtes und gewolltes Zusammenwirken). Der Mittäter unterscheidet sich vom Gehilfen dadurch, daß er die Tat als eigene begehen will (subjektive Theorie, während die objektive Theorie vorwiegend auf die Tatherrschaft abstellt; über den Unterschied im einzelnen und die Berücksichtigung des objektiven Elements der Tatherrschaft → Beihilfe). Anzeichen für den Mittäterwillen können der Umfang der Tatbeteiligung, das enge Verhältnis zur Tat und der Grad des Interesses am Erfolg sein. Es genügt Bestärken des Tatwillens der anderen, aber auch schon Beteiligung an einer Vorbereitungshandlung, nicht dagegen bloße Verabredung oder Kenntnis der Tat oder nachträgliche Billigung. Sog. → eigenhändige Delikte können grundsätzlich nur in Alleintäterschaft begangen werden. Da M. gemeinsames Wollen der

Tat voraussetzt, haftet jeder Mittäter für die Tatausführung und ihren Erfolg nur, soweit sein Wille reicht, nicht also für den *Exzeß* der anderen (nicht z. B. für Tötung, wenn er sich nur an Körperverletzung hat beteiligen wollen). Setzen mehrere, ohne in bewußtem und gewolltem Zusammenwirken zu handeln, Bedingungen für den Taterfolg, die diesen einzeln oder zusammen herbeiführen, so liegt *Nebentäterschaft* vor (mehrere Wilderer schießen unabhängig voneinander auf den Förster); hier ist jeder selbständig als Alleintäter, nicht als Mittäter verantwortlich. Bei *sukzessiver M.* ist dem während der Tatausführung als Mittäter Hinzutretenden die Gesamttat, soweit sie nicht rechtlich selbständig ist, zuzurechnen, falls sie ihm bekannt ist (insoweit also auch Erschwerungsgründe, z. B. vorheriges Aufbrechen einer Tür bei Diebstahl aus Gebäude).

**Mitteilungen in Strafsachen.** Die bundeseinheitliche Anordnung über M. i. S. (MiStra) zum 1. 6. 1998 ist eine Verwaltungsvorschrift, die die → Justizmitteilungen der StAen und Strafgerichte an Behörden und andere Stellen über die Einleitung oder Durchführung eines Strafverfahrens i. e. regelt; z. B. die M. in Verfahren gegen Beamte an den Dienstvorgesetzten (s. § 125 c BRRG), gegen Jugendliche an den Familien- oder Vormundschaftsrichter (s. § 70 JGG) oder die M. über den Ausgang des Verfahrens an die mit dem Fall befaßte Polizeibehörde (Art. 32 JustizmitteilungsG vom 18. 6. 1997, BGBl. I 1430, m. Änd.).

**Mitteilungen in Zivilsachen.** Die vorstehenden Ausführungen über → Mitteilungen in Strafsachen gelten für die Übermittlung personenbezogener Daten durch Gerichte der ordentlichen Gerichtsbarkeit und Staatsanwaltschaften an andere öffentliche Stellen in Zivilsachen weitgehend entsprechend, z. B. zur Berichtigung oder Ergänzung des Grundbuchs, zur Einleitung und Durchführung vormundschafts- oder familiengerichtlicher Maßnahmen u. a. (§§ 12 ff., 15 EGGVG, §§ 69 k ff. FGG u. a.).

**Mitteilungsverordnung.** Die M. vom 7. 9. 1993, BGBl. I 1554 geänd. 19. 12. 94, BGBl. I 3848 verpflichtet Behörden und öffentlich-rechtliche Rundfunkanstalten, Mitteilungen ohne Ersuchen an die Finanzbehörden über ausbezahlte Honorare vorzunehmen. Der Zahlungsempfänger ist von der mitteilungspflichtigen Behörde über die Mitteilungsverpflichtung zu unterrichten und auf seine steuerliche Erklärungspflicht hinzuweisen.

**Mittelbare Falschbeurkundung (intellektuelle Urkundenfälschung)** → Falschbeurkundung.

**Mittelbare Staatsverwaltung** ist die Wahrnehmung staatlicher Aufgaben durch selbständige Verwaltungsträger, also durch Körperschaften mit eigener Rechtspersönlichkeit (juristische Personen des öffentlichen Rechts). Sie steht damit im Gegensatz zur *unmittelbaren Staatsverwaltung,* bei welcher der Staat seine Aufgaben durch eigene Behörden erfüllt. Die Träger der m. St. sind nicht in den staatlichen Behördenaufbau eingegliedert, stehen also nicht im Instanzenzug der unmittelbaren Staatsverwaltung; vielmehr sind sie i. d. R. Selbstverwaltungskörperschaften, die bei Wahrnehmung der staatlichen Aufgaben der Rechts- und Fachaufsicht des Staates (→ Staatsaufsicht) unterliegen, z. B. die Gemeinden oder die Handwerkskammern. Auch die Verwaltung von Bundesangelegenheiten durch die Länder *(mittelbare Bundesverwaltung)* ist ein Fall der m. St., ebenso die Wahrnehmung von Bundesangelegenheiten durch bundesunmittelbare Körperschaften und Anstalten des öffentlichen Rechts (Art. 87 III GG); vgl. → Ausführung von Bundesgesetzen.

**Mittelbare Stellvertretung** *(indirekte, unechte, verdeckte St.).* Die m. St. ist kein Fall der echten → Stellvertretung, weil hier der „Vertreter" nicht im Namen des Vertretenen, sondern im eigenen Namen, wenn auch im Interesse des Geschäftsherrn, das Rechtsgeschäft abschließt. Berechtigter und Verpflichteter aus dem Rechtsgeschäft mit dem Dritten ist bei der m. St. also allein der mittelbare Stellvertreter, der die erworbenen Rechte erst durch → Abtretung, *Übereignung* u. a. (→ antizipiertes Besitzkonstitut, Übertragung der → Anwartschaft) auf den Geschäftsherrn übertragen muß. Der mittelbare Stellvertreter kann jedoch bereits einen Schaden seines Geschäftsherrn im eigenen Namen für diesen geltend machen (sog. → Drittschadensliquidation). Die m. St. ist im BGB nicht geregelt; die wichtigsten Fälle sind der → Kommissions- und der → Speditionsvertrag (dort teilweise Sondervorschriften) sowie der → Strohmann. Keine m. St. liegt vor, wenn die Zwischenperson als *Vermittler* tätig wurde (→ Maklervertrag, → Handelsmakler; s. a. → Handelsvertreter).

**Mittelbarer Besitz** → Besitz, → Besitzkonstitut.

**Mittelbarer Schaden** (mittelbar Geschädigter) → Schadensersatz (1 a, b).

**Mittelbarer Täter** ist, wer (als Hintermann) eine Straftat durch einen anderen (§ 25 I StGB; Tatmittler, Tatwerkzeug, Vordermann) ausführen läßt, der selbst nicht rechtswidrig, vorsätzlich und schuldhaft (d. h. vorwerfbar) handelt und deshalb strafrechtlich nicht oder nicht in vollem Umfang verantwortlich ist. Der m. T. muß in seiner Person alle Tatbestandsmerkmale verwirklichen und wissen, daß das Tatwerkzeug diese Merkmale nicht sämtlich erfüllt. Vom Grundsatz her kann also ein Hintermann nicht als m. T., sondern nur wegen → Anstiftung oder → Beihilfe strafbar sein, wenn der Vordermann voll verantwortlich ist. Beispiele: Der m. T. veranlaßt einen Schuldunfähigen (Geisteskranken oder noch nicht 14jährigen) in Kenntnis dieses Umstandes zu einer Straftat oder nutzt einen Irrtum des anderen aus (er erwirkt z. B. bei einer Strafverfolgungsbehörde durch falsche Angaben die Festnahme eines Dritten; Fall der Benutzung eines sog. absichtslosen Werkzeuges); oder er veranlaßt einen nicht rechtswidrig Handelnden zu einer Tat (z. B. durch Mißbrauch seiner Befehlsgewalt; → Gehorsamspflicht); s. a. BGH NJW 1989, 912 „Katzenkönigfall". Ausnahmsweise kann nach der Rspr. (BGH NJW 1994, 2703) ein Hintermann auch bei voll verantwortlichem Vordermann m. T. (Täter hinter dem Täter) sein, wenn er durch staatliche, unternehmerische oder geschäftsähnliche Organisationsstrukturen oder durch Befehlshierarchien bestimmte Rahmenbedingungen, insbes. die unbedingte Tatbereitschaft des Vordermannes, ausnutzt und den Erfolg als eigenen will. Dies kommt bei Mißbrauch staatlicher Machtbefugnisse, mafiaähnlich organisierten Verbrechen und der Verantwortlichkeit beim Betrieb wirtschaftlicher Unternehmen in Betracht. Im einzelnen ist die Abgrenzung zwischen mittelbarer Täterschaft, → Mittäterschaft und → Teilnahme streitig. Bei sog. → eigenhändigen Delikten und bei → Sonderdelikten (z. B. echten → Amtsdelikten, wenn dem Veranlasser die Sondereigenschaft fehlt) scheidet mittelbare Täterschaft aus. Der Veranlasser kann hier nur Anstifter sein.

**Mittelbares Arbeitsverhältnis** (vom → Leiharbeitsverhältnis zu unterscheiden) liegt vor, wenn jemand, der selbst → Arbeitnehmer ist (z. B. → Zwischenmeister), seinerseits Arbeitnehmer beschäftigt, die mit Wissen seines Arbeitgebers die Arbeit unmittelbar für ihn leisten, ohne daß zwischen dem mittelbaren Arbeitgeber und den Arbeitnehmern ein Arbeitsvertrag besteht. Str. ist, ob der Arbeitnehmer auch gegen den mittelbaren Arbeitgeber einen (subsidiären) Anspruch auf den → Arbeitslohn hat. Jedenfalls besteht im m. A. eine → Fürsorgepflicht; auch die Sozialversicherungspflichten treffen den mittelbaren Arbeitgeber. Im übrigen besteht zwischen dem vermittelnden Arbeitgeber (z. B. Zwischenmeister) und dem Arbeitnehmer ein vollgültiges → Arbeitsverhältnis.

**Mittelbehörden** → Verwaltungsbehörden (Aufbau).

**Mitunternehmerschaften** (§ 15 I Nr. 2 EStG) sind – bedeutsam für die → Einkommensteuer und → Gewerbesteuer – die → offene Handelsgesellschaft, die → Kommanditgesellschaft, die → Gesellschaft bürgerlichen Rechts, die atypische → stille Gesellschaft und die atypische → Unterbeteiligung (atypisch, wenn der „Stille" oder Unterbeteiligte bei Beendigung der Innengesellschaft an den stillen Reserven und am → Geschäftswert beteiligt ist). In der Handelsbilanz (→ Bilanz) werden nur die → Wirtschaftsgüter ausgewiesen, die der Gesellschaft gehören (*Gesamthandsvermögen*). In der Steuerbilanz muß auch das *Sonderbetriebsvermögen* ausgewiesen werden, d. h. Wirtschaftsgüter im Alleineigentum eines Gesellschafters, die dem Gewerbebetrieb der M. dienen, z. B. das vom Kommanditisten an seine KG vermietete Grundstück (Sonderbetriebsvermögen I) oder dem Mitunternehmeranteil dienen, z. B. die Bankschuld, mit der der Anteilserwerb finanziert wurde (Sonderbetriebsvermögen II). Forderungen und Schulden zwischen Gesellschaft und Gesellschaftern können grundsätzlich in der Steuerbilanz nicht als solche erscheinen, sondern sind als → Entnahmen bzw. → Einlagen zu behandeln. M. sind keine Gewerbebetriebe kraft Rechtsform. Einkommensteuerpflichtig ist nicht die M., sondern jeder einzelne Mitunternehmer. Mitunternehmer können aus einer M. → Einkünfte aus Land- u. Forstwirtschaft, aus Gewerbebetrieb oder aus selbständiger Arbeit haben (§§ 13 V, 15 I, 18 IV EStG). Betreibt die M. jedoch einen Gewerbebetrieb, so haben die Mitunternehmer ausschließlich gewerbl. Einkünfte, auch wenn einzelne von ihnen im Rahmen der M. nicht gewerblich, sondern z. B. freiberuflich tätig sind, sog. Abfärbetheorie (§ 15 III Nr. 1 EStG). Der Gewinn von M. ist gesondert und einheitlich durch das Betriebsfinanzamt (→ Finanzamt) festzustellen (§§ 179, 180 I Nr. 2 a AO; → Besteuerungsverfahren; → Personengesellschaft).

**Miturheber** → Urheberrecht.

**Mitvermächtnis.** Ist ein → Vermächtnis mehreren zugewandt, so steht jedem Mitvermächtnisnehmer ein entsprechender Teil des Vermächtnisses zu (§§ 2157, 2091, 2093, 741 ff. BGB); die Mitvermächtnisnehmer sind daher nicht → Gesamtgläubiger.

**Mitverschulden.** Hat bei der Entstehung des → Schadens ein → Verschulden des Geschädigten mitgewirkt, so hängt der Umfang der Verpflichtung zum *Schadensersatz* von den Umständen, insbes. davon ab, inwieweit der Schaden vorwiegend von dem einen oder anderen Teil verursacht (und verschuldet) worden ist (§ 254 BGB). Dies gilt auch dann, wenn der Geschädigte seine → Obliegenheit verletzt hat, den Schaden abzuwenden oder zu mindern oder den Schädiger auf die Gefahr eines ungewöhnlich hohen Schadens aufmerksam zu machen *(Schadensminderungspflicht)*. Die Mithaftung setzt *Verschulden* (s. dort über dessen Voraussetzungen) voraus; der Gedanke der Minderung der Ersatzpflicht durch M. gilt aber ganz allgemein, insbes. bei der → Gefährdungshaftung (→ Betriebsgefahr) und bei der bloßen *Mitverursachung* (→ Schadensersatz, 1 a). Den Geschädigten trifft also z. B. die Verpflichtung, die beschädigte Sache bestmöglich zu verkaufen, bei Verletzungen sich in ärztliche Behandlung zu begeben, seine eigene Arbeitskraft zur Schadensminderung einzusetzen usw. Ein M. eines → gesetzlichen Vertreters oder eines → Erfüllungsgehilfen steht dem eigenen M. gleich (z. B. die Mutter läßt ihr überfahrenes Kind nicht behandeln); allerdings kann § 278 BGB auf § 254 BGB nur im Rahmen einer bereits – z. B. durch eine → unerlaubte Handlung – entstandenen Verbindlichkeit angewandt werden, so daß für ein M. bei der Entstehung des Schadens selbst (z. B. die Mutter hat das Kind nicht genügend beaufsichtigt) nur nach den allgemeinen Vorschriften über unerlaubte Handlungen (→ Verrichtungsgehilfe) einzustehen ist (h. M.; sehr str.).

Die Haftung wegen M. kann vertraglich abbedungen werden. Bei einer *Gefälligkeitsfahrt* (Mitnahme im Auto), Teilnahme am Sport usw. wurde früher vielfach eine → Einwilligung des Verletzten in mögliche, durch den anderen Teil fahrlässig verursachte Körperbeschädigungen angenommen. Da die Einwilligung jedoch grundsätzlich → Geschäftsfähigkeit voraussetzt, betont die Rspr. nunmehr den Gesichtspunkt des *Handelns auf eigene Gefahr*, d. h. des Sichbegebens in eine möglicherweise eintretende Gefahr, das bei Jugendlichen lediglich eine dem Alter entsprechende Einsichtsfähigkeit voraussetzt. Das Verschulden des Schädigers und das Handeln des sich der möglichen Gefahr bewußt Aussetzenden werden dann nach den Grundsätzen des M. gegeneinander abgewogen.

**Mitverursachung** → Mitverschulden.

**Mitvormund.** Grundsätzlich ist für den → Mündel (auch für mehrere Geschwister) nur ein → Vormund zu bestellen. Das Vormundschaftsgericht kann aber auch ein Ehepaar gemeinschaftlich oder aus besonderen Gründen, z. B. bei besonders schwieriger Vermögensverwaltung, räumlicher Trennung u. dgl., mehrere Vormünder bestellen (§ 1775 BGB). Die Mitvormünder führen die → Vormundschaft gemeinschaftlich (Streitigkeiten entscheidet das V.gericht) oder bei Aufteilung nach verschiedenen Wirkungskreisen jeder für diesen selbständig (§ 1797 BGB). Durch seinen Aufgabenkreis unterscheidet sich der M. von dem eine Kontrollfunktion über den Vormund ausübenden → *Gegenvormund.*

**Mitwirkendes Verschulden** → Mitverschulden.

**Mitwirkungsbedürftiger Verwaltungsakt** → Verwaltungsakt (2 d).

**Mitwirkungspflichten** des Bürgers in öffentlich-rechtlichen Rechtsverhältnissen bestehen häufig und in unterschiedlicher Intensität je nach Art, Dauer und Zielrichtung des Verfahrens. Teilweise sind die M. ausdrücklich gesetzlich geregelt (z. B. Antrags- oder Zustimmungserfordernis, Auskunftspflicht); im Verwaltungsverfahrensrecht ist die Mitwirkungspflicht allgemein geregelt (§ 26 II VwVfG). Gesteigerte M. finden sich vor allem in den sog. besonderen Verwaltungsrechtsverhältnissen (bes. → Gewaltverhältnissen). Die Verweigerung der Mitwirkung kann dabei u. U. zu Rechtsnachteilen führen. Erhöhte M. bestehen auch in Verfahren, die im Interesse des Bürgers durchgeführt werden und seine aktive Mitwirkung verlangen, z. B. Prüfungen u. a.; hier kann die M. etwa darin bestehen, daß er das von seiner Seite Erforderliche zum reibungslosen Ablauf des Prüfungsverfahrens beiträgt und auf Verfahrensmängel rechtzeitig hinweist. Im → Sozialrecht bestehen M. für den Leistungsberechtigten, soweit sie für die Entscheidung über die Leistung erheblich sind, z. B. Angabe aller erheblichen Tatsachen, Duldung ärztlicher Untersuchung, Teilnahme an Rehabilitationsmaßnahmen. Schuldhafte Verletzung der M. kann zu voller oder teilweiser Versagung der Leistung führen (§§ 60–67 SGB I). *Steuerliche M.* bestehen nach § 90 AO für alle am → Besteuerungsverfahren Beteiligten (insbes. Auskunft, Beweismittelvorlage) und nach §§ 140 ff. AO in erweitertem Umfang für den Steuerpflichtigen (Steuererklärung, Führung und Vorlage der vorgeschriebenen Unterlagen, Bücher, Aufzeichnungen usw. und deren Erläuterung). Bei Verletzung der M. ist eine → Schätzung der Besteuerungsgrundlagen möglich, § 162 AO). Bei der → Außenprüfung besteht eine erhöhte M. gemäß § 200 AO. → Anzeigepflichten, steuerliche.

**Mitwirkungsrechte** des Betriebsrats u. a. → Mitbestimmung.

**Mitwirkungsverwaltung.** Von M. spricht man (vgl. BVerwGE 26, 31), wenn an einer Verwaltungsentscheidung, insbes. am Erlaß eines → Verwaltungsaktes, mehrere Verwaltungsbehörden beteiligt sind (auch „mehrstufiger Verwaltungsakt" genannt). Dabei erläßt eine Behörde die endgültige Entscheidung *(Entscheidungsbehörde),* während andere Behörden hieran mitwirken *(Mitwirkungsbehörden).* Die Mitwirkung kann in verschiedenen Formen erfolgen: Vorschlagsrecht (z. B. § 4 JSchG), Anhörung (z. B. § 36 SchwerbehindertenG), Benehmen (Anhörungspflicht), insbes. aber Zustimmung und Einvernehmen (z. B. § 36 BauGB: über die Zulässigkeit nicht privilegierter Vorhaben im Außenbereich entscheidet die Baugenehmigungsbehörde im Einvernehmen mit der Gemeinde und nach Zustimmung der höheren Verwaltungsbehörde). Anfechtbarer Verwaltungsakt ist in diesen Fällen nur die abschließende Entscheidung (hier also über die Baugenehmigung), während die Mitwirkungsakte zu den vom Bürger mit förmlichen Rechtsbehelfen nicht angreifbaren Interna der Verwaltung zählen. Die Mitwirkungsakte werden demnach inzident bei der Entscheidung über den Schlußakt überprüft; sie werden also der Entscheidungsbehörde „zugerechnet", die im → Verwaltungsstreitverfahren die Verantwortung dafür trägt. Ist die nach einer Rechtsvorschrift erforderliche Mitwirkung einer anderen Behörde unterblieben, so ist der Verwaltungsakt zwar fehlerhaft zustandegekommen, aber nicht schon deshalb nichtig (§ 44 III Nr. 4 VwVfG); der Verfahrensmangel wird durch Nachholung der Mitwirkung geheilt (§ 45 I Nr. 5 VwVfG). Schwierige Fragen ergeben sich hinsichtlich der Haftung, der Prozeßkosten und des Regresses zwischen den beteiligten Behörden bei fehlerhaften Mitwirkungshandlungen (dazu Pappermann, DVBl. 1975, 637).

**Mobbing.** Unter diesem (nicht juristischen) Begriff versteht man die bewußte Ausgrenzung und Herabsetzung eines Arbeitnehmers durch dessen Arbeitskollegen oder/und den Arbeitgeber. Während gegen Arbeitskollegen hieraus nur Ansprüche aus → unerlaubter Handlung (z. B. Verletzung des Persönlichkeitsrechts oder der Gesundheit) in Betracht kommen, kann gegen den Arbeitgeber auch ein Schadensersatzanspruch aus → positiver Vertragsverletzung des Arbeitsvertrags (z. B. bei Zuteilung unzumutbarer Arbeit, unter unwürdigen Bedingungen usw.) gegeben sein.

**Möbelfernverkehr.** Die Sonderregelungen für den M. sind aufgehoben. Es gelten jetzt einheitliche Bestimmungen für den → Güterkraftverkehr.

**Möbeltransport** → Umzugsvertrag.

**Mobiliarpfandrecht** → Pfandrecht.

**Mobiliar(zwangs)vollstreckung** ist die → Zwangsvollstreckung in das bewegliche Vermögen, nämlich in bewegliche → Sachen, → Forderungen und solche Rechte, die nicht unter die → Immobiliarvollstreckung fallen. Die M. ist hauptsächlich im 8. Buch der ZPO geregelt (§§ 704 ff., insbes. §§ 803 ff.).

**Mobilien** sind bewegliche → Sachen; Gegensatz: → Immobilien.

**Mobilitätshilfe** Die Mobilitätshilfe gehört zu den Leistungen der → Arbeitsförderung nach dem SGB III. Mobilitätshilfe können Arbeitslose erhalten, die eine versicherungspflichtige Beschäftigung aufnehmen, sofern dies zur Aufnahme der Beschäftigung erforderlich ist und sie die erforderlichen Mittel nicht selbst aufbringen können. Die näheren Einzelheiten können durch Rechtsverordnung geregelt werden (§§ 53 ff. SGB III).

**Modell** → Geschmacksmuster.

**Modernisierungsgebot** → Baugebot, → Wohnungsmodernisierung.

**MOE-Staaten.** Kurzbezeichnung für die mittel- und osteuropäischen Staaten (z. T. früher Mitglieder des → Warschauer Pakts); einige streben die Mitgliedschaft in der → Europäischen Union an (z. B. Polen, Tschechische Republik und Ungarn).

**Mofa.** ist ein → Fahrrad mit Hilfsmotor bis zu 25 km/h Höchstgeschwindigkeit (§ 42 I 2 Nr. 1 StVO). S. a. → Schutzhelm.

**Mohammedaner** → Islam.

**Molekulargenetische Untersuchung** ist als Form der → Genomanalyse eine Methode zur Feststellung und zum Vergleich von Bereichen der Desoxyribonukleinsäure aus menschlichen Körperzellen (DNA-Analyse, genetischer Fingerabdruck). Sie ermöglicht die sichere Zuordnung der Herkunft der Spuren einer Straftat wie Blut, Haut, Haare, Speichel, Samen von einer bestimmten Person und ist damit ein Mittel zum Beweis der Beteiligung an der Straftat.

Im Strafprozeß (s. §§ 81 e, 81 f StPO) dürfen auf diese Weise Blutproben und sonstige Körperzellen, die dem Beschuldigten, Zeugen oder sonstigen Personen aufgrund → körperlicher Untersuchung entnommen wurden, sowie Spurenmaterial untersucht werden. Die m. U. ist aber nur Feststellung der Abstammung und der Herkunft des Spurenmaterials vom Beschuldigten oder Verletzten zulässig, nicht zur Feststellung von anderen Persönlichkeitsmerkmalen oder Erbanlagen. Sie m. U. darf nur vom Richter angeordnet und von bestellten Sachverständigen oder Amtsträgern durchgeführt werden.

Im → Bußgeldverfahren ist eine m. U. unzulässig.

**Monarchie** (griech. Alleinherrschaft) ist eine → Staatsform, die dadurch gekennzeichnet ist, daß an der Spitze des Staates eine Einzelperson (der Monarch) steht. In einem materiellen Sinne spricht man von M., wenn die → Staatsgewalt tatsächlich von dem Monarchen ausgeübt wird (monarchisches Prinzip; → Monokratie im Gegensatz zu → Aristokratie und → Demokratie). Allerdings liegt eine M. nicht nur dann vor, wenn der Monarch die gesamte Staatsgewalt ohne Beschränkung in Händen hat (absolute oder unbeschränkte M.), sondern auch, wenn er in der Ausübung der Staatsgewalt beschränkt ist (beschränkte M.). Eine solche Beschränkung besteht i. d. R. darin, daß die → Verfassung (Konstitution; daher konstitutionelle M.) die Zuständigkeit oder die Mitwirkung anderer Organe, etwa der Ständevertretung (ständische M.) oder der Volksvertretung (→ Parlament; daher parlamentarische M.), vorsieht oder die Staatsgewalt sonstwie aufteilt (→ Gewaltentrennung). Stehen dem Monarchen nur noch die weitgehend formalen Befugnisse des → Staatsoberhauptes, aber nicht solche echter Staatsgewalt zu, so enthält die M. nur noch die Erblichkeit der Stellung des Staatsoberhauptes; damit steht der Begriff M. im Gegensatz zu → Republik, deren Staatsoberhaupt gewählt wird. Regelmäßig ist die M. eine Erbmonarchie, bei der sich die Nachfolge nach einer im voraus festgelegten Ordnung innerhalb der Familie bestimmt (im Abendland meist Erbfolge der männlichen Abkömmlinge mit Primogenitur). Die sog. Wahlmonarchie ist heute fast überall erloschen (vergleichbar aber die Stellung des → Papstes).

**Monokratie** bedeutet die Alleinherrschaft einer Einzelperson. Hauptform der M. ist die (erbliche) → Monarchie.

**Monokratisches Prinzip** bezeichnet eine Organisationsform der Behörden; danach stehen die behördlichen Befugnisse nur ihrem Leiter zu, der sie auf die Angehörigen seiner Behörde delegieren kann. Man nennt diese Organisation auch büromäßig (Büroprinzip) im Gegensatz zur Kollegialbehörde (→ Kollegialprinzip), wo die Entscheidungsbefugnis einem Kollegium zusteht.

**Monopolstellung** → marktbeherrschende Unternehmen, → Kartell, → Anschluß- und Benutzungszwang.

**Monroe-Doktrin** → Doktrin.

**Montan-Industrie** ist die auf dem → Bergbau aufbauende Kohlen-, Eisenhütten- und Stahlindustrie. Die enge Verbindung von Zechen und Hüttenwerken, welche die deutsche M. kennzeichnet, wurde durch die → Entflechtung vorübergehend aufgelöst. Über den Zusammenschluß der M. der BRep. sowie der Länder Belgien, Frankreich, Italien, Luxemburg und der Niederlande zur Montan-Union s. → Europäische Gemeinschaft für Kohle und Stahl. S. a. → Mitbestimmung.

**Montan-Union** → Europäische Gemeinschaft für Kohle und Stahl.

**Montesquieu, Charles-Louis** (1689 bis 1755), franz. Staatsphilosoph, der in der Zeit der Aufklärung Grundgedanken des liberalen Staatsdenkens vertrat. Als Anhänger einer konstitutionellen Monarchie lehnte er den Absolutismus ab und verfocht die verfassungsmäßige Abgrenzung der drei Staatsgewalten: Gesetzgebung, Verwaltung, Rechtsprechung. Diese → Gewaltentrennung sollte nach dem Vorbild des engl. Rechts eine gegenseitige Kontrolle der voneinander unabhängigen Staatsorgane und durch die Wirkung dieser Gegengewichte (le pouvoir arrête le pouvoir) mittelbar die Freiheit der Staatsbürger gewährleisten. Sein Hauptwerk „De l'esprit des lois" (1748), in dem diese Grundgedanken niedergelegt sind, wurde richtungweisend für die Staatslehre des 19. u. 20. Jh.

**Moore, Schutz gegen Brand** → Brandstiftung, → Waldbrandschutz.

**Moped** → Fahrräder mit Hilfsmotor.

**Moratorium** = Zahlungsaufschub; → Leistungszeit *(Stundung)*.

**Mord** → Tötung (I).

**Mordkomplott** ist nicht mehr (wie nach § 49b StGB a. F.) ein eigener Straftatbestand, sondern bei Verabreden einer Einzeltat nach § 30 II StGB als Versuch der Beteiligung an einem Verbrechen als besonders gefährliche Vorbereitungshandlung mit der Strafe des → Versuchs bedroht. Der Zusammenschluß zu mehreren, zunächst noch unbestimmten Taten *(Mordverbindung)* fällt unter die Strafvorschrift gegen → kriminelle oder → terroristische Vereinigungen (§§ 129, 129a StGB). Über Rücktritt bzw. tätige Reue vgl. §§ 31, 129 VI, 129a V StGB.

**Morgengabe** war eine Zuwendung des Ehemanns an seine Ehefrau anläßlich der Eheschließung zur Sicherung ihrer wirtschaftlichen Existenz im Falle des Vorversterbens des Ehemanns. Das geltende Recht kennt diesen Begriff nicht mehr; eine entsprechende Sicherung kann im Wege des ehelichen → Güterrechts durch einen → Ehevertrag erreicht werden.

**Mortifikationsschein** → Schuldschein.

**Morus (More), Thomas** → Staatsutopien.

**Moschee.** Die Zulässigkeit der Errichtung einer M. durch Anhänger des → Islam richtet sich nach dem Baurecht (→ Baurecht, 1). Eine M. gilt als Anlage für kirchliche Zwecke (BVerwG BayVBl. 1992, 440). Entscheidend ist, ob sich die M. in die bestehende Bebauung einfügt. Während dies für die M. selbst in der Regel der Fall sein kann, ist dies bei einem Minarett problematisch.

**Motiv** → Geschäftsgrundlage, → Anfechtung von Willenserklärungen und von *Verfügungen von Todes wegen*. Tatmotiv: → Tötung (I 1) u. im folg.

**Motivbündel** ist strafrechtlich die Häufung von Tatmotiven, die zu unterschiedlichen Rechtsfolgen führen, z. B. Tötung auf Verlangen (§ 216 StGB), aber zugleich aus Habgier oder Geschlechtslust (§ 211 StGB). Für die Rechtsanwendung entscheidet das im Einzelfall überwiegende Antriebsmotiv (BGHSt. 13, 138, 140).

**Motivirrtum** → Anfechtung von Willenserklärungen.

**Motorräder** → Krafträder, → Kleinkrafträder, → Fahrerlaubnis, → Zulassung von Kraftfahrzeugen.

**motu proprio** (lat. „aus eigenem Antrieb"; auch subst. *Motuproprio*) werden Erlasse des → Papstes genannt, die seiner freien Initiative entspringen, also nicht durch Berichte oder Anfragen Dritter veranlaßt sind (Gegensatz: Reskript).

**Müll** → Abfälle.

**„Mülltourismus"** → Abfälle (Beförderung, grenzüberschreitende Abfallverbringung).

**Müllverbrennung** → Abfallverbrennung.

**Multilaterale Abkommen** sind mehrseitige → völkerrechtliche Verträge (im Gegensatz zu bilateralen, d. h. zweiseitigen Abkommen).

**Multimedia** → Teledienst, → Mediendienste.

**Multimodaler Verkehr.** Hierunter versteht man die Beförderung des Frachtgutes aufgrund eines einheitlichen → Frachtvertrags mit verschiedenen Beförderungsmitteln (z. B. mit dem Kraftfahrzeug bis zum Bahnhof, Flugplatz oder Seehafen, sodann Weiterbeförderung per Bahn, Flugzeug oder Schiff, anschließend wieder Kraftfahrzeugtransport zum Empfänger). Hierfür gelten grdsätzl. gleichfalls die allgemeinen Regeln des → Frachtvertrags, sofern internationale Übereinkommen nichts anderes bestimmen (§ 452 HGB). Steht fest, daß der Verlust oder die Beschädigung des Transportguts oder die Überschreitung der Lieferfrist auf einer bestimmten Teilstrecke eingetreten ist, so richtet sich allerdings die Haftung des Frachtführers allein nach den Rechtsvorschriften, die auf einen Vertrag zur Beförderung auf dieser Teilstrecke anzuwenden wären (§ 452 a HGB). Ist der Schadensort unbekannt, gelten dagegen die allgemeinen Vorschriften, ggfs. die dem Geschädigten günstigste Rechtsordnung. Abweichende Vereinbarungen sind nur eingeschränkt zulässig, durch → Allgemeine Geschäftsbedingungen nur dahin, daß sich die Haftung auch bei bekanntem Schadensort nach den allgemeinen Bestimmungen (§§ 425 ff. HGB) bestimmt (§ 452 d HGB).

**Münchener Abkommen** wird das am 29. 9. 1938 in München zwischen Deutschland, Großbritannien, Frankreich und Italien geschlossene Abkommen zur Lösung der deutsch-tschechoslowakischen Krise genannt. Inhalt des Abkommens war die Abtretung des Sudetenlandes durch die (an den Verhandlungen nicht beteiligte) Tschechoslowakei. Das M. A. belastete lange die Beziehungen zwischen BRep. und Tschechoslowakei wegen der Streitfrage, ob es von Anfang an (ex tunc) ungültig oder nur *nicht mehr* gültig ist. Der Vertrag vom 11. 12. 1973 (BGBl. 1974 II 989) geht von der Nichtigkeit des M. A. aus, läßt aber die Wirkungen unberührt, die sich für natürliche u. jur. Personen aus dem in der Zeit vom 30. 9. 1938 bis 9. 5. 1945 angewendeten Recht ergeben haben.

**Mündel** ist eine unter → Vormundschaft stehende Person.

**Mündelgeld.** Der → Vormund hat das zum Mündelvermögen gehörende Geld *mündelsicher* anzulegen (§§ 1806 ff. BGB). Das M. ist danach, sofern das Vormundschaftsgericht nicht aus wirtschaftlichen Erwägungen eine andere Art der Anlegung gestattet hat, verzinslich in inländischen Hypothekenforderungen, Pfandbriefen, Wertpapieren und Schuldverschreibungen öffentlicher Körperschaften oder sonst für geeignet erklärter Kreditanstalten, ferner bei einer inländischen öffentlichen Sparkasse oder einem anderen Kreditinstitut, das einer für die Anlage ausreichenden Sicherheitseinrichtung angehört, anzulegen (§ 1807 BGB). Ist ein → Gegenvormund bestellt, so ist dessen Genehmigung für die Anlegung von M. erforderlich (s. aber → Befreite Vormundschaft). Ist das Jugendamt Vormund oder Gegenvormund, so ist die Anlegung von M. auch bei der Körperschaft zulässig, bei der das Jugendamt errichtet ist (§ 1805 S. 2 BGB). Über Forderungen, Rechte und Wertpapiere des Mündels kann der Vormund, sofern nicht eine Genehmigung des Vormundschaftsgerichts erforderlich ist (§§ 1821, 1822 BGB, → Vormund), gleichfalls nur mit Genehmigung eines etwaigen Gegenvormunds verfügen; das gleiche gilt für eine entsprechende Verpflichtung (§§ 1812 ff. BGB). → Inhaberpapiere sind stets, andere Wertpapiere auf Verlangen des Vormundschaftsgerichts bei einer geeigneten Hinterlegungsstelle oder Bank mit Sperrvermerk zu hinterlegen; über sie kann der Vormund nur mit Genehmigung des Vormundschaftsgerichts verfügen bzw. sich verpflichten (§§ 1814 ff. BGB). Von allen diesen Verpflichtungen kann das → Vormundschaftsgericht den Vormund unter bestimmten Voraussetzungen entbinden (§ 1817 BGB).

**Mündelsicherheit** → Mündelgeld.

**Mündelvermögen** → Mündelgeld, → Vormund.

**Mündigkeit** → Ehefähigkeit, → Strafmündigkeit; s. a. → Volljährigkeit.

**Mündliche Verhandlung** ist die Verhandlung, die vor dem Gericht bei Anwesenheit der Beteiligten durch mündlichen Vortrag (wenn auch aufgrund vorbereitender Schriftsätze) durchgeführt wird. Sie ist in den meisten Verfahrensordnungen für das → Urteilsverfahren als gesetzliche Regel vorgesehen (→ Mündlichkeitsgrundsatz), im übrigen in das Ermessen des Gerichts gestellt. Im Zivilprozeß soll nach dem → Konzentrationsgrundsatz und zur Beschleunigung des Verfahrens der Rechtsstreit grdstzl. in einem durch Aufklärung zur Ergänzung des Parteivorbringens, Ladung von Zeugen usw. vorbereiteten *Haupttermin* erledigt werden (§§ 272, 273, 358 a ZPO; ebenso für das → Verwaltungsstreitverfahren §§ 87 ff. VwGO). Der Vorsitzende bestimmt deshalb einen *frühen ersten Termin* (§ 275 ZPO) nur dort, wo eine rasche Erledigung geboten und möglich erscheint; sonst findet ein *schriftliches Vorverfahren* statt (§ 276 ZPO). Das Gericht soll in jeder Lage des Verfahrens auf gütliche Beilegung des Rechtsstreits hinwirken (§ 279 ZPO; → Sühneversuch); hieran schließt sich die streitige m. V. an. Die m. V. findet in einer Sitzung des Gerichts statt, über die eine Niederschrift (→ Verhandlungsprotokoll) erstellt wird. Im Strafprozeß entspricht der m. V. die → Hauptverhandlung. Im förmlichen → Verwaltungsverfahren entscheidet die Behörde grundsätzlich nach m. V. (§ 67 I VwVfG; Ausnahmen § 67 II). Nähere Vorschriften (u. a. über Zeugen und Sachverständige, Verlauf der m. V., Entscheidung und deren Anfechtung) enthalten die §§ 63 ff. VwVfG. Für das → Verwaltungsstreitverfahren s. dort (4, 5, 10), für den Finanzgerichtsprozeß → Finanzgerichtsbarkeit.

**Mündlichkeitsgrundsatz** bedeutet, daß vor dem Gericht mündlich verhandelt werden muß und nur das mündlich Verhandelte der Entscheidung zugrundegelegt werden darf. Die meisten Verfahrensordnungen schreiben Mündlichkeit als Grundsatz ausdrücklich vor (§ 128 I ZPO, § 46 II ArbGG, § 101 VwGO, § 90 I FGO, § 124 I SGG), lassen aber in weitem Umfang

→ schriftliches Verfahren, insbes. für Nebenentscheidungen, zu. Am strengsten ist der M. im Strafprozeß in der für den Regelfall vorgeschriebenen → Hauptverhandlung gewahrt.

**Munition** → Waffen; s. a. → Kriegswaffen.

**Munt.** Im germanischen Recht war die M. ein personales Herrschafts-, Schutz- und Vertretungsverhältnis. Sie stand namentlich dem Hausherrn über die Ehefrau, die dem Haushalt angehörenden Kinder und das freie Gesinde zu (die Unfreien unterstanden dagegen der → Gewere). Mit dem wachsenden Einfluß der Staatsgewalt wurde der Bereich der M., der ursprünglich sogar die Gerichtsbarkeit innerhalb der Sippe umfaßte, zunehmend zurückgedrängt; doch hat die Hausgerichtsbarkeit der Könige gegenüber den Angehörigen des Königshauses verhältnismäßig lange bestanden. Auch Kaufleute konnten unter der M. und damit unter dem Schutz des Königs stehen. Ebenso konnten Jungmannen unter die M. des Königs, Herzogs usw. treten, von dem sie verpflegt und ausgerüstet wurden. Weitere Formen der M. bestanden in der Schutzherrschaft über Waisen, Geisteskranke usw.

**Muntbruch** → Entziehung Minderjähriger.

**Münzfälschung** → Geld- und Wertzeichenfälschung.

**Münzhoheit** → Münzwesen.

**Münzwesen.** Münzen sind geprägte Metallgeldstücke (s. auch Geld, Banknote). Man unterscheidet Kurantmünzen bei vollwertiger Ausprägung und → Scheidemünzen, wenn der Metallwert unter dem Nennwert liegt. Das Recht, Münzen auszuprägen *(Münzregal),* kann vom Staat verliehen werden, der die Münzhoheit besitzt. In der BRep. gehört das Geld- und Münzwesen zur ausschließlichen Gesetzgebungszuständigkeit des Bundes (Art. 73 Nr. 4 GG). Die Münzen werden im Auftrag und für Rechnung des Bundes in den Münzstätten München, Stuttgart, Karlsruhe und Hamburg ausgeprägt und durch die Bundesbank nach Maßgabe des Verkehrsbedarfs in Umlauf gesetzt. Der *Münzgewinn* aus der Ausprägung von Scheidemünzen (Differenz zwischen Herstellungskosten und Nennwert) fließt dem Bundeshaushalt zu. Die Nachprägung von außer Kurs gesetzten Goldmünzen behandelt die MedaillenVO vom 13. 12. 1974 (BGBl. I 3520).

**Musikwerke** → Urheberrecht.

**Muslime.** → Islam.

**Muß-Vorschrift** → Ermessen.

**Muster** → Kauf nach Probe; → Geschmacksmuster.

**Mustermietvertrag** → Miete (1 a).

**Musterregister** ist das für die Eintragung von → Geschmacksmustern vom → Patentamt geführte Register, zu dem nur der Urheber oder sein Rechtsnachfolger anmelden kann; dadurch wird die Urheberschaftsvermutung begründet. Ein Exemplar des Geschmacksmusters oder i. d. R. eine Abbildung ist zu hinterlegen (§§ 7 ff. GeschmMG). Die Schutzfähigkeit des Geschmacksmusters und die Urheberschaft werden vor Eintragung nicht geprüft (§ 10 II GeschmMG). Die Eintragung wird im Bundesanzeiger und (in Bildform) im GeschmMBlatt bekanntgemacht.

**Musterrolle** ist eine vom Kapitän eines Seeschiffs während der Reise mitzuführende Urkunde über die jeweilige Zusammensetzung der Schiffsbesatzung und der sonst an Bord tätigen Personen (§§ 13, 14 SeemG).

**Musterschutz** → Gebrauchsmuster, → Geschmacksmuster.

**Musterung der Seeschiffsbesatzung** (Schiffsoffiziere, sonstige Angestellte und Schiffsleute) ist die Verhandlung vor dem Seemannsamt über die in die → Musterrolle einzutragenden Angaben (§ 13 III SeemG). Bei der M. müssen der Kapitän oder ein Bevollmächtigter des Kapitäns oder Reeders sowie die zu musternden Personen anwesend sein (§ 16 SeemG). Anmusterung findet bei Dienstantritt, Abmusterung bei Dienstbeendigung, Ummusterung bei Änderung der Dienststellung des Besatzungsmitglieds statt (§ 15 SeemG). General-M. ist die Anfertigung einer neuen → Musterrolle. Die M. hat der Kapitän zu veranlassen. Vor Abmusterung hat er im → Seefahrtbuch Art und Dauer des geleisteten Schiffsdienstes zu bescheinigen (§ 19 SeemG). S. a. SeemannsamtsVO vom 21. 10. 1981 (BGBl. I 1146).

**Musterung Wehrpflichtiger.** Ungediente Wehrpflichtige werden vor der Heranziehung zum Wehrdienst gemustert. Sie haben sich nach Aufforderung durch das Kreiswehrersatzamt zur M. vorzustellen. Bei Verstoß gegen diese Pflicht kann polizeiliche → Vorführung angeordnet werden. Die M. dient der Feststellung, ob der Wehrpflichtige für den Wehrdienst zur Verfügung steht (Fehlen von Wehrpflicht- und Wehrdienstausnahmen, körperliche und geistige Tauglichkeit) und welche Art des Wehrdienstes (voller, verkürzter Grundwehrdienst, Wehrübung) er zu leisten hat. Die Entscheidung wird durch *Musterungskammern* getroffen, die bei den Kreiswehrersatzämtern gebildet werden. Der Musterungsbescheid kann binnen 2 Wochen mit dem Widerspruch angefochten werden, über den die Musterungskammer entscheidet (§ 33 I–III WPflG). Widerspruch gegen den Musterungsbescheid hat aufschiebende Wirkung, bei Klage kann das Gericht auf Antrag die aufschiebende Wirkung anordnen. Einzelheiten des Musterungsverfahrens s. §§ 17 ff. WPflG sowie §§ 1–11 der MusterungsVO i. d. F. vom 16. 12. 1983 (BGBl. I 1457). S. a. → Eignungsprüfung.

**Musterverfahren.** Ist die Rechtmäßigkeit einer behördlichen Maßnahme Gegenstand von mehr als 20 → Verwaltungsstreitverfahren, kann das Verwaltungsgericht eines oder mehrere geeignete Verfahren vorab durchführen (M.) und die übrigen Verfahren aussetzen (§ 93 a I 1 VwGO).

**Mutter** → Abstammung (1), → elterliche Sorge, → Kinder, → Unterhaltspflicht bei nicht miteinander verheirateten Eltern; s. a. → Leihmutterschaft.

**Muttergesellschaft** ist wirtschaftlich eine Kapital- oder Personengesellschaft mit beherrschendem Einfluß auf ein anderes Unternehmen (Tochtergesellschaft). Als *Enkelgesellschaft* wird die Tochtergesellschaft einer Gesellschaft bezeichnet, die ihrerseits Tochtergesellschaft ist. *Steuerlich* wird beim → Schachtelprivileg die M. als Obergesellschaft, die Tochtergesellschaft (T.) als Untergesellschaft bezeichnet, bei der → Organschaft die M. als Organträger und die T. als Organgesellschaft oder Organ. → Durchgriffshaftung.

**Mutterschaftsgeld** → Mutterschaftshilfe.

**Mutterschaftshilfe** umfaßt folgende Leistungen der gesetzlichen → Krankenversicherung während der Schwangerschaft und nach der Entbindung: ärztliche Betreuung und Hebammenhilfe (→ Hebammen), Arznei-, Verband- und Heilmittel, stationäre Entbindung, häusliche Pflege, Haushaltshilfe sowie Mutterschaftsgeld oder Entbindungsgeld. Das Mutterschaftsgeld wird gewährt für 6 Wochen vor und 8 Wochen – bei Früh- und Mehrlingsgeburten 12 Wochen – nach der Entbindung in Höhe des Nettoentgelts oder des → Krankengeldes, tägl. höchstens 25 DM. Beim Mutterschaftsgeld zahlt der Bund für jeden Leistungsfall 400 DM an die Krankenkasse. Versicherte, die keinen Anspruch auf Mutterschaftsgeld haben, erhalten stattdessen ein Entbindungsgeld i. H. von 150 DM. §§ 195–200 b RVO; §§ 22–31 KVLG.

M. gehört auch zu den Leistungen der → Sozialhilfe. Sie umfaßt in der Sozialhilfe dieselben medizinischen Leistungen sowie ein Entbindungsgeld (§ 38 BSHG). S. a. → Mutterschutz.

Das Mutterschaftsgeld und der Zuschuß zum Mutterschaftsgeld sind steuerfrei (§ 3 Nr. 1 d EStG), unterliegen aber dem → Progressionsvorbehalt (§ 32 I Nr. 1 b, c EStG).

**Mutterschutz.** Das Gesetz zum Schutze der erwerbstätigen Mutter (Mutterschutzgesetz) i. d. F. vom 17. 1. 1997 (BGBl. I 22) enthält für Frauen, die in einem Arbeitsverhältnis oder in Heimarbeit stehen, Vorschriften zu ihrem Schutze als werdende Mutter und als Wöchnerin. Arbeitsplatz und -geräte sowie sonstige Betriebseinrichtungen müssen den gesundheitl. Belangen der werdenden oder stillenden Mutter Rechnung tragen (§ 2 MuSchG). Ein Beschäftigungsverbot besteht für die letzten 6 Wochen vor der Niederkunft, soweit nicht das ausdrückliche (widerrufliche) Einverständnis der Schwangeren vorliegt, und 8 Wochen danach (bei Früh- und Mehrgeburten 12 Wochen), während der Schwangerschaft überhaupt für schwere körperliche Arbeiten. Die werdende Mutter soll die Schwangerschaft dem Arbeitgeber mitteilen, der sie dem Gewerbeaufsichtsamt anzeigen muß. Stillende Mütter genießen Sonderschutz (Verbot bestimmter gesundheitsgefährdender Beschäftigungen, Anspruch auf Stillpausen usw. §§ 7, 8 MuSchG). Eine Kündigung ist während der Schwangerschaft und 4 Mon. danach grundsätzlich unzulässig; in besonderen Fällen (die nicht mit Schwangerschaft und Entbindung in Zusammenhang stehen) ist die Kündigung mit der Zustimmung der zuständigen Behörde möglich. Die Schwangere selbst kann kündigen; wird sie wieder eingestellt, gilt das Arbeitsverhältnis nicht als unterbrochen (§§ 9, 10 MuSchG). Auch bei Beschäftigungsverboten ist das volle Arbeitsentgelt weiterzuzahlen; für Krankenversicherte besteht Anspruch auf Barleistungen der → Sozialversicherung (→ Mutterschaftshilfe, Mutterschaftsgeld); unter gewissen Voraussetzungen auch für Nichtversicherte. In bestimmten Fällen besteht Anspruch auf Zuschuß zum Mutterschaftsgeld in Höhe des Unterschieds zwischen diesem und dem Nettoentgelt (§§ 11 ff. MuSchG).

Nach dem Bundeserziehungsgeldgesetz i. d. F. vom 31. 1. 1994 (BGBl. I 180 m. spät. Änd.) besteht ein Anspruch auf ein Erziehungsgeld von monatlich 600 DM (auch bei mehreren Kindern nur einmal pro Monat); bei Überschreitung bestimmter Einkommensgrenzen tritt eine Kürzung ein. Voraussetzung ist, daß während der Zahlungszeit keine oder keine volle Erwerbstätigkeit ausgeübt wird. Wer Anspruch auf Erziehungsgeld hat, erhält für die gleiche Zeit Erziehungsurlaub. Zum Mutterschutz für Beamtinnen s. VO i. d. F. vom 11. 1. 1991 (BGBl. I 125) sowie entsprechende VOen der Länder; für weibliche Sanitätsoffiziere VO vom 29. 1. 1986 (BGBl. I 239). Das Erziehungsgeld ist steuerfrei (§ 3 Nr. 67 EStG).

**Mutung** war nach altem → Bergrecht das Gesuch um Verleihung des → Bergwerkeigentums in einem bestimmten Feld; sie begründete einen Anspruch auf Verleihung des Bergwerkseigentums. Die Vorschriften über die M. gelten nach § 172 BundesbergG (→ Bergrecht) nur noch übergangsweise.

# N

**Nachbarrecht.** 1. Im *Privatrecht.* Abgesehen von den im öffentlichen Recht wurzelnden bau- und nachbarrechtlichen Beschränkungen (s. u. 2) kennt auch das Privatrecht aus dem nachbarlichen Gemeinschaftsverhältnis herrührende Beschränkungen des → *Eigentums* an einem → Grundstück. Am wichtigsten ist die Regelung der Zuführung unwägbarer Stoffe, z. B. von Geräuschen, Gerüchen usw. von einem Grundstück auf das andere (→ Immissionen), ferner der → Überhang von Zweigen u. dgl. und der → Überfall von Früchten, der versehentliche → Überbau, der → Notweg und die Regelung der Grenzverhältnisse und Grenzeinrichtungen an einem Grundstück (z. B. Kommunmauer; → Grenzregelung). Zum nachbarrechtlichen Ausgleichsanspruch (bei zu duldenden Immissionen) → Aufopferungsanspruch. Daneben enthalten über Art. 124 EGBGB landesrechtliche Vorschriften (z. B. Art. 43 ff. Bay. AGBGB, GVBl. 1982, 803) Bestimmungen über die Errichtung von Fenstern u. dgl. in unmittelbarer Nähe der Grundstücksgrenze und insbes. über den Grenzabstand und die zulässige Höhe von Bäumen, Sträuchern und Hecken, soweit nicht öffentlich-rechtliche Vorschriften (z. B. Bebauungsplan) vorgehen (vgl. Art. 27 BaWüGes. i. d. F. vom 26. 7. 1995, GBl. 605). Schließlich steht das gesamte N., auch soweit es nicht ausdrücklich geregelt ist, unter dem Gesichtspunkt von → Treu und Glauben (z. B. Verbot der Errichtung eines den Nachbarn übermäßig schädigenden Bauwerks u. dgl.).

2. Im *öffentlichen Recht.* Öffentlichrechtliche Vorschriften im Interesse des Nachbarn enthält insbes. das Bauordnungsrecht. Die → Bauordnungen der Länder sehen z. T. vor, daß die Baupläne den Eigentümern der benachbarten Grundstücke vorzulegen sind, um ihnen Einwendungen gegen das Bauvorhaben im Baugenehmigungsverfahren zu ermöglichen. Vor der Befreiung von baurechtlichen Vorschriften (Dispens) hat die Baubehörde die Eigentümer benachbarter Grundstücke zu unterrichten, wenn zu erwarten ist, daß öffentlich-rechtlich geschützte nachbarliche Belange (nicht bloße privatrechtliche, z. B. auf vertraglicher Vereinbarung oder auf einer → Dienstbarkeit beruhende) berührt werden. Öffentl.-rechtliche Vorschriften die auch dem Interesse des Nachbarn dienen, sind insbes. die Bestimmungen über Grenzabstände (vgl. → „Nachbarschützend"). Die Baugenehmigung wird unbeschadet der privaten Rechte Dritter erteilt; diese können privatrechtliche Einwendungen gegen das Bauvorhaben auch nach erteilter Genehmigung noch geltend machen. Öffentl.-rechtliche Bestimmungen zugunsten von Nachbarn sind im Baugenehmigungsverfahren zu berücksichtigen. Soweit solche Rechte dem Nachbarn ein → subjektives öffentliches Recht gewähren, kann er gegen eine Baugenehmigung, die dieses Recht nicht beachtet, im → Verwaltungsstreitverfahren vorgehen. Über weitere Schutzvorschriften vgl. → Lärmbekämpfung sowie → Immissionsschutz (öff.-rechtl.).

**Nachbarschützend** nennt man Rechtsvorschriften (vor allem des Baurechts), die in erster Linie im Interesse des Nachbarn und nicht der Allgemeinheit erlassen sind (z. B. Vorschriften über den Grenzabstand von Gebäuden): Sie dienen zwar auch dem öffentl. Interesse (Brandschutz, Zufahrt in Notfällen), vorwiegend aber den Interessen der Nachbarn (Belüftung, Besonnung, Ruhe). Die Verletzung n. Rechte macht den Nachbarn zum „Betroffenen" und eröffnet ihm damit den Verwaltungsrechtsweg (§ 42 II VwGO). Die Berufung auf Vorschriften, die nur dem öffentlichen Interesse dienen (auch wenn ihr „Reflex" dem einzelnen nützen mag), genügt hierfür nicht. Die Frage, ob eine Bestimmung n. ist, ist oft schwierig zu entscheiden. Die Rspr. arbeitet auch oft damit, daß ein Bauvorhaben auf schützenswerte Interessen des Nachbarn *Rücksicht nehmen* müsse; auch dies kann im Einzelfall sehr problematisch sein.

**Nachbesserung** → Gewährleistung (2), → Werkvertrag (3).

**Nachbildung** → Geschmacksmuster.

**Nachbürge** → Bürgschaft.

**Nachdatowechsel** → Datowechsel.

**Nachdienen** der Wehrdienstzeit → Wehrdienst.

**Nachdruck** wird die nach Ablauf der Schutzfrist vorgenommene Vervielfältigung und Verbreitung eines Werkes genannt, an dem ein → Urheberrecht bestand.

**Nachehelicher Unterhalt** → Ehescheidung (4).

**Nacheile** ist die Verfolgung eines Flüchtigen, der einer Straftat verdächtig oder wegen einer solchen verurteilt ist, durch Polizeibeamte über die Grenzen ihres Amtsbezirks hinaus. Die N. in ein anderes Land der BRep. gestattet § 167 GVG nur zur *Fortsetzung* der Verfolgung und Ergreifung des Flüchtigen; dieser ist unverzüglich dem nächsten Gericht oder der nächsten Polizeibehörde zu überstellen. Ein Länderabk. vom 8. 11. 1991 (s. BayGVBl. 1992, 720) sowie § 19 BKAG (→ Bundeskriminalamt) lassen aber unter bestimmten Voraussetzungen N. und Ermittlungen in den anderen Ländern zu. Das Tätigwerden in anderen Amtsbezirken *innerhalb* eines Landes regeln die Polizeigesetze der Länder. N. in das Ausland ist mit Rücksicht auf die Souveränitätsgrenzen unzulässig; hier muß zwischenstaatliche → Rechtshilfe in Anspruch genommen werden oder eine vertragliche Regelung vorliegen, so in Art. 40, 41 des Durchführungsübereinkommens zum → Schengener Übereinkommen.

**Nachentrichtung von Sozialversicherungsbeiträgen.** Der Versicherungsschutz in der → Sozialversicherung ist teilweise davon abhängig, daß rechtzeitig wirksame Beiträge entrichtet wurden. Die freiw. → Krankenversicherung erlischt (anders als die Pflichtversicherung), wenn zweimal nacheinander am Zahltag die Beiträge trotz Hinweises auf die Folgen nicht entrichtet sind (§ 191 Nr. 3 SGB V). In der freiwilligen → Unfallversicherung kann der Beitrag nur innerhalb von 2 Monaten nach Zahlungsaufforderung nachentrichtet werden (§ 6 II SGB VII). In der → Rentenversicherung ist N. für Pflichtbeiträge innerhalb der Verjährungszeit (4 Jahre nach dem Fälligkeitsjahr) zulässig; freiwillige Beiträge können bis zum 31. März des Jahres entrichtet werden, das dem Jahr folgt, für das sie gelten sollen. In Fällen besonderer Härte kann das für weitere Zeiträume geschehen (§ 197 SGB VI).

Weitere Möglichkeiten der N. rückwirkend bis 1. 1. 1924 bestehen bzw. bestanden für ehem. Reichswehrsoldaten und Polizeibeamte, früher versicherungsfreie Beamtinnen und weibl. Angestellte des öffentl. Dienstes sowie Geistliche und Kirchenbeamte, die bereits Versicherungszeiten nachweisen können, ferner für früher selbständig gewesene Vertriebene, Flüchtlinge und Evakuierte, ebenso für Ehefrauen eines nat. soz. Verfolgten bzw. für weibliche Verfolgte und für Frauen, die von der (jetzt nicht mehr möglichen) Beitragserstattung wegen Heirat Gebrauch gemacht haben; unter bestimmten Voraussetzungen auch für Landwirte, die ihren Betrieb abgegeben haben. S. a. → Rentenversicherung der Selbständigen. §§ 204 ff., 282 ff. SGB VI.

**Nacherbe** ist ein → Erbe, der erst Erbe wird, nachdem zunächst ein anderer (→ *Vorerbe*) Erbe geworden ist (anders i. d. R. beim → Berliner Testament). Der N. ist wie der Vorerbe Gesamtrechtsnachfolger des Erblassers, nicht des Vorerben. Der N. muß im Zeitpunkt des Nacherbfalls leben oder zumindest schon erzeugt sein; im Zeitpunkt des Erbfalls – Tod des Erblassers – braucht das noch nicht der Fall zu sein (§§ 1923, 2101 BGB). Hat der Erblasser angeordnet, daß jemand Erbe nur bis zu dem Eintritt eines bestimmten Zeitpunkts oder Ereignisses sein soll, ohne zu bestimmen, wer alsdann die Erbschaft erhalten soll, so ist anzunehmen, daß als N. eingesetzt ist, wer in diesem Zeitpunkt gesetzlicher Erbe des Erblassers wäre (§ 2104 BGB). Stirbt der eingesetzte N. vor dem Erbfall, so wird die Anordnung der N.folge unwirksam, sofern nicht ein *Ersatznacherbe* (→ Ersatzerbe) bestimmt ist. Mit dem Erbfall erwirbt der N. bereits ein unentziehbares und vererbliches Anwartschaftsrecht auf Eintritt in die Erbenstellung, sofern nicht ein anderer Wille des Erblassers anzunehmen ist (§ 2108 II BGB). Diese Vererblichkeit des Anwartschaftsrechts geht der → Anwachsung an andere Miterben im Zweifel vor. Durch die Einsetzung eines Ersatzn. wird die Vererblichkeit der Anwartschaft des N. nicht ohne weiteres ausgeschlossen; hat der Erblasser jedoch einen Abkömmling als N. eingesetzt, so wird die Unvererblichkeit der N.anwartschaft wegen der Auslegungsregel des § 2069 BGB – Eintritt der weiteren Abkömmlinge des Abkömmlings – häufig vom Erblasser gewollt sein (BGH, str.).

Der N. hat vor dem → Erbfall verschiedene *Sicherungsrechte,* die ihm möglichst den ungeschmälerten Bestand des Nachlasses erhalten sollen (→ Vorerbe). Bei Eintritt des Nacherbfalls hat er gegenüber dem Vorerben den Anspruch auf Herausgabe der Erbschaft und der Ersatzstücke (Surrogate) in einem einer ordnungsmäßigen Verwaltung entsprechenden Zustand (§ 2130 BGB); bei Verletzung dieser Verpflichtung hat der N. gegenüber dem Vorerben einen Ersatzanspruch (§ 2134 BGB). Mit dem Nacherbfall beginnt die Haftung des N. für die → Nachlaßverbindlichkeiten mit der Möglichkeit der Haftungsbeschränkung (→ Erbe, → Beschränkung der Erbenhaftung). Soweit danach der N. den Nachlaßgläubigern für die Nachlaßverbindlichkeiten nicht haftet, bleibt die Haftung des Vorerben auch nach dem Eintritt der Nacherbfolge bestehen (§§ 2144, 2145 BGB).

**Nacherbfall** → Erbfall.

**Nachfeststellung** des Einheitswerts → Hauptfeststellung.

**Nachfluchttatbestände** → Asylrecht, 2.

**Nachfolgelasten** → Folgelasten.

**Nachforderungsklage** ist eine → Klage, durch die im Zivilprozeß nach Verurteilung zur Zahlung einer Geldrente aus §§ 843–845, 1569–1586 b BGB der Anspruch auf → *Sicherheitsleistung* nachträglich geltend gemacht wird, nachdem im vorangegangenen Urteil nicht auf eine solche erkannt worden war (§ 324 ZPO).

**Nachfrist(setzung)** → Gegenseitiger Vertrag.

**Nachgiebiges Recht** (ius dispositivum) → Recht (3).

**Nachgründung** nennt man den Erwerb von Vermögensgegenständen, insbes. Betriebsanlagen, durch eine → Aktiengesellschaft, wenn er in den ersten 2 Jahren seit der Eintragung der AG im → Handelsregister vorgenommen wird und die Vergütung den 10. Teil des → Grundkapitals übersteigt (§ 52 AktG). Verträge, die einer N. dienen, werden nur mit Zustimmung der → Hauptversammlung und durch Eintragung ins Handelsregister wirksam. Das Verfahren ist in § 52 AktG geregelt. Auch bei der N. kann eine → Gründerhaftung eintreten (§ 53 AktG).

**Nachlaß** → Erbschaft.

**Nachlaßerbenschulden** → Nachlaßverbindlichkeiten.

**Nachlaßfürsorge** → Nachlaßpfleger.

**Nachlaßgericht** ist das Amtsgericht im Verfahren der → freiwilligen Gerichtsbarkeit (§ 72 FGG). Die örtliche Zuständigkeit richtet sich i. d. R. nach dem letzten → Wohnsitz des → Erblassers (§ 73 FGG). Die Aufgaben des N. (alle mit dem → Erbfall zusammenhängenden Angelegenheiten, soweit ein gerichtliches Einschreiten erforderlich ist) sind heute weitgehend dem → Rechtspflegerübertragen; nur schwierige Vorgänge, z. B. die Erteilung eines → Erbscheins bei gewillkürter Erbfolge, die Einziehung eines Erbscheins oder eines Testamentsvollstreckerzeugnisses, die Anordnung einer → Nachlaßverwaltung oder → Nachlaßpflegschaft usw. sind dem Nachlaßrichter vorbehalten (§ 3 Nr. 2 c, § 16 RPflG). → Bezirksnotar.

**Nachlaßgläubiger** → Nachlaßverbindlichkeiten.

**Nachlaßinsolvenzverfahren.** Das N. dient (wie die → Nachlaßverwaltung) der Absonderung des (nicht rechtsfähigen, aber insolvenzfähigen) Nachlasses von dem Eigenvermögen des → Erben und der → Beschränkung der Erbenhaftung. Gründe für die Eröffnung des N. sind die (drohende) → Zahlungsunfähigkeit und die → Überschuldung des Nachlasses (§ 320 InsO). In dem Verfahren können alle → Nachlaßverbindlichkeiten geltend gemacht werden (auch die Forderungen des Erben gegen den Erblasser, §§ 325 f. InsO). Antragsberechtigt ist jeder Erbe, der → Nachlaßverwalter, ein → Nachlaßpfleger und der → Testamentsvollstrecker sowie jeder Nachlaßgläubiger innerhalb von 2 Jahren nach → Annahme der Erbschaft (§§ 317, 319 InsO). Über einen → Erbteil ist das N. nicht zulässig (§ 316 III InsO); die Auseinandersetzung der → Erbengemeinschaft steht aber einem N. nicht entgegen. Bei Zahlungsunfähigkeit oder Überschuldung des Nachlasses haben der Erbe, der Nachlaßverwalter sowie der Testamentsvollstrecker die Pflicht, das N. zu beantragen (§§ 1980, 1985 BGB). Schuldner im N. ist der Erbe oder ein Käufer des Nachlasses (→ Erbschaftskauf, § 330 InsO). Für das N. ist das Insolvenzgericht zuständig, in dessen Bezirk der Erblasser seinen letzten → Wohnsitz oder (vorrangig) den Mittelpunkt seiner selbständigen wirtschaftlichen Tätigkeit hatte (§ 315 InsO). Im übrigen gelten die allgemeinen Vorschriften über das → Insolvenzverfahren. Der Nachlaßinsolvenzverwalter hat im wesentlichen die gleiche Rechtsstellung wie der → Nachlaßverwalter.

**Nachlaßinventar** → Inventar, Inventarerrichtung.

**Nachlaßkauf** → Erbschaftskauf.

**Nachlaßpfleger.** Bis zur → Annahme der Erbschaft oder bis zur Ermittlung eines unbekannten Erben (nicht bei nur unbekanntem Aufenthalt, dann → Abwesenheitspflegschaft) hat das → Nachlaßgericht, falls ein Bedürfnis hierfür besteht, für die Sicherung des → Nachlasses zu sorgen, insbes. durch Bestellung eines N. (§ 1960 BGB). Auch die Nachlaßgläubiger können zwecks gerichtlicher Geltendmachung einer → Nachlaßverbindlichkeit gegenüber dem → vorläufigen Erben die Bestellung eines N. *(Prozeßpflegers)* verlangen (§ 1961 BGB). Der N. ist – anders als der → Testamentsvollstrecker und der → Nachlaßverwalter – kein Treuhänder von Amts wegen, sondern → *gesetzlicher Vertreter* des zukünftigen endgültigen Erben (nicht des Nachlasses oder der Nachlaßgläubiger); die Nachlaßpflegschaft dient auch nicht der Ausführung des letzten Willens des Erblassers oder der Befriedigung der Nachlaßgläubiger, sondern der Ermittlung des Erben und der Erhaltung des Nachlasses für ihn. Der N. kann zu diesem Zweck den Nachlaß in Besitz nehmen, → Nachlaßverbindlichkeiten eingehen oder erfüllen und → Ansprüche klageweise geltend machen. Er kann aber nicht die → Annahme oder die → Ausschlagung der Erbschaft erklären oder Prozesse über das → Erbrecht führen, da es sich hierbei um eine höchst persönliche Entscheidung des zukünftigen Erben handelt. Im übrigen unterliegt der N. als Pfleger (§ 75 FGG) den Regeln über die → Vormundschaft (§ 1915 BGB), auch hins. seiner Vergütung, mit der Besonderheit, daß er dem Nachlaßgericht – nicht Vormundschaftsgericht – verantwortlich ist (§ 1962 BGB). Seine Bestellung ist aufzuheben, wenn der hiermit verfolgte Zweck, z. B. infolge Ermittlung des endgültigen Erben, erreicht ist.

**Nachlaßpflegschaft** → Nachlaßpfleger.

**Nachlaßteilung** → Erbengemeinschaft (Auseinandersetzung).

**Nachlaßverbindlichkeiten** sind die vom → Erblasser herrührenden Schulden *(Erblasserschulden),* d. h. alle Verbindlichkeiten des Erblassers, soweit sie nicht mit dessen Tod erlöschen (→ Erbschaft), ferner die sog. *Erbfallschulden,* die durch den → Erbfall entstehen und den Erben als solchen treffen, insbes. → Pflichtteilsansprüche, → Vermächtnisse und → Auflagen (im Erbrecht), aber auch die → Erbschaftsteuer, die *Beerdigungskosten* (§ 1968 BGB) sowie die durch Handlungen eines → Nachlaßpflegers, → Nachlaßverwalters oder → Testamentsvollstreckers entstehenden Verbindlichkeiten und Kosten. → Dreißigster. Für die N. haftet der Erbe den Nachlaßgläubigern zunächst unbeschränkt, hat aber grundsätzlich die Möglichkeit der → *Beschränkung der Erbenhaftung.* Begründet der Erbe in ordnungsgemäßer Verwaltung des Nachlasses eine Verbindlichkeit, so entsteht – neben der Haftung des Erben mit seinem Eigenvermögen (Eigenschuld) – gleichfalls eine N. (sog. *Nachlaßerbenschuld*). Für reine Eigenschulden haftet dagegen der Nachlaß vor der → Annahme der Erbschaft nicht (vgl. § 778 ZPO). Besonderheiten gelten für die Haftung des → vorläufigen Erben.

*Mehrere Erben* haften für die gemeinschaftlichen N. nach außen als Gesamtschuldner (§ 2058 BGB, → Gesamtschuld), untereinander in der Höhe ihrer → Erbteile. Diese gesamtschuldnerische Haftung besteht grundsätzlich auch nach der Auseinandersetzung der → Erbengemeinschaft fort, sofern der Nachlaßgläubiger nicht durch → Aufgebot, Zeitablauf oder Beendigung des → Insolvenzverfahrens ausgeschlossen ist (§§ 2060, 2061 BGB). Bis zur Teilung des Nachlasses kann jedoch jeder Miterbe, sofern er nicht bereits unbeschränkbar haftet (→ Beschränkung der Erbenhaftung), die Berichtigung einer N. aus seinem Eigenvermögen, d. h. außer dem – selbständig pfändbaren (§ 859 Abs. 2 ZPO) – Anteil am Nachlaß, verweigern; dem Nachlaßgläubiger bleibt indes unbenommen, Befriedigung aus dem ungeteilten Nachlaß von sämtlichen Miterben zu verlangen (§ 2059 BGB). Besonderheiten gelten für den → Nacherben, den → Erbschaftskauf und die Haftung bei Fortführung des ererbten → Handelsgeschäfts (§ 27 HGB).

**Nachlaßverwalter** → Nachlaßverwaltung.

**Nachlaßverwaltung.** Die N. ist eine Nachlaßpflegschaft (→ Pflegschaft) zum Zwecke der Befriedigung der → Nachlaßgläubiger (§ 1975 BGB). Ihr Zweck ist namentlich bei unübersichtlichem Nachlaß eine Trennung der beiden Vermögensmassen des Erben (Eigenvermögen und → Nachlaß; separatio bonorum) sowie eine → *Beschränkung der Erbenhaftung* auf den Nachlaß (§§ 1976 ff. BGB). Die N. wird vom → Nachlaßgericht auf Antrag angeordnet, es sei denn, daß eine die Kosten deckende Masse nicht vorhanden ist (§ 1982 BGB); in diesem Fall kann sich der Erbe gegenüber den Nachlaßgläubigern auf die → Dürftigkeit des Nachlasses berufen. Antragsberechtigt für die N. ist der Erbe, mehrere Miterben nur gemeinschaftlich und vor der Auseinandersetzung der Erbengemeinschaft (§ 1981, 2062 BGB), sowie ein Nachlaßgläubiger innerhalb von 2 Jahren seit → Annahme der Erbschaft, wenn dessen Befriedigung aus dem Nachlaß gefährdet erscheint. Mit Anordnung der N. verliert der Erbe die Befugnis, den Nachlaß zu verwalten und über ihn zu verfügen (§ 1984 I BGB). Diese Rechte gehen auf den *Nachlaßverwalter* über, der den Nachlaß in Besitz zu nehmen sowie die → Nachlaßverbindlichkeiten aus dem Nachlaß zu berichtigen hat (§ 1985 BGB). Ansprüche, die sich gegen den Nachlaß richten, können nur gegen den Verwalter geltend gemacht werden (alleinige → Prozeßführungsbefugnis); Zwangsvollstreckungen in den Nachlaß zugunsten eines Gläubigers, der nicht → Nachlaßgläubiger ist, sind ausgeschlossen (§ 1984 II BGB). Der N.verwalter, der an sich → *Nachlaßpfleger* ist, wird von der Praxis wegen seiner dem Nachlaßinsolvenzverwalter angenäherten Stellung nicht als → gesetzlicher Vertreter des Erben, sondern als amtliches Organ, im Prozeß als → Partei kraft Amtes angesehen. Der Nachlaßverwalter ist für die Führung seines Amts sowohl dem Erben als auch den Nachlaßgläubigern gegenüber verantwortlich (§ 1985 BGB); er kann für seine Tätigkeit eine angemessene Vergütung verlangen (§ 1987 BGB). Die N. endet durch Eröffnung des → Nachlaßinsolvenzverfahrens, sonst durch Aufhebung seitens des Nachlaßgerichts nach Berichtigung der → Nachlaßverbindlichkeiten (§§ 1986, 1988 BGB).

**Nachlaßverzeichnis** → Inventar, → Inventarerrichtung.

**Nachlieferung** → Gewährleistung (2).

**Nachmachen von Geld** → Geld- und Wertzeichenfälschung.

**Nachprämie** → Versicherungsvertrag.

**Nachrede, üble** → Beleidigung (2 b, e).

**Nachrichtendienst,** landesverräterischer, → Agententätigkeit; militärischer N. → Wehrstrafrecht. S. a. → Nachrichtendienste.

**Nachrichtendienste.** Die N. sind organisatorisch kein Teil der → Polizei und haben auch keine polizeilichen Befugnisse. Nach dem Ges. über die parlamentarische Kontrolle nachrichtendienstlicher Tätigkeit des Bundes vom 11. 4. 1978 (BGBl. I 453) unterliegt die → Bundesregierung hinsichtlich der Tätigkeit des Bundesamtes für → Verfassungsschutz, des → Militärischen Abschirmdienstes und des → Bundesnachrichtendienstes einer Kontrolle durch die Parlamentarische Kontrollkommission. Sie hat diese über die allgemeine Tätigkeit der N. und über Vorgänge von besonderer Bedeutung zu unterrichten. Die Mitglieder der Kommission werden vom → Bundestag gewählt.

**Nachrichtendienstliche Mittel.** Die → Nachrichtendienste (Behörden des → Verfassungsschutzes, → Bundesnachrichtendienst, → Militärischer Abschirmdienst) beschaffen sich die für ihre Aufgaben erforderlichen Informationen entweder offen oder durch den Einsatz sogenannter n. M. Beim Einsatz n. M. unterscheidet man Personaleinsatz und technische Mittel. Personaleinsatz ist möglich durch verdeckt arbeitende Bedienstete der Nachrichtendienste, auch im langfristigen Einsatz (Under-Cover-Agenten), sowie durch die Mitwirkung Außenstehender (Informanten, Gewährspersonen, → V-Personen) und abgeworbene Bedienstete gegnerischer Dienste (Countermen). Wichtiges technisches Mittel ist die Überwachung des Brief-, Post- und Fernmeldeverkehrs (→ Brief-, Post- und Fernmeldegeheimnis). Die Zulässigkeit des Einsatzes nachrichtendienstlicher Mittel rechtfertigt nicht die Begehung von Straftaten. Gesetzlich zugelassene n. M. können jedoch Tatbestand oder Rechtswidrigkeit ausschließen.

**Nachschau** ist ein Mittel der → Steueraufsicht. Amtsträger der Finanzbehörde sind berechtigt, Grundstücke und Räume sowie Schiffe und Fahrzeuge von Personen, denen ein der Steueraufsicht unterliegender Sachverhalt zuzurechnen ist, während der Geschäfts- und Arbeitszeiten zu betreten, um Prüfungen vorzunehmen oder sonst Feststellungen zu treffen, die für die Besteuerung erheblich sein können (§ 210 I AO). Bei der *Verdachtsnachschau* (§ 210 II AO) unterliegen alle Grundstücke und Räume sowie Schiffe und andere Fahrzeuge ohne zeitliche Einschränkung der N., wenn z. B. Verdacht besteht, daß sich in ihnen Schmuggelwaren oder unversteuerte Waren befinden. Bei *Gefahr im Verzug* ist eine Durchsuchung von Wohn- und Geschäftsräumen auch ohne richterliche Anordnung zulässig. Ein Übergang von der N. zu einer → Außenprüfung ohne vorherige Prüfungsanordnung (§ 196 AO) ist möglich (§ 210 IV AO).

**Nachschieben von Gründen.** 1. Im *Prozeßrecht* spricht man von einem N. v. G., wenn eine Prozeßhandlung (z. B. Revisionsbegründung) nachträglich auf neue selbständige Gründe gestützt wird (also keine bloße Ergänzung oder Erläuterung bereits geltend gemachter Gründe). Wenn die G. nur innerhalb bestimmter Frist geltend gemacht werden können, ist ein N. grundsätzlich nicht möglich (vgl. § 345 StPO). Kein N. liegt vor, wenn Gründe geltend gemacht werden, die das Gericht ohnehin zu prüfen hat (z. B. Prozeßvoraussetzungen), oder wenn bei der Revision im Strafverfahren die fristgerecht erhobene allgemeine Sachrüge konkretisiert wird. Vom N. v. G. ist die Frage zu unterscheiden, inwieweit neue Tatsachen und Beweismittel in der Rechtsmittelinstanz noch vorgebracht werden können (→ Berufung, → Verteidigungsmittel).

2. Im *Verwaltungsrecht* liegt ein N. v. G. vor, wenn ein → Verwaltungsakt nachträglich auf andere (in der ursprünglichen Begründung nicht angeführte, aber beim Erlaß des VA bereits vorhandene) tatsächliche oder rechtliche Gesichtspunkte gestützt wird. Ein VA, dem die erforderliche Begründung fehlt (auch, wenn sie unzulänglich ist), kann – vom Fall der Nichtigkeit abgesehen – durch nachträgliche Begründung auch noch im verwaltungsgerichtlichen Verfahren geheilt werden (§ 45 VwVfG und § 114 Satz 2 VwGO). Zur Aufhebung des VA führt der Begründungsmangel überdies dann nicht, wenn in der Sache keine andere Entscheidung hätte getroffen werden können (§ 46 VwVfG).

3. Auch im *materiellen Recht* spielt das N. v. G. eine Rolle (insbes. bei fristge-

bunden abzugebenden Erklärungen). So kann z. B. die Kündigung eines → Arbeitsverhältnisses nachträglich auch auf andere Gründe gestützt werden, wenn sie nur im Zeitpunkt der Erklärung der Kündigung bereits vorlagen; allerdings muß auch hierzu der → Betriebsrat gehört worden sein (→ Kündigungsschutz für Arbeitnehmer).

**Nachschieben von Waren** → Schlußverkauf, → Räumungsverkauf.

**Nachschlüsseldiebstahl** → Diebstahl (2).

**Nachschulung** → Aufbauseminar, → Punktsystem.

**Nachschußberechnung.** Im → Insolvenzverfahren der → Genossenschaft hat der Insolvenzverwalter, falls sich bei Beginn der → Schlußverteilung ein Fehlbetrag ergibt, den die Genossen in Erfüllung ihrer → Nachschußpflicht decken müssen, eine N. vorzunehmen. Sie entspricht der → Vorschußberechnung (§ 114 GenG).

**Nachschußpflicht.** Bei einer → *Gesellschaft mit beschränkter Haftung* kann im Gesellschaftsvertrag bestimmt werden, daß die Gesellschafter über den Betrag der → Stammeinlage hinaus durch Gesellschafterbeschluß weitere Einzahlungen (sog. Nachschüsse) nach dem Verhältnis der → Geschäftsanteile einfordern können (§ 26 GmbHG). Die N. kann unbeschränkt (§ 27 GmbHG) oder beschränkt sein (§ 28 GmbHG). Bei der → *Genossenschaft* besteht eine N. nur im Falle eines → Insolvenzverfahrens, sofern diese im Statut nicht (zulässigerweise) ausgeschlossen worden ist (§§ 6 Nr. 3, 105 I GenG). Besteht danach eine N. in Geld zur Insolvenzmasse, so ist diese entweder unbegrenzt, oder die → Haftsumme stellt deren Höchstbetrag dar. Die Nachschüsse werden auf die Genossen grundsätzlich nach ihrer Kopfzahl verteilt (§ 105 II GenG). Einbezahlt wird auf Grund der → Vorschußberechnung und, soweit einzelne Genossen ihre Beiträge nicht leisten können, auf Grund einer Zusatzberechnung. Ergibt sich bei der → Schlußverteilung ein Fehlbetrag, ist auf Grund einer → Nachschußberechnung weiter einzuzahlen.

**Nachsichtwechsel** ist ein → Wechsel, der auf eine bestimmte Zeit nach Vorlegung (Sicht) fällig gestellt ist (Art. 35 WG).

**Nachsteuer** → Nachversteuerung.

**Nachtarbeit** ist nach § 2 Abs. 4 ArbZG (→ Arbeitszeit) jede Arbeit, die mehr als zwei Stunden der Nachtzeit, d. i. die Zeit zwischen 23 und 6 Uhr, umfaßt.

1. Die werktägliche Arbeitszeit der Nachtarbeitnehmer darf 8 Stunden in der Regel nicht überschreiten, eine Verlängerung auf 10 Stunden ist nur zulässig, wenn innerhalb eines Kalendermonats oder innerhalb 4 Wochen der Durchschnitt von 8 Stunden eingehalten wird. Durch Tarifvertrag oder Betriebsvereinbarung können gemäß § 7 ArbZG andere Ausgleichszeiten vorgesehen werden, auch kann die Arbeitszeit ohne Ausgleich auf über 10 Stunden ausgedehnt werden, wenn in die Arbeitszeit regelmäßig und in erheblichem Umfang Arbeitsbereitschaft fällt. Im übrigen gelten für Nachtarbeiter weitere Arbeitsschutzvorschriften (§ 6 ArbZG). S. a. → Ladenschluß, → Bäckereien.

2. *Steuerfrei* sind Zuschläge für N. bis 25% bzw. 40% des Grundlohns, je nach Arbeitszeit (§ 3 b EStG).

**Nachtat, straflose** (mitbestrafte), → Konkurrenz von Straftaten.

**Nachtbackverbot** → Bäckereien.

**Nachtpflege** → Teilstationäre Pflege.

**Nachtragsanklage.** Erhebt der Staatsanwalt gegen den Angeklagten bei demselben Gericht eine zusätzliche Anklage wegen einer weiteren Straftat, so kann das Verfahren mit dem bereits eröffneten verbunden werden (§§ 3, 4 StPO). Der StA kann aber auch *in der Hauptverhandlung* die Anklage auf weitere Straftaten des Angeklagten durch *mündlichen* Vortrag des Anklagesatzes entsprechend § 200 I StPO ausdehnen. Die N. wird dann in das Sitzungsprotokoll aufgenommen. Das Gericht kann *mit Zustimmung des Angeklagten* den Gegenstand der N. durch Beschluß in das Verfahren einbeziehen, wenn es sich für zuständig hält. Dem Angeklagten ist Gelegenheit zur Verteidigung zu geben. Zu deren Vorbereitung kann er Unterbrechung der Sitzung verlangen, aber nicht mutwillig oder um das Verfahren zu verzögern (§ 266 StPO).

**Nachtragshaushalt** → Haushaltsrecht (4).

**Nachtragsverteilung.** Eine N. findet statt, wenn sich im Rahmen eines → Insolvenzverfahrens nach dem → Schlußtermin herausstellt, daß noch verwertbare → Insolvenzmasse vorhanden ist (§ 203 InsO). Die N. wird vom Insolvenzgericht angeordnet und vom → Insolvenzverwalter nach Maßgabe des → Schlußverzeichnisses durchgeführt (§ 205 InsO).

**Nachtrunk** ist der Alkoholgenuß nach Abschluß einer Trunkenheitsfahrt (→ Trunkenheit im Verkehr) oder eines sonstigen Verkehrsvergehens. Er erschwert die genaue Feststellung der Höhe der Blutalkoholkonzentration oder macht sie ganz unmöglich. Der N. selbst ist nicht strafbar, kann aber u. U. bei der → Strafzumessung strafschärfend gewertet werden und kann sich als Aufklärungspflichtverletzung auch nachteilig bei der → Kraftfahrzeugversicherung auswirken.

**Nachverfahren** ist das Verfahren, das in einem Rechtsstreit nach einem → Vorbehaltsurteil in demselben → Rechtszug stattfindet. Das N. (§§ 302 IV, 600 ZPO) bildet mit dem Verfahren bis zum Vorbehaltsurteil eine Einheit. Im N. kann das Vorbehaltsurteil vorbehaltlos aufrechterhalten, abgeändert oder aufgehoben werden. Über das strafrechtliche N. (§ 439 StPO) → Einziehung und bei Nichtgewähren des rechtlichen Gehörs §§ 33 a, 311 a StPO, für das → Bußgeldverfahren § 87 IV OWiG.

**Nachvermächtnis.** Soll nach dem Willen des → Erblassers der durch ein → Vermächtnis zugewendete Gegenstand von einem bestimmten Zeitpunkt oder Ereignis an von dem Vermächtnisnehmer auf einen Dritten (auch den ursprünglich beschwerten Erben, sog. Rückvermächtnis) übergehen, so gilt der erste Vermächtnisnehmer als zugunsten des Dritten mit dem N. beschwert; für den Anfall gelten die Vorschriften über den → Nacherben entsprechend (§ 2191 BGB).

**Nachversicherung.** Beamte, Berufssoldaten, Soldaten auf Zeit und sonstige Beschäftigte, die mit Rücksicht auf eine Versorgungsanwartschaft nicht versicherungspflichtig waren, sind in der sozialen → Rentenversicherung nachzuversichern, wenn sie aus dem versicherungsfreien Beschäftigungsverhältnis ohne Versorgung ausscheiden, ebenso im Ruhestand befindliche bei Wegfall des Versorgungsanspruchs. Dies gilt auch für Ordensmitglieder, Diakonissen, Rotkreuzschwestern und Angehörige ähnlicher Gemeinschaften, wenn sie aus diesen ausscheiden. Die N. ist in voller Höhe vom Arbeitgeber allein durchzuführen (keine → Arbeitnehmeranteile). In bestimmten Fällen ist die Durchführung der N. aufzuschieben (z. B. Wechsel des Dienstherrn, vorübergehende Unterbrechung des Beschäftigungsverhältnisses u. ä.). §§ 8, 96, 281, 285 SGB VI. BeamtVG i. d. F. vom 24. 10. 1990 (BGBl. I 2298).

**Nachversteuerung** tritt im Fall vorzeitiger Rückzahlung von geleisteten Beiträgen zu Versicherungsverträgen und Bausparverträgen ein (§ 10 V EStG, §§ 30, 31 EStDV) sowie bei vorzeitiger Verfügung von Arbeitnehmer-Vermögensbeteiligung (§ 19 a I EStG). Der im Jahr der Zahlung gewährte Steuerabzug wird bei Nichteinhaltung der Sperrfristen rückgängig gemacht.

**Nachwahl.** Eine N. für die Wahl zum → Bundestag findet statt, wenn in einem Wahlkreis oder Wahlbezirk die Wahl nicht durchgeführt worden ist oder wenn ein Wahlkreisbewerber nach Zulassung des Kreiswahlvorschlages (aber noch vor der Wahl) stirbt. Die N. soll spätestens 3 Wochen nach dem Tag der Hauptwahl stattfinden und ist auf denselben Grundlagen wie die Hauptwahl abzuhalten, insbes. mit den für die Hauptwahl aufgestellten Wählerverzeichnissen und Wahlvorschlägen (soweit nicht durch den Tod des Bewerbers ein Ersatzvorschlag nötig wurde). Aus den Ergebnissen der Hauptwahl und der N. wird das endgültige Wahlergebnis festgestellt. Von der N. zu unterscheiden ist die *Wiederholungswahl,* die durchzuführen ist, soweit in der → Wahlprüfung eine Wahl für ungültig erklärt wurde. Das Wahlverfahren ist dann insoweit zu erneuern, als das nach der

Entscheidung im Wahlprüfungsverfahren erforderlich ist. Auf Grund des Ergebnisses der Wiederholungswahl wird das Wahlergebnis festgestellt. Beim Ausscheiden (z. B. durch Tod) eines gewählten Abg. findet keine N. statt (anders z. B. in Großbritannien); es rückt der nächste Listenbewerber nach. Beim → Überhangmandat sind jedoch Besonderheiten zu beachten. Ähnliche Bestimmungen über N. und Wiederholungswahl wie §§ 43, 44 d. BundeswahlG i. d. F. vom 23. 7. 1993 (BGBl. I 1288) und §§ 82, 83 der BundeswahlO i. d. F. vom 8. 3. 1994 (BGBl. I 495) finden sich in den Wahlvorschriften zu den Landesparlamenten und den Kommunalvertretungen.

**Nachweismakler** → Mäklervertrag.

**Nachwirkung von Tarifverträgen** → Tarifvertrag.

**Nachzahlung von Sozialversicherungsbeiträgen** → Nachentrichtung v. S.

**Nahrungsmittel** → Lebensmittel.

**Nährwertangaben** bei Lebensmitteln sind Angaben über Energiegehalt oder nährstoffbezogene Zusammensetzung von → Lebensmitteln (§ 1 der VO vom 25. 11. 1994, BGBl. I 3526). Die VO schreibt N. nicht vor, standardisiert vielmehr nur die Art und Weise der Kenntlichmachung.

**Nahzone.** Die N. hatte Bedeutung für die Abgrenzung des Nah- vom Fernverkehrs. Die Sonderregelungen für den Güternahverkehr sind aufgehoben; s. jetzt → Güterkraftverkehr.

**Name** s. im folg. sowie → Firma, → Pseudonym, → Adelsprädikate.

**Name der Familie.** Die Ehegatten sollen bei der → Eheschließung einen gemeinsamen N. d. F. (Ehenamen) aus ihren Geburtsnamen wählen; sie können jedoch auch jeweils ihren bisherigen Namen weiterführen. Einen Doppelnamen aus beiden Geburtsnamen für beide Ehegatten als N. d. F. gibt es also nicht; ein Ehegatte kann jedoch seinen Geburtsnamen als Begleitnamen, der dadurch nicht zum Bestandteil des N. d. F. wird, dem gewählten Hauptnamen voranstellen oder anfügen. Ein verwitweter oder geschiedener Ehegatte behält grundsätzlich den bisherigen Ehenamen; er kann aber durch öffentlich beglaubigte Erklärung gegenüber dem Standesbeamten seinen Geburtsnamen oder den Namen, den er bei der Eheschließung getragen hat, wieder annehmen (§ 1355 BGB). Der Name aus einer geschiedenen Ehe, der nicht Geburtsname war, kann nicht N. d. F. einer neuen Ehe werden. Zum Namen des Kindes s. im folg., zum Vornamen → Personensorge. Übergangsregelung für Ehen vor dem 1. 4. 1994: Art. 7 des Ges. v. 16. 12. 1993 (BGBl. I 2054).

**Name des Kindes.** Das Kind erhält den Ehenamen seiner Eltern (→ Name der Familie) als Geburtsnamen (§ 1616 BGB). Dies gilt auch dann, wenn die Ehe der Eltern bei der Geburt des Kindes infolge → Ehescheidung bereits aufgelöst ist. Führen die Eltern keinen Ehenamen, so entscheidet das Recht der → elterlichen Sorge. Steht die Sorge den Eltern gemeinsam zu, so bestimmen sie durch (öffentlich beglaubigte, → Form, 1 b) Erklärung gegenüber dem → Standesbeamten den Namen, den der Vater oder die Mutter zur Zeit der Erklärung führt, zum Geburtsnamen des Kindes; eine Kombination aus beiden Namen ist also nicht zugelassen. Das → Familiengericht kann (bei Uneinigkeit der Eltern) dieses Bestimmungsrecht auch einem Elternteil allein übertragen (§ 1617 BGB, § 31 a PStG). Steht die elterliche Sorge nur einem Elternteil, z. B. nach § 1626 a BGB der Mutter, allein zu, so erhält das Kind den N., den dieser Elternteil im Zeitpunkt der Geburt führt; mit Zustimmung des anderen Elternteils kann auch dessen Name bestimmt werden (§ 1617 a BGB). Wird die gemeinsame Sorge der Eltern erst begründet, wenn das Kind bereits einen Namen führt, so kann der N. binnen 3 Monaten neu bestimmt werden (§ 1617 b BGB). Bestimmen die Eltern einen Ehenamen erst, nachdem das Kind das 5. Lebensjahr vollendet hat, so erstreckt sich der Ehename auf den Geburtsnamen des Kindes nur, wenn sich dieses (vertreten durch den gesetzlichen Vertreter oder einen Pfleger, bei über 14jährigen Kindern durch dieses selbst mit Zustimmung des gesetzlichen Vertreters) der Namensgebung anschließt (§ 1617 c BGB). S. ferner → Einbenennung, → Adoption; zum Vornamen → Personensorge. Übergangsregelung für vor dem 1. 7. 1998 geborene Kinder Art. 224 § 3 EGBGB.

**Namensadoption** → Adoption.

**Namensaktie** → Aktie, → Nebenleistungsaktiengesellschaft.

**Namensänderung.** Der Familienname oder Vorname eines deutschen Staatsangehörigen oder eines Staatenlosen, der seinen Wohnsitz oder gewöhnlichen Aufenthalt in der BRep. hat, kann auf Antrag geändert werden, wenn ein wichtiger Grund dies rechtfertigt, insbes., wenn der Name anstößig oder lächerlich ist. Der Antrag ist bei der unteren Verwaltungsbehörde zu stellen, die auch über eine Änderung des Vornamens entscheidet, während für die Änderung des Familiennamens die höhere Verwaltungsbehörde zuständig ist. Diese N. erstreckt sich grundsätzlich auch auf die unter → elterlicher Sorge stehenden ehelichen und (bei der N. einer Frau deren) nichtehelichen Kinder; differenzierter ist jedoch die Regelung bei einer N. aus familienrechtlichen Gründen (z. B. Eheschließung) des Namensgebers (s. § 1617 II–IV BGB sowie Name des Kindes). Jede N. wird dem Standesbeamten zur Eintragung im → Geburtenbuch und im → Familienbuch sowie der Strafregisterbehörde und der Ortspolizeibehörde mitgeteilt. Ges. über die Änderung von Familiennamen und Vornamen vom 5. 1. 1938 (RGBl. I 9), DVO vom 7. 1. 1938 (RGBl. I 12) und ErgänzungsG vom 29. 8. 1961 (BGBl. I 1621). S. a. → Transsexualität.

**Namensangabe, falsche,** gegenüber einer zuständigen Behörde oder einem zuständigen Amtsträger oder Soldaten der Bundeswehr (Wachposten! Vgl. §§ 1, 4 UZwGBw vom 12. 8. 1965, BGBl. I 796) ist nach § 111 OWiG mit Geldbuße bis 2000 DM – bei fahrlässiger Annahme der Unzuständigkeit bis 1000 DM – bedroht. Dasselbe gilt für unrichtige Angaben über Familienstand, Beruf, Wohnort, Wohnung oder Staatsangehörigkeit, desgl. für das *Verweigern* der Angaben. Die Zuständigkeit für das Auskunftsverlangen ergibt sich aus den einschlägigen Rechtsvorschriften, vor allem für Polizeibeamte (auch Bundesgrenzschutz-, Zollbeamte), wenn der Befragte als Beschuldigter oder Zeuge einer Straftat oder → Ordnungswidrigkeit in Frage kommt, sowie aus den Meldevorschriften. Die Ahndung (→ Bußgeld, Bußgeldverfahren) ist aber nur zulässig, wenn das Auskunftsverlangen formell und materiell rechtmäßig und verhältnismäßig war (BVerfG NJW 1995, 3110).

**Namenserteilung** → Einbenennung; s. a. → Personensorge (Vorname).

**Namenspapier** → Rektapapier.

**Namensrecht.** Das N. ist ein besonderes → Persönlichkeitsrecht. Durch den Namen wird die Person (auch die → juristische Person sowie Personengesellschaften, z. B. die offene Handelsgesellschaft, oder der nicht rechtsfähige Verein) von anderen Rechtssubjekten unterschieden. Über den Erwerb des Namens und das Recht zur Führung → *Name der Familie,* → *Vorname,* → juristische Person, → Verein, → Firma. Die früheren → *Adelsprädikate* sind seit 1919 (Weimarer Verfassung) Bestandteil des Familiennamens und werden wie dieser erworben und übertragen. Den Schutz des N. genießen neben dem bürgerlichen Namen auch ein Künstler- oder *Deckname (Pseudonym),* die Führung eines *Wappens* sowie bei entsprechender Verkehrsgeltung auch schlagwortartige Bezeichnungen (z. B. „Ha-Ko" als Abkürzung des Namens Hans Kohl) und Telegrammadressen, nicht aber Bezeichnungen auf Grund von Titeln, Orden und sonstige Ehrenzeichen. Der Name bleibt – außer bei gesetzlich zulässiger → Namensänderung – bis zum Tod unverändert.

Das N. ist nach § 12 BGB in doppelter Hinsicht geschützt. Wird das Recht zum Gebrauch eines Namens von einem anderen bestritten oder wird das Interesse des Berechtigten dadurch verletzt, daß ein anderer unbefugt den gleichen Namen gebraucht, so kann der Berechtigte von dem Störer Beseitigung der Beeinträchtigung verlangen. Es handelt sich hierbei um einen beseitigenden → *Unterlassungsanspruch* (actio negatoria), der nur rechtswidriges, nicht auch schuldhaftes Handeln voraussetzt. Sind weitere Beeinträchtigungen zu besorgen

(Wiederholungsgefahr), so kann der Berechtigte auf Unterlassung klagen (vorbeugender Unterlassungsanspruch). Liegt ein → Verschulden vor, so kann zudem aus → unerlaubter Handlung *Schadensersatz* verlangt werden. Eine Verletzung des N. eines anderen kann auch bei Führung des eigenen Namens gegeben sein, wenn dadurch der ältere allgemein bekannte Name des anderen beeinträchtigt wird. Für die praktisch wichtigsten Fälle, nämlich die Benutzung einer (abgeleiteten) Firma und einer Marke zu Wettbewerbszwecken gelten Sondervorschriften (→ Firma, → Marke, → unlauterer Wettbewerb). Die → *Firma* insbes. als Handelsname des Kaufmanns hat eine spezielle Ausgestaltung im Handelsrecht erhalten; s. dort über deren Voraussetzungen, Übertragung und Schutz gegenüber mißbräuchlicher anderweitiger Verwendung. Die Gedanken des Schutzes des N., namentlich durch den Unterlassungsanspruch, wurden von der Rspr. auf den Schutz aller absoluten Rechte – z. B. Eigentum, Persönlichkeitsrecht, eingerichteter und ausgeübter Gewerbebetrieb – gegen rechtswidrige Beeinträchtigungen ausgedehnt (→ unerlaubte Handlung – 2 a –, → Unterlassungsanspruch).

**Namensschutz** → Namensrecht.

**Narkoanalyse** ist die Befragung eines Patienten oder – im strafrechtlichen Ermittlungsverfahren – eines zu Vernehmenden unter dem Einfluß der Injektion eines enthemmenden Narkotikums (Evipan, Pervitin o. dgl.; sog. *Wahrheitsserum*). Wird die N. zu Heilzwecken angewendet, um bestimmte Erlebnisse des Patienten als Ausgangspunkt der Behandlung zu erfragen, so bedarf sie als körperlicher Eingriff gleichwohl der Einwilligung des Betroffenen. Im *Strafverfahren* ist die Anwendung der N. gegenüber Beschuldigten oder Zeugen durch §§ 136 a, 69 III StPO untersagt, weil sie die Willensentschließung und -betätigung unzulässig beeinträchtigt. Entgegen dem Verbot gewonnene Aussagen dürfen (wie beim → Lügendetektor) auch mit der zum Zwecke seiner Entlastung erteilten Zustimmung des Betroffenen nicht verwertet werden. S. a. → Vernehmungen im Strafverfahren, → Beweisverbote.

**nasciturus** → Leibesfrucht.

**nasciturus pro iam nato habetur** = die Leibesfrucht wird (in gewissen Beziehungen) einem schon geborenen Kind gleichgesetzt; → Leibesfrucht, → Rechtsfähigkeit, → Fiktion.

**Naßauskiesungsbeschluß.** Das BVerfG hat in seinem Beschluß vom 15. 7. 1981 (BVerfGE 58, 330) in erster Linie die Frage behandelt, ob die Untersagung der Auskiesung eines Grundstücks eine → Enteignung oder nur eine Eigentumsbindung (Inhaltsbestimmung des Eigentums) darstellt. Der Beschluß hat wegen einiger grundsätzl. Ausführungen zu ausgedehnten Diskussionen über Enteignungsfragen geführt, insbes. über den → enteignungsgleichen Eingriff.

**Nationalhymne** → Hymne der BRep.

**Nationalisierung** → Vergesellschaftung.

**Nationalitätsprinzip.** Nach dem N. gilt das Recht eines Staates grundsätzlich nur für seine eigenen Staatsangehörigen. Der Gegensatz ist das → Territorialitätsprinzip. Im geltenden deutschen *Strafrecht* wird an Stelle des Begriffs des N. der des *Personalitätsprinzips* verwendet; → Geltungsbereich des Strafrechts. Für das Zivilrecht → Internationales Privatrecht.

**Nationalitätszeichen** ist das nach § 60 VI StVZO neben dem amtlichen → Kennzeichen am Kfz. zugelassene, unbeleuchtete Unterscheidungszeichen, das in Art. 37 des Übereinkommens über den Straßenverkehr vom 8. 11. 1968 (BGBl. 1977 II 809) und Art. 5 des Internat. Abkommens über Kraftfahrzeugverkehr vom 24. 4. 1926 (RGBl. 1930 II 1233) für den zwischenstaatlichen Verkehr auf öffentlichen Straßen vorgeschrieben ist. Außerdeutsche Kfz. müssen in der BRep. ein N. nach Maßgabe des § 2 der VO über Internat. Kraftfahrzeugverkehr vom 12. 11. 1934 (RGBl. I 1137) und des Erl. d. BVerkM – BVerkBl. 1994, 449 – führen. S. → Internat. Kraftfahrzeugverkehr.

**Nationalpark** → Naturschutz.

**Nationalsozialismus** war eine nach dem 1. Weltkrieg entstandene, ideologisch dem → Faschismus verwandte politische Bewegung, die mit der Ernennung des Führers der „Nationalsozialistischen Deutschen Arbeiterpartei" (NSDAP) Adolf Hitler zum Reichskanzler am 30. 1. 1933 die Macht im → Deutschen Reich übernahm. Unter Mißachtung der Weimarer → Reichsverfassung entwickelte sich das nat. soz. Regime schnell zu einer → totalitären Diktatur unter Führung der allein zugelassenen NSDAP. Die Gesetzgebung lag beim „Führer und Reichskanzler" und der Reichsregierung; der Reichstag war praktisch ohne Bedeutung (→ Ermächtigungsgesetz). Die nach dem „Führerprinzip" organisierte Verwaltung herrschte nahezu uneingeschränkt (Lockerung und z. T. Aufhebung der Grundlagen der → Gesetzmäßigkeit der Verwaltung; Konzentrationslager; Judenverfolgung). Die Unabhängigkeit der Rechtsprechung blieb zwar formell erhalten, war aber in allen politisch bedeutsamen Bereichen faktisch stark eingeschränkt. Materiell war die nat. soz. Gesetzgebung vom Vorrang des (parteipolitisch geprägten) „Gemeinnutzes" gegenüber Individualinteressen, von ideologischen Maximen wie dem Rassegedanken (Beispiel: → „Nürnberger Gesetze"), im Strafrecht von einer Auflockerung des Tatbestandsprinzips (Analogie auch zuungunsten des Täters; Generalklauseln wie „Volksschädling"), starker Betonung des Abschreckungs- und Sicherungsgedankens und z. T. überharten Strafdrohungen sowie gerichtsverfassungs- und verfahrensrechtlichen Maßnahmen (Sondergerichte, → „Volksgerichtshof") gekennzeichnet. Das nat. soz. Regime endete 1945 mit dem militärischen Zusammenbruch Deutschlands. Gedenktag an die Opfer des N. ist der 27. Januar (Proklamation des BPräs. v. 3. 1. 1996, BGBl. I 17).

**Nationalsozialistische Kennzeichen** (Verbot der Benutzung). Kennzeichen der durch MRG Nr. 5 (MRABl. Nr. 1 S. 18, Nr. 3 S. 10) verbotenen NSDAP, ihrer Gliederungen oder angeschlossenen Verbände dürfen weder verbreitet noch öffentlich oder in Versammlungen (auch geschlossenen) oder bei Verbreitung von → Schriften und anderen Darstellungen verwendet werden. Gegenstände mit solchen K. dürfen zu den verbotenen Zwecken nicht hergestellt, vorrätig gehalten oder eingeführt werden. Zuwiderhandlungen sind nach § 86 a StGB strafbar. Über den Begriff Kennzeichen (darunter fallen auch Uniformen, Parolen u. Grußformen) sowie über Ausnahmen von dem Verbot → Kennzeichen verbotener Vereinigungen.

**Nationalsozialistisches Unrecht** → Wiedergutmachung, → Rückerstattungsrecht.

**Nationalversammlung.** In der deutschen Geschichte wurden als N. besondere Vertretungskörperschaften der gesamten Nation bezeichnet, die eigens zum Zwecke des Erlasses grundlegender Gesetze – insbes. von Verfassungswerken – einberufen worden waren; so z. B. die in der Frankfurter Paulskirche 1848 zusammengetretene N. (→ Deutscher Bund), ferner die N. in Weimar, welche die → Reichsverfassung von 1919 verabschiedete. In Frankreich ist die N. das gesetzgebende Parlament.

**NATO** → Nordatlantikvertrag.

**NATO-Truppenstatut** → Streitkräfte, ausländische.

**Naturalherstellung** → Schadensersatz (2 a).

**Naturalisation** → Einbürgerung.

**Naturalkomputation** → Frist.

**Naturallohn** ist → Arbeitslohn, der nicht in Geld, sondern durch Sachbezüge (z. B. Wohnung, Lebensmittel, Landnutzung, Brennstoffe) entrichtet wird. N. ist trotz des Truckverbots (→ Trucksystem) durch § 115 II GewO in gewissem Umfang zugelassen, in der Land- und Forstwirtschaft noch üblich (→ Deputat). S. a. → Sachbezüge.

**Naturalobligation** ist eine sog. unvollkommene Verbindlichkeit, die nicht im Klagewege durchgesetzt werden kann; → Schuldverhältnis, → Haftung, → Spiel, → Lotterie, → Ehevermittlung.

**Naturalrestitution** → Schadensersatz (2 a).

**Naturkatastrophen** und besonders schwere Unglücksfälle (z. B. Explosion mit weittragenden Folgen) berechtigen die → Länder der BRep. nach Art. 35 II, III GG, Polizeikräfte anderer Länder, Kräfte und Einrichtungen anderer Verwaltungen sowie des → Bundesgrenzschutzes und der → Streitkräfte anzufordern. Bei Gefährdung mehrerer Länder kann die BReg. notfalls den LdReg.en die Weisung erteilen, Polizeikräfte anderen Ländern zur Verfügung zu stellen; sie kann Einheiten des Bundesgrenzschutzes und der Streitkräfte zur Unterstützung der Polizeikräfte einsetzen. Die Maßnahmen der BReg. sind jederzeit auf Verlangen des → Bundesrates, im übrigen unverzüglich nach Beseitigung der Gefahr aufzuheben. Maßnahmen nach Art. 35 II, III GG dürfen sich nicht gegen → Arbeitskämpfe richten, die zur Wahrung und Förderung der Arbeits- und Wirtschaftsbedingungen von kollektiven Vereinigungen geführt werden (Art. 9 III 3 GG). S. a. → Katastrophenschutz.

**Natürliche Handlungseinheit** → Konkurrenz von Straftaten.

**Natürliche Person** → Person, → Rechtsfähigkeit.

**Naturpark** → Naturschutz.

**Naturrecht** i. S. der → Rechtsphilosophie ist das Recht, das sich aus der menschlichen Natur ableitet und das demgemäß aus der reinen Vernunft, die allen Menschen eigen ist, erkennbar ist. Das N. ist daher für alle Zeiten gültig, von Raum und Zeit unabhängig; nach einer modifizierten Auffassung bedarf es zu seiner Wirksamkeit allerdings eines Rechtssetzungsaktes auf Grund der (jeweiligen) Volksüberzeugung und ist somit wandelbar. Den Gegensatz bildet das positive, d. h. das gesetzte oder das Gewohnheitsrecht, dessen Überbetonung als → Rechtspositivismus bezeichnet wird. Anhänger des antiken N. waren z. B. Plato und Aristoteles, Anhänger des christlichen N. Thomas von Aquino, während → Grotius und vor allem → Pufendorf das N. von der theologischen Grundlage lösten und wieder verselbständigten. Das N. wurde zu Beginn des 19. Jh. durch die → historische Rechtsschule (Savigny) weitgehend verdrängt, die das gewordene und gewachsene Recht als die Quelle eines jeden Rechtssystems ansieht. In und nach dem zweiten Weltkrieg sind unter dem Eindruck der Mißachtung der Persönlichkeit durch totalitäre Regime und der Kriegsgeschehnisse naturrechtliche Gedankengänge durch die Anerkennung allgemein gültiger, unveräußerlicher Grund- und Menschenrechte wieder in den Vordergrund getreten. Sie werden aus dem sittlichen Gehalt der Idee des Rechts an sich abgeleitet, aus der sich gewisse Grundregeln für das Zusammenleben der Gemeinschaften und der Menschen in den Gemeinschaften ergeben, insbes. die → Grundrechte und Grundfreiheiten (→ Konvention zum Schutze der Menschenrechte).

**Naturschutz** bezweckt nach dem Ges. über Naturschutz und Landschaftspflege *(BundesnaturschutzG)* i. d. F. vom 12. 3. 1987 (BGBl. I 889) Schutz und Pflege der besiedelten und unbesiedelten Natur als Lebensgrundlage für den Menschen und für seine Erholung (§ 1). Dabei sollen in gleicher Weise Naturhaushalt, Naturgüter, Pflanzen- und Tierwelt sowie Vielfalt, Eigenart und Schönheiten der Natur erhalten und gefördert werden. Der dem Ges. zugrundeliegende Naturbegriff ist selektiv, uneinheitlich u. u. U. auch widersprüchlich. Die Natur wird einerseits als Gegenstand romantisch-kontemplativer Betrachtung des Menschen (Naturdenkmal, Landschaftsschutz), andererseits als evolutiv Gewordenes (Artenschutz, Biotopschutz) zum Ziel von Regelungen genommen. Die Ausgrenzung der domestizierten Tiere und Pflanzen (→ Tierschutz, Pflanzenschutz) folgt einem romantisch-selektiven Naturbegriff. Vorbehalte und Sonderregelungen für das → Jagdrecht führen historisch bedingte Unterscheidungen fort (s. jetzt aber BundeswildschutzVO, Fundstelle bei → Artenschutz). Das Ges. ist überwiegend ein → RahmenG, das der Ausführung durch die Länder bedarf. Mittel des N. sind → Landschaftsplanung, allgemeine Schutz-, Pflege- und Entwicklungsmaßnahmen (§§ 8–11) sowie Pflege und Entwicklung bestimmter Teile von Natur und Landschaft durch Erklärung zu geschützten Gebieten oder Gegenständen. In einem Festsetzungs- und Registrierungsverfahren, das zu regeln Sache der Länder ist, können bestimmt werden: *Naturschutzgebiete* zur Erhaltung von besonders schützenswerten Landschaftsteilen (§ 13, s. hierzu a. die VO über das Befahren von Bundeswasserstraßen in N.-Gebieten vom 8. 12. 1987, BGBl. I 2538), *Nationalparke,* d. s. großräumige Gebiete, bei denen die Voraussetzungen des Naturschutzgebietes im wesentlichen erfüllt sind (§ 14), *Landschaftsschutzgebiete* zur Erhaltung des Naturhaushalts, von Naturschönheiten, aber auch von Erholungsmöglichkeiten (§ 15), *Naturparke,* im wesentlichen mit den Zwecken des Landschaftsschutzgebiets für großräumige Gebiete (§ 16), schließlich *Naturdenkmale,* d. h. besonders schutzwürdige Einzelschöpfungen der Natur (§ 17). Die hiernach geschützten Landschaftsteile sind zu kennzeichnen. Das Betreten der Flur auf Straßen und Wegen sowie auf ungenützten Grundflächen zu Zwecken der Erholung ist jedoch jedermann gestattet (§ 27). Über Schutz und Pflege wildwachsender Pflanzen und wildlebender Tiere sowie ihrer Lebensstätten und Lebensräume (Biotopschutz) s. Artenschutz. Das Landesrecht (Zusammenstellg. b. Schlegelberger-Friedrich, R. d. Gegenwart – „Naturschutz") enthält neben Konkretisierungen, Vorschriften zum verwaltungstechnischen Vollzug, Zuständigkeiten, Beiräten u.ä., Sanktionen, Regelungen über die im einzelnen geschützten Arten, über Festlegung der geschützten Gebiete und der Art des Schutzes sowie das Verwaltungsverfahren bei der Inschutzstellung. Vgl. z. B. Bad.-Württ. Ges. vom 21. 10. 1975 (GBl. 654) m. Änd. und ArtenschutzVO vom 18. 12. 1980 (GBl. 1981, 14); Bayern Ges. i. d. F. vom 10. 10. 1982 (GVBl. 874) m. Änd., ArtenschutzG vom 29. 6. 1962 (GVBl. 95) m. Änd., VogelschutzVO vom 21. 9. 1976 (GVBl. 424); NRW Ges. i. d. F. vom 26. 6. 1980 (GVBl. 734). S. a. → Artenschutz, → Umweltschutz, → Umweltkriminalität, → Waldschutz.

**ne bis in idem** → Strafklageverbrauch.

**ne (eat iudex) ultra petita partium** ist der im Zivil- und Verwaltungsprozeß herrschende Grundsatz, daß keiner Partei durch eine gerichtliche Entscheidung mehr oder etwas anderes zugesprochen werden darf, als sie beantragt hat (§ 308 I ZPO, § 88 VwGO). Das gilt entsprechend für andere Verfahrensarten, die den Grundsätzen der ZPO unterstehen (vgl. § 46 ArbGG, §§ 123, 202 SGG, § 96 I 2 FGO). An die Fassung der Anträge der Parteien ist das Gericht aber nicht gebunden.

**Nebel, Verhalten im Straßenverkehr bei –.** Bei Sichtbehinderung durch N. ist jeder → Verkehrsteilnehmer zu besonderer Vorsicht verpflichtet (vgl. § 1 StVO). Vor allem haben Fz.führer die → Fahrgeschwindigkeit und den → Abstand so einzurichten, daß sie vor plötzlich sichtbar werdenden Hindernissen anhalten können (§§ 3 I, 4 I StVO). Bei starker Sichtbehinderung ist auch am Tage mit Abblendlicht zu fahren (§ 17 III 1 StVO).

**Nebelscheinwerfer** → Beleuchtung von Fahrzeugen (2).

**Nebenabreden beim Vertragsschluß** → Vertrag (1), Form(erfordernisse, 1), Grundstückskaufvertrag.

**Nebenbeschäftigung** → geringfügige Beschäftigung; → Nebentätigkeit (Beamte, Arbeitnehmer).

**Nebenbesitz** → Besitz.

**Nebenbestimmungen** (eines Verwaltungsakts) → Verwaltungsakt (4).

**Nebenbeteiligte** → Verfahrensbeteiligte.

**Nebenbetriebe an den Bundesautobahnen** dienen den Belangen der Verkehrsteilnehmer dieser Straßen (z. B. Raststätten, Tankstellen). Ihr Betrieb ist auf Dritte zu übertragen, soweit nicht öffentl. Interessen oder besondere betriebliche Gründe entgegenstehen. Auflagen und Bedingungen, z. B. über die Betriebszeiten, sind zulässig. Der Inhaber hat eine Konzessionsabgabe an den Bund zu entrichten. Vgl. § 15 FStrG.

**Nebeneinanderfahren** → Kolonnen; s. a. → Radfahrer.

**Nebenfolgen** → Nebenstrafen.

**Nebenforderung** ist eine → Forderung, die abhängig aus einem anderen → Anspruch (Hauptanspruch) entstanden ist und neben diesem geltend gemacht wird. Es kann sich um → Zinsen, → Nutzungen oder (Prozeß-)Kosten handeln. Eine N. kann im

Prozeß zur → Hauptsache gehören oder werden.

**Nebenintervention** *(Streithilfe)* liegt vor, wenn sich jemand im eigenen Namen an einem fremden (d. h. zwischen anderen anhängigen) Zivilprozeß beteiligt, um eine der beiden Parteien zu unterstützen (§ 66 ZPO). Die N. besteht im Beitritt des *Nebenintervenienten* (Streitgehilfen, Streithelfers) mittels Einreichens eines Schriftsatzes bei Gericht (§ 70 ZPO). Der Beitritt ist nur berechtigt, wenn der Nebenintervenient ein *rechtliches Interesse* daran hat, daß die von ihm unterstützte Partei gewinnt. Wird über die Berechtigung des Beitritts gestritten, so wird durch → Zwischenurteil entschieden (§ 71 ZPO). Der Nebenintervenient darf den Rechtsstreit im eigenen Namen durch alle → Prozeßhandlungen führen, sich aber zu der unterstützten Partei damit nicht in Widerspruch setzen (§ 67 ZPO). Von *streitgenössischer N.* spricht man, wenn sich die materielle → Rechtskraft eines im Prozeß ergehenden Urteils auf den Nebenintervenienten erstreckt; in diesem Fall darf der Nebenintervenient sich mit seinen Prozeßhandlungen auch in Widerspruch zur Hauptpartei setzen (§ 69 ZPO). *Nebeninterventionswirkung* bedeutet, daß in einem (nachfolgenden) Prozeß zwischen dem Nebenintervenienten und der von ihm unterstützten Partei eine Bindung an die tatsächlichen und rechtlichen Feststellungen des im vorangegangenen Prozeß erlassenen, rechtskräftigen Urteils eintritt (§ 68 ZPO). Dies wirkt aber nur zugunsten, nicht zuungunsten der unterstützten Partei. Die N. kann auch durch → Streitverkündung herbeigeführt werden (§ 74 ZPO).

**Nebenklage.** Das Recht der N. ist durch das OpferschutzG vom 18. 12. 1986 (→ Opferschutz) umgestaltet worden. Nunmehr kann sich der → Verletzte dann, wenn der StA Anklage erhoben hat, dem Verfahren bis zum rechtskräftigen Abschluß in folgenden Fällen anschließen: Bei bestimmten → Sexualstraftaten (insbes. sexueller Mißbrauch von Schutzbefohlenen oder Kindern, Vergewaltigung oder sexueller Nötigung), bei Beleidigungstatbeständen (→ Beleidigung, 2) bei Körperverletzungsdelikten (→ Körperverletzung), bei gewissen Straftaten gegen die persönliche Freiheit (insbes. → Menschenraub, erschwerte → Freiheitsberaubung, → Geiselnahme) oder bei versuchtem Mord oder Totschlag (→ Tötung). Ferner besteht die Anschlußmöglichkeit bei den in § 374 Abs. 1 Nr. 7 und 8 StPO bezeichneten Straftaten (Verstöße gegen UWG, PatentG, UrkG u. a.) und für denjenigen Verletzten, der im → Anklageerzwingungsverfahren die Erhebung der Klage erwirkt hat; auch die nahen Angehörigen eines durch eine Straftat Getöteten sind anschlußberechtigt. Ein durch eine fahrlässige Körperverletzung Verletzter kann sich nur anschließen, wenn dies aus besonderen Gründen (z. B. schwere Folgen der Tat) zur Wahrnehmung seiner Interessen geboten erscheint (§ 395 StPO).

Die *Anschlußerklärung* ist *schriftlich* bei dem Gericht einzureichen; das kann auch zur Einlegung von Rechtsmitteln geschehen (zu den Befugnissen *vor* Klageerhebung → Verletzter, Rechtsstellung im Strafprozeß). Wird die N. vom Gericht zugelassen, wobei → Prozeßkostenhilfe für die Hinzuziehung eines Rechtsanwalts gewährt oder bei bestimmten Straftaten ein Rechtsanwalt als → Beistand bestellt werden kann (§ 397 a StPO), ist der Nebenkläger zur Anwesenheit in der Hauptverhandlung berechtigt. Er ist vor jeder gerichtlichen Entscheidung zu hören, kann Fragen und Anträge stellen und Erklärungen abgeben, sich aber auch durch einen Anwalt vertreten lassen. Rechtsmittel kann er unabhängig von der StA einlegen, jedoch nicht mit dem Ziel der Verhängung einer anderen Strafe oder Rechtsfolge oder der Verurteilung wegen eines nicht zum Anschluß als Nebenkläger berechtigenden Delikts (§§ 396, 397, 400, 401 StPO).

Wird der Angeklagte wegen einer den Nebenkläger betreffenden Tat verurteilt, hat er diesem die *notwendigen Auslagen* zu erstatten, d. h. alle zur zweckentsprechenden Rechtsverfolgung erforderlichen Kosten einschl. der Anwaltsgebühren, notwendige Reise- und Terminskosten usw., es sei denn, es wäre unbillig, den Angeklagten damit zu belasten (§ 472 StPO). Bei Freispruch trägt der Nebenkläger seine Auslagen selbst, bei Einstellung können sie ganz oder teilweise dem Angeklagten auferlegt werden.

**Nebenleistungsaktiengesellschaft** ist eine → Aktiengesellschaft, bei der sich die Aktionäre verpflichten, neben Geldeinlagen wiederkehrende, nicht in Geld bestehende Leistungen zu erbringen (z. B. Lieferung bestimmter Rohstoffe). Die N. ist nur zulässig, wenn Namensaktien (→ Aktien) ausgegeben und ihre Übertragung an die Zustimmung der AG gebunden ist (sog. vinkulierte Namensaktien, § 55 AktG). Die Nebenleistungspflicht trifft immer den jeweiligen Inhaber der Aktie; sie muß in der Satzung festgelegt sein und kann ohne Rücksicht auf Bilanzgewinn gleichwertig vergütet werden (§ 61 AktG).

**Neben(leistungs)pflicht** → Gegenseitiger Vertrag.

**Nebenrechte** → Abtretung (4).

**Nebenstrafen, Nebenfolgen.** Neben der sog. *Hauptstrafe* (Freiheits-, Geldstrafe usw.; → Strafen) können Nebenstrafen verhängt werden oder kraft Gesetzes Nebenfolgen eintreten. *Nebenstrafen* sind: die → Bekanntgabe der Verurteilung, die → Einziehung (soweit sie nicht Sicherungsmaßregel ist) und das → Fahrverbot (§ 44 StGB), inhaltlich auch die → Aberkennung von Rechten und Fähigkeiten, d. h. der Amtsfähigkeit, des aktiven und passiven Wahlrechts (§ 45 II, V StGB). *Nebenfolgen* sind insbes. die Amtsunfähigkeit und der Verlust des passiven Wahlrechts, die bei Verurteilung zu Freiheitsstrafe von mindestens 1 Jahr wegen eines → Verbrechens eintreten (§ 45 I StGB). Nebenstrafen und Nebenfolgen müssen bzw. können bei Verurteilung wegen Tateinheit und bei Verhängung einer Gesamtstrafe (→ Konkurrenz von Straftaten) neben der Hauptstrafe verhängt werden, wenn das auch nur wegen einer der einbezogenen Gesetzesverletzungen geboten bzw. zugelassen ist; vgl. §§ 52 IV, 53 III, 55 I StGB.

**Nebenstrafgesetze** → Strafrecht.

**Nebentäter** → Mittäterschaft.

**Nebentätigkeit.** 1. Der *Beamte* hat auf Verlangen seiner obersten Dienstbehörde eine N. im öffentlichen Dienst zu übernehmen, sofern sie seiner Vorbildung oder beruflichen Ausbildung entspricht und ihn nicht über Gebühr in Anspruch nimmt (§ 64 BBG). Er hat sodann grundsätzlich Anspruch auf Freistellung von etwaigen Schadensersatzansprüchen (§ 67 BBG). Für eine *freiwillige* N. insbes. gegen Vergütung, gewerbliche oder freiberufliche Betätigung, Eintritt in den Vorstand oder ein sonstiges Organ einer Gesellschaft, Genossenschaft oder eines anderen Unternehmens, aber auch zur Übernahme eines Nebenamtes (soweit keine Rechtspflicht besteht), einer Vormundschaft, Pflegschaft oder Testamentsvollstrekkung ist grundsätzlich die vorherige Genehmigung der obersten Dienstbehörde oder der von ihr ermächtigten Behörde einzuholen, auf deren Erteilung ein Rechtsanspruch besteht, wenn keine Beeinträchtigung der dienstlichen Leistungen, der Unparteilichkeit oder Unbefangenheit des Beamten oder anderer dienstlicher Interessen zu besorgen ist (§ 65 BBG). Genehmigungsfrei sind u. a. die Verwaltung eigenen Vermögens, die schriftstellerische, wissenschaftliche, künstlerische oder Vortrags- sowie Gutachtertätigkeit (§ 42 II BRRG, § 66 BBG). Die neuerdings verschärften Nebentätigkeitsvorschriften sehen für den Bereich des Bundes umfassende Anzeige- und Auskunftsverpflichtungen auch für diese nicht genehmigungsbedürftigen Nebentätigkeiten vor, die neu gefaßten rahmenrechtlichen Bestimmungen regeln entsprechende Möglichkeiten für den Landesgesetzgeber. Die NebentätigkeitsVOen des Bundes und der Länder regeln vor allem Fragen der Vergütung für N. im öffentlichen Dienst, Höchstbeträge und Ablieferungsverpflichtungen (s. hierzu die auch für Soldaten geltende BundesnebentätigkeitsVO i. d. F. vom 12. 11. 1987 (BGBl. I 2376); für Soldaten s. daneben § 20 → SoldatenG; für Richter s. §§ 40–42 DRiG sowie NebentätigkeitsVO für Richter im Bundesdienst vom 15. 10. 1965, BGBl. I 1719) m. Änd. N. ist unzulässig, soweit der Beamte aus arbeitmarktpolitischen Gründen teilzeitbeschäftigt oder beurlaubt ist (→ Teilzeitbeschäftigung, → Urlaub der Beamten, a. E., → Vorruhestand). Die N. von Ruhestandsbeamten ist nunmehr gem. § 42 a BRRG, § 69 a BBG beschränkt (Anzeigepflicht bei möglichem Interessenkonflikt, Verbotsmöglichkeit).

2. Die N. eines *Arbeitnehmers* ist grundsätzlich zulässig, soweit hierdurch das → Arbeitsverhältnis nicht beeinträchtigt wird. Die Möglichkeit einer N. ist aber beschränkt durch gesetzliche Regelung (→ Arbeitszeit) und vielfach durch → Tarifvertrag, → Betriebsvereinbarung oder den Inhalt des → Arbeitsvertrags.

3. Ob steuerlich eine N. vorliegt und unter welche Einkunftsart sie fällt, ist nach allgemeinen Abgrenzungsmerkmalen der Einkunftsarten zu beurteilen (§ 2 EStG, § 1 I, II LStDV; Einzelheiten Abschn. 68 LStR, H 146 EStR). Vergütungen für N. können bis zu einer Höhe von insgesamt 2400 DM steuerfrei sein (§ 3 Nr. 26 EStR; → Aufwandsentschädigungen).

**Negativattest** ist die oft für die Gültigkeit eines → Rechtsgeschäfts oder die Eintragung im → Grundbuch usw. erforderliche Bescheinigung einer Behörde, daß dem Rechtserwerb (öffentlich-rechtliche) Hindernisse nicht entgegenstehen (bzw. daß eine Genehmigungspflicht nicht besteht). S. a. → Unbedenklichkeitsbescheinigung. Nach europäischem Wettbewerbsrecht erteilt die Europäische Kommission ein N. für Fallgestaltungen, auf die die → Wettbewerbsregeln nicht zutreffen (vor allem fehlende Spürbarkeit oder zwischenstaatliche Auswirkungen). Dieses N. ist nicht rechtsbegründend.

**Negative Bedingung** → Bedingung.

**Negative Feststellungsklage** → Feststellungsklage.

**Negative Koalitionsfreiheit** → Koalitionsfreiheit.

**Negative Orderklausel** → Orderklausel.

**Negative Publizität** → Handelsregister, → Vereinsregister, → Güterrechtsregister.

**Negativer Kompetenzkonflikt** → Zuständigkeitsstreit.

**Negatives Interesse** *(Vertrauensinteresse)* → Schadensersatz (2 b).

**Negatives Kapitalkonto** entsteht, wenn das Kapitalkonto der Gesellschafter durch → Verluste aufgezehrt ist. Auch bei Kommanditisten kann ein n. K. entstehen, wenn sie nach dem Gesellschaftsvertrag unbeschränkt am Verlust der KG teilnehmen, während sie gegenüber den Gläubigern der KG nur bis zur Höhe ihrer Haftsumme haften (§ 171 I HGB). *Steuerlich* können Verluste eines Kommanditisten nur in Höhe seines steuerlichen Kapitals ohne Sonderbetriebsvermögen (→ Betriebsvermögen) bzw. der höheren Haftsumme ausgeglichen werden. Übersteigende Verluste können in Folgejahren nur mit Gewinnen aus dieser KG-Beteiligung verrechnet werden (§ 15 a EStG). Der lediglich *verrechenbare Verlust* ist jährlich gesondert festzustellen (§ 15 a IV EStG). Entsprechendes gilt für → stille Gesellschaften und → Unterbeteiligungen.

**Negatives Schuldanerkenntnis** → Erlaßvertrag, → Schuldanerkenntnis, → Schuldschein.

**Negatorischer Anspruch** → Unterlassungsanspruch; negatorischer Eigentumsanspruch → Eigentumsstörungen, → Unterlassungsanspruch.

**negligentia** → Verschulden (II 1 b).

**negotiatio** = → Handelsgeschäft.

**negotiorum gestio** = → Geschäftsführung ohne Auftrag.

**negotium mixtum cum donatione** = gemischte → Schenkung.

**nemo plus iuris in alium transferre potest quam ipse habet** (niemand kann mehr Rechte übertragen, als er selbst hat). Rechtssatz des Corpus iuris civilis (→ Römisches Recht), der grundsätzlich auch heute noch gilt (z. B. bei → Abtretung von Forderungen). Eine Ausnahme besteht aber beim Erwerb des Eigentums an einer Sache vom Nichtberechtigten kraft guten Glaubens; → gutgläubiger Erwerb.

**nemo pro parte testatus pro parte intestatus decedere potest.** Römischrechtlicher Grundsatz, wonach es für den Erblasser unzulässig war, nur über einen Teil seines Vermögens letztwillig zu verfügen. Dieser Grundsatz gilt heute nicht mehr; soweit die → Verfügung von Todes wegen den Nachlaß nicht erschöpft, tritt gesetzliche → Erbfolge ein.

**Nennbetragsaktie** → Aktie.

**Nennkapital** ist das → Grundkapital einer → Aktiengesellschaft.

**Nennwert, nennwertlose Aktie** → Aktie.

**„Netto Kasse".** Diese Vertragsklausel bedeutet, daß der vereinbarte Kaufpreis ohne jeden Abzug zu zahlen ist. S. dagegen → Kassenskonto.

**Nettokreditbetrag** → Kreditvertrag (3).

**Nettolohn** → Arbeitslohn.

**Nettolohnvereinbarung** bedeutet die Vereinbarung zwischen Arbeitgeber und Arbeitnehmer, daß das vereinbarte Arbeitsentgelt als Nettolohn gezahlt wird und der Arbeitgeber gegenüber dem Arbeitnehmer verpflichtet ist, sämtliche oder bestimmte gesetzliche Abgaben zu tragen (Lohnsteuer, Kirchensteuer, Sozialversicherungsbeiträge). Durch die Nettolohnvereinbarung bleibt die Steuerschuldnerschaft des Arbeitnehmers bestehen (→ Lohnsteuer 4.), so daß Erstattungsbeträge ihm zustehen. Die N. beeinflußt die Ermessensentscheidung bei der Inanspruchnahme des Arbeitgebers als Haftenden. Die vom Arbeitgeber zu zahlenden Abzugsbeträge berechnen sich nach eigenen Nettolohnsteuertabellen (Abschn. 122 I LStR).

**Netzgeld** → Cybergeld, → Bankgeschäfte.

**Netzzugang.** Der offene N. ist in §§ 33 bis 39 TKG geregelt. Als N. bezeichnet das → Telekommunikationsgesetz gemäß § 3 Nr. 8 TKG die physische und logische Verbindung einer Endeinrichtung mit einem Telekommunikationsnetz oder von Telekommunikationsnetzen untereinander. Die Regelungen sind überwiegend im Vollzug von Richtlinien der EG ergangen (vgl. Richtlinie vom 28. 6. 1990, ABl. L 192/1; Richtlinie vom 5. 6. 1992, ABl. L 165/27; Richtlinie vom 13. 12. 1995, ABl. L 321/6). Der N. steht unter einer besonderen Mißbrauchsaufsicht. Er ist nach näherer Maßgabe von § 35 TKG zu gewähren; s. hierzu auch NetzzugangsVO vom 23. 10. 1996 (BGBl. I 1568). Vereinbarungen über die Gewährung von N. nach § 35 sind unwirksam, soweit sie geeignet sind, Wettbewerbsmöglichkeiten anderer Unternehmen auf einem Markt der Telekommunikation ohne sachlich gerechtfertigten Grund zu beeinträchtigen (§ 38 TKG).

**„Neu für alt"** → Schadensersatz (2 a).

**Neubaumietenverordnung** → sozialer Wohnungsbau.

**Neue Länder** (Neue → Bundesländer) ist die gängige Bezeichnung für die → Länder des → Beitrittsgebietes ohne Berlin (→ Brandenburg, → Mecklenburg-Vorpommern, → Sachsen, → Sachsen-Anhalt und → Thüringen).

**Neugliederung des Bundesgebietes** ist jede Umgestaltung oder sonstige Änderung des Gebietsbestandes der → Länder der BRep.

1. Nach Art. 29 I GG a. F. war das B. unter Berücksichtigung der landsmannschaftlichen Verbundenheit, der geschichtlichen und kulturellen Zusammenhänge, der wirtschaftlichen Zweckmäßigkeit und des sozialen Gefüges durch Bundesgesetz neu zu gliedern. Die N. sollte Länder schaffen, die nach Größe und Leistungsfähigkeit ihre Aufgaben erfüllen können. a) In Gebietsteilen, die bei der N. der Länder nach dem 8. 5. 1945 ohne Volksabstimmung ihre Landeszugehörigkeit geändert hatten, konnte binnen eines Jahres nach Inkrafttreten des GG durch Volksbegehren eine bestimmte Änderung der Entscheidung gefordert werden (Art. 29 II GG). War ein solches Volksbegehren zustande gekommen, so war in dem betreffenden Gebietsteil bis zum 31. 3. 1975 ein Volksentscheid darüber durchzuführen, ob die Änderung vorgenommen werden soll (Verfahren gem. Art. 29 III, IV GG). Solche Volksentscheide waren am 19. 9. 1975 in zwei Gebieten des Landes Niedersachsen (Oldenburg und Schaumburg-Lippe) erfolgreich. b) Eine erleichterte Möglichkeit der N. (durch Vereinbarung der beteiligten Länder) sah Art. 118 GG für Baden, Württemberg-Baden und Württemberg-Hohenzollern vor (→ Baden-Württemberg).

2. Die Neufassung des Art. 29 GG (durch Ges. vom 23. 8. 1976) sieht vor, daß das B. neu gegliedert werden kann, um zu gewährleisten, daß die Länder nach Größe und Leistungsfähigkeit die ihnen obliegenden Aufgaben wirksam erfüllen können. Zu berücksichtigen sind die landsmannschaftl. Verbundenheit, geschichtl. und kulturelle Zusammenhänge, wirtschaftl. Zweckmäßigkeit sowie die Erfordernisse der Raumordnung und Landesplanung. Maßnahmen zur N. d. B. ergehen durch Bundesgesetz, das der Bestätigung durch Volksentscheid bedarf. Hierzu bringt Art. 29 III–VI GG Verfahrensregelungen, die durch Ges. vom 30. 7. 1979 (BGBl. I 1317: G Artikel 29 Abs. 6) nebst Df. best. vom 12. 11. 1984 (BGBl. I 1342) näher ausgeführt werden. Kleinere Änderungen im Gebietsbestand der Länder (bis zu 50 000 Einwohner) können durch → Staatsverträge oder durch Bundesgesetz mit Zustimmung des Bundesrates erfolgen; hierzu vgl. Ges. über das Verfahren bei sonstigen Änderungen des Gebietsbestandes der Länder nach Art. 29 Abs. 7 GG (G Artikel 29 Abs. 7) vom 30. 7. 1979 (BGBl. I 1325). Abweichend von Art. 29 GG kann nach dem → Einigungsvertrag im Raum Berlin/Brandenburg eine N. auch durch Vereinbarung dieser Länder erfolgen (Art. 118 a GG; vgl. dazu → Berlin 6.).

Der durch das 42. Ges. zur Änderung des GG vom 27. 10. 1994 (BGBl. I 3146) angefügte Art. 29 VIII GG bringt eine Vereinfachung der N. durch → Staatsvertrag. Ein solcher Staatsvertrag zwischen Ländern bedarf der Bestätigung durch Volksentscheid in jedem beteiligten Land oder Teilgebiet. Ein Bundesgesetz ist, abweichend von den Regelungen in Art. 29 II–VI GG, nicht erforderlich, wohl aber bedarf der Staatsvertrag einer Zustimmung des Bundestages.

**Neuheit** → Patentfähigkeit.

**Neutralisierung** ist die Verpflichtung eines Staates zur → Neutralität durch → völkerrechtlichen Vertrag oder durch selbstgewählte Erklärung. Regelmäßig ist die N. mit dem Verbot verbunden, Bündnis- oder Garantieverträge einzugehen, andererseits häufig auch mit der Gewährleistung des Bestandes des neutralisierten Staates durch die Vertragspartner. Die Neutralität der Schweiz hatte sich als freigewählter Grundsatz entwickelt und wurde als „Immerwährende Neutralität" im 2. Pariser Frieden von 1815 völkerrechtlich gesichert. Österreich hatte sich 1955 für neutral erklärt. Als N. wird ferner die vertragliche Verpflichtung eines Staates bezeichnet, in bestimmten („neutralisierten") Gebieten – meist Grenzzonen – keine Truppen zu stationieren oder militärische Anlagen zu errichten oder zu unterhalten. Eine solche N. war z. B. die Entmilitarisierung des linken Rheinufers und eines 50 km breiten Streifens rechts des Rheins durch den → Versailler Vertrag von 1919.

**Neutralität** i. S. des → Völkerrechts ist die Nichtbeteiligung eines Staates an der kriegerischen Auseinandersetzung zwischen anderen Staaten (→ Kriegsrecht). In diesem Sinne ist die N. ein ausgeprägtes, auf einer langen geschichtlichen Entwicklung beruhendes Rechtsinstitut des Völkerrechts. In dem heute oft gebrauchten weiteren Sinne, daß die sog. neutralen Staaten in der (nicht militärischen) Auseinandersetzung der Großmächte keine Stellung für die eine oder andere Seite beziehen, ist N. kein völkerrechtlicher, sondern ein politischer Begriff. Für das Verhältnis zwischen den neutralen und den kriegführenden Staaten hat das Völkerrecht in wechselvoller Geschichte eine Reihe von Regeln zu entwickeln versucht, die auf folgenden Grundsätzen beruhen: Dem neutralen Staat ist es verboten, einer der kriegführenden Seiten Waffenhilfe zu leisten. Dies schließt das Verbot ein, einer der kriegführenden Seiten den Durchmarsch durch sein Staatsgebiet zu gestatten, sowie das Verbot der Lieferung von Kriegsmaterial. Der neutrale Staat ist ferner allgemein zur Unparteilichkeit in der Behandlung der Kriegführenden verpflichtet. Er ist schließlich berechtigt und verpflichtet, alle Angriffe der Kriegführenden auf sein Gebiet abzuwehren. Jeder dieser Grundsätze hat zu zahlreichen Streitfragen geführt. Die großen Kodifikationen des Neutralitätsrechts, das Haager Abkommen betreffend die Rechte und Pflichten der neutralen Mächte und Personen im Falle eines Landkrieges

(→ Haager Landkriegsordnung) und das Haager Abkommen betreffend die Rechte und Pflichten der Neutralen im Falle eines Seekriegs (beide Abkommen vom 18. 10. 1907) zielen darauf ab, diese Streitfragen jedenfalls teilweise zu regeln. In beiden Weltkriegen zeigte sich jedoch, daß das N.recht in entscheidenden Punkten lückenhaft ist. Trotzdem ist es zu großen Neukodifikationen dieses Rechtsgebiets nicht gekommen. Dies mag damit zusammenhängen, daß die politische und militärische Entwicklung dahin führt, die Möglichkeit neutralen Verhaltens bei einer bewaffneten Auseinandersetzung immer geringer erscheinen zu lassen. Rechtlich hat der N.sbegriff auch dadurch an Bedeutung verloren, daß die → Satzung der Vereinten Nationen unter bestimmten Voraussetzungen eine Pflicht zur Nichtneutralität auf Grund von Beschlüssen des Sicherheitsrats begründet (Art. 39, 40, 48).

**Neutralitätsprinzip im Arbeitsrecht** → Arbeitskampf.

**Neutralitätsprinzip im Steuerrecht** → Umsatzsteuer 1.

**Neuwahl** des Bundestages → Bundestag; N. des Bundeskanzlers: → Mißtrauensvotum.

**Nichtanzeige von Straftaten** → Anzeigepflicht, strafrechtliche.

**Nichtbeamtete Personen** → Verpflichtung nichtb. Pers. S. a. → Beliehene Unternehmer.

**Nichtberechtigter** → Verfügung eines Nichtberechtigten, → gutgläubiger Erwerb, → Genehmigung.

**Nichtehe** *(Scheinehe).* Eine N. liegt nur vor, wenn die → Eheschließung nicht vor einem → Standesbeamten vorgenommen wird, der Standesbeamte nicht zur Mitwirkung bereit ist, die Verlobten keinen Eheschließungswillen äußern oder (nach h. M.) die Ehe zwischen Personen des gleichen Geschlechts geschlossen wird. Als Standesbeamter gilt dabei auch, wer, ohne ein solcher zu sein, das Amt eines Standesbeamten öffentlich ausgeübt und die Ehe in das → Familienbuch eingetragen hat (§ 1310 II BGB). Die N. ist – auch bei gutem Glauben der Beteiligten – wirkungslos (anders → Eheaufhebung). Eine rückwirkende Heilung kommt nicht in Betracht; die Folgen können nur durch eine erneute formgerechte Eheschließung beseitigt werden.

**Nichteheliche Kinder** → Kinder.

**Nichteheliche Lebensgemeinschaft** → eheähnliche Gemeinschaft.

**Nichterfüllung** → Schuldnerverzug, → Unmöglichkeit, → gegenseitiger Vertrag, → Schadensersatz (2b).

**Nichtigkeit der Ehe** → Ehenichtigkeit.

**Nichtigkeit gerichtlicher Entscheidungen.** Richterliche Entscheidungen, insbes. Urteile, haben grundsätzlich die Vermutung der Wirksamkeit für sich. Anders ist dies bei einem *Nicht-* oder *Scheinurteil,* z. B. einem nicht verkündeten oder von einer Stelle ohne Urteilsbefugnis (Landrat, Notar, „Betriebsgericht") erlassenen Urteil. Ob im übrigen N. anzunehmen ist, wenn der Ausspruch nach dem geltenden Recht etwa völlig unzulässig ist (z. B. auf eine gesetzlich nicht vorgesehene Rechtsfolge lautet) oder auch äußerlich der Rechtsordnung widerspricht und der Mangel offenkundig ist, ist fraglich. Als unwirksam werden die Entscheidung eines völlig unzuständigen Gerichts (Finanzgericht in einer Strafsache) oder Entscheidungen gegen → Exterritoriale angesehen. Während dem Nicht-(Schein)urteil jede Wirkung fehlt (es ist nicht existent), so daß sich Rechtsbehelfe erübrigen, können nichtige Entscheidungen formell, aber nicht materiell rechtskräftig werden; sie sind auf Rechtsbehelf hin aufzuheben, auch kann die N. durch → Feststellungsklage geltend gemacht werden. Keine Unwirksamkeit bei (selbst schweren) Verfahrensverstößen, z. B. bei unrichtiger Besetzung des Gerichts, oder wenn das Gericht ein Verfahrenshindernis übersehen oder wenn die Rechtsmittelinstanz nicht bemerkt hat, daß das angefochtene Urteil mangels Unwirksamkeit des eingelegten Rechtsmittels rechtskräftig geworden ist.

**Nichtigkeit von Gesetzen** → Verfassungswidrigkeit von Gesetzen.

**Nichtigkeit von Rechtsgeschäften.** 1. Ein → Rechtsgeschäft (R.) ist nichtig, wenn es so schwere Mängel aufweist, daß das Gesetz ihm keinerlei Rechtswirkung zubilligt. Die wichtigsten Fälle sind mangelnde → Geschäftsfähigkeit des Erklärenden, mangelnde → Form des R., → Schein- und Scherzgeschäft sowie Verstöße gegen gesetzliche Verbote (→ Gesetzwidrigkeit; insbes. i. d. R. dann, wenn das Gesetz erklärt, eine Rechtsfolge „kann nicht" eintreten) oder gegen das Verbot der → Sittenwidrigkeit. Das nichtige R. ist von Anfang an unwirksam (anders → Anfechtung von Willenserklärungen) und erzeugt niemandem gegenüber Rechtswirkungen (anders → relative Unwirksamkeit); u. U. verstößt jedoch die Berufung auf die N. eines R. gegen → Treu und Glauben (→ Form, 2). Die N. wirkt grundsätzlich dauernd; eine Heilung ist nur in besonderen Ausnahmefällen vorgesehen (→ Form, 2, → Grundstückskaufvertrag, → Kreditvertrag, 3). Eine *„Bestätigung"* des nichtigen R. als solche ist nicht möglich; in dieser liegt ein erneuter Abschluß (Neuvornahme), bei der alle Erfordernisse des betreffenden R. in sachlicher und formeller Hinsicht, insbes. Form, Geschäftsfähigkeit usw., gegeben sein müssen (§ 141 I BGB). Demnach wirkt das „bestätigte" nichtige R. erst vom Zeitpunkt des erneuten Abschlusses an; bei einem Vertrag sind die Parteien untereinander jedoch im Zweifel verpflichtet, einander so zu stellen, als wenn der Vertrag von Anfang an gültig gewesen wäre (§ 141 II BGB). Von Anfang an nichtig ist schließlich auch ein erfolgreich angefochtenes (§ 142 I BGB) sowie ein zunächst schwebend unwirksames R., bei dem das fehlende Erfordernis endgültig nicht mehr beigebracht werden kann. Die N. eines R. schließt dessen gleichzeitige → Anfechtung nicht aus (s. dort). Von der N. ist die *Vernichtbarkeit* zu unterscheiden. Hier – z. B. bei der „nichtigen" Ehe (→ Ehenichtigkeit) – ist das R. zunächst trotz eines Nichtigkeitsgrundes wirksam, kann aber von den Beteiligten oder einem Dritten (z. B. Staatsanwalt) auf Antrag (meist Klage) für nichtig erklärt werden.

2. *Teilnichtigkeit:* Ist nur ein Teil eines R. (oder eines von mehreren untrennbar verbundenen R.) nichtig, so ist das ganze R. nichtig, wenn nicht anzunehmen ist, daß es auch ohne den nichtigen Teil vorgenommen worden wäre (§ 139 BGB). Die Teiln. kann sich z. B. auf einzelne Klauseln eines Vertrags beziehen, ebenso auf den Wegfall eines Beteiligten (z. B. einer der beiden Käufer ist geschäftsunfähig). Voraussetzung ist ein einheitlicher, aber teilbarer wirtschaftlicher Geschäftsvorgang, der gedanklich die Aufrechterhaltung des nicht der N. unterliegenden Restes denkbar sein läßt. Der Grundsatz des § 139 BGB, wonach Teiln. im Zweifel zur vollen N. führt, ist im Erbrecht umgekehrt (→ Auslegung von Verfügungen von Todes wegen, § 2085 BGB); auch bei Verträgen hat die Rspr. oftmals als mutmaßlichen Willen der Beteiligten angenommen, bei Nichtigkeit nur einer Klausel im Vertrag den Restvertrag mit den wesentlichen Bestimmungen ohne die mißbilligte Klausel fortgelten zu lassen (z. B. Miet- oder Mäklervertrag, bei dem einzelne Klauseln wegen Ausnutzung der Machtstellung des Vermieters bzw. Mäklers sittenwidrig sind; ebenso § 6 I AGBG, → Allgemeine Geschäftsbedingungen). Das dingliche Erfüllungsgeschäft (z. B. die Übereignung) ist gegenüber dem ihm zugrunde liegenden Verpflichtungsgeschäft (z. B. Kauf) rechtlich selbständig (abstrakt, → Sachenrecht, → Rechtsgeschäft), so daß bei N. des Verpflichtungs(Kausal)geschäfts mangels Einheitlichkeit des Gesamtvorgangs grundsätzlich das Erfüllungsgeschäft unberührt bleibt, es sei denn, der N.grund ergreift auch das Vollzugsgeschäft (z. B.: es ist gerade auch die Übereignung verboten). Auch ist die Wirksamkeit des Kausalgeschäfts regelmäßig nicht → Bedingung für das Erfüllungsgeschäft (bei der → Auflassung ohnehin gesetzlich ausgeschlossen). Es ist aber durchaus möglich, daß die Beteiligten Kausal- und Erfüllungsgeschäft als einheitliches Ganzes behandelt wissen wollen (nach h. M. nur ausnahmsweise anzunehmen; a. A. die sog. Geschäftseinheitstheorie), so daß die Regeln über die Teiln. Anwendung finden können.

3. *Umdeutung (Konversion):* Entspricht ein nichtiges R. den Erfordernissen eines anderen – meist weniger weit reichenden – R., so gilt das letztere, wenn

anzunehmen ist, daß dessen Geltung bei Kenntnis der N. gewollt wäre (§ 140 BGB). So kann z. B. bei entsprechendem vermuteten Willen der Beteiligten ein formunwirksamer Erbvertrag in ein privatschriftliches Testament, eine unwirksame fristlose Kündigung in eine ordentliche, eine nichtige Pfandrechtsbestellung in ein → Zurückbehaltungsrecht, eine unwirksame → offene Handelsgesellschaft in eine Gesellschaft des bürgerlichen Rechts, die unwirksame → Sicherungsübereignung einer fremden (unter Eigentumsvorbehalt gelieferten) Sache in die Übertragung des → Anwartschaftsrechts und ein formwidriger → Wechsel in ein → Schuldversprechen umgedeutet werden. Ist das R. nur schwebend unwirksam oder anfechtbar, so kommt eine Umdeutung erst in Betracht, wenn das R., z. B. infolge Anfechtung, endgültig nichtig geworden ist.

**Nichtigkeit von Verwaltungsakten** → Verwaltungsakt (5).

**Nichtigkeitsklage** findet im → Wiederaufnahmeverfahren des Zivilprozesses statt. Sie kann nur auf die in § 579 ZPO bezeichneten (besonders schweren) Verfahrensverstöße gestützt werden, insbes. auf Mängel in der Besetzung des Gerichts, Mitwirkung eines ausgeschlossenen oder mit Erfolg abgelehnten Richters usw. Nach denselben Vorschriften richtet sich die N. im Verwaltungs-, Finanz- und Sozialstreitverfahren (§ 153 VwGO, § 134 FGO, § 179 SGG). Als N. wird auch der Antrag im Verfahren in → Ehesachen bezeichnet, der wegen → Ehenichtigkeit erhoben wird.

**Nichtraucherschutz** am Arbeitsplatz → Arbeitsstättenverordnung; s. a. → Rauchverbot in Betrieben und Verkehrsmitteln.

**Nichtrechtsfähiger Verein** → Verein (2).

**Nichturteil** → Nichtigkeit gerichtlicher Entscheidungen.

**Nichtveranlagungsbescheinigung** → Kapitalertragsteuer (2).

**Nichtvermögensschaden** → Schaden, → Schadensersatz (2 a).

**Nichtzulassungsbeschwerde.** Die Nichtzulassung der → Revision durch das Oberverwaltungsgericht (den Verwaltungsgerichtshof), das Finanzgericht, das Landessozialgericht oder das Landesarbeitsgericht kann innerhalb eines Monats selbständig durch N. angefochten werden, wobei zur Begründung die grundsätzliche Bedeutung der Rechtssache dargelegt oder die Entscheidung des Bundesgerichts, von der das Urteil abweicht (Divergenzbeschwerde), oder der behauptete wesentliche Verfahrensmangel bezeichnet werden muß (§ 133 VwGO, § 115 III FGO, § 160 a SGG, § 72 a ArbGG). Wird der N. stattgegeben, so beginnt mit Zustellung der Entscheidung der Lauf der Revisionsfrist (§ 115 V FGO, § 160 a IV SGG, § 72 a V ArbGG); im → Verwaltungsstreitverfahren wird das Beschwerdeverfahren als Revisionsverfahren fortgesetzt (§ 139 II VwGO). Über die N. im → Rechtsbeschwerdeverfahren in → Kartellsachen vgl. § 74 GWB. Im Zivilprozeß ist zwar ebenfalls die Zulassung der Revision (s. dort 2 b) vorgesehen (§ 546 I ZPO), aber keine N. gegen ihre Versagung.

**Niederlassung.** Jeder → Kaufmann muß für sein → Handelsgewerbe eine N. haben, an der ihn Mitteilungen erreichen können. Als N. gelten die Geschäftsräume des Kaufmanns, sonst seine Wohnung. Betreibt ein Kaufmann mehrere selbständige Handelsgewerbe, so muß er für jedes eine N. haben; die mehreren N. können sich aber in den gleichen Geschäftsräumen befinden. Doch können auch für das einzelne Handelsgewerbe mehrere N. bestehen; dann ist die N., von der aus das gesamte Unternehmen geleitet wird, die Haupt-N., die übrigen sind → Zweig-N. Der N. (Haupt-N.) entspricht bei einer → Handelsgesellschaft deren Sitz. Der Ort der N. ist maßgebend für die Eintragung im → Handelsregister (§ 29 HGB). Als *gewerbliche N.* bezeichnet man den zum dauernden Gebrauch eingerichteten, ständig oder in regelmäßiger Wiederkehr für den Betrieb eines → Gewerbes genutzten Raum (vgl. § 42 II GewO). Eine N. ist für die Ausübung eines → stehenden Gewerbes nicht erforderlich. S. a. → örtliche Zuständigkeit des Gerichts.

**Niederlassungsabkommen.** Die Mitglieder des → Europarates unterzeichneten am 13. 12. 1955 das Europäische N., durch das den Staatsangehörigen der Vertragsstaaten Einreise, Aufenthalt und Freizügigkeit erlaubt und die Ausübung der bürgerlichen Rechte sowie Rechts- und Verwaltungsschutz gewährt wird; ferner regelt das Abk. die Ausübung von Erwerbstätigkeiten sowie Steuerfragen. Das Abk. wurde von der BRep. durch Gesetz vom 30. 9. 1959 (BGBl. II 997) übernommen. Innerhalb der EU ist das N. durch die → Niederlassungsfreiheit nach Europäischem Gemeinschaftsrecht überholt.

**Niederlassungsfreiheit.** Das Grundrecht der → Freizügigkeit enthält auch das Recht, sich an jedem Ort innerhalb des Bundesgebietes niederzulassen, Grundeigentum zu erwerben und Gewerbe aller Art zu betreiben. Die N. besteht aber auch für nichtgewerbliche Berufe, da eine Bedürfnisprüfung grundsätzlich unzulässig ist (→ Berufsfreiheit). S. a. im folg.

**Niederlassungsfreiheit – Europäisches Gemeinschaftsrecht.** Die Freiheit der Niederlassung, d. h. der freien beruflichen (nicht nur der gewerblichen Betätigung als Selbständiger) in allen Gliedstaaten der E. G. gehört neben der Freiheit des Dienstleistungsverkehrs und der → Arbeitnehmerfreizügigkeit zu den Grundfreiheiten des Unionsbürgers nach europäischem → Gemeinschaftsrecht. Anders als nach völkerrechtlichen Vereinbarungen, wie dem europäischen → Niederlassungsabkommen, hat nach Gemeinschaftsrecht jeder Unionsbürger ein eigenes subjektives und vor den Gerichten erzwingbares Recht auf Niederlassung zur beruflichen Tätigkeit. Berechtigt sind auch juristische Personen mit Sitz in der Gemeinschaft. Im Vollzug der N. erläßt die → Kommission u. a. Richtlinien über Prüfungsanerkennungen, so z. B. für Ärzte und Zahnärzte (s. Ges. vom 25. 2. 1983, BGBl. I 187; vor allem Anl. zu Art. 2), Rechtsanwälte (vom 22. 3. 1977, ABlEG L 78/1; dazu Ges. vom 16. 8. 1980, BGBl. I 1453) und Steuerberater (Ges. zur Änd. des → Steuerberatungsgesetzes vom 13. 12. 1990, BGBl. I 2756).

**Niedersachsen** ist ein aus den ehemaligen Ländern Hannover, Oldenburg, Braunschweig und Schaumburg-Lippe hervorgegangenes Land der BRep. Die Vorläufige Verfassung vom 13. 4. 1951 (GVBl. 103) ist durch die Niedersächs. Verfassung vom 19. 5. 1993 (GVBl. 107) wesentlich geändert worden (Überblick bei Berlit, NVwZ 1994, 11 ff.). Die *Gesetzgebung* liegt beim Landtag, der aus den vom Volke in allgemeiner, unmittelbarer, freier, gleicher und geheimer Wahl gewählten Abgeordneten besteht; daneben ist eine Beteiligung des Volkes durch Volksinitiative, Volksbegehren und Volksentscheid vorgesehen (47–49). Die *vollziehende Gewalt* wird durch die Landesregierung ausgeübt, die aus dem Ministerpräsidenten und den Ministern besteht. Der MinPräs. wird vom Landtag gewählt; er beruft die Minister. Zur Amtsübernahme bedarf die Landesregierung die Bestätigung durch den Landtag, der ihn durch konstruktives → Mißtrauensvotum ablösen kann. Der MinPräs. bestimmt die Richtlinien der Politik, innerhalb derer jeder Minister seinen Geschäftsbereich selbständig leitet. N. ist in 4 Regierungsbezirke eingeteilt, diese wiederum in Landkreise und kreisfreie Städte. Ein *Staatsgerichtshof* entscheidet über verfassungsrechtliche Fragen (Ges. vom 31. 3. 1955, Nieders. Sb I 1103).

**Niederschlagung von Abgaben.** Ansprüche aus dem → Steuerschuldverhältnis (§ 37 AO), z. B. Steuer-, Steuervergütungs-, Haftungsansprüche usw. können niedergeschlagen werden, wenn feststeht, daß die Einziehung keinen Erfolg haben wird, oder wenn die Kosten der Einziehung außer Verhältnis zu dem Betrag stehen (§ 261 AO). Der Anspruch bleibt trotz N. bestehen, bis er durch Zahlung, Verjährung usw. erlischt (§ 47 AO). Die Anordnung der N. kann daher jederzeit wieder aufgehoben werden, wenn sich die finanzielle Lage des Stpfl. bessert. N. unterbricht die Verjährung nicht (§ 231 AO). Dagegen erlischt der Anspruch beim → Billigkeitserlaß (§ 227 i. Verb. m. § 47 AO). Zur Zuständigkeit für die N. s. BMF BStBl. I 1994, 94.

**Niederschlagung von Gerichtskosten.** → Gerichtskosten, die bei richtiger Sachbehandlung nicht entstanden wären, werden nicht erhoben (§ 8 GKG).

**Niederschlagung von Steuern** → Niederschlagung von Abgaben.

**Niederschlagung von Strafverfahren** → Abolition.

**Niederschrift** → Protokoll, → Verhandlungsprotokoll; „zur Niederschrift eines Notars" → Form (1 d).

**Niederstwertprinzip** → Abschreibung.

**Niemeyer – System** (Sitzberechnung nach dem „Verfahren der mathematischen Proportion") → d'Hondt'sches System.

**Nießbrauch.** Ein N. kann an → Sachen (Grundstücken und beweglichen Sachen), an einem übertragbaren → Recht (insbes. an einer → Forderung oder an einem Wertpapier) und an einem → Vermögen (z. B. an einem → Nachlaß) bestellt werden. Der N. ist das grundsätzlich (Ausnahme bei → juristischer Person und rechtsfähiger → Personengesellschaft) nicht übertragbare (nur die *Ausübung* kann einem anderen überlassen werden) und unvererbliche → dingliche Recht, die → Nutzungen des belasteten Gegenstands zu ziehen (§§ 1030 ff., 1059 ff. BGB); der N. kann durch den Ausschluß einzelner Nutzungen beschränkt werden. Auch ein dem → Treuhandeigentum entsprechender *Sicherungsnießbrauch* ist zulässig. Die Bestellung eines Nießbrauchs richtet sich nach der Art des belasteten Objekts; bei der Belastung eines Grundstücks finden die Vorschriften über → Grundstücksrechte (§§ 873 ff. BGB), bei Belastung einer beweglichen Sache die Bestimmungen über die → Eigentumsübertragung an beweglichen Sachen entsprechende Anwendung (§§ 1032 f. BGB). Die Bestellung eines N. an einem Recht erfolgt nach dem für die Übertragung eines Rechts – z. B. → Abtretung – geltenden Vorschriften (§ 1069 BGB). Der N. an einem Vermögen kann nur in der Weise bestellt werden, daß er an den einzelnen zu dem Vermögen gehörenden Gegenständen eingeräumt wird (§§ 1085, 1089 BGB).

Der Nießbraucher ist berechtigt, die Sachen in seinen Besitz zu nehmen (§ 1036 BGB) und grundsätzlich umfassend (Früchte, Zinsen, Dividenden u. a.) zu nutzen; mit der Trennung der → Früchte erwirbt er hieran Eigentum (§ 954 BGB, → Fruchterwerb). Der Nießbraucher kann eine unverzinsliche Forderung einziehen und kündigen (verzinsliche nur gemeinschaftlich mit dem Gläubiger); sonst aber hat er kein Verfügungsrecht über den Gegenstand des N. selbst, darf insbes. nicht die wirtschaftliche Art der Sache oder diese selbst umgestalten (z. B. nicht aus einem Acker eine Kiesgrube machen; §§ 1036, 1037 BGB). Der Nießbraucher hat nach den Regeln einer ordnungsmäßigen Wirtschaft zu verfahren, für die Erhaltung der Sache in ihrem wirtschaftlichen Bestand zu sorgen (Tragung der laufenden Unterhaltskosten, § 1041 BGB), die → öffentlichen Lasten zu übernehmen (§ 1047 BGB) u. a. m. Zieht er Nutzungen im Übermaß, so wird er zwar Eigentümer, ist aber dem Eigentümer der Sache gegenüber ersatzpflichtig (§ 1039 BGB), der seinerseits dem Nießbraucher für Aufwendungen, zu denen dieser verpflichtet ist, nach den Vorschriften über → Geschäftsführung ohne Auftrag Ersatz zu leisten hat (§ 1049 BGB). Macht der Nießbraucher trotz Abmahnung einen unzulässigen Gebrauch von der Sache, so kann der Eigentümer → Sicherheitsleistung verlangen oder auf → Unterlassung klagen (§§ 1051 ff. BGB). Sind verbrauchbare Sachen Gegenstand des Nießbrauchs, so wird der Nießbraucher deren Eigentümer; nach der Beendigung des N. hat er dem Besteller den Wert zu ersetzen (§ 1067 BGB, sog. *uneigentlicher N.*).

Bei Beeinträchtigung des N. hat der Nießbraucher einen dem Eigentumsabwehranspruch (→ Eigentumsstörungen) entsprechenden Beseitigungs- und Unterlassungsanspruch (§§ 1065, 1004 BGB); außerdem genießt er, soweit er Besitzer ist, → Besitzschutz. Der N. endet durch einseitige Aufhebung (§§ 875, 1064 BGB), bei beweglichen Sachen auch grundsätzlich durch Zusammentreffen mit dem Eigentum in einer Person (§ 1063 BGB; anders bei Grundstücken, → Konsolidation, 889 BGB); er erlischt, da er unvererblich ist, mit dem Tod des Nießbrauchers oder, wenn er einer → juristischen Person oder rechtsfähigen → Personengesellschaft zusteht, mit deren Auflösung (§ 1061 BGB).

Das *Steuerrecht* unterscheidet zwischen Vorbehaltsnießbrauch und Zuwendungsnießbrauch. Entsprechend erfolgt die Zurechnung der Einnahmen und Ausgaben, insbesondere der AfA (→ Absetzung für Abnutzung). Zu differenzieren ist weiter bei unentgeltlicher Bestellung des N. und bei N. unter Familienangehörigen (Einzelheiten BMF 15. 11. 1984, BStBl. I 1984, 561 und 26. 5. 1992, BStBl. I 1992, 370).

**nihil obstat** → Reichskonkordat.

**Nominalitätsgrundsatz** (Nominalitätsprinzip) ist der währungsrechtliche Grundsatz, wonach Verbindlichkeiten, die in Währung festgelegt sind, von Wertänderungen der Währung, z. B. infolge von Inflation, nicht berührt werden („Mark gleich Mark"). Ausnahmen läßt die Rechtsprechung nur in sehr engen Grenzen zu (→ Aufwertung); s. aber jetzt → Euro.

**Non-governmental-Organizations (NGO)** → Internationale Organisationen.

**non liquet** (es besteht keine Klarheit). Ist ein Sachverhalt nicht aufgeklärt, insbes. für eine entscheidungswesentliche Behauptung oder Annahme weder Beweis noch Gegenbeweis erbracht, so entscheidet das Gericht im Zivilprozeß nach den Regeln über die → Beweislast gegen die Prozeßpartei, die den Beweis zu führen hat. Im Strafprozeß besteht keine Beweislast (Beweispflicht) in diesem Sinne. Eine Verurteilung ist nur zulässig, wenn das Gericht nach seiner freien, aus dem Inbegriff der Verhandlung geschöpften Überzeugung die Schuld des Angeklagten für erwiesen erachtet (§ 261 StPO); andernfalls ist nach dem Grundsatz → in dubio pro reo freizusprechen. Doch gelten auch im Strafverfahren einzelne gesetzliche Beweisregeln (→ Beweis).

**Nordatlantikvertrag.** 1. Die durch den Nordatlantikvertrag vom 4. 4. 1949 (BGBl. 1955 II 289) begründete Nordatlantikpakt-Organisation (NATO, North Atlantic Treaty Organization) verfolgt das Ziel, in Übereinstimmung mit der Satzung der → Vereinten Nationen jeden internationalen Streitfall auf friedliche Weise zu regeln und zur weiteren Entwicklung friedlicher und freundschaftlicher internationaler Beziehungen beizutragen (Art. 1, 2). Gleichzeitig haben die Parteien vereinbart, einen bewaffneten Angriff gegen einen oder mehrere von ihnen in Europa oder Nordamerika als einen Angriff gegen sie alle anzusehen und der oder den angegriffenen Parteien unverzüglich in dem zur Wiederherstellung und Erhaltung der Sicherheit erforderlichen Maße einschließlich der Anwendung von Waffengewalt Beistand zu leisten (Art. 5; „Bündnisfall"; → Auslandseinsätze der Bundeswehr). Mitglieder der NATO waren zunächst Belgien, Dänemark, Frankreich, Großbritannien, Island, Italien, Kanada, Luxemburg, die Niederlande, Norwegen, Portugal, die USA. Nach Art. 10 des N. können die NATO-Staaten durch einstimmigen Beschluß jeden anderen europäischen Staat zum Beitritt einladen, der in der Lage ist, die Grundsätze des N. zu fördern und zur Sicherheit des nordatlantischen Gebiets beizutragen. Der Beitritt wird an dem Tag vollzogen, an dem die Regierung des eingeladenen Staates ihre Beitrittsurkunde bei der Regierung der USA hinterlegt. 1951 sind Griechenland und die Türkei beigetreten, 1955 Deutschland (Zustimmungsgesetz vom 24. 3. 1955, BGBl. II 256; s. a. Brüsseler Vertrag), später Spanien.

2. Organe der NATO sind der Nordatlantikrat, bestehend aus Vertretern der Mitgliedstaaten, der Militärausschuß, bestehend aus den Generalstabschefs der Mitgliedstaaten, und das Hauptquartier der Alliierten Mächte in Europa (Shape = Supreme Headquarters Allied Powers Europe), jetzt in Casteau (Belgien). Es bestehen regionale Oberkommandos. Die Rechtsstellung der Truppen der Mitgliedstaaten in den Aufnahmestaaten behandelt das Abkommen vom 19. 6. 1951 (NATO-Truppenstatut, BGBl. 1961 II 1190) nebst Zusatzabkommen und Unterzeichnungsprotokoll vom 3. 8. 1959 (BGBl. 1961 II 1218, 1313), dem die BRep. zusammen mit weiteren Zusatzabkommen über die Rechtsstellung der in der BRep. stationierten ausländischen Truppen, die Durchführung von Manövern und Übungen sowie die Beilegung von Streitigkeiten bei Direktbeschaffun-

gen mit Gesetz zum NATO-Truppenstatut und zu den Zusatzvereinbarungen vom 18. 8. 1961 (BGBl. II 1183) zugestimmt hat. S. i. e. → Streitkräfte, ausländische.

3. Nach dem Ende der Ost-West-Spannungen traten die meisten Mitglieder des ehem. → Warschauer Pakts durch den Vertrag über den Nordatlantischen Kooperationsrat vom 20. 12. 1991 in ein Näheverhältnis zur NATO, die u. a. Hilfe bei der atomaren → Abrüstung zusagte. Ferner traten sie 1994 der „Partnerschaft für den Frieden" bei, die den Weg für eine spätere Mitgliedschaft ebnen soll und in deren Rahmen gemeinsame Übungen mit der NATO vorgesehen sind. Mit Protokollen vom 16. Dezemberg 1997 luden die NATO-Staaten Polen, Tschechien und Ungarn zum Beitritt ein. Die NATO wird inzwischen auch bei friedenserhaltenden Maßnahmen der → Vereinten Nationen tätig. In Bosnien konnte die NATO das Friedensabkommen von Dayton durchsetzen (1995).

**Norddeutscher Bund** (1867–1870). Nach dem Sieg Preußens über Österreich im Krieg 1866 setzte Bismarck die Errichtung des N. B. durch Vertrag zwischen Preußen, den 18 norddeutschen Staaten und den 3 Hansestädten durch. Die Verfassung des N. B., die nach Annahme durch den neugewählten Reichstag am 1. 7. 1867 wirksam wurde, sah als Organe vor: den Bundesrat als Vertretung der Länder, das Bundespräsidium (das dem König von Preußen zukam) und den in allgemeiner, gleicher, direkter und geheimer Wahl gewählten Reichstag. Der N. B. war ein → Bundesstaat auf konstitutioneller Grundlage. Dem Bundesrat kam eine wesentlich stärkere Stellung zu als dem heutigen BR; er war maßgeblich an der Gesetzgebung beteiligt, weil Gesetze eines übereinstimmenden Beschlusses von BR und Reichstag bedurften. Der N. B. wurde im November 1870 durch den Beitritt der süddeutschen Staaten erweitert, mit denen in den vorhergehenden Jahren Bündnisse und ein Zollvereinigungsvertrag abgeschlossen worden waren. Diese Erweiterung führte am 18. 1. 1871 zur Gründung des Deutschen Reiches.

**Nordrhein-Westfalen** ist ein Land der BRep. Die *Gesetzgebung* liegt nach der Verfassung vom 28. 6. 1950 (GVBl. 127 = GS 3) grundsätzlich beim Landtag. Gesetze können aber auch durch Volksentscheid beschlossen werden. Gegen Gesetzesbeschlüsse des Landtags kann die Landesregierung Bedenken erheben; der Landtag entscheidet, ob er diesen Rechnung tragen will. Der *Landtag* besteht aus den vom Volk in allgemeiner, gleicher, freier, unmittelbarer und geheimer Wahl gewählten Abgeordneten. Die *vollziehende Gewalt* steht der *Landesregierung* zu, die aus dem Ministerpräsidenten und den Landesministern besteht. Der MinPräs. wird vom Landtag gewählt, ernennt die Minister und führt den Vorsitz in der Landesregierung. Er leitet die Geschäfte und bestimmt die Richtlinien der Politik, innerhalb derer jeder Minister seinen Geschäftsbereich selbständig leitet. Der MinPräs. kann nur durch konstruktives → Mißtrauensvotum des Landtags abgelöst werden. Das Land ist in 5 Regierungsbezirke eingeteilt, diese wiederum in Landkreise und kreisfreie Städte. Zur Entscheidung verfassungsrechtlicher Streitigkeiten besteht der *Verfassungsgerichtshof* (Ges. vom 14. 12. 1989, GV 708, ber. GV 588). Die Grundrechte des GG sind nach Art. 4 der Verfassung von NRW Bestandteil der Verfassung. In besonderen Abschnitten finden sich Bestimmungen über Familie, Schule, Kunst, Wissenschaft, Religion und Religionsgemeinschaften, Arbeit und Wirtschaft.

**Norm** (Regel, Richtschnur). Über N. im Rechtssinne (= Rechtsnorm) → Gesetz. Normativen Charakter (Inhalt) hat eine Vorschrift, soweit sie – im Gegensatz zu bloßen → Verwaltungsvorschriften – Rechtssätze enthält, also Gesetz im materiellen Sinne ist (somit auch gleichbedeutend mit → „Rechtsvorschrift"). Normierung ist der Erlaß einer Rechtsnorm; s. a. → Normung.

**Normativbestimmungen.** Unter diesen werden einmal gesetzliche Vorschriften verstanden, die für die Satzungen von → juristischen Personen (Kapitalgesellschaften, Genossenschaften, Vereinen usw.) zwingende Richtlinien aufstellen, nach denen Satzungen zu „normen" sind; ohne den vorgeschriebenen Mindestinhalt kann eine Satzung nicht als Grundlage für eine Eintragung in öffentliche Register (Handels-, Genossenschafts-, Vereinsregister) und damit für die Erlangung der Rechtsfähigkeit der juristischen Person dienen. Beim → *Tarifvertrag* werden als N. diejenigen Bestimmungen bezeichnet, die – zum Unterschied von den schuldrechtlichen – den Charakter von Rechtsnormen tragen und deshalb unmittelbare Wirkung für die tarifbeteiligten Arbeitgeber und Arbeitnehmer haben.

**Normative Tatbestandsmerkmale und Rechtsbegriffe.** Über den Unterschied zwischen normativen und deskriptiven Gesetzesmerkmalen → *deskriptive Merkmale.* Zu den in zahlreichen Gesetzen verwendeten normativen (wertausfüllungsbedürftigen) Rechtsbegriffen gehören insbes. die → Generalklauseln (Treu und Glauben, Rücksicht auf die Verkehrssitte usw.) und andere eine Wertung erfordernde Begriffe, z. B. sittenwidrig, verwahrlost, Gefahr für bedeutende Sachwerte u. dgl.

**Normativer Schadensbegriff** → Schadensersatz (2 a).

**Normativer Schuldbegriff** → Schuld.

**Normativsystem** → juristische Person.

**Normengesetz** nennt man gelegentlich ein → Gesetz, das – wie in aller Regel – → Rechtsnormen enthält (im Gegensatz zum „nur formellen" Gesetz, z. B. dem → Haushaltsplan, und zum → Maßnahmegesetz).

**Normenkollision.** Treffen auf denselben Sachverhalt inhaltlich gegensätzliche Rechtsnormen gleichen Ranges zu, so muß der Widerstreit, sofern nicht eine Kollisionsnorm (→ Internationales Privatrecht) eingreift, im Wege richterlicher Rechtsfindung gelöst werden.

**Normenkontrolle.** 1. N. ist die gerichtliche Überprüfung der Gültigkeit von Rechtsvorschriften (→ Gesetzen im materiellen Sinn). Grundsätzlich ist jedes Gericht berechtigt und verpflichtet, die formelle und materielle Gültigkeit einer Rechtsnorm, auf die es in einem Verfahren ankommt, selbst zu überprüfen (→ richterliches Prüfungsrecht), außer wenn die N. einem anderen Gericht, insbes. einem Verfassungsgericht, übertragen ist. Das ist in erheblichem Umfang der Fall: Nach Art. 93 I Nr. 2 GG entscheidet bei Meinungsverschiedenheiten oder Zweifeln über die förmliche oder sachliche Vereinbarkeit von Bundesrecht oder Landesrecht mit dem GG oder über die Vereinbarkeit von Landesrecht mit sonstigem Bundesrecht auf Antrag der Bundesregierung, einer Landesregierung oder eines Drittels der Mitglieder des Bundestags das → Bundesverfassungsgericht (sog. „abstrakte" – d. h. nicht im Zuge eines konkreten anderen Verfahrens notwendige – N.). Hält das BVerfG das Gesetz für verfassungswidrig, so erklärt es dieses für nichtig; die Entscheidung hat Gesetzeskraft (§ 31 BVerfGG; zur Rechtslage, wenn das BVerfG von einer Nichtigerklärung absieht und sich mit der bloßen Feststellung der Unvereinbarkeit einer Norm mit dem GG begnügt, vgl. Heußner NJW 1982, 257). Nach Art. 100 GG kann das BVerfG auch durch ein Gericht um diese Entscheidung angegangen werden, wenn das Gericht nach Ausübung seines richterlichen Prüfungsrechtes die Grundgesetzmäßigkeit eines formellen und nachkonstitutionellen Bundes- oder Landesgesetzes verneint, auf dessen Gültigkeit es in dem bei ihm anhängigen Verfahren ankommt (sog. „konkrete" N.). Ebenso können nach Art. 100 GG entsprechenden Bestimmungen in Verfassungen der Länder) die Verfassungsgerichte der Länder angerufen werden, wenn es sich um die Verletzung einer Landesverfassung durch ein Landesgesetz handelt. Eine *Popularklage*, d. h. die Möglichkeit für jedermann (auch einen Nichtbetroffenen), die Überprüfung der Verfassungsmäßigkeit eines Gesetzes durch das Verfassungsgericht zu beantragen, ist nach dem GG und dem BVerfGG nicht gegeben, vereinzelt aber nach den Landesverfassungen (z. B. Art. 98 IV der Bayer. Verfassung). Nach Art. 93 I Nr. 4 a GG, § 90 BVerfGG kann jedermann gegen ein Gesetz, das ihn – was allerdings nur selten der Fall ist – unmittelbar (d. h. ohne dazwischenliegenden Vollzugsakt) in seinen Grundrechten verletzt, → Verfassungsbeschwerde erheben; auch dann hat das BVerfG ggf. das Gesetz für nichtig zu erklären.

2. Neben der Überprüfung der Gültigkeit von Gesetzen in den genannten N.verfahren obliegt dem BVerfG noch die Entscheidung über die Fortgeltung von Recht als Bundesrecht nach Art. 126 GG (vgl. → Reichsrecht, Fortgeltung) sowie die Entscheidung darüber, ob eine Regel des → Völkerrechts Bestandteil des Bundesrechts ist und unmittelbare Rechte und Pflichten erzeugt (Art. 100 II GG).

3. Nach § 47 VwGO entscheidet das → Oberverwaltungsgericht (Verwaltungsgerichtshof) im Rahmen seiner Gerichtsbarkeit auf Antrag über die Gültigkeit von Satzungen, die nach den Vorschriften des → Baugesetzbuches erlassen wurden (also insbes. auch über → Bebauungspläne), sowie über Rechtsverordnungen, die auf Grund § 246 II Baugesetzbuch erlassen wurden. Ferner entscheidet das OVG allgemein über die Gültigkeit von anderen im Range unter dem Landesgesetz stehenden Rechtsvorschriften (also → Rechtsverordnungen und → Satzungen), sofern das Landesrecht dies bestimmt (so z. B. in Bayern nach Art. 5 AGVwGO; → Verwaltungsstreitverfahren). Bei ausschließlicher Nachprüfungskompetenz eines Verfassungsgerichts entfällt die Normenkontrolle nach § 47 VwGO.

**Normierter Vertrag** → Vertrag (2).

**Normung (technische Normung).** Anders als die Rechtssetzung (Normsetzung, → Norm) ist die technische N. grundsätzlich Privatsache. Technische Normen bestehen für fast alle Lebensbereiche und mit den unterschiedlichsten Regelungsgehalten (z. B. Sicherheitsnormen, Qualitätsnormen, Normen für technische Verfahren, Formular- und Vertragsgestaltungsnormen). In Deutschland wird die N. u. a. von der DIN-Organisation und vom VDE betrieben. Die Empfehlung einer einheitlichen Normanwendung ist eine → Kartellempfehlung, Vereinbarungen diesen Inhalts sind ein → Kartell. Beide sind anmeldepflichtig (Normenempfehlung bzw. -Kartell). Wegen der Bezugnahme auf technische Normen in Gesetzen und Richtlinien (als „Regeln der Technik" u. a.) s. bei → Verweisung. Die europäische Normung wird von den Normorganisationen CEN, CENELEC und ETSI betrieben (vgl. Bek. der Kommission, ABl. 1991 C 1 und 32). Wegen des europäischen Sicherheitszeichens „CE" s. bei → MaschinenVO.

**Normzwecktheorie** → Schadensersatz (1 a).

**Notanwalt.** In Prozessen mit → Anwaltszwang ordnet das Gericht einer Partei auf Antrag einen → Rechtsanwalt bei, wenn sie keinen zu ihrer Vertretung bereiten Rechtsanwalt findet (§§ 78 b,c ZPO; anders die Beiordnung eines Rechtsanwalts im Rahmen der → Prozeßkostenhilfe).

**Notar.** Als Rechtspflegeorgan ist der N. unabhängiger Träger eines öffentlichen Amtes. Seine Aufgaben liegen (im Bereich der → freiwilligen Gerichtsbarkeit) auf dem Gebiet der vorsorgenden → Rechtspflege (§ 1 der Bundesnotarordnung – BNotO – vom 24. 2. 1961, BGBl. I 98 m. Änd.). Er ist vor allem zuständig für Beurkundungen (→ Formerfordernisse 1 c). Die N. werden von der → Landesjustizverwaltung bestellt, und zwar nur so viele, wie es eine geordnete Rechtspflege erfordert (§§ 4, 12 BNotO). Die Befähigung zum Richteramt (§ 5 DRiG) ist Voraussetzung (§ 5 BNotO). Zum hauptberuflichen Notar auf Lebenszeit soll nur bestellt werden, wer eine dreijährige Anwärterzeit als *Notarassessor* abgeleistet hat (§ 7 BNotO). Nebenberuflich kann das Notaramt nur unter bestimmten Voraussetzungen in den Gerichtsbezirken ausgeübt werden, in denen das → Anwaltsnotariat besteht (§§ 3 II, 6 II BNotO, vorwiegend in den ehemals preußischen Gebieten). Ausnahmen bestehen für die → Bezirksnotare in Baden-Württemberg. Amtsbereich, innerhalb dessen der N. nur tätig werden soll, ist regelmäßig der Bezirk des zuständigen Amtsgerichts (§ 10 a BNotO). In der Amtsausübung ist der N. unparteiischer Betreuer der Beteiligten (§ 14 BNotO). Bei den Rechtsgeschäften, die er beurkundet, hat der N. Prüfungs- und Belehrungspflichten gegenüber den Beteiligten hins. der Rechtslage usw. (§§ 17–21 BeurkG). Den N. trifft die Pflicht zu Verschwiegenheit (§ 18 BNotO) und zu achtungswürdigem Verhalten (§ 14 II BNotO). Der N. hat sich der Amtstätigkeit zu enthalten, wenn bestimmte Fälle der Interessenkollision vorliegen (§ 3 BeurkG, § 16 I BNotO), ferner bei Unvereinbarkeit mit seinen Amtspflichten (§ 4 BeurkG). Bei schuldhafter Amtspflichtverletzung haftet der N. auf → Schadensersatz (ähnlich der → Staatshaftung); er ist verpflichtet, hierwegen eine Berufshaftpflichtversicherung abzuschließen (§§ 19, 19a BNotO; → Pflichtversicherung). Der N. unterliegt der → Dienstaufsicht des Landgerichtspräsidenten, Oberlandesgerichtspräsidenten und der Landesjustizverwaltung (§ 92 BNotO). Zum Disziplinarverfahren vgl. §§ 95 ff. BNotO; als Disziplinargerichte bestehen beim OLG und beim BGH ein Notarsenat, dem neben Berufsrichtern auch N. angehören. Für seine Tätigkeit erhält er Gebühren und Auslagen nach §§ 140 ff. der Kostenordnung i. d. F. vom 26. 7. 1957 (BGBl. I 960) m. spät. Änd. (→ Gerichtskosten). Ähnlich wie bei den → Rechtsanwälten sind in den OLG-Bezirken Notarkammern gebildet, außerdem die Bundesnotarkammer.

Im Gebiet ehem. DDR gilt die VO über die Tätigkeit von N. in eigener Praxis vom 20. 6. 1990 (GBl. DDR I 475) m. Änd. (insbes. durch den → Einigungsvertrag) fort.

**Notariatsverweser** ist der Verwalter eines Notariats, der von der → Landesjustizverwaltung bestellt wird, wenn das Amt eines Notars (z. B. durch Tod, Amtsenthebung) erloschen, sein Amtssitz verlegt ist, der Notar sein Amt nicht persönlich ausübt oder vorläufig seines Amtes enthoben ist (§ 56 BNotO). Der N. (i. d. R. ein Notarassessor) nimmt das Amt des Notars vorübergehend wahr. Anders der → Notarvertreter.

**Notarielle Beurkundung** → Formerfordernisse (1 c).

**Notarielle Urkunde** → Urkunde, → Formerfordernisse (1 c).

**Notarielles Testament** → Testament (2 b).

**Notarkosten** → Kostenberechnung.

**Notarvertreter.** Ist ein → Notar abwesend oder verhindert, so bestellt die Aufsichtsbehörde auf seinen Antrag einen N.; für alle voraussichtlich während eines Jahres eintretenden Behinderungsfälle kann ein *ständiger* N. bestellt werden. N. kann nur sein, wer die Voraussetzungen für das Amt des Notars erfüllt (§§ 39, 5, 6 BNotO). Zu ständigen Vertretern sollen nur Notare (auch solche außer Dienst) und Notarassessoren bestellt werden; bei → Anwaltsnotaren können auch Rechtsanwälte ständige N. sein (§ 39 III BNotO). Den N. treffen dieselben Pflichten wie einen Notar. Anders beim → Notariatsverweser.

**Notbedarf** → Schenkung.

**Note.** 1. Im diplomatischen Verkehr ist die N. die gewöhnliche Form der schriftlichen Mitteilung. Sie unterscheidet sich von Briefen und → Memoranden durch gewisse stilistische Besonderheiten, nicht aber durch den Inhalt. N. an fremde Regierungen sprechen regelmäßig von Absender und Empfänger in der dritten Person und beginnen meist mit herkömmlichen Formeln, in denen Rang und Auftrag des Absenders näher bezeichnet werden. Noten sind im Regelfall unterzeichnet (notes signées); fehlt es an der Unterzeichnung, spricht man von Verbalnoten. Die note signée ist die feierliche Form der N.; manchmal wird sogar ein Vertragsabschluß in Form eines Notenwechsels vollzogen.

2. Im → Schulverhältnis sind N. die Bewertungen von Schülerleistungen. Eine einzelne Note kann nur dann selbständig vor den Verwaltungsgerichten angegriffen werden, wenn der Kläger gerade durch diese Note in seinen Rechten verletzt wird (z. B. wenn von dieser Note der Notendurchschnitt und damit die Studienzulassung abhängt). In allen anderen Fällen sind Noten nur unselbständige Entscheidungen; förmliche Rechtsbehelfe müssen sich dann gegen die abschließende Entscheidung (z. B. Nichtversetzung) richten. Zum Prüfungsmaßstab bei der gerichtlichen Überprüfung → Prüfungsentscheidungen.

**Notenbank** ist die Bezeichnung für eine → Bank, der das Recht der Ausgabe von → Banknoten zusteht. In der BRep. ist dies nur die → Bundesbank (→ Notenprivileg).

**Notenprivileg** ist die ausschließliche Befugnis, → Banknoten auszugeben. Das N. steht in der BRep. und West-berlin noch der Deutschen → Bundesbank zu. Eine Begrenzung des Notenumlaufs sieht das BBankG nicht vor. Die Bundesbank entscheidet hierüber somit in eigener Verantwortung. Die unbefugte Ausgabe von Geldzeichen (Marken, Münzen, Scheine usw.) ist nach § 35 BBankG strafbar.

**Noterbrecht** → Pflichtteil.

**Notfrist** ist eine → Frist, die im Gesetz ausdrücklich als solche bezeichnet wird (§ 224 I 2 ZPO). N. sind insbes. im → Zivilprozeß vorgesehen. Ihre Bedeutung liegt darin, daß sie durch Parteivereinbarung nicht abgeändert werden können (§ 224 I ZPO) und auch beim Ruhen des Verfahrens laufen (§ 251 I 2 ZPO). Gegen ihre Versäumung ist die → Wiedereinsetzung in den vorigen Stand vorgesehen. Durch eine mangelhafte → Zustellung wird eine N. keinesfalls in Lauf gesetzt (§ 187 S. 2 ZPO). N. sind z. B. die Fristen zur Einlegung der → Berufung und der → Revision.

**Notfristzeugnis** ist die vom → Urkundsbeamten der Geschäftsstelle auf Antrag zu erteilende Bescheinigung, daß bis zum Ablauf der → Notfrist gegen eine bestimmte Entscheidung eine Rechtsmittelschrift nicht eingereicht ist.

**Nothilfe** → Notwehr (I 1 a).

**Nothilfepflicht** → Hilfeleistung, unterlassene.

**Notifikation** nennt man die amtliche Mitteilung einer völkerrechtlich erheblichen Tatsache, z. B. des Abbruchs der diplomatischen Beziehungen.

**Nötigung.** Wer einen anderen *rechtswidrig* mit *Gewalt* oder durch *Drohung mit einem empfindlichen Übel* zu einer Handlung, Duldung oder Unterlassung nötigt, wird mit Freiheitsstrafe bis zu 3 Jahren oder Geldstrafe, in besonders schweren Fällen mit Freiheitsstrafe von 6 Mon. bis zu 5 Jahren bestraft (§ 240 StGB). Ein bes. schwerer Fall liegt i. d. R. vor, wenn der Täter einen anderen zu einer sexuellen Handlung oder eine Frau zum → Schwangerschaftsabbruch nötigt oder seine Befugnisse oder seine Stellung als Amtsträger mißbraucht. Der Versuch ist strafbar.

*Rechtswidrig* ist die Tat, wenn die Androhung der Gewalt oder des Übels zu dem angestrebten Zweck als *verwerflich* anzusehen ist, d. h. wenn das angewendete Mittel nicht in einem angemessenen Verhältnis zum Zweck steht. Verwerflich kann daher auch ein an sich berechtigtes Zahlungsverlangen sein, wenn es mit sittlich zu mißbilligenden (nicht sozialadäquaten) Mitteln geltend gemacht wird, so z. B. unter Androhen von Veröffentlichungen über die Vergangenheit des Schuldners oder andere mit dem Anspruch nicht zusammenhängende Vorfälle; im Straßenverkehr das gefährliche Zufahren auf einen anderen oder sonstige erhebliche Gefährdung, um ein an sich bestehendes Vorfahrtrecht o. dgl. zu erzwingen.

Bei einer *Sitzdemonstration (Sitzblokkade),* die zur Nichtbenutzbarkeit einer öffentl. Straße durch andere Verkehrsteilnehmer führt, hatte die Rspr. in dem dadurch körperlich vermittelten Zwang zur Überwindung dieses Widerstands Gewalt erblickt und darauf abgestellt, ob ihre Anwendung nach den jeweiligen Umständen als verwerflich zu bezeichnen ist (BVerfG NJW 1987, 43; BGHSt. 34, 71). Fernziele von Straßenblockierern konnten nur bei der → Strafzumessung berücksichtigt werden (BGHSt. 35, 270). Diese Rspr. ist hinfällig. Das BVerfG hat seine Ansicht geändert und am 10. 1. 1995 im Falle der Blockade eines einzelnen Kfz. entschieden (NJW 1995, 1141), daß die Annahme von Gewalt i. S. des § 240 StGBverfassungswidrig ist (Art. 103 II GG). Der Gewaltbegriff sei so ausgeweitet worden, daß nicht mehr vorhersehbar sei, welches Verhalten noch als N. verboten ist (a. A. Sondervotum von 3 der 8 Richter des BVerfG NJW 1995, 1143). Ob nun bloße Sitzblockaden ohne Hinzutreten weiterer Umstände nur wegen Verstoßes gegen das → Versammlungsgesetz oder gegen → Verkehrsregeln verfolgt werden können, (zum Ganzen s. Krey JR 1995, 265), ist aber noch nicht abschließend geklärt; der BGH (NJW 1995, 2643) bejaht nämlich eine N. der dem ersten Kfz. nachfolgenden Kfz.

Der *Vorsatz* des Täters muß die Umstände erfassen, die das Übel empfindlich und sein Verhalten verwerflich erscheinen lassen, nicht aber das Bewußtsein der Rechtswidrigkeit (insoweit kann → Verbotsirrtum vorliegen). Wegen des Unterschieds zwischen N. und → Erpressung s. dort, ebenso wegen des Absehens von Strafverfolgung gegen den durch Androhung des Offenbarens einer Straftat Genötigten. Über Sonderfälle von N. → Parlamentsnötigung, → militärische Straftaten (N. eines Vorgesetzten), → Sexualstraftaten (→ sexuelle N.), → Menschenraub (Geiselnahme).

**Notleidender Wechsel** → Wechselregreß.

**Notorische Tatsache** ist eine offenkundige T.; sie kann allgemein bekannt oder gerichtsbekannt (dem Gericht kraft Amtes bekannt, *gerichtsnotorisch)* sein. Eine n. T. bedarf keines Beweises (§ 291 ZPO).

**Notparlament** → Gemeinsamer Ausschuß.

**Notruf** → Mißbrauch von N.

**Notstaatsanwalt** → Ermittlungsrichter.

**Notstand.** 1. Der *strafrechtliche N.* kann Rechtfertigungs- oder Schuldausschließungsgrund sein.

a) Er schließt die → Rechtswidrigkeit einer Straftat aus, wenn die Tat zur Rettung *des Täters oder eines anderen* aus einer sonst nicht zu beseitigenden Gefahr begangen wird und das geschützte Interesse das beeinträchtigte *wesentlich überwiegt* (bei Gleichwertigkeit kann ein Schuldausschließungsgrund vorliegen, s. u. b). Im übrigen kommt es auf die Art der widerstreitenden Rechtsgüter nicht an. Immer aber muß die Tat ein *angemessenes Mittel* zur Gefahrabwehr sein (§ 34 StGB, § 16 OWiG), so z. B. Hausfriedensbruch oder Sachbeschädigung zur Befreiung eines Eingesperrten, Überschreiten der Geschwindigkeitsgrenze zur Rettung eines Verunglückten. Der Täter muß mit *Gefahrabwendungswillen* handeln.

b) *Entschuldigender N.* – bei Begehung einer nach a) nicht gerechtfertigten, also rechtswidrigen Tat – setzt eine gegenwärtige, anders nicht abwendbare Gefahr für Leben, Leib oder Freiheit *des Täters, eines Angehörigen oder einer ihm nahestehenden Person* voraus; auch darf dem Täter nicht zuzumuten sein, die Gefahr hinzunehmen, etwa weil er sie selbst verursacht hat (z. B. Ausbruch eines Feuers) oder weil er dazu durch ein besonderes Rechtsverhältnis (Soldat, Polizist, Feuerwehrmann) verpflichtet ist. Im ersten Fall kann Strafmilderung eintreten. Das gleiche gilt, wenn der Täter in *Putativ-N.* handelte, weil er irrtümlich Umstände annahm, die ihn entschuldigen würden (z. B. eine Bedrohung lag objektiv nicht vor), und wenn der Irrtum vermeidbar war; war er unvermeidbar, bleibt er straflos (§ 35 StGB).

c) Zum Befehls-N. des Soldaten vgl. § 5 WStG, § 11 II SoldatenG.

2. Der *zivilrechtliche N.* (§§ 228, 904 BGB) ist an weniger enge Voraussetzungen gebunden. Wer eine fremde → Sache beschädigt oder zerstört, um eine durch sie drohende Gefahr von sich oder einem anderen abzuwenden (z. B. Tötung eines angreifenden Hundes), handelt nicht rechtswidrig (Rechtfertigungsgrund), wenn die Beschädigung oder Zerstörung zur Abwendung der Gefahr erforderlich ist und der Schaden nicht außer Verhältnis zu der Gefahr steht – sog. *defensiver N.* –. Hat der Handelnde die Gefahr verschuldet (z. B. den Hund gereizt), so ist er zum → Schadensersatz verpflichtet (§ 228 S. 2 BGB).

Darüber hinaus ist der Eigentümer einer Sache nicht berechtigt, die Einwirkung eines anderen auf seine Sache zu verbieten, wenn dies zur Abwendung einer gegenwärtigen Gefahr notwendig und der drohende Schaden gegenüber dem dem Eigentümer entstehenden Schaden unverhältnismäßig groß ist – sog. *aggressiver N.* – (z. B. Benutzung eines fremden Kraftfahrzeugs, um einen Schwerverletzten ins Krankenhaus zu bringen). In diesem Fall ist – ohne Rücksicht auf ein Verschulden – dem Eigentümer, obwohl der Eingriff nicht rechtswidrig ist, in vollem Umfang Schadensersatz zu leisten (§ 904 BGB).

3. *Polizeilicher Notstand* liegt vor, wenn eine gegenwärtige polizeiliche Gefahr weder durch Heranziehung des → Störers noch durch die eigenen, der Polizei zur Verfügung stehenden Mittel beseitigt werden kann. Die Polizei ist in solchen Fällen befugt, auch Nichtstörer in Anspruch zu nehmen (vgl. z. B. Art. 10 bayer. PAG i. d. F. vom 14. 9. 1990, GVBl. 397). Dem betroffenen

Nichtstörer ist Entschädigung zu leisten, wenn er durch die Inanspruchnahme Schaden erleidet und nicht von einem anderen Ersatz erlangen kann. Der Begriff des p. N. wird auch für den Fall verwendet, daß die an sich örtlich zuständigen Polizeikräfte nicht in der Lage sind, die ihnen gesetzlich obliegenden Aufgaben zu erfüllen. In diesen Fällen sieht das Polizeiorganisationsrecht die Anforderung und den Einsatz anderer polizeilicher Dienstkräfte vor. S. a. → Notstand, innerer; → Naturkatastrophen.

**Notstand, innerer** ist ein in der Diskussion um die → Notstandsverfassung häufig verwendeter, nicht gesetzestechnischer Begriff, der im Gegensatz zum → Verteidigungsfall („äußerer Notstand") und zum „zivilen Notstand" (→ Naturkatastrophen) die in Art. 91 und 87a IV GG genannte „drohende Gefahr für den Bestand oder die → freiheitliche demokratische Grundordnung des → Bundes oder eines Landes" (→ Länder) kennzeichnet. Zur Abwehr einer solchen Gefahr kann ein Land Polizeikräfte anderer Länder sowie Kräfte und Einrichtungen anderer Verwaltungen und des → Bundesgrenzschutzes anfordern. Ist das bedrohte Land nicht selbst zur Bekämpfung der Gefahr bereit oder in der Lage, so kann die BReg. die Polizeikräfte dieses Landes und anderer Länder ihren Weisungen unterstellen sowie Einheiten des Bundesgrenzschutzes einsetzen. Die Anordnung ist nach Beseitigung der Gefahr, im übrigen jederzeit auf Verlangen des Bundesrates aufzuheben. Die BReg. kann → Streitkräfte zur Unterstützung der Polizei und des Bundesgrenzschutzes, wenn diese Kräfte zur Gefahrenabwehr nicht ausreichen, beim Schutze von zivilen Objekten und bei der Bekämpfung organisierter und militärisch bewaffneter Aufständischer einsetzen; der Einsatz ist einzustellen, wenn der Bundestag oder der Bundesrat es verlangt. Maßnahmen nach Art. 87a IV und Art. 91 GG dürfen sich nicht gegen Arbeitskämpfe richten, die zur Wahrung und Förderung der Arbeits- und Wirtschaftsbedingungen von kollektiven Vereinigungen geführt werden (Art. 9 III 3 GG). I. w. S. kann als „i. N." auch der Fall des Art. 35 II 1 GG bezeichnet werden; hiernach kann zur Aufrechterhaltung oder Wiederherstellung der öff. Sicherheit und Ordnung ein Land in Fällen von bes. Bedeutung Kräfte und Einrichtungen des → Bundesgrenzschutzes zur Unterstützung seiner Polizei anfordern, wenn die Polizei ohne diese Unterstützung eine Aufgabe nicht oder nur unter erhebl. Schwierigkeiten erfüllen könnte.

**Notstand, ziviler** → Naturkatastrophen.

**Notstandsgesetzgebung** (zu unterscheiden vom → Gesetzgebungsnotstand) nennt man zusammenfassend die neben der → Notstandsverfassung erlassenen (oder noch zu erlassenden) „einfachen", d. h. nicht verfassungsändernden Gesetze, die der Bewältigung von Notstandsfällen dienen sollen. Durch die N. sollen in erster Linie die für die *zivile Verteidigung* erforderlichen Rechtsgrundlagen geschaffen werden (äußerer Notstand). Hiervon wurden früher bereits verabschiedet: drei Zivilschutzgesetze (Schutzbau, → Selbstschutz, → Zivilschutzkorps) sowie die der Sicherstellung der Versorgung dienenden → Sicherstellungsgesetze (Wirtschafts-, Ernährungs-, Verkehrs-, Wassersicherstellungsgesetz), die z. T. auch bei zivilen Versorgungskrisen anwendbar sind. Als weitere Notstandsgesetze wurden Regelungen für die Einschränkung des Art. 10 GG – vgl. Brief-, Post- und Fernmeldegeheimnis (3) –, ein Ges. über die Erweiterung des Katastrophenschutzes und ein ArbeitssicherstellungsG verabschiedet, wonach für Verteidigungszwecke das Recht zur Beendigung von Arbeitsverhältnissen beschränkt und für Wehrpflichtige die Verpflichtung in neue Arbeitsverhältnisse begründet werden kann.

**Notstandsverfassung** ist die Gesamtbezeichnung für die durch Ges. vom 24. 6. 1968 (BGBl. I 709) eingeführten Ergänzungen und Änderungen des GG für den → Verteidigungsfall und den → Spannungsfall sowie zur Abwehr drohender Gefahren für den Bestand oder die freiheitliche demokratische Grundordnung des Bundes oder eines Landes (sog. „innerer → Notstand") und zur Bekämpfung von → Naturkatastrophen und besonders schweren Unglücksfällen. Die N. regelt die Voraussetzungen der genannten Fälle und die Form ihrer Feststellung (vgl. Art. 115 a, 80 a GG), den Übergang staatlicher Funktionen auf andere Organe (insbes. der Befugnis zur → Gesetzgebung auf den → Gemeinsamen Ausschuß – Art. 115 e GG – und der → Befehls- und Kommandogewalt auf den → Bundeskanzler, Art. 115 b GG), Verschiebungen der → Gesetzgebungskompetenz und der Verwaltungszuständigkeiten zwischen Bund und Ländern (vgl. Art. 115 c, 115 f, 115 i GG), Änderungen des Gesetzgebungsverfahrens (vgl. Art. 115 d GG), die Verlängerung von Wahlperioden (Art. 115 h GG), den Rang von Rechtsvorschriften (Art. 115 k GG) und die Aufhebung von Gesetzen des Gemeinsamen Ausschusses (Art. 115 l GG). Weiter wurde durch die N. die Einschränkung von Grundrechten teilweise neu geregelt (vgl. Brief-, Post- und Fernmeldegeheimnis – i. e. dort unter 3 –; → Freizügigkeit; → Dienstpflichten, Art. 12 a GG). Ferner hat die N. ein allgemeines → Widerstandsrecht (Art. 20 IV GG) eingeführt. Die N. und sie ergänzende einfache Gesetze haben zur Ablösung der Sicherheitsvorbehalte der Drei Mächte im → Deutschlandvertrag geführt. Von den durch die N. geregelten Fällen ist der sog. → Gesetzgebungsnotstand zu unterscheiden.

**Nottestament** → Testament (3).

**Notveräußerung** beschlagnahmter Gegenstände ist unter bestimmten Voraussetzungen (drohender Verderb usw.) im Straf(Steuerstraf)verfahren nach § 111 l StPO, § 399 II AO zulässig.

**Notverkauf** → Selbsthilfeverkauf.

**Notverordnungen** waren → Rechts-VOen, die zur Bewältigung einer Notstandssituation von bestimmten Erfordernissen, insbes. der spezialgesetzlichen Ermächtigung und dem Vorrang des formellen Gesetzes, befreit waren (gesetzesvertretende Verordnungen). N. konnten also u. U. auch formelle → Gesetze oder sogar Bestimmungen der → Verfassung ändern oder außer Kraft setzen (z. B. Suspendierung von → Grundrechten). Das GG enthält im Gegensatz zu Art. 48 WV hierüber keine Bestimmungen. Auch die → Notstandsverfassung soll kein N.srecht der BReg. begründen, sondern für den Fall der Verhinderung von BT und BR eine vereinfachte Gesetzgebung durch deren → Gemeinsamen Ausschuß.

**Notvorstand** → Verein (1).

**Notweg.** Fehlt einem Grundstück die zur ordnungsmäßigen Benutzung notwendige Verbindung mit einem öffentlichen Weg und ist ein entsprechendes Geh- und Fahrtrecht über ein fremdes Grundstück auch nicht durch eine → Dienstbarkeit gesichert, so kann der Grundstückseigentümer, sofern er nicht selbst durch eine willkürliche Handlung die Verbindung unterbrochen hat, von seinen Nachbarn verlangen, daß diese bis zur Herstellung eines Anschlusses die Benutzung ihrer Grundstücke zum Gehen, Fahren, Verlegen einer Abwasserleitung, u. dgl. dulden. Die Nachbarn, über deren Grundstück der N. verläuft, sind durch eine der → Überbaurente entsprechende Notwegrente zu entschädigen (§§ 917 f. BGB). → Nachbarrecht.

**Notwehr** ist ein Rechtfertigungsgrund, d. h. sie beseitigt die → Rechtswidrigkeit. N. ist diejenige Verteidigung, die erforderlich ist, um einen gegenwärtigen, rechtswidrigen Angriff von sich oder einem anderen abzuwenden (§ 227 BGB, § 32 StGB).

I. 1. Somit sind gesetzliche Voraussetzungen der N.: a) Es muß ein *Angriff* vorliegen, gleichgültig, gegen welches Rechtsgut er sich richtet (nicht nur Leib oder Leben) und ob der Angegriffene ein Dritter ist (sog. *Nothilfe*). b) Der Angriff muß *gegenwärtig,* also noch nicht beendet sein (Rachehandlung ist keine Notwehr!); doch genügt, daß er unmittelbar bevorsteht. c) *Rechtswidrigkeit des Angriffs,* auch wenn der Angreifer schuldlos handelt (infolge Irrtums oder sinnloser Trunkenheit). Daß der Angegriffene den Angriff verschuldet hat, beseitigt dessen Rechtswidrigkeit nicht (s. aber unten d). d) Die Verteidigungshandlung muß *erforderlich,* d. h. nach Art und Maß notwendig sein, um dem Angriff zu begegnen (sonst N.exzeß, s. u. 2). Die Stärke des Angriffs ist maßgebend. Dagegen findet eine Güterabwägung zwischen dem Wert des angegriffenen und des durch die N.handlung bedrohten Rechtsgutes nicht statt. Doch darf das N.recht nicht mißbraucht werden. Daher ist die Gefährdung von Menschenleben zur Erhaltung eines minderwertigen Vermögensgutes unzulässig; z. B. dürfen automatische Anlagen zum Schutz gegen Obstdiebstähle keine schweren Verletzungen verursachen. Grundsätzlich ist das zur Abwehr jeweils ausreichende mildere Mittel zu wählen, wobei die Körperkräfte der Beteiligten wesentlich sein können. Unter Ehegatten muß der nicht lebensbedrohend Angegriffene sich in der Abwehr eher zurückhalten. Flucht ist dem Angegriffenen im allgemeinen nicht zuzumuten, wohl aber bei Angriff eines Schuldlosen (z. B. Geisteskranken) oder selbstverschuldeter N.lage. e) Der Angegriffene muß mit Verteidigungswillen handeln.

Hat der Angegriffene die N.lage bewußt provoziert, um selbst angreifen zu können (*Absichtsprovokation*), so versagt der Schutz der N.bestimmungen. Der vom BGH (NStZ 1983, 452) abgelehnte Gedanke der Haftung für die Provokation als actio illicita in cansa (= unerlaubte ursächliche Handlung) braucht dazu nicht herangezogen zu werden.

2. *N.exzeß* ist straflos, wenn der Angegriffene aus Verwirrung, Furcht oder Schrecken das zulässige Abwehrmaß überschreitet (§ 33 StGB, sog. intensiver Notwehrexzeß); doch steht ihm nur ein *Schuld* ausschließungsgrund zur Seite, er handelt also rechtswidrig, so daß gegen sein Handeln wiederum N. zulässig ist.

3. In *Putativ-N.* (sog. extensiver Notwehrexzeß) handelt, wer die Voraussetzungen der N. irrtümlich für gegeben hält. Glaubt er, angegriffen zu sein (z. B. weil sein Gegner im Streit die Hand hebt), oder überschätzt er die Stärke des Angriffs, so gelten die allgemeinen Grundsätze über den Tatbestandsirrtum, § 16 StGB (→ Irrtum); irrt er über die rechtliche Zulässigkeit der Abwehr, so liegt → Verbotsirrtum vor (§ 17 StGB).

II. Der strafrechtliche Begriff der N. ist auch für das *bürgerliche Recht* maßgebend. Die N. gegenüber einem gegenwärtigen, rechtswidrigen, von einem Menschen ausgehenden (sonst → Notstand) Angriff, die erforderlich und geboten ist (Verhältnismäßigkeit), um diesem Angriff zu begegnen, ist nicht rechtswidrig; sie stellt – wegen der Erforderlichkeit sofortiger Abwehr – eine erlaubte Form des *Selbstschutzes* dar (§ 227 BGB; → Rechtsschutz). Die im Strafrecht entwickelten Begriffe des Überschreitens der erforderlichen Notwehr (Notwehrexzeß) oder des fälschlichen Annehmens einer Notwehrlage (Putativnotwehr) gelten gleichfalls entsprechend; in beiden Fällen ist die „Abwehr“handlung rechtswidrig, führt allerdings nur dann zu einer Verpflichtung zum → Schadensersatz, wenn den Handelnden ein → Verschulden, also mindestens eine leichte Fahrlässigkeit, trifft (anders bei der → Selbsthilfe).

**Notwendige Auslagen** → Kostenerstattungsanspruch, → Kostenpflicht.

**Notwendige Streitgenossenschaft** → Streitgenossenschaft.

**Notwendige Teilnahme** → Teilnahme an einer Straftat.

**Notwendige Verteidigung** → Verteidiger, → Pflichtverteidiger.

**Notwendiges Betriebs-/Privatvermögen** → Betriebsvermögen 1.

**Notzeichen** → Mißbrauch von Notrufen.

**Notzucht** ist die überholte Bezeichnung für → Vergewaltigung.

**Novation** → Vertrag (5).

**Novelle** (Gesetzesnovelle) ist die Änderung oder Ergänzung einer bestehenden gesetzlichen Regelung ohne völlige Neugestaltung der Rechtsmaterie. Sie bedarf der gleichen Form wie die bestehende Norm. Grund für eine Novellierung kann z. B. das Auftreten einer Gesetzeslücke (vgl. → Auslegung von Gesetzen) oder die Anpassung der gesetzlichen Regelung an veränderte Umstände sein. Umfassende Novellierungen eines Rechtsgebietes, die häufig zur Aufhebung der alten und zum Erlaß einer neuen gesetzlichen Regelung führen, werden *Reformen* genannt.

**Novenrecht** → Verteidigungsmittel, → Berufung.

**NSDAP** → Nationalsozialismus, → nationalsozialistische Kennzeichen.

**NTB – nichttarifäre Beschränkungen** nennt man Handelsbeschränkungen, die unter Umgehung der durch → GATT u. a. internationale Handelsverträge geregelten Handelserleichterungen beschränkend auf den internationalen Handel einwirken sollen. Mittel sind bewußt langsame administrative Abfertigung, gesteigerte administrative Kontrollen – z. B. mit angeblich oder wirklicher sicherheitstechnischer, gesundheitspolitischer, markenrechtlicher, patentrechtlicher Tendenz –, Einführung technischer Standards, die international schwer einzuhalten sind. u.ä. Im Recht der → Europäischen Gemeinschaft deckt sich der Begriff mit dem Verbot mengenmäßiger und ähnlicher Beschränkungen gemäß Art. 30 EGV. Der EuGH verwendet zur Abgrenzung die sog. → Dassonville-Formel. Wegen zulässiger Beschränkungen vgl. → Cassis-Formel und → Keck, Keck & Mithouard.

**nulla poena sine culpa** (keine Strafe ohne Schuld) → Schuldgrundsatz im Strafrecht.

**Nullregelung** → Umsatzsteuer 12.

**nullum crimen (nulla poena) sine lege.** Nach § 1 StGB kann eine *Tat* nur mit Strafe geahndet werden, wenn ihre *Strafbarkeit* vor der Begehung gesetzlich bestimmt war *(nullum crimen sine lege);* nach § 2 I StGB kann aber auch bei Festsetzung der *Strafe* nur ein zur Tatzeit geltendes Gesetz angewendet werden *(nulla poena sine lege).* Diese Grundsätze gelten nach §§ 3, 4 OWiG auch für → Ordnungswidrigkeiten. Der erstgenannte Rechtssatz ist bereits in Art. 103 II GG ausdrücklich ausgesprochen. Unzulässig sind die rückwirkende Anwendung des Strafgesetzes sowie die Rechtsanalogie *zuungunsten* des Beschuldigten (→ Analogie), im Gegensatz zur → Auslegung, die auch zu seinen Ungunsten möglich ist. Als Gesetz ist auch eine gesetzesvertretende, auf Ermächtigung beruhende *Rechtsverordnung* anzusehen, nicht dagegen Gewohnheitsrecht (→ Recht); allgemeine Regeln des *Völkerrechts* sind Bestandteil des Bundesrechts (Art. 25 GG). Tatbestand und Strafdrohung müssen so bestimmt sein, daß die Tatmerkmale und der Strafrahmen keiner willkürlichen Auslegung oder dem freien Ermessen des Richters zugänglich sind; doch sind relativ unbestimmte Strafen nicht unzulässig (weite Strafrahmen). Ob das *Rückwirkungsverbot* eingreift, entscheidet sich nach dem letzten Zeitpunkt der Tat; maßgebend ist der Abschluß der Tathandlung, beim → Dauerdelikt also der letzte Teilakt, nicht der Eintritt des Erfolgs (§ 8 StGB; das Opfer stirbt lange Zeit nach der Tat). Bei *Gesetzesänderungen* zwischen Tatzeit und Aburteilung ist das *mildeste Gesetz* anzuwenden (§ 2 III StGB). Welches das mildere ist, kann zweifelhaft sein. Maßgebend ist, welche Bestimmung *im Einzelfall* die mildeste Verurteilung nach Tatbestand und Strafdrohung zuläßt (→ konkrete Betrachtungsweise). Auch *blankettausfüllende Normen* (→ Blankettgesetz), z. B. die StVO, sind zu berücksichtigen.

Ausnahmen gelten: a) für *Zeitgesetze,* d. h. solche, die ihrem Inhalt nach nur für bestimmte Zeit erlassen sind; sie sind auf die in diese Zeit fallenden Taten auch nach Außerkrafttreten des Gesetzes anzuwenden (§ 2 IV StGB), und b) für die → Maßregeln der Besserung und Sicherung, wenn gesetzlich nichts anderes bestimmt ist (§ 2 VI StGB); die Entscheidung über diese richtet sich nach dem bei Urteilsfällung geltenden Gesetz, weil sie als vorbeugende Maßregeln in die Zukunft gerichtet sind.

**numerus clausus** (= geschlossene Zahl) ist die Beschränkung des Zugangs zu einem Beruf, Gewerbe, Studium oder sonstigen Berufsausbildung durch Festsetzung einer bestimmten Zahl der zuzulassenden Bewerber. Der n. c. verstößt grundsätzlich gegen Art. 12 I 1 GG, wonach alle Deutschen das Recht haben, Beruf, Arbeitsplatz und Ausbildungsstätte frei zu wählen (→ Beruf, Ausbildungsstätte). Der Zugang zu einem Beruf (Berufswahl und Berufsaufnahme) darf deshalb grundsätzlich nur von subjektiven Zulassungsbedingungen abhängig gemacht werden (z. B. Zuverlässigkeit, Vorbildung, Ausbildung u.ä. persönliche Voraussetzungen), nicht dagegen von einer Bedürfnisprüfung. Die Zulassung zu einem Gewerbe nur bis zu einer bestimmten Zahl von Gewerbetreibenden nach den bestehenden Bedürfnissen ist i. d. R. verfassungswidrig (so entschieden z. B. für Mietwagenunternehmer, Apotheken, Gaststätten, Metallhandel, Pfandleihgewerbe). Ebenso darf die Zulassung zu einer *Hochschule* nicht zahlenmäßig beschränkt werden, etwa um einer Überfüllung bestimmter Berufe zu steuern. Nach BVerfGE 33, 303 ff. ergibt sich aus Art. 12 I 1 GG i. Verb. m. dem allgemeinen Gleichheitssatz und dem Sozialstaatsprinzip ein Recht auf Zulassung zum Hochschulstudium, das aber gesetzlich einschränkbar ist. Absolute Zulassungsbeschränkungen für Studienanfänger einer bestimmten Fachrichtung sind nur verfassungsmäßig, wenn sie in den Grenzen des unbedingt Erforderlichen unter erschöpfender Nutzung der vorhandenen Ausbildungskapazitäten angeordnet werden und wenn Auswahl und Verteilung der Bewerber nach sachgerechten Kriterien mit einer Chance für jeden an sich hochschulreifen Bewerber und unter möglichster Berücksichtigung der individuellen Wahl des Ausbildungsortes erfolgen. Neuerdings enthalten die §§ 27 ff. des → Hochschulrahmengesetzes eingehende Bestimmungen über Maßstäbe der Ausbildungskapazität, die Festsetzung von Zulassungszahlen, das Verteilungsverfahren und das allgemeine und besondere Auswahlverfahren (→ Studienplätze – Vergabe –).

**Nuntius** ist der im Range einem → Botschafter entsprechende → Diplomat des → Heiligen Stuhles, der wie in Deutschland, Österreich und einer Reihe anderer Staaten zugleich der → Doyen des → Diplomatischen Korps ist. Ein Diplomat des Heiligen Stuhles im Botschafterrang, der nicht zugleich Doyen ist, wird Pronuntius genannt; dem Gesandten entspricht der Internuntius.

**Nürnberger Gesetze** nennt man die auf dem Reichsparteitag der NSDAP am 15. 9. 1935 in Nürnberg beschlossenen Gesetze. Das „Reichsbürgergesetz" und das „Gesetz zum Schutz des deutschen Blutes und der deutschen Ehre" entzogen Personen, die nicht „deutschen oder artverwandten Blutes" waren, Bürger- und Menschenrechte (z. B. Verbot der Eheschließung mit Deutschen: „Rassenschande").

**Nutznießung** → Nießbrauch, → Pacht.

**Nutzungen** → Früchte.

**Nutzungsberechtigungen.** Im Gebiet der ehem. DDR konnten Grundstücke durch Vertrag zum Zwecke der kleingärtnerischen Nutzung, Erholung und Freizeitgestaltung überlassen werden (§§ 312 ff. DZGB). Diese der → Pacht ähnlichen N. gelten fort (Art. 232 § 4 EGBGB; NutzungsentgeltVO vom 22. 7. 1993, BGBl. I 1339 m. Änd. v. 24. 7. 1997, BGBl. I 1920; für → Kleingärten s. i. e. dort). Aufgrund von N. errichtete Wochenendhäuser und andere Baulichkeiten gelten nicht als → Bestandteile des Grundstücks (Art. 231 § 5 EGBGB); sie sind also – ähnlich einem Scheinbestandteil – als bewegliche Sache zu übertragen (→ Eigentumsübertragung, 2). Grundstückseigentümer und Nutzer haben Anspruch auf Bestellung eines (auf 30 Jahre befristeten) → Erbbaurechts gegen ermäßigtes Entgelt (Art. 2 des SchuldRÄndG vom 21. 9. 1994, BGBl. I 2538). Zur Anpassung von Grundstücksüberlassungsverträgen allgemein → Miete, 7.

Zu unterscheiden von den N. (und auch von den andersartigen → Mitbenutzungsrechten) sind die dinglichen *Nutzungsrechte* nach §§ 287 ff. DZGB. Diese ähneln dem → Erbbaurecht und konnten an volkseigenen und genossenschaftlichen Grundstücken begründet werden. Sie gelten fort und werden auch ohne Eintragung im Grundbuch von dessen öffentlichem Glauben nicht erfaßt (Art. 233 §§ 3, 4 EGBGB). Über das Eigentum an einem aufgrund eines solchen Nutzungsrechts errichteten Gebäude → Gebäudeeigentum. Zur Anpassung der Rechtsverhältnisse an das BGB (samt Nebengesetzen) steht dem Nutzer grdsätzl. ein Wahlrecht zwischen einem Anspruch auf Bestellung eines → Erbbaurechts (gegen Zahlung der Hälfte des üblichen Erbbauzinses) und einem Anspruch auf Ankauf des Grundstückes zum halben Verkehrswert zu; die Ansprüche sind in einem notariellen Vermittlungsverfahren geltend zu machen (Sachenrechtsbereinigungsgesetz vom 21. 9. 1994, BGBl. I 2457).

**Nutzungsentgelt** → Straßenverkehrshaftung, → Nutzungsberechtigungen.

**Nutzungsentschädigung** (nach Beendigung des Mietverhältnisses) → Miete (6).

**Nutzungspfand** (Antichrese). Die Bestellung eines → Pfandrechts an einer Sache berechtigt den Pfandgläubiger i. d. R. nicht dazu, ihre Nutzungen (→ Früchte) zu ziehen. Dies kann aber bei Pfandbestellung vereinbart werden; bei einer von Natur fruchttragenden Sache, z. B. einer Milchkuh, ist auch ohne Vereinbarung im Zweifel ein Nutzungsrecht anzunehmen (§ 1213 BGB). Der nutzungsberechtigte Gläubiger ist verpflichtet, für die Gewinnung der Nutzungen zu sorgen, und muß darüber Rechenschaft ablegen; der Reinertrag ist auf die geschuldete Leistung, die durch das Pfandrecht gesichert wird, anzurechnen, und zwar zunächst auf etwa zu zahlende Kosten und Zinsen (§ 1214 BGB).

**Nutzungsrecht** *(Lizenz)* ist das vom Urheber (→ Urheberrecht) eingeräumte Recht, das Werk auf einzelne oder alle Nutzungsarten zu nutzen (→ Lizenzvertrag). Davon macht der Urheber Gebrauch, wenn er nicht willens oder in der Lage ist, seine → Verwertungsrechte selbst zu nutzen (z. B. durch Verbreitung, Ausstellung, Aufführung). N. können auf zwei Wegen eingeräumt werden: 1. zur *Wahrnehmung*, d. h. wenn der Erwerber (z. B. ein Bühnenvertrieb, die GEMA) das Werk nicht selbst verwertet, sondern mit Zustimmung des Urhebers auf andere weiterüberträgt (sog. Wahrnehmungsvertrag, § 34 UrhG), 2. zur *unmittelbaren Nutzung* durch den Erwerber (z. B. räumt der Autor dem Verleger das Vervielfältigungs- und Verbreitungsrecht ein); hierbei unterscheidet man das einfache N. *(einfache Lizenz)*, wenn der Erwerber das Werk auf die bestimmte ihm erlaubte Art neben dem Urheber oder anderen Nutzungsberechtigten nutzen darf (§ 31 II UrhG), und das ausschließliche N. *(ausschließliche Lizenz)*, wenn der Erwerber das Werk unter Ausschluß von anderen Personen – auch des Urhebers – auf die ihm erlaubte Art nutzen und selbst einfache N. einräumen darf (§ 31 III UrhG). Die Einräumung eines N. kann räumlich, zeitlich oder inhaltlich beschränkt werden (§ 32 UrhG). Die *Weiterübertragung* des N. bedarf der Zustimmung des Urhebers, die grundsätzlich zu erteilen ist. Erweist sich, daß die vom Erwerber des N. dem Urheber gewährte Gegenleistung zu den Erträgnissen in grobem Mißverhältnis steht, so kann der Urheber eine angemessene Beteiligung verlangen (§ 36 UrhG). Ein *Rückrufrecht* steht dem Urheber zu, wenn der ausschließlich Nutzungsberechtigte das Recht nicht oder unzureichend nutzt und dadurch berechtigte Interessen des Urhebers erheblich verletzt, ferner wenn das Werk (z. B. die in einem Schriftwerk vertretenen Anschauungen) nicht mehr der Überzeugung des Urhebers entspricht und ihm deshalb die Verwertung nicht mehr zugemutet werden kann (näher §§ 41, 42 UrhG).

(Dingliche) N. nach dem Recht der ehem. DDR → Nutzungsberechtigungen.

**Nutzungsvergütungen** → außerordentliche Einkünfte.

**Nutzungswert.** Bis zum 31. 12. 1986 war der Nutzungswert der Wohnung im eigenen Haus als fiktive Einnahme bei den Einkünften aus Vermietung und Verpachtung zu versteuern (§ 21 II 1, § 21 a EStG). Ab 1987 bis längstens 1998 ist eine bisherige Besteuerung des Nutzungswertes bei Vorliegen der Voraussetzungen fortzuführen, solange nicht der Steuerpflichtige das Wegfallen der Besteuerung beantragt (§ 52 XXI EStG). An die Stelle der Nutzungswertbesteuerung ist ab 1. 1. 1987 die Wohnbauförderung nach § 10 e EStG getreten (→ Konsumgutlösung, → Sonderausgaben 4., → selbstgenutzte Wohnung, steuerlich) und ab 1.1. 1996 die Gewährung der → Eigenheimzulage.

**Obdachlose.** Die Bekämpfung der Obdachlosigkeit gehört zu den Aufgaben der → Ordnungsbehörden oder der Verwaltungspolizei (→ Polizei), da der O. eine Störung der öffentlichen Sicherheit und Ordnung bedeutet; er ist → Störer i. S. des Polizeirechts. Obdachlosigkeit liegt nur vor, wenn die betreffende Person keinerlei Unterkunft hat, nicht schon dann, wenn diese nur unzureichend ist. Die Zulässigkeit von Maßnahmen bei Obdachlosigkeit bestimmt sich nach Landesrecht. Die Behörde muß zunächst versuchen, den O. in behördeneigenen (oder von ihr angemieteten) Räumen unterzubringen. Nur wenn dies nicht möglich ist (→ Notstand 3), kann sie den O. im Wege einer Einweisungsverfügung zwangsweise in den Räumen Dritter unterbringen. Die Einweisung darf nur so lange dauern, wie die Behörde keine anderweitige Unterkunft verschaffen kann. Während der Einweisungszeit hat der in Anspruch genommene Wohnungseigentümer einen Anspruch auf Entschädigung. Allgemein ist anerkannt, daß der frühere Mieter zur Vermeidung drohender und anders nicht abwendbarer Obdachlosigkeit auch in die zwangsgeräumte Wohnung wieder eingewiesen werden kann.

**Obduktion** → Leichenschau, -öffnung; → Sektion.

**Oberbesitzer** → Besitz.

**Oberbundesanwalt.** Bei dem → Bundesverwaltungsgericht wird ein O. bestellt, der ebenso wie seine hauptamtlichen Mitarbeiter des höheren Dienstes die → Befähigung zum Richteramt oder zum höheren Verwaltungsdienst (§ 110 DRiG) haben muß. Der O. kann sich zur Wahrung des öffentlichen Interesses an jedem Verfahren vor dem BVerwG beteiligen (ausgenommen Disziplinarsachen; s. Bundesdisziplinaranwalt, Wehrdisziplinaranwalt). Er ist an Weisungen der BReg. gebunden. Das BVerwG gibt in allen bei ihm anhängigen Verfahren dem O. Gelegenheit zur Äußerung. Vgl. §§ 35, 37, 63 Nr. 4 VwGO.

**Oberbürgermeister** ist nach den Gemeindeordnungen der Länder i. d. R. die Amtsbezeichnung nur für die → Bürgermeister der → kreisfreien Städte, mitunter auch für Bürgermeister großer kreisangehöriger Städte (so in Bayern und Rheinland-Pfalz). Über Rechtsstellung und Aufgaben des O. vgl. → Gemeindeverfassung.

**Oberhaus** (England) → House of Lords.

**Oberkreisdirektor** hieß in Niedersachsen und Nordrhein-Westfalen der leitende Beamte des → Kreises (Landkreises); s. a. → Oberstadtdirektor.

**Oberlandesgericht** ist das → ordentliche Gericht, das im Gerichtsaufbau über dem → Landgericht und unter dem → Bundesgerichtshof steht. Beim O. sind Senate als Spruchkörper gebildet, in erster Linie Zivil- und Strafsenate (§ 116 GVG). Sie sind mit einem Vorsitzenden Richter und Richtern am O. besetzt und entscheiden grundsätzlich in der Besetzung von 3 Richtern (§ 122 GVG; z. T. auch durch den → Einzelrichter, § 524 ZPO, oder 1 Richter, § 80 a OWiG; in erstinstanzlichen Strafsachen in der Hauptverhandlung und bei Abschlußentscheidungen: 5 Richter). Das O. ist zuständig: in bürgerlichen Rechtsstreitigkeiten für Berufungen und Beschwerden gegen Urteile und Beschlüsse des → Landgerichts (§ 119 GVG) und des → Amtsgerichts in → Kindschafts- und → Familiensachen, für die → weitere Beschwerde gegen Beschlüsse der Amtsgerichte (§ 568 I ZPO, § 28 FGG, § 79 I GBO); in Strafsachen hauptsächlich für die → Revision gegen die Berufungsurteile des Landgerichts, ferner für die → Sprungrevision gegen amtsgerichtliche Urteile sowie für die Beschwerde gegen Beschlüsse des Landgerichts (§ 121 GVG). Im ersten Rechtszug entscheidet in bestimmten politischen Strafsachen das O., das im Bezirk einer LdReg. seinen Sitz hat (§ 120 GVG). In

Berlin heißt das O. → „Kammergericht". In Bayern tritt an Stelle des O. für einen Teil der Zuständigkeit das → Bayerische Oberste Landesgericht.

**Oberschrift** → Formerfordernisse, 1 a.

**Oberstadtdirektor** war bisher die Bezeichnung des → Stadtdirektors (Gemeindedirektors) in → kreisfreien Städten Niedersachsens und Nordrhein-Westfalens (→ Gemeindeverfassung 2 a).

**Oberste Bundesbehörden** sind alle → Behörden des Bundes, die keiner anderen Behörde nachgeordnet sind. O. B. sind insbes. die Bundesministerien (→ Bundesminister) und der Bundesrechnungshof (§ 1 II des Ges. über die Errichtung und Aufgaben des Bundesrechnungshofes). Die o. B. haben nur zum Teil einen eigenen Verwaltungsunterbau (eigene Mittel- und Unterbehörden), nämlich die Bundesfinanzverwaltung, der Auswärtige Dienst und die Bundeswehrverwaltung (vgl. Ausführung von Gesetzen). Zum Teil sind für Angelegenheiten, für die dem Bund die Gesetzgebung zusteht, selbständige → Bundesoberbehörden oder bundesunmittelbare Körperschaften und Anstalten des öffentl. Rechts geschaffen worden.

**Oberste Gerichtshöfe** des Bundes (früher: obere Bundesgerichte) sind die auf Grund des Art. 95 GG errichteten höchsten Gerichte der → ordentlichen Gerichtsbarkeit (→ Bundesgerichtshof), der → Arbeitsgerichtsbarkeit (→ Bundesarbeitsgericht), der → Verwaltungsgerichtsbarkeit (→ Bundesverwaltungsgericht), der → Finanzgerichtsbarkeit (→ Bundesfinanzhof) und der → Sozialgerichtsbarkeit (→ Bundessozialgericht). Ihnen obliegt hauptsächlich die Nachprüfung der Entscheidungen nachgeordneter Gerichte (meist nur) unter rechtlichen Gesichtspunkten im Revisionsrechtszug. Die Entscheidungen der o. B. werden in Auswahl in amtlichen Sammlungen veröffentlicht. Zur Wahrung der Einheitlichkeit der Rechtsprechung besteht der → Gemeinsame Senat.

**Oberste Landesbehörden** → Verwaltungsbehörden (2 a).

**Oberste Verwaltungsbehörden** → Verwaltungsbehörden (Aufbau).

**Oberster Gerichtshof für die britische Zone.** Der OGHbrZ wurde auf Grund der MilRegVO Nr. 98 für die Länder der brit. Besatzungszone in Köln als Revisionsgericht und Ersatz- für das → Reichsgericht errichtet; er bestand bis zur Errichtung des → Bundesgerichtshofs.

**Oberstes Bundesgericht.** Seine Errichtung war früher im Art. 95 I GG zur Wahrung der Einheit des Bundesrechts vorgesehen. Statt seiner wurde durch Ges. vom 19. 6. 1968 (BGBl. I 661) der → Gemeinsame Senat der obersten Gerichtshöfe eingerichtet.

**Oberstes Landesgericht** → Bayerisches Oberstes Landesgericht.

**Oberversicherungsamt.** Staatliche Mittelbehörden mit Aufsichts- und Verwaltungsaufgaben im Bereich der → Sozialversicherung bestehen in Bayern, Bremen, Nordrh.-Westf., Rheinland-Pfalz, Schlesw.-Holst. In den übrigen Ländern wurden die Aufgaben besonderen Landesaufsichtsämtern, den Reg.-Präsidenten oder den Senatoren für Arbeit übertragen. Hauptaufgaben des O: Entscheidung über Satzung, Dienstordnung und Stellenplan der landesunmittelb. gesetzl. → Krankenkassen sowie über deren Errichtung, Vereinigung, Schließung und Auflösung, Entscheidung über Widersprüche gegen Verwaltungsakte der → Versicherungsämter u. a.; § 90 II SGB IV.

**Oberverwaltungsgericht** (OVG) ist die gerichtliche Mittelinstanz der → Verwaltungsgerichtsbarkeit. Die OVG werden durch Landesgesetz errichtet. Das OVG besteht aus dem Präsidenten, den Vorsitzenden Richtern und weiteren Richtern. Beim OVG werden Senate gebildet, die i. d. R. in der Besetzung von 3 Richtern entscheiden. Das Landesrecht kann eine Besetzung mit 5 Richtern vorsehen, von denen 2 auch → ehrenamtliche Richter sein können. In den Fällen der erstinstantiellen Zuständigkeit kann auch vorgesehen werden, daß die Senate in der Besetzung mit 5 Berufsrichtern und 2 ehrenamtlichen Richtern entscheiden. Das OVG entscheidet über die Berufung gegen Urteile und die Beschwerde gegen andere Entscheidungen des → Verwaltungsgerichts, nach § 145 VwGO auch über die Revision. Im ersten Rechtszug ist das OVG für Streitigkeiten über technische Großvorhaben (Katalog in § 48 I VwGO, insbes. Atomanlagen, Kraftwerke, Freileitungen, größere Abfallverbrennungs- oder Zersetzungsanlagen, Flughäfen, Planfeststellungsverfahren für den Bau und die Änderung neuer Strecken von Straßen-, Magnetschwebe- und von öffentlichen Eisenbahnen, für Bau und Änderung von Bundesfernstraßen sowie für den Neu- oder Ausbau von Bundeswasserstraßen. In diesen Fällen kann das Landesrecht auch vorsehen, daß das OVG mit 5 Berufsrichtern und 2 ehrenamtl. Richtern besetzt ist, über die von einer obersten Landesbehörde nach § 3 II Nr. 1 des → Vereinsgesetzes ausgesprochenen Vereinsverbote und weitere Verfügungen nach diesem Gesetz zuständig. Nach § 47 VwGO ist das OVG zur → Normenkontrolle über Satzungen und bestimmte Rechtsverordnungen nach dem Baugesetzbuch sowie nach Maßgabe des Landesrechts auch anderer im Range unter dem Gesetz stehender Rechtsvorschriften berufen (→ Verwaltungsstreitverfahren). In Baden-Württemberg, Bayern und Hessen führt das OVG die historische Bezeichnung „Verwaltungsgerichtshof“ (VGH).

**Obhutshaftung** → Speditionsvertrag.

**Obhutspflicht, Verletzung der –.** In § 225 StGB ist im Regelfalle mit Freiheitsstrafe von 6 Mon. bis zu 10 Jahren bedroht, wer wegen Gebrechlichkeit oder Krankheit *Wehrlose* oder *Jugendliche unter 18 Jahren,* die seiner Obhut unterstehen, vorsätzlich quält oder roh mißhandelt oder durch böswillige Vernachlässigung seiner Sorgepflicht an der Gesundheit schädigt. Die Strafbarkeit setzt das Bestehen eines Schutzverhältnisses voraus, das den Täter auf Grund Gesetzes, Vertrags oder einer behördlichen Maßnahme (z. B. Anstaltseinweisung) zur Fürsorge oder Obhut verpflichtet, oder daß ihm der Betroffene von einem zur Fürsorge Verpflichteten (z. B. Vormund) zu diesem Zweck überlassen oder daß er dem Täter durch ein Dienst(Arbeits)verhältnis untergeordnet ist oder daß er dessen Hausstand angehört.

Das *Vernachlässigen eines noch nicht 16jährigen* durch gröbliche Verletzung der O. ist, wenn dadurch die körperliche oder psychische Entwicklung des Schutzbefohlenen erheblich gefährdet wird oder dieser in Gefahr gerät, in Kriminalität oder Prostitution abzugleiten, nach § 171 StGB mit Freiheitsstrafe bis zu 3 Jahren oder Geldstrafe zu ahnden, falls nicht strengere Vorschriften eingreifen, z. B. § 223 b StGB. S. a. → Aussetzung Hilfloser.

Über *Schadensersatz* bei V. d. O. → unerlaubte Handlung (3).

**obiter dictum** (beiläufig bemerkt) → Divergenz gerichtl. Entscheidungen.

**Objektive Bedingungen der Strafbarkeit** → Bedingungen d. Str.

**Objektive Unmöglichkeit** → Unmöglichkeit der Leistung.

**Objektives Recht** → Recht (1 a).

**Objektives Verfahren** wird ein Strafverfahren genannt, das nicht auf Verurteilung eines bestimmten Beschuldigten (subjektives Verfahren), sondern auf andere aus Anlaß einer Straftat zulässige strafrechtliche Maßnahmen gerichtet ist. Die StPO kennt als solche das *Sicherungsverfahren* (§§ 413 ff. StPO), das durchgeführt werden kann, wenn der Beschuldigte zur Tatzeit schuldunfähig war und daher nicht bestraft werden kann oder wenn er verhandlungsunfähig ist und wenn bestimmte freiheitsentziehende → Maßregeln der Besserung und Sicherung (dort 9) zu erwarten sind; ferner das auf *Einziehung,* Verfall, Unbrauchbarmachung u. dgl. gerichtete obj. Verfahren (§§ 440 ff. StPO) in Fällen, in denen ein bestimmter Beschuldigter, etwa weil er flüchtig ist, nicht verfolgt werden kann, in denen aber eine solche Maßnahme angeordnet werden soll. Entsprechendes gilt im → Bußgeldverfahren (§ 27 OWiG).

**Objektsteuern** besteuern einen Gegenstand ohne Berücksichtigung der persönlichen Verhältnisse, insbes. der Leistungsfähigkeit des Steuerschuldners; O. sind u. a. die → Realsteuern (Grund- und Gewerbesteuer, § 3 II AO).

**Obliegenheit.** In einem → Schuldverhältnis kann neben der Schuld der einen oder beider Seiten (→ gegenseitiger Vertrag) auch eine Pflicht des Gläubigers zur Mitwirkung bei der Erfüllung des Schuldverhältnisses bestehen (z. B. die Pflicht bei Bestellung eines Porträts, dem Maler Modell zu stehen). Diese Mitwirkungspflicht ohne eigentlichen Schuldcharakter wird O. genannt. Ebenso besteht für einen Geschädigten (→ Schadensersatz) die O., den → Schaden so gering wie möglich zu halten. Bei Verletzung einer O. gelten die Grundsätze über das → Mitverschulden. O. (des Versicherungsnehmers) gibt es bes. häufig im Versicherungsrecht; bei deren Nichterfüllung, z. B. von Anzeigepflichten, drohen Rechtsnachteile (→ Versicherungsvertrag). S. ferner → positive Vertragsverletzung.

**obligatio** = (→) Schuldverhältnis. *Obl. ex contractu* = Schuldverpflichtung aus → Vertrag (Rechtsgeschäft); *obl. ex delicto* = Schuldverpfl. aus → unerlaubter Handlung; *obl. ex lege* = Schuldverpfl. kraft Gesetzes, z. B. aus → ungerechtfertigter Bereicherung, → Geschäftsführung ohne Auftrag.

**Obligation** → Schuldverhältnis. Im Wertpapierrecht wird unter O. eine Schuldverschreibung verstanden (→ Inhaberschuldverschreibung).

**Obligatorischer Vertrag** → Vertrag (4).

**Observanz** (im Verwaltungsrecht) ist öffentliches → Gewohnheitsrecht von örtlich begrenzter Geltung. Es wird auch als Herkommen bezeichnet. O. kommt hauptsächlich im gemeindlichen Bereich auf dem Gebiet der Verteilung öffentlicher Rechte und Lasten vor (z. B. Nutzungsrechte; Bau- und Unterhaltspflichten im Wasser- und Wegerecht). Wie jedes Gewohnheitsrecht unterliegt eine O. der Aufhebung oder Änderung durch das positive Recht. Neubildung von O.en ist zwar möglich, aber praktisch selten.

**Observation** ist die länger andauernde, heimliche Beobachtung von Personen oder Objekten durch Polizeibehörden oder Nachrichtendienste. Hierfür fehlte es bisher z. T. an speziellen gesetzlichen Grundlagen. Die Zulässigkeit einer O. wird für die Polizeibehörden zur Gefahrenabwehr aus der → polizeil. Generalklausel, soweit nicht eine gesetzl. Regelung wie z. B. in Art. 33 bayer. PAG i. d. F. vom 14. 9. 1990 (GVBl. 397) besteht, hergeleitet, zur Strafverfolgung aus § 163 I StPO; im übrigen stützt sie sich weitgehend nur auf innerdienstl. Erlasse. S. a. → Datenerhebung und -verarbeitung, → Einsatz technischer Mittel, nachrichtendienstliche Mittel, → Polizeiliche Beobachtung. Über die Grenzen der BRep. hinaus ist eine O. nur auf Grund eines zwischenstaatlichen Vertrages zulässig, so unter den Voraussetzungen des Art. 40 des Durchführungsübereinkommens zum → Schengener Übereinkommen.

**Obsterzeugnisse** → Lebensmittel, → Fruchtsäfte, → Konfitüren.

**Obstruktion** wird eine radikale Form der → Opposition genannt. Die O. ist dadurch gekennzeichnet, daß eine parlamentarische Minderheit ihre gegensätzliche Auffassung gegenüber der Mehrheit oder der Regierung nicht mittels sachlicher Opposition durch die Kraft der Überzeugung, sondern durch exzessive und unsachliche Ausnutzung aller nach der Verfassung und der Geschäftsordnung des Parlaments möglichen Mittel (Redezeit, Herbeiführen der Beschlußunfähigkeit usw.) durchzusetzen sucht.

**Obusse** → Omnibusse, → Personenbeförderung.

**Ochlokratie** ist nach der altgriechischen Staatslehre die Entartungsform der → Demokratie, in welcher der Pöbel die Staatsgewalt an sich gerissen hat.

**Oderkonto** ist ein Bankkonto, über das mehrere Personen zeichnungs- und verfügungsberechtigt sind. Bei einem Ehegattenarbeitsverhältnis (→ Mitarbeit des Ehegatten) steht ein O. der steuerlichen Anerkennung nicht entgegen (BVerfG 7. 11. 1995, BStBl. II 1996, 34).

**Oder-Neiße-Linie.** Im → Potsdamer Abkommen wurden die Gebiete östlich der Oder und der Lausitzer Neiße polnischer Verwaltung unterstellt. Die völkerrechtliche Bedeutung dieser Grenzziehung war zunächst umstritten. Während die Ostblockstaaten die Auffassung vertraten, die Grenzziehung sei endgültig, wurde in der westlichen Völkerrechtswissenschaft z. T. angenommen, daß nur eine vorläufige Grenzziehung gewollt war. Die ehem. DDR hat die O-N-L als endgültige Westgrenze Polens anerkannt. In den → Ostverträgen der BRep. mit der Sowjetunion und Polen von 1970 wurde die O-N-L als westliche Staatsgrenze der Volksrepublik Polen bezeichnet. Die → Abschließende Regelung in bezug auf Deutschland sah die völkerrechtliche Bestätigung der O-N-L durch die BRep. und Polen vor; sie ist inzwischen erfolgt.

**OECD (Organization for Economic Cooperation and Development).** Auf Grund des Übereinkommens über die Organisation für wirtschaftliche Zusammenarbeit und Entwicklung (OECD) vom 14. 12. 1960 (BGBl. 1961 II 1151), dem die BRep. mit Gesetz vom 16. 8. 1961 (BGBl. II 1150) beigetreten ist, wird die bisherige Zusammenarbeit der Mitgliedstaaten der → OEEC unter Erweiterung und Umgestaltung ihrer Aufgaben fortgesetzt (vgl. Art. 15 des Abkommens). Zusätzliche Mitglieder sind Australien, Finnland, Japan, Kanada, Neuseeland und die USA. Ziel der Organisation ist eine laufende enge Zusammenarbeit der Mitglieder zur Förderung der wissenschaftlichen, technischen und wirtschaftlichen Entwicklung der Mitgliedstaaten und zur Ausweitung des Welthandels (Art. 1–3). Zur Verwirklichung dieser Ziele kann die Organisation verbindliche Beschlüsse fassen sowie Empfehlungen an die Mitglieder richten und Vereinbarungen schließen (Art. 5). Die Organisation wird vertreten durch den Rat, der einen Exekutiv-Ausschuß einsetzt und einen Generalsekretär bestellt. Sitz ist Paris. Die OECD unterstützt mit der Errichtung eines Zentrums für Europäische Volkswirtschaften während der Übergangszeit die Reformprozesse in Mittel- und Osteuropa sowie der ehem. UdSSR durch wirtschaftspolitische Beratung.

**OEEC (Organization for European Economic Cooperation).** Die Organisation für Europäische wirtschaftliche Zusammenarbeit – deutsche Bezeichnung: Europäischer Wirtschaftsrat – wurde am 16. 4. 1948 von den am Marshall-Plan teilnehmenden Ländern zur Koordinierung der europäischen Wiederaufbau-Pläne und zur allgemeinen wirtschaftlichen Zusammenarbeit gegründet. Die OEEC wurde 1961 in die → OECD umgebildet und überführt.

**Offenbare Unrichtigkeit** → Steuerbescheid.

**Offenbaren von Geheimnissen, unbefugtes** → Geheimnisverrat, → Ausspähen von Daten, → Berufsgeheimnis, → Dienstgeheimnis, → Landesverrat.

**Offenbarungs(eid)versicherung.** An die Stelle des früheren *Offenbarungseides* ist eine → eidesstattliche Versicherung (e. V.) getreten. I. e. ist zu unterscheiden:

1. Die e. V. ist *im bürgerlichen Recht* ein Zwangsmittel, wenn eine Pflicht zur Rechnungslegung besteht (§§ 259, 260, 2006, 2028, 2057 BGB). Ist jemand hiernach zur e. V. verpflichtet (→ Auskunftspflicht, → Rechenschaftslegung, → Inventarerrichtung des Erben), so ist diese bei freiwilliger Leistung auf Kosten des Gläubigers im Verfahren der → freiwilligen Gerichtsbarkeit vor dem Amtsgericht abzugeben (§§ 163, 79 FGG, § 261 BGB). Bei Nichterfüllung kann diese Verpflichtung eingeklagt werden (über die Verbindung mit dem Auskunftsanspruch u. a. → Stufenklage). Die e. V. ist dann vor dem → Vollstreckungsgericht abzugeben; die Vollstreckung kann durch → Ordnungsmittel erzwungen werden (§ 889 ZPO).

2. *Im Prozeßrecht* ist die e. V. ein Hilfsmittel der → Zwangsvollstreckung; dort muß ein → Vermögensverzeichnis eidesstattlich bekräftigt werden, wenn die Zwangsvollstreckung wegen einer Geldforderung in das bewegliche Vermögen erfolglos blieb (§ 807 ZPO) oder wenn die Herausgabe bestimmter beweglicher Sachen erzwungen werden soll (§ 883 II ZPO). Der Schuldner, der eine e. V. nach § 807 ZPO abgibt oder gegen den die – bis zu 6 Monaten zulässige – Haft angeordnet wird, um die Abgabe einer e. V. zu erzwingen (§ 901 ZPO), wird in das → Schuldnerverzeichnis eingetragen (§ 915 ZPO). Die e. V. nach §§ 807, 883 ZPO ist vor dem → Gerichtsvollzieher abzugeben, die Haft vom Vollstreckungsgericht anzu-

ordnen. Bestreitet der Schuldner die Pflicht, die e. V. abgeben zu müssen, so kann er Widerspruch (→ Widerspruch im Zivilprozeß) einlegen, über den dann das Vollstreckungsgericht zu entscheiden hat (§ 900 IV ZPO).

3. Im Rahmen der → Vollstreckung von Steuerschulden kann das Finanzamt vom Steuerschuldner eine eidesstattliche Versicheurng verlangen, wenn die Vollstreckung in das bewegliche Vermögen ohne Erfolg geblieben ist (§ 284 AO). Die eidesstattliche Versicherung im Steuerrecht ist § 807 ZPO nachgebildet (s. oben 2.).

**Offenbarungspflicht** → Verschulden beim Vertragsschluß.

**Offene Handelsgesellschaft.**

1. *Allgemeines.* Die oHG ist eine Gesellschaft, deren Zweck auf den Betrieb eines → Handelsgewerbes (für Angehörige freier Berufe → Partnerschaftsgesellschaft) unter gemeinschaftlicher → Firma gerichtet ist und bei der alle Gesellschafter den Gesellschaftsgläubigern gegenüber unbeschränkt haften. Sie ist eine → Handelsgesellschaft, → Personengesellschaft und → Gesamthandsgemeinschaft; ihre Grundform ist die → Gesellschaft des bürgerlichen Rechts, bei der folgende weitere Voraussetzungen vorliegen müssen: a) *Gesellschaftszweck* (vgl. § 705 BGB) ist der Betrieb eines kaufmännischen (→ Kaufmann) Handelsgewerbes i. S. des § 1 II HGB (§ 105 I HGB). Darüber hinaus ist eine Gesellschaft, deren Gewerbebetrieb nicht schon nach § 1 II HGB Handelsgewerbe ist (insbes. von Kleingewerbetreibenden) oder die nur eigenes Vermögen verwaltet (z. B. Immobilienverwaltungs- oder Besitzgesellschaft) dann eine oHG, wenn die → Firma des Unternehmens in das → Handelsregister eingetragen ist (§ 105 II HGB). b) Die Gesellschaft, d. h. die Gesamtheit der Gesellschafter, muß unter einer *gemeinschaftlichen Firma* handeln; Einzelheiten → Firma. c) Die *Haftung* gegenüber den Gesellschaftsgläubigern darf bei keinem Gesellschafter beschränkt sein; andernfalls liegt eine → Kommanditgesellschaft vor. Die oHG ist keine → juristische Person, ist ihr aber insoweit angenähert, als die oHG, d. h. die Gesamtheit der Gesellschafter, unter ihrer Firma Rechte (insbes. → Eigentum) erwerben und Verbindlichkeiten eingehen, als oHG auch vor Gericht klagen und verklagt werden kann (also → Rechtsfähigkeit und → Parteifähigkeit besitzt, § 124 I HGB). Die → Zwangsvollstreckung in das Gesellschaftsvermögen erfordert einen gegen die oHG gerichteten → Vollstreckungstitel (§ 124 II HGB).

2. Das *Recht der oHG* ist in den §§ 105–160 HGB geregelt; subsidiär gelten die Vorschriften der → Gesellschaft des bürgerlichen Rechts. Soweit das Gesetz nur dispositives (nachgiebiges) Recht enthält, gehen die Vereinbarungen im Gesellschaftsvertrag vor. Gesellschafter einer oHG können grundsätzlich alle → Personen, auch geschäftsunfähige (→ Geschäftsfähigkeit) und juristische Personen sein (z. B. eine → Aktiengesellschaft oder eine → Gesellschaft mit beschränkter Haftung). Gerade in den letzten Jahrzehnten ist es sehr häufig geworden, daß eine GmbH Gesellschafter einer oHG ist (z. B. GmbH & Co.); die GmbH haftet für die Verbindlichkeiten der oHG zwar unbeschränkt, aber nur mit ihrem eigenen Vermögen. Ob eine Personengesellschaft ihrerseits Gesellschafter einer oHG sein kann, ist bestr., wird aber überwiegend bejaht.

3. Die *Entstehung der oHG* im Innenverhältnis setzt den Abschluß des – formlos wirksamen – Gesellschaftsvertrages voraus (vgl. § 109 HGB); nach außen entsteht sie durch die Eintragung in das → Handelsregister (§§ 123 I, 106 HGB), aber auch schon vorher, wenn die oHG ihre Geschäfte bereits vor der Eintragung beginnt, mit dem Geschäftsbeginn, sofern die Eintragung im Handelsregister nicht nach §§ 2, 105 II HGB konstitutiv ist (§ 123 II HGB; s. oben 1 a und → Handelsgewerbe). Ist der Gesellschaftsvertrag nichtig oder anfechtbar, und ist die oHG über das Gründungsstadium hinausgekommen, insbes. in den Rechtsverkehr mit Dritten eingetreten, so gelten die Grundsätze der → faktischen Gesellschaft und der → Scheingesellschaft. In diesem Fall kann die oHG nur auf Grund einer Auflösungsklage durch gerichtliches → Gestaltungsurteil beseitigt werden. Die oHG wird so lange als bestehend behandelt, und die Rechtsverhältnisse der Gesellschafter

richten sich nach dem für die oHG geltenden Recht.

4. Die *Geschäftsführung* steht grundsätzlich allen Gesellschaftern zu, und zwar jedem für sich allein (§§ 114, 115 HGB), soweit nicht der Gesellschaftsvertrag einzelne Gesellschafter von der Geschäftsführung ausschließt oder bestimmt, daß sie nur gemeinsam (Gesamtgeschäftsführung) handeln können. Einem Gesellschafter kann die Geschäftsführungsbefugnis – nicht aber das Informationsrecht über Angelegenheiten der oHG (§ 118 HGB) – aus wichtigem Grunde entzogen werden; wenn es im Gesellschaftsvertrag nicht auf andere Weise vorgesehen ist, nur durch gerichtliche Entscheidung (§ 117 HGB). Ebenso wie die Geschäftsführung ist grundsätzlich die gesetzliche *Vertretung* der oHG geregelt (§§ 125, 127 oHG); die Vertretungsmacht der Gesellschafter ist unbeschränkt und grundsätzlich unbeschränkbar (§ 126 HGB). Bei außergewöhnlichen Maßnahmen der Geschäftsführung ist ein → Gesellschafterbeschluß herbeizuführen (§ 119 HGB).

5. Jeder Gesellschafter hat neben seinem *Geschäftsanteil* (Anteil am Gesellschaftsvermögen) einen *Kapitalanteil,* der zunächst vom Wert der geleisteten Einlage aus errechnet wird, sich durch weitere Einlagen, Gewinngutschriften und Entnahmen verändern, auch negativ (passiv) werden kann. Der Gewinn und Verlust der oHG wird i. d. R. jedes Jahr ermittelt und auf die Gesellschafter je nach ihrem Anteil verteilt, indem er zunächst den Kapitalanteilen zugeschrieben wird (§ 120). Soweit der Gesellschaftsvertrag nichts anderes bestimmt, darf ein Gesellschafter Geld nur bis zum Betrag von 4% seines Kapitalanteils aus der Gesellschaftskasse entnehmen. Für die *Verbindlichkeiten* der oHG haften alle Gesellschafter persönlich, unmittelbar und unbeschränkt als Gesamtschuldner (§ 128 HGB), also auch mit ihrem Privatvermögen (im Prozeß sind sie aber nicht notwendige → Streitgenossen der oHG; h. M.). Diese Ansprüche verjähren in 5 Jahren nach Auflösung der oHG (§ 159 HGB); scheidet ein Gesellschafter aus oder wird er → Kommanditist, so haftet er noch 5 Jahre für (fällig gewordene und geltend gemachte) Alt-Verbindlichkeiten (§ 160 HGB). Neu eintretende Gesellschafter haften auch für die früher entstandenen Gesellschaftsverbindlichkeiten (§ 130 HGB). Gegen die Gesellschaftsverbindlichkeiten kann ein Gesellschafter alle der oHG zustehenden → Einwendungen und außerdem die in seiner eigenen Person bestehenden Einwendungen geltend machen. Gläubiger einer oHG kann auch einer ihrer Gesellschafter sein. Hier ist zwischen den sog. Sozialverpflichtungen (z. B. Aufwendungsersatz, Anspruch auf Privatentnahme) und den außergesellschaftlichen Verpflichtungen (z. B. Kauf oder Darlehen) zu unterscheiden. Bei den Sozialverpflichtungen ist die Haftung der anderen Gesellschafter grundsätzlich auf das Gesellschaftsvermögen beschränkt.

6. *Eintritt und Ausscheiden* eines Gesellschafters geschieht wie bei der → Gesellschaft des bürgerlichen Rechts; jedoch bestehen folgende Besonderheiten: Mangels abweichender Bestimmung im Gesellschaftsvertrag führen folgende Gründe zum Ausscheiden eines Gesellschafters (wobei die oHG ohne Auflösung – unten 7 – fortbesteht): Tod des Gesellschafters, Eröffnung des → Insolvenzverfahrens über sein Vermögen, Kündigung des Gesellschafters oder eines seiner Privatgläubiger, Eintritt von weiteren im Gesellschaftsvertrag vorgesehenen Fällen sowie → Gesellschafterbeschluß (§ 131 II HGB). Die Erben eines durch Tod ausgeschiedenen Gesellschafters treten zwar infolge der → Gesamtrechtsnachfolge als Gesellschafter kraft Gesetzes ein (s. aber → Sondererbfolge), können jedoch binnen einer Frist von 3 Monaten die Stellung eines Kommanditisten verlangen; in diesem Fall wandelt sich die oHG in eine → Kommanditgesellschaft um (§ 139 HGB). Den ausscheidenden Gesellschaftern steht in allen Fällen das → Abfindungsguthaben zu. Darüber hinaus ist der Ausschluß eines Gesellschafters durch gerichtliches Gestaltungsurteil aus wichtigem Grund (statt dem Verlangen auf Auflösung nach unten 7) möglich, wenn die übrigen Gesellschafter dies beantragen (§ 140 HGB). Der Ausschließungsklage steht nicht entgegen, daß nach der Ausschließung nur ein Gesellschafter verbleibt (was nicht zu einer Einpersonengesell-

schaft, sondern zum Übergang des Vermögens auf den Verbleibenden führt). Auch in diesem Fall steht dem ausscheidenden Gesellschafter das → Abfindungsguthaben nach § 738 BGB zu.

7. Die oHG kann auf folgende Weise *aufgelöst* werden: Durch Ablauf der Zeit, für die sie eingegangen ist, durch → Gesellschafterbeschluß und durch Eröffnung des → Insolvenzverfahrens über das Vermögen der Gesellschaft (§ 131 I HGB). Gründe in der Person eines Gesellschafters, z. B. dessen → Kündigung, führen dagegen regelmäßig nur zu dessen Ausscheiden (s. o. 6), nicht zur Auflösung der oHG. Außerdem kann die oHG durch gerichtliches Gestaltungsurteil aufgelöst werden, wenn ein wichtiger Grund vorliegt (z. B. wenn ein Gesellschafter vorsätzlich oder grob fahrlässig eine wesentliche Pflicht aus dem Gesellschaftsvertrag verletzt, § 133 HGB). Mit ihrer Auflösung tritt die oHG in das Stadium der → Liquidation, sofern nicht ein → Insolvenzverfahren stattfindet oder die Gesellschafter eine andere Art der Auseinandersetzung vereinbaren (§ 145). Bis zum Abschluß der Liquidation besteht die oHG als Abwicklungsgesellschaft fort. Diese kann bei Einverständnis aller Gesellschafter durch alle oder durch einen Teil von ihnen sich wieder in eine oHG zurückverwandeln.

8. *Steuerlich* s. → Mitunternehmerschaften

**Offene Vermögensfragen.** 1. Das noch von der ehem. Deutschen Demokratischen Republik erlassene Gesetz zur Regelung o. V. (vom 23. 9. 1990, BGBl. II 885, 1159) blieb gem. dem → Einigungsvertrag nach der Wiedervereinigung als partielles Bundesrecht in Kraft, nach mehreren Änderungen jetzt i. d. F. vom 2. 12. 1994 (BGBl. I 3610; Text mit Einleitung sowie anderen wichtigen Vorschriften s. „Vermögensgesetz", Beck-Texte im dtv, 6. Aufl.). Das „Vermögensgesetz" – VermG – regelt in § 1 insbes. vermögensrechtliche Ansprüche an Vermögenswerten, die entschädigungslos enteignet und in Volkseigentum überführt wurden, gegen eine zu geringe Entschädigung enteignet wurden, durch staatliche Verwalter an Dritte veräußert wurden oder auf der Grundlage des Beschlusses des Präsidiums des Ministerrates vom 9. Februar 1972 in Volkseigentum übergeleitet wurden. Ferner gilt das Gesetz auch für Grundstücke und Gebäude, die aufgrund nicht kostendeckender Mieten und so eingetretene Überschuldung durch Enteignung oder Eigentumsverzicht in Volkseigentum übernommen wurden. Weiter betrifft das VermG auch Ansprüche an Vermögenswerten und Nutzungsrechten, die aufgrund unlauterer Machenschaften, z. B. durch Machtmißbrauch, Korruption, Nötigung oder Täuschung erworben wurden. Überdies regelt es die Aufhebung der staatlichen Treuhandverwaltung von Vermögenswerten der „Republikflüchtlinge". Ferner erfaßt das VermG auch vermögensrechtl. Ansprüche von Personen, die in der Zeit vom 30. 1. 1933 bis zum 8. 5. 1945 aus rassischen, politischen, religiösen oder weltanschaulichen Gründen Vermögen verloren haben (§ 1 VI VermG). Schließlich gilt es auch für die Rückgabe von Vermögenswerten, die im Zusammenhang mit aufgehobenen rechtsstaatswidrigen Entscheidungen steht (§ 1 VII VermG; z. B. Vermögensentzug bei strafrechtlicher Verurteilung). Das Gesetz gilt u. a. *nicht* für Enteignungen von Vermögenswerten „auf besatzungsrechtlicher oder besatzungshoheitlicher Grundlage" (§ 1 VIII VermG), d. s. Enteignungen in den Jahren 1945 bis 1949 (vgl. dazu BVerfGE 84, 90, bestätigt BVerfG NJW 1996, 1666) und auch nicht für Enteignungen oder enteignungsähnliche Eingriffe, die nicht die oben genannten (in § 1 I–VII VermG beschriebenen) Merkmale aufweisen, sondern nach den in der DDR für jedermann geltenden Enteignungsvorschriften (ohne gezielte Benachteiligung bestimmter Personen oder Personengruppen) vorgenommen wurden (z. B. nach dem Bergrecht oder dem Verteidigungsgesetz, zum Zwecke des Städtebaus und der Energiegewinnung oder für Zwecke der Nationalen Volksarmee; Beispiel: → „Mauer- und Grenzgrundstücke"). Das VermG bezweckt also keine „Totalrevision" der in der DDR vorgenommenen Eigentumsveränderungen.

2. Vermögenswerte, die den Maßnahmen im Sinne des § 1 VermG unterlagen und in Volkseigentum oder an

Dritte veräußert wurden, sind nach § 3 VermG grundsätzlich auf Antrag an die Berechtigten zurückzuübertragen (Grundsatz *„Rückgabe vor Entschädigung"*). Dieser Grundsatz der *Restitution* ist jedoch von zahlreichen Ausnahmen durchbrochen (vgl. insbes. §§ 4, 5 VermG). Einer der wichtigsten Ausschlußgründe ist gem. § 4 II VermG, wenn natürliche Personen, Religionsgemeinschaften oder gemeinnützige Stiftungen nach dem 8. 5. 1945 „in redlicher Weise" an dem Vermögenswert Eigentum oder dingliche → Nutzungsrechte erworben haben; Regelfälle unredlichen Rechtserwerbs sind in § 4 III VermG näher umschrieben. Ist eine Rückübertragung des Vermögensgegenstands ausgeschlossen oder nicht mehr möglich, so erhält der Berechtigte eine Entschädigung. Überdies kann er allgemein anstelle der Rückübertragung Entschädigung wählen.

3. Zur Sicherung der Rückübertragung ist der Verfügungsberechtigte (z. B. die → Treuhandanstalt) gem. § 3 III VermG verpflichtet, den Abschluß dinglicher Rechtsgeschäfte (also insbes. Übereignung und Belastung) oder die Eingehung langfristiger vertraglicher Verpflichtungen ohne Zustimmung des Restitutionsberechtigten zu unterlassen; ausgenommen sind Rechtsgeschäfte zur Erfüllung von Rechtspflichten des Eigentümers, insbes. bei Anordnungen nach § 177 BauGB (Beseitigung von Mißständen und Behebung von Mängeln) und zur Erhaltung und Bewirtschaftung des Vermögenswerts. Liegt keine Anmeldung des Berechtigten nach der AnmeldeVO vom 11. 7. 1990 (GBl. DDR I, 718), jetzt i. d. F. vom 3. 8. 1992 (BGBl. I 1481) und kein Antrag nach dem VermG (vgl. unten 6) vor, so kann der Verfügungsberechtigte über den Gegenstand verfügen oder Verpflichtungen eingehen; er muß sich vorher bei den zuständigen Ämtern für o. V. vergewissern, daß keine Anmeldung vorliegt (§ 3 IV u. V VermG).

4. Die Rückübertragung, insbes. auch von Unternehmen, ist in teilweise sehr komplizierten Vorschriften der §§ 3 ff. VermG geregelt (vgl. auch UnternehmensrückgabeVO vom 13. 7. 1991 (BGBl. I 1542).

5. Sehr bedeutsame Ausnahmen vom Grundsatz „Rückgabe vor Entschädigung" enthält das „Gesetz über den Vorrang für Investitionen bei Rückübertragungsansprüchen nach dem VermG" (→ Investitionsvorranggesetz).

6. Ansprüche nach dem VermG sind bei der zuständigen Behörde mittels Antrag geltend zu machen; zu den Ausschlußfristen vgl. im einzelnen §§ 30, 30 a VermG. Die Behörde hat den Sachverhalt von Amts wegen zu ermitteln, dabei hat der Antragsteller mitzuwirken. Zuständig sind die auf Kreisebene eingerichteten Ämter oder in bestimmten Fällen (insbes. bei Unternehmen) die Landesämter zur Regelung o. V., in wenigen Einzelfällen das Bundesamt zur Regelung o. V., das im übrigen die einheitliche Durchführung des Gesetzes gewährleisten soll. Gegen die Entscheidung des Amtes auf Kreisebene kann Widerspruch zum Landesamt eingelegt, gegen dessen Entscheidung der Verwaltungsrechtsweg beschritten werden (vgl. §§ 30 bis 38 VermG).

7. Das VermG ist keine abschließende Regelung der o. V. Es wird neuerdings ergänzt durch das → Entschädigungs- und Ausgleichsleistungsgesetz (EALG) vom 27. 9. 1994 (BGBl. I 2624), in dem die Fälle geregelt werden, in denen keine Rückgabe stattfinden kann oder der Berechtigte Entschädigung gewählt hat, ferner die Enteignungsfälle „auf besatzungsrechtlicher oder besatzungshoheitlicher Grundlage" (1945–1949), auf die das VermG keine Anwendung findet. Zu den o. V. im weiteren Sinne gehören auch die → Rehabilitierungsgesetze, die eine Wiedergutmachung strafrechtlichen, verwaltungsrechtlichen und beruflichen Unrechts bezwecken.

8. Steuerlich BMF BStBl. I 1994, 286, 380.

**Offener Arrest** → Insolvenzverfahren (2).

**Offener Dissens** → Vertrag (1).

**Offener Immobilienfonds** → Immobilienfonds, Kapitalanlagegesellschaft.

**Offenkundige Tatsache** → Notorische Tatsache.

**Offenlegung** → Patentanmeldung, → Rechnungslegung von Unternehmen und Konzernen, → Jahresabschluß.

**Offenmarktpolitik** ist ein Bestandteil des währungspolitischen Instrumentariums der → Bundesbank; sie bezeichnet die Beeinflussung des Geldumlaufs und der Kreditgewährung durch den An- und Verkauf von Wertpapieren – Wechseln, Schatzwechseln sowie Schuldverschreibungen und Schuldbuchforderungen des Bundes, seiner Sondervermögen und der Länder und sonstigen zum amtlichen Börsenhandel zugelassenen Schuldverschreibungen – am *„offenen Markt"* zu Marktsätzen (§§ 15, 21 BBankG). Rechtlich wird die O. somit durch Abschluß von zivilrechtlichen Kaufverträgen verwirklicht (→ Verwaltungsprivatrecht). Sie ist innerhalb der vom → Zentralbankrat festgesetzten Richtlinien dem Direktorium der Bundesbank vorbehalten (§ 7 I Nr. 4 BBankG). Geschäfte der Bundesbank am offenen Markt beeinflussen sowohl die Bankliquidität (der Kauf von Wertpapieren verstärkt die Liquidität und wirkt somit kreditpolitisch expansiv) als auch die Zinssätze am → Kapitalmarkt (der Kauf festverzinslicher Wertpapiere wirkt tendenziell kurssteigernd und damit zinssenkend). Die O. wird durch die → Diskont-, Kredit- und → Mindestreservenpolitik der Bundesbank ergänzt. Mit Verwirklichung des ESZB (→ Europäisches System der Zentralbanken) wird die O. als währungspolitisches Mittel von der EZB (→ Europäische Zentralbank) wahrgenommen (Art. 18 EUV Prot. ESZB).

**Öffentlich-rechtliche Anstalt** → Anstalten des öffentl. Rechts.

**Öffentlich-rechtliche Entschädigung** → Enteignung, → Entschädigung.

**Öffentlich-rechtliche Körperschaft** → Körperschaften öffentlichen Rechts.

**Öffentlich-rechtliche Streitigkeiten** ist der Oberbegriff für Streitsachen über Rechtsbeziehungen aus dem Bereich des materiellen öffentlichen Rechts (→ Recht) im Gegensatz zu den → bürgerlichen Rechtsstreitigkeiten. Zu den ö.-r. Str. gehören → Verfassungsstreitigkeiten und die der (allgemeinen und besonderen) → Verwaltungsgerichtsbarkeit zugewiesenen Streitsachen. Das Vorliegen einer ö.-r. Str. ist Voraussetzung für die Zulässigkeit des → Verwaltungsrechtsweges (§ 40 I VwGO). Maßgebend hierfür ist die wahre Natur des im Klagevorbringen behaupteten Anspruchs, nicht seine behauptete Rechtsnatur.

**Öffentlich-rechtliche Verträge** können zwischen Verwaltungsträgern wie auch zwischen solchen und Zivilpersonen auf der Ebene rechtlicher Gleichordnung über öffentlich-rechtliche vermögenswerte Rechte und Pflichten geschlossen werden. Über die Unterscheidung zwischen koordinations- und subordinationsrechtlichen V. und deren näheren Inhalt vgl. → Vertrag, öffentlich-rechtlicher.

**Öffentlich-rechtliche Verwahrung** → Verwahrung, öffentlich-rechtliche.

**Öffentliche Aufträge** sind die Aufträge des Bundes, der Länder, der Gemeinden und Gemeindeverbände sowie sonstiger juristischer Personen des öffentlichen Rechts. Für die Vergabe der Aufträge gelten grundsätzlich die → Grundrechte (str.), ferner als innerdienstliche Rechtsbindungen → Verdingungsordnungen. Öffentliche Aufträge unterliegen den Vorschriften der VO über Preise bei öffentlichen Aufträgen VOPr. 30/53 vom 21. 11. 1953/ 23. 12. 1954, BAnz. 1953 Nr. 244, 1954 Nr. 250 und VOPr. Nr. 1/72 vom 6. 3. 1972, BGBl. I 293 sowie Pr 1/84 vom 23. 2. 1984, BGBl. I 375 (betr. Bauleistungen), z. T. m. spät. Änd. Zur Angleichung des Preisrechts für ö. A. im Bereich der E. G. vgl. Richtlinie vom 17. 12. 1969 (ABl. EG L 13 S. 1). Ab einem bestimmten Schwellenwert ist bei öffentlichen Aufträgen weitgehend EG-Recht maßgebend, vgl. hierzu u. a. die insoweit besonders bedeutsamen Vorschriften der Sektorenrichtlinie, der Vergaberichtlinie und der Koordinierungsrichtlinie.

**Öffentliche Beglaubigung** → Formerfordernisse (1 b).

**Öffentliche Beurkundung** → Formerfordernisse (1 c).

**Öffentliche Erregung von Ärgernis** → Erregung öffentlichen Ärgernisses.

**Öffentliche Klage** → Klage, öffentliche; → Anklageerhebung.

**Öffentliche Lasten.** Außer den im Privatrecht wurzelnden → dinglichen Rechten können auf einer Sache (meist → Grundstück) auch ö.L. (z. B. gemeindliche Erschließungskosten, Hypothekengewinnabgabe, Grundsteuer) ruhen. Hierfür gelten die besonderen Vorschriften des öffentlichen Rechts, während die Grundsätze des → Sachenrechts nicht anwendbar sind; insbes. werden die ö.L. nicht im → Grundbuch eingetragen. In verschiedenen Ländern der BRep. besteht im Bereich des → Baurechts die Möglichkeit, daß durch Erklärung gegenüber der Bauaufsichtsbehörde der Grundstückseigentümer öffentlich-rechtliche Verpflichtungen zu einem sein Grundstück betreffenden Tun, Dulden oder Unterlassen übernehmen kann, die sich nicht schon aus den öffentlich-rechtlichen Vorschriften ergeben. Diese sogenannten Baulasten werden unbeschadet der Rechte Dritter mit der Eintragung in das Baulastenverzeichnis ohne zusätzlichen Grundbucheintrag wirksam und wirken auch gegen den Rechtsnachfolger (§ 83 BauO NW v. 7. 3. 1995, GVBl. 218; § 80 Sächsische BauO v. 26. 7. 1994, GVBl. 1401).

**Öffentliche Sachen** i. w. S. sind alle S., die der öffentlichen → Verwaltung unmittelbar oder mittelbar zur Erfüllung ihrer Aufgaben dienen. Hierzu zählen im allgemeinen das Finanzvermögen, das Verwaltungsvermögen und die öffentlichen Sachen im Gemeingebrauch (s. u.). I. e. S. sind ö.S. nur die beiden letzten Gruppen. *Verwaltungsvermögen* ist das Vermögen, das unmittelbar bestimmten Verwaltungsaufgaben dient (z. B. Dienstgebäude, Dienstfahrzeug). Zu den ö.S. rechnen auch die → res sacrae (Kirchengebäude usw.). Der Begriff der ö.S. deckt sich nicht unbedingt mit dem privatrechtlichen Sachenbegriff der §§ 90ff. BGB; insbes. kann bei ihnen die Eigenschaft der Körperlichkeit fehlen (so ist z. B. auch der Luftraum eine ö.S., vgl. § 1 I des LuftverkehrsG). Ö.S. stehen auch nicht notwendig im Eigentum der öff. Verwaltung; i. d. R. reicht deren Verfügungsgewalt aus (→ Widmung). Die Rechtsverhältnisse der ö.S. richten sich hins. ihrer Entstehung, Beendigung und Benutzung nach öffentlichem Recht (→ Widmung, → Gemeingebrauch, → Sondernutzung). Auch Vorschriften des Privatrechts finden auf die ö.S. Anwendung: sie sind grundsätzlich Gegenstände des privaten Eigentums und können wie dieses veräußert oder belastet werden. Die Ausübung privater Rechte ist jedoch durch die öffentlich-rechtliche Zweckbestimmung begrenzt; so kann z. B. die Eigenschaft als ö.S. nicht durch gutgläubigen Erwerb beeinträchtigt werden. Nach § 882a ZPO ist die → Zwangsvollstreckung in ö.S. unzulässig, wenn diese zur Erfüllung der öff. Aufgaben des Schuldners unentbehrlich sind oder wenn ihrer Veräußerung ein öff. Interesse entgegensteht. Die Unterhaltspflicht an ö.S. als öff.-rechtl. Verbindlichkeit gewährleistet, daß die S. in gebrauchsfähigem Zustand erhalten wird; soweit nicht Sondervorschriften bestehen (insbes. im Straßen- und Wegerecht sowie im Wasserrecht; vgl. → Straßenbaulast), obliegt sie grundsätzlich dem Träger der öff. Verwaltung, von dem die Widmung ausgeht. Von der Unterhaltspflicht zu unterscheiden ist die → Verkehrssicherungspflicht, deren Verletzung nach h. M. Schadensersatzansprüche nach § 823 BGB auslösen kann.

*Finanzvermögen* werden die ö.S. (im weiteren Sinne) genannt, die durch ihren Wert oder ihre Erträgnisse dem Staat oder jur. Personen des öffentlichen Rechts (insbes. Gebietskörperschaften) fiskalische Mittel zur Durchführung der Verwaltungsaufgaben liefern (Forsten, Fabriken, auch Wertpapiere und sonstiges Vermögen). Das Finanzvermögen folgt primär den Regeln des Privatrechts, insbes. Erwerb, Belastung und Veräußerung; Streitigkeiten über das Finanzvermögen gehören deshalb zur Zuständigkeit der → ordentlichen Gerichte. Die Zwangsvollstreckung in das Finanzvermögen ist grundsätzlich möglich, doch bestehen hier in der Regel Sondervorschriften (z. B. im Gemeinderecht). *Verwaltungsvermögen* sind die ö.S., die der öff. Verwaltung unmittelbar zur Erfüllung ihrer Aufgaben dienen, z. B. Verwaltungsgebäude, Schulen, Bibliotheken, Krankenhäuser, Kasernen, Markthallen, Feuerlöscheinrichtungen, Verkehrs-Versorgungsbetriebe. Ö.S. stehen im *Gemeingebrauch,* wenn sie jedermann ohne besondere Zulassung zur

Benutzung im Rahmen ihrer rechtlichen Zweckbestimmung offenstehen, so z. B. die öffentlichen Wege, Wasserläufe, der Meeresstrand und der Luftraum. Die Widmung verleiht unter gleichzeitiger Zweckbestimmung einer Sache die öff. Eigenschaft.

**Öffentliche Sammlung** → Sammlung, öffentliche.

**Öffentliche Schulen** sind → Schulen in der Trägerschaft eines öffentlich-rechtlichen Gemeinwesens (→ Schulwesen).

**Öffentliche Sicherheit und Ordnung** → Sicherheit u. O.

**Öffentliche Urkunde** → Urkunde, → Formerfordernisse (1 c).

**Öffentliche Versteigerung** → Versteigerung, → Pfandrecht, → Selbsthilfeverkauf.

**Öffentliche Zustellung** ist nach Zivilprozeßrecht und im Verwaltungsverfahren nur zulässig, wenn der Aufenthalt des Empfängers unbekannt, eine Zustellung im Ausland unausführbar oder aussichtslos ist oder wenn die Zustellung in einer exterritorialen Wohnung ausgeführt werden soll (§ 203 ZPO, § 15 I VwZG). Bewirkt wird die ö. Z. nach einem besonderen Verfahren durch Aushängen des Schriftstücks an der Gerichtstafel, bei einer → Ladung im Bereich der ZPO zusätzlich durch Veröffentlichung eines Auszugs im Bundesanzeiger (§§ 204 ff. ZPO). Für die ö. Z. an Beschuldigte im Strafverfahren gelten Sondervorschriften (§ 40 StPO).

**Öffentlicher Dienst.** Der Begriff des ö. D. ist gesetzlich nicht einheitlich definiert (vgl. z. B. Art. 33 V GG einerseits, Art. 131 GG andererseits). Als ö. D. im weitesten Sinne kann jede Tätigkeit bei einer Behörde des Bundes, der Länder, Gemeinden und Gemeindeverbände sowie einer sonstigen Körperschaft oder Anstalt des öffentlichen Rechts bezeichnet werden. Der Begriff umfaßt in diesem Falle auch die Rechtsverhältnisse der Minister, der Richter, der Soldaten. Öffentlicher Dienst i. e. S. ist demgegenüber der Funktionsbereich der Beamten, öffentlichen Angestellten und öffentlichen Arbeiter. Das Recht des ö.D. ist demgemäß vornehmlich geregelt für die Beamten in den Beamtengesetzen des Bundes und der Länder (→ Beamtenrecht), für die Angestellten im Bundes-Angestellten-Tarifvertrag (BAT) vom 23. 2. 1961, für die Arbeiter des Bundes, der Länder und der Gemeinden in den Mantel-Tarif-Verträgen (MTB II, MTL II vom 27. 2. 1964, BMTG II vom 31. 1. 1962), jeweils m.spät. Ergänzungen. Die Angestellten nach → Dienstordnung der Sozialversicherungsträger nehmen eine Zwischenstellung zwischen den Beamten und den normalen Angestellten des ö. D. ein.

**Öffentlicher Friede,** *Störung oder Gefährdung.* Der ö.F. ist ein strafrechtlich besonders geschütztes Rechtsgut. In § 126 StGB ist die Androhung bestimmter gefährlicher Straftaten, sofern sie den ö.F. stört, als → Landzwang unter Strafe gestellt, in § 130 StGB die den ö.F. gefährdende → Volksverhetzung (Angriff auf die Menschenwürde anderer durch Aufstacheln zum Haß oder zu Gewaltmaßnahmen usw. gegen Teile der Bevölkerung), in § 166 StGB die den ö.F. störende Beschimpfung einer Religion oder Weltanschauung. Die Gefährdung der *öffentlichen Sicherheit,* die zugleich den persönlichen Frieden des Einzelnen bedroht, kann als Heimsuchung (schwerer → Hausfriedensbruch) oder → Landfriedensbruch, §§ 124, 125 StGB, strafbar sein.

**Öffentlicher Glaube** *(des Grundbuchs).* Im Interesse des Rechtsverkehrs besteht für die Eintragungen im → Grundbuch die (allerdings widerlegbare) → Vermutung der Richtigkeit. Es wird daher bis zum Beweis des Gegenteils, z. B. im Prozeß, vermutet, daß ein im Grundbuch eingetragenes → Grundstücksrecht dem eingetragenen Rechtsinhaber zusteht sowie daß ein gelöschtes Recht nicht mehr besteht (§ 891 BGB). Darüber hinaus hat der Inhalt des Grundbuchs für den → gutgläubigen Erwerb (s. i. e. dort) die unwiderlegliche → Fiktion der Richtigkeit für sich (§§ 892, 893 BGB). Zugunsten des redlichen Erwerbers führt daher der ö.G. des Gr. dazu, daß die Eintragungen stets als mit der wahren Rechtslage im Einklang stehend angesehen werden, wenn auch dadurch der wahre, nicht eingetragene Berechtigte Rechtsnachteile erleiden mag und auf Ersatzansprüche (→ Schadensersatz, ungerechtfertigte Bereicherung) angewiesen ist. Einen ähnlichen ö.G. genießt der → Erbschein (s. dort). S. ferner → Handelsregister, → Güterrechtsregister.

**Öffentliches Ärgernis.** → Erregung öffentl. Ärgernisses.

**Öffentliches Interesse** ist ein in der Gesetzessprache (insbes. des → Verwaltungsrechts, aber auch in anderen Rechtsgebieten, vgl. z. B. § 153 StPO) häufig verwendeter Begriff, der die Belange der Allgemeinheit gegenüber Individualinteressen kennzeichnen soll (so z. B. die Anordnung der sofortigen → Vollziehung eines → Verwaltungsaktes aus Gründen des ö. I. nach § 80 II Nr. 4 VwGO). Die Voraussetzungen des ö. I. im Einzelfall lassen sich nur aus einer Gesamtschau von Sinn und Zweck der jeweiligen gesetzlichen Regelung gewinnen. Das ö. I. ist ein → unbestimmter Rechtsbegriff, dessen Voraussetzungen im Streitfall (insbes. im → Verwaltungsstreitverfahren) im allgemeinen gerichtlich überprüft werden können. S. a. → Gemeinwohl, → Vertreter des ö. I.

**Öffentliches Recht** → Recht (2).

**Öffentliches Testament** → Testament (2 b).

**Öffentlichkeitsarbeit von Staatsorganen** (z. B. durch Broschüren, Verlautbarungen) verstößt dann gegen das Demokratieprinzip und gegen Rechte der betroffenen Parteien oder Bewerber auf Chancengleichheit, wenn sie in parteiischer Weise, insbes. zugunsten einer Partei, in den Wahlkampf eingreift. Die Abgrenzung zwischen zulässiger und unzulässiger Öffentlichkeitsarbeit ist schwierig (eingehend dazu BVerfG vom 2. 3. 1977, BVerfGE 44, 125: Feststellung eines Verfassungsverstoßes setzt eine ins Gewicht fallende Häufung und Massivität offenkundiger Grenzüberschreitungen voraus).

**Öffentlichkeitsgrundsatz.** Der Grundsatz bedeutet, daß die Verhandlung vor dem → erkennenden Gericht unbeteiligten Personen zugänglich ist. Der Ö. entspringt rechtsstaatlichen Grundsätzen. Er bestand im Mittelalter und bis in das 19. Jahrhundert hinein nicht (Geheimjustiz). Die Öffentlichkeit ist vorgeschrieben in § 169 GVG, § 52 ArbGG, § 55 VwGO, § 52 I FGO, § 61 I SGG, kann aber aus verschiedenen Gründen ausgeschlossen werden (Gefährdung der öffentlichen Ordnung, insbes. der Staatssicherheit, der Sittlichkeit oder wichtiger Geschäfts- oder Betriebsgeheimnisse, vor Sozialgerichten auch zur Vermeidung von Nachteilen für Gesundheits- oder Familienverhältnisse eines Beteiligten); unzulässig ist aber der Ausschluß für die Urteilsverkündung (§§ 172, 173 I GVG, § 52 II FGO, § 61 I SGG). Kraft Gesetzes ist die Öffentlichkeit ausgeschlossen in bestimmten Familiensachen und in Unterbringungssachen (§§ 170, 171 a GVG) sowie im Jugendstrafverfahren (§ 48 JGG). Bestimmten Personen kann der Zutritt versagt werden (§ 175 GVG). In der Verhandlung sind Ton- und Fernseh-Rundfunkaufnahmen sowie Ton- und Filmaufnahmen zum Zweck der öffentlichen Vorführung oder Veröffentlichung ihres Inhalts unzulässig (s. § 169 S. 2 GVG). Andere Ton-, Film- und Tonaufnahmen richten sich nach den Anordnungen des Vorsitzenden zur → Prozeßleitung und dem Recht am → Bildnis des Betroffenen (s. a. → Tonbandaufnahmen). Von der allgemeinen Öffentlichkeit ist die → Parteiöffentlichkeit zu unterscheiden.

**Öffnungsklausel.** Soweit der Bund im Bereich der → konkurrierenden Gesetzgebung (1) von seiner Gesetzgebungskompetenz Gebrauch macht, kann er durch Ö.n für Teilbereiche die Gesetzgebungszuständigkeit an die Länder zurückdelegieren. So überläßt z. B. der Bund im Bereich des Bürgerlichen Rechts die Regelung des → Nachbarrechts den Ländern (Art. 124 EGBGB). Teilweise wird auch von Ö. gesprochen, soweit die Ersetzung von Bundesrecht durch Landesrecht zugelassen wird (Art. 125 a II GG; → konkurrierende Gesetzgebung, 1). S. a. → Experimentierklausel.

**Offerte** = Vertragsantrag; i. e. → Vertrag (1).

**Offizial** → kirchliche Gerichtsbarkeit (2).

**Offizialbetrieb** → Amtsbetrieb.

**Offizialdelikt** nennt man im Gegensatz zum → Antragsdelikt die von Amts wegen zu verfolgende Straftat.

**Offizialprinzip.** Nach dem im → Strafprozeß geltenden O. sind grundsätzlich nur staatliche Organe befugt, den Straftäter zu verfolgen und zur Aburteilung zu bringen, insbes. Polizei und Staatsanwaltschaft, der ein Anklagemonopol zusteht (Ausnahme: → Privatklage). Dabei ist der Wille des Verletzten, außer bei → Antragsdelikten, ohne Bedeutung. Andererseits besteht für die Strafverfolgungsorgane i. d. R. die Pflicht zum Einschreiten (→ Legalitätsprinzip). S. ferner → Ermittlungsverfahren in Strafsachen, → Anklageerhebung, → Anklageerzwingung, → Inquisitionsprinzip (dort auch über das O. im gerichtlichen Verfahren = Ermittlungsgrundsatz). Im Zivilprozeß → Verfügungsgrundsatz.

**Offizialverfahren** ist ein von Amts wegen betriebenes Verfahren (so i. d. R. das Strafverfahren, ausgenommen das → Privatklageverfahren).

**Offizialverteidiger** → Pflichtverteidiger.

**Offiziere,** Laufbahnvoraussetzungen → Soldatenlaufbahn.

**OHG** = → Offene Handelsgesellschaft.

**„ohne Obligo“** lautet der Vermerk, durch den ein → Indossant seine Haftung aus dem → Wechsel bei dessen Begebung ausschließt (sog. *Angstklausel*). Er wird in das → Indossament aufgenommen. S. a. → Vertrag (1).

**Ohne-Rechnung-(OR-)Geschäft** wird ein → Rechtsgeschäft (i. d. R. Kaufvertrag) genannt, über das zwecks Steuerverkürzung keine Rechnung ausgestellt und das mindestens von einem der Vertragspartner nicht in den → Handelsbüchern verzeichnet wird. OR-G.e sind wegen → Sittenwidrigkeit nichtig (§ 138 BGB), wenn die Steuerverkürzung ihr Hauptzweck ist. Vgl. §§ 41, 370 AO. → Schwarzarbeit 4.; → wirtschaftliche Betrachtungsweise.

**Okkupation** bedeutet im → Völkerrecht die von einem Staat vorgenommene Inbesitznahme eines Gebietes, das keiner Staatsgewalt unterworfen ist (im Gegensatz zur → Annexion fremden Gebietes). Diese Form des Gebietserwerbs hat heute auf der Erde allenfalls noch hinsichtlich der Polargebiete Bedeutung. Zahlreiche Streitfragen, die sich an die großen Okkupationen im Kolonialzeitalter (→ Kolonie) geknüpft haben, besitzen deshalb nur noch historisches Interesse. Heute noch bedeutsam und ungeklärt ist die Frage, ob das in der Antarktis verwandte sog. Sektorenprinzip rechtsgültig ist, nach dem die Begrenzung des okkupierten Gebiets lediglich durch bestimmte Längengrade angegeben wurde, ohne daß eine tatsächliche Inbesitznahme stattgefunden hat. Zur O. von Gestirnen → Weltraumrecht. Über den zivilrechtlichen Begriff O. → Aneignung.

**Öko-Audit** → Umweltaudit.

**Ökologisches Jahr** → Soziales Jahr.

**Oktroyierte Verfassung** wird geschichtlich die Verfassung (Konstitution) genannt, die der König von Preußen 1850 dem Parlament „aufzwang“; sie wurde entgegen der Regel nicht von einer verfassunggebenden Versammlung beschlossen, sondern beruhte auf einem einseitigen Willensakt des Monarchen.

**Ökumenische Trauung.** Die gemeinsame kirchliche Trauung konfessionsverschiedener christlicher Brautleute (oft falsch als „Ö. T.“ bezeichnet) ist kirchenrechtlich nur in der Weise möglich, daß die Trauung nach dem Ritus entweder der einen oder der anderen Konfession vollzogen wird; die Mitwirkung eines Geistlichen jeweils der anderen Konfession ist kirchenrechtlich ohne Relevanz. Soll z. B. die Trauung nach evangelischem Ritus vollzogen werden, ist zur Wirksamkeit nach katholischem Kirchenrecht die Befreiung des katholischen Teils von der Formpflicht durch den Bischof erforderlich (→ kirchliche Trauung; → Mischehe).

**Ökumenischer Rat.** Die Bestrebungen der christlichen → Kirchen, zu praktischer Zusammenarbeit und Annäherung in Glaubensfragen zu gelangen, führten über die sog. Ökumenische Bewegung schließlich im Jahre 1948 durch die Annahme einer Verfassung des Ö. R. der Kirchen zu einer festen Organisation. Zur Mitgliedschaft sind alle christl. Kirchen zugelassen. Der Ö. R. behandelt bestimmte gemeinsame Fragen auf Weltkirchenkonferenzen. Als Organe des Ö. R. fungieren eine Vollversammlung, die etwa alle 5 Jahre zusammentritt, und als Exekutivorgan ein Zentralausschuß. Die → kath. Kirche blieb als die ihrer Meinung nach einzige Hüterin des rechten Glaubens der ökumenischen Bewegung fern, obwohl das II. Vatikanische Konzil (1965) für die Förderung der christl. Glaubenseinheit eintrat. Unabhängig davon bestehen in Deutschland insbes. auf unterer Ebene Bestrebungen für eine Annäherung von kath. und evang. Kirche (Una-Sancta-Bewegung).

**Ökumenisches Konzil.** Das Ö. K. ist in der → kath. Kirche neben dem → Papst das höchste Leitungsorgan (can. 336 → CIC). Allein dem Papst steht es zu, ein Ö. K. einzuberufen (kein Selbstversammlungsrecht), ihm persönlich oder durch andere vorzusitzen, es zu unterbrechen und aufzulösen. Der Papst bestimmt oder genehmigt die Verhandlungsgegenstände. Dekrete des Ö. K. haben nur dann Rechtsverbindlichkeit, wenn sie zusammen mit dem Papst von den Konzilsvätern genehmigt, vom Papst bestätigt und auf dessen Anordnung promulgiert (veröffentlicht) werden. Mitglieder eines Ö. K. sind alle → Bischöfe (Diözesanbischöfe und Titularbischöfe); der Papst kann darüber hinaus noch andere Personen berufen.

**Oldtimer** Oldtimer ist ein Kfz., das vor 30 oder mehr Jahren erstmals in den Verkehr gekommen ist und vornehmlich zur Pflege des kfz.-technischen Kulturguts eingesetzt wird (§ 23 Ic StVZO). Für die Zulassung zum Verkehr bestehen mehrere Möglichkeiten, insbes. die Erteilung einer Betriebserlaubnis als O. und eines O.-Kennzeichens mit dem Zusatz „H" für historisches Kfz. (§§ 21 c, 23 Ic, 60 I d StVZO).

**Öl-Fernleitungen** dürfen nur so angelegt werden, daß eine schädliche Verunreinigung des Grundwassers oder eine sonst nachteilige Veränderung seiner Eigenschaften nicht zu besorgen ist (§ 34 II 2 → WasserhaushaltsG). Errichtung und Betrieb bedürfen nach § 19 a WasserhaushaltsG der Genehmigung der für das Wasser zuständigen Behörde. Darüber hinaus unterliegen sie einschl. der Pumpen und Verteilerstationen der Erlaubnispflicht nach § 9 I der VO über → brennbare Flüssigkeiten. Zum Ölschadengesetz → Wasser.

**Oligarchie** ist nach der altgriechischen Staatslehre eine Regierungsform, bei der die Staatsgewalt in den Händen einer kleinen Personengruppe liegt (Herrschaft der Wenigen). Die ideale Form der O. ist die → Aristokratie; doch bezeichnet man mit O. zumeist die entartete Form der Aristokratie, bei der nicht mehr die Besten des Volkes die Herrschaft ausüben. Die häufigste Form der O. in diesem Sinne ist die → Plutokratie (Herrschaft der Reichen).

**Ombudsman** wird in Schweden ein Parlamentsbeauftragter genannt, der als Verfassungsorgan den einzelnen Bürger gegen Verletzungen der Grundrechte und allgemein gegen behördliche Willkür schützen soll. Ähnliche Einrichtungen bestehen in den übrigen skandinavischen und einigen anderen Ländern (in Österreich: „Volksanwaltschaft"). In der BRep. bestehen als vergleichbare Institution der → Wehrbeauftragte des Bundestages und der Bürgerbeauftragte in Rheinl.-Pfalz (Ges. vom 3. 5. 1974, GVBl. 187). Die Bestellung eines allgemein zuständigen Organs, das als unbürokratische Beschwerdestelle von Amts wegen oder auf Anrufung durch den Betroffenen tätig werden kann (wenig glücklich auch als „Justizkanzler" bezeichnet), ist zwar in der BRep. grundsätzl. erörtert, aber bisher nicht allgemein geregelt worden.

**omni modo facturus** (auf jeden Fall zur Tat entschlossen) ist der Täter, der sowieso eine Straftat begehen will, so daß eine → Anstiftung nur noch versucht, aber nicht mehr verwirklicht werden kann. Der Anstiftungsversuch ist grundsätzlich straflos (Ausnahmen bei der mißlungenen Anstiftung zu einem → Verbrechen, § 30 I StGB); doch kann → Beihilfe vorliegen. Bestr. ist die Strafbarkeit des Anstifters, der den zur Tat bereits entschlossenen o. m. f. *(alias facturus)* zu einer anderen Ausführungsart, z. B. Diebstahl statt Unterschlagung, oder zu einem qualifizierten Delikt, z. B. Raub mit Waffen statt einf. Raub, veranlaßt.

**Omnibus-Gesetz** nennt man scherzhaft ein → Artikelgesetz, das viele unterschiedliche Rechtsmaterien zum Inhalt hat.

**Omnibusse** – Kraftomnibusse – sind Kraftfahrzeuge, die nach Bauart und Einrichtung zur Beförderung von Personen bestimmt sind und mehr als 8 Fahrgastplätze haben (§ 15 d StVZO); sie können auch als schienenlose O. mit elektr. Oberleitung (*Obusse*) betrieben werden. Zur → Fahrgastbeförderung bedarf der Unternehmer einer behördl. Genehmigung nach dem → PersonenbeförderungsG, der Fahrer besonderer Erlaubnis (§ 15 e StVZO) neben der → Fahrerlaubnis Kl. D. Weitere Sondervorschriften gelten nach §§ 34 ff. StVZO für die Mindestmotorleistung, die Zahl der zulässigen Plätze und die Sicherung der Sitze sowie sonstige Sicherungseinrichtungen (§§ 35 d–i, 54 b StVZO), Innenbeleuchtung (§ 54 a StVZO); über Fahrtschreiber vgl. § 57 a StVZO. O. dürfen nur einen Anhänger für Gepäck führen, für Personen im Linienverkehr bei Genehmigung (§ 32 a StVZO). Über Höchstgeschwindigkeit außerhalb geschlossener Ortschaften → Fahrgeschwindigkeit, → Geschwindigkeitsbegrenzer, über die zugelassene Lenkzeit durch denselben Fahrer → Kraftfahrer. S. ferner → Gefährdungshaftung, → Straßenverkehrshaftung, → Kontrollgerät → Fahrtschreiber.

**Omnibusverkehr** → Personenbeförderung, → Linienverkehr, → Mietomnibusse.

**Onkelehe** → eheähnliche Gemeinschaft.

**ONP** (engl.) steht für open network provision; s. insoweit → Netzzugang.

**Open-Skies-Program** → Rüstungskontrolle.

**Opferentschädigungsgesetz** (OEG) → Gewalttaten, Entschädigung für Opfer von –.

**Opferschutz.** Das O. Ges. (= Erstes Gesetz zur Verbesserung der Rechtsstellung des Verletzten im Strafverfahren) vom 18. 12. 1986 (BGBl. I 2496) hat das Recht der → Nebenklage neu geregelt und dem → Verletzten im Strafverfahren weitergehende Befugnisse eingeräumt (§§ 406 d–406 h StPO; §§ 171 b, 175 II 2 GVG), die durch das ZeugenschutzG vom 30. 4. 1998 (BGBl. I 820) noch gestärkt wurden (§§ 58 a, 68 b, 168 e, 247 a, 255 a, 397 a StPO). Durch das OpferanspruchssicherungsG vom 8. 5. 1998 (BGBl. I 905) wurde ein gesetzliches Pfandrecht des Verletzten an einer Forderung begründet, die der Täter oder Teilnehmer im Hinblick auf eine öffentliche Darstellung der Tat erwirbt.

**Opium** → Betäubungsmittel.

**Opportunitätsprinzip.** 1. Im *strafrechtlichen* Bereich stellt das O. als Ausnahme vom → Legalitätsprinzip die Entscheidung, ob wegen einer Straftat eingeschritten werden soll, in das Ermessen der StA. Diese kann von der Strafverfolgung insbes. in → *Bagatellstrafsachen* bei → Vergehen mit Zustimmung des Gerichts mangels öffentlichen Interesses absehen; nach Anklageerhebung entscheidet das Gericht mit Zustimmung der StA und des Angeschuldigten (§ 153 StPO; über *vorläufige Einstellung* i. Verb. m. Auflagen und Weisungen s. § 153 a StPO). Ähnliches gilt bei Straftaten, bei denen das Gericht nach dem Strafgesetz von Strafe absehen kann (§ 153 b StPO), sowie im Jugendstrafverfahren für geringfügige Delikte (§§ 45, 47 JGG). Im → Privatklageverfahren entscheidet über die Einstellung wegen Geringfügigkeit das Gericht (§ 383 II StPO), in → Bußgeldverfahren die Verwaltungsbehörde, solange das Verfahren bei ihr anhängig ist (§ 47 I OWiG).

Bei unwesentlichen *Nebendelikten,* die neben anderen zur Aburteilung gestellten oder bereits abgeurteilten Straftaten nicht beträchtlich ins Gewicht fallen, kann die StA, im Hauptverfahren das Gericht auf Antrag der StA, das Verfahren vorbehaltlich der Wiederaufnahme – etwa nach Freispruch wegen der anderen Tat – vorläufig einstellen; in ähnlicher Weise kann das Strafverfahren auf einzelne von mehreren Gesetzesverletzungen beschränkt werden (bestimmte von mehreren Taten, einzelne rechtliche Gesichtspunkte bei Tateinheit); §§ 154, 154 a StPO.

Von Strafverfolgung kann auch abgesehen werden, wenn jemand, der sich strafbar gemacht hat, durch die Androhung, die Tat zu offenbaren, das Opfer einer → Nötigung oder → Erpressung geworden und eine Sühne für seine Tat nicht unerläßlich ist (§ 154 c StPO).

Das O. gilt ferner bei *Auslandstaten,* insbes. wenn wegen der Tat im Ausland schon Strafe vollstreckt worden ist (§ 153 c StPO) oder wenn der Beschuldigte wegen derselben oder einer anderen Tat zur Strafverfolgung an das Ausland ausgeliefert oder wenn er ausgewiesen wird (§ 154 b StPO).

Bei leichteren → Staatsschutzdelikten kann der Generalbundesanwalt von der Strafverfolgung absehen, wenn diese der BRep. schwere Nachteile bringen könnte oder sonstige überwiegende öffentliche Interessen entgegenstehen (§ 153 d StPO). Ferner kann der Generalbundesanwalt bei den meisten dieser Delikte mit Zustimmung des OLG (nach Anklageerhebung dieses mit Zustimmung des Generalbundesanwalts) das Verfahren nach § 153 e StPO einstellen, wenn der Täter nach der Tat, aber vor deren Entdeckung in tätiger Reue dazu beigetragen hat, eine Gefahr für Bestand oder Sicherheit der BRep. oder ihre verfassungsmäßige Ordnung abzuwenden (z. B. durch Aufdecken staatsgefährdender Bestrebungen).

2. Im Bereich der *Verwaltung* besagt das O., daß eine Behörde nach ihrem → Ermessen handeln darf. Das O. steht dem Grundsatz der → Gesetzmäßigkeit der Verwaltung gegenüber. Es war früher das beherrschende Prinzip der öffentlichen Verwaltung, ist aber durch die ausgedehnte Verwaltungsgesetzgebung des modernen Rechtsstaates, der sich um möglichst genaue Festlegung der öffentlichen Aufgaben und Befugnisse bemüht, zurückgedrängt. Das O. gilt, soweit für ein Gebiet gesetzliche Regelungen überhaupt nicht bestehen oder das Gesetz das Handeln der Behörde ihrem Ermessen überläßt. So sind z. B. die Polizei- und die Ordnungsbehörden zu einem Eingreifen gegen den → Störer berechtigt, aber grundsätzlich nicht zum Einschreiten verpflichtet; sie entscheiden hierüber nach pflichtgemäßem Ermessen (→ polizeiliche Maßnahmen).

Soweit das O. gilt, hat ein Dritter grundsätzlich keinen Anspruch auf ein Handeln der Behörde (s. a. → subjektives öff. Recht, → Rechtsreflex). Unter bestimmten Voraussetzungen besteht jedoch ein Recht auf fehlerfreie Ermessensbetätigung, das sich in Ausnahmefällen zum Anspruch auf ein bestimmtes Tätigwerden der Behörden verdichten kann (→ Ermessen).

**Opposition** im politischen Sinne ist Gegensätzlichkeit gegenüber den an der Macht befindlichen Kräften in politischen Angelegenheiten, i. e. S. die im Parlament zur Regierung im Gegensatz stehende Parteiengruppierung (sog. „parlamentarische O."); eine an der Reg. nicht beteiligte, diese aber stützende oder „tolerierende" Gruppe ist nicht O. Die mit eigenen Vorschlägen an der Parlamentsarbeit mitwirkende O. bezeichnet man als „konstruktiv", die sich in der bloßen Ablehnung und Behinderung erschöpfende O. als → Obstruktion. Das Recht auf Bildung und Ausübung einer O. im Parlament ist Bestandteil der freiheitlichen demokratischen → Grundordnung. Als „außerparlamentarische" O. (APO) bezeichneten sich politische (vor allem studentische) Gruppierungen in der BRep., die insbes. während der „Großen Koalition" (1966–1969) außerhalb des Parlaments der Regierungspolitik aktiv entgegentraten (durch die Presse, Demonstrationen u.ä.). Das Recht zur O. ergibt sich schon aus dem Grundrecht der freien Meinungsäußerung (Art. 5 GG); in der Form ist sie durch die allgemeinen Gesetze (insbes. das Strafrecht und das → Versammlungsrecht) begrenzt. Von „Staatsopposition" spricht man, wenn die O. sich gegen den Staat und dessen Verfassung überhaupt richtet.

**Option.** 1. Der *staatsrechtliche* Begriff O. umfaßt i. w. S. jede durch innerstaatliches Recht oder durch Völkerrechtsnorm begründete Befugnis einzelner Personen, sich für eine bestimmte Staatsangehörigkeit zu entscheiden, z. B. nach § 3 des 2. Ges. zur Regelung von Fragen der Staatsangehörigkeit (→ Österreicher). I. e. S. umfaßt der Begriff nur solche Wahlbefugnisse, die anläßlich einer Gebietsänderung den Einwohnern des betroffenen Gebietes eingeräumt werden. Erwerben diese infolge des Gebietswechsels eine neue Staatsangehörigkeit, so wird ihnen – jedenfalls bei vertraglichen Gebietsänderungen – in neuerer Zeit häufig die Möglichkeit eingeräumt, für ihre bisherige Staatsangehörigkeit zu optieren. Allerdings ist damit meist die Verpflichtung verbunden, das Gebiet zu verlassen; in manchen Fällen kann die O. nur durch Auswanderung ausgeübt werden.

2. Im *Zivilrecht* ist die O. die rechtlich begründete Anwartschaft, ein Recht durch eigene einseitige Erklärung zu erwerben (z. B. → Ankaufsrecht). Der *Optionsvertrag,* der mit der Vereinbarung einer Gegenleistung für die Einräumung dieser Rechtsstellung verbunden ist, bedarf bereits der Form des späteren Erwerbsgeschäfts (z. B. → Grundstückskaufvertrag).

3. *Steuerlich* → Umsatzsteuer 4., 11.

**Optionsvertrag** → Option. Zum Optionshandel → Differenzgeschäft.

**Ordal** → Gottesurteil.

**Orden (und Ehrenzeichen).** Für besondere Verdienste um die BRep. können der Bundespräsident oder mit seiner Genehmigung andere Stellen O. und E. – also tragbare Auszeichnungen – stiften und verleihen (§§ 1, 3 des Gesetzes über Titel – Ordensgesetz – vom 26. 7. 1957, BGBl. I 844). Stiftung und Verleihung bzw. die Genehmigung dazu erfolgt durch Erlaß des Bundespräsidenten (Art. 58 GG). Daneben haben auch die Länder die Befugnis, O. und E. zu stiften und zu verleihen (Bayern: Ges. vom 11. 6. 1957, GVBl. 119, und vom 18. 3. 1980, GVBl. 151). Als O. des Bundes besteht der „Verdienstorden der BRep." (Großkreuz, Großes Verdienstkreuz, Verdienstkreuz); genehmigt ist z. B. die Stiftung und Verleihung des O. Pour le mérite für Wissenschaften und Künste. Beispiele für E. sind das des Deutschen Roten Kreuzes, das Deutsche Feuerwehrehrenkreuz und das Deutsche Sportabzeichen. Erweist sich ein Beliehener durch sein Verhalten der verliehenen Auszeichnung unwürdig oder wird ein solches Verhalten nachträglich bekannt, so kann die Auszeichnung entzogen werden (§ 4 OrdensG). Für das Tragen von O. und E., die vor Erlaß des Ordensgesetzes verliehen wurden (insbes. Auszeichnungen aus dem zweiten Weltkrieg), bestehen besondere Vorschriften (vgl. §§ 6, 7 OrdensG). O. und E. dürfen grundsätzlich nur dann getragen werden, wenn sie ordnungsgemäß verliehen wurden und der Beliehene, soweit nicht anderes bestimmt ist, über die Verleihung eine Verleihungsurkunde oder ein Besitzzeugnis innehat (*Besitznachweis;* für vor dem 8. 5. 1945 verliehene O. und E. vgl. VO vom 6. 5. 1959, BGBl. I 247). Die Annahme und das Tragen *ausländischer* O. und E. bedarf der (widerruflichen) Genehmigung des BPräs. (§ 5 OrdensG). Das unbefugte Tragen in- oder ausländischer O. und E. oder dazugehöriger Bänder, nicht zugelassener früherer Auszeichnungen sowie verschiedene andere Verstöße gegen das OrdensG (z. B. Vertreiben von O. und E. ohne die erforderliche Erlaubnis) können als Ordnungswidrigkeiten geahndet werden (§ 15 OrdensG). Nicht unter das OrdensG fällt das Tragen von Abzeichen, die mit einer Dienststellung oder einer akademischen Würde verbunden sind oder die Zugehörigkeit zu einer Vereinigung u. dgl. kennzeichnen oder als Anerkennung für eine Leistung bestimmt sind. Es darf jedoch keine Verwechslungsgefahr mit O. und E. bestehen.

**Ordensinstitute** in der → kath. Kirche unterscheiden sich von *Säkularinstituten* durch die öffentlichen Gelübde (Ehelosigkeit, Armut, Gehorsam) und das gemeinsame Leben. Die O. können päpstlichen Rechts (vom → Apostolischen Stuhl errichtet od. bestätigt) oder bischöflichen Rechts (vom zuständigen → Bischof errichtet) sein. Für die Oberen der Niederlassungen der verschiedenen Stufen sind z. T. noch die Bezeichnungen Abt, Generaloberer u. dgl. gebräuchlich. Kollegiale Leitungsorgane sind die (Haus-, Provinz-, General-) Kapitel. Die näheren Regelungen ergeben sich aus dem → kanonischen Recht und den eigenen Rechtsnormen der O. S. a. → kirchliche Gerichte.

**Ordentliche Gerichtsbarkeit** (Justizgerichtsbarkeit) ist die → Gerichtsbarkeit der ordentlichen Gerichte; das sind der → Bundesgerichtshof, das → Bayerische Oberste Landesgericht, die → Oberlandesgerichte, → Landgerichte und → Amtsgerichte. Die o. G.

zerfällt in die → streitige G., die sog. → freiwillige (nichtstreitige) G., die → Strafg. und die G. der besonderen Abteilungen der o. G. (z. B. → Schifffahrts-, Rückerstattungs- und Entschädigungsgerichte). Die o. G. gehört zur → Justiz. Zugewiesen sind ihr alle → bürgerlichen Rechtsstreitigkeiten und Strafsachen, für die gemäß § 13 GVG der → ordentliche Rechtsweg gegeben ist.

**Ordentliche Kündigung** → Kündigung, → Kündigungsschutz für Arbeitnehmer.

**Ordentlicher Rechtsweg** ist der Rechtsweg zu den Gerichten der → ordentlichen Gerichtsbarkeit. Er umfaßt außer den Strafsachen die → bürgerlichen Rechtsstreitigkeiten und die Zivilprozeßsachen kraft Zuweisung, das sind öffentlich-rechtliche Streitigkeiten, die den ordentlichen Gerichten ausdrücklich zugewiesen sind (§ 40 VwGO), z. B. über die Höhe der Enteignungsentschädigung (Art. 14 III 4 GG), → Baulandsachen (§ 217 BauGB) oder Ansprüche auf Geldersatz aus → Staatshaftung (Art. 34 S. 3 GG). In diesem Rahmen entscheiden die ordentlichen Gerichte auch über öffentlich-rechtliche Vorfragen (z. B. über das Bestehen oder Nichtbestehen eines → Verwaltungsakts).

**Ordentliches Testament** → Testament (2).

**Orderklausel** ist ein Vermerk auf einem → Wertpapier, wonach der im Text als Berechtigter Bezeichnete einen anderen Berechtigten benennen und das Recht auf diesen übertragen kann. Die O. lautet: „oder an Order" (positive O.). Dadurch wird ein gekorenes → Orderpapier zum echten Orderpapier. Die negative O. lautet: „Nicht an Order"; sie hat nur bei geborenen Orderpapieren Sinn und zur Folge, daß das verbriefte Recht nur nach den Grundsätzen der → Abtretung einer Forderung – §§ 398 ff. BGB – übertragen werden kann (Art. 11 WG, Art. 14 II SchG).

**Orderpapier** ist ein → Wertpapier, in dem der → Aussteller verspricht, an eine bestimmte Person oder an einen anderen zu leisten, der von dem Benannten durch → Indossament als Gläubiger bezeichnet wird. Das O. ist Wertpapier i. e. S.: das Recht ist in der Urkunde verkörpert, wird übertragen, indem die Urkunde übereignet wird, so daß hier das Recht aus dem Papier dem Recht am Papier folgt. Darin unterscheidet sich das O. vom → Rektapapier, mit dem es andererseits gemeinsam hat, daß eine bestimmte Person als Berechtigter bezeichnet ist. *Geborene O.e* nennt man diejenigen, die ohne weiteres (von selbst) O. sind; bei ihnen muß die → Orderklausel besonders ausgeschlossen sein, wenn sie nicht O. sein sollen. Dazu gehören vor allem der Wechsel, die → Namensaktie und der auf den Namen lautende → Scheck, nicht aber der → Inhaberscheck. *Gekorene O.e* sind die sechs in § 363 HGB aufgeführten handelsrechtlichen Papiere (insbes. kaufmännische Anweisungen und Verpflichtungsscheine, Lade- und Lagerscheine sowie → Konnossemente), ferner bestimmte → Schuldverschreibungen und → Schatzanweisungen. Sie werden nur dadurch zu O.en, daß die Orderklausel in das Papier aufgenommen wird. Andere Wertpapiere als die hier genannten können nicht als O. ausgestellt werden.

**Ordinarius** → Hochschullehrer. – In der → kath. Kirche nach → kanonischem Recht Bezeichnung für die Diözesanbischöfe (→ Diözese, Bischof) und diesen gleichgestellte Leiter diözesanähnlicher Teilkirchen.

**Ordnung, öffentliche** → Sicherheit und Ordnung.

**Ordnungsbehörden** i. w. S. sind alle Behörden, zu deren Aufgabenbereich die Abwehr von Gefahren für die öffentliche → Sicherheit und Ordnung gehört. I. e. S. versteht man darunter die früher und in manchen Ländern der BRep. heute noch unter dem Begriff „Verwaltungspolizei" oder „Polizeibehörden" zusammengefaßten Behörden (→ Polizei). Z. B. werden die früher Baupolizei, Gesundheitspolizei, Gewerbepolizei, Ausländerpolizei genannten Behörden heute als „Bau(ordnungs)behörde(amt)", „Gesundheitsamt", „Gewerbe(ordnungs)behörde(amt)", „Ausländerbehörde" bezeichnet. Ordnungsbehörden i. e. S. sind damit alle Ordnungsbehörden i. w. S. mit Ausnahme der Polizei nach dem – neueren – institutionellen Polizeibegriff. Auf der unteren Ebene sind O. die → Gemeinden und die Behörden der → Kreisverwaltung. Häufig sind auf Gemeindeebene verschiedene Zweige der Ordnungsbehörden im „Amt für öffentliche Ordnung" zusammengefaßt. Aufgabenkreis, Organisation und Bezeichnung der O. sind in den Ländern der BRep. unterschiedlich geregelt (vgl. z. B. das nordrh.-westf. Ges. über Aufbau und Befugnisse der Ordnungsbehörden i. d. F. vom 13. 5. 1980, GVBl. 528, das Vorschriften über Aufgaben, Organisation und Befugnisse der O. enthält). Die O. können nach Maßgabe ihrer Befugnisse Anordnungen für den Einzelfall treffen oder Verordnungen erlassen (→ ordnungsbehördliche Maßnahmen). In Bayern werden die O. als Sicherheitsbehörden bezeichnet, in Hamburg, Niedersachsen und Sachsen-Anhalt Verwaltungsbehörden, in Hessen Gefahrenabwehrbehörden.

**Ordnungsbehördliche Maßnahmen.** Zur Abwehr von konkreten Gefahren für die → öffentliche Sicherheit und Ordnung können die → Ordnungsbehörden Gebote und Verbote für den Einzelfall aussprechen. Die entsprechende → Befugnis ergibt sich jeweils aus dem maßgeblichen → Ordnungsrecht, wobei mit Ausnahme Bayerns die ordnungsrechtliche Generalermächtigung eingreift, soweit nicht Spezialermächtigungen bestehen. Zur Abwehr abstrakter Gefahren für die öffentliche Sicherheit und Ordnung können die Ordnungsbehörden Verordnungen erlassen; diese werden in den Ländern, die noch Polizeibehörden und Verwaltungspolizei kennen, als Polizeiverordnungen bezeichnet. Als Ermächtigungsgrundlage für ordnungsbehördliche Verordnungen kann – mit Ausnahme Bayerns – auf die ordnungsrechtliche Generalklausel zurückgegriffen werden. Die ordnungsbehördlichen Verordnungen sind → Rechtsverordnungen. O. M. haben sich grundsätzlich gegen den → Störer zu richten.

**Ordnungsgeld** → Ordnungsmittel.

**Ordnungshaft** → Ordnungsmittel.

**Ordnungsmäßige Buchführung** im Handelsrecht → Buchführung, → Aufzeichnungspflichten im Steuerrecht. Die Ordnungsmäßigkeit der B. ist nicht Voraussetzung von Steuervergünstigungen; sie ist aber für die Frage von Bedeutung, ob eine vom Buchführungsergebnis abweichende → Schätzung der Besteuerungsgrundlagen zulässig ist. Vgl. §§ 158, 162 AO, R 29 EStR.

**Ordnungsmittel** sind – zum Unterschied von Kriminalstrafen (→ Strafrecht, 1 b) und Disziplinarmaßnahmen – solche gerichtlichen Maßnahmen, die dem Zweck dienen, bei Personen bestimmte Handlungen, Duldungen oder Unterlassungen zu erzwingen oder Ungehorsam und Ungebühr in einem Verfahren zu ahnden. Beispiele s. i. e. → Beugemittel, → Ungebühr vor Gericht. O. sind das *Ordnungsgeld* (im Bereich der → freiwilligen Gerichtsbarkeit u. a. auch das *Zwangsgeld*) und – vielfach ersatzweise – die *Ordnungshaft* (Zwangshaft). Nach Art. 6 EGStGB kann mangels spezieller Regelung *Ordnungsgeld* von 5–1000 DM oder – ggf. ersatzweise – *Ordnungshaft* von 1 Tag bis 6 Wochen festgesetzt werden (letztere nicht gegen Sachverständige u. Schöffen). Abweichendes gilt z. B. in der Zwangsvollstreckung (→ Unterlassungsanspruch; *Zwangshaft* zulässig bis zu 6 Monaten) oder bei der Kindesherausgabe (Zwangsgeld bis zu 50 000 DM, Zwangshaft bis zu 6 Monaten, § 33 FGG). O. wegen Ungehorsams gegen gesetzliche oder behördliche Anordnungen sind auch in zahlreichen Nebengesetzen angedroht. Soweit sie früher als Ordnungsstrafen o.ä. bezeichnet wurden, sind sie nun als → Ordnungswidrigkeiten nur noch mit → Bußgeld bedroht. S. a. → Erzwingungshaft, → Zwangsmittel.

**Ordnungsrecht** ist das von den → Ordnungsbehörden anzuwendende Recht der öffentlichen → Sicherheit und Ordnung (in Bayern: *Sicherheitsrecht*). Ihm steht das von der → Polizei anzuwendende → Polizeirecht gegenüber. In den Ländern, die noch dem materiellen Polizeibegriff folgen, unterfällt auch der ansonsten vom O. erfaßte Bereich dem Polizeirecht. Unter Zugrundelegung des institutionellen Polizeibegriffes entspricht die Trennung von Ordnungsbehörden und Polizei der Unterscheidung zwischen O. und Polizeirecht. Das O. fällt grundsätzlich in die Gesetzgebungszuständigkeit der Länder; in manchen Fällen regeln Bundesgesetze im Annex ordnungsrechtliche Fragen (Annexkompetenz des Bundes). Auch einige Länder, die dem institutionellen Polizeibegriff folgen, regeln O. und Polizeirecht in einem Gesetz. Zum O. der Hochschulen → Studenten.

**Ordnungswidrigkeiten** sind Rechtsverstöße, die keinen kriminellen Gehalt haben und daher nicht mit Strafe bedroht sind, die aber als Ordnungs(Verwaltungs)unrecht mit → Geldbuße geahndet werden können. Soweit sie nicht ein grob fehlerhaftes Verkehrsverhalten darstellen und daher als → Straßenverkehrsgefährdung bestraft werden, sind die meisten Verkehrsverstöße *Verkehrsordnungswidrigkeiten.*

1. Nach § 1 des Ges. über Ordnungswidrigkeiten (OWiG) i. d. F. vom 19. 2. 1987 (BGBl. I 602) m. Änd. ist O. eine rechtswidrige und vorwerfbare Handlung, deren Ahndung mit Geldbuße (nicht: Geldstrafe) im Gesetz zugelassen – nicht wie bei der Straftat: vorgeschrieben – ist. Außerdem gibt es sog. *Mischtatbestände,* bei denen wegen derselben Handlung Strafe *oder* Geldbuße verhängt werden kann und bei denen sich der Charakter als Straftat oder O. danach bestimmt, ob die Tat im Einzelfall mit Strafe oder Geldbuße zu ahnden ist; dies richtet sich z. B. im → Wirtschaftsstrafrecht nach Umfang und Auswirkungen der Tat, Verwerflichkeit des Handelns usw. (§§ 1, 2 WiStG 1954). Bei den sog. *unechten Mischtatbeständen* hängt die Wertung als Straftat von Qualifikationsmerkmalen ab (z. B. Gesundheitsgefährdung bei Jugendlichen, § 58 V JArbSchG). Die Höhe der Geldbuße (i. d. R. 10 DM bis 2000 DM) soll das dem Täter zugeflossene Entgelt oder seinen Gewinn übersteigen; zu diesem Zweck kann das gesetzliche Höchstmaß überschritten werden (§ 17 OWiG).

2. In der Begehungsform weisen die O. Abweichungen vom allgemeinen Strafrecht auf. *Versuch* ist stets nur strafbar, wenn das Gesetz es ausdrücklich bestimmt (§ 13 OWiG). Für Teilnahmehandlungen (→ Mittäterschaft, → Anstiftung, → Beihilfe) gilt nach § 14 OWIG der zusammenfassende Begriff „Beteiligung“; jeder Beteiligte handelt ordnungswidrig, doch werden Umfang und Bedeutung seines Tatbeitrags bei Bemessung der Geldbuße berücksichtigt. Das Zusammentreffen mehrerer Gesetzesverletzungen in Tateinheit wird wie im Strafrecht (→ Konkurrenz) behandelt. Sind wegen Tatmehrheit mehrere Geldbußen verwirkt, so wird anders als im Strafrecht jede gesondert festgesetzt. Ist eine Handlung zugleich Straftat und Ordnungswidrigkeit (häufig im Straßenverkehrsrecht, z. B. fahrlässige Körperverletzung durch Vorfahrtsverstoß), so wird nur das Strafgesetz angewendet (§§ 19 ff. OWiG). Für die *Verjährung* der Verfolgung gelten je nach Höhe der Bußgelddrohung Fristen von 6 Mon. bis zu 3 Jahren (§ 31 OWiG). Die Regelung des → *Irrtums* (§ 11 OWiG) folgt der allgemeinen Unterscheidung zwischen Tatbestands- und → Verbotsirrtum; ist dieser vorwerfbar, kann der geringere Schuldgrad bei Bemessung der Geldbuße berücksichtigt werden. Die → *Einziehung* ist zulässig, soweit das gesetzlich bestimmt ist, so insbes. bei Gegenständen, die durch eine O. erlangt worden oder zur Begehung einer O. gebraucht oder bestimmt sind. Gehören sie einem Dritten, ist Einziehung nur zulässig, wenn sie gemeingefährlich sind oder wenn der Dritte mindestens leichtfertig zu ihrer Verwendung für die Tat beigetragen oder sie in Kenntnis der einziehungsbegründenden Umstände in verwerflicher Weise erworben hat; doch gilt der Grundsatz der → Verhältnismäßigkeit (§§ 22 ff. OWiG). Außerdem kann → Verfall des durch die O. Erlangten angeordnet werden (§ 29 a OWiG).

3. Für das *Verfahren* (s. a. → Bußgeldverfahren) gilt das → Opportunitätsprinzip, d. h. die Verwaltungsbehörde entscheidet nach pflichtgemäßem Ermessen, ob das öffentliche Interesse eine Ahndung erfordert (§ 47 OWiG). In Bagatellfällen kann sie eine → Verwarnung erteilen und ein Verwarnungsgeld (10–75 DM) festsetzen; die Verwarnung ist aber nur wirksam, wenn der Betroffene mit ihr nach Belehrung über sein Weigerungsrecht einverstanden ist und ggf. das Verwarnungsgeld sofort oder fristgerecht zahlt (§ 56 OWiG).

a) *Zuständigkeit.* Liegt ausschließlich eine O. vor, so führt die Verwaltungsbehörde die Ermittlungen selbst oder mit Hilfe der Polizei durch, die auch ohne Auftrag ermitteln kann. Kommt eine Straftat in Betracht, ist die Sache an die StA abzugeben. Deren Entscheidung, daß eine Straftat und keine O. vorliegt, bindet die Verwaltungsbehörde (§ 44 OWiG). Bei Zusammenhang zwischen einer Straftat und einer O. kann die StA auch deren Verfolgung übernehmen. Vor Einstellung des Verfahrens hört sie die Verwaltungsbehörde; bei Anklageerhebung übersendet sie ihr Abschrift der Anklageschrift (§§ 42, 63 OWiG).

b) Der *Bußgeldbescheid* enthält die Personalien des Betroffenen, die Bezeichnung der O., ihrer gesetzl. Merkmale und der angewendeten Bußgeldvorschriften, die Beweismittel, die Höhe der Geldbuße und etwaige → Nebenfolgen, *Rechtsmittelbelehrung* usw. (§ 66 OWiG).

c) Als Rechtsmittel sind der Einspruch an das Amtsgericht und gegen dessen Entscheidung die Rechtsbeschwerde an das Oberlandesgericht zugelassen; diese kann nur auf Gesetzesverletzung gestützt werden (§§ 67 ff., 79 ff. OWiG). Die Frist beträgt für den Einspruch 2 Wochen, für die Rechtsbeschwerde 1 Woche; die Rechtsbeschwerde, die dem Betroffenen und der StA zusteht, bedarf wie die Revision in Strafsachen einer besonderen Begründung binnen 1 Monats. Sie ist nur beschränkt zulässig, insbes. wenn das festgesetzte Bußgeld 500 DM übersteigt, bei Freispruch, Einstellung oder Absehen von Fahrverbot, wenn im Bußgeldbescheid eine Geldbuße von mehr als 1200 DM oder ein Fahrverbot verhängt oder eine solche Geldbuße oder ein Fahrverbot von der StA beantragt war, oder bei Verwerfung des Einspruchs als unzulässig, sonst nur bei ausdrücklicher Zulassung nach § 80 OWiG. Über den Einspruch kann, wenn StA und Betroffener nicht widersprechen, durch Beschluß entschieden werden; sonst geschieht dies nach Hauptverhandlung durch Urteil. Das Gericht kann auf Festsetzung einer Geldbuße, Freispruch oder Einstellung erkennen; soweit es ohne Hauptverhandlung entscheidet, darf es vom Bußgeldbescheid nicht zum Nachteil des Betroffenen abweichen (§ 72 OWiG).

d) Ist der Bußgeldbescheid rechtskräftig geworden oder hat das Gericht rechtskräftig entschieden, so kann die Tat nicht mehr als O. verfolgt werden; sie kann auch nicht Gegenstand eines neuen Strafverfahrens sein, wenn das Gericht sie im rechtskräftigen Urteil nur als O. bewertet hat (§ 84 OWiG), so wenn sich erst später aus erschwerenden Gesichtspunkten der Charakter als Straftat ergibt. Somit kommt nur → Wiederaufnahme des Verfahrens in Betracht (§ 85 OWiG).

e) Im übrigen gelten die Grundsätze des → Strafprozesses mit gewissen Besonderheiten für das Ermittlungsverfahren der Verwaltungsbehörde (kein Klageerzwingungsverfahren, keine Verhaftung usw.); vgl. §§ 46 ff. OWiG; im gerichtl. Verfahren ist die Beweisaufnahme vereinfacht (§§ 77 a, 78 OWiG), bei rechtskräftigem Urteil kann von einer schriftlichen Begründung abgesehen werden (§ 77 b OWiG).

4. Die *Vollstreckung* des rechtskräftigen Bußgeldbescheides richtet sich nach den bundes- bzw. landesrechtlichen Vorschriften über das → Verwaltungszwangsverfahren. Nach fruchtloser Vollstreckung kann das Gericht (i. d. R. das Amtsgericht) → Erzwingungshaft bis zu 6 Wochen festsetzen (§§ 90, 96 OWiG).

5. In den *neuen Ländern* gilt das OWiG seit 3. 10. 1990 mit folgenden Maßgaben: Es ist auch auf Handlungen, die vor dem 3. 10. 1990 begangen wurden, anzuwenden. An die Stelle der Ausdrücke Ordnungsstrafe, Ordnungsstrafverfügung und -bestimmung treten die Begriffe Bußgeld, Bußgeldbescheid und -vorschrift. In der DDR erlassene Maßnahmen, die vor dem 1. 7. 1990 rechtskräftig wurden, werden nicht vollstreckt. In Kraft blieben §§ 5, 8, 16, 21 und 23 der VO vom 22. 3. 1984 zur Bekämpfung von Ordnungswidrigkeiten (GBl. I 173), die Verweigerung von Hilfe gegenüber der Polizei bei Gefahrenabwehr, ungenügende Sicherung von Bau- oder Abbruchmaßnahmen und Bauten, Verunstaltung von geschütztem Kulturgut und Naturschutzobjekten, fahrlässige Steuerhinterziehung sowie unerlaubte Wahrnehmung von Steuer- und Sozialversicherungs-

beitragspflichtangelegenheiten betreffen.

**ordre public** → Internationales Privatrecht.

**Organ(haftung)** → juristische Person, *Verein* (1). S. a. → Stellvertretung.

**Organe der BRep.** Die BRep., die Länder und die Körperschaften und Anstalten des öffentl. Rechts sind juristische Personen, die durch ihre O. handeln. Organe des Bundes sind der → Bundespräsident (Art. 54 ff. GG), die → Bundesversammlung (Art. 54 GG), im Bereich der → gesetzgebenden Gewalt der → Bundestag (Art. 38 ff. GG), der → Bundesrat (Art. 50 ff. GG) und der → Gemeinsame Ausschuß (Art. 53 a GG), im Bereich der → vollziehenden Gewalt die → Bundesregierung (Art. 62 ff. GG), die einzelnen → Bundesminister und die ihnen unterstellten Behörden, im Bereich der → rechtsprechenden Gewalt das → Bundesverfassungsgericht (Art. 95 GG), die obersten Gerichtshöfe und die sonstigen Gerichte des Bundes (Art. 96, 96 a GG); vgl. auch → Verfassungsorgane. O. der Länder sind die → Landtage, die Landesregierungen samt den ihnen unterstellten Behörden und die Gerichte der Länder. Die O. der sonstigen jur. Personen des öffentl. Rechts sind unterschiedlich ausgestaltet (vgl. z. B. *Gemeinde, Kreis, Hochschulen*).

**Organe, völkerrechtliche** eines Staates sind die zur → völkerrechtlichen Vertretung gegenüber anderen → Völkerrechtssubjekten befugten Personen, also das → Staatsoberhaupt, die → Regierung, die → Diplomaten und die → Konsuln. I. w. S. sind v. O. auch die Organe völkerrechtlicher Gemeinschaften, z. B. der → Vereinten Nationen und anderer → Internationaler Organisationen.

**Organentnahme** bei Menschen → Transplantation, bei Tieren s. § 6 I TierschutzG.

**Organhandel** → Transplantation.

**Organisation der Gerichte** → Gerichtsbarkeit.

**Organisation der Polizei** → Polizei, → Kriminalpolizei.

**Organisation der Staatsanwaltschaft** → Staatsanwaltschaft.

**Organisation für wirtschaftliche Zusammenarbeit und Entwicklung** → OECD.

**Organisationsakte** nennt man Akte, die sich auf die Organisation der staatlichen oder einer sonstigen öffentlichen Verwaltung beziehen (z. B. Errichtung und Aufhebung von Behörden; Änderung der Amtsbezirke). Soweit sie nicht der Form eines Gesetzes oder auf Grund gesetzlicher Vorschrift einer besonderen Form bedürfen (z. B. einer → Rechtsverordnung), wird man sie als innerdienstliche Anordnungen ansehen müssen, die keine unmittelbare Rechtswirkung nach außen entfalten und daher keine → Verwaltungsakte sind. Sie können sonach auch nicht im → Verwaltungsstreitverfahren angefochten werden. Anders, wenn die Bezirke von Selbstverwaltungskörperschaften (z. B. Gemeinden, Kreisen, Handwerkskammern) geändert werden, weil der O. zugleich in den Rechtsbestand der Körperschaft eingreift; insoweit wird man einen Verwaltungsakt annehmen müssen. Gegenüber den Angehörigen der Körperschaft (z. B. den Gemeindeeinwohnern) bleibt aber auch ein solcher Akt „innerdienstlich“. Die (gesetzlich festgelegte oder sich aus der Behördenhierarchie ergebende) Befugnis zum Erlaß von O. nennt man „Organisationsgewalt“.

**Organisationsdelikte** nennt man diejenigen Straftaten, die in der Bildung, Fortführung oder Unterstützung verbotener – insbes. verfassungsfeindlicher – Vereinigungen oder Gruppen bestehen. Hierzu zählen namentlich Zuwiderhandlungen gegen das Verbot verfassungswidriger politischer Parteien oder sonstiger Vereinigungen (§§ 84 ff. StGB, § 20 I Nr. 1 VereinsG) und die Beteiligung an → kriminellen oder → terroristischen Vereinigungen (§§ 129, 129 a StGB). Auch → Bildung bewaffneter Gruppen (§ 127 StGB) kann hierzu gerechnet werden.

**Organisationsmangel,** Haftung für – → unerlaubte Handlung (5 a), → Verein.

**Organisierte Kriminalität** schädigt neben den Betroffenen die gesamte Wirtschaft und die Volksgesundheit erheblich. Kriminelle Organisationen, deren Mitglieder oft sozial unauffällig sind, begehen aus Gewinn- oder Machtstreben professionell und teilweise mit Gewalt → Straftaten meist über nationale Grenzen hinweg. Sie organisieren besonders illegalen Handel mit Betäubungsmitteln (insbes. Heroin, Kokain, → Betäubungsmitteldelikte) und → Waffen, Herstellung und Verbreitung von → Falschgeld, → Diebstahl, → Hehlerei, → Erpressung, → Menschenhandel, → Zuhälterei, → Glücksspiel und Taten der → Wirtschaftskriminalität. Sie legen die Gewinne in legalen Geschäften an und versuchen, Einfluß auf Politik, Medien und gesellschaftliche Gruppen sowie Verwaltung und Justiz zu nehmen (s. auch die Definition in Art. 1 III Bayer. VerfassungsschutzG i. d. F. vom 10. 4. 1997, GVBl. 70 sowie in den Richtlinien der Justiz- und Innenminister der Länder, z. B. Bayer. JMBl. 1991, 1).

Bekämpft wird die O. K. vor allem im Strafrecht mit der Strafbarkeit von → Geldwäsche, → Bandenhehlerei und ausländischen, auf den Vertrieb von Betäubungsmitteln gerichteten kriminellen Vereinigungen, der Gewinnabschöpfung durch eine Vermögensstrafe (→ Strafen) und → Erweiterten Verfall, verschärften Strafdrohungen insbes. von Bandendelikten, im Verfahrensrecht mit → Verdeckten Ermittlern, → Einsatz technischer Mittel, → Rasterfahndung und → Polizeilicher Beobachtung sowie verbessertem → Zeugenschutz. Um Geldwäsche unterbinden oder aufklären zu können, wurden Möglichkeiten zur → Gewinnaufspürung geschaffen.

**Organklage** → Kommunalverfassungsstreitigkeiten, → Organstreitigkeiten.

**Organschaft.** Ist ein rechtlich selbständiges → Unternehmen (Organ) einem anderen Unternehmen (Organträger) derart eingegliedert, daß es keinen eigenen Willen hat, so verliert es seine steuerliche Selbständigkeit bei den einzelnen Steuern in verschiedenem Maße. Die Eingliederung muß finanziell (z. B. durch Mehrheitsbeteiligung), wirtschaftlich (z. B. Einordnung nach Art einer unselbständigen Betriebsabteilung) und organisatorisch (z. B. durch Personalunion hinsichtlich der Geschäftsführung) vorliegen. Die O. wirkt automatisch bei Umsatzsteuer und Gewerbesteuer; bei Körperschaftsteuer und Einkommensteuer nur, wenn ein → Gewinnabführungsvertrag hinzukommt. Bei der *Umsatzsteuer* sind Umsätze zwischen Organträger und Organ nichtsteuerbare Innenumsätze (§ 2 II Nr. 2 UStG). Vgl. Unternehmer. Bei der *Gewerbesteuer* gilt die *Filialtheorie:* Das Organ gilt als → Betriebsstätte des Organträgers mit der Folge, daß die betreffenden Gemeinden an der Summe der Gewerbeerträge und des Gewerbekapitals von Organträger und Organ regelmäßig entsprechend den gezahlten Löhnen beteiligt werden (§ 2 II Nr. 2 GewStG). Diesen Ausgleich spürt der Gewerbetreibende nur, wenn die Hebesätze der beteiligten Gemeinden verschieden hoch sind.

Bei der *Körperschaftsteuer* führt ein Organverhältnis mit → Gewinnabführungsvertrag zur Zurechnung des Einkommens des Organs beim Organträger, der auch ein Einzelunternehmen oder eine Personengesellschaft sein kann mit der Folge, daß das Einkommen des Organs (z. B. GmbH) lediglich der → Einkommensteuer unterworfen wird (§ 14 KStG). Allerdings hat die Organgesellschaft ihr Einkommen insoweit selbst zu versteuern, als es auf Ausgleichszahlungen an außenstehende Anteilseigner und die darauf entfallende Ausschüttungsbelastung (§ 27 KStG) entfällt (§ 16 KStG).

S. a. → Selbst-O., → Dritt-O.

**Organschaftsvertrag** nennt man im Recht der → Aktiengesellschaft und → Kommanditgesellschaft auf Aktien eine Verbindung von → Beherrschungs- und → Gewinnabführungsvertrag. O. sind nach § 291 AktG zulässig.

**Organspende** → Transplantation.

**Organstreitigkeiten** nennt man zunächst verfassungsrechtliche Streitigkeiten über den Umfang der Rechte und Pflichten bestimmter oberster Bundesorgane oder anderer Beteiligter (Art. 93 I Nr. 1 GG); vgl. Verfassungsstreitigkeiten (f). I. w. S. wird der Begriff auch für → Kommunalverfassungsstreitigkeiten oder entsprechende Streitigkeiten zwischen Organen öff.-rechtl. Körperschaften (z. B. Universität) verwendet (andere Bezeichnungen: „Organklage"; „verwaltungsrechtliche Organstreitigkeit" u. ä.).

**Organträger** → Organschaft.

**Organübertragung** → Transplantation.

**O.-R.-Geschäft** → Ohne-Rechnung-Geschäft.

**Originärer Erwerb** → Rechtserwerb.

**Örtliche Zuständigkeit des Gerichts.** Die (auch als Gerichtsstand bezeichnete) ö. Z. d. G. ist unterschiedlich geregelt. Maßgebend ist für → Klagen im → Zivilprozeß (im Inland; zur internationalen Z. → gerichtliche Z., 5) bei natürlichen Personen der → Wohnsitz des Beklagten (§ 13 ZPO), bei juristischen Personen ihr → Sitz (Niederlassung, Zweigniederlassung; §§ 17, 21 ZPO) als sog. allgemeiner Gerichtsstand. Daneben kommen die sog. besonderen Gerichtsstände in Betracht, z. B. der des → Erfüllungsorts (§ 29 ZPO), der sog. dingliche Gerichtsstand (§§ 24–26 ZPO), der der unerlaubten Handlung (§ 32 ZPO; bei mehreren → Wahlgerichtsstand). In der → Zwangsvollstreckung ist grundsätzlich das Amtsgericht zuständig, in dessen Bezirk das Vollstreckungsverfahren stattfindet oder stattgefunden hat (§ 764 II ZPO, aber zahlreiche Ausnahmen).

In *Strafsachen* besteht eine örtliche Zuständigkeit für jedes Gericht, in dessen Bezirk entweder der *Tatort* oder der *Wohnsitz* des Beschuldigten zur Zeit der Anklageerhebung liegt oder in dem er *ergriffen* wird (§§ 7–9 StPO; bei → Druckschriften strafbaren Inhalts i. d. R. der Erscheinungsort); der G. des *Zusammenhangs* ist bei mehreren Straftaten desselben Beschuldigten oder bei Beteiligung mehrerer an einer Tat bei jedem Gericht begründet, das für eine der Strafsachen zuständig ist (§§ 3, 13 StPO). Den Vorrang hat das Gericht, das zuerst das Verfahren eröffnet hat (§ 12 StPO). Beim Fehlen eines zuständigen Gerichts wird dieses vom Bundesgerichtshof bestimmt (§ 13 a StPO).

In der → freiwilligen Gerichtsbarkeit ist z. B. das Vormundschaftsgericht des Wohnsitzes des Mündels örtl. zuständig (§ 36 FGG), das Nachlaßgericht für den Ort, an dem der Erblasser den letzten Wohnsitz hatte (§ 73 FGG).

In der → Arbeitsgerichtsbarkeit gilt für Klagen dasselbe wie im Zivilprozeß; für das → Beschlußverfahren ist aber das Arbeitsgericht örtlich zuständig, in dessen Bezirk der Betrieb seinen Sitz hat (§ 82 ArbGG).

In der Verwaltungsgerichtsbarkeit ist grundsätzlich das Verwaltungsgericht zuständig, in dessen Bezirk der Sitz der Behörde liegt, die den angefochtenen Verwaltungsakt erlassen hat, ggf. das Gericht der belegenen Sache; sonst ist der Wohnsitz (Sitz) des Beklagten maßgebend (§ 52 VwGO); in der → Finanzgerichtsbarkeit grundsätzlich das Finanzgericht, in dessen Bezirk die Behörde ihren Sitz hat, die den ursprünglichen Verwaltungsakt erließ (§ 38 FGO); in der Sozialgerichtsbarkeit grundsätzlich das → Sozialgericht, in dessen Bezirk der Kläger seinen Wohnsitz hat (§ 57 I SGG).

Bei Kompetenzkonflikt (→ Zuständigkeitsstreit) ist Bestimmung des örtl. zuständigen Gerichts durch das gemeinsame obere Gericht vorgesehen (§ 36 ZPO, § 53 VwGO, § 39 FGO, § 58 SGG, §§ 14, 19 StPO).

Über die ö.Z. der *Behörden* → Zuständigkeit von Verwaltungsbehörden.

**Ortsbeirat** → Gemeindebezirk.

**Ortsbezirk** → Gemeindebezirk.

**Ortsbürgermeister** → Gemeindebezirk.

**Ortschaft** → Gemeindebezirk.

**Ortschaftsbeirat, Ortschaftsrat** → Gemeindebezirk.

**Ortsdurchfahrt** ist der Teil einer → Bundesstraße oder → Landstraße, der innerhalb der geschlossenen Ortslage liegt. Träger der → Straßenbaulast für O.en im Zuge der Bundesstraßen ist der Bund, soweit nicht die Baulast nach gesetzlichen Vorschriften oder öffentlichrechtlichen Verpflichtungen den Ländern obliegt. Gemeinden mit mehr als 80 000 Einwohnern sind Träger der Straßenbaulast für die O. im Zuge der Bundesstraßen (Näheres in § 5 des Bundesfernstraßengesetzes). Die O. für andere als Bundesfernstraßen ist landesrechtlich geregelt.

**Ortsgericht** ist ein besonderes Gericht, das eng begrenzte Aufgaben der → freiwilligen Gerichtsbarkeit wahrnimmt (Beurkundungen, Beglaubigungen usw.). O. gibt es nur noch in Hessen auf Grund des Ortsgerichtsges. i. d. F. vom 2. 4. 1980 (GVBl. I 113). Das O. ist mit ehrenamtlichen Mitgliedern (Ortsgerichtsvorsteher und Ortsgerichtsschöffen) besetzt.

**Ortsgesetze** ist ein in der Gesetzessprache kaum verwendeter Sammelbegriff für die von den → Gemeinden und den → Kreisen (Landkreisen) durch das zuständige Organ (i. d. R. → Gemeindevertretung, → Kreistag) erlassenen Rechtsvorschriften, insbes. die → Satzungen und ordnungsbehördlichen → Rechtsverordnungen (→ Ordnungsbehördliche Maßnahmen). O. in diesem Sinne sind also Rechtsnormen und → Gesetz (im materiellen Sinn). Sie gelten für das Gebiet der Gemeinde oder des Landkreises. Sie erfassen innerhalb dieses Gebietes nicht nur Gemeinde- oder Kreiseinwohner, sondern jeden, der in diesem Gebiet einen in der Satzung oder Verordnung geregelten Tatbestand erfüllt. Die Beschränkung des Geltungsbereichs auf einen Teil des Gebiets oder auf bestimmte Personenkreise ist aus sachgerechten Gründen zulässig.

**Ortskrankenkasse** (AOK = Allgemeine Ortskrankenkasse) ist der Träger der gesetzlichen → Krankenversicherung für eine abgegrenzte Region. Die O. ist Selbstverwaltungskörperschaft des öffentlichen Rechts und zuständig für die Versicherten, die von ihrem Wahlrecht entsprechend Gebrauch gemacht haben. Im übrigen → Krankenkassen (§§ 29 ff. SGB IV; §§ 143 ff., 173 ff. SGB V).

**Ortsrat** → Gemeindebezirk.

**Ortssprecher** → Gemeindebezirk.

**Ortsteil, Ortsteilvertretung** → Gemeindebezirk.

**Ortstermin** → Augenschein.

**Ortsvorsteher** → Gemeindebezirk.

**Ortszuschlag** ist nicht mehr Bestandteil der → Dienstbezüge des Beamten.

**Österreicher** (Regelung der Staatsangehörigkeit). Durch die VOen über die Staatsangehörigkeit im Lande Österreich vom 3. 7. 1938 (RGBl. I 790) und vom 30. 6. 1939 (RGBl. I 1072) erwarben die österreichischen Staatsangehörigen kraft Gesetzes die deutsche → Staatsangehörigkeit. Wer auf Grund dieser VOen am 26. 4. 1945 deutscher Staatsangehöriger war, hat nach dem Zweiten Gesetz zur Regelung von Fragen der Staatsangehörigkeit vom 17. 5. 1956 (BGBl. I 431) dieses Status mit Ablauf dieses Tages verloren. Dies gilt nicht für Frauen, die zwischen dem 13. 3. 1938 und dem 26. 4. 1945 einen deutschen Staatsangehörigen geheiratet haben. Die Personen, deren deutsche Staatsangehörigkeit danach erloschen ist, hatten jedoch grundsätzlich bis zum 30. 6. 1957 das Recht, sie durch Erklärung mit Rückwirkung auf den Zeitpunkt des Erlöschens wieder zu erwerben, wenn sie ihren dauernden Aufenthalt seit dem 26. 4. 1945 im Gebiet des Deutschen Reiches nach dem Stande vom 31. 12. 1937 hatten. Die Möglichkeit des Erwerbs der deutschen Staatsangehörigkeit ist in verschiedenen Fällen noch erweitert, insbes. hins. der Ehefrauen und Kinder und bei Personen, die glaubhaft machen, daß es ihnen erschwert war, ihren dauernden Aufenthalt seit dem 26. 4. 1945 in Deutschland zu haben.

**Ostverträge** nannte man die 1970 von der BRep. mit der UdSSR und Polen abgeschlossenen Verträge.

1. Der Vertrag zwischen der BRep. und der UdSSR vom 12. 8. 1970 (Ges. vom 23. 5. 1972, BGBl. II 353) hatte zum wesentl. Inhalt: Bestreben, die Normalisierung der Lage in Europa und die Entwicklung friedlicher Beziehungen zu fördern und dabei von der in diesem Raum bestehenden wirklichen Lage auszugehen. Die Vertragsparteien verpflichteten sich, die territoriale Integrität aller Staaten in Europa in ihren heutigen Grenzen uneingeschränkt zu achten, erklärten, keine Gebietsansprüche gegen irgend jemand zu haben und solche auch in Zukunft nicht zu erheben und betrachteten auch künftig die Grenzen aller Staaten in Europa als un-

verletzlich (einschließlich der → Oder-Neiße-Linie als Westgrenze Polens und der Grenze zwischen BRep. und ehem. DDR). Durch das Vertragsgesetz haben die gesetzgebenden Körperschaften in der BRep. auch einem Brief der BReg. vom 12. 8. 1970 zur deutschen Einheit sowie dem Notenwechsel mit den drei Westmächten zugestimmt.

2. Im Vertrag zwischen der BRep. und Polen über die Grundlagen der Normalisierung ihrer gegenseitigen Beziehungen vom 7. 12. 1970 (Ges. vom 23. 5. 1972, BGBl. II 361) wurde festgestellt, daß die → Oder-Neiße-Linie die westliche Staatsgrenze Polens bildet. Die Vertragspartner bekräftigen die Unverletzlichkeit ihrer bestehenden Grenzen und erklären, daß sie gegeneinander keinerlei Gebietsansprüche haben und in Zukunft nicht erheben werden.

3. Zusammen mit den Vertragsgesetzen zu 1) und 2) haben BT und BR eine Erklärung abgegeben, in der u. a. festgestellt wird, daß das unveräußerliche Recht auf Selbstbestimmung und die Rechte und Verantwortlichkeiten der Vier Mächte in bezug auf Deutschland als Ganzes und auf Berlin durch die Verträge nicht berührt werden. Das BVerfG hat 1975 Verfassungsbeschwerden gegen die Zustimmungsgesetze zu den O., mit denen die Verletzung der Art. 14, 16, 6 GG gerügt wurde, verworfen (BVerfGE 40, 141).

4. Durch die → abschließende Regelung in bezug auf Deutschland und die folgenden Verträge mit der Sowjetunion und Polen sind die O. weitgehend überholt.

**OSZE** → KSZE.

**Outsourcing** bedeutet im Bereich der öffentlichen Verwaltung die Übertragung einer Aufgabe der öffentlichen Verwaltung auf einen privaten Träger (→ Privatisierung).

**Ozonkonzentrationen, erhöhte** → Fahrverbot, → Umweltschutz im Straßenverkehr.

# P

**Pacht.** Durch den Pachtvertrag wird der Verpächter verpflichtet, dem Pächter gegen Zahlung des Pachtzinses den Gebrauch des gepachteten Gegenstandes und darüber hinaus – sonst nur → Miete! – den Genuß der bei ordnungsmäßiger Wirtschaft anfallenden → Früchte während der P.zeit zu gewähren (§ 581 BGB). Gegenstand der P. können (anders als bei der Miete) nicht nur → Sachen, sondern auch Rechte sein, z. B. Nutzung von Urheber- und Patentrechten, → Lizenzvertrag u. dgl. Auf die P. finden, soweit nichts anderes gesagt ist, die Vorschriften über die Miete entsprechende Anwendung (§ 581 II BGB), insbes. auch über das → Pfandrecht des Vermieters (Verpächters); zum Eigentumserwerb an den Früchten → Fruchterwerb. Wird ein Grundstück mit → Inventar verpachtet, so obliegt dem Pächter die Erhaltung der einzelnen Inventarstücke (§ 582 BGB); für seine Forderungen steht auch ihm (neben dem Pfandrecht des Verpächters) ein → Pfandrecht hieran zu (§ 583 BGB). Ist bei der P. eines Grundstücks, von Räumen oder eines Rechts eine Pachtzeit nicht bestimmt, so ist die → Kündigung nur zum Schluß eines P.jahrs (mit halbjähriger Frist) zulässig (§ 584 BGB).

Besonderheiten gelten für die P. eines landwirtschaftlichen Grundstücks mit oder ohne die seiner Bewirtschaftung dienenden Wohn- und Wirtschaftsgebäude (*Landpacht,* §§ 585 ff. BGB). Ein Landpachtvertrag, der für mehr als 2 Jahre geschlossen wird, bedarf der Schriftform (→ Form, 1 a; § 585 a BGB; sonst auf unbestimmte Zeit geschlossen). Der Verpächter hat die P.sache in einem vertragsgemäßen Zustand zu überlassen und zu erhalten; die gewöhnlichen Ausbesserungskosten trägt jedoch der Pächter (§ 586 BGB). Der Pächter darf ohne Erlaubnis des Verpächters die P.sache nicht einem Dritten überlassen (Unterp.) oder deren landwirtschaftliche Bestimmung ändern (§§ 589, 590 BGB). Bei nachhaltiger Änderung der maßgebenden Verhältnisse kann jede Seite eine Vertragsanpassung verlangen (§ 593 BGB). Ein auf unbestimmte Zeit eingegangenes Landpachtverhältnis kann – außer jederzeit aus wichtigem Grund – mit zweijähriger Kündigungsfrist für den Schluß des nächsten Pachtjahres schriftlich gekündigt werden (§ 594 a BGB). Der Pächter kann unter bestimmten Voraussetzungen (insbes. wenn die Betriebsp. die wirtschaftliche Lebensgrundlage bildet) die Fortsetzung des P.verhältnisses verlangen (§ 595 BGB). Landpachtverträge bedürfen der Anzeige und können von der zuständigen (Landwirtschafts-)Behörde beanstandet werden (LandpachtverkehrsG vom 8. 11. 1985, BGBl. I 2075). Für eine gerichtliche Überprüfung gilt das Ges. über das gerichtliche Verfahren in Landwirtschaftssachen (→ Grundstücksverkehr, landwirtschaftlicher). Nach dem *PachtkreditG* vom 5. 8. 1951 (BGBl. I 494) m. spät. Änd. kann der Pächter eines landwirtschaftlichen Grundstückes zur Sicherung für ein gewährtes Darlehen ein → Pfandrecht am Inventar *ohne* Besitzübertragung an die Bank bestellen. Besonderheiten gelten für die → Jagdpacht; zur Apothekenpacht → Apothekenwesen. S. ferner → Kleingärten, → Fischereirecht, → Franchisevertrag; Gebiet ehem. DDR → Nutzungsberechtigungen.

**Pachtkredit(gesetz)** → Pacht, → Pfandrecht.

**pacta sunt servanda** = Verträge müssen eingehalten (erfüllt) werden; aus dem → römischen Recht übernommener, heute noch gültiger Grundsatz der Vertragstreue. Er gilt im besonderen kraft → Völkergewohnheitsrechts, in dem er bei dem Theorienstreit um die Frage der → Verbindlichkeit des Völkerrechts eine Rolle spielt. S. aber (für das Zivilrecht), → Treu und Glauben, → Geschäftsgrundlage.

**pactum de non cedendo** → Abtretung; **pactum de non licitando** → Zwangsversteigerung; **pactum de non petendo:** Hierunter versteht man einen → Vertrag, in dem sich der Gläubiger verpflichtet, seine Forderung gegenüber dem Schuldner nicht geltend zu machen (Stillhalteabkommen). Darin liegt – auch bei unbefristeter Abrede – kein → Erlaßvertrag; vielmehr wird dem Schuldner nur eine → Einrede eingeräumt. Das befristete p. ist als → Stundung anzusehen.

**Päderastie** (griech.: Knabenliebe) → Homosexuelle Handlungen.

**Pädagogische Freiheit** wird im → Schulwesen der Gestaltungsspielraum des Lehrers bei der Erteilung des Unterrichts genannt. Die P. F. besteht nur im Rahmen von Gesetzen, Verordnungen, Verwaltungsvorschriften und Weisungen, die jedoch in ihrer Gesamtheit den Lehrer nicht so stark einengen dürfen, daß ihm kein pädagogischer Spielraum mehr verbleibt.

**Pairing** → Abstimmung (1).

**Pairschub** ist die gleichzeitige Ernennung einer Anzahl von Mitgliedern des britischen → House of Lords (Peers) durch die Krone.

**Pakt** → völkerrechtlicher Vertrag.

**Panaschieren** ist das Zusammenstellen von Wahlkandidaten aus verschiedenen Wahlvorschlägen durch den Wahlberechtigten in demselben Stimmschein, wenn dies bei Verhältniswahl zugelassen ist. Das P. ist in der BRep. bei den Wahlen zum Bundestag und den Landtagen unzulässig, ist aber bei → Kommunalwahlen durch die Wahlgesetze einiger Länder vorgesehen.

**Pandekten** → römisches Recht.

**Papst.** 1. In der → kath. Kirche besitzt der P. die höchste, volle, unmittelbare und universale Leitungsgewalt. Er ist Bischof von Rom und wird als Nachfolger des Apostels Petrus, als Haupt des Bischofskollegiums und als Stellvertreter Gottes auf Erden angesehen. Seine Leitungsgewalt umfaßt zugleich Gesetzgebung, Verwaltung und Rechtsprechung (s. kirchliche Gerichtsbarkeit). Der P. besitzt nach kirchl. Recht Unfehlbarkeit im Lehramt, wenn er als oberster Hirte und Lehrer eine Glaubens- oder Sittenlehre definitiv als verpflichtend verkündet. Gegen seine Entscheidungen gibt es keinen Rechtsbehelf.

2. Der P. bedient sich der Behörden der → Kurie, die mit ihm zusammen den → Apostolischen Stuhl oder → Heiligen Stuhl bilden. Er wird von den → Kardinälen im → Konsistorium beraten und unterstützt. Neben dem P. besteht als weiteres oberstes Leitungsorgan das → Ökumenische Konzil. Wichtige Fragen können auch in der → Bischofssynode beraten werden. Eine Stellvertretung des Papstes im eigentlichen Sinne findet nicht statt; bei Vakanz oder Behinderung darf in der Leitung der Gesamtkirche nichts geändert werden („sede romana vacante nihil innovetur").

3. Der P. ist auch Oberhaupt der unierten Ostkirchen. Als Oberhaupt der → Lateinischen Kirche führt er zugleich den Ehrentitel „Patriarch des Abendlandes". Ferner führt er den Ehrentitel „Primas von Italien". Er ist ferner → Metropolit der römischen → Kirchenprovinz; zu dieser gehören grundsätzlich auch alle → Diözesen o. ä. Teilkirchen außerhalb deren eigentlichem Bereich, die keiner anderen Kirchenprovinz angehören. Ferner repräsentiert der P. den → Heiligen Stuhl als Völkerrechtssubjekt sowie die Vatikanstadt als souveränen Staat.

4. Die Wahl des Papstes erfolgt seit 1179 durch das Kardinalskollegium, seit Ende des 13. Jh. im Konklave. → Kardinäle, die das 80. Lebensjahr vollendet haben, besitzen kein Wahlrecht mehr. Wählbar ist jeder Getaufte. Die Wahlgänge werden solange fortgesetzt, bis ein Kandidat die erforderliche Mehrheit (eine Stimme mehr als zwei Drittel) erhalten hat. Nach dreizehn Wahlgängen kann sich das Wahlkollegium mit der absoluten Mehrheit plus einer Stimme begnügen, wenn dieser Modus von den Wahlberechtigten einstimmig gebilligt wird. Weiter bestehen die Möglichkeiten einer Wahl durch Eingebung (per inspirationem) und durch Wahlmänner (per compromissum).

5. Das Amt des Papstes endet mit dessen Tod oder durch Verzicht; dieser muß erklärt werden, bedarf jedoch keiner Annahme durch das Kardinalskollegium oder andere Organe.

**Paragraph** (von griechisch parágraphos = Zeichen am Rande der Buchrolle) ist ein fortlaufend numerierter kleiner Abschnitt eines Gesetzes, der mit dem Zeichen § gekennzeichnet wird. S. a. → Artikel.

**Parallelgesetzgebung** → Gemeines Recht.

**Paraphierung.** Haben sich bei Verhandlungen über den Abschluß eines → völkerrechtlichen Vertrages die Staatenvertreter auf einen vorläufigen Vertragstext geeinigt, so bestätigen sie dessen Richtigkeit, indem sie ihn mit dem Anfangsbuchstaben ihres Namens (Paraphe) unterzeichnen. Eine Verpflichtung der verhandelnden Staaten wird dadurch noch nicht begründet. S. a. → Form (1 a).

**Parentelensystem** → Erbfolge.

**Pari** (Kurs) → Disagio.

**Pariser Übereinkunft** zum Schutz des gewerblichen Eigentums vom 20. 3. 1883 (zuletzt 1967 revidiert; BGBl. 1970 II 293, 391) ist ein mehrseitiger völkerrechtl. Vertrag zum internat. → gewerblichen Rechtsschutz. → Madrider Abkommen, → TRIPS.

**Pariser Verträge.** Nach dem Scheitern des Vertrages über die → Europäische Verteidigungsgemeinschaft wurde am 23. 10. 1954 in Paris von den USA, Großbritannien, Frankreich und der BRep. das Protokoll über die Beendigung des Besatzungsregimes in der BRep. unterzeichnet; dadurch wurde eine Reihe von Verträgen, die schon 1952 zwischen diesen Staaten geschlossen worden waren, in geänderter Form neu bekräftigt. Es waren dies der Vertrag über die Beziehungen zwischen der BRep. und den drei Mächten (sog. → Deutschland- oder *Generalvertrag*), der Vertrag über die Rechte und Pflichten ausländischer Streitkräfte und ihrer Mitglieder in der BRep. (sog. *Truppenvertrag*), der *Finanzvertrag*, der Vertrag zur Regelung aus Krieg und Besatzung entstandener Fragen (*Überleitungsvertrag*) sowie das Abkommen über die *steuerliche Behandlung* der Streitkräfte und ihrer Mitglieder, alle vom 26. 5. 1952. Gleichzeitig mit diesem Protokoll wurde von den vier Staaten der Vertrag über den Aufenthalt ausländischer Streitkräfte in der BRep. unterzeichnet. Ebenfalls am 23. 10. 1954 unterzeichneten die Vertreter Frankreichs, Großbritanniens, Italiens, der Beneluxländer und der BRep. in Paris eine Reihe von Protokollen über den Beitritt Italiens und der BRep. zur → Westeuropäischen Union. Gleichzeitig trat die BRep. dem → Nordatlantikpakt bei.

**Parität** bedeutet einmal die Besetzung eines Gremiums unter gleichmäßiger Berücksichtigung verschiedener Gruppen (s. z. B. *Mitbestimmung*). Im Bereich des Währungsrechts ist P. ein festes Wertverhältnis mehrerer Währungen zueinander oder einer Währung zu einer bestimmten Geldmenge. S. → Währungsgesetz.

**Parken** (§ 12 II–V StVO) ist das Abstellen eines Fz. auf öffentlicher Straße, wenn der Fahrer das Fz. verläßt oder länger als 3 Min. hält. *Parkverbot* besteht an entsprechend gekennzeichneten Stellen sowie überall, wo → Halten verboten ist, außerdem je 5 m vor und hinter Straßenkreuzungen und -einmündungen, je 15 m vor und hinter Haltestellenschildern, vor und hinter Andreaskreuzen an → Bahnübergängen (bis zu 5 bzw. 50 m) sowie vor Bordsteinabsenkungen, ferner an Grundstücksaus- und -einfahrten usw. Begrenzte Verbote gelten je nach Bezeichnung, z. B. auf → Gehwegen. Es ist ohne Verkehrsbehinderung platzsparend und grundsätzlich am rechten Fahrbahnrand zu parken (links nur in → Einbahnstraßen und wenn rechts Schienen liegen). Ohne die bei → Dunkelheit vorgeschriebenen Parkleuchten oder Park-Warntafeln des Fz. ist in geschlossenen Ortschaften das Parken von Fz., ausgenommen große Kfz. und Anhänger, zulässig, wenn es durch eine andere bleibende Lichtquelle ausreichend beleuchtet ist (§ 17 IV 2 StVO; sog. Laternengarage). Das P. kann zeitlich begrenzt sein durch Aufstellen von Schildern, *Parkuhren* oder *Parkscheinautomaten;* vor diesen ist Halten nur zum Ein- oder Aussteigen, Be- oder Entladen sowie während der Laufzeit der Uhr (des am Fz. angebrachten Parkscheins) gestattet; ebenso, wo *Parkscheiben,* eine Art Parkuhren, an gekennzeichneten Stellen auf Grund einer begrenzten Ausnahme im Innern des Fz. vom Fahrer selbst angebracht und eingestellt werden dürfen (§ 13 StVO). Ist eine Parkuhr defekt, darf nur – unter Einstellung der Parkscheibe – bis zur angegebenen Höchstparkdauer geparkt werden. Ein Kfz-Anhänger ohne Zugfahrzeug darf nicht länger als 2 Wochen geparkt werden (§ 12 III b StVO). Unzulässiges Parken ist → Ordnungswidrigkeit (§ 49 StVO; § 24 StVG), u. U. → Straßenverkehrsgefährdung.

Das verkehrsbehindernd parkende Fz. kann auf Kosten des Halters od. Fahrers abgeschleppt werden, wenn vorherige Aufforderung zum Entfernen erfolglos oder unzumutbar (§§ 683, 679, 670 BGB).

**Parklücke.** Wer eine P. zuerst unmittelbar, also nicht auf der gegenüberliegenden Fahrbahnseite, erreicht, hat Vorrang. Der Vorrang bleibt ihm auch erhalten, wenn er an der P. vorbeifährt, um rückwärts einzuparken, oder wenn er sonst zusätzliche Fahrbewegungen ausführt, um in die P. einzufahren. Das gilt auch für Fahrzeugführer, die an einer freiwerdenden P. warten (§ 12 V StVO). Nur der Fahrzeugführer selbst hat Vorrang; andere Personen können die P. nicht reservieren.

**Parkstudium** → Studienplätze (Vergabe).

**Parlament** wird in demokratischen Staaten die Vertretung des Volkes genannt. Das Vorhandensein eines vom Volk gewählten P. ist Wesensmerkmal der Demokratie. Wahl, Aufgaben und Befugnisse des P. sind in der Verfassung und sonstigen Gesetzen (z. B. Wahlgesetz) geregelt, der Geschäftsgang in einer → Geschäftsordnung. In Durchführung der → Gewaltentrennung übt das P. die gesetzgebende Gewalt aus; doch stehen ihm auch zahlreiche andere Befugnisse (z. B. Bestellung und Überwachung der vollziehenden Gewalt; Budgetrecht) zu. Ist die Existenz der Regierung vom Vertrauen der Volksvertretung abhängig, so spricht man von → parlamentarischem Regierungssystem (auch „Parlamentarismus“); → Mißtrauensvotum, Vertrauensfrage. Organe des P. sind zumeist der Präsident (und ein oder mehrere Stellvertreter), der Ältestenrat, der Vorstand und die Ausschüsse. In der BRep. ist P. des Bundes der → Bundestag; P. der Länder sind die → Landtage (andere Bezeichnungen in den Stadtstaaten Berlin, Bremen und Hamburg). Die gewählten Vertretungen anderer öffentlich-rechtlicher Körperschaften, insbes. im kommunalen Bereich, können kaum als P. bezeichnet werden („Gemeindeparlamente“), da sie nicht zur gesetzgebenden Gewalt, sondern zur Verwaltung zählen.

**Parlamentarische Demokratie/ Monarchie.** Der Zusatz „parlamentarisch“ kann einmal das bloße Vorhandensein eines → Parlaments bezeichnen (repräsentative → Demokratie im Gegensatz zur unmittelbaren D.; Beschränkung der monarchischen Staatsgewalt durch eine Volksvertretung), besagt zumeist aber, daß in der D. (M.) ein → parlamentarisches Regierungssystem eingerichtet ist.

**Parlamentarische Immunität** → Immunität.

**Parlamentarische Kontrolle.** Die Kontrolle der → vollziehenden Gewalt durch das → Parlament kennzeichnet das → parlamentarische Regierungssystem. Sie bedeutet – jedenfalls theoretisch – ein gewisses Übergewicht der Volksvertretung. Wichtigste Mittel der p. K. sind das → Mißtrauensvotum gegenüber der Regierung (die Regierung bedarf zu ihrer Amtsführung des Vertrauens der Volksvertretung) und das → Budgetrecht einschl. der Pflicht der Regierung, dem Parlament Rechnung zu legen, ferner das Recht zur → Interpellation und zur Überweisung von → Petitionen an die Regierung, die Befugnis, die Anwesenheit der Mitglieder der Regierung zu verlangen sowie → Untersuchungsausschüsse einzusetzen. Eine besondere Einrichtung der p. K. ist der → Wehrbeauftragte.

**Parlamentarische Kontrollkommission** → Nachrichtendienste.

**Parlamentarische Staatssekretäre.** Nach § 1 des Ges. vom 24. 7. 1974 (BGBl. I 1538) können Mitgliedern der → Bundesregierung zu ihrer Unterstützung P. S. beigegeben werden. Sie müssen dem Bundestag angehören. Sie werden vom BPräs. auf Vorschlag des BK ernannt; der Vorschlag kann nur im Einvernehmen mit dem BMin. gemacht werden, für den der P. S. tätig werden soll. Die P. S. leisten einen Amtseid. Sie können jederzeit auf dem gleichen

Wege wie bei der Ernennung entlassen werden und ihre Entlassung jederzeit verlangen. Ein P. S. ist kraft Gesetzes entlassen, wenn er aus dem Bundestag ausscheidet oder wenn das Amtsverhältnis des für ihn zuständigen BMin. endet. Die P. S. erhalten Amtsbezüge (75% des Amtsgehaltes eines BMin.) sowie Versorgung. Einem P. S. kann das Recht verliehen werden, die Bezeichnung „Staatsminister" zu führen. Der P. S. ist vom *beamteten* → *Staatssekretär* und vom S. als Mitglied der Staatsregierung (so in Bayern) zu unterscheiden.

**Parlamentarischer Rat.** Der P. R. war ein aus 65 Mitgliedern bestehendes Gremium, das die Aufgabe hatte, in Zusammenarbeit mit den → Allierten Mächten das → Grundgesetz auszuarbeiten. Die Mitglieder waren von den Landtagen der Länder der amerikanischen, englischen und französischen Besatzungszone gewählt. Der P. R. trat am 1. 9. 1948 erstmals zusammen. Er beendete seine Arbeit am 8. 5. 1949 mit der Schlußabstimmung, in der das GG mit 53 zu 12 Stimmen angenommen wurde.

**Parlamentarischer Untersuchungsausschuß** → Untersuchungsausschuß.

**Parlamentarisches Regierungssystem** bedeutet nicht das bloße Vorhandensein eines → Parlaments (Volksvertretung) oder dessen maßgebliche Beteiligung an der Staatsgewalt, sondern die verfassungsmäßige Abhängigkeit der → Regierung vom Vertrauen des Parlaments, das ein gewisses Übergewicht gegenüber der vollziehenden Gewalt besitzt. Diese bleibt zwar entsprechend dem Grundsatz der → Gewaltentrennung in ihren Entscheidungen grundsätzlich frei, ist in ihrer Existenz aber vom Vertrauen des Parlaments abhängig. In der BRep. ist diese Abhängigkeit dadurch gelockert, daß der → Bundeskanzler nicht durch ein einfaches, sondern durch ein sog. konstruktives → Mißtrauensvotum gestürzt werden kann (s. a. → Vertrauensfrage). Das p. R. ist die regelmäßige, aber nicht unbedingt notwendige Regierungsform der Demokratie; in einer → Präsidialdemokratie (z. B. in den USA) ist die Spitze der vollziehenden Gewalt – jedenfalls rechtlich – nicht vom Vertrauen der Volksvertretung abhängig.

**Parlamentsnötigung** begeht, wer ein Gesetzgebungsorgan des Bundes oder eines Landes oder die → Bundesversammlung oder einen ihrer Ausschüsse rechtswidrig mit Gewalt oder durch Drohung mit Gewalt nötigt oder zu nötigen versucht, ihre Befugnisse nicht oder in einem bestimmten Sinne auszuüben (§ 105 StGB). Unter Strafe gestellt ist auch die Nötigung oder versuchte Nötigung von Mitgliedern dieser Organe (hier genügt Drohung mit einem empfindlichen Übel, § 106 StGB). Die Bestimmungen regeln Sonderfälle der → Nötigung; sie schützen die Funktionsfähigkeit und -freiheit der Parlamente und ihrer Mitglieder.

**Partei** *im Zivilprozeß* ist derjenige, von dem oder gegen den bei Gericht Rechtsschutz begehrt wird; das sind je nach Verfahrensart Kläger und Beklagter, Antragsteller und Antragsgegner, Gläubiger und Schuldner. Eine P. muß parteifähig sein (→ Parteifähigkeit). Der P. entspricht in der freiwilligen Gerichtsbarkeit, im Verwaltungs-, Finanz- und Sozialstreitverfahren der → Beteiligte. Über den politischen Begriff → Parteien.

**Partei kraft Amtes** ist im Zivilprozeß eine → Partei, die diese Stellung lediglich auf Grund eines Amtes innehat, das sie zur Wahrung fremder Rechte beruft (sog. Amtstheorie; nach der Vertretungstheorie handelt es sich um gesetzliche Vertreter). Als P. k. A. werden von der Gerichtspraxis angesehen: der → Insolvenzverwalter, der → Testamentsvollstrecker, der → Nachlaßverwalter und der → Zwangsverwalter.

**Parteiänderung** im Verlaufe eines Rechtsstreits ist möglich entweder durch → Parteiwechsel oder → Parteibeitritt. Beides kann auf Grund bestimmter gesetzlicher Vorschriften oder gewillkürt (durch freigestellte Prozeßhandlungen) geschehen. Bei P. wird der begonnene Rechtsstreit unter Beachtung bestimmter Regeln fortgesetzt. Die P. ist allgemein noch nicht gesetzlich geregelt; vielfach wird sie wie eine → Klageänderung behandelt.

**Parteiausschluß** (-austritt, -übertritt) *eines Abgeordneten* → Mandat des Abg. Über den Ausschluß von Parteimitgliedern → Parteien (polit.).

**Parteibeitritt** liegt vor, wenn eine weitere → Partei als → Streitgenosse einer Partei neu in den Rechtsstreit eintritt. Ein solcher P., gesetzlich ausdrücklich nur in § 856 II ZPO vorgesehen, ist grundsätzlich zulässig, soweit → Streitgenossenschaft zugelassen ist und die funktionelle Zuständigkeit des angegangenen Gerichts nicht entgegensteht.

**Parteibetrieb** bedeutet, daß das Betreiben eines Prozesses in den Händen der Parteien liegt. Der Gegensatz ist der → Amtsbetrieb. Der P. ist Ausfluß der → Parteiherrschaft.

**Parteien, politische.** 1. Nach Art. 21 I GG wirken die P. bei der politischen Willensbildung des Volkes mit. Ihre Gründung ist frei. Ihre innere Ordnung muß demokratischen Grundsätzen entsprechen. Sie müssen über die Herkunft ihrer Mittel öffentlich Rechenschaft ablegen. Das GG enthält ferner Bestimmungen über die Verfassungswidrigkeit von P. (Art. 21 II; s. u.).

2. Die nähere bundesgesetzliche Regelung der allgemeinen Verhältnisse der P. enthält das Ges. über die politischen P. *(Parteiengesetz)* i. d. F. vom 31. 1. 1994 (BGBl. I 149). Nach § 2 ParteienG sind P. Vereinigungen von Bürgern, die dauernd oder für längere Zeit für den Bereich des Bundes oder eines Landes auf die politische Willensbildung Einfluß nehmen und an der Vertretung des Volkes im Bundestag oder einem Landtag mitwirken wollen (Unterschied zu den sog. Rathausparteien). Voraussetzung ist, daß sie nach dem Gesamtbild der tatsächlichen Verhältnisse, insbes. nach Umfang und Festigkeit ihrer Organisation, nach der Zahl ihrer Mitglieder und nach ihrem Hervortreten in der Öffentlichkeit eine ausreichende Gewähr für die Ernsthaftigkeit dieser Zielsetzung bieten. Mitglieder einer P. können nur natürliche Personen sein. Nach § 1 ParteienG sind die P. ein verfassungsrechtlich notwendiger Bestandteil der freiheitlichen demokratischen → Grundordnung; ihre Mitwirkung an der politischen Willensbildung des Volkes ist eine nach dem GG verbürgte öffentliche Aufgabe. Diese Mitwirkung umfaßt insbes. die Mitgestaltung der öff. Meinung, den Ausbau der politischen Bildung, die Förderung aktiver Teilnahme der Bürger am polit. Leben (namentlich durch Übernahme öffentlicher Verantwortung) und vor allem die Aufstellung von Wahlbewerbern in Bund, Ländern und Gemeinden. Ferner sind die P. berufen, auf die politische Entwicklung in Parlament und Regierung Einfluß zu nehmen und für eine ständige lebendige Verbindung zwischen Volk und Staatsorganen sorgen.

3. Die P. müssen eine Satzung und ein schriftliches Programm haben, das ihre Ziele wiedergibt. Der Mindestinhalt der Satzungen ist in § 6 II ParteienG festgelegt. Ferner enthält das Gesetz zur inneren Ordnung der P. Vorschriften über die Gliederung, die Organe (Mitglieder- und Vertreterversammlung, Vorstand, allgemeine Parteiausschüsse, Parteischiedsgerichte) und die Willensbildung in den Organen sowie über die Rechte der Mitglieder. Diese können insbes. nur ausgeschlossen werden, wenn sie vorsätzlich gegen die Satzung oder erheblich gegen Grundsätze oder Ordnung der Partei verstoßen und ihr dadurch schweren Schaden zugefügt haben; gegen den Ausschluß muß ein zweistufiges schiedsgerichtliches Rechtsmittelverfahren offenstehen (§ 10 IV, V, § 14 ParteienG). Nach der Rspr. kann auch ein Parteiausschluß von den staatl. Gerichten nur eingeschränkt (nach den für das Vereinsrecht entwickelten Grundsätzen) nachgeprüft werden, nämlich darauf, ob das vorgeschriebene Verfahren eingehalten wurde und ob die Entscheidung offenbar unbillig ist (vgl. BGH NJW 1980, 443). Die Aufstellung von Wahlbewerbern für Wahlen zu Volksvertretungen muß in geheimer Abstimmung stattfinden.

4. Die in der bisherigen Fassung des ParteienG vom 3. 3. 1989 (BGBl. I 327) geregelte staatliche Finanzierung der P. (darunter der „Chancenausgleich" für kleinere Parteien) war nach dem Urteil des BVerfG vom 9. 4. 1992 (BVerfGE 85, 264) z. T. verfassungswidrig. Die Neuregelung sieht in § 18 ParteienG als Grundsatz vor, daß der Staat den P. eine Teilfinanzierung der allgemein ihnen nach dem GG obliegenden Tätigkeit gewährt. Maßstab für die Verteilung der staatlichen Mittel bilden der Erfolg, den eine P. bei Europa-, Bundestags- und Landtagswahlen erzielt, die Summe ihrer Mitgliedsbeiträge sowie der Umfang der eingeworbenen Spenden. Das jährliche Gesamtvolumen der staatl. Mittel für alle P. betrug zunächst (1. 1. 1994) 230 Mil-

lionen DM (absolute Obergrenze) und darf für eine P. die Summe ihrer jährlich selbst erwirtschafteten Einnahmen nicht überschreiten (relative Obergrenze). Die P. erhalten vom Staat 1 DM für jede für sie abgegebene Stimme (1,30 DM für jede Stimme bis zu 5 Millionen Stimmen) sowie 0,50 DM für jede DM, die sie als Mitgliedsbeitrag oder Spende (bis zu 6000 DM pro Spende) vereinnahmt haben. Anspruch auf die staatl. Mittel haben nur P., die bei Europa- und Bundestagswahlen mindestens 0,5%, Landtagswahlen 1% oder bei fehlender Landesliste in einem Stimm- oder Wahlkreis 10% der Stimmen erreicht haben. Weiter geregelt sind Festsetzungsverfahren und Abschlagszahlungen. Auch gegen die Neuregelung im Gesetz vom 28. 1. 1994 sind schon verfassungsrechtliche Bedenken lautgeworden.

5. Die §§ 23 ff. ParteienG enthalten Vorschriften zur Pflicht der P., über die Herkunft ihrer Mittel öffentlich Rechenschaft zu geben. In der Einnahmerechnung sind u. a. Mitgliedsbeiträge, Beiträge der Fraktionsmitglieder sowie Spenden (Näheres § 25 ParteienG) gesondert auszuweisen; Spenden im Jahresgesamtwert über 20 000 DM sind unter Namensangabe zu verzeichnen. P. können unter ihrem Namen klagen und verklagt werden ohne Rücksicht auf ihre Rechtsform (meist nichteingetragene → Vereine).

6. Zur polit. Bildungsarbeit der P. vgl. auch → Stiftungen zur politischen Bildungsarbeit.

**Parteien, Verfassungswidrigkeit von –.** P., die nach ihren Zielen oder nach dem Verhalten ihrer Anhänger darauf ausgehen, die freiheitliche demokratische → Grundordnung zu beeinträchtigen oder zu beseitigen oder den Bestand der BRep. zu gefährden, sind verfassungswidrig (Art. 21 II 1 GG). Über die Frage der V. entscheidet das BVerfG (Art. 21 II 2 GG; §§ 13 Nr. 2, 43 ff. BVerfGG). Den Antrag auf Entscheidung, ob eine P. verfassungswidrig ist, kann der Bundestag, der Bundesrat oder die Bundesregierung stellen (eine Landesregierung nur gegen Parteien, deren Organisation sich auf das Gebiet ihres Landes beschränkt). Nach einem Anhörungsverfahren beschließt das BVerfG zunächst, ob der Antrag als unzulässig oder als nicht hinreichend begründet zurückzuweisen oder ob die Verhandlung durchzuführen ist. Erweist sich der Antrag als begründet, so stellt das BVerfG fest, daß die politische P. verfassungswidrig ist. Die Feststellung kann auf einen rechtlich oder organisatorisch selbständigen Teil einer P. beschränkt werden. Mit der Feststellung ist die Auflösung der P. und das Verbot, eine Ersatzorganisation zu schaffen, zu verbinden. Das BVerfG kann in diesem Falle außerdem die Einziehung des Vermögens der P. zugunsten des Bundes oder des Landes zu gemeinnützigen Zwecken aussprechen. Über die Vollstreckung des Verbots einer P. und über das Verbot von Ersatzorganisationen vgl. §§ 32, 33 des ParteienG i. d. F. vom 31. 1. 1994 (BGBl. I 149). Mit dem Urteilsspruch erlöschen die Mandate der Abgeordneten einer verfassungswidrigen P. (vgl. BVerfGE 2, 73; 5, 392). Bisher sind auf Grund Art. 21 II GG die „Sozialistische Reichspartei" und die → „Kommunistische Partei Deutschlands" (BVerfGE 2, 1 ff. bzw. 5, 85 ff.) für verfassungswidrig erklärt worden. Die „Neugründung" einer verbotenen Partei ist zulässig, sofern ihr Parteiprogramm nicht gegen Art. 21 II GG verstößt.

**Parteienprivileg** nennt man den Grundsatz, daß eine politische Partei (nur solche, nicht andere polit. oder sonstige Vereinigungen; → Parteien, politische) und ihre Mitglieder wegen ihrer polit. Betätigung nicht benachteiligt oder verfolgt werden dürfen (insbes. strafrechtlich), solange die Partei nicht für verfassungswidrig erklärt ist (→ Parteien, Verfassungswidrigkeit von –). Das P. folgt aus der alleinigen Zuständigkeit des Bundesverfassungsgerichts, die Verfassungswidrigkeit einer Partei festzustellen. Nach der Rechtsprechung des BVerfG hindert das P. allerdings nicht, dem Mitglied einer nicht für verfassungswidrig erklärten Partei wegen seiner gegen das Grundgesetz gerichteten Betätigung die Zulassung zum öffentlichen Dienst zu versagen (→ Radikale im öff. Dienst).

**Parteifähigkeit**, d. h. die Fähigkeit, in einem Rechtsstreit → Partei zu sein, deckt sich grundsätzlich mit der → Rechtsfähigkeit (§ 50 I ZPO). Sie ist → Prozeßvoraussetzung und → Prozeßhandlungsvoraussetzung. Die P. besitzen alle natürlichen und → juristischen Personen, darüber hinaus der nichtrechtsfähige Verein, aber nur passiv (§ 50 II ZPO), die oHG (§ 124 I OHG), die KG (§ 161 II KGB), die → Partnerschaftsgesellschaft, die Reederei (§ 493 III HGB), ferner im Verfahren vor dem → Arbeitsgericht Gewerkschaften und Arbeitgeberverbände, auch wenn sie nicht eingetragene Vereine sind (§ 10 ArbGG). Der P. entspricht in anderen Verfahrensordnungen die Beteiligtenfähigkeit (→ Beteiligter).

**Parteihandlung** → Prozeßhandlung.

**Parteiherrschaft** besteht, wenn die Parteien darüber bestimmen können, ob ein Prozeß beginnt und wie er verläuft. Ausfluß der P. sind der → Parteibetrieb, der → Verhandlungsgrundsatz und der → Verfügungsgrundsatz. Die P. ist in allen Verfahren stark eingeschränkt, am wenigsten im Zivilprozeß.

**Parteinahe Stiftungen** → Stiftungen zur politischen Bildungsarbeit.

**Parteiöffentlichkeit.** Bei bestimmten Verfahrenshandlungen, die nicht öffentlich stattfinden (→ Öffentlichkeitsgrundsatz), gestattet das Gesetz den Verfahrensbeteiligten die Teilnahme, so im Zivilprozeß den Parteien die Anwesenheit bei der Beweisaufnahme (§ 357 ZPO), im Strafprozeß (hier ist der Ausdruck Parteiöffentlichkeit ungenau) dem StA und dem Verteidiger bei richterlichen Vernehmungen des Beschuldigten (Angeschuldigten) im Vorverfahren und nach Entbindung vom Erscheinen in der Hauptverhandlung (§§ 168 c, 233 StPO); ferner sind Beschuldigter, Verteidiger und StA zur Teilnahme am richterlichen Augenschein und an der vorweggenommenen Beweisaufnahme berechtigt (§§ 168 d, 224, 225 StPO; → kommissarische Vernehmung). Die Befugnis zur Teilnahme umfaßt das Recht, Fragen zu stellen. Die Teilnahmeberechtigten sind vom Termin rechtzeitig zu benachrichtigen.

**Parteiprozeß** ist im Gegensatz zum → Anwaltsprozeß der Rechtsstreit, den die Parteien selbst oder durch jede → prozeßfähige Person als Bevollmächtigten führen können (§ 79 ZPO, § 11 I ArbGG).

**Parteispenden** → Spenden 2.

**Parteivernehmung** ist ein → Beweismittel des Zivilprozesses, bei dem eine → Partei ähnlich einem → Zeugen vernommen wird (§§ 445–455 ZPO). Der P. entspricht die Beteiligtenvernehmung im Verwaltungs- und Finanzstreitverfahren (§ 98 VwGO, § 82 FGO) und in der freiwilligen Gerichtsbarkeit. Anstelle der Partei kann ihr → gesetzlicher Vertreter vernommen werden. Eine Verpflichtung, sich vernehmen zu lassen besteht nicht; jedoch kann das Gericht aus dieser Weigerung im Rahmen der freien → Beweiswürdigung entsprechende Schlüsse ziehen (§ 446 ZPO). Die Aussage steht unter der → Wahrheitspflicht. Das Gericht kann die → Beeidigung anordnen.

**Parteiverrat** (Prävarikation). Ein → Rechtsanwalt oder sonstiger Rechtsbeistand (z. B. → Patentanwalt, im Strafverfahren auch Verteidiger gem. §§ 138 II, 142 II StPO), der bei den ihm in dieser amtlichen Eigenschaft anvertrauten Angelegenheiten *in derselben Rechtssache* beiden Parteien *pflichtwidrig* dient, wird mit Freiheitsstrafe von 3 Mon. bis zu 5 Jahren bestraft; handelt er im Einverständnis mit dem Gegner zum Nachteil seiner Partei, so tritt Freiheitsstrafe von 1–5 Jahren ein (§ 356 StGB). Für die *Identität* der Rechtssache ist es ohne Belang, ob sie Gegenstand desselben oder mehrerer Verfahren ist (z. B. bei mehreren Prozessen zwischen Vertragsparteien aus demselben Vertragsverhältnis). Entscheidend ist der sachlichrechtliche Inhalt der anvertrauten Interessen, nicht der einzelne Anspruch. Auch Strafsachen und Angelegenheiten der freiwilligen Gerichtsbarkeit gehören zu den Rechtssachen (Interessenwidrigkeit z. B. bei Beratung des Beschuldigten und des Verletzten oder mehrerer Anspruchsberechtigten in einer Nachlaßsache). Die *Pflichtwidrigkeit* besteht in der Verletzung der Treuepflicht gegenüber dem Mandanten (vgl. § 45 BRAO). Sie entfällt nicht schon, weil der Anwalt die Vertretung des Gegners mit Zustimmung seines Mandanten übernimmt, wohl aber, wenn beide Teile gemeinsam den Anwalt um Rat oder Vermittlung angehen. Die Strafbarkeit setzt *Vorsatz* voraus (Fahrlässigkeit kann aber zu standesrechtlichen

Maßnahmen führen). Der Irrtum darüber, ob es sich um dieselbe Rechtssache handelt oder ob ein Interessengegensatz und somit Pflichtwidrigkeit vorliegt, ist Tatbestandsirrtum (§ 16 StGB), wenn er sich auf die tatsächlichen Voraussetzungen bezieht, dagegen Verbotsirrtum (§ 17 StGB), wenn der Täter in der rechtlichen Beurteilung irrt (→ Irrtum, → Verbotsirrtum).

**Parteivertreter** → Prozeßbevollmächtigter.

**Parteivorbringen** → Angriffsmittel, → Verteidigungsmittel.

**Parteiwechsel** liegt vor, wenn eine neue → Partei an Stelle einer ausscheidenden in den Rechtsstreit eintritt. Das kann kraft Gesetzes geschehen (z. B. durch → Erbfolge beim Tod einer Partei), durch gesetzliche Vorschriften geregelt sein (z. B. bei Veräußerung der Streitsache, § 265 ZPO) oder auf freigestellten Prozeßhandlungen der Parteien beruhen (→ Parteiänderung). Grundsätzlich führt die neue Partei an Stelle der alten mit den bisherigen Prozeßergebnissen den Rechtsstreit fort.

**Parteiwechsel eines Abgeordneten** → Mandat des Abgeordneten.

**Parteizustellung** → Zustellung.

**Partenreederei** → Reeder.

**Partiarischer Vertrag** ist ein → Vertrag, durch den jemand am Gewinn eines Unternehmens verhältnismäßig beteiligt wird. Dies kann in der Form einer einmaligen Prämie für das Zustandekommen des Geschäfts (Provision des → Handelsvertreters) geschehen, aber auch durch eine echte Gewinnbeteiligung (z. B. Geldhingabe gegen Gewährung von 20% des erzielten Reingewinns; sog. *partiarisches Darlehen).* Der partiarisch Beteiligte hat einen Anspruch auf → Auskunft und → Rechenschaftslegung über die Höhe des erzielten Gewinns. S. auch → stille Gesellschaft.

**Partielle Geschäfts(un)fähigkeit** → Geschäftsfähigkeit.

**Partielles Recht** ist R. mit beschränktem Geltungsbereich. Es gilt nicht für das gesamte Gebiet, für das der Gesetzgeber die Gesetzgebungshoheit besitzt, sondern nur in einem Teil dieses Gebietes. P. R. gibt es in der BRep. insbes. auf Grund der Regelung über die Fortgeltung aus der Zeit vor dem Zusammentritt des Bundestages stammenden Rechts (Art. 123 ff. GG). Zwischen dem 8. 5. 1945 und dem 7. 9. 1949 bestand eine umfassende Zuständigkeit der Länder zum Erlaß von Gesetzen; sie konnten sowohl neue Gesetze erlassen als auch altes Reichsrecht abändern. Soweit das demgemäß geschaffene Landesrecht zur → ausschließlichen oder → konkurrierenden Gesetzgebung des Bundes gehört, wurde es gemäß Art. 124, 125 GG (vgl. → Reichsrecht, Fortgeltung) Bundesrecht, aber nur innerhalb seines z. Zt. des ersten Zusammentritts des Bundestages bestehenden Geltungsbereiches, also innerhalb des Landes, das damals eine neue Regelung getroffen oder Reichsrecht abgeändert hatte (partielles oder partikuläres Bundesrecht). In großem Umfang wurde durch den → Einigungsvertrag p. R. geschaffen, indem bestimmte Vorschriften nur oder nicht im → Beitrittsgebiet gelten.

**Partikulares Recht** → gemeines Recht.

**Partikulares Völkerrecht** → Völkerrecht.

**Partikularismus** → Zentralismus.

**Partisanen** → Kriegsrecht (2).

**Partizipation** (an Verwaltungsentscheidungen) ist ein in der neueren wissenschaftlichen Diskussion gebrauchter Begriff, der die verschiedenen Formen der Beteiligung des Bürgers an Verwaltungsvorgängen (Auskunft, Anhörung, Erörterung, Vorschlagsrecht, Mitentscheidung) zusammenfassen und der rechtspolitischen Diskussion eines weiteren Ausbaues dieser Beteiligung dienen soll. Solche rechtspolitischen Forderungen nach möglichst frühzeitiger und umfassender Beteiligung (insbes. an Planungsvorhaben) werden aus dem modernen Verständnis des Demokratiebegriffes, dem Rechtsstaatsgrundsatz und dem Sozialstaatsgebot hergeleitet. I. w. S. versteht man unter P. auch die – gesetzlich bislang nur vereinzelt vorgesehene – Beteiligung öffentl.-rechtl. Körperschaften oder sonstiger Personen oder Verbände am Gesetzgebungsverfahren (insbes. auch am Verfahren zum Erlaß von → Rechtsverordnungen). Schließlich spricht man von P. im Zusammenhang mit dem Wandel des Verständnisses der → Grundrechte von Abwehr- zu sozialen Teilhaberechten.

**Partnerschaft für den Frieden** → Nordatlantikvertrag.

**Partnerschaftsabkommen** von Städten (Gemeinden, Kreisen) mit ausländischen Partnern sind keine völkerrechtlich verbindlichen Verträge oder Abkommen, sondern haben nur den Charakter kommunalpolitischer Programme. Sie müssen sich in den Grenzen des örtlichen Wirkungsbereichs halten.

**Partnerschaftsgesellschaft.** Angehörige → freier Berufe, insbes. Ärzte, Rechtsanwälte, Patentanwälte, hauptberufliche Sachverständige, Wirtschaftsprüfer, Steuerberater, Journalisten, Übersetzer usw., können sich zur gemeinsamen Berufsausübung in einer P. zusammenschließen. Die – in ein gesondertes Partnerschaftsregister einzutragende – P. ist eine rechtsfähige → Personengesellschaft; sie trägt – obwohl keine → Handelsgesellschaft – wie die → Offene Handelsgesellschaft einen Namen, kann hierunter Rechte (z. B. im Grundbuch) erwerben und Verbindlichkeiten eingehen, klagen und verklagt werden und ist konkursfähig. Für die Verbindlichkeiten der P. haften grdsätzl. neben deren Vermögen alle Partner persönlich als → Gesamtschuldner; zur Haftungsbeschränkung auf denjenigen, der innerhalb der Partnerschaft die berufliche Leistung zu erbringen oder verantwortlich zu leisten hat, s. unten. Für die Geschäftsführung und die Vertretung innerhalb der P. sowie für deren Auflösung (Ausscheiden eines Partners) gelten die Regelungen im Partnerschaftsvertrag, ersatzweise die Vorschriften über die → offene Handelsgesellschaft. Auf die P. finden im übrigen ergänzend die Vorschriften über die → Gesellschaft bürgerlichen Rechts Anwendung (P. Ges. vom 25. 7. 1994, BGBl. I 1744). Wird ein Schaden nur durch das Handeln (Unterlassen) eines Partners herbeigeführt, so haftet er allein (Ges. vom 22. 7. 1998, BGBl. I 1878; dort auch zur Möglichkeit der → Umwandlung einer P.). Angehörige freier Berufe können sich, soweit die berufliche Unabhängigkeit der Mitglieder satzungsmäßig gesichert ist, jetzt aber auch in einer → Gesellschaft mit beschränkter Haftung zusammenschließen (Ges. vom 31. 8. 1998, BGBl. I 2600).

**Partnerschaftsvertrag** (Partner-Service-Vertrag) → Ehevermittlung.

**Parzellierung** nennt man die Aufteilung (Zerlegung) von Flurstücken. Sie wird i. d. R. zur → Abschreibung von Grundstücken im Grundbuch durchgeführt. Die P. ist vielfach genehmigungsbedürftig (vgl. z. B. § 19 BauGB) und bedarf, wenn sie eine Verpflichtung zum Verkauf (auch an Dritte) umfaßt, der Form des → Grundstückskaufvertrages.

**Passagiervertrag** ist der → Überfahrtvertrag.

**Passierschein** → Kleiner Grenzverkehr.

**Passiva** → Vermögen.

**Passive Bestechung** → Bestechung, → Angestelltenbestechung.

**Passive Stellvertretung** → Stellvertretung.

**Passiver Widerstand** → Widerstand gegen die Staatsgewalt, → Widerstandsrecht.

**Passives Wahlrecht** → Wahlrecht.

**Passivlegitimation** ist allein die passive → Sachbefugnis. Die P. bezieht sich also nicht auf die → Prozeßführungsbefugnis.

**Paßwesen.** Paß ist eine öffentliche Urkunde zur Legitimation einer Person, insbes. im internationalen Verkehr. Ein etwa erforderlicher → Sichtvermerk (Visum) wird i. d. R. im Paß angebracht. Nach dem Ges. über das P. (Paßgesetz) vom 19. 4. 1986 (BGBl. I 537) sind Deutsche, welche die BRep. über eine Auslandsgrenze verlassen oder betreten, verpflichtet, sich durch einen Paß über ihre Person auszuweisen (Paßzwang). Das PaßG enthält Vorschriften über Paßersatz und Befreiung vom Paßzwang, Ausstellung von Pässen und Ungültigkeit sowie Datenschutz- und Strafbestimmungen. Der Paß ist zu versagen, wenn der Antragsteller als Inhaber eines Passes die innere oder die äußere Sicherheit oder sonstige erhebliche Belange der BRep. oder eines deutschen Landes gefährdet, sich einer Strafverfolgung oder Strafvollstreckung im Inland, steuerlichen Verpflichtungen oder einer gesetzlichen Unterhaltspflicht entziehen oder unbefugt in fremde Heeresdienste eintreten will. Über Befreiungen vom Paßzwang und über den Paßersatz vgl. VO vom 2. 1. 1988 (BGBl. I 13). Befreiung besteht u. a. auf Grund zwischenstaatlicher Vereinbarungen und für Deutsche im Verkehr mit den europäischen Staaten sowie mit den außereuropäischen Mitgliedstaaten der OECD, wenn sie sich durch einen gültigen → Personalausweis ausweisen. Über die Gestaltung des Reisepasses der BRep. vgl. VO vom 2. 1. 1988 (BGBl. I 2). → Ausländer bedürfen nach dem Ausländergesetz für die → Einreise in die BRep. und i. d. R. auch für die → Ausreise aus der BRep. eines Passes oder nach Maßgabe besonderer zwischenstaatlicher Vereinbarungen anderer zugelassener Ausweispapiere.

**Pastoralassistent.** Der P. hat in der → kath. Kirche ebenso wie der Pastoralreferent Anteil am kirchlichen Amt. Er erhält Sendung und Ermächtigung (→ missio canonica) für alle Seelsorgeaufgaben, die ohne → Weihe (→ Diakon; → Priester; → Bischof) wahrgenommen werden können. Haupttätigkeitsbereiche sind daher Lehre und Verkündigung. Das Amt steht auch Frauen offen.

**Patent** ist die einem Erfinder oder dessen Rechtsnachfolger vom Staat erteilte ausschließliche, aber zeitlich begrenzte Befugnis, eine → Erfindung zu benutzen. Es ist vom → Erfinderrecht zu unterscheiden. Gegenstand des P. kann ein technisches Herstellungs- oder Anwendungsverfahren (Verfahrensp.) oder ein Erzeugnis und dessen Einrichtung (Sachp.) sein. Ein P. setzt die *Patentfähigkeit* einer Erfindung voraus; andernfalls kann sie nur als → Gebrauchsmuster geschützt werden. Das P. wird von jedem Staat nur mit Wirkung für sein Gebiet erteilt (Territorialprinzip; vgl. aber → Gemeinschaftspatent; internationaler → gewerblicher Rechtsschutz; zur Erstreckung gewerblicher Schutzrechte der BRep. und der ehem. DDR auf das Gesamtgebiet s. Ges. vom 23. 4. 1992, BGBl. I 938), für die BRep. im → Patentanmeldungsverfahren vom Deutschen → Patentamt in München. Die Schutzdauer beträgt 20 Jahre, beginnend mit dem Tag, der dem der Anmeldung folgt (§ 16 PatG); für die anschließende Zeit können ggf. ergänzende Schutzzertifikate gemäß VOen der EG beantragt werden (§ 16 a PatG). Für das P. sind → Patentgebühren zu entrichten. Die *Wirkung* des P. ist, daß allein der → Patentinhaber befugt ist, die patentierte Erfindung zu benutzen; Dritten ist es grundsätzlich verboten, ohne Zustimmung des Patentinhabers gewerbsmäßig den Gegenstand des P. herzustellen, zu gebrauchen, Mittel hierzu anzubieten usw. (§§ 9–11 PatG). Dieses Recht kann der Patentinhaber ganz oder zum Teil durch → Lizenzvertrag auf andere Personen übertragen. Die Wirkung des P. ist beschränkt gegenüber dem Vorbenutzer (→ Vorbenutzung); sie kann ferner aus Gründen der öffentlichen Wohlfahrt und der Staatssicherheit beschränkt werden (§ 13 PatG). Das P. wird *widerrufen,* wenn wichtige Voraussetzungen seiner Erteilung, z. B. die → Patentfähigkeit, fehlen (§ 21 PatG); hier kann auch Klage auf Nichtigerklärung *(Patentnichtigkeitsklage),* z. B. wegen widerrechtlicher Entnahme, erhoben werden (§§ 22, 81 ff. PatG). Das P. *erlischt* vor Ablauf der Schutzdauer, wenn der Patentinhaber auf das P. schriftlich verzichtet, die Patentgebühren nicht bezahlt oder bestimmte Erklärungen nicht abgibt (§ 20 PatG). Unter den (seltenen) Voraussetzungen des § 24 II PatG kann das P. auch zurückgenommen werden.

**Patentamt.** Soweit mit der Anmeldung Schutz für das Gebiet der BRep. begehrt wird (s. aber → Gemeinschaftspatent), ist das *Deutsche Patentamt* in München die für Erteilung von → Patenten, Eintragung und Löschung von → Gebrauchsmustern und → Marken und ausnahmsweise in → Geschmacksmustersachen zuständige obere Bundesbehörde. Das P. untersteht dem BMJ, es ist Nachfolger des früheren Reichspatentamts in Berlin. Das P. ist mit einem Präsidenten und weiteren (rechtskundigen und technischen) Mitgliedern besetzt, ferner mit Hilfsmitgliedern, die aber die Voraussetzungen für die Anstellung als Mitglied aufweisen müssen, nämlich die Befähigung zum Richteramt (§ 5 DRiG) oder (für technische Mitglieder) ein akademisches naturwissenschaftliches oder technisches Studium mit Abschlußprüfung, mindestens 5 Jahre praktische Tätigkeit und Besitz der erforderlichen Rechtskenntnisse (§ 26 PatG). Die wichtigsten Dienststellen des P. sind in Patentsachen die Prüfungsstellen (mit einem technischen Mitglied als Prüfer besetzt, § 27 II PatG) und die Patentabteilung (mit mindestens 3 Mitgliedern, § 27 III PatG), in Gebrauchsmustersachen (§ 10 GebrMG) die Gebrauchsmusterstellen (ein rechtskundiges Mitglied) und Gebrauchsmusterabteilungen (2 technische, 1 rechtskundiges Mitglied; (§ 56 MarkenG), sowie die Führung des → Musterregisters (§§ 8, 10 GeschmMG). Das Verfahren vor dem P. ist in den §§ 35 ff. PatG (→ Patentanmeldung), in der VO über das Deutsche P. vom 5. 9. 1968 (BGBl. I 997) m. spät. Änd. sowie im GebrMG und MarkenG geregelt. – Für europäische Anmeldungen besteht darüber hinaus ein *Europäisches Patentamt* in München (Art. 6 d. Übereink. vom 5. 10. 1973, BGBl. 1976 II 649, 826; Art. 7 ff. d. Übereink. vom 15. 12. 1975, BGBl. 1979 II 833; → Gemeinschaftspatent).

**Patentanmeldung** erfolgt beim → Patentamt durch den Anmelder, der nicht notwendig der Erfinder sein muß, aber → Patentinhaber werden will. Die P. bedarf der Schriftform und muß den Erfindungsgedanken darlegen; es ist die Erfindung zu beschreiben und anzugeben, was als patentfähig geschützt werden soll (§ 35 I PatG; Einzelheiten s. VO vom 29. 5. 1981, BGBl. I 521 m. Änd.). Die P. wird nach Offenlegung (§ 32 PatG) durch die Prüfungsstelle des Patentamts daraufhin geprüft, ob die formellen (z. B. keine Voranmeldung) und materiellen Voraussetzungen eines → Patents vorliegen. Fehlt es daran, wird die P. zurückgewiesen, wenn die gerügten Mängel nicht beseitigt werden (§ 42 PatG). Anderenfalls wird das Patent von der Prüfungsstelle unter Veröffentlichung im Patentblatt erteilt (§ 49 I PatG). – Bei oder nach einer P. kann außer einem → Recherchenantrag auch der Antrag gestellt werden, daß das Patentamt prüft, ob die P. den gesetzlichen Erfordernissen genügt und ob die Patentfähigkeit gegeben ist (§ 44 PatG); verneinendenfalls ist die Zurückweisung der P. nach § 48 PatG vorgesehen. Um die vollständige Zurückweisung zu vermeiden, kann der Anmelder die P. in geeigneten Fällen auch teilen.

Die Erteilung des Patents wird im Patentblatt veröffentlicht; gleichzeitig wird die *Patentschrift* (Beschreibung und Zeichnungen, aufgrund deren das Patent erteilt worden ist, § 32 III PatG) veröffentlicht (die Veröffentlichung unterbleibt bei P. für eine Erfindung, die ein → Staatsgeheimnis ist, sog. Geheimpatent, §§ 50 ff. PatG). Mit der Veröffentlichung treten die gesetzlichen Wirkungen des Patents ein (§ 58 PatG). Binnen 3 Monaten nach Veröffentlichung kann jedermann, bei der sog. widerrechtlichen Entnahme (§ 7 II PatG) nur der Verletzte oder sein Rechtsnachfolger, schriftlich Einspruch einlegen mit der Begründung, daß die → Patentfähigkeit fehle, Identität mit einer früheren Anmeldung bestehe oder eine widerrechtliche Entnahme vorliege (§§ 59 ff. PatG). Über den Einspruch entscheidet die Patentabteilung durch Beschluß; dieser stellt – ebenso wie die Patenterteilung – einen → Verwaltungsakt dar. Gegen die Beschlüsse des Patentamts ist Beschwerde zum → Patentgericht zulässig (§§ 73 ff. PatG).

**Patentanspruch** ist die Beschreibung (Kennzeichnung) dessen, was nach dem Antrag des Anmelders unter Patentschutz gestellt werden soll. Nach dessen Inhalt richtet sich mithin der Inhalt des → Patents (§ 14 PatG).

**Patentanwalt** ist der berufsmäßige Berater und Vertreter in Angelegenheiten des → Patent-, → Gebrauchsmuster- und Markenwesens (→ Marken). Außer zur → Rechtsberatung ist er zur Ver-tretung vor dem → Patentamt, dem → Bundespatentgericht und dem → Bundesgerichtshof (als Rechtsmittelgericht über dem → Bundespatentgericht) befugt. Rechtsstellung und Standesrecht sind in der P.ordnung (PAO) vom 7. 9. 1966 (BGBl. I 557) m. spät. Änd. geregelt. Voraussetzung der Zulassung ist ein technisches oder naturwissenschaftliches Hochschulstudium mit Abschlußprüfung, 1jährige technische Praxis und 3jährige Vorbereitungszeit (auf dem Gebiet des gewerblichen Rechtsschutzes), ferner eine juristische Prüfung vor einer Kommission, bestehend aus Mitgliedern des Patentamts und des Bundespatentgerichts (Ausbildungs- u. PrüfungsO i. d. F. vom 8. 12. 1977, BGBl. I 2491 m. Änd.) oder für Staatsangehörige der EU das Bestehen der Eignungsprüfung nach dem Ges. vom 6. 7. 1990 (BGBl. I 1349). Der P. wird in eine beim Patentamt geführte Liste eingetragen. Seine standesrechtl. Stellung entspricht weitgehend der eines → Rechtsanwalts (dort 2); vgl. §§ 39 ff. PAO sowie über die Patentanwaltskammer und die Berufsgerichtsbarkeit §§ 53 ff., 98 ff. PAO. Eine einheitliche Gebührenordnung ist bisher nicht erlassen worden.

**Patentberühmung** liegt vor, wenn jemand auf Sachen oder deren Verpackung, in Werbeschriften usw. auf eine Patenterteilung oder eine Patentanmeldung hinweist oder einen Eindruck erweckt, der auf ein erteiltes oder angemeldetes Patent schließen läßt (z. B. Dt. Bundespatent; Patentschutz angem.). Der Patentinhaber ist zur P. berechtigt, aber wenn er sie ausübt, auch verpflichtet, jedem, der ein berechtigtes Interesse daran hat, die Rechtslage zu kennen, auf Verlangen darüber Auskunft zu erteilen, auf welches Patent (oder -anmeldung) sich die P. bezieht (§ 146 PatG). Unberechtigte P. ist → unlauterer Wettbewerb.

**Patenterteilung** → Patentanmeldung.

**Patentfähigkeit** ist bei einer → Erfindung Voraussetzung für Erteilung eines → Patents. Die P. besteht darin, daß die Erfindung z. Zt. der → Patentanmeldung neu ist, auf einer erfinderischen Tätigkeit beruht und gewerblich verwertbar sein muß (§ 1 PatG). Eine Erfindung gilt als neu, wenn sie nicht zum Stand der Technik – das sind alle Kenntnisse im Zeitpunkt der → Patentanmeldung durch Beschreibung, → Vorbenutzung o. ä. – gehört (§ 3 PatG).

**Patentgebühren** sind die beim → Patentamt anfallende Anmeldungs- und Veröffentlichungsgebühr, die Gebühren für bestimmte weitere Anträge und vor allem die *Jahresgebühr* während der Schutzdauer, die grundsätzlich vom 3. Jahr an (nach der Dauer des Patents steigend) zu entrichten ist (§§ 17–19 PatG; Einzelheiten s. P. Ges. i. d. F. vom 18. 8. 1976, BGBl. I 2188 m. Änd. vom 25. 7. 1994, BGBl. I, 1739 und später). Der Pflicht, die Jahresgebühren zu zahlen, kann der Patentinhaber durch Verzicht auf das Pat. entgehen (§ 20 I Nr. 1 PatG).

**Patentgericht** ist nach dem PatG das → Bundespatentgericht.

**Patentinhaber** ist derjenige, dem das → Patent zusteht; das ist oft nicht der Erfinder (→ Erfindung), obwohl er originär das Recht auf das Patent (Erfinderrecht) erwirbt. Der Erfinder kann dieses Recht aber auf andere Personen übertragen; bei einer Diensterfindung (→ Arbeitnehmererfindung) muß er es unter bestimmten Voraussetzungen. Der P. erwirbt zunächst das Patent, indem es ihm im → Patentanmeldungsverfahren vom Patentamt erteilt wird. Dann kann das Patent auf andere Personen übertragen (s. Lizenzvertrag) oder vererbt werden (§ 15 PatG); diese werden dadurch P.

**Patentnichtigkeitsklage** → Patent.

**Patentrolle** ist ein vom → Patentamt geführtes Verzeichnis der erteilten Patente und der dafür bedeutsamen Umstände (§ 30 PatG, ferner VO vom 16. 6. 1981, BGBl. I 593; z. B. Gegenstand des Patents, Bezeichnung des → Patentinhabers und des Erfinders, Erlöschen, ausschließliche Lizenzen). Die Eintragungen in die P. wirken nur deklaratorisch, begründen keine Rechte und dienen nur der Publizität. Einsicht in die P. steht jedermann offen (z. T. anders bei den zugrundeliegenden Akten usw.; § 31 PatG).

**Patentschrift** → Patentanmeldung.

**Patentstreitsachen** sind → Zivilprozesse, die auf Ansprüchen aus den im PatG geregelten Rechtsverhältnissen beruhen (z. B. aus → Patentverletzung, → Erfinderrecht, → Lizenzvertrag, → Vorbenutzungsrecht). Für P. sind die → Landgerichte ohne Rücksicht auf den → Streitwert ausschließlich zuständig (§ 143 I PatG). P. aus dem Bezirk mehrerer Landgerichte können einem von ihnen durch RechtsVO der LdReg. zugewiesen werden (§ 143 II PatG). Die dann hierfür zuständige Zivilkammer wird Patentstreitkammer genannt.

Gegen denselben Beklagten können weitere P. wegen derselben oder mehrerer gleichartiger Handlungen (Patentverletzungen) grundsätzlich nicht anhängig gemacht werden (§ 145 PatG). S. a. → Kennzeichenstreitsachen.

**Patenturkunde** ist die dem → Patentinhaber zum Beweise seines Rechts (→ Patent) ausgestellte Urkunde.

**Patentverletzung.** Gegen rechtswidrige Verletzungen ist das Patent durch Strafvorschriften (§§ 142 f. PatG) sowie zivilrechtlich durch Ansprüche auf → Auskunft, Unterlassung (→ Unterlassungsanspruch), → Schadensersatz sowie auf Vernichtung der das Patent beeinträchtigenden Produkte und Vorrichtungen (§§ 139 ff. PatG) geschützt. Eine rechtswidrige P. liegt immer dann vor, wenn jemand gewerbsmäßig den Gegenstand der Erfindung herstellt, in Verkehr bringt, anbietet oder gebraucht (vgl. §§ 9–11 PatG), ohne durch Vorbenutzung (§ 12 PatG), staatliche Anordnung (§ 13 PatG) oder durch eine Rechtshandlung des Patentinhabers (insbes. durch → Lizenzvertrag) hierzu befugt zu sein. Der Anspruch aus P. verjährt in 3 Jahren ab Kenntniserlangung (§ 141 PatG). Klagen aus P. gehören zu den → Patentstreitsachen. S. a. → Produktpiraterie.

**Patiententestament** → Einwilligung des Patienten.

**Patriarch.** In der → kath. Kirche Titel der Oberhäupter einiger unierter Ostkirchen und Ehrentitel der Erzbischöfe von Venedig, Lissabon und Goa. Ehrentitel des → Papstes (P. des Abendlandes).

**Patriarchat** → Gerontokratie.

**Patrimonium.** In dem im frühen Mittelalter aus dem römischen P. (lat.: väterliches Erbgut, Vermögen) entstandenen *Patrimonialstaat* umfaßte das Herrschaftsrecht an einem gebietlichen Grundbesitz neben dem *Privateigentum* die aus diesem abgeleitete *Staatsgewalt.* Aus dem P., das auch zur Einsetzung eines *Patrimonialgerichts* berechtigte, entwickelte sich die → Territorialhoheit.

**Patrizier** hießen im alten Rom die Angehörigen des Geburtsadels. Sie waren die Grundbesitzer und genossen bestimmte politische und sonstige Vorrechte. Aus ihnen gingen die Beamten und Priester hervor; der römische Senat bestand ausschließlich aus P. Im Gegensatz dazu standen die *Plebejer,* d. h. die gesamte nichtadelige Bevölkerung, die erst im 3. Jh. vor Chr. in zähen Kämpfen eine Hebung ihrer Rechtsstellung durchsetzen konnte. Im Mittelalter verstand man unter den P.n die Angehörigen der gehobenen Stände in den Städten; insbes. die Ratskollegien setzten sich aus P.n zusammen (ratsfähige Geschlechter: zugezogene Adelige, Ministerialen, reiche Kaufleute). Die in Zünften organisierten Handwerker konnten erst seit dem 14. Jh. nach langwierigen Kämpfen in den Stadträten Fuß fassen. In der germanischen Zeit wurde die Bezeichnung patricius für den Inhaber eines besonders einflußreichen Staatsamtes verwendet; so für die → Hausmeier als Leiter der Regierungsgeschäfte neben dem König. Die Frankenkönige und später die Kaiser hießen Patricius Romanus.

**Patronatserklärung** → Bürgschaft.

**Patronatsrecht.** Das Patronat ist eine Einrichtung des älteren katholischen Kirchenrechts, wurde später von den lutherischen Landesherren übernommen und fand auch Eingang in das → Staatskirchenrecht. Es umschreibt ursprünglich das Rechtsverhältnis eines Kirchenstifters (Patrons) zu der gestifteten Kirche. Das Hauptrecht des Patrons war das Vorschlagsrecht für die Besetzung des betreffenden Kirchenamtes; seine Hauptpflicht bestand in der Übernahme der Baulast und u. U. auch der durch die Besetzung des Kirchenamts entstehenden Personalkosten. In der kath. Kirche können P. nicht mehr neu begründet werden.

**Pauschalierter Schadensersatz** → Schadensersatz (1 c).

**Pauschalpreis** ist ein Preis, der ohne Rücksicht auf den Leistungsumfang im einzelnen auf eine Leistung insgesamt (z. B. „schlüsselfertig“) bezogen ist. Der P. ist im Preissystem der VOB/B (→ Verdingungsordnungen) der ausnahmsweise zu vereinbarende Preis.

**Pauschalreise** → Reisevertrag.

**Pauschbesteuerung** ist die in gesetzlich geregelten Ausnahmefällen vorgesehene Besteuerung durch Festsetzung eines abgeltenden Steuerbetrags unter Verzicht auf die Besteuerung nach der tatsächlichen wirtschaftlichen Leistungsfähigkeit (→ Besteuerungsverfahren), z. B. Besteuerung der Landwirte (§ 13 a EStG, → Durchschnittssätze), der Auslandseinkünfte (§ 34 c V EStG, § 26 VI KStG, § 15 GewStG), beschränkt Steuerpflichtiger (§ 50 c EStG; → Steuerpflicht), der Sachprämien bei → Kundenbindung. Zur Pauschalierung der Lohnsteuer (§§ 40–40 b EStG) → Lohnsteuerpauschalierung.

**Pauschbetrag** → Freibetrag, → Werbungskosten.

**Pausen** → Arbeitszeit.

**Pay-TV** → Rundfunk (1).

**Peep-show** → Schaustellungen von Personen.

**Peinliche Hals- und Gerichtsordnung (1532)** → Constitutio Criminalis Carolina.

**Penny-stocks** → Aktie.

**Pensenschlüssel.** Die Vergleichbarkeit verschiedener Richtergeschäftsaufgaben in der ordentl. Gerichtsbarkeit wird durch den sog. P. erleichtert. Der P. ist eine justizverwaltungsinterne Richtgröße, die besagt, wieviele Verfahren einer bestimmten Richtergeschäftsaufgabe ein Richterpensum bilden. Der P. gewährleistet damit eine gleichmäßige Personalausstattung der Gerichte und eine ausgewogene Geschäftsverteilung durch die Präsidien.

**Pension** → Ruhegehalt.

**Pensionierung** → Ruhestand, → Versetzung in den Ruhestand.

**Pensionsanwartschaft** ist der Versorgungsanspruch einer Person, bei welcher der Versorgungsfall noch nicht eingetreten ist. Vgl. → Pensionsrückstellungen.

**Pensionskassen** sind Lebensversicherungsgesellschaften (Versicherungsvereine auf Gegenseitigkeit oder Aktiengesellschaften), welche die Alters-, Invaliditäts- und Hinterbliebenenversorgung übernehmen. Sie unterstehen dem VersicherungsaufsichtsG vom 13. 10. 1983 (BGBl. I 1261). Im Gegensatz zu → Unterstützungskassen gewähren die P. einen Rechtsanspruch. Sie sind i. d. R. körperschaftsteuerbefreit (§§ 5 I Nr. 3, 6 KStG). Zuführungen des Trägerunternehmens an P. unterliegen der → Lohnsteuer, die regelmäßig mit 15% (ab 1996 mit 20%) pauschaliert wird (s. auch → Direktversicherung). Die steuerlich begünstigte Höhe regelt § 4 c EStG. Leistungen an die Berechtigten sind Leibrenten, die nur mit dem → Ertragsanteil erfaßt werden (§ 22 Nr. 1 a EStG); s. → Altersversorgung, betriebliche; → Rentenbesteuerung; → Versorgungsbezüge.

**Pensionsrückstellungen.** *Handelsrechtlich* und *steuerrechtlich* besteht für bis Ende 1986 begründete Pensionsverpflichtungen und spätere Erhöhungen Passivierungswahlrecht (Altzusagen), für ab 1987 neubegründete Pensionsverpflichtungen (Neuzusagen) Passivierungspflicht (§ 249 I 1 HGB, Art. 23 und 28 EGHGB). P. sind *steuerlich* nur wirksam, wenn Rechtsanspruch, kein steuerschädlicher Vorbehalt und Zusage schriftlich erteilt wurde (§ 6 a I EStG). Pensionsrückstellung darf erstmals für das Wirtschaftsjahr der Zusage gebildet werden, frühestens jedoch für das Wirtschaftsjahr, bis zu dessen Mitte der Pensionsberechtigte das 30. Lebensjahr vollendet und höchstens mit dem Teilwert der Pensionsverpflichtung (Teilwertprinzip). Der Stpfl. hat für Altzusagen ein jährliches Wahlrecht, ob er die Pensionsrückstellung um den Unterschied zwischen Teilwert der Pensionsverpflichtung am Schluß des Wirtschaftsjahrs und am Schluß des vorangegangenen Wirtschaftsjahrs erhöhen will oder nicht (§ 6 a IV 1 EStG) mit Nachholmöglichkeit bei Eintritt des Versorgungsfalls oder bei Ausscheiden, falls arbeitsrechtlich → Unverfallbarkeit eingetreten ist (§ 6 a IV 4 EStG). Pensionszahlungen des Arbeitgebers sind beim Berechtigten Arbeitseinkünfte (→ Versorgungsbezüge), die um den → Versorgungsfreibetrag und → Arbeitnehmer-Pauschbetrag gekürzt werden.

**Pensions-Sicherungs-Verein** → Altersversorgung, betriebliche.

**Pensionszusage** → Ruhestandsverhältnis, → Altersversorgung (betriebl.).

**Peremptorische Einrede** → Einrede.

**Perlen** → Edelmetalle.

**perpetuatio fori.** Der Grundsatz der p.f. besagt, daß die Zuständigkeit der Gerichte mit Eintritt der → Rechtshängigkeit (s. dort) erhalten bleibt, auch wenn sich die sie begründenden Umstände verändern (§ 17 I 1 GVG; § 261 III Nr. 2 ZPO).

**Person.** Das Gesetz kennt neben der natürlichen P. (d.i. jeder Mensch) noch die sog. → juristische P. Diese kann eine Personenvereinigung (z.B. Staat, Gemeinde, Verein, Aktiengesellschaft) oder ein Zweckvermögen (Stiftung) sein, wobei der jurist. P. vom Gesetz eine rechtlich von ihren Mitgliedern losgelöste Selbständigkeit eingeräumt ist (→ Rechtssubjekt). Wesentliches Merkmal einer P. ist die → Rechtsfähigkeit. S. a. → Handlungsfähigkeit.

**persona non grata** (unerwünschte Person) ist die übliche Bezeichnung für den → Diplomaten eines anderen Staates, gegen den der Empfangsstaat Einwendungen hat und deshalb nicht wünscht, daß er seine diplomatische Tätigkeit aufnimmt (→ agrément) oder fortführt (→ Abberufung von Diplomaten).

**Personalakten,** Einsicht in –. Der Beamte hat, auch nach Beendigung des Beamtenverhältnisses, ein Recht auf Einsicht in seine vollständigen PA. Er muß über Beschwerden und Behauptungen tatsächlicher Art, die für ihn ungünstig sind oder ihm nachteilig werden können, vor Aufnahme in die PA. gehört werden. Die Äußerung des Beamten ist zu seinen PA. zu nehmen Regelungen zu den P. der Beamten und Soldaten enthalten die §§ 90ff. BBG, 56ff. BRRG und §§ 29ff. BRRGG. Für die Einsicht in Disziplinarakten gelten die Vorschriften des Disziplinarrechts (s. § 40 I 5 BDisziplinarO). Das Recht zur Einsicht in seine P. hat auch jeder → Arbeitnehmer, falls der Arbeitgeber über ihn PA. führt (§ 83 BetrVG).

**Personalausschuß** → Bundespersonalausschuß, → Landespersonalausschuß.

**Personalausweise.** Nach dem Ges. über Personalausweise i.d.F. vom 21. 4. 1986 (BGBl. I 548) ist jede Person im Bundesgebiet, die das 16. Lebensjahr vollendet hat und der Meldepflicht (→ Meldewesen) unterliegt, verpflichtet, einen P. zu besitzen und ihn auf Verlangen einer zur Prüfung der Personalien ermächtigten Behörde vorzulegen; der Besitz eines Passes (→ Paßwesen) befreit. Die P. werden für eine Gültigkeitsdauer von 10 (bei Personen unter 26 Jahren 5) Jahren ausgestellt; eine Verlängerung ist nicht zulässig. Für die erstmalige Ausstellung des Personalausweises sowie für die Neuausstellung ist eine Gebühr von 15 DM zu erheben. Die erstmalige Ausstellung bei Personen, die das 21. Lebensjahr noch nicht vollendet haben, ist gebührenfrei. Von der Erhebung einer Gebühr kann abgesehen werden, wenn der Gebührenpflichtige bedürftig ist. Das Ges. enthält umfangreiche datenschutzrechtl. Bestimmungen; insbes. dürfen P. weder Fingerabdrücke noch verschlüsselte Angaben über die Person des Inhabers enthalten. Zuwiderhandlung gegen die Ausweispflicht ist → Ordnungswidrigkeit (§ 5); die Überlassung des Ausweises an andere zum unbefugten Gebrauch oder der unbefugte Gebrauch eines für einen anderen ausgestellten Ausweises ist mit Strafe bedroht (§ 281 StGB; s. Ausweismißbrauch). Zusammenstellung der Landesgesetze zum PersonalausweisG b. Sartorius, Verf- und VerwGes., Anm. 2 zu Nr. 255.

**Personalfirma** → Firma, → Sachfirma.

**Personalfolium** → Grundbuch.

**Personalgesellschaft** → Personengesellschaft.

**Personalienfeststellung** durch die Polizei, → Identitätsfeststellung.

**Personalitätsprinzip** im Strafrecht → Geltungsbereich des Strafrechts.

**Personalkörperschaften** → Körperschaften des öffentlichen Rechts.

**Personalkredit** → Realkredit, → Kreditvertrag.

**Personalrat** → Personalvertretung.

**Personalrechte** sind Rechte, die mit einer Person (nicht mit einem Grundstück; → Realrechte) verbunden sind. → Grundstücksrechte.

**Personalstrukturgesetz – Streitkräfte** → Soldatengesetz.

**Personalunion** besteht bei einer → Staatenverbindung, bei der die beteiligten Staaten durch ein gemeinsames Staatsoberhaupt verbunden sind. P. gab es bisher nur in Monarchien. Sie beruhte auf dynastischen Zufälligkeiten, sei es, daß der Erbmonarch eines Staates in einem anderen zum Herrscher gewählt wurde, sei es, daß die Thronfolgeordnungen zweier Staaten ein und dieselbe Person zum Thronfolger vorsahen. Die P. berührt als solche die völlige Unabhängigkeit der beteiligten Staaten voneinander nicht. Beide sind Völkerrechtssubjekte; ein Gesamtstaat besteht nicht. Beispiele: Polen und Sachsen mit Unterbrechungen 1697–1765; England und Hannover 1714–1837; Niederlande und Luxemburg 1815–1890.

**Personalversammlung** → Personalvertretung.

**Personalvertretung.** Die P. hat für den Bereich des → öffentlichen Dienstes (d. h. in den Verwaltungen, Betrieben und Gerichten des Bundes, der Länder, der Gemeinden und Gemeindeverbände sowie der Körperschaften, Anstalten und Stiftungen des öffentlichen Rechts) eine ähnliche Funktion wie der → Betriebsrat im Bereich der Privatwirtschaft. Dabei entspricht dem Betrieb i. S. des → Betriebsverfassungsrechts die Dienststelle, dem Unternehmer der Leiter der Dienststelle, dem Betriebsrat der Personalrat und der Betriebsversammlung die Personalversammlung. Rechtsgrundlagen sind das BundespersonalvertretungsG vom 15. 3. 1974 (BGBl. I 693) m. spät. Änd., das neben der Regelung für die Bundesdienststellen auch Rahmenvorschriften für die Ländergesetzgebung enthält (§§ 94 ff.), und die entsprechenden Ländergesetze. Der Personalrat (§§ 12 ff.) setzt sich i. d. R. aus Gruppen für Beamte, Angestellte und Arbeiter zusammen (Wahlordnung i. d. F. vom 1. 12. 1994, BGBl. I 3653). Bei mehrstufigen Verwaltungen werden bei den Mittelbehörden Bezirkspersonalräte, bei den obersten Dienstbehörden Hauptpersonalräte gebildet (sog. Stufenvertretungen; §§ 53 ff.). Das Mitwirkungs- und Mitbestimmungsrecht in sozialen und personellen Angelegenheiten (§§ 66 ff.) ist weitgehend dem des Betriebsrats nachgebildet, aber auf die Besonderheiten des öffentlichen Dienstes ausgerichtet. Zur P. im Bereich des Militärs vgl. das Soldatenbeteiligungsgesetz i. d. F. vom 15. 4. 1997 (BGBl. I 766) sowie WahlO hierzu vom 18. 3. 1997 (BGBl. I 558). Über Streitigkeiten aus dem PersonalvertretungsG entscheiden die Verwaltungsgerichte in besonderen Fachkammern (-senaten); §§ 83, 84. S. a. Kündigungsschutz für Arbeitnehmer. Für das Gebiet der ehem. DDR gilt für eine Übergangszeit von 2 Jahren teilweise nach DDR-Recht (Anl. II zum EinigV Kap. XIX Sachgeb. A Abschn. III – vgl. aber auch die Parallelregelung in Anl. I).

**Personelles Mitbestimmungsrecht** → Betriebsrat, → Mitbestimmung.

**Personen, juristische** → juristische Person, → Rechtsfähigkeit.

**Personen, natürliche** → Rechtsfähigkeit.

**Personenbeförderung.** Die entgeltliche oder geschäftsmäßige Beförderung von Personen mit → Straßenbahnen, Obussen und Kraftfahrzeugen ist geregelt im PersonenbeförderungsG i. d. F. vom 8. 8. 1990 (BGBl. I 1690). Ergänzende Vollzugsvorschriften enthält die VO über den Betrieb von Kraftfahrunternehmen im Personenverkehr – BO Kraft – vom 21. 6. 1975 (BGBl. I 1573) m. Änd. Für die P. mit öffentlichen Eisenbahnen gilt die → Eisenbahn-Verkehrsordnung, für die Beförderung mit Luftfahrzeugen die → Luftverkehrsordnung. Das PBefG begründet eine Genehmigungspflicht für den Betrieb von Straßenbahnen und Oberleitungsomnibussen (Obussen) sowie für die P. mit Kraftfahrzeugen im → Linienverkehr oder im Gelegenheitsverkehr (→ Taxen, Ausflugsfahrten und Ferienziel-Reisen, → Mietomnibusse und Mietwagen); §§ 1, 2. Ausgenommen sind Beförderungen mit Pkw., wenn das Gesamtentgelt die Betriebskosten der Fahrt nicht übersteigt (→ Mitfahrerzentralen), und Beförderungen mit Krankenkraftwagen, wenn damit kranke, verletzte oder sonstige hilfsbedürftige Personen befördert werden. S. ferner VO über die Befreiung bestimmter Beförderungsfälle von den Bestimmungen des PBefG (FreistellungsVO) vom 30. 8. 1962, BGBl. I 601. Zum Genehmigungsverfahren s. §§ 9–27. Die Genehmigung darf nur erteilt werden bei Sicherheit und Leistungsfähigkeit des Betriebs und Zuverlässigkeit des Antragstellers (s. hierzu die VO über den Zugang zum Beruf des Straßenpersonenverkehrsunternehmers vom 9. 4. 1991 – BGBl. I 896) sowie bei Straßenbahnen, Obussen und Kfz.-Linienverkehr, wenn die Verkehrssicherheit und Eignung der in Betracht kommenden Straßen gegeben ist und der beantragte Verkehr die öffentl. Verkehrsinteressen nicht beeinträchtigt (→ Bedürfnisprüfung); bei Taxen, wenn die öffentl. Verkehrsinteressen nicht dadurch beeinträchtigt werden, daß das örtliche Taxengewerbe durch die Zulassung in seiner Existenz bedroht wird (§ 13). Die fachliche Eignung (→ Sachkunde) wird nach näherer Bestimmung der a. a. VO vom 9. 4. 1991 durch mindestens 5jährige Berufserfahrung in nicht untergeordneter Stellung oder durch eine – beliebig wiederholbare – Prüfung vor der → Industrie- und Handelskammer nachgewiesen. Über die Genehmigung wird eine Genehmigungsurkunde erteilt (§ 17). Die Genehmigung begründet eine Betriebs- und Beförderungspflicht; im öffentl. Verkehrsinteresse kann Erweiterung oder Änderung des Betriebs verlangt werden (§§ 20 a–22). Die Verkehrsunternehmen unterliegen der Aufsicht der Genehmigungsbehörde (§§ 54, 54 a). Darüber hinaus bestehen Sonderbestimmungen für die einzelnen Verkehrsarten: Straßenbahnen und Obusse (§§ 28–41: Planfeststellung, Enteignung für Straßenbahnanlagen, Benutzung öffentlicher Straßen, Bau- und Unterhaltspflicht, Beförderungsentgelte, Fahrpläne), Linienverkehr (§§ 42–45), Gelegenheitsverkehr mit Kfz. (Taxen, Ausflugsfahrten, Mietomnibusse und -wagen; Beförderungsentgelte und -bedingungen; §§ 46–51 a) einschließlich der Beförderungsbedingungen für den Kranken- und Behindertentransport). Für den Straßenbahn- und Obusverkehr sowie für den Linienverkehr mit Kfz. gelten, falls nicht besondere Beförderungsbedingungen genehmigt sind, die Allgem. Beförderungsbedingungen gem. VO vom 27. 2. 1970 (BGBl. I 230). Allgemeine Sicherheits- und Ordnungsanforderungen regelt die VO über den Betrieb von Kraftfahrzeugen im Personenverkehr (BO-Kraft) vom 21. 6. 1975 (BGBl. I 1573) m. Änd. Das Ges. regelt ferner den Auslandsverkehr (grenzüberschreitenden und → Transitverkehr), das Rechtsmittelverfahren, Straf- und Ordnungswidrigkeitstatbestände. Der BVerkMin. ist ermächtigt, RechtsVOen über den Bau und Betrieb von Straßenbahnen und Obussen und den Betrieb von Kraftfahrunternehmen zu erlassen. – Neben den Erlaubnisvorschriften des PBefG für den Unternehmer sind die Bestimmungen der §§ 15 d ff. StVZO über die neben der allgemeinen → Fahrerlaubnis erforderliche Erlaubnis zur → Fahrgastbeförderung mit Kfz. und der § 18 StVO über die P. zu beachten.

**Personenfirma** → Sachfirma.

**Personengesellschaft** ist ein Zusammenschluß mehrerer Personen zu einer Gesellschaft, bei der die Mitgliedschaft auf die Person und die einzelnen Gesellschafter zugeschnitten ist. Ihre wesentlichen Merkmale sind: persönliche Haftung der Gesellschafter für die Schulden, persönliche Mitarbeit und → Selbstorganschaft, Übertragbarkeit und Vererblichkeit der Mitgliedschaft grundsätzlich nur mit Zustimmung der anderen Gesellschafter; die → Rechtsfähigkeit ist unterschiedlich ausgestaltet (s. i. e. bei den folg. Stw.). Den Gegensatz zur P. bildet die → Kapitalgesellschaft. P.en sind insbes. die → Gesellschaft bürgerlichen Rechts, die → Offene Handelsgesellschaft, die → Kommanditgesellschaft, die → stille Gesellschaft, die → Partnerschaftsgesellschaft und die Reederei (→ Reeder). P. sind *steuerlich* regelmäßig → Mitunternehmerschaften. Gewerblich geprägte P. ist eine P., die nicht gewerblich tätig ist (§ 15 I Nr. 1 EStG) und bei der ausschließlich eine oder mehrere Kapitalgesellschaften persönlich haftende Gesellschafter sind und nur diese oder Personen, die nicht Gesellschafter sind, zur Geschäftsführung befugt sind (§ 15 III Nr. 2 EStG). Eine gewerblich geprägte P. (bzw. deren Gesellschafter → Mitunternehmerschaften) bezieht einkommensteuerlich Einkünfte aus Gewerbebetrieb und ist gewerbesteuerpflichtig. Hauptbeispiel: vermietende GmbH & Co. KG. S. auch § 2 I Nr. 2 GewStG, § 97 I Nr. 5 BewG.

**Personenkontrolle** → Identitätsfeststellung, → Namensangabe, falsche, → Grenzkontrollen, → Paßwesen, → Personalausweise, → Bundesgrenzschutz, → Schengener Übereinkommen.

**Personenkraftwagen** sind vierräderige Kfz., die nach ihrer Bauart und Einrichtung zur Personenbeförderung eingerichtet und bestimmt sind, aber zum Unterschied von → Omnibussen höchstens 8 Fahrgastplätze haben. Sie unterliegen den allg. Vorschriften für → Kraftfahrzeuge; vgl. insbes. → Gefährdungshaftung, → Straßenverkehrshaftung, → Kraftfahrzeug-Haftpflichtversicherung, → Fahrerlaubnis, → Droschken. Über die Geschwindigkeitsbegrenzung → Fahrgeschwindigkeit, über zulässige Anhängelast und Bremsvorrichtungen bei Anhängern vgl. § 42 StVZO.

**Personensorge.** Die P. ist ein Teil der → elterlichen Sorge (und steht damit – wie die → Vermögenssorge – grundsätzlich deren Inhabern zu). Sie umfaßt die Pflicht und das Recht, den Vornamen des Kindes auszuwählen, das Kind – mit Unterstützung des → Familiengerichts und (in geeigneten Fällen) des → Jugendamts (§§ 27 ff. SGB VIII) – zu pflegen, zu erziehen *(Erziehungsrecht),* zu beaufsichtigen und seinen Aufenthalt zu bestimmen sowie das Kind in diesen Angelegenheiten – auch gerichtlich – zu vertreten (§§ 1631 I, 1629 I BGB). Entwürdigende Erziehungsmaßregeln, insbes. körperliche und seelische Mißhandlungen (z. B. übermäßige körperliche Züchtigung), sind unzulässig (§ 1631 II BGB). Zur P. gehört insbes. die Bestimmung und Sorge für Verpflegung, Bekleidung, Wohnung, Erziehung und Ausbildung; s. ferner → Züchtigungsrecht. Zum Wohl des Kindes gehört ferner regelmäßig der Umgang des Kindes mit beiden Elternteilen und anderen Personen, zu denen das Kind Bindungen besitzt (§ 1626 III BGB); s. hierzu i. e. → Umgangsrecht. Generell haben bei der Pflege und Erziehung die Eltern die wachsende Fähigkeit und das wachsende Bedürfnis des Kindes zu selbständigem verantwortungsbewußtem Handeln zu berücksichtigen und eine einvernehmliche Lösung, soweit es nach dem Entwicklungsstand des Kindes angezeigt ist, anzustreben (§ 1626 II BGB). In Angelegenheiten der Ausbildung und des Berufes haben die Eltern auf die Eignung und Neigung des Kindes Rücksicht zu nehmen (§ 1631 a BGB). Kommen die Inhaber der P. ihren Verpflichtungen nicht nach, so hat das → Familiengericht die zur Abwendung der Gefahr für das körperliche, geistige oder seelische Wohl des Kindes erforderlichen Maßnahmen zu treffen (§ 1666 I BGB, → elterliche Sorge). Zur Unterbringung des Kindes, die mit einer Freiheitsentziehung verbunden ist, → Anstaltsunterbringung, 1.

Die P. kann Dritten (z. B. Schule, Internat) zur *Ausübung* übertragen werden, ist aber unverzichtbar; ihre Vernachlässigung kann zu Schadensersatzansprüchen gegen die Eltern wegen mangelnder Aufsicht (z. B. bei Verletzung eines anderen Kindes mit gefährlichem Spielzeug, § 832 BGB) oder – etwa bei mißbräuchlicher oder fehlerhafter Ausübung – zur Beschränkung oder Entziehung durch das Vormundschaftsgericht führen (§ 1666 BGB, → elterliche Sorge). Die P. umfaßt ferner in eingeschränktem Umfang die *religiöse Erziehung* des Kindes. Hierfür ist zunächst die Einigung der Eltern maßgebend, erst hilfsweise die Bestimmung durch den Personensorgeberechtigten; nach Vollendung des 14. Lebensjahres steht dem Kind die Entscheidung über sein religiöses Bekenntnis frei (s. i. e. das Gesetz über die religiöse Kindererziehung vom 15. 7. 1921, RGBl. 939). Teil des Aufenthaltsbestimmungsrechts ist ferner das Recht, die Herausgabe des Kindes von jedem zu verlangen, der es dem P.berechtigten widerrechtlich vorenthält; über Streitigkeiten entscheidet das → Familiengericht (§ 1632 BGB; im internat. Verkehr s. Ges. vom 5. 4. 1990, BGBl. I 701, – Sorgerechtsübereinkommen – sowie Haager Übereinkommen vom 25. 10. 1980 über die zivilrechtl. Aspekte internat. Kindesentführung und Europ. Übereinkommen vom 20. 5. 1980 betr. Anerkennung und Vollstreckung von Sorgerechtsentscheidungen und Wiederherstellung des Sorgerechtsverhältnisses (beide BGBl. 1990 II 206; Besonderheiten ferner für → Pflegekinder). Gegenüber einem verheirateten Minderjährigen beschränkt sich die P. auf die Vertretung in persönlichen Angelegenheiten (§ 1633 BGB; es fällt also insbes. das Erziehungsrecht weg). S. a. → Vermögenssorge.

**Personenstand** ist das familienrechtliche Verhältnis zweier Personen zueinander, das rechtlich auch über den Tod hinaus bestehen bleibt. Der P. und seine Veränderungen, insbes. Geburt, Verehelichung und Tod, werden vom → Standesbeamten in den → Personenstandsbüchern beurkundet. Die vorsätzliche Veränderung oder Unterdrückung des P. ist strafbar (→ Personenstandsfälschung).

**Personenstandsbücher.** Aufgrund des Personenstandsgesetzes i. d. F. vom 8. 8. 1957 (BGBl. I 1126) m. spät. Änd. mit AVO i. d. F. vom 25. 2. 1977 (BGBl. I 377) führt der *Standesbeamte* zum Nachweis des jeweiligen → Personenstandes sog. Personenstandsbücher (auch *Personenstandsregister* genannt), und zwar ein → Familienbuch, ein → Geburtenbuch, ein → Heiratsbuch und ein → Sterbebuch. In die P. werden nach Anzeige der jeweils hierzu Verpflichteten die familienrechtlich bedeutsamen Veränderungen des Personenstandes und sonstige wesentliche Umstände (z. B. Geburts- und Todestag, Wohnort, Namen usw.) ein- bzw. nachgetragen. Berechtigte Personen (d. h. Personen, auf die sich der Eintrag bezieht, sowie deren Ehegatten, Abkömmlinge und Vorfahren, Behörden, andere nur wenn sie ein rechtliches Interesse glaubhaft machen) haben Anspruch auf Einsicht in die P. sowie auf Erteilung von *Personenstandsurkunden* (§ 61 PStG). Zweck der P. ist neben der registermäßigen Erfassung des Personenstands deren Beweiskraft; die P. beweisen bei ordnungsgemäßer Führung Eheschließung, Geburt und Tod und die darüber gemachten näheren Angaben, nicht dagegen die Staatsangehörigkeit (§ 60 PStG); der Nachweis der Unrichtigkeit ist allerdings zulässig. Daneben führen (ohne Beweiskraft) die → Kirchen sog. Kirchenbücher. Für das *Gebiet der ehem. DDR* gelten Besonderheiten gem. Anlage I Kap. II Sachgebiet B Abschn. III Nr. 2 zum → Einigungsvertrag.

**Personenstandsfälschung** ist die Veränderung oder Unterdrückung des familienrechtlichen Verhältnisses, das zwischen einem anderen und dem Täter oder einem Dritten besteht. Die Fälschung des eigenen Personenstandes fällt nicht hierunter (s. insoweit aber mittelbare → Falschbeurkundung). Die P. – auch die versuchte – wird mit Freiheitsstrafe bis zu 2 Jahren oder Geldstrafe bestraft (§ 169 StGB). Ein Fall der P. ist die *Kindesunterschiebung,* durch die der Täter mittels Täuschung (z. B. auch vorsätzliche Vertauschung in der Klinik) den Eindruck entstehen läßt, das Kind sei das leibliche Kind einer Frau, die es in Wirklichkeit nicht geboren hat. Strafbar ist ferner *falsche Personenstandsangabe* oder *Personenstandsunterdrückung* gegenüber einer zur Führung von Personenstandsbüchern oder zur Feststellung des Personenstandes *zuständigen Behörde* (Standesamt, Gericht usw.). Den Personenstand unterdrückt, wer die richtigte Feststellung verhindert oder erschwert, z. B. durch Nichtanzeige der Geburt eines Kindes entgegen §§ 16, 17 PStG oder wenn der auf Unterhaltszahlung in Anspruch genommene Erzeuger einen anderen bei der Blutentnahme vorschiebt; nicht dagegen in der bloßen Weigerung der Mutter, den Erzeuger zu benennen (str.).

**Personenstandsregister** → Personenstandsbücher.

**Personenstandssachen** → Standesbeamter.

**Personenstandsunterdrückung** → Personenstandsfälschung.

**Personenstandsurkunden** werden vom → Standesbeamten auf Grund der → Personenstandsbücher ausgestellt. Hierunter fallen neben beglaubigten Abschriften und Auszügen aus den Personenstandsbüchern insbes. Geburts-, Heirats- und Sterbeurkunden, in denen die persönlichen Verhältnisse der Betreffenden und die näheren Umstände des zu beurkundenden Ereignisses – Geburt, Eheschließung oder Tod – vermerkt werden (§§ 61 a ff. PStG). Diese P. haben dieselbe Beweiskraft wie die → Personenstandsbücher (§ 66 PStG).

**Personensteuern** (Personal-, Subjektsteuern) knüpfen an einen Steuergegenstand an, der auf eine Person bezogen ist und sich nach deren Leistungsfähigkeit bemißt, z. B. → Einkommen-, → Körperschaft- und teilweise → Kirchensteuer.

**Personenvereinigung** ist ein Sammelbegriff für Zusammenschlüsse, die keine → juristische Person, dieser aber in gewissen Beziehungen gleichgestellt sind. So kann z. B. im Recht der → Ordnungswidrigkeiten eine → Geldbuße gegen eine P. verhängt werden, wenn ein vertretungsberechtigtes Organ, Vorstandsmitglied oder vertretungsberechtigter Gesellschafter eine Straftat oder Ordnungswidrigkeit begangen und dadurch Pflichten der P. verletzt hat (§§ 30, 88 OWiG). P. in diesem Sinne sind Personenhandelsgesellschaften und nicht rechtsfähige Vereine. Zulässig sind aber nur (wertneutrale) Geldbußen, nicht kriminelle Strafen, die gegen eine Personengesamtheit nicht verhängt werden dürfen.

**Personenverkehr** → Personenbeförderung.

**Personenversicherung.** Anders als bei der → Schadensversicherung sind bei der P. (Grundlagen → Versicherungsvertrag) persönliche Risiken abgedeckt. Die wichtigsten Formen sind die Versicherungen des Lebens für den vorzeitigen Todesfall (→ Lebensversicherung), der Erwerbsfähigkeit (→ Unfallversicherung) und der persönlichen Gesundheit (→ Krankenversicherung); doch können auch andere persönliche Umstände Gegenstand des Versicherungsvertrags sein (z. B. Versicherung für den Fall der Geburt oder der Verheiratung eines Kindes, sog. Aussteuerversicherung). Für die P. gelten, soweit nicht Sondervorschriften bestehen, die jeweiligen Vereinbarungen in Verbindung mit den Allgemeinen → Versicherungsbedingungen. → Kapitalversicherung, → Rentenversicherung.

**Persönlich haftender Gesellschafter** → Kommanditgesellschaft.

**Persönliche Entgeltpunkte.** Die persönlichen Entgeltpunkte (§ 66 SGB VI) sind zusammen mit dem → aktuellen Rentenwert und dem → Rentenartfaktor bestimmend für die Höhe von Renten aus der gesetzlichen → Rentenversicherung (vgl. § 64 SGB VI). Durch die Berücksichtigung der persönlichen Entgeltpunkte wird erreicht, daß die Höhe der Rente entscheidend von den Beitragsleistungen des Versicherten abhängig ist.

**Persönliche Strafausschließungs-, Strafaufhebungsgründe** → Strafausschließungs(aufhebungs)gründe.

**Persönlicher Arrest** → Arrest.

**Persönliches Erscheinen** einer → Partei oder eines → Beteiligten kann das *Gericht* anordnen und erzwingen (§ 141 ZPO, § 51 ArbGG, § 95 VwGO, § 80 FGO, § 111 SGG). Die Anordnung dient i. d. R. der Aufklärung des Sachverhalts. Bleibt der Geladene aus und ist auch kein Vertreter erschienen, der zur Aufklärung des Tatbestandes in der Lage und zur Abgabe der gebotenen Erklärungen ermächtigt ist, so kann Ordnungsgeld von 5–1000 DM verhängt werden (Haft und Vorführung sowie Auferlegung der Kosten sind unzulässig). Bundesrechtliche Vorschriften, nach denen das Erscheinen eines Beschuldigten oder Zeugen vor der *Polizei* erzwungen werden kann, bestehen nicht (der *Staatsanwaltschaft* stehen nur die gegen Zeugen zulässigen Zwangsmittel – s. u. – zu, außer Haft, § 161 a StPO). Eine Pflicht zum p. E. bei *Verwaltungsbehörden* besteht nur, soweit dies durch Rechtsvorschrift ausdrücklich angeordnet ist. Das Erscheinen des *Beschuldigten* vor dem *Richter* kann unter den Voraussetzungen des → Haftbefehls durch Vorführungsbefehl erzwungen werden, im Hauptverfahren außerdem durch Haftbefehl, der nicht an die Voraussetzungen der §§ 112 ff. StPO gebunden ist (§§ 134, 230, 236, 329 StPO). Einem *Zeugen,* der ordnungsmäßig geladen, aber weder erschienen noch genügend entschuldigt ist, werden ein Ordnungsgeld von 5–1000 DM (Ersatzhaft bis 6 Wochen) und die durch das Ausbleiben verursachten Kosten auferlegt; seine Vorführung kann angeordnet werden (§ 380 ZPO, §§ 51, 161 a StPO).

**Persönlichkeitsrecht.** 1. Nach Art. 2 I GG hat jeder das Recht auf freie Entfaltung seiner Persönlichkeit, soweit er nicht Rechte anderer verletzt oder gegen die verfassungsmäßige Ordnung oder das Sittengesetz verstößt. Damit ist die allgemeine menschliche Handlungsfreiheit im weitesten Sinne als → Grundrecht anerkannt (→ Freiheit, persönliche). Es umfaßt das Recht auf eigene Gestaltung der Lebensführung, aber auch den Anspruch, durch die Staatsgewalt nicht mit Nachteilen belastet zu werden, die nicht in der verfassungsmäßigen Ordnung begründet sind (darunter ist jede formell und materiell verfassungsmäßige Rechtsnorm zu verstehen; vgl. BVerfGE 6, 38).

2. Das Recht schützt ferner eine Reihe besonderer P.e, z. B. das → Namensrecht, die → Urheberrechte sowie Leben, Körper, Gesundheit und Freiheit nach den Bestimmungen über die → unerlaubten Handlungen. Darüber hinaus hat die Rspr. aus den Grundwertentscheidungen des Grundgesetzes (Würde des Menschen, persönliche Freiheit, Art. 1, 2 GG) ein über die allgemeine menschliche Handlungsfreiheit hinausgehendes *allgemeines* P. abgeleitet, das die Ausstrahlungen der Persönlichkeit eines Menschen in allen Beziehungen umfaßt (h. M.; z. B. bei ungenehmigter Reklame mit dem Bild des Betroffenen, bei Behauptungen über dessen Person usw., Aufruf zum → Boykott u. dgl.). Aus dem allgemeinen P. wird auch das Recht auf → informationelle Selbstbestimmung hergeleitet. Dieses allgemeine P. findet seine Grenze in den Rechten anderer; seine Reichweite bestimmt sich insbes. bei Kollision mit dem Grundrecht auf freie Meinungsäußerung (Art. 5 GG) – vor allem durch die Presse – nach einer Güter- und Interessenabwägung, bei der die Art der Berichterstattung, deren Zweck (öffentliche Unterrichtung oder Sensationsberichterstattung) und die Persönlichkeit des Geschädigten zu berücksichtigen sind (s. näher → immanente Schranken, → Meinungsfreiheit, → Pressefreiheit). Liegt eine schwere Verletzung des P. vor, so gewährt die Rspr. neben dem sonstigen → Schadensersatzanspruch, der sich z. B. auf eine Gegendarstellung richten kann, einen Anspruch auf Ersatz auch des → immateriellen Schadens für die erlittene seelische Beeinträchtigung usw. nach § 847 BGB (→ *Schmerzensgeld*). S. BGHZ 13, 334 (Tagebuch); 26, 349 (Herrenreiterfall); 35, 363 (Ginsengwurzel); 39, 124, bestätigt NJW 1971, 698. Über den Mißbrauch von Tonaufnahmegeräten (Indiskretionsdelikt) s. § 201 StGB.

**Persönlichkeitsschutz** → Persönlichkeitsrecht, → Ehre, → unerlaubte Handlung (2 a), → Beleidigung, → Datenschutz.

**Persönlichkeitswahl** → Mehrheitswahl.

**Petition of Rights** war eine vom englischen Parlament 1628 dem König überreichte Bittschrift um Gewährung bestimmter Rechte und Freiheiten (Mitwirkung des Parlaments bei der Steuergesetzgebung, Schutz des Bürgers gegen willkürliche Verhaftung, Einquartierung usw.). Nach Bewilligung durch den König wurde sie Staatsgrundgesetz. Sie wurde 1689 erweitert durch die Declaration of Rights und die auf dieser basierende → Bill of Rights.

**Petitionsrecht** → Beschwerde- und Petitionsrecht.

**Petitorische Ansprüche** → Besitzschutz.

**Pfandbrief** ist die im Verkehr übliche Bezeichnung für einen → Hypothekenpfandbrief. S. a. → Schiffspfandbrief, → Hypothekenbanken.

**Pfandbruch** → Verstrickungsbruch.

**Pfandfreigabe** liegt vor, wenn der Gläubiger gestattet, daß die → Pfändung durch das zuständige → Vollstreckungsorgan aufgehoben wird. Anlaß für eine P. kann sein, daß die Geldforderung, aus der vollstreckt wird, bezahlt wurde oder daß an der gepfändeten Sache das Recht eines Dritten besteht.

**Pfandgläubiger** → Pfandrecht, → Indossament.

**Pfandindossament** → Pfandrecht (3), → Indossament.

**Pfandkehr** (§ 289 StGB) begeht, wer durch Wegnahme einer *ihm selbst gehörenden beweglichen Sache,* die ein anderer zu nutzen oder einzubehalten berechtigt ist, dessen Rechtsausübung bewußt vereitelt. Geschützt sind fremde → Nießbrauchs- und → Pfandrechte, Gebrauchsrechte (z. B. des Mieters oder Entleihers) und das → Zurückbehaltungsrecht an beweglichen Sachen. Die Wegnahme, die dem Berechtigten die Ausübung seines Rechts unmöglich macht, kann bei besitzlosen Nutzungsrechten in einem Entziehen bestehen (z. B. „Rücken" des Mieters durch Ausziehen unter Mitnahme pfandunterworfener Möbel). Die P. kann auch von einem Dritten zugunsten des Eigentümers der Sache begangen werden. Versuch ist strafbar; die Tat ist → Antragsdelikt. Über den Bruch *behördlicher Pfändung* oder Beschlagnahme (Arrest- oder Pfandbruch) → Verstrickungsbruch.

**Pfandleiher** ist, wer gewerbsmäßig Gelddarlehen gegen Faustpfand (→ Pfandrecht) zur Sicherung des Darlehens nebst Zinsen und Kosten gewährt (s. a. § 2 I Nr. 8 KWG). Der Pf. bedarf nach § 34 GewO einer Erlaubnis, auf deren Erteilung ein Rechtsanspruch besteht, soweit nicht einer der in § 34 I genannten Versagungsgründe (Fehlen der → Zuverlässigkeit oder der erforderlichen Mittel) vorliegt. Bei Abschluß des Vertrags (→ Darlehen); wird jeweils ein *Leihschein* (Pfandschein) ausgestellt, aus dem Darlehnszinsen und -kosten, Leihfrist, Verfallzeit und Verwertungsrecht am Pfand ersichtlich sind. Befugnisse und Verpflichtungen bei Ausübung des Gewerbes regelt die PfandleiherVO i. d. F. vom 1. 6. 1976 (BGBl. I 1334) m.spät. Änd., u. a. Anzeige- und Buchführungspflicht, Pfandschein, Aufbewahrung, Versicherung und Verwertung des Pfandes, Vergütung. Nur für öffentlich-rechtliche Pfandleihanstalten bestehen teilweise noch landesrechtliche Vorschriften, die außer dem Geschäftsbetrieb auch die Rechtsverhältnisse auf dem Gebiet des Zivilrechts regeln (Art. 94 EGBGB) und vielfach ein sog. Lösungsrecht vorsehen. Zuwiderhandlungen der Pf. gegen die Bestimmungen werden als Ordnungswidrigkeiten geahndet (§ 144 I Nr. 1 e, II Nr. 1 GewO). Die gewerbsmäßige Gewährung von Gelddarlehen gegen andere Sicherheiten (Grundpfandrechte, Sicherungsübereignung, Sicherungszession) bedarf i. d. R. als → Bankgeschäft einer Erlaubnis nach § 32 KWG.

**Pfandrecht**. 1. Das Pf. ist ein zur Sicherung einer Forderung bestelltes, akzessorisches (→ Akzessorietät) → dingliches Recht, das dem Pfandgläubiger die Befugnis einräumt, unter bestimmten Voraussetzungen Befriedigung aus dem verpfändeten Gegenstand zu suchen. Neben den → Grundpfandrechten (Hypothek, Grundschuld), für die besondere Vorschriften gelten, unterscheidet man beim Pf. an beweglichen Sachen und Rechten (sog. Fahrnispf. oder Mobiliarpf.) das durch Vertrag begründete sog. → *Faustpf.*, das *gesetzliche Pf.* und das bei der → Zwangsvollstreckung entstehende → *Pfändungspf.* (s. dort über die Anwendbarkeit der allg. Vorschr. über das Pf.). Die kraft Gesetzes entstehenden Pf. sind entweder an den → Besitz des Pfandgläubigers gebunden, z. B. das gesetzliche Pf. des Unternehmers beim → Werkvertrag (§ 647 BGB) und die handelsrechtlichen gesetzlichen Pf. des → Kommissionärs, Spediteurs, Lagerhalters, Frachtführers usw. (§§ 397, 410, 421, 440 HGB), oder entstehen (ohne Besitz) auf Grund einer Einbringung in den Herrschaftsbereich des Gläubigers, z. B. die gesetzlichen Pf. des Vermieters und Verpächters (§§ 559, 585 BGB, → Miete, 3) sowie des → Gastwirts (§ 704 BGB). Sondervorschriften gelten ferner für → Luftfahrzeuge, → Schiffe, für den Pächter eines landwirtschaftlichen Grundstücks (Pachtkreditgesetz vom 5. 8. 1951, BGBl. I 494, → Pacht) u. a. m. Die folgenden Ausführungen gelten grundsätzlich nur für das *vertragliche Pf.;* doch finden auf ein bereits entstandenes gesetzliches Pf. (also nicht auf dessen Entstehung selbst, s. u.) die Vorschriften über das Vertragspf. entsprech. Anwendung (§ 1257 BGB). S. a. → Pfandleiher, → Lombardgeschäft.

2. a) Voraussetzung für die *Bestellung eines vertraglichen Pf.* an einer beweglichen → Sache ist die → Einigung über die Bestellung und regelmäßig die Übergabe der Sache von dem Eigentümer an den Pfandgläubiger (§ 1205 BGB; Ausnahme beim Landpachtkredit; → Pacht). Da eine Verpfändung durch → Besitzkonstitut (Einräumung nur des → mittelbaren Besitzes) nicht möglich ist, wurde das Pf. im Geschäftsleben weitgehend von der → *Sicherungsübereignung* verdrängt. Gehört die zu ver-

pfändende Sache nicht dem Verpfänder, so finden auf die Pfandrechtsbestellung die Vorschriften über den → gutgläubigen Erwerb beweglicher Sachen entsprechende Anwendung (§§ 1207, 932 ff. BGB). Der gute Glaube muß sich auf das Eigentum des Verpfänders beziehen; im Handelsrecht wird allerdings auch der gute Glaube an die Verfügungsbefugnis geschützt (§ 366 I HGB). Ein gutgläubiger Erwerb nicht besitzgebundener gesetzlicher Pf. (s. o.) ist nach allg. M. ausgeschlossen. Ein gutgläubiger Erwerb besitzgebundener gesetzlicher Pf. (z. B. des Werkunternehmers, der ein dem Besteller unter → Eigentumsvorbehalt geliefertes Kraftfahrzeug in der Annahme repariert, es gehöre dem Besteller) wird von BGHZ 34, 153 gleichfalls verneint, da § 1257 BGB nur für bereits entstandene Pf. gelte. Für den Rang mehrerer Pf. gilt grundsätzlich das → Prioritätsprinzip.

b) Das Pfand *haftet* für die Forderung in deren jeweiligem Bestand; der Verpfänder kann gegenüber dem Pfandgläubiger die dem persönlichen Schuldner gegen die Forderung sowie die einem → Bürgen zustehenden → Einreden geltend machen (§§ 1210, 1211 BGB). Vor der Pfandreife besteht zwischen dem Verpfänder und dem Pfandgläubiger ein gesetzliches → Schuldverhältnis, das u. a. den Pfandgläubiger zur → Verwahrung des Pfandes und zur Sorge für das Pfand vor drohendem Verderb – öffentliche Versteigerung u. dgl. – verpflichtet (§ 1215 BGB); lediglich beim sog. *Nutzungspfand* (Antichrese) ist der Pfandgläubiger bereits vor der Pfandverwertung berechtigt, die → Nutzungen des Pfandes zu ziehen (anzunehmen, wenn eine fruchttragende Sache verpfändet wurde, § 1213 BGB). Das Pf. gewährt im übrigen auch gegenüber dem Eigentümer dieselben Ansprüche, wie sie sonst dem Eigentümer zustehen (→ Eigentumsherausgabeanspruch, → Eigentumsstörungen), ferner → Besitzschutz.

c) Sobald die Forderung fällig wird (sog. → *Pfandreife*; → Schuldnerverzug oder ein Vollstreckungstitel wie bei der Hypothek sind nicht erforderlich), ist der Pfandgläubiger zur Befriedigung aus dem Pfand durch *Pfandverkauf* berechtigt (§ 1228 BGB). Eine vor der Pfandreife vereinbarte Verfallklausel, wonach das Eigentum an dem Pfand in diesem Fall automatisch auf den Pfandgläubiger übergehen soll, ist nichtig (§ 1229 BGB). Hat der Pfandgläubiger gegen den Eigentümer einen vollstreckbaren Titel, so kann er die Pfandverwertung nach den Vorschriften über die → Zwangsvollstreckung in bewegliche Sachen durchführen (§ 1233 II BGB, §§ 808 ff. ZPO); im übrigen erfolgt die Pfandverwertung durch den sog. Pfandverkauf (§§ 1233 ff. BGB). Der Pfandverkauf ist vorher anzudrohen und regelmäßig durch öffentliche → Versteigerung durchzuführen (bei Waren mit Markt- oder Börsenpreis auch durch einen → Handelsmakler). Durch einen rechtmäßigen Pfandverkauf erlangt der Erwerber das – grundsätzlich unbelastete – Eigentum an der Pfandsache (§ 1242 BGB); falls dem Veräußerer ein Pf. nicht zustand, ist bei ordnungsgemäßer Durchführung des Pfandverkaufs ein → gutgläubiger Erwerb möglich (§ 1244 BGB). Soweit der Erlös dem Pfandgläubiger zu seiner Befriedigung gebührt, geht seine Forderung unter; im übrigen tritt der Erlös an die Stelle des Pfandes (§ 1247 BGB, sog. → Surrogation); bei freiwilliger Befriedigung des Pfandgläubigers durch den – vom Schuldner verschiedenen – Verpfänder (§ 1225 BGB) oder durch einen Dritten, dem ein → Ablösungsrecht an dem Pfand zusteht (bei drohendem Rechtsverlust durch Pfandverkauf, § 1249 BGB), geht die gesicherte Forderung auf den Leistenden über. Mit der Übertragung der Forderung geht infolge der Akzessorietät auch das Pf. auf den neuen Gläubiger über; getrennte Übertragung ist nicht möglich (§ 1250 BGB).

d) Das Pf. *endet* mit dem Erlöschen der gesicherten Forderung (z. B. infolge Tilgung, § 1252 BGB), bei Rückübertragung des Besitzes an der Pfandsache auf den Verpfänder (auch bei entgegenstehendem Willen des Gläubigers, § 1253 BGB), durch einseitige Pfandaufgabeerklärung des Pfandgläubigers (§ 1255 BGB) und grundsätzlich bei Zusammentreffen mit dem Eigentum in einer Person, sofern nicht der Eigentümer am Fortbestand, z. B. wegen nachrangiger Pf.e, ein rechtliches Interesse hat (§ 1256 BGB; anders → Konsolidation).

3. Gegenstand des Pf. können ferner *Rechte* aller Art sein, sofern diese über-

tragbar sind (z. B. Forderungen, Grundpfandrechte, Miterbenanteile, Wertpapiere u. a., §§ 1273 ff. BGB). Die Bestellung des Pf. richtet sich hier nach den für die Übertragung des Rechts geltenden Vorschriften (§ 1274 BGB); bei einer Forderung (→ Abtretung) ist außerdem die Anzeige an den Schuldner erforderlich (§ 1280 BGB). Das → Anwartschaftsrecht des Vorbehaltskäufers wird dagegen rechtlich wie die Sache selbst behandelt. Ein → Wechsel oder sonstiges → Orderpapier wird durch Einigung über die Pfandrechtsbestellung, entsprechendes → Indossament – sog. → *Pfandindossament* – und Übergabe des Papiers verpfändet (§ 1292 BGB); für → Inhaberpapiere gelten die Vorschriften über das Pf. an beweglichen Sachen entsprechend (§ 1293 BGB). Die Pfandverwertung setzt hier i. d. R. einen vollstreckbaren Titel nach den Vorschriften über die → Zwangsvollstreckung voraus (§ 1277 BGB). Bei einem Pf. an einer Forderung hat der Schuldner vor Pfandreife an den Gläubiger und den Pfandgläubiger gemeinsam zu leisten; nach Eintritt der Pfandreife ist der Pfandgläubiger allein einziehungsberechtigt (§§ 1281, 1282 BGB). Erbringt der Schuldner hiernach seine Leistung, so erwirbt der Gläubiger den geleisteten Gegenstand (z. B. das Eigentum an dem übergebenen Geld) und der Pfandgläubiger ein Pfandrecht hieran (bei Übertragung des Eigentums an einem Grundstück eine → Sicherungshypothek); das Pfandrecht an der Forderung setzt sich also automatisch in einem Pf. an der Sache selbst fort (sog. dingliche → Surrogation, § 1287 BGB).

4. Im Gebiet der *ehem. DDR* begründete (§§ 443 ff. ZGB), Pf., die für Forderungen von Kreditinstituten, volkseigenen Betrieben und staatlichen Organen auch besitzlos sein konnten (und damit das → Sicherungseigentum ersetzten, § 448 ZGB), gelten mit dem bisherigen Inhalt und Rang fort (Art. 233 § 3 EGBGB).

**Pfandreife** → Pfandrecht (2 c).

**Pfandschein** → Pfandleiher.

**Pfandsiegel** ist eine Marke, die der → Gerichtsvollzieher bei → Pfändung von Sachen, die im Gewahrsam des Schuldners bleiben, anbringt, um die → Beschlagnahme kenntlich zu machen (§ 808 II ZPO). Unbefugtes Entfernen eines P. ist als → Siegelbruch strafbar (§ 136 II StGB).

**Pfändung** ist die staatliche Beschlagnahme eines Gegenstandes zu dem Zweck, den Gläubiger (auch mehrere nacheinander, § 804 III ZPO; s. a. → Anschlußpfändung) wegen einer Geldforderung zu befriedigen. Für eine P. müssen alle Voraussetzungen der → Zwangsvollstreckung vorliegen. P. ist Zwangsvollstreckung *in das bewegliche Vermögen* (§ 803 ZPO; Gegensatz: → Immobiliarzwangsvollstreckung in das unbewegliche Vermögen). Die Folge einer wirksamen P. ist die → Verstrickung und das → Pfändungspfandrecht. *Sachen* werden beim Schuldner gepfändet, indem der → Gerichtsvollzieher sie in Besitz nimmt (§ 808 I ZPO; s. a. → Durchsuchung, 3). Sofern es sich nicht um Geld, Wertsachen oder Wertpapiere handelt, bleiben die Sachen beim Schuldner; jedoch wird die P. kenntlich gemacht, insbes. durch → Pfandsiegel. Auch an Sachen, die dem Schuldner nicht gehören, entstehen Verstrickung und Pfändungspfandrecht (bestr.). Der Eigentümer der Sache kann sein Recht durch die → Drittwiderspruchsklage geltend machen, wenn auf sein Verlangen hin der Gläubiger die gepfändete Sache nicht freigibt. *Forderungen und andere Rechte* werden durch Beschluß des Vollstreckungsgerichts (Pfändungsbeschluß) gepfändet (§§ 829, 857 ZPO). Im Pfändungsbeschluß wird dem Schuldner der gepfändeten Forderung (Drittschuldner) verboten, an seinen Gläubiger (Schuldner der Zwangsvollstreckung) zu leisten – *Arrestatorium* –; dem Gläubiger wird verboten, über die Forderung zu verfügen – *Inhibitorium* –. Die P. ist mit Zustellung des Pfändungsbeschlusses an den Drittschuldner vollzogen (§ 829 III ZPO). Die gepfändeten Gegenstände kann der Gläubiger auf bestimmte Weise *verwerten,* um seine Geldforderung zu befriedigen. Sachen werden durch den Gerichtsvollzieher versteigert (§ 814 ZPO, → Versteigerung), Forderungen an den Gläubiger zur Einziehung oder an Zahlungs Statt überwiesen und durch ihn vom Drittschuldner eingezogen (§ 835 ZPO; → Überweisungsbeschluß). Bei Pf. desselben Gegenstandes durch mehrere Gläubiger werden diese nach der zeitlichen Reihenfolge der Pf.en befriedigt; ist eine Forderung mehrfach gepfändet, so kann sich der Schuldner durch → Hinterlegung des Betrags befreien. Andere Rechte werden verschiedenartig verwertet. Der → Gerichtsvollzieher kann auf Antrag des Gläubigers oder des Schuldners auch eine andere (zweckmäßigere) Art der Verwertung vornehmen (§ 825 ZPO). Der Erlös ist nach Abzug der Kosten dem Gläubiger abzuliefern; bei gepfändetem Geld geschieht das sofort (§ 815 ZPO). Die Zahlung gilt als bewirkt, sobald der Gerichtsvollzieher den Erlös empfangen hat (§ 819 ZPO). Die P. kann nur durch das zuständige Vollstreckungsorgan aufgehoben werden, wenn bestimmte Voraussetzungen vorliegen (§ 776 ZPO; → Pfandfreigabe). Gegen die Art und Weise der P. kann → Vollstreckungserinnerung eingelegt werden. S. a. → Lohnpfändung, → Überpfändung.

**Pfändung von Sozialleistungsansprüchen.** Ansprüche auf Dienst- und Sachleistungen nach dem → Sozialgesetzbuch sind unpfändbar, ebenso ein Anspruch auf Erziehungsgeld. Bei einmaligen Geldleistungen ist Pf. zulässig, wenn sie nach den Einkommens- und Vermögensverhältnissen des Schuldners, nach Art des beizutreibenden Anspruchs und nach Höhe und Zweck der Geldleistung sowie nach den Gesamtumständen der Billigkeit entspricht. Das gilt auch für die Pf. von Ansprüchen auf laufende Geldleistungen mit Ausnahme der Pf. zugunsten gesetzlicher Unterhaltsansprüche; die Pf. darf hier ferner nur im Rahmen der → Lohnpfändung erfolgen. Ansprüche auf Geldleistungen für Kinder sind nur beschränkt pfändbar. Eine Geldleistung bleibt nach Überweisung auf das Konto des Empfängers 7 Tage lang unpfändbar; danach ist der Anspruch aus der Gutschrift sowie Bargeld nur insoweit pfändbar, als ihr Betrag den unpfändbaren Teil der Leistungen für die Zeit von der Pf. bis zum nächsten Zahlungstermin übersteigt. §§ 54, 55 SGB I.

**Pfändungsankündigung** → Vorpfändung.

**Pfändungsbeschluß** → Pfändung.

**Pfändungsfreigrenzen** → Lohnpfändung.

**Pfändungsgläubiger** ist der Inhaber eines → Pfändungspfandrechts.

**Pfändungspfandrecht** ist das → Pfandrecht, das der Gläubiger durch die → Pfändung erwirbt. Das P. ist öffentlich-rechtlicher Natur und die ausnahmslose Folge der → Verstrickung (bestr.). An einem Gegenstand können mehrere P. bestehen (→ Anschlußpfändung). Zwischen diesen ergibt sich ein Rangverhältnis: die frühere Pfändung geht der späteren vor (§ 804 III ZPO). Auch gleicher Rang ist möglich.

**Pfändungsschuldner** ist der Schuldner in der → Zwangsvollstreckung, gegen den eine → Pfändung erwirkt wird.

**Pfändungsschutz** besteht nach näherer Regelung der §§ 811 ff., 850 ff. ZPO zugunsten des → Pfändungsschuldners aus sozialen Gründen in mehrfacher Beziehung durch völlige oder teilweise → Unpfändbarkeit von Sachen oder Forderungen, insbes. beim Arbeitseinkommen (→ Lohnpfändung), bei Renten u. a. Versorgungsbezügen zugunsten von Landwirten (§ 851 a ZPO) und für Miet- und Pachtzinsen, soweit sie zur Unterhaltung des Grundstücks notwendig sind (§ 851 b ZPO); → Pfändung von Sozialleistungsansprüchen.

**Pfändungsverbote** bestehen in bezug auf → Unpfändbarkeit, → Überpfändung und nutzlose Pfändung, nämlich wenn sich von der Verwertung der zu pfändenden Gegenstände ein Überschuß über die Kosten der Zwangsvollstreckung nicht erwarten läßt (§ 803 II ZPO). Wird entgegen einem P. gepfändet, so ist die Pfändung an sich wirksam, aber auf → Vollstreckungserinnerung hin aufzuheben.

**Pfandverkauf** → Pfandrecht (2 c).

**Pfandverstrickung** → Pfändung, → Verstrickung, → Verstrickungsbruch.

**Pfarrer** (Pfarrei). 1. In der → kath. Kirche der Leiter der ihm übertragenen Pfarrei; eine Pfarrei kann auch mehreren → Priestern gemeinsam (in solidum) oder einem → Ordensinstitut übertragen werden. Errichtung, Aufhebung und Änderung der Pfarreien obliegen dem zuständigen Diözesanbischof. Zum Pf. kann nur ernannt werden, wer die Weihe zum → Priester erhalten hat. Zur Unterstützung des Pf. kann der Diözesanbischof einen Pfarrvikar (im deutschen Sprachraum auch: Kaplan) ernennen. Bei Verhinderung des Pf. nimmt der Pfarrvikar bis zur Bestellung eines Pfarradministrators die Vertretung des Pf. wahr.

2. In der → evang. Kirche Bezeichnung des Leiters einer Kirchengemeinde, die im Gegensatz zur kath. Kirche bei seiner Bestellung mitwirkt. Der ersten Ernennung zum Pfarrer geht eine feierliche Ordination voraus. Voraussetzung der Ordination ist der Abschluß der Universitätsstudien durch ein wissenschaftliches Examen, durch das die Predigterlaubnis erworben wird. Darauf folgt eine mindestens zweijährige praktische Ausbildung durch ein Lehrvikariat oder auf einem Predigerseminar, zu deren Ende eine mehr praktisch orientierte Prüfung abgelegt wird. Ferner sind sittliche und körperliche Eignung und gemäß den → Kirchenverträgen deutsche Staatsangehörigkeit erforderlich.

**Pferde im Straßenverkehr** → Reiter, → Tiere im Str., → Fuhrwerke.

**Pflanzen** → Bestandteil.

**Pflanzenschutz.** Die deutsche Rechtsterminologie beschränkt den Begriff P. auf den Kulturpflanzenschutz, und zwar mit überwiegend wirtschaftlicher und gesundheitspolitischer Tendenz. Interessen des → Naturschutzes und des → Umweltschutzes werden von den einschlägigen gesetzlichen Regelungen insofern erfaßt, als diese Gefahren abwenden sollen, die durch Pflanzenschutzmittel und Pflanzenschutzmaßnahmen für Mensch, Tier und Naturhaushalt entstehen können (§ 1 III PflSchG). Demgemäß kann die Verwendung von in diesem Sinne bedenklichen Pflanzenschutzmitteln durch VO beschränkt oder verboten werden (§ 7). Dem Schutz – biologisch – wild lebender Pflanzen dient aber in erster Linie der → Artenschutz. Den P. im Sinne von Kulturpflanzenschutz regelt das PflanzenschutzG i. d. F. vom 14. 5. 1998 (BGBl. I 971). Dieses soll Pflanzen und Pflanzenerzeugnisse vor Krankheiten und Schadorganismen schützen und Schäden abwenden, die bei Anwendung von P.mitteln o. a. Maßnahmen des Pflanzenschutzes für die Gesundheit von Mensch oder Tier entstehen können. Einfuhr und gewerbsmäßiger Vertrieb von P.mitteln bedürfen der Zulassung durch die Biologische Bundesanstalt; sie gilt für 10 Jahre, kann aber erneuert werden (s. hierzu auch VO über P.mittel und P.geräte vom 28. 7. 1987, BGBl. I 1754). Gewerbsmäßige Anwendung von P.mitteln ist anzeigepflichtig. S. a. PflanzenbeschauVO vom 10. 5. 1989 (BGBl. I 905), VO über Anwendungsverbote für Pflanzenschutzmittel vom 27. 7. 1988 (BGBl. I 1196), ReblausVO vom 27. 7. 1988 (BGBl. I 1203), VO zur Bekämpfung des Kartoffelkrebses vom 20. 4. 1972 (BGBl. I 625), BisamVO vom 20. 5. 1988 (BGBl. I 640) u. a. m. S. ferner Internationales Pflanzenschutzabkommen vom 6. 12. 1951 (BGBl. 1956 II 947) sowie Übereinkommen vom 19. 3. 1991 über den Schutz von Pflanzenzüchtungen (BGBl. 1998 II 258). Zu Regelungen für die neuen Länder s. das Ges. vom 13. 5. 1993 (BGBl. I 693).

**Pflanzgebot** → Baugebot.

**Pflegebedürftige** i. S. d. → Pflegeversicherung sind Personen, die wegen einer körperlichen, geistigen oder seelischen → Krankheit oder Behinderung für die gewöhnlichen und regelmäßig wiederkehrenden Verrichtungen im Ablauf des täglichen Lebens auf Dauer, voraussichtlich für mindestens 6 Monate, in erheblichem Maße der Hilfe bedürfen. Krankheiten oder Behinderungen i. S. d. Pflegeversicherung sind insbesondere Verluste, Lähmungen oder andere Funktionsstörungen am Stütz- und Bewegungsapparat, Funktionsstörungen der inneren Organe oder der Sinnesorgane sowie Störungen des Zentralnervensystems (z. B. Antriebs- oder Gedächtnisstörungen). Gewöhnliche und regelmäßig wiederkehrende Verrichtungen sind u. a. die Körperpflege, das Zubereiten und die Aufnahme von Nahrung, das selbständige Aufstehen und Zu-Bett-Gehen sowie hauswirtschaftliche Verrichtungen wie das Einkaufen und das Reinigen der Wohnung. In welchem Umfang P. Leistungen in Anspruch nehmen können (→ Häusliche

Pflegehilfe, → Pflegegeld, → Teilstationäre Pflege, → Vollstationäre Pflege) ist davon abhängig, welcher → Pflegestufe sie zugeordnet sind (§ 14 SGB XI).

**Pflegeberücksichtigungszeiten** → Berücksichtigungszeiten in der Rentenversicherung.

**Pflegeeltern** → Pflegekinder, → elterliche Sorge.

**Pflegegeld.** In der sozialen → Pflegeversicherung können → Pflegebedürftige anstelle der → häuslichen Pflege ein P. beantragen. Der Anspruch auf P. setzt voraus, daß der Pflegebedürftige mit dem P. dessen Umfang entsprechend die erforderliche Grundpflege und hauswirtschaftliche Versorgung durch eine Pflegeperson in geeigneter Weise selbst sicherstellt. Das P. beträgt je Kalendermonat für → Pflegebedürftige der → Pflegestufe I 400 DM, für Pflegebedürftige der Pflegestufe II 800 DM und für Pflegebedürftige der Pflegestufe III 1300 DM (§ 37 SGB XI). Der Anspruch auf P. richtet sich gegen die zuständige → Pflegekasse.

Ist ein Versicherter der → Unfallversicherung durch einen → Arbeitsunfall oder eine → Berufskrankheit so hilflos geworden, daß er für die gewöhnlichen und regelmäßig wiederkehrenden Verrichtungen im Ablauf des täglichen Lebens in erheblichem Umfang der Hilfe bedarf, kann der Versicherungsträger ihm ein P. gewähren (§ 44 SGB VII).

In der → Kriegsopferversorgung wird u. U. eine Pflegezulage gewährt (§§ 35, 36 BVG).

**Pflegeheime** → Krankenpflegeanstalten.

**Pflegehilfe** → Häusliche Pflege.

**Pflegehilfsmittel.** → Pflegebedürftige haben Anspruch auf Versorgung mit P. durch die zuständige → Pflegekasse, wenn die P. zur Erleichterung der Pflege oder zur Linderung der Beschwerden des Pflegebedürftigen beitragen oder ihm eine selbständige Lebensführung ermöglichen, soweit die Hilfsmittel nicht wegen → Krankheit oder Behinderung von der → Krankenversicherung oder anderen zuständigen Leistungsträgern zu leisten sind. Technische Hilfsmittel sollen in geeigneten Fällen vorrangig leihweise überlassen werden. Subsidiär können die Pflegekassen auch finanzielle Zuschüsse für Maßnahmen zur Verbesserung des individuellen Wohnumfeldes des Pflegebedürftigen gewähren, beispielsweise für technische Hilfen im Haushalt, wenn hierdurch im Einzelfall die häusliche Pflege ermöglicht oder wesentlich erleichtert oder eine möglichst selbständige Lebensführung des Pflegebedürftigen wiederhergestellt werden kann (§ 40 SGB XI).

**Pflegekasse.** Die Pflegekassen sind Träger der → Pflegeversicherung. Eine P. ist bei jeder → Krankenkasse errichtet worden. Bei der → Seekasse wird die Pflegeversicherung in einer besonderen Abteilung unter dem Namen See-Pflegekasse durchgeführt; die Pflegeversicherung der knappschaftlich Versicherten führt die → Bundesknappschaft durch.

Die P. sind rechtsfähige Körperschaften des öffentlichen Rechts mit Selbstverwaltung; ihre Organe sind die Organe der Krankenkasse, bei denen sie errichtet worden sind (§ 46 SGB XI).

**Pflegekinder.** Das Pflegekindschaftsverhältnis ist im BGB nicht definiert. Es handelt sich dabei um Kinder und Jugendliche, die sich dauernd oder regelmäßig für einen Teil des Tages außerhalb des Elternhauses in Familienpflege befinden, ausgenommen Kinder, die beim → Personensorgeberechtigten, bei Verwandten, in einer auswärtigen Schulpflegestelle (Internat) oder beim Arbeitgeber untergebracht sind. Die Pflegeperson bedarf zur Aufnahme eines Pflegekindes der vorherigen Pflegeerlaubnis des → Jugendamtes, das auch die Aufsicht über die Pfl. führt (§§ 44 ff. SGB VIII). Lebt das Kind seit längerer Zeit in *Familienpflege* und wollen die Eltern das Kind von der Pflegeperson wegnehmen, so kann das → Familiengericht anordnen, daß das Kind bei der Pflegeperson verbleibt, wenn und solange das Kindeswohl durch die Wegnahme gefährdet würde (§ 1632 IV BGB). Das Gericht kann der Pflegeperson auch Angelegenheiten der → elterliche Sorge übertragen; die Pflegeperson hat dann die Rechte und Pflichten eines → Pflegers (§ 1630 III BGB). In Angelegenheiten des täglichen Lebens ist die Pflegeperson berechtigt, selbst zu entscheiden und den Inhaber der elterlichen Sorge zu vertreten; hierunter fällt auch die Geltendmachung von Unterhalts-, Versicherungs-, Versorgungs- und Sozialleistungsansprüchen (§ 1688 BGB). Zum → Umgangsrecht s. dort Anhörungsrecht der Pflegeperson: § 50 c FGG.

Die Leistungen der → Familienversicherung in der → Krankenversicherung sowie das → Kindergeld und die für Kinder gewährten Leistungen der gesetzlichen → Unfallversicherung, der gesetzlichen → Rentenversicherung und der → Kriegsopferversorgung (→ Kinderzuschlag und Waisenrente) erstrecken sich auch auf Pfl. (§ 10 SGB V; § 48 SGB VI; § 67 SGB VII; §§ 33 b, 45 BVG; § 2 BKGG).

*Einkommensteuerlich* sind Pfl. dem ehel. Kind gleichgestellt (→ Kinder, steuerliche Berücksichtigung); doch müssen Pflegeeltern und -kinder durch ein auf längere Dauer angelegtes Pflegeverhältnis mit häuslicher Gemeinschaft wie Eltern und Kind miteinander verbunden sein (§ 15 I Nr. 8 AO).

**Pflege-Pauschbetrag** mit jährlich 1800 DM wird gewährt für die persönliche Pflege eines Hilflosen in der eigenen Wohnung oder in der Wohnung des Pflegebedürftigen (§ 33 b VI EStG). Vgl. → Belastungen, außergewöhnliche 2 g.

**Pflegepersonen** i. S. d. → Pflegeversicherung sind Personen, die nicht erwerbsmäßig einen → Pflegebedürftigen in seiner häuslichen Umgebung pflegen. Zur Verbesserung der sozialen Sicherung dieses Personenkreises entrichtet die soziale Pflegeversicherung oder das private Versicherungsunternehmen, bei dem eine private Pflege-Pflichtversicherung abgeschlossen worden ist, Beiträge an den zuständigen Träger der gesetzlichen → Rentenversicherung, wenn die P. wenigstens 14 Stunden wöchentlich Pflegeleistungen erbringt und regelmäßig nicht mehr als 30 Stunden in der Woche erwerbstätig ist. Außerdem sind P. während ihrer Tätigkeit in den Schutz der gesetzlichen → Unfallversicherung einbezogen (§ 2 I Nr. 17 SGB VII). P., die nach der Pflegetätigkeit ins Erwerbsleben zurückkehren wollen, haben Anspruch auf → Unterhaltsgeld als Leistung der → Arbeitsförderung nach dem SGB III (§§ 19, 44 SGB XI).

**Pfleger** → Pflegschaft.

**Pflegesatz** → Krankenhausfinanzierung, → Preisrecht.

**Pflegestufen.** Für die Gewährung von Leistungen der → Pflegeversicherung sind → Pflegebedürftige drei P. zugeordnet.

Pflegebedürftige der P. I (erheblich Pflegebedürftige) sind Personen, die bei der Körperpflege, der Ernährung oder der Mobilität (z. B. selbständiges Aufstehen, Treppensteigen, Verlassen der Wohnung) für wenigstens zwei Verrichtungen mindestens einmal täglich der Hilfe bedürfen und zusätzlich mehrfach in der Woche Hilfe bei der hauswirtschaftlichen Versorgung benötigen.

Pflegebedürftige der P. II (Schwerpflegebedürftige) sind Personen, die bei der Körperpflege, der Ernährung oder der Mobilität mindestens dreimal täglich zu verschiedenen Tageszeiten der Hilfe bedürfen und zusätzlich mehrfach in der Woche Hilfe bei der hauswirtschaftlichen Versorgung benötigen.

Pflegebedürftige der P. III (Schwerstpflegebedürftige) sind Personen, die bei der Körperpflege, der Ernährung oder der Mobilität täglich rund um die Uhr der Hilfe bedürfen und zusätzlich mehrfach in der Woche Hilfe bei der hauswirtschaftlichen Versorgung benötigen (§ 15 SGB XI).

Die Zuordnung zu den P. hat u. a. Auswirkungen auf die Leistungen der Pflegekassen im Rahmen der → häuslichen Pflegehilfe und der → teilstationären Pflege sowie die Höhe des → Pflegegeldes.

**Pflegeversicherung.** Die „klassischen" Bereiche der → Sozialversicherung, d. h. die → Krankenversicherung, die → Unfallversicherung und die → Rentenversicherung sind mit dem Inkrafttreten des Pflege-Versicherungsgesetzes (SGB XI) durch die soziale Pflegeversicherung ergänzt worden (Pflege-Versicherungsgesetz vom 26. 5. 1994, BGBl. I 1014, m. Änd.). Der Kreis der Versicherten ist im wesentlichen identisch mit jenen Personen, die als Pflichtmitglieder in der gesetzlichen → Krankenversicherung versichert sind, d. h. erfaßt werden insbesondere → Arbeiter, → Angestellte und zu ihrer Berufsausbildung Beschäftigte, Personen, die

→ Arbeitslosengeld oder → Arbeitslosenhilfe beziehen, Landwirte und ihre mitarbeitenden Familienangehörigen, selbständige Künstler und Publizisten nach näherer Bestimmung der → Künstlersozialversicherung, Rehabilitanden, Behinderte und Studenten, soweit sie der Krankenversicherungspflicht unterliegen. Versicherungspflichtig in der P. sind auch die freiwilligen Mitglieder der Krankenversicherung; für sie besteht allerdings die Möglichkeit der Befreiung von der Versicherungspflicht, wenn sie sich entsprechend privat versichert haben (§§ 20 ff. SGB XI; s. a. → Familienversicherung; → freiwillige Versicherung).

Anspruchsberechtigt sind → Pflegebedürftige, die verschiedenen → Pflegestufen zugeordnet sind (§§ 14 ff. SGB XI). Als Leistungen werden seit 1. 4. 1995 insbesondere gewährt → häusliche Pflege, → Pflegegeld, → Pflegehilfsmittel, → teilstationäre Pflege, → Kurzzeitpflege und Leistungen zur sozialen Sicherung der → Pflegeperson (§§ 36–42, 44 SGB XI). Seit 1. 7. 1996 wird zusätzlich → vollstationäre Pflege in entsprechenden Einrichtungen gewährt werden (§ 43 SGB XI).

Träger der P. sind die → Pflegekassen, die bei den → Krankenkassen errichtet worden sind; die Organe der Krankenkassen sind zugleich die Organe der bei ihnen errichteten Pflegekassen (§§ 46 ff. SGB XI).

Finanziert wird die P. durch Beiträge, die bei Beschäftigten, die in der gesetzlichen Krankenversicherung pflichtversichert sind, grundsätzlich je zur Hälfte vom Versicherten und seinem Arbeitgeber zu tragen sind, wobei die hieraus resultierende finanzielle Belastung der Arbeitgeber allerdings auf andere Weise ausgeglichen worden sind. Für andere Versicherte bestehen hinsichtlich der Beitragstragung Sonderregelungen. Der Beitragssatz wird durch Gesetz festgesetzt; er beträgt seit dem 1. 7. 1996 1,7% der beitragspflichtigen Einnahmen der Mitglieder. Die → Beitragsbemessungsgrenze beträgt 75% der Beitragsbemessungsgrenze der Rentenversicherung der Arbeiter und Angestellten (§§ 54 ff. SGB XI).

*Steuerlich* folgt die Behandlung der P. der Krankenversicherung. Der Beitragsanteil des Arbeitgebers ist steuerfrei (§ 3 Nr. 62 EStG). Der Arbeitnehmeranteil sowie Arbeitnehmerbeiträge zu einer zusätzlichen freiwilligen P. sind bei diesem → Sonderausgaben (§ 10 I Nr. 2 a und 2 c EStG). Zuschüsse eines Trägers der gesetzlichen Rentenversicherung zu den Aufwendungen eines Rentners für seine Pflegeversicherung sind steuerfrei (§ 3 Nr. 14 EStG). Die der Pflegeperson bezahlte Vergütung für die Pflege ist grundsätzlich einkommensteuerpflichtig. Im Familienbereich gezahlte Vergütungen sind steuerfrei (§ 3 Nr. 36 EStG), um die Förderung der Familienpflege nicht zu gefährden.

**Pflegezulage** → Pflegegeld.

**Pflegschaft.** Während die → *Vormundschaft* zur Fürsorge für die Person und das Vermögen eines Minderjährigen (für Volljährige → Betreuung) und zu dessen Vertretung in grundsätzlich allen Angelegenheiten dient, ist vom → Vormundschaftsgericht eine Pf. bei einem Fürsorgebedürfnis für *einzelne* besondere *Angelegenheiten* anzuordnen (§§ 1909 ff. BGB). Der Pfleger hat daher nur für einen bestimmten, begrenzten Kreis von Angelegenheiten zu sorgen. Die Pf. läßt die → Geschäftsfähigkeit des Pfleglings unberührt (dieser kann also neben dem Pfleger Rechtsgeschäfte abschließen); im Prozeß (§ 53 ZPO), insbes. bei Bestellung eines Pflegers durch das Prozeßgericht (→ Prozeßpfleger, § 57 ZPO), hat der Pfleger allerdings die Stellung des → gesetzlichen Vertreters einer nicht prozeßfähigen Partei. Die Pf. ist i. d. R. Personalpf. (zur Fürsorge für eine bestimmte Person), kann aber ausnahmsweise eine Sachpf. (→ Pf. für Sammelvermögen) sein.

Die *Voraussetzungen* für die Anordnung einer Pf. und ihre Beendigung sind in den einzelnen Pf.fällen verschieden; im einzelnen → Ergänzungspf., → Ersatzpf., → Abwesenheitspf., → Pf. für eine Leibesfrucht, → Pf. für unbekannte Beteiligte, → Pf. für Sammelvermögen, → Nachlaßpf., → Nachlaßverwaltung. Für Fälle geistiger oder körperl. Behinderung (bisher Gebrechlichkeitspf.) gilt jetzt ausschließl. das Recht der → Betreuung. – Auf die Pf., insbes. auf die Bestellung des *Pflegers,* seine Rechte und Pflichten sowie auf den Umfang seiner Tätigkeit, finden grundsätzlich die Vorschriften über die Vormundschaft (→ Vormund) entsprechende Anwendung (§ 1915 BGB). Jede Pf. ist aufzuheben, wenn der Grund für ihre Anordnung weggefallen ist, d. h. das Fürsorgebedürfnis nicht mehr besteht (§ 1919 BGB), insbes. bei Erreichen des mit ihr verfolgten Zwecks. Überleitungsvorschrift für im Gebiet der ehem. DDR am 3. 10. 1990 bestehende Pf., die ab dann den o. a. Vorschriften unterliegen: Art. 234 § 15 EGBGB.

**Pflegschaft für eine Leibesfrucht.** Für ein erzeugtes, aber noch nicht geborenes Kind ist zur Wahrung seiner künftigen Rechte – z. B. des Erbrechts – eine → Pflegschaft anzuordnen, sofern diese Rechte nicht von dem zukünftigen Inhaber der → elterlichen Sorge geltend gemacht werden können (§ 1912 BGB; zur Wahrung von Rechten zu erwartender, aber noch nicht erzeugter Kinder kommt eine → Pflegschaft für unbekannte Beteiligte in Betracht, § 1913 BGB). Die Pf. endet mit der Geburt des Kindes, sofern ihr Zweck nicht vorher erledigt ist (§ 1918 II , III BGB). Zur Geltendmachung von Unterhaltsansprüchen → Beistand (1).

**Pflegschaft für Sammelvermögen.** Ist durch eine öffentliche Sammlung ein Vermögen für einen vorübergehenden Zweck zusammengebracht worden, so kann – außer wenn Vermögensträger eine → juristische Person ist (→ Stiftung) – zur Verwaltung und Verwendung des Sondervermögens eine → Pflegschaft (Sachpf.) angeordnet werden, falls die dazu berufenen Personen weggefallen sind, z. B. durch Tod der Veranstalter, Auflösung des Sammlungsausschusses (§ 1914 BGB). Die Pf.endet mit Erledigung der Angelegenheit (§ 1918 III BGB) oder mit Aufhebung durch das Vormundschaftsgericht (§ 1919 BGB).

**Pflegschaft für unbekannte Beteiligte.** Ist unbekannt oder ungewiß, wer bei einer Angelegenheit der Beteiligte ist, so kann bei einem entsprechenden Bedürfnis für den unbekannten Beteiligten eine → Pflegschaft angeordnet werden (§ 1913 BGB). So kann z. B. einem → Nacherben, der noch nicht erzeugt oder dessen Person erst durch ein künftiges Ereignis bestimmt wird, bis zum Eintritt der Nacherbfolge ein Pfleger, bestellt werden (ist er erzeugt, aber noch nicht geboren, kommt → Pflegschaft für eine Leibesfrucht in Betracht). Die Pflegschaft endet bei Erledigung des besonderen Zwecks (§ 1918 III BGB) oder durch Aufhebung seitens des → Vormundschaftsgerichts, wenn die Unbekanntheit weggefallen, insbes. die Nacherbfolge eingetreten ist (§§ 1919, 2106 BGB).

**Pflicht zum Erscheinen** → persönliches Erscheinen.

**Pflichtenkollision** → Rechtswidrigkeit.

**Pflichtexemplar** → Presserecht.

**Pflichtgemäßes Ermessen** → Ermessen.

**Pflichtmitgliedschaft** besteht kraft Gesetzes bei manchen öffentl-.rechtl. Körperschaften, insbes. in der → Sozialversicherung (→ Pflichtversicherung, 2) und bei berufsständischen Vereinigungen (Ärzte-, Rechtsanwaltskammern, Industrie- und Handelskammern usw.). Sie verstößt, sofern sie sich aus deren Aufgabenbereich rechtfertigt, nicht gegen die sog. negative → Vereinigungsfreiheit. Aus der P. folgt auch eine Beitragspflicht. S. a. → Studentenschaft.

**Pflichtteil.** Die → Testierfreiheit des → Erblassers wird durch das Pflichtteilsrecht naher Angehöriger eingeschränkt. Sind nämlich Abkömmlinge, die Eltern oder der Ehegatte des Erblassers (nicht Geschwister oder weitere Verwandte) durch → Verfügung von Todes wegen von der gesetzlichen → Erbfolge ausgeschlossen (*Enterbung*), so können sie von dem → Erben den Pf. verlangen (sog. Pf.anspruch, § 2303 BGB), Abkömmlinge und Eltern allerdings nur, soweit sie nicht im Falle der gesetzlichen Erbfolge durch einen näher Berufenen ausgeschlossen wären (§ 2309 BGB). Der Pf., der nur unter bestimmten engen Voraussetzungen (*Pflichtteilsentziehung*) entfällt, ist kein gesetzlicher Erbteil (Noterbrecht), sondern ein persönlicher Anspruch auf Zahlung einer Geldsumme in Höhe der Hälfte des Wertes des gesetzlichen Erbteils im Zeitpunkt des → Erbfalls (§ 2303 I 2 BGB); der Wert ist unabhängig von der Auffassung des Erblassers durch Schätzung zu ermitteln (§ 2311 BGB). Dieser Erbteil erhöht sich zwar für den überlebenden Ehegatten beim gesetzlichen Güterstand der → Zugewinngemeinschaft um ein Viertel (§ 1371 I BGB), so daß sich für die Berechnung, den → Pflichtteilergänzungsanspruch usw. auch der Pf. entsprechend vergrößert (sog. großer Pf.; s. i. e. *Zugewinnausgleich*). Nach BGHZ 42, 182 kann jedoch der überlebende Ehegatte, der weder Erbe noch Vermächtnisnehmer geworden ist, neben dem → Zugewinnausgleich nur den Pf. nach dem nicht erhöhten Erbteil verlangen (sog. kleiner Pf., § 1371 II BGB). Ist dagegen der überlebende Ehegatte als Erbe berufen, so kann er stets wählen, ob er den erhöhten Erbteil annehmen oder ausschlagen will (§ 1371 III BGB; dann Zugewinnausgleich und kleiner Pf.). Der *Anspruch auf den Pflichtteil* entsteht mit dem Erbfall; er ist vererblich und übertragbar (§ 2317 BGB), der → Pfändung jedoch nur unterworfen, wenn er vertraglich anerkannt oder durch → Klage geltend gemacht worden ist (§ 852 I ZPO). Die → Verjährung des Pflichtteilsanspruchs tritt 3 Jahre nach Kenntnis des Pf.berechtigten von dem Erbfall und von der ihn von der Erbfolge ausschließenden Verfügung ein (§ 2332 BGB). Die Pf.schuld ist Nachlaßverbindlichkeit (§ 1967 II); die Pf.last trifft die Miterben grundsätzlich gleichmäßig, sofern nicht der Erblasser etwas anderes bestimmt hat (§§ 2320 ff. BGB). Wird einem Erbberechtigten nur der Pf. zugewendet (Einsetzung „auf den Pflichtteil"), so ist dies im Zweifel (→ Auslegung von Verfügungen von Todes wegen) nicht als Erbeinsetzung anzusehen (§ 2304 BGB).

Der Pf.berechtigte hat gegen den Erben einen Anspruch auf → Auskunftserteilung und evt. eidesstattl. Versicherung der Richtigkeit (§§ 2314, 260 BGB). Auf den Pf. ist anzurechnen, was der Berechtigte von dem Erblasser unter Lebenden mit der Bestimmung der Anrechnung erhalten hat (§ 2315 BGB); ebenso ist bei Abkömmlingen, wie wenn sie gesetzliche Erben geworden wären, die Pflicht zur *Ausgleichung* von Vorempfängen und Vorleistungen zu beachten (§§ 2316, 2050 ff., 2057 a BGB). Ist ein Pf.berechtigter zwar enterbt, aber mit einem → Vermächtnis bedacht, so kann er den Pf. nur verlangen, wenn er das Vermächtnis ausschlägt; schlägt er nicht aus, so hat er nur, sofern der Wert des Vermächtnisses den Pf. nicht erreicht, einen *Pflichtteilsrestanspruch* (§ 2307 BGB). Ist ein als Erbe berufener Pf.berechtigter (z. B. durch die Einsetzung eines → Nacherben oder eines → Testamentsvollstreckers, durch ein Vermächtnis oder eine → Auflage) oder durch Berufung nur zum Nacherben übermäßig beschränkt oder beschwert, so gilt die Beschwerung als nicht angeordnet, wenn durch sie der Erbteil unter den Wert des Pf. absinkt. Ist der hinterlassene Erbteil größer, so hat der Berechtigte die Wahl, ob er den Erbteil mit Belastungen behalten oder ausschlagen und den unbeschwerten Pf. verlangen will (§ 2306 BGB). Sonst hat dagegen der eingesetzte Erbe, der die Erbschaft ausschlägt, grundsätzlich (Ausnahme im gesetzlichen Güterstand der Zugewinngemeinschaft, s. o.) keinen Anspruch auf den Pf., da er ja nicht enterbt wurde. Er kann jedoch bei Annahme der Erbschaft → Stundung des Pf.anspruchs verlangen, wenn die Billigkeit dies zwingend gebietet und die Stundung dem Pf.berechtigen zugemutet werden kann (§ 2331 a BGB). → Pflichtteilsergänzungsanspruch.

**Pflichtteilsbeschränkung in guter Absicht** → Pflichtteilsentziehung.

**Pflichtteilsentziehung.** Der → Erblasser kann durch → Verfügung von Todes wegen, in welcher der Grund der Entziehung angegeben werden muß (§ 2336 BGB), einem pflichtteilsberechtigten Abkömmling, Elternteil oder Ehegatten – über den → Erbteil hinaus (→ Enterbung) – den → Pflichtteil entziehen, wenn sich der Berechtigte eines → Verbrechens oder schweren vorsätzlichen → Vergehens gegen den Erblasser oder dessen Ehegatten schuldig macht oder ihm nach dem Leben trachtet, oder wenn er die dem Erblasser gegenüber obliegende gesetzliche → Unterhaltspflicht böswillig verletzt; dem Abkömmling oder Ehegatten auch wegen vorsätzlicher körperlicher Mißhandlung des Erblassers oder seines Ehegatten, dem Abkömmling ferner, wenn er einen ehrlosen oder unsittlichen Lebenswandel wider den Willen des Erblassers führt (§§ 2333–2335 BGB). Wie bei der grundsätzlich hiervon zu unterscheidenden *Pflichtteilsunwürdigkeit* erlischt das Pflichtteilsentziehungsrecht durch Verzeihung des Erblassers (§ 2337 BGB). Bei Verschwendungssucht oder erheblicher Verschuldung des Abkömmlings kann der Erblasser den Pflichtteil dadurch beschränken (nicht kürzen), daß er die gesetzlichen Erben des Abkömmlings als → Nacherben einsetzt oder einen → Testamentsvollstrecker zur Verwaltung des Pflichtteils bestellt (§ 2338 BGB, *Pflichtteilsbeschränkung in guter Absicht*).

**Pflichtteilsergänzungsanspruch.** Hat der → Erblasser den → Nachlaß durch eine → Schenkung unter Lebenden in den letzten 10 Jahren vor dem → Erbfall vermindert und dem Pflichtteilsberechtigten nicht so viel hinterlassen, daß sein → Pflichtteil auch bei Hinzurechnung des Wertes der Schenkung gedeckt wäre, so kann dieser von dem → Erben eine entsprechende Ergänzung seines Pflichtteils verlangen (§§ 2325, 2326 BGB), wobei Geschenke, die er selbst erhalten hat, anzurechnen sind (§ 2327 BGB). Der Erbe haftet, sofern er selbst pflichtteilsberechtigt ist, für diese → Nachlaßverbindlichkeit nur bis zur Höhe seines Pflichtteils; soweit der Erbe hiernach nicht haftet, kann der Pf. unmittelbar gegen den Beschenkten nach den Vorschriften über die → ungerechtfertigte Bereicherung geltend gemacht werden (§§ 2328, 2329 BGB).

**Pflichtteilsrestanspruch.** Pflichtteilsberechtigte, denen ein → Erbteil oder ein → Vermächtnis hinterlassen wurde, das nicht die Höhe des → Pflichtteils erreicht, können von den → Erben bzw. den Miterben zur Vervollständigung des Pflichtteils den Wert des an der Hälfte des gesetzlichen Erbteils fehlenden Teils verlangen (*Zusatzpflichtteil*, §§ 2305, 2307 BGB).

**Pflichtteilsunwürdigkeit** → Erbunwürdigkeit.

**Pflichtverband** → Zweckverband.

**Pflichtverletzung durch Beamte** → Staatshaftung, → Amtsdelikte.

**Pflichtversicherung.** 1. Im Bereich des *Privatversicherungsrechts* besteht eine gesetzliche Pflicht zum Abschluß einer → Haftpflichtversicherung nach dem Ges. über die Pflichtversicherung für Kraftfahrzeughalter (PflVersG) vom 5. 4. 1965 (BGBl. I 213), für ausländische Kfz. Ges. vom 24. 7. 1956 (BGBl. I 667) – beide m. Änd. –, ferner für Luftverkehrsunternehmen (§§ 43, 50 LuftVG), für den Betrieb von Atomanlagen (Dekkungsvorsorge oder Versicherung, §§ 13 ff. AtomG), für den Güterkraftverkehr sowie für Berufshaftpflichtfälle bei Notaren (§ 19 a BNotO), Rechtsanwälten (§ 51 BRAO), Wirtschaftsprüfern, Steuerberatern, Schaustellern, im Bewachungsgewerbe u. a. m. (Zusammenstellg. b. Prölss/Martin, VVG, Vorbem. IV). Für die Fälle einer solchen gesetzlichen Pfl. gelten nach §§ 158 b ff. VVG Sondervorschriften für die Rechtsverhältnisse zwischen dem Versicherer, dem Versicherungsnehmer und dem durch diesen geschädigten anspruchsberechtigten Dritten (über die hiervon abweichenden Bestimmungen für die → Kraftfahrzeug-Haftpflichtversicherung s. dort): Der Versicherer ist dem geschädigten Dritten gegenüber auch dann zur Ersatzleistung verpflichtet, wenn er nach dem Versicherungsvertrag dem Versicherungsnehmer gegenüber von der Leistung ganz oder teilweise frei ist (z. B. wegen nicht rechtzeitiger Schadensanzeige o.dgl.) und der Dritte von einem anderen Schadensversicherer oder einem → Sozialversicherungsträger keinen Ersatz erlangen kann; die Beendigung des Versicherungsverhältnisses, z. B. auch der Rücktritt wegen Verzugs mit der Prämienzahlung, wirkt gegenüber dem Dritten erst 1 Monat nach Anzeige durch den Versicherer an die zuständige Stelle (bei Kfz.: Verwaltungsbehörde, die die Zulassung erteilt hat). Anderseits muß der Dritte dem Versicherer innerhalb 2 Wochen seit dem Versicherungsfall schriftlich Anzeige machen, wenn er ihn in Anspruch nehmen will, ist aber seinerseits dem Versicherer gegenüber zur Auskunft über den Schadensfall usw. verpflichtet. Soweit der Versicherer den Dritten entschädigt, geht dessen Forderung gegen den Versicherungsnehmer auf Schadensersatz usw. auf ihn über. Doch braucht der Geschädigte die Versicherung nicht in Anspruch zu nehmen, da seine Rechte gegenüber dem Schädiger durch das Bestehen der Haftpflichtversicherung nicht berührt werden.

2. Im Bereich der → Sozialversicherung besteht P. in der → Krankenversicherung insbes. für Arbeiter, Angestellte und Auszubildende bis zu einer → Jahresarbeitsentgeltgrenze von 75 v. H. der → Beitragsbemessungsgrenze der Rentenversicherung, Empfänger von Leistungen der → Arbeitsförderung nach dem SGB III, Landwirte und ihre mitarbeitenden Familienangehörigen, Künstler und Publizisten nach näherer Bestimmung der → Künstlersozialversicherung sowie für Gruppen von Behinderten, Studenten und Rentner (§ 5 SGB V).

In der → Unfallversicherung besteht P. u. a. für Arbeitnehmer einschließlich der Auszubildenden, Heimarbeiter, Arbeitslose, die Pflichten nach dem SGB III erfüllen, landwirtschaftliche Unternehmer, sog. Nothelfer, Blutspender, ehrenamtlich Tätige, Kinder während des Besuchs von Kindergärten, Schüler während des Schulbesuchs und Studenten, Personen, die beim Bau eines Familienheimes tätig sind sowie für Rehabilitanden und für → Pflegepersonen (§ 2 SGB VII).

P. in der gesetzlichen → Rentenversicherung sind neben Arbeitnehmern und Auszubildenden sowie Behinderten, die in Werkstätten für Behinderte oder ähnlichen Einrichtungen tätig sind, verschiedene Gruppen von selbständig Tätigen; hierzu gehören u. a. → Hebammen und Entbindungspfleger, Künstler und Publizisten nach näherer Bestimmung der → Künstlersozialversicherung, Hausgewerbetreibende und Handwerker (§§ 1 ff. SGB VI).

In der sozialen → Pflegeversicherung besteht P. zunächst für jene Person, die auch in der Krankenversicherung pflichtversichert sind. Desweiteren sind u. a. pflichtversichert die freiwilligen Mitglieder der gesetzlichen Krankenversicherung, Personen, die nach dem → Bundesversorgungsgesetz Anspruch auf Heilbehandlung haben, die Bezieher einer Kriegsschadensrente oder vergleichbarer Leistungen, Personen, die krankenversorgungsberechtigt nach dem Bundesentschädigungsgesetz sind und Soldaten auf Zeit (§§ 20 ff. SGB XI).

Nach dem Recht der → Arbeitsförderung nach dem SGB III sind schließlich pflichtversichert (dort: beitragspflichtig) wiederum Arbeitnehmer und Auszubildende, jugendliche Behinderte, die in Einrichtungen für Behinderte beschäftigt werden, sowie Personen, deren Beschäftigungsverhältnis durch Wehr- oder Zivildienst unterbrochen worden ist (§§ 24 ff. SGB III).

**Pflichtversicherungsgesetz** → Pflichtversicherung, → Kraftfahrzeug-Haftpflichtversicherung.

**Pflichtverteidiger** ist der im Strafverfahren *gerichtlich bestellte* → Verteidiger (im Gegensatz zum → Wahlverteidiger). Die Bestellung eines P. ist für das → Hauptverfahren nach Zustellung der → Anklageschrift vorgeschrieben, falls die Verteidigung *notwendig* ist (§ 140 StPO; → Verteidiger) und der Angeschuldigte noch keinen Verteidiger hat; es ist regelmäßig der vom Beschuldigten bezeichnete Rechtsanwalt zu bestellen (§ 142 I StPO). Im → Ermittlungsverfahren steht sie im Ermessen des Gerichts, ist aber nach Abschluß der Ermittlungen vorzunehmen, wenn die StA es beantragt (§ 141 StPO). Der bestellte Verteidiger ist grundsätzlich *verpflichtet,* die Verteidigung zu übernehmen (§ 49 BRAO).

**Pflichtwehrübung** → Wehrübungen.

**Pharmaberater,** die hauptberuflich Angehörige von Heilberufen aufsuchen, um diese über Arzneimittel zu informieren, müssen die in § 75 ArzneimittelG (→ Arzneimittel) näher beschriebene Sachkenntnis besitzen. Sie haben Mitteilungen von Angehörigen der Heilberufe über Nebenwirkungen und Gegenanzeigen oder sonstige Risiken schriftlich aufzuzeichnen und ihrem Auftraggeber schriftlich mitzuteilen. Sind sie mit der Abgabe von Mustern von Fertigarzneimitteln beauftragt, haben sie über die Empfänger sowie über Art, Umfang und Zeitpunkt der Abgabe Nachweise zu führen und auf Verlangen der zuständigen Behörde vorzulegen (§ 76 a. a. O.).

**Pharmazeutisch-technische Assistenten.** Über die Voraussetzungen für die Ausübung einer Berufstätigkeit als ph.-t. A. (Vollendung des 18. Lebensjahres, Zuverlässigkeit, körperliche und geistige Eignung, 2jähriger Lehrgang, 1/2jährige praktische Ausbildung in Apotheken, Bestehen einer staatl. Prüfung und Erlaubnis der Verwaltungsbehörde) sowie die erlaubten Tätigkeiten vgl. Ges. i. d. F. vom 23. 9. 1997 (BGBl. I 2349) sowie Ausbildungsordnung vom 23. 9. 1997 (BGBl. I 2352).

**Physiotherapeut.** Der Beruf des P. ist nunmehr als im Verhältnis zum → Masseur eigenständiger Heilhilfsberuf geregelt (Ges. vom 26. 5. 1994, BGBl. I 1084). Das Berufsbild entspricht im wesentlichen dem der bisherigen Krankengymnasten. Die Berufsausbildung dauert drei Jahre und ist mit einer Prüfung abzuschließen, vgl. hierzu die Ausbildungs- und PrüfungsVO vom 6. 12. 1994 (BGBl. I 3786). Die Berufsbezeichnung ist geschützt.

**Pipeline** → Öl-Fernleitungen.

**Piratensender,** d. h. Sender, die → Rundfunksendungen aus Gebieten außerhalb staatlicher Hoheitsgebiete – also vor allem von der → Hohen See aus – verbreiten, sind verboten (vgl. Ges. zu dem Europ. Übereinkommen vom 22. 1. 1965, BGBl. 1969 II 1939). Umstr., wenn auch wohl zulässig, ist die – selbst planmäßige – Funkversorgung von einem Staat zum anderen.

**Piraterie** → Luft- und Seepiraterie, → Produktpiraterie.

**Plädoyer** (franz.) ist der Sachvortrag eines Rechtsanwalts, Verteidigers oder StA in der gerichtlichen Verhandlung; es enthält eine zusammenfassende Darstellung des Sachverhalts, dessen rechtliche Würdigung und einen Sachantrag.

**Plagiat** ist ein vom Gesetz nicht verwendeter Begriff aus dem → Urheberrecht. P. bedeutet, daß ein fremdes Werk ganz oder teilweise in ein neues Werk übernommen wird, dessen Urheber sich als Urheber des gesamten neuen Werkes bezeichnet. Es handelt sich um eine unerlaubte Benutzung eines unfreien Werkes (→ freie Benutzung).

**Planfeststellung.** Der Bau neuer Straßen, der Ausbau eines Gewässers und seiner Ufer und ähnliche Vorhaben, z. B. Flugplätze, dürfen nur in Angriff genommen werden, wenn der Plan vorher festgestellt ist (vgl. § 17 FStrG; Straßen- und Wegegesetze der Länder; § 31 WasserhaushaltsG). → Bebauungspläne können die P. zum Teil ersetzen. Das in zahlreichen Einzelgesetzen (BundeswasserstraßenG, LuftverkehrsG, FStrG, FlurbereinigungsG, Kreislaufwirtschaft- und AbfallG, AtomG) vorgesehene P.verfahren ist nunmehr in §§ 72–78 VwVfG allgemein geregelt. Hiernach hat der Träger des Vorhabens den Plan bei der Behörde einzureichen, die für das Anhörungsverfahren zuständig ist. Diese holt die Stellungnahme der Beteiligten (insbes. der beteiligten Behörden, Gemeinden) ein, veranlaßt die Auslegung des Plans und erörtert die erhobenen Einwendungen (*Anhörungsverfahren:* Einzelheiten § 73 VwVfG). Die Planfeststellungsbehörde setzt dann den Plan durch Beschluß fest und stellt ihn den Beteiligten zu (u. U. öffentl. Bekanntmachung, § 74 V VwVfG). Die P. regelt alle öffentlich-rechtlichen Beziehungen zwischen der das Bauvorhaben durchführenden Behörde und den durch den Plan Betroffenen. Insbes: können den Beteiligten die für das Gemeinwohl oder zur Sicherung der benachbarten Grundstücke notwendigen Vorkehrungen auferlegt werden. Die P. ersetzt jede nach anderen Vorschriften notwendige öffentlich-rechtliche Genehmigung („Bündelungsfunktion"). Die vorherige Durchführung eines P.verfahrens ist nach den meisten Enteignungsgesetzen (vgl. Enteignung) Voraussetzung für die Einleitung des Enteignungsverfahrens; der im P.verfahren festgestellte Plan ist dem Enteignungsverfahren zugrunde zu legen und für die Enteignungsbehörde bindend. Landesrechtlich vorgesehene P. bestimmen sich nach den Verwaltungsverfahrensgesetzen der Länder, die weitestgehend mit dem VwVfG des Bundes übereinstimmen.

Wesentlicher Teil der räumlichen *Gesamtplanung* (z. B. bei Aufstellung der Bebauungspläne nach dem Bundesbaugesetz) wie auch der *Fachplanung* (z. B. beim Bau von Straßen, Eisenbahnen, Wasserwegen, Flughäfen, Kernkraftanlagen, bei Abfallbeseitigung, Flurbereinigung und Naturschutz) ist das Gebot der *planerischen Abwägung* aller betroffenen öffentlichen und privaten Interessen. Zum Teil ist dies gesetzlich ausdrücklich festgelegt. Es ergibt sich aber schon aus dem Wesen rechtsstaatl. Planung und gilt daher allgemein. Der Betroffene hat ein subj.-öff. Recht auf gerechte Abwägung der eigenen Belange gegenüber den öffentlichen unter Berücksichtigung der für und gegen die Planung sprechenden Gesichtspunkte. Die planerische Gestaltungsfreiheit der Verwaltung unterliegt rechtlichen Bindungen in formeller und materieller Hinsicht. Die richterliche Kontrolldichte der Planungsleitsätze ist von deren Ausgestaltung abhängig und i. e. umstr., geht aber wohl über eine bloße → Evidenzprüfung hinaus.

**Plangebote** → Städtebauliche Gebote.

**Plangewährleistung** nennt man den Anspruch auf Durchführung einer Planung bzw. auf Schadensersatz bei Nichtdurchführung oder Fehlplanungen. Der Anspruch ist bei Planungen, die unmittelbar in → subjektive Rechte eingreifen oder Pflichten begründen (z. B. der Bebauungsplan; → Bauleitplan), nicht zweifelhaft (meistens: → Enteignung, vgl. §§ 39 ff. BauGB). Schwierigkeiten ergeben sich hingegen hinsichtlich der P. bei unverbindlichen (indikativen) und sonst nur mittelbar subj. Rechte berührenden Planungen (z. B. nach dem → StabilitätsG, Straßenausbauplanung). Nach h. M. sind hier Ansprüche nur aus → Staatshaftung und → enteignungsgleichem Eingriff möglich.

**Planung** → Bauleitpläne; → Raumordnung.

**Planungsschäden** nennt man Vermögensnachteile, die dem Eigentümer oder sonstigen Nutzungsberechtigten durch die Aufstellung, Änderung oder Aufhebung von Bebauungsplänen (→ Bauleitplan) entstehen. Die Entschädigung hierfür (in Geld oder durch Übernahme) ist in §§ 39 ff. BauGB näher geregelt.

**Planungsverband** → Bauleitplan.

**Planvorlagemonopol** nennt man eine Bestimmung (z. B. in den → Bauordnungen der Länder), wonach das Recht, der Bauaufsichtsbehörde mit dem Antrag auf → Baugenehmigung Bauvorlagen einzureichen, für schwierigere Bauvorhaben auf Architekten beschränkt wird (nach BVerfG, Beschl. vom 27. 5. 1970, DVBl. 1971, 313 nicht verfassungswidrig).

**Planwirtschaft** oder zentralgeleitete Wirtschaft ist die wirtschafts-theoretische Bezeichnung für eine Organisation der Volkswirtschaft, bei der ein von einer zentralen staatlichen Stelle festgesetzter ökonomischer Gesamtplan über den Ablauf des Wirtschaftsprozesses entscheidet. Gegensatz: → Marktwirtschaft. Die individuellen Pläne der Einzelnen haben sich, soweit sie im Rahmen der P. überhaupt zugelassen werden (z. B. freie oder begrenzte Konsumwahl, freie oder begrenzte Berufswahl), dem staatlichen Gesamtplan unterzuordnen. Beispiele einer Planwirtschaft sind die Wirtschaftssysteme der früheren Ostblockstaaten. Die durch das GG verbürgten Freiheitsrechte (vgl. Art. 2, 12, 14) sowie die Garantie des Rechtsstaats und Sozialstaats (Art. 20, 79 III) schließen die Begründung einer Planwirtschaft in der BRep. aus. Zulässig sind dagegen staatliche Lenkungsmaßnahmen, soweit sie die verfassungsmäßigen Schranken des GG wahren. Das GG garantiert weder die wirtschaftspolitische Neutralität der Regierungs- und Gesetzgebungsgewalt noch eine nur mit marktkonformen Mitteln zu steuernde „soziale Marktwirtschaft" (BVerfG vom 20. 7. 1954, BVerfGE 7/7, 17).

**Planzeichen.** Die P.verordnung i. d. F. vom 18. 12. 1990 (BGBl. I 58) enthält Vorschriften über die Ausarbeitung der → Bauleitpläne sowie über die Darstellung des Planinhalts, insbes. über die dabei verwendeten P. und ihre Bedeutung.

**Platin** → Edelmetalle.

**Platzgeschäft** → Leistungsort, → Versendungskauf.

**Platzkauf** → Versendungskauf.

**Platzwechsel** ist ein → Wechsel, bei dem Ausstellungs- und Zahlungsort übereinstimmen. Gegensatz: → Distanzwechsel.

**Plebejer** hießen im alten Rom die Angehörigen der nichtadeligen Bevölkerung (im Gegensatz zu den → Patriziern).

**Plebiszit** wird im → Völkerrecht die Abstimmung der Bevölkerung eines bestimmten Gebiets darüber genannt, ob sie im bisherigen Staatsverband verbleiben oder ihre Staatszugehörigkeit wechseln will. Innerstaatlich spricht man von einem P. (Volksabstimmung, Volksentscheid), wenn das Staatsvolk – als Organ des Staates – im Wege einer Abstimmung den Staatswillen bildet. Dabei kann es z. B. zur Entscheidung über die Annahme einer neuen → Verfassung berufen sein, aber auch sonst im Rahmen der Gesetzgebung mitwirken. In einzelnen deutschen Verfassungen ist ein P. vorgesehen (vgl. z. B. → Bayern, → Sachsen, → Schleswig-Holstein). Das GG kennt den Volksentscheid nur bei der Frage der → Neugliederung des Bundesgebiets. Die Einführung weiterer *„plebiszitärer Elemente"* auf Bundes- (GG), Landes- und Kommunalebene wird gelegentlich gefordert. Vgl. auch → Grundgesetz (5), → Bürgerbeteiligung, → Bürgerentscheid, → Volksabstimmung.

**Plenarentscheidung** ist eine Entscheidung der Vollversammlung (plenum). Bei Gerichten ist im Rahmen der Gerichtsverfassung ein Plenarbeschluß des → Bundesverfassungsgerichts bei beabsichtigter Abweichung von der Rechtsauffassung des anderen Senats, beim → Bundesgerichtshof für dessen Geschäftsordnung vorgesehen (§ 140 GVG). S. a. → Große Senate.

**Plenum** nennt man die Vollversammlung einer Vertretungskörperschaft, insbes. eines Parlaments, im Gegensatz zu den → Ausschüssen.

**Plünderung** wird als selbständiges Delikt in Kriegszeiten vielfach besonders unter Strafe gestellt; Tatbestand ist i. d. R. die Wegnahme von Gegenständen in geräumten Gebieten oder Gebäuden u. dgl. Die → Haager Landkriegsordnung untersagt in Art. 28, Städte oder Ansiedlungen der P. preiszugeben; sie verbietet in Art. 23 I g allgemein die nicht durch Kriegsnotwendigkeiten gerechtfertigte Wegnahme fremden Eigentums. Im geltenden deutschen Strafrecht ist die P. als i. d. R. besonders schwerer Fall des → Landfriedensbruchs durch § 125 a StGB mit Strafe bedroht: Werden aus einer Menschenmenge in einer die öffentliche Sicherheit gefährdenden Weise mit vereinten Kräften Gewalttaten gegen Menschen oder Sachen begangen, so werden die Teilnehmer, die Sachen geplündert, d. h. unter Ausnutzung der durch den Landfriedensbruch verursachten Lage weggenommen oder anderen abgenötigt haben, mit Freiheitsstrafe von 6 Mon. bis zu 10 Jahren bestraft.

**Pluralismus** ist kein Begriff der Gesetzessprache, sondern bezeichnet im politisch-soziologischen Bereich eine Form des Staats und der Gesellschaft, die weder liberal-invidualistisch noch einheitlich-kollektivistisch geprägt, sondern von einem freien Nebeneinander geistiger und politischer Strömungen gekennzeichnet ist. Häufig wird mit dem Begriff auch die Bedeutung und der Einfluß von Gruppen und → Verbänden auf Gesellschaft und Staat in Verbindung gebracht. In rechtlicher Hinsicht wird der Begriff P. häufig für die Auslegung der → Grundrechte und sonstiger wertungsbedürftiger Normen bemüht („Wertpluralismus").

**Plutokratie** wird eine → Staatsform (i. w. S.) genannt, bei der die → Staatsgewalt im wesentlichen von der reichen Bevölkerungsklasse ausgeübt oder bestimmt wird. Die P. ist also eine Form der → Oligarchie und die häufige Niedergangserscheinung der → Aristokratie.

**Police** → Versicherungsvertrag.

**Politessen** → Polizeihelfer.

**Politisch Verfolgte** → Verfolgte, → Asylrecht.

**Politische Beamte** sind → Beamte auf Lebenszeit, die bei Ausübung ihres Amtes in fortdauernder Übereinstimmung mit den grundsätzlichen politischen Ansichten und Zielen der Regierung stehen müssen (§ 31 BRRG). Sie können jederzeit nach Ermessen und ohne Angabe von Gründen in den → einstweiligen Ruhestand versetzt werden. Welche Beamten zu den politischen Beamten gehören, bestimmen die Beamtengesetze des Bundes und der Länder (so z. B. § 36 BBG: Staatssekretäre und Ministerialdirektoren, bestimmte höhere Beamte im auswärtigen Dienst, im Bundesamt für Verfassungsschutz und Bundesnachrichtendienst, Bundespressechef und dessen Vertreter,

Generalbundesanwalt beim BGH, Oberbundesanwalt beim BVerwG, Bundesbeauftragter für den Zivildienst). Bayern hat keine P. B.

**Politische Häftlinge** → Häftlingshilfe.

**Politische Parteien** → Parteien.

**Politische Straftaten** → Auslieferung, → Hochverrat, → Landesverrat, → Rechtsstaatsgefährdung, → Staatsschutzdelikte.

**Politische Verdächtigung** → Denunziation.

**Politische Verträge** → Staatsvertrag.

**Politischer Streik** → Streik.

**Polizei.** 1. Der Begriff P. wird unterschiedlich verwendet. Der „klassische" (materielle) P.begriff versteht unter P. alle Tätigkeit der öffentlichen Verwaltung zur Abwehr von Gefahren für die öffentliche Sicherheit und Ordnung sowie zur Beseitigung bereits eingetretener Störungen. Dieser der Tradition des 19. Jh. entstammende P.begriff wurde in Gesetzes- und Umgangssprache später weitgehend vom organisationsrechtlichen (institutionellen) P.begriff abgelöst; danach beschränkt sich der P.begriff auf den P.vollzugsdienst, während die Behörden der Gefahrenabwehr im übrigen als → Ordnungsbehörden (in Bayern: Sicherheitsbehörden; in Hamburg, Niedersachsen und Sachsen-Anhalt: Verwaltungsbehörden; in Hessen: Gefahrenabwehrbehörden) bezeichnet werden.

2. In den meisten Ländern folgt die gesetzliche Regelung dem institutionellen P.begriff. Bad.-Württbg., Bremen, Rheinl.-Pfalz, das Saarland und Sachsen haben die Aufgaben der Gefahrenabwehr hingegen generell der P. übertragen; es wird jedoch zwischen „P.behörden" und „P.vollzugsdienst" bzw. „Verwaltungspolizei" und „Vollzugspolizei" differenziert. „P.behörden" bzw. „Verwaltungspolizei" entsprechen den Ordnungsbehörden, „P.vollzugsdienst" bzw. „Vollzugspolizei" entsprechen der P. nach dem institutionellen P.begriff. Dem Musterentwurf eines einheitlichen Polizeigesetzes des Bundes und der Länder vom 11. 6. 1976 lag ebenfalls der institutionelle P.begriff zugrunde (→ Polizeirecht).

3. Die Tätigkeit der P. wird landesrechtlich geregelt (→ Polizeirecht). Aufgabe der P. im institutionellen Sinne bzw. des P.vollzugsdienstes (Vollzugspolizei) ist die Abwehr von Gefahren für die öffentliche → Sicherheit und Ordnung (auch die Verhütung von Straftaten) und die Beseitigung bereits eingetretener Störungen in unaufschiebbaren Fällen *(Präventivpolizei)*. Soweit kein sofortiges Tätigwerden erforderlich ist, ist die Gefahrenabwehr Aufgabe der → Ordnungsbehörden bzw. der P.behörden (Verwaltungspolizei). Welche → polizeilichen Maßnahmen im einzelnen ergriffen werden dürfen, bemißt sich nach den im Polizeirecht geregelten polizeilichen Befugnissen. Rechtsetzungsbefugnisse (Verordnungen) stehen der P. bzw. dem P.vollzugsdienst nicht mehr zu. Bundesgesetzlich (§§ 161, 163 StPO) ist der P. bzw. dem P.vollzugsdienst die Verfolgung von Straftaten im „ersten Zugriff" und auch im weiteren → Ermittlungsverfahren als → Hilfsbeamte der Staatsanwaltschaft übertragen (repressive Funktion der P., *Repressivpolizei*) übertragen; hierfür ist in erster Linie die → Kriminalpolizei zuständig. Die P. ist i. d. R. staatlich, in Ausnahmefällen gemeindlich unter staatlicher Aufsicht (Gemeindepolizei).

4. Der *Bund* hat mangels Zuständigkeit (→ Polizeirecht) eigene Polizeikräfte nur im → Bundesgrenzschutz und im → Bundeskriminalamt. Die Rechtsverhältnisse der Polizeivollzugsbeamten des Bundes sind im BundespolizeibeamtenG i. d. F. vom 3. 6. 1976 (BGBl. I 1357) m. Änd. geregelt. S. a. → Bahnpolizei.

**Polizeiaufsicht** war eine bis 1974 neben Freiheitsstrafe zugelassene Maßnahme. Zur Überwachung des Verurteilten. Zum Unterschied von der P. verfolgt die *Führungsaufsicht* (→ Maßregeln der Besserung und Sicherung, 4) primär Resozialisierungszwecke.

**Polizeihelfer** im eigentlichen Sinne sind Privatpersonen, die durch Rechtsvorschrift mit polizeilichen Aufgaben und Befugnissen beliehen sind (vgl. z. B. bad.-württ. Ges. über den freiwilligen Polizeidienst vom 12. 4. 85, GBl. 129. Vergleichbar ist die → Sicherheitswacht in Bayern und Sachsen. In einem weiteren Sinn kann man Angehörige von Organisationen dazu zählen, die ohne gesetzliche Verpflichtung Aufgaben der Gefahrenabwehr wahrnehmen, wie z. B. das Deutsche Rote Kreuz, die Deutsche Lebensrettungsgesellschaft oder das Technische Hilfswerk. Keine P., sondern Dienstkräfte der Polizei sind Personen, die zur Verwarnung von Verkehrsteilnehmern nach § 57 OWiG wegen Zuwiderhandlungen gegen Straßenverkehrsvorschriften im ruhenden Verkehr ermächtigt sind (insbes. privatrechtlich angestellte „Politessen"); sie üben öffentliche Gewalt aus. → „Privatpolizeien" sind keine P.

**Polizeikosten.** → Polizeiliche Maßnahmen dienen überwiegend öffentlichem Interesse. Eine Überwälzung der Polizeikosten auf Dritte findet daher grundsätzlich nicht statt; das allgemeine (Verwaltungs-)Kostenrecht ist nur bedingt anwendbar (vgl. z. B. Art. 3 I Nr. 10 des bayer. Kostengesetzes i. d. F. vom 25. 6. 1969, BayRS 2013-1-1-F). Teilweise ist die Erstattung der Kosten für polizeiliche Maßnahmen landesrechtlich geregelt, so z. B. durch Art. 76 bayer. PAG i. d. F. vom 14. 9. 1990 (GVBl. 397) und die PolizeikostenVO vom 2. 3. 1994 (GVBl. 177) insbes. für Sicherstellung und Verwertung von Sachen, Ausführung der Ersatzvornahme, Zwangsgeld und Anwendung unmittelbaren Zwangs. Str. ist, ob eine Heranziehung zu P. bei rechtmäßigem Handeln, das einen hohen Polizeiaufwand erfordert (z. B. Großveranstaltungen), verfassungsrechtl. zulässig und rechtspolitisch zweckmäßig wäre; hier spielen Grundrechtsfragen (Versammlungs-, Demonstrationsfreiheit) eine wesentliche Rolle. Ein Kostenersatz für Polizeieinsätze bei privaten Veranstaltungen konnte bisher nur aufgrund § 81 II 1 des bis Dezember 1991 geltenden Polizeigesetzes für Baden-Württemberg verlangt werden; die Vorschrift wurde ersatzlos gestrichen.

**Polizeiliche Befugnisse** → Polizeiliche Maßnahmen, → Befugnis.

**Polizeiliche Beobachtung** ist die Sammlung und Zusammenführung von Erkenntnissen zur Erstellung eines Bewegungsbildes einer ausgeschriebenen Person. Auf Grund der Ausschreibung wird das Antreffen der Person, u. U. auch das Kennzeichen eines Kfz., bei polizeilichen Kontrollen erfaßt und der StA mitgeteilt. Die P. B. erfordert den → Anfangsverdacht einer Straftat von erheblicher Bedeutung. Weitere Voraussetzungen müssen hinzukommen. Die Einzelheiten sind in § 163 e StPO geregelt. Die Anordnung kann der Richter treffen, bei Gefahr im Verzug die StA; sie benötigt die richterliche Bestätigung. Eine P. B. ist auch bei der → Strafvollstreckung während einer Führungsaufsicht (→ Maßregeln der Besserung und Sicherung) möglich (§ 463 a I StPO). S. a. → Datenerhebung und -verarbeitung, → Observation.

**Polizeiliche Beschlagnahme und Durchsuchung** im Strafverfahren ist, wenn nicht eine richterliche Anordnung vorliegt oder der Betroffene einverstanden ist, nur bei *Gefahr im Verzuge* zulässig. Werden Gegenstände in Abwesenheit des Betroffenen oder entgegen dessen Widerspruch beschlagnahmt, so ist binnen drei Tagen die richterliche Bestätigung einzuholen. Vgl. §§ 98, 105 StPO und → Beschlagnahme, → Durchsuchung. Die *präventivpolizeilichen* Befugnisse zur Sicherstellung von Gegenständen und zu ihrer B. (= zwangsweise Wegnahme) sind in den Polizeiaufgabengesetzen geregelt. Sicherstellung und B. sind insbes. zulässig, wenn die Gegenstände zur Begehung von Straftaten oder Ordnungswidrigkeiten verwendet werden sollen oder wenn ihr Gebrauch oder ihre Belassung zur Schädigung von Leben, Gesundheit oder Eigentum führen würde (vgl. z. B. Art. 24 ff. bayer. PAG i. d. F. vom 14. 9. 1990, GVBl. 397). Die Zulässigkeit präventivpolizeilichen D. von Personen und Sachen ist ebenfalls im Polizeirecht geregelt (Hauptgrund): Suche nach Gegenständen, die der Sicherstellung oder Beschlagnahme unterliegen; s. z. B. Art. 21 ff. bayer. PAG).

**Polizeiliche Generalklausel** nennt man die gesetzliche Vorschrift, nach der die → Polizei alle zur Erfüllung ihrer Aufgabe (Gefahrenabwehr) notwendigen Maßnahmen treffen kann (so z. B. § 14 des preuß. PolizeiverwaltungsG vom 1. 6. 1931). Das Prinzip der p. G. steht im Gegensatz zum Prinzip der polizeil. Spezialermächtigung; nach diesem im früheren süddeutschen → Polizeirecht verbreiteten Grundsatz stehen der Polizei zur Erfüllung ihrer gesetzlichen *Aufgaben* nur solche *Befugnisse* zur Verfügung, die ihr das Gesetz im einzelnen gibt; die Befugnisse lassen sich hier nicht aus der Aufgabe ableiten. Die meisten Polizeigesetze der Länder (→ Polizeirecht) sehen jetzt in Anlehnung an einen gemeinsamen Musterentwurf von 1976 eine aber nur subsidiäre p. G. vor. So enthält z. B. Art. 11 I bayer.PAG i. d. F. vom 14. 9. 1990 (GVBl. 397) eine subsidiäre p. G., die unter dem Vorbehalt zahlreicher Einzelbefugnisse (Art. 12–48) steht.

**Polizeiliche Maßnahmen** sind die Maßnahmen, welche die → Polizei zur Erfüllung ihrer Aufgabe, Gefahren abzuwehren und Störungen der öffentlichen Sicherheit und Ordnung zu beseitigen, treffen kann. Sie sind von den Maßnahmen zu unterscheiden, welche die Polizei nach der Strafprozeßordnung zur Verfolgung von Straftaten vornehmen kann. Soweit p. M. in die Rechte eines anderen eingreifen, müssen sie sich auf eine gesetzlich geregelte → Befugnis stützen. Art und Voraussetzungen dieser p. M. sind gemäß den jeweiligen Polizeigesetzen entweder einer → polizeilichen Generalklausel oder Spezialbefugnissen (Spezialermächtigung) zu entnehmen. P.M sind polizeiliche Gebote und Verbote für den Einzelfall (Polizeiverfügungen). Zu den p. M. gehören insbesondere Personalienfeststellung, erkennungsdienstliche Maßnahmen, Vorladung, Platzverweisung, Gewahrsam (insbes. bei Selbstgefährdung, z. B. „Ausnüchterungsgewahrsam", aber auch → Unterbindungsgewahrsam), Durchsuchung von Personen, Sachen und Wohnungen, Sicherstellung und Verwahrung von Gegenständen, → Datenerhebung und -verarbeitung. P. M. können sich grundsätzlich nur gegen → Störer, in Ausnahmefällen gegen Nichtstörer, richten und müssen bestimmt, notwendig und zur Erreichung ihres Zwecks geeignet sein und im richtigen Verhältnis zur Bedeutung der Gefahr und dem angestrebten Zweck stehen. P. M. richten sich nach dem → Opportunitätsprinzip (s. dort 2). P. M. sind → Verwaltungsakte; gegen sie sind die Rechtsbehelfe der → Verwaltungsgerichtsbarkeit gegeben. Polizei*verordnungen* können nur in den Ländern erlassen werden, die dem materiellen Polizeibegriff folgen (→ Polizei, 1, 2). Aber auch dort sind nur die Polizeibehörden (Verwaltungspolizei), nicht die Stellen des Polizeivollzugsdienstes (Vollzugspolizei) zum Erlaß von Polizeiverordnungen befugt. Im übrigen ist der Erlaß von → Rechtsverordnungen auf dem Gebiet der öffentlichen → Sicherheit und Ordnung den → Ordnungsbehörden vorbehalten (siehe auch → ordnungsbehördliche Maßnahmen). P. M. werden als Verwaltungsakte mit den üblichen Mitteln des Verwaltungsvollzugs (→ Zwangsmittel) vollzogen. Neben Zwangsgeld und Ersatzvornahme tritt, dem Charakter P. M. entsprechend, häufig die Anwendung unmittelbaren Zwangs (s. → Polizeiliche Zwangsmittel).

**Polizeiliche Verwarnung** → Verwarnung bei Ordnungswidrigkeiten.

**Polizeiliche Zwangsmittel** als besonders geregelte Form der allgemeinen → Zwangsmittel dienen der Durchsetzung polizeilicher Verfügungen (→ polizeiliche Maßnahmen). Im Vollzugsdienst geschieht dies i. d. R. mittels unmittelbaren Zwangs, d. h. mittels Einwirkung auf Personen oder Sachen durch körperliche Gewalt, deren Hilfsmittel (Fesseln, Wasserwerfer, technische Sperren, Fahrzeuge, Diensthunde, Dienstpferde) und durch Waffen (Hieb- und Schußwaffen sowie Reizstoffe; vgl. Waffengebrauchsrecht der Polizei). Wenn die Umstände es zulassen, muß der unmittelbare Zwang vorher angedroht werden. Die Polizei kann ihn gegen Personen oder Sachen nur anwenden, wenn der Zweck einer Maßnahme es erfordert und auf andere Weise nicht erreicht werden kann. → Verwaltungsakte anderer Behörden werden im Wege des → Verwaltungszwanges vollstreckt. Soweit in der Ausübung des → Verwaltungszwanges unmittelbarer Zwang anzuwenden ist, leistet die Polizei durch Anwendung der p. Z. Vollzugshilfe.

**Polizeilicher Notstand** → Störer, → Notstand (3).

**Polizeipflichtige Personen** ist eine veraltete Bezeichnung für → Störer.

**Polizeirecht** ist der Sammelbegriff für alle Rechtsnormen, die Organisation, Aufgaben und Befugnisse der → Polizei und das Verfahren in polizeilichen Angelegenheiten regeln.

1. Geht man vom weiteren (materiellen) Polizeibegriff aus, so umfaßt das P. alle Normen, die der Aufrechterhaltung der öffentlichen Sicherheit und Ordnung dienen (z. B. auch bau-, gesundheits-, gewerbe-, feuerpolizeiliche und ähnliche Vorschriften); nach dem institutionellen Polizeibegriff umfaßt es nur das besondere Recht des polizeilichen Vollzugsdienstes, dem dann das allgemeine → Ordnungsrecht (in Bayern: Sicherheitsrecht) der Ordnungsbehörden gegenübersteht. Das materielle P. (bzw. das allgemeinen Ordnungsrecht) wie das Polizeiorganisationsrecht sind Landesrecht, da es dem Bund weder zur ausschließlichen oder konkurrierenden noch zur Rahmengesetzgebung zugewiesen ist (Ausnahmen vgl. unten).

2. Das P. ist in den Ländern verschieden ausgestaltet. Nach dem 2. Weltkrieg sind unterschiedliche Gesetze über Aufgaben und Organisation der Polizei ergangen; bis dahin galt z. T. noch das preuß. Polizeiverwaltungsgesetz vom 1. 6. 1931. Zur Angleichung des P. haben Bund und Länder den Musterentwurf eines einheitlichen Polizeigesetzes vom 11. 6. 1976 geschaffen, der trotz einiger strittiger Punkte in den meisten Ländern mit Abweichungen im einzelnen Vorbild einer gesetzlichen Regelung geworden ist, so in Berlin (ASOG von 1975), Bayern (PAG von 1978), Nordrh.-Westfalen (PolG und OBG von 1980), Rheinl.-Pfalz (PVG von 1981), Niedersachsen (SOG von 1981), Bremen (PolG von 1983), Hessen (SOG von 1989) und das Saarland (PG von 1989). Baden-Württemberg hat Teile des Musterentwurfs übernommen. In der ehem. DDR erließ die Volkskammer nach den ersten freien Wahlen in Anlehnung an den Musterentwurf das Ges. über Aufgaben und Befugnisse der Polizei vom 13. 9. 1990 (GBl. DDR I 1489), das in den → neuen Ländern bis zum Erlaß eigener Polizeigesetze galt. 1991 erließen Sachsen (PolG) und Sachsen-Anhalt (SOG), 1992 Thüringen (PAG) und Mecklenburg-Vorpommern Polizeigesetze. In der Folge des „Volkszählungsurteils" des BVerfG vom 15. 12. 1983 (BVerfGE 65, 1; → Volkszählung) wurde am 12. 3. 1986 ein Vorentwurf zur Änderung des Musterentwurfs eines einheitlichen Polizeigesetzes vorgelegt, der für → Datenerhebung und Datenverarbeitung im polizeilichen Bereich eine klare gesetzliche Grundlage enthält. Die Polizeigesetze der Länder Bremen (1983), Rheinland-Pfalz (1986), Saarland (1989), Bayern (1990), Hessen (1990), Nordrhein-Westfalen (1990), Baden-Württemberg (1991), Hamburg (1991), Berlin (1992), Schleswig-Holstein (1992) und Niedersachsen (1993) folgen nunmehr den Vorgaben des „Volkszählungsurteils"; in den neuen Ländern wurden diese von vorneherein berücksichtigt.

3. Der Bund ist auf dem Gebiet des P. (i. e. S.) nur zuständig zur Regelung der Zusammenarbeit des Bundes und der Länder auf dem Gebiet des → Verfassungsschutzes (Ges. vom 20. 12. 1990, BGBl. I 2954), für ein → Bundeskriminalamt (Ges. vom 7. 7. 1997, BGBl. I 1650) und für den → Bundesgrenzschutz (Ges. i. d. F. vom 19. 10. 1994, BGBl. I 2978).

**Polizeistunde** (Sperrzeit) ist nach § 18 GaststättenG die Zeit, in welcher der Betrieb von → Schank- und → Speisewirtschaften sowie von öffentl. Vergnügungsstätten geschlossen zu halten ist; sie wird durch VO der zuständigen obersten Landesbehörde festgesetzt (Zusammenstellung b. Sartorius, Verf.- und Verw.-Gesetze, Nr. 810). Ihre äußerste Grenze ist 1 Uhr nachts, sofern nicht besondere örtliche Verhältnisse eine Ausnahme rechtfertigen, worüber die oberste Landesbehörde oder die von ihr bestimmte Behörde – i. d. R. Kreisverwaltungsbehörde – entscheidet. Die Bestimmungen über die P. finden auf Zusammenkünfte von Vereinen und geschlossenen Gesellschaften nur Anwendung, wenn sie in einer Gast- oder Schankwirtschaft oder in Räumen stattfinden, die mit einer solchen verbunden sind und in denen Schankwirtschaft betrieben wird. Doch können die Vorschriften durch RechtsVO des BMin. für Wirtschaft auch auf andere Räumlichkeiten ausgedehnt werden, in denen solche Zusammenkünfte stattfinden, wenn hierbei Alkohol ausgeschenkt wird (§ 23 II). Wer als Gast über die Polizeistunde hinaus trotz Aufforderung zum Weggehen verweilt oder als Inhaber einer Gaststätte das Verweilen duldet, begeht eine nach § 28 II GastG zu ahndende Ordnungswidrigkeit.

**Polizeiverfügung** → polizeiliche Maßnahmen.

**Polizeiverordnung** → polizeiliche Maßnahmen.

**Polizeivollzugsbeamte** sind die im polizeilichen Vollzugsdienst tätigen Dienstkräfte der Polizei (s. dort 3, 4).

**Polizeiwidrigkeit** ist der veraltete Begriff für Fälle, in denen das Verhalten einer Person oder der Zustand einer Sache eine → Störung der öffentlichen → Sicherheit und Ordnung darstellt (→ polizeiliche Maßnahmen).

**Poolvertrag** ist im Handelsgesellschaftsrecht eine besondere Art des → Stimmbindungsvertrags, nämlich die gegenseitige Bindung von Großaktionären mit dem Ziel, eine Stimmenmehrheit oder eine Sperrminorität zu bilden. Ein P. kann auch anderweit der gemeinsamen Interessenwahrnehmung dienen, z. B. durch Absprachen über Produktion und Absatz, Preise und Gewinnverteilung usw. unter mehreren Unternehmen. S. a. → Rückversicherung. Eine andere Form des P. ist der sog. Sicherheitenpool. In ihm (als → Gesellschaft des bürgerlichen Rechts) schließen sich mehrere Gläubiger zur gemeinsamen Interessenwahrnehmung (z. B. bei Insolvenz des Schuldners, BGH NJW 1989, 895) zusammen.

**Popularklage** ist eine Klage, bei der die → Sachbefugnis *jedermann* – nicht nur dem „Betroffenen" – zusteht. Die P. wird in bestimmten Fällen zugelassen, wenn Interessen der Allgemeinheit berührt sind, z. B. bei der Nichtigkeits- bzw. Löschungsklage in den Fällen der §§ 22, 81 PatG und des § 55 II Nr. 1 MarkenG. Auch bei der verfassungsgerichtlichen → Normenkontrolle findet sich vereinzelt die P. (z. B. Art. 98 S. 4 d. bayer. Verfassung, Art. 55 d. bayer. Ges. über den Verfassungsgerichtshof vom 10. 5. 1990, GVBl. 122; hiernach kann jedermann geltend machen, daß eine Rechtsvorschrift des Landesrechts ein Grundrecht verfassungswidrig einschränke). Keine P. ist die → Verbandsklage.

**Pornographische Schriften,** denen andere Darstellungen gleichstehen (→ Schriften) dürfen nicht verbreitet werden, soweit es der Schutz Jugendlicher (unter 18 Jahren) oder das Allgemeininteresse verbietet. In § 184 StGB ist im besonderen mit Freiheitsstrafe bis zu 1 Jahr oder Geldstrafe bedroht: das Anbieten oder Zugänglichmachen gegenüber Jugendlichen einschl. öffentl. Ausstellung oder Vorführung, öffentl. Ankündigen oder Anpreisen, ferner – auch im Interesse Erwachsener – Einzelhandel außerhalb von Geschäftsräumen od. in Kiosken od. anderen vom Kunden nicht zu betretenden Räumen, Versandhandel, öffentl. entgeltliche Filmvorführung, Ein- od. Ausfuhr zu verbotenen Zwecken sowie die unverlangte Zusendung. Bei sog. harten p. S., d. s. Darstellungen von Gewalttätigkeiten, Mißbrauch von Kindern oder Sodomie, sind – nicht nur zum Schutz Jugendlicher – strafbar insbes. das Verbreiten, öffentl. Ausstellen oder sonstige Zugänglichmachen, ferner schon das Herstellen, Anbieten, die Einfuhr usw. zu verbotenen Zwecken. Höhere Strafen sind angedroht bei Verbreitung von Kinderpornographie. Strafbar sind auch Besitzverschaffen und Besitz von p. Darstellungen tatsächlichen oder wirklichkeitsnahen sexuellen Mißbrauchs von Kindern. Pornographisch ist eine S., wenn der sexuelle Reizzweck überwiegt, eine über den sexuellen Zweck hinausgehende inhaltliche Darstellung nicht beabsichtigt ist oder der geschlechtliche Inhalt aufdringlich vergröbert, verzerrt oder anreißerisch wiedergegeben wird. *Wissenschaftliche* oder *künstlerische* (dichterische) Darstellung schließt den pornographischen Charakter aus, falls sie nicht nur vorgetäuscht ist und den wahren Zweck verhüllen soll. Der Täter muß *vorsätzlich* handeln; jedoch genügt bedingter Vorsatz. P. S. unterliegen der → Einziehung im Strafverfahren und → Unbrauchbarmachung nach §§ 74 ff. StGB.

Weiter als der Begriff einer p. S. geht der der → *jugendgefährdenden* Schriften und Medieninhalte; s. dort über das Verbot ihrer Verbreitung. Ferner dürfen S. und andere Darstellungen, die zwar nicht pornographischen, aber sexuellen Inhalt haben, d. h. das Geschlechtliche herausstellen, nicht öffentlich an Orten ausgestellt, vorgeführt oder sonst zugänglich gemacht werden, wo dies grob anstößig wirkt (§ 119 III OWiG → Belästigung der Allgemeinheit).

**Positive Bedingung** → Bedingung.

**Positive Vertragsverletzung** *(Forderungsverletzung, Schlechterfüllung).* Unter p. V. V. werden alle schuldhaften Leistungsstörungen verstanden, die weder in einer → Unmöglichkeit noch in einer Leistungsverzögerung (→ Schuldnerverzug) ihre Ursache haben. Als p. V. V. kommen Handlungen (Verletzungen von Nebenpflichten, vertragswidriges Verhalten), aber auch Unterlassungen (z. B. mangelhafte Unterrichtung oder Aufbewahrung, Verletzung von → Obliegenheiten) in Betracht. Auch die schuldhafte Erbringung einer mangelhaften Leistung ist eine p. V. V. (→ Gewährleistung). Die Verletzung von Teilpflichten, die auf den Gesamtvertrag einwirkt – insbes. die Schlecht- oder Nichterfüllung der Ratenzahlungspflicht im Rahmen eines → Sukzessivlieferungsvertrags –, ist ebenso eine p. V. V. wie die ernstliche und endgültige Leistungsverweigerung des Schuldners (Vertragsaufsage); der Gegner braucht hier, solange er selbst vertragstreu ist, nicht bis zum Eintritt der Fälligkeit und des Verzugs zu warten. In allen Fällen ist Voraussetzung, daß die p. V. V. nicht unerheblich ist, sondern den Vertragszweck derart gefährdet, daß dem anderen Teil das Festhalten an dem Vertrag nach → Treu und Glauben nicht mehr zugemutet werden kann. In diesem Fall gelten für die Folgen einer p. V. V. die Vorschriften über Schuldnerverzug und Unmöglichkeit der Leistung entsprechend (→ Analogie), wobei für → gegenseitige Verträge auch hier Sonderbestimmungen gelten. Die → Beweislast für das Vorliegen einer p. V. V. obliegt – wie bei der Unmöglichkeit – entsprechend § 282 BGB dem Schuldner; der Schuldner, aus dessen Rechtskreis die p. V. V. regelmäßig herrührt, hat also zu beweisen, daß ihn hieran kein Verschulden trifft (h. M.).

**Positives Interesse** *(Erfüllungsinteresse)* → Schadensersatz (2 b).

**Positives Recht** → Recht (1 a).

**Positivismus im Recht** → Rechtspositivismus.

**Possessorische Ansprüche** → Besitzschutz.

**Post AG.** Die Deutsche P. nimmt nach → Postneuordnungsgesetz als Nachfolgerin der Deutschen Bundespost POSTDIENST in privatrechtlicher Form die Aufgaben der sogenannten gelben Post wahr. Sie hat vorübergehend noch Pflichtaufgaben und Monopolbefugnisse; s. im einzelnen bei → Postwesen und Telekommunikation.

**Post- und Fernmeldewesen** war die, früher auch im GG (z. B. Art. 73 Nr. 7 GG) verwendete Bezeichnung für den Rechtsbereich → Postwesen und Telekommunikation.

**Postbank AG.** Die Deutsche P. nimmt nach dem → Postneuordnungsgesetz als Nachfolgerin der Deutschen Bundespost POSTBANK in privatrechtlicher Form die Aufgaben eines → Kreditinstituts wahr. Da sie keine Pflichtaufgaben und keine Monopolberechtigungen hat, ist sie einem privatrechtlichen Unternehmen weitgehend gleichgestellt. Die bisher bestehenden Ausnahmen im Bereich der Kreditaufsicht (→ Bankenaufsicht) sind aufgehoben oder laufen aus.

**Postbeschlagnahme** → Beschlagnahme.

**Postdienst** → Post AG, → Postneuordnung.

**Postgebühren.** Seit der → Postneuordnung sind P. private Dienstleistungsentgelte. Sie können allerdings nicht frei gebildet werden, unterliegen vielmehr der → Regulierung.

**Postgeheimnis** → Brief-, Post- u. Fernmeldegeheimnis.

**Postgesetz.** Zweck des P vom 2. 12. 1997 (BGBl. I 3294) ist die Förderung des Wettbewerbs im Postwesen durch Regulierung (→ Regulierungsbehörde) sowie die Gewährleistung angemessener Dienstleistungen auf diesem Gebiet (§ 1). Ziele der Regulierung sind u. a. die Wahrung der Kundeninteressen einschließlich des → Postgeheimnisses und die Sicherstellung einer angemessenen

Grundversorgung zu erschwinglichen Preisen im Bereich der → Universaldienstleistungen (§ 2). Die nähere Bestimmung der dem Gesetz unterliegenden Postdienstleistungen ergibt sich aus § 3 (Briefsendungen, kleinere Pakete und Beförderung von Katalogen und Büchern). Das Gesetz regelt u. a. die Lizensierung (§§ 5–10), die Entgeltüberwachung (§§ 19–27, die Verpflichtung zur Vornahme öffentlicher Zustellungen (§§ 33–35), die befristete Exklusivlizenz der Post AG (§ 51; → Postzwang) sowie Bußgelddrohungen (§ 49) für Verstöße.

**Postglossatoren** → römisches Recht.

**Postneuordnung. Postneuordnungsgesetz.** Die umfassende Neuordnung des Postwesens durch das P. vom 14. 9. 1994 (BGBl. I 2325) regelt den Übergang zu einer weitgehend privatrechtlichen Organisation des Postwesens in der Form von Aktiengesellschaften, nämlich die Deutsche → PostAG (als Nachfolgerin des Teilunternehmens POSTDIENST), die Deutsche → Postbank AG (Nachfolgerin der POSTBANK) und die Deutsche → Telekom AG (Nachfolgerin des Teilunternehmens TELEKOM) durch → Umwandlung. Träger des Aktienvermögens und der verbleibenden hoheitlichen Befugnisse ist die Anstalt Deutsche → Bundespost.

**Postpendenz** → Wahlfeststellung.

**Postrecht** → Postwesen und Telekommunikation, → Postneuordnung.

**Postregal.** Als P. bezeichnete man das staatliche (bzw. königliche oder kaiserliche) Monopol auf Beförderung von Nachrichten (s. a. → Postzwang). Ein Monopol dieser Art besteht seit der → Postneuordnung nicht mehr, wohl aber gibt es noch weitgehende Regulierungsbefugnisse (→ Regulierung der Telekommunikation und des Postwesens).

**Poststrukturgesetz** → Postneuordnung.

**Postulationsfähigkeit** ist die Fähigkeit, Prozeßhandlungen die rechtserhebliche Erscheinungsform zu geben. Die P. ist → Prozeßhandlungsvoraussetzung. Nur wer postulationsfähig ist, darf vor Gericht verhandeln *(Verhandlungsfähigkeit)*. Nach verschiedenen gesetzlichen Vorschriften sind nur Personen mit bestimmten Eigenschaften postulationsfähig und zur Verhandlung vor Gericht zugelassen (→ Anwaltsprozeß, §§ 78 ff., 157 ZPO, § 11 ArbGG, § 62 II FGO, § 166 SGG).

**Postverfassung** s. jetzt → Postneuordnung.

**Postverwaltungsgesetz** → Bundespost.

**Postwesen und Telekommunikation.** Im Bereich von P. u. T. besitzt der Bund die ausschließliche Gesetzgebungskompetenz (Art. 73 Nr. 7 GG). Er gewährleistet ferner gemäß Art. 87 f GG nach Maßgabe eines Bundesgesetzes flächendeckend angemessene Dienstleistungen. Diese werden privatwirtschaftlich durch die Nachfolgeunternehmen der Bundespost und durch private Anbieter wahrgenommen. Hoheitsaufgaben werden in bundeseigener Verwaltung ausgeführt. Die danach bestehenden öffentlich-rechtlichen Befugnisse stehen dem Bundesministerium für Post und Telekommunikation und der Anstalt Deutsche → Bundespost zu. Nach der Postneuordnung ist der öffentlich-rechtliche Bereich stark zurückgedrängt worden, wenn auch gegenüber den Postunternehmen vorerst immer noch Regulierungsbefugnisse (→ Regulierung der Telekommunikation und des Postwesens) bestehen und das im PostG festgelegte Monopol bisher weitgehend nur verbal eingeschränkt worden ist. Zum Fernmeldewesen zählt nur der technische Bereich von Rundfunk und Fernsehen, nicht aber die sog. Studiotechnik oder gar der → Rundfunk als Ganzes (vgl. das sog. Fernsehurteil BVerfGE 12, 205 ff.). Zur Organisation der Post s. jetzt → Postneuordnung, zum Verfahren und den wesentlichen Befugnissen im Aufgabenbereich Post das → Postgesetz.

Die materiellen Regelungen für den Bereich T. (früher Fernmeldewesen) enthält das → Telekommunikationsgesetz sowie die dazu erlassenen Vollzugsvorschriften. S. ferner → Schwarzsenden, → Piratensender, → Amateurfunk (dort auch Ges. über den Betrieb von Hochfrequenzgeräten), → Sendeanlagenmißbrauch. Über internationale

Vereinbarungen s. → Weltpostverein, → Fernmelde-Union.

**Postzustellung** → Zustellung.

**Postzwang.** Ein P. im Sinne eines umfassenden Beförderungsmonopols besteht nicht mehr. Die bis 2002 befristete Exklusivlizenz nach § 51 → Postgesetz hat allerdings bis dahin für kleinere Briefsendungen eine ähnliche Funktion.

**Potestativbedingung** → Bedingung.

**Potsdamer Abkommen.** Vom 17. 7.–2. 8. 1945 fand in Potsdam eine Konferenz der Regierungschefs der USA, der UdSSR und Großbritanniens statt, auf der mit dem P. A. eine Reihe von Vereinbarungen über die aus der militärischen Niederwerfung Deutschlands zu ziehenden Folgerungen zustande kamen. Bis zur → Wiedervereinigung waren von Bedeutung die territorialen Vereinbarungen dieser Konferenz, insbes. die Vereinbarungen über das ehem. Ostpreußen und die Westgrenze Polens. Der Entwurf eines Friedensvertrags wurde dem Rat der Außenminister der Alliierten übertragen. Die Gültigkeit des P. A. ist wiederholt von den Alliierten wegen angeblicher Nichteinhaltung in Frage gestellt worden. Inzwischen ist das P. A. durch die → Abschließende Regelung in bezug auf Deutschland insgesamt überholt.

**Präambel.** Die P. ist ein Vorspruch, der meist bei völkerrechtlichen Verträgen und bei Verfassungen (vgl. die P. zum GG), gelegentlich auch bei sonstigen wichtigen Gesetzen dem eigentlichen Vertrags- oder Gesetzestext vorangestellt wird. Unmittelbare Rechtserheblichkeit wird der P. nicht beigemessen. Sie enthält meist politische Zielsetzungen oder Programmsätze, welche die Zielrichtung des Vertrages oder Gesetzes darlegen und erläutern. Die P. ist deshalb insbes. für die → Auslegung des Vertrages (Gesetzes) von Bedeutung. So hatte z. B. das BVerfG für die damalige P. des GG festgestellt, daß sie hinsichtlich der Wiedervereinigung Deutschlands die Pflicht aller politischen Staatsorgane festlegt, die Einheit Deutschlands mit allen Kräften anzustreben, daß es ihnen aber überlassen bleiben muß, welchen Weg sie dazu wählen (vgl. BVerfGE 5, 85/127 f.; 12, 45/51 f.). Im europäischen Gemeinschaftsrecht enthält die P. authentische Interpretationsvorgaben („Erwägungsgründe"), hat also unmittelbar normativen Charakter.

**Präpendenz** → Wahlfeststellung.

**praesumptio** (facti, iuris usw.) → Vermutung.

**praeter legem** = neben dem Gesetz (außerhalb des Gesetzes). Der Ausdruck wird gelegentlich für Handlungen verwendet, die zwar nicht ausdrücklich verboten sind, aber nicht dem Sinn der Rechtsvorschriften entsprechen.

**Präjudizielles Rechtsverhältnis** = → vorgreifliches Rechtsverhältnis.

**Präjudizien** sind voraufgegangene gerichtliche Entscheidungen – insbes. Urteile – in derselben Rechtsfrage. Sie können in einem späteren Verfahren als Vorbild dienen oder kraft Gesetzes oder Gewohnheitsrechts bindend sein. Im angelsächsischen Rechtskreis besteht im Bereich des case-law (Fallrecht; → common law) eine rechtliche Bindung an frühere Entscheidungen eines höheren Gerichts in derselben Rechtsfrage. Das deutsche Recht kennt eine Bindung des Richters an P. grundsätzlich nicht. Gleichwohl werden die Entscheidungen insbes. des BVerfG (soweit sie nicht ohnehin Gesetzeskraft haben oder sonst in der Auslegung des Bundesrechts Bindungswirkung entfalten, Art. 31 GG) sowie die Erkenntnisse der obersten Gerichtshöfe und der Gerichte der Mittelinstanz (Oberlandesgerichte, Landesverwaltungsgerichte usw.) i. d. R. als Leitbilder, wenn nicht als maßgebend angesehen, zumal wenn der Fall im Rechtsmittelweg an das obere Gericht gelangen kann. Eine gesetzliche Bindung der unteren Gerichte (Amts-, Landgerichte usw.) an die Rspr. der oberen Instanzen besteht grundsätzlich nicht (s. aber → Mietgericht, → Rechtsentscheid), wohl aber zur Wahrung der Rechtseinheit innerhalb der obersten Gerichtshöfe, deren Spruchkörper vor Abweichung von dem früheren Urteil eines anderen Senats die Entscheidung eines Großen Senats einholen müssen. Ferner muß in

Strafsachen und in Angelegenheiten der → freiwilligen Gerichtsbarkeit ein Oberlandesgericht, das von der Entscheidung eines anderen OLG oder des BGH abweichen will, diesem die Sache vorlegen (→ Divergenz gerichtlicher Entscheidungen); im Zivil-, Arbeits-, Verwaltungs- und Sozialgerichtsverfahren kann die Abweichung des Urteils der Berufungsinstanz von einer Entscheidung des übergeordneten obersten Gerichtshofs mit der Revision gerügt werden (§ 546 I Nr. 2 ZPO, § 72 II Nr. 2 ArbGG, § 132 II Nr. 2 VwGO, § 160 II Nr. 2 SGG). S. → Divergenzrevision.

**Präklusion** = Ausschluß. Nach gesetzlicher Bestimmung kann unter gewissen Voraussetzungen eine Ausschlußwirkung für bestimmte Rechte oder Rechtshandlungen eintreten. So schließt der Ablauf der gesetzlichen Frist für die → Mängelrüge beim Kauf- oder Werkvertrag die Geltendmachung des Mangels, der Ablauf einer Antrags- oder Rechtsmittelfrist i. d. R. die Stellung des Antrags oder die Einlegung des Rechtsmittels aus; das im → Aufgebotsverfahren ergehende Ausschlußurteil präkludiert die Rechte aus einer für kraftlos erklärten Urkunde oder die Erhebung eines nicht angemeldeten Anspruchs gegen den Erben u. dgl.

**Präklusivfrist** → Frist.

**Praktikantenverhältnis** ist ein → Berufsausbildungsverhältnis, das lediglich dazu dient, berufliche Kenntnisse und Erfahrungen zu erwerben. Sofern nicht ein normales → Arbeitsverhältnis vereinbart ist, gelten die Vorschriften für das Berufsausbildungsverhältnis (§ 19 BBiG) im selben Umfang wie beim → Anlernverhältnis. Ein Praktikantenvertrag (mit Anspruch auf Vergütung) liegt aber bei einer vorgeschriebenen praktischen Tätigkeit im Rahmen eines Hoch- oder Fachschulstudiums (z. B. für angehende Ärzte) i. d. R. nicht vor. S. a. → Werkstudent.

**Prälegat** = (→ Vorausvermächtnis).

**Präliminarfriede** wird ein völkerrechtlicher Vorvertrag genannt, in dem als Grundlage für den endgültigen Friedensschluß (Friedensvertrag) die Einstellung der Feindseligkeiten vereinbart und ggf. weitere vorläufige Abmachungen getroffen werden.

**Prämie** → Versicherungsvertrag, → Arbeitslohn; s. a. → Gratifikation, → Kundenbindung.

**Prämienanleihe** ist eine → Anleihe, bei der nach Auslosung auf einen Teil der Schuldverschreibungen neben den Zinsen Gewinne in Geld ausbezahlt werden.

**Prämienlohn** → Arbeitslohn.

**Prämienreserve** → Rückvergütung, → Deckungsrücklage → Lebensversicherung.

**Prämienreservefonds** → Deckungsstock.

**Pränumerationskauf** → Barkauf.

**Präqualifikation** ist eine standardisierte und generalisierte Eignungsprüfung der Bieter im Rahmen des → öffentlichen Auftragswesens. Sie kann ausschließlich oder kumulativ gehandhabt werden. Im einen Fall werden nur Bieter mit P. zugelassen, in andern erspart die P. die individuelle Eignungsprüfung als Voraussetzung für den Zuschlag.

**Prärogative** werden die dem Monarchen zustehenden Vorrechte genannt, die ihn von gesetzlichen Bindungen freistellen. In der konstitutionellen Monarchie sind sie durch die Bindung an die Verfassung ausgeschlossen (→ Konstitution).

**Präsentation** nennt man die (zur Geltendmachung der Forderung erforderliche) Vorlegung eines → Wechsels oder → Schecks.

**Präsente Beweismittel** sind die von einem Prozeßbeteiligten gestellten (vorgeladenen und erschienenen) Zeugen und Sachverständigen sowie andere herbeigeschaffte (vorgelegte) Beweismittel (z. B. Urkunden, Skizzen u. dgl.). Die Präsenz erweitert die Pflicht des Gerichts zur Beweiserhebung (s. ferner → Glaubhaftmachung). Es kann sie z. B. in der → Hauptverhandlung im Strafverfahren nur ablehnen, wenn die Beweiserhebung unzulässig, die Beweistatsache völlig unerheblich oder schon erwiesen oder offenkundig oder wenn das Beweismittel ungeeignet ist, schließlich wenn der Antragsteller Prozeßverschleppung beabsichtigt; sonst nur mit Einverständnis des StA, des Angeklagten und des Verteidigers (§ 245 StPO).

**Präses.** In einigen Gliedkirchen der → Evangelischen Kirche in Deutschland (z. B. in der Evang. Kirche von Westfalen) Bezeichnung für die Spitze der Kirchenleitung.

**Präsidialdemokratie** ist eine Form der → Demokratie, in der nach der Verfassung die → vollziehende Gewalt bei einem Präsidenten liegt, der gegenüber dem → Parlament eine stärkere Stellung besitzt als in einer → parlamentarischen Demokratie (Präsidialverfassung). Er wird i. d. R. direkt vom Volk (nicht vom Parlament) gewählt und bedarf zu seiner Amtsführung nicht des Vertrauens des Parlaments. Eine typische Präsidialverfassung besteht in den USA: u. a. hat dort der Präsident ein Vetorecht gegen Gesetzentwürfe; er nimmt die Stellung des Ministerpräsidenten und die des Oberbefehlshabers der Streitkräfte ein.

**Präsidialrat.** Bei den Gerichten bestehen Präsidialräte als Richtervertretung für die Beteiligung an der Ernennung von Richtern. Bildung und Aufgaben der P.e sind im Deutschen → Richtergesetz (§§ 49, 54 ff. DRiG) und in den Richtergesetzen der Länder geregelt. Die P.e bei den Gerichten des Bundes setzen sich aus vom Gesetz bestimmten und gewählten Mitgliedern zusammen. Bei den Gerichten der Länder müssen dem P., der für jeden Gerichtszweig (u. U. auch für mehrere) zu bilden ist, der Präsident eines Gerichts als Vorsitzender und weitere Richter angehören, von denen mindestens die Hälfte durch die Richter zu wählen sind (§ 74 DRiG). Die P.e bei den Gerichten des Bundes sind vor jeder Ernennung oder Wahl eines Richters zu beteiligen. Der P. gibt auf Antrag der obersten Dienstbehörde eine schriftlich begründete Stellungnahme über die persönliche und fachliche Eignung des Bewerbers oder Richters ab; auf Ersuchen eines Mitgliedes des P. hat die ob. Dienstbehörde die Stellungnahme zu beantragen. Die P.e bei den Gerichten der Länder sind nach § 75 DRiG jedenfalls an der Ernennung eines Richters für ein Amt mit höherem Endgrundgehalt als dem eines Eingangsamtes zu beteiligen. Im einzelnen sind die Beteiligungsrechte unterschiedlich geregelt. Sie sind i. d. R. dort schwächer ausgestaltet, wo Richterwahlausschüsse (→ Richterwahl) gebildet sind.

**Präsidialverfassung** → Präsidialdemokratie, → Präsidium.

**Präsidium** (nach Gerichtsverfassungsrecht) ist ein unabhängiges gerichtliches Selbstverwaltungsorgan. Seine Aufgabe besteht im wesentlichen in der → Geschäftsverteilung und in der Besetzung der Spruchkörper (§ 21 e GVG). Die Präsidialverfassung der Gerichte ist jetzt weitgehend einheitlich in §§ 21 a ff. GVG und in der WahlO vom 19. 9. 1972 (BGBl. I 1821) mit Verweisungen für andere Gerichtszweige (§ 4 WahlO § 4 FGO; § 6 a ArbGG; § 6 SGG; § 68 PatG usw.) geregelt. Danach wird bei jedem Gericht ein P. gebildet, das aus dem Präsidenten (oder aufsichtsführenden Richter) als Vorsitzenden und höchstens 8 gewählten Richtern (Wahlberechtigung und Wählbarkeit: § 21 b GVG; hierzu WahlO, s. o.) besteht, von denen bei Gerichten mit mehrköpfigen Spruchkörpern (z. B. → Landgericht, → Oberlandesgericht oder → Bundesgerichtshof) die Hälfte aus Vorsitzenden Richtern besteht (§ 21 a GVG). Das P. entscheidet mit Stimmenmehrheit durch Beschluß (sog. Präsidialbeschluß); es ist beschlußfähig, wenn mindestens die Hälfte seiner gewählten Mitglieder anwesend ist (§ 21 i GVG).

**Prätendent** = Anspruchsteller; → Thronprätendent.

**Prätendentenstreit** liegt vor, wenn in einem Rechtsstreit eine Forderung geltend gemacht wird, die ein Dritter, dem der Beklagte den Streit verkündet hat (→ Streitverkündung), für sich in Anspruch nimmt, und dieser Dritte (Prätendent) dann in den Prozeß wie ein → Hauptintervenient eintritt. Hinterlegt der bisherige Beklagte den streitigen Betrag unter Rücknahmeverzicht, wird er auf Antrag aus dem Rechtsstreit entlassen und dieser zwischen dem Kläger und dem Prätendenten fortgesetzt; der Obsiegende erhält den hinterlegten Betrag (§ 75 ZPO).

**Prävarikation** → Parteiverrat.

**Präventivgewahrsam** → Unterbindungsgewahrsam.

**Präventivpolizei.** Von P. spricht man, wenn die → Polizei nicht im Rahmen des Strafverfahrens, also strafverfolgend (repressiv), sondern vorbeugend (präventiv) zur Verhütung und Beseitigung von Gefahren für die öffentl. Sicherheit und Ordnung tätig wird. Während die strafverfolgende Tätigkeit von der Polizei als Hilfsorgan der Staatsanwaltschaft ausgeübt wird, ist die Vorbeugung (Prävention) die eigentliche Aufgabe der Polizei. Ihre Aufgaben und Befugnisse in diesem Bereich sind in den Polizeigesetzen geregelt (→ Polizeirecht), die strafverfolgende Tätigkeit vornehmlich in der Strafprozeßordnung.

**Praxisgemeinschaft** → Sozietät.

**Präzedenzfall** wird ein Fall (Vorfall, Rechtsfall) genannt, dessen Beurteilung oder gerichtliche Entscheidung für künftige Fälle gleicher Art als Beispiel oder Vorbild dient (→ Präjudizien).

**„Preis freibleibend“:** Klausel beim → Kauf, wonach der Verkäufer bis zur Lieferung den Kaufpreis angemessen erhöhen kann (eingeschränkt im Rahmen → Allgemeiner Geschäftsbedingungen, § 11 Nr. 1 AGBG). Über die Bindung bereits an das Vertragsangebot → Vertrag (1).

**Preisangaben.** Das Gesetz über Preisangaben vom 31. 12. 1984 (BGBl. I 1429) m. Änd. heißt mit Wirkung vom 1. 1. 1999 Preisangaben und Preisklauselngesetz. Es enthält von da an in Zusammenhang mit der Einführung des → Euro auch Regelungen über vertragliche Indexierungen. Danach darf der Betrag einer Geldschuld nicht unmittelbar und selbsttätig durch den Preis oder Wert von anderen Gütern oder Leistungen abhängig gemacht werden, wenn diese den vereinbarten Gütern oder Leistungen nicht vergleichbar sind. Indexbindungen an vergleichbare Güter und Leistungen sind daher uneingeschränkt zulässig. Im übrigen kann das BMWi Ausnahmen für langfristige Zahlungen genehmigen. Der Geld- und Kapitalverkehr einschließlich der → Finanzinstrumente sowie die hierauf bezogenen Pensions- und Darlehensgeschäfte sind von dem Indexierungsverbot ausgenommen, ebenso Verträge von gebietsansässigen Kaufleuten mit Gebietsfremden. Die aufgrund des Ges. erlassene VO über P. vom 14. 3. 1985 (BGBl. I 580) m. Änd. regelt, wie Preise von Waren, Dienstleistungen und Krediten und anderem beim Angebot an Letztverbraucher anzugeben sind. Sie betrifft jeden, der solche Leistungen in seinem → Gewerbe, geschäftsmäßig (→ geschäftsmäßiges Handeln) oder sonst regelmäßig anbietet oder für sie öffentlich wirbt. Dabei sind die Preise einschl. → Umsatzsteuer und sonstiger Preisbestandteile auszuweisen und im Rahmen der Verkehrsauffassung auf Gütebezeichnungen und Verkaufseinheiten zu beziehen (§ 1). Auf die Verhandlungsbereitschaft über den Preis kann hingewiesen werden. Beim Handel (§ 2) gilt die Verpflichtung zu P. für *Waren* in Schaufenstern und Verkaufsräumen sowie für die Warenbeschreibungen in Musterbüchern und Katalogen. Für *Leistungen* (§ 3) sind die wesentlichen Preise in Verrechnungssätzen durch Preisverzeichnisse bekannt zu geben (Aushang in den Geschäftsräumen). Bei *Krediten* (§ 3) sind der effektive Jahreszins (Zinsen, Vermittlungsgebühren und sonstige Kosten) sowie die sonstigen Nebenbedingungen und Nebenkosten (Abs. 3) durch Aushang auszuweisen bzw. im Angebot bekannt zu geben. Die Preise im *Gaststättengewerbe* (§ 5) sind durch Speise- und Getränkekarten am Lokaleingang sowie auf den Gasttischen auszuzeichnen. *Beherbungsbetriebe* müssen Übernachtungs- und Frühstückspreis sowie ggf. erhöhte Fernsprechgebühren durch Aushang im Zimmer nachweisen. Die Preise von *Tankstellen* (§ 6) müssen für die Kraftfahrer frühzeitig erkennbar sein. Die Angabe von Preisen mit Änderungsvorbehalt ist nur bei *Liefer- oder Leistungsfristen* von mehr als vier Monaten sowie bei → Dauerschuldverhältnissen zulässig; ggf. ist die voraussichtliche Lieferfrist anzugeben. *Ausnahmen* von den Vorschriften für P. (§ 7) gelten u. a. für das Angebot von Waren und Leistungen an Letztverbraucher zu beruflichen Zwecken, ferner für Antiquitäten und Kunstgegenstände. Verstöße gegen die VO sind mit Bußgeld bedroht (§ 8) und gelten als unlauterer Wettbewerb. S. a.

→ Eichwesen, → Fertigpackungen, → Schankgefäße, → unerlaubte Werbung.

**Preisausschreiben.** Das P. ist eine besondere Form der → Auslobung; doch bestimmt über die Preisverteilung nicht die Reihenfolge des Eingangs der Lösungen, sondern die verbindliche Entscheidung eines Preisrichters über die beste Lösung, ggf. eine Auslosung unter mehreren richtigen Lösungen. Ein P. ist nur rechtsverbindlich, wenn in der Bekanntmachung eine Frist für die Bewerbung bestimmt wird (§ 661 BGB). Bei besonders leichten P. aus Werbegründen liegt oftmals in Wahrheit eine Ausspielung (→ Lotterie) vor.

**Preisauszeichnung** → Preisangaben.

**Preisbindung, vertikale,** ist eine Vereinbarung zwischen einem Unternehmer und seinen Abnehmern (→ vertikale Bindung), wonach diese bei der Weiterveräußerung mit ihren Abnehmern bestimmte Preise (Festpreise) zu vereinbaren – einstufiges System – oder ihnen aufzuerlegen haben, die gleiche Bindung mit weiteren Abnehmern bis zur Weiterveräußerung an den letzten Verbraucher einzugehen – mehrstufiges System –, § 16 I GWB. Diese P. zweiter Hand ist nur für Verlagserzeugnisse (Bücher, Zeitschriften, Noten) zulässig, im übrigen ist sie verboten (§§ 15, 16 GWB). Die zulässige P. unterliegt einer besonderen *Mißbrauchsaufsicht* durch die Kartellbehörde. Sie kann u. a. für unwirksam erklärt werden, wenn sie geeignet ist, in einer durch gesamtwirtschaftliche Verhältnisse nicht gerechtfertigten Weise die gebundenen Waren zu verteuern oder ein Sinken ihrer Preise zu verhindern (Einzelheiten § 17 GWB). Nach europäischem → Kartellrecht ist die vertikale P. verboten. Für → Markenwaren ist nur noch die unverbindliche → Preisempfehlung zulässig. Für den Anwendungsbereich des europ. → Kartellrechts ist die v. P. verboten. S. a. → Preisempfehlung.

**Preisempfehlung, vertikale,** ist die *unverbindliche Empfehlung* eines Unternehmens an seine Abnehmer, bei Weiterveräußerung gelieferter Waren bestimmte Preise zu fordern. Zulässig ist nach § 38 a GWB P. für → Markenwaren, die mit gleichartigen Waren anderer Hersteller im Wettbewerb stehen. Die P. muß ausdrücklich als unverbindlich bezeichnet, zu ihrer Durchsetzung darf keinerlei Zwang ausgeübt werden; außerdem muß, wer sie ausspricht, erwarten, daß die P. mehrheitlich befolgt wird. Preisempfehlende Unternehmen unterliegen einer wesentlich *verschärften Mißbrauchsaufsicht* durch die → Kartellbehörde. Aufsichtsmittel sind – neben Überprüfungsmaßnahmen – Untersagung der P. und das Verbot gleichartiger P.en, schließlich – bei wiederholtem Mißbrauch und Wiederholungsgefahr – die Möglichkeit, einem Unternehmen den Ausspruch von P. überhaupt zu verbieten. Als *typische Mißbrauchstatbestände* regelt das GWB die ungerechtfertigte Verteuerung von Waren, die Täuschung über den tatsächlichen Marktpreis, Einsatz von künstlich überhöhten Preisen als Werbemittel (sog. Mondpreise) und schließlich Vertriebsregelungen, welche die Befolgung der P. erzwingen sollen, wobei allerdings ein selektiver Vertrieb aus sachlichem Anlaß (z. B. Gewährleistung von Kundendienst und Fachberatung) zulässig ist. *Verstöße* sind durchwegs als → Ordnungswidrigkeiten mit Bußgeld bedroht, vor allem der Ausspruch einer P. für Nichtmarkenwaren, die Empfehlung von „Mondpreisen" und sonstige P., die den gesetzlichen Anforderungen nicht entsprechen (§ 38 I Nr. 11, 12 GWB).

**Preisgebundener Wohnraum** → Mietpreisbindung.

**Preisgefahr** → Gefahr (tragung), → gegenseitiger Vertrag, → Gläubigerverzug, → Versendungskauf.

**Preisgegenüberstellung** → unerlaubte Werbung.

**Preisgleitklausel** → Geldschuld.

**Preislimit** → Limit.

**Preisnachlaß** → Rabatt.

**Preisrecht** ist die Gesamtheit der Rechtsnormen, die der Festsetzung oder Genehmigung von Preisen (= Entgelte für Güter und Leistungen jeder Art einschl. Mieten, Pachten, Gebühren, jedoch mit Ausnahme der Löhne, § 2 I PreisG) sowie der Aufrechterhaltung des Preisstandes in Form von

→ Fest-, → Höchst- oder → Mindestpreisen, der Verpflichtung zu → Preisangaben sowie der → Preisüberwachung dienen. Das P. soll vor allem den Preisauftrieb eindämmen. Rechtsgrundlage des geltenden P. ist das *Übergangsgesetz über Preisbildung und Preisüberwachung (PreisG)* vom 10. 4. 1948 (WiGBl. 27), verlängert durch Ges. vom 29. 3. 1951 (BGBl. I 223); es ermächtigt den BWirtschMin. sowie die obersten Wirtschaftsbehörden der Länder zum Erlaß von Anordnungen (RechtsVOen), durch die Preise festgestellt werden oder der Preisstand aufrechterhalten wird (zur Verfassungsmäßigkeit s. BVerfGE 8, 274). Das PreisG ermächtigt nicht zu Festlegungen mit kulturpolitischen Zielsetzungen (BVerfG BGBl. 1980 I 102 zur Preisfestlegung bei Schulbüchern). Mit der Ausbreitung der → Marktwirtschaft sind fast alle Preisvorschriften außer Kraft gesetzt worden. Preisvorschriften bestehen gegenwärtig im wesentlichen noch auf dem Gebiet der → Energieversorgung, für → öffentliche Aufträge (s. a. Baupreisrecht), für die Pflegesätze in Krankenanstalten (Art. 74 Nr. 19 a GG; Ges. zur wirtschaftlichen Sicherung der Krankenhäuser und zur Regelung der Krankenhauspflegesätze vom 23. 12. 1985, BGBl. 1986 I 33 sowie VO vom 21. 8. 1985, BGBl. I 1666). Preisrechtlich geregelt sind die Preise für → Arzneimittel durch VO vom 14. 11. 1980 (BGBl. I 2147); zu den Preisen für öffentliche oder mit öffentlichen Mitteln finanzierte Bauleistungen s. Baupreisrecht; s. a. → Mietpreisbindung, → Preisangaben. Nicht eigentlich preisrechtlichen Gehalt, aber ähnliche Wirkung haben die Gebührenordnungen für freie Berufe, so für → Architekten und Ingenieure, → Ärzte, → Rechtsanwälte, → Tierärzte und → Zahnärzte. Verstöße gegen Preisvorschriften werden nach Maßgabe der §§ 3–6 WiStG1954, u. U. auch als Preistreiberei geahndet. S. ferner Ges. über die Preisstatistik vom 9. 8. 1958 (BGBl. I 605). Das im EinigV aufrechterhaltene Preisrecht der ehem. DDR (vgl. Anl. II Kap. V Sachgeb. A Abschn. III) ist weitgehend ausgelaufen; bis 31. 12. 1991 gelten u. a. noch die Vorschriften für Energieversorgung, für Verkehr – außer Reichsbahn – und für Mieten und Pachten, die sich auf Wohnraum beziehen (a. a. O. Nr. 1. a).

**Preisstop** → Preisrecht; → Fest-, Höchst-, Mindestpreise.

**Preistreiberei, Preisverstöße.** Über die noch bestehenden Preisbindungen s. vorstehende Stichw. Vorsätzliche oder fahrlässige Verstöße gegen Vorschriften über Preisbindung und Preisschutz (einschl. Preisauszeichnung, Lieferungsbedingungen) werden, soweit sie auf § 3 des WiStG 1954 i. d. F. vom 3. 6. 1975 (BGBl. I 1313) verweisen, als → Ordnungswidrigkeiten mit Geldbuße bis 50 000 DM geahndet. Die gleiche Bußgelddrohung gilt für die vorsätzlich oder leichtfertig begangene *Preistreiberei* (Preisüberhöhung). Sie liegt vor, wenn jemand im Rahmen eines Berufs oder Gewerbes für Gegenstände oder Leistungen des *lebenswichtigen Bedarfs* unter Ausnutzen von Wettbewerbsbeschränkungen, einer Monopolstellung oder Mangellage unangemessen hohe Entgelte fordert, verspricht, vereinbart, annimmt oder gewährt (§ 4 WiStG 1954). Zu Mietpreisüberhöhung (§ 5 WiStG 1954) und überhöhtem Wohnungsvermittlungsentgelt → Mietwucher, → Wohnungsvermittlung.

**Preisüberwachung.** Nach § 8 PreisG (→ Preisrecht) obliegt die P. den zuständigen obersten Landesbehörden – i. d. R. Wirtschaftsbehörden – und den von ihnen bestimmten nachgeordneten Behörden (§ 10 PreisG). Sie sind nach der VO über die Auskunftspflicht vom 13. 7. 1923 (RGBl. I 723) zur Einholung von Auskünften, Einsichtnahme in Geschäftsunterlagen und Besichtigung von Betrieben berechtigt. Zur Preisüberwachung bei → öffentlichen Aufträgen s. dort.

**Preisunterbietung** → unlauterer Wettbewerb.

**Preisvergleich** → vergleichende Werbung.

**Presbyterium.** Als P. wird in der evang. Kirche verschiedentlich der Kirchenvorstand (→ Gemeindekirchenrat) bezeichnet. Es setzt sich aus dem Pfarrer und den von den Gemeindemitgliedern gewählten Kirchenvorstehern zusammen. Das P. vertritt die Kirchengemeinde, verwaltet ihr Vermögen und wacht über der Seelsorge in der Gemeinde. Die Kirchenkreise (Provinzialgemeinden) haben ein entsprechendes synodales Organ.

**Pressedelikte** sind Straftaten und Ordnungswidrigkeiten, die Presseangehörige (→ Presserecht) mittels eines → Druckwerks oder sonst bei ihrer Berufsausübung begehen. Die LandespresseG enthalten dazu besondere Vorschriften (s. NebenstrafR Nr. 619).

*Presseinhaltsdelikte* sind Taten, deren Strafbarkeit durch den Inhalt und die Verbreitung des Druckwerks begründet wird, z. B. Volksverhetzung. Sie sind nach den allgemeinen Vorschriften, insbes. über Täterschaft und Teilnahme, zu beurteilen. Kann der verantwortliche Redakteur oder Verleger nicht bestraft werden, etwa weil er den Text nicht kannte, kann er nach den LandespresseG gleichwohl wegen vorsätzlicher oder leichtfertiger Verletzung seiner Pflicht, Druckwerke von strafbarem Inhalt freizuhalten, strafrechtlich belangt werden.

*Pressevertriebsdelikte* sind strafbare Verstöße gegen Art und Weise der Verbreitung, z. B. an Kindern und Jugendlichen zugänglichen Orten entgegen §§ 21 I, 3 Ges. über die Verbreitung → jugendgefährdender Schriften und Medininhalte.

*Presseordnungsdelikte* sind Zuwiderhandlungen gegen Vorschriften der LandespresseG über die äußere Ordnung der Presse, z. B. das → Impressum. Sie sind je nach der Schwere Vergehen oder Ordnungswidrigkeit.

Auch für die *Verfolgung* gelten Besonderheiten:

Die → Strafverfolgungsverjährung von Presseinhaltsdelikten sowie von in den LandespresseG geregelten P. beträgt bei Verbrechen 1 Jahr, bei Vergehen 6 Mon., bei Ordnungswidrigkeiten 3 Mon.

Während sich die *Beschlagnahme einzelner* Druckwerke zu *Beweiszwecken* nach §§ 94 ff. StPO richtet, ist die Beschlagnahme i. d. R. der *gesamten Auflage* zur Sicherung der → *Einziehung* nur mit den Einschränkungen der §§ 111 m, 111 n StPO zulässig. Diese Beschlagnahme kann bei einem periodischen Druckwerk grundsätzlich nur der Richter anordnen, bei anderen Druckwerken bei Gefahr im Verzuge auch die StA, die aber binnen 3 Tagen die richterliche Bestätigung einholen muß. Auch gilt in besonderem Maße der → Verhältnismäßigkeitsgrundsatz. Die Beschlagnahme ist auf das notwendige zu beschränken; ausscheidbare Teile sind von ihr auszunehmen. Sie ist aufzuheben, wenn nicht binnen 2 Monaten Anklage erhoben oder selbständige Einziehung beantragt wird.

Presseangehörige haben im Strafprozeß ein → *Zeugnisverweigerungsrecht* über Personen (Verfasser, Einsender, Gewährsmann) und Mitteilungen (Beiträge, Unterlagen und Mitteilungen für den redaktionellen Teil) gemäß § 53 I Nr. 5 StPO. Da es sich bei dieser Regelung um Verfassungsrecht nach Art. 74 I Nr. 1 GG handelt, sind nach h. M. landesrechtliche Vorschriften dazu unwirksam.

**Pressefreiheit.** Art. 5 I 2 GG gewährleistet als besondere Ausprägung des → Grundrechts der → Meinungsfreiheit die P. und die Freiheit der Berichterstattung durch Rundfunk und Film; eine → Zensur findet nicht statt. Der Begriff Presse umfaßt nicht nur die Tageszeitungen, sondern alle Druckerzeugnisse. Die Garantie der freien Berichterstattung durch → Rundfunk (einschl. Fernsehfunk) und Film sichert nicht nur die Unterrichtung über Tatsachen, sondern – ebenso wie die P. – auch die Kundgabe von Stellungnahmen und Wertungen. Die dadurch gewährleistete Aufgabe von Presse, Rundfunk und Film, bei der öffentlichen Meinungsbildung mitzuwirken, ist wesentliches Merkmal einer freiheitlichen demokratischen Staatsform. Das GG hat der Presse entsprechend ihrer staatspolitischen Bedeutung als Trägerin der öff. Meinung institutionelle Eigenständigkeit gewährleistet. Strittig ist, inwieweit durch Art. 5 I 2 GG auch die „innere P.“, d. h. die Unabhängigkeit der Pressemitarbeiter von den Presseunternehmen, geschützt ist. Die P. steht – wie die Meinungsfreiheit – nach Art. 5 II GG in den Schranken der allgemeinen Gesetze, der gesetzlichen Bestimmungen zum Schutze der Jugend und des Rechts der persönlichen Ehre (zum Begriff der „allgemeinen Gesetze“ vgl. Meinungsfreiheit). Die Bedeutung der Presse für die freiheitl.-demokr. Staatsordnung gibt dem Grundrecht der P. gegenüber beschränkenden gesetzl. Vorschriften im Rahmen der „Güterabwägungslehre" des BVerfG (s. dazu näher bei Meinungsfreiheit) besonderen Rang. S. ferner → Persönlichkeitsrecht.

**Presserecht** ist die Gesamtheit der Vorschriften, welche die allgemeinen Rechtsverhältnisse der Presse regeln. Es ist in den PresseG der Länder enthalten, die das ReichsG über die Presse vom 7. 5. 1874 abgelöst haben. Die Regelung der allgemeinen Rechtsverhältnisse der Presse fällt in die → Rahmengesetzgebungskompetenz des Bundes, der von dieser bislang keinen Gebrauch gemacht hat. Die – weitgehend übereinstimmenden – LandespresseG (s. NebenstrafR Nr. 619) bekräftigen die verfassungsmäßige Garantie der → Pressefreiheit und befassen sich mit den Rechten und Pflichten der Presse. Sie normieren insbes. die Pflicht, in jede → Druckschrift ein → Impressum mit genauen Angaben aufzunehmen, einen verantwortlichen Redakteur zu bestellen, amtliche Bekanntmachungen und → Gegendarstellungen zu Pressemitteilungen abzudrucken sowie ein Pflichtexemplar jedes Druckwerks der gesetzlich bestimmten Behörde abzuliefern (dazu PflichtstückVO vom 14. 12. 1982, BGBl. I 1739). Ferner regeln sie die pressestrafrechtliche Verantwortlichkeit des Redakteurs. Manche Landesgesetze gewähren der Presse gegenüber den Behörden ein Recht auf Auskunft (→ Informationsfreiheit). Über die zivilrechtlichen Folgen (Widerruf, Gegendarstellung) unwahrer oder ehrverletzender Presseveröffentlichungen → unerlaubte Handlung (2 c), → Unterlassungsanspruch, → Persönlichkeitsrecht.

**Pressevergehen** → Pressedelikte.

**Preußen,** aus Gebieten zwischen der unteren Weichsel und Memel entstanden, stand im 16./17. Jh. unter polnischer Oberhoheit, von der es 1660 endgültig frei wurde. In der 2. Hälfte des 17. Jh. stieg P. durch umfangreichen Territorialzuwachs zur Großmacht auf. Seit 1701 war es Königreich. Im 18. Jh. traten neue Gebietserwerbungen hinzu (vor allem Schlesien). P. erhielt 1850 seine erste (→ oktroyierte) Verfassung, die bis 1918 in Kraft blieb. Durch Annexion (1866) erneut vergrößert, schloß P. sich mit den übrigen norddeutschen Staaten zum → Norddeutschen Bund zusammen, der durch Beitritt der süddeutschen Staaten 1871 zum → Deutschen Reich erweitert wurde. In diesem nahm P. eine Vorrangstellung ein, die es auch unter der Weimarer Verfassung behielt. 1920 erhielt es eine demokratische Verfassung. Wie alle anderen damaligen Staaten des Deutschen Reiches wurde auch P. durch das Ges. über den Neuaufbau des Reiches vom 30. 1. 1934 (RGBl. I 75) als Staat aufgelöst. Nach dem 2. Weltkrieg kam es nicht mehr zur Neugründung eines preußischen Staates. Dem stand insbes. auch das KRG Nr. 46 entgegen, das die Auflösung P.s anordnete.

**Priester.** Das Priesteramt wird in der → kath. Kirche durch sakramentale Weihe übertragen. Die Priesterweihe ist die mittlere Weihestufe zwischen der Diakonatsweihe (→ Diakon) und der Bischofsweihe (→ Bischof; → Klerus). Die meisten Kirchenämter sowie die Befugnis zur Spendung bestimmter → Sakramente erfordern die Priesterweihe.

**prima-facie-Beweis** → Anscheinsbeweis.

**Primas.** In der → kath. Kirche Ehrentitel für den → Bischof bzw. → Erzbischof eines Landes, dem dort ein Ehrenvorrang gebührt. Der → Papst führt den Ehrentitel „Primas von Italien".

**Primat des Bundesrechts** → „Bundesrecht bricht Landesrecht".

**Primat des Völkerrechts.** Für das Verhältnis zwischen → Völkerrecht (VR) und innerstaatlichem Recht ist nach den sog. *dualistischen* Theorien maßgebend, daß beide verschiedenartige und getrennte Rechtssysteme sind, von denen jeweils nur eines anwendbar ist, so daß ein Konflikt zwischen beiden nicht entstehen kann. Diese Auffassung wird den tatsächlichen Gegebenheiten aber nicht gerecht. Die *monistischen* Theorien sehen beide Rechtssysteme als Teil einer Gesamtrechtsordnung an mit der Folge, daß eines das übergeordnete sein (den Primat haben) muß; dabei wird überwiegend dem V. der Vorrang zugewiesen. Der gemäßigte Monismus verzichtet dabei auf die uneingeschränkte Durchsetzung des Vorrangs des Völkerrechts. Danach sind nur im → Kriegsrecht die Regeln des Völkerrechts unmittelbar bindend. Im übrigen hat der Einzelmensch die Normen des innerstaatlichen Rechts zu beachten, auch wenn er dieses für völkerrechtswidrig hält. Die Staaten wiederum sind gegenüber der Völkerrechtsgemeinschaft verpflichtet, ihr innerstaatliches Recht den Normen des Völkerrechts anzupassen. Andererseits ist die Gültigkeit des Völkerrechts unabhängig von der Entscheidung nationaler Gesetzgeber oder Gerichte; kein Staat kann sich gegenüber der Völkerrechtsgemeinschaft darauf berufen, eines seiner Gerichte ge- oder verbiete ihm ein bestimmtes Handeln. Die in der Praxis herrschende *Transformationslehre* geht davon aus, daß die innerstaatliche Wirksamkeit des V. eine Transformation voraussetzt, was beim → völkerrechtlichen Vertrag durch staatlichen Einzelakt, beim → Völkergewohnheitsrecht häufig durch generelle Transformationsbestimmungen in den Staatsverfassungen geschieht (so z. B. in Art. 25 GG). Solche Bestimmungen enthalten häufig Vorrangklauseln, nach denen sich der Rang des transformierten V. im innerstaatlichen Rechtssystem bestimmt; so Art. 25 GG, wonach die „allgemeinen Regeln des Völkerrechts" den Gesetzen vorgehen und unmittelbar Rechte und Pflichten für die Bewohner der BRep. begründen. Bei völkerrechtlichen Verträgen unterscheidet man die automatische (generelle) Transformation, wonach mit der Veröffentlichung des Zustimmungsgesetzes die völkerrechtlichen Regelungen innerstaatliches Recht werden (so Deutschland, Österreich, Schweiz und USA), und die spezielle Transformation, wonach es nach dem völkerrechtlichen Inkrafttreten eines besonderen Gesetzes bedarf (so Großbritannien).

**Primawechsel** ist die erste Ausfertigung (→ Ausfertigung einer Urkunde) eines → Wechsels (vgl. Art. 64 WechselG). Das Wort P. wird oft auch dann verwendet, wenn keine weitere Ausfertigung erstellt worden ist.

**Primogenitur** = Alleinerbfolgerecht des Erstgeborenen, in den deutschen regierenden Fürstenhäusern seit dem 14. Jh. eingeführt, um eine Zersplitterung des Hausvermögens und damit der Hausmacht zu vermeiden. Durch die P. waren nicht nur die jüngeren Abkömmlinge des Regenten, sondern auch deren Abkömmlinge und damit die jüngeren Linien der Häuser von Thron- und Erbfolge ausgeschlossen. Das im bäuerlichen Höferecht teilweise noch bestehende Ältestenrecht ist nicht vergleichbar, weil es mit der Pflicht zur Abfindung der weichenden Erben verbunden ist (→ Höfeordnung).

**prior tempore potior iure** („früher in der Zeit, stärker im Recht"): das zeitlich früher entstandene Recht hat den besseren Rang. → Prioritätsprinzip.

**Priorität des Bundesrechts** → „Bundesrecht bricht Landesrecht".

**Prioritätsprinzip** ist der Grundsatz, wonach das früher entstandene Recht dem späteren im Rang vorgeht; entscheidend ist also der Zeitpunkt der Entstehung (anders als bei Kollision verschiedener Rechtsordnungen; → Bundesrecht bricht Landesrecht, → Primat des Völkerrechts). Das P. ist von besonderer Bedeutung beim → Pfandrecht (§§ 1208, 1209 BGB, wo allerdings im → guten Glauben auch ein Vorrang erworben werden kann) und beim → Pfändungspfandrecht (§ 804 III ZPO). Andere Grundsätze gelten für den → Rang von Grundstücksrechten. S. a. → Verfügung eines Nichtberechtigten. Zum P. im Waren- und Dienstleistungsschutz → Marken.

**Prisenrecht.** Unter Prisen versteht man im Seekriegsrecht die von den Kriegführenden beschlagnahmten Schiffe und Waren. Das P. ist die Gesamtheit der Rechtsnormen, welche die Zulässigkeit der Beschlagnahme und Einziehung von Prisen regeln (→ Konterbande).

**Privatdozent** → Hochschullehrer.

**Private Pkw-Nutzung.** Wird ein zum → Betriebsvermögen gehörender Pkw auch für Privatfahrten benutzt, so ist der auf die Privatnutzung entfallende Teil sämtlicher Pkw-Aufwendungen einschl. der → Absetzung für Abnutzung → Entnahme. Auch die Fahrten zwischen Wohnung und Betriebsstätte fallen hierunter. Der Entnahmewert wird entweder durch → Fahrtenbuch nachgewiesen oder es greift die 1%-Regelung ein (→ Kilometerpauschale). Umsatzsteuerlich liegt → Eigenverbrauch vor, der mit den anteiligen variablen und festen Kfz-Kosten anzusetzen ist (§§ 1 I Nr. 2b, 10 IV Nr. 2 UStG). Die Umsatzsteuer auf den Eigenverbrauch ist nicht abzugsfähige Ausgabe (§ 12 Nr. 3 EStG, § 10 Nr. 2 KStG).

**Privateinlagen** im Steuerrecht → Einlagen.

**Privatentnahmen** im Steuerrecht → Entnahmen.

**Privatgeheimnisse,** Schutz von –n → Geheimbereich, → Berufsgeheimnis, → Briefgeheimnis.

**Privatisierung** ist die Umwandlung eines staatlichen (oder kommunalen) Betriebes in ein privates Unternehmen. Man unterscheidet zwischen *echter P.,* bei der die bislang von der öffentl. Hand erbrachte Dienstleistung (z. B. Müllabfuhr, Verkehrsbetrieb) voll privaten Unternehmen überlassen wird, und *unechter* P., bei der ein öffentl. Unternehmen zwar in private Rechtsform überführt wird (meist → Aktiengesellschaft oder → Gesellschaft mit beschränkter Haftung), die öffentl. Hand aber einziger oder mehrheitlicher Gesellschafter bleibt und damit entscheidenden Einfluß auf das Unternehmen behält. Der Gegensatz zur P. ist die → Sozialisierung. Von *Reprivatisierung* spricht man, wenn ein sozialisierter Betrieb in Privathand zurückgeführt wird.

Der Hintergrund von Maßnahmen der P. kann ganz unterschiedlich sein. Zum Teil geht es um die Umgehung des öffentlichen Dienstrechts, so zum Beispiel bei der P. der → Flugsicherung. Auch kann die P. dazu dienen, verfassungs- oder haushaltsrechtliche Vorgaben für die Kreditaufnahme zu umgehen („Schattenhaushalte"). Das ist z. B. z. T. die Grundlage von sog. Leasingmodellen. Diese können freilich auch dazu benutzt werden, steuerliche Vergünstigungen zu erreichen, und damit praktisch die steuerliche Subventionierung eines öffentlichen Vorhabens zu erreichen, was besonders für Gemeinden von Interesse sein kann. Die Vermeidung der Bindungen des → öffentlichen Auftragswesens soll einer der Gründe der P. der → Deutschen Bahn und der Post (→ Postneuordnung) gewesen sein.

Sonst wird für diese beiden Unternehmen noch die Absicht genannt, eine kaufmännische und damit wirtschaftlichere Betriebsführung zu erreichen. Modellhaft auch für andere Bereiche interessante Regelungen über Privatisierungsmaßnahmen im Bereich des Straßenbaus enthält das Ges. über Bau und Finanzierung von Bundesfernstraßen durch Private vom 30. 8. 1994 (BGBl. I 2243). Dieses sieht u. a. ein Leasingmodell vor, das als – wohl unzulässige – reine Finanzierung außerhalb des Haushalts zu qualifizieren ist, daneben Betreiber- und Konzessionsmodelle, nach denen in unterschiedlichen Varianten der Vertragspartner der öffentlichen Hand Anlagen errichtet und sich aus Benutzungsgebühren schadlos hält. Ist er nach Beendigung der Vorfinanzierung zur Übergabe der Anlage verpflichtet, spricht man vom BOT-Vertrag. Neben diesen, sämtlich als *private/public-Partnership* bezeichneten Modellen kommen unter dieser Bezeichnung auch Kooperationen zwischen Gemeinden und Erschließungsunternehmen vor, bei denen die Gemeinden ohne eigenes finanzielles Engagement mitarbeiten.

**Privative Schuldübernahme** → Schuldübernahme.

**Privatklage.** Das Strafverfahren wird grundsätzlich von der → Staatsanwaltschaft betrieben, der ein Anklagemonopol zusteht. Nur bei bestimmten Delikten, die vorwiegend Rechtsgüter des Einzelnen verletzen, besteht für den Verletzten ein selbständiges Strafklagerecht, d. h. er kann, ohne vorher den StA angehen zu müssen, Privatklage erheben. Über diese entscheidet das Amtsgericht nach den Grundsätzen des Strafprozesses. Zu den P.delikten gehören insbes. Beleidigung, (einfache, gefährliche od. fahrlässige) Körperverletzung, Sachbeschädigung, Hausfriedensbruch, Bedrohung (§ 374 StPO); meist handelt es sich um → Antragsdelikte (aber nicht in allen Fällen, so nicht bei gefährlicher Körperverletzung und Bedrohung). Der StA kann in jeder Lage des Verfahrens die Verfolgung im öffentlichen Interesse übernehmen (§§ 376, 377 StPO), wodurch das Verfahren zum gewöhnlichen Strafverfahren wird, aus dem der Privatkläger ausscheidet; will dieser weiterhin am Verfahren mitwirken, kann er seinen Anschluß als Nebenkläger (→ Nebenklage) erklären, wenn er dazu berechtigt ist (§§ 395, 396 I StPO).

Die Erhebung der P., die einer → Anklageschrift entsprechen muß, setzt einen erfolglosen → *Sühneversuch* vor der landesrechtlich bestimmten → Vergleichsbehörde (meist → Schiedsperson) und, falls dem Kläger nicht Prozeßkostenhilfe bewilligt ist, Zahlung eines *Gebührenvorschusses* voraus (§ 67 I GKG, §§ 379 a, 380 StPO). Das Gericht führt das Verfahren nach den Vorschriften über das Hauptverfahren in Strafsachen durch, kann es aber wegen Geringfügigkeit einstellen (§ 383 II StPO). Der Privatkläger hat die Stellung des StA, kann insbes. Rechtsmittel einlegen (§ 385 StPO). Kläger und Angeklagter können sich – auch in der Hauptverhandlung – durch einen Anwalt vertreten lassen (§§ 378, 387 StPO). Der Angeklagte kann bis zur Beendigung des letzten Wortes im ersten Rechtszuge wegen eines P.delikts des Klägers, das mit dem Klagedelikt zusammenhängt, Widerklage erheben; über beide ist gleichzeitig zu entscheiden (§ 388 StPO). Die P. kann zurückgenommen werden, nach Beginn der Vernehmung des Angeklagten zur Sache im ersten Rechtszuge aber nur mit seiner Zustimmung; sie kann dann nicht von neuem erhoben werden (§§ 391, 392 StPO). Gegen Jugendliche kann P. nicht erhoben werden (aber Widerklage, falls sie selbst P. erhoben haben, § 80 JGG); gegen Heranwachsende ist sie zulässig.

**Privatklinik** → Privatkrankenanstalten.

**Privatkrankenanstalten.** Als → Gewerbe betriebene P. bedürfen einer Genehmigung der höheren Verwaltungsbehörde nach Maßgabe von § 30 GewO. Im einzelnen sind das Privatkrankenanstalten, Privatentbindungsanstalten, Privatnervenkliniken und private Pflegeheime für Kranke und Sieche, nicht aber Erholungsheime und → Altenwohnheime. Die Regelung betrifft nicht die Krankenhäuser der öffentlichen Hand und auch nicht kirchliche oder sonst gemeinnützige Einrichtungen. Die Genehmigung setzt → Zuverlässigkeit des Unternehmers und Eignung der Anlagen voraus (Näheres § 30 I Nr. 1–4). Bei Erfüllung der Voraussetzung besteht ein Rechtsanspruch auf Erteilung. Die notwendige ärztliche Versorgung kann auch in fremder Person sichergestellt werden (Belegärzte, Vertragsärzte). Demgemäß berechtigt die Erlaubnis nach § 30 GewO nicht zur Ausübung der → Heilkunde. Zur Arbeitszeit s. bei → Krankenpflegeanstalten.

**Privatpolizeien** (Sicherheitsdienste). Gebräuchliche, aber rechtlich irreführende Bezeichnung für gewerbliche Unternehmen wie z. B. Wachunternehmen, → Werkschutz, Leibwächter oder auch Privatdetektive. P. haben keine öff.-rechtl. Befugnisse, sondern sind auf die jedermann zustehenden Abwehrrechte wie → Notwehr, → Selbsthilfe, → Besitzwehr oder die aus dem → Hausrecht entspringenden Rechte beschränkt. P. bedürfen, soweit sie gewerblich tätig sind, der Erlaubnis als → Bewachungsgewerbe. S. a. → Auskunftei, → Polizeihelfer, → Sicherheitswacht, → Uniformtragen.

**Private/Public-Partnership** → Privatisierung.

**Privatrecht.** Das P. regelt die Rechtsbeziehungen verschiedener Rechtssubjekte auf dem Boden der Gleichordnung. Zum *öffentlichen* Recht (s. i. e. dort) gehören dagegen die Rechtsvorschriften, die die Unterordnung des einzelnen unter die hoheitliche Gewalt des Staates oder anderer öffentlich-rechtlicher Rechtssubjekte betreffen oder die zwar auf der Ebene der Gleichordnung stehen (→ Vertrag, öffentlich-rechtlicher), aber ihrem Wesen nach Gegenstände des öffentlichen Rechts regeln, hinter denen also letztlich die Möglichkeit einseitig-obrigkeitlicher Durchsetzung steht. So gehören zum öffentlichen Recht insbes. das Verfassungs- und Verwaltungsrecht, das Wirtschafts- und Steuerrecht, das Strafrecht, ferner das Prozeßrecht, das – obwohl zum Teil zum → Zivilrecht gehörend – den Parteien vorschreibt, sich zur Durchsetzung ihrer privatrechtlichen Ansprüche der staatlichen Gerichtsbarkeit zu unterwerfen. Zum P. gehört dagegen vornehmlich das → Bürgerliche Recht, daneben aber auch die besonderen Rechtsgebiete des Handels-, Gesellschafts-, Wertpapier-, Urheber- und (Privat-)Versicherungsrechts. Welchem Rechtsgebiet eine Rechtsnorm angehört, ist oftmals schwierig abzugrenzen; von Bedeutung ist diese Unterscheidung insbes. für die Feststellung des zulässigen Rechtswegs (z. B. ordentliche Gerichte oder Verwaltungsgerichte; → bürgerliche Rechtsstreitigkeit, → Verwaltungsgerichtsbarkeit). *Materielles P.* ist das P. i. e. S., d. h. die Gesamtheit der Rechtsnormen, welche die privatrechtlichen Rechtsbeziehungen für Beteiligte untereinander regeln. Demgegenüber sind unter *formellem P.* die Vorschriften zu verstehen, die die Durchsetzung der Ansprüche aus dem mat. P. zum Inhalt haben, also insbes. das Prozeß- und Zwangsvollstrekkungsrecht.

**Privatrechtliche Streitigkeiten** → bürgerliche Rechtsstreitigkeit.

**Privatscheidung** → Ehescheidung (1).

**Privatschulen** stehen im Gegensatz zu den öffentlichen Schulen (vgl. → Schulwesen). Öff. Sch. sind solche, deren Träger ein Land, eine Gemeinde oder ein Gemeinde- oder Zweckverband ist; P. sind alle anderen Schulen, z. B. in kirchlicher oder sonstiger Trägerschaft (z. B. Freie Waldorfschulen). P. sind entweder Ersatzschulen, wenn sie in ihren Bildungs- oder Erziehungszielen öff. Sch. entsprechen, oder Ergänzungsschulen, wenn sie andere Erziehungsziele haben (z. B. Haushaltsschulen, Sportschulen). Nach Art. 7 IV 1 GG ist das Recht zur Errichtung von P. als → Grundrecht gewährleistet. Auch die P. unterliegen der Aufsicht des Staates. Soweit eine P. als Ersatzschule eine öff. Sch. ersetzen soll, ist zudem die Genehmigung des Staates nach den Landesgesetzen notwendig; sie ist zu erteilen, wenn die P. in ihren Lehrzielen und Einrichtungen sowie der wissenschaftlichen Ausbildung der Lehrkräfte nicht hinter den öff. Sch. zurücksteht, eine Sonderung der P. nach Besitzverhältnissen der Eltern nicht gefördert wird und die wirtschaftliche und rechtliche Stellung der Lehrkräfte genügend gesichert ist. Eine Volksschule ist als private Ersatzschule nur zuzulassen, wenn die Unterrichtsverwaltung ein besonderes pädagogisches Interesse anerkennt oder wenn sie auf Antrag als Gemeinschafts-, Bekenntnis- oder Weltanschauungsschule errichtet werden soll und eine öff. Sch. dieser Art in der Gemeinde nicht besteht. Die Beziehungen zwischen P. und Schülern sind privatrechtlicher Art (sog. Beschulungsvertrag). Manche Landesrechte sehen eine finanzielle Förderung von P. vor. Im einzelnen str. ist, inwieweit ein grundrechtl. Anspruch auf staatl. Förderung von P. besteht.

**Privatstraßen** *(Privatwege)* sind alle Straßen, Wege und Plätze, die nicht dem öffentlichen Verkehr gewidmet sind. Sie stehen im Gegensatz zu den öffentlichen Straßen des Bundes, der Länder, Landkreise und Gemeinden, die diese Eigenschaft durch → Widmung erlangt haben (für Bayern vgl. insoweit jedoch Art. 53 c des Straßen- und Wegegesetzes). P. können dem allgemeinen Verkehr offenstehen; i. d. R. dienen sie allerdings nur privaten Verkehrsbedürfnissen. Der Charakter als P. wird nicht dadurch ausgeschlossen, daß die Straße im Eigentum der öffentlichen Hand steht und für deren Bedürfnisse herangezogen wird (z. B. Forststraßen). Die Rechtsverhältnisse der P. (s. dazu Kodal, Straßenrecht, „Privatstraßen") bestimmen sich nach bürgerlichem Recht. Die → Straßen- und Wegegesetze kommen nicht zur Anwendung; insbes. besteht keine → Straßenbaulast. Dem Eigentümer obliegt jedoch die → Verkehrssicherungspflicht. Andererseits darf er die Benutzung, deren Umfang er bestimmen kann, von der Zahlung eines Entgelts abhängig machen.

**Privattestament** → Testament (2: eigenhändiges T.).

**Privatversicherung** → Versicherungsvertrag.

**Privatvermögen** → Betriebsvermögen.

**Privatwege** → Privatstraßen.

**Privileg** (lat. privilegium) ist das einer Person, einer Gruppe usw. eingeräumte Vorrecht. Privilegien bestanden z. B. im Altertum und im Mittelalter für die → Patrizier, für Könige und Fürsten (Abgabenrecht, Freistellung von der allgemeinen Gerichtsbarkeit usw.). Der heute geltende Grundsatz der → Gleichberechtigung aller vor dem Gesetz steht der Inanspruchnahme solcher Sonderstellungen entgegen (daher die Aufhebung der Privilegien im → Apothekenwesen). Das schließt aber nicht Sonderrechte aus, die sich aus einer Rechtsstellung ergeben (→ Immunität, → Exterritorialität). S. a. → Privilegium Paulinum. Von einem privilegium odiosum spricht man, wenn ein Vorrecht mit einer dem Berechtigten lästigen Verpflichtung verbunden ist; so früher das → Patronatsrecht über Kirchengemeinden, mit dem u. a. das Recht zur Präsentation eines Geistlichen, aber auch die → Kirchenbaulast verknüpft war.

**Privilegierte Bauvorhaben** sind die in § 35 I BauGB genannten → Vorhaben im → Außenbereich (→ Baubeschränkungen). Sie sind nur zulässig, wenn öffentliche Belange nicht entgegenstehen und die ausreichende Erschließung gesichert ist.

**Privilegierte Straftaten** sind solche, bei denen das Gesetz aus dem Grundtatbestand durch Hinzufügen eines zusätzlichen Merkmals einen neuen, mit milderer Strafdrohung ausgestatteten sog. privilegierten Tatbestand bildet (z. B. Tötung auf Verlangen, § 216 StGB, gegenüber der eigentlichen Tötung nach §§ 211, 212 StGB). Das Gegenstück bilden die *qualifizierten* Straftaten, bei denen beim Vorliegen eines zusätzlichen Merkmals zum Grundtatbestand eine strengere Strafdrohung eingreift (z. B. schwerer Raub, § 250 StGB, gegenüber dem Raub nach § 249 StGB). Beide sind eigene Deliktstypen (→ Straftat).

Sie sind von den minder schweren Fällen und den besonders schweren Fällen (s. a. → Regelbeispiele) zu unterscheiden, die nur Regeln für die → Strafzumessung enthalten.

**Privilegium Paulinum.** Nach kath. Kirchenrecht (can. 1143 CIC) kann eine Ehe unter Christen, sobald sie durch ehelichen Verkehr vollzogen ist, nicht mehr gelöst werden; zulässig ist nur Aufhebung der ehelichen Lebensgemeinschaft bei Trennung von Bett, Tisch und Wohnung. Dagegen kann eine Ehe unter Nichtchristen (nicht Getauften) zugunsten eines Ehegatten, der sich bekehrt und taufen läßt, gelöst werden (s. Paulus im ersten Korintherbrief, 7, 12). Bevor der bekehrte und getaufte Ehegatte aber eine neue Ehe schließen kann, muß er an den ungläubigen anderen Ehegatten die Frage stellen, ob dieser sich taufen lassen oder mit ihm friedlich zusammenleben will. Erst wenn die Anfrage negativ beantwortet wurde, kann der getaufte Teil eine neue Ehe mit einem Katholiken eingehen. In Ausnahmefällen kann die Anfrage mit der Erlaubnis des zuständigen Diözesanbischofs unterbleiben. Die erste Ehe wird auf Grund des P. P. in dem Augenblick gelöst, in dem der bekehrte Teil die neue Ehe eingeht. Das P. P. gilt auch dann, wenn der nicht bekehrte Partner erst später den bekehrten Ehegatten verläßt, gleich, ob unmittelbar nach der Bekehrung eine Befragung durchgeführt wurde oder nicht.

**pro viribus hereditatis** = Haftung des Erben für → Nachlaßverbindlichkeiten nur mit dem Nachlaß. → Beschränkung der Erbenhaftung.

**probation** (engl.) ist ein im angelsächsischen Recht seit langem bestehendes Rechtsinstitut, das gestattet, im Interesse der Resozialisierung des nur leicht straffällig Gewordenen von der Verhängung oder Vollstreckung einer Strafe oder von der Strafverfolgung überhaupt abzusehen, um ihm innerhalb einer Bewährungsfrist Gelegenheit zu geben, sich durch einwandfreie Führung Straflosigkeit zu verdienen. Im deutschen Recht ist in → Bagatellstrafsachen die vorläufige und nach Erfüllung von Auflagen durch den Beschuldigten endgültige *Einstellung* des Verfahrens zugelassen, ferner die Aussetzung des *Strafausspruchs* (Beschränkung des Urteils auf den Schuldspruch) bei Geldstrafen geringerer Höhe in Form der → Verwarnung mit Strafvorbehalt sowie bei der → Jugendstrafe, schließlich die Aussetzung der *Vollstreckung* durch → Strafaussetzung zur Bewährung. Über das im französischen Rechtsgebiet zugelassene durch Bewährung auflösend bedingte Urteil → sursis.

**Probearbeitsverhältnis.** Ist bei einem → Arbeitsverhältnis eine Probezeit vereinbart, so ist es im Zweifel auf unbestimmte Dauer abgeschlossen und lediglich die ordentliche Kündigung erleichtert (stillschweigende Vereinbarung der gesetzlichen Mindestkündigungsfrist von 2 Wochen). Es kann auch so ausgelegt werden, daß das Arbeitsverhältnis durch die Dauer der Probezeit befristet ist und mit ihrem Ablauf von selbst endet. Ferner ist es möglich, die Probezeit als Mindestdauer eines auf unbestimmte Zeit abgeschlossenen Arbeitsverhältnisses zu vereinbaren.

**Probekauf** → Kauf auf Probe, → Kauf nach Probe, → Umtauschvorbehalt.

**Probezeit** → Probearbeitsverhältnis, → Berufsausbildungsverhältnis.

**producta sceleris** → Einziehung im Strafverfahren.

**Produktenbörsen** dienen als allgemeine Warenbörsen oder Spezialbörsen für einzelne Warengattungen dem Handel mit börsengängigen Waren (z. B. Baumwolle, Zucker, Weizen, Zinn). S. → Börsen.

**Produkthaftung** (Produzentenhaftung). Zwischen dem Hersteller einer Ware und dem Endabnehmer bestehen i. d. R. keine unmittelbaren vertraglichen Beziehungen (auch nicht durch Beigabe einer Gebrauchsanweisung o. ä.). Demzufolge scheiden für Schäden, die diesem infolge Fehlerhaftigkeit (insbes. Konstruktions-, Fabrikations-, Instruktions- und Produktbeobachtungsfehler) durch mangelhafte Sicherheit des verwendeten Produkts entstehen (z. B. Tiere verenden aufgrund des verwendeten Futtermittels; zunächst unbekannt gebliebene schädliche Eigenschaften treten nach Inverkehrbringen auf), insoweit Ansprüche aus → Gewährleistung oder aus → positiver Vertragsverletzung aus (auch nicht aufgrund eines → Vertrags zugunsten Dritter).

Eine Haftung für infolge eines fehlerhaften (auch Teil-)Produkts hervorgerufene Körper-, Gesundheits- und Sachschäden regelt in erster Linie das P.-Ges. vom 15. 12. 1989 (BGBl. I 2198), und zwar in der Form einer verschuldensunabhängigen → Gefährdungshaftung. Danach haftet der Hersteller (auch der Importeur in den Bereich der → Europäischen Wirtschaftsgemeinschaft; ersatzweise der Lieferant; § 4), wenn durch derartige Fehler eines Produkts (= bewegliche Sache, auch wenn eingebaut; § 2), das nicht die berechtigterweise zu erwartende Sicherheit bietet (§ 3; Mindestanforderungen → Produktsicherheit), der Körper oder die Gesundheit beschädigt wird; im Falle der Sachbeschädigung gilt dies nur gegenüber dem privaten Verbraucher und, soweit eine andere Sache als das fehlerhafte Produkt beschädigt wird (§ 1 I). Der Hersteller trägt auch die Kosten einer vorsorglichen Rückrufaktion wegen möglicher Produktfehler. Für den Fehler, den Schaden und den ursächlichen Zusammenhang zwischen Fehler und Schaden trägt der Geschädigte die → Beweislast; Ausschlußtatbestände (z. B. erst späteres Entstehen oder Nichterkennbarkeit des Fehlers) muß der Hersteller beweisen (§ 1 IV). Mehrere Ersatzpflichtige haften als → Gesamtschuldner; ein → Mitverschulden des Geschädigten ist zu berücksichtigen (§§ 5, 6). Der Schadensersatz wegen Personenschäden (Heilungskosten, Unterhalts- und Erwerbsausfall, Berufsunfähigkeitsrente usw., §§ 7–9) ist auf maximal 160 Millionen DM begrenzt (§ 10); im Falle der Sachbeschädigung trifft den Geschädigten eine Selbstbeteiligung bis zu einer Höhe von 1125 DM (§ 11). Der Anspruch verjährt (→ Verjährung) in 3 Jahren ab Kenntnis von Fehler, Schaden und Ersatzverpflichtetem (§ 12) und erlischt grundsätzlich in 10 Jahren ab dem Zeitpunkt, in dem das Produkt in Verkehr gebracht worden ist (§ 13). Die P. nach diesem Gesetz ist zwingend (§ 14).

Eine P. aufgrund anderer Vorschriften bleibt hiervon unberührt (§ 5 II). Dies gilt insbes. für eine Haftung des Herstellers aus → unerlaubter Handlung, und zwar, soweit ein Schutzgesetz (z. B. das Ges. über → technische Arbeitsmittel, Lebensmittelgesetze, → Produktsicherheit) verletzt ist, aus § 823 II BGB, im übrigen aus § 823 I BGB. Hierfür ist jedoch → Verschulden Voraussetzung, wobei allerdings nach der Rspr. (vgl. BGHZ 51, 91; 80, 186; 104, 323) der Hersteller beweisen muß, daß ihn hinsichtlich des Fehlers kein Verschulden trifft (sog. Umkehrung der Beweislast). Nur mit dieser Anspruchsgrundlage kann ein → Schmerzensgeld verlangt werden. Für Schäden aufgrund fehlerhafter → Arzneimittel gelten die dortigen Vorschriften (§ 15 I). S. a. → Gen-Recht.

**Produktionsaufgaberente** erhalten landwirtschaftliche Unternehmer bei Stillegung landwirtschaftlicher Nutzungsflächen; die davon betroffenen Arbeitnehmer und mitarbeitenden Familienangehörigen erhalten ein Ausgleichsgeld. Zuständig sind die → Landw. Alterskassen. Gesetz vom 21. 2. 1989 (BGBl. I 233 m. spät. Änd.).

**Produktions(Produktiv)genossenschaft** ist eine → Genossenschaft, deren Zweck darauf gerichtet ist, Sachen (Waren) herzustellen und auf gemeinschaftliche Rechnung zu verkaufen (§ 1 I Nr. 4 GenG).

**Produktionskartelle** sind → Kartelle, in denen sich die Beteiligten verpflichten, ihre Erzeugung quantitativ oder qualitativ zu beschränken. Sie sind nach § 1 GWB grundsätzlich unwirksam. Ausnahmen sind möglich bei Strukturkrisen (§ 4 GWB), ferner unter den Bedingungen des § 5 II und § 5 a I GWB für die dort genannten → Rationalisierungs- und Spezialisierungskartelle, schließlich für mittelständische → Kooperationskartelle. Soweit P. geeignet sind, den Handel zwischen den Gliedstaaten der → Europäischen Gemeinschaften zu beeinträchtigen, ist auch eine Zulassung nach Europäischem → Kartellrecht erforderlich (→ FreistellungsVOen).

**Produktpiraterie.** Mit P. wird die gezielte Verletzung von Urheberrechten und gewerblichen Schutzrechten, das gewerbsmäßige Aneignen fremden → geistigen Eigentums durch Nachahmung und Kopie bezeichnet. Die P. hat weltweit stark zugenommen und erfaßt alle Schutzgegenstände des geistigen Eigentums und alle Warenbereiche. Hauptgründe für diese → Wirtschaftskriminalität sind die Entwicklung der Reproduktionstechniken, der Umstand, daß wegen des Territorialitätsprinzips meist nur in einigen Ländern ein Schutz besteht, und die Einschätzung der Schutzrechtsverletzung als Kavaliersdelikt. Durch die P. entstehen Schäden bei den Originalherstellern und den Verbrauchern. Die Folgen für den inländischen Arbeitsmarkt stellen eine Gefahr für die Volkswirtschaft dar. Das Ges. zur Stärkung des Schutzes des geistigen Eigentums und zur Bekämpfung der P. vom 7. 3. 1990 (BGBl. I 422) verschärft deshalb die Strafdrohung bei Verletzung von → Marken, → Urheberrecht, → Geschmacksmuster, Patent (→ P.verletzung), → Gebrauchsmuster, Halbleiter (→ H.schutz) und Sorten (→ S.schutz) sowie gegen → unerlaubte Werbung und stellt den Versuch unter Strafe. Die zivil- und strafrechtlichen Möglichkeiten der Vernichtung und Einziehung schutzrechtsverletzender Waren und deren Produktionsmittel sind erweitert. Der Verletzte hat einen → Auskunftsanspruch zur Aufklärung der Quellen und der Vertriebswege. Bei offensichtlicher Rechtsverletzung können die Zollbehörden die Waren bereits bei Ein- oder Ausfuhr beschlagnahmen.

**Produktsicherheit.** Allgemeine Regelungen über die P. enthält das Produktsicherheitsgesetz vom 22. 4. 1997 (BGBl. I 934). Sie betreffen neben dem Schutz des → Prüfzeichens CE Gegenstände des privaten Gebrauchs, die gewerbsmäßig in den Verkehr gebracht werden. Die Regelungen haben Auffangcharakter gegenüber zahlreichen Spezialregelungen etwa im → Arznei- und Medizinproduktewesen, für → Gentechnik, Bauprodukte, → Bedarfsgegenstände und → Lebensmittel. Das Gesetz vollzieht die Konformitätsrichtlinie vom 14. 7. 1989 (ABl. L 183/9) samt Anlagen m. Änd., hierzu auch Beschluß vom 22. 7. 1993 (ABl. L 220/23) ferner auch die Produktsicherheitsrichtlinie vom 29. 6. 1992 (ABl. L 228/24). Die zuständigen Behörden können verbieten, daß ein nicht ausreichend sicheres Produkt in Verkehr gebracht wird, hiervor warnen und dieses zurückrufen. Zivilrechtlich folgen aus einem Verstoß gegen die P. Unterlassungs- und Schadensersatzansprüche eines Wettbewerbers (→ unlauterer Wettbewerb) sowie im Rahmen einer vertraglichen Beziehung Ansprüche aus → Gewährleistung (2) und → Produkthaftung.

**Produzentenhaftung** → Produkthaftung.

**Professor** → Hochschullehrer.

**pro forma-Rechnung** nennt man eine → Rechnung über ein Rechtsgeschäft

(z. B. → Kauf), das in Wirklichkeit (so) nicht stattgefunden hat (z. B. der → Handelsvertreter „kauft" zu Vertriebszwecken die Musterkollektion des Unternehmers). → Schwarzarbeit 4., → wirtschaftliche Betrachtungsweise.

**Programmsatz** nennt man eine gesetzliche Bestimmung (vor allem in Verfassungen oder Präambeln), die keine unmittelbare Verbindlichkeit beansprucht, sondern nur Absichten, Vorstellungen, Zielsetzungen oder Pläne des Gesetzgebers wiedergibt. Ein P. in der Verfassung kann allerdings auch Auftrag für den Gesetzgeber, seine Nichterfüllung u. U. Verfassungsverletzung sein. Er kann auch für die Auslegung von Gesetzen Bedeutung haben. Der P. hat eine gewisse Verwandtschaft zur Staatszielbestimmung (→ Verfassung). S. a. → Absichtserklärung.

**Progression** nennt man bei der Besteuerung den mit steigender Bemessungsgrundlage steigenden Steuersatz. Hierdurch soll dem Prinzip der Leistungsfähigkeit Rechnung getragen werden. Einzelheiten → Einkommensteuer 4., → Erbschaftsteuer.

**Progressionsvorbehalt.** 1. *P. für Lohnersatzleistungen:* Erhält ein Arbeitnehmer z. B. steuerfreies Arbeitslosengeld, Kurzarbeiter- oder Winterausfallgeld, Konkursausfallgeld bzw. Insolvenzgeld, Mutterschaftsgeld oder Arbeitslosenhilfe, bestimmt sich der Steuer*satz* nach dem zu versteuernden → Einkommen zuzüglich der steuerfreien Lohnersatzleistungen (§ 32 b EStG).

2. *P. bei Doppelbesteuerungsabkommen* → Doppelbesteuerung 1.

**Progressive Kundenwerbung** → unlauterer Wettbewerb.

**Prohibitivzölle** sollen zum Schutz inländischer Erzeuger bestimmte Einfuhren dadurch verhindern, daß diese mit überhöhten Abgaben belastet werden. → Finanzzölle werden als P. bezeichnet, wenn sie wegen ihrer Höhe zu einer Drosselung des Imports und infolgedessen zum Ausfall von Zolleinnahmen führen.

**Projektentwicklung (Projektentwickler)** ist eine dem Bauträger verwandte Form des Schlüsselfertigbaus. Im Gegensatz zum Bauträger befaßt sich der Projektentwickler mit der Errichtung und Vermarktung von gewerblichen Großprojekten.

**Projektmanagement.** Bei komplexen Vorhaben ist häufig eine Vielzahl von Verwaltungsentscheidungen zu treffen (z. B. Baugenehmigung, wasserrechtliche Genehmigung, Gewerbegenehmigung, Entscheidung über Förderanträge u. v. m.). Daher ist es bereits Ziel der → Rechtsvereinfachung, Genehmigungen und Genehmigungsverfahren nach Möglichkeit zu bündeln (vgl. z. B. §§ 71 d, 75 und 78 VwVfG; → Planfeststellung; → Sternverfahren). Soweit diese Bündelung nicht möglich oder nicht vorgesehen ist, wird angestrebt, im Interesse der Förderung des beantragten Vorhabens die Verwaltungszuständigkeiten nach Möglichkeit bei einer Behörde zu bündeln oder zumindest für sämtliche Fragen im Zusammenhang mit einem Vorhaben einen Ansprechpartner, den sogenannten Projektmanager, zu bestimmen, der mit dem Ziel der Beschleunigung und Vereinfachung die Verfahren der verschiedenen zuständigen Behörden koordiniert und alle Anliegen im Zusammenhang mit einem Vorhaben an die zuständigen Stellen weiterleitet. Der Einsatz von P. ist Teil der → Deregulierung i. w. S.

**Projektsteuerung(svertrag).** Als P. bezeichnet man die Koordinierung und Kontrolle komplexer Bauvorhaben (Beschreibung der Tätigkeit § 31 HOAI) mit dem Ziel einer Optimierung der Projekterstellung in zeitlicher und kostenmäßiger Hinsicht. Der P. ist ein Geschäftsbesorgungsvertrag mit dienstvertraglichem Charakter.

**Prokura** ist eine handelsrechtliche Art der → Vollmacht. Die P. kann nur von einem → Vollkaufmann (§ 4 HGB) oder seinem gesetzlichen Vertreter durch eine ausdrückliche Erklärung erteilt werden (§ 48 I HGB). Die Erteilung der P. ist zur Eintragung in das → Handelsregister anzumelden (§ 53 I HGB). Der Prokurist hat als Vertreter des Kaufmanns so zu unterschreiben, daß er der → Firma seinen Namen und einen die P. andeutenden Zusatz – z. B. ppa – beifügt (§ 51 HGB). Die P. ermächtigt kraft Gesetzes zu allen gerichtlichen und außergerichtlichen

→ Rechtsgeschäften und → Rechtshandlungen, die der Betrieb eines → Handelsgewerbes überhaupt (nicht nur des betreffenden) mit sich bringt; lediglich für die Veräußerung und Belastung von Grundstücken ermächtigt die P. nur dann, wenn die Vertretungsmacht ausdrücklich darauf erstreckt wird (§ 49 HGB). Die P. ist in ihrem Umfang nach außen (Dritten gegenüber) unbeschränkbar (§ 50 I, II HGB). Im Innenverhältnis (des Prokuristen zum Kaufmann) hat der Prokurist aber auferlegte Beschränkungen zu beachten. Eine auch nach außen wirksame Beschränkung der Vollmacht ist nur möglich und üblich, wenn verschiedene Niederlassungen oder Zweigniederlassungen unter verschiedenen Firmen oder verschiedenen Firmenzusätzen betrieben werden und die P. auf eine dieser Niederlassungen beschränkt wird (§ 50 III, sog. Filial-P.); ferner kann die P. in der Weise erteilt werden, daß nur mehrere (meist 2) Prokuristen gemeinschaftlich handelnd vertreten können (§§ 48 II, 53 I 2 HGB, sog. Gesamt-P.). Die P. erlischt insbes. mit dem ihrer Erteilung zugrunde liegenden Rechtsverhältnis (Dienst- oder Arbeitsvertrag), durch Widerruf (der jederzeit möglich ist und nicht ausgeschlossen werden kann, § 52 I HGB), durch Eröffnung des → Insolvenzverfahrens über das Vermögen des Kaufmanns (§ 115 InsO, § 168 BGB) und mit der Aufgabe des Geschäfts; auch das Erlöschen der P. ist zum Handelsregister anzumelden (§ 53 III HGB).

**Prolongation** nennt man die Verlängerung der Vereinbarungen über eine Wechselverbindlichkeit (namentlich über die Laufzeit des → Wechsels). Sie wird meist durch Ausstellung eines *Prolongationswechsels* (Erneuerungswechsels) an Stelle des bei Verfall nicht bezahlten Wechsels vorgenommen werden; damit ist eine → Stundung der Wechselforderung verbunden.

**Promillegrenze** → Blutalkohol.

**Promotion** ist die Verleihung des → Doktorgrades. Voraussetzungen und Verfahren regeln die von den Universitäten (Hochschulen) erlassenen *P.ordnungen.*

**Promotionsrecht** ist das Recht zur Verleihung der Würde eines Doktors (→ akademische Grade). Es steht den einzelnen → Fakultäten (→ Fachbereichen) der Universitäten und ihnen im wissenschaftlichen Rang gleichgestellten → Hochschulen zu. Nichtstaatliche (z. B. kirchliche) Hochschulen sowie → Fachhochschulen besitzen kein P. Die Doktorwürde wird gemäß der Satzung der Hochschule (des Fachbereichs) auf der Grundlage der vom Fachbereich erlassenen Promotionsordnung verliehen. Die ordentliche Verleihung hat die Anfertigung einer selbständigen wissenschaftlichen Abhandlung (Dissertation) und die Ablegung einer mündlichen Prüfung zur Voraussetzung; sie ist an die Erfüllung weiterer durch die Promotionsordnung aufgestellter Bedingungen gebunden. Unter bestimmten Voraussetzungen, insbes. wegen sonstiger anerkannter besonderer wissenschaftlicher Leistungen, kann der Fachbereich die Würde eines Doktor honoris causa (Dr. h. c.) verleihen (Ehrenpromotion).

**Promulgation** = Bekanntmachung, insbes. → Verkündung von Rechtsvorschriften.

**Pronuntius** → Nuntius.

**Propaganda, verfassungsfeindliche** → Rechtsstaatsgefährdung; – **zersetzende** → Zersetzung. S. a. → Agententätigkeit, → Verbringungsverbote.

**Proporzsystem.** Von einem Proporz spricht man, wenn auf Grund entsprechender Vereinbarungen staatliche oder staatsbeeinflußte Ämter nach dem Stärkeverhältnis der in einer → Koalitionsregierung verbundenen Parteien besetzt werden (entsprechend bei der Einparteienregierung bei der Berufung in Ämter unter Berücksichtigung verschiedener Gruppen) nach bestimmten – z. B. konfessionellen – Gesichtspunkten). Das P. entspricht demokratischen Grundsätzen, wenn es sich um die Besetzung politischer Ämter (z. B. Minister) handelt. In der BRep. ist ein P. hins. der → Beamten unzulässig, da Ernennungen nach Eignung, Befähigung und fachlicher Leistung ohne Rücksicht auf Geschlecht, Abstammung, Rasse, Glauben, religiöse oder politische Anschauungen, Herkunft oder Beziehungen vorzunehmen sind (Art. 33 II, III GG; § 7 BRRG; § 8 BBG) und ein P. insoweit auch den hergebrachten Grundsätzen des → Berufsbeamtentums (Art. 33 V GG) widersprechen würde (eine gewisse Ausnahme sind die sog. → politischen Beamten).

**Prorektor** → Rektor.

**Prorogation** ist eine → Zuständigkeitsvereinbarung zwischen Prozeßparteien.

**Prospektbetrug** → Kapitalanlagebetrug.

**Prospekthaftung, -zwang** → Börsengesetz, → Werbeangaben.

**Prostitution** ist die wiederholte Vornahme sexueller Handlungen gegen Entgelt mit oder vor wechselnden Partnern. Die auf die Vornahme sexueller Handlungen gerichteten Vereinbarungen zwischen Prostituierten und deren Kunden sind nach noch h. M. sittenwidrig und deshalb zivilrechtlich nichtig (§ 138 I BGB). Die Übereignung des Entgelts ist aber wirksam.

Die Ausübung der P. als solche ist nicht strafbar. Jedoch sind bestimmte *anstößige* Arten der P. als Ordnungswidrigkeiten verfolgbar, so das öffentliche Sichanbieten, wenn es andere zu belästigen geeignet ist (§ 119 I Nr. 1 OWiG), sowie Verstöße gegen Vorschriften über Sperrbezirke oder Sperrzeiten (§ 120 I Nr. 1 OWiG). Die P. kann durch RechtsVO der LdReg. a) in Gemeinden bis 50 000 Einwohner ganz, b) für solche über 20 000 Einwohner oder gemeindefreie Gebiete bezirklich, c) unabhängig von der Einwohnerzahl für öffentliche Straßen, Anlagen usw. ganz oder bezirklich oder für bestimmte Tageszeiten verboten werden; Kasernierung ist jedoch unzulässig (Art. 297 EGStGB).

*Beharrliche Zuwiderhandlungen* gegen die Verbote sind mit Strafe bedroht, ebenso die P. in der Nähe von Schulen usw. oder in Häusern, wenn durch die Ausübung der P. Personen unter 18 Jahren sittlich gefährdet werden (§§ 184 a, b StGB). Strafbar sind ferner → Förderung der P. in gewissen sozialschädlichen Formen (§ 180 a StGB: Unterhalten eines → Bordells, Ausbeuten bei der Wohnungsgewährung, gewerbsmäßige Wohnungsgewährung an noch nicht 18jährige, → Menschenhandel) sowie → Zuhälterei.

**Protektorat** ist das auf → völkerrechtlichem Vertrag beruhende Verhältnis zwischen einem mächtigeren und einem schwächeren Staat, kraft dessen ersterer dem anderen Schutz gewährt, wofür er einen mehr oder weniger starken Einfluß auf dessen auswärtige Angelegenheiten erhält. Dieses Verhältnis kann, muß aber nicht zum Verlust der Stellung des „beschützten" Staates als → Völkerrechtssubjekt führen. Beispiele: Frankreich über Marokko und Tunis bis zu deren Unabhängigkeit (Verträge vom 12. 5. 1881, 8. 6. 1883 und 30. 3. 1912); Spanien über Marokko; Tanger unter internationalem P.

**Protest** → Wechselprotest, → Scheckprotest.

**protestatio** = Einspruch, Vorbehalt; → Willenserklärung (I 2).

**protestatio facto contraria** → Willenserklärung (I 2).

**Protokoll** wird die schriftliche Beurkundung eines Vorgangs genannt; im besonderen → Verhandlungsprotokoll.

**Protokoll im Völkerrecht.** 1. Bei diplomatischen Verhandlungen auf Konferenzen usw. a) das Verhandlungsprotokoll, das den Gang der Beratungen, b) das Beschlußprotokoll, das die gefaßten Beschlüsse und c) das Schlußprotokoll, das die Ergebnisse einer Konferenz wiedergibt. Voraussetzung der Gültigkeit ist Unterzeichnung des P. durch die Verhandlungsbeteiligten; dadurch wird es als richtig anerkannt (Verifikation).

2. Als P. wird ferner die Gesamtheit der Regeln des diplomatischen Zeremoniells bezeichnet. Dieses wird in den Außenministerien u. a. am diplomatischen Verkehr beteiligten Zentralbehörden von Protokollabteilungen gehandhabt, denen der sog. Chef des Protokolls vorsteht (→ Diplomatische Beziehungen).

**Provinzialsynode** ist in der → evang. Kirche die auf der Ebene einer Kirchenprovinz gebildete → Synode (auf Landesebene: Landessynode).

**Provision** ist die Vergütung für geleistete Dienste, die nach einem im Einzelfall bestimmten Prozentsatz vom Wert eines besorgten oder vermittelten Geschäfts bemessen wird. Voraussetzungen und Umfang des Anspruchs auf P. sind je nach dem zugrunde liegenden Rechtsverhältnis verschieden. Es gibt den allgemeinen kaufmännischen Provisionsanspruch für Geschäftsbesorgung oder Dienstleistung (§ 354 HGB); ferner haben insbes. Anspruch auf P. die → Handelsvertreter, → Handelsmakler, → Kommissionäre, Protestanten und Einlöser beim → Wechselregreß und → Scheckregreß.

**Prozeß** → Rechtsstreit.

**Prozeßagent** ist der → Rechtsbeistand früheren Rechts, der – nach Zulassung durch die Justizverwaltung – in der mündlichen Verhandlung vor dem → Amtsgericht als → Prozeßbevollmächtigter oder → Beistand nicht ausgeschlossen werden darf (§ 157 ZPO; anders beim Arbeitsgericht, § 11 III ArbGG).

**Prozeßantrag** ist der in einem Rechtsstreit gestellte Antrag, der sich auf den Gang und die Gestaltung des Verfahrens bezieht, z. B. zur Beweisaufnahme, Richterablehnung. Er ist vom → Sachantrag zu unterscheiden.

**Prozeßarten.** Innerhalb einer Verfahrensordnung werden im Gesetz bestimmte Rechtsstreitigkeiten einem bestimmten Verfahren zugewiesen und unterliegen danach verschiedenen Regeln. Im Zivilprozeß gibt es neben dem allgemeinen → Urteilsverfahren (§§ 253 bis 510 b ZPO) den → Urkunden-, → Wechsel- und Scheckprozeß, das Verfahren in → Familiensachen (insbes. → Ehe- und → Kindschaftssachen), das Verfahren für → Arrest und → einstweilige Verfügung und das → Aufgebotsverfahren. Den Strafprozeß kennt als besondere P. die → Privatklage, das Verfahren bei → Strafbefehlen, das → Sicherungsverfahren, das Verfahren bei → Einziehungen.

**Prozeßaufrechnung** → Aufrechnung.

**Prozeßbeschleunigung** → mündliche Verhandlung, → Verteidigungsmittel, → Berufung.

**Prozeßbetrug** ist ein → Betrug, der dadurch begangen wird, daß eine Prozeßpartei das Gericht durch bewußt falsche Angaben oder Beweismittel zu einer für ihren Gegner oder Dritte nachteiligen Entscheidung veranlaßt. In diesem Fall sind – was beim Betrug auch nicht vorauszusetzen ist – der Getäuschte und der über Vermögenswerte Verfügende (der Richter) mit dem Geschädigten nicht identisch.

**Prozeßbevollmächtigter** ist die Person, der → Prozeßvollmacht erteilt ist. Der P. muß → prozeßfähig und → postulationsfähig sein, um die Partei wirksam vertreten zu können. Grundsätzlich kann also jede prozeßfähige Person P. sein, soweit sie postulationsfähig ist. Berufsmäßige P. sind → Rechtsanwälte und → Prozeßagenten. Vom P. zu unterscheiden ist der → Beistand.

**Prozeßbürgschaft** → Bürgschaft, → Sicherheitsleistung.

**Prozeßfähigkeit** (z. T. auch *Verfahrensfähigkeit* genannt) ist die Fähigkeit, → Prozeßhandlungen selbst oder durch selbstbestellte Vertreter wirksam vorzunehmen und entgegenzunehmen. Prozeßfähig sind alle natürlichen → Personen, die geschäftsfähig (→ Geschäftsfähigkeit) sind; beschränkt Geschäftsfähige nur, soweit sie nach der Rechtsordnung als geschäftsfähig angesehen oder anerkannt werden (§ 52 ZPO, § 62 VwGO, § 58 FGO; Sonderregelung in § 71 II SGG sowie in Verfahren in → Ehesachen, § 607 ZPO, und auf → Betreuung). Alle juristischen → Personen sind prozeßunfähig. Wer prozeßunfähig ist, muß im Prozeß durch seinen → gesetzlichen Vertreter vertreten werden (§ 51 ZPO, § 62 VwGO, § 58 II FGO, § 71 III SGG). Die P. ist → Prozeßvoraussetzung und → Prozeßhandlungsvoraussetzung. Für den Strafprozeß entspricht der P. die → Verhandlungsfähigkeit.

**Prozeßführungsbefugnis** ist das Recht, einen Prozeß als die richtige → Partei im eigenen Namen zu führen. Die P. ist eine allgemeine → Prozeßvoraussetzung. Sie steht i. d. R. dem zu, der die → Sachbefugnis innehat. Wenn jemand die P., aber nicht die Sachbefugnis hat, spricht man von → Prozeßstandschaft. Von der P. zu unterscheiden ist die Ordnungsmäßigkeit und Wirksamkeit der → Klageerhebung (→ Prozeßvollmacht, → Postulationsfähigkeit).

**Prozeßgericht** ist das zur Entscheidung von Streitsachen im → ordentlichen Rechtsweg berufene Gericht. Anders als im → Erkenntnisverfahren ist das P. für die → Zwangsvollstreckung nur ausnahmsweise zuständig (dort → Vollstreckungsgericht).

**Prozeßgrundsätze** → Verfahrensgrundsätze.

**Prozeßhandlung** ist jede prozeßgestaltende Betätigung, sowohl eine solche des Gerichts als auch der Parteien, Beteiligten oder Dritter; insoweit spricht man auch von *Parteihandlungen.* Diese werden in Bewirkungs- und Erwirkungshandlungen unterteilt. Keine P.en sind → Realakte und → Rechtsgeschäfte. Parteihandlungen dürfen nur mit einer solchen Bedingung verbunden werden, die einen innerprozessualen Vorgang darstellt (z. B. → Hilfsantrag). Die Wirksamkeit einer P. hängt von bestimmten *Prozeßhandlungsvoraussetzungen* ab, nämlich: → Parteifähigkeit, → Prozeßfähigkeit, → Prozeßvollmacht, → Postulationsfähigkeit, → gesetzliche Vertretungsmacht, die für bestimmte Prozeßhandlungen vorgeschriebene Form und Frist, ferner der Zugang der Erklärung (an Gericht oder Prozeßgegner).

**Prozeßhandlungsvoraussetzungen** → Prozeßhandlung.

**Prozeßhindernisse** sind negative → Prozeßvoraussetzungen.

**Prozeßkosten** sind alle Kosten, die eine Partei (oder ein Beteiligter) unmittelbar aufwenden muß, um den Rechtsstreit zu führen; die P. setzen sich aus den → Gerichtskosten und den → außergerichtlichen Kosten (z. B. Anwaltsgebühren) zusammen. In Strafsachen werden die P. als Verfahrenskosten bezeichnet. S. a. → Kostenpflicht sowie Anhang „Beispiele für Prozeßkosten".

**Prozeßkostenhilfe** (früher *Armenrecht* genannt) ist die vollständige oder teilweise Befreiung einer minderbemittelten Partei (eines Beteiligten) von den Prozeßkosten. Eine P. ist in den meisten Verfahrensordnungen – vielfach durch Verweisung auf §§ 114 ff. ZPO – vorgesehen (vgl. § 11 a ArbGG, § 14 FGG, §§ 379 a, 397 a, 406 g StPO, § 166 VwGO, § 142 FGO, § 73 a SGG, §§ 18, 129 ff. PatG).

1. *Voraussetzungen:* a) Die Partei (der Beteiligte) kann die Kosten der Prozeßführung oder der → Zwangsvollstrekkung aus ihrem Einkommen und, soweit zumutbar, aus ihrem Vermögen nicht, nur zum Teil oder – je nach Höhe des Einkommens und der Unterhaltsverpflichtungen (P. Bek. vom 26. 5. 1998, BGBl. I 1162) nur in (höchstens 48 Monats-)*Raten* aufbringen (§ 115 ZPO); entspr. Unterlagen sind vorzulegen (§ 117 II ZPO; VO über Vordrucke vom 17. 10. 1994, BGBl. I 3001). b) Die beabsichtigte Rechtsverfolgung oder -verteidigung muß hinreichende Aussicht auf Erfolg haben und darf nicht mutwillig sein (§ 114 VOO).

2. Über die *Bewilligung* von P. *entscheidet* das Gericht, bei dem das Verfahren anhängig ist oder anhängig gemacht werden soll (§§ 117, 127 I ZPO); die Bewilligung erfolgt für jeden Rechtszug besonders (§ 119 ZPO). Das Gericht kann – nach Anhörung des Gegners – in beschränktem Umfang Beweise erheben; auch der Abschluß eines → Vergleichs ist möglich (§ 118 ZPO). Die Bewilligung von P. kann nur beschränkt durch die Staatskasse, die Verweigerung (oder Entziehung) grundsätzlich unbeschränkt mit der → Beschwerde angefochten werden (§ 127 II, III ZPO).

3. *Wirkungen* der bewilligten P.: a) Die Staatskasse kann Gerichts- und Gerichtsvollzieherkosten nur nach Maßgabe der gerichtlichen Entscheidung (z. B. Raten) gegen die Partei (den Beteiligten) geltend machen; von einer Sicherheitsleistung für die Prozeßkosten ist die Partei befreit (§ 122 I ZPO). b) Soweit eine Vertretung durch Anwälte vorgeschrieben ist (→ Anwaltsprozeß), ggfs. auch sonst, wird der Partei ein von ihr gewählter, zur Vertretung bereiter, sonst ein vom Gericht bestellter → Rechtsanwalt beigeordnet (§ 121 ZPO); die Erteilung einer → Prozeßvollmacht an ihn bleibt erforderlich. Dieser Rechtsanwalt hat Anspruch auf Vergütung durch die Staatskasse nach beson-

deren Sätzen (§§ 121 ff. BRAGO); Ansprüche auf Vergütung kann er gegen die von ihm vertretene Partei nicht geltend machen (§ 122 I 3 ZPO), wohl aber gegen den unterlegenen Gegner (§ 126 ZPO). Die Bewilligung von P. für den Kläger (Rechtsmittelkläger) hat auch die einstweilige Befreiung des Gegners von der Pflicht zur Zahlung der Gerichtskosten zur Folge (§ 122 II ZPO). Das Gericht kann die Bewilligung der P. aufheben, wenn die Voraussetzungen hierfür nicht vorgelegen haben oder festgesetzte Raten nicht beglichen werden (§ 124 ZPO). Die Bewilligung der P. hat auf die Verpflichtung, die dem Gegner entstandenen Kosten aufgrund einer entspr. gerichtlichen Entscheidung zu erstatten (→ Kostenerstattungsanspruch), keinen Einfluß (§ 123 ZPO). Zur *Beratungshilfe* außerhalb gerichtlicher Verfahren → Rechtsberatung Minderbemittelter.

**Prozeßkostenvorschuß** kann ein unterhaltsberechtigter Ehegatte bei einem Prozeß in persönlichen Angelegenheiten vom Ehepartner verlangen, wenn er zur Kostentragung nicht in der Lage ist, und die Vorschußleistung der Billigkeit entspricht (§ 1360a IV BGB). Das gilt auch in Prozessen der Ehegatten untereinander (z. B. Antrag auf → Ehescheidung) und in Strafverfahren gegen einen Ehegatten, nicht aber unter Geschiedenen (BGH NJW 1984, 291). In → Ehe-, → Familien- und sonstigen Unterhaltssachen kann das Gericht durch → einstweilige Anordnung die Verpflichtung des Gegners zur Leistung eines P. regeln (§§ 620 Nr. 9, 621 f, 127a ZPO). Einen P. kann auch der → Rechtsanwalt von seinem Auftraggeber verlangen (§ 17 BRAGO).

**Prozeßleitung** ist die richterliche Tätigkeit, welche die Endentscheidung vorbereiten und für einen zweck- und gesetzmäßigen Verfahrensablauf sorgen soll. Sie obliegt dem Vorsitzenden; sie ist ihm für die mündliche Verhandlung ausdrücklich übertragen (Verhandlungsleitung; § 136 I ZPO, § 238 I StPO, § 103 I VwGO, § 92 I FGO, § 112 I 1 SGG). Die P. umfaßt die äußere Ordnung des Prozesses (formelle P.; z. B. Terminsbestimmung, Sitzungspolizei, Worterteilung) und die sachliche Durchführung des Prozesses (Sachleitung; z. B. Aufklärung, Fragestellung, Beweisaufnahme).

**Prozeßmangel** (Heilung) → Rügeverzicht.

**Prozeßmaximen** → Verfahrensgrundsätze.

**Prozeßpartei** → Partei (im Zivilprozeß).

**Prozeßpfleger.** Ein P. wird in einem Zivilprozeß vom Gericht bestellt, wenn eine prozeßunfähige Partei, die keinen gesetzlichen Vertreter hat, verklagt werden soll (§ 57 ZPO) oder wenn Rechte an einem herrenlosen Grundstück oder Schiff geltend gemacht werden sollen (§ 58 ZPO). Der P. hat für den betreffenden Rechtsstreit die Stellung eines gesetzlichen Vertreters der Partei oder des künftigen Eigentümers. S. a. → Nachlaßpfleger.

**Prozeßrechtsverhältnis** ist das Verhältnis zweier miteinander in einem → Rechtsstreit stehenden Parteien oder Beteiligten zueinander und zum Gericht (letzteres str.). Das P. ist öffentlichrechtlicher Natur. Da ein P. nur zwischen zwei Parteien oder Beteiligten bestehen kann, liegt bei → Streitgenossenschaft eine Mehrheit von P. vor.

**Prozeßstandschaft** ist die Befugnis, im eigenen Namen einen Prozeß über ein fremdes Recht zu führen. Sie liegt also vor, wenn jemand die → Prozeßführungsbefugnis, aber nicht die → Sachbefugnis hat. Man unterscheidet die gesetzliche P. (z. B. § 265 ZPO, § 2039 BGB) und die gewillkürte P. (wenn die Prozeßführungsbefugnis durch Rechtsgeschäft übertragen ist). Die gewillkürte P. erfordert die Zustimmung des Rechtsträgers (→ Sachbefugnis) entspr. § 185 BGB und nach h. M. ein eigenes rechtsschutzwürdiges Interesse des Prozeßstandschafters, das fremde Recht geltend zu machen.

**Prozessuale Lasten** → Beweislast, → Substantiierung.

**Prozeßurteil** ist ein Urteil, durch das eine → Klage, ein → Rechtsmittel oder ein sonstiger → Rechtsbehelf als *unzulässig* abgewiesen oder verworfen wird, weil eine → Prozeßvoraussetzung oder eine → Rechtszugvoraussetzung fehlt oder der Rechtsbehelf sonstwie unzulässig ist (z. B. bei Fristversäumung). Im Strafprozeß lautet das Urteil im ersten Fall auf Einstellung des Verfahrens. Der Gegensatz zum P. ist das → Sachurteil. Das P. erwächst nur soweit in materielle → Rechtskraft, als über die (prozessualen) Zulässigkeitsvoraussetzungen entschieden ist.

**Prozeßvergleich** ist ein → Vergleich, der vor einem Gericht in einem Rechtsstreit zu dessen voller oder teilweiser Erledigung abgeschlossen wird. Er ist zugleich → Prozeßhandlung und → Rechtsgeschäft (h. M.) und ist in das → Verhandlungsprotokoll aufzunehmen (§ 160 III Nr. 1 ZPO). Wird der → Streitgegenstand zum Teil erledigt, liegt ein Teilvergleich vor, wird er vorläufig erledigt, ein Zwischenvergleich. Der P. ist → Vollstreckungstitel (§ 794 I Nr. 1 ZPO); er kann unter einer → Bedingung oder Vorbehalt des Widerrufs (bedingter Vergleich) geschlossen werden. Ein P. ist im Rahmen des Verfügungsrechts der Parteien (→ Verfügungsgrundsatz) zulässig, insoweit auch außerhalb des Zivilprozesses im Verwaltungs- (§ 106 VwGO), Finanz- und Sozialstreitverfahren, in der → freiwilligen Gerichtsbarkeit und im → Privatklageverfahren. Über die Kosten → Kostenpflicht.

**Prozeßverschleppung.** Im *Zivilprozeß* und im → Verwaltungsstreitverfahren sind die Maßnahmen gegen P. einer Partei wesentlich verschärft worden (→ Verteidigungsmittel). Im *Strafprozeß* kann eine Beweiserhebung abgelehnt werden, wenn sie zum Zweck der P. beantragt wird (§§ 244 III 2, 245 S. 1 StPO). Das ist der Fall, wenn der Antragsteller durch den Beweisantrag in Wirklichkeit nicht seine prozessuale Lage verbessern, sondern nur das Verfahren verzögern will. Dies muß aber unzweideutig feststehen. Die Aufklärungspflicht des Gerichts (§ 244 II StPO) darf durch die Ablehnung nicht verletzt werden. Der ablehnende Gerichtsbeschluß (§ 244 VI StPO) muß die Annahme der Verschleppungsabsicht im einzelnen begründen; über die Anfechtung → Beweisantrag im Strafprozeß. Im Verfahren der *Sozialgerichtsbarkeit* kann P. zur Auferlegung von Mutwillenskosten führen (§ 192 SGG).

**Prozeßvertretung** → Anwaltsprozeß, → Parteiprozeß; s. a. → Postulationsfähigkeit.

**Prozeßvollmacht** ist die auf → Prozeßhandlung oder → Rechtsgeschäft beruhende Vertretungsmacht im Prozeß. Sie ist nicht → Prozeßvoraussetzung, sondern nur → Prozeßhandlungsvoraussetzung. Die Erteilung einer P. ist in allen Verfahrensordnungen geregelt (z. B. §§ 78–88 ZPO, § 67 VwGO, § 62 FGO, § 73 SGG, §§ 145 a I, 378, 387 StPO, § 13 FGG). Die P. wirkt nach außen *(Außenverhältnis)* so, daß die vom → Prozeßbevollmächtigten vorgenommenen Prozeßhandlungen und Rechtsgeschäfte für und gegen den Vertretenen gelten. Im Verhältnis zwischen dem Vertretenen und dem Prozeßbevollmächtigten *(Innenverhältnis)* liegt der P. bei entgeltlicher Tätigkeit ein → Geschäftsbesorgungsvertrag, bei unentgeltlicher Tätigkeit ein → Auftrag zugrunde. Die P. unterliegt praktisch (Nachweis!) der Schriftform (§ 80 ZPO, § 67 III VwGO, § 62 III FGO, § 73 II SGG, §§ 145 a I, 378, 387 StPO).

**Prozeßvoraussetzungen** (Sachurteilsvoraussetzungen, Verfahrensvoraussetzungen) sind die Voraussetzungen, die vorliegen müssen, damit eine → Sachentscheidung ergehen kann (anders → Prozeßhandlungsvoraussetzungen); sie sind nicht Voraussetzungen dafür, daß ein Rechtsstreit entsteht oder ein Verfahren anhängig wird und daß überhaupt eine Entscheidung ergehen kann. P. bestehen in jeder Verfahrensordnung; sie sind jedoch in den Gesetzen verstreut und unsystematisch geregelt. Die P. müssen vorliegen, damit die Klage oder der Antrag zulässig ist (für höhere Instanz → Rechtszugvoraussetzungen). Man unterscheidet: *positive* P. (solche, die vorhanden sein müssen) und *negative* (solche, die fehlen müssen, sog. *Prozeßhindernisse*); allgemeine P. (für alle Klagen oder Anträge erforderliche) und *besondere* (nur für bestimmte oder bestimmte Arten von Klagen oder Anträgen erforderliche). Tatsachen, aus denen sich die P. ergeben, werden im → Freibeweis festgestellt. Fehlt eine P. oder liegt ein Prozeßhindernis vor, so ist die Klage (durch → Prozeßurteil) abzuweisen, der Antrag zurückzuweisen, im Strafprozeß das Verfahren einzustellen (§§ 170 II, 206 a, 260 III StPO). Im *Zivilprozeß* sind allgemeine P.: ordnungsgemäße → Klageerhebung, örtliche und sachliche → gerichtliche Zuständigkeit, deutsche → Gerichtsbarkeit, → Parteifähigkeit, → Prozeßfähigkeit oder ordnungsgemäße → gesetzliche Vertretung, → Prozeßführungsbefugnis, Fehlen entgegenstehender → Rechtskraft oder anderweitiger → Rechtshängigkeit, → Zulässigkeit des Rechtswegs, → Rechtsschutzbedürfnis; bei entspr. Rüge das Fehlen einer → Schiedsgerichtsklausel oder der nicht ausreichenden → Sicherheitsleistung für die Prozeßkosten bei Klage einer ausländischen Partei (§§ 110 ff. ZPO). Zu den besonderen P. gehören z. B. die Zulässigkeit der → Klageänderung und der → Widerklage, die Beweisbarkeit durch Urkunden im → Urkundenprozeß. Im Verwaltungs-, Finanz- und Sozialstreitverfahren sind die allgemeinen P. die gleichen wie im Zivilprozeß; jedoch tritt an Stelle der Parteifähigkeit die Beteiligtenfähigkeit und es kommen hinzu: die Durchführung des → Vorverfahrens und als besondere P. die → Klagefrist, die Klagebefugnis und die Statthaftigkeit der → Klageart. Auch im *Strafprozeß* sind P. in jeder Lage des Verfahrens von Amts wegen zu berücksichtigen (mit Ausnahmen, vgl. § 16 StPO). Zu den P. zählen insbes. die Gerichtsbarkeit, die örtliche und sachliche Zuständigkeit, bei → Antragsdelikten das Vorliegen des Strafantrags. Prozeßhindernisse sind im Strafverfahren insbes.: die Verjährung der Strafverfolgung, die Immunität, der Strafklageverbrauch, eine Amnestie. Stellt sich das Fehlen einer P. oder ein Prozeßhindernis im gerichtlichen Verfahren heraus, so ist, wenn der Mangel behebbar ist – z. B. der Strafantrag noch nachgeholt werden kann –, vorläufige Einstellung geboten (§ 205 StPO), andernfalls die endgültige, die außerhalb der Hauptverhandlung durch Beschluß, in dieser durch Urteil ergeht (§§ 206 a, 260 III StPO).

**Prozeßzinsen** → Zinsschuld.

**Prüfplakette** → Überwachung von Kraftfahrzeugen.

**Prüfungsentscheidungen** in Schulen, Hochschulen usw. sind → Verwaltungsakte, die der Anfechtung durch Klage im → Verwaltungsstreitverfahren unterliegen (das gilt nicht z. B. für bloße Zwischenentscheidungen ohne nachhaltige Bedeutung). Die Bewertung von Prüfungsleistungen muß im Gesamtzusammenhang des Prüfungsverfahrens getroffen werden und läßt sich daher nicht ohne weiteres in einem Verwaltungsstreitverfahren nachvollziehen. Daraus ergibt sich ein prüfungsrechtlicher Bewertungsspielraum, der gerichtlicher Kontrolle entzogen ist. Dieser Bewertungsspielraum erstreckt sich jedoch nur auf die prüfungsspezifischen Wertungen, nicht aber auf alle fachlichen Fragen, die den Gegenstand der Prüfung bilden. Der Bewertungsspielraum ist überschritten, wenn die Prüfungsorgane Verfahrensfehler begehen, anzuwendendes Recht verkennen, von einem unrichtigen Sachverhalt ausgehen, allgemeingültige Bewertungsmaßstäbe verletzen oder sich von sachfremden Erwägungen leiten lassen. Als allgemeingültiger Bewertungsgrundsatz ist auch anzusehen, daß eine vertretbare und mit gewichtigen Argumenten folgerichtig begründete Lösung nicht als falsch gewertet werden darf (BVerfG NJW 1991 S. 2005).

**Prüfungsrecht, richterliches** → richterliches Prüfungsrecht.

**Prüfungstermin** → Insolvenzverfahren (4 b).

**Prüfungsverband** (genossenschaftlicher) ist ein eingetragener Verein, dessen Aufgabe darin besteht, die wirtschaftlichen Verhältnisse und die Geschäftsführung der ihm als Mitglieder angehörenden → Genossenschaften zu prüfen und ihre gemeinsamen Interessen wahrzunehmen. Aufgaben und Verfassung der P.e sind in den §§ 53 bis 64 c GenG geregelt.

**Prüfzeichen** Zum Prüfzeichen CE vgl. den Beschluß des Rats vom 22. 7. 1993 (ABl. 220/23) sowie die Konformitätsrichtlinie vom 14. 7. 1983 (ABl. L 183/9 zuletzt geändert durch die Richtlinie vom 20. 6. 1991 (ABl. 198/16) samt Anlagen. Das deutsche Sicherheitskennzeichen „GS" ist ausgelaufen; s. im übrigen a. → Produktsicherheit.

**Pseudonym** → Namensrecht.

**Psychiatrisches Krankenhaus,** Unterbringung in – → Maßregeln der Besserung und Sicherung (1); → Beobachtung in – s. dort.

**Psychotherapeut.** Die heilkundliche Psychotherapie unter der Berufsbezeichnung P. und die heilkundliche Kinder- und Jugendpsychotherapie unter der Berufsbezeichnung Kinder- und Jugend- P. bedarf der → Approbation gemäß § 2 des Gesetzes über die Berufe der P. und der Kinder – und Jugend – P. vom 16. 6. 1998 (BGBl. I 1311). Die Berufsbezeichnung ist Ärzten und P. vorbehalten, § 1. Nicht zur Psychotherapie in diesem Sinne gehören psychologische Tätigkeiten, die die Aufarbeitung und Überwindung sozialer Konflikte oder sonstiger Zwecke außerhalb der Heilkunde zum Gegenstand haben, § 1 III. Die Approbation als P. erfordert eine 3- (Vollzeit) bis 5jährige (Teilzeit-) Ausbildung an einer anerkannten Ausbildungsstätte (§ 6) und das Bestehen einer staatlichen Prüfung (§ 5). Zur Ausbildung zugelassen wird nur, wer ein einschlägiges Studium an einer Hochschule erfolgreich abgeschlossen hat. Derzeit als P. Tätige haben weitgehend Bestandsschutz gemäß § 12.

**Publikation des Strafurteils** → Bekanntgabe der Verurteilung.

**Publikation von Gesetzen usw.** → Verkündung von Rechtsvorschriften, → Gesetzgebungsverfahren.

**Publikumsgesellschaft** → Kommanditgesellschaft; s. a. → Verlustzuweisungsgesellschaft.

**Publizistischer Landesverrat** → Landesverrat.

**Publizität** → Handesregister, → Güterrechtsregister, → Vereinsregister; s. a. → Rechnungslegung von Unternehmen und Konzernen.

**Publizitätsprinzip** → Sachenrecht.

**Pufendorf, Samuel von** – (1632 bis 1694), Historiker und Jurist, gehörte zu den führenden Verfechtern der Lehre vom → Naturrecht. Er entwickelte die von → Grotius begründete Lehre weiter und verselbständigte insbes. die Grundlage des Naturrechts, das er von einem natürlichen Sittengesetz ableitete; systematisch ergab sich dadurch eine gedankliche Trennung der Rechtswissenschaft von ihrer bis dahin meist betonten theologischen Grundlage. Seine Auffassung über die Rechtsnatur der Staatenbildung basierte auf einer Vertragstheorie (Staat als vertragliche Gründung eines Schutzverbandes).

**Pufferstaat** wird ein Staat genannt, der geographisch zwischen zwei oder mehreren Machtblöcken liegt und dessen Gründung oder Anerkennung (→ Anerkennung von Staaten) oft von der Absicht getragen ist, die beiden Machtblöcke geographisch voneinander zu trennen, um die Möglichkeit ihres unmittelbaren Aufeinanderprallens zu verringern.

**Punktation.** Selbst wenn bei Verhandlungen über einen → Vertrag einzelne Punkte bereits schriftlich niedergelegt sind, ist der Vertrag im Zweifel so lange nicht abgeschlossen, wie auch nur über eine Bestimmung des Vertrags unterschiedliche Auffassungen herrschen (sog. offener → Dissens, § 154 BGB).

**Punktsystem.** Mangelnde Eignung zum Führen eines Kfz., die zur Entziehung der → Fahrerlaubnis führt, kann sich auch durch eine Häufung von Verkehrszuwiderhandlungen zeigen. Deshalb werden nach § 4 StVG die im → Verkehrszentralregister erfaßten Straftaten und Ordnungswidrigkeiten von Mehrfachtätern nach Schwere und Folgen mit Punkten bewertet und ab einem bestimmten Punktestand vom → Kraftfahrt-Bundesamt der Fahrerlaubnisbehörde mitgeteilt. Das P. sieht bei 8 Punkten Verwarnung und Information über den Punktestand, bei 14 Punkten obligatorisches → Aufbauseminar, bei 18 Punkten Entziehung der Fahrerlaubnis vor. Bei freiwilliger Nachschulung in Aufbauseminar und verkehrspsychologischer Beratung werden Punkte erlassen.

**Putativdelikt** → Wahndelikt.

**Putativnotstand** → Notstand (1 b).

**Putativnotwehr** → Notwehr (I 3).

## Q

**Quälen von Jugendlichen oder Wehrlosen** → Obhutspflicht, Verletzung der –.

**Quälen von Tieren** → Tierschutz.

**Qualifizierte Mehrheit** → Abstimmung.

**Qualifizierte Straftat, qualifiziertes Erfolgsdelikt.** Über den Begriff der qualifizierten als Gegenstück zur → *privilegierten Straftat* s. dort; über das qualifizierte Erfolgsdelikt → erfolgsqualifiziertes Delikt.

**Qualifizierter Bebauungsplan** → Bauleitpläne.

**Qualifizierter faktischer Konzern** → Konzernrecht.

**Qualifiziertes Geständnis** → Geständnis.

**Qualitätsnormen** → Handelsklassen.

**Quasidelikt.** Begriff des römischen Rechts, wonach der Haftung aus Delikt (→ unerlaubte Handlung) trotz Fehlens eines eigenen unmittelbaren Verschuldens die Haftung aus ähnlichen Tatbeständen (z. B. für einen → Verrichtungsgehilfen) gleichgestellt wurde. S. heute → Gefährdungshaftung.

**Quasikontrakt.** Begriff des römischen Rechts, wonach eine rechtsgeschäftliche Haftung auch auf Grund vertragsähnlicher Verpflichtung begründet werden konnte. Die wichtigsten Qu. waren die → Geschäftsführung ohne Auftrag und die → ungerechtfertigte Bereicherung.

**Quasinegatorischer Unterlassungsanspruch** → Unterlassungsanspruch.

**Quasisplitting** → Ehescheidung (5).

**Quellenangabe** → Urheberrecht.

**Quellensteuern** → Abzugsteuern.

**Quittung** ist ein schriftliches Empfangsbekenntnis des Gläubigers, die → Leistung des Schuldners als → Erfüllung erhalten zu haben. Auf die Qu. hat der Schuldner einen Rechtsanspruch (§ 368 BGB); er hat regelmäßig die Kosten der Q. zu tragen (§ 369 BGB). Hat der Schuldner ein rechtliches Interesse daran, daß die Q. in anderer Form erbracht wird, so kann er die Erteilung in dieser Form verlangen (→ *löschungsfähige* Q.). Die Q. ist ein Beweismittel für die Annahmeerklärung des Gläubigers. Der *Überbringer* einer Q. gilt gegenüber dem Schuldner als ermächtigt, die Leistung zu empfangen, sofern nicht die äußeren, dem Schuldner bekannten Umstände entgegenstehen (§ 370 BGB). Die Leistung an den Überbringer einer echten Q. befreit daher regelmäßig den Schuldner, auch wenn der Überbringer nicht einziehungsberechtigt ist; die Gefahr der Leistung auf eine gefälschte Q. trifft allerdings nach wie vor den Schuldner. → Schuldschein.

**Quittungsüberbringer, Ermächtigung des** – → Quittung.

**Quorum** wird die Mitgliederzahl eines Gremiums genannt, die – insbes. bei Gerichten u. and. Spruchbehörden – für die Beschlußfähigkeit gesetzlich vorgeschrieben ist.

**Quotenexzedentenrückversicherung** → Rückversicherung.

**Quotenregelung.** Allgemein versteht man hierunter, daß eine prozentual festgelegte Anzahl (Quote) der in einem bestimmten Bereich zu vergebenden Funktionen nicht nach allg. Kriterien, sondern bevorzugt an die Angehörigen einer bestimmten Gruppe vergeben wird. I. e. S. besagt Q., daß in Parteien, Verbänden oder im öffentl. Dienst ein bestimmter Anteil der satzungsmäßigen Mitglieder der Organe, der zur Verfügung stehenden Funktionen oder Stellen mit den Angehörigen eines Geschlechts, insbes. Frauen (Frauenquote), besetzt sein muß. Q. im öffentl. Dienst stehen im Widerspruch zum Leistungsgrundsatz und sind deshalb mit den hergebrachten Grundsätzen des Berufsbeamtentums (Art. 33 V GG) nicht vereinbar. Im Arbeitsrecht steht die sog. EG-Gleichbehandlungsrichtlinie einer Q. entgegen (s. → Gleichberechtigung). Differenzierter sind Q. im Bereich der Verbände und der polit. Parteien zu sehen (so sind z. B. in der SPD nach einem Stufenplan 40% der Mitglieder der Vorstandschaften jeweils einem Geschlecht vorbehalten). Einerseits wird hierdurch die Gleichstellung von Mann und Frau gefördert (Art. 3 II und III GG), andererseits werden diejenigen wegen ihres Geschlechts benachteiligt, die ohne Q. die von ihnen angestrebten Positionen erlangt hätten. Im Bereich der polit. Parteien könnte zudem zweifelhaft sein, ob die Q. dem Demokratiegebot für die innere Ordnung der Parteien entspricht (Art. 21 I S. 3 GG). Die Rechtmäßigkeit einer Q. hängt maßgeblich von ihrer Ausgestaltung im Einzelfall ab.

**Quotenrückversicherung** → Rückversicherung.

**Quotenvermächtnis** ist ein → Vermächtnis, das summenmäßig dem Wert des Erbteils bei der gesetzlichen → Erbfolge entspricht.

**Quotenvorrecht** → Vorteilsausgleichung.

## R

**Rabatt** ist ein Nachlaß auf den allgemein verlangten Verkaufspreis oder Werklohn; er wird in Form eines prozentualen Abzugs oder eines Sonderpreises für bestimmte Personengruppen oder Warenmengen gewährt. Die Gewährung von R. ist duch das RabattG vom 25. 11. 1933 (RGBl. I S. 1011) für den Einzelverkauf von Waren und bei Leistungen des täglichen Bedarfs für den Endverbraucher eingeschränkt (§ 1). Erlaubt sind:

1. Barzahlungsnachlaßbis zu 3% (→ Skonto), wenn die Gegenleistung unverzüglich nach der Lieferung oder Leistung, bar oder durch Scheck, Überweisung oder dgl. entrichtet wird (auch durch Gutscheine; sog. Rabattmarken). Vereinigungen rabattgewährender Gewerbetreibender können als → Verein oder → Genossenschaft gegründet werden und unterliegen den Vorschriften der DVO zum RabattG vom 21. 2. 1934 (RGBl. I 120).

2. durch Zugabe zusätzlicher Stücke der verkauften Menge oder anderer Waren (Warenrabatt) oder Preisnachlaß (Preisrabatt); nur zulässig, wenn handelsüblich.

3. Sondernachlässeals Preis- oder Warenrabatt für Angehörige bestimmter Personengruppen; an Letztverbraucher nur an Gewerbetreibende, sofern orts- oder handelsüblich, an Großverbraucher und Betriebsangehörige für deren Eigenbedarf, ferner an Behörden (§ 9 RabattG, § 12 DVO).

4. Treuerabatt (Treuevergütung) bei Markenwaren, indem Gutscheine beigepackt und in bestimmter Anzahl (Sammelgutschein) gegen einen Barbetrag eingelöst werden (§ 11 DVO). – Kommen mehrere Arten von R. in Frage, dürfen nur 2 Arten gewährt werden (§ 10 RabattG). Verstöße gegen das RabattG lösen → Unterlassungsansprüche aus (§ 12), stellen → unlauteren Wettbewerb dar (§ 1 UWG) und sind → Ordnungswidrigkeiten (§ 11 RabattG). Eine geplante Aufhebung (Einschränkung) des R.verbots fand 1994 keine parlamentarische Mehrheit.

**Rabattfreibetrag.** Läßt der Arbeitgeber Waren oder Dienstleistungen, die nicht überwiegend für den Bedarf der Arbeitnehmer hergestellt, vertrieben oder erbracht werden, dem Arbeitnehmer verbilligt zukommen, ist die Verbilligung als → Sachbezug steuerlich zu erfassen (§ 8 III EStG; Beispiel Jahreswagen). Auch Nutzungsüberlassungen fallen hierunter (BMF BStBl. I 1995, 273; Beispiel: Personalwohnung im Hotel). Als Arbeitslohn ist die Differenz zwischen dem um 4 Prozent geminderten Angebotspreis und dem entrichteten Entgelt zu erfassen, wobei die Summe dieser Differenzbeträge bis zu 2.400 DM jährlich steuerfrei bleibt (→ Freibetrag). Bei der → Lohnsteuerpauschalierung nach § 40 I EStG entfällt der R.

**Rabattkartell** → Kartell.

**Radbruch, Gustav** (1878–1949), deutscher Rechtslehrer mit besonderem Einfluß auf dem Gebiet der Rechtsphilosophie; zeitweise Reichsjustizminister. Er setzte sich vor allem für eine Strafrechtsreform unter Gesichtspunkten einer modernen Dogmatik ein, die sich im Anschluß an die Lehren Fr. v. Liszts gegen den Vergeltungsgedanken wendet und den → Strafzweck vorwiegend in der Erziehung und Besserung des Täters sieht. → Radbruch'sche Formel.

**Radbruch'sche Formel.** → Radbruch prägte unter dem Eindruck der NS-Verbrechen 1946 die nach ihm benannte R. F., daß das positive Recht (s. a. → Rechtspositivismus) dann als Unrecht anzusehen ist, wenn der Widerspruch des Gesetzes zur Gerechtigkeit ein so unerträgliches Maß erreicht hat, daß das Gesetz der Gerechtigkeit weichen muß. Sie hat angesichts der in der DDR begangenen SED-Unrechtstaten (insbes. Todesschüsse an der Mauer, → Schießbefehl, → Rechtsbeugung) wieder Bedeutung erlangt (→ DDR-Straftaten).

**Rädelsführer.** Das StGB verwendet diesen Begriff als Tatbestandsmerkmal (§§ 84 I, 85 I StGB → Rechtsstaatsgefährdung: Fortführen einer für verfassungswidrig erklärten Partei oder einer verbotenen Vereinigung) und als Strafschärfungsmerkmal (§§ 129, 129a StGB: Beteiligung an → kriminellen oder → terroristischen Vereinigungen; § 27 WStG, → Meuterei). R. ist, wer geistig oder körperlich eine führende Rolle in der Gruppe oder Organisation innehat; sie kann sich aus seiner Stellung in der Vereinigung oder aus Bedeutung oder Ausmaß seiner Tätigkeit ergeben. Dem R. gleichgestellt ist (außer bei Meuterei) der *Hintermann,* der als Außenstehender geistig oder wirtschaftlich maßgeblichen Einfluß auf die Organisation ausübt.

**Radfahrer** unterliegen im Straßenverkehr den allgemeinen Vorschriften für Fahrzeugführer (→ Ausweichen, → Überholen, → Richtungsänderung). Sie müssen grundsätzlich die → Fahrbahn benutzen (ggf. → Radwege und rechte Seitenstreifen, wenn sie Fußgänger nicht behindern), möglichst weit rechts und i. d. R. einzeln hintereinander fahren. Kinder bis zu 8 Jahren müssen, bis zu 10 Jahren dürfen Gehwege benutzen (§ 2 StVO). R. dürfen nicht freihändig und ohne Pedalbenutzung fahren (§ 23 III 2, 3 StVO). Autobahnen und Kraftfahrstraßen sind für R. gesperrt (§ 18 StVO), ebenso Reit- und Fußwege, nicht dagegen → Sommerwege. Mitnehmen von Kindern unter 7 Jahren ist nur mindestens 16 Jahre alten Personen und unter Vorsichtsmaßnahmen gestattet (§ 21 III StVO). S. ferner → Fahrradstraßen, → Verbände im Straßenverkehr, → Beleuchtung (1b), → Fahrräder mit Hilfsmotor und über das Anbringen einer Glocke § 64a StVZO.

**Radikale im öffentlichen Dienst.** Maßgebend für die rechtliche Beurteilung der Frage, welche Anforderungen an die Verfassungstreue von öffentlichen Bediensteten zu stellen sind, ist nach dem Scheitern der beamtenrechtlichen Lösung und der Aufgabe der im → Radikalenerlaß niedergelegten einheitlichen Verwaltungspraxis hauptsächlich der Beschluß des BVerfG vom 22. 5. 1975 (NJW 1640). Danach ist die Forderung nach aktivem Einsatz des Beamten für die Verfassung und nach besonderer politischer Treue ein in Art. 33 V GG verfassungsrechtlich gewährleisteter Grundsatz des → Berufsbeamtentums. Dieser schränkt im Rahmen der Funktionserfordernisse des Staates das Grundrecht der → Meinungsfreiheit des Beamten ein und geht dem sog. Parteienprivileg (→ Parteien, Verfassungswidrigkeit) vor. Zur Konkretisierung heranzuziehen sind vor allem § 52 BBG sowie §§ 35 I 3, 45 II BRRG. Verfassungsprinzipien, die der Beamte aktiv zu vertreten hat, sind nach der Rechtsprechung des BVerfG und des BVerwG vor allem die Freiheitlichkeit der Staatsordnung unter Ausschluß jeder Gewalt- und Willkürherrschaft, die → Rechtsstaatlichkeit auf der Grundlage des Mehrheitswillens und der Prinzipien von Freiheit und Gleichheit, vor allem auch die Wirkungsmöglichkeit einer Opposition, das Mehrheitsprinzip und die Chancengleichheit für alle politischen Parteien, die Prinzipien der → Gewaltenteilung, der → Gesetzmäßigkeit der Verwaltung und der Unabhängigkeit der Gerichte ( → Unabhängigkeit des Richters), die Achtung der → Grundrechte einschließlich des Eigentums und der persönlichen Wirtschaftsfreiheit (Art. 14, 12, 2 I GG) für jedermann. Besonderheiten gelten für die regelmäßig im Beamtenverhältnis auf Widerruf (→ Vorbereitungsdienst) abzuleistenden Ausbildungsgänge, wenn diese über den staatlichen Bereich hinaus als Ausbildungsstätten dienen (z. B. bei Juristen, Lehrern). Insoweit begründet das Grundrecht der Berufsfreiheit (→ Beruf, freie Wahl) u. U. auch für verfassungsfeindliche Bewerber ein Recht auf Zulassung zum Ausbildungsgang, allerdings außerhalb des Beamtenverhältnisses.

**Radikalenerlaß** (Radikalenbeschluß) ist rechtlich eine Verwaltungsvereinbarung zur Auslegung und Handhabung der verfassungs- und beamtenrechtlichen Bestimmungen über die Verfassungstreue von Angehörigen des öffentlichen Dienstes (Fundstelle: Bulletin der BReg. vom 3. 2. 1972 S. 142). Der R. wird wegen Meinungsverschiedenheiten über die ihm zugrunde liegenden Rechtsauffassungen nicht mehr in allen Teilen der BRep. angewandt; s. jetzt → Radikale im öffentlichen Dienst, → Zulassung zu öffentlichen Ämtern.

**Radioaktive Stoffe** → Strahlenschutz, → Atomgesetz.

**Radwege,** die durch → Verkehrszeichen gekennzeichnet sind, müssen von → Radfahrern benutzt werden und sind für alle anderen → Verkehrsteilnehmer gesperrt; → Fahrräder mit Hilfsmotor bis 25 km/h Geschwindigkeit dürfen R. nur benutzen, wenn dies durch ein Zusatzschild erlaubt ist, außer das Mofa wird durch Treten fortbewegt (§ 41 II Nr. 5 StVO). In Einbahnstraßen dürfen R. nur in der erlaubten Fahrrichtung benutzt werden; bei einem Zusatzschild ist Radverkehr in der Gegenrichtung bis 31. 12. 2000 zugelassen. Grundsätzlich ist auf dem rechten R. zu fahren. Linke R. müssen benutzt werden, wenn sie in der Fahrrichtung durch das entspr. Verkehrszeichen freigegeben sind. Der Querverkehr hat aber mit der verbotswidrigen Benutzung linker R. zu rechnen. S. a. → Fahrradstraßen.

**Rahmengebühr** ist eine → Gebühr, bei der ein Mindest- und ein Höchstbetrag festgelegt ist, während der im Einzelfall anfallende Betrag dann nach verschiedenen Grundsätzen bestimmt wird, z. B. nach Bedeutung, Umfang und Schwierigkeit der Angelegenheit, Vermögensverhältnissen des Gebührenschuldners. Eine R. ist z. B. vorgesehen für den Rechtsanwalt bei der Verteidigung in Strafsachen (§§ 83 ff. BRAGO), ferner für eine große Zahl ärztlicher Verrichtungen (→ Arzt).

**Rahmengesetzgebung** ist neben → ausschließlicher und → konkurrierender Gesetzgebung die dritte Form der → Gesetzgebungskompetenz in der BRep. Nach Art. 75 GG hat der Bund das Recht, Rahmenvorschriften zu erlassen über die Rechtsverhältnisse der öffentlichen Dienstkräfte der Länder, Gemeinden und anderen Körperschaften des öffentlichen Rechts, die allgem. Grundsätze des Hochschulwesens, die allgem. Rechtsverhältnisse der Presse und des Films, das Jagdwesen, den Naturschutz und die Landschaftspflege, die Bodenverteilung, die Raumordnung, den Wasserhaushalt und das Melde- und Ausweiswesen. Voraussetzung ist wie bei der konkurrierenden Gesetzgebung ein Bedürfnis nach bundesgesetzlicher Regelung i. S. von Art. 72 II GG. Die R. ist darauf beschränkt, für den betreffenden Sachbereich einen allgemeinen Rahmen festzulegen, darf also die Materie nicht erschöpfend regeln, sondern muß die Regelung der Einzelheiten dem Landesgesetzgeber überlassen. Eine R. setzt schließlich voraus, daß eine Ausfüllung durch Landesgesetze notwendig und möglich ist. Solange der Bund keine Regelung getroffen hat, sind die Länder ohne Beschränkung zur Gesetzgebung zuständig.

**Rahmentarifvertrag** → Manteltarifvertrag.

**Raiffeisenbank (-kasse)** ist ein → Kreditinstitut einer von Landwirten getragenen → Genossenschaft, deren Zweck darauf gerichtet ist, den Mitgliedern → Darlehen zu gewähren, den Bezug landwirtschaftlicher Bedarfsartikel durch Kredite zu ermöglichen usw. Es bestehen R.-Zentralkassen und -Verbände. Der Name geht auf den rheinischen Bürgermeister F. W. Raiffeisen zurück, der Mitte des 19. Jahrhunderts sich bei der Gründung landwirtschaftlicher Darlehenskassen führend betätigte.

**Rang der Konkursforderungen** → Konkursvorrechte.

**Rang von Grundstücksrechten.** Die an einem → Grundstück bestehenden beschränkten dinglichen → Grundstücksrechte sind nicht gleichberechtigt, sondern stehen in einem Rangverhältnis zueinander. Der R. der Grundstücksrechte ist insbes. in der → Zwangsversteigerung des Grundstücks entscheidend, in der ein nachrangiges Recht erst dann zum Zuge kommt, wenn das ihm vorgehende voll befriedigt ist. Der R. der Grundstücksrechte richtet sich bei Eintragung in derselben Abteilung des → Grundbuchs (z. B. mehrere → Hypotheken) grundsätzlich nicht nach der Entstehungszeit der Rechte (sog. *Tempusprinzip*), sondern nach der Reihenfolge der Eintragungen (sog. *Locusprinzip*), bei Eintragungen in verschiedenen Abteilungen (z. B. → Grundschuld, und → Reallast) nach dem Datum der Eintragungen (§ 879 BGB). Eine abweichende Bestimmung des Rangverhältnisses ist möglich; sie bedarf jedoch ebenso der Eintragung im Grundbuch wie eine nachträgliche *Rangänderung* (§§ 879 III,

880 BGB). Durch eine nachträgliche Rangänderung dürfen Zwischenrechte nicht beeinträchtigt werden; ein Rangvortritt eines größeren Rechts ist daher nur in dem Umfang möglich, den das zurücktretende Recht bisher hatte. Der Eigentümer kann sich ferner bei Belastung des Grundstücks mit einem Recht die Befugnis vorbehalten, ein anderes Recht später mit Vorrang eintragen zu lassen; auch dieser sog. *Rangvorbehalt* bedarf der Eintragung im Grundbuch (§ 881 BGB). Das → Grundbuchamt hat zwar Eintragungsanträge in der Reihenfolge ihres Eingangs zu bearbeiten (§§ 17, 45 GBO, → Zwischenverfügung, → Vormerkung); ein Verstoß hiergegen führt jedoch nicht zur Unrichtigkeit des Grundbuchs, da für den Rang allein die Reihenfolge der Eintragungen im Grundbuch entscheidend ist. Da der durch einen solchen Verstoß benachteiligte Rechtsinhaber auch keinen Anspruch aus → ungerechtfertigter Bereicherung gegen den Inhaber des fälschlich als vorrangig eingetragenen Rechts hat (BGH, h. M.), bleibt nur ein Anspruch aus Amtspflichtverletzung gegen den Staat (→ Staatshaftung).

**Rangänderung** → Rang von Grundstücksrechten.

**Rangvorbehalt** → Rang von Grundstücksrechten.

**Rasse, Gleichbehandlung.** Schon aus dem allgemeinen Grundrecht der → Gleichheit vor dem Gesetz (Art. 3 I GG) folgt, daß niemand wegen seiner Rassenzugehörigkeit benachteiligt werden darf; eine unterschiedliche Behandlung aus Gründen der Rassenzugehörigkeit wäre eine mit dem Gleichheitsgrundsatz unverträgliche unsachgemäße Differenzierung. Unter diesem Gesichtspunkt legt Art. 3 III GG noch einmal ausdrücklich fest, daß niemand wegen seiner Rasse benachteiligt oder bevorzugt werden darf. Die *Rassendiskriminierung* ist verboten (s. a. Übereinkommen vom 7. 3. 1966, BGBl. 1969 II 962) und als Kollektivbeleidigung oder → Aufstachelung zum Haß strafbar. Das Verbot der Benachteiligung wegen der Rassenzugehörigkeit steht der unterschiedlichen Behandlung von Staatsbürgern und Ausländern nicht entgegen.

**Rassendiskriminierung** → Aufstachelung zum Haß, → Rasse (Gleichbehandlung).

**Rassisch Verfolgte** → Verfolgte.

**Rasterfahndung** ist der Abgleich personenbezogener Daten nach bestimmten Prüfungsmerkmalen (Rastern) unter Einsatz der Datenverarbeitung zum Zweck der Strafverfolgung, um Nichtverdächtige auszuschließen oder Personen festzustellen, die ermittlungsbedeutsame Prüfungsmerkmale erfüllen. Voraussetzung ist ein → Anfangsverdacht bestimmter erheblicher Straftaten, die nach Deliktsgruppen (z. B. → Betäubungsmitteldelikte) oder Begehungsformen (z. B. → Bande) bezeichnet sind. Die R. ist nur zulässig, wenn die Ermittlung auf andere Weise weniger erfolgversprechend oder wesentlich erschwert wäre (§ 98 a StPO). Die Anordnung hat der Richter zu treffen. Bei Gefahr im Verzug kann dies auch die StA; dann ist aber richterliche Bestätigung binnen 3 Tage erforderlich (§ 98 c StPO). Der maschinelle → Datenabgleich (§ 98 c StPO) stellt keine R. dar. S. a. → Schleppnetzfahndung. Für die präventive R. → Datenerhebung und -verarbeitung.

**Rat** ist nach der → Gemeindeverfassung von Niedersachsen und Nordrhein-Westfalen die Bezeichnung für die → Gemeindevertretung.

**Rat der EG, Rat der EU.** 1. Entwicklung: Ursprünglich hatten die drei Gemeinschaften (EWG, Euratom, Kohle und Stahl) je einen Rat. Diese Organe wurden zu einem gemeinsamen Rat der Gemeinschaften fusioniert. In der Funktion eines obersten politischen Willensorgans konstituierte sich dieser Rat als Europäischer Rat im Rahmen der → Europäischen Politischen Zusammenarbeit. Diese Struktur, die von der Einheitlichen Europäischen Akte übernommen wurde, hat sich auch noch in der → Europäischen Union (→ Maastricht) erhalten.

2. Aktuelle Rechtslage: Der Rat besteht aus Vertretern der Regierungen („Ministerrat") oder der Regierungschefs (Rat der EU). Er entscheidet einstimmig oder mit qualifizierter Mehrheit. Bei Mehrheitsentscheidung wird u. U. die Geltendmachung überragen-

der nationaler Belange akzeptiert (Luxemburger Vereinbarung).

Der Rat ist das wesentliche Gesetzgebungsorgan für das sekundäre Gemeinschaftsrecht. Er hat allerdings keine Gesetzgebungsinitiative, ist also von Gesetzgebungsvorschlägen der → Europäischen Kommission abhängig.

**Ratenkauf, Ratenkredit, Ratenzahlungsgeschäft** → Kreditvertrag, → Sittenwidrigkeit (1, 2).

**Räterepublik** → Rätesystem.

**Raterteilung.** Wer einem anderen einen Rat, eine Empfehlung oder eine Auskunft erteilt, ist hieraus an sich – falls er dabei nicht eine → unerlaubte Handlung begeht – nicht zum Ersatz eines aus der Befolgung des Rats entstehenden Schadens verpflichtet (§ 676 BGB); es liegt eine bloße Gefälligkeit (→ Schuldverhältnis) vor (s. aber → Zeugnis). Oftmals ist jedoch eine Verpflichtung zur R. Bestandteil eines besonderen auf Beratung gerichteten Vertrags, der unentgeltlich (→ Auftrag), entgeltlich (→ Werkvertrag, → Geschäftsbesorgungsvertrag) oder Nebenpflicht eines anderen Vertrags (z. B. Rechtsanwaltsvertrag) sein kann. Hier haftet bei → Verschulden der Beratende wie bei jeder → Positiven Vertragsverletzung. Darüber hinaus verpflichtet nach der Rspr. das auf einer dauernden Geschäftsverbindung beruhende Vertrauensverhältnis, auch ohne daß ein Beratungsvertrag besteht, zu genauer Auskunft über die für den Geschäftspartner erheblichen Umstände (z. B. Auskunft der Bank über die wirtschaftlichen Verhältnisse eines Dritten); eine fahrlässige Verletzung dieser Verpflichtung macht schadensersatzpflichtig.

**Rätesystem.** 1. Im ursprünglichen Sinne ist das R. ein politisches System, das durch die Bestellung von Arbeiterräten die Herrschaft der Arbeiterklasse begründen soll. Von den Sozialisten des 19. Jh. gedanklich entworfen, wurde es 1917 erstmals in Rußland durch Errichtung von Arbeiter-, Soldaten- und Bauernräten unter Außerachtlassung der Grundsätze der → Gewaltentrennung als *Räterepublik* verwirklicht. In Deutschland kam es 1918/1919 zu Versuchen, das R. als politische Herrschaftsform einzuführen. Die Reichsgewalt ging am 9. 11. 1918 auf den Rat der Volksbeauftragten über, der – gestützt auf die Arbeiter- und Soldatenräte – die gesetzgebende und vollziehende Gewalt des Reiches wahrnahm. Der Allgemeine Kongreß der Arbeiter- und Soldatenräte Deutschlands beschloß im Dezember 1918 selbst Wahlen zu einer Nationalversammlung, mit deren Konstituierung am 6. 2. 1919 das Rätesystem sein Ende fand.

2. Der Begriff des R. wurde auf der Grundlage des Art. 165 WV. auch im Wirtschaftsverfassungsrecht gebraucht (Errichtung von Betriebs- und Bezirksarbeiterräten und eines Reichsarbeiterrats zur Wahrnehmung der sozialen und wirtschaftlichen Interessen der Arbeitnehmer; Zusammenschluß mit den Vertretungen der Unternehmer zu Bezirkswirtschaftsräten und zu einem Reichswirtschaftsrat zur Erfüllung gesamtwirtschaftlicher Aufgaben und zur Mitwirkung bei der Ausführung der Sozialisierungsgesetze). Verwirklicht wurde nur die Errichtung der Betriebsräte durch Erlaß des Betriebsrätegesetzes vom 4. 2. 1920. Im GG sind dem Art. 165 WV. entsprechende Vorschriften nicht enthalten. S. jedoch → Betriebsverfassungsrecht.

3. Während das politische R. darin besteht, daß nicht nur wirtschaftliche Teilbereiche durch Räte verwaltet, sondern alle gesellschaftlichen und staatlichen Aufgaben von Räten wahrgenommen werden, sehen demokratische Modelle eine über das allgemeine Maß hinausgehende Teilnahme der Bürger an Entscheidungen nur in bestimmten Teilbereichen der Gesellschaft vor (z. B. in der Wirtschaft, an Hochschulen; Mitbestimmung i. w. S.). Demgegenüber verlangt das R. in seiner strengen Ausprägung die Verwaltung aller Organe des Staates, der Wirtschaft und anderer Bereiche durch Räte, die mit imperativem Mandat ausgestattet und jederzeit abwählbar sind; es lehnt die repräsentative Demokratie, die → Gewaltentrennung und damit auch die Unabhängigkeit der Gerichte (→ Unabhängigkeit des Richters) ab. Es ist deshalb mit dem GG nicht vereinbar.

**Ratifikation.** Enthält ein → völkerrechtlicher Vertrag eine Ratifikationsklausel, so bedeutet das, daß er noch nicht mit der Unterzeichnung durch die Vertreter der vertragsschließenden Staaten wirksam wird, sondern erst, wenn das zur völkerrechtlichen Vertretung des Staates befugte Organ, das Staatsoberhaupt, – oft in feierlicher Form – erklärt, den Vertrag als verbindlich anzusehen (Ratifikation). Über die R. wird eine Urkunde errichtet. Bei zweiseitigen Verträgen werden die R.surkunden zwischen den Vertragspartnern ausgetauscht; bei mehrseitigen Verträgen wird häufig bestimmt, daß sie bei einem der Vertragsstaaten zu hinterlegen sind. Zwischen Unterzeichnung und R. wird, soweit notwendig, die Zustimmung anderer staatlicher Organe (insbes. der gesetzgebenden Körperschaften; vgl. Art. 59 II GG) eingeholt (R.sgesetz, Zustimmungsgesetz, Vertragsgesetz) und der Vertragsinhalt in innerstaatliches Recht transformiert (→ Staatsvertrag).

**ratio legis** = Sinn des Gesetzes. → Auslegung.

**Rationalisierungskartelle** können nach § 5 GWB sowohl durch Verträge und Beschlüsse begründet werden, die lediglich die einheitliche Anwendung von Normen und Typen zum Gegenstand haben (Abs. 1: *Normen- und Typenkartelle;* zur Wirksamkeit nur Anmeldung bei der → Kartellbehörde erforderlich), als auch durch Verträge und Beschlüsse, die darüber hinaus zu einer *Rationalisierung* durch Beschränkung des Wettbewerbs beitragen (Abs. 2, z. B. Vereinbarungen über Lagerhaltung, gemeinsame Qualitätskontrollen, gemeinsame Werbung) oder zusätzlich Preisabreden sowie die Bildung gemeinsamer Beschaffungs- oder Vertriebseinrichtungen – *Syndikate* – zum Inhalt haben (Abs. 3). Sie bedürfen in den Fällen der Abs. 2 und 3 der Erlaubnis der Kartellbehörden, die im Falle des Abs. 3 nur erteilt werden darf, wenn der Rationalisierungszweck auf andere Weise nicht erreicht werden kann. Ferner muß der Rationalisierungserfolg in allen Fällen in einem angemessenem Verhältnis zu der damit verbundenen Wettbewerbsbeschränkung stehen. Vereinbarungen über einheitliche Methoden der Leistungsbeschreibung und Preisaufgliederung (*Kalkulationsverfahrenskartelle,* Abs. 4) sind unverzüglich anzumelden, jedoch auch ohne Anmeldung wirksam. Soweit die Rationalisierung durch Spezialisierung erreicht werden soll (*Spezialisierungskartell,* § 5 a GWB), bedürfen die Vereinbarungen der Anmeldung und werden nur dann wirksam, wenn die Kartellbehörde nicht innerhalb 3 Monaten widerspricht. Soweit ein R. den wirtschaftlichen Verkehr zwischen den Gleidstaaten der → Europäischen Gemeinschaften betrifft, ist neben der Zulassung nach deutschem Recht eine solche nach → Europäischem Kartellrecht erforderlich (Zweischrankentheorie).

**Raub** begeht, wer einem anderen eine fremde bewegliche Sache in der Absicht wegnimmt, sie sich oder einem Dritten rechtswidrig zuzueignen, und dabei → Gewalt gegen eine Person oder → Drohungen mit gegenwärtiger Gefahr für Leib oder Leben anwendet. Der R. ist ein Sonderdelikt, bei dem eines dieser Nötigungsmittel zu den Merkmalen des Diebstahls hinzutritt. Er ist mit Freiheitsstrafe nicht unter 1 Jahr – in minder schweren Fällen 6 Mon. bis 5 Jahre – bedroht (§ 249 StGB).

*Schwerer* R. (§ 250 StGB) liegt vor, wenn der Täter oder Teilnehmer eine Waffe oder ein anderes gefährliches Werkzeug bei sich führt, ein sonstiges Werkzeug oder Mittel zum Verhindern oder Überwinden von Widerstand bei sich führt oder einen anderen in die Gefahr schwerer Gesundheitsschädigung bringt, oder wenn der Täter als Mitglied einer → Bande unter Mitwirkung eines anderen Mitglieds handelt. Die Strafe ist Freiheitsstrafe von mindestens 3 Jahren, bei Verwendung der Waffe oder des gefährlichen Werkzeugs, bei Mitführen einer Waffe beim Bandenraub, schwerer körperlicher Mißhandlung oder Todesgefahr des Opfers mindestens 5 Jahre.

Der R. *mit Todesfolge,* die der Täter wenigstens leichtfertig verursacht, wird mit Freiheitsstrafe nicht unter 10 Jahren oder lebenslanger Freiheitsstrafe bestraft (§ 251 StGB). S. a. → räuberischer Diebstahl, räuberische → Erpressung.

**Raubbau** → Früchte.

**Räuberische Erpressung** → Erpressung.

**Räuberischer Diebstahl** ist weder qualifizierter Diebstahl noch Raub, sondern ein diesem ähnliches Sonderdelikt (Verteidigung der Diebesbeute mit den Mitteln des Raubes). Es gelten aber nach § 252 StGB dieselben Strafdrohungen wie für → Raub. R. D. liegt vor, wenn der beim Diebstahl auf frischer Tat Betroffene, um sich im Besitz der Beute zu erhalten, gegen eine Person → Gewalt oder → Drohungen mit gegenwärtiger Gefahr für Leib oder Leben anwendet. Auf frischer Tat betroffen ist auch, wer nach dem Diebstahl noch am Tatort oder in dessen unmittelbarer Nähe bemerkt wird. Es genügt, wenn Gewalt oder Drohung auf der Flucht (während der Nacheile) angewendet wird.

**Rauchverbot für Jugendliche.** Nach § 9 JÖSchG (→ Jugendschutz) darf Kindern (unter 14 Jahren) und Jugendlichen unter 16 Jahren das Rauchen *in der Öffentlichkeit* nicht gestattet werden. Bei Zuwiderhandlungen kommen Strafmaßnahmen gegen den Jugendlichen nicht in Betracht. Strafbar macht sich aber nach § 12 IV JÖSchG, wer als *Veranstalter oder Gewerbetreibender* (von diesen mit der Leitung Beauftragte: § 14 II StGB) vorsätzlich entweder dem Gebot, das Rauchen der Kinder und Jugendlichen zu verhindern, wiederholt und *beharrlich* zuwiderhandelt oder durch die Zuwiderhandlung ein Kind oder einen Jugendlichen leichtfertig in seiner körperlichen, geistigen oder sittlichen Entwicklung schwer gefährdet. Wer als Veranstalter oder Gewerbetreibender ohne diese besonderen Voraussetzungen oder Folgen vorsätzlich oder fahrlässig Vorschriften über das R. verletzt, oder wer als Person über 18 Jahre den Verstoß eines Kindes oder Jugendlichen gegen das Verbot herbeiführt oder fördert, kann wegen → Ordnungswidrigkeit mit einer Geldbuße belegt werden (§ 12 I Nr. 14 JÖSchG). Veranstalter und Gewerbetreibende haben das R. in deutlicher Form bekannt zu machen (§ 11 JÖSchG).

**Rauchverbot im Wald.** Die VO zum Schutze der Wälder, Moore und Heiden gegen Brände vom 25. 6. 1938 (RBGl. I 700), die nach Maßgabe des Landesrechts weiter gilt, bedroht als → Ordnungswidrigkeit mit Geldbußen: das Rauchen in Wäldern oder auf Moor- oder Heideflächen oder in gefährlicher Nähe solcher Gebiete (unter 100 m Entfernung) in der Zeit vom 1. 3.–31. 10., soweit nicht die VO Ausnahmen gestattet – z. B. bei Arbeiten auf dem Grundstück – oder eine besondere Erlaubnis erteilt ist; ferner das Fallenlassen, Fortwerfen oder unvorsichtige Handhaben brennender oder glimmender Gegenstände (Streichhölzer, Zigaretten usw.). Das gilt auch auf Wegen innerhalb dieser Gebiete mit Ausnahme von Kunststraßen mit mindestens 4 m breiter fester Decke. Diese Vorschriften greifen ein, auch ohne daß das Rauchen eine *konkrete Gefährdung* des Waldes usw. verursacht; ist das der Fall, so ist nach 306 f. StGB Freiheitsstrafe bis zu 3 Jahren (bei Fahrlässigkeit bis 1 Jahr) oder Geldstrafe zu verhängen (→ Waldbrandschutz). Die VO vom 25. 6. 1938 ist in den meisten Ländern ersetzt durch Vorschriften der Landeswald(forst)gesetze, die ähnliche Regelungen enthalten oder die Forstbehörden zu solchen ermächtigen (vgl. für Bayern Art. 17 WaldG i. d. F. vom 25. 8. 1982, GVBl. 824) m. Änd.

**Rauchverbot in Betrieben und Verkehrsmitteln** besteht teils nach Bundes-, teils nach Landesrecht; ergänzend auch durch → Tarifvertrag oder → Betriebsvereinbarung (s. a. → Direktionsrecht; ob umgekehrt ein Unterlassungsanspruch des Arbeitnehmers besteht, ist str.). Vgl. z. B. § 57 → Eisenbahn-Bau- und BetriebsO, § 59 II BOStrab (→ Straßenbahnen), § 14 II Nr. 8, IV BOKraft (→ Personenbeförderung). Für Geschäftsräume und Garagen s. die landesrechtlichen Vorschriften, z. B. NRW § 21 VO vom 22. 1. 1969, GVBl. 168, § 18 V VO vom 2. 9. 1990, GVBl. 600. S. a. → Arbeitsstättenverordnung.

**Raufhandel** → Schlägerei.

**Raumcharter** ist ein → Chartervertrag, der sich auf einen bestimmten Raum in einem Schiff bezieht (§ 556 Nr. 1 HGB).

**Raumfahrt.** Die Deutsche Agentur für Raumfahrtangelegenheiten GmbH (DARA) nimmt als → beliehener Unternehmer die Aufgaben der für Raumfahrtangelegenheiten zuständigen obersten Bundesbehörden bei Planung und Durchführung der Raumfahrt im nationalen und internationalen Bereich wahr (RAÜG vom 8. 6. 1990, BGBl. I 1014).

**Räumlicher Geltungsbereich des Rechts** → Geltungsbereich.

**Raumordnung** ist die übergeordnete, über das Gebiet der kleinsten Verwaltungseinheiten (→ Gemeinden; s. a. → Bauleitplanung) hinausgehende sowie die vielfältigen Fachplanungen zusammenfassende und aufeinander abstimmende Planung. Durch das RaumordnungsG v. 18. 8. 1997 (BGBl. I 2081) – ROG – hat der Bund von der ihm nach Art. 75 I Nr. 4 GG zustehenden Kompetenz zum Erlaß von Rahmenvorschriften auf dem Gebiet der R. Gebrauch gemacht. Leitvorstellung bei der Raumordnung ist nach § 1 II eine nachhaltige Raumentwicklung, die die sozialen und wirtschaftlichen Ansprüche an den Raum mit seinen ökologischen Funktionen in Einklang bringt und zu einer dauerhaften, großräumig ausgewogenen Ordnung führt. Wesentliche Bestimmung des ROG sind die in § 2 formulierten Grundsätze der Raumordnung, welche für die Verwaltungen und Planungsträger des Bundes sowie die → Landesplanung der Länder unmittelbar gelten (§§ 4, 5). Nach § 6 ROG schaffen die Länder Rechtsgrundlagen für eine Raumordnung in ihrem Gebiet (Landesplanung). Raumordnungspläne benachbarter Länder sind abzustimmen (§ 8 II ROG). In größeren Ländern sind → Regionalpläne aufzustellen (§ 9 I ROG). Bund und Länder wirken bei der Beteiligung an der Raumplanung im europäischen Raum zusammen (§ 18 ROG). In regelmäßigen Abständen werden Raumordnungsberichte erstellt (§ 21 ROG). Anders als die *„Fachplanung"*, die durch → Verwaltungsakt und → Planfeststellung unmittelbare Rechtswirkungen für den Bürger äußert, ist Adressat der Planung im Bereich der R. die Verwaltung in ihren verschiedenen Planungsträgern (Behörden, Gemeinden usw.). In die Fachplanung fließt die Planung der R. über Begriffe wie Gemeinwohl, öffentliches Interesse u.ä. ein. Da sie den Bürger nur mittelbar berührt, ist die Planung im Bereich der R. als solche nicht gerichtlich anfechtbar. Das kann im Ergebnis zu einer nicht unbeträchtlichen Verkürzung des Rechtsschutzes führen.

**Räumungsfrist** bei Wohnraum → Miete (5 c).

**Räumungsklage** ist eine → Leistungsklage, die auf die Räumung eines Grundstücks oder Grundstücksteils, insbes. von Wohn- oder Geschäftsräumen, gerichtet ist. Soweit → Miete von Wohnraum oder anderen Räumen zugrundeliegt, ist für die R. örtlich und sachlich ausschließlich das → Amtsgericht zuständig, in dessen Bezirk der Wohnraum liegt, soweit es sich um Wohnraum in Hauptmiete, eine Familienwohnung oder nicht möbliert vermietete Untermieträume handelt (§ 23 Nr. 2 a GVG, § 29 a ZPO).

**Räumungsschutz** → Miete (5 c); s. a. → Mieterschutz.

**Räumungsvergleich** → Miete (5 c).

**Räumungsverkauf** ist die Räumung eines vorhandenen Warenvorrats durch einen Gewerbetreibenden zu herabgesetzten Preisen. Er ist für die Dauer von 12 Werktagen zulässig, wenn die Räumung infolge eines Wasser- oder Feuerschadens (oder dgl.) oder zur Durchführung eines Umbaus den Umständen nach erforderlich ist (Räumungszwangslage, § 8 I UWG). Darüber hinaus kann ein R. wegen Aufgabe des gesamten Geschäftsbetriebs, also nicht bei Aufgabe einer → Zweigniederlassung oder einer einzelnen Warengattung, auch außerhalb des Zeitraums für einen → Schlußverkauf für die Dauer von höchstens 24 Werktagen durchgeführt werden, wenn innerhalb von 3 Jahren zuvor kein solcher R. stattgefunden hat (*Ausverkauf,* § 8 II UWG). R. sind vor ihrer erstmaligen Ankündigung bei der zuständigen Berufsvertretung, z. B. der → Industrie- und Handelskammer, anzuzeigen. Das Vor- und Nachschieben von Waren (die also nur für den R. beschafft werden) ist unzulässig. Bei Verstößen kann Unterlassung wegen → unlauteren Wettbewerbs begehrt werden. S. ferner → Sonderveranstaltung, → Insolvenzwarenverkauf.

**Räumungsvollstreckung** → Miete (5 c).

**Rauschgift** → Betäubungsmittel-Gesetz.

**Rauschgiftdelikte** → Betäubungsmitteldelikte.

**Rauschgiftsucht** → Anstaltsunterbringung (4), → Maßregeln der Besserung und Sicherung (II 2), → Betreuung.

**Rauschtat** wird die im Zustand der rauschbedingten Schuldunfähigkeit begangene, rechtswidrige, d. h. den Tatbestand eines Strafgesetzes verwirklichende Handlung (§ 11 I Nr. 5 StGB) genannt; sie ist → Bedingung der Strafbarkeit wegen vorsätzlichen oder fahrlässigen Sichberauschens (§ 323 a StGB; → Vollrausch).

**Rayon** → Schutzbereich.

**Reaktionszeit und Schrecksekunde** sind zwei in der Rspr. zum Verkehrsrecht entwickelte Begriffe.

*Reaktionszeit* ist die Zeitspanne, die bei natürlichem Ablauf eines Verkehrsvorgangs zwischen einem äußeren Ereignis und der dadurch veranlaßten Handlungsweise eines Verkehrsteilnehmers – insbes. Fahrzeugführers – liegt, z. B. das Betätigen der Bremsen nach Stoppen eines vorausfahrenden Fz., die Reaktion auf Farbenwechsel der Verkehrsampel usw.

Dagegen wird als *Schrecksekunde* die Zeitspanne bezeichnet, die ein Verkehrsteilnehmer braucht, um bei *plötzlich* auftretender Gefahrenlage eine Gegenmaßnahme zu treffen (Ausweichen, Bremsen usw.).

Während er also die normale (notwendige) R. jederzeit für sich in Anspruch nehmen und sich dadurch von einem Schuldvorwurf entlasten kann, ist ihm dies bei der S., die ggf. der R. vorangeht, nur zuzubilligen, wenn er mit der unvorhergesehen aufgetretenen Gefahr nicht hat rechnen müssen. So muß z. B. der Fahrer auf Abstoppen des vor ihm fahrenden Kfz. gefaßt sein, nicht aber auf unmotiviertes Aufblenden eines entgegenkommenden. R. und S. sind den Umständen nach verschieden zu bemessen; sie können kürzer oder länger als eine Sek. sein. Bei mehreren unvorhergesehenen Ereignissen können sie sich entsprechend verlängern. Bei → Blendung kann die sog. Blindsekunde hinzutreten. Außer R. u. S. ist auch noch die „Bremsansprechzeit" zu berücksichtigen.

**Reaktor** → Atomgesetz.

**Reaktorschiffe.** Die Haftung für R. regelt sich grundsätzlich nach dem → Atomgesetz (§ 25 a). Einzelheiten über die Haftung im Rahmen der internat. Schiffahrt enthält das Brüsseler Reaktorschiffabkommen vom 25. 5. 1962 (BGBl. 1975 II 957, 977).

**Reaktorunfälle** (zivil- u. strafrechtl. Verantwortlichkeit) → Atomgesetz, → Umweltkriminalität.

**Realakt** → Rechtshandlung.

**Realakte (im Verwaltungsrecht)** sind Handlungen der Verwaltung, die nicht auf einen rechtlichen, sondern nur auf einen tatsächlichen Erfolg gerichtet sind. Sie sind also keine → Verwaltungsakte. Unter den Begriff fallen sehr unterschiedliche Handlungen, z. B. nur tatsächliche Maßnahmen wie die Errichtung eines Dienstgebäudes oder eine Dienstfahrt, aber auch Willensäußerungen wie Auskünfte, Warnungen, etwa vor bestimmten Lebens- oder Genußmitteln oder vor einer bestimmten Jugendsekte. R. bedürfen im Gegensatz zu Verwaltungsakten keiner ausdrücklichen gesetzlichen Grundlage, müssen sich aber im Rahmen der Rechtsordnung halten, insbes. die Grundrechte betroffener Personen beachten. Soweit bei drohenden Störungen der öffentl. Sicherheit oder Ordnung die Vorschriften des Polizeirechts nicht ausreichen, wird man u. U. eine Befugnis zur Information und Aufklärung der Öffentlichkeit annehmen können (vgl. BVerwG 82, 76/80). Erforderlich ist aber jedenfalls eine genaue Prüfung der Gefahrsituation und eine sorgfältige Abwägung mit den möglichen Auswirkungen (Grundsatz der Verhältnismäßigkeit). Da der R. kein Verwaltungsakt ist, kann er vor den Verwaltungsgerichten nicht mit der Anfechtungsklage angegriffen werden. Die Behörde muß aber die durch einen rechtswidrigen R. verursachten Folgen beseitigen (Folgenbeseitigungsanspruch). Möglich ist also die allgemeine Leistungsklage (→ Verwaltungsstreitverfahren, 1 b) auf Unterlassung des R. und Beseitigung der Folgen (etwa durch Berichtigung, Widerruf). U. U.

kann auch ein Schadensersatzanspruch aus Amtspflichtverletzung oder ein Entschädigungsanspruch in Betracht kommen.

**Realangebot** → Gläubigerverzug.

**Realfolium** → Grundbuch.

**Realkonkurrenz** → Konkurrenz von Straftaten.

**Realkontrakt** → Vertrag (4).

**Realkredit** ist die Bezeichnung für einen Kredit, der durch die Haftung von Sachen, und zwar – langfristig – meist durch Grundpfandrechte (→ *Hypothek*, → Grundschuld, → Rentenschuld), gesichert ist; anders beim *Personalkredit* (Sicherung z. B. durch → Bürgschaft). Der R. wird gewährt von → Hypothekenbanken, → Sparkassen, Versicherungen sowie in geringem Maße von Privatpersonen. Zur Anwendung des Verbraucherkreditgesetzes → Kreditvertrag (2, 3 a. E.).

**Reallast** ist die Belastung eines → Grundstücks oder → grundstücksgleichen Rechts in der Weise, daß an den Berechtigten – dies kann auch der jeweilige Eigentümer eines anderen Grundstücks sein – wiederkehrende Leistungen aus dem Grundstück zu entrichten sind (§ 1105 BGB). Diese können in Natural- oder Geldleistungen (auch mit einer Anpassungsklausel an veränderte Verhältnisse) sowie in einem Handeln, z. B. Hand- und Spanndiensten, bestehen (anders als bei der → Grunddienstbarkeit, wo ein Dulden oder Unterlassen gesichert wird). Die Leistungen müssen – nicht notwendig regelmäßig – wiederkehren; ihre Bestimmbarkeit (z. B. standesgemäßer Unterhalt) genügt. Für die Begründung, Übertragung und Aufhebung gelten die allgemeinen Vorschriften über → Grundstücksrechte. Für die einzelnen Leistungen haftet das Grundstück wie für die Zinsen einer → Hypothek (§ 1107 BGB); der Eigentümer des Grundstücks haftet daneben grundsätzlich für die während der Dauer seines Eigentums fällig werdenden Leistungen auch persönlich (§ 1108 BGB). Die R. kommt heute hauptsächlich bei landwirtschaftlichen Altenteilsverträgen in Betracht (→ Übergabevertrag). S. a. → Rentenschuld.

**Realrechte** sind Rechte, die mit einem Grundstück verbunden sind, d. h. persönliche oder sog. radizierte → Grundstücksrechte (z. B. → Grunddienstbarkeit).

**Realschule.** Die R. ist eine weiterführende Schule mit unterschiedlicher Ausgestaltung in den Ländern. Sie beginnt in der 5. oder 7. Jahrgangsstufe und dauert bis zur 10. Jahrgangsstufe. Der Realschulabschluß (früher: mittlere Reife) berechtigt zum Besuch der → Fachoberschule und unter bestimmten Voraussetzungen zum Übergang in ein → Gymnasium.

**Realsplitting.** Unterhaltsleistungen an den geschiedenen oder dauernd getrennt lebenden Ehegatten können im Kalenderjahr wahlweise bis 27 000 DM als → Sonderausgabe (begrenztes Wahl-R., § 10 I Nr. 1 EStG) oder bis 12 000 DM als außergewöhnliche → Belastung (§ 33 a I EStG) abgezogen werden. Der Abzug als Sonderausgabe setzt Zustimmung des Unterhaltsberechtigten voraus mit der Folge, daß dieser die erhaltenen Unterhaltszahlungen zu versteuern hat (§ 22 Nr. 1 a EStG).

**Realsteuern** sind eine Unterart der → Objektsteuern; R. sind nur die → Grundsteuer und die → Gewerbesteuer (§ 3 II AO). Das Aufkommen steht den Gemeinden zu (→ Gemeindeabgaben; → Verteilung des Steueraufkommens).

**Realunion** ist eine auf Dauer berechnete → Staatenverbindung unter demselben Staatsoberhaupt mit gemeinsamen Staatsorganen. Anders als die → Personalunion beruht sie nicht auf dynastischem Zufall, sondern auf der verfassungsrechtlichen Vereinbarung gemeinschaftlicher Institutionen. Gemeinsam für die Gliedstaaten ist i. d. R. die Verwaltung der auswärtigen und der militärischen, mitunter auch der finanziellen Angelegenheiten. Trotzdem werden die Gliedstaaten als selbständige → Völkerrechtssubjekte angesehen. Beispiele: Österreich-Ungarn 1867–1918; Schweden-Norwegen 1815–1905; Dänemark-Island 1918–1944.

**Realvertrag** → Vertrag (4).

**Rechenschaftslegung.** Wer fremde Angelegenheiten zu besorgen hat (insbes. → Vormund, Betreuer, Vorerbe, Geschäftsführer ohne Auftrag, Beauftragter, geschäftsführender Gesellschafter u. a.), hat neben seiner Pflicht zur → Auskunft über seine Verwaltung Rechenschaft abzulegen, d. h. eine geordnete Zusammenstellung der Einnahmen und Ausgaben mitzuteilen und die entsprechenden Belege vorzulegen (§ 259 BGB). Besteht Grund zu der Annahme, daß die in der Rechnung gemachten Angaben nicht vollständig oder nicht mit der erforderlichen Sorgfalt gemacht worden sind, so hat der Verpflichtete – außer bei Angelegenheiten von geringer Bedeutung – eine → eidesstattliche Versicherung des Inhalts abzugeben, daß er nach bestem Wissen die Einnahmen so vollständig angegeben habe, als er dazu imstande sei (→ Offenbarungs (eid)versicherung, → Stufenklage). S. a. → Kommission.

**Recherchenantrag** ist der bei einer → Patentanmeldung zulässige schriftliche Antrag (§ 43 PatG), daß das Patentamt die öffentlichen Druckschriften ermittelt, die für die Beurteilung der Patentfähigkeit der angemeldeten Erfindung in Betracht zu ziehen sind. Die ermittelten Druckschriften werden dem Antragsteller und, wenn dies ein Dritter war, auch dem Patentsucher mitgeteilt.

**Rechnung, Übersendung der** – → Schuldnerverzug; laufende R. → Kontokorrent. S. a. → Ohne-Rechnung-Geschäft, → pro forma-Rechnung, → Abrechnung. R. i. S. der *Umsatzsteuer* ist jede Urkunde, mit der ein Unternehmer über eine Lieferung oder sonstige Leistung abrechnet, gleichgültig wie diese Urkunde im Geschäftsverkehr bezeichnet wird, insbesondere Rechnungen, Quittungen, Gutschriften, Abrechnungen, Gegenrechnungen und Frachtbriefe. Der Leistungsempfänger hat einen Rechtsanspruch auf eine R. mit gesondertem Umsatzsteuerausweis (§ 14 I UStG); → Umsatzsteuer G, 8.).

**Rechnungshöfe** sind die Rechnungsprüfungsbehörden für die Haushalte der öffentlichen Verwaltungen. Den R. n. obliegt die Nachprüfung der Rechnungslegung nach Abschluß des Rechnungsjahres und damit zugleich die Überwachung der gesamten Haushalts- und Wirtschaftsführung der öffentlichen Hand. Als Rechnungsprüfungsbehörde für die Bundesorgane und die Bundesverwaltungen wurde gem. Art. 114 II 1 GG der Bundesrechnungshof errichtet; er ist eine → oberste Bundesbehörde und als unabhängiges Organ der Finanzkontrolle nur dem Gesetz unterworfen (G v. 11. 7. 1985, BGBl. I 1445). Die Mitglieder des BRH genießen richterliche Unabhängigkeit, die durch das GG verfassungsrechtlich garantiert ist. Dem BRH obliegt auch die Haushalts- und Wirtschaftsprüfung der → Bundesbahn sowie der → Sozialversicherungsträger, soweit diese Zuschüsse aus öffentlichen Mitteln erhalten. Die Länder haben für ihre Verwaltungen eigene Rechnungsprüfungsbehörden errichtet (Oberste R.). Ihre Mitglieder haben ebenfalls richterliche Unabhängigkeit. Für die Kommunalverwaltungen bestehen besondere Rechnungsprüfungsstellen.

**Rechnungsjahr** → Haushaltsrecht.

**Rechnungslegung** 1. Die R. von bestimmten Unternehmen und Konzernen ist nach dem sog. Publizitätsgesetz vom 15. 8. 1969 (BGBl. I 1189) zuletzt geändert mit G v. 28. 10. 1994 (BGBl. I 3210, 3264) vorgeschrieben. Hierzu verpflichtet sind Unternehmen in bestimmter Rechtsform (insbes. → Handelsgesellschaften, § 3) und in bestimmter Größenordnung (§ 1, mindestens zwei der drei folgenden Merkmale: Bilanzsumme über 125 Millionen DM, Umsatz über 250 Millionen DM, über 5000 Arbeitnehmer), ferner → Konzerne entsprechender Größenordnung, wenn die Konzernunternehmen unter einheitlicher Leitung eines Unternehmens stehen (§ 11). Die R. umfaßt den → Jahresabschluß, der gemäß § 6 geprüft wird, und den → Lagebericht (§ 5); beide sind offenzulegen und zum → Handelsregister einzureichen (§ 9); der Jahresabschluß ist im Bundesanzeiger bekanntzumachen. Entsprechend ist die R. der Konzerne geregelt (§§ 11ff.).

2. Unter R. i. w. S. versteht man die Verpflichtung zur Führung von Handelsbüchern (→ Buchführung), die jeden Kaufmann trifft. Jeder Kaufmann ist verpflichtet, eine Bilanz zu erstellen (§ 242 HGB; für Kapitalgesellschaften § 264 HGB, für Konzerne § 290 HGB,

für Genossenschaften § 336 HGB, für Kreditinstitute § 340a HGB, für Versicherungsunternehmen § 342a HGB).

3. Neben der Pflicht zur Aufstellung des Jahresabschlusses bedeutet Rechnungslegung auch die Offenlegung des Jahresabschlusses (§ 325 HGB; § 9 Publizitätsgesetz). Die Offenlegungspflicht betrifft nur Kapitalgesellschaften, Genossenschaften, Kreditinstitute und Versicherungsunternehmen. Einzelkaufleute und Personenhandelsgesellschaften müssen den Jahresabschluß nur offenlegen, wenn sie die unter Ziffer 1 des Publizitätsgesetzes dargestellten Größenmerkmale erreichen.

4. S. a. → Rechenschaftslegung.

**Recht.** 1. a) Recht im *objektiven* Sinne ist die *Rechtsordnung,* d. h. die Gesamtheit der Rechtsvorschriften, durch die das Verhältnis einer Gruppe von Menschen zueinander oder zu den übergeordneten Hoheitsträgern oder zwischen diesen geregelt ist. Diese Regeln können ausdrücklich gesetzt sein (gesetztes R. oder *Rechtsnorm;* → Gesetz) oder sich in langjähriger Übung herausgebildet haben *(Gewohnheitsrecht).* Weitere Rechtsquellen sind nach neuerer Auffassung die jeder Rechtsordnung zugrundeliegenden allgemeinen Rechtsgedanken. Somit gibt es *geschriebenes* und *ungeschriebenes* R. Die Rechtsnormen (jeder Art), die in einer bestimmten Gemeinschaft und einem bestimmten Bereich effektiv gelten, bezeichnet man als *positives* R.; sie können, sofern sie tatsächlich verbindlich (und meist von einer staatlichen Autorität garantiert) sind, gesetztes oder nicht gesetztes R. (→ Naturrecht, Gewohnheitsrecht) sein.

b) Im Gegensatz zum objektiven R. ist unter *subjektivem* Recht eine Befugnis zu verstehen, die sich für den Berechtigten aus dem objektiven R. unmittelbar ergibt (gesetzliches R.) oder die auf Grund des objektiven R. erworben wird (erworbenes R.). Das subjektive R. kann ein Herrschaftsrecht, ein Anspruch oder ein Gestaltungsrecht sein.

Die *Herrschaftsrechte* gliedern sich in *absolute,* die gegen jeden Dritten wirken (z. B. Eigentum, Urheberrecht), und *relative,* die sich gegen bestimmte Personen richten (insbes. Rechte aus Schuldverhältnissen: Forderungen aus Darlehen, Kauf- oder Mietvertrag, Schadensersatzansprüche usw.).

Kraft eines *Anspruchs* kann der Berechtigte von einem anderen ein Tun oder Unterlassen verlangen, § 194 BGB (z. B. der Mieter vom Vermieter die Einräumung des Besitzes an der Mietsache, der Grundstückseigentümer vom Nachbarn das Unterlassen unzulässiger Einwirkungen). Nach dem BGB sind schuldrechtliche, dingliche, familien- und erbrechtliche Ansprüche zu unterscheiden; die schuldrechtlichen (auch persönliche oder obligatorische Ansprüche genannt) decken sich mit den sog. Forderungen, die dinglichen ergeben sich aus dem Sachenrecht (Eigentum, Pfandrecht usw.).

Die *Gestaltungsrechte* verleihen dem Berechtigten die Befugnis, subjektive Rechte zu begründen, zu verändern oder aufzuheben (z. B. Kündigung eines Darlehensvertrags, die einen Rückzahlungsanspruch auslöst; → Anfechtung von Willenserklärungen oder → Rücktritt vom Vertrag; Anfechtung der Vaterschaft).

Nach der Art des Rechtserwerbs ist ein *derivatives* R. ein abgeleitetes (z. B. durch Kauf oder Eigentumsübertragung erworbenes), ein *originäres* R. ein ursprünglich entstandenes (z. B. Aneignung einer herrenlosen Sache).

2. Die Rechtsnormen werden eingeteilt in öffentliches und privates R. Das *öffentliche* R. regelt das Verhältnis des Einzelnen zum Staat und den übrigen Trägern öffentlicher Gewalt sowie das Verhältnis der Verwaltungsträger zueinander; dazu gehören Staats-, Völker-, Kirchen-, Strafrecht, Zivilprozeßrecht, Strafprozeßrecht, Steuerrecht, Sozial- und Sozialversicherungsrecht u. a. m.

Das *Privatrecht* regelt die Rechtsbeziehungen der einzelnen zueinander; dazu zählen insbes. die Bestimmungen des BGB und seiner Ergänzungsgesetze (AGBG, WEG usw.; → Bürgerliches Recht), das Handels-, Wechsel-, Scheck- und Wertpapierrecht, das Urheber- und Erfinderrecht, das Privatversicherungsrecht.

Grundsätzlich unterscheiden sich öffentliches und privates R. dadurch, daß im öffentlichen R. der Einzelne dem Staat *untergeordnet* ist, während im Privatrecht die Beteiligten einander *gleichgeordnet* sind. Auch öffentliche Rechtsträger – z. B. Länder, Gemeinden – können sich auf privatrechtlicher Ebene gleichgeordnet gegenübertreten, etwa beim Abschluß von Nutzungsverträgen. Manche Rechtsgebiete enthalten sowohl öffentlich-rechtliche wie privatrechtliche Normen, insbes. das → Arbeitsrecht (Übersicht s. Anhang).

3. Die Rechtsnormen, die das R. als solches ordnen, werden als *materielles* R. bezeichnet (z. B. das bürgerliche R., das Strafrecht), die Normen, die der Durchsetzung des materiellen R. dienen, als *formelles* R.; dazu gehört insbes. das Verfahrensrecht (Zivilprozeß-, Strafprozeßrecht usw.).

Kann die rechtlich vorgeschriebene Regelung durch die Beteiligten geändert werden, so handelt es sich um *nachgiebiges* R. – ius dispositivum –, sonst um *zwingendes* R. – ius cogens -; so ist z. B. das Vertragsrecht des BGB grundsätzlich abänderbar, das Verfahrensrecht in aller Regel nicht. Von *billigem* und *strengem* R. – ius aequum, ius strictum – spricht man je nachdem, ob das Gesetz dem Richter oder den Beteiligten einen Spielraum für eine Entscheidung nach Billigkeitsgesichtspunkten läßt oder nicht (in manchen Fällen entscheidet das Ermessen eines Beteiligten, während es in anderen ausgeschlossen ist, so z. B. bei Untergang eines Anspruchs infolge Versäumung einer Frist zur Geltendmachung).

4. R. und *Moral* (Sittlichkeit) decken sich nicht immer; die Moral wendet sich an die Gesinnung des Menschen, während das R. sein äußeres Verhalten regelt. Moralisches Verhalten ist – ebenso wie die Beachtung der *Sitte* (das sind die in der Gemeinschaft geltenden Anstandsregeln und Gebräuche) – nur erzwingbar, soweit es auch von Rechtsvorschriften gefordert wird.

5. S. a. → Auslegung, → Rechtsanwendung, → Rechtsfortbildung, → Rechtsphilosophie, → Rechtssoziologie, → Naturrecht, → Rechtspositivismus, → Rechtsgeschichte, → Rechtswissenschaft, → Rechtsverhältnis.

**Recht am eigenen Bild** → Bildnis.

**Recht auf Arbeit.** Das Grundgesetz enthält kein → Grundrecht auf A.; wohl aber ist es in einigen Landesverfassungen enthalten (z. B. Bayern: Art. 166 II; Berlin: Art. 18; Bremen: Art. 8 I; Hessen: Art. 28 II; Nordrhein-Westfalen: Art. 24 III 1), wobei im Einzelfall streitig ist, inwieweit es sich um ein echtes Grundrecht und nicht nur um einen Programmsatz handelt. Die Übernahme in das GG wird insbesondere von gewerkschaftlicher Seite gefordert.

**Rechte, Aberkennung** (Verlust) → Aberkennung von Rechten und Fähigkeiten.

**Rechte und Pflichten, staatsbürgerliche** → staatsbürgerliche R. u. Pfl.

**Rechte, wohlerworbene.** Nach Art. 129 I, 3, IV 1 WV waren die w. R. der Beamten und der Berufssoldaten unverletzlich; der Umfang dieser Garantie war umstritten. Das geltende Recht kennt den Begriff der w. R. nicht mehr. Doch ist nach Art. 33 V GG das Recht des öffentlichen Dienstes unter Berücksichtigung der hergebrachten Grundsätze des Berufsbeamtentums zu regeln. Damit ist jedenfalls der Grundbestand der Rechtsstellung des Beamten (auch in besoldungsrechtlicher Hinsicht) verfassungsmäßig garantiert.

**Rechte an Grundstücken** → Grundstücksrechte.

**Rechte an Luftfahrzeugen** → Luftfahrzeuge.

**Rechte an Schiffen** → Schiff, → Schiffspfandrecht.

**Rechtfertigungsgründe** → Rechtswidrigkeit.

**Rechtliches Gehör.** Nach Art. 103 I GG (und den entsprechenden Bestimmungen der Landesverfassungen) hat vor Gericht jedermann Anspruch auf r. G. Dieser Grundsatz ist als → Grundrecht garantiert. Er besagt, daß einer gerichtlichen Entscheidung nur solche Tatsachen und Beweisergebnisse zugrunde gelegt werden dürfen, zu denen Stellung zu nehmen den Beteiligten Gelegenheit gegeben war. Er gewährt den Prozeßbeteiligten eine Mindestgarantie des Inhalts, daß eine für sie nachteilige Entscheidung nicht ohne ihre vorherige Anhörung getroffen werden kann, und schützt die Partei vor Überrumpelung mit unbekannten Tatsachen und Beweisergebnissen. Er soll nicht nur die Sachaufklärung fördern und damit zu einer „richtigen" Entscheidung beitragen, sondern dient zugleich dem Schutz der Würde der Person. Das r. G. kann auch verletzt sein, wenn einem Beteiligten bei unverschuldet verspäteter Einlegung eines Rechtsbehelfs (z. B. Verzögerung und die Post) keine Wiedereinsetzung in den vorigen Stand gewährt wird. Der Grundsatz des r. G. umfaßt auch die Befugnis, vor Gericht Rechtsausführungen zu machen. Dagegen gibt er keinen Anspruch auf eine vollständige rechtliche Erörterung des Streitfalles (Rechtsgespräch), auch nicht auf eine bestimmte Beweisaufnahme und Prozeßführung. Auf mögliche Veränderungen eines rechtlichen Gesichtspunktes hat das Gericht rechtzeitig hinzuweisen (§ 265 StPO, § 278 III ZPO). Die Nachholung eines versäumten r. G. im Strafverfahren ermöglichen die §§ 33a, 311a StPO; sie ist aber nicht allgemein in den Prozeßgesetzen vorgesehen. Ist eine gerichtl. Entscheidung unter Verletzung des r. G. ergangen, so kann (nach Erschöpfung des Rechtswegs) → Verfassungsbeschwerde erhoben werden. Obwohl Art. 103 I GG das r. G. nur vor den Gerichten garantiert, ist der Grundsatz als Ausfluß des → Rechtsstaatsprinzips auch im Verfahren vor den Verwaltungsbehörden zu beachten, jedenfalls wenn in die Rechtsstellung der Bürger eingegriffen und ihnen Rechte oder rechtliche Vorteile entzogen oder beschränkt werden sollen. Allerdings kann hier im weiteren Verfahren (Widerspruchsverfahren, verwaltungsgerichtl. Verfahren) das r. G. grundsätzlich nachgeholt werden. S. a. → Anhörung.

**Rechtmäßigkeit der Verwaltung** ist der Grundsatz, daß die Tätigkeit der Verwaltung in jeder Hinsicht dem geltenden Recht entsprechen muß. Er deckt sich weitgehend mit dem Grundsatz der → Gesetzmäßigkeit der Verwaltung, reicht aber insofern weiter, als die Verwaltung auch dort, wo sie ohne nähere gesetzliche Regelung (z. B. bei der Vergabe von Subventionen) oder privatrechtlich (fiskalisch) tätig wird, gewissen Beschränkungen unterliegt, insbes. einer Bindung an die Grundrechte, namentlich an den → Gleichheitssatz. Vgl. auch → Leistungsverwaltung.

**Rechtsakte EG.** Der Begriff ist im Gemeinschaftsrecht bedeutungsgleich mit → Rechtshandlungen EG.

**Rechtsanalogie** → Analogie.

**Rechtsangleichung (europ. Gemeinschaften).** Zu den Aufgaben der → europäischen Gemeinschaften gehört die Angleichung des innerstaatlichen Rechts der Mitgliedstaaten (Art. 3 EGV). Von Bedeutung ist vor allem die R. im Bereich der → ernährungswirtschaftlichen Marktordnung, der europ. → Niederlassungsfreiheit, des Dienstleistungsverkehrs sowie bei der Unternehmensverfassung und im Patentrecht. Mittel der R. sind → Richtlinien (Art. 189 EGV), Empfehlungen (Art. 27 EGV) und → Verordnungen (Art. 43, 49 EGV). S. a. → Gemeinschaftsrecht (europ.).

**Rechtsanspruch** → Anspruch, → subjektives öffentliches Recht.

**Rechtsanwalt.** 1. Der R. ist ein unabhängiges Organ der Rechtspflege und übt einen freien Beruf – kein Gewerbe – aus (§§ 1, 2 der Bundesrechtsanwaltsordnung – BRAO – vom 1. 8. 1959, BGBl. I 565 m. spät. Änd.); über Zusammenschluß mehrerer R. → Sozietät, → Partnerschaftsgesellschaft. Übergangsregelung für das Gebiet der ehem. DDR in Art. 21 des Ges. vom 2. 9. 1994 (BGBl. I 2278). Der R. ist der berufene Berater und Vertreter in allen Rechtsangelegenheiten (§ 3 BRAO, → Rechtsberatung). Als RA wird durch die LdJustVerw. nur zugelassen, wer die Befähigung zum Richteramt erlangt hat (§ 4 BRAO). Der R. ist freizügig (§ 5 BRAO), muß aber bei einem bestimmten Gericht zugelassen sein und in dessen Bezirk eine Kanzlei einrichten (§§ 18, 27 BRAO); s. i. e. → Zulassung zur Rechtsanwaltschaft. Die Zulassung beim Bundesgerichtshof ist eine ausschließliche, ebenso grundsätzlich beim Oberlandesgericht (§§ 25, 171 BRAO mit Ausnahmen gem. § 226 BRAO; in 9 Ländern der BRep.: Anspruch auf gleichzeitige Zulassung nach 5 jähriger Tätigkeit bei einem erstinstanzlichen Gericht). Bei Amts- und Landgerichten ist sie bei mehreren Gerichten – sog. *Simultanzulassung* – möglich (§ 23 BRAO); wer bei einem AG zugelassen ist, muß auf seinen Antrag auch beim übergeordneten LG zugelassen werden.

Abgesehen von Einschränkungen im → Anwaltsprozeß und in der → Arbeitsgerichtsbarkeit ist der RA befugt, vor allen Gerichten und Behörden aufzutreten, insbes. als → Prozeßbevollmächtigter und → Verteidiger. S. a. → Fachanwalt. Über die Zulässigkeit vorübergehender Tätigkeit von R. aus EG-Ländern in Deutschland s. Ges. vom 16. 8. 1980 (BGBl. I 1453) m. Änd., zur erleichterten Zulassung §§ 206 f. BRAO. R. aus den EU-Ländern steht über eine Eignungsprüfung der Weg zum R. in Deutschland offen (Ges. vom 6. 7. 1990, BGBl. I 1349, und VO vom 18. 12. 1990, BGBl. I 2881). Darüber hinaus kann gem. Art. 10 der noch nicht in nationales Recht umgesetzten Richtlinie 98/5/EG vom 16. 2. 1998 nach dreijähriger Tätigkeit in einem anderen EU-Staat dort ohne Prüfung die Zulassung zur Rechtsanwaltschaft erfolgen.

2. Das *Rechtsverhältnis des RA zu seinem Mandanten* (Auftraggeber) stellt einen → Geschäftsbesorgungsvertrag dar. Der RA ist nicht verpflichtet, das Mandat anzunehmen, muß aber die Ablehnung unverzüglich erklären (§ 44 BRAO). In bestimmten Fällen darf er nicht tätig werden (§ 45 BRAO, z. B. wenn er in derselben Rechtssache als Richter, Notar usw. tätig war oder eine Partei im entgegengesetzten Interesse beraten oder verteten hat; → Parteiverrat). Seinen Beruf hat der RA gewissenhaft auszuüben und sich auch außerhalb des Berufs der Achtung und des Vertrauens würdig zu erweisen, die seine Stellung als Organ der Rechtspflege erfordern (§ 43 BRAO). Insbes. darf der R. keine Bindungen eingehen, die seine berufliche Unabhängigkeit gefährden, oder widerstreitende Interessen vertreten; er ist zur Verschwiegenheit (→ Berufsgeheimnis), zur sorgfältigen Verwaltung fremden Vermögens (→ Anderkonto) und zur Fortbildung verpflichtet. Werbung ist dem R. nur erlaubt, soweit sie über die berufliche Tätigkeit in Form und Inhalt sachlich unterrichtet und nicht auf die Erteilung eines Auftrags im Einzelfall gerichtet ist (§§ 43 a, b BRAO). Die Ausgestaltung der Berufspflichten i. e. erfolgte durch eine aufgrund §§ 59 b, 191 a ff. BRAO in der Form einer Satzung der Bundesrechtsanwaltskammer erlassenen Berufsordnung (BRAK-Mitt. 1996, 241). Der RA kann wie sein Mandant das Mandat kündigen. Er kann auch in einem ständigen Dienstverhältnis stehen (→ Syndikusanwalt); s. ferner → Sozietät (auch überörtlich zulässig), → Partnerschaftsgesellschaft (dort auch zur sog. RA-GmbH). Für seine Tätigkeit erhält der RA *Gebühren* nach der BRAGO, deren Höhe sich nach dem Wert des Gegenstands der Beratung und Vertretung, insbes. nach dem → Streitwert richtet (→ Rechtsanwaltsgebühr). Die gesetzlichen Gebühren sind Mindestgebühren, die grdsätzl. nicht unterschritten werden dürfen (§ 49 b BRAO). Ein höheres Honorar kann vereinbart werden, aber nur schriftlich (§ 3 I BRAGO). Das Honorar darf grundsätzlich nicht vom Erfolg abhängig gemacht werden. Auf Grund des Mandats (Geschäftsbesorgungsvertrag) haftet der RA seinem Mandanten für Schäden, die er aus → Verschulden verursacht hat (sog. *Anwaltshaftung*), z. B. durch eine fehlerhafte oder unterlassene Beratung. Der R. ist verpflichtet, hierfür eine Berufshaftpflichtversicherung abzuschließen (§ 51 BRAO; → Pflichtversicherung). Soweit danach Versicherungsschutz besteht, kann die Haftung für einfache → Fahrlässigkeit durch schriftliche Vereinbarung im Einzelfall auf die Mindestversicherungssumme von 500 000 DM (durch → Allgemeine Geschäftsbedingungen auf das Vierfache hiervon) beschränkt werden (§ 51 a BRAO).

3. Die RAe eines OLG-Bezirkes bilden die *Rechtsanwaltskammer,* ebenso die beim BGH zugelassenen (Pflichtmitgliedschaft). Die RAK ist eine Körperschaft des öffentlichen Rechts unter der Rechtsaufsicht der LdJustVerw. (§ 62 BRAO). Sie hat einen von der Kammerversammlung gewählten Vorstand, der aus seiner Mitte das Präsidium wählt (§§ 64, 78 BRAO). Die Kammern sind in der Bundes-RAK zusammengeschlossen; die Rechtsaufsicht führt das BMJ (§§ 175, 176 BRAO).

4. Die *Anwaltsgerichtsbarkeit* (s. a. → Berufsgerichte) ist in der BRAO geregelt; ergänzend gelten FGG (für Zulassungssachen) sowie GVG und StPO. Die Anwaltsgerichte sind zuständig für Streitigkeiten aus der → Zulassung (§§ 11, 21 BRAO) und für die Ahndung schuldhafter Verletzungen der

Standespflichten (§§ 113, 114 BRAO, z. B. Gebührenüberhebung, Verstoß gegen Wettbewerbsverbot, standeswidriges Verhalten vor und außer Gericht). Bei geringfügigen Pflichtverletzungen, die ein ehrengerichtliches Verfahren nicht erforderlich erscheinen lassen, kann der Vorstand der RAKammer *Rügen* aussprechen; dagegen ist Antrag auf anwaltsgerichtliche Entscheidung zulässig (§§ 74, 74 a BRAO). Im anwaltsgerichtlichen Verfahren können Warnungen und Verweise erteilt, Geldbußen bis 50 000 DM und Ausschließung aus der Rechtsanwaltschaft ausgesprochen werden. Nach Einleitung des Verfahrens kann, wenn Ausschließung zu erwarten ist, das (vorläufige) Berufs- und Vertretungsverbot verhängt werden (§ 150 BRAO). Im ersten Rechtszug entscheidet das für den Bezirk der RAKammer errichtete Anwaltsgericht in der Besetzung mit 3 Rechtsanwälten. Diese werden aus einer Vorschlagsliste der RA-Kammer durch die LdJustVerw. ausgewählt und ernannt; sie stehen für die Dauer ihres Amtes Berufsrichtern gleich (§ 95 BRAO). Für Zulassungssachen und für die Rechtsmittelentscheidung ist der Anwaltsgerichtshof zuständig (§§ 37, 142, 143 BRAO); er wird beim → Oberlandesgericht gebildet; die Senate sind mit 3 RAen (einschl. des Vorsitzenden) und 2 Richtern am OLG besetzt (§ 104 BRAO). Über die → Revision gegen Urteile des Anwaltsgerichtshofs entscheidet der Senat für Anwaltssachen beim → Bundesgerichtshof mit 7 Mitgliedern, davon 3 RAen (§ 106 BRAO).

**Rechtsanwaltsgebühr** ist die Vergütung für die Tätigkeit des → Rechtsanwalts. Die Gebühren sind in der Bundesgebührenordnung für Rechtsanwälte – BRAGO – vom 26. 7. 1957 (BGBl. I 907) m. Änd. geregelt. Sie fallen in festgelegten Bruchteilen oder als → Rahmengebühren für bestimmte Tätigkeiten an (s. Anhang). Die wichtigsten Gebühren im Zivilprozeß sind die allgemeine Prozeß-, die Beweis- und die Verhandlungsgebühr (an deren Stelle ggf. eine Erörterungsgebühr, § 31) sowie die (bei außergerichtlicher Erledigung 1½fache) Vergleichsgebühr (§ 23); sie können nebeneinander anfallen. Die Verteidigergebühr in Strafsachen (§§ 83 ff.) ist als Rahmengebühr ausgestaltet. Die Höhe der Gebühren richtet sich im Zivilprozeß und im Verfahren der → freiwilligen Gerichtsbarkeit nach dem → Gegenstandswert, der dem → Streitwert oder → Geschäftswert entspricht (z. B. eine R. bei 10 000 DM Streitwert = 595 DM; besondere Gebühren bei Tätigkeit nach Beiordnung im Wege der → Prozeßkostenhilfe, §§ 121 ff.), in Strafsachen nach Zuständigkeit, Bedeutung, Umfang und Schwierigkeit der Sache unter Berücksichtigung von Einkommen und Vermögen des Mandanten (z. B. beim Schöffengericht 100–1300 DM bei 1 Verhandlungstag). Im Verwaltungs- und Finanzgerichtsverfahren ist wie im Zivilprozeß der Gegenstandswert maßgebend, in der Sozialgerichtsbarkeit dagegen wie in Strafsachen die Zuständigkeit usw. (§§ 114 ff.). Im höheren Rechtszug gelten höhere Gebührensätze. Die gesetzliche Vergütung des RA – Gebühren und Auslagen – wird auf Antrag (auch des Mandanten) vom Gericht festgesetzt (§ 19). Unabhängig von der Gebührenhöhe kann der RA ein höheres Honorar schriftlich vereinbaren, nicht aber ein Erfolgshonorar (§ 3). Vereinbarte und Rahmengebühren können ggf. im Rechtsstreit angemessen herabgesetzt werden (§§ 3 III, 12 II). Im Gebiet ehem. DDR ermäßigen sich die vorgenannten Gebühren um 10%.

**Rechtsanwaltskammer** → Rechtsanwalt (3).

**Rechtsanwaltsvergleich** → Anwaltsvergleich.

**Rechtsanwaltsvertrag** → Dienstvertrag, → Geschäftsbesorgungsvertrag.

**Rechtsanwendung.** Die Anwendung des Rechts auf einen gegebenen Sachverhalt (Tatbestand) unterliegt gesetzlichen Regeln und den Methoden der Rechtsfindung, die sich in der Praxis herausgebildet haben. Der Richter geht von einem festgestellten oder gedachten Sachverhalt aus, ordnet ihn unter die einschlägigen Rechtsvorschriften ein (*Subsumtion* = Unterordnung) und zieht die sich aus diesen ergebenden Schlußfolgerungen; z. B.: Da der Verstorbene keine Verwandten hinterlassen und keine letztwillige Verfügung getroffen hat, ist nach §§ 1931 II, 1937 BGB der überlebende Ehegatte gesetzlicher Erbe. Ein wesentlicher Teil der R. ist somit die *Rechtsfindung,* d. h. das Erkennen des auf den zugrundegelegten Sachverhalt anzuwendenden Rechtssatzes *(Kognition).* Sodann muß der Richter durch Anwendung des Rechts auf den festgestellten Tatbestand zu einer Entscheidung des Rechtsfalles gelangen. Hierbei ist eine logische Reihenfolge einzuhalten: Zunächst sind die formellen Voraussetzungen eines Begehrens zu prüfen (→ Zulässigkeit des Rechtswegs, der Klage, des Rechtsmittels; sachliche und örtliche Zuständigkeit usw.), dann erst die sachlichen (→ Begründetheit).

Die den allgemeinen wissenschaftlichen Erkenntnislehren entnommenen *Methoden der Rechtsfindung* sind vielfältig; herkömmlich unterscheidet man die systematische, deduktive, historische, genetische, teleologische usw. Bei der Gesetzesanwendung bedient man sich vorrangig der *Semantik,* die von den möglichen Bedeutungen eines Wortlauts (der Textfassung) ausgeht und hieraus den Wortsinn abzuleiten sucht, und innerhalb des so gewonnenen Bedeutungsspielraums der *Hermeneutik,* eines wissenschaftlichen Verfahrens der Auslegung gesetzlicher Bestimmungen für den Anwendungsfall. Zu diesen überlieferten ist neuerdings die – freilich umstrittene – *topische Methode* hinzugetreten. Bei der Suche nach den auf den Einzeltatbestand anwendbaren Rechtsnormen müssen zunächst das einschlägige engere Rechtsgebiet und in diesem die in Betracht kommenden Bestimmungen durchgeprüft werden. Alle Rechtsregeln haben ihren Ort (griech. = topos), aus dessen Quellen der auf den Sachverhalt zutreffende Rechtssatz als Nachweis zur Lösung des Rechtsproblems herauszuholen ist. Die topische Denkweise steht insofern in einem gewissen Gegensatz zur *systematischen Methode;* diese geht vom Ganzen aus und sucht das Problem von der Ganzheit eines Systems her zu lösen. Die *topische Methode* hingegen nimmt das Inhaltliche eines Problems zum Ausgangspunkt, sucht sodann die für dessen Lösung möglicherweise maßgeblichen Gesichtspunkte (topoi) heraus und stellt deren Wirksamkeit für das zu lösende Problem fest, evtl. auch, ob die maßgeblichen Gesichtspunkte einander übergeordnet oder gleichgeordnet sind. Sodann werden die in Betracht kommenden Lösungsmöglichkeiten zusammengestellt und zwischen diesen die Auswahl getroffen. S. a. → Rechtspositivismus, → Begriffsjurisprudenz.

Da die gesetzliche Regelung oft lükkenhaft oder nicht zweifelsfrei ist, wendet der Richter als Mittel der Rechtsfindung zunächst die Regeln der → Auslegung an. Führt diese nicht zum Ergebnis, so ist durch Ergänzung des Gesetzes (→ Analogie, argumentum e contrario) der Inhalt der anzuwendenden Rechtsnorm festzustellen. Erst wenn auch hierdurch kein Ergebnis zu erzielen ist, kann an eine vorsichtige freie Rechtsfindung, insbes. im Wege des Richterrechts, gedacht werden (→ Rechtsfortbildung).

Der R. dient insbes. die Aufnahme von → Beweisen durch das Gericht, der Rechtsfindung und R. im Kollegialgericht die Beratung, ggf. das Rechtsmittelverfahren. Dem Richter kann für die R. durch das Gesetz ein Ermessens- oder Beurteilungsspielraum eingeräumt sein, so z. B. wenn ein Vertrag nach Treu und Glauben auszulegen ist oder wenn wertausfüllungsbedürftige Merkmale anzuwenden sind (→ Generalklausel, normative Rechtsbegriffe).

**Rechtsaufsicht** → Staatsaufsicht.

**Rechtsausübung, unzulässige** → Rechtsmißbrauch, → Treu und Glauben, → Verwirkung, → Schikaneverbot; s. a. → Sittenwidrigkeit.

**Rechtsbedingung** → Bedingung.

**Rechtsbehelf.** Darunter versteht man jedes von der Rechtsordnung in einem Verfahren zugelassene Gesuch, mit dem eine behördliche, insbes. gerichtliche Entscheidung angefochten werden kann. R. ist gegenüber dem → Rechtsmittel der Oberbegriff, da unter R. auch – förmliche und formlose – Gesuche fallen, über die im gleichen Rechtszug entschieden wird (z. B. Einspruch, Widerspruch, Erinnerung, Gegenvorstellung).

**Rechtsbehelfsbelehrung** ist die gerichtliche oder behördliche Belehrung, die inhaltlich der → Rechtsmittelbelehrung entspricht, aber über andere → Rechtsbehelfe als Rechtsmittel erteilt wird. Sie ist bundesrechtlich insbes.

vorgeschrieben im Strafprozeß beim Haftbefehl (§§ 115 IV, 115 a III StPO) und bei der Einstellungsverfügung (§ 171 StPO), bei → Verwaltungsakten von Bundesbehörden (§ 59 VwGO) und solchen nach dem Baugesetzbuch (§ 211 BauGB), ferner bei Widerspruchsbescheiden (§ 73 III VwGO). Für die Landesbehörden ist es wegen des sonst verzögerten Fristenlaufs (§ 58 VwGO, § 356 AO, ebenso für das Finanzgerichtsverfahren, § 55 FGO) empfehlenswert, die Verwaltungsakte mit einer R. zu versehen.

**Rechtsbeistand** ist die Berufsbezeichnung für eine Person, die – ohne → Rechtsanwalt zu sein – nach § 1 RBerG a. F. die Erlaubnis für die geschäftsmäßige Besorgung fremder Rechtsangelegenheiten erhalten hat. Seit dem 1. 1. 1981 können R.e (mit dieser umfassenden Beratungs- und Vertretungsbefugnis; s. a. → Prozeßagent) nicht mehr neu bestellt werden (→ Rechtsberatung). Der R. erhält jetzt grundsätzlich eine Vergütung in Höhe der → Rechtsanwaltsgebühren.

**Rechtsberatung** gehört zur Besorgung von Rechtsangelegenheiten für andere Personen. Hierzu ist in erster Linie der → Rechtsanwalt berufen (§ 3 I BRAO). Andere dürfen die R. *geschäftsmäßig* (gleich ob entgeltlich oder unentgeltlich) nur ausüben, wenn ihnen die nach dem Rechtsberatungsgesetz vom 13. 12. 1935 (RGBl. I 1478), geänd. durch Art. 2 des Ges. vom 18. 8. 1980 (BGBl. I 1503), erforderliche Erlaubnis erteilt ist. Diese Erlaubnis darf zwingend nur noch für einzelne Sachbereiche (z. B. → Rentenberater, → Frachtprüfer, → Inkassobüros, Versicherungsberater, Rechtsbesorgung auf dem Gebiet eines ausländischen oder EG-Rechts) erteilt werden (anders früher → Rechtsbeistand). Von der Erlaubnispflicht bestehen jedoch zahlreiche Ausnahmen (§§ 3, 5, 6, 7 RBerG), insbes. für Personen, die auf Grund ihrer Berufstätigkeit auch die Bearbeitung von Rechtsangelegenheiten für andere übernehmen müssen, z. B. Wirtschaftsprüfer, Zwangsverwalter, Vermögens- und Hausverwalter, ferner für berufsständische u. a. Vereinigungen im Rahmen ihres Aufgabenbereichs. Einer entgeltlichen R. liegt i. d. R. ein → Geschäftsbesorgungsvertrag zugrunde. Die Vergütung richtet sich grundsätzlich nach der Höhe der → Rechtsanwaltsgebühren; Frachtprüfer und Inkassobüros können aber auch ein Erfolgshonorar vereinbaren.

**Rechtsberatung Minderbemittelter.** Um die Chancengleichheit aller Bürger auf rechtliche Betreuung und gleichen Zugang zu den Gerichten zu wahren, sieht das BeratungshilfeG vom 18. 6. 1980 (BGBl. I 689) m. Änd. vom 14. 9. 1994 (BGBl. I 2323) im Rahmen der vorsorgenden → Rechtspflege eine R. M. vor. Über die Gewährung von *Beratungshilfe* entscheidet auf Antrag der → Rechtspfleger beim Amtsgericht, soweit die Angelegenheit dort nicht sogleich abschließend erledigt werden kann. Der Rechtsuchende kann sodann mit einem Berechtigungsschein einen → Rechtsanwalt seiner Wahl zur Beratung oder Vertretung aufsuchen (oder eine bereits getroffene Wahl nachträglich bestätigen lassen). Der Rechtsuchende schuldet dem tätig gewordenen Rechtsanwalt eine Gebühr von 20 DM (kann erlassen werden); die restlichen Kosten übernimmt die Staatskasse. Das BeratungshilfeG umfaßt die Bereiche des Zivil-, Straf- (einschl. Ordnungswidrigkeiten), Arbeits-, Verwaltungs-, Verfassungs- und Sozialrechts; daneben gelten z. T. ergänzende landesrechtliche Vorschriften (z. B. Art. 51 BayAGG-VG). Über Kostenvergünstigungen in einem Rechtsstreit → Prozeßkostenhilfe.

**Rechtsbereinigung** ist die förmliche Feststellung des als gültig erachteten Rechts in einem bestimmten Rechtsgebiet. Vgl. → Sammlung des Bundesrechts. Eine weitere Zielsetzung hat das Erste R.sgesetz vom 24. 4. 1986 (BGBl. I 560), das u. a. Anzeige- und Meldepflichten einschränkt, Genehmigungserfordernisse auflockert und Anpassungen an das Verwaltungsverfahrensgesetz vorsieht. In diesem weiteren Sinne umfaßt die Rechtsbereinigung auch die → Rechtsvereinfachung. In den → neuen Ländern wurde 1996–1998 das als Landesrecht fortgeltende Recht der ehem. DDR bereinigt; eine Bereinigung des als Bundesrecht fortgeltenden Rechts der ehem. DDR steht noch aus.

**Rechtsbeschwerde** ist eine → Beschwerde, die nur darauf gestützt werden kann, daß das Gericht in der angefochtenen Entscheidung das formelle oder materielle Recht verletzt hat (nicht auf Fehler in der Sachverhaltsfeststellung). Insofern ist die R. der → Revision nachgebildet. Die wichtigsten Fälle der R. sind die R. im arbeitsgerichtlichen → Beschlußverfahren (§ 92 ArbGG), die → weitere Beschwerde in der freiwilligen Gerichtsbarkeit (§ 27 FGG, § 78 GBO), in Landwirtschaftssachen (§ 24 LwVG; → Grundstücksverkehr, landwirtschaftlicher) sowie die R. in Bußgeldsachen (§ 79 OWiG), Strafvollzugssachen (§ 116 StrafvollzG) und Kartellsachen (§ 83 GWB).

**Rechtsbeugung** begeht ein Richter, sonstiger → Amtsträger oder Schiedsrichter, der bei Leitung oder Entscheidung einer Rechtssache *vorsätzlich* zugunsten oder zum Nachteil einer Partei das Recht verletzt (§ 339 StGB). Zu den Rechtssachen gehören alle Angelegenheiten, über die in einem rechtlich geordneten Verfahren zwischen mehreren Beteiligten mit entgegenstehenden rechtlichen Interessen zu entscheiden ist. Das sind außer Zivil- und Strafsachen auch Sachen der → freiwilligen Gerichtsbarkeit oder Verwaltungsverfahren (z. B. Nachlaßsachen, → Bußgeldverfahren; nicht dagegen Steuerfestsetzung). Zu den Richtern i. S. des § 339 StGB zählen auch → ehrenamtliche Richter. Amtsträger ist auch ein Staatsanwalt. Die R. kann durch Verfälschung des Sachverhalts oder unrichtige Anwendung von Rechtsnormen, aber auch durch Ermessensmißbrauch – z. B. bei der Strafzumessung – begangen werden. Erforderlich ist ein elementarer Verstoß gegen die Rechtspflege, bei dem sich der Täter bewußt und in schwerer Weise von Recht und Gesetz entfernt (BGHSt. 32, 357). Seit der Neufassung der Vorschrift durch das EGStGB 1974 genügt bedingter Vorsatz. Zum Schutz der Unabhängigkeit der Rechtspflege billigt die Rspr. § 339 StGB eine Sperrwirkung zu (BGHSt. 10, 294; 32, 357; NJW 1995, 3324); danach ist eine Bestrafung wegen anderer mittels R. begangener Delikte nur möglich, wenn die Voraussetzungen des § 339 StGB gegeben sind. Vgl. ferner → Verfolgung Unschuldiger. Über Richterbestechung → Bestechung.

R. durch DDR-Richter und -Staatsanwälte ist nach der Rspr. des BGH (NJW 1994, 529 und 3238; 1995, 64, 2734 und 3324; 1996, 85) in der BRep. strafbar bei wissentlich begangenen offensichtlichen Willkürakten. Sie werden bejaht bei Überdehnung des Straftatbestandes, unerträglichem Mißverhältnis zwischen Strafe und Tat sowie schweren Menschenrechtsverletzungen durch Art und Weise des Verfahrens.

Zur R. unter der Herrschaft des → Nationalsozialismus, insbes. durch den → Volksgerichtshof, und der – fehlgeschlagenen – Auseinandersetzung mit ihr durch die Rspr. s. BGH NJW 1996, 857.

**Rechtsblindheit.** Von R. spricht man, wenn jemand Unrecht tut, dies aber nicht erkennt, weil ihm das Gefühl für das Unrechte seines Handelns fehlt; er verletzt demnach blind rechtlich geschützte Interessen. Begeht er in R. eine mit Strafe bedrohte Handlung – das konnte z. B. während der nat. soz. Zeit bei der Ausführung von Befehlen oder Anwendung objektiv unrechtmäßiger Gesetze der Fall sein –, so kann fraglich sein, ob er gleichwohl bestraft werden kann. Die in der Lehre über den → Verbotsirrtum h. M. nimmt auf Grund der Schuldtheorie an, daß das Unrechtsbewußtsein neben dem Vorsatz selbständiges Schuldelement sei, also vom Vorsatz nicht umfaßt werden müsse; danach schließt R. die Bestrafung nicht aus, wenn der Verbotsirrtum vorwerfbar ist. Die Vorsatztheorie dagegen, die das Unrechtsbewußtsein als Bestandteil des Vorsatzes ansieht, kann im Falle der R. den Vorsatz nicht als erfüllt ansehen; insoweit macht aber die sog. eingeschränkte Vorsatztheorie eine Ausnahme, indem sie die auf Rechtsfeindschaft beruhende R. dem Vorsatz gleichstellt und für unbeachtlich erklärt.

**Rechtsbücher** → Rechtsgeschichte (3).

**Rechtschreibung** Die R. in Deutschland wurde erstmals 1901 durch Beschlüsse der Staatlichen Orthographiekonferenz vereinheitlicht, die 1902 vom BR für verbindlich erklärt und 1955 mit den zwischenzeitlichen Änderungen von der Kultusministerkonferenz als Grundlage für den Unterricht an Schulen bestätigt wurden. Mit der Wiener Absichtserklärung vom 1. 7. 1996 (BAnz. Nr. 205 a) beschlossen die BRep. und ihre Länder sowie Belgien, Italien, Liechtenstein, Österreich, Rumänien, die Schweiz und Ungarn, die von der Orthographiekonferenz 1994 vorgeschlagene neue R. innerhalb der Bereiche, für die sie die Regelungskompetenz haben, umzusetzen. Die neue R. soll als verbindliche Grundlage für den Unterricht an → Schulen ab Mitte 1998 eingeführt und ab Mitte 2005 für verbindlich erklärt werden. Zur Umsetzung des Beschlusses im Rahmen der → Schulordnung werden → Verwaltungsvorschriften erlassen werden. Auch für Behörden sollen die neuen Regeln für verbindlich erklärt werden. Der BTag hat sich zwischenzeitlich gegen die neue R. ausgesprochen. Das BVerfG hat aber am 14. 7. 1998 entschieden, daß die Einführung der neuen R. an den Schulen Angelegenheit der Länder ist, keiner Regelung durch den Gesetzgeber bedarf und Rechte der Eltern nicht verletzt.

**Rechtsdogmatik** nennt man die Lehre vom geltenden Recht, während die *Rechtsgeschichte* sich mit dem früheren Recht und seinem Werden bis zur Gegenwart befaßt und die *Rechtspolitik* die Zielrichtung für die Weiterentwicklung des Rechts bestimmt. S. a. → Rechtssoziologie, → Rechtsphilosophie, → Rechtsfortbildung.

**Rechtseinheit** ist ein Begriff, der für die deutsche Rechtsordnung als Idealvorstellung verwendet wird; danach soll in Deutschland einheitliches Recht gelten, soweit es notwendig oder erforderlich erscheint. Dem stehen wegen des föderativen Staatsaufbaus die vielfach historisch und traditionell bedingten unterschiedlichen Rechtsordnungen der Länder entgegen. Demgegenüber wird die R. in bestimmtem Umfang durch die → ausschließliche und → konkurrierende Gesetzgebung sowie die → Rahmengesetzgebung des Bundes gewährleistet. Durch das Rechtseinheitsgesetz vom 12. 9. 1950 (BGBl. 455) wurde die in den Nachkriegsjahren entstandene Rechtszersplitterung in der Gerichtsverfassung, im Zivil- und Strafprozeßrecht sowie im Kostenrecht beseitigt. Die R. mit der ehem. DDR war durch die abweichende Rechtsentwicklung weitgehend beseitigt. Durch den → Einigungsvertrag wurde die R. mit bestimmten Ausnahmen wiederhergestellt. Über Verfahrensvorschriften zur Wahrung der R. innerhalb der Gerichtsbarkeiten und Gerichtskörper → Divergenz gerichtlicher Entscheidungen.

**Rechtsentscheid.** Will das Landgericht als Berufungsgericht bei der Entscheidung einer Rechtsfrage, die sich aus einem Mietverhältnis über Wohnraum ergibt oder den Bestand eines solchen Mietverhältnisses betrifft, von einer Entscheidung des Bundesgerichtshofs oder eines Oberlandesgerichts abweichen, so hat es über die Rechtsfrage eine Vorabentscheidung des übergeordneten → Oberlandesgerichts (in Bayern des → Bayerischen Obersten Landesgerichts) herbeizuführen, das ggf. den → Bundesgerichtshof anrufen muß. Dasselbe gilt, wenn eine Rechtsfrage von grundsätzlicher Bedeutung vorliegt, die durch R. noch nicht entschieden ist (§ 541 ZPO).

**Rechtserwerb.** Der Erwerb eines → Rechts kann auf Grund des Willens der Beteiligten (z. B. → Eigentumsübertragung) oder unmittelbar kraft gesetzlicher Vorschrift (*ipso iure, ex lege,* z. B. → Erbanfall) eintreten. Der R. kann dabei von einem Rechtsvorgänger abgeleitet sein (abgeleiteter, *derivativer R.,* z. B. bei der Eigentumsübertragung) oder unabhängig hiervon kraft eines besonderen Erwerbsgrundes stattfinden (ursprünglicher, *originärer R.,* z. B. → Aneignung, → Verarbeitung, → Zuschlag in der Zwangsversteigerung). Der abgeleitete R. überträgt grundsätzlich die gleiche Rechtstellung, wie sie der Rechtsvorgänger hatte; Sondervorschriften gelten jedoch zum Schutze des redlichen Verkehrs, um das Vertrauen des Erwerbers auf die Rechtsstellung des Veräußerers zu schützen (→ gutgläubiger Erwerb, Anscheinsvollmacht). Die Rechtsübertragung in der Form des abgeleiteten R. führt zu einer Rechtsnachfolge *(Sukzession).* Diese Rechtsnachfolge bezieht sich regelmäßig wegen des im → Sachenrecht geltenden Spezialitätsprinzips nur auf bestimmte einzelne Rechte (Einzelrechtsnachfolge, *Singularsukzession,* auch bei der → Vermögensübertragung); bei einem vom Willen der Beteiligten unabhängigen Rechtsübergang sieht jedoch das Gesetz verschiedentlich auch die → Gesamtrechtsnachfolge *(Universalsukzession)* vor (insbes. beim → Erbfall, bei der Begründung der → Gütergemeinschaft u. a.). Entsprechend dem R. tritt auf der anderen Seite ein *Rechtsverlust* ein. Besondere Vorschriften über den Rechtsverlust gelten für die → Eigentumsaufgabe, den → Erlaßvertrag und den Verzicht auf → Grundstücksrechte. → Verfügung.

**Rechtsetzung** 1. S. → Gesetzgebung, → Gesetzgebungsverfahren, → Gesetz, → Rechtsverordnung, → Satzung, → Rechtsfortbildung.

2. Um eine Überreglementierung und eine Normenflut zu vermeiden, geht jeder Rechtsetzung eine Prüfung des Regelungsbedarfs voraus. Die BReg. legt ihr 10 Prüffragen zur Notwendigkeit, Wirksamkeit und Verständlichkeit zugrunde (s. Handbuch der Rechtsförmlichkeit des BMJ). Vergleichbare Regelungen bestehen in einigen Ländern. S. a. → Gesetzessprache, → weibliche Gesetzessprache, → Rechtsbereinigung, → Rechtsvereinfachung.

3. Bei der R. durch Gesetz wird zwischen Stammgesetz und Änderungsgesetz unterschieden. Ein Stammgesetz enthält die erstmalige Regelung bestimmter Sachverhalte. Ein Änderungsgesetz wird als Ablösungsgesetz (umfassende Neugestaltung der in einem Stammgesetz geregelten Sachverhalte unter Aufhebung dieses Stammgesetzes), Einzelnovelle (Änderung eines einzigen Stammgesetzes), Mantel- oder Artikelgesetz (Mischung der genannten Formen) oder Einführungsgesetz (Zusammenfassung von Änderungs- und Übergangsvorschriften in einem eigenen Gesetz wegen der Bedeutung dieser Vorschriften oder des Stammgesetzes) erlassen. Entsprechendes gilt, abgesehen vom Einführungsgesetz, für die R. durch RechtsVO.

**Rechtsfähiger Verein** → Verein.

**Rechtsfähigkeit** bedeutet, selbständiger Träger von (subjektiven) Rechten und Pflichten, also → Rechtssubjekt sein zu können. R. haben alle natürlichen und → juristischen Personen, darüber hinaus auch einige → Personengesellschaften, insbes. die → Offene Handelsgesellschaft, die → Kommanditgesellschaft und die → Partnerschaftsgesellschaft. Über die Besonderheiten der R. bei juristischen Personen (Beginn, Ende) s. dort. Die R. jeder *natürlichen Person* beginnt mit der Vollendung der Geburt des Menschen (§ 1 BGB), also mit dem vollständigen Austritt aus dem Mutterleib und dem Beginn der Atmung. Vorher, z. B. bei einer Totgeburt, ist keine R. gegeben (wichtig z. B. im Erbrecht); doch kann auch die → Leibesfrucht – trotz fehlender R. – bereits gewisse Rechte haben (s. dort). Die R. ist umfassend; auch ein Kleinkind kann Besitzer eines Vermögens und Träger von Ansprüchen sein. Sie ist von der *Handlungsfähigkeit* (Geschäftsfähigkeit, Deliktsfähigkeit) unabhängig. Eine gegenständlich beschränkte R. oder den Verlust der R. bei bestimmten Anlässen (Eintritt in ein Kloster, sog. bürgerlicher Tod) kennt das BGB nicht mehr. Auch bei der *juristischen Person* des Privatrechts ist die einmal entstandene R. grundsätzlich unbeschränkt; die → Vertretungsmacht des Vorstands usw. ist jedoch i. d. R. – auch wenn dies in der Satzung usw. nicht ausdrücklich hervorgehoben ist – durch die Eigenart des Vereinszwecks begrenzt, so daß der Vorstand die jurist. Person durch erkennbar außerhalb ihres Rahmens liegende Geschäfte nicht verpflichten kann (→ Verein). Bestr. ist, ob darüber hinaus die im anglo-amerikanischen Recht entwickelte *ultra-vires-Lehre,* wonach die R. der jurist. Person auf Wirkungskreis, Aufgaben und Zweck ihrer Errichtung beschränkt ist, auch im deutschen Recht gilt. Der BGH hat dies für jurist. Personen des öffentl. Rechts bejaht (so daß Geschäfte außerhalb des Aufgabenkreises schlechthin unwirksam sind), im übrigen offen gelassen (BGHZ 20, 119; wird zu verneinen sein). Die R. der natürlichen Person endet mit ihrem Tode; über das Schicksal seines Vermögens nach dem Tode kann der Mensch jedoch durch → Verfügung von Todes wegen bestimmen. Der Beweis von Geburt und Tod wird durch die → Personenstandsbücher geführt. Der R. entspricht im Rechtsstreit die → Parteifähigkeit. S. ferner → Handlungsfähigkeit, → Geschäftsfähigkeit, → Deliktsfähigkeit, → Volljährigkeit.

**Rechtsfahren im Straßenverkehr** → Einbahnstraßen, → Fahrbahn, → Fahrstreifen.

**Rechtsfeindschaft** → Rechtsblindheit, → Wahrheitspflicht.

**Rechtsfindung** → Rechtsanwendung.

**Rechtsfortbildung** ist möglich einmal durch Weiterentwickeln der Gesetzgebung (Anpassung an veränderte Verhältnisse, insbes. in der Struktur von Wirtschaft oder Technik; Einfluß gewandelten Rechtsdenkens). Bis diese wirksam wird, kann die R. dem Richter obliegen, insbes. durch Ausfüllen von Gesetzeslükken (→ Auslegung), Grundsatzentscheidungen der oberen Gerichte zu streitigen Rechtsfragen, Fortentwicklung oder Überprüfung bereits bestehender Auslegungen (sog. *Richterrecht*). Dabei hat der Richter darauf zu achten, daß er sich im Rahmen des gesetzten Rechts hält. Maßgebend für die R. sind die im Gesetz niedergelegten Leitgedanken, die aber wiederum wandelbar und durch Änderung der Verhältnisse, die für sie bestimmend waren, überholt sein können. Das gilt ebenso für überkommene Wertauffassungen, die Wandlungen unterliegen können. Ein Wandel rechtsethischer Auffassungen kann sogar dazu führen, daß sich der Richter unter Abwendung von der → Begriffsjurisprudenz und dem → Rechtspositivismus vom Wortlaut des Gesetzes (der Kodifikation) entfernt. Das kann z. B. der Fall sein, wenn sich soziale Vorstellungen grundlegend geändert haben, so daß sie zu einer anderen Gesetzesanwendung nötigen. Der Gedanke der *Rechtssicherheit,* dem jedes Gesetz dient, muß insoweit zurücktreten, darf aber nicht aufgegeben werden.

**Rechtsfrüchte** → Früchte.

**Rechtsgesamtheit** ist eine wirtschaftliche Einheit von → Sachen (s. dort Sachgesamtheit), Rechten und sonstigen Gütern des Rechtsverkehrs (→ Gegenstand), insbes. das → Vermögen – auch ein → Sondervermögen –, das Handelsgeschäft, der Nachlaß usw. Während schuldrechtliche *Verpflichtungsgeschäfte* über eine R. grundsätzlich möglich sind, muß die *Erfüllung* wegen des im → Sachenrecht geltenden Spezialitätsprinzips für jeden einzelnen Gegenstand gesondert in der vom Gesetz hierfür vorgesehenen Form vorgenommen werden. → Vermögensübernahme, → Erbschaftskauf.

**Rechtsgeschäft.** 1. Unter R. ist der juristische Tatbestand zu verstehen, der aus einer oder mehreren *Willenserklärungen* (WE) und sonstigen Wirksamkeitsvoraussetzungen besteht, die erforderlich sind, um den mit der WE bezweckten Erfolg herbeizuführen. Von der bloßen → Rechtshandlung unterscheidet sich das R. deshalb durch die Zweckbedingtheit. Das R. ist aber auch nicht mit der WE gleichzusetzen. Die WE ist der wesentlichste, aber nur selten alleinige Teil eines R. (z. B. ist die Kündigung oder die Testamentserrichtung sowohl WE als auch R.). I. d. R. kommen zum R. weitere WEen, insbes. bei einem Vertrag, und sonstige Umstände hinzu, z. B. Einhaltung der → Form, Zustimmung Dritter, besonders des gesetzlichen Vertreters bei mangelnder Geschäftsfähigkeit, behördliche Genehmigung usw. Das R. ist also gegenüber der WE der umfassendere Begriff; das R. zeitigt auch Folgen, die vom Willen der Beteiligten nicht unmittelbar umfaßt sind, sondern sich aus dem Gesetz ergeben (z. B. die Haftung für → Leistungsstörungen oder Sachmängel beim Kauf; → Gewährleistung). Über Verbindung von R. → Nichtigkeit von R. (2), → Kreditvertrag (4).

2. Die R. lassen sich wie folgt aufteilen: a) *einseitige* und mehrseitige R. Bei den einseitigen R. ist zwischen einseitigen empfangsbedürftigen R. (→ WE, z. B. Kündigung) und streng einseitigen (z. B. → Auslobung, *Testamentserrichtung*) zu unterscheiden. Das wichtigste mehrseitige R. ist der → Vertrag. Daneben ist vor allem der *Gesamtakt* zu erwähnen, in dem – z. B. bei der Gründung eines Vereins – mehrere WEen nicht gegenseitig abgegeben werden, sondern auf dasselbe Ziel ausgerichtet sind (bei der späteren Willensbildung, bei der regelmäßig eine Mehrheitsentscheidung genügt, Beschluß genannt). b) R. unter Lebenden und von Todes wegen (→ Verfügung von Todes wegen, → Schenkung von Todes wegen). c) R. mit vermögensrechtlichem (Kauf,

Miete) und mit personenrechtlichem Inhalt (Eheschließung). d) Schuldrechtliche, sachenrechtliche, familienrechtliche, erbrechtliche R. (→ Schuldrecht usw.). e) Entgeltliche und unentgeltliche R.; zur Abgrenzung → Schenkung. f) *Zuwendungen*, durch die das Vermögen eines anderen – unabhängig von der Frage der Entgeltlichkeit – bereichert wird (z. B. → Eigentumsübertragung, → Schuldübernahme) u. sonstige R. Die Zuwendungen sind die wichtigste Form der abstrakten R. (s. u.). g) *Verpflichtungs-* und *Verfügungsgeschäfte:* Durch R. kann die Verpflichtung zu einer Leistung (jedes Tun oder Unterlassen, → Schuldverhältnis) übernommen werden; eine unmittelbare Rechtsänderung tritt hierdurch nicht ein (s. z. B. → Kauf). Hiervon zu trennen ist die → Verfügung, durch die – oftmals in Erfüllung eines Verpflichtungsgeschäfts – die Rechtsänderung herbeigeführt wird (z. B. → Eigentumsübertragung). Verfügungsgeschäfte kommen vor allem im → Sachenrecht vor, aber auch im Schuldrecht (z. B. → Abtretung, → Erlaßvertrag). Besteht für das Verfügungsgeschäft keine Verpflichtung, so ist regelmäßig ein Anspruch aus → ungerechtfertigter Bereicherung die Folge. S. auch → Gestaltungsrecht, Verfügung eines Nichtberechtigten. h) *Abstrakte* und *kausale* R.: Grundsätzlich liegt jedem R. ein Rechtsgrund (causa), nicht nur ein – regelmäßig unbeachtlicher (→ Anfechtung von Willenserklärungen) – wirtschaftlicher Beweggrund (Motiv) zugrunde. Wegen des im Sachenrecht (s. dort) herrschenden Abstraktionsprinzips sind jedoch dingliche Rechtsgeschäfte, insbes. Eigentumsübertragung, Belastungen dinglicher Rechte durch Pfandrechte, Hypotheken usw., Verfügungen, Gestaltungsrechtsgeschäfte sowie Zuwendungen aller Art abstrakt ausgestaltet, d. h. vom Rechtsgrund losgelöst und in ihrer Wirkung nicht vom rechtlichen Fortbestand des Kausalgeschäfts abhängig. So kann z. B. die Bestellung einer Hypothek die Erfüllung einer schuldrechtlichen Verpflichtung oder eine Gefälligkeit gegenüber einem Freund zum Anlaß haben. Fehlt der Rechtsgrund für das abstrakte Geschäft oder fällt er nachträglich weg, so bleibt dieses infolge der Loslösung vom Kausalgeschäft grundsätzlich wirksam; es besteht allerdings i. d. R. ein Anspruch aus → ungerechtfertigter Bereicherung (s. auch → Teilnichtigkeit). Abstrakte R. sind im Interesse der Klarheit und Sicherheit des Rechtsverkehrs neben den genannten dinglichen R. auch z. B. das → Schuldanerkenntnis, die → Abtretung, der → Erlaßvertrag, das → Indossament auf einem Wechsel usw. i) Vollrechtsübertragungen und *fiduziarische* (*Treuhand-*) R. Bei den fiduziarischen R. wird zwar dem Erwerber nach außen gleichfalls die volle Rechtsstellung eines Berechtigten eingeräumt; dieser ist aber kraft Verpflichtung im Innenverhältnis nur zu bestimmten Verfügungen berechtigt, so daß er sich bei einem Verstoß hiergegen (wirksame Verfügung, § 137 BGB) schadensersatzpflichtig macht. Bei den fiduziarischen R. ist die uneigennützige (Verwaltungs-) Treuhand und die eigennützige (Sicherungs-)Treuhand, insbes. → Sicherungsübereignung, zu unterscheiden; s. i. e. dort. S. auch → Einziehungsermächtigung. k) *Sicherungsgeschäfte,* die dem Berechtigten keine Befriedigung, sondern nur eine Sicherstellung – meist für die Schuld eines anderen – verschaffen, z. B. → Bürgschaft (Personalsicherheit) oder Bestellung einer → Hypothek (Realsicherheit). S. a. → Sicherheitsleistung.

3. Ein R. kann mit *Fehlern* behaftet sein, die den Eintritt des beabsichtigten rechtlichen Erfolgs ganz oder teilweise, dauernd oder vorübergehend unmöglich machen. Je nach der Schwere des Mangels unterscheidet man folgende Stufen der Unwirksamkeit eines R.: a) völlige *Nichtigkeit* (z. B. bei Geschäftsunfähigkeit des Erklärenden, Gesetzes- oder Sittenverstoß, Scheingeschäft, Formverstoß u. a.); über Teilnichtigkeit und Umdeutung → Nichtigkeit. b) *Vernichtbarkeit* (z. B. einer Ehe, → Ehenichtigkeit). c) *Anfechtbarkeit* eines zunächst gültigen R. wegen Irrtums oder arglistiger Täuschung. d) *schwebende Unwirksamkeit* mit der Möglichkeit der Heilung durch Zustimmung des Berechtigten (z. B. bei Vertragsabschluß durch einen beschränkt Geschäftsfähigen oder einen vollmachtlosen Vertreter). e) *relative Unwirksamkeit* gegenüber bestimmten Personen (z. B. bei Verstoß gegen ein → Veräußerungsverbot). S. i. e. die genannten Stichw.

**Rechtsgeschäftsähnliche Handlung** → Rechtshandlung.

**Rechtsgeschichte,** d. h. Darstellung der Rechtsbildung und -entwicklung, kann als Teil der allgemeinen Kulturgeschichte begriffen und im Rahmen der Menschheitsgeschichte überhaupt behandelt werden oder sich auf einzelne nationale Rechtskreise beschränken (vgl. insbes. das → römische Recht, das für den abendländischen Kulturkreis große Bedeutung erlangt hat). Die *historische* Darstellung des Rechts behandelt die Entwicklung sämtlicher Rechtsgebiete eines nationalen Rechts nach Zeitabschnitten, während die *systematische* Darstellung die Entwicklung der Teilgebiete des Rechts wiedergibt (z. B. Geschichte des Zivil-, Verwaltungs-, Kirchenrechts). Die wichtigsten Abschnitte der allgemeinen *deutschen Rechtsgeschichte* sind:

1. Die *germanische* Zeit bis zu den Staatsgründungen um 500 n. Chr. Hier fehlt es an unmittelbaren Rechtsquellen; das überlieferte Gewohnheitsrecht ist lediglich durch römische Schriftsteller bezeugt (insbes. durch Cäsars „de bello Gallico" und Tacitus' „Germania"). Es galten die Rechte der Stämme und Völkerschaften; die Gerichtsbarkeit wurde unmittelbar durch das Volk im → Thing ausgeübt.

2. Die *fränkische* Zeit – etwa 500–900 n. Chr. –, aus der sog. Volksrechte (leges barbarorum) überliefert sind. Es handelt sich um aufgezeichnete Gewohnheitsrechte, von denen das bekannteste die → Lex Salica ist. Gesetztes Recht entstand erst etwa im 7. Jh. in Form der vom König erlassenen Satzungen und Verordnungen (sog. Kapitularien).

3. Das *Mittelalter* (etwa 900–1500 n. Chr.), in dem zunächst noch das Gewohnheitsrecht vorherrscht. Erst im 12. Jh. kamen Kodifikationen auf, und zwar in den Städten die *Stadtrechte* (älteste sind das von Magdeburg aus dem 12. Jh. und das von Lübeck, 1270), für größere Gebiete die *Rechtsbücher* (ältestes der → Sachsenspiegel; erstes Reichsstrafgesetzbuch die → Constitutio Criminalis Carolina).

4. Die *Neuere Zeit* – ab 1500 n. Chr. –. Ihre rechtsgeschichtliche Entwicklung wurde zunächst durch die → Rezeption des römischen Rechts und um die Wende des 18. Jh. von den Gedankengängen des → Naturrechts beeinflußt, die das römische R. stark zurückdrängten. Von den innerhalb der Landesrechte entstandenen großen Gesetzgebungswerken hat besonders das preußische → Allgemeine Landrecht weitreichende Bedeutung erlangt. Vor und nach Auflösung des Heiligen Römischen Reiches Deutscher Nation (1806) entwickelten sich die Landesrechte selbständig weiter. Es entstanden u. a. das badische Landrecht, das sächsiche Bürgerliche Gesetzbuch, das österreichische Allgem. Bürgerliche Gesetzbuch; in rheinischen Gebieten galt teilweise der → Code civil. Das → gemeine Recht des Reiches galt nur subsidiär. Zu den noch heute gültigen reichsrechtlichen Kodifikationen kam es erst nach der Reichsgründung 1871 (StGB, BGB und → Reichsjustizgesetze). Vgl. ferner für das germanische und fränkische Recht: → Lehen, → Meierrecht, → Feudalismus, → Stände(-staat), → Munt, → Feme; für die Neuzeit: → Rheinbund, → Deutscher Bund, → Norddeutscher Bund.

**Rechtsgespräch** → rechtliches Gehör.

**Rechtsgestaltende Wirkung** (Konstitutivwirkung) → deklaratorische Wirkung, → Gestaltungsrecht.

**Rechtsgewährungsanspruch** → Justizgewährungsanspruch.

**Rechtsgrundlage** bedeutet allgemein, daß sich jemand für sein rechtsrelevantes Tun oder Unterlassen auf einen dies rechtfertigenden Grund, insbes. auf einen Vertrag oder ein Gesetz, berufen kann. Von besonderer Bedeutung ist der Begriff im Verwaltungsrecht: Da nach Art. 20 III GG die Verwaltung an Recht und Gesetz gebunden ist (→ Rechtmäßigkeit der Verwaltung), darf sie → Verwaltungsakte und sonstige Maßnahmen, die im weitesten Sinne in Freiheit und Eigentum des Einzelnen eingreifen, nur vornehmen, wenn sie dazu die Ermächtigung in einer → Rechtsnorm besitzt; fehlt dem Akt eine solche R., so ist er rechtswidrig. In einem etwas anderen Sinn spricht man auch bei der Ermächtigung zum Erlaß von → Rechtsverordnungen (Art. 80 I GG) von R. der Verordnung.

**Rechtsgut** → unerlaubte Handlung (1), → Einwilligung des Verletzten; s. a. → subjektives Recht.

**Rechtshandlung** (juristische Handlung). R. ist jedes erlaubte rechtswirksame Handeln, an das sich Rechtsfolgen knüpfen. Auszuscheiden sind also die rechtswidrigen → unerlaubten Handlungen, ferner jede Art von Forderungsverletzungen, insbes. → Leistungsstörungen innerhalb eines Vertragsverhältnisses (→ positive Vertragsverletzung). Tritt der rechtliche Erfolg einer R. ein, weil er gewollt ist, so liegt eine *Willenserklärung* bzw. ein *Rechtsgeschäft* vor. Hierfür gelten zahlreiche Sondervorschriften. Unter R. im engeren Sinne werden daher nur Handlungen verstanden, bei denen der rechtliche Erfolg ohne Rücksicht auf den erklärten Willen eintritt; man unterscheidet hierbei (rechts-) geschäftsähnliche und reine Tathandlungen: a) *(Rechts-)geschäftsähnliche Handlungen* sind Willensäußerungen – verschiedentlich verbunden mit einer tatsächlichen Handlung –, die auf Herbeiführung eines tatsächlichen – nicht eines rechtlichen – Erfolgs gerichtet sind (z. B. die → Mahnung, Fristsetzung, die Aufforderung zur Äußerung, die Einwilligung in eine Operation, die Anzeige eines Mangels beim Handelskauf usw.). Auf die rechtsgeschäftsähnlichen Handlungen finden die Vorschriften über Willenserklärungen (insbes. Geschäftsfähigkeit, Vertretung usw.), denen sie wesensmäßig nahe stehen, im Wege der → Analogie weitgehend entsprechende Anwendung; z. B. kann ein Geschäftsunfähiger nicht mahnen, wohl aber ein in der Geschäftsfähigkeit Beschränkter, da die Mahnung für ihn nur einen rechtlichen Vorteil bringt. Die Analogie gilt allerdings nicht uneingeschränkt; bei der Einwilligung kommt es z. B. auf die Einsichtsfähigkeit, nicht auf die Geschäftsfähigkeit an. b) *Tathandlungen (Realakte)* sind demgegenüber Handlungen, die lediglich auf einen äußeren Erfolg gerichtet sind, an den jedoch vom Gesetz Rechtsfolgen geknüpft sind, z. B. die → Verarbeitung, Verbindung, der Fund, der → Fruchterwerb, der Erwerb des → Besitzes, die → Geschäftsführung ohne Auftrag usw. Auf diese Tathandlungen sind die Vorschriften über Willenserklärungen nicht anwendbar; um die Folgen der Verarbeitung, des Funds usw. eintreten zu lassen, ist daher Geschäftsfähigkeit nicht erforderlich; der Besitz kann nicht durch einen Vertreter erworben werden usw. Verschiedentlich sind Tathandlungen *und* Willenserklärung zur Herbeiführung des gewünschten Erfolgs erforderlich (z. B. Einigung und Übergabe für die → Eigentumsübertragung, tatsächliche Niederlassung und entsprechender rechtsgeschäftlicher Wille für die Begründung des → Wohnsitzes usw.); hier ist jeder Teil nach den für ihn geltenden Regeln zu behandeln. S. auch Realvertrag, faktischer Vertrag (zu beiden → Vertrag, 4), sozialtypisches Verhalten (→ Schuldverhältnis).

**Rechtshandlung (Europäisches Gemeinschaftsrecht).** Im Bereich des EG-Rechts wird dieser Begriff für alle Rechte oder Pflichten begründenden Akte der Gemeinschaftsorgane verwendet, also für → Richtlinien, → Verordnungen und Einzelentscheidungen.

Er deckt sich damit, anders als nach nationalem Recht (→ Rechtshandlung) mit Akten der Gesetzgebung sowie mit dem → Verwaltungsakt.

**Rechtshängigkeit** tritt durch → Klageerhebung oder Geltendmachung eines Anspruchs in → mündlicher Verhandlung ein (§ 261 I, II ZPO, § 90 VwGO, § 66 I FGO, § 94 I SGG; zur Wahrung einer Frist genügt bei demnächst anschließender Zustellung die Einreichung der Klageschrift oder des Antrags, §§ 270 III, 693 II ZPO). Sie endet mit der formellen → Rechtskraft der abschließenden gerichtlichen Entscheidung, durch → Prozeßvergleich, → Klagerücknahme oder unter bestimmten Voraussetzungen bei → Erledigung der Hauptsache. Die R. bewirkt prozessual, daß eine neue Klage über den gleichen → Streitgegenstand unzulässig ist (→ Prozeßvoraussetzung; § 261 III Nr. 1 ZPO; § 17 I 2 GVG), anderseits aber auch, daß die → Zuständigkeit des Gerichts durch eine Veränderung der sie begründenden Umstände nicht mehr berührt wird (§ 261 III Nr. 2 ZPO, § 17 I 1 GVG). Die Rechtshängigkeit ist von der → Anhängigkeit zu unterscheiden. Der Eintritt der R. äußert auch zahlreiche materiellrechtliche Wirkungen, insbes. Unterbrechung von Fristen (Verjährung, §§ 209 ff. BGB). Im Strafprozeß tritt die R. (die StPO verwendet den Begriff allerdings nicht) grundsätzlich mit dem gerichtlichen Eröffnungsbeschluß ein (§ 203 StPO).

**Rechtshilfe.** 1. *Innerstaatliche Rechtshilfe* ist die Vornahme einer einzelnen, bestimmten richterlichen Handlung durch ein anderes Gericht als das mit einer Rechtssache befaßte. Es muß sich um eine Amtshandlung handeln, die auch das ersuchende Gericht vornehmen könnte, die es aber aus Zweckmäßigkeitsgründen dem → ersuchten Richter überträgt (z. B. Vernehmung am Wohnort des Zeugen). Alle Gerichte sind im Bereich ihrer Gerichtsbarkeit zur R. verpflichtet (§ 156 GVG, § 13 ArbGG, § 14 VwGO, § 13 FGO, § 5 SGG); daher darf das Ersuchen um R. nur abgelehnt werden, wenn die verlangte Amtshandlung nach dem Recht des ersuchten Gerichts unzulässig wäre (§ 158 GVG). Im Gegensatz zur R. wird die Hilfeleistung, um die eine *Behörde* das Gericht oder eine andere Behörde ersucht, als *Amtshilfe* bezeichnet.

2. *Internationale Rechtshilfe* ist die R., die durch ausländische Behörden (insbes. Gerichte und Konsulate) auf Grund mehrseitiger Übereinkommen, zweiseitiger Abkommen oder auch vertraglos geleistet wird. Für die i. R. bestehen zahlreiche Verträge und Gesetze, so für Zivilsachen z. B. das → Haager Zivilprozeßübereinkommen sowie das → Haager Unterhaltsvollstreckungsübereinkommen, für Strafsachen Auslieferungs- und Rechtshilfeverträge. Die Ersuchen werden meistens auf diplomatischem Wege übermittelt; der unmittelbare Weg von Gericht zu Gericht ist nur beschränkt zulässig. In verschiedenen Rechtsangelegenheiten (z. B. politischen Strafsachen) wird keine R. geleistet. Die R. setzt die Einhaltung des sog. ordre public voraus, ist also nicht zu leisten, wenn sie mit den Grundsätzen der deutschen Rechtsordnung, insbes. den Grundrechten, unvereinbar ist (vgl. Art. 6 EGBGB, § 30 IRG – s. u. –). Nach deutschem innerstaatl. Recht ist die zwischenstaatliche R. *Justizverwaltungssache*; über sie entscheidet die Justizbehörde. In Zivilsachen ist die RechtshilfeO für Zivilsachen vom 19. 10. 1956 maßgebend (ZRHO, vgl. BAnz. 1957 Nr. 63, 1971 Nr. 1), für vertragslose R. in Strafsachen das *Ges. über die internationale Rechtshilfe in Strafsachen IRG* i. d. F. vom 27. 6. 1994 (BGBl. I 1537) und die Richtlinien für den Rechtshilfeverkehr mit dem Ausland in strafrechtlichen Angelegenheiten (RiVASt i. d. F. vom 18. 9. 1984, BAnz. Nr. 176). Das IRG regelt die → Auslieferung (und ihr ähnliche Maßnahmen wie Durchlieferung usw.), die Vollstreckung ausländischer Erkenntnisse (→ Vollstreckungshilfe) sowie die sonstige Rechtshilfe, d. i. jede für ein ausländisches Strafverfahren geleistete Unterstützung. Zur vertraglichen R. in Strafsachen s. Europ. Auslieferungsübereinkommen vom 13. 12. 1957 (BGBl. 1964 II 1386) m. Erg. (BGBl. 1990 II 118) Europ. Übereinkommen über die R. in Strafsachen vom 20. 4. 1959 (BGBl. 1964 II 1369) m. Erg. (BGBl. 1990 II 124), Übereinkommen über die Überstellung verurteilter Personen vom 21. 3. 1983 (BGBl. 1991 II 1006) nebst ÜberstellungsausführungsG vom 26. 9. 1991 (BGBl. I 1954), Übereinkommen vom 13. 11. 1991 zwischen den Mitgliedstaaten der EG über die Vollstreckung ausländischer strafrechtlicher Verurteilungen (Ges. vom 7. 7. 1997, BGBl. II 1350) und Art. 48 ff. des Durchführungsübereinkommens vom 19. 6. 1990 zum → Schengener Übereinkommen (BGBl. 1993 II 1010; 1996 II 242).

**Rechtshindernde Einwendungen** → Einrede.

**Rechtsinstitut** = Rechtseinrichtung, z. B. Sicherungsübereignung, Güterstand, Beamtentum, Verwaltungsgerichtsbarkeit; i. w. S. der rechtliche Tatbestand einschl. der auf das R. bezüglichen Vorschriften.

**Rechtsirrtum** → Verschulden (II 1 a), → Verbotsirrtum, → Rechtsblindheit.

**Rechtskauf** → Kauf.

**Rechtskontrolle (interne, externe)** → externe Rechtskontrolle.

**Rechtskraft.** *Formelle R.* erlangt eine gerichtliche Entscheidung, wenn sie überhaupt nicht oder nicht mehr angefochten werden kann. Die formelle R. ist Voraussetzung der *materiellen R.*; diese bedeutet, daß der Inhalt der Entscheidung für das Gericht und für die Parteien maßgebend ist, insbes. wenn die Parteien um dieselbe Rechtsfolge oder ihr Gegenteil nochmals prozessieren. Das *Wesen der materiellen R.* besteht nach der heute herrschenden prozeßrechtlichen Theorie nur darin, daß im Falle eines späteren Prozesses Gericht und Parteien an die rechtskräftige Entscheidung gebunden sind, das materielle Recht aber unberührt bleibt. Demgegenüber sah die materiell-rechtliche Theorie das Wesen der R. darin, daß sie auf die materielle Rechtslage einwirke, sie bestätige oder umgestalte. Die *Wirkung* der mat. R. besteht nach der prozeßrechtlichen Theorie darin, daß über die rechtskräftig festgestellte Rechtsfolge nicht nochmals, keinesfalls aber anders entschieden werden darf. *Gegenstand* der mat. R. ist der → Streitgegenstand oder prozessuale Anspruch (§ 322 ZPO, § 121 VwGO, § 110 FGO, § 141 SGG), soweit darüber entschieden ist. Das ist aus → Urteilsformel, → Tatbestand und → Entscheidungsgründen festzustellen. Die R. wirkt nur zwischen den Parteien oder Beteiligten des Rechtsstreits und ihren Rechtsnachfolgern (§ 325 ZPO, § 121 VwGO, § 110 FGO, § 141 SGG). Die R. kann nur unter besonderen Voraussetzungen wieder beseitigt werden, durch → Wiedereinsetzung in den vorigen Stand, durch → Abänderungsklage, Klage im → Wiederaufnahmeverfahren und nach bestr. Rspr. auf dem Wege über einen Anspruch nach materiellem Recht (§ 826 BGB; → unerlaubte Handlung, 2 e). Über die Wirkungen der mat. R. in *Strafsachen* → Strafklageverbrauch, → Teilvollstreckung. Nicht von R., sondern von „Bestandskraft" spricht man bei → Verwaltungsakten (s. dort 8); s. a. → Steuerbescheid.

**Rechtskraftzeugnis** ist die vom → Urkundsbeamten der → Geschäftsstelle auf Antrag zu erteilende Bescheinigung, daß eine Entscheidung formelle → Rechtskraft erlangt hat (§ 706 ZPO). Das R. wird als Vermerk auf die Ausfertigung der Entscheidung (→ Ausfertigung einer Urkunde) gesetzt.

**Rechtsmacht** → subjektives Recht.

**Rechtsmangel** → Gewährleistung, 1 (Kauf), → Schenkung.

**Rechtsmißbrauch.** Die Ausübung eines → subjektiven Rechts ist mißbräuchlich, wenn sie zwar formell dem Gesetz entspricht, die Geltendmachung jedoch wegen der besonderen Umstände des Einzelfalls treuwidrig ist. So ist es z. B. rechtsmißbräuchlich, sich auf einen Formmangel oder auf die eingetretene Verjährung zu berufen, wenn der Betreffende die fehlende Form oder den Eintritt der Verjährung, z. B. durch Hinhalten des Gläubigers selbst (mit)verursacht hat. Besondere Fälle des R. sind das → Schikaneverbot, das Verbot der → Sittenwidrigkeit und der sittenwidrigen Schädigung (→ unerlaubte Handlung); ferner kann ein R. die → Verwirkung eines Anspruches zur Folge haben. Darüber hinaus hat die Rspr. den R., der früher nur auf → Einrede beachtet wurde (Einrede der Arglist, exceptio doli) als allgemein von Amts wegen zu beachtenden Einwand der unzulässigen Rechtsausübung aus dem Gesichtspunkt von → Treu und Glauben ausgestaltet. *Steuerrecht*: → Mißbrauch von Gestaltungsmöglichkeiten.

**Rechtsmittel** ist ein → Rechtsbehelf, durch den erreicht werden kann, daß ein höheres Gericht die angefochtene Entscheidung nachprüft. Das Wesen des R. besteht im *Suspensiveffekt* (das statthafte, form- und fristgerecht eingelegte R. hemmt die formelle → Rechtskraft) und im *Devolutiveffekt* (das Verfahren wird im höheren → Rechtszug anhängig). R. sind in allen Verfahrensordnungen vorgesehen, und zwar meist → Berufung, → Revision und → Beschwerde. Vgl. die Zusammenstellung der in den einzelnen Verfahrensarten zulässigen R. im Anhang.

**Rechtsmittelbegründung, -frist** → Berufung, → Revision, → Beschwerde.

**Rechtsmittelbelehrung** ist die mündliche oder schriftliche Erklärung, daß und wie eine → Entscheidung durch ein → Rechtsmittel angefochten werden kann. Die R. erteilt das Gericht; sie umfaßt die Form, Frist und die Stelle, bei der das Rechtsmittel einzulegen ist. Vorgeschrieben ist die R. im Strafprozeß – bei verkündeter Entscheidung mündlich zu erteilen – (§ 35 a StPO), in der → Arbeitsgerichtsbarkeit (§ 9 V

ArbGG), in der Verwaltungs-, Finanz- und Sozialgerichtsbarkeit im Urteil selbst (§ 117 II Nr. 6 VwGO, § 105 II Nr. 6 FGO, § 136 I Nr. 7 SGG). Unterbleibt die R., so begründet das im Strafprozeß die → Wiedereinsetzung in den vorigen Stand (§ 44 S. 2 StPO); im arbeits-, verwaltungs-, finanz- und sozialgerichtlichen Verfahren beginnt die Rechtsmittelfrist erst nach R. zu laufen, doch kann das Rechtsmittel grundsätzlich nur binnen 1 Jahres seit Bekanntgabe der Entscheidung eingelegt werden (§ 9 V ArbGG, § 58 VwGO, § 55 II FGO, § 66 SGG). Im → Zivilprozeß und im Verfahren der → freiwilligen Gerichtsbarkeit ist eine R. nicht vorgeschrieben. S. a. → Rechtsbehelfsbelehrung.

**Rechtsmittelkosten** → Kostenpflicht.

**Rechtsmittelrücknahme** → Zurücknahme von Rechtsmitteln.

**Rechtsmittelschrift** ist der bestimmende → Schriftsatz, durch den ein → Rechtsmittel bei Gericht eingelegt wird. Für eine R. sind i. d. R. bestimmte Formen vorgeschrieben.

**Rechtsmittelverzicht.** Der den R. erklärende Prozeßbeteiligte gibt endgültig (anders → Zurücknahme von Rechtsmitteln) das Recht auf, die Entscheidung, auf die sich der R. bezieht, durch das übergeordnete Gericht nachprüfen zu lassen. Der R. ist grundsätzlich erst nach Erlaß der Entscheidung möglich und führt, wenn er von allen Prozeßbeteiligten erklärt wird, sofort zur formellen → Rechtskraft der Entscheidung.

**Rechtsnachfolge** (Sukzession) → Rechtserwerb.

**Rechtsnießbrauch** → Nießbrauch.

**Rechtsnorm** → Gesetz, → Recht (1 a).

**Rechtsobjekt** → Gegenstand.

**Rechtsordnung** → Recht (1 a).

**Rechtspflege** ist diejenige Tätigkeit, die im Rahmen der → Gerichtsbarkeit ausgeübt wird. Sie besteht aus → Rechtsprechung und der sonstigen R.; zu dieser gehört insbes. diejenige → freiwillige Gerichtsbarkeit, die nicht Rechtsprechung darstellt (z. B. in Grundbuchsachen), die Tätigkeit der → Staatsanwaltschaft, die → Zwangsvollstreckung, auch die → Rechtsberatung Minderbemittelter. Vorsorgende R. wird der Teil der freiwilligen Gerichtsbarkeit genannt, der den → Notaren zugewiesen ist. Auch die → Rechtsanwälte sind Organe der R. (§ 1 BRAO).

**Rechtspflegeministerium** nennt man ein Ministerium, das für die Verwaltung mehrerer oder aller → Gerichtsbarkeiten zuständig ist. Diese Zusammenfassung soll die → richterliche Unabhängigkeit stärken, indem sie die Gerichte von der Verwaltung löst, deren Akte sie zu überprüfen haben (Beseitigung der „Hausgerichtsbarkeiten"). Gegenwärtig sind das Bundesjustizministerium (für die Gerichte des Bundes) und die meisten Landesjustizministerien (für die Gerichte der Länder) R., aber in unterschiedlicher Ausgestaltung, meist unter Ausschluß der → Arbeitsgerichtsbarkeit. In Mecklenburg-Vorpommern, Rheinland-Pfalz, Sachsen, Sachsen-Anhalt und Thüringen sind die Justizministerien auch für die Arbeitsgerichtsbarkeit zuständig.

**Rechtspfleger** ist ein Beamter des gehobenen Dienstes, der die im RechtspflegerG vom 5. 11. 1969 (BGBl. I 2065 m. spät. Änd.) bezeichneten Aufgaben der Rechtspflege wahrnimmt, dabei selbständig entscheidet und nur dem Gesetz unterworfen ist (§ 9 RPflG). Die Bezeichnung R. betrifft nur die Funktion, welche die Beamten – Justiz(ober)-inspektor, Justiz(ober)amtmann – ausüben; sie sind häufig zugleich als → Urkundsbeamter der Geschäftsstelle tätig (§§ 24 II, 27 RPflG). Voraussetzungen für die Tätigkeit als R. sind ein Vorbereitungsdienst von mindestens 3 Jahren (als R.anwärter), davon mindestens 18 Monate in einem fachwissenschaftlichen Lehrgang (Fachhochschule), und die bestandene R.prüfung (§ 2 RPflG). Wer die Befähigung zum Richteramt erworben hat, kann auf Antrag auch zum R. bestellt werden. Der Aufgabenkreis des R.s umfaßt insbes. Vereins-, Vormundschafts- Nachlaß- und Teilungssachen, Handels- und Grundbuchsachen, → Mahnverfahren, z. T. Unterhaltsfestsetzung (im vereinfachten Verfahren, → Unterhaltsprozeß) und → Familiensachen, ferner → Zwangsvollstreckung (soweit nicht der → Gerichtsvollzieher zuständig ist), → Zwangsversteigerung und → Zwangsverwaltung, → Kostenfestsetzung, → Insolvenzverfahren, → Strafvollstreckung. Jedoch bleiben bestimmte Aufgaben dem Richter vorbehalten, je nachdem ob sie dem R. voll oder mit Vorbehalt oder einzeln übertragen sind (§§ 3, 14 ff. RPflG). In allen Fällen hat der R. trotz bestehender Zuständigkeit eine einzelne Sache dem Richter vorzulegen, wenn er von einer Stellungnahme des Richters abweichen will, wenn ein enger Zusammenhang mit einer vom Richter behandelten Sache vorliegt, ausländisches Recht anzuwenden ist oder wenn eine Sache besonders schwierig ist (§ 5 RPflG). Nimmt der R. ein Geschäft vor, das ihm nach dem RPflG weder übertragen ist noch übertragen werden kann, so ist das vorgenommene Geschäft unwirksam (§ 8 IV RPflG), während eine vom Richter innerhalb der Zuständigkeit des R. getroffene Entscheidung voll wirksam ist (§ 8 I RPflG). Für → Ausschließung und → Ablehnung gelten die auf Richter anwendbaren Vorschriften (§ 10 RPflG). Entscheidungen des R. werden mit der → Erinnerung angefochten. Sie ist befristet wie eine → sofortige Beschwerde, wenn gegen die Entscheidung, hätte sie der Richter erlassen, dieses Rechtsmittel vorgesehen ist (§ 11 I RPflG). Eine → Abhilfe ist grdsätzl. nur bei unbefristeter Erinnerung möglich (anders u. a. bei der → Kostenfestsetzung). Über die Erinnerung entscheidet der Richter (hiergegen Möglichkeit der → Beschwerde); die bisherige sog. Durchgriffserinnerung (unmittelbare Vorlage an das Beschwerdegericht) hat das ÄndG vom 6. 8. 1998 (BGBl. I 2030) abgeschafft. Über die Aufgaben hinaus, die dem R. zur selbständigen Erledigung übertragen sind, kann ihm auch eine – insbes. vorbereitende – Hilfstätigkeit für den Richter, z. B. Anfertigung von Entwürfen, übertragen werden (§ 25 RPflG).

**Rechtsphilosophie** ist der Zweig der allgemeinen Philosophie, der sich mit der Herkunft und dem Grund des Rechts, seinem Wesen und Inhalt und seinem Zweck befaßt. Zum inneren Bereich der R. gehören die *Rechtswertlehre,* die Bedeutung und Funktion des Rechts als solchen behandelt, und die *Rechtsprinzipienlehre* oder Allgemeine Rechtslehre, d. i. die Lehre von den Grundbegriffen des Rechts (z. B. Anspruch, Verwirkung, Prozeßrechtsverhältnis). Die bedeutendsten Richtungen der R. sind: die → Naturrechtslehre, die → historische Rechtsschule, die Allgemeine Rechtslehre, die als selbständige Richtung durch Untersuchung der allgemeinen Rechtsbegriffe eine Erkenntnis vom Wesen des Rechts zu gewinnen sucht (unter Anlehnung an den → Rechtspositivismus), und in neuerer Zeit das Wiederaufleben naturrechtlicher Gedanken, z. T. unter Abkehr von jeder theologischen Grundlage, z. T. unter dem Einfluß der Existenzphilosophie (Erkenntnis des Wesens des Rechts vom „Sein“ her, nicht vom „Sollen“). Die Auffassungen über die *Entstehung* des Rechts werden von den rechtsphilosophischen Grundanschauungen entscheidend beeinflußt; das tritt insbes. in den unterschiedlichen Ansichten der Anhänger des Naturrechts und der historischen Rechtsschule zutage. Weitere Unterschiede offenbaren sich in den Grundauffassungen über die intuitive Rechtsschöpfung oder die rationale Konstruktion des Rechts. Das *Wesen des Rechts* wird heute zunehmend von seiner *sozialen Funktion* her gesehen und aus seinem Zweck abgeleitet, soziale Ordnungen aufrechtzuerhalten und auszugestalten; danach beruht das Recht auf dem gemeinschaftsbildenden Willen einer Gruppe von Menschen, ihrem Streben nach Zusammenschluß und Ordnung der Gemeinschaftsverhältnisse. S. a. → Rechtssoziologie.

**Rechtspolitik** → Rechtsdogmatik.

**Rechtspositivismus** wird in der Rechtslehre eine Auffassung genannt, die allein aus dem positiven Recht (dem gesetzten oder dem Gewohnheitsrecht) ausschließlich mit gedanklichen Mitteln ohne eigene Wertung zur Lösung von Rechtsfragen gelangen will. Der R. steht im Gegensatz zum → Naturrecht, das als Recht die aus der menschlichen Natur abzuleitenden und vernunftmäßig erkennbaren Rechtssätze ansieht, auch wenn es (nach einer modifizierten Auffassung) zu ihrer Wirksamkeit noch eines Rechtsetzungsaktes bedarf. Der R. ist in der Rechtslehre immer wieder

Gegenstand heftiger Angriffe, zumal er in seiner letzten Konsequenz die Rechtsschöpfung durch den Richter hindert, sie vielmehr nach dem Grundsatz der → Gewaltentrennung dem Gesetzgeber vorbehält und damit der → Rechtsfortbildung durch Richterrecht im Wege steht. S. a. → Radbruch'sche Formel.

**Rechtsprechende Gewalt** ist i. S. der → Gewaltentrennung neben → Gesetzgebung (Legislative) und → vollziehender Gewalt (Exekutive) der dritte Teil der Staatsgewalt (gelegentlich auch als „Judikative" bezeichnet). Die r. G. ist nach Art. 92 GG „den Richtern anvertraut", darf also kraft Verfassungsrechts nur von → Richtern ausgeübt werden. Sie obliegt nach § 1 DRiG → Berufsrichtern und → ehrenamtlichen Richtern. Den Begriff der r. G. bestimmt das GG nicht näher. Er ist im einzelnen streitig, insbes. seine Abgrenzung zur vollziehenden Gewalt, die in der Lehre teils nach materiellen Kriterien, teils nach funktionellen, historischen oder positivrechtlichen Gesichtspunkten gesucht wird. Eine verbreitete Meinung bezeichnet die r. G. als verbindliche Feststellung bestrittenen, bezweifelten oder gefährdeten Rechts im Einzelfall durch eine vom Staat berufene, selbständige und unabhängige Stelle. Soweit dabei als weitere Voraussetzung statuiert wird, daß diese Feststellung streitentscheidenden Charakter besitzt, bleiben zahlreiche Angelegenheiten, die das geltende Recht den Richtern zur Erledigung in richterlicher Unabhängigkeit zuweist, vom Bereich der r. G. ausgeschlossen (z. B. Grundbuch-, Register- und Vormundschaftswesen). Von einem positivrechtlichen Standpunkt aus gehören zur r. G. alle Angelegenheiten, die das geltende Recht den Gerichten zur Erledigung in richterlicher Unabhängigkeit zuweist. Eingehend zu diesen Fragen BVerfGE 22/49, 73 ff., wo die Strafgewalt der Finanzämter trotz Anrufungsmöglichkeit der Gerichte (Art. 19 IV GG) als Verstoß gegen Art. 92 GG angesehen wurde. Die r. G. wird in der BRep. durch die Gerichte des Bundes (→ Bundesgerichte) und die Gerichte der Länder (→ Landesgerichte) ausgeübt; nur ausnahmsweise können Gerichte der Länder z. B. in → Staatsschutzsachen (vgl. § 120 VI GVG) Gerichtsbarkeit des Bundes ausüben; Art. 96 V GG.

**Rechtsprechung** → Rechtsprechende Gewalt. Die R. gehört zur → Rechtspflege und ist im Rahmen der → Gerichtsbarkeit den → Richtern anvertraut. Von ständiger R. spricht man, wenn ein Gericht in einer bestimmten Rechtsfrage wiederholt über einen längeren Zeitraum im gleichen Sinne entscheidet.

**Rechtsprinzipienlehre** → Rechtsphilosophie.

**Rechtsquellen** → Recht (1 a).

**Rechtsreferendar** → Referendar.

**Rechtsreflex** → subjektives öffentliches Recht.

**Rechtssatz** ist ein anderer Ausdruck für Rechtsnorm, der insbes. verwendet wird, um den Gegensatz von → Gesetz im materiellen Sinne (das „Rechtssatzqualität" besitzt) und → Verwaltungsvorschriften zu kennzeichnen.

**Rechtsschein** → Gutglaubensschutz, gutgläubiger Erwerb, → öffentlicher Glaube des Grundbuchs, → Erbschein, → Verfügung eines Nichtberechtigten, → Scheingeschäft, → Scheinkaufmann.

**Rechtsscheintheorie** → Wertpapierrechtstheorien.

**Rechtsscheinvollmacht** → Vollmacht.

**Rechtsschulen** → Rechtsphilosophie.

**Rechtsschutz.** Während in der Frühzeit des Rechts die Durchsetzung des einer Person zustehenden → subjektiven Rechts weitgehend in seine oder seiner Sippe Hand gelegt war, geht das heutige Recht vom Grundsatz des staatlichen R. aus. Der Inhaber eines Rechts muß also grundsätzlich zur Durchsetzung der sich hieraus ergebenden → Ansprüche die staatlichen Gerichte und Behörden durch Erhebung einer → Klage zur Erlangung eines → Urteils und dessen Durchsetzung im Wege der staatlichen → Zwangsvollstreckung in Anspruch nehmen. Auch wenn es sich um einen in erleichterter Form erlangten Titel handelt (z. B. durch schiedsrichterliches Verfahren, vollstreckbare

Urkunde), ist die zwangsweise Durchsetzung des titulierten Anspruchs grundsätzlich Sache des Staates. Der *Selbstschutz* des Einzelnen ist nur noch in besonderen Fällen zulässig, s. hierzu → Selbsthilfe, → Notwehr, → Notstand, → Miete (3), → Besitzschutz. Oftmals sieht das Gesetz einen R. dadurch vor, daß es bei Rechtsverletzungen an die Stelle des verletzten Rechts einen Anspruch auf → Schadensersatz treten läßt, dessen Durchsetzung allerdings wieder den oben genannten Grundsätzen unterliegt. S. a. → Sicherheitsleistung.

**Rechtsschutzanspruch** ist der → Anspruch einer → Partei (oder eines → Beteiligten) gegen den Staat auf den der Rechtslage entsprechenden → Rechtsschutz. Der von der Wissenschaft vor allem in den ersten Jahrzehnten des 20. Jh. viel behandelte R. ist nach Bestand und Umfang umstritten.

**Rechtsschutzbedürfnis** *(Rechtsschutzinteresse)* ist das berechtigte Interesse eines in seinen Rechten Beeinträchtigten, ein Gericht in Anspruch zu nehmen, um → Rechtsschutz zu erreichen. Das R. ist Voraussetzung für die Zulässigkeit eines jeden Rechtsschutzgesuchs (z. B. einer → Klage), insbes. → Prozeßvoraussetzung und → Rechtszugvoraussetzung. Es fehlt, wenn ohne das Rechtsschutzgesuch das erstrebte Ziel einfacher, billiger oder ohnehin erreicht wird, ebenso wenn ein Gericht mutwillig (unnütz) oder aus unlauteren Motiven in Anspruch genommen wird.

**Rechtsschutzversicherung.** Die R. ist – anders als die → Haftpflichtversicherung – eine reine Kostenversicherung. Durch sie werden – je nach Umfang – die gerichtlichen und außergerichtlichen Kosten, die durch die Beratung des Versicherten und die Geltendmachung eines eigenen Anspruchs oder die Verteidigung gegenüber einem von einem Dritten erhobenen Anspruch (ohne Rücksicht auf dessen Begründetheit) entstehen, sowie die Kosten einer mit dem → Versicherungsfall zusammenhängenden Strafverteidigung abgedeckt. Zwingende Vorschriften (z. B. über die freie Wahl eines Rechtsanwalts) enthalten §§ 158 ff. VVG. → Schadensversicherung, → Versicherungsvertrag.

**Rechtssicherheit** gehört zu den tragenden Zielen einer jeden Rechtsordnung. Die Aufstellung von Rechtsnormen als Folge der Wertung gleichliegender Einzelfälle oder einer aus anderem Anlaß entstandenen Rechtsüberzeugung dient nicht nur der gerechten Fallentscheidung; sie soll in besonderem Maße auch den Rechtsgenossen das Gefühl der Rechtssicherheit vermitteln. Diese ermöglicht es dem Einzelnen, sein Verhalten im Rechtsleben nach der Erkenntnis einzurichten, welche rechtliche Wertung ein gedachter Tatbestand auf Grund der bestehenden Rechtsordnung erfahren wird. Die R. ist ferner der wichtigste Rechtfertigungsgrund für die materielle → Rechtskraft, insbes. von Urteilen; diese soll einen grundsätzlich unabänderlichen Rechtszustand und damit für alle Beteiligten unverrückbare Rechtspositionen schaffen.

**Rechtssoziologie** ist der Zweig der Soziologie (Gesellschaftslehre), der sich mit der Wechselwirkung von Rechtsordnung und sozialer Wirklichkeit befaßt. Sie geht davon aus, daß außerhalb der → Rechtsdogmatik ein soziales Gefüge besteht, das in seiner tatsächlichen Existenz von der Rechtsordnung unabhängig ist, dessen außerrechtliche, nicht kodifizierte Regeln aber auf die Rechtsordnung ausstrahlen. Die Wechselwirkung zwischen der sozialen Struktur und dem Recht kann sich darin äußern, daß sich Rechtsnormen aus der sozialen Wirklichkeit entwickeln (z. B. das Arbeitsrecht aus der Wirtschafts- und Sozialstruktur) oder daß Normen aufgestellt werden, die im Widerspruch zur sozialen Wirklichkeit stehen, diese aber ändern können (z. B. gesetzliche Eingriffe in das Eigentum durch Enteignung). Von dem Standpunkt aus, daß die Rechtsordnung nicht die alleinige Ordnung sozialer Gebilde ist, kann den sozialen Gegebenheiten entscheidender Einfluß auf die Rechtsanwendung eingeräumt werden. Anderseits ist die Anwendung mancher durch die Rechtslehre geprägter Begriffe von der Beachtung sozialer Gegebenheiten abhängig (vgl. z. B. → soziale Adäquanz).

**Rechtsstaat.** Aus Art. 20, 28 I 1 GG ergibt sich das Bekenntnis des GG zum Prinzip der Rechtsstaatlichkeit der

BRep. und ihrer Länder. Auch die Verfassungen der Länder bekennen sich zum Rechtsstaatsprinzip (vgl. z. B. Art. 3 der bayer. Verfassung). Der Grundsatz der Rechtsstaatlichkeit gehört zu den elementaren Verfassungsgrundsätzen und zu den Grundentscheidungen des GG; er kann auch im Wege der → Verfassungsänderung nicht beseitigt werden (Art. 79 III GG). Rechtsstaatlichkeit besagt nicht nur, daß der Staat eine Rechtsordnung aufstellt und garantiert (R. im formellen Sinne), sondern bedeutet die Garantie bestimmter historisch entwickelter, teilweise auch in die Verfassung ausdrücklich aufgenommener „rechtsstaatlicher" Grundsätze (R. im materiellen Sinne, „Gerechtigkeitsstaat"). Dazu gehören insbes. der Grundsatz der → Gewaltentrennung (Art. 20 II 2 GG), die Gewährleistung persönlicher → Grundrechte, ferner die Bindung der → Gesetzgebung an die verfassungsmäßige Ordnung und die Bindung der → vollziehenden Gewalt und der → rechtsprechenden Gewalt an Gesetz und Recht (Art. 20 III GG). Die vollziehende Gewalt hat den Grundsatz der → Gesetzmäßigkeit der Verwaltung zu beachten. Sie ist, ebenso wie die rechtsprechende Gewalt, an die Gesetze gebunden. Ob die Anwendung des Gesetzes im Interesse der gebotenen Rechtssicherheit im Einzelfall zu Ungerechtigkeiten führen darf, ist zweifelhaft. Die Rechtssicherheit gehört zwar wie die materielle Gerechtigkeit zur Rechtsstaatlichkeit, kann aber jedenfalls dann keinen Vorrang beanspruchen, wenn der Widerspruch zur Gerechtigkeit unerträglich sein würde. Ein weiterer rechtsstaatlicher Grundsatz ist die Meßbarkeit der staatlichen Handlungen; diese müssen in gewisser Weise voraussehbar und bestimmt sein. Hieraus ergeben sich auch Anforderungen an die Ausgestaltung der Gesetze durch den Gesetzgeber, insbes. bei der Formulierung von Verbotstatbeständen, ferner u. U. für die → Rückwirkung belastender Gesetze (zwingend bei Strafgesetzen; → nullum crimen sine lege, Art. 103 II GG). Weiter folgt aus dem Rechtsstaatsprinzip der Grundsatz der → Verhältnismäßigkeit von Mittel und Zweck, der ebenfalls für alle Teile der Staatsgewalt verbindlich ist (s. a. → Übermaßverbot) und schließlich die möglichst umfassende Gewährung von Rechtsschutz durch unabhängige Gerichte bei Rechtsverletzungen durch die öffentliche Gewalt (vgl. Art. 19 IV GG).

**Rechtsstaatsgefährdung.** Über die Abgrenzung der R. von Hoch- und Landesverrat → Hochverrat. §§ 84 ff. stellen als gewaltlose, rechtsstaatsgefährdende Angriffe unter Strafe:

*Fortführen einer* vom BVerfG für *verfassungswidrig erklärten oder* nach dem ParteienG oder dem VereinsG *verbotenen Partei*, Vereinigung oder Ersatzorganisation (§§ 84, 85 StGB);

Herstellen, Vorrätighalten, Einführen, Verbreiten oder Ausführen von → Schriften und anderen Darstellungen als *Propagandamittel* einer verbotenen Partei, Vereinigung oder Ersatzorganisation oder zur Fortsetzung nat.-soz. Bestrebungen, wenn der Inhalt gegen die freiheitliche demokratische Grundordnung oder den Gedanken der Völkerverständigung verstößt (§ 86 StGB); ausdrücklich ausgenommen sind nach dem Gedanken der → sozialen Adäquanz die Verwendung zur staatsbürgerlichen Aufklärung, zur Abwehr verfassungsfeindlicher Bestrebungen usw. sowie nach Art. 296 EGStGB außerhalb der BRep. regelmäßig publizierte Zeitungen und Zeitschriften);

*rechtsstaatsgefährdende Sabotage*, d. h. Außerbetriebsetzen oder Behinderung von Verkehrsunternehmen, Postdienstunternehmen oder -anlagen, Telekommunikationsanlagen oder Versorgungseinrichtungen mittels Störhandlungen, um Bestrebungen gegen den Bestand oder die Sicherheit der BRep. oder gegen → Verfassungsgrundsätze zu fördern;

*Vorbereitung rechtsstaatsgefährdender Sabotagehandlungen* im Dienst einer fremden Regierung, Vereinigung usw. (§§ 87, 88 StGB);

*Zersetzungsversuche* gegenüber Angehörigen der Bundeswehr oder von Sicherheitsorganen in rechtsstaatsgefährdender Absicht (§ 89 StGB).

Zu den R.delikten zählen ferner öffentlich oder durch Verbreitung von Schriften oder anderen Darstellungen begangene Verunglimpfung des BPräs. oder leitender Staatsorgane (§§ 90, 90 b StGB) oder Beschimpfung von Staat oder Flagge (§ 90 a StGB) oder Verwenden von → Kennzeichen verbotener Vereinigungen (§ 86 a StGB).

Die R. ist meist im Höchstmaß mit 5 Jahren, bei minder schweren Delikten (§§ 86, 86 a, 90 a StGB) mit 3 Jahren Freiheitsstrafe bedroht.

Der → Geltungsbereich der Strafvorschriften gegen R. wird im Hinblick auf den besonderen Charakter dieser Bestimmungen des politischen Strafrechts durch § 91 StGB in den Fällen der §§ 84, 85, 87 StGB auf Taten beschränkt, die in der BRep. begangen sind.

**Rechtsstreit** (Rechtsstreitigkeit) ist die Auseinandersetzung zwischen zwei → Parteien oder → Beteiligten über ein → Rechtsverhältnis in einem vor einem Gericht anhängigen Verfahren.

**Rechtssubjekt.** Träger eines → subjektiven Rechts kann nur eine Person sein, die → Rechtsfähigkeit besitzt. Inhaber von Rechten und Pflichten kann daher nur eine natürliche Person (d. i. jeder Mensch) oder eine → juristische Person sein, grundsätzlich aber nicht eine → Gesamthandsgemeinschaft (z. B. die Gesellschaft des bürgerlichen Rechts; s. aber → Offene Handelsgesellschaft, 1, → Umwandlung), die → Gemeinschaft nach Bruchteilen, die Familie usw. S. a. → Handlungsfähigkeit, → Völkerrechtssubjekt.

**Rechtssystematik** → Rechtswissenschaft.

**Rechtstheorie** → Rechtswissenschaft.

**Rechtsträger** 1. In der ehem. DDR diente die R.schaft zur Verwaltung und Nutzung von Grundstücken in → Volkseigentum. Der R. war nicht Inhaber des Rechts (Eigentümer). Er mußte nach der Anordnung vom 7. 7. 1969 (GBl. II 433), die durch Art. 8 EinigV (→ Einigungsvertrag) aufgehoben wurde, → juristische Person sein. Eine R.schaft ist spätestens seit dem 4. 10. 1990 erloschen (Art. 22 I EinigV). Sie kann aber noch in Ges. zur Regelung → offener Vermögensfragen genannt sein, z. B. § 7 II Nr. 2 SachenRBerG.

2. Im sonstigen Recht der BRep. ist R. nur der Vollinhaber des Rechts. Als R. wird im Recht der → Umwandlung teilweise auch die → Gesellschaft des bürgerlichen Rechts behandelt (§ 191 II Nr. 1 UmwG).

**Rechtsübergang** → Rechtserwerb, → cessio legis, → Gesamtrechtsnachfolge.

**Rechtsübertragung** → Rechtserwerb.

**Rechtsvereinfachung** umfaßt alle Bestrebungen, den vorhandenen Normenbestand zu reduzieren und die bestehenden Vorschriften einfacher und klarer zu fassen. Trotz verschiedener Ansätze auf Landes- und Bundesebene sind entsprechende Bemühungen bislang weitgehend erfolglos geblieben. S. a. → Deregulierung; → Rechtsbereinigung; → Rechtsetzung.

**Rechtsvergleichung** → Rechtswissenschaft.

**Rechtsverhältnis** ist eine rechtlich bedeutsame, durch Normen des objektiven → Rechts geregelte Lebensbeziehung zwischen Personen untereinander (insbes. im → Schuldrecht, → Handelsrecht, → Familienrecht) oder zwischen Personen und Sachen (insbes. im → Sachenrecht, z. T. auch im → Erbrecht). Aus dem R. entspringen → subjektive Rechte und → Ansprüche. → Schuldverhältnis.

**Rechtsverkehrsteuern** → Verkehrsteuern.

**Rechtsverlust** → Rechtserwerb.

**Rechtsvermutung** (praesumptio iuris) → Vermutung.

**Rechtsvernichtende Einwendungen** → Einrede.

**Rechtsverordnung** ist eine allgemein verbindliche Anordnung für eine unbestimmte Vielzahl von Personen, die nicht im förmlichen → Gesetzgebungsverfahren ergeht, sondern von Organen der → vollziehenden Gewalt (Bundes-, Landesregierung, staatliche Verwaltungsbehörden, aber auch Selbstverwaltungskörperschaften) gesetzt wird. Die Art des Zustandekommens unterscheidet die R. vom formellen → Gesetz, ihr allgemeiner Inhalt von dem auf die Regelung eines Einzelfalles gerichteten → Verwaltungsakt, ihr Wesen als → Rechtssatz (Rechtsnorm) von den nur verwaltungsintern wirkenden

→ Verwaltungsvorschriften. Da sie Rechtsvorschriften enthält, ist die R. Gesetz im materiellen Sinn. Entsprechend dem Grundsatz der → Gewaltentrennung können allgemein verbindliche Rechtsvorschriften grundsätzlich nur im förmlichen Gesetzgebungsverfahren erlassen werden. Doch kann ein formelles Gesetz die vollziehende Gewalt zum Erlaß von R. ermächtigen. Nach Art. 80 GG können durch Gesetz die Bundesregierung, ein Bundesminister oder die Landesregierungen (nicht einzelne Landesminister, aber Subdelegationsermächtigung möglich) ermächtigt werden, R. zu erlassen. Dabei müssen Inhalt, Zweck und Ausmaß der erteilten Ermächtigung im förmlichen Gesetz bestimmt werden („Konkretisierung der Ermächtigung"); es muß voraussehbar sein, in welchen Fällen und mit welcher Tendenz von der Ermächtigung Gebrauch gemacht werden und welchen Inhalt die zu erlassende R. haben kann. Unzulässig ist demnach die Ermächtigung zu „gesetzvertretenden" Verordnungen i. S. einer selbständigen und ursprünglichen Regelung einer Materie; R. dürfen nur zur Durchführung und zur inhaltlich bereits vorgezeichneten Ausfüllung und Ergänzung des formellen Gesetzes ergehen. Ermächtigungen des früheren Rechts zu gesetzesvertretenden R. sind mit dem Inkrafttreten des GG erloschen (Art. 129 III GG). In der R. ist die Rechtsgrundlage (die Ermächtigungsnorm) anzugeben. Ist durch Gesetz vorgesehen, daß eine Ermächtigung weiter übertragen werden kann (sog. Subdelegation), so bedarf es zu dieser Weiterübertragung wiederum einer R. R. der BReg. oder eines BMin. sind häufig an die Zustimmung des → Bundesrates gebunden (vgl. z. B. Art. 80 II GG; Zweck: Wahrung von Länderinteressen). Gelegentlich ist der Erlaß einer R. an die Zustimmung des Gesetzgebers gebunden, was eigentlich systemwidrig ist (Zweck: Kontrolle der R., deren Korrektur ansonsten nur im förml. Gesetzgebungsverfahren möglich wäre). Die R. bedarf zu ihrer Wirksamkeit der ordnungsgemäßen → Verkündung (regelmäßig im BGBl. oder GVBl. des Landes). Änderungen einer R. werden gelegentlich auch vom Gesetzgeber in einem → Artikelgesetz vorgenommen. Da sie damit den Rang eines förmlichen Gesetzes erhalten, wird in dem Artikelgesetz zugleich bestimmt, daß diese Teile der R. wieder auf Grund der Ermächtigung geändert werden können (sog. „Entsteinerungsklausel"). Die Verfassungen der Länder enthalten zumeist Vorschriften, die inhaltlich dem (für die Länder nicht unmittelbar geltenden) Art. 80 GG entsprechen. Aber auch ohne solche Vorschriften folgt aus dem Verfassungsprinzip der → Gewaltentrennung das Verbot einer zu weitgehenden Übertragung der Rechtssetzungsbefugnis auf die Exekutive. Die R. kann, da sie materielles Gesetz ist, Grundlage von Verwaltungsakten sein. Die R. ist unwirksam, wenn sie sich nicht im Rahmen der erteilten Ermächtigung hält oder sonstwie gegen höherrangiges Recht (formelles Gesetz, Verfassung) verstößt. Die Gültigkeit einer R., auf die es bei der Entscheidung ankommt, ist in der Regel vom Gericht inzidenter zu überprüfen. Die sonstige → Normenkontrolle ist bei R. nicht im gleichen Umfang statthaft wie bei förmlichen Gesetzen; insbes. ist eine richterliche Vorlage an das BVerfG gem. Art. 100 GG (konkrete Normenkontrolle) nicht möglich. Das Institut der R. hat in neuerer Zeit große Bedeutung erlangt, weil es den zeitraubenden Weg der Gesetzgebung erspart und schnellere Anpassung der Rechtslage an veränderte Verhältnisse ermöglicht. Dem Umfang nach übersteigt die Rechtssetzung durch R. heute die durch formelles Gesetz. Über R. im Bereich der Gerichtsbarkeit vgl. Ges. vom 1. 7. 1960 (BGBl. I 481) sowie über eine allgemeine Subdelegation das Ges. vom 3. 7. 1961 (BGBl. I 856). Für das EG-Recht s. → Verordnungen der Europ. Gemeinschaften.

**Rechtsvorgänger** → Rechtserwerb. Zur Haftung für Verbindlichkeiten des R. → Übernahme eines Handelsgeschäfts, → Betriebsübergang.

**Rechtsvorschriften** ist ein zusammenfassender Ausdruck für alle Arten von Rechtsnormen (→ Recht, 1 a), also für alle Formen von → Gesetz im materiellen Sinne (Verfassung, förml. Gesetz, Rechtsverordnung, Satzung). Der Begriff R. wird häufig verwendet, um den Gegensatz zu kennzeichnen a) gegenüber → Verwaltungsvorschriften, b) gegenüber sonstigen gesellschaftlichen Verhaltensregulativen wie Sitte, Ethik, Moral.

**Rechtsweg** ist der Weg, auf dem bei einer Gerichtsbarkeit um → Rechtsschutz nachgesucht werden kann. In zahlreichen Gesetzen wird der R. gegenüber einer behördlichen Maßnahme oder Entscheidung ausdrücklich für zulässig erklärt und damit die Anrufung des zuständigen Gerichts eröffnet. Man unterscheidet folgende vom GG als gleichwertig anerkannte R.e: den → ordentlichen R., den R. der → Verwaltungs-, → Finanz-, → Arbeits-, → Sozial-, → Disziplinar-, → Dienst- und → Berufsgerichtsbarkeit. Eine Sonderstellung nimmt die → Verfassungsgerichtsbarkeit ein. Die Zulässigkeit des Rechtswegs ist eine → Prozeßvoraussetzung und von der → Zuständigkeit zu unterscheiden. Die Gerichte entscheiden bindend über die Zulässigkeit des zu ihnen beschrittenen R.; ggf. wird der Rechtsstreit an das zuständige Gericht des zulässigen R. verwiesen (§ 17 a GVG; → Verweisung, → Zuständigkeitsstreit). Früher verstand man unter R. nur den ordentlichen R.

**„Rechtsweg ausgeschlossen"** → Wette, → Lotterie; von solchen Fällen abgesehen ist ein vertraglicher Ausschluß des Rechtsweges unzulässig (s. a. → schiedsrichterliches Verfahren).

**Rechtsweggarantie** nennt man die Regelung des Art. 19 IV 1 GG, wonach jedem, der durch die öffentliche Gewalt in seinen Rechten verletzt wird, der → Rechtsweg offen steht (wegen seiner überragenden Bedeutung für die Rechtsschutzgewährung auch als „formelles Hauptgrundrecht" bezeichnet). Mangels besonderer Regelung ist der → ordentliche Rechtsweg gegeben (Art. 19 IV 2 GG). Die R. gewährleistet nur den Zugang zum Gericht, nicht die Eröffnung eines Instanzenzugs. Die R. äußert sich insbes. durch die Generalklausel der VwGO (→ Verwaltungsgerichtsbarkeit, 3) und die Eröffnung der → Verfassungsgerichtsbarkeit. Über eine gewisse Einschränkung durch die im Zuge der → Notstandsverfassung eingefügten Art. 10 II 2, 19 IV 3 GG vgl. Brief-, Post- und Fernmeldegeheimnis (3).

**Rechtswertlehre** → Rechtsphilosophie.

**Rechtswidrige Tat** → Straftat.

**Rechtswidrigkeit.** Rechtswidrig ist jede Handlung, die der Rechtsordnung widerspricht. Der Begriff der R. ist im gesamten Rechtsbereich einheitlich zu beurteilen. *Rechtfertigungsgründe* schließen das Unrecht (die R. der Handlung) mit Wirkung für alle Rechtsgebiete aus; so beseitigt z. B. der zivilrechtliche → Notstand (Rechtfertigungsgrund!) auch die Rechtswidrigkeit der durch den Notstand veranlaßten Straftat. Sie wirken auch zugunsten des Teilnehmers der Straftat. Als Rechtfertigungsgründe kommen hauptsächlich in Betracht: → Notwehr, zivilrechtlicher oder rechtfertigender → Notstand (dort 1 a, 2) sowie Pflichtenkollision (falls eines der im Widerstreit stehenden Rechtsgüter überwiegt), → Einwilligung des Verletzten, mutmaßliche Einwilligung (Geschäftsführung ohne Auftrag; Operation eines Bewußtlosen, dessen Angehörige nicht erreichbar sind), Dienstrechte der → Amtsträger (z. B. Vollstreckungshandlungen des Gerichtsvollziehers, Waffengebrauch des Polizeibeamten), rechtmäßiger dienstlicher Befehl, behördliche Erlaubnis (z. B. zur Veranstaltung von Glücksspielen), nach neuerer Auffassung auch → soziale Adäquanz und erlaubtes Risiko (übliche Gefährdungshandlungen im Bereich von Technik und Verkehr). Doch genügt i. d. R. zum Ausschluß der R. nicht das objektive Vorliegen eines Rechtfertigungsgrundes; vielmehr muß der Täter mit entsprechender Willensvorstellung handeln *(subjektives Rechtfertigungselement).*

**Rechtswidrigkeitszusammenhang** → Schadensersatz (1 a), → Kausalität im Strafrecht.

**Rechtswissenschaft** (Jurisprudenz) ist eine der Grundwissenschaften (neben Philosophie, Theologie usw.); sie befaßt sich mit der Erkenntnis des objektiven → Rechts und seiner Erscheinungsformen. Ein Teil der Grundlagenforschung der R. ist die *Rechtstheorie,* d. i. die Lehre vom logischen Aufbau der Rechtsordnung und der Struktur der

Rechtssätze sowie von der Methodik der Gewinnung rechtlicher Erkenntnisse. Die → *Rechtsdogmatik* im besonderen entwickelt die wissenschaftlichen Methoden zur Erforschung und Darstellung des geltenden Rechts; Aufgabe der *Rechtssystematik* ist die Gliederung und Abgrenzung der einzelnen Rechtsgebiete als Grundlage für die → *Rechtsanwendung*. Wichtige Zweige und Quellen der R. insbes. für die Erkenntnis und die Anwendung des Rechts sind die → *Rechtsgeschichte*, die das Werden des Rechts bis zur Gegenwart aufzeigt, und die *Rechtsvergleichung*, die Erkenntnisse aus der Heranziehung anderer nationaler Rechtsordnungen zu gewinnen sucht. Während diese Erkenntnisse sich überwiegend mit einzelnen Rechtsgebieten und Rechtsnormen befassen, schöpft die → *Rechtsphilosophie* allgemein Einsichten in Wesen und Wirksamkeit des Rechts aus dessen Herkunft und aus den Gründen der Rechtsbildung, während die *Rechtspolitik* die Zielrichtung für die Weiterentwicklung des Rechts bestimmt. Diese wird wesentlich beeinflußt von der → *Rechtssoziologie*, die sich mit der Wechselwirkung von sozialer Wirklichkeit und Rechtsordnung befaßt und deren Ergebnisse Rechtsetzung und Rechtsanwendung beeinflussen.

**Rechtszug** *(Instanz)* ist der Verfahrensabschnitt eines Rechtsstreits vor einem bestimmten – meist im Über- oder Unterordnungsverhältnis zu einem anderen stehenden – Gericht. Das gerichtliche Verfahren beginnt im ersten R. und gelangt, soweit dieser nicht der einzige R. ist, durch → Rechtsmittel in den zweiten und ggf. dritten Rechtszug vor die übergeordneten Gerichte (z. B. Amtsgericht – Landgericht; Landgericht – Oberlandesgericht – Bundesgerichtshof; Verwaltungsgericht – Oberverwaltungsgericht – Bundesverwaltungsgericht). Die obersten Gerichtshöfe des Bundes entscheiden i. d. R. als Rechtsmittelgericht. Übersicht über die Rechtszüge s. Anhang.

**Rechtszugvoraussetzungen** sind die prozessualen Voraussetzungen, die erfüllt sein müssen, wenn der → Rechtszug zulässig eröffnet sein soll. Fehlt eine R., so ist das → Rechtsmittel unzulässig; das Rechtsmittelgericht hat es zu verwerfen und darf die angefochtene Entscheidung nicht nachprüfen. R. sind insbes. die → Statthaftigkeit, die form- und fristgerechte Einlegung des Rechtsmittels, die → Beschwer, ggf. das Erreichen des vorgeschriebenen → Beschwerdewerts, der unterbliebene → Rechtsmittelverzicht und das → Rechtsschutzbedürfnis.

**Recycling** → Abfälle.

**Redakteur** → Presserecht, → Pressedelikte.

**Redaktionsgeheimnis** → Zeugnisverweigerungsrecht (d. Redakteurs).

**Rediskontgeschäft** ist der Ankauf von durch Geschäftsbanken diskontierten Handelswechseln (→ Wechsel, → Wechseldiskont) durch die Deutsche → Bundesbank. Es dient wirtschaftspolitischen Zielsetzungen, wird aber mit privatrechtlichen Mitteln (Kaufverträge) durchgeführt (→ Verwaltungsprivatrecht).

**Reduktion** → Auslegung, I.

**Reeder** ist der Eigentümer eines ihm zum Erwerb durch die Seefahrt dienenden Schiffes (→ Legaldefinition in § 484 HGB). Der R. (ebenso der Charterer) kann seine – vertragliche oder außervertragliche – Haftung für Personen- und Sachschäden, die bei der Verwendung des Schiffes entstanden sind (sog. Seeforderungen) bis auf bestimmte Höchstbeträge nach dem Übereinkommen vom 19. 11. 1976 (BGBl. 1986 II 786) beschränken (§§ 486 ff. HGB); zum Verfahren s. Seerechtliche Verteilungsordnung vom 25. 7. 1986 (BGBl. I 1130).

Eine *Reederei* (auch Partenreederei genannt) besteht, wenn mehrere Personen (sog. Mitreeder) ein ihnen gemeinschaftlich gehörendes Schiff für gemeinschaftliche Rechnung zum Erwerb durch Seefahrt verwenden (§ 489 HGB). Die Reederei ist eine besondere Form der → Gesellschaft. Die Mitreeder können durch Mehrheitsbeschluß einen Mitreeder, durch einstimmigen Beschluß eine andere Person als *Korrespondentreeder* bestellen (§ 492 HGB). Der Korrespondent-R. führt den Reedereibetrieb und vertritt die Reederei gerichtlich und außergerichtlich (§ 493 HGB). Eine *Baureederei* ist eine Reederei, die zu dem Zweck gebildet wird, ein Schiff auf gemeinschaftliche Rechnung zu erbauen und dann zur Seefahrt zu verwenden (§ 509 HGB). Der Anteil eines Mitreeders am Schiff wird → Schiffspart genannt.

**Referendar** ist die Bezeichnung des (i. d. R. zwischen 1. und 2. Staatsprüfung) im Vorbereitungsdienst stehenden Anwärters für die Laufbahn des höheren Dienstes (z. B. Studienreferendar). Der R. ist i. d. R. → Beamter auf Widerruf. Als solcher erhält er → Anwärterbezüge. Im Bereich der Justiz führte der R. in einigen Ländern der BRep. die Bezeichnung „Gerichtsreferendar" (vgl. Befähigung zum Richteramt). Da der Vorbereitungsdienst nicht nur bei Gerichten, sondern auch bei Verwaltungsbehörden u. a. Stellen (Rechtsanwälten, Notaren) abgeleistet wird, lautet in einigen Ländern (z. B. in Bayern) die Bezeichnung „Rechtsreferendar". Dem R. können bestimmte Aufgaben zur Erledigung unter Aufsicht des Richters oder Staatsanwalts übertragen werden (§§ 10, 142 III GVG).

**Referendum** → Volksabstimmung.

**Referenzmenge** → Milch (Marktorganisation).

**Reflexrecht** → subjektives öffentliches Recht.

**reformatio in peius** ist die im Rechtsmittelverfahren vorgenommene Änderung einer gerichtlichen Entscheidung zu Ungunsten des Rechtsmittelführers oder des Angeklagten (sog. „Verböserung").

Im *Zivilprozeß* darf das Urteil in der Hauptsache nicht zum Nachteil des Rechtsmittelführers geändert werden, außer wenn auch der Gegner ein Rechtsmittel eingelegt hat (§§ 536, 559, 521 ZPO); mit dieser Ausnahme gilt also ein Verbot der Schlechterstellung.

Im *Strafprozeß* ist eine Änderung zu Ungunsten des Angeklagten nicht zulässig, wenn nur dieser oder der StA zugunsten des Angeklagten von einem Rechtsmittel Gebrauch gemacht hat; dagegen darf die Rechtsmittelentscheidung in jedem Falle zugunsten des Angeklagten ergehen, auch wenn nur der StA Rechtsmittelführer ist, unabhängig davon, ob er eine Änderung zugunsten oder zum Nachteil des Angeklagten erstrebt (§§ 331, 358, 301 StPO). Eine Verschlechterung ist aber möglich im Urteil nach Einspruch gegen einen Strafbefehl (§ 411 IV StPO) oder einen Bußgeldbescheid (s. §§ 71 III, 81 OWiG).

Im Verfahren vor den *Verwaltungs- und Sozialgerichten* folgt das Verbot der r. i. p. aus der Bindung an das Klagebegehren (§§ 88, 129, 141 VwGO, 123, 202 SGG). Im Widerspruchsverfahren über → Verwaltungsakte (§§ 68 ff. VwGO, 71 ff. SGG) ist eine Verschlechterung aber grundsätzlich zulässig.

Auch in der → *Finanzgerichtsbarkeit* gilt das Verbot der r. i. p. als Ausfluß der Rechtsschutzfunktion des Gerichts; im außergerichtlichen Rechtsbehelfsverfahren ist dagegen die r. i. p. zulässig (§ 367 II AO).

**Regalien** waren nach altdeutschem Recht im weitesten Sinne alle dem König (Landesherrn) zustehenden Hoheitsrechte, also nicht nur Nutzungsrechte, sondern auch die Gerichtsbarkeit und z. B. das Befestigungsrecht des Burgherrn. Später beschränkte sich der Begriff auf die sog. niederen R., d. h. Nutzungs- (z. B. Bergregal) und Aneignungsrechte (z. B. Fischereiregal). Nach Art. 73 EGBGB bleiben Landesgesetze über noch bestehende landesrechtliche R. unberührt, so z. B. die Bestimmung über Perlfischerei in Art. 108 bayer. FischereiG vom 15. 8. 1908 (BayRS 793-1-E) m. Änd. Bis in die neueste Zeit hielt sich der Ausdruck → Postregal.

**Regelaltersrente.** Die Regelaltersrente gehört zu den Leistungen der gesetzlichen → Rentenversicherung. Anspruch auf Regelaltersrente haben Versicherte, die das 65. Lebensjahr vollendet und die allgemeine → Wartezeit von 5 Jahren erfüllt haben (§ 35 SGB VI).

**Regelbedarf** → Unterhaltspflicht unter Verwandten.

**Regelbeförderung** → Beförderung von Beamten.

**Regelbeispiele.** Das StGB enthält verschiedene Vorschriften, die für besonders schwere Fälle eine Strafschärfung vorsehen. Es handelt sich dabei nicht um qualifizierte Straftaten (→ privilegierte Straftaten), sondern um Strafzumessungsregeln, die den Deliktscharakter nicht ändern (§ 12 III StGB). R. sind *benannte besonders schwere Fälle*, die zur gesetzlichen Vermutung eines besonders schweren Falles führen (z. B. Einbruchdiebstahl, § 243 I 2 Nr. 1 StGB; Vergewaltigung, § 177 II 2 Nr. 1 StGB). Auch sie sind Strafzumessungsregeln, obwohl sie tatbestandsähnlich sind.

**Regelbetrag** → Unterhaltspflicht unter Verwandten, → Unterhaltsprozeß.

**Regelentgelt** als Grundlage zur Bemessung des → Krankengeldes in der → Krankenversicherung ist das wegen der → Arbeitsunfähigkeit entgangene regelmäßige → Arbeitsentgelt und → Arbeitseinkommen, bezogen auf den Kalendertag. Ist diese Berechnung nicht möglich oder ist das Entgelt nach Monaten bemessen, so gilt der 30. Teil des im letzten Monat vor der Arbeitsunfähigkeit abgerechneten und um einmalige Zuwendungen verminderten Entgelts als R. Das Entgelt bzw. Einkommen ist dabei bis zur → Beitragsbemessungsgrenze zu berücksichtigen. § 47 SGB V.

**Regeln der Technik** → Technische Regeln. Verletzung der R. d. T. bei Bauten → gemeingefährliche Straftaten.

**Regeln des Völkerrechts** (Verbindlichkeit) → Völkerrecht.

**Regelsätze** der Sozialhilfe sind die Sätze für laufende Leistungen der → Sozialhilfe zum Lebensunterhalt. Sie werden von den zuständigen Landesbehörden oder den von ihnen bestimmten Stellen unter Berücksichtigung der tatsächlichen Lebenshaltungskosten und der örtlichen Unterschiede festgesetzt. Inhalt und Aufbau der R. sowie ihr Verhältnis zum Arbeitseinkommen sind in einer RechtsVO vom 20. 7. 1962 (BGBl. I 515) m. spät. Änd. geregelt. Für Personen über 65 Jahre, bei → Erwerbsunfähigkeit und für werdende Mütter ist ein Mehrbedarf von 20 v. H. des Regelsatzes anzuerkennen, für Schwerbehinderte und Blinde ein höherer Satz. §§ 22, 23 BSHG.

**Regelstrafrahmen** → Strafzumessung.

**Regelstudienzeiten** sind die Studienzeiten, in denen in der Regel, eine entsprechende Gestaltung der Studienordnungen und des Lehrangebots vorausgesetzt, ein erster berufsqualifizierender Abschluß erworben werden kann (§ 10 II HRG). Die R. ist maßgebend für die Gestaltung der Studienordnung, für die Sicherstellung des Lehrangebots, für die Gestaltung des Prüfungsverfahrens sowie für die Regelung und Festsetzung der Ausbildungskapazitäten und die Berechnung der Studentenzahlen bei der Hochschulplanung. Die R. werden in den Prüfungsordnungen festgelegt. Die bislang mit dem Überschreiten der Prüfungsfristen bundesrechtlich (§ 17 II–IV HRG) vorgeschriebenen Sanktionen („Zwangsexmatrikulation") sind durch die Änderung des HRG durch Ges. vom 6. 3. 1980 (BGBl. I 269) entfallen; die Regelung ist nun dem Landesrecht überlassen (z. B. bei bestimmter Überschreitung der R. gilt Prüfung als nicht bestanden).

**Regelungsgesetz.** Nach Art. 131 GG sind die Rechtsverhältnisse von Personen einschließl. der Flüchtlinge und Vertriebenen, die am 8. 5. 1945 im öffentlichen Dienste standen und aus anderen als beamten- oder tarifrechtlichen Gründen ausgeschieden sind oder nicht ihrer früheren Stellung entsprechend verwendet wurden (sog. verdrängte Beamte), durch Bundesgesetz zu regeln. Dementsprechend erging das – häufig als R. bezeichnete – „Gesetz zur Regelung der Rechtsverhältnisse der unter Art. 131 des Grundgesetzes fallenden Personen" vom 11. 5. 1951 (BGBl. I 307), das mehrfach geändert worden ist. Es regelt die Unterbringung, Versorgung oder Kapitalabfindung der verdrängten Angehörigen des öffentlichen Dienstes und enthält weitere Bestimmungen über die Rechte der früheren Wartestandsbeamten, Ruhestandsbeamten und Hinterbliebenen, der Berufssoldaten und der berufsmäßigen Angehörigen des Reichsarbeitsdienstes. Weitere sog. R. waren die nach dem 2. Weltkrieg ergangenen Gesetze zur Regelung von Fragen der → Staatsangehörigkeit.

**Regelunterhalt** → Unterhaltspflicht unter Verwandten, → Unterhaltsprozeß.

**Regierender Bürgermeister (Berlin).** Der R. B. ist Mitglied des → Senats, der Landesregierung von → Berlin (Art. 55 ff. Berl. Verf.). Er führt den Vorsitz im Senat und leitet dessen Sitzungen. Er bestimmt im Einvernehmen mit dem Senat und mit Billigung des Abgeordnetenhauses die Richtlinien der Regierungspolitik und überwacht deren Einhaltung. Ihm obliegt die Vertretung Berlins nach außen. Der R. B. wird vom Abgeordnetenhaus mit der Mehrheit der abgegebenen Stimmen gewählt. Er kann jederzeit zurücktreten und muß seinen Rücktritt erklären, wenn ihm das Abgeordnetenhaus mit der Mehrheit seiner gewählten Mitglieder das Mißtrauen ausspricht.

**Regierung.** Während man früher unter R. die gesamte staatsleitende Tätigkeit verstand, wurde der Begriff mit dem Vordringen des Grundsatzes der → Gewaltentrennung eingeschränkt.

1. *R. im funktionellen Sinne* ist die Spitze der → vollziehenden Gewalt (Exekutive). In diesem Sinne umfaßt die R. zwei verschiedene Aufgabenbereiche: die oberste Leitung und Überwachung des Vollzugs der bestehenden Gesetze („Verwaltung" i. e. S.) und die zukunftsgerichtete Mitwirkung an der politischen Gestaltung der inneren und äußeren Verhältnisse des Staates (Innen- und Außenpolitik). Die letztere Funktion ist vom Gesetzesvollzug so verschieden, daß mitunter die Meinung vertreten wurde, die R. sei neben der „Verwaltung" als eigenständiger (vierter) Teil der Staatsgewalt anzusehen („Regierungsgewalt"). Die Vollzugstätigkeit der R. wird von der in Sachbereiche (→ „Ressorts") aufgegliederten Verwaltung wahrgenommen, deren Spitze das jeweilige Ministerium bildet (→ Verwaltungsbehörden, Aufbau). Die R. kann den Vollzug der Gesetze durch allgemeine → Verwaltungsvorschriften oder durch Einzelanweisungen (→ Weisungsrecht) an die unterstellten Behörden regeln. Außerdem sind der R. durch die Ermächtigung zum Erlaß von → Rechtsverordnungen in großem Umfang Aufgaben der gesetzgebenden Gewalt übertragen. Die politische Gestaltungsaufgabe der R. spiegelt sich in ihrem Recht zur Gesetzesinitiative (→ Initiativrecht).

2. *R. im organisatorischen (personellen) Sinne* ist das aus dem Regierungschef (im Bund → „Bundeskanzler"; in den Ländern „Ministerpräsident"; in den Stadtstaaten „Bürgermeister" oder „Regierender Bürgermeister"; im Ausland oft „Premierminister") und den → Ministern (→ „Bundesminister"; „Staatsminister"; „Landesminister"; in den Stadtstaaten „Senator") bestehende Gremium; in Bayern sind auch die Staatssekretäre Mitglieder der R. Sie wird im Bund als → Bundesregierung, in den Ländern als Landesregierung (Staatsregierung; in den Stadtstaaten Senat) bezeichnet. Zur Unterscheidung von der Regierung im funktionellen Sinn bezeichnet man die R. im organisatorischen Sinn häufig als „Kabinett" oder „Ministerrat"; diesem obliegen bestimmte grundsätzliche Entscheidungen der R. im funktionellen Sinne (Kabinettsangelegenheiten). Nach dem Ressortprinzip leitet jeder Minister innerhalb der vom Regierungschef bestimmten Richtlinien der Politik seinen Geschäftsbereich selbständig und unter eigener Verantwortung. Die R. berät und entscheidet über besonders bedeutsame Angelegenheiten und über Meinungsverschiedenheiten zwischen den einzelnen Ministern (→ Kabinettsvorlagen).

3. Als R. (*Bezirksregierung;* → Bezirk, 3, → Regierungspräsident) wird in einigen Ländern die höhere Verwaltungsbehörde bezeichnet (s. → Verwaltungsbehörden, Aufbau).

**Regierungsakt** ist ein im einzelnen umstrittener Begriff, der zur Abgrenzung gewisser ihrer Natur nach einer gerichtlichen Überprüfung nicht oder nur bedingt zugänglichen Regierungshandlungen von den anfechtbaren → Verwaltungsakten dienen soll. Von einem Teil der Lehre wird dem R. eine rechtliche Sonderstellung versagt, weil er meist keine unmittelbare Rechtswirkungen nach außen entfalte und deshalb ohnehin die Begriffsmerkmale des Verwaltungsaktes nicht erfülle (z. B. Bestellung von Vollzugsorganen und andere → Organisationsakte; Festlegung politischer Grundsätze u.ä.). I. w. S. wird eine in Ausübung des → Gnadenrechts ergehende Entscheidung als R. angesehen, die früher allg. verneinte gerichtliche

Nachprüfbarkeit solcher Akte von der neueren Verf. Rspr. aber in gewissem Maße bejaht (vgl. BVerfGE 30, 108 f.; BayVerfGHE 18, 140 f.).

**Regierungsbezirk** ist der gebietsmäßige Zuständigkeitsbereich der Mittelbehörden (Regierungen, Regierungspräsidien; s. → Verwaltungsbehörden, Aufbau), so z. B. in den Ländern Bad.-Württbg., Bayern, Hessen, Niedersachsen, Nordrhein-Westf., Rheinl.-Pfalz, Sachsen.

**Regierungskriminalität** → DDR-Straftaten.

**Regierungspräsident** ist die Bezeichnung des leitenden Beamten eines → Regierungsbezirkes.

**Regionalplan.** In den Ländern, deren Gebiet die Verflechtungsbereiche mehrerer Zentraler Orte oberster Stufe umfaßt, sind nach § 9 I RaumordnungsG v. 18. 8. 1997 (BGBl. I 2081) Regionalpläne aufzustellen. Die R. sind aus dem Raumordnungsplan für das Landesgebiet zu entwickeln. S. a. → Raumordnung, → Landesplanung.

**Regionen** sind Gebiete, deren Bewohner sich aus wirtschaftlichen, historischen oder ethnischen Gründen zusammengehörig fühlen und denen vom übergeordneten Gesamtstaat eine eigene rechtliche Organisation mit einem individuell unterschiedlichen Maß an Selbstverwaltung zugestanden wird. Häufig entsprechen die Regionen einem oder mehreren bereits bestehenden Verwaltungsbezirken und knüpfen an historische Traditionen an (Lombardei, Aquitanien, Katalanien). In zentralistisch ausgerichteten Staaten (Italien, Frankreich und Spanien) handelt es sich bei den R. um eine relativ junge Institution, in Deutschland erfüllen die Funktion der R. die Länder, wobei diese im Gegensatz zu den R. selbst Staaten sind. Die R. können → Völkerrechtssubjekte sein, soweit ihnen das von der Verfassung des Gesamtstaates zugestanden wird. Die → Europäischen Gemeinschaften haben die R. im Rahmen des Prinzips der → Subsidiarität inzwischen anerkannt. Der Begriff R. wird auch im Recht der → Raumordnung („Regionalplanung“) verwendet, hier allerdings in kleinerem Maßstab.

**Register(gericht)** → Handels-, → Genossenschafts-, → Vereins-, → Güterrechtsregister.

**Registerpfandrecht** → Luftfahrzeuge, → Schiffspfandrecht, → Hypothekenbank.

**Registerzeichen.** Zu ihrer Unterscheidung erhalten Gerichtsakten (→ Akten) unterschiedliche R. (Aktenzeichen), z. B. „O“ für allgem. Zivilsachen 1. Instanz beim Landgericht oder „Ds“ für Strafverfahren vor dem Einzelrichter am Amtsgericht (im einzelnen vgl. Schönfelder, Anhang Registerzeichen).

**Regreß** (Rückgriff) ist das Zurückgreifen eines Ersatzpflichtigen auf einen Dritten, der ihm gegenüber wegen des von ihm geleisteten Ersatzes haftet. Ein *Regreßanspruch* (Rückgriffsanspruch) – dem Wesen nach meistens ein Anspruch auf → Schadensersatz – kann z. B. dem Staat gegen einen Beamten zustehen, wenn dieser eine Amtspflichtverletzung begangen hat, für die der Staat den Verletzten hat entschädigen müssen (→ Staatshaftung, → Haftung des Beamten). S. a. → Wechselregreß, → Scheckregreß.

**Regulierungsbehörde für Telekommunikation und Post.** Die R. ist im Telekommunikationsgesetz geregelt. Sie ist eine Bundesoberbehörde im Geschäftsbereich des Bundesministeriums für Wirtschaft mit Sitz in Bonn. Sie wird von einem Präsidenten geleitet. Es steht ihr ein Beirat aus vom Bundestag vorgeschlagenen Mitgliedern zur Seite (§ 67 TKG), zur Geschäftsordnung vgl. § 68 TKG. Dieser hat u. a. bei Entscheidung nach § 73 Abs. 3 TKG mitzuwirken und ist berechtigt, Anträge zu stellen und Auskünfte zu verlangen (Näheres vgl. § 69). Die R. überwacht die Einhaltung des TKG (§ 71 TKG) und verfügt in diesem Zusammenhang über umfangreiche Eingriffsbefugnisse (§ 72 TKG). Die R. entscheidet durch Beschlußkammern in der Besetzung mit einem Vorsitzenden und zwei Beisitzern. Die Entscheidungen sind Verwaltungsakte. Wegen Einzelheiten zum Verfahren vgl. Art. 73–79 TKG. Die R. ist auch Lizenz- und Überwachungsbehörde im Bereich des Postwesens (→ Postgesetz).

**Regulierungsrat** → Regulierungsbehörde für Telekommunikation und Post.

**Rehabilitation** (Wiedereinsetzung in eine frühere Lage) wird meist als Wiederherstellung der Ehre einer Person und im Rechtsleben i. S. einer Beseitigung des ehrenrührigen Vorwurfs einer Straftat verstanden; neuerdings umfaßt der Begriff auch gesundheitliche und soziale → Rehabilitationsmaßnahmen.

Die R. eines *Beschuldigten* kann sich im → Strafprozeß durch Freispruch ergeben, ggf. im → Wiederaufnahmeverfahren unter Aufhebung eines früheren Urteils. Das StGB kennt eine R. des *Verletzten* in Form der → Bekanntgabe der Verurteilung wegen falscher Verdächtigung oder Beleidigung (§§ 165, 200 StGB). I. w. S. wird von R. des zu Strafe *Verurteilten* im Zusammenhang mit Maßnahmen zum → Strafregister und Aufhebung der Ehrenfolgen des Strafurteils nach Zeitablauf gesprochen; hierbei handelt es sich um Fälle, in denen der Beschuldigte zwar zu Recht verurteilt worden ist, aber nach Verstreichen einer längeren Zeit seine frühere Rechtsstellung wiedererlangen soll. Die Bestrebungen, eine R. in diesem Sinne im Interesse der Resozialisierung des Verurteilten gesetzlich festzulegen, gingen vom französischen Rechtskreis aus, in dem zwischen réhabilitation gracieuse (im Gnadenwege), réh. judiciaire (durch das Gericht) und réh. de droit (von Rechts wegen) unterschieden wurde. Im deutschen Recht erscheint die letztgenannte in Form der Nichtaufnahme in das → Führungszeugnis bzw. Tilgung des Strafregistervermerks nach Fristablauf und der sich an diese knüpfenden Rechtswirkungen (der Verurteilte darf sich als unbestraft bezeichnen). Daneben besteht die Möglichkeit einer réh. gouvernementale durch Anordnung der Entfernung aus dem Strafregister im Verwaltungswege (§ 25 BZRG, s. → Straftilgung). Eine Form der réh. judiciaire ist die Beseitigung des → Strafmakels nach dem JGG.

**Rehabilitationsmaßnahmen** werden im Bereich der → Sozialversicherung und der → Sozialhilfe sowie der → Kriegsopferversorgung und der → Kriegsopferfürsorge die medizinischen, berufsfördernden und ergänzenden Maßnahmen und Leistungen zur Eingliederung körperlich, geistig oder seelisch Behinderter in Arbeit, Beruf und Gesellschaft genannt. → Berufsförderung, → Berufshilfe, → Heilverfahren, → Übergangsgeld usw. §§ 97 ff. SGB III §§ 40, 43 SGB V, §§ 9 ff. SGB VI, §§ 26 ff. SGB VII, §§ 7 ff. ALG, §§ 10 ff., 26 BVG. Ges. über die Angleichung der Leistungen zur Rehabilitation vom 7. 8. 1974 (BGBl. I 1881) m. spät. Änd.; s. a. → Schwerbehinderte.

**Rehabilitierungsgesetze.** 1. Nach Art. 17 des → Einigungsvertrages sollen alle Personen, die Opfer einer politisch motivierten Strafverfolgungsmaßnahme oder sonst einer rechtsstaatswidrigen gerichtlichen Entscheidung des SED-Unrechtsregimes geworden sind, rehabilitiert werden können und eine Entschädigung erhalten. Für Strafurteile, Entscheidungen und Maßnahmen der DDR-Gerichte und -Behörden sind Rehabilitierung und Entschädigung im *Strafrechtlichen* R. (StrRehaG) vom 29. 10. 1992 (BGBl. I 1814), m. Änd. geregelt. Es sieht auch Entschädigung und Versorgung von Personen vor, die durch Maßnahmen der Sowjetischen Besatzungsmacht ihrer Freiheit beraubt wurden. Erfaßt werden Entscheidungen der DDR-Gerichte, Einweisungen in psychiatrische Anstalten durch DDR-Gerichte und -Behörden und strafrechtliche Maßnahmen, die keine gerichtlichen Entscheidungen waren (z. B. Inhaftierung durch das MfS → Staatssicherheitsdienst).

Auf Antrag des Betroffenen – im Falle des Todes seiner Angehörigen oder der StA – bis 31. 12. 1999 ist eine Entscheidung aus der Zeit vom 8. 5. 1945 bis 2. 10. 1990 für rechtsstaatswidrig zu erklären und aufzuheben, soweit sie mit wesentlichen Grundsätzen einer freiheitlichen rechtsstaatlichen Ordnung unvereinbar ist. Diese Voraussetzung liegt i. d. R. vor, wenn die Entscheidung politischer Verfolgung gedient hat (z. B. bei Verurteilung wegen ungesetzlichen Grenzübertritts, sog. Republikflucht) oder die angeordneten Rechtsfolgen in grobem Mißverhältnis zur zugrunde liegenden Tat stehen (§ 1 I StrRehaG). Zwingend aufzuheben sind die Entscheidungen in den sog. Waldheimer Prozessen (§ 1 II StrRehaG).

Wird dem Antrag stattgegeben, wird eine etwaige Vollstreckung des Urteils beendet, eine Geldstrafe zurückbezahlt und ein eingezogener Gegenstand oder Vermögen zurückgegeben (§§ 3, 4, 6 StrRehaG). Die Rehabilitierung begründet Ansprüche auf soziale Ausgleichsleistungen in Form von Kapitalentschädigung, Unterstützungsleistung und Versorgung (§§ 16 ff. StrRehaG).

Zuständig für die Entscheidung ist das Landgericht, in dessen Bezirk das zugrundeliegende Verfahren durchgeführt worden ist. Für die Gewährung der Versorgung sind die Versorgungsbehörden zuständig, für die Gewährung der anderen sozialen Ausgleichsleistungen die Landesjustizverwaltung, in deren Bereich die Entscheidung ergangen ist.

2. Nach Art. 19 EinigV bleiben → Verwaltungsakte der DDR grundsätzlich wirksam, können aber aufgehoben werden, wenn sie mit rechtsstaatlichen Grundsätzen oder den Regelungen des EinigV unvereinbar sind. Auf dieser Grundlage ist nach langen Beratungen das *Zweite Gesetz zur Bereinigung von SED-Unrecht* (Zweites SED-Unrechtsbereinigungsgesetz – 2. SED-UnBerG) vom 23. 6. 1994 (BGBl. I 1311) ergangen, das Rehabilitierungsmöglichkeiten für die Opfer schwerwiegenden Verwaltungsunrechts (Art. 1 des Gesetzes: *Verwaltungsrechtliches Rehabilitierungsgesetz – VwRehaG*) und erheblicher politischer Benachteiligung im beruflichen Bereich (Art. 2 des Gesetzes: *Berufliches Rehabilitierungsgesetz – BerRehaG*) regelt.

a) Nach § 1 VwRehaG ist die hoheitliche Maßnahme einer deutschen behördlichen Stelle zur Regelung eines Einzelfalles im Beitrittsgebiet aus der Zeit vom 8. 5. 1945 bis zum 2. 10. 1990 („Verwaltungsentscheidung"), die zu einer gesundheitlichen Schädigung (§ 3), einem Eingriff in Vermögenswerte (§ 7) oder einer beruflichen Benachteiligung (§ 8) geführt hat, auf Antrag aufzuheben, soweit sie mit tragenden Grundsätzen eines Rechtsstaats schlechthin unvereinbar ist und ihre Folgen noch unmittelbar schwer und unzumutbar fortwirken. Auf Verwaltungentscheidungen in Steuersachen und auf Maßnahmen, die vom Vermögensgesetz (→ Offene Vermögensfragen) oder vom Entschädigungsrentengesetz erfaßt werden, findet das Gesetz keine Anwendung. Mit tragenden Grundsätzen eines Rechtsstaats schlechthin unvereinbar sind Maßnahmen, die in schwerwiegender Weise gegen die Prinzipien der Gerechtigkeit, der Rechtssicherheit oder der Verhältnismäßigkeit verstoßen haben und die der politischen Verfolgung gedient oder Willkürakte im Einzelfall dargestellt haben. Das Gesetz gilt entsprechend für Maßnahmen der SED oder der von ihr beherrschten Parteien und gesellschaftlichen Organisationen. Nach § 2 begründet die Aufhebung einer Maßnahme nach § 1 (oder die Feststellung ihrer Rechtswidrigkeit) Folgeansprüche. § 3 regelt die Beschädigtenversorgung (bei gesundheitlicher Schädigung), § 4 die Hinterbliebenenversorgung, wenn der Betroffene an den Folgen der Schädigung gestorben ist. §§ 5, 6 regeln das Zusammentreffen mit anderen Ansprüchen. Hatte die Maßnahme die Entziehung eines Vermögenswerts im Sinne von § 2 II 2 VermG zur Folge, so richten sich Rückübertragung, Rückgabe oder Entschädigung nach dem VermG, dem Investitionsvorranggesetz und dem Entschädigungsgesetz. Antragstellung bis 31. 12. 1997 schriftlich bei den zuständigen Behörden, die in Berlin, Brandenburg, Mecklenburg-Vorpommern, Sachsen, Sachsen-Anhalt und Thüringen errichtet wurden (§§ 9–12). Für Streitigkeiten ist der Verwaltungsrechtsweg gegeben (§ 16 VwRehaG).

b) Das *Berufliche Rehabilitierungsgesetz* gewährt Personen, die im Beitrittsgebiet durch – politischer Verfolgung dienende – Eingriffe in den Beruf oder ein berufsbezogenes Ausbildungsverhältnis in erheblichem Maß benachteiligt wurden, Ausgleichsleistungen. Sie bestehen zum einen darin, daß die verfolgungsbedingten Ausbildungs- und Berufsnachteile in der Rentenversicherung berücksichtigt werden (verlorene Zeiten gelten als Pflichtbeitragszeiten, Bewertung mit fiktivem Verdienst), zum anderen in der bevorzugten Förderung der beruflichen Fortbildung, Umschulung und Ausbildung sowie Ausgleichsleistungen bei verfolgungsbedingter Bedürftigkeit; auch Schüler, die auf dem Weg zum Schulabschluß oder zum Studium benachteiligt wurde, können bevorzugte berufliche Fortbildung und Umschulung erhalten.

**rei vindicatio** = Klageanspruch auf Herausgabe einer Sache; → Eigentumsherausgabeanspruch.

**Reichsabschied** → Reichsdeputationshauptschluß.

**Reichsacht** → Acht.

**Reichsautobahnen.** Die Rechtsverhältnisse an den früheren R. wurden durch das Ges. über die Errichtung eines Unternehmens Reichsautobahnen vom 27. 6. 1933 (RGBl. II 509), die vorläufige Autobahn-Betriebs- und Verkehrs-Ordnung vom 14. 5. 1935 (RGBl. II 421) und später durch das ReichsautobahnG vom 29. 5. 1941 (RGBl. I 313) geregelt; an dessen Stelle trat das BundesfernstraßenG i. d. F. vom 19. 4. 1954 (BGBl. I 854) → Reichsstraßen, → Autostraßen, → Bundesfernstraßen.

**Reichsbahn.** Das seinerzeit im Gebiet der BRep. belegene Sondervermögen „Deutsche Reichsbahn" wurde nach § 1 des Ges. über die vermögensrechtlichen Verhältnisse der Deutschen Bundesbahn vom 2. 3. 1951 (BGBl. I 155) mit Wirkung vom 24. 5. 1949 als Sondervermögen „Deutsche Bundesbahn" Sondervermögen des Bundes (→ Bundesbahn). Das Sondervermögen „Deutsche Reichsbahn" (Ost) ist gemäß Art. 26 EinigV mit Vermögen und Verbindlichkeiten auf die BRep übergegangen. Zur Rechtslage nach Durchführung der Bahnreform vgl. → Deutsche Bahn AG, → Eisenbahnen.

**Reichsdeputationshauptschluß.** Die Beschlüsse des deutschen Reichstags wurden seit 1497 am Ende der Sitzungsperiode, wenn sie die Zustimmung des Kaisers erlangt hatten, in einem sog. „Reichsabschied" zusammengefaßt. Seit 1663 traten an dessen Stelle die sog. „Reichsschlüsse", die von den zwischen den Vollsitzungen geschäftsführenden Reichsdeputationen ausgearbeitet wurden. Eines der verfassungsrechtlich bedeutsamsten Gesetzgebungswerke war der *Reichsdeputationshauptschluß von 1803,* in dem zwecks Entschädigung der Reichsstände, die von Gebietsabtretungen an Frankreich betroffen waren, die → Säkularisation und die → Mediatisierung aller geistlichen und vieler kleiner weltlicher Territorien beschlossen wurde. Diese wurden den größeren Gebieten zugeschlagen. Die Einziehung der kirchlichen Besitzungen zugunsten der Länder war die Grundlage für die heute noch gewährten Staatsleistungen an die Kirche, Klosterstifte usw.

**Reichsgaragenordnung** → Garagen.

**Reichsgericht.** Das RG war im Bereich der → ordentlichen Gerichtsbarkeit das höchste Gericht des Deutschen Reiches. Es wurde am 1. 10. 1879 errichtet, als die → Reichsjustizgesetze in Kraft traten, hatte seinen Sitz in Leipzig und bestand bis zum Zusammenbruch des Reiches im Jahre 1945. Die Zuständigkeit des R. entsprach im wesentlichen der nunmehr dem → Bundesgerichtshof zugewiesenen, nämlich die Entscheidung über das Rechtsmittel der → Revision, bis 1934 (Errichtung des → Volksgerichtshofs) auch die Entscheidung im ersten Rechtszug in Strafverfahren wegen Hoch- und Landesverrats. Ein Zivilsenat bildete das Reichsarbeitsgericht. Dem RG angegliedert waren zeitweise der Staatsgerichtshof für das Deutsche Reich, der Staatsgerichtshof zum Schutz der Republik, der Ehrengerichtshof für die Rechtsanwälte und der Disziplinarhof für Reichsbeamte.

**Reichshaushaltsordnung** → Haushaltsrecht.

**Reichsjustizgesetze** werden die am 1. 10. 1879 gleichzeitig in Kraft getretenen grundlegenden Gesetzgebungswerke genannt, die Verfassung und Verfahren der Gerichte regelten und die (mit erheblichen zwischenzeitlichen Änderungen) noch heute Gültigkeit haben, nämlich das Gerichtsverfassungsgesetz vom 27. 1. 1877, die Zivilprozeßordnung vom 30. 1. 1877 und die Strafprozeßordnung vom 1. 2. 1877.

**Reichsjustizministerium.** Die Aufgaben des R. (1919–1945) entsprachen bis 1934 im wesentlichen denen des → Bundesjustizministeriums. Mit der Übernahme der Länderjustiz auf das Reich wurde das RJM im Deutschen Reich die zentrale und oberste Behörde der → Justizverwaltung; allerdings wurden die Geschäfte weitgehend auf Verwaltungsabteilungen der → Oberlandesgerichte und der → Generalstaatsanwälte delegiert.

**Reichskammergericht.** Das R. wurde 1495 als höchstes Gericht des früheren deutschen Reiches mit dem Sitz in Frankfurt errichtet. Es übersiedelte später zunächst nach Worms, dann nach Speyer und zuletzt nach Wetzlar. Seine Beisitzer waren zuerst je zur Hälfte Adelige und Juristen; später wurde dieser Unterschied ausgeglichen. Das R. urteilte als Einrichtung des Kaisers und der Reichsstände nach Reichsrecht. Seine Zuständigkeit in Zivilsachen erstreckte sich insbes. auf Klagen gegen den Reichsfiskus und gegen Reichsunmittelbare, auf Besitzstreitigkeiten unter diesen und in Strafsachen auf gewisse Kapitalverbrechen (Bruch des → Landfriedens usw.). Außerdem war es Berufungsinstanz gegen die Land- und Stadtgerichte, soweit diesen nicht das Privilegium des „non appellando et non evocando" zustand. Als Anklagebehörde in Strafsachen fungierte ein „Fiskalat". Das R. entschied in einem schriftlichen Verfahren, das sich als sehr schwerfällig erwies, so daß die Prozesse lange hinausgezögert wurden; gegen seine Urteile war Revision an den Reichstag zulässig. Das Verfahrensrecht war in Reichskammergerichtsordnungen niedergelegt (1495, 1521, 1548, 1555). Anläßlich der Auflösung des → Heiligen Römischen Reiches Deutscher Nation wurde das R. aufgehoben.

**Reichsknappschaftsgesetz.** Das R. ist seit 1. 1. 1992 außer Kraft. Zur → Sozialversicherung der in knappschaftlichen Betrieben Beschäftigten → Knappschaftsversicherung.

**Reichskonkordat.** 1. R. ist die Bezeichnung für das am 20. 7. 1933 geschlossene → Konkordat zwischen dem → Heiligen Stuhl und dem → Deutschen Reich (RGBl. II 679). Nach dem R. gewährleistet das DR die Freiheit des Bekenntnisses und der öffentlichen Ausübung der kath. Religion; es anerkannte das Recht der kath. Kirche, ihre Angelegenheiten selbständig zu ordnen und zu verwalten (Art. 1). Nach Art. 3 soll in der Hauptstadt des DR ein Apostolischer → Nuntius, beim Heiligen Stuhl ein Botschafter des DR residieren. Der Heilige Stuhl genießt in seinem Verkehr mit den Angehörigen der kath. Kirche in Deutschland volle Freiheit. Dasselbe gilt für die Diözesanbehörden in allen Angelegenheiten ihres Kirchenamts (z. B. kirchliche Verordnungen und Publikationen). In Ausübung ihrer Tätigkeit sollen → Geistliche in gleicher Weise wie Staatsbeamte den Schutz des Staates genießen. → Kleriker und Ordensleute sind frei von der Verpflichtung zur Übernahme öffentlicher Ämter, die nach den Vorschriften des Kanonischen Rechts mit dem geistlichen Stande oder Ordensstand nicht vereinbar sind. Zur Annahme eines staatlichen Amtes bedürfen Geistliche des *Nihil obstat* (d. h. einer Bestätigung, daß Hindernisse nicht entgegenstehen) ihres Diözesanordinarius sowie des Ordinarius des Sitzes der öffentlich-rechtlichen Körperschaft. Das Nihil obstat ist jeder Zeit aus wichtigen Gründen kirchlichen Interesses widerrufbar. Geistliche können vor Behörden nicht zu Auskünften über Tatsachen angehalten werden, die ihnen bei Ausübung der Seelsorge anvertraut worden sind (Art. 4–9).

2. Die Art. 11 ff. garantieren die bestehende Diözesanorganisation, die freie Errichtung kirchlicher Ämter, ihre grundsätzlich freie Besetzung durch die Kirche, die staatliche Anerkennung der kirchlichen Organisationen (z. T. als rechtsfähig), deren Eigentum und andere Rechte im Rahmen der allgemeinen Gesetze, die Staatsleistungen an die kath. Kirche, die Erhaltung der kath.-theolog. Fakultäten und das Recht der Kirche, eigene Lehranstalten zu errichten. Die Verleihung eines geistl. Amtes oder einer kirchl. Lehrbefugnis setzt jedoch deutsche Staatsangehörigkeit des Bewerbers, das Reifezeugnis und ein mindestens 3jähriges Studium an einer anerkannten deutschen oder einer päpstl. Hochschule in Rom voraus (über die staatl. Mitwirkung bei Ernennung eines Bischofs s. dort). Nach Art. 21 soll der kath. Religionsunterricht in den Schulen ordentliches Lehrfach sein und in Übereinstimmung mit den Grundsätzen der Kirche erteilt werden. Des weiteren werden der Religionsunterricht, die Anstellung der Religionslehrer, die Gewährleistung katholischer Bekenntnisschulen sowie kirchlicher Privatschulen, ferner die

Seelsorge im militärischen Bereich, in Krankenhäusern, Strafanstalten und sonstigen Häusern der öffentlichen Hand geregelt.

3. Das R. ließ die älteren Konkordate mit Bayern (29. 3. 1924), Preußen (14. 6. 1929) und Baden (12. 10. 1932) unberührt. Das R. gilt nach Art. 123 II GG als Staatsvertrag des Reichs fort; doch gelten als Vertragspartner nunmehr die übrigen Länder, soweit diesen die Gesetzgebungszuständigkeit nach dem GG zukommt, insbes. im Schulwesen, hier jedoch ohne Bindung der Länder an die Schulbestimmungen des R. (BVerfGE 6, 309). Die Länder müssen danach das R. erfüllen, können es aber ohne Mitwirkung des Bundes durch Vertrag mit dem Heiligen Stuhl umgestalten oder im Rahmen ihrer Gesetzgebungszuständigkeit ersetzen. Am 26. 12. 1965 wurde ein Konkordat zwischen dem Land Niedersachsen und dem Heiligen Stuhl geschlossen, am 2. 7. 1996 ein → Kirchenvertrag zwischen dem Freistaat Sachsen und dem Heiligen Stuhl. Weitere Kirchenverträge in den → Neuen Ländern folgten.

**Reichsmark** → RM-Verbindlichkeiten.

**Reichsoberhandelsgericht.** Das ROHG war von 1871–1879 höchste Instanz in Rechtsstreitigkeiten des → Handelsrechts; insoweit war es Vorläufer des → Reichsgerichts.

**Reichspost.** Das frühere Sondervermögen „Deutsche Reichspost" ist nach § 1 des Ges. über die vermögensrechtlichen Verhältnisse der Deutschen Bundespost vom 21. 5. 1953 (BGBl. I 225) mit Wirkung vom 24. 5. 1949 als „Deutsche Bundespost" Sondervermögen des Bundes geworden. Mit dem Beitritt sind gemäß Art. 27 II EinigV auch die im Gebiet der ehem. DDR belegenen Vermögenswerte der R. auf den Bund übergegangen. Zur Rechtslage nach der Privatisierung vgl. → Postneuordnung.

**Reichspräsident** → Reichsverfassung (2).

**Reichsrat** → Reichsverfassung (2).

**Reichsrecht (Fortgeltung).** Recht aus der Zeit vor dem 8. 5. 1945 ist grundsätzlich weder als Folge der Kapitulation noch durch Inkrafttreten des GG erloschen. Soweit es nationalsozialistisches Gedankengut enthält, wurde es durch Besatzungsrecht außer Kraft gesetzt. Nach Art. 123 I GG gilt Recht aus der Zeit vor dem Zusammentritt des Bundestages (7. 9. 1949) fort, soweit es nicht im Widerspruch zum materiellen Gehalt des GG steht. Danach gilt also nur solches R. fort, das inhaltlich dem GG (insbes. den Grundrechten) entspricht; daß es formell in einer den Vorstellungen des GG nicht entsprechenden Weise (z. B. Erlaß von Gesetzen durch den „Führer" oder die Reichsregierung) zustandegekommen ist, steht seiner Fortgeltung nicht entgegen. Ob R. als Bundes- oder als Landesrecht fortgilt, bestimmt sich danach, ob zur Regelung der betreffenden Materie heute dem Bund oder den Ländern die → Gesetzgebungskompetenz zukäme. Recht, das Gegenstände der ausschließlichen Gesetzgebung des Bundes betrifft, wurde Bundesrecht; Recht, das Gegenstände der konkurrierenden Gesetzgebung des Bundes betrifft, wurde innerhalb seines Geltungsbereichs Bundesrecht, soweit es innerhalb einer oder mehrerer Besatzungszonen einheitlich galt. Reichsrecht, das einen der Gesetzgebungszuständigkeit der Länder unterfallenden Gegenstand regelt, wurde Landesrecht. Auch Reichsgesetze, die einen Gegenstand der Rahmengesetzgebung betreffen, wurden Landesrecht, wenn das Reichsgesetz sich nicht in Rahmenvorschriften erschöpft, sondern eine selbständige (nicht ausfüllungsbedürftige) Regelung enthielt.

**Reichsregierung** → Reichsverfassung (2).

**Reichsschluß** → Reichsdeputationshauptschluß.

**Reichsstände** → Stände, -staat.

**Reichsstraßen.** Nach Art. 90 I GG ist der Bund Eigentümer der bisherigen Reichsautobahnen und R. Die Reichsautobahnen wurden schon bei ihrer Errichtung in das Eigentum des → Deutschen Reiches übernommen; die R. standen nur zum Teil in dessen Eigentum. Art. 90 I GG begründet das Eigentum des Bundes ohne Rücksicht darauf, ob es vorher dem Reich zustand. Die Bestimmung ist damit Spezialvorschrift gegenüber Art. 134 GG, der die Rechtsnachfolge in das Reichsvermögen allgemein regelt. Sie schließt zugleich die Enteignungsvorschriften des Art. 14 III GG aus, soweit die Straßen nicht Eigentum des Reiches waren. Die ehemaligen Reichsautobahnen und R. werden nunmehr als → Bundesautobahnen und → Bundesstraßen von den Ländern im Auftrag des Bundes verwaltet.

**Reichstag** → Reichsverfassung.

**Reichsverbindlichkeiten** → Allgemeines Kriegsfolgengesetz.

**Reichsverfassung** ist die Kurzbezeichnung der Verfassungen des Deutschen Reichs vom 16. 4. 1871 (RGBl. 64) und vom 11. 8. 1919 (RGBl. 1383; sog. „Weimarer Verfassung").

1. Die *R. von 1871* regelte insbes. Gesetzgebungszuständigkeit und -verfahren des Reiches, Aufbau und Aufgaben der Organe des Reiches (Bundesrat, Reichstag und Präsidium des Bundes, das dem König von Preußen als deutschem Kaiser zustand) sowie bestimmte dem Reich zugewiesene Verwaltungsbereiche (Zoll- und Handelswesen, Eisenbahn-, Post- und Telegrafenwesen, Marine, Schiffahrt, Konsulatwesen, Reichskriegswesen, Reichsfinanzen). Die R. enthielt keine Grundrechtsgewährleistungen.

2. Die an ihre Stelle getretene *Weimarer Verfassung* regelte neben dem Aufbau und den Aufgaben des Reiches (insbes. dem Verhältnis von Reich und Ländern, ihrer Zuständigkeitsabgrenzung, der Bestellung und Funktion von Reichstag, Reichspräsident, Reichsregierung und Reichsrat, dem Gesetzgebungsverfahren, der Zuständigkeit zur Reichsgesetzgebung, der Rechtspflege) in einem zweiten Hauptteil die Grundrechte und Grundpflichten der Deutschen, nämlich die Rechte der Einzelpersonen, die Grundlagen des Gemeinschaftslebens, Religion und Religionsgesellschaften, Bildung und Schule und das Wirtschaftsleben. Die WV ist niemals formell außer Kraft gesetzt worden. Jedoch wurden die Grundrechte durch die VO zum Schutz von Volk und Staat vom 28. 2. 1933 (RGBl. I 83) suspendiert, Reichstag, Reichsrat und Reichspräsident durch das sog. → Ermächtigungsgesetz ausgeschaltet. Darüber hinaus wurde die WV durch die nat. soz. Herrschaftsgewalt praktisch so verdrängt, daß sie insgesamt als außer Kraft getreten angesehen werden mußte. Das GG hat in Art. 140 die Art. 136–139 und 141 WV zu seinen Bestandteilen erklärt.

**Reichsvermögen.** Nach Art. 134 GG ist das Vermögen des → Deutschen Reiches grundsätzlich Bundesvermögen geworden (außer soweit es überwiegend für Verwaltungsaufgaben bestimmt war, die nicht dem Bund obliegen). Das Nähere ist insbes. im Ges. zur vorläuf. Regelung der Rechtsverhältnisse des R. und der preuß. Beteiligungen („Vorschaltgesetz") vom 21. 7. 1951 (BGBl. I 467; Beseitigung des durch alliierte Gesetze begründeten Rechtserwerbs der Länder) und das R.gesetz vom 16. 5. 1961 (BGBl. I 597) geregelt.

**Reichsversicherungsordnung** (RVO). Die ersten Sozialversicherungsgesetze, nämlich das ArbeiterkrankenversicherungsG (15. 6. 1883), das UnfallversicherungsG (6. 7. 1884) und das Invaliditäts- und AltersversicherungsG (22. 6. 1889) wurden am 19. 7. 1911 (RGBl. I 509) in einem einheitlichen Gesetzeswerk neugefaßt und als „Reichsversicherungsordnung" am 1. 1. 1914 mit dem EinführungsG (RGBl. I 839) in Kraft gesetzt. Sie enthält im wesentlichen nur noch die Vorschriften über die Leistungen bei Schwangerschaft und Entbindung, da die übrigen Gegenstände inzwischen in das → Sozialgesetzbuch aufgenommen wurden.

**Reihengeschäft** (§ 3 II UStG ab 1997 gestrichen) ist kein gesetzlicher Begriff mehr. Zur Begriffsbestimmung bis 1996 s. Vorauflage. Ab 1997 gilt: jede Lieferung innerhalb der Reihe ist in bezug auf Ort und grundsätzlich auch auf den Zeitpunkt für sich zu behandeln (§ 3 VI, VII UStG 1997 → Binnenmarkt, Umsatzsteuer 2 b, c). Eine Vereinfachungsregelung gilt für innergemeinschaftliche Dreiecksgeschäfte (§ 25 b UStG 1997). Einzelheiten BMF 18. 4. 97, BStBl. I 97, 529. Zivilrechtlich → Streckengeschäft.

**Reimport** von Kraftfahrzeugen. Werden im Inland hergestellte Kfz im Ausland billiger angeboten als im Inland, besteht die Neigung, sie im Ausland zu erwerben und ins Inland zu bringen (R.). Zur Besteuerung des R. bei Erwerb in einem Staat der → EU (§ 1 b UStG; sog. Fahrzeugeinzelbesteuerung) → Binnenmarkt, Umsatzsteuer 2 a, d.

**Reine Rechtslehre** → Begriffsjurisprudenz.

**Reinhaltung der Gewässer.** Schutzbestimmungen zur R. d. G. enthalten insbes. das WasserhaushaltsG und die zu seiner Ergänzung ergangenen Wassergesetze der Länder (→ Wasserrecht). Nach § 26 WHG dürfen feste Stoffe nicht in oberirdische Gewässer eingebracht werden. Des weiteren ist die Einleitung von verschmutztem Abwasser und Fremdstoffen grundsätzl. kein → Gemeingebrauch (§ 23 II WHG), so daß entsprechende Anlagen der Überwachung nach § 21 WHG unterliegen. Nach § 34 I WHG bedarf ferner die Einleitung von Stoffen in das Grundwasser der Erlaubnis, die nur erteilt werden darf, wenn eine schädliche Verunreinigung oder Veränderung nicht zu besorgen ist. Die Wassergesetze der Länder regeln im Rahmen der Gewässeraufsicht die Bauüberwachung und Abnahme von Wasserbenutzungsanlagen. Vorschriften über Anlagen zum Lagern, Abfüllen und Umschlagen wassergefährdender Stoffe enthält jetzt das WHG (§§ 19 g–19 l). S. ferner Wasserschutzgebiete. Nach § 22 WHG haftet jeder, der in ein Gewässer Stoffe einbringt oder einleitet, für den daraus entstehenden Schaden (→ Gefährdungshaftung). Die Bestimmungen des WHG und der Wassergesetze der Länder gelten auch für die Reinhaltung der → Bundeswasserstraßen. Unbefugte Verunreinigung von G. ist nach § 324 StGB strafbar. Wegen der Reinhaltung der Hohen See s. Abkommen vom 15. 2. 1972 (BGBl. 1977 II 165), das Intern. Übereinkommen zur Verhütung der Meeresverschmutzung durch Schiffe vom 2. 11. 1973 nebst Prot. vom 23. 12. 1981 (BGBl. 1982 II 1) u. DVO i. d. F. vom 19. 2. 1989 (BGBl. I 247) sowie hinsichtlich der Ölverschmutzung Übereinkommen vom 12. 5. 1954 (BGBl. 1956 II 379 m. Änd.) und Ölschadensgesetz vom 30. 9. 1988 (BGBl. I 1770). S. ferner § 12 I BundesseuchenG i. d. F. vom 18. 12. 1979 (BGBl. I 2262), das die Gemeinden verpflichtet, auf eine einwandfreie Beseitigung der festen und flüssigen Abfall- und Schmutzstoffe hinzuwirken. Durch die Beseitigung von Abfällen dürfen Gewässer nicht schädlich beeinflußt werden, § 10 IV Nr. 1 KrW-/AbfG (→ Abfälle). Durch das *Wasch- und Reinigungsmittelgesetz* i. d. F. vom 5. 3. 1987 (BGBl. I 875) m. Änd. soll erreicht werden, daß Wasch- und Reinigungsmittel so in den Verkehr gebracht werden, daß jede vermeidbare Beeinträchtigung der Gewässer unterbleibt (§ 1). Im einzelnen sind Höchstmengen, Dosierungsangaben und Angaben über die Rezeptur vorgeschrieben. S. ferner → Altöle, → Immissionsschutz.

**Reinhaltung der Luft** → Luftreinhaltung, → Immissionsschutz.

**Reinhaltung der Wege** → Straßenbaulast; → Streupflicht.

**Reinheitsgebot** → Bier, → Lebensmittelrecht.

**Reisebüro.** Der Betrieb von Reisebüros und die gewerbsmäßige Vermittlung von Unterkünften bedarf nach der GewO keiner besonderen → Gewerbezulassung. Zur Erleichterung einer wirksamen Überwachung können die Länder jedoch nach § 38 Nr. 7 GewO durch RechtsVO besondere Buchführungs-, Auskunfts- und Duldungspflichten zur behördlichen Nachschau begründen. Von dieser Möglichkeit haben nahezu alle Länder durch Erlaß im wesentlichen übereinstimmender *Reisebüroverordnungen* Gebrauch gemacht. S. a. → Reisevertrag.

**Reisegepäck,** Haftung der Bahn für –. Im Unterschied zum Handgepäck (= leicht tragbare Gegenstände), das unentgeltlich im Personenwagen mitgenommen werden darf und vom Reisenden selbst zu beaufsichtigen ist, wird R. (Gegenstände, die für den Gebrauch des Reisenden bestimmt und in Koffer, Kisten, Taschen verpackt sind, ferner Fahrräder, Kinderwagen usw.; s. § 25 → Eisenbahn-VerkehrsO) bei der Gepäckabfertigung gegen Gepäckschein, dessen Angaben für die Beförderung maßgebend sind, aufgegeben; Auslieferung gegen Rückgabe des Gepäckscheins und Entrichtung der Beförderungskosten. Die Eisenbahn haftet für Verlust und Beschädigung von Handgepäck nur bei Verschulden sowie nach den Bestimmungen des Haftpflichtgesetzes i. d. F. vom 4. 1. 1978, BGBl. I 145 (→ Eisenbahnbetriebshaftung), für Verlust und Beschädigung von R. nach den Grundsätzen des allgemeinen Transportrechts (→ Frachtvertrag), d. h. ohne Verschulden, aber mit Haftungshöchstgrenzen, z. B. 2500 DM je Gepäckstück oder 40 000 DM bei Verlust oder Beschädigung transportierter Kraftfahrzeuge sowie auf den dreifachen Betrag der Fracht bei Überschreitung der Lieferfrist (§§ 25, 31, 33 EVO).

**Reisegepäckversicherung** ist eine Sachversicherung (→ Versicherungsvertrag), bei der nach näherer Maßgabe der → Versicherungsbedingungen das mitgeführte → Reisegepäck gegen Transportrisiken, Diebstahl usw. versichert ist.

**Reisegewerbe.** Ein R. betreibt, wer in eigener Person außerhalb der Räume seiner gewerblichen Niederlassung oder, ohne eine solche zu haben, ohne vorhergehende Bestellung Waren ankauft, Waren oder gewerbliche Leistungen anbietet oder Bestellungen darauf aufsucht – Hausierer, Wanderlager (§ 56 a GewO) – oder selbständig unterhaltende Tätigkeiten, als Schausteller oder nach Schaustellerart ausübt (§ 55 I GewO). Hierzu bedarf er i. d. R. einer Genehmigung (Ausnahmen §§ 55 a, b GewO), die in der Form der *Reisegewerbekarte* (§§ 55, 60 GewO) durch die für den Wohnsitz zuständige untere Verwaltungsbehörde erteilt wird (§ 61). Diese ist nach § 57 GewO zu versagen, wenn der Antragsteller die für die beabsichtigte Tätigkeit erforderliche → Zuverlässigkeit nicht besitzt. Einen Katalog von im Reisegewerbe verbotenen Betätigungen (z. B. Vermittlung von → Darlehen, Vertrieb bestimmter Waren wie Kleinuhren, → Edelmetalle, → Wertpapiere, entzündbare Gegenstände, geistige Getränke) enthält § 56. Soweit im R. → Überwachungsbedürftige Anlagen betrieben werden oder das → Bewachungsgewerbe, das des → Versteigerers, des → Maklers, → Bauträgers oder Baubetreuers ausgeübt werden soll, gelten zusätzlich die allgemeinen Vorschriften für diese Gewerbe entsprechend (§ 61 a GewO). Über die Ausübung des R. durch Ausländer s. VO i. d. F. vom 7. 11. 1990 (BGBl. I 2476), Art. 5. S. a. → Gewerbesteuer. Die im R. geschlossenen Geschäfte sind i. d. R. → Haustürgeschäfte.

**Reisekosten.** 1. *Beamten, Richtern* u. a. im öffentlichen Dienst Tätigen werden die Aufwendungen erstattet, die ihnen aus der Durchführung von Dienstreisen erwachsen (vgl. § 88 BBG). Einzelheiten (Voraussetzungen der Erstattung, Art der Vergütung – Fahrtkostenentschädigung, Tages- und Übernachtungsgelder, Nebenkostenersatz –, Staffelung der Vergütungssätze nach Reisekostenstufen) regeln das Ges. über Reisekostenvergütung für die Bundesbeamten, Richter im Bundesdienst und Soldaten – BundesreisekostenG – i. d. F. vom 13. 11. 1973, BGBl. I 1621, die AuslandsreisekostenVO vom 21. 5. 1991, BGBl. I 1140 – jeweils m. Änd. – und entspr. Landesrecht.

2. *Arbeitsrechtlich* sind R. (aufgrund → Tarifvertrag, → Betriebsvereinbarung oder § 670 BGB) grundsätzlich vom Arbeitgeber zu erstatten (anders für Umzugskosten – auch bei der Neueinstellung –, sofern nichts anderes vereinbart oder der Umzug betrieblich veranlaßt war). S. a. → Vorstellungskosten.

3. *Steuerlich.* Aufwendungen für *Geschäftsreisen* sind bei der Einkommensteuer → Betriebsausgaben (§ 4 V Nr. 5, VII EStG), für *Dienstreisen* von Arbeitnehmern → Werbungskosten (§ 9 EStG). *Hauptkosten* sind Fahrtkosten, Übernachtungskosten, Verpflegungsmehraufwand; *Nebenkosten* sind u. a. Gepäckbeförderung u. -aufbewahrung, Parkplatz- u. Telefongebühren, Benutzung von Kraftwagen am Reiseort. Fahrtkosten und Inlandsübernachtungen können in tatsächlicher Höhe geltend gemacht werden, Pkw-Kosten aber nur mit 0,52 DM/km. Verpflegungsaufwendungen und Auslandsübernachtungen werden mit Pauschbeträgen angesetzt § 4 V Nr. 5, § 9 V EStG. Steuerfrei sind die aus öff. Kassen gezahlten Reisekostenvergütungen und die Beträge, die den im privaten Dienst angestellten Personen für Reisekosten bezahlt werden, soweit sie die durch die Reise entstandenen Mehraufwendun-

gen und bei Verpflegungsmehraufwendungen die Pauschbeträge nicht übersteigen (§ 3 Nrn. 13 u. 16 EStG). S. a. → Kilometerpauschale, → Werbungskostenersatz.

**Reiserücktrittskostenversicherung.** Die R. deckt – nach näherer Maßgabe der → Versicherungsbedingungen – die beim Rücktritt von einem → Reisevertrag für den Reisenden regelmäßig anfallenden Kosten.

**Reisescheck** → Travellerscheck.

**Reiseveranstalter** → Reisevertrag.

**Reisevertrag.** Wird nicht nur die Vermittlung einer einzelnen Leistung in Anspruch genommen (z. B. Fahrkartenverkauf, Hotelreservierung), sondern wählt der Veranstalter (das → Reisebüro ist i. d. R. nur Vermittler, → Handelsvertreter) von sich aus verschiedene Leistungen aus, verbindet sie miteinander und bietet sie insgesamt zu einem einheitlichen Preis an (sog. *Pauschalreise*), so gelten bei Abschluß eines solchen R. vom → Werkvertrag abweichende Sondervorschriften (§§ 651 a ff. BGB), die zugunsten des Reisenden zwingend sind (§ 651 l BGB). Der Veranstalter kann sich insbesondere gegenüber dem Anschein einer eigenen vertraglichen (Gesamt-)Leistung nicht darauf berufen, nur Vermittler der einzelnen Reiseleistungen zu sein; er kann dann nicht den Reisenden auf die jeweiligen Leistungsträger verweisen (§ 651 a II BGB). Eine nachträgliche Erhöhung des Reisepreises ist nur (eingeschränkt) bei genauem Vorbehalt im R. möglich; bei Erhöhung über 5% oder bei einer sonstigen erheblichen Änderung einer wesentlichen Leistung hat der Reisende ein Rücktrittsrecht (§ 651 a III, IV BGB). Einzelheiten über die Informationen, die der Veranstalter dem Reisenden im Prospekt, vor Vertragsschluß, im Vertrag und vor Beginn der Reise zu erteilen hat, enthält die VO vom 14. 11. 1994, BGBl. I 3436). Bis zum Beginn der Reise kann der Reisende grdsätzl. verlangen, daß statt seiner ein Dritter (ggfs. unter Ersatz hierdurch bedingter Mehrkosten) in den R. eintritt (§ 651 b BGB). Vor Reisebeginn kann der Reisende ferner jederzeit vom R. zurücktreten; er hat dann eine angemessene Entschädigung (Reisepreis abzüglich – ggfs. auch pauschalierter – ersparter Aufwendungen und des Ertrags einer anderweitigen Verwendung der Reiseleistungen) zu zahlen (§ 651 i BGB). Im Falle höherer Gewalt (→ Verschulden, II 3) können beide Seiten den R. kündigen (§ 651 j BGB). Der Reiseveranstalter hat durch Abschluß einer Versicherung oder durch Bankbürgschaft sicherzustellen, daß im Falle der Zahlungsunfähigkeit oder der Eröffnung eines → Insolvenzverfahrens dem Reisenden der gezahlte Reisepreis sowie notwendige Aufwendungen für die Rückreise erstattet werden; ohne diesen Nachweis (*Sicherungsschein*) darf der Veranstalter Vorauszahlungen weder fordern noch annehmen. Die Vorschriften gelten nicht für Gelegenheitsveranstalter und Kurzreisen unter 150 DM Reisepreis (§ 651 k BGB).

Ist die Leistung des Veranstalters mangelhaft (→ Gewährleistung, 2), so kann der Reisende zunächst den Veranstalter (bzw. örtliche Reiseleitung) um Abhilfe ersuchen, nach ergebnisloser Fristsetzung hierzu auch die Mängel selbst beseitigen und Ersatz der hierfür erforderlichen Aufwendungen verlangen (§ 651 c BGB). Der Reisende kann ferner für die Dauer des Mangels den Reisepreis im gleichen Verhältnis mindern (§ 651 d BGB). Wird die Reise infolge eines Mangels erheblich beeinträchtigt oder ist dem Reisenden sonst aus wichtigem Grund die Reise (oder deren Fortführung) nicht mehr zuzumuten, so kann der Reisende – regelmäßig erst nach Fristsetzung zur Abhilfe (ausgenommen bei Unmöglichkeit oder Unzumutbarkeit) – den R. kündigen. Der Veranstalter erhält hier nur eine Entschädigung für die ordnungsgemäß erbrachten Teile der Reise, sofern sie für den Reisenden (noch) von Interesse sind; sonstige erforderliche Maßnahmen (z. B. Rückbeförderung) obliegen dem Veranstalter auf dessen Kosten (§ 651 e BGB). Daneben kann, sofern der Veranstalter nicht mangelndes → Verschulden (für sich oder einen → Erfüllungsgehilfen) beweist, → Schadensersatz wegen Nichterfüllung, bei Vereitelung oder erheblicher Beeinträchtigung der Reise auch eine angemessene Entschädigung in Geld für nutzlos aufgewendete Urlaubszeit verlangt werden (§ 651 f BGB).

Sämtliche Gewährleistungsansprüche müssen vom Reisenden innerhalb eines Monats (Ausschlußfrist) ab dem vertraglich vorgesehenen Endtermin der Reise gegenüber dem Veranstalter geltend gemacht werden; 6 Monate nach diesem Endtermin tritt → Verjährung ein (§ 651 g BGB). Der Veranstalter kann im R. (auch durch → Allgemeine Geschäftsbedingungen) seine Haftung für vertragliche Schadensersatzansprüche, die nicht auf Körperschäden beruhen, auf den dreifachen Reisepreis beschränken, soweit ihn selbst oder seinen Erfüllungsgehilfen (z. B. örtlicher Reiseleiter) nur leichte Fahrlässigkeit trifft (i. d. R. nicht z. B. bei mangelnder eigener Überprüfung eines eingeschalteten Hotels) oder soweit der Veranstalter nur für Verschulden eines (selbständigen) Leistungsträgers (z. B. Hotel) einzustehen hat (§ 651 h BGB).

**Reißverschlußverfahren** → Fahrstreifen.

**Reiter** unterliegen auf öffentl. Straße den Verkehrsvorschriften für den Fahrverkehr sinngemäß (§ 28 II 1 StVO), insbes. über Benutzen der → Fahrbahn, → Ausweichen, → Überholen, → Richtungsänderung usw.; doch müssen sie an Stelle der Fahrbahn einen durch → Verkehrszeichen gekennzeichneten *Reitweg* benutzen; dieser ist für andere → Verkehrsteilnehmer gesperrt (§ 41 II Nr. 5 StVO). S. a. → Verbände (geschlossene) im Straßenverkehr.

**Reitwechsel** → Wechselreiterei.

**Reitweg** → Reiter.

**Reklame** umfaßt jede Art von Werbung; sie kann → unlauteren Wettbewerb darstellen (→ unerlaubte Werbung, → vergleichende Werbung).

**Reklameartikel** → Zugabe.

**Rektaindossament** ist ein → Indossament, das die negative → Orderklausel enthält. In diesem Fall haftet der Indossant denen nicht, an die der → Wechsel oder → Scheck weiterindossiert wird (Art. 15 II WG, Art. 18 II SchG).

**Rektaklausel** ist eine andere Bezeichnung für die negative → Orderklausel; sie kommt insbes. beim → Rektawechsel, → Rektascheck und → Rektaindossament vor.

**Rektapapier** (Namenspapier) ist ein → Wertpapier, in dem eine bestimmte Person als Berechtigter bezeichnet ist. Beim R. kann aber auch eine andere Person als der Bezeichnete berechtigt sein, nämlich der → Rechtsnachfolger. Das Recht aus einem R. kann nur nach allgemeinen Regeln, nicht durch die bloße Übereignung der Urkunde übertragen werden. Jedoch kann für die Übertragung als besondere Form die Übergabe der Urkunde vorgeschrieben werden (z. B. in § 1154 BGB). Daraus folgt, daß beim R. das Recht am Papier dem Recht aus dem Papier folgt. Das R. ist daher Wertpapier i. w. S. Zu den R.en gehören der → Hypothekenbrief, die → Anweisung, das qualifizierte → Legitimationspapier, nicht aber die → Namensaktie (Orderpapier); auch geborene → Orderpapiere können als R. ausgestellt werden.

**Rektascheck** ist ein Scheck, der die negative → Orderklausel enthält. Ein R. kann nicht wirksam indossiert werden. Er ist gesetzlich zugelassen (Art. 5 I SchG), aber nicht üblich.

**Rektawechsel** ist ein → Wechsel, den der Aussteller mit der negativen → Orderklausel versehen hat. Ein R. kann nur in der Form und mit der Wirkung einer gewöhnlichen → Abtretung übertragen werden (Art. 11 II WG).

**Rektor** war nach früherem → Hochschulrecht der meist nebenamtliche und nur auf kürzere Zeit (1 Jahr) berufene Leiter einer → Hochschule, der diese nach außen vertrat und ihre laufenden Verwaltungsgeschäfte führte (Vertreter „Prorektor", i. d. R. der R. des Vorjahres). Diese sog. Rektoratsverfassung wurde in neuerer Zeit immer mehr durch die sog. Präsidialverfassung abgelöst, ist jetzt aber wieder in § 62 des → Hochschulrahmengesetzes vorgesehen (Professor der Hochschule, hauptberuflich, mindestens auf 2 Jahre). Die R.en der Hochschulen der BRep. gründeten 1949 die *Westdeutsche Rektorenkonferenz,* die sich mit den gemeinsamen Angelegenheiten aller Hochschulen befaßt.

**Rekurs** wird im geltenden Recht nicht mehr als Begriff für einen → Rechtsbehelf verwendet (früher für Beschwerde, Einspruch, Berufung). Im österreichischen Recht ist er noch gebräuchlich.

**Relative Mehrheit** → Abstimmung.

**Relative Unwirksamkeit** → Unwirksamkeit eines Rechtsgeschäfts (2), → Nichtigkeit von Rechtsgeschäften (1).

**Relatives Recht** → Recht (1 b), → subjektives Recht.

**Relatives Veräußerungsverbot** → Veräußerungsverbot, → Unwirksamkeit eines Rechtsgeschäfts (2).

**Relegation** war nach früherem → Hochschulrecht die schwerste Disziplinarmaßnahme einer → Hochschule im Rahmen ihrer akademischen Disziplinargewalt über die Studenten. Sie bedeutete den Ausschluß des Studierenden vom Hochschulstudium überhaupt; hierdurch unterschied sie sich von der Disziplinarmaßnahme der *Wegweisung* von der besuchten Hochschule. Das neuere Hochschulrecht kennt nur noch den Ausschluß auf Zeit durch Widerruf der Einschreibung (§ 28 HRG; → Studenten).

**Relevanztheorie** (im Strafrecht) → Kausalität im Strafrecht.

**Religion des Kindes, Religionsmündigkeit** → Personensorge.

**Religionsausübung, freie.** Die ungestörte R. ist als → Grundrecht durch Art. 4 II GG gewährleistet. Während die → Glaubens- und Gewissensfreiheit die Bildung und Verwirklichung einer inneren Überzeugung von Gott und von sittlichen Wertvorstellungen, die → Bekenntnisfreiheit die Kundgabe oder Nichtkundgabe nach außen sichert, schützt das Recht der f. R. die privaten und öffentlichen Kulthandlungen. Sie schützt überdies auch andere Handlungen, die nach dem Selbstverständnis der Religionsgemeinschaften zu den religiösen Pflichten gehören, wie z. B. vor allem caritative Tätigkeiten. Es steht dem Einzelnen ebenso wie den Religionsgemeinschaften, z. B. den Kirchengemeinschaften, zu. Für Vereinigungen folgt dies schon aus Art. 19 III GG, wonach die Grundrechte auch für jurist. Personen gelten, soweit sie ihrem Wesen nach auf diese anwendbar sind. Im übrigen ergibt es sich daraus, daß Art. 4 II GG mit der Gewähr der f. R. auch die R. in Gemeinschaft sichert. Obwohl das Recht der f. R. keinen → Gesetzesvorbehalt enthält, besteht es nicht unbeschränkt. Die sich aus der Verfassung ergebenden → immanenten Schranken gelten auch insoweit. So darf sich z. B. eine kirchliche Veranstaltung (z. B. Prozession) nicht ohne weiteres über Verkehrsvorschriften hinwegsetzen. Auch kann z. B. nach Maßgabe der gesetzlichen Vorschriften die Abhaltung eines Gottesdienstes wegen Seuchengefahr verboten werden. Unzulässig sind auf jeden Fall *zielgerichtete* Eingriffe, nicht aber die mit den allgemeinen Gesetzen unumgänglich verbundenen Nebenfolgen. Die freie R. wird zusätzlich durch die → Konkordate und → Kirchenverträge gewährleistet. Durch Bekenntnisfreiheit und freie R. ist auch die religionsgesellschaftliche Vereinigungsfreiheit mitgewährleistet. Art.137 II 1 WV wiederholt insoweit nur die Grundrechtsgarantie (→ Religionsgesellschaften; → Kirchen; → Sekten).

**Religionsdiener** → Geistliche.

**Religionsfreiheit** → Religionsausübung (freie), → Bekenntnisfreiheit, → Glaubens- u. Gewissensfreiheit.

**Religionsgesellschaften.** In Art. 140 GG sind die Art. 136–140 WV zum Bestandteil des GG erklärt und somit unmittelbar geltendes Verfassungsrecht. Gemäß Art. 137 WV ist damit die Freiheit der Vereinigung zu R. und der freie Zusammenschluß der R. innerhalb des Bundesgebiets gewährleistet. Zugleich ist die Selbstbestimmung und Selbstverwaltung der R. garantiert (→ Autonomie); sie ordnen und verwalten ihre Angelegenheiten selbständig innerhalb der Schranken der für alle geltenden Gesetze und verteilen ihre Ämter ohne Mitwirkung des Staates oder der bürgerlichen Gemeinde. Ihre Rechtsfähigkeit richtet sich nach den allgemeinen Vorschriften des Bürgerlichen Rechts. Soweit sie bei Inkrafttreten der WV → Körperschaften des öffentlichen Rechts waren, behalten sie diesen Status. Dies ist z. B. bei der → katholischen Kirche und bei der → evangelischen Kirche der Fall. Anderen R. ist der Status zuzuerkennen, wenn sie durch ihre eigene rechtliche Verfassung und Mitgliederzahl die Gewähr der Dauer bieten; zudem fordert das BVerwG (U. v. 26. 6. 1997, NJW 1997, 2396) Rechtstreue zur freiheitlich-demokratischen Grundordnung. Der → Islam und die → Zeugen Jehovas erhalten nach diesen Kriterien derzeit keinen Körperschaftsstatus. R., die Körperschaften des öffentlichen Rechts sind, können auf Grund der bürgerlichen Steuerlisten nach Maßgabe der landesrechtlichen Bestimmungen (Kirchensteuergesetze) Steuern erheben. Das Eigentum und andere Rechte der R. an ihren für Kultus-, Unterrichts- und Wohltätigkeitszwecken bestimmten Anstalten, Stiftungen und sonstigen Vermögen werden gewährleistet. Aus dem Körperschaftsstatus folgt i. d. R. das Recht zur Erteilung von → Religionsunterricht als ordentliches Lehrfach an staatlichen Schulen. → Kirchen, → Sekten.

**Religionsunterricht.** Der R. ist in den öffentlichen Schulen (Volks-, Berufs-, Mittel-, höheren Schulen) mit Ausnahme der bekenntnisfreien Schulen ordentliches Lehrfach (Art. 7 III GG); er wird unbeschadet des staatlichen Aufsichtsrechts in Übereinstimmung mit den Grundsätzen der Religionsgemeinschaften erteilt. Der R. ist damit kraft Verfassungsrechts in den Lehrplan der öffentlichen Schulen eingefügt; ausgenommen sind die Länder → Bremen und → Berlin, da dort am 1. 1. 1949 eine andere Regelung bestand und Art. 7 III 1 GG deshalb keine Anwendung findet (Art. 141 GG; sog. *Bremer Klausel*). Ob und bei welchem Bekenntnis das Kind am Religionsunterricht teilnehmen soll, entscheiden nach Art. 7 II GG die Erziehungsberechtigten; vom 14. Lebensjahr (in Bayern, Rheinland-Pfalz und Saarland: 18. Lebensjahr) ab steht dem Kind das Recht zu, sich vom R. abzumelden (→ Personensorge). Als Religionslehrer darf nach den → Kirchenverträgen und → Konkordaten i. d. R. niemand bestellt werden, gegen den die jeweilige Religionsgemeinschaft Einwendungen erhebt. Dies kann in der → kath. Kirche bei Nichtverleihung oder Entzug der → missio canonica der Fall sein. Kein Lehrer kann gegen seinen Willen verpflichtet werden, R. zu erteilen. Im Falle der Abmeldung vom R. ist i. d. R. obligatorischer Ersatzunterricht vorgesehen. Strittig ist, inwieweit die Bremer Klausel für die → neuen Länder gilt. In Brandenburg wurde anstelle des Religionsunterrichts das Fach Lebensgestaltung-Ethik-Religionskunde (LER) eingerichtet. Nach § 11 des Gesetzes über die Schulen im Land Brandenburg vom 12. 4. 1996 (GVBl. I 102) dient dieses Fach der Vermittlung von Grundlagen für eine wertorientierte Lebensgestaltung, von Wissen über Traditionen philosophischer Ethik und Grundsätze ethischer Urteilsbildung sowie über Religionen und Weltanschauungen. Das Fach wird bekenntnisfrei, religiös und weltanschaulich neutral unterrichtet. Ein bekenntnisgebundener Religionsunterricht wird in Brandenburg nach § 9 dieses Gesetzes nur fakultativ angeboten. Eine Entscheidung des Bundesverfassungsgerichts zur Verfassungsgemäßheit dieser Regelung steht aus.

**Religionsvergehen.** Während früher Gegenstand des Strafschutzes bei den im 11. Abschnitt des StGB behandelten Tatbeständen das *religiöse Gefühl und Bekenntnis* waren, ist seit dem 1. StrRG 1969 nur noch das *religiöse Bekenntnis* geschützt, diesem aber im Hinblick auf Art. 4 GG der Schutz des *weltanschaulichen* Bekenntnisses gleichgestellt. Dagegen ist *Gotteslästerung* als solche nicht mehr strafbedroht, sondern nur noch Beschimpfung von Religion oder Weltanschauung, Störung der Ausübung des religiösen oder weltanschaulichen Bekenntnisses und die Störung einer Bestattungsfeier oder der Totenruhe.

Mit Freiheitsstrafe bis zu 3 Jahren oder Geldstrafe wird bedroht, wer öffentlich oder durch Verbreiten von → Schriften oder anderen Darstellungen usw. den Inhalt des religiösen oder weltanschaulichen Bekenntnisses anderer in einer Weise beschimpft, die geeignet ist, den öffentlichen Frieden zu stören (§ 166 I StGB). Ebenso wird bestraft, wer in gleicher Weise eine im Inland bestehende Kirche (also nicht nur die als öffentlich-rechtliche Körperschaften anerkannten) oder eine andere Religionsgesellschaft oder Weltanschauungsvereinigung, ihre Einrichtungen oder Gebräuche (z. B. das Papsttum, das Ritual) beschimpft (§ 166 II StGB).

Weltanschauungsvereinigung ist eine solche, die sich zu bestimmten geistigen Werten bekennt, denen sie sich verpflichtet fühlt (z. B. Freimaurer).

Gleiche Strafe trifft den, der den Gottesdienst oder eine gottesdienstliche Handlung (z. B. Trauung) einer im Inland bestehenden Religionsgesellschaft oder die Feier einer Weltanschauungsvereinigung absichtlich und in grober Weise stört oder wer an einem der Religionsausübung gewidmeten Ort beschimpfenden Unfug verübt, z. B. durch vorsätzliche Beschmutzung (§ 167 StGB).

Dieselbe Strafdrohung gilt für die Störung von Bestattungsfeiern, auch wenn sie keinen religiösen Charakter haben (§ 167 a StGB).

Wer unbefugt aus dem Gewahrsam des Berechtigten (Angehörige, Krankenhausverwaltung; → Transplantation) den Körper oder Teile des Körpers eines Verstorbenen, eine tote Leibesfrucht, Teile einer solchen oder Asche eines Verstorbenen wegnimmt oder wer beschimpfenden Unfug daran verübt, wird ebenfalls mit Freiheitsstrafe bis zu drei Jahren oder Geldstrafe bestraft. Ebenso wird bestraft, wer eine Aufbahrungsstätte, Beisetzungsstätte oder Totengedenkstätte zerstört, beschädigt oder beschimpfenden Unfug daran verübt (§ 168 StGB).

Über das unerlaubte Beerdigen → Leiche, unbefugte Wegnahme.

**Religiös Verfolgte** → Verfolgte.

**Religiöse Eidesformel** → Eidesformel.

**Religiöse Kindererziehung** → Personensorge.

**Religiöses Bekenntnis** → Bekenntnis, religiöses; → Religionsvergehen.

**Remboursrückgriff** (Remboursregreß) ist der weitere → Wechselrückgriff, den derjenige nimmt, der seinerseits den Wechsel im Rückgriff eingelöst hat. Beim R. wird das ursprüngiche Recht geltend gemacht, das der Einlöser vor der Weiterbegebung des Wechsels hatte. Der Anspruch besteht aus dem Einlösungsbetrag nebst 6% Zinsen, den Auslagen und $^1/_3$% Provision (Art. 49 WG). Entsprechendes gilt für den R. beim → Scheck (Art. 46 SchG).

**Remittent** wird der erste Wechselnehmer genannt; das ist derjenige, an den oder an dessen Order gezahlt werden soll (Art. 1 Nr. 6, Art. 75 Nr. 5 WG). Dem R. entspricht bei der → Anweisung der Anweisungsempfänger, beim → Scheck der Zahlungsempfänger (Art. 5 SchG).

**Remonstration** → Gegenvorstellung.

**Rennwette** → Wette.

**Rennwett- und Lotteriesteuer.** Die R. u. L. – eine → Verkehrsteuer – unterwirft am Totalisator oder bei einem Buchmacher anläßlich öffentlicher Pferderennen abgeschlossene Wetten einem Steuersatz von $16^2/_3$% vom Wetteinsatz (Rennwettsteuer), ferner im Inland veranstaltete öffentliche Lotterien und Ausspielungen einem Steuersatz von 20% des planmäßigen Preises sowie das Hereinbringen ausländischer Lose in das Inland einer Steuer in Höhe von 0,25 DM vom planmäßigen Preis (Lotteriesteuer); vgl. Rennwett- und Lotteriegesetz vom 8. 4. 1922 (RGBl. I 393), Ausführungsbestimmungen vom 16. 6. 1922 (RZentrBl. 351), beide m. spät. Änd. zuletzt 20. 12. 93 BGBl. I 2254; 16. 12. 86 BGBl. I 2441). Soweit entsprechende Umsätze von der R. u. L. befreit sind oder diese im Einzelfall nicht erhoben wird, entsteht → Umsatzsteuer (§ 4 Nr. 9 b UStG).

**Rente** → Altersrente, → Bergmannsrente, → Hinterbliebenenrente in der Sozialversicherung, → Kriegsopferversorgung, → Leibrente, → Pfändungsschutz, → Rentenversicherung, → Sozialrente, → Unfallversicherung, → Unterhaltspflicht unter Verwandten, → Unterhaltspflicht bei nicht miteinander verheirateten Eltern.

**Rentenabfindungen** → Abfindung (4.).

**Rentenanpassung.** Rentenleistungen der gesetzlichen → Unfallversicherung, der → Rentenversicherung und der → Kriegsopferversorgung sowie andere Geldleistungen wurden in der Vergangenheit durch Rentenanpassungsgesetze der allgemeinen Einkommensentwicklung angepaßt. Seit dem Inkrafttreten des Rentenreformgesetzes 1992 wird jährlich der → aktuelle Rentenwert zum 1. Juli durch eine Rechtsverordnung der Bundesregierung mit Zustimmung des Bundesrates bestimmt, wodurch es ebenfalls zu einer Anpassung an das aktuelle Lohnniveau kommt (§ 69 SGB VI; vgl. auch § 95 SGB VII, § 56 BVG).

**Rentenartfaktor.** Der Rentenartfaktor (§ 67 SGB VI) ist zusammen mit dem → aktuellen Rentenwert und der Summe der → persönlichen Entgeltpunkte bestimmend für die Höhe von Renten aus der gesetzlichen → Rentenversicherung (vgl. § 64 SGB VI). Der Rentenartfaktor bewirkt z. B., daß Renten wegen Alters oder wegen → Erwerbsunfähigkeit bei im übrigen gleichen Voraussetzungen höher sind als Renten wegen → Berufsunfähigkeit.

**Rentenberater,** die gewerbs- und geschäftsmäßig Rentenberechnung usw. im Bereich der sozialen → Rentenversicherung betreiben, bedürfen einer Zulassung nach dem RBerG vom 13. 12. 1935, RGBl. I 1478 m. spät. Änd. (→ Rechtsberatung); sie erhalten eine auf den Sachbereich beschränkte Erlaubnis; § 1 RBerG.

**Rentenberechnung** → Rentenformel.

**Rentenbesteuerung.** 1. *Geldrenten* der sozialen *Rentenversicherung* und der → Knappschaftsversicherung werden beim Empfänger einkommensteuerlich mit dem → Ertragsanteil als Leibrente (§ 22 Nr. 1 a EStG) erfaßt; Geldrenten aus der *Unfallversicherung* (Berufsgenossenschaften) sind befreit (§ 3 Nr. 1 EStG).

2. Bei der *privaten Veräußerungsrente,* z. B. beim Verkauf eines Grundstücks im Privatvermögen gegen → Leibrente (= auf Lebenszeit), wird dem Berechtigten nur der → Ertragsanteil zugerechnet (§ 22 Nr. 1 a EStG); der Verpflichtete darf den Ertragsanteil als → Werbungskosten (§ 9 I Nr. 1 S. 2 EStG) abziehen. Bei Veräußerung innerhalb der Spekulationsfrist von 6 Monaten/2 Jahren (§ 23 EStG) ist jährlich ein Spekulationsgewinn zu versteuern, sobald die Summe der Vermögensanteile (= Rentenzahlung ./. Ertragsanteil) die → Anschaffungs- oder Herstellungskosten übersteigt.

3. Bei der *privaten Versorgungsrente* (= mit Gegenleistung), z. B. Übergabe des Betriebs durch Vater an Sohn gegen eine Leibrente, wird dem Vater der → Ertragsanteil zugerechnet; der Sohn darf diesen als → Sonderausgabe (§ 10 I Nr. 1 a EStG) abziehen. Ist eine → dauernde Last vereinbart (Unterhalt – § 323 ZPO – oder gewinn-, umsatz- oder einkommensabhängig), wird dem Vater der volle Betrag zugerechnet (§ 22 Nr. 1 S. 1 EStG), der vom Sohn als Sonderausgabe abgezogen wird (§ 10 I Nr. 1 a EStG). Der Sohn führt die Buchwerte des Vaters fort (§ 7 I EStDV).

4. *Private Unterhaltsrenten* (= ohne Gegenleistung) werden dem Berechtigten nicht zugerechnet, falls der Verpflichtete unbeschränkt steuerpflichtig ist (§ 22 Nr. 1 S. 2 EStG). Der Verpflichtete kann regelmäßig – wenn zwangsläufig – nur eine außergewöhnliche → Belastung (§ 33 a I EStG) geltend machen. Bei Unterhaltsrenten an den geschiedenen oder dauernd getrennt lebenden Ehegatten ist → Realsplitting möglich (§ 10 I Nr. 1 EStG).

5. Bei der *betrieblichen Versorgungsrente* (z. B. aus betrieblicher → Altersversorgung oder an verdienten ausgeschiedenen Gesellschafter) wird dem Berechtigten die volle Zahlung von Anfang an als nachträgliche Einkunft (§ 24 Nr. 2, §§ 13, 15, 18 I §19 I Nr. 2 EStG) zugerechnet (→ Versorgungsbezüge); der Verpflichtete darf sie voll als → Betriebsausgabe abziehen.

6. Bei der *betrieblichen Veräußerungsrente* (z. B. Verkauf eines Gewerbebetriebs gegen Leibrente) hat Berechtigter ein Wahlrecht: entweder er versteuert die empfangenen Zahlungen ab Überschreiten der Buchwerte als nachträgliche Einkünfte (§ 24 Nr. 2, §§ 13, 15, 18 I EStG) oder er versteuert den Unterschiedsbetrag zwischen Buchkapital und Rentenbarwert sofort als privilegierten Veräußerungsgewinn (§§ 14, 16, 18 III EStG) und später die empfangenen Rentenzahlungen mit dem → Ertragsanteil (§ 22 Nr. 1 a EStG, R 139 XI EStR). Beim Verpflichteten ist die Zahlung Aufwand, die Schuldminderung Ertrag, die Differenz mindert als variabler Zinsanteil den Gewinn. Ein-

zelheiten BMF BStBl. I 96, 1508; BMF 20. 11. 1997, BStBl. I 1998, 21, 126.

**Rentenformel.** Die Rentenhöhe richtet sich vor allem nach Höhe und Zahl der entrichteten Beiträge. Das versicherte Arbeitsentgelt bzw. Arbeitseinkommen (aus selbständiger Tätigkeit) wird dabei in Entgeltpunkte umgerechnet; die Versicherung eines Durchschnittsentgelts eines Kalenderjahres ergibt einen Entgeltpunkt. Die Entgeltpunkte für beitragsfreie Zeiten ergeben sich aus der Höhe der Entgeltpunkte der übrigen mit Beiträgen belegten Zeiten. In einem Zugangsfaktor wird das Alter der Versicherten bei Rentenbeginn ausgedrückt. Die Rentenart wird durch einen → Rentenartfaktor berücksichtigt. Der Bezug zum jeweiligen durchschnittlichen Entgeltniveau bei Rentenbeginn wird durch den → aktuellen Rentenwert hergestellt; dieser wird jeweils mit der → Rentenanpassung fortgeschrieben. Die Monatsrente ergibt sich, wenn die unter Berücksichtigung des Zugangsfaktors ermittelten persönlichen Entgeltpunkte (anhand der in der Anlage 1 zum Gesetz zusammengestellten Entgeltpunkte) mit dem Rentenartfaktor und dem aktuellen Rentenwert mit ihren Werten bei Rentenbeginn multipliziert werden. In einer Vergleichsberechnung und einer begrenzten Gesamtleistungsbewertung werden weitere Situationen berücksichtigt. §§ 63–88, 255–265 b SGB VI.

**Rentenmarkt** → Kapitalmarkt.

**Rentenneurose** → Schadensersatz (1 a).

**Rentenrechtliche Zeiten** ist gem. § 54 Abs. 1 SGB VI in der gesetzlichen → Rentenversicherung der Oberbegriff für → Beitragszeiten, als Zeiten mit vollwertigen Beiträgen und → beitragsgeminderte Zeiten, → beitragsfreie Zeiten und → Berücksichtigungszeiten.

**Rentenschuld.** Die R. ist eine → Grundschuld, durch die das Grundstück nicht für eine feste Summe, sondern für fortlaufende Zahlungen an regelmäßig wiederkehrenden Terminen haftet (§§ 1199 ff. BGB). Bei ihrer Begründung muß der Betrag bestimmt werden, durch dessen Zahlung die R. durch den Grundstückseigentümer abgelöst werden kann (*Ablösungssumme).* Auf die einzelnen Leistungen finden die Vorschriften über die Zinsen einer → Hypothek entsprechende Anwendung. Eine persönliche Haftung des Grundstückseigentümers wie bei der → Reallast tritt bei der R. nicht ein.

**Rentensplitting** → Ehescheidung (5).

**Renten-Überleitungsgesetz.** Das Ges. zur Herstellung der Rechtseinheit in der gesetzlichen Renten- und Unfallversicherung – RÜG – vom 25. 7. 1991 (BGBl. I 1606) m.Änd. regelt die Überleitung dieser Rechtsgebiete auf die → neuen Länder.

**Rentenversicherung.** Die gesetzliche R. ist ein Versicherungszweig der → Sozialversicherung mit den Bereichen → Angestelltenversicherung, Arbeiterrentenversicherung, Arbeiterrentenversicherung und → Knappschaftsversicherung nach dem SGB VI; s. auch → Alterssicherung der Landwirte, → Künstlersozialversicherung.

**Rentenversicherung für Selbständige.** Verschiedene Gruppen von Selbständigen, die der Gesetzgeber als besonders schutzbedürftig angesehen hat, unterliegen der → Pflichtversicherung in der gesetzlichen → Rentenversicherung. Hierzu gehören u. a. → Hebammen und Entbindungspfleger, Künstler und Publizisten nach näherer Bestimmung der → Künstlersozialversicherung, → Hausgewerbetreibende und → Handwerker, die in die Handwerksrolle eingetragen sind (§ 2 SGB VI). Darüberhinaus besteht die Möglichkeit der Versicherungspflicht auf Antrag für Personen, die nicht nur vorübergehend selbständig tätig sind, wenn sie die Pflichtversicherungspflicht innerhalb von 5 Jahren nach der Aufnahme der selbständigen Tätigkeit oder dem Ende einer Versicherungspflicht aufgrund dieser Tätigkeit beantragen (§ 4 II SGB VI). Schließlich kommt eine freiwillige Versicherung in Betracht für Personen, die das 16. Lebensjahr vollendet haben und die die allgemeine → Wartezeit (5 Jahre) erfüllt haben (§ 7 SGB VI).

**Rentenversicherungsbericht.** Der R. wird jährlich von der Bundesregierung erstellt und enthält anhand der Versicherten- und Rentnerzahl sowie der

Einnahmen und Ausgaben und der Schwankungsreserve erstellte Modellrechnungen zur Entwicklung und zum jeweils erforderlichen Beitragssatz in den nächsten 15 Jahren, ergänzt um eine Übersicht über die voraussichtliche Finanzentwicklung in den nächsten 5 Jahren auf Grund der Beurteilung der mittelfristigen Wirtschaftsentwicklung, und zwar getrennt für die Arbeiterrenten-, Angestellten- und die knappschaftliche Rentenversicherung. Seit 1997 muß der Bericht auch die voraussichtlichen Auswirkungen der vorgesehenen Anhebung des Rentenalters auf den Arbeitsmarkt, die Rentenfinanzen und andere öffentliche Haushalte darstellen. Ein weiterer Bericht beschreibt – erstmals im Jahre 1997 und dann einmal in jeder Wahlperiode – die Leistungen und die Finanzierung der anderen öffentlich oder teilöffentlich finanzierten Alterssicherungssysteme, die Einkommenssituation der Leistungsempfänger und das Zusammentreffen von Leistungen, § 154 SGB VI.

**Rentnerkrankenversicherung.** Für Rentner und Rentenantragsteller der → Rentenversicherung besteht Versicherungspflicht in der → Krankenversicherung, wenn sie (bei Hinterbliebenenrentnern der Verstorbene) seit Eintritt ins Erwerbsleben bis zur Antragstellung mindestens $^{9}/_{10}$ der zweiten Hälfte dieser Zeit Kassenmitglieder oder familienversichert waren. Für Berechtigte nach dem Fremdrentengesetz (→ Fremdrenten) genügt statt dessen, daß sie oder ihre Hinterbliebenenrentner ihren Wohnsitz innerhalb der letzten 10 Jahre vor der Rentenantragstellung in die BRep. verlegt haben (§ 5 I Nr. 11 u. 12 SGB V). Pflichtversicherte Rentner und solche, die in der gesetzlichen oder ersatzweise in der privaten Krankenversicherung freiwillig versichert sind, erhalten von ihrer Rentenversicherung einen Zuschuß zu den Kosten ihrer Krankenversicherung (§ 106 SGB VI). Befreiung beim Bestehen einer Privatversicherung mit gleichartigen Leistungen ist auf Antrag möglich. Für ehem. landwirtschaftliche Unternehmer §§ 2, 4 KVLG 1989.

**renvoi** (Rückverweisung) → Internationales Privatrecht.

**Reparation** ist eine Kriegsentschädigung, die nach Kriegsende vom Besiegten zu zahlen ist. Vereinbarungen über R. waren in neuerer Zeit häufig Bestandteil von Friedensverträgen (z. B. Versailler Vertrag). Soweit das Verlangen nach R. nicht mit dem nach Schadensersatz (→ völkerrechtliches Unrecht) zusammenfällt, ist seine völkerrechtliche Berechtigung zweifelhaft.

**Reparationsschädengesetz.** Das Ges. zur Abgeltung von Reparations-, Restitutions-, Zerstörungs- und Rückerstattungsschäden vom 12. 2. 1969 (BGBl. I 105) behandelt die in § 3 des → Allgemeinen Kriegsfolgengesetzes einem besonderen Gesetz vorbehaltene Entschädigung der genannten Geschädigtengruppen. Über die einzelnen Schadenstatbestände s. §§ 1–10. Anspruchsberechtigt sind nur natürliche Personen, bei Auslandsschäden nur Deutsche oder deutsche Volkszugehörige (§ 13). Das Ges. enthält eingehende Vorschriften über die Schadensberechnung (§§ 17 ff.); die Entschädigung selbst ist – entsprechend den Grundsätzen des → Lastenausgleichs – nach der Schadenshöhe degressiv gestaffelt (§§ 31 ff.). Die Ausführung des Gesetzes obliegt den Lastenausgleichsbehörden (§§ 47 ff.); Entschädigungsanträge waren grundsätzlich bis zum 31. 12. 1974 an das nach dem ständigen Aufenthalt des Antragstellers örtlich zuständige Ausgleichsamt zu richten (§§ 53, 54). Das Gesetz gilt nicht im Gebiet der ehem. DDR (Anl. I zum EinigV Kap. IV Sachgeb. A Abschn. I Nr. 15).

**Repatriierung** ist die Heimschaffung von Zivilpersonen fremder Staatsangehörigkeit oder von Kriegsgefangenen in ihren Heimatstaat oder auch die Wiederaufnahme dieser Personen durch ihren Heimatstaat. In zahlreichen → völkerrechtlichen Verträgen sind R.spflichten festgelegt, so insbes. in den Genfer Abkommen über die Behandlung der Kriegsgefangenen und zum Schutze von Zivilpersonen in Kriegszeiten, beide vom 12. 8. 1949 (Art. 109 f. bzw. Art. 49, 132 f.; vgl. BGBl. 1954 II 838, 917).

**Repgow** → Eike von Repgow.

**Replik** ist in der allgemeinen Rechtssprache generell die Entgegnung auf

Einwendungen des in Anspruch Genommenen. Im Zivilprozeß ist R. eine rechtserhaltende Einwendung, die gegen eine rechtshindernde, rechtsvernichtende oder rechtshemmende Einwendung gerichtet ist – also eine Gegeneinwendung – und ihr die Wirkung nehmen kann. Die Einwendung gegen die R. wird als *Duplik* bezeichnet.

**Repräsentant** → Versicherungsvertrag.

**Repräsentantenhaus** → Congress (USA).

**Repräsentationsaufwendungen** sind einkommensteuerlich grundsätzlich nicht abzugsfähige → Lebensführungskosten (§ 12 Nr. 1 EStG). Sie sind als → Betriebsausgaben abzugsfähig, falls ein betrieblichen (beruflichen) Zwekken dienender Teil sich leicht und einwandfrei von der Lebensführung trennen läßt (R 117 EStR) und soweit sie angemessen und einzeln und getrennt von den sonstigen Betriebsausgaben aufgezeichnet sind (§ 4 V Nr. 7, VII EStG). → Bewirtung von Personen aus geschäftlichem Anlaß, → Ausgaben.

**Repräsentationstheorie** → Stellvertretung.

**Repräsentative Demokratie** → Demokratie.

**Repressalie** ist die Reaktion auf ein → völkerrechtliches Unrecht (s. auch → Völkerrechtliche Streitigkeit) mit einer Maßnahme des verletzten → Völkerrechtssubjekts, die vom Grundsatz her verboten, aber durch das vorangegangene völkerrechtl. Unrecht gerechtfertigt ist. Sie ist völkerrechtlich grundsätzlich anerkannt, aber beschränkt entsprechend ihrem Zweck, dem Betroffenen im Hinblick auf das Fehlen einer völkerrechtlichen Zentralgewalt die Möglichkeit zur Durchsetzung des Völkerrechts gegenüber dem völkerrechtlichen Rechtsbrecher zu geben. So ist anerkannt, daß sie nur so lange dauern darf, bis der völkerrechtsgemäße Zustand wieder hergestellt ist; auch darf die R. zur Schwere des Delikts nicht in unangemessenem Verhältnis stehen (sog. Proportionalität). Die Zulässigkeit von R.n kann durch Völkervertragsrecht, z. B. durch die Vereinbarung eines obligatorischen Schiedsgerichtsverfahrens ausgeschlossen sein. Als R. kommen die mannigfaltigsten Handlungen in Betracht, z. B. Vermögensbeschlagnahme, Lieferungssperre. Auch bei der Ergreifung von R. gilt das Verbot der Anwendung militärischer Gewalt. Vom Grundsatz her erlaubte Maßnahmen, die als Reaktion auf völkerrechtliches Unrecht ergriffen werden, nennt man → Retorsion.

**Repressivwirkung der Strafe.** Die R. besteht vorwiegend in der Ahndung des begangenen Unrechts durch Heranziehen des Straffälligen zur Sühneleistung in Form eines Strafübels. Den Gegensatz bildet die prävenierende – vorbeugende, in die Zukunft gerichtete – Wirkung, die in der Spezial- oder Generalprävention besteht. → Strafzweck.

**Reprivatisierung** → Privatisierung.

**Reproduktionstechnik.** Mit diesem Begriff werden human- und veterinärmedizinische Techniken bezeichnet, die Vererbungsvorgänge künstlich imitieren oder beeinflussen, etwa die künstliche Insemination (→ Künstliche Fortpflanzung) und die in – vitro-Fertilisation. Dieser Sachbereich wird – eher irreführend – auch als → Genrecht bezeichnet. Das Recht der → Gentechnik hat mit diesem Fragenbereich jedoch nichts zu tun.

**Republik.** Als → Staatsform i. e. S. steht die R. (meist synonym mit „Freistaat" verwendet) im Gegensatz zur → Monarchie, womit jedoch nicht viel mehr gesagt ist, als daß die Stellung des → Staatsoberhauptes nicht von einem (erblichen) Monarchen eingenommen wird. Im übrigen ist der Begriff ohne festen Inhalt, da Staaten mit unterschiedlichsten Machtkonstellationen sich als R. bezeichnen. Nur mit Vorsicht kann der Begriff i. S. einer freiheitlichen und demokratischen Staatsform in Gegensatz zum Obrigkeitsstaat oder zur → Diktatur gebraucht werden.

**Requisitionen** sind Sach- oder Dienstleistungen (im Unterschied zur → Kontribution), die der Bevölkerung eines im Krieg besetzten Gebietes durch die Besatzungsmacht auferlegt werden. R. sind zulässig in den Grenzen des Art. 52 der → Haager Landkriegsordnung und des → Genfer Abkommens zum

Schutze von Zivilpersonen in Kriegszeiten vom 12. 8. 1949 (BGBl. 1954 II 917; vgl. dort insbes. Art. 51). R. müssen im Verhältnis zu den Leistungsmöglichkeiten des Landes stehen und für die Bedürfnisse des Besatzungsheeres bestimmt sein. Unzulässig ist der Zwang zu Leistungen, die zu einer Beteiligung an den Kampfhandlungen führen oder einer solchen gleichkommen.

**res extra commercium** = „Sache außerhalb des Verkehrs" (verkehrsunfähige Sache); → Sache.

**res sacrae.** Als r. s. werden in der → kath. Kirche heilige Sachen bezeichnet, die durch Weihung oder Segnung für den Gottesdienst bestimmt sind. Sie sind nach kirchl. Vorschrift ehrfürchtig zu behandeln und dürfen nicht zu profanem oder ihnen fremdem Gebrauch verwendet werden, selbst wenn sie im Eigentum von Privatpersonen stehen.

**reservatio mentalis** = geheimer Vorbehalt; → Willenserklärung (I 2, II).

**Reserve.** Die Bundeswehrreserve wird aus den nicht im Wehrdienst stehenden Wehrpflichtigen gebildet. Das WehrpflG (§ 4 II) unterscheidet zwischen der *Ersatzreserve,* der die ungedienten Wehrpflichtigen angehören, und der aus gedienten Wehrpflichtigen bestehenden Reserve. Reservisten – nicht Ersatzreservisten – können außerhalb der → Wehrübungen zu dienstlichen Veranstaltungen herangezogen werden (§ 4 IV WehrpflG). Die Teilnahme daran ist jedoch freiwillig. Wehrsold wird hierfür nicht gewährt. Fahrtkosten werden erstattet. Bei Wehrdienstbeschädigungen findet das → Soldatenversorgungsgesetz Anwendung.

**Residenzpflicht** ist die Pflicht des Beamten, seine Wohnung so zu nehmen, daß er in der ordnungsgemäßen Wahrnehmung seiner Dienstgeschäfte nicht beeinträchtigt wird. Soweit die dienstlichen Verhältnisse es erfordern, kann der Dienstvorgesetzte ihn anweisen, in bestimmter Entfernung von der Dienststelle oder in einer bestimmten Dienstwohnung zu wohnen, z. B. Hausmeister, Beamte in Justizvollzugsanstalten (§ 74 BBG und Beamtengesetze der Länder). Zur Mitwirkung des Personalrats s. § 75 I Nr. 6 BPersVertretungsG (→ Personalvertretung). Die Anweisung ist → Verwaltungsakt. Nimmt der Beamte ohne Zustimmung des Dienstherrn → Wohnsitz oder dauernden Aufenthalt im Ausland, so ist er kraft Gesetzes entlassen (§ 22 BRRG). Für → Notare vgl. § 10 II BNotarO. Auch der *Rechtsanwalt* muß grdsätzl. am Ort des Gerichts, bei dem er zugelassen ist, eine Kanzlei einrichten (Kanzleipflicht, §§ 27, 29 BRAO; Verletzung kann zum Widerruf der → Zulassung zur Rechtsanwaltschaft führen, § 35 BRAO); eine R. (Wohnsitz) besteht nicht mehr. Alle Maßnahmen zur Durchsetzung der R. sind am Grundrecht des Art. 11 GG (→ Freizügigkeit) zu messen.

**Resolution** → Entschließung.

**Resolutivbedingung** → Bedingung.

**Resozialisierung** ist die Wiedereingliederung von Menschen in die soziale Gemeinschaft, nachdem sie dieser – vielfach durch schuldhafte Lebensführung oder auch infolge widriger Umstände – entglitten sind. Die R. stellt sich insbesondere als Aufgabe der Gemeinschaft bei straffällig Gewordenen nach Verbüßung einer Freiheitsstrafe; sie wird im Strafrecht als einer der wichtigsten → Strafzwecke angesehen. Schon bei der → Strafzumessung sind die Wirkungen der Strafe im Hinblick auf das künftige Leben des Täters in der Gemeinschaft zu berücksichtigen (§ 46 I 2 StGB). In verstärktem Maße fällt die Aufgabe der R. dem → Strafvollzug zu, im besonderen durch sozialtherapeutische Maßnahmen in Spezialanstalten oder -abteilungen (→ Maßregeln der Besserung und Sicherung, 7). S. a. → Rehabilitation (des Verurteilten).

**Respekttage** sind → Fristen, die der Inhaber eines → Wechsels oder → Schecks nach Eintritt der Fälligkeit auf Verlangen des Wechsel- oder Scheckschuldners einzuhalten hat. R. gibt es im deutschen Wechsel- und Scheckrecht nicht mehr (Art. 74 WechselG, Art. 57 ScheckG), wenn man von der eintägigen Überlegungsfrist des → Bezogenen vor Annahme (Art. 24 WechselG) absieht.

**Ressort (-minister, -prinzip).** Die → Minister stehen i. d. R. an der Spitze eines Fachministeriums (Ressorts). Neben die 5 „klassischen" Ministerien (Auswärtiges, Inneres, Finanzen, Justiz, Krieg) sind in neuerer Zeit weitere Ministerien für mannigfache andere Angelegenheiten getreten (z. B. Wirtschaft, Kultus, Gesundheit, Landwirtschaft, Wissenschaft, Umwelt). Von den ein Fachministerium leitenden Ministern (R.ministern) sind die Minister ohne Portefeuille zu unterscheiden, die keinen eigenen Geschäftsbereich haben, aber mit Sonderaufgaben betraut werden können. Die → Regierung (Kabinett) bildet in der parlamentarischen Demokratie die Spitze der → Exekutive; sie ist die oberste leitende und vollziehende Behörde des Staates. Die Regierung ist aber nicht schlechthin den Ministern übergeordnet, sondern entscheidet nur in wichtigen Angelegenheiten; die Kabinettsbeschlüsse binden insoweit die Minister. Im übrigen leitet jeder Minister innerhalb der vom Regierungschef (Bundeskanzler, Ministerpräsident) bestimmten Richtlinien der Politik sein R. selbständig und unter eigener Verantwortung (vgl. Art. 65 S. 2 GG); er ist in den Angelegenheiten der Verwaltung oberste entscheidende Instanz, führt die Aufsicht über die nachgeordneten Behörden sowie die Körperschaften des öffentlichen Rechts und entscheidet über Verwaltungsbeschwerden innerhalb seines Geschäftsbereichs. Der Grundsatz der selbständigen und eigenverantwortlichen Leistung des Geschäftsbereichs durch den Minister wird als „Ressortprinzip" bezeichnet.

**Restaurant (Haftung)** → Gastwirtshaftung.

**Restaurator.** Ist die Arbeit eines R. einem → Handwerk zuzuordnen (vgl. etwa BayObLG GewA 1987, 98 – Möbelrestaurator), so unterliegt sie den Bindungen der → Handwerksordnung (Eintragung in die → Handwerksrolle, Meisterprüfung als Voraussetzung). Die nichthandwerkliche Betätigung als R., sei es weil sie außerhalb des Berufsbildes eines Handwerks liegt (Bilderrestaurator), sei es weil sie freiberuflich oder künstlerisch betrieben wird (R. mit → Fachhochschulausbildung), ist dagegen frei, in der Regel wird allerdings geprüft werden müssen, ob es sich um ein → Gewerbe handelt; s. a. → Handel, → Kunsthandel, → Gebrauchtwarenhandel.

**restitutio in integrum** ist die gemeinrechtliche Bezeichnung für → Wiedereinsetzung in den vorigen Stand.

**Restitution** → Rückerstattungsrecht, → Reparationsschädengesetz; von Vermögenswerten in der ehem. DDR → Offene Vermögensfragen.

**Restitutionsklage** findet im → Wiederaufnahmeverfahren gegen ein rechtskräftiges Urteil statt. Sie kann nur auf die in § 580 ZPO bezeichneten Gründe gestützt werden, insbes. daß das frühere Urteil auf der Falschaussage eines Zeugen oder der beeideten Falschaussage einer Partei oder einer gefälschten Urkunde beruht, daß neues Urkundenmaterial beigebracht wird u. a. m. Nach den Vorschriften der ZPO richtet sich auch die R. im Verwaltungs-, Finanz- und Sozialgerichtsverfahren (§ 153 VwGO, § 134 FGO, § 179 SGG).

**Restkaufgeldhypothek** ist eine → Hypothek, die bei einem → Grundstückskauf zur Sicherung des Restes der Kaufpreisforderung von dem Erwerber zugunsten des Veräußerers bestellt wird. Die beim → Kauf grundsätzlich bestehende Pflicht, dingliche Belastungen des Kaufgegenstandes zu beseitigen (§ 439 II BGB, Rechtsmängelhaftung, → Gewährleistung), gilt für die R. ihrem Zweck entsprechend nicht.

**Restschuldbefreiung.** Hat ein → Insolvenzverfahren stattgefunden, das nicht zur vollen Befriedigung der Insolvenzgläubiger geführt hat, so kann ein Schuldner, der eine natürliche Person ist, unter bestimmten Voraussetzungen von den im Insolvenzverfahren nicht erfüllten Verbindlichkeiten befreit werden (§ 286 InsO). Eine R. kann daher nicht einer → juristischen Person oder → Personengesellschaft zugute kommen, aber nicht nur einem „Verbraucher" (→ Verbraucherinsolvenzverfahren) oder Kleingewerbetreibenden, sondern z. B. auch einem (Einzel-) Unternehmer. Voraussetzung ist zunächst ein Antrag des Schuldners, der bereits mit dem Antrag auf Eröffnung des Insolvenzverfahrens verbunden werden kann, spätestens aber im Berichtstermin (→ Insolvenzverfahren, 4 a) zu stellen ist (§ 287 I InsO). Dem Antrag ist die Erklärung beizufügen, daß der Schuldner seine pfändbaren Bezüge aus einem Dienst- oder Arbeitsverhältnis für die Zeit von 7 Jahren (bei Zahlungsunfähigkeit des Schuldners bereits vor dem 1. 1. 1997: 5 Jahre, Art. 107 EGInsO) nach Aufhebung des Insolvenzverfahrens an einen vom Gericht zu bestimmenden Treuhänder abtritt (§ 287 II InsO). Nach Anhörung der Insolvenzgläubiger und des Insolvenzverwalters im → Schlußtermin entscheidet über den Antrag das Insolvenzgericht (§ 289 InsO).

Die R. wird nur dem redlichen Schuldner gewährt. Sie ist deshalb von vorneherein zu versagen, wenn der Schuldner wegen einer → Insolvenzstraftat vorbestraft ist, schuldhaft unrichtige oder unvollständige Angaben über seine wirtschaftlichen Verhältnisse macht oder im letzten Jahr vor dem Antrag auf Eröffnung des Insolvenzverfahrens unangemessene Verbindlichkeiten begründet oder Vermögen verschwendet hat (§ 290 InsO). Während der Laufzeit der genannten Abtretungserklärung hat der Schuldner eine angemessene Erwerbstätigkeit auszuüben oder sich um eine solche ernsthaft zu bemühen, keine Bezüge zu verheimlichen und eingehende Gelder (z. B. aus einer selbständigen Tätigkeit) an den Treuhänder abzuliefern (mit einem im Lauf der Zeit steigenden Eigenanteil des Schuldners, §§ 295, 292 InsO). Verstößt der Schuldner gegen diese Obliegenheiten oder macht er sich während der Laufzeit einer Insolvenzstraftat schuldig, so wird ihm die R. versagt (§ 296 InsO). Anderenfalls erteilt das Insolvenzgericht die R. (§ 300 InsO), die allerdings auf Antrag eines Insolvenzgläubigers auch nachträglich noch widerrufen werden kann, wenn die Voraussetzungen für sie nicht vorgelegen haben (§ 303 InsO, Wiederauflebensklausel). Wird R. erteilt, so wirkt diese gegenüber allen Insolvenzgläubigern (also auch gegenüber solchen, die ihre Forderung nicht angemeldet haben), § 301 InsO. S. a. → Insolvenzplan.

**Restriktive Interpretation** → Auslegung (1 b).

**Retentionsrecht** = → Zurückbehaltungsrecht.

**Retorsion.** 1. R. ist eine vom Grundsatz her erlaubte Maßnahme, mit der ein → Völkerrechtssubjekt auf vorangegangenes → völkerrechtliches Unrecht (s. auch → völkerrechtliche Streitigkeit) reagiert. Fälle der R. sind z. B. eine Einfuhrsperre oder der Abbruch der → diplomatischen Beziehungen. Eine vom Grundsatz her völkerrechtswidrige Maßnahme, die nur durch das vorangegangene völkerrechtliche Unrecht gerechtfertigt wird, nennt man → Repressalie.

2. Ein strafrechtlicher Fall der R. ist in § 199 StGB enthalten. Danach kann die Erwiderung einer Beleidigung mit einer solchen, wenn die Erwiderung auf der Stelle geschieht, zu einer Kompensation führen, d. h. der Richter kann einen oder beide Beteiligte für straffrei erklären.

**Retorsionszölle** sind Kampfzölle gegenüber einem anderen Land, das die Einfuhr von Waren unberechtigt erschwert oder verhindert.

**Retorten-Baby** → künstliche Fortpflanzung, → Reproduktionstechnik, → Gen-Recht.

**Rettungsschuß** → Waffengebrauch.

**Reue, tätige** → tätige Reue.

**Reugeld.** Die Beteiligten können das Recht zum → Rücktritt vom Vertrag von der Zahlung eines R. abhängig machen. Ist dies der Fall, so ist der Rücktritt unwirksam, wenn das R. nicht spätestens bei der Rücktrittserklärung entrichtet wird und der andere Teil aus diesem Grund die Erklärung unverzüglich zurückweist (§ 359 BGB). Die → Draufgabe beim Vertragsschluß gilt im Zweifel nicht als R. (§ 336 II BGB).

**Revalierungsanspruch** ist der Anspruch, den der → Bezogene gegen den → Aussteller auf Grund der Annahme des → Wechsels hat. Er ist ein einfacher bürgerlich-rechtlicher Anspruch und keine → Wechselverbindlichkeit. Der R. gehört zu den der Wechselbegebung zugrunde liegenden Rechtsverhältnissen. S. a. → Bürgschaft.

**Revalierungsklausel** (Deckungsklausel) ist der Vermerk auf einem

→ Wechsel, der die Aufforderung des → Ausstellers an den → Bezogenen enthält, ihn mit der → Wechselsumme zu belasten. Die R. ist für die Wirksamkeit des Wechsels unerheblich; sie lautet sinngemäß: „Stellen Sie den Betrag auf meine Rechnung".

**Revalvation** → Aufwertung.

**Revidierte Berner Übereinkunft** ist die Bezeichnung für die → Berner Übereinkunft zum Schutze von Werken der Literatur und Kunst seit der ersten Revisionskonferenz in Paris (1896).

**Revision** ist ein gegen Urteile zugelassenes → Rechtsmittel, das nur auf eine *Rechtsverletzung* gestützt werden kann. Im Gegensatz zur → Berufung eröffnet die R. daher keine neue Tatsacheninstanz.

1. Die R. ist vorgesehen: in Zivilsachen gegen die Berufungsurteile der Oberlandesgerichte (§ 545 ZPO); in Strafsachen gegen die Urteile der Strafkammern (1. und 2. Instanz), der Schwurgerichte und der Oberlandesgerichte 1. Instanz (§ 333 StPO), im arbeitsgerichtlichen Verfahren gegen die Urteile der Landesarbeitsgerichte (§§ 8 III, 72 I ArbGG), im Verwaltungsprozeß gegen die Urteile der Oberverwaltungsgerichte oder Verwaltungsgerichtshöfe (§ 132 VwGO), im Finanzprozeß gegen die Endurteile der Finanzgerichte (§ 115 FGO), im Sozialgerichtsverfahren gegen die Urteile der Landessozialgerichte (§ 160 SGG). Außerdem läßt das Gesetz gegen erstinstanzliche Urteile, die mit der Berufung angefochten werden können oder bei denen die Berufung gesetzlich ausgeschlossen ist, an deren Stelle die R. als sog. → Sprungrevision zu. S. a. → Ersatz-R.

2. Die Zulässigkeit der R. ist an → Rechtszugvoraussetzungen geknüpft, u. U. auch an eine R.summe oder eine besondere Zulassung, ferner an eine Beschwer des R.führers, an die Einhaltung der vorgeschriebenen Frist und Form sowie ordnungsmäßige und rechtzeitige Begründung.

a) Insbes. muß in *vermögensrechtlichen* Streitigkeiten im Zivilprozeß die *Revisionssumme* (Wert der Beschwer) von 60 000 DM überschritten sein (§ 546 I ZPO; das R.gericht kann hier aber die Annahme der R. ablehnen, wenn die Rechtssache keine grundsätzliche Bedeutung und die R. keine Aussicht auf Erfolg hat, § 554 b ZPO, BVerfGE 54, 277).

b) Sonst setzt die R. eine *Zulassung* im angefochtenen Urteil voraus: im Zivilprozeß bei Beschwer bis zu 60 000 DM oder in nichtvermögensrechtli chen Streitigkeiten (aber stets zulässig, soweit das Berufungsgericht die → Berufung als unzulässig verworfen hat, § 547 ZPO), im Arbeits-, Verwaltungs-, Finanz- und Sozialgerichtsverfahren stets; die Zulassung ist im angefochtenen Urteil auszusprechen, wenn dieses von einer früheren Entscheidung des R.gerichts – z. T. auch eines anderen Berufungsgerichts – abweicht *(DivergenzR.)* oder wenn die Rechtssache grundsätzliche Bedeutung hat (§ 546 ZPO, § 132 II VwGO, § 115 II FGO, § 160 II SGG, § 72 II ArbGG). Das R.gericht ist an diese Zulassung gebunden. S. a. → Nichtzulassungsbeschwerde. Im Strafprozeß ist die R. uneingeschränkt zulässig.

c) Die *Frist,* innerhalb deren die R. eingelegt werden muß, beträgt 1 Monat ab Zustellung des in vollständiger Form abgefaßten Urteils (beginnt aber im Zivilprozeß spätestens mit Ablauf von 5 Monaten nach der Verkündung) – in Strafsachen 1 Woche ab Verkündung – (§ 552 ZPO, § 341 StPO, § 74 I ArbGG, § 139 I VwGO, § 120 I FGO, § 164 I SGG).

d) Die *Revisionsbegründung* muß den *Revisionsantrag* enthalten, d. h. die Erklärung, inwieweit das Urteil angefochten und Aufhebung beantragt wird, und muß ferner den *Revisionsgrund* angeben, nämlich die Verletzung einer Rechtsnorm, auf der das angefochtene Urteil beruht (§ 549 ZPO, § 73 ArbGG, § 139 III VwGO, § 118 I FGO, § 164 II SGG, § 344 I StPO). Die R.begründung kann nur durch Rechtsanwälte, Verteidiger und solche Prozeßbevollmächtigte erklärt werden, die zur Verhandlung vor dem Revisionsgericht zugelassen sind, nur in Strafsachen auch zu Protokoll der Geschäftsstelle (§ 78 ZPO, § 345 II StPO, § 11 II ArbGG, § 67 I VwGO, § 166 SGG). Die *Begründungsfrist* beträgt 1 Monat (§ 554 II ZPO, § 74 I ArbGG, § 120 I FGO, § 345 I StPO; nach § 139 III VwGO, § 164 II SGG 2 Monate). Sie beginnt in

Zivilsachen mit der Einlegung der Revision, im → Verwaltungsstreitverfahren mit Zustellung des Urteils (oder Beschlusses über die Zulassung der R.), in Strafsachen mit Ablauf der Revisionseinlegungsfrist, aber nicht vor Zustellung des Urteils. Die Frist kann auf Antrag vom Vorsitzenden verlängert werden (außer in Strafsachen).

3. Das R.gericht überprüft aber im Rahmen einer zulässigen R. auch andere Rechtsverstöße von Amts wegen. Die Rechtsnorm ist verletzt, wenn sie nicht oder nicht richtig angewendet worden ist (§ 550 ZPO, § 337 II StPO); darunter fällt auch eine Verletzung von Denkgesetzen oder allgemeinen Erfahrungssätzen. Die Verletzung muß für das Urteil kausal, d. h. mindestens die Möglichkeit nicht auszuschließen sein, daß das Urteil ohne die Gesetzesverletzung anders ausgefallen wäre. Bei den sog. *absoluten R.gründen* wird dies unwiderlegbar vermutet, insbes. bei Unzuständigkeit oder unvorschriftsmäßiger Besetzung des vorinstanzlichen Gerichts, Mitwirkung eines ausgeschlossenen oder mit Erfolg abgelehnten Richters, Verletzung der Vorschriften über die Öffentlichkeit der Verhandlung, Fehlen – in Strafsachen auch verspätete Vorlage – der Entscheidungsgründe (§ 551 ZPO, § 338 StPO, § 138 VwGO, § 119 FGO). Bei anderen, sog. *relativen R.gründen* muß die Kausalität im Einzelfall festgestellt werden. Auch kausale Rechtsverletzungen führen zur Aufhebung des angefochtenen Urteils nur, wenn es sich nicht aus anderen Gründen im Ergebnis als richtig darstellt (§ 563 ZPO).

**Revisionsantrag, -begründung, -grund** → Revision (2 d).

**Revisionsfrist** → Revision (2 c).

**Revisionsgericht** ist in Zivil- und Strafsachen der Bundesgerichtshof oder das Bayer. Oberste Landesgericht oder in Strafsachen das Oberlandesgericht, in der Arbeitsgerichtsbarkeit das Bundesarbeitsgericht, in der Verwaltungsgerichtsbarkeit das Bundesverwaltungsgericht, in der Finanzgerichtsbarkeit der Bundesfinanzhof und in der Sozialgerichtsbarkeit das Bundessozialgericht. Über die Rechtsmittelzüge vgl. Übersicht im Anhang.

**Revisionssumme** → Revision (2 a).

**Revisionsverfahren.** Eine unzulässige → Revision wird verworfen, im Strafprozeß eine verspätet oder formwidrig eingelegte Rev. schon von dem Gericht, dessen Urteil angefochten wird (§ 346 StPO). Im Zivilprozeß kann das Rev.-gericht in vermögensrechtlichen Streitigkeiten mit mehr als 60 000 DM Wert der → Beschwer mit 2/3-Mehrheit die Annahme der Revision mangels grundsätzlicher Bedeutung ablehnen (§ 554 b ZPO; → Revision, 2 a). Im übrigen gelten für das Verfahren der → Revisionsgerichte grundsätzlich die Vorschriften des Verfahrens erster Instanz mit den Modifikationen des Berufungsverfahrens (§§ 557, 566 ZPO, § 72 V ArbGG, § 141 VwGO, § 121 FGO, § 165 SGG). Doch gestalten die Verfahrensordnungen durch Sonderregeln das R. so, wie es seinem Zweck, nämlich Nachprüfung der Rechtsanwendung (nicht neue Tatsacheninstanz), entspricht; insbes. findet keine Beweiserhebung statt (außer über prozeßerhebliche Tatsachen durch → Freibeweis). Ist die Rev. begründet, wird das angefochtene Urteil aufgehoben. Das Rev.gericht kann dann entweder in der Sache selbst entscheiden oder die Sache zu neuer Verhandlung und Entscheidung zurückverweisen (→ Zurückverweisung). Im Zivil- und Strafpozeß und im arbeitsgerichtlichen Verfahren ist die Zurückverweisung häufig (§ 565 III, IV ZPO, § 72 V ArbGG, § 354 StPO); im übrigen hat das Rev.gericht die Wahl (§ 144 III VwGO, § 126 FGO, § 170 II SGG). Gegen die Rev.urteile findet kein Rechtsmittel mehr statt; es kommt nur noch → Verfassungsbeschwerde in Betracht. Das Gericht, an das der Rechtsstreit zurückverwiesen wird, ist an die rechtliche Beurteilung des Rev.gerichts gebunden (§ 565 II ZPO, § 144 VI VwGO, § 126 V FGO, § 170 V SGG, § 358 I StPO).

**Revisionszulassung** → Revision (2 b).

**Revokation** = Widerruf (z. B. → Widerruf des Testaments).

**Revolte** von Gefangenen oder Soldaten → Meuterei.

**Revolvingkredit** → Bankgeschäfte.

**Rezeption.** Der Begriff Rezeption (d. h. Aufnahme, Übernahme) wird in der deutschen → Rechtsgeschichte üblicherweise für die allmähliche Übernahme des → römischen Rechts im Mittelalter verwendet. Sie ist geschichtlich vor allem aus dem Fehlen eines einheitlichen deutschen Rechts zu erklären, so daß die Aufnahme einer bereits bestehenden festgefügten Rechtsordnung nahelag. In vielen Teilen Deutschlands fehlten zu Beginn des Mittelalters kodifizierte Rechtssysteme entweder überhaupt oder waren lückenhaft, so daß weitgehend ein auf unsicherer Grundlage beruhendes Gewohnheitsrecht herrschte. Das veranlaßte deutsche Juristen zum Studium des vorbildlichen römischen Rechts in Italien, das sie sodann in führenden Stellungen im Bereich der Fürstenhöfe und der Gerichtsbarkeit zur Geltung brachten.

Auf diese Weise fand seit dem 14. Jh. das römische Recht immer mehr Eingang in den deutschen Rechtskreis, in dem schon lange Zeit vorher das → kanonische Recht durch die geistlichen Gerichte angewendet worden war. So legte insbes. das 1495 errichtete → Reichskammergericht diese rezipierten Rechtsbereiche seinen Entscheidungen zugrunde. Diese Entwicklung entsprach dem Charakter des Reiches als des → Heiligen Römischen Reiches Deutscher Nation. Zwar galt das römische Recht nur subsidiär; deutschrechtliche Rechtssätze, Rechtsgewohnheiten und -gebräuche gingen ihm vor, aber nur, wenn sie bewiesen wurden. In der Praxis erwarb dadurch das römische Recht den Vorrang, weil es keines Beweises bedurfte. Da die Quellen des römischen Rechts nur einem beschränkten Personenkreis zugänglich waren, sahen sich Prozeßparteien und Gerichte häufig gezwungen, Gutachten von Professoren oder juristischen Fakultäten einzuholen, die auf diese Weise erheblichen Einfluß auf die Rechtsprechung erlangten. Im Bereich des Strafrechts fand eine R. nur teilweise statt, weil sich hier Grundsätze des alten deutschen Rechts und – namentlich im Strafverfahren – solche des kanonischen Rechts mit röm. Rechtssätzen vermischten (z. B. in der → Constitutio Criminalis Carolina von 1532). Auf Sondergebieten, in denen kodifiziertes römisches Recht nicht vorlag, galt das deutsche Recht primär (z. B. im Berg-, Schifffahrts-, Gewerberecht).

Im 17. Jh. setzte eine Gegenbewegung gegen die R. ein, die auf alte germanische Rechtsgrundsätze und auf das → Naturrecht zurückgriff; sie führte zur stufenweisen Ablösung des rezipierten Rechts, so im preuß. → Allgemeinen Landrecht (1794), im Code Napoléon (1804) und im österr. Allgemeinen Bürgerlichen Gesetzbuch (1811). Gleichwohl hat das neuere deutsche Recht, so z. B. das BGB, in nicht unerheblichem Umfange Rechtsgedanken des römischen Rechts übernommen.

**Rezeß** ist ein überholter Ausdruck für Vergleich oder Auseinandersetzung, insbes. wenn das Ergebnis schriftlich festgehalten wird (z. B. Erbrezeß bei der Nachlaßteilung; Familienrezeß bei Familienstreitigkeiten in adeligen Häusern).

**Reziproke** (gegenseitige) **Verfügungen** → gemeinschaftliches Testament.

**Rheinbund** nannte sich eine Fürstenkonföderation, die von 1658–1668 bestanden hat, später ebenso der – historisch bedeutsamere – im Jahre 1806 von 16 Reichsfürsten unter dem Protektorat Napoleons I. gegründete Bund. Dieser war ein völkerrechtlicher Zusammenschluß selbständiger Staaten, die damit aus dem Reich ausschieden, und ein Zwischenglied zwischen dem → Heiligen Römischen Reich Deutscher Nation und dem → Deutschen Bund. Seine völkerrechtliche Bindung an Frankreich verpflichtete die dem R. angeschlossenen Staaten, den Franzosen im Kriegsfalle Truppen zur Verfügung zu stellen; hiervon hat Frankreich wiederholt Gebrauch gemacht. Mit dem Niedergang Napoleons I. löste sich der R. 1813 auf.

**Rheinland-Pfalz** ist ein Land der BRep. Die *Gesetzgebung* liegt nach der Verfassung vom 18. 5. 1947 (GVBl. 209) grundsätzlich beim Landtag; doch können Gesetze auch im Wege des Volksentscheids zustandekommen. Die Verkündung eines Gesetzes ist auf Verlangen von 1/3 der Mitglieder des Landtages 2 Monate auszusetzen; erklärt der Landtag das Gesetz für dringlich, ist es gleichwohl zu verkünden. Der Landtag besteht aus 100 vom Volk gewählten Abgeordneten. Die *vollziehende Gewalt* liegt bei der Landesregierung, die aus dem Ministerpräsidenten und den Ministern besteht. Der MinPräs. wird vom Landtag gewählt. Er ernennt die Minister. Die Regierung bedarf zur Übernahme der Geschäfte noch der ausdrücklichen Bestätigung des Landtags. Der MinPräs. führt den Vorsitz in der Landesregierung; er bestimmt die Richtlinien der Politik und ist dafür dem Landtag verantwortlich. Innerhalb dieser Richtlinien leitet jeder Minister seinen Geschäftsbereich, der durch die Landesregierung bestimmt wird, selbständig und unter eigener Verantwortung gegenüber dem Landtag. Dieser kann der Regierung, dem MinPräs. oder einzelnen Min. das Vertrauen entziehen, muß aber im ersten Fall binnen 4 Wochen einer neuen Reg. das Vertrauen aussprechen; andernfalls gilt er als aufgelöst. Rh.-Pf. ist in 3 Regierungsbezirke eingeteilt, diese wiederum in Landkreise und kreisfreie Städte. Zur Entscheidung verfassungsrechtlicher Streitigkeiten besteht ein *Verfassungsgerichtshof* (Ges. vom 23. 7. 1949, GVBl. 285, ber. 585, m. Änd.). In einem ersten Hauptteil der Verfassung werden Grundrechte und Grundpflichten statuiert: Freiheitsrechte, Gleichheitsrechte und öffentliche Pflichten der Einzelpersonen, Ehe und Familie, Schule, Bildung und Kulturpflege, Kirchen und Religionsgemeinschaften, Selbstverwaltung der Kommunen, Wirtschafts- und Sozialordnung.

**Rheinschiffahrtsgerichte** sind besondere Abteilungen der → Amtsgerichte, die im ersten → Rechtszug insbes. für die Entscheidung in → bürgerlichen Rechtsstreitigkeiten aus der Binnenschiffahrt auf dem Rhein zuständig sind (z. B. durch ein Schiff verursachte Schäden). Über die Berufung entscheidet das → Oberlandesgericht als Rheinschiffahrtsobergericht oder (auf Grund der Rheinschiffahrtsakte, BGBl. 1952 I 645) die Zentralkommission in Straßburg. Verfahren und Zuständigkeit der R. sind im Ges. über das Verfahren in Binnenschiffahrtssachen vom 27. 9. 1952 (BGBl. I 641) m. spät. Änd. geregelt.

**Richter.** Art. 92 GG vertraut die → rechtsprechende Gewalt den R. an und bestimmt damit die nach Art. 20 II 2 GG notwendigen besonderen Organe dieses Teils der Staatsgewalt. Nach § 1 des Deutschen Richtergesetzes (DRiG) i. d. F. vom 22. 12. 1975 (BGBl. I 3176) m. spät. Änd. wird die rechtsprechende Gewalt durch → Berufsrichter und durch → ehrenamtliche Richter ausgeübt. *Berufsrichter* ist, wer durch Aushändigung einer Urkunde nach § 17 DRiG – i. d. R. auf Lebenszeit – in das → Richterverhältnis berufen worden ist. Der Berufsrichter ist meist hauptamtlich tätig, doch ist dies nicht notwendig. Im einzelnen s. → Richterverhältnis. *Ehrenamtlicher R.* ist, wer, ohne zum Berufsrichter ernannt zu sein, Aufgaben der rechtsprechenden Gewalt wahrnimmt. Der ea. R. nimmt an der Rechtsprechung entweder als unmittelbarer Vertreter des Volkes (→ Schöffen) oder für einen an einzelnen Verfahrensarten besonders interessierten Personenkreis, z. B. in arbeitsgerichtlichen Verfahren, oder kraft besonderer Sachkunde, z. B. in Handelssachen, teil (→ ehrenamtliche Richter). Die Rechtsstellung der R. ist durch das GG (Art. 97, 98) und die Verfassungen der Länder sowie die → Richtergesetze geregelt. Hauptmerkmal ihrer Rechtsstellung ist die verfassungsrechtlich garantierte sachliche und persönliche → Unabhängigkeit.

**Richter, gesetzlicher** → gesetzlicher Richter.

**Richterablehnung** → Ablehnung von Gerichtspersonen.

**Richteramt** → Richterverhältnis, → Befähigung zum Richteramt.

**Richteramtsbezeichnungen.** Nach § 19 a DRiG i. d. F. vom 22. 12. 1975 (BGBl. I 3176) sind die Amtsbezeichnungen der Richter auf Lebenszeit und der Richter auf Zeit „Richter“, „Vorsitzender Richter“, „Direktor“, „Vizepräsident“ oder „Präsident“ mit einem das Gericht bezeichnenden Zusatz („Richter am ...“, „Vorsitzender Richter am ...“, „Direktor des ...“, „Vizepräsident des ...“, „Präsident des ...“). Nach § 45 a DRiG führen die → ehrenamtlichen Richter der Strafgerichtsbarkeit die Bezeichnung „Schöffe“, die ehrenamtlichen Richter bei den Kammern für Handelssachen die Bezeichnung „Handelsrichter" und die anderen ehrenamtlichen Richter (z. B. bei den Arbeitsgerichten und den Verwaltungsgerichten) die Bezeichnung „ehrenamtlicher Richter".

**Richteranklage.** Verstößt ein → Richter im Bundesdienst im Amte oder außerhalb des Amtes gegen die Grundsätze des GG oder gegen die verfassungsmäßige Ordnung eines Landes, so kann das BVerfG mit Zweidrittelmehrheit auf Antrag des Bundestages anordnen, daß der Richter in ein anderes Amt oder in den Ruhestand zu versetzen ist; im Falle eines vorsätzlichen Verstoßes kann auf Entlassung erkannt werden (Art. 98 II GG). Die Länder können für Richter im Landesdienst eine entsprechende Regelung treffen. Geltendes Landesverfassungsrecht bleibt unberührt; doch steht auch hier die Entscheidung über eine Richteranklage dem BVerfG zu (Art. 98 V GG; § 13 Nr. 9, §§ 58 ff. BVerfGG).

**Richterbestechung** → Bestechung.

**Richtergesetze.** Das Deutsche Richtergesetz (DRiG) i. d. F. vom 19. 4. 1972 (BGBl. I 713) m. Änd. und die Richtergesetze der Länder erfüllen den Auftrag des Art. 98 I, III GG, die Rechtsverhältnisse der Richter in besonderen Gesetzen des Bundes und der Länder zu regeln. Durch die R. wird erstmals in der deutschen Rechtsgeschichte das Richterrecht selbständig neben dem Recht der → Beamten geregelt. Das DRiG enthält im I. Teil „Richteramt in Bund und Ländern" (§§ 1–45) allgemeine Vorschriften für die Richter im Bundesdienst und im Landesdienst, insbes. über die Unvereinbarkeit gleichzeitiger Wahrnehmung von Aufgaben der Rechtsprechung mit solchen der gesetzgebenden oder der vollziehenden Gewalt (§ 4, sog. → Inkompatibilität), die → Befähigung zum Richteramt (§§ 5–7), Rechtsformen des → Richterverhältnisses und dessen nähere Ausgestaltung (§§ 8–24), Fragen der sachlichen und persönlichen → Unabhängigkeit des Richters. (§§ 25–37) und seine besonderen Pflichten (§§ 38–43). Ferner enthält dieser Teil einige gemeinsame Vorschriften für die → ehrenamtlichen Richter aller Gerichtszweige (§§ 44 bis 45 a: Bestellung und Abberufung, Unabhängigkeit, Bezeichnung). Der II. Teil (§§ 46–70) gestaltet das Recht der Richter im Bundesdienst näher aus und regelt insbes. die Dienstgerichtsbarkeit (§§ 61–68; → Dienstgerichte) und die Richtervertretungen (§§ 49–60; → Richterrat; Präsidialrat). Der III. Teil (§§ 71–84) enthält, gestützt auf die Rahmenkompetenz des Art. 98 III 2 GG, in erster Linie Verpflichtungen für den Landesgesetzgeber hinsichtlich der Gestaltung des Rechts der Richter im Landesdienst. Im IV. Teil (§§ 85–126), der in Übergangs- und Schlußvorschriften das geltende Recht dem DRiG anpaßt, ist von besonderer Bedeutung die für Staatsanwälte (→ Staatsanwaltschaft) getroffene Regelung, die einen Teil der für Richter geltenden Vorschriften für anwendbar erklärt. Soweit nicht das DRiG auch auf Richter im Landesdienst unmittelbar anwendbare Vorschriften enthält, gelten die Richtergesetze der Länder (zusammengestellt bei Schönfelder, Dt. Gesetze, Nr. 97, Anm. zu §§ 71 ff.). Als erstes der → neuen Länder hat sich nach der → Wiedervereinigung → Sachsen ein R. gegeben (vom 29. 1. 1991, GVBl. 21).

**Richterhaftung** → Staatshaftung, → Haftung des Beamten.

**Richterliche Fristen** → Frist.

**Richterliches Prüfungsrecht.** Nach Art. 97 I GG sind die Richter unabhängig und nur dem Gesetz unterworfen (→ Unabhängigkeit des Richters). Daraus wird das Recht des Richters abgeleitet, festzustellen, ob das von ihm in einem konkreten Rechtsstreit anzuwendende Gesetz gültig ist. Diese Befugnis ergibt sich ferner aus Art. 100 I GG; hiernach hat ein Gericht, das ein für seine Entscheidung maßgebliches Gesetz für verfassungswidrig hält, das Verfahren auszusetzen und die Entscheidung des Bundesverfassungsgerichts oder (bei Verletzung einer Landesverfassung) des zuständigen Landesverfassungsgerichts einzuholen. Daraus erhellt, daß nach dem GG ein r. P. grundsätzlich gegeben und nur durch die begrenzte Vorlagepflicht beschränkt ist. Bejaht das Gericht die Verfassungsmäßigkeit des Gesetzes, so entscheidet es hierüber (inzident) selbst. Art. 100 GG gilt nicht hins. der vorkonstitutionellen und der nicht förmlichen Gesetze. Über Gesetze aus der Zeit vor dem 7. 9. 1949 kann jedes Gericht selbst befinden und ihre Anwendung wegen Verfassungswidrigkeit ablehnen; gleiches gilt für alle untergesetzlichen Normen, die nur im Gesetz im materiellen, nicht aber auch in formellem Sinne sind (s. a. → Normenkontrolle, → Verfassungswidrigkeit von Gesetzen).

**Richterrat.** Bei den Gerichten des Bundes und der Länder sind als Richtervertretungen für die Beteiligung der Richter an allgemeinen und sozialen Angelegenheiten Richterräte errichtet. Ihre Zusammensetzung und Wahl ist im Deutschen Richtergesetz (§§ 49 ff.) und in den Richtergesetzen der Länder näher geregelt. Der R. entspricht im wesentlichen der → Personalvertretung der Beamten, Angestellten und Arbeiter (und dem „Staatsanwaltsrat", der in den meisten Ländern der BRep. eingerichteten Vertretung der Staatsanwälte). Bei gemeinsamen Aufgaben wirken R. und Personalvertr. zusammen. S. a. → Präsidialrat.

**Richterrecht** → Rechtsfortbildung.

**Richterverhältnis** ist das zwischen dem Staat und dem Berufsrichter (→ Richter) bestehende Rechtsverhältnis.

1. Es ist wie das Beamtenverhältnis ein öffentlich-rechtliches Dienst- und Treueverhältnis, von diesem aber wesensverschieden. Das R. ist im Deutschen → Richtergesetz (§§ 8 ff. DRiG) und den Richtergesetzen der Länder näher geregelt. Das R. kann auf Lebenszeit, auf Zeit, auf Probe oder kraft Auftrags begründet werden. In das R. darf nur berufen werden, wer Deutscher i. S. des Art. 116 GG ist, die Gewähr dafür bietet, daß er jederzeit für die freiheitliche demokratische Grundordnung i. S. des GG eintritt und die → Befähigung zum Richteramt besitzt (§ 9 DRiG). Zum *Richter auf Lebenszeit* kann ernannt werden, wer nach Erwerb der Befähigung zum Richteramt mindestens 3 Jahre im richterlichen Dienst tätig gewesen ist (§ 10 DRiG). Eine Ernennung zum *Richter auf Zeit* ist nur durch Bundesgesetz unter den bestimmten Voraussetzungen und nur für die bundesgesetzlich bestimmten Aufgaben zulässig (§ 11 DRiG). Wer später als Richter auf Lebenszeit oder als Staatsanwalt verwendet werden soll, kann zum *Richter auf Probe* ernannt werden. Zum *Richter kraft Auftrags* kann ein Beamter auf Lebenszeit oder auf Zeit ernannt werden, wenn er später als Richter auf Lebenszeit verwendet werden soll. Richter auf Lebenszeit und Richter auf Zeit führen die Amtsbezeichnung „Richter (oder Vorsitzender Richter) am ..." oder „Präsident des ..." (bei Amtsgerichten „Direktor des ...") mit einem das Gericht bezeichnenden Zusatz. Richter kraft Auftrags führen im Dienst die Bezeichnung „Richter" mit einem das Gericht bezeichnenden Zusatz. Richter auf Probe führen die Bezeichnung „Richter" (ohne Zusatz), im staatsanwaltschaftlichen Dienst die Bez. „Staatsanwalt".

2. Über die Berufung der Landesrichter entscheidet der zuständige Minister, in der Regel der Justizminister (→ Rechtspflegeministerium), soweit nicht → Richterwahlausschüsse zu beteiligen sind; über die Berufung der Bundesrichter entscheidet der Richterwahlausschuß des Bundes.

Das R. wird durch Aushändigung einer Urkunde begründet, in der die Worte „unter Berufung in das Richterverhältnis" mit dem Zusatz „auf Lebenszeit", „auf Zeit", „auf Probe" oder „kraft Auftrags" enthalten sein müssen. Die Ernennung ist nichtig, wenn sie von einer sachlich unzuständigen Behörde ausgesprochen wurde (sie kann nicht rückwirkend bestätigt werden), wenn der Ernannte im Zeitpunkt der Ernennung nicht Deutscher i. S. des Art. 116 GG oder entmündigt war oder nicht die Fähigkeit zur Bekleidung öffentlicher Ämter hatte. Die Nichtigkeit einer Ernennung zum R. auf Lebenszeit oder auf Zeit kann erst geltend gemacht werden, nachdem ein Gericht sie rechtskräftig festgestellt hat. Das DRiG enthält ferner Vorschriften über die Rücknahme der Ernennung (§ 19), die Entlassung aus dem Dienstverhältnis (§§ 21–23) und die Beendigung des R. durch richterliche Entscheidung (§ 24). Im übrigen bestimmen sich die Rechtsverhältnisse der R. nach den Vorschriften des → Beamtenrechts, soweit dieses trotz der Besonderheiten des R. (insbes. die richterliche → Unabhängigkeit) anwendbar ist.

3. Besondere Vorschriften gelten für die Richter der ehem. → DDR. Nach dem → Einigungsvertrag entschieden eigens hierfür eingerichtete → Richterwahlausschüsse über den Fortbestand der Richterverhältnisse der am 3. Oktober 1990 in der ehemaligen DDR tätigen Richter. Bis zur Entscheidung durch den Richterwahlausschuß waren die amtierenden Richter zur Ausübung der Rechtsprechung ermächtigt. Entschied sich der Richterwahlausschuß gegen eine Übernahme, so schieden die betroffenen Richter sofort aus dem Richterverhältnis aus. Entschied sich der Richterauswahlausschuß für eine Übernahme, wurden die betroffenen Richter in ein Richterverhältnis auf Probe berufen. Für diese bestätigten Richter gelten die allgemeinen Vorschriften mit einigen Ausnahmen, die in den Maßgaben des → Einigungsvertrages enthalten sind.

**Richtervertretungen** → Richterrat; → Präsidialrat.

**Richterwahl(ausschüsse).** Über die Berufung der → Richter an den → obersten Gerichtshöfen des Bundes entscheidet nach Art. 95 II GG der für das jeweilige Sachgebiet (Justiz, Arbeit) zuständige Bundesminister gemeinsam mit einem *Richterwahlausschuß*. Dieser besteht aus den für das Sachgebiet zuständigen Ministern der Länder und einer gleichen Anzahl von Mitgliedern (nicht notwendig Abgeordneten), die vom → Bundestag gewählt werden. Das Verfahren bestimmt sich nach dem RichterwahlG vom 25. 8. 1950 (BGBl. 368). Nach Art. 98 IV GG können die Länder für die Anstellung der Landesrichter ähnliche Regelungen treffen (in mehreren Ländern unterschiedlich ausgestaltet). Wo kein R.ausschuß besteht, werden die Richter vom zuständigen Minister oder von der LdReg. ernannt. Die Richter des → Bundesverfassungsgerichts werden in einem besonderen Verfahren gewählt (§§ 5ff. BVerfGG i. d. F. vom 3. 2. 1971, BGBl. I 105 m. spät. Änd.). Zur R. in den → neuen Ländern → Richterverhältnis (3).

**Richtgeschwindigkeit** → Fahrgeschwindigkeit, → Straßenverkehrshaftung (2).

**Richtigstellung** (Presserecht) → Gegendarstellung.

**Richtlinien** zur Durchführung von Gesetzen und Verordnungen bestehen zu zahlreichen Rechtsvorschriften. Sie richten sich in erster Linie an Verwaltungsbehörden, für die sie im Innenverhältnis bindend sind, und bezwecken vor allem die einheitliche Auslegung und Anwendung des Rechts. Von besonderer praktischer Bedeutung sind die umfangreichen R. zu Steuergesetzen (Textsammlung Steuerrichtlinien), z. B. die Einkommensteuer-Richtlinien, erlassen von der Bundesregierung gem. Art. 108 VII GG. Ferner werden als R. häufig Bestimmungen bezeichnet, welche die gesetzlich nicht oder nicht näher geregelte Vergabe öffentlicher Mittel (z. B. Zuschüsse, Subventionen) regeln, ohne dem Einzelnen einen Rechtsanspruch hierauf zu verleihen.

R. sind → *Verwaltungsvorschriften*. Sie werden von Verwaltungsbehörden (im staatlichen Bereich oft von den Ministerien) erlassen, wofür eine gesetzliche Ermächtigung nicht erforderlich ist. Für die nachgeordneten Behörden sind sie bindend. Für den Bürger begründen sie grundsätzlich weder Rechte noch Pflichten. Soweit sie sich an Gerichte wenden, äußern sie im Hinblick auf Art. 97 GG, §§ 25, 26 DRiG eine solche Bindungswirkung nicht, haben vielmehr nur den Charakter von Hinweisen (z. B. auf die Möglichkeit zur Inanspruchnahme von Sachverständigen oder bestimmten Fachbehörden usw.).

Daher gelten z. B. die Richtlinien für das Straf- und Bußgeldverfahren (RiStBV) vornehmlich für die Bearbeitung von Straf- und Bußgeldsachen durch die weisungsgebundenen Strafverfolgungsbehörden, enthalten aber auch Hinweise für den Richter. Das gleiche gilt für die Richtlinien zum Jugendgerichtsgesetz (RiJGG). Vgl. ferner die für den zwischenstaatlichen Rechtshilfeverkehr geltende Rechtshilfeordnung für Zivilsachen (ZRHO) und die Richtlinien für den Verkehr mit dem Ausland in strafrechtlichen Angelegenheiten (RiVASt). Texte dieser R. im Justizbereich: StrafR Nr. 440, 50a; Piller/Hermann, Justizverwaltungsvorschriften Nr. 3 g, 2 f.

**Richtlinien der Europäischen Gemeinschaft** sind für die Mitgliedstaaten verbindliche Rechtsakte des sekundären → Gemeinschaftsrechts mit dem Charakter von förmlichen Gesetzen, haben also mit → Richtlinien i. S. des deutschen Rechts nichts zu tun. Sie haben vielmehr eine gewisse Verwandtschaft mit → Rahmengesetzen nach deutschem Verfassungsrecht. Ihre normative Wirkung beschränkt sich i. d. R. auf die Mitgliedstaaten, die bei der Ausführung einen gewissen Handlungsspielraum haben. Die R. sind jedoch innerstaatlich bei der Auslegung des angepaßten nationalen Rechts wegen des Grundsatzes der gemeinschaftsfreundlichen Auslegung richtungsweisend. Ferner haben sie für einmal angepaßtes nationales Recht ein Sperrwirkung gegenüber gemeinschaftsunfreundlicheren nationalen Rechtsänderungen (sog. acquis commuautaire). Außerdem haben R. nach der Rechtsprechung des → Europäischen Gerichtshofes nach Ablauf der Anpassungsfrist gegenüber widersprechendem Eingriffsrecht der Mitgliedstaaten kassatorische Wirkung. Auch kann sich ein Mitgliedstaat schadensersatzpflichtig machen, wenn er eine Richtlinie zum Schaden der Bürger nicht rechtzeitig anpaßt. Eine horizontale Richtlinienwirkung nach Ablauf der Anpassungsfrist, also eine Wirkung zwischen Bürgern untereinander, wird hingegen verneint. Das betrifft in erster Linie R., die privatrechtliche Fragen regeln, also etwa Verbraucherschutz. R. werden überwiegend vom → Rat erlassen, im übrigen von der → Europäischen Kommission (vgl. Art. 189 Abs. 3 EGV, Art. 161 Abs. 3 EuratomGV und Art. 14 Abs. 3 EGKSV). Für das *Steuerrecht* bedeutsam sind die Mehrwertsteuer-R., die zur Harmonisierung des Umsatzsteuerrechts in der EG führten – nur die Steuersätze sind unterschiedlich hoch –, und die Verbrauchsteuer-R., die ein einheitliches Verbrauchsteuersystem in der EG brachten. Einzelheiten → Umsatzsteuer, → Verbrauchsteuern.

**Richtlinien der Politik** → Bundeskanzler; → Ressortprinzip.

**Richtpreise** sind Preisgrenzen, die von den Preisbildungsstellen als nach Marktlage und gewissenhafter Preiskalkulation angemessene Preise bekannt gegeben werden. Sie sind weder → Höchst- noch → Festpreise. Im System der gemeinsamen → Marktorganisationen der EG sind R. die meist jährlich festgesetzten Preise, die im Rahmen der jeweils vorgesehenen Regulierungsmittel Grundlage der zur Marktordnung getroffenen Entscheidungen sind. Nach ihnen bemißt sich die → Abschöpfung und – soweit vorgesehen – die Intervention. Bei obligatorischer Intervention ist der R. mit einem verhältnismäßig geringen Abschlag ein garantierter Mindestpreis (Interventionspreis). Wegen unverbindlicher R. im Rahmen privatrechtlicher Verträge s. bei → Preisempfehlung.

**Richtsätze** sind verwaltungsinterne Vorschriften der Finanzverwaltung, im Rahmen des → Besteuerungsverfahrens oder bei der → Außenprüfung Umsätze und Gewinne von Gewerbetreibenden zwecks Überprüfung der Richtigkeit der Angaben des Steuerpflichtigen zu verproben und ggf zu schätzen. Die R. sind auf der Grundlage von Betriebsergebnissen zahlreicher geprüfter Unternehmen erstellt worden. BMF 11. 8. 1997, BStBl. I 97, 756.

**Richtungsänderung im Fahrverkehr** ist vorher so rechtzeitig und deutlich anzukündigen, daß andere → Verkehrsteilnehmer ihr Verhalten danach einrichten können, insbes. vor dem → Abbiegen, → Überholen, → Einfahren aus Grundstücken. S. a. → Kolonnen, → abknickende Vorfahrtstraße. Soweit für Kfz. und Schienenbahnen *Fahrtrichtungsanzeiger* (sog. Blinkleuchten) vorgeschrieben sind (§ 54 StVZO, § 40 BOStrab → Straßenbahnen), müssen diese betätigt werden; im übrigen ist die Art der Zeichengebung freigestellt (Armheben o. dgl.). Ein Recht zur → Vorfahrt entbindet nicht von der Anzeigepflicht; ebensowenig befreit das Zeichengeben von der allgemeinen Sorgfaltspflicht im Verkehr, der zu beobachten ist, um Gefährdung anderer zu vermeiden (§ 1 StVO).

**Richtwerte** (bei Grundstücken) → Grundstückswerte.

**Rimesse** ist ein → Rückwechsel.

**Rinderwahnsinn** → BSE.

**Risiko** → Gefahr, → Betriebsrisiko, → Versicherungsvertrag, → Joint venture-Vertrag.

**Risikobehaftete Arbeit** → Innerbetrieblicher Schadensausgleich.

**Risikostrukturausgleich (zwischen Krankenkassen).** Zwischen den verschiedenen → Krankenkassen der gesetzlichen → Krankenversicherung wird ein Risikostrukturausgleich durchgeführt. Durch den Risikostrukturausgleich werden die finanziellen Auswirkungen von Unterschieden in der Höhe der beitragspflichtigen Einnahme der Mitglieder, der Zahl der Versicherten, des Alters der Versicherten und des Geschlechts der Versicherten zwischen den Krankenkassen ausgeglichen. Die Höhe des Ausgleichsanspruchs oder der Ausgleichsverpflichtung einer Krankenkasse wird durch einen Vergleich ihres Beitragsbedarfs und ihrer Finanzkraft ermittelt. Das → Bundesversicherungsamt führt den Risikostrukturausgleich durch (§ 266 SGB V). Die näheren Einzelheiten sind geregelt in der Verordnung über das Verfahren zum Risikostrukturausgleich in der gesetzlichen Krankenversicherung (Risikostruktur-Ausgleichsverordnung) vom 3. Januar 1994 BGBl. I 55) m. spät. Änd.

**RM-Forderungen** → RM-Verbindlichkeiten.

**RM-Guthaben** → Altgeldguthaben, → Umstellungsgesetz.

**RM-Verbindlichkeiten** und RM-Forderungen i. S. des → UmstellungsG sind alle Verbindlichkeiten und Forderungen aus den vor dem 21. 6. 1948 begründeten Schuldverhältnissen, die auf Reichsmark, Rentenmark oder Goldmark lauteten oder nach den vor dem Inkrafttreten des → WährungsG geltenden Vorschriften in Reichsmark zu erfüllen gewesen wären. Sie wurden durch das UmstellungsG grundsätzlich mit der Wirkung auf DM umgestellt, daß der Schuldner an den Gläubiger für je 10 RM eine DM zu zahlen hat. Sonderregelungen (Umstellung 1:1) bestanden für Löhne und Gehälter, Mieten, Renten sowie Verbindlichkeiten aus der Auseinandersetzung zwischen Gesellschaftern, Miterben, Ehegatten (Einzelheiten § 18). Die Umstellung von → Hypotheken, → Grundschulden und → Rentenschulden richtete sich gem. Art. I § 1 der 40. DVO zum UmstellungsG (AHKABl. 245) grundsätzlich nach der Umstellung der durch das dingliche Recht gesicherten Forderung. Ausnahmen (Umstellung 1:1) galten u. a. für → Höchstbetragshypotheken, → Eigentümergrundschulden (Einzelheiten Art. I § 2). Die Heranziehung der durch die Umstellung im Verhältnis 10 : 1 begründeten Schuldnergewinne zum → Lastenausgleich regelten die hierzu ergangenen Bestimmungen.

**Robert-Koch-Institut** ist eine Nachfolgeeinrichtung des Bundesgesundheitsamtes mit dem Sitz in Berlin (Ges. vom 24. Juni 1994, BGBl. I 1416). Das Institut ist im wesentlichen zuständig für die Erfassung und Bekämpfung übertragbarer Krankheiten.

**Rodeln** → Wintersport.

**Rollschuhfahren** → Sport und Spiel auf Straßen.

**Römische Verträge** → Europ. Wirtschaftsgemeinschaft.

**Römisches Recht.** Das für viele spätere Rechtssysteme vorbildlich gewordene r. R. bestand ursprünglich nur aus Gewohnheitsrecht (s. a. → Kautelarjurisprudenz); es brachte erst im Laufe der Zeit geschriebene Gesetze hervor. Die bedeutungsvollsten unter den ersten Gesetzen waren das → Zwölftafelgesetz und das aus Edikten der Magistrate und Prätoren bestehende ius honorarium. Schon frühzeitig unterschieden die Römer das zwischen ihnen geltende *ius civile* und das im Verkehr mit fremden Völkerschaften anwendbare *ius gentium*.

Die wichtigste Kodifikation, die im Wege der → Rezeption nachhaltigen Einfluß auch auf das deutsche Recht gewann, sind die im Corpus iuris Civilis unter Kaiser Justinian zusammengefaßten Gesetzbücher: die Institutionen (Übersichten und Einführung, Lehrbuch mit Gesetzeskraft) und Pandekten (griech.; lat. = Digesten; Auszüge aus Schriften klassischer röm. Juristen, später Bezeichnung für das Zivilrecht überhaupt) – 533 n. Chr. – und der Codex

Justinianus – 534 n. Chr. –, dazu sog. Novellen (letzterlassene Zusatzgesetze).

Die darin niedergelegten Rechtssätze, meist privatrechtlichen Inhalts, wurden in Italien später weiterentwickelt und in der Rechtspraxis anerkannt, soweit sie von namhaften Juristen, den sog. *Glossatoren* – insbes. Irnerius, Bulgarus, Jacobus, Azo, Accursius – im 12. und 13. Jh. erläutert (glossiert) und überarbeitet worden waren, wobei sie auch gewandelten Rechtsauffassungen angepaßt wurden. Bis zum 14. Jh. wurde das r. R. sodann mit Richtung auf seine praktische Anwendung durch die *Kommentatoren (Konsiliatoren)* – früher öfters als *Postglossatoren* bezeichnet – fortentwickelt, insbes. durch Bartolus und Baldus. In dieser Form war es Gegenstand der Rezeption in Deutschland; über das Verhältnis des r. R. zum deutschen R. → Rezeption.

**Röntgenverordnung** → Strahlenschutz.

**Rota Romana** → Kurie. S. a. → Kirchliche Gerichtsbarkeit.

**Rotes Kreuz** ist die auf Anregung des Schweizer Arztes Henri Dunant zurückgehende, in vielen Staaten der Erde bestehende unpolitische, humanitäre Organisation, die sich auf nationaler Ebene u. a. mit der Bekämpfung und Linderung gesundheitlicher und sozialer Not, auf internationaler Ebene u. a. mit der Milderung der durch Kriege verursachten Leiden insbes. der Kriegsgefangenen und Verwundeten befaßt (→ Internationales Rotes Kreuz). In den → Genfer Konventionen ist die humanitäre Tätigkeit des R. K. ausdrücklich anerkannt. Das Internationale Komitee vom Roten Kreuz ist → Völkerrechtssubjekt. In moslemischen Ländern besteht als verwandte Organisation der Rote Halbmond, im Iran der Rote Löwe und die Rote Sonne. Das Deutsche R. K. (Sitz Bonn) ist die Dachorganisation der Landes- und Kreisverbände des R. K. in der BRep. Eine besondere Organisationsform (Körperschaft des öff. Rechts) hat das Bayerische R. K. (Ges. vom 16. 7. 1986, GVBl. 134).

**Rousseau, Jean-Jacques** (1712–1778), franz. Sozialkritiker, Geschichts- und Staatsphilosoph, Verfechter naturrechtlicher Gedankengänge und der Lehre vom Wesen des Staates als eines Gesellschaftsvertrags (contrat social); danach beruht der Staat auf freiwilliger Übereinkunft seiner Mitglieder, die im Interesse der Gemeinschaft und dadurch zugleich zum eigenen Nutzen auf einen Teil ihrer natürlichen Freiheit verzichten. Dadurch identifiziert sich der Wille der Staatsbürger mit dem Allgemeinwillen (volonté générale), nach dem sich die Staatsgewalt richtet. R. ist wie → Montesquieu Anhänger des Grundsatzes der → Gewaltentrennung – mit dem Vorrang der Gesetzgebung –, der zu den tragenden Prinzipien aller demokratischen Verfassungswerke gehört.

**Rubrum** ist der → Urteilskopf; er wurde früher rot geschrieben und daher lat. rubrum genannt.

**Rückbürge** → Bürgschaft.

**Rückerstattung** (von Vermögenswerten in der ehem. DDR) → Offene Vermögensfragen.

**Rückerstattung von Baukostenzuschüssen** → Baukostenzuschuß.

**Rückerstattungsrecht** ist das Teilgebiet der vermögensrechtlichen → Wiedergutmachung nationalsozialistischen Unrechts, das die Rückgabe entzogener Vermögensgegenstände und deren Ersatz regelt. Das Bundesrückerstattungsges. – BRüG – vom 19. 7. 1957 (BGBl. I 734) m. spät. Änd. brachte eine einheitliche Regelung für rückerstattungsrechtliche Ansprüche, die sich auf einen Geldbetrag oder auf Schadensersatz gegen das Deutsche Reich einschl. der Sondervermögen Deutsche Reichsbahn und Deutsche Reichspost, gegen das ehemalige Land Preußen, das Unternehmen Reichsautobahnen, die ehemalige NSDAP, ihre Gliederungen und angeschlossenen Verbände sowie gegen die sonstigen aufgelösten NS-Einrichtungen, die „Reichsvereinigung der Juden in Deutschland" oder den „Auswanderungsfonds Böhmen und Mähren" richten. Ansprüche auf Naturalrestitution entzogener feststellbarer Vermögensgegenstände, die sich auf das voraufgegangene Besatzungsrecht stützen, richten sich gegen den nunmehrigen Inhaber des Vermögensgegenstandes (Rückerstattung gegen Herausgabe eines etwaigen Entgelts; Aufwendungsersatz). Die nach dem BRüG begründeten rückerstattungsrechtlichen Ansprüche, die grundsätzlich bis 1. 4. 1959 angemeldet werden mußten, sind von der BRep. zu erfüllen. S. a. → Reparationsschädengesetz.

**Rückfall,** d. h. wiederholte Straffälligkeit nach Bestrafung hatte bis 1986 unter bestimmten Voraussetzungen eine Mindeststrafe von 6 Mon. zur Folge. R und die Gefahr künftigen Rückfalls sind nun von Bedeutung für die Art der → Strafe und deren Höhe (→ Strafzumessung), → Strafaussetzung zur Bewährung sowie Sicherungsverwahrung und Führungsaufsicht (→ Maßregeln der Besserung und Sicherung).

**Rückgabe vor Entschädigung** → Offene Vermögensfragen.

**Rückgewährschuldverhältnis** → Rücktritt vom Vertrag.

**Rückgriff** → Regreß, → Wechselregreß, → Scheckregreß.

**Rückgriffsrecht des Staates** → Regreß, → Staatshaftung, → Haftung des Beamten.

**Rückhaltesystem.** An Stelle eines → Sicherheitsgurtes in Kfz. ist auch ein R. nach § 35 a StVZO zugelassen.

**Rückkauf** → Wiederkauf.

**Rückkaufhandel,** d. h. der gewerbsmäßige Ankauf von beweglichen → Sachen unter Einräumung eines Rückkaufrechts (→ Wiederkauf), ist nach § 34 IV GewO verboten (Ordnungswidrigkeit nach § 144 II Nr. 2 GewO).

**Rückkaufswert** im Versicherungsrecht → Rückvergütung.

**Rücklage.** Die *offene* R. ist bei einem kaufmännischen Unternehmen ein Geldbetrag, der als Reserve bereitgestellt ist. Die offene R. wird auf der Passivseite der → Bilanz ausgewiesen, im Gegensatz zu den sog. → *stillen Reserven,* die dadurch entstehen, daß Vermögensgegenstände in der Bilanz mit einem niedrigeren Wert als dem wirklichen Verkehrswert angesetzt sind. → Aktiengesellschaften und → Kommanditgesellschaften auf Aktien müssen eine *gesetzliche R.* bilden, die den zehnten oder satzungsgemäß bestimmten höheren Teil des Grundkapitals erreichen soll (§ 150 AktG). Neben der gesetzlichen R. können freiwillige R. gebildet werden. Die R. ist von den → Rückstellungen zu unterscheiden.

**Rücklieferung** → Auslieferung.

**Rücknahme der Klage** → Klagerücknahme; – von Rechtsmitteln → Zurücknahme.

**Rücknahme von Verwaltungsakten** → Verwaltungsakt (6).

**Rückruf von Produkten** → Produkthaftung.

**Rückrufsrecht** des Urhebers → Nutzungsrecht.

**Rücksichtnahme** (im Baurecht) → „Nachbarschützend“.

**Rücksichtsloses Verhalten im Straßenverkehr,** insbes. beim Fahren, kann strafbar sein, auch wenn es keinen Unfall herbeiführt. Rücksichtslos handelt, wer sich aus eigennützigen Gründen über seine Pflichten gegenüber anderen Verkehrsteilnehmern hinwegsetzt oder sie aus Gleichgültigkeit außer acht läßt. Wer dadurch andere gefährdet oder mehr, als nach den Umständen unvermeidbar, behindert oder belästigt, begeht eine → Ordnungswidrigkeit (§§ 1, 49 I Nr. 1 StVO, § 24 StVG). Ist das rücksichtslose Fahren mit bestimmten schweren Verkehrsverstößen verbunden (Vorfahrtverletzung, falsches Überholen, zu schnelles oder Linksfahren an unübersichtlichen Stellen usw.) und hat es eine *Gefährdung* anderer oder bedeutender fremder Sachwerte zur Folge, liegt → Straßenverkehrsgefährdung vor (§ 315 c StGB).

**Rückstellungen** sind bei einem kaufmännischen Unternehmen die Geldbeträge, die auf die Passivseite der → Bilanz aufgenommen werden, um ungewisse Verbindlichkeiten, drohende Verluste aus schwebenden Geschäften, unterlassene notwendige Aufwendungen oder Pensionszahlungen auszugleichen. R. sind von der → Rücklage zu unterscheiden. Aufgrund der → Maßgeblichkeit der Handelsbilanz gelten die R. auch *steuerlich.* Ab 1998 sind jedoch Rückstellungen für Drohverluste in der → Steuerbilanz unzulässig, bisher bestehende sind aufzulösen (§ 5 IVa EStG; BMF 23. 12. 97, BStBl. I 1021).

**Rückstrahler** → Beleuchtung von Fahrzeugen (1 b), → Beiwagen.

**Rücktritt vom Verlöbnis** → Verlöbnis.

**Rücktritt vom Versuch** einer Straftat wirkt nach § 24 StGB strafbefreiend, wenn der Täter die Ausführung vor Beendigung der Versuchshandlung *freiwillig* aufgibt (er drückt die zum Schuß erhobene Pistole nicht ab). Der Versuch ist beendet, wenn der Täter alles nach seiner Vorstellung Erforderliche getan hat, um den Erfolg herbeizuführen; nach diesem Zeitpunkt kann er Strafbefreiung nur noch durch *tätige Reue* erwirken (zur Abgrenzung des unbeendeten vom beendeten Versuch vgl. BGHSt. 31, 170; 33, 295). Der R. ist schon dann unfreiwillig, wenn der Täter sich an der Ausführung auch nur gehindert glaubt. Er wirkt strafbefreiend, wenn der Täter sich sagt: ich kann, aber ich will nicht; er ist unfreiwillig, wenn er sich sagt: ich kann nicht, obwohl ich will (sog. Frank'sche Formel). So ist z. B. strafbefreiend der R. infolge Einsicht in das Unrecht oder Angst vor Strafe, wirkungslos dagegen Aufgabe aus Furcht vor Entdeckung etwa bei Herannahen eines Dritten.

Der R. ist ein *persönlicher Strafaufhebungsgrund* (→ Strafausschließungs/-aufhebungsgründe), wirkt also nicht für den Teilnehmer (Mittäter, Anstifter, Gehilfen). Dieser wird nur straffrei, wenn er freiwillig die Vollendung der Tat verhindert oder sich, wenn die Vollendung aus anderem Grunde unterbleibt (z. B. durch Eingreifen Dritter), wenigstens freiwillig und ernsthaft um die Verhinderung bemüht.

Vom *fehlgeschlagenen Versuch* spricht man, wenn es dem Täter aus objektiven oder subjektiven Gründen unmöglich ist, im unmittelbaren Fortgang des Geschehens den Erfolg noch herbeizuführen; damit entfällt die Möglichkeit eines strafbefreienden Rücktritts (BGHSt. 34, 53).

**Rücktritt vom Vertrag** ist ein einseitiges → Gestaltungsrecht; er wird durch empfangsbedürftige → Willenserklärung ausgeübt (§ 349 BGB). Die Berechtigung zum R. kann sich aus dem Vertrag selbst *(Rücktrittsvorbehalt)* oder aus gesetzlichen Vorschriften ergeben. Die Vorschriften über das vertragliche R.srecht (§§ 346 ff. BGB) gelten insbes. für den R. vom → gegenseitigen Vertrag nach der vom Schuldner zu vertretenden → Unmöglichkeit der Leistung oder nach → Schuldnerverzug (§§ 325–327 BGB) sowie für die Wandelung bei der → Gewährleistung wegen Sachmängeln (§§ 467, 634 BGB) weitgehend entsprechend. Bei → Dauerschuldverhältnissen (insbes. Dienstvertrag, Gesellschaft) ist der – i. d. R. bedingungsfeindliche – R. durch die nur für die Zukunft wirkende → Kündigung ersetzt.

Ist der R. wirksam erklärt, so entsteht zwischen den Beteiligten ein sog. *Rückgewährschuldverhältnis.* Beide Seiten haben die empfangenen Leistungen Zug um Zug einander zurückzugewähren (§§ 346, 348 BGB); für geleistete Dienste o.ä. ist der Wert zu vergüten. Die Haftung auf → Schadensersatz wegen Verschlechterung, Untergangs der Sache oder Unmöglichkeit ihrer Herausgabe bestimmt sich vom Empfang der Leistungen an nach den Vorschriften, die im → Eigentümer-Besitzerverhältnis nach dem Eintritt der Rechtshängigkeit des → Eigentumsherausgabeanspruchs gelten (§ 347 BGB). Diese verschärfte Haftung ist beim *gesetzlichen* Rücktrittsrecht, wo mit einem R. nicht von vornherein zu rechnen ist, nur ab Kenntnis des Rücktrittsgrundes bzw. bei verschuldetem R. anzuwenden (vgl. § 327 S. 2 BGB). Der R. wird nicht dadurch ausgeschlossen, daß die zurückzugewährende Sache vorher durch → Zufall untergegangen ist (§ 350 BGB), wohl aber dann, wenn der Berechtigte oder sein → Erfüllungsgehilfe eine wesentliche Verschlechterung, den Untergang oder die anderweitige Unmöglichkeit der Herausgabe des Gegenstandes verschuldet (→ Verschulden) oder diese verarbeitet (→ Verarbeitung) haben (§§ 351, 352 BGB). Das R.recht erlischt nach erfolglosem Ablauf einer dem Berechtigten zur Ausübung gesetzten angemessenen Frist (§ 355 BGB). Besondere Rücktrittsklauseln sind die → Verwirkungsklausel und das → Reugeld. S. ferner → Fixgeschäft, → Umtauschvorbehalt, → Kreditvertrag (5), → Eigentumsvorbehalt.

**Rücktrittsvorbehalt** → Rücktritt vom Vertrag.

**Rücküberstellung** → Auslieferung.

**Rückübertragung** (von Vermögenswerten in der ehem. DDR) → Offene Vermögensfragen.

**Rückvergütung.** In verschiedenen Versicherungszweigen (→ Versicherungsvertrag), insbes. in der → Krankenversicherung und in der → Haftpflichtversicherung, kann vereinbart sein, daß der Versicherungsnehmer einen Teil der Versicherungsprämie zurückerhält, wenn er für eine → Versicherungsperiode keine Leistungen in Anspruch nimmt. Dadurch soll ein Anreiz geschaffen werden, von geringen Erstattungsansprüchen abzusehen. – Hiervon ist zu unterscheiden: Bei der → Lebensversicherung – in gewissem Umfang auch in anderen Sparten der → Personenversicherung – sind die Versicherer verpflichtet, einen Teil der von den Versicherungsnehmern geleisteten Prämien einer → Deckungsrücklage zuzuführen. Endet hier das Versicherungsverhältnis vorzeitig, z. B. durch Umwandlung in eine prämienfreie Versicherung, Kündigung, Rücktritt usw., so hat der Versicherungsnehmer einen Anspruch auf diesen auf seine Versicherung entfallenden sog. *Rückkaufswert* (§ 176 VVG).

**Rückvermächtnis** → Nachvermächtnis.

**Rückversicherung** ist eine echte → Schadensversicherung (→ Versicherungsvertrag), durch die sich ein Versicherungsunternehmen (Erstversicherer) gegen die Inanspruchnahme durch seine Versicherungsnehmer absichert. Die R. ist bei allen Arten der Versicherung möglich und üblich; durch sie soll das Versicherungsrisiko des Erstversicherers auf einen oder mehrere, dann regelmäßig anteilmäßig verpflichtete Rückversicherer übertragen werden. Kraft ausdrücklicher gesetzlicher Bestimmung (§ 186 VVG) finden die Vorschriften des Versicherungsvertragsgesetzes auf die R. keine Anwendung; sie ist daher gesetzlich nicht geregelt und unterliegt der → Versicherungsaufsicht nur bei besonderer Anordnung. Grundsatz des R.rechts ist das freie Geschäftsführungsrecht des Erstversicherers, an die der Rückversicherer i. d. R. gebunden ist, sowie die Selbstbeteiligung des Erstversicherers (s. u.). Die R. kann obligatorisch (der Erstversicherer muß rückversichern, der Rückversicherer muß übernehmen) oder freiwillig (fakultativ) sein; oftmals besteht zwischen dem Erstversicherer und dem R. ein dauerndes und auf alle Versicherungssparten bezogenes *Generalrückversicherungsverhältnis*. Man unterscheidet die *Schadens-R.* und die *Summen-R.* Bei der Schadens-R. hat der Erstversicherer alle Schäden bis zu einer bestimmten Höhe (im Einzelfall oder nach dem Jahresgesamtbetrag gerechnet) selbst zu tragen; darüber hinausgehende Schäden treffen den Rückversicherer. Bei der Summen-R. wird das Versicherungsrisiko zwischen Erst- und Rückversicherer nach der → Versicherungssumme aufgeteilt, und zwar jeweils nach einem bestimmten Prozentsatz des Schadens *(Quoten-R.)* oder hinsichtlich des über eine bestimmte Höhe hinausgehenden Schadens *(Exzedenten-R.)*; beide Formen können auch gekoppelt werden *(Quotenexzedenten-R.*: der Rückversicherer ist an dem darüber hinausgehenden Schaden nur mit einem Teil beteiligt). Die R. kann auch auf bestimmte Gefahren innerhalb einer Versicherung *(Gefahren-R.)* beschränkt werden. Kein Versicherungsvertrag, sondern eine → Gesellschaft des bürgerlichen Rechts liegt dagegen vor, wenn sich mehrere Erstversicherer gegenseitig rückversichern, so daß jeder an Gewinn und Verlust des anderen beteiligt ist (sog. → *Poolvertrag*).

**Rückverweisung** → Internationales Privatrecht.

**Rückwälzung** → Steuerüberwälzung.

**Rückwärtsfahren** → Wenden.

**Rückwechsel.** Der → Wechselregreß kann dadurch genommen werden, daß der zum Rückgriff Berechtigte auf einen seiner Vormänner einen neuen Wechsel als → Sichtwechsel zieht (Art. 52 I WG). Diesen Wechsel nennt man R.

**Rückwirkung von Gesetzen.** → Rechtsstaatlichkeit und → Rechtssicherheit verbieten nicht grundsätzlich die R. v.G; Gesetzesnormen können daher im Prinzip auf zurückliegende Tatbestände angewendet werden. Keine echte R. liegt vor, wenn eine neue Regelung, die Unklarheiten und Zweifel beseitigen soll, auf noch nicht abgeschlossene Tatbestände anzuwenden ist. Das gleiche gilt für Übergangsregelungen, die Verfahrensgesetze für anhängige Verfahren treffen. Andererseits darf bei abgeschlossenen, bereits abgewickelten Sachverhalten eine erworbene Rechtsposition nicht geschmälert und auch sonst das Vertrauen der Beteiligten in die Beständigkeit gesetzlicher Regelungen nicht unbillig beeinträchtigt werden. Anders, wenn – etwa auf Grund ernstzunehmender Ankündigungen – mit Änderungen, z. B. erhöhten steuerlichen Belastungen, gerechnet werden mußte. Über das Verbot der R. von Strafgesetzen s. Art. 103 II GG (→ nullum crimen / nulla poena sine lege).

**Rückzahlungsklausel** ist die Vereinbarung der Pflicht, bestimmte Leistungen des Arbeitgebers (z. B. Ausbildungskosten, Weihnachtsgratifikation) zurückzuzahlen, wenn das Arbeitsverhältnis vor einem bestimmten Zeitpunkt (insbes. auf Veranlassung des Arbeitnehmers) beendet wird. Eine solche Klausel ist nur zulässig, wenn und soweit hierdurch die Freiheit der Berufswahl (Art. 12 GG; → Beruf) nicht unzumutbar und deshalb unzulässig eingeschränkt wird (angemessenes Verhältnis zwischen Leistung und Gegenleistung). Zur R. bei der → Gratifikation s. dort.

**Rüge** → Gewährleistung, → Handelskauf (Mängelrüge), → Rechtsanwalt, 4 (standesrechtl. R.), → Disziplinarmaßnahmen (Verweis). S. a. → Staatsaufsicht, → Weisungsrecht.

**Rügepflicht** → Mängelrüge.

**Rügeverzicht.** Eine Partei kann im → Zivilprozeß auf die Rüge der meisten Verfahrens-(Prozeß-)mängel ausdrücklich oder stillschweigend verzichten (§§ 187, 295 ZPO) und diese hierdurch heilen. Ausgenommen hiervon sind solche Mängel, die von Amts wegen zu beachten sind (z. B. das Vorliegen der meisten → Prozeßvoraussetzungen oder die Einhaltung unabdingbarer Fristen).

**Ruhegehalt.** Den Beamten wird nunmehr nach einheitlichen Grundsätzen R. gewährt (§§ 4–15 BeamtVG; → Versorgung des Beamten). Übergangsweise bestehen noch geringfügige Unterschiede für Beamte im einstweiligen Ruhestand und für Zeitbeamte. R. erhält der Beamte, wenn er eine Dienstzeit von mindestens 5 Jahren abgeleistet hat oder infolge Krankheit, Verwundung oder sonstiger Dienstbeschädigung, die er ohne grobes Verschulden bei Ausübung oder aus Veranlassung des Dienstes erlitten hat, dienstunfähig geworden ist oder wenn er in den einstweiligen Ruhestand versetzt worden ist. Das R. wird auf der Grundlage der ruhegehaltsfähigen → Dienstbezüge und der ruhegehaltsfähigen Dienstzeit berechnet (§§ 4 ff. BeamtVG). Als solche gilt die nach Vollendung des 17. Lebensjahres im Beamtenverhältnis zurückgelegte Dienstzeit, wobei Kriegs- und Wehrdienstzeiten, Gefangenschaft u. dgl. angerechnet werden. Bestimmte Tätigkeiten *können zur Hälfte angerechnet werden* (z. B. Tätigkeiten als Rechtsanwalt, Notar, im öffentlichen Dienst anderer Staaten sowie eine wissenschaftliche, künstlerische, technische Ausbildung zur Vermittlung besonderer Fachkenntnisse). Das R. beträgt für jedes Jahr ruhegehaltsfähiger Dienstzeit 1,875% bis zum Höchstsatz von 75% (§ 14). Diese Neuregelung gilt für eine Übergangszeit nur mit wesentlichen Abstrichen und Modifikationen zur Besitzstandswahrung (vgl. §§ 69, 69 a für Versorgungsempfänger, § 85 für aktive Beamte). Die Festsetzung ist ein → Verwaltungsakt. Ein R. kann auch Gegenstand einer Pensionszusage gegenüber einem → Arbeitnehmer eines privaten Betriebs sein; s. → Ruhestandsverhältnis. *Steuerlich:* → Versorgungsbezüge.

**Ruhegehaltsrückstellung** ist eine → Rückstellung, die dazu dient, Pensionen (→ Ruhegehälter) für Vorstandsmitglieder (Geschäftsführer) von Handelsgesellschaften und Arbeitnehmer finanziell zu decken (→ Ruhestandsverhältnis).

**Ruhegehaltszusage** → Ruhestandsverhältnis.

**Ruhegeld.** Als R. wird meist das → Ruhegehalt des Arbeitnehmers bezeichnet. Über den Anspruch auf R. → Ruhestandsverhältnis.

**Ruhen der elterlichen Sorge** → elterliche Sorge, → Vormundschaft.

**Ruhen der Verjährung** → Strafverfolgungsverjährung.

**Ruhen des Arbeitsverhältnisses** bei Wehrpflichtigen → ArbeitsplatzschutzG. S.a. → ArbeitssicherstellungsG.

**Ruhen des Verfahrens** ist im Zivilprozeß ein besonders ausgestalteter Fall der → Aussetzung; möglich nach §§ 251, 251a ZPO auf Antrag oder bei Säumnis beider Parteien. Über die Rechtsfolgen des R. → Stillstand des Verfahrens.

**Ruhepausen** → Arbeitszeit, → Jugendarbeitsschutz, → Kraftfahrer.

**Ruhestand des Beamten** ist ein öffentlich-rechtliches Rechts- und Pflichtenverhältnis, das sich an die Ableistung des aktiven Dienstes als Beamter unter den gesetzlich abschließend genannten Voraussetzungen anschließt. Für den R.beamten besteht keine Verpflichtung zur Dienstleistung. An Stelle der → Dienstbezüge erhält er die beamtenrechtliche → Versorgung. Er hat ferner weiterhin ein Recht auf → Beihilfe (als Ausfluß der fortdauernden Fürsorgepflicht), ist zur Einsicht in die → Personalakten berechtigt (§ 90 BBG, § 56 BRRG) und hat das Recht, die letzte Dienstbezeichnung mit dem Zusatz „a. D." (außer Dienst) zu führen (§ 81 III BBG). Die wichtigsten Pflichten sind die Pflicht zur Wiederaufnahme einer Tätigkeit bei Reaktivierung im Rahmen des § 45 BBG (vgl. auch § 29 II BRRG und Beamtengesetze der Länder), die Amtsverschwiegenheit (§ 61 BBG, § 39 BRRG), die Rückgabe amtlicher Unterlagen (§ 61 III BBG) sowie die Pflicht, nicht ohne Genehmigung amtsbezogene Geschenke anzunehmen (§ 70 BBG, § 43 BRRG). Der Eintritt in den R. vollzieht sich kraft Gesetzes bei Erreichung der → Altersgrenze oder durch → Verwaltungsakt (→ Versetzung in den Ruhestand). Für Soldaten vgl. → Soldatengesetz. S. a. → Vorruhestand.

**Ruhestandsverhältnis.** Wird nach Beendigung eines → Dienst- oder → Arbeitsverhältnisses im Rahmen betrieblicher Altersfürsorge ein → Ruhegeld gezahlt, so besteht außer der Pflicht zur Zahlung des Ruhegelds eine → Fürsorge- und → Treuepflicht. Das R. kann sich auch auf Hinterbliebene (Witwe, Kinder) erstrecken. Es endet durch Tod der Bezugsberechtigten, Widerruf oder außerordentliche Kündigung aus wichtigem Grund (z. B. wegen grober Verfehlungen gegen den früheren Arbeitgeber). Die Pflicht zur Zahlung des Ruhegeldes wird begründet durch Vertrag (sog. Pensionszusage), jahrelange vorbehaltslose Zahlung von Ruhegeld oder durch den → Gleichbehandlungsgrundsatz. Außerdem kann Ruhegeld (freiwillig) unter Vorbehalt des Widerrufs bezahlt werden; in diesem Fall darf der Widerruf nicht willkürlich und unter Verstoß gegen den Gleichbehandlungsgrundsatz geschehen. Außer direkter Zahlung von Ruhegeld kann der Arbeitgeber die betriebliche Altersfürsorge dadurch gewährleisten, daß er Zahlungen an sog. betriebliche Pensionskassen (in der Rechtsform eines → Versicherungsvereins auf Gegenseitigkeit) leistet, eine Höherversicherung bei der → Sozialversicherung übernimmt oder eine → Lebensversicherung zugunsten des Arbeitnehmers oder Dienstverpflichteten abschließt. S. → Altersversorgung, betriebliche.

**Ruhestörender Lärm** → Lärm, unzulässiger.

**Rümelin, Max von** – (1861–1931), deutscher Rechtslehrer, Mitbegründer der Lehre von der Interessenjurisprudenz (→ Begriffsjurisprudenz).

**Runderlaß** → Erlaß (im Verwaltungsrecht).

**Rundfunk** *(Hörfunk, Fernsehen, Kabel- und Satellitenfunk u. a.).*

1. *Begriff:* R. ist die für die Allgemeinheit bestimmte Veranstaltung und Verbreitung von Darbietungen aller Art in Wort, in Ton und in Bild unter Benutzung elektrischer Schwingungen, sei es ohne Verbindungsleiter, sei es mittels oder längs eines Verbindungsleiters (Definition nach Art. 1 des Gebührenstaatsvertrags). Das erfaßt neben Hörfunk

und Fernsehen im herkömmlichen Sinne auch Kabel- und Satellitenfunk, das sog. Pay-TV und Dienste wie Videotext, soweit sie auf allgemeinen Zugriff ausgerichtet sind.

2. *Verfassungsrechtlicher Rahmen:* Der R. war nach der deutschen Rechtsentwicklung herkömmlich eine öffentliche Aufgabe, die, weil der Staat sich mit ihr befaßte, zur staatlichen Aufgabe wurde (BVerfG im 1. → Rundfunkurteil, dem sog. Fernsehurteil). Sie fällt, da dem Bund eine Zuständigkeit hierfür weder durch das GG ausdrücklich eingeräumt ist noch ihm aus der Natur der Sache als überregionale Aufgabe zusteht, gemäß Art. 30 GG in die Kompetenz der Länder. Der Bund hat (so das BVerfG) keine Befugnis, die Organisation der Veranstaltungen und die innere Organisation der Veranstalter von R.-Sendungen zu regeln. Insbes. umfaßt seine Zuständigkeit für das → Postwesen und Telekommunikation (Art. 73 Nr. 7 GG) lediglich den sendetechnischen Bereich des R. unter Ausschluß der sog. Studiotechnik, nicht aber den R. als Ganzes. Die Zuständigkeiten des Bundes für sonstige Sachbereiche (z.B. Verkehrswesen, Wetterdienst) rechtfertigen eine Einflußnahme auf Teilaspekte des Programms, ferner für den Bereich der auswärtigen Angelegenheiten und der gesamtdeutschen Fragen (s. u.: Rundfunkanstalten d. Bundesrechts). Im Hinblick auf Art. 5 GG (freie Meinungsäußerung, Freiheit der Berichterstattung durch Rundfunk und Presse) muß die Veranstaltung von R.-Sendungen so organisiert sein, daß alle in Betracht kommenden Kräfte in ihren Organen Einfluß haben und im Gesamtprogramm zu Wort kommen; für den Inhalt des Gesamtprogramms sind Leitsätze verbindlich zu machen, die ein Mindestmaß von inhaltlicher Ausgewogenheit, Sachlichkeit und gegenseitiger Achtung gewähren.

3. *Organisation des R.-Wesens auf Bundesebene:* Auf Bundesebene ist das R.wesen, soweit es nicht um die Anstalten des Bundesrechts geht (s. 4.), durch Staatsverträge der Länder organisiert. Neben dem Gebührenstaatsvertrag vom 5. 12. 1974, dem Staatsvertrag über den Finanzausgleich vom 20. 9. 1973 und dem Finanzierungsstaatsvertrag vom 14. 10. 1988 ist das vor allem der Rundfunkstaatsvertrag – RStaatsV – vom 1./3. 4. 1987 m. Änd.; dieser enthält u. a. Regelungen über die Nutzung der Satellitentechnik durch öffentliche und private Einrichtungen, den Programmauftrag der öffentlichen Anstalten, die Finanzierung (öffentlich und privat), die Sicherung der Meinungsvielfalt sowie Programmgrundsätze für den privaten R., Jugendschutz, Weiterverbreitung ausländischer Sendungen und Aufsicht über den privaten Rundfunk (Fundstellenhinweis bei → Rundfunkrecht).

4. *Öffentlich-rechtlicher R.:* Der öffentlich-rechtliche R. wird in der BRep. (Altgebiet) von 9 Landesrundfunkanstalten, dem Zweiten Deutschen Fernsehen sowie 3 Anstalten des Bundesrechts (Deutschlandfunk, RIAS und DS-Kultur) gewährleistet. Zur Verfassung im einzelnen s. → Rundfunkanstalten. R.-anstalten im Gebiet der ehem. DDR befinden sich im Aufbau. Die Zusammenarbeit der öffentlich-rechtlichen Anstalten in der ARD ist auf vereinsrechtlicher Basis (Satzung vom 9. 6. 1950 i. d. F. vom 7. 6. 1962) geregelt, daneben im Abkommen über die Koordinierung des ersten Fernsehprogramms vom 17. 4. 1959. Auf Besatzungsrecht beruhte der Betrieb des RIAS, dessen Umwandlung in eine Stiftung vorgesehen ist.

5. *Privater R.:* Privater R. kann inzwischen überall betrieben werden. Die – von Land zu Land inhaltlich sehr unterschiedlichen – Regelungen im einzelnen enthalten die Landesmediengesetze (Fundstellenhinweis bei → Rundfunkrecht). Private R.-Veranstalter finanzieren sich vorrangig aus Werbeeinnahmen, jedoch ist die Sendezeit für Werbung auf 20% der Sendezeit beschränkt (Art. 7 III RStaatsV), Werbung ist nur in Blöcken zulässig (Art. 7 VI RStaatsV). Private Veranstalter unterliegen der Aufsicht durch die Landesmedienanstalten.

S. im übrigen bei → Rundfunkrecht, → Rundfunkanstalten, → Rundfunkurteile, → Fernsehrichtlinie der EG.

**Rundfunkanstalten.** Die R. sind die Träger des öffentlich-rechtlichen → Rundfunks. Neben den neun alten

Landesrundfunkanstalten (Bayer. R., Hessischer R., Norddeutscher R., Radio Bremen, Saarländischer R., Sender Freies Berlin, Süddeutscher R., Südwestfunk und Westdeutscher R.), SFB und NDR mit Einzugsbereich auch in den neuen Ländern, der Mitteldeutsche R. (Sachsen, Sachsen-Anhalt, Thüringen) und der Brandenburgische R. sind das das Zweite Deutsche Fernsehen (ZDF) und drei R. des Bundesrechts (RIAS, Deutschlandfunk und DS-Kultur). Die R. sind rechtsfähige Anstalten des öffentlichen Rechts mit weitgehendem Selbstverwaltungsrecht und nur begrenzter staatlicher → Rechtsaufsicht. Einzelheiten regelt das → Rundfunkrecht. Die Verfassung der R. ist in den hauptsächlichen Strukturen weitgehend ähnlich. Organe sind der Rundfunkrat, der „pluralistisch" aus Vertretern gesellschaftlicher Kräfte und der Parlamente sowie – vom Rundfunkrat gewählt – der Verwaltungsrat und der Intendant. Die Zuständigkeiten sind ähnlich wie die von Hauptversammlung (Rundfunkrat), Aufsichtsrat (Verwaltungsrat) und Vorstand (Intendant) einer → Aktiengesellschaft.

**Rundfunkrecht.** Fundstellen in „Rundfunkrecht" (Staatsverträge der Länder, Landesrundfunkgesetze, Landesmediengesetze, Bundesrundfunkgesetz), Beck-Texte im dtv Nr. 5560.

**Rundfunkgebühr** wird erhoben für allgemein zugängliche Darbietungen in Wort, Ton und Bild unter Benutzung elektrischer Schwingungen mit oder ohne Verbindungsleitungen (Art. 1 Staatsvertrag der Länder über die Regelung des Rundfunkgebührenwesens; vgl. z.B. Bek. vom 11. 12. 1975, GBl. Bad.-Württ. 1976, 80). Sie besteht aus der Grundgebühr und der zusätzlichen Fernsehgebühr (Art. 1 des StaatsV der Länder über die Höhe der R. u. a. vgl. z. B. Bek. vom 23. 6. 1983 (GVBl. NRW 226). Gebührenpflichtig ist bereits das Bereithalten eines Empfangsgeräts (Art. 2 II des o. a. RegelungsV). S. i. übr. Rundfunk.

**Rundfunkurteile des Bundesverfassungsgerichts** werden üblicherweise durchgezählt (1–5). Das 1. (BVerfGE 12, 205) und das 2. (BVerfGE 31, 214) bestätigen im wesentlichen das seinerzeit überkommene „öffentlich-rechtliche", aber gegenüber staatlicher Einflußnahme weitgehend autonome Anstaltensystem mit Monopolcharakter und mit einem „Binnenpluralismus", der durch Repräsentanz der gesellschaftlichen Kräfte in den Aufsichts- und Wahlgremien (Rundfunkrat usw.), Ausgewogenheitskonzepte u.ä. gewährleistet wird. Das 3. R. (BVerfGE 57, 295) formuliert u. a. die Zugangsvoraussetzungen für private Anbieter. Das 4. R. befaßt sich wesentlich mit der „dualen" Struktur, mit der von den öffentlich-rechtlichen Anstalten zu gewährleistenden „Grundversorgung" und mit der Sicherung eines pluralistischen Zugangs für private Anbieter. Das 5. R. (BVerfGE 74, 297) verdeutlicht, daß Grundversorgung durch öffentlich-rechtliche Anstalten nicht Mindestversorgung bedeuten muß, und daß sie im Wettbewerb mit privaten Anbietern nicht benachteiligt werden dürfen. Zu Finanzfragen vgl. die Entscheidung vom 22. 2. 1994 (BVerfGE 90, 60 ff.) zur Finanzhoheit der Rundfunkanstalten und zu den Möglichkeiten der Gebührenfestsetzung. Danach können die Länder zwar die Gebühren festsetzen, doch haben sie sich dabei an den rechtlich umgrenzten Rundfunkauftrag zu halten und ihre Überprüfungs- und Einwirkungsmöglichkeiten sind auf die Grundsätze der Wirtschaftlichkeit und Sparsamkeit sowie die Wahrung der Interessen der Gebührenzahler beschränkt.

**Rüstungskontrolle.** Mit dem Beitritt zum Brüsseler Vertrag und zum Nordatlantik-Vertrag (s. Ges. vom 24. 3. 1955, BGBl. II 256) hat die BRep. durch das zum Brüsseler Vertrag gehörende Protokoll Nr. III über die Rüstungskontrolle sowie eine diesem Protokoll als Anlage beigefügte Erklärung freiwillig auf die Herstellung von Atomwaffen, biologischen und chemischen Waffen verzichtet und die Herstellung bestimmter weiterer Waffen von der Zustimmung der Mitglieder der → Westeuropäischen Union abhängig gemacht. Die Kontrolle der Einhaltung dieser Verpflichtung obliegt einem Amt für Rüstungskontrolle der WEU; s.a. → Atomwaffensperrvertrag. Die → KSZE bemüht sich um Vertrauen und Sicherheit bildende Maßnahmen z. B. durch Voranmeldung von Manövern. Aufgrund des „Open-Skies-Program“ stehen jedem KSZE-Staat jährlich eine bestimmte Zahl von Flügen über das Gebiet der anderen KSZE-Staaten zu, um die Einhaltung der Abrüstungsbestimmungen zu überwachen.

**Rüstungsproduktion** → Kriegswaffen.

# S

**Saarland.** Das *Saargebiet,* seit 1815 preußisch, wurde nach dem 1. Weltkrieg durch den → Versailler Vertrag einer Völkerbundregierung unterstellt. Nach einer Volksabstimmung im Jahre 1935 kehrte es zum → Deutschen Reich zurück und war 1940–1945 mit dem bayer. RegBez. Pfalz zur Verwaltungseinheit „Saarpfalz" zusammengefaßt. Nach dem 2. Weltkrieg bildete die französische Besatzungsmacht aus dem Saargebiet sowie Teilen der bayer. Pfalz und der preuß. Rheinprovinz das „Saarland", das durch die Verfassung vom 15. 12. 1947 (ABl. 1077) sich als von Deutschland politisch unabhängig erklärte und sich gleichzeitig wirtschaftlich, zoll- und währungspolitisch an Frankreich anschloß. Nach Ablehnung des zwischen Frankreich und dem S. vereinbarten → Saarstatuts durch die saarländische Bevölkerung am 23. 10. 1955 beschloß der Landtag des S. am 14. 12. 1956 den Anschluß an die BRep. Dementsprechend erließ der Bundestag am 23. 12. 1956 das Ges. über die Eingliederung des Saarlandes (BGBl. I 1011). Das S. ist seit 1. 1. 1957 ein Land der BRep. (Art. 60 d. Verf.). Die *Gesetzgebung* liegt grundsätzlich beim Landtag; doch können Gesetze auch durch Volksentscheid beschlossen werden. Der Landtag besteht aus 50 Abgeordneten, die vom Volk nach den Grundsätzen des Verhältniswahlrechts gewählt werden. Die *vollziehende Gewalt* wird von der Landesregierung als oberster Behörde ausgeübt. Sie besteht aus dem Ministerpräsidenten und den Ministern. Der MinPräs. wird vom Landtag gewählt; er ernennt mit Zustimmung des Landtags die Minister. Er führt den Vorsitz in der Landesregierung, leitet ihre Geschäfte und bestimmt die Richtlinien der Politik, innerhalb derer jeder Minister seinen Geschäftsbereich selbständig leitet. Die Landesregierung trägt gegenüber dem Landtag die Gesamtverantwortung für ihre allgemeine Politik und jeder Minister die Einzelverantwortung für seinen Geschäftsbereich. Das S. gliedert sich – ohne Mittelbehörden – in Landkreise und die kreisfreie Stadt Saarbrücken. Über verfassungsrechtl. Streitigkeiten entscheidet ein Verfassungsgerichtshof (Ges. vom 17. 7. 1958 i. d. F. vom 19. 11. 1982, ABl. 917).

**Saarstatut.** Das zwischen der BRep. und Frankreich am 23. 10. 1954 vereinbarte S. (BGBl. 1955 II 295) wollte dem → Saarland, das bis dahin wirtschaftlich und politisch eng an Frankreich gebunden war, eine unabhängigere Stellung verschaffen, damit aber auch die Absonderung von der BRep. festigen. Zugleich wäre die wirtschaftliche Einflußnahme Frankreichs gesichert worden. Das S. wurde von der saarländischen Bevölkerung in einer vom Statut vorgeschriebenen Volksabstimmung am 23. 10. 1955 abgelehnt. Die weitere Entwicklung führte über den *Saarvertrag* vom 27. 10. 1956 (BGBl. II 1587) zum Anschluß des Saarlandes an die BRep.

**Saatgut** → Landwirtschaft.

**Sabotage** → Betriebssabotage, → Wehrmittelsabotage, → Rechtsstaatsgefährdung, → Luft- und Seepiraterie.

**Sachantrag** ist der in einem → Rechtsstreit gestellte Antrag, der sich auf den *Inhalt* der erstrebten Entscheidung bezieht (z. B. Klageantrag auf Verurteilung zu einer bestimmten Leistung). Gegensatz: → Prozeßantrag.

**Sachbefugnis** (Sachlegitimation) bedeutet die Rechtszuständigkeit. Das im Prozeß geltend gemachte Recht muß dem Kläger (Aktivlegitimation) gegen den Beklagten (Passivlegitimation) zustehen. Die S. beantwortet die Frage nach der richtigen Partei für die Begründetheit der Klage und bildet insofern die Parallele zur → Prozeßführungsbefugnis, die sich allein auf die Zulässigkeit der Klage auswirkt. Die S. besteht auch außerhalb eines Rechtsstreits auf Grund der materiellen Rechtslage.

**Sachbericht** ist der Teil eines → Gutachtens, in dem die tatsächlichen Vorgänge, die der rechtlichen Würdigung zugrundegelegt werden, enthalten sind. Der S. entspricht insoweit dem → Tatbestand des Urteils. Bei → Beschlüssen wird dieser Teil der Gründe auch vielfach S. genannt.

**Sachbeschädigung** (§ 303 StGB) begeht, wer *vorsätzlich* und *rechtswidrig* eine fremde Sache (auch ein Tier) beschädigt oder zerstört. Beschädigung ist schon jede nicht ganz unerhebliche Beeinträchtigung der Substanz oder der Form einer Sache oder ihrer Verwendbarkeit, z. B. starkes Beschmutzen von Hauswänden, Zerlegen einer Maschine u. dgl. Die → Rechtswidrigkeit entfällt insbes. durch Einwilligung des Eigentümers, kraft Gesetzes z. B. durch das Tötungsrecht an wildernden Hunden usw. Versuch ist strafbar. Die S. ist → Antragsdelikt (Ausnahme: besonderes öffentliches Interesse an der Strafverfolgung). Die Strafe ist Geldstrafe oder Freiheitsstrafe bis zu 2 Jahren.

Zerstörung eines fremden *Bauwerks,* insbes. eines Gebäudes, Schiffes oder Damms, einer Brücke oder gebauten Straße oder eines Bahnkörpers ist als erschwerter Fall der S. mit Freiheitsstrafe bis zu 5 Jahren oder Geldstrafe bedroht (§ 305 StGB; kein Antragsdelikt, Versuch strafbar).

Die vorsätzliche und rechtswidrige Beschädigung oder Zerstörung bestimmter *dem öffentlichen Nutzen dienender Gegenstände* ist als gemeinschädliche S. auch dann strafbar, wenn die Sache Eigentum des Täters ist. Geschützt sind Gegenstände, die der religiösen Verehrung einer im Staate bestehenden Religionsgesellschaft oder dem Gottesdienst gewidmet sind, ferner Grabmäler, öffentliche Denkmäler sowie öffentlich aufgestellte oder in Sammlungen enthaltene Gegenstände des Gewerbes, der Kunst oder Wissenschaft (Gemälde in Galerien, Bücher in Bibliotheken) und Gegenstände, die der Verschönerung öffentlicher Wege oder Anlagen dienen (Brunnen, Bäume, Blumen). Die erhöhte Strafdrohung ist Freiheitsstrafe bis zu 3 Jahren oder Geldstrafe (§ 304 StGB; Strafantrag nicht erforderlich, Versuch strafbar). Als → *gemeingefährliche Straftat* ist die Zerstörung oder Beschädigung gewisser *wichtiger Bauten* – Wasserbauten wie Wasserleitungen, Schleusen, Wehre, Deiche und Dämme, Brücken, Fähren, Wege und Schutzwehre sowie Bergwerksbetriebsvorrichtungen – in § 318 StGB mit Freiheitsstrafe von 3 Mon. bis zu 5 Jahren, bei fahrlässiger Begehung mit Freiheitsstrafe bis zu 3 Jahren oder Geldstrafe bedroht, wenn durch die Tat Leib oder Leben eines anderen gefährdet wird. Hat der Täter eine schwere Gesundheitsschädigung eines anderen oder eine Gesundheitsschädigung einer großen Zahl von Menschen oder den Tod eines anderen verursacht, gelten höhere Strafdrohungen.

*Sonderfälle* der S. sind → Datenveränderung (§ 303 a StGB), → Computersabotage (§ 303 b StGB), → Zerstörung wichtiger Arbeitsmittel (§ 305 a StGB) und → Brandstiftung (§ 306 StGB).

**Sachbezüge.** Die dem → Arbeitnehmer anstelle der Barentlohnung oder neben dieser gewährten S. (→ Naturallohn) gehören zum Entgelt und sind deshalb bei der → Lohnsteuer als → Einnahmen, in der → Sozialversicherung bei der Beitrags- und Leistungsberechnung zu berücksichtigen. Sie sind mit den um übliche Preisnachlässe geminderten üblichen Endpreisen am Abgabeort anzusetzen, (§ 8 II 1 EStG). S. bis 50 DM/Monat sind steuerfrei (§ 8 II 9 EStG). Soweit die Sachbezugsverordnung (BGBl I 97, 2857) eingreift, gelten diese Werte, z. B. für vom Arbeitgeber zur Verfügung gestelltes Mittagessen oder Restaurantscheck, ab 1998 4,70 DM/Tag (→ Aufmerksamkeiten) oder → Deputate in der Land- und Forstwirtschaft. → Private Pkw-Nutzung, → Rabattfreibetrag.

**Sache** i. S. des BGB (§ 90) ist nur ein körperlicher (auch flüssiger oder gasförmiger) → Gegenstand (anders z. T. bei den → öffentlichen Sachen). Die S. muß also sinnlich wahrnehmbar und beherrschbar sein (z. B. nicht die freie Luft, das Meerwasser; anders z. B. Gas in Flaschen). *Sachgesamtheiten* sind keine S., sondern eine Vielzahl von Einzels. (z. B. ein Warenlager); wegen des im → Sachenrecht geltenden Spezialitätsprinzips kann über sie nicht einheitlich, sondern nur durch Bestimmung über jede einzelne S. verfügt werden. Doch entscheidet hierüber letztlich die Verkehrsanschauung; S. im Rechtssinne ist auf jeden Fall auch die zusammengesetzte Sache (Auto, Haus; 1 Ztr. Getreide, nicht jedes einzelne Korn). – Auch die *Leiche* ist nach h. M. – trotz ihres vielfach angenommenen Charakters als „Rest der Persönlichkeit", der sich insbes. in einem besonderen strafrechtlichen Schutz ausdrückt – als → herrenlose S. anzusehen, die allerdings nicht der Aneignung und nur einer beschränkten Verfügungsbefugnis der nächsten Angehörigen – nach a. M. der Erben – unterliegt (str.; s. a. → Transplantation). Der lebende Körper eines Menschen ist dagegen keine S., sondern Bestandteil seines → Persönlichkeitsrechts. Zum → Tier s. dort.

Grundsätzlich sind alle S. verkehrsfähig d. h. geeignet, Gegenstand von – insbes. dinglichen – Rechten und Verfügungen zu sein. Ausgenommen von der allgemeinen *Verkehrsfähigkeit* (res extra commercium) sind – neben der Leiche – insbes. die zu kirchlichen oder Bestattungszwecken dienenden S., z. B. Kirchengeräte, Friedhof usw.; diese stehen zwar im Eigentum des Berechtigten, die Verfügungsfähigkeit über sie ist jedoch entsprechend ihrer Zweckbestimmung eingeschränkt (→ res sacrae). Die dem → Gemeingebrauch unterliegenden S. (z. B. eine Straße) sind entsprechend ihrer öffentlich-rechtlichen Zweckbestimmung (→ Widmung) gleichfalls in der Verkehrsfähigkeit beschränkt. Für das dem Staat und sonstigen öffentlich-rechtlichen Körperschaften gehörende Vermögen *(Finanzvermögen)* gelten an sich keine Besonderheiten; soweit aber einzelne S. über das privatrechtliche Eigentum hinaus mit einer öffentlich-rechtlichen Zweckbestimmung versehen sind (z. B. Bürogebäude, Verwaltungseinrichtung), unterliegt dieses sog. *Verwaltungsvermögen* für die Dauer der Bestimmung den gleichen Beschränkungen in der Verkehrsfähigkeit (s. hierzu i. e. → Öffentliche Sachen). S. a. → Veräußerungsverbot.

Neben den einfachen und zusammengesetzten S. unterscheidet man in erster Linie → Grundstücke und bewegliche S. *Bewegliche S.* sind alle S., die nicht ein abgegrenzter Teil der Erdoberfläche oder ein → Bestandteil dieses Grundstücks sind; die Unterscheidung ist insbes. im Sachenrecht von entscheidender Bedeutung (→ Eigentumsübertragung, → gutgläubiger Erwerb usw.; zum Grundstück s. auch → Grundbuch, → Grundstücksrechte). Auch → Schiffe und → Luftfahrzeuge sind demnach an sich bewegliche S.; sie werden jedoch teilweise wie Grundstücke behandelt (s. dort). Weitere Abgrenzungen: a) *teilbare* und nicht teilbare *S.*: Teilbar ist jede S., die sich ohne Wertminderung in gleichartige Teile zerlegen läßt (z. B. Stoff, Grundstück; nicht Haus, Tier). Die Unterscheidung ist für die Auseinandersetzung einer → Gemeinschaft (§ 752 BGB) und sonstiger Mitberechtigungen (Gesellschaft, Nachlaß u. a.) von Bedeutung. S. auch → Teilleistung. b) *Vertretbare S.* (wichtig beim → Werklieferungsvertrag, → Darlehen, Summenverwahrung) sind bewegliche S., die objektiv im Verkehr nach Zahl, Maß oder Gewicht bestimmt zu werden pflegen (§ 91 BGB), also z. B. Geld, Wertpapiere, neue Serienfahrzeuge, Sand usw. Anders c) *Gattungssachen.* Was Gegenstand einer → Gattungsschuld ist, bestimmt sich allein nach dem Parteiwillen, der den Umfang der Gattung bestimmt und auch nicht vertretbare S. (z. B. ein Pferd) zu einer Gattungsschuld (Gegenteil: Stückschuld) machen kann. d) *Verbrauchbare S.* sind bewegliche S., deren bestimmungsgemäßer Gebrauch in dem Verbrauch oder in der Veräußerung besteht (§ 92 BGB, z. B. Lebensmittel, Geld, Zinsscheine u. dgl., nicht aber Kleidungsstücke, deren Verschleiß nicht bestimmungsgemäß ist). Als verbrauchbare S. gelten auch bewegliche S., die zu einem Warenlager oder zu einer sonstigen Sachgesamtheit gehören, wenn deren bestimmungsgemäßer Gebrauch in der Veräußerung der einzelnen S. besteht. Nicht jede vertretbare S. ist verbrauchbar (z. B. Maschine) und umgekehrt. Die rechtliche Bedeutung verbrauchbarer S. liegt darin, daß infolge ihrer Zweckbestimmung bei einer Gebrauchsüberlassung (→ Darlehen, → Miete) nicht dasselbe Stück, sondern ein entsprechendes zurückzugeben ist; bei einer Nutzung (→ Nießbrauch u. a.) ist Wertersatz zu leisten. e) Zu den Besonderheiten der Sachen → Geld, → Wertpapier, → Urkunde s. dort. S. ferner → Bestandteil, → Zubehör, → Früchte, → Nutzungen.

**Sache, öffentliche** → öffentliche Sachen.

**Sacheinlage** → Einlage.

**Sachenrecht** ist die Zusammenfassung der Rechtsnormen, welche die Beziehungen einer Person zu einer → Sache zum Inhalt haben, also – im Gegensatz zum → Schuldrecht – nicht das Recht auf (Verschaffung einer) Sache, sondern das unmittelbare *dingliche Recht an der Sache.* Der schuldrechtliche Kaufvertrag z. B. begründet lediglich die *Pflicht* des Verkäufers zur Übergabe der verkauften Sache an den Käufer und zur Übertragung des Eigentums, läßt aber die dingliche Rechtslage (Eigentum) unberührt; das Eigentum muß erst durch besonderes dingliches Rechtsgeschäft (→ Eigentumsübertragung) übertragen werden. Die dinglichen Rechte, die sich auf bewegliche Sachen (Fahrnis) und → Grundstücke (Liegenschaften) erstrecken, sind *absolute,* d. h. jedermann gegenüber wirkende Rechte (anders im Schuldrecht, das nur die Beziehung Gläubiger – Schuldner kennt; so hat z. B. vor Eigentumsübertragung nur der Verkäufer, nicht aber der Käufer bei Zerstörung der verkauften Sache einen Anspruch gegen den Dritten). Der Kreis der *dinglichen* (= Sachen-) *Rechte* ist im Dritten Buch des BGB (§§ 854–1296) und den hierzu ergangenen Nebengesetzen (z. B. Wohnungseigentumsgesetz) abschließend geregelt; eine Vertragsfreiheit der Parteien in der Schaffung rechtlicher Beziehungen wie im Schuldrecht besteht nicht.

Als dingliche Rechte kommen in Betracht: das → Eigentum (auch das → Wohnungseigentum) als das umfassende, grundsätzlich unbeschränkte Recht an einer Sache und *beschränkte dingliche Rechte,* d. h. Belastungen des Eigentums in gewissem Umfang durch Nutzungs- und Verwertungsrechte (insbes. → Erbbaurecht, → Dienstbarkeiten, → Reallast, → Hypothek, → Grund- und → Rentenschuld sowie → Pfandrecht; s. auch → Sicherungsübereignung, → Anwartschaftsrecht; für das Gebiet der ehem. DDR ferner → Nutzungsberechtigungen, → Mitbenutzungsrechte, → Gebäudeeigentum; → Sachenrechtsbereinigung). Nicht hierher zählen dagegen die → öffentlichen Lasten. Entscheidend für die Geltendmachung der beschränkten dinglichen Rechte ist deren → Rang. Aus den dinglichen Rechten (z. B. Eigentum), die unverjährbar sind, können dingliche → Ansprüche entstehen (z. B. → Eigentumsherausgabeanspruch); diese unterliegen der Verjährung nur, wenn sie nicht aus im → Grundbuch eingetragenen Rechten herrühren (§ 902 BGB).

Wesentliche Grundsätze des S. sind außerdem das *Spezialitätsprinzip* (jedes dingliche Recht kann sich nur auf eine bestimmte Sache beziehen; die Übereignung eines Warenlagers z. B. ist nur durch Übereignung jeder einzelnen Sache möglich), das *Publizitätsprinzip* (die dingliche Rechtslage soll möglichst offenkundig sein, bei beweglichen Sachen durch den → Besitz, bei unbeweglichen Sachen durch Eintragung im Grundbuch) sowie das *Abstraktionsprinzip:* das schuldrechtliche Verpflichtungsgeschäft ist grundsätzlich unabhängig vom dinglichen Erfüllungsgeschäft, so daß die Unwirksamkeit des Grundgeschäfts (z. B. der Kaufvertrag ist wirksam angefochten worden) regelmäßig das dingliche Rechtsgeschäft unberührt läßt, wenn die Betroffenen nicht eine andere Regelung vereinbart, z. B. die Wirksamkeit des schuldrechtlichen Rechts als ausdrückliche → Bedingung für den dinglichen Vertrag bestimmt haben. Das übertragene Eigentum fällt daher bei Unwirksamkeit des Kaufvertrags nicht automatisch wieder auf den Verkäufer zurück (im Grundbuch daher keine bloße → Berichtigung); dieser hat nur einen Anspruch aus → ungerechtfertigter Bereicherung auf Rückübertragung.

**Sachenrechtsbereinigung** ist die Klärung der Rechtsverhältnisse an Grundstücken in den neuen Ländern der BRep., die von den Nutzern zu Zeiten der ehem. DDR bebaut wurden. In der ehem. DDR wurde durch staatliche Stellen u. a. die Bebauung fremder Grundstücke gestattet. Bei Bebauung auf Grund eines dazu eingeräumten Nutzungsrechts (→ Nutzungsberechtigung) entstand → Gebäudeeigentum, in anderen Fällen, z. B. aufgrund Billigung einer staatlichen Stelle, wurde das Gebäude Bestandteil des Grundstücks. Die Bebauungen fremder Grundstücke wurden zunächst durch ein im → Einigungsvertrag begründetes vorläufiges Besitzrecht (Moratorium) geschützt. Die ungeklärte Rechtslage beeinträchtigte den Grundstücksverkehr und den Rechtsfrieden. Erforderlich war ein Interessenausgleich zwischen Nutzern und Eigentümern der Grundstücke, die mit Einführung der Marktwirtschaft wieder werthaltige Wirtschaftsgüter wurden. Das S.-Ges. vom 21. 9. 1994 (BGBl. I 2457) m. Änd. regelt die Rechtsverhältnisse und zwar für den Eigenheimbau, den sog. komplexen Wohnungsbau und den Bau von land-, forstwirtschaftlichen und gewerblichen Zwecken dienenden Grundstücken. Erfaßt werden auch z. T. die sog. hängenden Kaufverträge, die in der ehem. DDR nicht mehr im Grundbuch vollzogen wurden (s. i. e. §§ 3 III, 121 SachenRBerG). Nicht einbezogen wurden Nutzungen auf Grund von Miet- und Pachtverträgen sowie Nutzungen zur Erholung nach dem Zivilgesetzbuch der DDR; sie sind im → Schuldrechtsanpassungs G geregelt. Bei der S. erhält das Vertrauen des Nutzers auf den Schutz seiner damals anerkannten baulichen Investition Vorrang vor dem Interesse des Grundstückseigentümers an der Wiedererlangung des Besitzes. Deshalb wurden die durch die Wiedervereinigung entstandenen Bodenwerte grundsätzlich hälftig zwischen Nutzer und Eigentümer aufgeteilt. Dazu erhält der Nutzer nach seiner Wahl ein Recht zum Ankauf des Grundstücks zum halben Verkehrswert oder einen Anspruch auf Bestellung eines → Erbbaurechts zu einem Erbbauzins mit der Hälfte des üblichen Satzes. Bei unredlichem Erwerb des Nutzungsrechts steht dem Grundstückseigentümer ein Leistungsverweigerungsrecht zu. Zur Durchführung der S. dient ein notarielles Vermittlungsverfahren.

**Sachentscheidung** ist eine Entscheidung darüber, ob ein Rechtsschutzbegehren (→ Klage, Antrag usw.) begründet ist. Die S. setzt die Zulässigkeit des Rechtsschutzbegehrens voraus (→ Sachurteil).

**Sachfirma** → Firma.

**Sachfremde Erwägungen (der Verwaltung)** → Ermessen.

**Sachfrüchte** → Früchte.

**Sachgesamtheit** → Sache.

**Sachgründung** → Einlage.

**Sachkunde** → Befähigungsnachweis, → Gewerbezulassung.

**Sachlegitimation** → Sachbefugnis.

**Sachleitung** → Prozeßleitung.

**Sachliche Zuständigkeit** → gerichtliche → Zuständigkeit (1), → Zuständigkeit der Verwaltungsbehörden.

**Sachlicher Geltungsbereich des Rechts** → Geltungsbereich des Rechts.

**Sachmangel** → Gewährleistung (Kauf), → Schenkung, → Miete (2 a), → Werkvertrag (3).

**Sachnießbrauch** → Nießbrauch.

**Sachpatent** → Patent.

**Sachsen** ist ein Land der → Bundesrepublik Deutschland. Sachsen ist → Freistaat. Nach der Verfassung vom 27. 5. 1992 (GVBl. S. 243) ist S. ein demokratischer, dem Schutz der natürlichen Lebensgrundlagen und der Kultur verpflichteter sozialer Rechtsstaat. Die Gesetzgebung steht dem Landtag oder unmittelbar dem Volk zu. Der Landtag wird vom Volk auf fünf Jahre nach den Grundsätzen der Persönlichkeits- und Verhältniswahl gewählt. Gesetzesvorlagen werden von der Staatsregierung, aus der Mitte des Landtags oder vom Volk durch Volksantrag eingebracht. Stimmt der Landtag einem Volksantrag nicht binnen 6 Monaten zu, so können die Antragsteller ein Volksbegehren mit dem Ziel in Gang setzen, einen Volksentscheid über den Antrag herbeizuführen. Der Landtag kann zum Volksentscheid einen eigenen Gesetzesentwurf beifügen. Verfassungsändernde Gesetze können vom Landtag mit Zwei-Drittel-Mehrheit, durch Volksentscheid mit Mehrheit der Stimmberechtigten beschlossen werden. Die Staatsregierung besteht aus dem Ministerpräsidenten und den Staatsministern. Als weitere Mitglieder der Staatsregierung können Staatssekretäre ernannt werden. Der Ministerpräsident wird vom Landtag mit der Mehrheit seiner Mitglieder gewählt. Der Ministerpräsident beruft und entläßt die Staatsminister und die Staatssekretäre. Er vertritt das Land nach außen. Der Landtag kann dem Ministerpräsident das Vertrauen nur dadurch entziehen, daß er mit der Mehrheit seiner Mitglieder einen Nachfolger wählt. Der Verfassungsgerichtshof (Ges. vom 18. 2. 1993, GVBl. 177, ber. 495) besteht aus 5 Berufsrichtern und 4 anderen Mitgliedern. Die Mitglieder des Verfassungsgerichtshofs werden vom Landtag mit Zwei-Drittel-Mehrheit auf die Dauer von 9 Jahren gewählt. Den Vorsitz führt immer ein Berufsrichter. In einem eigenen Abschnitt der Verfassung werden die Grundrechte gewährleistet. Das Volk der Sorben genießt besonderen Schutz. Sachsen gliedert sich in 3 Regierungsbezirke, diese wiederum in Landkreise und kreisfreie Städte. Sachsen wurde durch das Ländereinführungsgesetz der ehemaligen → DDR vom 22. 7. 1990 (GBl. I Nr. 51 S. 955) mit Wirkung vom 3. 10. 1990 errichtet und seit dem selben Tag gem. dem → Einigungsvertrag mit dem Wirksamwerden des → Beitritts Land der Bundesrepublik Deutschland.

**Sachsen-Anhalt** ist ein Land der → Bundesrepublik Deutschland. Nach der Verfassung vom 16. 7. 1992 (GVBl. S. 600) ist S.-A. ein demokratischer, sozialer und dem Schutz der natürlichen Lebensgrundlagen verpflichteter Rechtsstaat. Die Gesetzgebung erfolgt durch den Landtag und durch Volksentscheid. Der Landtag wird vom Volk in freier, gleicher, allgemeiner, geheimer und unmittelbarer Wahl nach einem Verfahren gewählt, das Persönlichkeits- und Verhältniswahl verbindet. Die Wahlperiode beträgt vier Jahre. Gesetzesentwürfe können von der Landesregierung, aus der Mitte des Landtages oder durch Volksbegehren eingebracht werden. Nimmt der Landtag den durch ein Volksbegehren eingebrachten Gesetzesentwurf nicht innerhalb von vier Monaten unverändert an, findet nach mindestens 3 und höchstens 6 weiteren Monaten nach Ablauf der Frist oder dem Beschluß des Landtags, den Entwurf nicht als Gesetz anzunehmen, über den Gesetzesentwurf ein Volksentscheid statt. Der Volksentscheid muß die Mehrheit der Abstimmenden, mindestens jedoch die Zustimmung eines Viertels der Wahlberechtigten finden. Verfassungsänderungen durch Landtagsbeschluß bedürfen der Zwei-Drittel-Mehrheit. Verfassungsänderungen durch Volksentscheid bedürfen einer Zwei-Drittel-Mehrheit der Abstimmenden, mindestens jedoch der Hälfte der Wahlberechtigten. Die Landesregierung besteht aus dem Ministerpräsidenten und den Ministern. Der Ministerpräsident wird vom Landtag gewählt. Der Ministerpräsident ernennt und entläßt die Minister. Er vertritt das Land nach außen. Der Landtag kann dem Ministerpräsidenten das Mißtrauen nur dadurch aussprechen, daß er mit der Mehrheit seiner Mitglieder einen Nachfolger erwählt. Das Landesverfassungsgericht (Ges. vom 23. 8. 1993, GVBl. 441) besteht aus 7 Richtern. Die Verfassungsrichter werden vom Landtag mit Zwei-Drittel-Mehrheit gewählt. In eigenen Abschnitten der Verfassung sind Grundrechte, Einrichtungsgarantien (institutionelle Garantien) und Staatsziele bestimmt. Sachsen-Anhalt gliedert sich in 3 Regierungsbezirke, diese wiederum in Landkreise und kreisfreie Städte. S.-A. wurde durch das Ländereinführungsgesetz der ehemaligen → DDR vom 22. 7. 1990 (GBl. I Nr. 51 S. 955) mit Wirkung vom 3. 10. 1990 errichtet und ist seit dem selben Tag gem. dem → Einigungsvertrag mit dem Wirksamwerden des → Beitritts Land der Bundesrepublik Deutschland.

**Sachsenspiegel,** altdeutsches Rechtsbuch, entstanden etwa 1215–1235; Verfasser → Eike von Repgow. Der S. ist keine eigentliche Kodifikation, sondern eine Sammlung (Spiegel) von Rechtssätzen, die sich auf Grund örtlicher Gebräuche der Rechtspraxis durch Überlieferung fortgepflanzt hatten. Er umfaßt Staats-, Privat-, Straf- und Verfahrensrecht sowie Lehensrecht. Nach seiner Einführung in Sachsen fand der S. weite Verbreitung in Ost- und Norddeutschland; er wirkte auch nach Entstehen von Gesetzeswerken in den einzelnen Ländern noch als subsidiäres Recht fort, so in Preußen bis zum Erlaß des → Allgemeinen Landrechts, in anderen Gebieten bis zum Inkrafttreten des BGB.

**Sachteil** → Bestandteil, Sache.

**Sachurteil** ist im Zivilprozeß ein → Urteil über die vom Kläger behauptete Rechtsfolge (→ Streitgegenstand).

Ein S. liegt vor, wenn (auch auf → Rechtsmittel hin) der → Klage stattgegeben, sie als unbegründet abgewiesen oder eine solche Entscheidung aufrechterhalten wird. Ein S. darf nur ergehen, wenn die Sachurteilungsvoraussetzungen (→ Prozeßvoraussetzungen) gegeben sind. Diese Grundsätze gelten sinngemäß auch für andere Verfahrensarten (Straf-, Verwaltungsgerichtsverfahren usw.). Der Gegensatz zum S. ist das → Prozeßurteil.

**Sachurteilsvoraussetzungen** → Prozeßvoraussetzungen.

**Sachversicherung** → Versicherungsvertrag.

**Sachverständigenbeweis** → Beweis.

**Sachverständigenrat.** Nach dem Ges. über die Bildung eines Sachverständigenrates zur Begutachtung der gesamtwirtschaftlichen Entwicklung vom 14. 8. 1963 (BGBl. I 685) m. spät. Änd. hat der S. jährlich bis 15. November ein Gutachten über die gesamtwirtschaftliche Lage und deren absehbare Entwicklung zu erstellen (§ 6). Dabei soll der S. untersuchen, wie im Rahmen der marktwirtschaftlichen Ordnung gleichzeitig Stabilität des Preisniveaus, hoher Beschäftigungsgrad und außenwirtschaftliches Gleichgewicht bei stetigem und angemessenem Wachstum gewährleistet werden können (§ 2). Der S. besteht aus 5 Mitgliedern, die über besondere wirtschaftswissenschaftliche Kenntnisse und volkswirtschaftliche Erfahrungen verfügen und weder der Regierung oder einer gesetzgebenden Körperschaft des Bundes oder eines Landes noch dem → öffentlichen Dienst, es sei denn als Hochschullehrer oder Mitarbeiter eines wirtschafts- oder sozialwissenschaftlichen Instituts, angehören noch Repräsentant eines Wirtschaftsverbandes oder einer Organisation der Arbeitgeber oder Arbeitnehmer sein dürfen (§ 1). Als Geschäftsstelle des S. ist das Statistische Bundesamt tätig (§ 9).

**Sachverständiger** ist eine Person mit besonderer Sachkunde. Im Beweisverfahren soll der S. für das Gericht Tatsachen und Erfahrungssätze beurteilen oder feststellen, manchmal auch die Kenntnis von Rechtsnormen (§ 293 ZPO) vermitteln. Der → Beweis durch S. ist in jeder Verfahrensordnung vorgesehen (§§ 402–414 ZPO, §§ 72–93 StPO, § 96 I VwGO, § 81 FGO, § 118 I SGG, § 15 I FGG). Der S. wird durch das Gericht ausgewählt (§ 404 ZPO, § 73 StPO); das Gericht hat die Tätigkeit des S. zu leiten und kann ihm für Art und Umfang seiner Tätigkeit Weisungen erteilen (§ 404 a ZPO). Er kann wie ein Richter abgelehnt werden (→ Ablehnung). Grundsätzlich ist der ausgewählte S. nicht verpflichtet, tätig zu werden, wohl aber nach § 407 ZPO und § 75 StPO, wenn er öffentlich bestellt ist (s. u.) oder die Fachtätigkeit öffentlich ausübt; doch muß der Auftrag in sein Fachgebiet fallen (§ 407 a ZPO), auch steht ihm unter denselben Voraussetzungen wie einem Zeugen ein Verweigerungsrecht zu (§ 408 ZPO, § 76 StPO, → Zeugnisverweigerungsrecht). Der S. erstattet ein → Gutachten, i. d. R. zunächst schriftlich (§ 411 ZPO), das er dann in der → Hauptverhandlung des Strafverfahrens mündlich vortragen, im Zivilprozeß und in anderen Streitsachen in der → mündlichen Verhandlung nur bei besonderer gerichtlicher Anordnung erläutern muß (§ 411 III ZPO). Der S. kann vereidigt werden (§ 410 ZPO, § 79 StPO). Er wird nach dem ZSEG vom 1. 10. 1969 (BGBl. I 1757) m. spät. Änd. – zuletzt vom 24. 6. 1994 (BGBl. I 1325) – durch Gebühren- und Auslagenersatz entschädigt (Höchststundensatz 100 DM – höhere Vereinbarung mit den Parteien zulässig –, bei Berufss. bis zu 50% mehr; im Gebiet ehem. DDR um 10% ermäßigt). Nicht S., sondern → Zeuge ist der sog. *sachverständige Zeuge*; er sagt über Tatsachen aus, die er nur auf Grund besonderer Sachkunde hat wahrnehmen können (§ 414 ZPO, § 85 StPO). Für bestimmte Sachgebiete können S. *öffentlich bestellt* und auf gewissenhafte und unparteiliche Erfüllung ihrer Pflichten vereidigt werden, wenn sie besondere Sachkunde nachweisen und gegen ihre Eignung keine Bedenken bestehen (§ 36 GewO). Darin liegt keine Berufszulassung, sondern lediglich die Zuerkennung einer besonderen Qualifikation. Die Bestellung steht im Ermessen der zuständigen Behörde; sie kann von einem öffentlichen Bedürfnis abhängig gemacht werden (BVerwGE 5, 95). Sondervorschriften bestehen für einzelne Arten von Sachverständigen; z. T. landesrechtlich geregelt sind Voraussetzungen für die Bestellung, Befugnisse und Pflichten der bestellten S.

**Sachverständiger Zeuge** → Sachverständiger.

**Sachwalter** → Insolvenzverfahren (2).

**Sachwertverfahren** → Einheitswerte.

**Safe** → Verwahrung.

**Saisonkennzeichen** → Kennzeichen am Kfz.

**Saisonschlußverkauf** → Schlußverkauf.

**Sakramente.** 1. Die → kath. Kirche kennt (can. 840 ff. CIC) 7 Sakramente: Taufe, Firmung, Eucharistie, Bußsakrament, Krankensalbung, Weihe und Ehe. Neben diesen S. gibt es noch die Sakramentalien (z. B. Weihungen, Segnungen, Exorzismen). Die Taufe ist Voraussetzung für den gültigen Empfang aller übrigen S. Ordentliche Spender der Taufe sind → Bischof, → Priester und → Diakon. Bei Todesgefahr kann auch ein Laie die Taufe vornehmen. Die Firmung setzt beim Spender die Bischofsweihe voraus. Nur Priester sind Spender der Eucharistie, des Bußsakraments und der Krankensalbung. Die Weihe verleiht die Befähigung zur Leitung, Lehre (Verkündigung) und Heiligung und begründet damit den Unterschied zwischen → Klerikern und Laien. Man unterscheidet die Weihen zum Diakon, zum Priester und zum Bischof; ihr Empfang ist an zahlreiche persönliche Voraussetzungen gebunden. Die Ehe besteht auch nach kirchl. Auffassung ihrem Wesen nach in einem ehelichen Vertrag und Sakrament, das sich die Eheleute gegenseitig spenden; die Aufgabe der Kirche beschränkt sich auf die → Eheassistenz. Der → Codex iuris canonici regelt kirchengesetzlich die Vorbereitung auf die Ehe, die Ehehindernisse, die Rechtsform der Eheschließung, deren Ort und Zeit sowie ihre Wirkungen, die Trennung der Ehegatten und Lösung des Ehebandes, die Konvalidation der Ehe und die Wiederverheiratung.

2. In der → evang. Kirche sind S. nur Taufe und Abendmahl. Durch die Taufe wird die Mitgliedschaft in der Kirche begründet. Das Taufgelübde wird nach vollendetem 14. Lebensjahr durch die Konfirmation erneuert und bestätigt. Das Abendmahl kann nur von Trägern des geistlichen Abendmahls gespendet werden. Über die Zulassung zum Abendmahl besteht innerhalb der Evangelischen Kirche Deutschlands (EKD) keine volle Übereinstimmung (vgl. Art. 4 Ziff. 4 der Grundordnung der EKD). In vielen Gliedkirchen werden Angehörige eines anderen in der EKD geltenden Bekenntnisses zugelassen, in keiner wird der von seelsorgerlicher Verantwortung getragene Zugang verwehrt.

**Säkularinstitut** (in der kath. Kirche) → Ordensinstitute.

**Säkularisation** (Verweltlichung) ist die zwangsweise Überführung geistlicher Einrichtungen und Besitzungen auf weltliche Hoheitsträger. Geschichtlich ist einer der Hauptanwendungsfälle die S. aller deutschen geistlichen Territorien und ihre Angliederung an die größeren Länder durch den → *Reichsdeputationshauptschluß (1803).* Sie ist die Grundlage für die noch heute gewährten staatlichen Zuwendungen an die Kirche sowie an Klöster und Stifte (Dotationen).

**Saldoanerkenntnis** ist ein → Schuldanerkenntnis, das bei einem → Kontokorrent in bezug auf einen errechneten Saldo abgegeben wird.

**Saldopfändung** → Kontokorrent.

**Saldotheorie** → ungerechtfertigte Bereicherung.

**Sales promotion** → Merchandising.

**Salisches Gesetz** → Lex Salica.

**Salvatorische Klausel** ist ein der Rechtsgeschichte entlehnter Begriff; er besagt, daß gewisse Rechtssätze eines Gesetzeswerks nur gelten, sofern nicht andere Normen bestehen, die vor ihnen den Vorrang haben. So galt z. B. die als Reichsstrafgesetz erlassene → Constitutio Criminalis Carolina nur, soweit nicht Landesstrafrecht bestand; ferner war das → römische Recht im Rahmen der → Rezeption nur anzuwenden, soweit nicht deutsches Recht bestand und nachgewiesen wurde. Der Begriff deckt sich also insoweit mit dem der Subsidiarität. I. w. S. wird er für eine Bestimmung – insbes. vertraglicher Art – verwendet, die einen Beteiligten in einem bestimmten Fall vor Rechtsnachteilen schützen soll (so z. B. → Freizeichnung von Haftung, falls der Schuldner seine Verpflichtungen nicht erfüllen kann).

**Samen** → Bestandteil.

**Samenübertragung, künstliche,** → künstliche Fortpflanzung.

**Sammeldepot** → Depotgeschäft.

**Sammelgutschein** → Rabatt.

**Sammelladung** → Speditionsvertrag.

**Sammellagerung** → Lagervertrag.

**Sammelstraftat** (Kollektivdelikt) ist der von der älteren Rechtspr. ausgebildete Oberbegriff für gewerbsmäßig, gewohnheitsmäßig oder geschäftsmäßig begangene Straftaten. *Gewerbsmäßig* handelt, wer die Absicht verfolgt, sich durch wiederholtes Begehen der Tat eine nicht nur vorübergehende Einnahmequelle zu verschaffen; *gewohnheitsmäßig,* wer einem durch Übung erworbenen Hang folgt; *geschäftsmäßig,* wer die Wiederholung gleichartiger Taten zum Gegenstand seiner wirtschaftlichen und beruflichen Betätigung machen will (→ gewerbsmäßiges, → gewohnheitsmäßiges, → geschäftsmäßiges Handeln). Die Bezeichnung Sammelstraftat oder Kollektivdelikt war ungenau, weil in diesen Fällen keine rechtliche Handlungseinheit besteht; vielmehr ist jede gewerbs-, gewohnheits- oder geschäftsmäßig begangene Handlung grundsätzlich als Einzeltat für sich zu werten, da auch eine Einzelhandlung z. B. in der Absicht begangen werden kann, sich durch sie (und spätere gleichartige Handlungen) eine dauernde Einnahmequelle zu erschließen, wodurch die Gewerbsmäßigkeit begründet wird. Nur beim gewohnheitsmäßigen Handeln sind mindestens zwei Taten erforderlich.

**Sammelvermögen** → Stiftung des Privatrechts, → Pflegschaft für Sammelvermögen.

**Sammelverwahrung (-depot)** → Depotgeschäft.

**Sammelwerk** als Gegenstand eines → Verlagsvertrags ist ein Werk, das aus Beiträgen verschiedener Urheber (Verfasser) zusammengesetzt und von einem → Herausgeber geordnet wird (z. B. Zeitungen, Zeitschriften, Jahrbücher, Lexika). Das S. als solches genießt in gleicher Weise den Schutz des → Urheberrechts wie die einzelnen Beiträge (§ 4 UrhG). Der Verleger oder Herausgeber erwirbt bei periodisch erscheinenden S. im Zweifel ein ausschließliches, bei Zeitungen ein einfaches → Nutzungsrecht; bei periodischen S. darf der Urheber nach 1 Jahr seit Erscheinen das Werk anderweit nutzen, bei nicht periodischen dann, wenn ihm kein Vergütungsanspruch zusteht (§ 38 UrhG). Fällt der Zweck des S. nach Vertragsabschluß weg oder erscheint es nicht, so kann der Verleger den Verlagsvertrag kündigen, der Verfasser aber die Vergütung verlangen; ein Kündigungsrecht des Verf. unter Fortbestand des Honoraranspruchs besteht, wenn der Beitrag nicht binnen 1 Jahr seit Ablieferung veröffentlicht wird (§§ 18, 45 VerlG).

**Sammlung, öffentliche** ist die Aufforderung zu Geld- oder Sachspenden oder zu Spenden geldwerter Leistungen auf Straßen oder Plätzen, in Gastwirtschaften oder anderen jedermann zugänglichen Räumen (Straßensammlung) oder von Haus zu Haus, insbes. mit Sammellisten (Haussammlung) oder durch Spendenbriefe (Briefsammlung). Das Recht der ö.S. ist, nachdem das BVerfG das SammlungsG vom 5. 11. 1934 (RGBl. I 1086) für nichtig erklärt hat (BGBl. 1966 I 600), durch Gesetz der Länder geregelt. Danach bedarf eine ö.S. der Erlaubnis, die je nach dem Gebiet, auf das sich die Sammlung erstrekken soll, das Ministerium (des Innern), die höhere oder die Kreisverwaltungsbehörde erteilt. Erlaubnisfrei sind nur Haus- und Briefsammlungen, die eine Vereinigung unter ihren Angehörigen oder ein sonstiger Veranstalter innerhalb eines mit ihm durch persönliche Beziehungen verbundenen Personenkreises durchführt. Die Erlaubnis wird versagt, wenn die öffentliche Sicherheit und Ordnung gestört werden kann, wenn die ordnungsgemäße Durchführung der S. und die Verwendung des Erlöses für den S.szweck nicht gewährleistet ist oder wenn offensichtlich ein Mißverhältnis zwischen Reinertrag und Unkosten zu erwarten ist; sie kann versagt werden, wenn sie zu einer Häufung von S.en im gleichen Gebiet führen würde. Vgl. NRW Ges. vom 9. 6. 1972 (GVBl. 174), Bay Ges. vom 11. 7. 1963 (GVBl. 147), Berlin Ges. i. d. F. vom 23. 1. 1973 (GVBl. 394).

**Sammlung des Bundesrechts** → Rechtsbereinigung. Auf Grund des Ges. über die Sammlung des Bundesrechts vom 10. 7. 1958 (BGBl. I 437) wurde das noch fortgeltende → Bundesrecht festgestellt und nach Sachgebieten geordnet als Teil III des → Bundesgesetzblattes veröffentlicht. Nach dem Ges. vom 28. 12. 1968 (BGBl. I 1451) ist Abschlußtag der 31. 12. 1963. Die nicht aufgenommenen Rechtsvorschriften sind am 31. 12. 1968 außer Kraft getreten (Ausschlußwirkung).

**Samstag,** Fristablauf am –, → Frist.

**Samtgemeinden** → Kommunalverbände; → Verwaltungsgemeinschaft, 1.

**Sanierung von Handelsgesellschaften.** Bei einer → Aktiengesellschaft oder einer → Kommanditgesellschaft auf Aktien erfolgt die S. durch die Verbindung einer → Kapitalherabsetzung mit einer → Kapitalerhöhung. Auf ähnliche Weise geschieht die S. anderer → Handelsgesellschaften. Die Anteile der Gesellschafter werden zunächst in einem bestimmten Verhältnis herabgesetzt und dann (unter Einschluß neuer Gesellschafter oder durch Zuzahlung der alten Gesellschafter) in dem Verhältnis neu festgesetzt, wie es der neuen Kapitalbeteiligung entspricht. Auf diese Weise werden der Gesellschaft neue Geldmittel als Eigenkapital zugeführt. Andere Formen wirtschaftlicher S. sind die Umwandlung von Fremdkapital in Eigenkapital und die Änderung kurzer Kreditfristen in lange. Die Steuerfreiheit (§ 3 Nr. 66 EStG) ist ab 1998 entfallen.

**Sanierung von Städten** → Städtebaurecht, → Städtebauliche Sanierungsmaßnahmen, → Sanierungssatzung.

**Sanierungssatzung.** Die Gemeinde kann ein Gebiet, in dem eine städtebauliche Sanierungsmaßnahme (§§ 136 ff. des → Baugesetzbuches) durchgeführt werden soll, durch → Satzung förmlich als Sanierungsgebiet festlegen. In diesem Gebiet sind zahlreiche bauliche → Vorhaben, Grundstücksteilungen und bestimmte schuldrechtliche Vereinbarungen genehmigungsbedürftig (§ 144 BauGB). Für die von der S. betroffenen Grundstücke wird im Grundbuch ein Sanierungsvermerk eingetragen (§ 143 II BauGB).

**Sanierungsvermerk** (im Grundbuch) → Sanierungssatzung.

**Sanktion.** In der Staatenpraxis wird als S. eine Zwangsmaßnahme bezeichnet, mit der ein → Völkerrechtssubjekt auf das Verhalten eines anderen Völkerrechtssubjekts reagiert (→ Repressalie, Retorsion). In der allgemeinen Rechtslehre wird S. die mit einer rechtlichen Regelung verbundene Rechtsfolge genannt, die jener zur effektiven Geltung verhelfen soll, etwa i. S. der Zustimmung oder Festigung z. B. durch Erlaß eines Gesetzesbefehls als Bestätigung eines Rechtssatzes mit Zwangs- oder Strafandrohung zu seiner Durchsetzung.

**Satellitenfunk.** Bei entsprechender technischer Ausstattung kann S. inzwischen praktisch von jedermann beliebig empfangen werden. Nach öffentlichem Baurecht stellen sich Fragen planungsrechtlicher Natur (→ Baugesetzbuch), etwa ob Gemeinden Satellitenantennen verbieten oder beschränken können. Für größere Anlagen kann u. U. → Baugenehmigung erforderlich sein. Nach → Europäischem Gemeinschaftsrecht ist die grundsätzliche Möglichkeit über Satellit etwa von Luxemburg aus in alle EG-Mitgliedsstaaten Fernsehprogramme zu senden, von der Freiheit des → Dienstleistungsverkehrs geschützt (das betrifft u. a. auch das Bauplanungsrecht). Als unter die Dienstleistungsfreiheit fallend wird auch die zeitgleiche und unveränderte Einspeisung in Kabelnetze anzusehen sein. Wegen Beschränkungen der Dienstleistungsfreiheit vgl. Art. 56 EGV. Rechtsvorschriften der E. G., betreffend den S. stehen noch aus. Zur europäischen Fernmeldesatellitenorganisation „Eutelsat" vgl. die Bek. vom 28. 4. 1994 (BGBl. II 1324) sowie die VO vom 9. 3. 1989 (BGBl. II 253), zu Intelsat vgl. die Bek. vom 28. 7. 1994 (BGBl. II 1323).

**Satzung** – auch Statut genannt – ist der Oberbegriff für die schriftlich niedergelegte Grundordnung (Verfassung) eines rechtlichen Zusammenschlusses, so im Privatrecht beim → Verein, der → Aktiengesellschaft usw.; hier wird sie durch Rechtsgeschäft begründet.

Im *öffentl. Recht* versteht man darunter das von bestimmten → Körperschaften, z. B. von → Gemeinden, → Kreisen, Universitäten im Rahmen ihrer Zuständigkeit zur Regelung ihrer eigenen Angelegenheiten gesetzte Recht. Das Recht zum Erlaß von S. ist Ausfluß des → Selbstverwaltungsrechts (Autonomie; daher auch der überkommene Begriff der *autonomen Satzung*). In bestimmten Fällen bedarf die S. der Genehmigung durch die Aufsichtsbehörde, insbes. wenn sie rückwirkende Kraft besitzen oder den Anschluß- oder Benutzungszwang für öffentliche Einrichtungen festlegen soll. Die Befugnis der Gemeinden zum Erlaß von S.en ist in den → Gemeindeordnungen geregelt. Die S. sind Rechtsvorschriften und damit → Gesetz im materiellen Sinn; sie unterliegen der gerichtlichen Nachprüfung im Wege der → Normenkontrolle. Soweit die Gemeinden oder sonstige Körperschaften des öffentlichen Rechts im → übertragenen Wirkungskreis zur Rechtssetzung befugt sind, geschieht dies in der Form der → Rechtsverordnung (oft als „Gemeindeverordnung", „Kreisverordnung" bezeichnet).

**Satzung (Charta) der Vereinten Nationen** → Vereinte Nationen.

**Satzungsgewalt (-befugnis)** ist die Rechtssetzungsbefugnis, die den mit dem Recht der → Selbstverwaltung ausgestatteten Körperschaften, insbes. → Gemeinden und → Landkreisen, als Ausfluß dieses Rechts (vgl. Art. 28 II GG) vom Staat eingeräumt ist. Die → Satzungen bedürfen der gesetzlichen Ermächtigung, wie sie sich z. B. in den Gemeinde- und Landkreisordnungen findet. Danach können die Gemeinden und Landkreise die Angelegenheiten der örtlichen Gemeinschaft im Rahmen des eigenen Wirkungskreises durch Satzungen regeln. Weitere Ermächtigungen zum Erlaß von Satzungen sind in zahlreichen Bundes- oder Landesgesetzen enthalten, z. B. im → Baugesetzbuch für Bebauungspläne und Erschließungsbeiträge.

**Säuglingsnahrung.** Wegen Werbung für S. vgl. VO vom 10. 10. 1994, BGBl. I 2846. S. im übrigen → Lebensmittel, → Diätetische Lebensmittel.

**Säumnis** im Zivilprozeß → Versäumung, → Versäumnisurteil.

**Säumniszuschlag** entsteht bei Steuern kraft Gesetzes bei Versäumung einer Zahlungsfrist ohne Rücksicht auf Verschulden in Höhe von 1% für jeden *angefangenen* Monat der Säumnis (§ 240 I AO). Der S. wird jedoch bei einer Säumnis bis zu 5 Tagen nicht erhoben (*Schonfrist,* § 240 III AO), ausgenommen bei Scheck- oder Barzahlung. S. kann bei Zahlungsunfähigkeit oder zur Bereinigung erheblicher Steuerrückstände erlassen werden (→ Billigkeitserlaß).

**Savigny, Friedrich Carl von** – (1779–1861), deutscher Rechtslehrer und preuß. Staatsminister, Begründer der → historischen Rechtsschule, deren auch für das heutige Rechtsleben noch maßgebende Bedeutung in der Erkenntnis besteht, daß das Recht nicht nur in den im Gesetz niedergelegten Rechtsnormen zu finden ist, sondern daß Ordnungen anderer Art weitere Rechtsquellen sind, insbes. Sitten und Gebräuche, Gepflogenheiten und Lebensordnungen. Dieser noch fortwirkende Grundgedanke ist unabhängig von der Beurteilung der Folgerungen, zu denen die historische Rechtsschule gelangte (Ableitung des Rechts nicht aus einem → Naturrecht oder aus dem Willensakt einer Mehrheit – nämlich dem Gesetz –, sondern aus dem historisch Gewachsenen und Gewordenen; im Grunde demnach überwiegender Einfluß des Gewohnheitsrechts).

**Schachtelbeteiligung** nennt man die Beteiligung einer inländischen → Kapitalgesellschaft an einer anderen inländischen Kapitalgesellschaft zu mindestens 10%. Sie hat Bedeutung für die Ermittlung des Gewerbeertrags (→ Gewerbesteuer). Nach § 9 Nr. 2 a, 7 und 8 GewStG wird bei der Ermittlung des Gewerbeertrags der Gewinn um Gewinnausschüttungen aus Sch. an bestimmte Körperschaften gekürzt (sog. Schachtelprivileg). Diese Gewinnminderungen werden dem Gewerbeertrag wieder hinzugerechnet, wenn sie auf einer → Teilwertabschreibung, auf einen

Anteil an einer Körperschaft, auf einer Veräußerung oder Entnahme des Anteils oder auf der Auflösung oder Herabsetzung des Kapitals der Körperschaft beruhen (§ 8 Nr. 10 GewStG). Zur Schachteldividende § 13 AStG.

**Schachtelprivileg.** → Schachtelbeteiligung

**Schächten** → Tierschutz.

**Schaden** ist jeder Nachteil, den jemand durch ein bestimmtes Ereignis erleidet. Der Begriff umfaßt sowohl den *Vermögensschaden,* d. h. den in Geld oder geldwerten Gütern (Verpflichtungen) ausdrückbaren Nachteil, als auch den ideellen oder immateriellen *Nichtvermögensschaden* (Beeinträchtigung der Ehre, des Wohlbefindens usw.). Zum Vermögensschaden gehört nach der Rspr. auch nutzlos aufgewendete Urlaubszeit oder die entgangene Nutzungsmöglichkeit eines Kfz. (→ Straßenverkehrshaftung) oder eines sonstigen notwendigen Wirtschaftsguts (z. B. Haus, BGH NJW 1987, 50); ferner die Unterhaltspflicht sowie Aufwendungen für ein nach einem fehlerhaften ärztlichen Eingriff erzeugtes Kind (BGH NJW 1984, 2625 m. Nachw.). Grundsätzlich trägt jeder seinen Sch. selbst, insbes. den durch → Zufall eingetretenen (casum sentit dominus); die Pflicht, einem anderen → Schadensersatz zu leisten, bedarf eines besonderen Rechtsgrundes (z. B. Vertragsverletzung, unerlaubte Handlung). Die Ersatzpflicht für immateriellen Sch. ist nach dem BGB erheblich eingeschränkt. Über die Schadensberechnung, -arten, -ursachen usw. im einzelnen *Schadensersatz.* S. ferner → Vorteilsausgleichung, → Mitverschulden.

**Schadensanlage** → Schadensersatz (1 a).

**Schadensanzeige** → Versicherungsvertrag.

**Schadensausgleich** → Schadensersatz (2 a).

**Schadensbegründung aus der Person eines Dritten** → Schadensersatz (1 b).

**Schadensberechnung** → Schadensersatz (2 a, b).

**Schadensbeweis** → Schadensersatz (1 c).

**Schadensersatz** ist der Ausgleich des einer Person entstandenen → Schadens durch einen anderen. Eine Pflicht zum Sch. kann vertraglich vereinbart sein (→ Schadensversicherung); im übrigen beruht sie auf gesetzlicher Regelung. In Betracht kommen hier vornehmlich die Verletzungen von Vertrags- und vertragsähnlichen Pflichten (insbes. aus einem → gegenseitigen Vertrag) einerseits und die Haftung für → unerlaubte Handlungen und aus → Gefährdungshaftung andererseits; über die jeweilige Berechnung s. u.

1. a) Voraussetzung für jede gesetzliche Sch.pflicht ist, daß das schädigende Ereignis den eingetretenen Schaden verursacht hat (*Ursächlichkeit* oder *Kausalität*). Zwischen dem schädigenden Ereignis und dem Schaden, d. h. dem Unterschied zwischen der jetzigen Lage und dem Zustand, der ohne das schädigende Ereignis bestehen würde, muß ein ursächlicher Zusammenhang *(Kausalzusammenhang)* bestehen. An sich ist Ursache jede Bedingung, die nicht hinweggedacht werden kann, ohne daß zugleich der Erfolg entfiele *(conditio sine qua non);* danach ist Ursächlichkeit die Gesamtheit aller auf das Lebensverhältnis einwirkenden Bedingungen, die den Erfolg (Schaden) herbeiführen (sog. Bedingungs- oder *Äquivalenztheorie*). Diese Bedingungstheorie, die von der Gleichwertigkeit aller Bedingungen ausgeht und weitgehend im Strafrecht angewendet wird, ist im Zivilrecht, das verschiedentlich auch eine Haftung ohne → Verschulden kennt (→ Gefährdungshaftung), unbrauchbar. Nach der einschränkenden, heute im Zivilrecht ganz herrschenden Theorie des adäquaten Kausalzusammenhangs (sog. *Adäquanztheorie*) scheiden solche Kausalverläufe aus, die dem Verantwortlichen billigerweise rechtlich nicht mehr zugerechnet werden können. Der Schaden muß also vorhersehbar sein (anders im Rahmen der reinen Gefährdungshaftung, in deren Bereich es lediglich auf die Verwirklichung der spezifischen Gefahr ankommt); allerdings ist die Entscheidung objektiv (nicht nach der Person des Handelnden) und rückschauend (nach den damaligen Verhältnissen) zu treffen.

Daß der Schaden nur *mittelbar* eingetreten ist (sog. *Folgeschäden*), hindert eine adäquate Ursächlichkeit nicht. Eine solche ist daher zu bejahen z. B. zwischen dem Unfalltod eines Kindes und dem Nervenzusammenbruch der Mutter sowie zwischen einem Unfall, der zu einem Krankenhausaufenthalt führt, und einer dort erlittenen Infektion, aber zu verneinen z. B. wenn der Geschädigte in der Klinik von einem Mitpatienten im Streit verletzt wird (hier ist der Unfall nicht mehr adäquat kausal für die eingetretene Folge). Daß der Geschädigte besonders empfänglich für das schädigende Ereignis ist und der Schaden dadurch vergrößert wird (z. B. eine seelische Depression verlängert das Leiden), steht der Ursächlichkeit nicht entgegen; doch ist der Geschädigte verpflichtet, durch den Unfall entstandene bewußte oder unbewußte Begehrensvorstellungen – sog. *Renten-* oder *Unfallneurose* – zu bekämpfen (sonst → Mitverschulden). Die Adäquanztheorie muß jedoch durch die von Rspr. und Lehre entwickelte sog. *Normzwecktheorie* (oder Lehre vom *Rechtswidrigkeitszusammenhang*) ergänzt werden. Sch. kann danach nur verlangt werden, wenn die – adäquat verursachte – Tatfolge innerhalb des *Schutzbereichs* der verletzten Norm liegt. Dies gilt nicht nur bei Verletzung eines sog. Schutzgesetzes (→ unerlaubte Handlung, 2 b), sondern darüber hinaus bei allen Sch.ansprüchen, auch im Rahmen einer Vertragshaftung (z. B. unzureichende Beratung, BGH NJW 1990, 2057). Bei einem Anspruch aus § 823 I BGB (→ unerlaubte Handlung, 2 a) ist gleichfalls stets zu prüfen, ob der geltend gemachte Schaden innerhalb des Schutzzwecks dieser Vorschrift liegt, d. h. ob die Norm, gegen die der Schädiger verstoßen hat, den Zweck hatte, gerade eine Rechtsgutsverletzung der eingetretenen Art zu verhindern. Dies ist z. B. zu verneinen, wenn aufgrund einer Untersuchung nach einer Körperverletzung der Arzt eine bis dahin verborgene Krankheit entdeckt, die dazu führt, daß der Geschädigte früher pensioniert wird und dadurch einen weiteren Schaden erleidet.

Führen mehrere Ereignisse zusammenwirkend zum Schaden, so sind grundsätzlich auch beide in vollem Umfang ursächlich (z. B. Körperverletzung und anschließender Kunstfehler des Arztes). Der erste Kausalzusammenhang wird nur ausnahmsweise unterbrochen, wenn eine völlig neue Ursachenreihe begonnen wird, für die das erste schädigende Ereignis ohne jede praktische Bedeutung war. Umstritten ist insbes. die sog. *überholende Kausalität.* Hiervon spricht man, wenn der gleiche Schaden auch durch ein anderes Ereignis eingetreten wäre, das aber infolge des früheren Schadens nicht mehr zum Tragen kommt. (Beispiel: Haus A brennt; der Eigentümer des Hauses C beschädigt das zwischen A und C stehende Haus B, um sein Haus C zu retten. Ohne den Eingriff wäre das Haus B durch Funkenflug völlig zerstört worden.) Die Rspr. (BGH NJW 1988, 3265) lehnt hier die Berücksichtigung einer nur *hypothetischen Schadensursache* als solcher ab, berücksichtigt sie aber ggf. wertend bei der Schadenszurechnung, insbes. eine vorhandene *Schadensanlage:* Werden z. B. unberechtigterweise Früchte verkauft, die ohne diesen Verkauf bis zur Verwertungsmöglichkeit durch den Berechtigten weitgehend verfault gewesen wären, so ist infolge dieser Schadensanlage die Höhe des zu ersetzenden Schadens entsprechend verringert. Entsprechend verkürzt sich der Rentenanspruch des unterhaltsberechtigten Angehörigen eines Getöteten, der an Krebs litt, auf die mutmaßliche Dauer von dessen Leben ohne die unerlaubte Handlung (§ 844 II BGB). S. auch → Vorteilsausgleichung.

b) Wenn auch jeder adäquat verursachte, also auch der mittelbare Schaden bei Vorliegen eines Haftungsgrundes zu ersetzen ist, so hat doch grundsätzlich der nur mittelbar Geschädigte (Beispiel: Verletzung des Sängers, Einnahmeausfall des Theaters) keinen Ersatzanspruch, sofern dies nicht ausdrücklich geregelt ist (z. B. teilweise im Recht der → unerlaubten Handlungen). Ist bei Interessenwahrnehmung für einen Dritten (insbes. bei → mittelbarer Stellvertretung, → Kommission → Versendungskauf, nicht aber bei der → Produkthaftung) der Vertragspartner selbst nicht geschädigt, wohl aber der Dritte, der nicht Vertragspartner ist, so läßt die Rspr. kraft entsprechender ergänzender → Auslegung des Vertrags zu, daß der Vertragspartner (z. B. Kommissionär) den Schaden des Dritten (Kommittenten) im eigenen Namen – i. d. R. auf Leistung an den Dritten – geltend macht; sog. Schadensbegründung aus der Person eines Dritten oder *Drittschadensliquidation*. Entsprechendes gilt für den Anspruch des verletzten Arbeitnehmers, der vom Arbeitgeber das Gehalt trotz Krankheit fortbezahlt erhält und daher nicht geschädigt ist, gegen den Schädiger. Der Dritte (Geschädigte) kann hier den Anspruch erst nach → Abtretung im eigenen Namen geltend machen (vgl. § 255 BGB).

c) Wer Sch. begehrt, hat grundsätzlich Haftungsgrund, Ursächlichkeit und ggf. Verschulden des Schädigers nach den allgemeinen Regeln zu beweisen (*Schadensbeweis;* → Beweislast). Eine Beweiserleichterung bietet jedoch bei typischen Geschehensabläufen der sog. Beweis des ersten Anscheins (*prima-facie-Beweis;* → Anscheinsbeweis). Fährt jemand auf gerader Straße ohne ersichtlichen Anlaß mit dem Auto gegen einen Baum, so spricht bis zur Darlegung eines möglichen anderen Kausalzusammenhangs der Beweis des ersten Anscheins für eine Verursachung durch den Fahrer und für seine Fahrlässigkeit. Bei Dienst-, Werk-, Beherbergungs- und anderen Verträgen nimmt die Rspr. darüber hinaus – wie bei der → Unmöglichkeit der Leistung – eine echte Umkehrung der Beweislast an; hier muß also der Schuldner (z. B. Gastwirt) beweisen, daß ihn an dem in seinem Bereich entstandenen Schaden des Kunden kein Verschulden trifft. Entsprechendes gilt nach der Rspr. im Rahmen der → Produkthaftung sowie weitgehend für die Haftung des Arztes aus dem Arztvertrag für schädigende Eingriffe (→ Kunstfehler). Die Möglichkeit der *Schadenspauschalierung* durch → Allgemeine Geschäftsbedingungen ist eingeschränkt; der Nachweis der Gegenseite, ein Schaden sei nicht oder nicht im Umfang der Pauschale entstanden, muß möglich sein (§ 11 Nr. 5 AGBG). Im Verfahren, insbes. in der Schätzung der Schadenshöhe, ist das Gericht weitgehend von den sonstigen Beweisgrundsätzen freigestellt (§ 287 ZPO).

2. a) Wer zum Sch. verpflichtet ist, hat regelmäßig den früheren Zustand – in wirtschaftlich gleichwertiger Weise – wiederherzustellen (Grundsatz der *Naturalherstellung, Naturalrestitution,* § 249 S. 1 BGB). Sch. in Geld kann danach erst nach vorheriger Fristsetzung verlangt werden (§ 250 BGB). In den wichtigsten Fällen, nämlich wenn Sch. wegen Verletzung einer Person oder wegen Beschädigung einer Sache zu leisten ist, kann von vornherein Sch. in Geld beansprucht werden (§ 249 S. 2 BGB; der Geschädigte soll selbst reparieren können). So sind z. B. nach einem verschuldeten Verkehrsunfall auch die Miet(„Leih")wagenkosten (abzüglich ca. 15% für ersparte eigene Aufwendungen) in Geld zu ersetzen; i. e. → Straßenverkehrshaftung. Entschädigung in Geld ist ferner zu leisten, wenn die Naturalherstellung nicht möglich ist (z. B. bei Sch. wegen Nichterfüllung, s. u.) oder zur Entschädigung des Gläubigers nicht genügt (§ 251 I BGB). Ist die Herstellung für den Ersatzpflichtigen nur mit unverhältnismäßigen Aufwendungen möglich, so kann er den Gläubiger gleichfalls in Geld entschädigen (§ 251 II BGB, → Ersetzungsbefugnis; Sondervorschrift für die Heilbehandlung von → Tieren). Beim Ersatz von *„alt durch neu"* im Rahmen der Naturalherstellung (bei Beschädigung einer gebrauchten Sache) ist ein entsprechender (erheblicher) Mehrwert vom Ersatzberechtigten in Geld auszugleichen. Neben dem *technischen Minderwert* – eine beschädigte Sache ist z. B. leichter anfällig für eine neue Beschädigung – ist auch der sog. *merkantile Minderwert* zu ersetzen, auch wenn die beschädigte Sache nicht sofort weiter veräußert wird. Hierunter ist – insbes. bei einem unfallbeschädigten Kraftfahrzeug – der infolge möglicher verdeckter Mängel und geringerer Sicherheit gesunkene Verkaufswert zu verstehen. Der zu ersetzende Schaden umfaßt ferner i. d. R. (nicht bei Vertrauensschaden, s. u.) den *entgangenen Gewinn* (lucrum cessans). Dieser Gewinn kann konkret berechnet werden (s. u.); sonst gilt zur Beweiserleichterung als entgangen der Gewinn, der nach dem gewöhnlichen Lauf der Dinge oder nach den besonderen Umständen mit Wahrscheinlichkeit erwartet werden konnte (§ 252 BGB). Wegen eines Schadens, der nicht Vermögensschaden ist (→ Schaden), kann Naturalherstellung – z. B. Zurücknahme einer Beleidigung – immer, Entschädi-

gung in Geld jedoch nur in den durch Gesetz bestimmten Fällen (→ Schmerzensgeld; s. auch Allgemeines → Persönlichkeitsrecht) verlangt werden (§ 253 BGB). Ein *Liebhaberinteresse (Affektionsinteresse),* das wirtschaftlich nicht meßbar ist (z. B. die bes. Wertschätzung einer an sich wertlosen Sache), ist daher regelmäßig in Geld nicht zu ersetzen. Dagegen sieht die Rspr. den unfallbedingten Verlust der Möglichkeit, den eigenen Pkw. nutzen zu können, bereits als ersatzfähigen Vermögensschaden an (für anderweitigen Nutzungsentgang → Schaden). Der Vermögensschaden ist dabei nicht rein rechnerisch (Differenz) zu ermitteln; nach dem *normativen Schadensbegriff* (vgl. BGHZ 54, 45) sind z. B. auch Maßnahmen der Schadensvorsorge (sog. *Vorhaltekosten:* z. B. anteilige Kosten eines von einem Verkehrsbetrieb bereit gehaltenen Ersatzfahrzeugs) und Verdienstausfall trotz Lohnfortzahlung zu ersetzen. Die Höhe des zu ersetzenden Schadens wird durch → Mitverschulden des Geschädigten und → Vorteilsausgleichung gemindert.

b) Ist aus einem → Vertrag bei dessen Verletzung (→ Unmöglichkeit der Leistung, Schuldnerverzug, gegenseitiger Vertrag) Sch. wegen Nichterfüllung zu leisten, so geht die Ersatzpflicht auf das volle *Erfüllungsinteresse* (sog. *positives Interesse*); der Gläubiger ist im Wege des Sch. so zu stellen, wie wenn der Schuldner ordnungsgemäß erfüllt hätte. In anderen Fällen – z. B. bei einer → Anfechtung von Willenserklärungen wegen Willensmängeln, bei Haftung aus → Verschulden bei Vertragsschluß u. a. – ist nur der sog. *Vertrauensschaden (negatives Interesse)* zu ersetzen. Der Vertrauensschaden umfaßt alle Nachteile, die der Betreffende durch sein Vertrauen auf den Bestand des Rechtsgeschäfts erlitten hat (z. B. Transportkosten, Aufwendungen für Weiterverkauf, Vertragsstrafe), aber z. B. nicht einen entgangenen Gewinn oder die Differenz zwischen Kaufpreis und Wert der Sache. Bei einer Haftung aus → unerlaubter Handlung ist gleichfalls nur das negative Interesse zu ersetzen (das schließt Ersatz für entgangenen Verdienst oder für ähnliche Schäden nicht aus). Ist Sch. wegen Nichterfüllung aus einem → gegenseitigen Vertrag zu leisten, so gilt grundsätzlich – auch bei ungleichartigen Leistungen – die *Differenztheorie.* Danach werden die gegenseitigen Ansprüche nach ihrem Wert verrechnet; der Gläubiger hat lediglich einen einheitlichen Anspruch gegen den Schuldner in Höhe der ermittelten Differenz. Der Gläubiger ist jedoch berechtigt, nach der *Austauschtheorie* seine eigene Leistung dem Schuldner anzubieten und seinen Schaden in voller Höhe zu berechnen. Entsprechendes gilt, wenn er seine Leistung bereits erbracht hat; hier kann er seine eigene Leistung nur zurückverlangen, wenn er statt Sch. den → Rücktritt wählt. Dem Gläubiger steht es ferner frei, ob er seinen Schaden *konkret* oder *abstrakt* berechnen will: der Gläubiger kann entweder die konkreten Umstände vortragen, die seinen Schaden, insbes. die Höhe des entgangenen Gewinns dartun (z. B. Vergleich zwischen dem Vertragspreis und einer jetzt notwendig gewordenen Ersatzbeschaffung, sog. *Deckungskauf;* entsprechend *Deckungsverkauf,* z. B. bei Verzug mit der Kaufpreiszahlung); er kann den Schaden aber auch abstrakt (z. B. nach dem Marktpreis) berechnen.

**Schadensersatz wegen Nichterfüllung** → gegenseitiger Vertrag, → Schadensersatz (2 b).

**Schadensgeneigte Arbeit** → innerbetrieblicher Schadensausgleich, → Haftung des Beamten.

**Schadensliquidation aus der Person eines Dritten** → Schadensersatz (1 b).

**Schadensminderungspflicht** → Mitverschulden.

**Schadensrückversicherung** → Rückversicherung.

**Schadensverhütung** → Unfallschutz; s. a. im folg. (§ 62 VVG).

**Schadensversicherung.** Die S. ist eine Art der privatrechtlichen Versicherung. Über die allgemeinen Grundsätze hinaus (→ *Versicherungsvertrag*) unterliegen alle Sparten der S. den allgem. Vorschriften der §§ 49 ff. VVG; außerdem gelten Sonderbestimmungen für die wichtigsten Fälle der S., nämlich die → Haftpflichtversicherung, die → Feuerv., die → Hagelv., die → Tierv. und die → Transportv.; s. ferner → Reisegepäckversicherung. Im übrigen bestehen Allgemeine

→ Versicherungsbedingungen, die auch auf gesetzlich nicht geregelte Zweige wie Diebstahlsv., Glasv. und → Kaskov. anzuwenden sind.

Die S. kennt 3 Begrenzungen der Entschädigung im → Versicherungsfall: Es ist regelmäßig nur der entstandene Schaden zu ersetzen, ein entgangener Gewinn nur, wenn dies besonders vereinbart ist (§§ 53, 55 VVG). Der Versicherer haftet ferner nur bis zur sog. Versicherungssumme; höherer Schaden wird nur bis zur Höhe der Versicherungssumme ersetzt (§ 50 VVG). *Versicherungssumme* ist der im Versicherungsvertrag vereinbarte Höchstbetrag, bis zu dem der Versicherer einzustehen hat. Schließlich soll die Versicherungssumme nicht den Wert der versicherten Sache *(Versicherungswert),* der auf eine bestimmte Höhe vereinbart werden kann, übersteigen. Ist die V.summe erheblich höher als der V.wert *(Überversicherung),* so kann jeder Teil Herabsetzung der V.summe und der anfallenden Prämien verlangen (§ 51 VVG). Ist die Überv. vom V.nehmer beabsichtigt, um sich einen rechtswidrigen Vermögensvorteil zu verschaffen, so ist der Vertrag nichtig; dem Versicherer stehen aber bis zur Kenntniserlangung die vereinbarten Prämien zu (§ 51 III VVG). Ist die V.summe niedriger als der V.wert z. Zt. des Versicherungsfalls *(Unterversicherung),* so haftet der Versicherer für den eingetretenen Schaden grundsätzlich nur in einem entsprechenden Verhältnis (§ 56 VVG; z. B. V.wert 5000 DM, V.summe 3000 DM, Schaden 2000 DM: Ersatzpflicht nur in Höhe von 1200 DM). Eine zulässige Unterv. liegt in der sog. Versicherung auf erste Gefahr (auf erstes Risiko); hier ist – gegen eine entsprechend höhere Prämie – auch bei bewußter Unterv. der volle Schaden bis zur V.summe zu ersetzen. Eine Überv. kann auch dadurch eintreten, daß der Versicherungsnehmer das gleiche Risiko bei mehreren Versicherern decken läßt *(Doppelversicherung).* Diese Doppelv. ist bei Anzeige an den Erstversicherer – ausgenommen bei Betrugsabsicht, s. o. – zulässig; die mehreren Versicherer haften als → Gesamtschuldner insgesamt bis zur Höhe des eingetretenen Schadens (§ 59 VVG).

Der Versicherungsnehmer ist verpflichtet, bei Eintritt des V.falls nach Möglichkeit für die Abwendung und Minderung des Schadens zu sorgen (§ 62 VVG). Verletzt der V.nehmer vorsätzlich oder grob fahrlässig (→ Verschulden) diese → Obliegenheit oder führt er vorsätzlich oder grob fahrlässig den V.fall herbei (z. B. Anzünden des feuerversicherten Gebäudes, → Versicherungsbetrug), so wird der Versicherer von seiner Leistungspflicht befreit (§ 61 VVG). Über die Art und Höhe des zu ersetzenden Schadens → Versicherungsvertrag (a. E.). Steht dem V.nehmer aufgrund des schädigenden Ereignisses ein Schadensersatzanspruch gegen einen Dritten (Schädiger) zu, so geht – wie bei der Sozialversicherung – ohne besondere → Abtretung diese Forderung auf den Versicherer über, soweit er dem V.nehmer den Schaden ersetzt; der *gesetzliche Forderungsübergang* kann aber nicht zum Nachteil des V.nehmers geltend gemacht werden (§ 67 VVG; bei Schädigung eines familienangehörigen Hausgenossen nur bei vorsätzlichem Handeln). Über die Beendigung des V.verhältnisses → Versicherungsvertrag. Besteht das versicherte Interesse nicht, so ist der V.nehmer von der Prämienzahlungspflicht befreit; fällt es nachträglich weg (z. B. völlige Zerstörung der versicherten Sache), so endet die Prämienzahlungspflicht in dem Augenblick, in dem der Versicherer hiervon Kenntnis erhält (§ 68 VVG). Der V.nehmer kann die versicherte Sache – unter unverzüglicher Anzeige an den Versicherer (sonst Leistungsbefreiung nach 1 Monat) – veräußern. Der Erwerber tritt hiermit automatisch in die Rechtsstellung des V.nehmers ein; hins. der für die laufende Versicherungsperiode zu zahlenden Prämie haften Veräußerer und Erwerber als → Gesamtschuldner (§ 69 VVG). Innerhalb eines Monats kann der Erwerber ohne Frist, der Versicherer mit Kündigungsfrist von 1 Monat das V.verhältnis kündigen (§ 70 VVG). Entsprechendes gilt für den Erwerb in der → Zwangsversteigerung (§ 73 VVG). Die S. kann von dem V.nehmer auch für einen anderen – mit oder ohne sofortige Benennung der Person des versicherten Dritten – abgeschlossen werden *(Fremdversicherung).* Bei dieser Versicherung für fremde Rechnung stehen die Rechte aus dem V.vertrag grundsätzlich dem versicherten Dritten zu; der V.nehmer kann aber über die Rechte aus dem V.vertrag – z. B. durch Abtretung – verfügen, der Dritte nur, wenn er im Besitz des an sich dem V.nehmer zustehenden → Versicherungsscheins ist (§§ 74 ff. VVG).

**Schadstoffarme Autos** (Begriff, Anerkennung) s. § 47 III–V nebst Anl., § 23 VII, VIII StVZO; *steuerlich* → Kraftfahrzeugsteuer (2.), Mineralölsteuer.

**Schallaufnahmen** (Schallplatte, Tonband) gehören rechtlich zu den → Tonträgern und sind wie diese vielfach → Schriften oder Schriftwerken gleichgestellt, so in § 11 III StGB, § 1 III Ges. über die Verbreitung → jugendgefährdender Schriften und Medieninhalte. S. a. → Urheberrecht, → Unbrauchbarmachung.

**Schallschutz** → Immissionsschutz (öff.-rechtl., 2).

**Schallzeichen** → Warnzeichen.

**Schändung** → Vergewaltigung.

**Schankanlagen** → Getränkeschankanlagen.

**Schanker** → Geschlechtskrankheiten.

**Schankerlaubnis** → Gaststätte.

**Schankerlaubnissteuer.** Einmalige → Gemeindesteuer bei Erlaubniserteilung zum ständigen Betrieb einer Gastwirtschaft oder Schankwirtschaft oder eines Branntweinkleinhandels. Die → Bemessungsgrundlage ist landesrechtlich verschieden, z. B. Vomhundertsatz des Einheitswerts, des Jahresertrags, seltener des Umsatzes.

**Schankgefäße** sind Gefäße, die zum gewerbsmäßigen Ausschank von Getränken gegen Entgelt bestimmt sind und erst bei Bedarf gefüllt werden. Sie dürfen nur verwendet oder bereitgehalten werden, wenn sie einen Füllstrich, die Bezeichnung des durch den Füllstrich begrenzten Volumens und ein von der Physikalisch-Technischen Bundesanstalt anerkanntes Herstellerzeichen aufweisen und die festgesetzten Fehlergrenzen für Schankgefäße einhalten (§§ 18, 19 Eichgesetz; SchankgefäßVO vom 5. 11. 1971, BGBl. I 1782 m. Änd.).

**Schankwirtschaft** betreibt, wer im → stehenden Gewerbe alkoholische oder nichtalkoholische Getränke zum Verzehr an Ort und Stelle verabreicht. Der Betrieb einer S. ist ein → Gaststättengewerbe (§ 1 I Nr. 1 GastG).

**Schattenhaushalt.** Als S. bezeichnet man die mancherlei Umgehungen des öffentlichen Haushaltsrechts, die durch Auslagerung von öffentlichen Funktionen auf „private" Rechtsträger zu erreichen sind. Je nach Gestaltung wird damit z. B. das Bruttoprinzip vermieden, d. h. im Haushalt erscheint lediglich die Differenz von Einnahmen und Ausgaben, auch können Aufgabenbereiche ganz verschwinden, indem sie nurmehr als Subvention erscheinen. Solches läßt sich z. B. mit (angeblicher) → Privatisierung öffentlicher Aufgaben erreichen.

Im weiteren Sinne gehört zum S. auch die Verdeckung von Kreditaufnahmen z. B. in dem Sinne, daß ein Kredit lediglich als laufende Zahlung etwa aus einem Leasing-Vertrag erscheint. Die Bildung von S. verstößt gegen elementare haushaltsrechtliche Prinzipien (Haushaltsklarheit, Haushaltswahrheit u. a.), unterliegt allerdings kaum einer Kontrolle, solange nicht verfassungsrechtliche Bindungen unterlaufen werden.

**Schatz** ist eine → Sache, die so lange verborgen gelegen hat, daß ihr Eigentümer nicht mehr zu ermitteln ist. Wird ein Sch. entdeckt und infolge der Entdekkung in → Besitz genommen *(Schatzfund),* so wird das Eigentum zur Hälfte von dem *Finder (Fund)*, zur anderen Hälfte von dem Eigentümer der Sache, z. B. des Grundstücks, erworben, in der der Sch. verborgen war (§ 984 BGB, → Eigentumserwerb); es entsteht also → Miteigentum. Landesrechtlich verschieden geregelt sind die Rechte und Pflichten der Betroffenen bei Ausgrabungen (→ Bodenaltertümer).

**Schatzanweisung** → Inhaberschuldverschreibung.

**Schätzung der Besteuerungsgrundlagen.** Soweit das Finanzamt die B. nicht ermitteln oder berechnen kann, insbes. bei Nichtabgabe der Steuererklärung (→ Besteuerungsverfahren), hat es sie zu schätzen (§ 162 AO), und zwar so, daß die größtmögliche Wahrscheinlichkeit für die Richtigkeit gegeben ist. Dabei sind alle als Schätzungsgrundlage in Betracht kommenden Umstände zu prüfen. Zum Zusammenhang Schätzung und ordnungsmäßige Buchführung R 29 II EStR.

**Schaufensterauslagen** sind auch bei Preisangabe nach h. M. noch kein Angebot, das durch bloße Annahmeerklärung des Kaufwilligen zum Vertragsschluß führt, sondern nur die Aufforderung an den Kunden, seinerseits ein Angebot zu machen (invitatio ad offerendum; → Vertrag, 1). S. a. → Preisangaben.

**Schaumwein,** Herstellung und Kennzeichnung → Weingesetz.

**Schaumweinsteuer** belastet Schaumweine mit 266 DM pro hl und schaumweinähnliche Getränke mit 100 DM pro hl bei einem Alkoholgehalt von weniger als 6% vol. Ges. vom 21. 12. 1992 (BGBl. I 2176, zuletzt geänd. 12. 7. 1996, BGBl. I 962). Die Steuerschuld entsteht bei Entfernung aus dem Herstellungsbetrieb, dessen Inhaber → Steuerschuldner ist, oder bei → Entnahme innerhalb des Herstellungsbetriebs.

**Schaustellungen von Personen** sind gewerberechtlich erlaubnispflichtig (→ Gewerbezulassung) für jeden, der sie gewerbsmäßig veranstaltet oder für sie seine Geschäftsräume zur Verfügung stellt (§ 33 a GewO). Z. T. anders als früher gilt dies aber nicht mehr für Darbietungen mit überwiegend künstlerischem, sportlichem, akrobatischem oder ähnlichem Charakter. Die Erlaubnis, die zum Schutz von Gästen, Nachbarn und Bewohnern des Betriebsgrundstücks mit → Nebenbestimmungen versehen werden kann, erfordert → Zuverlässigkeit des Gewerbetreibenden und Eignung der Betriebsräume. S., von denen zu erwarten ist, daß sie den guten Sitten zuwiderlaufen, dürfen nicht erlaubt werden.

**Scheck** ist ein schuldrechtliches → Wertpapier, das in bestimmter Form ausgestellt, als S. bezeichnet werden und auf die Zahlung einer bestimmten Geldsumme (Schecksumme) lauten muß. Der S. ist eine besondere Form der → Anweisung; er darf nur auf eine Bank, Sparkasse oder bestimmte öffentliche Anstalten gezogen werden (Art. 3, 54 SchG). Die Bestandteile eines S. sind in Art. 1 SchG vorgeschrieben. Ein S. lautet z. B.: „Scheck-Nr. ..., DM 1000, X-Bank München. Zahlen Sie gegen diesen Scheck aus meinem Guthaben in Worten eintausend Deutsche Mark an (Name) oder Überbringer. München, 1. 8. 1998. Unterschrift des Ausstellers". Im Gegensatz zum → Wechsel kann ein S. nicht angenommen werden (Art. 4 SchG). Auch ein → Indossament des → Bezogenen ist nichtig (Art. 15 III SchG). Außerdem ist der S. zwingend bei Sicht zahlbar (Art. 28 I SchG); dadurch soll vermieden werden, daß der S., der lediglich dem Zahlungsverkehr dienen soll, als Kreditmittel benutzt wird. Der S. ist ein → Orderpapier, kommt aber praktisch nur als → Inhaberpapier vor, weil die Banken auf Grund ihrer Bedingungen nur solche S. einlösen, auf denen die Überbringerklausel (Art. 5 II SchG) nicht gestrichen ist. Die Scheckverbindlichkeit ist abstrakt, d. h. sie besteht unabhängig und neben dem Rechtsgeschäft, das der Scheckgebung zugrunde liegt (→ Kausalgeschäft). Wer einen S. ausstellt, haftet für dessen Zahlung (Art. 12 SchG). Ferner können aus einem S. noch der Indossant und der → Scheckbürge haften (Art. 18, 27 SchG). Das Recht aus dem S. wird wie eine Sache durch Übereignung übertragen (→ Begebungsvertrag), außerdem durch → Indossament (Art. 17 I SchG). Der Inhaber eines S. ist ohne weiteres legitimiert, das Recht aus dem S. geltend zu machen; da praktisch nur Inhaberschecks vorkommen, ist das Indossament für die Legitimation des Inhabers als Indossator (Art. 19 SchG) unnötig. Ein S., der im Land der Ausstellung zahlbar ist, muß binnen 8 Tagen nach Ausstellung zur Zahlung vorgelegt werden (Art. 29 I SchG). Diese Vorlegungsfrist ist länger, wenn der S. nicht in demselben Land oder Erdteil ausgestellt und zahlbar ist (Art. 29 II, III SchG). Wird die Vorlegungsfrist versäumt, so beschränkt sich die Haftung des Ausstellers auf den → Scheckbereicherungsanspruch. Die bezogene Bank braucht nur gegen Aushändigung des quittierten S. zu zahlen (Art. 34 SchG). Zahlt sie nicht, insbes. weil der S. widerrufen, nicht rechtzeitig vorgelegt oder nicht gedeckt ist, so kann der

Scheckinhaber Rückgriff nehmen (→ Scheckregreß); das setzt einen → Scheckprotest voraus. Ansprüche aus dem S. können durch → Scheckmahnbescheid oder im → Scheckprozeß besonders schnell eingeklagt werden. Der S. hat eine erhebliche wirtschaftliche Bedeutung für den bargeldlosen Zahlungsverkehr. Er hat sich vor allem seit dem 19. Jh. von England aus international verbreitet. Das Scheckrecht ist wie das Wechselrecht auf Grund der Genfer Scheckrechtskonferenz von 1931 international weitgehend gleichartig geregelt. Das deutsche Scheckgesetz vom 14. 8. 1933 (RGBl. I 597) beruht darauf. S. a. → Eurocheque. S. ferner → Travellerscheck, → Verrechnungsscheck, → Barscheck.

**Scheckbereicherungsanspruch.** Er entspricht dem → Wechselbereicherungsanspruch und steht dem Inhaber des → Schecks gegen den → Aussteller zu, wenn der → Scheckregreß dadurch ausgeschlossen ist, daß der Scheck nicht rechtzeitig vorgelegt wurde. Der Sch. verjährt in einem Jahr seit Scheckausstellung (Art. 58 SchG).

**Scheckbürge** ist, wer die → Bürgschaft für die Zahlung der Schecksumme übernimmt (Art. 25 SchG). Die Vorschriften sind denen für den → Wechselbürgen nachgebildet. Sie wird auf den Scheck oder auf einen Anhang gesetzt (Art. 26 SchG). Der S. haftet dann wie der → Aussteller oder Indossant, für den er sich verbürgt hat (Art. 27 SchG).

**Scheckkarte** ist eine von einer Bank oder Sparkasse ausgestellte schriftliche Erklärung, worin sich der Aussteller verpflichtet, → Schecks des Inhabers der Sch. bis zu 400 DM einzulösen (s. a. → Eurocheque). Diese → Einlösungsgarantie verstößt nicht gegen das Annahmeverbot des Art. 4 SchG. S. a. → Kreditkarte.

**Scheckkartenfälschung** → Fälschung von Zahlungskarten und Euroscheckvordrucken.

**Scheckkartenmißbrauch** → Mißbrauch von Scheck- und Kreditkarten.

**Scheckmahnbescheid** (§ 703 a ZPO) entspricht dem → Wechselmahnbescheid für Ansprüche aus einem → Scheck.

**Scheckprotest** ist eine öffentliche Beurkundung, daß die Zahlung des rechtzeitig vorgelegten Schecks verweigert worden ist. Der S. ist Voraussetzung für den → Scheckregreß. Der S. wird jedoch meistens durch die schriftliche, datierte Erklärung der bezogenen Bank ersetzt, in der unter Angabe des Vorlegungstages bestätigt wird, daß der rechtzeitig eingelieferte Scheck nicht bezahlt worden ist (Art. 40 Nr. 2 SchG). Die Form des S. ist dem → Wechselprotest nachgebildet (Art. 55 III SchG).

**Scheckprozeß** ist eine Unterart des → Urkundenprozesses; darin können Ansprüche aus einem → Scheck wie im → Wechselprozeß geltend gemacht werden (§ 605 a ZPO).

**Scheckregreß** (Scheckrückgriff). Wird der rechtzeitig vorgelegte Scheck nicht eingelöst, so kann der Inhaber gegen den → Aussteller und gegen die → Indossanten, ferner gegen die → Scheckbürgen Rückgriff nehmen (Art. 40 SchG). Voraussetzung ist ein → Scheckprotest oder eine dem Art. 40 oder Nr. 2 oder 3 entsprechende Erklärung der bezogenen Bank oder Abrechnungsstelle. Alle aus dem Scheck Verpflichteten haften dem Inhaber als → Gesamtschuldner. Im S. kann der Inhaber verlangen: die Schecksumme, mind. 6% Scheckzinsen (→ Wechselzinsen) seit dem Vorlegungstag (bei Einlösung durch Dritte: Einlösungstag), die Protestkosten, andere Auslagen und 1/3% Provision (Art. 45 Nr. 2, 46 Nr. 2 SchG). Im übrigen ist der S. dem → Wechselregreß nachgebildet.

**Scheidemünzen** sind Münzen aus Legierungen unedler Metalle, bei denen der Metallwert unter dem Nennwert liegt. Nach dem Ges. über die Ausprägung von Scheidemünzen vom 8. 7. 1950 (BGBl. 323) m. Änd. werden S. über 1, 2, 5, 10 und 50 Deutsche Pfennig sowie über 1, 2, 5 und 10 Deutsche Mark (DM) augegeben. Die Ausprägungen über den Betrag von 20 DM je Kopf der Bevölkerung hinaus bedürfen der Zustimmung des Zentralbankrates der Deutschen Bundesbank. Auf DM lautende S. brauchen im gewöhnlichen

Zahlungsverkehr nur bis zum Betrag von 20 DM, auf Pfennig lautende Münzen nur bis zum Betrag von 5 DM in Zahlung genommen zu werden (§ 3; beschränktes gesetzliches Zahlungsmittel). Bundes- und Landeskassen haben Münzen in jedem Betrag in Zahlung zu nehmen oder in andere gesetzliche Zahlungsmittel umzutauschen.

**Scheidung der Ehe** → Ehescheidung.

**Scheidungsfolgesachen** → Ehesachen, → Ehescheidung (2).

**Scheidungsverbund** → Ehesachen.

**Scheidungsverträge** → Ehescheidung (4, 5), Ehesachen.

**Scheinbedingung** → Bedingung.

**Scheinbestandteil** → Bestandteil.

**Scheinehe** → Nichtehe; s. a. → eheähnliche Gemeinschaft.

**Scheinerklärung** → Scheingeschäft, → Willenserklärung.

**Scheingeschäft.** Eine nicht ernstlich gemeinte → Willenserklärung, die in der Erwartung abgegeben wird, der Mangel der Ernstlichkeit werde nicht verkannt werden, ist nichtig (*Scherzgeschäft,* § 118 BGB, z. B. bei einer ersichtlich übertriebenen Jahrmarktsanpreisung). Das gleiche gilt für eine empfangsbedürftige Willenserklärung (Scheinerklärung), die im Einverständnis mit dem Empfänger nur zum Schein abgegeben wird (*Scheingeschäft, simuliertes Geschäft,* § 117 I BGB). Beim S., das regelmäßig abgeschlossen wird, um andere (Gläubiger) zu täuschen, ist also Voraussetzung, daß beide Beteiligten tatsächlich in der mangelnden Ernstlichkeit des Rechtsgeschäfts übereinstimmen. Kein S. – und damit keine Nichtigkeit der Willenserklärung – liegt dagegen vor, wenn das betreffende Geschäft tatsächlich ernsthaft gewollt ist, z. B. wenn jemand Vermögensgegenstände einem Verwandten überträgt, um sie dem Zugriff der Gläubiger zu entziehen, oder wenn – vor allem aus steuerlichen Gründen – der erstrebte Erfolg auf Umwegen erreicht werden soll *(Umgehungsgeschäft;* zur Wirksamkeit → Gesetzwidrigkeit von Rechtsgeschäften) oder wenn ein Geschäft durch einen vorgeschobenen → *Strohmann* abgewickelt wird. Auch hier soll der Strohmann die Rechte im eigenen Namen statt des eigentlich das Geschäft tragenden Hintermannes erwerben; die Willenserklärung kann allerdings aus anderen Gründen nichtig sein (z. B. wegen Verstoßes gegen ein gesetzliches Verbot o. dgl.). Ein S. liegt schließlich auch nicht beim fiduziarischen (→ Treuhand-) Geschäft vor, da auch dort die Übertragung der vollen Rechtsmacht (z. B. des Eigentums) ernsthaft gewollt ist, wenn auch im Innenverhältnis die Abrede einer nur beschränkt möglichen Verwertung besteht (→ Sicherungsübereignung). Wird durch ein S. ein anderes Rechtsgeschäft verdeckt (z. B. Grundstückskauf über 500 000 DM; aus steuerlichen Gründen werden nur 200 000 DM beurkundet, sog. *Schwarzkauf*), so gilt dieses sog. verdeckte oder *dissimulierte* Geschäft, wenn es den hierfür aufgestellten Erfordernissen genügt (beim Schwarzkauf ist die Vereinbarung über 200 000 DM als Scheingeschäft, die über 500 000 DM mangels Beurkundung, also insgesamt nichtig, aber Heilung möglich durch Auflassung und Eintragung; → Grundstückskaufvertrag). Für die *Besteuerung* sind Scheingeschäfte und Scheinhandlungen ohne Bedeutung (z. B. die Begründung eines Scheinwohnsitzes). Wird durch ein Scheingeschäft ein anderes Rechtsgeschäft verdeckt, so ist das verdeckte Rechtsgeschäft für die Besteuerung maßgebend (§ 41 II AO). → Wirtschaftliche Betrachtungsweise.

**Scheingesellschaft.** Wird der Anschein erweckt, es bestehe eine → Handelsgesellschaft, obwohl sie in Wirklichkeit, insbes. wegen Fehlens oder Nichtigkeit des → Gesellschaftsvertrags, nicht besteht, so werden gutgläubige Dritte, die mit der Gesellschaft in Rechtsverkehr treten, dadurch geschützt, daß die Gesellschafter der Sch. sich so behandeln lassen müssen, als bestünde die Gesellschaft wirklich. Insbes. haften sie für die Verbindlichkeiten persönlich und unmittelbar gemäß § 128 HGB. → Faktische Gesellschaft.

**Scheinkaufmann** wird ein → Kaufmann genannt, der unter bestimmten Voraussetzungen kraft Gesetzes als → Kaufmann behandelt wird, weil das

Vertrauen auf den → Rechtsschein geschützt wird. Wer im privaten Rechtsverkehr als Kaufmann auftritt, wird auch rechtlich als solcher angesehen und den meist strengeren Vorschriften des Handelsrechts unterstellt. Sch. kraft Eintragung (§ 5 HGB) ist, wer mit seiner → Firma im → Handelsregister eingetragen ist und ein → Gewerbe betreibt, auch wenn es kein → Handelsgewerbe ist. Unter diesen Voraussetzungen tritt die Fiktion zugunsten desjenigen ein, der sich auf die Eintragung im Handelsregister beruft; auf Gutgläubigkeit kommt es hierbei nicht an. Sch. kraft Auftretens ist, wer öffentlich so handelt, als ob er Kaufmann sei (z. B. indem er eine Firma führt) und dadurch einen dementsprechenden Rechtsschein erzeugt. Dann tritt zugunsten gutgläubiger Dritter ebenfalls die Fiktion ein, auch wenn der betreffende Sch. weder ein Gewerbe betreibt noch im Handelsregister eingetragen ist. Sch. kann in allen Fällen eine natürliche Person oder eine → Handelsgesellschaft (→ Scheingesellschaft) sein.

**Schein-KG** → Immobilienfonds.

**Scheinselbständigkeit** → Arbeitnehmer, → wirtschaftliche Betrachtungsweise; → freie Berufe.

**Scheinurteil (-entscheidung)** → Nichtigkeit gerichtlicher Entscheidungen.

**Scheinvater** → Abstammung (3 a, d).

**Scheinvollmacht** → Vollmacht; s. a. → Rechtsschein.

**Scheinwerfer** → Beleuchtung von Fahrzeugen.

**Scheitern der Ehe** → Ehescheidung (2), → Getrenntleben der Ehegatten.

**Schengener Übereinkommen** (SÜ), benannt nach dem Verhandlungsort Sch. in Luxemburg, vom 14. 6. 1985 (GMBl. 1986, 79 = BAnz. 1990 Nr. 217 a) wurde von den Benelux-Staaten, Frankreich und Deutschland geschlossen mit dem Ziel, die → Grenzkontrollen an den Binnengrenzen im Rahmen des → Binnenmarktes abzubauen und an die Außengrenzen zu Drittstaaten (→ EG-Außengrenze. EG-Binnengrenzen) zu verlagern. Nähere Regelungen wurden im *Durchführungsübereinkommen* (SDÜ) vom 19. 6. 1990 (BGBl. 1993 II 1010) m. Änd. getroffen, dem nachträglich Griechenland, Italien, Österreich, Portugal und Spanien beigetreten sind. Darin verpflichten sich die Vertragsstaaten u. a., zum Ausgleich für den Abbau der Grenzkontrollen grenzüberschreitende → Nacheile und → Observation, → Rechtshilfe in Strafsachen, → Auslieferung und Überstellung zu erleichtern, die Kontrollen der Außengrenzen zu verstärken und eine gemeinsame Fahndungsdatei zu schaffen, in der Daten über gesuchte Personen und Sachen gespeichert werden (*Schengener Informationssystem – SIS*). Das SDÜ wurde bislang für die Benelux-Staaten, Deutschland, Frankreich, Portugal und Spanien am 26. 3. 1995 (BGBl. 1996 II 242) sowie für Italien, Österreich und Griechenland in der Folgezeit in Kraft gesetzt. Ein Protokoll zum Vertrag von Amsterdam vom 2. 10. 1997 (BGBl. 1998 II 429) bezieht den Schengen-Besitzstand für die EU-Mitgliedstaaten mit Ausnahme von Großbritannien, Irland und Dänemark in den Rahmen der EU ein.

**Schenkung** ist ein → Vertrag (also nicht einseitig!), durch den jemand aus seinem Vermögen einen anderen unentgeltlich bereichert (*Handschenkung*, § 516 BGB); die Vermögensvermehrung auf der einen Seite muß also der Minderung auf der anderen Seite entsprechen. Der Grund der Zuwendung ist gleichgültig; sie muß nur unentgeltlich, d. h. ohne Gegenleistung, die nicht unbedingt in Geld zu bestehen braucht, erbracht werden. So kann z. B. eine Sch. in der Hingabe eines zinslosen Darlehens liegen, in einem → Erlaßvertrag, in einem → Vertrag zugunsten Dritter (→ Lebensversicherung), in dem bewußten Verjährenlassen einer Forderung usw., u. U. auch in nachträglichen zusätzlichen Zuwendungen für geleistete Dienste, sofern nicht hierin noch ein Entgelt aus dem → Dienstvertrag zu sehen ist (z. B. → Ruhegeld). Keine Sch. – mangels Aufgabe aus dem eigenen Vermögen – liegt vor, wenn jemand zugunsten eines anderen auf einen Vermögenserwerb verzichtet oder eine Erbschaft oder ein Vermächtnis ausschlägt (§ 517 BGB). Zur ehebezogenen Zuwendung → Mitarbeit der

Ehegatten. S. ferner → Ausstattung, → Aussteuer. Oftmals ist die Abgrenzung zu anderen Rechtsgeschäften (Kauf, Tausch) schwierig, z. B. bei einem besonders billigen Verkauf an einen Freund. Bei einer derartigen *gemischten Sch.* (negotium mixtum cum donatione) ist regelmäßig das Rechtsgeschäft in einen entgeltlichen Teil (nach Kaufrecht) und einen unentgeltlichen Teil hinsichtlich des Mehrwerts (nach Schenkungsrecht) aufzuteilen. Eine Sch. kann auch mit einer → *Auflage* verbunden werden; hier kann der Schenker nach Erbringen seiner Leistung die Vollziehung der Auflage verlangen (§ 525 BGB). Ein etwas anderer Begriff der Sch. gilt im Steuerrecht (Schenkungsteuer, → Erbschaftsteuer).

Die Sch. (Handschenkung) ist als solche formlos. Ein *Schenkungsversprechen,* d. h. ein Vertrag, in dem eine Leistung für die Zukunft schenkweise versprochen wird, bedarf aber notarieller Beurkundung (→ Formerfordernisse, 1 c); der Mangel der Form wird durch Bewirken der Leistung geheilt (§ 518 BGB). Besonderheiten gelten ferner für die → Sch. von Todes wegen. Der Schenker hat nur Vorsatz und grobe Fahrlässigkeit zu vertreten, z. B. bei Nichterfüllung des Sch.versprechens (§ 521 BGB); für Sach- und Rechtsmängel (→ Gewährleistung) haftet er i. d. R. nur bei Arglist (§§ 523, 524 BGB). Wird der Schenker nachträglich bedürftig, so kann er die Erfüllung eines Sch.versprechens wegen *Notbedarfs* verweigern (§ 519 BGB) und regelmäßig eine bereits vollzogene Sch. nach den Vorschriften über die → ungerechtfertigte Bereicherung zurückverlangen (§§ 528 f. BGB). Notbedarf ist insbes. anzunehmen, wenn der Schenker nicht mehr seinen angemessenen Unterhalt bestreiten oder seinen gesetzlichen Unterhaltspflichten nachkommen kann. Eine Sch. kann ferner widerrufen werden, wenn sich der Beschenkte durch eine schwere Verfehlung gegen den Schenker oder einen nahen → Angehörigen des groben Undanks schuldig gemacht hat (§§ 530 ff. BGB). Die Rückforderung wegen Notbedarfs und der *Widerruf* wegen groben Undanks sind ausgeschlossen bei Sch., die einer sittlichen Pflicht oder einer auf den Anstand zu nehmenden Rücksicht entspringen (z. B. Unterstützung von Geschwistern, Weihnachtsgeschenke usw., § 534 BGB).

**Schenkung von Todes wegen.** Ein Schenkungsversprechen, das unter der → Bedingung erteilt wird, daß der Beschenkte den Schenker überlebt, unterliegt, um die Umgehung der erbrechtlichen Formvorschriften zu vermeiden, grundsätzlich den Bestimmungen über → Verfügungen von Todes wegen (*vorweggenommene Erbfolge;* § 2301 I BGB); mit vertragsmäßiger Bindung kann es als Erbeinsetzung oder Vermächtnis nur durch → Erbvertrag erreicht werden. Ist dagegen das Versprechen unbedingt und nur die *Erfüllung* bis nach dem Tode des Schenkers *hinausgeschoben,* so finden die Vorschriften über die → Schenkung unter Lebenden (Form des Schenkungsversprechens nach § 518 BGB) ebenso Anwendung, wie wenn der Schenker eine echte Sch. v. T. w. bereits durch Leistung des zugewendeten Gegenstandes dinglich vollzieht (§ 2301 II BGB); die Bedingung steht der Rückleistungspflicht bei Vorversterben des Beschenkten nicht entgegen.

Darüber hinaus läßt § 331 BGB einen formlosen → *Vertrag zugunsten Dritter* auf den Todesfall mit dem Inhalt zu, daß das Bezugsrecht des Dritten erst mit dem Tod des Erblassers entsteht. Dies ist von besonderer Bedeutung beim → Lebensversicherungsvertrag, der deshalb – wie auch andere Verträge auf den Todesfall (z. B. der → Übergabevertrag) – nicht der Form der Verfügung von Todes wegen bedarf.

**Schenkungsanfechtung** → Insolvenzanfechtung, → Gläubigeranfechtung.

**Schenkungsteuer** → Erbschaftsteuer (Schenkungsteuer).

**Schenkungsversprechen** → Schenkung, → Schenkung von Todes wegen.

**Scherzartikel** → Bedarfsgegenstände, Spielwaren.

**Scherzgeschäft** → Scheingeschäft.

**Schichtarbeit** → Arbeitszeit.

**Schickschuld** → Leistungsort.

**Schiedsabrede** → Schiedsvereinbarung.

**Schiedsamt** → Schiedsperson. S. der Krankenkassen und Kassenärztlichen Vereinigungen → Kassenarzt.

**Schiedsgericht** ist das private Gericht, das im → schiedsrichterlichen Verfahren entscheidet. Die Parteien können die Anzahl der → Schiedsrichter und das Verfahren zu ihrer Bestellung vereinbaren. Fehlt eine solche Vereinbarung, so besteht das Sch. aus 3 Personen (§§ 1034, 1035 ZPO). Der Vorsitzende eines Sch. wird (Schieds-)Obmann genannt. Man unterscheidet das Gelegenheitsschiedsgericht (für eine einzelne Streitigkeit gebildet) und das institutionelle Sch. (meist von Wirtschaftsverbänden o. dgl. für bestimmte Streitigkeiten dauernd eingerichtet), z. B. ein Bühnenschiedsgericht (→ Theater) oder ein von einer Rechtsanwaltskammer oder von einer → Industrie- und Handelskammer eingerichtetes ständiges Sch. S. a. → Sportrecht.

**Schiedsgerichtshof, Ständiger.** Zur Entscheidung von Streitigkeiten zwischen → Völkerrechtssubjekten durch unbeteiligte Dritte besteht neben zahlreichen auf → bilateralen oder → multilateralen Abkommen beruhenden Schiedsgerichten seit der ersten und zweiten Haager Friedenskonferenz (1899, 1907) der St. Sch. im Haag. Jeder der Vertragsstaaten benennt 4 zum Schiedsrichteramt qualifizierte Persönlichkeiten, die in einer Liste geführt werden. Rufen zwei Streitteile den St. Sch. an, so wählen sie aus dieser Liste je zwei Persönlichkeiten aus, von denen aber nur eine die Staatsangehörigkeit des Streitteiles haben darf. Die Ausgewählten bestimmen aus der Liste einen fünften Schiedsrichter als Vorsitzenden. Eine Verpflichtung, bei Vorliegen einer Streitigkeit den St. Sch. anzurufen (sog. „Obligatorium"), besteht nur, soweit sie einzelvertraglich begründet ist. Von 1900 bis 1958 hat der St. Sch. nur 24 Schiedssprüche gefällt. Der St. Sch. ist zu unterscheiden vom → Internationalen Gerichtshof.

**Schiedsgutachtervertrag** ist der privatrechtliche Vertrag, durch den die Parteien vereinbaren, daß ein Schiedsgutachter bestimmte Tatsachen (z. B. Wert, Preis, Schaden) bindend festzustellen hat. Die Vorschriften über das → schiedsrichterliche Verfahren (§§ 1025–1066 ZPO) sind hierauf nicht anwendbar; es gelten vielmehr die Regeln über die Bestimmung der Leistung durch einen Dritten (→ Leistung).

**Schiedsklausel** → Schiedsvereinbarung.

**Schiedsperson.** Der S. wird in den Ländern, in denen die frühere preuß. Schiedsmannsordnung i. d. F. vom 3. 12. 1924 (GS 751) – meist mit Änd. – gilt, als → Vergleichsbehörde nach § 380 StPO vor Erhebung der → *Privatklage* tätig. Diese kann wegen Hausfriedensbruchs, Beleidigung, leichter, gefährlicher oder fahrlässiger Körperverletzung, Bedrohung, Sachbeschädigung und Verletzung des Briefgeheimnisses erst betrieben werden, nachdem ein → Sühneversuch vor der S. oder der sonst zuständigen Vergleichsbehörde erfolglos geblieben ist (→ Prozeßvoraussetzung).

Auf Antrag des Privatklägers lädt die der S., in deren Bezirk der Beschuldigte wohnt, diesen und den Antragsteller zum *Sühnetermin;* die S. kann Kostenvorschuß verlangen. Erscheint der Antragsteller nicht, findet eine Verhandlung nicht statt; beim Ausbleiben des Beschuldigten, das Verhängung von → Ordnungsgeld nach sich ziehen kann, wird angenommen, daß er sich auf eine Verhandlung nicht einlassen wolle. Kommt ein Vergleich zustande, wird er von der S. protokolliert. Ist der Sühneversuch erfolglos, so erhält der Antragsteller hierüber eine Bescheinigung, die er mit der Privatklage einreicht. Vom Sühneversuch kann abgesehen werden, wenn beide Parteien nicht in demselben Gemeindebezirk wohnen.

Die preuß. SchiedsmannsO ist durch Landesgesetze oder -verordnungen geändert oder neugefaßt worden in Berlin, Hessen, Niedersachsen, Nordrhein-Westfalen, Rheinland-Pfalz, Saarland und Schleswig-Holstein. In Brandenburg, Mecklenburg-Vorpommern, Sachsen, Sachsen-Anhalt und Thüringen nimmt nach dem Ges. über die Schiedsstellen in den Gemeinden vom 13. 9. 1990 (GBl. I 1527), das weitergilt, die S. diese Aufgaben der Schiedsstellen wahr (vgl. Kleinknecht/Meyer-Goßner, § 380 StPO, Rn. 3).

Die S. kann auch in *bürgerlich-rechtlichen Streitigkeiten* über vermögensrechtliche Ansprüche geringer Höhe oder Nachbarstreitigkeiten tätig werden, z. B. nach §§ 13 ff. des Hessischen SchiedsamtsG. vom 28. 3. 1994 (GVBl. 148). Sie übt ein → Ehrenamt aus, erhält aber für seine Amtshandlungen Gebühren. Sie untersteht der Dienstaufsicht der Justizverwaltung.

**Schiedsrichter** sind die für ein → Schiedsgericht bestellten Richter. Sch. kann jede geschäftsfähige Person sein. Die Sch. werden in erster Linie durch die Parteien des Rechtsstreits bestellt, die hierbei auf kompetente Personen ihres Vertrauens (auch z. B. im kaufmännischen oder technischen Bereich) zurückgreifen können. Ersatzweise ist die Bestellung durch das staatliche Gericht vorgesehen (Einzelheiten § 1035 ZPO). Sch. können wie Richter abgelehnt werden (§ 1037 ZPO, → Ablehnung von Gerichtspersonen).

**Schiedsrichterliches Verfahren** ist das Verfahren der → Schiedsgerichte. Das sch. V. ist in erster Linie in §§ 1025–1066 ZPO geregelt. Hier treten die Schiedsgerichte an die Stelle der staatlichen Gerichte, die ihrerseits im sch. V. nur in begrenztem Umfang tätig werden (§ 1026 ZPO), insbes. für vorläufige oder sichernde Maßnahmen (z. B. → einstweilige Verfügung, § 1033 ZPO), sofern diese nicht auch das Schiedsgericht anordnet ( 1041 ZPO). Das sch. V. wird im Regelfall aufgrund einer → Schiedsvereinbarung eingeleitet, kann aber auch auf einer einseitigen Erklärung (z. B. in einer → Verfügung von Todes wegen) beruhen (§ 1066 ZPO).

Das Schiedsgericht kann erforderlichenfalls über die eigene Zuständigkeit (und damit über die Wirksamkeit der Schiedsvereinbarung) entscheiden (§ 1040 ZPO). Abgesehen von einigen grundlegenden Verfahrensregeln (z. B. Gewährung des rechtlichen Gehörs; kein Ausschluß von Rechtsanwälten als Bevollmächtigte) unterliegt das sch. V. der Vereinbarung der Parteien (§ 1042 ZPO). Soweit eine solche nicht vorliegt, bestimmt das Schiedsgericht sein Verfahren (z. B. Durchführung einer mündlichen Verhandlung; Zulässigkeit und Umfang einer Beweiserhebung) weitgehend nach freiem Ermessen (§§ 1042 IV, 1047 ZPO).

Das sch. V. endet üblicherweise mit einem Schiedsspruch oder einem Schiedsvergleich. *Schiedsspruch* ist die endgültige Entscheidung des Schiedsgerichts über den → Streitgegenstand (und i. d. R. über die Kosten des sch. V., § 1057 ZPO). Der Schiedsspruch ist schriftlich abzufassen, von den Schiedsrichtern zu unterschreiben, i. d. R. (wie ein Urteil) zu begründen und den Parteien zu übersenden (§ 1054 ZPO; zur Frage des hierbei anzuwendenden materiellen Rechts vgl. § 1051 ZPO). Vergleichen sich die Parteien während des sch. V., so hält das Schiedsgericht auf Antrag der Parteien diesen *Schiedsvergleich* in der Form eines „Schiedsspruchs mit vereinbartem Wortlaut" fest, der dieselbe Wirkung wie jeder andere Schiedsspruch zur Sache hat (§ 1053 ZPO).

Der Schiedsspruch hat unter den Parteien die Wirkung eines rechtskräftigen Urteils (§ 1055 ZPO). Er kann deshalb nicht mit Rechtsmitteln angegriffen und auch vom ordentlichen Gericht (Zuständigkeit: Oberlandesgericht) nur aufgehoben werden, wenn das sch. V. oder der Schiedsspruch an bestimmten, im Gesetz im einzelnen aufgezählten gewichtigen Mängeln leidet (§§ 1059, 1062 ff. ZPO). Aus einem inländischen Schiedsspruch (einschließlich des genannten Schiedsvergleichs) findet die → Zwangsvollstreckung statt, wenn dieser vom zuständigen Oberlandesgericht für vollstreckbar erklärt worden ist (§§ 1060, 1062 ff. ZPO); er ist dann → Vollstreckungstitel (§ 794 I Nr. 4 a ZPO). Die Anerkennung und Vollstrekkung ausländischer Schiedssprüche richtet sich gemäß § 1061 ZPO nach dem New Yorker Übereinkommen über die Anerkennung und Vollstreckung ausländischer Schiedssprüche vom 10. 6. 1958 (BGBl. 1961 II 121). Das sch. V. in Arbeitsstreitigkeiten ist nach Voraussetzungen und Verfahren in §§ 101 ff. ArbGG besonders geregelt. S. a. → Anwaltsvergleich.

**Schiedsrichtervertrag** ist der privatrechtliche Vertrag zwischen den Parteien und einem → Schiedsrichter; er begründet beiderseits Rechte und Pflichten, für den Schiedsrichter insbes.

den Anspruch auf Vergütung und Auslagenersatz.

**Schiedsspruch** → schiedsrichterliches Verfahren.

**Schiedsvergleich** → schiedsrichterliches Verfahren.

**Schiedsvereinbarung.** Die Sch. ist eine Vereinbarung der Parteien, alle oder einzelne Streitigkeiten, die zwischen ihnen entstanden sind oder künftig entstehen, der Entscheidung durch ein → Schiedsgericht zu unterwerfen (§ 1029 I ZPO). Eine Sch. *(Schiedsvertrag)* kann dabei in einer selbständigen Vereinbarung *(Schiedsabrede)* oder in Form einer Klausel in einem Vertrag *(Schiedsklausel)* geschlossen werden (§ 1029 II ZPO). Gegenstand einer Sch. kann grdsätzl. jeder vermögensrechtliche Anspruch sein (Ausnahme: Rechtsstreitigkeiten, die den Bestand eines Mietverhältnisses über Wohnraum im Inland betreffen); auch über nicht vermögensrechtliche Ansprüche kann eine Sch. insoweit abgeschlossen werden, als die Parteien berechtigt sind, über den Gegenstand des Streites einen → Vergleich zu schließen (z. B. bei einer Verletzung des → Persönlichkeitsrechts, § 1030 ZPO). Auch bei Arbeitsstreitigkeiten ist eine Sch. möglich (§§ 101 ff. ArbGG). Die Sch. muß sich auf ein bestimmtes Rechtsverhältnis vertraglicher oder nicht vertraglicher Art beziehen. Sie muß in einem von den Parteien unterzeichneten Schriftstück oder in sonstigen zwischen ihnen gewechselten Schreiben, Fernkopien usw. enthalten sein (§ 1031 I ZPO). Sch., an denen ein Verbraucher (natürliche Person, bei der der Gegenstand der Streitigkeit weder ihrer gewerblichen noch ihrer sonstigen beruflichen Tätigkeit zugerechnet werden kann) beteiligt ist, müssen in einer eigenhändig unterzeichneten Urkunde enthalten sein, die andere Vereinbarungen als solche, die sich auf das → schiedsrichterliche Verfahren beziehen, nicht enthalten darf (§ 1031 V ZPO). Der Mangel der Form wird aber durch Einlassung auf die schiedsgerichtliche Verhandlung zur Hauptsache geheilt (§ 1031 VI ZPO). Die Sch. führt zur Unzulässigkeit der Klage im ordentlichen Verfahren, wenn der Beklagte dies vor Beginn der mündlichen Verhandlung zur Hauptsache rügt (§ 1032 ZPO).

**Schiedsvertrag** → Schiedsvereinbarung.

**Schienenfahrzeuge,** insbes. Straßenbahnen, haben im Straßenverkehr kein Recht zur → Vorfahrt, aber begrenzten Durchfahrtvorrang vor dem Parallelverkehr (§ 2 III StVO). Ferner haben sie Vorrang an → Bahnübergängen mit Andreaskreuz, Fußwegen usw. Beim Nahen eines S. an gesicherten Übergängen usw. besteht Wartepflicht für andere Fz. und Fußgänger (§ 19 StVO). S. a. → Überholen, → Haltestellen. Über Haftpflicht → Gefährdungshaftung, → Eisenbahnbetriebshaftung; über strafbare Betriebsgefährdung → Transportgefährdung.

**Schießbefehl** wird die Regelung genannt, die den Grenzsoldaten der ehem. DDR gebot oder erlaubte, auf Menschen zu schießen, die das Land ohne Erlaubnis verlassen wollten. Der S. wird als unerträglicher Verstoß gegen die Menschenrechte angesehen und beseitigte daher die → Rechtswidrigkeit der → Körperverletzung oder → Tötung des flüchtenden Menschen nicht. Personen, die den S. erließen oder zu dessen Befolgung aufforderten, können als → mittelbare Täter oder wegen → Teilnahme an der Straftat verantwortlich sein. Ein Rechtfertigungsgrund für diese Straftaten ergibt sich auch nicht aus der Staatspraxis der DDR oder aus § 27 DDR-Grenzgesetz (BVerfG JZ 1997, 142; BGH NJW 1993, 141 und 1932; 1994, 2703 und 2708; 1995, 2728; 1996, 2042). S. a. → DDR-Straftaten.

**Schiff** ist ein Wasserfahrzeug, das zur Beförderung von Personen oder Sachen bestimmt ist und eine gewisse Größe erreicht hat (nicht Ruderboot, Floß, schwimmendes Hotel, Wrack auf Meeresgrund, wohl aber Schwimmkran, Schwimmdock). Wenn ein Sch. in einem dem → Grundbuch entsprechenden *Schiffsregister,* das vom Amtsgericht des Heimathafens geführt wird (Einzelheiten Schiffsregisterverordnung i. d. F. vom 26. 5. 1994, BGBl. I 1138), eingetragen ist (i. d. R. die meisten Seeschiffe und die größeren Binnenschiffe; Voraussetzung ist das → Eigentum einer natürlichen oder juristischen Person der BRep.), wird es rechtlich wie ein → Grundstück behandelt (§§ 2 ff. des Ges. über Rechte an eingetragenen Schiffen und Schiffsbauwerken vom 15. 11. 1940, RGBl. I 1499 m. spät. Änd.). Das eingetragene Seeschiff ist durch bloße → Einigung (§ 2 SchiffsRG; das Seeschiffsregister wird anschließend nur berichtigt), das eingetragene Binnenschiff durch Einigung und Eintragung in das Binnenschiffsregister (§ 3 SchiffsRG) zu übereignen. Zur dinglichen Sicherung kann eine der → Hypothek entsprechende *Schiffshypothek* bestellt werden. Die nicht eingetragenen Schiffe folgen dagegen den Regeln über bewegliche Sachen mit der Erleichterung, daß bei nicht eingetragenen Seesch. (aus tatsächlichen Gründen) die Übergabe des → Besitzes bei Einigung über den sofortigen Eigentumsübergang nicht erforderlich ist (§§ 929 a, 932 a BGB). Entsprechendes gilt für die Verpfändung nicht eingetragener Sch. (→ Schiffspfandrecht). → Reederei, → Haverei, → Schiffer, → Schiffspfandbriefbank.

**Schiffahrt** → Binnenschiffahrt, → Küstenschiffahrt, → Seeschiffahrt.

**Schiffahrtsgerichte** sind besondere Abteilungen der → Amtsgerichte, die im ersten Rechtszug für die Entscheidung in → Binnenschiffahrtssachen zuständig sind. Über die → Berufung entscheidet das → Oberlandesgericht als Schiffahrtsobergericht. Verfahren und Zuständigkeit sind im Gesetz über das Verfahren in Binnenschiffahrtssachen vom 27. 9. 1952 (BGBl. I 641) m. spät. Änd. geregelt. S. a. → Rheinschiffahrtsgerichte.

**Schiffer** (Schiffskapitän, Kapitän, → Schiffsführer) ist der Führer eines Schiffes. Seine Rechte und Pflichten im Seehandel, insbes. gegenüber → Reeder, → Befrachter, → Ablader, Ladungsempfänger, Reisenden, Schiffsbesatzung und Schiffsgläubigern sind in den §§ 511–555 HGB geregelt.

**Schifferbetriebsverbände** → Binnenschiffahrt.

**Schiffsattest** → Binnenschiffahrt.

**Schiffsbauwerk** ist ein im Bau befindliches Schiff. Auf das Schbw. finden – ebenso wie auf Schwimmdocks – die Vorschriften über → Schiffe entsprechende Anwendung.

**Schiffsbesatzung** → Binnenschiffahrt, *Seeschiffahrt* u. im folg.

**Schiffseigner** → Reeder.

**Schiffsführer** bedürfen einer besonderen Erlaubnis (Schifferpatent), deren Erteilung den Nachweis der nautischen Befähigung in einer Prüfung voraussetzt. Hins. der Schiffsführer auf Seeschiffen s. Seeleute. Für Schiffsführer und -mannschaften auf Binnenschiffen s. Ges. über die Aufgaben des Bundes auf dem Gebiet der Binnenschiffahrt vom 4. 8. 1986 (BGBl. I 1270) sowie Binnenschiffer-Patentverordnung vom 7. 12. 1981 (BGBl. I 1333) m. spät. Änd., welche die Anforderungen an die Befähigung und Eignung festlegt. Sondervorschriften bestehen für das Führen von Fahrzeugen auf Rhein, Mosel und Donau (RheinschifferpatentVO, Anl. 1 zur EinführungsVO vom 26. 3. 1976, BGBl. I 757; VO über das Führen von Fahrzeugen auf der Mosel vom 17. 9. 1966, BGBl. II 786; DonauschifferPatentVO vom 22. 7. 1960, VerkBl. 292).

**Schiffsgefährdung** (§ 297 StGB) → Konterbande; (§§ 315, 315 a StGB) → Transportgefährdung.

**Schiffsgläubiger** ist der → Gläubiger bestimmter Forderungen, für die kraft Gesetzes ein → Pfandrecht am Schiff, seinem Zubehör und an der → Fracht besteht (§§ 755, 756 HGB; Verjährung §§ 901 ff. HGB). Zu den gesicherten Forderungen zählen insbes. die öffentlichen Schiffahrts- und Hafenabgaben, → Lotsgelder, Ansprüche der Besatzung aus Dienst- und Heuerverträgen, Beiträge zur großen → Haverei usw. (§ 754 HGB). Zwischen diesen Forderungen besteht ein gesetzliches Rangverhältnis (§§ 762 ff. HGB). Die S. werden aus dem Schiff und der Fracht nach den für die → Zwangsvollstreckung geltenden Vorschriften befriedigt (§ 760 HGB).

**Schiffshypothek** → Schiff.

**Schiffsmakler** ist ein → Handelsmakler, der Geschäfte des Seeverkehrs, insbes. Charterverträge, vermittelt und darüber hinaus verschiedene Tätigkeiten für → Reeder ausführt.

**Schiffspart** ist der Anteil eines Mitreeders am Schiff (→ Reeder).

**Schiffspfandbrief** ist eine → Inhaberschuldverschreibung, die von einer → Schiffspfandbriefbank ausgestellt und durch Schiffshypotheken (→ Schiff) gesichert ist. Die Ausgabe von Sch. beruht auf dem Schiffsbankgesetz (→ Schiffspfandbriefbank).

**Schiffspfandbriefbank** ist eine Bank, die Darlehen gegen Sicherung durch ein → Schiffspfandrecht oder eine Schiffshypothek (→ Schiff) zur Verfügung stellt und auf Grund der erworbenen Forderungen → Schiffspfandbriefe ausgibt. Die Rechte und Pflichten der Sch. sind durch das Schiffsbankgesetz i. d. F. vom 8. 5. 1963 (BGBl. I 302) m. spät. Änd. geregelt. Die Schiffspfandbriefgläubiger genießen, ähnlich wie bei der Deckungshypothek der → Hypothekenbanken, insbes. bei → Insolvenz der Bank ein Recht auf vorzugsweise Befriedigung aus den Schiffshypotheken.

**Schiffspfandrecht** ist die dingliche Belastung eines → Schiffs. An nicht eingetragenen Schiffen ist ein normales → Pfandrecht, bei eingetragenen eine Schiffshypothek (→ Schiff) zu bestellen. → Schiffspfandbriefbank.

**Schiffsregister** → Schiff; zum Seeschiffahrtsregister → Seeschiffahrt.

**Schiffssicherheit** → Seeschiffahrt.

**Schiffsunfall** → Haverei, → Seeamt.

**Schiffsversicherung** → Transportversicherung, → Seeversicherung.

**Schikaneverbot.** Die Ausübung eines → subjektiven Rechts ist nach § 226 BGB unzulässig, wenn sie nur den Zweck haben kann, einem anderen Schaden zuzufügen; die Schädigungsabsicht muß also der einzige Zweck sein (z. B. der Vater untersagt dem Sohn das Betreten seines Grundstücks, auf dem sich das Grab der Mutter befindet). Das Sch. ist ein besonderer Fall des Verbots des → Rechtsmißbrauchs und des die gesamte Rechtsordnung beherrschenden Grundsatzes von → Treu und Glauben. Nach diesen allgemeinen Bestimmungen (§ 242 BGB) ist darüber hinaus jede Handlung untersagt, die in einer willkürlich ungleichen Behandlung mehrerer Beteiligter besteht (insbes. im Arbeits- oder Gesellschaftsverhältnis, → Gleichbehandlungsgrundsatz; über die Voraussetzungen → Willkür). S. ferner → unerlaubte Handlung, → Unterlassungsanspruch.

**Schlachtbetriebe.** Für Schlacht- und sonstige Fleischverarbeitungsbetriebe kann durch Rechtsverordnung eine behördliche Zulassung (→ Gewerbezulassung) eingeführt werden (§ 5 Nr. 2 → FleischhygieneGes.), wenn sie Erzeugnisse für den innergemeinschaftlichen Handel gewinnen. Die Vorschriften sind noch nicht erlassen.

**Schlachten** → Tierschutz.

**Schlachterlaubnis** → Fleischhygiene.

**Schlachttierbeschau** → Fleischhygiene.

**Schlachtviehmärkte** → Vieh- und Fleischgesetz.

**Schlachtviehversicherung** → Tierversicherung.

**Schlägerei.** Schon die bloße Beteiligung an einer S. kann strafbar sein, auch wenn dem Beteiligten nicht nachzuweisen ist, daß er einen anderen körperlich verletzt hat. Ist durch eine S. (unter mindestens 3 Personen) oder durch einen Angriff mehrerer der Tod eines Menschen oder eine schwere → Körperverletzung i. S. des § 226 StGB verursacht worden, so wird jeder an der S. Beteiligte nach § 231 StGB schon wegen dieser Beteiligung mit Freiheitsstrafe bis zu 3 Jahren oder Geldstrafe bestraft, es sei denn, daß er ohne sein Verschulden in die S. hineingezogen worden ist, z. B. weil er einem Angehörigen zu Hilfe gekommen ist. Beteiligung ist nicht nur physische, sondern auch psychische Mitwirkung (durch anfeuernde Zurufe u. dgl.). Ist bei einer S. eine der vorgenannten schweren Folgen beabsichtigt, kann Tateinheit mit §§ 211, 212 oder § 226 StGB vorliegen. Ist keine der schweren Folgen eingetreten, kann § 224 StGB anwendbar sein. Zur zivilrechtlichen Haftung → unerlaubte Handlung (5), → Tumultschäden.

**Schlanker Staat.** Dieses politische Schlagwort bezeichnet das Ziel der Bemühungen, den personellen und finanziellen Aufwand für die öffentliche Verwaltung sowie zugleich deren Kontroll- und Regelungsbefugnisse zu reduzieren; für private und unternehmerische Eigeninitiative sollen hierdurch Spielräume erweitert und Ressourcen freigesetzt werden. Hinsichtlich der Zielvorgaben im einzelnen und des Weges, um diese zu erreichen, besteht kein in sich geschlossenes Konzept. Die Einzelheiten sind sehr umstritten (siehe auch → Deregulierung, → Privatisierung, → Rechtsbereinigung, → Rechtsvereinfachung, → Subsidiarität).

**Schlechterfüllung, -lieferung** → positive Vertragsverletzung, → gegenseitiger Vertrag.

**Schlechtwettergeld** wurde bis zum 31. 12. 1995 in Betrieben des Baugewerbes gewährt, wenn in der Schlechtwetterzeit aus Witterungsgründen an einem Arbeitstag mindestens 1 Arbeitsstunde ausfiel und das Arbeitsverhältnis nicht gekündigt werden konnte. An seine Stelle ist das → Winterausfallgeld getreten.

**Schleierfahndung** → Grenzkontrollen.

**Schleppen** von Fahrzeugen → Abschleppen.

**Schlepperunwesen** ist die Bezeichnung für die organisierte Unternehmung zur Einreise und zum Aufenthalt von nicht dazu berechtigten → Ausländern. Zur Bekämpfung des S. dienen insbes. die Strafvorschriften über amtliche → Ausweise sowie gegen das Einschleusen von Ausländern (§§ 92 a, 92 b AuslG) und die Verleitung zur mißbräuchlichen Asylantragstellung (§§ 84, 84 a AsylVfG). S. auch illegale → Beschäftigung.

**Schlepplohn** ist die Vergütung für das Schleppen eines Schiffes; er gehört zu den gewöhnlichen Kosten der Seeschifffahrt und fällt grundsätzlich dem → Verfrachter allein zur Last (§ 621 HGB).

**Schleppnetzfahndung** ist die umgangssprachliche Bezeichnung für die nach § 163 d StPO zwecks Ergreifung eines Täters oder zur Aufklärung einer Straftat zulässige Speicherung von Daten, die bei einer grenzpolizeilichen Kontrolle oder einer → Kontrollstelle nach § 111 StPO angefallen sind. Sie setzt den Verdacht einer begangenen Straftat einer → terroristischen Vereinigung, eines → Raubes mit Waffen oder eines bestimmten schweren Verstoßes gegen das Waffen- oder das Betäubungsmittelgesetz voraus. Die Maßnahme bedarf einer schriftlichen richterlichen Anordnung bzw. Bestätigung und ist zeitlich befristet. Bei Wegfall der Anordnungsvoraussetzungen oder Zweckerreichung sind die Maßnahmen zu beenden und die Daten unverzüglich zu löschen. Von den Maßnahmen sind die Personen, gegen die nach Auswertung der Daten weitere Ermittlungen geführt worden sind, i. d. R. zu benachrichtigen. S. a. → Datenabgleich, → Rasterfahndung.

**Schleswig-Holstein** ist nach seiner – früher als „Landessatzung" (vom 13. 12. 1949, GVBl. 1950, 3) bezeichneten – Verfassung (Gesetz vom 13. 6. 1990, GVBl. 391) ein Gliedstaat der BRep. Der Landtag ist das oberste Organ der politischen Willensbildung; er wählt die Ministerpräsidentin oder den Ministerpräsidenten, übt die gesetzgebende Gewalt aus, kontrolliert die vollziehende Gewalt und behandelt öffentl. Angelegenheiten (Art. 10). Art. 12 regelt Aufgaben und Stellung der parlamentarischen Opposition. Die Gesetze werden vom Landtag oder durch Volksentscheid beschlossen. Art. 41, 42 regeln Initiativen aus dem Volk, Volksbegehren und Volksentscheid. Die Landesregierung ist im Bereich der vollziehenden Gewalt oberstes Leitungs-, Entscheidungs- und Vollzugsorgan. Die M'präsidentin oder der M'präsident beruft die Landesministerinnen und -minister (Art. 26). Die Richterinnen und Richter werden von der zuständigen Ministerin oder dem zuständigen Minister gemeinsam mit einem Richterwahlausschuß berufen. Ein eigenes Verfassungsgericht sieht die Verfassung nicht vor; Art. 44 legt für bestimmte Fälle die Zuständigkeit des → Bundesverfassungsgerichts fest. Die Verwaltung liegt unterhalb der Ministerien bei Kreisen, Ämtern, Gemeinden und Städten; eine Mittelinstanz besteht nicht.

**Schlichte Änderung.** Ein Steuerbescheid, der nicht vorläufig nach § 165 I

AO ergangen ist und der nicht unter dem Vorbehalt der Nachprüfung (§ 164 I AO) steht, kann außerhalb des → Außergerichtlichen Rechtsbehelfsverfahrens nur geändert werden, soweit der Steuerpflichtige zustimmt oder seinem Antrag der Sache nach entsprochen wird. Bei Änderung zugunsten des Steuerpflichtigen gilt dies nur, soweit der Steuerpflichtige vor Ablauf der Einspruchsfrist zustimmt oder einen entsprechenden Antrag stellt (§ 172 I Nr. 2 a AO). Wegen dieses kurzen Fristenlaufs hat die s.Ä. kaum praktische Bedeutung. Die s.Ä. ändert den Steuerbescheid nur punktuell. Alternativ zum Antrag auf s.Ä. kann der Steuerpflichtige außergerichtlichen Rechtsbehelf einlegen, der keinen Änderungsantrag vor Ablauf der Rechtsbehelfsfrist erfordert. Umdeutung vom Antrag auf s.Ä. auf außergerichtlichen Rechtsbehelf und umgekehrt ist zulässig. → Abhilfe.

**Schlichtes Verwaltungshandeln** wird im Gegensatz zum „schlicht-hoheitlichen Verwaltungshandeln" (→ hoheitliche Gewalt) für rein tatsächliche Handlungen der öff. Verwaltung (→ Realakte) verwendet, denen der Charakter des → Verwaltungsakts mangelt.

**Schlicht-hoheitliches Handeln** (einer Verwaltungsbehörde) → hoheitliche Gewalt.

**Schlichtung** ist die Mithilfe zur Beilegung von Streitigkeiten zwischen Parteien eines → Tarifvertrags oder einer → Betriebsvereinbarung. Ziel der S. ist Abschluß eines (neuen) Tarifvertrags oder einer Betriebsvereinbarung. S.-Behörden sind die Schieds(Schlichtungs)-ausschüsse, die Landesschlichter und die oberste Arbeitsbehörde der Länder. Neben der staatlichen S. (ges. Grundlage ist das KRG Nr. 35, ergänzt durch LdGes.; s. Nipperdey, ArbeitsR, Nrn. 520–524) besteht die durch Tarifvertrag vereinbarte freiwillige S. Grundsätzlich müssen sich die Parteien einigen. Schiedssprüche im staatlichen S.verfahren sind nur unter bestimmten Voraussetzungen verbindlich. Ein → Arbeitskampf ist erst nach Durchführung der S. zulässig.

**Schlichtungsstellen** → Gütestellen.

**Schließfach** → Verwahrung.

**Schlitten** → Wintersport.

**Schlußanhörung (Schlußgehör)** ist im Strafverfahren die Gewährung des → rechtlichen Gehörs für den Beschuldigten vor Erlaß einer abschließenden ihn belastenden Entscheidung. Der Beschuldigte darf nicht unversehens mit einem strafgerichtlichen Verfahren überzogen werden. Er ist deshalb spätestens vor Abschluß des → Ermittlungsverfahrens zu hören, falls dieses nicht eingestellt wird (§ 163 a StPO). Ferner hat der Vorsitzende des Gerichts im → Eröffnungsverfahren dem Angeschuldigten die Anklageschrift mit einer Erklärungsfrist mitzuteilen (§ 201 StPO). Über die *Schlußanhörung* der StA und des Angeklagten nach Abschluß der Beweisaufnahme vor Entscheidung über die → Wiederaufnahme des Verfahrens vgl. § 369 IV StPO.

**Schlußbesprechung** → Außenprüfung.

**Schlüsselgewalt.** Der – als solcher überholte – Begriff bezeichnete früher die beschränkte Vertretungsbefugnis der Ehefrau im Rahmen ihres häuslichen Wirkungskreises. Die → eheliche Lebensgemeinschaft berechtigt auch heute die Ehegatten grundsätzlich nicht ohne besondere → Vollmacht zur gegenseitigen *Vertretung* bei Rechtshandlungen. Unabhängig vom → Güterstand ist jedoch jeder Ehegatte im Rahmen einer gemeinsamen Haushaltsführung (also nicht bei nicht nur vorübergehendem → Getrenntleben der Ehegatten) berechtigt, → Rechtsgeschäfte zur angemessenen Deckung des Lebensbedarfs der Familie mit Wirkung auch für den anderen Ehegatten zu besorgen (§ 1357 I 1, III BGB); diese Regelung ist verfassungsgemäß. Durch solche Geschäfte werden mithin beide Ehegatten (also auch der Handelnde selbst) berechtigt und verpflichtet, soweit sich aus den Umständen nicht etwas anderes ergibt, z. B. das Geschäft ersichtlich nur für den einen Ehegatten abgeschlossen worden ist (§ 1357 I 2 BGB). Was „angemessene Deckung des Lebensbedarfs" ist, ist nach den Lebensverhältnissen der Ehegatten naturgemäß verschieden; hierzu zählen z. B. die Beschaffung von Lebensmitteln, angemessener Kleidung, Hausrat und einzelnen Einrichtungsgegenständen, aber auch die laufenden Ausgaben für die Kindererziehung, ggfs.

die Einstellung und Entlassung einer Hausangestellten, das Vermieten eines Zimmers sowie die Zuziehung eines Arztes für die Familienangehörigen; nicht dagegen der Kauf oder das Mieten der Familienwohnung, deren vollständige Einrichtung, die Unterzeichnung von Wechseln und sonstigen Schuldurkunden, wie überhaupt nicht solche Geschäfte, die über den Familienbedarf hinausgehen („angemessen") oder einer gemeinsamen Besprechung der Ehegatten bedürfen (z. B. umfangreiche Ratenzahlungsverpflichtungen aus einem → Kreditvertrag). Zur Frage der Finanzierung (Wirtschaftsgeld) → Unterhaltspflicht der Ehegatten. Ein Ehegatte kann die S. des anderen beschränken oder ausschließen; besteht hierfür jedoch kein ausreichender Grund, so hat das → Vormundschaftsgericht auf Antrag die Beschränkung oder Ausschließung aufzuheben. Dritten gegenüber wirkt die Beschränkung oder Ausschließung ohnedies nur, wenn sie dem Dritten – z. B. durch Zeitungsinserat – bekannt oder im → Güterrechtsregister eingetragen ist (§§ 1357 II, 1412 BGB).

**Schlußerbe** → Berliner Testament.

**Schlußgehör** → Schlußanhörung.

**Schlußgespräch** → Betreuung.

**Schlüssiges Handeln** → Willenserklärung (I 2).

**Schlüssigkeit** ist ein prozeßrechtlicher Begriff. Schlüssig ist eine Klage, wenn das tatsächliche Vorbringen des Klägers, als richtig unterstellt, den Klageantrag rechtfertigt, ihn also begründet erscheinen läßt. Es fehlt daher an der Sch., wenn der Kläger selbst anspruchshindernde oder anspruchsvernichtende Tatsachen vorträgt (→ Einrede). Dieser Begriff kann auf andere Rechtsschutzgesuche als die Klage entsprechend übertragen werden. Eine unschlüssige Klage ist unbegründet; nur eine schlüssige Klage kann begründet sein, nämlich dann, wenn die Tatsachen, falls sie nicht bestritten, zugestanden oder bewiesen werden, den Anspruch rechtfertigen. Die größte praktische Bedeutung hat die Sch. beim → Versäumnisurteil gegen den Beklagten (§ 331 ZPO).

**Schlußnote** (Schlußschein) ist die von einem → Handelsmakler nach dem Abschluß eines Geschäfts zu erstellende Urkunde, in der die Vertragsparteien, der Gegenstand und die Vertragsbedingungen des Geschäfts, insbes. Preis und Lieferzeit, angegeben sind (§ 94 I HGB). In der S. kann der Handelsmakler sich die Bezeichnung der anderen Partei vorbehalten. Nimmt die Vertragspartei eine solche Schlußnote an, so ist sie grundsätzlich daran gebunden, kann aber andererseits den Handelsmakler auf Erfüllung des Geschäfts in Anspruch nehmen, wenn er die andere Vertragspartei nicht bezeichnet oder gegen diese Person oder Firma begründete Einwendungen bestehen (§ 95 HGB). Die S. dient als Beweismittel für Abschluß und Inhalt des vermittelten Geschäfts.

**Schlußrechnung** wird im → Insolvenzverfahren durch den → Insolvenzverwalter bei der Beendigung seines Amtes erstellt. Die S. wird der → Gläubigerversammlung vorgelegt (§ 66 InsO); sie enthält einen genauen Bericht über die Verwaltung und Verwertung der → Insolvenzmasse. Die S. gilt als anerkannt, wenn gegen sie im → Schlußtermin keine Einwendungen erhoben werden.

Beim → Bauvertrag ist S. die Äußerung des Unternehmers, welche Vergütung er abschließend beanspruchen zu können glaubt. Die vorbehaltlose Annahme der hierauf erfolgten, als solche gekennzeichneten (auch geringeren) *Schlußzahlung* des Bestellers, der die endgültige (schriftliche) Ablehnung von (weiterer) Zahlung gleichsteht, schließt Nachforderungen des Unternehmers aus (§ 16 III 2 VOB/B).

**Schlußschein** → Schlußnote.

**Schlußtermin** wird die abschließende → Gläubigerversammlung im Rahmen eines → Insolvenzverfahrens genannt (§ 197 InsO). Der S. dient der Erörterung der → Schlußrechnung des → Insolvenzverwalters, der Erhebung etwaiger Einwendungen gegen das Schlußverzeichnis als Grundlage der → Schluß-verteilung und der Entscheidung der Gläubiger über die nicht verwertbaren Gegenstände der → Insolvenzmasse.

**Schlußurteil** wird das → Urteil genannt, in dem nach einem oder mehreren vorangegangenen → Teilurteilen über den rechtshängig gebliebenen Rest des einen oder der mehreren Streitgegenstände entschieden wird.

**Schlußverkauf** ist eine zulässige → Sonderveranstaltung, bei der – auf jeweils 12 Werktage begrenzt (beginnend Ende Januar – Winter-S. – und Ende Juli – Sommer-S. –) Textilien, Bekleidungsgegenstände, Schuh- und Lederwaren oder Sportartikel unter besonderen Bedingungen zum Verkauf gestellt werden (§ 7 III Nr. 1 UWG). Bei Verstößen besteht ein → Unterlassungsanspruch wegen → unlauteren Wettbewerbs. Das Vor- und Nachschieben von Waren ist beim S. – anders als beim → Räumungsverkauf – gestattet.

**Schlußverteilung** findet im → Insolvenzverfahren statt, sobald die Verwertung der → Insolvenzmasse beendet ist. Sie darf vom → Insolvenzverwalter nur mit Zustimmung des Insolvenzgerichts vorgenommen werden (§ 196 InsO). Grundlage der S. ist das vom Insolvenzverwalter (in Fortführung des Verteilungsverzeichnisses für eine → Abschlagsverteilung) zu erstellende Schlußverzeichnis. Gegen dieses können im → Schlußtermin Einwendungen erhoben werden (§ 197 InsO).

**Schlußverzeichnis** → Schlußverteilung.

**Schlußvorträge** (im Strafverfahren) → Hauptverhandlung.

**Schlußzahlung** → Schlußrechnung.

**Schmerzensgeld.** Wird durch eine → unerlaubte Handlung eine Körper- oder Gesundheitsverletzung oder eine Freiheitsentziehung begangen, so kann der Verletzte neben seinem Anspruch auf → Schadensersatz auch wegen des erlittenen Nichtvermögensschadens – Schmerzen, Sorgen, Beeinträchtigung der Lebensfreude – eine billige Entschädigung in Geld verlangen (§ 847 BGB). Der Anspruch auf S. soll einerseits einen Ausgleich der erlittenen, oftmals nicht mehr voll zu beseitigenden Schäden herbeiführen, andererseits aber auch zur Genugtuung des Geschädigten wegen der erlittenen Nachteile (auch wenn vielleicht persönlich nicht mehr wahrnehmbar) beitragen. Die Höhe des S. steht im Ermessen des Gerichts; ein unbezifferter → Klageantrag ist daher bei Darlegung sämtlicher Umstände nach der Rspr. zulässig. Bei der Bemessung der Höhe des S. sind Art und Dauer der Verletzung, die persönlichen und die Vermögensverhältnisse des Schädigers und des Geschädigten, eine etwaige → Haftpflichtversicherung des Schädigers usw. zu berücksichtigen. Der früher höchstpersönliche Anspruch auf S. ist jetzt übertragbar und vererblich, damit allerdings auch pfändbar. Über das S. bei Verletzung des → Persönlichkeitsrechts s. dort.

**Schmiergelder** → Sittenwidrigkeit, → Geschäftsführung ohne Auftrag, → Angestelltenbestechung, → Bestechung, → Treuepflicht, → unlauterer Wettbewerb.

**Schmuck** (Gebrauchtwaren) → Edelsteine.

**Schmuggel** ist der – nicht gesetzestechnische – Oberbegriff für Zollhinterziehung (→ Steuerstrafrecht) und → Bannbruch. Vgl. §§ 372, 373 AO; bedeutsam derzeit besonders der Zigaretten-S., s. → Tabaksteuergesetz.

**Schmutz- und Schundgesetz** ist die geläufige Bezeichnung für das Gesetz über die Verbreitung → jugendgefährdender Schriften und Medieninhalte.

**Schneeballsystem** → unlauterer Wettbewerb, → Sittenwidrigkeit.

**Schneebeseitigungspflicht** → Streupflicht.

**Schneeketten** → Bereifung.

**Schnellverfahren** in Strafsachen → beschleunigtes Verfahren.

**Schöffen** sind → ehrenamtliche Richter (Laienrichter ohne juristische Vorbildung), die als Beisitzer in der → Hauptverhandlung im → Strafprozeß in voller richterlicher Unabhängigkeit und mit gleichem Stimmrecht wie die → Berufsrichter mitwirken (§ 30 GVG), und zwar jeweils zwei im Schöffengericht oder erweiterten Schöffengericht beim Amtsgericht, in der kleinen oder großen Strafkammer beim Landgericht sowie im Schwurgericht beim LG. Beim Jugendgericht und der Jugendkammer werden die Sch. – Jugendschöffen – nach §§ 33, 35 JGG besonders ausgewählt (je zur Hälfte Männer und Frauen).

Über Unfähigkeit zum S.-Amt (z. B. Amtsunfähigkeit, § 45 StGB), Eignungsmängel (z. B. noch nicht 25 Jahre) und Ablehnungsgründe (z. B. Ärzte sowie ab 65. Lebensjahr; nicht allein wegen beruflicher Inanspruchnahme, hier nur Befreiungsantrag möglich) vgl. §§ 32–35, 53, 54 GVG. Die Haupt-S. und die (als Vertreter im Hinderungsfalle vorgesehenen) Hilfs-S. werden auf Grund einer alle 4 Jahre von der Gemeindebehörde aufgestellten Vorschlagsliste von einem Ausschuß (Richter beim AG als Vorsitzender, 1 Verwaltungsbeamter, 10 Vertrauenspersonen) für 4 Jahre gewählt und in eine Liste aufgenommen; die erforderliche Zahl bestimmt der Landgerichts(Amtsgerichts)Präsident. Die Reihenfolge der Teilnahme der Sch. an den Sitzungen – regelmäßig 12 Sitzungstage im Jahr – wird durch das Los bestimmt (§§ 36–45 GVG). Vor der ersten Dienstleistung sind die S. zu vereidigen. Sie haben Anspruch auf Entschädigung nach den für → ehrenamtliche Richter geltenden Bestimmungen. Einem S., der sich ohne genügende Entschuldigung nicht rechtzeitig zu einer Sitzung einfindet – über Befreiung wegen eines Hinderungsgrundes vgl. § 54 GVG – oder sich anderweit, z. B. durch unrichtige Angaben, seinen Obliegenheiten entzieht, werden ein Ordnungsgeld und die verursachten Kosten auferlegt (§ 56 GVG; Beschwerde und Zurücknahme der Entscheidung bei nachträglicher genügender Entschuldigung möglich).

**Schöffengericht.** Das beim → Amtsgericht gebildete S. – im Regelfall mit 1 Richter als Vorsitzenden und 2 → Schöffen besetzt – ist zuständig für → Verbrechen und → Vergehen, soweit nicht die Zuständigkeit des Landgerichts (→ Schwurgericht, → Staatsschutzdelikte) oder des → Oberlandesgerichts begründet ist oder die StA wegen der Bedeutung des Falles Anklage bei der → Strafkammer erhebt; auch darf weder eine höhere Strafe als 4 Jahre Freiheitsstrafe noch Unterbringung in einem psychiatrischen Krankenhaus oder in Sicherungsverwahrung zu erwarten sein (insoweit ist die Strafgewalt des S. begrenzt). Ist Freiheitsstrafe unter 2 Jahren zu erwarten, ist die Zuständigkeit des → Einzelrichters gegeben; ebenso stets bei Entscheidung über → Privatklagen (§§ 24, 25, 28 GVG). Wegen des Umfangs der Sache kann die StA die Mitwirkung eines zweiten Amtsrichters beantragen (*erweitertes S.*, § 29 II GVG). Über das JugendS. → Jugendstrafrecht (3), über Wahl und Befugnisse der → Schöffen s. dort. Außerhalb der Hauptverhandlung entscheidet der Richter beim AG stets allein.

**Schönheitsreparaturen** → Miete (2 a).

**Schonfrist** → Säumniszuschlag.

**Schonzeiten** → Jagd- und Schonzeiten.

**Schornsteinfegerwesen.** Das Ges. nebst VO über das Schornsteinfegerwesen vom 15. 9./19. 12. 1969 (BGBl. I 1634, 2363) m. Änd. verpflichtet die Eigentümer von Grundstücken und Räumen, die nach Maßgabe der Kehr- und Überprüfungsordnungen der Länder aus Gründen der Betriebs- und Brandsicherheit kehr- und überprüfungspflichtigen Anlagen fristgerecht reinigen und überprüfen zu lassen (§§ 1–3 d. Ges.). Die Kehr- und Überprüfungsarbeiten dürfen nur von Bezirksschornsteinfegemeistern (B.), die für bestimmte Kehrbezirke bestellt sind, oder deren Gesellen ausgeführt werden. Über die Voraussetzungen der Berufsausübung als B. (Bewerbung, Bestellung, Erlöschen der Bestellung) vgl. §§ 4–11. Die Ausübung des Berufs (Pflichten und Aufgaben; Festlegung der Kehrbezirke, Gebühren, Aufsicht) sind in §§ 12–28 geregelt. Der B. gehört als Gewerbetreibender dem Handwerk an, nimmt jedoch öffentliche Aufgaben wahr (§ 3) und untersteht der Aufsicht der unteren Verwaltungsbehörde (§ 26); jede auf Gewinn gerichtete Tätigkeit außerhalb seines Berufs ist ihm grundsätzlich untersagt (§ 14). Seine Gebühren richten sich nach von der zuständigen Landesbehörde erlassenen Kehr- und Überprüfungsgebührenordnungen; die Kehr- und Überprüfungsgebühr ist eine öffentliche Last des Grundstücks und vom Grundstückseigentümer zu tragen (§ 25 IV). Über die Zusatzversorgung der B. durch die Versorgungsanstalt der B. s. §§ 29–49 (Ruhe-, Witwen-, Waisengeld).

**Schrägstrichgesetze** → weibliche Gesetzessprache.

**Schranken** → Bahnübergänge.

**Schrankfach(vertrag)** → Verwahrung.

**Schrebergärten** (Kündigungsschutz) → Kleingärten.

**Schrecksekunde** → Reaktionszeit.

**Schriften** sind → Darstellungen durch verkörperte Zeichen. Ihnen stehen im Strafrecht nach § 11 III StGB Ton- und Bildträger, Datenspeicher, Abbildungen und andere Darstellungen gleich. Diese werden auch als Medieninhalte bezeichnet (§ 1 III Ges. über die Verbreitung → jugendgefährdender Schriften und Medieninhalte). S. a. §§ 116, 119, 120, 123 OWiG.

**Schriften, hochverräterische, staatsgefährdende,** → Hochverrat, → Rechtsstaatsgefährdung.

**Schriften und Medieninhalte, jugendgefährdende,** → jugendgefährdende Schriften und Medieninhalte.

**Schriften, pornographische** → pornographische Schriften.

**Schriftform** → Form(erfordernisse), 1 a.

**Schriftliches Verfahren** bedeutet, daß in einem gerichtlichen Verfahren die Endentscheidung nicht auf Grund einer → mündlichen Verhandlung ergeht. Grundsätzlich ist in den deutschen Verfahrensordnungen die Verhandlung mündlich (§ 128 I ZPO, §§ 226–260 StPO, § 101 VwGO, § 90 I FGO, § 124 I SGG). Dieser Grundsatz ist durch zahlreiche gesetzliche Ausnahmen durchbrochen, die das sch. V. zulassen. Soweit die Gesetze (in den nicht durch Urteil zu entscheidenden Verfahren) die mündliche Verhandlung freistellen, ist das sch. V. ohnedies die Regel. Aber auch bei notwendiger mündlicher Verhandlung ist das sch. V. bei Einverständnis der Parteien oder Beteiligten zugelassen (§ 128 II ZPO, § 101 II VwGO, § 90 II FGO, § 124 II SGG), im Zivilprozeß vor dem → Amtsgericht bei vermögensrechtlichen Streitigkeiten bis zu 1500 DM auch von Amts wegen (§ 128 III ZPO; nicht im arbeitsgerichtlichen Verfahren, § 46 II 2 ArbGG; s. a. → vereinfachtes Verfahren). Zum schriftlichen Vorverfahren → mündliche Verhandlung. Nur im Strafprozeß ist die (mündliche) Hauptverhandlung unumgänglich, abgesehen von besonderen Verfahrensarten (→ Strafbefehl, → Einziehungsverfahren; s. a. → Bußgeldverfahren). Im sch. V. können alle → Prozeßhandlungen schriftlich wirksam vorgenommen werden. Gegenüber der mündl. Verhandlung hat das sch. V. den Nachteil fehlender Erörterung (und hierdurch bedingter Sachaufklärung); andererseits können die Verfahren dadurch, daß die Parteien nicht persönlich zu erscheinen brauchen, insbes. für Nebenentscheidungen (z. B. → Verweisung, Kostenentscheidung nach → Erledigung der Hauptsache), beschleunigt werden.

**Schriftsätze** können im Prozeß vorbereitende oder bestimmende sein; jene kündigen einen Vortrag für die → mündliche Verhandlung an (§ 129 ZPO), diese enthalten → Prozeßhandlungen, für die Schriftform vorgeschrieben ist. Sie sind rechtzeitig vorzubringen (§§ 132, 282 ZPO); ggfs. ist dem Gegner eine Erwiderungsfrist einzuräumen (§ 283 ZPO).

**Schrotthandel** → Altmetallhandel.

**SCHUFA** ist eine vornehmlich von Banken gegründete zentrale Datei- und Auskunftstelle über die Gewährung und Abwicklung von Krediten. Die sog. S.-Klausel in Bankverträgen ist von der Rspr. (in eingeschränkter Form) für zulässig angesehen worden.

**Schulaufgaben** → Prüfungsentscheidungen.

**Schulaufsicht** → Schulwesen.

**Schulbus** → Haltestellen, → Warnzeichen im Straßenverkehr.

**Schuld** ist Voraussetzung der *Strafbarkeit.* Der Begriff der S. bestimmt sich nicht nach psychologischen oder ethischen Maßstäben, ergibt sich vielmehr aus der gesetzlichen Mißbilligung eines bestimmten Handelns (normativer Begriff der S.). S. im strafrechtlichen Sinne ist demnach Vorwerfbarkeit des mit Strafe bedrohten Handelns (entspr. für → Ordnungswidrigkeiten, §§ 1, 11, 14, 122 OWiG). Das schuldhafte

Handeln kann *vorsätzlich* oder *fahrlässig* sein.

Der *unmittelbare Vorsatz* (dolus directus) ist gegeben, wenn der Täter den mit Strafe bedrohten Tatbestand kennt und ihn verwirklichen will, insbes. bei *wissentlichem Handeln;* dagegen genügt nicht früheres, nicht mehr vorhandenes Wissen (dolus antecedens) oder die nach der Tat erlangte Kenntnis (dolus subsequens). Mit *bedingtem Vorsatz* (dolus eventualis) handelt, wer es für möglich hält, daß er den Tatbestand verwirklicht, und diese Folge billigend in Kauf nimmt (z. B. der flüchtende Einbrecher versucht, die Verfolger durch Schüsse abzuschrecken, auf die Gefahr der Körperverletzung oder Tötung hin). Eine besondere Form des Vorsatzes ist die *Absicht,* d. h. der auf den Erfolg gerichtete Wille des Täters; der Begriff wird im Strafrecht aber auch i. S. des schlichten oder des bestimmten Vorsatzes verwendet, seltener i. S. der Motivierung durch den Erfolg.

*Fahrlässig* handelt, wer einen Tatbestand rechtswidrig verwirklicht, ohne dies zu wollen oder zu erkennen, wenn ihm dies vorzuwerfen ist. *Bewußte* Fahrlässigkeit (luxuria) liegt vor, wenn der Täter zwar erkennt, daß er den Tatbestand möglicherweise verwirklicht, aber pflichtwidrig darauf vertraut, der Erfolg werde nicht eintreten. (Die Abgrenzung zum bedingten Vorsatz ist oft schwierig; z. B. der Jäger schießt trotz schlechter Sicht und trifft einen Menschen). *Unbewußt* fahrlässig handelt, wer nicht voraussieht, daß er den Tatbestand verwirklicht (so häufig bei Tötung oder Körperverletzung im Straßenverkehr), dies aber nach den Umständen und nach seinen persönlichen Fähigkeiten und Kenntnissen hätte erkennen müssen (subjektiver Maßstab, insofern abweichend vom bürgerl. Recht, wo die im Verkehr erforderliche Sorgfalt entscheidet). Manche Tatbestände stellen auch *leichtfertiges* Handeln unter Strafe (z. B. bei Nichtanzeige von Verbrechen, § 138 III StGB); es ist erhöhte Fahrlässigkeit (entsprechend der groben Fahrlässigkeit im bürgerlichen Recht).

Zur Unterscheidung zwischen Vorsatz und Fahrlässigkeit im Rahmen der → *finalen Handlungslehre* vgl. dort. Von der (im Einzelfall festzustellenden) S. ist die (allgemeine) → Schuld*fähigkeit* zu unterscheiden. Über → Schuldausschließungsgründe s. dort; wegen der Schuldgrade im bürgerlichen Recht → Verschulden.

Bei → *Ordnungswidrigkeiten* wird statt S. der Begriff Vorwerfbarkeit verwendet, um die mit einer Strafdrohung verbundene sozialethische Mißbilligung zu vermeiden (vgl. § 1 I OWiG).

**Schuld** *(im Zivilrecht)* → Schuldverhältnis → Verschulden

**Schuldanerkenntnis.** Das S. ist ein → Vertrag, durch den das Bestehen eines → Schuldverhältnisses anerkannt wird. Oftmals liegt allerdings nur eine Beweiserleichterung für den Gläubiger (z. B. bei Schweigen auf den übersandten Kontoauszug der Bank) oder ein sog. deklaratorisches S. (Bestätigung einer bereits bestehenden Schuld nach Grund und/oder Höhe) vor. Es kann aber auch beabsichtigt sein, durch einen Vertrag ein neues abstraktes Schuldverhältnis zu schaffen, das unabhängig von der bisherigen Verpflichtung → erfüllungshalber neben dieses tritt. Für dieses konstitutive S. ist schriftliche Erteilung der Anerkennungserklärung erforderlich, sofern nicht für das Schuldverhältnis eine strengere Form vorgeschrieben ist (§ 781 BGB). Die Beachtung der Form ist nicht erforderlich für das S. eines → Kaufmanns (§§ 350, 351 HGB), auch nicht, wenn das S. im Wege einer Abrechnung (z. B. *Saldoanerkenntnis* im → Kontokorrent) oder im Wege des → Vergleichs erteilt wird (§ 782 BGB). Entsprechendes gilt für einen Vertrag, durch den eine Leistung in der Weise versprochen wird, daß allein das Versprechen die Verpflichtung selbständig, d. h. ohne Rücksicht auf den zugrundeliegenden Verpflichtungsgrund begründen soll *(Schuldversprechen).* Als Folge des konstitutiven S. oder Schuldversprechens braucht der Gläubiger nicht die zugrundeliegende Forderung zu beweisen, der Schuldner kann sich grundsätzlich nicht auf Einwendungen oder Einreden gegen diese (z. B. Verjährung, Gewährleistungsansprüche) berufen. Doch gelten die allgemeinen Vorschriften über die → Anfechtung von Willenserklärungen, z. B. wegen Irrtums, auch beim S.; dieses kann ferner bei Nichtbestehen oder

Wegfall des rechtlichen Grundes für seine Erteilung als → ungerechtfertigte Bereicherung zurückgefordert werden (§ 812 II BGB). Zum negativen S. → Erlaßvertrag.

**Schuldaufhebung** → Schuldverhältnis, → Vertrag, → Erfüllung, → Aufrechnung, → Erlaßvertrag.

**Schuldausschließungsgründe** im Strafrecht sind → Schuldunfähigkeit (§§ 19, 20 StGB, § 3 JGG), entschuldigender → Notstand (§ 35 StGB, § 5 I WStG, § 11 II 2 SoldatenG), Überschreitung der → Notwehr (§ 33 StGB), Tatbestandsirrtum (§ 16 StGB), entschuldigender → Verbotsirrtum. Ein S. beseitigt lediglich die Schuld dessen, bei dem er vorliegt, nicht auch die des Teilnehmers an der Straftat (§ 29 StGB), auch nicht die Rechtswidrigkeit der Tat, so daß gegen diese Notwehr zulässig ist.

**Schuldbeitritt** → Schuldmitübernahme.

**Schulden** → Vermögen.

**Schuldenabkommen** → Londoner Schuldenabkommen.

**Schuldenbereinigungsplan** → Verbraucherinsolvenzverfahren.

**Schuldenmasse** → Insolvenzmasse.

**Schuldersetzung** → Vertrag (5).

**Schuldfähigkeit** des Täters ist allgemeine Voraussetzung für die strafrechtliche Verantwortlichkeit. Sie fehlt bei den zur Tatzeit noch nicht 14jährigen (§ 19 StGB). Über andere → Schuldausschließungsgründe s. dort; über verminderte S. → Schuldunfähigkeit, → Maßregeln der Besserung und Sicherung (1). Für das bürgerliche Recht → Deliktsfähigkeit.

**Schuldgrundsatz** im Strafrecht. Die → Strafe ist die staatliche Reaktion auf ein rechtlich mißbilligtes Verhalten mit der Maßgabe, daß mit ihrer Verhängung ein *sittliches Unwerturteil* verbunden ist. Sie geht infolge ihrer mehr oder weniger diskriminierenden Wirkung über die bloße Zufügung eines Übels hinaus, das der Aufrechterhaltung der Rechtsordnung dient (wie z. B. im Zivilprozeß die Verurteilung zum Schadensersatz). Weil aber die Bestrafung infolge des darin liegenden sittlichen Unwerturteils mit einer Rüge verknüpft ist, setzt sie eine → *Schuld* des Täters voraus; nach dem Satz keine Strafe ohne Schuld (nulla poena sine culpa) wird das geltende deutsche Strafrecht als Schuldstrafrecht bezeichnet. Daher kann der Täter, der irrtümlich das Gesetz verletzt hat, nur bestraft werden, wenn ihm der Irrtum vorzuwerfen ist oder wenn ihn ohnehin mindestens eine mit Strafe bedrohte Fahrlässigkeit trifft (→ Irrtum, → Verbotsirrtum). Auch für die *Tatfolgen* hat der Straftäter nur einzustehen, soweit sie von seiner Tatschuld umfaßt werden, d. h. wenn ihm auch insofern mindestens Fahrlässigkeit vorzuwerfen ist; das gilt bei den → qualifizierten Straftaten für die Tatfolgen, an die das Gesetz eine härtere Strafdrohung knüpft (§ 18 StGB), und ebenso bei der → Strafzumessung für die Tatumstände, die eine Strafschärfung begründen. Der S. gilt nach h. M. auch für strafähnliche Maßnahmen wie z. B. die Festsetzung von → Ordnungsmitteln nach § 890 ZPO (BVerfG NJW 1967, 195) sowie (i. S. der Vorwerfbarkeit, § 1 BVerfGG-für → Ordnungswidrigkeiten.

**Schuldinterlokut** nennt man im Strafverfahren eine nach (sachlich begrenzten) → Plädoyers der Verfahrensbeteiligten ergehende Zwischenentscheidung des Gerichts, die sich aus Gründen der Verfahrensökonomie auf die Schuldfrage beschränkt, wobei die Entscheidung über die Straffrage einem späteren Verfahrensabschnitt vorbehalten bleibt. Entsprechend spricht man von *Tatinterlokut,* wenn die Verfahrenszäsur nach der Beweiserhebung über die Tat und deren Zurechnung vorgenommen wird. Eine förmliche Verfahrenstrennung dieser Art kennt das deutsche Recht nicht (wohl aber z. B. die Schweiz).

**Schuldmitübernahme** *(Schuldbeitritt, kumulative Schuldübernahme).* Anders als bei der den bisherigen Schuldner befreienden → *Schuldübernahme* tritt bei der Sch. ein neuer Schuldner als → Gesamtschuldner neben den bisherigen Schuldner, der aus dem Schuldverhältnis nicht entlassen wird. Die Sch., die im BGB nicht geregelt ist, kann durch Vertrag des Beitretenden mit dem Gläubiger oder durch Vertrag der beiden Schuldner zugunsten des Gläubigers

(→ Vertrag zugunsten Dritter) geschehen. Kraft Gesetzes tritt eine Sch. durch den Erwerber bei der → Übernahme eines Handelsgeschäfts (§ 25 HGB), beim Eintritt als Gesellschafter in ein bestehendes Handelsgeschäft oder in eine → offene Handelsgesellschaft (§§ 28, 130 HGB), bei der Akzeptierung eines → Wechsels (Haftung neben dem Aussteller, Art. 28 WG) sowie beim → Erbschaftskauf (§ 2382 BGB) ein. Die Sch. ist anders als die → *Bürgschaft* formfrei; sie unterscheidet sich von der Bürgschaft, die dem Gläubiger gleichfalls eine weitere Sicherheit bietet, dadurch, daß der Bürge – auch der selbstschuldnerisch haftende – stets für eine fremde Schuld in deren jeweiligem Bestand (→ Akzessorität) haftet, während bei der Schuldübernahme eine eigene neue Verbindlichkeit begründet wird. Was im Einzelfall vorliegt, ist durch → Auslegung zu ermitteln; nach der Rspr. setzt die Annahme einer Sch. ein eigenes unmittelbares wirtschaftliches Interesse des Übernehmers voraus; sonst liegt nur Bürgschaft vor. S. auch → Garantievertrag.

**Schuldner** ist derjenige, gegen den einem anderen, dem → Gläubiger, ein Anspruch zusteht (→ Schuldverhältnis). Der Begriff Sch. wird auch als Parteibezeichnung in der → Zwangsvollstreckung für denjenigen verwendet, gegen den der vollstreckbare Anspruch geltend gemacht wird.

**Schuldnerbegünstigung** → Insolvenzstraftaten.

**Schuldnerkartei, -liste** → Schuldnerverzeichnis, → SCHUFA.

**Schuldnerschutz** → Abtretung, → Vollstreckungsschutz.

**Schuldnerverzeichnis.** Das beim → Vollstreckungsgericht geführte Sch. umfaßt die Personen, die eine eidesstattliche Versicherung nach §§ 807, 899 ff. ZPO oder § 284 AO abgegeben haben (→ Offenbarungsversicherung); außerdem sind in das S. die Personen aufzunehmen, gegen die nach § 901 ZPO Haft angeordnet wurde, weil sie sich grundlos weigerten, eine solche e. V. abzugeben (§ 915 ZPO). Personenbezogene Informationen aus dem Sch. dürfen nur zweckbestimmt (z. B. für eine beabsichtigte → Zwangsvollstreckung) verwendet werden; das Gericht entscheidet über den Umfang einer beantragten Auskunft (§§ 915 III, 915 b ZPO). Eine Eintragung im Sch. wird gelöscht, wenn die Befriedigung des betreibenden Gläubigers nachgewiesen oder sonst der Eintragungsgrund weggefallen ist, spätestens aber nach Ablauf von 3 Jahren (§ 915 a ZPO). Einzelheiten über Gestaltung und Verfahren s. VO vom 15. 12. 1994 (BGBl. I 3822). In ein besonderes S., (Schuldnerliste) werden die Schuldner eingetragen, bei denen der Antrag auf Eröffnung eines → Insolvenzverfahrens mangels Masse abgewiesen worden ist (Löschungsfrist 5 Jahre, § 26 II InsO).

**Schuldnerverzug.** Ist eine → Leistung aus einem → Schuldverhältnis zwar noch möglich (sonst → Unmöglichkeit der Leistung), wird sie aber nicht rechtzeitig erbracht, so tritt unter bestimmten Voraussetzungen Sch. (*Leistungsverzug,* anders → Gläubigerverzug) ein. Der Verzug des Schuldners setzt zunächst voraus, daß die Schuld fällig (→ Leistungszeit) und frei von → Einreden ist (z. B. → Verjährung, *Stundung*; das → Zurückbehaltungsrecht muß allerdings geltend gemacht werden). Diese fällige Leistung muß der Gläubiger angemahnt haben (§ 284 I BGB). Die *Mahnung* bedeutet das Verlangen der Leistung; eine bestimmte Form ist nicht erforderlich. Die Übersendung einer Rechnung ist als solche noch keine Mahnung, sondern nur die Mitteilung des Schuldbetrags; die wiederholte Zuleitung einer Rechnung ist jedoch i. d. R. als Mahnung anzusehen. Der Mahnung steht die Erhebung einer → Leistungsklage sowie die Zustellung eines → Mahnbescheids gleich. Die Mahnung ist entbehrlich, wenn die Leistung nach dem *Kalender* bestimmt oder bestimmbar ist (z. B. 3 Monate nach → Kündigung; 37. Kalenderwoche; dies interpellat pro homine, § 284 II BGB), wenn die Sache durch → unerlaubte Handlung entzogen wurde (fur semper in mora; vgl. §§ 848, 849 BGB) sowie, wenn eine Mahnung nach → Treu und Glauben nicht zumutbar ist, insbes. wenn der Schuldner ernsthaft und endgültig die Leistung verweigert (→ positive Vertragsverletzung). Der

Schuldner kommt nicht in Verzug, sofern er die Verzögerung der Leistung nicht zu vertreten hat (§ 285 BGB); den Schuldner trifft also die → Beweislast für sein mangelndes → Verschulden (s. dort über Rechtsirrtum).

Als Folgen des Sch. hat der Gläubiger neben dem grundsätzlich weiterbestehenden Erfüllungsanspruch einen Anspruch auf Ersatz des durch den Verzug entstandenen *Verzugsschadens* (§ 286 I BGB). Der Umfang dieses Verzugsschadens richtet sich nach den allgemeinen Vorschriften über → Schadensersatz (z. B. auf entgangenen Gewinn); hierzu gehören aber auch die durch den Verzug selbst entstandenen Unkosten (*Mahnkosten,* auch die Kosten eines → Inkassobüros, sofern dessen Einschaltung sachgerecht und erfolgversprechend war, u. a.). Als Mindestschaden können ohne weiteren Nachweis von einer → Geldschuld mindestens – d. h. soweit für die Schuld nicht mehr vereinbart ist – 4% Verzugszinsen, unter Kaufleuten 5% verlangt werden (§§ 288 BGB, 352 HGB, → Zinsschuld). Wird die Leistung durch den Sch. praktisch unmöglich (z. B. ein zu einem bestimmten Zug bestelltes Taxi kommt zu spät), so gelten die Regeln über die → Unmöglichkeit der Leistung. Hat darüber hinaus die Leistung infolge des Verzugs für den Gläubiger kein Interesse mehr, so kann dieser unter Ablehnung der Leistung Schadensersatz wegen Nichterfüllung verlangen (§ 286 II BGB); insoweit gelten jedoch bei einem → gegenseitigen Vertrag besondere Vorschriften (§ 326 BGB). Schließlich hat während des Verzugs (Beendigung erst bei pflichtgemäßem Verhalten, d. h. i. d. R. bei Leistung) der Schuldner über jede Fahrlässigkeit hinaus auch eine durch Zufall eintretende Unmöglichkeit der Leistung zu verantworten (§ 287 BGB, → Verschulden).

**Schuldort** → Leistungsort.

**Schuldprinzip im Strafrecht** → Schuldgrundsatz.

**Schuldrecht.** Anders als das → Sachenrecht ordnet das Schuldrecht die rechtlichen Beziehungen zwischen verschiedenen Personen. Es dient – mit den Besonderheiten des Handelsrechts – der Regelung des Rechts-, insbes. des Handelsverkehrs. Sein wesentlicher Inhalt ist die nähere Bestimmung des Entstehens, der Ausgestaltung und Abwicklung der verschiedenen → Schuldverhältnisse. Grundprinzip des S. ist die grundsätzliche Freiheit der Beteiligten bei Abschluß und Bestimmung des Inhalts ihrer schuldrechtlichen Beziehungen (sog. Vertragsfreiheit; s. auch über deren Grenzen: Vertrag, 2). Das S. ist im 2. Buch des BGB enthalten (§§ 241 ff. BGB); außer allgemeinen Regeln normiert das Gesetz in §§ 433–853 BGB zahlreiche typische Schuldverhältnisse (z. B. Kauf, Miete, ungerechtfertigte Bereicherung, unerlaubte Handlung usw.). Darüber hinaus enthalten zahlreiche andere Bestimmungen, insbes. das HGB (Handelsverkehr), Regelungen mit schuldrechtlichem Inhalt.

**Schuldrechtliche Surrogation** → Surrogation.

**Schuldrechtlicher Versorgungsausgleich** → Ehescheidung (5).

**Schuldrechtsanpassung** ist die Klärung der bei der Wiedervereinigung in der ehem. DDR vorgefundenen Bodennutzungsverhältnisse, soweit sie nicht von der → Sachenrechtsbereinigung erfaßt werden. In der DDR wurden unter den Bedingungen der Planwirtschaft schuldrechtliche Vertragsverhältnisse (ohne Einräumung eines dinglichen Nutzungsrechts) begründet, die zum Gebrauch oder zur Nutzung eines fremden Grundstücks berechtigten. Die oftmals langfristigen Verträge entstanden meist nicht durch freie Vereinbarung der Beteiligten. Das Entgelt war nicht angemessen. Die Kündigung war vielfach eingeschränkt oder ausgeschlossen, teilweise aber auch kurzfristig möglich. Die Nutzung wurde zunächst durch ein im → Einigungsvertrag begründetes vorläufiges Besitzrecht (Moratorium) geschützt. Die Änderung der Verhältnisse durch die Wiedervereinigung erforderte einen Interessenausgleich zwischen Nutzer und Grundstückseigentümer. Er wurde durch das S.-Gesetz vom 21. 9. 1994 (BGBl. I 2538) herbeigeführt. Es umfaßt Nutzungen auf Grund von Miet-, Pacht- und anderen Nutzungsverträgen sowie Nutzungen zur Erholung nach dem Zivilgesetzbuch der DDR (z. B. Datschen,

Wochenendhäuser). Eine Beteiligung des Nutzers am Bodenwert, also eine → Sachenrechtsbereinigung, ist auch dann, wenn der Nutzer ein Gebäude errichtet hat, nicht vorgesehen, weil das Grundstück nicht mit einem dinglichen Nutzungsrecht belastet wurde. Die Vertragsverhältnisse bestehen unter Anpassung des Inhalts als unbefristete Miet- und Pachtverhältnisse, für die die Vorschriften des BGB gelten, fort. Für einen nach der Art der Nutzung unterschiedlich bestimmten Zeitraum erhält der Nutzer Besitzschutz, wird also die Kündigungsmöglichkeit des Eigentümers eingeschränkt. Für die Nutzung muß, auch wenn sie bisher nach dem Vertrag unentgeltlich war, das ortsübliche Entgelt entrichtet werden. Je nach Dauer und Beendigungszeitpunkt des Vertragsverhältnisses erhält der Nutzer eine Entschädigung für ein von ihm errichtetes Bauwerk.

**Schuldschein.** Der Sch. ist eine vom Schuldner ausgestellte → Urkunde, die zur Beweiserleichterung für den Gläubiger das Bestehen einer Schuld bestätigt. Soll über diese Beweiswirkung hinaus durch die Erklärung eine eigene (abstrakte) Verbindlichkeit des Schuldners geschaffen werden, so liegt ein → Schuldanerkenntnis vor. Das → Eigentum an dem über eine Forderung lediglich zu Beweiszwecken ausgestellten Sch. steht dem Gläubiger zu; Rechte eines Dritten an der Forderung erstrecken sich auf den Sch. (§ 952 BGB). Bei → Erfüllung (Erbringen der Leistung) kann der Schuldner neben einer → Quittung auch die Rückgabe des Sch. verlangen (§ 371 BGB). Behauptet der Gläubiger, zur Übergabe des Sch. außerstande zu sein, so kann der Schuldner ein → öffentlich beglaubigtes *negatives Schuldanerkenntnis* – sog. *Mortifikationsschein* – verlangen (→ Erlaßvertrag).

**Schuldstatut** → Internationales Privatrecht, 2 e.

**Schuldstrafrecht** → Schuldgrundsatz.

**Schuldtheorie** im Strafrecht → Verbotsirrtum.

**Schuldtitel** → Vollstreckungstitel.

**Schuldübernahme.** Ähnlich wie durch eine → Abtretung der Forderung ein neuer Gläubiger in das → Schuldverhältnis eintritt, kann auch der Schuldner durch Sch. wechseln. Die Sch. ist ein abstrakter, d. h. vom Rechtsgrund der Übernahme unabhängiger → Vertrag, durch den ein Dritter als neuer Schuldner an die Stelle des bisherigen Schuldners tritt (§§ 414 ff. BGB). Die privative, d. h. den bisherigen Schuldner befreiende Sch. ist zu unterscheiden von der kumulativen → *Schuldmitübernahme* Schuldbeitritt), bei der ein neuer Schuldner neben den alten tritt, und von der bloßen *Erfüllungsübernahme* (der Dritte übernimmt dem Schuldner gegenüber die Verpflichtung, dessen Verbindlichkeit zu erfüllen, ohne daß der Gläubiger ein selbständiges Forderungsrecht erlangt; sog. unechter → Vertrag zugunsten Dritter); s. ferner → Bürgschaft, → Garantievertrag.

Die Sch. kann erfolgen durch – grundsätzlich formfreien – Vertrag zwischen Gläubiger und neuem Schuldner; eine Mitwirkung oder Zustimmung des bisherigen Schuldners ist hier nach h. M. nicht erforderlich (§ 414 BGB). Die häufigere Form der Sch. ist ein Vertrag zwischen altem und neuem Schuldner. Hier ist die Wirksamkeit der Sch. von einer → Genehmigung des Gläubigers abhängig (§ 415 BGB). Der Rechtsgrund hierfür wird darin gesehen, daß die Parteien durch die Sch. als Nichtberechtigte (§ 185 BGB) über die Forderung des Gläubigers verfügen (*Verfügungstheorie,* h. M.); nach a. M. *(Angebotstheorie)* ist die Mitteilung ein Angebot zur Vertragsänderung, die Genehmigung dessen Annahme, also Vertragsbestandteil. Die Genehmigung kann erst erteilt werden, wenn der Schuldner oder der Dritte dem Gläubiger die Sch. mitgeteilt hat; bis dahin können die Parteien den Vertrag aufheben oder ändern. Die Genehmigung kann formlos, auch stillschweigend (z. B. durch Mahnung des neuen Schuldners) erteilt werden; bloßes Schweigen reicht dagegen – anders als bei der Hypothekenübernahme (s. u.) – nicht aus. Der Schuldner oder der Dritte kann den Gläubiger unter Bestimmung einer Frist zur Erteilung der Genehmigung auffordern; wird sie bis dahin nicht erteilt, so gilt sie als verweigert. Die Sch. gilt dann als nicht erfolgt; der Übernehmer ist jedoch – ebenso wie schon während des Schwebezustands vor Erteilung der Genehmigung – im Zweifel bereits dem Schuldner gegenüber verpflichtet, den Gläubiger rechtzeitig zu befriedigen (Erfüllungsübernahme, s. o., §§ 415 III, 329 BGB). Besonderheiten gelten für die Übernahme einer hypothekarisch gesicherten Schuld (→ *Hypothekenübernahme*).

Der Übernehmer kann dem Gläubiger alle Einwendungen entgegensetzen, die sich aus dem Rechtsverhältnis zwischen dem Gläubiger und dem bisherigen Schuldner ergeben (z. B. Erfüllung, Stundung, Verjährung); mit einer dem bisherigen Schuldner zustehenden Forderung kann er allerdings nicht gegen die übernommene Schuld aufrechnen (§ 417 I BGB). Wegen der Abstraktheit der Sch. kann der Übernehmer dem Gläubiger gegenüber keine Einwendungen aus dem der Sch. zugrundeliegenden Rechtsverhältnis zwischen ihm und dem bisherigen Schuldner herleiten (z. B. Anfechtung des Grundgeschäfts wegen Willensmangels, sofern sich dieser nicht auch auf die Sch. selbst bezieht, § 417 II BGB). Mit der Sch. erlöschen die für die Schuld bestellten → Bürgschaften und → Pfandrechte; eine Hypothek wird zur → Eigentümerhypothek, sofern die Betroffenen nicht in die Sch. einwilligen (§ 418 BGB). → Vertragsübernahme.

**Schuldumschaffung** → Vertrag (5).

**Schuldunfähigkeit.** Die Schuld*unfähigkeit* ist Schuldausschließungs-, die *verminderte* Schuldfähigkeit Strafmilderungsgrund.

Nach § 20 StGB ist eine Tatschuld nicht vorhanden, a) wenn der Täter die Straftat in krankhafter seelischer Störung oder tiefgreifender Bewußtseinsstörung begangen hat oder wenn Schwachsinn oder eine andere schwere seelische Abartigkeit bestand und b) wenn er infolgedessen unfähig war, das Unerlaubte der Tat einzusehen oder nach dieser Einsicht zu handeln, wenn also die Einsichtsfähigkeit (und demzufolge die Einsicht) oder die Steuerungsfähigkeit fehlten. Die im Tatzeitpunkt bestehende krankhafte *seelische Störung* kann hirnorganische Ursachen haben (exogene Psychose), z. B. angeborene Epilepsie, hirnarteriosklerotische Demenz, oder aus dem Bereich der Schizophrenie oder manischen Depression herrühren (endogene Psychose). Die *Bewußtseinsstörung* ist tiefgreifend bei nichtkrankhaften Zuständen, z. B. infolge Schlaftrunkenheit, Übermüdung u. dgl., wenn sie das Persönlichkeitsgefüge schwerwiegend beeinträchtigt, u. U. auch ein hochgradiger Affektzustand, ferner Volltrunkenheit (hier kommt Strafbarkeit wegen schuldhaften → Vollrauschs, § 323 a StGB, in Frage). Als *seelische Abartigkeiten* kommen außer Schwachsinn (Idiotie, Imbezillität, Debilität) schwere Psychopathien, Neurosen oder Triebstörungen sowie *Taubstummheit* mit Beeinträchtigung des Persönlichkeitskerns in Frage.

Ist aus einem der unter a) und b) genannten Gründe die Einsichts- oder Steuerungsfähigkeit zwar nicht ausgeschlossen, aber *erheblich vermindert,* so kann (nicht muß!) Strafmilderung nach Versuchsgrundsätzen gewährt werden (§§ 21, 49 I StGB). In Betracht kommen Psychopathien oder Trunkenheit geringeren Grades, leichtere Formen von Demenz oder Debilität, Neurosen usw. Dagegen scheiden bloße Charaktermängel oder kriminelle Veranlagung aus.

Hat der Täter eine Straftat im Zustand der S. begangen, die Ursache aber bei voller oder nur verminderter Schuldfähigkeit gesetzt, so kommt eine → actio libera in causa in Betracht. Wegen der Unterbringung des Täters in einem psychiatrischen Krankenhaus bei Anwendung des § 20 oder § 21 vgl. § 63 StGB u. → Maßregeln der Besserung und Sicherung (1), → Sicherungsverfahren.

Kinder bis 14 Jahren sind nach § 19 StGB schuldunfähig (→ Strafmündigkeit, → Schuldfähigkeit).

**Schuldverhältnis.** Das Sch. ist die rechtliche Ausdrucksform der schuldrechtlichen Beziehungen zwischen zwei oder mehreren Personen ( → Schuldrecht). Im S. steht die schuldrechtliche *Forderung* des Berechtigten (= *Gläubiger*) der *Schuld* (Obligation, Verbindlichkeit) des Verpflichteten (= *Schuldner*) gegenüber. Während das → absolute Recht (z. B. → Eigentum) gegenüber jedermann wirkt und der sich aus ihm ergebendeAnspruch auch gegen einen Dritten gerichtet sein kann, ist das S. allein eine Beziehung zwischen Personen, die lediglich rechtsfähig, nicht aber geschäftsfähig, verfügungsberechtigt u. a. sein müssen. Kraft des S. ist der Gläubiger berechtigt, von dem Schuldner eine Leistung zu fordern (= Forderung, schuldrechtlicher Anspruch, § 241 BGB). Die → Leistung kann jeden rechtlich möglichen Inhalt haben, jedes zulässige Verhalten kann geschuldet werden; die Leistung kann auch in einem Unterlassen bestehen (selbständig – z. B. Wettbewerbsverbot, Schweigepflicht –, aber auch als Nebenpflicht zu einer positiven Leistung, d. h. Unterlassen von Eingriffen, die den Eintritt des rechtlichen Erfolgs vereiteln; → positive Vertragsverletzung). Immer aber müssen Gläubiger und Schuldner sowie der Leistungsinhalt bestimmt oder zumindest bestimmbar sein, um ein S. annehmen zu können; die allgemeine Rechtspflicht, störende Eingriffe in Rechte Dritter (z. B. → Eigentumsstörungen) zu unterlassen, begründet noch kein S. zwischen dem Rechtsinhaber und einem möglichen Störer. S. auch → Dauerschuldverhältnis, → Gattungsschuld, → Speziesschuld.

Zur *Begründung* eines S. durch → Rechtsgeschäft sowie zur *Änderung* seines Inhalts ist regelmäßig ein → Vertrag zwischen den Beteiligten erforderlich (§ 305 BGB); ggf. auch faktischer Vertrag ( → Vertrag, 4); s. a. → allgemeine Geschäftsbedingungen. Durch einseitige Rechtsgeschäfte kann ein S. nur ausnahmsweise entstehen (z. B. → Auslobung, → Vermächtnis); einseitige gestaltende Rechtsgeschäfte können aber auf den Bestand des S. einwirken (s. u.). Ein S. kann ferner aus Vertrags- und sonstigen Rechtsverletzungen, insbes. → unerlaubter Handlung entstehen (gesetzliches S.). Der Rechtsgrund für ein S. kann auch in → Realakten (z. B. Verbindung, Verarbeitung) oder in anderen tatsächlichen Vorgängen liegen (→ ungerechtfertigte Bereicherung, → Geschäftsführung ohne Auftrag usw.). Schließlich gibt es auch im öffentlichen Recht schuldrechtliche Beziehungen (z. B. zwischen der Post und ihren Benutzern); auf diese finden die Regeln über S. entsprechende Anwendung. Regelmäßig ist zum Entstehen eines S. durch Rechtsgeschäft der Wille der Beteiligten erforderlich, eine rechtliche Bindung einzugehen. Auch ein sog. *Gefälligkeitsvertrag* (vgl. → Auftrag, zinsloses → Darlehen) begründet ein echtes S., allerdings mit Haftungserleichterung im Schadensfall. Dagegen ist das bloße *Gefälligkeitsverhältnis* (Mitnahme im Kraftfahrzeug, → Gefälligkeitsfahrt, Einladung zur Jagd u. a.) kein S. Die Abgrenzung gegenüber einem S. mit Rechtsbindung ist jeweils durch → Auslegung (Interesse der Beteiligten, Absprache) zu ermitteln; über die Haftung für eingetretene Schäden → Mitverschulden. Trotz fehlenden rechtlichen Bindungswillens läßt die Rspr. ein S. auch bei einem sog. *sozialtypischen Verhalten* entstehen. Nimmt jemand eine allgemein nur gegen Entgelt angebotene Leistung in Anspruch (Benützung eines gebührenpflichtigen Parkplatzes, Einsteigen in ein öffentliches Verkehrsmittel), so kann er sich nicht auf einen mangelnden Schuldbegründungswillen berufen. In anderen Fällen (Spiel, → Wette, → Ehevermittlung) läßt das Gesetz entgegen dem Willen der Beteiligten nur eine unvollkommene Verbindlichkeit *(Naturalobligation)* entstehen; die aus einem solchen Verhältnis entstandene Forderung ist zwar erfüllbar, aber – anders als bei der normalen Forderung – weder einklagbar noch vollstreckbar ( → Haftung).

Das S. *erlischt* regelmäßig durch → Erfüllung (auch Befriedigung in der → Zwangsvollstreckung), aber auch durch → Hinterlegung, → Aufrechnung, → Erlaßvertrag, rechtsgeschäftliche Aufhebung durch die Beteiligten, → Schuldumschaffung (Novation, d. h. Ersetzung des S. durch ein anderes) sowie bei → Konfusion (Vereinigung von Forderung und Schuld in einer Person). Im Einzelfall sind Erlöschensgründe ferner Zeitablauf (insbes. bei → Dauerschuldverhätnissen), bei höchstpersönlichen Leistungen auch der Tod des Berechtigten oder Verpflichteten ( → Gesellschaft des bürgerlichen Rechts, → Auftrag), ferner u. U. die → Unmöglichkeit der Leistung. Das S. wird schließlich in seinem gegenwärtigen Bestand durch einseitige gestaltende Rechtshandlungen wie → Anfechtung von Willenserklärungen, → Rücktritt vom Vertrag, → Kündigung, → Wandelung u. a. aufgehoben oder in seinem Inhalt verändert. S. a. → Abtretung, → Schuldübernahme, → Treu und Glauben.

Für Entstehen, Wirksamkeit und Abwicklung vor dem 3. 10. 1990 (insbes. durch Vertrag) im Gebiet der ehem. DDR begründeter S. gilt grundsätzlich das dort bisher geltende Recht (vor allem das ZGB) fort (Art. 232 § 1 EGBGB). Für eine Reihe von (insbes. Dauer-)S., z. B. Miete, Arbeitsverhältnis, enthalten Art. 232 §§ 2 ff. EGBGB jedoch Sonderregelungen.

**Schuldverschreibung** → Inhaberschuldverschreibung.

**Schuldversprechen** → Schuldanerkenntnis.

**Schuldzinsen** → Zinsschuld.

**Schule.** Der Begriff kann verschiedene Bedeutungen haben. Damit kann die konkrete Einzelschule, ein Schulgebäude einer Schulart oder das → Schulwesen insgesamt gemeint sein. Da der Begriff Sch. rechtlich nicht geschützt ist, wird er auch von Institutionen verwendet, die keine Schulen im Sinne des Schulrechts sind (Fahrschulen, Tanzschulen). Im schulrechtlichen Sinn ist Schule eine Einrichtung, die unabhängig vom Wechsel der Schüler und Lehrer durch planmäßigen gemeinsamen Unterricht in einer Mehrzahl von Gegenständen bestimmte Lern- und Erziehungsziele vermittelt. Man unterscheidet → öffentliche Schulen und → Privatschulen (→ Schulwesen).

**Schülerfahrten** → Linienverkehr.

**Schülerlotse** → Verkehrshelfer.

**Schülermitverantwortung** nennt man die Mitwirkung der Schüler an schulischen Entscheidungen; Ausgestaltung nach dem Landesrecht.

**Schülerunfallversicherung** → Unfallversicherung.

**Schulgebet.** Im Rahmen der durch Art. 7 I GG gewährleisteten Schulhoheit kann das Landesrecht auch in → Gemeinschaftsschulen (soweit sie nicht bekenntnisfrei oder betont gegen religiöse Bezüge ausgestaltet sind) ein freiwilliges überkonfessionelles S. außerhalb des → Religionsunterrichts zulassen; erst recht ist es in → Bekenntnisschulen oder im Religionsunterricht zulässig. Verfassungsrechtl. Bedenken bestehen auch dann nicht, wenn ein Schüler oder seine Eltern dem S. widersprechen; allerdings müssen sie frei und ohne Zwang über die Teilnahme entscheiden können (BVerfGE 52, 223/235 ff.).

**Schulgeld** → Sonderausgaben 1 a.

**Schulhoheit** → Kulturhoheit der Länder.

**Schulordnung.** Die Grundsätze des → Schulwesens sind neuerdings – dem → Wesentlichkeitsprinzip entsprechend – zumeist in förmlichen Schulgesetzen (Bezeichnung unterschiedlich) der Länder geregelt. Diese Gesetze werden durch S. ergänzt, die aufgrund gesetzlicher Ermächtigung zumeist als → Rechtsverordnungen ergehen. Sie regeln den Schulbetrieb und die inneren Schulverhältnisse, insbesondere den Aufbau der einzelnen Schularten, das Verfahren bei der Aufnahme, die Pflicht zur Teilnahme am Unterricht (auch Befreiung, Versäumnisse, Beurlaubung), die Unterrichtszeit, den Unterricht und das Vorrücken in der Schule (Vorrücken auf Probe, Nachprüfung, Wiederholung), Sonderregelung für Schüler mit nichtdeutscher Muttersprache, Zeugnisse, Bewertungsgrundsätze, Rechte und Pflichten der Schüler und der Erziehungsberechtigten gegenüber der Schule, Abschlußprüfungen. Nach Form und Inhalt bestehen – entsprechend dem nicht einheitlichen Schulwesen – zwischen den S. der Länder gewisse Unterschiede. Neben einer „Allgemeinen Schulordnung“ werden die S. zumeist für die einzelnen Schularten gesondert erlassen. Als Folge der starken Differenzierung des Schulwesens sind sie sehr zahlreich und werden noch durch eine kaum überschaubare Vielzahl von → Verwaltungsvorschriften ergänzt. Als Beispiel sei verwiesen auf die (mehrseitige) Zusammenstellung bayer. S. (und Verwaltungsvorschriften dazu) in: Ziegler/Tremel, Verwaltungsgesetze des Freistaates Bayern, Fußnote zu Art. 89 des Bayer. Gesetzes über das Erziehungs- und Unterrichtswesen. Zur politischen Werbung und Betätigung der

Schüler im Schulbereich eingehend BayVerfGH BayVBl. 1981, 495.

**Schulpflicht.** In der BRep. besteht auf Grund der Schulgesetze der Länder (z. B. SchulpflichtG NRW i. d. F. vom 2. 2. 1980, GVBl. 164; Art. 35 des bayer. G über das Erziehungs- und Unterrichtswesen v. 7. 7. 1994, GVBl. 689) allgemeine S. Sie ist grundsätzlich vom 6. Lebensjahr an durch 9jährigen Besuch der Volksschule (Grund- und Hauptschule) und anschließenden 3jährigen Besuch der Berufsschule bis zum vollendeten 18. Lebensjahr zu erfüllen. Zurückstellung, Befreiung, vorzeitige Beendigung und Verlängerung der S. sind nach den Ländergesetzen unter gewissen Voraussetzungen möglich. Inhalt der S. ist nicht nur der pünktliche und regelmäßige Schulbesuch, sondern auch die Mitarbeit im Unterricht und bei sonstigen Schulveranstaltungen, die Erledigung der Hausaufgaben und die Erbringung vorgeschriebener Leistungsnachweise. Die Eltern minderjähriger Kinder sind verpflichtet, für die Erfüllung der S. zu sorgen. Verletzungen der S. können als Ordnungswidrigkeiten oder Straftaten geahndet werden.

**Schulrecht** → Schulwesen, → Schulordnung.

**Schulstrafen** werden im Rahmen des → Schulverhältnisses aus erzieherischen Gründen und zur Aufrechterhaltung der Ordnung an der Schule angewendet. Sie dürfen verhängt werden, wenn Ermahnungen und Erziehungsmaßnahmen fruchtlos bleiben oder schwerere Verfehlungen vorliegen. Die Arten der S., ihre Voraussetzungen und das Verfahren sind meist in der → Schulordnung geregelt. Die wichtigsten S. an den Höheren Schulen sind Verweis, Schularrest, Androhung der Entlassung, Entlassung und Ausschluß von allen Höheren Schulen. Körperliche Züchtigungen (→ Züchtigungsrecht) sind unbeschadet ihrer Strafbarkeit unzulässig. Die Verhängung einer S. ist ein → Verwaltungsakt, der im → Verwaltungsstreitverfahren vor den Verwaltungsgerichten angefochten werden kann. In jüngerer Zeit wird statt des Begriffes S. zunehmend der Begriff Ordnungsmaßnahme verwendet.

**Schulverhältnis** ist das zwischen dem Träger einer Schule (→ Schulwesen) und dem Schüler bestehende Rechtsverhältnis. Soweit es sich um öffentliche Schulen handelt (Träger: Staat, Gemeinde), gehört dieses Rechtsverhältnis dem öffentl. Recht an. Der Inhalt des S. wird durch die (landesrechtlichen) Schulgesetze und → Schulordnungen sowie → Verwaltungsvorschriften näher bestimmt. Zur Frage, inwieweit die im S. getroffenen Entscheidungen (z. B. die Nichtversetzung) als → Verwaltungsakte anzusehen sind, s. → Gewaltverhältnis, → Schulstrafen. Das Vorliegen eines Verwaltungsaktes ist aber nur bedeutsam für die Frage, welche Klageart gegeben ist. Nach h. M. unterliegen alle Maßnahmen der gerichtlichen Nachprüfung, soweit durch sie möglicherweise Rechte des Betroffenen verletzt sind. S. a. → pädagogische Freiheit; → Elternbeirat; → Schülermitverantwortung. Das Rechtsverhältnis zwischen einer Privatschule und ihren Schülern ist nach bürgerlichem Recht zu beurteilen.

**Schulwesen.** Der Begriff bezeichnet die Gesamtheit der Einrichtungen, die der Vermittlung von Bildungsgütern in Schulen dienen. Träger der Schulen sind in der BRep. die Länder, kommunale Körperschaften, die Kirchen oder Privatpersonen. Demgemäß unterscheidet man → öffentliche Schulen (die von einem öffentlich-rechtlichen Gemeinwesen getragen werden) und → Privatschulen; s. a. → Fernunterricht. Ferner wird zwischen allgemeinbildenden, beruflichen und Förderschulen (Sonderschulen) unterschieden, je nachdem, ob die Schule allgemeine Grundlage, spezielles Berufswissen oder sonderpädagogische Förderung vermittelt. Das S. ist, vom GG abgesehen, landesgesetzlich geregelt (Landesverfassungen; Schulgesetze; Schulorganisationsgesetze; Schulbedarfsgesetze; Schulpflichtgesetze; → Schulordnungen; Bestimmungen über Lernmittelfreiheit). Entsprechend dem → „Wesentlichkeitsprinzip" sind neuerdings die grundsätzlichen Fragen des S. durch förmliche Gesetze geregelt; vgl. z. B. bayer. Ges. über das Erziehungs- und Unterrichtswesen i. d. F. vom 7. 7. 1994 (GVBl. 689), das 129 Artikel umfaßt. Dem Bund steht für dieses Gebiet keine → Gesetzgebungskompetenz zu; das beim Inkrafttreten des GG bestehende Reichsrecht wurde Landesrecht. Das Schulrecht der Länder ist z. T. durchaus unterschiedlich. Eine gewisse Einheitlichkeit zwischen den Ländern wird durch Länderabkommen auf dem Wege über die „Ständige Konferenz der Kultusminister" angestrebt. Gemäß Art. 7 I GG steht das gesamte S. unter der Aufsicht des Staates (Schulaufsicht); er hat die Befugnis zur Organisation, Planung, Leitung und Beaufsichtigung des S. Das Recht zur Errichtung von privaten Schulen wird gewährleistet (Art. 7 IV GG). Vorschriften über den → Religionsunterricht an Schulen enthalten Art. 7 II, III und 141 GG. Die Gesetze der Länder unterscheiden meist zwischen dem sachlichen Bereich der Schulangelegenheiten (insbes. der Bereitstellung des Sachbedarfs, z. B. des Schulgebäudes, die i. d. R. den Gemeinden obliegt) und der Leitung und Überwachung des S. (einschl. der Bereitstellung des persönlichen Bedarfs, der i. d. R. dem Staat obliegt). Art. 7 I GG läßt den Ländern weitgehende Gestaltungsfreiheit; er sichert den Einfluß des Staates auf das gesamte S. als → institutionelle Garantie.

**Schuman-Plan** → Europäische Gemeinschaft für Kohle und Stahl.

**Schund** → jugendgefährdende Schriften.

**Schußwaffen** → Waffen.

**Schußwaffengebrauch** → Waffengebrauch.

**Schütt-aus-Hol-zurück-Verfahren** soll bei → Kapitalgesellschaften durch Ausschüttung an den Anteilseigner und – nach Versteuerung bei der Einkommensteuer – durch Wiedereinlage des verbleibenden Betrags z. B. als stille Einlage vermeiden, daß die Rücklagenbildung mit 45% → Körperschaftsteuer belastet wird. Vgl. Abschn. 77 IX KStR.

**Schutz der Jugend** → Jugendschutz, → Jugendarbeitsschutz, → jugendgefährdende Schriften und Medieninhalte.

**Schutz der öffentlichen Sicherheit und Ordnung** → Sicherheit und Ordnung, öffentl.

**Schutz der persönlichen Freiheit** → Freiheit (persönliche), → Freiheitsentziehung, → Freiheitsberaubung.

**Schutzbefohlene, Mißhandlung von -n,** → Körperverletzung; Mißbrauch von -n → sexueller Mißbrauch von S.

**Schutzbereich** (früher auch Rayon). Durch die Bestimmung eines S. wird die Nutzung von Grundstücken auf behördliche Anordnung für Zwecke der Verteidigung beschränkt. Die Erklärung eines Grundstücks zum S. ist im SchutzbereichsG vom 7. 12. 1956 (BGBl. I 899) m. spät. Änd. geregelt. Sie ist eine entschädigungspflichtige → Enteignung (Teilenteignung). Den völligen Entzug von Grundeigentum zu Verteidigungszwecken regelt das LandbeschaffungsG vom 23. 2. 1957 (BGBl. I 134) m. spät. Änd.

**Schutzbereich der Norm** → Schadensersatz (1 a), → Schutzzweck der Norm.

**Schutzbrief.** *Versicherungsrechtlich* versteht man unter S. die Verpflichtung, mehrere (Versicherungs-)Leistungen aus einem bestimmten Anlaß und/oder innerhalb eines bestimmten Zeitraums gegen entsprechende (meist einmalige) Prämienzahlung zu erbringen, z. B. anläßlich einer Auslandsreise die Übernahme erforderlich werdender Behandlungs- und sonstiger Kosten, die Rückführung von Personen und Sachen, die Gewährung von Rechtsschutz u. a.

*Rechtshistorisch* war S. die urkundliche Zusage besonderen Schutzes an bestimmte Personen, meist fremder Staatsangehörigkeit, durch das Staatsoberhaupt. Zum *freien Geleit* im Strafverfahren → Abwesenheitsverfahren.

**Schutzfristen** (Schutzdauer) → Patent, → Gebrauchsmuster, → Geschmacksmuster, → Urheberrecht, → Marken.

**Schutzgesetz** → unerlaubte Handlung (2 b).

**Schutzgewahrsam** ist die Ingewahrsamnahme einer Person durch die Polizei zu ihrem eigenen Schutz bei unmittelbar drohender Gefahr für Leib oder Leben (z. B. hochgradige Trunkenheit, Selbsttötungsabsicht). Sie ist nach Landespolizeigesetzen kraft ausdrücklicher Bestimmung zulässig (§ 28 I Nr. 2 bad.-württ. PolG, Art. 17 bayer. PAG), sonst auf Grund des allgemeinen Rechts der Polizei zur Gefahrenabwehr. Gegen Mißbrauch ist der Verwahrte durch

Art. 104 II GGgeschützt; danach ist jeder Festgenommene, der nicht alsbald freigelassen wird, spätestens bis Ablauf des nächsten Tages einem Richter vorzuführen, der über die weitere Freiheitsentziehung entscheidet.

**Schutzhaft** in der Form, wie sie in totalitären Staaten häufig zu Mißbräuchen geführt hat, ist im Rechtsstaat unzulässig. S. aber → Schutzgewahrsam.

**Schutzhelm.** Führer von → Krafträdern und → Soziusfahrer haben während der Fahrt einen (amtlich genehmigten) S. zu tragen; das gilt auch für → Fahrräder mit Hilfsmotor mit 25 km/h Höchstgeschwindigkeit, sog. Mofas 25 (§ 21 a II StVO), aber nicht für Leichtmofas (VO vom 26. 3. 1993, BGBl. I 394) und Krafträder mit einer bauartbedingten Geschwindigkeit bis 20 km/h (VO vom 24. 3. 1994, BGBl. I 624) sowie Krafträder, die der VO vom 20. 5. 1998 (BGBl. I 1130) entsprechen. Verstöße sind bußgeldbedroht (§ 49 I Nr. 20 a StVO) und können zum Verlust von Versicherungsansprüchen führen oder gegenüber Schadensersatzansprüchen als → Mitverschulden geltend gemacht werden.

**Schutzimpfung** → Impfzwang, → Impfschäden.

**Schutzmacht** wird ein Staat genannt, der einem anderen Staat Schutz gegen Angriffe von dritter Seite garantiert (vgl. → Protektorat). Völkerrechtliche Schutzverhältnisse bestehen auf Grund Vertrags insbes. gegenüber neutralen Staaten (→ Neutralität). Im modernen Völkerrecht sind gegenseitige Beistands- und Schutzvereinbarungen in multilateralen Verträgen häufig (z. B. → NATO, früherer → Warschauer Pakt). Im zwischenstaatl. Verkehr wird S. ein Staat genannt, der bei einem Konflikt zwischen zwei anderen Staaten die Interessen des einen Staates (insbes. den Schutz der Staatsangehörigen) gegenüber dem anderen wahrnimmt.

**Schutzpolizei** → Polizei.

**Schutzprinzip im Strafrecht** → Geltungsbereich des Strafrechts (3).

**Schutzschrift** ist die – nicht gesetzestechnische – Bezeichnung für einen Schriftsatz, der vom „Beklagten" vorbeugend beim Gericht eingereicht wird. Er soll verhindern, daß einem befürchteten Antrag auf Erlaß einer → einstweiligen Verfügung (insbes. auf dem Gebiet des → unlauteren Wettbewerbs) ohne mündliche Verhandlung allein aufgrund der Angaben des Klägers stattgegeben wird.

**Schutzverhältnis** → Protektorat.

**Schutzwald** ist ein Wald, der seiner Lage nach Schutzfunktionen erfüllt (z. B. gegen Lawinen, Felsstürze, Erdabrutschungen, Hochwasser usw.). Die Erhaltung von S. wird durch Vorschriften der Waldgesetze gesichert (→ Wald). Über Schutzwaldungen an Bundesfernstraßen (§ 10 FStrG) vgl. → Autostraßen (3).

**Schutzzoll** – Gegensatz → Finanzzoll – belastet eingeführte Waren zum Schutz inländischer Hersteller. Man unterscheidet Erziehungs-Sch. für im Aufbau befindliche Industrien und Erhaltungs-Sch. für sonst unrentable Wirtschaftszweige (z. B. Landwirtschaft). Vgl. → Prohibitivzölle, → Retorsionszölle.

**Schutzzweck der Norm.** Die Haftung für die Verletzung eines fremden Rechtsguts setzt nicht nur Verursachung (→ Kausalität) und (vielfach) → Verschulden, sondern auch einen Rechtswidrigkeitszusammenhang voraus; sie ist also durch den Sch. d. N. (Normzweck) begrenzt. S. i. e. → Schadensersatz (1 a), → Kausalität im Strafrecht. Der Grundsatz gilt über das Haftungsrecht hinaus ganz allgemein (z. B. im Strafrecht, Strafverfahrensrecht und bei den Grundrechten).

**Schwabenspiegel,** altdeutsches Rechtsbuch, Fortsetzung des Deutschenspiegels, einer für süddeutsche Verhältnisse überarbeiteten Fassung des → Sachsenspiegels. Der Schwabenspiegel entstand unter Heranziehung weiterer Rechtsquellen, insbes. des römischen und des kanonischen Rechts, um 1275 in Augsburg unter der Bezeichnung Kaiserliches Land- und Lehensrechtsbuch; sein Verfasser ist unbekannt. Der S. fand weite Verbreitung in Süddeutschland und in der Schweiz; er wurde die Grundlage späterer ähnlicher Rechtsbücher.

**Schwägerschaft** ist das Verhältnis eines Ehegatten zu den Verwandten des anderen Ehegatten; sie besteht auch über die Auflösung der sie begründenden Ehe hinaus fort. Die Linie und der *Grad* der Sch. richten sich nach dem Grad der jeweiligen → Verwandtschaft (§ 1590 BGB). So besteht z. B. Sch. im 1. Grad in gerader Linie mit den Eltern des anderen Ehegatten (Schwiegereltern), im 2. Grad in der Seitenlinie mit dessen Geschwistern (Schwager); Stiefeltern und -kinder sind im 1. Grad verschwägert. Keine Sch. besteht zwischen den Verwandten des einen Ehegatten und den Verwandten des anderen Ehegatten (volkstümlich „Schwippschwägerschaft" genannt). Die Sch. begründet keine → Unterhaltspflicht und kein → Erbrecht; im übrigen gelten weitgehend die Vorschriften über die Verwandtschaft entsprechend.

**Schwangerschaft** → Mutterschutz, → Mutterschaftshilfe. Die Frage nach dem Bestehen einer S. bei Einstellung einer Arbeitnehmerin ist grundsätzlich unzulässig.

**Schwangerschaftsabbruch (Abtreibung)** ist die vorsätzliche Tötung einer vorgeburtlichen menschlichen Leibesfrucht. 1. Die Strafbarkeit des S. soll das ungeborene Leben schützen. Sie beginnt aber erst mit Abschluß der Einnistung des befruchteten Eies in der Gebärmutter (Nidation). Vor diesem Zeitpunkt ist ein S. im Sinne des StGB nicht möglich (§ 218 I 2 StGB), also straffrei. Für die Zeit danach galten im BGebiet ab 3. 10. 1990 auf Grund des → Einigungsvertrages unterschiedliche Regelungen, wann der S. straflos ist.

In den *alten Ländern* bestand die *Indikationslösung*. Straflosigkeit trat ein bei *medizinischer* Indikation (Abwendung einer Gefahr für das Leben oder einer Gefahr einer schwerwiegenden körperlichen oder seelischen Gesundheitsbeeinträchtigung der Schwangeren), darüber hinaus innerhalb bestimmter Fristen bei *embryopathischer* oder *eugenischer* Indikation (Erwartung einer schwerwiegenden, unbehebbaren und der Schwangeren nicht zumutbaren Schädigung des Kindes auf Grund Erbanlage oder schädlicher Einflüsse vor der Geburt), *kriminologischer* oder *ethischer* Indikation (Schwangerschaft auf Grund einer → Sexualstraftat nach §§ 176–179 StGB) und *sozialer* Indikation (schwerwiegende, unabwendbare Notlage der Schwangeren, auf Grund deren die Fortsetzung der Schwangerschaft nicht verlangt werden kann).

In den *neuen Ländern* galt dagegen eine *Fristenlösung*. Straflosigkeit bestand bei einem S. binnen 12 Wochen seit der Empfängnis, nach der 12. Woche bei einer Gesundheitsgefährdung der Schwangeren. Diese blieb in jedem Fall straflos.

Der Gesetzgeber versuchte, einheitliche Vorschriften für den S. im *Schwangeren- und FamilienhilfeG* (SFHG) vom 27. 7. 1992 (BGBl. I 1398), das eine *modifizierte Fristenregelung mit obligatorischer Beratung* enthielt, zu schaffen. Das *BVerfG* erklärte jedoch mit Urteil vom 28. 5. 1993 (NJW 1993, 1751) mehrere Bestimmungen des Gesetzes für nichtig, insbes. die Regelung über die Straflosigkeit des S. und über die Beratung der Schwangeren. Nach Auffassung des BVerfG ist der S. grundsätzlich Unrecht. Es besteht daher ein grundsätzliches Verbot des S. und eine grundsätzliche Pflicht der Mutter zum Austragen des Kindes. Dem Gesetzgeber sei es aber grundsätzlich nicht verwehrt, zu einem Konzept für den Schutz des ungeborenen Lebens überzugehen, das den Schwerpunkt auf die Beratung der Schwangeren legt, um sie für das Austragen des Kindes zu gewinnen, und dabei auf eine indikationsbestimmte Strafdrohung und die Feststellung von Indikationstatbeständen durch einen Dritten verzichtet. Ein solches Beratungskonzept müsse positive Voraussetzungen für ein Handeln der Schwangeren zugunsten des ungeborenen Lebens schaffen. Der Staat trage für das Beratungskonzept die volle Verantwortung. Ein S. ohne Feststellung einer Indikation nach der Beratungsregelung dürfe nicht als gerechtfertigt (nicht rechtswidrig) erklärt werden.

2. Nach Erlaß des Schwangeren- und FamilienhilfeÄndG vom 21. 8. 1995 (BGBl. I 1050) gilt folgendes:

a) Der S. ist grundsätzlich verboten und rechtswidrig. Für die *Schwangere* ist der S. (auch Zulassung des S. durch einen anderen) mit Geldstrafe oder Freiheitsstrafe bis zu 1 Jahr bedroht; der Versuch ist für sie nicht strafbar (§ 218

III, IV 2 StGB), ebenso der S. unter bestimmten Voraussetzungen (§ 218 a IV 1, § 218 b I 3, § 218 c I).

Für *andere* ist der S. mit Geldstrafe oder Freiheitsstrafe bis zu 3 Jahren bedroht; bei besonders schweren Fällen, insbes. S. gegen den Willen der Schwangeren oder leichtfertiger Gefahr des Todes oder einer schwerwiegenden Gesundheitsbeeinträchtigung für die Schwangere droht Freiheitsstrafe von 6 Monaten bis zu 5 Jahren; der Versuch ist strafbar (§ 218 I, II, IV 1 StGB). Nach § 5 Nr. 9 StGB ist auch ein S. im Ausland strafbar, wenn der Täter ein Deutscher aus der BRep. ist (→ Auslandsdelikte, → Geltungsbereich des Strafrechts). Strafbar ist auch ein S. ohne Feststellung der eigentlich vorliegenden medizinischen oder kriminologischen Indikation oder eine unrichtige ärztliche Feststellung einer solchen Indikation (§ 218 b I 1, 2 StGB). Strafbar sind auch bestimmte ärztliche Pflichtverletzungen bei einem S. (§ 218 c I StGB), wenn der Arzt z. B. der Schwangeren keine Gelegenheit zur Begründung ihres Verlangens oder keine Aufklärung über den Eingriff gegeben hat.

b) Der *Tatbestand* des S. ist *nicht verwirklicht,* wenn die Schwangere den S. verlangt und dem Arzt durch eine Bescheinigung einer anerkannten Schwangerschaftskonfliktberatungsstelle ihre Beratung gemäß § 219 StGB mindestens 3 Tage vor dem Eingriff nachgewiesen hat und der S. von einem Arzt binnen 12 Wochen seit der Empfängnis vorgenommen wird (*Beratungsregelung,* § 218 a I StGB).

c) Der ärztliche S. mit Einwilligung der Schwangeren ist *nicht rechtswidrig* bei Vorliegen einer *sozial-medizinischen* Indikation (§ 218 a II StGB) und gilt als nicht rechtswidrig bei Vorliegen einer *kriminologischen* Indikation binnen 12 Wochen seit der Empfängnis (§ 218 a III StGB). Eine embryopathische Indikation ist nicht ausdrücklich vorgesehen. Bei ihr ist ein S. aber nicht rechtswidrig, wenn zugleich die Voraussetzungen einer medizinischen Indikation vorliegen. Die soziale Indikation ist weggefallen; bei ihr kann aber § 218 a I StGB und u. U. § 218 a II StGB eingreifen.

3. Die Einzelheiten des Vorgehens zur Vermeidung und Bewältigung eines S. regelt das SchwangerschaftskonfliktG vom 27. 7. 1992 (BGBl. I 1398), geänd. durch das G. vom 21. 8. 1995 (BGBl. I 1050). Es gibt jeder Frau und jedem Mann Anspruch auf umfassende Beratung in allen berührten Fragen. Die Beratung ist ergebnisoffen zu führen und dient dem Schutz des ungeborenen Lebens. Die Länder haben ein ausreichendes Angebot von Einrichtungen zur Vornahme von S. sicherzustellen.

4. Versicherte der gesetzlichen → Krankenversicherung und mitversicherte Familienangehörige haben Anspruch auf ärztliche Beratung über Fragen der Empfängnisregelung. Zur ärztlichen Beratung gehören auch die erforderliche Untersuchung und die Verordnung von empfängnisregelnden Mitteln. Darüber hinaus besteht ein Anspruch auf Leistungen bei einem nichtrechtswidrigen Abbruch der Schwangerschaft durch einen Arzt (§§ 24 a und 24 b I, II SGB V, § 8 KVLG 1989). Bei einem S. nach der Beratungsregelung besteht ebenfalls Anspruch auf Leistungen; davon sind aber die Vornahme des S. und die Nachbehandlung ausgenommen (§ 24 b III SGB V). Bei Bedürftigkeit hat die Frau nach dem Ges. zur Hilfe für Frauen bei S. in besonderen Fällen gem. dem Ges. vom 21. 8. 1995 (BGBl. I 1054) Anspruch auf Leistungen, die bei einem S. nach der Beratungsregelung auch den Eingriff selbst umfassen. Die Träger der gesetzlichen Krankenversicherung übernehmen die Kosten nach diesem Ges., die ihnen von den Ländern zu erstatten sind. Die Kosten für ärztlich verordnete empfängnisregelnde Mittel, die in diesem Ges. nicht erfaßt sind, werden u. U. von der → Sozialhilfe übernommen (§ 37 b BSHG).

**Schwangerschaftskosten** → Unterhaltspflicht gegenüber dem nichtehelichen Kind.

**Schwarzarbeit** ist die Bezeichnung für mehrere unterschiedlich zu beurteilende Sachverhalte, nämlich S. i. S. des Ges. zur Bekämpfung der S. (S.-Ges.) i. d. F. vom 6. 2. 1995 (BGBl. I 165) m. Änd. (1.), sonstige Tätigkeit oder Beschäftigung von Ausländern ohne Arbeitserlaubnis (2.) oder von nicht bei der Sozialversicherung angemeldeten Arbeitnehmern (3.), ferner die Ohne-

Rechnung-Geschäfte selbständiger Gewerbetreibender (4.).

1. Durch das S.-Ges. werden folgende Fälle der S. als Ordnungswidrigkeiten mit Bußgeld bis zu 200 000 DM bedroht: a) Ein Empfänger einer Leistung der → Sozialversicherung, der → Sozialhilfe oder für Asylbewerber (→ Asylrecht) erbringt Dienst- oder Werkleistungen in erheblichem Umfang, ohne dies der zuständigen Behörde mitzuteilen (§ 1 I Nr. 1 S.-Ges.). b) Ein Arbeitnehmer erbringt Dienst- oder Werkleistungen in erheblichem Umfang ohne Anzeige des Gewerbes, Erwerb der Reisegewerbekarte oder Eintragung in die Handwerksrolle (§ 1 I Nr. 2, 3 S.-Ges.). c) Ein Auftraggeber, läßt die unter a) und b) genannten Personen Dienst- oder Werkleistungen in erheblichem Umfang erbringen (§ 2 I S.-Ges).

Eine Tätigkeit nach a) und b) im Rahmen von Gefälligkeit, Nachbarschaftshilfe oder Selbsthilfe für den Bauherrn gilt nicht als S. (§ 1 III S.-Ges.).

Oftmals werden neben dem Verstoß gegen das S.-Ges. weitere Ordnungswidrigkeiten vorliegen oder Strafgesetze verletzt sein, insbes. Betrug im Fall von a) und die unter 2.–4. genannten Verstöße. Ordnungswidrig ist nach § 4 I S.-Ges. auch die Werbung für eine S. ohne Handwerkserlaubnis. Illegale → Beschäftigung, u. a. in den Fällen c) und 2., 3. kann den Ausschluß vom Wettbewerb um öffentliche Aufträge bis zu 2 Jahren zur Folge haben (§ 5 S.-Ges.).

Zivilrechtlich führt ein beiderseitiger Verstoß gegen das S.-Ges., also Beauftragung und Erbringung der S., zur → Nichtigkeit des Vertrages, mit Ausschluß von Erfüllungs- und Gewährleistungsansprüchen. Die Berufung hierauf kann allerdings im Einzelfall gegen Treu und Glauben verstoßen (BGHZ 85, 39; NJW 1984, 1175). Sind Leistungen erbracht worden, so kann zwar keine Bezahlung der vereinbarten Vergütung, u. U. aber der Wert der Leistungen als ungerechtfertigte Bereicherung herausverlangt werden (BGH NJW 1990, 2542).

2. Tätigkeit oder Beschäftigung eines Ausländers ohne die erforderliche Genehmigung des Arbeitsamtes nach § 284 I 1 SGB III (→ Arbeitserlaubnis) verstößt gegen das im SGB III geregelte Recht der Arbeitsförderung, u. U. auch gegen das Ausländergesetz (→ Ausländer), eines Asylbewerbers, sofern er keiner Erwerbstätigkeit nachgehen darf, auch gegen das Asylverfahrensgesetz (→ Asylrecht). Bei einem → Leiharbeitsverhältnis kann ein Verstoß gegen das Arbeitnehmerüberlassungsgesetz hinzukommen.

3. Beschäftigung eines nicht angemeldeten Arbeitnehmers verstößt gegen die Vorschriften zur Abführung von Beiträgen an die Sozialversicherung und zur Abführung der Lohnsteuer. Das Unterlassen der Zahlung von Beiträgen ist als Vorenthalten von Arbeitsentgelt (→ Untreue), von Lohnsteuer als Steuerhinterziehung strafbar.

4. S. ist steuerpflichtig (§ 40 AO). → Ohne Rechnung-Geschäfte können ggf. Steuerhinterziehung sein (→ Steuerstrafrecht). Die Finanzbehörden sind berechtigt, S. und ähnliche Sachverhalte den zuständigen Behörden mitzuteilen (§ 31 a AO).

**Schwarze Liste** wird im kaufmännischen Sprachgebrauch das vom Amtsgericht geführte → Schuldnerverzeichnis der Personen genannt, die eine → Offenbarungs(eid)versicherung abgegeben haben. I. w. S. werden darunter die von Kreditschutzvereinen u. a. Verbänden geführten Listen von Schuldnern verstanden, bei denen Wechselproteste, Zahlungseinstellungen u. dgl. vorliegen. Die Verbreitung unrichtiger Angaben kann als Kreditgefährdung (§ 824 BGB; → unerlaubte Handlung, 2 c) Schadensersatzansprüche auslösen. Kartellrechtlich kann sich die Aufstellung einer s. L. durch Unternehmen(sverbände), wenn sie auf Wettbewerbsbeschränkung abzielt, als diskriminierende Maßnahme i. S. der §§ 25, 26 GWBdarstellen.

**Schwarzfahrer** → Erschleichen von Leistungen, → Straßenverkehrshaftung (2), → Verlassen eines Fahrzeugs.

**Schwarzgastronomie.** Polemische Begriffsbildung, die sich gegen nach § 23 GastG ohne Genehmigung als → Gaststätte zulässige Betriebsformen (z. B. nichtgewerblicher Ausschank durch Vereine oder Gesellschaften in eigenen Räumen), u. U. auch gegen Grenzüberschreitungen in diesem Bereich wendet.

**Schwarzhören und -sehen** ist strafbar, wenn ein Kabelanschluß mißbraucht (§ 265 a StGB, → Erschleichen von Leistungen) oder gegen das → Abhörverbot nach § 86 TKG verstoßen wird (§ 92 TKG). Ansonsten stellt es eine Ordnungswidrigkeit dar, wenn die Bestimmungen über die → Rundfunkgebühr (§ 9 Rundfunkgebührenstaatsvertrag vom 31. 8. 1991, s. z. B. BayGVBl. 451, 472) nicht beachtet werden.

**Schwarzkauf** → Grundstückskaufvertrag, → Scheingeschäft.

**Schwarzsenden** stellt eine Ordnungswidrigkeit nach § 96 I Nr. 10 TKG dar, wenn eine Frequenz ohne Zuteilung genutzt wird. S. a. → Amateurfunk, → Piratensender, → Sendeanlagenmißbrauch, → Tonaufnahme, unzulässige.

**Schwebende Unwirksamkeit** → Unwirksamkeit e. Rechtsgeschäfts, → Nichtigkeit, → Geschäftsfähigkeit.

**Schweigen** (im rechtsgeschäftlichen Verkehr) → Vertrag (1), → Willenserklärung, → Auftrag, → Schuldübernahme, → Hypothekenübernahme, → Handelsgeschäft; s. a. → Geschäftsfähigkeit, → Vertretung ohne Vertretungsmacht.

**Schweigepflicht** → Dienstgeheimnis, → Berufsgeheimnis, → Geheimnisverrat.

**Schwellenerwerber** → Binnenmarkt, Umsatzsteuer, 2 e.

**Schwellenländer** sind die Staaten, die in ihrer wirtschaftlichen Entwicklung und Leistungsfähigkeit bereits fortgeschritten sind und in ihrer wirtschaftlichen Bedeutung zwischen Industrie- und → Entwicklungsländern liegen.

**Schwellenpreis** → Abschöpfung.

**Schwerbehinderte** i. S. des Schwerbehindertengesetzes i. d. F. vom 26. 8. 1986 (BGBl. I 1421) m. spät. Änd. sind Personen, die körperlich, geistig oder seelisch behindert und dadurch in ihrer Erwerbsfähigkeit um wenigstens 50 v. H. gemindert sind. Behinderte, deren Behinderung weniger als 50 v. H., aber mindestens 30 v. H. beträgt und denen deshalb ohne Maßnahmen nach dem SchwbG Schwierigkeiten im Erwerbsleben entstehen, sollen den Sch. gleichgestellt werden. Das Gesetz regelt insbesondere die Eingliederung in das Erwerbsleben und die Sicherung des Arbeitsplatzes. Arbeitgeber mit mindestens 16 Arbeitsplätzen müssen wenigstens 6 v. H. Sch. beschäftigen, darunter in angemessenem Umfang auch Schwerstbehinderte, ferner Sch. über 50 Jahre (§§ 5 f. SchwbG); andernfalls haben sie eine monatliche Ausgleichsabgabe zu entrichten (200 DM f. jeden Nichtbeschäftigten, § 11 SchwbG). Sch. haben besonderen Kündigungsschutz (Frist mindestens 4 Wochen; Zustimmung der → Hauptfürsorgestelle; §§ 15 ff. SchwbG) und Anspruch auf Zusatzurlaub bis zu 5 Arbeitstagen im Jahr (§ 47 SchwbG) sowie auf vergünstigte Beförderung im öffentl. Personen-Nahverkehr und -Fernverkehr (§§ 59 ff. SchwbG). Beschäftigungspflichtige Arbeitgeber müssen die Zahl der Arbeitsplätze, der beschäftigten Sch. usw. dem Arbeitsamt anzeigen. Die Arbeitgeber haben durch entsprechende Gestaltung der Betriebsräume, Maschinen und Arbeitsplätze die Beschäftigung wenigstens der Pflichtzahl von Sch. zu ermöglichen (§§ 13 f. SchwbG). Sie können dafür Beihilfen erhalten.

In der → Unfallversicherung (§ 57 SGB VII) und in der → Kriegsopferversorgung (§ 31 BVG) werden für Sch. höhere oder zusätzliche Leistungen gewährt.

Die Durchführung des SchwbG obliegt den → Hauptfürsorgestellen und der → Bundesanstalt für Arbeit (§§ 30 ff. SchwbG); die Ausweise stellen die → Versorgungsämter aus (4. AusweisVO SchwbG i. d. F. vom 15. 5. 1981, BGBl. I 431 m. spät. Änd.). In den Betrieben wählen die Sch. Schwerbehindertenvertretungen (§§ 23 ff. SchwbG; WahlO vom 23. 4. 1990 (BGBl. I 811). *Steuerlich* können Sch. zusätzliche Aufwendungen als außerwöhnliche → Belastungen geltend machen (§§ 33, 33 b EStG).

**Schwerbeschädigte** sind Personen, die infolge einer gesundheitlichen Schädigung i. S. der → Kriegsopferversorgung, des → Soldatenversorgungsgesetzes, des → Häftlingshilfegesetzes, des Gesetzes über den → Zivildienst, des → Opferentschädigungsgesetzes, durch Besatzungsmaßnahmen, nationalsoz.

Gewaltmaßnahmen oder Impfschaden nicht nur vorübergehend um wenigstens 50 v.H. in der Erwerbsfähigkeit gemindert sind (§§ 1, 31 III BVG). Über soziale Maßnahmen zur Eingliederung der Sch. in das Erwerbsleben und die Sicherung des Arbeitsplatzes s. § 27 d BVG; → Schwerbehinderte, → Rehabilitationsmaßnahmen.

**Schwerpflegebedürftige** sind → Pflegebedürftige der → Pflegestufe II der → Pflegeversicherung (§ 15 I Nr. 2 SGB XI).

**Schwerpunktstaatsanwaltschaft.** Zur besseren Aufklärung und Verfolgung bestimmter Straftaten kann gem. § 143 IV GVG eine S. eingerichtet werden, deren Zuständigkeit sich über mehrere Land- oder Oberlandesgerichtsbezirke erstreckt. Bisher gibt es solche nur für → Wirtschaftsstrafsachen; die Einrichtung einer S. zur Bekämpfung der → Organisierten Kriminalität wird erwogen.

**Schwerstpflegebedürftige** sind → Pflegebedürftige der → Pflegestufe III der → Pflegeversicherung (§ 15 I Nr. 3 SGB XI).

**Schwiegereltern** → Schwägerschaft, → Verwandtschaft.

**Schwimmdock** → Schiff.

**Schwurgericht.** Beim → Landgericht fungieren eine oder mehrere → Strafkammern als S. 3 Berufsrichter und 2 Schöffen entscheiden in der Hauptverhandlung mit gleichem Stimmrecht über die Schuld- und Straffrage (anders als bis 1924 und in manchen ausländischen Rechten, die getrennte Beratung vorschreiben und die Entscheidungsbefugnis der Geschworenen auf die Schuldfrage beschränken). Außerhalb der Hauptverhandlung entscheiden nur die richterlichen Mitglieder. Das S. ist zuständig für Mord und Totschlag, und für bestimmte Delikte bei Todesfolge (insbes. schwere Sexualstraftaten, Aussetzung, Körperverletzung, Entziehung Minderjähriger, Freiheitsberaubung, erpresserischer Menschenraub, Geiselnahme, Raub, räuberischer Diebstahl, räuberische Erpressung, Brandstiftung, Herbeiführung einer Sprengstoffexplosion, fehlerhafte Herstellung einer kerntechnischen Anlage, Überschwemmung, gemeingefährliche Vergiftung, räuberischer Angriff auf Kraftfahrer, Luft- und Seepiraterie, Beschädigung wichtiger Anlagen, vorsätzliche Umweltstraftat) ferner auch ohne Todesfolge für die Delikte nach §§ 307, 309 II StGB (§ 74 II GVG). Bei Jugendlichen und Heranwachsenden tritt an Stelle des S. die Jugendkammer (→ Jugendstrafrecht, 3). Das S. wird in der → Geschäftsverteilung bestimmt; auch kann ein gemeinsames S. für mehrere LG-Bezirke eingesetzt werden (§§ 21 e, 74 d GVG).

**SED-Unrechtsbereinigung** → Offene Vermögensfragen, → Entschädigungs- und Ausgleichsleistungsgesetz, → Rehabilitierungsgesetze (strafrechtliches, verwaltungsrechtliches, berufliches Rehabilitierungsgesetz).

**Seeamt.** Die Seeämter sind nach dem Ges. über die Untersuchung von Seeunfällen vom 6. 12. 1985 (BGBl. I 2146) Untersuchungsausschüsse, die bei den Wasser- und Schiffahrtsdirektionen Nord und Nordwest (→ Wasserverwaltung) gebildet werden. Über Widersprüche befindet das Bundesoberseeamt, ein im Geschäftsbereich des Bundesministers für Verkehr mit Sitz in Hamburg gebildeter Ausschuß. Das Bundesoberseeamt und die Seeämter entscheiden in der Besetzung mit einem Vorsitzenden, der die → Befähigung zum Richteramt besitzen muß, einem Ständigen Beisitzer mit Befähigung zum Kapitän auf Großer Fahrt, sowie drei ehrenamtlichen Beisitzern. Die Mitglieder haben gleiches Stimmrecht, Weisungen für die nach mündlicher Verhandlung getroffenen Entscheidungen dürfen ihnen nicht erteilt werden. Das S. entscheidet über schwere Seeunfälle nach näherer Bestimmung von § 1. Das Untersuchungsverfahren ist ein förmliches → Verwaltungsverfahren (§ 10), es findet eine öffentliche mündliche Verhandlung statt (§§ 14–16), die mit einem Spruch (§ 17) abgeschlossen wird. Der Spruch hat Feststellungen über den Unfall, Entscheidungen über das Vorliegen fehlerhaften Verhaltens sowie ggf. Sanktionen (Entzug von Befähigungsnachweisen, Fahrverbot) zu enthalten. Er ist ein → Verwaltungsakt, gegen den → Widerspruch zum Bundesoberseeamt und → Anfechtungsklage zu den Verwaltungsgerichten stattfindet. Die örtliche Zuständigkeit des S., die Auswahl der Beisitzer sowie die Gebühren regelt die VO vom 5. 6. 1986 (BGBl. I 860).

**Seeanlagen.** S. wie beispielsweise Bohrinseln oder Anlagen zur Gewinnung von Energie aus Wind und Gezeiten dürfen seewärts des deutschen Küstenbereichs im Bereich der ausschließlichen deutschen Wirtschaftszone nicht ohne Genehmigung errichtet und betrieben werden. Für Deutsche mit Wohnsitz im Inland sowie für Handelsgesellschaften und juristische Personen mit inländischem Sitz, die mehrheitlich von Deutschen beherrscht werden, gilt die Genehmigungspflicht auch für Anlagen auf Hoher See. Die Einzelheiten regelt die SeeanlagenVO vom 23. 1. 1997 (BGBl. I 57).

**Seeaufgabengesetz** → Seeschiffahrt.

**Seearbeitsrecht** s. im folg. sowie → Heuerverhältnis, → Musterung (der Schiffsbesatzung).

**Seebeförderung** → Überfahrtsvertrag.

**See-Berufsgenossenschaft.** Träger der gesetzl. → Unfallversicherung für die in Unternehmen der Seefahrt Tätigen, die gegen Arbeitsunfall versichert sind; § 121 II, III SGB VII. → Berufsgenossenschaften.

**Seebetriebsrat** → Betriebsrat.

**Seefahrtsbuch.** Das S.. ist ein im → Seemannsgesetz vorgeschriebenes Nachweis- und Legitimationspapier für Seeleute. Das S. wird vom Seemannsamt ausgegeben. Es hat u. a. rentenrechtliche Bedeutung, dient der Überwachung von Arbeitszeiten und dem Nachweis berufsrechtlicher Qualifikationen (vorgeschriebene Tätigkeiten usw.). Daneben hat das S. die Funktion eines Personalpapiers, das den Paß ersetzt (§ 2 Abs. 1 Nr. 3 DVO zum Paßgesetz).

**Seefischerei.** Das materielle Fischereirecht für die Fischereizone der → Europäischen Gemeinschaft regelt nunmehr das gemeinschaftsrechtliche Fischereirecht (vgl. insoweit vor allem zu technischen Maßnahmen zur Erhaltung der Fischereibestände die VO vom 7. 10. 1986, ABl. L 288, 1 m. Änd., über Kontrollmaßnahmen die VO vom 23. 7. 87, ABl. L 207, 1 m. Änd., über Aufzeichnungen die VO vom 22. 9. 1982, ABl. L 276, 1, über Heringsfangverbote die VO vom 27. 9. 1977, ABl. L 207, 2, über Fangbedingungen im Atlantik die VO vom 8. 7. 1985, ABl. L 179, 2, über Fangbedingungen und Fangquoten die VO vom 21. 12. 1988, ABl. L 369, 3 und über Maßnahmen zur Erhaltung der Fischbestände in der Ostsee die VO vom 12. 6. 1986, ABl. L 162, 1). Danach bestimmt die → Kommission der EG die materiellen Voraussetzungen für Fangerlaubnisse, Fanggebiete und Fanggerät. Das deutsche SeefischereiG i. d. F. vom 6. 7. 1998 (BGBl. I 1791) und die VO zur Durchsetzung des gemeinschaftsrechtlichen Fischereirechts i. d. F. vom 23. 5. 1997 (BGBl. I 1232) enthalten lediglich Vollzugsvorschriften zur verwaltungstechnischen Durchsetzung des Gemeinschaftsrechts im Inland (u. a. Verordnungsermächtigung, §§ 2, 10; Erteilung von Erlaubnissen, § 3; Überwachung, §§ 6, 7; ferner Sanktionsvorschriften, § 9). Die SeefischereiVO vom 18. 7. 1989 (BGBl. I 1485) m. Änd. hebt die DVOen zum SeefischereiG z. T. auf. S. a. → Fischerei.

**Seeforderungen** → Reeder.

**Seefrachtvertrag** ist der → Frachtvertrag zur Beförderung von Gütern mit Seeschiffen. Er kann sich auf das ganze Schiff, einen bestimmten Teil, auf einen bestimmten Raum des Schiffes oder auf einzelne Güter (Stückgüter) beziehen (§ 556 HGB). Das Seefrachtgeschäft für Güter ist in den §§ 556–663 b HGB geregelt. Der → Frachtführer wird beim S. als *Verfrachter* bezeichnet (vgl. § 559; über die Beschränkbarkeit seiner Haftung §§ 607 ff.), der Absender als *Befrachter;* dieser ist i. d. R. zugleich der *Ablader,* der dem Verfrachter die Güter übergibt (vgl. § 563). Im Rahmen des S. werden in der Regel → Konnossemente erteilt.

**Seegerichtshof,** internationaler in Hamburg. → Seerecht.

**Seehandelsrecht.** Das deutsche S. ist im 4. Buch des HGB (§§ 474–905) geregelt. Subsidiär gelten das allgemeine → Handelsrecht und das BGB.

**Seekasse.** Träger der → Arbeiterrentenversicherung für die Besatzungsmitglieder deutscher Seefahrzeuge (§§ 127–

129, 135 SGB VI); Sitz Hamburg. Die Rentenversicherung der Kapitäne, Schiffsoffiziere und sonstigen seemännischen Angestellten, für die an sich die → Bundesversicherungsanstalt für Angestellte zuständig wäre, obliegt ebenfalls der S. (§ 135 SGB VI). Der S. sind als besondere Abteilungen die → See-Krankenkasse und die → See-Pflegekasse eingegliedert.

**See-Krankenkasse,** besondere Abteilung der → Seekasse. Sie führt die → Krankenversicherung für Seeleute (Besatzungen deutscher Seefahrzeuge) und für die Seefahrt Auszubildende in der Vorausbildung sowie für die aus diesem Personenkreis hervorgehenden Rentner durch (§§ 165, 176 SGB V).

**Seeleute.** Bestimmte Besatzungsmitglieder der Seedampfschiffe müssen den Besitz der erforderlichen Kenntnisse durch ein Befähigungszeugnis der zuständigen Verwaltungsbehörde nachweisen. Nach §§ 2, 4 des SeemannsG vom 26. 7. 1957 (BGBl. II 713) m. spät. Änd., das für Kauffahrteischiffe gilt, die nach dem FlaggenrechtsG (→ Seeschiffahrt) die Bundesflagge führen, bedürfen Kapitäne und Schiffsoffiziere (= Angestellte des nautischen oder des technischen Schiffsdienstes) eines staatlichen Befähigungszeugnisses.S. ferner Schiffsbesetzungsordnung vom 4. 4. 1984 (BGBl. I 523), die gleichfalls Vorschriften über die Befähigungszeugnisse enthält. Über die arbeitsrechtlichen Verhältnisse der S. → Heuerverhältnis, -vertrag.

**Seelotsen** → Lotsen.

**Seemannsamt** ist eine von den Landesregierungen eingerichtete Verwaltungsbehörde; außerhalb der BRep. sind S. bestimmte diplomatische oder konsularische Vertretungen (§ 9 SeemG). Dem S. sind eine Reihe von Verwaltungsaufgaben und Entscheidungen nach dem SeemG übertragen, insbes. die → Musterung und die Führung der Seeschiffahrtsbücher sowie die vorläufige Regelung von Streitigkeiten (§§ 51, 69, 71 SeemG). Das Verfahren des S. ist in der VO vom 21. 10. 1981 (BGBl. I 1146) – sog. Seemannsamtsverordnung – geregelt.

**Seemannsgrab** → Bestattung.

**Seepassagevertrag** ist eine andere Bezeichnung für den → Überfahrtsvertrag.

**See-Pflegekasse.** Die S.-P. ist eine besondere Abteilung der → Seekasse. Sie führt die soziale → Pflegeversicherung für Seeleute durch (§ 45 SGB XI; s. a. → See-Krankenkasse).

**Seepiraterie** → Luft- und Seepiraterie.

**Seerecht** ist der Oberbegriff für völkerrechtliche und innerstaatliche Normen, die sich mit der Freiheit des Meeres, der → Seeschiffahrt, den → Küstengewässern u. a. die Hohe See betreffenden Rechtsfragen befassen. Internationale Vereinbarungen über das S. sind insbes. die Pariser und die Londoner Seerechtsdeklaration von 1856 und 1909 sowie die Genfer Übereinkommen von 1958 über die Hohe See (BGBl. 1972 II 1090), über das Küstenmeer, über den → Festlandsockel und über die Fischerei.

Nach langjährigen Vorarbeiten hat die S.-Konferenz der Vereinten Nationen im Frühjahr 1982 mit 130 gegen 4 Neinstimmen (darunter die USA) und 17 Enthaltungen (darunter BRep. und UdSSR) den Entwurf einer *Internat. S.-Konvention* verabschiedet; sie lag seit 1982 zur Unterzeichnung auf und trat ein Jahr nach Vorliegen der 60. Ratifizierung am 16. 11. 1994 in Kraft. Diese Konvention geht dem Übereinkommen von 1958 vor. Die Konvention regelt u. a. die *Küstengewässer* (Ausdehnung der Hoheitszone auf 12 Meilen möglich, aber „friedliche Durchfahrt" für ausländische Schiffe), *Meeresengen* (Transit für Schiffe und Flugzeuge), *Freie Passage* außerhalb der Küstengewässer, *Exklusive Wirtschaftszonen* (200 Meilen; Vereinbarungen bei geringerem Abstand), *Festlandsockel* (Öl und Erdgas 350 Meilen) und *Meeresboden-Bergbau* (Errichtung einer Meeresboden-Behörde, die Verträge an Unternehmen vergibt). Die Konvention sieht einen *Internat. Seegerichtshof* zur Schlichtung von Streitfällen vor (Sitz Hamburg). Die BRep. hat die Konvention wegen Bedenken gegen die Meeresboden-Bergbauregelung zunächst nicht unterzeichnet. Diese Bedenken der BRep. und der U. S. A. konnten durch ein Zusatzabkommen von 1994 teilweise ausgeräumt werden.

In der Folge des Inkrafttretens der S.-Konvention proklamierte die BRep. am 11. 11. 1994 mit Wirkung zum 1. 1. 1995 die Ausweitung des deutschen Küstenmeeres auf 12 Meilen (vgl. BGBl. I 1994, 3428). S. Gesetz zu dem Seerechtsübereinkommen der Vereinten Nationen vom 10. Dezember 1982 (Vertragsgesetz Seerechtsübereinkommen) vom 2. 9. 1994 (BGBl. II 1798) und das Ausführungsgesetz Seerechtsübereinkommen 1982/1994 vom 6. 6. 1995 (BGBl. I 778).

Zum innerstaatl. S. vgl. die vor- und nachsteh. Stichw., über die privatrechtl. Bestimmungen insbes. → Seehandelsrecht.

**Seeschiff(sregister)** → Schiff; zum Seeschiffahrtsregister → Seeschiffahrt.

**Seeschiffahrt** ist die Schiffahrt auf → Seewasserstraßen und auf hoher See. Sie fällt, soweit eine Regelung durch deutsche Behörden möglich und zulässig ist (s. hierzu auch Freiheit des Meeres), in die konkurrierende Gesetzgebungszuständigkeit des Bundes (Art. 74 Nr. 21 GG) und, soweit ihm durch Gesetz übertragen, auch in seine Verwaltungszuständigkeit (Art. 89 II 2 GG). S. hierzu Ges. über die Aufgaben des Bundes auf dem Gebiet der Seeschiffahrt *(Seeaufgabengesetz)* i. d. F. vom 27. 9. 1994 (BGBl. I 2802) m. Änd. Nach § 1 d. Ges. obliegt dem Bund u. a. die Förderung der deutschen Handelsflotte (s. hierzu auch die nach § 18 AußenwirtschaftsG bestehende Möglichkeit, die Benutzung von Seeschiffen fremder Flagge durch Gebietsansässige zu beschränken), die Schiffahrtspolizei auf Seewasserstraßen und an ihnen gelegenen bundeseigenen Häfen sowie auf hoher See hins. der Schiffe, welche die Bundesflagge führen, Maßnahmen des Umweltschutzes auf See, die Überwachung der für die Verkehrssicherheit der seegängigen Wasserfahrzeuge vorgeschriebenen Bauart usw. einschl. der Erteilung der einschlägigen Erlaubnisse und Zeugnisse (unter Mitwirkung der See-Berufsgenossenschaft, § 6 des Ges.), die Schiffsvermessung (Bundesamt für Schiffsvermessung, § 5 d. Ges.), die Vorsorge für den Seenotdienst (Such- und Rettungsdienst) sowie die nautischen und hydrographischen Dienste (Deutsches Hydrographisches Institut, § 4 d. Ges.), insbes. Seevermessungsdienst, Gezeiten-, Windstau- und Sturmflutwarndienst. Dagegen bleiben die seemännischen Fachschulen Einrichtungen der Länder (§ 2). Das Ges. verpflichtet die Eigentümer und Führer der Seefahrzeuge, die Vornahme von Kontrollen zwecks Erfüllung hoheitlicher Aufgaben zu dulden (§ 8). Es ermächtigt den BVerkMin, zur Abwehr von Gefahren für die Sicherheit und Leichtigkeit des Seeverkehrs RechtsVOen zu erlassen (Einzelheiten § 9). Der Regelung des Schiffsverkehrs, insbes. der Verhütung von Zusammenstößen, dienen die Verordnung über die Sicherung der Seeschiffahrt vom 7. 8. 1993 (BGBl. I 1417) vor allem mit Regelungen für Seenotfälle (Verpflichtung zur Hilfeleistung, Funkzeichen – z. B. SOS), die Seeschiffahrtstraßen-Ordnung i. d. F. vom 15. 4. 1987 (BGBl. I 1266) und die Internationale Seestraßenordnung (Anhang B des Internationalen Schiffssicherheitsvertrages London 1948, Ges. über den Beitritt der BRep. vom 22. 12. 1953, BGBl. II 603) sowie die die Naturparke der Nordsee betreffende VO i. d. F. vom 15. 2. 1995 (BGBl. I 211). S. ferner Ges. über die Untersuchung von See-Unfällen vom 6. 12. 1985 (BGBl. I 2154, → Seeamt), die SchiffssicherheitsVO i. d. F. vom 3. 9. 1997 (BGBl. I 2217) und die VO über die Beförderung gefährlicher Güter auf Seeschiffen vom 27. 6. 1986 (BGBl. I 961) m. spät. Änd. mit AusnahmeVO vom 21. 12. 1982 (BGBl. I 2008) m. Änd. Zur Meldung von Charter- und Frachtverträgen im Seeverkehr nach dem → AußenwirtschaftsG s. § 50 AWV. S. ferner Ges. über die Statistik der Seeschiffahrt vom 26. 7. 1957 (BGBl. II 739). Seeschiffe, deren Eigentümer Deutsche sind, führen die Bundesflagge. Einzelheiten regeln das Flaggenrechtsgesetz i. d. F. vom 26. 10. 1994 (BGBl. I 3140) und die FlaggenrechtsVO vom 4. 7. 1990 (BGBl. I 1389) m. Änd. Über Seeschiffe, die danach die Bundesflagge führen, werden zwei Seeschiffahrtsregister (ein nationales und ein internationales) geführt, die u. a. für die arbeitsrechtlichen Verhältnisse der → Seeleute von Bedeutung sind. Qualifikationsanforderungen an diese regelt neben dem SeemannsG die SchiffsbesetzungsVO vom 4. 4. 1984 (BGBl. I 523) m. Änd.; s. ferner → Binnenschiffahrt, → Küstenschiffahrt, → Lotsen. Wegen der Verunreinigung des Meeres durch die S. vgl. bei → Reinhaltung der Gewässer, → Wasser (Haftung für Verunreinigung).

**Seeschiffahrtsregister** → Seeschiffahrt.

**Seeschiffer** (→ Schiffer) ist die Bezeichnung für den verantwortlichen Führer des Schiffes (Kapitän), § 2 Schiffsbesetzungsordnung (→ Seeschiffahrt); s. ferner → Seeleute.

**Seetestament** → Testament (3).

**Seeunfalluntersuchung** → Seeamt.

**See-Unfallversicherung.** Die See-Unfallversicherung war bis zum Inkrafttreten des SGB VII neben der allgemeinen (gewerblichen) und der landwirtschaftlichen Unfallversicherung ein eigenständiger Zweig der gesetzlichen Unfallversicherung. Durch das SGB VII ist die See-Unfallversicherung zu einem Teil der gewerblichen Unfallversicherung geworden, obwohl weiterhin einige Sondervorschriften zu beachten sind (z. B. Ausweitung der Versicherungsfälle, § 10 SGB VII; Zuständigkeit der See-Berufsgenossenschaft, § 121 II SGB VII; Seemannskasse, § 143 SGB VII; Beitragseinzug, § 169 SGB VII; Meldepflicht, § 194 SGB VII).

**Seeverschollenheit** → Todeserklärung.

**Seeversicherung.** Gegenstand der S. kann jedes in Geld schätzbare Interesse sein, das jemand daran hat, daß Schiff oder Ladung die (typischen) Gefahren der Seeschiffahrt besteht. Die S. ist in den §§ 778–900 HGB geregelt; jedoch gehen in weitem Umfang die Allgemeinen Deutschen Seeversicherungsbedingungen (ADS) vor. Versichert werden können insbes. Schiff, Fracht und Güter, Überfahrts- und Havariegelder, aber auch der imaginäre Gewinn, sowie Forderungen, für die Schiff und Ladung haften. Die S. tritt ein bei Schiffbruch, Schiffzusammenstoß, Strandung, Brand, Explosion, Blitzschlag u. dgl., aber auch bei Seeraub, Plünderung, Diebstahl usw. (§ 28 ADS).

**Seewasserstraßen** → Wasserstraßen, Bundeswasserstraßen.

**Sekretur, formelle** → Staatsgeheimnis.

**Sekt (Schaumwein),** Herstellung und Kennzeichnung, → Weingesetz.

**Sekten** (auch bezeichnet als neue Glaubens-, Religions-, Weltanschauungsgemeinschaften, (Jugend-)Religionen oder Kulte, Psychogruppen u.ä.) sind Vereinigungen oder Gruppen, die teils sich von den Weltreligionen oder den großen Kirchen abgespalten haben oder von ihnen ausgeschlossen worden sind, teils neue religiöse oder weltanschauliche Heilsvorstellungen vertreten, oftmals unter Verwendung ausgewählter Lehren oder Traditionen einer oder mehrerer bestehender Religionen oder Kirchen, verschiedentlich aber ihre religiösen oder weltanschaulichen Lehren nur als Vorwand für die Verfolgung der wirtschaftlichen Ziele ihrer Gründer oder Führer benutzen. Für letztere ist typisch, daß sie versuchen, ihre Anhänger nicht nur geistig zu binden, sondern sie auch finanziell zu vereinnahmen und psychisch abhängig zu machen. I. e. ist die Einordnung schwierig.

Rechtlich können sich S. insbes. auf die → Glaubens- und Gewissensfreiheit und die → Bekenntnisfreiheit (s. a. freie → Religionsausübung) berufen. Voraussetzung dafür ist aber, daß es sich nach geistigem Gehalt und äußerem Erscheinungsbild tatsächlich um eine Religions- oder Weltanschauungsgemeinschaft handelt (BVerfG NJW 1991, 2623). Dies ist nicht der Fall, wenn die religiösen und weltanschaulichen Lehren der Organisation nur als Vorwand für die Verfolgung wirtschaftlicher Ziele dienten (BVerwG NJW 1992, 2946; s. BAG NJW 1996, 143 zu „Scientology" in Hamburg). Als Organisationsform wählen S. zumeist den → Verein. Bei gewerblicher Betätigung scheidet die Organisationsform des Vereins i. d. R. aus (für Scientology VGH Mannheim NJW 1996, 3358; offen bei BVerwG U. v. 6. 11. 1997, 1 C 18.95). Verschiedentlich fehlt es auch an einer verfaßten Gemeinschaft. Die Voraussetzungen für die Verleihung des Status einer → Körperschaft des öffentlichen Rechts (s. a. → Islam, → Religionsgesellschaften, → Staatskirchenrecht, → Zeugen Jehovas) können S. i. d. R. nicht erfüllen (s. a. BVerwG NJW 1997, 2396 zu Zeugen Jehovas).

Die zunehmende Betätigung von S. wirft zahlreiche Rechtsfragen auf, mit denen sich zumeist auch die Rspr. beschäftigen mußte (s. Abel NJW 1996, 91; 1997, 426), insbes. im Verfassungsrecht (Voraussetzungen einer Religions- oder Weltanschauungsgemeinschaft oder des Körperschaftsstatus?), Arbeits- und Sozialrecht (Arbeitsverhältnis oder bloße Beitragstätigkeit bei der S. beschäftigter Mitglieder?), Familienrecht (Übertragung der → elterlichen Sorge auf einen sektenangehörigen Elternteil? Ersetzung der von sektenangehörigen Eltern verweigerten Einwilligung in die Bluttransfusion für das Kind?), Persönlichkeitsrecht (Grenzen der kritischen Auseinandersetzung mit S. für Staat, Kirchen und Private, insbes. Medien?), Vereins- und Registerrecht (Entziehung der Rechtsfähigkeit des → Vereins? Keine Eintragung oder Löschung im → Vereinsregister), Gewerberecht (Anmeldepflicht für die gewerbliche Betätigung von S.?), Straßenrecht (→ Sondernutzung bei Werbung von S. auf Straßen?), Schulrecht (Genehmigung für bekenntnisabhängige → Privatschulen von S.?), Beamtenrecht (→ Zulassung zu öffentlichen Ämtern für Anhänger von „Scientology“?).

**Sektion.** Über Leichenöffnung bei Verdacht einer Straftat → Leichenschau, -öffnung. Die *klinische* S., die der Feststellung der Todesursache und der pathologischen Anatomie dient, setzt das Einverständnis des Patienten oder seiner Hinterbliebenen voraus; ob eine sog. Sektionsklausel in den Aufnahmebedingungen der Klinik genügt, ist zweifelhaft (vgl. BGH NJW 1990, 2313 zu einer Sektionsklausel). Eine klin. S. kann zur Klärung von Ansprüchen aus der Sozialversicherung notwendig sein; sie kann nicht erzwungen werden, ihre Ablehnung durch die Hinterbliebenen aber zum Verlust von Rentenansprüchen führen. Die *anatomische* S., die zu wissenschaftlichen Zwecken in Universitäten durchgeführt wird, setzt ebenfalls die Zustimmung des Verstorbenen oder seiner Angehörigen voraus. S. a. → Transplantation.

**Sektorenrichtlinie** → Verdingungsordnungen.

**Sekundärfolgenrechtsprechung** beinhaltet die steuerliche Behandlung von Schuldzinsen im Rahmen von Erbauseinandersetzung. Prinzipiell gilt: Die Schuldzinsen sind steuerlich nicht abzugsfähig (BFH BStBl. II 1994, 619; BMF BStBl. I 1994, 603).

**Selbstablehnung** des Richters → Ablehnung von Gerichtspersonen.

**Selbständige Anordnung von Maßregeln** → Maßregeln der Besserung und Sicherung (9).

**Selbständige Arbeit** → Einkommensteuer 3., → Einkünfte 1; → freie Berufe.

**Selbständiges Strafverfahren** → objektives Verfahren.

**Selbständigkeit** → Gewerbebetrieb, → Unternehmer.

**Selbstanzeige** einer Steuerstraftat (§§ 371, 378 III AO) ist → tätige Reue, die – anders als im allgemeinen Strafrecht – auch bei vollendeter Tat Straffreiheit verschafft. Voraussetzung ist, daß der → Steuerpflichtige durch ausreichende Angaben die Festsetzung der richtigen Steuer ermöglicht und den verkürzten Betrag innerhalb der vom Finanzamt gesetzten Frist entrichtet. Straffreiheit tritt ein bei Steuerhinterziehung und leichtfertiger Steuerverkürzung (§§ 370, 378 AO). Die S. wegen Steuerhinterziehung ist ausgeschlossen, wenn a) ein Amtsträger zur Prüfung oder Ermittlung erschienen ist oder b) die Einleitung eines Straf- oder Bußgeldverfahrens bekanntgegeben worden ist oder c) der Täter im Zeitpunkt der S. wußte oder damit rechnen mußte, daß die Tat bereits entdeckt war (§ 371 II AO). Bei leichtfertiger Steuerverkürzung kann dagegen bis zur Bekanntgabe der Einleitung eines Straf- oder Bußgeldverfahrens S. erstattet werden (§ 378 III AO). S. a. → Steuerstrafrecht.

**Selbstbedienungsladen, Diebstahl im –** → Ladendiebstahl.

**Selbstbefreiung von Gefangenen** → Gefangenenbefreiung.

**Selbstbegünstigung** → Begünstigung.

**Selbstbehalt** → Selbstbeteiligung.

**Selbstbelieferungsvorbehalt.** Der Verkäufer einer Ware kann sich durch einen S. rechtswirksam von seiner Lieferverpflichtung freizeichnen. Voraussetzung ist jedoch, daß er ein entspr. kongruentes Deckungsgeschäft abgeschlossen hat, aus dem seine Belieferung normalerweise sichergestellt ist.

**Selbstbestimmung, informationelle** (als Persönlichkeitsrecht) → informationelle Selbstbestimmung.

**Selbstbestimmungsrecht.** 1. *Verfassungsrechtlich* ist S. das Recht der Einzelperson und gesellschaftlicher Gruppen auf autonome (eigenverantwortliche) Gestaltung des eigenen Status (vgl. Grundrecht auf freie Entfaltung der → Persönlichkeit).

2. Im *Völkerrecht* wird der Begriff unterschiedlich gebraucht. Im kontinental-europ. Bereich versteht man darunter vorwiegend das nationale S., d. h. das Recht eines Volkes, sich in freier Entscheidung zu einem selbständigen Staat zusammenzuschließen (Recht auf Einheit), und den Grundsatz, daß → Annexion oder Abtretung eines Gebietsteiles nur zulässig ist, wenn dessen Bevölkerung dem mit Mehrheit zustimmt (Optionsrecht des Einzelnen). Im angelsächsischen Bereich versteht man S. mehr als Freiheit von fremdstaatlicher Verwaltung und i. w. S. auch von autoritärer Regierung. Eine dritte spezifische Bedeutung hat das Wort schließlich in der ehemals kolonialen Welt (→ Kolonie). Das nationale S. war und ist von großer politischer Bedeutung, aber trotz der Erwähnung des Begriffs S. in Art. 1 II, 55 der UN-Charta noch kein anerkannter Satz des Völkerrechts. Die Schwierigkeiten der Begriffsbestimmung und die unterschiedl. polit. Ausgangspunkte haben hierzu beigetragen. Im 19. und beginnenden 20. Jh. wurden zwar – z. B. → Versailler Vertrag – wiederholt Volksabstimmungen bei Gebietsveränderungen vorgesehen. Ebenso häufig wurden jedoch Gebietsveränderungen ohne vorherige Volksabstimmung vorgenommen. Deshalb kann nicht angenommen werden, daß kraft → Völkergewohnheitsrechts Gebietsveränderungen nur legitim sind, wenn sie dem Willen der betroffenen Bevölkerung entsprechen. Die BRep. berief sich in ihrer Deutschlandpolitik stets auf das nationale S. Vgl. z. B. Präambel des GG sowie den Brief zur deutschen Einheit vom 21. 12. 1972, BGBl. 1973 II 425, anläßlich der Unterzeichnung des → Grundvertrags und das Urt. des BVerfG vom 31. 7. 1973, NJW 1539. Vgl. ferner den Internationalen Pakt vom 19. 12. 1966 über bürgerliche und politische Rechte (Ges. vom 15. 11. 1973, BGBl. II 1533).

**Selbstbeteiligung** (Selbstbehalt) → Franchiseklausel, → Kaskoversicherung, → Kostenbeteiligung der Versicherten (Sozialversicherung).

**Selbstbindung der Verwaltung** → Ermessen.

**Selbsteintritt** liegt vor, wenn ein Kommissionär (→ Kommission) das Geschäft, das er für den Kommittenten ausführen soll, selbst als Vertragspartner übernimmt (§§ 400–405 HGB) oder wenn ein Spediteur die Beförderung des Frachtgutes selbst ausführt (§ 458 HGB, → Speditionsvertrag). Ferner kann unter den Voraussetzungen des § 95 HGB der Auftraggeber vom → Handelsmakler den S. verlangen; der Handelsmakler muß dann das vermittelte Geschäft, wie es in der → Schlußnote beurkundet ist, erfüllen.

**Selbsteintritt der (übergeordneten) Verwaltungsbehörde** → Eintrittsrecht.

**Selbstfahrer, Vermietung an –.** Die Aufnahme des Gewerbes der Vermietung von Pkw oder Krafträdern an Selbstfahrer ist nach § 14 GewO bei der Gewerbeaufsichtsbehörde und nach § 1 der VO über die Überwachung von gewerbsmäßig an Selbstfahrer zu vermietenden Kraftfahrzeugen und Anhängern vom 4. 4. 1955 (BGBl. I 186) m. Änd. unter Bezeichnung der Fahrzeuge der Zulassungsbehörde zu melden; diese vermerkt die Anmeldung in den Kfz.- oder Anhängerscheinen. Außerdem müssen für die Fz. Versicherungsbestätigungen mit dem Vermerk des Versicherers „Selbstfahrervermietfahrzeug" vorgelegt werden (§ 2 d. VO). Bei Vermietung oder unentgeltlicher Überlassung eines Kfz. an einen S. kann der Versicherungsschutz u. U. entfallen, so bei der → Kraftfahrzeug-Haftpflichtversicherung und der → Kaskoversicherung infolge der mit der Überlassung verbundenen Gefahrerhöhung (§§ 23 ff.

VVG) oder nach den Versicherungsbedingungen (§ 2 Nr. 2a AKB) wegen Änderung des im Versicherungsantrag angegebenen Gebrauchszwecks.

**Selbstgefährdung oder -schädigung, eigenverantwortliche** liegt vor, wenn jemand wissentlich selbstgefährdende Handlungen vornimmt oder sich wissentlich in eine schon bestehende Gefahr begibt, insbes. Gebrauch von → Doping-Mitteln durch einen Sportler, ungeschützter Geschlechtsverkehr mit einer HIV-infizierten Person (→ AIDS), Verbrauch von Betäubungsmitteln durch einen davon Abhängigen. Nach der Rspr. (BGHSt. 32, 262) stellt die Mitwirkung an der S., also z. B. die Abgabe des Doping-Mittels, im Falle der Verwirklichung des Risikos schon vom Tatbestand keine → Körperverletzung oder → Tötung dar, weil rechtlich keine → Kausalität gegeben ist. Auf eine → Einwilligung des Verletzten kommt es daher nicht an. Die Strafbarkeit des Mitwirkenden wegen dieser Delikte kann aber dann beginnen, wenn er kraft überlegenen Sachwissens, z. B. der dopende Arzt, das Risiko besser erfaßt als der sich selbst Gefährdende oder wenn er nicht eingreift, sobald der sich selbst Gefährdende bewußtlos geworden ist.

S. a. → Anstaltsunterbringung (1, 4).

**Selbstgenutzte Wohnung, steuerlich.** (§ 10e EStG). Die steuerliche Förderung durch begrenzten Abzug der Aufwendungen als → Sonderausgaben ist mit Übergangsregelungen zum 31. 12. 1995 außer Kraft getreten. Zur Rechtslage bis dahin s. 13. Auflage 1996. Ab 1996 besteht die Förderung durch Auszahlung einer → Eigenheimzulage, → Konsumgutlösung, → Nutzungswert.

**Selbsthilfe** ist die eigenmächtige Sicherung oder Befriedigung eines → Anspruchs. Sie ist, da der *Rechtsschutz* grundsätzlich den staatlichen Behörden und Gerichten übertragen ist (in Eilfällen durch → Arrest und → einstweilige Verfügung), nur in besonderen Notfällen zulässig. Die S. ist nur dann nicht rechtswidrig, wenn obrigkeitliche Hilfe nicht rechtzeitig zu erlangen ist und ohne sofortiges Eingreifen die Gefahr besteht, daß die Verwirklichung des Anspruchs vereitelt oder wesentlich erschwert wird (§ 229 BGB). Als Selbsthilfehandlungen kommen die Wegnahme, Beschädigung oder Zerstörung einer Sache oder die zwangsweise Festnahme des Verpflichteten, der der Flucht verdächtig ist, in Betracht. Die S. darf nicht weiter gehen, als zur Abwendung der Gefahr erforderlich ist (*Verhältnismäßigkeit*). Unverzüglich nach Beseitigung der Gefahr muß die S.handlung durch Erwirken eines dinglichen (bei Wegnahme einer Sache) oder persönlichen (Festnahme einer Person) → Arrests gerichtlich bestätigt werden (§ 230 BGB). Bei Überschreiten des zulässigen Rahmens *(S.-Exzeß)* oder bei irriger Annahme der Voraussetzungen für eine S. *(Putativ-S.)* ist die Handlung rechtswidrig und verpflichtet – auch ohne Nachweis eines → Verschuldens (anders bei der → Notwehr) – zum → Schadensersatz (§ 231 BGB); der Betroffene handelt also stets auf eigene Gefahr (z. B. wenn der abreisende Schuldner vorher seine Schuld durch → Überweisung beglichen hatte). Besondere Vorschriften über die S. gelten für den Vermieter als Inhaber des Vermieterpfandrechts (→ Miete, 3) und für den → Besitzschutz.

**Selbsthilfeverkauf** *(Notverkauf)*. Ist eine geschuldete → bewegliche Sache nicht zur *Hinterlegung* geeignet, so kann der Schuldner sie im Falle des → Gläubigerverzugs am → Leistungsort öf-fentlich versteigern lassen und den Erlös hinterlegen (§ 383 BGB). Beim → Handelskauf ist ein S. auch ohne Hinterlegungsunfähigkeit zulässig (§ 373 II HGB). Der S. ist regelmäßig vorher dem Gläubiger anzudrohen, sofern die Androhung nicht untunlich ist (z. B. bei drohendem Verderb); der Gläubiger ist auch von der Durchführung zu unterrichten (§ 384 BGB). Hat die Sache einen Börsen- oder Marktpreis, so kann der Schuldner statt einer *öffentlichen Versteigerung* den S. auch aus freier Hand durch einen zu solchen Verkäufen öffentlich ermächtigten → Handelsmakler vornehmen lassen (§ 385 BGB). Die Kosten des S. fallen grundsätzlich dem Gläubiger zur Last. Der erzielte Erlös tritt bei Hinterlegung an die Stelle des ursprünglichen Leistungsgegenstandes.

**Selbstkontrahieren.** Von S. spricht man, wenn jemand als Vertreter eines anderen (→ Stellvertretung) im eigenen Namen mit sich selbst oder im Namen eines von ihm selbst gleichfalls vertretenen Dritten *(Mehrvertretung)* ein → Rechtsgeschäft abschließt. Dieses sog. *Insichgeschäft* spielt insbes. bei der → Eigentumsübertragung an einen → mittelbaren Stellvertreter eine Rolle; S. ist ferner gegeben, wenn z. B. der Vormund einen dem Mündel gehörenden Gegenstand an sich selbst verkauft. Entscheidend ist also in erster Linie das Mitwirken derselben Person auf beiden Seiten des Rechtsgeschäfts, nicht die – regelmäßig gleichzeitig gegebene – *Interessenkollision* zwischen dem eigenen Vorteil und dem Interesse des Vertretenen; doch ist der Schutzzweck des § 181 BGB, der ein S. grundsätzlich untersagt, zu beachten. Das gilt nicht für Insichgeschäfte des Vertreters, die dem Vertretenen lediglich einen rechtlichen Vorteil bringen; s. ferner → Einmanngesellschaft. Ein Verstoß gegen das Verbot des S. führt aber nicht zur → Nichtigkeit des Rechtsgeschäfts, sondern nur zur → schwebenden Unwirksamkeit; der Vertretene kann daher den Inhalt des Rechtsgeschäfts genehmigen. Das S. ist jedoch – abgesehen von weitergehenden Einschränkungen für den → Vormund und die Eltern (→ Vermögenssorge) bei der Verwaltung des Mündel- bzw. Kindesvermögens – zulässig, wenn es dem Vertreter, insbes. nach dem Inhalt der → Vollmacht, gestattet ist oder wenn das Insichgeschäft ausschließlich in der Erfüllung einer Verbindlichkeit besteht (§ 181 BGB; z. B. Erklärung der Auflassung nach vorherigem wirksamen Grundstückskaufvertrag). Das S. muß aber auf jeden Fall äußerlich erkennbar sein (z. B. getrennte Verwahrung der für den Vertretenen erworbenen Waren oder Wertpapiere). Soweit der Vertreter wegen Verbots des S. von der Vertretungsmacht ausgeschlossen ist, muß ein Pfleger bestellt werden (→ Ergänzungspflegschaft). S. → Vertretung ohne Vertretungsmacht.

**Selbstkontrolle, Freiwillige.** Die F. S. ist eine im Jahre 1949 gegründete Einrichtung der deutschen Filmwirtschaft zur Prüfung der für eine öffentliche Vorführung vorgesehenen Filme. Der Arbeitsausschuß dieser Organisation, dem je 4 Vertreter der Filmwirtschaft und der öffentlichen Verwaltung angehören, prüft jeden Film und entscheidet über seine Freigabe. Als Rechtsmittelinstanz bestehen der Hauptausschuß und der Rechtsausschuß. Prüfungsmaßstab ist die Wirkung des Filmes unter dem Gesichtspunkt seiner moralischen, religiösen oder politischen Schädlichkeit. Die F. S. ist eine private Einrichtung und hat keine öffentlich-rechtlichen Befugnisse. Auf Grund einer Verwaltungsvereinbarung der Länder entscheidet die F. S. aber auch über die Freigabe des Filmes für die einzelnen Altersstufen nach § 6 des → Jugendschutzgesetzes.

**Selbstmord** → Selbsttötung.

**Selbstorganschaft** liegt bei einer Gesellschaft vor, wenn die Geschäfte durch die Gesellschafter oder einen von ihnen geführt werden. Die S. (Gegensatz: die → Drittorganschaft) ist Merkmal der → Personengesellschaft.

**Selbstschuldner** → Bürgschaft.

**Selbstschutz im bürgerlichen Recht** → Rechtsschutz, → Notwehr, → Selbsthilfe, → Notstand.

**Selbstschutz** im Rahmen des Zivilschutzes (→ Zivilschutz) wird jetzt als Aufgabe der Gemeinden verstanden (§ 5 ZSG).

**Selbsttötung** → Tötung (II), → Hilfeleistung, unterlassene; über die versicherungsrechtl. Bedeutung → Lebensversicherung.

**Selbstverstümmelung** → Wehrdienstentziehung.

**Selbstverwaltung** im allgemeinen Sinne ist die Mitwirkung der Staatsbürger bei der Wahrnehmung öffentlicher Aufgaben. Im Rechtssinne spricht man von S., wenn öffentliche Verwaltungsaufgaben durch Träger der → mittelbaren Staatsverwaltung eigenverantwortlich wahrgenommen werden (sog. eigener Wirkungskreis). Das Recht der S. steht vor allem weitgehend den → Körperschaften des öffentlichen Rechts zu, insbes. den → Gemeinden und → Gemeindeverbänden, denen es in Art. 28 II GG verfassungsrechtlich garantiert ist (→ Kommunale Selbstverwaltung), sowie den → Hochschulen. Auch den → Anstalten und Stiftungen des öffentlichen Rechts können S.srechte verliehen werden. Angelegenheiten der S. sind nur solche, die nach Sinn und Zweck des Trägers der S. als dessen eigene Angelegenheiten anzusehen sind (bei Gemeinden die der örtlichen Gemeinschaft, bei den Hochschulen zur Sicherung der Freiheit der → Wissenschaft). Das Recht der S. besteht immer nur im Rahmen der Gesetze. Das Gesetz kann es dem Träger der S. überlassen, ob er einzelne Aufgaben wahrnehmen will (freiwillige S.angelegenheiten), oder ihn dazu verpflichten (Pflichtaufgaben). Die Träger der S. stehen unter → Staatsaufsicht. Die Bedeutung der S. liegt vor allem in der Volks- und Ortsnähe der Verwaltungstätigkeit; sie setzt eine Dezentralisation der Staatsverwaltung voraus, die durch die S. der nachgeordneten Verwaltungsträger entlastet wird. Neben den S. können ihnen staatliche Aufgaben im sog. übertragenen Wirkungskreis übertragen werden (Staatsauftragsangelegenheiten; → Auftragsangelegenheiten). Für die S. in der → Sozialversicherung gelten die §§ 29–66 SGB IV. Sie regeln u. a. die Rechtsstellung der Versicherungsträger sowie Zusammensetzung, Amtsdauer, Aufgaben und Rechtsstellung ihrer S.organe. S. auch Ges. zur Verlängerung der Amtsdauer der Organmitglieder in der Sozialversicherung vom 17. 12. 1990, BGBl. I 2822.

**Semantik** → Rechtsanwendung.

**Senat**. Die Bezeichnung entstammt dem römisch-rechtl. *senatus* („Versammlung der Alten"; leitendes politisches Organ in Rom). Sie wird heute in mehrfachem Sinne gebraucht:

1. *Staatsrechtlich.* a) Bezeichnung der *Landesregierung* in den Stadtstaaten Berlin, Bremen und Hamburg.

aa) *Berlin:* Nach Art. 55 ff. der Berliner Verfassung besteht der S. aus dem Regierenden Bürgermeister, dem Bürgermeister als seinem Vertreter sowie höchstens 10 Senatoren. Er übt die Regierung aus, deren Richtlinien der Regierende Bürgermeister im Einvernehmen mit dem S. bestimmt. Innerhalb dieser Richtlinien leitet jedes Mitglied des S. seinen Geschäftsbereich selbständig und in eigener Verantwortung; bei Meinungsverschiedenheiten entscheidet der S. Dem S. untersteht unmittelbar die Hauptverwaltung einschl. Justizverwaltung und Polizei. Der Reg. Bgm. wird vom Abgeordnetenhaus gewählt, Bgmstr. und Senatoren ebenfalls, auf Vorschlag des Reg. Bgm. Die Mitglieder des S. können jederzeit zurücktreten und sind auf Grund eines Mißtrauensvotums des Abgeordnetenhauses zum Rücktritt verpflichtet.

bb) *Bremen:* Nach der Verfassung von Bremen (Art. 107 ff. ) werden die Mitglieder des S. von der Volksvertretung (Bürgerschaft) mit der Mehrheit der abgegebenen Stimmen für die Dauer der Wahlperiode der Bürgerschaft gewählt. Diese kann dem S. oder einem seiner Mitglieder das Vertrauen entziehen und damit zum Rücktritt zwingen. Die Senatoren können nicht gleichzeitig der Bürgerschaft angehören oder ein anderes öffentliches Amt ausüben. Zwei Mitglieder des S. werden in geheimer Abstimmung zu Bürgermeistern gewählt, einen von diesen wählt der S. zu seinem Präsidenten; er besorgt die Leitung der Geschäfte des S.

cc) *Hamburg:* Nach Art. 33 ff. der Hamburger Verfassung bestimmt der S. die Richtlinien der Politik, führt und beaufsichtigt die Verwaltung und vertritt Hamburg nach außen. Für die einzelnen Verwaltungsbehörden und S.ämter tragen bestimmte S.mitglieder gemäß der vom S. zu beschließenden Geschäftsverteilung die Verantwortung; bestimmte Angelegenheiten sind dem S. zur Beschlußfassung vorzulegen. Die Senatoren werden von der Volksvertretung (Bürgerschaft) gewählt und scheiden aus, wenn sie zurücktreten oder wenn die Bürgerschaft ihnen oder dem gesamten S. das Vertrauen entzieht. Der S. wählt aus seiner Mitte seinen Präsidenten (Erster Bürgermeister) und einen Stellvertreter (Zweiter Bürgermeister); der Präsident hat die S.sgeschäfte zu leiten und das Gedeihen des Staatswesens zu überwachen.

b) Noch bis 31. 12. 1999 am Gesetzgebungsverfahren beteiligtes Verfassungsorgan des Freistaates → *Bayern.* Der S. ist nach Art. 34 ff. der Bayerischen Verfassung die Vertretung der sozialen, wirtschaftlichen, kulturellen und gemeindlichen Körperschaften des Landes. Er besteht aus Vertretern der Land-

und Forstwirtschaft (11), der Industrie und des Handels (5), des Handwerks (5), der Gewerkschaften (11), der freien Berufe (4), der Genossenschaften (5), der Religionsgemeinschaften (5), der Wohltätigkeitsorganisationen (5), der Hochschulen (3) und der Kommunen (6). Die Senatoren werden von den zuständigen Körperschaften gewählt (die Vertreter der Religionsgemeinschaften von diesen bestimmt) und bleiben 6 Jahre im Amt; alle 2 Jahre wird ein Drittel neu gewählt; Wiederwahl ist zulässig. Der S. kann Anträge oder Gesetzesvorlagen unmittelbar oder durch die Staatsregierung an den Landtag bringen. Der S. ist dazu berufen, zu den Gesetzesvorlagen der Staatsregierung auf deren Ersuchen gutachtlich Stellung zu nehmen. Die vom Landtag beschlossenen Gesetze sind dem S. zur Kenntnisnahme vorzulegen. Über die Einwendungen des S. muß der Landtag beschließen; er kann sich (mit einfacher Mehrheit) darüber hinwegsetzen. Mit G v. 20. 2. 1998 (GVBl. 42) wurde der S. mit Wirkung vom 1. 1. 2000 abgeschafft.

c) Über den S. der USA → Congress.

2. In der *Gerichtsverfassung* Bezeichnung der kollegialen Spruchkörper höherer Gerichte (Bundesverfassungsgericht; oberste Gerichtshöfe des Bundes; Oberlandesgerichte; Oberverwaltungsgerichte; Finanzgerichte; Bundespatentgericht).

3. Im *Hochschulrecht* früher häufige Bezeichnung für das leitende Kollegialorgan der → Hochschule (→ akademischer Senat).

**Sendeanlagenmißbrauch** umfaßt Besitz, Herstellung, Vertrieb, Einfuhr und sonstige Verbringung von Sendeanlagen zum unbemerkten → Abhören des nichtöffentlich gesprochenen Wortes eines anderen, die einen anderen Gegenstand vortäuschen oder mit Gegenständen des öffentlichen Gebrauchs verkleidet sind (§ 65 I 1 TKG). Er ist strafbar (§ 94 TKG). Allerdings bestehen mehrere Ausnahmen, u. a. aus Gründen der öffentlichen Sicherheit (§ 65 I 2, II TKG). Verboten ist auch die Werbung für solche Sendeanlagen unter Hinweis auf ihre Eignung (Minispione); sie stellt eine Ordnungswidrigkeit dar (§ 65 III, § 96 I Nr. 12 TKG). Die Regelungen ergänzen den Schutz des → Geheimbereichs durch § 201 StGB (→ Tonaufnahme, unzulässige).

**Senderecht** ist ein → Verwertungsrecht des Urhebers eines Werkes der Literatur, Wissenschaft oder Tonkunst (→ Urheberrecht). Es berechtigt ihn, das Werk durch Funk, insbes. Ton- und Fernsehrundfunk, Satelliten- oder Kabelfunk (Kabelweitersendung) der Öffentlichkeit zugänglich zu machen (§ 20 UrhG); zur Rechtslage bei einer europäischen Satellitensendung und bei Kabelweitersendung s. §§ 20 a, 137 h UrhG). Vom S. zu unterscheiden ist das Recht der Wiedergabe von Funksendungen (§ 22 UrhG); es ist das Recht, Funksendungen des Werkes durch Lautsprecher, Bildschirm oder ähnliche technische Einrichtungen öffentlich wahrnehmbar zu machen, z. B. indem eine Funksendung auf Tonband mitgeschnitten und dann öffentlich abgespielt wird.

**Seneschall** (eigentlich Seneschalk = ältester Diener) hieß der Inhaber eines der obersten Hofämter im deutschen Mittelalter. Das Amt des S. war häufig mit dem des → Hausmeier verbunden.

**separatio bonorum** = Trennung in zwei – rechtlich selbständige – Vermögensmassen einer Person (→ Beschränkung der Erbenhaftung, → Sondervermögen).

**Separatismus** wird eine innenpolitische Bewegung genannt, die im Unterschied zum *Föderalismus* auf Abtrennung eines Teiles des Staatsgebiets gerichtet ist. Über den Unterschied zwischen S. und *Partikularismus* vgl. → Zentralismus. Über strafbare Formen des S., die sich i. S. des § 92 I StGB gegen den Bestand der BRep. richten, → Hochverrat, → Rechtsstaatsgefährdung.

**Sequestration.** Der Begriff wird i. S. von Zwangsverwaltung z. B. in der ZPO (§§ 848, 855) im Rahmen der → Zwangsvollstreckung (Durchsetzung von Herausgabeansprüchen) verwendet, ähnlich im → Völkerrecht für die Verwaltung besetzter Gebiete. Im übertragenen Sinne ist die S. eine Art → Verwahrung, nämlich die Hinterlegung einer Sache bei einem Verwahrer (Sequester) zunächst für mehrere gemeinschaftlich mit der Abrede, daß die Sache – insbes. nach Klärung der streitigen Rechtslage – an einen von ihnen herauszugeben ist.

**Serienstraftat** → fortgesetzte Handlung.

**Servitut** = Dienstbarkeit; → Grunddienstbarkeit, → beschränkte persönliche Dienstbarkeit.

**Seuchenbekämpfung.** Die Verhütung und Bekämpfung ansteckender Krankheiten bei Menschen ist im Bundesseuchengesetz (vgl. übertragbare Krankheiten) geregelt, die Bekämpfung übertragbarer Viehseuchen im → Tierseuchengesetz.

**Sexualstraftaten.** Das StGB bezeichnet die im 13. Abschnitt geregelten Tatbestände als Straftaten gegen die sexuelle Selbstbestimmung; geschütztes Rechtsgut ist also nicht die allgemeine Sittlichkeit, sondern die Freiheit der Entscheidung über die geschlechtliche Betätigung, ferner die ungestörte sexuelle Entwicklung des jungen Menschen oder der Schutz vor schwerwiegenden sexuellen Belästigungen.

Unter Strafe gestellt ist → sexueller Mißbrauch von Schutzbefohlenen, von Gefangenen oder sonstigen Anstaltsinsassen oder von Widerstandsunfähigen sowie der Mißbrauch unter Ausnutzung einer Amtsstellung oder eines Patientenverhältnisses (§§ 174–174 c, 179 StGB), → sexueller Mißbrauch von Kindern (§§ 176–176 b StGB), → sexuelle Nötigung einschließlich → Vergewaltigung, und → sexueller Mißbrauch von Jugendlichen (§§ 177, 182) sowie die → Förderung sexueller Handlungen Minderjähriger und → Förderung der Prostitution, → Menschenhandel und → Zuhälterei (§§ 180–181 a). Außer gewissen verbotenen Formen der → Prostitution (§§ 184 a, b) sind schließlich unter Strafe gestellt → Exhibitionismus und → Erregung öffentlichen Ärgernisses (§§ 183, 183 a) sowie im Rahmen des § 184 die Verbreitung → pornographischer Schriften.

**Sexuelle Belästigung** am Arbeitsplatz ist jedes vorsätzliche, sexuell bestimmte Verhalten, das die Würde von Beschäftigten am Arbeitsplatz verletzt. Sie stellt eine Verletzung der arbeitsvertraglichen Pflichten oder ein Dienstvergehen dar (§ 2 des BeschäftigtenschutzG vom 24. 6. 1994, BGBl. I 1406). Alle Beschäftigten der Privatwirtschaft und im öffentlichen Dienst sind von ihren Arbeitgebern und Dienstvorgesetzten durch arbeitsrechtliche oder dienstrechtliche und personalwirtschaftliche Maßnahmen vor s. B. zu schützen.

**Sexuelle Handlungen** ist ein durch das 4. StrRG eingeführter Begriff, der als Tatbestandsmerkmal bei → Sexualstraftaten verwendet wird. Er ersetzt in einschränkendem Sinne das frühere Merkmal unzüchtige Handlungen und erfaßt nur solche Handlungen, die im Hinblick auf das verletzte Rechtsgut von einiger Erheblichkeit sind (§ 184 c StGB). Er umfaßt auch → homosexuelle Handlungen. Darüber hinaus setzt das Merkmal s. H. vor einem anderen (z. B. beim → sexuellen Mißbrauch von Schutzbefohlenen) voraus, daß der andere den Vorgang wahrnimmt.

**Sexuelle Nötigung** begeht, wer eine weibliche oder männlliche Person mit Gewalt, durch Drohung mit gegenwärtiger Gefahr für Leib oder Leben oder unter Ausnutzung einer Lage, in der das Opfer der Einwirkung des Täters schutzlos ausgeliefert ist, nötigt, sexuelle Handlungen des Täters oder eines Dritten an sich zu dulden oder an dem Täter oder einem Dritten vorzunehmen (177 I StGB).

Die Anwendung von → Gewalt kann in der unmittelbaren Überwindung körperlichen Widerstandes (vis absoluta) oder in mittelbarer Einwirkung, z. B. durch Einsperren, bestehen (vis compulsiva). Die Drohung ist eine seelische Einwirkung. Das Ausnutzen der Lage des Opfers erfaßt insbes. den Fall, daß das Opfer gegen seinen Willen entführt wird oder eine Verteidigung für sinnlos hält und deshalb die sexuellen Handlungen ohne Gegenwehr über sich ergehen läßt. Erfaßt wird auch die s. N. in der Ehe.

S. N. wird mit Freiheitsstrafe nicht unter 1 Jahr, in minder schweren Fällen von 6 Mon. bis zu 5 Jahren bestraft.

Als besonders schwere Fälle sind in § 177 II StGB folgende → *Regelbeispiele* mit Freihheitsstrafe nicht unter 2 Jahren bedroht: → Vergewaltigung und gemeinschaftliche Tatbegehung.

Bei den *qualifizierten Delikten* nach §§ 177 III, IV, 178 StGB sind folgende erhöhte Freiheitsstrafen angedroht: Mindestens 3 Jahre bei Mitführen einer Waffe oder anderen eines gefährlichen Werkzeugs, Mitführen eines sonstigen Werkzeugs zum Verhindern oder Überwinden von Widerstand des Opfers oder bei schwerer Gesundheitsgefährdung des Opfers, mindestens 5 Jahre bei Verwendung einer Waffe oder eines anderen gefährlichen Werkzeugs, schwerer körperlicher Mißhandlung oder Todesgefahr des Opfers, mindestens 10 Jahre oder lebenslang bei wenigstens leichtfertiger Verursachung des Todes des Opfers.

**Sexueller Mißbrauch von Jugendlichen** ist nach § 182 I StGB strafbar, wenn eine Person über 18 Jahre unter Ausnutzung einer Zwangslage oder gegen Entgelt sexuelle Handlungen an einer Person unter 16 Jahren vornimmt oder an sich von ihr vornehmen läßt oder diese unter Ausnutzung einer Zwangslage dazu bestimmt, sexuelle Handlungen an einem Dritten vorzunehmen oder von einem Dritten an sich vornehmen zu lassen. Diese Handlungen sind nach § 182 II StGB auch strafbar, wenn eine Person über 21 Jahre sie (ohne Zwangslage oder Entgeltzahlung) unter Ausnutzung der fehlenden Fähigkeit des Opfers unter 16 Jahren zur sexuellen Selbstbestimmung begeht. In diesem Fall wird die Tat nur auf → Strafantrag oder wegen des bes. öffentlichen Interesses verfolgt (§ 182 III StGB). Die Strafe ist Freiheitsstrafe bis zu 5 (§ 182 I StGB) oder 3 Jahren (§ 182 II StGB) oder Geldstrafe. Das Gericht kann von Strafe absehen, wenn das Unrecht der Tat bei Berücksichtigung des Verhaltens des Opfers gering ist.

**Sexueller Mißbrauch von Kindern** besteht in der Vornahme → sexueller Handlungen mit noch nicht 14jährigen. Gleichgestellt ist das Bestimmen eines Kindes, solche Handlungen mit Dritten vorzunehmen (§ 176 StGB). Bestrafung setzt vorsätzliches Handeln voraus; doch genügt hinsichtlich des Alters des Kindes bedingter Vorsatz. Die Strafe ist Freiheitsstrafe von 6 Mon. bis zu 10 Jahren, in minder schweren Fällen bis zu 5 Jahren oder Geldstrafe, ebenso bei sexuellen Handlungen ohne Körperkontakt, z. B. Vorzeigen → pornographischer Schriften. *Versuch* ist (außer bei der letztgenannten Tatform) strafbar; er kann schon im Einwirken auf den Willen des Kindes liegen (Aufforderung, dem Täter an einen Ort zu folgen, an dem er sein Vorhaben ausführen will). Zur Bekämpfung des sog. Kindersex-Tourismus ist auch die Tat eines Deutschen im Ausland strafbar (§ 5 Nr. 8 Buchst. b StGB; → Geltungsbereich des Strafrechts).

Erhöhte Strafdrohungen gelten bei schwerem s. M. v. K. und s. M. v. K. mit Todesfolge (§§ 176 a, 176 b StGB), die *qualifizierte Straftaten* darstellen. Freiheitsstrafe von mindestens 1 Jahr ist verwirkt bei Beischlaf u.ä., gemeinschaftlicher Begehung, Gefahr schwerer Gesundheitsschädigung für das Opfer oder Tatwiederholung nach einschlägiger Verurteilung in den letzten 5 Jahren, mindestens 2 Jahre bei der Absicht, die Tat in einer → pornographischen Schrift zu verbreiten, mindestens 5 Jahre bei schwerer körperlicher Mißhandlung oder Todesgefahr des Opfers, mindestens 10 Jahre oder lebenslang bei wenigstens leichtfertiger Verursachung des Todes des Opfers.

**Sexueller Mißbrauch von Patienten** → sexueller Mißbrauch von Schutzbefohlenen.

**Sexueller Mißbrauch von Schutzbefohlenen** ist, wenn diese noch nicht 16 Jahre alt und dem Täter zur Erziehung, Ausbildung oder Betreuung in der Lebensführung anvertraut sind (z. B. Mündel, Pflegekind, Schüler), schon bei Vornahme → sexueller Handlungen strafbar, desgleichen sexuelle Handlungen mit dem noch nicht 18jährigen eigenen oder angenommenen Kind; bei anderen 16–18jährigen S. muß noch die mißbräuchliche Ausnutzung eines Abhängigkeitsverhältnisses – auch eines Dienst(Arbeits)verhältnisses – hinzutreten (§ 174 StGB). Die Strafe ist Freiheitsstrafe bis zu 5 Jahren oder Geldstrafe.

Die gleiche Strafdrohung gilt nach § 174 a StGB bei s. M. von Gefangenen oder sonst behördlich Verwahrten unter

*Ausnutzung einer Dienststellung* (z. B. durch Vollzugsbeamte in Strafanstalten) oder bei Ausnutzung eines Betreuungsverhältnisses zum s. M. von Kranken oder Hilfsbedürftigen in stationären Einrichtungen (Ärzte oder Pfleger bei Heiminsassen usw.).

Eine entsprechende Strafbestimmung (§ 174 b StGB) bedroht den *an der Strafverfolgung beteiligten* → *Amtsträger* bei Vornahme sexueller Handlungen mit dem Betroffenen unter Mißbrauch der durch das Verfahren begründeten Abhängigkeit.

Ebenso ist der s. M. von Patienten (geistig oder seelisch Kranken, Behinderten oder psychotherapeutisch Behandelten) unter Mißbrauch des Beratungs-, Behandlungs- oder Betreuungsverhältnisses strafbar (§ 174 c StGB).

Soweit Mißbrauch eines Autoritätsverhältnisses vorausgesetzt wird, kann er bei Initiative des Opfers fehlen; er fehlt auch bei echter Liebesbeziehung, während die bloße Einwilligung des Opfers i. d. R. unerheblich ist. *Versuch* ist in allen Fällen (§§ 174–174 c) strafbar.

**Sexueller Mißbrauch widerstandsunfähiger Personen** ist nach § 179 I StGB mit Freiheitsstrafe von 6 Mon. bis zu 10 Jahren oder Geldstrafe bedroht, wenn der Täter eine weibliche oder männliche Person, die psychisch oder körperlich widerstandsunfähig ist, dadurch mißbraucht, daß er sexuelle Handlungen an ihr vornimmt oder an sich von ihr vornehmen läßt, oder sie dazu bestimmt, sexuelle Handlungen an einem Dritten vorzunehmen oder von einem Dritten an sich vornehmen zu lassen. Der Versuch ist strafbar.

Bei den *qualifizierten Delikten* nach § 179 IV, VI StGB sind erhöhte Strafen angedroht.

**SHAPE** (Supreme Headquarters Allied Powers Europe) → Nordatlantikvertrag.

**Showveranstaltungen** → Schaustellungen von Personen.

**Sicheres Geleit** → Abwesenheitsverfahren.

**Sicherheit und Ordnung, öffentliche.** Unter ö.S. ist die Unversehrtheit der Rechtsordnung und der grundlegenden Einrichtungen und Veranstaltungen des Staates, sowie die Unversehrtheit von Gesundheit, Ehre, Freiheit, Eigentum und sonstigen Rechtsgütern seiner Bürger zu verstehen. Der Begriff der ö.O. bezeichnet die Gesamtheit der (z. T. ungeschriebenen) Regeln für das Verhalten des einzelnen in der Öffentlichkeit, deren Beachtung als unerläßliche Voraussetzung eines geordneten staatsbürgerlichen Gemeinschaftslebens angesehen wird; der Begriff ist nach Ort und Zeit unterschiedlicher Auslegung zugänglich, die sich nach den konkreten Umständen des Einzelfalls richtet. Eine Gefahr für die ö.S. u. O. liegt vor, wenn eine Beeinträchtigung zu befürchten ist. Eine Störung der ö.S. u. O. liegt vor, wenn deren Beeinträchtigung bereits eingetreten ist. Sie zu beseitigen und schon die drohende Gefahr abzuwehren, ist Aufgabe der → Polizei und der → Ordnungsbehörden (auch, z. B. in Bayern: Sicherheitsbehörden). Vgl. z. B. S. u. O.gesetz für Mecklenburg-Vorpommern vom 4. 8. 1992, GVBl. 498). Über die Verwendung des Begriffs ö.S. u. O. in Art. 35 II GG s. → Notstand, innerer.

**Sicherheitenpool** → Poolvertrag.

**Sicherheitsbeauftragter** → Unfallschutz.

**Sicherheitsdienste** → Bewachungsgewerbe.

**Sicherheitsgurt.** Kfz. mit mehr als 25 km/h Höchstgeschwindigkeit müssen – von einigen Ausnahmen abgesehen – mit S.en oder zugelassenen Rückhaltesystemen ausgerüstet sein (s. § 35 a StVZO). Der S. muß während der Fahrt angelegt sein; Kinder bis zu 12 Jahren und 1,5 m Körpergröße dürfen in Kfz. grundsätzlich nur mitgenommen werden, wenn amtlich genehmigte und geeignete Rückhaltevorrichtungen benutzt werden (§ 21 I StVO). Ausnahmen gelten für Taxi(Mietwagen)fahrer, Lieferanten und Fahrten im Schrittempo sowie in bestimmten Omnibussen (§ 21 a I StVO). Nichtanlegen des S. ist mit Geldbuße bedroht. Verstöße gegen die Vorschriften können zum Verlust von Versicherungs- und Lohnfortzahlungsansprüchen (BAG Betr. 1982, 496) führen oder gegenüber Schadensersatzansprüchen als → Mitverschulden geltend gemacht werden (BGH NJW 1979, 1363; Händel NJW 1979, 2289).

**Sicherheitsingenieure,** -meister, -techniker → Arbeitssicherheit (Fachkräfte).

**Sicherheitsleistung.** Die Pflicht zur S. kann auf vertraglicher Abrede *(Kaution;* s. z. B. → Mietkaution), richterlicher Verfügung oder Gesetz beruhen; oftmals räumt auch das Gesetz dem Betroffenen die Möglichkeit ein, durch S. ein Recht durchzusetzen (→ vorläufige Vollstreckbarkeit und unten) oder ein Gegenrecht abzuwenden (s. z. B. → Zurückbehaltungsrecht). Die Art der S. unterliegt zunächst der Vereinbarung, ihre Höhe dem Sicherungszweck (Ergänzungspflicht, wenn S. nachträglich unzureichend, § 240 BGB). Hilfsweise enthalten die §§ 232 ff. BGB Vorschriften über die Art der S., in erster Linie durch → Hinterlegung von Geld und Wertpapieren, Bestellung eines → Pfandrechts (auch → Sicherungsübereignung), einer → Hypothek oder → Grundschuld. Erst wenn diese Sachsicherheit nicht möglich ist, kann S. durch Personalsicherheit in Form der → Bürgschaft geleistet werden.

Die *prozessuale* S. sieht die ZPO in verschiedenen Fällen vor, insbes. bei der → vorläufigen Vollstreckbarkeit von Urteilen, bei der Einstellung der Zwangsvollstreckung und wenn Ausländer als Kläger auftreten (§§ 110–113 ZPO, § 379 StPO; dies nicht innerhalb der EG und soweit die Gegenseitigkeit verbürgt ist). Art und Höhe bestimmt das Gericht nach freiem Ermessen (§ 108 ZPO). Ordnet es nicht ausdrücklich eine andere Art der S. an (häufig Bankbürgschaft), so ist die S. durch → Hinterlegung von Geld oder solchen Wertpapieren zu bewirken, die nach § 234 I, III BGB hierzu geeignet sind. Zweck der S. ist, daß ein Schadensersatzanspruch (z. B. aus § 717 ZPO) oder der → Kostenerstattungsanspruch durch Zugriff auf die Sicherheitsleistung verwirklicht werden kann. Fällt der Anlaß der S. weg, so wird in einem besonderen Verfahren (§§ 109, 715 ZPO) ihre Rückgabe angeordnet.

Im *Besteuerungsverfahren* kommt eine S. in folgenden Fällen in Betracht: Bei Fristverlängerung (§ 109 II AO), bei → vorläufiger Steuerfestsetzung (§ 165 I 4 AO), bei mehrfacher nicht rechtzeitiger Entrichtung einer → Verbrauchsteuer oder der → Umsatzsteuer (§§ 221 S. 2 AO), bei → Stundung (§ 222 S. 2 AO), bei Zahlungsaufschub von Zöllen und Verbrauchsteuern (§ 223 AO), bei Aussetzung der Vollziehung (§ 361 II 3 AO, → Vollziehung, sofortige). Arten und Verfahren der S. ergeben sich aus §§ 241–248, 327, 336 AO.

**Sicherheitspolizei** → Polizei.

**Sicherheitsprüfung** → Überwachung von Kraftfahrzeugen und Kraftfahrern.

**Sicherheitsrat** der UN → Vereinte Nationen (2 b).

**Sicherheitsrecht** → Ordnungsrecht.

**Sicherheitsüberprüfung.** Das S.gesetz vom 20. 4. 1994 (BGBl. I 867) regelt für den Bereich des Bundes die bislang wie teilweise noch in den Ländern nur durch → Verwaltungsvorschriften vorgeschriebene Überprüfung von Personen, die mit Angelegenheiten befaßt werden können, deren Geheimhaltung im staatlichen Interesse liegt (Verschlußsachen). Das umfangreiche Gesetz bestimmt die sicherheitsempfindlichen Tätigkeiten, legt den betroffenen Personenkreis fest und regelt Zuständigkeiten und Verfahren.

**Sicherheitsvorschriften** → Betriebsschutz, → Unfallschutz.

**Sicherheitswacht.** In Bayern unterstützt nach dem S.Ges. i. d. F. vom 28. 4. 1997 (GVBl. 88) eine S. in ihrer Dienstzeit die Polizei bei der Erfüllung ihrer Aufgaben, insbesondere im Zusammenhang mit der Bekämpfung der Straßenkriminalität. Die Angehörigen der S. sind ehrenamtlich tätig und werden von der zuständigen Polizeidirektion bestellt. Sie müssen volljährig und zuverlässig sein. Die Befugnisse der S. erstrecken sich nur auf Platzverweisung, Identitätsfeststellung und die Übermittlung der erhobenen Daten (→ polizeiliche Maßnahmen). Die Angehörigen der S. sind nicht bewaffnet.

**Sichernde Maßregeln** → Maßregeln der Besserung und Sicherung.

**Sicherstellung** (polizeiliche, strafprozessuale) → Beschlagnahme. Dient die S. nicht Beweiszwecken, sondern zur

Sicherung der → Einziehung im Strafverfahren, des → Verfalls oder der → Unbrauchbarmachung, so gelten die Sondervorschriften der §§ 111 b ff. StPO. Die S. kann Sachen oder Rechte erfassen; sie setzt Gründe dafür voraus, daß die Einziehung usw. angeordnet werden wird. Bei beweglichen Sachen findet körperliche Wegnahme oder Kenntlichmachung statt; bei Grundstücken Beschlagnahme und Vermerk im Grundbuch, bei Forderungen Pfändung. Durch dinglichen → Arrest können Verfall oder → Wertersatz sowie Geldstrafe und Kosten des Strafverfahrens gesichert werden. Zuständig für die Anordnung ist der Richter, bei Gefahr im Verzug auch die StA (die binnen 1 Woche richterliche Bestätigung einholen muß), bei beweglichen Sachen auch → Hilfsbeamte der StA. Liegen dringende Gründe für die S. nicht vor, hebt der Richter die S. spätestens nach 6 (bzw. 9) Monaten auf.

Im Besteuerungsverfahren ist S. eine Maßnahme der → Steueraufsicht bei Zöllen und Verbrauchsteuern (§ 215 AO).

**Sicherstellungsgesetze.** Die zu den sog. einfachen Notstandsgesetzen zählenden Gesetze über die Sicherstellung von Leistungen auf dem Gebiet der gewerblichen Wirtschaft sowie des Geld- und Kapitalverkehrs – *Wirtschaftssicherstellungsgesetz* – i. d. F. vom 3. 10. 1968 (BGBl. I 1069), über die Sicherstellung der Versorgung mit Erzeugnissen der Ernährungs- und Landwirtschaft sowie der Forst- und Holzwirtschaft – *Ernährungssicherstellungsgesetz* – i. d. F. vom 27. 8. 1990 (BGBl. I 1802) und über die Sicherstellung des Verkehrs – *Verkehrssicherstellungsgesetz* – i. d. F. vom 8. 10. 1968 (BGBl. I 1082) ermächtigen die Exekutive (Bundesregierung, zuständige Bundesminister, Landesregierungen nach entsprechender Delegation), für Zwecke der Verteidigung durch RechtsVO die erforderlichen Lenkungs- und Bewirtschaftungsvorschriften zu erlassen; doch dürfen diese mit Ausnahme von VOen über Buchführungs-, Melde- und begrenzte Bevorratungspflichten nur nach Maßgabe des Art. 80 a GG – d. h. i. d. R. erst im → Spannungs- oder → Verteidigungsfall – angewendet werden; vgl. vor allem die VOen vom 6. 8. 1976 betr. Versorgungskarten für Ernährung und gewerbliche Güter (BGBl. I 2094), betr. vordringliche Werkleistungen (BGBl. I 2098) und betr. Warenbewirtschaftung (BGBl. I 2099) sowie die VO vom 19. 4. 1988 (BGBl. I 530) betr. Mineralölbewirtschaftung, die VOen vom 21. 7. 1976 betr. Elektrizität (BGBl. I 1833) und Gas (BGBl. I 1849), jeweils m. Änd., ferner ErnährungsbewirtschaftungsVO vom 10. 1. 1979 (BGBl. I 52); DVOen zum VerkehrssicherstellungsG betr. Eisenbahnverkehr vom 10. 8./9. 9. 1976 (BGBl. I 2128, 2730), Seeverkehr vom 3. 8. 1978 (BGBl. I 1210), Luftverkehr vom 28. 12. 1979 (BGBl. I 2389), Straßenverkehr vom 23. 9. 1980 (BGBl. I 1795); s. ferner das Post- und TelekommunikationssicherstellungsG vom 14. 9. 1994 (BGBl. I 2325, 2378) m. Änd., dazu verschiedene VollzugsVOen vom 23. 10. 1996 betreffend Sicherstellung des Postwesens (BGBl. I 1535), Postauskunft (BGBl. I 1587), Zivilschutz (BGBl. I 1539) und Feldpost (BGBl. I 1543) sowie Telekommunikationsdienstleistungen vom 26. 11. 1997 (BGBl. I 2751). Ausschließlich Verteidigungszwecken dient auch das Gesetz über die Sicherstellung von Leistungen auf dem Gebiet der Wasserwirtschaft für Zwecke der Verteidigung – *Wassersicherstellungsgesetz* – vom 24. 8. 1965 (BGBl. I 1224; VOen vom 31. 3. 1970, BGBl. I 357, und vom 11. 9. 1973, BGBl. I 1313). Es ist gleichfalls als Ermächtigungsgesetz konzipiert, sieht darüber hinaus aber wesentlich weitergehende, im Gesetz selbst festgelegte Vorsorgemaßnahmen im Frieden vor. Zur Sicherung von Arbeitsleistungen für Verteidigungs- und Versorgungszwecke s. *Arbeitssicherstellungsgesetz* vom 9. 7. 1968 (BGBl. I 787) und VO vom 18. 8. 1973 (BGBl. I 1321). Wegen Vorsorgemaßnahmen außerhalb der Notstandsverfassung vgl. im übrigen → Erdölbevorratung und → Ernährungsvorsorge.

**Sicherung der Arbeitnehmer im Krankheitsfall** → Entgeltfortzahlung im Krankheitsfall, → Krankenversicherung.

**Sicherung des Nachlasses** → Nachlaßpfleger.

**Sicherung haltender Fahrzeuge** → Liegenbleiben von Fz., → Verlassen eines Fz.

**Sicherungsabtretung** → Abtretung (2).

**Sicherungseigentum** → Sicherungsübereignung.

**Sicherungsgeschäfte** sind → Rechtsgeschäfte, welche die Sicherung – nicht Befriedigung – eines Gläubigers wegen seiner Forderung oder seines Rechts bezwecken. Man unterscheidet Sachsicherheit (insbes. → Sicherungsübereignung, → Pfandrecht, → Hypothek, → Grundschuld) und Personalsicherheit (→ Bürgschaft). → Sicherheitsleistung.

**Sicherungsgrundschuld** → Grundschuld.

**Sicherungshaft** *(Abschiebung)* → Ausländer, 5 c.

**Sicherungshypothek** ist eine → Hypothek, bei der sich das Recht des Hypothekengläubigers allein nach der zugrundeliegenden Forderung bestimmt (§ 1184 BGB). Der Gläubiger muß daher, um die Hypothek geltend machen zu können, den Bestand der Forderung nachweisen; er kann sich hierfür nicht auf den → öffentlichen Glauben des Grundbuchs berufen. Infolge der strengen → Akzessorietät ist auch der → gutgläubige Erwerb der S. bei nicht bestehender Forderung ausgeschlossen (§ 1138 BGB findet nach § 1185 II BGB keine Anwendung). Die S. ist stets Buchhypothek (ein → Hypothekenbrief ist ausgeschlossen); sie muß im → Grundbuch als solche bezeichnet werden (§§ 1184 II, 1185 I BGB). S. kraft Gesetzes sind die Bauhandwerkerhypothek (→ Werkvertrag), die → Zwangshypothek und die → Arresthypothek. Für die Forderung aus einer → Inhaberschuldverschreibung, aus einem → Wechsel oder sonstigen → Orderpapier kann gleichfalls nur eine S. bestellt werden (§§ 1187 ff. BGB, sog. *Inhaberhypothek*).

**Sicherungsmaßregeln** → Maßregeln der Besserung und Sicherung.

**Sicherungsnießbrauch** → Nießbrauch.

**Sicherungsschein** → Reisevertrag.

**Sicherungstreuhand** → Treuhandeigentum.

**Sicherungsübereignung.** Die S. ist die wirtschaftlich wichtigste Form des eigennützigen → *Treuhandeigentums* (s. dort über die rechtliche Behandlung in Zwangsvollstreckung und Insolvenz). Zur Sicherung einer Forderung ist die Bestellung eines → Pfandrechts oftmals nicht möglich, da dieses die Übertragung des → Besitzes an der Pfandsache auf den Gläubiger voraussetzt (§ 1205 BGB), der Schuldner aber den Besitz an den Sicherungsmitteln – z. B. Auto, Maschinen in einer Fabrik – zur Fortführung seines Betriebs benötigt. Die Praxis hat daher seit langem die S. anerkannt. Sie ist eine → Eigentumsübertragung mit der Abrede, die zur Sicherung übereignete Sache nur bei Nichterfüllung der gesicherten Forderung zu verwerten; rechtlich erfordert sie Einigung und – anstelle der Übergabe der Sache – Vereinbarung eines konkreten → Besitzkonstituts (§ 930 BGB), wobei zunehmend die S. selbst als derartiges Besitzmittlungsverhältnis anerkannt wird. Das Besitzkonstitut kann auch schon vor Besitzerlangung durch den Schuldner vereinbart werden (sog. *antezipiertes Besitzkonstitut*). Die S. muß ernstlich gewollt (sonst, z. B. zur Schädigung anderer Gläubiger, als → Scheingeschäft ungültig), die zu übereignenden Gegenstände müssen hinreichend bestimmt sein (z. B. bei S. eines Warenlagers räumliche Trennung erforderlich). Bei S. von Gegenständen, die noch nicht im Eigentum des Sicherungsgebers stehen, ist, da ein → gutgläubiger Erwerb durch den Sicherungsnehmer mangels Besitzerlangung nicht möglich ist (vgl. § 933 BGB), i. d. R. anzunehmen, daß das → Anwartschaftsrecht übertragen werden sollte. Die S., die nicht unbedenklich ist, weil sie über die wahren Vermögensverhältnisse täuscht und das im → Sachenrecht geltende Publizitätsprinzip durchlöchert, findet ihre Grenze insbes. im Verbot der → *Sittenwidrigkeit* (§ 138 BGB; s. dort auch zum Verbot der Übersicherung), die namentlich anzunehmen ist, wenn dem Schuldner hierdurch die wirtschaftliche Selbständigkeit völlig genommen wird (sog. Knebelungsvertrag) oder wenn andererseits hierdurch die übrigen Gläubiger irregeführt werden sollen (sog. Gläubigergefährdung, Kredittäuschung); im letzteren Fall kann auch ein Schadensersatzanspruch aus → unerlaubter Handlung (sittenwidrige Schädigung, § 826 BGB) bestehen.

**Sicherungsverfahren.** Das S. ist als sog. → objektives Verfahren nach §§ 413 ff. StPO zulässig, wenn ein Straftäter wegen Schuldunfähigkeit nicht zu Strafe verurteilt werden kann, wenn aber seine Unterbringung in einem psychiatrischen Krankenhaus oder einer Entziehungsanstalt angeordnet oder wenn auf Berufsverbot oder Entziehung der Fahrerlaubnis erkannt werden soll (§ 71 StGB; → Maßregeln der Besserung und Sicherung, 9). Dasselbe gilt, wenn der Täter dauernd verhandlungsunfähig ist (wenn nur vorübergehend: vorläufige Einstellung, § 205 StPO). An die Stelle der → Anklageschrift tritt eine Antragsschrift des StA. Kann die Hauptverhandlung wegen des Zustandes des Beschuldigten nicht in seiner Anwesenheit durchgeführt werden oder ist dies aus Sicherheitsgründen unangebracht, so muß er vorher von einem Richter in Gegenwart eines Sachverständigen vernommen werden; ein solcher ist auch in der Hauptverhandlung zu vernehmen. Die Mitwirkung eines Verteidigers ist im S. stets vorgeschrieben (§ 140 I Nr. 7 StPO).

**Sicherungsverwahrung** → Maßregeln der Besserung und Sicherung (3).

**Sicherungsvollstreckung** → Vorläufige Vollstreckbarkeit.

**Sicherungszession** → Abtretung (2).

**Sichteinlagen** → Bankeinlagen.

**Sichtvermerk** *(Visum)* ist die amtliche Bestätigung, daß die Einreise, Ausreise oder der Aufenthalt in einem fremden Staat erlaubt wird. Der S. wird i. d. R. im Paß (→ Paßwesen) angebracht. Voraussetzungen, Form und Inhalt der S. sind in den einzelnen Ländern verschieden. Nach § 3 AuslG bedürfen → Ausländer für die Einreise und den Aufenthalt im Bundesgebiet einer Aufenthaltsgenehmigung, die vor der Einreise in der Form des S. einzuholen ist. Dieser Grundsatz ist durch zahlreiche Ausnahmen zugunsten von Ausländern aus bestimmten Staaten durchbrochen (z. B. EG-Ausländer). Die Einreisebedingungen ausländischer Staaten für Deutsche sind unterschiedlich. Für den kurzfristigen Aufenthalt in fast allen europ. Ländern ist kein S. erforderlich.

**Sichtwechsel** ist ein → Wechsel, der zur Zahlung fällig ist, sobald er vorgelegt wird (Art. 34 WG). Üblich ist die Angabe der Verfallzeit durch die Worte „auf Sicht“. Ist auf dem Wechsel keine Verfallzeit angegeben, so gilt er als S. (Art. 2 II WG).

**Siedlungsrecht.** Zur Erleichterung der Landbeschaffung und Ansiedlung sieht das Reichssiedlungsgesetz vom 11. 8. 1919 i. d. F. des Grundstücksverkehrsgesetzes vom 28. 7. 1961 (BGBl. I 1091) die Bildung gemeinnütziger Siedlungsunternehmen (meist → Gesellschaft mit beschränkter Haftung oder → Genossenschaft) vor, die mittels gesetzlicher → Vorkaufsrechte, hilfsweise auch durch → Enteignung, Land zu Siedlungszwecken erwerben und weitergeben können; i. d. R. haben sie ein gesetzliches → Wiederkaufsrecht bei nicht zweckentsprechender Verwendung des Grundstücks. S. a. → Grundstücksverkehr, landwirtschaftlicher.

**Siegelbruch** (§ 136 II StGB) begeht, wer unbefugt ein dienstliches Siegel (Siegelmarke, Plombe o. dgl.) vorsätzlich beschädigt, ablöst oder unkenntlich macht, das von einer Behörde oder einem → Amtsträger rechtmäßig angebracht worden ist, um Sachen zu verschließen, zu bezeichnen oder in Beschlag zu nehmen (z. B. entnommene Lebensmittelproben, Blutproben, gepfändete Gegenstände). Geschützt ist auch die Siegelung mittels des vom Gericht, Notar, Gerichtsvollzieher usw. verwendeten Dienststempels. Bestraft wird außer dem körperlichen Bruch der Siegelung auch die Aufhebung des durch diese bewirkten Verschlusses (ohne Beschädigung des Siegels), z. B. mittels Einsteigens durch ein Fenster in den Raum, dessen Tür versiegelt ist. S. ferner → Verstrikkungsbruch, → Pfandkehr.

**Signaleinrichtungen.** Über die S. der → Eisenbahnen vgl. § 14 → Eisenbahn-Bau- und BetriebsO. sowie die Eisenbahn-Signal-Ordnung vom 7. 10.

1959 (BGBl. II 1021); für → Straßenbahnen vgl. § 40 der Straßenbahn-Bau- und BetriebsO vom 11. 12. 1987 (BGBl. I 2648).

**Signatur, digitale** regelt das Gesetz über digitale Signaturen (Art. 3 des Ges. vom 22. 7. 1997, BGBl. I 1870). Das Gesetz soll die Rahmenbedingungen für fälschungssichere digitale Signaturen schaffen. Geregelt sind u. a. die Genehmigung von Zertifizierungsstellen und die Vergabe von Zertifikaten für solche Signaturen.

**Silber** → Edelmetalle, → Feingehalt.

**Simuliertes Geschäft** → Scheingeschäft.

**Simultananwalt** wird der → Rechtsanwalt genannt, der seine Kanzlei nicht am Sitz des Prozeßgerichts hat, bei dem er zugelassen ist (anders: Simultanzulassung). Hierdurch entstehende Reise(mehr)kosten sind von der unterliegenden Partei grundsätzlich nicht zu erstatten (§ 91 II 2 ZPO).

**Simultangründung** ist die → Einheitsgründung bei der Aktiengesellschaft (§ 29 AktG).

**Simultanschulen** → Gemeinschaftsschulen.

**Simultanzulassung** → Rechtsanwalt; s. a. → Simultananwalt.

**Singspiele** → theatralische Darbietungen.

**Singularsukzession** = Einzelrechtsnachfolge; → Rechtserwerb.

**Sippenhaft,** im altdeutschen Recht das Einstehenmüssen der Familienmitglieder z. B. für Bußen und Wergeld; im übertragenen Sinne heute noch in manchen totalitären Staaten als Druckmittel angewendete, im Rechtsstaat dagegen unzulässige Zwangsmaßnahmen gegen Angehörige politisch mißliebiger Gegner.

**Sistierung** ist ein anderer Ausdruck für die vorläufige → Festnahme durch die Polizei oder die Festhaltung zwecks Personalienfeststellung (→ Identitätsfeststellung).

**Sitte** → Verkehrssitte; über Sitte (Sittlichkeit) und Recht → Recht (4).

**Sittenwidrige Rechtsgeschäfte** → Sittenwidrigkeit.

**Sittenwidrige Schädigung** → unerlaubte Handlung (2 e).

**Sittenwidrigkeit.** Ein → Rechtsgeschäft (R.), das gegen die guten Sitten verstößt, ist wegen S. nichtig (§ 138 I BGB, → Nichtigkeit). Die *guten Sitten* sind verletzt, wenn das R. nach seinem Inhalt, Beweggrund oder Zweck gegen das Anstandsgefühl aller billig und gerecht Denkenden verstößt; entscheidend ist also das billigenswerte Durchschnittsempfinden der jeweils infrage kommenden beteiligten Kreise. Der Begriff der guten Sitten ändert sich mit den Anschauungen der jeweiligen Epoche; entscheidend für die Beurteilung sind stets – z. B. auch bei einem Testament – die Verhältnisse im Zeitpunkt der Vornahme des R. Der Begriff der guten Sitten hängt eng mit dem das gesamte Rechtsleben beherrschenden Grundsatz von → Treu und Glauben zusammen.

1. Sittenwidrig können R. aller Art sein, auch → Verfügungen von Todes wegen. Die S. eines R. kann mannigfache Gründe haben: So kann das R. schon seinem objektiven Inhalt nach wegen des hierdurch bezweckten Erfolgs sittenwidrig sein, z. B. der Vertrag auf Begehung einer Straftat, die Vermietung eines Hauses zu Bordellzwecken, die Abrede, gegen Entgelt eine ehewidrige Handlung fälschlich zuzugeben, um die → Ehescheidung zu ermöglichen, das Verlöbnis eines bereits Verheirateten, Verstöße gegen Standespflichten, insbes. *Konkurrenzverbote* unter Rechtsanwälten oder Ärzten usw., die Einsetzung der Geliebten zur Erbin (sog. Geliebten-Testament) aber nur, wenn nicht vorwiegend Gegenleistung für Betreuung o.ä. (vgl. i. e. BGHZ 53, 369; BGH WM 1983, 19; s. a. → Erbvertrag). In geeigneten Fällen (z. B. verheirateter Erblasser setzt Freundin zur Erbin ein, um gemeinsame Kinder zu sichern) kann nach der Rspr. das R. auch nur teilweise wegen S. nichtig sein (hier mit der Folge, daß Ehefrau und Freundin z. B. je zur Hälfte Miterben werden), BGH NJW 1969, 1343. In den meisten Fällen ist dagegen das R. als solches wertneutral, verstößt aber durch die Verknüpfung mit dem Verhalten gegenüber einem anderen, oftmals

auch verbunden mit der Absicht der Schädigung des anderen Teils gegen das Verbot der S. Wichtigste Fälle sind ein besonders auffälliges grobes Mißverhältnis zwischen Leistung und Gegenleistung (etwa knapp doppelt so hoch, BGH WM 1998, 934), die Ausnutzung einer wirtschaftlichen Machtstellung, vor allem durch entsprechende Klauseln (insbes. Freizeichnungsklauseln, → Allgemeine Geschäftsbedingungen), die übermäßige Beschränkung der wirtschaftlichen Freiheit eines Schuldners durch sog. *Knebelungsverträge* oder Übersicherung (z. B. die → Sicherungsübereignung des gesamten Warenbestands ohne die Möglichkeit der sinnvollen Verwertung oder ohne Freigabeverpflichtung bei i. d. R. mehr als 20% Übersicherung; zu den Grenzen bei der Globalzession → Abtretung, 1), die Vereinbarung übermäßig hoher Zinsen und Kosten bei Gewährung eines Darlehens (nach der Rspr. insbes. bei Ratenkrediten i. d. R. dann anzunehmen, wenn der vereinbarte Zins den üblichen Vergleichszins um relativ 100% oder absolut 12% übersteigt; BGHZ 104, 102; 110, 336; s. ferner unten 2 sowie → Kreditvertrag; zur Übersicherung bei der Globalzession → Abtretung, 1), unbillige → Wettbewerbsverbote nach Ausscheiden eines Arbeitnehmers (insbes. bei überhöhten Vertragsstrafen sowie bei Verfallklauseln), die Verträge zwischen einem Geldgeber und seinem Schuldner, durch die dessen Kreditwürdigkeit nach außen aufrechterhalten bleibt, um andere Gläubiger zu täuschen *(Gläubigergefährdung),* das Zusammenwirken zweier Beteiligter, um einen Dritten zu schädigen *(Kollusion),* treubruchfördernde Geschäfte (z. B. bei der Hingabe von *Schmiergeldern,* um einen Angestellten unter Verletzung seines Arbeitsvertrags abzuwerben, nicht aber bei ordnungsgemäßer Kündigung), die progressive Kundenwerbung (Schneeballsystem) usw. Die Beteiligten brauchen dabei nicht das Bewußtsein der S. zu haben; es genügt, wenn sie den sittenwidrigen Tatbestand als solchen kennen und den Zweck billigen.

2. Nichtig wegen S. ist insbes. das *wucherische* R. Ein solches liegt vor, wenn jemand unter Ausbeutung der Zwangslage, der Unerfahrenheit, des Mangels an Urteilsvermögen oder der erheblichen Willensschwäche eines anderen sich oder einem Dritten für eine Leistung (z. B. Darlehen) Vermögensvorteile (z. B. Zinsen) versprechen oder gewähren läßt, die in einem auffälligen Mißverhältnis zu der Leistung stehen (§ 138 II BGB). Voraussetzung ist also neben dem objektiven Mißverhältnis zwischen Leistung und Gegenleistung (etwa bei Kauf, Miete) eine entsprechende ausbeuterische Einstellung des Wucherers. (Fehlt diese, kann immer noch S. nach § 138 I BGB in Betracht kommen; s. o.). Nichtig ist hier – anders als normalerweise bei der S. eines R. (→ Nichtigkeit von R., 2) – nicht nur das Verpflichtungsgeschäft, sondern („sich versprechen oder gewähren läßt“) auch das dingliche Erfüllungsgeschäft, also z. B. auch die Hingabe des wucherischen Darlehens. Über die Strafbarkeit des → Wuchers s. dort.

3. Ein sittenwidriges R. ist – ohne Heilungsmöglichkeit – nichtig. Die Leistung kann deshalb aus → ungerechtfertigter Bereicherung zurückgefordert werden, wenn nicht – wie oftmals – beiden Parteien oder dem Leistenden allein ein Verstoß gegen die guten Sitten zur Last liegt (§ 817 BGB). Bei einem wucherischen Darlehen insbes. fällt nach der Rspr. nur die Zinszahlungspflicht als der sittenwidrige Teil des R. weg; die Darlehenssumme selbst kann von dem Wucherer – allerdings nur unter den vertraglich vereinbarten Rückzahlungsterminen – zurückgefordert werden (s. i. e. → ungerechtfertigte Bereicherung). Wer zudem in einer gegen die guten Sitten verstoßenden Weise einem anderen *vorsätzlich* Schaden zufügt, ist diesem, sofern nicht dieser gleichfalls sittenwidrig handelt, zum *Schadensersatz* aus → unerlaubter Handlung verpflichtet (§ 826 BGB).

**Sittlichkeit** (Moral) und Recht → Recht (4).

**Sittlichkeitsdelikte** → Sexualstraftaten.

**Situationsgebundenheit** des Eigentums → Enteignung.

**Sitz** → Wohnsitz, → Niederlassung. Über den Sitz i. S. der Steuergesetze s. § 11 AO.

**Sitzblockade, Sitzdemonstration** → Nötigung.

**Sitzungsniederschrift** → Verhandlungsprotokoll.

**Sitzungsperiode** ist die Tagungszeit eines → Parlaments (zu unterscheiden von der → Wahlperiode). Schluß und Wiederbeginn der S. bestimmt das Parlament i. d. R. selbst. Doch hat meist der Präsident des Parlaments das Recht und auf Antrag eines Teils der Parlamentsmitglieder oder der Regierung (beim Bundestag auf Antrag eines Drittels der Mitglieder, des Bundespräsidenten oder des Bundeskanzlers; Art. 39 III GG) die Pflicht, es früher einzuberufen.

**Sitzungspolizei** ist die – als solche überholte – Bezeichnung für die prozessuale Tätigkeit, die dazu dient, die äußere Ordnung in einer gerichtlichen Sitzung aufrechtzuerhalten. Sie obliegt dem Vorsitzenden (§ 176 GVG). Hierzu kann er allen im Sitzungsraum anwesenden Personen, also auch den Verfahrensbeteiligten, Anordnungen geben (z. B. das Wort entziehen). Wird diesen nicht Folge geleistet, so können die Personen aus dem Sitzungsraum entfernt sowie zur Ordnungshaft abgeführt werden (gegenüber Verfahrensbeteiligten nur aufgrund Gerichtsbeschlusses, § 177 GVG). Der Vorsitzende kann ferner bei → Ungebühr Ordnungsmaßnahmen treffen bzw. bei Verfahrensbeteiligten entsprechende Beschlüsse des Gerichts herbeiführen und sie unmittelbar vollstrecken lassen (§ 178 GVG).

**Sitzungsprotokoll** → Verhandlungsprotokoll.

**Skateboardfahren** → Sport und Spiel auf Straßen.

**Skifahren** → Wintersport; über Wasserskifahren → Wasserfahrzeuge.

**Skiunfälle, Haftung für** – → Sportverletzungen; s. a. → unerlaubtes Entfernen vom Unfallort.

**Sklaverei, Sklavenhandel.** Die Sklaverei ist nach völkerrechtlichen Grundsätzen verboten; ihrer Bekämpfung und Abschaffung dienen ein internat. Übereinkommen vom 25. 9. 1926/1. 4. 1927 nebst Zusatzabkommen vom 7. 9. 1956. S. ferner Art. 4 der Europäischen → Konvention zum Schutze der Menschenrechte. Das Ges. vom 28. 7. 1895 (RGBl. 425) bedroht die vorsätzliche Mitwirkung an einem auf Sklavenraub gerichteten Unternehmen, den Sklavenhandel und die vorsätzliche Mitwirkung bei der Beförderung von Sklaven mit hohen Freiheitsstrafen. Die Delikte werden nach dem Weltrechtspflegeprinzip ohne Rücksicht auf Tatort und Staatsangehörigkeit des Täters verfolgt (§ 6 Nr. 9 StGB). Nach § 234 StGB ist wegen → Menschenraubs strafbar, wer sich eines anderen mit Gewalt, durch List oder Drohung bemächtigt, um ihn in Sklaverei zu bringen.

**Skonto** ist ein Barzahlungsnachlaß (→ Rabatt); üblich ist der Satz von 2 od. 3%. S. a. → Kassenskonto, → Leistungszeit.

**Skontration** (ital.; eigentlich Bestandsermittlung) ist die mehrseitige vertragliche Abrechnung mehrerer Beteiligter (insbes. Banken) über eine gemeinsame Abrechnungsstelle. Es handelt sich hierbei um eine vertragliche *Aufrechnung,* bei der nur die übrigbleibenden Spitzenbeträge tatsächlich über die Abrechnungsstelle ausgeglichen werden.

**Smog** → Fahrverbot, → Luftreinhaltung.

**Sodomie** ist die widernatürliche Unzucht – d. h. die Vornahme beischlafsähnlicher Handlungen – eines Menschen mit einem (lebenden) Tier. Sie ist seit dem 1. StrRG 1969 nicht mehr unter Strafe gestellt.

**Sofortabschreibung** → Geringwertige Wirtschaftsgüter.

**Sofortige Beschwerde** nennt man die an eine Frist gebundene → Beschwerde im Zivilprozeß (§ 577 ZPO), im Strafprozeß (§ 311 StPO) und in der freiwilligen Gerichtsbarkeit (§ 22 FGG). Die Frist beträgt zwei Wochen, im Strafprozeß eine Woche ab Zustellung, Bekanntmachung, ausnahmsweise auch ab Verkündung der angefochtenen Entscheidung. Eine Abhilfe durch die Instanz findet grundsätzlich nicht statt (§ 577 III ZPO, § 311 III 1 StPO), nur ausnahmsweise nach § 311 III 2 StPO. Ist gegen die Beschwerdeentscheidung eine → weitere Beschwerde zugelassen, so ist auch diese an die Frist gebunden (sog. sofortige weitere Beschwerde).

**Sofortige Vollziehung** → Vollziehung, sofortige.

**Sofortmaßnahmen am Unfallort** → Fahrerlaubnis, → Verkehrsunfall.

**Software** (engl.). Im Rahmen der elektronischen Datenverarbeitung versteht man unter *hardware* (engl.) die (vertragliche Überlassung der) technischen Elemente (Maschinen usw.); rechtlich liegt beim Erwerb → Kauf oder → Miete, vielfach auch ein → Leasingvertrag vor. S. ist dagegen die (Zurverfügungstellung der) Entwicklung, Ausarbeitung und Einführung von Computerprogrammen und Datenverarbeitungsabläufen. Soweit es sich nicht um (vorgefertigte) Standard-S. handelt (→ Kauf), geschieht die Erstellung der sog. Individual-S. vielfach im Rahmen eines → Werkvertrags, bei nicht endgültiger Überlassung auch im Rahmen eines → Pacht- oder (know-how-) → Lizenzvertrags. Die → Gewährleistung für Sachmängel richtet sich wie bei einer Ware oft einheitlich nach Kauf- oder Werkvertragsrecht. S. a. → Urheberrecht, → unlauterer Wettbewerb.

**Solange-Beschlüsse** des Bundesverfassungsgerichts. Die sog. S. betreffen die Überprüfung des europäischen → Gemeinschaftsrechts anhand der → Grundrechte des GG; vgl. hierzu BVerfG NJW 1987, 577 m. w. N., s. a. → Maastricht-Vertrag.

**Solawechsel** (eigener Wechsel) ist ein → Wechsel, in dem sich der → Aussteller selbst verpflichtet, die → Wechselsumme zu bezahlen. Die notwendigen Bestandteile eines S. sind: Wechselbezeichnung, Zahlungsversprechen, Verfallzeit, Zahlungsort, Remittent, Ausstellungsort und -tag, Unterschrift (Art. 75 WG). Der einfachste Text eines S. lautet z. B.: „München, den 1. September 1998. Gegen diesen Wechsel zahle ich an (Name des → Remittenten) am 1. Dezember 1998 in München eintausend Deutsche Mark (Name des Ausstellers)“.

**Soldat** ist, wer auf Grund der → Wehrpflicht oder freiwilliger Verpflichtung in einem → Wehrdienstverhältnis steht (§ 1 I SoldatenG). Der S. ist bei freiwilliger Verpflichtung auf Lebenszeit *Berufssoldat,* bei freiwilliger Verpflichtung für begrenzte Zeit *Soldat auf Zeit.* Das Statusrecht der Berufssoldaten und Soldaten auf Zeit (Begründung u. Beendigung des Dienstverhältnisses, Beförderung usw.) regelt das SoldatenG in den §§ 37–57 (im einzelnen s. Soldatengesetz); für die *Wehrpflichtsoldaten* verweist § 58 SoldatenG auf das WehrpflichtG. Über weitere Unterschiede im Wehrdienstverhältnis s. dort.

**Soldatengesetz.** Das Ges. über die Rechtsstellung der Soldaten – SoldatenG – i. d. F. vom 19. 8. 1975 (BGBl. I 2273) m. spät. Änd. bildet mit dem → WehrpflichtG die Grundlage des Wehrdienstrechts. Es enthält in § 1 eine Definition des Begriffs des Soldaten, des Vorgesetzten und des Disziplinarvorgesetzten und bestimmt in § 2 die Dauer des Wehrdienstverhältnisses, in § 3 die Ernennungs- und Verwendungsgrundsätze. Die Dienstgradbezeichnungen werden vom BPräs. festgesetzt, der auch die Bestimmungen über die Uniform der Soldaten erläßt. Ferner übt er das Recht der Ernennung und dienstrechtlicher Begnadigung aus, soweit er die Befugnisse nicht delegiert hat (§§ 4, 5). Die §§ 6–36 SoldatenG behandeln die Rechte und Pflichten aller Soldaten, u. a. Verbot der Einschränkung der staatsbürgerlichen Rechte, Pflicht zur Verteidigung von Recht und Freiheit des dt. Volkes, Eid und feierliches Gelöbnis, → Gehorsam, Pflicht zur Kameradschaft, Wahrhaftigkeit und Verschwiegenheit, gemeinsames Wohnen, Nebentätigkeit, Haftung, Wahlrecht, Laufbahnvorschriften, Anspruch auf Urlaub, Geld- und Sachbezüge, Versorgung und Fürsorge, Beschwerde, Vertrauensmänner, Seelsorge. Die Bestimmungen werden zum großen Teil durch Sondervorschriften ergänzt (s. Nebentätigkeit, Soldatenlaufbahn, SoldatenurlaubsVO, UnterhaltssicherungsG, Wehrsold, Soldatenversorgung, Arbeitsplatzschutz, Wehrbeschwerdeordnung). Die §§ 37–57 regeln das Statusrecht der Berufssoldaten und Soldaten auf Zeit (Begründung des Dienstverhältnisses, Beförderung, Beendigung) unter weitgehender Angleichung an die beamtenrechtlichen Grundsätze. Das Dienstverhältnis endet durch Entlassung, Verlust der Rechtsstellung aus dem Soldatenverhältnis, Entfernung aus dem Dienst durch Disziplinarurteil, außerdem bei Soldaten auf Zeit durch Zeitablauf, bei Berufssoldaten durch Eintritt in den Ruhestand; die Altersgrenze ist das 60. Lebensjahr, bei Offizieren nach Rang gestaffelt das 53.–59. Lj. (über befristete Sonderregelungen s. Vorruhestand [1] und PersonalstrukturG – Streitkräfte vom 30. 7. 1985, BGBl. I 1621). Wegen der Rechtsstellung der Soldaten, die auf Grund der Wehrpflicht Wehrdienst leisten, verweist das SoldatenG (§ 58) auf das WehrpflichtG. Für Klagen der Soldaten aus dem Wehrdienstverhältnis ist i. d. R. das → Verwaltungsstreitverfahren gegeben (§ 59). Die Vertretung des Dienstherrn vor Gericht regelt die Anordnung vom 9. 6. 1976 (BGBl. I 1492).

**Soldatenlaufbahn.** Die Einstellungs- und Beförderungsvoraussetzungen der Soldaten auf Zeit und der Berufssoldaten (→ Soldaten) sind in der SoldatenlaufbahnVO – SLV – i. d. F. vom 28. 1. 1998 (BGBl. I 326) geregelt. Sie unterscheidet zwischen den Laufbahngruppen der Mannschaften (§§ 7–10), der Unteroffiziere (§§ 11–17) und der Offiziere (§ 18–34) sowie innerhalb der Laufbahngruppen zwischen Truppendienst und Fachdiensten (Truppen-, Sanitäts-, Militärmusikdienst, militärgeographischer und militärfachlicher Dienst). Voraussetzung für die Einstellung als *Offizieranwärter* sind grundsätzlich ein Eintrittsalter zwischen 17 und 25 Jahren und das Reifezeugnis oder ein entsprechender Bildungsstand. Ausnahmebewilligungen durch den → Bundespersonalausschuß sind möglich (vgl. § 36 SLV, § 27 VII SoldatenG). Weitere Erleichterungen enthalten zeitlich begrenzte Übergangsregelungen (§§ 38 ff. SLV).

**Soldatenurlaubsverordnung.** Die S. i. d. F. vom 23. 11. 1972 (BGBl. I 2151) m. spät. Änd. regelt die Dauer des Erholungsurlaubs der Soldaten, die auf Grund des WehrpflichtG Wehrdienst leisten (§ 5); wegen des Urlaubs der Berufs- und der Zeitsoldaten verweist sie grundsätzl. auf die Vorschriften über → Urlaub des Beamten. Ferner enthält die VO ergänzende Vorschriften für den Erholungs- und Heimaturlaub der Berufssoldaten und Soldaten auf Zeit (z. B. über die Übertragung des Erholungsurlaubs auf das nächste Urlaubsjahr), – teilweise in Abweichung von den für Beamte geltenden Vorschriften – sowie Regelungen für Urlaub aus besonderem Anlaß (Sonderurlaub) für alle Soldaten (zu Studienzwecken, aus persönlichem oder familiärem Anlaß u. dgl.); zum Erziehungsurlaub vgl. die VO i. d. F. vom 21. 8. 1992 (BGBl. I 1602).

**Soldatenversorgungsgesetz.** Das SVG i. d. F. vom 19. 1. 1995 (BGBl. I 50) regelt die Versorgung für die ehemaligen Soldaten der Bundeswehr und ihre Hinterbliebenen. Es behandelt im einzelnen die → Berufsförderung (s. hierzu auch Ges. über die Verwendungsförderung der Berufssoldaten vom 21. 12. 1992, BGBl. I 2088) und Dienstzeitversorgung der Soldaten auf Zeit (§§ 3–13 c, insbes. Eingliederungs- und Zulassungsschein für den öffentl. Dienst – s. dazu VO vom 16. 12. 1969, BGBl. I 2347 –, Übergangsgebührnisse und -beihilfen), die Dienstzeitversorgung der Berufssoldaten – Ruhegehalt, Unfallruhegehalt, Kapitalabfindung, Unterhaltsbeitrag, Übergangsgeld, Ausgleich – und die Berufsförderung der dienstunfähigen Berufssoldaten (§§ 14–40) sowie die Versorgung der Hinterbliebenen von Wehrpflichtsoldaten, Sodaten auf Zeit und Berufssoldaten (§§ 41–44 a). Weitere Vorschriften betreffen Umzugskostenentschädigung und einmalige Unfallentschädigung für besonders gefährdete Soldaten (§§ 62–63 a) sowie die Versorgung der Soldaten und ihrer Hinterbliebenen auf Grund im Wehrdienst erlittener gesundheitlicher Schädigungen (§ 80–86). Desweiteren enthält das Ges. Verfahrens- und Übergangsbestimmungen, z. B. über Anrechnung früherer Wehrdienst- od. and. Zeiten als ruhegehaltsfähig (§§ 45–61, 64–79, 87–91). Zur Versorgung der Soldaten aus den neuen Ländern vgl. die SoldatenversorgungsübergangsVO i. d. F. vom 19. 3. 1993 (BGBl. I 378).

**Solidaritätsstreik** → Streik.

**Solidaritätszuschlag.** 1. Für 1991 und 1992 wurde ein S. mit jährlich 3,75% als Ergänzungsabgabe und → Zuschlagsteuer zur Einkommen- und Körperschaftsteuer erhoben. Abgabepflichtig sind alle unbeschränkt und beschränkt Einkommen- und Körperschaftsteuerpflichtigen. S.gesetz vom 24. 6. 1991 (BGBl. I 1318).

2. Ab 1995 (Solidaritätszuschlaggesetz 1995 vom 23. 6. 1993 – BGBl. I 944, 975) wird ein S. mit jährlich 7,5% auf die → Einkommensteuer und → Körperschaftsteuer als Zuschlagsteuer erhoben. S. wird fällig auf → Vorauszahlungen und Abzugsteuern (→ Lohnsteuer, → Kapitalertragsteuer, → Zinsabschlag). Dieser vorausbezahlte S. wird bei unbeschränkt Steuerpflichtigen (→ Steuerpflicht bei der Veranlagung zur Einkommen-/Körperschaftsteuer auf den geschuldeten Jahresbetrag angerechnet.

3. Ab 1998 beträgt der S. 5,5% (BGBl. I 1997, 2743).

**Soll-Vorschrift** nennt man eine gesetzliche Bestimmung, die ein Tun oder Unterlassen zwar für den Regelfall, aber nicht zwingend vorschreibt (Gegensatz einerseits *Muß-Vorschrift,* andererseits *Kann-Vorschrift*). Ein Verstoß gegen die S. hat daher nicht ohne weiteres die Unwirksamkeit (Nichtigkeit) oder Anfechtbarkeit des Rechtsvorgangs zur Folge. Zur Anwendung von S.en durch die Behörde s. → Ermessen.

**Sollbesteuerung** → Umsatzsteuer 6.

**Solvabilitätsrichtlinie** der EG vom 18. 12. 1989 (ABl. L 386, 14) enthält Grundsätze für die Liquiditätsbewertung im Rahmen der → Bankenaufsicht.

**Sommerweg** ist ein unbefestigter Teil einer Straße, der so breit ist, daß er befahren werden kann, und der nicht dem Fußgängerverkehr vorbehalten ist. Er ist aber keine → Fahrbahn, darf daher i. d. R. von Fahrzeugen nicht benutzt werden.

**Sommerzeit** → Zeitgesetz.

**Sonderabgaben** → Abgaben.

**Sonderabschreibungen** treten neben die Regel-AfA, *erhöhte Absetzungen* an die Stelle der Regel-AfA. Gemeinsame Vorschriften enthält § 7 a EStG. → Absetzungen für Abnutzung. Die wichtigsten S. regeln § 7 f EStG (private Krankenhäuser), § 7 g EStG (für kleine und mittlere Betriebe → Anspar-Rücklage), § 82 f EStDV (Schiffe, Luftfahrzeuge), stark eingeschränkt durch → Jahressteuergesetz 1997. *Erhöhte Absetzungen* gewähren § 7 c EStG (Schaffung neuer Mietwohnungen), § 7 h EStG (Sanierungsgebiete und städtebauliche Entwicklungsbereiche), § 7 i EStG (Baudenkmale), § 7 k EStG (Mietwohnungen mit Sozialbindung). *Bewertungsfreiheiten* i. e. S. bestehen beim Importwarenabschlag (§ 80 EStDV) und bei → geringwertigen Wirtschaftsgütern (§ 6 II EStG). S. können eine Beihilfe i. S. des Art. 92 EGV sein (→ Subventionswesen, europ.), die der Genehmigung der → Europäischen Kommission bedürfen (BMF BStBl. I 96, 2; 97, 194).

**Sonderabschreibungen und Abzugsbetrag im Fördergebiet.** Zur Beschleunigung des wirtschaftlichen Anpassungsprozesses gewährt das Fördergebietsgesetz vom 23. 9. 1993 (BGBl. I 1655) m. Änd. (zuletzt vom 24. 3. 1998, BGBl. I 529) bis 31. 12. 1998 befristete Sonderabschreibungen sowie einen wie → Sonderausgaben abzuziehenden 40 000 DM-Abzugsbetrag bei zu eigenen Wohnzwecken genutzten Gebäuden.

A. *Sonderabschreibung Wirtschaftsgüter*

1. *Fördergebiet* sind die neuen Länder einschließlich Gesamt-Berlin (§ 1). Für West-Berlin gelten Besonderheiten (§ 8 I). Im Fördergebiet müssen die Investitionen erfolgen, → Wohnsitz und → Geschäftsleitung brauchen nicht im Fördergebiet zu liegen.

2. *Persönlich berechtigt* sind alle unbeschränkt oder beschränkt Einkommen- oder Körperschaftsteuerpflichtigen. Investiert eine Personengesellschaft oder Gemeinschaft, ist diese berechtigt und nicht die Gesellschafter, z. B. eine vermögensverwaltende Kommanditgesellschaft.

3. *Abnutzbare bewegliche Anlagegüter* sind nur begünstigt, wenn im → Betriebsvermögen und wenn sie mindestens 3 Jahre zum Anlagevermögen einer → Betriebsstätte des Stpfl. im Fördergebiet gehören und während dieses Zeitraums dort verbleiben. Wird ein Wirtschaftsgut länger als 3 Monate vermietet, entfällt die Sonderabschreibung mangels Nutzung in einer Betriebsstätte des Vermieters. Im Gegensatz zur → Investitionszulage ist es gleichgültig, ob neue oder gebrauchte Wirtschaftsgüter erworben werden. Die private Nutzung in den ersten 3 Jahren darf höch-

stens 10 v. H. betragen. Die Überlassung eines Pkw an einen Arbeitnehmer ist unschädlich. Nicht begünstigt sind immaterielle Anlagegüter und Luftfahrzeuge.

4. *Abnutzbare unbewegliche Anlagegüter* sind begünstigt bei Anschaffung und Herstellung, bei Modernisierungsmaßnahmen und anderen nachträglichen Herstellungsarbeiten im Fördergebiet (*Baumaßnahmen* § 3) gleichgültig, ob im Betriebsvermögen oder Privatvermögen und ob zu betrieblichen oder zu Wohnzwecken genutzt. Die Anschaffung von Gebäuden oder Wohnungen im Privatvermögen muß bis zum Ende des Jahrs der Fertigstellung erfolgen. Ab 1. 1. 1992 sind Modernisierungs- und Sanierungsmaßnahmen an Altgebäuden begünstigt, auch wenn der Erwerber steuerlich nicht Bauherr ist, z. B. weil er den Altbau einschließlich eines Sanierungskonzepts von einem Bauträger erwirbt (§§ 3, 4). Bei ab 1. 1. 1994 an-geschafften Gebäuden im Betriebsvermögen wird die S. beschränkt auf Neubauten und mindestens 5 Jahre eigenbetrieblich genutzte Altbauten (§ 3, S. 2). Altbau ist für die S. ein Gebäude, das nicht im Jahr der Fertigstellung angeschafft wird.

5. Die *Sonderabschreibungen* betragen bis 50 v. H., bei Investitionen nach dem 31. 12. 1996 bis 40%, bei bestimmten Baumaßnahmen 20% bzw. 25% der Anschaffungs- oder Herstellungskosten in den ersten 5 Jahren und können bereits für Anzahlungen oder Teilherstellungskosten in Anspruch genommen werden (§ 4). Bei Herstellungskosten aus nachträglichen Herstellungsarbeiten, Modernisierungs- und Sanierungsmaßnahmen ist der Restwert nach Ablauf dieser Sonderabschreibung linear bis zum Ende des 9. Jahrs nach Beendigung der Herstellungsarbeiten abzuschreiben (§ 4 III).

B. *Abzugsbetrag bei zu eigenen Wohnzwecken genutzten Gebäuden:* Aufwendungen für Herstellungs- und Erhaltungsarbeiten an zu eigenen Wohnzwecken dienenden Gebäuden, die 1991 bis 1998 im Fördergebiet ohne West-Berlin entstehen und nicht → Betriebsausgaben oder → Werbungskosten sind, können im Jahr der Zahlung und den folgenden 9 Jahren jeweils bis zu 10% wie → Sonderausgaben abgezogen werden, aus höchstens 40 000 DM (§ 7). Sonderabschreibungen und Abzugsbetrag können als Freibetrag auf der Lohnsteuerkarte eingetragen werden.

C. Ab 1999 werden Neuinvestitionen nach dem FördergebietsG nicht mehr gefördert, vielmehr allein durch → Investitionszulage 9.

**Sonderangebote** → Sonderveranstaltungen, → Lockvogelwerbung.

**Sonderausgaben.** Bei der Einkommen- und Lohnsteuer sind die in §§ 10, 10 b EStG abschließend aufgeführten Aufwendungen in Durchbrechung des Grundsatzes, daß → Lebensführungskosten steuerlich nicht abzugsfähig sind (§ 12 Nr. 1 EStG; → Ausgaben), vom Gesamtbetrag der Einkünfte abzuziehen, wenn sie weder → Betriebsausgaben noch → Werbungskosten sind.

1. Als *allgemeine S.* sind abzugsfähig a) in unbeschränkter Höhe: Renten und dauernde Lasten (→ Rentenbesteuerung), → Kirchensteuer saldiert mit Erstattungen, Steuerzinsen, Steuerberatungskosten, 30% des Schulgeldes für Privatschulen (§ 10 I Nrn. 1 a, 4–6, 9); b) bis 27 000 DM Unterhaltsleistungen an den geschiedenen oder dauernd getrenntlebenden Ehegatten auf gemeinsamen Antrag (→ Realsplitting, § 10 I Nr. 1 EStG); c) bis 1800 DM (bei auswärtiger Unterbringung 2400 DM) für Berufsausbildung oder Weiterbildung in einem nicht ausgeübten Beruf (§ 10 I Nr. 7 EStG); hierbei gelten die Abzugsbeschränkungen für → Arbeitszimmer, → Reisekosten, → Kilometerpauschale, → Doppelte Haushaltsführung. d) *Vorsorgeaufwendungen,* d. h. Beiträge zu Personenversicherungen (z. B. Sozialversicherungsbeiträge, bestimmte Lebensversicherungen, Krankenversicherungen, Haftpflichtversicherungen) (§ 10 I Nr. 2 EStG) im Rahmen bestimmter → Höchstbeträge: *Vorwegabzug* 6000 DM, für zusammenveranlagte Ehegatten (§ 26 b EStG) 12 000 DM nur für Personenversicherungen, nicht für Bausparbeiträge. Vorwegabzug ist bei Arbeitnehmern zu kürzen um 16% des Arbeitslohns, denn der gesetzliche Arbeitgeberanteil zur gesetzlichen → Sozialversicherung ist steuerfrei (§ 3 Nr. 62 EStG, R 106 EStR). *Grund-*

*höchstbetrag* 2610 DM, für zusammenveranlagte Ehegatten 5220 DM. Übersteigen die Aufwendungen die Höchstbeträge, so ist vom Mehrbetrag die Hälfte, höchstens jedoch die Hälfte der Grundhöchstbeträge abzugsfähig. Die Begrenzung auf Höchstbeträge ist verfassungsrechtlich strittig (BVerfG DStZ 96, 111). e) Für *hauswirtschaftliche Beschäftigungsverhältnisse* bis 18 000 DM, falls Pflichtbeiträge zur gesetzlichen Rentenversicherung entrichtet werden. (§ 10 I Nr. 8 EStG).

2. → *Spenden* für wissenschaftliche, mildtätige, kirchliche, religiöse und als besonders förderungswürdig anerkannte gemeinnützige und kulturelle Zwecke sowie Spenden und Beiträge an politische Parteien (§ 10 b EStG) sind in beschränkter Höhe abzugsfähig.

3. → Verlustabzug (§ 10 d EStG).

4. Wie S. sind abziehbar Investitionen in Baudenkmäler (→ Denkmalschutz), in Sanierungsgebieten und städtebaulichen Entwicklungsbereichen (§ 10 f EStG), in schutzwürdige Kulturgüter, z. B. Bibliotheken, Gartenanlagen (§ 10 g EStG), in Baumaßnahmen, wenn eine Wohnung einem Angehörigen unentgeltlich überlassen wird (§ 10 h EStG), sog. Vorkosten (§ 10 i EStG; → Eigenheimzulage).

5. Für allgemeine Sonderausgaben und Spenden ohne Vorsorgeaufwendungen beträgt der Pauschbetrag 108 DM, bei zusammenveranlagten Ehegatten 216 DM (§ 10 c I EStG). Arbeitnehmer erhalten die *Vorsorgepauschale,* die in die Lohnsteuertabelle eingearbeitet ist (§ 10 c II EStG). Sie beträgt 20% des Arbeitslohns, höchstens 6000 DM abzüglich 16% des Arbeitslohns, zuzüglich höchstens 2610 DM, zuzüglich die Hälfte bis zu 1305 DM. Bei zusammenveranlagten Ehegatten verdoppeln sich die Beträge. Für nicht rentenversicherungspflichtige Arbeitnehmer beträgt die Vorsorgepauschale höchstens 2214 DM, bei zusammenveranlagten Ehegatten höchstens 4428 DM. Die Vorsorgepauschale muß durch 54 teilbar sein. Arbeitslohn ist der Bruttoarbeitslohn ./. → Versorgungsfreibetrag./. → Altersentlastungsbetrag.

**Sonderbedarf** → Unterhaltspflicht unter Verwandten, → Ehescheidung (4).

**Sonderbetriebsvermögen** → Betriebsvermögen 1.; → Mitunternehmerschaften.

**Sonderdelikt** nennt man eine → Straftat, die beim Täter ein besonderes persönliches Merkmal voraussetzt, z. B. die Eigenschaft als → Amtsträger beim → Amtsdelikt (dort auch über echte und unechte S.) oder als Gemeinschuldner bei → Insolvenzstraftaten. *Handelt der Täter für einen anderen* als vertretungsberechtigtes Organ einer → juristischen Person oder Personenhandelsgesellschaft, als verantwortlicher Betriebsleiter oder gesetzlicher Vertreter (auch Insolvenzverwalter) oder ausdrücklich Beauftragter und ist das Qualifikationsmerkmal nur bei dem Vertretenen erfüllt, so ist er gleichwohl für das S. strafrechtlich verantwortlich (§ 14 StGB). Bedeutsam im → Wirtschaftsstrafrecht, ebenso bei → Ordnungswidrigkeiten (§ 9 OWiG). Dem S. rechtsähnlich ist das *eigenständige Delikt (delictum sui generis),* d. i. ein Sonderfall gegenüber dem Grunddelikt, z. B. Tötung auf Verlangen (→ Tötung, I 3).

**Sondereigentum** → Wohnungseigentum.

**Sondererbfolge.** Das deutsche Erbrecht geht vom Grundsatz der *Gesamterbfolge* aus, d. h. vom unmittelbaren Anfall sämtlicher Nachlaßgegenstände und -verbindlichkeiten an den oder die Erben (Universalsukzession, § 1922 I BGB; → Erbfolge). Eine S. nur in einzelne Nachlaßgegenstände ist gesetzlich nur vereinzelt vorgesehen, z. B. in der → Höfeordnung (der Hof nebst Zubehör fällt dem Hoferben an). Besonderheiten gelten auch für die Übertragung des Mietrechts auf die Familienangehörigen des Erblassers (§ 569 a BGB; → Miete, 5 b) und für den Erwerb eines Gesellschaftsanteils an einer → offenen Handelsgesellschaft oder einer → Kommanditgesellschaft, wenn im Fall des Todes des Gesellschafters diese fortgeführt wird. Nach der Rspr. des BGH erwirbt hier der vom Erblasser bestimmte neue Gesellschafter den Gesellschaftsanteil ohne Beteiligung an der Erbengemeinschaft (Nachw. bei Palandt, BGB, § 1922 RdNrn. 15 ff.).

**Sondergericht** ist im Gegensatz zum → Ausnahmegericht ein Gericht mit einer allgemein festgelegten, aber auf eine besondere Materie beschränkten Zuständigkeit. Solche S.e sind zulässig und vereinzelt im Gesetz vorgesehen (vgl. § 14 GVG, z. B. → Schiffahrtsgerichte). Während der nat.soz. Zeit war S. die Bezeichnung für besondere durch VO vom 21. 3. 1933 (RGBl. I 136) eingerichtete Strafgerichte, deren Zuständigkeit sich auf die Aburteilung von politischen Straftaten und während des 2. Weltkrieges auf die mit dem Kriegszustand zusammenhängenden Delikte erstreckte; ihre Urteile waren unanfechtbar.

**Sondergut** → Gütergemeinschaft.

**Sonderinsolvenz.** Hierunter vesteht man ein → Insolvenzverfahren, das auf eine bestimmte, abgesonderte Vermögensmasse beschränkt ist. Eine S. ist z. B. das Insolvenzverfahren über eine → offene Handelsgesellschaft oder → Kommanditgesellschaft, über einen → Nachlaß (→ Nachlaßinsolvenzverfahren) oder über ein → Gesamtgut (→ Gütergemeinschaft, → fortgesetzte Gütergemeinschaft). Der Gegensatz zur S. ist das normale Insolvenzverfahren, das das gesamte Vermögen des Schuldners erfaßt.

**Sonderkartell** (Ministerkartell). Nach freiem Ermessen des Bundeswirtschaftsministers kann jedes → Kartell als S. zugelassen werden. Ist allerdings das S. geeignet, den Wirtschaftsverkehr zwischen den Mitgliedstaaten der EG „spürbar" zu beeinträchtigen, so ist zusätzlich eine Freistellung nach Art. 85 EWGV (→ FreistellungsVOen) erforderlich.

**Sondernachlaß** → Rabatt.

**Sondernutzung** (an öffentlichen Sachen). Will jemand eine ö. S. über den → Gemeingebrauch hinaus benützen (z. B. Verlegung von Kabeln entlang einer Straße; Stauanlagen an Gewässern; Aufstellen eines Verkaufs- od. Informationsstandes auf öffentl. Straße oder von Tischen auf dem öffentl. Gehsteig vor einer Gaststätte), so liegt eine S. vor, die nur auf Grund behördlicher Erlaubnis zulässig ist und für die Gebühren (→ Abgaben) erhoben werden können. S. kommen vor allem im Wasserrecht sowie im Straßen- und Wegerecht vor (vgl. z. B. § 8 BFernstraßenG). Nach den Straßengesetzen des Bundes und der meisten Länder kann das Recht zu Benutzungen, die zwar über den Gemeingebrauch hinausgehen, ihn aber nicht beeinträchtigen, auch privatrechtlich eingeräumt werden (z. B. durch Vermietung, Verpachtung).

**Sondernutzungsrechte** → Wohnungseigentum.

**Sonderopfer** → Enteignung; → Aufopferungsanspruch.

**Sonderpreis** → Rabatt.

**Sonderprüfung.** Bei einer Aktiengesellschaft findet auf Verlangen der → Hauptversammlung, das unter bestimmten Voraussetzungen auch von einer Minderheit gestellt werden kann, eine S. statt, um Vorgänge bei der Gründung oder Geschäftsführung der Gesellschaft zu prüfen. Zu diesem Zweck kann die Hauptversammlung mit einfacher Stimmenmehrheit Sonderprüfer bestellen (§ 142 AktG). Diese haben ähnliche Rechte und Pflichten wie die → Abschlußprüfer (§§ 144, 145 AktG). Ferner kann eine S. wegen unzulässiger Unterbewertung bestimmter Posten des → Jahresabschlusses sowie bei Mängeln des Lageberichts beantragt und vom Gericht angeordnet werden (§§ 258–261 AktG).

**Sonderrechte** → Verein (1), → Aktiengesellschaft (2).

**Sonderrechtsunfähigkeit** → Bestandteil.

**Sonderurlaub** → Urlaub, → Urlaub des Beamten, → Soldatenurlaubsverordnung.

**Sonderveranstaltungen** sind Verkaufsveranstaltungen im Einzelhandel, die außerhalb des regelmäßigen Geschäftsverkehrs stattfinden, der Beschleunigung des Warenabsatzes dienen und den Eindruck der Gewährung besonderer Kaufvorteile hervorrufen (§ 7 I UWG). Wer eine solche S. ankündigt oder durchführt, kann – soweit nicht ein → Schlußverkauf oder → Jubiläumsverkauf vorliegt – wegen → unlauteren Wettbewerbs auf Unterlassung in Anspruch genommen werden. Von den S. zu unterscheiden sind die wettbewerbsrechtlich grundsätzlich zulässigen *Sonderangebote* (lediglich hinsichtlich bestimmter Waren begrenzte günstige Preisgestaltung, § 7 II UWG) sowie der → Räumungsverkauf (Ausverkauf).

**Sondervermögen** ist ein → Vermögen, dem das Gesetz neben dem sonstigen Vermögen einer Person eine rechtliche Sonderstellung einräumt, ohne daß eine → juristische Person mit eigener Rechtspersönlichkeit besteht; so z. B. die verschiedenen Vermögensmassen bei der → Gütergemeinschaft, der nicht auseinandergesetzte → Nachlaß, das Vermögen einer → Gesamthandsgemeinschaft, insbes. einer → offenen Handelsgesellschaft usw. Abgesehen von den jeweiligen Sonderregelungen (meist Verfügungsbeschränkungen und Veräußerungsverbote zugunsten bestimmter Gläubiger, denen nur das S. haftet), unterliegt die rechtliche Behandlung keinen Besonderheiten; das S. steht insbes. seinem Rechtsträger wie jedes andere Vermögen zu. Im Interesse der Gläubiger gilt bei S. regelmäßig das Prinzip der dinglichen → *Surrogation*; d. h. aus dem S. ausscheidende Gegenstände werden automatisch durch andere, an deren Stelle haftende Gegenstände (Surrogate) ersetzt. S. bestehen auch im öffentlichen Recht; vgl. → Bundesbahn.

**Sonderverordnung** ist ein überholter Ausdruck für Vorschriften innerhalb eines „besonderen → Gewaltverhältnisses", z. B. Anstalts- oder Prüfungsordnungen. Nach heutiger Auffassung handelt es sich um Rechtsnormen (→ Verordnung oder → Satzung) oder um → Verwaltungsvorschriften.

**Sonderversorgungssysteme** (ehem. DDR) → Anspruchs- und Anwartschaftsüberleitungsgesetz, → Versorgungsruhensgesetz.

**Sonderverwahrung** → Depotgeschäft.

**Sondervotum** → Bundesverfassungsgericht.

**Sonderwege** sind nach § 41 II Nr. 5 StVO die besonders gekennzeichneten Reitwege (→ Reiter), → Radwege und → Gehwege.

**Sonderziehungsrechte** (SZR) bemessen die Quoten, nach denen sich gemäß Art. III der Satzung des Internationalen → Währungsfonds die Mitgliedschaftsrechte und -pflichten bestimmen. Sie werden nach volkswirtschaftlichen Kriterien bestimmt. Das System der SZR ersetzt nach der Demonetarisierung des → Goldes den auf Dollar/Goldbasis bezogenen Wechselkurs.

**Sonderzuschläge** (Beamtenbesoldung) → Dienstbezüge.

**Sonnabend** (Samstag), Fristablauf am –, → Frist.

**Sonntag,** Fristablauf am –, → Frist.

**Sonntagsarbeit** → Arbeitszeit.

**Sonntagsfahrverbot** → Lastkraftwagen.

**Sonntagsgewerbe.** Zum S. zählen Gewerbebetriebe, für die das grundsätzliche Verbot der Verpflichtung von Arbeitnehmern zur Sonntagsarbeit nicht besteht. Es sind dies nach § 105 i GewO → Gaststätten, Musikaufführungen, Schaustellungen, → theatralische Vorstellungen oder sonstige Lustbarkeiten sowie das Verkehrsgewerbe. S. im übrigen → Arbeitszeit.

**Sorben.** Slawische Volksgruppe (ca. 60 000) im Süden Brandenburgs und im Osten Sachsens. Die Minderheitenrechte sind in den Verfassungen von → Brandenburg und → Sachsen besonders geschützt. In Brandenburg gilt zudem ein besonderes Sorbengesetz. S. a. → Gerichtssprache.

**Sorgeerklärung** → elterliche Sorge.

**Sorgepflicht der Eltern.** Die S. entspricht dem elterlichen Sorgerecht. Über die zivilrechtlichen Folgen eines Verstoßes gegen die S. → elterliche Sorge; über mögliche Strafbarkeit vgl. Verletzung der → Aufsichtspflicht, → Obhutspflicht, → Vernachlässigen von Schutzbefohlenen, → Aussetzung Hilfloser, → Unterhaltspflichtverletzung.

**Sorgerecht der Eltern** → elterliche Sorge, → Personensorge, → Vermögenssorge, → Ehescheidung (3).

**Sorgfalt in eigenen Angelegenheiten** (diligentia quam in suis). Wer kraft Gesetzes oder Vertrags fremdes Vermögen zu verwalten hat, haftet nach manchen gesetzlichen Bestimmungen nur für die S., die er auch in eigenen Angelegenheiten anzuwenden pflegt. Es sind dies der → Vorerbe (§ 2131 BGB), die Eltern bei Ausübung der → elterlichen Sorge (§ 1664 BGB), die Ehegatten bei Erfüllung der Pflichten aus der → ehelichen Lebensgemeinschaft (§ 1359 BGB), der unentgeltliche Verwahrer (§ 690 BGB, → Verwahrung) und der Gesellschafter (§ 708 BGB, → Gesellschaft). Diese Haftungserleichterung befreit jedoch nicht von der Haftung wegen *grober* → Fahrlässigkeit (§ 277 BGB).

**Sortenschutz** ist nach dem Ges. i. d. F. vom 19. 12. 1997 (BGBl. I 3164) m. Änd. ein dem → Patent ähnlicher Schutz der Erfindung von Pflanzensorten (zum Verfahren s. VO vom 30. 12. 1985, BGBl. 1986 I 23). S. a. → Produktpiraterie.

**SOS-Zeichen** → Seeschiffahrt.

**Souveränität.** Auf Jean Bodin (1530–1596) zurückgehender Begriff des Staats- und Völkerrechts, der im Lauf der Geschichte in verschiedenem Sinne verstanden wurde und auch heute noch vieldeutig ist. Meist wird darunter eine Eigenschaft des Staates verstanden, derzufolge diesem die höchste Entscheidungsgewalt auf seinem Hoheitsgebiet zukommt. In diesem Sinne schließt die S. eines Staates die Unabhängigkeit von anderen Staaten ein. Im Hinblick darauf, daß sich eine Vielzahl von Staaten in jüngerer Zeit weitgehenden Beschränkungen ihrer Hoheitsgewalt in politischer, militärischer und wirtschaftlicher Hinsicht unterworfen hat, neigt die neuere Lehre teilweise dazu, den Begriff der S. nicht mehr zu verwenden (→ Völkerrechtssubjekte). Im klassischen Sinne hat die BRep. Deutschland durch die → Abschließende Erklärung in bezug auf Deutschland die nach dem 2. Weltkrieg verlorene volle S. wiedererlangt. Vgl. auch → Suzeränität.

**Sowjetische Besatzungszone** (SBZ). In dem der ehem. UdSSR gemäß alliierter Vereinbarung als B. überlassenen Gebiet Deutschlands wurde mit der am 7. 10. 1949 in Kraft getretenen Verfassung die → Deutsche Demokratische Republik konstituiert.

**Sozialadäquates Verhalten** → soziale Adäquanz.

**Sozialbeirat** ist ein Gremium, das insbes. die Aufgabe hat, jährlich bis zum 31. 7. zum → Rentenversicherungsbericht der BReg. Stellung zu nehmen. Der S. besteht aus je vier Vertretern der Versicherten und der Arbeitgeber, drei Vertretern der Sozial- und Wirtschaftswissenschaften und einem Vertreter der Bundesbank. §§ 155, 156 SGB VI.

**Sozialbericht** → Rentenversicherungsbericht.

**Sozialbindung des Eigentums** → Eigentum.

**Sozialdaten** sind Einzelangaben über die persönlichen oder sachlichen Verhältnisse einer bestimmten oder bestimmbaren natürlichen Person (Betroffener), die von einem Sozialleistungsträger im Hinblick auf seine Aufgaben nach dem Sozialgesetzbuch erhoben, verarbeitet oder genutzt werden (§ 67 SGB X). Die Erhebung, Verarbeitung und Nutzung von Sozialdaten unterliegt dem → Sozialgeheimnis (§ 35 II SGB I; §§ 402 f. SGB III; §§ 284 ff. SGB V; § 274 b SGB VI; §§ 199 ff. SGB VII; §§ 93 ff. SGB XI).

**Sozialdumping** ist eine eher polemische Begriffsbildung, die niedrigere Preise von eingeführten Waren auf geringere soziale Leistungen zurückführt; s. a. → Entsenderichtlinie.

**Soziale Adäquanz** im Strafrecht → Handlungsbegriff, → Rechtswidrigkeit. Im Arbeitsrecht ist s. A. Voraussetzung für die Rechtmäßigkeit eines → Arbeitskampfes. Nach der Rspr. des BAG ist ein Streik dann sozial adäquat, wenn er um Arbeitsbedingungen geführt wird, die dem geltenden Tarifvertragsrecht entsprechen, und nicht Ziele verfolgt, die von der Rechtsordnung unmittelbar oder mittelbar mißbilligt werden (nicht sozial adäquat ist z. B. ein Streik, der die Bundesregierung zu einem bestimmten politischen Verhalten zwingen soll). Zur Zulässigkeit des Warnstreiks → Streik.

**Soziale Entschädigung bei Gesundheitsschäden.** Die bisherige → Kriegsopferversorgung wird im Rahmen des → Sozialgesetzbuchs weiterentwickelt zum Recht der s. E. b. G. und auf weitere Schadensfälle erstreckt

(z. B. auf → Impfschäden, Opfer von → Gewalttaten). § 5 SGB I.

**Soziale Fürsorge** ist i. w. S. die umfassende Bezeichnung für alle Maßnahmen, die darauf gerichtet sind, nach dem Gebot des Art. 20 I GG die BRep. zu einem „sozialen" Bundesstaat zu gestalten; i. e. S. hat sie früher die soziale Hilfe bezeichnet, die aus öffentlichen Mitteln gewährt wird (→ Sozialhilfe).

**Soziale Indikation** → Schwangerschaftsabbruch.

**Soziale Kranken-, Rentenversicherung** usw. → Sozialversicherung, → Krankenversicherung, → Unfallversicherung, → Rentenversicherung, → Pflegeversicherung, → Arbeitsförderung.

**Soziale Marktwirtschaft** → Marktwirtschaft.

**Soziale Rechte** → Sozialgesetzbuch.

**Sozialer Rechtsstaat** → Sozialstaat.

**Sozialer Wohnungsbau.** Trotz des Abbaus der Wohnungszwangswirtschaft (→ Miete, 1 b) gelten für die im Rahmen des s. W. errichteten neugeschaffenen, öffentlich geförderten Wohnungen (sog. Sozialwohnungen) auf Grund des Wohnungsbindungsgesetzes i. d. F. vom 19. 8. 1994 (BGBl. I 2166) weiterhin Sondervorschriften. Neugeschaffen sind Wohnungen, die durch Neubau oder Wiederaufbau beschädigter oder zerstörter Gebäude errichtet und nach dem 20. 6. 1948 bezugsfertig wurden oder werden. Öffentlich gefördert sind Wohnungen, die mit öffentlichen Mitteln – öffentliche Baudarlehen, Zinszuschüsse – errichtet wurden (→ Wohnungsbau). Die Sozialwohnungen werden behördlich erfaßt; sie sollen nur an Mieter abgegeben werden, die zu dem nach dem Gesetz geschützten, berechtigten Personenkreis (geringes Einkommen, große Familie) gehören. *Zweckentfremdung* bedarf der Zustimmung des Wohnungsamts. Die Länder können Sondervorschriften gegen die Zweckentfremdung erlassen (vgl. die Zusammenstellung b. Schönfelder, Dt. Gesetze, Anm. vor § 535 BGB); ob bloßes Leerstehenlassen einer Wohnung eine Zweckentfremdung darstellt, ist bestr. (vgl. OLG Düsseldorf, NJW 1981, 2312 m. Nachw.). Zur sog. *Fehlbelegungsabgabe* s. Ges. zum Abbau der Fehlsubventionierung im Wohnungswesen i. d. F. vom 19. 8. 1994 (BGBl. I 2180); anwendbar in Gemeinden, in denen die Kostenmiete – s. u. – die ortsübliche nicht preisgebundene Miete erheblich unterschreitet. Bei Umwandlung einer Sozial- in eine Eigentumswohnung besteht ein → Vorkaufsrecht des Mieters; auch kann sich ein Dritterwerber gegenüber dem Mieter grundsätzl. nicht auf Eigenbedarf (→ Miete, 5 c) berufen, solange die öffentliche Förderung dauert. Besonderheiten gelten bei vorzeitiger Ablösung der öffentlichen Mittel.

Die Miete einer S.wohnung darf die *Kostenmiete* nicht überschreiten d. h. das Entgelt, das zur Deckung der laufenden Aufwendungen für den Durchschnitt der jeweiligen Wirtschaftseinheit erforderlich ist *(Durchschnittsmiete);* die Kostenmiete ist auf Grund einer Wirtschaftlichkeitsberechnung festzustellen, in der die Grundstücks-, Bau-, Finanzierungs- und Bewirtschaftungskosten berücksichtigt werden. Sind die öffentlichen Mittel ohne Wirtschaftlichkeitsberechnung bewilligt worden, so tritt an Stelle der Kostenmiete die für öffentlich geförderte Wohnungen vergleichbare Miete *(Vergleichsmiete).* Der Vermieter kann die Miete einseitig durch Erklärung unter Beifügung einer Wirtschaftlichkeitsberechnung bis höchstens zur Kostenmiete erhöhen; der Mieter hat dann das Recht zu einer vorzeitigen Kündigung mit einer Frist von 2 Monaten. Nach dem WohnungsbauÄndG 1968 (BGBl. I 821) besteht die Möglichkeit, eine höhere Verzinsung der öffentlichen Mittel zu fordern; in diesem Fall kann der Vermieter gleichfalls – ohne Beigabe weiterer Unterlagen – die Miete im zulässigen Rahmen (Kostenmiete) erhöhen (§§ 18 a ff. WoBindG). Einzelheiten der Mietpreisberechnung regeln die NeubaumietenVO – NMV – und die Zweite BerechnungsVO – II. BV –, beide i. d. F. vom 12. 10. 1990 (BGBl. I 2178, 2203 m. Änd. vom 13. 7. 1992, BGBl. I 1250, und vom 23. 7. 1996, BGBl. I 1167). S. ferner → Wohngeld, → Wohnungsbau.

**Soziales Jahr.** Wer zwischen dem 17. u. 27. Lebensjahr 12 Monate eine ganztägige pflegerische, erzieherische oder hauswirtschaftliche Hilfstätigkeit in Einrichtungen der Wohlfahrts- (auch Jugend-) oder Gesundheitspflege (Krankenhaus o. dgl.) leistet und hierfür nur Unterkunft, Verpflegung, Arbeitskleidung und Taschengeld bezieht, erhält hierüber eine Bescheinigung auf Grund des Ges. zur Förderung eines freiwilligen s. J. vom 17. 8. 1964 (BGBl. I 640) m. Änd. Die Ableistung des s. J. hat Vergünstigungen in verschiedenen Bereichen insbes. des Sozialrechts zur Folge. Ähnliche Regelungen enthält das Ges. zur Förderung eines freiwilligen ökologischen Jahres vom 17. 12. 1993 (BGBl. I 2118).

**Soziales Mietrecht** → Miete (5 c), → Mieterschutz, → Mietpreisbindung; s. a. → Sozialer Wohnungsbau.

**Sozialgeheimnis.** Jeder Betroffene hat einen Anspruch darauf, daß die ihn betreffenden → Sozialdaten von den Leistungsträgern nicht unbefugt erhoben, verarbeitet oder genutzt werden. Die Wahrung des S. umfaßt die Verpflichtung, auch innerhalb des Sozialleistungsträgers sicherzustellen, daß die Sozialdaten nur Befugten zugänglich sind oder nur an diese weitergegeben werden (§ 35 I SGB I).

Die Zulässigkeit der Erhebung, Verarbeitung und Nutzung von Sozialdaten für Aufgaben der Polizeibehörden und StA und Gerichte, für die Erfüllung sozialer Aufgaben, für die Durchführung des Arbeitsschutzes, für die Erfüllung besonderer gesetzlicher Pflichten, z. B. zur Abwendung geplanter Straftaten, für den Schutz der inneren und äußeren Sicherheit, bei Verletzung der Unterhaltspflicht und beim Versorgungsausgleich sowie für die Forschung und Planung ist im einzelnen geregelt in den §§ 67 ff. SGB X. Daneben bestehen Sonderregelungen für die verschiedenen Sozialleistungsbereiche (vgl. → Arbeitsförderung §§ 402 f. SGB III, → Krankenversicherung §§ 284 SGB V, → Rentenversicherung § 274 b SGB VI, → Unfallversicherung §§ 199 ff. SGB VII, → Pflegeversicherung §§ 93 ff. SGB XI).

**Sozialgericht.** Die S. sind die Landesgerichte der → Sozialgerichtsbarkeit zur Entscheidung im ersten Rechtszug über alle Streitigkeiten, für die der Rechtsweg in diesem Gerichtszweig offen steht. Kammern mit einem Berufsrichter als Vorsitzendem und zwei → ehrenamtlichen Richtern. Kein Vertretungszwang. Die allgemeine Dienstaufsicht übt die Landesregierung oder die von ihr beauftragte Stelle aus. §§ 7 ff. SGG.

**Sozialgerichtsbarkeit.** Besonderer Verwaltungsgerichtszweig für Entscheidungen über öffentlich-rechtliche Streitigkeiten in Angelegenheiten der → Sozialversicherung, der → Arbeitsförderung und der → Kriegsopferversorgung. Desweiteren entscheiden die Sozialgerichte über Streitigkeiten aufgrund der Beziehungen zwischen → Kassenärzte (Kassenzahnärzten), → Krankenhäusern und → Krankenkassen einschließlich ihrer Vereinigungen sowie über Streitigkeiten aufgrund von Entscheidungen der gemeinsamen Gremien von Leistungserbringern des Gesundheitswesens und Krankenkassen (§ 51 I und II SGG). Aufgrund von Sonderzuweisungen entscheiden die Sozialgerichte schließlich unter anderem auch über Streitigkeiten nach dem → Soldatenversorgungsgesetz, dem Gesetz über den → Bundesgrenzschutz, dem Gesetz über den → Zivildienst, dem Bundesseuchengesetz (→ übertragbare Krankheiten), dem Gesetz über die Entschädigung von Opfern von → Gewalttaten und dem Kindergeldrecht (§ 51 I und IV SGG in Verbindung mit § 88 V SVG, § 51 I BGSG, § 51 III ZDG, § 61 II BSeuchenG, § 7 OEG). Es bestehen drei Rechtszüge (§ 2 SGG): → Sozialgericht (Klage), → Landessozialgericht (Berufung, Beschwerde), → Bundessozialgericht (Revision; für bestimmte Klagen auch erste Instanz). Kammern und Senate mit Berufs- und Laienrichtern. Der Rechtsschutz wird auf Klage gewährt, mit der die Aufhebung oder Abänderung eines Verwaltungsaktes, daneben auch die Gewährung der durch den Verwaltungsakt abgelehnten Leistung, oder die Verurteilung zum Erlaß eines abgelehnten oder unterlassenen Verwaltungsakts beantragt werden kann. (Für Beitragsansprüche von Unternehmen der privaten → Pflegeversicherung kann auch ein → Mahnverfahren vorausgehen, § 182 a SGG). Auch auf Feststellung des Bestehens oder Nichtbestehens eines Rechtsverhältnisses, der Zuständigkeit eines bestimmten Sozialversicherungsträgers, der Nichtigkeit eines Verwaltungsakts sowie auf Feststellung, ob eine Gesundheitsstörung oder der Tod die Folge eines → Arbeitsunfalls, einer → Berufskrankheit oder einer Schädigung i. S. des → Bundesversorgungsgesetzes ist, kann geklagt werden, wenn der Kläger ein berechtigtes Interesse an der Feststellung hat (§§ 53 ff. SGG). Aufschiebende Wirkung hat die Klage nur bei Kapitalabfindung, bei Rückforderung von Leistungen, bei Nichtigkeitsfeststellung sowie bei Aufhebung einer Entscheidung über Zulassung eines → Kassen (Zahn)arztes, Anfechtung der Amtsenthebung von Mitgliedern der Selbstverwaltungsorgane oder von Geschäftsführern, bei Anfechtung einer aufsichtlichen Entscheidung, durch die ein Versicherungsträger zur Aufhebung einer Rechtsverletzung verpflichtet wurde, sofern nicht deren sofortige Vollziehung angeordnet ist (§ 97 SGG). Bei Anfechtung eines Verwaltungsakts über Herabsetzung oder Entziehung einer laufenden Leistung kann das Gericht auf Antrag dessen Vollzug einstweilen ganz oder teilweise aussetzen; bei Zulassungssachen und bei Aufsichtsentscheidungen kann das Gericht auf Antrag die Vollziehung anordnen oder sie aussetzen. Das Verfahren wird von Amts wegen betrieben, der Sachverhalt von Amts wegen erforscht (§ 103 SGG). In bestimmten Fällen geht der Klage ein Verwaltungsvorverfahren voraus, das durch Erhebung des Widerspruchs eingeleitet wird (§§ 78 ff. SGG). Das Gericht entscheidet durch → Urteil oder – ohne mündliche Verhandlung nach vorheriger Anhörung – durch → Gerichtsbescheid (§ 105 SGG). Vorverfahren und Gerichtsverfahren sind grundsätzlich kostenfrei; nur die Körperschaften und Anstalten des öffentlichen Rechts müssen für jede Streitsache, an der sie beteiligt sind, eine Gebühr entrichten (§§ 183 ff. SGG). Ergänzend gelten GVG und ZPO (§ 202 SGG). S. auch → Beisitzer (bei Gerichten).

**Sozialgesetzbuch.** Das SGB soll die wichtigsten Sozialgesetze und die sich aus ihnen ergebenden sozialen Rechte zusammenfassen. Bis jetzt sind in Kraft: I. Allgemeiner Teil, III. Arbeitsförderung, IV. Sozialversicherung – Gemeinsame Vorschriften, V. Gesetzliche Krankenversicherung, VI. Gesetzliche Rentenversicherung, VII. Gesetzliche Unfallversicherung, VIII. Kinder- und Jugendhilfe, X. Verwaltungsverfahren, Schutz der Sozialdaten, Zusammenarbeit der Leistungsträger und ihre Beziehungen zu Dritten, XI. Soziale Pflegeversicherung.

**Sozialhilfe** besteht in Hilfeleistungen des Staates oder besonderer Rechtsträger für Personen in einer Notlage, die ihnen die Führung eines menschenwürdigen Lebens nicht ermöglicht und die sie durch eigene Mittel und Kräfte nicht beheben können. Verpflichtungen anderer (z. B. aus der Sozialversicherung oder Versorgung oder Unterhaltspflichten) gehen vor. Die S. besteht in Hilfe zum Lebensunterhalt, die i. d. R. in bar (→ Regelsätze) zur Deckung des notwendigen Bedarfs an Ernährung, Unterkunft, Körperpflege, Hausrat, Heizung, persönlichen Bedürfnissen des täglichen Lebens einschl. der Beziehungen zur Umwelt und der Teilnahme am kulturellen Leben gewährt wird; auch Beiträge zur → Krankenversicherung und die Kosten für eine angemessene Alterssicherung können übernommen werden. Die S. gewährt ferner Hilfe in besonderen Lebenslagen: Hilfe zum Aufbau oder zur Sicherung der Lebensgrundlage, vorbeugende Gesundheitshilfe (insbes. Erholung), Krankenhilfe und Hilfe bei der Familienplanung, → Mutterschaftshilfe, → Eingliederungshilfe für Behinderte, → Blindenhilfe, Hilfe zur Pflege, zur Weiterführung des Haushalts und für Gefährdete, → Altenhilfe und Hilfe für Deutsche im Ausland (→ Auslandsaufenthalt und Sozialhilfe). Auch Ausländer können S. erhalten (→ Ausländer und Sozialhilfe). Auf die Mehrzahl der Leistungen besteht Rechtsanspruch. Die Durchführung obliegt örtlichen und überörtlichen → Sozialhilfeträgern in enger Zusammenarbeit mit den Verbänden der → freien Wohlfahrtspflege. Vgl. Bundessozialhilfegesetz – BSHG – i. d. F. vom 23. 3. 1994 (BGBl. I 646) m. spät. Änd. sowie – z. T. spät. geänd. – ergänzende VOen insbes. vom 20. 7. 1962

(BGBl. I 515) – Regelsätze –, vom 28. 11. 1962 (BGBl. I 692) – Berechnung der Einkünfte –, vom 14. 6. 1974 (BGBl. I 1292), vom 1. 2. 1975 (BGBl. I 433) – Eingliederungshilfe für Behinderte –, vom 28. 6. 1974 (BGBl. I 1365) – Schwerstbehinderte –, vom 9. 6. 1976 (BGBl. I 1469) – Hilfe bei besonderen sozialen Schwierigkeiten –, vom 12. 5. 1975 (BGBl. I 1109) – größere orthopädische Hilfsmittel –, vom 11. 12. 1988 (BGBl. I 150) betr. Vermögenseinsatz und vom 18. 7. 1995 (BGBl. I 950) betr. Geldleistungen nach dem BSHG in den neuen Ländern; §§ 17, 28 SGB I.

**Sozialhilfeträger.** Örtliche S. sind die kreisfreien Städte und die Landkreise; sie führen die → Sozialhilfe als Selbstverwaltungsangelegenheit durch. Die örtliche Zuständigkeit richtet sich nach dem tatsächlichen Aufenthalt des Hilfesuchenden. Der örtl. S. ist sachlich zuständig, soweit nicht § 100 BSHG oder Landesrecht die Aufgabe den überörtlichen S. zuweist. Diese werden von den Ländern bestimmt. Sie sind sachlich zuständig insbes. für stationäre Betreuung von Geisteskranken, Personen mit einer sonstigen geistigen Behinderung oder Störung, Anfalls- und Suchtkranken, für die Versorgung Behinderter mit Prothesen usw., für die → Blindenhilfe sowie für die Ausbildungshilfe für Behinderte zum Hochschulbesuch. Üö. S. sind staatliche Behörden oder kommunale Selbstverwaltungskörperschaften. §§ 96–102 BSHG.

**Sozialisierung.** Grund und Boden, Naturschätze und Produktionsmittel können zum Zwecke der Vergesellschaftung durch ein Gesetz, das Art und Ausmaß der Entschädigung regelt, in Gemeineigentum oder andere Formen der Gemeinwirtschaft überführt werden (Art. 15 GG). Ähnliche Vorschriften finden sich auch in Landesverfassungen. Nach Art. 160 II Bayer. Verfassung können Produktionsmittel, Großbanken und Versicherungsunternehmen in Gemeineigentum überführt werden, wenn die Rücksicht auf die Gesamtheit es erfordert. Diese Vorschriften haben in der Verfassungswirklichkeit derzeit keine Bedeutung. S. a. → Vergesellschaftung.

**Sozialismus** ist in der BRep. kein *gesetzlicher* Begriff (im Gegensatz zu den früher sozialistischen Ländern, wo er häufig gleichbedeutend mit → Kommunismus in dessen jeweiliger Ausprägung verwendet wurde). *Politisch* umfaßt er z. T. sehr unterschiedliche Staats- und Gesellschaftsmodelle, denen u. a. der mehr oder weniger ausgeprägte Gedanke des Abbaus sozialer Schranken und der Beschränkung oder Beseitigung wirtschaftlicher Macht in privater Hand (→ Sozialisierung, Kommunalisierung) eigen ist. Organisatorisch reichen die Modelle von der parlamentarischen Demokratie westlicher Prägung mit starker Betonung des sozialen Gedankens („Demokratischer S.") bis zu verschiedenen Formen des → Rätesystems und zum kommunistischen Staat.

**Sozialistengesetz** wird das unter Bismarck erlassene Ges. gegen die gemeingefährlichen Bestrebungen der Sozialdemokratie vom 21. 8. 1878 (RGBl. 351) genannt. Es ordnete die Auflösung aller sozialdemokratischen und sonstigen sozialistischen Vereinigungen an, die auf den „Umsturz" der damals bestehenden Staats- und Gesellschaftsordnung hinarbeiteten. Nicht verbotene Vereinigungen dieser Richtung, insbes. wirtschaftliche Vereine, wurden einer strengen Kontrolle unterstellt. Versammlungen unterlagen der Auflösung; Propagandaschriften und das Sammeln von Beiträgen waren verboten. Das S. war ein → Ausnahmegesetz, das die Unterdrükkung der aufkommenden sozialistischen Bewegungen bezweckte, deren Anhänger aber erst recht in die Opposition trieb, so daß die verbotenen Gruppen zunehmend erstarkten. Die Reichsregierung ließ das Gesetz daher mit dem 30. 9. 1890 auslaufen.

**Sozialklausel** → Miete (5 c), → Mietgericht.

**Sozialleistungen** → Sozialgesetzbuch, → Mißbrauch von S.

**Sozialpartner** werden die an arbeitsrechtlichen Kollektivvereinbarungen (→ Arbeitsrecht) beteiligten → Arbeitgeberverbände und → Gewerkschaften einschl. ihrer Spitzenorganisationen genannt.

**Sozialplan** ist eine Vereinbarung zwischen Unternehmer und → Betriebsrat, die einen Interessenausgleich oder die Milderung wirtschaftlicher Nachteile, die den Arbeitnehmern infolge einer geplanten Betriebsänderung (auch Stilllegung) entstehen, zum Inhalt hat (§ 112 BetrVG). Der S. hat die Wirkung einer → Betriebsvereinbarung. Die Mitwirkung an der Erstellung des S. ist eine Form der → Mitbestimmung der Arbeitnehmer. In einem nach Eröffnung des → Insolvenzverfahrens aufgestellten S. kann für den Ausgleich oder die Milderung der wirtschaftlichen Nachteile, die den Arbeitnehmern infolge einer geplanten Betriebsänderung entstehen, ein Gesamtbetrag von bis zu 2½ Monatsverdiensten der von der Entlassung betroffenen Arbeitnehmer vorgesehen werden. Die Verbindlichkeiten aus einem solchen S. sind Masseverbindlichkeiten (→ Insolvenzmasse, § 123 InsO). Ein S., der vorher, jedoch nicht früher als 3 Monate vor dem Eröffnungsantrag aufgestellt worden ist, kann sowohl von Insolvenzverwalter als auch vom Betriebsrat widerrufen werden (§ 124 InsO).

**Sozialrat** (Wirtschafts- und Sozialrat) → Vereinte Nationen (2).

**Sozialrecht** umfaßt den Rechtsbereich des → Sozialgesetzbuchs, ferner das Recht der → Aussiedler, → Flüchtlinge, → Heimkehrer, → Kriegsgefangenenentschädigung, den → Lastenausgleich u. a. S. ferner im Anhang: Übersicht über die Sozialversicherung.

**Sozialrente** ist die allgemeine Bezeichnung für Renten aus der → Sozialversicherung.

**Sozialstaat** wird ein Staat genannt, der dem Postulat der sozialen Gerechtigkeit in Gesetzgebung, Verwaltung und Rechtsprechung möglichst weitgehend nachzukommen sucht. Ziel des S. ist es danach, größere soziale Unterschiede innerhalb der Gesellschaft abzubauen und jeder Bevölkerungsgruppe einen angemessenen Lebensstandard zu sichern. Die BRep. ist nach Art. 20, 28 GG ein sozialer Rechtsstaat und bekennt sich damit zu den Prinzipien des S. (ähnlich z. T. die Verfassungen der Länder). Das S.prinzip (als Staatszielbestimmung, → Verfassung) kommt im GG in der Garantie der → Koalitionsfreiheit, der freien → Berufswahl, in der Verpflichtung zum gemeinnützigen Gebrauch des → Eigentums und in der vorgesehenen Möglichkeit der Enteignung von Boden, Naturschätzen und Produktionsmitteln zum Zweck der → Vergesellschaftung (→ Sozialisierung) zum Ausdruck. Darüber hinaus beeinflußt das S.prinzip die Auslegung der Gesetze, begrenzt die individuellen Freiheitsrechte und ist Motiv für zahlreiche durchgeführte oder erwogene gesetzgeberische Maßnahmen (→ Sozialhilfe, → Sozialversicherung, Gleichheit der Bildungschancen, Steuergerechtigkeit, Vermögensbildung in Arbeitnehmerhand, Mitbestimmung usw.).

**Sozialtherapeuthische Anstalt** → Maßregeln der Besserung und Sicherung (7).

**Sozialtypisches Verhalten** → Schuldverhältnis.

**Sozialversicherung** ist die gesetzliche Zwangsversicherung mit dem Ziel der Leistungsgewährung insbes. bei Krankheit, Arbeitsunfall, Berufskrankheit, Berufs- und Erwerbsunfähigkeit, Mutterschaft, Pflegebedürftigkeit, Alter und Tod. Die Mittel werden durch Beiträge der Arbeitgeber und Versicherten sowie durch Zuschüsse des Bundes aufgebracht. Die Leistungen sind nicht von der Bedürftigkeit des Berechtigten abhängig. Versicherungszweige: → Krankenversicherung, → Unfallversicherung, → Rentenversicherung, → Pflegeversicherung. Ferner gehören zur S. i. w. S. die → Arbeitsförderung und auch die → Alterssicherung der Landwirte. Rechtsgrundlagen sind das Sozialgesetzbuch (SGB I, III–VII, XI), die Reichsversicherungsordnung (RVO), das Fremdrentengesetz (FRG), das Ges. über die Alterssicherung der Landwirte (ALG), das Gesetz über die Krankenversicherung der Landwirte (KVLG, KVLG 1989), das Gesetz über die Sozialversicherung Behinderter und das Künstlersozialversicherungsgesetz (KSVG). Durch supranationales Recht (EG) und internat. Abkommen kann die Sozialversicherung ausländischer Staatsangehöriger in der BRep. und deutscher Staatsangehöriger im Ausland unter Wahrung der Gegenseitigkeit abweichend von den deutschen Sozialversicherungsgesetzen geregelt werden. Für die Mitgliedstaaten der EWG → Wanderversicherung. Ferner sind bilaterale Abkommen, hauptsächlich die Sozialversicherung der Gastarbeiter betreffend, mit vielen europäischen Staaten abgeschlossen worden. → Europäische Ordnung der sozialen Sicherheit.

**Sozialversicherungsausweis.** Jeder Versicherte der gesetzlichen Sozialversicherung soll einen S. erhalten. Der S. soll u. a. enthalten die Personendaten und die Versicherungsnummer. Ausgestellt vom zuständigen Rentenversicherungsträger. §§ 95–101 SGB IV; 2. DatenerfassungsVO; SozialversicherungsausweisVO vom 25. 7. 1990 (BGBl. I 1706 m. spät. Änd.).

**Sozialversicherungsbeiträge.** Die Beiträge der Arbeitgeber und Arbeitnehmer zur → Sozialversicherung sind in der → Krankenversicherung, der → Rentenversicherung, der sozialen → Pflegeversicherung und der → Arbeitslosenversicherung grundsätzlich gleich hoch, während die Beiträge in der → Unfallversicherung vom Arbeitgeber allein zu tragen sind (§ 346 SGB III, § 249 SGB V, §§ 168 ff. SGB VI, § 150 SGB VII, §§ 54 ff. SGB XI). Sie werden in der Krankenversicherung durch die Satzung der → Krankenkasse, in der Unfallversicherung durch die Satzung und durch den Vorstand des Versicherungsträgers festgesetzt, in der Rentenversicherung durch Verordnung, in den übrigen Versicherungszweigen durch Gesetz, wobei in der → Arbeitslosenversicherung Beitragssenkung durch VO möglich ist (§ 352 SGB III, § 220 SGB V, § 160 SGB VI, §§ 152 ff. SGB VII, § 55 SGB XI). Für die knappschaftliche Rentenversicherung, die → Künstlersozialversicherung und die → Alterssicherung der Landwirte gelten Besonderheiten. In der → Knappschaftsversicherung tragen die Arbeitgeber mehr als 50% der Beiträge. In der → Künstlersozialversicherung werden die Beiträge von den Versicherten und den Verwertern aufgebracht. Der Bund leistet Zuschüsse zur Rentenversicherung, zur Künstlersozialversicherung und zur Knappschaftsversicherung. Die Beiträge zur → Alterssicherung der Landwirte und → Krankenversicherung der Landwirte werden von diesen aufgebracht; der Bund leistet Zuschüsse. §§ 66 ff. ALG.

**Sozialversicherungsträger** sind Selbstverwaltungskörperschaften des öffentlichen Rechts, Behörden oder Kommunalverbände. Organe der Selbstverwaltung sind die i. d. R. von den Versicherten und den Arbeitgebern gewählte Vertreterversammlung und der von ihr bestellte Vorstand, i. d. R. paritätisch besetzt mit Vertretern der Sozialpartner; bei der → Bundesanstalt für Arbeit der Verwaltungsrat und der Vorstand sowie bei den Landesarbeitsämtern und den Arbeitsämtern die Verwaltungsausschüsse.

Es bestehen folgende S.: → Krankenkassen (Orts-, Betriebs- und Innungskrankenkassen, See-Krankenkasse, landwirtschaftliche Krankenkassen, Bundesknappschaft, Ersatzkassen), → Landesversicherungsanstalten, → Bahnversicherungsanstalt, → Seekasse, → Bundesversicherungsanstalt für Angestellte, → Berufsgenossenschaften, → Eisenbahn-Unfallkasse, → Unfallkasse Post und Telekom, → Unfallkassen der Länder, Gemeindeunfallversicherungsverbände und → Unfallkassen der Gemeinden, → Feuerwehrunfallkassen, → Pflegekassen, → See-Pflegekasse, → landwirtschaftliche Alterskassen, → Bundesknappschaft.

Die Landesverbände der Orts-, Betriebs- und Innungskrankenkassen und die landw. Krankenkassen bilden je einen Bundesverband, die → Alterskassen einen Gesamtverband, die Kassenärztl. Vereinigungen (→ Kassenarzt) je eine Bundesvereinigung. Sie sind Körperschaften des öffentl. Rechts. §§ 207–219 SGB V; §§ 34–36 KVLG 1989. § 53 ALG. Der Verband Deutscher Rentenversicherungsträger, der Hauptverband der gewerbl. → Berufsgenossenschaften, der Bundesverband der landw. Berufsgenossenschaften und die Bundesarbeitsgemeinschaft der → Gemeindeunfallversicherungsverbände sind eingetragene Vereine zur Wahrnehmung gemeinsamer Aufgaben und Interessen dieser Träger.

**Sozialwahlen** werden die Wahlen zu den → Vertreterversammlungen der Träger der → Sozialversicherung sowie von Versichertenältesten und Vertrauensmännern genannt. Sie sind frei und geheim. Sie finden alle 6 Jahre auf Grund von Vorschlägen der Gewerkschaften und von selbständigen Arbeitnehmervereinigungen mit sozial- oder berufspolitischer Zwecksetzung sowie von Arbeitgebervereinigungen nach den Grundsätzen der Verhältniswahl statt. Ihre Durchführung obliegt dem Bundeswahlbeauftragten, den Landeswahlbeauftragten und dem → Versicherungsamt (§§ 45 ff. SGB IV). WahlO für die Sozialversicherung – SVWO – i. d. F. vom 28. 7. 1997 (BGBl. I 1946).

**Sozialwohnung** → Sozialer Wohnungsbau.

**Sozialwucher** → Wucher (2).

**Sozialzuschlag.** In den neuen Ländern wurde ein S. zu den bis 31. 12. 1991 entstandenen Leistungen der → Rentenversicherung, → Unfallversicherung und → Arbeitslosenversicherung eingeführt, wenn sie einen bestimmten Mindestbetrag nicht erreichten. Kap. VII Art. 30 Abs. 3 des Einigungsvertrags (BGBl. II 1990, 897).

**Sozietät** ist ein Zusammenschluß in Form einer Gesellschaft oder Gemeinschaft (z. B. mehrere Ärzte in einer Gemeinschaftspraxis). Insbes. nennt man S. die Vereinigung mehrerer → Rechtsanwälte untereinander oder mit Angehörigen anderer freier Berufe (z. B. → Patentanwalt, → Wirtschaftsprüfer, → Steuerberater, § 59 a BRAO) zu einer → Gesellschaft des bürgerlichen Rechts. Ein Anwaltsvertrag kommt dann regelmäßig mit allen in der S. verbundenen Anwälten, die als → Gesamtschuldner haften (Beschränkung auf das die Sache bearbeitende Mitglied der S. ist zulässig, § 51 a II BRAO), zustande (anders bei bloßer Bürogemeinschaft). Darüber hinaus können sich Angehörige freier Berufe auch zu einer → Partnerschaftsgesellschaft zusammenschließen (s. dort auch zur GmbH für freie Berufe).

**Soziusfahrer.** Der Mitfahrer auf einem Kraftrad ist → Verkehrsteilnehmer i. S. des § 1 StVO, weil er unmittelbar am Verkehrsvorgang beteiligt ist und den Fahrzeugführer durch Zeichengeben usw. unterstützt. Auch den S. trifft daher die Pflicht, Schädigung oder Gefährdung anderer Verkehrsteilnehmer zu vermeiden. Er darf am Verkehr nur teilnehmen, wenn er sich sicher darin bewegen kann (§ 2 StVZO). Bei Verstoß gegen Verkehrspflichten kann der S. – ähnlich dem → Beifahrer – zivil- und strafrechtlich verantwortlich sein. S. a. → Gefälligkeitsfahrt, → Schutzhelm.

**Spaltung einer Kapitalgesellschaft** → Umwandlung (I 3).

**Spannungsfall.** Der Sp. ist vom → Verteidigungsfall (auch in der Form des unmittelbaren Drohens eines bewaffneten Angriffs) sowie vom inneren → Notstand und den → Naturkatastrophen zu unterscheiden (vgl. Notstandsverfassung). Er ist nach einigen Vorschriften des GG sowie nach Bundesgesetzen über die Verteidigung (einschl. → Zivilschutz) für die Anwendung einzelner Rechtsvorschriften nach Maßgabe des Art. 80 a bestimmend. Voraussetzung ist (außer im Verteidigungsfall), daß der → Bundestag den Eintritt des Sp. festgestellt oder der Anwendung der Rechtsvorschriften besonders zugestimmt hat. Diese Entschließungen bedürfen zur Einführung bestimmter → Dienstpflichten einer $^{2}/_{3}$ Mehrheit. Abweichend hiervon ist die Anwendung solcher Rechtsvorschriften auch auf der Grundlage und nach Maßgabe eines Beschlusses zulässig, der von einem internationalen Organ (z. B. der NATO) im Rahmen eines Bündnisvertrages mit Zustimmung der BReg. gefaßt wird. Die Maßnahmen sind aufzuheben, wenn der Bundestag es (im Bündnisfall mit der Mehrheit seiner Mitglieder) verlangt.

**Spannungsklausel** ist die Bezeichnung für die Regelung eines Spannungsverhältnisses zwischen verschiedenen Bemessungs- oder Wertgrundlagen (etwa bei vertraglichen Pensionszusagen, wenn die Leistungen in einem bestimmten Verhältnis zu einer anderen Größe, z. B. Beamtengehaltsgruppe, stehen sollen). Sie gilt nicht als Wertsicherungsklausel (→ Geldschuld) und ist im Gegensatz zu dieser genehmigungsfrei. S. a. → Interventionspunkte.

**Sparbuch** (Sparkassenbuch). Das S. ist ein qualifiziertes → Legitimationspapier, das den Gläubiger eines Sparguthabens bei einer Bank oder Sparkasse ausweist und die Bank oder Sparkasse ermächtigt, an den Inhaber des S. mit befreiender Wirkung zu leisten (§ 808 BGB). Das S. steht im Eigentum des Gläubigers (§ 952 BGB). Wird das Sparguthaben abgetreten, geht das Eigentum am S. auf den neuen Gläubiger über. In der Übergabe des S. liegt i. d. R. die → Abtretung des Sparguthabens gemäß § 398 BGB.

**Spareinlagen** → Bankeinlagen.

**Sparerfreibetrag.** Der S. ist einkommensteuerlich bei der Ermittlung der → Einkünfte aus Kapitalvermögen – nach Abzug der → Werbungskosten – mit 6000 DM, bei zusammenveranlagten Ehegatten als gemeinsamer S. mit 12 000 DM abzuziehen (§ 20 IV EStG). Die Bezeichnung ist ungenau: den S. gibt es für jede Art von Einnahmen aus Kapitalvermögen.

**Sparkassen** sind i. d. R. gemeinnützige, von → Gemeinden, Gemeindeverbänden oder → Zweckverbänden (Gewährsträger) errichtete rechtsfähige → Anstalten des öffentlichen Rechts, denen die Förderung des Spargeschäfts (→ Bankeinlagen) obliegt. Sie sind → Kreditinstitute und unterliegen insoweit der → Bankenaufsicht nach dem KWG. Organisation und Verwaltung gehören zum Bereich des landesrechtlich geregelten Kommunalrechts. Organe der S. sind danach i. d. R. ein Verwaltungsrat, der die Geschäftspolitik bestimmt und den Vorstand bestellt, ein aus einer oder mehreren Personen bestehender Vorstand zur Vertretung der S. und Führung der laufenden Geschäfte sowie ein Kreditausschuß, dem u. a. ehrenamtlich tätige Bürger angehören. Die S. unterliegen ferner einer Rechtsaufsicht der höheren und obersten staatlichen Verwaltungsbehörde. Für ihre Verbindlichkeiten haftet der Gewährsträger. Die S. und ihre Gewährsträger sind regional in *Sparkassen- und Giroverbände* als Körperschaften des öffentlichen Rechts zusammengeschlossen, die sich ihrerseits zum Deutschen Sparkassen- und Giroverband e. V. (Ges. vom 6. 4. 1933, RGBl. I 166) zusammengefunden haben. Als Verrechnungsstelle sind ferner regionale *Girozentralen* als rechtsfähige Anstalten des öffentlichen Rechts eingerichtet. Spitzeninstitut: Deutsche Girozentrale in Düsseldorf (VO vom 21. 11. 1932, RGBl. I 534). S. a. → Bausparkassen. Im Gebiet der ehem. DDR gilt das Sparkassengesetz vom 29. 6. 1990 (GBl. Nr. 40 S. 567) weiter (Anl. II zum EinigV Kap. IV Abschn. I Nr. 1).

**Spediteur** ist, wer es unternimmt, gegen Entgelt Güterversendung durch → Frachtführer oder → Verfrachter – entweder auf Rechnung eines anderen (des Versenders) oder auf eigene Rechnung – im eigenen Namen zu besorgen (Speditionsgeschäft, § 453 HGB). Einzelheiten, insbes. über die Rechte und Pflichten des S. → Speditionsvertrag. Vielfach gehört die Besorgung zum Betrieb des gewerblichen Unternehmens des S., der damit → Kaufmann ist; von den Vorschriften über das Speditionsgeschäft werden aber auch solche Tätigkeiten umfaßt, die jemand nur gelegentlich ausführt (sog. Gelegenheits-S.). *Haupt-S.* wird der S. genannt, der das Gut an einen anderen S. oder an einen Frachtführer zur Weiterversendung und Ablieferung adressiert. *Zwischen-S.* ist ein S., mit dem der Haupt-S. einen Speditionsvertrag zur Versendung des Gutes auf einer Teilstrecke oder zur Ablieferung an den Empfänger abschließt. *Unter-S.* ist der S., der nach Weisung des Haupt- oder Zwischen-S. eine Tätigkeit ausübt, welche die Versendung des Gutes fördert. Für den Unter-S. haftet der Haupt-S. wie für einen → Erfüllungsgehilfen, für den Zwischen-S. oder für den Frachtführer nur bei Verschulden in der Auswahl (§ 454 I Nr. 2 HGB). *Versand-S.* wird der S. genannt, der die Versendung des Gutes besorgt (das ist der eigentliche S). *Empfangs-S.* ist, wer das ankommende Gut entgegennimmt und an den Empfänger ausliefert; er ist nur dann S. im Sinne des Gesetzes, wenn er echte Speditionsaufgaben wahrzunehmen hat (sonst → Frachtführer). Nicht zu den S.en gehört der sog. *Bahn-S.* (so wird häufig der von der Bahn bestellte Rollfuhrunternehmer genannt), wohl aber der bloße AbfertigungsS., der z. B. die Einfuhrverzollung besorgt.

**Speditionsgeschäft** → Speditionsvertrag, → Spediteur.

**Speditionsversicherung** ist eine → Schadensversicherung zur Deckung von Schäden, die der → Spediteur bei Ausführung des → Speditionsvertrages dem Auftraggeber oder solchen Personen zugefügt hat, denen das versicherte Interesse z. Z. des schadenverursachenden Ereignisses zugestanden hat. Die S. umfaßt aber nicht solche Schäden, die üblicherweise durch eine → Transport- oder Lagerversicherung gedeckt werden. Die S. wird vom Spediteur von sich aus auf Kosten seines Auftraggebers für jeden einzelnen Speditionsvertrag abgeschlossen, wenn es der Auftraggeber nicht ausdrücklich schriftlich untersagt (sog. Verbotskunde). Sie unterliegt gemäß dem S.schein (SVS) den in der Anlage 1 zu den Allgemeinen Deutschen Spediteurbedingungen bezeichneten Bedingungen (→ Speditionsvertrag; dort auch zum Umfang der Haftung des Spediteurs).

**Speditionsvertrag.** Der S. ist ein → Geschäftsbesorgungsvertrag, der die Versendung von Frachtgut für den Versender gegen Entgelt zum Inhalt hat (Speditionsgeschäft, § 453 HGB). Die Pflicht, die Versendung zu besorgen, umfaßt zuvörderst die Organisation der Beförderung, insbes. die Bestimmung des Beförderungsmittels und des Beförderungswegs und die Auswahl der ausführenden Unternehmer, insbes. → Frachtführer, aber auch (Zwischen-) → Spediteur oder → Lagerhalter, den Abschluß der hierfür erforderlichen Verträge (im eigenen Namen – dann als Absender im Sinn des → Frachtvertrags- oder in Vollmacht des Versenders) und die Sicherung von Schadensersatzansprüchen des Versenders (§ 454 I HGB). Aufgrund besonderer Vereinbarung können auch sonstige Leistungen, wie die Versicherung (→ Speditionsversicherung) und Verpackung des Gutes, seine Kennzeichnung und die Zollbehandlung Gegenstand des S. sein (§ 454 II HGB). Der Spediteur hat bei Erfüllung aller seiner Pflichten das Interesse des Versenders wahrzunehmen und dessen Weisungen zu befolgen (§ 454 IV HGB). Der Spediteur hat Anspruch auf die vereinbarte Vergütung sowie auf Aufwendungsersatz (z. B. hinsichtlich verauslagter Zollkosten); die Vergütung ist zu zahlen, wenn das Gut dem Frachtführer übergeben worden ist (§§ 453 II, 456 HGB). Der Spediteur hat wegen seiner durch den S. begründeten Forderungen ein gesetzliches → Pfandrecht an dem Gut (§ 464 HGB). Einzelheiten des S. sind, soweit die gesetzlichen Bestimmungen nicht zwingend sind (s. u.), in den Allgemeinen Deutschen Spediteurbedingungen (ADSp) geregelt (Text bei Baumbach-Hopt, HGB, Anhang 19). Diese werden als → Allgemeine Geschäftsbedingungen Vertragsinhalt durch entsprechende (auch stillschweigende) Vereinbarung oder durch einseitige Unterwerfung des Versenders, wenn dieser (insbes. als → Kaufmann) weiß oder wissen muß, daß der Spediteur sie – wie vielfach – seinen Geschäften zugrundezulegen pflegt.

Der Spediteur ist befugt, die Beförderung des Gutes (anstatt durch einen Frachtführer) durch sog. → *Selbsteintritt* selbst auszuführen (§ 458 HGB). Er hat dann hinsichtlich der Beförderung die Rechte und Pflichten eines Frachtführers (→ Frachtvertrag) und kann neben der Vergütung für seine Tätigkeit als Spediteur die gewöhnliche → Fracht verlangen. Soweit als Vergütung ein bestimmter Betrag (Festpreis) vereinbart ist, der die Kosten für die Beförderung einschließt (sog. *Fixkostenspedition*), wird der Spediteur gleichfalls als Frachtführer behandelt und kann (zusätzlichen) Ersatz seiner Aufwendungen nur verlangen, soweit dies üblich ist (§ 459 HGB). Bei vereinbarter Beförderung einer *Sammelladung* (einheitliche Versendung des Gutes mehrerer Auftraggeber) hat der Spediteur ebenfalls die Rechte und Pflichten eines Frachtführers (§ 460 HGB).

Auch in den Fällen, in denen der Spediteur nicht von vorneherein wie ein Frachtführer haftet (→ Frachtvertrag), haftet er auch ohne Verschulden (→ Gefährdungshaftung) für Schäden, die durch Verlust oder Beschädigung des in seiner Obhut befindlichen Gutes (z. B. in einem Umschlaglager) entstehen (§ 461 I HGB); Handlungen und Unterlassungen seiner Leute in Ausübung ihrer Verrichtung werden ihm zugerechnet (§ 462 HGB). Für Schäden, die nicht durch Verlust oder Beschädigung des in der Obhut befindlichen Gutes entstanden sind, haftet der Spediteur, wenn er eine der oben genannten Pflichten (z. B. sorgfältige Auswahl des Frachtführers) schuldhaft verletzt hat (§ 461 II HGB); hier wird auch ein Folgeschaden (z. B. entgangener Gewinn) ersetzt. Für Mitverursachung, Haftungsausschluß, Wertersatz, Haftungshöchstbeträge (bei der genannten „Obhutshaftung"), Wegfall der Haftungsbefreiungen und -begrenzungen bei Vorsatz oder leichtfertigem Verhalten (dies z. B. auch durch eine unzureichende Betriebsorganisation, mangelnde Vorkehrungen gegen Diebstahl, unterlassene Kontrollen) sowie Verjährung sind die Vorschriften über den → Frachtvertrag weitgehend entsprechend anzuwenden (§§ 461 I 2, 463 HGB). Dasselbe gilt für die Zulässigkeit hiervon abweichender Vereinbarungen und bei Anwendung ausländischen Rechts (s. hierzu i. e. → Frachtvertrag a. E.). S. a. → Lagervertrag.

**Speiseeis.** Die VO über Speiseeis vom 15. 7. 1933 (RGBl. I 510) m. spät. Änd. enthält Vorschriften über die Bezeichnung (Begriffsbestimmungen), die Herstellung, Verwertung von Halberzeugnissen (Sp.-konserven u. -pulver) und Kenntlichmachung sowie die Beurteilung, wann Speiseeis als verdorben, nachgemacht oder verfälscht anzusehen ist oder eine irreführende Bezeichnung vorliegt (s. a. Täuschung im Lebensmittelhandel). Verboten ist insbes. die Verwendung gesundheitsschädlicher Stoffe.

**Speiseeissteuer** → Gemeindeabgaben.

**Speisewirtschaft.** Eine S. betreibt, wer zubereitete Speisen zum Verzehr an Ort und Stelle verabreicht. Der gewerbsmäßige Betrieb einer S. ist als → Gaststätte genehmigungspflichtig (§ 1 I Nr. 2, § 2 GastG).

**Spekulationsgewinne** werden einkommensteuerlich erfaßt – auch wenn eine Spekulationsabsicht fehlt –, falls Anschaffung und Veräußerung von Grundstücken und grundstücksgleichen Rechten innerhalb von 2 Jahren und von allen übrigen Gegenständen (z. B. Gemälden, Wertpapieren) innerhalb von 6 Monaten erfolgen (§ 23 EStG). Maßgebend ist der Zeitpunkt der Verpflichtungsgeschäfte. S. werden nicht erfaßt, falls sie nach Ausgleich mit Spekulationsverlusten weniger als 1000 DM im Jahr betragen. Spekulationsverluste können nur mit S., nicht aber mit anderen Einkünften ausgeglichen werden (§ 23 III 3 EStG). Auch ein → Verlustabzug nach § 10 d EStG ist nicht möglich. Vgl. → Gewerblicher Grundstückshandel.

**Spenden** für bestimmte Zwecke sind bei der Einkommensteuer abzugsfähig als → Sonderausgaben (§ 10 b EStG), bei der Körperschaftsteuer als abziehbare Aufwendungen (§ 9 Nr. 3 KStG), wenn der Empfänger eine Körperschaft des öff. Rechts oder eine öff. Dienststelle oder eine sonstige begünstig te Körperschaft, Personenvereinigung oder Vermögensmasse ist (§§ 48, 50 EStDV).

1. Abzugsfähig sind Sp. für wissenschaftl., mildtätige, kirchl., religiöse oder als besonders förderungswürdig anerkannte gemeinnützige und kulturelle Zwecke (§§ 51–68 AO). Sp. für wissenschaftl., mildtätige oder als bes. förderungswürdig anerkannte kulturelle Zwecke sind bis 10% des Gesamtbetrags der Einkünfte (Körperschaftsteuer: 10% des Einkommens) oder 2% der Summe der Umsätze und der Löhne und Gehälter abzugsfähig, Sp. für andere begünstigte Zwecke bis 5% des Gesamtbetrags der Einkünfte (KSt: des Einkommens) oder 2% der Summe der Umsätze und der Löhne und Gehälter.

2. Für Mitgliedsbeiträge und Sp. an politische Parteien wird *Einkommensteuerpflichtigen* anstelle des nicht zulässigen Betriebsausgabenabzugs (§ 4 VI EStG) ein Abzug von der tariflichen Einkommensteuer mit 50% der Beiträge und Sp. aus bis 1500 DM (bei Zusammenveranlagung 3000 DM) gewährt (§ 34 g EStG). Der übersteigende Sp.betrag ist als Sonderausgabe bis 3000 DM, bei Zusammenveranlagung bis 6000 DM abzugsfähig (§ 10 b II EStG). Sp. an dieselbe politische Partei über 40 000 DM im Kalenderjahr müssen im Rechenschaftsbericht verzeichnet werden (§ 25 II ParteienG).

3. Für Mitgliedsbeiträge und Sp. an unabhängige Wählervereinigungen wird ebenfalls ein Abzug von der tariflichen Einkommensteuer mit 50% der Beiträge und Sp. aus bis 1500/3000 DM gewährt. Ein übersteigender Sp.betrag ist nicht abzugsfähig (§ 34 g EStG).

4. *Körperschaftsteuerpflichtige* können Beiträge und Sp. an politische Parteien und an unabhängige Wählervereinigun-

gen nicht mehr abziehen (§ 9 Nr. 3 KStG).

5. *Sachspenden* aus dem → Betriebsvermögen führen nicht zur Aufdeckung stiller Reserven (Buchwertprivileg → Entnahmen), können jedoch nur mit dem Buchwert als Sp. (§ 10b III S. 2 EStG) abgezogen werden. Vorteil: Die Höchstabzugsbeträge für Sp. werden geschont.

6. *Gewerbesteuer:* Abzugsfähige Sp. mindern mit Ausnahme der Parteisp. auch die → Gewerbesteuer. (§ 9 Nr. 5, § 8 Nr. 9 GewStG).

7. *Spendenrücktrag/Spendenvortrag:* Großsp. für wissenschaftliche und kulturelle Zwecke von mindestens 50 000 DM, die den Sp.höchstbetrag von 10% des → Gesamtbetrags der Einkünfte übersteigen, können mit dem nichtabzugsfähigen Teil in den beiden Vorjahren und in den 5 Folgejahren abgezogen werden (§ 10b EStG). Aber kein Sp.rücktrag bei der → Körperschaftsteuer (§ 9 Nr. 3 KStG) und bei der Gewerbesteuer, sondern bis zu 7 Jahren Sp.vortrag (§ 9 Nr. 5 GewStG).

8. *Vertrauensschutz bei Sp.:* Gutgläubige Spender können vertrauen auf die Richtigkeit der Sp.bescheinigung. Werden Sp.gelder nicht zu steuerbegünstigten Zwecken verwendet, haftet der Sp.empfänger mit 40% des zugewendeten Betrags für die entgangene Steuer. Dies gilt – ohne Rückwirkung – auch für Sp. an politische Parteien (§ 10b IV EStG).

9. Wegen verfassungsrechtlicher Zweifel des BFH an § 48 II EStDV (BStBl II 1994, 683) ist eine gesetzliche Neuregelung geplant (BMF BStBl. I 1994, 710). Die Zweifel beziehen sich darauf, daß laut Ermächtigung eine → Rechtsverordnung erforderlich ist, § 48 II EStDV aber nur eine → Verwaltungsvorschrift vorsieht.

**Sperre** (§ 69a StGB). Entzieht das Gericht einem Kraftfahrer die → Fahrerlaubnis, weil er eine Straftat im Zusammenhang mit dem Führen eines Kfz. oder unter Verletzung seiner Pflichten als Kfz.führer begangen hat, so bestimmt es zugleich, daß für die Dauer von 6 Mon. bis zu 5 Jahren oder für immer keine neue Fahrerlaubnis erteilt werden darf (*Sperre;* hiervon können ausnahmsweise einzelne Kfz.arten ausgenommen werden). Hat der Täter keine Fahrerlaubnis, so wird nur die S. angeordnet (isolierte Sperre). Über die Voraussetzungen der S., Bestimmung der Frist, Wirkungen der Anordnung, vorzeitige Aufhebung usw. → Maßregeln der Besserung und Sicherung (5).

**Sperrfrist** → Sperrjahr sowie → Fahrerlaubnis, → Sperre.

**Sperrjahr.** Bei der → Liquidation einer → Aktiengesellschaft darf das verbleibende Vermögen an die Aktionäre erst verteilt werden, wenn mindestens ein Jahr seit dem Tag der dritten Bekanntmachung mit Aufforderung zur Anmeldung der Ansprüche gegen die AG vergangen ist (§ 272 AktG). Entsprechendes gilt bei der → Gesellschaft mit beschränkter Haftung (§ 73 GmbHG) und der → Genossenschaft (§ 90 GenG).

**Sperrklausel.** a) Im *Wahlrecht* nennt man S. die Bestimmung in einem Wahlgesetz, daß Mandate nur zugeteilt werden, wenn die Partei einen gewissen Prozentsatz der Stimmen errungen hat (§ 6 VI 1 BWahlG für den → Bundestag: 5 v. H. der gültigen Zweitstimmen oder in mindestens drei Wahlkreisen einen Sitz). → „Fünf-Prozent-Klauseln" enthalten auch die meisten Landeswahlgesetze (nicht die Kommunalwahlgesetze). S.n sollen die Zersplitterung der Parlamente verhindern und sind grundsätzlich verfassungsrechtlich unbedenklich (vgl. BVerfGE 51, 222 ff.).

b) Im *Prüfungsrecht* ist S. eine Bestimmung, welche die Zulassung zu einem weiteren Prüfungsteil (z. B. mündliche Prüfung) von bestimmten Leistungen im bisherigen Prüfungsverlauf abhängig macht (z. B. Notenpegel oder Anzahl erfolgreicher Aufsichtsarbeiten in der schriftlichen Prüfung). Solche S.n sind grundsätzlich zulässig.

**Sperrminorität** ist bei einer → Aktiengesellschaft eine Gruppe, die im Besitz von mehr als 25 und weniger als 50% der → Aktien ist. Die S. kann infolgedessen → Hauptversammlungsbeschlüsse bestimmten Inhalts, die eine 3/4-Kapitalmehrheit erfordern, verhindern. S. a. → Beteiligung, wesentliche.

**Sperrstunde** → Polizeistunde.

**Sperrvertrag** → Atomwaffensperrvertrag.

**Sperrwirkung der Entziehung der Fahrerlaubnis.** Entzieht das *Gericht* einem Angeklagten die Fahrerlaubnis, so hat die dabei verhängte → Sperre die Wirkung, daß während der festgesetzten Frist eine neue F. nicht erteilt werden darf, sofern die Sperre nicht vorzeitig vom Gericht wieder aufgehoben wird. Wird die F. von der *Verwaltungsbehörde* entzogen, so kann diese in gleicher Weise eine Frist bestimmen, vor deren Ablauf sie einen Antrag auf Erteilung einer neuen F. nicht prüft (§ 3 VI StVG).

**Sperrwirkung des Tarifvertrags** → Tarifvertrag.

**Sperrzeit** → Polizeistunde.

**Spesen** im Steuerrecht vgl. → Betriebsausgaben → Reisekosten.

**Spezialgesetz** → lex specialis.

**Spezial(handlungs)vollmacht** → Vollmacht, → Handlungsvollmacht.

**Spezialität** → Konkurrenz von Straftaten; Grundsatz der S. → Auslieferung.

**Spezialitätenregister** → Arzneimittel (Zulassung, Registrierung).

**Spezialitätsprinzip** im → Sachenrecht s. dort.

**Spezialprävention** ist einer der strafrechtlichen Gesichtspunkte, aus denen sich die Verhängung und Zumessung von → Strafen und die Anordnung sichernder → Maßregeln rechtfertigen. Die S. bezweckt, den Verurteilten von erneuter Straffälligkeit abzuschrecken, ihn zu bessern und zu resozialisieren und die Allgemeinheit vor ihm zu schützen, ggf. durch seine Absonderung z. B. in Sicherungsverwahrung (→ Maßregeln der Besserung und Sicherung 3). S. → Strafzwecke.

**Spezieskauf** ist der → Kauf eines bestimmten Gegenstandes (→ Speziesschuld). Gegensatz: → Gattungskauf.

**Speziesschuld** → Gattungsschuld.

**Spezifikation** → Verarbeitung.

**Spezifikationskauf.** Ist bei einem → Handelskauf die nähere Bestimmung (Spezifikation) der → Leistung dem Käufer vorbehalten, so hat dieser sie innerhalb angemessener Frist vorzunehmen (Vertragspflicht). Ist der Käufer mit der Erfüllung dieser Verpflichtung in Verzug (→ Schuldnerverzug), so kann entweder der Verkäufer die entsprechende S. vornehmen oder – wie bei einer sonstigen Leistungsverzögerung – → Schadensersatz wegen Nichterfüllung verlangen oder vom Vertrag zurücktreten (→ Rücktritt, § 375 HGB).

**Sphärentheorie** → Betriebsrisiko.

**Spiegelnde Strafen** waren im alten germanischen Recht und im Mittelalter die Leibesstrafen, bei denen der Täter die Tat durch Verlust des Körperteiles sühnen mußte, mit dem er sie begangen hatte (Abhacken der Hand bei Meineid oder Falschmünzerei, Ausreißen der Zunge bei Gotteslästerung usw.). Diese Strafen entsprangen dem reinen Vergeltungsgedanken, der einem humanitären Strafrecht fremd ist.

**Spiel.** Über die zivilrechtliche Bedeutung → Wette, → Lotterie; über die Strafbarkeit → Glücksspiel.

**Spielautomaten** → Spielgeräte.

**Spielbanken.** Das Recht der S. ist überwiegend Landesrecht (vgl. insoweit Schlegelberger/Friedrich, Recht der Gegenwart unter „Spielbanken"). Als Landesrecht gelten zum Teil noch das Ges. über die Zulassung öffentlicher S. vom 14. 3. 1933 (RGBl. I 480) und die VO über öffentliche S. vom 27. 7. 1938 (RGBl. I 955) fort. Auf S. sind die spielrechtlichen Bestimmungen der → Gewerbeordnung nicht anzuwenden. Keine S. ist die Spielhalle. Für sie ist eine persönliche und sachliche → Gewerbezulassung nach § 33 i GewO erforderlich. Die Spielhalle ist im Unterschied zur S. durch die Aufstellung von → Spielgeräten geprägt.

**Spielbankabgabe.** Die S. (Rechtsgrundlage → Spielbanken), die der Unternehmer der Spielbank zu entrichten hat, beträgt 80% der Bruttospielerträge. Damit sind alle anderen Steuern (USt, GewSt, KSt) abgegolten. Die S. fließt den Ländern zu (Art. 106 II Nr. 6 GG). Sie ist eine Steuer, für deren Verwaltung je nach Landesrecht die Finanzämter zuständig sein können (BFH BStBl. II 1995, 432, 438).

**Spiele** mit Gewinnmöglichkeit darf gewerbsmäßig nur veranstalten, wer eine entsprechende Erlaubnis besitzt (§ 33 d I GewO). Spiel in diesem Sinne ist nicht der Betrieb eines → Spielgeräts. Die Erlaubnis darf u. a. zum Schutz von Allgemeinheit, Gästen und Jugendlichen mit Auflagen (→ Auflagen im Verwaltungsrecht) versehen werden; sie wird versagt, wenn der Veranstalter keine Unbedenklichkeitsbescheinigung des Bundeskriminalamts besitzt oder wenn er nicht zuverlässig (→ Zuverlässigkeit) ist (§ 33 d II, III GewO). Die Unbedenklichkeit der S. wird nur bescheinigt, wenn für den Spieler nicht die Gefahr übermäßiger Verluste in kurzer Zeit besteht (§ 33 e GewO). Einzelheiten s. SpielVO i. d. F. vom 11. 12. 1985, BGBl. I 2245 (§§ 4, 5, 8–10, 13). Die SpielV sieht in § 5 a SpielV eine Reihe von *Befreiungen* vor, und zwar vor allem für als Preisspiele veranstaltete Gesellschaftsspiele (z. B. Skat, Billard, Schach) sowie für volkstümliche Spiele, wie sie vor allem bei Volksfesten usw. betrieben werden (Schießen, Ringwerfen usw.). Zu den Spiel- und Gewinnbedingungen s. Anlage zu § 5 a SpielV. Zum Verfahren bei Erteilung der Unbedenklichkeitsbescheinigung s. VO i. d. F. vom 5. 9. 1980 (BGBl. I 1674). Die Veranstaltung von S. im → Reisegewerbe ist an die gleichen Voraussetzungen gebunden (§ 60 a II GewO). Die angeführten Vorschriften der GewO gelten nicht für → Glücksspiele i. S. des § 284 StGB (§ 33 h Nr. 3 GewO).

**Spiele auf der Straße** → Sport und Spiel auf Straßen.

**Spielgeräte,** bei denen durch technische Vorrichtungen der Spielausgang beeinflußt werden kann und die eine Gewinnmöglichkeit bieten, dürfen gewerbsmäßig nur mit Erlaubnis aufgestellt werden. Die Erlaubnis darf mit Auflagen, u. a. im Interesse der Allgemeinheit, der Gäste und des Jugendschutzes, verbunden werden (§ 33 c I GewO). Die Erlaubnis wird versagt, wenn der Antragsteller die erforderliche → Zuverlässigkeit nicht besitzt. Dabei wird Unzuverlässigkeit bei einer Reihe von Vermögensstraftaten vermutet (§ 33 c II GewO). Aufgestellt werden dürfen nur bauartgeprüfte Geräte. Die Bauartprüfung wird von der Physikalisch-Technischen Bundesanstalt vorgenommen. Der Gegenstand der Überprüfung richtet sich nach §§ 11 ff. der SpielVO (→ Spiele). S. dürfen nur an Aufstellungsorten aufgestellt werden, deren Eignung die Behörde dem Aufsteller schriftlich bescheinigt hat (§ 33 c III GewO). Vgl. hierzu auch § 33 f GewO und die SpielVO. Die Aufstellung von S. im → Reisegewerbe ist an die gleichen Voraussetzungen gebunden (§ 60 a II GewO).

**Spielgerätesteuer** ist eine örtliche Aufwandsteuer (→ Gemeindeabgaben), die das Aufstellen von Spielgeräten besteuert. Sie ist als Landesgesetz gemäß Art. 105 IIa GG zulässig (BFH BStBl. II 1996, 538) und wird z. B. in Hamburg erhoben.

**Spielhallen** → Jugendschutz, → Spielgeräte, → Spielbanken, → Spiele.

**Spielregeln im Sport** sind keine Rechtsvorschriften, sondern gehören zum verbandsinternen → Sportrecht; ihre Mißachtung kann dort zu Sanktionen führen (z. B. Geldbuße, Sperre). Mittelbar sind die S. aber auch für das staatliche Recht von Bedeutung, insbes. für die zivil- und strafrechtliche Beurteilung von Rechtswidrigkeit, Vorsatz und Fahrlässigkeit bei Körperverletzungen im Sport. S. z. B. → FIS-Regeln.

**Spielvertrag** → Wette, → Lotterie.

**Spielwaren** sind → Bedarfsgegenstände i. S. des → Lebensmittelrechts, dem im wesentlichen die gesundheitlichen Anforderungen zu entnehmen sind (s. a. Spielwaren- und ScherzartikelVO vom 28. 2. 1984, BGBl. I 376). Hins. der Anforderungen an technische Sicherheit gelten für sie die Vorschriften über → Gerätesicherheit.

**Spikes** → Bereifung.

**Spionage** → Landesverrat, → Wirtschaftsspionage, → Betriebsspionage, → Ausspähen von Daten.

**Spirituosen.** Regelungen über S. enthält die VO vom 29. 1. 1998 (BGBl. I 310), im einzelnen Herstellungsvorschriften, Bezeichnungen und Verweisungen auf einschlägige unmittelbar geltende europarechtliche Vorschriften.

**Splittingtabelle** → Einkommensteuer (3., 4.), → Splittingverfahren.

**Splittingverfahren.** Das S. (engl. *to split* = aufspalten) bei Zusammenveranlagung der Ehegatten schließt aus, daß diese durch die Einkommensteuer stärker belastet werden als Alleinstehende. Nachdem die → Einkünfte getrennt ermittelt und die → Sonderausgaben, außergewöhnlichen → Belastungen und → Freibeträge abgezogen sind, ergibt sich das gemeinschaftliche zu versteuernde Einkommen. Die Einkommensteuer errechnet sich in der Weise, daß der Steuerbetrag, der auf die Hälfte des zu versteuernden Einkommens entfällt, verdoppelt wird. Die Steuer ist aus der *Splittingtabelle* (§ 32 a V EStG) ersichtlich. Vgl. → Einkommensteuer (3., 4.), → Veranlagungsarten, → Gnadensplitting.

**Spolienrecht** war im Mittelalter das Recht des weltlichen Landesherrn oder geistlichen Oberen auf den Nachlaß von Klerikern; es hat bestanden, bis im späten Mittelalter auch den Geistlichen → Testierfreiheit eingeräumt wurde.

**Sponsoring** ist die vertragliche Gewährung von Geld, Sachmitteln oder Dienstleistungen durch ein Wirtschaftsunternehmen, den Sponsor, für ein meist sportliches oder kulturelles Vorhaben einer Person, die als Gegenleistung eine Erklärung des Sponsors in Wort oder Bild verbreitet. S. soll den Namen, die Marke oder die Leistungen des Sponsors bekannt(er) machen (Imagewerbung). Einige Regelungen zur Zulässigkeit des S. im → Rundfunk enthält § 8 Rundfunkstaatsvertrag vom 31. 8. 1991; Text z. B. BayGVBl. 451). Zu Einzelheiten s. Weiand NJW 1994, 227. *Steuerlich:* Der Sponsor kann seine Aufwendungen als → Betriebsausgaben abziehen, der Gesponserte braucht, soweit er gemeinnützig ist (→ Steuerbegünstigte Zwecke), von den ihm aufgrund des Sponsoring zufließenden Vorteilen nichts zu versteuern, wenn der Werbehinweis ohne besondere Hervorhebung erfolgt (BMF 182.98, BStBl. I 98, 212).

**Spontandemonstration** → Versammlungsgesetz.

**Sport auf Straßen** → Sport und Spiel auf Straßen.

**Sportboote, Sportbootführerschein** → Wasserfahrzeuge.

**Sporteln** hießen im Mittelalter die Gebühren, die unmittelbar den an einer Verwaltungshandlung beteiligten Beamten zuflossen.

**Sportgeräte** → technische Arbeitsmittel.

**„Sportgericht"** → Sportrecht.

**Sportrecht** ist zunächst ein zusammenfassender Begriff für die für den Sport bedeutsamen Normen des staatlichen Rechts. Sportrelevante Normen finden sich in nahezu allen Gebieten des Rechts, z. B.: Vereinsrecht des BGB; zivil- und strafrechtliche Bestimmungen über die Haftung für Körperverletzungen; öff.-rechtliche Vorschriften über Sportförderung und -ausübung; Umweltschutzrecht. Im engeren Sinne versteht man darunter das von den Sportvereinen und -verbänden selbst gesetzte Regelwerk (Satzungen, Wettkampfordnungen usw.), das die Rechte und Pflichten der Mitglieder und die Sportausübung regelt. Die Berechtigung der Sportvereine und -verbände zur umfassenden Selbstregulierung (im Rahmen des staatlichen Rechts), ergibt sich aus dem Grundrecht der Vereinigungsfreiheit (Art. 9 I GG). Diese „Autonomie des Sports" umfaßt auch das Recht, die Einhaltung des Internen Sportrechts durch verbands(vereins)interne Einrichtungen zu überwachen und Verstöße (z. B. Verletzung der Spielregeln, → Doping) mit Sanktionen („Strafen") zu belegen. Auch soweit diese Einrichtungen die Bezeichnung „Gericht" (z. B. „Sportgericht" oder „Bundesgericht") tragen, handelt es sich nicht um staatliche Gerichte (und i. d. R. auch nicht um → Schiedsgerichte i. S. der §§ 1025 ff. ZPO, die anstelle staatlicher Gerichte entscheiden). Die Entscheidungen dieser Einrichtungen können also auf Klage von den staatlichen Gerichten überprüft werden, allerdings nur mit den für das Vereinsrecht von der Rspr. entwickelten Einschränkungen (Einhaltung des von der Satzung festgelegten Verfahrens, volle Nachprüfung der tatsächl. Grundlage, Nachprüfung der Anwendung des materiellen Vereinsrechts nur auf Verstöße gg. allg. Rechtsgrundsätze, Willkür und grobe Unbilligkeit) und grundsätzlich erst nach Ausschöpfung des vereins(verbands)internen Rechtswegs (→ Verein, 1). Anstelle des Rechtswegs zu den staatl. Gerichten werden gelegentlich „echte" (also im Sinne der §§ 1025 ff. ZPO) Schiedsgerichte vereinbart (z. B. zwischen dem Deutschen Fußballbund – DFB – und den Lizenzvereinen, den Lizenzspielern und den Trainern jeweils durch Einzelvereinbarung ein „Ständiges Schiedsgericht" i. S. der ZPO). Ob „echte" Schiedsgerichte auch durch Satzungsbestimmung errichtet werden können, ist streitig, aber wohl zu bejahen (vgl. § 1066 ZPO).

**Sport und Spiel auf Straßen.** Sie sind auf der → Fahrbahn und den Seitenstreifen grundsätzlich verboten und nur auf den entsprechend gekennzeichneten Straßen zugelassen (§ 31 StVO). Unter S. u. S. fällt auch das Fahren mit Rollschuhen, Skateboards und Inline-Skates, die keine Fahrzeuge sind (§ 24 StVO). Es darf auf → Gehwegen ausgeübt werden, aber nur, soweit dadurch Fußgänger nicht – etwa durch erhebliche Geschwindigkeit – gefährdet oder erheblich behindert oder belästigt werden. S. a. → Wintersport.

**Sportverletzungen.** Eine Verletzung, die jemand einem anderen im Rahmen eines Sportkampfes zufügt, ist tatbestandsmäßig eine → Körperverletzung im strafrechtlichen (§§ 223, 230 StGB), eine → unerlaubte Handlung im zivilrechtlichen (§ 823 BGB) Sinne. Jedoch wird die Haftung begrenzt oder sogar ausgeschlossen sein und die Strafbarkeit ausscheiden, wenn die Verletzung im Eifer des Kampfes, wenn auch unter fahrlässiger Überschreitung der Spielregeln, verursacht wurde (anders u. U. bei grob fahrlässiger oder vorsätzlicher Regelwidrigkeit). Zur Begründung wird zumeist auf stillschweigende (konkludente) → Einwilligung des Verletzten verwiesen, teilweise auch auf → soziale Adäquanz, Handeln auf eigene Gefahr (→ Mitverschulden), übliches (erlaubtes) Risiko oder Unterwerfung unter die Sportregeln angenommen, ein Verschulden verneint oder auf das Verbot des venire contra factum proprium (→ Treu und Glauben) abgestellt (i. e. str.). Die gleichen Grundsätze gelten an sich auch hinsichtlich der Haftung für *Skiunfälle.* Es ist jedoch zu beachten, daß eine vorherige stillschweigende Abrede – anders als bei einem Sportkampf – dort regelmäßig fehlt, so daß ein etwaiges Mitverschulden des Verletzten höchstens in seiner Teilnahme am Skilauf auf einer stark befahrenen Piste (z. B. bei mangelnder eigener Übung) gesehen werden kann. Zu den in der Rspr. hierzu entwickelten Verhaltensregeln (Pflicht zur Beobachtung, Fahren auf Sicht, Beherrschen der Skier, um notfalls jederzeit anhalten zu können) s. OLG München NJW 1977, 502; s. ferner → Wintersport, → FIS-Regeln. → Entgeltfortzahlung durch den Arbeitgeber wegen selbstverschuldeter Arbeitsunfähigkeit ist nur ausgeschlossen, wenn diese die Folge eines Unfalls bei der Ausübung einer besonders gefährlichen Sportart ist oder wenn der Arbeitnehmer sich in einer seine Kräfte und Fähigkeiten deutlich übersteigenden Weise sportlich betätigt.

Wer eine *Sportanlage* oder *Bergbahn* betreibt, haftet – soweit ihm zumutbar – für einen ordnungsgemäßen Zustand der Anlage (z. B. bei behebbaren Hindernissen auf der Skiabfahrt), desgl. für Unterlassen der Warnung bei extremen Witterungsverhältnissen (Glatteis). Bei studentischen *Bestimmungsmensuren* ist, wenn die üblichen Schutzmaßnahmen eingehalten werden, die Einwilligung in Verletzungen nicht sittenwidrig (§ 228 StGB; vgl. BGHSt. 4, 24).

**Sportwetten** sind rechtlich dem → Glücksspiel gleichzustellen, weil ihr Zweck überwiegend auf Unterhaltung oder Gewinn, weniger auf Austragung eines Meinungsstreits gerichtet ist. Die Wettenden beteiligen sich mit einem Einsatz an einem nach Gewinnplan arbeitenden Unternehmen, bei dem die Gewinne sich unter Gesichtspunkten, die dem Einfluß der Teilnehmer entzogen sind, nach der Richtigkeit der von ihnen gemachten Voraussagen bestimmen. Die S. sind daher wie ein Lotterievertrag nur verbindlich, wenn sie staatlich genehmigt sind (§§ 762, 763 BGB). Der Abschluß von S. ist in den *Landesgesetzen* über die Zulassung von Sportwetten geregelt. Die Strafbestimmungen entsprechen denen des StGB gegen ungenehmigtes Glücksspiel; sie sind nach

h. M. als partikuläres Bundesrecht gültig (Art. 125 Nr. 2, 74 Nr. 1 GG).

**Sprachwerke** → Urheberrecht.

**Sprecherausschuß** ist die Interessenvertretung der → leitenden Angestellten mit Mitwirkungs- und Beratungsrechten, die denen des → Betriebsrats nachgebildet sind (Ges. vom 20. 12. 1988, BGBl. I 2312, 2316; WahlO vom 28. 9. 1989, BGBl. I 1798).

**Sprengstoff.** Der Umgang mit S. ist im Rahmen der Gesetzgebungskompetenz des Bundes (also nicht unter rein sicherheitsrechtlichen Gesichtspunkten) im Ges. über explosionsgefährliche Stoffe (SprengstoffG) i. d. F. vom 17. 4. 1986 (BGBl. I 577) geregelt. Es gilt für die Anwendung von S. (Zusammenstellg. in Anl. I des Ges.) sowie Zündmitteln und pyrotechnischen Gegenständen beim Umgang und Verkehr in Wirtschaftsbetrieben, bei der Beschäftigung von Arbeitnehmern, bei der Beförderung und der Einfuhr von S. (grundsätzl. ausgenommen Streitkräfte, Polizei usw., öff. Verkehrsmittel und Seeschiffe, der Bergaufsicht unterliegende Betriebe). Für Vertrieb oder Verwendung von S. besteht eine Zulassungspflicht (§ 5). Der gewerbsmäßige oder sonstwie selbständige Umgang oder Verkehr mit S., ihre Beförderung und Einfuhr sind erlaubnispflichtig (§§ 7 ff.). Voraussetzungen für die Erlaubnis sind u. a. Zuverlässigkeit und Fachkunde. Der Erlaubnisinhaber hat umfangreiche Aufzeichnungspflichten (§ 16). Die §§ 19 ff. enthalten Bestimmungen über die verantwortlichen Personen und ihre Pflichten (Befähigungsschein, Mitführen von Urkunden, Schutzvorschriften, Anzeigepflichten). Die §§ 30 ff. regeln die Überwachungsmaßnahmen (Auskunftspflichten, Nachschaurecht). Die §§ 40 ff. enthalten Straf- und Bußgeldbestimmungen. Das vorangegangene Ges. vom 25. 8. 1969 hatte das Ges. gegen verbrecherischen und gemeingefährl. Gebrauch von S. vom 9. 6. 1884 (RGBl. 61) außer Kraft gesetzt, soweit dieses → Bundesrecht geworden war; soweit es → Landesrecht geworden war, gilt es fort oder ist durch neue landesrechtl. Vorschriften abgelöst. Umfangreiche materielle und verfahrensrechtl. Regelungen enthalten die 1. und die 2. VO zum SprengstoffG i. d. F. vom 10. 3. 1987 (BGBl. I 793) bzw. i. d. F. vom 5. 9. 1989 (BGBl. I 1620).

**Sprengstoff- und Strahlungsverbrechen.** Wer durch das Freisetzen von *Kernenergie* oder durch *Sprengstoff* oder andere Mittel eine *Explosion herbeiführt* und dadurch Leib oder Leben eines anderen oder fremde Sachen von bedeutendem Wert gefährdet, wird mit Freiheitsstrafe nicht unter 1 Jahr, bei – wenn auch nur unternommener – Verwendung von Kernenergie nicht unter 5 Jahren bestraft; in qualifizierten Fällen (so wenn der Täter wenigstens leichtfertig den Tod eines Menschen verursacht hat) gelten höhere, bei fahrlässigem Handeln mildere Strafdrohungen (§§ 307, 308 StGB). Wer radioaktive oder Sprengstoffe oder spezifische Ausführungsvorrichtungen zur *Vorbereitung eines Explosions- oder Strahlungsverbrechens* herstellt, sich oder einem anderen verschafft, verwahrt oder einem anderen überläßt, wird nach § 310 StGB bestraft.

Der *Mißbrauch ionisierender Strahlen* ist in § 309 StGB unter Strafe gestellt. Unter Strafe gestellt ist ferner *das Freisetzen ionisierender Strahlen* oder Bewirkung von Kernspaltungsvorgängen unter Verletzung verwaltungsrechtlicher Pflichten sowie die fehlerhafte Herstellung oder Lieferung *fehlerhafter kerntechnischer Anlagen* oder Gegenstände, falls die Tat Leib oder Leben eines anderen oder bedeutende fremde Sachwerte gefährdet (§§ 311, 312 StGB).

Die → Einziehung von Gegenständen bei diesen Taten wird durch § 322 StGB erweitert. Bei → tätiger Reue (freiwillige Aufgabe der weiteren Tatausführung oder Abwendung der Gefahr) kann die Strafe gemildert oder von Strafe abgesehen werden oder Straflosigkeit eintreten (§ 314 a StGB).

Über die Strafbarkeit der unerlaubten Einfuhr, Beförderung oder des Umgangs mit Sprengstoffen s. § 40 SprengstoffG (→ Sprengstoff).

**Spruchkörper** → Gericht.

**Spruchrichterprivileg** → Staatshaftung.

**Spruchverfahren** → Umwandlung (I 2).

**Sprungklage.** Die Anfechtungs- oder Verpflichtungsklage bei Steuerverwaltungsakten ist als S. (§ 45 FGO) auch ohne außergerichtliches Vorverfahren zulässig, wenn das Finanzamt innerhalb eines Monats der Klage zustimmt. Stimmt das Finanzamt nicht zu, ist die S. als → Einspruch zu behandeln. Das Finanzgericht kann die Sache an die Finanzbehörde zur Durchführung des Einspruchsverfahrens zurückgeben, wenn weitere Tatsachenfeststellungen erforderlich sind und die Abgabe sachdienlich ist. Vgl. → Finanzgerichtsordnung.

**Sprungrechtsbeschwerde** ist das der → Sprungrevision entsprechende Rechtsmittel im → Beschlußverfahren der → Arbeitsgerichtsbarkeit (§ 96a ArbGG).

**Sprungregreß** liegt vor, wenn beim → Wechselregreß einer oder mehrere der vorgehenden Wechselverpflichtungen übersprungen werden (Art. 47 IV WechselG). Dabei verliert der Wechselinhaber nicht die Ansprüche gegen die übersprungenen Wechselverpflichteten, sofern der zuerst in Anspruch genommene nicht zahlt. Entsprechendes gilt beim → Scheck (Art. 44 IV ScheckG).

**Sprungrevision** ist die an Stelle einer Berufung eingelegte → Revision gegen ein Urteil, gegen das an sich Berufung stattfindet (§ 566a ZPO, § 76 ArbGG, § 134 VwGO, § 161 SGG, § 335 StPO) oder gegen das eine Berufung gesetzlich ausgeschlossen ist (§ 135 VwGO). Durch die S. wird die Berufungsinstanz übergangen und – namentlich zur Klärung grundsätzlicher Rechtsfragen – unmittelbar die Entscheidung des Revisionsgerichts herbeigeführt. Abgesehen von Strafsachen kann die S. nur auf Verletzung des materiellen Rechts gestützt werden und bedarf der Einwilligung des Gegners (§ 566a II, III ZPO, § 76 I, IV ArbGG, § 134 I VwGO). Im *Strafverfahren* ist die S. gegen Urteile des Amtsgerichts zulässig und nach den allgemeinen Vorschriften über die Revision in Strafsachen anzubringen und zu begründen, auch wenn ein anderer Beteiligter Berufung eingelegt hat. Dann wird zwar auch die S. als Berufung behandelt (diese hat den Vorrang), aber nur, wenn die Berufung rechtswirksam ist, d. h. weder zurückgenommen noch als unzulässig verworfen wird (§ 335 III StPO). In diesen Fällen ist dagegen die eingelegte S. als Revision durchzuführen. Wer das Wahlrecht zwischen Berufung und S. hat, kann aber, ohne zunächst das Wahlrecht auszuüben, das amtsgerichtliche Urteil nur „anfechten" und sich erst später für das eine oder andere Rechtsmittel entscheiden (→ Anfechtung von Entscheidungen; dort auch über den Übergang von Berufung zur Revision und umgekehrt).

**Staat.** Der Begriff wird in der Staatsphilosophie und der allgemeinen Staatslehre sehr unterschiedlich definiert. In einfachster Form versteht man darunter eine Personengemeinschaft in ihrer politischen Organisation, die ein → Staatsgebiet, ein Staatsvolk und eine → Staatsgewalt voraussetzt. Die Herrschaftsgewalt des Staates ist unabgeleitet und umfassend; alle anderen politischen Gemeinwesen sind ihm eingegliedert und leiten ihre Gewalt von ihm ab. Wesen und Rechtfertigung des S. ist Gegenstand der → Staatstheorien. Über die verschiedenen Organisationsformen s. → Staatsformen.

**Staatenbund** (Konföderation) ist eine lockere Vereinigung selbständiger Staaten (→ Souveränität), die gemeinsame Organe zur Besorgung gewisser Angelegenheiten haben. Die Gliedstaaten sind → Völkerrechtssubjekte; ob es der Bund auch ist, hängt von der konkreten Ausgestaltung im Einzelfall ab. Darin liegt völkerrechtlich der Unterschied zum → Bundesstaat, bei dem der Gesamtstaat immer Völkerrechtssubjektivität besitzt, die Gliedstaaten nur dann, wenn ihnen ausnahmsweise durch Bundesverfassungsrecht das Recht eingeräumt ist, am völkerrechtlichen Verkehr teilzunehmen (insbes. durch Abschluß von Verträgen, Austausch von Gesandten). Beispiele für Staatenbünde: Vereinigte Staaten 1777–1787, Deutscher Bund 1815–1866, Eidgenossenschaft 1815–1848. Bei einer – supranational organisierten – zwischenstaatlichen Gemeinschaft spricht man neuerdings von einer „Staatengemeinschaft" oder einem „Staatenverbund" (so das BVerfG im Urteil vom 12. 10. 1993 zum → „Maastricht-Vertrag" über die → Europäische Union; BVerfGE 89, 155/186/188).

**Staatenlose** sind Personen, die keine → Staatsangehörigkeit besitzen, weil sie die Voraussetzungen hierfür in keinem Staat erfüllen. Sie haben nicht die Rechte und Pflichten, die an die Staatsangehörigkeit geknüpft sind, haben somit grundsätzlich die gleiche Rechtsstellung wie die Angehörigen fremder Staaten (→ Ausländer). Nach Art. 16 I GG soll Staatenlosigkeit vermieden werden. Der Verlust der deutschen Staatsangehörigkeit darf gegen den Willen des Betroffenen nur dann eintreten, wenn er dadurch nicht staatenlos wird. Staatenlosigkeit kann insbes. eintreten, wenn jemand (auf seinen Antrag) aus der Staatsangehörigkeit entlassen wird, ferner wenn eine Frau infolge Eheschließung mit einem Ausländer die eigene Staatsangehörigkeit verliert (so früher stets nach § 17 Nr. 6 des Reichs- und StaatsangehörigkeitsG a. F.), ohne daß sie eine neue Staatsangehörigkeit erwirbt. Vgl. neuerdings das Ges. zur Verminderung der Staatenlosigkeit vom 29. 6. 1977 (BGBl. I 1101), das zur Ausführung des Übereinkommens vom 30. 8. 1961 zur Verminderung der Staatenlosigkeit (BGBl. 1977 II 597) und des Übereinkommens vom 13. 9. 1973 zur Verringerung der Fälle von Staatenlosigkeit ergangen ist. Es ermöglicht Personen, die nach dem Übereinkommen vom 28. 9. 1954 über die Rechtsstellung der St. (BGBl. 1976 II 473) staatenlos sind, die Einbürgerung und erschwert den Verlust der deutschen Staatsangehörigkeit.

**Staatenstaat** ist ein völkerrechtliches Unterwerfungsverhältnis eines oder mehrerer Staaten unter einen herrschenden Oberstaat (vgl. → Suzeränität, → Protektorat).

**Staatenstreitigkeiten** → Völkerrechtliche Streitigkeit.

**Staatenverbindung** ist der Sammelbegriff für die verschiedensten Formen der völkerrechtlichen und staatsrechtlichen Verbindung mehrerer Staaten. S. auf der Basis der Ungleichheit haben sich als eigene Rechtsform überlebt, zumal man sich scheut, real existierende Abhängigkeiten offen zu Tage treten zu lassen. Zu Beispielen aus der Vergangenheit sind → Mandats- und → Treuhandgebiete, → Suzeränität, → Protektorat, → Kondominium und Koimperium zu nennen. S. auf der Basis der Gleichheit sind → Personalunion, → Realunion, → Staatenbund und vor allem der → Bundesstaat. Eine besondere Bedeutung haben heute die → Internationalen Organisationen, darunter die → Europäischen Gemeinschaften. S. a. → Staatenverbindung (dort auch zum Begriff „Staatenverbund"). S. auf der Basis der Gleichheit haben in der Regel eine eigene Rechtspersönlichkeit und sind dann → Völkerrechtssubjekte. Dies ist jedoch nicht zwingend; S. in der Form multilateraler Allianz- und Bündnisverträge sind nicht notwendig Völkerrechtssubjekte, Realunion und Personalunion sind auch ohne eigene Völkerrechtssubjektivität denkbar.

**Staatliche Versicherung der DDR in Abwicklung.** Sie ist eine Anstalt des öffentlichen Rechts mit der Aufgabe, private Versicherungsverhältnisse aus dem Gebiet der ehem. DDR, die bis 13. 6. 1990 entstanden sind, zu verwalten. Lebensversicherungen sind ausgenommen, sie verwaltet die Deutsche LebensversicherungsAG. Die Rechtsverhältnisse der S. richten sich nach dem in Anl. I zum EinigV Kap. IV Sachg. B Abschn. II Nr. 45 erlassenen Gesetz.

**Staatsangehörigkeit** ist die rechtliche Mitgliedschaft einer Person in einem → Staat; aus ihr ergeben sich zahlreiche Rechte und Pflichten.

1. Der Staat kann innerhalb eines weiten Ermessensrahmens die Voraussetzungen für den Erwerb und Verlust der St. regeln. Erfüllt jemand die Voraussetzungen für St. in mehreren Staaten, so kann er mehrfache St. besitzen (*Doppelstaater; → Mehrstaater*), sofern nicht einzelstaatliche Bestimmungen oder staatsvertragliche Abmachungen den Erwerb einer St. an den vorherigen Verlust der andern St. knüpfen. Staatenlos sind Personen, die keines Staates St. besitzen. In der BRep. ist das St.srecht in Art. 16 I, 116 GG und im *Reichs- und Staatsangehörigkeitsgesetz* – RuStG – vom 22. 7. 1913 (RGBl. 583) m. spät. Änd. geregelt. Der in der Gesetzessprache häufig verwendete Begriff „Deutscher" i. S. des GG ist weiter als der des deutschen Staatsangehörigen; er umfaßt – vorbe-

haltlich anderweitiger gesetzlicher Regelung – auch die Personen, die als Flüchtlinge oder Vertriebene deutscher Volkszugehörigkeit oder als deren Ehegatten oder Abkömmlinge im Gebiet des Deutschen Reiches nach dem nach dem Stande vom 31. 12. 1937 Aufnahme gefunden haben.

2. Wie in jedem → Bundesstaat ist grundsätzlich zwischen der St. zu den Ländern und der zum Bund zu unterscheiden. Bis 1934 war die Landeszugehörigkeit die primäre; aus ihr leitete sich die Reichszugehörigkeit ab. Eine unabgeleitete Reichszugehörigkeit gab es nur in Ausnahmefällen. Seit 1934 besteht nur noch eine unabgeleitete deutsche St. Sie blieb auch nach dem 8. 5. 1945 erhalten und galt nach der in der BRep. vertretenen Auffassung einheitlich für die BRep. und die ehem. DDR. Dementsprechend nahm das BVerfG (NJW 1988, 1313) an, daß dem Erwerb der Staatsbürgerschaft der ehem. DDR in den Grenzen des → ordre public die Rechtswirkung des Erwerbes der deutschen St. beizumessen ist. Das Staatsbürgerschaftsgesetz der ehem. DDR vom 20. 2. 1967 (GBl. I 3) ging unter Aufhebung des RuStG von einer eigenen Staatsbürgerschaft der DDR aus. Der → Grundvertrag hatte die St.fragen zwischen BRep. und ehem. DDR absichtlich offengelassen.

3. Eine St. in den → Ländern ist zwar möglich (Art. 74 Nr. 8 GG räumt dem Bund hierfür die → konkurrierende Gesetzgebung ein) und auch in einigen Landesverfassungen vorgesehen, jedoch nirgends realisiert. Da das RuStG einen Gegenstand der → ausschließlichen Gesetzgebung des Bundes betrifft (Art. 73 Nr. 2 GG), ist es Bundesrecht geworden (→ Reichsrecht, Fortgeltung).

4. Die St. nach dem RuStG wird i. d. R. durch Geburt erworben. Durch die Geburt erwirbt ein Kind die deutsche Staatsangehörigkeit, wenn ein Elternteil die deutsche Staatsangehörigkeit besitzt. Ist nach deutschem Recht die Vaterschaftsanerkennung oder -feststellung erforderlich (→ Abstammung, 2 b, 3), so muß diese vor der Geltendmachung der Staatsangehörigkeit erfolgen. Damit bestimmt sich in der BRep. wie in allen kontinentaleuropäischen Staaten die St. nach der Abstammung (Abstammungsrecht; *ius sanguinis*). Im Gegensatz dazu steht der vor allem in ehemaligen Einwanderungsländern verbreitete Erwerb der St. allein durch die Geburt im Staatsgebiet (Bodenrecht, *ius soli*); auch gemischte Systeme kommen vor. Über die → Einbürgerung s. i. e. §§ 8–16 RuStG. Ehegatten Deutscher und bestimmte Gruppen von → Ausländern können unter erleichterten Voraussetzungen eingebürgert werden. Der *Verlust* der deutschen St. tritt durch → Entlassung (Ausbürgerung) ein, durch die Annahme (Adoption) eines deutschen Kindes durch einen ausländischen Vater, durch Erwerb einer ausländischen Staatsangehörigkeit und durch Verzicht. Ein Verlust der deutschen St. gegen den Willen des Betroffenen darf nur eintreten, wenn er dadurch nicht staatenlos wird (Art. 16 I 2 GG).

**Staatsangehörigkeit des Ehegatten.** Die → Staatsangehörigkeit der Ehefrau ist heute nach deutschem Recht von der des Mannes unabhängig. Eine Ausländerin erlangt durch Heirat mit einem Deutschen nicht wie früher kraft Gesetzes die deutsche Staatsangehörigkeit, erwirbt aber einen in seinen Voraussetzungen gegenüber den allg. Bestimmungen erleichterten Anspruch auf → Einbürgerung (§ 9 RuStG i. d. F. vom 8. 9. 1969, BGBl. I 1581); das gleiche gilt für einen mit einer deutschen Frau verheirateten Ausländer. Eine deutsche Staatsangehörige verliert ihre Staatsangehörigkeit durch Heirat mit einem Ausländer auch dann nicht, wenn sie auf Grund des ausländischen Rechts die ausländische Staatsangehörigkeit des Mannes mit der Eheschließung erwirbt.

**Staatsangehörigkeitsprinzip** → Internationales Privatrecht.

**Staatsanwaltschaft.** Die StA ist in Deutschland nach französischem Vorbild im 19. Jh. eingerichtet worden. Sie wird vorwiegend in Strafsachen tätig; als Strafverfolgungsbehörde obliegt ihr die Leitung des → Ermittlungsverfahrens, die Erhebung und Vertretung der Anklage und die → Strafvollstreckung. In bürgerlichen Rechtssachen hat sie ein Mitwirkungsrecht in Verschollenheitssachen. Eine StA soll bei jedem Gericht bestehen; s. a. die bundeseinheitl. Anordnung über Organisation und Dienstbetrieb der StA – OrgStA – (z. B. Bayern vom 18. 4. 1975, JMBl. 58, m. Änd.). Das Amt der StA wird ausgeübt: beim Bundesgerichtshof durch den *Generalbundesanwalt* und Bundesanwälte, bei den Oberlandesgerichten durch den *Generalstaatsanwalt* und weitere Staatsanwälte, bei den Landgerichten (einschließlich der Amtsgerichte) durch den *(Leitenden) Oberstaatsanwalt* und weitere Staatsanwälte, bei den Amtsgerichten auch durch → Amtsanwälte (§§ 141, 142 GVG). Der Generalbundesanwalt übt das Amt der StA vor allem in den Revisions- und Beschwerdeverfahren vor dem Bundesgerichtshof aus, daneben noch in Strafsachen, für die im ersten Rechtszug das Oberlandesgericht zuständig ist (§ 142 a GVG). Ein Staatsanwalt muß die → Befähigung zum Richteramt besitzen. Die StA ist eine Verwaltungsbehörde und als solche weisungsgebunden; der einzelne Staatsanwalt handelt stets in Vertretung oder im Auftrage des Behördenleiters (§ 144 GVG). Die *Dienstaufsicht und Leitung* steht zu: dem Bundesjustizminister gegenüber der Bundesanwaltschaft beim Bundesgerichtshof, den Landesjustizministern hins. der StAen ihres Landes, den Generalstaatsanwälten hinsichtlich der StAen ihres Bezirks (§ 147 GVG). Die Staatsanwälte sind grundsätzlich an Weisungen ihrer Vorgesetzten gebunden (§ 146 GVG). Doch findet das *Weisungsrecht* seine Grenze im → Legalitätsprinzip, in der Bindung an das geltende Recht und in dem Verbot der Verfolgung Unschuldiger und der Strafvereitelung bei Schuldigen (§§ 344, 258 a StGB); es kann daher i. d. R. nur in Ermessens- und zweifelhaften Rechtsfragen ausgeübt werden und unterliegt Einschränkungen besonders bei der Anklagevertretung in der Hauptverhandlung. In Ergänzung des Weisungsrechts steht den leitenden Staatsanwälten bei den Oberlandesgerichten und Landgerichten das Recht zu, bei allen Gerichten ihres Bezirks Amtsverrichtungen der StA selbst zu übernehmen oder einem anderen als dem zuständigen Staatsanwalt zu übertragen (Devolutions-, Substitutionsrecht; § 145 GVG).

Auf Grund von Vereinbarungen der Landesjustizverwaltungen ermittelt die *Zentralstelle in Ludwigsburg* NS-Gewaltverbrechen. Sie ist keine StA und gibt an diese ihr Material zur Strafverfolgung. Eine StA (ohne diesen Namen) besteht ferner zur Wahrnehmung des öffentlichen Interesses als Bundesanwaltschaft beim Bundesverwaltungsgericht. Bei den Oberverwaltungsgerichten und den Verwaltungsgerichten können StAen eingerichtet werden (§§ 35 bis 37 VwGO → Oberbundesanwalt, → Landesanwaltschaft.

**Staatsanwaltsrat** heißt die in verschiedenen Ländern der BRep. bestehende besondere → Personalvertretung der Staatsanwälte (z. B. Art. 46 ff. Bayer. Richtergesetz i. d. F. vom 11. 1. 1977, GVBl. 27, m. Änd.; §§ 54 f. Sächs. Richtergesetz vom 29. 1. 1991, GVBl. 21, m. Änd.). Der S. entspricht dem Personalrat für die sonstigen Beamten sowie dem → Richterrat für → Richter. Teilweise nimmt der Haupt-S. die bei den Richtern dem → Präsidialrat zukommenden Funktionen wahr.

**Staatsaufsicht.** Jur. Personen des öffentlichen Rechts stehen, soweit sie öffentliche Verwaltungsaufgaben (→ mittelbare Staatsverwaltung) wahrnehmen, unter staatlicher Aufsicht. Soweit ihnen das Recht der → Selbstverwaltung zusteht (sog. „eigener Wirkungskreis"), beschränkt sich die S. auf die Gesetzmäßigkeit der Verwaltungstätigkeit *(Rechtsaufsicht).* Bei → Auftragsangelegenheiten („übertragener Wirkungskreis") erstreckt sie sich dagegen auch auf die Handhabung des → Ermessens *(Fachaufsicht);* für die Erledigung dieser Aufgaben können die zuständigen staatlichen Aufsichtsbehörden auch in Einzelfällen Weisungen erteilen (→ Weisungsrecht). Gelegentlich finden sich Einschränkungen des fachaufsichtlichen Weisungsrechts, so z. B. in Art. 109 II 2 der bayer. Gemeindeordnung, wonach Eingriffe in das gemeindliche Verwaltungsermessen auf bestimmte Fälle zu beschränken sind. Fachaufsichtliche Weisungen der Aufsichtsbehörden in Angelegenheiten des übertragenen Wirkungskreises sind i. d. R. keine → Verwaltungsakte (vgl. BVerwG, BayVwBl. 1978, 375).

**Staatsauftragsangelegenheiten** → Gemeinde, → Staatsaufsicht.

**Staatsbank Berlin.** Die gemäß Anl. II zum EinigV Kap IV Abschn. II als öffentlichrechtliches Kreditinstitut weitergeführte S. ist mit Vermögen und Funktionen in Gesamtrechtsnachfolge auf die Kreditanstalt für Wiederaufbau übertragen worden (VO vom 15. 9. 1994, BGBl. I 2554). Die S. ist damit erloschen.

**Staatsbankrott** liegt vor, wenn der Staat seinen Zahlungsverpflichtungen nicht nachkommt, sei es infolge Zahlungsunfähigkeit (das sind geschichtlich die Hauptfälle) oder aber aus Rechtsgründen, so wenn die Verbindlichkeit bestritten wird, oder aus politischen Motiven, insbes. wenn beim Wechsel der Machtverhältnisse die Verbindlichkeiten aus früheren Zeiten grundsätzlich negiert werden. Von „verschleiertem" S. spricht man, wenn der Staat seine Verbindlichkeiten zwar nominell erfüllt, aber nur mittels entwerteten Geldes, sei es – wie in früheren Zeiten – durch Münzverschlechterung, sei es im Zuge einer allgemeinen Geldentwertung.

**Staatsbürgerliche Rechte und Pflichten.** Nach Art. 33 I GG hat jeder Deutsche in jedem Land die gleichen st. R. u. P. Darunter sind solche zu verstehen, die das Rechtsverhältnis des Staatsbürgers zum Staat bestimmen, z. B. das Wahlrecht, das Recht auf Zugang zu öffentlichen Ämtern, andererseits die Steuerpflichten. Damit sind grundsätzlich für jeden Deutschen in jedem Land der BRep. die gleichen Rechte garantiert wie den Landeseinwohnern. Zwar können die einzelnen Länder ihren Einwohnern R. u. P. abweichend von der Regelung in anderen Bundesländern gewähren, müssen diese aber allen Deutschen in gleicher Weise zuerkennen. Der Grundsatz des Art. 33 I GG hat den Charakter unmittelbar anzuwendenden Rechts, ist also nicht nur Programmsatz. Er ist als Verbot der unsachgemäßen Differenzierung wegen des religiösen Bekenntnisses für diesen Bereich in Art 33 III GG noch besonders festgelegt.

**Staatsbürgerschaft** → Staatsangehörigkeit.

**Staatserbrecht** → Erbfolge.

**Staatsfeindliche Bestrebungen** → Rechtsstaatsgefährdung, → verfassungsfeindliche Bestrebungen.

**Staatsform** ist die rechtliche Grundordnung eines Staates. Der Begriff bestimmt sich i. e. S. nur danach, wer → Staatsoberhaupt ist und den Staat völkerrechtlich vertritt; in diesem Sinne gibt es nur die St. der → *Monarchie* (erbliches Staatsoberhaupt) und der → *Republik* (nicht erbliches Staatsoberhaupt). Die neuere Lehre bestimmt die St. i. w. S. nach den einzelnen Formen der Herrschaftsausübung und der Machtverteilung im Staate.

Nach dem Träger der Staatsgewalt kann man zwischen → *Monarchie* (Alleinherrschaft im materiellen Sinne), *Mehrherrschaft* (→ *Aristokratie*, *Oligarchie*) und der Herrschaft des gesamten Staatsvolkes (→ *Demokratie*) unterscheiden. Nach der staatlichen Organisation wird zwischen → *Bundesstaat* (Staatsgewalt zwischen Gesamtstaat und Gliedstaaten aufgeteilt) und *Einheitsstaat,* zwischen *zentralisiertem* (keine oder wenig mittelbare → Staatsverwaltung) und *dezentralisiertem Staat* unterschieden. Die Machtfülle der Herrschenden wird durch die Begriffe *absoluter Staat (unbeschränkter Staat,* insbes. *absolute Monarchie,* im modernen Staat → *Diktatur*) und *konstitutioneller Staat (Verfassungsstaat)* gekennzeichnet, in dem die Macht des Trägers der Staatsgewalt durch eine (meist geschriebene) → Verfassung entweder organisatorisch (z. B. Mitwirkung der Stände: Ständestaat, ständische Monarchie; Mitwirkung eines → Parlaments: *parlamentarischer Staat, parlament. Monarchie*; → Gewaltentrennung) oder inhaltlich (insbes. durch Gewährung von Grundrechten) eingeschränkt ist. Nach den verfolgten Staatszwecken unterscheidet man den *Wohlfahrtsstaat* (historisch einschl. der „geistigen Wohlfahrt"; auch der moderne *„totale – totalitäre – Staat"* erstrebt die ideologische Durchdringung des Volkes) und den *liberalen Staat* (auf die Abwehr innerer und äußerer Gefahren beschränkt). In neuerer Zeit sieht man den Begriff St. mehr und mehr auch unter materiellen Gesichtspunkten: so wird der eigentlich formale Begriff „Republik" häufig i. S. des freiheitlichen Volksstaates verstanden, Demokratie i. S. des gewaltentrennenden und damit die Staatsmacht beschränkenden, an den Grundsätzen der Gleichheit und der Gerechtigkeit orientierten Staatswesens. Der Begriff → *„Rechtsstaat"* kennzeichnet ebenfalls nicht nur eine formale Ordnung, sondern wird i. S. des „freiheitlichen Rechtsstaates" verstanden; der Begriff → *„Sozialstaat"* betont die umfassende Verpflichtung des Staates zu sozialgerechter Gestaltung der Lebensverhältnisse des Volkes.

**Staatsgebiet** ist der geographische Raum, in dem ein → Staat seine Staatsgewalt ausübt. Zum S. gehören auch die von einem fremden Staat umschlossenen Gebietsteile (→ Exklaven). Änderungen der S. können durch Abtretung oder Eingliederung eines gesamten Staates in einen anderen Staat erfolgen. → Annexionen werden in der Regel nicht mehr als völkerrechtlich rechtmäßige Vergrößerungen des S. anerkannt. Der Begriff des S. ist nicht nur für das Völkerrecht und das Staatsrecht, sondern auch für andere Rechtsgebiete von erheblicher Bedeutung (→ internationales Recht). Zu den Grenzen des S. s. a. → Seerecht, → Festlandsockel, → Küstengewässer.

**Staatsgefährdung** → Rechtsstaatsgefährdung.

**Staatsgeheimnis.** Durch die Strafvorschriften gegen → Landesverrat sind als S. geschützt alle Tatsachen, Gegenstände oder Erkenntnisse, insbes. Schriften, Zeichnungen oder aus Tatsachen erarbeitete Gesamtbilder, die nur einem begrenzten Personenkreis zugänglich sind und die vor einer fremden Macht geheimgehalten werden müssen, um die Gefahr eines schweren Nachteils für die äußere Sicherheit der BRep. abzuwenden (*materieller* Geheimnisbegriff, § 93 StGB; die sog. formelle Sekretur, d. h. die äußere Bezeichnung als S., ist nicht entscheidend). Bekannte (offene) Einzelheiten können durch systematische sachkundige Arbeit zu einem neuen S. werden. Begrenzt ist ferner die Strafbarkeit der Preisgabe eines *illegalen* S. (d. i. eine Tatsache, die gegen die freiheitliche demokratische Grundordnung oder – unter Geheimhaltung gegenüber Vertragspartnern der BRep. – gegen zwischenstaatl. vereinbarte Rüstungsbeschränkungen verstößt). Grundsätzlich ist die Weitergabe oder Veröffentlichung des illegalen S. nicht mehr strafbar, wohl aber der Verrat an eine fremde Macht oder einen ihrer Mittelsmänner, wenn dadurch die Gefahr eines schweren Nachteils für die äußere Sicherheit der BRep. herbeigeführt wird (§ 97 a StGB). Nimmt der Täter irrig an, es handele sich um ein illegales S., ist er gleichwohl wegen Landesverrats zu bestrafen, wenn ihm der Irrtum vorzuwerfen ist oder er dem illegalen Zustand nicht entgegenwirken wollte oder der Verrat kein angemessenes Mittel zu diesem Zweck ist, wenn er insbes. nicht zuvor einen Abgeordneten des Bundestags um Abhilfe angerufen hat; → Amtsträger und Soldaten müssen vorher stets ihren Dienst(Disziplinar)-vorgesetzten um Abhilfe angehen (§ 97 b StGB).

**Staatsgerichtshof.** Als S. wurde in der Weimarer Republik das auf Grund Art. 108 WV durch Gesetz vom 9. 7. 1921 (RGBl. 905) errichtete Verfassungsgericht bezeichnet. Auch heute noch führen die Verfassungsgerichte einiger Länder der BRep. die Bezeichnung S. (Baden-Württemberg; Bremen; Hessen; Niedersachsen). → Verfassungsgerichtsbarkeit.

**Staatsgewalt** ist die Herrschaftsmacht des Staates über sein Gebiet und die auf diesem befindlichen Personen (→ Gebietshoheit). Das Bestehen einer St. ist Voraussetzung für die Anerkennung als Staat; denn der Staat muß seine Zwecke, insbes. eine Rechtsordnung zwangsweise durchsetzen können. Die St. ist ursprünglich (originär), d. h. sie besteht kraft eigenen Rechts, ist also nicht von einer anderen Gewalt abgeleitet. Sie ist umfassend (Universalitätsprinzip; Grundsatz der Allzuständigkeit). Alle übrigen öffentlich-rechtlichen Körperschaften innerhalb des Staates leiten ihre Hoheitsgewalt von der St. ab (str. hins. der → Gemeinden). Im → Bundesstaat ist die St. zwischen Gesamtstaat (in der BRep. der → Bund) und den Gliedstaaten (in der BRep. die → Länder) dergestalt aufgeteilt, daß jeder von ihnen originäre St. besitzt, diese aber durch die Verfassung auf bestimmte Aufgabengebiete verteilt wird.

**Staatsgewalt, Widerstand gegen die** – → Widerstand g. d. St.

**Staatshaftung**. Die Neuregelung der S. (Ges. vom 26. 6. 1981, BGBl. I 553) wurde vom Bundesverfassungsgericht (NJW 1983, 25) mangels Zuständigkeit des Bundes zur → Gesetzgebung für nichtig erklärt (s. aber jetzt Art. 74 I Nr. 25 GG). Es gelten deshalb bis auf weiteres die bisherigen Vorschriften über die *Amtshaftung* fort. Demnach ist für die S. zu unterscheiden, ob der Handelnde in Ausübung öffentlicher Gewalt, d. h. hoheitsrechtlich, oder privatrechtlich tätig geworden ist:

1. *bei hoheitsrechtlichem Handeln:* Verletzt ein „Beamter" schuldhaft die ihm einem Dritten gegenüber obliegende Amtspflicht, so hat an sich er den daraus entstehenden Schaden zu ersetzen (§ 839 I BGB). Bei hoheitlichem Handeln, d. h. bei Handeln in Ausübung öffentlicher Gewalt (→ öffentliches Recht), z. B. bei Erteilung einer behördlichen Genehmigung, in der Straßenbauverwaltung (s. a. → Verkehrssicherungspflicht), auch bei einer Dienstfahrt, nicht aber bei Abschluß eines Kaufvertrags, tritt aber nach Art. 34 GG an die Stelle des Beamten der Staat oder die Körperschaft (Gemeinde u. a.), die dem Amtsträger die Aufgaben, bei deren Wahrnehmung die Amtspflicht verletzt worden ist, anvertraut hat (z. B. beim Landrat der Staat oder der Landkreis; vgl. BGH NJW 1970, 750). Voraussetzung für die S. ist nicht, daß ein → Beamter im staatsrechtlichen Sinne tätig wird; es genügt, daß „jemand", also auch ein Angestellter, hoheitliche Funktionen wahrnimmt. Bei mittelbarer Staatsverwaltung entscheidet die jeweilige Organisation, ob hoheitliches Handeln vorliegt oder nicht (z. B. wurde die früher hoheitliche Bundespost privatisiert; privatrechtlich auch Deutsche Bahn sowie i. d. R. Verkehrsbetriebe, Sparkasse u. a.). Der → Notar ist zwar kein Beamter, aber gleichfalls Träger eines öffentlichen Amtes; er haftet daher, z. B. bei Verletzung seiner Prüfungs- und Belehrungspflicht, wie ein Beamter, allerdings ohne Eintritt der S. (§ 19 BNotO).

Die S. setzt nicht das Vorliegen des Tatbestands einer → unerlaubten Handlung voraus, sondern – umfassend – die Verletzung einer nach dem jeweiligen Rechtszustand und den Verwaltungsvorschriften sich bemessenden Amtspflicht. Hat der Beamte bei seiner Entscheidung einen Ermessensspielraum, so liegt eine *Amtspflichtverletzung* nur bei Überschreitung des zulässigen Rahmens sowie bei mißbräuchlicher Ermessensausübung unter Berücksichtigung der angewendeten Mittel (→ Ermessen) vor. Die dem Handelnden obliegende Amtspflicht darf aber nicht nur intern (Dienstvorschrift) oder der Allgemeinheit gegenüber bestehen, sondern muß – zumindest auch – unmittelbar dem Interesse eines Dritten dienen. Wenn auch der Begriff „Dritter" hier sehr weit auszulegen ist (z. B. bei Grundbucheintragungen jeder, der hierauf vertraut), so ist Dritter doch nicht, wer als Repräsentant der Allgemeinheit zufällig von der Amtshandlung betroffen wird (z. B. kein Anspruch des Seilbahnbenutzers aus S. gegen den Staat, wenn dessen Behörde die Aufsicht über die Seilbahnanlagen vernachlässigt). Zweck der Amtshandlung muß vielmehr auch die Wahrnehmung der Interessen des einzelnen sein (z. B. beim Lehrer die Aufsicht über die Kinder, bei der Baugenehmigungsbehörde hinsichtlich derjenigen, die beim späteren Einsturz des Hauses verletzt werden usw.). Die Amtspflichtverletzung muß vorsätzlich oder fahrlässig begangen werden; fehlt ein → Verschulden, so ist u. U. ein → Aufopferungsanspruch gegeben, z. B. bei Impfschäden (z. T. spez. gesetzl. Regelung), bei Turnunfällen in der Schule (str.). Der Schadensersatzanspruch aus S. geht auf Geldersatz; ein → Folgenbeseitigungsanspruch ist nicht vorgesehen.

Die S. wird ferner durch verschiedene Vorschriften *eingeschränkt.* So tritt die Ersatzpflicht nicht ein, wenn der Verletzte es vorsätzlich oder fahrlässig unterlassen hat, den Schaden durch den Gebrauch eines → Rechtsmittels – das sind alle Rechtsbehelfe im weitesten Sinne, z. B. Einspruch, Widerspruch, Klage (etwa gegen die Versagung einer Baugenehmigung), u. U. auch Aufsichtsbeschwerde, nicht aber selbständige Verfahren – abzuwenden (§ 839 III BGB). Bei bloßer Fahrlässigkeit tritt die S. nur ein, wenn der Verletzte nicht von etwaigen anderen Ersatzverpflichteten Ersatz zu erlangen vermag (Subsidiarität; § 839 I 2 BGB; nach BGHZ 68, 217 und BGH VersR 1991, 925 gilt diese Einschränkung jedoch nicht, wenn ein Amtsträger bei dienstl. Teilnahme am öffentl. Straßenverkehr ohne Vorrecht oder durch Verletzung der ihm hoheitl. obliegenden → Verkehrssicherungspflicht einen Verkehrsunfall verschuldet; auch besteht keine Verweisungsmöglichkeit auf eine (gesetzl. od. priv.) Krankenversicherung (BGH NJW 1981, 623, 626) oder Kaskoversicherung (BGH Betrieb 1983, 220). Der Ersatzberechtigte muß sich daher zunächst darum bemühen, von einem anderen zahlungsfähigen Haftpflichtigen Ersatz zu erlangen; ggf. muß er auch nachweisen, daß er eine früher gegebene Ersatzmöglichkeit nur ohne sein Verschulden nicht wahrgenommen hat. Handelt es sich bei der Amtspflichtverletzung um ein Urteil oder einen streitentscheidenden Beschluß in einer Rechtsstreitigkeit, so tritt die S., um eine nochmalige Überprüfung rechtskräftiger Urteile in einem Schadensersatzrechtsstreit zu vermeiden, nur ein, wenn der Richter sich einer Straftat (→ Rechtsbeugung) schuldig gemacht hat (§ 839 II BGB; sog. *Spruchrichterprivileg*).

2. *bei privatrechtlichem Handeln*: Die S. nach Art. 34 GG tritt hier nicht ein. Der Staat bzw. die Anstellungskörperschaft haften bei Vertragsverletzungen über § 278 BGB (→ Erfüllungsgehilfe), für → unerlaubte Handlungen nur nach § 831 BGB (Verrichtungsgehilfe) mit der Möglichkeit des Entlastungsbeweises. Nur wenn der Handelnde ein „verfassungsmäßig berufener Vertreter", d. h. ein leitender Beamter innerhalb eines selbständigen Verwaltungszweigs ist, oder wenn ein solcher fehlt (sog. Organisationsmangel), haftet der Staat ohne Entlastungsmöglichkeit wie ein → Verein für seinen Vorstand (s. dort; §§ 89, 31 BGB). Der Beamte selbst haftet bei Vertragsverletzungen überhaupt nicht (er ist nicht Vertragspartner); bei unerlaubten Handlungen haftet er nach § 839 BGB (s. o.), als Angestellter nur nach den allgemeinen Vorschriften über unerlaubte Handlungen (§§ 823 ff. BGB).

3. Zum *Rückgriff* des Staates gegen den Handelnden → Haftung des Beamten. Für Schadensersatz- und Rückgriffsansprüche ist der → ordentliche Rechtsweg (zu den Zivilgerichten) eröffnet (Art. 34 S. 3 GG). S. ferner → Enteignung, → enteignungsgleicher Eingriff, → enteignender Eingriff, → Aufopferungsanspruch.

4. Die S. für im *Gebiet der ehem. DDR* vor dem 3. 10. 1990 begangene Amtspflichtverletzungen richtet sich weiterhin nach dem DDR-StaatshaftungsG vom 12. 5. 1969 (GBl. I 34) m. Änd. (insbes. durch Anl. II Kap. III B Abschn. III 1 des → Einigungsvertrags). Ab diesem Zeitpunkt sind die obigen Vorschriften anzuwenden; das DDR-Staatshaftungsrecht gilt jedoch daneben als Landesrecht fort, soweit es nicht in einzelnen Ländern aufgehoben ist.

**Staatskanzlei** ist die Bezeichnung der Behörde des Ministerpräsidenten in den Ländern der BRep. (im Bund „Bundeskanzleramt", in den Stadtstaaten „Senatskanzlei").

**Staatskirche.** Das Verhältnis von Kirche und Staat kann entweder durch das Prinzip der Trennung von Kirche und Staat gekennzeichnet sein, wobei aber der Kirche staatlicherseits bestimmte Aufgaben und Rechte zuerkannt sein können, oder aber in einem Staatskirchentum bestehen (vgl. → Kirchenrecht). Das Staatskirchenrecht Großbritanniens hat sich für die St. entschieden. Es bestehen die anglikanische St. in England und die presbyterianische St. in Schottland. Oberhaupt beider Kirchen ist der König. Das Parlament übt die Aufsicht in kirchlichen Angelegenheiten aus. Die Religionsfreiheit ist gewährleistet. Die staatlichen Schulen unterrichten zwar nach der anglikanischen Lehre; doch ist Befreiung von ihrem Unterricht ebenso möglich wie Besuch der staatlich unterstützten Bekenntnisschulen.

**Staatskirchenrecht.** Das S. befaßt sich mit dem Verhältnis von Staat und Kirche. Es ist in der BRep. durch Art. 4 GG bestimmt, wonach jedermann die Freiheit des Glaubens, des Gewissens und die Freiheit des religiösen und weltanschaulichen Bekenntnisses als Grundrecht garantiert wird (→ Glaubensfreiheit), und durch Art. 140 GG, der die Art. 136–139, 141 WV zum Bestandteil des GG erklärt. Wesentliche Fragen des S. sind ferner in den Verträgen zwischen

Kirche und Staat geregelt (→ Konkordate, → Kirchenverträge). Nach Art. 136 WV werden die bürgerlichen und staatsbürgerlichen Rechte und Pflichten durch die Ausübung der Religionsfreiheit nicht berührt. Niemand soll verpflichtet sein, seine religiöse Überzeugung zu offenbaren. Art. 137 WV statuiert den Grundsatz der → Trennung von Staat und Kirche; nach ihm besteht keine → Staatskirche. Die Freiheit der Vereinigung zu → Religionsgesellschaften ist gewährleistet; der Zusammenschluß der Religionsgesellschaften unterliegt keinen Beschränkungen. Sie erwerben Rechtsfähigkeit nach den Vorschriften des bürgerlichen Rechts. Die Religionsgesellschaften werden als (rechtsfähige) → Körperschaften des öffentlichen Rechts bestätigt, soweit sie diese Rechtsform bereits besaßen; den übrigen kann sie auf Antrag verliehen werden, wenn sie nach Verfassung und Mitgliederzahl eine Gewähr für Dauer bieten. Dies sind in der BRep. die Pfarreien, Diözesen etc. der → kath. Kirche, die altkatholische Kirche, die evang. Landeskirchen, die → EKD, die Vereinigte Evang.-Luth. Kirche und einige jüdische Gemeinden. Den Religionsgemeinschaften ist das Recht garantiert, ihre Angelegenheiten selbständig innerhalb der Schranken der für alle geltenden Gesetze zu ordnen und zu verwalten. Dieses Selbstverwaltungsrecht der Kirchen einschl. der Befugnis, Kirchengesetze zu erlassen, ist nicht wie bei den sonstigen Körperschaften des öffentlichen Rechts vom Staat abgeleitet, sondern steht den Kirchen als vom Staat lediglich anzuerkennende Autonomie zu. Die → Staatsaufsicht gegenüber der Kirche ist entsprechend sehr beschränkt. Der Staat gewährt den Religionsgesellschaften Rechtsfähigkeit und wacht darüber, daß diese sich innerhalb der für alle geltenden Gesetze halten; er ermächtigt sie, im Rahmen landesgesetzlicher Vorschriften Steuern zu erheben; ihm steht die Aufsicht über Schulwesen (auch über kirchliche Schulen) und Religionsunterricht zu (Art. 7 I, III GG). Auf die inneren Angelegenheiten der Kirchen kann der Staat jedoch grundsätzlich keinen Einfluß nehmen. Insbesondere besteht kein absoluter Vorrang der für alle geltenden Gesetze. So kann über das Vermögen der Kirchen, die Körperschaften des öffentlichen Rechts sind, kein Konkursverfahren eröffnet werden, da dies zur Erfüllung der staatlichen Aufgaben und im Blick auf das Gemeinwohl nicht unumgänglich erscheint.

**Staatskommissar** ist ein von der Regierung eingesetzter Beauftragter, der an Stelle der sonst zuständigen Staats- oder Selbstverwaltungsorgane deren Befugnisse wahrnimmt, wenn sie zur ordnungsmäßigen Verwaltung nicht in der Lage sind. Bei Körperschaften mit → Selbstverwaltungsrecht nur auf gesetzl. Grundlage statthaft.

**Staatsminister** ist die Bezeichnung der → Minister in einzelnen Ländern der BRep. (z. B. in Bayern und Sachsen), im Bund für einzelne → Parlamentarische Staatssekretäre, z. B. im Auswärtigen Amt (zu unterscheiden vom → Bundesminister).

**Staatsnotstand** (etwa gleichbedeutend mit Ausnahmezustand) ist gegeben, wenn die öffentliche Sicherheit und Ordnung und damit der Bestand des Staates durch militärische Bedrohung von außen oder durch Ausnahmesituationen im Innern in solchem Maße gefährdet werden, daß die normalen Mittel der Rechtsordnung nicht ausreichen, um geordnete Zustände zu gewährleisten. Der S. in diesem Sinne ist also von Verfassungsstörungen (insbes. dem → Gesetzgebungsnotstand) zu unterscheiden, die dann vorliegen, wenn Verfassungsorgane, insbes. das Parlament, sich als funktionsunfähig erweisen. Naturkatastrophen oder große Unglücksfälle begründen i. d. R. keinen S., sondern einen polizeilichen → Notstand. Die Verfassungen der meisten Staaten enthalten für den Fall eines S. Vorschriften, vor allem über die Verlagerung von Zuständigkeiten der Staatsorgane (insbes. des Rechts zur Gesetzgebung; → Notverordnung) und über die Einschränkung von → Grundrechten. Das GG ist für den Fall des S. durch die sog. → Notstandsverfassung ergänzt worden (vgl. → Verteidigungsfall, → Spannungsfall, → Notstand, innerer, → Naturkatastrophen, → Notstandsgesetzgebung).

**Staatsnotwehr.** Die Vorschriften über → Notwehr sind anwendbar, soweit es sich um den Schutz fiskalischer Rechtsgüter handelt; Notwehrhandlungen des einzelnen sind auch zugunsten staatlicher Rechtsgüter zulässig, sofern er durch den Angriff unmittelbar betroffen wird. Sind hoheitliche Rechtsgüter bedroht, wird St. überwiegend für zulässig gehalten, freilich nur im äußersten Falle (ein solcher Fall veranlaßte die gesetzliche Regelung der → Kontaktsperre).

**Staatsoberhaupt** ist die Person (nur in seltenen Fällen ein Kollegium), die – jedenfalls formell – an der Spitze des Staates steht. In der → Monarchie ist das Amt des St. erblich, in der → Republik wird es von einer ernannten oder gewählten Person (Präsident) bekleidet. Die verfassungsrechtliche Stellung des St. ist in den einzelnen Staaten sehr unterschiedlich geregelt. Meist vertritt das St. sein Land im völkerrechtlichen Verkehr mit anderen Staaten (z. B. Abschluß von Staatsverträgen, Beglaubigung der Gesandten). Die innerstaatlichen Befugnisse des St. sind je nach der Regierungsform sehr verschieden, in der Demokratie meist stark eingeschränkt. In Staaten mit → Gewaltentrennung steht das St. grundsätzlich außerhalb der einzelnen Gewalten, wirkt aber bei gewissen Funktionen mit (z. B. Berufung der Regierung, Ernennung der Beamten, Auflösung des Parlaments, Ausfertigung der Gesetze, Ausübung des Begnadigungsrechts). Stehen dem St. nicht nur einzelne Befugnisse zu (die überdies oft nur formalen Charakter besitzen), sondern ist es (ausnahmsweise) auch Inhaber der → vollziehenden Gewalt, so spricht man von → Präsidialdemokratie (Präsidialverfassung), so z. B. in den USA. Über die Stellung des St. in der BRep. vgl. → Bundespräsident.

**Staatsrat.** Der S. der ehem. DDR (Art. 66 ff. der Verfassung der ehem. DDR) bestand aus dem Vorsitzenden, dessen Stellvertretern, den Mitgliedern und dem Sekretär, die von der → Volkskammer auf 5 Jahre gewählt wurden. Der S. war Organ der Volkskammer und ihr verantwortlich. Er vertrat die DDR völkerrechtlich, ratifizierte und kündigte Staatsverträge. Er faßte grundsätzliche Beschlüsse zu Fragen der Verteidigung und Sicherheit und organisierte die Landesverteidigung mit Hilfe des Nationalen Verteidigungsrates. Im Auftrag der Volkskammer übte er die ständige Aufsicht über Verfassungsmäßigkeit und Gesetzlichkeit der Tätigkeit des Obersten Gerichts und des Generalstaatsanwalts.

**Staatsrecht** ist der Zweig des öffentlichen Rechts, der sich mit der rechtlichen Gestaltung des → Staates befaßt, insbes. mit seinen Grundlagen (Staatselemente, → Staatsform, → Staatsangehörigkeit), mit der Rechtsstellung der Bürger im Staat (→ Grundrechte, Grundordnung des Staates), mit der Organisation des Staates (insbes. dem bundesstaatlichen Gefüge sowie der Abgrenzung der Zuständigkeiten im → Bundesstaat) und dem Aufbau und den Funktionen der Staatsorgane. Da die Grundlage des Staates seine (geschriebene oder ungeschriebene) → Verfassung bleibt, ist St. weitgehend gleichbedeutend mit Verfassungsrecht.

**Staatsschutzdelikte** werden Straftaten genannt, die sich gegen den Bestand des Staates, seine verfassungsmäßigen Einrichtungen, das Funktionieren des Staatsapparates und andere lebenswichtige Interessen und Rechtsgüter des Staatswesens richten. Sie werden mit Mitteln des Staatsschutzes bekämpft, zu denen außer sicherheitspolizeilichen Maßnahmen auch Strafbestimmungen zählen. S. sind insbes. → Hoch- und → Landesverrat, → Rechtsstaatsgefährdung, Beteiligung an verbotenen → Vereinigungen, Gefährdung der Landesverteidigung, → Verschleppung und politische → Denunziation. Soweit bei diesen Straftaten nicht die Zuständigkeit des Oberlandesgerichts begründet ist, in dessen Bezirk die LdReg. ihren Sitz hat, werden sie von einer besonderen, für den gesamten Oberlandesgerichtsbezirk zuständigen Strafkammer eines Landgerichts abgeurteilt (sog. *Staatsschutzkammer*). Doch kann der Generalbundesanwalt in Fällen von besonderer Bedeutung die Verfolgung übernehmen (→ Evokationsrecht) und dadurch die Zuständigkeit des OLG begründen; sie können aber dem LG wieder überwiesen werden (§§ 74 a, 120 II GVG).

**Staatsschutzkammer** → Staatsschutzdelikte.

**Staatssekretär** ist im Bund und in den Ländern im allgemeinen die Bezeichnung für den Stellvertreter eines Ministers; er steht – anders als dieser – im Beamtenverhältnis und ist zu unterscheiden von einem → parlamentarischen St., bei dem das nicht der Fall ist. Die St. im Bund sind → politische Beamte, ebenso in den Ländern, soweit deren Beamtenrecht diesen Begriff kennt. In Bayern sind die St. keine Beamten, sondern stehen als Mitglieder der Staatsregierung ebenso wie die Minister in einem besonderen öffentlich-rechtl. Amtsverhältnis; der leitende Beamte eines Ministeriums ist dort der Ministerialdirektor.

**Staatssicherheitsdienst** („Stasi") war in der ehem. DDR eine vom Ministerium für Staatssicherheit (MfS) geführte Organisation, die durch ein umfangreiches Netz von haupt- und nebenamtlichen Mitarbeitern alle Staatsorgane, gesellschaftlichen Gruppen und Privatpersonen kontrollierte und dadurch eine beherrschende Machtstellung erlangte. Mit dem Sturz des SED-Regimes wurde der S. aufgelöst.

Zur Bewältigung des Problems der *„Stasi-Akten"* (ca. 8 Mio Akten mit personenbezogenen Informationen sowie Dateien und Unterlagen über Organisation und Personal des S., Spionage und Terrorismus, die im einzelnen nicht gesichtet sind) reicht das geltende Datenschutzrecht nicht aus. Da die Aufbewahrung, Nutzung und Sicherung der Akten wegen der damit verbundenen Grundrechtseingriffe einer umfassenden gesetzl. Regelung bedarf, wurde das dazu von der Volkskammer der ehem. DDR erlassene Ges. v. 24. 8. 1990 (GBl. I 1419) durch die vorläufige Regelung in Anlage I Kap. II Sachgebiet B Abschn. II Nr. 2 Buchst. b zum EinigV vom 31. 8. 1990 und Art. I der Vereinbarung dazu vom 18. 9. 1990 (BGBl. II 885) ersetzt. Das Gesetz über die Unterlagen des S. der ehem. DDR (*Stasi-Unterlagen-Gesetz* – StUG) vom 20. 12. 1991 (BGBl. I 2272) m. spät. Änd. regelt insbes. folgende Punkte: Auskunftsrecht für jedermann, Einsichtsrechte für Betroffene (eingeschränkt auch für Mitarbeiter des S.), vollständige Erfassung und zentrale Verwaltung der Unterlagen, Einrichtung einer fachlich weisungsfreien Bundesoberbehörde, beschränkte Verwendung der Unterlagen in der Strafverfolgung, weitgehendes Nachteilsverbot gegenüber Betroffenen und Dritten, kein Zugriff der Nachrichtendienste, Öffnung der Unterlagen für die wissenschaftliche Forschung (ohne Daten Betroffener und Dritter).

**Staatsstraßen** → Landstraßen.

**Staatstheorien** befassen sich mit Erklärung und Rechtfertigung der Existenz des Staates. Sie sind sehr mannigfaltig und reichen von völliger Verneinung der Existenzberechtigung des Staates (insbes. seiner umfassenden Gewalt) bis zu seiner Verherrlichung. Zum Teil sehen sie seine Rechtfertigung im religiösen Bereich (dem göttlichen Plan entsprechend), zum Teil als Ergebnis rationalistischen Denkens (z. B. die ethische oder Sittlichkeitstheorie, die Th. des Wohlfahrtsstaates). Besonders erwähnt sei die Vertragstheorie, welche die Staatsbildung als Vertragsschluß ansieht (Gesellschaftsvertrag). Die neueren S. sehen den Zweck des Staates nicht allein darin, die innere und äußere Sicherheit der Einwohner zu gewährleisten (darauf beschränkte sich die Theorie des liberalen Rechtsstaates). Sie lehnen auch einen einzelnen, absolut gültigen Staatszweck ab, richten vielmehr als relative S. den Staatszweck nach den jeweiligen Bedürfnissen des Staatslebens aus. Der Staat soll zugleich die materielle Gerechtigkeit so weit als möglich verwirklichen und denjenigen (subsidiär) Hilfe zukommen lassen, die aus eigener Kraft innerhalb der Gemeinschaft nicht menschenwürdig bestehen könnten (Rechts- und Sozialstaat).

**Staatsutopien** werden rechtsgeschichtlich die Idealbilder von Staaten genannt, die nach den Vorstellungen älterer humanistischer Staatsphilosophen anzustreben sind, die aber praktisch nicht verwirklicht werden können. Ein solches Idealbild wurde schon von Plato (gest. 347 v. Chr.) in seinem Werk Politeia gezeichnet, in dem er den Staat als Verkörperung der Idee des Guten darstellte, vermittelt durch die Gerechtigkeit. Der Begriff Staatsutopie geht zurück auf den Phantasieroman Utopia des engl. Staatsmanns Thomas Morus (More; 1478–1535). Er entwirft darin das Bild eines Inselstaates, der charakterisiert ist durch Rechtsgleichheit aller Bürger, Aufhebung des Eigentums zwecks Beseitigung der Kriminalität, 6- Std.-Arbeitstag usw. Ähnliche Vorstellungen über menschheitsbeglükkende Staatenbildungen im abgeschlossenen Raum finden sich in der christlichen Utopienlehre des Italieners Tommaso Campanella (1568–1639) über den Sonnenstaat und in der Atlantis des engl. Philosophen Francis Bacon (1561–1626).

**Staatsvertrag** ist die gängige Bezeichnung für einen → völkerrechtlichen Vertrag, der nicht nur → Verwaltungsabkommen ist. Dieses erstreckt sich nur auf Gegenstände, welche die vollziehende Gewalt in eigener Zuständigkeit regeln kann; hingegen hat der S. Regelungen zum Inhalt, deren innerstaatliche Durchführung gesetzgeberische Akte erfordert. Dementsprechend bedürfen Verträge, welche sich auf Gegenstände der Bundesgesetzgebung (d. h. der Gesetzgebung überhaupt, nicht nur der des Bundes) beziehen, der Zustimmung oder Mitwirkung der jeweils für die Bundesgesetzgebung zuständigen Körperschaften in der Form eines Bundesgesetzes (Art. 59 II 1 GG). Die Zustimmung hat die Form eines Gesetzes („Vertragsgesetz"), das außerdem die Transformation der vertraglichen Regelung in das innerstaatliche Recht enthält („Transformationsgesetz"). Erst nach der Zustimmung kann der Bundespräsident oder sein Bevollmächtigter die → Ratifikation des S. vornehmen; das Zustimmungsgesetz wird daher häufig auch als „Ratifikationsgesetz" bezeichnet. Wird ein S. ohne Zustimmung der gesetzgebenden Körperschaften ratifiziert, so ist str., ob er deshalb unwirksam ist oder im Verhältnis zum Vertragspartner verbindlich bleibt. Die gleiche Regelung wie für Verträge, die sich auf Gegenstände der Gesetzgebung beziehen, sieht Art. 59 II 1 GG für Verträge vor, welche die politischen Beziehungen des Bundes regeln, d. h. die Existenz, Unabhängigkeit, den Gebietsstand oder die Stellung der BRep. in der Staatengemeinschaft berühren. Ob ein Handelsvertrag oder ein Kulturabkommen „die politischen Beziehungen des Bundes" regelt, entscheidet sich nach den Umständen des Einzelfalles. „Politische Verträge" i. S. des Art. 59 II 1 GG bedürfen der Zustimmung der gesetzgebenden Körperschaften, auch wenn sie keine Regelung enthalten, deren Durchführung innerstaatlich einen Gesetzgebungsakt erfordert.

Will der Bund einen S. oder einen anderen völkerrechtlichen Vertrag schließen, der ganz oder in einzelnen Gegenständen der Gesetzgebungszuständigkeit der Länder unterfällt, dann muß er nach dem → Lindauer Abkommen das Einverständnis aller Länder herbeiführen, bevor ein von ihm abzuschließender Vertrag völkerrechtlich verbindlich wird. Dieses Einverständnis aller Länder wird durch die Beteiligung des Bundesrates beim Ratifikationsgesetz nicht ersetzt.

Die Länder der BRep. können im Rahmen ihrer Gesetzgebungskompetenz S. mit auswärtigen Staaten nur mit Zustimmung der BReg. schließen (Art. 32 III GG) Untereinander können sie S. über alle Gegenstände ihres Aufgabenbereichs (nicht nur ihrer Gesetzgebungskompetenz) abschließen, insbes. über gemeinsame Einrichtungen (z. B. auf kulturellem Gebiet: S. über die Errichtung des Zweiten Deutschen Fernsehens als Anstalt des öff. Rechts). Inwieweit diese der Zustimmung des Landesparlaments bedürfen, entscheidet sich nach der Landesverfassung; bei Gegenständen, die der Gesetzgebungskompetenz des Landesparlaments unterliegen, ist das regelmäßig der Fall. Beispiel für einen S. zwischen Bund und Land: S. zwischen der BRep. D. und dem Freistaat Bayern über den rechtl. Status der Main-Donau-Wasserstraße ... vom 29. 8. 1985 (BayGVBl. 1986, 83).

**Staatsverwaltung** *(unmittelbare und mittelbare).* Nimmt der Staat (Bund, Land) Verwaltungsaufgaben durch eigene Organe (Behörden) ohne Rechtspersönlichkeit wahr, so spricht man von *unmittelbarer St.; mittelbare St.* liegt vor, wenn staatliche Verwaltungsaufgaben von juristischen Personen des öffentl. Rechts (insbes. → Gebietskörperschaften wie → Gemeinde und → Kreis sowie rechtsfähigen → Anstalten) wahrgenommen werden. Mittelbare St. gibt es im Bund und in den Ländern (→ Verwaltungskompetenz, → Ausführung von Gesetzen). Ob der Staat sich zur Erledigung seiner Verwaltungsaufgaben anderer Rechtsträger bedienen darf, ist durch Verfassung und Gesetz bestimmt. Die Einschränkung der mittelbaren St. bezeichnet man als Zentralisierung, ihre Ausdehnung als Dezentralisierung.

**Staatszielbestimmung** → Verfassung.

**Stabilitätsgesetz** ist die Kurzbezeichnung für das Ges. zur Förderung der Stabilität und des Wachstums der Wirtschaft vom 8. 6. 1967 (BGBl. I 582). Das Ges. ermächtigt die BReg. im Rahmen der sozialen → Marktwirtschaft durch sog. indirekte Lenkungsmaßnahmen (s. → Wirtschaftslenkung) den Wirtschaftsablauf zur Sicherung des gesamtwirtschaftlichen Gleichgewichts, der Beschäftigung und der Außenwirtschaft global zu steuern. Diese Zielsetzungen sind auch verfassungsrechtlich verankert (s. Art. 109 GG). Das S. normiert hauptsächlich Grundsätze für eine konjunkturgerechte Haushaltswirtschaft des Bundes unter weitgehender Einbeziehung der Länder und Gemeinden. Es sieht u. a. vor: die Vorlage eines Jahreswirtschaftsberichts durch die BReg. an Bundestag und Bundesrat mit Stellungnahme zu dem Jahresgutachten des → Sachverständigenrates und Darlegung der von der BReg. für das laufende Jahr angestrebten wirtschafts- und finanzpolitischen Ziele (§ 2), die Festsetzung sog. Orientierungsdaten über gesamtwirtschaftliche Zusammenhänge als Leitlinien für die Tarifpartner (sog. konzertierte Aktion, § 3), die 2jährliche Vorlage eines Subventionsplanes (§ 12) sowie die Bildung eines → Konjunkturrates (§ 18). Das S. verpflichtet den Bund zu einer 5jährigen Finanzplanung (§ 9) und zur Aufstellung von mehrjährigen Investitionsprogrammen (§ 10). Von entscheidender Bedeutung sind ferner die Ermächtigungen der BReg., durch RechtsVO mit Zustimmung des Bundesrats die zwangsweise Bildung von → Konjunkturausgleichsrücklagen bei Bund und Ländern vorzusehen (§ 15), die Kreditaufnahme durch Bund, Länder und Gemeinden zu beschränken (§ 19), die Einkommensteuer um 10% nach oben oder unten zu variieren, Sonderabschreibungen einschl. der → degressiven Abschreibungen zeitweilig auszusetzen sowie eine sog. Investitionsprämie in Form der Abzugsmöglichkeit der Investitionsaufwendungen von Unternehmen bis zur Höhe von 7,5% von ihrer Einkommensteuerschuld zu gewähren (§ 51 EStG i. d. F. des § 26 des St.). Die praktische Bedeutung des S. ist gering.

**Stadt.** Die Bezeichnung einer größeren Gemeinde als S. ist nach den → Gemeindeordnungen der Länder i. d. R. ohne rechtliche Bedeutung. Lediglich ist die Eigenschaft als → kreisfreie S. (→ Gemeinde, 3 d) rechtlich bedeutsam. In einigen Ländern gibt es zwischen der kreisangehörigen und der kreisfreien Stadt noch Zwischenformen mit gegenüber der kreisangehörigen S. erweiterten Aufgaben, so z. B. die „Große Kreisstadt" (in Bayern, Baden-Württemberg und Sachsen), die „große selbständige Stadt" (Niedersachsen) und die „große kreisangehörige Stadt" (Nordrhein-Westfalen, Rheinland-Pfalz, Sachsen-Anhalt und Thüringen). Diese Eigenschaft wird durch VO oder Gesetz der Länder im Hinblick auf eine bestimmte Einwohnerzahl oder auf regionale Bedeutung verliehen (→ Kreisstadt).

**Stadtbezirk** → Gemeindebezirk.

**Stadtbezirksbeirat** → Gemeindebezirk.

**Stadtbezirksrat** → Gemeindebezirk.

**Stadtdirektor** war bislang in den Städten Niedersachsens und Nordrhein-Westfalens die Bezeichnung für den → Gemeindedirektor. In → Kreisfreien Städten führt er die Bezeichnung Oberstadtdirektor.

**Städtebauförderung.** Das 1971 erlassene Ges. über städtebauliche Sanierungs- und Entwicklungsmaßnahmen in den Gemeinden, zuletzt i. d. F. vom 18. 8. 1976 (BGBl. I 2318), regelte die Sanierung und Entwicklung in Stadt und Land. Es ist nunmehr unter Änderungen im → Baugesetzbuch (zweites Kapitel: Besonderes Städtebaurecht, §§ 136ff.) aufgegangen. S. → Städtebaurecht.

**Städtebauliche Entwicklungsmaßnahmen.** Mit s. E. sollen Ortsteile oder andere Teile einer → Gemeinde entsprechend ihrer besonderen Bedeutung für die städtebauliche Entwicklung und Ordnung der Gemeinde erstmalig entwickelt oder im Rahmen einer städtebaulichen Neuordnung einer neuen Entwicklung zugeführt werden. Die Gemeinde beschließt die fömliche Festlegung des städtebaulichen Entwicklungsbereichs durch Satzung (Entwicklungssatzung). Die Gemeinde hat für den städtebaulichen Entwicklungsbereich unverzüglich Bebauungspläne (→ Bauleitpläne) aufzustellen. Sie soll ferner die Grundstücke im städtebaulichen Entwicklungsbereich erwerben. Erwirbt die Gemeinde ein Grundstück nicht, ist der Eigentümer verpflichtet, einen Ausgleichsbetrag an die Gemeinde zu entrichten, der der Erhöhung des Bodenwertes entspricht. Die Einzelheiten sind in §§ 165 ff. des → Baugesetzbuches geregelt.

**Städtebauliche Gebote** nennt man die in § 175 ff. des → Baugesetzbuchs vorgesehenen, von den Gemeinden erlassenen Bau- oder Pflanzgebote (→ Baugebot), Nutzungsgebote, Abbruchgebote, Modernisierungs- oder Instandsetzungsgebote. Sie werden teils durch → Verwaltungsakt (Bescheid), teils durch → Satzung erlassen. Die Gemeinde soll vorher die geplanten Maßnahmen mit den Eigentümern oder sonstigen Nutzungsberechtigten erörtern und diese beraten, wie die Maßnahmen durchgeführt werden können und welche Finanzierungsmöglichkeiten aus öffentl. Kassen bestehen. Unzumutbare P. dürfen nicht ergehen. U. U. können P. Entschädigungsansprüche auslösen (s. a. → Planungsschäden).

**Städtebauliche Sanierungsmaßnahmen** dienen der Behebung städtebaulicher Mißstände, insbesondere bei Bestehen ungesunder Wohn- und Arbeitsverhältnisse. Die → Gemeinde kann ein Gebiet, in dem eine s. S. durchgeführt werden soll, förmlich als Sanierungsgebiet festlegen (→ Sanierungssatzung). Die Durchführung der s. S. umfaßt Ordnungsmaßnahmen (Erwerb von Grundstücken, Umzug von Bewohnern und von Erschließungsanlagen) und Baumaßnahmen; letztere bleiben in der Regel den Eigentümern überlassen. Die Einzelheiten sind in §§ 136 ff. des → Baugesetzbuches geregelt.

**Städtebaurecht.** Das S. ist als besonderer Teil des Bauplanungsrechts (→ Baurecht) in §§ 136 bis 191 des – Baugesetzbuches (BauGB) geregelt. Als Instumentarien des besonderen Städtebaurechts sieht das BauGB → Städtebauliche Sanierungsmaßnahmen, → Städtebauliche Entwicklungsmaßnahmen, → Erhaltungssatzungen und → Städtebauliche Gebote vor. Weitere Vorschriften regeln Sozialplan und Härteausgleich, die öffentlich-rechtliche Gestaltung von Miet- und Pachtverhältnissen sowie die Abstimmung zwischen Maßnahmen der Bauleitplanung und Maßnahmen zur Verbesserung der Agrarstruktur.

**Stadtfriede** → Landfriede.

**Stadtkreis** → kreisfreie Städte.

**Stadtrat** heißt nach einigen Gemeindeordnungen (Bayern, Bad.-Württbg., Rheinl.-Pfalz, Saarland, Sachsen, Sachsen-Anhalt, Thüringen) die Gemeindevertretung (→ Gemeindeverfassung, 3) in den Städten (sowie das einzelne Mitglied dieser Vertretung). Die entsprechenden Bezeichnungen in den anderen Ländern sind Stadtvertretung oder Stadtverordnetenversammlung (z. B. Hessen).

**Stadtrechte** → Rechtsgeschichte (3).

**Stadtschaften** sind nach dem Vorbild der → Landschaften für den städtischen Hausbesitz geschaffene öffentlich-rechtliche → Bodenkreditinstitute auf genossenschaftlicher Basis. S. preuß. G. über die Förderung der Stadtschaften vom 8. 6. 1918 (GS 97). Die Kreditnehmer werden i. d. R. kraft Satzung Mitglieder und übernehmen eine Haftung in Höhe eines v. H. ihrer nicht getilgten Darlehnsschuld.

**Stadtstaat** nennt man eine Stadt, deren Gebiet – meist mit abgegrenzter Umgebung – zugleich Staatshoheitsbereich ist; in der BRep.: → Berlin, → Bremen, → Hamburg (→ Länder der BRep.).

**Stadtverordnetenversammlung.** → Stadtrat, → Gemeindeverfassung, 3.

**Stadtvertretung** → Stadtrat, → Gemeindeverfassung, 3.

**Stadt-Umland-Verbände** → Kommunalverbände.

**Staffelmiete** → Mietpreisbindung.

**Stammaktie** ist eine Aktie, die keine Vorrechte bzgl. Stimmrecht, Dividende usw. (→ Vorzugsaktie, → Mehrstimmrechtsaktie) gewährt.

**Stammeinlage** ist der Teil des → Stammkapitals einer → Gesellschaft mit beschränkter Haftung, der von einem ihrer Gesellschafter übernommen wird. Die S. entspricht der → Aktie in Bezug auf das → Grundkapital einer → Aktiengesellschaft. Als Teil des Stammkapitals bestimmt sie den Umfang des → Geschäftsanteils. Die S. muß mindestens 500 DM (künftig 100 Euro) betragen; ihr Betrag muß durch 50 teilbar und kann für jeden Gesellschafter verschieden sein (§ 5 GmbHG). Ein Gesellschafter kann bei der Gründung der GmbH nicht mehr als eine S. übernehmen (§ 5 II GmbHG; aber bereits Gründung einer → Einmanngesellschaft zulässig), später aber alle Geschäftsanteile erwerben. Die S. darf den Gesellschaftern weder gestundet noch erlassen werden (§ 19 II GmbHG). Sie kann auch durch Leistungen erbracht werden, die nicht in Geld bestehen. Die GmbH darf aber nur angemeldet werden, nachdem wenigstens ein Viertel jeder S., insgesamt mindestens aber 25 000 DM (künftig die Hälfte des Mindeststammkapitals) einbezahlt sind (§ 7 II GmbHG).

**Stammkapital** ist bei einer → Gesellschaft mit beschränkter Haftung der Geldbetrag, der dem → Grundkapital einer → Aktiengesellschaft entspricht. Das S. setzt sich aus den → Stammeinlagen zusammen; es muß mindestens 50 000 DM (künftig 25 000 Euro) betragen (§ 5 GmbHG). Zur Umstellung auf den Euro für vor dem 1. 1. 1999 eingetragene GmbHs s. § 86 GmbHG (entsprechend dem festgelegten Umrechnungskurs durch Beschluß der Gesellschafter mit einfacher Stimmenmehrheit). Zum Schutz für die Gläubiger der GmbH ist es verboten, das zur Erhaltung des S. erforderliche Vermögen an die Gesellschafter auszuzahlen (§§ 30, 31 GmbHG; s. a. → Gesellschafterdarlehen). Aus diesem Grunde ist das S. stets auf der Passivseite der → Bilanz aufzuführen. Die Höhe des S. ist bei der Eintragung ins → Handelsregister anzugeben (§ 10 I GmbHG). Das S. kann erhöht (§ 55 GmbHG) und herabgesetzt werden (§ 58 GmbHG), jedoch nur durch eine Änderung des Gesellschaftsvertrages (Satzung).

**Stammrecht** → Leibrente.

**Stand der Technik** → Technische Regeln.

**Stand von Technik und Wissenschaft** → Technische Regeln.

**Stände, -staat.** Die Gliederung in Stände ist eines der wesentlichsten Merkmale des europäischen Verfassungsrechts des Mittelalters. Als S. waren zunächst nur Adel und Geistlichkeit zur Mitwirkung an der staatlichen Willensbildung zugelassen, später auch Bürger und Bauern. Vor und während der franz. Revolution wurden die bürgerlichen Kreise als der dritte Stand bezeichnet; für die besitzlose Arbeiterschaft bildete sich sodann der Begriff Vierter Stand heraus. Im deutschen Mittelalter entwickelte sich erst nach und nach eine ständische Verfassung. Während die Landesherren zunächst die Regierungsgewalt ohne Mitwirkung der Bevölkerung ausübten, erlangten die ihnen nach → Lehnsrecht dienstpflichtigen Vasallen mit der Zeit mehr und mehr Einfluß auf die Staatsgeschäfte, indem sie auf Grund der von ihnen geforderten Dienste ein Mitspracherecht durchsetzten, z. B. bei der Bewilligung von Steuern, Besetzung von Ämtern usw. So entwickelte sich der *Ständestaat,* in dem die S. dem Landesherrn auf Grund landständischer Verfassungen gegenübertraten. Neben die Adeligen und die geistlichen Fürsten traten die Städte als Vertreter der Bürgerschaften. Rechtlich waren die S. privilegierte Korporationen; sie hatten bestimmte Rechte und Vorrechte (z. B. das privilegium fori: das Recht der Reichsunmittelbaren, Adeligen und Geistlichen auf Aburteilung durch das Reichskammergericht bzw. das Hof- oder geistliche Gericht). Erst die Aufklärung brachte mit der veränderten Staatsauffassung auch das Ende des Ständestaates: verfassungsmäßig standen jetzt dem Landesherrn nicht mehr die S., sondern im Parlament die Volksvertreter, in der zweiten Kammer die Vertreter der Landesteile gegenüber; die landständischen Verfassungen wurden nach und nach aufgehoben. – Der Ständestaat, insbes. die → ständische Monarchie, hat im wesentlichen historische Bedeutung; dem demokratischen Verfassungsleben ist er so gut wie unbekannt. Gelegentlich finden sich aber auch in demokratischen Staaten noch ständische Elemente, so z. B. im Senat des Freistaates Bayern (→ Senat, 1 b).

**Standesamt** → Standesbeamter.

**Standesbeamter.** Dem St. obliegt der Erlaß des → Aufgebots und die Vornahme der → Eheschließung sowie die Führung der → Personenstandsbücher und die Erteilung von → Personenstandsurkunden; auch ist er zur Entgegennahme namensrechtlicher Erklärungen zuständig (→ Name der Familie, → Name des Kindes, → Einbenennung usw.). Die Aufgaben des Standesamts sind staatliche Angelegenheiten, die den Gemeinden zur Erfüllung nach Anweisung übertragen worden sind (§§ 51 ff. PStG). Jede Gemeinde muß einem – von der zuständigen Verwaltungsbehörde gebildeten – Standesamtsbezirk zugeordnet sein; für jeden Bezirk sind St. in der erforderlichen Anzahl zu bestellen.

Lehnt der St. die Vornahme einer Amtshandlung ab, so kann er auf Antrag der Beteiligten oder der Aufsichtsbehörde durch das Amtsgericht dazu angehalten werden. Auf das gerichtliche Verfahren in *Personenstandssachen* sind die Vorschriften der → freiwilligen Gerichtsbarkeit anzuwenden. Gegen die Entscheidung des Amtsgerichts ist i. d. R. die sofortige → Beschwerde gegeben. Auch eine *Berichtigung* der Personenstandsbücher nach Abschluß der Eintragung kann – abgesehen von offensichtlichen Schreibfehlern und Ergänzungen – nur auf Anordnung des Gerichts vorgenommen werden (§§ 45 ff. PStG).

**Standesrecht.** Unter S. verstand man Elemente des Berufsrechts der → freien Berufe, vor allem der Ärzte und Rechtsanwälte, aus dem Grenzbereich von Rechts- und Anstandspflichten, die durch die „Standes“ vertretungen und durch bezeichnenderweise „Ehren“ gerichte genannte Spruchstellen des Berufstandes gewahrt und weitgehend auch formuliert wurden. Auf dieser Grundlage wurden eine Fülle von rigiden Berufsvorschriften ohne eine spezifische Rechtsgrundlage begründet, etwa strikte Werbeverbote, Schweigepflichten, Hilfs- und Unterlassungspflichten. Als S. im angegebenen Sinne kann man das vom Weltärztebund angenommene „Ärztegelöbnis“ (1948), für Rechtsanwälte den International Code of Ethics der Internationalen Rechtsanwaltsvereinigung vom 25. 7. 1956 ansehen.

Infolge einer fortschreitenden Verrechtlichung, für die die Entscheidung des BVerfG NJW 1988, 191 ff. nicht so sehr Anlaß als Ausdruck und Abschluß einer Entwicklung ist, kann man heute für Deutschland von S. in diesem Sinne außerhalb der genannten internationalen Ethik-Codes kaum mehr sprechen. Der Begriff wird aber weiterhin – und nicht unbedingt passend – verwendet für das Berufsrecht der freien Berufe, etwa des → Rechtsanwalts (dort 2), des → Steuerberaters und für die Berufsordnungen der Ärzte.

**Standgeld** → Frachtvertrag.

**Standgericht** → Standrecht.

**Ständige Vertragskommission** → Lindauer Abkommen.

**Ständiger Schiedsgerichtshof** → Schiedsgerichtshof, ständiger.

**Ständiges Schiedsgericht** → Schiedsgericht, → Sportrecht.

**Ständische Monarchie** ist eine → Staatsform i. w. S., in welcher der Monarch in der Ausübung der → Staatsgewalt durch Rechte der Stände – insbes. Berufsstände oder Stände kraft Geburt oder Rechtsstellung – beschränkt ist, denen z. B. das Steuerbewilligungsrecht zusteht. Die s. M. ist eine historische Erscheinung, dem demokratischen Verfassungsleben ist sie unbekannt.

**Standort** → Wohnsitz; (Kfz.) → Güterkraftverkehr.

**Standortverwaltung** → Bundeswehrverwaltung.

**Standrecht.** In Kriegszeiten (→ Kriegsrecht, 3.) oder im Ausnahmezustand (→ Staatsnotstand) kann zur Aufrechterhaltung der Ordnung das S. verkündet werden. Danach kann wegen bestimmter Straftaten von einem Standgericht in einem abgekürzten Verfahren eine unanfechtbare (allenfalls „Bestätigung“) Strafe verhängt und sofort vollstreckt werden. Im Recht der BRep. ist ein S. nicht vorgesehen. Im → Verteidigungsfall, → Spannungsfall und beim inneren → Notstand gilt die → Notstandsverfassung. Standgerichte sind als Ausnahmegerichte nach Art. 101 I GG verboten.

**„Stasi“** → Staatssicherheitsdienst.

**Stationierungskosten** → Besatzungskosten.

**Stationierungsstreitkräfte, -schäden** (Ersatzansprüche, deutsche Gerichtsbarkeit) → Streitkräfte, ausländische.

**Statistik.** Statistische Erhebungen durch öffentliche Rechtsträger (Behörden, Körperschaften), die aufgrund von Befragungen der Bürger, also nicht rein behördenintern, erstellt werden, bedürfen schon nach Verfassungsrecht der gesetzlichen Grundlage (→ Vorbehalt des Gesetzes), wobei für die Ausgestaltung im einzelnen auch Verordnungen genügen. Zu beachten sind für jede normative Anordnung und Ausgestaltung statistischer Erhebungen die verfassungsrechtlichen Beschränkungen durch den Grundsatz der Verhältnismäßigkeit (Eignung, Erforderlichkeit sowie angemessenes Verhältnis von Zweck und Mittel) und durch das Grundrecht auf → informationelle Selbstbestimmung (BVerfG NJW 1984, 419). Die S. für Bundeszwecke regelt allgemein das BundesstatistikG vom 22. 1. 1987 (BGBl. I 462) m.Ä. Es legt die allgemeinen Zielsetzungen statistischer Erhebungen fest (§ 1), enthält Vorschriften über Organisation und Aufgaben des Statistischen Bundesamts (§§ 2, 3), ferner Verordnungsermächtigungen (§ 5). Besondere Einschränkungen gelten für S.en mit Auskunftspflicht. Durch VO dürfen sie nur für Wirtschafts- und Umweltstatistiken angeordnet werden. Im übrigen gilt für alle durch VO angeordnete Erhebungen die Beschränkung auf einen dreijährigen Erhebungszeitraum. Zu den Regelungsanforderungen für VOen im übrigen vgl. § 9. Als „Erhebungsbeauftragte“, also z. B. Volkszähler, dürfen nur zuverlässige und verschwiegene Personen verpflichtet werden (§ 14), zur Geheimhaltung vgl. § 16, zu Auskunftspflichten der Befragten im einzelnen § 15. Dem → Datenschutz dient das Verbot der „Reidentifizierung“ (§ 21), d. h. der Zusammenführung statistischer Daten zum Zwecke der Identifizierung einzelner Auskunftspflichtiger, Verstöße gegen dieses Verbot sind strafbar (§ 22). Verstöße gegen statistische Auskunftspflichten sind mit Bußgeld bedroht (§ 23). Unterscheiden kann man zwischen Allgemeinerhebungen, die mehr oder minder die gesamte Bevölkerung betreffen, und solchen für einzelne Lebens- und Wirtschaftsbereiche, ferner (nach der statistischen Technik) Repräsentativ- (z. B. Mikrozensus) und Totalerhebungen (z. B. Volkszählung); die Entscheidung für eine bestimmte Erhebungstechnik ist verfassungsrechtlich gebunden (s. o.). Von den einzelnen Statistiken allgemein bedeutsam sind z. B. die Repräsentativstatistik der Bevölkerung und des Erwerbslebens – Mikrozensus – (Ges. vom 10. 6. 1985, BGBl. I 955, m. Änd.), über Bevölkerungsbewegungen (Ges. vom 14. 3. 1980, BGBl. I 694), Volks-, Berufs-, Wohnungs- und Arbeitsstättenzählung – VolkszählungsG 1987 – vom 8. 11. 1985 (BGBl. I 2078), Wohnungsstatistiken, Ges. vom 18. 3. 1993 (BGBl. I 337), Lohnstatistik i. d. F. vom 3. 4. 1996 (BGBl. I 598), öffentliche Finanzen und Personal im öffentlichen Dienst, Ges. vom 21. 12. 1992 (BGBl. I 2118), Steuerstatistik (Ges. vom 6. 12. 1966, BGBl. I 665), Preise (Ges. vom 9. 8. 1958, BGBl. I 605), private Haushaltsführung (Ges. vom 11. 1. 1961, BGBl. I 18), Straßenverkehrsunfälle (Ges. vom 15. 6. 1990, BGBl. I 1678), Verbraucherpreise, VO vom 13. 4. 1993 (BGBl. I 445). Im übrigen sind für praktisch alle Wirtschaftszweige umfassende statistische Erhebungen gesetzlich angeordnet, so z. B. für Außenhandel (s. hierzu auch EG-Ausfuhrstatistik, VO vom 22. 5. 1995 – ABl. EG L 118/10), Beherbergungsgewerbe, Handel, Handwerk, → Landwirtschaft, Presse, produzierendes Gewerbe, Rohstoff- und Produktionswirtschaft, Verkehr (Güter-, Personen-, Luftverkehr). Behördenintern und deshalb ohne besondere gesetzliche Grundlage werden z. B. die Kriminal- und die Justizstatistik geführt. Die Ausführung statistischer Erhebungen obliegt grundsätzlich den statistischen Landesämtern (Art. 88 GG). Diese erheben auch die vom Landesgesetzgeber angeordneten Statistiken. Wegen der Anpassung von Statistiken für das Gebiet der ehem. DDR vgl. das Gesetz über die Bevölkerungsstatistik für die neuen Länder vom 9. 4. 1991 (BGBl. I 895) und die StatistikanpassungsVO vom 26. 3. 1991 (BGBl. I 846).

**Statthaftigkeit** bedeutet bei einem → Rechtsbehelf, daß er gegen eine Entscheidung überhaupt stattfinden kann, d. h. durch das Gesetz oder die Rechtsordnung zugelassen wird. Die S. ist eine Voraussetzung der Zulässigkeit des Rechtsbehelfs, bei → Rechtsmitteln eine → Rechtszugvoraussetzung.

**status activus, negativus, passivus, positivus** → Gewaltverhältnis (öff.-rechtliches).

**status quo** ist der bestehende (Rechts-) Zustand,

**status quo ante** derjenige (Rechts-) Zustand, der vor dem jetzigen bestanden hat.

**Statusprozeß** war die frühere Bezeichnung des Verfahrens in → Kindschaftssachen.

**Statut** ist ein überkommener, gelegentlich im → Völkerrecht und für öffentlich-rechtliche → Satzungen, heute noch häufiger für privatrechtliche Satzungen („Vereinsstatuten") verwendeter Begriff. S. a. → kirchliche Gesetze.

**statute law** → Common law.

**Steckbrief.** Der S. ist eine an die Strafverfolgungs- und Sicherheitsbehörden gerichtete Aufforderung, nach einem flüchtigen Beschuldigten zu fahnden. Er enthält eine Personenbeschreibung sowie Angaben über die Straftat. Er wird im → Strafregister niedergelegt, das der verfolgenden Behörde Hinweise über den Aufenthaltsort gibt und von bereits vorliegenden Anfragen oder Nachrichten über den Gesuchten Mitteilung macht (§§ 27 ff. BZRG). Ein S. kann während des Strafverfahrens vom Richter oder StA grundsätzlich nur auf Grund eines → Haftbefehls oder → Unterbringungsbefehls erlassen werden, sonst nur gegen einen entwichenen Festgenommenen (in diesem Fall auch von der Polizei, § 131 StPO). Nach rechtskräftigem Abschluß des Strafverfahrens kann ein S. des StA gegen einen zu Freiheitsstrafe Verurteilten ergehen, der flüchtig ist oder sich verborgen hält (§ 457 II StPO, § 34 StrafvollstrekkungsO). S. a. → Suchvermerk.

**Stehendes Gewerbe.** Zum st. G. gehört jeder Gewerbebetrieb, dessen Tätigkeit nicht dem → Reisegewerbe (§ 55 GewO) oder dem → Marktverkehr (§ 64) zuzurechnen ist. Eine gewerbliche → Niederlassung (§ 42 II GewO) ist nicht Voraussetzung. Von den gesetzlich abschließend genannten Gewerbearten abgesehen, für die im Interesse der Gefahrenabwehr eine besondere Genehmigung erforderlich ist (s. Gewerbezulassung), kann jedes stehende Gewerbe frei betrieben werden. Der Gewerbetreibende hat lediglich die Aufnahme und jede Veränderung der gewerblichen Betätigung der nach Landesrecht zuständigen Behörde anzuzeigen (§ 14), die hierüber eine Empfangsbescheinigung ausstellt (§ 15), sowie bei Betrieb einer offenen Verkaufsstelle oder einer Gastwirtschaft seinen Namen am Eingang deutlich lesbar anzubringen (§ 15 a). Gewerbetreibende haben ihre → Firma zu führen. Soweit für sie keine Firma eingetragen ist, haben sie bei Geschäftsbriefen an einen bestimmten Empfänger den Familiennamen und mindestens einen ausgeschriebenen Vornamen anzugeben (§ 15 b I); wegen ausländischer jur. Personen vgl. § 15 b II, III. S. ferner → Gewerbeuntersagung wegen Unzuverlässigkeit (§ 35 GewO).

**Steinbruch** (Betriebshaftung) → Eisenbahnbetriebshaftung; (Gewerberecht) → Urproduktion.

**Stein-Hardenberg'sche Reformen.** Die unter den preußischen Staatsministern Frhr. vom Stein und Fürst Hardenberg 1807 eingeleitete und 1812 abgeschlossene Reform der Staatsverwaltung schuf die Grundlage der → Selbstverwaltung der Gemeinden; sie begann mit der preußischen Städteordnung von 1808. Die Reform brachte außerdem für die Bauern die Befreiung von der persönlichen und dinglichen Abhängigkeit vom Grundherrn und damit von der Erbuntertänigkeit; sie zwang allerdings viele Bauern, denen die Mittel zur Selbstbewirtschaftung fehlten, zum Landverkauf. Des weiteren führte die Reform die → Gewerbefreiheit ein und beschränkte die Adelsvorrechte.

**Steinkohlenbergbau,** Förderung des – → Bergbau.

**Stellenschlüssel** ist eine nach Laufbahnen und Verwendungen unterscheidende Schlüsselung der Eingangs- und Beförderungsämter der Beamten. Wegen Einzelheiten vgl. die VOen i. d. F. vom 21. 9. 1992 (BGBl. I 1595 u. 1597).

**Stellensuche** → Dienstvertrag, → Vorstellungskosten.

**Stellenvorbehalt** → Berufsförderung der Soldaten.

**Stellplätze** *(für Kraftfahrzeuge)* → Garagen, Stellplätze.

**Stellvertretende Strafrechtspflege** → Geltungsbereich des Strafrechts.

**Stellvertretendes Commodum** → Unmöglichkeit der Leistung (3).

**Stellvertreter** → Stellvertretung, → Vertreter ohne Vertretungsmacht; s. a. → Anwaltsprozeß.

**Stellvertretung** liegt vor bei Abgabe einer → Willenserklärung *(aktive St.)* oder deren Empfang *(passive St.)* für einen anderen in dessen Namen. Voraussetzung ist also ein eigenverantwortliches, unmittelbares Handeln in fremdem Namen und eine entsprechende Vertretungsmacht (s. u.); die im Namen des Vertretenen abgegebene oder empfangene Willenserklärung wirkt – soweit zulässig – unmittelbar für und gegen den Vertretenen (§ 164 I, III BGB; unmittelbare, offene oder direkte St. genannt). Nicht unter die Vorschriften der St. fällt daher ein Handeln im eigenen Namen, wenn auch im Interesse des Vertretenen (→ *mittelbare St.*, Treuhänder, Strohmann, Kommissionär); hier tritt die Rechtswirkung gegenüber der Mittelsperson ein, die ihre Rechte erst dem Geschäftsherrn übertragen muß. St. ist ferner nicht der → *Bote*, der lediglich eine bereits vorgefertigte Willenserklärung übermittelt. S. a. → Erfüllungsgehilfe, → Verrichtungsgehilfe (wichtig für die Haftung von Hilfspersonen). Zum „Geschäft für den, den es angeht" → Eigentumsübertragung (an beweglichen Sachen).

Die St. ist grundsätzlich bei allen → Rechtsgeschäften, auch bei → rechtsgeschäftsähnlichen Handlungen (z. B. Einwilligung), nicht dagegen bei reinen Tathandlungen (z. B. Erwerb des → Besitzes), auch nicht bei → unerlaubten Handlungen möglich. St. ist jedoch verschiedentlich ausgeschlossen im → Familien- und → Erbrecht, wo das Rechtsgeschäft wegen seiner Bedeutung höchstpersönliche Vornahme verlangt, insbes. bei der → Eheschließung, bei der Einwilligung zur → Adoption, bei der Errichtung eines → Testaments oder eines → Erbvertrags u. a. m. Die St. ist ferner weitgehend ausgeschlossen, wenn der Vertreter auf beiden Seiten des Rechtsgeschäfts mitwirken müßte (→ *Selbstkontrahieren*). Der Vertreter kann auch nur beschränkt geschäftsfähig, nicht aber geschäftsunfähig sein (§ 165 BGB).

Die zur wirksamen St. erforderliche *Vertretungsmacht* (= Berechtigung zum Handeln nach außen) darf nicht verwechselt werden mit der *Geschäftsführungsbefugnis* (= Berechtigung im Innenverhältnis gegenüber dem Vertretenen), die auf → Geschäftsbesorgungsvertrag, Auftrag oder Dienstvertrag beruhen kann. Die Vertretungsmacht kann sich unmittelbar aus dem Gesetz herleiten (gesetzliche St.) oder durch Rechtsgeschäft erteilt sein (gewillkürte St.). Über die Voraussetzungen der durch Rechtsgeschäft erteilten Vertretungsmacht und deren Umfang → *Vollmacht*. Der Umfang der gesetzlichen Vertretungsmacht ergibt sich unmittelbar aus dem Gesetz. Eines *gesetzlichen Vertreters* bedürfen insbes. Personen, die nicht die volle → Geschäftsfähigkeit besitzen; ges. Vertr. sind hier vor allem die Eltern (→ elterliche Sorge) oder der → Vormund. Daneben sind ges. Vertr. – aber nur bei Geschäftsfähigkeit und daher eigener Handlungsfähigkeit des Vertretenen – der → Pfleger, der → Betreuer, der vertretungsberechtigte Gesellschafter einer Personalgesellschaft, insb. einer → offenen Handelsgesellschaft u. a. m.; s. a. → Schlüsselgewalt. Keine echten ges. Vertr. sind die *Organe* einer → juristischen Person (Vorstand eines Vereins, Geschäftsführer einer GmbH), da sie für die juristische Person selbst, nicht in deren Vertretung handeln. Auch die gesetzlichen Verwalter (→ Insolvenzverwalter, → Nachlaßverwalter, → Testamentsvollstrecker) sind nach h. M. (sehr str.) nicht gesetzliche Vertreter, sondern Träger eines öffentlichen Amts (→ Partei kraft Amtes), wenn sie jenen auch bei der Haftung für Erfüllungsgehilfen (§ 278 BGB) gleichgestellt sind. Ist die Vertretungsmacht kraft Gesetzes oder Vollmacht nur mehreren gemeinsam übertragen *(Gesamtvertretung),* so müssen bei der aktiven St. alle Gesamtvertreter zusammenwirken; zur passiven St. genügt dagegen regelmäßig die Abgabe der Willenserklärung gegenüber einem der Gesamtvertreter (vgl. § 125 II 3 HGB, § 28 II BGB; → Verein).

Fehlt die Vertretungsmacht oder wird sie überschritten, so liegt → *Vertretung ohne Vertretungsmacht* vor. Handelt der Vertreter dagegen im Rahmen seiner Befugnisse, so treten die Rechtswirkungen direkt zwischen Vertretenem und Drittem – ohne Berührung der Person des Vertreters – ein (sog. *Repräsentationstheorie*). Es macht dabei keinen Unterschied, ob die Erklärung ausdrücklich im Namen des Vertretenen abgegeben wird, oder ob die Umstände ergeben, daß sie in dessen Namen abgegeben werden soll (§ 164 I 2 BGB); z. B. bei der – zulässigen – Unterzeichnung mit dem Namen des Vertretenen; → Form, „Geschäft für den, den es angeht." Tritt jedoch der Wille, in fremdem Namen zu handeln, nicht erkennbar hervor, so bleibt der Mangel des Willens, im eigenen Namen zu handeln, außer Betracht (§ 164 II BGB Vertreter muß sich dann – wie bei der mittelbaren Stellvertretung – im Interesse des Verkehrsschutzes selbst als Vertragspartei behandeln lassen; eine → Anfechtung (von Willenserklärungen) ist ausgeschlossen. Von der St. (Handeln *in* fremdem Namen) ist das Handeln *unter* fremdem Namen zu unterscheiden (z. B. falsche Namensangabe im Hotel, Fälschung einer Unterschrift). Hier kommt – entspr. § 164 II BGB – der Vertrag mit dem unter falschem Namen Auftretenden zustande; nach der Rspr. soll jedoch der „Vertretene" wie bei der Vertretung ohne Vertretungsmacht die Möglichkeit haben, das Rechtsgeschäft zu genehmigen und somit für sich wirksam zu machen.

Da der Vertreter den Vertretenen in der Willenserklärung vertritt, kommt es für das Vorliegen von → Willensmängeln (z. B. beim Irrtum) sowie für die Kenntnis oder die fahrlässige Unkenntnis bestimmter Umstände (z. B. Sachmängel, Eigentumslage) allein auf die Person des Vertreters an, es sei denn, der Bevollmächtigte hat nach bestimmten Weisungen des Vollmachtgebers gehandelt (§ 166 BGB). So findet z. B. bei der Übereignung ein → gutgläubiger Erwerb statt, wenn der Vertreter ohne grobe Fahrlässigkeit von dem fehlenden Eigentum des Veräußerers nichts gewußt hat, mag dies auch dem Vertretenen bekannt gewesen sein.

**Sterbebuch.** Das St. ist eines der → Personenstandsbücher; es dient zur Beurkundung der Sterbefälle (§ 2 II PStG; auch → Totgeburt). In das St. werden die persönlichen Verhältnisse des Verstorbenen und seines Ehegatten und die näheren Umstände des Todesfalls eingetragen (§§ 32 ff. PStG). Den Todesfall muß dem → Standesbeamten, in dessen Bezirk er eingetreten ist, spätestens am folgenden Werktage angezeigt werden. Anzeigepflichtig (mündlich beim Standesamt) sind in folgender Reihenfolge: das Familienoberhaupt, der Wohnungsinhaber sowie alle sonstigen Personen, die von dem Sterbefall aus eigener Kenntnis unterrichtet sind. Tritt der Tod in einem öffentlichen Krankenhaus, in einer ähnlichen Anstalt oder in einem Gefängnis ein, so ist ausschließlich deren Leiter oder der besonders ermächtigte Verwaltungsangehörige zur Anzeige des Sterbefalls verpflichtet. Die Verletzung der Anzeigepflicht ist eine → Ordnungswidrigkeit (§ 68 PStG).

**Sterbefall** (Anzeigepflicht) → Sterbebuch.

**Sterbegeld.** Über das S. beim Tode eines Beamten → Hinterbliebenenversorgung.

In der → Krankenversicherung wird St. gezahlt, wenn der Versicherte am 1. 1. 1989 und am Sterbetag versichert war. Es beträgt beim Tod eines Mitglieds 2100 DM, beim Tod eines familienversicherten Angehörigen 1050 DM. Es wird an den gezahlt, der die Bestattungskosten getragen hat. In Zukunft – bei den nach dem 1. 1. 1989 in die Versicherung eintretenden Personen – fällt es weg. §§ 58, 59 SGB V.

In der → Unfallversicherung wird beim Tod durch → Arbeitsunfall 1/7 der im Zeitpunkt des Todes geltenden Bezugsgröße als S. gezahlt (§ 64 SGB VII). Beim S. ist das → Erbrecht ausgeschlossen. Empfänger ist, wer die Kosten der Bestattung getragen hat.

In der → Kriegsopferversorgung ist beim Tode eines Beschädigten das 3fache der für den Sterbemonat zustehenden Versorgungsbezüge zu zahlen. Empfänger sind die Angehörigen in der o. a. Reihenfolge (wobei nach den Eltern auch noch Stiefeltern, Pflegeeltern und Enkel in Frage kommen) und, wenn solche nicht vorhanden, der Träger der Bestattungskosten, § 37 BVG.

**Sterbehilfe.** 1. a) *Aktive S.*, die von der straflosen Teilnahme an einer Selbsttötung zu unterscheiden ist (→ Tötung II.), ist die gezielte Tötung eines Kranken, die dessen Leben zur Beendigung des Leidens verkürzt. Sie ist strafbar (→ Tötung I.). Wird sie auf ausdrückliches und ernstliches Verlangen des Kranken ausgeführt, tritt Strafmilderung ein (§ 216 StGB).

b) *Passive S.* ist das Unterlassen von Maßnahmen der Lebensverlängerung durch Behandlungsabbruch oder -verzicht bei einem unheilbaren Kranken, dessen Tod in kurzer Zeit eintreten wird (sog. Sterbenlassen). Dabei werden Maßnahmen wie Beatmung, Bluttransfusion oder künstliche Ernährung eingestellt; nur die Grundversorgung wird aufrecht erhalten. Die passive S. ist auf Grund des Selbstbestimmungsrechts des Patienten zulässig, wenn sie seinem erklärten oder mutmaßlichen Willen entspricht (→ Einwilligung des Patienten); dabei kann ein Patiententestament von Bedeutung sein.

Ausnahmsweise kann bei einem unheilbar erkrankten, nicht mehr entscheidungsfähigen Patienten der Abbruch der ärztlichen Behandlung auch dann zulässig sein, wenn die Voraussetzungen der passiven S. zwar nicht vorliegen, weil der Sterbevorgang noch nicht eingesetzt hat, dies aber dem Willen des Kranken entspricht. Läßt sich dieser nicht feststellen, kann u. U. auf allgemeine Wertvorstellungen zurückgegriffen werden (BGH NJW 1995, 204).

c) *Indirekte S.* ist die ärztlich gebotene schmerzlindernde Medikation bei einem tödlich Kranken, die als unbeabsichtigte, aber unvermeidbare Nebenfolge den Todeseintritt beschleunigt. Sie ist straflos, sofern die Behandlung dem erklärten oder mutmaßlichen Patientenwillen entspricht (BGH NJW 1997, 807).

2. *Hilfe im Sterben*, die keine S. ist, umfaßt die Maßnahmen, durch die Schmerzen gelindert und der Sterbevorgang erleichtert werden, ein lebensverkürzendes Risiko aber nicht ausgelöst wird. Sie ist ärztlich geboten und strafrechtlich ohne Belang.

3. Keine S. ist auch das Sterbenlassen von schwergeschädigten oder mißgebildeten Neugeborenen (sog. Früheuthanasie). Seine Beurteilung ist umstritten. Teilweise wird die Anwendung der Grundsätze der erlaubten S. befürwortet (zum Ganzen s. Kutzer NJW 1994, 110; Tröndle, vor § 211, Rdn. 13ff.).

**Sterbeurkunde** → Personenstandsurkunden.

**Sterilisation** → Unfruchtbarmachung.

**Sternverfahren** ist die gleichzeitige Beteiligung aller Träger öffentlicher Belange an einem Genehmigungsverfahren (§ 71d VwVfG). Ein S. soll durchgeführt werden, wenn ein → Verwaltungsverfahren die Erteilung einer Genehmigung für ein Vorhaben im Rahmen einer wirtschaftlichen Unternehmung des Antragstellers zum Ziel hat. Alle Träger öffentlicher Belange werden gleichzeitig unter Fristsetzung zur Stellungnahme aufgefordert. Äußerungen nach Ablauf der Frist werden grundsätzlich nicht mehr berücksichtigt. Auf Verlangen des Antragstellers soll die Behörde eine Antragskonferenz einberufen. S. a. → Projektmanagement.

**Steuer** ist die einmalige oder laufende Geldleistung, die nicht eine Gegenleistung für eine besondere Leistung darstellt und die von einem öffentlichrechtlichen Gemeinwesen zur Erzielung von Einnahmen allen auferlegt wird, bei denen der Tatbestand zutrifft, an den das Gesetz die Leistungspflicht knüpft.

Auch → Zölle und → Abschöpfungen sind Steuern (§ 3 AO). St. sind ein Teil der öffentlichen → Abgaben (s. dort auch über die Abgrenzung von Beiträgen und Gebühren). St. sind über den Einnahmezweck hinaus Instrumente der Wirtschafts- und Sozialpolitik (→ Familienleistungsausgleich, → Investitionszulage, → Rücklagen, → Rückstellungen, → Sonderabschreibungen).

Die St. teilt man wie folgt ein: 1. Nach der Ertrags- oder Verwaltungshoheit: Bundes-, Landes-, Gemeinde- und Kirchensteuern (→ Verteilung des Steueraufkommens). 2. Nach dem Gegenstand der Besteuerung: a) → Personen (Subjekt)steuern, → Real(Objekt)steuern. b) Ertragsteuern (Gewinnsteuern). c) → Besitzsteuern, → Verkehrsteuern (→ Allphasensteuer), → Zölle, → Verbrauchsteuern. 3. Nach der Auswirkung beim Schuldner: → direkte und indirekte Steuern. 4. Kostensteuern (gehen in die Gewinnermittlung ein) und aus dem Gewinn zu entrichtende Steuern. 5. Laufende (ordentliche) Steuern, z. B. Einkommensteuer, und einmalige (außerordentliche) Steuern, z. B. → Erbschaftsteuer (Schenkungsteuer).

**Steuerabzug vom Arbeitslohn** → Lohnsteuer; – **vom Kapitalertrag** → Kapitalertragsteuer.

**Steueranmeldung** ist eine → Steuererklärung, in der der Stpfl. die Steuer selbst berechnen muß (Selbsterrechnungserklärung, § 150 I 2 AO), z. B. bei der → Umsatzsteuer, → Lohnsteuer, → Kapitalertragsteuer. Eine besondere Steuerfestsetzung durch die Finanzbehörde erfolgt nur, wenn diese von der St. abweichen will (§ 167 AO). Die St. ist → Vorbehaltsfestsetzung, kann deshalb jederzeit innerhalb der Festsetzungsfrist geändert werden (§ 168 AO).

**Steueranrechnung** → Doppelbesteuerung, Körperschaftsteuer 2., → Kapitalertragsteuer; Einkommensteuer 4., Lohnsteuer 1.

**Steuerarten** → Steuer.

**Steueraufkommen** → Verteilung des Steueraufkommens.

**Steueraufsicht** ist die Gesamtheit der Maßnahmen der Finanzbehörden zur Sicherung des Steueraufkommens. Zur St. in besonderen Fällen vgl. §§ 209–217 AO. S. a. → Außenprüfung, → Nachschau, → Steuer- und Zollfahndung.

**Steuerbegünstigte Zwecke** (gemeinnützige, mildtätige, kirchliche) sind in den §§ 51–68 AO geregelt. Vgl. → Spenden, → Körperschaftsteuer (Befreiungen).

**Steuerbegünstigtes Sparen.** → Wohnungsbauprämie, → Vermögensbildung der Arbeitnehmer.

**Steuerberater** → Steuerberatungsgesetz.

**Steuerberatergebührenverordnung.** Die GebührenVO für Steuerberater, Steuerbevollmächtigte und Steuerberatungsgesellschaften (StBGebV) vom 17. 12. 1981 (BGBl. I 1442) zuletzt geänd. 21. 6. 91 (BGBl. I 1370) regelt die Vergütung für die Tätigkeit der → Steuerberater. Eine für 1998 vorgesehene ÄnderungsVO ist noch nicht erlassen worden. Hierin werden die gestiegenen Raum- und Personalkosten berücksichtigt, und Anwalts- und Steuerberatergebühren werden für gleichartige Tätigkeiten gleichgestellt. Die Vergütung umfaßt Gebühr und Auslagenersatz zuzüglich Umsatzsteuer. Die Gebühr entsteht für die „Angelegenheit" (§ 12 I), die aus mehreren „Einzeltätigkeiten" bestehen kann. Regelgebühr ist die Wertgebühr aus dem Gegenstandswert (§ 10) nach den Tabellen: A (Beratungstabelle), B (Abschlußtabelle), C (Buchführungstabelle), D (landwirtschaftliche Abschlüsse und Buchführung) und E (Rechtsbehelfstabelle). Die Zeitgebühr mit 30 bis 77,50 DM je angefangene halbe Stunde ist nur ausnahmsweise zulässig (§ 13), z. B. für die Einrichtung einer Buchführung. In Einzelfällen ist eine Betragsrahmengebühr anzuwenden, z. B. für Rat und Auskunft in steuerstrafrechtlichen Angelegenheiten mit 25 bis 335 DM. Für die Vertretung im Rechtsbehelfsverfahren vor Verwaltungsbehörden gibt es bis 3 Gebühren (Geschäfts-, Besprechungs-, Beweisaufnahmegebühr). Hinsichtlich der Vertretung im finanzgerichtlichen und im verwaltungsgerichtlichen Verfahren sowie für den Beistand im Steuerstrafverfahren und im Bußgeldverfahren wird auf die

Bundesgebührenordnung für Rechtsanwälte – BRAGO – (→ Rechtsanwaltsgebühr) verwiesen. Eine höher vereinbarte Vergütung ist zulässig, falls eine schriftliche Erklärung des Auftraggebers vorliegt und die Erklärung nicht in der Vollmacht und nicht in einem Vordruck enthalten ist, der auch andere Erklärungen umfaßt. Pauschalvergütungen sind grundsätzlich zulässig (§ 14), aber unzulässig, wenn sie nicht laufend auszuführende Tätigkeiten betreffen oder nicht schriftlich oder nicht mindestens für 1 Jahr vereinbart sind. Der Steuerberater kann einen angemessenen Vorschuß fordern (§ 8). Er kann die Vergütung nur aufgrund einer von ihm unterzeichneten und dem Auftraggeber mitgeteilten Berechnung einfordern (§ 9). Ein Erfolgshonorar ist unzulässig. → Rechtsanwaltsgebühr.

**Steuerberaterordnung** → Steuerberatungsgesetz.

**Steuerberatungsgesetz**. 1. Das Ges. über die Rechtsverhältnisse der Steuerberater und Steuerbevollmächtigten – StBerG – i. d. F. vom 4. 11. 1975 (BGBl. I 2735) zuletzt geänd. 17. 12. 1997 (BGBl. I 3039) wird ergänzt durch die DVStB vom 12. 11. 1979 (BGBl. I 1922), die DV § 157 StBerG vom 9. 3. 1973 (BGBl. I 199) m. Änd., die VO zur Durchführung des § 40a StBerG vom 25. 9. 1992 (BGBl. I 1667), die VO zur Durchführung der Vorschriften über die Lohnsteuerhilfevereine (DVLStHV) i. d. F. vom 15. 7. 1975 (BGBl. I 1906), die → Steuerberatergebührenverordnung vom 17. 12. 1981 (BGBl. I 1442), die VO über Art und Inhalt der zulässigen Hinweise auf die Befugnis zur Hilfeleistung in Steuersachen (WerbeVO StBerG vom 25. 11. 1976 – BGBl. I 3245) und die VO über die Berufshaftpflichtversicherung der StB, StBv und Steuerberatungsgesellschaften vom 27. 4. 1990 (BGBl. I 847).

2. Der 1. Teil des Ges. behandelt die *Hilfeleistung in Steuersachen*. Das Verbot unbefugter Hilfeleistung gilt nicht für 1. die Erstattung wissenschaftlich begründeter Gutachten, 2. unentgeltliche Hilfeleistung für → Angehörige, 3. das geschäftsmäßige Kontieren von Belegen und Führen von Lohnkonten durch Personen, die eine kaufmännische Gehilfenprüfung bestanden haben. S. a. Buchführungshelfer.

3. *Lohnsteuerhilfevereine* sind Selbsthilfeeinrichtungen von Arbeitnehmern zur Hilfeleistung in Lohnsteuersachen für ihre Mitglieder (§ 13 I). Sie bedürfen der Anerkennung durch die Oberfinanzdirektion (§ 15), die Aufsichtsbehörde (§ 27) ist. Sie haben die Vollständigkeit und Richtigkeit der vorgeschriebenen Aufzeichnungen und Vermögensübersichten sowie die Übereinstimmung der tatsächlichen Geschäftsführung mit ihren satzungsmäßigen Aufgaben jährlich innerhalb von 6 Monaten nach Beendigung des Geschäftsjahrs durch vereinsexterne Geschäftsprüfer prüfen zu lassen (§ 22 I).

4. Der 2. Teil enthält die an die Bundesrechtsanwaltsordnung und an die Wirtschaftsprüferordnung angepaßte *Steuerberaterordnung. Steuerberater (StB)* und *Steuerbevollmächtigte (StBv)* – zu einem Einheitsberuf zusammengeschlossen – sind die berufenen Berater und Vertreter in allen Steuerangelegenheiten einschl. Steuerstrafsachen und Steuerbußgeldsachen (§ 33). Zur *Prüfung als StB* ist zuzulassen, wer ein rechts- oder wirtschaftswissenschaftliches Hochschulstudium abgeschlossen hat und danach 3 Jahre auf dem Gebiet der von den Bundes- oder Landesfinanzbehörden verwalteten Steuern hauptberuflich praktisch tätig war (§ 36 I Nr. 1). Ferner ist zuzulassen, wer ein abgeschlossenes wirtschaftswissenschaftliches usw. Fachhochschulstudium und eine vierjährige hauptberufliche praktische Tätigkeit nachweist (§ 36 I Nr. 2 StBerG). Schließlich ist zuzulassen, wer eine Abschlußprüfung im steuer- und wirtschaftsberatenden oder einem kaufmännischen Ausbildungsberuf bestanden hat oder eine gleichwertige Vorbildung besitzt und nach Abschluß der Ausbildung hauptberuflich 10 Jahre praktisch tätig war (§ 36 II Nr. 1 StBerG). *StB und StBv,* die bis 31. 12. 1990 *in der früheren DDR* bestellt wurden, werden den StB und StBv in den alten Bundesländern gleichgestellt. Bestellungen zwischen dem 6. 2. und 31. 12. 1990 sind vorläufig bis 1997 (§ 40a). Sie sind endgültig zu bestellen, wenn sie an einem Überleitungsseminar der Steuerberaterkammer mit Prüfung erfolgreich teilnehmen.

*Staatsangehörige eines anderen EU-Staats* oder eines Vertragsstaats des → Europäischen Wirtschaftsraums (EWR), die in ihrem Heimatstaat aufgrund eines nach mindestens 3jährigem Hochschulstudium erworbenen Diploms zur selbständigen Hilfe in Steuersachen berechtigt sind, müssen eine Eignungsprüfung ablegen, um als StB bestellt werden zu können. Ist in diesem Mitgliedstaat der Beruf des StB nicht reglementiert, müssen ein mindestens 3jähriges Studium und eine 2jährige vollzeitliche Berufstätigkeit nachgewiesen werden. Die Prüfung auf einem Gebiet des StB-Examens entfällt, wenn der Bewerber nachweist, daß er einen wesentlichen Teil der auf diesem Prüfungsgebiet verlangten Kenntnisse erlangt hat (§§ 36 IV, V). Vgl. → Niederlassungsfreiheit – Europäisches Gemeinschaftsrecht. Unbefugte Führung der Berufsbezeichnung ist strafbar (§ 132 a I Nr. 2 StGB).

5. *Steuerberatungsgesellschaften* sind als → Aktiengesellschaften, → Kommanditgesellschaften auf Aktien und → Gesellschaften mit beschränkter Haftung, → Partnerschaftsgesellschaften, ausnahmsweise als Offene Handelsgesellschaften oder Kommanditgesellschaften zulässig (§ 49 II StBerG; § 27 WPO). Gesellschafter dürfen nur Steuerberater, Rechtsanwälte, Wirtschaftsprüfer, vereidigte Buchprüfer oder Steuerbevollmächtigte sein (Kapitalbindung, § 50 a StBerG). Mindestens ein Geschäftsführer usw. muß Steuerberater mit Residenzpflicht am Sitz der Gesellschaft oder in dessen Nahbereich sein. Weitere Geschäftsführer können Rechtsanwälte, Wirtschaftsprüfer, vereidigte Buchprüfer und Steuerbevollmächtigte sein, sowie mit Genehmigung der obersten Landesbehörde besonders befähigte Kräfte anderer Fachrichtungen (§ 50 StBerG). Zulässig ist auch eine Sozietät oder Bürogemeinschaft als → Gesellschaft des bürgerlichen Rechts (§ 56 StBerG).

6. *Allgemeine Berufspflichten* (§ 57): StB und StBv haben ihren Beruf unabhängig, eigenverantwortlich, gewissenhaft, verschwiegen und unter Verzicht auf berufswidrige Werbung auszuüben. Sie dürfen ihren Beruf im Angestelltenverhältnis grundsätzlich nur bei StB, StBv, Steuerberatungsgesellschaften, Rechtsanwälten, Wirtschaftsprüfern, vereidigten Buchprüfern und den entsprechenden Gesellschaften sowie als Leiter von Buchstellen oder Beratungsstellen der Lohnsteuerhilfevereine ausüben (§ 58), falls sie das Recht der Zeichnung haben (§ 60 I Nr. 3).

7. StB und StBv eines Oberfinanzdirektionsbezirks bilden eine Berufskammer (*Steuerberaterkammer* § 73); die Kammern bilden die *Bundessteuerberaterkammer* (§ 85). Dem Vorstand der Steuerberaterkammer steht bei geringfügigen Pflichtverletzungen eines Mitglieds ein *Rügerecht* zu, gegen das ein *Rügeprüfungsverfahren* offensteht (§§ 81, 82). Die *Berufsgerichtsbarkeit* wird im 1. Rechtszug durch die Kammer für StB- und StBv-Sachen des Landgerichts am Sitz der Berufskammer ausgeübt (richterlicher Vorsitzender, 2 StB oder StBv); im 2. Rechtszug entscheidet ein Senat des Oberlandesgerichts, im 3. Rechtszug ein Senat des Bundesgerichtshofs (jeweils 3 Berufsrichter, 2 StB oder StBv), §§ 95–97. Zu Verteidigern im berufsgerichtlichen Verfahren vor dem LG oder OLG können auch StB und StBv gewählt werden (§ 107). Berufsgerichtliche Strafen sind Warnung, Verweis, Geldbuße bis 50 000 DM und Ausschließung aus dem Beruf (§ 90).

**Steuerberatungskosten** → Sonderausgaben 1 a.

**Steuerbescheid.** Die Finanzbehörde setzt die Steuer durch St. fest. Zulässig ist eine → Vorbehaltsfestsetzung, oder → vorläufige Steuerfestsetzung. Enthält der St. keine derartigen Nebenbestimmungen, ist er endgültig, d. h. ab Bekanntgabe grundsätzlich nicht mehr frei änderbar. Der St. ist grundsätzlich schriftlich zu erteilen, muß die festgesetzte Steuer nach Art und Betrag sowie den → Steuerschuldner (= Adressat) bezeichnen und eine → Rechtsbehelfsbelehrung enthalten (§ 157 AO). Der St. ist den → Beteiligten (Bekanntgabeempfänger = i. d. R. → Steuerpflichtiger) bekanntzugeben (§ 122 AO; Einzelheiten BMF BStBl. I 1991, 398). Gegen den St. ist → Einspruch und Anfechtungsklage, mit Zustimmung der Finanzbehörde auch → Sprungklage gegeben. S. a. → Besteuerungsverfahren, → Steueranmeldung.

Der St. kann bei → Vorbehaltsfestsetzung innerhalb der → Festsetzungsfrist uneingeschränkt aufgehoben oder geändert werden (§ 164 II AO). Änderung des endgültigen St. ist nach § 172 AO zulässig bei Zöllen und Verbrauchsteuern; bei anderen endgültigen St. nur mit Zustimmung des Steuerpflichtigen (→ Schlichte Änderung) oder, wenn er von einer sachlich unzuständigen Behörde erlassen oder durch unlautere Mittel erwirkt worden ist; ferner nach § 173 AO auf Grund neuer Tatsachen oder Beweismittel, wenn diese nachträglich bekannt werden und entweder zu einer höheren oder niedrigeren Steuer führen (letzteres nur, wenn den Stpfl. an dem nachträglichen Bekanntwerden kein grobes Verschulden trifft). Ist ein St. jedoch aufgrund einer → Außenprüfung ergangen, kann er nur aufgehoben oder geändert werden, wenn eine → Steuerhinterziehung (§ 370 AO) oder eine leichtfertige → Steuerverkürzung (§ 378 AO) vorliegt *(Änderungssperre)*. Dies gilt auch, wenn dem Steuerpflichtigen schriftlich mitgeteilt wurde, daß die Außenprüfung zu keiner Änderung der → Besteuerungsgrundlagen führt (§§ 202 I 3, 173 II AO). Schreibfehler, Rechenfehler und ähnliche offenbare Unrichtigkeiten können jederzeit berichtigt werden; bei berechtigtem Interesse des Beteiligten muß das geschehen (§ 129 AO). Negative Änderungen der höchstrichterlichen Rechtsprechung und der auf ihr beruhenden Verwaltungsvorschriften dürfen nicht zu rückwirkender Änderung führen (Vertrauensschutz; § 176 AO). Zur Fälligkeit der Steuern → Leistungszeit; s. a. → widerstreitende Steuerfestsetzung; → Steuerverwaltungsakt.

**Steuerbevollmächtigter** → Steuerberatungsgesetz.

**Steuerbilanz** → Bilanz 2.

**Steuerbußgeldverfahren.** Für das S. gelten neben den Vorschriften des Ges. über → Ordnungswidrigkeiten grundsätzl. die Bestimmungen der AO über das → Steuerstrafverfahren, jedoch mit den Einschränkungen des § 410 AO. Zuständige Verwaltungsbehörde ist die sachlich zuständige Finanzbehörde: Hauptzollamt, Finanzamt oder Bundesamt für Finanzen (§§ 409, 386 I AO). S. a. → Steuerstrafrecht.

**Steuerchaos** ist ein in den letzten Jahren aufgekommener Begriff, der die Unübersichtlichkeit und Kompliziertheit der geltenden Steuerrechtsordnung und die Notwendigkeit der Vereinfachung zum Ausdruck bringen soll. Zu Reformvorschlägen Isensee, Steuer und Wirtschaft 1994, 3; Tipke, Betriebsberater 1994, 437; Bareis, Deutsches Steuerrecht 1995, 157. → Gleichmäßigkeit der Besteuerung; → Jahressteuergesetz.

**Steuereinteilungen** → Steuer.

**Steuererklärung** → Besteuerungsverfahren.

**Steuerfahndung** → Steuer- und Zollfahndung.

**Steuerfestsetzungsverfahren** → Besteuerungsverfahren.

**Steuergefährdung** → Steuerstrafrecht.

**Steuergeheimnis.** Amtsträger und amtlich zugezogene Sachverständige haben das S. zu wahren. Sie verletzen es, wenn sie Verhältnisse eines anderen, die ihnen in einem Verwaltungsverfahren oder einem gerichtlichen Verfahren in Steuersachen, in einem Steuerstrafverfahren oder aus anderem Anlaß durch Mitteilung einer Finanzbehörde usw. bekanntgeworden sind, oder ein fremdes Betriebs- oder Geschäftsgeheimnis unbefugt offenbaren oder verwerten (§ 30 I, II AO). Die Offenbarung ist nur zulässig, soweit z. B. der Betroffene zustimmt oder ein zwingendes öffentliches Interesse besteht (§ 30 IV AO). Finanzbehörden sind zur Mitteilung von Besteuerungsgrundlagen usw. an Körperschaften des öffentlichen Rechts und an Sozialleistungsträger und Subventionsgeber zur Bekämpfung des Leistungsmißbrauchs und der → Schwarzarbeit befugt (§§ 31, 31 a AO). Die *vorsätzliche* Verletzung des S. wird mit Freiheitsstrafe bis zu 2 Jahren oder mit Geldstrafe geahndet (§ 355 StGB); sie setzt Antrag des Dienstvorgesetzten oder des Verletzten voraus. S. a. → Bankgeheimnis. Es besteht kein Anspruch gegenüber dem Finanzamt auf Benennung eines Informanten, der einen Steuerpflichtigen dem Finanzamt gegenüber einer Steuerstraftat bezichtigt hat (BFH DStR 1994, 1081).

**Steuergerechtigkeit** → Gleichmäßigkeit der Besteuerung.

**Steuerhaftung** → Haftung im Steuerrecht.

**Steuerhehlerei** → Steuerstrafrecht.

**Steuerhinterziehung** → Steuerstrafrecht.

**Steuerhoheit** ist das Recht des Staates (oder anderer öff.-rechtl. Körperschaften) zur Festsetzung und Eintreibung von Steuern. → Finanzwesen, Steuern, Verteilung des Steueraufkommens.

**Steuerkarte.** 1. Die *Lohnsteuerkarte* enthält Eintragungen über Steuerklasse, Zahl der Kinderfreibeträge, Religionsgemeinschaft, Freibeträge (§§ 39, 39a EStG). Über Ausstellung und Aushändigung an den Arbeitgeber zwecks Einbehaltung der → Lohnsteuer s. dort.

2. Zum Nachweis entrichteter → Kraftfahrzeugsteuer erhält der Halter eines nicht im Inland zugelassenen Fahrzeugs zum Verkehr auf öffentlichen Straßen eine mit Quittung versehene St. (§ 12 KraftStDV).

**Steuerklassen** → Lohnsteuer, → Erbschaftsteuer (Schenkungsteuer).

**Steuerlager.** Solange verbrauchsteuerpflichtige Waren nach der Erzeugung noch nicht in den Handel gebracht worden sind, ist die jeweilige → Verbrauchsteuer noch nicht entstanden, wenn sich die Ware in einem S. befindet, das der jeweilige Hersteller einrichten kann und für dessen steuerliche Behandlung er verantwortlich ist, z. B. Bierlager, Kaffeelager, Tabaklager. Das Verbringen der Ware aus dem S. in den Handel muß der Hersteller dem Zollamt anzeigen, weil hierdurch die Verbrauchsteuer entsteht und die Fälligkeit ausgelöst wird.

**Steuerliche Nebenleistungen.** (§ 3 III AO) sind → Verspätungszuschlag, → Zinsen, → Zwangsgeld, → Säumniszuschläge, → Kosten.

**Steuermeßbetrag** → Gewerbesteuer, → Grundsteuer.

**Steuermeßzahl** → Gewerbesteuer, → Grundsteuer.

**Steuernachforderungen** setzen regelmäßig die Änderung ergangener Steuerbescheide voraus. Bei → Zöllen und → Verbrauchsteuern sind sie innerhalb der Festsetzungsfrist von 1 Jahr (§ 169 II Nr. 1 AO; → Verjährung, V), hinterzogene Beträge: 10 Jahre, uneingeschränkt möglich (§ 172 I Nr. 1 AO), bei sonstigen Steuern bis zum Ablauf der 4, 5 oder 10jährigen Festsetzungsfrist (§ 169 II Nr. 2 AO). Wegen der Nachforderung von → Lohnsteuer vgl. § 41c EStG. S. a. → Steuerbescheid (Änderung), → Zinsen, steuerlich.

**Steuerordnungswidrigkeiten** → Steuerstrafrecht 1.

**Steuerpflicht.** Die *persönliche* St. bei der → Einkommen-, → Kirchen-, → Körperschaftsteuer besteht unabhängig davon, ob im Einzelfall eine Steuerschuld entstanden ist. *Unbeschränkt* einkommensteuerpflichtig sind natürliche Personen, die in der BRep. einen → Wohnsitz oder ihren gewöhnlichen → Aufenthalt haben, unbeschränkt körperschaftsteuerpflichtig die in § 1 KStG aufgeführten Kapitalgesellschaften usw. mit → Geschäftsleitung oder → Sitz in der BRep. (§ 1 I–III EStG; § 1 I, II KStG). Die unbeschränkte St. erstreckt sich bei der Einkommen- und Körperschaftsteuer auf sämtliche Einkünfte, d. h. auf das weltweite Einkommen (§§ 1 I 1, 2 I 1, EStG; § 1 II KStG). *Beschränkte St.* tritt ein, wenn weder Wohnsitz noch gewöhnlicher Aufenthalt bzw. Geschäftsleitung oder Sitz in der BRep. gegeben sind (§ 1 IV EStG, § 2 KStG). Die beschränkte St. erfaßt bei der Einkommen- und Körperschaftsteuer lediglich die in der BRep. erzielten inländischen Einkünfte (vgl. Einkünfte, inländische) nach § 49 EStG. Über erweiterte unbeschränkte St. → Grenzgänger, erweiterte beschränkte St. → Außensteuergesetz. Zur Erbschaft- und Schenkungsteuerpflicht → Erbschaftsteuer/Schenkungsteuer. S. a. → Doppelbesteuerung.

**Steuerpflichtiger** ist, wer eine Steuer schuldet, für eine Steuer haftet, eine Steuer für Rechnung eines Dritten einzubehalten und abzuführen hat, eine Steuererklärung abzugeben, Sicherheit zu leisten, Bücher und Aufzeichnungen zu führen oder andere ihm durch Steuergesetze auferlegte Verpflichtungen zu erfüllen hat (§ 33 AO). → Steuerschuldner; → Handlungsfähigkeit.

**Steuerrichtlinien** → Verwaltungsvorschriften.

**Steuerschuldner.** Wer St. ist, bestimmen die Einzelsteuergesetze (§ 43 AO). Bei → Abzugsteuern ist St. derjenige, für dessen Rechnung der Steuerabzug erfolgt, z. B. der Arbeitnehmer bei der → Lohnsteuer. Der zum Steuerabzug Verpflichtete (z. B. Arbeitgeber) kann als Haftungsschuldner in Anspruch genommen werden. → Steuerpflichtiger; → Gesamtschuld vgl. § 44 AO, über Aufteilung in der Vollstreckung §§ 268 ff. AO. S. a. → Haftung im Steuerrecht.

**Steuerschuldverhältnis** ist die öffentlich-rechtliche Beziehung zwischen Abgabengläubiger und → Steuerpflichtigem. Vgl. §§ 37–50 AO.

**Steuerstrafrecht.** Zu unterscheiden sind (kriminelle) Steuerstraftaten (§§ 369–376 AO) und Steuerordnungswidrigkeiten (§§ 377–384 AO).

1. *Steuerstraftaten,* die in 5 Jahren verjähren (§ 78 III Nr. 4 StGB i. V. m. § 369 II AO), sind:

a) *Steuerhinterziehung* (§ 370 AO); sie setzt vorsätzliche Steuerverkürzung durch eine der drei Tathandlungen des § 370 I AO voraus: a) der Täter macht den Finanzbehörden unrichtige oder unvollständige Angaben über steuerlich erhebliche Tatsachen; b) er läßt die Finanzbehörden pflichtwidrig über steuerlich erhebliche Tatsachen in Unkenntnis (→ Unterlassungsdelikt), z. B. durch Nichtabgabe der Steuererklärung; c) er unterläßt pflichtwidrig die Verwendung von Steuerzeichen oder Steuerstempeln. Geschütztes Rechtsgut ist das rechtzeitige Vollerträgnis der Steuer, so daß bereits die verspätete Abgabe einer Steuererklärung Steuerhinterziehung sein kann. Sie ist mit Freiheitsstrafe bis zu 5 Jahren oder mit Geldstrafe, besonders schwere Steuerhinterziehung mit Freiheitsstrafe bis zu 10 Jahren bedroht. Versuch (§ 370 II AO) und Begünstigung (§ 369 I Nr. 4 AO) der Hinterziehung sind ebenfalls strafbar.

b) → *Bannbruch* (§ 372 AO).

c) → *Bandenschmuggel* (§ 373 AO).

d) *Steuerhehlerei* (§ 374 AO); die Tat begeht, wer in Bereicherungsabsicht Waren, hinsichtlich derer → Verbrauchsteuern oder → Zölle hinterzogen oder → Bannbruch begangen wurde, an sich bringt.

e) *Wertzeichenfälschung* (§§ 148, 149 StGB i. V. m. § 369 I Nr. 3 AO).

f) Keine Steuerstraftat ist die Verletzung des → Steuergeheimnisses.

2. *Steuerordnungswidrigkeiten* (Zollordnungswidrigkeiten), die nach den Steuergesetzen mit Geldbuße geahndet werden können (§ 377 AO), sind u. a.:

a) *Leichtfertige Steuerverkürzung* (§ 378 AO); sie setzt objektiv Steuerverkürzung und subjektiv Leichtfertigkeit (= grobe Fahrlässigkeit) voraus. Höchstgeldbuße: 100 000 DM.

b) *Steuergefährdung* (§§ 379–382 AO), wenn der Täter vorsätzlich oder leichtfertig zur Verkürzung von Steuereinnahmen unrichtige Belege ausstellt oder Vorfälle unrichtig verbucht; sie ist subsidiär gegenüber Steuerhinterziehung und leichtfertiger Steuerverkürzung. Höchstgeldbuße: 10 000 DM.

c) *Unzulässiger Erwerb von Steuererstattungs- oder Vergütungsansprüchen* (§ 383 AO). Höchstgeldbuße: 100 000 DM.

3. Einleitung und Einstellung des Bußgeldverfahrens liegen im pflichtgemäßen Ermessen des Finanzamts (§§ 410 AO, 47 I OWiG; → Opportunitätsprinzip); Steuerstraftaten dagegen sind grundsätzl. von Amts wegen zu verfolgen (→ Legalitätsprinzip). S. a. → Selbstanzeige.

**Steuerstrafverfahren**. Das S. ist geregelt in §§ 385–408 AO.

1. Beim Verdacht einer Steuerstraftat ermittelt die Finanzbehörde (Finanzamt, Hauptzollamt oder Bundesamt für Finanzen) den Sachverhalt, außer wenn ein → Haftbefehl oder → Unterbringungsbefehl erlassen ist. Die Finanzbehörde kann die Strafsache jederzeit an die StA abgeben, die StA kann sie jederzeit an sich ziehen (§ 386 AO). Bieten jedoch die Ermittlungen Anlaß zur Erhebung der öffentlichen Klage, so beantragt die Finanzbehörde beim Amtsgericht den Erlaß eines → Strafbefehls, falls die Strafsache zur Behandlung im Strafbefehlsverfahren geeignet erscheint; sonst legt sie die Akten der StA vor (§ 400 AO). Durch → *Strafbefehl* kann Geldstrafe oder Freiheitsstrafe mit Be-

währung bis zu 1 Jahr festgesetzt werden (§§ 407 ff. StPO).

2. Führt die *StA* das Ermittlungsverfahren durch, so hat die sonst zuständige Finanzbehörde die Rechte und Pflichten des Polizeidienstes sowie die Befugnisse des § 399 II AO (z. B. zu Beschlagnahmen, Durchsuchungen usw.) und das Recht zur Teilnahme an den Ermittlungshandlungen der StA oder der Polizei (§§ 402, 403 AO). Erhebt die StA *Anklage,* so hat die Finanzbehörde zwar nicht die Stellung eines Nebenklägers (→ Nebenklage); doch hat ihr das Gericht Gelegenheit zu geben, die Gesichtspunkte vorzutragen, die von ihrem Standpunkt für die Entscheidung von Bedeutung sind (§ 407 AO). Hängt eine Verurteilung davon ab, ob ein Steueranspruch besteht usw., so kann das Gericht das Strafverfahren bis zur Rechtskraft des Besteuerungsverfahrens aussetzen (§ 396 AO).

3. *Verteidigung:* Soweit die Finanzbehörde das Strafverfahren selbständig durchführt, können auch Steuerberater, Steuerbevollmächtigte (→ Steuerberatungsgesetz), → Wirtschaftsprüfer und → vereidigte Buchprüfer zu Verteidigern gewählt werden, vor der StA oder vor Gericht jedoch nur in Gemeinschaft mit einem → Rechtsanwalt oder Rechtslehrer an einer deutschen Hochschule. Steuerberater usw. können auch vor Gericht selbständig als Verteidiger auftreten, falls sie im Einzelfall vom Gericht zugelassen werden (§ 138 II StPO).

**Steuersubjekt** → Steuerschuldner.

**Steuerüberwälzung** ist der gelungene Versuch eines → Steuerschuldners, ihm auferlegte → Steuern durch entsprechende Preisgestaltung anderen Personen aufzulasten. Bei der *Fortwälzung* geschieht dies dadurch, daß er als Leistender (Anbieter von Gütern oder Dienstleistungen) die Leistungsempfänger (Abnehmer) durch höhere Preise belastet (z. B. → Gewerbesteuer); bei der *Rückwälzung* dadurch, daß er als Leistungsempfänger (Abnehmer) durch niedrigere Preise die Steuerlast dem Leistenden zuschiebt (→ Lohnsteuerpauschalierung). *Weiterwälzung* ist jede einem primären Überwälzungsvorgang folgende weitere St. ·

**Steuer- und Zollfahndung.** Die St. u. Zf. (Steufa) hat drei Aufgaben (§ 208 AO): 1. Erforschung von Steuerstraftaten und Steuerordnungswidrigkeiten bei konkretem Tatverdacht und Ermittlung der damit zusammenhängenden Besteuerungsgrundlagen; 2. Aufdeckung und Ermittlung unbekannter Steuerfälle (Vorfeldermittlungen); 3. Durchführung von → Außenprüfungen auf Ersuchen der Finanzbehörde. Ämter und Beamte der St. und Zf. haben im Strafverfahren wegen Steuerstraftaten dieselben Rechte und Pflichten wie Behörden und Beamte des Polizeidienstes nach der StPO. Die St. und Zf. kann beim Verdacht einer Steuerstraftat alle unaufschiebbaren Anordnungen treffen, um die Verdunkelung der Sache zu verhüten. Sie kann Beschlagnahmen, Notveräußerungen, Durchsuchungen, Untersuchungen und sonstige Maßnahmen anordnen und hat die Befugnis zur Durchsicht der Papiere des von der Durchsuchung Betroffenen (§ 110 I StPO); ihre Beamten sind → Hilfsbeamte der Staatsanwaltschaft (§§ 404, 399 II AO).

**Steuerungsfähigkeit** → Schuldunfähigkeit.

**Steuerverfahren** → Besteuerungsverfahren.

**Steuervergütung** → Vergütung.

**Steuerverkürzung** → Steuerstrafrecht.

**Steuerverwaltungsakt.** Bei den → Verwaltungsakten auf dem Gebiet des Steuerrechts (§ 118 AO) werden unterschieden → Steuerbescheide, die nach §§ 164, 165 und 172 ff. AO geändert oder aufgehoben werden, und sonstige St., z. B. → Haftungsbescheid, → Verspätungszuschlag, → Billigkeitserlaß, die nach §§ 130, 131 AO zurückgenommen oder widerrufen werden. → Besteuerungsverfahren.

**Steuerzeichenfälschung** → Steuerstrafrecht (Wertzeichenfälschung).

**Steuerzinsen** → Zinsen, steuerlich.

**Stiefeltern, -kinder** → Schwägerschaft, → Verwandtschaft, → Zeugnisverweigerungsrecht, → elterliche Sorge, → Umgangsrecht.

**Stift.** In der → Evang. Kirche bestehen vereinzelt noch Stifte als selbständige Körperschaften oder Anstalten mit eigenem Vermögen fort (so in Loccum, Meißen und Wurzen, das Domstift Brandenburg u. a. m.). Sie stehen unter Aufsicht einer Kirchenbehörde (meist → Konsistorium), die auch über die Satzung beschließt.

**Stiftung des Privatrechts.** Die S. ist eine rechtsfähige → juristische Person des Privatrechts, in der ein bestimmtes Vermögen *(Zweckvermögen)* rechtlich verselbständigt wird, um für eine gewisse Dauer einen bestimmten Zweck nach dem Willen des Stifters zu erreichen (§§ 80 ff. BGB). Demnach ist keine S. im Rechtssinne die sog. unselbständige S., bei der ein bestimmtes Vermögen ohne eigene Rechtspersönlichkeit einer anderen bereits bestehenden natürlichen oder juristischen Person – oftmals treuhänderisch (→ fiduziarische Rechtsgeschäfte) – zur Verwaltung für einen bestimmten Zweck übertragen wird; z. B. ein Mäzen überläßt einen Teil seines Vermögens seiner Heimatgemeinde mit der Bestimmung, ihn für künstlerische oder karitative Zwecke zu verwenden. Hier liegt i. d. R. → Schenkung mit einer Auflage oder eine letztwillige Zuwendung durch → Erbeinsetzung oder → Vermächtnis (gleichfalls verbunden mit einer bestimmten Auflage) vor. Keine S. ist auch das *Sammelvermögen,* das bei Durchführung einer genehmigten öffentlichen Sammlung zusammenkommt. Das Sammelvermögen hat keine eigene Rechtspersönlichkeit; es steht entweder noch im Eigentum der Spender oder bildet fiduziarisches Eigentum der Sammler, str. (→ Pflegschaft für ein Sammelvermögen). Besonderheiten gelten auch für die → Stiftung öffentlichen Rechts.

Zur *Entstehung* einer rechtsfähigen S. des Privatrechts ist ein Stiftungsakt (Stiftungsgeschäft) sowie eine staatliche Genehmigung erforderlich. Das S.geschäft bedarf unter Lebenden der Schriftform; im übrigen ist Voraussetzung eine → Verfügung von Todes wegen (Testament, Erbvertrag; §§ 81, 83 BGB). Zur Genehmigung ist das Land zuständig, in dessen Gebiet die S. ihren Sitz haben soll (§ 80 BGB). Der Stifter hat nach Genehmigung entsprechend seiner einseitigen Verpflichtung das Zweckvermögen auf die S. zu übertragen (Einzelübertragung); nur bei Erbeinsetzung tritt automatischer Übergang (Gesamtrechsnachfolge) ein. Die Verfassung der S. wird in erster Linie durch das S.geschäft bestimmt (§ 85 BGB). Im übrigen gelten weitgehend die Vorschriften über den rechtsfähigen → Verein entsprechend (Vorstand, Liquidation usw.) mit Ausnahme der Vorschriften über die Mitgliederversammlung (§§ 86, 88 BGB; → *Destinatär*). Die S. *erlischt* bei Ablauf der im Stiftungsakt bestimmten Zeit oder nach Eintritt der vom Stifter bestimmten auflösenden Bedingung sowie bei Konkurseröffnung; ist der Stiftungszweck nicht mehr durchführbar, so kann die zuständige Genehmigungsbehörde den S.zweck ändern oder die S. auflösen (§ 87 BGB). Nach Beendigung der S. fällt deren Vermögen den Personen an, die in der Satzung hierzu berufen sind, andernfalls je nach den Stiftungsgesetzen der Länder i. d. R. an den Fiskus des betreffenden Landes.

Zur Turnusbesteuerung der Familienstiftung → Erbschaftsteuer (Schenkungsteuer).

**Stiftung öffentlichen Rechts** ist ein öffentlich-rechtlicher, mit → Rechtsfähigkeit ausgestatteter Vermögensbestand, der vom Stifter einem bestimmten (Stiftungs-) Zweck gewidmet worden ist. Davon zu unterscheiden sind die Zuwendungen, die einer jur. Person des öffentlichen (oder auch des privaten) Rechts mit der Auflage gemacht werden, das Vermögen zu einem bestimmten Zweck zu verwenden (sog. nichtrechtsfähige oder fiduziarische Stiftung). Als „öffentliche Stiftungen" werden St. bezeichnet, die im Gegensatz zu den privaten St. (z. B. Familienstiftungen) einen gemeinnützigen Zweck verfolgen (z. B. Förderung von Kunst und Wissenschaft); sie können öffentlich-rechtliche (und damit jur. Personen d.ö.R.) oder auch privatrechtliche St. sein. Errichtung und Rechtsverhältnisse der St. ö.R. richten sich nach → Landesrecht (z. B. StiftungsG NRW vom 21. 6. 1977, GVBl. 274; Bayer. Stiftungsgesetz vom 7. 3. 1996 GVBl. 126).

**Stiftungen zur politischen Bildungsarbeit.** Zum Zwecke der p. B. bestehen „S." (überwiegend in der

Rechtsform des eingetragenen → Vereins), die den größeren politischen → Parteien nahestehen. Nach dem Urteil des BVerfG vom 14. 7. 1986 (NJW 1986, 2487) ist die Vergabe öffentlicher Mittel zur Förderung p. B. an parteinahe S. verfassungsrechtlich statthaft, setzt aber Institutionen voraus, die von den Parteien rechtlich und tatsächlich unabhängig sind und die sich ihrer Aufgabe selbständig, eigenverantwortlich und in geistiger Offenheit annehmen; sie müssen auch in der Praxis die gebotene Distanz zu den jeweiligen Parteien wahren.

**Stille Gesellschaft** ist eine Gesellschaft, bei der sich jemand (stiller Teilhaber) an dem → Handelsgewerbe eines → Kaufmanns (des tätigen Teilhabers) mit einer Einlage beteiligt, die in das Vermögen des tätigen Teilhabers übergeht; der stille T. ist dafür am Gewinn beteiligt. Im Gegensatz zu den anderen Gesellschaften wird kein gemeinsames Gesellschaftsvermögen gebildet, sondern die Einlage geht in das Eigentum des tätigen Teilhabers über. Es kann aber vereinbart werden, daß der stille T. bei der Auflösung der Gesellschaft und bei der Auseinandersetzung einen schuldrechtlichen Anspruch erhält, durch den er so gestellt wird, als ob das Geschäftsvermögen den Gesellschaftern gemeinsam gehöre (sog. atypische st. G.). Die st. G. ist → Personengesellschaft, aber keine → Handelsgesellschaft, da die Gesellschaft selbst kein Handelsgewerbe betreibt, sondern nur der tätige Teilhaber. Die st. G. ist in den §§ 230 bis 236 HGB gesetzlich geregelt; subsidiär gilt das Recht der → Gesellschaft des bürgerlichen Rechts, soweit es mit dem Wesen der st. G. übereinstimmt. Die Geschäftsführung steht ausschließlich dem tätigen Teilhaber zu. Er betreibt das Geschäft im eigenen Namen und wird daraus allein berechtigt und verpflichtet (§ 230 II HGB). Der stille T. haftet überhaupt nicht. Er hat lediglich Kontrollrechte wie ein Kommanditist (§ 233 HGB). Er ist am Gewinn und Verlust beteiligt; jedoch kann im Gesellschaftsvertrag bestimmt werden, daß er am Verlust nicht beteiligt wird (§ 231 HGB). Die st. G. wird grundsätzlich aus den gleichen Gründen wie eine Gesellschaft des bürgerlichen Rechts aufgelöst; doch findet keine → Liquidation statt, weil der stille T. lediglich einen schuldrechtlichen Anspruch auf Rückerstattung seiner Einlage hat. Wird über das Vermögen des tätigen T. das → Insolvenzverfahren eröffnet, so ist der stille T. nur normaler Insolvenzgläubiger (→ Insolvenzmasse). Die st. G. ist einerseits von der → Kommanditgesellschaft, andererseits vom partiarischen → Darlehen zu unterscheiden. *Steuerlich* liegt eine atypische st. G. vor, die Einkünfte aus Gewerbebetrieb bezieht (§ 15 I Nr. 2 EStG), wenn der Stille bei Beendigung der st. G. an den stillen Reserven (→ Rücklage) und am → Geschäftswert beteiligt und damit → Mitunternehmer ist; sonst eine typische st. G. mit Einkünften aus Kapitalvermögen (§ 20 I 4 EStG). Vgl. → Mitunternehmerschaften und → GmbH & Stille.

**Stille Reserve** ist der Unterschiedsbetrag zwischen → Buchwert und → Teilwert (→ Bilanz), der bei Veräußerung oder → Entnahme eines → Wirtschaftsguts und bei → Betriebsveräußerung oder → Betriebsaufgabe zu versteuern ist. Stille Reserven als unversteuerter Gewinn entstehen durch fehlende Aktivierungsmöglichkeit, insbes. nicht bilanzierbare Wertsteigerungen eines Wirtschaftsguts, z. B. bei Grundstücken, oder durch überhöhte AfA (→ Abschreibung, → Absetzung für Abnutzung).

**Stillegung von Betrieben** → Betriebsänderung; – von Kraftfahrzeugen → Abmeldung.

**Stillegung landw. Nutzflächen** → Produktionsaufgaberente.

**Stillhalteabkommen** → pactum de non petendo, → contractus mohatrae.

**Stillpause** → Mutterschutz.

**Stillschweigende Erklärung** → Willenserklärung (I 2).

**Stillstand eines Verfahrens.** Hier unterscheidet man den tatsächlichen S., wenn die Parteien oder Beteiligten den Prozeß nicht betreiben (→ Parteibetrieb), und den rechtlichen S.; diesen gibt es in 3 Arten: → Unterbrechung, → Aussetzung und → Ruhen. Seine Folge ist, daß während des S. die prozessualen Fristen nicht laufen (bei Unterbrechung und Aussetzung auch nicht die → Notfristen) und → Prozeßhandlungen unwirksam sind (§ 249 ZPO). Von S. der Rechtspflege spricht man, wenn die Tätigkeit der Gerichte durch Krieg oder andere Ereignisse aufhört (→ Unterbrechung eines Verfahrens).

**Stimmbindungsvertrag** ist ein schuldrechtlicher Vertrag, durch den sich ein stimmberechtigter Gesellschafter (→ Gesellschaft, → Handelsgesellschaft) verpflichtet, sein Stimmrecht in bestimmter Weise auszuüben. Ein S. ist grundsätzlich gültig, unter verschiedenen Voraussetzungen aber nichtig, z. B. wegen Sittenwidrigkeit (§ 138 BGB). Bei Aktionären darf bei einem S. nicht ein besonderer Vorteil versprochen oder gewährt werden; darin läge eine → Ordnungswidrigkeit (§ 405 III Nr. 6 AktG), und die Abmachung wäre nichtig (§ 134 BGB). Wird entgegen einem S. abgestimmt, so sind Stimmabgabe und Abstimmung wirksam; jedoch kann sich eine Schadensersatzpflicht ergeben. S. a. → Mitbestimmung.

**Stimmenkauf, -verkauf.** Der Stimmenkauf und -verkauf bei Wahlen zu den *Volksvertretungen* und sonstigen Wahlen und Abstimmungen des Volkes in Bund und Ländern, zum Europäischen Parlament, in Gemeinden und Gemeindeverbänden sowie bei Urwahlen in der Sozialversicherung ist nach §§ 108 b, d StGB als Wahlbestechung strafbar; einer Wahl oder Abstimmung steht das Unterschreiben eines Wahlvorschlags oder für ein Volksbegehren gleich (→ Wahldelikte). Strafbar ist auch die → Abgeordnetenbestechung.

Im Wirtschaftsrecht ist der Stimmenkauf (Anbieten, Versprechen, Gewähren einer Gegenleistung) bzw. Stimmenverkauf (Fordern, Sichversprechenlassen, Annehmen) als → Ordnungswidrigkeit mit Geldbuße bedroht, wenn bezweckt wird, daß ein Stimmberechtigter in der Hauptversammlung oder einer gesonderten Versammlung einer Aktiengesellschaft bzw. in der Generalversammlung oder Vertreterversammlung einer Genossenschaft nicht oder in einem bestimmten Sinne stimme (§ 405 III Nr. 6, 7 AktG, § 152 GenG).

**Stimmrecht** ist bei einer privat(handels)rechtlichen Personenvereinigung das Recht der Mitglieder oder Gesellschafter, bei den Beschlüssen der Haupt-, General-, Mitglieder- oder Gesellschafterversammlung mitzustimmen (z. B. bei Aktiengesellschaften, Genossenschaften). Gesetzlich besonders geregelt ist das → Aktienstimmrecht. In den öffentlich-rechtlichen Körperschaften steht den Mitgliedern grundsätzlich gleiches Stimmrecht bei → Abstimmungen zu, insbes. in den → Parlamenten, den Vertretungsorganen der Sozialversicherung usw. Im übrigen → Wahlrecht, → Aberkennung (Verlust) von Rechten.

**Stimson-Doktrin** → Doktrin.

**Stockwerkseigentum** → Wohnungseigentum.

**Störer** sind Personen, gegen die sich → polizeiliche Maßnahmen und Anordnungen der → Ordnungsbehörden (→ Polizei) richten können. St. ist, wer eine Gefahr für die öffentliche → Sicherheit und Ordnung oder eine Beeinträchtigung der öffentlichen Sicherheit und Ordnung verursacht. Verursachung ist in diesem Falle nur die unmittelbare Verursachung der Gefahr oder Beeinträchtigung; mittelbare Verursachung begründet allenfalls dann die Störereigenschaft, wenn der Verursachende die unmittelbare Störung durch Dritte objektiv bezweckt *(Zweckveranlasser)*. Man unterscheidet *Handlungsstörer,* die durch aktives Tun oder pflichtwidriges Unterlassen eine Gefahr oder Beeinträchtigung verursachen, und *Zustandsstörer,* die für eine Sache verantwortlich sind, die eine Gefahr oder Beeinträchtigung verursacht. Handlungsstörer können auch geschäftsunfähige und beschränkt geschäftsfähige Personen sein; bei noch nicht 14 Jahre alten, entmündigten oder unter vorläufige Vormundschaft gestellten Personen kann daneben auch der Aufsichtspflichtige Adressat von Maßnahmen und Anordnungen sein; ist ein Verrichtungsgehilfe St., so können sich Maßnahmen und Anordnungen daneben auch gegen den richten, der den St. zu der Verrichtung bestellt hat. Zustandsstörer sind der Inhaber der tatsächlichen Gewalt über die Sache, die die Gefahr oder Beeinträchtigung verursacht, deren Eigentümer bzw. ggf. der, der das Eigentum daran aufgegeben hat. In Ausnahmefällen können sich Anordnungen und Maßnahmen auch gegen *Nichtstörer* richten, das sind Personen, die weder Handlungsstörer noch Zustandsstörer sind. Eine Inanspruchnahme von Nichtstörern kann in Betracht kommen, wenn eine gegenwärtige erhebliche Gefahr abzuwehren ist, Maßnahmen gegen St. unmöglich sind oder keinen Erfolg versprechen, die Polizei die Gefahr oder Beeinträchtigung nicht selbst beseitigen kann und wenn die betreffenden Personen ohne erhebliche eigene Gefährdung und ohne Verletzung höherwertiger Pflichten in Anspruch genommen werden können („polizeilicher Notstand"). Nichtstörer sind zu entschädigen.

Die obigen Grundsätze sind im → Polizeirecht und → Ordnungsrecht geregelt.

**Störfälle.** Zu den Sicherheitsbeauftragten für S. und zur Meldung von S. im kerntechnischen Bereich vgl. die VO vom 14. 10. 1992 (BGBl. I 1766); s. im übrigen bei → Immissionsschutz, öffentlich-rechtlich.

**Störfallbeauftragter.** Betreiber von Anlagen nach § 1 II der StörfallVO (→ Störfälle) haben einen betriebsangehörigen S. zu bestellen. Der S. kann gleichzeitig Immissionsschutzbeauftragter sein. Zu den Qualifikationsanforderungen bei → Immissionsschutzbeauftragter, im übrigen bei → Immissionsschutz, öffentlich-rechtlich.

**Störfallkommission** ist eine gemäß § 51 a BImSchG (→ Immissionsschutz, öffentlich-rechtlich) gebildete Gutachterkommission, deren Mitglieder aus Wissenschaft, Umweltverbänden, beteiligten Wirtschaftskreisen und Gewerkschaften sowie aus den für den Arbeitsschutz zuständigen obersten Landesbehörden berufen werden. Die S. soll gutachtlich Möglichkeiten zur Verbesserung der Anlagensicherheit aufzeigen; s. a. → Technischer Ausschuß für Anlagensicherheit.

**Störpropaganda gegen die Bundeswehr.** Wer unwahre oder gröblich entstellte Behauptungen über die B., deren Verbreitung die Tätigkeit der B. zu stören geeignet ist, wider besseres Wissen zum Zweck der Verbreitung aufstellt oder verbreitet, um die Verteidigungsaufgabe der B. zu behindern, macht sich nach § 109 d StGB strafbar. Doch muß es sich um Tatsachenbehauptungen handeln; bloße Werturteile genügen nicht.

**Störung der öffentlichen Sicherheit und Ordnung** → Sicherheit und Ordnung, → Störer; s. a. → Sabotage, → Religionsvergehen.

**Störung der Totenruhe** → Leiche, unbefugte Wegnahme, → Religionsvergehen.

**Störung von Datenverarbeitungsanlagen** → Computersabotage.

**Stoßwaffen** → Waffen.

**Strafantrag** ist die Erklärung des Verletzten oder sonst gesetzlich dazu Berechtigten, daß er die Strafverfolgung wegen einer Straftat wünsche, deren Verfolgung das Gesetz von einem solchen Antrag abhängig macht, § 77 StGB (sog. → Antragsdelikt). Der S. ist zu unterscheiden von der → Strafanzeige, die von jedermann erstattet werden kann; beide können aber verbunden sein. Der S. ist binnen 3 Mon. seit Ablauf des Tages zu stellen, an dem der Antragsberechtigte von der Straftat und der Person des Täters so viel Kenntnis erhalten hat, daß er zur sachgemäßen Antragstellung in der Lage ist (§ 77 b StGB); dieser Tag ist also in die Frist nicht einzurechnen. Für den Geschäftsunfähigen oder beschränkt Geschäftsfähigen ist der gesetzliche Vertreter oder der Inhaber der Personensorge antragsberechtigt. Geschäftsfähigkeit und Vertretung sind nach dem BGB zu beurteilen. Sind beide Elternteile gemeinsam vertretungsberechtigt, (§ 1629 I BGB), so kann aber auch einer mit stillschweigender Vollmacht des anderen den S. stellen. Mit der Antragstellung kann ein Bevollmächtigter beauftragt werden (dagegen Vertretung im Willen, d. h. bei der Entschließung, i. d. R. unzulässig). Bei mehreren Tatbeteiligten oder mehreren Antragsdelikten kann der S. auf einzelne (auch auf einzelne Gesetzesverletzungen) beschränkt werden. Form des S.: bei Gericht oder StA schriftlich oder zu Protokoll, bei der Polizeibehörde schriftlich (§ 158 II StPO). Der S. ist bei Antragsdelikten → Prozeßvoraussetzung; fehlt er oder wird er zurückgenommen, ist das Verfahren einzustellen (§§ 170 II 1, 206 a, 260 III StPO). Die Zurücknahme ist stets bis zum rechtskräftigen Abschluß des Strafverfahrens zulässig; sie ist unwiderruflich (§ 77 d StGB). Der Antragsteller hat dann die Kosten zu tragen, wenn diese nicht von dem Beschuldigten (Angeklagten) übernommen oder aus Billigkeitsgründen der Staatskasse auferlegt werden (§ 470 StPO). Rechtswirksamer S. und Nichteintritt der → Strafverfolgungsverjährung sind als Prozeßvoraussetzungen voneinander unabhängig. Kein S. und daher nicht fristgebunden (jedoch teilbar) sind nach § 77 e StGB das Strafverlangen (z. B. § 104 a StGB) und die Ermächtigung zur Strafverfolgung (z. B. §§ 90 IV, 90 b II, 353 b IV StGB).

**Strafanzeige** ist die Mitteilung des Verdachts einer Straftat mit der Anregung, zu prüfen, ob diese zu verfolgen ist. Sie kann (zum Unterschied vom → Strafantrag) von jedermann erstattet werden, und zwar bei StA, Polizei oder Amtsgericht mündlich (dann Beurkundung) oder schriftlich (§ 158 I StPO). Eine Pflicht zur Anzeige *begangener* Straftaten besteht für Privatpersonen grundsätzlich nicht; anders bei Kenntnis vom *Vorhaben* gewisser schwerer Straftaten. Hierzu und wegen der Verfolgungs- und Anzeigepflicht von Beamten, Behörden usw. → Anzeigepflicht (strafrechtl.), → Legalitätsprinzip.

**Strafarrest** ist die im WStG i. d. F. vom 24. 5. 1974 (BGBl. I 1213) gegen Soldaten und militärische Vorgesetzte, die nicht Soldaten sind, angedrohte mildeste Freiheitsstrafe. Sie besteht in einfacher Freiheitsentziehung, ist aber nach der BundeswehrvollzugsO vom 29. 11. 1972 (BGBl. I 2205) in einer der Ausbildung dienlichen Form, i. d. R. als militärischer Dienst, zu vollstrecken. Der S. wird wegen → militärischer Straftaten verhängt und kann bei nichtmilitärischen Taten von Soldaten an die Stelle einer Freiheitsstrafe von weniger als 6 Mon. treten. Die Dauer des S. beträgt 2 Wochen bis 6 Mon. (§§ 9, 12 WStG).

**Strafaufhebungsgründe** → Strafausschließungs(aufhebungs)gründe.

**Strafaufschub.** Hat die Vollstreckung einer Freiheitsstrafe noch nicht begonnen, so kann die Vollstreckungsbehörde (i. d. R. die StA) dem Verurteilten Strafaufschub (nach Vollstreckungsbeginn: → Strafunterbrechung) bewilligen. Ein S. ist gesetzlich *zwingend* vorgeschrieben, wenn der Verurteilte in Geisteskrankheit verfällt, bei anderen Krankheiten, wenn die Vollstreckung voraussichtlich mit naher Lebensgefahr für ihn verbunden wäre. Sie *kann* aufgeschoben werden, wenn wegen des körperlichen Zustandes des Verurteilten eine sofortige Vollstreckung mit den Vollzugseinrichtungen nicht verträglich, z. B. eine notwendige fachärztliche Behandlung nicht möglich ist (§ 455 StPO), desgleichen aus Gründen der Vollzugsorganisation (§ 455 a StPO). Ein *vorübergehender S.* ist nach § 456 StPO *auf Antrag* des Verurteilten auch aus anderen Gründen zulässig, nämlich, wenn die sofortige Vollstreckung ihm oder seiner Familie erhebliche, außerhalb des Strafzwecks liegende Nachteile bereiten würde, insbes. wirtschaftlicher oder persönlicher Art (Verlust der Stellung; bevorstehende Niederkunft der Ehefrau u. dgl.). Doch darf in solchen Fällen ein S. 4 Mon. nicht übersteigen; die Frist berechnet sich vom festgesetzten Tag des Strafantritts an (h. M.). Ein längerer S. ist Gnadenmaßnahme, die nach landesrechtlicher Bestimmung der Gnadenordnung i. d. R. vom Oberstaatsanwalt bis zu 1 Jahr, für längere Zeit nur vom Generalstaatsanwalt oder Justizminister bewilligt werden kann. Gegen die ablehnende Entscheidung der Vollstreckungsbehörde aus § 455 oder § 456 StPO kann das Gericht angerufen werden, gegen dessen Beschluß sofortige Beschwerde zulässig ist; das Gericht kann einen vorläufigen Aufschub der Vollstreckung bis zu seiner Entscheidung anordnen (§§ 458 II, III, 462 StPO). Dagegen unterliegt die ablehnende Gnadenentscheidung der Staatsanwaltschaft nach h. M. grundsätzlich nicht gerichtlicher Nachprüfung, sondern nur der Dienstaufsichtsbeschwerde (→ Gnadenrecht).

**Strafausschließungs(aufhebungs)-gründe** sind in der Person des Täters liegende Umstände, die seine Straflosigkeit zur Folge haben. Sind sie schon zur Tatzeit gegeben, so handelt es sich um Straf*ausschließungs*gründe (z. B. bei Strafvereitelung zugunsten eines Angehörigen, § 258 VI StGB). Treten sie nach der Tat ein, so sind sie Straf*aufhebungs*gründe (z. B. Rücktritt, §§ 24, 31 StGB usw.; Straferlaß nach § 56 g StGB, durch Begnadigung oder Amnestie). Ein persönlicher S. läßt die Strafbarkeit des → Teilnehmers, bei dem er fehlt, unberührt (§ 28 II StGB); ebenso die Rechtswidrigkeit, so daß → Notwehr zulässig ist.

**Strafaussetzung zur Bewährung.** 1. S. z. B. ist als *gerichtliche* Maßnahme im Strafurteil zulässig, aber nur bei → Freiheitsstrafe, → Jugendstrafe und → Strafarrest und grundsätzlich nur bei Strafen bis zu 1 Jahr (§ 56 StGB). Die S. ist nur beschränkt zulässig bei → Maßregeln der Besserung und Sicherung und unzulässig bei Geldstrafe, weil für diese Stundung oder Teilzahlung bewilligt werden kann (§ 42 StGB). Die S. ist eine Modifikation der Verurteilung durch Aussetzen der Vollstreckung (bestr.); → Rechtsmittel können auf diesen Teil des Urteilsspruchs beschränkt werden. Die S. soll nur bewilligt werden, wenn zu erwarten ist, daß sich der Täter schon die Verurteilung zur Warnung dienen lassen und nicht mehr straffällig werden wird. Bei der Entscheidung sind Persönlichkeit, Tatumstände, Vorleben, Verhalten nach der Tat, namentlich das Bemühen um Schadenswiedergutmachung und Lebensverhältnisse des Täters zu berücksichtigen. Nur ausnahmsweise können auch Strafen bis zu 2 Jahren ausgesetzt, andererseits kann die S. bei Strafen von mindestens 6 Mon. trotz günstiger Täterprognose versagt werden, wenn die Verteidigung der Rechtsordnung die Vollstreckung gebietet, insbes. wenn sie wegen der Umstände des Einzelfalles erforderlich ist, um die Rechtsgesinnung in der Bevölkerung und das Vertrauen in die Wirksamkeit der Rechtspflege zu erhalten (§ 56 III StGB). Bei kürzeren Freiheitsstrafen ist dagegen die Täterprognose ausschlaggebend; ist sie positiv, darf S. nicht abgelehnt werden, weil wegen der Art des Delikts (z. B. folgenlose Trunkenheit am Steuer) gewichtige Gründe der → Generalprävention für Vollstreckung sprechen.

Die *Bewährungszeit* beträgt 2–5 Jahre. Das Gericht kann dem Verurteilten *Auflagen* machen (Schadenswiedergutmachung, Bußgeld an karitative Einrichtung oder an Staatskasse, gemeinnützige Leistung), ihm *Weisungen* erteilen (z. B. Arbeitsaufnahme, Meldepflicht, Unterhaltszahlung, ambulante Therapie nach → Sexualstraftat; mit seiner Einwilligung auch Heilbehandlung mit körperlichem Eingriff, Anstalts- oder Heimaufenthalt) oder ihn – auch für einen Teil der Bewährungszeit – einem → Bewährungshelfer unterstellen; bei noch nicht 27 jährigen, zu mehr als 9 Mon. Freiheitsstrafe Verurteilten soll das geschehen (§§ 56 a ff. StGB).

Nach Ablauf der Bewährungszeit wird die Strafe erlassen, wenn sich kein Anlaß zum Widerruf der S. ergeben hat (§ 56 g StGB). Die S. wird *widerrufen,* a) wenn der Proband in der Bewährungszeit straffällig wird und dadurch zeigt, daß er die Erwartungen, die für die S. maßgebend waren, nicht erfüllt; b) wenn er gröblich oder beharrlich gegen Weisungen verstößt oder sich der Bewährungsaufsicht beharrlich entzieht und deshalb die Besorgnis erneuter Straffälligkeit besteht; c) wenn er Auflagen gröblich oder beharrlich zuwiderhandelt. Statt des Widerrufs kann das Gericht die Bewährungszeit verlängern – hierbei auch deren Höchstmaß überschreiten, jedoch um nicht mehr als die halbe Bewährungszeit – oder weitere Auflagen oder Weisungen erteilen (§ 56 f StGB).

Die neben oder nach dem Urteil erforderlichen Entscheidungen über Bewährungsfrist, Auflagen, Widerruf usw. trifft das Gericht nach Anhörung des Betroffenen und der StA durch Beschluß; dieser kann mit Beschwerde angegriffen werden, aber nur, soweit er gesetzwidrig ist oder es sich um Verlängerung der Bewährungsfrist, Widerruf der S., Straferlaß oder dessen Widerruf handelt. Der Widerruf des Straferlasses ist binnen Jahresfrist seit Ablauf der Bewährungszeit bei – auch noch nicht rechtskräftiger (BVerfG NStZ 1987, 118) – Verurteilung wegen einer während dieser begangenen vorsätzlichen Tat zu mindestens 6 Mon. Freiheitsstrafe, aber nur binnen 6 Mon. seit Rechtskraft der Verurteilung zulässig (§ 56 g II StGB, §§ 268 a, 305 a, 453 StPO).

Für die Aussetzung der → *Jugendstrafe* zur Bewährung, die bei Strafen bis zu 1 Jahr (ausnahmsweise bis zu 2 Jahren) für die Dauer von 2 bis 3, höchstens 4 Jahren zulässig ist, gelten ähnliche Vorschriften; doch ist die Unterstellung unter einen Bewährungshelfer stets vorgesehen (§§ 21 ff. JGG). Das Jugendstrafrecht kennt außerdem die Aussetzung der Verhängung der Jugendstrafe (§§ 27 ff. JGG).

2. Eine gerichtliche S. ist auch bei einem *Strafrest* einer *zeitigen* Freiheitsstrafe zulässig, wenn 2/3 der Strafe, mindestens jedoch 2 Mon. verbüßt sind, der Verurteilte einwilligt und die S. unter Berücksichtigung des Sicherheitsinteresses der Allgemeinheit verantwortet werden kann (§ 57 StGB). Die Voraussetzungen sind wie zu 1.; außerdem sind das Verhalten im Vollzug und das Gewicht des bei einem Rückfall bedrohten Rechtsguts zu beachten. Sie kann unterbleiben, wenn der Täter eine Verfallerklärung durch falsche Angaben o. dgl. vereitelt hat. In Ausnahmefällen ist die S. bei Erststrafen bis zu 2 Jahren schon möglich nach Verbüßung erst der Hälfte, mindestens aber von 6 Mon., wenn besondere Gründe vorliegen. Im übrigen gelten weitgehend die Regeln wie zu 1. Über die S. entscheidet die Strafvollstreckungskammer (§ 462 a StPO). Bei Freiheitsstrafen von mindestens 2 Jahren wegen eines Verbrechens oder einer → Sexualstraftat hat sie vorher u. U. ein Sachverständigengutachten über eine fortbestehende Gefährlichkeit des Verurteilten einzuholen (§ 454 II StPO).

Der Rest einer *lebenslangen* Freiheitsstrafe ist nach 15 Jahren bei sonst gleichen Voraussetzungen ebenfalls nach Einholung eines Sachverständigengutachtens (§ 454 II StPO) zur Bewährung auszusetzen, wenn nicht die besonders schwere Tatschuld die Vollstreckung gebietet (§ 57 a StGB; Bewährungszeit 5 Jahre). Eine besondere Schuldschwere muß bereits vom Tatgericht, nicht erst von der → Strafvollstreckungskammer (BVerfG NJW 1992, 2947), im Urteilstenor (BGH NJW 1993, 1084) festgestellt werden. Die Feststellung verlangt Umstände von Gewicht; das Tatgericht hat seine Entscheidung aufgrund einer Gesamtwürdigung von Tat und Täterpersönlichkeit zu treffen (BGH NJW 1995, 407).

Über Entlassung zur Bewährung bei → Jugendstrafe (§ 88 JGG) s. dort.

3. Unberührt von der gerichtlichen S. bleibt die *bedingte S. im Gnadenwege;* → Gnadenrecht. Sie ist nicht wie die gerichtliche S. an bestimmte Voraussetzungen hinsichtl. Art und Höhe der Strafe usw. gebunden und steht im Ermessen der Gnadenbehörde. Sie kann auch abweichend von einer gerichtlichen Entscheidung über die S. gewährt und mit Auflagen verbunden werden. Zuständigkeit und Verfahren richten sich nach den Gnadenordnungen der Länder (s. Schönfelder, Deutsche Gesetze, Anm. zu § 452 StPO). Gnadenbehörden sind je nach Landesrecht der Ober- oder Generalstaatsanwalt, der JustMin. oder die Regierung. Vielfach richtet sich die Zuständigkeit nach der Höhe der Strafe und der Länge der erbetenen Bewährungsfrist.

4. S. ferner → Strafaufschub, → Strafausstand.

**Strafausstand** ist im Strafvollstreckungs- und Gnadenrecht der Oberbegriff für → Strafaufschub und → Strafunterbrechung; Aufschub ist vor, Unterbrechung nach Beginn der Vollstreckung einer Freiheitsstrafe zulässig.

**Strafbann** → Strafgewalt, Bann.

**Strafbare Handlung** → Straftat.

**Strafbefehl.** Der S. ist eine richterliche Entscheidung, die in einem summarischen Verfahren nach Anhörung des Beschuldigten an Stelle eines Strafurteils ergehen kann. Auf Antrag der StA kann der Strafrichter beim Amtsgericht (auch in → Schöffengerichtssachen) wegen eines → Vergehens im schriftlichen Verfahren, also ohne → Hauptverhandlung, durch S. folgende Rechtsfolgen der Tat, allein oder nebeneinander, festsetzen: 1. Freiheitsstrafe bis zu 1 Jahr, wenn → Strafaussetzung zur Bewährung angeordnet wird und der Angeschuldigte einen Verteidiger hat oder ein solcher vom Gericht bestellt wird, 2. Geldstrafe, → Verwarnung mit Strafvorbehalt, → Fahrverbot, → Verfall, → Einziehung, Vernichtung, → Unbrauchbarmachung, → Bekanntgabe der Verurteilung, → Geldbuße gegen eine juristische Person(envereinigung), 3. Entziehung der → Fahrerlaubnis bis zu 2 Jahren, 4. Absehen von Strafe (§ 407 StPO).

Hat der Richter Bedenken, ohne Hauptverhandlung zu entscheiden, so beraumt er eine solche an. Dasselbe gilt, wenn er vom Antrag der StA bei Festsetzung der Strafe oder sonstigen Rechtsfolge abweichen will, die StA aber auf ihrem Antrag beharrt (§ 408 StPO). Wird S. erlassen, so steht er, wenn der Beschuldigte nicht innerhalb von 2 Wochen Einspruch einlegt, einem rechtskräftigen Urteil gleich. Wenn neue Tatsachen oder Beweismittel beigebracht werden, die geeignet sind, die Verurteilung wegen eines → Verbrechens zu begründen, ist allerdings → Wiederaufnahme des Verfahrens möglich; im übrigen gelten die Regeln des Wiederaufnahmerechts (§ 373 a StPO). Bei *Einspruch,* der auf bestimmte Beschwerdepunkte, z. B. den Strafausspruch, beschränkt werden kann, findet eine Hauptverhandlung statt, die mit dem Urteil abschließt. Der Angeklagte kann sich durch einen schriftlich bevollmächtigten Verteidiger vertreten lassen. Bleiben beide unentschuldigt aus, wird der Einspruch ohne Beweisaufnahme durch Urteil verworfen (§§ 409–412 StPO). Über die Zulässigkeit eines S. gegen Jugendliche oder Heranwachsende → Jugendstrafrecht (4). Über den S. in *Steuersachen* → Steuerstrafverfahren.

**Strafbemessung** → Strafzumessung.

**Strafen.** Strafe ist eine durch Strafgesetz für eine tatbestandsmäßige, rechtswidrige und schuldhafte Handlung angedrohte Rechtsfolge (→ Strafrecht, → Strafzweck). Im Strafrecht wird zwischen sog. Hauptstrafen, Nebenstrafen und Nebenfolgen unterschieden.

1. *Hauptstrafen* sind Freiheitsstrafe, Jugendstrafe und Geldstrafe sowie Vermögensstrafe, für Soldaten auch Strafarrest; die → Todesstrafe ist abgeschafft (Art. 102 GG).

a) Die *Freiheitsstrafe* (§§ 38, 39 StGB) kann eine *lebenslange* oder zeitige sein. Auch die lebenslange Strafe ist nach BVerfG NJW 1977, 1525 verfassungskonform. Erscheint sie aufgrund außergewöhnlicher Umstände (notstandsnahe, ausweglos erscheinende Situation und große Verzweiflung; tiefes Mitleid) unverhältnismäßig, so kann die Strafe dem milderen Strafrahmen nach § 49 I Nr. 1 StGB entnommen werden (so BGHSt 30, 105 in einem Fall heimtückischen Mordes). Die *zeitige* Freiheitsstrafe beträgt mindestens 1 Monat und höchstens 15 Jahre. Zwecks Einschränkung der kriminalpolitisch bedenklichen kurzen Freiheitsstrafe soll eine solche unter 6 Mon. nur verhängt werden, wenn sie wegen besonderer, in der Tat oder der Täterpersönlichkeit liegender Umstände aus Gründen der → Spezialprävention oder → Generalprävention unerläßlich ist (§ 47 StGB).

b) Über die → *Jugendstrafe* s. dort.

c) Die *Geldstrafe* wird nach Tagessätzen (5–360) zu je 2–10 000 DM verhängt. Die Höhe bestimmt das Gericht nach den persönlichen und wirtschaftlichen Verhältnissen des Täters, i. d. R. auf Grund seines Nettoeinkommens (§ 40 StGB). Vgl. ferner → Geldbuße, → Ordnungsmittel, → Ersatzgeldstrafe, → Ersatzfreiheitsstrafe.

d) Die *Vermögensstrafe* (§ 43 a StGB; ihre Verfassungsmäßigkeit wird von BGH NJW 1995, 1367 bejaht) ist in gesetzlich bestimmten Fällen schwerer Kriminalität, insbes. bei Delikten der → Organisierten Kriminalität, neben lebenslanger oder zeitiger Freiheitsstrafe von mehr als 2 Jahren zugelassen. Sie dient der Gewinnabschöpfung und ist eine Geldsummenstrafe, deren Höhe durch den Wert des Vermögens des Täters, das geschätzt werden kann, begrenzt ist. Für den Fall der Uneinbringlichkeit bestimmt das Gericht an ihrer Stelle eine → Ersatzfreiheitsstrafe von höchstens 2 Jahren. Zur Sicherung einer zu erwartenden Vermögensstrafe kann bereits während des Ermittlungsverfahrens der dingliche Arrest in einzelne Vermögenswerte angeordnet oder das Vermögen mit Beschlag belegt werden (§§ 111 o, 111 p StPO).

e) Über → *Strafarrest* s. dort.

f) Gegen *Jugendliche* darf Freiheits- oder Geldstrafe nicht verhängt werden; über die gegen sie und gegen *Heranwachsende* zulässigen Strafen (insbes. Jugendstrafe) → Jugendstrafrecht.

2. Über → *Nebenstrafen* und *Nebenfolgen* s. dort. Keine Strafen sind die neben oder an Stelle der Strafe zulässigen → Maßregeln der Besserung und Sicherung. Sie sind wie → Verfall, → Einziehung und → Unbrauchbarmachung Maßnahmen (§ 11 I Nr. 8

StGB). S. ferner → Strafzumessung, → Strafvollstreckung, → Strafvollzug.

3. Soweit in den neuen Ländern *Straftatbestände des DDR-Strafrechts* weitergelten (→ Strafrecht, 3.), treten Freiheitsstrafe und Geldstrafe, letztere auch begrenzt durch das bisher in der DDR bestehende Höchstmaß von 100 000 DM, bei erheblicher Gewinnsucht 500 000 DM, an die Stelle der früheren Strafdrohungen. Dies waren (zum Teil bereits durch das 6. StÄG-DDR vom 29. 6. 1990, GBl. I 526, aufgehoben) Verurteilung auf Bewährung ergänzt durch bestimmte Verpflichtungen u. a. zur Bewährung am Arbeitsplatz, Geldstrafe, öffentlicher Tadel, Freiheitsstrafe mit oder ohne Bewährung, Haftstrafe von 1 Woche bis 6 Mon., Strafarrest bei Militärpersonen, Maßnahmen zur Wiedereingliederung, öffentliche Bekanntmachung der Verurteilung, Aufenthaltsbeschränkung, Verbot bestimmter Tätigkeiten, Entzug der Fahrerlaubnis oder anderer Erlaubnisse, Einziehung von Gegenständen, Vermögenseinziehung, Aberkennung staatsbürgerlicher Rechte, Ausweisung, bei Jugendlichen außerdem Auferlegung besonderer Pflichten und Jugendhaft.

**Straferlaß** kann dem Verurteilten entweder durch gerichtliche Entscheidung oder im Gnadenwege gewährt werden. Hat das *Gericht* im Strafurteil bei Verhängung einer Freiheits- oder Jugendstrafe (i. d. R. nur bei solchen bis zu 1 Jahr) oder von Strafarrest → Strafaussetzung zur Bewährung bewilligt und hat der Verurteilte keinen Anlaß zum Widerruf gegeben, so erläßt das Gericht ihm die Strafe nach Ablauf der Bewährungszeit (§ 56g I StGB; § 14a I WStG). Das gleiche gilt, wenn das Gericht einem Verurteilten nach Verbüßung eines Teiles der Strafe für den Rest Strafaussetzung bewilligt hat (§ 57 III StGB; § 14 a II WStG).

Im *Gnadenwege* kann dem Verurteilten für jede Strafe (unter besonderen Umständen ausnahmsweise auch für eine → Maßregel der Besserung und Sicherung) S. gewährt werden. Das geschieht i. d. R. nach bedingter → Strafaussetzung (s. dort unter 3), wenn der Verurteilte sich während einer Bewährungszeit einwandfrei geführt hat, aber auch ohne eine solche z. B. bei geringen Strafen oder Reststrafen. Über Zuständigkeit und Verfahren → Gnadenrecht.

**Straffreierklärung** → Absehen von Strafe.

**Straffreiheit** wird gelegentlich, meist aus Anlaß politischer Ereignisse (z. B. Wechsel des Staatsoberhauptes oder der Regierung) oder aus rechtspolitischen Gründen, durch besonderes StraffreiheitsG für einen abgegrenzten Kreis von Straftaten gewährt. Ein solches Gesetz umfaßt i. d. R. sowohl eine → *Amnestie*, d. h. den *Erlaß* rechtskräftig erkannter, aber noch nicht vollständig vollstreckter Strafen, als auch eine → *Abolition*, d. h. die *Niederschlagung* noch anhängiger Verfahren, sowie die Straffreierklärung für Taten, die noch nicht Gegenstand eines Verfahrens geworden sind. In der BRep. sind Straffreiheitsgesetze ergangen am 31. 12. 1949 (BGBl. 37; entsprechend für Berlin am 12. 1. 1950, VOBl. I 25) und 17. 7. 1954 (BGBl. I 203) sowie aus Anlaß des Wegfalls und der Milderung von Bestimmungen des politischen Strafrechts durch das 8. StrÄndG am 9. 7. 1968 (BGBl. I 773) und bei Änderung des Demonstrationsstrafrechts am 20. 5. 1970 (BGBl. I 509).

**Strafgedinge** → Vertragsstrafe.

**Strafgerichtsbarkeit** ist der Zweig der → ordentlichen Gerichtsbarkeit, der für den → Strafprozeß zuständig ist. In der S. entscheiden im ersten Rechtszug: beim → Amtsgericht der Strafrichter als → Einzelrichter und das (einfache oder erweiterte) → Schöffengericht, beim → Landgericht die (große) → Strafkammer (auch als → Schwurgericht, Staatsschutzkammer od. Wirtschaftsstrafkammer), beim → Oberlandesgericht der → Strafsenat; über Jugendgerichte s. → Jugendstrafrecht (3).

**Strafgesetzbuch.** Die wesentlichen Rechtssätze des → Strafrechts sind in allen Staaten meist in einem Strafgesetzbuch (StGB) zusammengefaßt. Dieses umfaßt Grundbestimmungen, die i. d. R. in einem Allgemeinen Teil enthalten sind (z. B. über Geltungsbereich, Strafen, Versuch, Teilnahme – d. i. Mittäterschaft, Anstiftung, Beihilfe –, Verjährung usw.), während die einzelnen Straftatbestände (Diebstahl, Betrug,

Körperverletzung usw.) einem Besonderen Teil zugewiesen sind. Weitere Straftatbestände enthalten die sog. *strafrechtlichen Nebengesetze* (→ Strafrecht 1 b), d. h. Gesetze, die ein anderes Rechtsgebiet unter Einbeziehung der hierauf bezüglichen Strafbestimmungen regeln; ihre Anwendung untersteht ebenfalls dem Allgemeinen Teil des StGB, soweit nicht Sondervorschriften gelten. In der BRep. gilt das Reichsstrafgesetzbuch vom 15. 5. 1871. Seine Vorläufer waren das preuß. Strafgesetzbuch von 1851, das durch den französ. Code pénal beeinflußt war, und das Strafgesetzbuch für den Norddeutschen Bund vom 31. 5. 1870. Das StGB von 1871 hat zahlreiche Änderungen erfahren, und zwar seit Gründung der BRep. besonders durch die 33 Strafrechtsänderungsgesetze, die 6 Strafrechtsreformgesetze und vor allem durch das EGStGB vom 2. 3. 1974, ferner durch eine Reihe anderer Gesetze. Das StGB gilt jetzt i. d. F. vom 10. 3. 1987 (BGBl. I 945). Eine wichtige Ergänzung bilden das JugendgerichtsG, das OrdnungswidrigkeitenG und das WehrstrafG, die u. a. Sondervorschriften zum Allgemeinen Teil des StGB enthalten. Zur Strafrechtsreform → Strafrecht, 2. Gebiet ehem. DDR → Strafrecht, 3.

Bemühungen um ein *Internationales* S., das die Strafbarkeit insbes. von Aggression (→ Angriffskrieg), → Völkermord, → Kriegsverbrechen und Verbrechen gegen die → Menschlichkeit für die UN-Mitgliedsstaaten kodifiziert, bestehen seit 1947, haben aber bisher nur zu Entwürfen der International Law Commission der → Vereinten Nationen geführt (s. Reichart ZRP 1996, 134; Ambos ZRP 1996, 263).

**Strafgewalt** ist i. w. S. das Recht des Staates, Straftaten zu ahnden, i. e. S. der sog. *Strafbann,* d. h. der nach oben beschränkte Rahmen, innerhalb dessen der Richter einer bestimmten Gerichtsstufe Strafe verhängen darf (z. B. beim Amtsgericht nach § 24 II GVG); würde er die St. überschreiten, muß er die Sache an ein Gericht höherer Ordnung verweisen.

**Strafkammer.** Die beim → Landgericht gebildete S. entscheidet in unterschiedlicher Besetzung: als *kleine S.* (im Regelfall 1 Richter, 2 Schöffen) über Berufungen gegen Urteile des Einzelrichters oder des → Schöffengerichts beim Amtsgericht, als *große S.* im ersten Rechtszuge über → Verbrechen, für die weder das Amtsgericht noch das → Oberlandesgericht zuständig ist, sowie über Verbrechen und → Vergehen, die wegen der Bedeutung des Falles vor der S. zur Anklage gebracht werden oder die Zuständigkeit des Amtsgerichts übersteigen. Die große S. ist grundsätzlich mit 3 Richtern und 2 Schöffen besetzt; sie soll aber bis 31. 12. 2000 in der Hauptverhandlung mit 2 Richtern und 2 Schöffen entscheiden, wenn sie nicht als Schwurgericht zuständig ist oder ein 3. Richter nach Umfang oder Schwierigkeit der Sache notwendig erscheint; außerhalb der Hauptverhandlung entscheidet die S. ohne die Schöffen (§§ 74, 76 GVG). Bei jedem LG – oder bei einem LG für mehrere LG.bezirke – ist eine S. als → Schwurgericht sowie eine Wirtschaftsstrafkammer (→ Wirtschaftsstrafsachen) zu bestellen, ferner eine Staatsschutzkammer bei jedem LG, in dessen Bezirk ein OLG seinen Sitz hat (→ Staatsschutzdelikte); den Vorrang unter diesen regelt § 74 e GVG. Über die Jugendkammer, die auch in → Jugendschutzsachen entscheidet, → Jugendstrafrecht (3).

**Strafklageverbrauch.** Die wichtigste Wirkung der materiellen → Rechtskraft des Strafurteils ist der Verbrauch der Strafklage. Er verbietet eine neue Strafverfolgung des Täters wegen derselben Tat (ne bis in idem). Dieses Verbot ist jetzt durch Art. 103 II GG auch verfassungsrechtlich gesichert, begründet also nicht nur ein → Prozeßhindernis, sondern auch ein subjektives Recht insbes. des Freigesprochenen, nicht erneut belangt zu werden. Nur eine *Sachentscheidung* des Strafrichters verbraucht die Strafklage, nicht eine prozessuale wie z. B. die Einstellung wegen Mangels einer Verfahrensvoraussetzung – etwa des Strafantrags – nach § 260 III StPO, es sei denn, daß auch darin eine Sachentscheidung liegt, so bei Einstellung wegen → Strafverfolgungsverjährung oder → Amnestie. *Beschlüsse* können ebenfalls strafklageverbrauchende Wirkung haben, so der die Eröffnung des Hauptverfahrens ablehnende Beschluß (§ 211 StPO); die öffentliche Klage kann nur auf Grund neuer Tatsachen oder Beweismittel wieder aufgenommen werden. Inwieweit der S. durch *Strafurteil* eintritt, ist dem Urteils *spruch* zu entnehmen, nicht den Gründen. Die *Sperrwirkung* des S. erfaßt den gesamten Sachverhalt, den das Gericht in seine Entscheidung hätte einbeziehen können, auch soweit das nicht geschehen ist. Für den Bescheid im nichtgerichtlichen → Bußgeldverfahren tritt kein Klageverbrauch ein, wenn sich später ergibt, daß die Tat als Straftat zu werten ist (OWiG).

Urteile *ausländischer Gerichte* verbrauchen die Strafklage nicht, sofern nicht durch zwischenstaatlichen Vertrag etwas anderes vereinbart ist, so in Art. 54, 55 des Durchführungsübereinkommens zum → Schengener Übereinkommen und in Art. VII (8) des NATO-Truppen-Statuts vom 19. 6. 1951 (BGBl. 1961 II 1183, 1190), → Auslandsstrafen, ausländische → Streitkräfte. Eine im Ausland wegen derselben Tat erlittene Freiheitsentziehung muß nach allgemeinen Regeln des Völkerrechts bei erneuter Verurteilung nicht angerechnet werden (BVerfG BGBl. 1987 I 1338), ist aber bei der Strafzumessung zu berücksichtigen. Andere als strafrechtliche Erkenntnisse haben den S. nicht zur Folge, so berufsgerichtliche oder Disziplinarmaßnahmen (z. B. Laufbahnstrafen); eine disziplinare Arreststrafe ist dagegen bei nachfolgender Verurteilung zu Freiheitsstrafe zu berücksichtigen (vgl. BVerfGE 21, 378, 391; 27, 180).

**Straflöschung** → Straftilgung. S. a. Beseitigung des → Strafmakels durch Richterspruch bei Jugendstrafe.

**Straflose Nachtat (Vortat)** → Konkurrenz von Straftaten.

**Strafmakel,** Beseitigung durch den Richter (§§ 97 ff. JGG). Ist ein Jugendlicher oder Heranwachsender zu Jugendstrafe bis zu 2 Jahren mit → Strafaussetzung zur Bewährung verurteilt worden, so erklärt der Richter, wenn die Strafe oder ein Strafrest erlassen wird, den S. von Amts wegen als beseitigt. Dasselbe *kann* bei anderen Jugendstrafen, nicht jedoch wegen bestimmter → Sexualstraftaten, von Amts wegen oder auf Antrag des Verurteilten, des gesetzl. Vertreters oder Erziehungsberechtigten, des StA oder (bei minderjähr. Verurteilten) der Jugendgerichtshilfe geschehen, wenn der Richter der Auffassung ist, daß sich der Jugendliche durch einwandfreie Führung als rechtschaffen erwiesen hat. I. d. R. müssen in diesem Falle seit Verbüßung oder Erlaß der Strafe mindestens 2 Jahre verflossen sein. Der Beschluß wird in das → Strafregister eingetragen. Über die Verurteilung erhalten nur Strafrichter und StA auf ausdrückliches Ersuchen Auskunft; im → Führungszeugnis erscheint sie nicht. Der Verurteilte darf sich als unbestraft bezeichnen und Auskunft über Tat und Strafe verweigern, außer gegenüber Strafrichter und StA (§§ 32, 41, 53 BZRG). Die Beseitigung des S. wird widerrufen, wenn der Verurteilte vor Tilgung des Strafvermerks erneut wegen eines → Verbrechens oder vorsätzlichen → Vergehens verurteilt worden ist (§ 101 JGG).

**Strafmilderungsgründe** → Strafzumessung.

**Strafmündigkeit.** Nach § 19 StGB sind strafrechtlich nicht verantwortlich *Kinder,* die zur Tatzeit das 14. Lebensjahr noch nicht vollendet haben *(absolute Strafunmündigkeit).* In diesem Fall fehlt es, da gegen Strafunmündige überhaupt nicht eingeschritten werden darf, nach h. M. an einer Prozeßvoraussetzung; ein gleichwohl eröffnetes → Hauptverfahren ist daher einzustellen. Hat der Straftäter zur Tatzeit das 14., aber noch nicht das 18. Lebensjahr vollendet, so ist er als *Jugendlicher* nach § 1 II, § 3 JGG *bedingt strafmündig,* nämlich wenn er nach seiner sittlichen und geistigen Entwicklung reif genug war, das Unrecht der Tat einzusehen (Einsichts-, Unterscheidungsfähigkeit) und nach dieser Einsicht zu handeln (Willensbildungsfähigkeit). Insoweit handelt es sich um eine Schuldvoraussetzung, zu deren Klärung ein Sachverständiger herangezogen oder die Unterbringung des Jugendlichen zur Beobachtung in einer geeigneten Anstalt angeordnet werden kann (§ 73 JGG). Wird das Fehlen der S. erst nach Anklageerhebung festgestellt, so kann das Gericht das Verfahren in oder außerhalb der Hauptverhandlung mit Zustimmung des StA durch Beschluß einstellen (§ 47 I 1 Nr. 4 JGG) oder den Angeklagten in der Verhandlung durch

Urteil freisprechen. Die Frage der fehlenden oder verminderten *Schuldfähigkeit* (§§ 20, 21 StGB) ist unabhängig von der bedingten S. zu prüfen; → Schuldunfähigkeit. Mit Vollendung des 18. Lebensjahres setzt die *volle Strafmündigkeit* ein; doch ist bei Tätern, die zur Tatzeit das 21. Lebensjahr noch nicht vollendet hatten *(Heranwachsende)*, nach § 105 JGG zu entscheiden, ob → Jugendstrafrecht oder das allgemeine Strafrecht anzuwenden, im letzteren Fall außerdem, ob von der Möglichkeit der Strafmilderung nach § 106 JGG Gebrauch zu machen ist.

**Strafnachricht** → Strafregister (2).

**Strafprozeß(recht).** 1. Der *Strafprozeß* ist ein gesetzlich geordnetes Verfahren, in dem über das Vorliegen einer Straftat zu entscheiden ist; ggf. werden durch richterliches Urteil strafrechtliche Folgen ausgesprochen, nämlich durch den Ausspruch über Schuld und Strafe oder andere strafrechtliche Maßnahmen (z. B. sichernde → Maßregeln, gegen Jugendliche → Zuchtmittel oder → Erziehungsmaßregeln usw.). Dadurch soll der gestörte Rechtsfriede der Gemeinschaft wiederhergestellt werden. Der Strafprozeß dient der Durchsetzung der *materiellen* Normen des → Strafrechts; er wird geregelt durch das *formelle* Strafrecht, das sog. *Strafprozeßrecht*.

2. Der Strafprozeß verläuft, soweit er durchgeführt wird, in folgenden *Abschnitten:* → Ermittlungsverfahren (vorbereitendes Verfahren; §§ 158 ff. StPO), Zwischenverfahren (→ Eröffnungsverfahren, in dem über die Eröffnung des → Hauptverfahrens entschieden wird, §§ 199 ff. StPO), Hauptverfahren einschl. Verfahren über → Rechtsmittel bis zur Rechtskraft der Entscheidung (§§ 213 ff. StPO), Vollstreckungsverfahren (§§ 449 ff. StPO; → Strafvollstreckung).

3. Das *Strafprozeßrecht* ist im wesentlichen in der Strafprozeßordnung vom 1. 2. 1877 geregelt, die vielfach geändert und ergänzt und am 7. 4. 1987 (BGBl. I 1074) neu bekannt gemacht worden ist. Weitere Bestimmungen enthalten insbes. das JugendgerichtsG (→ Jugendstrafrecht), die Abgabenordnung (→ Steuerstrafverfahren), das Ges. über → Ordnungswidrigkeiten, das Ges. über die internationale → Rechtshilfe in Strafsachen, das Ges. über die Entschädigung für Strafverfolgungsmaßnahmen (→ Strafverfolgung, ungerechtfertigte) u. a. m. Für die Durchführung des Strafverfahrens einschließlich der Urteilsvollstreckung sind u. a. folgende *Verwaltungsvorschriften* bedeutsam: die → Richtlinien für das Straf- und Bußgeldverfahren und die StrafvollstrekkungsO.

4. *Gebiet ehem. DDR*

a) Der S. der DDR, geregelt in der StPO-DDR, dem GVG-DDR, dem Ges. über die StA der DDR und dem Ges. über die gesellschaftlichen Gerichte der DDR, war Mittel zur Durchsetzung des sozialistischen → Strafrechts (3.). Die Rspr. entsprach nicht dem Bild der Gewaltenteilung. Sie hatte Parteitagsbeschlüsse der SED zu beachten, erhielt vom Obersten Gericht der DDR, das Lenkungsfunktion hatte, verbindliche Richtlinien, war über dieses Volkskammer und Staatsrat unterstellt, dem Einfluß der Exekutive auf allen Ebenen ausgesetzt, nicht unabhängig (Wahl auf Zeit), zur Rechenschaft gegenüber der Volksvertretung und zur Zusammenarbeit mit gesellschaftlichen und staatlichen Einrichtungen verpflichtet und auf die sozialistische Ideologie festgelegt (s. BGH NJW 1994, 529). Einen → gesetzlichen Richter gab es nicht. Die Rspr. wurde ausgeübt vom Obersten Gericht, Bezirksgerichten, Kreisgerichten und gesellschaftlichen Gerichten sowie in Militärstrafsachen vom Obersten Gericht, Militärobergerichten und Militärgerichten. Neben den StAen, an deren Spitze der GeneralStA der DDR stand, und Verteidigern gab es gesellschaftliche Ankläger und Verteidiger als Beauftragte von gesellschaftlichen Organisationen und Kollektiven, deren Interessen berührt waren.

b) Im Vertrag vom 18. 5. 1990 über die Schaffung einer → Währungs-, Wirtschafts- und Sozialunion zwischen der BRep. und der DDR (BGBl. II 518), dem Gemeinsamen Protokoll über Leitsätze und der Anlage III dazu wurde vereinbart, bestimmte Vorschriften über den S. aufzuheben oder abzuändern und bis dahin nicht mehr anzuwenden, vor allem über Leitung, Beaufsichtigung und Beeinflussung der Rechtspflege, die Zusammenarbeit der Gerichte mit den örtlichen Volksvertretungen, die Berichtspflicht der Richter diesen gegenüber, die allgemeine Gesetzlichkeitsaufsicht der StA und die Tätigkeit von gesellschaftlichen Anklägern und Verteidigern, sowie die Rechte des Beschuldigten zu verbessern. Umgesetzt wurde dies im 6. StrÄG-DDR vom 29. 6. 1990 (GBl. I 526), das am 1. 7. 1990 in Kraft trat, die Rechte des Beschuldigten weiter verbesserte und auch die Aufhebung von Urteilen neu regelte.

c) Seit dem 3. 10. 1990 gelten in den neuen Ländern auf Grund des → Einigungsvertrages die Vorschriften der BRep. für den S. mit folgenden Maßgaben: Bis zur Errichtung der Gerichte durch die Länder, die Ende 1993 abgeschlossen war, übten die → Kreisgerichte und die → Bezirksgerichte die Rspr. aus. Die Zuständigkeit des Kreisgerichts entsprach der des Amtsgerichts. Die Strafsenate der Bezirksgerichte waren mit dem → Landgericht zu vergleichen. Besondere Senate der Bezirksgerichte nahmen als → Strafsenate die Aufgaben der → Oberlandesgerichte wahr. Bei den Bezirksgerichten waren → Staatsanwaltschaften gebildet. Sie nahmen das Amt der StA bei den Kreisgerichten wahr. Das Oberste Gericht und der GeneralStA der DDR sowie die Gesellschaftlichen Gerichte hörten auf zu bestehen. Zur Aufhebung rechtskräftiger DDR-Strafurteile und der Beseitigung ihrer Wirkungen → DDR-Urteile, → Rehabilitierungsgesetze.

**Strafrahmen** → Strafzumessung.

**Strafrecht**. 1. a) Das S. umfaßt die Gesamtheit der Rechtsnormen, die Inhalt und Umfang der staatlichen Strafbefugnis bestimmen. Es gehört zum öffentlichen Recht, da es Rechtsbeziehungen zwischen dem Staat und den seiner Hoheitsgewalt unterstellten Einzelpersonen regelt. Man unterscheidet zwischen dem *materiellen* und dem *formellen* S. Das erstere ist das S. im eigentlichen Sinne. Es bezeichnet die Voraussetzungen der Strafbarkeit und deren Rechtsfolgen, indem es die für alle → Straftaten geltenden Grundsätze (meist zusammengefaßt im Allgemeinen Teil des → Strafgesetzbuchs) und die Merkmale der einzelnen Straftaten sowie die sich hieran knüpfenden Strafdrohungen festlegt. Das formelle S. oder → Strafprozeßrecht enthält die Normen über den Ablauf des Strafverfahrens, in dem das materielle S. im Einzelfall angewendet wird. Das geltende S. knüpft die Strafbarkeit an eine konkrete Handlung, nicht an eine rechtswidrige (kriminelle) Persönlichkeitsstruktur; es ist also *Tat-*, nicht *Täterstrafrecht*. Hingegen ist für die *Deliktsfolgen* die Täterpersönlichkeit von wesentlicher Bedeutung.

b) Unter dem materiellen S. im eigentlichen Sinne wird nur das *Kriminalstrafrecht* verstanden (im Gegensatz zum Recht der → Ordnungsmittel, → Ordnungswidrigkeiten, → Disziplinarmaßnahmen, → Erzwingungs- oder → Zwangsmittel). Die Normen des materiellen S. sind im wesentlichen im Strafgesetzbuch niedergelegt, das aber – namentlich durch Hinzufügen von Einzeltatbeständen – in zahlreichen Nebengesetzen ergänzt wird. Zu diesen gehören das AktienG, das Betäubungsmittel G, die Steuergesetze, das SprengstoffG und viele andere mehr; einzelne Nebengesetze enthalten sogar ausschließlich Strafbestimmungen, z. B. das WehrstrafG und das WirtschaftsstrafG 1954.

c) Über den strafrechtlichen Handlungsbegriff sowie über die Voraussetzungen, an die sich eine Straffolge knüpft (insbes. über den Aufbau der Tatbestandsmerkmale), → Straftat, über den Inhalt des Strafausspruchs → Strafen, → Nebenstrafen und Nebenfolgen, → Maßregeln der Besserung und Sicherung.

2. Das deutsche S. ist seit Beginn des 20. Jh. Gegenstand zahlreicher *Reformversuche* gewesen, so der StGB-Entwürfe 1909, 1911, 1913, 1919, 1925, 1927, 1930, 1936. Die in der nat.soz. Zeit 1933–1945 vorgenommenen Änderungen wurden durch die Gesetzgebung des Kontrollrats 1945 zum großen Teil wieder beseitigt.

Eine umfassende Reform wurde von der BReg. erst 1954 eingeleitet; sie führte zum StGB-Entwurf 1962, schließlich zur umfassenden Neuregelung des Allgemeinen Teils des StGB und zur Änderung des gesamten StGB durch das EGStGB vom 2. 3. 1974 (BGBl. I 469); eine n. F. des StGB wurde am 2. 1. 1975 (BGBl. I 1) verkündet. Vorher bereits waren einzelne Reformgedanken im Wege kleinerer

Änderungen des StGB (sog. Novellierungen) verwirklicht worden, so im Bereich der → Staatsschutzdelikte und durch Verlängerung bzw. Aufhebung der Verjährungsfrist für Mord und → Völkermord (8. u. 9. StrÄndG vom 25. 6. 1968, BGBl. I 741, und 4. 8. 1969, BGBl. I 1065). Das 1. StrRG vom 25. 6. 1969 (BGBl. I 645) hatte bereits Zuchthaus, Gefängnis, Einschließung und Haft zu einer einheitlichen → Freiheitsstrafe zusammengefaßt, eine allgemeine Rückfallvorschrift eingeführt und das → Arbeitshaus sowie die Strafbarkeit der einfachen Homosexualität und des Ehebruchs beseitigt. Das 2. StrRG vom 4. 7. 1969 (BGBl. I 717) enthielt in der Neufassung des Allgem. Teils des StGB u. a. eine weitere Einschränkung der kurzen Freiheitsstrafen, die → Verwarnung mit Strafvorbehalt sowie Änderungen im System der → Maßregeln der Besserung und Sicherung. Das 3. StrRG vom 20. 5. 1970 (BGBl. I 505) befaßte sich mit den → Demonstrationsdelikten. Gegenstand des 4. und 5. StrRG vom 23. 11. 1973 (BGBl. I 1725) und 18. 6. 1974 (BGBl. I 1297) sind die Sexualdelikte und die Strafbarkeit des Abbruchs der Schwangerschaft. Das EGStGB 1974 brachte die Anpassung des Besonderen Teils des StGB an die Neuregelungen des Allgemeinen Teils, aber auch eine Änderung zahlreicher Einzeltatbestände (z. B. im Bereich der Amtsdelikte); andere Tatbestände wurden aus Nebengesetzen übernommen.

Weitere umfassende Novellierungen von besonderer Bedeutung sind das 15. StrÄndG vom 18. 5. 1976 (BGBl. I 1213), das die Strafbarkeit des Schwangerschaftsabbruchs unter Präzisierung der Indikationsfälle neu regelte, die Ges. zur Bekämpfung der Wirtschaftskriminalität und der Umweltkriminalität vom 29. 7. 1976 (BGBl. I 2034), 28. 3. 1980 (BGBl. I 373) und 23. 5. 1986 (BGBl. I 721), das Ges. zur Bekämpfung des illegalen Rauschgifthandels und anderer Erscheinungsformen der → Organisierten Kriminalität vom 15. 7. 1992 (BGBl. I 1302), das Schwangeren- und FamilienhilfeG vom 27. 7. 1992 (BGBl. I 1398), das 2. Ges. zur Bekämpfung der Umweltkriminalität vom 27. 6. 1994 (BGBl. I 1440), das VerbrechensbekämpfungsG vom 28. 10. 1994 (BGBl. I 3186), das Schwangeren- und Familienhilfeänderungs G vom 21. 8. 1995 (BGBl. I 1050), das den → Schwangerschaftsabbruch neu regelt, das Ges. zur Bekämpfung der Korruption vom 13. 8. 1997 (BGBl. I 2038) und das 6. StrRG vom 26. 1. 1998 (BGBl. I 164), das vor allem die Strafrahmen für Straftaten gegen höchstpersönliche Rechtsgüter anhob.

3. *Gebiet ehem. DDR*

a) Das S. der DDR, zuletzt geregelt im StGB-DDR i. d. F. vom 14. 12. 1988 (GBl. 1989 I 33), diente der sozialistischen Staats- und Gesellschaftsordnung und war darauf gerichtet, den Straftäter durch die → Strafen zur Einhaltung der sozialistischen Gesetzlichkeit zu erziehen. Es enthielt Vorschriften, die den Prinzipien eines freiheitlichen demokratischen Rechtsstaates widersprachen.

b) Im Vertrag vom 18. 5. 1990 über die Schaffung einer → Währungs-, Wirtschafts- und Sozialunion zwischen der BRep. und der DDR (BGBl. II 518), dem Gemeinsamen Protokoll über Leitsätze und der Anlage III dazu wurde vereinbart, bestimmte Vorschriften des StGB-DDR aufzuheben oder zu ändern und bis dahin nicht anzuwenden, vor allem über Grundsätze des sozialistischen S., politische Straftaten und Delikte zum Schutz planwirtschaftlicher Strukturen sowie die Unterscheidung zwischen sozialistischem und sonstigem Eigentum. Umgesetzt wurde dies im 6. StrÄG-DDR vom 29. 6. 1990 (GBl. I 526), das am 1. 7. 1990 in Kraft trat und auch zahlreiche → Strafen aufhob.

c) Seit dem 3. 10. 1990 gilt in den neuen Ländern auf Grund des → Einigungsvertrages vom 31. 8. 1990 (BGBl. II 885) das → Strafgesetzbuch (StGB); die dabei vorgesehenen Maßgaben gelten nicht mehr. In Kraft geblieben ist noch als → partielles Recht auch § 84 StGB-DDR (Ausschluß der Verjährung für Verbrechen gegen den Frieden, die Menschlichkeit und die Menschenrechte und Kriegsverbrechen). S. auch → DDR-Straftaten, → DDR-Urteile, → Rehabilitierungsgesetze.

**Strafrechtliche Rehabilitierung (DDR)** → Rehabilitierungsgesetze.

**Strafrechtstheorien.** Während die Auffassungen von Grund und Zweck der Strafe sich in früheren Jahrhunderten nach *absoluten* Gesichtspunkten orientierten – insbes. nach dem der gerechten Vergeltung für die begangene Tat (→ Talion) –, geht die neuere Strafrechtslehre von den *relativen* Strafzwekken aus, indem sie nach dem Maß der vom Täter zu sühnenden Schuld die Strafe unter Gesichtspunkten der Erziehung und Besserung oder Abschrekkung bestimmt. Auf der Grundlage der Wertung der Einzeltäterpersönlichkeit wird hierbei Gedanken der Spezialprävention, in beschränktem Maße auch solchen der Generalprävention das entscheidende Gewicht zugewiesen. Im einzelnen → Strafzweck, → défense sociale.

**Strafregister.** 1. *Zuständigkeit:* Das früher bei der StA bei dem Landgericht, in dessen Bezirk der Verurteilte geboren ist, eingerichtete S. wird nach dem BundeszentralregisterG i. d. F. vom 21. 9. 1984 (BGBl. I 1229) m. Änd. als *Bundeszentralregister* in Berlin geführt. Mit dem Umzug der BReg. in die → Bundeshauptstadt Berlin wird sein Sitz nach Bonn verlegt. Es untersteht dem Generalbundesanwalt beim BGH.

2. *Inhalt* des S.: Aufzunehmen sind alle Verurteilungen zu → Strafen, → Maßregeln der Besserung und Sicherung, → Nebenstrafen und Nebenfolgen, die wegen einer mit Strafe bedrohten Handlung durch Urteil oder → Strafbefehl eines deutschen Gerichts in der BRep. ausgesprochen worden sind. Ebenso wird eine → Verwarnung mit Strafvorbehalt oder ein Schuldspruch nach § 27 JGG registriert. Auch Strafen, die im Ausland gegen Deutsche oder in der BRep. geborene oder wohnhafte Nichtdeutsche verhängt worden sind, werden vermerkt, wenn sie von der zuständigen ausländischen Behörde mitgeteilt worden sind (das geschieht zumeist im Rahmen des zwischenstaatlichen Strafnachrichtenaustauschs; → Rechtshilfe, 2); der Verurteilte ist vorher zu hören. Die Mitteilungen zum S. sind → Justizmitteilungen. Sie obliegen i. d. R. dem Gericht oder der StA als Strafvollstreckungsbehörde; mitzuteilen sind auch Entscheidungen über Strafaussetzung oder -erlaß, Bewährungszeit, Aussetzung des Strafrestes sowie die Vollstreckung usw., weil hiervon häufig die Berechnung der Fristen für die → Straftilgung abhängt. Vermerkt werden auch Freispruch oder Einstellung wegen → Schuldunfähigkeit sowie Ausweisungen, Paßentzug, gewisse Gewerbeuntersagungen. Nicht in das S. aufzunehmen sind Entscheidungen der Jugend- oder Familien- und Vormundschaftsgerichte, die keinen Strafcharakter haben: → Erziehungsmaßregeln und → Zuchtmittel (§§ 9 ff. JGG) u. dgl.; diese werden in das → Erziehungsregister aufgenommen. Wegen der sog. Verkehrssünderdatei → Verkehrszentralregister.

3. *Auskunft* aus dem S. erhält der Betroffene (nicht andere Privatpersonen) in der Form eines → Führungszeugnisses, das er selbst oder eine Behörde beantragen kann; sonst erhält er Auskunft auf Antrag nur in besonderen Fällen. Eintragungen, die nicht in das Führungszeugnis aufzunehmen sind (geringfügige oder länger zurückliegende Bestrafungen usw.), werden nur Gerichten, Strafverfolgungsbehörden, obersten Bundes- und Landesbehörden sowie den Behörden mitgeteilt, die mit dem Verfassungsschutz, mit Einbürgerungs-, Ausländer- und Gnadenangelegenheiten befaßt sind oder über die Erteilung eines Waffenscheins u. dgl. entscheiden (sog. *unbeschränkte Auskunft,* § 41 BZRG).

4. Eintragungen des bisher beim GeneralStA der DDR geführten S. werden übernommen. Davon ausgenommen sind Eintragungen über Verurteilungen, deren Sachverhalt nicht mehr mit Strafe bedroht ist oder die mit rechtsstaatlichen Maßstäben nicht vereinbar sind, sowie Eintragungen von Untersuchungsorganen und StAen der DDR. Eintragungen, die durch Rehabilitierung (→ Rehabilitierungsgesetze) aufgehoben worden sind, werden entfernt.

5. Bei dem Bundeszentralregister wird ein länderübergreifendes staatsanwaltschaftliches Verfahrensregister geführt (§§ 474 ff. StPO). In ihm werden die Daten der Ermittlungs- und Strafverfahren eingetragen. Es dient der Verbesserung der Information der StAen.

**Strafrichter** → Einzelrichter.

**Strafschärfungsgründe** → Strafzumessung.

**Strafsenat.** Der S. des *Oberlandesgerichts* entscheidet als Revisionsgericht in der Besetzung mit 3 Richtern über die Revision gegen Berufungsurteile der Kleinen → Strafkammer, über die → Sprungrevision gegen Strafurteile des Amtsgerichts, schließlich über die Revision gegen erstinstanzliche Urteile der Großen Strafkammer, wenn – was praktisch kaum vorkommt – ausschließlich Verletzung von Landesrecht gerügt wird; als Beschwerdegericht über Beschwerden gegen Entscheidungen des Landgerichts sowie über Rechtsbeschwerden in Strafvollzugssachen und Bußgeldsachen (§ 121 GVG, § 79 III OWiG); außerdem über bestimmte → Justizverwaltungsakte der Strafrechtspflege und des Vollzugs. Im allgemeinen ist aber für die Revision gegen erstinstanzliche Urteile des LG – von dem genannten Ausnahmefall abgesehen – nach § 135 GVG der S. des *Bundesgerichtshofs* zuständig (5 Richter). Der S. des OLG, in dessen Bezirk eine LdReg. ihren Sitz hat, entscheidet ferner im ersten Rechtszuge in der Besetzung mit 5 Richtern, u. U. in der Hauptverhandlung mit 3 Richtern, über Fälle von → Friedensverrat, → Hochverrat, → Landesverrat und bei einigen anderen politischen Delikten, z. B. → Völkermord, sowie bei sonstigen schweren Straftaten (z. B. Mord und Totschlag), wenn ein Zusammenhang mit der Tätigkeit einer zur Begehung solcher Delikte bestehenden Vereinigung gegeben ist oder die Tat sich gegen den Bestand oder die Sicherheit der BRep., deren Verfassungsgrundsätze oder die hier stationierten ausländischen Truppen richtet. Voraussetzung ist in allen Fällen, daß der Generalbundesanwalt wegen der besonderen Bedeutung des Falles die Verfolgung übernommen hat (§ 120 II GVG). Außerhalb der Hauptverhandlung wirken bei den S. i. d. R. nur 3 Richter mit (§§ 122, 139 GVG). Über Rechtsbeschwerden in Bußgeldsachen entscheidet der Senat mit 3 Richtern, in bestimmten Fällen mit 1 Richter (§ 80 a OWiG). Im übrigen entspricht die Besetzung des S. der des → Zivilsenats. S. ferner → Große Senate, → Bundesgerichtshof (Vereinigte Große Senate), → Bayerisches Oberstes Landesgericht.

**Straftat** (strafbare Handlung) ist eine tatbestandsmäßige, rechtswidrige und schuldhafte Handlung, an die das Gesetz eine Strafdrohung knüpft. Dagegen versteht das StGB (§ 11 Nr. 5) unter einer rechtswidrigen Tat eine solche, die – unabhängig von der Schuld – lediglich den äußeren Tatbestand eines Strafgesetzes verwirklicht (also ohne zivil- oder öffentl.-rechtliche Bedeutung).

1. Die (strafbare) Handlung – d. h. ein menschliches Verhalten – kann in einem Tun oder Unterlassen bestehen (→ Unterlassungsdelikte). Sie ist tatbestandsmäßig, wenn sie mit den im Strafgesetz festgelegten Merkmalen – sog. Tatbestandsmerkmalen – übereinstimmt. Die Erfüllung des Tatbestandes indiziert zugleich die → Rechtswidrigkeit, d. h. aus der Verwirklichung der im Gesetz bezeichneten äußeren Tatumstände ist auf die Rechtswidrigkeit des Handelns zu schließen; diese ist in jedem Fall Voraussetzung der Strafbarkeit, auch wenn das Gesetz ihr Vorliegen nicht ausdrücklich verlangt. Die Rechtswidrigkeit fehlt, wenn ein Rechtfertigungsgrund (i. e. S. → Rechtswidrigkeit) vorliegt. Das schuldhafte Handeln des Täters (→ Schuld) als weitere Voraussetzung der Strafbarkeit bemißt sich in den einzelnen Tatbeständen unterschiedlich; i. d. R. ist Vorsatz erforderlich, in anderen Fällen genügt Fahrlässigkeit. Besondere Umstände, sog. → Schuldausschließungsgründe, können die Schuld beseitigen, z. B. Irrtum, Schuldunfähigkeit. Die Erfüllung dieser objektiven und subjektiven Merkmale der S. (äußerer Tatbestand, Rechtswidrigkeit, Schuld) kann an mannigfache Besonderheiten geknüpft sein; so in der Frage, ob und inwieweit der Handelnde für den Erfolg der Tat einzustehen hat (→ Kausalität im Strafrecht), inwieweit die Rechtswidrigkeit von der Schuld umfaßt werden muß (→ Verbotsirrtum) und welchen Einfluß der Umfang der Tatschuld oder ein etwaiger Schuldausschließungsgrund für die Teilnehmer an der S. hat (→ Mittäterschaft, → Anstiftung, → Beihilfe). S. ferner → finale Handlungslehre, → eigenhändiges Delikt, → Sammelstraftat, → Bedingungen der Strafbarkeit, → Irrtum.

2. Nach § 12 StGB sind die S.en in zwei Gruppen – Verbrechen und Vergehen – einzuordnen *(Dichotomie)*. Eine im Mindestmaß mit 1 Jahr oder mehr

Freiheitsstrafe bedrohte Handlung ist Verbrechen, eine mit Freiheitsstrafe in geringerem Mindestmaß oder mit Geldstrafe bedrohte Handlung ist Vergehen. Entscheidend ist die im Gesetz angedrohte, nicht die im Einzelfall verwirkte Strafe (→ abstrakte Betrachtungsweise). Diese auf der Bewertung der einzelnen Delikte beruhende Zweiteilung hat für die Anwendung des Strafrechts unter vielen Gesichtspunkten Bedeutung. So ist z. B. der → *Versuch* bei Verbrechen stets strafbar, bei Vergehen nur, wenn es ausdrücklich bestimmt ist (§ 23 StGB). Dagegen sind → *Anstiftung* und → *Beihilfe* bei Verbrechen und Vergehen gleichermaßen strafbar (§§ 26, 27 StGB).

Die Zweiteilung hat auch im Verfahrensrecht Bedeutung: Bei Verbrechen ist die Verteidigung stets notwendig (§ 140 I Nr. 2 StPO). Einstellung wegen Geringfügigkeit (§ 153 StPO) und Erlaß eines → Strafbefehls sind auf Vergehen beschränkt (§ 407 StPO). Ferner ist die Zweiteilung für die gerichtliche Zuständigkeit bedeutsam (§§ 25, 74 I GVG).

Die Einstufung einer Tat als Verbrechen oder Vergehen wird durch das Hinzutreten straferhöhender oder strafmildernder Umstände (besonders schwerer Fall, minder schwerer Fall) nicht verändert; anders wenn der qualifizierende oder privilegierende Gesichtspunkt in einem *zusätzlichen Tatbestandsmerkmal* besteht (z. B. Bandendiebstahl, gewerbsmäßige Hehlerei, Tötung auf Verlangen).

**Straftilgung.** 1. Strafregistervermerke werden im Interesse der Resozialisierung des Verurteilten nach Ablauf bestimmter Fristen nicht mehr in das → Führungszeugnis aufgenommen und dann auch nur einem beschränkten Kreis auskunftsberechtigter Stellen mitgeteilt (→ Strafregister). Nach weiterem Fristablauf werden sie getilgt. Ausgenommen sind Verurteilungen zu lebenslanger Freiheitsstrafe, Sicherungsverwahrung, Unterbringung in einem psychiatrischen Krankenhaus und dauernde Entziehung der Fahrerlaubnis (§§ 45 ff. BZRG).

2. Die *Tilgungsfristen* betragen: bei Verurteilungen zu Freiheitsstrafe bis 3 Mon. oder zu Geldstrafe bis zu 90 Tagessätzen *5 Jahre* seit Verurteilung, wenn im Register keine weitere Strafe bzw. Freiheitsstrafe eingetragen ist, andernfalls *10 Jahre* (dies auch bei einzigen Freiheitsstrafen bis zu 1 Jahr mit Bewährungsfrist); bei höheren Strafen *15 Jahre* (zuzüglich Dauer der Freiheitsstrafe); bei Verurteilungen wegen bestimmter → Sexualstraftaten zu Freiheits- oder Jugendstrafe von mehr als 1 Jahr *20 Jahre.* Besondere Fristen gelten für *Jugendstrafen: 5 Jahre* bei Jugendstrafe bis zu 1 Jahr sowie nach Beseitigung des → Strafmakels und bei Jugendstrafe bis zu 2 Jahren mit Strafaussetzung (Entlassung) zur Bewährung, von mehr als 2 Jahren nach Bewährungszeit und Straferlaß; *10 Jahre* bei Jugendstrafe von mehr als 1 Jahr, soweit nicht die kürzere Frist gilt.

3. *Vor Ablauf der Fristen* kann der Generalbundesanwalt die S. durch Verwaltungsakt anordnen (sog. *Straflöschung).* Über die binnen 2 Wochen einzulegende Beschwerde gegen Ablehnung entscheidet der BMJ (§ 49 III BZRG). Gegen die Ablehnung ist Antrag auf gerichtliche Entscheidung durch das Oberlandesgericht zulässig (§§ 23 ff. EGGVG). Dieses prüft aber nicht die Zweckmäßigkeit, sondern nur die Rechtmäßigkeit der Ablehnung nach, die eine Ermessensentscheidung ist (Aufhebung aus Rechtsgründen nur bei Überschreiten des Ermessens oder willkürlicher Handhabung).

4. Nach dem Grundsatz der *Unteilbarkeit* des Strafregisters ist S. i. d. R. erst zulässig, wenn alle Vermerke tilgungsreif sind. Sie werden dann aus dem Register entfernt.

5. *Rechtsfolgen.* Nach S. dürfen Straftat und Verurteilung dem Betroffenen im Rechtsverkehr nicht mehr vorgehalten und nicht zu seinem Nachteil verwertet werden, z. B. bei der → Strafzumessung; Ausnahmen gelten im zwingenden Sicherheitsinteresse, bei psychiatrischer Begutachtung sowie bei Berufs- oder Gewerbezulassung, vor Erteilung eines Waffenscheins u. dgl. und vor Einstellung in den öffentlichen Dienst im Interesse der Abwendung einer erheblichen Gefährdung der Allgemeinheit. Der Verurteilte darf sich nach S. als unbestraft bezeichnen und braucht den Tatsachverhalt nicht zu offenbaren (§§ 51–53 BZRG).

**Strafunterbrechung** darf während des Vollzugs einer Freiheitsstrafe von der *Strafvollstreckungsbehörde* (i. d. R. StA) nur unter eng begrenzten Voraussetzungen angeordnet werden, nämlich, wenn der Verurteilte in Geisteskrankheit verfällt oder wegen einer Krankheit von der Vollstreckung für ihn eine nahe Lebensgefahr zu besorgen ist oder er sonst schwer erkrankt und die Krankheit innerhalb des Vollzugs nicht erkannt oder behandelt werden kann. Es muß ferner zu erwarten sein, daß die Krankheit für eine erhebliche Zeit fortbestehen wird. S. ist untersagt, wenn überwiegende Gründe (z. B. öffentliche Sicherheit) entgegenstehen (§ 455 II StPO). Über Einwendungen gegen die Entscheidung der Vollstreckungsbehörde entscheidet das Gericht (§ 458 II StPO); die sofortige Beschwerde gegen die Anordnung der S. hat aufschiebende Wirkung (§ 462 III 2 StPO). Über die S. durch das Gericht im → Wiederaufnahmeverfahren vgl. § 360 II StPO, über S. aus vollzugsorganisatorischen Gründen § 455 a StPO

**Strafvereitelung** *(persönliche Begünstigung)* begeht nach § 258 StGB, wer absichtlich oder wissentlich verhindert, daß ein anderer der gesetzlichen Strafe oder → Maßregel der Besserung und Sicherung unterworfen oder der Vollstreckung des Strafurteils zugeführt wird (Beseitigung von Tatspuren, falsche Aussage; Strafverbüßung für den Verurteilten). Die Vortat muß bei Verfolgungsvereitelung mindestens rechtswidrig (wenn auch nicht schuldhaft, dann aber → Maßregeln unterworfen) begangen und verfolgbar sein; bei der Vollstreckungsvereitelung dagegen genügt, daß eine Strafe rechtskräftig verhängt (eine Maßregel angeordnet) und noch nicht vollstreckt ist. Die Bezahlung einer Geldstrafe durch einen Dritten ist keine S. (BGHSt 37, 226). Die Selbstbegünstigung ist nicht tatbestandsmäßig, die S. zugunsten eines Angehörigen straffrei (§ 258 V, VI StGB). Für die S. durch → Amtsträger, die bei einem Strafverfahren oder der Vollstreckung mitzuwirken berufen sind (Richter, Staatsanwalt, Polizei- oder Vollzugsbeamte), gelten höhere Strafdrohungen (§ 258 a StGB).

**Strafverfahren** → Strafprozeß.

**Strafverfolgung, ungerechtfertigte.** Wer im Straf- oder Bußgeldverfahren verfolgt worden ist, kann nach dem Ges. über die Entschädigung für Strafverfolgungsmaßnahmen (StrEG) vom 8. 3. 1971 (BGBl. I 157) Entschädigung aus der Staatskasse für erlittenen Vermögensschaden verlangen, soweit keine verurteilende Entscheidung ergangen oder diese wieder aufgehoben oder gemildert worden ist.

1. Entschädigung für *Untersuchungshaft* oder eine andere *Verfolgungsmaßnahme* (vorläufige → Festnahme, → Beschlagnahme, Entziehung der → Fahrerlaubnis usw.) wird gewährt, soweit Freispruch oder Einstellung erfolgt oder die Eröffnung des Hauptverfahrens abgelehnt worden ist. Entschädigt wird ferner, wer durch eine *Verurteilung* (Strafurteil, Bußgeldbescheid) geschädigt ist, soweit diese nach → Rechtskraft im → *Wiederaufnahmeverfahren* oder sonstwie in einem Strafverfahren – also nicht im Gnadenwege – aufgehoben oder gemildert worden ist (§§ 1, 2 StrEG). Kein Rechtsanspruch, aber Möglichkeit der *Billigkeitsentschädigung* besteht nach §§ 3, 4 StrEG bei Ermessensentscheidungen (z. B. Einstellung wegen Geringfügigkeit), → Absehen von Strafe oder Anordnung milderer Rechtsfolgen als zunächst angestrebt (z. B. Geld- statt Freiheitsstrafe).

2. Die Entschädigung ist *ausgeschlossen* (§ 5 StrEG), wenn der Beschuldigte die Maßnahme schuldhaft verursacht hat (wobei i. d. R. mindestens *grobe* Fahrlässigkeit vorliegen muß), z. B. Inhaftnahme wegen Flucht ins Ausland oder Ausbleibens auf richterliche Ladung (nicht bei Weigerung, zur Sache auszusagen). Sie *kann versagt werden* (§ 6 StrEG) bei falscher Selbstbeschuldigung oder Verschweigen entlastender Umstände, bei Nichtverfolgung wegen → Schuldunfähigkeit oder wegen eines Verfahrenshindernisses (→ Prozeßvoraussetzungen).

3. Ersetzt wird nur ein *Vermögensschaden* von mehr als 50 DM (aber ohne obere Begrenzung), der *durch die Verfolgungsmaßnahme verursacht* worden ist, bei Freiheitsentziehung auf Grund gerichtlicher Entscheidung auch der sog. *immaterielle* → Schaden (pro Tag 20 DM).

4. Ergeben sich die Voraussetzungen der Entschädigung bei einer das Verfahren abschließenden gerichtlichen Entscheidung, so stellt das Gericht hierbei *von Amts wegen* die Entschädigungspflicht fest (§ 8 StrEG). Stellt die StA das Verfahren ein, geschieht dies nur *auf Antrag* des Beschuldigten, der binnen eines Monats nach Bekanntgabe der Entscheidung einzureichen ist (§ 9 StrEG); zuständig ist dann das Amtsgericht (bei Einstellung nach Zurücknahme der Klage das für das Hauptverfahren zuständige Gericht; in politischen Strafsachen stets das hierfür zuständige Oberlandesgericht). Gegen die Entscheidung ist → sofortige Beschwerde zulässig.

5. Der Anspruch ist *verwirkt,* wenn der Berechtigte es schuldhaft unterläßt, ihn binnen 6 Mon. nach rechtskräftiger gerichtlicher Feststellung der Entschädigungspflicht und Belehrung über Antragsrecht und Frist bei der StA geltend zu machen. Nach Ablauf eines Jahres seit rechtskräftiger Feststellung ist der Antrag schlechthin *ausgeschlossen,* auch wenn kein Verschulden vorliegt. Über den Antrag entscheidet die Landesjustizverwaltung; bei Ablehnung kann binnen 3 Mon. seit Zustellung Klage bei der Zivilkammer des Landgerichts erhoben werden (§§ 10, 12, 13 StrEG). Leistet die Staatskasse Ersatz, so geht ein etwaiger Schadensersatzanspruch des Verfolgten gegen einen Dritten, z. B. wegen → Denunziation, kraft Gesetzes auf sie über (§ 15 II StrEG).

6. Anspruchsberechtigt ist auch ein *kraft Gesetzes Unterhaltsberechtigter* (→ Unterhaltspflicht), dem durch eine Verfolgungsmaßnahme – z. B. Inhaftierung des Vaters – der Unterhalt entzogen worden ist (§ 11 StrEG).

7. Nach internationalem, für die BRep. verbindlichem Recht kann ein Schadensersatzanspruch auf Grund des Art. 5 V der → Konvention zum Schutze der Menschenrechte von jedem erhoben werden, der entgegen den dort niedergelegten *Verfahrensgarantien* festgenommen oder inhaftiert worden ist. In diesem Fall wird Haftentschädigung ohne Rücksicht darauf gewährt, ob der Betroffene zu Unrecht verfolgt worden ist. Das gilt auch bei unverhältnismäßig langer Haftdauer (BGH NJW 1966, 924).

**Strafverfolgungsverjährung.** Die Strafverfolgung wird – ebenso wie die → Strafvollstreckung – nach § 78 StGB durch *Verjährung* ausgeschlossen, ausgenommen bei Mord (→ Tötung, I 1) und → Völkermord. Mit der S. erlischt auch die Befugnis, wegen der Tat → Maßregeln der Besserung und Sicherung anzuordnen.

Die Verjährung der *Verfolgung* tritt bei Taten, die mit lebenslanger Freiheitsstrafe bedroht sind, nach 30 Jahren, bei den im Höchstbetrage mit Freiheitsstrafe von mehr als 10 Jahren bedrohten Taten nach 20 Jahren ein; sind im Höchstmaß mehr als 5 bis 10 bzw. mehr als 1 bis 5 Jahre angedroht, betragen die Fristen 10 bzw. 5, bei den übrigen Straftaten 3 Jahre. Nach manchen Nebengesetzen gelten andere Fristen, z. B. für → Pressedelikte und → Ordnungswidrigkeiten; bei *Verkehrsordnungswidrigkeiten* beträgt die Verjährungsfrist 3 Mon., nach Erlaß des Bußgeldbescheides oder Erhebung der öffentlichen → Klage 6 Mon. Da die St. nach h. M. prozessualen Charakter hat, können die Fristen deshalb auch rückwirkend verlängert werden (so BVerfG NJW 1969, 1059).

Die St. beginnt mit dem Tage, an dem die Handlung begangen, d. h. vollendet ist, ohne Rücksicht auf den Zeitpunkt des Eintritts des Erfolgs; dieser ist jedoch maßgebend, wenn der Erfolg zum Tatbestand gehört, z. B. bei der fahrlässigen Körperverletzung. Der Tattag wird in die Frist eingerechnet; diese endet also an dem kalendermäßig vorhergehenden Tag. Bei → Dauer- oder Zustandsdelikten mit Beendigung des rechtswidrigen Zustandes, beim → Unterlassungsdelikt mit dem Wegfall der Pflicht zum Handeln.

Welche Frist maßgebend ist, richtet sich nach der *angedrohten Strafe* (nicht nach der im Einzelfall verwirkten); doch bleiben Strafschärfungen oder -milderungen für besonders schwere oder minder schwere Fälle, Versuch, Beihilfe usw. außer Betracht.

Eine *Unterbrechung* der St. mit der Folge, daß eine neue Frist zu laufen beginnt, tritt bei bestimmten wegen der Tat gegen den Täter gerichteten Handlungen ein (§ 78c StGB), insbes. Vernehmung des Beschuldigten oder Bekanntgabe der Verfahrenseinleitung, richterlicher Anordnung einer Beschlagnahme oder Durchsuchung, Haftbefehl, Erhebung der öffentlichen Klage, Strafbefehl sowie bei gewissen vorläufigen richterlichen Einstellungsbeschlüssen. Auch in diesen Fällen tritt aber Verjährung ein, wenn die doppelte Verjährungsfrist verstrichen ist. Die S. *ruht* bis zur Vollendung des 18. Lebensjahres des Opfers bei – Sexualstraftaten nach §§ 176–179 StGB, oder solange auf Grund *gesetzlicher Vorschrift* (also nicht wegen tatsächlicher Hindernisse!) die Verfolgung nicht möglich ist, so z. B. wegen → Immunität des Beschuldigten (hierzu vgl. § 78 b II StGB). Dagegen hindert das Fehlen eines → Strafantrags den Lauf der Frist nicht.

Zur S. bei SED-Unrechtstaten und DDR-Straftaten → DDR-Straftaten.

**Strafverlangen** → Strafantrag.

**Strafvermerk** → Strafregister.

**Strafversprechen** → Vertragsstrafe.

**Strafverteidiger** → Verteidiger, → Pflichtverteidiger, → Wahlverteidiger.

**Strafvollstreckung.** Die *Strafvollstrekkung* umfaßt alle Maßnahmen, die auf Durchsetzung eines rechtskräftigen Straferkenntnisses gerichtet sind, z. B. von Freiheitsstrafen oder → Maßregeln der Besserung und Sicherung (§§ 449 ff. StPO). Die S. setzt Rechtskraft des Urteils voraus, d. h. seine Unanfechtbarkeit. Eine → Teilvollstrekkung ist unzulässig, abgesehen von der Einheitsstrafe nach Jugendstrafrecht (§ 56 JGG). Die S. obliegt der StA (§ 451 StPO); ist → Jugendstrafrecht angewendet worden, so ist der Jugendrichter Vollstreckungsbehörde (§§ 82 ff. JGG). Grundsätzlich ist die S. dem → Rechtspfleger übertragen, der den Weisungen des StA untersteht. Der Vollstreckungsbehörde stehen die Befugnisse der StA im Ermittlungsverfahren nach § 161 StPO zu. Zur S. von Freiheitsstrafen kann sie Vorführungs- oder Haftbefehl oder einen → Steckbrief erlassen (§ 457 StPO). Die S. von Geldstrafen und zu Geldzahlung verpflichtenden Nebenfolgen richtet sich außerdem nach der JustizbeitreibungsO vom 11. 3. 1937 (RGBl. I 298) sowie der bundeseinheitlichen Einforderungs- und Beitreibungsanordnung vom 20. 11. 1974 (BAnz. Nr. 230) m. Änd. (StrafR Nr. 810). Verwaltungsvorschriften über die S. aller Arten von Strafen enthält die bundeseinheitliche Strafvollstreckungsordnung vom 15. 2. 1956 (StrafR Nr. 800).

Gegen Maßnahmen der S. kann – neben Dienstaufsichtsbeschwerde an die vorgesetzte Behörde – gerichtliche Entscheidung beantragt werden (§§ 458–462 StPO, §§ 23 ff. EGGVG). Die Vollstreckungsbehörde kann von der S. *absehen,* wenn der Verurteilte wegen einer anderen Tat ausgeliefert oder wenn er ausgewiesen wird (§ 456 a StPO); sie kann bei Gericht die Anordnung beantragen, daß die S. einer Geldstrafe in den Fällen des § 459 d StPO oder bei Ersatzfreiheitsstrafen zur Vermeidung von Härten nach § 459 f StPO unterbleibt. Sie kann die S. mit Zustimmung des Gerichts *zurückstellen* bei Freiheitsstrafen (auch restlichen) bis zu 2 Jahren wegen einer in Drogenabhängigkeit begangenen Tat, wenn sich der Verurteilte einer Entziehungsbehandlung unterzieht (§ 35 BtMG, → Betäubungsmitteldelikte).

S. ferner → Strafaufschub, → Strafunterbrechung, → Gnadenrecht, → Strafvollstreckungsverjährung.

**Strafvollstreckung gegen Unschuldige** → Vollstreckung geg. U.

**Strafvollstreckungskammer.** Besteht in einem LG-Bezirk eine Vollzugsanstalt, in der gegen Erwachsene Freiheitsstrafen oder Maßregeln der Besserung und Sicherung vollzogen werden, oder eine höhere Vollzugsbehörde, so wird für Nachtragsentscheidungen über → Strafaussetzung zur Bewährung, Aussetzung des Strafrestes sowie die mit der Vollstreckung zusammenhängenden gerichtlichen Entscheidungen nach §§ 458–462 StPO eine S. gebildet. Sie kann ferner von Strafgefangenen gegen Vollzugsmaßnahmen angerufen werden (§ 109 StVollzG) und bleibt für diese auch bei Aussetzung oder Unterbrechung der Vollstreckung zuständig (§ 462 a StPO). Die S. entscheidet bei lebenslanger Freiheitsstrafe oder Unterbringung in einem psychiatrischen Krankenhaus mit 3, sonst mit 1 Richter;

es können auch Richter der Amtsgerichte herangezogen werden (§§ 78 a, b GVG). Für die zu → Jugendstrafe Verurteilten ist dagegen der Jugendrichter zuständig.

**Strafvollstreckungsverjährung.** Die *Vollstreckung* rechtskräftig verhängter Strafen wird – außer bei Verurteilung wegen → Völkermordes und bei lebenslangen Freiheitsstrafen – durch den Ablauf bestimmter Fristen ausgeschlossen (§ 79 StGB). Diese bestimmen sich nach der Höhe der verhängten Strafe und betragen, soweit nicht Sondervorschriften gelten, zwischen 3 und 25 Jahren. So beträgt z. B. die Frist bei Geldstrafe bis zu 30 Tagessätzen 3 Jahre, bei höheren Geldstrafen und Freiheitsstrafe bis zu 1 Jahr 5 Jahre, bei höheren Freiheitsstrafen 10, 20 oder 25 Jahre. Bei → Maßregeln der Besserung und Sicherung gelten Fristen von 5 und 10 Jahren (bei Sicherungsverwahrung keine Verjährung). Milderungen durch Anrechnung von Untersuchungshaft oder Teilbegnadigung bleiben außer Betracht. *Fristbeginn* mit dem Tag der Rechtskraft der Entscheidung; bis dahin läuft noch die → Strafverfolgungsverjährung (wie dort wird der Tag des Eintritts der Voraussetzungen mitgerechnet). Die S. *ruht* (eine *Unterbrechung* gibt es nicht), solange die Vollstreckung aus gesetzlichen Gründen (z. B. → Immunität) nicht durchgeführt werden kann, ferner solange dem Verurteilten Strafaussetzung, Strafaufschub oder -unterbrechung oder bei Geldstrafe Teilzahlung o. dgl. gewährt worden ist und während behördlicher Anstaltsverwahrung (§ 79 a StGB). Anderseits kann das Gericht I. Instanz (§ 462 a II StPO) auf Antrag der Vollstreckungsbehörde die Verjährungsfrist vor ihrem Ablauf einmal um die Hälfte verlängern, wenn sich der Verurteilte außerhalb der BRep. aufhält und seine Auslieferung (Überstellung) nicht erreicht werden kann (§ 79 b StGB).

**Strafvollzug.** Der *Vollzug* von Freiheitsstrafen und freiheitentziehenden Maßregeln der Besserung und Sicherung, d. h. die praktische Durchführung, ist im *StrafvollzugsG* vom 16. 3. 1976 (BGBl. I 581) m. Änd. geregelt. Dieser ist auf das Ziel der Resozialisierung abgestellt. Der Gefangene soll auf ein Leben in sozialer Verantwortung vorbereitet werden. Ein Vollzugsplan soll individuelle Behandlungsmaßnahmen vorsehen; die Haftbedingungen sollen durch Außenbeschäftigung, Unterbringung in offenen Anstalten u.dgl. den Übergang in die Freiheit vorbereiten. Im besonderen dient der Resozialisierung die an die Zustimmung des Gefangenen und des Leiters der Aufnahmeanstalt geknüpfte Verlegung in eine sozialtherapeutische Anstalt (→ Maßregeln der Besserung und Sicherung, 7) oder Abteilung zur Anwendung spezieller therapeutischer Mittel und sozialer Hilfen. Vollzugsbehörden sind die Justizvollzugsanstalten (§ 126 StVollzG). Das StVollzG regelt ferner: Unterbringung (Absonderung in Einzelhaft i. d. R. nur bis 3 Mon. und nur, wenn unerläßlich), Besuchsempfang und grundsätzl. unbeschränkter Schriftverkehr (s. aber → Kontaktsperre), Arbeit und berufliche Ausbildung (i. d. R. Arbeitspflicht, Entgelt mit 5 v. H. des Durchschnittsentgelts der gesetzlichen Rentenversicherung, aber Haftkostenbeitrag), Freizeitgestaltung, Urlaub bis zu 21 Tagen im Jahr, soziale Hilfe während des Vollzugs und bei Entlassung. Das StVollzG enthält ferner Bestimmungen über Gesundheitsfürsorge, Sicherheit und Ordnung in den Justizvollzugsanstalten, Anwendung unmittelbaren Zwangs entspr. den besonderen Sicherheitserfordernissen des S. (auch zur Gesunderhaltung des Gefangenen; → Zwangsbehandlung) und Disziplinarmaßnahmen. Geregelt ist ferner das Recht des Gefangenen zur Beschwerde und, wenn er sich in seinen Rechten verletzt fühlt, zur Anrufung der → *Strafvollstreckungskammer*, gegen deren Entscheidung Rechtsbeschwerde an das OLG zulässig ist. Sondervorschriften gelten für freiheitsentziehende → Maßregeln der Besserung und Sicherung (s. dort 9.) sowie für Zivilhaft (Ordnungs-, Sicherungs-, Zwangs-, Erzwingungshaft). Weitere Vorschriften betreffen die innere und äußere Organisation der Vollzugsanstalten sowie Anstaltsbeiräte.

Für *Jugendarrest* gilt die *JugendarrestvollzugsO* i. d. F. vom 30. 11. 1976 (BGBl. I 3270). An *Soldaten* der Bundeswehr werden Strafarrest, auf Ersuchen der Vollstreckungsbehörde auch Freiheitsstrafe bis 6 Mon. und Jugendarrest von Bundeswehrbehörden vollzogen, und zwar auch diese wie Strafarrest (Art. 5 EGWStG; hierzu BundeswehrvollzugsO vom 29. 11. 1972, BGBl. I 2205).

*Verwaltungsvorschriften* zum StVollzG sind bundeseinheitlich am 1. 7. 1976, zum Jugendstrafvollzug am 15. 12. 1976 ergangen (StrafR Nr. 700, 720).

Über den Vollzug der → *Untersuchungshaft* s. dort (3.).

**Strafvorbehalt** → Verwarnung mit Str.; s. a. → Jugendstrafe (Aussetzung des Strafausspruchs).

**Strafzumessung.** Die Strafgesetze enthalten meist einen *Strafrahmen,* der dem Richter einen Spielraum zur Festsetzung der im Einzelfall angemessenen Strafe einräumt (anders bei den absoluten Strafen: lebenslange Freiheitsstrafe). Maßgebend sind die *Schwere der Schuld* und die *Tatumstände,* die für und gegen den Täter sprechen; sie geben den (engeren) Schuldstrafrahmen, innerhalb dessen der Richter die Strafe unter Berücksichtigung der → *Strafzwecke* festzusetzen hat (es gibt keine in der Art einer Pönometrie zu errechnende Punktstrafe). Das Maß der Schuld wird wesentlich beeinflußt durch Beweggründe und Ziele des Täters, seine aus der Tat sprechende Gesinnung (s. aber → Überzeugungstäter), das Maß der Pflichtwidrigkeit, die Art der Tatausführung und die vom Täter verschuldeten Wirkungen, das Vorleben des Täters sowie seine persönlichen und wirtschaftlichen Verhältnisse (§ 46 StGB). Auch nach der Tat liegende Umstände können berücksichtigt werden, so z. B. Geständnis, rechtsfeindliche Gesinnung (hartnäckiges Leugnen dagegen nur, wenn es nachteilige Schlüsse auf die Einstellung zur Tat zuläßt). Dazu gehören auch → Täter-Opfer-Ausgleich und Schadenswiedergutmachung, die auch nach § 46 a StGB zu Strafmilderung oder → Absehen von Strafe führen können. Vielfach gibt das Strafgesetz Leitbilder für die S., so durch erhöhte oder verminderte Strafdrohungen für besonders schwere oder minder schwere Fälle, die eine Abweichung vom Regelstrafrahmen vorschreiben oder zulassen. Benannte besonders schwere Fälle sind → Regelbeispiele. *Kurze Freiheitsstrafen* (unter 6 Mon.) sollen nur aus besonderen Gründen verhängt werden, die in der Tat oder in der Persönlichkeit des Täters liegen und eine Freiheitsstrafe aus Gründen der → Spezialprävention oder zur Verteidigung der Rechtsordnung unerläßlich machen; andernfalls ist Geldstrafe zu verhängen (§ 47 StGB). Im → Jugendstrafrecht gilt eine Wertskala: Zuchtmittel dürfen nur angewendet werden, wenn Erziehungsmaßregeln nicht ausreichen; Jugendstrafe als stärkstes Mittel nur, wenn wegen schädlicher Neigungen des Jugendlichen auch Zuchtmittel nicht genügen oder wenn die Schwere der Schuld Strafe erfordert (§§ 5 II, 13 I, 17 II JGG). Tatbestandsmerkmale, welche die Strafbarkeit oder erhöhte Strafbarkeit begründen, dürfen nicht nochmals als Strafschärfungsgründe verwendet werden (so bei der schweren Brandstiftung, § 306 a StGB, die Gefährdung von Menschen). Solche und andere erschwerende Tatumstände oder -folgen dürfen die S. nur beeinflussen, soweit sie vom Verschulden des Täters umfaßt werden (§§ 18, 46 III StGB). Eine Verletzung der gesetzlichen Regeln der S. kann die → Revision begründen.

**Strafzweck.** Die Strafe soll die Schuld des Täters ausgleichen und ihm die Möglichkeit zur Sühne geben; sie soll die verletzte Rechtsordnung wahren und den Rechtsfrieden wiederherstellen. Im Einzelfall können mit der Verurteilung, vor allem durch die *Strafzumessung,* verschiedene Strafzwecke verfolgt werden, die sämtlich das Ziel haben, künftigen Straftaten vorzu beugen: die *Spezialprävention* dient der Abschreckung des einzelnen Täters von erneuter Straffälligkeit und seiner Erziehung (Besserung) i. S. einer Resozialisierung; die *Generalprävention* bezweckt, andere von der Begehung gleichartiger Straftaten abzuschrecken. Die → Maßregeln der Besserung und Sicherung insbes. verfolgen den Schutz- und den Resozialisierungszweck. Es ist Sache des Richters, die im Einzelfall für die Strafzumessung entscheidenden Erwägungen in der Urteilsbegründung herauszustellen. Dabei dürfen aber grundsätzlich nur solche Umstände zur Begründung spezial- oder generalpräventiver Gesichtspunkte herangezogen werden, die vom Verschulden des Täters umfaßt werden und ihm daher zugerechnet werden können (→ Strafzumessung). Schwerere Strafe zur Abschreckung anderer darf grundsätzlich nur verhängt werden, wenn bereits eine gemeinschädliche Zunahme gleichartiger Straftaten festgestellt ist.

**Strahlenschutz.** Die auf Grund des → Atomgesetzes erlassene StrahlenschutzVO i. d. F. vom 30. 6. 1989 (BGBl. I 1321) regelt hinsichtlich radioaktiver Stoffe und Neutronenquellen (Definitionen im einzelnen vgl. Anl. I zu § 2) insbes. Umgang (§§ 3–7), Beförderung (§§ 8–10), Ein- und Ausfuhr (§§ 11–14) sowie die Errichtung von Anlagen (§§ 15–19, 22–27) durch umfassende Genehmigungspflichten. Die Schutzvorschriften (§§ 28–80) betreffen u. a. Schutzgrundsätze (§ 28), Schutzbeauftragte und Schutzverantwortliche (§ 29; Stellung ähnlich wie beim → Immissionsschutzbeauftragten), Grenzwerte zum Schutz der Bevölkerung (§§ 44–48), den Arbeitsschutz bei beruflicher Strahlenexponierung (§§ 49–56) sowie die Lagerung und Sicherung radioaktiver Stoffe (§§ 74 ff.; „Atommüll"). Die VO zum Schutz gegen Röntgenstrahlen (RöntgenVO) vom 8. 1. 1987 (BGBl. I 114) regeltdie Genehmigung bzw. Bauartzulassung von Röntgeneinrichtungen sowie Schutzmaßnahmen für Bedienungspersonal und Patienten beim Betrieb solcher Anlagen und deren ärztliche Überwachung. Dem vorsorgenden Schutz der Bevölkerung vor Strahlen dient das Ges. vom 19. 12. 1986 (BGBl. I 2610). Mittel der Vorsorge sind die ständige Überwachung der Radioaktivität (§§ 2–5) durch Erhebungen der Länder und deren einheitliche Auswertung durch den Bund. Dieser ist ferner ermächtigt, Dosis- und Kontaminationswerte allgemein festzulegen (§ 6) und ihnen durch entsprechende Verordnungen im Bereich des → Lebensmittel-, → Futtermittel und Abfallrecht (→ Abfälle) Geltung zu verschaffen. Das Gesetz wird von den Ländern in der Form der → Bundesauftragsverwaltung durchgeführt (§§ 10–12), soweit nicht das Bundesamt für Strahlenschutz zuständig ist (vgl. Art. 1 des Ges. vom 9. 10. 1989 – BGBl. I 1830), so z. B. für das Strahlenschutzregister gemäß § 12 c AtomG.

**Strahlungsverbrechen** → Sprengstoff- und Strahlungsverbrechen.

**Strandgut (Strandungsordnung).** Die vom allgemeinen Sachenrecht abweichenden Regelungen für S. sind aufgehoben (Art. 35 des Gesetzes vom 28. 6. 1990, BGBl. I 1221).

**Straßen- und Wegerecht.** Dieses Rechtsgebiet ist für die Bundesfernstraßen (Bundesautobahnen und Bundesstraßen mit den Ortsdurchfahrten) im Bundesfernstraßengesetz – FStrG – i. d. F. vom 19. 4. 1994 (BGBl. I 854), für die übrigen öffentlichen Straßen (*Staatsstraßen*, → Landstraßen, Kreisstraßen, Gemeindestraßen und sonstigen öffentlichen Straßen, z. B. öffentliche Feld- und Waldwege, beschränkt-öffentliche Wege, Eigentümerwege) in den Straßen- und Wegegesetzen der Länder geregelt (vgl. z. B. Bayer. Straßen- u. WegeG i. d. F. vom 5. 10. 1981, GVBl. 448). Straßen, Wege und Plätze erhalten ihre Eigenschaft als öffentliche Straßen durch → Widmung. Sie werden nach ihrer Verkehrsbedeutung als Bundesautobahnen, Bundesstraßen, Staatsstraßen usw. gewidmet und bei Änderung der Verkehrsbedeutung umgestuft (abgestuft; aufgestuft). Verlieren sie jede Verkehrsbedeutung, so werden sie eingezogen (→ Entwidmung). Der Gebrauch der öffentlichen Straßen ist jedermann im Rahmen der Widmung und der Verkehrsvorschriften zum Verkehr gestattet (→ Gemeingebrauch). Kein Gemeingebrauch liegt vor, wenn die Straße nicht vorwiegend zum Verkehr, sondern für andere Zwecke benutzt wird. Die Erhebung von Gebühren für den Gemeingebrauch ist unzulässig, sofern das Gesetz keine abweichende Regelung trifft. Die Benutzung der Straße über den Gemeingebrauch hinaus (→ Sondernutzung) bedarf der Erlaubnis des Trägers der → Straßenbaulast bzw. der Straßenbaubehörde. Für die Sondernutzung darf eine Gebühr erhoben werden. In den Straßen- und Wegegesetzen ist u. a. die → Straßenbaulast, die → Straßenaufsicht, die Zulässigkeit von Bauvorhaben an öffentlichen Straßen (→ Baubeschränkungen), die Möglichkeit einer → Enteignung zu Zwecken des Straßenbaues und die → Planfeststellung geregelt.

**Straßenaufsicht.** Die St. überwacht die Erfüllung der Aufgaben, die den Trägern der → Straßenbaulast obliegen. Sie kann die Durchführung der notwendigen Maßnahmen unter Setzung einer Frist anordnen. Kommt der Träger der Straßenbaulast der Anordnung nicht nach, so kann die Aufsichtsbehörde die Maßnahme an seiner Stelle und auf seine Kosten verfügen und vollziehen (vgl. § 20 FStrG). Die St. hinsichtlich der → Bundesfernstraßen wird von den Ländern im Auftrage des Bundes ausgeübt (→ Auftragsverwaltung); für die dem Landesrecht unterfallenden Straßen sind die Landesgesetze maßgebend. Die Aufsicht über die Staatsstraßen obliegt den obersten Straßenbaubehörden der Länder, bei den übrigen Straßen i. d. R. den Rechtsaufsichtsbehörden (→ Staatsaufsicht). Die S.behörden sind von den → Straßenverkehrsbehörden zu unterscheiden.

**Straßenbahnen** sind Schienenbahnen, die der Personenbeförderung im Orts- oder Nahverkehr dienen und entweder öffentliche Straßen benutzen oder auf eigenem Bahnkörper fahren. Ihnen stehen Hoch- und Untergrundbahnen, Schwebebahnen u. dgl. hins. der Betriebsgenehmigungspflicht, des Planfeststellungs- und Enteignungsverfahrens sowie der Betriebsvorschriften grundsätzlich gleich (§ 4 I, II PBefG). Die technischen Vorschriften für Bau und Betrieb der S. enthält die Straßenbahn-Bau- und Betriebs-Ordnung – BOStrab – vom 11. 12. 1987 (BGBl. I 2648). Der Unternehmer hat vor Inanspruchnahme einer öffentlichen Straße die Zustimmung des Trägers der → Straßenbaulast (Wegeunterhaltungspflichtigen) beizubringen; das gilt nach § 31 I PBefG auch für höhengleiche Kreuzungen von öffentlichen Straßen mit S. Über die Kreuzungen von S., die auf eigenem Bahnkörper fahren, mit Eisenbahnen oder Straßen → Eisenbahnkreuzungen, über den begrenzten Vorrang der S. im Straßenverkehr → Schienenfahrzeuge; s. ferner → Überholen, → Einbahnstraßen, → Haltestellen. S. müssen eine beabsichtigte → Richtungsänderung anzeigen. Über die Strafbarkeit des Bereitens von Hindernissen oder sonstiger Gefährdung des Straßenbahnbetriebs → Transportgefährdung, → Straßenverkehrsgefährdung. Zur Haftpflicht der S. → Eisenbahnbetriebshaftung; zur Genehmigung des Betriebs → Personenbeförderung.

**Straßenbahnhaltestellen** → Haltestellen.

**Straßenbaufinanzierung** → Verkehrsfinanzgesetz.

**Straßenbaulast.** Die St. umfaßt alle mit dem Bau (Neuherstellung) und der Unterhaltung von Straßen zusammenhängenden Aufgaben. Die Träger der St. haben nach ihrer Leistungsfähigkeit die Straßen in einem dem regelmäßigen Verkehrsbedürfnis und den Erfordernissen der öffentlichen Sicherheit genügenden Zustand zu bauen, zu unterhalten, zu erweitern oder sonst zu verbessern. Soweit sie hierzu unter Berücksichtigung ihrer Leistungsfähigkeit außerstande sind, haben sie auf einen nicht verkehrssicheren Zustand vorbehaltlich anderweitiger Maßnahmen der Straßenverkehrsbehörden durch Verkehrszeichen hinzuweisen. Zur St. gehören nicht die Schneeräumpflicht, die → Streupflicht bei Schnee- und Eisglätte, die → Reinhaltung und die Beleuchtung. Die Träger der St. sollen jedoch unbeschadet ihrer → Verkehrssicherungspflicht oder der Verpflichtung Dritter die Straßen bei Schnee- und Eisglätte räumen und streuen. Sie sind dafür verantwortlich, daß ihre Bauten den Anforderungen der Sicherheit und Ordnung genügen. Für die → Bundesfernstraßen ist der Bund Träger der St., und zwar auch für Ortsumgehungen und in → Gemeinden bis zu 80 000 Einwohner für → Ortsdurchfahrten; Gemeinden mit mehr als 80 000 Einwohner sind selbst Träger der St. für die Ortsdurchfahrten im Zuge von Bundesfernstraßen (§§ 3 ff. BFernstraßenG). Bei den übrigen öffentlichen Straßen richtet sich die St. nach Landesrecht. Für Staatsstraßen einschl. der Ortsumgehungen ist Träger der St. das Land (die St. für Ortsdurchfahrten hängt von der Größe der Gemeinde ab), für Kreisstraßen der Landkreis oder die kreisfreie Gemeinde, für Gemeindestraßen die

→ Gemeinde, für öffentliche Feld- und Waldwege die Eigentümer des über den Weg bewirtschafteten Grundstücks, bei beschränkt-öffentlichen Wegen die Gemeinde, bei Eigentümerwegen die Eigentümer. Für die Benutzung eines Eigentümerwegs darf der Eigentümer ein Entgelt erheben. Die Gemeinden können den Aufwand für die erstmalige Herstellung von Straßen, Wegen und Plätzen, die für die → Erschließung von Baugebieten notwendig sind, von den Eigentümern der erschlossenen Grundstücke erheben (Erschließungsbeiträge).

**Straßenhandel** ist das Feilhalten von Waren auf öffentlichen Wegen, Straßen oder Plätzen oder an anderen öffentlichen Orten. Der Straßenhändler betreibt ein → Reisegewerbe i. S. des § 55 GewO. Er unterliegt nicht den Vorschriften für → stehende Gewerbe, wenn er ausschließlich als solcher betrieben wird. Sondervorschriften bestehen für die Abgabe von Milch (§ 11 MilchG sowie § 6 Milch- und FettG, wonach durch RechtsVO bestimmt werden kann, daß Milch und Milcherzeugnisse im Straßenhandel nur in bestimmten Bezirken abgesetzt werden können). Zu der mit dem Str. verbundenen (gesteigerten) Inanspruchnahme öffentl. Wege, Straßen und Plätze s. → Gemeingebrauch.

**Straßenkontrollstellen** → Kontrollstellen.

**Straßenkreuzungen, -einmündungen** → Kreuzungen.

**Straßenreinigungspflicht** → Reinhaltung der Wege.

**Straßensammlung** → Sammlung, öffentliche.

**Straßenverkehrs-Ordnung** → Straßenverkehrsrecht

**Straßenverkehrs-Zulassungs-Ordnung** → Straßenverkehrsrecht.

**Straßenverkehrsbehörde** ist nach § 44 StVO die landesrechtlich bestimmte, zur Ausführung der StVO zuständige untere Verwaltungsbehörde (Landräte bzw. Kreisdirektoren, in den kreisfreien Städten Bürgermeister od. Stadtdirektoren, in den Stadtstaaten der Polizeipräs. oder eine Abt. des Magistrats). Ihr obliegen z. B. Anordnungen über Verkehrsbeschränkungen (Straßensperren, Einbahnstraßen usw.), die Aufstellung von Verkehrszeichen, die Erteilung von Erlaubnissen z. B. zur Straßenbenutzung für sportliche Veranstaltungen, die Auflagen zur Führung eines Fahrtenbuchs u. dgl. Die örtliche Zuständigkeit richtet sich nach § 47 StVO.

**Straßenverkehrsgefährdung.** Als S. sind in den §§ 315 b–d, 316 StGB mit Strafe bedroht: gefährliche Eingriffe in den Straßenverkehr, Herbeiführen einer Gefahr durch Verstoß gegen Verkehrsvorschriften und die (nicht mit einer konkreten Gefährdung verbundene) Trunkenheit des Fahrzeugführers im Verkehr.

Wer die Sicherheit des Straßenverkehrs durch einen *gefährlichen Eingriff,* insbes. durch Zerstören oder Beschädigen von Anlagen oder Fahrzeugen oder durch Bereiten von Hindernissen beeinträchtigt und dadurch Leib oder Leben eines anderen oder fremde Sachen von bedeutendem Wert *konkret gefährdet,* wird mit Freiheitsstrafe bis zu 5 Jahren oder Geldstrafe bestraft. Hierzu gehört auch der sog. verkehrsfremde oder -freundliche Eingriff eines Verkehrsteilnehmers, z. B. gezieltes Zufahren auf eine Person, etwa einen Polizeibeamten, damit er die Straße freigibt (sog. Polizeiflucht). In qualifizierten Fällen, z. B. wenn der Täter einen Unglücksfall herbeiführen will oder eine schwere Gesundheitsschädigung eines anderen verursacht, ist die Strafe Freiheitsstrafe von 1–10 Jahren, in minder schweren Fällen 6 Mon. bis zu 5 Jahren; für Fahrlässigkeit sind geringere Strafen angedroht (§ 315 b StGB).

Mit Freiheitsstrafe bis zu 5 Jahren (bei Fahrlässigkeit bis zu 2 Jahren) oder Geldstrafe wird nach § 315 c StGB bestraft, wer ein *Fahrzeug führt,* obwohl er infolge Genusses von Alkohol oder anderer berauschender Mittel oder infolge geistiger oder körperlicher Mängel zur sicheren Führung nicht in der Lage ist; auch hier wird eine *konkrete Gefährdung* anderer oder bedeutender fremder Sachwerte vorausgesetzt. Dieselbe Strafdrohung gilt dem Fahrzeugführer, der eine solche Gefährdung durch einen grob verkehrswidrigen und rücksichtslosen *Verstoß gegen bestimmte Verkehrsre-*

*geln* herbeiführt, nämlich durch Mißachtung des Vorfahrtrechts, falsches Verhalten beim Überholen oder an Fußgängerüberwegen, zu schnelles Fahren oder Nichteinhalten der rechten Seite an unübersichtlichen Stellen, Wenden auf der Autobahn oder Befahren in falscher Fahrtrichtung, Nichtkenntlichmachen eines liegengebliebenen Fahrzeugs.

*Schienenbahnen,* die am Straßenverkehr teilnehmen (insbes. Straßenbahnen ohne eigenen Bahnkörper), unterstellt § 315 d StGB ebenfalls den Schutzvorschriften der § 315 b, c StGB.

Sind andere Personen oder Sachwerte durch den Verkehrsverstoß nicht gefährdet worden, kann Strafbarkeit wegen *Trunkenheit im Verkehr* (§ 316 StGB) vorliegen oder, wenn diese nicht festgestellt werden kann, eine Zuwiderhandlung gegen das Verbot, ein Kfz. mit einem Gehalt von 0,5‰ → Blutalkohol oder 0,25 mg/l → Atemalkohol oder mehr oder unter der Wirkung bestimmter Drogen (→ Drogenfahrt) zu führen (Ordnungswidrigkeit nach § 24 a StVG). Über absolute und relative Fahruntüchtigkeit, Entnahme von Blutproben usw. → Blutalkohol, → Blutentnahme.

S. ferner → Transportgefährdung (§§ 315, 315 a StGB), → unerlaubtes Entfernen vom Unfallort (§ 142 StGB) und über Zuwiderhandlungen gegen Verkehrsvorschriften§ 24 StVG, § 49 StVO, § 69 a StVZO.

**Straßenverkehrsgesetz** → Straßenverkehrsrecht.

**Straßenverkehrshaftung**. 1. Wird durch ein Kfz. ein Unfall verursacht, so kommt zunächst eine Haftung des *Fahrers* für Personen- und Sachschäden in Betracht. Hat er vorsätzlich oder fahrlässig gehandelt, insbes. gegen Verkehrsvorschriften verstoßen, so haftet er wegen → *unerlaubter Handlung* (§§ 823 ff. BGB); die Ansprüche verjähren in 3 Jahren (Besonderheiten gelten für die → Staatshaftung). Darüber hinaus haftet der Fahrer nach § 18 StVG aus *„vermutetem Verschulden"*; er kann aber die Vermutung durch den Nachweis entkräften, daß er die nach den Umständen gebotene Sorgfalt angewendet hat. Im übrigen gelten für die Haftung nach dem StVG dieselben Beschränkungen wie für den Halter des Kfz. (s. u. 2). Eine Haftung des Fahrers gegenüber dem Fahrgast aus → Beförderungsvertrag scheidet i. d. R. aus, da dieser nicht den Fahrer, sondern den Halter des Fz. verpflichtet. Der Fahrer kann aber für den von ihm verursachten Schaden, den der Halter zu tragen hat, diesem gegenüber aus dem *Arbeitsvertrag* haftbar sein; die Haftung ist nach den Grundsätzen der gefahrgeneigten Arbeit beschränkt (→ innerbetrieblicher Schadensausgleich).

2. Für den Geschädigten wesentlich bedeutsamer ist die Haftung des Halters des Kfz., zumal diese durch eine → Kraftfahrzeug-Haftpflichtversicherung abgedeckt sein muß. *Halter* ist, wer ein Kfz für eigene Rechnung in Gebrauch hat und die Verfügungsgewalt hierüber besitzt; Eigentum ist nicht Voraussetzung (z. B. bei einer → Sicherungsübereignung des Kfz. an eine Bank, Leasingnehmer), aber oft doch ein wesentlicher Anhaltspunkt.

a) Ist zwischen dem Halter und dem Geschädigten ein *Beförderungsvertrag* abgeschlossen worden, so haftet der Halter bei dessen schuldhafter Verletzung (→ Verschulden); die Haftung tritt auch bei Verschulden des Fahrers ein, der hier i. d. R. → Erfüllungsgehilfe des Halters ist (§ 278 BGB). Soweit der Fahrer → Verrichtungsgehilfe des Halters ist, haftet der Halter *aus vermutetem Verschulden* für eine → unerlaubte Handlung des Fahrers, hat aber die Möglichkeit, sich von dieser Haftung durch Führung des Entlastungsbeweises zu befreien; dieser muß sich insbes. auf sorgfältige Auswahl und Überwachung des Fahrers erstrecken (§§ 823 ff., 831 BGB).

b) Von besonderer Bedeutung ist die → Gefährdungshaftung, die den Halter nach dem StVG trifft. Wird bei dem Betrieb eines Kfz. (ausgenommen Kleinkrafträder, Fahrräder mit Hilfsmotor und Fahrzeuge unter 20 km/h Höchstgeschwindigkeit) ein Mensch getötet oder verletzt oder eine Sache beschädigt, so ist der Halter des Fz. verpflichtet, dem Verletzten – ohne Rücksicht auf ein etwaiges → Verschulden – den daraus entstehenden Schaden zu ersetzen (§ 7 I StVG). Der Betrieb eines Kfz. wird nicht dadurch ausgeschlossen, daß dieses kurzfristig abgestellt wird; der Verkehrsunfall muß nur in ursächlichem

Zusammenhang mit dem Betrieb stehen. Ursächlicher Zusammenhang kann auch ohne Berührung des Geschädigten mit dem Kfz. des Halters gegeben sein, so wenn der Reiter von dem vor einem Pkw. scheuenden Pferd abgeworfen wird. Die Ersatzpflicht ist ausgeschlossen, wenn der Unfall durch ein unabwendbares Ereignis verursacht wird, das nicht auf einem Versagen des Fahrzeugs und seiner Anlagen beruht (§ 7 II StVG). *Unabwendbares Ereignis* ist ein Vorfall, der auch durch die äußerste, den Umständen nach mögliche Sorgfalt nicht abgewendet werden konnte, insbes. wenn er allein auf einem völlig unvorhersehbaren Verhalten des Verletzten beruht (z. B. zu bejahen bei völlig verkehrswidrigem Verhalten von Fußgängern, grober, nicht voraussehbarer Vorfahrtsverletzung u. dgl.; nicht aber, wenn spielende Kinder plötzlich in die Fahrbahn laufen oder wenn der Unfall auf Umständen beruht, die in der sog. Betriebsgefahr des Kfz. ihre Ursache haben, z. B. Geschwindigkeit, Reifenschaden, Versagen der Steuerung oder der Bremsen u. a., s. u.). Wird ein Kraftfahrer, der auf der Autobahn die → Richtgeschwindigkeit von 130 km/h überschritten hat, in einen Unfall verwickelt, so kann er sich nicht auf die Unabwendbarkeit des Unfalls berufen, es sei denn, er weist nach, daß es auch bei einer Geschwindigkeit von 130 km/h zu dem Unfall gekommen wäre (BGHZ 117, 337). Der Halter haftet ferner nicht, wenn das Fz. ohne sein Verschulden und ohne sein Wollen und Wissen von einem anderen benutzt wird (*Schwarzfahrt,* § 7 III StVG). Für die Tötung oder Körperverletzung von Insassen des eigenen Kfz. haftet der Halter aus dieser → Gefährdungshaftung nur, wenn es sich um eine entgeltliche geschäftsmäßige Personenbeförderung, z. B. im Taxi, Linienomnibus, handelt (§ 8 a StVG). Ein → Mitverschulden des Verletzten führt auch gegenüber der Gefährdungshaftung des Halters zu einer entsprechenden Minderung der Ersatzpflicht (§ 9 StVG).

Im Falle der Tötung sind die Beerdigungs- und Behandlungskosten zu ersetzen; etwaigen Unterhaltsberechtigten des Getöteten ist eine Unterhaltsrente für die mutmaßliche sonstige Dauer des Lebens des Getöteten zu leisten (§ 10 StVG). Bei einer Körperverletzung sind die Heilungskosten zu ersetzen sowie – etwa bei Wegfall oder Minderung der Erwerbsfähigkeit – diese Vermögensnachteile, i. d. R. in Form einer Rente, auszugleichen (§§ 11, 13 StVG). Der Ersatzpflichtige haftet jedoch aus dem StVG (anders bei einer gleichzeitig vorliegenden schuldhaften unerlaubten Handlung) nur bis zu gewissen Höchstbeträgen: bei Tötung oder Körperverletzung höchstens 500 000 DM Kapital bzw. 30 000 DM Rente jährlich (außer bei gewerblicher Beförderung des Geschädigten), bei Sachbeschädigung bis zu 100 000 DM (§ 12 StVG). Bei Sachschäden an einem durch den Unfall geschädigten anderen Kfz. sind Reparaturkosten und die Wertminderung („merkantiler Minderwert") zu ersetzen, bei wirtschaftlichem Totalschaden (Reparaturkosten höher als Wert) der Wiederbeschaffungswert eines gleichwertigen Kfz., ferner Auslagen für ein gemietetes Ersatzfahrzeug, bei Nichtanmietung ein Nutzungsentgelt (nach der Rspr. in Höhe von ca. 35–40% der üblichen Mietwagenkosten) sowie der entgangene Gewinn (→ Schadensersatz). Dagegen besteht – anders als bei Haftung aus unerlaubter Handlung – kein Anspruch auf Schmerzensgeld. Die Ansprüche aus der S. verjähren in 3 Jahren von dem Zeitpunkt an, in dem der Ersatzberechtigte von dem Schaden und der Person des Ersatzpflichtigen Kenntnis erlangt, spätestens aber in 30 Jahren (§ 14 StVG). Der Ersatzanspruch erlischt, wenn der Verletzte den Unfall nicht innerhalb von 2 Monaten seit Kenntniserlangung dem Ersatzpflichtigen bzw. dessen Versicherung anzeigt (§ 15 StVG).

Besonders wichtig ist die *Ausgleichspflicht mehrerer* an einem Verkehrsunfall beteiligter *Kraftfahrzeughalter.* Hier hängt – sowohl im Verhältnis untereinander wie gegenüber einem etwa geschädigten Dritten – der Umfang der Ersatzpflicht der mehreren Halter von den Umständen des Einzelfalls, insbes. davon ab, inwieweit der Schaden vorwiegend von dem einen oder anderen Teil verursacht worden ist (§ 17 StVG). Das Gesetz stellt also primär auf die überwiegende Verursachung, nicht auf das überwiegende Verschulden ab, wenn auch dieses (u. U. als → Mitverschulden) nicht unberücksichtigt bleibt. Als mitverursachender Umstand wird von der Rspr. insbes. die im Betrieb jedes Kfz. liegende *Betriebsgefahr* berücksichtigt. Darunter ist die Gesamtheit der Umstände zu verstehen, die den Betrieb eines Kfz. auf Grund seiner Eigenschaften als mögliche Gefahrenquelle ausweisen, insbes. Gewicht, Geschwindigkeit, Fahrweise usw. Die Betriebsgefahr ist nach der Rspr. im Rahmen des Mitverschuldens auch gegenüber einem Anspruch aus verschuldeter unerlaubter Handlung zu berücksichtigen, so daß z. B. selbst bei schuldhafter Vorfahrtverletzung des anderen die eigene Betriebsgefahr, insbes. bei hoher Geschwindigkeit des eigenen Kfz., zu einer Minderung des Ersatzanspruchs (z. B. um 20%) führen kann. Anderseits kann überwiegendes Verschulden der anderen Seite (insbes. Trunkenheit, grobe Verkehrsverstöße, Auffahrunfall, überwiegende Betriebsgefahr) die eigene Betriebsgefahr und damit die Ausgleichspflicht völlig zurücktreten lassen, so daß der Ersatzanspruch im vollen Umfang gegeben ist.

3. Über die *strafrechtliche* Verantwortlichkeit → Straßenverkehrsgefährdung, → Transportgefährdung, (fahrlässige) → Körperverletzung und → Tötung, → Trunkenheit im Verkehr.

**Straßenverkehrsrecht**. 1. Die wichtigsten Bestimmungen des S. enthalten: das Straßenverkehrsgesetz (StVG) vom 19. 12. 1952 (BGBl. I 837), die Straßenverkehrs-Ordnung (StVO) vom 16. 11. 1970 (BGBl. I 1565) und die Straßenverkehrs-Zulassungs-Ordnung (StVZO) i. d. F. vom 28. 9. 1988 (BGBl. I 1793), jeweils m. spät. Änd.

a) Das *Straßenverkehrsgesetz* gibt Grundsatz- und Rahmenbestimmungen über die → Zulassung von Kfz., Kleinkrafträdern usw., die → Fahrerlaubnis und deren Entziehung und das → Verkehrszentralregister. Es regelt ferner die → Gefährdungshaftung des Kfz.-Halters und -führers. Die §§ 21, 22 StVG enthalten Strafvorschriften gegen → Fahren ohne Führerschein und Kennzeichenmißbrauch, die §§ 23 ff. StVG Bestimmungen gegen verkehrsrechtliche → Ordnungswidrigkeiten (schwerer wiegende Straftatbestände sind im StGB geregelt; vgl. → Straßenverkehrsgefährdung, → Trunkenheit im Verkehr), die §§ 28 ff. StVG Vorschriften über das → Verkehrszentralregister und das → Fahrzeugregister, § 2 StVG das Register der Inhaber einer Fahrerlaubnis auf Probe.

b) Die *Straßenverkehrs-Ordnung* regelt die Pflichten der → Verkehrsteilnehmer jeder Art, Verkehrsregelung und → Verkehrszeichen, Verkehrsbeschränkungen und -verbote; hierzu vgl. im einzelnen → Fahrgeschwindigkeit, → Ausweichen, → Überholen, → Richtungsänderung, → Warnzeichen, → Vorfahrt, → Halten, → Parken, → Einfahren aus Grundstücken, → Ladegeschäft, → Verlassen eines Fahrzeugs, → Beleuchtung, → Radfahrer, → Fuhrwerke, → Fußgänger, → Kolonnen, → Reiter, → Tiere im Straßenverkehr.

c) Auch die *Straßenverkehrs-Zulassungs-Ordnung* enthält Regeln für die Teilnahme am Straßenverkehr (§§ 1–3 StVZO), ferner die näheren Vorschriften über die → Fahrerlaubnis (§§ 4 ff. StVZO) und die → Zulassung von Kfz. (§§ 16 ff. StVZO) mit Einzelbestimmungen über Bauart und Betriebserlaubnis oder EG-Typgenehmigung (§§ 18 ff., 30 ff. StVZO), Zulassungsverfahren, → Kennzeichen am Kfz., → Fahrzeugbrief und -schein, → Überwachung von Kfz., das → Verkehrszentralregister (§§ 13 ff.), außerdem über die Pflicht zum Abschluß einer → Kraftfahrzeug-Haftpflichtversicherung (§§ 29 a bis d). Über die Zulassung von → Kleinkrafträdern u. a. Straßenfahrzeugen vgl. §§ 63–67 StVZO, über Verstöße gegen die StVZO als Ordnungswidrigkeiten § 69 a StVZO. Zur Arbeitszeit des → Fahrpersonals → Kraftfahrer.

2. Sonderbestimmungen über → Autostraßen und deren Benutzung gelten nach dem BundesfernstraßenG, ferner für die → Personenbeförderung und den → Güterkraftverkehr sowie für den → internationalen Kfz.-Verkehr; vgl. → Verkehrsrecht (1). S. a. → Fahrlehrer, → Fahrschulen.

**Straßenverkehrssicherung** → Verkehrssicherungspflicht.

**Straußwirtschaft** wird der Ausschank von selbsterzeugtem Wein oder Apfelwein genannt. Er kann nach Maßgabe des § 14 GaststättenG von den obersten Landesbehörden für höchstens 4 bzw. 6

Mon. im Jahr zugelassen werden (s. die landesrechtlichen VOen über den Betrieb von Straußwirtschaften in Hessen, Nordrh.-Westf., Rhld.-Pfalz). Die Regelungen für die S. haben durch die Liberalisierung des Rechts der → Gaststätten (Wegfall der → Bedürfnisprüfung) sehr an praktischer Bedeutung verloren.

**Streckengeschäft** (Kettenhandel) ist eine mehrfache Kette von Kaufverträgen zwischen dem Veräußerer und dem Letztkäufer. Im Rahmen dieser Kette vollzieht sich regelmäßig auch der → Eigentumsübergang, auch wenn vereinbarungsgemäß die Ware vom Verkäufer dem Letztkäufer unmittelbar übergeben wird. Dasselbe gilt für eine → Mängelrüge, die wirksam aber auch direkt gegenüber dem (Erst-) Verkäufer erhoben werden kann. (Umsatz-)Steuerrechtlich → Reihengeschäft.

**Streifbanddepot** → Depotgeschäft.

**Streik** ist die gemeinsame, planmäßig durchgeführte Einstellung der Arbeit durch eine größere Anzahl von → Arbeitnehmern innerhalb eines Betriebes oder eines Gewerbe- oder Berufszweigs zu einem bestimmten Kampfzweck, verbunden mit dem Willen, die Arbeit wieder fortzusetzen, wenn der → Arbeitskampf beendet ist. Der S. führt daher nur zur Suspendierung, nicht zur Auflösung des Arbeitsverhältnisses. Der Zweck des S. kann sein: der → Arbeitskampf, die Unterstützung eines Arbeitskampfes anderer Arbeitnehmer (sog. *Sympathie-S.* oder *Solidaritäts-S.*, der bei fehlender Einflußmöglichkeit auf den anderen Arbeitsbereich grundsätzlich unzulässig ist, BAG NJW 1988, 2061), der Nachdruck bei der Äußerung bestimmter Wünsche (sog. *Demonstrations-S.*, *Warn-S.*, *Protest-S.*, s. u.), Einwirkung auf politische Organe (sog. *politischer S.*, der Kampf-S. oder Demonstrations-S. sein kann; zur Rechtswidrigkeit s. u.). *Teil-S.* liegt vor, wenn planmäßig ein Teil eines → Betriebes bestreikt wird, ein *General-S.*, wenn die Arbeitnehmer aller Betriebe eines Landes zum S. aufgerufen werden. Das Recht zum S. ist in Art. 9 GG indirekt, in mehreren Länderverfassungen ausdrücklich garantiert. Ein S. ist rechtmäßig, wenn er ohne Verstoß gegen die → Friedenspflicht oder gegen das Gesetz von einer Gewerkschaft beschlossen (oder übernommen; str.) und auf ein im Arbeitskampf zulässiges Ziel gerichtet ist. Dies gilt auch für den *Warn-S.* (anders die sog. spontane Arbeitsniederlegung); kurzfristige Warnstreiks im Rahmen der sog. neuen Beweglichkeit sind als ultima ratio – nach Ablauf der Friedenspflicht – auch schon während des Laufs von Tarifverhandlungen zulässig, dürfen aber nicht zu rechtswidrigen Handlungen (z. B. Betriebsblockade) führen (dann → Schadensersatz, BAG NJW 1989, 57). Ist der S. rechtmäßig, verletzt der Arbeitnehmer, der sich am S. beteiligt, nicht den Arbeitsvertrag; es kann ihm nicht gekündigt werden; jedoch ist → Aussperrung zulässig. Der Arbeitgeber ist auch nicht zur Bezahlung des Arbeitslohns verpflichtet (§ 323 BGB; zu den Auswirkungen eines S. in einem anderen Betrieb → Betriebsrisiko). Das Arbeitsverhältnis besteht aber weiter, wenn nicht ausgesperrt wird. Ein Beschäftigungsanspruch arbeitswilliger Arbeitnehmer (etwa in einem eingerichteten Notdienst) besteht während des Streiks nicht.

Rechtswidrig kann ein S. aus verschiedenen Gründen sein; insbes. wenn er tarifwidrig (z. B. unter Verstoß gegen die → Friedenspflicht), betriebsverfassungswidrig (z. B. unter Einschaltung des Betriebsrats, vgl. § 74 II BetrVG), amtswidrig (wegen des Streikverbots für → Beamte), sittenwidrig (wegen der Mittel oder des Ziels, vgl. § 826 BGB) oder nicht sozialadäquat ist (z. B. der nicht von einer Gewerkschaft geführte, sog. wilde S., der nicht gegen die Arbeitgeberseite geführte, politische Streik; der nicht auf ein im Arbeitskampf zulässiges Ziel gerichtete S.). Teilnahme am rechtswidrigen S. ist Verletzung des Arbeitsvertrages und berechtigt den Arbeitgeber zur außerordentlichen → Kündigung des Arbeitsverhältnisses, bei → Verschulden zum → Schadensersatz aus Vertragsverletzung und → unerlaubter Handlung; diese Ansprüche bestehen gegen Arbeitnehmer und Gewerkschaft. Auch bei einem an sich rechtmäßigen Streik können unerlaubte und strafbare Handlungen (z. B. Körperverletzung, Beleidigung, Nötigung, Sachbeschädigung) begangen werden; insbes. nimmt eine Betriebsblockade nicht an der verfassungsmäßigen Streikgarantie teil. Wegen der Neutralität des Staates darf kein Arbeitslosengeld bezahlt werden. Die streikenden Gewerkschaftsmitglieder erhalten i. d. R. Geldunterstützung aus der Gewerkschaftskasse. Der von Gewerkschaften zur Förderung der Arbeitsbedingungen durchgeführte S. darf durch Maßnahmen des → Staatsnotstands nicht behindert werden (Art. 9 III GG). Das Versicherungsverhältnis in der → Sozialversicherung besteht bei einem legitimen Streik bis zu 3 Wochen nach der letzten Entgeltzahlung fort, Beiträge fallen in dieser Zeit wegen mangelnder Entgeltzahlung nicht an. Streikunterstützungen sind nach h. M. nicht einkommensteuerpflichtig, nach a. A. steuerpflichtig gemäß § 22 Nr. 1 EStG.

**Streikbruchprämie.** Vor und während des → Streiks an arbeitswillige Arbeitnehmer zugesagte Sonderzahlungen werden von der Rspr. grdsätzl. als zulässiges Arbeitskampfmittel angesehen (soweit verhältnismäßig), um die Folgen des Streiks vom Betrieb fernzuhalten. Nach Streikende zugesagte S. sind dagegen i. d. R. unzulässig (sofern sie nicht nur besondere Belastungen ausgleichen).

**Streitbefangenheit** eines Gegenstands (Sache oder Recht) ist im → Zivilprozeß gegeben, wenn auf der sachlichen Beziehung zu ihr die → Sachbefugnis des Klägers oder des Beklagten beruht. Die S. des Gegenstands schließt nicht aus, daß er während des Prozesses veräußert oder abgetreten wird; jedoch kann der Rechtsnachfolger nur dann in den Rechtsstreit an Stelle des Veräußerers eintreten, wenn der Gegner zustimmt (§ 265 ZPO); andernfalls führt der Veräußerer in gesetzlicher → Prozeßstandschaft den Rechtsstreit weiter. Das Urteil erlangt auch gegen den Rechtsnachfolger (z. B. Erwerber des Gegenstandes) → Rechtskraft, sofern er nicht hinsichtlich des Prozesses gutgläubig war (§ 325 ZPO). Tritt diese Rechtskrafterstreckung nicht ein und hat der Kläger veräußert oder abgetreten, so kann der Beklagte den Verlust der Sachbefugnis gegen den Kläger geltend machen (§ 265 III ZPO). Der streitbefangene Gegenstand ist vom → Streitgegenstand zu unterscheiden.

**Streitgegenstand** ist im Zivilprozeß der prozessuale Anspruch. Nach h. M. ist der Begriff rein prozessual und bestimmt sich aus dem Klageantrag und dem Klagegrund, nach anderer Auffassung nur durch den Klageantrag, nach materiell-rechtlicher Auffassung durch die Behauptung des → materiellen Rechts oder → Rechtsverhältnisses. Der Streitgegenstand ist maßgebend dafür, worauf sich die → Klage erstreckt, welches Gericht → zuständig ist, ob eine → Klageänderung und eine doppelte → Rechtshängigkeit vorliegt, vor allem, inwieweit die gerichtliche Entscheidung in → Rechtskraft erwächst. Vom Streitgegenstand zu unterscheiden ist der *streitbefangene Gegenstand,* insbes. die streitbefangene Sache: das → Recht oder die → Sache, um welche die Parteien streiten (z. B. die Sache, auf deren Herausgabe geklagt wird). Der Streitgegenstand im arbeitsgerichtlichen Verfahren entspricht dem des Zivilprozesses (§ 46 ArbGG). Der Streitgegenstandsbegriff im *Verwaltungs-, Finanz- und Sozialstreitverfahren* ist gleichfalls umstritten; er wird vom Zivilprozeß abgeleitet, deckt sich aber damit insofern nicht ganz, als in diesen Verfahren kein bestimmter Klageantrag notwendig ist, so daß in erster Linie auf den zur Entscheidung gestellten Sachverhalt abzustellen ist (§ 82 I VwGO, § 65 I FGO, § 92 SGG). Auch in diesen Verfahren hat der Streitgegenstand dieselbe Bedeutung wie im Zivilprozeß, insbes. für die → Rechtskraft (§ 121 VwGO, § 110 I FGO, § 141 SGG). Die unterschiedlichen Auffassungen zum Streitgegenstand wirken sich hier praktisch nur auf die Anfechtungsklage (→ Verwaltungsstreitverfahren, 1 a) aus.

**Streitgehilfe** (Streithelfer) ist der Nebenintervenient (→ Nebenintervention).

**Streitgenossenschaft** (auch subjektive → Klagenverbindung) liegt vor, wenn in einem Verfahren auf einer Seite mehr als eine → Partei (oder → Beteiligter) auftritt. Streitgenossen sind nur diejenigen, die auf derselben Seite im Prozeß stehen. Es liegen dann so viele Prozesse und → Prozeßrechtsverhältnisse vor, wie sich Parteien gegenüberstehen. Diese Prozesse sind zum Zwecke gemeinsamer Verhandlung und Entscheidung miteinander verbunden. Es muß zwischen einfacher (gewöhnlicher oder selbständiger) und notwendiger (besonderer oder qualifizierter) S. unterschieden werden. Bei notwendiger S. (z. B. wenn eine Erbengemeinschaft klagt) ist die Verbindung enger ausgestaltet; insbes. werden im Termin säumige Streitgenossen durch die erschienenen vertreten, so daß kein → Versäumnisurteil gegen sie ergehen darf. Die §§ 59–63 ZPO gelten entsprechend gemäß § 64 VwGO, § 59 FGO und § 74 SGG.

**Streitgenössischer Nebenintervenient** → Nebenintervention.

**Streitgericht** wird in manchen Ländern die Abteilung des → Amtsgerichts genannt, die im Rahmen der → streitigen Gerichtsbarkeit die → bürgerlichen Rechtsstreitigkeiten im → Zivilprozeß zu entscheiden hat.

**Streithilfe** → Nebenintervention.

**Streitige Gerichtsbarkeit** ist ein Teil der → ordentlichen (Zivil-)Gerichtsbarkeit. Sie umfaßt die Entscheidung in → bürgerlich-rechtlichen Streitigkeiten (Zivilprozeß) unter Einschluß der → Zwangsvollstreckung und der durch Gesetz den ordentlichen Gerichten zugewiesenen öffentlich-rechtlichen Streitigkeiten (§ 40 VwGO). Die s. G. wird ausgeübt durch das Amtsgericht (insbes. → Streitgericht), das → Landgericht (→ Zivilkammer, → Kammer für Handelssachen) sowie durch die → Zivilsenate des → Oberlandesgerichts, des → Bayerischen Obersten Landesgerichts und des → Bundesgerichtshofs. In einem gewissen, vorwiegend verfahrensrechtlichen Gegensatz zur s. G. steht die → freiwillige Gerichtsbarkeit.

**Streitige Verhandlung** → Güteverfahren, → Mündliche Verhandlung.

**Streitiges Urteil** ist ein Urteil, das auf Grund einer streitigen → mündlichen Verhandlung ergeht, im Gegensatz zu einem → Versäumnis-, → Anerkenntnis- oder → Verzichtsurteil.

**Streitkräfte.** Nach Art. 87 a GG stellt der Bund zur Verteidigung S. auf. Ihre zahlenmäßige Stärke und die Grundzüge ihrer Organisation müssen sich aus dem Haushaltsplan ergeben. Die S. dürfen grundsätzlich nur zur Verteidigung eingesetzt werden, zu anderen Zwecken nur, soweit das GG es ausdrücklich zuläßt. Das ist geschehen für den → Verteidigungsfall (hier auch bei drohendem Angriff von außen), für den → Spannungsfall und den inneren → Notstand. S. a. → Nordatlantikvertrag, → Bundeswehr, → Blauhelmeinsätze, → Auslandseinsätze der Bundeswehr.

**Streitkräfte, ausländische**. Die Rechtsstellung a. S. bei *vorübergehenden Aufenthalten* in der BRep. für Übungen, Durchreise auf dem Landweg und Ausbildung von Einheiten richtet sich nach dem Streitkräfteaufenthaltsges. vom 20. 7. 1995 (BGBl. II 554).

Grundlage für die Rechtsstellung der in den alten Ländern der BRep. *stationierten Truppen* der *NATO-Staaten,* der Angehörigen von Truppenmitgliedern (Ehegatten, unterhaltsberechtigte Kinder) und des *zivilen Gefolges* (d. i. das die Truppe begleitende Zivilpersonal, soweit es sich nicht um Staatenlose, nicht NATO-Angehörige oder um deutsche Staatsangehörige handelt) ist das Abkommen zwischen den Parteien des Nordatlantikvertrags über die Rechtsstellung ihrer Truppen (*NATO-Truppenstatut* – NTS – vom 19. 6. 1951, BGBl. 1961 II 1190), das Zusatzabkommen (Zus. Abk.) zum NTS nebst Unterzeichnungsprotokoll vom 3. 8. 1959 (BGBl. 1961 II 1218, 1313) m. Änd. und die sonstigen Zusatzvereinbarungen sowie das ZustimmungsG zum NTS vom 18. 8. 1961 (BGBl. 1961 II 1183) m. Änd. Das NTS und die Zus. Abk. sind in der BRep. in Kraft seit 1. 7. 1963 und gelten auch weiterhin nur für die alten Länder (Anl. I Kap. I Abschnitt I Nr. 5 und 6 zum → Einigungsvertrag). In den neuen Ländern bedarf dienstliche Tätigkeit der Zustimmung der deutschen Behörden, nicht dagegen private Tätigkeit. Die Rechtsstellung ist aber die gleiche wie in den alten Ländern (s. Notenwechsel vom 25. 9. 1990, BGBl. 1994 II 26, 3714). I. e. gilt:

1. *Deutsche Gerichtsbarkeit in Strafsachen:* a) Soweit eine Tat nur nach dem Recht des Aufnahmestaates (BRep.) strafbar oder als → Ordnungswidrigkeit zu verfolgen ist, besteht *ausschließliche*

*deutsche Gerichtsbarkeit* (z. B. bei Verstoß gegen besondere deutsche Verkehrsvorschriften). Umgekehrt liegt ausschließliche Gerichtsbarkeit des Entsendestaates des Truppenmitglieds usw. vor, wenn die Tat ausschließlich nach dessen Recht strafbar ist (z. B. Verstoß gegen spezielle militärische Vorschriften). In allen übrigen Fällen ist nach Art. VII Abs. 3 NTS *konkurrierende Gerichtsbarkeit* gegeben, bei der an sich der Aufnahmestaat das Vorrecht hat, ausgenommen bei strafbaren Handlungen eines Truppenmitglieds usw., die in Ausübung des Dienstes begangen wurden (z. B. Verkehrsunfall bei Dienstfahrt) oder die sich ausschließlich gegen das Vermögen (Diebstahl von Armeegerät) oder gegen die Person eines anderen Truppenmitglieds usw. (Schlägerei unter Soldaten des Entsendestaates) richten. Die BRep. hat jedoch in Art. 19 des Zus. Abk. auf das ihr demnach zustehende Vorrecht zur Ausübung der deutschen Gerichtsbarkeit generell gegenüber sämtlichen Entsendestaaten von NATO-Truppen verzichtet mit dem Vorbehalt, diesen *Verzicht* im Einzelfall binnen 21 Tagen nach Eingang der Mitteilung über die Einleitung des Verfahrens bei den Militärbehörden des Entsendestaates zu widerrufen, wenn wesentliche Belange der deutschen Rechtspflege, z. B. wegen der Schwere der Tat, des Aufsehens in der Öffentlichkeit usw., die Ausübung der deutschen Gerichtsbarkeit erfordern (insbes. bei Tötungsdelikten, Raub, Vergewaltigung, Hoch- und Landesverrat; s. Unterzeichnungsprot. zu Art. 19 Zus. Abk.). Der Verzicht gilt auch nicht bei drohender → Todesstrafe. Die Durchführung eines Strafverfahrens durch den Entsendestaat, das zur Verhängung der Todesstrafe in der BRep. führen könnte, ist nicht gestattet. Zu beachten ist jedoch, daß verschiedene Entsendestaaten (z. B. USA) in Friedenszeiten nach ihrem Recht keine Gerichtsbarkeit über Angehörige und ziviles Gefolge ausüben können, so daß dieser Personenkreis voll der deutschen Gerichtsbarkeit untersteht. Den Entsendestaaten steht grundsätzlich über Truppenmitglieder – auch bei deutscher Gerichtsbarkeit bis zur Rechtskraft eines Urteils – der Gewahrsam nach einer Festnahme zu (Art. 22 Zus. Abk.). Im übrigen besteht eine gegenseitige Pflicht zur Unterrichtung über den Verfahrensfortgang, zur Amts- und Rechtshilfe (Zustellungen usw.) und Anwesenheitsrecht eines Vertreters der anderen Seite in der Hauptverhandlung (Art. 19 Abs. 6, Art. 25 Zus. Abk.). Über eine → Auslieferung von Truppenmitgliedern, Angehörigen und zivilem Gefolge hat die BRep. nicht zu entscheiden (Unterzeichnungsprotokoll zu Art. VII NTS).

b) Andererseits sind die S. sowohl durch das Militärstrafrecht des Entsendestaates wie auch durch besondere Vorschriften des deutschen Strafrechts geschützt: Nach § 7 des 4. StrÄndG vom 11. 6. 1957 (BGBl. I 597) m. Änd. genießen die Entsendestaaten und ihre Streitkräfte in gleichem Umfang wie die BRep. und deutsche Verbände den Schutz der §§ 93–97, 98–100 i. Verb. m. §§ 101, 101 a StGB gegen Landesverrat, ferner den der Strafvorschriften gegen Sabotage, Zersetzung, Widerstandsleistung, Gefangenenbefreiung, Hausfriedensbruch, Amtsanmaßung, aktive Bestechung sowie den der Strafbestimmungen gegen Nichtsoldaten wegen Verleitung zum Ungehorsam oder zur Fahnenflucht u. a. m.

2. *Zivilrechtliche Haftung:* a) Wird durch Handlungen oder Unterlassungen von Truppenmitgliedern oder zivilem Gefolge eines NATO-Staates, die *in Ausübung des Dienstes* begangen wurden, einem Dritten in der BRep. ein Schaden zugefügt *(Stationierungsschäden),* so ist vom Entsendestaat → Schadensersatz nach den entsprechenden deutschen Vorschriften – BundesleistungsG i. d. F. vom 27. 9. 1961, BGBl. I 1769 – zu leisten (Art. VIII Abs. 5 NTS). In Betracht kommen insbes. *Manöverschäden* an Straßen und sonstigen Grundstükken, sonstige Straßenschäden, soweit sie nicht bei normaler Verkehrsbenutzung entstanden sind, Schäden durch die Belegung von Grundstücken, Ansprüche aus → unerlaubter Handlung und sonstige Ersatzansprüche, nicht aber Ansprüche aus → Vertrag (hierfür gelten keine Besonderheiten in der unmittelbaren Geltendmachung). Die nach deutschem Recht zu bestimmende Ersatzleistung bemißt sich bei Zerstörung nach dem gemeinen Wert der Sache, bei Beschädigung nach der Höhe der notwendigen Instandsetzungskosten; bei

Körperverletzungen gelten die allgemeinen Grundsätze über Schadensersatz und Schmerzensgeld. Bei schädigenden Handlungen oder Unterlassungen *außerdienstlicher* Natur (z. B. bei einem Verkehrsunfall mit einem Privatfahrzeug, bei Schwarzfahrten usw.) besteht – unabhängig von der Möglichkeit, hier den Schädiger oder dessen Versicherung persönlich (gerichtlich) in Anspruch zu nehmen – keine Verpflichtung des Entsendestaats zum Schadensersatz; dieser prüft jedoch, ob – ohne Anerkennung einer Rechtspflicht – eine Abfindung geleistet werden soll (Art. VIII Abs. 6 NTS). Einzelheiten zur Ausgestaltung des Abgeltungsanspruchs und dessen Umfang regeln Art. 41 Zus. Abk. und das Unterzeichnungsprot. hierzu.

b) *Verfahren:* Ansprüche gegen einen Entsendestaat müssen innerhalb einer → *Ausschlußfrist* von 3 Monaten beim Amt für Verteidigungslasten, in dessen Bezirk das schädigende Ereignis stattgefunden hat, geltend gemacht werden (Art. 6 ff. des ZustimmungsG zum NTS). Die Frist beginnt in dem Zeitpunkt, in dem der Geschädigte von dem Schaden und den Umständen Kenntnis erlangt hat, aus denen sich ergibt, daß ein Mitglied der Truppen oder des zivilen Gefolges für den Schaden rechtlich verantwortlich ist. Auf die Versäumung der Frist sind die Vorschriften über die → Wiedereinsetzung in den vorigen Stand anwendbar. Nach Ablauf von 2 Jahren kann der Anspruch nicht mehr geltend gemacht werden, es sei denn, der Schaden war bis dahin auch bei Anwendung verkehrsüblicher Sorgfalt nicht zu erkennen. Der Antrag auf Entschädigung muß schriftlich oder zur Niederschrift der zuständigen Behörde gestellt werden. Soweit zwischen dem Antragsteller und der zuständigen deutschen Behörde keine Vereinbarung über die zu gewährende Entschädigung abgeschlossen wird, hat diese dem Antragsteller in einer „Entschließung" mitzuteilen, ob und inwieweit sie einen geltendgemachten Anspruch als begründet anerkennt (Art. 11 des ZustimmungsG zum NTS). Hat die Behörde einen Anspruch ganz oder teilweise nicht anerkannt, so kann der Antragsteller vor den ordentlichen (Zivil-)Gerichten Klage auf Zahlung der Entschädigung gegen die BRep. erheben, die den Rechtsstreit im eigenen Namen kraft gesetzlicher → Prozeßstandschaft für den Entsendestaat führt (und mit diesem später abrechnet). Die Klage ist innerhalb einer → Notfrist von 2 Monaten seit Zustellung der genannten „Entschließung" beim zuständigen Gericht zu erheben; sie ist auch zulässig, wenn die zuständige Behörde dem Antragsteller nicht innerhalb einer angemessenen Frist nach Eingang des Antrags – nicht vor Ablauf von 5 Monaten – ihre Entschließung mitgeteilt hat (Art. 12 a. a. O.). Für *Manöverschäden* gilt ein vereinfachtes Verfahren; insbes. können hier die Anträge auch bei der örtlich zuständigen Gemeindeverwaltung gestellt werden (Art. 14 a. a. O.).

**Streitverkündung** liegt vor, wenn im Zivilprozeß eine der Parteien einen Dritten, gegen den sie im Fall ihres Unterliegens einen → Regreßanspruch zu haben glaubt, von diesem Rechtsstreit in einer bestimmten Form benachrichtigt (§ 72 ZPO). Die S. hat den Zweck, die → Nebeninterventionswirkung herbeizuführen (§ 74 ZPO) und geschieht durch → Zustellung eines Schriftsatzes, in dem der Grund der S. und die Lage des Rechtsstreits anzugeben sind (§ 73 ZPO). Derjenige, dem der Streit verkündet wird, heißt Streitverkündungsempfänger; er kann (muß aber nicht) dem Rechtsstreit beitreten und hat dann die Stellung eines Nebenintervenienten (→ Nebenintervention).

**Streitwert** ist der in Geld bemessene *Wert* des → Streitgegenstandes. Er kann maßgebend sein: für die sachliche Zuständigkeit des Amts- oder Landgerichts in bürgerlichen Rechtsstreitigkeiten (§§ 23, 71 GVG), für die → Gebühren und für die Zulässigkeit eines Rechtsmittels (→ Beschwerdewert). Für die Bemessung des S. gilt grundsätzlich freies → Ermessen (§ 3 ZPO), soweit nicht spezielle Vorschriften eingreifen (§§ 4–9 ZPO und z. B. §§ 12–20 GKG, § 12 VII ArbGG; sog. Regel-S., z. B. in verwaltungs- und finanzgerichtlichen Verfahren 8000 DM). So bestimmt sich bei Geldansprüchen der S. nach der Höhe des Anspruchs, bei Klage auf Herausgabe einer Sache nach deren Verkehrswert, bei Streit über ein Mietverhältnis nach dem Mietzins für die streitige Zeit (höchstens aber der Betrag eines Jahres), bei Streit über ein Arbeitsverhältnis höchstens nach dem Vierteljahresentgelt. Den S. setzt das Gericht für das vor ihm stattfindende Verfahren fest, i.d.R. durch beschwerdefähigen → Beschluß (§ 25 I GKG, § 10 I BRAGO), nur in der Arbeitsgerichtsbarkeit in der → Urteilsformel (§ 61 I ArbGG). Dem S. entspricht für die Gebühren des Rechtsanwalts der → Gegenstandswert, für die Gebühren der Gerichte und Notare in der freiwilligen Gerichtsbarkeit der → Geschäftswert.

**Strengbeweis** ist der Gegensatz zum → Freibeweis; über den Unterschied s. dort.

**Strenges Recht** → Recht (3).

**Streupflicht.** Das Schneeräumen, das Streuen bei Schnee- oder Eisglätte, die Reinigung und die Beleuchtung der Straßen gehören nicht zur → Straßenbaulast. In § 3 III des Bundesfernstraßengesetzes und in den Straßen- und Wegegesetzen der Länder ist nur bestimmt, daß die Träger der Straßenbaulast die Straßen bei Schnee- oder Eisglätte räumen und streuen „sollen". Eine Verpflichtung zur Reinigung, Räumung und zum Streuen sowie eine Schadensersatzpflicht bei Vernachlässigung dieser Verpflichtungen besteht somit nur unter dem allgemeinen Gesichtspunkt der → Verkehrssicherungspflicht; hiernach hat jeder, der einen Verkehr eröffnet und in der Lage ist, über die betreffende Sache zu verfügen (auch die öffentlich-rechtlichen Körperschaften), die notwendigen Vorkehrungen zum Schutz Dritter zu treffen. Eine besondere öffentlich-rechtliche Reinigungs-, Schneeräume- und Streupflicht besteht nach Landesrecht unter bestimmten Voraussetzungen für die → Gemeinden hins. der innerhalb der geschlossenen Ortslage gelegenen öffentlichen Straßen. So obliegt es z.B. nach Art. 51 des bayer. Straßen- und Wegegesetzes i.d.F. vom 5. 10. 1981 (GVBl. 448) den Gemeinden, nach Maßgabe ihrer Leistungsfähigkeit bei allen innerhalb der geschlossenen Ortslage gelegenen öffentlichen Straßen für Beleuchtung, Reinigung, Schneeräumen und Streuen bei Glatteis Sorge zu tragen, soweit nicht Verpflichtungen Dritter auf Grund anderer Rechtsvorschriften – insbes. der → Verkehrssicherungspflicht – bestehen und wenn es dringend erforderlich ist. Eine Verletzung dieser Pflicht führt als → Amtspflichtverletzung zu Schadensersatz. Häufig ist die Reinigungs-, Räum- und Streupflicht der Gemeinde durch Rechtsverordnung – jedenfalls hins. der Gehsteige – auf die Straßenanlieger überwälzt.

**Striptease** u.ä. Darstellungen gehören rechtlich zu den → Schaustellungen von Personen. Solche Aufführungen sind, auch wenn sie sexuellen Charakter haben, nicht strafbar; insbes. sind die Voraussetzungen der → Erregung öffentlichen Ärgernisses meist nicht erfüllt.

**Strohmann** ist eine vom wirklichen Geschäftsherrn vorgeschobene Person, die nach außen im eigenen Namen, tatsächlich jedoch in dessen Interesse, insbes. bei Vertragsabschluß, tätig wird. Es liegt ein Fall von → mittelbarer Stellvertretung vor; der S. wird unmittelbar Berechtigter und Verpflichteter aus den von ihm abgeschlossenen Rechtsgeschäften. Die Bestellung eines S. ist zulässig – auch z.B. bei Gründung von → Handelsgesellschaften –, sofern hierdurch nicht gegen → Verbotsgesetze verstoßen wird (→ Umgehungsgeschäft). → Treuhandeigentum, → Scheingeschäft.

**Stromeinspeisung** von Strom aus erneuerbaren Energien in das öffentliche Netz → Energieversorgung a. E.

**Stromentwendung** begeht, wer einer elektrischen Anlage fremde Energie mittels eines nicht zur ordnungsmäßigen Entnahme bestimmten Leiters entzieht in der Absicht, sich oder einem Dritten die Energie rechtswidrig zuzueignen (§ 248 c StGB). Die Strafe ist Freiheitsstrafe bis zu 5 Jahren oder Geldstrafe; schon der Versuch ist strafbar. Die Bestimmung trifft einen Sonderfall der Entwendung, der von der nur für die Wegnahme von Sachen geltenden Vorschrift gegen Diebstahl nicht gedeckt wird. Sie erfaßt insbes. das Anbringen und Benutzen einer Nebenleitung unter Umgehung des Stromzählers, aber auch die Entnahme billigeren Kraftstroms für Beleuchtungszwecke. Täuschung mittels Zurückstellens des Zählers dagegen ist → Betrug. Wird die S. gegen die in

§ 247 StGB genannten Personen, insbes. Angehörige, begangen, ist sie → Antragsdelikt, ebenso grundsätzlich bei S. von geringem Wert (§ 248 a StGB).

**Strukturanpassungsmaßnahmen.** Träger von Strukturanpassungsmaßnahmen können im Rahmen der → Arbeitsförderung nach dem SGB III für die Dauer von 36 bzw. 48 Monaten gefördert werden, wenn sie förderungsbedürftige Arbeitnehmer beschäftigen. Förderungsfähig sind Maßnahmen zur Erhaltung und Verbesserung der Umwelt und zur Verbesserung des Angebotes bei den sozialen Diensten und in der → Jugendhilfe. Die Förderung erfolgt durch einen Zuschuß zum Arbeitsentgelt, der sich an den ersparten Aufwendungen für das → Arbeitslosengeld bzw. die → Arbeitslosenhilfe orientiert (§§ 272 ff. SGB III).

**Strukturfonds der E. G.** Die S. werden von der → Europäischen Kommission verwaltet. Der bei weitem umfangreichste ist der → Europäische Ausgleichs- und Garantiefonds. Daneben gibt es den Europäischen Fonds für regionale Entwicklung, den Sozialfonds und – nach dem Vertrag über die → Europäische Union – den Kohäsionsfonds.

**Strukturhilfegesetz.** Das S. vom 20. 12. 1988 (BGBl. I 2358) mit dem der Bund den meisten Ländern zum Ausgleich unterschiedlicher Wirtschaftskraft ab 1989 Finanzhilfen für besonders bedeutsame Investitionen gewährte, ist aufgehoben.

**Stückaktie** → Aktie.

**Stückekonto** → Verwahrung, → Depotgeschäft.

**Stückeverzeichnis** → Einkaufskommission.

**Stückgüterfrachtvertrag** ist ein → Seefrachtvertrag, der sich auf einzelne Güter (Stückgüter, § 556 Nr. 2 HGB) und nicht auf das ganze Schiff, einen Teil oder einen Raum desselben bezieht. Für den S. gelten Sondervorschriften für die → Abladung (§§ 588–590 HGB) und für die Löschung (§ 604 HGB).

**Stücklohn** → Akkordarbeit.

**Stückschuld** → Gattungsschuld.

**Stückvermächtnis.** I. d. R. bestimmt der → Erblasser den durch → Vermächtnis zugewendeten Gegenstand – Sache, Forderung, sonstige Rechte usw. – genau (anders → *Gattungsvermächtnis*). Er kann aber auch anordnen, daß der Bedachte nur einen von mehreren Gegenständen nach seiner Wahl oder nach Wahl eines Dritten erhalten soll *(Wahlvermächtnis, Alternativvermächtnis);* hierdurch wird eine → Wahlschuld begründet (§§ 2154, 262 ff. BGB). Das Vermächtnis eines bestimmten Gegenstandes (Stückvermächtnis) ist unwirksam, wenn dieser z. Z. des → Erbfalls (nicht der testamentarischen Verfügung) nicht zur → Erbschaft gehört, sofern nicht ein → Verschaffungsvermächtnis vorliegt (§ 2169 BGB). Mit dem S. hat der Vermächtnisnehmer im Zweifel Anspruch auf das vorhandene → Zubehör (§ 2164 BGB) und auf die seit Anfall des Vermächtnisses gezogenen → Früchte und die → Surrogate (§ 2184 BGB).

**Stückzinsen.** Bei Veräußerung festverzinslicher Wertpapiere zwischen den Zinsfälligkeiten stehen laut Vereinbarung zwischen den Kaufparteien die Zinsen, die bis zur Veräußerung anfallen, dem Verkäufer, ab dann dem Käufer zu. Der Veräußerer besteuert seinen Zinsanteil mit Zufluß (§ 20 I 1 Nr. 3 EStG). Für den Erwerber sind die an den Veräußerer zu zahlenden Zinsen negative Einnahmen (Einzelheiten BMF BStBl. I 1994, 230).

**Studenten.** Zu den Mitgliedern einer → Hochschule gehören die eingeschriebenen S. Die Aufnahme des S. in die Hochschule erfolgt durch Einschreibung *(Immatrikulation),* der Abgang durch *Exmatrikulation.* Der Zugang steht bei Erfüllung der persönlichen Voraussetzungen (Hochschulreife u.ä.) grundsätzl. jedem frei. Beschränkungen des Zugangs sind nur unter bestimmten Voraussetzungen zulässig (→ numerus clausus; → Studienplätze, Vergabe). Die Rechtsstellung des einzelnen S. und ihrer Gesamtheit (→ Studentenschaft) wird durch das → Hochschulrecht geregelt. Diese Regelungen sind z. T. recht unterschiedlich, z. B. hins. des Ordnungs(Disziplinar)rechts oder der

Vertretung der S. in Kollegialorganen der Hochschule. Das → Hochschulrahmengesetz (HRG) i. d. F. vom 9. 4. 1987 (BGBl. I 1170) enthält Vorschriften über den *Widerruf der Einschreibung* aus disziplinären Gründen. Sie ist nach § 28 HRG zulässig, wenn ein S. durch Anwendung von Gewalt, durch Aufforderung zur Gewalt oder durch Bedrohung mit Gewalt den bestimmungsgemäßen Betrieb einer Hochschuleinrichtung, die Tätigkeit eines Hochschulorgans oder die Durchführung einer Hochschulveranstaltung behindert oder ein Hochschulmitglied von der Ausübung seiner Rechte und Pflichten abhält. Mit dem Widerruf ist eine Frist bis zu 2 Jahren festzusetzen, innerhalb deren eine Einschreibung an der Hochschule und grundsätzlich auch an einer anderen Hochschule ausgeschlossen ist.

**Studentenschaft.** Nach § 41 des → Hochschulrahmengesetzes *kann* das Landesrecht vorsehen, daß an den → Hochschulen zur Wahrnehmung hochschulpolitischer, sozialer und kultureller Belange der Studenten sowie zur Pflege der überregionalen Studentenbeziehungen S.en gebildet werden. Eine hiernach gebildete S. verwaltet ihre Angelegenheiten im Rahmen der gesetzlichen Bestimmungen selbst. Sie kann von ihren Mitgliedern (d. h. allen Studenten der Hochschule in Zwangsmitgliedschaft) zur Erfüllung ihrer Aufgaben Beiträge erheben. Die Organe der S. – vielfach ein „Allgemeiner Studentenausschuß (ASTA)“ – werden von den Studenten der Hochschule gewählt. Sie unterstehen der → Rechtsaufsicht der Leitung der Hochschule und der zuständigen Landesbehörde. Das Hochschulrecht der Länder regelt die Stellung der S. unterschiedlich. Z. T. wird eine „verfaßte“ (d. h. durch das Gesetz oder die Verfassung der Hochschule rechtlich organisierte) S. im Hinblick auf die Mitwirkung gewählter Studentenvertreter in den Hochschulgremien als überflüssig angesehen (so z. B. das bayer. HochschulG). Die Rechtsnatur der „verfaßten“ S. wird unterschiedlich beurteilt: allgem. → Rechtsfähigkeit wird ihr meist nicht zugebilligt, z. T. aber im organisatorisch-internen Rechtsbereich gegenüber der Hochschule („Teilverband“, „Gliedkörperschaft“). Ein über Hochschulangelegenheiten hinausgehendes „politisches Mandat“ der S. wird nahezu allgemein abgelehnt (vgl. BVerwG NJW 1970, 292).

**Studienplätze (Vergabe).** Die Grundsätze für die V. von S. waren zunächst in einem zwischen sämtlichen Ländern der BRep. abgeschlossenen Staatsvertrag von 1972 geregelt. Nunmehr sind diese Grundsätze in §§ 27 ff. des → Hochschulrahmengesetzes (HRG) enthalten. Danach können in Studiengängen, für die für mehrere Hochschulen Zulassungszahlen festgesetzt sind (→ numerus clausus), die Studienplätze von der von den Ländern errichteten *Zentralstelle für die Vergabe von Studienplätzen* in Dortmund vergeben werden. In das Verfahren der Zentralstelle ist ein Studiengang einzubeziehen, wenn für ihn Zulassungszahlen für alle staatlichen Hochschulen festgesetzt sind und zu erwarten ist, daß die Zahl der Bewerber die Gesamtzahl der zur Verfügung stehenden Plätze übersteigt. Die vorhandenen Studienplätze werden von der Zentralstelle möglichst nach den Ortswünschen der Bewerber und, soweit notwendig, vor allem nach den für die Ortswahl maßgebenden sozialen Gründen vergeben *(Verteilungsverfahren).* Reicht die Gesamtzahl der Studienplätze nicht für alle Bewerber aus, so findet unter ihnen ein *Auswahlverfahren* statt. Im *allgemeinen Auswahlverfahren* werden bis zu 3/10 der Studienplätze den in § 32 II HRG genannten Bewerbern vorbehalten (z. B. soziale Härtefälle, besonderer öffentlicher Bedarf, Ausländer und Staatenlose); die verbleibenden Studienplätze werden überwiegend nach dem Grad der Qualifikation für das gewählte Studium vergeben. Solange die Vergleichbarkeit der Qualifikationen im Verhältnis der Länder untereinander nicht gewährleistet ist, werden für die Auswahl Landesquoten gebildet. Die Quote eines Landes bemißt sich zu 1/3 nach seinem Anteil an der Gesamtzahl der Bewerber für den betreffenden Studiengang (Bewerberanteil) und zu 2/3 nach seinem Anteil an der Gesamtzahl der 18–21 jährigen (Bevölkerungsanteil). Das frühere „Bonus-Malus-System“ (Zu- od. Abschläge auf den Abiturnotendurchschnitt der Bewerber wegen des unterschiedlichen Notendurchschnitts der einzelnen Länder) ist entfallen. Im übrigen ist für die Zulassung die Wartezeit seit Erwerb der Hochschulreife maßgebend. Die frühere Möglichkeit des „Parkstudiums" besteht nicht mehr. In Studiengängen, in denen das allgem. Auswahlverfahren zu unvertretbar hohen Qualifikationsanforderungen führen würde („harte numerus-clausus-Fächer"), findet ein *besonderes Auswahlverfahren* statt, in dem die Studienplätze überwiegend nach der Qualifikation und einem Feststellungsverfahren (Tests), im übrigen nach der Zahl der Bewerbungssemester und einem von den Hochschulen durchgeführten Auswahlgespräch vergeben werden (Einzelheiten vgl. § 33 HRG).

Die Organisation der Zentralstelle sowie die näheren Einzelheiten über Kapazitätsermittlung, Festsetzung von Zulassungszahlen, Voraussetzungen für die Einbeziehung von Studiengängen, Verteilungsverfahren, allgemeines und besonderes Auswahlverfahren, Vorabquoten und Ahndung von Ordnungswidrigkeiten sind nunmehr in dem Staatsvertrag über die Vergabe von Studienplätzen von 12. 3. 1992 geregelt (vgl. z. B. BayGVBl. 1993, 14 oder GVBl. NRW 1993, 205). Die Ratifikationsgesetz (vgl. z. B. Zweites Gesetz über die Zulassung zum Hochschulstudium in Nordrhein-Westfalen vom 11. 5. 1993, GVBVl. 204) und Ausführungsverordnungen (vgl. z. B. BayVO vom 18. 11. 1993, GVBl. 886, m. Änd.) der Länder enthalten zahlreiche ergänzende Vorschriften. → Verwaltungsakte der Zentralstelle können im → Verwaltungsstreitverfahren angefochten werden; örtlich zuständig ist das Verwaltungsgericht, in dessen Bezirk die Vergabestelle liegt (§ 52 Nr. 3 S. 4 VwGO). Da die Zentralstelle ihren Sitz in Dortmund hat, ist das Verwaltungsgericht Gelsenkirchen zuständig.

Die Vergabe der Studienplätze durch die Hochschulen im übrigen regelt ebenfalls das Landesrecht (vgl. z. B. bayerische Hochschulvergabeordnung vom 16. 5. 1994, GVBl. 407, m. Änd., oder §§ 5 ff. des Sächsischen Hochschulzulassungsgesetzes vom 7. 6. 1993, SächsGVBl. 462).

**Stufenführerschein.** Die Erteilung einer → Fahrerlaubnis der Klasse A für Krafträder mit mehr als 25 kW Motorleistung oder 0,16 kW/kg Verhältnis von Leistung/Gewicht setzt eine mindestens 2jährige Fahrpraxis auf Krafträdern unter diesen Werten mit einer Fahrerlaubnis Klasse A – nicht Klage A 1 für Leichtkrafträder – voraus (s. Art. 6 I a 2. EG-Führerscheinrichtlinie).

**Stufengründung** → Einheitsgründung.

**Stufenklage** ist ein Fall der → Klagenverbindung. Hier können nach § 254 ZPO verschiedene miteinander zusammenhängende → Streitgegenstände in der Weise verbunden werden, daß zunächst → Rechnungslegung oder Vorlage eines Vermögensverzeichnisses verlangt wird (1. Stufe), dann Abgabe einer eidesstattlichen Versicherung über dessen Richtigkeit (→ Offenbarungsversicherung) begehrt (2. Stufe) und danach Zahlung oder Herausgabe gefordert wird (3. Stufe); in der 1. und 2. Stufe kann die zahlenmäßige Fixierung des in der 3. Stufe zu verlangenden Betrags vorbehalten bleiben. Das Gericht verhandelt und entscheidet nacheinander über jeden dieser stufenweise geltendgemachten Streitgegenstände, wenn es nicht die Klage im ganzen als unbegründet oder unzulässig abweist.

**Stufentheorie** nennt man die vom BVerfG im sog. „Apothekenurteil" (BVerfGE 7, 377) und in anderen Entscheidungen entwickelte Lehre zur Zulässigkeit von Berufsbeschränkungen (Regelungen nach Art 12 I 2 GG jeweils auf der Stufe, die den geringsten Eingriff in die Freiheit der Berufswahl mit sich bringt).

**Stufenverhältnis** zwischen 2 Delikten → in dubio pro reo, → Wahlfeststellung.

**Stundung** → Leistungszeit.

**Stundung von Steuern.** Steuern können (→ Ermessen, § 5 AO) gestundet werden, wenn ihre Einziehung eine erhebliche Härte für den Stpfl. bedeuten würde und der Anspruch durch die St. nicht gefährdet erscheint (§ 222 AO). Über Stundungszinsen vgl. → Zinsen, steuerlich.

**Stuttgarter Verfahren** (steuerl.) → Anteilsbewertung.

**Suarez, Carl Gottlieb** (1746–1798), Schöpfer des preuß. → Allgemeinen Landrechts, das unter Abwendung von dem formalen Rechtsdenken des durch die → Rezeption eingeführten römischen Rechts den Einflüssen der Lehre vom → Naturrecht weitgehend Raum gab.

**Subdelegation** → Delegation, → Rechtsverordnung.

**Subjektiv-dingliches Recht** ist ein dingliches Recht (→ Sachenrecht), das nicht einer bestimmten Person (subjektiv-persönliches Recht), sondern dem jeweiligen Eigentümer eines → Grundstücks zusteht. Als s. d. R. kommt insbes. die → Grunddienstbarkeit (§§ 1018 ff. BGB, anders beschränkte persönliche Dienstbarkeit) in Betracht. Als s. d. R. können ferner die → Reallast (§ 1105 II BGB) und das dingliche → Vorkaufsrecht (§ 1094 II BGB) ausgestaltet werden. Das s. d. R. ist wegen der Verbindung mit dem Grundstück als dessen → Bestandteil anzusehen (§ 96 BGB). → Subjektives Recht.

**Subjektive Rechtfertigungselemente** → Rechtswidrigkeit.

**Subjektive Unmöglichkeit** (Unvermögen) → Unmöglichkeit der Leistung.

**Subjektive Unrechtselemente** nennt man bei einer Straftat die Tatbestandsmerkmale, die das Vorliegen der → Rechtswidrigkeit nicht nach dem äußeren Tatbild, sondern nach der inneren Einstellung des Täters bestimmen (so die Absicht rechtswidriger Zueignung beim Diebstahl).

**Subjektives öffentliches Recht** wird im Bereich des → öffentlichen Rechts, insbes. im → Verwaltungsrecht, die dem Einzelnen zustehende Befugnis genannt, vom Staat oder einem anderen Träger öffentlicher Gewalt die Vornahme oder Unterlassung einer bestimmten Handlung zu verlangen. Das s.ö.R. gibt dem Einzelnen also einen *Rechtsanspruch* auf ein Tun oder Unterlassen, der notfalls gerichtlich durchgesetzt werden kann. Das. s.ö.R. ist von dem bloßen *Rechtsreflex* (oft auch als „Reflexrecht" bezeichnet) zu unterscheiden, der den Bürger als Auswirkung des objektiven Rechts begünstigt, ihm aber keinen gerichtlich verfolgbaren Anspruch auf diese Begünstigung verleiht. Die Frage, ob eine Rechtsnorm dem Bürger ein s.ö.R. verleiht, ist im Einzelfall oft schwer zu entscheiden. Bei Auslegungszweifeln ist in erster Linie der vom Gesetz verfolgte Zweck maßgebend: Ist die Rechtsnorm vorwiegend im Interesse des Einzelnen ergangen, so ist im Zweifel ein s.ö.R. anzunehmen; bezweckt das Gesetz dagegen in erster Linie das Wohl der Allgemeinheit, so will es im Zweifel dem Einzelnen keinen Rechtsanspruch einräumen. Kein s.ö.R. besteht im allgemeinen, wenn das Gesetz die Behörde ermächtigt, nach ihrem → Ermessen zu handeln. In diesem Falle hat der Bürger nur ein Recht auf fehlerfreie Ausübung des Ermessens. Der soziale → Rechtsstaat hat den Bereich des s.ö.R. gegenüber der Ermessensentscheidung stark ausgeweitet (z. B. bei Gewährung der → Sozialhilfe).

**Subjektives Recht** (im → *Privatrecht*). Während das objektive → Recht die Gesamtheit der Rechtsnormen darstellt, welche die rechtlichen Beziehungen des Menschen zu seiner Umwelt regeln, ist das s. R. die vom objektiven Recht zum Schutze des einzelnen diesem verliehene Willensmacht. S. R. ist also die Rechtsstellung, die einem Rechtssubjekt (Voraussetzung: → Rechtsfähigkeit) zur Durchsetzung seiner Interessen (s. u.) nach seinem Belieben – also abhängig vom Willen des Berechtigten – eingeräumt ist. Wird dem einzelnen nicht eine derartige durchsetzbare Rechtsstellung verliehen, sondern ist er nur Begünstigter einer im Interesse anderer – meist im öffentlichen Interesse – erlassenen Norm (z. B. der durch eine Auflage Begünstigte), so liegt kein s. R., sondern nur ein sog. *Rechtsreflex* ohne eigene Rechtsqualität vor. Andererseits erzeugt das s. R. auch Pflichten, insbes. gegenüber der Allgemeinheit (Sozialgebundenheit des → Eigentums, → elterliche Sorge usw.). Besondere Bedeutung hat das s. R. im öffentlichen Recht (→ subjektives öffentliches Recht).

Dem Inhalt nach unterscheidet man → *Gestaltungsrechte* und die s. R.e im engeren Sinn (Herrschaftsrechte). Die *Herrschaftsrechte* zerfallen in *absolute* gegenüber jedermann wirkende Rechte an Personen (→ Persönlichkeitsrecht, elterliche Sorge) und an Sachen und sonstigen Rechtsgütern (z. B. dingliche Rechte – → Sachenrecht –, Urheberrecht und sonstige → Immaterialgüterrechte) sowie in *relative,* nur gegenüber einer bestimmten Person bestehende Rechte (insbes. die Forderung, → Schuldverhältnis). Andere Unterscheidungsmöglichkeiten sind: Vermögens- und Personenrechte, insbes. Familienrechte; fertige Rechte und → Anwartschaftsrechte; übertragbare und *höchstpersönliche Rechte* usw. Abgesehen von den Gestaltungsrechten ist wesentliche Folge eines Herrschaftsrechts der *Anspruch.* Anspruch und s. R. decken sich nicht; aus dem s. R. als dem allgemeinen Herrschaftsverhältnis (z. B. Eigentum) können sich verschiedene Ansprüche ergeben, z. B. → Eigentumsherausgabeanspruch, Eigentumsabwehranspruch (→ Eigentumsstörungen), Schadensersatzanspruch aus → unerlaubter Handlung usw. Bei dem relativen s. R. entspricht allerdings die Forderung dem Anspruch (→ Schuldverhältnis). S. ferner → Einrede, → Einwendung, → Rechtsmißbrauch, → Rechtsschutz.

**Submissionsabsprachen.** Angebote über Waren und Leistungen bei Ausschreibungen nach einer rechtswidrigen Absprache sind nach § 298 StGB mit bis zu 5 Jahren Freiheitssrafe oder Geldstrafe bedroht. → Tätige Reue führt zu Straflosigkeit. Ausschreibungen stehen freihändige Vergaben nach Teilnahmewettbewerben gleich. Tathandlung ist die Abgabe eines Angebots. Die Absprache, die als → Submissionskartell lediglich eine Ordnungswidrigkeit darstellt, muß darauf abzielen, den Veranstalter zur Annahme eines bestimmten Angebots zu veranlassen. Ein Vermögensschaden des Veranstalters ist nicht erforderlich. Kann ein Schaden (Differenz zwischen Zuschlag und Wettbewerbspreis) bewiesen werden, liegt auch → Betrug vor.

**Submissionskartelle** (Bieterkartelle) sind als → Kartelle verbotene Vereinbarungen von Beteiligten an einer öffentlichen Ausschreibung. Dabei vereinbaren die beteiligten „Konkurrenten", meist gegen Zahlung von Abstandssummen, sich an der Ausschreibung lediglich mit überhöhten Scheinangeboten zu beteiligen. S. sind Kartellordnungswidrigkeiten. Ein darauf beruhendes Angebot ist strafbar (→ Submissionsabsprachen).

**Subsidiarität** im staats- und sozialphilosophischen Sinne ist der Grundsatz, daß eine größere gesellschaftliche Einheit nur dann zur Erfüllung einer gesellschaftlichen Funktion herangezogen werden soll, wenn diese von der kleineren Einheit nicht erfüllt werden kann. Das S.prinzip ist eine der geistigen Grundlagen des → Föderalismus. Der S.gedanke spielt auch eine besondere Rolle in der Diskussion um die Entwicklung der Europäischen Gemeinschaft (vgl. dazu auch das Urteil des BVerfG vom 12. 10. 1993 zum → Maastricht-Vertrag). Im Rechtssinne besteht es z. B. im Bereich der → Sozialhilfe, die nach § 2 BSHG stets nachrangig ist; für das Strafrecht → Konkurrenz von Straftaten.

**Subskription** ist im → Verlagsrecht der Verkauf des Werks durch den Verleger unter dem vorgesehenen Ladenpreis (§ 21 VerlG), insbes. zum Zweck der Einführung.

**Substantiierung** ist der genaue Vortrag aller Tatsachen, die für die Klagebegründung oder für das Bestreiten des Klageanspruchs (Einwendung) erforderlich sind. Die Ausprägung des → Verhandlungsgrundsatzes ist also die Darlegungslast in der Form ausreichender S. Nur ein substantiierter Vortrag ist zu berücksichtigen, kann also der Klage (bzw. Einwendung) zum Erfolg verhelfen.

**Substitut** = Stellvertreter, (Unter-) Bevollmächtigter, → Stellvertretung; s. a. → Vollmacht, → Erfüllungsgehilfe.

**Substitutionsrecht** → Eintrittsrecht.

**Subsumtion** (Unterordnung eines Sachverhalts unter einen Rechtssatz) → Rechtsanwendung.

**Subsumtionsirrtum** (fehlerhafte Anwendung von Rechtsvorschriften auf den Sachverhalt infolge Rechtsirrtums) → Irrtum.

**Subventionen.** Für den Begriff fehlt bisher eine einheitliche Definition. Die oberen Bundesgerichte bezeichnen sie als Leistungen der öffentlichen Hand, die zur Erreichung eines bestimmten, im öffentlichen Interesse gelegenen Zweckes gewährt werden sollen (vgl. BVerwG vom 19. 12. 1958 in NJW 1959, 1098). Eine restriktive Begriffsbestimmung enthält nunmehr § 264 VII StGB für den → Subventionsbetrug. Keine S. in diesem Sinne sind die sog. Transferleistungen, wobei allerdings die Abgrenzung schwierig sein kann und auch die Begriffsbildung nicht einheitlich ist. S. sind nach der herrschenden und restriktiven Definition durch öffentliche Zielsetzungen gekennzeichnet. Transferleistungen sind die vor allem aus sozialen Gründen gewährten direkten und indirekten Leistungen. Erst die Summe dieser Transferleistungen (Transferbilanz) erlaubt einen zutreffenden Vergleich der realen Einkommen. Die Wissenschaft konkretisiert die Begriffsbestimmung der S. weiter, indem sie darauf abstellt, daß die Förderungsmaßnahmen an private Unternehmen in Form von verlorenen Zuschüssen (einschl. Zinszuschüssen), Krediten, Bürgschaften und Gewährleistungen zum Zwecke der → Wirtschaftslenkung oder zur Erreichung anderer im öffentlichen Interesse liegender Ziele gewährt werden. Danach gehören nicht zu den Subventionen im eigentlichen Sinne z. B. die Gewährung von Steuervergünstigungen oder von Vorzugstarifen bei der Inanspruchnahme öffentlicher Versorgungsunternehmen (von manchen als indirekte oder verdeckte Subvent. ionen bezeichnet) ebenso wie die Leistungen der Sozialhilfe, der Sozialversicherung oder der Kriegsopferversorgung. Während die Wissenschaft die Rechtmäßigkeit der Gewährung von Subventionen vielfach von einer förmlichen gesetzlichen Ermächtigung abhängig macht, fordert die Rechtsprechung (vgl. BVerwGE 6, 282, 287) lediglich, daß die Subventionen gewährende Verwaltung im Rahmen ihrer Zuständigkeit handelt und daß die aufzuwendenden Mittel im Haushalt bereitgestellt sind. Auf die Gewährung der S. besteht, vorbehaltlich besonderer gesetzlicher Regelung, kein Rechtsanspruch. Der Einzelne hat allerdings Anspruch auf fehlerfreien Ermessengebrauch und Gleichbehandlung. Danach kann im Einzelfall auf Grund des Gleichbehandlungsgrundsatzes ein Anspruch auch aus ständiger Verwaltungsübung oder verwaltungsinternen Bestimmungen erwachsen (Selbstbindung der Verwaltung). Die Bewilligung oder Versagung der S. ist ein → Verwaltungsakt, während die Ausreichung in Form des Kredits oder der Leistung einer Bürgschaft nach überwiegender Meinung dem Privatrecht zuzurechnen ist (sog. *Zwei-Stufentheorie*). Jedenfalls einstufig ist die Gewährung verlorener Zuschüsse. Daneben wird Einstufigkeit auch für den Fall vertreten, daß die Verwaltung selbst das „privatrechtliche" Vollzugsgeschäft vornimmt. Die Unterscheidung ist insgesamt vor allem wegen des Ausmaßes der Bindung der öffentlichen Hand an die → Grundrechte (für die zweite „Stufe") von Bedeutung. Nach Art. 92 EWG-Vertrag sind Beihilfen und Begünstigungen, soweit sie den Handel zwischen den Mitgliedstaaten beeinträchtigen, grundsätzlich verboten. Ausnahmen bestehen für Naturkatastrophen und zur Milderung der durch die Teilung Deutschlands verursachten wirtschaftlichen Nachteile (Begünstigung des Zonenrandgebiets), ferner fakultativ für die Förderung und Entwicklung gewisser Wirtschaftszweige oder wirtschaftlicher Gebiete, soweit dadurch die Handelsbedingungen nicht wesentlich verändert werden.

**Subventionsbetrug** (§ 264 StGB) begeht, wer einer behördlichen od. sonstigen bei Vergabe einer öffentl. Subvention eingeschalteten Stelle (Subventionsgeber) über subventionserhebliche Tatsachen für sich oder einen anderen unrichtige oder unvollständige Angaben macht, entgegen den Vergabevorschriften erhebliche Tatsachen verschweigt oder erschlichene Bescheinigungen über eine Subventionsberechtigung o.dgl. gebraucht (über Subvention und subventionserhebliche Tatsachen vgl. § 264 VIII StGB). Die Strafe ist Freiheitsstrafe bis zu 5 Jahren oder Geldstrafe, in besonders schweren Fällen (so bei Handeln aus grobem Eigennutz, Verwendung gefälschter Belege od. Amtsmißbrauch) Freiheitsstrafe von 6 Mon. bis zu 10 Jahren; bei → Bandenbetrug 1–10 Jahre. Bei nur leichtfertigem Handeln gelten geringere Strafdrohungen. Wer die Subvention verhindert oder sich darum bemüht (→ tätige Reue), bleibt straflos.

**Subventionswesen (europäisches Gemeinschaftsrecht).** Um Wettbewerbsverzerrungen im gemeinsamen Markt zu vermeiden, verbietet Art. 92 I EGV grundsätzlich staatliche → Subventionen, die bestimmte Unternehmen oder Produktionszweige begünstigen, dadurch den Wettbewerb zu verfälschen drohen und so den Handel zwischen den Mitgliedsstaaten beeinträchtigen. Nur innerstaatlich wirkende Subventionen, die den Verkehr zwischen den Mitgliedstaaten nicht berühren und daher auch dem Abbau der Zoll- und Handelsschranken nicht entgegenstehen, werden von dem Verbot nicht betroffen. Ausdrücklich zugelassen (Art. 92 II EGV) sind Subventionen sozialer Art an einzelne Verbraucher, wenn sie ohne Rücksicht auf die Herkunft der Waren gewährt werden, Subventionen zur Beseitigung von Schäden durch Naturkatastrophen usw. sowie schließlich zugunsten des → Zonenrandgebiets. Weitere Ausnahmen kann der → Rat zulassen, z. B. zur Förderung der regionalen Wirtschaftsstruktur (Art. 92 III EGV). Abgesehen von ihrer Bedenklichkeit hins. des Verbots der → Diskriminierung ist auch unter dem Gesichtspunkt des S. die deutsche Filmförderung (→ Filmrecht) nicht unproblematisch.

Für den Bereich der EGKS bestimmt Art. 4 c EGKStV ein allgemeines, unabdingbares Subventionierungsverbot, von dem die Praxis allerdings gelegentlich abweicht. Art. 6 a–c EuratomGV erlaubt zwar Unterstützung zu Forschungszwecken, nicht aber eine eigentliche Subventionierung.

**Suchscheinwerfer** → Beleuchtung von Fahrzeugen (2).

**Suchtstoffe (Suchtstoffabkommen)** → Betäubungsmittel(abkommen).

**Suchvermerk.** Behörden können beim → Strafregister einen S. zwecks Feststellung des Aufenthalts eines Gesuchten niederlegen, insbes. zur Ermittlung eines Beschuldigten oder Zeugen. Das Strafregister gibt der niederlegenden Stelle ggf. Hinweise über den Aufenthalt des Gesuchten und macht Mitteilung von eingegangenen Anfragen, Nachrichten oder Anträgen auf Führungszeugnis (§§ 27 ff. BZRG).

**Südweststaat.** Im südwestdeutschen Raum wurden nach dem 2. Weltkrieg von den Besatzungsmächten die Länder Baden, Württemberg-Baden und Württemberg-Hohenzollern neu gebildet. Das Grundgesetz sah – abweichend von der allgemeinen Möglichkeit einer → Neugliederung des Bundesgebiets (Art. 29 ) – für diese Länder in Art. 118 ein erleichtertes Verfahren zur Neugliederung vor, nämlich durch Vereinbarung der beteiligten Länder oder im Wege eines Bundesgesetzes (ohne vorhergehendes → Volksbegehren). Auf Grund der nach dem 2. Neugliederungsgesetz vom 4. 5. 1951 (BGBl. I 284) durchgeführten Volksabstimmung wurde am 25. 4. 1962 das Land → Baden-Württemberg gebildet. Über die Frage der Wiederausgliederung des ehem. Landesteils Baden war bis 30. 6. 1970 in diesem Gebiet ein Volksentscheid durchzuführen (→ Neugliederung des Bundesgebiets), der am 7. 6. 1970 gescheitert ist.

**Suffraganen.** Bezeichnung für die einem → Metropoliten unterstehenden Diözesanbischöfe einer → Kirchenprovinz.

**Sühneversuch.** 1. In *Strafsachen* muß bei bestimmten Delikten, die Gegenstand einer → Privatklage sein können, nach § 380 StPO dem gerichtlichen Verfahren ein S. vorausgehen (bei Hausfriedensbruch, Beleidigung, leichter, gefährlicher oder fahrlässiger Körperverletzung, Bedrohung, Sachbeschädigung und Verletzung des Briefgeheimnisses nach § 202 StGB). Ein erfolgloser S. ist → Prozeßvoraussetzung für das Privatklageverfahren; er ist durch eine Sühnebescheinigung nachzuweisen. Wird diese trotz Fristsetzung nicht eingereicht, ist die Privatklage als unzulässig abzuweisen. Kommt beim S. ein *Vergleich* zwischen den Parteien zustande, so entfällt das Klagerecht des Privatklägers. Über die Durchführung des S. → Schiedsperson, → Vergleich, Vergleichsbehörde.

2. Der *zivilrechtliche S.,* durch den ein Rechtsstreit gütlich beigelegt werden

soll, ist in allen Verfahrensordnungen vorgesehen, soweit sich Parteien oder Beteiligte gegenüberstehen und der → Verfügungsgrundsatz gilt. Der erfolgreiche S. führt i. d. R. zu einem → Prozeßvergleich. Das Gesetz sieht den gerichtlichen S. grundsätzlich in jeder Lage des Verfahrens vor (§ 279 ZPO, der in anderen Gerichtsbarkeiten entsprechend gilt). Für das arbeitsgerichtliche Verfahren → Güteverfahren. Ein S. ist außerdem in verschiedenen Gesetzen zu dem Zweck vorgesehen, Streitigkeiten außergerichtlich beizulegen (z. B. § 27 a UWG, § 13 RabattG).

**Sujet mixte** → Mehrstaater.

**Sukzession** = Rechtsnachfolge; → Rechtserwerb.

**Sukzessive Mittäterschaft oder Beihilfe** → Mittäterschaft, → Beihilfe.

**Sukzessivgründung** ist eine Stufengründung (→ Einheitsgründung).

**Sukzessivlieferungsvertrag** *(Teillieferungsvertrag)* ist ein einheitlicher → Vertrag, durch den der eine Teil zur Lieferung einer bestimmten Warenmenge in Raten (oder einer unbestimmten Menge auf Abruf für eine gewisse Zeit; dann → Dauerschuldverhältnis), der andere regelmäßig zu entsprechender Ratenzahlung verpflichtet ist. Der Rahmen (Gesamtmenge, Dauer usw.) ist also von vornherein fest bestimmt. Infolge dieser Einheitlichkeit kann bei Insolvenz der Insolvenzverwalter nur einheitlich entscheiden, ob er die weitere Erfüllung des S. zur Insolvenzmasse verlangen will (→ Insolvenzverfahren, 3 a). In diesem Fall wird die Verpflichtung zur Gegenleistung insgesamt zur Masseverbindlichkeit (→ Insolvenzmasse; anders → Wiederkehrschuldverhältnis).

Bei Nichterfüllung oder Schlechterfüllung einzelner Raten gelten hinsichtlich dieser die allgemeinen Vorschriften (→ Schuldnerverzug, → Unmöglichkeit der Leistung, → Gewährleistung). Darüber hinaus kann der Gläubiger, falls durch den Verzug oder die Schlechterfüllung die Fortführung des gesamten S. derartig gefährdet erscheint, daß dem Vertragspartner die Fortführung nicht mehr zumutbar ist, auch vom ganzen Vertrag (wegen insoweit gegebener → positiver Vertragsverletzung) zurücktreten bzw. Schadensersatz verlangen, soweit der Vertrag noch nicht erfüllt ist. Ob die weitere Erfüllung des S. für den Gläubiger unzumutbar ist, entscheidet sich nach den gesamten Umständen (z. B. selbständige Verwendbarkeit der bereits gelieferten Raten, persönliche Beziehungen der Beteiligten u. a.); u. U. genügt bereits Schlechtlieferung einer einzigen, nicht unerheblichen Rate.

**Summarisches Verfahren** → Strafbefehl; s. a. → beschleunigtes Verfahren, → vereinfachtes Jugendverfahren.

**Summenrückversicherung** → Rückversicherung.

**Summenverwahrung** → Verwahrung.

**Superintendent** ist in manchen Gliedkirchen der → Evang. Kirche die Bezeichnung des → Dekans (s. a. → Landessuperintendent).

**Supranationale Organisationen** sind überstaatliche Verbindungen (s. a. → Staatenverbindung), die eine von der Staatsgewalt der Mitgliedstaaten geschiedene supranationale öffentliche Gewalt ausüben; sie besitzen Hoheitsrechte, deren sich die Mitgliedstaaten zugunsten der Gemeinschaft entäußert haben. Die Gemeinschaften stellen keinen Staat dar, auch keinen Bundesstaat, sondern eine im Prozeß fortschreitender Integration stehende Gemeinschaft eigener Art (das BVerfG spricht im Urteil vom 12. 10. 1993 zum → Maastricht-Vertrag im Hinblick auf die → Europäische Union von einem „Staatenverbund"), eine zwischenstaatliche Einrichtung i. S. des Art. 24 I GG, auf welche die Mitgliedstaaten bestimmte Hoheitsrechte übertragen haben, so daß eine neue, gegenüber der Staatsgewalt der Mitgliedstaaten selbständige und unabhängige öffentliche Gewalt entstanden ist (BVerfG NJW 1968, 348; vgl. auch Grundrechte, 8). So ist z. B. in den → Europäischen Gemeinschaften (→ Europ. Wirtschaftsgemeinschaft, Europ. Gemeinschaft für Kohle und Stahl, Europ. Atomgemeinschaft) eines der beiden Exekutivorgane, nämlich die → Gemeinsame Kommission, befugt, Weisungen unmittelbar, d. h. ohne Vermittlung der Mitgliedstaaten, an deren Bewohner zu richten.

**Supranationales Recht** → internationales Recht, → Gemeinschaftsrecht, europäisches.

**Surrogat** = Ersatz, Ersatzstück. → Surrogation.

**Surrogation.** In verschiedenen Fällen sieht das Gesetz vor, daß das, was auf Grund eines Rechts oder als Ersatz (Surrogat) für die Zerstörung, Beschädigung oder Entziehung eines Vermögensgegenstands oder durch → Rechtsgeschäft (z. B. für die Veräußerung eines Vermögensgegenstandes) erworben wird, unmittelbar – d. h. ohne besonderen Übertragungsakt – wieder in das betreffende Vermögen fällt (sog. *dingliche S.*); die Vorschriften über die → Eigentumsübertragung gelten hier infolge des automatischen Übergangs nicht. Das ist z. B. der Fall bei Einziehung einer Nachlaßforderung, Entstehung eines Schadensersatz- oder Versicherungsanspruchs bei Beschädigung eines der Erbengemeinschaft gehörenden Kfz. usw. Die S. tritt vor allem ein, wenn der Gegenstand zu einem → Sondervermögen gehört (→ Erbschaftsanspruch, → Erbengemeinschaft, → Pfandrecht, → Vorerbe, → Gütergemeinschaft, → Vermögensverwaltung unter Ehegatten, → Gesellschaft). In anderen Fällen (insbes. im Schuldrecht, z. B. bei → Unmöglichkeit der Leistung) kann der Gläubiger vom Schuldner Herausgabe des als Ersatz Empfangenen oder Abtretung des Ersatzanspruchs verlangen, wenn der Schuldner infolge des Umstandes, der die Leistung unmöglich gemacht hat, für den geschuldeten Gegenstand einen Ersatz oder Ersatzanspruch erlangt hat (sog. *schuldrechtliche S.*, § 281 BGB). Hier tritt die S. nicht unmittelbar ein; es besteht nur ein Anspruch auf Eigentumsübertragung, Abtretung usw.

**Suspendierung** → Dienstenthebung, → Arbeitskampf; s. a. → Freistellung.

**Suspensivbedingung** → Bedingung.

**Suspensiveffekt** ist bei einem → Rechtsmittel die Wirkung, daß der Eintritt der formellen → Rechtskraft gehemmt wird. Bei → Verwaltungsakten wird durch die Einlegung des → Widerspruchs oder Erhebung der → Anfechtungsklage die Vollziehung gehemmt (→ Vollziehung, sofortige).

**Suzeränität** wird eine → Staatenverbindung genannt, in welcher der Suzerän (Oberstaat) die wichtigsten (insbes. die militärischen und außenpolitischen) Befugnisse des „Unterstaates" (Vasallenstaates) ausübt und als Gegenleistung die Verpflichtung zu dessen Schutz übernommen hat („Schutzherrschaft"; → Protektorat). Das Verhältnis der S. kam besonders bei in Auflösung befindlichen Großstaaten vor. Beispiel: Osmanisches Reich im Verhältnis zu Rumänien und Serbien bis 1878, zu Ägypten bis 1914.

**Sympathiestreik** → Streik.

**Synallagmatischer Vertrag** = → gegenseitiger Vertrag (s. dort).

**Syndikalismus** ist eine revolutionär-gewerkschaftliche Bewegung, die sich Ende des 19. Jh. bildete (Proudhon, Bakunin, Sorel). Sie richtete sich nicht nur gegen den Kapitalismus, sondern zugleich auch gegen die Übermacht des Staates. Der S. wollte die Freiheit der Arbeitnehmer durch Syndikalisierung der Produktionsmittel herbeiführen, d. h. mittels Verwaltung der Betriebe durch die Arbeitnehmer (die dadurch zu Produzenten werden) und über eine gesamtwirtschaftliche Planung durch gewerkschaftliche Organe. Träger der Syndikalisierung sollten die Gewerkschaften sein, in denen sich die Arbeitnehmer zur Lösung der überbetrieblichen Angelegenheiten zusammenschließen sollten. Die Verstaatlichung wird vom S. abgelehnt, da sie nur die Staatsmacht stärkt und die Abhängigkeit der Arbeitnehmer vom Kapital nicht beseitigt.

**Syndikat** ist ein → Kartell, durch das mittels Bildung gemeinsamer Beschaffungs- oder Vertriebseinrichtungen für Bedarfsdeckung, Produktion und (oder) Absatz der Erzeugnisse der S.-Mitglieder der Wettbewerb beschränkt wird. Es ist u. U. als → Rationalisierungskartell zulässig (§ 5 III GWB).

**Syndikusanwalt** ist ein → Rechtsanwalt, der auf Grund → Dienstvertrags gegen feste Vergütung bei einem Unternehmen als ständiger Rechtsberater tätig ist. Ein S. darf seinen Dienstherrn nicht vor Gericht vertreten (§ 46 BRAO), weil seine Stellung insoweit nicht die für den Rechtsanwalt erforderliche Unabhängigkeit aufweist. Die → Zulassung eines S. zur Anwaltschaft setzt voraus, daß er den Willen und die tatsächliche und rechtliche Möglichkeit hat, den freien Anwaltsberuf auszuüben (vgl. § 7 Nr. 8 BRAO); das erfordert insbes., daß der S. im Rahmen des Dienstverhältnisses über seine Arbeitszeit weitgehend frei verfügt.

**Synode**. 1. Nach evang. Kirchenrecht erfüllt die S. im kirchlichen Bereich die Aufgaben eines Parlaments. So obliegt insbes. der S. der → Evangelischen Kirche in Deutschland (EKD) der Erlaß der Kirchengesetze. Als synodale Organe in den einzelnen Gliedkirchen der EKD bestehen die Kirchensynoden, die zum Erlaß der Kirchengesetze und zur Bestellung der Kirchenleitung innerhalb der Gliedkirchen zuständig sind; ihre Mitglieder werden z. T. von den Kreissynoden, z. T. von der Kirchenleitung benannt. Die Kreissynoden (Provinzialsynoden, Bezirkssynoden, Dekanatssynoden) bestehen auf der Ebene des Kirchenkreises (Zusammenschluß mehrerer Gemeinden). Als synodale Einrichtung in der Gemeinde bestehen die Kirchenvorstände (Gemeindekirchenräte, Presbyterien).

2. Die Diözesansynode der → Kath. Kirche wird vom jeweiligen → Bischof der → Diözese einberufen. Einziger Gesetzgeber in der Diözesansynode ist der Bischof, während alle anderen Teilnehmer nur beratende Stimme haben. Teilnehmer sind der Bischofskoadjutor und die Auxiliarbischöfe, der → Generalvikar, die Bischofsvikare sowie der Gerichtsvikar (→ kirchliche Gerichtsbarkeit), die Kanoniker des → Domkapitels, Laien nach Maßgabe näherer Bestimmungen, der Rektor des diözesanen Priesterseminars, die → Dekane, wenigstens ein → Priester aus jedem Dekanat, einige Obere von → Ordensinstituten sowie weitere Personen nach dem Ermessen des Diözesanbischofs. Neuerdings wurde eine Gemeinsame Synode der kath. Bistümer in der Bundesrepublik Deutschland einberufen. Die Bischofssynode wird vom → Papst einberufen.

**Syphilis** → Geschlechtskrankheiten.

**Systemrichtlinie (Gentechnik).** Die aufgrund von Art. 130s EGV erlassene S. der EG vom 23. April 1990 (ABl. L 117, 1) regelt die Anwendung genetisch veränderter Mikroorganismen in geschlossenen Systemen. Die Richtlinie ist im wesentlichen im → Gentechnikgesetz in deutsches Recht umgesetzt, hat aber wegen des Grundsatzes der gemeinschaftsfreundlichen Auslegung für das deutsche Recht noch erhebliche Bedeutung; das gilt vor allem für die Sicherheitsparameter im Anhang sowie für die einleitenden Erwägungen; s. a. → Freisetzungsrichtlinie.

**Tabakerzeugnisse** sind im → Lebensmittelrecht gesondert geregelt (§§ 20–23 LmBG). Von praktischer Bedeutung ist derzeit vor allem das Verbot von Zigarettenwerbung im Rundfunk und Fernsehen sowie jeder gesundheitsbezogenen Werbung für T. Einzelheiten über zulässige Fremdstoffe und sonstige Zusammensetzung von T. regelt die TabakVO vom 20. 12. 1977 (BGBl. I 2831) m. Änd. S. a. Höchstmengen. Zur Kennzeichnung vgl. die VO vom 29. 10. 1991 (BGBl. I 2053).

**Tabaksteuer** wird auf Zigaretten, Zigarren, Zigarillos und Rauchtabak erhoben. Die Steuerschuld entsteht durch Entfernung aus dem Herstellungsbetrieb oder aus dem → Steuerlager. Die T. wird durch Anbringen von Steuerzeichen (Banderolen) entrichtet. T.-Ges. vom 21. 12. 1992 (BGBl. I 2150); zuletzt geänd. 12. 7. 1996, BGBl. I 962) und TabStDV vom 14. 10. 1993 (BGBl. I 1738; zuletzt geänd. 3. 12. 1996 BGBl. I 1827).

**Tabularersitzung** → Buchersitzung.

**Tabularverschweigung** → Buchversitzung.

**Tafelgeschäfte** → Kapitalertragsteuer (2).

**Tagebuch.** Einzelnen Berufsgruppen ist die Führung eines T. vorgeschrieben, so z. B. dem → Handelsmäkler, der die abgeschlossenen Geschäfte einzutragen hat; den Vertragsparteien muß er auf Verlangen Auszüge aus dem T. erteilen (§§ 100, 101 HGB). Dasselbe gilt für den → Kursmakler (vgl. auch § 33 BörsenG). Über das (nicht mehr obligatorische) T. des Schiffers u. seinen Inhalt s. § 520 HGB.

**Tagebuchaufzeichnungen,** die rein persönlichen Charakter haben und nicht zur Kenntnis Dritter bestimmt sind, gehören zu der durch Art. 1 I, 2 I GG geschützten Intimsphäre des Verfassers. Sie dürfen daher gegen seinen Willen nicht benutzt werden und unterliegen insbes. im → Strafprozeß einem Verwertungsverbot als Beweismittel (→ Beweisverbote), außer wenn das Interesse an der Strafverfolgung (z. B. wegen der Schwere des Delikts) das Interesse am Schutz des Geheimbereichs überwiegt. Vgl. BGHSt. 19, 325; 34, 397; BVerfGE 34, 328; 80, 367. S. a. → Tonbandaufnahmen.

**Tagespflege** → Teilstationäre Pflege.

**Tagessatz** der Geldstrafe → Strafen (1 c).

**Tagwechsel** ist ein → Wechsel, der an einem bestimmten, i. d. R. kalendermäßig bezeichneten Tag fällig ist. Die meisten in der Praxis vorkommenden Wechsel sind T.

**Talion** (lat. talio) ist die Vergeltung einer strafbaren Rechtsgüterverletzung an dem Täter durch Zufügen eines gleichartigen Übels (Auge um Auge, Zahn um Zahn; Blutrache). Die im römischen und frühen germanischen Recht übliche reine Vergeltungsstrafe (poena talionis) wird in allen Kulturländern abgelehnt, wie auch der Vergeltungsgedanke als → Strafzweck durchweg abgelehnt wird. Die vom Verletzten selbst vorgenommene Vergeltung wird als unzulässige Selbstjustiz betrachtet und strafrechtlich verfolgt, weil die schuldangemessene Sühnung von Straftaten durch rechtsstaatlich vertretbare Mittel dem Staat vorbehalten und Sache der Strafverfolgungsorgane und Gerichte ist. Über die strafrechtlichen Folgen bei Erwiderung einer → Beleidigung oder Körperverletzung auf der Stelle; → Absehen von Strafe.

**Talon** → Erneuerungsschein.

**Tankrüssel.** Die Regelung für die als T. bezeichnete Ausstattung von Tankstellen enthalten die VOen vom 7. 10. 1992 (BGBl. I 1727 u. 1730).

**Tankstellenvertrag** → Vertragshändler.

**Tantieme** ist eine Beteiligung, die in einem Prozentsatz des Umsatzes oder Gewinns besteht und meist neben einer festen Vergütung an Vorstandsmitglieder einer Aktiengesellschaft, Geschäftsführer

u. dgl. gezahlt wird. T. erhalten auch → Urheber für die Verwertung ihrer → Nutzungsrechte.

**Tanzlustbarkeiten.** Die Abhaltung von Tanzveranstaltungen, an denen die Besucher aktiv teilnehmen (auch Diskotheken u. a.; Gegensatz: tänzerische Vorführungen, s. → Schaustellungen von Personen), bedarf nach landesrechtlicher Regelung (vgl. § 33 b GewO) i. d. R. der Erlaubnis der Gemeinde od. unteren Verwaltungsbehörde. S. a. → Jugendschutz, → Vergnügungsteuer.

**Taragewicht** ist das Gewicht der Verpackung, das beim → Handelskauf, wenn der Kaufpreis nach dem Gewicht der Ware bemessen wird, in Abzug zu bringen ist, falls sich nicht aus Vertrag oder Handelsbrauch etwas anderes ergibt (§ 380 HGB).

**Tarifausschlußklausel** → Tarifvertrag.

**Tarifausschuß** → Allgemeinverbindlichkeit.

**Tarifautonomie** → Koalitionsfreiheit.

**Tarifbelastung** → Körperschaftsteuer (3).

**Tarifbindung** → Tarifvertrag.

**Tarifeinheit** ist der Grundsatz, daß in einem → Betrieb nur ein → Tarifvertrag gelten soll. Da → Gewerkschaften und → Arbeitgeberverbände nach dem → Industrieverbandsprinzip organisiert sind, können Betriebe mit gemischter Tätigkeit (z. B. teils Metall-, teils Kunststoffverarbeitung) in den Geltungsbereich verschiedener Tarifverträge fallen (→ Tarifkonkurrenz). Um die T. zu wahren, wird auf die überwiegende Betriebstätigkeit abgestellt.

**Tariffähigkeit** ist die Fähigkeit, einen → Tarifvertrag abzuschließen. Tariffähig sind gem. § 2 TVG nur die → Gewerkschaften und → Arbeitgeberverbände (einschl. ihrer Spitzenorganisationen), ferner einzelne Arbeitgeber (praktisch nur bei größeren Betrieben; sog. Firmentarifvertrag).

**Tarifgebundenheit** → Tarifvertrag.

**Tarifkonkurrenz** liegt vor, wenn ein → Arbeitsverhältnis in den Geltungsbereich von zwei oder mehreren → Tarifverträgen fällt. Wegen des Grundsatzes der → Tarifeinheit wird bei T. der Vorrang eines Tarifvertrages ermittelt. Nach dem Spezialitätsprinzip geht der Tarifvertrag vor, dessen Geltungsbereich dem Betrieb am nächsten steht.

**Tariflohn** → Tarifvertrag, → Arbeitslohn, → übertarifliche Zulagen.

**Tarifpartner** sind die Parteien eines → Tarifvertrags. Die T. müssen → Tariffähigkeit besitzen.

**Tarifregister** ist ein vom Bundesarbeitsministerium geführtes Verzeichnis, in dem Abschluß, Änderung und Aufhebung von → Tarifverträgen sowie die → Allgemeinverbindlicherklärung eingetragen werden (§ 6 TVG). Die Eintragung wirkt nicht rechtsbegründend. Einsicht in das T. steht jedermann zu.

**Tarifvertrag.** Der TV ist ein privatrechtlicher → Vertrag zwischen tariffähigen Parteien (→ Tariffähigkeit); er regelt die Rechte und Pflichten der TV-Parteien – *schuldrechtlicher Teil* – und enthält Rechtsnormen über Abschluß, Inhalt und Beendigung von → Arbeitsverhältnissen sowie die Ordnung von betrieblichen und betriebsverfassungsrechtlichen Fragen – *normativer Teil* – (§ 1 I T.Ges. – TVG – i. d. F. vom 25. 8. 1969, BGBl. I 1323 m. spät. Änd. und DVO BGBl. 1989 I 76). Der TV bedarf der Schriftform (§ 1 II TVG). Der schuldrechtliche (obligatorische) Teil umfaßt vor allem die → Friedenspflicht; daneben kommen verschiedene sog. *Selbstpflichten* in Betracht (z. B. Unterhaltung von Wohlfahrtseinrichtungen), ferner die *Einwirkungspflichten,* nach denen die TV-Parteien verpflichtet sind, bei ihren Mitgliedern auf ein bestimmtes Verhalten hinzuwirken (z. B. Arbeitskampfmaßnahmen zu unterlassen, mit Außenseitern gleiche oder andere → Arbeitsbedingungen als die tariflichen abzuschließen). Der normative (rechtsetzende) Teil umfaßt die *Abschlußnormen* (in welcher Form Arbeitsverträge abgeschlossen werden müssen, mit wem sie abgeschlossen werden sollen oder nicht abgeschlossen werden dürfen), die *Inhaltsnormen* (Regelung der → Arbeitsbedingungen, insbes. die Höhe des → Arbeitslohns, Form, Frist oder Verbot von → Kündigungen; s. a. → übertarifliche Zulagen), die *Betriebsnormen* (allgemeine Ordnung der Betriebe, z. B. Rauchverbote, Anwesenheitskontrollen; Fragen des → Betriebsverfassungsrechts, jedenfalls soweit nicht → Betriebsvereinbarungen eingreifen) und sonstige Normen (Regelung für gemeinsame Einrichtungen der TV-Parteien; Bestimmungen über den Geltungsbereich des TV).

*Tarifgebundenheit* besteht nur im *Geltungsbereich* des TV (§ 3 TVG): Räumlich gilt er beim Verbands-TV für das ganze Gebiet (Bund, Land, Bezirk oder Ort) der TV-Parteien, beim Haus-, Firmen- oder Einzel-TV nur für diese Betriebe. Zeitlich gilt der TV im Zweifel für den Zeitraum, in dem er besteht; Rückwirkung kann vereinbart werden, Nachwirkung nicht; jedoch behalten die Arbeitsverhältnisse den durch TV herbeigeführten Inhalt, bis sie durch neue Abmachungen ersetzt werden (§ 4 V TVG). Persönlich gilt der TV für die Mitglieder der TV-Parteien, soweit sie nicht zu einem Teil darin ausgenommen sind. Eine unterschiedliche Behandlung von gewerkschaftlich organisierten und anderen Arbeitnehmern (sog. *Außenseiterklausel,* Tarifausschlußklausel), ist nach der Rspr. unzulässig. Sachlich (fachlich) gilt er für die darin aufgeführten Gruppen von Arbeitnehmern, z. B. Elektriker, Schlosser, Dreher, Hilfsarbeiter. Der Geltungsbereich des TV erweitert sich im Falle der → Allgemeinverbindlichkeit. *Wirkung* des normativen Teils: Durch den TV (Abschluß- und Inhaltsnormen) werden in seinem Geltungsbereich die Arbeitsverhältnisse unmittelbar erfaßt und so gestaltet, wie es der TV bestimmt (§ 4 I 1 TVG). Für die Betriebsnormen und die sonstigen Normen gilt das entsprechend; Änderungen sind unzulässig (Sperrwirkung des TV, § 4 I 2, II TVG). Änderungen durch Einzelvertrag zwischen Arbeitgeber und Arbeitnehmer sind nur zulässig, wenn es der TV gestattet oder wenn die Regelung für den Arbeitnehmer günstiger ist (sog. *Günstigkeitsprinzip).* Ein → Verzicht auf durch TV erworbene Rechte ist grundsätzlich unzulässig, eine → Verwirkungüberhaupt ausgeschlossen (§ 4 IV TVG). Der schuldrechtliche Teil wirkt nur zwischen den TV-Parteien. Die Rechtsfolgen bei → Unmöglichkeit, → Verzug und → positiver Vertragsverletzung richten sich nach dem allgemeinen Schuldrecht. Streitigkeiten werden durch die → Arbeitsgerichte entschieden (§ 2 I Nr. 1 ArbGG). Der Abschluß von TV kann durch → Schlichtung gefördert werden.

**Tarnorganisationen** sind Organisationen, die nicht selbst den Charakter einer politischen → Partei haben, aber in versteckter Weise deren Ziele verfolgen. Sie treten in mannigfachen Formen und unter den verschiedensten Zweckangaben auf, z. B. als Vereinigung zu wirtschaftlichen oder kulturellen Zwecken. Auch ihr Verhältnis zu der unterstützten Partei ist oft sehr unterschiedlich gestaltet; häufig sind sie Nebenorganisationen. T. fallen nicht unter die Sonderregelung des Art. 21 GG. Sie können nach Art. 9 II GG verboten werden, wenn ihre Zwecke oder Tätigkeiten den Strafgesetzen zuwiderlaufen oder sich gegen die verfassungsmäßige Ordnung oder den Gedanken der Völkerverständigung richten (→ Vereinsgesetz). Von den T. sind die *Ersatzorganisationen* zu unterscheiden, die unter den Parteibegriff und damit unter Art. 21 GG fallen, da sie *anstelle* einer verbotenen Partei gebildet werden, also diese fortsetzen, nicht eine bloße Nebenorganisation darstellen. Über die *Strafbarkeit* von Personen, die verbotene Organisationen errichten, fortführen oder unterstützen, → Organisationsdelikte.

**Taschengeld** (Ehegatten, Kinder) → Unterhaltspflicht der Ehegatten, → Vermögenssorge, → Geschäftsfähigkeit.

**Taschengeldparagraph** (Minderjährige) → Geschäftsfähigkeit.

**Taschenpfändung** wird die vom → Gerichtsvollzieher nach § 808 ZPO vorgenommene Pfändung von Sachen genannt, die der Schuldner in Taschen oder ähnlichen Behältnissen bei sich führt (z. B. Geld).

**Tatbestand.** 1. Im Strafrecht → Straftat.

2. Im allgemeinen juristischen Sprachgebrauch versteht man unter T. die einem Rechtsfall zugrundeliegenden *Tatsachen* (den *Sachverhalt,* die *Tatfrage*) im Gegensatz zu den darauf anwendbaren Rechtsnormen (die *Rechtsfrage*). Vgl. → Da mihi factum, dabo tibi ius.

**Tatbestand des → Urteils** ist der Teil, in dem die → Klageanträge, die von den Parteien vorgetragenen oder vom Gericht festgestellten Tatsachen, die Beweisangebote und -ergebnisse sowie die für das Urteil wesentliche Prozeßgeschichte nach gewissen Regeln dargestellt werden. Der T. hat die Beweiskraft einer öffentlichen → Urkunde (§ 314 ZPO); er kann von Amts wegen oder auf Antrag berichtigt werden, soweit er *offenbare* Unrichtigkeiten enthält, z. B. Schreib- oder Rechenfehler, außerdem auf Antrag wegen anderer Unrichtigkeiten, insbes. bei Auslassungen oder Widersprüchen (§§ 319f. ZPO 118f. VwGO 107f. FGO 138f. SGG; für das Strafverfahren → Berichtigung). Findet ein → Rechtsmittel gegen das Urteil nicht statt, so bedarf es grdsätzl. keines T. (§ 313a ZPO). Die tatbestandlichen Feststellungen des Tatsachengerichts sind für die → Revision grundsätzlich bindend. Dem T. entspricht der Bericht eines → Gutachtens und der Sachverhalt eines → Beschlusses. Das Urteil des Strafgerichts enthält keinen selbständigen T., sondern in einem anderen Aufbau statt dessen tatsächliche Feststellungen, Beweisergebnisse und in bestimmtem Umfang Prozeßgeschichte.

**Tatbestandsirrtum** → Irrtum (2).

**Tatbestandsmerkmale** → Straftat.

**Tatbestandswirkung, Feststellungswirkung.** In bestimmten gesetzlich geregelten Fällen ist eine andere Behörde an die von einem Gericht getroffene Sachverhaltsfeststellung, u. U. auch an die hieraus gezogenen Folgerungen gebunden. Diese Wirkung spielt insbes. im → Disziplinarrecht eine Rolle, in dem der Grundsatz gilt, daß im Falle der strafgerichtlichen Verurteilung eines Beamten die diese begründenden tatsächlichen Feststellungen des Strafgerichts für das Dienstgericht bindend sind (von ihnen kann nur ausnahmsweise abgewichen werden); im Falle der Freisprechung durch das Strafgericht darf wegen der Tatsachen, die Gegenstand des Verfahrens gewesen sind, ein Disziplinarverfahren nur stattfinden, wenn die Handlungsweise des Beamten sich auch abgesehen von der strafrechtlichen Beurteilung als Dienstvergehen darstellt (z. B. disziplinäre Verfolgung eines Kassenbeamten wegen unsachgemäßer Buchführung trotz Freispruchs von der Amtsunterschlagung). Vgl. §§ 18, 17 V BDisziplinarO und für Soldaten §§ 8, 30, 39, 77 WehrdisziplinarO.

Im Strafverfahren wegen Beleidigung gilt eine *Feststellungswirkung* zugunsten des Angeklagten, der den Beleidigten einer Straftat bezichtigt hatte, wenn dieser wegen der Tat rechtskräftig verurteilt worden ist; ist er rechtskräftig freigesprochen worden, so ist dem Beleidiger der Wahrheitsbeweis abgeschnitten (§ 190 StGB). S. a. → Bindungswirkung gerichtlicher Entscheidungen.

**Tateinheit** → Konkurrenz von Straftaten.

**Täter** einer Straftat ist, wer sämtliche Tatbestandsmerkmale in seiner Person verwirklicht – sog. *unmittelbarer Täter* –. Bedient sich der Täter eines anderen als Tatwerkzeug (Tatmittler) und ist dieser nicht strafbar, weil er nicht rechtswidrig handelt oder weil ihn keine Schuld trifft (wegen Schuldunfähigkeit oder Strafunmündigkeit oder weil er den Sachverhalt nicht erkennt), so ist der Veranlasser als *mittelbarer Täter* strafbar; doch ist mittelbare Täterschaft bei → eigenhändigen Delikten ausgeschlossen (im einzelnen → mittelbarer Täter). T. ist ferner, wer die Tat mit anderen gemeinsam ausführt und hierbei den Täterwillen hat (→ Mittäterschaft). Fehlt es bei mehreren T., von denen jeder eine Bedingung zum Erfolg der Tat setzt, am bewußten und gewollten Zusammenwirken, so werden sie als *Nebentäter* bezeichnet. Vom T. zu unterscheiden ist der Teilnehmer an einer Straftat, d. h. der Anstifter oder Gehilfe (→ Anstiftung, → Beihilfe). Über die Unterscheidung zwischen Mittäter und Gehilfe → Mittäterschaft. Bei → Ordnungswidrigkeiten gilt nach § 14 OWiG für Mittäter und Teilnehmer der einheitliche Begriff Beteiligte (→ Beteiligung).

**Täter-Opfer-Ausgleich** ist die Bemühung eines Täters nach einer Straftat, einen Ausgleich mit dem Verletzten zu erreichen. Er ist als → Erziehungsmaßregel im → Jugendstrafrecht ausdrücklich vorgesehen (§ 10 I 3 Nr. 7 JGG → Weisungen); im allgemeinen Strafrecht stellt er einen Gesichtspunkt der → Strafzumessung dar (§§ 46 II, 46a

StGB), kann im Rahmen der → Strafaussetzung zur Bewährung angeordnet werden und bei nicht schwerwiegenden Delikten zur Einstellung des → Ermittlungsverfahrens oder des Strafverfahrens (→ Bagatellstrafsachen, → Opportunitätsprinzip) führen.

**Täterstrafrecht** → Strafrecht (1 a).

**Tatgericht** nennt man das Gericht, das (auch) über die Feststellung des Sachverhalts (Tatbestands) entscheidet, im Gegensatz zum Revisionsgericht, das nur über Rechtsfragen entscheidet und dabei den vom T. festgestellten Sachverhalt zugrundelegt. Tatortgericht bezeichnet die örtliche Zuständigkeit eines Strafgerichts auf Grund des → Tatorts.

**Tathandlung** → Rechtshandlung.

**Tätige Reue** ist eine Handlungsweise, durch die der Straftäter sich nach Abschluß der Tathandlung, aber vor Eintritt des zum Tatbestand einer Straftat gehörenden Erfolgs durch dessen Verhinderung Straflosigkeit verdient (§ 24 StGB). Es handelt sich also um die Fälle, in denen die Versuchshandlung beendet, der Erfolg aber noch nicht eingetreten ist (der Täter beseitigt den in Tötungsabsicht vergifteten Tee, bevor das Opfer ihn getrunken hat). Insofern steht die t. R. im Gegensatz zum → Rücktritt von der Durchführung des noch nicht beendeten Versuchs. Voraussetzung für die Straflosigkeit wegen t. R. ist, daß der Täter *freiwillig* (dazu → Rücktritt) den Eintritt des Erfolgs abgewendet hat. Die t. R. ist persönlicher → Strafaufhebungsgrund, wirkt also für den Teilnehmer (Mittäter, Anstifter, Gehilfen) nicht, wenn dieser nicht selbst i. S. der Erfolgsabwendung tätig wird. Andererseits wirkt, wenn die Tat ohne Zutun des Täters nicht vollendet wird, schon das freiwillige und ernsthafte Bemühen um die Verhinderung strafbefreiend. Ausnahmsweise wirkt t. R. auch nach Eintritt des Erfolgs noch strafbefreiend, so bei Berichtigung der Aussage nach fahrlässigem Falscheid (§ 163 II StGB), nach Brandstiftung durch Löschen des Brandes vor dessen Ausbreitung (§ 306 e StGB), bei weiteren gemeingefährlichen Straftaten durch Abwenden der Gefahr vor Entstehung erheblichen Schadens (§§ 314 a III, 320 III StGB) und bei → Selbstanzeige nach Steuerhinterziehung (§ 371 AO). Dagegen eröffnet in manchen Fällen des Hochverrats oder der Rechtsstaatsgefährdung t. R. nur die Möglichkeit der Strafmilderung oder des Absehens von Strafe (§§ 83 a, 84 V, 85 III, 87 III StGB), ebenso bei Sprengstoff- und Strahlungsverbrechen und anderen gemeingefährlichen Straftaten (§§ 314 a II, 320 II StGB). Bei einigen → Staatsschutzdelikten hat t. R. zwar keine Strafbefreiung zur Folge, kann aber die Einstellung des Verfahrens begründen (§ 153 e StPO); → Opportunitätsprinzip.

**Tätigkeitsdelikt** → Bedingungstheorie, → Kausalität im Strafrecht.

**Tatinterlokut** → Schuldinterlokut.

**Tätlicher Angriff** → Widerstand gegen die Staatsgewalt, → Militärische Straftaten; s. a. → Beleidigung (1).

**Tatmehrheit** → Konkurrenz von Straftaten.

**Tatort** ist ein insbes. für den → Gerichtsstand wichtiger Begriff (→ örtliche Zuständigkeit, § 7 StPO, § 32 ZPO); strafrechtlich fällt darunter jeder Ort, an dem der Täter gehandelt hat oder (beim → Unterlassungsdelikt) hätte handeln müssen, sowie jeder Ort, an dem der Taterfolg eingetreten ist oder nach der Vorstellung des Täters eintreten sollte. Bei mehraktigen → Handlungen, → Dauerdelikten oder → Distanzdelikten wird also der Ort eines jeden Teilaktes erfaßt. Für Teilnehmer (Beteiligte) gelten Sonderregelungen. Vgl. § 9 StGB, § 7 OWiG.

**Tatsache** bedeutet im juristischen Sprachgebrauch – im Gegensatz zum Rechtsbegriff – einen sinnlich wahrnehmbaren oder feststellbaren Zustand oder Vorgang. T. sind z. B. Veränderungen an Sachen, menschliche Handlungen, auch geistige oder seelische Zustände wie Kenntnis bestimmter Vorgänge, Wille zu bestimmten Handlungen. Die T. bilden die Grundlage der → Subsumtion und damit der Rechtsanwendung. Einfache Rechtsbegriffe (z. B. Eigentum, Mietverhältnis) werden wie T. behandelt, wenn sie zwischen den Parteien oder Beteiligten außer Streit stehen. S. a. → notorische Tatsache.

**Tatsacheninstanz** → Berufung, → Revision. S. a. → Beschwerde, → Rechtsbeschwerde.

**Tatstrafrecht** → Strafrecht (1 a).

**Taubstumme** → Schuldunfähigkeit.

**Tausch.** Anders als beim → Kauf besteht beim T. die Gegenleistung für einen hingegebenen Gegenstand nicht in Geld, sondern in anderen Vermögens- oder sonstigen Werten. Der Annahme eines T. steht nicht entgegen, daß die Differenz zwischen den beiderseitigen Leistungen in Geld ausgeglichen wird; ist jedoch die Geldzahlung das Entscheidende (z. B. bei Anrechnung eines in Zahlung genommenen gebrauchten Autos auf den Kaufpreis für einen neuen Pkw), so liegt Kauf mit teilweiser Annahme an → Erfüllungs Statt vor. Der Unterschied ist rechtlich kaum von Bedeutung, da auf den T. die Vorschriften über den Kauf, z. B. über gegenseitige Ansprüche auf → Gewährleistung, entsprechende Anwendung finden (§ 515 BGB).

**Tausch von Anteilen an Kapitalgesellschaften,** *steuerlich:* der T. ist eine steuerpflichtige Veräußerung der hingegebenen und ein Erwerb der erhaltenen Anteile. Einzelheiten BMF 9. 2. 1998, BStBl. I 163.

**Täuschung** → Anfechtung von Willenserklärungen (2), → Betrug.

**Täuschung im Lebensmittelhandel.** Allgemein verboten ist nach § 17 LmBG das Inverkehrbringen genußuntauglicher Lebensmittel, und zwar ohne Rücksicht darauf, ob die Gründe für die Untauglichkeit erkennbar sind (z. B. bei zurückgegangenen Speisen in Gaststätten). Soweit die Genußtauglichkeit durch Verderb, durch Nachmachen oder durch sonstige Wertminderungen lediglich verringert ist, muß die Wertminderung deklariert werden. Maßgebend dafür, ob eine deklarierungspflichtige Abweichung von der normalen Beschaffenheit vorliegt, ist in erster Linie die Sicht eines verständigen Verbrauchers *(Verbrauchererwartung).* Zur Vermeidung von Täuschung verboten ist schließlich jede gesundheitsbezogene Werbung für Lebensmittel (§ 18 LmBG), also z. B. Hinweise auf Beseitigung oder Verhütung von Krankheiten, auf ärztliche Gutachten, auf Krankengeschichten, auf Äußerungen Dritter in Dank- und Empfehlungsschreiben, wenn diese Bezug auf Krankheiten haben. Selbst die Darstellung von Angehörigen der Heilberufe in Verbindung mit Lebensmitteln ist verboten.

**Tauschverwahrung** → Depotgeschäft.

**tax credit** → Doppelbesteuerung.

**Taxen** im Rechtssinne sind Vergütungssätze für gewerbliche Leistungen. Die hierüber in den §§ 72 bis 80 GewO enthaltenen Vorschriften wurden 1974 aufgehoben. Sie waren schon vorher durch Vorschriften über → Preisangaben weitgehend überholt. T. von praktischer Bedeutung bestehen heute vor allem noch im Bereich der Beförderungsentgelte für → Personenbeförderung und im → Schornsteinfegerwesen. Ist bei einem → Dienstvertrag oder → Werkvertrag die Höhe der Vergütung nicht bestimmt, so gilt die taxmäßige Vergütung als vereinbart (§§ 612 II, 632 II BGB). T. in diesem Sinne sind festgelegte Gebühren, insbes. die der Rechtsanwälte, Steuerberater, Ärzte und Zahnärzte, bei Architekten und Ingenieuren der Mindestsatz nach HOAI (→ Architektenvertrag).

**Taxen (Taxi).** Verkehr mit Taxen ist → Personenbeförderung (s.a. → Fahrgastbeförderung) mit Pkw zu einem vom Fahrgast bestimmten Ziel. Hierzu sind T. – anders als Mietwagen – auf öffentlichen Straßen oder Plätzen bereitgestellt (zur Begriffsbestimmung s. § 47 PBefG). Der Betrieb einer T. bedarf als Gelegenheitsverkehr mit Kfz. der Genehmigung, die (im Gegensatz zum Mietwagen) nur erteilt werden darf, wenn die öffentlichen Verkehrsinteressen nicht dadurch beeinträchtigt werden, daß das örtliche Taxigewerbe durch die Zulassung in seiner Funktionsfähigkeit bedroht wird (§ 13 IV, V PBefG; zur Verfassungsmäßigkeit vgl. BVerfGE 11, 168). Im Rahmen dieser Prüfung sind u. a. zu berücksichtigen die Nachfrage und das Angebot, die Entwicklung der Ertragslage und die Gründe für Geschäftsaufgaben. Zur Feststellung der Voraussetzungen kann die Verwaltungsbehörde einen Beobachtungszeitraum von höchstens 1 Jahr einschalten, in dem keine Genehmigungen erteilt werden. Für Neugenehmigungen ist die Reihenfolge der Anträge grundsätzlich maßgebend (§ 13 V PBefG). Bevorzugt wird, wer hauptberuflich das Taxigewerbe betreibt. Die Genehmigung wird auf höchstens 4 Jahre erteilt (§ 50 PBefG). Zur Festsetzung der Beförderungsbedingungen und -entgelte s. § 51 PBefG; über Sicherheit und Ordnung des Verkehrs mit T. (BO-Kraft) → Personenbeförderung. Nach § 29 StVZO und Anl. VIII zur StVZO (Nr. 2. 1.2. 2.) ist bei T. jedes Jahr eine Hauptuntersuchung durchzuführen. Über die *Haftung für Personen- und Sachschäden* beim Betrieb von T. vgl. §§ 7 ff. StVG. Während den Halter eines Kfz. grundsätzlich für Verletzung oder Tötung von Insassen des Fz. nicht die in § 7 StVG geregelte → Gefährdungshaftung trifft, besteht diese Haftung nach § 8 a StVG als Ausnahme von der Regel dann, wenn es sich um eine entgeltliche, geschäftsmäßige Personenbeförderung (→ Beförderungsvertrag) handelt, insbes. also gegenüber dem Fahrgast einer T., und zwar auch für Beschädigung der von diesem mitgeführten Sachen; Ausschluß oder Beschränkung der Haftung für Personenschaden ist unzulässig.

**Taxenstand.** An einem durch → Verkehrszeichen gekennzeichneten T. ist allen übrigen Fahrzeugen das Halten verboten.

**Technische Anleitung (TA).** TA sind zentral erlassene → Verwaltungsvorschriften zu technischen Voraussetzungen des Gesetzesvollzugs. Man mißt ihnen den Charakter genereller, antipizierter Gutachten zu, die im Gerichtsverfahren nur beschränkt überprüfbar sind (vgl. etwa BVerwG DVBl. 1988, 539). Wichtige TA sind die TA Luft, die TA Lärm und die TA Abfall. Nach der Rechtsprechung des EuGH erfüllen TA nicht die Voraussetzungen an eine normative Umsetzung von Richtlinien der EG.

**Technische Arbeitsmittel** dürfen nach dem Ges. i. d.F. vom 23. 10. 1992 (BGBl. I 1793) m. Änd. – *Gerätesicherheitsgesetz* – vom Hersteller oder Einführer gewerbsmäßig oder selbständig im Rahmen einer wirtschaftlichen Unternehmung, in gewissem Umfang auch vom Handel nur in Verkehr gebracht oder ausgestellt werden, wenn sie nach den allgemein anerkannten Regeln der Technik sowie den Arbeitsschutz- und Unfallverhütungsvorschriften so beschaffen sind, daß Benutzer oder Dritte bei bestimmungsgemäßer Verwendung gegen Gefahren aller Art für Leben oder Gesundheit im Rahmen des Verwendungszwecks geschützt sind (§§ 1, 3). Zu den t. A. zählen verwendungsfertige Arbeitseinrichtungen (insbes. Werkzeuge, Arbeitsgeräte, Arbeits- und Kraftmaschinen, Hebe- und Fördereinrichtungen, Beförderungsmittel) sowie Schutzausrüstungen, Beleuchtungs-, Beheizungs-, Kühl-, Be- oder Entlüftungseinrichtungen, Haushalts-, Sport- und Bastelgeräte sowie Spielzeug (§ 2). Ergänzende Vorschriften für medizinisch-technische Geräte enthält die VO vom 14. 1. 1985 (BGBl. I 93). Das Ges. gilt nach § 1 II jedoch nicht für Fahrzeuge i. S. des Straßenverkehrsrechts, ferner nicht für atomrechtlich überwachte und für solche t. A., die ihrer Bauart nach ausschließlich zur Verwendung in der Bundeswehr oder Polizei oder in Bergbaubetrieben bestimmt sind oder die besonderem gesetzlichem Gefahrenschutz unterliegenden t. A. (z. B. Waffen). Durch RechtsVO können bestimmte Anforderungen an t. A. festgelegt, eine allgemeine Bauartprüfung oder Stückprüfung durch anerkannte Sachverständige vorgeschrieben werden. Soweit t. A. den Vorschriften nicht genügen, kann die zuständige Landesbehörde – i. d. R. das → Gewerbeaufsichtsamt – das Inverkehrbringen oder Ausstellen untersagen (§§ 5, 6). Über behördliche Auskunfts- und Prüfungsrechte vgl. § 7, über die Ahndung von Verstößen als → Ordnungswidrigkeiten § 9. Das Ges. ergänzt die Vorschriften des → Lebensmittelrechts für → Bedarfsgegenstände.

**Technische Aufzeichnungen,** Strafschutz von – → Fälschung techn. Aufzeichnungen, → Urkundenunterdrükkung, -vernichtung.

**Technische Hochschule** (Techn. Universität) → Hochschule.

**Technische Kommunikationssysteme** → Bildschirmtext, → Satellitenfunk, → Telekommunikationsgesetz

(TKG), → Telekommunikationslinien, Telekommunikationswege.

**Technische Regeln. Regeln der Technik.** Zahlreiche Gesetze und Verträge nehmen ausdrücklich auf technische Regeln in der Weise Bezug, daß die Bezug genommenen Regeln Gesetzes- bzw. Vertragsinhalt werden. Die dabei im einzelnen verwendeten Begriffe haben unterschiedliche Bedeutung. Allgemein anerkannte Regeln der Technik bezeichnet einen vom RG in einer Strafsache definierten Mindeststandard, „anerkannte Regeln der Technik" bzw. „Regeln der Technik" nimmt im wesentlichen aber nicht ausschließlich auf die durch → Normung festgelegten Standards Bezug. Die höchsten Ansprüche werden mit der Formel „Stand der Technik", bzw. „Stand der Technik und Wissenschaft" formuliert. Soweit Gesetze oder Verträge auf die Regeln der Technik verweisen, ergibt sich bei Veränderung der betreffenden Normen das Problem, ob diese Verweisung als dynamisch zu verstehen ist. Leistungen, die nicht den Regeln der Technik entsprechen sind in aller Regel auch ohne besondere Vereinbarung mangelhaft. Dagegen kann selbst bei ausdrücklicher Vereinbarung nicht ohne weiteres davon ausgegangen werden, daß ihre Einhaltung eine zugesicherte Eigenschaft ist; s. a. → Anlagensicherheit.

**Technische Überprüfung von Kraftfahrzeugen** → Überwachung von Kfz.

**Technische Verbesserungsvorschläge** → Arbeitnehmererfindung.

**Technischer Ausschuß für Anlagensicherheit** ist eine gemäß § 31 a BImSchG (→ Immissionsschutz, öffentlich-rechtlich) gebildete Expertenkommission zur Beratung der Bundesregierung und der zuständigen Minister. Er schlägt dem Stand der Sicherheitstechnik entsprechende technische Regeln vor. Ihm gehören neben Vertretern der beteiligten Bundesbehörden Wissenschaftler, Vertreter von Betreibern der Anlagen und der Berufsgenossenschaften an. Zu Unterausschüssen können weitere Fachleute hinzugezogen werden; s. a. → Störfallkommission.

**Technischer Minderwert** → Schadensersatz (2 a).

**Technisches Hilfswerk** (THW). Das THW ist im Rahmen der Bundesanstalt Technisches Hilfswerk organisiert. Tätigkeit gemäß Helferrechtsgesetz vom 22. 1. 1990 (BGBl. I 118). Zur Dienststellung der Helfer vgl. die VO vom 7. 11. 1991 (BGBl. I 2064).

**Teilakzept** → Akzept.

**Teilanfechtung.** → Rechtsmittel und die meisten → Rechtsbehelfe können in der Weise beschränkt werden, daß nur ein Teil der Entscheidung angefochten wird. Je nach Art der Entscheidung und nach dem Wesen der betreffenden Verfahrensordnung können bestimmte Beschränkungen unzulässig sein, insbes. wenn die Entscheidung über den nichtangefochtenen Teil sich nicht vom angefochtenen trennen läßt. Bei der T. ist über den zulässigerweise nichtangefochtenen Teil nicht mehr zu entscheiden, wenn nicht ein anderer Beteiligter oder die andere Partei ebenfalls die Entscheidung insoweit anficht. Für das Strafverfahren → Teilvollstreckung einer Strafe.

**Teilannahme** → Akzept.

**Teilarbeitslosengeld.** Anspruch auf Teilarbeitslosengeld als Leistung der → Arbeitsförderung nach dem SGB III hat ein Arbeitnehmer, der teilarbeitslos ist, sich teilarbeitslos gemeldet hat und die Anwartschaftszeit für Teilarbeitslosengeld erfüllt hat. Teilarbeitslos ist, wer eine versicherungspflichtige Beschäftigung verloren hat, die er neben einer weiteren versicherungspflichtigen Beschäftigung ausgeübt hat und eine versicherungspflichtige Beschäftigung sucht. Die Anwartschaftszeit hat erfüllt, wer in den letzten zwei Jahren neben der weiterhin ausgeübten Tätigkeit mindestens 12 Monate eine weitere versicherungspflichtige Beschäftigung ausgeübt hat. Die Dauer des Anspruchs auf Teilarbeitslosengeld ist auf 6 Monate begrenzt, im übrigen gelten die Regelungen über das → Arbeitslosengeld entsprechend (§ 150 SGB III).

**Teilbare Sache** → Sache.

**Teilbesitz** → Besitz.

**Teilbetrieb** → Veräußerungsgewinne.

**Teilcharter** ist ein → Chartervertrag, der sich auf einen verhältnismäßigen

Teil des Schiffs (oder Flugzeugs) bezieht (§ 557 HGB).

**Teileigentum** → Wohnungseigentum.

**Teilerbschein** → Erbschein.

**Teilforderung** → Gesamtgläubigerschaft.

**Teilgläubiger** → Gesamtgläubiger.

**Teilhypothek.** Wird die einer → Hypothek zugrundeliegende Forderung geteilt, so entstehen T.en. Bei der → Briefhypothek kann in diesem Fall für jeden Teil ein gesonderter T.brief hergestellt werden, der insoweit an die Stelle des bisherigen → Hypothekenbriefs tritt (§ 1152 BGB). Hierzu und zur Änderung des → Rangverhältnisses der T.en untereinander (§ 1151 BGB) ist Zustimmung des Grundstückseigentümers nicht erforderlich.

**Teilindossament** → Indossament.

**Teilkasko** → Kaskoversicherung.

**Teilleistung** → Leistung.

**Teillieferungsvertrag** → Sukzessivlieferungsvertrag.

**Teilnahme an einer Straftat** ist Mitwirkung an der Erfüllung des Straftatbestandes. Sie umfaßt die (abhängige) T. in der Form der → Anstiftung oder → Beihilfe sowie i. w.S. die → Mittäterschaft. Anstiftung und Beihilfe setzen voraus, daß der Haupttäter alle *äußeren Tatbestandsmerkmale* verwirklicht und *rechtswidrig,* wenn auch nicht schuldhaft handelt (sog. limitierte → Akzessorietät). Diese Abhängigkeit ist aber nur eine rechtliche; die T. ist nicht deshalb straflos, weil der Haupttäter etwa wegen Abwesenheit nicht bestraft werden kann. Grundsätzlich gilt für jeden Teilnehmer dieselbe Strafandrohung wie für den Haupttäter (beim Gehilfen mit Milderungsgebot, § 27 II StGB). Doch werden nach § 28 II StGB besondere persönliche Merkmale (d.h. Eigenschaften, Verhältnisse oder Umstände), welche die Strafe *schärfen, mildern oder ausschließen,* nur dem zugerechnet, bei dem sie vorliegen (z. B. Täter Angehöriger des Verletzten; zur Problematik bei Mord → Tötung, I 2). Wenn solche Merkmale aber die Strafbarkeit *begründen,* ist Strafmilderung bei dem Beteiligten, der sie nicht erfüllt, durch § 28 I zwingend vorgeschrieben (z. B. beim Nichtbeamten, der zu einem echten Amtsdelikt, etwa Gebührenüberhebung, anstiftet). Setzt die Erfüllung des Straftatbestandes die Mitwirkung anderer voraus, liegt *notwendige* Teilnahme vor, so z. B. bei → sexuellem Mißbrauch eines Schutzbefohlenen; der andere Beteiligte bleibt straflos, soweit nicht seine Beteiligung, etwa durch Anstiftung, einen eigenen Straftatbestand verwirklicht. Die (ohne Beteiligung an der Vortat erfolgte) *Mitwirkung nach der Tat* ist grundsätzlich keine strafbare T., kann aber → Begünstigung, → Strafvereitelung oder → Hehlerei sein, z. B. Fortschaffen oder Ankauf der Diebesbeute. Hat der Teilnehmer in mehreren Formen mitgewirkt, z. B. als Anstifter und Gehilfe, so zehrt die schwerere Form die leichtere auf. In manchen Bestimmungen ist die Teilnahme aber auch selbständig unter Strafe gestellt, so die T. an → kriminellen Vereinigungen (§ 129 StGB). Bei → Ordnungswidrigkeiten gilt nach § 14 OWiG für Täterschaft und Teilnahme der einheitliche Begriff → *Beteiligung*; siehe auch § 29 StGB.

**Teilnahme am Straßenverkehr** → Verkehrsteilnehmer.

**Teilnahme an verbotenen oder staatsfeindlichen Verbindungen** → Organisationsdelikte.

**Teilnehmer** → Teilnahme an einer Straftat.

**Teilnehmergemeinschaft.** Die nach § 10 Nr. 1 FlurbG am → Flurbereinigungsverfahren beteiligten Grundstückseigentümer und Erbbauberechtigten bilden kraft Gesetzes eine der Aufsicht der Flurbereinigungsbehörde unterstehende T. als Körperschaft des öffentl. Rechts, die mit dem Flurbereinigungsbeschluß entsteht (§§ 16, 17 FlurbG). Sie nimmt die gemeinschaftlichen Angelegenheiten der Teilnehmer wahr, insbes. die gemeinschaftlichen Anlagen (nach dem Wege- und Gewässerplan) herzustellen und zu unterhalten und die erforderlichen Bodenverbesserungen durchzuführen (Einzelheiten §§ 18, 42 FlurbG). Sie kann die Teilnehmer zu Geld- und Sachbeiträgen heranziehen (§ 19 FlurbG). Der von den Teilnehmern gewählte ehrenamtliche Vorstand führt die Geschäfte der T.; die Vertretung der T. obliegt dem aus seiner Mitte gewählten Vorsitzenden (§§ 21 ff. FlurbG). Die T. erlischt, wenn ihre Aufgaben in der Schlußfeststellung der Flurbereinigungsbehörde über den Abschluß des Verfahrens für abgeschlossen erklärt werden (§ 149 IV FlurbG); soweit dies bei Abschluß der Flurber. noch nicht der Fall ist – z. B. wegen Abwicklung von Verbindlichkeiten –, nach Erfüllung der Aufgaben durch Auflösung (§§ 151–153 FlurbG).

**Teilnichtigkeit** → Nichtigkeit von Rechtsgeschäften (2).

**Teilrente.** In der gesetzlichen → Unfallversicherung erhält der Versicherte → Vollrente in Höhe von zwei Dritteln seines → Jahresarbeitsverdienstes, wenn er völlig erwerbsunfähig geworden ist. Ist die Erwerbsfähigkeit nur gemindert, u. zwar wenigstens um ein Fünftel, so erhält er eine T. in Höhe des Teiles der Vollrente, der dem Grade der Minderung seiner Erwerbsfähigkeit entspricht (§ 56 SGB VII).

In der gesetzlichen → Rentenversicherung können Versicherte die Altersrente auch als T. in Höhe von einem Drittel, der Hälfte oder zwei Dritteln beanspruchen und ihre Arbeitsleistung entsprechend mindern (§ 42 SGB VI).

**Teilschuld** → Gesamtschuld.

**Teilstationäre Pflege.** Pflegebedürftige haben einen Anspruch gegen die zuständige → Pflegekasse auf t. P. in Einrichtungen der Tages- oder Nachtpflege, wenn → häusliche Pflegehilfe nicht in ausreichendem Maße sichergestellt werden kann. Die t. P. umfaßt auch die Beförderung des Pflegebedürftigen von der Wohnung zur Pflegeeinrichtung und zurück. Die Pflegekasse übernimmt die Aufwendungen für Pflegebedürftige der → Pflegestufe I bis zu 750 DM, für Pflegebedürftige der Pflegestufe II bis zu 1500 DM und für Pflegebedürftige der Pflegestufe III bis zu 2100 DM je Kalendermonat (vgl. § 41 SGB XI).

**Teilstreik** → Streik.

**Teilung der Erbmasse** → Erbengemeinschaft (2), → Teilungsanordnung.

**Teilung der Gewalten** → Gewaltentrennung.

**Teilung der Wohnung nach der Ehescheidung** → Hausratsverordnung.

**Teilung des Gesamtguts** → Gütergemeinschaft.

**Teilung des Gesellschaftsvermögens** → Liquidation, → Gesellschaft.

**Teilung des Nachlasses** → Erbengemeinschaft (2), → Teilungsanordnung.

**Teilungsanordnung.** Der → Erblasser kann durch → letztwillige Verfügung Anordnungen für die Auseinandersetzung der → Erbengemeinschaft treffen (§ 2048 BGB). Die T. wirkt nur schuldrechtlich; die Miterben können daher eine anderweite Vereinbarung treffen. Durch die T. wird dem Miterben ähnlich wie beim → Vorausvermächtnis vom Erblasser ein bestimmter Nachlaßgegenstand zugewiesen. Im Gegensatz dazu und zur Erbeinsetzung (→ Erbfolge) soll jedoch durch die T. der Erbteil des Miterben nicht erhöht werden; der Wert des bei der Auseinandersetzung Erlangten ist daher auf den Erbteil voll anzurechnen. Durch eine T. kann der Erblasser auch eine andere Art der Auseinandersetzung vorsehen, z. B. durch Bestimmung nach dem Ermessen eines Dritten oder in einem i. e. geregelten Verfahren. Die T. begründet (anders als das Vorausvermächtnis) keinen unmittelbaren Anspruch auf Herausgabe des betreffenden Nachlaßgegenstandes, sondern nur einen Anspruch auf Auseinandersetzung entsprechend der vom Erblasser gewünschten Verteilung. Was im einzelnen gewollt ist, kann nur durch → Auslegung der Verfügung von Todes wegen ermittelt werden. S. a. → Auflage.

**Teilungserklärung** → Wohnungseigentum.

**Teilungsgenehmigung.** Eine Gemeinde kann durch → Satzung bestimmen, daß im Geltungsbereich eines Bebauungsplans (→ Bauleitpläne) die Teilung eines Grundstücks der Genehmigung bedarf (§ 19 → Baugesetzbuch – BauGB). Die Landesregierungen können für das Gebiet eines Landes oder Teile davon durch Rechtsverordnungen bestimmen, daß entsprechende Satzungen nicht erlassen werden dürfen. Die T. ist zu versagen, wenn die Grundstücksteilung oder die mit ihr bezweckte Nutzung mit den Festsetzungen des Bebauungsplans nicht vereinbar wären.

**Teilungsmasse.** Bei einer → Zwangsversteigerung besteht die T. aus dem → Bargebot nebst Zinsen und aus dem Erlös mitversteigerter oder anderweitig verwerteter Gegenstände (§§ 106, 107, 113 ff. ZVG). Im Insolvenzverfahren → Insolvenzmasse.

**Teilungsplan.** Im → Verteilungsverfahren der Zwangsvollstreckung in das bewegliche Vermögen oder der Zwangsversteigerung hat das → Vollstreckungs- oder Versteigerungsgericht einen T. aufzustellen, auf Grund dessen der → Versteigerungserlös an die jeweils Berechtigten (nach ihrem Rang) verteilt wird (§ 874 ZPO, § 106 ZVG). Gegen den T. kann → Widerspruch erhoben werden (§ 876 ZPO, § 115 ZVG). Der T. wird ausgeführt, indem an die Berechtigten in bar bezahlt wird (§ 117 ZVG), soweit der Versteigerungserlös in Geld vorhanden ist. Nur wenn der Empfangsberechtigte nicht bekannt ist, bei Widerspruch oder bei bedingten Rechten wird der entsprechende Teil des Versteigerungserlöses hinterlegt (§§ 120, 124, 126 ZVG).

**Teilungsverbot** → Erbengemeinschaft (2).

**Teilungsversteigerung.** Zur Aufhebung einer (Bruchteils- oder Gesamthands-)Gemeinschaft an einem Grundstück kann auf Antrag eines Beteiligten die T. durchgeführt werden. Das Verfahren richtet sich weitgehend nach dem der → Zwangsversteigerung (mit Besonderheiten in §§ 180 ff. ZVG).

**Teilurteil** ist ein → Endurteil, in dem über einen von mehreren → Streitgegenständen (→ Klagenverbindung) oder über einen selbständigen Teil des Streitgegenstandes entschieden wird (§ 301 ZPO, § 110 VwGO, § 98 FGO). Im übrigen bleibt dann die Klage rechtshängig. Ein T. kann selbständig mit den statthaften → Rechtsmitteln angefochten werden; es darf grundsätzlich keine → Kostenentscheidung enthalten; sie ergeht erst im → Schlußurteil.

**Teilvollstreckung** einer Strafe vor → Rechtskraft des Urteils ist grundsätzlich unzulässig, weil der Beginn der Strafvollstreckung die Rechtskraft voraussetzt (§ 449 StPO). Eine Ausnahme gilt nach § 56 JGG, wenn ein wegen mehrerer Straftaten zu einer → Einheitsstrafe Verurteilter ein Rechtsmittel eingelegt, aber die Schuldfeststellung wegen einer oder einzelner Taten nicht angegriffen hat; dann kann das Rechtsmittelgericht einen dementsprechenden Teil der Strafe für vollstreckbar erklären, wenn das im wohlverstandenen Interesse des Angeklagten liegt (z. B. weil er sich bereits in Haft befindet). Von der T. zu unterscheiden ist die *Vollstreckung nach Teilrechtskraft* des Urteils. Ist ein Urteil hinsichtlich einzelner selbständig anfechtbarer Teile rechtskräftig geworden, so kann – wie in allen Verfahrensarten, so auch im Strafprozeß – insoweit die Vollstreckung eingeleitet werden. Das ist der Fall, wenn das Urteil gegen einzelne von mehreren Angeklagten oder bei demselben Angeklagten hins. einzelner selbständiger Taten rechtskräftig geworden ist (sog. *vertikale Teilrechtskraft*). Dasselbe gilt, wenn außer dem Schuldspruch ein Teil des Strafausspruchs über denselben Angeklagten in Rechtskraft erwachsen ist, nämlich soweit er von dem noch nicht erledigten Rechtsmittel unberührt bleibt (sog. *horizontale Teilrechtskraft;* z. B. Verurteilung zu Freiheitsstrafe bei Anfechtung nur des daneben verhängten Berufsverbots).

**Teilweise Nichtigkeit des Rechtsgeschäfts** → Nichtigkeit von Rechtsgeschäften (2).

**Teilweise Unmöglichkeit der Leistung** → Unmöglichkeit der Leistung, → gegenseitiger Vertrag, → Sukzessivlieferungsvertrag.

**Teilwert** als Bewertungsmaßstab eines → Wirtschaftsgutes (WG) ist der Betrag, den ein Erwerber des ganzen Betriebs im Rahmen des Gesamtkaufpreises für das einzelne WG ansetzen würde unter der Voraussetzung, daß er den Betrieb fortführt (§ 6 I Nr. 1 S. 3 EStG; § 10 BewG). Der T. umfaßt nicht die Gewinnspanne und nicht den Wert der Arbeitsleistung des Unternehmers. Maßgebend ist der Nutzen, den das WG im Betriebsverband für den betr.

Betrieb hat. Obergrenze des T. sind die Wiederbeschaffungskosten, Untergrenze ist der gemeine Wert (mindestens der Materialwert). Wiederbeschaffungskosten sind alle Kosten, die für die Wiederbeschaffung des WG unter Berücksichtigung seines tatsächlichen Zustands am Bewertungsstichtag im Betrieb aufzuwenden wären. Der T. ist Regelwert bei → Entnahmen und → Einlagen (§ 6 I Nrn. 4, 5 EStG). Der *gemeine Wert* dagegen ist der Einzelveräußerungspreis, der – unabhängig von einer Betriebszugehörigkeit – im gewöhnlichen Geschäftsverkehr zu erzielen wäre (§ 9 BewG).

**Teilwertabschreibung** ist der Ansatz des niedrigeren Teilwerts in der Steuerbilanz (§ 6 I Nrn. 1, 2 EStG). Vgl. für die Handelsbilanz: Außerplanmäßige → Abschreibung auf den niedrigeren beizulegenden Wert (§ 253 II 3, III HGB).

**Teilzahlung** → Teilleistung, → Abschlagszahlung, → Kreditvertrag.

**Teilzahlung bei Geldstrafen** kann vom Gericht im Urteil (Strafbefehl) bewilligt werden, wenn dem Verurteilten sofortige Vollzahlung aus persönlichen oder wirtschaftlichen Gründen nicht zuzumuten ist (§ 42 StGB). Die späteren Entscheidungen, auch über eine Änderung oder Aufhebung der Bewilligung, erläßt die Vollstreckungsbehörde im Rahmen der → Strafvollstreckung (§ 459a StPO). Dieselben Befugnisse hat die Gnadenbehörde (→ Gnadenrecht). Über Zahlungserleichterungen bei → Geldbußen wegen → Ordnungswidrigkeiten vgl. §§ 18, 25 V, 30 III, 93 OWiG.

**Teilzahlungsfinanzierung, Teilzahlungsgeschäft** → Kreditvertrag (insbes. 4), → Teilzahlungskredite.

**Teilzahlungskredite** sind Kredite, die zur Finanzierung des Erwerbs beweglicher Sachen (Regelfall) oder auch von Dienstleistungen (z. B. Reisekredite) gewährt werden und die in – meistens gleichen – Monatsraten zurückzuzahlen sind. Man unterscheidet drei Finanzierungstypen (A-, B-, C-Geschäft). Beim A-Geschäft händigt das Kreditinstitut dem Kunden „Schecks" aus, die der Kunde in bestimmten Geschäften in Zahlung geben kann. Beim B-Geschäft tritt der Kunde durch Vermittlung seines Verkäufers mit dem Kreditinstitut in Verbindung. Dieses zahlt die Kreditsumme unmittelbar dem Händler aus, der häufig die Bürgschaft oder Mithaftung für die Rückzahlungsverpflichtung des Kunden übernimmt. Beim C-Geschäft nimmt das Kreditinstitut vom Kunden akzeptierte Wechsel zur Finanzierung des Kaufs herein (häufig bei der Kfz-Finanzierung). Soweit Kreditinstitute sich einem Unternehmen gegenüber verpflichten, ein Kontingent von Teilzahlungsverträgen hereinzunehmen, das im Gesamtbetrag die in § 13 I KWG festgelegten Grenzen für Großkredite übersteigt, ist die Verpflichtung der → Bankenaufsicht anzuzeigen. S. a. → Kreditvertrag.

**Teilzeitbeschäftigung.** 1. Beamte und Richter. T. ist durch Gesetz zu regeln (§ 44a BRRG). Nach der einschlägigen Regelung von § 72a BBG ist zu unterscheiden zwischen T., deren Gewährung im Ermessen steht, § 72a I–III, und T., auf die ein Rechtsanspruch besteht, § 72a IV–VII BBG. Ein Rechtsanspruch auf T. bis zur Hälfte der regelmäßigen Arbeitszeit besteht für Beamte, die ein Kind unter 18 Jahren oder einen pflegebedürftigen sonstigen Angehörigen betreuen. Dieser Personenkreis kann daneben auch Urlaub ohne Dienstbezüge für bis zu 12 Jahren verlangen, auch kann ihm für bis zu 12 Jahren eine T. unterhalb der Hälfte der regelmäßigen Arbeitszeit zugestanden werden. Steht die Gewährung der T. nach § 72a I–III im Ermessen der Behörde, so kann T. bis zur Hälfte der regelmäßigen Arbeitszeit nur dann gewährt werden, wenn der Beamte sich verpflichtete, während des Bewilligungszeitraumes außerhalb des Beamtenverhältnisses berufliche Verpflichtungen nur in dem Umfang einzugehen, in dem nach den §§ 64 bis 66 BBG Nebentätigkeiten gestattet sind. Urlaub ohne Dienstbezüge für sechs Jahre sowie für über 55 Jahre alte Beamte bis zum Beginn des Ruhestandes kann ferner gemäß § 72e BBG gewährt werden, wenn wegen der Arbeitsmarktsituation ein erheblicher Bewerberüberhang besteht. Sinn der im einzelnen sehr komplizierten Regelungen der Teilzeitarbeit ist es, einen Kompromiß zwischen dem Grundsatz des Berufsbeamtentums als eines Lebensberufs und den Bedürfnissen des Arbeitsmarktes zu finden.

2. Arbeitnehmer: T. ist auch bei Arbeitnehmern möglich; es liegt auch hier ein voll wirksames → Arbeitsverhältnis vor. S. a. → Kettenarbeitsvertrag. Eine unterschiedliche Behandlung der Teilzeitbeschäftigten gegenüber vollbeschäftigten Arbeitnehmern ohne sachlichen Grund ist unzulässig (Art. 1 § 2 des Ges. vom 26. 4. 1985, BGBl. I 710).

3. Bei Teilzeitbeschäftigten kann der Arbeitgeber unter Verzicht auf die Vorlage der Lohnsteuerkarte die Lohnsteuer pauschalieren (§ 40 a EStG). Zu unterscheiden ist die kurzfristige Beschäftigung (§ 40 a I EStG), die Beschäftigung in geringem Umfang und gegen geringes Entgelt (§ 40 a II EStG) und die Beschäftigung von Aushilfskräften in der Landwirtschaft und Forstwirtschaft (§ 40 a III EStG). Bei jeder dieser drei Arten müssen gewisse Zeit- und Lohngrenzen eingehalten sein, damit die Lohnsteuerpauschalierung (je unterschiedlicher Steuersatz: 25 Prozent, 20 Prozent, 5 Prozent) zulässig ist. → Lohnsteuerpauschalierung.

**Teilzeitnutzungsrecht, Teilzeitwohnrecht** → Time-sharing.

**tel quel** (frz., „so wie") → Gewährleistung.

**Teledienste.** Einheitliche wirtschaftliche Rahmenbedingungen für T. wie beispielsweise das Internet soll das T-Gesetz (Art. 1 des Ges. vom 22. 7. 1997, BGBl. I 1870) regeln. Das Gesetz enthält u. a. Bestimmungen über Zugangsfreiheit, Verantwortlichkeiten von Anbietern und Anbieterkennzeichnung. Den Datenschutz in diesem Bereich regelt das Teledienstdatenschutzgesetz (Art. 2 des o. a. Gesetzes). Zur Abgrenzung zu den durch Länderstaatsvertrag geregelten → Mediendienste s. dort.

**Telefax (Telekopie, Telebrief)** → Telefonische/telegrafische Einlegung von Rechtsmitteln, → Willenserklärung, I 2 → Formerfordernisse, 1 a.

**Telefon(Telegraphen)geheimnis, -überwachung** → Brief-, Post- u. Fernmeldegeheimnis; → Telekommunikationsgesetz.

**Telefonische/telegrafische (usw.) Einlegung von Rechtsmitteln.** Grundsätzlich bedarf die Einlegung von Rm. oder sonstigen bestimmenden Schriftsätzen der Schriftform (→ Form, 1 a). Dieser wird durch *telefonisches* Anbringen allein nicht genügt (auch nicht bei Aufnahme eines Vermerks durch die Geschäftsstelle, BGH NJW 1981, 1627); anders für den Einspruch gegen einen Bußgeldbescheid zur Niederschrift der Verwaltungsbehörde (BGH NJW 1980, 1290). *Telegrafische* Übermittlung ist zulässig, ebenso Übermittlung durch BTX oder PC-Modem. Das Ankunftstelegramm (Ausdruck) gilt als Rm.schrift, obwohl es nicht unterschrieben ist; unerheblich ist hier, ob jemals überhaupt eine Unterschrift vorhanden war. Eingang der Erklärung erst mit dem Ankunftstelegramm, anders bei telefonischer Durchsage, wenn ein zur Entgegennahme befugter Beamter hierüber eine Aktennotiz fertigt und das Telegramm später tatsächlich eingeht, BGHSt. 14, 233. Durchgabe der Rm.erklärung mittels *Fernschreiber* (Telex), *Telefax (Telekopie)* oder Telebrief genügt ebenfalls (BGH NJW 1982, 1470 u. 1990, 188; auch außerhalb der üblichen Dienststunden, sofern rechtzeitiger Eingang nachweisbar, BVerfG NJW 1976, 747), aber nicht bei Übermittlung an einen privaten Zwischenempfänger (BGH NJW 1981, 1618). Diese Grundsätze gelten auch für eine gesetzlich vorgeschriebene *Begründung* des Rechtsmittels (vgl. BGH NStZ 1983, 37; BVerfG NJW 1987, 2067).

**Telefonische/telegrafische Übermittlung von Willenserklärungen** → Willenserklärung (I 2).

**Telegraphenanlagen** → Telekommunikationsgesetz.

**Telegraphenwege.** Das Telegraphenwegegesetz ist seit 1. 8. 1996 (Tag nach der Verkündung des TKG) aufgehoben; s. hierzu jetzt → Telekommunikationslinien, Telekommunikationswege.

**Telekom.** Die Deutsche Telekom AG ist ein im Zuge der Postneuordnung gegründetes Wirtschaftsunternehmen, das die Geschäftaufgaben des früheren Postteilunternehmens TELEKOM weiterführt. Die T. hat umfangreiche Aufgaben in der Fernmelde- und Sendetechnik, in weiten Bereichen noch als Monopolunternehmen.

**Telekommunikationsdienstleistungen** sind gemäß § 3 Nr. 18 TKG das gewerbliche Angebot von Telekommunikation einschließlich des Angebots von Übertragungswegen für Dritte. T. unterliegen der Regulierung und der Entgeltregulierung. Im einzelnen regelt das TKG die Lizenzen (§§ 6 bis 16), Universaldienstleistungen (§§ 17 bis 22) und die Entgeltregulierung durch die → Regulierungsbehörde; s. zur Entgeltregulierung im einzelnen auch die VO vom 1. 10. 1996 (BGBl. I 1492).

**Telekommunikationseinrichtungen** sowie auch Funkanlagen, die nicht zur Anschaltung an ein öffentliches Telekommunikationsnetz bestimmt sind bedürfen der administrativen Zulassung (bzw. Bauartzulassung) und müssen entsprechend gekennzeichnet sein. Einzelheiten regelt die Telekommunikationszulassungsverordnung vom 20. 8. 1997 (BGBl. I 2117). Wegen der Anforderungen an Testlabors und das Verfahren für deren Akkreditierung vgl. die VO vom 10. 12. 1997 (BGBl. I 2905); zur Zulassung von Personen zum Anschalten von T vgl. bei → Telekommunikationsgesetz a.E.

**Telekommunikationsgesetz (TKG).** Das TKG vom 25. 7. 1996 (BGBl. I 1120) enthält eine neue umfassende Regelung des früher als Fernmeldewesen bezeichneten Rechtsgebietes. Es hat die einschlägigen Gesetze zum Fernmeldewesen abgelöst. Auch die Terminologie des GG ist dem neuen Sprachgebrauch angeglichen worden (vgl. Art. 73 Nr. 7, Art. 87 f GG). Zweck des Gesetzes ist es, durch Regulierung im Bereich der Telekommunikation den Wettbewerb zu fördern und flächendeckend angemessene und ausreichende Dienstleistungen zu gewährleisten sowie eine → Frequenzordnung festzulegen (§ 1 TKG). Die Regulierung wird als hoheitliche Aufgabe des Bundes nach näherer Maßgabe der in § 2 TKG festgelegten Ziele wahrgenommen. Umfangreiche Begriffsbestimmungen ergeben sich aus § 3 TKG. Für die Erbringung von → Telekommunikationsdienstleistungen bestehen Anzeigepflichten nach § 4 TKG, ferner Berichtspflichten nach § 5 TKG. Im einzelnen geregelt ist die Regulierung und Entgeltregulierung von → Telekommunikationsdienstleistungen, der → Netzzugang, die → Frequenzordnung, die Benutzung der Verkehrswege und anderer Grundstücke für → Telekommunkationsrichtlinien, die Zulassung von → Sendeanlagen und der → Sendeanlagenmißbrauch. Das TKG regelt ferner Organisation und Verfahren der → Regulierungsbehörde. Personalrechtliche Übergangs- und Ergänzungsvorschriften enthält das Telekommunikationsbegleitgesetz vom 17. 12. 1997 (BGBl. I 3108); zur Arbeitszeitregelung für die Beamten vgl. VO vom 18. 12. 1997 (BGBl. I 3366). Wegen der Zulassung und Kennzeichnung von → Telekommunikationseinrichtungen s. dort. Die Zulassung von Personen zur Anschaltung von Geräten an öffentliche Telekommunikationsnetze regelt die VO vom 19. 12. 1997 (BGBl. I 3315). Wegen Datenschutz und Wahrung des Postgeheimnisses im Bereich der Telekommunikation vgl. VO vom 11. 12. 1997 (BGBl. I 2910).

**Telekommunikationslinien, Telekommunikationswege.** Die Benutzung der Verkehrswege und sonstiger Grundstücke für Zwecke der Telekommunikation ist im → Telekommunikationsgesetz (TKG) geregelt. Nach § 50 TKG hat der Bund das ausschließliche Recht, öffentliche Wege unentgeltlich für Zwecke der Telekommunikation zu nutzen. Er kann dieses Recht auf Lizenznehmer übertragen. An bereits vorhandenen Leitungen besteht ein entsprechendes Mitbenutzungsrecht, wenn die Neuerrichtung einer Linie unverhältnismäßigen Aufwand erfordert (§ 51 TKG). Die Errichtung von T. erfordert angemessene Rücksichtnahme (§ 52 TKG), auch auf die Wegesituation (§ 53 TKG), Schonung von Baumpflanzen (§ 54 TKG). Andere Grundstücke als öffentliche Wege können aufgrund von Dienstbarkeiten oder dann genutzt werden, wenn das Grundstück durch die Benutzung nicht oder nur unwesentlich beeinträchtigt wird (§ 57 Abs. 1 TKG). Das Entgelt regelt § 57 Abs. 2 TKG.

**Telekommunikationswege** → Telekommunikationslinien.

**Teleologische Interpretation** → Auslegung (1 b).

**Telex** → telefonische/telegrafische Einlegung von Rechtsmitteln.

**Tempo-30-Zone** → Fahrgeschwindigkeit.

**Tempusprinzip** → Rang von Grundstücksrechten.

**Tendenzbetriebe** sind Unternehmen, die (mindestens überwiegend) politischen, koalitionspolitischen, konfessionellen, karitativen, erzieherischen, wissenschaftlichen oder künstlerischen Zwecken oder solchen der Berichterstattung oder Meinungsbildung dienen. Sie unterliegen nur beschränkt dem → Betriebsverfassungsgesetz. Die Vorschriften über den → Wirtschaftsausschuß sind unanwendbar, diejenigen über → Betriebsänderungen nur beschränkt anwendbar; alle anderen Bestimmungen – z. B. über → Mitbestimmung – sind unanwendbar, soweit sie der Eigenart des T. entgegenstehen (§ 118 BetrVG).

**Tenor** → Urteilsformel.

**Termin** → Frist.

**Termineinlagen** → Bankeinlagen.

**Termingeschäft** → Börsentermingeschäft, → Differenzgeschäft, → Fixgeschäft.

**Territoriale Verteidigung** (TV) ist die Bezeichnung für die unter nationalem Kommando stehenden Truppen der Bundeswehr. Sie hat die Operationsfreiheit der NATO-Streitkräfte in der BRep. aufrechtzuerhalten, die militärische Ordnung und Sicherheit im rückwärtigen Gebiet zu gewährleisten, die Logistik der deutschen und NATO-integrierten Verbände sicherzustellen sowie die Maßnahmen der zivilen Verteidigung zu unterstützen. Das Kommando-TV ist dem BMVg nachgeordnet. Diesem unterstehen 5 Wehrbereichskommandos auf Landes-, Verteidigungsbezirkskommandos auf Regierungsebene sowie örtliche Kommandostellen.

**Territorialgewässer.** Anders als bei den → Küstengewässern ist bei den T. (Eigengewässern) die Ausübung der staatlichen Hoheit keinen Beschränkungen durch → Völkergewohnheitsrecht unterworfen. Zum T. zählen die Wattenmeere zwischen dem Festland und einer der Küste vorgelagerten Inselkette (z. B. ost- und westfriesische Inseln), Flußmündungen, Häfen, ferner Meeresbuchten, wenn ihre Mündung ins offene Meer nicht breiter als 24 Seemeilen und das ganze Ufer der Bucht im Besitz eines Staates ist. S. a. → Seerecht.

**Territorialhoheit, -staat.** Während der Staatsbegriff der neueren Zeit das Vorhandensein eines *Staatsgebiets,* eines *Staatsvolks* und einer *Staatsgewalt* voraussetzt (→ Staat), ist er rechtsgeschichtlich in einem anderen Sinne zu verstehen. Danach waren Staatengebilde in früheren Zeiträumen schon alle Volksverbände, in denen eine von keiner übergeordneten rechtlichen Institution abgeleitete Herrschaftsgewalt bestand. Solche Staatengebilde hatten sich im alten deutschen Recht auf personaler Grundlage entwickelt; so z. B. Stammesstaaten, in denen neben einer zentralen Gewalt eine den Teilverbänden – insbes. der Sippe – überlassene Selbstverwaltung bestand. Mit zunehmender Seßhaftigkeit der Völkerschaften trat zu der personalen Grundlage der Staatsgewalt das *Territorium* (Staatsgebiet), zunächst nur mit breitem Grenzsaum, später mit festen Grenzen. In dem sich so entwickelnden *Territorialstaat* kam dem (weltlichen oder geistlichen) Landesherrn die *Territorialhoheit* zu, die aber bei den dem König nachgeordneten Ständen zunächst beschränkt war und sich mit dem Übergang vom → Lehensstaat zum → Ständestaat erst allmählich erweiterte. Im Deutschen Reich erlangten die Reichsstände im Westfälischen Frieden 1648 die volle T.hoheit; dadurch wurde das Reich zu einer Föderation selbständiger Staaten, die unmittelbare Beziehungen zu fremden Staaten unterhielten. Über die T. im heutigen staatsrechtlichen Sinne → Staatsgebiet.

**Territorialitätsprinzip** (im Strafrecht) → Geltungsbereich des Strafrechts; (im Zivilrecht) → Internationales Privatrecht (lex rei sitae); (in der Sozialversicherung) → Ausländer in der Sozialversicherung.

**Terrorismus.** Über die Bekämpfung des T.s. das Europ. Übereinkommen vom 27. 1. 1977 (BGBl. 1978 II 322) und das Ges. zur Bekämpfung des T. vom 19. 12. 1986 (BGBl. I 2566), sowie im folg.

**Terroristische Vereinigungen** sind Zusammenschlüsse auf längere Dauer und unter organisatorischer Willensbildung, deren Tätigkeit oder Hauptzweck auf die Begehung von Mord, Totschlag oder Völkermord, erpresserischen Menschenraub oder Geiselnahme oder auf bestimmte → gemeingefährliche Straftaten gerichtet ist (Brandstiftung, Sprengstoff- oder Strahlungsverbrechen, Überschwemmung, gefährliche Eingriffe in den Bahn-, Schiffs- und Luftverkehr, Störung öffentlicher Betriebe, Luft- und Seepiraterie oder gemeingefährliche Vergiftung). Die Gründung, Beteiligung an ihnen, ihre Unterstützung und die Werbung für sie werden nach § 129a StGB mit Freiheitsstrafe von 6 Mon. bis zu 5 Jahren bestraft. → Rädelsführer und Hintermänner sind mit höherer Strafe bedroht. Bei Mitläufern kann die Strafe gemildert werden. Bei tätiger Reue kann das Gericht die Strafe mildern oder von Strafe absehen, insbes. bei rechtzeitiger Anzeige bei der Behörde, so daß Straftaten noch verhindert werden können, oder bei freiwilligem und ernstlichem Bemühen, Straftaten zu verhindern oder die t. V. aufzulösen. S. a. → Kronzeuge.

**Test** (Veröffentlichung) → Warentest.

**Testament.** 1. Das T. ist eine vom → Erblasser einseitig getroffene → Verfügung von Todes wegen; in der dieser i. d.R. den → Erben bestimmt (§ 1937 BGB) und damit die gesetzliche durch die gewillkürte → Erbfolge ersetzt. Der Erblasser kann durch T. jedoch auch lediglich einen Verwandten oder den Ehegatten von der gesetzlichen Erbfolge ausschließen, ohne einen Erben einzusetzen (→ Enterbung, § 1938 BGB), ein → Vermächtnis (§ 1939 BGB) oder eine → Auflage (§ 1940 BGB) anordnen oder sonstige Regelungen für den Todesfall treffen (→ Verfügung von Todes wegen; dort auch über Gebiet ehem. DDR). Der Erblasser kann ein T. nur persönlich errichten (§ 2064 BGB), also sich weder im Willen noch in der Erklärung vertreten lassen; eine Beratung sowie ein Beistand (z. B. bei der Errichtung einer öffentlichen Testamentsurkunde) sind jedoch zulässig. Voraussetzung einer wirksamen Testamentserrichtung ist die → *Testierfähigkeit* des Erblassers („Testators"). In der Bestimmung des Inhalts des T. ist der Erblasser grundsätzlich frei (→ *Testierfreiheit*).

2. Man unterscheidet das *ordentliche* und das *außerordentliche* T., das nur in besonderen (meist Not-)Fällen errichtet werden kann:

a) Das ordentliche T. kann in der Form des *öffentlichen T.* oder des *eigenhändigen T.* errichtet werden (§ 2231 BGB). Zwar haben diese beiden Formen untereinander denselben Rang, doch hat das öffentliche T. weitergehende Bedeutung; so ersetzt es z. B. für den Nachweis der → Erbfolge im Grundbuch den sonst erforderlichen → Erbschein (§ 35 GBO). Beim *eigenhändigen (holographischen) T.* muß die letztwillige Verfügung vom Erblasser zwingend eigenhändig (Unterstützung schadet nicht) in einer verständlichen Sprache und Schrift geschrieben – nicht z. B. mit der Schreibmaschine! – und unterschrieben sein (§ 2247 I BGB). Die Unterschrift soll den Familien- und den Vornamen des Erblassers enthalten; es genügt aber auch jede andere Unterzeichnung, die keinen Zweifel an der Person des Erblassers offen läßt. Zeit und Ort der T.errichtung sollen gleichfalls angegeben werden; ihr Fehlen schadet nur, wenn dadurch die Geltung des T., z. B. gegenüber einem anderen T., nicht mit Sicherheit festgestellt werden kann (§ 2247 II, V BGB; → Widerruf des T.). Das eigenhändige T. kann der Erblasser in amtliche Verwahrung geben (§ 2248 BGB); es wird dadurch nicht zum öffentlichen T. und bleibt – anders als dieses – bei der Rücknahme aus der Verwahrung wirksam.

b) Das *öffentliche T.* wird zur Niederschrift eines → Notars errichtet (§ 2231 Nr. 1 BGB), indem der Erblasser dem Notar seinen letzten Willen mündlich erklärt (bloßes Kopfnicken, Gebärden usw. genügen nicht) oder ihm eine Schrift mit der Erklärung übergibt, daß die Schrift seinen letzten Willen enthalte. Der Erblasser kann die Schrift offen oder verschlossen übergeben; sie braucht nicht von ihm geschrieben zu sein (§ 2232 BGB). Ein minderjähriger Erblasser kann ein ö. T. nur durch mündliche Erklärung oder Übergabe einer offenen Schrift, ein Blinder nur durch mündliche Erklärung, ein Stummer nur durch Übergabe einer Schrift errichten (§ 2233 BGB). Über die *Errichtung* ist eine *Niederschrift* nach den Vorschriften des BeurkundungsG vom 28. 8. 1969 (BGBl. I 1513) aufzunehmen, die einen bestimmten Inhalt haben, dem Erblasser vorgelesen und von diesem und den auf sein Verlangen mitwirkenden weiteren Personen (Zeugen u. a.) genehmigt werden muß; Besonderheiten gelten auch hier für gebrechliche Erblasser (§§ 8 ff., 27 ff. BeurkG). Der Notar soll veranlassen, daß das ö.T. anschließend unverzüglich in amtliche Verwahrung gebracht wird (§ 34 BeurkG). Die Rücknahme hieraus gilt beim ö.T. – anders als beim eigenhändigen T. – zwingend als → *Widerruf* des T. (§ 2256 BGB).

3. Ein sog. *außerordentliches T. (Nottestament)* ist für Fälle vorgesehen, in denen der Erblasser nicht (mehr) in der Lage ist, ein öffentliches T. vor einem Notar zu errichten. Ist zu besorgen, daß der Erblasser vorher sterben werde, so kann das außerord. T. vor dem zuständigen Bürgermeister, der zwei Zeugen zuzuziehen hat, als öffentliches Testament errichtet werden (*Bürgermeistertestament, Dorftestament,* § 2249 BGB). Ist dies nicht möglich oder ist der Aufenthaltsort des Erblassers so abgesperrt, daß ein öffentl. T. vor einem Notar nicht errichtet werden kann, so kann es durch mündliche Erklärung gegenüber drei – während der ganzen T.errichtung anwesenden – Zeugen errichtet werden (*Dreizeugentestament,* § 2250 BGB). Ein solches T. kann jederzeit auch an Bord eines deutschen Schiffes außerhalb eines inländischen Hafens errichtet werden (*Seetestament,* § 2251 BGB). In jedem Fall ist über das außerord. T. eine Niederschrift aufzunehmen, die den unter II genannten Grundsätzen entsprechen muß (der Bürgermeister tritt z. B. an die Stelle des Notars). Alle außerord. T. verlieren 3 Monate nach ihrer Errichtung bzw. dem Wegfall des Hindernisses, ein öffentliches Testament zu errichten, ihre Wirksamkeit, sofern sie nicht als eigenhändiges Testament angesehen werden können (§ 2252 BGB). Besonderheiten gelten für das Konsulartestament (Errichtung vor einer deutschen Auslandsvertretung, § 11 d KonsularG vom 11. 9. 1974, BGBl. I 2317).

**Testamentsanfechtung** → Anfechtung letztwilliger Verfügungen; s. a. → Sittenwidrigkeit.

**Testamentsaufhebung** → Widerruf des Testaments.

**Testamentsauslegung** → Auslegung von Verfügungen von Todes wegen.

**Testamentseröffnung.** Das → Nachlaßgericht hat nach dem → Erbfall ein in seiner Verwahrung befindliches → Testament (andere Testamente sind unverzüglich an das Nachlaßgericht abzuliefern, § 2259 BGB) in einem besonderen Termin zu eröffnen und zu verkünden; der Erblasser kann dies nicht verbieten (§ 2263 BGB). Zu diesem Termin sollen die gesetzlichen Erben des Erblassers und die sonstigen Beteiligten – insbes. Vermächtnisnehmer, Testamentsvollstrecker, soweit bekannt – geladen werden (§ 2260 BGB); nicht erschienene Beteiligte sind von dem sie betreffenden Inhalt des Testaments zu benachrichtigen (§ 2262 BGB).

**Testamentserrichtung** → Testament.

**Testamentsverkündung** → Testamentseröffnung.

**Testamentsvollstrecker.** Der → Erblasser kann zur Fürsorge für den → Nachlaß nach seinem Tode eine Vertrauensperson durch *Vollmacht* auch über den Tod hinaus mit seiner bzw. seiner Erben Vertretung beauftragen; diese Vollmacht ist jedoch grundsätzlich für die Erben frei widerruflich (vgl. § 168 BGB). Darüber hinaus kann der Erblasser zur Ausführung seines letzten Willens, auch gegenüber den Erben, durch → Verfügung von Todes wegen einen oder mehrere TV – diese gemeinschaftlich, aber auch nacheinander oder ersatzweise – ernennen (§§ 2197, 2224 BGB). Die Bestimmung der Person des TV kann einem Dritten oder dem → Nachlaßgerichtüberlassen werden (§§ 2198, 2200 BGB). Der TV ist nach

h. M. nicht → gesetzlicher Vertreter des Erben, sondern Träger eines Amts (→ Partei kraft Amts); da er vom Erblasser bestellt wurde, steht er – anders als der → Nachlaßpfleger und der → Nachlaßverwalter– nicht unter der ständigen Aufsicht des Nachlaßgerichts. Das *Amt* des TV beginnt mit der Annahme gegenüber dem Nachlaßgericht, wozu der vom Erblasser Bestimmte nicht verpflichtet ist (§ 2202 BGB); es endet mit dem Tode des TV, dem Fortfall seiner → Geschäftsfähigkeit (§§ 2225, 2201 BGB), durch jederzeit mögliche formlose → Kündigung (§ 2226 BGB), mit Entlassung durch das Nachlaßgericht auf Antrag eines Beteiligten bei Vorliegen eines wichtigen Grundes (z. B. grobe Pflichtverletzung oder Unfähigkeit, § 2227 BGB) sowie mit Erledigung seiner Aufgabe.

Der TV hat, soweit der Erblasser nichts anderes bestimmt hat (z. B. bloße Verwaltungsbefugnis, §§ 2208, 2209 BGB), die letztwilligen Verfügungen des Erblassers auszuführen (§ 2203 BGB), wobei er an Weisungen des Erben nicht gebunden ist. Soweit mehrere Erben vorhanden sind, hat er unter ihnen die Auseinandersetzung der → Erbengemeinschaft nach den Anordnungen des Erblassers, hilfsweise nach den gesetzlichen Vorschriften zu bewirken (§§ 2204, 2042 ff. BGB). Der TV hat insbes. den Nachlaß zu verwalten (§ 2205 BGB). Er ist berechtigt, den Nachlaß in Besitz zu nehmen, über Nachlaßgegenstände entgeltlich zu verfügen, → Nachlaßverbindlichkeiten zu berichtigen, Erklärungen abzugeben und Rechte für den Nachlaß geltend zu machen, im Rahmen einer ordnungsgemäßen Verwaltung neue Verbindlichkeiten für den Nachlaß einzugehen, denen der Erbe unbeschadet seines Rechts auf → Beschränkung der Erbenhaftung zustimmen muß usw. (§§ 2206, 2207 BGB). Als notwendige Folge kann der Erbe über einen der Verwaltung des TV unterliegenden Nachlaßgegenstand nicht verfügen (→ Verfügungsverbot); der → gutgläubige Erwerb eines Dritten wird jedoch geschützt (§ 2211 BGB). Der TV hat die alleinige → Prozeßführungsbefugnis für Ansprüche und Rechte, die seiner Verwaltung unterliegen (§ 2212 BGB); das Urteil erwächst auch gegenüber dem Erben in → Rechtskraft (§ 327 ZPO). Nachlaßverbindlichkeiten können sowohl gegen den TV wie gegen den Erben geltend gemacht werden (§ 2213 BGB); zur Zwangsvollstreckung benötigen jedoch die Nachlaßgläubiger einen Titel gegen den TV (§ 748 ZPO). – Ein TV kann auch lediglich zur Wahrnehmung der Rechte und Pflichten des → Nacherben oder eines → Vermächtnisnehmers bestellt werden (§§ 2222, 2223 BGB).

Der TV ist zur *ordnungsmäßigen Verwaltung* des Nachlasses nach den Anordnungen und Vorstellungen des Erblassers verpflichtet (§§ 2216, 2220 BGB). Auf sein Verhältnis zu dem Erben, dem er Nachlaßgegenstände, deren er nicht mehr bedarf, zur freien Verfügung herauszugeben hat, finden die Vorschriften über den → Auftrag entsprechende Anwendung (§§ 2217, 2218 BGB); so ist der TV insbes. zur → Rechnungslegung und Herausgabe des durch die Geschäftsführung Erlangten gegen Ersatz seiner Aufwendungen (§§ 666, 667, 670 BGB) sowie bei schuldhafter Verletzung seiner Pflichten zum Schadensersatz verpflichtet (§ 2219 BGB). Auf Antrag stellt ihm das Nachlaßgericht ein *Testamentsvollstreckerzeugnis* über seine Bestellung und den Umfang seiner Rechte aus; es unterliegt den entsprechend anwendbaren Vorschriften über den → Erbschein (§ 2368 BGB). Für die Führung seines Amts kann der TV grundsätzlich aus dem Nachlaß eine angemessene Vergütung verlangen (§ 2221 BGB).

**Testamentswiderruf** → Widerruf des Testaments, → Widerruf des gemeinschaftlichen Testaments.

**Testator** → Testament (1).

**Testierfähigkeit.** Die T. ist, obwohl eine Unterart der allgemeinen → *Geschäftsfähigkeit*, besonders ausgestaltet. Testierunfähig, d. h. unfähig, ein wirksames → Testament zu errichten, ist ein Minderjähriger vor Vollendung des 16. Lebensjahres sowie jeder, der wegen krankhafter Störung der Geistestätigkeit, wegen Geistesschwäche oder Bewußtseinsstörung nicht in der Lage ist, die Bedeutung einer von ihm abgegebenen Willenserklärung einzusehen und nach dieser Einsicht zu handeln (§ 2229 BGB). Daneben sind faktisch testierunfähig Stumme und Taube, die schreibunkundig oder -unfähig sind und mit denen eine Verständigung völlig unmöglich ist. Minderjährige über 16 Jahre bedürfen zur Testamentserrichtung nicht der Zustimmung ihres gesetzlichen Vertreters (§ 2229 II BGB), können aber kein eigenhändiges Testament errichten (§ 2247 II BGB) und auch öffentlich nur durch mündliche Erklärung oder Übergabe einer offenen Schrift testieren (§ 2233 BGB). Beschränkt, d. h. in bestimmten Formen testierfähig sind ferner Blinde, schreibfähige Stumme und Taubstumme, die nicht die Taubstummensprache beherrschen (§§ 22 ff., 31 des BeurkundungsG vom 28. 8. 1969, BGBl. I 1513). Zur Feststellungslast hins. der T. im Erbscheinsverfahren → Beweislast.

**Testierfreiheit.** Der → Erblasser kann den Inhalt seiner → Verfügung von Todes wegen grundsätzlich frei bestimmen, soweit er nicht durch einen → Erbvertrag oder wechselbezügliche Verfügungen in einem → gemeinschaftlichen Testament hieran gehindert ist. Ihre Grenze findet die T. in dem allgemeinen Verbot der → Sittenwidrigkeit (§ 138 BGB) sowie in den Vorschriften über das Pflichtteilsrecht naher Angehöriger (→ Pflichtteil), das nur unter ganz bestimmten engen Voraussetzungen (→ Pflichtteilsunwürdigkeit, → Pflichtteilsentziehung) entzogen werden kann. Der Erblasser kann sich seiner T. weder durch → Rechtsgeschäft begeben – ein Vertrag, durch den er sich zur Errichtung, Nichterrichtung, Aufhebung usw. eines Testaments verpflichten würde, wäre nichtig (§ 2302 BGB) – noch es vom Willen eines anderen abhängig sein lassen, ob eine Verfügung von Todes wegen gelten soll oder nicht; er kann auch bei der Erbeinsetzung einem Dritten nicht die Bestimmung der Person und des Gegenstandes der Zuwendung überlassen (§ 2065 BGB). Ausnahmen hiervon gelten beim → Vermächtnis (§§ 2151 ff. BGB), bei der → Auflage (§§ 2192 f. BGB), beim → Testamentsvollstrecker (§§ 2198 ff. BGB) und bei der Auseinandersetzung der → Erbengemeinschaft (§ 2048 BGB).

**Textilkennzeichnung.** Nach § 1 des Textilkennzeichnungsgesetzes i. d. F. vom 14. 8. 1986 (BGBl. I 1285) dürfen überwiegend aus textilen Rohstoffen hergestellte Waren sowie Möbelbezüge und textile Bodenbeläge (vgl. § 2 des Ges.) gewerbsmäßig nur in Verkehr gebracht oder eingeführt werden, wenn sie mit einer Angabe über Art und Gewichtsanteil der verwendeten textilen Rohstoffe versehen sind (Rohstoffgehaltsangabe), die den Anforderungen der §§ 3–9 entspricht. Verstöße gegen das Gesetz werden als → Ordnungswidrigkeiten geahndet. Zur Anpassung an die Normen der → Europäischen Gemeinschaften s. VO vom 29. 7. 1974 (BGBl. I 1609).

**Theater** werden vom Staat und von Gebietskörperschaften (Staatstheater, städtische Theater), aber auch von privaten Unternehmern betrieben. Für letztere hatte § 32 GewO ursprünglich eine besondere Erlaubnispflicht begründet (Nachweis der → Zuverlässigkeit und ausreichender Mittel). Die Regelung wurde durch das TheaterG vom 15. 5. 1934 (RGBl. I 411) abgelöst, das seinerseits durch die Besatzungsmächte außer Kraft gesetzt wurde. Zum Theater (Musiktheater, Sprechtheater) als Disziplin der Kunst s. Art. 5 III GG (Freiheit der → Kunst). Theatergebäude müssen den für sie bestehenden besonderen bau- und sicherheitsrechtlichen Vorschriften entsprechen; landesrechtliche Vorschriften hierzu regeln insbes. den Feuerschutz. S. hierzu auch → Lichtspieltheater. Darbietungen ohne höheres Interesse der Kunst oder Wissenschaft unterliegen, soweit sie gewerbsmäßig veranstaltet werden, der Erlaubnispflicht nach § 33 a GewO; s. → Schaustellungen von Personen. Über arbeitsrechtliche Streitigkeiten der beim Th. Beschäftigten entscheidet ein (ständiges) Bühnenschiedsgericht im → schiedsrichterlichen Verfahren.

**Theaterkarten** sind → Inhaberzeichen.

**Theatralische Darbietungen** (gewerbliche) → Schaustellungen von Personen.

**Theokratie** (griech.; Gottesherrschaft) ist die Bezeichnung für eine Herrschaftsform, bei der religiöse und staatliche Ordnung identisch sind, also entweder in der Hand derselben Organe, nämlich der religiösen Oberhäupter, liegen (so die mosaische Th.) oder wenigstens von diesen beherrscht werden. Die Th. unterscheidet sich insofern von dem von Augustinus geprägten Begriff des → Gottesstaates, in dem weltliche und geistliche Organisation nebeneinander bestehen, dessen Ziel aber die Verwirklichung der Herrschaft Gottes auf Erden ist. Noch stärker ausgeprägt ist die Herrschaft der religiösen Oberen in der *Hierokratie* (Priesterherrschaft), in der die Regierungsgewalt ausschließlich von Klerikern als den Stellvertretern Gottes wahrgenommen wird; diese Herrschaftsform bestand in Tibet bis zur Besetzung durch die Volksrepublik China (Lamaismus). Eine Ausstrahlung theokratischer Grundgedanken war im Mittelalter die → Zweischwerterlehre. Dagegen nimmt der → Papst eine Doppelstellung als geistliches Oberhaupt der Kirche und weltlicher Herrscher im Vatikanstaat ein.

**Theologische Hochschule** → Hochschule.

**Thing** war im germanischen Recht die mit Souveränitätsrechten ausgestattete Versammlung der Freien des Stammesverbandes. Sie trat als echtes T. in regelmäßigen Zeitabständen, als gebotenes T. in Eilfällen zusammen und beschloß (einstimmig) über die gemeinsamen Angelegenheiten. Das T. war zugleich Opfer-, Gerichts- und Heeresversammlung; es stand unter der Leitung des Stammesfürsten, soweit nicht ein Priester die kultischen Handlungen leitete. Die adeligen Teilnehmer erlangten als Berater des Fürsten in den Verwaltungsangelegenheiten eine zunehmend stärkere Stellung, zumal die *Thingpflicht* die Stammesangehörigen stark belastete; sie bereiteten die Entscheidungen vor, die von der Vollversammlung nur angenommen oder abgelehnt werden konnten. Die Vollstreckung der Beschlüsse oblag dem Stammesfürsten oder einem von ihm bestellten Adeligen. In der Gerichtsbarkeit wurde das gebotene T. schließlich nur noch von sieben ständigen Schöffen wahrgenommen (→ Feme).

**Thomas Morus (More)** → Staatsutopien.

**Thomasius, Christian** (1655–1728), Hochschullehrer, bedeutender Vertreter des → Naturrechts, entwickelte die rechtsphilosophischen Lehren → Pufendorfs weiter. Er unterschied zwischen dem göttlichen Recht, das für den inneren Bereich der Seele und des Gewissens gilt, und dem natürlichen Recht, nach dem sich die äußere Ordnung des Staates und der Gesellschaft bestimmt. In seinen Schriften hat sich T. für die Verbreitung von Gedanken der Aufklärung eingesetzt und dadurch nachhaltigen Einfluß auf das deutsche Geistesleben des beginnenden 18. Jh. ausgeübt.

**Thronprätendent** wird im Staatsrecht derjenige genannt, der in einer Monarchie auf Grund Erbfolgerechts oder aus einem anderen Rechtsgrund – etwa vor einer Wahl – Ansprüche auf den Thron erhebt; in der Gegenwart z. B. Angehörige der Dynastien Bonaparte und Orléans auf den französischen Thron.

**Thronverzicht** → Abdikation.

**Thüringen** ist Land der → Bundesrepublik Deutschland. T. wurde durch das Ländereinführungsgesetz der ehemaligen DDR vom 22. Juli 1990 (GBl. I Nr. 51 S. 955) mit Wirkung vom 3. Oktober 1990 errichtet und seit dem selben Tag gem. dem → Einigungsvertrag mit dem Wirksamwerden des → Beitritts Land der BRep. Zunächst galt die Vorläufige Landessatzung vom 7. 11. 1990 (GBl. 1) Die Verfassung des Freistaats Thüringen (ThürVerf) vom 25. 10. 1993 (GVBl. 625) ist am 30. 10. 1993 vorläufig, mit der Bestätigung durch den Volksentscheid vom 16. 10. 1994 endgültig in Kraft getreten. Die Verfassung regelt in Art. 1–43 Grundrechte, Staatsziele und Ordnung des Gemeinschaftslebens. Nach Art. 44 ThürVerf ist der Freistaat T. ein demokratischer, sozialer und dem Schutz der natürlichen Lebensgrundlagen verpflichteter Rechtsstaat. Nach Art. 47 ThürVerf steht die Gesetzgebung dem Landtag (Art. 48 ff.) und dem Volk zu (Volksbegehren, Volksentscheid; vgl. Art. 82, 83), die vollziehende Gewalt liegt bei der Regierung (Art. 90 ff.) und den Verwaltungsorganen, die rechtsprechende Gewalt (Art. 86 ff.) wird durch unabhängige Gerichte ausgeübt. Die Landesregierung besteht aus dem Ministerpräsidenten und den Ministern. Der Ministerpräsident wird vom Landtag gewählt; er ernennt und entläßt die Minister (Art. 70), bestimmt die Richtlinien der Regierungspolitik und vertritt das Land nach außen (Art. 76, 77). Es besteht ein Verfassungsgerichtshof (Art. 79, 80; Ges. über den Thüringer Verfassungsgerichtshof vom 28. 6. 1994, GVBl. 781) mit ausgedehnter Zuständigkeit (u. a. Entscheidungen über Verfassungsbeschwerden, die von jedem mit der Behauptung erhoben werden kann, durch die öffentl. Gewalt in seinen Grundrechten, grundrechtsgleichen oder staatsbürgerlichen Rechten verletzt zu sein).

**Tiefflüge** → Luftverkehrshaftung.

**Tiefseebergbau** → Festlandsockel.

**Tier.** T. sind als solche keine → Sachen; sie werden durch bes. Gesetze geschützt (→ Tierschutz, → Schadensersatz 2 a, → Unpfändbarkeit). Ergänzend gelten jedoch die Vorschriften über Sachen entsprechend (§ 90 a BGB). Zur Haftung für T. → unerlaubte Handlung (4 a). S. ferner → Notstand (2) u. im folg.

**Tierarzt.** Die Ausübung des Berufs als T. sowie die Führung der Berufsbezeichnung ist nach §§ 2, 3 der Bundes-tierärzteordnung i. d. F. vom 20. 11. 1981 (BGBl. I 1194) i. d. R. – Ausnahmen: § 11 – von der Approbation als T. abhängig. Diese setzt u. a. das Bestehen der tierärztlichen Prüfung nach einer Regelstudienzeit von 5½ Jahren und körperliche und geistige Eignung des Antragstellers voraus; vgl. § 4 Approbationsordnung für Tierärzte vom 22. 4. 1986 (BGBl. I 600), die vor allem Ausbildungs- und Prüfungsvorschriften enthält. Bei Erfüllung der Voraussetzungen besteht ein Rechtsanspruch auf Approbation. Zur Gleichstellung von EG-Abschlüssen s. § 4 I a und das Änd. Ges. vom 23. 3. 1992 (BGBl. I 719). Die BTierärzteO regelt ferner das Verfahren bei Erteilung, Rücknahme, Ruhen und Verzicht auf die Approbation. Unbefugte Berufsausübung und Führung der Berufsbezeichnung ist durch § 14 bzw. § 132 a StGB unter Strafe gestellt. Zur Schweigepflicht vgl. §§ 203, 204 StGB, zur berufsständischen Organisation s. Kammern, Berufsgerichte. Die Gebühren richten sich nach der GebO vom 23. 2. 1988 (BGBl. I 191). Für Angehörige der EG-Gliedstaaten mit nach § 4 I a gleichwertigen Abschlüssen gilt gem. § 11 a BTO grundsätzlich → Niederlassungsfreiheit neben der nach § 4 I a gewährleisteten Freiheit des → Dienstleistungsverkehrs in Einzelfällen. Für das Gebiet der ehem. DDR ist die nach § 2, 3 errechnete Gebühr um 20% zu vermindern (Anl. I zum EinigV Kap. X Sachgeb. G Abschn. III Nr. 1).

**Tierärztliche Hochschule** → Hochschule.

**Tiere im Straßenverkehr.** Haus- und Stalltiere, die den Verkehr gefährden können, müssen auf der Straße einen geeigneten Führer haben, der ausreichend auf sie einwirken kann. T. dürfen von Kfz. und Fahrrädern aus nicht geführt werden (bei letzteren Hunde ausgenommen). Reiter, Führer von Pferden und Viehtreiber müssen die Vorschriften über den Fahrverkehr beachten (§ 28 StVO; dort auch über Beleuchtung). Bei Schadensverursachung durch ein Kfz. und ein T. bestimmt sich der Schadensausgleich nach § 17 StVG (→ Straßenverkehrshaftung, 2).

**Tierhalter** → unerlaubte Handlung (4 a); s. a. → Tierschutz. Bösartige oder gefährliche Tiere einer wild lebenden Art darf der T. nicht frei umherlaufen lassen. Tierhalter und -hüter müssen die erforderlichen Vorsichtsmaßnahmen treffen, um Schädigungen durch das Tier zu verhüten. Zuwiderhandlungen können mit Geldbuße geahndet werden (§ 121 OWiG). Hundehaltung im Freien ist durch VO vom 6. 6. 1974 (BGBl. I 1265) geregelt. S. a. → Kampfhunde.

**Tierhüter** → unerlaubte Handlung (4 a); s. a. → Tierschutz.

**Tierkörperbeseitigung.** Tierkörper (verendete, totgeborene oder ungeborene Tiere sowie getötete Tiere, die nicht zum menschlichen Genuß verwendet werden), bestimmte Tierkörperteile und gewisse Erzeugnisse sind nach dem Tierkörperbeseitigungsgesetz vom 2. 9. 1975 (BGBl. I 2313) so zu beseitigen, daß keine Gefahren für die Gesundheit von Mensch und Tier eintreten, Gewässer und Boden nicht verunreinigt, keine schädlichen Umwelteinflüsse herbeigeführt und die öff. Sicherheit und Ordnung auch nicht in sonstiger Weise gefährdet werden. Bestimmte Tierkörper und -teile dürfen grundsätzlich nur in T.sanstalten beseitigt werden. Bestimmte einzelne Tiere (z. B. Hunde und Katzen) dürfen auf zugelassenen Plätzen oder auf eigenem Gelände begraben werden (§ 5 II). Es bestehen Melde-, Abholungs- und Ablieferungspflichten (§§ 9ff.). Zuwiderhandlungen können als → Ordnungswidrigkeiten verfolgt werden (§ 19). Die Einrichtung von T.sanstalten (dazu VO vom 1. 9. 1976, BGBl. I 2587) ist Sache der von den Ländern für zuständig erklärten Körperschaften des öff. Rechts. Ausführungsgesetze der Länder, z. B. bayer. Ges. vom 11. 8. 1978 (GVBl. 525); NRW Ges. vom 15. 7. 1976 (GVBl. 267).

**Tierquälerei** → Tierschutz.

**Tierschadenshaftung** → unerlaubte Handlung (4 a), → Wildschaden.

**Tierschutz.** 1. T.Ges. i. d. F. vom 25. 5. 1998 (BGBl. I 1105) dient dem Zweck, Leben und Wohlbefinden von Tieren zu schützen; niemand darf einem Tier ohne vernünftigen Grund Schmerzen, Leiden oder Schäden zufügen (§ 1). Wer ein Tier hält oder betreut, muß es seiner Art und seinen Bedürfnissen entsprechend angemessen ernähren, pflegen und unterbringen, muß über die dafür erforderlichen Kenntnisse und Fähigkeiten verfügen und darf die Möglichkeit des Tieres zu artgemäßer Bewegung nicht schmerzhaft oder schädlich einschränken (§ 2). Durch Rechtsverordnungen können die Anforderungen an Haltung und Beförderung von Tieren näher bestimmt werden. Eine Tierschutzkommission berät den Bundesminister vor dem Erlaß von Rechtsverordnungen und allg. Verwaltungsvorschriften (§ 16 b und VO vom 23. 6. 1987, BGBl. I 1557). Verboten ist u. a. die Überbeanspruchung bei Arbeitsleistungen, das Nudeln von Geflügel, das Aussetzen von Haustieren, um sich ihrer zu entledigen, und sonstige Eingriffe, die mit Schmerzen, Leiden oder Schäden für das Tier verbunden sind (§ 3). Wirbeltiere dürfen grundsätzlich nur unter Betäubung oder sonst schmerzlos getötet werden (§ 4). Ein warmblütiges Tier darf nur geschlachtet werden, wenn es vor Beginn des Blutentzuges betäubt worden ist; Ausnahmen gelten für Notschlachtungen und für das Schächten (Schlachten ohne Betäubung nach religiösem Ritus; s. dazu BVerwG NJW 1996, 672) von Tieren (§ 4 a). Ein mit Schmerzen verbundener Eingriff darf an einem Wirbeltier grundsätzlich nicht ohne Betäubung und an einem warmblütigen Wirbeltier nur durch einen Tierarzt vorgenommen werden (§ 5).

*Tierversuche* dürfen nur durchgeführt werden, wenn sie zum Vorbeugen, Erkennen oder Behandeln von Krankheiten oder dgl., zum Erkennen von Umweltgefährdungen, zur Prüfung von Stoffen auf ihre Unbedenklichkeit für Mensch oder Tier oder zur Wirksamkeit gegen tierische Schädlinge oder zur Grundlagenforschung unerläßlich sind. Schmerzhafte, Leiden verursachende oder schädliche Versuche an Wirbeltieren müssen im Hinblick auf den Versuchszweck ethisch vertretbar sein. Tierversuche zur Entwicklung von Waffen, Tabakerzeugnissen, Waschmitteln und Kosmetika sind grundsätzlich verboten (§ 7). Versuche an Wirbeltieren bedürfen der Genehmigung durch die zuständige Behörde (§ 8). Soweit Versuchsvorhaben keiner Genehmigung bedürfen (z. B. weil sie durch Gesetz ausdrücklich vorgeschrieben sind), müssen sie spätestens 2 Wochen vor Beginn der zuständigen Behörde angezeigt werden (§ 8 a – s. hierzu VO vom 1. 8. 1988, BGBl. I 1213). Träger von Einrichtungen, in denen Tierversuche an Wirbeltieren durchgeführt werden, haben einen Tierschutzbeauftragten zu bestellen (§ 8 b). Für die Durchführung von Tierversuchen bestehen ins einzelne gehende Vorschriften (§ 9). Insbesondere dürfen Versuche an Wirbeltieren grundsätzlich nur unter Betäubung und nur von wissenschaftlich entsprechend vorgebildeten Personen vorgenommen werden. Bei einem nicht betäubten Wirbeltier darf die Äußerung von Schmerzen nicht beeinträchtigt werden. Über Tierversuche sind Aufzeichnungen zu machen (§ 9 a – s. hierzu a. die VO vom 20. 5. 1988, BGBl. I 639). Auch die Zucht oder das Halten von Wirbeltieren zu Versuchszwecken, das Halten von Tieren in einem Tierheim und bestimmtes gewerbsmäßiges Tierhalten oder -handeln ist erlaubnispflichtig (§ 11).

*Quälerei* und grundlose Tötung eines Wirbeltieres werden mit Freiheitsstrafe bis zu 3 Jahren oder mit Geldstrafe, andere Zuwiderhandlungen gegen das T.Ges. werden als → Ordnungswidrigkeiten mit Geldbußen bis zu 50 000 DM, bei leichteren Verstößen bis zu 10 000 DM geahndet (§§ 17, 18). Außerdem kann ein erheblich vernachlässigtes Tier dem Halter fortgenommen und auf dessen Kosten anderweitig untergebracht oder getötet werden (§ 16 a). Auch kann auf → Einziehung des Tieres (§ 19) und bei Straftaten auf Tierhaltungs- und Handelsverbot für 1–5 Jahre oder für immer erkannt werden (§ 20). Zur Haltung von Legehennen vgl. die VO vom 10. 12. 1987 (BGBl. I 2622), zur Strafbarkeit insoweit s. BGH NJW 1987, 1883.

Den T. beim *Transport* regelt die VO vom 25. 2. 1997 (BGBl. I 348), im Zusammenhang mit Schlachtung und Tötung die VO vom 3. 3. 1997 (BGBl. I 405).

2. Die vor allem für die Rechtsentwicklung bedeutsamen tierschutzrechtlichen Bestimmungen des Europäischen → Gemeinschaftsrechts befassen sich mit Betäubung von Schlachttieren (Richtlinie vom 18. 11. 1978, ABl. EG L 316/1), internationalem Transport (Richtlinien vom 18. 7. 1977, ABl. EG L 200/1; 12. 5. 1981, ABl. EG L 150/1; 19. 11. 1991, ABl. EG L 340/17), Versuchstieren (Richtlinie vom 24. 11. 1986 ABl. EG L 358/1), sowie dem Schutz von Legehennen (Richtlinie vom 25. 3. 1986 ABl. EG L 74/83).

An tierschutzrechtlichen völkerrechtlichen Vereinbarungen sind zu nennen die Europäischen Übereinkommen über Tierschutz beim Internationalen Transport (BGBl. 1973 II 721) mit Zusatzprotokoll (BGBl. 1980 II 1153), hierzu auch die VOen vom 29. 3. 1983 (BGBl. I 409) und vom 22. 6. 1993 (BGBl. I 1078), über landwirtschaftliche Tierhaltung (BGBl. 1978 II 113), Schlachttiere (BGBl. 1983 II 770), Versuchstiere vom 18. 3. 1986 (BGBl. II 1990, 1486) und Heimtiere vom 13. 11. 1987 (Ges. vom 1. 2. 1991, BGBl. II 1991, 402); s. auch Fundstellennachweis B Sachgebiet XI 3 zu BGBl. II).

3. In einigen Ländern (z. B. Baden-Württemberg, Bayern, Berlin, Brandenburg, Bremen, Niedersachsen und Thüringen) ist der Tierschutz ausdrücklich in der Verfassung verankert (z. B. Art. 6 b Niedersächsiche Verfassung: „Tiere werden als Lebewesen geachtet und geschützt"); teilweise ist der Tierschutz in allgemeinen verfassungsrechtlichen Bestimmungen über den Umweltschutz mitgeregelt (z. B. Art. 10 I 2 Sächsische Verfassung: „Das Land hat insbesondere den Boden, die Luft und das Wasser, Tiere und Pflanzen sowie die Landschaft als Ganzes . . . zu schützen."). Die bundesrechtlichen Vorschriften des Tierschutzgesetzes gehen diesen Landesverfassungsbestimmungen vor. Das GG enthält keine Tierschutzklausel.

4. Besitz-, Haltungs- und Verkehrsverbote für geschützte *wildlebende Tiere* enthalten die Vorschriften des → Artenschutzes; s. ferner → Naturschutz. Zu den Schutzvorschriften des → Jagdrechts s. a. → Jagdschutz, → Jagd- und Schonzeiten. S. ferner → Vogelschutz.

**Tierseuchen.** Die Bekämpfung von T. ist durch das TierseuchenG i. d.F. vom 20. 12. 1995 (BGBl. I 2038), das BienenseuchenG i. d. F. vom 24. 11. 1995 (BGBl. I 1522) und die FischseuchenVO vom 21. 12. 1994 (BGBl. I 3930) geregelt. Es gilt für Seuchen bei Haustieren (d.s. alle von Menschen gehaltenen Tiere einschl. Bienen, jedoch nicht Fische) und Süßwasserfischen sowie bei anderen Tieren, von denen Seuchen auf Haustiere oder Süßwasserfische übertragen werden können; über anzeigepflichtige T. s. VO vom 23. 5. 1991 (BGBl. I 1178). Die Anordnung und Durchführung der Maßnahmen obliegt den zuständigen Behörden der Länder. Das Ges. sieht Maßnahmen zur Bekämpfung der Einschleppung von Seuchen aus dem Ausland vor, insbes. das Verbot der Einfuhr erkrankter oder verdächtiger Tiere. Für Tiere aus EG-Ländern gelten insoweit die besonderen Vorschriften der BinnenmarkttierseuchenschutzVO vom 31. 3. 1995 (BGBl. I 431) m. Änd. Für das Inland sind u. a. Anzeigepflichten sowie Ermittlungs- und Schutzmaßnahmen geregelt (z. B. Untersuchungen, Verkehrsbeschränkungen, Vorschriften über bauliche Einrichtungen, Erklärung von Schutzgebieten, Absonderungen, Verwertungsverbote, Sperren, Impfungen, Tötungen von Tieren). Müssen im Vollzug solcher Maßnahmen Tiere getötet werden, so hat der Eigentümer unter bestimmten Voraussetzungen einen Anspruch auf Entschädigung (§§ 66 ff.). Die §§ 74 ff. enthalten Straf- und Bußgeldvorschriften. Über tierseuchenrechtliche Einfuhrvorschriften (u. a. für Hunde, Geflügel, Papageien, Futtermittel) s. die VOen vom 19. 7. 1983 (BGBl. I 966–1017); vgl. ferner für Klauentiere die VOen i. d.F. vom 13. 12. 1982 (BGBl. I 1690) m. Änd. und i. d. F. vom 12. 3. 1987 (BGBl. I 911), für Einhufer die VO vom 13. 12. 1982 (BGBl. I 1713) m. Änd.; SchweinepestVO i. d.F. vom 21. 10. 1994 (BGBl. I 3163) und GeflügelpestVO i. d.F. vom 21. 12. 1994 (BGBl. I 3930) m. Änd. S. a. → Fleischhygiene.

**Tierversicherung.** Die T. ist eine Art der → Schadensversicherung, bei der der Versicherer für den Schaden einzustehen hat, der durch den Tod (Verenden, Nottötung) eines versicherten lebenden Tieres entsteht. Die sog. *Schlachtviehversicherung* für das Fleisch getöteter Tiere ist dagegen eine normale Schadensversicherung. Für die T. gelten über die allgemeinen Bestimmungen hinaus (→ Schadensversicherung, Versicherungsvertrag) in §§ 116 ff. VVG Sondervorschriften: So ist die Haftung des Versicherers ausgeschlossen bei Tötungen im Krieg oder aufgrund einer Seuche (hier nur, sofern dem Versicherungsnehmer ein Ersatzanspruch zusteht). Etwaige Ansprüche auf → Gewährleistung aus → Viehkauf gehen auf den Versicherer über. Erhebliche Erkrankungen sind dem Versicherer unverzüglich anzuzeigen; ein → Tierarzt ist zuzuziehen. Bei grober Vernachlässigung der Pflichten des Versicherungsnehmers oder Mißhandlung des Tieres wird der Versicherer von der Leistungspflicht frei. Eine Nottötung darf – ausgenommen in Eilfällen – nur mit Zustimmung des Versicherers vorgenommen werden. Das Versicherungsverhältnis endet mit Veräußerung des versicherten Tieres. Von der T. zu unterscheiden ist eine → Haftpflichtversicherung zur Abdeckung der von einem Tier verursachten Schäden.

**Tierversuche** → Tierschutz, → Gentechnik, → Künstliche Fortpflanzung.

**Tierzucht** → Landwirtschaft.

**Tilgung des Schuldspruchs** ist nach dem JGG vorgesehen, wenn der Jugendrichter das Strafurteil auf den Schuldspruch beschränkt, aber die Entscheidung über die Verhängung einer Jugendstrafe für eine Bewährungszeit (1–2 Jahre) aussetzt, und wenn sich nach deren Ablauf die Bestrafung als nicht erforderlich erweist. In diesem Falle wird die T. d.S. auf Grund einer Hauptverhandlung durch Urteil oder mit Zustimmung des Staatsanwalts ohne Verhandlung durch Beschluß angeordnet (§§ 27 ff., 62, 63 JGG). Der Vermerk über den S. wird aus dem → Strafregister entfernt (§ 13 II BZRG); der S. gilt als nicht ergangen (anders als bei Beseitigung des → Strafmakels, wo er bestehen bleibt).

**Tilgung einer Schuld** → Schuldverhältnis, → Erfüllung, → Aufrechnung, → Erlaßvertrag, → Hinterlegung.

**Tilgung von Strafvermerken** → Straftilgung; T. von → Disziplinarmaßnahmen s. dort; T. im → Verkehrszentralregister s. dort.

**Tilgungsanleihe** ist eine öffentliche Anleihe, bei der die Rückzahlung nach einem bestimmten Tilgungsplan vorgenommen werden soll. Die T. wird meist durch Ausgabe von → Inhaberschuldverschreibungen aufgenommen.

**Tilgungsbestimmung** → Erfüllung.

**Tilgungsdarlehen** → Tilgungshypothek.

**Tilgungshypothek** *(Amortisationshypothek)* ist eine im Gesetz nicht besonders geregelte → Hypothek, bei der der Schuldner zur Tilgung der zugrundeliegenden Forderung *(Tilgungsdarlehen)* jährlich gleichbleibende Leistungen (sog. *Annuitäten*) erbringt, die zunächst zur Abdeckung aufgelaufener Zinsen, im übrigen zur Kapitaltilgung verwendet werden. Bei allmählich sinkendem Kapital geht die Tilgung infolge des geringer werdenden Zinsbetrags immer rascher vor sich (Beispiel: 20 000 DM Hypothek, 5% Zins, 2000 DM jährliche Zahlung. 1. Jahr: 1000 DM Zins, 1000 DM Tilgung; 2. Jahr: 950 DM Zins aus 19 000 DM, 1050 DM Tilgung usw.). In Höhe des jeweils getilgten Kapitalbetrags entsteht eine → Eigentümergrundschuld. Die T. ist heute bei → Hypothekenbanken und bei → Bausparkassen weit verbreitet.

**Tilgungsquoten** → Zinsschuld, → Tilgungshypothek.

**Time-sharing** *(Teilzeitnutzungsrecht, Teilzeitwohnrecht)* ist das zu einem bestimmten Preis für mehrere Jahre oder auf Dauer erworbene Recht, eine Sache (insbes. Immobilie) während eines bestimmbaren Jahreszeitraums zu benutzen. Es wird vor allem für Ferienwohnungen in Urlaubsgebieten in gesellschafts-, vereins-, miet- oder sachenrechtlichen (→ Wohnungseigentum) Konstruktionen angeboten. Die EG hat zum Schutz der Erwerber von Teilzeitnutzungsrechten an Immobilien die Richtlinie 94/47/EG vom 26. 10. 1994 (ABl. EG L 280/83; vgl. NJW 1995, 375) erlassen, die im Teilzeit-WohnrechteG vom 20. 12. 1996 (BGBl. I 2154) umgesetzt worden ist. Dieses Ges. erfaßt alle Verträge über T. für Wohngebäude mit einem Gesamtpreis und einer Laufzeit von mindestens 3 Jahren. Geschützt sind private Erwerber gegenüber Veräußerern, die gewerblich oder beruflich handeln. Sie haben Anspruch auf umfassende Information durch Prospekt vor Vertragsschluß und durch Pflichtangaben im Vertrag. Dieser ist – soweit nicht aus anderen Gründen ohnehin notarielle Beurkundung erforderlich ist – schriftlich zu schließen. Der Vertrag kann vom Erwerber binnen 10 Tagen ab Zugang der Vertragsurkunde widerrufen werden, soweit eine ausreichende Belehrung über das Widerrufsrecht erfolgt ist. Ohne Belehrung beträgt die Frist 3 Monate. Rechtzeitige Absendung des Widerrufs innerhalb der Frist reicht aus. Während der Frist besteht ein Anzahlungsverbot. Die Wohnnutzungen, zu denen eine solche Wohn-„Aktie“ berechtigt, sind als Einkünfte aus Kapitalvermögen zu *versteuern*.

**T.I.R.-Transport** ist die Beförderung von Waren von einer Abgangszollstelle bis zu einer Bestimmungszollstelle. Das T.I.R.-Schild bekundet die ordnungsmäßige Zollabfertigung (→ Zollverfahren). T.I.R.-Abkommen europäischer Staaten vom 21. 5. 1979 (BGBl. II 445), zuletzt geändert 15. 3. 1996 (BGBl. II 314).

**Titel.** Für besondere Verdienste um die BRep. kann der Bundespräsident (Ehren-)Titel verleihen (§§ 1, 2 des Ges. über Titel, Orden und Ehrenzeichen – Ordensgesetz – vom 26. 7. 1957, BGBl. I 844). Die Bezeichnungen der T. und die Voraussetzungen ihrer Verleihung müssen durch Gesetz festgelegt sein. Da der Bundestag von diesem Gesetzgebungsrecht noch keinen Gebrauch gemacht hat, gibt es keine Bundes(ehren)titel. Auch die Länder haben die Befugnis, Ehrentitel zu verleihen. Erweist sich ein Beliehener durch sein Verhalten des Titels unwürdig oder wird ein solches Verhalten nachträglich bekannt, so kann der T. entzogen werden. Die Annahme und Führung eines *ausländischen* T. durch einen Deutschen bedarf der (widerruflichen) Genehmigung des BPräs. Die unbefugte Führung in- oder ausländischer T. ist nach § 132a StGB strafbar. Unter das Ordensgesetz fällt nicht die Verleihung von → akademischen Graden, → Amts- und Berufsbezeichnungen und kirchlichen T.

**Titel (vollstreckbarer)** ist im juristischen Sprachgebrauch die abgekürzte Bezeichnung für → Vollstreckungstitel.

**Titularbischof** → Bischof (1).

**Tochtergesellschaft** → Muttergesellschaft; s. a. → Durchgriffshaftung, → Konzern, → Organschaft.

**Tod.** Der genaue Zeitpunkt des T. des Menschen, der insbes. von Bedeutung ist für die → Transplantation, ist gesetzlich nicht definiert. Nach dem klassischen Begriff tritt der T. mit dem Stillstand von Atmung und Kreislauf (Herztod) ein. Wegen der Möglichkeiten zur Wiederbelebung sowie zur künstlichen Beatmung und Ernährung nach Ausfall des Gehirns ist nach dem Begriff des Hirntods maßgeblich der irreversible Funktionsausfall des gesamten Gehirns. Eine Legaldefinition hierzu enthält § 3 II Nr. 2 TPG; die Feststellung der Kriterien des T. wird dort aber Richtlinien der BÄrtzekammer nach § 18 I Nr. 1 TPG überlassen. S. a. → Rechtsfähigkeit, → Erbfall, → Erbfolge, → Todeserklärung.

**Tod der Prozeßpartei** oder ihres gesetzlichen Vertreters führt im → Zivilprozeß zur → Unterbrechung des Verfahrens (§§ 239, 241 ZPO). Findet in diesen Fällen eine Vertretung durch einen → Prozeßbevollmächtigten statt, so wird das Verfahren nicht unterbrochen, sondern lediglich auf Antrag ausgesetzt (§ 246 ZPO; → Aussetzung e. Verfahrens). Über die Verfahrenslage beim T. des Privatklägers und Nebenklägers s. → Tod des Angeklagten.

**Tod des Angeklagten** (Beschuldigten) beendet das Strafverfahren, ohne daß es nach h. M. einer förmlichen Einstellung und einer Entscheidung über die → Kostenpflicht bedarf (BGH NStZ 1983, 179; BGHSt. 34, 184). War der Angekl. bereits rechtskräftig verurteilt, so ist ggf. gleichwohl ein → Wiederaufnahmeverfahren zu seinen Gunsten auf Antrag der Staatsanwaltschaft oder eines nahen Angehörigen zulässig, aber nur zwecks Freisprechung (nicht Strafmilderung); einer Hauptverhandlung bedarf es nicht (§§ 361, 371 StPO). Tod des *Privatklägers* führt zur Einstellung des Verfahrens durch Beschluß; doch kann bei bestimmten Delikten (vgl. §§ 165 I, 194 I, II, 205 II, 230 I StGB: falsche Verdächtigung, Beleidigung, Körperverletzung) das Verfahren binnen 2 Mon. von nahen Angehörigen fortgesetzt werden (§§ 393 II, 374 II StPO, § 77 II StGB). Tod des *Nebenklägers* hat nur das Erlöschen seiner Anschlußerklärung zur Folge (§ 402 StPO).

**Tod des Mieters/Vermieters** → Miete (5 b).

**Tod des Prozeßbevollmächtigten** führt im → Zivilprozeß zur → Unterbrechung des Verfahrens (§ 244 ZPO).

**Tod eines Ehegatten** → Zugewinngemeinschaft, (fortgesetzte) → Gütergemeinschaft, → Erbfolge.

**Todeserklärung.** Der Tod eines Menschen und der genaue Zeitpunkt seines Eintritts sind für zahlreiche Rechtsfolgen von Bedeutung: die → Rechtsfähigkeit endet, Ehe und Unterhaltspflicht erlöschen, sein Vermögen geht auf die → Erben über usw. Der Zeitpunkt des Todes ist wichtig für den zeitlichen Eintritt dieser Rechtsfolgen, insbes. für die Reihenfolge der Beerbungen. Normalerweise wird der Tod durch einen Auszug aus dem → Sterbebuch (Sterbeurkunde) nachgewiesen. Ist der Tod nicht nachweisbar, aber infolge Verschollenheit des Betroffenen wahrscheinlich, so kann dieser unter bestimmten Voraussetzungen für tot erklärt werden (s.u.). Ist der Tod nach den Umständen nicht zweifelhaft (dann keine Verschollenheit!; z. B. bei Absturz eines Flugzeugs, § 1 II d. Verschollenheitsgesetzes vom 15. 1. 1951, BGBl. I 63), kann aber andererseits – z. B. infolge mangelnder Identifizierbarkeit – der Tod nicht beurkundet werden, so findet das Verfahren auf *Todeszeitfeststellung* statt (vereinfachtes TE.verfahren, §§ 39 ff. VerschG). *Verschollen* ist, wessen Aufenthalt während längerer Zeit unbekannt ist, ohne daß Nachrichten darüber vorliegen, ob er in dieser Zeit noch gelebt hat oder gestorben ist, sofern nach den Umständen hierdurch ernstliche Zweifel an seinem Fortleben begründet werden (§ 1 I VerschG). Liegt kein besonderer Grund für die Verschollenheit vor, so ist die TE. frühestens zulässig, wenn seit der letzten Nachricht 10 Jahre (bei über 80jährigen 5 Jahre) verstrichen sind und der Verschollene mindestens das 25. Lebensjahr vollendet hätte (allgemeine Verschollenheit, § 3 VerschG). Besondere Verschollenheitsgründe: Ist jemand im Krieg verschollen, so kann er 1 Jahr nach Beendigung der Kampfhandlungen für tot erklärt werden (*Kriegsverschollenheit,* § 4 VerschG). Sondervorschriften gelten für die Verschollenheit anläßlich des 2. Weltkriegs (Art. 2 des Ges. zur Änderung von Vorschriften des Verschollenheitsrechts vom 15. 1. 1951, BGBl. I 59). Wer bei einer Fahrt auf See (nicht Binnengewässer), insbes. infolge Untergangs eines Schiffes, verschollen ist, kann 6 Monate nach diesem Ereignis für tot erklärt werden (*Seeverschollenheit,* § 5 VerschG). Wer bei einem Fluge, insbes. infolge Zerstörung eines Luftfahrzeugs, verschollen ist, kann, sofern sein Tod nicht feststeht (s.o.), 3 Monate nach dem Ereignis für tot erklärt werden (*Luftverschollenheit,* § 6 VerschG). Darüber hinaus kann jeder, der auf sonstige Weise in eine Lebensgefahr geraten und seitdem verschollen ist (z. B. Vermißtsein im Gebirge, Kentern eines Bootes), 1 Jahr nach Beendigung der besonderen Umstände (Lebensgefahr) für tot erklärt werden (*Gefahrverschollenheit,* § 7 VerschG).

Die TE. begründet die – widerlegbare – → Vermutung (nicht die Gewißheit), daß der Verschollene in dem im Beschluß festgestellten Zeitpunkt gestorben ist (§ 9 I VerschG, *Todesvermutung*); umgekehrt wird vermutet, daß der Verschollene bis zu dem genannten Zeitpunkt, auch wenn er noch nicht für tot erklärt ist, gelebt hat (§ 10 VerschG, *Lebensvermutung*). Als Zeitpunkt des Todes ist der Augenblick festzustellen, der nach dem Ergebnis der Ermittlungen der wahrscheinlichste ist (§ 9 II VerschG). Kann nicht bewiesen werden, daß von mehreren Gestorbenen oder für tot erklärten Menschen der eine den anderen überlebt hat (z. B. Ehepaar wird bei einem Verkehrsunfall getötet), so wird – insbes. für die erbrechtlichen Folgen – vermutet, daß sie gleichzeitig gestorben sind, also z. B. keiner den anderen beerbt hat (§ 11 VerschG). Die TE. bewirkt, daß im festgestellten Zeitpunkt sämtliche Rechtsverhältnisse (auch z. B. die Ehe) des Verschollenen als beendet anzusehen sind und das Vermögen auf die Erben übergeht. Stellt sich heraus, daß der Verschollene die TE. überlebt hat, so ist diese wieder aufzuheben; die Rechtswirkungen der TE. fallen dann rückwirkend fort, d. h. der Verschollene kann sein Vermögen von den vermeintlichen Erben herausverlangen usw. Über die Folgen für die Ehe des fälschlich für tot Erklärten, wenn dessen Ehegatte nach der TE. wieder geheiratet hat, → Wiederverheiratung im Fall der TE. – Für die TE. sind die deutschen Gerichte zuständig, wenn der Verschollene Deutscher war oder seinen gewöhnlichen Aufenthalt im Inland hatte; darüber hinaus auch dann, wenn ein berechtigtes Interesse an der TE durch sie (z. B. Vermögen im Inland) besteht (§ 12 VerschG).

Das *TE.verfahren* ist eine Angelegenheit der → freiwilligen Gerichtsbarkeit; es handelt sich um ein besonderes → Aufgebotsverfahren. Zuständig ist das → Amtsgericht des letzten inländischen Wohnsitzes bzw. des gewöhnlichen Aufenthalts des Verschollenen, hilfsweise das Amtsgericht Berlin-Schöneberg. Antragsberechtigt sind außer dem Staatsanwalt und dem gesetzlichen Verteter des Verschollenen dessen Ehegatte und seine Abkömmlinge sowie darüber hinaus jeder, der ein rechtliches Interesse an der TE. hat (z. B. der Bruder, der gesetzlicher Miterbe ist). Die TE. erfolgt durch Beschluß, gegen den innerhalb eines Monats → sofortige Beschwerde eingelegt werden kann. Erst mit der → Rechtskraft des Beschlusses wird die TE. wirksam. Entsprechende Verfahrensvorschriften gelten für die Wiederaufhebung der TE. Einzelheiten des Verfahrens s. §§ 13 ff. VerschG.

**Todesfall** (Anzeigepflicht, Beurkundung) → Sterbebuch.

**Todesfallversicherung** → Lebensversicherung.

**Todesschuß** → Waffengebrauch.

**Todesstrafe.** Die T. ist in der BRep. durch Art. 102 GG abgeschafft worden. Der Bundestag hat ferner mit Gesetz vom 23. 7. 1988 (BGBl. II 662) dem Protokoll Nr. 6 vom 28. 4. 1983 der MRK über die Abschaffung der Todesstrafe zugestimmt. Die T. darf in den meisten europäischen und vielen außereuropäischen Ländern nicht mehr verhängt werden. Die Abschaffung der T. ist unter dem Gesichtspunkt der Menschenwürde und der Irreparabilität, aus theologischer Sicht wegen des grundsätzlichen Tötungsverbots geboten. Die Befürworter der T. berufen sich dagegen auf den Vergeltungs- und Sühnezweck der Strafe (→ Talion); die von ihnen behauptete abschreckende Wirkung der T. ist nicht erwiesen. Zur → Auslieferung bei drohender Todesstrafe s. dort.

**Todesvermutung** → Todeserklärung.

**Todeszeitfeststellung** → Todeserklärung.

**Tombola** → Lotterie (Ausspielung).

**Tonaufnahme, unzulässige.** Als einen Fall der Verletzung des persönlichen Geheimbereichs stellt § 201 StGB die unbefugte *Aufnahme* des nicht öffentlich gesprochenen Wortes, z. B. eines Gesprächs, auf einen Tonträger (Tonband u.dgl.) unter Strafe, ebenso die Verwendung einer solchen Aufnahme oder ihre Offenlegung gegenüber Dritten. Strafbar sind auch das unbefugte bloße *Abhören* des nicht zur Kenntnis Dritter bestimmten nicht öffentlich gesprochenen Wortes mit einem *Abhörgerät* und die *öffentliche Mitteilung* des aufgenommenen oder abgehörten Wortes. Letztere ist aber nur strafbar, wenn sie berechtigte Interessen eines anderen beeinträchtigen kann, und ist nicht rechtswidrig bei Wahrnehmung überragender öffentlicher Interessen (s. a. → Sendeanlagenmißbrauch). Da schon die heimliche Wortaufnahme gegen Art. 1 I GG verstößt, setzt ein *befugtes* Handeln eine besondere Rechtfertigung voraus, etwa eine gesetzliche (vgl. §§ 100 a, b StPO für die Überwachung der Telekommunikation und das sog. Abhörgesetz, s. → Brief-, Post- und Fernmeldegeheimnis; § 100 c I Nr. 2, 3 StPO für den → Einsatz technischer Mittel) oder eine Ausnahmelage, so etwa beim Abhören der Verabredung zu einer schweren Straftat. Außerhalb der gesetzlichen Regelungen der Überwachung der Telekommunikation und des Einsatzes techn. Mittel ist es aber auch in Fällen schwerer Kriminalität grundsätzlich unzulässig, das nicht öffentlich gesprochene Wort eines Beschuldigten heimlich aufzunehmen, um es als Beweismittel gegen ihn zu verwenden (BGHSt. 34, 39). Auch → Versuch ist strafbar. Die Tat ist → Antragsdelikt (§ 205 StGB), außer wenn sie durch einen → *Amtsträger* im Zusammenhang mit dem Amt begangen wird; dann gilt auch eine höhere Strafdrohung.

**Tonbandaufnahmen.** Die Aufzeichnung des nichtöffentlich gesprochenen Wortes außerhalb und innerhalb der durch Art. 13 GG geschützten Wohnung und die Verwertung sind im Strafverfahren unter den Voraussetzungen des § 100 c StPO zulässig (→ Einsatz technischer Mittel). Im übrigen ist die Verwertung von T. als *Beweismittel* für die Urteilsfindung im Zivil- oder Strafprozeß nur beschränkt zulässig. Im Hinblick auf das Verbot der *heimlichen* Aufnahme einer Aussage oder eines Gesprächs durch Tonaufnahmegeräte ist davon auszugehen, daß nur ein mit *Zustimmung* des Sprechers aufgenommenes Tonband als Beweismittel verwendet werden darf. Eine Ausnahme kann allenfalls bei überwiegenden Interessen der Allgemeinheit zwingend geboten sein, z. B. in Fällen schwerer Kriminalität zur Feststellung der Identität des Straftäters wie auch zur Entlastung zu Unrecht Beschuldigter (BVerfG NJW 1973, 891); desgl. ausnahmsweise dann, wenn die Rechtsverwirklichung durch dieses Beweismittel Vorrang vor dem Schutz des gesprochenen Wortes haben muß (BGH NJW 1982, 277). Der Gesichtspunkt der → Verhältnismäßigkeit ist stets zu beachten.

Grundsätzlich ist bei allen → Vernehmungen im Strafverfahren stets das Einverständnis des Beschuldigten oder Zeugen zur T. einzuholen. Ist das geschehen, steht die T. einem Protokoll gleich. Bei einzelnen *richterlichen Untersuchungshandlungen* sind T. zulässig; doch bedarf ihr Inhalt der Genehmigung der Beteiligten (§ 168 a StPO; für den Zivilprozeß vgl. §§ 160 a, 162 ZPO).

In der *gerichtlichen Verhandlung* ist durch § 169 S. 2 GVG jede Tonaufnahme *zum Zweck der öffentlichen Vorführung oder Verbreitung* ihres Inhalts ausdrücklich verboten. Dagegen sind T. für justizinterne Zwecke zulässig, z. B. als Gedächtnisstütze für die weitere Verhandlungsleitung oder die Urteilsberatung (über T. für Zwecke der Verteidigung vgl. Marxen NJW 1977, 2188). Doch bedarf es auch hier zur Aufnahme der Zustimmung des sich Äußernden (BGHSt. 19, 193). Die vor oder in der Verhandlung mit Zustimmung des Sprechenden gemachte T. darf zur Unterstützung der Aussage eines Beschuldigten oder Zeugen, bei letzterem auch zum Vorhalt bei Widersprüchen, verwendet werden; eine vom Beschuldigten als richtig anerkannte T. kann zur Ergänzung seiner Aussage herangezogen werden. In diesen Grenzen verstößt die Verwertung nicht gegen den → Unmittelbarkeitsgrundsatz (§ 355 ZPO, §§ 250, 253, 254, 261 StPO). – Zum Urheberrecht → Tonträger.

**Tonkunst** → Urheberrecht (an Werken der T.).

**Tonträger.** Das Recht der öffentlichen Wiedergabe eines im → Urheberrecht geschützten Werkes durch T. gehört zu den Verwertungsrechten des Urh.

(§§ 15, 21 UrhG). Der Hersteller eines T., z. B. einer Schallplatte oder eines Tonbands, hat für 25 Jahre das ausschließliche Recht der Vervielfältigung und Verbreitung (§ 85 UrhG). Der Hersteller von T. ist ferner durch das Internat. Abkommen vom 26. 10. 1961 (BGBl. 1965 II 1244) im Bereich der Vertragsstaaten in gleicher Weise wie im Inland geschützt (Art. 5).

Der T. ist in verschiedenen Bereichen → Schriften gleichgestellt.

**Topik** *bei der Rechtsfindung* → Rechtsanwendung.

**Topographie** → Halbleiterschutz.

**Totaler (totalitärer) Staat** wird eine staatliche Ordnung genannt, die – im Gegensatz zum liberalen und demokratischen Rechtsstaat – das gesamte politische, gesellschaftliche und geistige Leben erfassen und beherrschen will und damit dem einzelnen – unter Leugnung einer staatsfreien Sphäre – jeglichen Spielraum für eine selbständige Entwicklung nimmt. Der totalitäre St. gewährt dem einzelnen keine → Grundrechte, duldet keine konkurrierenden politischen Gruppen und manipuliert die öffentliche Meinung. Er sucht seine ideologische Rechtfertigung i. d.R. im Hinweis auf die Notwendigkeit der Konzentration aller Kräfte auf die Erfüllung großer politischer, wirtschaftlicher oder militärischer Aufgaben.

**Totalisator** → Lotterie (Ausspielung).

**Totalitätsprinzip** im Gemeinderecht → Allzuständigkeit.

**Tote, Verunglimpfung,** → Beleidigung (2 d, 4).

**Totenruhe, Störung der –,** → Religionsvergehen.

**Totgeburt.** Bei einer T. ist → Geburtsanzeige wie bei einer Lebendgeburt zu erstatten, jedoch spätestens am folg. Werktag. Die T. ist im → Geburtenbuch und → Sterbebuch einzutragen (§§ 21 II, 24 PStG). Über die Ansprüche der Mutter nach einer T. → Unterhaltspflicht bei nicht miteinander verheirateten Eltern.

**Toto** → Lotterie (Ausspielung).

**Totschlag** → Tötung (I 2).

**Tötung. I.** Nach den §§ 211 ff. StGB sind folgende Fälle der T. zu unterscheiden: Mord, Totschlag, T. auf Verlangen, fahrlässige T. sowie nach § 220 a I Nr. 1 StGB Völkermord.

1. *Mörder* ist, wer einen Menschen tötet und dabei hinsichtlich *Tatmotiv, Tatausführung oder Tatzweck* besonders verwerflich handelt, nämlich a) aus Mordlust, zur Befriedigung des Geschlechtstriebs (s. aber → Lustmord), aus Habgier oder sonst aus niedrigen Beweggründen (z. B. Rachsucht); b) heimtückisch (d.h. unter Ausnutzen der Arg- und Wehrlosigkeit des Opfers) oder grausam oder mit gemeingefährlichen Mitteln (z. B. Brandstiftung); c) um eine Straftat zu ermöglichen oder zu verdecken (§ 211 StGB). Die Strafe ist nach Wegfall der → Todesstrafe lebenslange Freiheitsstrafe. Ist diese aufgrund außergewöhnlicher Umstände (notstandsnahe, ausweglos erscheinende Situation und große Verzweiflung; tiefes Mitleid) unverhältnismäßig, wendet die Rspr. den nach § 49 I Nr. 1 StGB abgemilderten Strafrahmen an (BGHSt. 30, 105 in einem Fall von Heimtücke).

2. Wer einen Menschen *vorsätzlich* tötet, ohne Mörder zu sein, wird wegen *Totschlags* mit Freiheitsstrafe nicht unter 5 Jahren, in besonders schweren Fällen mit lebenslanger Freiheitsstrafe bestraft (§ 212 StGB). In minder schweren Fällen tritt Freiheitsstrafe von 1–10 Jahren ein, insbes. wenn der Täter ohne eigene Schuld durch eine ihm oder einem Angehörigen zugefügte Mißhandlung oder schwere Beleidigung von dem Getöteten zum Zorn gereizt und hierdurch auf der Stelle zu der T. hingerissen worden war (§ 213 StGB). Ob → Mittäter und → Teilnehmer der T.handlung nach § 211 oder nach § 212 StGB zu bestrafen sind, hängt von dem Verhältnis der beiden Vorschriften zueinander ab. Nach der Rspr. handelt es sich um zwei selbständige Tatbestände, so daß § 211 StGB nur auf den Mittäter oder Teilnehmer anzuwenden ist, dessen Vorsatz das Vorliegen der qualifizierenden Merkmale (1 a–c) beim Haupttäter umfaßt. Andere Auffassungen sehen Mord als straferhöhenden (qualifizierten) Fall des Totschlags, andere wiederum diesen als milderen (privilegierten) Fall des Mordes an; in beiden ist die Tat des Teilnehmers nach den bei ihm vorlie-

genden besonderen persönlichen Merkmalen zu beurteilen (§ 28 II), womit nur täterbezogene Merkmale wie oben zu a) – nicht tatbezogene wie zu b) – gemeint sind (i.e. str.).

3. Bei T. *auf ausdrückliches und ernstliches Verlangen* des Getöteten ist die Strafe Freiheitsstrafe von 6 Mon. bis zu 5 Jahren (§ 216 StGB). Bloße Einwilligung genügt nicht, ebensowenig Verlangen in Augenblicksstimmung. S. a. → Sterbehilfe.

4. Wegen *Völkermordes* wird u. a. bestraft, wer Mitglieder einer nationalen, rassischen, religiösen oder Volkstumsgruppe in der Absicht tötet, die Gruppe ganz oder teilweise zu zerstören (§ 220 a I Nr. 1 StGB).

5. Die *fahrlässige* Tötung ist mit Freiheitsstrafe bis zu 5 Jahren oder Geldstrafe bedroht (§ 222 StGB). Zum Begriff der Fahrlässigkeit → Schuld, zur Verursachung → Kausalität im Strafrecht. Das Maß der Sorgfalt, deren Verletzung bei Todesfolge zur Bestrafung wegen fahrl. T. führen kann, richtet sich nach den Umständen des Falles und nach den persönlichen Kenntnissen und Fähigkeiten des Täters. So kann sich insbes. aus seiner beruflichen Stellung (Kraftfahrer, Arzt, Betriebsleiter usw.) eine gesteigerte Sorgfaltspflicht ergeben.

II. *Selbstmord* – richtiger Selbsttötung – ist nach deutschem Recht straflos, demnach auch Anstiftung (Ausnahmen: Anstiftung eines Schuldunfähigen oder mittels Täuschung oder Drohung ist mittelbare Täterschaft; s. → mittelbarer Täter) und Beihilfe. Doch kann wegen T. strafbar sein, wer auf Grund sog. Garantenstellung die Pflicht hat, den anderen an der Selbsttötung zu hindern (Angehöriger, Krankenpfleger; bestr.; über ärztl. Behandlungspflicht bei Suizidversuch: BGH NJW 1984, 2639). Andernfalls kann Unterlassen einer → Hilfeleistung in Frage kommen, da Selbsttötungsversuch als Unglücksfall i. S. des § 323 c StGB angesehen wird. Überlebt bei der Doppelselbsttötung der eine Teil, kann er nach § 216 StGB (s.o. I 3) nur bestraft werden, wenn er die Tatherrschaft hatte (BGHSt. 19, 135; str.).

III. Über den Abbruch der Lebensverlängerung und das Sterbenlassen von tödlich Erkrankten → Sterbehilfe.

IV. Über die Verbindung zu Tötungszwecken → Mordkomplott.

**Tourismus** → Fremdenverkehr, Reisevertrag; zum grenzüberschreitenden Reiseverkehr → Ausländer, → Ausreise und → Einreise.

**Trade Terms** ist eine von der Internationalen Handelskammer veröffentlichte Aufzeichnung von → Handelsklauseln, aufgeteilt nach Ländern und Gruppen von Ländern. Die T. T. sind im Gegensatz zu den → Incoterms jedoch nicht einheitlich, sondern nur z. T. aufeinander abgestimmt.

**Traditionspapier** ist ein → Wertpapier, in dem der Anspruch auf Herausgabe einer Sache verbrieft wird und das zugleich die Sache selbst in der Weise ersetzt, daß über sie durch Übergabe des Papiers verfügt werden kann; dieses tritt für die → Übergabe bei der → Eigentumsübertragung (§§ 929 ff. BGB) an die Stelle der Sache. T. sind der Orderlagerschein (→ Lagerschein), der → Ladeschein und das → Konnossement.

**Traditionsprinzip.** Bei der Übereignung beweglicher Sachen muß neben die Einigung über den Eigentumsübergang (materielles Konsensprinzip) im Interesse der Klarheit des Rechtsverkehrs noch die tatsächliche Übergabe der Sache oder ein Übergabeersatz (Übergabesurrogat) treten. Einzelheiten → Eigentumsübertragung.

**Träger öffentlicher Belange** ist eine in der Gesetzessprache häufig verwendete zusammenfassende Bezeichnung für Behörden oder Stellen, die bei bestimmten öffentlichen oder privaten Vorhaben (insbes. im Bau- und Planungsrecht) nach Maßgabe der einzelnen Gesetze angehört werden müssen oder sollen, damit sie aus der Sicht ihres Aufgabenbereichs zu dem Vorhaben Stellung nehmen können. Vgl. z. B. § 4 BauGB.

**Transfer** ist die im internationalen → Zahlungsverkehr übliche Bezeichnung für die Wertübertragung zwischen zwei Ländern. Sie vollzieht sich durch den Austausch von Devisen oder Gold. S. a. Europ. Währungsabkommen. Als Transferleistungen (Transferbilanz o. ä.) bezeichnet man die direkten und indirekten subventionsähnlichen (Subventionen i. w.S.) Sozialleistungen. Erst aus der Transferbilanz läßt sich z. B. ein sinnvoller Vergleich der persönlichen wirtschaftlichen Situation der Staatsbürger gewinnen.

**Transferleistungen** → Subventionen, → Transfer.

**Transformation** → Staatsvertrag, → Primat des Völkerrechts.

**Transfusionsgesetz** vom 1. 7. 1998 (BGBl. I 1752) regelt die Gewinnung von Transfusionsblut und sonstigen Bluterzeugnissen aus Blutspenden, insbesondere hygienische Anforderungen und Kontrollen. Zweck des Gesetzes ist eine sichere Versorgung der Bevölkerung mit Blutprodukten und die Förderung der Selbstversorgung mit Blut und Plasma.

**Transithandelsgeschäfte** sind Geschäfte, bei denen außerhalb des Wirtschaftsgebietes befindliche Waren oder in das Wirtschaftsgebiet verbrachte, jedoch einfuhrrechtlich noch nicht abgefertigte Waren durch Gebietsansässige von Gebietsfremden erworben und an Gebietsfremde veräußert werden. Ihnen stehen Rechtsgeschäfte gleich, bei denen diese Waren vor der Veräußerung an Gebietsfremde an andere Gebietsansässige veräußert werden (§ 40 II AußenwirtschaftsVO). T. sind i. d. R. frei; Beschränkungen s. §§ 40 I, 41, 43 AWV. Zum Zahlungsverkehr s. § 66 AWV.

**Transitverkehr.** Für den T. besteht ein Ausnahmetarif der → Bundesbahn. Bei der → Personenbeförderung gilt grundsätzlich das PersonenbeförderungsG (§ 53). Im Güterfernverkehr gilt für den T. keine Tarifbindung mehr (vgl. die VO vom 4. 3. 1991, BGBl. I 616), s. a. → Transithandel, → Durchfuhr.

**Transparenzgebot** → Allgemeine Geschäftsbedingungen, → Firma.

**Transparenzkommission** ist eine Sachverständigenkommission mit der Aufgabe, durch Erstellung von Transparenzlisten den pharmakologisch-therapeutischen und preislichen Vergleich von → Arzneimitteln zu erleichtern (§§ 39 a–39 e AMG).

**Transparenzliste** für Arzneimittel → Transparenzkommission.

**Transplantation** nach dem T.Ges. (TPG) vom 5. 11. 1997 (BGBl. 2631) umfaßt die Spende, Entnahme und Übertragung von menschlichen Organen, zu denen auch Organteile und Gewebe gehören, nicht jedoch Blut, Knochenmark sowie embryonale und fetale Gewebe.

1. Die Organentnahme durch einen Arzt ist bei einem *toten* Organspender nach §§ 3, 4 TPG zulässig, wenn der Organspender eingewilligt hatte, und sein → Tod, dessen Eintritt das TPG nicht bestimmt, festgestellt ist. Mindestvoraussetzung ist der Hirntod (→ Tod) des Organspenders. Unzulässig ist die Organentnahme bei einem Widerspruch des Organspenders. Fehlt eine Erklärung, ist die Zustimmung eines nächsten Angehörigen (Ehegatte, bestimmte Verwandte 1. und 2. Grades) oder einer dem Organspender besonders verbundenen oder von ihm bestimmten Person erforderlich (sog. erweiterte Zustimmungslösung). Dabei ist der mutmaßliche Wille des Organspenders zu beachten.

2. Die Organentnahme durch einen Arzt ist bei einem *lebenden* Organspender (Lebendspende) nach § 8 TPG zulässig, wenn der Organspender volljährig ist, nach Aufklärung eingewilligt hat und durch die Organentnahme nicht gefährdet oder schwer beeinträchtigt wird, die Organentnahme den Empfänger am Leben erhält oder dessen schwerwiegende Krankheit wenigstens lindert und ein Organ eines toten Spenders nicht verfügbar ist. Nicht regenerierungsfähige Organe dürfen nur zugunsten bestimmter Empfänger (Ehegatten, Verlobte, Verwandte 1. und 2. Grades und persönlich verbundene Personen) entnommen werden.

3. Herz, Niere, Leber, Lunge, Bauchspeicheldrüse und Darm sind *vermittlungspflichtige Organe.* Sie dürfen nur von T.-Zentren, die Wartelisten aufzustellen haben, aufgrund der Entscheidung einer Vermittlungsstelle übertragen werden (§§ 9 ff. TPG). Die Krankenhäuser sind verpflichtet, den Hirntod von Personen, die als Spender vermittlungspflichtiger Organe in Betracht kommen, den T.-Zentren mitzuteilen (§ 11 IV TPG).

4. Die Bevölkerung soll über die zuständigen Behörden, Krankenkassen

und -versicherungen über die Möglichkeit der T. aufgeklärt und insbes. auf eine *Erklärung zur Organspende* (Einwilligung, Widerspruch, Übertragung der Entscheidung auf einen Dritten) und den Ausweis hierfür (*Organspendeausweis*) hingewiesen werden. Die Erklärungen werden auf Wunsch in einem *Organspenderegister* gespeichert werden (§ 2 TPG).

5. Über das Verfahren der T. i.e. enthält das TPG eingehende Regelungen und Datenschutzbestimmungen.

6. *Organhandel* ist verboten und mit Strafe bedroht (§§ 17 f. TPG), auch eine Auslandstat, wenn der Täter Deutscher ist (§ 5 Nr. 15 StGB). Darunter fallen vor allem Handeltreiben, d. h. eine eigennützige, auf Umsatz gerichtete Tätigkeit, aber auch die damit verbundene Entnahme, Übertragung und Entgegennahme eines Organs. Strafbarkeit tritt auch ein bei unbefugter Organentnahme, wenn bestimmte gesetzliche Voraussetzungen fehlen (§ 19 TPG), z. B. die Einwilligung des verstorbenen Organspenders. § 19 TPG geht in diesem Fall § 168 StGB vor.

7. Zur T. bei Tieren s. § 6 I TierschutzG.

**Transportbehälter für Lebensmittel.** Die hygienischen Anforderungen an T. für flüssige → Lebensmittel regelt die VO vom 13. April 1987 (BGBl. I 1212). Danach dürfen Transportbehälter u. a. nur für Lebensmitteltransporte verwendet werden. Sondervorschriften mit ähnlichem Regelungsgehalt bestehen für Wein- und Milchtransporte.

**Transportfunktion** ist bei einem → Indossament die Wirkung, daß es die Rechte aus dem Orderpapier überträgt (vgl. Art. 14 I WechselG, Art. 17 I ScheckG).

**Transportgefahr** → Versendungskauf.

**Transportgefährdung,** d. h. Gefährdung des Schienenbahn-, Schwebebahn-, Schiffs- oder Luftverkehrs, ist in den §§ 315, 315 a StGB unter Strafe gestellt (für die → Straßenverkehrsgefährdung gelten entsprechende Vorschriften in den §§ 315 b, c StGB).

*Gefährliche Eingriffe* in den Bahn-, Schiffs- oder Luftverkehr werden, wenn dadurch Leib oder Leben eines anderen oder fremde Sachen von bedeutendem Wert *konkret gefährdet* werden, mit Freiheitsstrafe von 6 Mon. bis zu 10 Jahren, in qualifizierten Fällen (z. B. bei Absicht, einen Unglücksfall herbeizuführen, oder Verursachung einer schweren Gesundheitsschädigung eines anderen) mit Freiheitsstrafe nicht unter 1 Jahr, in minder schweren Fällen oder bei Fahrlässigkeit mit geringerer Freiheits- oder Geldstrafe geahndet (§ 315 StGB). Gefährliche Eingriffe sind insbes.: das Zerstören, Beschädigen oder Beseitigen von Anlagen oder Beförderungsmitteln, das Bereiten von Hindernissen, falsche Zeichen oder Signale. Wegen Gefährdung durch grob *verkehrswidriges Verhalten* wird mit Freiheitsstrafe bis zu 5 Jahren (bei Fahrlässigkeit bis zu 2 Jahren) oder Geldstrafe bestraft (§ 315 a StGB), wer ein Schienenbahn-, Schwebebahn- oder Luftfahrzeug oder ein Schiff führt, obwohl er zur sicheren Führung infolge Genusses alkoholischer Getränke oder anderer berauschender Mittel oder wegen geistiger oder körperlicher Mängel nicht in der Lage ist, ebenso wer als Führer eines solchen Fahrzeugs oder für die Sicherheit sonst Verantwortlicher einen groben Verstoß gegen Sicherheitsvorschriften begeht, z. B. gegen die Eisenbahn-Bau- und Betriebsordnung. Auch hier wird *konkrete Gefährdung* eines anderen oder bedeutender fremder Sachwerte vorausgesetzt. Fehlt es hieran, wird die (folgenlose) Trunkenheit des Fahrzeugführers mit Freiheitsstrafe bis zu 1 Jahr oder Geldstrafe bestraft (§ 316 StGB). Zu den Schienenbahnen im Sinne der §§ 315, 315 a StGB gehören alle, die nicht am Straßenverkehr teilnehmen, vielmehr einen eigenen Bahnkörper benutzen (auch Straßenbahnen); andernfalls gelten die Bestimmungen über → Straßenverkehrsgefährdung (§ 315 d StGB). S. a. → Betriebssabotage, → Zerstörung wichtiger Arbeitsmittel.

**Transportversicherung** ist eine Art der → Schadensversicherung. Durch sie werden Güter gegen die Gefahren der Beförderung zu Land- oder auf Binnengewässern (sonst → Seeversicherung) sowie Schiffe gegen die Gefahren der Binnenschiffahrt versichert. Auch die *Speditionsversicherung* für vom Spediteur verursachte Schäden (geregelt in den Allgemeinen Deutschen Spediteurbedingungen, → Speditionsvertrag) ist eine T. Für die T. gelten über die allgemeinen Bestimmungen hinaus (→ Versicherungsvertrag) Sonderbestimmungen nach §§ 129 ff. VVG; s. auch Allgemeine → Versicherungsbedingungen. So haftet der Versicherer nicht für einen Schaden, der von dem Versicherungsnehmer, dem Absender oder dem Empfänger vorsätzlich oder fahrlässig verursacht oder der durch die natürliche Beschaffenheit der Güter (z. B. Verderb), durch mangelhafte Verpackung, durch Mäusefraß usw. herbeigeführt worden ist (§§ 130, 131 VVG). Bei der Versicherung eines Schiffs haftet der Versicherer grundsätzlich auch trotz fehlerhafter Bedienung, aber nicht für einen Schaden, der daraus entsteht, daß das Schiff nicht fahrtüchtig oder nicht genügend ausgerüstet ist usw. (§ 132 VVG). Die Versicherung deckt i. d.R. nur den Substanzschaden, nicht – mangels einer abweichenden Abmachung – z. B. einen entgangenen Gewinn. Die Versicherung gegen die Gefahren der Binnenschiffahrt umfaßt auch die Beiträge zur großen → Haverei (§ 133 VVG). Eine unabhängig vom Willen des Versicherungsnehmers eintretende Gefahrerhöhung oder eine Veräußerung der versicherten Güter ermächtigt den Versicherer bei der Güterversicherung nicht zur Kündigung des Versicherungsverhältnisses, bei der *Schiffsversicherung* erst zum Ende der bereits angetretenen Reise (§§ 142, 143 VVG). Der Versicherer haftet aber nicht, wenn die Beförderung bei der Binnenschiffahrt in anderer Weise als vereinbart vorgenommen wird (§ 137 VVG). Bei der Güterv. besteht eine Pflicht zur Anzeige unabhängig vom Willen des V.nehmers eintretender gefahrerhöhender Umstände für diesen nicht.

**Transportvertrag** → Frachtvertrag.

**Transrapid** → Magnetschwebebahn.

**Transsexualität** als Folge des Drangs, dem anderen Geschlecht anzugehören *(Transsexualismus),* berechtigt nach 3jähriger Dauer den Betroffenen zu dem Antrag, durch Entscheidung des Amtsgerichts die *Vornamen zu ändern,* wenn keine Änderung des Empfindens zu erwarten ist (die gesetzl. Mindestaltersgrenze von 25 Jahren ist verfassungswidrig und deshalb ungültig, BVerfG NJW 1993, 1517). Das AG entscheidet im Verfahren der → freiwilligen Gerichtsbarkeit nach Einholung zweier Sachverständigengutachten. Die Änderung wird durch Randvermerk im → Personenstandsregister eingetragen. Ferner kann unter den *zusätzlichen* Voraussetzungen, daß der Antragsteller unverheiratet und dauernd fortpflanzungsunfähig ist und sich einer *operativen Geschlechtsumwandlung* unterzogen hat, eine gerichtliche *Feststellung der Geschlechtszugehörigkeit* in einem entsprechenden Verfahren beantragt werden (TranssexuellenG vom 10. 9. 1980, BGBl. I 1654; dort auch über weitere Rechtsfolgen: Eltern-Kind-Verhältnis, Renten- u. a. Ansprüche). Die Kosten einer notwendigen geschlechtsanpassenden Operation sind gem. §§ 27 ff. SGB V zu ersetzen.

**Trassiert – eigener Wechsel** ist ein gezogener → Wechsel, den der Aussteller auf sich selbst zieht. Das ist zulässig (Art. 3 II WechselG). Der t.-e. W. kommt in der Wirkung dem → Solawechsel nahe.

**Tratte** ist ein gezogener → Wechsel. Die T. ist der gesetzliche Regelfall eines Wechsels (Art. 1 WG). In diesem Fall wird der Wechsel vom → Aussteller auf den Namen dessen gezogen, der bezahlen soll (→ Bezogener). Notwendige Bestandteile der T. sind nach Art. 1 WG: Wechselbezeichnung, Zahlungsanweisung, Bezogener, Verfallzeit, Zahlungsort, → Remittent, Ausstellungstag und -ort, Unterschrift. Der Mindestinhalt lautet z. B.: „München, den 1. September 1998. Gegen diesen Wechsel zahlen Sie an (Name des → Remittenten) am 1. Dezember 1998 in München eintausend Deutsche Mark." Name des → Bezogenen und Unterschrift des → Ausstellers.

**Trauung** → Eheschließung.

**Trauzeuge** → Eheschließung.

**Travellerscheck** ist eine besondere Form der → Anweisung, die im internationalen Reiseverkehr gebräuchlich ist. Dem Inhaber des T. wird von der angewiesenen Stelle (meistens eine Bank) gegen Vorlage seines Reisepasses und Übergabe des T. der darin bezeichnete Geldbetrag ausbezahlt. Der T. gewährt daher Sicherheit vor Diebstahl und Verlust von Zahlungsmitteln. Zur Fälschung von T. → Geld- und Wertzeichenfälschung.

**Treiben von Vieh** → Tiere im Straßenverkehr.

**Treibjagd,** d. h. eine Jagd, an der außer Schützen auch Treiber teilnehmen, die das Wild aufscheuchen und in eine bestimmte Richtung lenken, ist bei Mondschein verboten. Verstöße werden als Ordnungswidrigkeit geahndet (§ 19 I Nr. 3, § 39 I Nr. 5 BJagdG). S. a. → Jagdbeschränkungen.

**Trennung der Ehegatten** → Getrenntleben der Ehegatten.

**Trennung der Gewalten** → Gewaltentrennung.

**Trennung von Bett, Tisch und Wohnung.** Nach kath. Kirchenrecht (can. 1141 CIC) kann eine Ehe unter Christen, sobald sie durch ehelichen Verkehr vollzogen ist, nicht mehr gelöst werden (s. aber Privilegium Paulinum). Doch ist eine dauernde Aufhebung der → ehelichen Lebensgemeinschaft – ohne Lösung des ehelichen Bandes – möglich, wenn ein Ehegatte sich eines Ehebruchs schuldig gemacht hat, es sei denn, daß der andere Ehegatte seine Zustimmung dazu gegeben, ihn verursacht, ihn vergeben oder selbst Ehebruch begangen hat. Wenn der unschuldige Teil von sich aus das eheliche Zusammenleben aufgehoben hat, soll er innerhalb von sechs Monaten der zuständigen kirchlichen Autorität den Trennungsgrund mitteilen. Daneben besteht noch die Möglichkeit einer zeitweiligen Aufhebung der ehelichen Lebensgemeinschaft, insbes. wenn der Ehegatte sich einer nichtkatholischen Sekte anschließt, seinen Nachkommen nicht katholisch erzieht, ein verbrecherisches Leben führt, u. a. m. S. → Ehescheidung (1).

**Trennung von Staat und Kirche.** Der Grundsatz der T. v. S. u. K. steht im Gegensatz zum System der → Staatskirche, die durch die organisatorische Einheit von Staat und Kirche gekennzeichnet ist, aber auch schon zur Einführung einer Staatsreligion. In der BRep. ist durch die Verweisung des Art. 140 GG auf Art. 137 WV („Es besteht keine Staatskirche") die T. v. S. u. K. verfassungsmäßig verankert. Es wird keine Religion und kein Bekenntnis vom Staat privilegiert; nach Art. 4 GG ist die → Glaubens-, Gewissens- und → Bekenntnisfreiheit allgemein gewährleistet. Der Staat garantiert die Freiheit der Vereinigung zu → Religionsgesellschaften und deren Recht der Selbstverwaltung im Rahmen der allgemeinen Gesetze. Die rechtliche Regelung der Beziehungen zwischen Kirchen und Staat durch → Konkordate und → Kirchenverträge (→ Staatskirchenrecht) steht der T. v. S. u. K. nicht entgegen. Die Verpflichtung zu den auf Gesetz, Vertrag oder besonderen Rechtstiteln begründeten Staatsleistungen an die Religionsgesellschaften bleibt so bis heute wirksam, wenngleich ihre Ablösung durch Landesgesetz vorgesehen ist. Ferner sind die Religionsgesellschaften verfassungsmäßig ermächtigt, gemäß den landesrechtlichen Bestimmungen Steuern zu erheben; diese werden weitgehend durch den Staat eingezogen (→ Kirchensteuer).

**Trennung von Verfahren** → Verbindung von Verfahren.

**Trennungsgeld** *(Trennungsentschädigung)* für Beamte → Umzugskosten; im Arbeitsrecht → Auslösungen.

**Treu und Glauben.** Alle → Schuldverhältnisse stehen unter dem beherrschenden Grundsatz von Treu und Glauben. Dies gilt zunächst für die → Auslegung von Verträgen (§ 157 BGB). Ferner ist der Schuldner verpflichtet, die Leistung so zu bewirken, wie T. u. G. mit Rücksicht auf die Verkehrssitte es erfordern (§ 242 BGB). Dieser Grundsatz verbietet nicht nur, daß die Leistung in unzumutbarer Weise erbracht wird (z. B. zur Nachtzeit), sondern schützt auch den Glauben des anderen Beteiligten an einen redlichen Geschäftsverkehr, indem er jede *mißbräuchliche Rechtsausübung* untersagt. Die Berufung auf T. u. G. bedarf keiner → Einrede des anderen Teils (früher: Einrede der *Arglist,* exceptio doli), sondern bringt eine echte Begrenzung des Anspruchsinhalts mit sich, die über die sonstigen Vorschriften – z. B. Verbot der → Sittenwidrigkeit und der → Schikane – hinausgeht. So darf der Schuldner z. B. nicht zur Unzeit leisten; → Dauerschuldverhältnisse unterliegen der Anpassung an veränderte Gegebenheiten; neben der Leistung hat der Schuldner alles zu unterlassen, was den Eintritt des Erfolgs verhindern könnte (z. B. → Wettbewerbsverbot) usw. Aus T. u. G. ergeben sich ferner Nebenpflichten (→ Auskunft, → Verwahrung) und möglicherweise Inhaltsänderungen der geschuldeten Leistung. Darüber hinaus ist jede Rechtsausübung unzulässig, die gegen das frühere eigene Verhalten verstößt (sog. *venire contra factum proprium*): So kann sich nicht auf einen Formmangel des abgeschlossenen Rechtsgeschäfts oder auf den Eintritt der → Verjährung berufen, wer den anderen, wenn auch schuldlos, über den Eintritt der hierfür maßgeblichen Umstände im Unklaren gelassen hat. Schließlich kann nach T. u. G. eine Leistung nicht verlangt werden, die aus einem anderen Rechtsgrund sofort wieder zurückgegeben werden müßte *(dolo agit, qui petit, quod statim redditurus est)*. Wegen seiner überragenden Bedeutung gilt der Grundsatz von T. u. G. nicht nur im Schuldrecht, sondern im gesamten Privatrecht (z. B. im Arbeitsrecht), aber auch im gesamten öffentlichen Recht und im Verfahrensrecht (z. B. Fortführung eines Prozesses unzulässig, wenn außergerichtlich Klagerücknahme zugesagt wurde). Besondere Ausdrucksformen des Grundsatzes von T. u. G. sind die → Verwirkung, die → Durchgriffshaftung und die Lehre vom Wegfall der → Geschäftsgrundlage.

**Treubruch** → Untreue.

**Treuepflicht** des → Arbeitnehmers besteht auf Grund des → Arbeitsverhältnisses; sie entspricht der → Fürsorgepflicht des → Arbeitgebers. Allgemeiner Inhalt der T. ist, daß der An. verpflichtet ist, die Interessen des Ag. wahrzunehmen und alles zu unterlassen, was diese Interessen schädigen könnte. Ihre Grenze findet die T., wo die gerechtfertigten Interessen des An. entgegenstehen (insbes. bei der Erhöhung des → Arbeitslohns). Spezielle gesetzliche Ausprägungen der T. sind das → Wettbewerbsverbot, die Verschwiegenheitspflicht in bezug auf → Betriebsgeheimnisse und das Verbot, sog. Schmiergelder anzunehmen (→ Angestelltenbestechung). Die T. besteht auch noch im → Ruhestandsverhältnis. Bei Handels- u. a. Gesellschaften besteht eine unterschiedliche T. der Gesellschafter; sie ist bei → Personengesellschaften stärker ausgeprägt als bei → Kapitalgesellschaften. S. a. → Treueverhältnis.

**Treuerabatt** (Treuevergütung) → Rabatt.

**Treueverhältnis** des Beamten, des Soldaten → Beamtenverhältnis, → Radikale im öffentl. Dienst, → Wehrdienstverhältnis; s. a. → Treuepflicht des Arbeitnehmers.

**treuga dei** → Gottesfriede.

**Treugeber** → Treuhandeigentum.

**Treuhandanstalt.** 1. Durch das Treuhandgesetz der früheren DDR vom 17. Juni 1990 (GBl. I S. 300) wurde die Privatisierung des gesamten volkseigenen Vermögens angeordnet. Mit der Durchführung wurde die Treuhandanstalt beauftragt. Die T. war Anstalt des öffentlichen Rechts. Sie wurde durch einen Vorstand geleitet und vertreten. Vorsitzender des Vorstandes war der Präsident. Ein Verwaltungsrat überwachte die Geschäftstätigkeit des Vorstandes. Die Treuhandanstalt verwirklichte ihre Aufgaben in dezentraler Organisationsstruktur über Treuhand-Aktiengesellschaften. Die Beteiligungen der Treuhandanstalt wurden diesen Treuhand-Aktiengesellschaften übertragen. Aufgaben waren die Privatisierung durch Veräußerung, die Sicherung der Wettbewerbsfähigkeit der Unternehmen und die Liquidation nicht wettbewerbsfähiger Unternehmen. Die Zielsetzungen sozialer Marktwirtschaft waren dabei zu beachten.

2. Nach Art. 25 des → Einigungsvertrags galt das Treuhandgesetz mit verschiedenen Maßgaben fort. Die T. wurde bundesunmittelbare Anstalt des öffentl. Rechts unter der Fach- und Rechtsaufsicht des Bundesministers der Finanzen. Beteiligungen der T. wurden mittelbare Beteiligungen des Bundes.

3. Die T. hat ihre Tätigkeit unter diesem Namen zum 31. 12. 1994 beendet. Aufgrund der Ermächtigungen in §§ 23 a, 23 b TreuhG sind folgende Rechtsverordnungen ergangen: T.um-

benennungsVO vom 20. 12. 1994 (BGBl. I 3913), Treuhandunternehmenübertragungs VO vom 20. 12. 1994 (BGBl. I 3910) und die Treuhandliegenschaftsübertragungs VO vom 20. 12. 1994 (BGBl. I 3908). Danach werden die Aufgaben der T. von folgenden Einrichtungen wahrgenommen: a) Bundesanstalt für vereinigungsbedingte Sonderaufgaben (BVS), die mit der T. rechtlich identisch ist; sie führt deren Tätigkeit insbes. in den Bereichen Liquidation, Reprivatisierung und hoheitliche Befugnisse (z. B. Investitionsvorrangverfahren, Vermögenszuordnungsverfahren, Grundstücksverkehrsgenehmigungen) fort; b) Treuhandliegenschaftsgesellschaft m. b.H. (TLG) als bundesunmittelbare GmbH; c) Bodenverwertungs- und -verwaltungsgesellschaft m. b.H. (BVVG), die für Verpachtung und Privatisierung von Grundstücken der Land- und Forstwirtschaft zuständig ist. Die BVVG ist eine Tochtergesellschaft von 3 öffentlich-rechtlichen Banken und steht in einem Geschäftsbesorgungsverhältnis zur BVS.

**Treuhandeigentum** ist ein → Eigentum, das nach außen dem *Treuhänder (Treunehmer)* die volle Rechtsstellung eines Eigentümers verleiht, im Innenverhältnis (zum sog. *Treugeber*) jedoch mehr oder weniger starken Beschränkungen unterworfen ist. Entsprechendes gilt für die Inhaberschaft an sonstigen → subjektiven Rechten und Forderungen. Der Treuhänder kann also nach außen über das Eigentum und sonstige Rechte oder Forderungen im eigenen Namen als Berechtigter verfügen (z. B. Weiterübertragung der Sache, Einziehung der Forderung u. a.), macht sich u. U. jedoch dem Treugeber gegenüber schadensersatzpflichtig (→ positive Vertragsverletzung), wenn er von dem ihm nur treuhänderisch *(fiduziarisch)* übertragenen Recht einen Gebrauch macht, der dem Vertrag zwischen Treuhänder und Treugeber nicht entspricht. Zu unterscheiden von der treuhänderischen – d. h. nach außen voll wirksamen – Übertragung des Rechts ist die bloße → Vollmacht (Berechtigung zum Handeln im fremden Namen) und die → Ermächtigung (Berechtigung zum Handeln im eigenen Namen, aber für fremde Rechnung; hier wird nicht das Recht, sondern nur dessen Ausübung übertragen, → Einziehungsermächtigung, → Prozeßstandschaft). Bei nach außen verdecktem Treuhandverhältnis ist der Treuhänder oftmals nur → Strohmann.

Man unterscheidet die offene (offengelegte) und die verdeckte Treuhand, ferner die uneigennützige (sog. *Verwaltungs-*)Treuhand – z. B. Verwaltung eines Unternehmens für einen Dritten im eigenen Namen aber im Interesse des Dritten – und die eigennützige (sog. *Sicherungs-*)Treuhand. Der wichtigste Fall der eigennützigen Treuhand ist die → *Sicherungsübereignung.* Bei der uneigennützigen Verwaltungstreuhand gehört das T. wirtschaftlich noch dem Treugeber; dieser hat daher bei Pfändungen durch Gläubiger des Treuhänders die Möglichkeit der → Drittwiderspruchsklage (§ 771 ZPO) und bei Insolvenz des Treuhänders ein Recht auf → Aussonderung (§ 47 InsO). Bei der eigennützigen Treuhand (Sicherungsübereignung) hat der Treuhänder gegenüber Eingriffen von Gläubigern des Treugebers – d. h. seines Schuldners – als nach außen vollberechtigter Eigentümer gleichfalls die Möglichkeit der Drittwiderspruchsklage (h. M., sehr str.; nach a. M. nur das Recht auf vorzugsweise Befriedigung nach § 805 ZPO), bei Insolvenz des Treugebers dagegen kein Aussonderungsrecht, sondern nur ein Recht auf → Absonderung (§ 51 Nr. 1 InsO), da ein T. wirtschaftlich einem bloßen Pfandrecht gleichsteht. Nach Beendigung des Treuhandverhältnisses, z. B. Bezahlung der gesicherten Forderung, ist der Treuhänder zur Rückübertragung des T. verpflichtet; automatisch fällt das Eigentum nur dann auf den Treugeber zurück, wenn – was besonders vereinbart werden muß (bestr. für den Fall, daß eine zu sichernde Forderung gar nicht bestand) – die treuhänderische Übertragung unter der auflösenden → Bedingung der Erledigung des Sicherungszwecks stand. S. a. → Rechtsgeschäft (2 i) sowie über Zurechnung im *Steuerrecht* §§ 39 II Nr. 1, 159 AO. Zur steuerlichen Behandlung von Treuhandverhältnissen bei Einkünften aus Vermietung und Verpachtung BMF BStBl. I 1994, 604.

**Treuhänder** → Treuhandeigentum.

**Treuhänderische Rechtsstellung** → Treuhandeigentum.

**Treuhandgebiete.** Art. 75–91 der Satzung der → Vereinten Nationen unterstellten die noch bestehenden → Mandatsgebiete der sog. Treuhandverwaltung. Die Aufsicht über die verwaltende Macht führt nunmehr die Vollversammlung der Vereinten Nationen, unterstützt durch den sog. Treuhandrat, dem die ständigen Mitglieder des → Sicherheitsrats, Vertreter des die Treuhand ausübenden Staates und weitere von der Vollversammlung gewählte Mitglieder angehören. Unterschiede zwischen Mandats- und Treuhandsystem liegen u. a. darin, daß die Treuhandgebiete nicht wie die Mandatsgebiete neutralisiert sind (→ Neutralität). Mit Ausnahme eines Strategischen Treuhandgebietes der USA im Pazifik erlangten inzwischen alle T. ihre Unabhängigkeit.

**Treuhandgeschäfte** → Rechtsgeschäft (2 i), → Treuhandeigentum.

**Treuhandliegenschaftsgesellschaft** → Treuhandanstalt, 3.

**Treuhandrat** → Treuhandgebiete.

**Treunehmer** → Treuhandeigentum.

**Tribunal.** Der Ausdruck wird sehr unterschiedlich benutzt, insbes. für 1) einen hohen Gerichtshof, z. B. → Internationaler Strafgerichtshof, 2) ein aus besonderem Anlaß, insbes. zur Ahndung von → Kriegsverbrechen, eingerichtetes Gericht, 3) einen Schauprozeß ohne rechtsstaatliches Verfahren oder 4) ein Forum gesellschaftlicher oder politischer Gruppen mit dem Ziel, behauptete Rechtsverletzungen in einer öffentlichen Untersuchung darzustellen oder nachzuweisen.

**Tridentiner Konzil.** Das Konzil von Trient (1545–1563) war eines der kirchengeschichtlich bedeutsamsten. Es war ein Reformkonzil, das – nicht zuletzt unter dem Eindruck des Vordringens der Reformation – die Organisation der röm.-kath. Kirche festigte und dem Papst und der Kurie auch rechtlich eine überragende Stellung verlieh. Alle Beschlüsse des K. wurden unter den Vorbehalt päpstlicher Billigung gestellt. Die kirchliche Dogmatik, bis dahin in vielen Punkten nicht Rechtssatz, sondern unverbindliche Richtlinie, wurde mit rechtlich bindender Wirkung ausgestattet. Glaubenssätze wurden entgegen den protestantischen Reformbestrebungen, die der Bibel die höchste Autorität als alleinige Glaubensquelle zugestanden, in der überlieferten Fassung bestätigt, insbes. die Lehre von der Erbsünde, den sieben Sakramenten, dem Fegefeuer usw. Die Autorität des Papstes und der Kurie wurde festgelegt; sie manifestierte sich u. a. in der heute noch bestehenden Konzilkongregation, der die authentische Interpretation und die Weiterentwicklung des in Trient erarbeiteten Rechtsstoffes obliegen.

**Trinkgeld.** Das bei Dienstleistungen in Gaststätten usw. gezahlte T. ist, soweit es echtes *Bedienungsgeld* ist, auf Grund eines Rechtsanspruchs des Betriebsinhabers an diesen zu leisten; der dienstleistende Arbeitnehmer (Kellner usw.) wiederum hat gegen seinen Arbeitgeber im Rahmen seines Arbeitsvertrags einen Anspruch auf Zahlung des Betrags. Mangels abweichender Vereinbarung (Mindestlohngarantie u. dgl.) gilt der Lohnanspruch als durch die abgeführten Bedienungsgelder getilgt. Das vom Zahlenden über das vereinbarte Bedienungsgeld hinaus gezahlte echte T. dagegen ist als freiwillige Leistung eine → Schenkung. Diese Beträge gehören für Zeiten des Urlaubs, der Arbeitsunfähigkeit und der Betriebsratstätigkeit nicht zum vom Arbeitgeber fortzuzahlenden Arbeitsentgelt; sie können auf den Lohnanspruch des Arbeitnehmers nicht angerechnet werden und sind bis 2400 DM jährlich weder lohnsteuernoch sozialversicherungspflichtig (§ 3 Nr. 51 EStG; § 14 SGB IV).

**Trinkwasser.** Die Anforderungen an die Beschaffenheit von T. allgemein (§§ 1–4), die T.aufbereitung (§§ 5, 6) sowie von Wasser, das in Lebensmittelbetrieben verwendet wird (§ 7), regelt die T.-VO i. d. F. vom 5. 12. 1990 (BGBl. I 2612). Sie enthält ferner Vorschriften über Einrichtung, Zulassung und behördliche Überwachung von T.-Versorgungsanlagen sowie die mit ihrem Betrieb verbundenen Verpflichtungen für die Inhaber der Anlage (§§ 6–22), schließlich Bußgeld- und Strafvorschriften; s. a. → Mineral- und Tafelwasser. Für das Gebiet der ehem. DDR gelten

Ausnahmen von den Grenzwerten, nämlich 3 Jahre für Cadmium, 5 Jahre für Blei, Nitrat sowie Eisen und Mangan, 10 Jahre für Färbung, Trübung und Geruchsschwellenwert; für Arsen, Quecksilber sowie PCB und PSM sind Übergangsfristen innerhalb eines Jahres nach dem Beitritt festzulegen (Anl. I zum EinigV Kap. X Abschn. III Nr. 4).

**TRIPS** (engl.: Agreement on Trade-Related aspects of Intellectual Property Rights; Übereinkommen über Handelsbeziehungen und Aspekte der Rechte des geistigen Eigentums). Im Rahmen der Übereinkommen zur Errichtung der Welthandelsorganisation → WTO wurde auch das TRIPS vereinbart. TRIPS will einen wirksamen und angemessenen Schutz der Rechte des geistigen Eigentums fördern sowie sicherstellen, daß die Maßnahmen und Verfahren zur Durchsetzung der Rechte des geistigen Eigentums nicht selbst zu Schranken für den rechtmäßigen Handel werden. Die Mitgliedsstaaten gewähren den Angehörigen der anderen Mitgliedsstaaten eine Behandlung, die nicht weniger günstig ist als die, die sie ihren eigenen Staatsangehörigen in bezug auf den Schutz des geistigen Eigentums gewähren. In bezug auf den Schutz des geistigen Eigentums werden Vorteile, Vergünstigungen, Sonderrechte und Befreiungen, die von einem Mitgliedsstaat den Angehörigen eines anderen Mitgliedsstaates gewährt werden, sofort und bedingungslos den Angehörigen aller anderen Mitgliedsstaaten gewährt. Die → Berner Übereinkunft und die → Pariser Übereinkunft bleiben durch das TRIPS unberührt. Das TRIPS trat für die Bundesrepublik Deutschland am 1. Januar 1995 in Kraft.

**Triptyk** ist ein Grenzpassierschein für Kraftfahrzeuge; er wird in der BRep. u. a. vom ADAC ausgestellt.

**„Trittbrettfahrer"** → Lohngleichheit.

**Trödelhandel** → Gebrauchtwarenhandel.

**Trödelvertrag.** Beim T. übernimmt der Trödler – oftmals gebrauchte – Sachen des Auftraggebers zum Verkauf für diesen. Der T. ist im Gesetz nicht geregelt. Je nach Abrede liegt → Kauf (bei endgültiger Übernahme), → Kommission, u. U. auch → Mäklervertrag vor; es kann aber auch, wenn der Veräußerer den Erlös schuldet, → Darlehen gewollt sein (→ contractus mohatrae).

**Truchsess** (Küchenmeister) hieß im deutschen Mittelalter der Inhaber eines der höchsten Ämter am königlichen Hofe, insbes. im fränkischen Reich. Das Amt des T. war zeitweise unbesetzt und wurde von dem → Hausmeister mitversehen, der unter den leitenden Hofbeamten die einflußreichste Stellung einnahm.

**Trucksystem.** Nach dem in früheren Wirtschaftssystemen vielfach üblich gewesenen T. wurden → Arbeitnehmer nicht in Geld, sondern in vom → Arbeitgeber vertriebenen Waren bezahlt (truck engl. = Tausch). Das T. ist in der gesamten gewerblichen Wirtschaft gesetzlich verboten (§§ 115–119 b GewO). Davon werden auch Umgehungen erfaßt. Daher ist es dem Arbeitgeber auch untersagt, den Arbeitnehmern Waren auf Kredit zu liefern. Verstöße haben Nichtigkeit der Vereinbarungen (§ 134 BGB, § 117 GewO) zur Folge. → Naturallohn ist aber unter den Voraussetzungen des § 115 II GewO nicht ausgeschlossen.

**Trümmerfrauengeld** → Kindererziehungszeiten.

**Trunkenheit im Verkehr** ist strafbar und, wenn sie andere gefährdet oder schädigt, mit strengerer Strafe bedroht. Nach § 2 StVZO muß jeder, der sich wegen geistiger oder körperlicher Mängel – dazu gehört auch Trunkenheit – nicht sicher im Verkehr bewegen kann, Vorsorge treffen, daß er andere nicht gefährdet (also z. B. für Begleitung sorgen). Ein Verstoß hiergegen kann bei jedem Verkehrsteilnehmer, soweit nicht Sondervorschriften bestehen (wie beim Fahrzeugführer), nach § 24 StVG, § 69 a I Nr. 1 StVZO als → Ordnungswidrigkeit geahndet werden, also auch beim Fußgänger. Wer im *Straßenverkehr* ein *Fahrzeug* (auch Fahrrad!) führt, d. h. in Bewegung setzt (BGHSt. 35, 390), obwohl er infolge alkoholischer Getränke oder anderer berauschender Mittel zur sicheren Führung nicht in der Lage ist, wird – auch wenn kein anderer dadurch geschädigt oder gefährdet und der Verkehr nicht beeinträchtigt wird –

allein wegen der damit verbundenen abstrakten Gefahr mit Freiheitsstrafe bis zu 1 Jahr oder Geldstrafe bestraft (§ 316 StGB). Gefährdet der Fahrzeugführer (konkret) Leib oder Leben anderer Menschen oder fremde Sachen von bedeutendem Wert, ist die Strafe Freiheitsstrafe bis zu 5 Jahren, bei Fahrlässigkeit bis zu 2 Jahren, oder Geldstrafe (§ 315 c I Nr. 1 a StGB). Handelt es sich um den Führer eines auf eigenem Bahnkörper fahrenden Schienenfahrzeugs, einer Schwebebahn, eines Luftfahrzeugs oder eines Schiffes, so liegt *Transportgefährdung* vor, die mit gleicher Strafe bedroht ist (§ 315 a I 1 Nr. 1 StGB). Der Inhaber einer → Fahrerlaubnis für Kfz. ist bei Vergehen gegen § 315 c oder § 316 StGB i. d.R. als zum Führen eines Kfz. ungeeignet anzusehen und die Erlaubnis zu entziehen, sonst i. d.R. ein → Fahrverbot auszusprechen (§§ 69 II, 44 I 2 StGB). Der *Beihilfe zum Verkehrsvergehen* kann sich schuldig machen, wer einem anderen Alkohol verabreicht, obwohl er weiß, daß der andere ein Fahrzeug führen will, ebenso der Gastwirt, der den volltrunkenen Gast nicht durch ihm mögliche Gegenmaßnahmen am Fahren hindert, aber nicht der Mitfahrer (mangels besonderer Fürsorgepflicht).

Dagegen macht sich einer mit Geldbuße bis 3000 DM und Fahrverbot bedrohten → Ordnungswidrigkeit schuldig, wer – wenn auch nur fahrlässig – mit einem Gehalt von mindestens 0,5‰ Blutalkohol oder 0,25 mg/l → Atemalkohol oder unter Wirkung bestimmter Drogen (→ Drogenfahrt) ein Kfz. führt, ohne daß T. festgestellt werden kann (§ 24 a StVG); ein Fahrverbot kann bei Alkoholisierung erst ab 0,8‰ Blutalkohol oder 0,40 mg/l Atemalkohol verhängt werden (§ 25 StVG).

Kann ein der T. i.V. Beschuldigter wegen des Verkehrsdelikts nicht belangt werden, weil er zur Tatzeit infolge Volltrunkenheit schuldunfähig war, so kommt Anwendung der Strafvorschrift gegen vorsätzliches oder fahrlässiges Herbeiführen eines → Vollrauschs (§ 323 a StGB) in Betracht.

**Trunksucht** (Alkoholsucht) → Betreuung, → Anstaltsunterbringung (4), → Maßregeln der Besserung und Sicherung (2).

**Truppen, ausländische** (Ersatzansprüche, deutsche Gerichtsbarkeit) → Streitkräfte, ausländische.

**Truppendienstgerichte** → Wehrdienstgerichte.

**Truppenstatut** → Streitkräfte, ausländische.

**Trust** ist die anglo-amerikanische Bezeichnung für → Konzern.

**TSE** → BSE.

**Tubenligatur** → Unfruchtbarmachung.

**Tumultschäden.** Hierfür gelten zunächst die allg. Best. über → unerlaubte Handlungen, soweit der Verursacher bekannt ist. Deshalb haften auch die an Ausschreitungen Mitbeteiligten nach § 830 I BGB für die Folgen rechtswidriger und schuldhafter Eingriffe anderer auf → Schadensersatz (BGHZ 59, 30); anders bei bloßer Teilnahme an einer Demonstration (BGHZ 89, 383). Ob eine Sach- (→ Kasko-)Versicherung für T. aufkommen muß, ist fraglich. Darüber hinaus sieht das T.Ges. i. d.F. vom 29. 3. 1924 (RGBl. I 381) bei „inneren Unruhen" einen Ausgleichsanspruch geg. das betr. Land unter bestimmten engen Voraussetzungen vor; das Ges. findet praktisch keine Anwendung.

**Typenbetriebserlaubnis** → Zulassung von Kraftfahrzeugen.

**Typenvertrag** → Vertrag (2).

**Typschein** → Zulassung von Kraftfahrzeugen.

**Tyrannei** (Tyrannis) → Diktatur.

# U

**Überarbeit** ist jede die normale Arbeitszeit überschreitende Arbeit, die im Unterschied zur → Mehrarbeit nicht durch entsprechende Freizeit zu anderer Arbeitszeit ausgeglichen wird. Zu Ü. ist der Arbeitnehmer nur auf Grund → Tarifvertrags, → Betriebsvereinbarung oder Einzelarbeitsvertrags verpflichtet; auf Grund einseitiger Anordnung des Arbeitgebers (→ Direktionsrecht) kann sie u. U. auf Grund der → Treuepflicht des Arbeitnehmers oder in außergewöhnlichen (Not)Fällen (→ Arbeitszeit) verlangt werden. Für Ü. ist ein angemessener Zuschlag zum normalen Arbeitslohn (sog. Überstundenzuschlag) zu zahlen. Der gesamte für Ü. angefallene Arbeitslohn ist zur Hälfte unpfändbar (§ 850 a Nr. 1 ZPO; → Lohnpfändung).

**Überbau.** Hat ein Grundstückseigentümer bei der Errichtung eines Gebäudes über die Grundstücksgrenze teilweise auf ein fremdes Grundstück gebaut, so kann sich an sich der Eigentümer dieses Grundstücks hiergegen mit der Klage wegen → Eigentumsstörung (§ 1004 BGB) wehren, die sich auf Beseitigung der Störung richtet. Der Überbau ist jedoch zu dulden, wenn der Überbauende ohne Vorsatz oder grobe Fahrlässigkeit (→ Verschulden) gehandelt und der Nachbar nicht vor oder sofort nach der Grenzüberschreitung Widerspruch erhoben hat (sog. entschuldigter oder rechtmäßiger Ü., §§ 912 ff. BGB; Verschulden des Architekten usw. ist zuzurechnen). Während beim unentschuldigten Ü. der überbaute Teil in das Eigentum des Nachbareigentümers fällt (BGH, h. M.), gehört der rechtmäßige Ü. ganz dem versehentlich Überbauenden (str.). Der Nachbar, der den berechtigten Ü. hinnehmen muß, hat zum Ausgleich einen Anspruch auf angemessene Entschädigung durch eine laufende Geldrente (Überbaurente), die im → Grundbuch nicht eintragungsfähig ist und allen Rechten am Grundstück vorgeht (§ 914 BGB). Der Rentenberechtigte kann ferner verlangen, daß ihm der Überbauende gegen entsprechenden Wertersatz den überbauten Teil seines Grundstücks abkauft (§ 915 BGB). → Nachbarrecht.

**Überbesetzte Kammer** (überbesetzter Senat). Weist der → Geschäftsverteilungsplan einem Gerichtskollegium mehr Richter zu, als bei Erlaß einer Entscheidung mitwirken dürfen, so muß der Vorsitzende vor Beginn des Geschäftsjahres bestimmen, nach welchen Grundsätzen die Mitglieder bei den einzelnen Verfahren mitwirken (§ 21 g GVG). Dadurch muß gewährleistet sein, daß niemand dem → gesetzlichen Richter entzogen wird.

**Überbringerklausel** → Scheck.

**Übereignung** → Eigentumsübertragung, → gutgläubiger Erwerb.

**Übereignung an den, den es angeht** → Eigentumsübertragung (von beweglichen Sachen).

**Überfahrtsvertrag** ist die Bezeichnung für die Vereinbarungen über die Beförderung einer Person mit einem Seeschiff (Schiffspassage). Die gesetzlichen Bestimmungen über den Ü. (§§ 664 ff. HGB samt Anlage hierzu) regeln insbes. die Pflichten des Reisenden an Bord, den Rechtsverlust bei Verspätung sowie die Auswirkung unvorhergesehener Ereignisse auf den Ü., die (beschränkte) Haftung des Beförderers für Körper- und Sachschäden, ein gesetzliches → Pfandrecht des Beförderers an den an Bord gebrachten Sachen für das Überfahrtsgeld u. a.m.

**Überfall.** → Früchte, die von einem – nicht dem öffentlichen Gebrauch dienenden – → Grundstück auf das Nachbargrundstück fallen (nicht gepflückt oder geschüttelt werden), gelten – anders als beim üblichen → Fruchterwerb– nach § 911 BGB als Früchte dieses Grundstücks. → Nachbarrecht.

**Überfall, hinterlistiger.** Die mittels eines h.Ü. begangene körperliche Beschädigung eines anderen ist ein Fall der gefährlichen → Körperverletzung (§ 224 StGB). Ü. ist ein Angriff, der das

Opfer unversehens trifft; er ist hinterlistig, wenn der Täter unter Verdeckung seiner wahren Absicht mittels Täuschung vorgeht.

**Übergabe, Übergabesurrogate** → Eigentumsübertragung, → Traditionsprinzip.

**Übergabevertrag.** Überträgt jemand sein aus einem Geschäfts- oder landwirtschaftl. Betrieb o. dgl. bestehendes Vermögen auf einen Erbberechtigten, so handelt es sich um ein → Rechtsgeschäft unter Lebenden, das sich grundsätzlich nach den hierfür geltenden Vorschriften richtet (→ Kauf, → Schenkung, → Vermögensübernahme). Da durch den Ü. jedoch i. d.R. die → Erbfolge vorweggenommen werden soll, bei der der → Nachlaß in seinem wahren Bestand (ohne Rücksicht auf einen guten Glauben des Erben) auf diesen übergeht, hat die Rspr. auch beim Ü. die Anwendung der Vorschriften über den → Gutglaubensschutz (§§ 892ff., 932ff. BGB) abgelehnt. Dies gilt vor allem für den *Hofübergabevertrag;* in den Ländern der ehemaligen brit. Besatzungszone hat jedoch die → Höfeordnung (besonders § 17) eine Sonderregelung gebracht. S. a. → Betriebsübergang, → Übernahme eines Handelsgeschäfts.

**Übergang einer Forderung** → Abtretung, → Unterhaltspflicht bei nicht miteinander verheirateten Eltern.

**Übergang eines Betriebs** → Betriebsübergang.

**Übergangsbeihilfe für Soldaten.** Zur Erleichterung des Übergangs in einen Zivilberuf erhalten Soldaten auf Zeit mit einer Wehrdienstzeit von mehr als 1 1/4 Jahren bei Beendigung des Dienstverhältnisses wegen Ablauf der Dienstzeit, für die sie in das Wehrdienstverhältnis berufen sind, oder wegen nicht auf eigenes grobes Verschulden zurückzuführender Dienstunfähigkeit eine Ü., die nach der Wehrdienstzeit gestaffelt ist; sie beträgt das 1 1/2- bis 6fache der Dienstbezüge des letzten Monats (§§ 12, 13 SoldatenversorgungsG). S. ferner → Berufsförderung der Soldaten.

**Übergangsgeld für Beamte.** Ein B. mit Dienstbezügen, der nicht auf eigenen Antrag entlassen wird (z. B. Beamter auf Widerruf), jedoch ohne Versorgung (→ Versorgung der Beamten) ausscheidet, hat Anspruch auf Ü. gem. § 47 BeamtVG. Das Ü. beträgt nach mindestens einjähriger Beschäftigungszeit das einfache, bei längerer Beschäftigungszeit für jedes weitere Jahr die Hälfte, ingesamt höchstens das 6fache der letzten Dienstbezüge. → Übergangsgelder (steuerlich).

**Übergangsgeld in der Sozialversicherung.** In der → Sozialversicherung wird während medizinischer oder beruflicher → Rehabilitationsmaßnahmen der → Rentenversicherung und der → Unfallversicherung sowie der → Bundesanstalt für Arbeit (→ Arbeitsförderung) als Ersatz für Verdienstausfall gezahlt. (§§ 160–168 SGB III; §§ 20–27 SGB VI; §§ 49ff. SGB VII.)

**Übergangsgelder** *(steuerlich)* anläßlich des Ausscheidens aus einem Arbeitsverhältnis/Dienstverhältnis sind steuerfrei (§ 3 Nr. 9 EStG; → Abfindungen; § 3 Nr. 10 EStG). Steuerfrei sind auch Ü. für Beamte (§ 3 Nr. 3 EStG) und für Rentenempfänger (§ 3 Nr. 1 c EStG). Steuerpflichtig sind die Ü. eines Abgeordneten (§ 22 Nr. 4 S. 4 c EStG). → Altersübergangsgeld.

**Übergangsvorschriften** sind Bestimmungen, die beim Erlaß neuer Gesetze oder bei Novellierungen (→ Novelle) die Überleitung des alten in den neuen Rechtszustand regeln. Wird das Verfahrensrecht (im Gegensatz zum materiellen Recht) geändert, so gilt vorbehaltlich anderer gesetzlicher Bestimmung der Grundsatz, daß das neue Recht ab sofort auch für bereits anhängige Verfahren maßgebend ist. S. a. → Inkrafttreten der Gesetze, → Rückwirkung von Gesetzen.

**Überhang.** Der Eigentümer eines → Grundstücks kann die von einem Nachbargrundstück eingedrungenen Wurzeln eines Baumes oder Strauches abschneiden und behalten. Das gleiche gilt von überhängenden Zweigen, wenn der Besitzer des Nachbargrundstücks sie binnen angemessener Zeit trotz Aufforderung nicht entfernt hat. Dem Eigentümer steht dieses → Selbsthilferecht nicht zu, wenn die Wurzeln oder Zweige die Benutzung seines Grundstücks nicht beeinträchtigen (§ 910 BGB). → Nachbarrecht.

**Überhangmandat.** Bei Kombination von → Verhältniswahl und → Persönlichkeitswahl können sich sog. Ü. ergeben. Wird – wie bei der Wahl zum Bundestag – die Hälfte der Abgeordneten durch → Mehrheitswahl in den Wahlkreisen gewählt, die Verteilung der Sitze im Parlament auf die Parteien jedoch nach dem Verhältnis der für die Listen abgegebenen Stimmen vorgenommen, so kann der Fall eintreten, daß eine Partei über die Wahlkreise mehr Sitze erringt, als ihr auf Grund der Listenstimmen zustehen. Ob diese Sitze der Partei als Ü. verbleiben (und damit die Mitgliederzahl des Parlaments erhöhen), bestimmt das Wahlgesetz; so § 6 V BundeswahlG für die Wahl zum Bundestag. Teilweise sieht das Wahlrecht vor, daß sich in diesem Fall die Gesamtzahl der Sitze erhöht, so daß die Überhangmandate durch Ausgleichsmandate ausgeglichen werden (vgl. Art. 43 II Bayer. Landeswahlgesetz v. 9. 3. 1994, GVBl. 135); im BundeswahlG sind Ausgleichsmandate nicht vorgesehen. Die Regelung des Bundeswahlgesetzes wurde vom BVerfG im Beschluß vom 10. 4. 1997 (NJW 1997, 1553) als verfassungsgemäß bestätigt. Bei Ausscheiden eines Abgeordneten mit Direktmandat konnten bislang auch dann Listenkandidaten nachrücken, wenn die betroffene Partei Ü.e errungen hatte; diese Regelung wurde vom BVerfG für die Zeit nach der Bundestagswahl 1998 für verfassungswidrig erklärt.

**Überhebung von Gebühren** → Gebührenüberhebung.

**Überholen im Straßenverkehr.** Nach § 5 StVO ist links zu überholen. Nur Schienenfahrzeuge sind rechts zu überholen, außer bei Raummangel; auf Fahrbahnen für eine Richtung dürfen sie links oder rechts überholt werden. Fz. dürfen einander nur überholen, wenn die Geschwindigkeit des Überholenden wesentlich höher ist; vorgeschriebene Höchstgeschwindigkeiten dürfen dabei nicht überschritten werden. Gefährdung und Behinderung des anderen sind zu vermeiden (besondere Vorsicht bei gleichzeitigem Ü. mehrerer). Vor oder beim Ü. sind → Warnzeichen außerhalb geschlossener Ortschaften zulässig, sonst nur im Gefahrfalle. Sie sind aber während der Dunkelheit durch → Aufblenden erlaubt. Beim Ü. ist Seitenabstand zu wahren, i. d.R. mindestens 1 m; bei höherer Geschwindigkeit und beim Ü. von Radfahrern (wegen deren möglicher Seitenbewegungen) muß er höher sein. Vor allem ist auf den Gegenverkehr zu achten, der nicht behindert werden darf. Wer zum Überholen, das mittels Fahrtrichtungsanzeiger anzukündigen ist, ausscheren will, muß sich so verhalten, daß eine Gefährdung des nachfolgenden Verkehrs ausgeschlossen ist. Der Eingeholte darf seine Geschwindigkeit während des Ü. nicht erhöhen (§ 5 VI 1 StVO); der Überholende darf den Überholten beim Wiedereinfahren in dessen Fahrbahn nicht behindern. Überholverbot besteht bei entsprechender Beschilderung und bei unklarer Verkehrslage, für Lkw über 7,5 t zul. Gesamtgewicht bei Sichtweite durch Nebel, Schneefall oder Regen von weniger als 50 m, ferner an Fußgängerüberwegen (→ Fußgänger). Unerlaubtes Ü. ist → Ordnungswidrigkeit, § 49 I Nr. 5 StVO, § 24 StVG, bei Gefährdung anderer → Straßenverkehrsgefährdung, § 315 c I Nr. 2 b StGB.

**Überholende Kausalität** → Schadensersatz (1 a), → Kausalität im Strafrecht.

**Überladung** eines Kraftfahrzeugs oder Anhängers, d. h. Überschreiten des gesetzlich zugelassenen Höchstgewichts (→ Belastung von Kfz.), kann bei vorsätzlichem oder fahrlässigem Handeln beim Fahrzeugführer und ebenso beim → Halter, der die Inbetriebnahme zuläßt oder anordnet, als → Ordnungswidrigkeit geahndet werden (§ 24 StVG, § 69 a III Nr. 4 StVZO).

**Überlassungsvertrag** (Grundstück im Gebiet ehem. DDR) → Miete, 7.

**Überlebender Ehegatte** → Zugewinngemeinschaft, (fortgesetzte) → Gütergemeinschaft, → Erbfolge, → Berliner Testament.

**Überleitungsanzeige.** Der Träger der → Sozialhilfe kann zur Abgeltung seiner Leistungen an einen Hilfeempfänger dessen Ansprüche gegen einen Dritten durch Ü. auf sich überleiten (§ 90 BSHG). Bei gerichtlicher Unterbringung eines nach dem → Sozialgesetzbuch Leistungsberechtigten in einer Anstalt o. dgl. kann der Kostenträger Ansprüche des Untergebrachten auf laufende, dem Lebensunterhalt dienende, Geldleistungen gegen einen Sozialleistungsträger durch Ü. an diesen auf sich überleiten (§ 50 SGB I).

**Überleitungsgesetze** heißen die zur Regelung der Kriegsfolgelasten und ähnlicher Fragen ergangenen Bundesgesetze; vgl. dazu Art. 120 GG sowie das Erste und das Zweite Gesetz zur Überleitung von Lasten und Deckungsmitteln auf den Bund vom 28. 11. 1950 i. d.F. vom 28. 4. 1955 (BGBl. I 193) bzw. vom 21. 8. 1951 (BGBl. I 774), ferner das Ges. über die Stellung des Landes Berlin im Finanzsystem des Bundes (Drittes Ü.) vom 4. 1. 1952 (BGBl. I 1) und schließlich das Vierte Ü. vom 27. 4. 1955 (BGBl. I 189) betr. Einzelfragen der finanziellen Beziehung zwischen Bund und Ländern.

**Überleitungsvertrag.** Der „Vertrag zur Regelung aus Krieg und Besatzung entstandener Fragen“ vom 26. 5. 1952 i. d.F. der Bek. vom 30. 3. 1955 (BGBl. II 405) zwischen der BRep., den USA, Großbritannien und Frankreich regelte – in Ausführung des → Deutschlandvertrages – insbes. Fortbestand und Aufhebung der von den Besatzungsbehörden erlassenen Rechtsvorschriften sowie der durch Maßnahmen der Besatzungsbehörden begründeten Rechte und Pflichten. Die Organe des Bundes und der Länder waren danach befugt, von den Besatzungsbehörden erlassene Rechtsvorschriften aufzuheben oder zu ändern, soweit im Deutschlandvertrag oder den Zusatzverträgen nicht anderes bestimmt war. Bis zu ihrer Aufhebung oder Abänderung blieben diese Vorschriften in Kraft. Das Besatzungsrecht ist inzwischen zum größten Teil durch Bundesgesetze aufgehoben worden und im übrigen durch die → Abschließende Regelung in bezug auf Deutschland gegenstandslos.

**Überliegezeit** ist der Zeitraum, den der Verfrachter (Frachtführer) bei einem → Seefrachtvertragüber die → Ladezeit hinaus auf die Abladung (→ Ablader) vereinbarungsgemäß warten muß. Für die Ü. hat der Befrachter dem Verfrachter das Liegegeld zu zahlen (§ 567 III, IV 2 HGB).

**Übermaßverbot.** Die öffentliche Verwaltung hat bei ihrer Tätigkeit die allgemeinen Grundsätze der Erforderlichkeit und der Verhältnismäßigkeit zu beachten. Sie hat im Rahmen ihrer gesetzlichen Befugnisse unter mehreren möglichen und geeigneten Maßnahmen diejenige zu treffen, die den Einzelnen und die Allgemeinheit am wenigsten beeinträchtigt (Grundsatz der *Erforderlichkeit*). Ferner muß die Maßnahme unterbleiben, wenn die zu erwartende Beeinträchtigung erkennbar außer Verhältnis zu dem beabsichtigten Erfolg steht (Grundsatz der *Verhältnismäßigkeit*). Auch ist etwa eine poliz. Maßnahme nur so lange zulässig, bis ihr Zweck erreicht ist oder nicht mehr erreicht werden kann. Dieses Verbot des Übermaßes folgt aus dem Prinzip der → Gesetzmäßigkeit und Rechtmäßigkeit der Verwaltung. Das Ü. ist in verschiedenen Einzelgesetzen ausdrücklich festgelegt, z. B. im Polizeirecht (vgl. etwa Art. 4 bayer. PAG i. d. F. v. 14. 9. 1990, GVBl. 397). Als allgemeiner Rechtsgrundsatz gilt es aber auch ohne spezialgesetzliche Festlegung für alle Bereiche der öffentlichen Verwaltung. Darüber hinaus ist es als Ausfluß des Rechtsstaatsprinzips und der Gerechtigkeitsidee in gewissem Maße auch für die Rechtspflege (z. B. Anordnung und Fortdauer der → Untersuchungshaft u. a. strafprozessuale Maßnahmen) und die → Gesetzgebung verbindlich. Ein Verstoß gegen das Ü. führt zur Rechtswidrigkeit der behördlichen Maßnahme.

**Übermittlungsirrtum** → Anfechtung von Willenserklärungen, → Bote.

**Übermüdung des Kraftfahrers** kann zu Unfällen führen und für Fahrer und → Halter des Kfz. Schadensersatzpflicht und Bestrafung zur Folge haben, weil sie den Fahrer verkehrsuntauglich macht (§ 2 StVZO). Auch der Halter, der die Führung des Kfz trotz Ü. des Fahrers duldet oder gar veranlaßt, verletzt seine Verkehrspflichten, weil er auch die Fahrtauglichkeit des Fahrers zu überwachen hat. Hat der Fahrer den Zustand nicht erkannt, aber bei sorgfältiger Selbstbeobachtung mit ihm rechnen müssen, kann ein Verschulden vorliegen

(z. B. pausenloses Fahren insbes. bei Nacht, Alkoholgenuß, starke körperliche oder geistige Beanspruchung). Ein Verschulden ist i. d. R. anzunehmen, wenn die Vorschriften über die Höchstdauer der Lenkung (→ Kraftfahrer) nicht eingehalten werden. Ein Verstoß gegen das Verbot des § 2 StVZO, trotz Ü. zu fahren, ist eine → Ordnungswidrigkeit (§ 24 StVG, § 69 a I Nr. 1 StVZO); u. U. kommt, wenn dadurch andere Personen oder fremde bedeutende Sachwerte gefährdet werden, → Straßenverkehrsgefährdung in Betracht (§ 315 c StGB). Führt die Ü. zu einem Unfall, so hat das zwar nicht den Wegfall des Versicherungsschutzes wegen Gefahrerhöhung (§§ 23, 25 VVG) zur Folge, kann aber Rechtsnachteile nach sich ziehen, wenn grobe Fahrlässigkeit vorliegt.

**Übernahme einer Hypothek** → Hypothekenübernahme.

**Übernahme einer Schuld** → Schuldübernahme.

**Übernahme eines Handelsgeschäfts** → Handelsgeschäfts (i. S. von → Unternehmen) mit → Firma führt grundsätzlich zur Haftung des Übernehmenden für die im Geschäftsbetrieb des früheren Inhabers begründeten Verbindlichkeiten (§ 25 I HGB; der ausgeschiedene oder → Kommanditist gewordene frühere Inhaber haftet noch 5 Jahre fort, §§ 26, 28 HGB). Abweichende Vereinbarungen sind nur wirksam, wenn sie im → Handelsregister eingetragen und bekanntgemacht oder dem betreffenden Gläubiger mitgeteilt werden (§ 25 II HGB). Wird die Firma nicht fortgeführt, tritt die Haftung nur bei Vorliegen eines besonderen Verpflichtungsgrundes ein, insbes. wenn der Erwerber sie in handelsüblicher Weise bekanntgemacht hat (§ 25 III HGB). Die Firma kann nicht ohne das Handelsgeschäft übertragen werden. S. a. → Vermögensübernahme, → Betriebsübergang, → Haftung im Steuerrecht.

**Übernahme eines Vermögens** → Vermögensübernahme.

**Übernahmeprinzip** in der → Zwangsversteigerung (besser Übergangsprinzip) bedeutet, daß die in das → geringste Gebot fallenden Rechte am Grundstück kraft Gesetzes bestehen bleiben und die entsprechenden Pflichten dadurch vom Ersteher übernommen werden (§ 52 I ZVG). Die anderen Rechte erlöschen und werden, soweit der Erlös reicht, durch Zahlung aus dem → Bargebot gedeckt.

**Überobligationsmäßige Schwierigkeit** → Unmöglichkeit der Leistung.

**Überörtliche Sozialhilfeträger** → Sozialhilfeträger.

**Überpariemission** ist die Ausgabe von → Wertpapieren, die auf einen bestimmten Nennbetrag lauten (insbes. → Aktien und → Inhaberschuldverschreibungen), für einen höheren Betrag als den Nennbetrag. Bei Aktien (auch bei Stückaktien) ist die Ü. im Gegensatz zur → Unterpariemission zugelassen (§ 9 II AktG).

**Überpfändung** liegt vor, wenn eine → Pfändung weiter ausgedehnt wird, als es zur Befriedigung des Gläubigers erforderlich ist. Ü. ist verboten (§ 803 I 2 ZPO).

**Überplanmäßige Ausgaben** (Staatshaushalt) → Haushaltsrecht (4).

**Überprüfung von Kraftfahrzeugen** → Überwachung von Kfz.

**Überraschungsentscheidung** → rechtliches Gehör.

**Überschallschäden** → Luftverkehrshaftung.

**Überschuldung** liegt vor, wenn das Vermögen des Schuldners (bei einem Unternehmen wird dies nach der Fortführungsprognose bewertet) dessen bestehende Verbindlichkeiten nicht mehr deckt (§ 19 II InsO). Bei → juristischen Personen und Personengesellschaften ohne persönlich haftende natürliche Person (z. B. → GmbH & Co) sowie bei einem → Nachlaß ist auch die Ü. (neben der → Zahlungsunfähigkeit) Grund zur Eröffnung des → Insolvenzverfahrens (§§ 19 I, III, 320 InsO), bei einer → Genossenschaft im Hinblick auf die → Nachschußpflicht der Genossen nur eingeschränkt (§ 98 GenG).

**Überschuldung des Nachlasses** → Nachlaßinsolvenzverfahren, → Nachlaßverwaltung, → Beschränkung der Erbenhaftung.

**Überschußeinkünfte** → Einkünfte 1.

**Überschwemmung, Herbeiführen einer –,** ist, wenn sie Leib oder Leben eines anderen oder fremde Sachen von bedeutendem Wert gefährdet, als → gemeingefährliche Straftat mit Freiheitsstrafe von 1–10 Jahren bedroht (§ 313 StGB). Verursacht der Täter eine schwere Gesundheitsschädigung eines anderen oder eine Gesundheitsschädigung einer großen Zahl von Menschen oder wenigstens leichtfertig den Tod eines anderen, sind höhere Strafen verwirkt. Fahrlässiges Handeln ist mit geringerer Strafe bedroht. Bei → tätiger Reue kann die Strafe gemildert oder von ihr abgesehen werden oder Straflosigkeit eintreten.

**Übersetzung** (Schutz nach UrhG). Die Ü. eines urheberrechtlich geschützten Werkes wird, wenn sie eine persönliche geistige Schöpfung des Übersetzers darstellt, neben dem → Urheberrecht am übersetzten Werk wie ein selbständiges Werk geschützt (§ 3 UrhG).

**Übersicherung** → Sittenwidrigkeit, → Abtretung (1).

**Übersiedler** war die Bezeichnung für Deutsche, die aus der DDR in die BRep. umsiedelten.

**Überstaatliche Organisationen** → supranationale Organisationen.

**Überstaatliches Recht** → supranationale Organisationen.

**Überstellung** → Auslieferung, → Vollstreckungshilfe.

**Überstunden** → Überarbeit, → Mehrarbeit.

**Übertarifliche Zulagen.** Auch wenn ein → Tarifvertrag besteht, ist es zulässig, durch Einzelabrede (durch → Betriebsvereinbarung s. dort) ü.T. zu vereinbaren (z. B. Lohnzuschläge). Diese bleiben bei einer Erhöhung der tariflichen Leistungen i.d.R. unberührt (→ Effektivklausel).

**Übertragbare Krankheiten** sind durch Krankheitserreger verursachte K., die unmittelbar oder mittelbar auf den Menschen übertragen werden können. Maßnahmen zu ihrer Verhütung und Bekämpfung sieht das Ges. zur Verhütung und Bekämpfung übertragbarer Krankheiten beim Menschen – Bundes-Seuchengesetz – i. d. F. vom 18. 12. 1979 (BGBl. I 2262) m. spät. Änd. vor. Danach sind zahlreiche ü.K. meldepflichtig. Zur Verhütung von Seuchen enthält es Bestimmungen über die Beschaffenheit von Trinkwasser, die Abwasserbeseitigung, Durchführung von Schutzimpfungen und Vorschriften für das Lebensmittelgewerbe (Untersuchungspflicht für Beschäftigte, Einstellungsverbote usw.). Die Vorschriften zur Bekämpfung ü.K. ermöglichen Untersuchungen und Schutzmaßnahmen, insbes. die Beobachtung und Absonderung sowie zwangsweise abgesonderte Unterbringung von Kranken oder Verdächtigen, die Untersagung der Berufsausübung, die Entseuchung oder Vernichtung seuchenverdächtiger Gegenstände, das Verbot größerer Menschenansammlungen sowie die Schließung von Schulen. Das Ges. sieht Entschädigung für Personen vor, denen infolge Verbots der Erwerbstätigkeit ein Verdienstausfall entsteht oder die durch eine angeordnete oder öffentlich empfohlene Schutzimpfung einen Gesundheitsschaden erleiden (→ Impfschäden), ferner für vernichtete oder beschädigte Gegenstände. Straf- und Bußgeldvorschriften enthalten die §§ 63 ff.

**Übertragener Wirkungskreis** → Auftragsangelegenheiten, → Gemeinde.

**Übertragung des Betriebs** → Betriebsübergang, der Firma → Firma, → Übernahme eines Handelsgeschäfts. **Ü. des Eigentums** → Eigentumsübertragung. **Ü. der Erbschaft** → Erbschaftskauf, → Erbengemeinschaft (1). **Ü. von Forderungen und Rechten** → Abtretung. **Ü. von Grundstücksrechten** → Grundstücksrechte. **Ü. von Rentenanwartschaften** → Ehescheidung (5). **Ü. von Sozialleistungsansprüchen** → Abtretung (6).

**Übertretung** war früher eine mit Freiheitsstrafe bis zu 6 Wochen oder mit Geldstrafe bis zu 500 DM bedrohte Straftat. Die Ü.en wurden zumeist durch das EGStGB 1974 nicht in → Vergehen oder Ordnungswidrigkeiten umgewandelt.

**Übertritt** → Kirchenaustritt; Ü. eines Abgeordneten → Mandat des Abg.

**Überversicherung** → Schadensversicherung.

**Überwachung am Arbeitsplatz** → Mitbestimmung (1).

**Überwachung der Telekommunikation** → Brief-, Post- und Fernmeldegeheimnis.

**Überwachung von Kraftfahrzeugen und Kraftfahrern.** Im Interesse der Verkehrssicherheit schreibt § 29 StVZO eine periodische *technische Überprüfung* der Kraftfahrzeuge und Anhänger auf ihren vorschriftsmäßigen Zustand vor. Die Ü. erstreckt sich auf alle Fz., die ein amtliches Kennzeichen haben oder führen müssen (→ Kennzeichen am Kfz.); ausgenommen sind u. a. Fz., mit rotem Kennzeichen sowie Bundeswehr- und Bundesgrenzschutz-Fz. Bei Pkw. und Krafträdern ist alle 2 Jahre eine *Hauptuntersuchung* durchzuführen, bei größeren Lkw., Omnibussen, → Taxen, Krankenwagen und zulassungspflichtigen Zugmaschinen jährlich. Bei Omnibussen, schweren Lkw. und Zugmaschinen sowie schweren Anhängern ist nach 1, 2 oder 3 Jahren außerdem eine *Sicherheitsprüfung* im Abstand von 6 Monaten erforderlich. Der Monat, in dem das Fz. spätestens zur nächsten Hauptuntersuchung anzumelden ist, wird auf einer am hinteren Kennzeichen des Fz. anzubringenden *Prüfplakette* bezeichnet. Im einzelnen vgl. Anl. VIII, IX z. StVZO. Die Kosten der Untersuchung trägt der Halter. Wird bei einem Fz. Betriebsunsicherheit festgestellt, darf es vor der Beseitigung im öffentlichen Verkehr nicht verwendet werden; fehlt die Prüfplakette, kann der Betrieb des Fz. im öffentlichen Verkehr untersagt oder beschränkt werden (§ 29 VII StVZO).

Der Verringerung von Schadstoffemissionen (→ Umweltschutz im Straßenverkehr) dient die Untersuchung des → *Abgasverhaltens*, das den Anforderungen des § 47 StVZO und der darin genannten EG-Richtlinien entsprechen muß (*Abgasuntersuchung*). Ihr sind grundsätzlich alle Kfz. mit Benzin- oder Dieselmotor unterworfen (§ 47a I StVZO, auch zu den Ausnahmen). Die Untersuchung findet in regelmäßigen Abständen von 3, 2 oder 1 Jahr statt, die sich nach Alter sowie Art des Motors und des Kfz. richten (Anlage XI a zur StVZO). Als Nachweis werden eine Prüfbescheinigung und eine Plakette erteilt, die am vorderen → Kennzeichen des Kfz. anzubringen ist (§ 47a III StVZO).

Eine Ü. der *Kraftfahrer* auf Fahrtauglichkeit ist nicht vorgeschrieben; doch kann die Verwaltungsbehörde, wenn hieran begründete Zweifel bestehen, dem Inhaber der Fahrerlaubnis die Vorlage eines ärztlichen Zeugnisses, des Gutachtens einer med.-psycholog. Untersuchungsstelle oder eines amtlich anerkannten Sachverständigen über die geistige oder körperliche Eignung aufgeben (§ 3 II StVZO).

**Überwachung von Personen** → Observation.

**Überwachungsbedürftige Abfälle** sind → Abfälle, die in einer RechtsVO nach § 41 KrW-/AbfG als solche festgelegt sind sowie alle Abfälle, die beseitigt werden sollen, ferner soweit durch Rechtsverordnung bestimmt, auch verwertbare Abfälle (s. im einzelnen § 3 Nr. 8 sowie §§ 40–52); Einzelheiten bei → Abfallüberwachung.

**Überwachungsbedürftige Anlagen** sind nach der Legaldefinition von § 11 GSG „Anlagen, die mit Rücksicht auf ihre Gefährlichkeit einer besonderen Überwachung bedürfen." Dazu gehören u. a. → Aufzugsanlagen, Maschinen, Apparate, Behälter z. B. für → brennbare Flüssigkeiten, elektrische Anlagen, → Getränkeschankanlagen, nicht aber einfache Werkzeuge. Welche Anlagen konkret der formellen Überwachung unterliegen, ergibt sich aus § 2 II a GSG. Einzelheiten regeln die aufgrund von § 11 GSG erlassenen Verordnungen. Überwachungsinstrumente sind das Recht der zuständigen Stellen zur jederzeitigen Besichtigung und Prüfung der Anlagen und zu Anordnungen im Einzelfall. In der Regel ist auch die Prüfung vor Inbetriebnahme (technische Abnahme) häufig auch eine Erlaubnis oder eine Bauartzulassung erforderlich.

**Überwachungsbedürftige Gewerbe** sind gemäß § 38 GewO bestimmte Arten des → Gebrauchtwarenhandels, → Auskunfteien, → Ehe-, Partnerschafts- und Bekanntschaftsvermittlungen, → Reisebüros, Schlüsseldienste und Vertrieb von Gebäudesicherungseinrichtungen. Der Betrieb von ü.G. bedarf keiner Gewerbezulassung, mit der Gewerbeanmeldung sind jedoch Zuverlässigkeitsnachweise (Auskunft aus dem Gewerbezentralregister) vorzulegen und von der Behörde zu überprüfen. Außerdem können nach Abs. 3 Buchführungsverpflichtungen durch landesrechtliche Verordnung eingeführt werden. Die bisher geltenden einschlägigen landesrechtlichen Verordnungen sind aufgehoben. Ü.G. unterliegen den besonderen Auskunfts- und Nachschauregelungen des § 29 GewO.

**Überwachungsgesetz** wird das Ges. zur Überwachung strafrechtlicher und anderer → Verbringungsverbote vom 24. 5. 1961 (BGBl. I 607) m. Änd. genannt.

**Überweisung.** Innerhalb eines → Girovertrags ist die Überweisung ein → Auftrag zur Belastung des eigenen Girokontos und zur Gutschrift auf dem Konto des Überweisungsempfängers bei demselben oder einem anderen Geldinstitut. Anders → Anweisung. S. a. → Lastschriftverfahren u. im folg.; zur „Unterschrift" auf der Ü. → Form, 1 a.

**Überweisungsbeschluß.** Bei der → Zwangsvollstreckung wegen einer Geldforderung wird mit dem → Pfändungsbeschluß i. d. R. in einer Urkunde der Ü. verbunden, der dem Gläubiger das gepfändete Recht überweist (§ 835 ZPO), damit er es zur Befriedigung seiner Geldforderung gegen den → Drittschuldner geltend macht (Besonderheit bei der → Lohnpfändung). Die Überweisung geschieht meist „zur Einziehung"; dies läßt die Forderung des Gläubigers unberührt. Eine Überweisung „an Zahlungs Statt" (praktisch sehr selten) wirkt dagegen wie eine Abtretung und führt zu einer Befriedigung des Gläubigers ohne Rücksicht darauf, mit welchem Erfolg er das gepfändete Recht geltend macht (§ 835 II ZPO). Der Ü. ersetzt stets eine Abtretungserklärung des Schuldners (§ 836 I ZPO) und begründet eine Auskunftspflicht des Schuldners (§ 836 III ZPO) und Drittschuldners (§ 840 ZPO).

**Überzeugungstäter** ist der Straftäter, der weiß, daß er gegen eine gültige Rechtsnorm verstößt, sich aber zu seinem Handeln unter höherrangigen Gesichtspunkten für verpflichtet hält (meist aus sittlicher, religiöser oder politischer Überzeugung). Das geltende Recht privilegiert den Ü. nicht; die besonderen Motive des Ü. können daher nur bei der → Strafzumessung innerhalb des allgemeinen gesetzlichen Strafrahmens berücksichtigt werden (vgl. § 46 StGB).

**Überziehungskredit** (Dispositionskredit). Vielfach wird dem Bankkunden die Möglichkeit eingeräumt, im Rahmen eines → Girovertrags oder eines → Kontokorrentsüber den vereinbarten Betrag (oder Zeitraum) hinaus Kredit (gegen erhöhte Vergütung) in Anspruch zu nehmen. Rechtlich liegt die Vereinbarung eines → Darlehens vor; zur Anwendbarkeit des Verbraucherkreditgesetzes → Kreditvertrag (2, 3).

**Üble Nachrede** → Beleidigung, → Anschwärzung.

**Übung** (Rechtsübung) → Recht (1 a), → Handelsbrauch.

**Übungen, militärische** → Wehrübungen, → Manöver.

**Ultimatum** ist im zwischenstaatlichen Verkehr die Androhung bestimmter Maßnahmen eines Staates gegenüber einem anderen für den Fall, daß dieser bestimmte Forderungen nicht erfüllt. Häufig wird dabei eine Frist gesetzt, in der die Forderungen erfüllt sein müssen.

**Ultimo** = der letzte Tag eines Monats.

**Ultra-vires-Lehre** → Rechtsfähigkeit.

**Umbildung einer Sache** → Verarbeitung.

**Umdeutung** eines Rechtsgeschäfts → Nichtigkeit von Rechtsgeschäften (3), → Auslegung von Verfügungen von Todes wegen.

**Umgangsrecht.** Das Recht zum persönlichen Umgang mit dem Kind (auch Verkehrsrecht oder Besuchsrecht genannt) und des Kindes mit seinen Bezugspersonen ist ein wesentlicher Teil der → Personensorge. Zum Wohl des Kindes gehört nämlich i. d. R. der Umgang mit beiden Elternteilen und auch mit anderen Personen, zu denen das Kind Bindungen besitzt, wenn ihre Aufrechterhaltung für seine Entwicklung förderlich ist (§ 1626 III BGB). Unabhängig von der Abstammung und der Regelung der → elterlichen Sorge i.e. hat das Kind das U. mit jedem Elternteil; umgekehrt ist jeder Elternteil zum Umgang mit dem Kind verpflichtet und berechtigt (§ 1684 I BGB). „Umgang" ist zuvörderst der persönliche Kontakt mit dem Kind; das U. umfaßt aber auch andere Formen, z. B. brieflichen oder telefonischen Kontakt. Die Eltern haben alles zu unterlassen, was das Verhältnis des Kindes zum jeweils anderen Elternteil (oder zu Personen, in deren Obhut sich das Kind befindet) beeinträchtigt oder die Erziehung erschwert (§ 1684 II BGB). Die Eltern sind also nicht nur zum Umgang berechtigt und haben diesen zu pflegen; sie haben auch den Umgang mit berechtigten Personen zu gestatten. So haben Großeltern, Geschwister, Stiefeltern, die mit dem Kind schon längere Zeit in häuslicher Gemeinschaft leben, und Personen, bei denen das Kind längere Zeit in Familienpflege war (→ Pflegekinder), ein U. mit dem Kind, wenn dies zum Wohl des Kindes dient (§ 1685 BGB). Das Familiengericht kann, insbes. wenn sich die Beteiligten über die Umgangsregelung nicht einigen können, über den Umfang des U. entscheiden und seine Ausübung, auch gegenüber Dritten, näher regeln, hierzu Anordnungen erlassen und diese notfalls auch zwangsweise (→ Ordnungsmittel) durchsetzen (§ 1684 III BGB, § 33 FGG). Das Gericht hat aber zunächst eine einvernehmliche Ausübung des Umgangs zu vermitteln (Einzelheiten § 52a FGG). Kommt es hierzu nicht, so kann das Familiengericht das U. einschränken (z. B. auf ein Besuchsrecht zu bestimmten Zeiten) oder auch ganz ausschließen, soweit dies zum Wohl des Kindes erforderlich ist; für längere Zeit allerdings nur, wenn sonst das Wohl des Kindes gefährdet wäre. Das Familiengericht kann auch anordnen, daß der Umgang nur stattfinden darf, wenn ein mitwirkungsberechtigter Dritter (z. B. ein Vertreter des → Jugendamts) anwesend ist. Im Interesse des Kindes kann das Familiengericht auch frühere Entscheidungen über das U. in sachgerechter Weise abändern (§ 1684 IV BGB).

**Umgehungsgeschäft** → Scheingeschäft, → Gesetzwidrigkeit von Rechtsgeschäften, → Kreditvertrag (2), → Mißbrauch von Gestaltungsmöglichkeiten.

**Umgruppierung** ist die anderweitige Zuordnung von Arbeitnehmern zu einer Tarifgruppe. Dem → Betriebsrat steht hierbei (ebenso wie bei der Eingruppierung) ein Recht auf → Mitbestimmung zu.

**Umkehrschluß** → argumentum e contrario.

**Umkehrung der Beweislast** → Beweislast, → Anscheinsbeweis.

**Umlaufvermögen** sind in der Handels- und Steuerbilanz die Vermögensgegenstände, die – im Gegensatz zum → Anlagevermögen (§ 247 II HGB) – nicht dazu bestimmt sind, dauernd dem Geschäftsbetrieb zu dienen, die also bstimmungsgemäß veräußert, verarbeitet oder verbraucht werden (Umkehrschluß aus § 247 II HGB), z. B. Waren, Vorräte, Forderungen, Finanzmittel usw. Eine → Absetzung für Abnutzung ist beim U. ausgeschlossen (§ 6 I Nr. 2 EStG). Für das U. gilt das strenge Niederstwertprinzip (→ Abschreibungen).

**Umlegung.** Die §§ 45 ff. des → Baugesetzbuches sehen als Maßnahme der Bodenordnung die U. von Grundstükken vor. Zur Erschließung oder Neugestaltung bestimmter Gebiete können bebaute und unbebaute Grundstücke in der Weise geordnet werden, daß nach Lage, Form und Größe für die bauliche oder sonstige Nutzung zweckmäßig gestaltete Grundstücke entstehen. Die U. wird von der Gemeinde angeordnet und durchgeführt, wenn und sobald sie zur Verwirklichung eines Bebauungsplans (→ Bauleitpläne) erforderlich ist. Das U.verfahren wird durch den U.beschluß eingeleitet; er begründet eine → Veränderungssperre. Beteiligt am Verfahren sind die Eigentümer und die sonstigen dinglich Berechtigten der im U.gebiet gelegenen Grundstücke, die Gemeinde und die Erschließungsträger. Die Grundstücke werden vereinigt (U.-masse), sodann die Verkehrs- und Grünflächen abgesondert, die verbleibende (Verteilungs-)Masse auf die beteiligten Grundeigentümer verteilt. Diese sollen grundsätzlich gleichwertige Grundstücke erhalten; ist dies nicht möglich, so werden sie durch Ausgleichsbeträge abgefunden. Die Zuteilung erfolgt auf Grund des U.plans, der nach Erörterung mit den Eigentümern durch Beschluß aufgestellt wird. Anders als die U. dient die → Flurbereinigung der Förderung der land- und forstwirtschaftlichen Erzeugung.

**Umrechnung** → Geldschuld.

**Umsatzsteuer.** Die U. ist die wichtigste → Verkehrsteuer und → indirekte Steuer: UStG 1993 vom 27. 4. 1993 (BGBl. I 565); UStDV 1993 vom 27. 4. 1993 (BGBl. I 600) beide zuletzt geänd. 19. 12. 1997 (BGBl. I 3121), Einfuhrumsatzsteuer-Befreiungsverordnung 1993 (EUStBV) vom 11. 8. 1993 (BGBl. I 1526) geänd. 9. 2. 1994 (BGBl. I 302, 523) und die UStR 1996 vom 7. 12. 1995 (BStBl. I Sondernr. 4).

1. Die U. wird auch als *Mehrwertsteuer* bezeichnet, da im Ergebnis nur der unternehmerische Mehrwert, d. h. der Unterschied zwischen Eingangs- und Ausgangsleistung (z. B. Einkaufspreis/Verkaufspreis) erfaßt wird. Der Unternehmer stellt dem Abnehmer die U. in Rechnung, führt diese ans Finanzamt ab, darf jedoch seinerseits die ihm vom Lieferer in Rechnung gestellte U. als Vorsteuer abziehen (Netto-U. mit Vorsteuerabzug). Die U. belastet somit den Unternehmer nicht als Aufwand, sog. Steuerneutralität. Die U. ist eine fraktionierte, d. h. in Teilbeträgen erhobene *Konsumsteuer,* die wirtschaftlich vom Verbraucher zu tragen ist.

2. *Gegenstand der U.* (steuerbare Umsätze, § 1 I Nrn. 1–5 UStG) sind a) *Lieferungen* (§ 3 I UStG) und *sonstige Leistungen* (§ 3 IX UStG), die ein → Unternehmer im Rahmen seines Unternehmens (§ 2 UStG) im → Inland (§ 1 II, III UStG) gegen Entgelt (§ 10 UStG) ausführt; b) die drei Formen des → *Eigenverbrauchs* im Inland (§ 1 I Nr. 2 UStG), c) unentgeltliche Lieferungen und sonstige Leistungen von Kapitalgesellschaften, Personengesellschaften, Vereinen usw. gegenüber ihren Gesellschaftern oder Mitgliedern (Gesellschafterverbrauch, § 1 I Nr. 3 UStG), d) die *Einfuhr* ins → Inland (→ Einfuhrumsatzsteuer) (§ 1 I Nr. 4 UStG) und e) der innergemeinschaftliche Erwerb im → Inland gegen Entgelt (§ 1 I Nr. 5 UStG). *Lieferung* bedeutet Verschaffung der Verfügungsmacht. *Sonstige Leistung* ist jede Leistung (Tun, Dulden oder Unterlassen), die keine Lieferung ist. Die *Geschäftsveräußerung,* d.h. wenn ein Unternehmen oder ein gesondert geführter Betrieb im ganzen übereignet oder in eine Gesellschaft eingebracht wird, ist ab 1994 nicht umsatzsteuerbar (§ 1 I a UStG).

3. a) *Ort der Lieferung.* Geliefert wird dort, wo die Beförderung oder Versendung beginnt (§ 3 VI UStG ab 1997) oder falls nicht befördert oder versendet wird, wo sich der Gegenstand zur Zeit der Verschaffung der Verfügungsmacht befindet (§ 3 VII UStG ab 1997; → Reihengeschäft). Bei einer Beförderung oder Versendung von einem → Drittlandsgebiet ins Inland gilt der Lieferort als im Inland belegen (§ 3 VIII UStG). b) Beim *Ort der sonstigen Leistung* sind 7 Fälle zu unterscheiden: 1. Sitzort des leistenden Unternehmers als Grundsatz (§ 3 a I UStG); 2. Belegenheitsort des Grundstücks (§ 3 a II Nr. 1 UStG, z. B. Architektenleistung); 3. Tätigkeitsort (§ 3 a II Nr. 3 UStG, z. B. Künstler); 4. Ort des vermittelten Umsatzes oder Ort der USt-IdNr. des Geschäftsherrn bei Vermittlungsleistungen (§ 3 a II Nr. 4 UStG); 5. Sitzort des Leistungsempfängers (z. B. Patente, Werbeleistungen, Rechtsberatung, Datenverarbeitung, Telekommunikation; § 3 a III, IV UStG); 6. Ort der Nutzung oder Auswertung im Inland (§ 1 UStDV); 7. Beförderungsort (§ 3 b UStG), → grenzüberschreitende Beförderung. Ein → Unternehmer, der im Inland keinen Sitz o.ä. hat und im Inland ausschließlich steuerfreie Umsätze ausführt und keine Vorsteuerbeträge abziehen kann, kann sich im Inland durch einen Fiskalvertreter vertreten lassen. Dieser nimmt die umsatzsteuerlichen Rechte und Pflichten des Unternehmers im Inland wahr (§§ 22 a–e UStG 1997).

4. Die *Befreiungen* von der U.: § 4 Nrn. 1 bis 28 UStG, von der Einfuhr-U. § 5 UStG, EUStBV. Ausfuhrtatbestände und innergemeinschaftliche Lieferungen (§ 4 Nrn. 1–6, §§ 6–8 UStG) sind befreit, berechtigen jedoch zum Vorsteuerabzug, damit der Leistungsverkehr über die Grenze umsatzsteuerneutral ist. Vgl. auch §§ 25 II, 26 V UStG. Befreit ohne Vorsteuerabzug sind die

Umsätze nach § 4 Nrn. 7–28 UStG. Um den Vorsteuerabzug zu gewinnen, darf der Unternehmer jedoch auf bestimmte Steuerbefreiungen *verzichten,* d.h. für die U.pflicht optieren, z. B. bei Veräußerung von Grundstücken oder Gesellschaftsanteilen, bei Vermietung von Grundstücken, wenn der Mieter das Grundstück ausschließlich für Abzugsumsätze verwendet, oder Blindenumsätzen (§ 9 UStG). Ein Verzicht ist nur möglich bei Leistungen an Unternehmer. Er erfolgt durch Erteilung einer Rechnung mit Umsatzsteuerausweis (§ 14 UStG), durch Zustimmung zu einer Abrechnungsgutschrift oder durch Abrechnung im Vertrag. Bei *Reiseleistungen,* die nicht für das Unternehmen des Leistungsempfängers bestimmt sind, wird im Grundsatz beim Reiseunternehmer an seinem Sitzort nur die Differenz zwischen Reisepreis und Reisevorleistungen (Marge) besteuert; dafür entfällt ein Vorsteuerabzug aus den Reisevorleistungen (§ 25 I UStG; BMF 7. 4. 98 BStBl. I 380).

5. *Bemessungsgrundlage* ist bei Lieferungen und sonstigen Leistungen das *Entgelt,* d.h. alles, was der Leistungsempfänger aufwendet, um die Lieferung oder sonstige Leistung zu erhalten, jedoch abzüglich U. (§ 10 I UStG).

6. *Sollbesteuerung,* d.h. Besteuerung nach vereinbarten Entgelten, ist gesetzliche Regel (§ 16 I Satz 1 UStG). Auf Antrag kann das Finanzamt jedoch *Istbesteuerung,* d.h. nach *vereinnahmten* Entgelten, gestatten, falls der Vorjahresgesamtumsatz 250 000 DM nicht übersteigt oder der Unternehmer Freiberufler ist (§ 20 I UStG). Dieser Antrag ist bei Gewinnermittlung durch Einnahmen-Überschußrechnung (§ 4 III EStG) zweckmäßig (→ Gewinnermittlungsarten). *Anzahlungen* unterliegen ohne Rücksicht auf die Höhe auch bei Sollbesteuerung einer *Mindest-Ist-Besteuerung,* d.h. die U. entsteht beim leistenden Unternehmer bereits mit dem Empfang der Anzahlung vor Empfang der Leistung. Er ist verpflichtet, eine „Anzahlungsrechnung" mit Umsatzsteuerausweis auszustellen, damit der Leistungsempfänger die Vorsteuer abziehen kann (§ 14 I UStG).

7. Der *Regelsteuersatz* beträgt 15% BStBl. I 177, ab 1. 4. 1998 16%; zu Fragen der Umstellung BMF 10. 2. 98, DB 98, Beilage 2. Ein *ermäßigter Satz* von 7% gilt u. a. für Lieferungen, Eigenverbrauch und Einfuhr der in der Anlage zum UStG bezeichneten Gegenstände (z. B. bestimmte Lebensmittel, Hölzer, Bücher, Kunstgegenstände) und Leistungen von Körperschaften usw., die gemeinnützige, mildtätige oder kirchliche Zwecke verfolgen (§ 12 UStG).

8. *Vorsteuerabzug.* Der Unternehmer darf die ihm von anderen Unternehmern gesondert in Rechnung gestellte U., Einfuhr-U. und Erwerbsteuer von der eigenen U.schuld abziehen (§ 15 UStG), soweit er die empfangene Leistung zur Ausführung von *Abzugsumsätzen* verwendet. Abzugsumsätze sind pflichtige Lieferungen, sonstige Leistungen, Eigenverbrauch, innergemeinschaftlicher Erwerb, befreite Ausfuhrtatbestände, befreite innergemeinschaftliche Lieferungen und nichtsteuerbare Umsätze im → Ausland. *Ausschlußumsätze,* die nicht zum Vorsteuerabzug berechtigen, sind die nach § 4 Nrn. 7–28 UStG befreiten Umsätze. Haben Unternehmer neben *Ausschluß* umsätzen auch *Abzugs* umsätze, müssen sie die Vorsteuerbeträge in abziehbare und nichtabziehbare Vorsteuerbeträge nach einem wirtschaftlichen Schlüssel aufteilen (§ 15 IV UStG). Soweit Vorsteuerbeträge von der U.schuld abziehbar sind, mindern sie die → Anschaffungs- oder Herstellungskosten (AHK); nichtabziehbare Vorsteuerbeträge sind grundsätzlich Teil der AHK (§ 9 b I EStG); zu Arbeitnehmerzulagen → Kilometerpauschale.

9. *Vorsteuerberichtigung* erfolgt, wenn sich bei einem Gegenstand die Verwendung für Abzugs- oder Ausschlußumsätze gegenüber dem Kalenderjahr der erstmaligen Verwendung ändert a) durch Änderung der Abzugsquote oder b) bei Veräußerung oder Eigenverbrauch, falls diese Umsätze für den Vorsteuerabzug anders zu beurteilen sind als die Verwendung im ersten Kalenderjahr (§ 15 a UStG). Der Berichtigungszeitraum beträgt 5 Jahre, bei Grundstücken 10 Jahre. Ist die Abzugsquote größer geworden, so ist der vom Finanzamt zu zahlende Berichtigungsbetrag → Betriebseinnahme oder → Einnahme; ist sie kleiner geworden, ist der an das Finanzamt zu zahlende Berichtigungsbe-

trag → Betriebsausgabe oder → Werbungskosten (§ 9b II EStG). Die → Anschaffungs- oder Herstellungskosten werden durch die Berichtigung nicht berührt. Bei einer *Geschäftsveräußerung* (IV.) wird der maßgebliche Berichtigungszeitraum der Wirtschaftsgüter nicht unterbrochen. Der erwerbende Unternehmer tritt an die Stelle des Veräußerers (§ 15 a VI a UStG).

10. *Vorsteuerpauschalierung.* Für nicht buchführungspflichtige Gewerbetreibende und Freiberufler kann auf Antrag die Vorsteuer aus 58 Berufs- und Gewerbezweigen ganz oder teilweise mit einem %-Satz des betreffenden Umsatzes pauschaliert werden (§ 23 UStG, §§ 69, 70 UStDV). Einzelheiten BMF 20. 11. 97, BStBl. I 97, 968. Hat der Vorjahres-Umsatz 120 000 DM überstiegen, ist eine Vorsteuerpauschalierung ausgeschlossen (§ 69 III UStDV).

11. Bei *Kleinunternehmern* wird die geschuldete U. nicht erhoben, wenn der Ist-Gesamtumsatz zuzüglich U. – jedoch ohne Umsätze von Wirtschaftsgütern des Anlagevermögens – im Vorjahr 32 500 DM nicht überstiegen hat und im laufenden Kalenderjahr voraussichtlich 100 000 DM nicht übersteigen wird (§ 19 I UStG). Andererseits darf der Kleinunternehmer weder U. in Rechnung stellen noch Vorsteuer abziehen. Bis zur Bestandskraft der U.-Jahreserklärung kann der Kleinunternehmer auf diese Vergünstigung verzichten, d. h. zur U. optieren, um den Vorsteuerabzug zu gewinnen (§ 19 II UStG).

12. *Abzugsverfahren.* Bei einer steuerpflichtigen Werklieferung oder sonstigen Leistung durch einen ausländischen Unternehmer, Sicherungsübereignung oder Grundstückslieferung in der Zwangsversteigerung an einen im → Inland ansässigen Unternehmer oder eine juristische Person des öff. Rechts muß der Leistungsempfänger die U. einbehalten und an das Finanzamt abführen. Die einbehaltene und abgeführte Steuer kann als Vorsteuer abzogen werden (§ 18 VIII UStG, §§ 51–58 UStDV). Bei vollem Vorsteuerabzug entfällt die Abzugsverpflichtung (Nullregelung) (§ 52 UStDV). Haftung des Leistungsempfängers: § 55 UStDV (→ Haftung im Steuerrecht).

13. *Land- und Forstwirte* → Durchschnittsätze (§ 24 UStG).

14. *Verfahren.* Die U. wird für den Besteuerungszeitraum (Kalenderjahr) veranlagt (§ 18 III UStG). Aufgrund grundsätzlich vierteljährlicher Voranmeldungen sind *Vorauszahlungen* zu leisten. Vgl. → Aufzeichnungspflichten im Steuerrecht (3.), → Steueranmeldung, → Vergütung, → Besteuerungsverfahren, → Steuerbescheid.

15. *Zur Umsatzsteuer innerhalb der EU → Binnenmarkt, Umsatzsteuer.*

16. Zur Besteuerung mit *Drittländern* → Drittlandsgebiet.

**Umschreibung des Vollstreckungstitels** → vollstreckbare Ausfertigung.

**Umschuldung** → Darlehen, → Kreditvertrag (6).

**Umschulung** → Berufsbildung, → Berufsförderung, → Berufshilfe.

**Umsetzung** eines Beamten ist im Gegensatz zur → Versetzung die Verwendung an einem anderen Dienstposten derselben Dienststelle. I. d.R. ist die U. nach h. M. Organisationsverfügung und kein → Verwaltungsakt; sie bedarf allerdings u. U. der Mitwirkung des → Personalrats. Die Möglichkeiten des Rechtsschutzes gegen eine U. sind – unabhängig von der Frage der Qualifikation als Verwaltungsakt – sehr str.

**Umsiedler** sind deutsche Staatsangehörige oder Volkszugehörige, die auf Grund der während des zweiten Weltkrieges geschlossenen zwischenstaatlichen Verträge aus außerdeutschen Gebieten oder während des gleichen Zeitraumes auf Grund von Maßnahmen deutscher Dienststellen aus den von der deutschen Wehrmacht besetzten Gebieten umgesiedelt wurden; § 1 II Nr. 2 des → BundesvertriebenenG. Das Ges. regelt ihre Rechtsstellung und ihre wirtschaftliche und soziale Eingliederung.

**Umstellungsgesetz.** Das 3. Ges. zur Neuordnung des Geldwesens (Umstellungsgesetz) vom 20. 6. 1948 (WiGBl. Beilage 5 S. 13) – MRGes. Nr. 63 – regelte die Durchführung der → Währungsreform; es bildete die Grundlage der Regelung der RM-Guthaben und RM-Schuldverhältnisse (→ RM-Verbindlichkeiten). S. ferner → Altsparer, → Währungsausgleich, → Währungsgesetz, → Währungsreform.

**Umtauschvorbehalt.** Bei einem → Kauf mit U. handelt es sich nicht um einen → Kauf auf Probe, oftmals auch nicht um einen → Rücktrittsvorbehalt (nicht der Kaufvertrag selbst soll wieder aufgehoben werden können), sondern i. d.R. um eine → Ersetzungsbefugnis des Käufers hinsichtlich der Ware.

**Umwandlung.** I. → Rechtsträger (→ Rechtssubjekt), insbes. Personenhandelsgesellschaften (→ OHG, → KG), Kapitalgesellschaften (→ AG, → GmbH, KGaA), eingetragene → Genossenschaften und eingetragene → Vereine sowie → Versicherungsvereine auf Gegenseitigkeit, können nach den Vorschriften des Umwandlungsgesetzes vom 28. 10. 1994 (BGBl. I 3210, berichtigt BGBl. 1995 I 428; ergänzende Einzelvereinbarungen sind grdsätzl. zulässig, soweit das Gesetz nicht abschließend und zwingend ist) in ihrer Rechtsform umgewandelt werden. Im einzelnen ist zu unterscheiden:

1. *Formwechsel* (§§ 190 ff. UmwG): Hier ändert der Rechtsträger (auch → Körperschaften und Anstalten des öffentlichen Rechts) nur seine Rechtsform (z. B. Personenhandelsgesellschaft in Kapitalgesellschaft, möglich auch in eine → Gesellschaft des bürgerlichen Rechts). Wegen fortbestehender Identität bedarf es keiner Übertragung des (Gesellschafts-)Vermögens. Voraussetzung ist ein wirksamer U.Beschluß des bisherigen Rechtsträgers und die Eintragung der neuen Rechtsform in das → Handelsregister. Besondere Vorschriften über den Formwechsel bei den einzelnen Rechtsträgern enthalten §§ 214 ff. UmwG.

2. *Verschmelzung* (*Fusion,* §§ 2 ff. UmwG) ist die Vereinigung der Vermögen von mindestens 2 Rechtsträgern ohne Durchführung einer → Liquidation (Abwicklung) gegen Gewährung von (neuen) Anteilen (Mitgliedschaften) an die bisherigen Anteilsinhaber. Bei der Verschmelzung durch Aufnahme überträgt ein Rechtsträger im Wege der → Gesamtrechtsnachfolge sein Vermögen als Ganzes auf einen bestehenden anderen Rechtsträger. Voraussetzung ist ein (notariell beurkundeter) Verschmelzungsvertrag, dem die Anteilsinhaber der beteiligten Rechtsträger zustimmen müssen (Verschmelzungsbeschluß) und die Eintragung der Verschmelzung in das Handelsregister. Widersprechenden Anteilsinhabern ist eine angemessene Barabfindung anzubieten, die – ebenso wie das Umtauschverhältnis der alten und neuen Anteile – erforderlichenfalls vom Gericht festgesetzt wird (*Spruchverfahren,* §§ 305 ff. UmwG). Mit der Eintragung im Handelsregister erlischt der übertragende Rechtsträger. Der übernehmende Rechtsträger besteht weiter; vielfach wird eine Kapitalerhöhung durchgeführt. Bei der Verschmelzung durch Neugründung übertragen mindestens 2 Rechtsträger ihr Vermögen als Ganzes auf einen neuen, von ihnen dadurch gegründeten Rechtsträger. Die Regeln über die Verschmelzung durch Aufnahme gelten grdsätzl. entsprechend. §§ 39 ff. UmwG enthalten sodann besondere Vorschriften über die Verschmelzung unter Beteiligung bestimmter Rechtsträger i. e.

3. *Spaltung* (§§ 123 ff. UmwG). Die Spaltung ist in 3 Formen möglich: Ein Rechtsträger kann unter Auflösung ohne Abwicklung sein Vermögen auf mehrere übernehmende (auch neue) Rechtsträger übertragen *(Aufspaltung).* Gegenleistung ist die Gewährung von Anteilen (Mitgliedschaften) dieser Rechtsträger an die Anteilsinhaber des übertragenden Rechtsträgers. Voraussetzungen i. e. wie bei der Verschmelzung (oben b). Mit der Eintragung der Aufspaltung erlischt der bisherige Rechtsträger. Bei der *Abspaltung* bleibt dagegen der sich spaltende übertragende Rechtsträger bestehen; es geht nur ein Teil (oder Teile) des Vermögens auf den anderen (neuen) Rechtsträger über. Schließlich kann ein Rechtsträger aus seinem Vermögen einen Teil (oder mehrere Teile) ausgliedern; der Gegenwert für die ausgegliederten Vermögenswerte gelangt hier in Form von Beteiligungen an dem übernehmenden (oder neuen) Rechtsträger in das Vermögen des übertragenden Rechtsträgers selbst (*Ausgliederung*).

4. *Vermögensübertragung* (§§ 174 ff. UmwG): Ein Rechtsträger kann auch unter Auflösung ohne Abwicklung sein Vermögen als Ganzes oder teilweise auf einen bereits bestehenden Rechtsträger übertragen. Hierbei ist an die Anteilsinhaber des übertragenden Rechtsträ-

gers eine Gegenleistung zu gewähren, die in Anteilen oder Mitgliedschaften an dem übernehmenden Rechtsträger besteht.

5. Das Mandat des bisherigen → Betriebsrats bleibt bei einer Spaltung bis zu 6 Monaten, die bestehenden Regelungen über → Mitbestimmung grdsätzl. 5 Jahre lang bestehen (§§ 321, 325 UmwG). Auch bleiben die Vorschriften über den Fortbestand der arbeitsrechtlichen Verhältnisse beim → Betriebsübergang (§ 613 a BGB) grdsätzl. unberührt (§ 324 UmwG). Die kündigungsrechtliche Stellung eines Arbeitnehmers darf sich aufgrund einer Spaltung usw. für die Dauer von 2 Jahren nicht verschlechtern (§ 323 UmwG).

II. *Steuerlich:* Ziel des neuen Umwandlungssteuergesetzes vom 28. 10. 1994 (BGBl. I S. 3267 zuletzt geändert 25. 3. 98, BGBl. I 590), in Kraft getreten am 1. 1. 1995, ist es, in mehr Fällen als bisher (Umwandlungssteuergesetz 1977 vom 6. 9. 1976, BGBl. I S. 2641) eine Umwandlung ohne Auflösung und ohne Versteuerung stiller Reserven zuzulassen. Damit flankiert das Umwandlungssteuergesetz das neue Umwandlungsgesetz, das zahlreiche Möglichkeiten eröffnet, die Rechtsform eines Unternehmens an veränderte wirtschaftliche Rahmenbedingungen anzupassen. Zu beachten sind aber die neuerlichen Einschränkungen der Verlustübernahme u. a. bei Anträgen zum Handelsregister nach dem 5. 8. 1997. Zu Zweifels- und Auslegungsfragen BMF 25. 3. 98, BStBl. I 268. Das Umwandlungssteuergesetz folgt in seinem Aufbau nicht dem des Umwandlungsgesetzes, vielmehr ergibt sich folgende Gliederung:

1. Vermögensübertragung einer Kapitalgesellschaft auf eine Personengesellschaft oder auf eine natürliche Person (§§ 3 bis 10, 18 Umwandlungssteuergesetz), die durch a) Verschmelzung von Kapitalgesellschaften auf Personengesellschaften und auf den Alleingesellschafter möglich ist, die weiterhin durch b) Formwechsel einer Kapitalgesellschaft in eine Personengesellschaft vorgenommen werden kann und die schließlich durch c) Aufspaltung und Abspaltung einer Kapitalgesellschaft auf eine Personengesellschaft bewerkstelligt werden kann. Der übertragende Rechtsträger hat hierbei eine Steuerbilanz auf den Übertragungsstichtag aufzustellen, da ein Vermögensübergang fingiert wird. In den genannten Fällen ist die Umwandlung unter Fortführung der Buchwerte zulässig. Wahlweise kann die Umwandlung auch zu Werten zwischen Buchwert und Teilwert erfolgen. Hierbei entsteht grundsätzlich keine Gewerbesteuer. Ein bei der Kapitalgesellschaft vorhandener Verlustvortrag kann von der Personengesellschaft nicht übernommen werden. Das übernommene Betriebsvermögen ist mindestens mit 0 DM anzusetzen.

2. Vermögensübergang von Kapitalgesellschaft auf Kapitalgesellschaft (§§ 11 bis 13, 19 Umwandlungssteuergesetz) mittels Verschmelzung von Kapitalgesellschaften untereinander oder durch Aufspaltung oder Abspaltung unter ausschließlicher Beteiligung von Kapitalgesellschaften. Für den Wertansatz gilt das unter 1. Ausgeführte. Neuerdings kann hier ein vorhandener körperschafts- und gewerbesteuerlicher Verlustvortrag beim übertragenden Rechtsträger auf den übernehmenden Rechtsträger übertragen werden. Hierzu muß aber der übertragende Betrieb in den folgenden 5 Jahren in vergleichbarem Umfang fortgeführt werden.

3. Vermögensübergang von Personenunternehmen auf Kapitalgesellschaft (§§ 20 bis 23, 25 Umwandlungssteuergesetz), die durch Gesamtrechtsnachfolge, Sonderrechtsnachfolge oder Einzelrechtsnachfolge erfolgen kann, entweder durch Verschmelzung oder durch Ausgliederung oder Auf-/Abspaltung oder durch Formwechsel oder schließlich durch Einbringung. Auch in diesen Fällen ist eine Fortführung der Buchwerte oder der Ansatz eines höheren Werts bis zum Teilwert zulässig. Bei Aufdeckung stiller Reserven ist der ermäßigte Steuersatz (§ 34 I EStG) anzuwenden, der Freibetrag (§ 16 IV, § 17 III EStG) nur bei Einbringung mit dem Teilwert.

4. Vermögensübergang von Personenunternehmen auf Personenunternehmen (§ 24 Umwandlungssteuergesetz), die durch Verschmelzung, Ausgliederung oder Einbringung vorgenommen werden kann. Die Wertansätze sind wie oben beschrieben vorzunehmen.

Umwandlungsvorgänge können von der → Grunderwerbsteuer befreit sein.

III. *Umwandlung von Miet- in Eigentumswohnungen* (Kündigungsschutz) → Miete, 5 c.

**Umweltagentur,** *Europäische* ist eine → europäische zentrale Fachbehörde mit dem Sitz in Kopenhagen. Aufgaben ergeben sich aus der VO Nr. 1210/90 (ABl. L 120/1). Die Agentur steht auch Nicht-Mitgliedstaaten zum Beitritt offen.

**Umweltaudit** → Umweltmanagement.

**Umweltbevollmächtigter (Umweltverantwortlicher).** Gemäß § 52a BImSchG haben Unternehmen, die genehmigungsbedürftigte Anlagen betreiben (→ Immissionsschutz, öffentlich-rechtlich), einen U. zu benennen, der organisatorisch für Maßnahmen des Umweltschutzes im Unternehmen verantwortlich ist.

**Umweltbundesamt.** Durch Ges. vom 22. 7. 1974 (BGBl. I 1505) m. Änd. wurde in Berlin als selbständige Bundesoberbehörde das U. errichtet. Es erledigt Verwaltungsaufgaben auf dem Gebiete der Umwelt, insbes. im Bereich der wissenschaftlichen Forschung, der Umweltplanung sowie zur Unterstützung von Gesetzgebung und Verwaltung.

**Umweltengel** → Umweltzeichen.

**Umwelthaftung.** Entsteht durch Umwelteinwirkung aus einer bestimmten Anlage (insbes. zur Wärmegewinnung, Abfallbeseitigung, Stahlerzeugung oder der chemischen Industrie) ein Körper- oder Sachschaden, so ist der Inhaber der Anlage zum → Schadensersatz verpflichtet. Es handelt sich um eine der Höhe nach beschränkte → Gefährdungshaftung nach dem Vorbild der → Produkthaftung und der Haftung für Atomanlagen (→ Atomgesetz); eine weitergehende Haftung nach allgemeinen Vorschriften, insbes. bei Verschulden des Betreibers, wird hierdurch nicht ausgeschlossen. Einzelheiten s. U.Ges. vom 10. 12. 1990 (BGBl. I 2634).

**Umweltinformationen.** Das auf Regelungen der E. G. (Ri. vom 7. 6. 1990, ABl. L 158/56) zurückgehende Gesetz über U. vom 8. 7. 1994 (BGBl. I 1490) soll in Umweltangelegenheiten die Transparenz der öffentlichen Verwaltung gewährleisten. Das Gesetz regelt nach näherer Maßgabe von §§ 4ff. den freien Zugang von jedermann zu Informationen über die Umwelt. Beschränkungen zum Schutz privater Belange regelt § 8. Auskünfte sind kostenpflichtig § 9.

**Umweltkriminalität.** Die Gesetze zur Bekämpfung der U. vom 28. 3. 1980 (BGBl. I 373 und vom 27. 6. 1994 (BGBl. I 1440) fassen im 29. Abschnitt des StGB die wesentlichen Strafvorschriften bei Zuwiderhandlungen gegen Bestimmungen über den → Umweltschutz zusammen. Mit Strafe bedroht sind *Gewässerverunreinigung* (§ 324 StGB), *Bodenverunreinigung* (§ 324a StGB), *Luftverunreinigung* beim Betrieb einer Anlage, auch Maschine (§ 325 StGB), *Verursachen von Lärm, Erschütterungen und nichtionisierenden Strahlen* beim Betrieb einer Anlage (§ 325a StGB), *unerlaubter Umgang mit gefährlichen Abfällen,* der auch den sog. Müll-Tourismus erfaßt (§ 326 StGB), *unerlaubtes Betreiben von Anlagen* der Kerntechnik, der Abfallentsorgung, zum Befördern wassergefährdender Stoffe in Rohrleitungen und nach dem BImmissionsschutzG (§ 327 StGB), *unerlaubter Umgang mit radioaktiven Stoffen und anderen gefährlichen Stoffen und Gütern* z. B. durch Aufbewahrung, Beförderung, Bearbeitung, Ein- und Ausfuhr (§ 328 StGB). Unter Strafe gestellt ist ferner die *Gefährdung schutzbedürftiger,* durch RechtsVO einem besonderen Umweltschutz unterstellter *Gebiete* durch Betreiben störender Anlagen sowie der Verstoß gegen Rechtsvorschriften zum Schutz von Naturschutzgebieten oder Nationalparks (§ 329 StGB). Strafbar ist schließlich noch die *schwere Gefährdung* der Gesundheit oder des Lebens von Menschen *durch Freisetzen von Giften* (§ 330a StGB).

*Fahrlässigkeit* ist strafbar, *Versuch* zumeist. Eine vorsätzliche Tat nach §§ 324–329 StGB ist als *besonders schwerer Fall einer Umweltstraftat* mit erhöhter Strafe bedroht, wenn ein → Regelbeispiel nach § 330 I StGB vorliegt, etwa Gefährdung der öffentlichen Wasserversorgung oder Handeln aus Gewinnsucht bzw. ein qualifizierter Fall nach § 330 II StGB, z. B. Verursachung des Todes eines anderen (§ 330 S. 1 StGB). Regelbeispiele enthält § 330 S. 2 StGB; sie knüpfen an Folgen der Tat an, z. B. Tod eines Menschen, erfassen aber auch Handeln aus Gewinnsucht. Über Strafmilderung oder Absehen von Strafe bei → tätiger Reue in bestimmten Fällen s. § 330 b StGB, über Einziehung von Gegenständen § 330 c StGB.

Ein Umweltdelikt ist nur tatbestandsmäßig oder rechtswidrig, wenn es gegen Umweltverwaltungsrecht verstößt, das die rechtlichen Grenzen umweltbezogenen Verhaltens und den Schutzumfang von Umweltgütern festsetzt *(Verwaltungsakzessorietät des Umweltstrafrechts)*. Dabei kommt es i. d.R. nicht auf die materiellrechtliche Richtigkeit, sondern die formelle Wirksamkeit des Verwaltungsakts (Genehmigung, Erlaubnis) an. Rechtsmißbräuchliches Verhalten ist wie Handeln ohne Genehmigung (§ 330 d Nr. 5 StGB). Genehmigungsfähigkeit oder bloße behördliche Duldung durch Untätigkeit rechtfertigt nicht. Anders ist es im Fall aktiver Duldung, wenn die Behörde ein Verhalten oder einen Zustand bewußt hinnimmt.

Für die Anwendbarkeit der §§ 324, 326, 330 und 330 a StGB ist zu unterscheiden: Im Inland, d. h. im Eigengewässer und im Küstenmeer, gilt für alle Schiffe das StGB gemäß § 3. Gleiches gilt außerhalb dieser Gewässer, d. h. im Ausland, für deutsche Schiffe (§ 4 StGB, Flaggenprinzip). Bei ausländischen Schiffen richtet sich die Anwendbarkeit nach dem Tatort und dem Täter: für U. von Deutschen gilt § 7 II Nr. 1 StGB, für U. von Ausländern in der deutschen ausschließlichen Wirtschaftszone (→ Seerecht) § 5 Nr. 11 StGB und in der Nord- und Ostsee außerhalb dieser Zone Art. 12 AusführungsG Seerechtsübereinkommen SRÜ 1982/1994 vom 6. 6. 1995 (BGBl. I 778), der das sog. Hafenstaatsprinzip enthält. Zu beachten ist, daß diese Bestimmungen wie auch §§ 4, 5 Nr. 11 StGB Plattformen nicht erfassen.

**Umweltmanagement (Umweltbetriebsprüfung).** Gewerbliche Unternehmen können sich gemäß der VO vom 29. 6. 1993 (ABl. L 168/1) freiwillig an einem Gemeinschaftssystem für U. und U.-Betriebsprüfung („Audit") beteiligen.

**Umweltpreis** → Deutsche Bundesstiftung Umwelt.

**Umweltschutz.** Der U. (s. nun auch die Staatszielbestimmung Art. 20 a GG) hat sich in Deutschland zunehmend zu einer selbständigen Rechtsmaterie entwickelt. Die allgemeinen Grundsätze und Prinzipien werden etwa aus dem Entwurf eines Allgemeinen Teils für ein Umweltgesetzbuch deutlich (Kloepfer u. a. Berichte 7/90 des Umweltbundesamtes, 1991). Als Sachgebiete für die Arbeiten zu einem Besonderen Teil des U-Rechts werden genannt: → Immissionsschutz, → Kernenergie und → Strahlenschutz, → Naturschutz und *Landschaftspflege*, → Gewässerschutz und Wasserwirtschaft, Abfallwirtschaft und Abfallentsorgung (→ Abfälle). Der Bund verfügt nicht über eine umfassende Gesetzgebungskompetenz für diese Materien. Von den in der Regelungszuständigkeit des Bundes stehenden Teilbereichen sind besonders wichtig die Ermächtigungen von Art. 74 Nr. 24 GG aber auch von Art. 74 Nr. 11 GG Abfallvermeidung im Bereich der Wirtschaft, ferner Art. 74 Nr. 11 a Atom- und Strahlenschutz. Auch in weiten Bereichen des Anfalls von Schadstoffen sowie der Verhütung von Gefahren für die Gesundheit von Mensch, Tier und Pflanzen. Lediglich Rahmenkompetenz für Natur- und Landschaftsschutz und Wasserhaushalt Art. 75 Nr. 3 und 4 GG.

Unterscheiden kann man den medialen U., nämlich den Schutz der Lebenselemente Boden, Wasser und Luft (vgl. insoweit vor allem → Wasserhaushalt, → Wasserrecht, → Luftreinhaltung, → Immissionsschutz, → Lärmbekämpfung, → Umweltverträglichkeitsprüfung), den kausalen U., also die Vorbeugung gegen Gefahren (vgl. insoweit vor allem → Atomrecht, → Strahlenschutz, → Chemikaliengesetz, → Gentechnik, → Pflanzenschutz, → Abfälle), den vitalen U. (etwa durch → Naturschutz, → Landschaftsschutz, → Waldschutz). Als integrierten U., bezeichnet man im deutschen Umweltschutzrecht Teilaspekte von Materien wie → Gesundheitsrecht, technische Sicherheit,

→ Arbeitsschutz, → Umweltbevollmächtigter.

Nach Art. 131 t EGV sind für den Bereich des U. die → Inländerdiskriminierung und die Abweichung zugunsten strengerer nationaler Standards ausdrücklich erlaubt. Die Bedeutung dieser Vorschrift ist gering, weil das EG-Umweltrecht einen wesentlich engeren Begriff von U. verwendet als das nationale deutsche. Allerdings ist die Bedeutung des U. durch die noch nicht in Kraft getretenen Änderungen im Vertrag von → Amsterdam erweitert worden. Im Verständnis des EG-Rechts sind z. B. Immissionsschutz, Gefahrstoffe, Chemikalienrecht, Gentechnikrecht, Wassergüte keine Umweltmaterien i. S. von Art. 130 r EGV. Die Zuordnung von Einzelregelungen des Sekundärrechts zum Bereich des U. in Abgrenzung zu Vorschriften über → Binnenmarkt und Handelshemmnisse ist aus den in der Präambel der EG-VOen herangezogenen Ermächtigungsgrundlagen zu entnehmen. Zur Haftung für Anlagen mit Umwelteinwirkungen → Umwelthaftung. Zur Finanzierung aus EG-Mitteln vgl. LIFE Finanzierungsinstrument für die Umwelt AVO vom 20. 7. 1996 ABl. L 181/1.

**Umweltschutz im Straßenverkehr** → Belästigung im Straßenverkehr; → Lastkraftwagen (Sonntagsfahrverbot); → Fahrverbot (Smog, Ozon); → Abgasverhalten; → Überwachung von Kfz. (Abgasuntersuchung); → Luftreinhaltung; → Lärm, unzulässiger; → Lärmbekämpfung. S. a. VOen zur Durchführung des BImSchG (3. VO Schwefelgehalt von Dieselkraftstoff, 16. VO → Verkehrslärm, 19. VO Chlor- und Bromverbindungen als Kraftstoffzusatz, 20. VO Umfüllen und Lagern von Ottokraftstoffen, 21. VO Betankung von Kfz., s. a. → Tankrüssel), Benzinbleigesetz vom 5. 8. 1971 (BGBl. I 1234) m. Änd. Zu steuerlichen Vergünstigungen für besonders schadstoffreduzierte oder verbrauchsarme Pkw → Kraftfahrzeugsteuer.

**Umweltstatistiken:** s. Ges. vom 14. 3. 1980 (BGBl. I 311); s. a. → Emissionskataster.

**Umweltstrafrecht** → Umweltkriminalität.

**Umweltverträglichkeitsprüfung (UVP).** Das Gesetz über U. vom 12. 2. 1990 (BGBl. I 205) regelt, soweit nicht strengere sondergesetzliche Vorschriften gelten, die U. als regelmäßigen Bestandteil derjenigen Verwaltungsverfahren (§ 2), die in der Anlage zu § 3 des Gesetzes aufgeführt sind. Dazu gehören u. a. → genehmigungsbedürftige Anlagen, kerntechnische Anlagen, Abfallentsorgungsanlagen, Verkehrsbauten, größere industrielle Projekte einschließlich der Großanlagen für Tieraufzucht. Das Gesetz verpflichtet im wesentlichen zur obligatorischen Prüfung der Umweltauswirkungen in einem förmlichen Teilverfahren und zu ihrer zusammenfassenden Bewertung (selbständig oder im Zusammenhang mit der zu treffenden Entscheidung). Ergänzende sondergesetzliche Regelungen enthalten u. a. das AtomG, das WasserhaushaltsG (§§ 18 c, 19 c III) und das LuftverkehrsG, ferner das BundesbergG (§§ 57 a ff.). Wegen Durchführungsvorschriften vgl. die UVP-Bergbau vom 13. 7. 1990 (BGBl. I 1420). Das Gesetz ist in Umsetzung einer EG-Richtlinie (85/337 vom 27. 6. 1985) ergangen. Diese ist daher zur Auslegung mit heranzuziehen.

**Umweltzeichen** Als U. werden in Deutschland der dem UNO-Umweltsymbol nachgebildete „Umweltengel" und die „Europäische Blume" vergeben. Der Umweltengel ist als RAL-Gütezeichen konstruiert, das die Bundesrepublik für sich beansprucht. Es handelt sich also um eine rein privatrechtliche Konstruktion (→ Verwaltungsprivatrecht). Hingegen ist das europäische Umweltzeichen normativ gesichert (VO EG vom 23. 3. 1992, ABl. L 99/1). Das Vergabeverfahren ist für beide Zeichen ähnlich geregelt. Die Vergabe erfolgt in Deutschland für beide Zeichen formell durch die RAL-Güteorganisation. Vorgesehen ist jeweils eine Sachprüfung durch Instanzen außerhalb der Güteorganisation, bei dem europäischen Zeichen u. a. durch die Europäische Kommission, bei dem deutschen Zeichen durch Ministerien und eine nach gesellschaftlichen Gesichtspunkten zusammengesetzte Jury. Das deutsche Zeichen ist wettbewerbsrechtlich nicht unangefochten, für das europäische Zeichen liegen insoweit keine Entscheidungen vor. Es ist wettbewerbsrechtlich mit Rücksicht auf seine normative Grundlage anders zu beurteilen. Wegen Einzelheiten der rechtlichen Konstruktion und der wettbewerbsrechtlichen Lage vgl. Kindt, Betriebsberater 1998, 545. Zum zeichenrechtlichen Schutz einiger anderer U. vgl. die Bek. vom 25. 6. 1993 (BGBl. I 1155) mit Abbildungen in der Anlage.

**Umzüge** (Aufzüge) → Versammlungsgesetz.

**Umzugskosten** der Beamten. Der Beamte erhält bei → Versetzungen und → Abordnungen auf Antrag nach entsprechender schriftlicher Zusage Umzugskostenvergütung (§ 88 BBG) nach näherer Regelung durch die entsprechenden Gesetze des Bundes und der Länder; s. z.B. BundesUmzugskostenG i. d.F. von Art. 1 des Ges. vom 11. 12. 1990 (BGBl. I 2682), AuslandsumzugskostenVO vom 4. 5. 1991 (BGBl. I 1072). Die U.vergütung umfaßt u. a. die Erstattung der Beförderungsauslagen und Reisekosten, eine Mietentschädigung für eine unbenutzte Wohnung bis zum Zeitpunkt der frühestmöglichen Kündigung des Mietverhältnisses, einen Beitrag zur Beschaffung von Kochherden und Heizgeräten, eine Pauschalvergütung für sonstige Umzugsauslagen. Daneben wird *Trennungsgeld* gewährt, wenn der Beamte aus Anlaß der Versetzung oder Abordnung zu getrennter Haushaltsführung gezwungen ist TrennungsgeldVO i. d. F. vom 28. 12. 1994 (BGBl. 1995 I 2), zum Auslandstrennungsgeld vgl. VO i. d. F. vom 22. 1. 1998 (BGBl. I 189). Im Arbeitsrecht → Reisekosten. Zu U. als → Werbungskosten bei Arbeitseinkünften s. Abschn. 41 LStR.

**Umzugsvertrag.** Für die Beförderung von Möbeln und sonstigem Umzugsgut gelten (im Interesse des Absenders, der vielfach kein → Kaufmann ist) etliche Sonderbestimmungen gegenüber der allgemeinen Regelung des → Frachtvertrags (§§ 451 ff. HGB). So ist u. a. der Frachtführer zum Ab- und Aufbauen der Möbel sowie zur Ver- und Entladung des Umzugsguts verpflichtet, die Haftungshöchstbeträge sind anders geregelt (1200 DM je Kubikmeter Laderaum) und abweichende Vereinbarungen sind nur eingeschränkt zulässig.

**UN (United Nations)** → Vereinte Nationen.

**UN-Kaufrechtsübereinkommen** → CISG.

**UN-Kinderkonvention** → Konvention zum Schutze der Menschenrechte und Grundfreiheiten, 3.

**Unabdingbarkeit** → abdingbar.

**Unabhängigkeit der Abgeordneten** → Mandat des Abgeordneten.

**Unabhängigkeit des Richters.** Nach Art. 97 I GG, § 25 DRiG sind die Richter unabhängig und nur dem Gesetz unterworfen. Die hauptamtlich und planmäßig angestellten R. können wider ihren Willen nur kraft richterlicher Entscheidung und nur aus den gesetzlichen Gründen vor Ablauf ihrer Amtszeit entlassen oder ihres Amtes enthoben oder an eine andere Stelle oder in den Ruhestand versetzt werden, vorbehaltlich gesetzlicher Regelung der Altersgrenzen oder Organisationsveränderungen (bei denen ihnen das volle Gehalt verbleibt); Art. 97 II GG. Die U. der R. ist kein Standesprivileg, sondern dient als wesentliches Element des Rechtsstaates dem Schutz des rechtsuchenden Bürgers.

1. Die *sachliche U.* des R. liegt in seiner Weisungsfreiheit und in der damit eng verbundenen Handlungsfreiheit, ferner in der grundsätzlichen Freiheit von strafrechtlicher, zivilrechtlicher und dienstrechtlicher Verantwortung für sein richterliches Handeln. Der R. ist im Gegensatz zum Beamten in seiner rechtsprechenden Tätigkeit keinen Weisungen oder auch nur Empfehlungen von Organen der vollziehenden oder der gesetzgebenden Gewalt unterworfen. Dementsprechend ist eine → Dienstaufsichtüber R. nur in sehr begrenztem Umfange zulässig, so z. B. zwecks ordnungsmäßiger Erledigung der Dienstgeschäfte. Die Verantwortungsfreiheit bedeutet, daß der R. wegen des Inhalts seiner Entscheidungen grundsätzlich nicht straf- oder disziplinarrechtlich zur Verantwortung gezogen werden kann. Seine zivilrechtliche Haftung wegen einer unrichtigen Entscheidung ist eingeschränkt (§ 839 II BGB).

Die Verantwortungsfreiheit des R. endet, wenn er sich selbst außerhalb der Rechtsordnung stellt, insbes. durch → Rechtsbeugung oder Verstoß gegen die verfassungsmäßige Grundordnung des Bundes oder eines Landes (Art. 98 II, V GG). Die sachliche Unabhängigkeit berechtigt den R. jedoch nicht, nach seinem Rechtsgefühl oder gar nach Willkür zu entscheiden, sondern verpflichtet ihn, seiner Rechtsprechung ausschließlich das Gesetz zugrundezulegen, d. h. geschriebenes Recht ebenso wie ungeschriebenes Gewohnheitsrecht. Inwieweit die Bindung an „Gesetz und Recht" (Art. 20 III GG) ihm die Anwendung „übergesetzlichen Rechts" erlaubt, ist umstritten. Fortbildung des Rechts i. S. von Lückenausfüllung ist erlaubt (i.e. s. Rechtsfortbildung), freie Rechtsschöpfung und damit Eindringen in den Bereich der Gesetzgebung sind ihm jedoch verwehrt. Zum Umfang seiner Befugnis, über die Wirksamkeit bestehender Rechtsnormen zu befinden, vgl. → richterliches Prüfungsrecht, → Normenkontrolle.

2. Die *persönliche U.* des R. liegt in erster Linie in seiner *Unversetzbarkeit und Unabsetzbarkeit.* Eine Versetzung oder Amtsenthebung ist nur im Verfahren über die Richteranklage (Art. 98 II, V GG), im förmlichen Disziplinarverfahren, im Interesse der Rechtspflege (§ 31 DRiG) oder bei Veränderung der Gerichtsorganisation (§ 32 DRiG) und grundsätzlich nur auf Grund rechtskräftiger richterlicher Entscheidung (→ Dienstgericht) zulässig. Auch eine → Abordnung ist nur mit seiner Zustimmung möglich und auf bestimmte Zeit zu begrenzen (§ 37 DRiG). Für R. auf Probe oder kraft Auftrags, die nicht unter dem Schutz der persönlichen U. des Art. 97 II GG stehen, statuiert das DRiG (§§ 22, 23) ein Mindestmaß persönlicher U.

**Unabkömmlichstellung Wehrpflichtiger.** Übt ein Wehrpflichtiger eine Tätigkeit aus, deren Fortführung durch ihn *im öffentlichen Interesse* wichtiger ist als seine Heranziehung zum Wehrdienst, so kann er auf Vorschlag der zuständigen Verwaltungsbehörde durch die Wehrersatzbehörde (Kreiswehrersatzamt) unabkömmlich gestellt werden (§ 13 WehrpflG). Zuständigkeit und Verfahren bei der Uk.-Stellung regeln die VO vom 24. 7. 1962 (BGBl. I 524) sowie die hierzu ergangenen DVOen des Bundes und der Länder. Die für die Beurteilung maßgeblichen Grundsätze sind in den AVV vom 31. 3. 1964 (BAnz. Nr. 25) niedergelegt. Die Entscheidungen der beteiligten Behörden sind weder gegenüber dem Arbeitgeber noch gegenüber dem Wehrpflichtigen ein anfechtbarer Verwaltungsakt. Die Uk.-Stellung kann befristet oder unbefristet, für den Frieden und/oder den Verteidigungsfall ausgesprochen werden. Der Wegfall ihrer Voraussetzungen ist vom Dienstherrn (Arbeitgeber) des Wehrpflichtigen, in Ermangelung eines solchen von diesem selbst der Wehrersatzbehörde anzuzeigen.

**Unabsetzbarkeit des Richters** → Unabhängigkeit des Richters (2).

**Unabwendbares Ereignis** → Verschulden, → Gefährdungshaftung, → Straßenverkehrshaftung.

**Unbedenklichkeitsbescheinigung.** 1. Mit einer U. bestätigt das → Finanzamt dem → Steuerpflichtigen, daß er seinen Steuerverpflichtungen nachgekommen ist. Eine U. ist regelmäßig Voraussetzung einer erfolgreichen Bewerbung um öffentliche Aufträge. Die U. darf im Hinblick auf das → Steuergeheimnis nur dem Stpfl. selbst, Dritten nur mit seiner Zustimmung ausgestellt werden.

2. Der Erwerber eines Grundstücks (Erbbau- oder Erbpachtrechts) darf in das → Grundbuch erst eingetragen werden, wenn eine U. vorliegt, wonach steuerliche Bedenken (→ Grunderwerbsteuer) nicht entgegenstehen (§ 22 GrEStG). S.a. → Unschädlichkeitszeugnis.

**Unbefugte Entnahme von Strom** → Stromentwendung.

**Unbefugte Titelführung** → Titel.

**Unbefugte Wegnahme einer Leiche** → Leiche, unbefugte Wegnahme, → Religionsvergehen.

**Unbefugter Gebrauch von Fahrzeugen.** Wer ein Kfz. oder Fahrrad gegen den Willen des Berechtigten in Gebrauch nimmt oder dies versucht, wird nach § 248 b StGB mit Freiheitsstrafe bis zu 3 Jahren oder Geldstrafe bestraft.

Die Tat ist → Antragsdelikt. Strafbar ist nach § 248b die *Ingebrauchnahme,* d.h. die Benutzung nur zu Fahrzwecken; handelt der Täter mit dem Willen, das Fahrzeug – wenn auch kurze Zeit – wie ein Eigentümer zu benutzen, so eignet er es sich zu und begeht → Diebstahl (§ 242 StGB). Die Rspr. sieht das Benutzen eines fremden Fahrzeugs als bloße Ingebrauchnahme an, wenn der Täter die Absicht hat, es in die Verfügungsgewalt des Berechtigten zurückzubringen (i. d. R. zum vorherigen Standort), dagegen als Diebstahl, wenn er es nach Benutzung an einem beliebigen, dem Berechtigten unbekannten Ort abstellen will, wo es dem Zugriff Dritter ausgesetzt ist. Strafbar ist auch die Ingebrauchnahme durch den angestellten Fahrer gegen den Willen des Halters (nicht das Benutzen für private Zwecke nach erlaubtem Ingangsetzen) oder das Überschreiten der vertraglich festgesetzten km-Zahl durch den Mieter (str.).

**Unbenannte Zuwendung** nennt man die Übertragung von Vermögenswerten unter Ehegatten als ehebezogenes Rechtsgeschäft eigener Art (BGH NJW 1994, 2545). Die u. Z. ist grundsätzlich schenkungssteuerpflichtig, die eines Familienwohnheims schenkungssteuerfrei (§ 13 I Nr. 4a ErbSchStG).

**Unbescholtenheit** → Verlöbnis, → Verführung.

**Unbeschränkte Erbenhaftung** → Beschränkung der Erbenhaftung.

**Unbeschränkte Nachschußpflicht** (Haftpflicht) → Genossenschaft.

**Unbeschränkte Steuerpflicht** → Steuerpflicht.

**Unbestellte Waren** (Zuschicken von Waren) → Ansichtssendung.

**Unbestimmte Rechtsbegriffe** sind solche, deren Inhalt nicht durch einen festumrissenen Sachverhalt ausgefüllt wird, sondern bei der Rechtsanwendung auf einen gegebenen Tatbestand im Einzelfall einer Fixierung bedarf. Diese liegt entweder im Bereich des Tatsächlichen (z. B. bei dem Begriff Dunkelheit) oder des Rechtlichen (Gemeinwohl, berechtigte Interessen). Die Fixierung kann insbes. in einer Wertausfüllung bestehen (z. B. gute Sitten, unsittlich; → normative Tatbestandsmerkmale und Rechtsbegriffe). Die Verwendung von u. R. in der Gesetzgebung – auch soweit diese Verwaltungsbehörden zu einem Eingriff ermächtigt – verstößt nicht gegen rechtsstaatliche Grundsätze, zumal die Handhabung solcher Begriffe der rechtlichen Nachprüfung unterliegt, soweit nicht der Behörde ein Beurteilungsspielraum eingeräumt ist (vgl. auch → Ermessen, auch zur gerichtlichen Überprüfung).

**Unbestimmte Strafe,** die im Jugendstrafrecht vorgesehen war, wurde durch Ges. vom 30. 8. 1990 (BGBl. I 1853) abgeschafft.

**Unbewegliche Sache** → Sache, → Grundstück.

**Unbewegliches Vermögen** → Immobiliarzwangsvollstreckung.

**Unbotmäßigkeit** → Verabredung einer Straftat.

**Unbrauchbarmachung.** Werden im Strafurteil → Schriften oder andere Darstellungen wegen ihres im Falle der Verbreitung strafbaren Inhalts eingezogen, so wird zugleich die U. der zu ihrer Herstellung gebrauchten oder bestimmten Vorrichtungen (Druckstöcke, Matrizen usw.) angeordnet (§ 74d StGB). Die U. ist im Unterschied zur → Einziehung im Strafverfahren stets vorbeugende Sicherungsmaßregel (niemals Strafe); sie entzieht dem Betroffenen nicht wie jene das Eigentum, sondern beschränkt sich darauf, dem Gegenstand die Eigenschaften zu nehmen, die seine Benutzung zu einer Straftat ermöglichen. Ggf. ist daher die U. (z. B. bei Druckplatten) auf die inkriminierten Stellen zu beschränken. Voraussetzung der U. ist i. d. R., daß mindestens ein Stück vom Täter durch eine Straftat verbreitet oder zur Verbreitung bestimmt worden ist. Ist das Verbreiten nur unter weiteren Voraussetzungen strafbar (z. B. Verkauf → jugendgefährdender Schriften und Medieninhalte an Jugendliche), so ist U. nur zulässig, wenn sich der Gegenstand im Besitz des Täters oder eines Teilnehmers befindet und die Maßnahme erforderlich ist, um weiteres gesetzwidriges Verhalten zu verhindern. Für die Wirkung der Anordnung gegen Dritte und ggf. deren Entschädigung sowie für das → objektive Verfahren gelten die Vorschriften über die Einziehung entsprechend (§§ 74f, 76a StGB).

**Undank,** grober → Schenkung.

**Unechte Stellvertretung** → mittelbare Stellvertretung.

**Unedle Metalle** → Altmetallhandel.

**Uneheliche Kinder** → Kinder, → Unterhaltspflicht bei nicht miteinander verheirateten Eltern..

**Uneidliche falsche Aussage** → falsche uneidliche Aussage.

**Unentgeltlichkeit** → Schenkung.

**Unerlaubte Handlung** *(Delikt)*. 1. U.H. ist der widerrechtliche, d.h. ohne → Rechtfertigungsgrund wie Notwehr, Einwilligung, Züchtigungsrecht o.dgl. vorgenommene Eingriff in ein vom Gesetz geschütztes Rechtsgut, durch den – adäquat verursacht (→ Schadensersatz, 1 a) – ein Schaden eintritt; Strafbarkeit ist nicht Voraussetzung. Die u.H. setzt regelmäßig → Verschulden voraus; Ausnahmen gelten für den Bereich der → *Gefährdungshaftung*, insbes. für die → Straßenverkehrshaftung; s.a. unten über die Haftung für Kinder, Tiere, Gebäude usw. Über die Haftung von Unzurechnungsfähigen und Minderjährigen selbst → Deliktsfähigkeit. Der Anspruch auf → Schadensersatz aus u.H. tritt selbständig neben einen etwa gleichzeitig bestehenden Anspruch aus Verletzung eines Vertrags (→ gegenseitiger Vertrag); ein vertraglicher Haftungsausschluß (→ Handeln auf eigene Gefahr, *Gefälligkeitsfahrt*) gilt dann oftmals auch für die u.H. Sonderregeln enthalten die Vorschriften über den (zivilrechtlichen) → Notstand, die Folgen einer → Enteignung, eines → enteignungsgleichen Eingriffs, eines → enteignenden Eingriffs und einer → Aufopferung sowie im Rahmen der → *Staatshaftung*. Im Gebiet der ehem. DDR gelten die folg. Ausführungen nur für u.H., die ab 3. 10. 1990 begangen wurden (Art. 232 § 10 EGBGB).

2. a) Eine u.H. begeht einmal, wer vorsätzlich oder fahrlässig das Leben, den Körper (auch die Leibesfrucht einer Schwangeren), die Gesundheit, die Freiheit, das Eigentum (hier aber Sondervorschriften im → Eigentümer-Besitzerverhältnis) oder ein sonstiges Recht verletzt und dadurch einen Schaden herbeiführt, z.B. durch einen verschuldeten Verkehrsunfall (§ 823 I BGB); s. hierzu i.e. → Straßenverkehrshaftung. Unter „sonstiges Recht" fallen hier nur *absolute,* gegen jedermann wirkende Rechte wie → dingliche Rechte, das → Anwartschaftsrecht, Patentrechte, Familienrechte, das → Persönlichkeitsrecht, der *eingerichtete* und ausgeübte *Gewerbebetrieb,* soweit sich der Eingriff unmittelbar gegen ihn richtet (z.B. bei einem Boykottaufruf, nicht aber bei Unterbrechung der Stromzufuhr durch Baggerarbeiten), auch der → Besitz, nicht aber bloß persönliche → Forderungen sowie das → Vermögen als solches. Auch durch Unterlassen kann eine u.H. begangen werden, wenn eine Rechtspflicht zum Handeln, d.h. zur Vermeidung der u.H. besteht; s. insbes. → *Verkehrssicherungspflicht.* b) Eine u.H. begeht ferner, wer gegen ein den Schutz eines anderen bezweckendes Gesetz verstößt (§ 823 II BGB). *Schutzgesetz* in diesem Sinne ist jede Rechtsnorm, die nicht nur die Allgemeinheit, sondern unmittelbar den Schutz eines einzelnen bezweckt, (Individualschutzgesetz, z.B. die Vorschriften des Strafgesetzbuchs über den Schutz der Ehre gegen Beleidigung, über Körperverletzung und Betrug, nicht aber die Sozialversicherungsvorschriften bei deren Verletzung durch den Arbeitgeber). c) Eine u.H. liegt auch vor, wenn der Wahrheit zuwider eine Tatsache behauptet oder verbreitet wird, die geeignet ist, den Kredit eines andern zu gefährden oder sonstige Nachteile für dessen Erwerb oder Fortkommen herbeizuführen, sofern der Verbreitende die Unwahrheit der Behauptung kennt oder sie fahrlässigerweise nicht kennt und an der Verbreitung kein berechtigtes Interesse hat (*Kreditgefährdung* § 824 BGB). Das gilt insbes. auch bei unwahren Presseveröffentlichungen; bei Eingriffen in die Geschäftsehre durch unrichtige Berichterstattung ist – wie bei der Verletzung des Persönlichkeitsrechts – durch Güter- und Interessenabwägung unter Berücksichtigung des Zwecks der Presse (Unterrichtung der Öffentlichkeit) und der

Art der Berichterstattung (echte Berichterstattung oder Sensationszweck) das Vorliegen eines berechtigten Interesses an der Veröffentlichung zu prüfen. d) Eine u. H. stellt ferner eine Verletzung der *Geschlechtsehre* dar, wenn eine Frau durch List, Drohung oder unter Ausnützung eines Abhängigkeitsverhältnisses zur Gestattung des außerehelichen Beischlafs bestimmt wird (§ 825 BGB). e) Eine Art Generalklausel enthält darüber hinaus § 826 BGB. Danach begeht eine u. H., wer in einer gegen die guten Sitten verstoßenden Weise (→ *Sittenwidrigkeit*) einem anderen vorsätzlich – also nicht nur fahrlässig – einen Schaden zufügt. Hierunter sind insbes. die Ausnutzung einer wirtschaftlichen Machtstellung (Knebelungsverträge, Gläubigergefährdung durch Täuschung über die Kreditwürdigkeit des Schuldners), unzulässige → Streiks und Boykottaufrufe, Erschleichen eines unrichtigen Urteils oder sittenwidriges Gebrauchmachen von einem derartigen Titel sowie insbes. sämtliche Wettbewerbshandlungen zu verstehen, die in ihren Methoden dem Anstandsgefühl aller billig und gerecht Denkenden widersprechen und daher das im Wettbewerb Übliche erheblich überschreiten, um den Konkurrenten zu schädigen (Kundenfang, herabsetzende Werbung usw.; s. a. → unlauterer Wettbewerb). Die sittenwidrige u. H. begründet gegenüber einem Erfüllungsanspruch regelmäßig die Einrede der Arglist (→ Treu und Glauben).

3. Ein minderjähriges Kind ist für eine u. H. beschränkt verantwortlich (→ *Deliktsfähigkeit*). Wer jedoch kraft Gesetzes (→ elterliche Sorge, → Vormund) oder vertraglich (Lehrer) zur Aufsicht über eine Person verpflichtet ist, die wegen Minderjährigkeit oder wegen ihres geistigen oder körperlichen Zustands der Beaufsichtigung bedarf, ist zum Ersatz des Schadens verpflichtet, den diese Person einem Dritten widerrechtlich zufügt (§ 832 BGB, *Aufsichtspflichtverletzung*). Die Ersatzpflicht tritt nicht ein, wenn der Betreffende seiner Aufsichtspflicht genügt (entsprechende Belehrung, zumutbare Beaufsichtung spielender Kinder, Beseitigung gefährlichen Spielzeugs) oder wenn der Schaden auch bei ordnungsmäßiger Aufsicht entstanden wäre.

4. a) Wird durch ein Tier ein Mensch getötet oder verletzt oder eine Sache beschädigt, so ist der Tierhalter, d. h. derjenige, der ein Tier im eigenen Interesse unterhält, auch ohne Verschulden (→ Gefährdungshaftung) zum Ersatz des entstandenen Schadens verpflichtet (§ 833 BGB, *Tierschadenshaftung*). Voraussetzung ist jedoch, daß der Schaden durch ein willkürliches, typisch tierisches Verhalten (z. B. Scheuen eines Pferdes, nicht aber bei entsprechender Lenkung) entsteht und die Haftung nicht vertraglich (auch stillschweigend, → Gefälligkeitsfahrt) ausgeschlossen ist. Die Ersatzpflicht tritt nicht ein, wenn der Schaden durch ein *Haustier* verursacht wird, das dem Erwerb des Tierhalters dient (z. B. Jagdhund, Zuchtpferd) und der Tierhalter entweder die erforderliche Sorgfalt beobachtet hat oder der Schaden auch bei Anwendung dieser Sorgfalt entstanden wäre. *Tierhalter* ist, wer das Tier in seinem Bereich (Haushalt, Betrieb) im eigenen Interesse verwendet; das Eigentum am Tier ist nicht unbedingt ausschlaggebend. Eine entsprechende Haftung trifft denjenigen, der vom Tierhalter die Aufsicht über das Tier durch Vertrag übernommen hat (*Tierhüter,* Tierwärter, § 834 BGB). Über die Haftung für wilde Tiere → Wildschaden). b) Wird durch den Einsturz eines Gebäudes, einer Ruine, eines Baugerüsts o. dgl. oder durch Ablösen von Teilen hiervon ein Mensch getötet oder verletzt oder eine Sache beschädigt, so ist der → Eigenbesitzer des Grundstücks zum Ersatz des Schadens verpflichtet, sofern der Einsturz oder die Ablösung die Folge fehlerhafter Errichtung oder mangelhafter Unterhaltung ist (§ 836 BGB). Diese *Gebäudehaftung* trifft auch den früheren Besitzer bis zu 1 Jahr nach Beendigung seines Besitzes sowie einen vertraglich zur Unterhaltung des Gebäudes Verpflichteten; besitzt jemand das Gebäude auf Grund eines selbständigen Rechts, insbes. → Erbbaurecht oder Nießbrauch, so trifft ihn die Haftung anstelle des Grundstücksbesitzers (§§ 837, 838 BGB). Die Gebäudehaftung ist ausgeschlossen, wenn der Besitzer zur Abwendung der Gefahr die im Verkehr erforderliche Sorgfalt beobachtet hat (z. B. Überprüfung der Haltbarkeit einer Ruine).

5. a) Wer einen anderen zu einer Verrichtung bestellt, ist – neben einer etwaigen eigenen Haftung, z. B. aus Verletzung der → Verkehrssicherungspflicht– zum Ersatz des Schadens verpflichtet, den der andere (sog. *Verrichtungsgehilfe*) in Ausführung der Verrichtung einem Dritten widerrechtlich zufügt; ein → Verschulden des Verrichtungsgehilfen ist nicht erforderlich (§ 831 BGB). Anders als bei der Haftung für den → Erfüllungsgehilfen (§ 278 BGB) wird hier ein bestehendes Schuldverhältnis nicht vorausgesetzt; Sondervorschriften gelten ferner für die Haftung einer → juristischen Person (§§ 31, 89 BGB; s. ferner → Staatshaftung). Verrichtungsgehilfe ist nur, wer unter der Einwirkungsmöglichkeit des Geschäftsherrn steht, also von dessen Weisungen abhängig ist. Der Schaden muß in Ausführung der aufgetragenen Verrichtung und nicht nur gelegentlich dieser (z. B. Diebstahl einer Uhr durch Arbeiter, der Reparatur ausführt) eingetreten sein. Diese weite Haftung des Geschäftsherrn aus vermutetem eigenem Verschulden tritt jedoch nicht ein, wenn dieser bei der Auswahl des Verrichtungsgehilfen und bei dessen Überwachung sowie bei der Beschaffung der erforderlichen Gerätschaften die im Verkehr erforderliche Sorgfalt beobachtet hat oder wenn der Schaden auch bei Anwendung dieser Sorgfalt entstanden wäre (§ 831 I 2 BGB). An diesen *Entlastungsbeweis (Exkulpationsbeweis)* des Geschäftsherrn werden – insbes. bei verantwortungsvollen Tätigkeiten (z. B. Kraftfahrer) – strenge Anforderungen gestellt; bei Großbetrieben ist zur Entlastung eine ordnungsgemäße Organisation nachzuweisen. b) Haben mehrere gemeinschaftlich, wenn auch nur als Anstifter oder Gehilfen, eine u. H. begangen, so ist jeder für den Schaden verantwortlich, sofern eine echte Beteiligung, d. h. zeitlicher, räumlicher und inhaltlicher Zusammenhang feststeht (ebenso, wenn sich z. B. bei einer Schlägerei die Beteiligung der einzelnen nicht mehr klären läßt, § 830 BGB; nicht aber bei bloßer Teilnahme an einer Demonstration hins. der Gewalttaten anderer, BGHZ 89, 383). Sind für den aus einer u. H. – auch aus einer Gefährdungshaftung – entstandenen Schaden mehrere nebeneinander verantwortlich, so haften sie nach außen als → Gesamtschuldner (§ 840 I BGB). Im Innenverhältnis sind sie nach § 426 BGB grundsätzlich zu gleichen Anteilen verpflichtet (Ausgleichungspflicht bei der → Gesamtschuld); im Verhältnis zwischen Geschäftsherrn und Verrichtungsgehilfen ist jedoch nur der Verrichtungsgehilfe, bei der Tierhalter- und Gebäudehaftung nur ein etwa vorhandener Dritter, der den Schaden zu verantworten hat, haftbar (§ 840 II, III BGB).

6. Die u. H. verpflichtet zum *Schadensersatz* (§§ 249 ff. BGB) nach den dafür geltenden allgemeinen Regeln. Der Geschädigte hat den Tatbestand der u. H., die Kausalität und das Verschulden des Schädigers zu beweisen; in Fällen eines typischen Geschehensablaufs spricht für ihn jedoch oftmals der Beweis des ersten Anscheins (→ Anscheinsbeweis, *prima-facie-Beweis*), solange der Gegner nicht die ernsthafte Möglichkeit eines anderen Kausalverlaufs vorträgt (z. B. Auffahren auf einen Baum bei ebener trockener verkehrsruhiger Straße spricht für Verschulden des Fahrers). Wird die Rechtswidrigkeit des Handelns bestritten, so muß der Schädiger einen behaupteten Rechtfertigungsgrund, z. B. Notwehrlage, eigenes verkehrsgerechtes Verhalten (str.), beweisen. Wird die u. H. ausschließlich im Gefahrenbereich des Schädigers begangen (z. B. Kunstfehler eines Arztes), so tritt nach der Rspr. eine echte Umkehrung der Beweislast ein (d.h. der Arzt muß sich entlasten). Für *Personenschäden* gelten darüber hinaus folgende Sonderregelungen: Die Verpflichtung zum Schadensersatz umfaßt alle Nachteile für den Erwerb oder das Fortkommen des Verletzten (z. B. schlechtere Anstellung, § 842 BGB). Wird infolge einer Verletzung des Körpers oder der Gesundheit die Erwerbsfähigkeit des Verletzten aufgehoben oder vermindert oder tritt hierdurch eine Vermehrung seiner Bedürfnisse ein, so ist der Schadensersatz in Form einer Geldrente, auf die die Vorschriften über die → Leibrente Anwendung finden, zu leisten (§ 843 BGB); bei Vorliegen eines wichtigen Grundes kann auch eine Kapitalabfindung verlangt werden. Anspruch auf Schadensersatz aus einer u. H. wird nicht dadurch ausgeschlossen, daß ein

anderer dem Verletzten Unterhalt zu gewähren hat (§ 843 IV BGB; keine Bevorzugung des Schädigers!). Im Falle der Tötung einer Person hat der Ersatzpflichtige die Beerdigungskosten zu tragen sowie jedem, der dem Getöteten gegenüber unterhaltsberechtigt war (also einem mittelbar geschädigten Dritten), als Schadensersatz während der mutmaßlichen Lebensdauer des Getöteten eine Geldrente zu bezahlen (§ 844 BGB). Sowohl hier als auch bei der Minderung der Erwerbsfähigkeit ist der Gedanke der → Vorteilsausgleichung zu berücksichtigen, soweit diese im Einzelfall dem Geschädigten zumutbar ist (z. B. die Einkünfte aus der bereits jetzt angefallenen Erbschaft des Getöteten, nicht der Stammwert selbst, weil dieser auch später angefallen wäre; ebensowenig Leistungen aus privater Unfall- oder Lebensversicherung u. dgl., für die der Getötete oder ein Dritter Prämie gezahlt hat, BGH NJW 1979, 760). Ein Anspruch eines Dritten auf Schadensersatz in Form einer Geldrente besteht auch bei Tötung, Körperverletzung oder Freiheitsentziehung, wenn der Verletzte kraft Gesetzes (→ elterliche Sorge) diesem Dritten zur Leistung von Diensten in dessen Hausstand oder Gewerbe verpflichtet war (z. B. für die Beschaffung einer Ersatzkraft, § 845 BGB; s. aber → Mitarbeit der Ehegatten). Bei Personenschäden – an Körper, Gesundheit, Freiheit usw. – ist neben dem materiellen Schaden auch der immaterielle Schaden durch ein angemessenes *Schmerzensgeld* auszugleichen (§ 847 BGB).

7. Der Schadensersatzanspruch aus einer u. H. *verjährt* in 3 Jahren von dem Zeitpunkt an, in dem der Verletzte von dem Schaden (wenn auch nicht von dessen Umfang) und von der Person des Ersatzpflichtigen Kenntnis erlangt hat, ohne Rücksicht auf diese Kenntnis in 30 Jahren nach Begehung der u. H. (§ 852 BGB). Solange über die Ersatzpflicht ernsthaft verhandelt wird, ist die Verjährung gehemmt (§ 852 II BGB). Hat der Schädiger durch die u. H. etwas erlangt, so ist er auch nach Verjährung zur Herausgabe nach den Vorschriften über die → ungerechtfertigte Bereicherung verpflichtet (§ 852 III BGB); umgekehrt kann der Verletzte die Erfüllung einer durch u. H. erlangten Forderung auch nach Verjährung des Ersatzanspruchs verweigern (§ 853 BGB). S. ferner → Unterlassungsanspruch.

**Unerlaubte Werbung.** Als → unlauterer Wettbewerb ist außer einer Werbung, die wegen Sittenwidrigkeit unter § 1 UWG fällt, auch eine irreführende Werbung verboten, die objektiv unwahr ist, auch ohne daß der Werbende die Unrichtigkeit kennt (§ 3 UWG). Hierbei ist vorausgesetzt, daß die unrichtigen Angaben im geschäftlichen Verkehr zu Zwecken des Wettbewerbs vorgenommen wurden; sie können sich auf alle geschäftlichen Verhältnisse, insbes. auf den Preis, die Beschaffenheit, den Ursprung, die Bezugsart (z. B. direkt ab Fabrik), die Herstellungsart (z. B. Handarbeit), auf Auszeichnungen (z. B. Goldmedaille einer Messe), auf Anlaß oder Zweck des Verkaufs (z. B. Restposten) beziehen; s. a. → Lockvogelwerbung, → Sonderveranstaltungen. U. W. ist regelmäßig auch die → vergleichende W. Verboten ist ferner unter bestimmten Voraussetzungen im Verkehr mit dem letzten Verbraucher der Hinweis auf die Hersteller- oder Großhändlereigenschaft (§ 6a UWG) sowie die Ausgabe von Bezugsbescheinigungen (sog. → Kaufscheinhandel, § 6b UWG). Die unwahre W. begründet einen → Unterlassungsanspruch und, wenn sie wissentlich geschieht, Strafbarkeit nach § 4 UWG; verantwortlich ist neben dem Angestellten oder Beauftragten, der die W. veranlaßt hat, auch der Leiter oder Inhaber des Betriebs, wenn die strafbare W. mit seinem Wissen geschehen ist. S. a. → Produktpiraterie, → Rechtsanwalt (2).

**Unerlaubtes Entfernen vom Unfallort** wird mit Freiheitsstrafe bis zu 3 Jahren oder Geldstrafe bei dem Unfallbeteiligten bestraft, der es nicht durch sein Verbleiben am Unfallort und Angabe seiner Beteiligung ermöglicht, daß zugunsten anderer Beteiligter oder des Geschädigten die nötigen Feststellungen über seine Person, sein Fahrzeug und die Art seiner Beteiligung getroffen werden (§ 142 StGB). Mindestens muß er eine angemessene Zeit warten. Wer vergeblich gewartet oder sich vorher berechtigt oder entschuldigt entfernt hat, etwa um einen Verletzten ins Krankenhaus zu bringen oder um sich Angriffen anderer Beteiligter zu entziehen, muß die Feststellungen unverzüglich nachträglich ermöglichen. Hierzu genügt Angabe von Unfallbeteiligung, Anschrift, Kennzeichen und Standort des Fz., das er zur Verfügung halten muß, beim Geschädigten oder bei einer nahegelegenen Polizeidienststelle. Erfolgt dies nach unerlaubtem Entfernen bei einem Unfall mit nicht bedeutendem Sachschaden außerhalb des fließenden Verkehrs freiwillig innerhalb 24 Stunden, so mildert das Gericht die Strafe oder kann von ihr absehen. Kein Beteiligter darf durch Veränderung am eigenen oder fremden Fz. die Feststellungen beeinträchtigen (über Verhaltensregeln im einzelnen und deren Verletzung vgl. §§ 34, 49 I Nr. 29. Unfallbeteiligter ist jeder, der zur Verursachung des Unfalls beigetragen haben kann (auch Fußgänger). Strafbar ist nur vorsätzliches Handeln; bedingter Vorsatz genügt (der Täter fährt weiter, obwohl er mit der Möglichkeit eines Unfalls rechnet). Der Irrtum über Umstände, die eine Wartepflicht entfallen lassen (z. B. über den Schadensumfang), ist als Tatbestandsirrtum nach § 16 StGB, ein Irrtum über die Wartepflicht selbst dagegen als → Verbotsirrtum anzusehen. Die Vorschrift soll die Klärung zivilrechtlicher Ansprüche sichern, gilt daher nicht, wenn es sich um ganz unbedeutende Sachschäden handelt oder um geringere Ansprüche, über deren Erledigung sich die Beteiligten am Unfallort einigen. Die Strafvorschrift gilt nur für den *Straßenverkehr,* nicht für Gewässer und Skipisten. *Ski-Unfallflucht* ist nach Art. 24 VI Nr. 4 bayer. Landesstraf- und VerordnungsG i. d.F. vom 13. 12. 1982 (GVBl. 1098) m. Änd. als → Ordnungswidrigkeit verfolgbar.

**UNESCO** (United Nations Educational Scientific and Cultural Organization). Sonderorganisation der → Vereinten Nationen, die am 16. 11. 1945 errichtet wurde. Sie soll die kulturelle Zusammenarbeit fördern; sie unterstützt insbes. den Studentenaustausch und den Schutz von Kunstwerken, Übersetzungen, Schulen in Entwicklungsländern etc.

**Unfall** ist ein zeitlich begrenztes, plötzliches Ereignis, das für eine Körperschädigung oder den Tod eines Menschen ursächlich ist (vgl. → Ursache, ursächlicher Zusammenhang, → Schadensersatz, 1 a). S. die folg. Stichw. sowie → Haftpflicht, → Haftung (2), → Straßenverkehrshaftung. In der gesetzlichen → Unfallversicherung ist ein U. Leistungsgrund, wenn es sich um einen → Arbeitsunfall handelt (§ 8 SGB VII). Über die Rechtsfolgen eines U. für den Bereich der Privatversicherung → Unfallversicherung (2).

**Unfallanzeige** → Meldepflichten.

**Unfallentschädigung** der Soldaten. Die Versorgung der Soldaten bei Wehrdienstbeschädigungen richtet sich gemäß §§ 80 ff. des → Soldatenversorgungsgesetzes weitgehend nach den Vorschriften des → Bundesversorgungsgesetzes. Darüber hinaus erhält ein Soldat, wenn er in Ausübung der in § 63 I SVG im einzelnen genannten besonders gefährdeten Dienste (z. B. besonders gefährdeter Flugdienst, Sprung-, Bergrettungs-, Kampfschwimmer- oder Minentauchdienst) oder bei einer besonders lebensgefährlichen Diensthandlung (§ 63 a) einen Unfall erleidet, neben dieser Versorgung eine einmalige U. Im Todesfalle erhalten die Angehörigen Entschädigung. S. a. VO zu § 63 SVG i. d. F. vom 29. 6. 1977 (BGBl. I 1178).

**Unfallflucht** → unerlaubtes Entfernen vom Unfallort.

**Unfallfürsorge** bei Beamten. Wird ein Beamter durch einen → Dienstunfall verletzt, so wird ihm und ggf. seinen Hinterbliebenen Unfallfürsorge gewährt. Sie umfaßt die Erstattung von Sachschäden und besonderen Aufwendungen, Heilverfahren (insbes. Heilbehandlung, Versorgung mit Heilmitteln und Pflege), Unfallausgleich bei wesentlicher Minderung der Erwerbsfähigkeit sowie erforderlichenfalls Unfallruhegehalt als erhöhtes Ruhegehalt bzw. Unfallhinterbliebenenversorgung (§§ 30 ff. BeamtVG; → Versorgung des Beamten). Widerrufs-, Probe- und Ehrenbeamte erhalten statt des Unfallruhegehalts einen Unterhaltsbeitrag (§ 38 BeamtVG). Gesetzliche Schadensersatzansprüche des Beamten oder seiner Hinterbliebenen gegen einen Dritten wegen Körperverletzung oder Tötung gehen kraft Gesetzes auf den Dienstherrn über, soweit dieser zu den vorbezeichneten Leistungen verpflichtet ist (§ 87a BBG und Ländergesetze).

**Unfallkassen der Gemeinden** sind Träger der gesetzlichen → Unfallversicherung. Die Unfallversicherungsträger im kommunalen Bereich sind u. a. zuständig für die Unternehmen der Gemeinden und Gemeindeverbände, für Haushalt, für Maßnahmen der Hilfe zur Arbeit, die von den Trägern der Sozialhilfe durchgeführt werden, und für Personen, die Pflegeleistungen erbringen (→ Pflegepersonen; §§ 114, 117, 129 SGB VII).

**Unfallkassen der Länder** sind Träger der gesetzlichen → Unfallversicherung. Die Unfallversicherungsträger im Landesbereich sind u. a. zuständig für die Unternehmen des Landes, für Kinder in Tageseinrichtungen sowie für Schüler und Studenten (§§ 114, 115, 128 SGB VII).

**Unfallkasse Post und Telekom.** Träger der gesetzlichen → Unfallversicherung insbes. für Versicherte in der Bundesanstalt für Post und Telekommunikation, in den aus der Deutschen Bundespost hervorgegangenen Aktiengesellschaften, in der Bundesdruckerei GmbH und im Bundesministerium für Post und Telekommunikation und in dessen nachgeordneten Behörden und Einrichtungen. Die U. P. u. T. besitzt Dienstherrenfähigkeit (§§ 127, 149 SGB VII).

**Unfallneurose** → Schadensersatz (1 a).

**Unfallrente** wird als Barleistung der gesetzlichen → Unfallversicherung gewährt, und zwar als → Verletztenrente bei Verlust oder länger als 26 Wochen andauernder → Minderung der Erwerbsfähigkeit um wenigstens 1/5 durch → Arbeitsunfall oder → Berufskrankheit, als → Hinterbliebenenrente bei Tod des Versicherten durch Arbeitsunfall oder Berufskrankheit (vgl. §§ 56 ff. SGB VII).

**Unfallschutz** (-verhütung) ist Aufgabe des → Betriebsschutzes, insbes. soweit er sich mit der Beschaffenheit der Arbeitsräume, Betriebseinrichtungen, Maschinen und Geräte befaßt (hierzu s. a. → Technische Arbeitsmittel). Hinzu kommen die speziell zur Unfallverhütung von den → Berufsgenossenschaften mit Genehmigung des BArbMin. erlassenen Vorschriften (§ 15 SGB VII), die im Gegensatz zur GewO nicht nur einseitige Schutzpflichten des Arbeitgebers begründen, sondern Arbeitgeber und Arbeitnehmer zur Beachtung verpflichten. Die Einhaltung der Vorschriften ist durch technische Aufsichtsbeamte der Berufsgenossenschaften zu überwachen (§§ 17 ff. SGB VII). In Betrieben mit mehr als 20 Beschäftigten ist ferner ein Sicherheitsbeauftragter zu bestellen (§ 22 SGB VII), der den Unternehmer bei der Durchführung des Unfallschutzes zu unterstützen, insbes. sich von dem Vorhandensein und der ordnungsgemäßen Benutzung der vorgeschriebenen Schutzvorrichtungen fortlaufend zu überzeugen hat. Über die Bestellung von Fachkräften zur Gewährleistung des U. im Betrieb s. → Arbeitssicherheit, Fachkräfte für. Vorsätzliche oder fahrlässige Verstöße gegen Schutzvorschriften können als → Ordnungswidrigkeit mit Geldbuße bis 20 000 DM geahndet werden (§ 209 SGB VII). Das absichtliche oder wissentliche Beseitigen, Verändern oder Unbrauchbarmachen von Schutzvorrichtungen oder Rettungsgerät ist strafbar (§ 145 II StGB). Über den Stand des U. und die Entwicklung des Unfallgeschehens hat die BReg. jährlich dem BT einen Unfallverhütungsbericht zu erstatten (§ 25 SGB VII).

**Unfallversicherung.** 1. In der → Sozialversicherung obliegt der U. neben der Unfallverhütung die Aufgabe, den Versicherten bei → Arbeitsunfall oder → Berufskrankheit soziale Leistungen zu gewähren. Versichert sind die auf Grund eines Arbeitsverhältnisses Beschäftigten sowie weitere in §§ 2 ff. SGB VII aufgezählte Personengruppen, darunter Heimarbeiter, Hausgewerbetreibende, gewisse selbständige Unternehmer in Landwirtschaft, Fischerei und Schiffahrt sowie Kinder während des Besuchs von Kindergärten, Schüler allgemeinbildender Schulen und Studenten u. a. m. Gewährt werden: → Heilbehandlung, → Berufshilfe, ergänzende Leistungen (z. B. Haushaltshilfe, Reisekosten etc.), → Verletztengeld, → Übergangsgeld, → Verletztenrente, → Sterbegeld, → Hinterbliebenenrente und Überbrückungshilfe. Träger sind die gewerblichen und die landwirtschaftlichen → Berufsgenossenschaften, der Bund, die → Eisenbahn-Unfallkasse, die → Unfallkasse Post und Telekom, die → Unfallkassen der Länder und die → Feuerwehr-Unfallkasse. In den neuen Ländern werden keine Berufsgenossenschaften errichtet, sondern die Bezirke der bestehenden auf sie erstreckt. Die Beiträge werden von den Unternehmern aufgebracht. Die U. ist geregelt im 7. Buch des Sozialgesetzbuches vom 7. 8. 1996 (BGBl. I S. 1254). S. a. → Schwerbehinderte.

2. Die *privatrechtliche U.* ist eine Art der → Personenversicherung. Durch die U. kann in der Form einer Kapitalversicherung (→ Lebensversicherung) oder einer Rentenversicherung der mögliche dauernde oder zeitweilige Wegfall der Erwerbsfähigkeit durch einen Unfall versichert werden. Ein *Unfall* liegt vor, wenn der Versicherte durch ein plötzlich von außen auf seinen Körper wirkendes Ereignis (auch Schock) eine Gesundheitsbeschädigung erleidet. Für die U. gelten über die allgemeinen Vorschriften hinaus (→ Versicherungsvertrag) die Sonderbestimmungen der §§ 179 ff. VVG: Der Versicherer ist von der Leistungspflicht frei, wenn der Unfall von dem Versicherungsnehmer vorsätzlich herbeigeführt wurde (§ 181 VVG). Der V.nehmer hat für die Abwendung und Minderung der Unfallfolgen nach Möglichkeit und nach Weisung des Versicherers zu sorgen (§ 183 VVG). Bei der U. in der Form einer Kapitalv. zugunsten eines Dritten gelten für die Bezugsberechtigung u. a. die Vorschriften über die → Lebensversicherung (§ 180 VVG). → Rückvergütung, → Versicherungsbedingungen.

3. *Steuerlich* kann der Arbeitgeber die Beiträge seiner Arbeitnehmer für eine Gruppen-U. bis 120 DM/Jahr pro Arbeitnehmer übernehmen und hierfür die Lohnsteuer mit 15%, ab 1996 mit 20% pauschalieren (§ 40 b III EStG). → Lohnsteuerpauschalierung.

**Unfallversicherungsträger.** Träger der gesetzlichen → Unfallversicherung sind die gewerblichen → Berufsgenossenschaften, die landwirtschaftlichen Berufsgenossenschaften, der Bund, die → Eisenbahn-Unfallkasse, die → Unfallkasse Post und Telekom die Gemeindeunfallversicherungsverbände (→ Ausführungsbehörden für Unfallversicherung), die Unfallkassen der Gemeinden, die Feuerwehr-Unfallkasse und die gemeinsamen Unfallkassen für den Landes- und den kommunalen Bereich (→ Unfallkassen der Länder; § 114 SGB VII).

**Unfehlbarkeitsdogma** → Papst (1).

**Unfreundlicher Akt.** Der Ausdruck umschreibt im → Völkerrecht das Verhalten eines Völkerrechtssubjekts, das zwar kein → völkerrechtliches Unrecht ist, aber politisch eine nachteilige Behandlung eines anderen Völkerrechtssubjekts darstellt, z. B. der Abbruch → diplomatischer Beziehungen (s. auch → Retorsion).

**Unfruchtbarmachung** (Sterilisation, Kastration). 1. Eine *minderjährige* Person darf nicht sterilisiert werden. Weder sie noch ihre Eltern können in die Sterilisation einwilligen (§ 1631 c BGB).

2. Die Sterilisation einer *volljährigen* Person, die *unter* → *Betreuung* steht, ist nur zulässig, wenn die Person dem Eingriff nicht widerspricht, auf Dauer unfähig zur Einwilligung ist, es sonst zu einer Schwangerschaft, die nicht anders zumutbar verhindert werden kann, kommen würde und dadurch das Leben der Schwangeren gefährdet oder deren körperlicher oder seelischer Gesundheitszustand schwerwiegend beeinträchtigt würde (§ 1905 I BGB). Erforderlich sind dazu die Bestellung und Einwilligung eines Betreuers, die Anhörung der betroffenen Person, ein Gutachten eines Sachverständigen und die Genehmigung des Vormundschaftsgerichts (§§ 1905, 1899 II, 1900 V BGB, § 69 d IV FGG). Das Verfahren richtet sich nach §§ 65 ff. FGG. Eine Sterilisation geistig Behinderter im Interesse der Allgemeinheit, von Verwandten oder des ungezeugten Kindes ist also nicht zulässig.

3. a) Das Ges. über die freiwillige Kastration und andere Behandlungsmethoden vom 15. 8. 1969 (BGBl. I 114) m. Änd. gestattet die *K. des Mannes* vom 25. Lebensjahr ab mit seiner Einwilligung oder der seines Betreuers zur Be-

kämpfung (Beseitigung) eines abnormen Geschlechtstriebs und dadurch bedingter schwerwiegender Krankheiten, seelischer Störungen oder Leiden. Die K. muß entsprechend den wissenschaftlichen Erkenntnissen von einem Arzt durchgeführt werden und darf für den Betroffenen nicht mit unverhältnismäßigen Nachteilen verbunden sein. Der Ausschluß der Rechtswidrigkeit der durch die K. verursachten Körperverletzung gilt auch, wenn bei dem Betroffenen kein Krankheitszustand, aber nach Persönlichkeit und bisheriger Lebensführung die Gefahr von Sexualstraftaten besteht, der begegnet werden soll. Die Einwilligung ist nur bei vorausgegangener Belehrung des Betroffenen (bei geistiger Beeinträchtigung in entsprechender Reduktion, aber mit Zustimmung eines ggf. zu bestellenden Betreuers und mit Genehmigung des Vormundschaftsgerichts) wirksam; eine landesrechtlich bestimmte Gutachterstelle muß nach Untersuchung des Betroffenen durch ein ärztliches Mitglied das Vorliegen der gesetzlichen Voraussetzungen bestätigt haben.

b) Das Ges. gestattet unter den gleichen Voraussetzungen, aber ohne die des Mindestalters, eine *sonstige Behandlung von Mann oder Frau,* die eine dauernde Funktionsunfähigkeit der Keimdrüsen nicht notwendig, aber möglicherweise zur Folge hat, z. B. mittels radioaktiver Bestrahlung.

4. Die Zulässigkeit einer U. aus *medizinischer, sozialer* oder *medizinisch-sozialer Indikation,* (s.a. → Schwangerschaftsabbruch), d. h. wenn weitere Geburten für die Eltern mit schwerwiegenden wirtschaftlichen, für die Mutter mit körperlichen Belastungen verbunden sein würden, ist gesetzlich nicht geregelt. Ob die Zulässigkeit der U. – z. B. durch Tubenligatur – aus der Aufhebung des § 226 b StGB a. F., der auch diese Fälle unter Strafe stellte, durch KRG Nr. 11 gefolgert werden kann, ist str. (bejah. BGHSt. 20, 81). Mangels gesetzlicher Regelung ist die Rechtmäßigkeit einer freiwilligen U. nach den Umständen des Einzelfalles zu beurteilen. Jedenfalls handelt ein Arzt, der eine 34jährige Frau und Mutter von 3 Kindern nach umfassender Aufklärung über die Folgen unfruchtbar macht, weil sie dies wünscht, nicht rechtswidrig und haftet deshalb auch nicht auf → Schadensersatz aus → unerlaubter Handlung (BGHZ 67, 48).

5. In der → Sozialversicherung besteht Anspruch auf Leistungen bei einer nicht rechtswidrigen Sterilisation (§ 24 b SGB V). Zur → Sozialhilfe gehört auch Hilfe bei einer nicht rechtswidrigen Sterilisation (§ 37 a BSHG).

**Unfug, grober** → grober Unfug.

**Ungebühr vor Gericht.** Darunter versteht man ein unangemessenes Verhalten von Personen, die an einer Gerichtsverhandlung teilnehmen oder hierbei anwesend sind. Im Rahmen der → Sitzungspolizei kann für U. vorbehaltlich einer strafgerichtlichen Verfolgung nach Anhörung des Betroffenen ein Ordnungsgeld bis zu 2000 DM oder Ordnungshaft bis zu 1 Woche (→ Ordnungsmittel) festgesetzt und sofort vollstreckt werden. Über die Festsetzung dieser Ordnungsmittel entscheidet bei Verfahrensbeteiligten (Parteien, Beschuldigte, Zeugen, Sachverständige, nicht Rechtsanwalt oder Staatsanwalt) das – gesamte – Gericht durch Beschluß, im übrigen (z. B. bei Zuhörern) der Vorsitzende (§ 178 GVG). Die Anordnung kann binnen 1 Woche mit → Beschwerde zum Oberlandesgericht angefochten werden, ist aber ohne Rücksicht auf diese vollstreckbar (§ 181 GVG).

**Ungehorsam, Aufforderung zum –.** Zur Strafbarkeit des *militärischen* U. und des Verleitens dazu → Gehorsamspflicht (dort auch über die Unverbindlichkeit eines rechtswidrigen Befehls). Die *vorsätzliche Verleitung* eines Soldaten der Bundeswehr zum U. gegen einen Befehl ist als Anstiftung zum militärischen U. zu ahnden (§ 1 IV WStG). Über die Verleitung zur → Fahnenflucht s. dort. Die öffentliche Aufforderung zum *Ungehorsam gegen Gesetze* ist seit dem 3. StrRG 1970 nur noch strafbar, wenn darin eine Aufforderung zu einer Straftat nach § 111 StGB liegt.

**Ungerechtfertigte Bereicherung.** Nicht selten sind Vermögensverschiebungen zwar rechtswirksam vollzogen, entbehren aber des rechtfertigenden Grundes (z. B. vom Kaufvertrag wird wirksam zurückgetreten; die Eigentumsübertragung, die nunmehr ohne

Rechtsgrund geschah, bleibt hiervon unberührt, → Sachenrecht). Hier und in anderen ähnlich gelagerten Fällen (s.u.) geben die Vorschriften über die u. B. aus Billigkeitsgründen einen persönlichen (schuldrechtlichen) Ausgleichsanspruch auf Wiederherstellung der früheren oder der weiteren Entwicklung entsprechenden Rechtslage (§§ 812 ff. BGB). Besondere Bedeutung haben die Bestimmungen über die u. B. ferner dadurch, daß in zahlreichen Fällen, in denen ein Rechtsübergang ausdrücklich als gesetzliche Folge normiert wird oder die Interessen verschiedener Beteiligter gegeneinander abgegrenzt werden, zum Ausgleich auf sie verwiesen wird (s. z. B. → Verbindung von Sachen, → Verarbeitung, → Geschäftsführung ohne Auftrag, → gegenseitiger Vertrag); auch im öffentlichen Recht können mangels Sonderregelung die Gedanken der u. B. entsprechend herangezogen werden. Die §§ 812 ff. BGB gelten jedoch nicht, wenn die Rechtslage vom Gesetz als endgültig angesehen wird (z. B. bei der → Verjährung) oder wenn Sondervorschriften bestehen (z. B. im → Eigentümer-Besitzerverhältnis hins. der Verwendung der Nutzungen, nicht aber bei Bereicherung um die Sache selbst). Ein Anspruch aus u. B., der auch im Wege der → Einrede gegenüber einem Erfüllungsanspruch geltendgemacht werden kann (vgl. § 821 BGB), ist gegeben, wenn jemand durch die Leistung eines anderen oder in sonstiger Weise auf dessen Kosten etwas ohne rechtlichen Grund erlangt hat (*condictio sine causa,* § 812 I 1 BGB). Leistung ist jede Vermögenszuwendung durch den Entreicherten (z. B. → Eigentumsübertragung, auch ein vertragliches → Schuldanerkenntnis, § 812 II BGB; sog. *Leistungskondiktion*). Die Bereicherung kann aber auch „in sonstiger Weise", d. h. durch Handlungen des Bereicherten, etwa Besitzentziehung, oder eines Dritten, z. B. durch → Verarbeitung, entstehen *(Eingriffskondiktion).* Die Eingriffskondiktion ist gegenüber der Leistungskondiktion grundsätzlich subsidiär; werden z. B. Materialien in ein Bauwerk eingebaut, so hat deshalb der Einbauende regelmäßig dann keinen Anspruch aus u. B. (§ 951 BGB) gegen den Eigentümer, wenn er den Einbau im Rahmen einer – wenn auch unwirksamen – Leistungsbeziehung mit einem Dritten vorgenommen hat (BGH, h. M.; dann nur Anspruch gegen diesen).

Durch die Vermögensverschiebung muß der Bereicherte etwas, d. h. eine für ihn vorteilhafte Vermögenslage, erlangt haben, z. B. den Erwerb eines Rechts, auch des Besitzes *(condictio possessionis)* oder eine sonstige günstige Rechtsstellung, etwa Eintragung im Grundbuch (Anspruch auf → Berichtigung des Grundb.), Befreiung von einer Verbindlichkeit, unterlassene Aufwendungen usw. Die Bereicherung muß auf Kosten des Entreicherten eingetreten sein, d. h. die Vermögensverschiebung muß zwischen beiden *unmittelbar,* nicht über das Vermögen eines Dritten eintreten. Derselbe einheitliche Bereicherungsvorgang muß auf der einen Seite die Bereicherung, auf der anderen die Entreicherung verursacht haben, wobei allerdings die Zuwendung auch durch einen Dritten (z. B. durch die beauftragte Bank) erfolgen kann. Leistet z. B. A an B in der irrigen Meinung, hierzu dem C gegenüber verpflichtet zu sein, so besteht ein Bereicherungsanspruch des A nur gegen den wegen Erlöschens seiner Schuld bereicherten C, nicht gegen B. Ist dagegen eine dritte Person selbständig – z. B. als → Kommissionär, nicht aber nur bei → Stellvertretung – dazwischen geschaltet, so kommt ein Bereicherungsanspruch nur im Verhältnis zu diesem in Betracht. Bei irrtümlicher Ausführung eines Dauerauftrags oder einer Überweisung besteht ein Anspruch der Bank aus u. B. unmittelbar gegen den Empfänger nur dann, wenn dieser die Sachlage gekannt oder die Leistung an ihn zurechenbar veranlaßt hat (Rspr. Nachw. bei BGHZ 111, 382). Die Verbesserung der Vermögenslage beim Bereicherten muß schließlich ohne rechtlichen Grund eingetreten sein, z. B. bei Leistung ohne gültiges Kausalgeschäft (Kaufvertrag nichtig u. dgl.), Erfüllung einer nicht bestehenden Schuld usw. Ein Anspruch aus u. B. besteht grundsätzlich auch dann (§ 812 I 2 BGB, Ausnahmen §§ 814, 815), wenn der zunächst gegebene rechtliche Grund nachträglich wegfällt (*condictio causa finita,* z. B. bei Eintritt einer auflösenden Bedingung, Rücktritt vom Vertrag usw.) oder wenn der mit einer Leistung bezweckte Erfolg nicht eintritt (*condictio causa data, causa non secuta;* z. B. Schenkung zu einer beabsichtigten, dann aber unterbliebenen Eheschließung). Das zur Erfüllung einer Verbindlichkeit Geleistete kann zurückverlangt werden, wenn diese Forderung nicht bestand *(condictio indebiti)* oder ihr eine dauernde → Einrede – ausgenommen → Verjährung – entgegenstand (§ 813 BGB).

Einen weiteren Anspruch aus u. B. regelt § 816 BGB. Trifft danach ein *Nichtberechtigter* über einen Gegenstand eine → Verfügung, die dem Berechtigten gegenüber wirksam ist (z. B. der Besitzer einer fremden Sache verkauft und übereignet diese Sache an einen Gutgläubigen, → gutgläubiger Erwerb), so ist er dem Berechtigten zur Herausgabe des durch die Verfügung Erlangten verpflichtet. Das gleiche gilt bei wirksamer Leistung an einen Nichtberechtigten (z. B. an den früheren Gläubiger einer abgetretenen Forderung, → Abtretung). Erfolgt die Verfügung unentgeltlich, so trifft die Herausgabepflicht den bereicherten Empfänger. Ist die Verfügung des Nichtberechtigten dem Berechtigten gegenüber nicht wirksam, (z. B. bei Übereignung einer gestohlenen Sache, → gutgläubiger Erwerb), so kann sie der Berechtigte – auch stillschweigend (z. B. durch Erhebung einer Klage auf Herausgabe des Erlöses) – genehmigen (§ 185 BGB) und den Bereicherungsanspruch geltendmachen. Schließlich besteht ein Anspruch aus u. B., wenn der Empfänger einer Leistung durch die Annahme gegen ein gesetzliches Verbot oder gegen die guten Sitten verstößt (*condictio ob turpem vel iniustam causam,* § 817 S. 1 BGB). Eine Rückforderung ist jedoch ausgeschlossen, wenn dem Leistenden – wie bei → gegenseitigen Verträgen regelmäßig – gleichfalls (oder allein) ein solcher Verstoß zur Last fällt (§ 817 S. 2 BGB, z. B. bei Kauf eines Grundstücks zur Bordellerrichtung, Verstoß gegen Preisvorschriften – str. –; bei einem wucherischen Darlehen kann dieses – ohne Zinsen – wie bei einem gültigen Darlehen zurückverlangt werden).

Der Bereicherte hat das durch die u. B. Erlangte herauszugeben (§ 812 BGB), d. h. den früheren Rechtszustand wiederherzustellen (z. B. den Besitz zurückzugeben, das Eigentum zurückzuübertragen, eine erloschene Forderung neu zu begründen usw.). Die Herausgabepflicht erstreckt sich auf die gezogenen → Nutzungen sowie auf die nicht rechtsgeschäftlichen Surrogate (z. B. Gewinn eines Loses, Versicherungssumme bei Zerstörung, § 818 I BGB). Ist die Herausgabe nicht (wie bei geleisteten Diensten) oder nicht mehr möglich, insbes. weil der Bereicherte den Gegenstand weiterveräußert hat, so ist der Wert, d. h. der objektive Verkehrswert, zu ersetzen (§ 818 II BGB). Dabei kann der Bereicherte Verwendungen auf die Sache und alle Aufwendungen, die er ohne die Bereicherung nicht gehabt hätte, abziehen; ein Veräußerungsgewinn ist regelmäßig nicht herauszugeben (Ausnahme bei der Verfügung eines Nichtberechtigten, da nach § 816 BGB das durch die Verfügung Erlangte, also nach h. M. der Erlös, herauszugeben ist). Wegen der gegenseitigen Ansprüche bestehen grundsätzlich keine zwei getrennten Bereicherungsansprüche *(Zweikondiktionenlehre),* sondern von vornherein (auch wenn die eine Leistung nicht mehr herausgegeben werden kann) nur ein Bereicherungsanspruch in Höhe der Differenz (ggfs. des Werts) der beiden – auch ungleichartigen – Posten (*Saldotheorie,* h. M.; anders ausnahmsweise zum Schutz des arglistig getäuschten Käufers, bei dem die Sache ohne sein Verschulden untergegangen ist, vgl. BGHZ 53, 144). Ein Anspruch auf Herausgabe oder Wertersatz ist auch ausgeschlossen, soweit der Empfänger nicht mehr bereichert ist, z. B. infolge Verbrauchs für Luxusausgaben (Fortfall der Bereicherung, § 818 III BGB); bei unentgeltlicher Zuwendung an einen Dritten haftet jedoch dann dieser (§ 822 BGB). Eine verschärfte Haftung – insbes. keine Möglichkeit zur Berufung auf den Wegfall der Bereicherung – tritt ein ab → Rechtshängigkeit (§ 818 IV BGB), bei Kenntnis des Mangels des rechtlichen Grundes sowie bei Gesetzes- und Sittenverstoß (§ 819 BGB); die Haftung richtet sich hier gemäß § 292 BGB nach den im → Eigentümer-Besitzerverhältnis geltenden Vorschriften (§§ 987 ff. BGB, insbes. Schadensersatzanspruch bei Bösgläubigkeit).

**Ungeschriebenes Recht** → Recht (1 a), → Rechtsgeschichte.

**Unglücksfall, besonders schwerer,** ist ein Fall des „zivilen Notstands"; er berechtigt die BReg. nach Art. 35 II, III GG zu den gleichen Maßnahmen wie bei → Naturkatastrophen.

**Unglücksfall, Hilfeverweigerung bei –,** → Hilfeleistung, unterlassene.

**UNIDO** = United Nations Industrial Development Organization; Unterorganisation der → Vereinten Nationen für industrielle Entwicklung.

**Uniformtragen, verbotenes –.** Nach § 132 a StGB wird das *unbefugte* Tragen in- oder ausländischer Uniformen mit Freiheitsstrafe bis zu 1 Jahr oder Geldstrafe bestraft. Das Verbot betrifft nur staatliche, nicht Phantasieuniformen, erstreckt sich aber auf solche, die ihnen zum Verwechseln ähnlich sind. Die Vorschrift schützt auch Amtskleidung und -abzeichen (nicht → Berufstrachten). Das öffentliche Tragen von Uniformen, Uniformstücken oder anderen → Kennzeichen einer als verfassungswidrig erklärten Partei, einer unanfechtbar verbotenen Vereinigung oder einer ehemaligen nat.-soz. Organisation wird nach § 86 a StGB mit Freiheitsstrafe bis zu 3 Jahren oder Geldstrafe bestraft. Verboten ist ferner, öffentlich oder in einer Versammlung Uniformen, Uniformteile oder gleichartige Kleidungsstücke als Ausdruck einer *gemeinsamen politischen Gesinnung* zu tragen (also nicht z. B. Uniformen von Schützenvereinen); für Jugendverbände können Ausnahmen zugelassen werden. Zuwiderhandlungen sind mit Freiheitsstrafe bis zu 2 Jahren oder Geldstrafe bedroht (§§ 3, 28 VersammlungsG i. d. F. vom 15. 11. 1978, BGBl. I 1790).

**Unitarismus** → Zentralismus.

**Universaldienstleistungen.** Die VO über U. vom 30. 1. 1997 (BGBl. I 141) sieht den Sprachtelefondienst einschließlich der ISDN – Leistungsmerkmale wie Anrufweiterschaltung, Entgeltanzeige u. a. sowie die Telefonauskunft und die Herausgabe von Telefonbüchern, schließlich die Bereitstellung der Übertragungswege als U. im Sinne von § 17 → Telekommunikationsgesetz vor.

**Universales Völkerrecht** → Völkerrecht.

**Universalsukzession** = → Gesamtrechtsnachfolge; s. a. → Rechtserwerb, → Sondererbfolge.

**Universität** → Hochschule.

**Unklagbare Ansprüche** → unvollkommene Rechte, → Naturalobligation.

**Unland** sind Betriebsflächen des land- und forstwirtschaftlichen Vermögens, die auch bei geordneter Wirtschaftsführung keinen Ertrag abwerfen können. U. wird nicht bewertet (§ 45 BewG; → Einheitswerte).

**Unlauterer Wettbewerb.** Das Ges. gegen den unlauteren → Wettbewerb vom 7. 6. 1909 (RGBl. 499) m. Änd. verbietet in § 1 durch eine → Generalklausel allgemein Wettbewerbshandlungen im geschäftlichen Verkehr, die nach der → Verkehrsauffassung*gegen die guten Sitten* verstoßen, und daneben in den §§ 3 ff. bestimmte Wettbewerbshandlungen, die auch dann verboten sind, wenn sie im Einzelfall nicht gegen die guten Sitten verstoßen. Maßstab für die „guten Sitten" ist die Anschauung des verständigen und anständigen Durchschnittsgewerbetreibenden des betreffenden Gewerbezweiges, soweit sie den sittlichen Maßstäben der Allgemeinheit nicht widerspricht; daher gelten z. B. für Werbemaßnahmen einer Arzneimittelfirma andere Maßstäbe als für die eines Nachtlokals, bei der aber auch eine vulgäre Werbung nicht dem Anstandsgefühl der Allgemeinheit widersprechen darf. Die Sittenwidrigkeit ist aus der objektiven Sachlage, aus Beweggrund und Zweck des Handelnden abzuleiten; er muß nur die Tatsachen kennen, die seine Wettbewerbshandlung als unlauter erscheinen lassen, nicht auch das Bewußtsein haben, gegen die guten Sitten oder das UWG zu verstoßen.

Unter die *Generalklausel* des § 1 UWG fallen insbes. Nachahmung und Ausbeutung fremder gewerblicher Leistungsergebnisse, wirtschaftlicher → Boykott, Anwendung von (rechtlichem oder auch nur psychologischem Kauf-)Zwang, → Absatzbehinderung, systematisches Abwerben von Arbeitskräften oder deren Verleitung zum Vertragsbruch (insbes. durch Schmiergelder), sog. Anzapfen (Verlangen von Sonderleistungen des Lieferanten ohne Gegenleistung), Täuschung und Irreführung der Abnehmer (z. B. durch Verursachen einer → Verwechslungsgefahr oder wenn Kunden zum Kauf aus unsachlichen Motiven veranlaßt werden), Anreißen (übertriebenes Ansprechen oder Anrufen von Kunden; Kundenfang), Beseitigung des freien W., rechtswidriges Verhalten und dessen Ausnutzung zu Zwecken des W. (z. B. Mißbrauch von Computerprogrammen); regelmäßig aber noch nicht der Verkauf unter dem Einstandspreis (Preisunterbietung; s. aber → Lockvogelwerbung) oder die nicht irreführende → vergleichende Werbung. Als *Sondertatbestände* sind verboten die → unerlaubte Werbung, Verstöße gegen Regeln der → Sonderveranstaltungen, des → Räumungsverkaufs oder des → Kaufscheinhandels sowie gegen den → Kennzeichenschutz (s.a. → Marken, → Produktsicherheit), ferner die → Angestelltenbestechung, die → Anschwärzung, die → geschäftliche Verleumdung (§ 15 UWG), die Benutzung geschäftlicher Beziehungen mit → Verwechslungsgefahr (§ 16 UWG), Verrat von → Geschäftsgeheimnissen, Verstöße gegen die Regeln für → Zugaben und → Rabatte. Das Verbot des u. W. gilt im gesamten geschäftlichen Verkehr für alle Gewerbetreibenden, freien Berufe und juristischen Personen des öffentlichen Rechts, soweit sie am Geschäftsverkehr teilnehmen (z. B. durch Regiebetriebe).

U. W. führt zu *Ansprüchen* (Verjährung i. d.R. in 6 Monaten) auf Unterlassung (→ Unterlassungsanspruch), bei Vertragsabschluß aufgrund unwahrer und irreführender Werbeangaben auf → Rücktritt vom Vertrag (§ 13 a UWG) und (bei Verschulden) auf → Schadensersatz, in diesem Falle auch zu einem allgemeinen Auskunftsanspruch (→ Auskunftspflicht). Die Sachbefugnis hat jeder verletzte Wettbewerbsteilnehmer; in einigen Fällen steht der Unterlassungsanspruch auch allen auf demselben Markt tätigen Mitbewerbern und sachgerecht ausgestatteten Interessenverbänden zu (z. B. Industrie- und Handelskammer), wenn sie ein → Rechtsschutzbedürfnis haben (§ 13 UWG). Der Klage muß nach der Rspr. regelmäßig eine erfolglose *Abmahnung* vorausgehen, deren Kosten der Verletzer zu tragen hat, wenn ihre Geltendmachung nicht mißbräuchlich ist (z. B. nur zum Zwecke des „Gebührenschindens", sog. Abmahnvereine). Für Klagen, die lediglich auf das UWG gestützt sind, ist das Gericht (→ Handelssache) örtlich zuständig, in dem der Beklagte seine gewerbliche Niederlassung oder seinen Wohnsitz (hilfsweise: seinen Aufenthaltsort) hat, bei Ausländern auch das Gericht, in dessen Bezirk die Handlung begangen wurde (§ 24 UWG). Wettbewerbsstreitigkeiten können gütlich durch bei den → Industrie- und Handelskammern errichtete Einigungsstellen beigelegt werden (§ 27 a UWG).

Etliche Verstöße gegen das UWG sind strafbar (z. B. wissentlich unwahre irreführende Werbung, § 4 UWG; → Angestelltenbestechung mittels Schmiergeldern, §§ 299 f. StGB, die Inaussichtstellung besonderer Vorteile für die Vermittlung weiterer Abnehmer durch den Kunden – sog. *progressive Kundenwerbung, Schneeballsystem,* § 6 c UWG, oder der Verrat von → Geschäfts- oder Betriebsgeheimnissen und die Betriebsspionage, § 17 UWG, → Geheimnisverrat), manche als → Antragsdelikt und mit → Privatklage verfolgbar (§ 22 UWG, § 374 I Nr. 7 StPO).

**Unmittelbare Stellvertretung** → Stellvertretung.

**Unmittelbarer Besitz** → Besitz.

**Unmittelbarer Schaden** → Schadensersatz (1 a, b).

**Unmittelbarer Zwang** → Verwaltungszwang.

**Unmittelbarkeitsgrundsatz.** Nach diesem Grundsatz, der in allen Verfahrensordnungen gilt, müssen Verhandlung und Beweisaufnahme unmittelbar vor dem erkennenden Gericht stattfinden. Doch sind zahlreiche gesetzliche Ausnahmen vorgesehen (z. B. → beauftragter Richter), insbes. soweit schriftliche Entscheidung oder Entscheidung nach Aktenlage zugelassen ist; er gilt ferner nur, soweit nach den Grundsätzen des Strengbeweises zu verfahren ist, nicht dagegen, soweit dem Gericht der → Freibeweis offensteht (wie bei prozeßerheblichen Tatsachen).

Besondere Bedeutung hat der U. im *Strafprozeß* für die Beweisaufnahme in der Hauptverhandlung und die sich auf sie gründende Urteilsfindung. Das Gericht darf seiner Entscheidung nur seine aus dem Inbegriff der → Hauptverhandlung *unmittelbar,* → d.h. durch eigene Vernehmung des Beschuldigten, der Zeugen und Sachverständigen, Augenscheinseinnahme usw. gewonnene Überzeugung zugrundelegen (§§ 250, 261 StPO).

Die Vernehmung, auf die sich die Überzeugungsbildung stützen soll, darf durch *Verlesung* der Niederschrift über eine frühere Aussage nur in bestimmten Fällen ersetzt werden.

Frühere *richterliche Protokolle* dürfen mit Zustimmung des StA, des Verteidigers und des Angeklagten stets verlesen werden, sonst auch, wenn ein Zeuge oder Sachverständiger verstorben ist oder wegen Krankheit oder anderer nicht alsbald zu beseitigender Hindernisse oder großer Entfernung nicht erscheinen kann, ferner nach → kommissarischer Vernehmung; richterliche Protokolle über Aussagen des Angeklagten können zum Beweis eines Geständnisses oder zur Klärung von Widersprüchen verlesen werden (§ 254 StPO).

Die Verlesung *nichtrichterlicher* (insbes. polizeilicher) Protokolle ist in beschränktem Umfange zulässig, so, falls der Angeklagte einen Verteidiger hat, mit dessen und der Zustimmung von StA und Angeklagtem, aber auch im Falle des Todes oder voraussichtlich längerer Verhinderung eines Zeugen oder Sachverständigen oder als Gedächtnisstütze sowie zur Klärung von Widersprüchen (§ 251 II StPO).

Zulässig ist ferner die Verlesung von Erklärungen öffentlicher Behörden (mit Ausnahme von Leumundszeugnissen) oder von Ärzten des gerichtsärztlichen Dienstes (→ Gerichtsarzt) die ein Zeugnis oder Gutachten enthalten, sowie von ärztlichen Attesten über Körperverletzungen, die nicht zu den schweren gehören, und von ärztlichen Berichten über → Blutentnahmen (§ 256 StPO).

Im *Berufungsverfahren* kann die unmittelbare Vernehmung von Zeugen und Sachverständigen durch Verlesung der Protokolle der Hauptverhandlung erster Instanz ersetzt werden; war der zu Vernehmende zur Berufungsverhandlung vorgeladen oder die Vorladung vom Angeklagten rechtzeitig beantragt worden, so bedarf es zur Verlesung der Zustimmung des StA und des Angeklagten (§ 325 StPO).

Die Verwertung der Aussage eines → Zeugen vom Hörensagen ist durch den U. nicht schlechthin verboten. Gibt aber ein Zeuge Bekundungen eines anderen wieder, so ist dieser grundsätzlich zu laden und zu vernehmen. Ist das nicht möglich, z. B. weil der Name nicht preisgegeben wird, so entscheidet das Gericht über den Beweiswert der Bekundung im Rahmen der freien Beweiswürdigung.

Zum → Zeugenschutz kann unter bestimmten Voraussetzungen die Vernehmung eines Zeugen in der Hauptverhandlung durch die Vorführung der Bild-Ton-Aufzeichnung einer früheren Vernehmung ersetzt werden (§ 255 a StPO).

**Unmöglichkeit der Leistung**. Die innerhalb eines → Schuldverhältnisses zu erbringende Leistung ist unmöglich, wenn sie vom Schuldner endgültig nicht erbracht werden kann (s.u.). Die sog. wirtschaftliche U. – die Leistung ist zwar möglich, aber nur unter unzumutbaren Schwierigkeiten (sog. überobligationsmäßige Schwierigkeit) – wird heute weitgehend über die Lehre vom Wegfall der → Geschäftsgrundlage abgewickelt. Bei der Unmöglichkeit einer Leistung ist zwischen *objektiver U.* (die L. ist niemandem möglich, z. B. die Sache ist untergegangen) und *subjektiver U.* (auch *Unvermögen* genannt; die L. ist hier nur dem Schuldner unmöglich, z. B. die Sache gehört einem Dritten) sowie zwischen anfänglicher – d. h. bereits vor Entstehen des Schuldverhältnisses, also i. d.R. vor Vertragsschluß bestehender – und nachträglicher U. zu unterscheiden:

1. *Anfängliche objektive U.:* Ein auf eine von vornherein objektiv dauernd unmögliche Leistung gerichteter Vertrag ist nichtig, sofern die U. nicht behoben werden kann und der Vertrag für diesen Fall geschlossen ist (§§ 306, 308 BGB). Wer die Nichtigkeit des Vertrags

infolge U. d. L. oder Verstoßes gegen ein gesetzliches Verbot (§ 134 BGB; über behördliche Genehmigung s. u.) kannte oder infolge von → Fahrlässigkeit nicht kannte, ist dem anderen Teil, sofern dieser gutgläubig war, zum → Schadensersatz in Höhe des Vertrauensschadens verpflichtet (§§ 307, 309 BGB).

2. *Anfängliche subjektive U.* (anfängliches Unvermögen): Für anfängliches Unvermögen – z. B. der Schuldner verkauft eine ihm nicht gehörende Sache – hat jeder Schuldner nach den allgemeinen Vorschriften über die Nichterfüllung einer Leistungspflicht einzustehen (→ Schadensersatz, Rücktritt, gegenseitiger Vertrag; bei nur vorübergehendem Unvermögen → Schuldnerverzug).

3. *Nachträgliche objektive U.:* Der Schuldner wird von der Verpflichtung zur L. frei, wenn diese nachträglich infolge eines Umstands, den er nicht zu vertreten hat (d.h. ohne sein → Verschulden) objektiv unmöglich wird, z. B. untergeht. Die U. muß dauernd sein; ist sie nur vorübergehend, so greifen die Regeln über den → Schuldnerverzug ein, sofern nicht nach dem Zweck des Schuldverhältnisses (z. B. → Leistungszeit) die vorübergehende praktisch der dauernden U. gleichsteht (Besonderheiten gelten auch hier für das → Fixgeschäft). Bei nur teilweiser U. wird der Schuldner grundsätzlich nur hinsichtlich des unmöglichen Teils frei. Wird bei einem genehmigungspflichtigen Rechtsgeschäft die behördliche Genehmigung endgültig versagt, so liegt nach der Rspr. nachträgliche U. vor (sehr str.; u. U. aber Ersatzpflicht, wenn Genehmigungspflicht verschwiegen wurde usw., → Verschulden bei Vertragsschluß). Hat der Schuldner dagegen die U. verschuldet, so hat er dem Gläubiger für den durch die Nichterfüllung entstandenen Schaden → Schadensersatz zu leisten (§ 280 BGB, sog. Erfüllungs- oder positives Interesse), bei teilweiser U. hinsichtlich des ganzen Vertrags nur, wenn die teilweise Erfüllung für den Gläubiger kein Interesse mehr hat. Beim → gegenseitigen Vertrag gelten für die Schadensersatzpflicht Sondervorschriften (§ 325 BGB). Die → Beweislast dafür, daß die U. d. L. nicht die Folge eines vom Schuldner zu vertretenden Umstands ist, trifft den Schuldner (§ 282 BGB); dieser muß sich also entlasten. Erlangt der Schuldner für den geschuldeten Gegenstand, dessen L. unmöglich geworden ist, einen Ersatz oder Ersatzanspruch (→ Surrogat, z. B. eine Versicherungsforderung bei Untergang der Sache), so kann der Gläubiger → Herausgabe des als Ersatz Erlangten oder Abtretung des Ersatzanspruchs verlangen (sog. *stellvertretendes commodum,* § 281 BGB), muß sich dies allerdings auf seinen etwaigen Schadensersatzanspruch anrechnen lassen. Ist der Schuldner bereits rechtskräftig verurteilt, so kann der Gläubiger ihm zur Bewirkung der L. eine angemessene Frist setzen; dies kann auf Antrag auch bereits im Urteil geschehen (§§ 255, 510b ZPO). Nach Ablauf der Frist kann der Gläubiger wie bei einer U. d. L. Schadensersatz wegen Nichterfüllung verlangen (§ 283 BGB).

4. *Nachträgliche subjektive U.* (nachträgliches Unvermögen): Die unter 3. genannten Bestimmungen über die nachträgliche objektive U. gelten für das nachträgliche Unvermögen entsprechend (§ 275 II BGB). Handelt es sich jedoch um eine noch nicht konkretisierte → Gattungsschuld, so hat der Schuldner, solange die L. aus der Gattung möglich ist, sein Unvermögen auch dann zu vertreten, wenn ihm kein Verschulden zur Last fällt (§ 279 BGB). Dies gilt insbes. für eine → Geldschuld, für deren Nichterfüllung der Schuldner stets einzustehen hat.

**Unmöglichkeit der Vaterschaft** → Ehelichkeit des Kindes, → nichteheliche Kinder (2b).

**UNO (United Nations Organization)** → Vereinte Nationen.

**Unpfändbarkeit.** Hinsichtlich der Gegenstände, die der → Zwangsvollstreckung unterliegen, wird der Schuldner in bestimmtem Umfang aus sozialen Gründen geschützt. Bei der → Lohnpfändung sind Teile des Arbeitseinkommens der Pfändung nicht unterworfen (s.a. → Dienstbezüge). Außerdem sind Sachen, die für den Haushalt, die persönliche Arbeitsleistung oder in der Landwirtschaft unentbehrlich sind oder anderen schutzwürdigen Zwecken dienen, von der Pfändung ausgenommen, insbes. Haus- und Küchengeräte, Fachbücher, Rundfunkgerät, Haustiere, heute i. d. R. auch Kühlschrank, Staubsauger, Fernsehgerät (§ 811 I ZPO). Die unpfändbaren Sachen sind nur im Wege der → Austauschpfändung oder → Vorwegpfändung pfändbar, bei Vollstreckung einer Kaufpreisforderung für eine unter → Eigentumsvorbehalt verkaufte Sache allerdings z. T. auch ohne diese Beschränkung (§ 811 II ZPO). S. ferner → Vollstreckungsschutz.

Ansprüche auf Leistungen der → Sozialversicherung, der → Arbeitsförderung sowie der → Kriegsopferversorgung sind größtenteils unpfändbar oder nur sehr beschränkt pfändbar (§§ 54, 55 SGB I); → Abtretung (6).

**Unrechtsbewußtsein** → Bewußtsein der Rechtswidrigkeit, → Verbotsirrtum.

**Unrechtselemente** → subjektive Unrechtselemente.

**Unrechtsmerkmale** → Straftat (1); über besondere persönliche „tatbezogene" oder täterbezogene U. → Tötung (I 2).

**Unregelmäßige Verwahrung** → Verwahrung.

**Unrichtigkeit des Grundbuchs** → Berichtigung des Grundbuchs.

**Unrichtigkeit des Verhandlungsprotokolls** → Berichtigung (2).

**Unrichtigkeit eines Verwaltungsaktes** → Verwaltungsakt (5, 6).

**Unrichtigkeit gerichtlicher Entscheidungen** oder von Steuerverwaltungsakten → Berichtigung (1, 4). S. a. → fehlerhafte Entscheidungen.

**Unruheschäden** → Tumultschäden.

**Unschädlichkeitszeugnis** ist die Bestätigung der nach Landesrecht zuständigen Behörde, daß im Falle der unbelasteten Teilveräußerung eines belasteten Grundstücks die Rechtsänderung für die Berechtigten unschädlich ist (Art. 120 EGBGB). S. a. → Unbedenklichkeitsbescheinigung.

**Unschuldig erlittene Untersuchungs- oder Strafhaft** → Strafverfolgung, ungerechtfertigte.

**Unschuldig Verurteilter** → Wiederaufnahmeverfahren, → Strafverfolgung, ungerechtfertigte.

**Unschuldige, Verfolgung** → Verfolgung Unschuldiger.

**Unschuldsvermutung** bedeutet, daß die Unschuld eines Beschuldigten im → Strafprozeß bis zum rechtskräftigen Nachweis der Schuld in dem gesetzlich vorgeschriebenen Verfahren vermutet wird. Sie folgt schon aus dem Rechtsstaatsprinzip und ist in Art. 6 II MRK ausdrücklich nominiert. Sie gebietet eine unvoreingenommene Behandlung des Beschuldigten (→ faires Verfahren) und eine Güterabwägung bei öffentlicher Fahndung. Strafverfolgungsmaßnahmen aufgrund eines bestimmten Verdachts, z. B. → Untersuchungshaft, verbietet sie aber nicht.

**Unsittliche Rechtsgeschäfte** → Sittenwidrigkeit.

**Unsittliches Verhalten** → Pflichtteilsentziehung; s. a. → Erregung öffentlichen Ärgernisses, → Prostitution.

**Untätigkeitsklage** war eine früher übliche Bezeichnung der Klage im → Verwaltungsstreitverfahren, die sich dagegen richtete, daß die Verwaltungsbehörde über den Antrag auf Erlaß eines → Verwaltungsaktes binnen angemessener Frist keine Entscheidung traf, also untätig blieb. Die U. ist heute ebenso wie die Weigerungsgegenklage (Klage gegen die Ablehnung eines beantragten Verwaltungsaktes) ein Unterfall der Verpflichtungsklage (§ 42 VwGO, § 46 FGO; → Verwaltungsstreitverfahren, 1 a). S. a. → Außengerichtliches Rechtsbehelfsverfahren.

**Untauglicher Versuch** → Versuch.

**Unterbehörden** (untere Verwaltungsbehörden) → Verwaltungsbehörden (Aufbau).

**Unterbeteiligung.** Eine U. an einem oHG-, KG- oder GmbH- usw. Anteil ist BGB-Innengesellschaft, bei der Rechtsbeziehungen nur zwischen Unterbeteiligtem und Hauptbeteiligtem, nicht aber zwischen Unterbeteiligtem und Gesellschaft bestehen.

*Steuerlich* liegt eine *atypische* U. (→ Mitunternehmerschaft) vor, wenn der Unterbeteiligte bei Beendigung der

Innengesellschaft an den → stillen Reserven und am → Geschäftswert beteiligt ist, sonst eine *typische* = regelmäßig Einkünfte aus Kapitalvermögen. → Stille Gesellschaft.

**Unterbilanzhaftung** → Gründungsgesellschaft.

**Unterbindungsgewahrsam.** Nach dem → Polizeirecht einiger Länder kann die → Polizei zur Verhinderung bevorstehender Straftaten Personen in Gewahrsam nehmen. In Baden-Württemberg und Bayern kann dieser U. aufgrund richterlicher Entscheidung zu dem genannten Zweck bis zur Höchstdauer von zwei Wochen aufrechterhalten werden; in Bremen und Hamburg besteht eine ähnliche Möglichkeit ohne zeitliche Begrenzung.

**Unterbrechung der Hauptverhandlung** → Unterbrechung eines Verfahrens.

**Unterbrechung der Strafvollstrekkung** → Strafunterbrechung.

**Unterbrechung der Verjährung** → Verjährung (I 1), → Strafverfolgungsverjährung, → Strafvollstrekkungsverjährung.

**Unterbrechung eines Verfahrens** ist – anders als die → Aussetzung – ein → Stillstand des Prozesses kraft Gesetzes (mit den dort bezeichneten Rechtsfolgen). Die U. tritt bei bestimmten Ereignissen von selbst ein: beim Tod einer Partei oder eines sie vertretenden Rechtsanwalts (§§ 239, 244 ZPO), Verlust der → Prozeßfähigkeit (§ 241 ZPO), Eröffnung des → Insolvenzverfahrens oder eines vergleichbaren Verfahrens im Ausland (§ 240 ZPO) oder → Stillstand der Rechtspflege (§ 245 ZPO). Dies gilt grundsätzlich in allen Verfahrensordnungen.

Im Strafprozeß kennt man nur die U. der → Hauptverhandlung (§§ 228, 229 StPO). Sie ist (im Gegensatz zur → Aussetzung, § 228 StPO) eine Vertagung auf kurze Zeit, nach der die begonnene HV fortgesetzt wird. Die U. darf aber höchstens 10 Tage dauern; andernfalls muß mit der HV von neuem begonnen werden. Nach 10tägiger HV ist U. bis zu 30 Tagen zulässig, nach 10 Tagen erneuter HV nochmals bis zu 30 Tagen, hat eine HV 12 Mon. gedauert, kann sie jeweils einmal innerhalb eines Zeitraums von 12 Mon. nach 10 Verhandlungstagen bis zu 30 Tagen unterbrochen werden; bei Krankheit des Angeklagten sind diese Fristen für längstens 6 Wochen gehemmt (§ 229 StPO). Über U. bei Verhandlungssabotage durch den Angeklagten vgl. § 231 a III 4 StPO.

Über U. im materiellen Sinne → Verjährung, → Ersitzung.

**Unterbringung** von Kindern, Seuchenverdächtigen, Geisteskranken usw. → Anstaltsunterbringung, → Unterbringungsgesetze, → Vormund, → Betreuung. Über U. in psychiatrischen Krankenhaus, Entziehungsanstalt, Sicherungsverwahrung, sozialtherapeut. Anstalt → Maßregeln der Besserung und Sicherung (II 1–3, 7).

**Unterbringung zur Beobachtung** in einem psychiatrischen Krankenhaus → Beobachtung.

**Unterbringungsbefehl** kann im Strafverfahren oder → Sicherungsverfahren gegen den Beschuldigten ergehen, wenn *dringende Gründe* dafür vorliegen, daß er eine rechtswidrige (mit Strafe bedrohte) Tat im Zustand der *Schuldunfähigkeit oder verminderten Schuldfähigkeit* (§§ 20, 21 StGB) begangen hat und daß seine Unterbringung in einem psychiatrischen Krankenhaus oder einer Entziehungsanstalt (§§ 63, 64 StGB) angeordnet wird. In dem U. wird die *einstweilige Unterbringung* des Beschuldigten in einer solchen Anstalt im Vorgriff auf die Sicherungsmaßregel angeordnet. Voraussetzung ist, daß die *öffentliche Sicherheit* die Anordnung erfordert; ggf. müssen weniger einschneidende Maßnahmen ergriffen werden. Der U. tritt an die Stelle eines → Haftbefehls; die für diesen geltenden Vorschriften sind sinngemäß anzuwenden (§ 126 a StPO). Er ist aufzuheben, wenn seine Voraussetzungen entfallen oder wenn das Gericht im Urteil die Unterbringung nach §§ 63, 64 StGB nicht anordnet. Die Umwandlung eines U. in einen → Haftbefehl und umgekehrt ist zulässig.

Gegen einen *Jugendlichen* kann in einem U. nach §§ 71 II, 72 JGG die einstweilige Unterbringung in einem *Heim der Jugendhilfe* angeordnet werden, und zwar entweder an Stelle eines Haftbefehls oder wenn sie bei den zu erwartenden Maßnahmen geboten ist, um den Jugendlichen vor einer weiteren Gefährdung seiner Entwicklung zu bewahren. Ferner kann U. zur Beobachtung des Jugendlichen od. Heranwachsenden in einer Anstalt zwecks Begutachtung seines Entwicklungsstandes ergehen (§§ 73, 109 JGG).

**Unterbringungsgesetze.** Die U. der Länder (vgl. z. B. bayer. Gesetz über die Unterbringung psychisch Kranker und deren Betreuung vom 5. 4. 1992, GVBl. 60; NRW Ges. vom 2. 12. 1969, GVBl. 872) regeln Unterbringung und Betreuung von Personen, die psychisch krank oder infolge Geistesschwäche oder Sucht psychisch gestört sind und dadurch in erhebl. Maße die öff. Sicherheit und Ordnung gefährden (auch Selbstgefährdung). Unter diesen Voraussetzungen ist Unterbringung in einem psychiatrischen Krankenhaus auch gegen oder ohne den Willen des Kranken zulässig. Die U. regeln insbes. Zulässigkeit und Zweck der Unterbringung, das Verfahren (Anordnung durch das Gericht, sofortige vorläufige Unterbringung in Notfällen auch durch behördl. Anordnung), Aufnahme und Betreuung während der Unterbringung sowie deren Beendigung.

**Unterbringungsschein** → Berufsförderung der Soldaten.

**Unterbringungsverfahren** → Freiheitsentziehung, → Sicherungsverfahren.

**Unterdrückung des Personenstandes** → Personenstandsfälschung.

**Untere Verwaltungsbehörde** → Verwaltungsbehörden (Aufbau).

**Unterhaltsanspruch** → Unterhaltspflicht (im folg.). Zur (erleichterten gerichtlichen oder außergerichtlichen) Geltendmachung von U. im Verkehr mit ausländischen Staaten *(Auslandsunterhalt)* s. Ges. vom 19. 12. 1986 (BGBl. I 2563).

**Unterhaltsbeitrag** bei Beamten ist eine Versorgungsleistung, die bei Fehlen eines Anspruchs auf → Dienstbezüge, → Ruhegehalt oder → Witwengeld zur Sicherung der Existenz nach Maßgabe des BeamtenversorgungsG (→ Versorgung des Beamten) gewährt wird. S. ferner → Unfallfürsorge. An Beamte auf Widerruf im Vorbereitungsdienst werden → Anwärterbezüge gezahlt.

**Unterhaltsgeld** erhalten Teilnehmer an Maßnahmen der → Bundesanstalt für Arbeit (→ Arbeitsförderung) zur beruflichen Fortbildung mit ganztägigem Unterricht. Es beträgt 67 v. H. des um die gesetzlichen Abzüge verminderten → Arbeitsentgelts, wenn der Teilnehmer mindestens ein Kind oder einen pflegebedürftigen, nicht erwerbstätigen Ehegatten hat, sonst 60 v. H. (§§ 153 ff. SGB III).

Das U. ist steuerfrei (§ 3 Nr. 2 EStG).

**Unterhaltspflicht bei nicht miteinander verheirateten Eltern.** Früher unterschied das Gesetz hinsichtlich der Unterhaltspflicht gegenüber ehelichen Kindern (→ Unterhaltspflicht unter Verwandten) und der → Unterhaltspflicht gegenüber dem nichtehelichen Kind. Dies wurde (in Erfüllung des Verfassungsauftrags des Art. 6 V GG) durch das Kindschaftsrechtsreformgesetz vom 16. 12. 1997 (BGBl. I 2942) und das Kindesunterhaltsgesetz vom 6. 4. 1998 (BGBl. I 666) beseitigt. Demnach gelten heute im Grundsatz auch für die U. bei nicht verheirateten Eltern im Verhältnis zu ihrem Kind die allgemeinen Vorschriften über die → U. unter Verwandten (§ 1615 BGB; s. dort insbes. über den Regelunterhalt; zum Verfahren → Unterhaltsprozeß). Sind die Eltern aber bei der Geburt des Kindes nicht miteinander verheiratet (oder heiraten sie auch nicht später) und haben sie das Kind auch nicht während ihrer Ehe gezeugt (vgl. zu allem → Abstammung), so gelten für die U. noch die folgenden Besonderheiten:

Der Vater hat (neben seiner U. gegenüber dem Kind) der Mutter als Ausgleich für die mangelnde Arbeitsfähigkeit für die Dauer von 6 Wochen vor bis 8 Wochen nach der Geburt des Kindes (auch hinsichtlich der Kosten, die infolge der *Schwangerschaft* oder *Entbindung* außerhalb dieses Zeitraums entstehen) Unterhalt zu gewähren. Bei schwangerschaftsbedingter Erkrankung oder Unzumutbarkeit einer Erwerbstätigkeit der Mutter (insbes. wegen Pflege oder Erziehung des Kindes) kann sich diese U. des Vaters auf bis zu 3 Jahren nach der Entbindung verlängern. Die Verpflichtung des Vaters geht der U. der Verwandten der Mutter vor (§ 1615 l BGB). Stirbt die Mutter infolge der Schwangerschaft oder der Entbindung, so hat der Vater die *Beerdigungskosten* zu tragen, soweit ihre Bezahlung nicht von den Erben der Mutter zu erlangen ist (§ 1615 m BGB). Wenn der Vater das Kind betreut, steht ihm der Anspruch auf diesen sog. Betreuungsunterhalt gegen die Mutter zu (§ 1615 l V BGB). Die Ansprüche der Mutter, die auch bei einer Fehlgeburt entstehen, können in Eilfällen durch → einstweilige Verfügung vorläufig durchgesetzt werden (§ 1615 o BGB).

**Unterhaltspflicht der Ehegatten.** Die Ehegatten sind einander verpflichtet, durch ihre Arbeit und mit ihrem Vermögen die → Familie angemessen zu unterhalten (§ 1360 BGB). Die U., die zwingender Natur ist und bei jedem → Güterstand gilt, erstreckt sich also nicht nur auf den anderen Ehegatten, sondern auch auf die Unterhaltung der Kinder; anspruchsberechtigt aus § 1360 BGB ist allerdings nur der andere Ehegatte, während die Kinder nach §§ 1601 ff. BGB einen eigenen Unterhaltsanspruch haben (→ Unterhaltspflicht unter Verwandten; Besonderheiten für die → Unterhaltspflicht bei nicht miteinander verheirateten Eltern). Der *Unterhaltsbeitrag beider Ehegatten* kann nicht rechnerisch gleich groß festgesetzt werden. Jeder Ehegatte hat zunächst seine Arbeitskraft und den hieraus erzielten Verdienst sowie die Einkünfte und den Stamm seines Vermögens zu verwenden. Ist einem Ehegatten die Haushaltsführung allein überlassen (→ Mitarbeit der Ehegatten), so erfüllt er seine Verpflichtung, durch Arbeit zum Unterhalt der Familie beizutragen, i. d. R. durch die Führung des Haushalts (§ 1360 S. 2 BGB); zu einer eigenen Erwerbstätigkeit ist er daneben nur verpflichtet, soweit die Arbeitskraft und die Einkünfte des anderen Ehegatten zum Unterhalt der Familie nicht ausreichen und es den Verhältnissen der Ehegatten auch nicht entspricht, von ihrem etwa vorhandenen Vermögen zu leben.

Der *angemessene Unterhalt* der Familie umfaßt alles, was nach den Verhältnissen der Ehegatten erforderlich ist, um die laufenden Kosten des Haushalts zu bestreiten sowie die persönlichen Bedürfnisse der Ehegatten und den Lebensbedarf der gemeinsamen unterhaltsberechtigten Kinder zu befriedigen (§ 1360 a II BGB). Der Umfang des U. ist also nach den Lebensumständen der Ehegatten verschieden; er ist in der Weise zu leisten, die durch die → eheliche Lebensgemeinschaft geboten ist. Der U. umfaßt die notwendigen Ausgaben für Ernährung, Kleidung, Berufsausübung und -ausbildung, Krankheits- und Urlaubskosten, Aufwendungen für persönliche Bedürfnisse, z. B. für Bücher, aber auch ein *Taschengeld* der Ehegatten. Außerdem besteht die Verpflichtung, dem den Haushalt führenden Ehegatten, und zwar für einen angemessenen Zeitraum im voraus, das für die Haushaltsführung und Ausübung der → Schlüsselgewalt erforderliche *Wirtschaftsgeld (Haushaltsgeld)* zur Verfügung zu stellen. Beabsichtigt ein Ehegatte, einen Rechtsstreit zu führen, der persönliche Angelegenheiten betrifft (z. B. Ehescheidungsantrag, Schmerzensgeldanspruch gegen einen Dritten), oder wird gegen ihn ein Strafverfahren eingeleitet, ist er aber nicht in der Lage, die Kosten zu tragen, so muß der andere ihm diese vorschießen, wenn die *Prozeßkostenvorschußpflicht* der Billigkeit entspricht (z. B. bei Ehescheidungsantrag der einkommenslosen Ehefrau gegen ihren Mann; § 1360 a IV BGB).

Bei → *Getrenntleben* der Ehegatten richtet sich ein etwaiger Unterhaltsanspruch nach den Lebens-, Erwerbs- und Vermögensverhältnissen der Ehegatten (§ 1361 BGB); auf den Grund der Trennung kommt es nicht mehr an. Der nicht erwerbstätige Ehegatte (z. B. Hausfrau) kann nur dann darauf verwiesen werden, seinen Unterhalt durch eine Erwerbstätigkeit selbst zu verdienen, wenn dies von ihm nach seinen persönlichen Verhältnissen, insbes. wegen einer früheren Erwerbstätigkeit, unter Berücksichtigung der Dauer der Ehe und nach den wirtschaftlichen Verhältnissen beider Ehegatten erwartet werden kann. Im übrigen gelten für eine evtl. Minderung bzw. ggfs. ein völliges Entfallen des

Unterhaltsanspruchs die für eine Scheidung der Ehe maßgeblichen Vorschriften (→ Ehescheidung, 4; §§ 1361 III, 1579 BGB). Ab → Rechtshängigkeit eines Ehescheidungsverfahrens hat der Verpflichtete auch die Kosten einer angemessenen Versicherung für den Fall des Alters sowie der Berufs- oder Erwerbsunfähigkeit zu tragen (§ 1361 I 2 BGB; sog. *Vorsorgeunterhalt;* zur Berechnung vgl. i. e. BGH NJW 1981, 1556). Die Bedürftigkeit kann für Elementar- und Vorsorgeunterhalt nur einheitlich beurteilt werden. Der laufende Unterhalt ist bei Getrenntleben nie in Natur, sondern in Form einer monatlich im voraus zu entrichtenden Geldrente zu erbringen.

Die U. d. E. geht grundsätzlich der → Unterhaltspflicht unter Verwandten vor (§ 1608 BGB); deren Vorschriften (§§ 1601 ff. BGB) sind aber im übrigen ergänzend heranzuziehen. Der Unterhaltsanspruch ist nur bedingt pfändbar und übertragbar (§ 850 b ZPO, § 400 BGB). Er erlischt mit dem Tode eines der Ehegatten (§§ 1360 a III, 1615 BGB). Zur Privilegierung des Unterhaltsanspruchs in der Zwangsvollstreckung s. § 850 d ZPO. Während eines Verfahrens in → Ehesachen (insbes. auf → Ehescheidung) kann das → Familiengericht zur Regelung der U. eine einstweilige Anordnung erlassen (§ 620 Nr. 6 ZPO). Nach Auflösung der Ehe gelten für die U. d.E. Sondervorschriften (→ Ehescheidung, 4; → Eheaufhebung, → Ehenichtigkeit). Gebiet ehem. DDR → Ehescheidung, 7. *Steuerlich* vgl. → Belastungen, außergewöhnliche 3.; → Realsplitting, → Unterhaltszahlungen.

**Unterhaltspflicht der Eltern** → Unterhaltspflicht unter Verwandten, → Unterhaltspflicht bei nicht miteinander verheirateten Eltern.

**Unterhaltspflicht gegenüber dem nichtehelichen Kind.** Zunächst hatte das ne. K. gegen seinen Vater lediglich einen besonders ausgestalteten, einseitigen schuldrechtlichen Unterhaltsanspruch auf Zahlung der sog. *Alimente,* deren Höhe sich allein nach der Lebensstellung der Mutter richtete, während die Leistungsfähigkeit des Vaters erst in der Zwangsvollstreckung berücksichtigt wurde; sonstige Rechtsbeziehungen zwischen dem ne. K. und seinem Vater bestanden grundsätzlich nicht. Schon die Neuregelung der Rechtsstellung der nichtehelichen Kinder durch das Ges. v. 19. 8. 1969 (BGBl. I 1243) sah dagegen für die U. gegenüber dem ne. K. seitens seiner Mutter, des ne. Vaters und deren Verwandten – sowie ggf. umgekehrt; zur U. nach heterologer Insemination → künstliche Fortpflanzung– vor, daß grdsätzl. die allgemeinen Bestimmungen über die → Unterhaltspflicht unter Verwandten gelten sollten (§ 1615 a BGB); allerdings – insbes. im Verhältnis zum ne. Vater – mit Besonderheiten. S. heute → Unterhaltspflicht bei nicht miteinander verheirateten Eltern. Die noch fortbestehenden Sonderregelungen sind durch das Gesetz zur Vereinheitlichung des Unterhaltsrechts minderjähriger Kinder (KindesunterhaltsG) vom 6. 4. 1998 (BGBl. I 666) weitgehend beseitigt worden. Einzelheiten, auch über das Verfahren, → Unterhaltspflicht unter Verwandten.

**Unterhaltspflicht gegenüber minderjährigen Kindern** → Unterhaltspflicht unter Verwandten.

**Unterhaltspflicht unter Verwandten.** Nach § 1601 BGB sind Verwandte in gerader Linie (→ Verwandtschaft) verpflichtet, einander Unterhalt zu gewähren. Die folgenden Ausführungen gelten im Grundsatz auch für die U. gegenüber minderjährigen Kindern (über Besonderheiten siehe unten) sowie im Verhältnis zwischen nicht miteinander verheirateten Eltern und ihrem Kind; über einzelne Sonderregelungen s. hier → Unterhaltspflicht bei nicht miteinander verheirateten Eltern (s.a. → Adoption). Eine weitergehende Unterhaltspflicht, z. B. unter Geschwistern oder Verschwägerten, besteht nicht. Die gesetzliche Unterhaltspflicht (Grenzen s. u.) ist zwingenden Rechts, kann aber durch eine vertragliche Regelung modifiziert werden. Die u. a. Vorschriften gelten grundsätzlich auch im Gebiet der ehem. DDR (Art. 234 § 1 EGBGB). Haben die Sozialhilfebehörden einen Unterhaltsberechtigten aus öffentlichen Mitteln unterstützt, so können sie dessen Unterhaltsanspruch durch Anzeige an den Unterhaltsverpflichteten auf sich überleiten (§§ 90, 91 BSHG). S. a. → Schaden (Ersatz).

Voraussetzung eines Unterhaltsanspruchs unter V. ist die *Bedürftigkeit* des Berechtigten (anders → Zumutbarkeit) und die *Leistungsfähigkeit* des Verpflichteten (§§ 1602, 1603 BGB). Unterhaltsberechtigt ist nur, wer außerstande ist, sich selbst zu unterhalten, d. h. wer vermögenslos und erwerbsunfähig ist; die freiwillige Leistung eines Dritten befreit von der Unterhaltspflicht nicht. Ein minderjähriges unverheiratetes Kind kann darüber hinaus Unterhalt von seinen Eltern auch dann verlangen, wenn es Vermögen besitzt, die Einkünfte aus dem Vermögen und der Ertrag seiner Arbeit zum Unterhalt aber nicht ausreichen. Unterhaltspflichtig ist nicht, wer bei Berücksichtigung seiner sonstigen Verpflichtungen nicht in der Lage ist, ohne Gefährdung seines eigenen angemessenen Unterhalts den Unterhalt zu gewähren; Eltern müssen aber gegenüber unverheirateten minderjährigen Kindern (ggf. bis zu deren 21. Lebensjahr) alle verfügbaren Mittel einsetzen, sofern nicht andere leistungsfähige Unterhaltspflichtige vorhanden sind. Zur Durchsetzung des Anspruchs kann → Auskunftüber die Einkommens- und Vermögensverhältnisse des Verpflichteten verlangt werden (§ 1605 BGB).

Rangfolge: Die → Unterhaltspflicht der Ehegatten geht der U. u.V. vor (§ 1608 BGB); über die Unterhaltspflicht des geschiedenen Ehegatten → Ehescheidung (4). Unter den V. haften die Abkömmlinge vor den V. der aufsteigenden Linie, unter den Abkömmlingen und den V. der aufsteigenden Linie selbst jeweils die näheren vor den entfernteren (also z. B. der Sohn vor dem Enkel, dieser wieder vor dem Vater des Bedürftigen). Mehrere gleich nahe Verwandte, z. B. die Eltern, haften anteilig – d. h. nicht als → Gesamtschuldner– nach ihren Erwerbs- und Vermögensverhältnissen (§ 1606 BGB). Der Elternteil, der ein minderjähriges unverheiratetes Kind betreut, erfüllt seine U. i.d.R. durch dessen Pflege und Erziehung; i.übr. gelten – auch bei Getrenntleben oder aufgelöster Ehe – weitgehend die Grundsätze der → Unterhaltspflicht der Ehegatten. An Stelle eines leistungsunfähigen Verwandten tritt der nächstberufene Verwandte; das gleiche gilt, soweit die Rechtsverfolgung gegen einen Verwandten im Inland ausgeschlossen oder erheblich erschwert ist. Der Unterhaltsanspruch des Verwandten geht dann auf den Unterhalt leistenden Verwandten über (§ 1607 BGB). – Unter mehreren Berechtigten gehen, falls der Unterhaltspflichtige außerstande ist, allen Unterhalt zu gewähren, die minderjährigen unverheirateten Kinder und der Ehegatte im Rang allen übrigen Personen vor; danach sind die anderen Kinder, sodann die weiteren Abkömmlinge, letztlich die Vorfahren berufen (§ 1609 BGB).

Grundsätzlich ist der nach der Lebensstellung des Bedürftigen *angemessene Unterhalt* in einer monatlich im voraus zu entrichtenden Geldrente zu gewähren (§§ 1610, 1612 BGB); Eltern können aber gegenüber einem unverheirateten (auch volljährigen) Kind die Art der Unterhaltsgewährung grundsätzlich frei bestimmen (insbes. durch Gewährung von Kost, Unterkunft und Taschengeld); entgegen dieser Bestimmung kann eine Geldrente nur unter besonderen Voraussetzungen (z. B. unerträgliche Spannungen) verlangt werden (wirksam auch bei Überleitung des Unterhaltsanspruchs auf einen Dritten, z. B. → BAföG, BGH NJW 1981, 574). Der Unterhalt umfaßt den gesamten Lebensbedarf, insbes. die Kosten der Erziehung und Ausbildung, für Bekleidung, Verpflegung, Versicherung, Krankheitskosten, Prozeßkostenvorschüsse u. a., nicht jedoch die Befreiung von Schulden (Aufwendungen infolge Körper- oder Gesundheitsschäden grds. in Höhe hierfür in Anspruch genommener Sozialleistungen, § 1610 a BGB).

Ein *minderjähriges Kind* (gleichgültig, ob ehelich oder nichtehelich) kann von einem Elternteil, mit dem es nicht in einem Haushalt lebt, einen bestimmten *Regelunterhalt* verlangen (§ 1612 a I BGB). Grundlage hierfür ist der vom Gesetzgeber für angemessen erachtete *Regelbetrag*, der bei einfacher Lebenshaltung den angenommenen *Regelbedarf* des Kindes darstellt. Die Regelbeträge betragen derzeit monatlich 349 DM für Kinder bis zum 6. Lebensjahr, 424 DM im 7.–12. Lebensjahr und 502 DM im 13.–18. Lebensjahr, im Gebiet der ehem. DDR 314, 380 bzw. 451 DM (RegelbetragVO gemäß Art. 2 des Kindesunterhaltsgesetzes vom 6. 4. 1998, BGBl. I 666). Diese Regelbeträge, die auch künftig durch VO (RegelbetragVO) festgesetzt werden, verändern sich erstmals zum 1. 7. 1999 und sodann zum 1. Juli jedes zweiten folgenden Jahres im Verhältnis der Anpassung der Renten der gesetzlichen Rentenversicherung (§ 1612a IV BGB; Besonderheiten für das Gebiet der ehem. DDR in Art. 5 § 1 des KindesunterhaltsG). Das auf das Kind entfallende → Kindergeld und sonstige kindbezogene Leistungen sind hierbei anzurechnen, und zwar in dem Verhältnis, in dem sie dem unterhaltspflichtigen an sich anspruchsberechtigten Elternteil nicht ausbezahlt werden (§§ 1612b, c BGB; Beispiele: Anrechnung zur Hälfte, wenn das beiden Eltern zustehende Kindergeld voll an den anderen ausbezahlt wird; Anrechnung in voller Höhe, wenn an sich der barunterhaltspflichtige Elternteil allein Anspruch auf Kindergeld gehabt hätte). Der vom unterhaltsverpflichteten Elternteil danach zu zahlende Unterhalt bemißt sich sodann nach einem (im Streitfall vom Gericht festzulegenden) bestimmten Prozentsatz des genannten Regelbetrags. Bei diesem Prozentsatz sind die persönlichen Verhältnisse der Beteiligten, insbes. deren Lebens-, Erwerbs- und Vermögensverhältnisse zu berücksichtigen, um einen möglichst gerechten Ausgleich der beiderseitigen Interessen zu erreichen. Zum Verfahren (auf Festsetzung und Abänderung) → Unterhaltsprozeß. S. a. → Unterhaltsvorschuß (bei Säumnis des Verpflichteten).

Der Unterhaltsanspruch *erlischt* grundsätzlich mit dem Tod des Berechtigten oder des Verpflichteten, an dessen Stelle der Nächstverpflichtete tritt (§ 1615 BGB); im Falle des Todes des Berechtigten hat der Verpflichtete die Beerdigungskosten zu tragen, sofern sie nicht von den Erben zu erlangen sind (→ Nachlaßverbindlichkeiten). Die einzelnen Raten des Unterhaltsanspruchs verjähren als wiederkehrende Leistungen in 4 Jahren (§ 197 BGB, → Verjährung, 1). Für die Vergangenheit kann der Berechtigte Erfüllung oder Schadensersatz wegen Nichterfüllung grdsätzl. nur verlangen, wenn der Verpflichtete in → Schuldnerverzug gekommen oder der Unterhaltsanspruch rechtshängig (→ Rechtshängigkeit) geworden war (§ 1613 I BGB). Diese Einschränkung gilt nicht für einen unregelmäßigen, außergewöhnlich hohen Bedarf (*Sonderbedarf,* z. B. Krankheitskosten), sofern er innerhalb eines Jahres seit seiner Entstehung geltend gemacht wird oder für den Zeitraum, in dem der Berechtigte aus rechtlichen oder tatsächlichen Gründen, die in den Verantwortungsbereich des Verpflichteten fallen, an der Geltendmachung des Unterhaltsanspruchs verhindert war (§ 1613 II BGB). Im Interesse des Berechtigten und zur Vermeidung der Inanspruchnahme öffentlicher Mittel kann auf den Unterhalt für die Zukunft nicht durch Vertrag verzichtet werden (§ 1614 BGB); hierdurch wird jedoch eine angemessene Unterhaltsvereinbarung nicht ausgeschlossen. Für die gerichtliche Geltendmachung des Unterhaltsanspruchs ist das → Amtsgericht ohne Rücksicht auf die Höhe des → Streitwerts sachlich zuständig (§ 23a Nr. 2 GVG; → Unterhaltsprozeß). Zur Privilegierung des Unterhaltsanspruchs in der Zwangsvollstreckung s. § 850d ZPO. Zur U. eines Soldaten → Unterhaltssicherung.

Steuerlich: → Belastungen, außergewöhnliche; → Kinder, steuerliche Berücksichtigung.

**Unterhaltspflichtverletzung** ist nach § 170 StGB mit Strafe bedroht, wenn dadurch der Lebensbedarf eines gesetzlich Unterhaltsberechtigten (→ Unterhaltspflicht der Ehegatten, → Unterhaltspflicht unter Verwandten, gegenüber dem nichtehelichen Kind) gefährdet ist oder ohne die Hilfe anderer, z. B. die → Sozialhilfe, gefährdet wäre und der Unterhaltsverpflichtete leistungsfähig ist. Bei einer in verwerflicher Weise gegenüber einer Schwangeren begangenen U., durch die der → Schwangerschaftsabbruch bewirkt wird, besteht eine erhöhte Strafdrohung.

**Unterhaltsprozeß** ist die vermögensrechtliche Streitigkeit über die → Unterhaltspflicht unter Ehegatten und Verwandten. Zuständig ist das Amtsgericht (§ 23a Nr. 2 GVG), und zwar bei Unterhaltsansprüchen der Ehegatten oder eines Kindes als → Familiengericht (§ 23b I Nrn. 5, 6 GVG, § 621 I Nrn. 4, 5 ZPO); für die gesetzliche Unterhaltspflicht gegenüber einem minderjährigen Kind das Amtsgericht, in dessen Bezirk das Kind (oder dessen gesetzlicher Vertreter) seinen → Wohnsitz hat (§ 642 ZPO). Der U. findet grundsätzlich im → Urteilsverfahren statt. Auf Antrag eines minderjährigen Kindes gegen einen Elternteil, mit dem es nicht in einem gemeinsamen Haushalt lebt, wird jedoch der Regelunterhalt, soweit er das 1 1/2fache des gsetzlich festgelegten Regelbetrags nicht übersteigt (→ Unterhaltspflicht unter Verwandten), in einem vereinfachten → Beschlußverfahren vor dem → Rechtspfleger (mit der Möglichkeit der sofortigen → Beschwerde) festgesetzt, sofern nicht eine Partei die Durchführung des streitigen Verfahrens beantragt (§§ 645 ff. ZPO; VO über Vordrucke – Anträge usw. – vom 19. 6. 1998, BGBl. I 1364). Entsprechendes gilt für eine Abänderung rechtskräftiger derartiger Unterhaltstitel (→ Abänderungsklage § 654 ZPO, vereinfachtes Verfahren (§§ 655 ff. ZPO; für frühere Urteile, Beschlüsse und andere Schuldtitel, z. B. → Prozeßvergleiche Art. 5 § 3 des KindesunterhaltsG vom 6. 4. 1998, BGBl. I 666). Im Rahmen eines anhängigen Verfahrens kann das Gericht auf Antrag den Unterhalt vorläufig durch eine einstweilige Anordnung regeln (§ 644 ZPO).

**Unterhaltsrente.** 1. *Zivilrecht:* → Unterhaltspflicht unter Verwandten, → Abänderungsklage. 2. *Sozialversicherung:* Leistung der Rentenversicherung in den neuen Ländern (§ 14 RÜG). 3. *Steuerrecht:* → Rentenbesteuerung.

**Unterhaltssicherung** bei Wehrdienstleistung. Die wirtschaftliche Sicherung der Familienangehörigen der zum Wehrdienst einberufenen Wehrpflichtigen ist im Unterhaltssicherungsgesetz i. d.F. vom 9. 9. 1980 (BGBl. I 1685) m. spät. Änd. geregelt. Darüber hinaus werden dem Wehrpflichtigen selbst in gewissem Umfang die ihm durch die Einberufung entstehenden wirtschaftlichen Nachteile, insbes. der Verdienstausfall, ersetzt. Das Ges. unterscheidet nach der Art der Leistung zwischen *allgemeinen Leistungen* (§ 5 für Familienangehörige i. e.S. – Ehefrau, Kinder, Adoptiv- und Stiefkinder – in Form von nach dem Einkommen abgestuften Geldbeträgen, *Sonderleistungen* (§ 7) für Familienangehörige i. e. S. und Wehrpflichtige, z. B. Krankenhilfe, Mietbeihilfe (§ 7 a), Ersatz für Vertretungskräfte oder besondere unabwendbare Aufwendungen im eigenen Betrieb (§ 7 b), und *Einzelleistungen* (§ 6) für sonstige Familienangehörige; diese Leistungsarten werden gewährt, wenn der Wehrpflichtige Grundwehrdienst leistet (Sonderbestimmungen für Sanitätsoffiziere in § 12 a). *Verdienstausfallentschädigung* wird gewährt während der Wehrübungen und bei unbefristetem Wehrdienst, und zwar i. d. R. in Höhe von 70–90% des Nettoeinkommens, bei Übungen bis zu 3 Tagen 100%, jeweils mit Höchstgrenzen (§§ 13, 13 a). Die Höhe der allgemeinen Leistungen richtet sich nach dem durchschnittlichen monatlichen Nettoeinkommen des Wehrpflichtigen (§ 10). Einkommensteuerpflichtige Einkünfte werden nach Maßgabe des § 11 auf die Unterhaltssicherung angerechnet. Die Leistungen werden nur auf Antrag gewährt (§§ 8, 13, 13 a). Sie sind meist steuerfrei (§ 15). Feststellung und Bewilligung der Leistungen obliegt den Ländern (Kreisverwaltungsbehörden) im Auftrag des Bundes (§§ 17 ff.); für Leistungsansprüche steht der Verwaltungsrechtsweg offen. Das Gesetz gilt nicht für Berufssoldaten und Soldaten auf Zeit (§ 1 II); für Beamte und im öffentlichen Dienst Angestellte s. § 13 IV.

**Unterhaltsvertrag (-vereinbarung)** → Unterhaltspflicht unter Verwandten, → Ehescheidung (4 a.E.).

**Unterhaltsvorschuß.** Ein noch nicht 12jähriges *Kind,* das bei einem alleinstehenden Elternteil lebt, hat nach dem U.Ges i. d. F. vom 19. 1. 1994 (BGBl. I 165; hierzu VO vom 20. 12. 1991, BGBl. I 2322), wenn der andere Elternteil trotz eines → Vollstreckungstitels seiner Unterhaltspflicht nicht nachkommt, für längstens 72 Monate (rückwirkend bis 3 Mon.) Anspruch auf U. oder Ausfalleistungen gegen die landesrechtlich bestimmte Stelle; auf diese geht der Unterhaltsanspruch in Höhe ihrer Leistung über. S. a. → Unterhaltspflicht der Ehegatten.

**Unterhaltszahlungen** dürfen einkommensteuerlich weder bei den einzelnen → Einkunftsarten noch vom Gesamtbetrag der Einkünfte abgezogen werden (§ 12 Nr. 1 EStG). Sie finden steuerliche Berücksichtigung bei den → Sonderausgaben oder bei den außergewöhnlichen → Belastungen. → Kinder, steuerliche Berücksichtigung; → Realsplitting. Erbschaftsteuerlich sind U. steuerfrei nach § 13 I Nr. 4, 5, 9, 12 ErbStG.

**Unterhaltszuschuß** s. jetzt → Anwärterbezüge.

**Unterhaltung der Gewässer.** Die öffentl.-rechtl. Verpflichtung zur U. d.G. (Unterhaltungslast) umfaßt die Erhaltung eines ordnungsgemäßen Zustandes für den Wasserabfluß und an schiffbaren Gewässern auch die Erhaltung der Schiffbarkeit (§ 28 WasserhaushaltsG). Hierzu gehört insbes. die Reinhaltung, Räumung und Instandhaltung des Gewässerbettes sowie die Freihaltung, der Schutz und die Unterhaltung der Ufer. Die U. obliegt an Gewässern 1. Ordnung unbeschadet der Aufgaben des Bundes an → Bundeswasserstraßen den Ländern, an Gewässern 2. Ordnung den Gebietskörperschaften (Gemeindeverbänden), soweit nicht besondere gemeindliche Zweckverbände oder → Wasser- und Bodenverbände bestehen, an Gewässern 3. Ordnung, soweit nicht Wasser- und Bodenverbände bestehen, teilweise den Gemeinden, teilweise den Eigentümern (vgl. § 29 WasserhaushaltsG sowie Wassergesetze der Länder).

**Unterhaus** → House of Commons.

**Unterlassen** → Schuldverhältnis, → Anspruch; s. a. → Unterlassungsanspruch, → Unterlassungsdelikt.

**Unterlassen einer Strafanzeige** → Anzeigepflicht, strafrechtliche.

**Unterlassene Hilfeleistung** → Hilfeleistung, unterlassene.

**Unterlassungsanspruch.** Das BGB gewährt in verschiedenen Fällen einen Anspruch auf Unterlassung rechtswidriger Beeinträchtigungen (§§ 12, 862, 1004 BGB, → Namensrecht, → Besitzschutz, → Eigentumsstörungen; sog. *negatorischer* U.). Weitere U. kennt das Gesetz u. a. im Recht der → Firma und der → Marken (unbefugte Benutzung), beim → Urheberrecht, im Bereich des → unlauteren Wettbewerbs (s.a. → Rabatt, → Zugabe), beim → Patent usw. Darüber hinaus hat die Rspr. in Analogie zu diesen Bestimmungen bei allen Verletzungen absoluter Rechte und Schutzgesetze (z. B. bei Ehrverletzung) durch eine objektiv rechtswidrige → unerlaubte Handlung einen U. zugelassen (sog. *quasinegatorischer U.*). Der *vorbeugende U.* setzt die Gefahr eines (künftigen) objektiv widerrechtlichen Eingriffs in ein geschütztes Recht, nicht aber ein → Verschulden des Störers voraus. Diese Gefahr muß bereits hinreichend konkretisiert sein. Liegt ein Eingriff bereits vor, so verlangt der vorbeugende U. die Besorgnis weiterer Eingriffe, d. h. eine Wiederholungsgefahr. Daß die unerlaubte Handlung strafrechtlich verfolgbar ist, steht dem U. nicht entgegen. Bei eingetretener fortwirkender widerrechtlicher Rechtsverletzung führt die entsprechende Anwendung von § 1004 BGB ohne Rücksicht auf ein Verschulden (dann → Schadensersatz) zu einem Anspruch auf Beseitigung der Beeinträchtigung (*Beseitigungsanspruch*). Der U. ist insbes. gegenüber beabsichtigten oder vorgenommenen ehrverletzenden Presseveröffentlichungen von Bedeutung; der Beseitigungsanspruch führt nach einer entsprechenden Güter- und Interessenabwägung (→ unerlaubte Handlung, 2 c) bei Überwiegen der privaten Interessen des Verletzten zu einem Anspruch auf Widerruf unwahrer Behauptungen und (Grundlage → Presserecht) auf Abdruck bzw. Veröffentlichung einer → Gegendarstellung, ggfs. auch eines entsprechenden Unterlassungsurteils (BGHZ 99, 133).

Prozessual ist der U. durch eine *Unterlassungsklage,* eine Unterart der → Leistungsklage, in Eilfällen durch → einstweilige Verfügung geltend zu machen. Handelt der Schuldner der rechtskräftig festgestellten Unterlassungspflicht zuwider, so ist er – nach vorangegangener Androhung – auf Antrag des Gläubigers im Wege der → Zwangsvollstreckung vom Prozeßgericht des ersten Rechtszugs zu einem → Ordnungsgeld (bis 500 000 DM) oder zu Ordnungshaft bis zu 6 Monaten zu verurteilen (§ 890 ZPO).

**Unterlassungsdelikt.** Im Strafrecht wird nach der Art der Tathandlung zwischen → Begehungsdelikt und Unterlassungsdelikt unterschieden.

Ein U. ist gegeben, wenn das *Unterlassen einer rechtlich gebotenen Handlung* mit Strafe bedroht ist. Ein *echtes* U. liegt vor, wenn das Unterlassen selbst ausdrücklich unter Strafe gestellt ist, so z. B. das Unterlassen der → Hilfeleistung bei Unglücksfällen (§ 323c StGB), das Unterlassen einer Strafanzeige bei bestimmten geplanten Verbrechen (§ 138 StGB, → Anzeigepflicht).

Beim *unechten* U. wird ein Straftatbestand, der regelmäßig in einem Tun besteht (z. B. Körperverletzung, Tötung), dadurch verwirklicht, daß der Täter es unterläßt, den Eintritt des dem Tatbestand entsprechenden Erfolges zu verhindern, obwohl er rechtlich für das Nichteintreten einzustehen hat (§ 13 StGB); so wenn die Mutter ihr Kind nicht genügend ernährt, so daß es gesundheitlichen Schaden nimmt oder stirbt. Die *Rechtspflicht,* deren Nichterfüllung beim unechten U. die Strafbarkeit (mit Milderungsmöglichkeit wie beim Versuch) begründet, kann sich ergeben

a) aus *Gesetz,* wie z. B. die Unterhaltspflicht der Eltern, §§ 1601, 1626 I BGB; die aus der ehelichen Lebensgemeinschaft nach § 1353 BGB erwachsende Pflicht, den Ehegatten vor Gefahren (str., ob auch vor Selbsttötung) zu schützen und von Straftaten abzuhalten (besonders hierbei kann auf Zumutbarkeit abzustellen sein); die Wegeunterhaltungspflicht und die Streupflicht (→ Straßenbaulast) nach den einschlägigen Gesetzen;

b) aus *Vertrag,* so die Übernahme der Behandlung durch den Arzt oder der Fürsorge durch die Kinderpflegerin auf Grund Dienstvertrags;

c) durch *tatsächliche Übernahme der Fürsorge* oder durch ein besonderes *Vertrauensverhältnis,* z. B. innerhalb der Familie, der Hausgemeinschaft, einer Bergsteigergruppe oder Arbeitskameradschaft (auch hier nur, soweit zumutbar);

d) aus dem *Herbeiführen einer Gefahrenlage* durch den Täter, der es dann unterläßt, den schädigenden Erfolg abzuwenden (sog. *Ingerenz*); z. B. der Lkw-Fahrer läßt hinuntergefallenes Stückgut auf der Fahrbahn im Dunkeln liegen; der Gastwirt tut nichts, um den betrunkenen Gast, dem er Alkohol verabfolgt hat, am Autofahren zu hindern, obwohl ihm dies möglich und zuzumuten ist.

Beim *Irrtum* des Unterlassenden über das Bestehen der Rechtspflicht zum Handeln ist zu unterscheiden: Bezieht sich der Irrtum auf die *Tatsachen,* welche die Rechtspflicht begründen *(Garantenstellung),* handelt es sich um einen *Tatbestandsirrtum,* der nach § 16 StGB Straflosigkeit, ggf. Bestrafung wegen Fahrlässigkeit zur Folge hat (der Lkw-Fahrer hat das Herunterfallen nicht bemerkt); bezieht sich der Irrtum aber auf die sich aus dem Sachverhalt ergebende *Rechtspflicht* zum Handeln (*Garantenpflicht;* er hält sich nicht für verpflichtet, das Hindernis zu beseitigen), so greifen die Grundsätze über den strafrechtlichen Gebots(Verbots)-irrtum ein (BGHSt. 16, 155); im einzelnen → Irrtum.

Über mögliche Strafmilderung beim unechten U. vgl. §§ 13 II, 49 I StGB.

**Unterlassungsklage** → Unterlassungsanspruch.

**Unterlassungsurteil** ist ein Leistungsurteil, in dem einem → Unterlassungsanspruch stattgegeben wird. U.e kommen häufig vor im → gewerblichen Rechtsschutz, bei Ehrverletzungen sowie bei → Eigentums- und Besitzstörungen.

**Untermiete** → Miete (2 b).

**Unternehmen (strafrechtl.)** → Versuch.

**Unternehmen (kfm.).** Das kaufmännische U. ist als Rechtsbegriff umstritten. Es setzt sich aus Sachen (z. B. Betriebsanlagen, Warenlager), Rechten (z. B. Geldforderungen, Patente) und sonstigen Beziehungen (z. B. → goodwill, Organisation) zusammen. Träger aller Rechte und Pflichten ist der → Kaufmann oder eine → Handelsgesellschaft als Inhaber des U. Das kaufmännische U. umfaßt alle seine → Niederlassungen und → Filialen.

Nach welchen Rechtsvorschriften Erwerb und Veräußerung eines U. stattfinden, bestimmt sich weitgehend nach der Rechtsform des U., insbes. ob Inhaber ein Einzelkaufmann oder eine Handelsgesellschaft ist. Die Veräußerung insbes. vollzieht sich im einzelnen durch Übertragung der zum U.vermögen gehörenden Gegenstände, d. h.

durch Übertragung des Eigentums an Sachen, Abtretung von Rechten usw. Führt der Erwerber des U. die Firma fort, so gehen Betriebsforderungen auf ihn über, aber auch die Betriebsschulden, für die er neben dem bisherigen Inhaber haftet; abweichende Vereinbarungen gelten Dritten gegenüber nur, wenn im → Handelsregister eingetragen (§ 25 HGB; → Übernahme eines Handelsgeschäfts). Entsprechendes gilt für die Fortführung des U. durch die Erben, doch mit der Möglichkeit der Haftungsbeschränkung nur durch Einstellung des Betriebs binnen 3 Monaten (§ 27 HGB). Zur Unterscheidung des U. vom → Betrieb s. dort.

Zum persönlich und sachlich völlig abweichenden U.-begriff des → Europäischen Kartellrechts und des Rechts der → Wettbewerbsbeschränkungen s. dort.

Über U. i.S. der *Umsatzsteuer* s. → Unternehmer.

**Unternehmensbeteiligungsgesellschaft** ist eine → Aktiengesellschaft mit mindestens 2 Millionen DM Grundkapital, die satzungsgemäß den Erwerb, die Verwaltung und die Veräußerung von Anteilen an anderen (mindestens 10) Gesellschaften (insbes. gleichfalls AG) zum Gegenstand hat (§§ 1 ff. des Ges. vom 17. 12. 1986, BGBl. I 2488). Ihr Zweck ist also Sammlung von Beteiligungskapital für andere Gesellschaften. Die U. bedarf der Anerkennung der obersten Landesbehörde und unterliegt deren Aufsicht.

**Unternehmenssteuerreform** → Jahressteuergesetz.

**Unternehmensvertrag** ist ein → Vertrag, durch den eine → Aktiengesellschaft oder → Kommanditgesellschaft auf Aktien sich einem anderen → Unternehmen unterstellt oder sich verpflichtet, den Gewinn ganz oder zum Teil abzuführen oder zusammenzulegen, den Betrieb zu verpachten oder zu überlassen (§§ 291, 292 AktG). Formen des U. sind: der → Beherrschungsvertrag, der → Gewinnabführungsvertrag, der Teilgewinnabführungsvertrag, der → Betriebspacht- und der → Betriebsüberlassungsvertrag. Ein U. bedarf der Schriftform (§ 293 III AktG) und wird erst mit Eintragung in das → Handelsregister wirksam (§ 294 II AktG). Allen U. muß die → Hauptversammlung der beteiligten AG oder KGaA mit mindestens 3/4 Mehrheit des vertretenen → Grundkapitals zustimmen (§ 293 I AktG).

**Unternehmenszusammenschlüsse** → Fusionskontrolle.

**Unternehmer** i. S. des Umsatzsteuerrechts ist, wer eine gewerbliche oder berufliche Tätigkeit selbständig ausübt. Weitere Voraussetzungen sind Nachhaltigkeit, Beteiligung am allgem. wirtschaftl. Verkehr, Einnahmenerzielungsabsicht (§ 2 I UStG). *Unternehmen* i. S. des UStG ist die gesamte gewerbl. oder berufl. Tätigkeit des Unternehmers (§ 2 I 2 UStG); danach kann ein Unternehmer (natürliche oder juristische Person) zwar einkommensteuerlich mehrere Betriebe, umsatzsteuerlich jedoch nur ein einziges Unternehmen haben. Leistungen von Betrieben desselben Unternehmers untereinander sind nichtsteuerbare Innenumsätze. S. a. → Arbeitgeber; → Zuordnung.

**Unternehmerhaftung** → Eisenbahnbetriebshaftung, → Gefährdungshaftung.

**Unternehmerpfandrecht** → Werkvertrag.

**Unterpariemission** ist die Ausgabe von → Wertpapieren, die auf einen bestimmten Nennbetrag lauten (insbes. → Inhaberschuldverschreibungen), zu einem geringeren Betrag als dem Nennbetrag. Bei → Aktien ist die U. verboten (dies gilt auch für Stückaktien, § 9 AktG, sog. geringster Ausgabebetrag).

**Unterrichtswesen** → Schulwesen, → Fernunterricht.

**Untersagung der Berufsausübung** → Berufsverbot, → Maßregeln der Besserung und Sicherung (6), → Gewerbeuntersagung.

**Untersagung des Betriebs** → Gewerbeuntersagung, → Berufsverbot.

**Untersagung des Betriebs von Fahrzeugen** im öffentlichen Verkehr ist nach § 17 StVZO zulässig, wenn das Fz. den Vorschriften der StVO oder der StVZO nicht entspricht und dem Eigentümer oder → Halter erfolglos eine

Frist zur Behebung des Mangels gesetzt worden ist; das Kennzeichen ist zu entstempeln, der Fahrzeugschein zurückzugeben. Ggf. kann die Verwaltungsbehörde nur eine Beschränkung anordnen (Benutzung nur zur Tageszeit u. dgl.). Zuwiderhandlungen gegen die Gebote und Verbote können als → Ordnungswidrigkeiten geahndet werden (§ 69 a II Nr. 1 StVZO, § 24 StVG).

**Untersagung des Führens von Fahrzeugen oder Tieren.** Erweist sich jemand als ungeeignet zum Führen von Fahrzeugen oder Tieren, insbes. infolge körperlicher Mängel oder erheblichen Verstoßes gegen Verkehrsvorschriften, so muß die Fahrerlaubnisbehörde eine U. aussprechen oder ihm Bedingungen auferlegen, z. B. Benutzung von Brillen oder Hörgeräten, Prothesen u. dgl. Als Grundlage für die Entscheidung kann die Behörde Gutachten eines Arztes, einer Begutachterstelle für Fahreignung oder eines Sachverständigen oder Prüfers für den Kfz.-Verkehr verlangen (§ 2 IV, VIII StVG). Nichtbeachtung der U. oder einer Auflage kann als → Ordnungswidrigkeit geahndet werden (§ 69 a I Nr. 4 StVZO, § 24 StVG).

**Unterscheidungskraft** (wettbewerbsrechtl.) → Marken, → Firma (5).

**Unterschieben eines Kindes** → Personenstandsfälschung.

**Unterschlagung** Ist ein Auffangtatbestand, der alle Formen rechtwidriger Zueignung umfaßt, wenn sie nicht in anderen Vorschriften, z. B. → Diebstahl, → Raub, mit schwererer Strafe bedroht sind (Subsidarität, → Konkurrenz von Straftaten). U. begeht, wer eine fremde bewegliche Sache sich oder einem Dritten rechtswidrig zueignet (§ 246 StGB). Darunter fallen → herrenlose Sachen nicht (z. B. weggeworfene). Der Täter muß die Sache i. d. R. in Besitz oder Gewahrsam haben. Erforderlich ist dies aber für eine U. nicht. Die rechtswidrige *Zueignung* besteht darin, daß der Täter ohne Rechtsgrund – z. B. Einwilligung des Eigentümers – wie ein Eigentümer über die Sache verfügt, indem er sie oder den darin verkörperten Sachwert mit Ausschlußwirkung gegenüber dem Eigentümer seinem Vermögen oder dem eines Drittem zuführt, insbes. durch Verbrauchen, Veräußern oder Ableugnen des Besitzes mit Zueignungswillen. Unerlaubter Gebrauch ist noch nicht Zueignung (so insbes. → unbefugter Gebrauch von Fahrzeugen). Nicht strafbar ist die U. als *mitbestrafte Nachtat,* wenn sie einer anderen Tat ohne neue Rechtsgutverletzung folgt (Veräußerung der durch → Betrug erlangten Sache). Vorsatz ist erforderlich, bedingter Vorsatz genügt; der Versuch ist strafbar. Die Strafe ist Freiheitsstrafe bis zu 3 Jahren und, wenn die Sache dem Täter anvertraut ist *(Veruntreuung),* bis zu 5 Jahren; wahlweise ist Geldstrafe zugelassen. Wird die U. gegen Angehörige, den Vormund, den Betreuer oder mit dem Täter in Hausgemeinschaft lebende Personen begangen, ist sie → Antragsdelikt (§ 247 StGB), ebenso grundsätzlich U. geringwertiger Sachen (§ 248 a StGB). S. a. → Depotunterschlagung.

**Unterschrift** → Form(erfordernisse), 1 a.

**Unterstufe der Verwaltung** → Verwaltungsbehörden (Aufbau).

**Unterstützungskassen** sind meist privatrechtliche betriebliche Einrichtungen zur betrieblichen → Altersversorgung, die grundsätzl. Leistungen ohne Rechtsanspruch gewähren. Sie können von der Körperschaftsteuer befreit sein (§§ 5, 6 KStG). Zuführungen des Trägerunternehmens an U. unterliegen nicht der → Lohnsteuer, da ungewiß ist, wer wieviel bekommt. Zur steuerlich begünstigten Höhe vgl. § 4 d EStG. Leistungen an die Berechtigten sind → Versorgungsbezüge, die um den → Versorgungsfreibetrag usw. gekürzt werden.

**Untersuchung, disziplinarrechtliche** → Disziplinarverfahren.

**Untersuchung, körperliche** → körperliche Untersuchung.

**Untersuchung, strafrechtliche** → Ermittlungsverfahren in Strafsachen.

**Untersuchungsausschuß.** Die Einsetzung von U. zur Aufklärung bestimmter tatsächlicher Vorgänge ist ein hergebrachtes Recht des → Parlaments und ein wesentliches Mittel zur Wahrnehmung seiner Kontrollfunktion gegenüber der vollziehenden Gewalt. Nach

Art. 44 GG hat der Bundestag das Recht und auf Antrag eines Viertels seiner Mitglieder die Pflicht, einen U. einzusetzen, der in öffentlicher Verhandlung die erforderlichen Beweise erhebt. Die Öffentlichkeit kann ausgeschlossen werden. Auf Beweiserhebungen finden die Vorschriften über den → Strafprozeß sinngemäß Anwendung; das bedeutet u. a., daß der U. Zeugen und Sachverständige unter Eid vernehmen kann; vorsätzliche uneidliche Falschaussage, Meineid und fahrlässiger Falscheid vor dem U. sind strafbar. Das Brief-, Post- und Fernmeldegeheimnis bleibt unberührt. Gerichte und Verwaltungsbehörden sind verpflichtet, dem U. → Rechts- und → Amtshilfe zu leisten. Die Beschlüsse des U., der nur Feststellungen, keine Entscheidungen treffen kann, sind der richterlichen Erörterung entzogen. In der Würdigung und Beurteilung des der Untersuchung zugrunde liegenden Sachverhalts sind die Gerichte dagegen frei. Die Verfassungen der Länder sehen ebenfalls die Einsetzung von U. vor.

**Untersuchungsgrundsatz.** Im Geltungsbereich des U. hat das Gericht die für die Entscheidung des Rechtsstreits erheblichen Tatsachen → von Amts wegen zu ermitteln, in den Prozeß einzuführen und ihre Wahrheit festzustellen. Das Gegenteil ist der → Verhandlungsgrundsatz. Der U. gilt in allen Verfahrensarten, im Zivilprozeß, der im Regelfall vom Verhandlungsgrundsatz beherrscht wird, aber nur ausnahmsweise und eingeschränkt. Dem U. entspricht im Strafverfahren das → Inquisitionsprinzip und für die Strafverfolgungsorgane das → Offizialprinzip. Über den U. im Verwaltungsverfahren s. § 24 VwVfG, im Besteuerungsverfahren § 88 AO, § 76 FGO.

**Untersuchungshaft.** 1. Die U. soll – im Gegensatz zu der durch Urteil verhängten Strafhaft – die Durchführung des → Strafprozesses sichern. Sie ist nur zulässig, wenn gegen den Beschuldigten *dringender Tatverdacht* besteht und wenn ein *Haftgrund* vorliegt (im einzelnen → Haftbefehl). Der Beschuldigte ist nach seiner Festnahme unverzüglich dem für das Hauptverfahren *zuständigen Richter* vorzuführen, der ihn spätestens am nächsten Tag zu vernehmen hat. Ist die Vorführung vor den zuständigen Richter nicht möglich, muß der Festgenommene spätestens bis Ablauf des folgenden Tages dem *nächsten Amtsgericht* vorgeführt werden. Der Richter am AG stellt bei der Vernehmung fest, ob der Haftbefehl noch besteht und der Vorgeführte mit dem Beschuldigten identisch ist. Sodann vernimmt er ihn zur Sache, ohne über die Aufrechterhaltung der U. zu entscheiden; dies obliegt dem für das Verfahren zuständigen Richter, dem der Richter am AG Einwendungen des Beschuldigten und etwaige eigene Bedenken gegen den Haftbefehl schnellstens mitzuteilen hat (§§ 115, 115 a StPO). Die U. darf nur solange dauern, wie ihre Voraussetzungen vorliegen und die → Verhältnismäßigkeit gewahrt bleibt, ist aber stets nach Freispruch und im → Ermittlungsverfahren auf Antrag des StA aufzuheben (§ 120 StPO). Ferner darf die U. 6 Mon. nur überschreiten, falls inzwischen ein auf Freiheitsstrafe (freiheitentziehende → Maßregeln der Besserung und Sicherung) lautendes Urteil ergangen ist oder das Oberlandesgericht entschieden hat, daß ein wichtiger Grund, insbes. die besondere Schwierigkeit oder der besondere Umfang der Ermittlungen, die weitere Haft rechtfertigt (§ 121 StPO). Über Rechtsmittel gegen die U. → Haftprüfung.

2. Die (wenn auch im Ausland) *vollstreckte U.* ist auf zeitige Freiheitsstrafen und Geldstrafen grundsätzlich *anzurechnen;* das Gericht kann aber anordnen, daß dies ganz oder z. T. unterbleibt, wenn die Anrechnung wegen des Verhaltens des Angeklagte nach der Tat nicht gerechtfertigt ist, etwa weil er die U. z.B. durch Fluchtversuch verschuldet oder durch Irreführung der Ermittlungsbehörden o. dgl. verlängert hat (§ 51 StGB).

3. Der *Vollzug* der U. ist teils durch gesetzliche, teils durch Verwaltungsvorschriften geregelt. Nach § 119 StPO ist der Untersuchungsgefangene (UG) von Strafgefangenen stets und von anderen UG i. d. R. getrennt zu halten; auf seinen schriftlichen, jederzeit widerruflichen Antrag oder, wenn sein körperlicher oder geistiger Zustand es erfordert, kann er mit anderen UG zusammengelegt werden. Beschränkungen dürfen ihm nur auferlegt werden, soweit es der

Haftzweck oder die Anstaltsordnung erfordert; im übrigen kann er sich Bequemlichkeiten und, da er keinem Arbeitszwang unterliegt, Beschäftigungen auf seine Kosten verschaffen (Tabakwaren, Lebensmittel, Zeitungen, Rundfunk). Über Einschränkungen entscheidet der Richter, in dringenden Fällen vorläufig der StA oder der Anstaltsleiter.

Die näheren Vorschriften enthält auf dieser Grundlage die bundeseinheitliche *Untersuchungshaftvollzugsordnung* (UVollzO) in der ab 1. 1. 1977 geltenden Fassung m. Änd. (StrafR Nr. 710). Sie regelt insbes. Aufnahme und Entlassung des UG, seine Behandlung, Unterbringung und Trennung von Strafgefangenen, Lebenshaltung (Bezug von Genußmitteln usw.), Gesundheitspflege, soziale Fürsorge u. a. m. Sondervorschriften gelten für junge UG (grundsätzl. Trennung von erwachsenen UG, erzieherische Gestaltung des Vollzugo). Die mit der U. verbundenen Beschränkungen dürfen das durch den Haftzweck gebotene Maß nicht überschreiten. Die Vorschriften über die Teilnahme am Gottesdienst u. a. Gemeinschaftsveranstaltungen gestatten Einschränkungen nur im Rahmen des Haftzwecks, in den sich auch die Bestimmungen über Sicherheit und Ordnung in der Anstalt einordnen (bes. Maßnahmen wie ständige Beobachtung usw. bei Fluchtgefahr). Grundsätzlich keiner Beschränkung unterliegt der Schriftverkehr mit Richter, StA und Verteidiger (§ 148 StPO) sowie das Recht zu Petitionen und zu Beschwerden bei der Europ. Menschenrechtskommission; der sonstige Schriftverkehr kann nur wegen unverhältnismäßigen Umfangs eingeschränkt werden, unterliegt aber richterlicher Kontrolle und der Möglichkeit, Schreiben gem. Nr. 34, 35 UVollzO anzuhalten. Besuche bedürfen der Genehmigung des Richters und werden überwacht; mindestens ein Besuch von 30 Min. ist alle 2 Wochen vorgesehen, sonst auch in Rechts- und Geschäftsangelegenheiten oder aus dringendem – z. B. familiärem – Anlaß. Gesetzliche Grundlage für die Anwendung unmittelbaren Zwangs (Nr. 72 UVollzO) sind die §§ 178 I, II, 94–101 des StVollzG; sie gelten ebenso wie die Bestimmungen über das Arbeitsentgelt (vgl. §§ 43, 177 StVollzG) gleichermaßen für Strafgefangene und UG. S. a. → Haftunfähigkeit. Über den Ausnahmefall der → Kontaktsperre s. dort.

*Zuständig* für Vollzugsmaßnahmen ist in erster Linie der Anstaltsleiter. Die nach § 119 StPO gebotenen Anordnungen, soweit sie nicht gesetzlich oder durch die UVollzO festgelegt sind, insbes. also weitere Freiheitsbeschränkungen oder deren Lockerung, sind dem Richter vorbehalten. Diesem obliegt letztlich die Entscheidung über die Gestaltung des Vollzugs der U., die Briefkontrolle, die Zulassung von Besuchern und ggf. die Verhängung von Hausstrafen. An seiner Stelle entscheidet auf generellen Antrag des UG zwecks Beschleunigung bis zur Anklageerhebung der StA über Maßnahmen, die den UG nicht beschweren. Disziplinarmaßnahmen (Verweis, persönl. Beschränkungen, Arrest bis zu 4 Wochen) darf nur der Richter verhängen.

Gegen Maßnahmen des Anstaltsleiters ist Dienstaufsichts- oder förmliche Beschwerde zulässig; über diese entscheidet, wenn es sich um das Maß der Haftbeschränkung handelt, der Richter, gegen dessen Entscheidungen Beschwerde nach der StPO möglich ist; gegen andere Maßnahmen des Anstaltsleiters kann Antrag auf gerichtliche Entscheidung nach §§ 23 ff. EGGVG gestellt werden.

**Untersuchungspflicht** beim Kauf. Ist dieser für beide Teile ein → Handelskauf, so ist der Käufer verpflichtet, → unverzüglich nach Lieferung durch den Verkäufer die Ware zu untersuchen, ob sie Sachmängel aufweist und die bestellte Menge und die bestellte Ware geliefert ist (§§ 377 I, 378 HGB). Jedoch ist die U. nur gegeben, wenn nach einem ordnungsgemäßen Geschäftsgang eine solche Untersuchung angebracht ist (z. B. müssen Konservendosen nur nach Aufschrift untersucht werden, auf ihren tatsächlichen Inhalt stichprobenweise nur bei Mängelverdacht oder bei sonstigen Anhaltspunkten, z. B. Großlieferung). Die Erfüllung der U. ist Voraussetzung für das Recht auf → Mängelrüge.

**Untervermächtnis.** Mit einem → Vermächtnis beschwert sein kann nicht nur der → Erbe, sondern auch ein

Vermächtnisnehmer (§ 2147 BGB). Dieser ist aber zur Erfüllung des U. erst verpflichtet, wenn er seinerseits das ihm zugewendete Vermächtnis verlangen kann; seine Haftung beschränkt sich auf das, was er aus dem Vermächtnis erhält (§§ 2186, 2187 BGB).

**Untervermietung** (Untermiete) → Miete (2 b).

**Unterversicherung** → Schadensversicherung.

**Untervollmacht** → Vollmacht.

**Unterwerfungsklausel** ist bei einer → vollstreckbaren Urkunde die Erklärung des Schuldners, daß er sich wegen der darin enthaltenen Ansprüche der sofortigen → Zwangsvollstreckung unterwerfe (§ 794 I Nr. 5 ZPO). S. a. § 61 VwVfG.

**Untreue** ist in § 266 StGB als vorsätzliche Verletzung der Pflicht zur Betreuung fremder Vermögensinteressen durch Benachteiligung des Treugebers unter Strafe gestellt. Das StGB unterscheidet den Mißbrauchs- und den Treubruchstatbestand. Im ersten Falle handelt der Täter im Rahmen einer nach außen wirkenden Vertretungsmacht, also mit Rechtswirkung gegenüber Dritten, aber entgegen den Interessen des Vertretenen; im zweiten Falle handelt er ohne Vertretungsmacht auf Grund einer ihm tatsächlich eingeräumten Befugnis entgegen seiner Treupflicht.

Nach § 266 StGB wird bestraft, wer vorsätzlich die ihm durch Gesetz, behördlichen Auftrag oder Rechtsgeschäft eingeräumte Befugnis, über fremdes Vermögen zu verfügen oder einen anderen zu verpflichten, *mißbraucht* und dadurch dem Vertretenen Nachteil zufügt; z. B. der Vormund, Prokurist, Treuhänder, der treuwidrig über Geldbeträge verfügt.

Bestraft wird ferner, wer die ihm durch Gesetz, behördlichen Auftrag, Rechtsgeschäft oder ein Treueverhältnis auferlegte Pflicht zur Wahrnehmung fremder Interessen verletzt und durch den *Treubruch* dem Betroffenen Nachteil zufügt; so der Kassenbeamte, Handlungsgehilfe, Rechtsanwalt durch Nichtabführen eingegangener Gelder.

In beiden Fällen muß eine *Pflichtwidrigkeit* vorliegen, die sich aus dem zugrundeliegenden Rechtsverhältnis ergibt. Durch die Handlung muß der Treugeber einen *Vermögensnachteil* erleiden; entscheidend ist die Vermögenslage im ganzen, so daß U. meist entfällt, wenn der Verfügende entsprechende Mittel zum Ausgleich bereit hält. Bereicherung des Täters ist nicht erforderlich. Tateinheit kann vorliegen mit → Betrug (wenn U.- und Täuschungshandlung zusammenfallen); doch kann auch eine der Handlungen als straflose Nachtat ohne besondere Ahndung bleiben (je nachdem, wann der Täter den Vorsatz zu den einzelnen Handlungen gefaßt hat). Die Strafe ist Freiheitsstrafe bis zu 5 Jahren oder Geldstrafe, in besonders schweren Fällen, die denen des Betrugs entsprechen (§§ 266 II, 263 III StGB), Freiheitsstrafe von 6 Mon. bis 10 Jahren.

Die Tat ist → Antragsdelikt, wenn sie gegen Angehörige, den Vormund, den Betreuer oder mit dem Täter in Hausgemeinschaft lebende Personen begangen worden ist; dasselbe gilt grundsätzlich, wenn sie geringwertige Sachen betrifft (§§ 266 III, 247, 248 a StGB).

*Vorenthalten und Veruntreuen von Arbeitsentgelt* nach § 266 a StGB ist ein Sonderdelikt. Danach wird ein Arbeitgeber mit Freiheitsstrafe bis zu 5 Jahren oder Geldstrafe bedroht, wenn er die Arbeitnehmeranteile der Beiträge zur Sozialversicherung vorenthält (s.a. → Schwarzarbeit) oder sonst Teile des Arbeitsentgelts, die er für den Arbeitnehmer an Dritte zu entrichten hat (z. B. wegen Pfändung, nicht jedoch Lohnsteuer), nicht abführt und den Arbeitnehmer nicht davon unterrichtet.

**Unveräußerliche Rechte** → Abtretung, → höchstpersönliche Rechte.

**Unvereinbarkeit von Amt und Mandat** → Inkompatibilität.

**Unvererbliche Rechte** → Erbschaft.

**Unverfallbarkeit** der Anwartschaft auf eine betriebliche Altersversorgung → Altersversorgung, betriebliche.

**Unverletzlichkeit der Person** → Freiheit (persönliche), → Immunität, → Gesandte.

**Unverletzlichkeit der Wohnung** → Wohnung, Unverletzlichkeit der –.

**Unverletzlichkeit des Abgeordneten** → Immunität.

**Unverletzlichkeit des Brief- und Postgeheimnisses** → Brief-, Post- und Fernmeldegeheimnis.

**Unvermögen** → Unmöglichkeit der Leistung.

**Unversetzbarkeit des Richters** → Unabhängigkeit des R. (2).

**Unvertretbare Sache** → Sache.

**Unverzüglich** = ohne schuldhaftes Zögern; entscheidend ist also, wo das Gesetz diesen Ausdruck gebraucht, nicht das (objektive) Sofort, sondern die (subjektive) Zumutbarkeit alsbaldigen Handelns (§ 121 I BGB). → Anfechtung von Willenserklärungen.

**Unvollkommene Rechte (Ansprüche)** sind → subjektive Rechte (Ansprüche), die entweder noch nicht ihre volle Wirksamkeit erlangt haben (insbes. das → Anwartschaftsrecht sowie Rechte aus schwebend → unwirksamen Rechtsgeschäften; s. ferner → Bedingung, → Zeitbestimmung) oder denen das Gesetz keine volle Rechtsmacht, insbes. keine Klagbarkeit, einräumt (z. B. Ansprüche aus Wette od. Spiel; → Naturalobligation).

**Unvollkommene Verbindlichkeit** (Forderung) → Schuldverhältnis, → Haftung.

**Unvollständiger Wechsel, – Scheck** → Blankoakzept, → Blankowechsel, → Blankoscheck.

**Unvordenkliche Verjährung** bedeutet, daß seit unvordenklicher Zeit – d. h. solange man sich erinnern kann – ein Zustand (z. B. ein Fahrtrecht über ein fremdes Grundstück) besteht und deswegen anzunehmen ist, daß er einmal durch Rechtsgeschäft ordnungsgemäß begründet wurde. Durch u. V. konnte nach einzelnen Rechten (z. B. bayer. LandR) ein solches Recht entstehen; jedenfalls ist sie ein Beweismittel (→ Vermutung) für das Vorhandensein eines entsprechenden Rechts, auch wenn z. B. ein Grundstücksrecht seinerzeit nicht in die neu angelegten Grundbücher aufgenommen wurde.

**Unwirksamkeit eines Rechtsgeschäfts.** Erklärt das Gesetz ein → Rechtsgeschäft (R.) schlechthin für (absolut) unwirksam, so steht es – von der Frage einer etwaigen Heilungsmöglichkeit, z. B. durch nachträgliche Genehmigung des Berechtigten, abgesehen – einem nichtigen R. gleich; die Bestimmungen über die *Nichtigkeit* gelten daher entsprechend. Daneben kennt das Gesetz zwei Sonderformen:

1. *Schwebende Unwirksamkeit.* In verschiedenen Fällen, in denen der Handelnde nicht allein vertretungs- oder verfügungsbefugt ist, bleibt die Wirksamkeit des abgeschlossenen R. bis zur Entschließung des Berechtigten in der Schwebe. Die wichtigsten Beispiele sind der Vertragsabschluß eines nur beschränkt Geschäftsfähigen (§ 108 BGB, → Geschäftsfähigkeit), das Handeln eines vollmachtlosen Vertreters (§ 177 BGB, → Vertretung ohne Vertretungsmacht), die Verfügung eines Nichtberechtigten (§ 185 BGB), Beschränkungen der Ehegatten im gesetzlichen Güterstand der → Zugewinngemeinschaft (§§ 1365 ff. BGB) sowie alle Fälle, in denen das R. zu seiner Wirksamkeit einer behördlichen Genehmigung bedarf (z. B. durch das Vormundschaftsgericht – → elterliche Sorge, → Vormund– oder beim Verkauf landwirtschaftlicher Grundstücke – → Grundstücksverkehr, landwirtschaftlicher –). Während der Schwebezeit entsteht an sich noch keine rechtliche Bindung der Beteiligten (anders bei der → Bedingung oder Befristung eines sofort wirksamen R.); die Beteiligten sind jedoch verpflichtet, alles zu unternehmen, was zur Herbeiführung der vollen Wirksamkeit dienlich ist (bei Verstoß hiergegen u. U. Haftung aus → Verschulden beim Vertragsschluß). Wird das Wirksamkeitshindernis beseitigt, so ist der Vertrag als von Anfang an, also rückwirkend, wirksam anzusehen (vgl. § 184 BGB, → Genehmigung). Wird die Zustimmung des Berechtigten oder die behördliche Genehmigung endgültig (rechtskräftig) verweigert oder äußert sich der Berechtigte nach Aufforderung durch den Geschäftspartner nicht innerhalb der gesetzlich festgelegten Frist, so ist das R. endgültig unwirksam und steht daher einem nichtigen gleich.

2. *Relative Unwirksamkeit.* Bezweckt eine Vorschrift nur den Schutz bestimmter Personen, so erklärt sie häufig

ein hiergegen verstoßendes R. nur als diesen gegenüber (relativ) unwirksam; im Verhältnis zu allen anderen ist es dagegen voll wirksam. Die wichtigsten Fälle sind der Verstoß gegen gesetzliche oder gerichtliche *Veräußerungs-* und *Verfügungsverbote* wie z. B. die Beschlagnahme im Wege der Zwangsvollstreckung (§§ 135, 136 BGB), Rechtshandlungen des Schuldners trotz fehlender Verfügungsbefugnis während eines → Insolvenzverfahrens (§ 81 InsO) sowie R., die einer im Grundbuch eingetragenen → Vormerkung widersprechen (§§ 883 II, 888 BGB). Das relativ unwirksame R. ist als solches voll wirksam, nur im Hinblick auf die geschützte Person (Insolvenzgläubiger, Vormerkungsberechtigter usw.) unwirksam, es sei denn, der Erwerber war – z. B. bei einem Veräußerungsverbot – in gutem Glauben an die Verfügungsbefugnis des Veräußerers (→ Gutglaubensschutz). Der Geschützte kann z. B. gegenüber einer Zwangsvollstreckung in die im übrigen einem Dritten wirksam zu Eigentum übertragene Sache → Drittwiderspruchsklage (§ 771 ZPO) erheben. Er kann aber statt dessen auf den ihm eingeräumten Schutz verzichten und durch seine Genehmigung das relativ unwirksame zu einem absolut gegenüber jedermann wirksamen R. machen.

*Steuerlich* ist die Unwirksamkeit eines Rechtsgeschäfts unerheblich, soweit und solange die Beteiligten das wirtschaftliche Ergebnis dieses Rechtsgeschäfts gleichwohl eintreten und bestehen lassen (§ 41 I 1 AO; → wirtschaftliche Betrachtungsweise).

**Unwirksamkeit eines Vergleichs** → Vergleich.

**Unwirksamkeit von Gerichtsentscheidungen** → Nichtigkeit gerichtlicher Entscheidungen.

**Unzucht, unzüchtige Handlungen.** Diese Begriffe sind durch das 4. StrRG 1973 in einschränkendem Sinne durch den Begriff → sexuelle Handlungen ersetzt worden, dementsprechend die Tatbestände der U. mit Kindern oder mit Abhängigen durch → sexueller Mißbrauch von Kindern oder von Schutzbefohlenen und das Begriffsmerkmal unzüchtige Schriften durch → pornographische Schriften; über die sonstigen Fälle strafbarer Sexualhandlungen, insbes. die inkriminierten Formen der Gewerbsunzucht und gleichgeschlechtlicher Handlungen, → Sexualstraftaten.

**Unzulänglichkeitseinrede** → Beschränkung der Erbenhaftung, → Aufgebot der Nachlaßgläubiger.

**Unzulässige Rechtsausübung** → Rechtsmißbrauch, → Treu und Glauben, → Verwirkung, → Schikaneverbot; s. a. → Sittenwidrigkeit.

**Unzulässigkeit** von Anträgen, → Klagen, → Rechtsmitteln und Maßnahmen der → Zwangsvollstreckung oder anderen Verfahrenshandlungen kann gegeben sein, wenn die formellen Voraussetzungen der Prozeßhandlung (z. B. → Prozeßvoraussetzungen) fehlen. Dann wird der Antrag usw. als unzulässig ab(zurück)gewiesen oder verworfen, im Gegensatz zur Ab(Zurück)weisung oder Verwerfung als unbegründet.

**Unzumutbarkeit der Leistung** → Geschäftsgrundlage, → Verwirkung, → Treu und Glauben.

**Unzurechnungsfähigkeit** → Schuldunfähigkeit, → Geschäftsfähigkeit, → Deliktsfähigkeit.

**Urabstimmung** ist eine geheime Abstimmung derjenigen Mitglieder einer → Gewerkschaft, die für die Teilnahme an einem → Streik in Betracht kommen. Nach den vom DGB aufgestellten Richtlinien zur Durchführung eines Streiks ist Voraussetzung für den Streikbeschluß des Gewerkschaftsvorstandes, daß bei der U. sich 75% der abstimmenden Mitglieder für den Streik aussprechen; dies gilt aber nicht mehr für alle Einzelgewerkschaften.

**Urfehde** → Fehde.

**Urheber** → Urheberrecht.

**Urheberbenennung** ist eine besondere Form der → Streitverkündung, bei der der Beklagte den seiner Auffassung nach richtigen Beklagten benennt, damit dieser an seiner Statt in den Rechtsstreit eintrete (§§ 76, 77 ZPO). U. kann zu einem → Parteiwechsel führen, kommt aber praktisch sehr selten vor.

**Urheberrecht** ist das eigentumsähnliche Recht des Werkschöpfers *(Urhebers)* an seinem individuellen geistigen Werk oder an einem → Geschmacksmuster. Das geistige Werk besteht aus Inhalt, innerer und äußerer Form. Die individuelle geistige Schöpfung kann im Inhalt oder in der Form oder in beidem liegen. Ein geistiges Werk ist z. B. eine musikalische Komposition, ein Drama, ein Roman, ein Gemälde. Das Urheberrechtsgesetz – UrhG – vom 9. 9. 1965 (BGBl. I 1273) m. Änd. schützt ferner bestimmte andere geistige Leistungen, für die dem U. *verwandte Schutzrechte,* bestehen (§§ 70 ff. UrhG), z. B. die des ausübenden Künstlers (§§ 73 ff. UrhG), des Herstellers von → Lichtbildern (§ 72 UrhG), → Tonträgern (§§ 85 f. UrhG), Datenbanken (§§ 87 a ff. UrhG) und Filmen (§§ 88 ff. UrhG, → Filmurheberrecht) sowie für Sendeunternehmen (§ 87 UrhG). Eine geistige Leistung ist das Ergebnis eines individuellen geistigen Einsatzes auf Grund besonderer künstlerischer, wissenschaftlicher o.ä. Fähigkeiten, z. B. die musikalische Wiedergabe einer Komposition, wissenschaftliche Buchausgaben, Photographien. Besonderheiten gelten für den Schutz des Rechts am eigenen Bild (→ Bildnis). Das U. ist ein absolutes, gegen jedermann wirkendes Recht.

*Geschützte Werke* (§ 2 UrhG) sind solche der Literatur, Wissenschaft und Kunst, insbes. Sprachwerke, d. h. Schriftwerke aus allen Gebieten der Dichtkunst, der Wissenschaft und des täglichen praktischen Lebens (z. B. Romane, Lehrbücher, Kalender, Aufsätze) sowie Reden, ferner Musikwerke, Choreographien (Ballettkunst) und pantomimische Werke, bildende Kunst (z. B. Gemälde, Skulpturen), Baukunst und angewandte Kunst (z. B. künstlerische Schmiede- und Schreinerarbeiten), Lichtbild-, Film- und Fernsehwerke. Auch *Computerprogramme* werden geschützt, wenn sie das Ergebnis einer eigenen geistigen Schöpfung ihres Urhebers sind (besondere qualitative oder ästhetische Kriterien sind nicht erforderlich); bei Entwicklungen im Rahmen eines Arbeits- oder Dienstverhältnisses stehen die Befugnisse hieraus dem Arbeitgeber zu (§§ 69 a ff. UrhG). Ebenso geschützt werden Bearbeitungen, → Übersetzungen und → Sammelwerke (§§ 3, 4 UrhG). Stets muß das Werk eine persönliche, geistige Schöpfung sein (§ 2 II UrhG). Das U. kann mehreren Miturhebern zustehen (§ 8 UrhG; z. B. Oper); sie entscheiden dann gemeinsam über die Verwertung. Seinem Inhalt nach umfaßt das U. die Urheberpersönlichkeitsrechte (Veröffentlichungsrecht, Recht auf Anerkennung der Urheberschaft und auf Verbot der Entstellung, §§ 12–14 UrhG), die → Verwertungsrechte (→ Vervielfältigungs-, → Verbreitungs- und → Ausstellungsrecht und das Recht deröffentlichen Wiedergabe, nämlich → Vortrags-, → Aufführungs-, → Vorführungs-, → Sende- und Wiedergaberecht § 15 UrhG) und die sonstigen Rechte (§§ 25–27 UrhG; → Folgerecht, Recht auf Zugang zu Original oder Vervielfältigungsstück, Anspruch auf Vergütung bei Vermietung von Vervielfältigungsstücken zu Erwerbszwekken oder durch eine Bücherei o.ä., sog. Bibliotheksgroschen). Das U. ist wie das → Eigentum sozial gebunden und durch zahlreiche Vorschriften im Allgemeininteresse beschränkt (§§ 45–63 UrhG), z. B. durch die sog. → freie Benutzung, → Entlehnungsfreiheit, Vervielfältigung zum persönlichen Gebrauch (hier aber Gerätevergütung, z. B. für Leerkassetten oder Fotokopien, auch bei Einfuhr, §§ 54 ff. UrhG) oder für Schul- und Unterrichtszwecke (hier jeweils Quellenangabe erforderlich), ggf. durch → Zwangslizenz.

Das U. *erlischt* (→ gemeinfreie Werke) 70 Jahre nach dem Tode des Urhebers (§ 64 UrhG), bei anonymen oder pseudonymen Werken 70 Jahre nach Veröffentlichung (§ 66 UrhG); Besonderheiten gelten für wissenschaftl. Ausgaben (§ 70 UrhG), Lichtbilder (§ 72 UrhG) und Aufnahmen ausübender Künstler (§§ 75, 82, 92 UrhG). Das U. ist vererblich (§ 28 I UrhG) und verschafft den → Rechtsnachfolgern grundsätzlich die gleichen Rechte wie dem Urheber selbst (§ 30 UrhG). Das U. selbst ist nicht übertragbar, solange der Urheber lebt, nach seinem Tod nur unter bestimmten Voraussetzungen (§ 29 UrhG). Der Urheber kann lediglich → Nutzungsrechte begründen (§§ 31–44 UrhG); auf diese Weise kann er meistens sein Werk am besten verwerten.

Das U. ist gegen schuldhaft rechtswidrige *Verletzung* strafrechtlich geschützt (§§ 106–111 a UrhG), ferner zivilrechtlich dadurch, daß bei schuldhaftem Handeln Schadensersatzansprüche (auch für immateriellen Schaden) erhoben werden können (§ 823 I BGB, § 97 UrhG). Auch ohne Vorliegen eines Verschuldens besteht Anspruch auf Auskunft, ferner auf Beseitigung einer rechtswidrigen Beeinträchtigung und auf Unterlassung bei Wiederholungsgefahr (§ 97 I UrhG) sowie auf Vernichtung oder Überlassung von Vervielfältigungsstücken und dazu bestimmter Vorrichtungen (§§ 98, 99 UrhG). Die Rechte sind grundsätzlich im → ordentlichen Rechtsweg geltend zu machen (§ 104 UrhG, sog. → Urheberrechtsstreitsachen). Einzelheiten über die Wahrnehmung des U. durch → Verwertungsgesellschaften s. dort. → Welturheberrechtsabkommen, → Produktpiraterie.

**Urheberrechtsstreitsachen** sind Rechtsstreitigkeiten, durch die ein Anspruch aus einem im Urheberrechtsgesetz vom 9. 9. 1965 (BGBl. I 1273) geregelten Rechtsverhältnis geltend gemacht wird. Dies geschieht i.d.R. im → Zivilprozeß vor den → ordentlichen Gerichten (§ 104 UrhG), deren örtliche Zuständigkeit durch die LdReg. so geregelt werden kann, daß ein Landgericht oder Amtsgericht für den Bezirk mehrerer gleichgeordneter Gerichte zuständig ist (§ 105 UrhG).

**Urheberrechtsübertragung** → Urheberrecht, → Lizenzvertrag, → Nutzungsrecht.

**Urheberrolle** ist ein vom → Patentamt geführtes Verzeichnis, in das die Urheber anonym oder pseudonym hergestellter oder veröffentlichter Werke auf ihren Antrag oder den des Rechtsnachfolgers oder Testamentsvollstreckers eingetragen werden (§ 138 UrhG). Vgl. VO über die U. vom 18. 12. 1965 (BGBl. I 2105).

**Urkunde** ist eine in Schriftzeichen verkörperte Gedankenäußerung. Lediglich im Strafrecht ist der Begriff der Urkunde weiter (→ Urkundenfälschung). Man unterscheidet öffentliche und Privaturkunden. *Öffentliche* U. sind solche, die von einer → Behörde innerhalb ihrer Amtsbefugnisse oder von einer mit öffentlichem Glauben versehenen Person innerhalb des ihr zugewiesenen Geschäftskreises in der vorgeschriebenen Form aufgenommen sind (§ 415 I ZPO). Dazu gehören insbes. die notariellen U. (→ Formerfordernisse, 1 c), aber auch ZustellungsU. der Bediensteten der Deutschen Post AG ( § 195 II 3 ZPO). *Privaturkunden* sind alle anderen, nicht öffentlichen U., auch wenn die Unterschrift öffentlich beglaubigt ist (→ Formerfordernisse, 1 b). Echt ist eine U. grundsätzlich dann, wenn sie von der Person stammt, welche die Urkunde nach ihrem Inhalt, insbes. nach der Unterschrift, ausgestellt haben soll. Nach der Wirkung der U. unterscheidet man *Beweis-U.,* die Absichts- oder Zufalls-U. sein können, je nachdem ob ihre Beweiserheblichkeit von vornherein bezweckt war oder erst nachträglich eingetreten ist (wie z. B. bei einem Brief). Nach der Entstehungsart unterscheidet man *Konstitutiv-U.,* die zur Entstehung eines Rechts erforderlich sind (z. B. Wechsel), und *Dispositiv-U.,* welche die Willenserklärungen der an einem Rechtsverhältnis Beteiligten wiedergeben (z. B. Briefwechsel beim Vertragsabschluß). Eine besondere Art der U. ist das → Wertpapier. Über die Beweiskraft der U. → Urkundenbeweis.

**Urkundenbeweis** ist ein in jeder Verfahrensordnung vorgesehenes Beweismittel (§§ 415–444 ZPO, § 249 StPO, § 96 I VwGO, § 81 I FGO, § 118 I SGG). Beweiskraft haben nur echte → Urkunden. Öffentliche Urkunden haben eine besonders starke formelle Beweiskraft für ihren Inhalt und die darin bezeugten Vorgänge und Tatsachen (§§ 415, 417, 418 ZPO), Privaturkunden nur dahin, daß die darin enthaltenen Erklärungen vom Aussteller abgegeben sind (§ 416 ZPO). Für die → Beweisaufnahme genügt, daß die Urkunde vorgelegt wird; im Strafprozeß muß sie verlesen werden; Verlesung ist entbehrlich, wenn die Richter und Schöffen vom Wortlaut der Urkunde Kenntnis genommen haben und die übrigen → Verfahrensbeteiligten hierzu Gelegenheit hatten (§ 249 StPO).

**Urkundeneinsicht** → Akteneinsicht, → Vorlegung von Sachen. S. a. → Grundbuch, → Handelsregister, → Vereinsregister.

**Urkundenfälschung.** Wer zur Täuschung im Rechtsverkehr eine unechte Urkunde herstellt, eine echte Urkunde verfälscht oder eine unechte oder verfälschte Urkunde gebraucht, wird mit Freiheitsstrafe bis zu 5 Jahren oder Geldstrafe bestraft (§ 267 StGB). *Urkunde* i. S. der Strafvorschriften ist jeder Gegenstand, der eine Gedankenerklärung enthält, die geeignet und bestimmt ist, im Rechtsverkehr Beweis zu erbringen, und die einen Aussteller erkennen läßt. Darunter fallen nicht nur Schriftstücke, sondern z. B. auch das Künstlerzeichen des Malers, eine Fahrkarte, das gestempelte Kfz.-Kennzeichenschild; dagegen nicht bloße Kenn- und Unterscheidungs- oder Wertzeichen (Biermarken, Garderobenummern, Briefmarken). Die *Beweiserheblichkeit* kann sich aus dem Zweck der Herstellung oder durch Zufall ergeben (Absichts- oder Zufallsurkunden, z. B. Brief als Beweis für Ehebruch). Abschriften oder Fotokopien (auch beglaubigte) sind keine Urkunden, außer wenn sie einen Originalvermerk tragen oder sonst an die Stelle der Urschrift treten.

Die U. steht in 4 Fällen unter Strafe: a) das Herstellen einer unechten Urkunde (d.h. Erwecken des Anscheins, als rühre die Urkunde von einem anderen her als dem, der sie wirklich ausgestellt hat; z. B. Nachmachen der Unterschrift); b) das Verfälschen einer echten Urkunde (Änderung einer Zahl in einer Quittung; Ausfüllen einer von einem anderen unterzeichneten Urkunde gegen dessen Willen, sog. *Blankettfälschung*); c) das Gebrauchmachen von einer unechten (etwa von einem anderen gefälschten) Urkunde; d) das Gebrauchmachen von einer verfälschten Urkunde.

Unterzeichnen mit fremdem Namen mit Einverständnis des Namensträgers ist zulässig. U. liegt auch nicht vor, wenn nur der Inhalt der Urkunde unrichtig ist (sog. schriftliche Lüge, z. B. Unterzeichnung einer inhaltlich falschen Aussage mit dem richtigen Namen; anders s. u. § 271 StGB).

Voraussetzung der Strafbarkeit ist stets Handeln *zur Täuschung im Rechtsverkehr,* insbes. um einen rechtlichen Vorteil zu erlangen. Insoweit muß Absicht vorliegen, im übrigen genügt *Vorsatz*. Versuch ist strafbar. Die U. ist in den beiden ersten Fällen mit der Herstellung der Urkunde vollendet, in den beiden letzten mit dem Gebrauchmachen.

*Besonders schwere Fälle* der U. sind mit Freiheitsstrafe von 6 Mon. bis 10 Jahren bedroht (§ 267 III StGB). Als Regelbeispiele nennt § 267 StGB gewerbs- und bandenmäßiges Handeln, Herbeiführen eines großen Vermögensverlustes, Gefährdung der Sicherheit des Rechtsverkehrs durch eine große Zahl unechter oder verfälschter Urkunden, Mißbrauch der Stellung als → Amtsträger.

Eine qualifizierte Straftat ist gewerbsmäßig begangene *Banden-U.* (§ 267 IV StGB) als Mitglied einer Bande, die sich zur fortgesetzten Begehung von Betrugs- und U.-Delikten verbunden hat. Die Strafe ist Freiheitsstrafe von 1–10 Jahren. Von der U. zu unterscheiden ist die *mittelbare → Falschbeurkundung*, § 271 StGB (sog. intellektuelle U.), bei der eine inhaltlich unrichtige Erklärung zu einer mit öffentlichem Glauben versehenen Urkunde, Register, Datei o. dgl. abgegeben wird.

Ein Sonderfall ist die Computermanipulation, d. h. die Fälschung oder der Gebrauch *beweiserheblicher Daten* durch Speicherung oder Veränderung der Art, daß bei ihrer Wahrnehmung eine unechte oder verfälschte Urkunde vorliegen würde (§ 269 StGB), also z. B. die Veränderung von in Computer eingespeisten Daten, so daß beim Ausdruck des Computers ein Falsifikat entstehen würde. Die Vorschriften über besonders schwere Fälle der U. und Banden-U. gelten hier entsprechend. Außerdem ist die → Geld- und Wertzeichenfälschung (§§ 146 ff. StGB) zu nennen. S. ferner → Urkundenunterdrückung und -vernichtung, → Fälschung technischer Aufzeichnungen, → Ausweise, amtliche, → Datenveränderung, → Ausweismißbrauch, → Falschbeurkundung, mittelbare, → Gesundheitszeugnis.

**Urkundenmahnbescheid** ist ein Mahnbescheid, bei dem das → Mahnverfahren besonders ausgestaltet ist (§ 703 a ZPO); wird Widerspruch erhoben, so geht das Urkunden-Mahnverfahren in den → Urkundenprozeßüber.

**Urkundenprozeß** ist eine besondere Prozeßart der ZPO (§§ 592–600), die so ausgestaltet ist, daß sich der Kläger durch Vorlage bestimmter Beweismittel beschleunigt einen → Vollstreckungstitel verschaffen kann; auch können Einwendungen nur auf gleichartige Beweismittel gestützt werden. Besondere → Prozeßvoraussetzung ist, daß die den → Anspruch begründenden Tatsachen durch → Urkunden beweisbar sind, die der Klage in Ur- oder Abschrift beigefügt werden müssen. Über ihre Echtheit kann nur wiederum mittels Urkunden oder durch Parteivernehmung gestritten werden. → Widerklage ist unstatthaft. Kann der Beweis nicht mit Urkunden geführt werden, wird die Klage als in der gewählten Prozeßart unstatthaft – nicht als unbegründet – abgewiesen. Wird der Beklagte trotz Widerspruchs verurteilt, sind ihm seine Rechte für das → Nachverfahren vorzubehalten; der Rechtsstreit bleibt dann im ordentlichen Verfahren anhängig. Eine Unterart des U. ist der → Wechsel- und Scheckprozeß. Im arbeitsgerichtlichen Verfahren findet kein U. statt (§ 46 II 2 ArbGG).

**Urkundenunterdrückung, -vernichtung.** Nach § 274 StGB wird bestraft, wer eine Urkunde, die ihm nicht oder nicht ausschließlich gehört, in der Absicht, einem anderen Nachteil zuzufügen, vernichtet, beschädigt oder unterdrückt. Die Urkunde muß über ihren Erklärungsinhalt hinaus zum Beweis einer Tatsache geeignet und bestimmt sein. Der Täter ist nicht ausschließlich verfügungsberechtigt, wenn ein anderer Rechte an der Urkunde hat (z. B. beim → gemeinschaftlichen Testament) oder wenn er zwar Alleineigentümer, aber herausgabepflichtig ist. Vernichten ist das völlige Beseitigen des Erklärungswortlauts, Beschädigen jede Veränderung, die den Wert der Urkunde als Beweismittel beeinträchtigt. Unterdrükkung liegt vor, wenn die Urkunde der Benutzung eines anderen (Berechtigten) entzogen wird, so auch bei vorübergehendem Entfernen. Die Tat ist nur bei vorsätzlichem Handeln strafbar, auch der Versuch. Vernichtung nach Diebstahl oder Unterschlagung der Urkunde ist straflose Nachtat. Der U. gleichgestellt ist die Unterdrückung, Beschädigung oder Vernichtung *technischer Aufzeichnungen* (über diesen Begriff → Fälschung technischer Aufzeichnungen) und beweiserheblicher, nicht mittelbar wahrnehmbarer *gespeicherter Daten* (→ Urkundenfälschung). S. a. Ausweis, amtliche.

**Urkundsbeamter** der Geschäftsstelle ist ein Beamter des mittleren oder gehobenen Dienstes (auch → Rechtspfleger; vgl. § 24 II RPflG), der in den Geschäftsstellen der Gerichte verschiedenartige Tätigkeiten ausübt. Er nimmt Beurkundungen vor, insbes. bei Aufnahme von Anträgen und Erklärungen und Führung des Sitzungsprotokolls, erteilt Ausfertigungen und Abschriften gerichtlicher Urkunden; als Bürobeamter führt er Register und Akten u. a. m. (§ 153 GVG, § 13 VwGO, § 7 I ArbGG, § 4 SGG, § 12 FGO). Stellvertretende U. können auch Justiz- oder Verwaltungsangestellte sein.

**Urlaub** ist die einem → Arbeitnehmer, Dienstverpflichteten (→ Dienstvertrag), Beamten, Richter oder Soldaten für bestimmte Zeit gewährte Befreiung von der Arbeits(Dienst)pflicht. Voraussetzungen und Umfang des U. sind vielfältig und verstreut durch Gesetze, Verordnungen, → Tarifverträge, → Betriebs- und Dienstvereinbarungen oder Einzelvertrag geregelt, für → Arbeitnehmer insbes. im Bundesurlaubsgesetz – BUrlG – vom 8. 1. 1963 (BGBl. I 2) m. spät. Änd.; Sondervorschriften gelten für den → Urlaub des Beamten, Richters und Soldaten. Außer dem *Erholungs-U.,* auf den ohne besonderen Anlaß im Laufe des Kalenderjahres Anspruch unter Fortzahlung der Bezüge (→ Urlaubsentgelt) besteht, kann aus besonderem Anlaß *Sonderurlaub* gewährt werden (z. B. zur Berufsfortbildung, → Bildungsurlaub, wegen familiärer Ereignisse); dieser kann bezahlt oder unbezahlt sein. Für den Erholungs-U. ist eine Mindestdauer gesetzlich bestimmt (→ Mindesturlaub); er darf grundsätzlich nicht durch Geld abgegolten werden (→ Urlaubsabgeltung). Der U.anspruch entsteht jeweils für ein Kalenderjahr; bei kürzerer Dauer des Arbeits-(Dienst)verhältnisses wird er nach der Zahl der Monate gezwölfteilt (kein U. „im Vorgriff"). Die Bestimmung der U.zeit unterliegt grundsätzlich dem → Direktionsrecht des Arbeitgebers – auch hins. eines sog. Betriebsurlaubs (Betriebsferien) der gesamten Belegschaft (hier aber → Mitbestimmung des Betriebsrats) –; doch sind die Interessen der Arbeitnehmer stets ausreichend zu berücksichtigen. Während des Erholungs-U. darf nicht eine dem Erholungszweck zuwiderlaufende entgeltliche Tätigkeit ausgeübt werden (→ Schwarzarbeit). Der U.anspruch ist einheitlich auf Freizeit und → Urlaubsentgelt gerichtet; er besteht auf Grund der → Fürsorgepflicht des Arbeitgebers. Bei Erkrankung während des Erholungs-U. werden die nachgewiesenen Krankheitstage nicht angerechnet (§ 9 BUrlG; zur → Entgeltfortzahlung im Krankheitsfall s. i. e. dort); bei Vorsorge- oder Rehabilitationsmaßnahmen (Kuren) eines an sich arbeitsfähigen Arbeitnehmers kann der Arbeitgeber von je 5 Tagen die ersten zwei Tage auf den (über den gesetzlichen → Mindesturlaub hinausgehenden) U. anrechnen (§ 10). Übertragung des Urlaubs auf das nächste Kalenderjahr ist nur ausnahmsweise zulässig (§ 7 III BUrlG). S. a. → Schaden (Ersatz für entgangenen U.).

**Urlaub des Beamten, Richters und Soldaten.** Dem Beamten steht jährlich ein *Erholungsurlaub* unter Fortgewährung der Dienstbezüge zu (§ 55 BRRG, § 89 BBG sowie Beamtengesetze der Länder). Erteilung und Dauer des Erholungsurlaubs und Gewährung von U. aus anderen Anlässen, z. B. aus persönlichen Gründen (ärztl. Untersuchung, schwere Erkrankung oder Tod naher Angehöriger, Wohnungswechsel), zur Aus- oder Fortbildung, für staatspolitische, kirchliche oder sportliche Zwecke – *Sonderurlaub* – sowie die Weiterzahlung der Dienstbezüge regeln Verordnungen des Bundes und der Länder (z. B. VO über den Erholungsurlaub der Bundesbeamten und Richter im Bundesdienst i. d. F. vom 25. 4. 1997, BGBl. I 974); VO über Sonderurlaub für Bundesbeamte und Richter im Bundesdienst i. d. F. vom 25. 4. 1997 (BGBl. I 978); für Auslandsbeamte s. VO über Erholungs- und Heimaturlaub der im Ausland tätigen Bundesbeamten i. d. F. vom 18. 1. 1991 (BGBl. I 144) m. Änd. Die genannten VOen des Bundes gelten grundsätzlich auch für → Berufssoldaten und → Soldaten auf Zeit. Im übrigen richtet sich der U. der → Soldaten (§ 28 SoldatenG) nach der SoldatenurlaubsVO i. d. F. vom 14. 5. 1997 (BGBl. I 1134). Der Erholungsurlaub während des → Grundwehrdienstes beträgt für jeden vollen Dienstmonat 1/12 des Jahresurlaubs der Berufssoldaten (§ 5 SoldUrlVO). Urlaub ohne Dienstbezüge bis zu 6 Jahren können öffentliche Bedienstete aus arbeitsmarktpolitischen Gründen erhalten (§ 44 a I Nr. 3 BRRG, § 72 a I Nr. 3 BBG); zum Erziehungsurlaub vgl. die VOen i. d. F. vom 25. 4. 1997 (BGBl. I 983 – Beamte) und i. d. F. vom 21. 8. 1992 (BGBl. I 1602 – Soldaten); s. a. → Teilzeitbeschäftigung, → Vorruhestand.

**Urlaubsabgeltung** besteht darin, daß an Stelle eines nicht verbrauchten Urlaubs dem → Arbeitnehmer als Ausgleich für während dieser Zeit erbrachte Arbeit Geld oder geldwerte Gegenstände geleistet werden. U. ist grundsätzlich verboten, ausnahmsweise dann zulässig, wenn der Urlaub wegen Beendigung des Arbeitsverhältnisses nicht mehr gewährt werden kann (§§ 7 IV, 13 I BUrlG).

**Urlaubsentgelt** ist der während der Dauer des → Urlaubs fortbezahlte Arbeitslohn. Bei Monatsgehältern besteht das U. in fortlaufender Gehaltszahlung. Bei Wochenlohn wird das U. nach § 11 I BUrlG berechnet; es wird der durchschnittliche Arbeitslohn während der letzten 13 Wochen vor Urlaubsbeginn (ohne Überstundenvergütung, soweit durch → Tarifvertrag nicht anders geregelt) zugrundegelegt. Das U. ist dann vor Antritt des Urlaubs zu zahlen (§ 11 II BUrlG).

**Urlaubsgeld** ist eine → Gratifikation, die aus Anlaß des jährlichen Erholungsurlaubs gezahlt wird, um dem Arbeitnehmer eine bessere Gestaltung des Urlaubs zu ermöglichen. Das U. ist i. d. R. freiwillige soziale Leistung des → Arbeitgebers; jedoch kann in → Tarifvertrag, → Betriebsvereinbarung oder Einzelvertrag eine Verpflichtung zur Zahlung von U. begründet werden. Das U. ist unpfändbar (§ 850 a Nr. 2 ZPO).

**Urproduktion** ist die Gewinnung von Naturerzeugnissen (Bergbau, Landwirtschaft, Forstwirtschaft, Garten- und Weinbau, Tierzucht, Fischerei, Jagd). Sie ist kraft Gewohnheitsrecht kein

→ Gewerbe i. S. der GewO (vgl. auch § 6 GewO), auch wenn sonst alle Merkmale eines Gewerbebetriebes erfüllt sind. Die Betriebe unterliegen deshalb nicht der Anmeldepflicht nach § 14 GewO; ihre Fortführung kann nicht wegen Unzuverlässigkeit des Leiters nach § 35 GewO untersagt werden. Zur U. wird auch die Zubereitung, Verarbeitung und Verwertung der selbstgewonnenen Erzeugnisse gerechnet. Einen Grenzfall bilden Gärtnereien; sie sind gewerbliche Betriebe, wenn sie sich hauptsächlich auf die Verarbeitung und Veräußerung von nicht selbstgewonnenen Erzeugnissen des Gartenbaues beschränken. Keine U. betreiben Viehmästereien, Betriebe zur Eierproduktion u.ä., wenn sie im größerem Umfang betrieben werden und auf den Zukauf wenigstens von großen Teilen der Futtermittel angewiesen sind.

**Ursache, ursächlicher Zusammenhang** → Schadensersatz, 1 a (Zivilrecht), → Kausalität (Strafrecht). Für das *Verwaltungsrecht* besteht kein einheitlicher Ursachenbegriff. Häufig wird – wie im Sozialrecht – auf die wesentliche Ursache (Relevanztheorie) abgestellt. Die im Strafrecht herrschende Äquivalenztheorie wird man im Verwaltungsrecht kaum unverändert anwenden können, weil hier in der Regel das Korrektiv des Verschuldens fehlt (z. B. ist im Polizeirecht kein Verschulden des Störers erforderlich).

**Urschrift** ist das Original einer → Urkunde. S. a. → Ausfertigung.

**Urteil** ist eine gerichtliche Entscheidung, für die besondere Formen vorgeschrieben sind. Grundsätzlich wird durch Urteil (nach → Beratung) über eine → Klage entschieden (§ 300 ZPO, § 107 VwGO, § 95 FGO, § 125 SGG). Ein Urteil muß schriftlich abgefaßt werden; es besteht aus dem Rubrum (→ Urteilskopf), dem Tenor oder Spruch (→ Urteilsformel) sowie dem → Tatbestand und den Entscheidungsgründen (letztere können u. U. entfallen, §§ 313 a, b, 495 a II, 543 ZPO); im arbeitsgerichtlichen, Verwaltungs-, Finanz- und Sozialstreitverfahren enthält es auch die → Rechtsmittelbelehrung (§ 9 V ArbGG, § 117 II VwGO, § 105 II FGO, § 136 SGG). Im Strafverfahren werden Tatbestand und Entscheidungsgründe in „Gründen" zusammengefaßt, deren Inhalt § 267 StPO vorschreibt. Die Urteile sind binnen bestimmter Fristen zu den Akten zu bringen (vgl. § 315 II ZPO, § 275 StPO) und müssen von den mitwirkenden Berufsrichtern unterschrieben werden; von den ehrenamtlichen Richtern unterschreiben nur die der → Kammern für Handelssachen (§ 315 I ZPO, §§ 60 IV, 69 I, 75 II ArbGG, § 117 I VwGO, § 105 I FGO, § 134 SGG, § 275 II StPO). Urteile ergehen „Im Namen des Volkes" und werden grundsätzlich im Anschluß an die → mündliche Verhandlung oder in einem besonderen Verkündungstermin verkündet (§§ 310, 311 ZPO, § 60 ArbGG, §§ 116, 117 VwGO, §§ 104, 105 I FGO, § 132 SGG, § 268 StPO); ausnahmsweise ist die Verkündung durch die Zustellung der → Urteilsformel ersetzt (vgl. § 310 III ZPO, § 116 III VwGO, § 104 II FGO, § 133 SGG). Die U. werden – unabhängig hiervon – mit ihrem vollständigen Inhalt generell von Amts wegen zugestellt (vgl. § 317 ZPO); diese Zustellung setzt insbes. die → Rechtsmittelfristen in Lauf (in Strafsachen ist die Verkündung maßgebend). Urteile können berichtigt (→ Berichtigung) und ergänzt werden (→ Ergänzungsurteil). Je nach Voraussetzungen und Inhalt gibt es nach zivilprozessualen Grundsätzen verschiedene Arten von Urteilen: → End-, → Zwischen-, → Vorbehalts-, → Grund-, → Teil-, → Anerkenntnis-, → Versäumnisurteile. Urteile erwachsen in → Rechtskraft, sind → Vollstreckungstitel und können angefochten werden (→ Rechtsmittel).

**Urteilsausfertigung** → Ausfertigung einer Urkunde.

**Urteilsergänzung** → Ergänzungsurteil.

**Urteilsformel** (Urteilsspruch) ist der Bestandteil eines → Urteils, der den kurz zusammengefaßten Entscheidungsinhalt umschreibt, nämlich im Zivilprozeß über die → Hauptsache, die Kosten, die → vorläufige Vollstreckbarkeit, Vorbehalte (→ Vorbehaltsurteil), im arbeitsgerichtlichen Verfahren auch die Streitwertfestsetzung; im Strafverfahren enthält die U. den Schuld- und Strafausspruch. Die U. kann unter bestimmten Voraussetzungen berichtigt werden (→ Berichtigung).

**Urteilsgründe** (Entscheidungsgründe) → Urteil.

**Urteilskopf** (→ *Rubrum* genannt) ist einer der Bestandteile eines → Urteils. Gesetzliche Vorschriften je nach Verfahrensordnung: § 313 I Nr. 1, 2 ZPO, § 117 II Nr. 1, 2 VwGO, § 105 II Nr. 1, 2 FGO, § 136 I Nr. 1, 2, 3 SGG, § 275 StPO. Der U. enthält: die Eingangsformel „Im Namen des Volkes", das Aktenzeichen, das Gericht, das entscheidet, und seinen Spruchkörper (Kammer usw.), die Namen der mitwirkenden Richter, den Tag der letzten mündlichen Verhandlung, die Bezeichnung der Parteien oder Beteiligten und ihrer gesetzlichen Vertreter und Prozeßbevollmächtigten nach Namen, Stand oder Beruf, Wohnort und Stellung im Verfahren. Im Strafverfahren sind der Sitzungstag, an dem das Urteil verkündet wird, sowie an Stelle der Parteien der Angeklagte, statt des Prozeßbevollmächtigten der Verteidiger und außer den Richtern der Beamte der StA und der Urkundsbeamte aufzuführen.

**Urteilstenor** = Urteilsspruch (→ Urteilsformel).

**Urteilsverfahren.** In allen Verfahrensordnungen ist, je nach dem Gegenstand des Rechtsstreits, die Entscheidung durch Urteil oder Beschluß vorgeschrieben. So wird über eine → Klage in der Regel durch Urteil entschieden (§ 300 I ZPO, § 107 VwGO, § 95 FGO, § 125 SGG). Dieses zum Urteil führende Verfahren (für den Zivilprozeß in den §§ 253–510 b ZPO, für die → Arbeitsgerichtsbarkeit in §§ 2, 46 ff. ArbGG geregelt), nennt man U. → Beschlußverfahren.

**Urteilsverkündung (-bekanntmachung)** → Urteil.

**Uruguay-Runde** → Welthandelsorganisation, → GATT.

**Usance** (franz.) = → Handelsbrauch.

**UVP** → Umweltverträglichkeitsprüfung.

**Valutaklausel** → Wechsel; s. a. → Währungsklausel.

**Valutaschuld** → Geldschuld.

**Valutaverhältnis** → Deckungsverhältnis, → Vertrag zugunsten Dritter, → Anweisung.

**Varieté** → Schaustellungen von Personen.

**Vasall** → Lehen (Lehnswesen).

**Vasallenstaat** → Suzeränität.

**Vater** → Abstammung (2), → elterliche Sorge, → Kinder, → Unterhaltspflicht bei nicht miteinander verheirateten Eltern.

**Vaterschaft** → Abstammung (2, 3).

**Vaterschaftsanerkennung** → Abstammung (2 b).

**Vaterschaftsanfechtung** → Abstammung (3).

**Vaterschaftsfeststellung** → Abstammung (2 c).

**Vaterschaftsvermutung** → Abstammung (2 c, 3 c).

**Vatikanische Konzilien.** Das I. Vatikanische Konzil (1869–1870), von dem damaligen → Papst Pius IX. zum Zwecke der Festlegung bestimmter strenger Glaubenssätze einberufen, hat kirchengeschichtlich besondere Bedeutung erlangt. Auf ihm wurde durch die Constitutio Pastor aeternus vom 18. 7. 1870 die *Unfehlbarkeit des Papstes* als des Inhabers der obersten Lehrgewalt in Sachen des Glaubens und der Sitte verkündet, wenn er „ex cathedra" spricht, d. h. in seiner Eigenschaft als Oberhaupt der röm.-kath. Kirche eine für die gesamte Kirche bestimmte Entscheidung trifft. Die Verkündung dieses Dogmas führte in Deutschland zum Abfall eines Teils der Gläubigen und zur Bildung der Altkatholischen Kirche. Das II. Vatikanische Konzil (1962–1965), von Papst Johannes XXIII. als Reformkonzil einberufen, schloß mit 16 Dekreten, in denen richtungweisende Beschlüsse für die Neuordnung des kirchlichen Lebens und über das Verhältnis der Kirche zur Umwelt niedergelegt wurden. Sie betrafen insbes. Änderungen in Liturgie und Ritual, die Ausbildung, Erziehung und Lebensführung der Priester, die Erneuerung des Ordenslebens, die Missionstätigkeit, die Stellung der Laien in der Kirche (Laienapostolat) sowie Fragen der christlichen Erziehung in Schule und Elternhaus. Eine für die krichliche Hierarchie wichtige Entwicklung bahnte sich in einer Stärkung der Stellung der Bischöfe und durch Einsetzung einer Bischofssynode als Beratungsgremium des Papstes an. Bedeutsam waren ferner die Proklamierung des Grundsatzes der Religionsfreiheit und eine Revision der Stellung der Kirche zu anderen Religionsgemeinschaften. Andere Reformfragen wurden der weiteren Entwicklung überlassen. Die vom II. Vatikanischen Konzil getroffenen richtungweisenden Grundentscheidungen waren bindende Weisungen für die Reform des Kirchenrechts und die Revision des → Codex iuris canonici (CIC).

**Vatikanstadt.** Der weltliche Herrschaftsbereich des → Papstes, der alte Kirchenstaat, wurde am 20. 9. 1870 durch den italienischen König aufgehoben und Rom zur Hauptstadt Italiens erklärt. Erst durch die → Lateranverträge vom 11. 2. 1929 wurde die V. geschaffen. Sie umfaßt das Gebiet der Peterskirche und die angrenzenden Paläste und Regierungsgebäude sowie die Sommerresidenz der Päpste. Die V. zählt nicht zum Staatsgebiet Italiens. Der Papst ist in ihrem Bereich souverän. Von der V. ist der → Heilige Stuhl zu unterscheiden, der selbst ein eigenes Völkerrechtssubjekt ist und diplomatische Beziehungen unterhalten kann. Die Anerkennung einer doppelten internationalen Rechtspersonalität kann derzeit als h. M. angesehen werden.

**venia legendi** → Hochschullehrer.

**venire contra factum proprium** = Zuwiderhandlung gegen das eigene frühere Verhalten. → Treu und Glauben.

**Venture capital-Beteiligung** → Joint venture-Vertrag.

**Verabredung einer Straftat** ist, wenn es nicht mindestens zu einem → Versuch kommt (der die V. aufzehrt), nur in bestimmten Fällen strafbar. Nach § 30 II StGB (→ Duchesne-Paragraph) wird derjenige, der mit wenigstens einem anderen die Begehung eines → *Verbrechens* oder die Anstiftung hierzu verabredet, nach den für den Versuch des Verbrechens geltenden Vorschriften (jedoch mit Milderungsgebot) bestraft. Insoweit ist also ausnahmsweise schon eine bloße → Vorbereitungshandlung unter Strafe gestellt. Doch wird nicht nach § 30 StGB bestraft, wer nach der Verabredung das Verbrechen verhindert (Fall der → tätigen Reue) oder, falls das Verbrechen ohne sein Zutun unterbleibt oder unabhängig von der V. begangen wird, wenn er sich ernsthaft um die Verhinderung bemüht hat (§ 31 StGB). Ferner ist als militärische Straftat die Verabredung von *Soldaten* zur Unbotmäßigkeit, nämlich zur Gehorsamsverweigerung, Meuterei, Bedrohung oder Nötigung eines Vorgesetzten oder zu einem tätlichen Angriff auf diesen in § 28 WStG mit der für die Begehung der Tat vorgesehenen Strafe bedroht; auch hier wirkt tätige Reue strafbefreiend.

**Verächtlichmachen** von Bundesorganen → Beschimpfung; s. a. → Verunglimpfung.

**Veränderung der Vertragslage** → Geschäftsgrundlage.

**Veränderung des rechtlichen Gesichtspunkts** (im Strafprozeß) → Hauptverhandlung.

**Veränderungsnachweis.** Im V. (z. T. auch Fortführungsmitteilung genannt) werden die Veränderungen an Flurstükken zum Ausdruck gebracht. Der V. ist Grundlage für die Fortführung des → Katasters und der Berichtigung des → Grundbuchs. S. a. → Messungsanerkennung, → Parzellierung.

**Veränderungssperre.** Ist ein Beschluß über die Aufstellung eines Bebauungsplans (→ Bauleitpläne) gefaßt, kann die → Gemeinde zur Sicherung der Planung für den künftigen Planbereich eine V. beschließen; dann dürfen weder bauliche Anlagen errichtet oder beseitigt werden noch wertsteigernde nichtgenehmigungspflichtige Veränderungen an Grundstücken und baulichen Anlagen vorgenommen werden (§§ 14 ff. BauGB). Die V. nach diesen Bestimmungen wird von der → Gemeinde als → Satzung beschlossen, kann also im Wege der → Normenkontrolle überprüft werden. Die V. tritt nach 2 Jahren außer Kraft; die Gemeinde kann sie unter gewissen Voraussetzungen verlängern oder nach Außerkrafttreten erneut beschließen. Bei länger dauernder V. (mehr als 4 Jahre) ist der Betroffene für die entstandenen Vermögensnachteile angemessen in Geld zu entschädigen. Als gegenüber der V. weniger einschneidende oder vorläufige Maßnahme sieht § 15 BauGB die zeitweilige Zurückstellung von Baugesuchen vor. Teilw. abweichend ger. sind die V. gem. § 51 BauGB und § 109 BauGB. V. sind auch in anderen Gesetzen vorgesehen, in denen bauliche oder sonstige Planungen geregelt sind (z. B. § 9 a BundesfernstraßenG, § 15 BundeswasserstraßenG, § 36 a WasserhaushaltsG, § 34 FlurbereinigungsG).

**Veranlagung** ist die Steuerfestsetzung durch → Steuerbescheid aufgrund Steuererklärung. → Besteuerungsverfahren.

**Veranlagungsarten.** Bei der *Einkommensteuer* gibt es die Einzelveranlagung (§ 25 EStG), die Zusammenveranlagung der Ehegatten (§ 26 b EStG), die getrennte Veranlagung der Ehegatten (§ 26 a EStG) und die besondere Veranlagung im Jahr der Eheschließung (§ 26 c EStG). *Einzelveranlagung* findet statt bei Ledigen, Geschiedenen, dauernd getrennt lebenden Ehegatten, beschränkt Steuerpflichtigen und Verwitweten (→ Steuerpflicht; zu Ausnahmen → Grenzgänger). Anzuwenden ist die Grundtabelle bzw. das → Gnadensplitting (§ 32 a IV, VI). *Zusammenveranlagung* bedeutet getrennte Einkunftsermittlung, aber gemeinschaftliche → Sonderausgaben, gemeinschaftl. außergewöhnliche → Belastungen und ein einheitliches zu versteuerndes Einkommen, auf das die → Splittingtabelle (§ 32 a V) anzuwenden ist. *Getrennte* Veranlagung (auf Antrag eines Ehegatten) ist gekennzeichnet durch getrennte Einkunftsermittlung, getrennte → Sonderausgaben, grundsätzlich frei verschiebbare außergewöhnliche → Belastungen, zwei zu versteuernde → Einkommen, auf die die Grundtabelle (§ 32 a IV EStG) anzuwenden ist. Ehegatten, die zu Beginn des → Veranlagungszeitraums (VZ) unbeschränkt steuerpflichtig sind und nicht dauernd getrennt leben oder bei denen diese Voraussetzungen im Laufe des VZ eingetreten sind, können unabhängig vom ehelichen Güterstand (→ Güterstände) zwischen Zusammenveranlagung und getrennter Veranlagung wählen (§ 26 EStG). Bei *besonderer* Veranlagung im Jahr der Eheschließung werden die Ehegatten wie Unverheiratete behandelt. Die Veranlagung von *Einkünften aus nichtselbständiger Arbeit,* die dem Lohnsteuerabzug unterliegen, regelt § 46 EStG (→ Lohnsteuer, → Antragsveranlagung).

**Veranlagungssteuern** → Veranlagung, → Veranlagungsarten, → Abzugsteuern.

**Veranlagungszeitraum** (VZ) ist bei der Einkommen- und Körperschaftsteuer das Kalenderjahr, auch wenn die persönl. Steuerpflicht nicht das ganze Jahr bestanden hat. → Erhebungszeitraum (Gewerbesteuer) und → Besteuerungszeitraum (Umsatzsteuer).

**Verantwortlichkeit** → Verschulden, → Schuld, → Geschäftsfähigkeit, → Deliktsfähigkeit, → Schuldfähigkeit.

**Verarbeitung** (Spezifikation). Wird durch V. oder Umbildung eines oder mehrerer Stoffe eine neue bewegliche → Sache hergestellt, so erwirbt der Hersteller → Eigentum an der neuen Sache, sofern nicht der Wert der V. erheblich geringer ist als der Wert des Stoffes (§ 950 BGB). Eine neue Sache entsteht nicht bei bloßer Reparatur oder Wiederherstellung; ein Anhaltspunkt für das Vorliegen einer neuen Sache ist deren neuer Name (z. B. Herstellung von Dosen aus Blech). Als V. gilt auch das Schreiben, Zeichnen, Malen, Drucken oder eine ähnliche Bearbeitung der Oberfläche des Stoffes. Der Hersteller erwirbt originär (kein → Rechtsgeschäft) und endgültig Eigentum; ein → böser Glaube schadet nicht. Hersteller in diesem Sinn ist, wer in eigener Verantwortung eine neue Sache anfertigt, auch wenn er sich hierzu eines Untergebenen bedient, demnach nicht der Gewerbegehilfe oder Fabrikarbeiter. Durch die V. erlischt ein → Eigentumsvorbehalt des Lieferanten. Da eine → Sicherungsübereignung der herzustellenden neuen Sache durch antizipiertes → Besitzkonstitut (verlängerter Eigentumsvorbehalt) oftmals dem Gläubiger keine hinreichende Sicherheit bietet, läßt die h. M. (so auch BGH) trotz der zwingenden Natur des § 950 BGB (→ Sachenrecht) unter den Parteien die Abrede zu, wer Hersteller sein soll (sog. *Herstellervereinbarung*); Hersteller und damit durch V. Eigentum Erwerbender ist demnach u. U. der unter verlängertem Eigentumsvorbehalt liefernde Verkäufer, sofern die V. abredegemäß geschieht. Mit dem Erwerb des Eigentums durch V. erlöschen die sonstigen an dem Stoff bestehenden Rechte. Wer infolge der V., → Verbindung oder → Vermischung einen Rechtsverlust erleidet, hat gegen den Bereicherten einen Anspruch auf Vergütung in Geld nach den Vorschriften über die → ungerechtfertigte Bereicherung (aber nicht, wenn sie ihm ohne sein Interesse nur aufgedrängt ist), u. U. auf Schadensersatz wegen → unerlaubter Handlung, auf Ersatz von → Verwendungen und ein → Wegnahmerecht; die Wiederherstellung des früheren Zustandes, z. B. Abbruch, kann nicht verlangt werden (§ 951 BGB).

**Veräußerung** → Verfügung, → Kauf; – der Firma → Firma; – der Streitsache → Streitbefangenheit.

**Veräußerungsgewinne** aus der Veräußerung von → Betriebsvermögen eines Betriebs, Teilbetriebs oder Mitunternehmeranteils oder auch Betriebsaufgabe durch einen Land- und Forstwirt, Gewerbetreibenden oder selbständig Tätigen sind steuerpflichtig. Veräußerung im ganzen oder Betriebsaufgabe sind steuerlich privilegiert (Freibetrag 60 000 DM ab dem 55. Lebensjahr, auch für Teilbetriebe und Anteile am Betriebsvermögen, dafür nur 1 × pro Steuerpflichtigen beanspruchbar; ermäßigter Einkommensteuersatz bis 30 Mio DM, ab 1. 8. 97 15 Mio DM (→ außerordentliche Einkünfte), keine Gewerbesteuer; §§ 14, 14a, 16, 18 III, 34 II EStG); privilegiert ist auch die Veräußerung einer wesentlichen Beteiligung an einer Kapitalgesellschaft im Privatvermögen mit Freibetrag 20 000 DM (§ 17 EStG). Vgl. → außerordentliche Einkünfte, → Beteiligung, wesentliche. Im übrigen sind V. an Privatvermögen mit Ausnahme von → Spekulationsgewinnen nicht steuerpflichtig, z. B. Verkauf eines Pkw durch Arbeitnehmer, Verkauf einer Immobilie.

**Veräußerungsverbot.** Ist ein gesetzliches V. im öffentlichen Interesse, d. h. zugunsten der Gesamtheit, erlassen, so verstößt ein dem zuwiderhandelndes Rechtsgeschäft (R.) gegen ein Verbotsgesetz und ist wegen → Gesetzwidrigkeit absolut nichtig (→ Nichtigkeit, § 134 BGB; z. B. wenn die Veräußerung von Grundstücken an Ausländer gesetzlich untersagt ist). Verstößt die → Verfügungüber einen Gegenstand dagegen gegen ein gesetzliches V., das nur den Schutz bestimmter Personen bezweckt, so ist sie nur diesen Personen gegenüber unwirksam, im übrigen aber wirksam (relative → Unwirksamkeit). Einem gesetzlichen V. steht dabei ein V. gleich, das von einem Gericht oder einer anderen Behörde zugunsten bestimmter Personen erlassen wird. In Betracht kommen vor allem die Verfügungen des Schuldners nach Eröffnung des → Insolvenzverfahrens (§ 81 InsO, Schutz der Insolvenzgläubiger) sowie Verfügungen des Schuldners nach einer → Beschlagnahme im Wege der Zwangsvollstreckung (z. B. bei der Pfändung einer Forderung, § 829 ZPO) oder bei der Zwangsversteigerung eines Grundstücks (§ 23 ZVG, Schutz des Vollstreckungsgläubigers) sowie V., die durch eine → einstweilige Verfügung (Schutz des Antragstellers) angeordnet worden sind. In allen diesen Fällen fehlt dem Verfügenden die → *Verfügungsbefugnis;* die Verfügung (ebenso eine Zwangsvollstreckungsmaßnahme gegen den Schuldner seitens eines Gläubigers, der nicht zu dem geschützten Personenkreis gehört) ist relativ unwirksam (§§ 135, 136 BGB).

Der Wirkung eines V. kommt ein durch einstweilige Verfügung angeordnetes *Erwerbsverbot* gleich (Beispiel: Jemand hat auf Grund eines unwirksamen → Grundstückskaufvertrags – z. B. Schwarzkauf – die → Auflassung erklärt; dem Erwerber wird nunmehr durch einstweilige Verfügung verboten, die Eintragung herbeizuführen und dadurch den nichtigen Kaufvertrag zu heilen, so daß er wirksam über das Grundstück weiter verfügen könnte). Besteht ein derartiges relatives V., so wird ein Gutgläubiger, der von dem nicht mehr Verfügungsberechtigten den Gegenstand durch eine Verfügung (nicht im Wege der Zwangsvollstreckung) erwirbt, geschützt, soweit für den betreffenden Gegenstand ein → Gutglaubensschutz vorgesehen ist. Der gute Glaube muß sich hier auf das Fehlen eines V., also auf den Fortbestand der Verfügungsbefugnis beziehen; er wird insbes. bei Grundstücken durch Eintragung – z. B. des Beschlagnahmevermerks – in das Grundbuch zerstört (§ 892 I 2 BGB, § 23 ZVG). Durch Rechtsgeschäft kann ein V. nicht mit unmittelbar bindender Wirkung vereinbart werden (Verfügungsfreiheit; Ausnahme bei der → Abtretung, 3); unberührt hiervon bleibt jedoch die Wirksamkeit einer Verpflichtung, über ein veräußerliches Recht nicht durch Rechtsgeschäft zu verfügen (§ 137 BGB). Eine verbotswidrige Verfügung ist hier also voll wirksam, verpflichtet aber den Verfügenden wegen Vertragsverletzung zum → Schadensersatz.

**Verbalangebot** → Gläubigerverzug.

**Verbalkontrakt** → Vertrag (3).

**Verbalnote** → Note.

**Verbände** sind Zusammenschlüsse von (natürlichen oder juristischen) Personen oder Vereinigungen zur Förderung gemeinsamer Interessen, insbes. wirtschaftlicher, sozialer, kultureller oder politischer Art. Zu den *wirtschaftlichen V.* zählen insbes. Vereinigungen von Unternehmen des gleichen Wirtschaftszweiges, welche die gemeinschaftlichen wirtschaftlichen Interessen ihrer Mitglieder, z. B. durch interne Beratung, Durchführung von Betriebsvergleichen, Marktanalysen fördern und gegenüber der Öffentlichkeit, dem Staat und anderen Wirtschaftszweigen vertreten. Sie sind vielfach als eingetragene Vereine organisiert (Gegensatz: öffentlich-rechtliche Berufsorganisationen, → Kammern) und i. d. R. fachlich oder regional zu Landes- und Bundesverbänden zusammengeschlossen (Dach- und Spitzenverbände, z. B. Bundesverband der Industrie). Nach § 27 GWB hat jeder Unternehmer Anspruch auf Aufnahme in einen Verband, wenn die Ablehnung eine sachlich nicht gerechtfertigte Ungleichbehandlung darstellt und zu einer unbilligen Benachteiligung des Unternehmers im Wettbewerb führt (über die Anordnung der Aufnahme durch die → Kartellbehörde und das Klagerecht des Bewerbers vgl. §§ 27, 35 GWB). Zu den Voraussetzungen der → Tariffähigkeit eines Verbandes (Arbeitgeberverband, Gewerkschaft) s. dort. Weitere wirtschaftliche V. sind die privatrechtlichen Berufsverbände, Genossenschaften, → Kartelle und Syndikate. S. ferner → Koalitionsfreiheit, → Lobbyismus; über das Klagerecht von V. → Verbandsklage. Über Sport-V. → Sportrecht.

**Verbände (geschlossene) im Straßenverkehr** haben sich nach den allgemeinen Vorschriften für den Fahrverkehr zu richten. Mehr als 15 Radfahrer dürfen einen g. V. bilden und dann auf der → Fahrbahn abweichend von der Regel zu zweit nebeneinander fahren. Kinder- und Jugendgruppen sollen → Gehwege benutzen. G. V. müssen in Abständen Zwischenräume für den übrigen Verkehr freilassen und dürfen durch andere → Verkehrsteilnehmer sonst nicht unterbrochen werden (s. aber → Wegerechtsfahrzeuge). Auf Brücken darf nicht im Gleichschritt marschiert werden. Bei Sichtbehinderung ist die seitliche Abgrenzung durch Leuchten zu kennzeichnen (§ 27 StVO). Über das Nebeneinanderfahren in Fahrzeugschlangen → Kolonnen.

**Verbände der Sozialversicherungsträger** → Sozialversicherungsträger.

**Verbandsgemeinde** → Kommunalverbände, → Verwaltungsgemeinschaft, 1.

**Verbandsklage.** Nach § 42 II VwGO kann (vorbehaltlich anderer gesetzlicher Regelung) im → Verwaltungsstreitverfahren nur klagen, wer geltend macht, in seinen (eigenen) Rechten verletzt zu sein. Deshalb können Vereine oder Verbände keine verwaltungsgerichtliche Klage erheben, mit der sie nicht eigene Rechte, sondern Interessen ihrer Mitglieder oder der Allgemeinheit geltend machen. Insbesondere im Umweltrecht wird mitunter gefordert, Naturschutzverbänden und ähnlichen Organisationen ein eigenes Klagerecht zu geben. Nach dem Bremischen Naturschutzgesetz vom 17. 9. 1979 (GBl. 345) haben anerkannte Verbände ein Klagerecht (§§ 43, 44); ähnlich § 36 hess. Naturschutzges. vom 19. 9. 1980 (GVBl. I 309). Die Zweckmäßigkeit einer Zulassung der V. (insbes. hins. einer Entlastung der Verwaltung und der Verwaltungsgerichte von sog. → Massenverfahren) ist im einzelnen str. Über weitere Fälle einer V. → Allgemeine Geschäftsbedingungen, → unlauterer Wettbewerb. Anders → Popularklage.

**Verbandskörperschaft** → Körperschaften des öffentlichen Rechts.

**Verbandspersönlichkeit** → juristische Person.

**Verbandszeichen** → Marken.

**Verbescheidung** → Bescheid.

**Verbindlicherklärung** von Schiedssprüchen → Schlichtung; – von Tarifverträgen → Allgemeinverbindlichkeit.

**Verbindlichkeit** → Schuldverhältnis.

**Verbindlichkeit des Völkerrechts** → Völkerrecht; → Primat des Völkerrechts.

**Verbindlichkeit eines Befehls** → Gehorsamspflicht.

**Verbindlichkeiten des Reichs** → Allgemeines Kriegsfolgengesetz, → Londoner Schuldenabkommen.

**Verbindung von Rechtsgeschäften** → Nichtigkeit von R. (2), → Kreditvertrag (4).

**Verbindung von Sachen.** Wird eine bewegliche → Sache mit einem → Grundstück oder einem darauf errichteten Gebäude in der Weise verbunden, daß sie dessen wesentlicher → Bestandteil wird (Einbau von Baumaterial, Einpflanzen eines Baumes), so verliert der bisherige Eigentümer zwingend, d. h. auch bei entgegenstehendem Willen, z. B. bei Lieferung unter → Eigentumsvorbehalt, das Eigentum; das Eigentum an dem Grundstück erstreckt sich auch auf diese Sache (§ 946 BGB). Bei V. beweglicher Sachen miteinander zu wesentlichen Bestandteilen (z. B. Zusammensetzung einer Maschine) entsteht → Miteigentum der bisherigen Eigentümer im Verhältnis ihrer Anteile; ist eine der Sachen aber als Hauptsache anzusehen, so erwirbt ihr Eigentümer das Alleineigentum an der neuen Sache (§ 947 BGB). → Vermischung. Der → Eigentumserwerb durch → Verarbeitung geht der V. vor. Erlischt durch V. oder Vermischung das Eigentum an einer Sache, so erlöschen auch die an der Sache bestehenden Rechte (§ 949 BGB). Über den Ausgleichsanspruch dessen, der hiernach einen Rechtsverlust erleidet, → Verarbeitung.

**Verbindung von Staaten** → Staatenverbindungen.

**Verbindung von Verfahren.** Mehrere bei demselben Gericht anhängige Verfahren können durch Beschluß verbunden werden, wenn ein sachlicher oder persönlicher Zusammenhang besteht, d. h. wenn die Verfahrensgegenstände zusammenhängen (rechtlich nach § 147 ZPO, sachlich bei Tatbeteiligung mehrerer an der Straftat, §§ 2 ff. StPO) oder wenn mehrere Straftaten des Beschuldigten zur Entscheidung stehen (§§ 13, 237 StPO). In gleicher Weise kann eine Trennung der verbundenen Strafsachen angeordnet werden (§§ 2 II, 4 I, 13 III StPO).

**Verbindungen, studentische** (Korporationen) sind Vereinigungen, die das studentische Gemeinschaftsleben an den Hochschulen pflegen. Die Traditionspflege unterscheidet sie von sonstigen studentischen Vereinigungen, z. B. den politisch orientierten Hochschulgruppen. Stud. Verb. und sonstige stud. Vereinigungen sind ihrer Rechtsnatur nach bürgerlich-rechtliche Vereine, wirken aber in den öffentlich-rechtlichen Bereich der Hochschule hinein. Als schlagende Verb. werden solche bezeichnet, die ihren Mitgliedern das Durchfechten von Mensuren (→ Zweikampf) ermöglichen oder zur Pflicht machen.

**Verbindungen, verbotene,** → Vereinigungen (verbotene), → Vereinsfreiheit, → kriminelle Vereinigungen, → terroristische Vereinigungen.

**Verböserung** → reformatio in peius.

**Verbot der Doppelbestrafung** → Strafklageverbrauch.

**Verbot der Kinderarbeit** → Jugendarbeitsschutz, → Kinderarbeit.

**Verbot der reformatio in peius** → reformatio in peius.

**Verbot mit Erlaubnisvorbehalt** → Dispens.

**Verbote, polizeiliche** → polizeiliche Maßnahmen.

**Verbotene Eigenmacht** → Besitzschutz.

**Verbotsgesetz** → Gesetzwidrigkeit von Rechtsgeschäften, → Veräußerungsverbot.

**Verbotsirrtum.** Der V. betrifft – zum Unterschied vom Irrtum über Tatsachen (Tatbestandsirrtum, → Irrtum) – den Irrtum des Täters über die → Rechtswidrigkeit der Straftat oder über einen die Rechtswidrigkeit beseitigenden *Rechtfertigungsgrund:* Der Täter weiß, daß er die Merkmale einer mit Strafe bedrohten Handlung erfüllt, hält sein Handeln aber für erlaubt.

In der Rechtslehre ist str., ob das sog. Unrechtsbewußtsein (das Bewußtsein, unrecht zu handeln) zum Vorsatz gehört – *Vorsatztheorie* – oder ob es vom Vorsatz zu trennen und neben diesem als selbständiges Schuldelement (Bestandteil der Täterschuld) anzusehen ist, so daß das Fehlen des Unrechtsbewußtseins den Vorsatz nicht ausschließt – *Schuldtheorie* –. Nach der vor allem vom BGH (St. 2, 194) vertretenen Schuldtheorie handelt der Täter, der bewußt alle Tatbestandsmerkmale verwirklicht, seine Handlungsweise aber für berechtigt hält, zwar vorsätzlich, aber gleichwohl nicht schuldhaft, außer wenn er bei gehöriger Gewissensanspannung das Unrechte der Handlungsweise hätte erkennen müssen. Die Grundsätze der Schuldtheorie und die sich aus ihr ergebenden Folgerungen haben in Anknüpfung an frühere gesetzliche Vorbilder (§ 6 WiStG a. F., § 12 OWiG 1952) in § 17 StGB ihren Niederschlag gefunden. Danach bleibt der Täter straflos, wenn er den V. nicht vermeiden konnte; andernfalls wird er wegen *vorsätzlichen* Handelns bestraft, aber mit der Möglichkeit der Strafmilderung (§ 49 I StGB); doch darf keine mildere als die ggf. für fahrlässiges Handeln vorgesehene Mindeststrafe verhängt werden (str.). Ob der Irrtum vermeidbar war, entscheidet sich häufig nach der beruflichen Stellung des Täters oder nach der Möglichkeit, Erkundigungen über die Rechtslage einzuziehen (Arzt hält Geschwindigkeitsüberschreitung bei Fahrten zu Patienten für grundsätzlich zulässig). Für → Ordnungswidrigkeiten gilt Entsprechendes nach § 11 II OWiG, der bei vorwerfbarem Handeln Milderung im Rahmen der allgemeinen Bußgeldbestimmungen zuläßt. Über die irrtümliche Annahme von *Rechtfertigungsgründen* → Notstand (1 b), → Notwehr (I 3). S. ferner → Rechtsblindheit.

**Verbotskunde** → Speditionsversicherung.

**Verbrauchbare Sache** → Sache.

**Verbraucherinsolvenzverfahren** Das V. soll – im Interesse „kleiner" Schuldner und zur Entlastung der Gerichte – eine vereinfachte Art der Abwicklung akuter Liquiditätsprobleme ermöglichen. Ist der Schuldner eine natürliche Person (also keine Gesellschaft o.ä.), die keine oder nur eine geringfügige selbständige wirtschaftliche Tätigkeit ausübt (insbes. Kleingewerbetreibende, die nach Art und Umfang ihrer Tätigkeit einen in kaufmännischer Weise eingerichteten Geschäftsbetrieb nicht benötigen), so gelten gegenüber dem normalen → Insolvenzverfahren folgende Besonderheiten (§§ 304 ff. InsO):

Zunächst ist der Schuldner gehalten, mit seinen Gläubigern eine außergerichtliche Einigung, etwa durch Vermittlung eines → Rechtsanwalts oder einer Schuldnerberatungsstelle, herbeizuführen. Er hat deshalb bereits mit dem Antrag auf Eröffnung des Insolvenzverfahrens (oder unverzüglich danach) eine Bescheinigung einer geeigneten Person oder Stelle (die durch Landesrecht bestimmt werden kann) vorzulegen, aus der sich ergibt, daß eine außergerichtliche Einigung über die Schuldenbereinigung innerhalb der letzten 6 Monate erfolglos versucht worden ist. Gleichzeitig ist ein Verzeichnis des vorhandenen Vermögens und Einkommens sowie der gegen den Schuldner gerichteten Forderungen und insbesondere ein *Schuldenbereinigungsplan* einzureichen (§ 305 InsO). Dieser enthält einen Vorschlag des Schuldners, wie unter Berücksichtigung der beiderseitigen Interessen und Verhältnisse eine angemessene Schuldenbereinigung herbeigeführt werden kann. Bis zur Entscheidung über den Schuldenbereinigungsplan ruht das Verfahren über den Antrag auf Eröffnung des Insolvenzverfahrens (§ 306 InsO). Erhebt kein Gläubiger Einwendungen, so gilt der Schuldenbereinigungsplan als angenommen (§ 308 InsO). Hat dem Schuldenbereinigungsplan mehr als die Hälfte der Gläubiger (sowohl nach Köpfen als auch nach der Höhe ihrer Forderungen) zugestimmt, kann unter bestimmten Voraussetzungen die Zustimmung der übrigen Gläubiger durch das Insolvenzgericht ersetzt werden (§ 309 InsO).

Erst wenn das Verfahren über den Schuldenbereinigungsplan gescheitert ist, wird das Verfahren über die Eröffnung des Insolvenzverfahrens wieder aufgenommen. Es findet aber auch dann nur ein vereinfachtes Insolvenzverfahren statt (§§ 311 ff. InsO). Das Verfahren ist verkürzt und die Verteilung der → Insolvenzmasse vereinfacht, die Vorschriften über den → Insolvenzplan und die Eigenverwaltung (→ Insolvenzverfahren, 2) sind nicht anzuwenden, die Aufgaben des → Insolvenzverwalters werden von einem Treuhänder wahrgenommen. Angestrebtes Ziel ist vornehmlich für den redlichen Schuldner die → Restschuldbefreiung.

**Verbraucherkredit(gesetz)** → Kreditvertrag.

**Verbraucherschutz** ist keine einheitliche Rechtsmaterie; ihm dienen Vorschriften des Zivil- wie auch des öffentlichen Rechts. *Zivilrechtlich* sind von Bedeutung zwingende Vorschriften für die Vertragsgestaltung etwa bei → Miete und im → Arbeitsrecht, ferner die Vorschriften des → Wettbewerbsrechts, das Recht der → Allgemeinen Geschäftsbedingungen sowie des → Kreditvertrags. S. a. → Internationales Privatrecht (2). *Öffentlich-rechtlichen* V. findet man vor allem im Recht der → Arzneimittel, im → Lebensmittelrecht, im Rahmen der → Versicherungsaufsicht, bei der Genehmigung und sonstigen öffentlich-rechtlichen Einflußnahme auf Vertragsgestaltungen, im → Kreditwesen, bei der Aufsicht über Altenwohnheime, Kindergärten u.ä. Dem V. dient schließlich auch das Recht der → Gewerbezulassung; s. a. → Warentest, ferner zu V.-Verbänden → Verbände.

Nach Art. 100 a I EGV sind u. a. einheitliche Regelungen für den V. vorgesehen. Dabei ist gemäß Art. 100 a III EGV für den Verbraucherschutz von einem hohen Schutzniveau auszugehen. Die EG-Verbraucherpolitik hat demgemäß zahlreiche weitreichende Initiativen entwickelt. Ins nationale Recht umgesetzt sind etwa die Richtlinien für → Produkthaftung, → Haustürgeschäfte, Verbraucherkredite (→ Kreditvertrag), ferner Richtlinien für Produktsicherheit (ABl. 1992 L 228/24), die Pauschalreiserichtlinie (ABl. 1990 L 158/59) und die Richtlinie über mißbräuchliche Klauseln in Verbraucherverträgen vom 21. 4. 1993 (ABl. L 95/29). Geplant und umstritten sind Richtlinien über die Haftung für Dienstleistungen.

**Verbrauchervertrag** → Allgemeine Geschäftsbedingungen, → Kreditvertrag, → Frachtvertrag.

**Verbrauchsteuern.** Als V. werden die Steuern bezeichnet, welche die Beschaffung von Gütern belasten, die dem Verbrauch oder Gebrauch dienen. Sie werden von der Zollverwaltung bei den Erzeugerbetrieben erhoben (§ 12 FVG). Auch der Versandhandel unterliegt der Verbrauchsbesteuerung. Steuerschuldner ist hierbei der Händler. Die V. sind durch EG- → Richtlinien vorbestimmt, so daß der innerstaatliche Gesetzgeber nur im Rahmen der Richtlinie tätig werden darf. Dem Bund steht die konkurrierende Gesetzgebung über die V. zu, ferner die Verwaltungs- und Ertragshoheit (→ Verteilung des Steueraufkommens) mit Ausnahme der Biersteuer (Art. 105, 108, 106 GG). V. sind die Branntweinabgaben, → Biersteuer, → Einfuhrumsatzsteuer, → Kaffeesteuer, → Mineralölsteuer, → Schaumweinsteuer und → Tabaksteuer; → Steuerlager. I. w.S. werden als V. (richtiger: Konsumsteuern) alle Steuern bezeichnet, welche die Einkommensverwendung für Sachgüter treffen sollen, wie z. B. die → Umsatzsteuer.

**Verbrauchsteuergefährdung** ist eine → Ordnungswidrigkeit bei Zuwiderhandlungen gegen Vorschriften der → Verbrauchsteuergesetze (§ 381 AO).

**Verbrechen** ist eine im Mindestmaß mit Freiheitsstrafe von 1 Jahr oder darüber bedrohte rechtswidrige Tat (§ 12 I StGB).

**Verbrechen im Amt** → Amtsdelikte.

**Verbrechensbekämpfung** ist die Bezeichnung für ein Bündel von Maßnahmen des Gesetzgebers (insbes. V.-G vom 28. 10. 1994, BGBl. I 3186) sowie der Strafverfolgungsbehörden und der Polizei zur Bekämpfung der → Organisierten Kriminalität.

**Verbrechensopfer** → Gewalttaten, Entschädigung für Opfer von –.

**Verbreiten von Falschgeld** → Geld- und Wertzeichenfälschung.

**Verbreitung jugendgefährdender oder pornographischer Schriften** → jugendgefährdende Schriften und Medieninhalte, → pornographische Schriften.

**Verbreitungsrecht** ist ein → Verwertungsrecht des Urhebers eines Werks der Literatur, Wissenschaft oder Kunst (→ Urheberrecht). Es berechtigt ihn, das Original oder Vervielfältigungsstücke des Werkes der Öffentlichkeit anzubieten oder in Verkehr zu bringen (§ 17 UrhG). Eine Weiterverbreitung ist jedoch zulässig, wenn der Urheber das Original oder Vervielfältigungsstücke innerhalb der BRep. im Wege der Veräußerung (z. B. Übereignung, Abtretung) in Verkehr hat bringen lassen.

**Verbringungsverbote.** Nach § 86 StGB ist als ein Tatbestand der → Rechtsstaatsgefährdung Herstellen, Vorrätighalten, Einführen, Verbreiten oder Ausführen von *Propagandamitteln verfassungsfeindlicher Organisationen* (→ Schriften oder andere Darstellungen) unter Strafe gestellt.

Ergänzend verbietet § 5 Ges. zur Überwachung strafrechtlicher und anderer Verbringungsverbote vom 24. 5. 1961 (BGBl. I 607) die Verbreitungszwecken dienende Einfuhr von *Filmen,* die geeignet sind, als Propagandamittel gegen die demokratische Grundordnung oder die Völkerverständigung zu wirken.

Zur Durchsetzung des Einfuhrverbots für verfassungsfeindliche Publikationen gestatten §§ 1–4 Überwachungsgesetz unter Einschränkung des → Brief- und Postgeheimnisses (Art. 10 GG) den Hauptzollämtern die Nachprüfung eingeführter Gegenstände, wenn tatsächliche Anhaltspunkte für einen Verstoß gegen das Verbot vorliegen; wird der Verdacht nicht ausgeräumt, sind die Gegenstände der Staatsanwaltschaft vorzulegen. Die Zollbehörden dürfen zwecks Nachprüfung Postsendungen, Beförderungsmittel (Kfz.), Gepäck usw. öffnen und durchsuchen und inkriminierte Sachen beschlagnahmen; bei Abwesenheit oder Widerspruch des Betroffenen ist binnen 3 Tagen um richterliche Bestätigung nachzusuchen. Die Unternehmen in Nachfolge der Bundespost legen Sendungen, bei denen sich Anhaltspunkte für einen Verstoß gegen das Einfuhrverbot ergeben, der Zollbehörde vor.

**Verbund von Scheidungs(folge)sachen** → Ehesachen.

**Verbundene Unternehmen** sind rechtlich selbständige Unternehmen, die im Verhältnis zueinander in Mehrheitsbesitz stehende Unternehmen und mit Mehrheit beteiligte Unternehmen (§ 16 AktG), abhängige und herrschende Unternehmen (§ 17 AktG), Konzernunternehmen (→ Konzern), wechselseitig beteiligte Unternehmen (§ 19 AktG) oder Vertragsteile eines → Unternehmensvertrages sind.

**Verdächtigung, falsche,** ist nach § 164 StGB mit Freiheitsstrafe bis zu 5 Jahren oder mit Geldstrafe bedroht. Strafbar ist nach Abs. 1, wer einen anderen bei einer Behörde oder einem für Anzeigen zuständigen → Amtsträger oder militärischen Vorgesetzten oder öffentlich *wider besseres Wissen* einer rechtswidrigen Tat oder der Verletzung einer Dienstpflicht in der Absicht verdächtigt, ein behördliches Verfahren oder andere behördliche Maßnahmen gegen ihn herbeizuführen oder fortdauern zu lassen (Straf-, Disziplinarverfahren o. dgl.). Nach Abs. 2 ist strafbar, wer in gleicher Absicht und in derselben Art über einen anderen eine *sonstige* tatsächliche Behauptung – also nicht über eine Straftat oder Dienstpflichtverletzung – aufstellt, die solche Folgen nach sich ziehen kann (z. B. vormundschaftsrichterliche Maßnahmen). Hat die V. ein Verfahren ausgelöst, soll bis zu dessen Erledigung mit dem Verfahren wegen f. V. innegehalten werden (§ 154 e StPO). S. a. → Denunziation.

**Verdachtskündigung** → Arbeitsverhältnis.

**Verdachtsunabhängige Kontrollen** → Identitätsfeststellung.

**Verdeckte Ermittlungen** zur Gefahrenabwehr durch die Polizei oder zur Strafverfolgung gewinnen wegen geänderter Erscheinungsformen der Kriminalität zunehmend an Bedeutung.

1. Dabei handelt es sich insbes. um folgende heimlich durchgeführte Maßnahmen: a) Längerfristige → Observation; b) Bildaufnahmen und -aufzeichnungen; c) Abhören und Aufzeichnen des nichtöffentlich gesprochenen Wortes; d) Überwachen und Aufzeichnen der Telekommunikation (s. zu b)–d) → Datenerhebung und -verarbeitung durch die Polizei, → Einsatz technischer Mittel, → Brief-, Post- und Fernmeldegeheimnis); e) Einsatz von Privatpersonen, z. B. als → Informant, → V-Person, → agent provocateur; daneben werden auch andere Bezeichnungen wie Gelegenheitsinformant, Gewährsmann, Kontaktperson, Lockspitzel, Verbindungs-, Vertrauensperson, V-Mann sowie Scheinaufkäufer (bei → Betäubungsmitteldelikten) verwendet; f) Einsatz von Beamten bei Einzelaktionen oder als → verdeckter Ermittler.

2. Heimliche E., die auf Feststellungen abzielen, durch die sich der Verdächtige selbst belastet, sind grundsätzlich zulässig. Zu v. E. bedarf es nur, soweit sie in geschützte Rechte anderer, etwa die Unverletzlichkeit der → Wohnung, eingreifen, einer Befugnisnorm. Fehlt sie, so ist diese Maßnahme unzulässig.

Auch nach der gesetzlichen Regelung des → verdeckten Ermittlers in §§ 110 a ff. StPO für die Strafverfolgung und in den Polizeigesetzen für die Gefahrenabwehr ist der Einsatz von Privatpersonen zur Strafverfolgung ohne besondere gesetzliche Befugnisnorm zulässig. Er verstößt auch, soweit eine Privatperson auf Veranlassung und unter Führung der Ermittlungsbehörde ein Gespräch mit einem Zeugen oder einem Tatverdächtigen führt, um von ihm Angaben zu erlangen, nicht gegen die Belehrungspflicht nach § 136 I StPO oder gegen das Verbot von Vernehmungsmethoden i. S. des § 136 a I, II StPO (→ Vernehmungen im Strafverfahren) und auch nicht gegen den Grundsatz, daß niemand gezwungen werden darf, sich selbst zu belasten (BGH NJW 1994, 556, 2904; 1996 2940). Dies gilt jedenfalls dann, wenn es um die Aufklärung einer Straftat von erheblicher Bedeutung geht und die Erforschung des Sachverhalts unter Einsatz anderer Ermittlungsmethoden erheblich weniger erfolgversprechend oder wesentlich erschwert wäre. Rechtsstaatliche Grenzen sind aber überschritten, wenn etwa die Privatperson von der Ermittlungsbehörde zur Gewinnung von Informationen mit dem Beschuldigten in der Untersuchungshaft in einem Raum untergebracht wird (BGHSt. 34, 362) oder ein Verhältnis beginnt (sog. Romeo-Fall). Dann besteht ein Verwertungsverbot (→ Beweisverbote).

Nach dem → Unmittelbarkeitsgrundsatz sind die Angaben von Privatpersonen und Beamten zu v. E. in der → Hauptverhandlung des Strafprozesses grundsätzlich durch Zeugenbeweis festzustellen. Dabei wird die Identität der Personen aufgedeckt, was im Widerspruch zu einer Zusicherung der Vertraulichkeit oder Geheimhaltung (s. dazu Richtlinien der Justiz- und Innenminister, z. B. BayJMBl. 1986, 33 und 1994, 87) stehen kann und vor allem die Personen oder deren weiteren Einsatz in der Strafverfolgung gefährden kann.

Wird die Person von der Ermittlungsbehörde benannt und ihr, sofern sie Beamter ist, eine → Aussagegenehmigung erteilt, so kann ihrer Gefährdung auf Grund der Zeugenaussage durch Ausschluß der Öffentlichkeit (§ 172 Nr. 1 a GVG), durch teilweise oder vollständige Geheimhaltung ihrer Personalien (§ 68 II, III StPO; s. a. → Zeugenschutz) oder durch → kommissarische Vernehmung (§§ 224, 251 I StPO) begegnet werden. Möglich ist auch eine vorübergehende Entfernung des Angeklagten aus der Hauptverhandlung, wenn andernfalls zu befürchten ist, daß der Zeuge nicht die Wahrheit sagt (§ 247 StPO). Schließlich kann vom Gericht zum → Zeugenschutz angeordnet werden, daß er sich während der Vernehmung an einem anderen Ort aufhält und seine Aussaage zeitgleich in Bild und Ton in das Sitzungszimmer übertragen wird (§ 247 a StPO).

Würde die Angabe des Namens oder des Aufenthaltsorts die Person gefährden, kann die Aussagegenehmigung für den Führungs- oder Vernehmungsbeamten der Person nach § 54 StPO und den beamtenrechtlichen Vorschriften beschränkt oder verweigert werden und eine Sperrerklärung hinsichtlich der persönlichen Daten der Person entsprechend § 96 StPO abgegeben werden. Damit ist die Person als Beweismittel unerreichbar (§ 244 III 2 StPO). Die Beschränkung oder Verweigerung der Aussagegenehmigung unterliegt aber gerichtlicher Nachprüfung auf Willkür oder Ermessensfehler. Auch muß das Gericht alles unternehmen, um die Aussagegenehmigung zu erwirken oder in anderer Weise eine Aussage der Person herbeizuführen. Neben der kommisarischen Vernehmung mit Zeugenschutz nach § 68 II, III StPO (s. o.) bestehen folgende Möglichkeiten: Die Angaben der Person gegenüber ihrem Führungs- oder Vernehmungsbeamten können von diesem als → Zeuge vom Hörensagen bekundet werden. Polizeiliche Niederschriften über die Vernehmung der Person oder deren sonstige schriftliche Erklärungen können nach § 251 II 2 StPO als Urkunden verlesen werden. Das Fehlen von Angaben zur Identität der Person in beiden Fällen macht die Beweismittel nicht unverwertbar. An die Beweiswürdigung werden aber besondere Anforderungen gestellt.

**Verdeckte Gewinnausschüttung/ Verdeckte Einlage** → Körperschaftsteuer 5, 6.

**Verdeckte Stellvertretung** → mittelbare Stellvertretung.

**Verdeckter Ermittler** 1. V. E. ist in der *Strafverfolgung* ein Polizeibeamter, der unter einer ihm verliehenen, auf Dauer angelegten veränderten Identität (Legende) ermittelt (§ 110a II 1 StPO). Er ist von Privatpersonen, die zu → verdeckten Ermittlungen eingesetzt werden, zu unterscheiden. Der V. E. betreibt Aufklärung, ohne seine Eigenschaft als Polizeibeamter und seine Tätigkeit zu offenbaren. Für die Legende dürfen Urkunden hergestellt und gebraucht werden. Der V. E. darf unter der Legende am Rechtsverkehr teilnehmen. Seine Identität kann im Strafverfahren unter bestimmten Voraussetzungen geheimgehalten werden. Die Stellung als V. E. rechtfertigt Straftaten des Polizeibeamten nicht. Der Einsatz eines V. E. ist bei → Anfangsverdacht bestimmter erheblicher Straftaten, insbes. der → Organisierten Kriminalität, und unter bestimmten Voraussetzungen bei Verbrechen zulässig (§ 110a I StPO). Für den Einsatz ist grundsätzlich die Zustimmung der StA notwendig. In bestimmten Fällen muß der Richter zustimmen. S. a. → verdeckte Ermittlungen, → Zeugenschutz sowie Richtlinien der Justiz- und Innenminister, z. B. BayJMBl. 1986, 33 und 1994, 87. Für einen Polizeibeamten, der nur einige Ermittlungshandlungen verdeckt vornimmt, also nicht auf Dauer verdeckt tätig wird, gelten die Anforderungen der §§ 110a ff. StPO nicht (BGH NJW 1996, 2108).

2. Zum *präventiven* Einsatz eines V. E. → Datenerhebung und -verarbeitung. V. E. i. w. S. sind auch die Under-cover-Agenten der → Nachrichtendienste (→ nachrichtendienstliche Mittel).

**Verdecktes Geschäft** → Scheingeschäft.

**Verdienstorden der BRep.** → Orden.

**Verdienstsicherungsklausel.** Sie besteht darin, daß der Arbeitgeber dem Arbeitnehmer bei → Akkordarbeit oder bei einer Entlohnung, die sich nach dem erzielten Umsatz richtet (Provision), einen Mindestverdienst ohne Rücksicht auf Arbeitsergebnis oder Umsatz garantiert. Die V. ist dann Bestandteil des → Arbeitsvertrages.

**Verdingungsordnungen.** Die Verdingungsordnung für Bauleistungen – VOB – i. d. F. vom 12. 11. 1992 (BAnz. Nr. 223; Text s. a. dtv Nr. 5034) sowie die Verdingungsordnung für Leistungen, ausgenommenen Bauleistungen – VOL – vom 3. 8. 1993 (BAnz. Nr. 175a) m. Änd. enthalten zunächst in Form von → Verwaltungsvorschriften die für die Vergabe → öffentlicher Aufträge maßgeblichen Grundsätze. Sie gliedern sich jeweils in drei Teile: Teil A regelt das Verfahren bei der Vergabe von Aufträgen (Art der Ausschreibungen, Zuschlagsbedingungen etc.); sie sind an sich nur interne Verwaltungsvorschriften. Grobe Verstöße gegen sie (z. B. Nichtberücksichtigung des besten Angebots) können allerdings zu Schadensersatzansprüchen führen. Teil B enthält allgemeine Vertragsbedingungen für die Abwicklung der Aufträge, die zunächst auch nur innerdienstlich verpflichten und erst durch Vereinbarung in den einzelnen Verträgen Außenwirkung erhalten (→ Werkvertrag, 3 a. E.). Durch solche Einbeziehung werden die VOB Teil B in vielen Fällen auch zum Vertragsrecht privater Bauverträge. Die VOB Teil C enthält technische Regeln, die in der Regel auch außerhalb der öffentlichen Vergaben und auch für BGB-Bauverträge als technischer Mindeststandard für Bauleistungen anzusehen sind. Die V. konkretisieren den Grundsatz der sparsamen und wirtschaftlichen Haushaltsführung für den Bereich der Beschaffungen des Staates (§ 30 HaushaltsgrundsätzeG, § 55 BHO). Wirtschaftspolitischen Zielen bei der Vergabe von öffentlichen Aufträgen dienen die Vorschriften über die Berücksichtigung → bevorzugter Bewerber. VOL/A und VOB/A sind für alle öffentlichen sowie für die in § 57a HaushaltsgrundsätzeG genannten privaten Auftraggeber verbindlich vorgeschrieben (VergabeVO vom 22. 2. 1994, BGBl. I 321). Die VOB/B hat auch außerhalb der Vergabe öffentlicher Aufträge praktische Bedeutung; in der Vertragspraxis des Bauwesens wird sie häufig durch Bezugnahme vereinbart, sonst auch als „Normierung" der → Verkehrssitte für die Auslegung von Verträgen herangezogen. Anders als die Vergabebestimmungen der Teile A sind die Vertragsbestimmungen der VOB/B → Allgemeine Geschäftsbedingungen i. S. des AGBG. Soweit gewisse Schwellenwerte überschritten sind, ist das öffentliche Vergaberecht weitgehend europarechtlich überlagert und bestimmt. Es sind vor allem zu beachten für Bauvergaben die Baukoordinierungsrichtlinie vom 14. 6. 1993 (ABl. L 199/54) und die Überwachungsrichtlinie vom 21. 12. 1989 (ABl. 395/93); über den Bereich der öffentlichen Auftraggeber hinaus verpflichtet das europäische Recht auf bestimmte Private (beispielsweise aus dem „Sektor" Versorgung mit Wasser und Energie) zur Einhaltung gewisser Regeln des öffentlichen Vergaberechts (Sektorenrichtlinie vom 16. 6. 1993, ABl. L 199/84 mit zugehöriger Rechtsmittelrichtlinie vom 25. 2. 1992, ABl. L 76/14). Für den Bereich der Lieferungen, also im wesentlichen für den Anwendungsbereich der VOL/A gilt die Lieferkoordinierungsrichtlinie vom 16. 6. 1993 (ABl. 199/1). Zur Vergabe von freiberuflichen Leistungen (vor allem Ingenieur- und Architektenleistungen) gilt überwiegend die Dienstleistungsrichtlinie (→ VOF).

**Verdrängte Beamte** → Regelungsgesetz.

**Verdunkelungsgefahr** → Haftbefehl (1).

**Vereidigte Buchprüfer** haben die berufliche Aufgabe, Prüfungen auf dem Gebiet des betrieblichen Rechnungswesens, insbes. Buch- und Bilanzprüfungen, durchzuführen. Sie können über das Ergebnis ihrer Prüfungen Prüfungsvermerke erteilen. V.Bpr. dürfen ihre Auftraggeber in Steuerangelegenheiten nach Maßgabe der bestehenden Vorschriften beraten und auf den Gebieten des betrieblichen Rechnungswesens als Sachverständige tätig werden (§ 129 Wirtschaftsprüferordnung; → Wirtschaftsprüfer). Die Anerkennung als v. Bpr. richtet sich nach §§ 128 ff. Wirtschaftsprüferordnung.

**Vereidigung** → Beeidigung.

**Verein** ist ein körperschaftlicher Zusammenschluß mehrerer Personen, der einen einheitlichen Namen führt, auf eine gewisse Dauer berechnet und vom Wechsel seiner Mitglieder unabhängig ist. In diesen Punkten unterscheidet sich der V. – auch der nichtrechtsfähige – von der → Gesellschaft des bürgerlichen Rechts. Über die öffentl.-rechtl. Bestimmungen → Vereinsfreiheit, → Vereinsgesetz. Das BGB enthält im wesentlichen nur Bestimmungen über den rechtsfähigen V. als den Grundtyp der → juristischen Person des Privatrechts; die Rechtsverhältnisse des nichtrechtsfähigen V. sind weitgehend von der Rspr. entwickelt worden. Im Gebiet der ehem. DDR gegründete, nach dem Vereinigungsgesetz vom 21. 2. 1990 (GBl.-DDR I 75) m. Änd. rechtsfähige Vereinigungen gelten als e. V. (unten 1) fort (Art. 231 § 2 EGBGB).

1. *Der rechtsfähige V. (r. V.)* setzt einen Gründungsvertrag zwischen den künftigen Mitgliedern voraus (→ Gründungsgesellschaft), der nicht → gegenseitiger Vertrag, sondern Gesamtakt ist (h. M.). Er muß bereits die Verfassung des zukünftigen Vereins, insbes. also die Satzung (s. u.) enthalten. Ist der Geschäftsbetrieb eines V. auf wirtschaftliche Tätigkeit mit Gewinnerzielungsabsicht gerichtet, so erlangt er, sofern keine Sondervorschriften eingreifen (z. B. über die → Aktiengesellschaft, → GmbH, → Genossenschaft), die → Rechtsfähigkeit durch staatliche Verleihung (*Konzessionssystem,* § 22 BGB). *Wirtschaftlicher V.* ist z. B. eine Funktaxizentrale, ein Sparverein u.ä.; die Einzelheiten des Verleihungsverfahrens sind landesrechtlich geregelt. Nicht wirtschaftliche V. (sog. *Idealv.*) werden rechtsfähig durch Eintragung in das → V.register des nach dem Sitz des V. zuständigen Amtsgerichts (*Normativsystem,* §§ 21, 55 ff. BGB). Ein Idealv. soll nur eingetragen werden, wenn mindestens 7 Mitglieder vorhanden sind und eine schriftliche Satzung mit einem vorgeschriebenen Mindestinhalt (über Ein- und Austritt der Mitglieder, Beitragshöhe, Bestellung des Vorstands, Berufung der Mitgliederversammlung, s. u.) vorgelegt wird. Der Name des V. erhält den Zusatz *„eingetragener V."* (*e. V.,* § 65 BGB).

Die Verfassung eines r. V. muß mindestens 2 Organe vorsehen: Mitgliederversammlung und Vorstand. Oberstes Organ des V. ist regelmäßig die *Mitgliederversammlung.* Durch ihre Beschlußfassung werden die Angelegenheiten des V. erledigt, soweit sie nicht dem Vorstand zugewiesen sind (§ 32 BGB). Zur Gültigkeit eines Beschlusses ist, sofern die Satzung keine andere Bestimmung enthält, die Zustimmung der Mehrheit der erschienenen Mitglieder erforderlich (Stimmenthaltungen zählen nicht, BGH NJW 1987, 2430); bei einer Satzungsänderung ist eine Mehrheit von 3/4 der erschienenen Mitglieder notwendig, bei Zweckänderung Einstimmigkeit. Sonderrechte (z. B. erhöhtes Stimmrecht) eines Mitglieds können nicht ohne dessen Zustimmung durch den Beschluß der Mitgliederversammlung beeinträchtigt, Sonderpflichten nicht ohne jene begründet werden. Die Mitgliederversammlung ist vom Vorstand in den in der Satzung geregelten Fällen einzuberufen, ferner wenn es das V.interesse oder mindestens 1/10 der Mitglieder verlangen (§§ 36 ff. BGB). Der *Vorstand* kann aus mehreren Personen bestehen (§ 26 BGB). Er ist zwar nicht Vertreter, sondern gleichfalls Organ (→ juristische Person), hat aber die Stellung eines → gesetzlichen Vertreters. Seine gerichtliche und außergerichtliche Vertretungsmacht ist grundsätzlich unbeschränkt, kann aber durch die Satzung (Eintragung im Vereinsregister bei Idealv. erforderlich) oder durch den V.zweck (hierzu → Rechtsfähigkeit) mit Wirkung gegen Dritte beschränkt werden. Der Vorstand wird i. d. R. von der Mitgliederversammlung bestellt; die Bestellung ist jederzeit widerruflich, sofern die Satzung nichts anderes bestimmt (z. B. nur bei wichtigem Grund). Auf die Geschäftsführung des Vorstands finden im Innenverhältnis die Vorschriften über den → Auftrag entsprechende Anwendung. Die Vertretung nach außen bei mehreren Vorstandsmitgliedern regelt die Satzung; ist gegenüber dem V. eine Willenserklärung abzugeben, so genügt – zwingend – auch bei Gesamtvertretung die Abgabe gegenüber einem einzigen Vorstandsmitglied (passive Vertretung, § 28 II BGB). In dringenden Fällen kann ein Vorstand auch vom Registergericht bestellt werden (§ 29 BGB, *Notvorstand*). Die Satzung kann ferner neben dem Vorstand anderen Personen für bestimmte Geschäftsbereiche selbständige Leitungsbefugnisse übertragen (sog. *verfassungsmäßige Vertreter,* z. B. Zweigstellenleiter); ihre Vertretungsmacht erstreckt sich im Zweifel auf alle Geschäfte des betr. Aufgabenbereichs (§ 30 BGB).

Im übrigen bestimmt die *Satzung* die Verfassung des V. Sie kann insbes. Sonderrechte eines Mitglieds vorsehen (§ 35 BGB) sowie Beginn und Ende der *Mitgliedschaft* regeln. Diese ist als Personenrechtsverhältnis mangels anderweiter Satzungsbestimmung weder übertragbar noch vererblich (§ 38 BGB). Sie beginnt durch Mitwirkung am Gründungsvertrag, sonst durch *Beitritt* (Vertrag zwischen Mitglied und V.). Aus einer Monopolstellung des V. (z. B. wirtschaftsbeherrschender Unternehmerverband) ergibt sich oftmals eine Aufnahmepflicht (→ Kontrahierungszwang). Die Mitgliedschaft endet, solange der V. weiter besteht, durch – jederzeit oder nur in bestimmter Frist möglichen – *Austritt* (§ 39 BGB). Die Satzung kann auch Bestimmungen über V.maßnahmen („*Vereinsstrafen*") gegen Mitglieder wegen Verletzung von V.pflichten enthalten; der *Ordnungsgewalt* des V. unterliegt ferner die Regelung des Ausschlusses von Mitgliedern. Sofern die Satzung sowohl die Voraussetzungen (sonst nur bei wichtigem Grund) als auch das Verfahren regelt (z. B. Anrufung eines V.schiedsgerichts), haben die ordentlichen Gerichte zu überprüfen, ob das Ausschlußverfahren ordnungsgemäß durchgeführt wurde und die gesetzlichen und satzungsmäßigen Bestimmungen beachtet worden sind; bei bedeutsamen V., auf deren Mitgliedschaft oft der einzelne angewiesen ist, muß besonders streng geprüft werden, ob nicht die Satzung selbst infolge unzulässiger Ausnützung einer wirtschaftlichen Machtstellung wegen Verstoßes gegen das Verbot der → Sittenwidrigkeit nichtig ist. S. a. → Sportrecht. *Vereinshaftung* besteht für jeden Schaden, den der Vorstand oder ein anderer verfassungsmäßig berufener Vertreter durch eine in Ausführung der ihm zustehenden Verrichtungen begangene (nicht nur gelegentlich, ohne Zusammenhang mit dem Tätigwerden für den V.), zum Schadensersatz verpflichtende Handlung einem Dritten zufügt (§ 31

BGB, sog. Organhaftung). Diese Bestimmung geht der allgemeinen Regelung über die Haftung für → Erfüllungsgehilfen bei Verletzung bestehender schuldrechtlicher Verbindlichkeiten (§ 278 BGB) und für Verrichtungsgehilfen im Rahmen einer → unerlaubten Handlung (§ 831 BGB) vor; insbes. steht dem V. auch bei deliktischer Haftung – anders als sonst bei Haftung aus § 831 – nicht die Möglichkeit des Entlastungsbeweises zu. Die strenge Haftung des § 31 BGB greift auch ein bei Überschreitung der durch die Satzung beschränkten Vertretungsmacht, sofern dies nicht dem Dritten erkennbar war. Sie gilt ferner, wenn der V. zwar nur durch einen einfachen Angestellten handelte, für diesen Geschäftsbereich jedoch trotz dessen Bedeutung kein Vorstandsmitglied oder verfassungsmäßig berufener Vertreter bestellt war (sog. *Organisationsmangel*). Die Bedeutung der V.haftung liegt insbes. darin, daß ihre Grundsätze für alle → juristischen Personen des Privatrechts (insbes. AG, GmbH, Genossenschaft) gelten, darüber hinaus nach ständiger Rspr. auch für die → offene Handelsgesellschaft und die → Kommanditgesellschaft, obwohl diese keine juristischen Personen sind, sowie kraft ausdrücklicher Verweisung (§ 89 BGB) für die Haftung der juristischen Personen des öffentlichen Rechts, soweit diese privatrechtlich handeln (s. a. → Fiskus, → Staatshaftung). Zur persönlichen Haftung des Vorstandes u. a. → Durchgriffshaftung.

Der V. wird durch die Eröffnung des → Insolvenzverfahrens aufgelöst. Der Vorstand hat im Falle der → Zahlungsunfähigkeit oder der → Überschuldung die Eröffnung des Insolvenzverfahrens zu beantragen (§ 42 BGB). Dem V. kann die Rechtsfähigkeit auch durch die Verwaltungsbehörde entzogen werden (insbes. wegen gesetzwidrigen Verhaltens, §§ 43 f. BGB). Der V. wird ferner beendet durch Zeitablauf (§ 74 BGB), Selbstauflösung (mindestens 3/4-Mehrheit der erschienen Mitglieder erforderlich, soweit die Satzung nichts anderes bestimmt, § 41 BGB) sowie bei Fortfall aller Mitglieder (eine → Einmanngesellschaft ist nur im Handelsrecht anerkannt). Für die Fusion (Verschmelzung) von V. gelten jetzt die Vorschriften über die → Umwandlung. Sinkt beim Idealv. die Mitgliederzahl unter 3 ab, so hat das Amtsgericht auf Antrag des Vorstands oder nach 3 Monaten von Amts wegen die Rechtsfähigkeit zu entziehen (§ 73 BGB). Nach der Auflösung muß, sofern das Vermögen nicht an den Fiskus fällt, die → Liquidation durch den Vorstand, evtl. durch besonders bestellte Liquidatoren stattfinden (§§ 47 ff. BGB). Für die Beendigung der laufenden Geschäfte – Einziehung der Forderungen, Versilberung des Vermögens, Befriedigung der Gläubiger und Herausgabe des Überschusses an die nach der Satzung Anfallsberechtigten – ist der V. weiterhin bis zur tatsächlichen Beendigung sämtlicher Geschäfte rechtsfähig (§ 49 II BGB).

2. Auf den *nicht rechtsfähigen Verein* (n.r.V.) – dazu gehören z. B. Gewerkschaften, z. T. Arbeitgeberverbände sowie die meisten Studentenverbindungen – finden die Vorschriften über die → Gesellschaft des bürgerlichen Rechts Anwendung (§ 54 S. 1 BGB). Wegen der körperschaftlichen Organisation (Vorstand, Mitgliederversammlung, Gesamtname, Zweck, Dauer, Unabhängigkeit von Eintritt und Austritt der Mitglieder) passen jedoch viele Regeln des Gesellschaftsrechts nicht (z. B. Auflösung bei Austritt eines Gesellschafters, Anspruch ausscheidender Gesellschafter auf Auseinandersetzung bzw. Abfindung usw.). Die Rspr. wendet daher auch auf den n. r.V. weitgehend das Recht des rechtsfähigen V. an, soweit dieses nicht ausdrücklich auf die Rechtsfähigkeit abstellt. Insbes. gelten die Vorschriften über Berufung und Stellung der Organe (Vorstand, Mitgliederversammlung), über das Namensrecht, die Vereinssatzung usw. entsprechend; nicht aber ist der n. r.V. aktiv klagebefugt (anders § 10 ArbGG; immer aber verklagbar, passive → Parteifähigkeit, § 50 II ZPO); er ist ferner nicht wechselfähig sowie nicht erbfähig (Anfall an die Mitglieder mit der Auflage der Verwendung des angefallenen Vermögens für Vereinszwecke). Der n. r.V. kann auch im Grundbuch nicht als solcher eingetragen werden. Aus einem Rechtsgeschäft, das

für den n. r.V. abgeschlossen wird, haftet zunächst der Handelnde persönlich (mehrere als → Gesamtschuldner, § 54 S. 2 BGB).

Die Grundsätze über die *Vereinshaftung* (§ 31 BGB, s. o.) gelten dagegen nach noch h. M. in der Rspr. nicht (obwohl ihnen sachlich der Vorzug zu geben wäre). Die Mitglieder des n. r.V. haften demnach für Vertragsschulden als Gesamtschuldner (§ 427 BGB) und für ein Verschulden des Vorstands über § 278 BGB (Erfüllungsgehilfe), für eine unerlaubte Handlung dagegen nur über § 831 des BGB mit der Möglichkeit des Entlastungsbeweises. Diese Haftung der Mitglieder, die an sich – mangels Rechtsfähigkeit des n. r.V. – auch deren Privatvermögen betrifft, wird bei Vertragsschulden oftmals – auch stillschweigend – auf eine Haftung mit dem Anteil am Vereinsvermögen beschränkt sein.

**Vereinbarung** → Vertrag, → völkerrechtlicher Vertrag.

**Vereinbarungen (im Strafverfahren)** → Verständigung im Strafverfahren.

**Vereinbarungsdarlehen** → Darlehen.

**Vereinfachtes Jugendverfahren.** Das Strafverfahren gegen → Jugendliche kann auf Antrag des StA in Form des v. J. nach den §§ 76–78 JGG durchgeführt werden; es entspricht dem → beschleunigten Verfahren nach §§ 417 ff. StPO. Der Antrag darf gestellt werden, wenn nur Weisungen, Hilfe zur Erziehung durch Erziehungsbeistandschaft, Zuchtmittel, Fahrverbot, Entziehung der Fahrerlaubnis mit Sperrfrist bis zu 2 Jahren, Verfall oder Einziehung zu erwarten sind. Der Jugendrichter lehnt das v. J. durch unanfechtbaren Beschluß ab, wenn sich die Sache hierfür nicht eignet, insbes. wenn Jugendstrafe wahrscheinlich ist – sie darf im v. J. nicht verhängt werden – oder wenn eine umfangreiche Beweisaufnahme notwendig wird; der StA reicht dann eine → Anklageschrift ein. Im v. J. entscheidet der Richter auf Grund mündlicher Verhandlung; Anwesenheit des StA ist nicht erforderlich, dagegen grundsätzlich die des Angeklagten sowie Ladung des Erziehungsberechtigten und des gesetzlichen Vertreters. Im übrigen kann der Richter von den Verfahrensvorschriften abweichen, soweit dadurch die Wahrheitsfindung nicht beeinträchtigt wird. Gegen → Heranwachsende ist nicht das v. J., sondern das beschleunigte Verfahren zulässig.

**Vereinfachtes Verfahren.** Im → Zivilprozeß mit einem → Streitwert bis zu 1200 DM kann das Amtsgericht sein Verfahren nach billigem Ermessen bestimmen und muß nur auf Antrag mündlich verhandeln (§ 495 a ZPO). Das → Urteil braucht keinen Tatbestand und u. U. keine Entscheidungsgründe zu enthalten. Für das → Arbeitsgericht gilt dies nicht (§ 46 II 2 ArbGG).

**Vereinigte Große Senate** → Bundesgerichtshof, → Divergenz gerichtlicher Entscheidungen.

**Vereinigtes Wirtschaftsgebiet** („Bizone"). Am 29. 5. 1947 wurden auf Beschluß der USA und Großbritanniens die amerik. und die brit. Zone zum „Vereinigten Wirtschaftsgebiet" erklärt. Das V. W. hatte eine rudimentäre Staatlichkeit. Die für das Gebiet erlassenen Normen sind im Wirtschaftsgesetzblatt (WiGBl.) veröffentlicht. Das V. W. hatte eine Art Parlament, den Wirtschaftsrat, gebildet aus von den Landtagen entsandten Parlamentariern (vgl. Ges. vom 9. 8. 1947, WiGBl. 1). Die BRep ist Rechtsnachfolger des V. W. (Art. 133 GG).

**Vereinigung von Grundstücken** → Grundbuch.

**Vereinigungen, verbotene,** → kriminelle –, → terroristische –, → verfassungsfeindliche Vereinigungen, → Kennzeichen verbotener Vereinigungen. Nach dem Ges. zur Regelung des öffentlichen Vereinsrechts (VereinsG) vom 5. 8. 1964 (BGBl. I 593) kann ein Verein verboten werden, wenn er die in Art. 9 I GG garantierte Vereinsfreiheit mißbraucht und wenn das Verbot zur Wahrung der öffentlichen Sicherheit oder Ordnung erforderlich ist. Nach Art. 9 II GG ist ein Verein kraft Gesetzes verboten, wenn Zwecke oder Tätigkeit den Strafgesetzen zuwiderlaufen (z. B. Untergrundverein) oder sich gegen die verfassungsmäßige Ordnung oder den Gedanken der Völkerverständigung richten. Ein Verein darf aber erst als verboten behandelt werden, wenn die Verwaltungsbehörde das Vorliegen einer dieser Voraussetzungen festgestellt hat. In der Verfügung ist die Auflösung des Vereins (= Verbot) anzuordnen. Damit sind i. d. R. Beschlagnahme und Einziehung des Vereinsvermögens zu verbinden. Über das Verfahren i. e. → Vereinsgesetz. Die Vermögensbeschlagnahme hat die Wirkung eines → Veräußerungsverbots. Mit der rechtswirksamen Einziehung geht das Vereinsvermögen auf den Bund über, wenn der BMi. das Verbot verfügt hat, sonst auf das Land; unter gewissen Voraussetzungen kann von der Einziehung abgesehen werden. Hat ein Verein seinen Sitz außerhalb der BRep., so kann sich ein Verbot nur gegen eine innerhalb der BRep. bestehende Teilorganisation oder Tätigkeit des Vereins richten. Die Fortführung eines verbotenen Vereins oder eine sonstige Aufrechterhaltung seines organisatorischen Zusammenhalts ist in § 20 VereinsG mit Freiheitsstrafe bis zu 1 Jahr oder Geldstrafe bedroht (soweit nicht die Vorschriften gegen Rechtsstaatsgefährdung, Hochverrat usw. eingreifen), ebenso die Mitgliedschaft oder Unterstützung sowie die Verwendung von Kennzeichen des Vereins oder einer Ersatzorganisation.

**Vereinigungen (DDR)** → Verein.

**Vereinigungskriminalität.** Darunter versteht man Delikte, die vor und nach der → Wiedervereinigung unter Ausnutzung der → Währungs-, Wirtschafts- und Sozialunion und des Beitritts der DDR vor Herstellung geordneter Verhältnisse begangen wurden. Es handelt sich vor allem um Betrug und Untreue durch Mißbräuche bei der Umrechnung sog. Transferrubelverrechnungseinheiten in DM bei Außenhandelsgeschäften mit damaligen RGW-Ländern und bei der Umrechnung von DDR-Mark-Guthaben in DM bei der Währungsumstellung sowie durch Veruntreuung von Vermögenswerten in allen Bereichen der ehem. DDR, z. B. volkseigenen Betrieben, Volksarmee, → Staatssicherheitsdienst. Soweit sie im Höchstmaß mit mehr als 1–5 Jahren Freiheitsstrafe bedroht sind, verjährt ihre Verfolgung frühestens mit Ablauf des 31. 12. 2000 (Art. 315 a II StGB).

**Vereinsbetreuung** → Vereinsvormundschaft, → Betreuung.

**Vereins(Vereinigungs)freiheit.** 1. Als → Grundrecht ist in Art. 9 I GG allen Deutschen das Recht gewährleistet, Vereine und Gesellschaften zu bilden; besonders geregelt ist diese V. für Koalitionen (Art. 9 III; → Koalitionsfreiheit) und für die politischen → Parteien (Art. 21 I 2). Damit ist dem Einzelnen die Möglichkeit des Beitritts zu bestehenden und zur Gründung neuer Vereinigungen garantiert. Über die Gründungs- und Beitrittsfreiheit hinaus gewährleistet die V. den Bestand und die freie Funktionsentfaltung der Vereinigung. Die V. umfaßt also sowohl für die Mitglieder wie auch für die Vereinigung die Selbstbestimmung über die eigene Organisation, das Verfahren ihrer Willensbildung und die Führung ihrer Geschäfte (vgl. BVerfG NJW 1979, 706). Damit ist die Vereinsautonomie verfassungsrechtlich gewährleistet; sie umfaßt die vereinsinterne Rechtsetzung, Verwaltung und die Regelung interner Streitigkeiten durch eigene Organe (Vereins„gerichte“; → Sportrecht).

2. Das Grundrecht nach Art. 9 I enthält keinen speziellen Gesetzesvorbehalt. Kraft Gesetzes verboten sind Vereinigungen, die sich nach ihrem Zweck oder ihrer Tätigkeit gegen die Strafgesetze, gegen die verfassungsmäßige Ordnung oder gegen den Gedanken der Völkerverständigung richten (Art. 9 II); doch dürfen sie erst als verboten behandelt werden, wenn das Verbot durch die oberste Landesbehörde oder den Bundesminister des Innern festgestellt worden ist (→ Vereinsgesetz).

3. Die V. gewährleistet nicht nur die (positive) Möglichkeit, einen Verein zu bilden oder ihm beizutreten, sondern auch das Recht, einem Verein fernzubleiben, schützt also vor dem Beitrittszwang (negative V.). Als Vereine i. S. des Art. 9 I sind aber nur privatrechtliche Vereinigungen, nicht dagegen öffentlich-rechtliche Verbände anzusehen. Deshalb verstößt die Anordnung einer Zwangsmitgliedschaft in Verbänden dieser Art nicht gegen Art. 9 I; sie ist vielmehr nur an dem allgemeinen Freiheits-

recht des Art. 2 I GG zu messen und nur dann unzulässig, wenn sie nicht mehr der Erfüllung verfassungskonformer öffentlicher Aufgaben dient.

**Vereinsgesetz.** Das Ges. zur Regelung des öffentlichen Vereinsrechts (VereinsG) vom 5. 8. 1964 (BGBl. I 593) m. Änd. wiederholt das in Art. 9 I GG verfassungsmäßig garantierte Recht der freien Vereinsbildung (→ Vereinsfreiheit), ermöglicht aber zur Wahrung der öffentlichen Sicherheit und Ordnung ein Einschreiten gegen Vereine, die diese Freiheit mißbrauchen. Verein i. S. des öffentlichen Vereinsrechts ist ohne Rücksicht auf die Rechtsform jede Vereinigung, zu der sich eine Mehrheit natürlicher oder juristischer Personen für längere Zeit zu einem gemeinsamen Zweck freiwillig zusammengeschlossen und einer organisierten Willensbildung unterworfen hat; ausgenommen sind politische → Parteien, Fraktionen, Religionsgemeinschaften und Vereinigungen zur gemeinschaftlichen Pflege einer Weltanschauung. Ein Verein darf erst dann als verboten i. S. des Art. 9 II GG behandelt werden, wenn durch behördliche Verfügung festgestellt ist, daß seine Zwecke oder seine Tätigkeit den Strafgesetzen, der verfassungsmäßigen Ordnung oder der Völkerverständigung zuwiderlaufen. In dieser Verfügung ist die Auflösung des Vereins anzuordnen, i. d. R. auch Beschlagnahme und Einziehung des Vermögens. Zuständig ist die oberste Landesbehörde, wenn sich Organisation und Tätigkeit des Vereins auf das Gebiet eines Landes beschränken, sonst der BMi. Das Verbot erstreckt sich grundsätzlich auf alle eingegliederten Organisationen (Teilorganisationen). Es ist schriftlich abzufassen, zu begründen und dem Verein zuzustellen; außerdem ist der verfügende Teil im Bundesanzeiger und in den amtlichen Mitteilungsblättern der Länder bekanntzumachen. Das Verbot wird mit der Zustellung wirksam und vollziehbar; § 80 VwGO bleibt unberührt (vgl. Vollziehung, sofortige). Das Verbot ist Verwaltungsakt und kann ebenso wie Maßnahmen zum Vollzug des Verbots (§ 6 VereinsG) im → Verwaltungsstreitverfahren angefochten werden. Die Bildung oder Fortführung von Organisationen, die verfassungswidrige Bestrebungen eines verbotenen Vereins an dessen Stelle weiterverfolgen, ist verboten. Gegen eine solche Ersatzorganisation, die Verein i. S. des Ges. ist, kann nur auf Grund einer besonderen Verfügung vorgegangen werden, die ihre Eigenschaft als Ersatzorganisation feststellt. Kennzeichen (d.s. insbes. Fahnen, Abzeichen, Uniformstücke, Parolen, Grußformen) des verbotenen Vereins dürfen für die Dauer der Vollziehbarkeit des Verbots öffentlich, in Versammlungen oder in Schriften, Ton- oder Bildträgern oder Abbildungen oder Darstellungen nicht verwendet werden. Vereine, deren Mitglieder oder Leiter sämtlich oder überwiegend Ausländer sind *(Ausländervereine)*, können auch dann verboten werden, wenn sie durch politische Betätigung die innere oder äußere Sicherheit, die öffentliche Ordnung oder sonstwie erhebliche Belange der BRep. oder eines ihrer Länder verletzen oder gefährden (§ 14 VereinsG). Für Vereine mit Sitz im Ausland (*ausländische Vereine*), die sich im Inland betätigen, gilt das gleiche wie für Ausländervereine. Verbote von Vereinen, die ihren Sitz außerhalb der BRep., aber Teilorganisationen innerhalb der BRep. haben, erstrecken sich nur auf die Teilorganisationen in der BRep. Privilegierende Sonderbestimmungen gelten für Arbeitgeber- und Arbeitnehmervereinigungen (§ 16 VereinsG; → Koalitionsfreiheit). Über Strafvorschriften s. → Vereinigungen, verbotene.

**Vereinshaftung** → Verein (1).

**Vereinskörperschaft** (Personalkörperschaft) → Körperschaften des öffentlichen Rechts.

**Vereinsregister.** Ein → Verein, der keinen wirtschaftlichen Zweck verfolgt, ist zur Erlangung der → Rechtsfähigkeit als juristische Person mit Name, Sitz, Satzung und Vorstand in das V. einzutragen. Erst die Eintragung begründet die Rechtsstellung eines eingetragenen Vereins *(e. V.)*; das gleiche gilt für die Wirksamkeit von Satzungsänderungen (§§ 64 ff., 71 BGB). Andere Tatsachen, z. B. Änderung des Vorstands und des Umfangs seiner Vertretungsmacht, wirken zwar bereits vorher, können aber einem Dritten nur entgegengehalten werden, wenn sie zur Zeit der Vornahme des Rechtsgeschäfts im V. eingetragen oder dem Dritten bekannt waren; trotz Eintragung im V. schadet dies einem Dritten nicht, wenn er ohne Fahrlässigkeit davon nichts wußte (§ 68 BGB). Das V. genießt also nicht wie das → Grundbuch und der → Erbschein einen → öffentlichen Glauben (kein Vertrauen auf die positive Eintragung), sondern – ähnlich wie das → Handelsregister und das → Güterrechtsregister – nur eine sog. *negative Publizität.* Dies bedeutet, daß man sich auf das Schweigen des V.s verlassen kann (keine Abweichung vom gesetzlich geregelten Normalfall) sowie daß eingetragene Tatsachen Dritten entgegengehalten werden können. In das V. sind über die bereits genannten Tatsachen hinaus sämtliche vom Gesetz als eintragungsbedürftig bezeichneten Umstände (z. B. Auflösung des Vereins, Liquidatoren, Eröffnung und Beendigung des → Insolvenzverfahrens) aufzunehmen. Das V. wird (auch automatisiert, § 55 a BGB) bei dem Amtsgericht geführt, das für den → Sitz des Vereins zuständig ist (§ 55 BGB). Anmeldungen bedürfen → öffentlicher Beglaubigung (§ 77 BGB). Die Einsicht in das V. ist jedermann gestattet (§ 79 BGB).

**Vereinssatzung** → Verein (1).

**Vereinsstrafen** → Verein (1).

**Vereinsvormundschaft.** Rechtsfähige → Vereine und Anstalten, denen vom Landesjugendamt eine Erlaubnis hierfür erteilt worden ist (insbes. kirchliche und Wohlfahrtsvereine), können auf ihren Antrag zum → Vormund (§ 1791 a BGB), → Pfleger, → Betreuer (§§ 1900, 1908 f BGB) oder → Beistand von nicht voll geschäftsfähigen Personen bestellt werden; für den Verein handeln im Einzelfall dessen beauftragte Mitglieder (§§ 54, 69 SGB VIII). Für die V. gelten die Vorschriften über die → Amtsvormundschaft weitgehend entsprechend; es kann jedoch ein → Gegenvormund bestellt werden.

**Vereinsvorstand** → Verein (1).

**Vereinte Nationen** (United Nations [Organization] = UN[O]). 1. Wie nach dem ersten Weltkrieg mit dem → Völkerbund, so wurde nach dem zweiten Weltkrieg mit der Schaffung der V. N. eine umfassende Friedensorganisation angestrebt. Am 26. 6. 1945 wurde die von den Kriegsalliierten noch während des Krieges ausgearbeitete Satzung *(Charta)* der V. N. (Text: BGBl. 1973 II 451) von 50 Staaten angenommen. Inzwischen sind rund 100 weitere Staaten der Organisation beigetreten. Nach Inkrafttreten des → Grundvertrags traten auch die BRep. (Zustimmungsgesetz vom 6. 6. 1973, BGBl. II 430) und die ehem. DDR bei. Die allgemeinen Ziele der V. N. sind nach Art. 1 der Satzung: Wahrung des Weltfriedens und der internationalen Sicherheit durch Kollektivmaßnahmen; Entwicklung freundschaftlicher, auf den Grundsätzen der Gleichberechtigung und Selbstbestimmung der Völker beruhender zwischenstaatlicher Beziehungen; Stärkung der internationalen Zusammenarbeit auf wirtschaftlichem, sozialem, kulturellem und humanitärem Gebiet.

2. Hauptorgane der V. N. sind Vollversammlung und Sicherheitsrat, bei denen die wichtigsten Befugnisse liegen (s.u.), ferner das vom → Generalsekretär geleitete Sekretariat und der → Internationale Gerichtshof. Der Wirtschafts- und Sozialrat der V. N. bereitet lediglich die Beschlüsse der Generalversammlung vor, insbesondere auf dem Gebiet der Koordinierung der Sonderorganisationen (s.u.). Der mit der Verwaltung der → Treuhandgebiete befaßte Treuhandschaftsrat hat mit der Dekolonialisierung den größten Teil seiner Aufgaben verloren. a) In der *Vollversammlung* hat jeder Mitgliedstaat 1 Stimme. Sie kann über alle in den Rahmen der UN fallende Angelegenheiten beraten und Empfehlungen an die Mitgliedstaaten und den Sicherheitsrat richten, es sei denn, die Angelegenheit wird gerade in diesem behandelt (Art. 12 der Satzung). Sie hat darüber hinaus eine Reihe von verbandsrechtlichen Befugnissen. Die Beschlüsse werden mit einfacher Mehrheit gefaßt, sofern es sich nicht um eine der in Art. 18 II umschriebenen „wichtigen Angelegenheiten" handelt; dann ist $^2/_3$-Mehrheit erforderlich. b) Der *Sicherheitsrat* trägt die Hauptverantwortung für die Wahrung des Weltfriedens (Art. 24 I). Er besteht aus den Vertretern von 15 Staaten; die Volksrepublik China, Frankreich, Großbritannien, Rußland und USA sind

ständige, 10 weitere Staaten nichtständige Mitglieder, die von der Vollversammlung jeweils für 2 Jahre gewählt werden. Jeder Mitgliedstaat hat 1 Stimme. Beschlüsse des S. bedürfen in Verfahrensfragen der Zustimmung von 9 Mitgliedern, in allen anderen der Zustimmung von 9 Mitgliedern einschl. aller ständigen Mitglieder (Art. 27); es besteht also ein → Vetorecht der ständigen Ratsmitglieder. Zur Wahrung des Weltfriedens gibt der S. Empfehlungen und faßt Beschlüsse. Der Sicherheitsrat kann dabei auch friedliche oder militärische Zwangsmaßnahmen treffen. Da hierzu ein einmütiger Beschluß der mit Vetorecht im Sicherheitsrat vertretenen Großmächte notwendig ist, hat es bislang noch keine auf Art. 39 bis 50 der Satzung gestützten militärischen Zwangsmaßnahmen der V. N. gegeben. Bei dem Einsatz militärischer Kräfte in Korea 1950 bis 1953 nahm die ehem. UdSSR nicht am Beschluß des Sicherheitsrates teil. Im Golfkrieg 1990/1991 autorisierten zwar alle vetoberechtigten Mächte und der Sicherheitsrat als Ganzes die Anwendung militärischer Gewalt gegen den Irak. Der Einsatz der Truppen wurde dennoch nicht vom Sicherheitsrat mit Unterstützung des UN-Generalstabsausschusses durchgeführt, wie dies Art. 45 bis 49 der Satzung vorsehen. Um keine militärischen Zwangsmaßnahmen im Sinne der vorgenannten Vorschriften handelt es sich bei dem Einsatz von Friedenstruppen der V. N. (→ Blauhelmeinsätze) zu dem Zweck, durch ihre Anwesenheit den Zusammenstoß gegnerischer Kräfte zu verhindern. Friedenstruppen werden nur mit Genehmigung des betreffenden Staates entsandt, militärische Zwangsmaßnahmen im obigen Sinne erfolgen gerade gegen dessen Willen. Zur Zulässigkeit der Beteiligung deutscher Streitkräfte bei militärischen Zwangsmaßnahmen → Auslandseinsätze der Bundeswehr. 1993 wurde vom Sicherheitsrat ein Internationaler Strafgerichtshof eingerichtet (→ Jugoslawien-Strafgerichtshof), 1994 ferner ein Ruanda-Strafgerichtshof (s. a. Ges. vom 4. 5. 1998 BGBl. II 843).

3. *Sonderorganisationen* sind in Art. 67 vorgesehen, um die Aufgaben der V. N. auf wirtschaftlichem, sozialem und kulturellem Gebiet mitzuerfüllen. Die Sonderorganisationen sind den V. N. z. T. durch Berichtspflichten verbunden und können vom Internationalen Gerichtshof Rechtsgutachten verlangen. Man unterscheidet Verwaltungsorganisationen, die bereits vor dem Völkerbund bestanden haben, wie z. B. den → Weltpostverein, und Organisationen, die zugleich mit dem Völkerbund entstanden sind, wie die → Internationale Arbeitsorganisation (ILO). Die Organisationen auf dem Gebiet der Landwirtschaft und Ernährung (FAO), der Erziehung, Wissenschaft und Kultur (→ UNESCO), der Zivilluftfahrt (ICAO) und der Gesundheit (WHO) bestanden in anderer Form schon zur Völkerbundzeit; bei der → Weltbank, dem → Internationalen Währungsfonds, der Internationalen Atomenergiebehörde (IAEA; → Atomwaffensperrvertrag) und der UNIDO zur Förderung der Industrialisierung der Entwicklungsländer handelt es sich um völlige Neugründungen. Den Sonderorganisationen können auch Staaten angehören, die nicht Mitglied der V. N. sind. Für wichtige Aufgaben haben die V. N. mit eigenem Sekretariat ausgestattete Programme eingerichtet, z. B. UNEP für den Umweltschutz.

**Vereitelung einer Bestrafung** (Strafvollstreckung) → Strafvereitelung; – von Unfallfeststellungen → unerlaubtes Entfernen vom Unfallort.

**Vererblichkeit** → Erbschaft.

**Verfahrensarten** → Prozeßarten.

**Verfahrensbeteiligte** werden allgemein die Personen genannt, denen entweder – abgesehen vom Gericht oder der verfahrensleitenden Behörde – in einem Verfahren eine Funktion zukommt oder deren Rechte durch das Verfahren berührt werden; so im Zivilprozeß Kläger, Beklagter, Prozeßbevollmächtigter, im Strafprozeß Beschuldigter, Verteidiger, Staatsanwalt, Neben- und Privatkläger. Manche Verfahrensgesetze (so das FGG, die VwGO, das SGG) verwenden den besonderen Begriff → Beteiligte. Rechtliche Bedeutung hat ferner im Strafprozeß der Begriff des *Nebenbeteiligten* (z. B. der von einer → Beschlagnahme betroffene Dritte; das Finanzamt im Steuerstrafverfahren, die Verwaltungsbehörde im gerichtlichen → Bußgeldverfahren) und des Einziehungsbeteiligten (→ Einziehung); vgl. §§ 33, 33a StPO über Anhörung und rechtliches Gehör sowie für die Rechtsmittelbefugnis §§ 304 II, 433 I StPO.

**Verfahrensfähigkeit** wird die → Prozeßfähigkeit insbes. im Verfahren der → Freiwilligen Gerichtsbarkeit genannt (z. B. bei der → Betreuung).

**Verfahrensgrundsätze.** Die deutschen Prozeßordnungen sind unterschiedlich nach bestimmten rechtsstaatlichen Grundsätzen ausgerichtet. Die wichtigsten dieser sog. Prozeßgrundsätze oder -maximen sind: → Öffentlichkeits-, → Unmittelbarkeits-, → Mündlichkeits-, → Verhandlungs-, → Verfügungs-, → Untersuchungs-, → Offizial- und → Konzentrationsgrundsatz sowie der Grundsatz des → rechtlichen Gehörs.

**Verfahrensmangel** (Heilung) → Rügeverzicht.

**Verfahrenspatent** → Patent.

**Verfahrenspfleger** → Betreuung.

**Verfahrensregister, zentrales staatsanwaltschaftliches** → Strafregister.

**Verfahrensübergreifende Mitteilungen** → Justizmitteilungen.

**Verfahrensverschleppung** → Prozeßverschleppung.

**Verfahrensvoraussetzungen** → Prozeßvoraussetzungen.

**Verfall** ist keine Strafe, sondern eine Maßnahme (§ 11 I Nr. 8 StGB). Er ist zur Abschöpfung des Erlangten (ohne Abzug von Ausgaben und Kosten), das der Täter oder Teilnehmer für eine rechtswidrige (strafbedrohte) Tat oder aus einer solchen erhalten hat, nach §§ 73 ff. StGB anzuordnen, soweit dadurch nicht Ansprüche des Verletzten aus der Tat beeinträchtigt werden. In Härtefällen wird von V. abgesehen. Mit Rechtskraft der V. geht das verfallene Recht auf den Staat über; Rechte Dritter bleiben bestehen (z. B. Pfandrecht). Ist das durch die Tat Erlangte nicht greifbar, ist Verfall des Wertes anzuordnen.

Erweiterter V. (§ 73d StGB), für den im wesentlichen §§ 73ff. StGB gelten, ist in gesetzlich bestimmten Fällen schwerer Kriminalität, insbes. bei Delikten der → Organisierten Kriminalität, zugelassen. Er dient wie die Vermögensstrafe (→ Strafen) der Gewinnabschöpfung. Er erfaßt Gegenstände, die aus oder für beliebige rechtswidrige Taten (→ Straftat) erlangt worden sind, also nicht Gegenstand des Urteils sein müssen. Ein Nachweis für diese Herkunft ist nicht notwendig, konkrete Wahrscheinlichkeit genügt.

Zum V. bei → Ordnungswidrigkeiten s. § 29a OWiG. Bei Verstößen gegen das WiStG 1954 (→ Wirtschaftsstrafrecht) kommt es zur Abführung des → Mehrerlöses.

**Verfallfrist** → Frist.

**Verfallklausel** → Verwirkungsklausel.

**Verfasser** → Autor, → Urheberrecht, → Verlagsvertrag.

**Verfassung.** 1. V. eines Staates ist die Gesamtheit der – geschriebenen oder ungeschriebenen – Rechtsnormen, welche die Grundordnung des Staates festlegen, insbes. die Staatsform, Einrichtung und Aufgaben der obersten Staatsorgane (sog. → „Verfassungsorgane"), die Grundsätze des wirtschaftlichen und gesellschaftlichen Lebens und die Rechtsstellung seiner Bürger. Die modernen V. sind i. d. R. → Gesetze, die in besonderer Form zustande gekommen sind und nur in einem besonderen Verfahren, insbes. mit qualifizierter Mehrheit, geändert werden können (vgl. → Verfassungsänderung). Geschriebene V. in kodifizierter Form entstanden erst seit Ende des 18. Jh.; vorher waren nur Teilbereiche der staatlichen Grundordnung in Gesetzesform geregelt, insbes. einzelne Freiheitsrechte und Beschränkungen staatlicher Macht. Zu den ersten kodifizierten V. in Deutschland gehörte die Bayerische V. von 1808/18, der eine Reihe weiterer Landesverfassungen folgte; die erste kodifizierte → Reichsverfassung entstand 1871, ihr folgte die V. von 1919 (sog. Weimarer V.). Nach 1945 gaben sich die neu entstandenen Länder geschriebene V. Die V. der BRep. ist das → Grundgesetz vom 23. 5. 1949.

2. Innerhalb einer V. kann man Vorschriften verschiedener Art unterscheiden, z. B. *Organisationsnormen* (Verhältnis Bund/Länder; Aufgliederung der Staatsgewalt; Bildung, Aufgaben und Befug-

nisse der einzelnen Staatsorgane), *Funktionsnormen* (z. B. Gang der Gesetzgebung) sowie materiale Normen über Ziele und Zwecke des Staates sowie über das Verhältnis zwischen dem Staat und dem Einzelnen (→ Grundrechte, → institutionelle Garantien). Als → *V.grundsätze* (V.prinzipien) bezeichnet man V.normen, die Gesicht und Geist der V. und damit des durch sie verfaßten Staates grundlegend bestimmen sollen (z. B. die → Staatsform, demokratisches Prinzip, → Gewaltenteilung, → Rechtsstaat, → Bundesstaat, → Sozialstaat, → parlamentarisches Regierungssystem). Unterscheiden kann man auch zwischen V.normen, die unmittelbare Rechtspositionen und individuelle Ansprüche verleihen (z. B. die → Grundrechte), und bloßen → Programmsätzen, die eigentlich nur richtunggebende Funktion haben, aber – über bloße Deklarationen hinaus – Aufträge an den (einfachen) Gesetzgeber enthalten und unter Umständen auch interpretatorische Kraft für die Anwendung des Rechts durch Verwaltung und Rechtsprechung entfalten können. Den Programmsätzen verwandt sind die – ebenfalls keine individuellen Ansprüche verbürgenden – sog. *Staatszielbestimmungen* (z. B. das Sozialstaatsprinzip, der Umweltschutz, Art. 20 a GG); zu ihnen gehören z. B. auch trotz der auf ein Grundrecht hindeutenden Formulierung ein „Recht auf Arbeit" oder „Recht auf angemessene Wohnung"); dazu auch → Grundgesetz, 5. Die genannten Begriffe zur Einteilung der V.normen entstammen nicht der Gesetzessprache und werden teilweise unterschiedlich gebraucht.

3. Inwieweit es innerhalb der V. eine *Rangordnung der Normen* gibt und damit die Möglichkeit *„verfassungswidriger Verfassungsnormen"*, ist i. e. umstritten. Anerkannt ist wohl allgemein die Höherrangigkeit verschiedener V.grundsätze, insbes. der von der V. selbst für nicht abänderbar erklärten (Art. 79 III GG), sowie elementarer Menschenrechte.

**Verfassungsänderung.** Auch die → Verfassung ist, obwohl mit Dauercharakter ausgestattet, Änderungen durch → Gesetz zugänglich, wenn auch unter erschwerten Voraussetzungen (Art. 79 GG). Nicht berührt werden dürfen aber nach Art. 79 III GG die Gliederung des Bundes in Länder, die grundsätzliche Mitwirkung der Länder bei der Gesetzgebung und die in den Art. 1 und 20 GG niedergelegten Grundsätze (Würde des Menschen, BRep. als demokratischer und sozialer Bundesstaat, Volkssouveränität, Gewaltentrennung, Bindung der Gesetzgebung an die verfassungsmäßige Ordnung, Bindung der vollziehenden Gewalt und der Rechtsprechung an Gesetz und Recht). Im übrigen kann das GG durch ein Gesetz geändert werden, das den Wortlaut des GG ausdrücklich ändert oder ergänzt. Es bedarf der Zustimmung von zwei Dritteln der Mitglieder des Bundestages und zwei Dritteln der Stimmen des Bundesrates. Unzulässig sind nach dem GG also verfassungsdurchbrechende Gesetze („stillschweigende" V.), d. s. Gesetze, die inhaltlich vom GG abweichen, ohne es ausdrücklich zu ändern. Zu den bisherigen GG-Änderungen s. → Grundgesetz, 4–6.

Die Voraussetzungen für Änderungen der Landesverfassungen sind unterschiedlich (z. B. Volksentscheid).

**Verfassungsbeschwerde.** 1. Nach Art. 93 I Nr. 4 a GG entscheidet das → Bundesverfassungsgerichtüber V., die von jedermann (natürl. und jurist. Personen) mit der Behauptung (ausreichend substantiierter – „plausibler" – Vortrag notwendig) erhoben werden können, durch die öffentliche Gewalt in einem ihm zustehenden → Grundrecht oder in einem der in Art. 20 IV, 33, 38, 101, 103, 104 GG enthaltenen Rechte verletzt zu sein (diese beinhalten: → Widerstandsrecht, → staatsbürgerl. Rechte, Zugang zu öffentl. Ämtern, Beamtenrecht, *aktives* und → passives Wahlrecht, Recht auf den → gesetzlichen Richter, → rechtliches Gehör, Verbot der → Doppelbestrafung und der ungesetzlichen → Freiheitsentziehung). Nach Art. 93 I Nr. 4 b GG entscheidet das BVerfG ferner über V. von → Gemeinden und → Gemeindeverbänden wegen Verletzung des Rechts auf → Selbstverwaltung (Art. 28 GG) durch ein Gesetz, bei → Landesgesetzen jedoch nur, soweit nicht Beschwerde beim Landesverfassungsgericht erhoben werden kann („kommunalrechtliche V." im Gegensatz zur „individualrechtlichen V."). Nach Art. 94 II GG kann das Gesetz für V. die vorherige *Erschöpfung des Rechtsweges* (s.u. 3) zur Voraussetzung machen und ein besonderes *Annahmeverfahren* (s. u. 4) vorsehen.

2. Mit der V. können grundsätzlich alle *Maßnahmen der öffentlichen Gewalt* angegriffen werden, also Akte der Gesetzgebung (u. U. auch ein Unterlassen des Gesetzgebers), Verwaltungsakte und gerichtliche Endentscheidungen (Zwischenentscheidungen, soweit sie einen bleibenden, im weiteren Verfahren nicht mehr reparablen rechtlichen Nachteil für den Betroffenen bedeuten, z. B. der Eröffnungsbeschluß im Strafverfahren). Auf V. gegen gerichtliche Entscheidungen prüft das BVerfG nur die Beachtung grundrechtlicher Normen und Maßstäbe durch das Gericht, insbes. ob eine Entscheidung „objektiv willkürlich" ist und damit gegen Art. 3 GG verstößt, nicht aber die Richtigkeit der Anwendung und Auslegung des einfachen Rechts (vgl. BVerfGE 42, 143/148); das BVerfG ist also keine „Superrevisionsinstanz".

3. Die V. kann grundsätzlich (vgl. § 90 II 2 BVerfGG) erst erhoben werden, wenn der Rechtsweg erschöpft, d. h. mit allen gegebenen → Rechtsmitteln versucht worden ist, vor den zuständigen Gerichten die Beseitigung des verletzenden Hoheitsaktes zu erreichen; dazu gehört z. B. auch, daß der Beschwerdeführer einen verfassungswidrigen Verfahrensmangel im Revisionsverfahren ordnungsgemäß gerügt hat. Die V. gegen Rechtsnormen (Gesetze, RechtsVOen, Satzungen: „Rechtsnorm-V." oder „Rechtssatz-V.") ist nur zulässig, wenn der Beschwerdeführer *selbst, gegenwärtig* und *unmittelbar* durch die Rechtsnorm – nicht erst durch einen Vollzugsakt – in seinen verfassungsmäßigen Rechten verletzt sein kann und auch keine sonstige fachgerichtliche Rechtsschutzmöglichkeit, z. B. durch eine verwaltungsgerichtliche → Feststellungsklage, besteht (Grundsatz der *Subsidiarität der V.;* vgl. BVerfGE 71, 305, 336).

4. Das Verfahren vor dem BVerfG ist in §§ 90 ff. BVerfGG näher geregelt. Die schriftlich anzubringende V. (§ 23 BVerfGG) muß das verletzte Grundrecht und den verletzenden Hoheitsakt bezeichnen; sie ist binnen bestimmter Frist (nach § 93 BVerfGG 1 Monat, bei Gesetzen 1 Jahr) einzureichen. Eine aus 3 Richtern bestehende Kammer des BVerfG prüft die V. vor und kann durch einstimmigen Beschluß ihre *Annahme* ablehnen, wenn sie unzulässig ist oder sonst keine hinreichende Aussicht auf Erfolg hat; bei offensichtl. Begründetheit kann die Kammer der V. stattgeben (§ 93 b BVerfGG). Andernfalls entscheidet der zuständige Senat ohne mündliche Verhandlung über die Annahme. Im Verfahren über die V. selbst kann unter gewissen Voraussetzungen von mündlicher Verhandlung abgesehen werden. Hält das BVerfG die V. für begründet, so stellt es die Grundrechtsverletzung fest und hebt die grundrechtsverletzende Maßnahme der öff. Gewalt auf; ein grundrechtswidriges Gesetz erklärt es für nichtig (§§ 95, 31 BVerfGG). Kosten: s. Anhang.

5. Die V. ist kein → Rechtsmittel, sondern ein außerordentlicher Rechtsbehelf; deshalb wird z. B. der Eintritt der → Rechtskraft einer gerichtlichen Entscheidung durch die Einlegung einer V. nicht gehemmt.

6. In den Verfassungen der *Länder* ist z. T. die Möglichkeit einer V. vorgesehen, z. T. auf bestimmte Fälle beschränkt. Am weitesten geht Bayern, wo gem. Art. 120 BV jeder Bewohner, der sich durch eine Behörde (auch Gericht) in seinen verfassungsmäßigen Rechten verletzt fühlt, den Schutz des BayVerfGH anrufen kann (nicht gegen Rechtsnormen: Hierfür steht die → Popularklage nach Art. 98 S. 4 BV zur Verfügung). Prüfungsmaßstab für die Landesverfassungsbeschwerde sind die Grundrechte der jeweiligen Landesverfassung.

**Verfassungsdurchbrechung** → Verfassungsänderung.

**Verfassungsfeind** ist kein Begriff der Gesetzessprache, wird aber in der Diskussion um die Zulassung „Radikaler" (Extremisten) zum öffentlichen Dienst häufig gebraucht. Man versteht darunter im allgemeinen einen Bewerber, der die verfassungsmäßige Ordnung der BRep. (→ Grundordnung, freiheitliche) nicht nur nicht bejaht oder ihr gleichgültig gegenübersteht, sondern sie ablehnt und bekämpft.

**Verfassungsfeindliche Bestrebungen** sind B., die sich gegen den Bestand oder die Sicherheit der BRep. richten. Sie sind – neben B. gegen → Verfassungsgrundsätze (§ 92 III StGB) – strafrechtlich subjektive Tatbestandsmerkmale z. B. bei → Rechtsstaatsgefährdung durch Sabotage und → Zersetzung (§§ 88, 89 StGB).

**Verfassungsfeindliche Propaganda (Schriften)** → Rechtsstaatsgefährdung.

**Verfassungsfeindliche Vereinigungen** (Fortführung). Nach § 84 StGB ist die Aufrechterhaltung des organisatorischen Zusammenhalts einer vom BVerfG für verfassungswidrig erklärten *Partei* oder einer Ersatzorganisation als → Rechtsstaatsgefährdung bei → Rädelsführern und Hintermännern mit Freiheitsstrafe von 3 Mon. bis zu 5 Jahren bedroht. Wer sich an der verbotenen Organisation als Mitglied beteiligt oder ihren organisatorischen Zusammenhalt unterstützt, wird mit Freiheitsstrafe bis zu 5 Jahren oder Geldstrafe bestraft. Bei geringerer Beteiligung oder Schuld oder bei → tätiger Reue kann Strafmilderung oder Straflosigkeit eintreten. Für die Fortführung, Unterstützung usw. *anderer Parteien oder Vereinigungen,* die unanfechtbar verboten sind, weil ihre Ziele oder Tätigkeit sich gegen die verfassungsmäßige Ordnung oder die Völkerverständigung richten, bestehen ähnliche Strafbestimmungen in § 85 StGB.

**Verfassungsgerichtsbarkeit** ist die vom → Bundesverfassungsgericht und den Verfassungsgerichten der Länder ausgeübte Gerichtsbarkeit. Ihr Gegenstand ist die Entscheidung von → Verfassungsstreitigkeiten. Eine V. – häufig als „Staatsgerichtsbarkeit" bezeichnet – hat bereits früher bestanden (vgl. den gemäß Art. 108 WV errichteten Staatsgerichtshof für das Deutsche Reich). Das GG und die Verfassungen der Länder haben der V. besondere Bedeutung eingeräumt. Die V. ist trotz ihrer großen politischen Bedeutung, z. B. bei der Entscheidung über die Verfassungsmäßigkeit von Gesetzen (→ Normenkontrolle), ein Zweig der → rechtsprechenden Gewalt. Grundlage der V. sind für den Bund Art. 93 GG und das Ges. über das Bundesverfassungsgericht, für die Länder die Landesverfassungen und die Landesgesetze über die Verfassungsgerichte (z. B. Bayern: Ges. über den Bayer. Verfassungsgerichtshof vom 10. 5. 1990, GVBl. 122). Auch in den neuen Ländern sind inzwischen Verfassungsgerichte gebildet (vgl. z. B. Art. 79, 80 der Verfassung des Freistaats → Thüringen).

**Verfassungsgrundsätze** sind bestimmte Grundlagen der demokratischen Staatsordnung, deren Schutz besonders gewährleistet ist. Das absichtliche Eintreten für Bestrebungen, die sich gegen V. richten, ist Strafmerkmal bei staatsgefährdender Sabotage (→ Rechtsstaatsgefährdung) und → Zersetzung (§§ 87 ff. StGB). V. in diesem Sinne sind: allgemeines, gleiches, freies und geheimes → Wahlrecht, → Gewaltentrennung, Bindung des Gesetzgebers an die Verfassung und des Richters sowie der Verwaltung an → Gesetz und → Recht, das Recht der parlamentarischen → Opposition, die Verantwortlichkeit der Regierung gegenüber dem Parlament, die → Unabhängigkeit des Richters und der Ausschluß jeder Gewalt- und Willkürherrschaft (§ 92 II StGB). Die V. sind zu unterscheiden vom Begriff der verfassungsmäßigen Ordnung in §§ 81, 82 StGB (→ Verfassungshochverrat), der weiter ist und insbes. auch die Grundrechte umfaßt. S. a. → Demokratie.

**Verfassungshochverrat** ist nach §§ 81, 82 StGB das Unternehmen, mit Gewalt oder durch Drohung mit Gewalt die *verfassungsmäßige Ordnung* der BRep. oder eines ihrer Länder zu ändern, namentlich die Grundlagen der Staatsordnung, die auf der freiheitlichen demokratischen Ordnung beruhen (z. B. → parlamentarische Demokratie, → Gewaltentrennung, → Grundrechte usw.). Der V. unterscheidet sich vom Bestands- oder Gebietshochverrat, der sich gegen die Integrität des Bundes und der Länder richtet. Bestraft wird das Unternehmen, d. h. die Vollendung oder der Versuch (§ 11 I Nr. 6 StGB). Die Strafe ist bei V. gegen den Bund lebenslange Freiheitsstrafe oder Freiheitsstrafe nicht unter 10 Jahren, in minder schweren Fällen von 1–10 Jahren; bei V. gegen ein Land der BRep. gelten minder schwere Strafdrohungen. Strafbar ist nach § 83 StGB auch die schon konkretisierte Vorbereitung eines V. Bei → tätiger Reue kann auf mildere Strafe erkannt oder sogar von Strafe abgesehen werden, wenn nämlich der Täter die Tat aus freien Stücken aufgibt und den Erfolg abwendet; unterbleibt der Erfolg ohne sein Zutun, so genügt sein ernstliches Bemühen, ihn abzuwenden (§ 83 a StGB).

**Verfassungskonforme Auslegung** → Auslegung (1 e), → Verfassungswidrigkeit von Gesetzen.

**Verfassungskontrolle** → Verfassungswidrigkeit von Gesetzen.

**Verfassungsmäßige Ordnung** (Art. 2 GG), → Freiheit, persönliche, → Grundordnung (freiheitl.), → Verfassungsgrundsätze, → Persönlichkeitsrecht; im Strafrecht → Verfassungshochverrat.

**Verfassungsmäßiger Vertreter** → Verein (1).

**Verfassungsorgane** nennt man bestimmte in der → Verfassung vorgesehene oberste Staatsorgane. Nach dem GG gehören hierzu → Bundestag, → Bundesrat, → Gemeinsamer Ausschuß, → Bundesversammlung, → Bundespräsident, → Bundesregierung und → Bundesverfassungsgericht.

**Verfassungsschutz.** 1. V. ist die Gesamtheit der Rechtsnormen, Einrichtungen und Maßnahmen eines Staates, die dessen verfassungsmäßige → Grundordnung gegen Bestrebungen schützen sollen, die auf eine Aufhebung, Änderung oder Störung der verfassungsmäßigen Ordnung oder auf eine ungesetzliche Beeinträchtigung der Amtsführung von Mitgliedern der verfassungsmäßigen Organe des Staates zielen (vgl. Art. 73 Nr. 10 Buchst. b GG).

2. In der BRep. wurde durch Ges. von 1950 ein Bundesamt für V. errichtet. Seine Rechtsverhältnisse sind nunmehr durch das Ges. über die Zusammenarbeit des Bundes und der Länder in Angelegenheiten des V. und über das Bundesamt für V. – BVerfSchG – (Art. 2 des Gesetzes zur Fortentwicklung der Datenverarbeitung und des Datenschutzes vom 20. 12. 1990, BGBl. I 2954, 2970) geregelt. Nach § 1 BVerfSchG dient der V. dem Schutz der freiheitlichen demokratischen → Grundordnung, des Bestandes und der Sicherheit des Bundes und der Länder; Bund und Länder sind zur Zusammenarbeit verpflichtet. V.behörden sind nach § 2 das Bundesamt für V. als → Bundesoberbehörde, das dem BMI untersteht; jedes Land unterhält eine Behörde für Angelegenheiten des V. Das BVerfSchG regelt u. a. die Aufgaben der V.behörden (§ 3), deren gegenseitige Unterrichtung, Weisungsrechte des Bundes (§ 7), die Befugnisse des Bundesamtes (vgl. i. e. § 8: auch heimliche Informationsbeschaffung z. B. durch Einsatz von Vertrauensleuten, Observationen, Bild- und Tonaufzeichnungen; polizeiliche Befugnisse oder Weisungsbefugnisse stehen dem Bundesamt nicht zu), den Datenschutz, Auskunftsansprüche des Betroffenen (§ 15), Übermittlung von Daten durch und an das Amt, Übermittlungsverbote, Minderjährigenschutz (§ 24). Die Rechtsvorschriften der Länder über ihre V.behörden folgen den gleichen Grundsätzen (vgl. z. B. Bayer. Verfassungsschutzges. vom 24. 8. 1990, GVBl. 323). Die V.behörden gehören neben dem → Bundesnachrichtendienst und dem → Militärischen Abschirmdienst zu den Stellen, die nach dem sog. AbhörG zur Überwachung des Brief- und Postwesens sowie der Telekommunikation berechtigt sind; vgl. → Brief-, Post- und Fernmeldegeheimnis (3); → nachrichtendienstliche Mittel.

3. Dem V. dienen insbes. die Strafbestimmungen der §§ 81 ff. StGB über → Hochverrat, → Rechtsstaatsgefährdung, → Landesverrat und der §§ 105 ff. StGB über Straftaten gegen Verfassungsorgane und → Wahldelikte (Parlamentsnötigung, Bannkreisverletzung, Wahlfälschung usw.). Aufgaben des V. in einem weiteren Sinn obliegen auch dem BVerfG im Rahmen seiner Entscheidungsbefugnis über die Verfassungswidrigkeit einer Partei und über die Verwirkung von Grundrechten (Art. 21, 18 GG).

**Verfassungsstreitigkeiten** i. w. S. sind alle Rechtsstreitigkeiten, die auf Grund Verfassungsrechts entschieden werden, i. e. S. aber nur solche, deren Entscheidung verfahrensmäßig in die Zuständigkeit der Verfassungsgerichte gehört. Für das → Bundesverfassungsgericht ist diese Zuständigkeit in Art. 93 GG und § 13 BVerfGG festgelegt. Danach entscheidet das BVerfG

a) im konkreten und abstrakten → Normenkontrollverfahrenüber die Vereinbarkeit eines (formellen) Bundes- oder Landesgesetzes mit dem Grundgesetz oder die Vereinbarkeit eines Landesgesetzes mit Bundesrecht,

b) bei Meinungsverschiedenheiten über die Fortgeltung von Recht als Bundesrecht (→ Reichsrecht, Fortgeltung),

c) wenn ein Verfassungsgericht eines Landes bei der Auslegung des Grundgesetzes von der Rechtsprechung des Bundesverfassungsgerichts oder eines Verfassungsgerichts eines anderen Landes abweichen will,

d) bei Zweifeln darüber, ob eine Regel des → Völkerrechts Bestandteil des Bundesrechts ist und ob sie unmittelbare Rechte und Pflichten erzeugt,

e) über die Auslegung des Grundgesetzes aus Anlaß von Streitigkeiten über den Umfang der Rechte und Pflichten eines obersten Bundesorgans oder anderer Beteiligten, die durch das Grundgesetz oder die Geschäftsordnung eines obersten Bundesorgans mit eigenen Rechten ausgestattet sind (Organstreit),

f) bei Meinungsverschiedenheiten über die Rechte und Pflichten des Bundes und der Länder, insbes. bei → Ausführung der Bundesgesetze durch die Länder und bei Ausübung der Bundesaufsicht,

g) in anderen öffentlich-rechtlichen Streitigkeiten zwischen Bund und Ländern oder zwischen verschiedenen Ländern sowie innerhalb eines Landes, wenn hierfür nicht ein besonderer Rechtsweg gegeben ist,

h) über Verfassungsstreitigkeiten innerhalb eines Landes, wenn diese durch Landesgesetz dem Bundesverfassungsgericht zugewiesen sind,

i) über → Verfassungsbeschwerden,

k) über die Verfassungswidrigkeit von Parteien (→ Parteien, Verfassungswidrigkeiten von –),

l) über die → Verwirkung von Grundrechten,

m) über Beschwerden gegen Entscheidungen des Bundestags bei der → Wahlprüfung,

n) über die Anklagen des → Bundestags oder des → Bundesrats gegen den → Bundespräsidenten sowie über die → Richteranklagen gegen Bundesrichter und Landesrichter.

Unterschiedlich ausgestaltete Zuständigkeitskataloge für die Verfassungsgerichte der Länder enthalten die Landesverfassungen und die Gesetze über die Landesverfassungs-(Staats-)gerichtshöfe.

**Verfassungswidrigkeit von Gesetzen.** Ein Ges. ist verfassungswidrig, wenn es formell (d. h. seinem Zustandekommen nach) oder materiell (d. h. seinem Inhalt nach) mit der Verfassung nicht zu vereinbaren ist. In formeller Hinsicht kann es daran fehlen, daß das erlassende Organ hierfür nicht zuständig war, insbes. daß bei einem Bundes- oder Landesgesetz die Kompetenzverteilung der Art. 70 ff. GG (vgl. Gesetzgebung) nicht beachtet ist, daß im gesetzgebenden Organ nicht die erforderliche Mehrheit gegeben war, daß die notwendige Beteiligung oder Zustimmung des Bundesrats fehlt oder bei der Veröffentlichung Fehler unterliefen. Materiell ist ein Gesetz dann verfassungswidrig, wenn es seinem Inhalt nach gegen einen (höherrangigen) Rechtssatz der Verfassung verstößt, z. B. ein Grundrecht unzulässig einschränkt oder die Vorschriften über die Ausführung der Bundesgesetze (Art. 83 ff. GG) außer acht läßt. Enthält ein Grundrechtsartikel einen → Gesetzesvorbehalt, so darf das Ges. dieses Grundrecht einschränken; es ist jedoch verfassungswidrig, wenn es den Wesensgehalt des Grundrechts antastet (Art. 19 II GG). Beim Fehlen eines Gesetzesvorbehalts darf ein Grundrecht durch Ges. nicht eingeschränkt, sondern nur in seinen → immanenten Schranken interpretiert werden; geht das Ges. darüber hinaus, ist es verfassungswidrig, sofern es nicht als verfassungsänderndes Gesetz ergeht (vgl. Verfassungsänderung). Ein Ges. ist nicht verfassungswidrig, wenn auch nur eine von mehreren Auslegungen möglich ist, nach der das Ges. in Einklang mit dem GG steht und bei dieser Auslegung sinnvoll bleibt („verfassungskonforme“ Auslegung), da die Vermutung für die Verfassungsmäßigkeit eines Ges. spricht. Doch ist für eine „verfassungskonforme“ Auslegung kein Raum, wenn Wortlaut, Sinn und Entstehungsgeschichte des Ges. diese eindeutig ausschließen. Die V. eines Ges. wird im Wege der abstrakten oder konkreten

→ Normenkontrolle festgestellt, u. U. auch im Wege der → Verfassungsbeschwerde. Nach Art. 100 GG hat ein Gericht in einer Rechtssache das BVerfG (oder das Verfassungsgericht des Landes) anzurufen, wenn es ein förmliches nachkonstitutionelles Gesetz für verfassungswidrig hält; im übrigen entscheidet es selbst über die Verfassungsmäßigkeit, allerdings nur inzidenter. Verwaltungsbehörden haben sich an die Gesetze zu halten, auch wenn sie sie für verfassungswidrig halten; sie können lediglich versuchen, eine abstrakte Normenkontrolle herbeizuführen. Der einzelne Bürger kann ein Ges. vor dem Verfassungsgericht im Wege der Verfassungsbeschwerde nur anfechten, wenn er behauptet, durch das Ges. unmittelbar, d. h. ohne daß es eines Vollzugsaktes bedarf, in seinen Rechten verletzt zu sein; eine Popularklage (vgl. Normenkontrolle) kennt nur das Verfassungsrecht einiger Länder.

**Verfassungswidrigkeit von Parteien** → Parteien, → Parteien, Verfassungswidrigkeit von.

**Verfilmung,** Recht zur –, → Filmurheberrecht.

**Verfolgte.** Opfer der nationalsozialistischen Verfolgung sind Personen, die aus Gründen politischer Gegnerschaft gegen den Nationalsozialismus oder aus Gründen der Rasse, des Glaubens oder der Weltanschauung durch n. s. Gewaltmaßnahmen verfolgt wurden und hierdurch Schaden an Leben, Körper, Gesundheit, Freiheit, Eigentum, Vermögen oder beruflichem oder wirtschaftlichem Fortkommen erlitten haben. Ihnen sind Personen gleichgestellt, die wegen ihres aktiven Einsatzes gegen die Mißachtung von Menschenwürde und Menschenleben oder wegen Vertretens einer vom Nationalsozialismus abgelehnten künstlerischen oder wissenschaftlichen Richtung oder auf Grund naher Beziehungen zu einem V. verfolgt wurden. Als V. gelten auch Hinterbliebene eines getöteten V., Geschädigte, die den Beweggrund ihrer Widerstands- oder Abwehrhandlungen verbergen konnten, irrtümlich V. und von der Verfolgung mitbetroffene nahe Angehörige des V. (vgl. § 1 d. BundesentschädigungsG). Wegen der Maßnahmen zugunsten V. vgl. → Entschädigung, → Rückerstattung, → Wiedergutmachung, → Asylrecht, → Ersatzzeiten.

**Verfolgung, Absehen von (Straf-) –,** → Opportunitätsprinzip.

**Verfolgung auf frischer Tat** → Festnahme (1 b).

**Verfolgung Flüchtiger** → Nacheile, → Festnahme (1 a, b).

**Verfolgung Unschuldiger.** Nach § 344 StGB wird ein → Amtsträger bestraft, der zur Mitwirkung an einem Strafverfahren oder einem Verfahren zur Anordnung einer behördlichen Verwahrung berufen ist (Polizeibeamter, StA, Richter usw.), wenn er *absichtlich oder wissentlich* einen Unschuldigen verfolgt oder (z. B. als → Hilfsbeamter der StA) hierauf hinwirkt. Dasselbe gilt, wenn Rechtsgründe der Verfolgung entgegenstehen (z. B. ein → Strafausschließungsgrund oder → Strafverfolgungsverjährung). Hinsichtlich der Unschuld oder Nichtverfolgbarkeit reicht bedingter Vorsatz nicht aus. Es handelt sich um ein → Amtsdelikt. Die Strafe ist Freiheitsstrafe von 1–10 Jahren. In minder schweren Fällen gelten mildere Strafdrohungen, ebenso wenn sich die Verfolgung auf eine nichtfreiheitsentziehende Maßnahme (Entziehung der Fahrerlaubnis, Berufsverbot, Einziehung usw.) richtet oder wenn es sich um ein Bußgeld-, Disziplinar- oder ehren(berufs)gerichtliches Verfahren handelt. Tathandlung ist jede auf Verfolgung gerichtete Tätigkeit, auch schon die Aufnahme von Ermittlungen. Versuch ist strafbar. Die Strafvorschrift sichert das → Legalitätsprinzip. S. ferner → Vollstreckung gegen Unschuldige.

**Verfolgungsgrundsatz** → Legalitätsprinzip.

**Verfolgungsrecht.** Der Besitzer eines Grundstücks, auf das eine andere Sache gelangt ist, hat – über die Ansprüche aus dem → Besitzschutz hinaus – das Betreten des Grundstücks sowie das Abholen und Wegschaffen der Sache durch deren früheren Besitzer zu dulden (§ 867 BGB; ähnlich §§ 962, 1005 BGB).

**Verfolgungsverjährung** → Strafverfolgungsverjährung.

**Verfolgungszwang** → Legalitätsprinzip.

**Verfrachter** ist, wer es durch → Seefrachtvertragübernimmt, die verfrachteten Güter zu befördern (entweder durch → Chartervertrag oder → Stückgüterfrachtvertrag, § 556 HGB). Die Haftung des V. für See- und Ladungstüchtigkeit des Schiffes ist in den §§ 559 ff. HGB geregelt.

**Verfügung (behördliche, gerichtliche)** ist eine Entscheidung, die von einer Behörde oder einem Gericht getroffen wird. Die *gerichtliche* V. unterliegt meistens noch geringeren Formerfordernissen als ein → Beschluß. Die V. – z. B. Terminsanberaumung, Ladungsverfügung – wird i. d. R. vom → Vorsitzenden an Stelle des Gerichts (Senat oder Kammer) erlassen. Der Staatsanwalt trifft im Strafverfahren seine Entscheidungen und Anordnungen meist durch V. Im *Verwaltungsrecht* ist V. die häufige Bezeichnung eines → Verwaltungsaktes, der ein Gebot oder Verbot oder eine ähnlich wirkende Maßnahme enthält (z. B. polizeil. V., Versagung oder Zurücknahme einer Erlaubnis, Androhung von Zwang zur Durchsetzung einer V., Festsetzung von Zwangsmitteln). Manche im Verwaltungsrecht gelegentlich als V. bezeichnete Maßnahmen sind jedoch keine Verwaltungsakte, z. B. „Hausverfügungen" oder V. gegenüber nachgeordneten Behörden (beides sind nur innerdienstliche Anordnungen).

**Verfügung (rechtsgeschäftliche)** ist die unmittelbare Einwirkung auf den Bestand eines → Rechts durch Übertragung, Aufhebung, Belastung oder inhaltliche Änderung. Die durch Übertragung eines Rechts vorgenommene V. wird auch *Veräußerung* genannt. Die V. ist ein → Rechtsgeschäft, durch das – anders als bei dem Verpflichtungsgeschäft (→ Rechtsgeschäft – 2 g –, z. B. Kauf) – unmittelbar der Bestand des Rechts beeinflußt wird, insbes. → Eigentumsübertragung, → Abtretung (s. a. → Grundstücksrechte). Die V. (Veräußerung) führt also den mit dem Verpflichtungsgeschäft bezweckten rechtlichen Erfolg erst herbei, so z. B. die Übertragung des Eigentums an der verkauften Sache. Regelmäßig ist zur V. eine Einigung der Beteiligten erforderlich (Ausnahme bei der Aufhebung von Grundstücksrechten und bei Gestaltungsrechten). Die V. setzt zu ihrer Wirksamkeit → Geschäftsfähigkeit und – hiervon unabhängig – eine nicht durch Verfügungsbeschränkungen eingeschränkte → Verfügungsbefugnis voraus. S. a. → Veräußerungsverbot, → Gutglaubensschutz, → Gestaltungsrecht u. im folg.

**Verfügung eines Nichtberechtigten.** Trifft jemand eine → Verfügung (rechtsgeschäftliche), über ein → subjektives Recht, das ihm nicht zusteht, so ist diese Rechtshandlung grundsätzlich → unwirksam (insbes. bei einseitiger Verfügung, z. B. → Kündigung). Über die → Zwangsvollstreckung in Gegenstände, die nicht dem Schuldner, sondern einem Dritten gehören, → Drittwiderspruchsklage. Das Gesetz sieht jedoch in zahlreichen Fällen im Interesse des Rechtsverkehrs einen *(→) Gutglaubensschutz* für denjenigen vor, der berechtigterweise auf die nach äußeren Umständen (z. B. Besitz) vermutbare Rechtsstellung des Verfügenden vertraut. Die Anforderungen, die an einen → gutgläubigen Erwerb gestellt werden, sind verschieden; s. dort sowie → Abtretung, → öffentlicher Glaube des Grundbuchs, → Erbschein, → Handelsregister, → Güterrechtsregister. Ist die V. e. N. infolge gutgläubigen Erwerbs wirksam, so hat der hierdurch geschädigte wahre Berechtigte einen Anspruch aus → ungerechtfertigter Bereicherung gegen den Verfügenden auf Herausgabe des durch die Verfügung erlangten Erlöses (§ 816 BGB).

Unter N. wird jedoch auch der Berechtigte verstanden, dem lediglich die → Verfügungsbefugnis, insbes. auf Grund eines → Veräußerungsverbots, fehlt. Auch hier gelten die gleichen Grundsätze, insbes. über den Schutz des – hins. der Verfügungsbefugnis – gutgläubigen Erwerbers (§ 135 II BGB, s. i.e. → Veräußerungsverbot). Ebenso ist die weitere Verfügung des Veräußernden, der über denselben Gegenstand bereits unter einer aufschiebenden → Bedingung verfügt hat, zum Schutz des Anwartschaftsberechtigten grundsätzlich – d. h. soweit nicht ein gutgläubiger Erwerb stattfindet – unwirksam (§ 161 BGB).

Die V. e.N. ist jedoch von Anfang an wirksam, wenn sie mit Einwilligung des

Berechtigten vorgenommen wird (§ 185 I BGB). Der unberechtigt Verfügende handelt hier im eigenen Namen (anders → Vertretung) mit Zustimmung des Berechtigten. Die V. wird, sofern sie keine einseitige → Willenserklärung zum Inhalt hat (hier absolute Unwirksamkeit), mit Rückwirkung auf den Zeitpunkt ihrer Vornahme auch dann wirksam, wenn sie der Berechtigte nachträglich genehmigt (§ 185 II 1 BGB; → Genehmigung). Die V. e.N. wird ferner für die Zukunft – also hier ohne Rückwirkung auf den Zeitpunkt der Verfügung – wirksam, wenn der Verfügende den Gegenstand erwirbt, also nachträglich zum Berechtigten wird (z. B. bei Bezahlung der letzten Rate für eine unter Eigentumsvorbehalt gekaufte Sache), oder wenn er von dem Berechtigten beerbt wird und dieser für die Nachlaßverbindlichkeit unbeschränkt haftet (→ Beschränkung der Erbenhaftung). In den beiden letztgenannten Fällen wird bei verschiedenen miteinander nicht in Einklang stehenden V.en über den Gegenstand (z. B. bei mehrfachen Übereignungen durch den N.) nur die frühere V. wirksam (§ 185 II 2 BGB; → Prioritätsprinzip). Doch erfolgt in allen Fällen kein Direkterwerb (vom Berechtigten auf den Erwerber), vielmehr findet ein sog. *Durchgangserwerb* durch die Person des N. statt; hierbei werden spätestens etwaige gesetzliche oder Pfändungspfandrechte an der Sache wirksam und gehen auf den Erwerber, sofern dieser nicht → gutgläubig lastenfrei erwirbt, mit über. Die Rspr. hat daher weitgehend (insbes. bei → Sicherungsübereignung unter Eigentumsvorbehalt erworbener Sachen) anstelle der V. e.N. eine V. über das → Anwartschaftsrecht (als Berechtigter) angenommen.

Keine eigentliche V. e.N. (und auch keine Vertretung) liegt vor bei der → Einziehungsermächtigung. Hier bleibt zwar der Berechtigte Inhaber der Rechtsmacht, überträgt jedoch – nach der Rspr. zulässigerweise – dem an sich Nichtberechtigten die Befugnis zu einzelnen bestimmten Verfügungen (insbes. zur Einziehung einer Forderung) im eigenen Namen für Rechnung des Rechtsinhabers; der Einziehende handelt also insoweit als Berechtigter (str.). Über die Rechtsstellung des in dieser Art Ermächtigten im Rechtsstreit → Prozeßstandschaft (nach der Rspr. nur bei eigenem schutzwürdigen Interesse des Ermächtigten zulässig).

**Verfügung, einstweilige** → einstweilige Verfügung.

**Verfügung von Todes wegen** ist der Oberbegriff für die einseitige letztwillige Verfügung (→ *Testament*) und den *Erbvertrag,* zwischen denen als Sonderform das *gemeinschaftliche Testament* von Ehegatten steht. Unter „Verfügung" ist hier nicht die Verfügung bei einem → Rechtsgeschäft unter Lebenden zu verstehen (→ Verfügung, rechtsgeschäftliche), sondern jede Anordnung, die erst mit dem Tode des → Erblassers wirksam werden soll, z. B. die Bestimmung des oder der Erben, die Anordnung eines → Vermächtnisses oder einer → Auflage (im Erbrecht), die Regelung der Auseinandersetzung der → Erbengemeinschaft, die Bestimmung eines → Testamentsvollstreckers, der Entzug des → Pflichtteils und sonstige Anordnungen, die auch über den Bereich des → Erbrechts hinausgehen können (alle Rechtsgeschäfte für den Todesfall, z. B. → Vollmacht). Die Errichtung oder Aufhebung einer unter der Geltung des Rechts der ehem. DDR vor dem 3. 10. 1990 errichteten V. v.T.w. richtet sich auch dann nach den bisherigen Vorschriften (insbes. §§ 362 ff. ZGB), wenn der Erblasser erst danach stirbt. Dies gilt auch für die Bindung des Erblassers bei einem vor diesem Zeitpunkt errichteten gemeinschaftlichen Testament (Art. 235 § 2 EGBGB).

**Verfügungsanspruch** → einstweilige Verfügung.

**Verfügungsbefugnis** ist die Fähigkeit, über einen bestimmten Gegenstand eine wirksame → Verfügung zu treffen. Sie ist von der → Geschäftsfähigkeit (und damit von der allgemeinen → Handlungsfähigkeit) zu unterscheiden. So hat z. B. der Schuldner während eines → Insolvenzverfahrens trotz voller Geschäftsfähigkeit keine V. hinsichtlich der der Insolvenzmasse angehörenden Gegenstände (§ 80 InsO). Regelmäßig steht die V. nur dem Inhaber des Rechts selbst zu (vorbehaltlich anderweitiger Regelung durch Gesetz oder Vereinbarung, z. B. beim Insolvenzverwalter oder durch → Einziehungsermächtigung). Verfügt ein Dritter, so ist i. d. R. die → Zustimmung des Berechtigten erforderlich (→ Verfügung eines Nichtberechtigten). Auf die V. kann durch Vertrag nicht rechtswirksam verzichtet werden (Verfügungsfreiheit; Ausnahme bei der → Abtretung); die Wirksamkeit einer rein schuldrechtlichen Verpflichtung, über einen Gegenstand nicht zu verfügen, wird hierdurch jedoch nicht berührt (§ 137 BGB); eine abredewidrige, aber wirksame Verfügung begründet einen Anspruch auf → Schadensersatz. Über die Beschränkungen der V. *(Verfügungsbeschränkungen)* und ihren jeweiligen Umfang s. u. a. → Insolvenzverfahren (2), → Testamentsvollstrecker, → Vorerbe, → Nachlaßverwaltung. Ein besonders wichtiger Fall der Beschränkung der V. ist das (gesetzliche oder gerichtliche) → *Veräußerungsverbot.*

**Verfügungsbereitschaft.** Wehrpflichtige, die aus dem → Grundwehrdienst entlassen worden sind, unterliegen nach § 5 a WehrpflichtG in den folgenden 12 Mon. der V. Sie können im vereinfachten Verfahren nach § 23 I, III WehrpflG zu einem weiteren Wehrdienst herangezogen werden und sind verpflichtet, sich hierfür bereitzuhalten (Näheres vgl. § 5 a II WehrpflichtG).

**Verfügungsbeschränkungen** → Verfügungsbefugnis.

**Verfügungsbeschränkungen der Ehegatten** → Zugewinngemeinschaft, → Gütergemeinschaft.

**Verfügungsfreiheit** → Verfügungsbefugnis, → Veräußerungsverbot.

**Verfügungsgeschäft** → Verfügung (rechtsgeschäftliche), → Rechtsgeschäft (2 g).

**Verfügungsgrund** → einstweilige Verfügung.

**Verfügungsgrundsatz** (Dispositionsmaxime) bedeutet, daß die Parteien (Beteiligten) über den → Streitgegenstand und insoweit über Gang und Inhalt des Verfahrens grundsätzlich frei verfügen können, so z. B. im Zivilprozeß durch Einschränkung oder Rücknahme der Klage, Anerkennung des Klageanspruchs. Der V. folgt aus der → Parteiherrschaft; sein Gegensatz ist das → Offizialprinzip. Der V. gilt bis auf den Strafprozeß in allen Verfahrensarten, allerdings vielfach eingeschränkt (z. B. im Verfahren in → Ehesachen).

**Verfügungsmacht** = (→) *Verfügungsbefugnis.*

**Verfügungstheorie** → Schuldübernahme.

**Verfügungsverbot** → Veräußerungsverbot, → Unwirksamkeit.

**Verfügungsvertrag** → Vertrag (4).

**Verführung** eines noch nicht 16jährigen Mädchens zum Beischlaf ist nicht mehr strafbar. § 182 StGB wurde durch das 29. StrÄndG 1994 aufgehoben. S. a. → sexueller Mißbrauch von Jugendlichen.

**Vergabe** ist (im Rahmen eines → Bauvertrags) die Annahme des Angebots eines Bauhandwerkers – vielfach nach einer Ausschreibung (→ Verdingungsordnungen) – durch den Bauherrn.

**Vergabeüberwachung.** Zu der im Vollzug des europäischen Vergaberechts eingeführte V. vgl. → Vergabewesen, öffentliches; → Verdingungsordnungen; → VOF.

**Vergabewesen, öffentliches.** V. bezeichnet die Verfahren, in denen öffentliche Aufträge vergeben werden. Für das V. gibt es völkerrechtliche, europarechtliche und nationale Regelungen, die darauf abzielen, eine gleichmäßige und gerechte Behandlung der Bieter zu gewährleisten. Völkerrechtliche Regelungen enthält z. B. das Welthandelsabkommen. Für das Europarecht gibt es umfangreiche und detaillierte Vorschriften. Die wichtigsten sind die Vergaberichtlinie, die Überwachungsrichtlinie, die Sektorenrichtlinie und die Koordinierungsrichtlinie. Die europarechtlichen Bindungen gehen beträchtlich über die Vergabe durch öffentliche Auftraggeber hinaus, betreffen vor allem (Sektorenrichtlinie) den ganzen Versorgungsbereich ohne Rücksicht darauf, ob das Unternehmen privat, öffentlich beherrscht oder öffentlich im eigentlichen Sinne ist. Das nationale Vergaberecht ist im wesentlichen in den Regelwerken der VOB/A, VOB/B und VOB/C enthalten. Das öffentliche Vergabewesen ist mit der 6. Kartellnovelle als (nach Neubekanntmachung) 4. Teil des GWB geregelt worden. Die Regelungen sind durch vergaberechtliche Vorgaben des europäischen Gemeinschaftsrechts veranlaßt, sie gelten für Vergaben oberhalb der europarechtlichen Schwellenwerte, soweit durch Verordnung keine niedrigeren Werte angeordnet werden (§ 100 GWB). Die Vorschriften betreffen die Beschaffung von Waren, Bau- und Dienstleistungen (§ 97 GWB). Es gilt der Gleichbehandlungsgrundsatz nach wirtschaftlichen Kriterien (§ 97 IV u. V GWB). Allerdings können durch Bundes- oder Landesgesetz sog. vergabefremde Kriterien (beispielsweise Lehrlingsklauseln, Frauenquoten) zugelassen werden. Einzelheiten des Vergabeverfahrens sollen in der vorgesehenen VergabeVO geregelt werden. Auf die Einhaltung der Vorschriften verpflichtet sind gem. § 98 GWB „öffentliche Auftraggeber", deren Kreis nach Maßgabe der europarechtlichen Vorgaben festgelegt ist. Das betrifft u. a. auch private Auftraggeber aus den Bereichen Versorgung und Telekom sowie den Krankenhaus-, den Sportstätten-, den Schul- und Hochschul- sowie den Verwaltungsbau, wenn er zu mehr als 50% öffentlich finanziert ist. Vergabeverfahren sind das offene Verfahren, das nichtoffene Verfahren und das Verhandlungsverfahren. Vergaben unterliegen der Kontrolle der Nachprüfungsbehörden, nämlich der Vergabeprüfstellen und den beim Bundeskartellamt gebildeten Vergabekammern. Gegen Entscheidungen der Vergabekammern ist sofortige Beschwerde zum Oberlandesgericht statthaft.

**Vergehen** i. S. des StGB (§ 12 II) ist eine rechtswidrige Tat, die mit Freiheitsstrafe im Mindestmaß von weniger als 1 Jahr oder mit Geldstrafe bedroht ist.

**Vergehen im Amte** → Amtsdelikte.

**Vergeltung** (im Völkerrecht und Strafrecht) → Retorsion.

**Vergesellschaftung** (→ Sozialisierung) ist die Überführung von Wirtschaftsgütern in Gemeineigentum. Art. 15 GG ermöglicht die Überführung von Grund und Boden, Naturschätzen und Produktionsmitteln in Gemeineigentum oder in andere Formen der Gemeinwirtschaft zum Zwecke der V. Die Überführung setzt ein Bundes- oder Landesgesetz voraus, das Art und Ausmaß der Entschädigung regelt, wobei die Grundsätze für die Entschädigung bei → Enteignung anzuwenden sind. Gemeineigentum i. S. von Art. 15 muß nicht unbedingt Staatseigentum sein (Nationalisierung); auch andere Institutionen, die einen gemeinwirtschaftlichen Gebrauch gewährleisten, können Rechtsträger werden (z. B. Kommunen: „Kommunalisierung"). Das GG gibt in Art. 15 nur die verfassungsrechtliche Möglichkeit für eine V., begründet jedoch keine Pflicht hierzu; auch aus dem → Sozialstaatsprinzip läßt sich eine solche nicht ableiten. Im Landesverfassungsrecht gelten teilweise vergleichbare Vorschriften (vgl. Art. 160 Bayer. Verfassung, Art. 32 II Sächs. Verfassung). Die Vorschriften spielen in der Praxis derzeit keine Rolle.

**Vergewaltigung** ist *sexuelle Nötigung* in einem *besonders schweren Fall* (→ Regelbeispiele), bei der der Täter mit dem Opfer den außerehelichen oder ehelichen Beischlaf vollzieht oder ähnliche sexuelle Handlungen an einem weiblichen oder männlichen Opfer vornimmt oder an sich vornehmen läßt, die dieses besonders erniedrigen, insbes. wenn sie mit einem Eindringen in den Körper des Opfers verbunden sind, wie orale oder anale Penetration (§ 177 I, II 2 Nr. 1 StGB). Die Strafe ist Freiheitsstrafe nicht unter 2 Jahren.

Ist das Opfer psychisch oder körperlich widerstandsunfähig, so liegt → sexueller *Mißbrauch widerstandsunfähiger Personen* in der qualifizierten Straftat der sog. Schändung vor (§ 179 I, IV Nr. 1 StGB). Die Strafe ist Freiheitsstrafe nicht unter 1 Jahr.

**Vergiftung.** Nach § 224 I 1 StGB wird eine → Körperverletzung durch *Beibringen von Gift* oder anderen *gesundheitsschädlichen Stoffen* als *gefährliche Körperverletzung* mit Freiheitsstrafe von 6 Mon. bis 10 Jahren bedroht.

Wegen *gemeingefährlicher V.* ist mit Freiheitsstrafe von 1–10 Jahren bedroht, wer Wasser in gefaßten Quellen, in Brunnen, Leitungen oder Trinkwasserspeichern oder zu öffentlichem Verkauf oder Verbrauch bestimmte Gegenstände vergiftet oder ihnen gesundheitsschädliche Stoffe beimischt oder solche Gegenstände verkauft, feilhält oder sonst in den Verkehr bringt. Verursacht der Täter eine schwere Gesundheitsschädigung eines anderen oder eine Gesundheitsschädigung einer großen Zahl von Menschen oder wenigstens leichtfertig den Tod eines anderen, sind höhere Strafen zu verhängen. Bei → tätiger Reue kann die Strafe gemildert oder von ihr abgesehen werden oder Straflosigkeit eintreten.

**Vergleich.** Der V. ist ein → gegenseitiger Vertrag, durch den der Streit oder die Ungewißheit der Parteien im Wege gegenseitigen Nachgebens beseitigt wird; der Ungewißheit über ein Rechtsverhältnis steht es gleich, wenn die Durchsetzung eines Anspruchs unsicher ist. Voraussetzung sind also unterschiedliche Auffassungen der Beteiligten auf tatsächlichem oder rechtlichem Gebiet; beide Seiten – nicht nur eine (wie z. B. beim bloßen → Schuldanerkenntnis) – müssen irgendwelche Zugeständnisse machen. Der V. hat nur schuldrechtliche Wirkungen, schafft also nur eine Verpflichtung der Beteiligten, nicht neue dingliche Rechte usw. Der V. ist grundsätzlich formfrei, auch wenn in ihm ein → Schuldanerkenntnis liegt (§ 782 BGB); im übrigen richtet sich die Form nach dem im V. geregelten Rechtsgeschäft (z. B. bei einem → Grundstückskaufvertrag; der → Prozeßvergleich ersetzt jede Form). Der V. läßt an sich das ursprüngliche streitige Rechtsverhältnis bestehen (z. B. für ein → Pfandrecht oder eine → Bürgschaft); dem Wesen des V. entspricht es jedoch, daß die Parteien nach dessen Abschluß grundsätzlich nicht mehr auf dieses zurückgreifen können, auch wenn sie z. B. nunmehr Beweismittel für den Bestand der streitigen Forderung usw. haben (Feststellungswirkung des V.; dies regelmäßig auch bei → Schuldnerverzug mit der Erfüllung des V.). Der V. ist *unwirksam,* wenn der nach dem Inhalt des Vertrags als feststehend zugrundegelegte Sachverhalt der Wirklichkeit nicht entspricht und der Streit oder die Ungewißheit bei Kenntnis der Sachlage nicht entstanden wäre (§ 779 BGB; Fall des Wegfalls der → Geschäftsgrundlage). Daneben gelten die allgemeinen Vorschriften über die → Anfechtung von Willenserklärungen wegen Irrtums oder arglistiger Täuschung. Die Hauptbedeutung hat der V. im Rechtsstreit (→ *Prozeßvergleich*); hier tritt neben den materiellrechtlichen Vertrag noch die verfahrensabschließende → Prozeßhandlung (Doppelnatur, h. M.). Über den Schiedsv. → schiedsrichterliches Verfahren, über einen V. im Insolvenzverfahren → Verbraucherinsolvenzverfahren, → Insolvenzplan, über den V. in Privatklagesachen s. im folg. S. a. → Anwaltsvergleich.

**Vergleich, Vergleichsbehörde in Privatklagesachen.** Nach § 380 StPO ist → Prozeßvoraussetzung für jede → Privatklage wegen Hausfriedensbruchs, Beleidigung, leichter vorsätzlicher, gefährlicher oder fahrlässiger Körperverletzung, Bedrohung, Sachbeschädigung oder Verletzung des Briefgeheimnisses (§ 202 StGB), daß vorher ein erfolgloser → Sühneversuch vor der landesrechtlich hierfür bestimmten *Vergleichsbehörde* stattgefunden hat (Ausnahme: beide Parteien wohnen nicht in demselben Gemeindebezirk). Vergleichsbehörde ist in den früher preuß. Gebieten i. d. R. die → Schiedsperson, in Baden-Württemberg und Bayern die Gemeinde, in Bremen das Amtsgericht, in Hamburg die Rechtsauskunfts- und Vergleichsstelle (s. die Zusammenstellung bei Kleinknecht/Meyer-Goßner, § 380 StPO, Rn. 3). In Brandenburg, Mecklenburg-Vorpommern, Sachsen, Sachsen-Anhalt und Thüringen nehmen die Schiedsstellen nach dem Ges. über die Schiedsstellen in den Gemeinden vom 13. 9. 1990 (GBl. DDR I 1527), das weitergilt, die Aufgaben der Vergleichsbehörde wahr. Ein vor einer V.behörde geschlossener *Vergleich* beseitigt das Klagerecht des an ihm beteiligten Verletzten; in der Hauptverhandlung wird der V. meist mit der Rücknahme der Klage verbunden. Auch ein außergerichtlicher Vergleich ist nach h. M. ein Prozeßhindernis.

**Vergleichende Werbung** liegt vor, wenn Waren von Mitbewerbern bei Werbemaßnahmen mit den eigenen Waren oder Leistungen hins. Qualität, Preis usw. verglichen werden. Die v. W. wird heute (entgegen früher) von der

Rspr. (unter Vorwegnahme einer noch nicht umgesetzten EG-Richtlinie) auch bei direkter Nennung von Mitbewerbern grdsätzl. als zulässig (und nicht als → unlauterer Wettbewerb) angesehen. Voraussetzung ist jedoch, daß der Vergleich nicht irreführend sein darf und nachprüfbar ist, sich auf konkrete typische Eigenschaften bezieht und den Mitbewerber nicht persönlich und unsachlich angreift. Es ist natürlich auch erlaubt, Kunden – insbes. auf Anfrage – über Vor- und Nachteile von Waren aufzuklären sowie Systemvergleiche (z. B. über Herstellungsverfahren) anzustellen.

**Vergleichsbehörde in Privatklagesachen** → Vergleich, Vergleichsbehörde in Privatklagesachen.

**Vergleichskosten** → Kostenpflicht.

**Vergleichsmiete** → Sozialer Wohnungsbau, → Mietpreisbindung.

**Vergleichsverfahren** war ein gerichtliches Verfahren, durch das der → Konkurs abgewendet werden sollte, indem die Vergleichsgläubiger zu einem bestimmten Teil ihrer Forderungen befriedigt wurden. S. heute → Insolvenzrecht, → Insolvenzverfahren.

**Vergleichsvertrag** (im öffentl. Recht) → Vertrag, öffentl.-rechtl. (2).

**Vergnügungssteuer.** Die V. ist eine Gemeindesteuer (→ Gemeindeabgaben). Ihr unterliegen alle im Gemeindegebiet veranstalteten Vergnügungen (Tanzbelustigungen, Spielautomaten, Preiskegeln usw.). Rechtsgrundlage sind die V.gesetze der Länder, in deren Gesetzgebungsbefugnis die V. fällt (Art. 105 II a GG). Steuerbefreit sind u. a. (länderrechtl. abweichend) Opern- und Operettenaufführungen, Symphoniekonzerte, Veranstaltungen der Jugendpflege, Tierschauen und Veranstaltungen, die kirchlichen oder wohltätigen Zwecken dienen. Die V. wird als *Kartensteuer* nach dem Eintrittspreis oder als *Pauschsteuer* z. B. nach der Roheinnahme oder nach der Größe des benutzten Raums erhoben. Mehrere Länder haben die V. aufgehoben. Sie ist nach der Rechtsprechung des BVerfG verfassungsgemäß.

**Vergütung.** 1. Steuervergütung bedeutet die Rückzahlung bereits entrichteter Steuer an den Steuerpflichtigen aus steuersystematischen Gründen. Auf die Steuervergütung sind die Vorschriften über Steuerfestsetzung sinngemäß anzuwenden (§ 155 VI AO). Folgende Steuerarten kennen eine Steuervergütung: a) Körperschaftsteuervergütung. Die anrechenbare → Körperschaftsteuer (2) wird auf Antrag dem Anteilseigner vergütet, wenn anzunehmen ist, daß für ihn eine Veranlagung zur → Einkommensteuer (3) nicht in Betracht kommt oder wenn dem Finanzamt eine Bescheinigung vorliegt, daß → Kapitalertragsteuer nicht einzubehalten ist (§§ 36 b, c EStG; Sonderfälle §§ 36 d, e EStG). b) Umsatzsteuervergütung. Sind die abziehbaren Vorsteuerbeträge des Voranmeldungszeitraums bzw. des Besteuerungszeitraums höher als die für eigene Umsätze geschuldete → Umsatzsteuer, so hat der Unternehmer gegenüber dem Finanzamt einen Vergütungsanspruch (§ 16 II UStG). 3. Andere Vergütungen: Gesetze, deren Vollzug wegen der Sachnähe dem Finanzamt obliegt, sehen Leistungen vor, auf die die Vorschriften über Steuervergütung entsprechend anzuwenden sind, z. B. § 8 WoPG, § 7 InvZulG, § 14 II 5. VermBG; § 31 S. 3 EStG (→ Kindergeld).

2. Privatrechtliche Vergütungen. a) Vergütungen, die ein Gesellschafter einer Personengesellschaft von der Gesellschaft für seine Tätigkeit im Dienst der Gesellschaft oder für die Hingabe von Darlehen oder für die Überlassung von Wirtschaftsgütern bezogen hat, sind bei der Einkommensteuer Einkünfte aus Gewerbebetrieb und unterliegen der Gewerbesteuer. Dies gilt auch für Abfindungen, da der bei seiner Personengesellschaft angestellte Gesellschafter nicht Arbeitnehmer im steuerlichen Sinn ist. Anders ist dies bei Gesellschaftern von Kapitalgesellschaften (→ Arbeitnehmer). b) Nutzungsvergütungen → außerordentliche Einkünfte.

**Vergütungsgefahr** → Preisgefahr.

**Verhaftung** → Haftbefehl, → Untersuchungshaft, → Festnahme.

**Verhaltensbedingte Kündigung** → Kündigungsschutz für Arbeitnehmer.

**Verhaltenshaftung** (im Polizeirecht) → Handlungshaftung, → Störer.

**Verhältnismäßigkeit(sgrundsatz).** Für Eingriffe der öffentlichen Hand in verfassungsmäßig geschützte Rechte des einzelnen gilt grundsätzlich ein → *Übermaßverbot* d. h. das angewendete Mittel darf nicht stärker sein und der Eingriff nicht weiter gehen, als der Zweck der Maßnahme es rechtfertigt.

Im *Strafprozeß* wirkt sich dieser Rechtsgedanke als *Grundsatz der Verhältnismäßigkeit* dahin aus, daß verfahrensrechtlich zulässige Eingriffe in Freiheit, Eigentum und andere Rechtsgüter des Beschuldigten oder Dritter (insbes. → Grundrechte) im rechten Verhältnis zur Schwere des Tatvorwurfs und zum Grad des bestehenden Verdachts stehen müssen. Der Grundsatz ist vor allem für die → Untersuchungshaft gesetzlich normiert: diese darf nicht angeordnet und muß aufgehoben werden, wenn sie zur Bedeutung der Sache und der zu erwartenden Strafe oder Maßregel der Besserung und Sicherung außer Verhältnis steht (§§ 112 I 2, 120 I StPO, Art. 5 III 2 MRK). S. a. § 62 StGB über die V. von Maßregeln im Hinblick auf Bedeutung der Tat und Gefährlichkeit des Täters; ferner § 74b StGB und § 24 OWiG für die V. der (fakultativen) → Einziehung im Strafverfahren zur Bedeutung der Straftat sowie § 111m StPO für die V. der Beschlagnahme von Druckwerken, → Schriften und anderen Darstellungen. S. a. → Notwehr, → Waffengebrauch, → Selbsthilfe.

**Verhältnismäßigkeit, EG-Recht.** Nach der ständigen Rechtsprechung des EuGH ist der Grundsatz der V. ein Bestandteil des primären → Gemeinschaftsrechts; vgl. hierzu auch Protokoll über die Anwendung der Grundsätze der Subsidiarität und der Verhältnismäßigkeit zum Vertrag von → Amsterdam.

**Verhältniswahl** ist ein Wahlsystem, bei dem jeder an der Wahl teilnehmenden → Partei oder Wählergruppe ein dem Verhältnis ihrer erreichten Stimmenzahl entsprechender Teil der Sitze in der Vertretungskörperschaft zugeteilt wird. Hierfür bestehen verschiedene Methoden; allgemein gebräuchlich war das → d'Hondtsche System, neuerdings im Vordringen das Verfahren Hare-Niemeyer. Die V. läßt auch Minderheiten entsprechend der Zahl der erreichten Stimmen zum Zuge kommen. Der darin liegenden Gefahr der Parteienzersplitterung versucht man häufig dadurch zu begegnen, daß Listen nur dann bei der Sitzverteilung berücksichtigt werden, wenn sie einen bestimmten Prozentsatz der Gesamtstimmenzahl erreichen (→ Fünf-Prozent-Klausel). Häufig wird die V. mit einer → Mehrheitswahl verbunden, nach der die Kandidaten der einzelnen Wahlkreise gewählt werden, während die Sitze insgesamt nach dem Verhältnis der von den einzelnen Parteien erlangten Sitze verteilt werden (so bei der Wahl zum Bundestag).

**Verhandlungsfähigkeit.** Die V. eines Beteiligten – insbes. einer Partei oder des Beschuldigten – in der mündlichen Verhandlung (Hauptverhandlung) entspricht der *Prozeßhandlungsfähigkeit* außerhalb der Verhandlung, d. h. der Fähigkeit, seine Interessen vernünftig wahrzunehmen und Prozeßerklärungen abzugeben und entgegenzunehmen. Im *Zivilprozeß* setzt die V. vor Gericht → Postulationsfähigkeit voraus. Die V. ist nicht → Prozeßvoraussetzung, ihr Fehlen kein Prozeßhindernis; es hindert vielmehr nur einzelne Prozeßhandlungen. Im *Strafprozeß* ist für die V. des Beschuldigten entscheidend, ob er die erforderlichen geistigen und körperlichen Fähigkeiten für das Verständnis der prozessualen Vorgänge besitzt; bei Erwachsenen kann das bei schweren geistigen oder körperlichen Mängeln zu verneinen sein; bei Jugendlichen und Geistesschwachen oder Geisteskranken entscheiden Reifegrad und (oder) Aufnahmefähigkeit. Endgültige Verhandlungsunfähigkeit ist ein Verfahrenshindernis und hat Einstellung des Verfahrens zur Folge. Hat ein Angeklagter sie vorsätzlich und schuldhaft herbeigeführt und verhindert er dadurch wissentlich die Hauptverhandlung, so kann diese, falls er vorher über die Anklage richterlich gehört worden ist, nach Anhörung eines Arztes als Sachverständigen in seiner Abwesenheit durchgeführt werden. Ggf. ist dem Angeklagten ein Verteidiger zu bestellen (§ 231a StPO).

**Verhandlungsgrundsatz** bedeutet, daß die Parteien bestimmen, welche

Tatsachen sie dem Gericht im Rechtsstreit zur Entscheidung unterbreiten (→ Substantiierung) und welche Tatsachen beweisbedürftig sind. Das Gegenteil ist der → Untersuchungsgrundsatz. Der V. gilt nur im Zivilprozeß und ist auch da eingeschränkt, z. B. im Verfahren in → Ehesachen (vgl. § 616 II, III ZPO); in → Kindschaftssachen gilt er nicht.

**Verhandlungsprotokoll** *(Sitzungsniederschrift).* Über jede → mündliche Verhandlung, → Beweisaufnahme und → Hauptverhandlung ist ein V. aufzunehmen (§ 159 ZPO, § 105 VwGO, § 94 FGO, § 122 SGG, § 271 StPO), das vom Vorsitzenden und vom Protokollführer (Schriftführer) unterschrieben, bei Lücken oder Fehlern auch berichtigt wird (§ 164 ZPO). Das V. enthält die wesentlichen Vorgänge der Verhandlung, auch die Beweisergebnisse und Vergleiche (Einzelheiten über Inhalt und Errichtung des V. s. §§ 160–162 ZPO). Es ist öffentliche → Urkunde mit besonderer Beweiskraft für die *vorgeschriebenen Förmlichkeiten* der Verhandlung – nur für diese, z. B. Beeidigung von Zeugen, Ausschluß der Öffentlichkeit, nicht für sonstige Tatsachen oder Erklärungen – (§ 165 ZPO, § 274 StPO); es kann insoweit nur durch den Nachweis der Fälschung entkräftet werden. Die Aufnahme von V.en in Verwaltungssachen richtet sich nach den bundes- oder landesrechtlichen Vorschriften über das jeweilige Verwaltungsverfahren. Für das „förmliche → Verwaltungsverfahren" ist die Fertigung der Niederschrift in § 68 IV VwVfG (und den entsprechenden Vorschriften der LandesVwVfGesetze) geregelt.

**Verharmlosung von Gewalt** → Verherrlichung von G.

**Verherrlichung von Gewalt** durch Herstellen, Einführen, Ausstellen, Vorrätighalten, Anpreisen, Verbreiten usw. von → *Schriften oder anderen Darstellungen* ist nach § 131 StGB strafbar, wenn die Darstellung Gewalttätigkeiten gegen Menschen in grausamer oder sonst unmenschlicher Weise schildert. Der V. gleichgestellt ist die *Verharmlosung,* d.h. das Bagatellisieren der Gewalttätigkeit im Widerspruch zu ihrer wirklichen Gefährlichkeit, zur Schwere der Folgen usw. Ausgenommen sind Berichte über Zeitgeschehen oder historische Vorgänge.

**Verhütung von Gefahren** → Gefahrenabwehr, → Polizei (3).

**Verhütung von Straftaten** → Gefahrenabwehr, → Polizei (3).

**Verhütung von Unfällen** → Unfallschutz.

**Verität** → Gewährleistung, 1.

**Verjährbarkeit** → Verjährung (1).

**Verjährung**. 1. Ein *bürgerlich-rechtlicher Anspruch* – nicht das → subjektive Recht (Gestaltungsrecht) selbst – unterliegt grundsätzlich der Verjährung (§ 194 BGB, *Verjährbarkeit*). Eine Reihe von Ansprüchen ist allerdings unverjährbar, insbes. der Anspruch auf → Berichtigung des Grundbuchs, Ansprüche aus im Grundbuch eingetragenen → dinglichen Rechten, einige Ansprüche aus dem → Nachbarrecht, die Ansprüche auf Auseinandersetzung einer (Erben-) → Gemeinschaft, der Anspruch auf Herstellung der → ehelichen Lebensgemeinschaft u. a. m. Die eingetretene V. beseitigt den Anspruch als solchen nicht, macht ihn auch nicht zu einer bloßen → Naturalobligation, gibt jedoch dem Verpflichteten im Interesse der Rechtssicherheit (Beweisschwierigkeiten usw.) ein *Leistungsverweigerungsrecht,* also eine bloße dauernde → Einrede, die nur wirkt, wenn sie vom Verpflichteten geltendgemacht wird (§ 222 I BGB). Von der V. sind daher das Erlöschen des Anspruchs durch Ablauf einer → Ausschlußfrist, die → Verwirkung (weitere Voraussetzungen als Zeitablauf erforderlich) und die → Ersitzung zu unterscheiden. Da der verjährte Anspruch noch besteht, kann er auch nach V.eintritt noch erfüllt werden; das zur Erfüllung eines verjährten Anspruchs Geleistete kann nicht deshalb zurückverlangt werden, weil die Leistung in Unkenntnis der V. bewirkt wurde (§ 222 II BGB). Für den Anspruch bestellte Sicherheiten (→ Hypothek, → Pfandrecht; ferner → Eigentumsvorbehalt) bleiben von der V. des Anspruchs unberührt; der Berechtigte kann trotz V. seine Befriedigung aus den ihm haftenden Gegenständen suchen (§ 223 BGB). Mit dem Hauptanspruch verjähren auch Nebenleistungen (→ Zinsen u. dgl., § 224 BGB). Die V. kann grdsätzl. durch Rechtsgeschäft nur verkürzt, nicht aber verlängert oder ganz ausgeschlossen werden (§ 225 BGB); s. aber → Gewährleistung (2 a.E.), → Garantiefrist. Die Einrede der V. kann durch den Einwand des Verstoßes gegen Treu und Glauben (→ Rechtsmißbrauch) entkräftet werden, z.B. wenn der Verpflichtete den Berechtigten durch Vergleichsverhandlungen hingehalten hat oder wenn eine frühere Geltendmachung des Anspruchs nicht möglich war.

Die allgemeine *V.frist* beträgt 30 Jahre (§ 195 BGB); das Gesetz sieht jedoch oftmals kürzere V.fristen vor (s. z.B. → unerlaubte Handlung, 7, → Straßenverkehrshaftung, → Gewährleistung, 2, → Miete, 2c, für Wechsel u. Scheck s. Art. 70 WG, Art. 52 SchG). Über die Konkurrenz mehrerer verschieden langer V.fristen → Anspruchskonkurrenz. Ferner beträgt bei Geschäften des täglichen Lebens die V.frist regelmäßig zwei Jahre (§ 196 BGB). Hierzu gehören vor allem die Ansprüche der Kaufleute und Handwerker für gelieferte Waren (auch Wasser oder Strom), die Ansprüche der Ärzte, Rechtsanwälte und Lehrer für erbrachte Leistungen (auch Architekten, str.), die Lohnansprüche von Arbeitern und Angestellten usw. Bei Leistungen der Kaufleute und Handwerker an einen Schuldner, der selbst einen Gewerbebetrieb innehat, beträgt die V.frist 4 Jahre. Ebenfalls in 4 Jahren verjähren die Ansprüche auf Rückstände von Zinsen (ausgenommen beim → Kreditvertrag, 5), rückständige Mieten und sonstige wiederkehrende Leistungen (Unterhaltsbeiträge, Renten usw., auch Rückforderung unzulässiger Kreditraten, § 197 BGB). Ein in einem Urteil oder sonstigen Titel, z.B. Prozeßvergleich, festgestellter Anspruch verjährt stets in 30 Jahren, auch wenn er an sich einer kürzeren V. unterliegt (§ 218 BGB). Die V. *beginnt* regelmäßig mit dem Tage der Entstehung des Anspruchs, beim → Unterlassungsanspruch mit der Zuwiderhandlung (§ 198 BGB). Die → Fälligkeit des Anspruchs ist nicht Voraussetzung, ihr Fehlen hemmt aber die Verjährung (s.u.). Hängt der Anspruch von einer → Willenserklärung des Berechtigten, insbes. von einer → Kündigung oder → Anfechtung von Willenserklärungen ab, so beginnt die V. bereits mit der Zulässigkeit der Kündigung usw. nicht erst mit deren Erklärung (§§ 199, 200 BGB). Die oben genannte kurze V.frist (2 bzw. 4 Jahre) beginnt nicht am Tage des Entstehens des Anspruchs, sondern erst mit dem Schluß des Jahres, in dem er entstanden ist (z.B. Kaufvertrag: 15. 7. 1995; V.: 31. 12. 1997; bei Lieferung an Gewerbebetrieb: 31. 12. 1999; → Frist). Eine Kenntnis des Anspruchs ist für den Beginn der V. regelmäßig nicht erforderlich (Ausnahmen bei der → unerlaubten Handlung, Straßenverkehrshaftung u.a. Fällen der → Gefährdungshaftung). Über die V. bei Garantiefristen → Gewährleistung (Kauf), → Werkvertrag.

Der Lauf der V.frist kann durch verschiedene Ereignisse beeinflußt werden; dabei sind die Unterbrechung der V., die Hemmung der V. und die Ablaufhemmung zu unterscheiden: Während bei der Unterbrechung der V. die bisherige V.frist unbeachtlich ist und nach der Unterbrechung eine volle neue V.frist beginnt (§ 217 BGB), wird bei der Hemmung der V. lediglich der entsprechende Zeitraum nicht in die V.frist eingerechnet, im übrigen die bisherige V.frist angerechnet (§ 205 BGB). Bei der Ablaufhemmung wird das Ende der V. durch eine besondere Schutzfrist weiter hinausgeschoben:

a) *Unterbrechung der V.* tritt ein, wenn der Verpflichtete dem Berechtigten gegenüber den Anspruch durch Abschlagszahlung, Zinszahlung, Sicherheitsleistung oder in anderer Weise – auch stillschweigend, z.B. durch ein Stundungsgesuch – anerkennt (§ 208 BGB). Die V. wird ferner unterbrochen durch Erhebung einer → Leistungs- oder Feststellungsklage wegen des Anspruchs (→ Klageerhebung), durch Zustellung eines → Mahnbescheids, Anmeldung des Anspruchs im → Insolvenzverfahren, → Aufrechnung oder → Streitverkündung im Prozeß usw., nicht aber durch bloße → Mahnung (§ 209 BGB). Statt der Zustellung der Klage oder des Mahnbescheids genügt Einreichen bei Gericht vor Ablauf der V.frist, wenn der Gläubiger alles Erforderliche getan hat (Gebührenvorschuß!) und die Zustellung demnächst stattfindet (§§ 270 III, 693 II ZPO). Wird der (rechtzeitige) Antrag auf Erlaß eines Mahnbescheids zurückgewiesen, so genügt Klageerhebung binnen eines Monats seit Zurückweisung (§ 691 II ZPO). Die Unterbrechung dauert bis zur Beendigung des Rechtsstreits; sie entfällt bei → Klagerücknahme und Abweisung der Klage aus formellen Gründen (→ Prozeßurteil), sofern nicht innerhalb von 6 Monaten neu geklagt wird (§§ 211, 212 BGB).

b) *Hemmung der V.* besteht, solange die Leistung gestundet (→ Fälligkeit) oder der Verpflichtete aus einem anderen Grund vorübergehend zur Verweigerung der Leistung berechtigt ist (ausgenommen Einrede des → Zurückbehaltungsrechts, des nichterfüllten Vertrags – → gegenseitiger Vertrag –, der Vorausklage – → Bürgschaft – und die → Dreimonatseinrede des Erben, § 202 BGB). Dauernde → Einreden (z. B. ungerechtfertigte Bereicherung) berühren die V. nicht, da sie den Anspruch selbst ausschalten. Die V. ist ferner gehemmt bei Stillstand der Rechtspflege innerhalb der letzten 6 Monate der V.frist oder bei Verhinderung an der Rechtsverfolgung durch → höhere Gewalt (§ 203 BGB). Die V. von Ansprüchen unter Ehegatten, Eltern und Kindern, Mündel und Vormund usw. ist gehemmt, solange die Ehe, das Verwandtschafts- oder Vormundschaftsverhältnis besteht (§ 204 BGB).

c) *Ablaufhemmung.* Ist eine nicht voll geschäftsfähige Person ohne gesetzlichen Vertreter, so bedarf sie eines besonderen Schutzes. Die gegen sie laufende V. wird daher – ebenso wie die V. eines Anspruchs, der zu einem Nachlaß gehört oder sich gegen einen Nachlaß richtet – i. d. R. erst 6 Monate nach Beseitigung des Hindernisses (Eintritt der Volljährigkeit, neuer gesetzlicher Vertreter, Annahme der Erbschaft durch den Erben oder Eröffnung des → Nachlaßinsolvenzverfahrens) vollendet; bei kürzeren Fristen sind diese maßgebend (§§ 206, 207 BGB).

d) Für das Gebiet der ehem. DDR gelten für Beginn, Unterbrechung und Hemmung der V. bis zum 2. 10. 1990 die bisherigen Vorschriften des ZGB fort (Art. 231 § 6 EGBGB).

2. Über die V. im *Strafrecht* → Strafverfolgungsverjährung, → Strafvollstreckungsverjährung.

3. Im *Verwaltungsrecht* besteht eine allgemeine Regelung der V. nicht. Die Vorschriften des bürgerlichen Rechts sind nur in beschränktem Umfang entsprechend anwendbar. Öffentliche Rechte und Pflichten verjähren grundsätzlich nicht; soweit es sich nicht um unverzichtbare Rechte (z. B. Wahlrecht) handelt, kann u. U. *Verwirkung* eintre-ten, die sich aus dem auch im öffent-lichen Recht geltenden Grundsatz von → Treu und Glauben ergibt. Für öffentlich-rechtliche Ansprüche ver-mögensrechtlicher Art werden die §§ 195 ff. BGB analog angewandt, soweit nicht Sondervorschriften bestehen (z. B. im Steuerrecht – s. u. V –, § 24 PostG, Art. 71 bay. AusfG z. BGB vom 20. 9. 1982, GVBl. 803, die jedoch keine eigentlichen Verjährungs-, sondern Erlöschenstatbestände regeln). Für die → Dienstbezüge der Beamten gilt § 197 BGB unmittelbar. Unterliegt der Anspruch eines öffentl.-rechtl. Rechtsträgers ausnahmsweise der V., so unterbricht ein zu seiner Durchsetzung erlassener → Verwaltungsakt die V. (§ 53 VwVfG).

4. Der Anspruch auf *Sozialleistungen* nach dem → Sozialgesetzbuch verjährt in 4 Jahren nach Ablauf des Kalenderjahres der Entstehung. Der Anspruch der Versicherungsträger auf Beitragsrückstände verjährt in 4 Jahren nach Ablauf des Kalenderjahres der Fälligkeit, bei vorsätzlich vorenthaltenen Beiträgen nach 30 Jahren; die V. ist von Amts wegen zu beachten. Für Hemmung, Unterbrechung und Wirkung der V. gelten die Vorschriften des BGB sinngemäß. § 45 SGB I, § 25 SGB IV, § 52 SGB X.

5. *Steuerlich* wird unterschieden zwischen Festsetzungsverjährung und Zahlungsverjährung. *Festsetzungsverjährung* (§§ 169–171 AO) regelt die V. der noch nicht festgesetzten Steuer. Eine Steuerfestsetzung sowie ihre Aufhebung oder Änderung sind nicht mehr zulässig, wenn die *Festsetzungsfrist* abgelaufen ist. Diese beträgt bei Zöllen und → Verbrauchsteuern, Zinsen und Kosten der Vollstreckung 1 Jahr, bei sonstigen Steuern 4 Jahre, leichtfertig verkürzten Steuern (§ 378 AO) 5 Jahre, hinterzogenen Steuern (§ 370 AO) 10 Jahre. Die Festsetzungsfristen gelten auch für die gesonderte Feststellung von Besteuerungs-

grundlagen (Feststellungsfrist). Vgl. § 181 I AO. Über Anlaufhemmung vgl. § 170 AO, Ablaufhemmung § 171 AO. *Zahlungsverjährung,* d. h. V. des festgesetzten Zahlungsanspruchs, in 5 Jahren; sie führt zum Erlöschen des Zahlungsanspruchs (§§ 228–232 AO).

**Verjährungsbeginn** → Verjährung (1).

**Verjährungsfrist** → Frist, → Verjährung.

**Verjährungshemmung** → Verjährung (I b, c).

**Verjährungsunterbrechung** → Verjährung (1 a).

**Verkauf** → Kauf.

**Verkauf an Sonntagen** ist beschränkt durch die Vorschriften der GewO (§§ 105 a ff.) und des LadenschlußG, die sowohl die Beschäftigung von Arbeitnehmern wie auch das Offenhalten von Verkaufsstellen an Sonn- und Feiertagen grundsätzlich verbieten. Über Ausnahmen → Arbeitszeit, Ladenschluß. Verstöße gegen das V.-verbot begründen aber nicht die Nichtigkeit des Kaufvertrags nach § 134 BGB.

**Verkaufskommission** → Kommission.

**Verkaufslizenz** → Lizenzvertrag.

**Verkaufsräume** (Überwachung) → Lebensmittel, Preisangaben.

**Verkehr** → Verkehrsrecht (u. im folg.).

**Verkehr mit Arzneimitteln** → Arzneimittel.

**Verkehr mit dem Kind** → Umgangsrecht, → Personensorge, → Ehescheidung (3).

**Verkehr mit edlen/unedlen Metallen** → Edelmetalle, *Altmetallhandel.*

**Verkehr mit Gefangenen** kann nach § 115 OWiG als unerlaubter Kontakt oder Versuch hierzu mit Geldbuße geahndet werden, wenn ein Außenstehender dem G. unbefugt Sachen oder Nachrichten übermittelt oder sich von ihm übermitteln läßt oder sich mit dem innerhalb der Vollzugsanstalt befindlichen G. von außen durch Worte oder Zeichen verständigt. G. i. S. der Vorschrift ist aber nur ein auf Grund strafgerichtlicher Entscheidung oder nach vorläufiger → Festnahme behördlich (also auch von der Polizei) Verwahrter.

**Verkehr mit Grundstücken** → Grundstücksverkehr (landwirtschaftlicher), → Grundstückskaufvertrag.

**Verkehrsampeln** geben Farbzeichen, denen alle → Verkehrsteilnehmer Folge zu leisten haben; sie gehen allgemeinen Verkehrsregeln, z. B. über die → Vorfahrt, und sonstigen amtlichen → Verkehrszeichen vor, jedoch nicht den Zeichen und Weisungen der Polizeibeamten (§§ 37 I, 36 StVO). Die Bedeutung der Farbzeichen – Rot, Gelb, Grün, Farbpfeile, Schrägbalken – ergibt sich aus § 37 II, III StVO. Der in der ehem. DDR verwendete Grünpfeil, der im ganzen Bundesgebiet zugelassen ist, erlaubt trotz Lichtzeichen Rot das Abbiegen nach rechts, dabei darf aber der Verkehr in den freigegebenen Richtungen nicht gefährdet oder behindert werden.

**Verkehrsanwalt** (Korrespondenzanwalt) ist der am Wohnsitz der Partei tätige → Rechtsanwalt, der die Verbindung zwischen dieser und ihrem auswärtigen → Prozeßbevollmächtigten vermittelt. → Kostenerstattungsanspruch.

**Verkehrsauffassung.** Hierunter versteht man die Anschauungen der beteiligten Verkehrskreise oder der (überwiegenden Mehrheit der) Allgemeinheit. Die V. ist insbes. für die Beurteilung eines → unlauteren Wettbewerbs von Bedeutung.

**Verkehrsbehinderung** → Behinderung im Straßenverkehr, → Hindernisbereiten.

**Verkehrsberuhigter Bereich** ist ein durch → Verkehrszeichen gekennzeichneter Straßenbezirk, in dem Fußgänger die ganze Straßenbreite benutzen, Fahrzeuge aber nur im Schrittempo fahren dürfen. Die Verkehrsteilnehmer dürfen sich nicht gegenseitig behindern. Parken ist außerhalb der dafür bezeichneten Flächen unzulässig (außer zum Aus- u. Einsteigen, Be- u. Entladen). S. a. → Fahrgeschwindigkeit.

**Verkehrsdelikte** → Straßenverkehrsgefährdung, → Transportgefährdung, → Trunkenheit im Verkehr, → Blutalkohol.

**Verkehrseinrichtungen** ist nach § 43 StVO der Sammelbegriff für Schranken (→ Bahnübergänge), Parkuhren (→ Parken), → Verkehrsampeln, Absperr- und Leiteinrichtungen u. dgl. Regelungen durch V. gehen den allgemeinen Verkehrsregeln vor.

**Verkehrsfähigkeit** → Sache.

**Verkehrsfinanzgesetze.** Die nach dem V. 1955 vom 6. 4. 1955 (BGBl. I 166) m. zahlreichen spät. Änd. vorgesehene teilweise Zweckbindung der Kraftfahrzeug-, Beförderungs- und Mineralölsteuer bildet zusammen mit den Regelungen des Straßenbaufinanzierungsgesetzes vom 28. 3. 1960 (BGBl. I 201) m. spät. Änd. die Finanzierungsgrundlage für den Bundesfernstraßenbau. Das V. 1971 vom 28. 2. 1972 (BGBl. I 201) m. spät. Änd. ergänzt die Regelungen durch Vorschriften über die Finanzierung von Ortsdurchfahrten und Ortsumgehungen. Wegen weiterer Finanzhilfen des Bundes zur Verbesserung der Verkehrsverhältnisse in den Gemeinden vgl. das → Gemeindeverkehrsfinanzierungsgesetz.

**Verkehrsgefährdung** → Straßenverkehrsgefährdung, → Transportgefährdung.

**Verkehrsgeltung** → Marken.

**Verkehrshaftpflicht** → Gefährdungshaftung, → Gefälligkeitsfahrt, → Eisenbahnbetriebshaftung, → Straßenverkehrshaftung, → Mitverschulden, → Kraftfahrzeug-Haftpflichtversicherung.

**Verkehrshelfer** sind Personen, die auf verkehrsrechtliche Pflichten und ein Verkehrsgeschehen hinweisen (z. B. Schülerlotsen, Verkehrskadetten). Sie dürfen den Verkehr auf öffentlichen Straßen weder lenken noch anstelle der Polizei regeln. Ein Kraftfahrer begeht keine → Ordnungswidrigkeit, wenn er Hinweisen der V. nicht folgt.

**Verkehrshindernisse** → Hindernisbereiten, → Behinderung im Straßenverkehr.

**Verkehrshypothek** → Hypothek.

**Verkehrskontrolle.** Polizeibeamte dürfen Verkehrsteilnehmer zur V. einschließlich der Kontrolle der Verkehrstüchtigkeit (→ Alkoholgenuß des Verkehrsteilnehmers, → Drogenfahrt) und zu Verkehrserhebungen anhalten (§ 36 V StVO). Das Nichtbefolgen der Anweisung ist eine → Ordnungswidrigkeit.

**Verkehrslärm.** Speziell den Schutz gegen V. durch Schutzeinrichtungen im Zusammenhang mit dem Straßenbau regelt die aufgrund des Bundesimmissionsschutzgesetzes ergangene VO vom 12. 6. 1991 (BGBl. I 1036); s. im übrigen bei → Lärmbekämpfung.

**Verkehrsopfer-Entschädigung** → Kraftfahrzeug-Haftpflichtversicherung.

**Verkehrsordnungswidrigkeiten** → Ordnungswidrigkeiten, → Bußgeldverfahren, → Strafverfolgungsverjährung, → Verwarnung bei Ordnungswidrigkeiten.

**Verkehrsrecht**. Die wichtigsten Bestimmungen des V. sind in folgenden Rechtsvorschriften enthalten:

1. *Straßenverkehrsrecht:* Straßenverkehrsgesetz vom 19. 12. 1952 (BGBl. I 837), Straßenverkehrs-Ordnung i. d. F. vom 16. 11. 1970 (BGBl. I 1565), Straßenverkehrs-Zulassungs-Ordnung i. d. F. vom 28. 9. 1988 (BGBl. I 1793); des näheren vgl. Straßenverkehrsrecht. S. ferner Internat. Abkommen über Kraftfahrzeugverkehr vom 24. 4. 1926 (RGBl. 1930 II 1233), VO über Internat. Kraftfahrzeugverkehr vom 12. 11. 1934 (RGBl. I 1137), Übereinkommen über den Straßenverkehr und die Straßenverkehrszeichen je vom 8. 11. 1968, Europ. Zusatzabkommen je vom 1. 5. 1971 zu diesen Übereinkommen und Protokoll vom 1. 3. 1973 über Straßenmarkierungen (Ges. vom 21. 9. 1977, BGBl. II 809, BGBl. 1979 II 932); BundesfernstraßenG i. d. F. vom 19. 4. 1994 (BGBl. I 854); PersonenbeförderungsG i. d. F. vom 8. 8. 1990 (BGBl. I 1690), GüterkraftverkehrsG i. d. F. vom 3. 11. 1993 (BGBl. I 1839); ergänzend: FahrlehrerG vom 25. 8. 1969 (BGBl. I 1336) nebst DVO vom 16. 9. 1969 (BGBl. I 1763) und Aus-

bildungsO vom 13. 5. 1977 (BGBl. I 733), KraftfahrsachverständigenG vom 22. 12. 1971 (BGBl. I 2086) nebst DVO vom 24. 5. 1972 (BGBl. I 854).

2. *Eisenbahnen, Straßenbahnen:* Allg. EisenbahnG vom 27. 12. 1993 (BGBl. I 2378; 1994, 2439); Eisenbahn-VerkehrsO vom 8. 9. 1938 (RGBl. II 663), Eisenbahn-Bau- und BetriebsO vom 8. 5. 1967 (BGBl. II 1563), EBO für Schmalspurbahnen vom 25. 2. 1972 (BGBl. I 269), Straßenbahn-Bau- und BetriebsO vom 11. 12. 1987 (BGBl. I 2648), EisenbahnkreuzungsG i. d. F. vom 21. 3. 1971 (BGBl. I 337) nebst DVO vom 2. 9. 1964 (BGBl. I 711).

3. *Luftfahrtrecht:* LuftverkehrsG i. d. F. vom 14. 1. 1981 (BGBl. I 61), LuftverkehrsO i. d. F. vom 14. 11. 1969 (BGBl. I 2117), Luftverkehrs-ZulassungsO i. d. F. vom 13. 3. 1979 (BGBl. I 308), zwischenstaatliche Vereinbarungen über den Luftverkehr, z. B. mit den USA, Großbritannien und Frankreich (BGBl. 1956 II 403, 1071, 1077), Abkommen über die Internat. Zivilluftfahrt und Vereinbarung über den Durchflug im Intern. Fluglinienverkehr (BGBl. 1956 II 411, 934), Warschauer Abkommen über die Beförderung im Internat. Luftverkehr (BGBl. 1958 II 291, 312; 1964 II 1295). Über Betriebsvorschriften s. → Luftfahrtrecht.

4. *Binnenschiffahrt:* BundeswasserstraßenG i. d. F. vom 23. 8. 1990 (BGBl. I 1818), BinnenschiffahrtsstraßenO nebst EinführungsVO vom 1. 5. 1985 (BGBl. I 734); über schiffahrtspolizeil. Vorschriften s. → Binnenschiffahrt.

5. *Seeschiffahrt* s. dort.

6. *V. der Eltern* usw. mit dem Kind → Umgangsrecht.

**Verkehrsregeln, allgemeine, im Straßenverkehr** sind in §§ 1–35 StVO und auch in der StVZO enthalten. Sie bestimmen das Verhalten der Teilnehmer am Straßenverkehr. Die Grundregel verlangt ständige Vorsicht und gegenseitige Rücksicht und ein Verhalten, durch das kein anderer geschädigt, gefährdet oder mehr als nach den Umständen unvermeidbar belästigt wird (§ 1 StVO). Die weiteren a. V. schreiben das Verhalten für einzelne Bereiche genau vor, z. B. → Fahrgeschwindigkeit, Recht zur → Vorfahrt. Zeichen und Weisungen von Polizeibeamten, → Verkehrszeichen und → Verkehrseinrichtungen gehen den a. V. vor.

**Verkehrsschutz** → Gutglaubensschutz.

**Verkehrssicherstellungsgesetz** → Sicherstellungsgesetze.

**Verkehrssicherungspflicht.** Wer einen Verkehr (insbes. Straßenverkehr, aber auch Baugrube usw.) eröffnet oder den öffentlichen Verkehr auf dem seiner Verfügung unterstehenden Grundstück duldet, hat die allgemeine Rechtspflicht, die nötigen Vorkehrungen zum Schutze Dritter zu schaffen, d. h. für einen verkehrssicheren Zustand zu sorgen. So ist der Verfügungsberechtigte insbes. verpflichtet, Straßen und Wege je nach deren Verkehrsbedeutung in ordnungsgemäßem Zustand zu erhalten, zu beleuchten, bei Glatteis in zumutbarem Umfang zu streuen, u. U. Geländer anzubringen, Baustellen ordnungsgemäß abzusichern, die mit Erfüllung der V. Beauftragten laufend zu beaufsichtigen usw. Ähnliche Verpflichtungen gelten für die V. in Miethäusern und sonstigen Gebäuden. Wird die V. verletzt, so haftet der Verfügungsberechtigte, der nicht notwendig der Eigentümer zu sein braucht, aus → unerlaubter Handlung (§ 823 BGB). Die Vorschriften über die V. gelten auch für öffentliche Körperschaften, insbes. für Staat und Gemeinden (z. B. bei Verstoß gegen die Streupflicht). Soweit diese jedoch, wie häufig in diesem Zusammenhang, hoheitlich handeln (etwa bei Verletzung der Straßenbaulast od. durch Nichtaufstellen von Verkehrszeichen), haften sie für Schäden nach den Bestimmungen über die → Staatshaftung. Zur V. zwecks Verhütung von Ski-(Berg-)Unfällen sowie bei Liftanlagen BGH NJW 1985, 620 u. Hagenbucher NJW 1985, 177.

**Verkehrssitte.** Das → Recht ist oftmals – insbes. in früheren Zeiten – aus der Sitte, d. h. aus der herrschenden Anschauung der betroffenen gesellschaftlichen Kreise entstanden. Die V., d. h. die Anschauung und tatsächliche Übung der Beteiligten, ist aber – im Gegensatz zum → Gewohnheitsrecht – keine Rechtsnorm; sie ist jedoch bei der → Auslegung von Verträgen (§ 157 BGB) und bei der Bestimmung des Inhalts eines Schuldverhältnisses nach

→ Treu und Glauben (§ 242 BGB) zu berücksichtigen. Besondere Bedeutung hat die V. im Handelsrecht (→ Handelsbrauch).

**Verkehrsstrafrecht** → Straßenverkehrsgefährdung, → Transportgefährdung, → Trunkenheit im Verkehr, → Blutalkohol.

**Verkehrssünderdatei.** → Verkehrszentralregister.

**Verkehrsteilnehmer.** Nach § 1 II StVO haben alle Teilnehmer am öffentlichen Straßenverkehr sich so zu verhalten, daß andere nicht gefährdet, geschädigt oder mehr, als nach den Umständen unvermeidlich, behindert oder belästigt werden. V. i. S. des § 1 StVO ist nicht jeder, der sich auf öffentlicher Straße bewegt, sondern nur, wer aktiv auf einen Verkehrsvorgang einwirkt; er ist deshalb dafür auch zivil- und strafrechtlich verantwortlich. Zu den V. gehören Fußgänger, Radfahrer, Reiter, Führer von Kraft- oder anderen Fahrzeugen, aber nicht der rein passive Mitfahrer, z. B. der Fahrgast im Pkw. oder Omnibus; anders wenn er als → Halter des Kfz., → Soziusfahrer oder → Beifahrer auf die Tätigkeit des Fahrers unmittelbar einwirkt, sei es durch Weisungen oder unterstützend. V. ist der Fußgänger schon mit Betreten des Gehwegs, der Radfahrer oder Fahrzeugführer mit Inbetriebsetzen des Fz., aber u. U. auch schon vorher, wenn er zu diesem Zweck das Fahrwerk betätigt.

**Verkehrsteuern** (Rechtsverkehrsteuern) knüpfen an die Vornahme eines Rechtsgeschäfts oder an Vorgänge des Wirtschaftsverkehrs an. Im Gegensatz zu den → Besitzsteuern kennen die V. keine persönliche Steuerpflicht, sondern nur steuerbare Vorgänge. V. sind u. a. → Feuerschutz-, → Grunderwerb-, → Kraftfahrzeug-, → Rennwett- und Lotterie-, → Umsatz-, → Versicherungsteuer.

**Verkehrstypische Verträge** → Vertrag (2).

**Verkehrsüberwachung.** Zuständige Behörde zur Überwachung des Straßenverkehrs auf Verkehrsverstöße ist grundsätzlich die Polizei (§ 26 I 1 StVG). Zur Überwachung der → Fahrgeschwindigkeit und des → Parkens sind aber teilweise auch Gemeinden für zuständig erklärt worden (so z. B. in Bayern VO i. d. F. vom 21. 10. 1997, GVBl. 727). Übertragung der V. auf Private, die über technische Verwaltungshilfe hinausgeht, zur Feststellung von Verkehrsverstößen, ist unzulässig.

**Verkehrsunfall.** Nach einem V. muß jeder, dessen Verhalten möglicherweise zu dem Unfall beigetragen hat, am Unfallort verbleiben und sich über die Unfallfolgen vergewissern. Er hat ferner – besonders als Fahrzeugführer – den Verkehr zu sichern, Verletzten zu helfen (→ Hilfeleistung, unterlassene) sowie anderen Unfallbeteiligten und Geschädigten Angaben über seine Beteiligung zu machen und ihnen auf Verlangen Namen und Anschrift bekanntzugeben sowie Führer- und Fahrzeugschein vorzuweisen. Ferner trifft ihn eine *Wartepflicht,* bis andere Beteiligte oder Geschädigte die nötigen Feststellungen treffen können. Wer sich nach angemessener Zeit oder aus *berechtigten* Gründen, etwa um sich selbst oder einen anderen Verletzten ärztlich versorgen zu lassen, entfernt hat, muß am Unfallort Namen und Anschrift hinterlassen; ferner muß er nachträgliche Feststellungen durch Meldung entweder bei den anderen Beteiligten oder Geschädigten oder bei einer nahegelegenen Polizeidienststelle ermöglichen. Unfallspuren dürfen nicht beseitigt werden, bevor die nötigen Feststellungen getroffen sind (vgl. § 34 StVO und über Zuwiderhandlungen § 49 I Nr. 29 StVO). S. ferner → unerlaubtes Entfernen vom Unfallort. Über die zivilrechtliche Haftung → Straßenverkehrshaftung.

**Verkehrsunterricht.** Die → Straßenverkehrsbehörde kann jeden, der gegen Verkehrsvorschriften verstoßen hat – also auch Fußgänger und Radfahrer –, zur Teilnahme am V. vorladen lassen (§ 48 StVO). Auch → Halter eines Fz. oder Jugendliche ab 14 Jahren können hiervon betroffen werden. Bei der Vorladung ist auf berufliche Verpflichtungen des Betroffenen Rücksicht zu nehmen (Allg. Verwaltungsvorschrift zu § 48 StVO). Gegen die Anordnung, die keine Strafe, sondern eine Verkehrserziehungsmaßnahme ist und die daher keinen *schuldhaften* Verstoß voraussetzt, sind die Rechtsbehelfe des Verwaltungsrechtsweges gegeben. Zuwiderhandlung gegen die Pflicht zur Teilnahme am V. ist → Ordnungswidrigkeit (§ 49 IV Nr. 6 StVO, § 24 StVG). Die Teilnahme am V. kann auch im Strafverfahren vom Gericht als Bewährungsauflage bei → Strafaussetzung zur Bewährung, gegen Jugendliche und Heranwachsende nach Jugendstrafrecht als → Weisung angeordnet werden (§ 56c StGB, § 10 I 3 Nr. 9 JGG). S. a. → Nachschulung.

**Verkehrsverbot** bei erhöhten Ozonkonzentrationen → Fahrverbot.

**Verkehrswert von Grundstücken** → Grundstückswerte.

**Verkehrszeichen** sind nur dort aufzustellen, wo dies aufgrund der besonderen Umstände zwingend geboten ist. V. können Gefahrzeichen, Vorschriftzeichen oder Richtzeichen sein (§§ 39 ff. StVO). Sie gehen den allg. → Verkehrsregeln vor. Sie können ortsfest oder auf einem (auch sich bewegenden) Fz. angebracht sein. Die *Gebots- oder Verbotszeichen* (Vorschriftszeichen) sind Verwaltungsakte in Form der → Allgemeinverfügung, die mit der Bekanntgabe durch sichtbares Aufstellen gegenüber dem Verkehrsteilnehmer wirksam werden (z. B. Radweg, Sperrung für Kfz., Parkverbot, Geschwindigkeitsbegrenzung). Dazu gehört beim Park- oder Haltverbot auch der Halter eines bereits vorher abgestellten Kfz. Ihre Bindungswirkung hängt davon ab, daß sie den Zeichen zu § 41 StVO entsprechen. *Gefahrzeichen* weisen die Verkehrsteilnehmer auf Gefahrenstellen hin, z. B. auf Schleudergefahr, Wildwechsel; über Warnkreuze → Bahnübergänge. *Richtzeichen* geben besondere Hinweise zur Erleichterung des Verkehrs; sie können auch Anordnungen enthalten. Zuwiderhandlungen gegen Gebots- oder Verbotszeichen und bestimmten Richtzeiten sind → Ordnungswidrigkeiten (§ 24 StVG; § 49 III 4, 5 StVO). Zeichen und Weisungen von Polizeibeamten gehen den V. vor. Die Anordnung, V. anzubringen, obliegt der Verkehrsbehörde, sonst der Straßenbaubehörde. Anbringen und Unterhalten der V. ist Sache des Trägers der → Straßenbaulast (über Ausnahmen → Baustellen); Besitzer von Grundstücken oder Baulichkeiten müssen das Anbringen – u. U. gegen Entschädigung – dulden, wenn es aus polizeilichen oder technischen Gründen auf der Straße nicht möglich ist (§ 5b VI StVG). Einrichtungen, die den V. ähnlich sehen, dürfen an öffentlichen Straßen nicht angebracht werden; Werbung und Propaganda in Verbindung mit V. ist nicht zulässig (§ 33 II StVO).

**Verkehrszentralregister.** Das V. wird vom → Kraftfahrt-Bundesamt nach §§ 28 ff. StVG geführt zur Speicherung von Daten für die Beurteilung der Eignung von Fahrerlaubnisbewerbern und -inhabern, für die Prüfung der Berechtigung von Kfz.-Führern, für die Ahndung von Verkehrsverstößen und für die Beurteilung der Zuverlässigkeit von Personen wie Fahrlehrer und Kfz.-Sachverständige.

Es enthält insbes. folgende *Eintragungen*: die Entziehung der → Fahrerlaubnis durch Gerichte oder Verwaltungsbehörden (auch deren Versagung) sowie die Verhängung eines → Fahrverbots, die strafgerichtliche Verurteilung wegen eines → Verkehrsdelikts oder einer anderen im Zusammenhang mit der Teilnahme am Straßenverkehr begangenen Straftat (auch wenn von Strafe abgesehen wird), Geldbußen von mindestens 80 DM wegen Verkehrsordnungswidrigkeiten.

Die Eintragungen sind nach § 29 StVG zu *tilgen*: nach 10 Jahren bei Entscheidungen wegen alkohol- und drogenbedingter Straftaten, nach 5 Jahren bei Entscheidungen wegen sonstiger Straftaten, nach 2 Jahren wegen Entscheidungen wegen Ordnungswidrigkeiten. Die Frist beginnt mit dem Tag der Entscheidung, bei Ordnungswidrigkeiten mit der Rechtskraft der Entscheidung. Sind mehrere Entscheidungen eingetragen, so wird eine Eintragung i. d. R. erst getilgt, wenn auch für die anderen Eintragungen die Voraussetzungen der Tilgung vorliegen, bei der Eintragung einer Entscheidung wegen einer Ordnungswidrigkeit aber spätestens nach 5 Jahren. Bei Eintragungen mit 10jähriger Tilgungsfrist sind Auskunft und Verwertung nach 5 Jahren beschränkt. Wird eine im V. vermerkte Verurteilung im → Strafregister getilgt, so ist sie aus dem V. zu entfernen.

*Übermittelt* werden dürfen die Eintragungen nach § 30 StVG vor allem an Behörden zur Verfolgung von Straftaten und Verkehrsordnungswidrigkeiten, Fahrerlaubnisbehörden, Stellen für Verkehrs- und Grenzkontrollen sowie die zuständigen Stellen anderer Staaten. Dabei ist ein Abruf im automatisierten Verfahren zulässig (§ 30 a, 30 b StVG). Über die Abrufe sind Aufzeichnungen zu fertigen. Der Betroffene erhält nach § 30 VIII StVG unentgeltlich Auskunft über den ihn beteffenden Inhalt des V. und über die Punkte (→ Punktsystem).

Das für das *Gebiet der ehem. DDR* bestehende Fahrerlaubnisregister wird bis zur Übernahme in das V. vom Kraftfahrt-Bundesamt weitergeführt.

**Verklarung** wird im → Seehandelsrecht das zur → freiwilligen Gerichtsbarkeit gehörende Verfahren zur Feststellung von Ursache und Folgen eines Schiffsunfalles genannt, der sich während einer Seereise ereignet (§§ 522 ff. HGB). Hierzu hat der Schiffskapitän den Verklarungsbericht abzufassen, der alle erheblichen Begebenheiten der Reise enthält, insbes. einen vollständigen Bericht der erlittenen Unfälle und alle in Bezug darauf ergriffenen Maßnahmen (§ 523 HGB).

**Verkündung von gerichtlichen Entscheidungen** → Urteil.

**Verkündung von Rechtsvorschriften** ist deren Bekanntgabe in der durch Verfassung, Gesetz oder sonstige Bestimmungen vorgeschriebenen Form; sie ist Voraussetzung ihrer Wirksamkeit. Die V. von Gesetzen bildet den letzten Akt des → Gesetzgebungsverfahrens. Bundesgesetze werden im → Bundesgesetzbl. (BGBl.) veröffentlicht (Art. 82 GG), Landesgesetze in den Gesetz- und Verordnungsblättern (GBl., GVBl.) der Länder. Rechtsverordnungen des Bundes werden im BGBl. oder im Bundesanzeiger unter gleichzeitigem Hinweis im BGBl. bekanntgemacht (Art. 82 GG und Ges. über die Verkündung von Rechtsverordnungen vom 31. 1. 1950, BGBl. 23). Die V. sonstiger R., insbes. kommunaler → Satzungen, ist landesrechtlich geregelt. Meist ist auch hier die Veröffentlichung in einem Amtsblatt oder einem sonstigen Publikationsorgan vorgesehen; doch genügt u. U. eine ortsübliche Bekanntgabe (z. B. Anschlag an der Gemeindetafel). Zur Klarstellung und Bereinigung erscheinen amtlichen Sammlungen von R. (vgl. → Sammlung des Bundesrechts). Das Ges. über vereinfachte Verkündungen und Bekanntgaben v. 18. 7. 1975 (BGBl. I 1919) – durch Hörfunk, Fernsehen, Tagespresse, amtlichen Aushang – betrifft insbes. den → Verteidigungsfall.

**Verlaggeber** ist, wer an Stelle des Verfassers im eigenen Namen mit dem Verleger einen → Verlagsvertrag schließt (§ 48 VerlG).

**Verlagsrecht** ist das ausschließliche Recht, ein Werk der Literatur oder Tonkunst zu vervielfältigen und zu verbreiten (§ 8 VerlG). Es ist ein Teil des → Verwertungsrechts des Urhebers (→ Urheberrecht) von Sprach- und Musikwerken. Das V. entsteht mit der Ablieferung des Werkes an den Verleger und erlischt mit der Beendigung des Rechtsverhältnisses aus dem → Verlagsvertrag (§ 9 VerlG). Das V. ist ein absolutes Recht, sonstiges Recht i. S. des § 823 I BGB und gibt dem Verleger auch die Befugnisse des Urhebers gegen rechtswidrige Verletzungen des Urheberrechts (§ 9 II VerlG). Das V. kann durch Abtretungsvertrag gemäß §§ 413, 398 BGB übertragen werden.

**Verlagsvertrag.** Der V. ist ein atypischer schuldrechtlicher → gegenseitiger Vertrag zwischen Verfasser (Autor) und Verleger. Er verpflichtet den Verfasser, das Manuskript in druckreifem Zustand dem Verleger abzuliefern (§ 10 VerlG) und das → Verlagsrecht zu übertragen. Dem Verfasser verbleibt als Urheber das → Vervielfältigungs- und → Verbreitungsrecht in dem in § 2 VerlG bestimmten Umfang (z. B. Übersetzung, Bearbeitung). Der Verleger wird durch den V. verpflichtet, das Werk zu vervielfältigen und zu verbreiten (§ 14 VerlG; anders beim → Bestellvertrag); er hat ferner dem Verfasser eine Vergütung (Autorenhonorar) zu bezahlen (§ 22 VerlG) sowie ihm Freiexemplare (§ 25 VerlG) und weitere Exemplare zum Vorzugspreis (Buchhändlernettopreis) zu überlassen (§ 26 VerlG). Mangels anderweiter Vereinbarung ist er nur zu einer Auflage berechtigt (§ 5 VerlG; anders auch hier beim → Bestellvertrag).

Seine Rechte aus dem V. kann der Verleger im Zweifel weiter übertragen, bei Einzelwerken aber nur mit Zustimmung des Verfassers, die dieser nur aus wichtigem Grund verweigern darf (§ 28 VerlG). Wegen der Übertragbarkeit der Rechte des Verfassers → Urheberrecht. Sonderregeln bestehen für den V. über Beiträge zu periodischen Druckschriften (Zeitungen, Zeitschriften) und → Sammelwerken (§§ 41–46 VerlG). Aus dem V. entsteht das Verlagsverhältnis. Es wird beendet (§§ 30 ff. VerlG) durch Zeitablauf, vorzeitigen Tod des Verfassers, zufälligen Untergang des Werkes, Rücktritt des Verlegers (wegen nicht rechtzeitiger Ablieferung oder nicht vertragsgemäßer Beschaffenheit des Werks) oder des Autors wegen Verletzung der Verlegerpflichten oder wegen veränderter Umstände, ferner durch → Kündigung (insbes. aus wichtigem Grund analog § 626 BGB).

**Verlängerter Eigentumsvorbehalt** → Eigentumsvorbehalt.

**Verlängerung der Dienstzeit** (Beamte) → Altersgrenze, (Soldaten) → Wehrdienst.

**Verlassen eines Fahrzeugs** jeder Art auf öffentlicher Straße verpflichtet zu Maßnahmen, um *Unfälle und Verkehrsstörungen* zu vermeiden (§ 14 StVO), insbes. das Abrollen auf abschüssiger Straße oder das selbständige Ingangkommen des Kfz. Wegen Sicherung bei Dunkelheit → Beleuchtung. *Kraftfahrzeuge* sind außerdem gegen unbefugte Benutzung zu sichern. Dazu müssen Pkw, Lkw und Zugmaschinen bis zu 3,5 t zulässigem Gesamtgewicht sowie Krafträder, ausgenommen Kleinkrafträder und Fahrräder mit Hilfsmotor, mit einer Sicherungseinrichtung ausgerüstet sein, Pkw zusätzlich mit einer Wegfahrsperre (§ 38 a StVO). Abziehen des Zündschlüssels und Abschließen der Tür allein genügen also nicht. Vielmehr ist noch die Sicherungseinrichtung zu betätigen. Verstößt der Fahrer gegen diese Vorschriften, begeht er eine → Ordnungswidrigkeit (§ 49 I Nr. 14 StVO, § 69 a III Nr. 10 StVZO, § 24 StVG) und kann nach § 823 BGB neben einem *Schwarzfahrer* für den von diesem angerichteten Unfallschaden verantwortlich sein. Den Halter des Kfz trifft bei Verstoß dieselbe Folge (§ 7 III 1 StVG); außerdem verliert er den Schutz der → Kraftfahrzeug-Haftpflichtversicherung (§ 62 VVG).

**Verlassen in hilfloser Lage** → Aussetzung Hilfloser.

**Verleger** → Verlagsvertrag.

**Verlegung** einer Sitzung → Vertagung.

**Verleihung** ist eine – begrifflich nicht scharf abgegrenzte – öffentlich-rechtliche → Erlaubnis, die nicht nur einen verwaltungsrechtlichen → Besitzstand, sondern ein → subjektives öffentliches Recht begründet. Verleihungen werden i. d. R. in einem förmlichen Verfahren erteilt und dürfen grundsätzlich nur gegen Entschädigung beschränkt oder zurückgenommen werden (z. B. die Bewilligung zur Wasserbenutzung nach §§ 8 ff. des → Wasserhaushaltsgesetzes). S. a. → Sondernutzung. Die V. ist von der Beleihung zu unterscheiden (→ beliehene Unternehmer). Im Zivilrecht → Leihe.

**Verleiten** zu einer Straftat ist eine Art des Bestimmens zur Tat i. S. der → Anstiftung, wobei die Art des angewandten Mittels ohne Bedeutung ist; s. z.B. §§ 120 (→ Gefangenenbefreiung), 160 (→ falsche uneidliche Aussage 323 b, 357 StGB (→ Konnivenz), 33, 34 WStG (→ Gehorsamspflicht).

**Verletztengeld** wird in der gesetzlichen → Unfallversicherung erbracht, wenn der Versicherte infolge eines → Arbeitsunfalls oder einer → Berufskrankheit arbeitsunfähig ist oder wegen einer Maßnahme der → Heilbehandlung eine ganztägige Erwerbstätigkeit nicht ausüben kann und unmittelbar vor Beginn der Arbeitsunfähigkeit oder der Heilbehandlung Anspruch auf → Arbeitsentgelt, → Arbeitseinkommen, → Krankengeld, Verletztengeld, Versorgungskrankengeld, Übergangsgeld, → Unterhaltsgeld, Kurzarbeitergeld (→ Kurzarbeit), → Arbeitslosengeld, → Arbeitslosenhilfe oder → Mutterschaftsgeld hatte. Berechnet wird das V. ähnlich wie das Krankengeld (§§ 45 ff. SGB VII).

**Verletztenrente** wird in der → Unfallversicherung als Entschädigung für den Verlust oder eine wenigstens 20 v. H.

betragende Minderung der Erwerbsfähigkeit durch → Arbeitsunfall gezahlt. Dabei sind Nachteile zu berücksichtigen, die der Verletzte erleidet, weil er bestimmte besondere berufliche Kenntnisse und Erfahrungen nicht mehr oder nur vermindert nutzen kann, soweit sie nicht durch andere Fähigkeiten, deren Nutzung zumutbar ist, ausgeglichen werden. Ein Schwerverletzter (s. a. → Schwerbehinderte), der infolge des Versicherungsfalles nicht mehr erwerbstätig sein kann und keine Rente aus der → Rentenversicherung bezieht, erhält eine Schwerverletztenzulage von 10 v. H. der V. Die V. wird nur gewährt, wenn die Beeinträchtigung der Erwerbsfähigkeit länger als 26 Wochen nach dem Versicherungsfall andauert. Die → Vollrente bei völliger Erwerbsunfähigkeit beträgt $^2/_3$ des → Jahresarbeitsverdienstes. Bei Minderung der Erwerbsfähigkeit wird eine entsprechende → Teilrente gezahlt (z. B. bei einer MdE von 30 v. H. eine Teilrente von 30 v. H. der Vollrente); §§ 56 ff. SGB VII.

**Verletzter, Rechtsstellung im Strafprozeß.** Der durch eine Straftat Verletzte hat verschiedene Möglichkeiten, auf Durchführung eines Strafverfahrens hinzuwirken. Wird das → Ermittlungsverfahren eingestellt, so stehen ihm, wenn er Strafverfolgung beantragt hatte, der Beschwerdeweg und das → Anklageerzwingungsverfahren offen. Für den V. kann bei berechtigtem Interesse ein *Rechtsanwalt* die Akten einsehen, wenn nicht schutzwürdige Interessen anderer entgegenstehen oder dadurch der Untersuchungszweck gefährdet oder das Verfahren erheblich verzögert wird (§ 406 e StPO). Der V. kann sich durch einen Anwalt vertreten lassen; diesem ist bei der Vernehmung des V. durch StA oder Gericht die Anwesenheit gestattet, er kann Fragen beanstanden und im Einverständnis mit dem V. Ausschluß der Öffentlichkeit beantragen (§ 406 f StPO).

Handelt es sich um ein Delikt, das im Wege der *Privatklage* verfolgt werden kann, so kann er diese erheben, wenn die StA die Strafverfolgung mangels öffentlichen Interesses nicht übernimmt. Erhebt sie dagegen Anklage (→ Anklageerhebung und -zulassung), so kann sich der V. dem Verfahren als *Nebenkläger* anschließen, wenn es sich um ein Nebenklagedelikt handelt oder wenn er das Klageerzwingungsverfahren erfolgreich betrieben hat; er kann dann an der Hauptverhandlung teilnehmen, Anträge stellen und in beschränktem Umfang Rechtsmittel unabhängig vom StA einlegen (→ *Nebenklage*). Schon vor Erhebung der Anklage kann sich der zur Nebenklage berechtigte V. des Beistandes eines Anwalts bedienen, auch wenn ein Anschluß als Nebenkläger nicht erklärt wird. Dieser kann an der Hauptverhandlung und an richterlichen Vernehmungen oder Augenscheinseinnahmen teilnehmen. Auf Antrag kann einem solchen V. bei Eilbedürftigkeit unter den Voraussetzungen der → Prozeßkostenhilfe ein Rechtsanwalt als Beistand beigeordnet werden, wenn dies aus besonderen Gründen geboten ist (bei nebenklagefähigen → Sexualstraftaten auch ohne solche; § 406 g IV StPO).

Ferner kann der V. im → *Adhäsionsverfahren* innerhalb eines Strafprozesses Entschädigungsansprüche geltend machen, anstatt den Zivilprozeßweg zu beschreiten; hierauf soll er vom StA – ebenso wie auf die Befugnis zum Anschluß als Nebenkläger – hingewiesen werden. Bewegliche Sachen, die dem V. durch eine Straftat entzogen worden sind, müssen ihm, soweit nicht Ansprüche Dritter entgegenstehen, möglichst frühzeitig zurückgegeben werden (§ 111 k StPO). Auch kann die → Beschlagnahme eines Vermögensstücks, das nicht dem → Verfall unterliegt, zugunsten des V. angeordnet oder aufrechterhalten werden, um seine Ansprüche aus der Tat zu sichern (§§ 111 b V, 111 g III, 111 i StPO).

In der Hauptverhandlung kann zum Schutz des V. die Öffentlichkeit ausgeschlossen, andererseits soll ihm bei Ausschluß der Öffentlichkeit der Zutritt gestattet werden (§§ 171 b, 175 II GVG). Auf Antrag ist ihm der Ausgang des gerichtlichen Verfahrens mitzuteilen (§ 406 d I StPO). S. a. → Opferschutz, → Zeugenschutz.

**Verletzung von Grundrechten** → Grundrechte (9).

**Verletzungsdelikt** ist der strafrechtliche Gegenbegriff zum → Gefährdungsdelikt; s. dort.

**Verleumdung** → Beleidigung (2 c).

**Verlöbnis.** Das V. ist nach h. M. ein → *Vertrag* (deshalb Geschäftsfähigkeit, bei Minderjährigen zur wirksamen Begründung Einwilligung der gesetzlichen Vertreter erforderlich), durch den sich Mann und Frau versprechen, die → Ehe miteinander einzugehen. Unter V. wird allerdings auch das dadurch begründete Gemeinschaftsverhältnis (Brautstand) verstanden. Ein V. mit einem bereits oder noch Verheirateten ist regelmäßig wegen → Sittenwidrigkeit nichtig. Der Abschluß des V. bedarf keiner besonderen Form (z. B. Ringwechsel, öffentliche Bekanntmachung); ausreichend, aber auch zur Abgrenzung von einem bloßen Liebesverhältnis erforderlich ist das ernstlich gemeinte Eheversprechen (sonst Nichtigkeit wegen Scheins, § 117 BGB).

Das V. begründet eine Verpflichtung zur Eingehung der Ehe, die aber weder eingeklagt oder vollstreckt noch mittelbar, – etwa durch eine → Vertragsstrafe – erzwungen werden kann (§ 1297 BGB, §§ 888 III, 894 II ZPO); diese Verpflichtung ist jedoch beim Rücktritt vom V. (s. u.) von Bedeutung. Ein wirksames V. verschafft dem Verlobten zwar keinen → Unterhaltsanspruch und kein → Erbrecht, wohl aber ein → Zeugnisverweigerungsrecht, die privilegierte Stellung eines → Angehörigen im Strafrecht, die Möglichkeit, einen → Ehevertrag abzuschließen, Erleichterungen beim → Erbvertrag u. a.m. Für → Kinder von Verlobten gelten keine Besonderheiten; vgl. hierzu insbes. → Abstammung, → elterliche Gewalt, → Personensorge, → Umgangsrecht.

Das V. endet durch → Eheschließung, Aufhebung durch die Verlobten, Tod eines Verlobten, nachträgliche Unmöglichkeit der Eheschließung und einseitig durch → *Rücktritt* eines Verlobten (empfangsbedürftige Willenserklärung, auch stillschweigend möglich). Liegt für den zurücktretenden Verlobten kein wichtiger Grund (z. B. Treulosigkeit des anderen Verlobten, eigene schwere Krankheit) vor oder hat er durch sein Verschulden dem anderen Verlobten einen wichtigen Grund zum Rücktritt gegeben, so hat er dem anderen Verlobten, dessen Eltern sowie Dritten, die in deren Auftrag gehandelt haben, den daraus entstandenen Schaden zu ersetzen, insbes. (angemessene) Aufwendungen in Erwartung der Eheschließung, Veränderungen in der Erwerbstätigkeit wie z. B. Aufgabe einer Stellung u. dgl. (§§ 1298, 1299 BGB). Unterbleibt die Eheschließung, so kann ferner jeder Verlobte von dem anderen grundsätzlich (ausgenommen regelmäßig bei Auflösung des V. durch den Tod eines der Verlobten) die Herausgabe der gegenseitigen Verlobungsgeschenke – sog. Brautgeschenke – nach den Vorschriften über die → ungerechtfertigte Bereicherung verlangen (§ 1301 BGB). Alle diese Ansprüche verjähren in zwei Jahren seit Auflösung des V. (§ 1302 BGB).

**Verlobungsgeschenke** → Verlöbnis.

**Verlorene Sachen** → Fund.

**Verlorener Baukostenzuschuß** → Baukostenzuschuß.

**Verlust** ist einkommensteuerlich das negative Ergebnis im Rahmen einer Einkunftsart (→ Einkommensteuer 3.), nämlich bei *Gewinneinkünften* (§§ 13–18 EStG) der negative → Gewinn (§ 4 I EStG), bei → *Überschußeinkünften* (§§ 19–23 EStG) der Überschuß der → Werbungskosten (§ 9 EStG) über die → Einnahmen (§ 8 EStG). Bei Gewinnerzielungsabsicht (→ Liebhaberei) ist der V. grundsätzlich anzuerkennen (Ausnahmen: → Verlustausgleich). → negatives Kapitalkonto, → Umwandlung, → Verlustzuweisungsgesellschaft.

**Verlustabzug.** 1. Bei der *Einkommensteuer* sind → Verluste aus einer der 7 Einkunftsarten, die bei der Ermittlung des Gesamtbetrags der Einkünfte des gleichen Veranlagungszeitraums nicht ausgeglichen werden (→ Verlustausgleich), bis 10 Mio DM wie → Sonderausgaben vom Gesamtbetrag der Einkünfte der beiden vorangegangenen Kalenderjahre abzuziehen, auch wenn der Steuerbescheid bereits unanfechtbar geworden ist (*Verlustrücktrag,* carry back). Soweit die nicht ausgeglichenen Verluste 10 Mio DM übersteigen oder ein Verlustrücktrag nicht möglich ist, sind diese Verlustmassen in den Folgejahren zeitlich unbegrenzt wie Sonderausgaben vom Gesamtbetrag der Einkünfte abzuziehen (§ 10 d EStG; *Verlustvortrag,* carry forward). Verlustrücktrag und Verlustvortrag sind zwingend, doch kann bei ab 1994 entstandenen Verlusten ganz oder teilweise auf den Verlustrücktrag verzichtet werden und die Verlustmasse in den Folgejahren abgezogen werden. Der Antrag ist in der Einkommensteuer-Erklärung des Verlust-Entstehungsjahrs zu stellen. Der verbleibende Verlustabzug ist am Schluß des → Veranlagungszeitraums gesondert festzustellen (§ 10 d III 1 EStG). 2. Bei der → *Gewerbesteuer* ist Gewerbeverlust der negative Gewerbeertrag, der in den Folgejahren vom Gewerbeertrag zu kürzen ist (§ 10 a GewStG). Die Gewerbesteuer kennt keinen Verlustrücktrag. → Mantelkauf, → Umwandlung.

**Verlustausgleich** ist der Ausgleich positiver → Einkünfte (Gewinne oder Überschüsse) mit negativen Einkünften (Verlusten) im gleichen Veranlagungszeitraum (Kalenderjahr). Der V. ist eingeschränkt bei Verlusten aus gewerblicher Tierzucht (§ 15 IV EStG), bei beschränkter Haftung (§ 15 a EStG), aus Spekulationsgeschäften (§ 22 Nr. 2, § 23 IV 3 EStG), aus Leistungen (§ 22 Nr. 3 EStG) und bei beschränkter Steuerpflicht (§ 50 II EStG). Auch der Ausgleich negativer ausländischer Einkünfte ist eingeschränkt (§ 2 a EStG). S. a. → negatives Kapitalkonto, → Liebhaberei.

**Verlustdeckungshaftung** → Gründungsgesellschaft.

**Verlustrücktrag (carry back)** → Verlustabzug.

**Verlustvortrag (carry forward)** ist der Vortrag eines handelsrechtlichen Verlustes auf neue Rechnung. Zum *steuerlichen* V. s. → Verlustabzug.

**Verlustzuweisungsgesellschaft** V. (früher meist „Abschreibungsgesellschaften" genannt) sind regelmäßig → GmbH & Co. KG, die errichtet werden, um durch → Sonderabschreibungen z. B. im Schiffsbau, bei Ölbohrungen oder Filmproduktionen hohe Verluste zu erzielen. Als Mitunternehmer (→ Mitunternehmerschaft) können die Kommanditisten ihre Verluste aus der V. mit anderen postiven → Einkünften ausgleichen (→ Verlustabzug, → Verlustausgleich) und dadurch ihr steuerpflichtiges → Einkommen mindern. Durch § 15 a EStG ist der → Verlustausgleich eingeschränkt auf das steuerliche Kapital des Kommanditisten. Verluste von V. die ohne Gewinnerzielungsabsicht tätig sind, werden steuerlich nicht anerkannt (§ 15 II EStG). Einzelheiten BMF BStBl. I 1992, 404; 1994, 420. → Bauherrenmodell, → Immobilienfond.

**Vermächtnis** ist die Zuwendung eines einzelnen Vermögensvorteils im Wege der → Verfügung von Todes wegen durch den → Erblasser an den Vermächtnisnehmer, ohne daß dieser deswegen als → Erbe anzusehen ist (§ 1939 BGB). Anders als der Erbe ist der Vermächtnisnehmer nicht Gesamtrechtsnachfolger des Erblassers. Auch wirkt die Zuwendung eines V. (anders als der → Erbanfall) nicht unmittelbar dinglich *(Vindikationslegat);* der Vermächtnisnehmer hat lediglich gegen den beschwerten Erben oder Vermächtnisnehmer *(Untervermächtnis)* einen schuldrechtlichen Anspruch auf Leistung bzw. Übertragung der vermachten einzelnen Gegenstände (§§ 2147, 2174 BGB; *Damnationslegat*). Die Abgrenzung zwischen Erbeinsetzung und Vermächtnis ist oft schwierig und durch → Auslegung der Verfügung von Todes wegen zu ermitteln. Der Gebrauch gewisser Worte („Erbe, vermachen") ist ein Anhaltspunkt, aber nicht entscheidend; es kommt vielmehr darauf an, ob der Erblasser dem Bedachten durch Zuwendung seines Vermögens oder eines Bruchteils hiervon die volle Erbenstellung verschaffen oder ob er ihm nur einzelne Gegenstände zukommen lassen wollte, sofern nicht diese Gegenstände praktisch den gesamten Wert des Nachlasses ausmachen (§ 2087 BGB).

*Beschwert* mit einem Vermächtnis ist i. d. R. der Erbe, mehrere Miterben im Verhältnis ihrer Erbteile (u. U. ein Vermächtnisnehmer, §§ 2147, 2148 BGB), bei deren Wegfall der Nächstberufene (§ 2161 BGB). Bedachter *(Vermächtnisnehmer)* kann jede → natürliche oder

→ juristische Person sein, auch die Leibesfrucht (§ 1923 II BGB), ferner noch nicht erzeugte oder bestimmte Personen, denen das V. aber – anders als im Regelfall – noch nicht mit dem → Erbfall, sondern erst mit der Geburt oder dem Eintritt des die Person bestimmenden Ereignisses anfällt (§§ 2176, 2178 BGB). Der Bedachte muß allerdings den Erbfall überleben (§ 2160 BGB), bei bedingten Zuwendungen auch den Eintritt der Bedingung (§ 2177 BGB). Der Erblasser muß den vermachten Gegenstand selbst bestimmen (§ 2065 II BGB), kann aber die Bestimmung der Person des Vermächtnisnehmers dem Beschwerten oder einem Dritten überlassen, desgleichen die Bestimmung der Anteile bei mehreren Bedachten (§§ 2151, 2153 BGB). Fällt von mehreren Vermächtnisnehmern einer weg, so tritt → Anwachsung ein (§ 2158 BGB), sofern nicht ein Ersatzvermächtnisnehmer (→ ErsatzV.) bestimmt ist.

Das V. ist → *Nachlaßverbindlichkeit* und erzeugt zwischen Beschwertem und Vermächtnisnehmer ein Schuldverhältnis, für das der Erbe (anders als der Vermächtnisnehmer, → Untervermächtnis) grundsätzlich in vollem Umfang – auch z. B. für Unmöglichkeit und Verzug – haftet, sofern nicht eine → Beschränkung der Erbenhaftung eintritt; dann werden Vermächtnisansprüche erst an letzter Stelle befriedigt, auch muß einem Pflichtteilsberechtigten sein → Pflichtteil verbleiben (§ 2318 BGB). Der Vermächtnisnehmer kann das V., solange er es nicht angenommen hat, ohne an eine Ausschlagungsfrist gebunden zu sein, durch Erklärung gegenüber dem Beschwerten ausschlagen; ergänzend gelten auch hier die Vorschriften über → Annahme und Ausschlagung der Erbschaft (§§ 2180 BGB). S. ferner → Vorausv., → Stückv. (dort auch über Wahlv. und Alternativv.), → Gattungsv., → Verschaffungsv., → Ersatzv., → Nachv. (auch über Rückv.), → Mitv., → Kaufrechtsv.

**Vermächtnisnehmer** → Vermächtnis.

**Vermächtnisunwürdigkeit** → Erbunwürdigkeit.

**Vermarktungsnormen** sind nach der Terminologie des europäischen → Gemeinschaftsrechts → Handelsklassen und ähnliche Qualifizierungen. Die Regelungen sind zwar unmittelbar geltendes Recht, doch sind in der Regel Durchführungsvorschriften für das innerstaatliche Verwaltungsverfahren erforderlich (→ Handelsklassen), die zum Teil nur zögerlich erlassen werden.

**Vermengung** von Sachen → Vermischung.

**Vermerk im Strafregister** → Strafregister; – in der Verkehrssünderdatei → Verkehrszentralregister; s. a. → Erziehungsregister.

**Vermessungswesen.** Für das öffentliche V. zu unterscheiden sind die Aufgabenbereiche *Landesvermessung* (u. a. geodätische Daten, topographische Landesaufnahme, Luftbildarchive) und *Katasterwesen* (Liegenschaftskataster, Grenzfeststellung, Abmarkung u. a. – Einzelheiten s. bei → Grenzregelung). Das V. wird nach Maßgabe der Vermessungs- und Katastergesetze der Länder (Nachweise bei Schlegelberger-Friedrich, unter (Landes)-Vermessung, Kataster, Vermessungsingenieure) vornehmlich von den Landesvermessungsämtern, von staatlichen oder kommunalen Vermessungs- und Katasterämtern sowie nach landesrechtlichen Berufsordnungen von freiberuflich tätigen, öffentlich bestellten Vermessungsingenieuren wahrgenommen, einzelne Aufgaben auch von den Flurbereinigungsämtern, der Bundesbahn der Wasser- und Schiffahrtsverwaltung des Bundes (→ Wasserverwaltung). Die Vermessung unterirdischer Grubenbaue ist Aufgabe der Markscheider, deren Berufsrecht auf Grund des BundesbergG (→ Bergbau) landesrechtlich geregelt ist. Das private Vermessungswesen befaßt sich überwiegend mit Ingenieurvermessungen, die durch erwerbswirtschaftlich tätige Vermessungsbüros ausgeführt werden.

**Vermieter** (Rechte und Pflichten) → Miete, → Mietpreisbindung.

**Vermieterpfandrecht** → Miete (3).

**Verminderte Schuldfähigkeit** → Schuldunfähigkeit.

**Vermischung.** Bei untrennbarer V. oder Vermengung beweglicher Sachen (z. B. Wein, Geld) gelten die Vorschriften über die → Verbindung von Sachen entsprechend (§ 948 BGB); es entsteht also grundsätzlich → Miteigentum der bisherigen Berechtigten. Der Grund der V. ist gleichgültig. → Verarbeitung.

**Vermißte** → Todeserklärung.

**Vermittler** → Maklervertrag, → Handelsmakler, → Handelsvertreter, → Bote, → mittelbare Stellvertretung, → Vermittlungsagent.

**Vermittlung in Staatenstreitigkeiten** → gute Dienste.

**Vermittlung von Adoptionen** → Adoptionsvermittlung.

**Vermittlungsagent** ist die überholte Bezeichnung für einen → Handelsvertreter, der (ohne → Abschlußvollmacht) lediglich Geschäfte vermittelt.

**Vermittlungsausschuß** ist der in Art. 77 II GG normierte, aus Mitgliedern des → Bundestages und des → Bundesrates gebildete Ausschuß, der am → Gesetzgebungsverfahren des Bundes mit dem Ziel beteiligt ist, in Fällen unterschiedlicher Meinungen zwischen BT und BR über eine Gesetzesvorlage eine Fassung zu finden, der beide Körperschaften zustimmen können. Bei Gesetzesvorlagen, die der Zustimmung des BR bedürfen *(Zustimmungsgesetze),* können BR, BT und BReg. die Einberufung des V. verlangen. Bedarf eine Gesetzesvorlage dieser Zustimmung nicht *(Einspruchsgesetze),* so ist der V. auf Verlangen des BR einzuberufen; ein fristgerecht beantragtes Verfahren vor dem V. ist Voraussetzung für den Einspruch des BR gegen eine Gesetzesvorlage. Schlägt der V. eine Änderung des Gesetzesbeschlusses vor, so hat der Bundestag erneut Beschluß zu fassen; hierauf folgt die erneute Behandlung im Bundesrat (vgl. Gesetzgebungsverfahren). Die Zusammensetzung und das Verfahren des V. sind in der Gemeinsamen Geschäftsordnung des BT und des BR vom 19. 4. 1951 (BGBl. II 103), zuletzt geändert durch Bek. v. 16. 5. 1995 (BGBl. I 742), geregelt. Danach entsenden BT und BR je 16 ihrer Mitglieder in den V. Die in den V. entsandten Mitglieder des BR sind (im Gegensatz zur sonstigen Regelung) gem. Art. 77 II 3 GG nicht an Weisungen gebunden. Der V. hat große politische Bedeutung insbesondere dann, wenn in BT und BR unterschiedliche Mehrheitsverhältnisse bestehen.

**Vermittlungsmakler** → Maklervertrag.

**Vermittlungsverfahren, notarielles** → Sachenrechtsbereinigung.

**Vermittlungswucher** → Wucher (2).

**Vermögen.** Unter V. wird im Zivilrecht regelmäßig die Gesamtheit der *Aktiva* verstanden, die einer natürlichen oder juristischen Person zustehen. Es sind dies alle → Rechte (z. B. → dingliche Rechte, → Erbrecht, → Anwartschaftsrecht), Forderungen und Rechtsverhältnisse, die entweder auf Geld gehen oder einen geldwerten, d. h. in Geld schätzbaren Inhalt haben. Nicht Bestandteil des V. sind i. d. R. – z. B. bei der → Vermögensübernahme– die der gleichen Person obliegenden Verpflichtungen und *Schulden (Passiva);* das Gesetz geht vielmehr davon aus, daß die Schulden das (Aktiv-)Vermögen belasten. Der Begriff V. wird aber nicht einheitlich gebraucht; z. B. umfaßt die → Erbschaft (Sonderv.) nach h. M. auch die → Nachlaßverbindlichkeiten.

**Vermögensabgabe** → Lastenausgleich.

**Vermögensbeschlagnahme** ist im → Strafprozeß als prozessuales Zwangsmittel zugelassen, um die Gestellung des Beschuldigten zu erwirken, und zwar im → Abwesenheitsverfahren, wenn Anklage erhoben ist und Erlaß eines → Haftbefehls gerechtfertigt wäre (§ 290 StPO), ferner in Verfahren wegen bestimmter schwerwiegender Straftaten, wenn Anklage erhoben oder Haftbefehl ergangen ist (§ 443 StPO). Die V. wird vom Gericht angeordnet; im Falle des § 443 StPO kann die StA sie vorläufig verfügen, muß aber binnen 3 Tagen richterliche Bestätigung erwirken. Die V. wird im BAnz. bekanntgemacht; sie umfaßt das gesamte Inlandsvermögen des Beschuldigten einschließlich des ihm später zufallenden. Er verliert die Verfügungsbefugnis, die auf einen vom Gericht zu bestellenden → Abwesenheitspflegerübergeht.

Über die V. nach dem Vereinsgesetz → Vereinigungen, verbotene. Zur Sicherung einer zu erwartenden Vermögensstrafe (→ Strafen) kann schon während des → Ermittlungsverfahrens V. angeordnet werden (§ 111 p StPO).

**Vermögensbetreuung** → Betreuung.

**Vermögensbildung der Arbeitnehmer.** Vermögenswirksame Leistungen (vL) von Arbeitnehmern werden nach dem 5. VermögensbildungsG i. d. F. vom 4. 3. 1994 (BGBl. I 406) zuletzt geänd. 24. 3. 1998 (BGBl. I 529) nebst Durchführungsverordnung (VermB-DV) vom 20. 12. 1994 (BGBl. I 3904) gefördert. Zulagebegünstigte vL können sein Bausparbeiträge nach dem → Wohnungsbau-Prämiengesetz, (→ Wohnungsbauprämie) Aufwendungen zum Bau, zum Erwerb usw. von Wohngebäuden, Eigentumswohnungen usw., Kapitalbeteiligungen (u. a. eigene Aktien des Arbeitgebers, GmbH-Anteile, Genossenschaftsanteile, Genußscheine, typische stille Beteiligungen am Unternehmen des Arbeitgebers) und Arbeitnehmer-Darlehen, die auf → Betriebsvereinbarung, → Tarifvertrag oder Einzelvertrag beruhen. Der Förderungsbetrag für vL beträgt 936 DM. Arbeitnehmer mit höchstens 27 000 DM zu versteuerndem Einkommen (zusammenveranlagte Ehegatten 54 000 DM) erhalten eine steuer- und sozialversicherungsfreie Arbeitnehmer-Sparzulage von 10% der erbrachten Leistungen, höchstens aus 936 DM (§ 13 des 5. VermBG). Die Arbeitnehmer-Sparzulage wird auf Antrag aus den Lohnsteuer-Einnahmen durch das für die Einkommensbesteuerung des Arbeitnehmers zuständige Finanzamt festgesetzt und mit Ablauf der Sperrfristen oder Zuteilung des Bausparvertrags oder unschädlicher Verwendung gezahlt. Der Antrag ist auf amtlichem Vordruck spätestens bis zum Ablauf des 2. Kalenderjahres nach Anlage der vL vom Arbeitnehmer zu stellen (§ 14 des 5. VermBG). Übergangsregelungen für Altverträge vgl. § 17 des 5. VermBG. *Steuerlich*: Erhält ein Arbeitnehmer im Rahmen seines Dienstverhältnisses unentgeltlich oder verbilligt Kapitalbeteiligungen oder Darlehensforderungen, wird ein → Freibetrag in Höhe des halben Vermögensvorteils, höchstens jedoch jährlich 300 DM, gewährt (§ 19 a EStG) → Sachbezug. Vgl. auch Ges. über vL für Beamte, Richter, Berufssoldaten und Soldaten auf Zeit i. d. F. vom 23. 5. 1975 (BGBl. I 1173, 1237) zuletzt geändert 25. 7. 1988 (BGBl. I 1093).

**Vermögensgesetz** → Offene Vermögensfragen.

**Vermögensschaden** → Schaden.

**Vermögenssorge.** Die V. ist ein Teil der → elterlichen Sorge; sie umfaßt das Recht und die Pflicht, grundsätzlich das gesamte Vermögen des Kindes zu *verwalten* (§ 1638 BGB) sowie das Kind in diesen Angelegenheiten – auch gerichtlich – zu vertreten (§ 1629 I BGB). S. a. → Personensorge. Der Vermögensverwaltung der Eltern unterliegt nicht das Vermögen, das dem Kinde durch → letztwillige Verfügung oder → Schenkung mit der Bestimmung zugewendet worden ist, daß die Eltern das Vermögen nicht verwalten sollen (§ 1638 BGB); das gleiche gilt für die → Surrogate dieses Vermögens. Die Vermögensverwaltung kann bei der Zuwendung auch nur für einen Elternteil ausgeschlossen (§ 1638 III BGB) oder durch bestimmte Anordnungen des Zuwendenden modifiziert werden (§ 1639 BGB). Über Vermögen, das das Kind von Todes wegen, als Abfindung oder unentgeltlich erworben hat, haben die Eltern grundsätzlich ein Verzeichnis anzufertigen und dem → Familiengericht einzureichen (§ 1640 BGB). Die V. umfaßt ferner nicht das Vermögen, über das das minderjährige Kind wie ein voll Geschäftsfähiger verfügen kann (bei Genehmigung des selbständigen Betriebs eines Erwerbsgeschäfts, § 112 BGB; vgl. beschränkte → Geschäftsfähigkeit).

Die Eltern haben das ihrer Verwaltung unterliegende Kindesvermögen nach den Grundsätzen einer wirtschaftlichen Vermögensverwaltung anzulegen, soweit es nicht zur Bestreitung von Auslagen bereitzuhalten ist (§ 1642 BGB); eine Anlage wie für → Mündelgeld wird nicht mehr gefordert. Für Aufwendungen können sie aus dem Kindesvermögen Ersatz verlangen (§ 1648 BGB). Sie können dem Kind auch zur eigenen Geschäftsführung ein Taschengeld überlassen. Die Eltern sind kraft ihres V.rechts berechtigt, das Vermögen des Kindes in Besitz zu nehmen und darüber grundsätzlich frei zu verfügen. Doch gelten auch hier die allgemeinen Beschränkungen der → elterlichen Sorge (s.i.e. dort), insbes. das Verbot des → Selbstkontrahierens (§ 181 BGB). Schenkungen aus dem Kindesvermögen können die Eltern nur insoweit vornehmen, als diese einer sittlichen Pflicht entsprechen (§ 1641 BGB). In den wichtigsten Fällen, in denen ein Vormund zu einem Rechtsgeschäft der *Genehmigung des Vormundschaftsgerichts* bedarf, sind auch die Eltern an diese Genehmigung gebunden (§§ 1643 I, 1821, 1822 BGB). Es handelt sich hierbei um → Verfügungen (und Verpflichtungen) über ein Grundstück und über Rechte an einem Grundstück – insoweit ausgenommen → Hypotheken, → Grund- und → Rentenschulden –, um den entgeltlichen Erwerb eines Grundstücks, um Rechtsgeschäfte über das Vermögen im ganzen, den Erwerb oder die Veräußerung eines Erwerbsgeschäfts (s. auch § 1645 BGB), um die Eingehung eines → Gesellschaftsvertrags, um die Kreditaufnahme und die Erteilung einer → Prokura. Der Genehmigung des Vormundschaftsgerichts bedarf ferner die → Ausschlagung einer Erbschaft oder eines → Vermächtnisses sowie der Verzicht auf den → Pflichtteil, sofern das Kind nicht erst allein auf Grund der vorherigen Ausschlagung eines Elternteils berufen ist (§ 1643 II BGB).

Bewegliche Sachen und Forderungen, die mit Mitteln des Kindesvermögens erworben werden, gehen grundsätzlich automatisch in das Eigentum des Kindes über (→ Surrogation, § 1646 BGB). Die Einkünfte des Kindesvermögens sind, soweit sie nicht für die Kosten der Verwaltung und die Vermögenslasten (z. B. Steuern) benötigt werden, für den Unterhalt des Kindes zu verwenden; etwaige Überschüsse können die Eltern für ihren Unterhalt sowie für minderjährige unverheiratete Geschwister verwenden (§ 1649 BGB).

Wird das Vermögen des Kindes durch mißbräuchliche Ausübung der elterlichen Sorge gefährdet, so hat das Familiengericht die zur Abwendung der Gefahr erforderlichen Maßnahmen zu treffen (§ 1666 I BGB). I. d. R. ist anzunehmen, daß das Vermögen des Kindes gefährdet ist, wenn der Inhaber der V. seine Unterhaltspflicht gegenüber dem Kind oder seine mit der V. verbundenen Pflichten verletzt oder Anordnungen des Gerichts, die sich auf die V. beziehen, nicht befolgt (§ 1666 II BGB). Das Familiengericht kann die Aufstellung eines Vermögensverzeichnisses, → Rechnungslegung, → Sicherheitsleistung oder eine bestimmte Anlage des Kindesvermögens (z. B. wie → Mündelgeld) anordnen (§ 1667 BGB). Erforderlichenfalls kann es auch die V. ganz oder teilweise entziehen, z. B. bei der Eröffnung eines → Insolvenzverfahrens über das Vermögen des Sorgeberechtigten oder wenn dieser bei geplanter (Wieder-)Verheiratung seiner Verpflichtung zur Anzeige, Erstellung eines Vermögensverzeichnisses und ggfs. Auseinandersetzung einer Vermögensgemeinschaft mit dem Kind nicht nachkommt (§ 1683 BGB).

**Vermögensstrafe** → Strafen.

**Vermögensteuer.** Das BVerfG hat die unrealistisch niedrige und damit privilegierte Bewertung des Grundvermögens mit dem → Einheitswert im Gegensatz z. B. zum Kapitalvermögen mit dem Nennwert als Verstoß gegen Art. 3 I GG für verfassungswidrig erklärt, mit dem Auftrag an den Gesetzgeber, bis spätestens 31. 12. 1996 eine verfassungskonforme Neuregelung zu schaffen, die eine Überbesteuerung, nämlich eine Steuerbelastung von mehr als 50%, wozu die V. zusammen mit der → Einkommensteuer führen konnte, vermeidet (sog. Halbteilungsgrundsatz; BVerfG BStBl II 1995, 655). Der Gesetzgeber konnte sich auf eine Neuregelung nicht einigen. Damit ist mangels Neuregelung das V.-Gesetz zum 31. 12. 1996 außer Kraft getreten (→ Verfassungswidrigkeit von Gesetzen). Der Steuerausfall wird z. T. mit den ab 1. 1. 1996 geltenden Neuregelungen der → Erbschaftsteuer/Schenkungsteuer ausgeglichen. Zu Fragen der V. siehe Vorauflage.

**Vermögensübernahme.** Ein Vertrag, durch den sich jemand verpflichtet, sein gegenwärtiges → Vermögen oder einen Bruchteil desselben zu übertragen oder mit einem → Nießbrauch zu belasten, bedarf – zum Schutze des sich Verpflichtenden – der notariellen → Beurkundung (§ 311 BGB). Die früher vorgesehene (Mit-)Haftung des Übernehmers für die Schulden des bisherigen Vermögensinhabers (§ 419 BGB) ist im Interesse der sinnvolleren Abwicklung eines → Insolvenzverfahrens (Übertragung des Unternehmens des Schuldners im ganzen zu Sanierungszwecken) ersatzlos entfallen. Für die Übernahme von → Sondervermögen enthält das Gesetz aber weiterhin derartige Vorschriften, insbes. § 25 HGB für die → Übernahme eines Handelsgeschäfts, § 613a BGB für den → Betriebsübergang und § 1365 BGB für Verfügungen von Ehegatten im Rahmen der → Zugewinngemeinschaft. S. a. → Übergabevertrag.

**Vermögensübertragung** → Vermögensübernahme, → Umwandlung (I 4).

**Vermögensverwaltung bei Kindesvermögen** → Vermögenssorge.

**Vermögensverwaltung bei Mündelvermögen** → Vormund.

**Vermögensverwaltung (steuerlich).** Die V. eigenen, auch umfangreichen Vermögens ist nicht steuerbar. Die Verwaltung fremden Vermögens durch einen Treuhänder, Nachlaß-Konkursverwalter, Hausverwalter u.ä. führt bei diesem zu Einkünften aus selbständiger Tätigkeit (§ 18 I Nr. 3 EStG; → Einkommensteuer 3.), auch bei einer → Personengesellschaft, z. B. → Immobilienfond, ab einer gewissen Intensität zu gewerblichen Einkünften, z. B. Hausverwalter und Makler (→ Gewerbebetrieb). Daher empfiehlt es sich für Freiberufler(sozietäten; → Freie Berufe, → Partnerschaftsgesellschaft), eine etwaige nebenher ausgeübte gewerbliche Tätigkeit in eine GmbH auszugliedern, um die Umqualifizierung der gesamten Tätigkeit in gewerbliche Einkünfte, die → Gewerbesteuer auslöst, zu vermeiden.

**Vermögensverwaltung unter Ehegatten.** Der frühere gesetzliche → Güterstand der V. und Nutznießung durch den Ehemann ist wegen des Grundsatzes der → Gleichberechtigung mit Wirkung vom 1. 4. 1953 außer Kraft getreten (Art. 3 II, 117 GG); er kann heute auch nicht mehr durch → Ehevertrag neu begründet werden (§ 1409 BGB). Zulässig ist aber auch heute, daß ein Ehegatte, z. B. bei → Gütertrennung oder → Zugewinngemeinschaft, sein Vermögen dem anderen Ehegatten zur Verwaltung überläßt. Die Form eines Ehevertrags ist hierfür nicht erforderlich (§ 1413 BGB); anders für den Ausschluß oder die Beschränkung des Rechts auf Widerruf, der dennoch aus wichtigem Grund jederzeit zulässig ist. Die Rechtsstellung des das Vermögen verwaltenden Ehegatten richtet sich nach den Grundsätzen des → Auftrags (§§ 662 ff. BGB).

**Vermögensverzeichnis.** Ein Verzeichnis über sein gesamtes Aktivvermögen hat auf Antrag der Schuldner zu erstellen (§ 807 ZPO), wenn ein Gläubiger, der Antrag auf Abgabe der → Offenbarungsversicherung gestellt hat, durch → Pfändung nicht vollständige Befriedigung seines vollstreckbaren Anspruchs erlangt hat oder wenn der Schuldner vom → Gerichtsvollzieher wiederholt in seiner Wohnung nicht angetroffen wurde oder deren → Durchsuchung verweigert hat (§§ 807 I, 900 ZPO). Das V. muß alle geldwerten Sachen und Rechte des Schuldners ohne Rücksicht auf ihren Wert umfassen und die Beweismittel angeben, ferner die in den letzten 2 Jahren vorgenommenen entgeltlichen Veräußerungen an nahestehende Personen (→ Insolvenzanfechtung) sowie die in den letzten 4 Jahren vorgenommenen unentgeltlichen Leistungen des Schuldners. Es kann von allen Gläubigern bei Gericht eingesehen werden. Der Schuldner hat sodann die Richtigkeit des V. zu Protokoll des → Gerichtsvollziehers an Eides Statt zu versichern (§§ 899 ff. ZPO, → Offenbarungsversicherung). Entsprechendes gilt im → Steuerverfahren (§ 284 AO).

**Vermögenszuordnung.** Das Gesetz über die Feststellung der Zuordnung von ehemals volkseigenem Vermögen (V.sgesetz – VZOG) i. d. F. vom 29. 3. 1994 (BGBl. I 709), ursprünglich vom 22. 3. 1991, verfolgt in erster Linie den Zweck, durch Feststellungsbescheide ehemals volkseigene Grundstücke, die durch verschiedene gesetzliche Regelungen in das Eigentum juristischer Personen (insbes. der Gemeinden, Städte, Landkreise, der Länder oder des Bundes) übergegangen sind, in grundbuchrechtlich brauchbarer Form dem jeweiligen Eigentümer zuzuordnen (entsprechendes gilt für andere Vermögensgegenstände, vgl. § 1a VZOG). Zu den gesetzlichen Regeln über den Eigentumsübergang vgl. die Aufzählung in § 1 I 1

VZOG, insbes. Art. 21, 22 EinigV zum Verwaltungsvermögen (unmittelbar bestimmten Verwaltungsaufgaben dienendes Vermögen) und zum Finanzvermögen der ehem. DDR. Zuständig für die Feststellung ist der Präsident der → Treuhandanstalt (jetzt: Bundesamt für vereinigungsbedingte Sonderaufgaben – BVS) oder der Oberfinanzpräsident. Für Streitigkeiten ist der Verwaltungsrechtsweg gegeben (§ 6 VZOG).

**Vermummung** (Verbot bei Versammlungen) → Versammlungsgesetz. S. a. → Landfriedensbruch.

**Vermutung.** Wird kraft gesetzlicher Bestimmung ein Sachverhalt oder eine Rechtstatsache vermutet, so bedarf es zunächst keines → Beweises. Als *praesumptio facti* wird eine im Gesetz festgelegte V. bezeichnet, nach der eine *Tatsache* vermutet wird (z. B. vermutete Beiwohnung des Ehemannes, wenn das Kind während der Ehe geboren wird; § 1591 II 1 BGB). Eine *praesumptio iuris* liegt vor, wenn das Gesetz aus einer Tatsache eine *Rechtsvermutung* ableitet, die aber widerlegbar ist (nach § 1006 BGB wird vermutet, daß der Besitzer einer Sache auch ihr Eigentümer sei; die V. kann durch Gegenbeweis ausgeräumt werden, § 292 ZPO). Ist die Rechtsvermutung *unwiderlegbar,* so handelt es sich um eine *praesumptio iuris et de iure* (§ 566 BGB: Miete eines Grundstücks für länger als 1 Jahr ohne die vorgeschriebene Schriftform gilt als für unbestimmte Zeit vereinbart). Über den Unterschied zwischen V. und → Fiktion s. dort.

**Vernachlässigen von Schutzbefohlenen.** Wer Personen *unter 18 Jahren* oder wegen Gebrechlichkeit oder Krankheit Wehrlose, die seiner Obhut unterstehen, seinem Hausstand angehören oder ihm in einem Dienst(Arbeits)verhältnis untergeordnet sind, *böswillig* vernachlässigt und dadurch gesundheitlich schädigt, wird nach § 223 b StGB im Regelfall mit Freiheitsstrafe von 6 Mon. bis zu 10 Jahren bestraft. Der Täter handelt böswillig, wenn seiner Handlungsweise verwerfliche Motive (nicht bloß Charakterschwäche) zugrundeliegen.

Wer seine Fürsorge- oder Erziehungspflicht gegenüber einem *noch nicht 16jährigen* Schutzbefohlenen vernachlässigt und ihn dadurch in seiner körperlichen oder psychischen Entwicklung erheblich gefährdet oder in die Gefahr eines kriminellen Lebenswandels oder der Prostitution bringt, wird nach § 171 StGB mit Freiheitsstrafe bis zu 3 Jahren oder Geldstrafe bestraft. Beide Delikte können in Tateinheit stehen (→ Konkurrenz von Straftaten).

**Vernehmung** ist mehr als eine → Anhörung; bei ihr wirkt der Vernehmende durch Fragen, Vorhalte usw. aktiv auf Klärung des Sachverhalts und ggf. von Rechtsfragen hin. S. a. → Vernehmungen im Strafverfahren.

**Vernehmungen im Strafverfahren.** 1. a) Im → *Ermittlungsverfahren in Strafsachen* ist der *Beschuldigte,* wenn es nicht zur Einstellung kommt, spätestens vor dessen Abschluß zu vernehmen; in einfachen Sachen und vor Erlaß eines → Strafbefehls genügt schriftliche Anhörung. Nach §§ 136, 163 a StPO ist ihm bei der ersten V. durch Polizei, StA oder Gericht nach Feststellung seiner Personalien zu eröffnen, was ihm zur Last gelegt wird. StA und Richter müssen ihn dabei über die in Betracht kommenden Strafvorschriften belehren. Der Beschuldigte ist ausdrücklich darauf hinzuweisen, daß es ihm nach dem Gesetz freistehe, sich zu der Beschuldigung zu äußern oder nicht zur Sache auszusagen und jederzeit, auch schon vor seiner V., einen von ihm zu wählenden → Verteidiger zu befragen; ebenso, daß er zu seiner Entlastung Beweiserhebungen beantragen kann. Außerdem soll über die reinen Personalangaben (→ Namensangabe, falsche) hinaus auf Ermittlung seiner persönlichen Verhältnisse Bedacht genommen werden, soweit diese für die Sache von Bedeutung sind; Fragen nach Vorstrafen sind nur unter diesem Gesichtspunkt angebracht.

Unterbleibt die Belehrung über die Aussagefreiheit oder das Recht zur Verteidigerkonsultation, so entsteht ein Verwertungsverbot (→ Beweisverbote) für die Aussage (BGHSt 38, 214 und 372). Gleiches gilt, wenn der Beschuldigte die Belehrung auf Grund seines geistig-seelischen Zustandes nicht verstanden hat (BGHSt 39, 349). Ein Verwertungsverbot besteht aber nicht, wenn der Beschuldigte seine Rechte auch ohne Belehrung gekannt hat oder wenn der verteidigte Angeklagte in der Hauptverhandlung der

Aussageverwertung ausdrücklich zustimmt oder ihr bis zum Ende des jeweiligen Beweisvorgangs nicht widerspricht; hat der Angeklagte keinen Verteidiger, muß er auf das Widerspruchsrecht hingewiesen werden.

Ändern sich im Verlauf des Strafverfahrens die Angaben des ordnungsgemäß belehrten Beschuldigten, insbes. durch Widerruf eines → Geständnisses oder durch Schweigen in der Hauptverhandlung (s. u. 2.) so wird die ursprüngliche Aussage nicht unverwertbar. Über sie kann durch Zeugenvernehmung der V.-person, auch eines Polizeibeamten, oder Urkundenverlesung, wenn sie in einem richterlichen Protokoll (§ 254 I StPO) oder in einem vom Beschuldigten herrührenden Schriftstück (§ 249 I StPO) enthalten ist, Beweis erhoben werden.

b) Auch die V. der *Zeugen* ist mit der Feststellung der Personalien zu beginnen. Der Zeuge ist über den Gegenstand des Verfahrens zu unterrichten. Über ein → Zeugnisverweigerungsrecht oder ein entsprechendes Untersuchungsverweigerungsrecht (→ körperliche Untersuchung im Prozeß) oder ein Auskunftsverweigerungsrecht ist er schon von Polizei oder StA zu belehren (§ 52 III, § 81 c III, § 55 II, § 163 a V StPO). Zur *Gegenüberstellung* von Zeugen mit anderen Zeugen oder dem Beschuldigten s. § 58 II StPO.

Unterbleibt die Belehrung über das Zeugnisverweigerungsrecht, so ist die Aussage unverwertbar (→ Beweisverbote). Dies gilt aber nicht, wenn der Zeuge nachträglich auf sein Zeugnisverweigerungsrecht verzichtet oder der Verwertung zustimmt oder wenn er sein Zeugnisverweigerungsrecht gekannt hat und auch nach Belehrung ausgesagt hätte. Beruft sich ein ordnungsgemäß belehrter Zeuge nach der V. auf sein Zeugnisverweigerungsrecht, darf die Aussage grundsätzlich nicht verwertet, also das Protokoll darüber nicht verlesen und die V.-person – ausgenommen ein Richter (BGHSt 32, 25) – nicht dazu vernommen werden.

Das Unterlassen der Belehrung über das Auskunftsverweigerungsrecht begründet kein Verwertungsverbot (BGHSt 11, 213).

c) *Verbotene Vernehmungsmethoden* sind nach § 136 a StPO: Täuschung (z. B. über ein angebliches Geständnis eines Mitbeschuldigten), Drohung (mit Verhaftung u. dgl.), Zwang, Quälerei, Mißhandlung (s. a. → Folter) oder sonstige körperliche Eingriffe (soweit sie nicht gesetzlich zugelassen sind, wie z. B. → Blutentnahme), Ausnützen einer Ermüdung, → Hypnose, → Lügendetektor, Verabreichen von Mitteln, mit denen die freie Willensbildung beeinflußt wird (s. → Narkoanalyse; anders bei bloßen Stärkungsmitteln); ebenso Versprechen von Vorteilen, die das Gesetz nicht vorsieht (z. B. Haftentlassung trotz Fluchtgefahr, Genußmittel). § 136 a StPO verbietet aber nicht kriminalistische List. So dürfen dem Betroffenen Tatsachen verschwiegen oder ein bereits vorhandener Irrtum des Beschuldigten ausgenutzt werden. Verboten ist nur die Lüge, durch die der Beschuldigte irregeführt und in seiner Aussagefreiheit beeinträchtigt wird. Die Befragung des Beschuldigten durch eine Privatperson, die auf Veranlassung der Ermittlungsbehörde handelt, ist grundsätzlich keine Täuschung (s. a. e) und → verdeckte Ermittlungen).

Aussagen, die unter Verletzung des § 136 a StPO zustande gekommen sind, dürfen auch mit der zur eigenen Entlastung gegebenen Einwilligung des Aussagenden nicht verwertet werden (→ Beweisverbote).

§ 136 a StPO gilt auch für die V. von Zeugen (§ 69 III, § 163 a V StPO).

d) Über die V. eines festgenommenen Beschuldigten s. → Festnahme, → Untersuchungshaft.

e) Zu beachten ist, daß die angeführten Belehrungspflichten nicht eingreifen, wenn keine V. vorliegt oder der Beschuldigte nicht in dieser Eigenschaft befragt wird. Eine V. setzt voraus, daß die V.-person der Auskunftsperson in amtlicher Funktion gegenübertritt und in dieser Eigenschaft von ihr Auskunft verlangt (BGHSt 40, 211). Dazu gehören nicht informatorische Befragungen, spontane Äußerungen gegenüber Amtspersonen oder Angaben gegenüber verdeckt ermittelnden Beamten. Äußerungen gegenüber Privatpersonen fallen grundsätzlich ebenfalls nicht darunter, auch wenn das Gespräch auf Veranlassung der Ermittlungsbehörde geführt oder von dieser überwacht wird (→ verdeckte Ermittlungen). Die Beschuldigteneigenschaft wird grundsätzlich erst durch einen Willensakt der Strafverfolgungsbehörde begründet, i. d. R. durch die Einleitung eines Ermittlungsverfahrens; der Tatverdacht allein genügt dazu nicht.

2. In der → Hauptverhandlung wird nach Aufruf der Sache und Belehrung der Zeugen (§ 57 StPO) die V. vom Vorsitzenden durchgeführt. Der Angeklagte wird in Abwesenheit der Zeugen zunächst nur über seine persönlichen Verhältnisse vernommen. Nach Verlesung des Anklagesatzes durch die StA wird er darauf hingewiesen, daß es ihm freistehe, sich zur Anklage zu äußern oder nicht zu Sache auszusagen (§ 243 IV 1 StPO). Entschließt er sich zur Aussage, wird er zur Sache vernommen. Wird der Angeklagte nicht belehrt, darf seine Aussage nicht verwertet werden. Die Belehrung muß nachgeholt und die V. wiederholt werden. Ein Verstoß gegen § 243 IV 1 StPO führt aber nicht zur Urteilsaufhebung, wenn der Angeklagte seine Aussagefreiheit gekannt hat. Nach V. des Angeklagten werden die Zeugen einzeln und in Abwesenheit der später zu hörenden Zeugen vernommen (§ 58 I StPO), ggf. nach Belehrung über ein Zeugnis- oder Auskunftsverweigerungsrecht (zur Verwertung der Aussagen s. o. 1. b). S. a. → Kreuzverhör, → Zeugenschutz.

**Vernehmungen im Zivilprozeß** → Parteivernehmung; über die V. von → Zeugen und → Sachverständigen s. dort, über den Begriff → Vernehmung.

**Vernichtbarkeit** → Nichtigkeit.

**Veröffentlichung von Strafurteilen** → Bekanntgabe der Verurteilung.

**Verordnung** → Rechtsverordnung, → Verwaltungsverordnung; → Verordnungen der europäischen Gemeinschaft.

**Verordnungen der Europäischen Gemeinschaft** werden überwiegend vom → Rat der EG (Rat der EU), in geringerem Umfang auch von der → Europäischen Kommission erlassen. Sie sind keine → Rechtsverordnungen, haben vielmehr Gesetzescharakter mit Rang vor jedem nationalen Recht einschl. Verfassungsrecht der Mitgliedstaaten. V. d. E. G. sind als sekundäres → Gemeinschaftsrecht geeignet, unmittelbar Rechte und Pflichten im innerstaatlichen Bereich zu begründen (vgl. Art. 189 II EGV, Art. 161 II EuratomGV). Sie werden im ABl. der E. G. Teil L publiziert.

**Verpächterpfandrecht** → Pacht.

**Verpackungssteuer** ist als örtliche Verbrauchs- und Aufwandsteuer (Art. 105 II GG; → Gemeindeabgaben) wegen ihrer Lenkungswirkung (→ Lenkungssteuer) unzulässig, weil sie der → konkurrierenden Gesetzgebung (Art. 74 Nr. 24 GG) entgegensteht (BVerfG 7. 5. 98, DStR 98, 892; → Abfälle).

**Verpfändung** → Pfandrecht; – von → Dienstbezügen s. dort; – von Sozialleistungsansprüchen → Abtretung (6).

**Verpflichtung nichtbeamteter Personen** auf gewissenhafte Erfüllung ihrer Obliegenheiten soll bei allen bei einer Behörde oder sonstigen öffentlichen Stelle mit *öffentlichen Aufgaben* Beschäftigten erfolgen, die nicht → Amtsträger sind, ebenso bei öffentl. bestellten Sachverständigen (VerpflichtungsG vom 2. 3. 1974, BGBl. I 547). Den öffentlichen Stellen gleichgestellt sind die mit öffentlichen Aufgaben befaßten Verbände, Betriebe, Unternehmen u. dgl. (z. B. Wirtschaftsverbände, Verkehrsbetriebe). Die zu Verpflichtenden sind insbes. auf die strafrechtliche Bedeutung der V. hinzuweisen, durch die sie z. B. hinsichtl. der Vorschriften gegen → Bestechung und Bruch des → Dienstgeheimnisses oder → Berufsgeheimnisses den Amtsträgern ausdrücklich gleichgestellt werden. S. a. § 11 I Nr. 4 StGB.

**Verpflichtungsermächtigung** → Haushaltsrecht (7).

**Verpflichtungsgeschäft** → Rechtsgeschäft (2 g).

**Verpflichtungsklage** → Verwaltungsstreitverfahren (1).

**Verpflichtungsschein** → kaufmännischer Verpflichtungsschein.

**Verpflichtungsvertrag** → Vertrag (4).

**Verramschung** nennt man den Verkauf der Restauflage eines Buches, das zum Laden(Buchhandlungs)preis nicht mehr nennenswert abgesetzt werden kann, zu stark herabgesetzten Preisen. Zur V. ist der Verleger auf Grund des → Verlagsrechts auch ohne Zustimmung des Verfassers befugt, wenn dessen berechtigte Interessen nicht verletzt werden (§ 21 VerlG).

**Verrat** → Hochverrat, → Landesverrat, → Verfassungshochverrat, → Geheimnisverrat.

**Verrechnung** → Aufrechnung, → Kontokorrent; über die V. unter Leistungsträgern im Sozialrecht vgl. §§ 51, 52 SGB I.

**Verrechnungsdarlehen** → Darlehen.

**Verrechnungspreise** sind die Preise, die verbundene Unternehmen für gegenseitige Leistungen untereinander vereinbaren (→ verdeckte Gewinnausschüttung/verdeckte Einlage). Internationale V. können steuerlich korrigiert werden, wenn sie nicht dem entsprechen, was fremde Dritte untereinander vereinbart hätten (vgl. § 1 AStG, Art. 9 OECD-Musterabkommen; sog. → Arm's-length-Grundsatz: → Fremdvergleich). Internationale Vereinbarungen sind vorgesehen (vgl. Finanzrundschau 1994, 237). National bestehen teilweise Richtlinien zur steuerlichen Prüfung von V. (BMF 23. 2. 1983, BStBl. I 1983, 218 ff., BMF 28. 10. 1993, BStBl I 1993, 991; für die USA Werra, Der Betrieb 1993, 704). Auf EU-Ebene ist zum 1. 1. 1995 ein EG-Schiedsabkommen in Kraft getreten (BMF BStBl. I 1995, 166).

**Verrechnungsscheck** ist ein → Scheck, bei dem es dem → Bezogenen verboten ist, den Scheck bar zu bezahlen. Der Scheck darf nur im Wege der Gutschrift auf ein anderes Bankkonto eingelöst werden (Art. 39 SchG). Ein V. entsteht dadurch, daß der Scheck auf der Vorderseite den Vermerk erhält „nur zur Verrechnung". Zweck des V.s ist, der Gefahr von Fälschung und Veruntreuung des Schecks zu begegnen, weil bei ihm zuverlässig festgestellt werden kann, wem der Scheckbetrag gutgeschrieben wurde. Dem gleichen Zweck dient der → gekreuzte Scheck. Der Gegensatz zum V. ist der → Barscheck.

**Verrichtungsgehilfe** → unerlaubte Handlung (5 a).

**Verruferklärung** → Boykott.

**Versailler Vertrag.** Der Friedensvertrag von Versailles, der den ersten Weltkrieg beendete, wurde am 28. 6. 1919 zwischen den Alliierten und den ihnen assoziierten Mächten und dem Deutschen Reich geschlossen, nachdem die deutsche → Nationalversammlung ihm am 23. 6. 1919 zugestimmt hatte (RGBl. 1919, 687 ff.). Von den USA wurde er nicht ratifiziert. Der Vertrag enthält außer dem eigentlichen Vertragswerk die Satzung des → Völkerbundes und Bestimmungen über das internationale Arbeitsrecht. Für Deutschland bedeutete er eine überaus schwere politische und wirtschaftliche Belastung durch Anerkennung der Kriegsschuldthese, den Verlust sämtlicher Kolonien, umfangreiche Gebietsabtretungen, Verzicht auf Ansprüche des Reiches im Ausland, hohe Reparationsleistungen u. a.m. Zu der Abtretung von Reichsgebiet an Nachbarstaaten – insbes. an Frankreich (Elsaß-Lothringen), Belgien (Eupen, Malmedy, Moresnet), Polen (Teile Oberschlesiens), die Tschechoslowakei (Sudetengebiet), Dänemark (Nordschleswig) – kam der vorübergehende Verlust des Saargebiets, das Ausscheiden des Memelgebiets und Danzigs aus dem Reich sowie das Verbot des Anschlusses von Deutsch-Österreich. Ferner mußten die Internationalisierung von Rhein, Donau, Elbe, Oder und Memel, eine 15jährige, später auf 10 Jahre abgekürzte Besetzung des linken Rheinufers und dessen Entmilitarisierung sowie eine Begrenzung der deutschen Streitkräfte und die Einschränkung der Lufthoheit hingenommen werden. Die finanziellen Belastungen durch den VV trugen zum Niedergang der deutschen Wirtschaft und zur Entwicklung einer Inflation bei, während die mit ihm verbundene Diskriminierung einer extrem nationalistischen Propaganda Nahrung gab. Der VV ist daher letztlich eine der Ursachen des Untergangs der Weimarer Republik geworden.

**Versammlung der Europäischen Gemeinschaften** Nach dem juristisch maßgeblichen Wortlaut der Gründungsverträge hießen die Repräsentativorgane der drei Gemeinschaften, später dann das fusionierte Repräsentativorgan, in einer sprachlich mißglückten und eher irreführenden Übersetzung des französischen Wortes Assemblée; der traditionellen Bezeichnung für das französische Parlament (Assemblée Nationale) „Versammlung der EG". Die jetzt auch juristisch korrekte Bezeichnung ist nunmehr → Europäisches Parlament.

**Versammlungsfreiheit** ist das Recht, sich ohne Anmeldung oder Erlaubnis friedlich und ohne Waffen zu versammeln; sie ist durch Art. 8 GG allen Deutschen als → Grundrecht garantiert. Versammlungen sind Zusammenkünfte einer Vielzahl von Menschen zum Zwecke gemeinsamer Erörterungen oder Kundgebungen. Die V. gewährleistet das Recht des Einzelnen, öffentliche Versammlungen und Aufzüge zu veranstalten und an solchen Veranstaltungen teilzunehmen, darüber hinaus aber auch, sich an den in der Versammlung stattfindenden Erörterungen und Kundgebungen zu beteiligen. Art. 8 GG unterscheidet dabei zwischen Versammlungen in geschlossenen Räumen und solchen unter freiem Himmel. Für Versammlungen unter freiem Himmel kann das Grundrecht nach Art. 8 II durch Gesetz oder auf Grund eines Gesetzes eingeschränkt werden, während das Recht zur Abhaltung von Versammlungen in geschlossenen Räumen nicht beschränkbar ist und nur den allen Grundrechten → immanenten Schranken Schranken unterliegt. Wichtiger Ausfluß der V. ist die Demonstrationsfreiheit (→ Demonstration). Das Versammlungs- und Aufzugsrecht ist im → Versammlungsgesetz geregelt.

**Versammlungsgesetz.** Durch das Ges. über Versammlungen und Aufzüge i. d. F. vom 15. 11. 1978 (BGBl. I 1789) m. spät. Änd. werden die Schranken des → Grundrechts der → Versammlungsfreiheit (Art. 8 GG) näher bestimmt. Nach § 1 VersG hat jedermann das Recht, öffentliche Versammlungen und Aufzüge zu veranstalten und an solchen Veranstaltungen teilzunehmen. Dieses Recht besitzt nicht, wer das Grundrecht der Versammlungsfreiheit verwirkt hat (→ Verwirkung von Grundrechten), wer die Ziele einer für verfassungswidrig erklärten → Partei fördern will, ferner nicht eine für verfassungswidrig erklärte Partei oder nach Art. 9 II GG verbotene Vereinigung. Der Veranstalter muß in der Einladung seinen Namen angeben. Störungen von Vers. und Aufzügen sind untersagt. Niemand darf ohne behördliche Ermächtigung Waffen bei sich tragen. Das Uniformverbot (§ 3 VersG) untersagt, öffentlich oder in Versammlungen Uniformen, Uniformteile oder ihnen gleichartige Kleidungsstücke als Ausdruck gemeinsamer politischer Gesinnung zu tragen; Jugendverbänden kann eine Ausnahmegenehmigung erteilt werden. Das V. unterscheidet öffentliche Versammlungen in geschlossenen Räumen, öffentliche Versammlungen unter freiem Himmel und Aufzüge.

*Öffentliche Versammlungen unter freiem Himmel* und *Aufzüge* (§§ 14 ff. VersG) sind der zuständigen Behörde mindestens 48 Stunden vorher anzuzeigen (Erlaubnis nicht erforderlich); sie dürfen verboten oder von entsprechenden Auflagen abhängig gemacht werden, wenn nach den Umständen die öffentliche Ordnung und Sicherheit unmittelbar gefährdet ist. Innerhalb der → Bannkreise sind sie grundsätzlich verboten. Schutzbewaffnung und Vermummung sind für ihre Teilnehmer verboten (§ 17 a VersG). Noch nicht abschließend geklärt ist die Problematik der im V. nicht erwähnten *Spontandemonstration* (vgl. dazu BVerwG in NJW 1967, 1191), d. h. von Versammlungen oder Aufzügen, die ohne Vorbereitung aus aktuellem Anlaß spontan entstehen. Die herrschende Meinung bejaht ihre Zulässigkeit, wenn der mit der Versammlung verfolgte Zweck bei Einhaltung der Anmeldefrist nicht mehr erreicht werden kann und wenn Gemeinschaftsinteressen (deren Schutz die Anzeigepflicht dient) nicht unzumutbar beeinträchtigt werden.

*Versammlungen in geschlossenen Räumen* (§§ 5 ff. VersG) dürfen nur im Einzelfall verboten werden und nur dann, wenn dem Veranstalter das Versammlungsrecht nicht zusteht, wenn bewaffneten Teilnehmern Zutritt gewährt oder wenn ein gewalttätiger oder aufrührerischer Verlauf angestrebt wird. Unter diesen Voraussetzungen kann auch eine bereits stattfindende Versammlung von der Polizei aufgelöst werden. Bei diesen Versammlungen darf die Polizei nur unter bestimmten Voraussetzungen Bild- und Tonaufnahmen anfertigen (§ 12 a VersG).

Strafbar oder ordnungswidrig sind die unzulässige Durchführung von Versammlungen oder Aufzügen, die öffentliche Aufforderung zur Teilnahme an ihnen, die Verwendung bewaffneter Ordner, die Teilnahme unter Mitführen von Waffen oder Schutzwaffen, Verstoß gegen das Uniformverbot und das Vermummungsverbot oder gegen Ordnungsvorschriften (§§ 23 ff. VersG). Dem Schutz des Versammlungsrechts dienen Straf- oder Bußgeldvorschriften gegen die Störung von Versammlungen und Aufzügen (§§ 21, 22 I Nr. 4 VersG). S. a. → Demonstrationsdelikte, → Landfriedensbruch.

**Versandhandel** → Einzelhandel, → Kreditvertrag (3), → Binnenmarkt USt 2 c, → Verbrauchsteuern.

**Versäumnisurteil** ist ein → Urteil, das gegen die säumige Partei ergeht, weil sie einen Termin zur → mündlichen Verhandlung versäumt hat. V.e gibt es nur im Zivilprozeß (außer gegen Beklagte in → Ehe- u. → Kindschaftssachen, §§ 612 IV, 635, 640 ZPO) und im arbeitsgerichtlichen Verfahren. In den anderen Gerichtsbarkeiten ist das Versäumnisverfahren wegen des dort herrschenden → Untersuchungsgrundsatzes ausgeschlossen. Ein V. kann gegen den Kläger (§ 330 ZPO) oder gegen den Beklagten (§ 331 ZPO) und nur auf Antrag der Gegenpartei ergehen. Es setzt voraus, daß die Klage zulässig (→ Prozeßvoraussetzungen) und, wenn es gegen den Beklagten ergeht, auch schlüssig ist (→ Schlüssigkeit). V.e können einen erheblich abgekürzten Inhalt haben (§ 313 b ZPO) und werden mit dem → Einspruch, nur ausnahmsweise mit der → Berufung (§ 513 II ZPO) angefochten, wenn ein sog. zweites Versäumnisurteil (§ 345 ZPO) vorliegt. Ein V. kann, soweit zulässig, auch in höherer Instanz ergehen (vgl. § 542 ZPO). Häufig wird auch von einem *unechten V.* gesprochen, das in Wirklichkeit ein → streitiges Urteil ist, nämlich wenn gegen die säumige Partei ein Urteil ergeht, aber nicht auf Grund der Säumnis, oder gegen die erschienene Partei trotz Säumnis des Gegners (z. B. Abweisung der Klage als unzulässig oder nicht schlüssig).

**Versäumung** von Fristen oder Terminen → Wiedereinsetzung in den vorigen Stand, → Versäumnisurteil.

**Verschaffungsvermächtnis** ist das → Vermächtnis eines Gegenstands, der sich nicht im → Nachlaß befindet, sondern erst beschafft werden muß. Es ist beim → Stückvermächtnis grundsätzlich unwirksam (§ 2169 BGB). Will der → Erblasser den Gegenstand jedoch ausnahmsweise dem Vermächtnisnehmer auch für diesen Fall zuwenden, so hat der Beschwerte den Gegenstand dem Bedachten zu verschaffen; ist ihm dies unmöglich, so hat er den Wert zu entrichten (§ 2170 BGB).

**Verschlechterungsverbot** → reformatio in peius.

**Verschleppte Personen.** Deutsche, die wegen ihrer Volkszugehörigkeit oder Staatsangehörigkeit oder in ursächlichem Zusammenhang mit den Kriegsereignissen in ein ausländisches Staatsgebiet verschleppt worden sind, erhielten bis zu dessen Aufhebung Hilfe nach dem Heimkehrergesetz. Die Verschleppungszeit wird ferner in der → Rentenversicherung als → Ersatzzeit berücksichtigt (§ 250 SGB VI).

**Verschleppung.** Nach § 234 a StGB ist die V. in ein Gebiet außerhalb der BRep., die das Opfer der Gefahr einer politischen Verfolgung aussetzt, mit Freiheitsstrafe nicht unter 1 Jahr, in minder schweren Fällen mit Freiheitsstrafe von 3 Mon. bis zu 5 Jahren bedroht. Danach ist strafbar, wer einen anderen durch List, → Drohung oder → Gewalt in ein Gebiet außerhalb des Geltungsbereichs des Strafgesetzbuchs verbringt oder veranlaßt, sich dorthin zu begeben, oder davon abhält, von dort zurückzukehren, und ihn dadurch *der Gefahr aussetzt, aus politischen Gründen verfolgt* zu werden und hierbei *im Widerspruch zu rechtsstaatlichen Grundsätzen* durch *Gewalt- oder Willkürmaßnahmen* Schaden an Leib oder Leben zu erleiden, der Freiheit beraubt oder in seiner beruflichen oder wirtschaftlichen Stellung *empfindlich beeinträchtigt* zu werden. Die Tat ist unabhängig vom Tatort strafbar, wenn das Opfer ein im Inland ansässiger Deutscher ist (§ 5 Nr. 6 StGB). Schon die *Vorbereitung* der V. (Auskundschaften einer Gelegenheit zur Tat, Beobachten des Opfers) wird nach § 234 a III StGB mit Freiheitsstrafe bis zu 5 Jahren oder Geldstrafe bestraft; doch ist das Verabreden der V., das Sicherbieten oder dessen Annahme nach § 30 StGB zu verfolgen (→ Duchesne-Paragraph, s. a. → Anstiftung, 2; die Vorschriften des § 31 StGB über Rücktritt und tätige Reue sind auch anzuwenden, wenn es nur zu Vorbereitungshandlungen nach § 234 a StGB kommt). S. ferner → Menschenraub, → Entführung, → Entziehung Minderjähriger, → Sklavenhandel.

**Verschleppung des Verfahrens** → Prozeßverschleppung.

**Verschmelzung** → Umwandlung (I 2).

**Verschneiden, Verschnitt** → Weingesetz.

**Verschollenheit** → Todeserklärung.

**Verschulden** (im Zivilrecht). I. Die Verantwortlichkeit des zu einer → Leistung Verpflichteten sowie das Eintretenmüssen für Leistungsstörungen (→ Unmöglichkeit, → Schuldnerverzug, → positive Vertragsverletzung, → Schadensersatz) hängen nach dem das BGB beherrschenden Verschuldensprinzip neben der → Rechtswidrigkeit seines Handelns grundsätzlich von dessen V. bzw. vom V. der Personen ab, für die der Verpflichtete einzustehen hat. Das Gesetz spricht meist statt vom V. von *„Vertretenmüssen"*. V. ist die Vorwerfbarkeit eines rechtswidrigen Handelns. Das V. setzt eine *Zurechnungsfähigkeit* voraus. Nicht verantwortlich ist demnach, wer im Zustand der Bewußtlosigkeit oder krankhaften Störung der Geistestätigkeit handelt, sofern er sich nicht schuldhaft in diesen Zustand versetzt hat (z. B. Rausch); unzurechnungsfähig sind ferner Kinder unter 7 Jahren, während die Verantwortlichkeit von Personen zwischen 7 und 18 Jahren von deren Einsichtsfähigkeit abhängt (§§ 276 I 3, 827, 828 BGB, s. i.e. *Deliktsfähigkeit*). S. ferner → Mitverschulden.

II. 1. Haftung für *eigenes V.:* Der Schuldner hat, sofern nichts anderes bestimmt ist, in einem → Schuldverhältnis Vorsatz und Fahrlässigkeit (= Verschulden) zu vertreten (§ 276 I BGB).

a) *Vorsatz* ist das Wissen und Wollen des rechtswidrigen Erfolgs. Der Begriff des Vorsatzes entspricht nach h. M. der Begriffsbestimmung im Strafrecht (→ Schuld); auch bedingter Vorsatz (dolus eventualis) ist – wie dort – ausreichend. Eine *Absicht* (der Erfolg tritt als gewolltes Ziel der Handlung ein) ist nur ausnahmsweise Voraussetzung, z. B. bei der → Konkursanfechtung. Der Vorsatz entfällt bei – wenn auch verschuldetem – → Irrtum (Vorsatztheorie) über die Voraussetzungen oder die Rechtswidrigkeit des Handelns (nicht über die Rechtsfolgen); doch wird bei Rechtsirrtum oftmals eine Haftung wegen Fahrlässigkeit bestehen bleiben.

b) *Fahrlässigkeit:* Fahrlässig handelt, wer die im Verkehr erforderliche Sorgfalt außer acht läßt (§ 276 I 2 BGB). Anders als im Strafrecht stellt der zivilrechtliche Fahrlässigkeitsbegriff damit nicht auf die Person des Schuldners, d. h. auf das Maß der ihm zumutbaren Einsichts- und Handlungsfähigkeit ab, sondern setzt einen objektiven Maßstab, der nach den Anforderungen im engeren Verkehrskreis der Beteiligten zu beurteilen ist. Fahrlässig handelt sowohl, wer den rechtswidrigen Erfolg (Schaden) zwar voraussieht, aber hofft, er werde nicht eintreten (sog. bewußte Fahrlässigkeit, *luxuria*), als auch derjenige, der den Erfolg nicht voraussieht, ihn aber bei Anwendung der verkehrsüblichen Sorgfalt hätte voraussehen können (sog. unbewußte Fahrlässigkeit, *negligentia*). Bei bewußter Fahrlässigkeit liegt zwar oftmals grobe Fahrlässigkeit nahe (s. unten c); dies muß aber nicht der Fall sein.

c) *Haftungserleichterungen:* In bestimmten Fällen tritt ein Rechtserfolg nur bei *grober Fahrlässigkeit* ein (so z. B. der Ausschluß eines → gutgläubigen Erwerbs). Hier ist Voraussetzung, daß die verkehrsübliche Sorgfalt in besonders grobem Maße verletzt wurde, daß also selbst einfachste, jedem einleuchtende Überlegungen nicht angestellt wurden. Eine Haftungserleichterung bis zur Grenze der groben Fahrlässigkeit gilt ferner für die Personen, die nur wie für die → Sorgfalt in eigenen Angelegenheiten haften (§ 277 BGB). Schließlich kann vertraglich die Haftung für Fahrlässigkeit (nicht für Vorsatz, § 276 II BGB) durch sog. *Freizeichnungsklauseln* (häufig in → Allgemeinen Geschäftsbedingungen in den Grenzen des § 11 Nr. 7 AGBG) mehr oder weniger weit abbedungen werden. S. a. → innerbetrieblicher Schadensausgleich.

2. Haftung für *fremdes V.:* Der Schuldner hat ein V. seines → gesetzli-

chen Vertreters und der Personen, deren er sich zur Erfüllung seiner Verbindlichkeit bedient (sog. *Erfüllungsgehilfen*), in gleichem Umfang zu vertreten wie eigenes V. (§ 278 BGB). Gesetzlicher Vertreter ist hier (über den eigentlichen Wortlaut hinaus) jeder, der für einen anderen kraft Gesetzes handelt, z. B. der → Testamentsvollstrecker oder Konkursverwalter, nicht dagegen ein sog. verfassungsmäßig berufener Vertreter eines → Vereins oder einer anderen → juristischen Person (Vorstand u. a.; diese handeln als Organe der juristischen Person; ihre Haftung ist gesondert geregelt, vgl. § 31 BGB, Vereinshaftung). *Erfüllungsgehilfe* ist, wer mit Willen des Schuldners bei der Erfüllung von dessen Verbindlichkeit tätig wird, auch wenn er zugleich eine eigene Verbindlichkeit erfüllt (z. B. der Spediteur des Schuldners). Der Erfüllungsgehilfe muß schuldhaft im Rahmen eines bereits bestehenden gesetzlichen oder vertraglichen → Schuldverhältnisses handeln (gilt auch für V. bei Vertragsschluß); für schuldhafte Handlungen außerhalb eines Schuldverhältnisses oder nur bei Gelegenheit der Erfüllung (z. B. der Erfüllungsgehilfe stiehlt eine Uhr) haftet der Geschäftsherr nur unter bestimmten Voraussetzungen aus → unerlaubter Handlung des → Verrichtungsgehilfen (§ 831 BGB). Die Haftung für gesetzliche Vertreter und Erfüllungsgehilfen kann vertraglich ausgeschlossen werden.

3. Haftung *ohne Verschulden:* In einer Reihe von ausdrücklich geregelten Fällen haftet der Schuldner auch ohne V. allein für einen eingetretenen rechtswidrigen Erfolg *(Erfolgshaftung).* Hierzu gehört vor allem die → Gewährleistung bei der Sachmängelhaftung (Kauf, Werkvertrag u. a.), ferner die → Gastwirtshaftung, das Einstehenmüssen auch für unverschuldetes → Unvermögen bei der → Gattungsschuld (insbes. bei der → Geldschuld), die Haftung des Frachtführers (→ Frachtvertrag), die Haftung der Eisenbahn und der Post für beförderte Güter und Personen usw. (→ Eisenbahnbetriebshaftung). Während des → Verzugs des Schuldners hat dieser grundsätzlich auch für *Zufall,* d.h. für ein von keiner Seite zu verantwortendes Ereignis einzustehen (§ 287 BGB). Eine Haftung ohne V. bringen ferner die verschiedenen Fälle der *Gefährdungshaftung* (insbes. für den Halter eines Kraftfahrzeugs sowie → Produkthaftung), bei der allerdings die Haftung regelmäßig entweder ziffernmäßig oder durch besondere Kriterien beschränkt ist. So ist die Haftung aus dem Straßenverkehrsgesetz ausgeschlossen, wenn der Unfall durch ein *unabwendbares Ereignis* verursacht wurde, d. h. durch ein Ereignis, das auch durch Anwendung äußerster, nach den Umständen möglicher und dem Betreffenden zumutbarer Sorgfalt nicht zu vermeiden war. Ähnlich ist in anderen Fällen der Gefährdungshaftung (insbes. nach den Haftpflichtgesetzen) die Grenze der Haftung ohne V. das Vorliegen sog. *höherer Gewalt.* Höhere Gewalt ist ein von außen auf den Betrieb (z. B. der Eisenbahn) einwirkendes, nicht vorhersehbares Ereignis, dem mit angemessenen und zumutbaren Mitteln nicht rechtzeitig begegnet werden konnte. Höhere Gewalt ist also – anders als z. B. die Voraussetzungen der → Wiedereinsetzung in den vorigen Stand– ein objektiver Begriff.

III. S. ferner → Verschulden beim Vertragsschluß. Über das strafrechtliche Verschulden → Schuld.

**Verschulden beim Vertragsschluß** *(culpa in contrahendo).* Über bestimmte Einzelvorschriften hinaus (→ Anfechtung von Willenserklärungen, → Unmöglichkeit der Leistung) gilt ganz allgemein, daß bereits bei Eintritt in Vertragsverhandlungen – auch schon vor einem bindenden → Vertragsangebot und ohne Rücksicht auf einen etwaigen späteren Vertragsabschluß – zwischen den Beteiligten ein vertragsähnliches Vertrauensverhältnis entsteht, bei dessen schuldhafter Verletzung (→ Verschulden) der Betreffende auf → Schadensersatz haftet. So haben die verhandelnden Parteien die Pflicht zur Offenbarung von Umständen, die für den Vertragsabschluß entscheidend und für den Gegner von Bedeutung sind; sie haben ferner hinreichende Sorgfalt für Gesundheit und Eigentum der anderen Seite zu tragen (Haftungsfall: bei Vorzeigen von Ware in einem Geschäft fällt eine Linoleumrolle um und verletzt den Kunden). Die Haftung für V. b. V. entspricht der Haftung aus einem Schuldverhältnis, z. B. auch in der Haftung für → Erfüllungsgehilfen. Der → Schadensersatz geht i. d. R. nur auf Ersatz des Vertrauensschadens (negatives Interesse, → Schadensersatz, 2 b), ist aber andererseits nicht durch die Höhe des Erfüllungsinteresses begrenzt. Zur Haftung eines Dritten bei V. b. V. → Vertrauenshaftung, → Werbeangaben (Prospekthaftung).

**Verschweigen wichtiger Umstände beim Vertragsschluß** → Verschulden beim Vertragsschluß, → Gewährleistung (2), → Miete (2 a), → Werkvertrag (3), → Arbeitsvertrag, → Anfechtung von Willenserklärungen (2).

**Verschwendung** → Betreuung, → Pflichtteilsbeschränkung in guter Absicht.

**Verschwiegenheitspflicht** → Amtsverschwiegenheit, → Dienstgeheimnis, → Berufsgeheimnis, → Geheimnisverrat, → Treuepflicht.

**Versendungskauf.** Der V. ist ein → Kauf, bei dem der Verkäufer auf Verlangen des Käufers die Versendung der Ware an einen anderen als den Erfüllungsort (→ Leistungsort) übernimmt, also insbes. bei vereinbarter Zusendung der gekauften Sache. Beim V. geht – abweichend vom sonstigen Kaufrecht und vom Fernkauf, bei dem vereinbarter Erfüllungsort der Wohnsitz des Käufers ist, s. u. – die *Gefahr* des zufälligen Untergangs und der zufälligen Verschlechterung (Beförderungsgefahr, Transportgefahr) bereits in dem Augenblick auf den Käufer über, da der Verkäufer die Sache dem Spediteur oder der sonstigen Versendungsperson – Bahn, Post usw. – übergibt (§ 447 BGB). Diese Regelung gilt nach der Rspr. auch bei Zusendung innerhalb eines Ortes (an die Niederlassung des Käufers, sog. *Platzkauf*); bei Zusendung durch eigene Leute des Verkäufers nur dann, wenn der Verkäufer hiermit nicht eine eigene Verbindlichkeit durch → Erfüllungsgehilfen erfüllen will (str.). Es ist jedoch zu beachten, daß bei den Zuschickungskäufen des täglichen Lebens oftmals die Wohnung des Käufers stillschweigend als Erfüllungsort vereinbart wird; die Regeln über den Versendungskauf gelten dann nicht. Weicht der Verkäufer von einer Anweisung des Käufers über die Art der Versendung ohne dringenden Grund ab, so ist er ihm zum → Schadensersatz verpflichtet (§ 447 II BGB). Wird Zusendung der Ware an den vom Niederlassungsort des Verkäufers verschiedenen Wohnsitz des Käufers als Erfüllungsort vereinbart *(Fernkauf)*, so gelten die Regeln über den V. nicht. → Ansichtssendung.

**Versetzung des Arbeitnehmers** ist die Zuweisung einer (nach Ort, Umfang oder Art) anderweitigen Beschäftigung im Betrieb. Sie ist einseitig nur zulässig, soweit der A. nicht für eine genau bestimmte Tätigkeit eingestellt worden ist. Dem → Betriebsrat steht ein Recht auf → Mitbestimmung (s. dort 1) zu.

**Versetzung eines Beamten** ist die *dauernde*Übertragung eines neuen Amtes bei einer anderen Dienststelle innerhalb eines bestehenden Beamtenverhältnisses (auch ohne Ortswechsel). Die V. ist zu unterscheiden von der Übertragung eines anderen Amtes (Dienstpostens) innerhalb derselben Behörde als Maßnahme der Geschäftsverteilung (→ Umsetzung) und von der → Abordnung. Die V. ist *ohne Zustimmung* des Beamten zulässig innerhalb des Dienstbereichs seines → Dienstherrn, wenn ein dienstliches Bedürfnis besteht und die neue Amtsstelle derselben oder einer gleichwertigen → Laufbahn mit mindestens demselben Endgrundgehalt angehört; *mit Zustimmung* des Beamten auch in den Bereich eines anderen Dienstherrn (§ 18 BRRG, § 26 I, III BBG sowie Beamtengesetze der Länder). Zur Mitwirkung des → Personalrats s. § 76 I Nr. 4 BPersVertretungsG; s. ferner Umzugskosten. Nach § 570 BGB besteht bei Ortswechsel ein Kündigungsrecht des versetzten Beamten gegenüber dem Vermieter mit gesetzlicher Frist. Einschränkungen der Versetzbarkeit bestehen z. B. für → Richter (V. ohne schriftl. Zustimmung nur im Disziplinarverfahren, im zwingenden Interesse der Rechtspflege auf Grund von Tatsachen, die außerhalb der richterlichen Tätigkeit liegen, oder bei Organisationsänderungen; vgl. §§ 30 ff. DRiG) und Mitglieder von Personalräten (V. gegen ihren Willen nur aus wichtigen dienstlichen Gründen und mit Zustimmung des Personalrats; vgl. § 47 II BPersonalvertretungsG). Zur Versetzung bei Auflösung einer Behörde s. §§ 19, 20 BRRG, § 26 II BBG.

**Versetzung eines Richters** → Versetzung eines Beamten, → Unabhängigkeit des Richters.

**Versetzung eines Schülers** → Gewaltverhältnis, öff.-rechtliches; → Prüfungsentscheidungen.

**Versetzung in den Ruhestand.** I. Im Gegensatz zum Eintritt in den R. als unmittelbare gesetzliche Folge eines bestimmten Tatbestandes (z.B. Erreichung der → Altersgrenze) erfordert die V. i.d.R. einen Verwaltungsakt der zuständigen Behörde. Sie findet statt: 1. bei *Dienstunfähigkeit,* d.h. wenn der Beamte infolge eines körperlichen Gebrechens oder wegen Schwäche seiner körperlichen oder geistigen Kräfte zur Erfüllung seiner Dienstpflichten dauernd unfähig geworden ist, und zwar entweder a) auf *Antrag* des Beamten, wenn der unmittelbare Dienstvorgesetzte auf Grund eines amtsärztlichen Gutachtens über den Gesundheitszustand erklärt, er halte ihn nach pflichtgemäßem Ermessen für dauernd unfähig, seine Amtspflichten zu erfüllen (§ 43 BBG und Beamtengesetze der Länder), oder b) durch *Zwangspensionierung,* wenn der Dienstvorgesetzte den dienstwilligen Beamten für dienstunfähig hält. Werden Einwendungen erhoben, so entscheidet i.d.R. die oberste Dienstbehörde über die Einstellung oder Fortführung des Verfahrens, das als förmliches Verfahren im wesentlichen dem Disziplinarverfahren nachgebildet ist (§ 44 BBG, § 26 I, II BRRG); Richter können ohne ihre schriftliche Zustimmung nur auf Grund rechtskräftiger Entscheidung des → Dienstgerichts in den R. versetzt werden (§§ 34, 62 DRiG); 2. *ohne Nachweis der Dienstunfähigkeit* auf Antrag des Beamten nach Vollendung des 62. Lebensjahres (§ 26 III BRRG, § 42 III BBG und Beamtengesetze der Länder). Für Richter an den Obersten Bundesgerichten gilt jetzt die gleiche Altersgrenze (§ 46 III DRiG). Die Übergangsregelungen wegen der früheren, auf das 68. Lebensjahr bezogenen Altersgrenze sind weitgehend ausgelaufen. Eine erneute Verlängerung der Altersgrenze wird derzeit allerdings diskutiert.

II. Eine Versetzung in den *einstweiligen Ruhestand* ist möglich bei sog. → politischen Beamten (§ 31 BRRG, § 36 BBG), ferner binnen 6 Monaten bei Beamten auf Lebenszeit oder auf Zeit, die nach Auflösung oder Verschmelzung von Behörden oder nach Umwandlung von Körperschaften in der aufnehmenden Körperschaft entbehrlich geworden sind (§ 130 II BRRG sowie verschiedene Beamtengesetze der Länder). Der Beamte im einstweiligen Ruhestand hat Anspruch auf Dienstbezüge für weitere drei Monate, danach auf das erdiente → Ruhegehalt (§§ 38, 47 II BBG); in einzelnen Ländern werden vorher auf bestimmte Zeit 75% der Dienstbezüge gezahlt. Über die Rechtsstellung des R.beamten → Ruhestand.

**Versicherer** → Versicherungsvertrag.

**Versichertenälteste** sind durch → Sozialwahlen ermittelte ehrenamtliche Helfer in der → Sozialversicherung. Sie sollen eine ortsnahe Verbindung zu den Versicherten und Leistungsberechtigten herstellen, sie beraten und betreuen. In der → Knappschaftsversicherung müssen, in den anderen Versicherungszweigen können V. gewählt werden. § 39 SGB IV.

**Versicherter** → Versicherungsvertrag.

**Versicherung an Eides Statt** → eidesstattliche Versicherung, → Glaubhaftmachung, → Offenbarungs(eid)versicherung.

**Versicherung auf erste Gefahr** → Schadensversicherung.

**Versicherungsagent** ist die überholte Bezeichnung für → Versicherungsvertreter.

**Versicherungsamt** ist die untere Verwaltungsbehörde nach näherer Bestimmung durch die LdReg. Es erteilt in allen Angelegenheiten der → Sozialversicherung unentgeltlich Auskunft und nimmt weitere Verwaltungsaufgaben der Sozialversicherung wahr. §§ 92, 93 SGB IV.

**Versicherungsaufsicht.** Die V. umfaßt die Zulassung von → Versicherungsunternehmen zum Geschäftsbetrieb und ihre ständige Beaufsichtigung nach Maßgabe des Versicherungsaufsichtsgesetzes – VAG – i.d.F. vom 7. 1. 1993

(BGBl. I 3). Wegen der Zulassungsvoraussetzungen im einzelnen s. bei → Versicherungsunternehmen. Die V. überwacht die Einhaltung der für den Geschäftsbetrieb geltenden gesetzlichen Vorschriften (VAG u. andere), des Geschäftsplans und der → Versicherungsbedingungen (§§ 81 ff. VAG), ferner die Rechnungslegung (hierzu VO vom 30. 1. 1987, BGBl. I 530). Die Unternehmen sind allgemein zu Auskünften gemäß der VO vom 27. 1. 1988 (BGBl. I 1094) verpflichtet, daneben auf Verlangen zu Einzelauskünften. Die Aufsichtsbehörde kann Anordnungen im Einzelfall treffen, Prüfungen anordnen und Sonderbeauftragte bestellen. Für private Versicherungsunternehmen mit Sitz, Niederlassung oder Geschäftsstelle im Bundesgebiet, ferner für öffentlich-rechtliche („Wettbewerbs-") Versicherungsunternehmen, deren Tätigkeit über ein Land hinausreicht, ist das Bundesaufsichtsamt für das Versicherungswesen die Aufsichtsbehörde. Im übrigen sind es die obersten Wirtschaftsbehörden der Länder (§§ 1, 2 des Ges. über die Errichtung eines → Bundesaufsichtsamts für das Versicherungswesen). Über die Einbeziehung der öffentl. Versicherungsunternehmen in die VA vgl. § 1 II 2 der DVO zum VAG vom 22. 6. 1943 (RGBl. I 363) m. spät. Änd. Die VA kann bei kleineren oder öff.-rechtl. Unternehmen vom Bund auf die Länder übertragen, bei Landeszuständigkeit vom Bund übernommen werden (§§ 3, 4 VAG). Zur Mitwirkung der Länder bei grundsätzlichen Entscheidungen des Bundesaufsichtsamtes s. § 7 des Ges. vom 31. 7. 1951 (BGBl. I 480 m. Änd.). Die Kosten der VA werden nach Maßgabe des § 101 VAG auf die beaufsichtigten Unternehmen umgelegt. Öffentliche und private Versicherungsunternehmen können neben der VA auch der → Bankenaufsicht unterliegen, soweit sie → Bankgeschäfte betreiben, die nicht zu den ihnen eigentümlichen Geschäften gehören (§ 2 I, III KWG). Die V. über Unternehmen aus Mitgliedstaaten der E. G., sei es mit Niederlassung oder mit ständigen Vertretern im Bundesgebiet (§§ 110a–110c VAG), sei es von einer ausländischen Niederlassung im „Dienstleistungsverkehr" (§§ 110d ff. VAG) regeln die genannten Bestimmungen. S. im übrigen Verordnung über die Freistellung von Unternehmen von der Aufsicht nach dem Versicherungsaufsichtsgesetz vom 12. 10. 1994 (BGBl. I 2693).

**Versicherungsbedingungen.** Allgemeine V. (AV) sind Bestimmungen, die ohne Rücksicht auf die individuelle Vertragsgestaltung im Einzelfall von den Versicherungsunternehmen einer Vielzahl von → Versicherungsverträgen zugrundegelegt werden. Sie regeln im einzelnen den Beginn und Umfang des Versicherungsschutzes, das Eintreten des → Versicherungsfalls, die Art der Ersatzleistung, den Ausschluß der Haftung des Versicherers – insbes. bei Verschulden des Versicherungsnehmers (→ Versicherungsvertrag) – usw. Es handelt sich bei den AV meist (Ausnahme bei der → Pflichtversicherung) nicht um gesetzliche Vorschriften, sondern um Klauseln, die erst durch Bezugnahme seitens der Beteiligten Vertragsbestandteil werden; allerdings brauchen sie dem Versicherungsnehmer nicht im einzelnen bekannt zu sein, da ihr Vorhandensein allgemein vorausgesetzt wird (§ 23 III AGBG). Die AV unterliegen jedoch der → Auslegung und der → Revision im Prozeß wie Gesetze. S. a. → Versicherungsaufsicht. Von besonderer Bedeutung sind die Allgemeinen Binnentransportversicherungsbedingungen (ADB), die AV für die Haftpflichtversicherung (AHB), die AV für die Kraftfahrtversicherung (AKB) und die AV der privaten Krankenversicherung (AKVB).

**Versicherungsbeirat.** Der beim → Bundesaufsichtsamt für das Versicherungswesen bestehende V. wirkt bei der Ausübung der Versicherungsaufsicht mit (§ 92 VAG). Vgl. §§ 2–6 der Verfahrens- und Geschäftsordnung vom 25. 3. 1953 (BGBl. I 75).

**Versicherungsbetrug** Strafrechtlich → Betrug, → Versicherungsmißbrauch. Zivilrechtlich bestimmen die §§ 59–61 VVG allgemein, daß der Versicherer in seinen Leistungspflichten frei ist, wenn der Versicherungsnehmer in betrügerischer Absicht eine Doppelversicherung abgeschlossen oder den Versicherungsfall vorsätzlich herbeigeführt hat.

**Versicherungsfall** ist ein Ereignis, das einen Schaden herbeiführt oder herbeizuführen geeignet ist und deshalb die für den Schadensfall vorgesehene Haftung des Versicherers auslöst (Unfall, Krankheit, Tod, Erwerbsunfähigkeit usw.). S. im einzelnen → Versicherungsvertrag, → Sozialversicherung.

**Versicherungsfreiheit** besteht in der → Sozialversicherung für bestimmte Personengruppen, die anderweitig geschützt sind, ferner für → geringfügige Beschäftigungen.

In der → Kranken- und → Rentenversicherung besteht V. für Beamte und sonstige Beschäftigte von Körperschaften, Anstalten und Stiftungen des öffentlichen Rechts mit Versorgungsanwartschaft; ferner für Werkstudenten sowie bei gemeinnützigen Beschäftigungen der Angehörigen religiöser Orden oder ordensähnlicher Gemeinschaften. In der Krankenversicherung sind außerdem Lehrer mit Versorgungsanwartschaft an privaten genehmigten Ersatzschulen, ferner Arbeiter und Angestellte bei Überschreitung der → Jahresarbeitsentgeltgrenze von 75 v. H. der → Beitragsbemessungsgrenze der Rentenversicherung versicherungsfrei; in der Rentenversicherung auch die Bezieher von Altersrente sowie Personen, die bis zum 65. Lebensjahr nicht versichert waren oder nachher eine Beitragserstattung erhalten haben § 6 SGB V; § 5 SGB VI).

In der → Unfallversicherung besteht V. hauptsächlich für Beamte, bestimmte selbständige Berufe sowie versorgungsberechtigte Angehörige religiöser Orden und ordensähnlicher Gemeinschaften (§ 4 SGB VII).

In der → Arbeitslosenversicherung (→ Arbeitsförderung) besteht V. ab Vollendung des 65. Lebensjahres, bei Bezug einer Erwerbsunfähigkeitsrente, bei bestimmten Ausbildungsverhältnissen, für Beamte und in bestimmten weiteren Fällen (§§ 27 f. SGB III).

In der landw. Krankenversicherung besteht V. bei anderweitigem Versicherungsschutz (§ 3 KVLG), in der → Künstlersozialversicherung insbes. bei niedrigem Einkommen (§§ 3 ff. KSVG).

In der sozialen → Pflegeversicherung besteht lediglich die Möglichkeit einer Befreiung von der Versicherungspflicht für Personen, die bei einem privaten Krankenversicherungsunternehmen versichert sind und von diesem im Fall der Pflegebedürftigkeit Leistungen erhalten, die den Leistungen der gesetzlichen Pflegeversicherung entsprechen (§ 22 SGB XI).

**Versicherungskennzeichen** → Fahrräder m. Hilfsmotor, → Kleinkrafträder.

**Versicherungsmakler** ist ein → Handelsmakler, der Versicherungsverträge vermittelt und hierbei i. d. R. weitgehend als Berater und Vertreter des Versicherungsnehmers tätig wird; gleichwohl wird die Abschlußvergütung oder Provision (→ Courtage) abweichend von der Regel des § 99 HGB stets allein vom Versicherer gezahlt (bei der → Kraftfahrzeug-Haftpflichtversicherung der Höhe nach gesetzlich beschränkt). S. a. → Versicherungsvertreter.

**Versicherungsmißbrauch.** § 265 StGB bedroht die Vorbereitung eines → Betrugs einer Versicherung mit Freiheitsstrafe bis zu 3 Jahren oder Geldstrafe. Strafbar ist, wer eine versicherte Sache beschädigt, zerstört, in ihrer Brauchbarkeit beeinträchtigt, beiseite schafft oder einem anderen überläßt (so insbes. bei Kfz.-Verschiebung), um sich oder einem Dritten Leistungen aus der Versicherung zu verschaffen. Auch der Versuch ist strafbar. § 265 StGB tritt aber als subsidiär zurück, wenn die Strafbarkeit wegen → Betrugs eingreift (z. B. durch Anzeige des vorgetäuschten Diebstahls eines Kfz. bei der Versicherung).

**Versicherungsnachweis** ist eine vom Versicherer erteilte Bestätigung, daß eine → Kfz.-Haftpflichtversicherung besteht (§ 29 a StVZO). S. a. → Kennzeichen von Kfz., → Zulassung von Kfz.

**Versicherungsnachweisheft.** Das in der gesetzlichen → Rentenversicherung verwendete V. enthält die für die elektronische Datenverarbeitung erforderlichen Vordrucke: den Versicherungsausweis mit der Versicherungs-Nr., die Entgeltsbescheinigung und die Vordrucke zur An- und Abmeldung sowie zur Anforderung neuer Nachweishefte.

Das V. wird vom Rentenversicherungsträger ausgegeben (2. DatenerfassungsVO v. 29. 5. 1980, BGBl. I 539, m. spät. Änd.).

**Versicherungsnehmer** → Versicherungsvertrag.

**Versicherungsperiode** ist bei der auf Zeit abgeschlossenen Versicherung der Zeitabschnitt, nach dem die Versicherungsprämie bemessen wird. Grundsätzlich ist V. der Zeitraum eines Jahres – Versicherungsjahr –, sofern nicht die Prämie nach kürzeren Zeitabschnitten bemessen ist (§ 9 VVG). → Versicherungsvertrag.

**Versicherungspflicht** besteht im *Privatversicherungsrecht* insbes. für die → Haftpflichtversicherung von Kraftfahrzeugen und Luftfahrzeugen, aber auch für Angehörige bestimmter Berufe (z. B. Wirtschaftsprüfer, Steuerberater, Rechtsanwälte, Notare, Jäger, Schornsteinfeger). Sie besteht ferner in weitem Umfang in der → *Sozialversicherung* und bedeutet hier die Zugehörigkeit zu einem bestimmten Versicherungszweig kraft gesetzlichen Zwanges. Näheres → Pflichtversicherung, → Arbeitslosenversicherung, → Knappschaftsversicherung, → Krankenversicherung, → Rentenversicherung, → Unfallversicherung, → Alterssicherung der Landwirte, → Krankenversicherung der Landwirte, → Künstlersozialversicherung, soziale → Pflegeversicherung.

**Versicherungspolice** → Versicherungsvertrag.

**Versicherungsprämie** → Versicherungsvertrag.

**Versicherungsschein** → Versicherungsvertrag.

**Versicherungssumme** → Schadensversicherung.

**Versicherungsteuer** ist für Versicherungsentgelte zu zahlen, die auf Grund von Versicherungsverträgen u. dgl. von inländischen Versicherungsnehmern oder über im Inland befindliche Gegenstände entrichtet werden (VersStG vom 10. 1. 1996, BGBl. I 22), geänd. 24. 3. 97 (BGBl. I 594). Die V. beträgt für Schadenversicherungen 15% des Versicherungsentgelts, für Feuerversicherung 10%, für Gebäude und Hausrat 13,75% bzw. 14%, für Unfallversicherungen mit Prämienrückgewähr 3% des Versicherungsentgelts, bei Hagelversicherung –.20 DM für je 1000 DM Versicherungssumme (§ 6 VersStG). Reine Lebensversicherungen sind von der V. befreit. Steuerschuldner ist der Versicherungsnehmer; für die Steuer haftet der Versicherer (§ 7 VersStG). Zur Umsatzsteuerfreiheit s. § 4 Nr. 10 UStG.

**Versicherungsträger** → Sozialversicherungsträger.

**Versicherungsunterlagen, Verlust von –.** Durch VO vom 3. 3. 1960 (BGBl. I 137) m. spät. Änd. ist die Feststellung von Leistungen aus der sozialen → Rentenversicherung geregelt, wenn Versicherungsunterlagen verloren gegangen, zerstört, unbrauchbar geworden oder nicht erreichbar sind, ferner die Wiederherstellung solcher Unterlagen. Für die Feststellung der rechtserheblichen Tatsachen genügt → Glaubhaftmachung.

**Versicherungsunternehmen** sind Unternehmen, die Versicherungsgeschäfte betreiben, d. h. ohne inneren Zusammenhang mit einem Rechtsgeschäft anderer Art sich gegen Entgelt verpflichten, ein wirtschaftliches Risiko der Art zu übernehmen, daß sie bei Eintritt eines von vornherein ungewissen Schadensfalles oder eines sonstigen Ereignisses im menschlichen Leben (z. B. Todesfall, Erreichen einer Altersgrenze) eine vermögenswerte Leistung erbringen; vorausgesetzt ist ferner, daß der Risikoübernahme eine Kalkulation zugrundeliegt, wonach die hierfür erforderlichen Mittel im wesentlichen durch die Gesamtheit der Entgelte aufgebracht werden. Die V. unterliegen der → Versicherungsaufsicht nach dem *Ges. über die Beaufsichtigung der Versicherungsunternehmen* – VersicherungsaufsichtsG, VAG – i. d. F. vom 13. 10. 1983 (BGBl. I 1261). Danach können V. betrieben werden für alle Versicherungszweige und Arten (Sachversicherung, Lebensversicherung, Kranken- und Unfallversicherung) in der Form der → Aktiengesellschaft, des → Versicherungsvereins auf Gegenseitigkeit und der öffentlichen Versicherungsunternehmen (s. §§ 151, 153 VAG), ferner in der Rechtsform sonstiger Kapitalgesellschaften, Personenvereinigungen oder Einzelfirmen für alle im § 7 II VAG nicht genannten Versicherungszweige. Die Aufnahme des Betriebs einer Versicherung bedarf der *Erlaubnis* der Aufsichtsbehörde. Mit dem Antrag ist ein Geschäftsplan einzureichen, der u. a. den Gesellschaftsvertrag bzw. die Satzung sowie die allgemeinen Versicherungsbedingungen (§ 10) enthält (§ 5). Die Erlaubnis darf nur versagt werden, wenn die Eignung der Inhaber und Geschäftsleiter (Vorbildung, Zuverlässigkeit) fehlt, nach dem Geschäftsplan die Belange der Versicherten nicht ausreichend gewahrt sind oder die Verpflichtungen aus den Versicherungen nicht genügend als dauernd erfüllbar dargetan sind (s. hierzu auch VO über die Kapitalausstattung von V. vom 12. 12. 1983, BGBl. I 1451). Eingehende Vorschriften über die Geschäftsführung der V. enthalten die §§ 55–79 a VAG (Genehmigungspflicht bei Grundstückserwerb, Vorschriften über Buchführung, Rechnungslegung, Abschlußprüfung, besondere Vorschriften über die → Deckungsrücklage bei Lebens-, Kranken-, Unfall- und Haftpflichtversicherung; s. a. → Deckungsstock). Das Recht der → Wettbewerbsbeschränkungen ist auf V. nur beschränkt anwendbar (sog. Bereichsausnahme, § 102 GWB). Einer Erlaubnis bedürfen ferner *ausländische* V., die im Inland durch Vertreter, Bevollmächtigte, Agenten oder andere Vermittler das Versicherungsgeschäft betreiben wollen (§§ 105 ff. VAG; Sonderregelung für V. mit Sitz in anderen EG-Ländern in §§ 110 a–111). Verstöße gegen das VAG sind nach Maßgabe der §§ 134 ff. strafbar oder als Ordnungswidrigkeiten mit Bußgeld bedroht.

**Versicherungsverein auf Gegenseitigkeit** ist ein privates → Versicherungsunternehmen in der Form eines rechtsfähigen → Vereins, dessen Mitglieder die Versicherten sind. Sie tragen das Geschäftsrisiko des gesamten Betriebes selbst und müssen Verluste durch Beiträge, Umlagen, Nachschüsse dem Verein gegenüber decken, §§ 19, 24–29, 50 I VAG (→ Versicherungsaufsicht); andererseits haben sie Anspruch auf einen Anteil an dem Jahresüberschuß (§ 38) und einem etwaigen Liquidationsüberschuß (§ 48 II) und nehmen an der Verwaltung teil. Die Satzung kann bei großen Vereinen vorsehen, daß auch Nicht-Mitglieder versichert werden (§§ 21 II, 53). Die nähere gesetzliche Regelung enthalten die §§ 15–53 b. Danach erlangt der Verein die Rechtsfähigkeit dadurch, daß ihm die Aufsichtsbehörde (→ Versicherungsaufsicht) erlaubt, als Versicherungsverein auf Gegenseitigkeit (VVaG) Geschäfte zu betreiben (§ 15). Der VVaG ist → Kaufmann im Sinne des HGB (§ 16) und zum Handelsregister anzumelden (§§ 30 ff.). Die Verfassung des VVaG wird durch die Satzung bestimmt (§§ 17 ff.), in der u. a. grundsätzlich die Bildung eines *Gründungsstocks* zur Deckung der Errichtungskosten und als Gewähr- und Betriebsstock vorzusehen ist (§§ 22, 23); ferner ist eine Verlustrücklage vorgeschrieben (§ 37). Vereinsorgane sind Vorstand, Aufsichtsrat und die oberste Versammlung, bestehend aus den Mitgliedern oder ihren Vertretern (§ 29); ergänzend gelten die Vorschriften des → AktienG (§§ 34–36), ebenso auch für die Rechnungslegung (§ 36 a). Zur Auflösung und Abwicklung des VVaG s. §§ 42 ff., zum Insolvenzverfahren §§ 50 ff. Eine vereinfachte Regelung gilt für sog. kleinere VVaG, die bestimmungsgemäß einen sachlich, örtlich oder dem Personenkreis nach eng begrenzten Wirkungskreis haben (§ 53). Sie sind keine Kaufleute, können keine Nichtmitglieder versichern; die Bestellung eines Aufsichtsrats ist fakultativ.

**Versicherungsvertrag.** Durch den V. übernimmt der *Versicherer* gegen ein bestimmtes Entgelt gegenüber dem *Versicherungsnehmer* (dies auch bei zusammengefaßter Versicherung mehrerer; sog. *Gruppenversicherung*) die Gefahr eines möglicherweise eintretenden Personen- oder Sachschadens (versichertes Risiko); zur Versicherung für fremde Rechnung (d. h. zugunsten eines dritten *Versicherten*) → Schadensversicherung. Wesentlicher Inhalt des V. ist also ein Leistungsversprechen des Versicherers für den → Versicherungsfall. Versicherer ist dabei entweder eine → juristische Person des Privatrechts (meist AG, nicht GmbH) oder als Sonderform des Versicherungsrechts (§§ 15 ff. VAG) ein

→ Versicherungsverein auf Gegenseitigkeit. Bei dem V. handelt es sich um einen privatrechtlichen → gegenseitigen Vertrag (str.), der einem → Garantievertrag oder einer → Bürgschaft ähnelt (Ausfallbürgschaft), aber bestimmten Sonderregelungen nach dem Gesetz über den Versicherungsvertrag (VVG) vom 30. 5. 1908 (RGBl. 263) m. spät. Änd. unterliegt *(Privatversicherung)*. Auch wenn eine Pflicht zum Abschluß eines V. besteht (→ Pflichtversicherung, → Kraftfahrzeug-Haftpflichtversicherung), ist der abgeschlossene Vertrag privatrechtlich und untersteht den Regeln des VVG. Dagegen bestehen öffentlich-rechtliche Sonderbestimmungen für die → Sozialversicherung; hier besteht – ohne Abschluß eines V. – weitgehend kraft Gesetzes eine Beitragspflicht der Betroffenen; auch die Leistungspflicht des Versicherers (meist Körperschaft oder Anstalt des öffentlichen Rechts) ist öffentlich-rechtlich ausgestaltet. Diese Vorschriften finden ebenso Anwendung bei einer freiwilligen Weiter- und Höherversicherung im Rahmen der Sozialversicherung; dagegen unterliegt dem VVG eine freiwillig abgeschlossene privatrechtliche *Zusatzversicherung* oder eine *Ersatzversicherung,* die zulässigerweise an Stelle der sonst eingreifenden Sozialversicherung (z. B. bei Handwerkern) abgeschlossen wurde. Die Vorschriften des VVG finden ferner keine Anwendung auf die → Rückversicherung sowie auf die → Seeversicherung, für die die §§ 778 ff. HGB eine Sonderregelung enthalten.

Beim V. sind zwei Grundtypen zu unterscheiden: die *Schadensversicherung* (insbes. Feuer-, Transport-, Haftpflichtversicherung sowie sonstige Sachversicherungen wie z. B. Reisegepäckversicherung) und die *Personenversicherung* (insbes. Lebens-, Unfall-, Krankenversicherung). Bei der Schadensversicherung hat der Versicherer im Versicherungsfall den eingetretenen Vermögensschaden nach Maßgabe des V. zu ersetzen, bei der Personenversicherung hat er den vereinbarten Betrag an Kapital oder Rente zu zahlen oder die sonst vereinbarte Leistung zu bewirken (§ 1 VVG). Die folgenden Ausführungen gelten für jede Art von V.

Der *Abschluß* des V. ist an keine besondere Form gebunden; er wird oftmals durch einen → Versicherungsagenten (Versicherungsvertreter, §§ 43 ff. VVG) oder durch einen → Versicherungsmakler (§ 93 HGB) vermittelt oder abgeschlossen. Diese Personen sind, auch wenn sie keine Abschlußvollmacht haben, regelmäßig berechtigt, bereits eine – vorläufige – *Dekkungszusage* abzugeben. Die Deckungszusage begründet ein vorübergehendes selbständiges Versicherungsverhältnis, auf Grund dessen sofort eine Haftung des Versicherers eintritt; es endet mit Abschluß des endgültigen V. oder mit dem Scheitern der Vertragsverhandlungen. Die Versicherung beginnt regelmäßig – außer bei der → Krankenversicherung – am Mittag des Tages, an dem der V. abgeschlossen wird (§ 7 VVG); doch kann Rückwirkung vereinbart werden (§ 2 VVG; Freiwerden des Versicherers, wenn Versicherungsnehmer bereits den vorherigen Eintritt des Versicherungsfalls gekannt hat). Wird der Abschluß des V. schuldhaft verzögert, so haftet der Versicherer u. U. aus → Verschulden beim Vertragsschluß (str.). Der Versicherer ist verpflichtet, nach Abschluß des V. dem Versicherungsnehmer eine von ihm unterzeichnete Urkunde über den V. *(Versicherungsschein, Versicherungspolice)* sowie – je nach Anordnung durch die Aufsichtsbehörde (→ Versicherungsaufsicht) – einen Abdruck der den V. ergänzenden und ausgestaltenden Allgemeinen → Versicherungsbedingungen auszuhändigen und ggf. zu ersetzen (§ 3 VVG). Der Versicherungsschein ist also eine Beweisurkunde über einen zustandegekommenen Vertrag; wird er auf den Inhaber ausgestellt, so finden die Vorschriften über → Legitimationspapiere entsprechende Anwendung (§ 4 VVG, § 808 BGB). Weicht der Inhalt des Versicherungsscheins von dem Inhalt des Antrags oder den getroffenen Vereinbarungen ab, so gilt die Abweichung als genehmigt, wenn der Versicherungsnehmer nicht innerhalb eines Monats nach Empfang des V.scheins trotz eines entsprechenden Hinweises des Versicherers widerspricht (§ 5 VVG). Der V. kann für dauernd oder für eine bestimmte Zeit (stillschweigende Verlängerung jeweils nur für 1 Jahr möglich) abgeschlossen werden. Ein V. mit längerer Laufzeit als ein Jahr kann von einem privaten Versicherungsnehmer innerhalb von 14 Tagen widerrufen werden; läuft der V. länger als 5 Jahre, so kann er zum Ende des fünften (und jedes folgenden) Jahres gekündigt werden (§ 8 VVG; Sonderregelung für → Lebens- und → Krankenversicherung). Ansprüche aus dem V. verjähren in 2 Jahren, bei der Lebensversicherung in 5 Jahren nach Ablauf des Jahres, in dem die Leistung verlangt werden konnte (§ 12 VVG). Nach Ablehnung der Ersatzleistung durch den Versicherer muß der Versicherungsnehmer seinen Anspruch gegen die Versicherung spätestens innerhalb von 6 Monaten seit der Ablehnung gerichtlich geltend machen; sonst wird der Versicherer von der Leistungspflicht frei (§ 12 III VVG). Zum → Insolvenzverfahren über das Vermögen des Versicherers oder Versicherungsnehmers vgl. §§ 13, 14 VVG.

Auf den V. finden, soweit das VVG keine Sonderregelungen enthält, die Bestimmungen des BGB (insbes. über den → gegenseitigen Vertrag, → Leistungsstörungen, → Treu und Glauben usw.) Anwendung. Die Hauptpflicht des Versicherungsnehmers besteht in der Zahlung der *Versicherungsprämie* (§ 1 II VVG) samt Versicherungsteuer (§ 7 VersStG); die Höhe der Prämie richtet sich nach der vertraglichen Vereinbarung, hilfsweise nach dem Tarif des Versicherungsunternehmens. Prämien in diesem Sinne sind auch die Beiträge, welche die Versicherungsvereine auf Gegenseitigkeit erheben. Die *Erstprämie* ist sofort nach Abschluß des V. gegen Aushändigung des Versicherungsscheins zu zahlen (Vorprämie, § 35 VVG). Wird die erste oder einmalige Prämie nicht rechtzeitig bezahlt, so ist der Versicherer berechtigt, vom Vertrag zurückzutreten; als Rücktritt gilt es, wenn der Anspruch auf die Erstprämie nicht innerhalb von 3 Monaten ab Fälligkeit gerichtlich geltendgemacht wird (§ 38 VVG). Umgekehrt kann der Versicherungsnehmer vom V. zurücktreten, wenn sich die Prämie erhöht, ohne daß sich der Umfang des Versicherungsschutzes ändert (§ 31 VVG). Bei Nichtzahlung einer nach Vertragsabschluß fällig werdenden *Folgeprämie* (Nachprämie) kann der Versicherer dem Versicherungsnehmer eine Nachfrist von mindestens 2 Wochen setzen und danach den V. ohne Einhaltung einer weiteren Frist kündigen; tritt der Versicherungsfall nach Ablauf der Frist ein und befindet sich der Versicherungsnehmer in diesem Zeitpunkt noch in Zahlungsverzug, so ist der Versicherer von seiner Verpflichtung zur Leistung frei (§ 39 VVG).

Der Versicherungsnehmer oder sein *„Repräsentant“*, d. h. wer in dem Geschäftsbereich des versicherten Risikos selbständig und nicht ganz unbedeutend für den Versicherungsnehmer tätig ist (z. B. Verwalter, Betriebsleiter, nicht aber Kfz-Führer, Gebäudemieter oder Ehegatte als solcher), hat bei Abschluß des V. alle ihm bekannten Umstände, die für die Übernahme der Gefahr von Bedeutung sind, dem Versicherer anzugeben. Unterläßt er dies oder gibt er schuldhaft eine unrichtige Anzeige ab, so kann der Versicherer innerhalb eines Monats seit Kenntniserlangung von dem Vertrag zurücktreten (§§ 16 ff. VVG). Eine → Verwirkungsklausel, die den Versicherer automatisch von der Leistungspflicht bei Verletzung dieser *Obliegenheiten* freistellt, hat nur für schuldhafte Verletzungen Gültigkeit (§ 6 VVG). Der Versicherungsnehmer muß außerdem jede nicht nur unerhebliche *Erhöhung der versicherten Gefahr* vermeiden und deren Eintritt unverzüglich dem Versicherer mitteilen; verletzt er diese Verpflichtung, so kann der Versicherer ohne Einhaltung einer Frist den V. kündigen und braucht bei einem nach Gefahrerhöhung eintretenden Versicherungsfall den Schaden nicht zu ersetzen (§§ 23 ff. VVG). Der Versicherungsnehmer hat ferner den Eintritt eines Versicherungsfalls mangels anderweitiger Regelung in den Versicherungsbedingungen (so z. B. bei der Krankenversicherung) unverzüglich nach Kenntniserlangung dem Versicherer anzuzeigen und, ggf. nach Weisung des Versicherers, zur Schadensabwendung oder -minderung beizutragen (§§ 32, 33 VVG); eine vertraglich vereinbarte Leistungsfreiheit des Versicherers für den Fall der Nichtanzeige greift aber nur ein, wenn den Versicherungsnehmer ein Verschulden trifft und der Versicherer nicht auf andere Weise von dem Versicherungsfall Kenntnis erlangt hat. Der Versicherer ist verpflichtet, die für den *Versicherungsfall* bedingt versprochene Leistung zu erbringen, insbes.

den eingetretenen Schaden zu ersetzen. Er trägt die Kosten der Ermittlung und Feststellung des Schadens sowie die Aufwendungen, die der Versicherungsnehmer zur Schadensabwendung oder -minderung zulässigerweise gemacht hat. Die Kosten der Zuziehung eines Sachverständigen hat der Versicherer nur zu tragen, wenn der Versicherungsnehmer hierzu vertraglich verpflichtet war (§ 66 VVG). Der Schaden ist regelmäßig in Geld zu ersetzen (§ 49 VVG). Die Fälligkeit des Anspruchs gegen den Versicherer tritt erst nach Abschluß der zum Versicherungsfall erforderlichen Erhebungen ein; nach Ablauf von 1 Monat seit Anzeige des Versicherungsfalls kann der Versicherungsnehmer jedoch entsprechende Abschlagszahlungen, ggf. Verzugszinsen, bei Einklagung auch die Prozeßkosten usw. verlangen (§ 11 VVG). Über die Ausgestaltung im einzelnen → Schadensversicherung. S. ferner die Stichw. zu den einzelnen Versicherungsarten.

Das Versicherungsverhältnis *endet* – außer in den bereits genannten Fällen der außerordentlichen Kündigung und des Rücktritts – bei befristetem V. nach Zeitablauf, sonst durch ordentliche → Kündigung zum Schluß der laufenden → Versicherungsperiode; die Kündigungsfrist muß für beide Teile gleich lang sein und darf nicht weniger als 1 Monat, nicht mehr als 3 Monate betragen (§ 8 II VVG). → Deckungsrücklage.

**Versicherungsvertreter** ist ein → Handelsvertreter, der damit betraut ist, → Versicherungsverträge zu vermitteln oder abzuschließen. Für den V. bestehen im Vergleich zum allgemeinen Handelsvertreter folgende Besonderheiten: Er erhält Provision (s. z. B. §§ 30 ff. der VO über die Tarife in der Kraftfahrtversicherung, BGBl. III 925-1-3) nur für solche Geschäfte, die auf seine Tätigkeit zurückzuführen sind, d. h., er erhält auch dann keine Vergütung, wenn der Versicherungsvertrag zwar in dem ihm zugewiesenen Bezirk oder Kundenkreis, aber ohne seine Mitwirkung abgeschlossen worden ist (§ 92 III HGB). Die Zuweisung eines Bezirks begrenzt bei einem V. also lediglich seinen Vermittlungs- oder Abschlußauftrag, führt aber über § 46 VVG auch zur Beschränkung seiner Vertretungsmacht. Auch für den → Ausgleichsanspruch bestehen besondere Regeln (§ 89 b V HGB). Der V. hat auf Grund einer unwiderlegbaren Vermutung eine bestimmte Vertretungsmacht auch dann, wenn er nur mit der Vermittlung von Versicherungsgeschäften betraut ist (§ 43 VVG; insbes. für die Entgegennahme und den Widerruf von Vertragsanträgen, Entgegennahme von Anzeigen, die der Versicherungsnehmer zu erstatten hat). Diese Vertretungsmacht kann beschränkt werden, nicht jedoch mit Wirkung gegen gutgläubige Dritte (§ 47 VVG). S. a. → Versicherungsmakler.

**Versicherungswert** → Schadensversicherung.

**Versitzung** → Buchversitzung.

**Versorgung der Kriegsopfer** → Kriegsopferversorgung.

**Versorgung des Beamten.** Die beamtenrechtliche Versorgung hat ihren Rechtsgrund in der Versorgungspflicht des Dienstherrn. Sie ist Teilinhalt des Beamtenverhältnisses und erhält ihre innere Rechtfertigung daraus, daß der Beamte seine Arbeitskraft dem Dienstherrn unter Hinnahme mancher persönlicher Beschränkung (kein Streikrecht usw.) grundsätzlich auf Lebenszeit bis zur Dienstunfähigkeit gewidmet hat (sog. Alimentationstheorie). Der Versorgungsanspruch entsteht mit dem Eintritt des Versorgungsfalles, also beim Beamten selbst regelmäßig mit dem Eintritt in den → Ruhestand, bei den Hinterbliebenen mit dem Tode des Beamten oder Ruhestandsbeamten. Er ist i. d. R. auf wiederkehrende Leistungen gerichtet (monatliche Zahlungen). Bis zum Eintritt des Versorgungsfalles besteht eine → Anwartschaft auf V. Die V. ist nunmehr einheitlich für alle Beamten des Bundes, der Länder, der Gemeinden sowie der Körperschaften, Anstalten und Stiftungen des öffentlichen Rechts im Beamtenversorgungsgesetz – BeamtVG – i. d. F. vom 16. 12. 1994 (BGBl. I 3858) geregelt. Sie umfaßt im einzelnen das → *Ruhegehalt* bei Eintritt in den Ruhestand (für Beamte auf Probe oder auf Zeit den *Unterhaltsbeitrag* bei Entlassung wegen Dienstunfähigkeit oder Erreichens der Altersgrenze), die → *Hinterbliebenenversorgung*, ggf. *Verschollenheitsbezüge* an Stelle von Dienst- oder Versorgungsbezügen, → *Unfallfürsorge* sowie → *Übergangsgeld* für Beamte, die nicht auf eigenen Antrag entlassen werden (§ 47 BeamtVG). Die Versorgungsbezüge werden u. U. gekürzt oder überhaupt nicht gezahlt, wenn ein Versorgungsberechtigter aus einer Verwendung im öffentlichen Dienst, aus anderweitiger Versorgung oder aus Renten zusätzlich ein Einkommen bezieht (nicht bei privaten Tätigkeiten) oder aus anderweiter Verwendung im öffentlichen Dienst ein weiterer Versorgungsanspruch besteht (§§ 53–55 BeamtVG). Die Versorgungsansprüche erlöschen bei strafgerichtlicher Verurteilung wegen einer vor Beendigung des Beamtenverhältnisses begangenen Tat, wenn diese zum Verlust der Beamtenrechte geführt hätte, im übrigen bei strafgerichtlicher Verurteilung zu mindestens 2 Jahren Freiheitsstrafe wegen vorsätzlicher Tat oder zu mindestens 6 Monaten Freiheitsstrafe wegen vorsätzlichen Staatsschutzdeliktes (Hochverrat, Landesverrat, Friedensgefährdung u. a.), schließlich bei Grundrechtsverwirkung gemäß Art. 18 GG (§ 59 BeamtVG). Wegen der Übergangsregelung für den Bereich der ehem. DDR vgl. die VO i. d. F. vom 19. 3. 1993 (BGBl. I 369). Zur Zuständigkeit für die Bewilligung von Versorgungsbezügen vgl. die ZuständigkeitenVO vom 7. 6. 1996 (BGBl. I 870).

**Versorgung des Soldaten** → Soldatenversorgungsgesetz.

**Versorgungsämter** sind Dienststellen der Versorgungsverwaltung, bei denen das Schwergewicht der Durchführung der → Kriegsopferversorgung liegt. Sie sind ferner insbes. zuständig für die Gewährung von Leistungen (Entschädigungen) bei → Impfschäden oder für Opfer von → Gewalttaten sowie für die Ausstellung von Ausweisen für → Schwerbehinderte. Die V. sind Länderbehörden und unterstehen den Landesversorgungsämtern. Die Aufsicht führen die Arbeitsminister (-senatoren) der Länder. Ges. über die Errichtung der Verwaltungsbehörden der Kriegsopferversorgung vom 12. 3. 1951 (BGBl. I 169) m. Ä., SchwbG vom 26. 8. 1986 (BGBl. I 1421) m. Ä.

**Versorgungsanlagen** → Energieversorgung.

**Versorgungsausgleich** → Ehescheidung (5).

**Versorgungsbetriebe** → öffentliche Sachen, → Leistungsverwaltung (Daseinsvorsorge), → Energieversorgung, → Eigenbetrieb.

**Versorgungsbezüge,** die vom früheren Arbeitgeber oder aus → Unterstützungskassen gezahlt werden (→ Altersversorgung, betriebliche), gehören zu den → Einkünften aus nichtselbständiger Arbeit. Bei bestimmten V. bleibt ein *Versorgungsfreibetrag* von 40% der Bezüge, höchstens jedoch 6000 DM im → Veranlagungszeitraum, steuerfrei (§ 19 II EStG). Über die Verfassungsmäßigkeit der ungleichen Besteuerung von → Altersrente und → Ruhegehalt ist noch nicht entschieden (BVerfG BStBl. II 1992, 774). → Rentenbesteuerung.

**Versorgungsfreibetrag** bei der Einkommensteuer → Versorgungsbezüge. Besonderer V. bei der → Erbschaft- und Schenkungsteuer.

**Versorgungspflicht der Energieversorgungsunternehmen** → Anschlußpflicht.

**Versorgungsruhensgesetz.** Das Ges. über das Ruhen von Ansprüchen aus Sonder- und Zusatzversorgungssystemen vom 25. 7. 1991 (BGBl. I 1684) regelt die Möglichkeit, Ansprüche aus den genannten Systemen der ehem. DDR zum Ruhen zu bringen, wenn gegen den Berechtigten ein Strafverfahren wegen einer als Träger eines Staatsamtes oder Inhaber einer politischen oder gesellschaftlichen Funktion begangenen schwerwiegenden Straftat betrieben wird und der Berechtigte sich dem Strafverfahren durch Aufenthalt im Ausland entzieht. S. a. → Anspruchs- und Anwartschaftsüberführungsgesetz.

**Verspätetes Vorbringen im Prozeß** → Verteidigungsmittel, → Berufung; s. a. → Prozeßverschleppung.

**Verspätungszuschlag** bis zu 10% der festgesetzten Steuer, höchstens jedoch 10 000 DM, *kann* (→ Ermessen) vom

Finanzamt bei schuldhaft verspäteter Abgabe oder bei Nichtabgabe einer → Steuererklärung festgesetzt werden (§ 152 AO).

**Versprechensgeschäft** → Vertrag (4).

**Verstaatlichung** → Vergesellschaftung, → Sozialisierung.

**Verständigung im Besteuerungsverfahren** ist zulässig über schwierig zu ermittelnde tatsächliche Umstände des aufzuklärenden Sachverhalts, nicht jedoch über Rechtsfragen. Die V. ist für die Beteiligten (Steuerpflichtiger, Finanzamt) bindend, wenn der zuständige Amtsträger beteiligt war. → Außenprüfung. Zur Anwendung von → Doppelbesteuerungsabkommen verständigen sich die betroffenen Staaten durch *Internationales Verständigungsverfahren und Schiedsverfahren in Steuersachen.* Merkblatt des BMF 1. 7. 1997, BStBl. I 97, 717.

**Verständigung im Strafverfahren,** auch deal genannt, ist eine in der StPO nicht geregelte, in der Praxis nicht seltene Absprache zwischen Gericht und Verfahrensbeteiligten über Stand und Aussichten des Verfahrens. Sie ist zulässig, soweit die → Aufklärungspflicht des Richters, die rechtliche → Subsumtion und die → Strafzumessung nicht zur Disposition der Verfahrensbeteiligten gestellt werden (BVerfG NJW 1987, 2262). Nach der Rspr. des BGH (s. insbes. NJW 1998, 86) ist eine V., die ein Geständnis und die Strafe zum Gegenstand hat, unbedenklich, wenn sie den unverzichtbaren Prinzipien des Verfahrens- und des Strafrechts genügt. Das Recht des Angeklagten auf ein → faires Verfahren schließt eine Absprache über den Schuldspruch aus. Ein Geständnis darf nur zugrunde gelegt werden, wenn das Gericht von ihm überzeugt ist. Die freie Willensentschließung des Angeklagten darf nicht beeinträchtigt werden, so daß die Vereinbarung eines Rechtsmittelverzichts vor Urteilverkündung unzulässig ist. Nach dem Öffentlichkeitsgrundsatz muß die V. in der Hauptverhandlung unter Mitwirkung aller Verfahrensbeteiligten stattfinden und im Protokoll festgehalten werden. Vorgespräche sind möglich, aber in der Hauptverhandlung aufzudecken. Das Gericht darf keine feste Strafhöhe, aber eine Strafobergrenze oder Strafmilderung zusagen. Die Strafe muß schuldangemessen sein. Von der V. darf das Gericht nur abweichen, wenn sich neue schwerwiegende Umstände zu Lasten des Angeklagten ergeben und in der Hauptverhandlung mitgeteilt werden.

**Versteckter Dissens** → Vertrag (1).

**Versteigerung.** Über die V. nach bürgerlichem Recht → Vertrag (1), → Pfandrecht, → Selbsthilfeverkauf. Über die V. in der Zwangsvollstreckung → Zwangsversteigerung, → Zwangsvollstreckung in bewegliche Sachen. Die *öffentliche Versteigerung* durch den Gerichtsvollzieher dient der Verwertung gepfändeter beweglicher Sachen (§ 814 ZPO). Davon zu unterscheiden ist die → Zwangsversteigerung von Grundstücken. Die ö. V. ist ein staatlicher Hoheitsakt; sie ist in den §§ 814ff. ZPO sowie in den Dienstvorschriften der Gerichtsvollzieher geregelt (insbes. §§ 142ff. GeschAnw.). Die gepfändete Sache wird durch → Zuschlag und → Ablieferung an den Erwerber veräußert. Der → Versteigerungserlös, den der Gerichtsvollzieher in Empfang nimmt, wirkt wie die Zahlung des Schuldners an den Gläubiger (§ 819 ZPO). Der Überschuß steht dem Schuldner zu, sofern er der Eigentümer der versteigerten Sache ist.

**Versteigerungsbedingungen** → Zwangsversteigerung, → Versteigerungsgewerbe.

**Versteigerungserlös** ist der Geldbetrag, den der Ersteher (Ersteigerer) bei einer → Zwangsversteigerung zu Händen des Versteigerungsgerichts, bei einer öffentlichen → Versteigerung z.Hd. des → Gerichtsvollziehers zu entrichten hat (vgl. § 819 ZPO). In der Zwangsversteigerung entspricht der V. dem → Bargebot. Der V. tritt an die Stelle der versteigerten Sache (Grundsatz der → Surrogation). In der Zwangsversteigerung setzen sich die durch den → Zuschlag erloschenen Rechte am V. fort, während der V. selbst dem Eigentümer der versteigerten Sache zusteht, jedoch weiter der Zwangsvollstreckung unterliegt. In deren Vollzug wird im → Teilungsplan der V. verteilt.

**Versteigerungsgewerbe.** Der gewerbsmäßige Versteigerer (auch „Auktionator“) bedarf nach § 34 b GewO einer Erlaubnis, auf deren Erteilung ein Rechtsanspruch besteht, soweit nicht bestimmte Versagungsgründe vorliegen (mangelnde → Zuverlässigkeit, insbes. bei gewissen Vorstrafen, ungeordnete Vermögensverhältnisse, mangelnde Kenntnis der Vorschriften über den Verkehr mit Grundstücken bei Grundstücksversteigerern). Zur Wahrung der Unparteilichkeit sind dem Versteigerer bestimmte Tätigkeiten verboten, die eine Interessenkollision begründen können (Mitbieten usw., auch durch andere). Eine nähere Regelung des Versteigerungsverfahrens (Versteigerungsauftrag, Festsetzung der Versteigerungsbedingungen, Anzeige gegenüber der zuständigen Behörde, Bekanntmachung, Besichtigung, Leitung der Versteigerung) enthalten die Versteigerungsvorschriften i. d. F. vom 1. 6. 1976 (BGBl. I 1345), zul. geänd. am 24. 8. 1984 (BGBl. I 1154). Versteigerungszeiten sind besonders geregelt (§ 10), dem allgemeinen → Ladenschluß aber angenähert. Besonders sachkundige Versteigerer können nach dem Ermessen der zuständigen Stellen allgemein oder für bestimmte Arten von Versteigerungen öffentlich bestellt und vereidigt werden (§ 34 b V). Sie sind dann zur Vornahme der in verschiedenen Gesetzen vorgesehenen öffentlichen Versteigerungen (z. B. §§ 1235, 1221 BGB, Pfandversteigerung, → Pfandverkauf) ermächtigt.

**Versteigerungstermin** → Zwangsversteigerung.

**Versteigerungsvermerk** → Zwangsversteigerungsvermerk.

**Verstorbene, Verunglimpfung** → Beleidigung (2 d, 4).

**Verstrickung** ist die Folge einer staatlichen → Beschlagnahme, durch welche die Verfügungsmacht des Staates über den beschlagnahmten Gegenstand begründet wird, insbes. bei einer → Pfändung (→ Pfändungspfandrecht).

**Verstrickungsbruch.** Nach § 136 I StGB ist strafbar, wer eine Sache, die gepfändet oder sonst dienstlich in Beschlag genommen worden ist, zerstört oder beschädigt oder sonstwie der Verstrickung entzieht (Verkauf eines vom Gerichtsvollzieher gepfändeten Klaviers, Beiseiteschaffen der von der Kriminalpolizei beschlagnahmten Diebesbeute). Voraussetzung ist die (objektiv gegebene) Rechtmäßigkeit der Diensthandlung im formellen Sinne.

**Verstümmelung** ist strafrechtlich das Entfernen oder Unbrauchbarmachen eines Teils des menschlichen Körpers (Gliedmaßen, Organe) durch mechanische Einwirkung. Die V. eines anderen ist ohne dessen Einwilligung grundsätzlich rechtswidrig und als → Körperverletzung strafbar (vgl. § 226 StGB). Die Selbstverstümmelung oder die mit Einwilligung des anderen vorgenommene V. wird nach § 109 StGB – auch bei Versuch – mit Freiheitsstrafe von 3 Mon. bis zu 5 Jahren bestraft, wenn der Täter vorsätzlich absolute *Wehruntauglichkeit* herbeiführt; ist diese nur relativ, d. h. zeitweise oder für einzelne Verwendungsarten, ist Freiheitsstrafe bis zu 5 Jahren oder Geldstrafe zu verhängen. Ist der Täter der Selbst-V. Soldat oder sind bei Fremd-V. beide Beteiligte Soldaten, ist § 17 WStG anzuwenden (→ Wehrdienstentziehung) und auch bei relativer Untauglichkeit Freiheitsstrafe bis zu 5 Jahren auszusprechen.

**Versuch** einer → Straftat liegt vor, wenn der Täter mit dieser auf Grund eines Tatentschlusses begonnen, sie aber noch nicht vollendet hat. Strafbar ist nach § 23 StGB der V. eines → Verbrechens stets, der eines → Vergehens nur, wenn das Gesetz es ausdrücklich bestimmt. V. liegt vor, wenn der Täter „nach seiner Vorstellung von der Tat zur Verwirklichung des Tatbestandes unmittelbar ansetzt“ (§ 22 StGB); bloße *Vorbereitungshandlungen* sind grundsätzlich straflos (anders z. B. bei → Hochverrat, § 83 StGB). Daher ist das Beschaffen einer Pistole zu Tötungszwecken oder von Einbruchswerkzeugen zwecks Einbruchdiebstahls noch kein Versuch, wohl aber das Anlegen der Pistole auf das Opfer oder das Ansetzen des Stemmeisens an der Ladentür. Die Ausführungshandlung beginnt bereits mit der in diese übergehenden vorbereitenden Tätigkeit aus, wenn beide als einheitliche Handlung erscheinen, weil dann schon die der eigentlichen Tathandlung unmittelbar vorangehende

Betätigung das fremde Rechtsgut gefährdet (Auflauern am vorgesehenen Tatort des Überfalls, Verfolgen einer Frau in Vergewaltigungsabsicht, Verabredung mit einem Kind in der Absicht, ein Sexualdelikt zu begehen). Bei → Gefährdungsdelikten liegt Vollendung der Tat, die den V. ausschließt, schon mit Eintritt der Gefährdung vor. Die (rechtliche) *Vollendung* des Delikts, d. h. die Erfüllung des gesetzlichen Tatbestands, ist von der (tatsächlichen) *Beendigung* zu unterscheiden, d. h. vom Abschluß der vom Täter nach seiner Vorstellung auszuführenden Handlung; die Unterscheidung ist bedeutsam für → Rücktritt und → tätige Reue.

Strafbar ist auch der sog. *untaugliche Versuch;* er liegt vor, wenn entweder das Objekt der Tat oder das angewendete Mittel oder die Person des Täters zur Tatvollendung untauglich ist (Tötungsversuch an einem bereits Verstorbenen, Bestechungsversuch gegenüber einem Nichtbeamten). Nach der in § 22 normierten *subjektiven Theorie* ist der untaugliche V. schon strafbar, wenn der Täter irrig die Tatmerkmale für erfüllt ansieht, also den Mangel am Tatbestand nicht bemerkt; schon der betätigte verbrecherische Wille ist strafwürdig.

In jedem Falle straflos ist dagegen das *Wahndelikt (Putativdelikt),* bei dem der Täter einen nicht mit Strafe bedrohten Sachverhalt für strafbar hält. V. ist auch bei einem → Unterlassungsdelikt denkbar.

Vom V. zu unterscheiden ist das *Unternehmen* einer strafbaren Handlung. Unter diesem Begriff faßt § 11 I Nr. 6 StGB Vollendung und V. zusammen, stellt diesen also der Vollendung gleich, so daß die Vorschriften über den V. keine Anwendung finden. Das Unternehmen ist z. B. bei → Hochverrat unter Strafe gestellt.

Die Strafe des V. kann (nicht muß!) milder sein als die für die vollendete Tat angedrohte (§ 23 II StGB). Ist diese mit lebenslanger Freiheitsstrafe bedroht, so kann auf Freiheitsstrafe nicht unter 3 Jahren erkannt werden; im übrigen ermäßigt sich die Höchststrafe auf drei Viertel der zugelassenen höchsten Freiheitsstrafe (bzw. Höchstzahl der Tagessätze bei Geldstrafe), die Mindeststrafe auf 2 Jahre oder weniger nach Maßgabe des § 49 I StGB. Liegen weitere Milderungsgründe vor, z. B. verminderte Schuldfähigkeit (§ 21 StGB), so können diese gesondert berücksichtigt werden. Hat der Täter die im Objekt oder Mittel begründete *Untauglichkeit des V. aus grobem Unverstand verkannt* (so beim Abtreibungsversuch mittels Zuckerwasser), kann das Gericht von Strafe absehen oder sie nach Ermessen mildern (§ 23 III StGB). → Nebenstrafen und → Maßregeln der Besserung und Sicherung, die wegen der vollendeten Tat verhängt werden können oder müssen, sind ebenso beim versuchten Delikt zugelassen oder vorgeschrieben.

Zum *„fehlgeschlagenen Versuch"* und zum Aufgeben der weiteren Tatausführung → Rücktritt vom Versuch.

**Vertagung** ist die Bestimmung eines neuen Termins nach Beginn der Verhandlung (vorher: *Verlegung*). Beides kann nur aus erheblichen Gründen erfolgen. Über eine Verlegung entscheidet der Vorsitzende, über eine V. das Gericht (§ 227 ZPO). S. ferner → Gerichtsferien, → Aussetzung (und Unterbrechung) der Hauptverhandlung in Strafsachen.

**Verteidiger.** Der V. im Strafverfahren ist in erster Linie berufen, die Rechte des Beschuldigten zu wahren und die für diesen sprechenden Gesichtspunkte geltend zu machen. Er soll aber auch im Zusammenwirken mit Gericht und StA der Wahrheitsfindung dienen und darf diese somit nicht erschweren oder vereiteln.

Der Beschuldigte kann in jedem Verfahren einen V. aus den bei einem deutschen Gericht zugelassenen → Rechtsanwälten oder den Rechtslehrern einer deutschen Hochschule wählen, jedoch nicht mehr als drei V. (→ Wahlverteidiger, §§ 137, 138 StPO). Hat er keinen WahlV., so ist ihm in den Verfahren, in denen die Verteidigung notwendig ist, ein → *Pflichtverteidiger* zu bestellen, insbes. vor dem Oberlandes- oder Landgericht, vor dem Amtsgericht in Verfahren wegen eines Verbrechens, ferner (auf Antrag) wenn die → Untersuchungshaft 3 Mon. gedauert hat oder wenn es wegen der Schwere der Tat oder der Schwierigkeit der Sach- oder Rechtslage oder aus anderen Gründen geboten ist (§§ 140, 117 IV, 126 a II StPO, §§ 68, 109 I 1 JGG). Einem tauben oder stummen Angeklagten ist auf Antrag ein V. zu bestellen. Referendare können nach 15 Mon. Vorbereitungsdienst in gewissem Umfang als V. tätig werden, andere Personen nur als WahlV. und mit Genehmigung des Gerichts (§§ 138 II, 139, 142 II StPO). Die gleichzeitige Verteidigung mehrerer derselben Tat Beschuldigter sowie die gleichzeitige Verteidigung wegen verschiedener Taten Beschuldigter in einem Verfahren durch einen gemeinschaftlichen V. ist unzulässig (§ 146 StPO). Ein Verstoß gegen § 137 I 2 oder § 146 nimmt aber nur den nach, nicht vor der Zurückweisung des V. (§ 146 a StPO) von ihm vorgenommenen Prozeßhandlungen die Wirksamkeit.

Der V. ist zur Einsichtnahme in die Strafakten befugt; sie kann ihm (in beschränktem Umfang) nur versagt werden, wenn der Abschluß der Ermittlungen der Staatsanwaltschaft noch nicht in den Akten vermerkt ist und die Einsichtnahme den Untersuchungszweck gefährden würde (§ 147 StPO). Der schriftliche und mündliche Verkehr mit dem verhafteten Beschuldigten ist dem V. unbeschränkt gestattet; jedoch können in Verfahren wegen Betätigung für eine → terroristische Vereinigung richterlich nicht kontrollierte Schriftstücke usw. zurückgewiesen werden (§ 148 StPO; s.a. → Kontaktsperre).

Ein Ausschluß des V. ist in Kollisionsfällen – auch schon im → Ermittlungsverfahren – nur unter engen Voraussetzungen zulässig: wenn er der → Teilnahme, → Begünstigung, → Strafvereitelung oder → Hehlerei verdächtig ist, ferner bei Verdacht des Mißbrauchs seiner V.rechte im Verkehr mit dem verhafteten Beschuldigten zu Straftaten oder erheblicher Gefährdung der Sicherheit der Vollzugsanstalt; in Verfahren wegen → Staatsschutzdelikten auch bei Gefahr für die Sicherheit der BRep. (§§ 138 a, b StPO). Die Entscheidung über den Ausschluß, der nach Maßgabe des § 138 a V StPO auch für die Verteidigung der Mitbeschuldigten in demselben oder anderen Verfahren gilt, trifft i. d. R. das Oberlandesgericht nach mündlicher Verhandlung; sie unterliegt der sofortigen Beschwerde (§§ 138 c, d StPO).

In der → Hauptverhandlung hat der V. insbes. ein Frage- und Erklärungsrecht (§§ 240, 257 II StPO) sowie das Recht, Anträge zu stellen. Er darf ferner an richterlichen Vernehmungen des Beschuldigten, → Augenscheinseinnahmen und → kommissarischen Zeugenvernehmungen (§§ 168 c, d, 224 StPO) teilnehmen. Er ist zur Einlegung von → Rechtsmitteln – aber nicht gegen den ausdrücklichen Willen des Beschuldigten – und mit dessen ausdrücklicher Ermächtigung auch zur Zurücknahme befugt (§§ 297, 302 StPO). S. a. → Zeugnisverweigerungsrecht. Über das Recht des Beschuldigten, vor einer Aussage einen V. zu konsultieren, vgl. → Wahlverteidiger, über den V. im → Steuerstrafverfahren s. dort (3). Vom V. zu unterscheiden ist der → Beistand.

**Verteidigung** → militärische Verteidigung, → zivile Verteidigung, → Bundeswehr, → Nordatlantikvertrag.

**Verteidigung, notwendige** → Verteidiger.

**Verteidigungsfall.** Der V. ist gegeben, wenn das Bundesgebiet mit Waffengewalt angegriffen wird oder ein solcher Angriff unmittelbar droht („äußerer Notstand" zum Unterschied vom „inneren → Notstand" sowie vom „zivilen Notstand" – vgl. Naturkatastrophen – und → „Spannungsfall"). Die Feststellung des V. trifft der Bundestag mit Zustimmung des Bundesrats auf Antrag der Bundesregierung mit 2/3-Mehrheit, mindestens der Mehrheit seiner gesetzlichen Mitglieder. Erfordert die Lage unabweisbar sofortiges Handeln und stehen einem rechtzeitigen Zusammentritt des BT unüberwindliche Hindernisse entgegen oder ist der BT nicht beschlußfähig, so trifft der → Gemeinsame Ausschuß die Feststellung mit 2/3-Mehrheit, mindestens der Mehrheit seiner Mitglieder. Mit Verkündung des V. durch den BPräs. geht die Befehls- und Kommandogewalt auf den BK über. Der V. hat insbes. Veränderungen der Gesetzgebungs- und Verwaltungszuständigkeiten zur Folge, so u. a. für die → konkurrierende Gesetzgebung, die Möglichkeit der Verlängerung der Vorführungsfrist bei → Freiheitsentziehungen, des Einsatzes des → Bundesgrenzschutzes im gesamten Bundesgebiet. Die Amtszeit des BPräs. und der Mitglieder des BVerfG wird verlängert, ebenso die → Wahlperiode der Bundes- und Länderparlamente (Ablauf 9 bzw.

6 Mon. nach Ende des V.). Das Gesetzgebungsverfahren wird vereinfacht (→ Gemeinsamer Ausschuß). Im einzelnen s. Art. 115 a–l GG.

**Verteidigungsgemeinschaft (Europ.)** → Bundeswehr.

**Verteidigungsmittel** ist ein zivilprozessualer Begriff, der jedes Vorbringen umfaßt, das der Abwehr des geltend gemachten prozessualen Anspruchs (→ Streitgegenstand) dient. Sie sind grundsätzlich so zeitig vorzubringen, daß dem Gegner eine Erwiderung möglich ist (§ 282 ZPO), jedenfalls bis zum Schluß der → mündlichen Verhandlung (§ 296 a ZPO; → Schriftsätze). Im Interesse der Beschleunigung des Rechtsstreits wurde das sog. *Novenrecht,* d.h. die Regelung der Möglichkeit, nachträglich neuen Prozeßstoff vorzutragen, der schon früher hätte geltend gemacht werden können, erheblich verschärft. Verspätet vorgebrachte V. müssen bzw. können vom Gericht zurückgewiesen werden, wenn sie den Rechtsstreit verzögern, die Verspätung auf grober Nachlässigkeit beruht und nicht entschuldigt ist (s.i.e. § 296 ZPO). Besondere Vorschriften gelten insoweit für das Berufungsverfahren (§§ 527–531 ZPO; entsprechend im → Verwaltungsstreitverfahren, § 128 a VwGO) sowie in → Ehe- und → Kindschaftssachen (§§ 615, 640 ZPO). → Angriffsmittel. Für das finanzgerichtliche Verfahren s. § 79 b FGO, für die Arbeitsgerichtsbarkeit §§ 61 a V, 67 ArbGG.

**Verteidigungsnotstand** = defensiver Notstand; → Notstand (2).

**Verteidigungswille** → Rechtswidrigkeit.

**Verteilung des Steueraufkommens.** 1. Die V. d.S. ist in Art. 106, 106 a und 107 GG sowie durch das G über den Finanzausgleich zwischen Bund und Ländern (FAG) v. 23. 6. 1993 (BGBl. I 944, 977) m. Änd. geregelt; seit der → Fonds „Deutsche Einheit" ab 1. 1. 1995 in die reine Tilgungsphase eingetreten ist, sind auch die → neuen Länder aufgrund des Gesetzes zur Umsetzung des föderalen Konsolidierungsprogramms v. 23. 6. 1993 (BGBl. I 944) in vollem Umfang in den föderalen Finanzausgleich einbezogen.

2. Der Ertrag der → Finanzmonopole, der → Zölle, der → Verbrauchsteuern (ohne Biersteuer) und der → Versicherungsteuer steht allein dem *Bund* zu. Die → Erbschaftsteuer, die → Kraftfahrzeugsteuer, die → Biersteuer und die Spielbankenabgabe stehen allein den *Ländern* zu. Das Aufkommen der Realsteuern (→ Grundsteuer, → Gewerbesteuer) und nach Maßgabe der Landesgesetzgebung der örtlichen Verbrauch- und Aufwandsteuern (→ Gemeindeabgaben) steht allein den *Gemeinden* zu; Bund und Länder können durch eine Umlage am Gewerbesteueraufkommen beteiligt werden (vgl. Art. 106 VI 4 und 5 GG sowie § 6 des Gemeindefinanzreformgesetzes i. d. F. v. 6. 2. 1995, BGBl. I 189).

3. Das Aufkommen der → Einkommensteuer, der → Körperschaftsteuer und der → Umsatzsteuer steht *Bund und Ländern* gemeinsam zu (Art. 106 III GG). Am Aufkommen der Einkommensteuer und der Körperschaftsteuer sind Bund und Länder je zur Hälfte beteiligt. Die Gemeinden erhalten einen Anteil am Aufkommen der Einkommensteuer. Den Gemeindeanteil an der Einkommensteuer bestimmt das Gemeindefinanzreformgesetz mit derzeit 15% (→ Gemeindefinanzen). Die Anteile an der Umsatzsteuer werden durch Gesetz festgelegt. Nach § 1 I FAG stehen dem Bund vorab 1998 3,64% und ab 1999 5,63% des Umsatzsteueraufkommens zu. Vom verbleibenden Aufkommen stehen den Gemeinden ab 1998 2,2% zu. Vom dann noch verbleibenden Rest erhalten der Bund 50,5% und die Länder 49,5%. Aus ihrem Anteil müssen die Länder nach Maßgabe ihrer Finanzkraft Beiträge für die Tilgung des Fonds „Deutsche Einheit" erbringen (vgl. im einzelnen § 1 II und III FAG).

4. Von der Bestimmung der Anteile von Bund und Ländern ist die Aufteilung der Anteile unter den Ländern zu unterscheiden. Vom Länderanteil an der Umsatzsteuer werden 75% nach Einwohnerzahl verteilt. Aus 25% erhalten zunächst finanzschwache Länder Ergänzungsanteile, bis sie 92% der Durchschnittsfinanzkraft erreichen. Der Rest wird wiederum nach Einwohnern verteilt. Die Anteile an Einkommensteuer und Körperschaftsteuer stehen jeweils den Ländern zu, in denen sie verein-

nahmt werden. S. a. → Zerlegungsgesetz. Die Verteilung der Gemeindeanteile an der Einkommensteuer und an der Umsatzsteuer regeln §§ 2 ff., 5 ff. Gemeindefinanzreformgesetz.

5. Nach Verteilung des Steueraufkommens gemäß Ziffern 2 bis 4 findet der Finanzausgleich i. e. S. statt. Zur Durchführung des Finanzausgleichs unter den Ländern werden aus Beiträgen der ausgleichpflichtigen Länder (Ausgleichsbeiträge) Zuschüsse an die ausgleichsberechtigten Länder (Ausgleichszuweisungen) geleistet. Die Einzelheiten regelt §§ 4 ff. FAG. Ergänzt wird dieser horizontale Finanzausgleich zwischen den Ländern durch einen vertikalen Finanzausgleich in der Form von zusätzlichen Bundesergänzungszuweisungen an leistungsschwache Länder (vgl. § 11 FAG).

6. Das Steueraufkommen war bis Anfang 1998 rückläufig. Insbesondere sind die Erträge aus der veranlagten Einkommensteuer auf einen Bruchteil des früheren Wertes gesunken. Die Gesamtsteuereinnahmen betrugen 1997 740 Mrd. DM, davon u. a. 280 Mrd. DM Einkommensteuer und 33 Mrd. DM Körperschaftssteuer sowie 240 Mrd. DM Umsatzsteuer. Von den 280 Mrd. DM Einkommensteuer entfielen 1997 248 Mrd. DM auf die Lohnsteuer, 26 Mrd. DM auf die Zinsabschlagsteuer (→ Kapitalertragsteuer, 2) und 6 Mrd. DM auf die veranlagte Einkommensteuer; 1993 erbrachte die veranlagte Einkommensteuer noch 33 Mrd. DM.

**Verteilungsplan** → Teilungsplan.

**Verteilungsverfahren (Hochschulen)** → Studienplätze (Vergabe).

**Verteilungsverfahren (Zwangsvollstreckung).** Es ist das V. bei der Zwangsvollstreckung in das bewegliche Vermögen (§§ 872–882 ZPO) und das V. in der: NE: → Zwangsversteigerung und → Zwangsverwaltung (§§ 105–142, 156–159 ZVG) zu unterscheiden. Das erstgenannte V. tritt ein, wenn für mehrere Gläubiger, denen → Pfändungspfandrechte zustehen, ein Geldbetrag hinterlegt wird, der zur Befriedigung aller nicht ausreicht (§ 872 ZPO). In diesem Falle fertigt das zuständige Amtsgericht (§ 873 ZPO) in einem besonderen Verfahren einen → Teilungsplan an, nach dem der hinterlegte Betrag mit Rücksicht auf den Rang der Pfändungspfandrechte verteilt wird. Ist einer der Gläubiger damit nicht einverstanden, so kann er Widerspruchsklage erheben (§ 878 ZPO). Im V. der Zwangsversteigerung und Zwangsverwaltung wird der Erlös verteilt. Hierzu wird im Verteilungstermin des Versteigerungsgerichts der → Teilungsplan aufgestellt (§§ 113, 156 ZVG). Ist einer der Beteiligten mit dem Teilungsplan nicht einverstanden, so muß er Widerspruchsklage (§ 115 ZVG) oder Klage auf Planänderung (§ 159 ZVG) erheben. Das V. entfällt, wenn alle Beteiligten sich außergerichtlich über die Verteilung des Erlöses einigen (§§ 143–145, 160 ZVG). Zum seerechtlichen V. → Reeder.

**Verteilungsverzeichnis** → Abschlagsverteilung.

**Vertiefung eines Grundstücks** → Immissionen.

**Vertikale Bindungen** sind Wettbewerbsbeschränkungen in → Austauschverträgen, die im Gegensatz zum → Kartell (sog. „horizontale Bindung") in der Regel zwischen Unternehmen verschiedener Wirtschaftsstufe vereinbart werden. Während die vertikale Bindung von Geschäftsbedingungen und die → Preisbindung in der Regel verboten sind (vgl. § 15 GWB; Ausnahmen für Bücher und sonstige Verlagserzeugnisse § 16 GWB, s. ferner → Preisempfehlung), sind andere v. B. im allgemeinen wirksam, sie müssen allerdings schriftlich vereinbart werden (§ 34 GWB). In jedem Falle unterliegen v. B. einer Mißbrauchsaufsicht durch die Kartellbehörde (vgl. im einzelnen bei den genannten Formen, ferner → Ausschließlichkeitsverträge, → Lizenzvertrag). V. B. die den Verkehr von Waren und Dienstleistungen zwischen den Mitgliedstaaten der → Europäischen Gemeinschaft „spürbar" beeinträchtigen, sind gemäß Art. 85 EGV (s.a. → Kartellrecht, europäisches) verboten, unwirksam und mit drastischen Sanktionen bedroht. Das kann auch Vertriebssysteme betreffen, die sich auf das Gebiet eines Mitgliedstaats beschränken. Unter den Voraussetzungen des Art. 85 EGV kann die → Europäische Kommission das Verbot allgemein oder im Einzelfall für nicht anwendbar erklären (→ Freistellungsverordnungen) oder auch ein Negativattest erteilen, z. B. wenn sie die „Spürbarkeit" der Wettbewerbsbeeinträchtigung verneint.

**Vertrag.** 1. Die Begründung eines → Schuldverhältnisses durch Rechtsgeschäft geschieht regelmäßig durch V. (§ 305 BGB). Ein V. ist ein i. d. R. zweiseitiges → Rechtsgeschäft, bei dem durch mindestens zwei übereinstimmende → Willenserklärungen ein rechtlicher Erfolg erzielt werden soll (Vertragswille). Der V. kommt demnach grundsätzlich durch den *Antrag (Angebot)* der einen Seite – Vertragsantrag, Offerte – und durch die (vorbehaltlose, s. u.) *Annahme* dieses Antrags durch den anderen Beteiligten – Vertragsannahme, Akzept – zustande. Ein V.antrag liegt in jedem genügend bestimmten Angebot einer → Leistung, dem der erforderliche rechtliche Bindungswille zugrundeliegt (z. B. Aufstellung eines Automaten, Zusendung unbestellter Waren zum Kauf). Zu unterscheiden hiervon ist die bloße Aufforderung, seinerseits ein V.angebot abzugeben – sog. invitatio ad offerendum –, bei der wegen fehlenden Bindungswillens ein Antrag noch nicht vorliegt (z. B. Inserat in einer Zeitung). Der Anbietende ist an seinen V.antrag gebunden, sofern er nicht die Gebundenheit durch eine *Freizeichnungsklausel* o. dgl. – z. B. „Lieferung *freibleibend*", „ohne Obligo" – ausgeschlossen hat (§ 145 BGB; Grenze für kurzfristige Preiserhöhungen: § 11 Nr. 1 AGB-Ges.; Bindung aber, wenn die anfragende Seite das „freibleibende" Angebot angenommen hat). Der Antrag erlischt, wenn er dem Anbietenden gegenüber abgelehnt oder nicht rechtzeitig – s. u. – angenommen wird (§ 146 BGB).

Die V.annahme muß regelmäßig dem Antragenden gegenüber erklärt werden; sie kann auch stillschweigend erfolgen (z. B. durch Verzehr der zugesandten unbestellten Ware). Der V. kommt ausnahmsweise auch ohne ausdrückliche Erklärung der – stets erforderlichen – Annahme zustande, wenn eine solche Erklärung nach der Verkehrssitte nicht zu erwarten ist oder der Antragende auf sie verzichtet hat (§ 151 BGB). Durch bloßes Nichtstun *(Schweigen)* kann eine Annahme regelmäßig nicht erklärt werden. Ein → Kaufmann, der einen Antrag auf Geschäftsbesorgung von jemand erhält, mit dem er in Geschäftsverbindung steht, ist jedoch verpflichtet, hierauf unverzüglich zu antworten; sein Schweigen gilt als Annahme des Antrags (§ 362 HGB). Hieran anknüpfend hat die Rspr. für den Verkehr unter Kaufleuten, ausnahmsweise darüber hinaus auch für geschäftsgewandte Nichtkaufleute angenommen, daß das Schweigen auf das *Bestätigungsschreiben,* in dem der z. B. telefonisch abgeschlossene V. schriftlich bestätigt wird, als Einverständnis mit dessen Inhalt gilt, auch wenn das Bestätigungsschreiben von dem vorher Vereinbarten inhaltlich abweicht (Abänderung des ursprünglich abgeschlossenen V.; anders bei unzumutbarer Abweichung oder wenn nur eine – gegenüber dem Angebot modifizierte – *Auftragsbestätigung* vorliegt). Ein Irrtum über die Bedeutung des Schweigens berechtigt nicht zur Anfechtung des V. s. Hat der Antragende für die V.annahme eine Frist bestimmt, so kann die Annahme nur innerhalb dieser Frist erfolgen (§ 148 BGB). Sonst kann regelmäßig der einem Anwesenden (auch telefonisch) gemachte Antrag nur sofort, der einem Abwesenden gemachte Antrag bis zu dem Zeitpunkt angenommen werden, in welchem der Antragende den Eingang der Antwort unter regelmäßigen Umständen erwarten darf (§ 147 BGB). Die verspätete Annahme eines Antrags gilt als neuer Antrag; eine Annahme unter Erweiterungen, Einschränkungen oder sonstigen Änderungen gilt als Ablehnung verbunden mit einem neuen Antrag (§ 150 BGB). Bei einer *Versteigerung* gilt das Gebot als V.antrag (Bindung nur bis zur Abgabe eines Übergebots), der → Zuschlag als V.annahme (§ 156 BGB).

Die Willenserklärungen beider Seiten müssen sich inhaltlich vollständig dekken. Solange sich die Parteien nicht über alle Punkte, d. h. auch über *Nebenabreden,* geeinigt haben oder z. B. die vorgesehene Beurkundung noch nicht vorgenommen wurde, ist im Zweifel der V. noch nicht geschlossen (*offener Dissens,* § 154 BGB). Liegt dagegen ein versteckter Einigungsmangel – sog. *versteckter Dissens*– vor (die Parteien haben einen Punkt übersehen, sich verlesen oder objektiv mehrdeutige Erklärungen abgegeben, die sich zwar äußerlich decken, inhaltlich aber von jeder Seite verschieden ausgelegt werden, z. B. Verkauf eines Grundstücks „rechts von der Straße"), so gilt der V. nur, sofern anzunehmen ist, daß er auch ohne Einigung über diesen – unwesentlichen – Punkt geschlossen worden wäre (§ 155 BGB). Der versteckte Dissens ist zu unterscheiden von der bloß falschen Bezeichnung des V.sgegenstands (sog. *falsa demonstratio;* z. B. beide Seiten meinen dasselbe Grundstück, geben aber eine falsche Flurstücksnummer an; hier gilt uneingeschränkt das wirklich Gewollte), vom → Irrtum einer Seite über den Inhalt ihrer Erklärung und vom (unbeachtlichen) geheimen Vorbehalt einer Seite, das Erklärte in Wirklichkeit nicht zu wollen (§ 116 BGB).

2. Für die Begründung von Schuldverhältnissen gilt der Grundsatz der *V.freiheit,* d.h. sowohl der Abschluß als auch der Inhalt eines V.s unterliegen grundsätzlich der freien Parteibestimmung. Die im besonderen Teil des → Schuldrechts geregelten Schuldverhältnisse (z. B. Kauf, Miete usw.) sind nur typische Beispiele; die Parteien können ihre Beziehungen grundsätzlich frei gestalten, von den geregelten Bestimmungen abweichen (sog. *atypischer Vertrag*) oder V.typen kombinieren. So ist z. B. der sog. Krankenhausv. eine Mischung aus Dienstv. (Behandlung), Miete (Bett), Kauf (Verpflegung) usw. Für die rechtliche Behandlung dieser sog. *gemischten V.* gilt nur bei klarem Dominieren eines V.typs dessen Recht (Absorptionsgrundsatz, z. B. Kaufrecht bei einem Erwerb von Speisen in einem Gasthaus; die Beherbergung tritt als bloße Nebenpflicht zurück); sonst ist das anzuwendende Recht dem jeweils einschlägigen V.typ direkt oder → analog zu entnehmen (Kombinationsgrundsatz).

Darüber hinaus haben sich im Wirtschaftsleben weitere, im BGB nicht geregelte sog. *verkehrstypische V.* herausgebildet, s. z.B. → Leasingv., → Factoringv., → Automatenaufstellv., → Baubetreuungsv., → Vertragshändlerv., → Belegarztv., → Franchisev., → Filmbezugsv.; s. a. → Software. Die Parteiautonomie findet ihre Grenzen vor allem in den Vorschriften des öffentlichen Rechts (Genehmigungszwang u. dgl.), aber auch im Zivilrecht durch bestimmte zwingende Regelungen (besonders im → Sachenrecht und → Erbrecht) sowie durch die allgemeinen Verbote der → Gesetzwidrigkeit (§ 134 BGB) und der → Sittenwidrigkeit (§ 138 BGB).

Darüber hinaus ist die V.freiheit in folgenden Fällen eingeschränkt: Es kann zwar der Abschluß des V. den Parteien freigestellt bleiben, der Inhalt des V. ist jedoch gesetzlich festgelegt (sog. *normierter V.,* z. B. Festsetzung von Höchstpreisen und -mieten). Ferner kann einer Partei gesetzlich die Pflicht zur Annahme eines V.angebots auferlegt sein. Einem solchen Abschluß- oder *Kontrahierungszwang* unterliegen insbes. Monopolbetriebe (z. B. Eisenbahn, Post, Lieferung von Elektrizität, Wasser usw., nicht aber z. B. Spielbank). Bei Ablehnung des V.angebots kommt hier zwar kein V. zustande; sie macht aber schadensersatzpflichtig. Schließlich kann ein V. oder v.ähnliches Verhältnis auch durch Hoheitsakt geschaffen werden (sog. *diktierter V.,* z. B. bei einer Zuweisung von Hausrat nach der → Ehescheidung; → Hausratsverordnung). Einen praktisch großen Einfluß auf den Inhalt abzuschließender Verträge üben vorgefertigte *Formular-* oder *Typenverträge* (z. B. Mustermietvertrag) und im Geschäftsleben insbes. die → Allgemeinen Geschäftsbedingungen aus. S. a. → sozialtypisches Verhalten.

3. Außer im Schuldrecht spielt der V. auch auf anderen Rechtsgebieten eine Rolle, z. B. im ehelichen Güterrecht (→ Ehev.), im Erbrecht (→ Erbvertrag), aber auch im öffentlichen Recht (→ Vertrag, öffentlich-rechtlicher). Der Schuldvertrag ist – anders als die genannten V. – grundsätzlich formlos; mündliche Abrede ist daher grundsätzlich ausreichend *(Verbalkontrakt).* Für einige V. schreibt das Gesetz jedoch eine bestimmte *Form* vor, so die Schriftform (z. B. für langdauernde Grundstücksmietsverträge, für das Bürgschaftsversprechen) oder die notarielle Beurkundung (insbes. für die Verpflichtung zur Übertragung des gesamten → Vermögens und für einen → Grundstückskaufv.). Bereits mit dem Eintritt in V.verhandlungen (auch schon vor Abgabe eines Angebots) entsteht zwischen den Beteiligten ein v.ähnliches Vertrauensverhältnis, das zur gegenseitigen Rücksichtnahme und Sorgfalt und bei deren

schuldhafter Verletzung zu einem Anspruch auf → Schadensersatz wegen → Verschuldens beim V.schluß führt (culpa in contrahendo). Über bloße derartige Vorverhandlungen hinaus geht der *Vorv.* Dieser ist bereits ein echter V., aus dem sich die (erzwingbare) Pflicht zum Abschluß des Hauptv. ergibt. Der Vorv. bedarf regelmäßig der gleichen Form wie der Hauptv. Der einseitige Vorv. wird → Option genannt (s. a. → Vorkaufsrecht, → Ankaufsrecht).

4. Beim V. sind ferner der Verpflichtungsv. (obligatorischer V., z. B. → Kauf) und der Verfügungsv. (z. B. → Abtretung, → Einigungüber den Eigentumsübergang) scharf zu unterscheiden, auch wenn diese bei Geschäften des täglichen Lebens oftmals zusammenfallen (→ Sachenrecht). Wie bei allen → Rechtsgeschäften gibt es ferner abstrakte und kausale V. Der V. ist regelmäßig ein sog. *Konsensualv.,* der durch die beiderseitige Willensübereinstimmung zustande kommt (Konsensualkontrakt, Versprechensgeschäft). In besonderen Fällen muß zum Vertragsabschluß jedoch noch eine tatsächliche Handlung hinzu kommen (sog. *Realvertrag,* Realkontrakt oder Handgeschäft), so z. B. beim → Darlehen die Hingabe der Darlehensvaluta (bestr.). Die Verpflichtung zur Gewährung eines Darlehens ist nach dieser Ansicht ein bloßer Vorv. Die sog. *Draufgabe* (Arrha, Handgeld) ist nicht Voraussetzung des V.abschlusses, sondern nur ein Anhaltspunkt hierfür (→ Vermutung); sie ist bei V.aufhebung wieder zurückzugeben und gilt im Zweifel nicht als Reugeld (§§ 336 ff. BGB). V. können weiterhin entgeltlich oder unentgeltlich sein; auch der → Gefälligkeitsv. (z. B. → Auftrag) ist ein echter V. (anders → Gefälligkeitsverhältnis). Der V. kann einseitig (z. B. → Bürgschaft) oder zweiseitig verpflichtend sein; stehen die beiderseitigen Verpflichtungen in einem Abhängigkeitsverhältnis, so liegt ein *gegenseitiger V.* (Austauschv., z. B. Kauf, Miete) vor, für den besondere Regeln gelten. Selbst wenn ein V. (z. B. wegen Formmangels) nichtig ist, kann er als sog. *faktischer V.* vertragsähnliche Wirkungen äußern, wenn die Rechtsverhältnisse der Beteiligten so abgewickelt wurden, als ob ein wirksamer V. bestanden hätte (insbes. bei → Dauerschuldverhältnissen; → faktische Gesellschaft, faktisches → Arbeitsverhältnis). Eine Besonderheit ist schließlich der *V. zugunsten Dritter.*

5. Der Inhalt eines V.s kann durch Leistungsstörungen (→ Unmöglichkeit, → Schuldnerverzug, → positive Vertragsverletzung) verändert werden. Für eine rechtsgeschäftliche *Veränderung* oder *Aufhebung* ist, soweit das Gesetz keine andere Regelung zuläßt (→ Rücktritt vom Vertrag, → Kündigung) und die Parteien nichts anderes vereinbart haben, gleichfalls ein V. erforderlich (§ 305 BGB). Dieser bedarf nicht der Form des ursprünglichen Rechtsgeschäfts, sofern die Pflichten durch die Abänderung nicht vermehrt werden und der urspr. V. noch nicht (z. B. durch eine → Auflassungsvormerkung) vollzogen worden ist. Die Parteien können aber auch das alte Schuldverhältnis aufheben und an dessen Stelle durch V. ein völlig neues treten lassen (sog. *Schuldumschaffung,* Schuldersetzung oder Novation). Eine Schuldumschaffung liegt beispielsweise in der Ausstellung eines → Prolongationswechsels oder in der Anerkennung eines abgerechneten Saldos aus → Kontokorrent. Während bei der bloßen V.änderung das ursprüngliche Schuldverhältnis mit allen Sicherungsrechten, z. B. Bürgschaft, Pfandrecht, erhalten bleibt, erlöschen diese Sicherungsrechte regelmäßig bei der Schuldumschaffung (Ausnahme beim Kontokorrent, § 356 HGB).

**Vertrag, öffentlich-rechtlicher.** 1. Unter ö.-r. V. versteht man einen Vertrag, durch den ein Rechtsverhältnis auf dem Gebiet des öffentlichen Rechts begründet, geändert oder aufgehoben wird. Der Begriff ist also einerseits sehr umfassend, andererseits beschränkt er sich auf die Verwaltungstätigkeit von Behörden, so daß man ihn auch als *verwaltungsrechtlichen Vertrag* bezeichnen könnte. Keine ö.-r. V. im Sinne des VwVfG sind daher: → völkerrechtliche Verträge, → Staatsverträge, verfassungsrechtliche Verträge, → Verwaltungsabkommen (soweit sie Ausdruck der Regierungs- und nicht der Verwaltungskompetenz der Beteiligten sind), → Kirchenverträge und → Konkordate. Zulässigkeit und Grenzen ö.-r. V. waren bislang im einzelnen str. Nunmehr läßt § 54 VwVfG den ö.-r. V. allgemein zu, soweit Rechtsvorschriften nicht entgegenstehen; insbes. kann die Behörde, anstatt einen → Verwaltungsakt zu erlassen, einen ö.-r. V. mit demjenigen schließen, an den sie sonst den Verwaltungsakt richten würde. Die Abgrenzung des ö.-r. V. zum privatrechtlichen Vertrag einer juristischen Person des öff. Rechts (bei fiskalischem Tätigwerden oder bei Handlungen im Rahmen des → Verwaltungsprivatrechts) ist wegen der unterschiedlichen Wirksamkeitsvoraussetzungen, der Folgen von Fehlern und vor allem wegen des Rechtswegs bei Streitigkeiten von Bedeutung. Entscheidend ist, ob der Gegenstand des Vertrags nach dessen Gesamtcharakter im Bereich des öffentlichen Rechts oder des Privatrechts liegt.

2. Innerhalb des ö.-r. V. unterscheidet man a) Verträge zwischen rechtlich selbständigen, auf dem Boden der Gleichordnung stehenden Verwaltungsträgern (sog. *koordinationsrechtlicher V.;* z. B. Gebietsänderungsvertrag zwischen Gemeinden), b) Verträge zwischen dem Staat (oder einer sonstigen jur. Person des öffentl. Rechts) und einer ihr gegenüber im Unterordnungsverhältnis stehenden Person (sog. *subordinationsrechtlicher V.;* § 54 S. 2 VwVfG), bei denen also grundsätzl. das Rechtsverhältnis von der Behörde durch Verwaltungsakt einseitig geregelt werden könnte. Hier liegt das Hauptgewicht des Abschlusses ö.-r. V. Als besondere Arten des subordinationsrechtl. V. nennt das VwVfG den *Vergleichsvertrag* und den *Austauschvertrag.* Ein ö.-r. V., durch den eine bei verständiger Würdigung des Sachverhalts oder der Rechtslage bestehende Ungewißheit durch gegenseitiges Nachgeben beseitigt wird, kann dann geschlossen werden, wenn die Behörde den Abschluß des Vergleichs zur Beseitigung der Ungewißheit nach pflichtgemäßem Ermessen für zweckmäßig hält (§ 55 VwVfG). Ein ö.-r. V., in dem sich der Vertragspartner der Behörde zu einer Gegenleistung verpflichtet, kann geschlossen werden, wenn die Gegenleistung für einen bestimmten Zweck im V. vereinbart wird und der Behörde zur Erfüllung ihrer öffentlichen Aufgaben dient; die Gegenleistung muß den gesamten Umständen nach angemessen sein und im sachlichen Zusammenhang mit der vertraglichen Leistung der Behörde stehen (§ 56).

3. Der ö.-r. V. muß schriftlich geschlossen werden, sofern nicht durch Rechtsvorschrift eine andere Form vorgeschrieben ist (§ 57 VwVfG). Greift der Vertrag in Rechte eines Dritten ein, so ist dessen schriftliche Zustimmung erforderlich; das beim Erlaß eines Verwaltungsaktes notwendige Einvernehmen einer anderen Behörde muß auch beim Abschluß eines ö.-r. V. hergestellt werden.

4. Die Möglichkeit, ö.-r. V. abzuschließen, befreit die Behörde nicht vom Grundsatz der → Gesetzmäßigkeit der Verwaltung. Sie darf also beim Abschluß nicht gegen gesetzliche Verbote verstoßen oder gesetzliche Schranken übersteigen.

5. Der ö.-r. V. ist nichtig, wenn die entsprechende Anwendung des BGB (insbes. §§ 134, 138 BGB) dies ergibt. Ferner ist er nichtig, wenn ein Verwaltungsakt mit entsprechendem Inhalt nichtig wäre oder wenn ein Verwaltungsakt mit entsprechendem Inhalt materiell rechtswidrig wäre und dies den Vertragschließenden bekannt war oder wenn die Behörde sich eine unzulässige Gegenleistung versprechen läßt (§ 59). Teilweise Nichtigkeit erfaßt den ganzen Vertrag, es sei denn, er wäre auch ohne den nichtigen Teil geschlossen worden.

6. In besonderen Fällen ist Anpassung und Kündigung des ö.-r. V. möglich (§ 60 VwVfG). Jeder Vertragschließende kann sich der sofortigen Vollstreckung aus dem V. unterwerfen (§ 61 VwVfG). Ergänzend gelten für den ö.-r. V. die Bestimmungen des bürgerlichen Rechts (§ 62 S. 2 VwVfG; → Vertrag, Willenserklärung – III –) .

7. Für Streitigkeiten aus ö.-r. V. sind die Verwaltungsgerichte zuständig.

8. Im → Besteuerungsverfahren ist zwischen Steuerpflichtigem und Finanzamt ein öffentlich-rechtlicher Vertrag unzulässig, da die Besteuerung an die Verwirklichung des gesetzlichen Tatbestandes anknüpft, der den Beteiligten nicht zur Disposition steht. Dritte können sich jedoch verpflichten, die Steuerschuld eines Steuerpflichtigen – allerdings ohne schuldbefreiende Wirkung – zu übernehmen (§§ 48, 192

AO). Die Inanspruchnahme des Dritten erfolgt nach den Vorschriften des BGB.

**Vertrag, völkerrechtlicher** → völkerrechtlicher Vertrag.

**Vertrag mit Schutzwirkung für Dritte** → Vertrag zugunsten Dritter.

**Vertrag zugunsten Dritter.** In einem schuldrechtlichen → Vertrag kann vereinbart werden, daß der Schuldner die → Leistung nicht an den Gläubiger, sondern an einen Dritten erbringen soll (§§ 328 ff. BGB). Dabei kann bestimmt werden, daß der Dritte – regelmäßig neben dem Gläubiger (§ 335 BGB) – ein selbständiges Forderungsrecht erhalten soll *(echter VzD.)* oder daß nur der Gläubiger berechtigt sein soll, die Leistung des Schuldners an den Dritten zu verlangen *(unechter VzD.)*. Was im Einzelfall vorliegt, ist durch → Auslegung des Vertrags nach seinem Zweck zu ermitteln, die sich auch darauf erstreckt, wann der Dritte das Recht auf Leistung erlangt und ob den Vertragschließenden das Recht vorbehalten ist, das Recht des Dritten ohne dessen Zustimmung aufzuheben oder zu ändern (sog. *Aufhebungsvorbehalt,* § 328 II BGB). So ist bei der Anlegung eines Kontos auf den Namen eines Dritten *(Anderkonto)* stets zu prüfen, ob dieser hierdurch ein eigenes Forderungsrecht gegen die Bank erlangen soll (oftmals zu verneinen bei einem von den Eltern auf den Namen des Kindes angelegten Konto). Verpflichtet sich in einem Vertrag der eine Teil zur Befriedigung eines Gläubigers des anderen Teils *(Erfüllungsübernahme),* ohne die Schuld selbst zu übernehmen (→ Schuldübernahme), so ist im Zweifel nur ein unechter VzD. anzunehmen (§ 329 BGB). Umgekehrt geht bei einem → Lebensversicherungs- oder *Leibrentenvertrag,* bei dem Zahlung an einen Dritten vereinbart ist, die Auslegungsregel des § 330 BGB dahin, daß im Zweifel der Dritte unmittelbar das Recht erwerben soll, die Leistung zu fordern. Das gleiche – also echter VzD. – gilt, wenn bei einer → Vermögensübernahme einem Dritten (z. B. den jüngeren Geschwistern) eine Abfindung versprochen wird. Das Verhältnis zwischen Gläubiger und Schuldner, d. h. der Verpflichtungsvertrag, wird *Dekkungsverhältnis,* das Verhältnis zwischen Gläubiger und Drittem, also der Rechtsgrund der Zuweisung an den Dritten, *Valutaverhältnis* genannt. Zwischen Schuldner und Drittem entstehen keine vertraglichen Beziehungen; der Dritte hat nur – bei einem echten VzD. – ein vom Vertrag abgespaltenes eigenes Forderungsrecht. Ein VzD. ist nur als schuldrechtlicher Verpflichtungsvertrag zulässig; ein Vertrag auf unmittelbaren Erwerb eines → dinglichen Rechts, z. B. einer Hypothek, ist nach h. M. nicht möglich (Sonderregelungen für → Ehevertrag und → Erbvertrag). Ein *Vertrag zu Lasten eines Dritten* ist nach h. M. ebenfalls unzulässig; s. aber → Schuldübernahme, → Garantievertrag.

Der Dritte erwirbt das ihm zugedachte Recht unmittelbar, d. h. ohne Beitritt, kann dieses Recht aber zurückweisen (§ 333 BGB). Einwendungen aus dem Deckungsverhältnis gegenüber dem Gläubiger kann der Schuldner auch dem Dritten entgegenhalten (§ 334 BGB), nicht dagegen Einwendungen aus dem Valutaverhältnis zwischen Gläubiger und Drittem (hier nur Anspruch des Gläubigers gegen den Dritten aus → ungerechtfertigter Bereicherung). Die Form des VzD. bestimmt sich nach dem Deckungsverhältnis. Das Recht des Dritten kann bedingt, sein Erwerb zeitlich hinausgeschoben sein. Soll die Leistung an den Dritten nach dem Tod des Gläubigers erfolgen, so erwirbt der Dritte das Recht im Zweifel erst mit dessen Tod (§ 331 BGB). Insbes. bei einem Lebensversicherungsvertrag ist daher mangels entgegenstehender Erklärung des Versicherungsnehmers (= Gläubiger, § 166 VVG) die Bezugsberechtigung für den Dritten zu Lebzeiten des Gläubigers widerruflich; andererseits fällt die Lebensversicherung, da sie unmittelbar mit dem Tod des Gläubigers dem Dritten anfällt, regelmäßig nicht in den → Nachlaß des Gläubigers (und damit an dessen → Erben); sie unterliegt dann auch nicht der → Erbschaftsteuer.

Eine besondere Form des VzD. ist der *Vertrag mit Schutzwirkung für Dritte.* In einer Reihe von Fällen bezieht die Rspr. dritte Personen in den Schutzbereich eines abgeschlossenen Vertrags ein, um ihnen – insbes. bei Körper- und Gesundheitsschäden – den Schutz aus

Vertragsverletzung (→ Erfüllungsgehilfe) zu geben, der weiter geht als der aus einer unerlaubten Handlung (→ Verrichtungsgehilfe). So äußert der Mietvertrag Schutzwirkung auch gegenüber den Angehörigen des Mieters, die nicht Vertragspartner sind (z. B. wenn sie infolge einer Verletzung der → Verkehrssicherungspflicht des Vermieters zu Schaden kommen); der Beförderungsvertrag erstreckt seine Schutzwirkung auf die beförderten Personen (Betriebsausflug), der Behandlungsvertrag zwischen dem Arzt und den Eltern auch auf das Kind usw. Der Kreis der geschützten Personen muß jedoch beschränkt und überschaubar sein (z. B. nicht Besucher des Mieters, Verbraucher eines Industrieprodukts, → Produkthaftung). Die Begründung eines Vertrags mit Schutzwirkung für Dritte wird weniger in einer entsprechenden Anwendung der Vorschriften über den VzD. als in einer ergänzenden → Auslegung des Vertrags zu sehen sein.

**Vertrag zu Lasten Dritter** → Vertrag zugunsten Dritter.

**Vertragliche Güterstände** → Güterstände.

**Vertragsangebot** → Vertrag (1).

**Vertragsannahme** → Vertrag (1).

**Vertragsantrag** → Vertrag (1).

**Vertragsarzt** → Kassenarzt.

**Vertragsauslegung** → Auslegung (2 b).

**Vertragsbedingungen** → Bedingung, → Allgemeine Geschäftsbedingungen.

**Vertragsbeitritt** → Schuldmitübernahme, → Vertragsübernahme.

**Vertragsfreiheit** → Vertrag (2).

**Vertragsgesetz** wird das (förml.) → Gesetz genannt, mit dem die gesetzgebenden Körperschaften einem → Staatsvertrag zustimmen (Art. 59 II GG; auch als → Zustimmungsgesetz oder Ratifikationsgesetz bezeichnet).

**Vertragshändler** ist ein *Eigenhändler* (also nicht z. B. Generalvertreter), der im eigenen Namen und für eigene Rechnung (anders → Handelsvertreter, Kommissionär) den Vertrieb von Waren des Herstellers, vielfach in dessen Betriebsorganisation und mit Gebietsschutz und Alleinvertriebsrecht, übernimmt. Der gesetzlich nicht geregelte V.-vertrag – sog. verkehrstypischer → Vertrag (2) – enthält wesentliche Elemente der gegenseitigen Interessenwahrnehmung (z. B. Tankstellenvertrag, Autohändlervertrag). Die Rspr. wendet daher – und zum Schutz des V. – bei Vertragsbeendigung die Vorschriften über den → Ausgleichsanspruch des Handelsvertreters (bei Eingliederung des V. in die Absatzorganisation und Verpflichtung zur Übertragung des Kundenstamms an den Hersteller, z. B. oftmals beim Autohändlervertrag) weitgehend entsprechend an; für den Rückkauf nicht abgesetzter Waren (Ersatzteillager o.ä.) gelten nicht → Wiederkauf-, sondern die Vorschriften über den → Rücktritt vom Vertrag. S. ferner → Franchisevertrag.

**Vertragspfandrecht** → Pfandrecht (2 a).

**Vertragsschluß** → Vertrag (1).

**Vertragsstrafe.** Eine V. *(Konventionalstrafe)* bedarf besonderer vertraglicher Vereinbarung; sie liegt vor, wenn der Schuldner dem Gläubiger für den Fall, daß er seine Verbindlichkeit nicht oder in nicht gehöriger Weise erfüllt, die Zahlung einer Geldsumme als Strafe verspricht (§§ 339 ff. BGB; eingeschränkt durch § 11 Nr. 6 AGBG; im Bauvertrag – → Werkvertrag, 3 – § 11 VOB/B). Die Strafe ist verwirkt, wenn der Schuldner in → Schuldnerverzug kommt; es ist also → Verschulden Voraussetzung. Sichert die V. eine Unterlassungspflicht, so verfällt sie mit der Zuwiderhandlung; auch hier ist nach der Vorstellung der Parteien regelmäßig ein schuldhaftes Handeln Voraussetzung. Die V. tritt neben den weiter bestehenden Erfüllungsanspruch, wenn sie für den Fall der nicht gehörigen, insbes. der nicht rechtzeitigen Erfüllung versprochen wurde (§ 341 BGB). Nimmt der Gläubiger die Erfüllung an, so kann er die V. nur verlangen, wenn er sich das Recht dazu bei der Annahme vorbehält (Besonderheiten auch hier nach VOB/B). Wurde die V. dagegen für den Fall der Nichterfüllung versprochen, so tritt die verwirkte Strafe als → Schadensersatz anstelle des – dann ausgeschlossenen – Erfüllungsanspruchs; der Gläubiger ist jedoch nicht gehindert, einen weiteren Schadensersatz wegen Nichterfüllung zu verlangen (§ 340 BGB). Ist eine verwirkte V. unverhältnismäßig hoch, so kann sie auf Antrag des Schuldners durch gerichtliches → Gestaltungsurteil auf den angemessenen Betrag herabgesetzt werden (§ 343 BGB); diese sonst zwingende Regelung ist unter Kaufleuten (→ Kaufmann) ausgeschlossen (§ 348 HGB; dort nur Verbot der → Sittenwidrigkeit). Die Herabsetzungsmöglichkeit gilt auch für das sog. selbständige *Strafversprechen* oder Strafgedinge, durch das jemand eine Strafe für den Fall verspricht, daß er eine Handlung, ohne hierzu als Schuldner verpflichtet zu sein, vornimmt oder unterläßt (§ 343 II BGB). Erklärt das Gesetz das Versprechen einer Leistung für unwirksam, so ist auch das für den Fall der Nichterfüllung des Versprechens vereinbarte Strafversprechen unwirksam (§ 344 BGB). → Verwirkungsklausel, → Reugeld, → Kreditvertrag (5).

**Vertragsübernahme.** Im Einverständnis aller Beteiligten kann durch → Rechtsgeschäft die gesamte Rechtsstellung des Gläubigers oder des Schuldners aus einem → Schuldverhältnis auf einen Dritten übertragen werden. Der Erwerber tritt hier in vollem Umfang in das bisherige Rechtsverhältnis ein, während bei der → Abtretung der Forderung und bei der → Schuldübernahme nur die aus dem Schuldverhältnis entstandene Forderung berührt wird. Übernimmt der Dritte nicht die Rechtsstellung eines Vertragspartners, sondern tritt er nur als weiterer Partner in ein bestehendes Rechtsverhältnis – z. B. in eine → Gesellschaft des bürgerlichen Rechts – ein, so spricht man von *Vertragsbeitritt* (→ Schuldmitübernahme). Verschiedentlich ist auch eine V. kraft Gesetzes vorgesehen, z. B. beim Erwerb eines vermieteten Grundstücks (→ Miete, 4).

**Vertragsverletzung** → Leistungsstörungen, → positive Vertragsverletzung.

**Vertragsverletzungsverfahren.** Kommt ein Mitgliedstaat der → Europäischen Gemeinschaften seinen Verpflichtungen aus dem → Gemeinschaftsrecht nicht nach, so kann die Kommission der E. G. gegen ihn ein V. gemäß § 168 EGV vor dem → Europäischen Gerichtshof einleiten. Praktisch bedeutsam sind vor allem V. wegen nicht rechtzeitig oder unvollständig in nationales Recht umgesetzter → Richtlinien nach europäischem Gemeinschaftsrecht.

**Vertragswille** → Vertrag (1).

**Vertrauensfrage** ist der in Art. 68 GG vorgesehene Antrag des → Bundeskanzlers an den Bundestag, ihm das Vertrauen auszusprechen. Findet dieser Antrag nicht die Zustimmung der Mehrheit der Mitglieder des Bundestags, so hat dies keine unmittelbaren rechtlichen Auswirkungen für den Bundeskanzler oder für das Fortbestehen der Bundesregierung; doch *kann* (Ermessensentscheidung) der → Bundespräsident auf Vorschlag des Bundeskanzlers den Bundestag binnen 21 Tagen auflösen. Die Bundesregierung kann nur durch ein sog. konstruktives → Mißtrauensvotum gegen den Bundeskanzler (unter Wahl eines Nachfolgers) aus ihrem Amt abberufen werden.

**Vertrauensgrundsatz im Straßenverkehr.** Jeder → Verkehrsteilnehmer, der sich selbst verkehrsgemäß verhält, kann grundsätzlich davon ausgehen, daß auch andere Teilnehmer am Straßenverkehr die Verkehrsregeln befolgen. So kann sich z. B. der Kraftfahrer i. d. R. darauf verlassen, daß andere ein ihm zustehendes Recht zur → Vorfahrt beachten, der Fußgänger, daß Fahrzeugführer ihm beim Betreten von Fußgängerüberwegen gefahrloses Überqueren der Straße ermöglichen usw. Der V. gilt jedoch nicht uneingeschränkt, insbes. nicht, wenn nach der Verkehrserfahrung oder nach den gegebenen Umständen nicht sicher damit gerechnet werden kann, daß der andere sich vorschriftsmäßig verhält (z. B. behinderte oder alte Personen; nicht von Erwachsenen begleitete Kleinkinder). Auch wenn andere Verkehrsteilnehmer offenbar die Verkehrslage verkennen und im Begriff sind, verkehrswidrig zu handeln, muß sich jeder Verkehrsteilnehmer – insbes. der Fahrzeugführer – hierauf einstellen; er darf nicht auf seiner Rechtsposition bestehen, indem er z. B. die Vorfahrt zu erzwingen oder verkehrswidriges Überholen zu verhindern sucht. S. a. → defensives Fahren.

**Vertrauenshaftung.** Hierunter versteht man – über die Haftung für → Verschulden beim Vertragsschluß hinaus – die Haftung nicht an einem Vertrag beteiligter Personen (z. B. Vertreter), die am Zustandekommen oder an der Durchführung des Vertrags maßgeblich mitwirken und hierdurch beim Vertragspartner das Vertrauen auf die ordnungsgemäße Erfüllung erwecken, nach vertragsähnlichen Grundsätzen. S. a. → Werbeangaben (Haftung für –).

**Vertrauensinteresse** → Schadensersatz (2 b).

**Vertrauensleute** → V-Person, → Verdeckte Ermittlungen.

**Vertrauensperson.** 1. V.en werden zur Vertretung sozialer u. a. Interessen bestimmter arbeits- oder dienstabhängiger Gruppen gewählt, z. B. nach § 21 SchwerbehG (WahlO vom 23. 4. 1990, BGBl. I 811), § 39 SGB IV; für Soldaten und Zivildienstleistende nun Beteiligungsgesetz vom 16. 1. 1991, BGBl. I 47 und VertrauenspersonenwahlVO vom 8. 2. 1991, BGBl. I 420.

2. Bei einer → Festnahme auf Grund eines → Haftbefehls oder bei einer Festhaltung zur → Identitätsfeststellung ist eine V. des Betroffenen zu benachrichtigen (§§ 114 b, 163 c II StPO). Die Bezeichnung wird aber auch für eine Privatperson verwendet, die bei der Strafverfolgung eingesetzt wird (→ verdeckte Ermittlungen).

**Vertrauensschaden** → Schadensersatz (2 b).

**Vertrauensschutz** im rechtsgeschäftlichen Verkehr → Gutglaubensschutz, Treu und Glauben, Vollmacht, Grundbuch; für das Straßenverkehrsrecht → Vertrauensgrundsatz. Über V. im *Steuerrecht* → Steuerbescheid.

**Vertrauensvotum** → Mißtrauensvotum, → Vertrauensfrage.

**Vertraulichkeit des Wortes** (Schutz) → Tonaufnahme, unzulässige.

**Vertreibungsschäden** sind Schäden, die einem → Vertriebenen in bezug auf folgende Gegenstände entstanden sind: Betriebsvermögen, Grundvermögen, Land- und Forstwirtschaft, Gegenstände der Berufsausübung oder wissenschaftlichen Forschung, Hausrat, Reichsmarkspareinlagen oder andere privatrechtliche geldwerte Ansprüche, Gesellschafts- und Genossenschaftsanteile, Wohnraum, berufliche oder sonstige Existenzgrundlage. Sie werden im Wege des → Lastenausgleichs abgegolten oder gemildert. V. in bezug auf die → Sozialversicherung werden durch das Fremdrentengesetz und durch Berücksichtigung von → Ersatzzeiten abgewendet (→ Fremdrenten). § 12 LAG; § 250 SGB VI.

**Vertretbare Sache** → Sache.

**Vertretenmüssen** (Einstehen für eine Rechtsverletzung) → Verschulden (I).

**Vertreter, gesetzlicher V.** → Stellvertretung, → elterliche Sorge, → Handelsvertreter, → Versicherungsvertreter, → Prozeßbevollmächtigter.

**Vertreter des öffentlichen Interesses.** Bei den → Verwaltungsgerichten und → Oberverwaltungsgerichten kann nach Maßgabe einer RechtsVO der Landesregierung ein V. d. ö. I. bestimmt werden, dem allgemein oder für bestimmte Fälle die Vertretung des Landes oder von Landesbehörden übertragen werden kann. In allen Verwaltungsstreitverfahren ist dem V. d. ö. I. Gelegenheit zur Äußerung zu geben (§§ 35–37, 63 Nr. 4 VwGO). S. a. → Bundesdisziplinaranwalt. Er muß die → Befähigung zum Richteramt haben. Beim → Bundesverwaltungsgericht ist V. d. ö. I. der → Oberbundesanwalt. Für den Bereich der Länder → Landesanwaltschaft.

**Vertreterversammlung.** Aufgabe der V. als Selbstverwaltungsorgan der → Sozialversicherungsträger ist in erster Linie die Beschlußfassung über die Satzung und sonstiges autonomes Recht, die Feststellung des Haushaltsplans, die Abnahme der Jahresrechnung, die Vertretung gegenüber dem Vorstand; je nach Versicherungszweig treten weitere Befugnisse hinzu. Sie setzt sich aus Arbeitgeber- und Versichertenvertretern zusammen, bei den landw. Berufsgenossenschaften auch und bei den → Landwirtschaftlichen Krankenkassen nur aus Vertretern der Selbständigen ohne familienfremde Arbeitskräfte, bei den → Ersatzkassen nur aus Vertretern der Versicherten. Die Mitglieder sind ehrenamtlich tätig. §§ 31, 33, 44, 70, 77 SGB IV.

**Vertretung** → Stellvertretung, → Gesellschaft des bürgerlichen Rechts, → Offene Handelsgesellschaft (4).

**Vertretung, völkerrechtliche** → völkerrechtliche Vertretung.

**Vertretung ohne Vertretungsmacht** ist gegeben, wenn der Vertreter (→ Stellvertretung) entweder überhaupt keine Vertretungsmacht besitzt oder diese überschreitet; auf sein → Verschulden kommt es nicht an. Eine V. o. Vm. äußert zunächst keinerlei Wirkung für den „Vertretenen"; es ist insoweit aber zu unterscheiden:

1. Bei einem *einseitigen Rechtsgeschäft* ist V. o. Vm. grundsätzlich unzulässig. Bei einem empfangsbedürftigen einseitigen Rechtsgeschäft (z. B. Kündigung) gelten jedoch die Vorschriften über Verträge (s. u. 2), wenn der Erklärungsgegner das Fehlen der Vertretungsmacht nicht beanstandet hat oder damit einverstanden war (§ 180 BGB).

2. Ein von einem V. o. Vm. abgeschlossener *Vertrag* ist schwebend unwirksam (→ Unwirksamkeit eines Rechtsgeschäfts, 1); der „Vertretene" kann ihn jedoch genehmigen. Bis zur Genehmigung ist der andere Teil zum Widerruf berechtigt, sofern er den Mangel der Vertretungsmacht nicht bei Vertragsabschluß gekannt hat. Fordert der andere Teil den Vertretenen zur Erklärung über die Genehmigung auf, so kann die Genehmigung nur ihm gegenüber erklärt werden; wird sie nicht binnen 2 Wochen nach dem Empfang der Aufforderung erteilt, so gilt sie als verweigert (§§ 177, 178 BGB). Der V. o. Vm. *(falsus procurator)* haftet, wenn der Vertretene die Genehmigung des Vertrags verweigert oder der angeblich Vertretene gar nicht existiert, dem anderen Teil nach dessen Wahl auf → Erfüllung, soweit er hierzu in der Lage ist, oder auf (vollen) → Schadensersatz wegen Nichterfüllung (§ 179 I BGB). Hat der Vertreter den Mangel der Vertretungsmacht nicht gekannt, so ist er dem anderen Teil nur zum Ersatz des sog. → Vertrauensschadens verpflichtet (§ 179 II BGB). Die Haftung des Vertreters ist ausgeschlossen, wenn er nicht voll geschäftsfähig war oder wenn der andere Teil den Mangel der Vertretungsmacht kannte oder fahrlässigerweise nicht kannte (§ 179 III BGB).

Zu unterscheiden von der – nach außen wirkenden – V. o. Vm. ist die allein das Innenverhältnis zwischen Vertreter und Vertretenem betreffende → Geschäftsführung ohne Auftrag. V. o. Vm. liegt demnach an sich nicht vor, wenn der Vertreter zwar nach außen Vertretungsmacht hat, nach den Vereinbarungen im Innenverhältnis zu ihrer Ausübung jedoch nicht berechtigt ist. Nach der Rspr. finden für diesen *Mißbrauch der Vertretungsmacht* die Bestimmungen über die V. o. Vm. (insbes. über die Haftung des Vertretenen) jedoch Anwendung, wenn sich der Vertreter bewußt über die Beschränkung der Vertretungsmacht hinwegsetzt und der Geschäftsgegner diesen Mißbrauch erkannte oder bei ordnungsgemäßer Sorgfalt hätte erkennen können. Haben beide zum Schaden des Vertretenen zusammengearbeitet (Kollusion), so ist das Rechtsgeschäft zudem wegen Verstoßes gegen das Verbot der → Sittenwidrigkeit nichtig (§ 138 I BGB).

**Vertretungen ausländischer Staaten** → Diplomaten.

**Vertretungen der Länder.** Die Länder der BRep. haben zur Wahrung ihrer Interessen gegenüber dem Bund Vertretungen beim Bund errichtet. Einrichtung und Aufgaben dieser Behörden sind Angelegenheit des Landesrechts. Leiter der Vertretung ist ein Bevollmächtigter, der häufig Mitglied der Landesregierung ist (Minister/Senator/Staatssekretär für Bundesangelegenheiten). Die V. d.L. sind von dem häufig irreführend als „Ländervertretung" bezeichneten → Bundesrat zu unterscheiden, wenngleich sie in engem tatsächlichen Kontakt zu diesem aus Vertretern der Länder bestehenden Bundesorgan stehen. Bundesrechtlich geregelte Rechte besitzen die V. d.L. nicht. Nach § 15 III, IV d. Geschäftsordnung des Bundesrates sind ihnen die Einladungen zu den Sitzungen des BR, die vorläufigen Tagesordnungen, die Vorlagen und die Berichte der beteiligten Ausschüsse vor den Sitzungen zuzustellen. Die meisten Länder unterhalten ferner Büros bei der Europäischen Gemeinschaft in Brüssel, die jedoch nicht als Vertretungen bezeichnet werden, da die Außenvertretung allein dem Bund zusteht (z. B. Informationsbüro des Freistaates Bayern oder Sachsenbüro).

**Vertretungsbefugnis** → Gesellschaft des bürgerlichen Rechts, → Gesellschaft mit beschränkter Haftung (3), → Aktiengesellschaft (3), → Offene Handelsgesellschaft (4), → Kommanditgesellschaft.

**Vertretungsmacht** → Stellvertretung, → Vertretung ohne Vertretungsmacht, → Vollmacht.

**Vertretungsverbot** → Berufsverbot, *Rechtsanwalt* (4); s. a. → Verteidiger (§ 146 StPO).

**Vertretungszwang** → Anwaltsprozeß.

**Vertriebene** sind Personen, die ihren Wohnsitz im Zusammenhang mit den Ereignissen des 2. Weltkrieges infolge Vertreibung, insbes. durch Ausweisung oder Flucht, verloren haben. V. sind ferner → Aussiedler sowie Personen, die sich nach dem 30. 1. 1933 wegen nat. soz. Verfolgung im Ausland niedergelassen haben, ferner weitere ihnen gesetzlich gleichgestellte Personengruppen. Ihre Rechtsstellung und soziale Förderung ist im Bundesvertriebenengesetz – BVFG –, jetzt i. d. F. vom 2. 6. 1993 (BGBl. I 829), geregelt; durch besondere Maßnahmen soll ihre Eingliederung gefördert werden, insbes. durch Vergünstigungen steuerlicher Art, bei Berufs- und Gewerbezulassungen u. dgl. Das Ges. findet in den neuen Ländern nur auf Aussiedler Anwendung, die dort zwischen dem 3. 10. 1990 und dem 1. 1. 1992 ihren ständigen Aufenthalt begründet haben. → Güterstände, → Fremdrenten, → Ersatzzeiten.

**Vertriebsbindungen** → Ausschließlichkeitsverträge.

**Vertriebslizenz** → Lizenzvertrag.

**Verunglimpfung** d. BPräs., d. BReg. usw. → Beschimpfung; – von Verstorbenen → Beleidigung (2 d, 4).

**Veruntreuung** → Unterschlagung, → Untreue.

**Verursacherprinzip** (umweltrechtliches) ist ein Grundsatz des → Umweltschutzes, wonach Kosten umweltrechtlicher Maßnahmen dem Verursacher angelastet werden sollen. Das V. ist in zahlreichen umweltrechtlichen Gesetzen (z. B. → Abwasserabgaben, → Abfallrecht) aber keineswegs durchgängig verwirklicht. Für die Umweltpolitik der → Europäischen Gemeinschaften ist es Verfassungsgrundsatz (vgl. → Umweltschutz a.E.).

**Verursachung** → Kausalität.

**Vervielfältigungsrecht** *(Kopierrecht)* ist ein → Verwertungsrecht des Urhebers eines Werkes der Literatur, Wissenschaft oder Kunst (→ Urheberrecht). Es besteht in der Befugnis, Vervielfältigungsstücke des Werkes herzustellen, wovon jede Art des Vervielfältigungsverfahrens und jede Zahl umfaßt wird. Dazu gehört auch die Übertragung des Werkes auf Bild- oder Tonträger (z. B. Film, Tonband, Schallplatte), auch wenn das Werk von einem Bild- oder Tonträger auf einen anderen übertragen wird (§ 16 UrhG). S. a. → Verlagsvertrag, → Verlagsrecht.

**Verwahrer** → Verwahrung, → Depotgeschäft.

**Verwahrung.** Durch den V.vertrag wird der Verwahrer verpflichtet, eine ihm vom Hinterleger übergebene bewegliche Sache aufzubewahren, d. h. in seine Obhut zu nehmen (§§ 688 ff. BGB). Die V. ist oft Nebenpflicht aus einem anderen Vertrag (z. B. Kauf, Kommission, Arbeitsvertrag für eingebrachte → Arbeitsmittel, Kraftfahrzeuge der Arbeitnehmer usw.); die Vorschriften über den V.vertrag, die insbes. die Gelegenheitsv. betreffen, gelten dann nur ergänzend. Die wichtigsten Fälle der V. sind durch Sondervorschriften geregelt, und zwar das handelsrechtliche → *Lagergeschäft,* die V. von Wertpapieren durch Banken usw. (→ Depotgeschäft), das öffentlich-rechtlich ausgestaltete Rechtsverhältnis nach der → *Hinterlegung;* s. auch → Sequestration. Auch in diesen Fällen, insbes. bei der öffentlich-rechtlichen V. – z. B. nach einer Beschlagnahme –, finden die Vorschriften über den V.vertrag hilfsweise Anwendung. Bei Unterbringung von Sachen in einem Schließfach (Schrankfach, Safe) wird regelmäßig trotz gewisser von der Bank übernommener Sicherungspflichten (z. B. wenn diese nur zusammen mit dem Kunden den Safe öffnen kann) nur → Miete des Stahlfachs, nicht aber V. vorliegen.

Der V.vertrag ist ein → Realvertrag. Die V. kann entgeltlich oder unentgeltlich sein; eine Vergütung gilt stillschweigend als vereinbart, wenn die Aufbewahrung den Umständen nach nur entgeltlich vorgenommen wird. Bei unentgeltlicher V. haftet der Verwahrer für entstandene Schäden nur mit der → Sorgfalt, die er in eigenen Angelegenheiten anzuwenden pflegt (§§ 690, 694 BGB). Für Aufwendungen, die der Verwahrer für erforderlich halten durfte, hat der Hinterleger Ersatz zu leisten (§ 693 BGB). Der Hinterleger kann die hinterlegte Sache jederzeit zurückfordern, auch wenn eine Aufbewahrungsfrist bestimmt ist (§ 695 BGB). Werden → vertretbare Sachen in der Art hinterlegt, daß das Eigentum auf den Verwahrer übergehen und dieser verpflichtet sein soll, Sachen von gleicher Art, Güte und Menge zurückzuerstatten (z. B. Geldeinlage bei einer Bank), so finden für diese *unregelmäßige* oder *Summenv.*, auch *Depositengeschäft* oder *depositum irregulare* genannt, die Vorschriften über das → Darlehen entsprechende Anwendung (sog. Hinterlegungsdarlehen, bei Wertpapieren Stückekonto genannt, § 700 BGB); für Wertpapiere gelten auch hier die Besonderheiten des → Depotgeschäfts.

**Verwahrung, öffentlich-rechtliche.** Nimmt eine Behörde in Wahrnehmung ihrer Aufgaben und Befugnisse Gegenstände in Besitz, die sich im Eigentum von Privatpersonen befinden, so entsteht i. d. R. ein dem öffentlichen Recht zugehöriges V.verhältnis. Das ist z. B. bei der → Sicherstellung und der → Beschlagnahme von Gegenständen oder bei der Aufbewahrung der Habe des Strafgefangenen während des Strafvollzugs der Fall. Auf das öff.-rechtl. V.verhältnis sind grundsätzlich die bürgerlich-rechtlichen Vorschriften über die V. entsprechend anwendbar. Für vermögensrechtliche Ansprüche aus öff.-rechtl. V. ist der ordentliche Rechtsweg gegeben (§ 40 II 1 VwGO).

**Verwahrung des Testaments** → Testament (2 b: öffentliches, 2 a: eigenhändiges), → Testamentseröffnung.

**Verwahrung in Anstalten** → Anstaltsunterbringung, → Unterbringungsgesetze.

**Verwahrung von Wertpapieren** → Depotgeschäft.

**Verwahrungsbruch** begeht, wer Schriftstücke oder andere bewegliche Sachen, die sich in *dienstlicher* Verwahrung befinden oder die ihm oder einem anderen *dienstlich* in Verwahrung gegeben worden sind (z. B. Akten, beschlagnahmter Führerschein, Pfandstücke beim Gerichtsvollzieher), vorsätzlich zerstört, beschädigt, unbrauchbar macht oder der dienstlichen Verfügung entzieht (§ 133 StGB). Die Tat wird mit Freiheitsstrafe bis zu 2 Jahren (bei → Amtsträgern: bis zu 5 Jahren) oder Geldstrafe bestraft. Für die Strafbarkeit ist es ohne Bedeutung, wem die in dienstliche Verwahrung gelangten Gegenstände gehören (z. B. dem Täter selbst), ebenso der Grund der Aufbewahrung oder Übergabe, falls nur dienstlicher Gewahrsam begründet ist. Zum Eigenverbrauch der Behörde bestimmte Gegenstände sind nicht geschützt. Das Merkmal der Beschädigung entspricht dem der → Sachbeschädigung; Entziehen ist das örtliche Entfernen von der ordnungsmäßigen Aufbewahrungsstelle, wenn auch nur für kurze Zeit oder durch Verstecken. Die Handlung kann zugleich unter anderen Gesichtspunkten strafbar sein, insbes. als → Diebstahl, → Urkundenunterdrükkung.

**Verwahrungsbuch** → Depotgeschäft.

**Verwahrungsgesetze** → Unterbringungsgesetze.

**Verwalter** → Wohnungseigentum.

**Verwaltung, öffentliche,** ist i. w.S. die → vollziehende Gewalt (Exekutive), d. h. jede Tätigkeit des Staates oder anderer Träger öffentlicher Gewalt, die weder der → gesetzgebenden noch der → rechtsprechenden Gewalt zuzurechnen ist. I. e.S. umfaßt der Begriff jedes öffentliche Verwaltungshandeln unter

Ausschluß der „Regierungsgewalt" (→ Regierung), also nur den eigentlichen Gesetzesvollzug. Innerhalb dieses Gesamtbegriffes kann man nach den Auswirkungen auf andere Rechtsträger (Bürger) zwischen → Eingriffsverwaltung und → Leistungsverwaltung unterscheiden. Ferner wird nach Sachgebieten (Ressorts) unterschieden, z. B. innere V., Kultusverwaltung, Finanzverwaltung, → Justizverwaltung (diese von der → Rechtsprechung zu unterscheiden). Die Zuständigkeit für die Verwaltung liegt, soweit nicht ausnahmsweise der Bund zuständig ist, bei den Ländern (→ Verwaltungskompetenz, → Ausführung von Gesetzen). Bei Ausübung der Verwaltung durch eigene Behörden spricht man von unmittelbarer, bei Delegation auf andere Rechtsträger (z. B. Kommunen) von mittelbarer → Staatsverwaltung.

**Verwaltungsabkommen.** Im → *Völkerrecht* werden darunter völkerrechtliche Verträge verstanden, die von den Exekutivorganen der beteiligten → Völkerrechtssubjekte abgeschlossen werden und – im Unterschied zum → Staatsvertrag– der Regelung von Fragen der internationalen Verwaltung dienen (z. B. Kulturabkommen, das nur Verpflichtungen der beteiligten Regierungen oder Verwaltungsbehörden, nicht aber Rechte und Pflichten der Staatsbürger begründet). Regierungschef und Ressortminister gelten kraft → Völkergewohnheitsrechts als zum Abschluß von V. ermächtigt (für die BRep. vgl. Art. 59 II 2 GG). V. werden häufig durch den Austausch von → Noten geschlossen und sehen in aller Regel keine → Ratifikation vor. *Staatsrechtlich* sind V. zwischen Gliedstaaten eines → Bundesstaats und zwischen einem oder mehreren Gliedstaaten und dem Bund möglich. Das GG grenzt zwar V. und Staatsverträge nicht voneinander ab; doch werden V. sich weder auf Gegenstände der Gesetzgebung beziehen noch zu ihrer Durchführung gesetzgeberische Akte erfordern und auch nicht politische Beziehungen zum Ausland regeln dürfen (vgl. Art. 59 II 1 GG, allerdings auch Art. 104a IV2 GG für → Finanzhilfen; → Staatsvertrag). Das V. ist vom öffentl.-rechtl. Vertrag zu unterscheiden (→ Vertrag, öff.-rechtl.).

**Verwaltungsakt.** Der V. (vgl. §§ 35–53 des → Verwaltungsverfahrensgesetzes) ist die wichtigste Handlungsform der behördlichen Verwaltung und ein zentraler Begriff des → Verwaltungsrechts.

1. Der *Begriff* (§ 35 VwVfG; übereinstimmend die VwVerfGesetze der Länder) umfaßt jede Verfügung, Entscheidung oder andere hoheitliche Maßnahme, die eine Behörde zur Regelung eines Einzelfalles auf dem Gebiet des öffentlichen Rechts trifft und die auf eine unmittelbare Rechtswirkung nach außen gerichtet ist. Richtet sich der V. an einen nach allg. Merkmalen bestimmten oder bestimmbaren Personenkreis oder betrifft er die öff.-rechtl. Eigenschaft einer Sache oder ihre Benutzung durch die Allgemeinheit, so spricht man von *Allgemeinverfügung.* Vom V. zu unterscheiden sind insbesondere a) bloße → Auskünfte, weil sie keine unmittelbare Rechtswirkung haben; b) behördeninterne Anweisungen, weil sie keine Wirkung nach außen haben, sondern den Erlaß von V. allenfalls vorbereiten (z. B. Weisung an eine nachgeordnete Behörde, einen Antragsteller in bestimmter Weise zu verbescheiden); c) → Rechtsverordnungen und → Satzungen, weil sie keinen Einzelfall regeln, sondern als → Gesetze im materiellen Sinn allgemeine Anordnungen treffen.

2. Folgende *Arten der V.* werden herkömmlicherweise unterschieden: a) nach dem Inhalt: *rechtsgestaltender* (z. B. Beamtenernennung; Einbürgerung) und *feststellender V.* (z. B. Feststellung des Wahlrechts; der Flüchtlingseigenschaft); *berechtigender* (z. B. Baugenehmigung; wasserrechtliche Erlaubnis) oder *verpflichtender V.* (z. B. polizeiliche Anordnung gegen den Störer); b) nach der Rechtswirkung: *begünstigender* und *belastender V.* sowie *V. mit Doppelwirkung,* der für einen Adressaten begünstigend, für einen anderen aber belastend wirkt (z. B. Baugenehmigung, die zugleich in die Rechtssphäre des Nachbarn eingreift); c) nach der zeitlichen Wirkung: V.e, die sich in einer *einmaligen* Anordnung erschöpfen (z. B. Baugenehmigung; gebührenpflichtige Verwarnung), und solche, die *Dauerwirkung* besitzen (z. B. Widmung); d) nach der Entstehung: *mitwirkungsbedürftiger V.,* der nur

auf Antrag des Betroffenen (z. B. Baugenehmigung u. ä.) oder im Zusammenwirken mit anderen Behörden oder Stellen (z. B. Zustimmung der obersten Landesstraßenbaubehörde zur Genehmigung von Bauanlagen an Bundesfernstraßen) erlassen werden darf, und *nicht mitwirkungsbedürftiger V.,* den die Behörde ohne Mitwirkung anderer Stellen erlassen kann (z. B. Steuerbescheid; polizeiliches Verbot); e) nach der Bindung der Behörde: *gebundener V.,* den die Behörde erlassen muß, wenn der gesetzliche Tatbestand erfüllt ist (z. B. Baugenehmigung); auf seinen Erlaß hat der Bürger einen Rechtsanspruch. Steht der V. im → Ermessen der Behörde, so hat der Bürger einen Anspruch auf ermessensfehlerfreies Handeln der Behörde; im übrigen besteht kein Rechtsanspruch auf Erlaß des V. (→ Rechtsreflex). Vgl. auch → dinglicher V.; → Leistungsbescheid; → Zweitbescheid. 3.a) Einer *Form* bedarf der V. nur, wenn sie besonders vorgeschrieben ist. Er muß jedoch inhaltlich so bestimmt sein, daß der Empfänger über seine Rechte und Pflichten eindeutig Aufschluß erhält. Schriftform ist häufig vorgeschrieben oder üblich; der schriftliche V. muß die erlassende Behörde erkennen lassen und die Unterschrift oder die Namenswiedergabe des zuständigen Behördenangehörigen enthalten (Ausnahmen bei Verwendung automatischer Einrichtungen, z. B. bei Steuerbescheid). Der V. kann aber auch mündlich (z. B. Anordnung des Polizeibeamten) oder stillschweigend (z. B. Widmung eines Weges) ergehen. Ein mündlicher V. ist schriftlich zu bestätigen, wenn ein berechtigtes Interesse besteht und der Betroffene dies unverzüglich verlangt. Der V. wird erst *wirksam,* wenn er dem Empfänger bekannt gegeben wird. Soweit förmliche Zustellung vorgeschrieben ist, gelten die → Verwaltungszustellungsgesetze des Bundes und der Länder.

b) Ein schriftlicher V. ist durch Mitteilung der wesentlichen tatsächlichen und rechtlichen Gründe zu *begründen,* eine nach → Ermessen ergehende Entscheidung unter Angabe der für deren Ausübung maßgeblichen Gesichtspunkte (§ 39 VwVfG).

c) Die *Zusicherung,* also die von der zuständigen Behörde erteilte Zusage, einen bestimmten V. später zu erlassen oder zu unterlassen, bedarf der Schriftform (§ 38 VwVfG). Bei wesentlicher nachträglicher Änderung der Sach- oder Rechtslage ist die Behörde an die Zusicherung nicht gebunden.

d) Der V. ist dem Beteiligten *bekanntzugeben,* für den er bestimmt ist oder der von ihm betroffen wird. Ein schriftlicher V. gilt mit dem 3. Tag nach der Aufgabe zur Post als bekanntgegeben, außer wenn er nicht oder zu einem späteren Zeitpunkt zugegangen ist (beweispflichtig ist im Zweifel die Behörde). Öffentliche Bekanntmachung ist nur statthaft, wenn dies durch Rechtsvorschrift zugelassen ist, bei Allgemeinverfügungen auch, wenn eine Bekanntmachung an die Beteiligten untunlich ist (§ 41 VwVfG).

4. *Nebenbestimmungen* kann der V. enthalten, soweit eine Rechtsvorschrift es zuläßt oder wenn sie sicherstellen sollen, daß die gesetzlichen Voraussetzungen des V. erfüllt werden. Hierzu gehören Bedingungen, Befristungen, Widerrufsvorbehalte und Auflagen. Die Bedingung macht die Wirksamkeit des Verwaltungsaktes vom Eintritt oder Nichteintritt eines unbestimmten künftigen Ereignisses abhängig; sie kann aufschiebend oder auflösend sein. Bei der Befristung wird für die Wirksamkeit des V. ein Anfangs- oder Endtermin bestimmt. Durch die Auflage (hierfür verwenden manche Gesetze unrichtigerweise den Begriff „Bedingung") wird zugleich mit dem V. ein bestimmtes Tun, Dulden oder Unterlassen vorgeschrieben, ohne daß aber hiervon die Wirksamkeit des V. abhängt. Wird eine Auflage nicht erfüllt, so kommt i. d. R. nur der Zwang zur Erfüllung der Auflage in Betracht; der V. selbst bleibt unabhängig davon in Kraft. Wegen der Einzelheiten zu den Nebenbestimmungen vgl. § 36 VwVfG.

5. *Rechtswirksamkeit:* a) Ein V. ist *fehlerhaft* und damit rechtswidrig, wenn er gegen das geltende formelle oder materielle Recht verstößt. Er kann dann anfechtbar oder nichtig sein. Der bloß anfechtbare V. ist bis zu seiner Aufhebung durch die zuständige Behörde oder das zuständige Gericht als wirksam zu behandeln; der nichtige V. dagegen kann von Anfang an keine rechtlichen Wirkungen auslösen und ist schlechthin unbeachtlich. b) *Nichtigkeit* ist nur anzunehmen, wenn der V. an einem beson-

ders schwerwiegenden Fehler leidet und dies bei verständiger Würdigung aller in Betracht kommenden Umstände offenkundig ist (§ 44 I VwVfG; früher Evidenztheorie genannt). Ohne Rücksicht hierauf ist ein V. stets nichtig, wenn er schriftlich, aber ohne Angabe der erlassenden Behörde ergeht; wenn die durch Rechtsvorschrift vorgeschriebene Aushändigung einer Urkunde unterblieben ist; wenn die erlassende Behörde ohne Ermächtigung außerhalb ortsgebundener (§ 3 I Nr. 1 VwVfG) Zuständigkeit gehandelt hat; wenn er auf eine straf-(bußgeld)bedrohte Tat gerichtet ist oder gegen die guten Sitten verstößt; wenn er tatsächlich unausführbar ist (§ 44 II VwVfG).

Ein V. ist dagegen nicht schon wegen Verstoßes gegen die Vorschriften über die örtliche Zuständigkeit nichtig (den obigen Fall ausgenommen), ebensowenig allein wegen Mitwirkung einer gesetzlich ausgeschlossenen Person (→ Ausschließung von Amtspersonen), auch nicht schon deshalb, weil entgegen einer Rechtsvorschrift eine andere Behörde nicht mitgewirkt hat oder weil der ordnungsmäßige Beschluß eines zur Mitwirkung berufenen Ausschusses nicht vorliegt (§ 44 III VwVfG). Betrifft die Nichtigkeit nur einen Teil des V., so ist er im ganzen nichtig, wenn der nichtige Teil so wesentlich ist, daß die Behörde den V. ohne den nichtigen Teil nicht erlassen hätte (§ 44 IV VwVfG). Die Behörde kann die Nichtigkeit jederzeit von Amts wegen feststellen; dies geschieht auf Antrag, wenn der Antragsteller hieran ein berechtigtes Interesse hat (§ 44 V VwVfG).

c) *Heilung fehlerhafter V.* Eine Verletzung von Verfahrens- oder Formvorschriften, die nicht den V. nichtig macht, ist unbeachtlich, wenn ein rechtlich vorgeschriebener Antrag oder die erforderliche Begründung des V. oder die vorgeschriebene Anhörung eines Beteiligten oder Mitwirkung einer anderen Behörde oder die Beschlußfassung eines Ausschusses, der mitzuwirken hat, nachgeholt wird. Bisher durften diese behördlichen Handlungen nur bis zum Abschluß eines Vorverfahrens oder, falls ein solches nicht stattfindet, bis zur Erhebung der verwaltungsgerichtlichen Klage nachgeholt werden. Durch Art. 1 des Genehmigungsverfahrensbeschleunigungsgesetzes vom 12. 9. 1996 (BGBl. I 1354) wurde in § 45 Abs. 2 VwVfG die Möglichkeit der Heilung von Verfahrens- u. Formfehlern bis zum Abschluß des verwaltungsgerichtlichen Verfahrens eingeführt. Fehlt einem V. die erforderliche Begründung oder ist die erforderliche Anhörung eines Beteiligten vor Erlaß des V. unterblieben und ist dadurch die rechtzeitige Anfechtung des V. versäumt worden, so gilt die Versäumung der Rechtsbehelfsfrist als nicht verschuldet (§ 45 VwVfG).

d) *Verfahrens- und Formfehler.* Die Aufhebung eines V., der nicht nach § 44 VwVfG nichtig ist, kann nicht allein deshalb beansprucht werden, weil er unter Verletzung von Vorschriften über das Verfahren, die Form oder die örtliche Zuständigkeit zustande gekommen ist, wenn keine andere Entscheidung in der Sache hätte getroffen werden können (§ 46 VwVfG).

e) *Umdeutung fehlerhafter V.* Ein fehlerhafter V. kann in einen anderen V. umgedeutet werden, wenn er auf das gleiche Ziel gerichtet ist, von der erlassenen Behörde in der gewählten Verfahrensweise und Form rechtmäßig hätte erlassen werden können und wenn die Voraussetzungen für dessen Erlaß erfüllt sind. Dies gilt nicht, wenn der V., in den der fehlerhafte V. umzudeuten wäre, der erkennbaren Absicht der erlassenden Behörde widerspräche, oder wenn seine Rechtsfolgen für den Betroffenen ungünstiger wären als die des fehlerhaften V. Eine Umdeutung ist ferner unzulässig, wenn der fehlerhafte V. nicht zurückgenommen werden dürfte. Eine Entscheidung, die nur als gesetzlich gebundene Entscheidung ergehen kann, darf nicht in eine Ermessensentscheidung umgedeutet werden (§ 47 VwVfG).

6. *Rücknahme und Widerruf.* Man unterscheidet zwischen der Rücknahme rechtswidriger und dem Widerruf rechtmäßiger V. (§§ 48, 49 VwVfG).

a) Ein rechtswidriger V. kann, auch nachdem er unanfechtbar geworden ist, ganz oder teilweise mit Wirkung für die Zukunft oder für die Vergangenheit zurückgenommen werden. Hat er ein Recht oder einen rechtlich erheblichen Vorteil begründet oder bestätigt (*begünstigender V.*), darf er nur unter Einschränkungen zurückgenommen werden. Gewährt der rechtswidrige V. eine einmalige oder laufende Geldleistung oder teilbare Sachleistung, so darf er nicht zurückgenommen werden, soweit der Begünstigte auf den Bestand des V. vertraut hat und sein Vertrauen unter Abwägung mit dem öffentlichen Interesse an einer Rücknahme schutzwürdig ist. Das Vertrauen ist i. d. R. schutzwürdig, wenn der Begünstigte gewährte Leistungen verbraucht oder eine Vermögensdisposition getroffen hat, die er nicht mehr oder nur unter unzumutbaren Nachteilen rückgängig machen kann. Auf Vertrauen kann sich der Begünstigte nicht berufen, wenn er den V. durch arglistige Täuschung, Drohung oder Bestechung oder durch Angaben erwirkt hat, die in wesentlichen Punkten unrichtig oder unvollständig waren, oder wenn er die Rechtswidrigkeit des V. kannte oder infolge grober Fahrlässigkeit nicht kannte. In diesen Fällen wird der V. i.d.R. mit Wirkung für die Vergangenheit zurückgenommen.

Wird ein sonstiger rechtswidriger V. zurückgenommen, so hat die Behörde dem Betroffenen auf Antrag den Vermögensnachteil auszugleichen, den er durch sein Vertrauen auf den Bestand des V. erleidet, soweit es unter Abwägung mit dem öffentlichen Interesse schutzwürdig ist. Der Anspruch kann nur innerhalb eines Jahres geltend gemacht werden; die Frist beginnt, sobald die Behörde den Betroffenen auf sie hingewiesen hat.

b) Ein *rechtmäßiger nicht begünstigender V.* kann, auch nachdem er unanfechtbar geworden ist, ganz oder teilweise mit Wirkung für die Zukunft widerrufen werden, außer wenn ein V. gleichen Inhalts erneut erlassen werden müßte oder aus anderen Gründen ein Widerruf unzulässig ist. Ein *rechtmäßiger begünstigender V.* darf, auch nachdem er unanfechtbar geworden ist, ganz oder teilweise mit Wirkung für die Zukunft nur widerrufen werden, wenn der Widerruf durch Rechtsvorschrift zugelassen oder im V. vorbehalten ist; wenn der Begünstigte eine Auflage nicht oder nicht fristgerecht erfüllt hat; wenn nachträglich eingetretene Tatsachen oder die Änderung einer Rechtsvorschrift die Ablehnung des V. begründet hätten und das öffentliche Interesse den Widerruf erheischt (bei Rechtsänderung nur, falls der Begünstigte von der Vergünstigung noch keinen Gebrauch gemacht hat); schließlich, um schwere Nachteile für das Gemeinwohl zu verhüten oder zu beseitigen.

Bei Widerruf eines begünstigenden V. hat die Behörde – außer in den beiden erstgenannten Fällen – den Betroffenen auf Antrag für den Vermögensnachteil zu entschädigen, den er dadurch erleidet, daß er auf den Bestand des V. vertraut hat, soweit sein Vertrauen schutzwürdig ist. Für Streitigkeiten über die Entschädigung ist der ordentliche Rechtsweg gegeben.

7. *Rechtsbehelfe:* Ein V. kann von dem Betroffenen durch Einlegung eines formlosen Rechtsbehelfs, eines förmlichen Rechtsmittels oder im Verwaltungsstreitverfahren angefochten werden. Formlose Rechtsbehelfe sind die → Gegenvorstellungen und die → Dienstaufsichtsbeschwerde. Förmlicher Rechtsbehelf ist der → Widerspruch (in einzelnen Gesetzen förmliche → Beschwerde), der grundsätzlich vor Beschreiten des Verwaltungsrechtsweges eingelegt werden muß. Ein belastender V. kann im → Verwaltungsstreitverfahren durch Anfechtungsklage angegriffen werden; lehnt die Verwaltungsbehörde den Antrag auf Erlaß eines V. ab oder bleibt sie auf einen solchen Antrag untätig, so kann der Antragsteller die Verpflichtungsklage erheben.

8. *Bestandskraft.* Steht dem Betroffenen gegen einen V. kein förmlicher Rechtsbehelf mehr offen (weil die Frist abgelaufen oder der Rechtsbehelf endgültig erfolglos geblieben ist), so wird der V. bestandskräftig. Die Bestandskraft entspricht in ihrer Zweckrichtung der Rechtskraft gerichtlicher Entscheidungen, unterscheidet sich aber dadurch wesentlich von ihr, daß der V. auch nach ihrem Eintritt noch in gewissem Maße (s.o. 6) der Disposition der Behörde unterliegt, selbst wenn er durch rechtskräftiges verwaltungsgerichtliches Urteil bestätigt wurde.

Grundsätzlich erst mit Eintritt der Bestandskraft wird der V. vollziehbar. Widerspruch und Anfechtungsklage haben aufschiebende Wirkung, es sei denn, der V. ist kraft Gesetzes oder kraft besonderer Anordnung der Behörde sofort vollziehbar (→ Vollziehung, sofortige).

9. Nach § 51 VwVfG hat die Behörde auf Antrag des Betroffenen über

die Aufhebung oder Änderung eines unanfechtbaren V. zu entscheiden, wenn sich die Sach- oder Rechtslage nachträglich zu seinen Gunsten geändert hat oder neue Beweismittel vorliegen oder Wiederaufnahmegründe entsprechend § 580 ZPO gegeben sind *(Wiederaufgreifen des Verfahrens)*. Der Antrag ist nur zulässig, wenn der Betroffene ohne grobes Verschulden außerstande war, den Grund im früheren Verfahren geltend zu machen. Frist: 3 Mon. ab Kenntnis des Grundes.

10. Zum V. im *Sozialrecht* s. §§ 31 ff. SGB X; im *Steuerrecht* §§ 118 ff. AO, → Steuerbescheid, → Steuerverwaltungsakt, → Besteuerungsverfahren.

**Verwaltungsaktie** *(Vorratsaktie)* wird eine → Aktie genannt, die der AG selbst (→ eigene Aktien), einem von ihr abhängigen Unternehmen oder einem Dritten, aber für Rechnung der Gesellschaft oder eines von ihr abhängigen Unternehmens, gehört. Für die V. ist das → Aktienstimmrecht ausgeschlossen (§ 136 II AktG).

**Verwaltungsbehörden (Aufbau).** 1. *Bundesbehörden:* Der Bund verfügt über einen dreistufigen Behördenaufbau (Zentral-, Mittel-, Unterstufe). Da die Bundesgesetze grundsätzlich durch die Behörden der Länder ausgeführt werden (Art. 84 ff. GG; → Verwaltungskompetenz), hat der Bund nur verhältnismäßig wenige Behörden der Mittel- und Unterstufe.

a) *Zentralstufe:* Dazu gehören die Obersten Bundesbehörden (insbes. Bundespräsidialamt, Bundeskanzleramt, Bundesministerien, Bundesrechnungshof) sowie die den Ministerien unmittelbar unterstellten und für das ganze Bundesgebiet zuständigen → Bundesoberbehörden und nicht rechtsfähigen Bundesanstalten (z. B. Bundesarchiv, Physikalisch-Technische Bundesanstalt usw.).

b) *Mittelstufe:* z. B. Oberfinanzdirektionen (sie sind zugleich auch Behörden der Länder; → Finanzverwaltung), Bereichs- und Bezirks-Wehrersatzämter, Wasser- und Schiffahrtsdirektionen.

c) *Unterstufe:* z. B. Kreiswehrersatzämter, Wasser- und Schiffahrtsämter usw.

2. *Landesbehörden* (ohne Stadtstaaten): In den meisten Ländern der BRep. ist der Behördenaufbau dreistufig (Baden-Württemberg, Bayern, Hessen, Niedersachsen, Nordrhein-Westfalen, Rheinland-Pfalz, Sachsen, Sachsen-Anhalt), in den übrigen Ländern zweistufig (Thüringen hat ein Landesverwaltungsamt). Der dreigliedrige Aufbau besteht aus der Zentral-, der Mittel- und der Unterstufe. Bei der zweistufigen Behördenorganisation entfällt die Mittelstufe.

a) *Zentralstufe:* Hierzu zählen die obersten Landesbehörden (Staatskanzleien und Landesministerien, in Bayern und Sachsen für letztere Bezeichnung Staatsministerien), die Landesrechnungshöfe und die Landesoberbehörden, die den Staatskanzleien und Landesministerien unmittelbar zur Erledigung von Verwaltungsaufgaben für das ganze Land unterstellt sind (z. B. Landesämter für Verfassungsschutz, Landeskriminalämter).

b) Die *Mittelstufe* wird von den Landesmittelbehörden gebildet; sie unterstehen unmittelbar den obersten Landesbehörden für jeweils einen bestimmten Gebietsteil eines Landes. Ihre Zuständigkeit umfaßt sowohl die Erledigung verschiedener Verwaltungsaufgaben in der ersten Verwaltungsinstanz als auch die Aufsicht über die Unterbehörden; insoweit sind sie besonders zur Entscheidung über Widersprüche gegen Verwaltungsakte der ersten Instanz berufen (→ Widerspruchsverfahren). Landesmittelbehörden sind die → Regierungen oder Regierungspräsidien (sog. höhere Verwaltunsgbehörden), die jeweils für einen Regierungsbezirk zuständig sind; an ihrer Spitze steht der → Regierungspräsident. Der Aufgabenbereich der Regierungen umfaßt in sachlicher Hinsicht alle Verwaltungsangelegenheiten, soweit nicht Sonderbehörden geschaffen sind (z. B. Ober- oder Bezirksfinanzdirektionen, Forst- oder Oberforstdirektionen). Sie unterstehen der allgemeinen Aufsicht der Innenministerien und der Fachaufsicht der betr. Fachministerien.

c) Die *Unterstufe* wird von den unteren Landesbehörden, den Kreis- und Gemeindebehörden gebildet (→ Kreis; → Gemeinde). Die staatlichen Verwaltungsaufgaben werden hier nicht nur von unmittelbaren Staatsbehörden wahrgenommen, sondern auch von den Behörden der Kommunalverwaltung im Wege der → mittelbaren Staatsverwaltung (Staatsauftrags- und Selbstverwaltungsangelegenheiten). Soweit Kommunalbehörden jedoch als untere Landesbehörden mit der Wahrnehmung unmittelbarer staatlicher Zuständigkeiten betraut sind, sind sie staatliche Behörden (→ Doppelfunktion in der Verwaltung; → Kreisverwaltung); hierzu zählen in Baden-Württemberg und Rheinland-Pfalz das Landratsamt und der Oberbürgermeister, in Bayern das Landratsamt, in Hessen und im Saarland der Landrat. Daneben gibt es in den einzelnen Ländern noch besondere untere Verwaltungsbehörden (z. B. Bergämter, Gewerbeaufsichtsämter, Wasserwirtschaftsämter, Finanzämter, Gesundheitsämter usw.). Die unteren Verwaltungsbehörden unterstehen i. d. R. der Aufsicht der Behörden der Mittelstufe.

3. *Stadtstaaten:* a) *Berlin:* Oberste Behörden sind der Senat (Regierender Bürgermeister, Bürgermeister und Senatoren) und der Rechnungshof. Den Senatoren unterstehen unmittelbar verschiedene Landesoberbehörden (z. B. Landesamt für Verfassungsschutz, Justizprüfungsamt, Gewerbeaufsichtsamt usw.). Die Verwaltung in der unteren Stufe nehmen die Bezirke wahr (nichtrechtsfähige Verwaltungseinheiten mit Selbstverwaltungsrecht in eigenen Angelegenheiten des Bezirks).

b) *Bremen:* Oberste Landesbehörden sind Senat (Präsident und Senatoren) und der Rechnungshof, obere Landesbehörden z. B. Landesamt für Verfassungsschutz, Landeskriminalamt usw. Die Verwaltung wird in der unteren Stufe von den Ortsämtern wahrgenommen.

c) *Hamburg:* Oberste Landesbehörden sind Senat (zwei Bürgermeister, Senatoren, Senatsämter) und der Rechnungshof; obere Landesbehörden z. B. Seemannsamt, Vermessungsamt. Dekonzentration der Verwaltung in Bezirks- u. Ortsämter.

**Verwaltungsbeirat** → Wohnungseigentum.

**Verwaltungsbeschwerde** nannte man die in Verwaltungsgesetzen vorgesehene förmliche → Beschwerde an die nächsthöhere Behörde. Ihre Bedeutung ist infolge des → Widerspruchsverfahrens fast völlig entfallen. Ungenau werden gelegentlich die → Aufsichtsbeschwerde und die → Dienstaufsichtsbeschwerde als V. bezeichnet.

**Verwaltungsgebühren** → Abgaben.

**Verwaltungsgemeinschaft.** 1. V. ist im Kommunalrecht einiger Länder der Zusammenschluß benachbarter kreisangehöriger Gemeinden unter Aufrechterhaltung des Bestandes der beteiligten Gemeinden, z. B. in Bayern gem. Verwaltungsgemeinschaftsordnung vom 26. 10. 1982 (GVBl. 965), in Thüringen (§§ 46 ff. der Kommunalordnung vom 16. 8. 1993, GVBl. 501) und in Sachsen-Anhalt. Sie ist → Körperschaft des öffentlichen Rechts und dient der Stärkung der Leistungs- und Verwaltungskraft ihrer Mitglieder. V.en werden durch Gesetz gebildet, grundsätzlich im Einverständnis der beteiligten Gemeinden, aus Gründen des öffentlichen Wohls auch gegen ihren Willen. Hauptaufgabe der V. ist die Wahrnehmung der Angelegenheiten des übertragenen Wirkungskreises (ausgenommen Erlaß von Satzungen und Verordnungen). In die eigenen Angelegenheiten der Mitgliedsgemeinden ist sie als deren Behörde eingeschaltet. Hauptorgan ist die aus Vertretern der Mitgliedsgemeinden bestehende Gemeinschaftsversammlung, die einen der Ersten Bürgermeister zum Gemeinschaftsvorsitzenden wählt. Die V. hat eigene Bedienstete, kann von den Mitgliedsgemeinden eine Umlage erheben und erläßt eine Haushaltssatzung. Der V. ähnliche Zusammenschlüsse bestehen auch in anderen Ländern der BRep. (→ Kommunalverbände). So können Gemeinden in Baden-Württemberg und Hessen Gemeindeverwaltungsverbände, in Sachsen Verwaltungsverbände bilden, die Rechtspersönlichkeit besitzen; Organe sind Verbandsvorsitzender und Verbandsversammlung. In Rheinland Pfalz können aus Gründen des Gemeinwohls kraft Gesetzes aus benachbarten Gemeinden des gleichen Landkreises Verbandsgemeinden mit Verbandsbürgermeister und Verbandsgemeinderat gebildet werden. In Niedersachsen bestehen Samtgemeinden als Gemeindezusammenschlüsse mit eigener Rechtspersönlichkeit, in Schleswig-Holstein, Brandenburg und Mecklenburg-Vorpommern Ämter.

2. In einigen Ländern bezeichnet der Begriff V. eine Form der kommunalen Zusammenarbeit, bei der eine Kommune die Aufgaben einer anderen Kommune miterfüllt; im Gegensatz zur V. nach Ziffer 1 entsteht hier keine eigene Körperschaft des öffentlichen Rechts. So können in Sachsen benachbarte Gemeinden desselben Landkreises vereinbaren, daß eine Gemeinde (erfüllende Gemeinde) für die anderen beteiligten Gemeinden die Aufgaben wahrnimmt, die ansonsten einem Verwaltungsverband übertragen werden könnten. Ähnliche Funktionen erfüllt die V. in Hessen, Mecklenburg-Vorpommern und Schleswig-Holstein sowie die sog. vereinbarte V. in Baden-Württemberg.

**Verwaltungsgericht** ist die erste gerichtliche Instanz der → Verwaltungsgerichtsbarkeit. Die VG. werden durch Landesgesetz errichtet. Das VG besteht aus dem Präsidenten, Vorsitzenden Richtern und weiteren Richtern. Es werden Kammern gebildet, die in der Besetzung von 3 Berufs- und 2 → ehrenamtlichen Richtern entscheiden (i. d. R. Übertragung auf Einzelrichter, falls die Sache keine besonderen Schwierigkeiten aufweist und keine grundsätzliche Bedeutung hat). Das VG entscheidet im ersten Rechtszug grundsätzlich über alle Streitigkeiten, für die der Verwaltungsrechtsweg offensteht (→ Verwaltungsgerichtsbarkeit 3). Ausnahmen von der erstinstanziellen Zuständigkeit des VG: § 47 VwGO (→ Normenkontrolle); § 48 VwGO (weitere erstinstanzielle Zuständigkeit des → Oberverwaltungsgerichts); § 50 VwGO (erstinstanzielle Zuständigkeit des → Bundesverwaltungsgerichts). S. a. Anhang: Der Rechtsmittelzug im Verfahren vor den Verwaltungsgerichten.

**Verwaltungsgerichtsbarkeit** ist die → Rechtsprechung in Angelegenheiten der öffentlichen Verwaltung. Der Begriff beschränkt sich heute auf die allgemeine V. im Gegensatz zur Gerichtsbarkeit in besonderen Zweigen der öffentlichen Verwaltung (→ Finanzgerichtsbarkeit; → Sozialgerichtsbarkeit; zusammenfassend *„besondere Verwaltungsgerichtsbarkeiten"* genannt).

1. In Deutschland entwickelte sich eine V. im 19. Jh. mit Beschränkung auf gesetzlich enumerativ festgelegte Streitgegenstände und in personeller und organisatorischer Verbindung mit den Verwaltungsbehörden (sog. „interne Rechtskontrolle") und nur zum Teil durch in Form selbständiger Gerichte (→ „externe Rechtskontrolle"). Art. 107 WV verpflichtete die Länder zur Einrichtung von allgemeinen Verwaltungsgerichten. Ein Reichsverwaltungsgericht wurde erst 1941 mit sehr begrenzter Zuständigkeit geschaffen. Nach dem Zweiten Weltkrieg wurde in allen Ländern die V. neu aufgebaut. In den Ländern der amerik. Besatzungszone erging 1946 (Bremen 1947) eine gesetzliche Regelung (VGG), für die Länder der brit. Zone die MilRegVO Nr. 165; in den Ländern der franz. - Zone wurden besondere Gesetze über die V. erlassen. An Stelle der früheren enumerativen Zuständigkeit der Verwaltungsgerichte trat eine Generalklausel (s. u. 3). Nach Errichtung der BRep. wurden entsprechend Art. 96 GG durch besondere Gesetze das Bundesverwaltungsgericht in Berlin als allgemeines Verwaltungsgericht des Bundes (Ges. vom 23. 9. 1952, BGBl. I 625) sowie als besondere Verwaltungsgerichte des Bundes der Bundesfinanzhof, das Bundessozialgericht und Bundesdisziplinargerichte errichtet. Die 1960 ergangene Verwaltungsgerichtsordnung (VwGO) i. d. F. vom 19. 3. 1991 (BGBl. I 686) m. Änd. begründete auf dem Gebiet der allgemeinen V. die Einheit der Gerichtsverfassung und des gerichtlichen Verfahrens im Bund und in den Ländern. Die VwGO wird durch Ausführungsgesetze der Länder ergänzt (z. B. Baden-Württemberg, Ges. i. d. F. vom 16. 8. 1994, GBl. 485; Nordrhein-Westfalen, Ges. vom 26. 3. 1960, GV NW 47; Thüringen, Ges. vom 15. 12. 1992, GVBl. 576).

2. Die V. wird durch unabhängige, von den Verwaltungsbehörden getrennte Gerichte ausgeübt; diese werden in den Ländern als → Verwaltungsgerichte (VG) und → Oberverwaltungsgerichte (OVG) errichtet, im Bund das → Bundesverwaltungsgericht (BVerwG; §§ 1, 2 VwGO) Richter werden grundsätzlich auf Lebenszeit ernannt. Bei dem OVG und dem VG können auf Lebenszeit ernannte Richter anderer Gerichte und ordentliche Professoren des Rechts als Richter auf

Zeit zu Richtern im Nebenamt ernannt werden. Bei dem VG können Richter auf Probe oder Richter kraft Auftrags verwendet werden. Ehrenamtliche Richter wirken bei dem VG und nach Maßgabe des Landesrechts beim OVG mit (über die Berufung vgl. §§ 20 ff. VwGO). Bei dem BVerwG wird ein → Oberbundesanwalt zur Wahrung des öffentlichen Interesses bestellt. Ein → Vertreter des öffentl. Interesses kann auch bei dem OVG und dem Verwaltungsgericht durch RechtsVO der LdReg. zur allgemeinen Vertretung des Landes oder von Landesbehörden oder für bestimmte Fälle bestellt werden (§§ 35–37 VwGO; → Landesanwaltschaft). Die → Dienstaufsicht- über die Richter, Beamten, Angestellten und Arbeiter der Verwaltungsgerichte wird vom Präsidenten ausgeübt. Übergeordnete Dienstaufsichtsbehörde für das VG ist der Präsident des OVG. Oberste Dienstaufsichtsbehörden sind z. T. die Justizministerien (→ Rechtspflegeministerium), z. T. die Innenministerien, in Baden-Württemberg der Ministerpräsident. Dem Gericht dürfen keine Verwaltungsgeschäfte außerhalb der Gerichtsverwaltung übertragen werden.

3. Der Rechtsweg zu den Verwaltungsgerichten ist nach § 40 VwGO in allen öffentlich-rechtlichen Streitigkeiten nichtverfassungsrechtlicher Art gegeben, soweit nicht eine bundesgesetzliche Sonderregelung besteht (*verwaltungsgerichtliche Generalklausel*). Öffentlich-rechtliche Streitigkeiten auf dem Gebiete des Landesrechts können einem anderen Gericht auch durch Landesgesetz zugewiesen werden. Für vermögensrechtliche Ansprüche aus → Aufopferung für das gemeine Wohl und aus öffentlich-rechtlicher → Verwahrung sowie für Schadensersatzansprüche aus der Verletzung öffentlichrechtlicher Pflichten, die nicht auf einem öffentl.-rechtl. Vertrag beruhen, ist der ordentliche Rechtsweg gegeben (§ 40 II VwGO). Ferner ist bei Streitigkeiten über die Höhe der Enteignungsentschädigung (nicht über die → Enteignung selbst) der Rechtsweg vor den ordentlichen Gerichten gegeben. Die Generalklausel gewährleistet einen umfassenden Rechtsschutz auf allen Gebieten der öff. Verwaltung und trägt damit dem Art. 19 IV GG Rechnung, wonach jedem, der durch die öffentliche Gewalt in seinen Rechten verletzt wird, der Rechtsweg offensteht; die subsidiäre Zuständigkeit der ordentlichen Gerichte (Art. 19 IV 2 GG) ist angesichts der Generalklausel ohne Bedeutung. Weitere Zuständigkeiten der V. erfassen bestimmte Fälle der → Normenkontrolle (§ 47 VwGO; betr. im Rang unter dem Gesetz stehende Rechtsvorschriften) sowie die in § 48 VwGO (Vereinsverbote) und § 50 VwGO (erstinstanzliche Zuständigkeit des BVerwG) geregelten Fälle.

4. Über das Verfahren der V. s. → Verwaltungsstreitverfahren; → Bundesverwaltungsgericht. Besondere Vorschriften gelten für die von den Verwaltungsgerichten wahrgenommene → Disziplinargerichtsbarkeit.

**Verwaltungsgerichtshof** → Oberverwaltungsgericht.

**Verwaltungsgerichtsordnung** → Verwaltungsstreitverfahren.

**Verwaltungshelfer** nennt man eine Privatperson, deren sich eine Verwaltungsbehörde zur Erfüllung ihrer öffentlich-rechtlichen Aufgaben bedient, ohne daß die Person zum → „Beliehenen Unternehmer" wird. S. a. → Polizeihelfer.

**Verwaltungskompetenz** entspricht der Zuständigkeit für die → Ausführung von Gesetzen.

**Verwaltungskosten** werden nach dem Ges. vom 23. 6. 1970 (BGBl. I 821) für Kosten (Gebühren und Auslagen) des Bundes, der bundesunmittelbaren Körperschaften, Anstalten und Stiftungen des öffentl. Rechts sowie der Länder, Gemeinden, Gemeindeverbände u. a. der Aufsicht des Landes unterstehender jur. Personen des öffentl. Rechts erhoben, wenn sie Bundesrecht ausführen (Ausnahmen: § 1 III). Das Ges. enthält allgemeine Grundsätze für die Ausgestaltung von RechtsVOen über Kosten sowie für Anfall, Bemessung und Zahlung von V. In den Ländern bestehen eigene Kostengesetze für Verwaltungshandlungen; z. B. Bayern: Kostenges. vom 25. 6. 1969, BayRS 2013-1-1-F.

**Verwaltungslehre** ist die über das → Verwaltungsrecht hinausgehende Wissenschaft von der → öffentl. Verwaltung. Sie umfaßt neben den rechtlichen auch die volks- und betriebswirtschaftlichen, organisatorischen, planungsmäßigen, technischen, soziologischen und politologischen Aspekte der Verwaltung. Mit der Ausdehnung der → Leistungsverwaltung gewinnt die V. zunehmend an Bedeutung.

**Verwaltungsprivatrecht** ist die Bezeichnung für die Gesamtheit der Rechtssätze, welche die zwischen einem öffentl. Verwaltungsträger und anderen Rechtssubjekten in Verfolgung unmittelbarer öffentl. Verwaltungszwecke auf der Ebene der Gleichordnung begründeten bürgerlich-rechtlichen Beziehungen betreffen. Der Abschluß privatrechtlicher Verträge durch einen Verwaltungsträger (→ Fiskus) unterliegt zwar ebenfalls der Vertragsfreiheit (→ Vertrag, 2); die Verwaltung ist aber ebenso wie bei öffentl.-rechtl. Verträgen (→ Vertrag, öffentlich-rechtlicher) an besondere Grundsätze gebunden, die sich aus den Verwaltungszwecken ergeben, so z. B. im Rahmen der Daseinsvorsorge (→ Leistungsverwaltung).

**Verwaltungsprozeß** → Verwaltungsstreitverfahren.

**Verwaltungsrecht** i. w. S. ist die Gesamtheit der Rechtssätze, welche die Tätigkeit der → öffentlichen Verwaltung regeln; i. e. S. versteht man darunter den Inbegriff der Rechtsnormen, die das hoheitliche Tätigwerden der öff. Verwaltung (im Gegensatz zur privatrechtlichen-fiskalischen Betätigung) bestimmen. Ferner unterscheidet man zwischen dem allgemeinen und dem besonderen V. Das allgemeine V. hat die für alle Gebiete der öff. Verwaltung geltenden Regeln zum Gegenstand (z. B. die Verwaltungsorganisation; Erlaß und Rücknahme von → Verwaltungsakten; das Verwaltungsverfahren einschl. des verwaltungsgerichtlichen Verfahrens). Das *allgemeine V.* war früher nur teilweise kodifiziert; gewisse Grundsätze waren infolge ständiger Übung zu → Gewohnheitsrecht geworden. Inzwischen enthalten die → Verwaltungsverfahrensgesetze des Bundes (1976) und der Länder eine umfassende Regelung. Das *besondere V.* gliedert sich in zahlreiche Fachgebiete, z. B. Beamten-, Gemeinde-(Kommunal-), Polizei-, Gewerbe-, Wege-, Schul-, Wasserrecht (vgl. auch Anhang „Die wichtigsten Gesetzeswerke").

**Verwaltungsrechtliche Rehabilitierung (DDR)** → Rehabilitierungsgesetze.

**Verwaltungsrechtsweg** → Verwaltungsstreitverfahren, → Verwaltungsgerichtsbarkeit.

**Verwaltungsstrafrecht.** Eine echte Strafbefugnis steht den Verwaltungsbehörden nicht zu. Diese Einschränkung gilt nicht für die Sanktion von *Ordnungsunrecht,* die somit auch Verwaltungsbehörden zugewiesen werden kann. S. → Verwaltungsunrecht, → Ordnungswidrigkeiten.

**Verwaltungsstreitverfahren** ist das Verfahren vor den Gerichten der (allgemeinen) → Verwaltungsgerichtsbarkeit. Es ist bundeseinheitlich in der Verwaltungsgerichtsordnung (VwGO) i. d. F. vom 19. 3. 1991 (BGBl. I 686), zuletzt geändert durch G. v. 18. 8. 1997 (BGBl. I 2081), geregelt.

1. Über die *sachliche Zuständigkeit* s. → Verwaltungsgerichtsbarkeit (3). Die VwGO sieht folgende *Klagearten* vor:

a) Durch *Anfechtungsklage* kann die Aufhebung, durch *Verpflichtungsklage* die Verurteilung zum Erlaß eines abgelehnten oder unterlassenen → Verwaltungsaktes (VA) begehrt werden (§ 42 VwGO). Die Klage ist grundsätzlich nur zulässig, wenn der Kläger geltend macht, durch den VA oder seine Ablehnung oder Unterlassung in *seinen* Rechten verletzt zu sein (Ausschluß der → Popularklage). Für Anfechtungs- und Verpflichtungsklage gilt folgendes: Vor Erhebung der Anfechtungsklage sind Rechtmäßigkeit und Zweckmäßigkeit des VA i. d. R. in einem *Vorverfahren* nachzuprüfen; Ausnahmen gelten insbes., wenn der VA von einer obersten Bundesbehörde oder obersten Landesbehörde erlassen worden ist. Das Vorverfahren ist auch durchzuführen, wenn der Antrag auf Vornahme eines VA abgelehnt wurde. Einzelheiten s. → *Widerspruchsverfahren.* Die Anfechtungsklage (Verpflichtungsklage) muß innerhalb eines Monats nach Zustellung des Widerspruchsbescheides erhoben werden oder, wenn ein solcher nicht erforderlich ist, innerhalb eines Monats nach

Bekanntgabe des VA. Voraussetzung für den Lauf dieser Monatsfrist ist eine schriftliche Rechtsbehelfsbelehrung, die über den Rechtsbehelf, die Verwaltungsbehörde oder das Gericht, bei denen der Rechtsbehelf anzubringen ist, den Sitz und die einzuhaltende Frist belehrt; ist die Belehrung unterblieben oder unrichtig erteilt, so muß der Rechtsbehelf (die Klage) innerhalb eines Jahres seit Zustellung, Eröffnung oder Verkündung eingelegt (erhoben) werden (Einzelheiten vgl. § 58 VwGO). Ist über einen Widerspruch oder über einen Antrag auf Vornahme eines VA ohne zureichenden Grund in angemessener Frist sachlich nicht entschieden worden, so ist die Klage ohne Widerspruchsbescheid zulässig, grundsätzlich aber nicht vor Ablauf von 3 Monaten seit der Einlegung des Widerspruchs oder dem Antrag auf Vornahme des VA. Ist aus zureichendem Grund über den Widerspruch noch nicht entschieden (der beantragte VA noch nicht erlassen), so setzt das Gericht das Verfahren bis zum Ablauf einer von ihm bestimmten Frist aus. Wird dem Widerspruch innerhalb der Frist stattgegeben (der VA erlassen), so ist die Hauptsache für erledigt zu erklären. Bei der Verpflichtungsklage in Form der *Untätigkeitsklage* (Behörde entscheidet nicht über beantragten VA) gilt die Jahresfrist des § 58 II 1 VwGO nicht (zeitliche Grenze also nur → Verwirkung). Gegenstand der Anfechtungsklage ist der ursprüngliche VA in der Gestaltung durch den Widerspruchsbescheid, aber auch der Widerspruchsbescheid selbst, soweit er gegenüber dem ursprünglichen VA eine zusätzliche selbständige Beschwer enthält oder einen Dritten erstmalig beschwert. Widerspruch und Anfechtungsklage haben grundsätzlich aufschiebende Wirkung; über Ausnahmen vgl. § 80 VwGO (→ Vollziehung, sofortige).

b) Nicht ausdrücklich geregelt ist die sog. *allgemeine Leistungsklage* (allgemein deshalb, weil auch die Verpflichtungsklage eine – besondere – Leistungsklage ist). Sie kommt insbesondere für Streitigkeiten aus öffentlich-rechtlichen Rechtsverhältnissen zwischen gleichgeordneten (also in bezug auf das streitige Rechtsverhältnis nicht in einem Verhältnis der Über- und Unterordnung – Subordinationsverhältnis – stehenden) Parteien in Betracht (Beisp.: zwei gleichgeordnete Gemeinden streiten über einen öffentlichen Weg; Streitigkeiten aus öffentlich-rechtlichen Verträgen). Bei engerer Auslegung des Begriffs Verwaltungsakt in § 42 VwGO können aber auch verschiedene subordinationsrechtl. Rechtsbeziehungen zu einer allg. Leistungsklage führen (vgl. z. B. BVerwGE 14, 323 und BVerwG in NJW 69, 1131). Die allgem. Leistungsklage ist (im Gegensatz zur Anfechtungs- und zur Verpflichtungsklage) nicht von einem Vorverfahren oder der Einhaltung einer Frist abhängig.

c) Durch *Feststellungsklage* (§ 43 VwGO) kann die Feststellung des Bestehens oder Nichtbestehens eines Rechtsverhältnisses oder der Nichtigkeit eines VA begehrt werden, wenn der Kläger ein berechtigtes Interesse an der baldigen Feststellung hat. Die Feststellungsklage ist unzulässig, soweit der Kläger seine Rechte durch Anfechtungs-, Verpflichtungs- oder Leistungsklage verfolgen kann, außer wenn die Nichtigkeit eines VA festgestellt werden soll. Gegen einen nichtigen VA ist also die Anfechtungs- und (auch nach Ablauf der Frist für diese Klage) die Feststellungsklage gegeben.

d) Nach § 47 VwGO entscheidet das Oberverwaltungsgericht im Rahmen seiner Gerichtsbarkeit auf Antrag über die Gültigkeit von Satzungen und bestimmten Rechtverordnungen nach dem → Baugesetzbuch sowie von anderen im Rang unter dem Landesgesetz stehenden → Rechtsvorschriften (also Rechtsverordnungen und Satzungen), sofern das Landesrecht dies bestimmt (→ Normenkontrolle). Den Antrag kann jede Behörde sowie jede natürliche oder juristische Person stellen, die geltend macht, durch die Rechtsvorschrift oder deren Anwendung in ihren Rechten verletzt zu sein oder in absehbarer Zeit verletzt zu werden (§ 47 II VwGO). Dabei prüft das OVG die Vereinbarkeit mit Landesrecht nicht, soweit gesetzlich die ausschließliche Überprüfung der Rechtsvorschrift durch das Verfassungsgericht eines Landes vorgesehen ist. Das Gericht kann auf Antrag eine einstweilige Anordnung erlassen, wenn dies zur Abwehr schwerer Nachteile oder aus anderen wichtigen Gründen dringend geboten ist (§ 47 VI VwGO). Seit Inkrafttreten des 6. Gesetzes zur Änderung der Verwaltungsgerichtsordnung vom 1. 11. 1996 (BGBl. I 1626) am 1. 1. 1997 kann der Normenkontrollantrag nur mehr binnen einer Frist von zwei Jahren seit der Bekanntmachung gestellt werden. Die Sonderregelung in den Ländern Brandenburg, Mecklenburg-Vorpommern, Sachsen, Sachsen-Anhalt und Thüringen gem. dem Ges. zur Beschränkung von Rechtsmitteln in der Verwaltungsgerichtsbarkeit vom 22. 4. 1993, BGBl. I 466, wonach die Anfechtungsfrist drei Monate betrug, trat mit Ablauf des 31. 12. 1996 außer Kraft.

e) Über besondere erstinstanzliche Zuständigkeiten vgl. → Oberverwaltungsgericht, → Bundesverwaltungsgericht.

2. Über die *örtliche Zuständigkeit* (§ 52 VwGO) bestimmt sich bei Anfechtungsklagen gegen VA von Bundesbehörden, bundesunmittelbaren Körperschaften usw. nach dem Sitz der Behörde, sonst grundsätzlich danach, wo der VA erlassen wurde. Für die Klagen von Beamten, Soldaten usw. ist in erster Linie der dienstliche Wohnsitz oder sonstige Wohnsitz maßgebend. Bei Streitigkeiten über unbewegliches Vermögen oder über ortsgebundene Rechte oder Rechtsverhältnisse entscheidet die Lage des Vermögens oder Ortes. In allen anderen Fällen ist das VG örtlich zuständig, in dessen Bezirk der Beklagte seinen Sitz, Wohnsitz oder Aufenthalt hat.

3. *Beteiligte* des V. (§ 62 VwGO) sind der Kläger, der Beklagte, der Beigeladene (§ 65 VwGO; → Beiladung) und der Oberbundesanwalt oder sonstige Vertreter des öffentlichen Interesses, falls er von seiner Beteiligungsbefugnis Gebrauch macht. Über Partei- und Prozeßfähigkeit vgl. §§ 61, 62 VwGO, über → Streitgenossenschaft § 64 VwGO. Vor dem BVerwG und dem OVG muß sich jeder Beteiligte durch einen Rechtsanwalt oder einen Rechtslehrer an einer deutschen Hochschule vertreten lassen, jur. Personen des öffentl. Rechts und Behörden auch durch Beamte oder Angestellte mit → Befähigung zum Richteramt (§ 67 VwGO).

4. Das *Verfahren im ersten Rechtszug* beginnt mit der Klage, die schriftlich oder (nur beim VG) zur Niederschrift des Urkundsbeamten der Geschäftsstelle zu erheben ist (§ 81 VwGO). Die *Klageschrift* muß den Kläger, den Beklagten und den → Streitgegenstand bezeichnen und soll einen bestimmten Antrag enthalten. Die zur Begründung dienenden Tatsachen und Beweismittel sollen angegeben, die angefochtene Verfügung und der Widerspruchsbescheid sollen in Urschrift oder in Abschrift beigefügt werden (§ 82 VwGO). Das Verfahren unterliegt dem *Untersuchungsgrundsatz* (§ 86 VwGO; über die Erörterungspflicht des Vorsitzenden vgl. § 104). Verfahrensfehler und bestimmte Ermessensfehler können bis zum Abschluß des verwaltungsgerichtlichen Verfahrens von der Verwaltungsbehörde korrigiert werden (§ 87 Abs. 1 und § 114, 2 VwGO). Das Gericht ist an das Vorbringen und an die Beweisanträge der Beteiligten nicht gebunden, darf aber über das Klagebegehren nicht hinausgehen (§ 88 VwGO). *Widerklage* (§ 89 VwGO), *Klageänderung* (§ 91 VwGO) und *Klagerücknahme* (§ 92 VwGO, nach Stellung der Anträge in der mündlichen Verhandlung nur mit Einwilligung des Beklagten) sind zulässig. Bei Nichtbetreiben des Verfahrens durch den Kläger wird die Rücknahme der Klage fingiert (§ 92 Abs. 2 VwGO). Auf Antrag kann das Gericht die Verhandlung zur Heilung von Verfahrens- und Formfehlern aussetzen (§ 94 Satz 2 VwGO). Persönliches Erscheinen eines Beteiligten kann angeordnet werden (§ 95 VwGO). Die Beweiserhebung findet in mündlicher Verhandlung und entsprechend den Vorschriften der ZPO statt. Die Behörden sind zur *Vorlage von Urkunden oder Akten* und zu Auskünften verpflichtet; sie haben ein Weigerungsrecht nur auf Grund einer Entscheidung der obersten Aufsichtsbehörde und nur, wenn sie glaubhaft machen, daß für das Wohl des Bundes oder eines Landes Nachteile zu befürchten sind oder daß Geheimhaltungspflicht besteht. Ob dies glaubhaft gemacht ist, entscheidet das Gericht durch einen mit Beschwerde selbständig anfechtbaren Beschluß. Die Beteiligten können die Gerichtsakten und dem Gericht vorgelegte Akten einsehen (§ 100 VwGO).

5. Über die Klage wird auf Grund mündlicher Verhandlung oder mit Ein-

verständnis der Beteiligten im schriftl. Verfahren durch *Urteil* entschieden. Das Gericht kann ohne mündl. Verhandlung durch *Gerichtsbescheid* entscheiden, wenn die Sache keine besonderen Schwierigkeiten tatsächlicher oder rechtlicher Art aufweist und der Sachverhalt geklärt ist (§ 84 VwGO). Gegen den Gerichtsbescheid können die Beteiligten binnen einem Monat Berufung oder Revision einlegen, soweit sie gegeben sind, oder mündliche Verhandlung beantragen. Der Gerichtsbescheid wirkt als Urteil; wird rechtzeitig mündl. Verhandlung beantragt, gilt er als nicht ergangen. Das Gericht entscheidet nach seiner freien, aus dem Gesamtergebnis des Verfahrens gewonnenen Überzeugung (§ 108 VwGO). *Zwischenurteile, Teilurteile* und *Vorabурteile* (Zwischenurteile über den Grund einer Leistungsklage) sind zulässig (§§ 109–111 VwGO). Soweit der VA rechtswidrig und der Kläger dadurch in seinen Rechten verletzt ist, hebt das Gericht den VA und den etwaigen Widerspruchsbescheid auf (§ 113 VwGO). Verfahrens- und Formfehler können dabei bis zum Abschluß des verwaltungsgerichtlichen Verfahrens geheilt werden (§ 45 II VwVfG). Ist der VA schon vollzogen, so kann das Gericht auf Antrag aussprechen, daß und wie die Verwaltungsbehörde die Vollziehung rückgängig zu machen hat (sog. *„Folgenbeseitigungsanspruch"*; zu dessen Rechtsnatur und Umfang eingehend und instruktiv Urt. d. BVerwG v. 19. 7. 1984, DÖV 1985, 28). Hat sich der VA vorher durch Zurücknahme oder anders erledigt, so ist auf Antrag auszusprechen, daß er rechtswidrig gewesen ist, wenn der Kläger ein berechtigtes Interesse an dieser Feststellung hat (z. B. weil der VA diskriminierende Wirkung hat oder Wiederholungsgefahr besteht; „Fortsetzungsfeststellungsklage" oder „nachträgliche Feststellungsklage"; das Interesse, die Feststellung zur Grundlage eines Amtshaftungs- oder sonstigen Schadensersatz- oder Entschädigungsprozesses zu machen, reicht nach h. M. in der Regel nicht aus). Stellt das Gericht fest, daß der VA zu Unrecht abgelehnt oder unterlassen und der Kläger dadurch in seinen Rechten verletzt ist, so verpflichtet es im Urteil die Verwaltungsbehörde, die beantragte Amtshandlung vorzunehmen oder – wenn die Sache noch nicht spruchreif ist – den Kläger unter Beachtung der Rechtsauffassung des Gerichts zu bescheiden („Bescheidungsurteil"). Bei VAen, die dem *Ermessen* der Behörde unterliegen, prüft das Gericht auch, ob dessen gesetzliche Grenzen überschritten sind oder von dem Ermessen in einer dem Zweck der Ermächtigung nicht entsprechenden Weise Gebrauch gemacht ist (Ermessensmißbrauch; § 114 VwGO). Die Behörde kann dabei ihre Ermessenserwägungen noch im verwaltungsgerichtlichen Verfahren ergänzen. Besondere Regelungen gelten für die Änderung von Verwaltungsakten, die Geldbeträge festsetzen (§ 113 II VwGO). Das Gericht kann auch einen Verwaltungsakt aufheben, ohne in der Sache selbst zu entscheiden, wenn es erhebliche weitere Ermittlungen für erforderlich hält und die Aufhebung auch unter Berücksichtigung der Belange der Beteiligten sachdienlich ist; das Gericht kann in diesem Fall bis zum Erlaß des neuen Verwaltungsakts eine einstweilige Regelung treffen (Einzelheiten § 113 III VwGO). Ein gerichtlicher → Vergleich ist möglich (§ 106 VwGO).

6. Auf Antrag kann das Gericht, auch schon vor Klageerhebung, eine *einstweilige Anordnung* in bezug auf den Streitgegenstand treffen, wenn die Gefahr besteht, daß durch eine Veränderung des bestehenden Zustandes die Verwirklichung eines Rechts des Antragstellers vereitelt oder wesentlich erschwert werden könnte. Eine solche Anordnung ist auch zur Regelung eines vorläufigen Zustandes zulässig, insbes. um – z. B. bei dauernden Rechtsverhältnissen – wesentliche Nachteile abzuwenden oder drohende Gewalt zu verhindern (§ 123 VwGO).

7. *Rechtsmittel* (vgl. dazu auch im Anhang „Rechtsmittelzug im Verfahren vor den Verwaltungsgerichten"):

a) Gegen die Urteile des VG steht den Beteiligten die *Berufung* an das Oberverwaltungsgericht zu (§§ 124 ff. VwGO). Die Berufung ist abhängig von der Zulassung durch das Oberverwaltungsgericht. Die Berufung ist nur zuzulassen, wenn ernstliche Zweifel an der Richtigkeit des Urteils bestehen, wenn die Rechtssache besondere tatsächliche oder rechtliche Schwierigkeiten aufweist, wenn die Rechtssache grundsätzliche Bedeutung hat, wenn das Urteil von einer anderen Entscheidung eines Obergerichts abweicht oder wenn ein der Beurteilung des Berufungsgerichts unterliegender Verfahrensmangel geltend gemacht wird und vorliegt. Die Zulassung der Berufung ist innerhalb eines Monats nach Zustellung des Urteils zu beantragen. Läßt das Oberverwaltungsgericht die Berufung zu, wird das Antragsverfahren als Berufungsverfahren fortgesetzt; einer gesonderten Einlegung der Berufung bedarf es nicht. Mit der Ablehnung des Zulassungsantrages wird die Entscheidung rechtskräftig. Ist die Berufung zugelassen, so prüft das OVG innerhalb des Berufungsantrags auch neu vorgebrachte Tatsachen und Beweismittel, soweit diese nicht präkludiert sind (§ 128a VwGO). Das OVG entscheidet in der Sache selbst oder kann in bestimmten Fällen (§ 130 OVGO) die Sache an das Verwaltungsgericht zurückverweisen.

b) Gegen das Urteil und gegen Beschlüsse nach § 47 VwGO eines OVG steht den Beteiligten die *Revision* an das BVerwG zu (§ 132 VwGO). Sie kann grundsätzlich nur eingelegt werden, wenn das OVG sie zugelassen hat; dies setzt voraus, daß die Rechtssache grundsätzliche Bedeutung hat oder das Urteil von einer Entscheidung des BVerwG abweicht und auf dieser Abweichung beruht oder daß es auf einem Verfahrensmangel beruhen kann. Die Nichtzulassung kann selbständig durch → Nichtzulassungsbeschwerde angefochten werden (§ 133 VwGO). Sprungrevision ist unter bestimmten Voraussetzungen möglich (§ 134 VwGO). Die Revision ist innerhalb eines Monats schriftlich einzulegen und spätestens innerhalb eines weiteren Monats zu begründen (§ 139 VwGO). Befindet das BVerwG die Revision für zulässig und begründet, so kann es in der Sache selbst entscheiden oder das angefochtene Urteil aufheben und die Sache zur anderweitigen Verhandlung und Entscheidung zurückverweisen (§ 144 VwGO).

c) Gegen die Entscheidungen des VG, die nicht Urteile oder Gerichtsbescheide sind, und gegen Entscheidungen seines Vorsitzenden steht den Beteiligten und sonstigen Betroffenen grundsätzlich die *Beschwerde* an das OVG zu (vgl. §§ 146ff. OVGO). Gegen Beschlüsse des Verwaltungsgerichts über die Aussetzung der Vollziehung (§§ 80, 80a VwGO) und über einstweilige Anordnungen (§ 123 VwGO) sowie gegen Beschlüsse im Verfahren der Prozeßkostenhilfe steht den Beteiligten die Beschwerde zu, wenn sie vom OVG zugelassen worden ist. Entscheidungen des OVG können nur in besonderen Fällen mit der Beschwerde angefochten werden (§§ 49 Nr. 3, 152 VwGO).

8. *Wiederaufnahme des Verfahrens* nach dessen rechtskräftigem Abschluß ist nach den Vorschriften der ZPO zulässig (§ 153 VwGO). Die Befugnis zur Erhebung der Nichtigkeitsklage und der Restitutionsklage steht auch dem Vertreter des öffentlichen Interesses zu, in Verfahren, die vor dem BVerwG im ersten und letzten Rechtszug stattfinden, auch dem Oberbundesanwalt.

9. Die *Vollstreckung* von Entscheidungen im V. ist in den §§ 167ff. VwGO geregelt. Grundsätzlich gelten die Vorschriften der ZPO entsprechend.

**Verwaltungstreuhand** → Treuhandeigentum.

**Verwaltungsunrecht** sind im Gegensatz zum kriminellen Unrecht (→ Strafrecht) Zuwiderhandlungen gegen Ordnungsvorschriften. Sie dürfen nur mit *Ordnungsgeld* (i. d. R. 5–1000 DM) oder *Ordnungshaft* (1 Tag–6 Wochen) geahndet werden; daneben ist Zwangsgeld als Beugemittel zulässig (Art. 5, 6 EGStGB). Zum Bereich des V. gehören die *Ordnungswidrigkeiten.* S.a. → Beugemittel, → Ordnungsmittel, → Zwangsmittel.

**Verwaltungsverband** → Kommunalverbände, → Verwaltungsgemeinschaft, 1.

**Verwaltungsvereinbarung** → Verwaltungabkommen.

**Verwaltungsvereinfachung.** → Deregulierung, → Privatisierung, → Projektmanagement, → Rechtsbereinigung, → Rechtsvereinfachung, → Outsourcing, → Sternverfahren.

**Verwaltungsverfahren(sgesetz).**

1. a) *V. i. S. des Verwaltungsverfahrensgesetzes* ist die nach außen wirkende Tätigkeit der Behörden, die auf die Prü-

fung der Voraussetzungen, die Vorbereitung und den Erlaß eines → Verwaltungsaktes oder auf den Abschluß eines → öffentlich-rechtlichen Vertrags gerichtet ist; es schließt den Erlaß des Verwaltungsaktes oder den Abschluß des öffentlich-rechtlichen Vertrages ein. Das V. war früher durch die Grundsätze des allgemeinen Verwaltungsrechts gewohnheitsrechtlich, ansonsten lückenhaft durch Einzelgesetze geregelt. Das am 1. 1. 1977 in Kraft getretene Verwaltungsverfahrensgesetz vom 25. 5. 1976 (BGBl. I 1253) brachte eine umfassende Vereinheitlichung. Das Gesetz gilt für die öff.-rechtliche Verwaltungstätigkeit der Behörden des Bundes, der bundesunmittelbaren Körperschaften, Anstalten und Stiftungen des öff. Rechts; ferner auch der Länder, Gemeinden und Gemeindeverbände sowie der sonstigen Personen des öff. Rechts, wenn sie Bundesrecht im Auftrag des Bundes ausführen (aber nicht, soweit das Verfahren landesrechtlich durch ein Verwaltungsverfahrensgesetz geregelt ist). Das VwVfG gilt nur subsidiär: es ist nicht anwendbar, soweit Rechtsvorschriften des Bundes inhaltsgleiche oder entgegenstehende Regelungen enthalten. Ferner macht § 2 VwVfG verschiedene Ausnahmen vom Anwendungsbereich, so z. B. für die Tätigkeit der Kirchen, das Verfahren nach der Abgabenordnung sowie das Recht des Lastenausgleichs und der Wiedergutmachung. Das VwVfG regelt u. a.: Anwendungsbereich, örtl. Zuständigkeit, → Amtshilfe; Verfahrensgrundsätze (u. a. Beteiligte, Bevollmächtigte, Vertreter bei gleichförmigen Eingaben und Massenverfahren, Ausschluß von Beteiligten; Untersuchungsgrundsatz, Beweismittel, Akteneinsicht, Geheimhaltung), Fristen und Termine, amtl. Beglaubigung; für den Verwaltungsakt: Begriff, Nebenbestimmungen, Form, Zusicherung, Begründung, Ermessen, Bekanntgabe, Wirksamkeit, Nichtigkeit, Heilung von Fehlern, Umdeutung, Rücknahme, Widerruf, Wiederaufgreifen des Verfahrens; ferner öffentl.-rechtl. Vertrag; besondere Verfahrensarten (förmliches V., Planfeststellungsverfahren); Rechtsbehelfsverfahren; ehrenamtliche Tätigkeit, Ausschüsse. In den *Ländern* sind inzwischen ebenfalls V.e ergangen, die inhaltlich nahezu völlig dem V. des Bundes entsprechen (z. B. bayer. V. vom 23. 12. 1976, GVBl. 544; hess. V. vom 1. 12. 1976, GVBl. I 454). b) Das V. ist grundsätzlich (Ausnahmen s. u. 3) an bestimmte *Formen* nicht gebunden, soweit keine abweichenden Rechtsvorschriften bestehen. Es ist einfach und zweckmäßig durchzuführen (§ 10 VwVfG). Am V. können natürliche und juristische Personen, Vereinigungen, soweit ihnen ein Recht zustehen kann, und Behörden beteiligt sein (§ 11). Die *Handlungsfähigkeit* der Beteiligten bestimmt sich grundsätzlich nach der Geschäftsfähigkeit des bürgerlichen Rechts (§ 12). *Beteiligte* sind der Antragsteller und der Antragsgegner, der Adressat des Verwaltungsaktes oder der Partner des öffentlich-rechtlichen Vertrags. Ferner können oder müssen weitere Personen beteiligt werden, deren rechtliche Interessen durch den Ausgang des Verfahrens berührt werden (§ 13). *Bevollmächtigte* und *Beistände* sind zugelassen; u. U. müssen Empfangsbevollmächtigte und Vertreter bestellt werden (§§ 14–16; s. a. Massenverfahren). Über das *Verbot der Mitwirkung* an einem V. wegen Befangenheit oder Interessenkollision s. Ablehnung von Amtspersonen, Ausschließung von Amtspersonen. Die Behörde *entscheidet nach pflichtgemäßem Ermessen,* ob und wann sie ein V. durchführt. Häufig muß sie aber auf Grund von Rechtsvorschriften von Amts wegen oder auf entsprechenden Antrag tätig werden, so daß ihr kein Ermessen zusteht (§ 22). Die *Amtssprache* ist deutsch (Einzelheiten über fremdsprachige Anträge und Eingaben vgl. § 23). Die Behörde hat den Sachverhalt von Amts wegen zu ermitteln *(Untersuchungsgrundsatz).* Sie bestimmt Art und Umfang der Ermittlungen; an das Vorbringen und an die Beweisanträge der Beteiligten ist sie nicht gebunden. Die Behörde hat alle für den Einzelfall bedeutsamen, auch die für die Beteiligten günstigen Umstände, zu berücksichtigen (§ 24). Im Rahmen des V. hat die Behörde eine gewisse *Beratungs- und Auskunftspflicht* (§ 25). Die Behörde bedient sich der *Beweismittel,* die sie nach pflichtgemäßem Ermessen zur Ermittlung des Sachverhalts für erforderlich hält. Sie kann insbesondere Auskünfte jeder Art einholen, Beteiligte anhören, Zeugen und Sachverständige vernehmen oder schriftliche Äußerungen einholen, Urkunden und Akten beiziehen sowie → Augenschein einnehmen (§ 26). Eine Versicherung an Eides Statt darf die Behörde nur verlangen, wenn dies durch Rechtsvorschriften ausdrücklich vorgesehen ist (§ 27). Bevor ein Verwaltungsakt erlassen wird, der in Rechte eines Beteiligten eingreift, ist diesem grundsätzlich Gelegenheit zur Äußerung zu geben (*rechtliches Gehör;* § 28). Die Beteiligten haben grundsätzlich das Recht auf vollständige *Akteneinsicht* (§ 29) sowie auf Wahrung ihrer Geheimnisse (§ 30).

c) Neben dem formlosen V. kennt das VwVfG auch das *förmliche V.,* für das strengere Verfahrensvorschriften gelten und in dem die Behörde nach mündlicher Verhandlung schriftlich entscheidet (§§ 63 ff. VwVfG). Der Verwaltungsvereinfachung dienen die Bündelungswirkung des → Planfeststellungsverfahrens (§§ 75, 78 VwVfG) und das → Sternverfahren (§ 71 d VwVfG).

d) Wegen der *Rechtsbehelfe* im V. vgl. Widerspruch, Verwaltungsstreitverfahren, Gegenvorstellung, Aufsichtsbeschwerde.

2. Führen die Länder die Bundesgesetze als eigene Angelegenheit aus, so regeln sie die Einrichtung der Behörden und das V., soweit nicht Bundesgesetze mit Zustimmung des BRates etwas anderes bestimmen (Art. 84 I GG). Vorschriften über das *V. i. S. von Art. 84 I GG* sind jedenfalls gesetzl. Bestimmungen, welche die Tätigkeit der Verwaltungsbehörden im Blick auf die Art und Weise der Ausführung der Gesetze einschl. ihrer Handlungsformen, der Form der behördlichen Willensbildung, der Art der Prüfung und Vorbereitung der Entscheidung, deren Zustandekommen und Durchsetzung sowie verwaltungsinterne Mitwirkungs- und Kontrollvorgänge in ihrem Ablauf regeln (vgl. BVerfGE 55, 274 zum Ausbildungsplatzförderungsgesetz). In diesem Falle bedarf das Gesetz der Zustimmung des Bundesrats.

3. Die öff.-rechtl. Verwaltungstätigkeiten nach dem Sozialgesetzbuch (SGB) sind in dessen X. Buch-V. (Ges. vom 18. 8. 1980, BGBl. I 1469) geregelt.

**Verwaltungsvermögen** → öffentliche Sachen.

**Verwaltungsverordnung** (als Gegensatz zu → Rechtsverordnung): früher gebräuchliche Bezeichnung für → Verwaltungsvorschriften (vgl. z. B. noch Art. 55 Nr. 2 der bayer. Verfassung vom 2. 12. 1946).

**Verwaltungsvertrag** (verwaltungsrechtlicher Vertrag) → Vertrag, öffentlich-rechtlicher.

**Verwaltungsvollstreckungsgesetz.** → Verwaltungsakte des Bundes und der bundesunmittelbaren juristischen Personen des öffentlichen Rechts werden nach den Vorschriften des V. vom 27. 4. 1953 (BGBl. I 157) m. Änd. vollstreckt. Das V. unterscheidet zwischen der Vollstreckung von Geldforderungen (§§ 1–5) und der Erzwingung von Handlungen, Duldungen oder Unterlassungen (§§ 6–18). Für bestimmte Gebiete der öffentlichen Verwaltung bestehen Sondervorschriften, so z. B. für Geldforderungen auf dem Gebiet des Steuerrechts in der → Abgabenordnung (AO), des Sozialversicherungsrechts einschl. der Arbeitslosenversicherung im Sozialgesetzbuch X und für Geldforderungen der Justizbehörden in der → Justizbeitreibungsordnung. Im Bereich des → Sozialgesetzbuchs gilt das V. für die Vollstreckung zugunsten von Bundesbehörden und bundesunmittelbaren Körperschaften und Stiftungen des öffentl. Rechts sowie zugunsten der → Versorgungsämter (§ 66 SGB X).

Das V. verweist hinsichtl. der Vollstreckung wegen Geldforderungen auf die AO; Verwaltungsakte, die auf die Herausgabe von Sachen oder auf die Vornahme einer Handlung oder auf Duldung oder Unterlassung gerichtet sind, können mit → Zwangsmitteln (Ersatzvornahme, Zwangsgeld, unmittelbarer Zwang) durchgesetzt werden. Die Vollstreckung von Verwaltungsakten der Länder und landesrechtlicher juristischer Personen des öffentlichen Rechts richtet sich nach den Vollstreckungsgesetzen der Länder.

**Verwaltungsvorschriften** (früher häufig auch als „Verwaltungsverordnungen" bezeichnet) enthalten Anordnungen der vorgesetzten gegenüber den nachgeordneten Behörden, die innerhalb der *Verwaltung* für eine Vielzahl von Fällen gelten sollen. Dagegen werden Anordnungen für den Einzelfall meist als → Weisung (Einzelanweisung; im militärischen Bereich „Dienstbefehl") bezeichnet. Die V. sollen die richtige, zweckmäßige und einheitliche Ausübung der Verwaltungstätigkeit gewährleisten; sie konkretisieren vielfach die oft nur sehr allgemeine Regelung des Gesetzes. Ihre Zulässigkeit ergibt sich ohne besondere gesetzliche Grundlage aus der Weisungsbefugnis der übergeordneten Behörden. Anders als die Rechtsvorschriften (→ Gesetz, *Rechtsverordnung, Satzung*) enthalten die V. keine → Rechtsnormen, sind also kein Gesetz im materiellen Sinne. Sie sind für den außerhalb der Verwaltung stehenden Bürger nicht verbindlich, begründen für ihn also weder Rechte noch Verbindlichkeiten (keine „Außenwirkung") und können demnach keine Rechtsgrundlage für belastende → Verwaltungsakte bilden. Ein Verwaltungsakt ist also nicht deshalb rechtmäßig, weil er einer V. entspricht; umgekehrt ist er nicht allein deshalb rechtswidrig, weil er einer V. widerspricht. Begründen V. eine ständige Übung und dadurch eine „Selbstbindung" des → Ermessens einer Behörde, so kann ein ungerechtfertigtes Abweichen hiervon sich als Mißbrauch des Ermessens darstellen.

Zu den V. zählen z. B. Durchführungsvorschriften, Vollzugsbestimmungen, Richtlinien (z. B. die sehr umfangreichen und praktisch sehr bedeutsamen Steuerrichtlinien, die die einheitliche Anwendung der Steuergesetze gewährleisten und den Bürger über die zu erwartende Praxis der Finanzämter informieren sollen, weswegen sie auch häufig veröffentlicht werden), Dienstanweisungen, Erlasse, i. w. S. auch allgemeine Anordnungen für den inneren Betrieb im Rahmen eines besonderen → Gewaltverhältnisses (z. B. Schule, Anstalt, Soldatenverhältnis, Beamtenverhältnis). Das Rechtsstaatsprinzip und das Demokratieprinzip des GG verpflichten jedoch den Gesetzgeber, die *wesentlichen* Entscheidungen auch innerhalb der bes. Gewaltverhältnisse selbst zu treffen und nicht der Regelung durch V. zu überlassen. V. werden, da sie keine Rechtsnormen sind, nicht in den für die Verkündung von Rechtssetzungen bestimmten Gesetz- und Verordnungsblättern, sondern in den Amtsblättern der Ministerien und sonstiger Verwaltungsstellen veröffentlicht, weniger bedeutende den Verwaltungsbehörden nur innerdienstlich zur Kenntnis gebracht. Die Form der Veröffentlichung bietet einen wichtigen Anhaltspunkt dafür, ob es sich um eine Rechts- oder eine Verwaltungsvorschrift handelt; entscheidend ist hierfür aber, ob die Vorschrift ihrem Inhalt nach unmittelbare Verbindlichkeit für den Bürger beansprucht (dann Rechtsnorm) oder nur den Charakter einer Anweisung für die nachgeordneten Behörden hat. Als Rechtsnorm gültig (und für den Bürger verbindlich) ist eine solche Vorschrift aber nur, wenn sie die für Rechtsnormen geltenden Erfordernisse erfüllt (insbes. gesetzliche Ermächtigung und → Verkündung in der für Rechtsvorschriften vorgesehenen Weise). V. unterliegen, da sie keine Rechtsnormen sind, nicht dem → richterlichen Prüfungsrecht und können weder im Wege der → Normenkontrolle noch mit → Verfassungsbeschwerde angegriffen werden. In einem gerichtlichen Verfahren, das Vorgänge innerhalb der Verwaltung zum Gegenstand hat (z. B. ein Disziplinarverfahren wegen Nichtbefolgung einer V.), ist aber vom Richter auch zu prüfen, ob die V. sich im Rahmen der Gesetze hält.

**Verwaltungszustellungsgesetz.** Das V. des Bundes – VwZG – vom 3. 7. 1952 (BGBl. I 379) m. Änd. regelt das Zustellungsverfahren der Bundesbehörden, der bundesunmittelbaren Körperschaften und Anstalten des öffentlichen Rechts und der Landesfinanzbehörden. In den Ländern sind zumeist eigene V. ergangen, die sich an die Regelung des Bundes anlehnen. Wie die ZPO für die → Zustellung im Zivilrecht, sieht auch das V. eine Zustellung durch die Post mit Zustellungsurkunde oder mittels eingeschriebenen Briefes, durch die Behörde selbst gegen Empfangsbekenntnis oder – an andere Behörden – mittels Vorlegens der Urschrift vor. Praktisch besonders bedeutsam ist, daß bei Zustellung durch die Post mittels eingeschriebenen Briefes dieser mit dem 3. Tage nach der Aufgabe als zugestellt gilt, es sei denn, daß das zuzustellende Schriftstück nicht oder erst zu einem späteren Zeitpunkt zugegangen ist; im Zweifel hat die Behörde den Zugang oder dessen Zeitpunkt nachzuweisen (§ 4). Das Gesetz enthält ferner Vorschriften über die Zustellung an gesetzliche Vertreter (§ 7), an Bevollmächtigte (§ 8), über die → Ersatzzustellung (§ 11), die Zustellung zur Nachtzeit sowie an Sonn- und Feiertagen (§ 12), die Zustellung im Ausland (§ 14), die → öffentliche Zustellung (§ 15), die Zustellung an Beamte und Versorgungsberechtigte (§ 16) und im → Besteuerungsverfahren (§ 17). Das V. gilt auch für die Zustellungen durch Bundesbehörden und bundesunmittelbare Körperschaften und Stiftungen des öffentl. Rechts sowie durch die → Versorgungsämter im Bereich des → Sozialgesetzbuchs (§ 65 SGB X).

**Verwaltungszwang** ist die Vollstreckung von → Verwaltungsakten mittels → Zwangsmitteln, um die Herausgabe einer Sache, die Vornahme einer Handlung oder eine Duldung oder Unterlassung zu erwirken. Die Vollstreckung ist in den → Verwaltungsvollstreckungsgesetzen des Bundes und der Länder geregelt. Besondere Vorschriften gelten für die Durchsetzung → polizeilicher Maßnahmen (→ polizeiliche Zwangsmittel). Der V. hat keinen strafrechtlichen Charakter (nicht mehr gebräuchlich daher die Bezeichnungen Exekutivstrafe, Zwangsstrafe). Voraussetzung für die Anwendung von V. ist, daß der die Pflicht aussprechende Verwaltungsakt unanfechtbar ist, ein Rechtsbehelf keine aufschiebende Wirkung hat oder die sofortige Vollziehbarkeit angeordnet ist. Außerdem gelten die Grundsätze der Zweckmäßigkeit und Verhältnismäßigkeit; das anzuwendende Mittel muß im rechten Verhältnis zum angestrebten Erfolg stehen. Die Zwangsmittel müssen vor ihrer Anwendung angedroht werden, es sei denn, daß eine sofortige Anwendung zur Verhütung oder Unterbringung einer mit Strafe bedrohten Handlung oder zur Abwendung einer drohenden Gefahr notwendig ist. Gegen die Androhung von Zwangsmitteln sind die förmlichen Rechtsbehelfe gegeben, die auch gegen den zu vollstreckenden Verwaltungsakt zulässig sind. Ist dieser unanfechtbar, so kann die Androhung nur mit der Begründung angefochten werden, daß sie eine neue selbständige Rechtsverletzung enthalte; dies gilt auch für die Anwendung der Zwangsmittel. Ist zu Unrecht vollstreckt worden, so besteht grundsätzlich ein → Folgenbeseitigungsanspruch (vgl. → Verwaltungsstreitverfahren, 5); u. U. kommen auch Schadensersatzansprüche wegen → Amtspflichtverletzung in Betracht. Soweit im Rahmen des V. unmittelbarer Zwang anzuwenden ist, leistet die → Polizei → Vollzugshilfe.

**Verwandte Schutzrechte** → Urheberrecht.

**Verwandtschaft** im eigentlichen Sinne ist die auf blutmäßiger → Abstammung beruhende Verbindung mehrerer Personen (also z. B. nicht Ehegatten). V. in gerader Linie liegt vor bei Personen, die voneinander abstammen (z. B. Großvater, Vater, Sohn; auf die Ehelichkeit kommt es nicht an), V. in der Seitenlinie bei Personen, die von derselben dritten Person abstammen (z. B. Geschwister, Vettern u. a.). Der *Grad* der V. bestimmt sich dabei nach der Zahl der sie vermittelnden Geburten (§ 1589 I BGB). So sind z. B. Vater und Sohn in gerader Linie im 1. Grad, Geschwister in der Seitenlinie im 2. Grad und Onkel und Neffe in der Seitenlinie im 3. Grad verwandt. Darüber hinaus kennt das BGB (§§ 1741 ff.) auch eine V. im Rechtssinne, nämlich bei Annahme als Kind (→ Adoption). Für Kinder von Eltern, die nicht miteinander verheiratet sind, gelten insoweit keine Besonderheiten mehr.

Besondere Bedeutung hat die V. für die → Unterhaltspflicht unter Verwandten sowie im Erbrecht (gesetzliche → Erbfolge, → Pflichtteilsrecht), ferner für die Eheschließung (→ Eheverbote), für die Berufung zum → Vormund, im Strafrecht (strafbare Handlungen gegenüber Verwandten sind oft straffrei oder werden milder beurteilt) sowie im Prozeßrecht (Ausschließung eines Richters oder Urkundsbeamten, → Zeugnisverweigerungsrecht, bei dem es insbes. auf den Grad der V. ankommt, u. a.). S. a. → Schwägerschaft, → Abkömmlinge.

**Verwarnung** → Betriebsjustiz, → Disziplinarmaßnahmen. S. a. → Abmahnung u. im folg.

**Verwarnung bei Ordnungswidrigkeiten.** Bei Zuwiderhandlungen gegen gesetzliche Vorschriften ist es, soweit nicht das → Legalitätsprinzip zu einer Verfolgung zwingt, der zuständigen Behörde unbenommen, den Täter unter Verzicht auf weitere Maßnahmen zu verwarnen und ihm für den Wiederholungsfall strengere Folgen anzudrohen. Für eine solche V. darf aber eine *Gebühr* nicht ohne gesetzliche Grundlage erhoben werden, die sich für bestimmte Fälle im Bundesrecht und z. T. auch im Landesrecht findet. In §§ 56ff. OWiG ist für geringfügige Ordnungswidrigkeiten allgemein eine V. zugelassen, bei der ein Verwarnungsgeld von 10–75 DM erhoben wird. Diese Regelung erfaßt z. B. alle nach § 49 StVO, § 69a StVZO, § 24 StVG verfolgbaren *Verkehrsordnungswidrigkeiten.*

Die V. ist aber nur wirksam, wenn der Täter sich mit ihr nach Belehrung über sein Weigerungsrecht ausdrücklich einverstanden erklärt und die Gebühr entweder sofort oder binnen 1 Woche zahlt; die Frist soll bewilligt werden, wenn der Betroffene das V.geld nicht sofort zahlen kann oder wenn es 20 DM übersteigt. Er erhält eine Bescheinigung über die V., die Höhe des V.geldes und ggf. die Zahlungsfrist. Beamte, die zur Erteilung einer V. im Außendienst ermächtigt sind, haben sich entsprechend auszuweisen; bei Polizeibeamten genügt Dienstkleidung. Ist der Betroffene mit der V. nicht einverstanden, hat der feststellende Beamte in der sonst üblichen Weise zu verfahren (→ Opportunitätsprinzip). Ist die mit V.geld erteilte V. wirksam, kann die Tat nicht mehr als Ordnungswidrigkeit verfolgt werden (→ Prozeßhindernis), wohl aber, wenn sich herausstellt, daß in Wirklichkeit eine Straftat vorliegt, z. B. → Straßenverkehrsgefährdung; im Falle der Strafverfolgung wird die Gebühr angerechnet (§ 86 II OWiG) oder zurückgezahlt.

Für Verkehrsordnungswidrigkeiten gilt der nach § 27 StVG als Verwaltungsvorschrift erlassene Verwarnungsgeldkatalog i. d. F. vom 12. 6. 1975 (BAnz Nr. 109) m. Änd.

**Verwarnung mit Strafvorbehalt.** Diese Form eines aufschiebend bedingten Strafausspruchs besteht darin, daß im Urteil neben dem Schuldspruch die Strafe der Höhe nach festgesetzt, ihre Verhängung aber mit der Maßgabe aufgeschoben wird, daß sie nur wirksam werden soll, wenn der Verurteilte während einer Bewährungszeit versagt. Sie war bereits vor Erlaß des JGG 1943 in Aussicht genommen, ist aber weder in dieses noch in das JGG 1953 aufgenommen worden, weil für sie neben der Aussetzung des Strafausspruchs (→ Jugendstrafe) kein Bedürfnis besteht. Sie ist aber nach § 59 StGB im Erwachsenenstrafrecht bei Verhängung einer Geldstrafe (die das Jugendstrafrecht nicht vorsieht) bis zu 180 Tagessätzen zulässig. Voraussetzungen sind eine günstige Täterprognose und besondere Umstände, die es angezeigt erscheinen lassen, den Täter von einer Strafverurteilung zu verschonen, und ferner, daß die Verteidigung der Rechtsordnung die Verurteilung nicht gebietet. V. m. S. ist i. d. R. ausgeschlossen, wenn der Täter in den letzten 3 Jahren vor der Tat mit Strafvorbehalt verwarnt oder zu Strafe verurteilt worden ist. Das Gericht setzt eine Bewährungszeit fest (1–3 Jahre); es kann dem Verurteilten Auflagen und Weisungen (→ Täter-Opfer-Ausgleich, Schadenswiedergutmachung, Geldzahlung an gemeinnützige Einrichtung, Heilbehandlung oder Entziehungskur, Verkehrsunterricht) erteilen. Widerruf der Entscheidung ist wie bei → Strafaussetzung zur Bewährung möglich; andernfalls hat es bei der V. sein Bewenden (§ 59b StGB).

**Verwarnung nach Jugendstrafrecht** ist ein sog. → Zuchtmittel, durch das dem straffällig gewordenen Jugendlichen das Unrecht der Tat eindringlich vorgehalten werden soll (§§ 13, 14 JGG). Sie wird bei leichteren Verfehlungen ausgesprochen, bei denen die Verhängung einer → Jugendstrafe nicht erforderlich ist, weil angenommen werden kann, daß ein nachdrücklicher Vorhalt die angestrebte erzieherische Wirkung erreicht. Die V. ist eine förmliche Mißbilligung und unterscheidet sich dadurch von einer → Ermahnung, die z. B. mit der Einstellung des Verfahrens verbunden werden kann. Die V. wird neben dem Schuldspruch im Urteil oder im → vereinfachten Jugendverfahren ausgesprochen.

**Verwechslungsgefahr.** Der Begriff spielt im Handelsrecht und gewerblichen Rechtsschutz eine Rolle. So ist eine → Firma unzulässig, die eine V. mit einer schon bestehenden Fa. hervorruft (§ 30 HGB). Dasselbe gilt für → Marken. V. im engeren Sinne liegt vor, wenn eine solche Ähnlichkeit besteht, daß die am Geschäftsverkehr Beteiligten zu der Annahme verleitet werden, die Waren stammten aus denselben Unternehmen, V. im weiteren Sinne, wenn die Annahme erweckt wird, es bestünden solche Beziehungen zwischen den Zeichenbenutzern, daß der eine auf den anderen Einfluß in Herstellung oder Vertrieb der Waren ausübe. Für den Schutzumfang wird zwischen schwachen, normalen und starken Zeichen unterschieden. So kann bei einem starken Zeichen (solches mit überdurchschnittlicher Kennzeichnungskraft infolge besonderer Verkehrsgeltung oder Eigenart, z. B. Persil, Mercedes) der Schutzbereich auf andersartige Waren und andere Warenklassen ohne Eintragung ausgedehnt werden, um eine sog. Verwässerung der Marke zu verhindern. Im Wettbewerbsrecht schützt § 16 UWG vor verwechslungsfähiger Verwendung fremder Namen, Firmen oder geschäftlicher Bezeichnungen (→ unlauterer Wettbewerb). Dieselben Grundsätze gelten auch sonst im Rechtsverkehr (z. B. für den Namen eines → Vereins).

**Verweigerung der ehelichen Lebensgemeinschaft** → Getrenntleben der Ehegatten, → eheliche Lebensgemeinschaft.

**Verweigerung der Leistung** (Gegenleistung) → gegenseitiger Vertrag, → Zurückbehaltungsrecht.

**Verweigerung des Kriegsdienstes** (mit der Waffe) → Zivildienst.

**Verweigerung des Zeugnisses** → Zeugnisverweigerungsrecht.

**Verweisung,** d. h. *gesetzestechnisch* Bezugnahme auf andere Vorschriften in demselben oder in einem anderen Gesetz (z. B. „§ 5 des Gesetzes über ... gilt entsprechend") macht die in Bezug genommene Norm zum Bestandteil der verweisenden Norm. V. auf eine feststehende Norm nennt man *statische V.*, eine V. „auf die jeweils geltende Fassung" *dynamische V.* Auf private Normen (z. B. technische Bestimmungen) darf nur verwiesen werden, wenn diese zugänglich und ihrer Art nach „normgerecht" sind; dynamische V.en auf solche Normen sind im Hinblick auf die unkontrollierte Aufgabe der Rechtssetzungsbefugnis verfassungsrechtlich problematisch.

Im *Prozeßrecht* ist unter V. allgemein die V. eines Rechtsstreits an ein anderes Gericht zu verstehen. Innerhalb einer → Gerichtsbarkeit findet V. an das Gericht statt, das nach Ansicht des verweisenden Gerichts sachlich und örtlich zuständig ist (§ 281 ZPO, § 48 I ArbGG, § 83 VwGO, § 98 SGG, § 70 FGO). Diese Verweisung setzt im Zivilprozeß einen Antrag des Klägers voraus und erfolgt durch Beschluß. Im Strafprozeß wird von Amts wegen verwiesen (§ 270 StPO). Außerdem gibt es eine V. von einem → Rechtsweg in den anderen, und zwar im Verhältnis der ordentlichen Gerichtsbarkeit, der Arbeitsgerichtsbarkeit, der Verwaltungs-, Finanz- und Sozialgerichtsbarkeit zueinander (§ 17 a GVG). Diese V. wird nach Anhörung der Parteien von Amts wegen durch Beschluß ausgesprochen. Ferner gibt es eine V. zwischen Zivilkammern und → Kammern für Handelssachen (§§ 97–99 GVG). Diese V. geschieht durch Beschluß, teils auf Antrag einer Partei, teils von Amts wegen. Alle V.en sind grundsätzlich bindend, damit die Erledigung des Rechtsstreits nicht verzögert wird; insbes. kann (auch bei fehlerhafter V.) nicht an das verweisende Gericht zurückverwiesen werden.

**Verwendbares Eigenkapital** → Körperschaftsteuer, 3.

**Verwendungen** sind Aufwendungen, die eine Sache wiederherstellen, erhalten oder verbessern, ohne sie selbst grundlegend zu verändern (z. B. Reparatur eines Kraftfahrzeugs, Wiederherstellung eines zerstörten Hauses, Füttern eines Tieres). Im Rahmen eines *Eigentümer – Besitzverhältnisses* (→ Eigentumsherausgabeanspruch) enthalten die §§ 994 ff. BGB Sondervorschriften für den Ersatz von V. des *unrechtmäßigen* Besitzers; ein *rechtmäßiger* Besitzer (z. B. die Werkstätte repariert auf Grund eines wirksamen → Werkvertrags dem Vorbehaltskäufer ein unter → Eigentumsvorbehalt geliefertes und daher noch im Eigentum des Vorbehaltsverkäufers stehendes Kraftfahrzeug) hat nach h. M. keinen Anspruch gegen den Eigentümer auf Ersatz der V., sondern nur auf Grund seines Vertrags gegen den Dritten (für die Besitzberechtigung kommt es allerdings nach BGH nicht auf den Zeitpunkt der V., sondern auf die Geltendmachung des Eigentumsherausgabeanspruchs an; alles i. e. sehr str.).

Man unterscheidet notwendige, nützliche und Luxus-V. *Notwendige V.,* d. h. Maßnahmen, die zur Erhaltung oder Wiederherstellung der Sache erforderlich sind, sowie deren gewöhnliche Lasten, z. B. Grundsteuer, sind dem redlichen Besitzer stets, dem bösgläubigen Besitzer und dem Besitzer nach → Rechtshängigkeit des Eigentumsherausgabeanspruchs nur nach den Vorschriften über die → Geschäftsführung ohne Auftrag zu ersetzen; ausgenommen sind jedoch die gewöhnlichen Erhaltungskosten (z. B. Füttern einer Kuh), solange dem Besitzer die Nutzungen (Milch) verbleiben (§§ 994, 995 BGB). *Nützliche V.,* die, ohne notwendig zu sein, den Wert der Sache erhöhen (z. B. Einbau von Anlagen), sind nur dem redlichen Besitzer, *Luxus-V.,* die den Wert der Sache nicht erhöhen, sind überhaupt nicht zu ersetzen (§ 996 BGB). Bis zum Ersatz der V. kann der Besitzer gegenüber dem Eigentumsherausgabeanspruch ein → Zurückbehaltungsrecht geltend machen (§ 1000 BGB). Der Besitzer kann andererseits den Anspruch auf Ersatz der V. selbständig nur geltend machen, wenn der Eigentümer den Besitz an der Sache wieder erlangt oder die V. genehmigt (§ 1001 BGB); bei vorbehaltloser Herausgabe der Sache an den Eigentümer erlischt der Anspruch auf V.ersatz innerhalb eines Monats (bei Grundstücken innerhalb von 6 Monaten, § 1002 BGB). Ähnliche Vorschriften über Ansprüche wegen V. – insbes. die §§ 1000 ff. BGB – gelten auch in anderen Fällen, z. B. zugunsten des Finders (→ Fund) und des → Erbschaftsbesitzers (§§ 970, 972, 2022, 2023 BGB). → Wegnahmerecht.

**Verwertung** (gepfändeter Sachen) → Pfändung.

**Verwertungsgesellschaft** für → Urheberrechte ist eine privatrechtliche Personenvereinigung (meist → Gesellschaft mit beschränkter Haftung, → Genossenschaft oder wirtschaftlicher → Verein), die → Nutzungs- und Einwilligungsrechte sowie Vergütungsansprüche für Rechnung mehrerer Urheber oder Leistungsschutzberechtigter (Inhaber verwandter Schutzrechte) zur gemeinsamen Auswertung auf Grund von Berechtigungsverträgen wahrnimmt. Das Ges. über die Wahrnehmung von Urheberrechten vom 9. 9. 1965 (BGBl. I 1294) verlangt für die Tätigkeit einer V. eine staatliche Erlaubnis, unterstellt sie der Staatsaufsicht durch das Bundespatentamt und erlegt der V. einen Wahrnehmungs- und Abschlußzwang (§§ 6, 11) sowie Pflichten zur Auskunft, Aufstellung eines Einnahmenverteilungsplans, Rechnungslegung usw. auf (§§ 7, 9, 10). V. sind insbes. die → GEMA (Musik), GVL (Leistungsschutzrechte) und V.Wort, zusammengeschlossen in der „Zentralstelle für private Überspielungsrechte (ZPÜ)".

**Verwertungsnachweis** → Abmeldung von Kfz.

**Verwertungsrechte** stellen nach dem Urheberrechtsgesetz vom 9. 9. 1965 (BGBl. I 1273) neben den Urheberpersönlichkeitsrechten (→ Urheberrecht) den vermögensrechtlich orientierten Teil des Urheberrechts dar. Die V. können vom Urheber in der Weise benutzt werden, daß er sie entweder selbst ausübt (z. B. das Gemälde selbst gegen Vergütung ausstellt, eine Bühnenaufführung gegen unmittelbar gezahlte Tantieme gestattet) oder anderen ein → Nutzungsrecht einräumt. V. sind das → Vervielfältigungs-, das → Verbreitungs-, das → Ausstellungs-, das → Vortrags-, → Aufführungs- und → Vorführungsrecht, das → Sende- und → Wiedergaberecht (§ 15 UrhG).

**Verwertungsverbote** im Strafverfahren → Beweisverbote. Über V. für gesetzlich geschützte Vorgänge → Datenschutz, → Geheimbereich, → anonyme Anzeigen.

**Verwirkung.** Wird ein → Anspruch oder ein sonstiges → Recht (z. B. aus → Eigentumsstörungen, auf Kündigung u. a.) längere Zeit nicht geltend gemacht und treten besondere Umstände hinzu, auf Grund deren die verspätete Geltendmachung als unzulässige, unzumutbare

Rechtsausübung und damit als Verstoß gegen → Treu und Glauben anzusehen ist, so tritt V. ein. Wenn der Anspruch auch noch nicht → verjährt ist, so kann im Einzelfall die Tatsache, daß sich der Schuldner inzwischen aus den Umständen und dem Verhalten des Gläubigers darauf einrichten durfte (und auch eingerichtet hat), dieser wolle seinen Anspruch oder sein Recht nicht mehr geltend machen, dazu führen, daß infolge V. dessen Ausübung ausgeschlossen ist. An die Voraussetzungen der V. sind strenge Anforderungen zu stellen. Die V. als Sonderfall von Treu und Glauben hat auch im öffentlichen Recht (Prozeßrecht) Bedeutung.

**Verwirkung von Grundrechten.** Wer die Freiheit der Meinungsäußerung (→ Meinungsfreiheit), insbes. die → Pressefreiheit (Art. 5 I GG), die Lehrfreiheit (Art. 5 III GG), die → Versammlungsfreiheit (Art. 8 GG), die Vereinigungsfreiheit (Art. 9 GG), das → Brief-, Post- und Fernmeldegeheimnis (Art. 10 GG), das → Eigentum (Art. 14 GG) oder das → Asylrecht (Art. 16 II GG) zum Kampf gegen die → freiheitliche demokratische Grundordnung mißbraucht, verwirkt diese Grundrechte (Art. 18 GG). Mißbrauch liegt vor, wenn das Grundrecht in einem Umfang in Anspruch genommen wird, der durch seinen Sinngehalt nicht mehr gedeckt ist. Der Mißbrauch zum Kampf gegen die freiheitliche demokratische Grundordnung muß auf Vorsatz beruhen, braucht aber nicht schuldhaft zu sein (unzurechnungsfähiger politischer Fanatiker!). Die V. tritt nicht automatisch ein, sondern wird vom BVerfG auf Antrag des Bundestags, der BReg. oder einer LdReg. im Verfahren nach den §§ 36–41 BVerfGG ausgesprochen. Die Entscheidung des BVerfG ist konstitutiv und hat zur Folge, daß der Betroffene sich nicht mehr auf das aberkannte Grundrecht berufen kann. Das BVerfG legt fest, welche Grundrechte verwirkt sind und ob die V. für immer oder nur für einen bestimmten Zeitraum gilt. Es kann dem Betroffenen außerdem das (aktive und passive) Wahlrecht und die Befähigung zur Bekleidung öffentlicher Ämter aberkennen sowie genau zu bezeichnende Beschränkungen auferlegen.

**Verwirkungsklausel** *(Verfallklausel, kassatorische Klausel, lex commissoria).* Die V. ist eine Vereinbarung, wonach der Schuldner aller seiner Rechte aus einem → Vertrag verlustig gehen soll, wenn er seine Verbindlichkeit – schuldhaft – nicht oder nicht rechtzeitig erfüllt (→ Unmöglichkeit der Leistung, → Schuldnerverzug). Eine solche Klausel gilt im Zweifel nur als → Rücktrittsvorbehalt (§ 360 BGB). Andere Vereinbarungen sind zulässig (über Grenzen bei → Allgemeinen Geschäftsbedingungen vgl. § 11 Nrn. 8, 9 AGBG). Obwohl bei der V. eine echte → Vertragsstrafe nicht vorliegt, finden deren Regeln, insbes. die Möglichkeit der Herabsetzung bei Unbilligkeit, entsprechende Anwendung. Sollen nur einzelne Rechte bei Nichterfüllung verwirkt werden, so tritt dieser Rechtsverlust unmittelbar ein; § 360 BGB gilt hier nicht. Als V. wird auch die Abrede der → Fälligkeit der gesamten Leistung bei → Schuldnerverzug mit einzelnen Teilleistungen verstanden. → Reugeld, → Kreditvertrag (5). S. ferner → Auslegung von Verfügungen von Todes wegen.

**Verzehr an Ort und Stelle** ist nicht umsatzsteuerbegünstigt, während ansonsten Umsätze mit bestimmten Lebensmitteln dem ermäßigten Steuersatz unterliegen (§ 12 II Nr. 1 UStG; → Umsatzsteuer 7).

**Verzeihung** → Erbunwürdigkeit.

**Verzicht** → Erlaßvertrag; s. a. → Rechtsmittelverzicht, → Erbverzicht.

**Verzichtsurteil** ist ein Urteil, das gegen den Kläger auf Grund seines Verzichts auf den geltend gemachten prozessualen Anspruch (→ Streitgegenstand) ergeht (§ 306 ZPO). Darin wird die Klage abgewiesen. Im Verwaltungs-, Finanz- und Sozialstreitverfahren wird das V. wegen des dort geltenden → Untersuchungsgrundsatzesüberwiegend für unzulässig gehalten.

**Verzinsung** → Zinsschuld, → Zinsen (steuerlich), → Zinsen bei Sozialleistungsansprüchen.

**Verzug** → Schuldnerverzug, → Gläubigerverzug.

**Verzugsschaden** → Schuldnerverzug.

**Verzugszinsen** → Schuldnerverzug.

**Vetorecht** ist das Recht, in einem Kollegialorgan das Zustandekommen eines Beschlusses durch die eigene Gegenstimme zu verhindern. Bekannt ist das sog. V. der ständigen Mitglieder des Sicherheitsrats der → Vereinten Nationen; hierbei handelt es sich jedenfalls nach der Charta nicht um ein eigentliches V., sondern um ein Zustimmungserfordernis. Allerdings hat die Praxis Art. 27 der Charta bald dahin ausgelegt, daß nur der ausdrückliche Widerspruch eines ständigen Ratsmitglieds beachtlich sein soll, nicht dagegen Stimmenthaltung oder Fernbleiben von der Sitzung. – Über das V. der BReg. bei ausgabenerhöhenden und einnahmenmindernden Gesetzen (Art. 113 GG) → Haushaltsrecht (5).

**Videotext** (Rechtsverhältnisse) → Rundfunk (1).

**Vieh- und Fleischgesetz.** Das Ges. i. d. F. vom 21. 3. 1977 (BGBl. I 477) m. Änd. regelt die innerstaatliche Marktförderung des Verkehrs mit Vieh und zur Ernährung bestimmtem Fleisch. Die Marktordnung für die betreffenden Erzeugnisse ist in den jeweiligen gemeinsamen → Marktorganisationen der E. G. geregelt. Das Ges. sieht die Errichtung von Schlachtviehgroßmärkten und Schlachtviehmärkten (§§ 3, 4) sowie die Regelung des Marktverkehrs vor (§§ 6 ff.: Bestimmung der Markttage und -zeiten, Handel nach Lebendgewicht, Ausstellung von Marktschlußscheinen, amtliche Preisnotierung nach Handelsklassen). Nicht dem Marktverkehr unterliegt der Verkauf von eigenem Schlachtvieh durch Landwirtschaftsbetriebe (§ 7 II). Zur Förderung des Marktausgleichs durch Marktbeobachtung und Marktberichterstattung können Marktverbände gebildet werden (§ 19). Hierzu s. a. → MarktstrukturG; s. ferner → Fleischhygiene.

**Viehkauf.** Für den → Kauf gewisser Tiere – Pferde, Esel, Maulesel, Rinder, Schafe, Schweine – gelten Sondervorschriften über die → Gewährleistung für Sachmängel (§§ 481 ff. BGB). Der Verkäufer hat nur bestimmte Fehler (Krankheiten), die sog. *Hauptmängel,* und diese nur bei Auftreten innerhalb bestimmter kurzer Fristen *(Gewährfristen)* zu vertreten (§ 482 BGB). Einzelheiten enthält die VO betr. die Hauptmängel und Gewährfristen beim Viehhandel vom 27. 3. 1899 (RGBl. 219). Die Gewährfristen für die meisten Krankheiten betragen 14 Tage; bei einzelnen 3, 10 und 28 Tage. Der Käufer kann nur → Wandelung verlangen, auch wenn das Tier schon geschlachtet ist; die → Minderung ist ausgeschlossen (§ 487 BGB). Die Gewährleistungsansprüche verjähren binnen 6 Wochen seit dem Ende der Gewährfrist (§ 490 BGB).

**Viehseuchen** → Tierseuchen.

**Viehtreiben** → Tiere im Straßenverkehr.

**Viehversicherung** → Tierversicherung.

**Viehzählung** → Landwirtschaft.

**Vier-Mächte-Abkommen** → Berlin (2).

**Viermächteerklärung.** Die Rechtslage Deutschlands nach der Kapitulation 1945 wurde wesentlich bestimmt durch die „Erklärung in Anbetracht der Niederlage Deutschlands und der Übernahme der obersten Regierungsgewalt hinsichtlich Deutschlands" vom 5. 6. 1945 – ABl. KR 1945, ErgBl. S. 7; VOBl. Berlin 1945 S. 21 – („Berliner Erklärung" oder „Viermächteerklärung" genannt). Sie wurde abgegeben von Vertretern der obersten Kommandobehörden Großbritanniens, der USA, der UdSSR und Frankreichs, die mit Vollmacht ihrer Regierungen und im Interesse der Vereinten Nationen handelten. Sie gingen davon aus, daß Deutschland bedingungslos kapituliert und sich allen Forderungen zu unterwerfen habe. Die Alliierten übernahmen mit ihrer Erklärung die oberste Regierungsgewalt in Deutschland. Die Übernahme sollte aber nach ausdrücklicher Bestimmung nicht die Annektierung Deutschlands bewirken, sondern war als Vorkehrung für die Einstellung weiterer Feindseligkeiten seitens der deutschen Streitkräfte und für die Aufrechterhaltung der Ordnung in Deutschland deklariert. Die Grenzen und die rechtliche Stellung Deutschlands sollten durch die Regierungen der Alliierten später festgelegt werden.

**Vignette** ist ein am Kfz. sichtbar anzubringendes Zeichen, zumeist ein Aufkleber. Sie weist die Entrichtung einer Gebühr für die Benutzung bestimmter Straßen, i. d. R. Autobahnen, aus S. a. → Autobahnbenutzungsgebühr.

**Vikar** ist in der → evang. Kirche der nach der ersten Prüfung zum Zwecke der praktischen Ausbildung und Vorbereitung auf das Schlußexamen tätige Theologe; er hat Predigterlaubnis. In der → katholischen Kirche kann der → Diözesanbischof, sofern er es für angebracht hält, nach Anhörung des → Pfarrers sowie des → Dekans einer Pfarrei einen oder mehrere Hilfsgeistliche – lat. vicarius paroecialis = Pfarrvikar – zuweisen. Im deutschen Sprachraum sind ferner die Bezeichnungen Kaplan und Kooperator üblich. Der Pfarrvikar hat den Pfarrer in allen Seelsorgeaufgaben zu unterstützen. Zum Bischofsvikar und → Generalvikar s. → Diözese.

**Vikariieren** → Zweispurigkeit im Strafrecht.

**Viktimologie** ist die Lehre vom Opfer (lat. victima) der Straftat. Sie befaßt sich vorwiegend mit der Beziehung zwischen Täter und Opfer (O.) bei der Verbrechensentstehung, mit dem Prozeß des O.werdens (Beteiligung des O., Mitverursachung; Milderung der Hemmung des Täters, weil O. schadensversichert), Anzeigebereitschaft des O. (wichtig für das Kriminalitäts-Dunkelfeld), Früh- und Spätschäden (auch psychische), Schutz des O. im Ermittlungs- und im Strafverfahren, Verbrechensverhütung durch viktimologische Prognose und im Hinblick auf victimogene Personen (O.gefährdete, z. B. Taxifahrer, Geldboten), vorbeugender Schutz potentieller O. (Warnung von Anhaltern, Drogengefährdeten usw. vor gefährlichen Räumen und Personen), Wiedergutmachung, O.hilfe (→ Gewalttaten, Entschädigung für Opfer von –).

**Vindikation** → Eigentumsherausgabeanspruch.

**Vindikationslegat** → Vermächtnis.

**Vindikationszession** → Eigentumsübertragung.

**Vinkulationskauf** ist ein → Kauf unter Einschaltung eines im Besitz der Kaufsache befindlichen Dritten in der Weise, daß die Übergabe der Sache von dem Dritten an den Käufer und die Zahlung des Kaufpreises durch den Käufer an den Dritten an die Zustimmung des Verkäufers gebunden (vinkuliert) ist.

**Vinkulierte Namensaktie** → Nebenleistungsaktiengesellschaft.

**vis absoluta, vis compulsiva** → Gewalt.

**Visum** → Sichtvermerk.

**Vizekanzler** wird der nach Art. 69 I GG vom → Bundeskanzler zu seinem Stellvertreter berufene Bundesminister genannt.

**Vizekonsul** → Konsul.

**V-Mann** → V-Person, → verdeckte Ermittlungen, → nachrichtendienstliche Mittel.

**VOB** = Verdingungsordnung für Bauleistungen; → Verdingungsordnungen, → Werkvertrag (3).

**VOF.** Die VOF (Verdingungsordnung für freiberufliche Leistungen) (Bek. vom 12. 5. 1997 BAnz. Nr. 164 a vom 3. 9. 1997) ist durch die 1. ÄVO zur Vergabeverordnung (vom 29. 9. 1997, BGBl. I 2384) für alle an die europarechtlichen Vorschriften über die Vergabe von Dienstleistungen (Dienstleistungsrichtlinie vom 18. 6. 1992 ABl. L 209/1) persönlich und inhaltlich gebundenen Auftraggeber (d.h. im wesentlichen die öffentliche Hand) für die Vergabe von Dienstleistungsaufträgen oberhalb des Schwellenwertes verbindlich vorgeschrieben, soweit es sich nicht um eindeutig und erschöpfend beschreibbare Leistungen handelt. Für die letzteren gilt die VOL. Praktische Bedeutung hat die Vorschrift vor allem für die Vergabe von Ingenieur- und Architektenleistungen. Für diese enthält die VOF auch Regelungen über Wettbewerbe.

**Vogelschutz** ist nach dem BNaturschutzG (→ Naturschutz) ein Teil des Schutzes wildlebender Tiere; s. Artenschutz. Über den Schutz der Bezeichnungen „Vogelwarte“, „Vogelschutzwarte“ usw. vgl. § 25 BNatSchG.

**VOL** = Verdingungsordnung für Leistungen → Verdingungsordnungen.

**volenti non fit iniuria** (dem Einwilligenden geschieht kein Unrecht) → Einwilligung des Verletzten.

**Völkerbund.** Der V. war ein auf Veranlassung des damaligen US-Präsidenten Wilson 1919 begründeter völkerrechtlicher Zusammenschluß, dessen Zweck die Sicherung des Weltfriedens vor allem durch Rüstungsbeschränkungen und Maßnahmen gegen Angriffskriege war (die Satzung des V. ist in Teil I Art. 1–26 des → Versailler Vertrags enthalten; vgl. RGBl. 1919, 687 ff.). Ihm traten 63 Nationen bei (Deutschland 1926; die USA nicht). Die Sowjetunion wurde 1934 aufgenommen, aber 1940 im Hinblick auf den Finnlandkrieg wieder ausgeschlossen. Nach der Präambel der Satzung war das Ziel des V. die Gewährleistung des internationalen Friedens und der internationalen Sicherheit sowie die Förderung der zwischenstaatlichen Zusammenarbeit. Die Mitgliedstaaten bekannten sich zur Notwendigkeit der Abrüstung (Art. 8) und verpflichteten sich zur friedlichen Streiterledigung (Art. 12). Organe des V. waren die Bundesversammlung, der Völkerbundsrat und das Sekretariat. Der organisatorische Aufbau ähnelte also dem der → Vereinten Nationen. Ein wesentlicher Unterschied liegt darin, daß der Völkerbundsrat – anders als der → Sicherheitsrat – nur Empfehlungen an die Mitgliedstaaten richten konnte.

Dem V. gelang es nicht, das nach dem ersten Weltkrieg einsetzende Wettrüsten zu verhindern; auch versagte er in lokalen Kriegsfällen, in denen Sanktionen gegen die Angreifer sich hätten rechtfertigen lassen (Einmarsch der Japaner in die Mandschurei 1935, Annexion Abessiniens durch Italien 1936). 1935 erklärte Hitler den Austritt Deutschlands aus dem V. Mit Ausbruch des zweiten Weltkriegs 1939 stellte der V. seine Tätigkeit ein. Er wurde 1946 durch die → Vereinten Nationen ersetzt.

**Völkergewohnheitsrecht.** Wie innerstaatliches → Gewohnheitsrecht setzt auch die Entstehung von V. voraus, daß ein bestimmtes Verhalten von den Rechtssubjekten längere Zeit ständig beachtet wird, weil sie es aus Rechtsgründen für erforderlich halten. Je nach dem räumlichen Umfang der Anerkennung der rechtlichen Gebotenheit eines bestimmten Verhaltens entsteht regionales (partikulares) oder allgemeines oder universales → Völkerrecht. V. kann sowohl bisheriges Völkerrecht ändern als auch neues begründen. Die Hauptquelle für den Nachweis bestehenden Gewohnheitsrechts ist die diplomatische Praxis der Staaten. In jüngerer Zeit wurden Versuche der Kodifikation des V. unternommen (z. B. Seerechtskonferenzen 1958, 1960 und 1963–1982).

**Völkermord** (genocidium) ist auf Grund der Internationalen Konvention über die Verhütung und Bestrafung des V. vom 9. 12. 1948, der die BRep. durch Ges. vom 9. 8. 1954 (BGBl. II 729) beigetreten ist, auch im deutschen StGB mit Strafe bedroht. Nach § 220 a StGB wird mit lebenslanger Freiheitsstrafe bestraft, wer in der *Absicht,* eine nationale, rassische oder religiöse oder Volkstumsgruppe *als solche* ganz oder teilweise zu zerstören, *vorsätzlich* Mitglieder der Gruppe tötet, ihnen schweren körperlichen oder seelischen Schaden zufügt, sie durch Maßnahmen zur Beschränkung der Lebensbedingungen (Ernährung, Gesundheitsfürsorge) oder Geburtenkontrolle (Sterilisation u. dgl.) der physischen Vernichtung aussetzt oder ihre Kinder in eine andere Gruppe überführt. In minder schweren Fällen, außer bei Tötungshandlungen, ist Freiheitsstrafe nicht unter 5 Jahren zu verhängen.

**Völkerrecht** ist die Summe der Normen, die die Verhaltensweisen festlegen, die zu einem geordneten Zusammenleben der Menschen dieser Erde notwendig und nicht im innerstaatlichen Recht der einzelnen souveränen Staaten geregelt sind. Als souverän (→ Souveränität) bezeichnet man Staaten, die in ihren Beziehungen zu anderen Staaten keinem fremden Willen und keiner anderen Rechtsordnung als dem Völkerrecht unterworfen sind.

Das Völkerrecht regelt vorwiegend das Verhältnis souveräner Staaten untereinander. Neben diesen Rechtsnormen werden dem V. zugerechnet das Recht der internationalen und übernationalen Staatengemeinschaften, und zwar sowohl deren inneres Organisationsrecht als auch die Rechtsregeln über ihr Verhältnis untereinander und zu den Staaten. Schließlich gehören dem V. auch einzelne Rechtsnormen an, die sich unmittelbar an Einzelpersonen richten. Natürliche und juristische Personen, auf die das Völkerrecht Anwendung findet, werden als → Völkerrechtssubjekte bezeichnet.

Das V. ist verbindliches Recht und wird in der Staatenpraxis auch so behandelt; fehlende Kodifikation, fehlende obligatorische Gerichtsbarkeit und fehlende Zwangsgewalt stehen dem nicht entgegen. Quellen des V. sind einseitige völkerrechtl. Erklärungen (z. B. → Anerkennung von Staaten und Regierungen), die → völkerrechtlichen Verträge und das → Völkergewohnheitsrecht, nach dem Statut des → Internationalen Gerichtshofs außerdem die „allgemeinen von den zivilisierten Nationen anerkannten Rechtsgrundsätze" (→ allgemeine Rechtsgrundsätze). Entscheidungen von Gerichten in völkerrechtlichen Streitigkeiten und wissenschaftliche Lehrmeinungen der Völkerrechtswissenschaft sind Hilfsquellen des V. Dies gilt insbes. für Entscheidungen internationaler Gerichte, wo es allerdings keine starre Bindung an Präzedenzfälle gibt; die Lehrmeinungen der V.wissenschaft haben in jüngster Zeit kaum noch Bedeutung als Hilfsquelle des V. Nach seinem Geltungsbereich unterscheidet man das *universale V.,* das für alle Staaten gilt (Kriegs-, Gesandtschafts-, Vertragsrecht), das *allgemeine V.,* das für die meisten Staaten gilt (z. B. die → Haager Landkriegsordnung), sowie das nur für wenige Staaten geltende *partikulare* und *regionale V.* Über die umstrittene, aber praktisch außerordentlich bedeutsame Frage nach dem Verhältnis von V. und innerstaatlichem Recht s. → Primat des Völkerrechts.

**Völkerrechtliche Streitigkeiten** können sich aus → völkerrechtlichem Unrecht oder aus Unklarheiten hinsichtlich der Rechtslage im Verhältnis zwischen zwei Staaten ergeben. V. S. sollten zunächst durch entsprechende Schritte der jeweiligen → Diplomaten oder durch unmittelbare Verhandlungen der beteiligten Regierungen (direkte Diplomatie) beigelegt werden. Drittstaaten können ihre Hilfe zur Beilegung einer v. S. anbieten (Vermittlungsvorschlag). Ein weiterer Weg der Beilegung von v. S. ist die Anrufung unparteiischer Stellen (z. B. → Vereinte Nationen, → Ständiger Schiedsgerichtshof, → Internationaler Gerichtshof). Da es keine obligatorische Gerichtsbarkeit zur Beilegung von v. S. gibt, setzen die vorgenannten Wege den guten Willen der anderen Streitpartei voraus. Fehlt dieser, dann kann der andere Staat zu den Mitteln von → Retorsion und → Repressalie greifen. Gewaltanwendung ist nur zur eigenen Verteidigung (Notwehr) gegen einen Angriff völkerrechtlich erlaubt, nicht zur Selbsthilfe; im übrigen können militärische Zwangsmaßnahmen durch die → Vereinten Nationen beschlossen werden. Bei militärischen Auseinandersetzungen sind die Regeln des → Kriegsrechts zu beachten. S. a. → Angriffskrieg.

**Völkerrechtliche Vertretung.** Das → Völkerrecht geht grundsätzlich davon aus, daß das Staatsoberhaupt, der Regierungschef und der Außenminister zur Vertretung ihres Staates berufen sind. Ausschlaggebend ist die innerstaatliche Verfassungspraxis, deren Beschränkungen auch das Völkerrecht anerkennt (vgl. → Völkerrechtlicher Vertrag, → Ratifikation). Auch die Frage, wer als Staatsoberhaupt anzusehen ist, überläßt das Völkerrecht dem innerstaatlichen Recht. Die v. V. eines Staates im Ausland wird auf Regierungsebene durch → Diplomaten (→ Botschafter), auf Verwaltungsebene durch → Konsuln wahrgenommen. Die v. V. internationaler Organisationen regelt deren Statut. In militärischen Angelegenheiten sind Befehlshaber selbst dann zum Abschluß von Vereinbarungen ermächtigt, wenn dies innerstaatliches Recht nicht vorsieht.

**Völkerrechtlicher Vertrag** ist die Einigung zwischen → Völkerrechtssubjektenüber die rechtliche Regelung eines Gegenstands des zwischenstaatlichen Bereichs. In der Völkerrechtspraxis findet sich hierzu eine Vielzahl von Bezeichnungen: Abkommen, Vereinbarungen, Übereinkommen, Pakte, Konventionen und Deklarationen. Völkerrechtlich bestehen jedoch keine Unterschiede; unabhängig von der Bezeichnung finden die völkerrechtlichen Regeln über den Abschluß und die Auslegung von Verträgen in gleicher Weise Anwendung (→ Wiener Übereinkommen). Für besonders bedeutsame Verträge wird häufig eine der drei letztgenannten Bezeichnungen gewählt. Man unterscheidet → bilaterale und → multilaterale Verträge. Die Unterscheidung zwischen politischen und unpolitischen Verträgen sowie zwischen → Staatsvertrag und → Verwaltungsabkommen (vgl. Art. 59 II GG) hat dagegen in erster Linie innerstaatliche Bedeutung. V. V.e werden nach einem bestimmten Schema abgefaßt. Nach der Überschrift, die den Vertragsinhalt bezeichnet und die Vertragspartner und das Abschlußdatum angibt, folgt die → Präambel und dieser zuweilen eine → Vollmachtklausel. Daran schließt sich der eigentliche Vertragstext an. Häufig endet dieser mit Schlußklauseln über Vertragsdauer, Kündigungs- und Revisionsmöglichkeiten, Vertragssprache, Möglichkeit des Beitritts dritter Staaten oder Notwendigkeit einer → Ratifikation.

**Völkerrechtliches Unrecht** ist jede Verletzung von Normen des → Völkerrechts; der Begriff ist weiter als der des völkerrechtlichen Delikts. Der Staat, der für völkerrechtliches Unrecht haftbar ist, muß dieses Unrecht wiedergutmachen. Haftbar ist immer der Staat oder die internationale Organisation, deren Organe das Unrecht verursacht haben. Zur Wiedergutmachung ist der Staat selbst dann verpflichtet, wenn daneben die unmittelbaren Täter (z. B. Kriegsverbrecher) auch persönlich haftbar gemacht werden können. Der unrechtsverursachende Staat ist zur Wiederherstellung des Zustandes verpflichtet, wie er vor der Unrechtshandlung bestanden hat. Ist dies unmöglich, ist auf andere Weise voller Schadenersatz zu leisten. Weitere Unrechtsfolge ist die Nichtanerkennung der durch das Unrecht geschaffenen Lage. Das Völkerrecht kennt keine Bestrafung von Staaten für unrechtmäßiges Handeln. Besteht das Unrecht im Eingriff in immaterielle Güter, z. B. in die Ehre eines Staates, so kann Genugtuung in Form einer Entschuldigung verlangt werden.

Gegen das Unrecht muß sich grundsätzlich der betroffene Staat selbst wehren. Ein geschädigter Staatsangehöriger kann einen Schadenersatzanspruch nur dann vorbringen, wenn der Heimatstaat diesen Schadenersatzanspruch dadurch zu seinem eigenen macht, daß er erklärt, er selbst betrachte sich durch dieses Unrecht geschädigt. Die geschädigte Privatperson hat keinen klagbaren Anspruch gegen seinen Heimatstaat, Schritte zur Durchsetzung der Wiedergutmachung völkerrechtlichen Unrechts zu unternehmen.

Bevor ein geschädigter Staat auf völkerrechtlicher Ebene Schritte zur Durchsetzung seines Wiedergutmachungsanspruches unternimmt, muß er den innerstaatlichen Rechtsweg des schädigenden Staates erschöpfen. Davon kann nur abgesehen werden, wenn dies von vorneherein aussichtslos erscheint. Erst dann können die zur Beilegung → völkerrechtlicher Streitigkeiten vorgesehenen Schritte unternommen werden, insbesondere internationale Schieds- und Gerichtsinstanzen angerufen werden.

**Völkerrechtssubjekt** ist jede natürliche oder juristische Person, auf die die Regeln des → Völkerrechts unmittelbar Anwendung finden, d. h. der aus dem Völkerrecht Rechte oder Pflichten erwachsen. Der Umfang dieser Rechte und Pflichten sind für die verschiedenen Völkerrechtssubjekte nicht gleich groß. Völkerrechtssubjekte sind in erster Linie souveräne Staaten (→ Souveränität) sowie Gliedstaaten von → Bundesstaaten und → Regionen, soweit der Gesamtstaat diese zu eigenem völkerrechtlichen Handeln ermächtigt (z. B. die → Länder der → Bundesrepublik Deutschland auf dem Gebiet der Kulturpolitik gem. Art. 32 Abs. 3 GG), → Staatenverbindungen einschl. → Internationaler Organisationen, Aufständische im Rahmen der Anerkennung durch andere Staaten, der → Heilige Stuhl, das Internationale Kommitee vom → Roten Kreuz und der Souveräne Malteser Ritterorden. Einzelmenschen sind nur in Ausnahmefällen V., z. B. im Rahmen des völkerrechtlichen Fremdenrechts und soweit ein Vertrag einem Einzelmenschen Rechte einräumt, die er direkt und ohne oder sogar gegen seinen Heimatstaat vor internationalen Instanzen geltend machen kann; so kann ein Einzelmensch gemäß der Europäischen → Konvention zum Schutz der Menschenrechte und Grundfreiheiten Beschwerden vor die Europäische Kommission für Menschenrechte bringen.

Für die V.eigenschaft von Staaten wird nicht in jedem Fall gefordert, daß der Staat Handlungsfähigkeit („capacity to enter into relations with the other states") hat. So ist anerkannt, daß die Besetzung Belgiens durch Deutschland in den zwei Weltkriegen für Belgien nicht den Verlust der Völkerrechtssubjektivität zur Folge hatte. Gleiches gilt für Deutschland hinsichtlich der Besetzung durch die Alliierten nach dem zweiten Weltkrieg. Anders ist die Rechtslage bei der Neuentstehung von Staaten. Hier wird bei der → Anerkennung von Staaten als V. regelmäßig die Fähigkeit verlangt, mit anderen Staaten in diplomatische Beziehungen zu treten. Beschränkungen der staatlichen Hoheitsgewalt durch → Neutralisierung führen ebensowenig wie wirtschaftliche Abhängigkeit von anderen Staaten zum Verlust der Völkerrechtssubjektivität.

**Volksabstimmung** ist die verbindliche Abstimmung der gesamten wahlberechtigten Staatsbürger über wichtige Einzelvorhaben, insbesondere Gesetze. Die Volksabstimmung selbst wird i. d. R. als *Volksentscheid* bezeichnet; davon ist das *Volksbegehren* als der aus der Mitte des Volkes kommende Antrag auf Durchführung eines Volksentscheides oder auf Behandlung eines bestimmten Gesetzesantrages durch die zuständigen parlamentarischen Organe zu unterscheiden. Nach Art. 20 II GG wird die Staatsgewalt vom Volke selbst „in Wahlen und Abstimmungen" ausgeübt. Das GG selbst beschränkt allerdings die unmittelbare Mitwirkung des Volkes grundsätzlich auf die Wahl des Bundestages (repräsentative Demokratie). Eine Abberufung (Auflösung) des Bundestages durch V. ist nicht möglich. Volksbegehren und Volksentscheid sind bundesrechtlich nur im Rahmen der → Neugliederung des Bundesgebiets nach Art. 29 GG vorgesehen. Im übrigen hat das GG von Volksentscheid und Volksbegehren abgesehen (was gelegentlich mit dem Schlagwort „Defizit plebiszitärer Elemente" kritisiert wird). Beide Formen sind aber in den Verfassungen der meisten Länder vorgesehen, insbes. zur Abberufung des Landtags, zu Volksbegehren, zum Beschluß von Gesetzen und zur Verabschiedung von verfassungsändernden Gesetzen. So ist in Bayern zu jeder Verfassungsänderung ein Volksentscheid notwendig; durch Volksbegehren kann der Landtag zur Behandlung von Gesetzentwürfen gezwungen werden. S. a. → Plebiszit, → Bürgerbeteiligung.

**Volksaktie** ist die – nicht gesetzliche – Bezeichnung für die im Zuge der Privatisierung des Bundesvermögens ausgegebenen → Aktien der Preussag, des Volkswagenwerkes (vgl. Gesetze vom 9. 5./21. 7. 1960, BGBl. I 301, 585) und der VEBA.

**Volksbanken** sind → Kreditinstitute, die in der Rechtsform einer eingetragenen → Genossenschaft betrieben werden und einem Prüfungsverband angehören (vgl. § 39 KWG). Sie sind aus den früheren Spar- und Darlehenskassen entstanden. Prüfungsverband für die gewerblichen Genossenschaften ist der Deutsche Genossenschaftsverband e. V. in Bonn. Zentralbank zur Förderung des deutschen Genossenschaftswesens ist die als Körperschaft des öffentlichen Rechts organisierte Deutsche Genossenschaftsbank in Frankfurt (vgl. Ges. i. d. F. vom 22. 12. 1975, BGBl. I 3171).

**Volksbegehren** → Volksabstimmung.

**Volksdemokratie** → Demokratie.

**Volkseigentum** → Eigentum, → Gebäudeeigentum.

**Volksentscheid** → Volksabstimmung.

**Volksfeste** sind nach § 60 b GewO regelmäßig wiederkehrende Veranstaltungen mit Schaustellungen, unterhaltenden Tätigkeiten usw.; die gewerbliche Mitwirkung an V. ist → Reisegewerbe. Im übrigen gelten die Vorschriften über → Marktverkehr.

**Volksgerichtshof.** Der durch Ges. vom 24. 4. 1934 (RGBl. I 341) errichtete, bis zum Ende des 2. Weltkriegs amtierende V. war für erstinstanzliche politische Strafsachen, insbesondere wegen Hoch- und Landesverrats, zuständig. Diese Verfahren, in denen vorher das ausschließlich mit Berufsrichtern besetzte → Reichsgericht entschieden hatte, waren diesem aus politischen Gründen entzogen und dem V. zugewiesen worden, dessen Senate überwiegend mit → ehrenamtlichen Richtern besetzt waren, meist mit NSDAP-Funktionären und Offizieren. Der V. war kein Gericht im rechtsstaatl. Sinne, sondern ein Terrorinstrument zur Durchsetzung der nationalsozialistischen Willkürherrschaft; seinen Entscheidungen kommt keine Rechtswirkung zu (Beschluß BT vom 25. 1. 1985 – BT-Drucks. 10/2368).

**Volksgesetzgebung** → Volksabstimmung.

**Volkshochschulen** sind Einrichtungen, die durch Abhaltung von Lehrgängen, Vorträgen und Studienfahrten die → Erwachsenenbildung fördern, und zwar durch Vermittlung berufsfördernder und allgemeinbildender Kennt-nisse. Die V. werden von öffentlichen (meist kommunalen), kirchlichen, gewerkschaftlichen oder freien Organisationen getragen, die im Deutschen Volkshochschulverband zusammengeschlossen sind. Eine umfassende gesetzliche Regelung des Volkshochschulwesens besteht nicht. Obwohl die Erwachsenenbildung von großer öffentlicher Bedeutung ist, enthielt sich der Staat bisher weitgehend einer gesetzlichen Regelung und beschränkte sich auf finanzielle Förderung. Zuständig für die Gesetzgebung über V. sind die Länder (vgl. z. B. bayer. Ges. vom 24. 7. 1974, GVBl. 368; hess. Ges. vom 21. 5. 1981, GVBl. I 197).

**Volkskammer** hieß das oberste staatliche Machtorgan der ehem. → Deutschen Demokratischen Republik (Art. 48 ff. der Verf. der DDR). Sie entschied über die Grundfragen der Staatspolitik, war das verfassungs- und gesetzgebende Organ der DDR. Die V. bestimmte die Grundsätze der Tätigkeit des → Staatsrates, des → Ministerrates, des Nationalen Verteidigungsrates, des Obersten Gerichts und des Generalstaatsanwalts. Die V. bestand aus 500 Abgeordneten, die vom Volk für 5 Jahre zu wählen waren.

**Volkssouveränität** → Demokratie.

**Volksverhetzung.** Nach § 130 I StGB werden bestimmte Angriffe bestraft, wenn sie *geeignet sind, den öffentlichen Frieden zu stören,* nämlich das → Aufstacheln zum Haß gegen Teile der Bevölkerung, z. B. gegen Wirtschafts- oder konfessionelle Gruppen, die Aufforderung zu Gewalt- oder Willkürmaßnahmen gegen solche Gruppen oder der Angriff auf die Menschenwürde durch Beschimpfung, böswillige Verächtlichmachung oder Verleumdung von Teilen der Bevölkerung (d. h. das bewußt wahrheitswidrige Aufstellen oder Verbreiten unwahrer Tatsachenbehauptungen, die geeignet sind, das Ansehen des Volksteils herabzusetzen). Ein Angriff gegen die Menschenwürde liegt noch nicht in einer bloßen Ehrenkränkung; vielmehr muß die Tat den Kern des Persönlichkeitsbereichs treffen. Der öffentliche Friede ist gestört, wenn das Gefühl der Rechtssicherheit und des Rechtsfriedens wesentlich beeinträchtigt ist. Die Strafe ist Freiheitsstrafe von 3 Mon. bis zu 5 Jahren. Auch ohne die Eignung, den öffentlichen Frieden zu stören, sind diese Angriffe strafbar, wenn dazu → Schriften oder andere Darstellungen verbreitet, zugänglich gemacht, hergestellt, angeboten, ein- oder ausgeführt usw. werden (§ 130 II StGB). Die → Auschwitz-Lüge ist nach § 130 III StGB strafbar.

**Volksvertretung** → Parlament.

**Volkszählung.** Das V.sgesetz vom 25. 3. 1982 (BGBl. I 369) sah eine Volks- und Berufszählung mit gebäude- und wohnungsstatistischen Fragen sowie eine Arbeitsstättenzählung nach dem Stande vom 27. 4. 1983 vor. Das Ges. wurde vom BVerfG (BVerfGE 65, 1) teilweise für nichtig erklärt. Aufgrund des V.sges. vom 8. 11. 1985 (BGBl. I 2078) wurde mit dem Stichtag 25. 5. 1987 eine V. durchgeführt. S. a. → informationelle Selbstbestimmung, → Statistiken, → Mikrozensus.

**Vollerbe** → Erbe.

**Volljährigkeit** tritt regelmäßig mit der Vollendung des 18. Lebensjahrs ein (§ 2 BGB); am 18. Geburtstag ist man bereits volljährig. S. a. → Ehefähigkeit. Davon unabhängig sind jedoch verschiedene andere Altersstufen für die Erlangung gewisser Rechte und Pflichten von Bedeutung; s. hierzu → Lebensalter.

**Vollkasko** → Kaskoversicherung.

**Vollkaufmann** → Kaufmann.

**Vollmacht** ist die durch → Rechtsgeschäft erteilte *Vertretungsmacht* (§ 166 II BGB); im Sprachgebrauch wird oftmals auch die V.urkunde als V. bezeichnet. Über die Formen der Bevollmächtigung s. i. e. → *Stellvertretung*. Die V. betrifft die Ermächtigung zum Handeln im fremden Namen, also das Außenverhältnis zum Geschäftspartner; sie ist scharf von dem ihr i. d. R. zugrundeliegenden Innenverhältnis (meist → Auftrag, → Geschäftsbesorgungsvertrag) zu unterscheiden. Zum Handeln im eigenen Namen → Zustimmung, → Genehmigung, → Verfügung eines Nichtberechtigten. Die V. wird durch einseitige Erklärung gegenüber dem zu Bevollmächtigenden *(Innenv.)* oder gegenüber dem von dem vorzunehmenden Rechtsgeschäft betroffenen Dritten oder gegenüber der Allgemeinheit *(Außenv.)* erteilt (§ 167 I BGB). Die V.erteilung bedarf grundsätzlich nicht der Form, die für das Rechtsgeschäft bestimmt ist, auf das sich die V. bezieht; die V. kann daher regelmäßig auch durch schlüssiges Handeln – stillschweigend, z. B. durch Beauftragung – erteilt werden (§ 167 II BGB); ausgenommen hiervon sind Fälle, in denen durch die V.erteilung der V.geber bereits an das formbedürftige Geschäft gebunden ist, z. B. bei einer unwiderruflichen V. zum Abschluß eines → Grundstückskaufvertrags (s. auch → Abschlußvollmacht). Da die V. (einseitiges) Rechtsgeschäft ist, finden die hierfür geltenden allgemeinen Vorschriften, insbes. über Geschäftsfähigkeit des Vollmachtgebers, Anfechtung von Willenserklärungen usw. entsprechende Anwendung. Die Erteilung einer V.urkunde ist nicht erforderlich; der Gegner kann jedoch ein einseitiges, empfangsbedürftiges Rechtsgeschäft – z. B. Kündigung – durch den Vertreter ohne Vorlage einer V.urkunde (Original) zurückweisen (§ 174 BGB).

Man unterscheidet folgende Arten von V.en: 1. Außen- und Innenvollmacht (s.o.); 2. je nach dem Umfang ihres Wirkungskreises *Spezialvollmacht* (nur für ein bestimmtes Rechtsgeschäft), *Generalvollmacht* (Vertretung auf allen Bereichen) sowie *Gattungs-* oder *Artvollmacht* (für einen bestimmten Kreis von Geschäften, z. B. für eine Vermögensverwaltung); diese Unterscheidung ist insbes. für die → Handlungsvollmacht von Bedeutung (§ 54 HGB). 3. *Einzelvollmacht* und *Gesamtvollmacht* (→ Stellvertretung); bei letzterer ist der Bevollmächtigte nur im Zusammenwirken mit einem anderen vertretungsberechtigt; 4. *Haupt-* und *Untervollmacht*. Eine weitere Übertragung der V. auf einen Unterbevollmächtigten *(Substitution)* ist grundsätzlich nur mit Einverständnis des V.gebers zulässig (sonst → Vertretung ohne Vertretungsmacht); 5. über unwiderrufliche V., V. über den Tod hinaus s. u.; 6. einen im Gesetz zum Schutz der am Rechtsverkehr Beteiligten genau geregelten Umfang haben die → Prokura, die → Handlungsvollmacht sowie im Rechtsstreit die → Prozeßvollmacht (s.i.e. dort); 7. *Anscheins-* und *Duldungsvollmacht (Rechtsscheinvollmacht)*. Bei diesen liegt – anders als bei der stillschweigend erteilten V. (s. o.) – eine eigentliche V. nicht vor. Wer jedoch weiß, daß jemand als sein angeblicher Vertreter auftritt und gegen dieses Handeln nicht einschreitet, muß sich im Interesse des Geschäftsgegners, der auf dieses Verhalten vertrauen darf – insbes. bei minder wichtigen Geschäften –, so behandeln lassen, als hätte er tatsächlich wirksam V. erteilt *(Duldungsvollmacht)*. Darüber hinaus hat die Rspr. aus dem Gedanken des Vertrauensschutzes beim Rechtsschein ganz allgemein gefolgert, daß jemand das Handeln eines angeblichen Vertreters gegen sich gelten lassen muß, das er zwar nicht kennt, aber bei Anwendung verkehrsüblicher Sorgfalt hätte erkennen und verhindern können, so daß der Geschäftsgegner auch hier nach → Treu und Glauben auf eine wirksame V.erteilung vertrauen darf (*Anscheinsvollmacht*). Der Rechtsschein muß allerdings von einem voll geschäftsfähigen Geschäftsherrn ausgehen. Ähnlich beim Überbringer einer → Quittung und beim → Ladenangestellten.

Die V. ist grundsätzlich jederzeit (einseitig) frei widerruflich (§ 168 S. 2 BGB), sofern der V.geber hierauf nicht verzichtet hat (auch stillschweigend, insbes. wenn die V. auch im Interesse des Bevollmächtigten erteilt ist). Außer durch *Widerruf* erlischt die V. durch Zeitablauf, Erledigung der Geschäfte, auf die sie sich bezieht, sowie insbes.

durch Erlöschen des ihr zugrundeliegenden Rechtsverhältnisses (§ 168 S. 1 BGB). So endet ein Geschäftsbesorgungsvertrag (Dienstvertrag) und damit die V. oftmals durch Kündigung, der → Auftrag im Zweifel beim Tod des Beauftragten (§ 673 BGB). Da der Auftrag und damit die V. jedoch im Zweifel nicht beim Tod des Auftraggebers erlöschen (§ 672 BGB), kann eine – unwiderrufliche und auch dem Erben gegenüber wirkende – V. vom V.geber auch für die Zeit nach seinem Tod erteilt werden *(V. über den Tod hinaus);* die Form einer → Verfügung von Todes wegen ist nicht erforderlich. Trotz Erlöschens gilt aber die V. als fortbestehend, wenn der Dritte das Erlöschen des Grundverhältnisses ohne Fahrlässigkeit nicht kennt (§ 169 BGB), ferner bei einer Außenv. (s. o.) oder einer erteilten V.urkunde, die in der Hand eines Dritten ist, so lange, bis die V. in gleicher Weise, wie sie erteilt wurde, widerrufen oder die V.urkunde zurückgegeben wird; ausgenommen auch hier, wenn der Dritte das Erlöschen der Vertretungsmacht bei der Vornahme des Rechtsgeschäfts kennt oder fahrlässigerweise nicht kennt (§§ 170 ff. BGB). Nach Erlöschen der V. hat der Bevollmächtigte die V.urkunde zurückzugeben; ggf. kann sie durch öffentliche Bekanntmachung für kraftlos erklärt werden (§§ 175, 176 BGB). Über den Mißbrauch der V. → Vertretung ohne Vertretungsmacht, Untreue; zur sog. Altersvorsorgev. → Betreuung.

**Vollmacht über den Tod hinaus** → Vollmacht; s. a. → Auftrag.

**Vollmachtklausel.** In → völkerrechtlichen Verträgen sind entweder in der → Präambel oder in einer gesonderten V. die zum Vertragsschluß bevollmächtigten Vertreter der vertragschließenden Staaten aufgeführt. Während früher eine Aufzählung nach dem Rang des vertretenen Staates üblich war, werden die Staatenvertreter heute, um Rangstreitigkeiten zu vermeiden, nach der alphabetischen Ordnung der Namen der beteiligten Staaten aufgeführt.

**Vollmachtmißbrauch** → Untreue.

**Vollrausch.** Wer sich vorsätzlich oder fahrlässig durch Rauschmittel in einen Rausch versetzt, wird nach § 323 a StGB wegen *Herbeiführung des Rauschzustandes* mit Freiheitsstrafe bis zu 5 Jahren oder Geldstrafe bestraft, wenn er in diesem Zustand eine rechtswidrige Handlung, die sog. → *Rauschtat,* begeht und ihretwegen nicht bestraft werden kann, weil bei ihm infolge des Rausches → Schuldunfähigkeit vorliegt oder diese nicht auszuschließen ist. § 323 a StGB ist nach dem Grundsatz → in dubio pro reo auch dann anwendbar, wenn nicht geklärt werden kann, ob Schuldunfähigkeit oder nur verminderte Schuldfähigkeit vorlag (BGHSt 32, 48). Die Strafe darf das für die Rauschtat vorgesehene Strafmaß nicht übersteigen. Ist die Rauschtat → Antragsdelikt, so gilt dies auch für § 323 a StGB. Die Begehung der Rauschtat ist kein Tatbestandsmerkmal, sondern eine → Bedingung der Strafbarkeit. Der Vorsatz oder die Fahrlässigkeit nach § 323 a StGB umfaßt nur das Sichversetzen in den Rauschzustand. Außerdem muß der äußere Tatbestand einer Straftat, nämlich der Rauschtat, vorliegen. Ferner ist der innere Tatbestand der Rauschtat festzustellen, wobei die Schuldunfähigkeit des Täters außer Betracht bleibt, beim Vorsatzdelikt also seine Vorstellungen und sein Wille bei der Tat (der sog. natürliche Wille, vgl. BGHSt. 18, 236). Hat der Täter beim Sichberauschen gewußt oder damit gerechnet, er werde eine bestimmte Straftat verüben, kommt eine → actio libera in causa in Betracht. Über die im V. begangene → Ordnungswidrigkeit vgl. § 122 OWiG.

**Vollrente.** In der gesetzlichen → Unfallversicherung erhält der Versicherte Vollrente in Höhe von zwei Dritteln seines → Jahresarbeitsverdienstes, wenn er vollkommen erwerbsunfähig geworden ist. Ist die Erwerbsfähigkeit nur gemindert, kommt der Bezug einer → Teilrente in Betracht (§ 56 SGB VII).

In der gesetzlichen → Rentenversicherung können Versicherte eine Rente wegen Alters (→ Altersrente) seit dem Inkrafttreten des Rentenreformgesetzes 1992 wahlweise als Vollrente oder als → Teilrente in Anspruch nehmen (§ 42 SGB VI).

**Vollstationäre Pflege** als Leistung der → Pflegeversicherung wird seit dem 1. 7. 1996 → Pflegebedürftigen gewährt, wenn → häusliche Pflege oder → teilstationäre Pflege nicht möglich ist oder wegen der Besonderheiten des Einzelfalles nicht in Betracht kommt. Die → Pflegekasse soll die pflegebedingten Aufwendungen bis zu 2800,– DM monatlich übernehmen, wobei die jährlichen Ausgaben der Pflegekassen im Durchschnitt 30 000,– DM je Pflegebedürftigem nicht übersteigen dürfen. Die Aufwendungen für Unterkunft und Verpflegung und für Zusatzleistungen haben weiterhin die Pflegebedürftigen zu tragen (vgl. § 43 SGB XI).

**Vollstreckbare Ausfertigung** ist eine mit der → Vollstreckungsklausel versehene Ausfertigung (→ Ausfertigung einer Urkunde) eines → Vollstreckungstitels, die der → Zwangsvollstreckung dient (§ 724 ZPO). Sie wird vom → Urkundsbeamten oder → Rechtspfleger, für → vollstreckbare Urkunden auch vom → Notar erteilt. Das kann auch mit Wirkung für und gegen Rechtsnachfolger geschehen (§§ 727, 729 ZPO; Umschreibung des Vollstreckungstitels).

**Vollstreckbare Urkunde** ist ein → Vollstreckungstitel, der von einem Gericht oder einem → Notar aufgenommen und ausgefertigt wird. In eine v. U. können nur Ansprüche aufgenommen werden, die einer Regelung durch → Prozeßvergleich zugänglich sind, nicht auf Abgabe einer → Willenserklärung gerichtet sind und nicht den Bestand eines Mietverhältnisses über Wohnraum betreffen. Der Schuldner muß sich darin der sofortigen Zwangsvollstreckung unterwerfen (§ 794 I Nr. 5 ZPO).

**Vollstreckbarer Anspruch** → Vollstreckungsanspruch.

**Vollstreckbarerklärung** von → Schiedssprüchen und → Schiedsvergleichen geschieht durch Beschluß oder Endurteil; sie ist in den §§ 1042 a–d ZPO geregelt. Erst dann wird der Schiedsspruch oder der Schiedsvergleich zum → Vollstreckungstitel (§ 1042 I ZPO).

**Vollstreckbarkeit** besteht bei → Vollstreckungstiteln, insbes. nach § 704 ZPO bei → Urteilen, die rechtskräftig oder für vorläufig vollstreckbar (→ vorläufige V.) erklärt sind. Bei diesen gibt es eine V. i. e. S. nur, wenn sie auf Leistung lauten, während Feststellungs-, Gestaltungs- und abweisende Urteile nicht vollstreckbar sind; sie wirken, wenn sie für vorläufig vollstreckbar erklärt werden, nur durch ihren Inhalt. Man unterscheidet ferner zwischen vorläufiger und endgültiger V., die bei Urteilen mit → Rechtskraft eintritt. Die V. ist Voraussetzung für die Erteilung der → Vollstreckungsklausel; diese bildet zusammen mit dem Vollstreckungstitel und dessen Zustellung die allgemeinen Voraussetzungen der → Zwangsvollstreckung. Ferner ist die V. des Vollstreckungstitels Voraussetzung des → Kostenfestsetzungsbeschlusses.

Die Vorschriften der ZPO gelten grundsätzlich, aber mit Besonderheiten für die Vollstreckung von Urteilen der Arbeits-, Verwaltungs-, Sozial- und Finanzgerichte (vgl. § 62 ZPOGG, §§ 167 ff. GGGO, §§ 198 ff. GOG, für die Vollstreckung nach der FGO §§ 150 ff. i. Verb. m. §§ 249 ff. AO).

Über die V. von Strafurteilen → Strafvollstreckung; s. ferner → Verwaltungsvollstreckungsgesetz.

**Vollstreckung ausländischer Entscheidungen** → Vollstreckungsurteil.

**Vollstreckung gegen den Fiskus** → Zwangsvollstreckung gegen juristische Personen.

**Vollstreckung gegen Unschuldige.** In Ergänzung der Strafvorschrift gegen → Verfolgung Unschuldiger (§ 344 StGB) bedroht § 345 StGB den zur Mitwirkung bei der → *Strafvollstreckung* oder einer behördlichen Verwahrung berufenen Amtsträger mit Strafe, der eine gesetzlich unzulässige Vollstreckung veranlaßt oder hierbei mitwirkt. Versuch ist strafbar. Die Strafdrohungen sind abgestuft, je nachdem, ob es sich um eine Freiheitsentziehung oder eine andere Strafe oder Maßnahme (z. B. Geldbuße, → Ordnungsmittel, disziplinar- oder ehrenrechtliche Maßnahme) handelt; ersterenfalls ist auch leichtfertiges Handeln strafbar. Die Tat ist → Amtsdelikt. Täter kann jeder bei der V. mitwirkende → Amtsträger sein. Die Tathandlung kann in der V. von Strafen oder Maßnahmen bestehen, die überhaupt nicht verhängt worden sind oder nicht oder nicht mehr vollstreckt werden dürfen (etwa wegen Strafaussetzung oder nach Erlaß) oder nicht in dieser Art (Freiheitsstrafe statt Strafarrest) oder in dem Maße; die Tat kann auch in einem Unterlassen bestehen (verspätete Entlassung durch Anstaltsvorsteher).

**Vollstreckung gerichtlicher Entscheidungen** → Vollstreckbarkeit, → Zwangsvollstreckung u. im folg.; über V. von Entscheidungen der ehem. DDR → DDR-Urteile.

**Vollstreckungsabwehrklage** *(Vollstreckungsgegenklage)* ist eine → Klage, durch die → Einwendungen gegen den im Urteil festgestellten Anspruch beim → Prozeßgericht geltend gemacht werden (§ 767 ZPO). Die V. kann gegen fast alle → Vollstreckungstitel mit dem Ziel erhoben werden, die Zwangsvollstreckung aus diesen Titeln für unzulässig zu erklären. Mit der V. dürfen grundsätzlich nur solche Einwendungen geltend gemacht werden, die in dem Verfahren, auf dem der Vollstreckungstitel beruht, nicht berücksichtigt werden konnten, insbes., weil sie erst nach dem für die Entscheidung maßgebenden Zeitpunkt entstanden sind (z. B. nachträgliche Zahlung der Klagesumme).

**Vollstreckungsanspruch** ist der Anspruch des Gläubigers *gegen den Staat,* daß seine Organe (→ Vollstreckungsorgan) die Zwangsvollstreckung durchführen. Der V. ist vom *vollstreckbaren Anspruch* zu unterscheiden. Das ist der Anspruch, dessen Befriedigung der Gläubiger auf Grund des → Vollstreckungstitels gegen den Schuldner erreichen will.

**Vollstreckungsbescheid** → Mahnverfahren.

**Vollstreckungsbeschluß** → Vollstreckungshilfe.

**Vollstreckungserinnerung** ist ein → Rechtsbehelf in der Zwangsvollstreckung (§ 766 ZPO). Die V. richtet sich gegen das Verfahren der → Vollstreckungsorgane (nicht gegen den zugrundeliegenden Anspruch), d. h. gegen die Art und Weise der Vollstreckung; mit ihr kann z. B. die Pfändung unpfändbarer Gegenstände oder eine → Überpfändung beanstandet werden. Sie ist schriftlich oder zu Protokoll der Geschäftsstelle einzulegen. Über die V. entscheidet das → Vollstreckungsgericht. Gegen dessen Entscheidung findet sofortige → Beschwerde statt (§ 793 ZPO).

**Vollstreckungsfähigkeit** eines → Vollstreckungstitels besagt, daß er nach seiner Art und nach seinem Inhalt überhaupt vollstreckt werden kann. Aus dem Titel (bei Entscheidungen aus deren Formel) müssen sich Inhalt, Art und Umfang der Zwangsvollstreckung unmittelbar bestimmt oder bestimmbar ergeben. Ihrem Inhalt nach können nur → Leistungsurteile, nicht → Feststellungs- und → Gestaltungsurteile vollstreckt werden.

**Vollstreckungsgegenklage** → Vollstreckungsabwehrklage.

**Vollstreckungsgläubiger** → Vollstreckungsanspruch, → Zwangsvollstreckung.

**Vollstreckungsgericht** ist stets das → Amtsgericht, das in dieser Eigenschaft für alle vom Gesetz dem V. zugewiesenen Aufgaben funktionell zuständig ist (anders → Prozeßgericht). Das V. ist für bestimmte Maßnahmen auch → Vollstreckungsorgan und entscheidet über die → Vollstreckungserinnerung. Örtlich zuständig ist das Amtsgericht, in dessen Bezirk das Vollstreckungsverfahren fällt. Das V. kann ohne mündliche Verhandlung entscheiden (§ 764 ZPO).

**Vollstreckungshilfe.** 1. V. in Strafsachen ist vor allem innerstaatliche → Amtshilfe, die insbes. die → Strafvollstreckung außerhalb des Bezirks der zuständigen Staatsanwaltschaft zuläßt (s. § 163 GVG).

2. Daneben ist V. in Strafsachen ist Teil der internationalen → Rechtshilfe in Strafsachen. Sie ermöglicht die → Strafvollstreckung eines ausländischen Erkenntnisses im Inland oder eines deutschen Erkenntnisses im Ausland.

a) Die *vertragslose V.* richtet sich nach §§ 48 ff. und 71 des Ges. über die internationale Rechtshilfe in Strafsachen (IRG) i. d. F. vom 27. 6. 1994 (BGBl. I 1537). Danach erfordert die *Strafvollstreckung im Inland* ein Ersuchen einer zuständigen ausländischen Stelle sowie die Beachtung der für eine → Auslieferung einzuhaltenden Grundsätze (Normenidentität, Gegenseitigkeit, beiderseitige Verfolgbarkeit, keine Verjährung). Das → rechtliche Gehör und die Möglichkeit angemessener Verteidigung müssen in dem ausländischen Verfahren gewährt worden sein; auch werden nur Erkenntnisse unabhängiger Gerichte oder von Stellen anerkannt, gegen deren Entscheidung ein solches Gericht angerufen werden kann. Über die Vollstreckbarkeit entscheidet die *Strafvollstreckungskammer* des Landgerichts durch Beschluß (Vollstreckungsbeschluß), gegen den sofortige Beschwerde statthaft ist. Ggf. wandelt sie die ausländische Sanktion in die dem deutschen Recht am ehesten entsprechende um. Nach Erlaß des Beschlusses entscheidet über die Bewilligung der Vollstreckung die zuständige Justizverwaltungsbehörde.

Die *Strafvollstreckung im Ausland* auf Ersuchen des BMJ an einen ausländischen Staat setzt insbes. voraus, daß der Grundsatz der Spezialität gewährleistet ist, keine politische Verfolgung droht (→ Auslieferung) und eine Rücknahme oder Beschränkung des Ersuchens beachtet wird. Außerdem muß sie durch Beschluß der Strafvollstreckungskammer, gegen den sofortige Beschwerde möglich ist, für zulässig erklärt werden.

b) *Vertraglich* geregelt ist die V. mit einigen Staaten durch das Übereinkommen vom 21. 3. 1983 über die Überstellung verurteilter Personen (Ges. vom 26. 9. 1991, BGBl. II 1006) und das Überstellungsausführungsgesetz (ÜAG) vom 26. 9. 1991 (BGBl. I 1954). Sie erleichtern die Überstellung ausländischer Verurteilter vom Tatort-/Urteilsstaat zur Vollstreckung der freiheitsentziehenden Sanktion in den Heimat-/Vollstreckungsstaat. Das Ersuchen kann von jedem der beiden Staaten gestellt werden. Voraussetzungen der Überstellung sind: Der Verurteilte ist Staatsangehöriger des Vollstreckungsstaates; er stimmt zu: das Urteil ist rechtskräftig; es sind noch mindestens 6 Monate der Sanktion zu vollstrecken; die Tat ist auch nach dem Recht des Vollstreckungsstaates eine Straftat; die beiden Staaten sind sich über die Überstellung einig. Das ÜAG sieht für die Zustimmung des Verurteilten eine Erklärung zu Protokoll eines Richters vor (§ 2 ÜAG). Die Aussetzung der Vollstreckung in der BRep. als Urteilsstaat endet, wenn der Verurteilte sich der Vollstreckung im Vollstreckungsstaat entzieht (§ 3 ÜAG). Wird der Verurteilte vor Ende der Vollstreckung ohne einen Nachweis darüber im Bundesgebiet angetroffen, kann er auf Grund richterlicher Anordnung insgesamt 18 Tage zur Sicherung eines etwa aufgelebten Vollstreckungsanspruchs der BRep. als Urteilsstaat festgehalten werden. Durch das Übereinkommen vom 13. 11. 1990 zwischen den Mitgliedstaaten der EG über die Vollstreckung ausländischer strafgerichtlicher Verurteilungen (Ges. vom 7. 7. 1997, BGBl. II 1350) wird die V. zwischen diesen Vertragsstaaten verstärkt. Insbes. wird die Vollstreckung einer Freiheitsstrafe ohne Zustimmung des Verurteilten gestattet, wenn der Verurteilte sich im Vollstreckungsstaat befindet und seine Auslieferung an den Urteilsstaat nicht in Betracht kommt.

**Vollstreckungsklausel.** Sie ist notwendiger Bestandteil einer → vollstreckbaren Ausfertigung und lautet: „Vorstehende Ausfertigung wird dem (Bezeichnung der Partei) zum Zwecke der Zwangsvollstreckung erteilt" (§ 725 ZPO). Wird die Erteilung der V. verweigert, so kann darauf geklagt werden (§ 731 ZPO). Dem Schuldner steht gegen die Erteilung der V. Erinnerung § 732) und Klage (§ 768 ZPO) nach dem Vorbild der → Vollstreckungsabwehrklage zu.

**Vollstreckungsleiter.** Über → Strafvollstreckung und → Strafvollzug s. dort. Ist → Jugendstrafrecht angewendet worden, so obliegt die Leitung der *Strafvollstreckung* gegen Jugendliche und Heranwachsende im Hinblick auf die besonderen erzieherischen Strafzwecke dem Jugendrichter an Stelle des Staatsanwalts oder Rechtspflegers. Der Richter handelt insoweit als weisungsgebundene Justizverwaltungsbehörde, außer bei bestimmten Entscheidungen mit richterlichem Charakter, die nicht der Dienstaufsichtsbeschwerde, sondern der sofortigen Beschwerde an das übergeordnete Gericht unterliegen (Umwandlung von Freizeitarrest in Kurzarrest, bei Jugendstrafe Entlassung zur Bewährung u. dgl.; §§ 82, 83, 86–88, 110 JGG).

Der Jugendrichter des Amtsgerichts ist auch dann V., wenn Strafe nach Jugendstrafrecht von der Jugendkammer oder von einem Erwachsenengericht verhängt wird. Er nimmt auch die Aufgaben der → Strafvollstreckungskammer wahr. Die Vollstreckung von → Hilfe zur Erziehung veranlaßt der V. nach den Vorschriften des SGB VIII (→ Jugendamt). Der V. entscheidet ferner, wenn ausnahmsweise eine Jugendstrafe nicht im Jugendstrafvollzug, sondern in einer Vollzugsanstalt für Erwachsene vollstreckt werden soll (§ 92 III JGG). Vom V. zu unterscheiden ist der → *Vollzugsleiter*, der die Durchführung des Vollzugs in der Jugendarrest- oder Jugendstrafanstalt leitet.

**Vollstreckungsmaßnahme** ist jede Handlung, die ein → Vollstreckungsorgan zum Zwecke der Zwangsvollstreckung durchführt (z. B. → Pfändung, → Versteigerung).

**Vollstreckungsorgan** ist, wer die → Zwangsvollstreckung durchführt. Grundsätzlich ist das der → Gerichtsvollzieher. Außerdem sind V. das → Vollstreckungsgericht (§ 764 ZPO), in bestimmten Fällen das → Prozeßgericht (bei der Vollstreckung wegen Handlungen und Unterlassungen, §§ 887, 888, 890 ZPO), ferner das → Grundbuchamt und die Schiffsregisterbehörde für die Eintragung einer → Zwangshypothek. Die Zuständigkeit der V. ist ausschließlich (§ 802 ZPO; → gerichtliche Zuständigkeit, 4).

**Vollstreckungsschuldner** → Vollstreckungsanspruch, → Zwangsvollstreckung.

**Vollstreckungsschutz** wird vom *Prozeßgericht* unter bestimmten Voraussetzungen in der Weise gewährt, daß die → Zwangsvollstreckung entweder ganz untersagt oder beschränkt wird. V. kann durch das Prozeßgericht bereits in einem → vorläufig vollstreckbaren Urteil in der Weise gewährt werden, daß ausnahmsweise die Zwangsvollstreckung entweder überhaupt ausgeschlossen (§ 712 ZPO) oder nur gegen → Sicherheitsleistung zugelassen (§ 709 ZPO), jedenfalls aber dem Schuldner ihre Abwendung durch Sicherheitsleistung gestattet wird (§ 711 ZPO). Dies gilt auch für das Berufungs- oder Revisionsgericht (§§ 719, 707 ZPO). Im *Verfahren der Zwangsvollstreckung* ist V. in mehrfacher Weise vorgesehen; insbes. kann das → Vollstreckungsgericht eine → Vollstreckungsmaßnahme ganz oder teilweise aufheben, untersagen oder einstweilen einstellen, wenn sie wegen ganz besonderer Umstände eine sittenwidrige Härte bedeutet (§ 765 a ZPO). Ferner ist V. möglich, indem die Verwertung gepfändeter Sachen aufgeschoben wird (§§ 813 a, b ZPO), bei Forderungspfändung von Miet- und Pachtzinsen (§ 851 b ZPO) und zugunsten von landwirtschaftlichen Betrieben (§ 851 a ZPO). Zum Handlungsspielraum des → Gerichtsvollziehers s. dort. Vom V. zu unterscheiden sind die sog. → Pfändungsverbote.

**Vollstreckungstitel.** Das Vorliegen eines solchen ist eine der Voraussetzungen der → Zwangsvollstreckung. Er muß die Parteien, Inhalt, Art und Umfang der Zwangsvollstreckung enthalten. Der Inhalt muß → vollstreckungsfähig, daher bestimmt oder wenigstens bestimmbar sein. Es gibt zahlreiche Arten von V.; die wichtigsten sind gerichtliche Entscheidungen, insbes. → Urteile, → Prozeßvergleiche sowie → vollstreckbare Urkunden. Sie ergeben sich aus der ZPO (§§ 704, 722, 723, 928, 936, 794) und aus zahlreichen anderen Gesetzen, z. B. § 168 VwGO, § 199 SGG, § 201 II InsO. Für ausländische V. → Vollstreckungsurteil.

**Vollstreckungsurteil** (gelegentlich auch *Exequatur* genannt) ist ein → Urteil, in dem die Zulässigkeit der Zwangsvollstreckung aus der Entscheidung eines ausländischen Gerichts ausgesprochen wird (§§ 722, 723 ZPO). Ein V. ist heute vielfach nicht mehr erforderlich aufgrund von Sonderregelungen in bilateralen oder multinationalen Abkommen; oftmals wird aber dann die Erwirkung einer inländischen → Vollstreckungsklausel gefordert (z. B. nach Art. 31 ff. des Übereinkommens der EG vom 27. 9. 1968, → gerichtliche Zuständigkeit, 5; vgl. ferner allgemein das Ges. zur Ausführung zwischenstaatlicher Anerkennungs- und Vollstreckungsverträge in Zivil- und Handelssachen – AVAG – vom 30. 5. 1988, BGBl. I 662). S. a. → Haager Übereinkommen.

**Vollstreckungsverbot** → Insolvenzverfahren (2).

**Vollstreckungsvereitelung** begeht, wer bei einer ihm drohenden → Zwangsvollstreckung in der Absicht, die Befriedigung des Gläubigers zu vereiteln, Bestandteile seines Vermögens veräußert oder beiseite schafft (§ 288 StGB). Die Vollstreckung droht, wenn mit alsbaldiger zwangsweiser Durchsetzung des Anspruchs zu rechnen ist, so wenn der Gläubiger einen → Vollstrekkungstitel erwirkt hat, i. d. R. auch schon bei Klageerhebung (nicht bei erster Mahnung oder Klageandrohung, Wechselprotest o. dgl.). *Veräußerung* ist nicht schon der bloße Verkauf ohne Übergabe, das Vermieten oder Verleihen, sondern erst die Übertragung des Vermögensrechts auf einen anderen ohne Erlangen des vollen Gegenwerts, ebenso die wertmindernde Belastung durch Hypothek usw. *Beiseite geschafft* ist ein Vermögensstück, wenn es dem Zugriff des Gläubigers tatsächlich entzogen ist. Der Vorsatz des Täters muß die Absicht, d. h. hier den *bestimmten Vorsatz* umfassen, die Befriedigung des Gläubigers zu vereiteln; das ist i. d. R. nicht der Fall, wenn noch ausreichende Vermögensstücke zur Verfügung stehen. Die V. ist → Antragsdelikt.

**Vollstreckungsvoraussetzungen** → Vollstreckbarkeit.

**Vollstreckung von Steueransprüchen.** Die Finanzbehörden vollstrecken Steueransprüche durch eigene Vollziehungsbeamte (§§ 249 ff. AO). Sie sind selbst Vollstreckungsbehörde. Voraussetzung für die Vollstreckung ist Fälligkeit der Steuerschuld und Mahnung; weiter darf die Vollziehung nicht ausgesetzt sein oder durch Rechtsbehelf gehemmt sein (§§ 254, 259 AO → Vollziehung, sofortige). In bewegliches Vermögen (Sachen, Forderungen und andere Vermögensrechte) erfolgt die Vollstreckung durch Pfändung und Verwertung bzw. Einziehung (§§ 281 ff. AO). Für die Vollstreckung in unbewegliches Vermögen gelten §§ 864 bis 871 ZPO und das Gesetz über Zwangsversteigerung und Zwangsverwaltung (§§ 322 ff. AO). Zur Sicherung der Vollstreckung ist ein → Arrest zulässig (§§ 324 ff. AO). → Gesamtschuld.

**Volltrunkenheit** → Vollrausch.

**Vollurteil** ist ein → Urteil, das im Gegensatz zum → Teilurteil in vollem Umfang über die → Klage entscheidet.

**Vollversammlung** → Plenum; – der UN → Vereinte Nationen.

**Vollziehende Gewalt** (Exekutive) ist i. S. der Lehre von der → Gewaltentrennung jede Ausübung staatlicher Gewalt außerhalb von → Gesetzgebung (Legislative) und → Rechtsprechung (vgl. Art. 28 II GG). Der Begriff wird häufig sinngleich mit Verwaltung (→ Verwaltung, öffentliche) gebraucht. Innerhalb der v. G. unterscheidet man zwischen der → Regierung als politischer Führungsspitze und der Verwaltung i. e.S. als der für den Vollzug der Gesetze zuständigen Behördenorganisation. Die v. G. obliegt in der parlamentarischen Demokratie (und der parlamentarischen Monarchie) einer vom Vertrauen des → Parlaments abhängigen Regierung – sog. → parlamentarisches Regierungssystem– und den ihr nachgeordneten Verwaltungsbehörden (einschl. der mittelbaren Staatsverwaltung). In der Präsidialdemokratie (Beispiel: USA) ist der Träger der v. G. (der Präsident) nicht vom Vertrauen des Parlaments abhängig. Die Abhängigkeit der Reg. von der gesetzgebenden Gewalt bedeutet aber nicht, daß diese unmittelbar auf Entscheidungen der v. G. Einfluß nehmen kann. Vielmehr ist die v. G. in ihrem Handeln von der gesetzgebenden Gewalt und der Rechtsprechung grundsätzlich unabhängig. Über die Aufgabenverteilung zwischen den einzelnen Teilen der Staatsgewalt vgl. → Gewaltentrennung.

**Vollziehung, sofortige.** 1. Der gegen einen → Verwaltungsakt erhobene Widerspruch (→ Widerspruchsverfahren) und die → Anfechtungsklage haben aufschiebende Wirkung (§ 80 I VwGO; *Suspensiveffekt*). Diese entfällt nur bei der Anforderung von öffentlichen Abgaben und Kosten, bei unaufschiebbaren Anordnungen und Maßnahmen von Polizeivollzugsbeamten und in anderen durch Bundesgesetz oder für das Landesrecht durch Landesgesetz vorgeschriebenen Fällen, insbesondere bei Klagen Dritter gegen investive Maßnahmen (§ 80 II Nr. 1–3 VwGO). Die aufschiebende Wirkung entfällt ferner, wenn die Behörde, die den Verwaltungsakt erlassen oder über den Widerspruch zu entscheiden hat, im öffentlichen Interesse oder im überwiegenden Interesse eines Beteiligten die s. V. besonders anordnet (§ 80 II Nr. 4 VwGO). Das besondere Interesse an der s. V. ist schriftlich zu begründen, sofern nicht die Behörde bei Gefahr im Verzug, insbes. bei drohenden Nachteilen für Leben, Gesundheit oder Eigentum vorsorglich eine als solche bezeichnete Notstandsmaßnahme trifft. Die erlassende Behörde oder die Widerspruchsbehörde kann die s. V. aussetzen, sofern nicht bundesgesetzlich etwas anderes bestimmt ist (vgl. § 80 IV VwGO). Das gilt auch in den Fällen, in denen der Suspensiveffekt kraft Gesetzes entfällt, so insbes. bei Anforderung öffentlicher Abgaben und Kosten und bei unaufschiebbaren Anordnungen und Maßnahmen von Polizeivollzugsbeamten. Das Gericht der Hauptsache kann – auch schon vor Erhebung der Anfechtungsklage – auf Antrag die aufschiebende Wirkung anordnen oder wiederherstellen; Einzelheiten dazu § 80 V–VIII VwGO. Bei *Verwaltungsakten mit Doppelwirkung* (der Adressat wird durch den VA begünstigt, ein Dritter belastet, Beispiel: Baugenehmigung begünstigt den Bauherrn, belastet den Grundstücksnachbarn) kann die Behörde bei Einlegung eines Rechtsbehelfs durch einen Dritten auf Antrag des Begünstigten die s. V. nach § 80 II Nr. 4. anordnen oder auf Antrag des Dritten eine angeordnete s. V. aussetzen und einstweilige Maßnahmen zur Sicherung der Rechte des Dritten treffen (Einzelheiten s. § 80 a VwGO). Zu den Anordnungsbefugnissen des Verwaltungsgerichts in diesen Fällen vgl. §§ 80 V bis VIII, 80 a III VwGO.

2. Die V. von *Steuerverwaltungsakten,* insbes. Steuerbescheiden wird durch Einspruch oder Anfechtungsklage nicht gehemmt (→ Finanzgerichtsbarkeit). Finanzbehörde und Finanzgericht können jedoch während des Rechtsbehelfsverfahrens auf Antrag die V. aussetzen, wenn ernstliche Zweifel an der Rechtmäßigkeit des angefochtenen Verwaltungsakts bestehen, oder die V. für den Betroffenen eine unbillige, nicht durch überwiegende öffentliche Interessen gebotene Härte zur Folge hätte (§ 361 AO, § 69 FGO). Hat der Rechtsbehelf keinen Erfolg, schuldet der Rechtsbehelfsführer *Aussetzungszinsen* (§ 237 AO). Wurde die V. nicht ausgesetzt, ist jedoch der Stpfl. mit seinem Rechtsbehelf erfolgreich, erhält er *Erstattungszinsen* gem. § 236 AO. Vgl. → Zinsen, steuerlich.

**Vollzug von Freiheitsstrafen** usw. → Strafvollzug, → Jugendstrafe, → Maßregeln der Besserung und Sicherung (9).

**Vollzugshilfe** liegt vor, wenn die → Polizei auf Ersuchen einer anderen Polizeidienststelle (i. w. S. auch einer sonstigen Verwaltungsbehörde) tätig wird. Außer dem allgemeinen Grundsatz der Pflicht zur → Amtshilfe sind solche Verpflichtungen in den Polizeigesetzen niedergelegt. Gehört die ersuchte Polizeidienststelle einer anderen Körperschaft an, so sind in gewissen Fällen für entstandene Kosten Erstattungspflichten vorgesehen (s. a. → polizeiliche Zwangsmittel).

**Vollzugsleiter** wird im → Jugendstrafrecht der Beamte oder Richter genannt, der den Vollzug einer → Jugendstrafe oder des → Jugendarrestes in einer dazu bestimmten Anstalt und damit die Durchführung der Vollstreckung unmittelbar zu leiten hat. Um die besonderen Ziele des Jugendarrestes zu fördern, bestimmt § 90 II 2 JGG den Jugendrichter am Vollzugsort zum V.; er ist insoweit weisungsgebundenes Verwaltungsorgan. V. für die Jugendstrafe (§§ 91, 92 JGG) ist der Leiter der Jugendstrafanstalt (ein Beamter). Die Ordnung des inneren Dienstbetriebs obliegt in beiden Fällen den Anstaltsleitern. Der V. untersteht der Dienstaufsicht der höheren Vollzugsbehörde (meist Generalstaatsanwalt) und der Landesjustizverwaltung.

**Vollzugsordnung** (Dienst- und Vollzugsordnung) → Strafvollstreckung, Strafvollzug (II); s. a. → Vollzugsvorschriften.

**Vollzugspolizei** → Polizei (2).

**Vollzugsuntauglichkeit** → Haftunfähigkeit.

**Vollzugsvorschriften** → Untersuchungshaft (3), → Strafvollzug, → Jugendstrafe, → Jugendarrest, → Strafarrest. Im Verwaltungsrecht oft gebrauchte Bezeichnung für → Verwaltungsvorschriften, die sich an nachgeordnete Behörden wenden und den einheitlichen Vollzug von Gesetzen und anderen Rechtsvorschriften sichern sollen.

**Volontärverhältnis** ist ein → Berufsausbildungsverhältnis, das sich vom → Lehrverhältnis darin unterscheidet, daß der Volontär lediglich Kenntnisse, Fähigkeiten oder Erfahrungen erwerben oder erweitern will, aber keinen geordneten Ausbildungsgang durchläuft. Sofern nicht ein normales → Arbeitsverhältnis vereinbart ist, gelten die Vorschriften für das → Berufsausbildungsverhältnis (§ 19 BerBG) im selben Umfang wie beim → Anlernverhältnis.

**Von Amts wegen** → Amtsgrundsatz.

**Vorabentscheidung** über den *Grund des Anspruchs* → Grundurteil; V. über die *vorläufige Vollstreckbarkeit* eines Urteils ist im Zivilprozeß auf Antrag in der Berufungsinstanz durch → Teilurteil möglich (§ 718 ZPO). S. a. → Vorbescheid.

**Voranmeldung** → Umsatzsteuer 14., → Steueranmeldung.

**Voranschlag** (Kosten) → Werkvertrag (5).

**Voraus.** Der Ehegatte als gesetzlicher Erbe hat außer seinem → Erbteil Anspruch auf die zum Haushalt gehörenden Gegenstände und auf die Hochzeitsgeschenke, neben Verwandten der 1. Ordnung (gesetzliche → Erbfolge) allerdings nur, soweit er sie zur Führung eines angemessenen Haushalts benötigt (§ 1932 BGB). Es handelt sich hierbei um ein gesetzliches → Vermächtnis.

**Vorausabtretung** → Abtretung (1).

**Vorausempfänge** → Ausgleichung von Vorempfängen; s. a. → Zugewinngemeinschaft.

**Vorausklage** → Bürgschaft.

**Vorausverfügung über Mietzins** → Miete (4).

**Vorausvermächtnis** *(Prälegat)* ist ein → Vermächtnis, das einem → Erben oder Miterben zugewendet ist, auch wenn er selbst dadurch beschwert ist (§ 2150 BGB); über die Erbeinsetzung hinaus muß ein bestimmter Gegenstand besonders zugedacht sein. Das V. ist unabhängig von der Erbenstellung, z. B. für das jeweilige Recht auf → Ausschlagung. Schwierig ist bei Miterben die Abgrenzung eines V. von der bloßen → *Teilungsanordnung* für die Auseinandersetzung der → Erbengemeinschaft. Eine bloße Auseinandersetzungsanordnung (§ 2048 BGB) liegt vor, wenn der Gegenstand, der dem Miterben zukommen soll, mit seinem Wert voll auf den → Erbteil des Miterben angerechnet werden soll, ein V. dagegen bei besonderer Zuweisung ohne Anrechnung auf den Erbteil. Was im Einzelfall vorliegt, ist durch → Auslegung der Verfügung von Todes wegen zu ermitteln. Teilungsanordnung und V. können vom Erblasser auch kombiniert werden, z. B. in der Zuwendung des Rechts, einen Nachlaßgegenstand zu einem bestimmten Preis zu übernehmen, sofern der Begünstigte hierdurch einen Vermögensvorteil gegenüber den übrigen Miterben erhalten soll.

**Vorauszahlungen** sind bei Einkommen-, Körperschaft-, Gewerbe- und Grundsteuer im laufenden Jahr zu entrichtende Zahlungen auf die nach Ablauf des Jahres festzusetzende Steuer (→ Besteuerungsverfahren, → Steuerbescheid, → Veranlagung). Die Höhe der V. richtet sich nach dem letztergangenen Steuerbescheid. V.bescheide sind → Vorbehaltsfestsetzungen (§ 164 I 2 AO), d. h. sie können jederzeit geändert werden. Das Finanzamt kann die Einkommensteuer-V. noch im Folgejahr der voraussichtlichen Steuer anpassen (§ 37 III EStG). Gegen V.bescheide ist → Einspruch gegeben (§ 348 AO). Näheres s. bei den einzelnen Steuerarten.

**Vorbehalt** → Willenserklärung (I 2).

**Vorbehalt bei der Leistung** → Erfüllung.

**Vorbehalt der Nachprüfung** → Vorbehaltsfestsetzung.

**Vorbehalte der Alliierten.** Das vom → Parlamentarischen Rat am 8. 5. 1949 beschlossene GG bedurfte der Genehmigung der Besatzungsmächte, die mit Genehmigungsschreiben der 3 westlichen Militärgouverneure vom 12. 5. 1949 (VOBlBZ 416) erteilt wurde. Die darin enthaltenen V. d.A. sind durch die → Abschließende Regelung in bezug auf Deutschland gegenstandslos.

**Vorbehalt des Gesetzes** → Gesetzmäßigkeit der Verwaltung.

**Vorbehalte im Verwaltungsakt** → Verwaltungsakt (4).

**Vorbehaltsfestsetzung.** Steuern können, solange der Steuerfall nicht abschließend geprüft ist, ohne Begründung unter dem Vorbehalt der Nachprüfung festgesetzt werden. Solange dieser wirksam ist, kann die Steuerfestsetzung innerhalb der → Festsetzungsfrist jederzeit aufgehoben oder geändert werden. Auch der Stpfl. kann jederzeit Änderung beantragen. Nach einer → Außenprüfung muß der Vorbehalt der Nachprüfung aufgehoben werden (§ 164 AO). S. a. Steuerbescheid, vorläufige Steuerfestsetzung.

**Vorbehaltsgut** → Gütergemeinschaft.

**Vorbehaltsklausel** im zwischenstaatlichen Privatrechtsverkehr → Internationales Privatrecht (1); s. a. → Umtauschvorbehalt, → Kauf auf Probe.

**Vorbehaltsurteil** ist ein → Urteil, in dem der Beklagte unter dem in die → Urteilsformel aufzunehmenden Vorbehalt verurteilt wird, daß über von ihm erhobene Einwendungen noch in demselben → Rechtszug entschieden werden wird. Ein V. ist bei → Aufrechnung des Beklagten mit einer Gegenforderung möglich (§ 302 ZPO), im → Urkundenprozeß vorgeschrieben (§ 599 ZPO), wenn der Beklagte dem Klageanspruch widersprochen hat. Nach dem V., das mit → Rechtsmitteln wie ein Endurteil angefochten wird, findet das → Nachverfahren statt.

**Vorbelastungshaftung** → Gründungsgesellschaft.

**Vorbenutzung** des Gegenstandes einer → Erfindung liegt vor, wenn er vor der Anmeldung hergestellt, feilgehalten, in Verkehr gebracht oder gebraucht worden ist. Eine V. im Inland hindert die Erteilung des → Patents, weil sie die Neuheit der Erfindung ausschließt (§ 3 PatG; → Patentfähigkeit). Ein V.recht besteht für den, der z. Z. der Anmeldung des Patents die Verwertung der Erfindung (ohne Patentschutz) bereits in die Wege geleitet hat; der Vorbenutzer darf die Erfindung für die Bedürfnisse des eigenen Betriebs weiterverwerten (§ 12 PatG).

**Vorbereitendes Verfahren** → Ermittlungsverfahren in Strafsachen, → Bußgeldverfahren, → Steuerstrafverfahren.

**Vorbereitungsdienst** ist ein Teil der Ausbildung des → Beamten. Laufbahnbewerber haben nach § 14 BRRG einen V. abzuleisten. Die Dauer des V. ist den Erfordernissen der einzelnen Laufbahnen anzupassen. Der V. schließt nach Maßgabe der Ausbildungs- und Prüfungsordnungen in Bund und Ländern in den Laufbahnen des mittleren, des gehobenen und des höheren Dienstes mit einer Prüfung ab. Der V. wird im Status des Beamten auf Widerruf abgeleistet. Die Beamten erhalten → Anwärterbezüge. Sie führen während des V. die Dienstbezeichnung „Anwärter", in Laufbahnen des höheren Dienstes die Dienstbezeichnung „→ Referendar", je mit einem die Fachrichtung oder die Laufbahn bezeichnenden Zusatz (z. B. Rechtspflegeranwärter, Studienreferendar, Gerichtsreferendar). Zum juristischen V. s. → Befähigung zum Richteramt.

**Vorbereitungshaft** (*Abschiebung*) → Ausländer, 5 c.

**Vorbereitungshandlung** → Versuch; s. a. → Hochverrat, → Sprengstoff- und Strahlungsverbrechen, → Geld- und Wertzeichenfälschung, → Fälschung von Vordrucken.

**Vorbescheid**. 1. An die Stelle des früheren V. ist im → Verwaltungsstreitverfahren (s. dort 5) der in seinem Anwendungsbereich deutlich erweiterte *Gerichtsbescheid* getreten (vgl. § 84 VwGO).

2. Im *Baurecht* kann, schon bevor der Antrag auf → Baugenehmigung eingereicht ist, nach verschiedenen Baugesetzen der Länder (z. B. Art. 75 bayer. Bauordnung i. d. F. vom 4. 8. 1997, GVBl. 433) auf schriftlichen Antrag zu einzelnen in der Baugenehmigung zu entscheidenden Fragen ein schriftlicher V. erteilt werden. Er ist → Verwal-

tungsakt und bindet die Baubehörde für das folgende Baugenehmigungsverfahren. Seine Gültigkeit ist meistens befristet. Zum V. über Genehmigungsvoraussetzungen und den Standort *genehmigungsbedürftiger Anlagen* im Rahmen des *Umweltschutzes* vgl. § 9 Bundes-ImmissionsschutzG und § 7 a AtomG.

3. Ein (mit Beschwerde anfechtbarer) V. wird von der Rspr. ausnahmsweise auch in der *freiwilligen Gerichtsbarkeit* zugelassen, z. B. bei schwieriger Rechtslage im Erbscheinsverfahren.

**Vorbeugende Unterlassungsklage** → Unterlassungsanspruch.

**Vordatierter Scheck.** Wegen der knappen → Vorlegungsfristen beim → Scheck (Art. 29 ScheckG), durch deren Versäumung der → Scheckregreß verloren geht (Art. 40 ScheckG), werden Schecks häufig vordatiert, um die spätere Vorlegung zu ermöglichen oder eine frühere zu verhindern. Der v. Sch. ist voll wirksam und kann jederzeit, also auch vor dem Ausstellungsdatum, vorgelegt werden (Art. 28 ScheckG). Der v. Sch. ist der Rechtsordnung nicht erwünscht, weil der Sch. auf diese Weise als Kreditmittel mißbraucht wird. Auch ein vordatierter → Wechsel ist formell gültig, sofern der angegebene Ausstellungstag vor dem Verfalldatum liegt.

**Vordatierter Wechsel** → vordatierter Scheck.

**Vorempfänge** → Ausgleichung von Vorempfängen; s. a. → Zugewinngemeinschaft.

**Vorenthalten von Arbeitsentgelt** → Untreue.

**Vorerbe** ist der kraft Gesetzes oder → Verfügung von Todes wegen bestimmte Erbe, der in seiner Verfügung über den Nachlaß durch die Einsetzung eines *Nacherben* beschränkt ist. Mit dem Eintritt des Nacherbfalles hört der V. auf, Erbe zu sein, und fällt die Erbschaft dem Nacherben an (§ 2139 BGB). Der Erblasser ist in der Bestimmung des Zeitpunktes, in dem die Erbschaft von dem V. auf den Nacherben übergehen soll, grundsätzlich frei. Hat der Erblasser einen Nacherben eingesetzt, ohne den Zeitpunkt oder das Ereignis zu bestimmen, mit dem die Nacherbfolge eintreten soll, fällt die Erbschaft dem Nacherben mit dem Tode des V. an. Bei Einsetzung einer noch nicht erzeugten Person als Nacherbe geht die Erbschaft von dem V. auf den Nacherben mit dessen Geburt über (§ 2106 BGB). Hat der Erblasser angeordnet, daß der eingesetzte Erbe die Erbschaft erst mit dem Eintritt eines bestimmten Zeitpunkts oder Ereignisses erhalten soll, ohne zu bestimmen, wer bis dahin Erbe sein soll, so sind die gesetzlichen Erben des Erblassers die Vorerben (§ 2105 I BGB).

Da der V. mit dem Erbfall in die gesamte Rechtsstellung (Rechte und Verbindlichkeiten) des Erblassers eintritt, kann er grundsätzlich über die zur Erbschaft gehörenden Gegenstände wie ein Vollerbe verfügen (§ 2112 BGB). Da aber dem Nacherben die Erbschaft, und zwar außer den beim Erbfall vorhandenen Gegenständen (Sachen und Rechte) der Zuwachs auf Grund eines zur Erbschaft gehörenden Rechts und die Ersatzstücke (→ Surrogate), die mit Mitteln der Erbschaft beschafft wurden (§ 2111 BGB), möglichst ungeschmälert erhalten bleiben soll, ist der V. in seiner freien *Verfügungsmacht* nicht unerheblich *eingeschränkt*. Während dem V. die Nutzungen des Nachlasses grundsätzlich uneingeschränkt verbleiben, sind Verfügungen des V. über ein zur Erbschaft gehörendes Grundstück oder Rechte an einem Grundstück, unentgeltliche Verfügungen über einen Erbschaftsgegenstand, Verfügungen über eine Hypothekenforderung oder eine Grundschuld sowie Zwangsvollstreckungsmaßnahmen eines Gläubigers des V. in einen Erbschaftsgegenstand im Falle des Eintritts der Nacherbfolge insoweit unwirksam, als sie das Recht des Nacherben beeinträchtigen oder vereiteln würden (§§ 2113 ff. BGB), sofern nicht der Nacherbe dieser Verfügung zugestimmt hat. Da jedoch ein gutgläubiger Erwerber geschützt wird (§ 2113 III BGB), ist in das Grundbuch zugleich mit der Eintragung des V. der sog. Nacherbenvermerk aufzunehmen (§ 51 GBO).

Der V. hat den Nachlaß ordnungsgemäß zu *verwalten,* Geld → mündelsicher anzulegen und Wertpapiere auf Verlangen des Nacherben zu hinterlegen (§§ 2116, 2119 BGB). Er hat dem Nacherben auf Verlangen ein Verzeichnis der zur Erbschaft gehörenden Gegenstände mitzuteilen (§ 2121 BGB) und → Auskunft über den Bestand der Erbschaft zu geben, wenn Grund zu der Annahme besteht, daß seine Verwaltung die Rechte des Nacherben erheblich verletzt (§ 2127). Er hat dem Nacherben aber nur für diejenige → Sorgfalt einzustehen, die er in eigenen Angelegenheiten anzuwenden pflegt (§ 2131 BGB); von der Haftung wegen grober Fahrlässigkeit oder Vorsatz ist er damit nicht befreit (§ 277 BGB). Im Rahmen seiner Verwaltung hat der V. bis zum Eintritt des Nacherbfalls die → Nachlaßverbindlichkeiten aus dem Nachlaß zu erfüllen; eine entsprechende Verfügung ist ohne Zustimmung des Nacherben wirksam (§ 2115 S. 2 BGB). *Befreiter V.* Der Erblasser kann den V. von den meisten der genannten gesetzlichen Beschränkungen befreien (§ 2136 BGB). Das gilt nicht hinsichtl. unentgeltlicher Verfügungen, Vollstreckungsmaßnahmen und der Pflicht zur Inventarerrichtung. Auch kann die Haftung für Vorsatz nicht erlassen werden (§ 276 II BGB). Da sich die Befreiung des V. insbes. in seiner Verfügungsmacht über Grundstücke und → Grundstücksrechte auswirkt, ist sie im Grundbuch zu vermerken (§ 51 GBO). Eine Befreiung ist im Zweifel anzunehmen, wenn der Erblasser bestimmt hat, daß der V. zur freien Verfügung über die Erbschaft berechtigt sein soll, oder wenn er den Nacherben auf das eingesetzt hat, was von der Erbschaft bei dem Eintritt der Nacherbfolge übrig sein wird (§ 2137 BGB). S. a. → Wiederverheiratungsklausel.

**Vorfahrt.** An Straßenkreuzungen und -einmündungen hat mangels anderweitiger Regelung jedes Fahrzeug die V., das von rechts kommt. Der Wartepflichtige muß rechtzeitig, insbes. durch mäßige Geschwindigkeit, erkennen lassen, daß er die V. achtet; er muß Gefährdung anderer vermeiden und darf nicht ohne Übersicht über die Verkehrslage weiterfahren (§ 8 StVO). Für → Schienenfahrzeuge besteht keine V., aber ein begrenzter Vorrang. Fußgänger, die Fahrzeuge mitführen, sind wartepflichtig. Ein *Verzicht* auf die V. muß eindeutig bekundet werden (vgl. § 11 III StVO). Nach dem → Vertrauensgrundsatz kann sich der Berechtigte darauf verlassen, daß der Wartepflichtige ihm die Vorfahrt einräumt; richtet sich dieser nicht danach, darf der Berechtigte aber die Vorfahrt nicht erzwingen. Treffen Fz. aus mehreren Richtungen so zusammen, daß keines nur von rechts kommt, so müssen sich die Fahrer über die Vorfahrt verständigen. Entgegenkommenden Fz. ist vor dem Abbiegen nach links der Vorrang zu lassen (§ 9 III 1 StVO).

*Ausnahmen* gelten bei abweichender Verkehrsregelung durch Polizeibeamte oder durch → Verkehrsampeln oder → Verkehrszeichen, ferner an → Anschlußstellen der Autobahn und an Kreuzungen und Einmündungen von Kraftfahrstraßen (§ 18 II, III StVO) sowie zugunsten bevorrechtigter Fz. Zu diesen sog. Wegerechtsfahrzeugen zählen solche der Bundeswehr und des Bundesgrenzschutzes, der Polizei, der Feuerwehr, des Katastrophenschutzes und des Zolldienstes; sie sind an die Vorschriften der StVO nicht gebunden, soweit es zur Erfüllung hoheitlicher Aufgaben unter gebührender Berücksichtigung der öffentlichen Sicherheit und Ordnung dringend geboten ist (für die Bundeswehr auch in weiteren Fällen; § 35 I, I a, III, VIII StVO). Sie müssen aber die Inanspruchnahme der V. zu erkennen geben. Bevorrechtigte Fz. dieser Art sowie Kranken-, Unfallhilfswagen u. dgl. dürfen sich durch blaues Blinklicht und *Einsatzhorn* (§§ 52 III, 55 III StVZO) bemerkbar machen, wenn zur Gefahrenabwehr, Verfolgung Flüchtiger oder Rettung von Menschenleben oder bedeutenden Sachwerten höchste Eile geboten ist; andere Fz. haben ihnen sofort freie Bahn zu schaffen (§ 38 I StVO), z. B. durch Rechtsheranfahren oder Gassenbildung (§ 11 II StVO). Verstöße gegen die V. sind → Ordnungswidrigkeiten nach § 49 StVO, § 24 StVG. Bei grob verkehrswidrigem und rücksichtslosem Verstoß, wenn andere Personen oder bedeutende fremde Sachwerte gefährdet, aber weitere Unfallfolgen nicht eingetreten sind, liegt → Straßenverkehrsgefährdung vor (§ 315 c I Nr. 2 a StGB).

**„Vorfahrtregelungen, Investive"** (Vermögen in der ehem. DDR) → Investitionsvorranggesetz.

**Vorfälligkeitsentschädigung** → Darlehen.

**Vorführung Wehrpflichtiger** durch die Polizei. Bei Wehrpflichtigen, die der → Erfassung Wehrpflichtiger (§ 15 WehrpflG), der → Musterung (§ 17 II), der Prüfung ihrer Verfügbarkeit (§ 23), der → Eignungsprüfung (§ 20 a WehrpflG) oder auf eine Aufforderung der Wehrersatzbehörde im Rahmen der Wehrüberwachung, sich persönlich zu melden (§ 24 VI Nr. 3 ), unentschuldigt fernbleiben, kann nach § 44 II die Vorführung angeordnet werden; um ihre Durchführung wird die örtlich zuständige Polizei ersucht. Die V. setzt nach § 13 des Verwaltungsvollstreckungsgesetzes vom 27. 4. 1953 (BGBl. I 157) bzw. nach den Vollstreckungsgesetzen der Länder grundsätzlich vorherige schriftliche Androhung voraus, die i. d. R. mit der nochmaligen Ladung verbunden wird. Nach § 44 III WehrpflG kann die Polizei ersucht werden, Wehrpflichtige, die ihrer Einberufung unentschuldigt nicht Folge leisten, dem nächsten Feldjäger-Dienstkommando zuzuführen. Ferner kann die Polizei zum Zwecke der Vorführung und Zuführung die Wohnung und andere Räume des Wehrpflichtigen oder Dritter betreten und durchsuchen (in der Nachtzeit bei Dritten aber nur, wenn der Wehrpflichtige deren Räume zwecks Entziehung betreten hat); § 44 IV. Entsprechendes gilt für die *Zuführung Zivildienstpflichtiger,* die ihrer Einberufung unentschuldigt nicht Folge leisten (§ 23 a ZDG).

**Vorführungsbefehl** kann als *richterliche* Anordnung im Strafverfahren ergehen, um das Erscheinen eines ausgebliebenen Beschuldigten (Angeklagte) zu einem Termin zu erzwingen. Er unterscheidet sich von dem zu dem gleichen Zweck zulässigen → Haftbefehl darin, daß der Betroffene nicht schon alsbald in Gewahrsam genommen wird, sondern erst zum spätesten Zeitpunkt, zu dem dies notwendig ist, um sein Erscheinen sicherzustellen (also i. d. R. nicht schon in der Nacht vorher). Der V. ist erst nach schriftlicher Androhung für den Fall des Ausbleibens zulässig (§§ 133, 134, 230, 236 StPO); doch kann die sofortige Vorführung angeordnet werden, falls Grund zum Erlaß eines Haftbefehls besteht (§ 134 I). Die Staatsanwaltschaft kann im → Ermittlungsverfahren durch V. das Erscheinen des Beschuldigten erzwingen; dieser kann gerichtliche Nachprüfung der Rechtmäßigkeit beantragen (§ 163 a III StPO). Im V. ist der Betroffene genau zu bezeichnen (im Ermittlungsverfahren unter Angabe der ihm zur Last gelegten Straftat); der Grund der Vorführung ist anzugeben. Zwecks → Strafvollstreckung kann die StA gegen einen Verurteilten, der sich trotz Ladung zum Antritt einer Freiheitsstrafe nicht gestellt hat oder der fluchtverdächtig ist, einen V. erlassen; ebenso gegen einen Strafgefangenen, der sich dem Vollzug entzieht (§ 457 StPO, § 33 StrafvollstrekkungsO).

Über die Vorführung ausgebliebener Zeugen vgl. § 380 ZPO, § 51 StPO.

**Vorführungsrecht** ist ein → Verwertungsrecht des Urhebers eines Werkes der bildenden Kunst, eines Lichtbildes oder Filmwerkes oder einer Darstellung wissenschaftlicher oder technischer Art (→ Urheberrecht). Es besteht in der Befugnis, das Werk durch technische Einrichtungen (z. B. Projektion) öffentlich wahrnehmbar zu machen. Auf eine Funksendung erstreckt sich das Vorführungsrecht nicht (§ 19 IV UrhG).

**Vorgesellschaft** → Gründungsgesellschaft.

**Vorgesetzter.** Im Beamtenrecht wird unterschieden zwischen dem Dienstvorgesetzten und dem Vorgesetzten. *Dienstvorgesetzter* (gelegentlich auch als Disziplinarvorgesetzter bezeichnet) ist der für die beamtenrechtlichen Entscheidungen über die persönlichen Angelegenheiten der ihm nachgeordneten Beamten zuständige Amtsinhaber (z. B. Verhängung von → Disziplinarmaßnahmen, Genehmigung von Dienstreisen, Bewilligung von → Urlaub). *Vorgesetzter* (Amtsvorgesetzter) ist, wer dem Beamten in seiner dienstlichen Tätigkeit Weisungen erteilen kann (z. B. Referent gegenüber Mitarbeitern). Unmittelbarer Dienstvorgesetzter ist i. d. R. der Leiter der Behörde, in welcher der Beamte tätig ist. Höherer Dienstvorgesetzter ist der dem unmittelbaren Dienstvorgesetzten übergeordnete Behördenleiter. Vgl. § 3 II BBG u. Landesbeamtengesetze.

**Vorgesetzter, militärischer,** ist nach § 1 IV SoldatenG, wer Befehlsbefugnis hat. Es besteht also kein allgemeines Vorgesetztenverhältnis auf Grund des Dienstgrades. S. im übrigen die VO über die Regelung des militärischen Vorgesetztenverhältnisses vom 4. 6. 1956 (BGBl. I 459) m. spät. Änd. Durch eigene Erklärung darf eine Befehlsbefugnis nur zur Hilfeleistung in Notfällen, zur Aufrechterhaltung der Disziplin oder Sicherheit u. dgl. begründet werden (§ 6 der VO vom 4. 6. 1956). Das Bestehen eines V.verhältnisses ist namentlich im → Wehrstrafrecht von Bedeutung. *Disziplinarvorgesetzter* ist, wer Disziplinargewalt über Soldaten seines Befehlsbereichs hat (§ 1 V SoldatenG, §§ 18 ff. WehrdisziplinarO).

**Vorgreifliches Rechtsverhältnis** ist ein solches, von dessen Bestehen oder Nichtbestehen es abhängt, ob ein → Anspruch besteht oder wie ein Rechtsstreit entschieden werden muß. Dies kann Anlaß zur → Aussetzung eines Verfahrens (z. B. nach § 148 ZPO, § 74 AO) sein, um die Vorfrage anderweit zu klären. Das v. R. wird von der → Rechtskraft grundsätzlich nicht erfaßt, nur ausnahmsweise über eine → Zwischenfeststellungsklage.

**Vorgründungsgesellschaft** → Gründungsgesellschaft.

**Vorhaben** ist ein zentraler Begriff des → Baugesetzbuches. Nach § 29 BauGB umfaßt er die Errichtung, Änderung oder Nutzungsänderung von baulichen Anlagen, die einer bauaufsichtlichen Genehmigung bedürfen oder der → Bauaufsichtsbehörde anzuzeigen sind, ferner bauliche Anlagen, über deren Zulässigkeit in einem anderen Verfahren entschieden wird.

**Vorhaben- und Erschließungsplan** → Baugesetzbuch (3).

**Vorhaltekosten** → Schadensersatz (2 a).

**Vorkaufsrecht**. Das BGB unterscheidet das schuldrechtliche (§§ 504 ff. BGB) und das dingliche (§§ 1094 ff. BGB) V.

1. Das *schuldrechtliche V.* entsteht durch → Vertrag mit dem späteren Verkäufer und begründet das Recht, in einen wirksam geschlossenen Kaufvertrag (vgl. z. B. → Grundstückskaufvertrag), der zwischen dem Vertragspartner und einem Dritten geschlossen wurde, einzutreten (§ 504 BGB). Das V. kann sich auf bewegliche → Sachen und auf → Grundstücke beziehen; es wird durch (formlose) Erklärung gegenüber dem Verpflichteten ausgeübt. Mit der Ausübung des V. kommt der → Kauf zwischen dem Berechtigten und dem Verpflichteten unter den Bedingungen (d.h. zu dem Kaufpreis usw.) zustande, die der Verpflichtete mit dem Dritten vereinbart hat (§ 505 BGB). Der Verpflichtete hat den Inhalt eines abgeschlossenen Kaufvertrags dem Vorkaufsberechtigten unverzüglich anzuzeigen (§ 510 BGB; sonst evtl. Schadensersatzansprüche). Das schuldrechtliche V., das nur für einen (den nächsten) Verkaufsfall gilt, ist mangels anderweitiger Vereinbarung weder übertragbar noch vererblich (§ 514 BGB); es ist ausgeschlossen, wenn der Verkauf im Wege der → Zwangsvollstreckung oder aus einer → Insolvenzmasse erfolgt (§ 512 BGB).

2. Das *dingliche V.* ist nur an einem Grundstück oder an einem → grundstücksgleichen Recht zulässig; für seinen Inhalt gelten grundsätzlich die Bestimmungen über das schuldrechtliche V. entsprechend (§ 1098 BGB). Das dingliche V. kann jedoch als im → Grundbuch eintragungsfähige Belastung des Grundstücks (über Begründung, Übertragung u. a. → Grundstücksrechte) auch zugunsten des jeweiligen Eigentümers eines anderen Grundstücks und für mehrere oder für alle Verkaufsfälle bestellt werden (§§ 1094, 1097 BGB). Dritten gegenüber hat das dingliche V. die Wirkung einer → Vormerkung zur Sicherung des durch seine Ausübung entstehenden Anspruchs gegen den Verpflichteten auf Übertragung des Eigentums (§ 1098 II BGB). Mit der Ausübung des dinglichen V. entsteht ein auch gegenüber dem Dritten wirkender Anspruch auf → Eigentumsübertragung (nicht aber geht das Eigentum selbst bereits über).

3. Über das V. des *Miterben* → Erbengemeinschaft. S. ferner → Ankaufsrecht, → Wiederkauf.

4. Nach dem → Baugesetzbuch (BauGB) steht der → Gemeinde ein öffentlich-rechtliches Vorkaufsrecht zu bei Grundstücken, die nach einem Bebauungsplan (→ Bauleitpläne) als öffentliche Flächen vorgesehen sind, die in einem Umlegungsgebiet (→ Umlegung)

oder in einem Sanierungsgebiet (→ Sanierungssatzung) oder in einem städtebaulichen Entwicklungsgebiet (→ städtebauliche Entwicklungsmaßnahmen) liegen, die im Geltungsbereich einer → Erhaltungssatzung oder als künftiges Wohnbauland im Geltungsbereich eines Flächennutzungsplans (→ Bauleitpläne) liegen oder die als innerörtliche Baulükken für die Wohnbebauung in Betracht kommen. Durch dieses V. soll der Bodenspekulation vorgebeugt werden. Überdies können die Gemeinden durch Satzung ein V. an allen unbebauten Grundstücken im Geltungsbereich eines Bebauungsplanes begründen. Das Vorkaufsrecht gilt nicht bei Verkäufen innerhalb der Familie (§ 26 BauGB). Unter bestimmten Voraussetzungen kann der Käufer das Vorkaufsrecht abwenden (§ 27 BauGB). Die Ausübung des V. ist ein → Verwaltungsakt. Die Abwicklung richtet sich nach BGB (siehe oben 1). Das Grundbuchamt darf den Käufer in das → Grundbuch nur eintragen, wenn ihm die Nichtausübung oder das Nichtbestehen des Vorkaufsrechts nachgewiesen ist. Das V. selbst wird nicht ins Grundbuch eingetragen. Wie bei allen → öffentlichen Lasten ist daher → gutgläubiger Erwerb nicht möglich.

**Vorkenntnisklausel** → Maklervertrag.

**Vorkonstitutionelles Recht** ist allgemein aus der Zeit vor dem Inkrafttreten einer Verfassung überkommenes R., im besonderen das aus der Zeit vor dem ersten Zusammentritt des → Bundestages (7. 9. 1949) stammende und zu diesem Zeitpunkt noch in Geltung befindliche R. Es ist entweder „altes" → Reichsrecht, also am 8. 5. 1945 vorhandenes Recht, oder von den Ländern oder dem → Wirtschaftsrat des Vereinigten Wirtschaftsgebietes in der Zeit vom 8. 5. 1945 bis 7. 9. 1949 erlassenes R. Nach Art. 123 II GG gilt v. R. fort, soweit es dem GG nicht widerspricht. Dabei ist nicht darauf abzustellen, ob es förmlich nach den Vorschriften des GG ergangen ist, sondern nur darauf, ob es inhaltlich mit dem GG, insbes. mit den Grundrechten und den demokratischen und rechtsstaatlichen Grundsätzen vereinbar ist. Ob das v. R. als → Bundesrecht oder als → Landesrecht fortgilt, bestimmt sich danach, ob zur Regelung der betreffenden Rechtsmaterie nach dem GG der Bund oder die Länder zuständig wären. Recht, das Gegenstände der → ausschließlichen Gesetzgebung des Bundes betrifft, ist Bundesrecht geworden. Recht, das Gegenstände der konkurrierenden Gesetzgebung betrifft, ist innerhalb seines Geltungsbereiches Bundesrecht geworden, soweit es innerhalb einer oder mehrerer Besatzungszonen einheitlich galt oder soweit es sich um Recht handelt, durch das nach dem 8. 5. 1945 früheres Reichsrecht abgeändert wurde. Im übrigen wurde das v. R. Landesrecht. Meinungsverschiedenheiten darüber, ob v. R. als Bundesrecht fortgilt, hat das → Bundesverfassungsgericht zu entscheiden (Art. 126 GG). Die Frage, ob v. R. überhaupt fortgilt oder als inhaltlich dem GG widersprechend ungültig ist, braucht nicht im → Normenkontrollverfahren dem BVerfG vorgelegt zu werden, sondern kann von jedem Gericht selbst entschieden werden; Art. 100 gilt nur für nachkonstitutionelle förmliche Gesetze.

**Vorkosten** → Eigenheimzulage.

**Vorlage behördlicher Akten** → Verwaltungsstreitverfahren (4).

**Vorlage von Sachen und Urkunden** → Auskunftspflicht, → Vorlegung von Sachen.

**Vorlagenmißbrauch.** Wer die ihm im geschäftlichen Verkehr anvertrauten Vorlagen oder Vorschriften technischer Art, insbes. Zeichnungen, Modelle, Schablonen, Schnitte, Rezepte, zu Wettbewerbszwecken oder aus Eigennutz unbefugt verwertet oder Dritten mitteilt, macht sich nach §§ 18, 19 UWG strafbar und schadensersatzpflichtig. Das gilt auch, wenn der Empfänger die Vorlage schon kennt, der Täter dies aber nicht weiß. Versuchtes Verleiten, Sicherbieten oder Bereiterklären zum V. sowie Annahme des Erbietens sind ebenfalls strafbar (§ 20 UWG).

**Vorläufige Deckungszusage** → Versicherungsvertrag.

**Vorläufige Einstellung des Strafverfahrens** → Prozeßvoraussetzungen, → Bagatellstrafsachen, → Abwesenheitsverfahren.

**Vorläufige Entziehung der Fahrerlaubnis** → Fahrerlaubnis.

**Vorläufige Festnahme** → Festnahme (1–4).

**Vorläufige Sozialleistungen** sind auf Antrag des nach dem → Sozialgesetzbuch Berechtigten von dem zuerst angegangenen Leistungsträger zu erbringen, wenn die Zuständigkeit unter mehreren Trägern streitig ist. § 43 SGB I.

**Vorläufige Steuerfestsetzung** ist insoweit möglich, als ungewiß ist, ob und inwieweit die Voraussetzungen für die Entstehung der Steuerschuld eingetreten sind (§ 165 I AO; BMF BStBl. 1998, 346). Umfang und Grund der Vorläufigkeit sind anzugeben, z. B. bei Musterverfahren vor dem Bundesverfassungsgericht. Eine → Vorbehaltsfestsetzung kann jederzeit in vollem Umfang geändert werden, eine v. St. dagegen nur, soweit die Ungewißheit reicht.

**Vorläufige Vollstreckbarkeit.** Urteile, die nicht mit Verkündung formelle → Rechtskraft erlangen, sind im → Zivilprozeß für vorl. vollstr. zu erklären (teils mit, teils ohne → Sicherheitsleistung, §§ 708, 709 ZPO). Die Parteien können durch Anträge die v. V. selbst und die Sicherheitsleistung beeinflussen (§§ 710–714 ZPO). In bestimmten Fällen (z. B. in → Ehe- und → Kindschaftssachen) ist die Anordnung der v. V. unzulässig. Urteile der → Arbeitsgerichtsbarkeit sind grundsätzlich kraft Gesetzes ohne Sicherheitsleistung und ohne Ausspruch in der → Urteilsformel vorl. vollstr. (§ 62 I ArbGG). In der → Verwaltungsgerichtsbarkeit ist die v. V. wie im Zivilprozeß geregelt; jedoch ist sie bei Urteilen auf Anfechtungs- und Verpflichtungsklagen auf die Kosten beschränkt (§ 167 VwGO; ebenso § 151 III FGO). Vorl. vollstr. Urteile können schon vor Eintritt der Rechtskraft vollstreckt werden (§ 704 I ZPO, auch gültig für FGO, § 168 Nr. 1 VwGO); bloße → Pfändung ist regelmäßig bereits vor Sicherheitsleistung möglich (§ 720 a ZPO; sog. *Sicherungsvollstreckung*). Bei Teilvollstreckung muß auch nur ein entsprechender Teil der Sicherheitsleistung erbracht werden (§ 752 ZPO). Die v. V. tritt aber außer Kraft, wenn ein Urteil die vorl. vollstr. Entscheidung oder ihre Vollstreckbarerklärung aufhebt; in diesem Fall besteht ein Anspruch auf → Schadensersatz oder aus → ungerechtfertigter Bereicherung gegen den, der vollstreckt hat (§ 717 ZPO).

**Vorläufiger Betreuer** → Betreuung.

**Vorläufiger Erbe** → Erbe, vorläufiger.

**Vorläufiges Berufsverbot** → Maßregeln d. Besserung u. Sicherung (6); s. a. → Rechtsanwalt (4).

**Vorlegung von Sachen.** Wer gegen den Besitzer einer Sache einen → Anspruch hat oder sich vergewissern will, ob ihm ein solcher zusteht – z. B. gegen den Verwahrer wegen unsachgemäßer Behandlung –, kann, wenn die Besichtigung der Sache aus diesem Grund für ihn von Interesse ist, verlangen, daß der Besitzer ihm die Sache zur *Besichtigung* vorlegt oder die Besichtigung gestattet (§ 809 BGB, *Editionspflicht*). Wer ein rechtliches Interesse daran hat, eine im fremden Besitze befindliche *Urkunde* einzusehen, kann von dem Besitzer die Gestattung der *Einsicht* (auch Entnahme einer Photokopie) verlangen, wenn die Urkunde in seinem Interesse errichtet (z. B. Vollmachtsurkunde, nicht Handakten des Rechtsanwalts) oder in der Urkunde ein zwischen ihm und anderen bestehendes Rechtsverhältnis beurkundet ist (Vertragsurkunde) oder wenn die Urkunde Verhandlungen über ein Rechtsgeschäft enthält, die zwischen ihm und einem anderen gepflogen worden sind (§ 810 BGB). In die über den Patienten erstellten *Krankenpapiere* (Krankenakte) kann Einsichtnahme – aber nicht deren Herausgabe – insoweit verlangt werden, als es sich um objektive Krankheitsbefunde und Behandlungsberichte handelt, nicht aber hins. subjektiver Bewertungen (Diagnosen) des Arztes (BGHZ 85, 327; eingeschränkt bei und nach psychiatrischer Behandlung, BGHZ 85, 339, sowie – wegen der ärztlichen Schweigepflicht – für Angehörige und Erben, BGH NJW 1983, 2627). Die Sache ist grundsätzlich an dem Ort vorzulegen, an dem sie sich befindet. Gefahr und Kosten der V. trägt der Verlangende; der Besitzer kann daher die V. verweigern, bis ihm der andere Teil die Kosten vorschießt und wegen der Gefahr Sicherheit leistet (§ 811 BGB). Über die V. von Urkunden im Zivilprozeß auf Anforderung durch das Gericht vgl. §§ 142, 143, 273 II Nr. 1

ZPO, durch den Beweisführer oder den Gegner §§ 420 ff. ZPO.

**Vorlegungsfrist.** Ein Scheck, der im Land der Ausstellung zahlbar ist, muß binnen 8 Tagen nach Ausstellung der bezogenen Bank zur Zahlung vorgelegt werden, ein im Ausland, aber innerhalb des gleichen Erdteils zahlbarer Scheck binnen 20 Tagen; liegen Ausstellungs- und Zahlungsort in verschiedenen Erdteilen, beträgt die V. 70 Tage (Art. 29 ScheckG). Wird die V. versäumt, so geht der → Scheckregreß verloren (Art. 40 ScheckG). Die V. wird häufig durch Vordatierung umgangen (→ vordatierter Scheck).

**Vorlegungspflicht des Gerichts** besteht zur Wahrung der → Rechtseinheit unter bestimmten Voraussetzungen, wenn ein höheres Gericht oder ein oberster Gerichtshof von der früheren Entscheidung eines gleich- oder übergeordneten Spruchkörpers in derselben Rechtsfrage abweichen will (→ Divergenz gerichtlicher Entscheidungen; s. ferner → Rechtsentscheid). Sie kann ferner im Rahmen der → Normenkontrolle bestehen (→ richterliches Prüfungsrecht, → Verfassungswidrigkeit von Gesetzen).

**Vorleistungspflicht** → gegenseitiger Vertrag, → Zurückbehaltungsrecht.

**Vormerkung.** Bei der Übertragung von Grundstücksrechten vergeht oftmals längere Zeit zwischen dem Abschluß des schuldrechtlichen Verpflichtungsgeschäfts (z. B. → Grundstückskaufvertrag) und der Eintragung im → Grundbuch. Während dieser Zeit kann der bisherige Rechtsinhaber trotz der bereits bindend gewordenen → Einigung noch wirksam über das → Grundstücksrecht zum Nachteil des Erwerbers verfügen. Deshalb sieht das Gesetz zur Sicherung des schuldrechtlichen Anspruchs auf Einräumung, Aufhebung oder inhaltliche Änderung eines Grundstücksrechts oder dessen Rangs (→ Rang von Grundstücksrechten) die Eintragung einer V. im Grundbuch vor (§ 883 BGB). Besondere Bedeutung hat in der Praxis bei Übertragung des Eigentums an einem Grundstück die *Auflassungsvormerkung;* s. ferner → Löschungsvormerkung. Die V. sichert zunächst den Rang des Rechts, d. h. das gesicherte Recht wird mit dem Rang der V. eingetragen (§ 883 III BGB). Noch wichtiger ist jedoch, daß jede → Verfügung (auch im Wege der → Zwangsvollstreckung oder durch den → Insolvenzverwalter), die nach der Eintragung der V. über das Grundstück oder das Recht getroffen wird, z. B. Bestellung einer → Hypothek nach Eintragung der Auflassungsvormerkung für den Grundstückskäufer, insoweit unwirksam ist, als sie den gesicherten Anspruch vereiteln oder beeinträchtigen würde (§ 883 II BGB). Durch die V. tritt also keine Grundbuchsperre, sondern nur eine relative Verfügungsbeschränkung zugunsten des Berechtigten ein. Neben dem Anspruch auf Erfüllung gegen den Schuldner (z. B. auf Erklärung der → Auflassung) hat der Berechtigte auf Grund der V. gegen den Dritten, der nach der Eintragung der V. ein Recht an dem Grundstück erworben hat, einen Anspruch auf Zustimmung zu der Eintragung (z. B. des Berechtigten als neuen Eigentümer) oder zu der Löschung (z. B. einer inzwischen eingetragenen Hypothek usw.), § 888 BGB. Zur Auflassungsv. in der Insolvenz → Insolvenzverfahren (3 a).

Die V. ist ein *Sicherungsmittel* eigener Art, nach h. M. jedoch nicht bereits selbst ein → dingliches Recht, obwohl sie, z. B. bei Bewilligung durch einen im Grundbuch eingetragenen Nichtberechtigten, → gutgläubig erworben werden kann (§ 893 Halbs. 2 BGB; str.). Sie ist auch zur Sicherung eines künftigen oder bedingten Anspruchs zulässig; ihre Eintragung erfolgt auf Grund der Bewilligung des Betroffenen (→ Grundbuch) oder einer → einstweiligen Verfügung, für deren Erlaß eine Gefährdung des zu sichernden Anspruchs nicht → glaubhaft gemacht zu werden braucht (§ 885 BGB). Die V. erlischt mit der Eintragung des gesicherten Rechts, sonst mit ihrer Löschung. Auf diese hat der Betroffene Anspruch, wenn dem gesicherten Anspruch eine dauernde → Einrede, z. B. → Verjährung des Anspruchs, entgegensteht (§ 886 BGB). S. ferner → Widerspruch.

Eine andere Art der V. enthält § 18 II GBO. Wird nach Erlaß einer → Zwischenverfügung ein weiterer Eintragungsantrag gestellt, der das gleiche

Recht betrifft, so hat das → Grundbuchamt zur Sicherung des Rangs des Rechts, das der frühere Antrag betrifft, eine V. in das Grundbuch einzutragen. Die Voraussetzungen und die sonstigen Wirkungen der V. nach BGB sind hier nicht gegeben.

**Vormiete** ist das Recht, in einen zwischen dem Vertragspartner (Vermieter) und einem Dritten geschlossenen Mietvertrag zu den gleichen Bedingungen einzutreten. Dieser im Gesetz nicht geregelte, aber zulässige Vertrag wird nach den Bestimmungen über den → Vorkauf abgewickelt.

**Vormund.** Liegen die Voraussetzungen für eine → *Vormundschaft* vor, so hat das → Vormundschaftsgericht (bei Maßnahmen des → Familiengerichts auch dieses, § 1697 BGB) einen V. zu bestellen (§§ 1773 ff., 1789 BGB), ggf. daneben einen → Mitvormund oder einen → Gegenvormund einzusetzen. *Unfähig* zum V. ist (Verstoß führt zur Nichtigkeit), wer → geschäftsunfähig ist (§ 1780 BGB), *untauglich* zum V. ist (d. h. nicht bestellt werden soll), wer minderjährig ist oder unter → Betreuung steht, ferner, wer durch Anordnung der Eltern des → Mündels von der Vormundschaft ausgeschlossen ist (§§ 1781, 1782 BGB). Im übrigen obliegt die *Auswahl* des V. grundsätzlich dem Vormundschaftsgericht; bei der Auswahl unter mehreren geeigneten Personen sind der mutmaßliche Wille der Eltern, die persönlichen Bindungen des Mündels, die Verwandtschaftsverhältnisse sowie das religiöse Bekenntnis des Mündels zu berücksichtigen (§ 1779 BGB). Ein Recht auf Bestellung zum V. hat, wer von den Eltern des Mündels als V. durch → letztwillige Verfügung benannt worden, d. h. zum Vormund „berufen" ist (§§ 1776 f. BGB). Zum V. können – statt eines *Einzelvormunds* – auch gewisse rechtsfähige Vereine (→ Vereinsvormundschaft, § 1791 a BGB) sowie das → Jugendamt (→ Amtsvormundschaft, §§ 1791 b, c BGB) bestellt werden. Die Übernahme der Vormundschaft ist grundsätzlich Pflicht und kann durch → Ordnungsmittel erzwungen werden (§§ 1785 ff. BGB); sie kann nur aus bestimmten tatsächlichen Verhinderungsgründen (z. B. Krankheit, Überschreiten des 60. Lebensjahres, Belastung durch mehrere eigene Kinder oder durch eine andere Vormundschaft, Betreuung oder Pflegschaft u. a.) abgelehnt werden. Der V. erhält zu seiner Legitimation eine → Bestallung (§ 1791 BGB).

Der V. hat grundsätzlich wie der Inhaber der *elterlichen Sorge* im Rahmen der partnerschaftlichen Erziehung (§ 1626 II BGB) das Recht und die Pflicht der → Personensorge, der → Vermögenssorge und der Vertretung des Mündels (§ 1793 BGB); er ist dessen → gesetzlicher Vertreter. Ist der Mündel auf längere Dauer in den Haushalt des V. aufgenommen, so gelten auch § 1618 a BGB (gegenseitiger Beistand und Rücksichtnahme, → Kinder) und § 1619 BGB (Mitarbeit, → Hausgemeinschaft) entsprechend. Das *Vertretungsrecht* ist ausgeschlossen, soweit der Mündel (in einzelnen Beziehungen) unbeschränkt geschäftsfähig ist (§§ 112, 113 BGB), soweit für eine bestimmte Angelegenheit ein Pfleger bestellt ist (§ 1794 BGB), das Vertretungsrecht entzogen ist (§ 1796 BGB) oder wegen Interessenkollision nicht ausgeübt werden kann (§§ 1795, 181 BGB, hier → Ergänzungspflegschaft), insbes. bei Rechtsgeschäften und Prozessen zwischen dem V., seinem Ehegatten und seinen Verwandten einerseits und dem Mündel andererseits. Das *Personensorgerecht* – Erziehung, Aufenthaltsbestimmung u. a. – ist, wenn die elterliche Sorge wegen beschränkter → Geschäftsfähigkeit (Minderjährigkeit) des Sorgeberechtigten ruht, durch dessen Rechte beschränkt (§ 1673 II BGB). Das Vormundschaftsgericht kann im Interesse des Mündels – auch gegen den Willen des V. – eine anderweitige Unterbringung anordnen (§ 1838 BGB). Eine *Unterbringung* des Mündels, die mit Freiheitsentziehung verbunden ist – z. B. in einer geschlossenen Nervenheilanstalt – ist nur mit Genehmigung des Vormundschaftsgerichts zulässig (§§ 1800, 1631 b BGB; → Anstaltsunterbringung, 1); auch zu einer Reihe anderer persönlicher Angelegenheiten (z. B. → Adoption, Religionsbestimmung) bedarf der V. der Genehmigung des Vormundschaftsgerichts.

In Ausübung der *Vermögenssorge* hat der V. grundsätzlich das gesamte Mündelvermögen in Besitz zu nehmen und zu verwalten; ein Recht zur Verwendung des Mündelvermögens für eigene Zwecke oder zur Nutznießung steht ihm nicht zu (§ 1805 BGB). Geld und Wertpapiere hat er mündelsicher anzulegen (→ Mündelgeld, → befreite Vormundschaft). Zu einer Reihe von besonders weittragenden und den Mündel erheblich belastenden Rechtsgeschäften ist die *Genehmigung* des V.gerichts erforderlich (§§ 1821, 1822 BGB), insbes. zu → Verfügungen über ein Grundstück (Übertragung, Belastung), über ein Recht an einem Grundstück (insoweit ausgenommen → Hypotheken, → Grund- und → Rentenschulden) oder über Ansprüche, die auf Übertragung des Eigentums an einem Grundstück gehen, zur Eingehung einer Verpflichtung zu einer derartigen Verfügung (z. B. Abschluß eines Grundstücksverkaufsvertrags), zum entgeltlichen Erwerb eines Grundstücks oder Grundstücksrechts (s.o.), zur Verfügung über das → Vermögen im ganzen, über eine angefallene → Erbschaft, → Erbteil oder → Pflichtteil, zur → Ausschlagung einer Erbschaft oder eines → Vermächtnisses, zum Erwerb oder zur Veräußerung eines Erwerbsgeschäfts, zu dessen Überlassung an den Mündel zum selbständigen Betrieb (§ 112 BGB, beschränkte → Geschäftsfähigkeit), zum Abschluß eines Gesellschaftsvertrags, zu länger als 1 Jahr dauernden Lehr- oder Arbeitsverträgen, zur Kreditaufnahme, Wechselausstellung, Übernahme einer → Bürgschaft, Erteilung einer → Prokura, zu einem Vergleich (über 5000 DM) u. a. Die vormundschaftsgerichtliche Genehmigung, für deren Erteilung allein das Interesse und das Wohl des Mündels entscheidend ist, ist dem V. gegenüber zu erklären (§ 1828 BGB); nur dieser (nicht auch der beteiligte Dritte) hat bei Verweigerung der Genehmigung ein Beschwerderecht. Einseitige Rechtsgeschäfte ohne die erforderliche Genehmigung, z. B. Ausschlagung einer Erbschaft, sind völlig unwirksam (§ 1831 BGB). Verträge sind dagegen zunächst schwebend unwirksam; sie werden wirksam, wenn die Genehmigung nachträglich vom Vormundschaftsgericht (oder bei inzwischen eingetretener Volljährigkeit des Mündels von diesem) erteilt und dem anderen Teil mitgeteilt wird (hierzu besteht für den V. oder Mündel trotz des abgeschlossenen, schwebend unwirksamen Vertrags keine Verpflichtung); 2 Wochen nach erfolgloser Aufforderung des Geschäftspartners zur Erteilung der Genehmigung gilt diese endgültig als verweigert (§ 1829 BGB).

Der V. ist in seiner *Geschäftsführung,* soweit er nicht von der Genehmigung des Vormundschaftsgerichts oder eines Gegen-V. abhängig ist, grundsätzlich selbständig; er steht allerdings unter der dauernden Aufsicht des – ihn beratenden – Vormundschaftsgerichts (§ 1837 BGB), dem er regelmäßig jährlich über die Führung der Vormundschaft und die persönlichen Verhältnisse des Mündels Auskunft zu erteilen (§ 1839 BGB) und über die Vermögensverwaltung durch Zusammenstellung der Einnahmen und Ausgaben, u. U. durch Vorlegen einer Bilanz mindestens einmal jährlich Rechnung zu legen hat (§§ 1840 ff. BGB). Der V. haftet dem Mündel für jeden aus einer schuldhaften Pflichtverletzung entstandenen Schaden (§ 1833 BGB – bei Aufnahme in den Haushalt, wie bei den Eltern, nur für → Sorgfalt in eigenen Angelegenheiten, §§ 1793 Satz 3, 1664 BGB, sonst generell). Der V. (entsprechend Pfleger, Betreuer) hat grundsätzlich keinen Anspruch auf Vergütung (§ 1836 I 1 BGB). Die Vormundschaft wird ausnahmsweise entgeltlich geführt, wenn das Vormundschaftsgericht feststellt, daß der V. die Vormundschaft berufsmäßig führt (sog. Berufsv.). Dies ist im Regelfall anzunehmen, wenn der V. mehr als 10 Vormundschaften führt oder insgesamt wöchentlich mehr als 20 Stunden hierfür aufwenden muß. Das Vormundschaftsgericht hat dann dem V. eine angemessene Vergütung zu bewilligen, die sich nach dem Umfang und der Schwierigkeit der Vormundschaften richtet (§ 1836 II, III BGB). Aufwendungen, z. B. Versicherungs- und Fahrtkosten, sind dem V. nach den Bestimmungen des → Auftrags zu ersetzen (§§ 1835, 670 BGB); zur Abgeltung dieser Aufwendungen kann der V. eine jährliche pauschale Aufwandsentschädigung verlangen (§ 1835 a BGB). Der Anspruch auf Vergütung, Aufwendungsersatz und Aufwandsentschädigung richtet sich gegen den Mündel (Betreuten), bei dessen Mittellosigkeit gegen die Staatskasse (§§ 1835 IV, 1835 a III, 1836 a ff. BGB; Gesetz über die Vergütung von Berufsv. = Art. 2 a des BetreuungsrechtsänderungsG vom 25. 6. 1998, BGBl. I 1580, 1586; zum Verfahren § 56 g FGG).

Das Amt des V. *endet* – außer mit dem Ende der Vormundschaft überhaupt – bei Entlassung des V. (insbes. aus einem wichtigen Grund, z. B. bei pflichtwidrigem Verhalten des V., ferner wenn er nachträglich zum V. untauglich wird oder einen neu eingetretenen Ablehnungsgrund geltend macht, §§ 1886 ff. BGB). Der Amts- oder Vereinsv. ist zu entlassen, sobald ein geeigneter Einzelv. vorhanden ist und diese Maßnahme dem Wohle des Kindes dient (§§ 1887, 1889 BGB). Der V. hat nach Beendigung seines Amts das verwaltete Vermögen herauszugeben und seine Bestallung zurückzugeben; über die Verwaltung hat er → Rechenschaft abzulegen (§§ 1890 ff. BGB).

**Vormundschaft.** Das → Vormundschaftsgericht hat von Amts wegen – ggf. auch schon vor der Geburt des Kindes – V. anzuordnen, wenn ein minderjähriges Kind nicht unter → *elterlicher Sorge* steht oder wenn beide Eltern weder in den die Person (→ Personensorge) noch in den das Vermögen (→ Vermögenssorge) betreffenden Angelegenheiten zur Vertretung des Minderjährigen berechtigt sind, z. B. bei Entziehung oder Ruhen der elterlichen Sorge; das gleiche gilt, wenn der → Personenstand des Kindes nicht zu ermitteln ist, z. B. beim Findelkind (§§ 1773, 1774 BGB). Auch bei Kindern, deren Eltern nicht miteinander verheiratet sind (zur → elterlichen Sorge in diesem Fall s. dort), tritt die → *Amtsvormundschaft* des → Jugendamts nur noch ausnahmsweise ein (s. dort). Die V. über Volljährige ist durch die → Betreuung ersetzt worden. *Zweck* der V. ist die Wahrnehmung grundsätzlich aller persönlichen und vermögensrechtlichen Angelegenheiten des → Mündels und dessen Vertretung durch den → *Vormund* (s. dort über dessen Rechte und die Führung der V. im einzelnen), u. U. auch durch Bestellung eines → Mitvormunds oder eines → Gegenvormunds. Sind dagegen nur einzelne Angelegenheiten oder ein bestimmter Kreis von Angelegenheiten (z. B. Rentenverwaltung, Aufenthaltsbestimmung) regelungsbedürftig, so ist ein *Pfleger*, bei Volljährigen ein Betreuer zu bestellen. Alle diese Personen stehen trotz ihrer grundsätzlich selbständigen Amtsführung unter der Aufsicht des Vormundschaftsgerichts. Oberstes Ziel der V. ist stets das Interesse des Mündels; diesem Leitgedanken sind alle Bestimmungen untergeordnet.

Die V. *endet* kraft Gesetzes mit dem Wegfall der für ihre Anordnung bestimmten Voraussetzungen (§ 1882 BGB), insbes. bei → Volljährigkeit, Tod oder → Todeserklärung des Mündels, bei Eintritt oder Wiedererlangung der → elterlichen Sorge und bei → Adoption, nicht dagegen bei Verheiratung des Mündels. Ferner kann das Vormundschaftsgericht die V. aufheben, z. B. bei → Verschollenheit des Mündels (§ 1884 BGB). S. ferner → befreite Vormundschaft, → Mündelgeld. Überleitungsvorschrift für im Gebiet der ehem. DDR am 3. 10. 1990 bestehende V., die ab dann den o. a. Vorschriften unterliegen: Art. 234 § 14 EGBGB.

**Vormundschaftsgericht.** Das V. ist eine Abteilung des → Amtsgerichts, dem die gerichtlichen Entscheidungen im → Familienrechtübertragen sind, soweit nicht das → Familiengericht (insbes. in den mit einer → Ehescheidung zusammenhängenden Fragen, aber auch zur Überwachung der → elterlichen Sorge oder zur Entscheidung über Vaterschaftsfeststellung und -anfechtung im Rahmen der → Abstammung usw.) oder das → Prozeßgericht zuständig ist. Das V. ist demnach insbes. zur Bestellung und Überwachung eines → Vormunds, eines Betreuers oder eines → Pflegers, zur → Adoption von Kindern sowie zur Entscheidung von Streitfragen bei der Ausgestaltung des ehelichen → Güterrechts berufen. Ist aufgrund einer Maßnahme des Familiengerichts eine Vormundschaft oder Pflegschaft anzuordnen, so kann auch das Familiengericht diese Anordnung treffen und den Vormund oder Pfleger auswählen (§ 1697 BGB). Das Verfahren des V. richtet sich nach den Bestimmungen des Gesetzes über die → freiwillige Gerichtsbarkeit (§§ 35 ff. FGG); im Rahmen einer → Adoption ist das → Jugendamt vorher zu hören (§ 49 FGG). Die Aufgaben des V. nimmt weitgehend der → Rechtspfleger wahr.

**Vornahmeklage** → Verwaltungsstreitverfahren (1 a).

**Vorname** → Personensorge; s. a. → Namensrecht, → Namensänderung.

**Vorpfändung** ist eine private Zwangsvollstreckungsmaßnahme des Gläubigers. Er (oder in seinem Auftrag der → Gerichtsvollzieher) kann bei der → Pfändung von Forderungen und sonstigen Rechten dem → Drittschuldner und dem Schuldner eine schriftliche Erklärung zustellen, aus der hervorgeht, daß die Pfändung des Rechts oder der Forderung bevorstehe (§ 845 ZPO). Der V. muß dann ein Pfändungsbeschluß des Vollstreckungsgerichts innerhalb von 1 Monat nachfolgen. Nur dann wahrt die Vorpfändung, der die Wirkung eines → Arrests zukommt, den dem Zeitpunkt der Zustellung entsprechenden Rang (→ Pfändungspfandrecht).

**Vorprämie** → Versicherungsvertrag.

**Vorrang des Gesetzes.** Innerhalb der Rechtsordnung besteht eine *Rangordnung der Normen.* Mit größter Geltungskraft ausgestattet sind die Verfassungsnormen. Es folgen die → Gesetze im formellen Sinne, sodann die nicht im förmlichen Gesetzgebungsverfahren zustandegekommenen → Rechtsvorschriften (→ Rechtsverordnungen und → Satzungen; beide sind Gesetze im – nur – materiellen Sinn). Nach dem Grundsatz des Vorrangs der höherrangigen Norm dürfen die formellen Gesetze nicht gegen Verfassungsnormen verstoßen (sie können diese jedoch auf Grund eines → Gesetzesvorbehaltes zulässigerweise einschränken). Rechtsverordnungen und Satzungen als untergesetzliche Normen dürfen nicht gegen förmliche Gesetze verstoßen. Der Verstoß gegen eine höherrangige Norm führt zur Nichtigkeit der Vorschrift. Förmliche Gesetze können nicht durch Rechtsverordnungen oder Satzungen, sondern nur durch ein förmliches Gesetz aufgehoben oder abgeändert werden. I. w. S. besagt V. d.G. auch, daß jedes Verwaltungshandeln, auch soweit es nicht in die Rechte einzelner eingreift, die bestehenden Gesetze beachten muß (→ Gesetzmäßigkeit der Verwaltung).

**Vorratsaktie** → Verwaltungsaktie.

**Vorratspfändung** ist bei → Lohnpfändung für Unterhaltsansprüche sowie für Renten wegen Körperverletzung oder Gesundheitsbeschädigung zulässig. Sie kann für die künftig fällig werdenden Ansprüche auch das künftig fällig werdende Arbeitseinkommen erfassen (§ 850 d III ZPO). Darin liegt eine Ausnahme von dem Grundsatz (§ 751 I ZPO), daß die Zwangsvollstreckung nur wegen fälliger Ansprüche betrieben werden darf.

**Vorratsschuld** → Gattungsschuld.

**Vorratsvermögen** → Umlaufvermögen.

**Vorratszeichen** → Marken.

**Vorruhestand.** 1. Beamte, Richter und Soldaten: In Bereichen des öffentlichen Dienstes, in denen hierfür ein dringendes arbeitsmarktpolitisches Interesse besteht, können Beamte, Richter und Soldaten mit mindestens 20jähriger Volldienstzeit (bzw. dementsprechender Teildienstzeit) und nach Vollendung des 55. Lebensjahres (Soldaten entsprechend eher) Beurlaubung ohne Dienstbezüge bis zum Ruhestandsbeginn beantragen (§ 44 a BRRG, § 72 a BBG, § 48 b DRiG, § 28 a SoldatenG und Beamtengesetze der Länder).

2. Arbeitsrechtlich können Arbeitgeber aufgrund → Tarifvertrags oder Einzelvereinbarung verpflichtet sein, Arbeitnehmern, die vorzeitig aus dem Erwerbsleben ausscheiden, V.leistungen zu erbringen.

3. Das Vorruhestandsgesetz vom 13. 4. 1984 (BGBl. I S. 610) m. Änd., das zunächst durch das Altersteilzeitgesetz 1989 vom 20. 12. 1988 (BGBl. I S. 2348) m. Änd. und am 1. 8. 1996 durch das neue → Altersteilzeitgesetz vom 23. 7. 1996 (BGBl. I S. 1078) abgelöst worden ist, sah vor, daß Arbeitnehmer, die mit 58 Jahren aus dem Erwerbsleben ausschieden, vom Arbeitgeber ein Vorruhestandsgeld in Höhe von 65 v. H. des Bruttoarbeitsentgelts erhielten, wenn eine entsprechende Vereinbarung mit dem Arbeitgeber zustande kam oder eine tarifvertragliche Regelung getroffen wurde. Die Zahlung endete mit dem 65. Lebensjahr bzw. mit dem Beginn einer → Altersrente. Da

das Gesetz seit dem 1. 1. 1989 nur noch anzuwenden war, wenn die Voraussetzungen für den Anspruch erstmals vor diesem Zeitpunkt vorgelegen hatten, haben sich die Regelungen durch Zeitablauf erledigt.

**Vorsatz** im Zivilrecht → Verschulden (II 1 a); im Strafrecht → Schuld.

**Vorsatztheorie** → Verbotsirrtum.

**Vorschaltgesetz** → Reichsvermögen.

**Vorschaltverfahren** wird gelegentlich das Verwaltungsverfahren genannt, das dem → Verwaltungsstreitverfahren vorangehen muß (→ Widerspruchsverfahren).

**Vorschieben** von Waren → Schlußverkauf, → Räumungsverkauf.

**Vorschulen** wurden Sondereinrichtungen zum Ersatz für den Volksschulbesuch von Kindern als Vorbereitung auf den Besuch einer höheren Schule genannt; sie bleiben nach Art. 7 VI GG aufgehoben (wie schon durch Art. 147 III WV). Im neueren Sprachgebrauch versteht man unter V. eine der Volksschule (Grundschule, Hauptschule) vorausgehende schulische Einrichtung.

**Vorschuß** → Erfüllung, → Prozeßkostenvorschuß, → Abschlagszahlung.

**Vorschußberechnung.** Besteht im → Insolvenzverfahren der → Genossenschaft die → Nachschußpflicht eines Genossen, so wird die Höhe des aufzubringenden Vorschusses vom → Insolvenzverwalter berechnet und eine V. mit dem in § 106 GenG vorgeschriebenen Inhalt beim Insolvenzgericht eingereicht; dieses erklärt auf Grund eines abgehaltenen Termins (§ 108 GenG) die V. für vollstreckbar (→ Vollstreckungstitel). Gegen die V. kann jeder Genosse Anfechtungsklage erheben (§§ 111, 112 GenG). Anstatt der V. kann ein → Vergleich abgeschlossen werden (§ 112 a GenG). Wird die V. auf Anfechtungsklage geändert oder wird der errechnete Gesamtbetrag von den Genossen nicht aufgebracht, so stellt der Insolvenzverwalter eine *Zusatzberechnung* auf, die den Vorschriften über die V. unterliegt (§ 113 GenG).

**Vorschußverein** ist eine → Genossenschaft, deren Zweck darin besteht, ihren Mitgliedern günstige Kredite zu verschaffen (§ 1 I Nr. 1 GenG).

**Vorsitzender Richter** ist bei einem Kollegialgericht der R., dem gesetzlich bestimmte Zuständigkeiten – insbes. Vorbereitung und Leitung der mündlichen oder Hauptverhandlung, z. T. auch (alleinige) Entscheidungsbefugnisse (vgl. § 349 II, III ZPO; § 55 ArbGG; § 112 SGG, §§ 79 ff. FGO) – übertragen sind. Bei der → Abstimmung hat er jedoch grundsätzlich gleiches Stimmrecht wie ein → Beisitzer. → Geschäftsverteilung.

**Vorsorgeaufwendungen** → Sonderausgaben 1 d.

**Vorsorgepauschale** → Sonderausgaben 5.

**Vorsorgeunterhalt** → Unterhaltspflicht der Ehegatten, → Ehescheidung (4).

**Vorsorgeuntersuchungen** sind Maßnahmen der → Krankenversicherung und der → Sozialhilfe zur Früherkennung von Krankheiten, Untersuchung von Kindern bis zum vollendeten 6. Lebensjahr auf Entwicklungsstörungen und jährlich einmal von Frauen ab 20. und Männern ab 45. Lebensjahr auf Krebsverdacht, ferner für Versicherte nach Vollendung des 35. Lebensjahres alle 2 Jahre einmal auf Herz- und Nierenerkrankungen sowie auf Zuckerkrankheit. §§ 25, 26 SGB V; § 8 KVLG 1989; § 36 BSHG.

**Vorspruch** (bei Gesetzen) → Präambel.

**Vorstand** ist das geschäftsführende Organ zahlreicher privat- oder öffentlichrechtlicher Zusammenschlüsse oder Körperschaften; vgl. insbes. → Aktiengesellschaft, → Genossenschaft, → Verein, → Bundesbahn, → Sozialversicherungsträger u. a. m.

**Vorstellungskosten.** Die anläßlich einer Stellensuche angefallenen Kosten sind vom Arbeitgeber nur zu erstatten, wenn er hierzu Anlaß gegeben hat, z. B. durch die Aufforderung zur persönlichen Vorsprache. S. a. → Reisekosten (Umzugskosten).

**Vorsteuerabzug** → Umsatzsteuer 8.

**Vorsteuerberichtigung** → Umsatzsteuer 9.

**Vorstrafen** eines straffällig Gewordenen können für ihn mit Rechtsnachteilen verbunden sein. Sie können zu → Maßregeln der Besserung und Sicherung führen (s. dort 3, 4: Sicherungsverwahrung, Führungsaufsicht). I. d. R. fallen sie bei der → Strafzumessung ins Gewicht, außer wenn sie geringfügig sind, u. U. auch nicht, wenn ihnen Straftaten ganz anderer Art zugrunde liegen als die zur Aburteilung stehende, z. B. wegen eines Vermögensdelikts in einer Verkehrsstrafsache. Nach anderen gesetzlichen Vorschriften können sie die Erteilung einer Genehmigung oder einer Berufserlaubnis hindern. Bei einer Einstellung sind V. nur anzugeben, wenn der Arbeitgeber zulässigerweise (Bezug zum → Arbeitsverhältnis) nach ihnen gefragt hat. Beamtenrechtlich → Amtsunfähigkeit. Unterliegt eine V. der → Straftilgung, so gilt sie nach § 51 BZRG im Rechtsverkehr als nicht existent und darf nicht zum Nachteil des Verurteilten verwertet werden (Strafzumessung, Versagung einer Genehmigung usw.); über Ausnahmen sowie über das Recht des Verurteilten, sich nach der Tilgung des Vermerks im Strafregister als unbestraft zu bezeichnen, → Straftilgung (5). Bei → Vernehmungen und in der → Hauptverhandlung (§ 243 IV 3 StPO) sollen V. des *Beschuldigten* nur festgestellt werden, soweit es für die Entscheidung von Bedeutung ist. Das kann der Fall sein zur Feststellung eines gewohnheitsmäßigen Handelns, bei gleichartigen Delikten, u. U. auch zur Klärung der Schuldfrage, sonst i. d. R. nur für die Straffrage. Ein *Zeuge* soll nach V. nur gefragt werden, wenn es notwendig ist, um seine Glaubwürdigkeit zu beurteilen oder ein etwaiges Vereidigungshindernis nach §§ 60 Nr. 2, 61 Nr. 4 StPO festzustellen (§ 68 a II StPO); würde ihm die Offenbarung der V. Unehre bereiten, soll nach V. nicht gefragt werden (§ 68 a I StPO; s. a. § 384 ZPO).

**Vortat, straflose (mitbestrafte)** → Konkurrenz von Straftaten.

**Vortäuschen einer Straftat.** Wer einer Behörde oder einer zur Entgegennahme von → Strafanzeigen zuständigen Stelle wider besseres Wissen die Begehung einer *rechtswidrigen (mit Strafe bedrohten) Tat* vortäuscht, die gar nicht begangen worden ist, oder wer eine solche Stelle über die *Person* eines an einer solchen Tat Beteiligten zu täuschen sucht, wird nach § 145 d StGB mit Freiheitsstrafe bis zu 3 Jahren oder Geldstrafe bestraft, soweit nicht eine strengere Strafvorschrift anwendbar ist (z. B. falsche → Verdächtigung, § 164 StGB). Die Täuschung über die Person kann darin bestehen, daß er entweder von dem wahren Täter oder, wenn er selbst Täter ist, über bloßes Bestreiten hinaus von sich selbst den Verdacht abzulenken sucht. Da es sich um ein Delikt gegen die Rechtspflege handelt, wird in der Rechtslehre – meist mindestens für den letzteren Fall – vorausgesetzt, daß der Täter eine bestimmte andere Person verdächtigt. Strafbar ist es auch, einer der genannten Stellen das angebliche *Bevorstehen einer besonders schweren Straftat* vorzutäuschen, deren Androhung Mittel des → Landzwangs sein kann (z. B. Geiselnahme, Brandstiftung), sowie eine Täuschung über die Person des an einer solchen (wirklich bevorstehenden) Tat Beteiligten. S. a. → Bedrohung.

**Vorteilsannahme, -gewährung** → Bestechung.

**Vorteilsausgleichung** (Vorteilsanrechnung; *compensatio lucri cum damno*). Hat ein Ereignis nicht nur einen → Schaden, sondern auch einen Vorteil für den Betroffenen mit sich gebracht, so muß sich dieser den Vorteil auf seinen Anspruch auf *Schadensersatz* anrechnen lassen. Der Vorteil muß jedoch – ebenso wie der Schaden – durch das gleiche Ereignis adäquat verursacht sein; es ist ferner stets zu prüfen, ob die Anrechnung dem Sinn und Zweck der Schadensersatzpflicht entspricht (normativer Schadensbegriff; → Schadensersatz, 2 a). Dem Geschädigten, aber auch dem Schädiger, soll durch das Ereignis kein unverdienter Vorteil erwachsen. Spenden Dritter, vertragliche Ansprüche des Geschädigten – z. B. aus einer Lebens- oder Unfallversicherung – oder sonstige

Maßnahmen des Geschädigten zur Schadensvorsorge sowie gesetzliche Unterhaltsansprüche (vgl. § 843 IV BGB) können nicht angerechnet werden, weil dadurch der Schädiger ungerechtfertigt zu Lasten der sonstigen Verpflichteten bereichert würde. In verschiedenen Fällen gehen die Ansprüche des Geschädigten kraft Gesetzes auf den Ersatzleistenden über, insbes. im Rahmen einer (Privat- oder Sozial-)Versicherung (§ 67 VVG, § 116 SGB X); bei nur teilweiser Ersatzpflicht des Schädigers (z. B. → Mitverschulden) geht dieser Anspruch vor – sog. *Quotenvorrecht*); in anderen Fällen hat der Ersatzleistende einen Anspruch auf → Abtretung (z. B. der Arbeitgeber, der den Lohn fortzahlt, → Drittschadensliquidation). Andererseits ist, wer für den Verlust einer Sache oder eines Rechts Schadensersatz zu leisten hat, zum Ersatz nur gegen Abtretung der Ansprüche verpflichtet, die dem Ersatzberechtigten auf Grund des Eigentums an der Sache oder auf Grund des Rechts gegen Dritte zustehen (bes. → Eigentumsherausgabeanspruch, z. B. gegen den Dieb, § 255 BGB).

**Vortragsrecht** ist ein → Verwertungsrecht des Urhebers (→ Urheberrecht) eines Sprachwerks (z. B. Roman, Drama, Gedicht, wissenschaftliche Abhandlung). Es berechtigt ihn, das Werk durch persönliche Darbietung öffentlich zu Gehör zu bringen (§ 19 I UrhG). Das V. erstreckt sich auch auf Übertragungen außerhalb des Raumes, in dem das Sprachwerk persönlich dargeboten wird (z. B. durch Lautsprecher).

**Vorverfahren.** Der Begriff wird in den verschiedenen Verfahrensarten in unterschiedlichem Sinne gebraucht. Für den Strafprozeß → Ermittlungsverfahren in Strafsachen; im Verwaltungsrecht wird unter dem V. das → Widerspruchsverfahren verstanden, im Steuerrecht das Einspruchsverfahren; → Finanzgerichtsbarkeit; für den Zivilprozeß → Nachverfahren, → Vorbehaltsurteil.

**Vorverhandlungen** → Verschulden beim Vertragsschluß, → Vorstellungskosten.

**Vorversicherungszeiten** sind in der → Sozialversicherung bei verschiedenen Leistungen erforderlich; vgl. auch → Wartezeit.

**Vorvertrag** → Vertrag (3).

**Vorweggenommene Erbfolge** → Schenkung von Todes wegen; s. a. → Erbvertrag.

**Vorwegpfändung** ist die Pfändung einer gegenwärtig noch unpfändbaren Sache (→ Unpfändbarkeit), bei der erwartet werden kann, daß sie demnächst pfändbar wird (§ 811 c ZPO). Dann erst darf die Vollstreckung fortgesetzt werden; die Sache ist dem Schuldner bis dahin zu belassen.

**Vorwerfbares Handeln** → Schuld (a.E.).

**Vorzeitige Entlassung aus der Strafhaft** → Strafaussetzung (2).

**Vorzeitiger Erbausgleich** → Erbersatzanspruch.

**Vorzeitiger Zugewinnausgleich** → Zugewinnausgleich (2).

**Vorzensur** → Zensur, → Index librorum prohibitorum.

**Vorzugsaktie** ist eine → Aktie, die bestimmte Vorzugsrechte (z. B. eine erhöhte → Dividende) gewährt (§ 11 AktG). Aktien ohne Stimmrecht (→ Aktienstimmrecht) können nur in Form der V. ausgegeben werden (§ 12 I 2, §§ 139–141 AktG).

**Vorzugsklage** (Klage auf vorzugsweise Befriedigung) kann derjenige, dem an dem Gegenstand einer → Pfändung ein bestimmtes Recht (insbes. ein Pfandrecht) zusteht, mit dem Ziel erheben, daß der Erlös aus einer → Versteigerung des Pfandgegenstandes ihm vor dem → Pfändungsgläubiger zukommt (§ 805 ZPO). Anders → Drittwiderspruchsklage.

**Vorzugslasten** → Abgaben, öffentliche.

**Vorzugsrechte** → Verein (1), → Aktiengesellschaft (2).

**Votum** = Stimme, im übertragenen Sinne Stimmabgabe (votieren) in einem Kollegium, z. B. einem Gerichtskörper oder bei Wahlen; über Vertrauens- und Mißtrauensv. → Mißtrauensvotum;

über das → Sondervotum beim → Bundesverfassungsgericht s. dort.

**V-Person** (V-Mann) ist eine Person, die, ohne einer Strafverfolgungsbehörde anzugehören, bereit ist, diese bei der Aufklärung von Straftaten auf längere Zeit vertraulich zu unterstützen, und deren Identität grundsätzlich geheimgehalten wird (s. Richtlinien der Justiz- und Innenminister, z. B. BayJMBl. 1986, 33 und 1994, 87). Sie gehört zu den Privatpersonen, die zur Strafverfolgung eingesetzt werden (→ verdeckte Ermittlungen; → nachrichtendienstliche Mittel).

**Wachverfehlung** → militärische Straftaten (4).

**Waffen.** Das W.recht war bis 1972 teils bundesrechtlich (Handel und Wirtschaft), teils und unterschiedlich landesrechtlich (öffentliche Sicherheit und Ordnung) geregelt. Durch Ges. vom 28. 7. 1972 (BGBl. I 1305) wurde es der → konkurrierenden Gesetzgebung des Bundes zugewiesen (Art. 74 Nr. 4a GG). Eine umfassende Regelung brachte das Waffengesetz (WaffG) vom 19. 9. 1972 i. d.F. vom 8. 3. 1976 (BGBl. I 432) m. spät. Änd.; dazu Erste VO i. d.F. vom 10. 3. 1987 (BGBl. I 777) betr. Anwendungsbereich, Kennzeichnung und Aufbewahrung der W., Anzeigepflichten, Sachkundenachweis usw. sowie vier weiteren DurchführungsVOen. *Schußwaffen* sind Geräte, die zum Angriff, zur Verteidigung, zum Sport, Spiel oder zur Jagd bestimmt sind und bei denen Geschosse durch einen Lauf getrieben werden. *Hieb- und Stoßwaffen* sind Waffen, die ihrer Natur nach dazu bestimmt sind, unter unmittelbarer Ausnutzung der Muskelkraft durch Hieb, Stoß oder Stich Verletzungen beizubringen. Gewerbsmäßige oder selbständige *Waffenherstellung* (auch Bearbeitung und Instandsetzen) und *Waffenhandel* sind erlaubnispflichtig; die Erlaubnis ist zu versagen, wenn der Antragsteller nicht zuverlässig ist und die erforderliche Fachkunde nicht nachweist. Der Inhaber der Erlaubnis hat umfangreiche Anzeige-, Buchführungs- und Kennzeichnungspflichten (§§ 11 ff. WaffG). Eingehende Vorschriften enthält das Gesetz über die Prüfung und Zulassung von Handfeuerwaffen und Munition (§§ 16 ff.; dazu 3. DVO i. d.F. vom 2. 9. 1991, BGBl. I 1872, betr. Beschußprüfung und Bauartzulassung). Der Erwerb von Schußwaffen und die Ausübung der tatsächlichen Gewalt bedürfen der Erlaubnis, die durch eine *Waffenbesitzkarte* erteilt wird. Diese ist für eine bestimmte Art und Zahl von Schußwaffen auszustellen; die Erwerbserlaubnis gilt für ein Jahr, die Erlaubnis zur Ausübung der tatsächlichen Gewalt ist unbegrenzt (Einzelheiten § 28 WaffG). Waffenbesitzkarte und *Munitionserwerbsschein* sind nach § 30 WaffG zu versagen, wenn der Antragsteller noch nicht 18 Jahre alt ist, die erforderliche Zuverlässigkeit (Definition in § 5), Sachkunde (§ 31) oder körperliche Eignung nicht besitzt oder ein Bedürfnis nicht nachgewiesen ist. Ein Bedürfnis liegt insbes. vor bei Inhabern von Jagdscheinen, bei Sportschützen, bei besonders gefährdeten Personen und Waffensammlern (Einzelheiten § 32). Das *Führen von Schußwaffen* (Ausübung der tatsächlichen Gewalt außerhalb eigener Wohnung, Geschäftsräume oder des befriedeten Besitztums) ist von der behördlichen Erlaubnis durch Erteilung eines *Waffenscheins* abhängig (§§ 35, 36 WaffG). Der Waffenschein wird auf höchstens 3 Jahre erteilt. Er ist aus den gleichen Gründen wie der Waffenbesitzschein zu versagen. Ferner muß eine angemessene Haftpflichtversicherung nachgewiesen werden. Nach § 37 sind Herstellung, Erwerb, Ausübung tatsächlicher Gewalt usw. hinsichtlich zahlreicher Gegenstände verboten, u. a. besonders gefährlicher Schußwaffen, Spring- und Fallmesser, Totschläger, Schlagringe sowie Gegenstände, die dazu bestimmt sind, leicht entflammbare Stoffe schnell so zu verteilen und zu entzünden, daß schlagartig ein Brand entstehen kann (sog. Molotow-Cocktails, § 37I Nr. 7; hinsichtlich dieser Gegenstände ist auch verboten, zur Herstellung anzuleiten oder aufzufordern). Nach § 39 ist das Führen von Waffen bei öffentlichen Veranstaltungen grundsätzlich verboten. Ferner enthält das Gesetz umfangreiche Straf- und Ordnungswidrigkeitenvorschriften (§§ 52a ff. WaffG).

**Waffenbesitz, -erwerb, -führen** ist bei automatischen Selbstladewaffen nach § 52a WaffG (→ Waffen) grundsätzlich strafbar, ferner stets bei anderen Schußwaffen beim Fehlen der vorgeschriebenen Erlaubnis nach § 53 III, IV WaffG, bei anderen Waffen nach Maßgabe der Vorschrift, z. B. das Führen von Hieb- oder Stoßwaffen bei öffentlichen Veranstaltungen.

**Waffengebrauch der Polizei** *und anderer Vollzugsorgane.* Die Anwendung unmittelbaren Zwangs (→ Zwangsmittel; → polizeiliche Zwangsmittel) ist für die Vollzugsbeamten des Bundes durch das Ges. über den unmittelbaren Zwang bei Ausübung öffentlicher Gewalt durch Vollzugsbeamte des Bundes – UZwG – vom 10. 3. 1961 (BGBl. I 165), in den Ländern insbes. durch die Polizeigesetze oder besondere Gesetze geregelt. Die Regelungen stimmen in den Grundzügen überein. Unmittelbarer Zwang (u. Zw.) ist die Einwirkung auf Personen oder Sachen durch körperliche Gewalt oder ihre Hilfsmittel (Fesseln, Wasserwerfer, Diensthunde usw.). Zu diesen zählen außer den dienstlich zugelassenen Hieb- und Schußwaffen auch Reizstoffe und Explosivmittel. Die Vollzugsbeamten haben bei der Anwendung von u.Zw. unter mehreren möglichen und geeigneten Maßnahmen diejenigen zu treffen, die den einzelnen und die Allgemeinheit am wenigsten beeinträchtigen. Ein durch u. Zw. zu erwartender Schaden darf nicht außer Verhältnis zu dem beabsichtigten Erfolg stehen (Grundsatz der Verhältnismäßigkeit; → Übermaßverbot). Der W., insbes. von *Schußwaffen* (Schw.), ist die äußerste Stufe des u.Zw. und unterliegt besonders strengen Voraussetzungen. Der Schw.gebrauch ist nur zulässig, wenn andere Maßnahmen erfolglos angewendet worden sind oder offensichtlich keinen Erfolg versprechen. Gegen Personen ist der Gebrauch von Schw. nur erlaubt, wenn der Zweck nicht durch Waffenwirkung gegen Sachen erreicht wird. Der Zweck des Schw.gebrauchs darf nur sein, angriffs- oder fluchtunfähig zu machen (vgl. § 41 II NWPolG vom 25. 3. 1980; GVBl. 234). Umstr. ist die Regelung des „gezielten Todesschusses" (*„finaler Rettungsschuß"*; vgl. dazu Sundermann NJW 1988, 3192; Zuck MDR 1989, 920). So ist z.B. nach Art. 66 II 2 des bayer. PAG i.d.F. vom 14. 9. 1990 (GVBl. 397) und § 65 II 2 des Ges. über die öffentl. Sicherheit und Ordnung des Landes Sachsen-Anhalt vom 19. 12. 1991 (GVBl. 538) ein Schuß, der mit an Sicherheit grenzender Wahrscheinlichkeit tödlich wirken wird, nur zulässig, wenn er das einzige Mittel zur Abwehr einer gegenwärtigen Lebensgefahr oder der gegenwärtigen Gefahr einer schwerwiegenden Verletzung der körperl. Unversehrtheit ist. Es ist verboten zu schießen, wenn erkennbar Unbeteiligte mit hoher Wahrscheinlichkeit gefährdet werden, außer wenn es sich beim Einschreiten gegen eine Menschenmenge nicht vermeiden läßt. Der Schw.gebrauch ist i.S. der → Verhältnismäßigkeit nur zur Verhütung schwerer strafbarer Handlungen oder zur Verhinderung der Flucht von Personen zulässig, die sich in amtlichem Gewahrsam befinden oder einer schwereren Straftat verdächtig sind (eingehende Regelung in § 10 UZwG und den entsprechenden Vorschriften des Landesrechts). Gegen eine Menschenmenge dürfen Schußwaffen nur dann gebraucht werden, wenn von ihr oder aus ihr heraus Gewalttaten begangen werden oder unmittelbar bevorstehen und Zwangsmaßnahmen gegen einzelne nicht zum Ziele führen oder offensichtlich keinen Erfolg versprechen. Die Anwendung von Schw. ist in allen Fällen anzudrohen, wozu Abgabe eines Warnschusses ausreicht. Einer Menschenmenge gegenüber ist die Androhung zu wiederholen. Unberührt bleibt das Recht der Vollzugsbeamten zum W. im Falle der → Notwehr und des → Notstandes.

Für die Anwendung unmittelbaren Zwanges in Friedenszeiten durch Soldaten der Bundeswehr und zivile Wachpersonen, die mit militärischen Wachaufgaben der Bundeswehr beauftragt sind, gilt das UZwGBw. vom 12. 8. 1965 (BGBl. I 796). Der W. im → Strafvollzug ist, soweit die Länder keine gesetzlichen Bestimmungen erlassen haben, durch §§ 94 ff. (Schußwaffen: §§ 99, 100 StVollzG) geregelt.

**Waffenrecht** → Waffen.

**Waffengleichheit** → Aussperrung; im Strafprozeß → faires Verfahren.

**Waffenstillstand** → Friedensvertrag, → Kapitulation.

**Wahl** → Wahlrecht, → Wahlverfahren, → Wahlsystem, → Wahlprüfung.

**Wahl der Schöffen** → Schöffen.

**Wahl des Betriebsrats** → Betriebsratswahl.

**Wahl des Bundespräsidenten, des Bundeskanzlers** → Bundespräsident, → Bundeskanzler.

**Wahlanfechtung** → Wahlprüfung, → Betriebsratswahl.

**Wählbarkeit** → Wahlrecht (passives).

**Wahlbeamte** sind Beamte, deren Berufung in das Beamtenverhältnis eine besondere Wahl erfordert; z. B. → Landräte, → Bürgermeister, → berufsmäßige Stadträte → Beigeordnete (s. hierzu die Kommunalrechte der Länder). Die Wahl erfolgt bei Bürgermeistern und Landräten i. d.R. durch das Volk, bei berufsmäßigen Stadträten und Beigeordneten durch die → Gemeindevertretung. W. sind regelmäßig Beamte auf Zeit (vgl. §§ 95 ff. BRRG). Im übrigen gelten, vorbehaltlich besonderer gesetzlicher Regelungen (s. z. B. das bay. Ges. über kommunale Wahlbeamte vom 19. 11. 1970, GVBl. 615, zuletzt geändert durch G. vom 26. 7. 1995, GVBl. 371), die allgemeinen Beamtengesetze.

**Wahlbehinderung** → Wahldelikte.

**Wahldelikte.** In §§ 107 ff. StGB sind zur Sicherung des ordnungsmäßigen Ablaufs der *Wahlen zu den Volksvertretungen* und sonstiger *Wahlen und Abstimmungen des Volkes* Strafbestimmungen aufgestellt. Sie gelten nach § 108 d StGB nur für die Wahlen zum Bundestag, den Länderparlamenten, dem Europ. Parlament, den Gemeinde-, Kreis- und Provinzialvertretungen (nicht für Wahlen zu kirchlichen oder Berufskörperschaften, z. B. Anwaltskammern oder Betriebsvertretungen) sowie für Volksabstimmungen und Urwahlen in der Sozialversicherung; einer Wahl oder Abstimmung steht das Unterschreiben eines Wahlvorschlags oder für ein Volksbegehren gleich.

Wegen *Wahlbehinderung* wird bestraft, wer mit → Gewalt oder durch → Drohung mit Gewalt eine Wahl oder die Feststellung ihres Ergebnisses verhindert oder stört (§ 107 StGB).

Der *Wahlfälschung* macht sich schuldig, wer unbefugt wählt oder sonst ein unrichtiges Wahlergebnis herbeiführt (z. B. ausgefüllte Wahlscheine entfernt), das Wahlergebnis verfälscht (z. B. durch falsches Auszählen) oder das Ergebnis unrichtig verkündet (§ 107 a StGB).

Bestraft wird ferner die *Fälschung von Wahlunterlagen*; sie kann darin bestehen, daß der Täter sich unbefugt in die Wählerliste eintragen läßt oder einen anderen unbefugt einträgt oder eine befugte Eintragung verhindert, ebenso darin, daß der Täter sich in die Bewerberliste aufnehmen läßt, obwohl er nicht passiv wahlberechtigt ist (§ 107 b StGB).

Auch die *Täuschung eines Wählers* über den Inhalt seiner Stimmabgabe ist unter Strafe gestellt (§ 108 a StGB).

Wegen *Wählernötigung* wird bestraft, wer rechtswidrig durch Gewalt oder Drohung mit einem empfindlichen Übel, Mißbrauch eines beruflichen oder wirtschaftlichen Abhängigkeitsverhältnisses oder durch sonstigen wirtschaftlichen Druck einen Wahlberechtigten nötigt oder hindert, zu wählen oder sein Wahlrecht in einem bestimmten Sinne auszuüben (§ 108 StGB).

Aktive *Wählerbestechung* (Stimmenkauf) liegt im Anbieten, Versprechen oder Gewähren von Geschenken oder anderen Vorteilen – nicht nur Vermögensvorteilen – dafür, daß der Wähler nicht oder in einem bestimmten Sinne wählt (also nicht schlechthin für Ausübung des Wahlrechts), passive W. (Stimmenverkauf) im Fordern, Sichversprechenlassen oder Annehmen von Vorteilen (§ 108 b StGB).

Die Strafvorschrift gegen Wählerbestechung bezieht sich aber nur auf die Stimmabgabe des Volkes in Ausübung staatsbürgerlicher Rechte. Der Stimmenkauf und -verkauf bei Wahlen und Abstimmungen *innerhalb der Volksvertretungen* ist nach § 108 e StGB als → Abgeordnetenbestechung strafbar. Die *Verletzung des Wahlgeheimnisses* ist ebenfalls unter Strafe gestellt (§ 107 c StGB).

Bei Behinderung, Wahlfälschung, Nötigung oder Täuschung ist auch *Versuch* strafbar. Als Strafe ist Freiheitsstrafe (mit unterschiedlichen Mindest- und Höchstmaßen) und meist wahlweise Geldstrafe angedroht; Aberkennung des Wahl- und Stimmrechts ist nach Maßgabe des § 108 c StGB zulässig.

**Wählerbestechung** → Wahldelikte.

**Wählernötigung** → Wahldelikte.

**Wählertäuschung** → Wahldelikte.

**Wahlfälschung** → Wahldelikte.

**Wahlfeststellung.** Läßt sich in einem Strafverfahren nur feststellen, daß der Angeklagte einen von mehreren in Frage stehenden Tatbeständen verwirklicht, aber nicht, welche dieser Taten er wirklich begangen hat, so kommt eine W. in Betracht.

Sie ist nicht zulässig, wenn das eine Delikt gegenüber dem anderen nur die mindere Stufe einer Rechtsverletzung darstellt (Stufenverhältnis), also in einem schwereren bereits enthalten ist, wie z. B. bei Versuch und Vollendung, Beihilfe und Täterschaft, Fahrlässigkeit und Vorsatz, Grundtatbestand und qualifizierte Straftat, wie z. B. einfachem und schwerem Raub (BGHSt. 32, 48). In einem solchen Falle kann nach dem Grundsatz → in dubio pro reo nur nach der milderen Strafvorschrift verurteilt werden.

Liegt kein Stufenverhältnis vor, so kann eine W. stattfinden entweder, wenn es sich um *gleichartige* Gesetzesverletzungen handelt (eine von zwei eidlichen Aussagen ist falsch), oder wenn diese zwar *ungleichartig,* aber entweder nur verschiedene Begehungsformen desselben Delikts oder mindestens rechtsethisch und psychologisch *vergleichbar* sind. W. ist daher zulässig zwischen Falschaussage und Meineid, Betrug und Untreue, Diebstahl und Hehlerei; nach der Rspr. dagegen nicht bei Wahl zwischen Betrug und versuchtem Schwangerschaftsabbruch, Vollrausch (§ 323 a StGB) und der im Rausch begangenen strafbedrohten Handlung.

Bei W. werden in der Urteilsformel beide Straftaten alternativ festgestellt. Die Strafe ist dem nach dem im konkreten Fall mildesten Gesetz zu entnehmen, die Strafzumessung auf den mildesten Tatbestand abzustellen. → Nebenstrafen und -folgen und → Maßregeln der Besserung und Sicherung sind nur zulässig, wenn in allen herangezogenen Gesetzen vorgesehen.

Von der W. zu unterscheiden ist die *Postpendenz*. Bei ihr ist sicher, daß der zeitlich spätere Sachverhalt verwirklicht ist, während unsicher bleibt, ob zusätzlich der zeitlich frühere Sachverhalt realisiert worden ist, der – wäre er sicher erfüllt – die Strafbarkeit des späteren Sachverhalts ausschließen würde. Folge ist die (eindeutige) Verurteilung wegen des – sicher erfüllten – späteren Tatbestandes, z. B. der Hehlerei, wenn zweifelhaft ist, ob jemand Mittäter der Vortat (z. B. Betrug oder Raub) war, aber feststeht, daß er seinen Beuteanteil vom Täter der Vortat erhalten hat (BGHSt. 35, 86; NStZ 1989, 266). Entsprechendes gilt im umgekehrten Fall der *Präpendenz*, in dem der zeitlich frühere Sachverhalt sicher feststeht und der zeitlich spätere Sachverhalt unsicher ist.

**Wahlgeheimnis** → Wahlverfahrensrecht, → Wahldelikte.

**Wahlgerichtsstand.** Er besteht, wenn verschiedene Gerichte → örtlich zuständig sind und der Kläger wählen kann, bei welchem Gericht er klagt (§ 35 ZPO, § 57 I 1 SGG).

**Wahlkampfkosten** → Parteien (politische).

**Wahlkonsul** (Honorarkonsul). Im Gegensatz zum Berufskonsul (→ Konsul), der dem auswärtigen Dienst des Entsendestaats angehört, ist der W. (H.) meist ein Staatsangehöriger des Empfangsstaats, der von dem fremden Staat mit der Wahrnehmung seiner Interessen beauftragt worden ist. Der W. bezieht keine feste Besoldung von dem beauftragenden Staat, sondern lediglich die Konsulatsgebühren und eine Aufwandsentschädigung. Zuweilen handelt es sich auch um bloße Ehrenernennungen, mit denen keine Tätigkeit für den ernennenden Staat verbunden ist. Zahlreiche Staaten ernennen keine W.; einige haben ihren Staatsangehörigen die Annahme des Amts eines W. untersagt. Die Zahl der deutschen W. ist gegenüber der Zeit vor dem ersten Weltkrieg stark gesunken. Besonders kleinere Staaten halten aus Ersparnisgründen an der Einrichtung des W. fest.

**Wahlmonarchie** → Monarchie.

**Wahlordnung für die Sozialversicherung.** Vorbereitung, Zeitpunkt und Durchführung der → Sozialwahlen regelt eine W., die der BMin. für Arbeit und Sozialordnung erlassen hat. § 56 SGB IV; SVWO vom 28. 7. 1997 (BGBl. I 1946).

**Wahlperiode** ist der Zeitraum, für den ein → Parlament oder eine sonstige Vertretungskörperschaft (Betriebsrat, Sozialversicherungsausschuß usw.) gewählt wird. Sie beträgt für den → Bundestag und die → Landtage 4 (Nordrh.-Westf., Sachsen, künftig Bayern 5) Jahre, bei den kommunalen Vertretungskörperschaften bis zu 6 Jahre. Die W. des Parlaments endet vorzeitig im Falle seiner Auflösung. Die Verlängerung der W. eines bereits gewählten Parlaments ist auch im Wege der Gesetzgebung nicht zulässig.

**Wahlprüfung** ist ein Verfahren, in dem über die Gültigkeit der Wahl einer Vertretungskörperschaft insgesamt oder eines einzelnen Abgeordneten entschieden wird. Sie obliegt bei den Wahlen zum Bundestag und zu den Landtagen diesen Organen selbst nach Vorprüfung durch einen Wahlprüfungsausschuß (vgl. Art. 41 GG). Sie findet i. d.R. auf Einspruch eines Wahlberechtigten, eines Wahlleiters oder des Parlamentspräsidenten statt (so für den BT nach dem WahlprüfungsG vom 12. 3. 1951, BGBl. I 166 m. spät. Änd.). Sie kann zur Bestätigung oder Ungültigerklärung Xder Wahl führen. Gegen die Entscheidung des Parlaments kann das Verfassungsgericht angerufen werden (beim BT das Bundesverfassungsgericht, Art. 41 II GG). Auch die Wahl zu den kommunalen Vertretungskörperschaften kann überprüft werden; zuständig hierfür sind die Aufsichtsbehörden und die Verwaltungsgerichte.

**Wahlrecht (öffentliches).** Das objektive W. umfaßt die Normen, die das Verfahren bei öffentlichen Wahlen regeln; sie finden sich in den Verfassungen, den Wahlgesetzen und Wahlordnungen des Bundes und der Länder (vgl. BundeswahlG i. d.F. vom 23. 7. 1993, BGBl. I 1288, 1594, zuletzt geändert durch Art. 1 des Ges. v. 15. 11. 1996, BGBl. I 1712; Bundeswahlordnung i. d.F. vom 8. 3. 1994, BGBl. I 495). Das subjektive W. ist das Recht, an der Wahl aktiv und passiv teilzunehmen. S. a. → Bundestag, 2.

1. Das objektive W. ist im demokratischen Staat gekennzeichnet durch die Allgemeinheit und Gleichheit der Wahl, d. h. alle Bürger haben bei Erfüllung der gesetzlichen Voraussetzungen das aktive und passive W. und ihre Stimmen grundsätzlich den gleichen Erfolgswert. Ferner müssen die Wahlen geheim und unmittelbar stattfinden, d. h. indem der Wähler direkt die Zusammensetzung des zu wählenden Organs bestimmt (nicht etwa zunächst Wahlmänner wählt).

2. In subjektiver Hinsicht ist zwischen dem aktiven und dem passiven W. zu unterscheiden. Das *aktive W.* (Wahlberechtigung) ist das Recht, durch Stimmabgabe an der Wahl teilzunehmen. Es ist u. a. an den Besitz der deutschen Staatsangehörigkeit, an den Wohnsitz im Wahlgebiet (nicht immer; vgl. § 12 II BWahlG für Deutsche im Ausland) und an ein Mindestalter (i. d. R. 18. Lebensjahr) geknüpft. Ferner darf der Bürger nicht unter Betreuung stehen und nicht durch Richterspruch das W. verloren haben. Die Wahlgesetze des Bundes und der Länder ordnen für bestimmte Fälle den Ausschluß vom W. an, so i. d.R. für Personen, die infolge Richterspruch das Wahlrecht nicht besitzen, für die zur Besorgung aller Angelegenheiten ein Betreuer bestellt ist oder die sich nach § 63 i.V.m. § 20 StGB in einem psychiatrischen Krankenhaus befinden. Diese Personen sind zwar nicht vom W., aber (zeitweise) von dessen Ausübung ausgeschlossen. Das *passive W.* (Wählbarkeit) ist das Recht, gewählt werden zu können. Es setzt i. d.R. die Eigenschaft als Deutscher und die Vollendung des 18. Lebensjahres voraus (vgl. § 15 BWahlG). Zur Bundestagswahl → Bundestag, 2.

**Wahlrechtsverlust** → Aberkennung (Verlust) von Rechten u. Fähigkeiten.

**Wahlschein** → Briefwahl.

**Wahlschuld.** Eine W. liegt vor, wenn in einem → Schuldverhältnis mehrere Leistungen in der Weise geschuldet werden, daß nur die eine oder andere zu erbringen ist (§ 262 BGB). Hier hat im Zweifel der Schuldner die Wahl, welche Schuld er erfüllen will. Mit der Erklärung gegenüber dem anderen Teil gilt die gewählte Leistung als die von Anfang an allein geschuldete (§ 263 BGB); die gleiche Beschränkung tritt regelmäßig ein, wenn die andere → Leistung unmöglich wird (§ 265 BGB). Zu unterscheiden von der W. sind die → Gattungsschuld und die → Ersetzungsbefugnis.

**Wahlsystem.** Das W. kennzeichnet die Grundsätze, nach denen eine Vertretungskörperschaft gewählt wird. Als Grundtypen kommen die → Verhältniswahl und die → Mehrheitswahl (Persönlichkeitswahl) in Betracht. Eine Kombination beider Systeme ist in verschiedenen Formen möglich. S. a. → Blockwahl.

**Wahlverfahrensrecht** ist die Gesamtheit der Vorschriften, die den Ablauf öffentlicher Wahlen regeln. Das W. ist in den Wahlgesetzen und Wahlordnungen für die einzelnen Vertretungskörperschaften geregelt (Bundeswahlgesetz und -wahlordnung, → Wahlrecht; Landes-, Gemeindewahlgesetze und -wahlordnungen). Es enthält insbes. Bestimmungen über das aktive und passive → Wahlrecht, über die Wahlorgane, die Vorbereitung der Wahl, die Durchführung der Wahlhandlung, die Feststellung des Wahlergebnisses und die Wahlprüfung. Die Wahlhandlung muß öffentlich, die Stimmabgabe frei und geheim sein. Die Wähler geben i. d.R. ihre Stimme persönlich im Wahllokal ab; doch lassen die Wahlgesetze meist auch die → Briefwahl zu.

**Wahlvermächtnis** → Stückvermächtnis.

**Wahlverteidiger** ist der vom Beschuldigten zur Wahrnehmung seiner Rechte im Strafverfahren gewählte → Verteidiger (im Gegensatz zum gerichtlich bestellten → Pflichtverteidiger). Der Beschuldigte, ggf. auch sein gesetzlicher Vertreter, kann in jeder Lage des Verfahrens einen W. heranziehen, darf aber höchstens drei W. haben (§ 137 StPO). Vor der ersten Vernehmung durch Richter, StA oder Polizei ist der Beschuldigte darauf hinzuweisen, daß er schon vorher einen Verteidiger konsultieren darf, auch zwecks Beratung, ob er zur Sache aussagen soll (§§ 136 I 2, 163a III, IV 2 StPO; s. a. → Vernehmungen im Strafverfahren). Über Auswahl und Befugnisse des W. → Verteidiger.

**Wahlvorbereitungsurlaub** – ohne Anspruch auf Bezüge – erhalten nach § 3 AbgG die Bewerber um einen Sitz im Bundestag (bis zu 2 Monate vor dem Wahltag), nach Landesrecht die Bewerber um Mandate in den Landesparlamenten.

**Wahlweise Verurteilung** → Wahlfeststellung.

**Wahndelikt.** Als W. oder *Putativdelikt* wird eine nicht mit Strafe bedrohte Handlung bezeichnet, die der Täter irrig für rechtswidrig oder strafbar hält, sog. umgekehrter Verbotsirrtum (z. B. sexuelle Handlungen zwischen Frauen; Beischlaf mit der Nichte, RGSt. 66, 126). Die Handlung ist trotz dieser irrigen Annahme straflos, im Gegensatz zum untauglichen → Versuch, bei dem der Täter irrig einen Tatbestand als gegeben annimmt, der, wenn er vorliegen würde, unter ein Strafgesetz fiele (Abtreibungsversuch an einer Nichtschwangeren).

**Wahrheitsbeweis** → Beleidigung (2 b, 3 b).

**Wahrheitspflicht.** Sie gilt für die *Parteien im Zivilprozeß* (§ 138 I ZPO) und dementsprechend nach § 173 VwGO, § 202 SGG, § 46 II ArbGG und §§ 76, 155 FGO auch im Bereich dieser Verfahrensordnungen. Danach müssen die Parteien oder die Beteiligten ihre Erklärungen über Tatsachen vollständig und wahrheitsgemäß abgeben. Die W. ist subjektiv, d. h. die Tatsachen dürfen nicht wider besseres Wissen behauptet oder bestritten werden. Daß eine Tatsache lediglich objektiv unwahr ist, begründet keinen Verstoß gegen die W. Verletzung der W. kann einen → Prozeßbetrug darstellen und Schadensersatzansprüche begründen.

Im *Strafprozeß* trifft den *Beschuldigten* weder eine Aussage- noch eine Wahrheitspflicht. Er ist bei der ersten Vernehmung (→ Vernehmungen im Strafverfahren) auf sein Recht hinzuweisen, zur Sache nicht auszusagen. Ihm steht aber auch das Recht zu, zu leugnen, jedenfalls soweit dadurch nicht rechtliche Interessen anderer verletzt werden. Macht er von diesen Rechten Gebrauch, so darf ihm daraus kein Rechtsnachteil entstehen, insbes. wenn er nichts dazu beiträgt, dem Gericht den Schuldnachweis zu erleichtern. Doch kann hartnäckiges Leugnen trotz einwandfreier Überführung oder gar bewußte Irreführung des Gerichts, die eine ausgeprägte Rechtsfeindschaft erkennen läßt, im Rahmen des § 46 II StGB (Verhalten nach der Tat) straferhöhend berücksichtigt werden, weil sie ungünstige Schlüsse auf die Einstellung des Beschuldigten zur Tat erlaubt.

Über die W. des → *Zeugen* s. dort.

**Wahrheitsserum** → Narkoanalyse.

**Wahrnehmung berechtigter Interessen** → Beleidigung (3 a, b).

**Wahrnehmungsvertrag** → Nutzungsrecht.

**Währungsabkommen, Europ.** → Europäisches Währungsabkommen.

**Währungsausgleich.** Zum W. für Sparguthaben bei Kreditinstituten außerhalb des Reichsgebiets von 1937 oder von jenseits der Oder/Neiße-Linie s. Ges. vom 27. 3. 1952 (BGBl. I 547) i. d.F. vom 1. 12. 1965 (BGBl. I 2060) m. spät. Änd. und DVOen. S. a. → Währungsgesetz. Die Regelungen gelten nicht für das Gebiet der ehem. DDR (Anl. I zum EinigV Kap. II Sachgeb. D Abschn. I).

**Währungsblock, Europäischer** (auch europ. Währungsschlange genannt) war vor Einführung des → Europäischen Währungssystems eine Vereinbarung intern einheitlicher Wechselkurse zwischen einzelnen Gliedstaaten der → Europäischen Gemeinschaften.

**Währungsfonds, internationaler.** Der am 27. 12. 1945 gegründete IWF (International Monetary Fund, IMF – Übereinkommen i. d.F. vom 30. 4. 1976, BGBl. 1978 II 13) mit Sitz in Washington hat die Aufgabe, die Stabilität der Währungen zu fördern, ein multilaterales Zahlungssystem auf der Basis stabiler Wechselkurse zu errichten, Devisenbeschränkungen zu beseitigen und den Mitgliedsstaaten bei vorübergehenden Zahlungsbilanzschwierigkeiten Finanzhilfe zu gewähren. Dem IWF gehören 130 Staaten an. Die BRep. trat 1952 bei.

**Währungsgebiet** sind ein oder mehrere Länder mit einheitlicher Währung (z. B. Währungsgebiet des US-Dollar, des französischen Franc). W. der Deutschen Mark der Deutschen Bundesbank (DM-West) war das Gebiet der Bundesrepublik Deutschland einschl. West-Berlin, W. der „Mark der Deutschen Demokratischen Republik" die ehem. DDR. S. → Währungs-, Wirtschafts- und Sozialunion; → Euro.

**Währungsgesetz.** Durch das 1. Gesetz zur Neuordnung des Geldwesens (Währungsgesetz) vom 20. 6. 1948 (WiGBl. Beilage 5 S. 1) – MRGes. Nr. 61 – wurde die Reichsmarkwährung (RM) durch die neue Währung der Deutschen Mark (DM) ersetzt (→ Währungsreform) und die Erstausstattung der Länder und Gebietskörperschaften, der Bevölkerung (sog. Kopfgeld in Höhe von 40 DM) und der Wirtschaft (Geschäftsbetrag 60 DM je Arbeitnehmer) geregelt. Damit war ab 21. 6. 1948 die DM alleiniges → gesetzliches Zahlungsmittel; s. a. → Geldschuld u. im folg.

**Währungsklausel** ist eine Wertsicherungsklausel (→ Geldschuld), bei der die Höhe der Forderung nicht in DM, sondern unter Bezugnahme auf eine ausländische Währung ausgedrückt wird. Sie bedarf nach § 3 des → Währungsgesetzes der Genehmigung durch die Bundesbank (Landeszentralbank), soweit es sich nicht um Rechtsgeschäfte zwischen Gebietsansässigen und Gebietsfremden handelt (§ 49 AWG; → Außenwirtschaft); das gilt auch für → Anleihen.

**Währungsreform.** Zur Neuordnung des Geldwesens nach dem ersten Weltkrieg s. Aufwertungsgesetz vom 16. 7. 1925 (RGBl. I 117). Nach dem zweiten Weltkrieg ergingen für die Gebiete der amerikanischen, britischen und französischen Besatzungszone die Gesetze zur Neuordnung des Geldwesens vom 20. 6. 1948, nämlich das → WährungsG, das EmissionsG (welches das Notenausgaberecht der Bank Deutscher Länder – nunmehr Bundesbank – regelt) und das → Umstellungsgesetz. In der sowjetischen Besatzungszone und Groß-Berlin wurde die Währungsreform am 24. 6. 1948 durchgeführt, wobei das abweichende Umstellungsverhältnis (grundsätzlich 5 : 1 gegenüber 10 : 1 in der BRep.) die deutsche Währungseinheit beseitigte. S. a. → Altgeldguthaben.

**Währungsunion (Europa).** Die W. ist ein Ziel der europäischen Einigung (→ Europäischer Währungsfonds,

→ Europäisches System der Zentralbanken).

**Währungs-, Wirtschafts- und Sozialunion.** Der Vertrag über die Schaffung einer Währungs-, Wirtschafts- und Sozialunion zwischen der Bundesrepublik Deutschland und der Deutschen Demokratischen Republik vom 18. 5. 1990 (BGBl. II S. 537) diente der Vorbereitung der → Wiedervereinigung, wobei bei seinem Abschluß noch nicht vorhersehbar war, daß der → Beitritt bereits zum 3. Oktober 1990 erfolgen würde. Dieser Vertrag diente der Einführung der sozialen Marktwirtschaft in dem Gebiet der damals noch bestehenden → DDR. Mit Wirkung vom 1. Juli 1990 wurde in der DDR die Deutsche Mark als gemeinsame Währung eingeführt. Löhne, Gehälter, Stipendien, Renten, Mieten und Pachten sowie weitere wiederkehrende Zahlungen wurden im Verhältnis 1 : 1 umgestellt, alle anderen auf Mark der DDR lautenden Forderungen und Verbindlichkeiten grundsätzlich im Verhältnis 2 : 1. Guthaben von natürlichen Personen mit Wohnsitz in der ehem. DDR wurden mit bestimmten Betragsgrenzen im Verhältnis 1 : 1 umgestellt. Der freiheitlich-demokratischen Grundordnung widersprechende Vorschriften der DDR-Verfassung wurden außer Kraft gesetzt. Als gemeinsame Organe wurden ein Schiedsgericht und ein gemeinsamer Regierungsausschuß gegründet. Der Vertrag war für die DDR mit der Verpflichtung zu umfangreichen Änderungen auf dem Gebiet des Zivilrechts, Strafrechts, Wirtschaftsrechts, Arbeits-, Steuer- und Sozialrechts verbunden. Das Regelungswerk wurde durch die bereits am 3. Oktober 1990 erfolgende → Wiedervereinigung und den → Einigungsvertrag weitgehend überholt. Die zur Durchführung erlassenen Rechtsvorschriften, vor allem auch die Mißbrauchsregelungen, sind aber noch in Kraft (z. B. Ges. zur Feststellung von rechtswidrigen Handlungen vom 29. 6. 1990, GBl. I Nr. 38 S. 501, Ges. über Nachweis der Rechtmäßigkeit vom 29. 6. 1990, GBl. I Nr. 38 S. 503, Ges. über Ausgleichsfonds Währungsumstellung vom 13. 9. 1990 (GBl. I Nr. 61 S. 1487).

**Waisenbeihilfe** kann in der → Unfallversicherung als einmalige Leistung an eine Vollwaise nach dem Tode eines Schwerverletzten gewährt werden, wenn sie mit ihm in häuslicher Gemeinschaft gelebt hat, von ihm überwiegend unterhalten wurde und keinen Waisenrentenanspruch hat, weil der Tod nicht Folge des → Arbeitsunfalls bzw. der → Berufskrankheit war. Die W. beträgt 40 v. H. des → Jahresarbeitsverdienstes; auf mehrere Waisen ist sie gleichmäßig zu verteilen; § 71 SGB VII. S. auch § 48 BVG, → Kriegsopferversorgung.

**Waisengeld.** Die leiblichen (auch nichtehelichen) und die an Kindes Statt angenommenen Kinder eines → Beamten, der z. Zt. seines Todes → Ruhegehalt erhalten hätte, oder eines verstorbenen Ruhestandsbeamten erhalten ein Waisengeld in Höhe von 12% (Halbwaisen) bzw. 20% (Vollwaisen) des Ruhegehalts, das der Verstorbene bei Eintritt in den Ruhestand am Todestag erhalten hätte (§§ 23, 24 BeamtVG). Waisen- und → Witwengeld dürfen zusammen den Betrag des ihrer Berechnung zugrunde liegenden Ruhegehalts nicht übersteigen (§ 25 BeamtVG).

**Waisenrente** → Hinterbliebenenrenten in der Sozialversicherung, → Hinterbliebene von Kriegsopfern.

**Wald** *(Forst)* ist jede mit Waldbäumen bestockte (oder nach gesetzlichen Vorschriften wiederaufzuforstende) Fläche außerhalb der im Zusammenhang bebauten Ortsteile. Die Rechtsverhältnisse an Wäldern sind im BundeswaldG vom 2. 5. 1975 (BGBl. I 1037) sowie in den W.gesetzen der Länder geregelt (z. B. bay. Ges. i. d. F. vom 25. 8. 1982, GVBl. 824; Nieders. vom 19. 7. 1978, GVBl. 595). S. a. → Forstrecht.

**Wald, Betreten.** Das Betreten des W. zum Zwecke der Erholung im weitesten Sinne, also auch zum Sport, zum privaten naturkundlichen Sammeln oder zu ähnlichen Zwecken, ist durch das Bundeswaldgesetz (→ Waldschutz) allgemein gestattet; Radfahren, Reiten und das Fahren mit Krankenfahrstühlen ist allerdings nur auf Straßen und Wegen erlaubt (§ 14). Beschränkungen können die Länder zur Vermeidung schwerwiegender Schäden anordnen.

**Waldbrandschutz, Waldbrandstiftung.** *Wälder, Heiden und Moore* sind strafrechtlich geschützt gegen Inbrandsetzen oder Zerstören durch Brandlegung durch die Vorschrift über → Brandstiftung nach § 306 StGB, wenn sie für den Täter fremde Sachen sind, und nach §§ 306 a II, 306 b, 306 c StGB, wenn unabhängig von der Eigentumslage bestimmte andere Rechtsgüter gefährdet oder verletzt werden. Ferner werden sie von der Vorschrift des § 306 f StGB über *Herbeiführen einer Brandgefahr* (→ Brandstiftung) durch Rauchen, offenes Feuer oder Licht, Wegwerfen brennender oder glimmender Gegenstände u.ä. geschützt, wenn sie entweder für den Täter fremde Sachen sind oder durch die Tat bestimmte andere Rechtsgüter gefährdet werden; doch greift diese Vorschrift nur Platz, wenn eine *konkrete* Gefährdung eingetreten ist, nicht schon beim bloßen Rauchen oder Feueranzünden im Wald (hierzu → Rauchverbot im Walde).

Nach §§ 2, 5 der VO zum Schutz der Wälder, Moore und Heiden gegen Brand vom 25. 6. 1938 (RGBl. I 700), die nach Maßgabe des Landesrechts weiter gilt, begeht eine → Ordnungswidrigkeit, wer in diesen Gebieten oder in gefährlicher Nähe von ihnen offenes Feuer oder Licht mit sich führt, brennende oder glimmende Gegenstände unvorsichtig handhabt, fortwirft oder auch nur fallen läßt, ebenso wer ohne Genehmigung der Forstbehörde und ohne entsprechende Schutzmaßnahmen (feuerbeständige Umfassung) Feuer anzündet oder das mit Erlaubnis angezündete Feuer unbeaufsichtigt läßt. S. a. → Brandverhütung und zum Landesrecht z. B. Art. 17 und 46 II Nr. 4, 5 Bayer. WaldG i. d.F. vom 25. 8. 1982 (GVBl. 824) m. Änd.

**Waldschutz.** Den W. regelt das BundeswaldG vom 2. 5. 1975 (BGBl. I 1037) m. Änd. bundeseinheitlich mit dem Ziel, die Nutzfunktion sowie die Schutz- und Erholungsfunktion des Waldes sicherzustellen (§ 1 BundeswaldG). Die Vorschriften sind insoweit → Rahmengesetzgebung des Bundes. Ausführende Gesetze der Länder waren bis 1977 zu erlassen (vgl. z. B. bad.-württ. Ges. vom 4. 4. 1985, GBl. 106) oder dem Bundesrecht anzugleichen. Die Vorschriften zum W. schreiben u. a. die Aufstellung einer Rahmenplanung vor, ferner ein allgemeines Rodungsverbot (§ 9) und eine Bewirtschaftungsverpflichtung für den Eigentümer (§ 11). Treten infolge besonderer Naturereignisse, z. B. Windbruch, in der Forstwirtschaft erhebliche Schäden auf, so können der ordentliche Einschlag durch RechtsVO beschränkt und Steuererleichterungen gewährt werden (Forstschaden-Ausgleichsgesetz i. d.F. vom 26. 8. 1985 BGBl. I 1756). S. a. → Erholungswald, → Forstrecht, → Feld- und Forstschutzrecht, → Wald, Betreten, → Waldbrandschutz, → Umweltschutz.

**Wandelobligation** ist eine → Wandelschuldverschreibung.

**Wandelschuldverschreibung** ist ein → Wertpapier, in dem dem Gläubiger ein Umtausch- oder → Bezugsrecht auf → Aktien eingeräumt wird; sie darf nur auf Grund eines mit qualifizierter Mehrheit gefaßten Beschlusses der → Hauptversammlung einer AG ausgegeben werden (§ 221 AktG). Die W. wird in aller Regel in Form einer → Inhaberschuldverschreibung oder eines → kaufmännischen Verpflichtungsscheins erteilt. Zweck der Ausgabe der W. ist, der AG neue Geldmittel zu verschaffen. Der Anreiz für den Gläubiger liegt darin, daß er Sicherheit und feste Verzinsung erhält, aber bei günstiger Entwicklung der AG an deren Gewinn durch Ausübung des Umtausch- oder Bezugsrechts teilnehmen kann.

**Wandelung** → Gewährleistung (2).

**Wandergewerbe:** jetzt → Reisegewerbe.

**Wanderversicherung** nennt man in der gesetzlichen → Rentenversicherung die Zugehörigkeit zu verschiedenen Versicherungszweigen innerhalb eines Versicherungslebens, also z. B. zur → Arbeiterrentenversicherung und zur → Angestelltenversicherung. Für die Erfüllung der → Wartezeit und für die Rentenberechnung werden alle Zeiten zusammengerechnet; es wird eine Gesamtrente von demjenigen Zweig gewährt, an den zuletzt Beiträge abgeführt wurden; §§ 223, 265, 289 SGB VI.

Als W. bezeichnet man ferner die Zurücklegung von Versicherungszeiten in verschiedenen Ländern der → Europäischen Wirtschaftsgemeinschaft (EWG-VO 1408/71 vom 14. 6. 1971 und Nr. 574/72 vom 21. 3. 1972, ABl. d. Europ. Gem. L 74 vom 27. 3. 1972, S. 1).

**Wappen** → Namensrecht, → Hoheitszeichen.

**Waren, Zusendung unbestellter –,** → Ansichtssendung.

**Warenausstattungsschutz** → Marken.

**Warenautomaten** → Automatenaufstellung, → Automatenaufstellvertrag, → Automatenmißbrauch.

**Warenbörse** → Börse.

**Wareneingang, Warenausgang** → Aufzeichnungspflichten im Steuerrecht.

**Warenhandwerker** ist ein Handwerker (→ Handwerk), der im Rahmen seines Gewerbebetriebes Waren anschafft und be- oder verarbeitet weiterveräußert. Zur Eigenschaft als → Kaufmann s. → Handelsgewerbe.

**Warenherstellerhaftung** → Produkthaftung.

**Warenkennzeichenschutz** → Marken.

**Warenklasseneinteilung** → Marken. S. a. → Handelsklassen.

**Warenlager** → Sicherungsübereignung.

**Warenlombard** → Lombardgeschäft.

**Warenmarken** → Marken.

**Warenprobe** → Kauf nach Probe.

**Warenrabatt** → Rabatt.

**Warenrückvergütung** wird von Konsumvereinen (→ Genossenschaft) an ihre Mitglieder gewährt und danach bemessen, wieviel Waren ein Mitglied bezogen hat. Sie darf 3% des im Geschäftsjahr mit dem Mitglied erzielten Umsatzes nicht übersteigen; dabei sind Barzahlungsnachlässe (→ Rabatt) zu berücksichtigen (§ 5 RabattG).

**Warentermingeschäft** → Börsentermingeschäft, → Differenzgeschäft.

**Warentest.** Der von öffentlichen oder privaten Institutionen oder Zeitschriften durchgeführte W. ist, soweit er negative Äußerungen über Waren und sonstige gewerbliche Güter enthält, tatbestandsmäßig ein Eingriff in den durch § 823 I BGB geschützten eingerichteten und ausgeübten Gewerbebetrieb. Er ist jedoch gerechtfertigt (→ Rechtswidrigkeit), soweit er objektiv nach anerkannten Methoden vorgenommen und darin über die Vorzüge und Nachteile der Ware sachlich berichtet wird; Rechtfertigungsgrund ist das das Interesse des Warenherstellers überragende öffentliche Interesse des Verbrauchers an sachgerechter Aufklärung. Das grundsätzliche Verbot der → vergleichenden Werbung wird hierdurch nicht berührt. Ein W. führt jedoch dann zu einem Schadensersatzanspruch aus → unerlaubter Handlung, wenn vorsätzlich oder auch nur fahrlässig wahrheitswidrig ein dem betroffenen Unternehmen nachteiliger Umstand verbreitet wird (Kreditgefährdung, § 824 BGB) oder wenn sonst kreditschädigende Tatsachen in vorwerfbarer Weise (→ Verschulden) behauptet werden, die einer objektiven Nachprüfung nach den oben genannten Grundsätzen nicht standhalten, z. B. wenn von den Mängeln eines einzigen Testexemplars ohne nähere Prüfung auf die Unbrauchbarkeit der ganzen Serie geschlossen wird. Letztlich entscheidet auch hier – wie bei allen beeinträchtigenden Presseveröffentlichungen (→ Ehre, → Persönlichkeitsrecht) – eine Interessen- und Güterabwägung zwischen der → Pressefreiheit (Art. 5 I GG) sowie dem Verbraucherschutz einerseits und dem Interesse des Warenherstellers andererseits, wobei die Art der Darstellung, der Zweck der Veröffentlichung usw. mitentscheidend ist. S. a. → unlauterer Wettbewerb.

**Warenverkehr (Europäisches Gemeinschaftsrecht).** Die Freiheit des W. (Art. 30 ff.) ist eine der Grundfreiheiten der → Europäischen Wirtschaftsgemeinschaft. Der W. darf durch innerstaatliche Vorschriften nur ausnahmsweise beschränkt werden. Die Vorbehalte, die im wesentlichen die öffentliche Sicherheit und den Gesundheitsschutz betreffen, sind nach Maßgabe der Rechtsprechung des EuGH (vgl. → Dassonvilleformel, → Cassisformel) außerordentlich restriktiv auszulegen; vgl. aber auch → Keck, Keck & Mithouard.

**Warenverkehr, internationaler** → Außenwirtschaft, → Handelspolitik.

**Warenwechsel** (Handelswechsel) ist ein → Wechsel, dem eine Warenlieferung zugrundeliegt, i. d.R. ein → Handelskauf. Die Wechselforderung tritt neben die weiterbestehende Kaufpreisforderung (vgl. § 364 II BGB). Diese ist bis zum Verfall des Wechsels gestundet (→ Leistungszeit). Warenwechsel sind diskontfähig (Wechseldiskont), so daß sich der Lieferant dadurch schnell Bargeld verschaffen kann, wenn eine Bank den Wechsel diskontiert. Einen Gegensatz zum W. bildet der → Finanzierungswechsel.

**Warenzeichen** → Marken.

**Warnblinklicht.** Außer beim → Abschleppen und beim → Liegenbleiben von Kfz. ist das W. einzuschalten, wenn jemand andere durch sein Fahrzeug gefährdet oder andere vor Gefahren warnen will, z. B. bei Annäherung an einen Stau (§ 16 II 2 StVO).

**Warnkreuze, -lichter** → Bahnübergänge.

**Warnstreik** → Streik.

**Warnungen durch Behörden** → Realakte (im Verwaltungsrecht).

**Warnzeichen im Straßenverkehr** können → Verkehrszeichen (Gefahrzeichen), Schall- oder Leuchtzeichen sein. Als *Schallzeichen* sind nur Hupen und Hörner zugelassen; eine Folge verschieden hoher Töne ist verboten (§ 55 StVZO, § 16 III StVO). *Leuchtzeichen* können durch → Aufblenden gegeben werden. Beide Arten von W. darf nur geben, wer sich oder andere gefährdet sieht, ferner, wer außerhalb geschlossener Ortschaften überholt. Bei Gefährdung anderer und beim Liegenbleiben eines Kfz. darf *Warnblinklicht* eingeschaltet werden (§ 16 I, II StVO; vorgeschrieben für *Schulbusse*). W. sind verboten und → Ordnungswidrigkeit (§ 49 I Nr. 16 StVO), wenn sie unnötig, insbes. mutwillig sind oder andere Verkehrsteilnehmer gefährden (z. B. weil Fußgänger oder Tiere erschrecken können). Über Ausnahmen für Wegerechtsfahrzeuge, blaues und gelbes Blinklicht → Vorfahrt, → Beleuchtung (1 a).

**Warschauer Abkommen** → Luftfahrtrecht.

**Warschauer Pakt** wurde der am 14. 5. 1955 in Warschau zwischen Albanien, Bulgarien, Ungarn, der ehem. DDR, Polen, Rumänien, der Sowjetunion und der Tschechoslowakei geschlossene Vertrag über Freundschaft, Zusammenarbeit und gegenseitigen Beistand genannt, in dem sich die Vertragschließenden u. a. zu gegenseitiger Beratung bei Gefahr eines Angriffs auf einen Vertragschließenden (Art. 3) und zum gegenseitigen Beistand gem. Art. 51 der Satzung der Vereinten Nationen im Falle eines bewaffneten Überfalls auf das europäische Gebiet eines Vertragschließenden (Art. 4) verpflichteten. Der W. P. ist inzwischen aufgelöst.

**Wartepflicht an Straßenkreuzungen** → Vorfahrt.

**Wartepflicht nach Verkehrsunfall** → Verkehrsunfall.

**„Warteschleife".** Jargonbezeichnung für den „Schwebezustand" und die Wartegeldregelung der Anl. I zum EinigV (Kap. XIX Sachgeb. A Abschn. III) für die Angehörigen des öffentlichen Dienstes der ehem. DDR; s. a. → Abwicklung.

**Wartezeit.** Das Zurücklegen einer W. ist Leistungsvoraussetzung für die Inanspruchnahme von Renten der gesetzlichen → Rentenversicherung.

Die W. für die → Regelaltersrente, für die → Berufsunfähigkeitsrente und die → Erwerbsunfähigkeitsrente und für die → Hinterbliebenenrenten beträgt 5 Jahre. Sind die 5 Jahre nicht erreicht, gilt sie als erfüllt, wenn der Versicherte bis zur Vollendung des 65. Lebensjahres eine Berufs- oder Erwerbsunfähigkeitsrente oder eine → Erziehungsrente bezogen hat. Die W. für → Hinterbliebenenrenten gilt bei Nichterfüllung der 5 Jahre dann als erreicht, wenn der verstorbene Versicherte bis zu seinem Tod Rentenbezieher war.

Die W. von 15 Jahren ist erforderlich für die Altersrente wegen Arbeitslosigkeit oder nach Altersteilzeitarbeit und die Altersrente für Frauen.

Ist die allgemeine W. für eine Rente wegen Erwerbsunfähigkeit vor deren Eintritt nicht erfüllt, dann sind 20 Jahre erforderlich. Auf die Wartezeiten von 5, 15 und 20 Jahren werden Kalendermonate mit → Beitragszeiten und → Ersatzzeiten angerechnet.

Eine W. von 25 Jahren ist erforderlich für die Altersrente für langjährig unter Tage beschäftigte Bergleute und für Bergleute vom 50. Lebensjahr an. Auf diese W. werden Kalendermonate mit Beitragszeiten unter Tage angerechnet.

Die Erfüllung einer W. von 35 Jahren ist Voraussetzung für die Altersrente für langjährige Versicherte und für Altersrente für Schwerbehinderte, Berufsunfähige oder Erwerbsunfähige. Hier werden alle rentenrechtlichen Zeiten (z. B. auch → Zurechnungszeiten) angerechnet, → Berücksichtigungszeiten (→ Rentenformel) nur, soweit in diesen nur → geringfügige Beschäftigung oder selbständige Tätigkeit ausgeübt wurde.

Ohne Erreichen dieser Mindestzahlen ist die W. vorzeitig erfüllt, wenn Versicherte wegen eines Arbeitsunfalls oder einer → Berufskrankheit, wegen einer Wehr- oder Zivildienstbeschädigung oder wegen eines Gewahrsams nach dem → Häftlingshilfegesetz in ihrer Erwerbsfähigkeit gemindert worden oder gestorben sind. Sie müssen im Zeitpunkt des Arbeitsunfalls versicherungspflichtig gewesen sein oder in den letzten 2 Jahren vorher mindestens 1 Pflichtbeitragsjahr haben; dies gilt auch dann, wenn die Versicherten vor Ablauf von 6 Jahren nach dem Ende ihrer Ausbildung erwerbsunfähig geworden oder gestorben sind. § 53 SGB VI.

**Waschen, Wasserschöpfen** → Gewässer (II).

**Wasch- und Reinigungsmittelgesetz** → Reinhaltung der Gewässer.

**Washingtoner Abkommen** → Artenschutz.

**Wasser** (Haftung für Verunreinigung). Wer in ein Gewässer oder in das Grundwasser Stoffe, die die physikalische, chemische oder biologische Beschaffenheit des Wassers verändern, einleitet oder dafür verantwortlich ist, daß sie dorthin gelangen (z. B. Ableitung von giftigen Abwässern, Auslaufen von Oel), ist zum Ersatz des entstehenden Schadens verpflichtet (§ 22 des Wasserhaushaltsgesetzes; → Wasserhaushalt). Die Haftung ist eine → Gefährdungshaftung, setzt also insbes. kein Verschulden des Verantwortlichen voraus; die Ersatzpflicht tritt allerdings nicht ein, wenn der Schaden durch → höhere Gewalt verursacht worden ist. Zur Haftung und Entschädigung für Ölverschmutzungsschäden durch Seeschiffe s. Ölschaden-Ges. vom 30. 9. 1988 (BGBl. I 1770); s. ferner → Wasserhaushalt, → Wasserrecht, → Reinhaltung der Gewässer, → Umweltkriminalität.

**Wasser- und Bodenverbände** (W.) sind Körperschaften des öffentlichen Rechts, die wasser- oder bodenwirtschaftliche Aufgaben erfüllen (z. B. Ausbau, Rückbau und Unterhaltung von Gewässern, Anlagenbau und -unterhaltung an Gewässern, Deichbau, ländlicher Straßen- und Wegebau, Wasserbewirtschaftung, Be- und Entwässerung, Abwasserbeseitigung und Abfallentsorgung, Maßnahmen des Naturschutzes und der Landschaftspflege – Näheres vgl. § 2 WVG). Mitglieder sind vor allem die Eigentümer der betroffenen Grundstücke (§ 4 WVG). W. können zur Erfüllung ihrer Aufgaben von den Mitgliedern öffentlich-rechtliche Pflichtbeiträge erheben. Errichtung, Verfassung und Befugnisse im einzelnen regelt das Wasserverbandsgesetz (WVG) vom 12. 2. 1991 (BGBl. I 405). W. können danach als freiwillige Zusammenschlüsse der Betroffenen, durch Mehrheitsbeschluß mit angeordneter Pflichtmitgliedschaft weiterer Betroffener oder auch als Pflichtverbände von Amts wegen gegründet werden (§§ 7, 16 WVG). Die Verfassung der W. ist der des → Vereins angenähert, gesetzlicher Vertreter ist der Vorstand, ggf. zusätzlich ein Geschäftsführer. Für die Verpflichtung des V. ist Schriftform erforderlich (§ 55 II WVG). Die Satzung kann statt der Mitgliederversammlung eine Vertreterversammlung vorsehen. W. nach bisherigem Recht (vgl. u. a. Ges. vom 10. 2. 1937 – RGBl. I 188 – VOen vom 3. 9. 1937 – RGBl. I 933, vom 15. 12. 1942 – RGBl. I 729 und vom 20. 4. 1943 – RGBl. I 268 z. T. m. spät. Änd.) sind nach näherer Bestimmung von § 79

WVG den neuen Vorschriften innerhalb von 5 Jahren anzugleichen.

**Wasserbücher** sind nach § 37 WasserhaushaltsG für die dem WHG unterliegenden → Gewässer zu führen. Einzutragen sind insbes. Erlaubnisse, die nicht nur vorübergehenden Zwecken dienen, Bewilligungen, alte Rechte und alte Befugnisse, → Wasserschutzgebiete, Überschwemmungsgebiete. Darüber hinaus können nach den Wassergesetzen der Länder weitere Rechtsverhältnisse eingetragen werden (z. B. Quellschutzgebiete, Anordnungen für den Hochwasserschutz, in einigen Bundesländern auch Fischereirechte). Die Einsichtnahme ist jedem bei berechtigtem Interesse gestattet. Nach den Landeswassergesetzen haben die Eintragungen weder rechtsbegründende noch rechtsändernde Wirkung. Die W. werden von den Kreisverwaltungsbehörden geführt.

**Wasserfahrzeuge.** S. → Binnenschiffahrt, → Seeschiffahrt, → Küstenschiffahrt; VO über das *Wasserskilaufen* auf den Binnenschiffahrtstraßen vom 17. 1. 1990 (BGBl. I 107), auf Seeschiffahrtstraßen § 31 d. VO vom 9. 8. 1977 (BGBl. I 1497). S. ferner VO über das Führen von *Sportbooten* auf Binnenschiffahrtstraßen vom 22. 3. 1989 (BGBl. I 536), auf Seeschiffahrtstraßen vom 21. 3. 1978 (BGBl. I 420) sowie See-SportbootvermietungsVO vom 7. 4. 1981 (BGBl. I 343) über die Pflichten des Vermieters (Unternehmers), des Mieters und des Bootsführers. Keine unmittelbare Anwendung der Straßenverkehrsvorschriften (StVG, StVO, StVZO), die nur für Landfahrzeuge gelten, vgl. § 1 II StVG. Soweit keine Sondervorschriften gelten – wie z. B. nach der BinnenschiffahrtstraßenO, der RheinschiffahrtspolVO –, kommt entsprechende Anwendung der Straßenverkehrvorschriften in Betracht, z. B. über Ausweichen und Überholen (kleine Fahrzeuge auf Binnenseen usw.).

**Wassergefahr.** Als W. wird die Bedrohung eines Gebietes durch Hochwasser oder Sturmflut bezeichnet; eine besondere Rolle spielt dies in durch → Deiche geschützten Gebieten. Die Küstenländer haben deshalb für diese besondere Form der Gefahr für die öffentliche → Sicherheit und Ordnung spezielle Regelungen getroffen (z. B. §§ 63 ff. Hamburgisches WasserG vom 20. 6. 1960, GVBl. 335, zuletzt geändert am 26. 4. 1994, GVBl. 97; § 173 der Niedersächsischen WasserG vom 20. 8. 1990, GVBl. 371, zuletzt geändert durch G vom 22. 4. 1997, GVBl. S. 110). Alle Bewohner der bedrohten und wenn nötig auch der benachbarten Gebiete müssen auf Anordnung der zuständigen Behörden bei den Schutzarbeiten helfen sowie Arbeitsgeräte, Beförderungsmittel und Baustoffe stellen.

**Wasserhaushalt.** Das Gesetz zur Ordnung des W. – Wasserhaushaltsgesetz – WHG – i. d. F. vom 12. 11. 1996 (BGBl. I 1695) enthält alle wichtigen wasserhaushaltsrechtlichen Bestimmungen. In den Wassergesetzen der Länder sind neben Verfahrensvorschriften und Eigentum überwiegend nurmehr Nebengebiete wie Heilquellen sowie Unterhalt und Ausbau der Gewässer geregelt (→ Wasserrecht). Das WHG befaßt sich mit den oberirdischen Gewässern, d. h. dem ständig oder zeitweilig in Betten fließenden oder stehenden oder aus Quellen abfließenden Wasser, dem Küstengewässer und dem Grundwasser. Es behandelt in seinem 1. Teil (§§ 1 a–22) Grundsätze für die Wassernutzung und Beschränkungen der Grundeigentümer sowie die Erteilung, Beschränkung, Rücknahme und das Erlöschen neuer und alter Wasserbenutzungen (Bewilligungsverfahren, Planfeststellungen, → Wasserschutzgebiete, Errichtung und Betrieb von Rohrleitungen – s. hierzu auch Öl-Fernleitungen –, Überwachung der Benutzung und Haftung für Änderung der Beschaffenheit des Wassers). Wasserrechtliche Erlaubnisse werden jetzt grundsätzlich nur noch widerruflich erteilt. Betriebstechnische Einzelheiten zur Erlaubnis der Einleitung von Abwässern (u. a. Meß- und Analysemethoden) regelt die AbwasserVO vom 21. 3. 1997 (BGBl. I 566). Für die Beschädigung von Wasser – auch durch widerruflich erlaubte Benutzung – besteht → Gefährdungshaftung des Benutzers. Neue Vorschriften regeln die Gewässergütewirtschaft, vor allem die besonderen Pflichten des Benutzers (§§ 21 c ff.) und die Einrichtung des → Gewässerschutzbeauftragten. Auch die Anforderungen an Anlagen zum Lagern, Abfüllen und Umschlagen wassergefährdender Stoffe sind nun im WHG geregelt (§§ 19g–19l). Der 2. Teil (§§ 23–32) regelt die erlaubnisfreie Benutzung (Gemeingebrauch, Eigentümer- und Anliegergebrauch, Benutzung zur Fischerei), die Reinhaltung, die Unterhaltung und den Ausbau oberirdischer Gewässer. Der 3. Teil (§§ 32a, 32b) behandelt die erlaubnisfreie Benutzung und die Reinhaltung der Küstengewässer, der 4. Teil (§§ 33–35) die erlaubnisfreie Benutzung, die Reinhaltung und den Schutz des Grundwassers. Teil 5 (§§ 36–37) regelt die Erfassung des vorhandenen Wasservorrats, seine bisherige Beanspruchung und seine künftige Nutzbarmachung durch Aufstellung von wasserwirtschaftlichen Rahmenplänen sowie die Führung von → Wasserbüchern. Teil 6 enthält Bußgeld- und Schlußbestimmungen (über die Strafbarkeit der Verunreinigung von Gewässern s. § 324 StGB). Neue umweltschutzrechtliche Bestimmungen zum Schutz des W. enthält das → AbwasserabgabenG. Gemeinschaftsrechtliche Bestimmungen hinsichtlich des W. enthalten vor allem Richtlinien des → Rats der E G. vom 16. 6. 1975 (Trinkwasser) und vom 8. 12. 1975 (Badegewässer).

**Wasserläufe** → Gewässer (I).

**Wasserleitung, Wasserversorgung, Wasserwerk** → Trinkwasser.

**Wasserrecht.** Bei der rechtlichen Regelung der Materie „Wasser" ist zu unterscheiden zwischen der Bedeutung des Wassers unter dem Gesichtspunkt der Wasserwirtschaft und Landeskultur und seiner Bedeutung als → Wasserstraße und Verkehrsweg. Für den erstgenannten Bereich hat der Bund auf Grund seiner Rahmenkompetenz (Art. 75 I Nr. 4 GG) das *WasserhaushaltsG* erlassen (→ Wasserhaushalt). Der zweite Bereich unterliegt der konkurrierenden Gesetzgebung des Bundes (Art. 74 Nr. 21 GG). Die Rechtsverhältnisse an → Bundeswasserstraßen als Verkehrswegen sind jetzt im *Bundeswasserstraßengesetz* vom 2. 4. 1968 (BGBl. II 173) geregelt. Im übrigen fällt das W. in die Zuständigkeit der Länder, die in Ergänzung des WasserhaushaltsG im wesentlichen übereinstimmende *Wassergesetze* erlassen haben (Zusammenstellg. b. Sartorius, Verf.- u. Verwaltungsges., Anm. 1 zu Nr. 845). Landesrechtlich geregelt sind danach insbes. die Einteilung und das Eigentum an den → Gewässern, Aufgaben und Zuständigkeit der → Gewässeraufsicht sowie das Verfahren beim Vollzug der Wassergesetze und des WasserhaushaltsG (→ Wasserschutzgebiete, Reinhaltung der Gewässer). Landesrechtlich geregelt sind die Unterhaltung und der Ausbau der Gewässer (s. hierzu auch Wasser- und Bodenverbände). Zum wasserrechtlichen Programm der E. G. vgl. das Aktionsprogramm von 1973 (ABl. EG C 112 vom 20. 12. 1973).

**Wasserschöpfen** → Gewässer (II).

**Wasserschutzgebiete** können nach § 19 WasserhaushaltsG im Interesse der öffentlichen Wasserversorgung zum Schutze von → Gewässern vor nachteiligen Einwirkungen, zur Anreicherung des Grundwassers sowie zur Verhinderung des schädlichen Abfließens von Niederschlagswasser festgesetzt werden. Die Festsetzung bewirkt, daß bestimmte, im einzelnen festzulegende Handlungen im W. verboten oder nur beschränkt zulässig sind und die Eigentümer und Nutzungsberechtigten von Grundstücken zur Duldung bestimmter Maßnahmen verpflichtet werden. Soweit darin eine Enteignung liegt, ist Entschädigung zu leisten. Die Festsetzung bedarf eines förmlichen Verfahrens (§ 19 IV), das in den Wassergesetzen der Länder näher geregelt ist. In diesen Verfahren haben die Betroffenen die Möglichkeit, Einwendungen geltend zu machen. Gegen den Festsetzungsbeschluß ist der Verwaltungsrechtsweg eröffnet, gegen die Bestimmung der Höhe der Entschädigung der ordentliche Rechtsweg.

**Wassersicherstellungsgesetz** → Sicherstellungsgesetze.

**Wasserskifahren** → Wasserfahrzeuge.

**Wasserstraßen** sind natürliche oder künstliche Wasserläufe, auf denen nach Anlage und Ausbau ein nennenswerter Verkehr stattfinden kann. Sie gliedern sich in Binnenwasserstraßen und Seewasserstraßen, das sind die Mündungsstrecken der in das Meer fließenden Ströme und Teile des Meeres, die als

Verkehrsstrecken eingerichtet sind. Die W. stehen überwiegend im Eigentum des Bundes (Seewasserstraßen ausschließlich). S. hierzu → Bundeswasserstraßen.

**Wasserverwaltung.** Die W. ist als Hoheitsverwaltung Wasserstraßenverwaltung und Wasserwirtschaftsverwaltung. Die *Wasserstraßenverwaltung* obliegt an → Bundeswasserstraßen dem Bund, der sie durch eigene Behörden (Wasser- und Schiffahrtsdirektionen und -ämter) ausübt, soweit sie nicht ausnahmsweise den Ländern als Auftragsverwaltung übertragen wird (Art. 89 II GG). Sie umfaßt auch den Ausbau und Neubau von Bundeswasserstraßen sowie die Strom- und Schiffahrtspolizei und die Tarifhoheit. Die *Wasserwirtschaftsverwaltung* (→ Wasserhaushalt) obliegt stets den Ländern (Art. 83 GG), und zwar auch an Bundeswasserstraßen, soweit ihre Bedeutung als Wasserspender und Vorfluter, nicht als Verkehrsträger, in Frage steht (vgl. BVerfG vom 11. 4. 1967, DÖV 1967, 563). S. hierzu auch Gewässeraufsicht. Daneben bestehen in den Ländern besondere wassertechnische Fachbehörden, die insbes. auch die Gemeinden sowie die → Wasser- und Bodenverbände bei der Planung und Durchführung von wasserwirtschaftlichen Projekten unterstützen. Neben der öffentlichen Verwaltung als Eingriffs- und Leistungsverwaltung steht Bund und Ländern als den Eigentümern der Gewässer die privatrechtliche Vermögensverwaltung zu.

**Weber, Max** (1864–1920), Jurist, Historiker, Nationalökonom und Soziologe, entwickelte im Rahmen eines restriktiven (wirkungsbegrenzenden) Wissenschaftsbegriffs die Theorie von der Wirksamkeit religiöser Vorstellungen und sozialer Leitbilder auf Sozialstruktur und Rechtsetzung; er stellte sich damit in Gegensatz zur monokausalen materialistischen Betrachtungsweise von K. Marx.

**Wechsel** ist ein schuldrechtliches → Wertpapier, das in einer bestimmten Form ausgestellt, ausdrücklich als W. bezeichnet werden muß (→ Wechselklausel) und die (unbedingte) Anweisung enthält, eine bestimmte Geldsumme (→ Wechselsumme) zu zahlen. Erforderlich ist außerdem die Angabe dessen, der zahlen soll (→ Bezogener), der Verfallzeit, des Zahlungsortes, des Tages und des Ortes der Ausstellung sowie des Namens dessen, an den oder dessen Order zu zahlen ist (→ Remittent), ferner die Unterschrift des Ausstellers (Art. 1 WG; zum Mindestinhalt s. i.e. → Tratte).

Der W. ist ein → Orderpapier. Er kommt als gezogener W. (→ Tratte) und als eigener W. (→ Solawechsel) vor. Der gezogene W. ist eine besondere Art der → Anweisung, der eigene W. eine solche des Schuldversprechens. Der W. enthält eine abstrakte Forderung; doch liegt der → Wechselverbindlichkeit regelmäßig ein bestimmtes Rechtsverhältnis zugrunde (Kausalgeschäft; → Rechtsgeschäft, 2 h), meistens → Kauf oder → Darlehen. Die Wechselforderung und die Forderung aus dem Kausalgeschäft bestehen nebeneinander, bis die Wechselverbindlichkeit erfüllt wird; jedoch ist die Forderung aus dem Kausalgeschäft bis zur Fälligkeit des W. gestundet (→ Leistungszeit; s. a. → Prolongation). Die sog. *Valutaklausel* („Wert erhalten") hat nur für die Erfüllung des Grundgeschäfts, nicht aber für die W.verpflichtung Bedeutung. Sog. Hauptschuldner der Wechselverbindlichkeit ist beim gezogenen W. der Akzeptant, beim eigenen W. der Aussteller. Außerdem haften der → Indossant und der → Wechselbürge in der Reihenfolge, wie der W. von ihnen weitergegeben wird. Wenn nicht ein → Blankowechsel vorliegt, wird der W. zunächst ausgestellt und dann an den → Remittenten begeben. Die Annahme (s.i.e. → Akzept) durch den → Bezogenen folgt der Ausstellung, kann aber auch dem → Begebungsvertrag zwischen Aussteller und Remittenten nachfolgen. Der Remittent kann den W. behalten oder weitergeben. Der Übertragung des W., die sachenrechtlichen Grundsätzen folgt (→ Begebungsvertrag), dient das → Indossament. Jeder, der den W. in Händen hat und durch Indossament legitimiert ist, gilt als rechtmäßiger Inhaber des W. (Art. 16 WG). Wird der W. bei Fälligkeit vom Akzeptanten bezahlt, so erlöschen damit alle Wechselverbindlichkeiten. Die den Wechselübertragungen der beteiligten Personen zugrunde liegenden Rechtsgeschäfte werden damit regelmäßig erfüllt. Aus dem W. sind zu zahlen: Die Wechselsumme, mind. 6% → Wechselzinsen, die Auslagen, insbes. Protestkosten, und eine Provision von 1/3% (Art. 48, 49 WG). Zahlt der Akzeptant nicht oder nimmt der Bezogene den W. nicht an, so kann der Inhaber des W. Rückgriff nehmen (→ Wechselregreß). Zu diesem Zweck muß der W. protestiert werden (→ Wechselprotest). Wird der Rückgriff voll durchgeführt, so bleibt letzten Endes der gezogene W. beim Aussteller, der seinerseits den Akzeptanten in Anspruch nehmen kann; beim eigenen W. gilt dies im Verhältnis vom Remittenten zum Aussteller. Es braucht immer nur gegen Aushändigung des quittierten W. gezahlt zu werden (Art. 39 I, 50 I WG). Die strenge Haftung aus dem W. dient seiner Umlauf- und Verkehrsfähigkeit. → Einwendungen, die demjenigen, der aus dem W. in Anspruch genommen wird, gegen den Aussteller oder einen früheren Wechselinhaber zustehen, können gegen einen gutgläubigen Wechselinhaber nicht geltend gemacht werden (Art. 17 WG). Der Wechselanspruch kann im → Wechselprozeß oder durch → Wechselmahnbescheid besonders schnell eingeklagt werden. W. gibt es seit dem 12. Jahrhundert. Der W. spielt seitdem im Wirtschafts- und Rechtsverkehr eine große Rolle. Er dient heute in erster Linie dem Kreditverkehr (→ Warenwechsel), aber auch dem Zahlungsverkehr (→ Handelswechsel, → Finanzierungswechsel). Bei den Banken nimmt das Geschäft mit W. einen breiten Raum ein (→ Wechseldiskont). Das Wechselrecht ist international weitgehend gleichartig geregelt. Durch die Genfer Wechselrechtskonferenz von 1930 wurde von den meisten Staaten des europäischen Kontinents und Südamerikas sowie von Japan das Wechselrecht mit geringen Abweichungen gleichlautend geregelt. England und die USA sowie andere Länder sind dem Abkommen (RGBl. 1933 II 377) nicht beigetreten. Das deutsche WechselG vom 21. 6. 1933 (RGBl. I 399) beruht auf dem Genfer Abkommen.

**Wechselannahme** → Akzept.

**Wechselanspruch** ist der Anspruch aus einem → Wechsel. Er kann sich gegen alle richten, die für eine → Wechselverbindlichkeit einzustehen haben. Der W. kann im (verkürzten) → Wechselprozeß geltend gemacht werden.

**Wechselbereicherungsanspruch.** Ein W. steht dem Inhaber eines → Wechsels gegen den → Aussteller oder → Akzeptanten zu, wenn deren → Wechselverbindlichkeit verjährt oder dadurch erloschen ist, daß eine zur Erhaltung des Wechselrechts notwendige Handlung, insbes. der → Wechselprotest, versäumt wurde (Art. 89 WG). Dieser Anspruch setzt voraus, daß eine Bereicherung zum Schaden des Wechselinhabers eintreten würde.

**Wechselbezügliche (korrespektive) Verfügung** → gemeinschaftliches Testament.

**Wechselbürge** (Avalist) ist, wer die → Bürgschaft für die → Wechselverbindlichkeit eines → Akzeptanten, → Ausstellers oder → Indossanten übernommen hat. Die Bürgschaftserklärung muß auf den Wechsel oder auf einen Anhang gesetzt werden (Art. 31 WG). Auf Grund der Wechselbürgschaft (*Aval*) haftet der W. in gleicher Weise wie der, für den er bürgt, und zwar als Gesamtschuldner (Art. 32, 47 I WG). Wechselbürgschaft kommt in Deutschland selten vor.

**Wechseldiskont** ist der Erwerb eines nicht fälligen → Wechsels durch den Diskontgeber unter Abzug von Zwischenzinsen (→ Diskont), Unkosten und Provision. Diesem Diskontgeschäft liegt ein → Kauf oder → Darlehen zugrunde. Wechsel werden i. d.R. von einer Bank diskontiert. Vielfach verkaufen die Banken dann die Wechsel an eine → Landeszentralbank oder an die → Bundesbank (sog. → Rediskontgeschäft). Voraussetzung hierfür ist, daß aus dem Wechsel 3 Personen haften, die als zahlungsfähig bekannt sind, und daß der Wechsel innerhalb von 3 Monaten, vom Tage des Ankaufs an gerechnet, fällig ist (daher ist das sog. Dreimonatsakzept üblich); außerdem soll er ein Handelswechsel (→ Warenwechsel) sein.

**Wechselfähigkeit** ist Voraussetzung für die Übernahme einer → Wechselverbindlichkeit; sie verlangt → Rechtsfähigkeit und → Geschäftsfähigkeit.

**Wechselklausel.** Sie ist notwendiger Bestandteil eines → Wechsels (Art. 1 Nr. 1 WG). Sie besteht in der Bezeichnung der Urkunde als Wechsel im Text der Wechselerklärung und lautet i. d.R.: „Gegen diesen Wechsel. ...“

**Wechselkurs** ist die Bezeichnung für den Preis, der für den Austausch der eigenen gegen eine fremde Währung – i. d. R. für 100 Einheiten – gezahlt werden muß. Der W. bildet sich nach Angebot und Nachfrage (freier, flexibler Kurs), soweit er nicht durch internationale Abkommen für die einzelnen Währungen festgesetzt ist (fester, fixierter Kurs), wie dies im Rahmen des Internationalen → Währungsfonds für die überwiegende Mehrzahl aller Staaten galt. Wegen der Instrumente zur Aufrechterhaltung eines festen W. s. Aufwertung, Abwertung, Interventionspunkte. Das System international fester W. ist aufgehoben. Wegen regional fester W. → Europäisches Währungssystem.

**Wechselmahnbescheid** ist ein im → Mahnverfahren ergehender Mahnbescheid, dem ein Anspruch aus einem → Wechsel zugrundeliegt. Beim W. ist das Mahnverfahren besonders gestaltet (§ 703 a ZPO); wird Widerspruch erhoben, so geht das Wechsel-Mahnverfahren in den → Wechselprozeß über.

**Wechselnehmer** → Remittent.

**Wechselprotest** ist die öffentliche Beurkundung einer für den → Wechselregreß wesentlichen Tatsache, insbes. der unterbliebenen Zahlung oder Annahme des Wechsels. Der W. muß durch einen → Notar, einen Gerichtsbeamten, z. B. einen → Gerichtsvollzieher, oder einen Postbeamten aufgenommen werden (Art. 79 WG). Der W. wird auf den Wechsel oder auf ein damit zu verbindendes Blatt gesetzt (Art. 81 I WG). Die Form des W. ist in den Art. 79–87 WG geregelt. Wird ein Wechsel nicht protestiert, so entfällt der Wechselrückgriff; aus dem Wechsel haftet nur noch der Akzeptant (→ Akzept). Je nachdem, worauf die unterbliebene Zahlung zurückzuführen ist, unterscheidet man: *Windprotest,* wenn die Person, gegen die protestiert werden soll, nicht zu ermitteln ist; *Weigerungsprotest,* wenn die Zahlung ganz oder teilweise verweigert wird; *Platz-* oder *Wandprotest,* wenn der Zutritt zur Wohnung oder zu den Geschäftsräumen verweigert oder dort niemand angetroffen wird.

**Wechselprozeß** ist eine Unterart des → Urkundenprozesses; darin wird über Ansprüche aus → Wechseln besonders rasch entschieden (§§ 602–605 ZPO).

**Wechselregreß** (Wechselrückgriff). Wird der → Wechsel vom Akzeptanten (→ Akzept) nicht bezahlt oder vom → Bezogenen nicht angenommen (sog. notleidender Wechsel), so kann der Inhaber gegen die anderen Wechselverpflichteten (→ Wechselverbindlichkeit), insbes. gegen → Indossanten und den → Aussteller, Rückgriff nehmen (Art. 43 WG) und von ihnen die → Wechselsumme, mind. 6% → Wechselzinsen, die Protestkosten und andere Auslagen sowie eine Provision von 1/3% verlangen (Art. 48 WG). Dieser Anspruch setzt einen rechtzeitigen → Wechselprotest voraus (Art. 44 WG). Außerdem muß der Inhaber seinen etwaigen Vorgängern und dem Aussteller gemäß Art. 45 WG Nachricht geben. Beim W. kann der Inhaber alle vor ihm aus dem Wechsel Verpflichteten einzeln oder zusammen in Anspruch nehmen; an die Reihenfolge ist er nicht gebunden, d. h. er kann einzelne überspringen (Art. 47 II WG). Wer im W. den Wechsel einlöst, kann Aushändigung des Wechsels und der Protesturkunde verlangen (Art. 50 WG), auch weiter auf seine Vormänner Rückgriff nehmen. Er kann den vollen Betrag beanspruchen, den er bezahlt hat, ferner weitere Zinsen, seine Auslagen und die Provision von 1/3% (Art. 49 WG). Der W. kann auch durch einen → Rückwechsel genommen werden. Der unmittelbare W. kann durch sog. Ehreneintritt, d. h. Angabe einer Person, die im Notfall annehmen (Ehrenannahme) oder zahlen soll (Ehrenzahlung), vermieden werden (Art. 55 ff. WG). Wird der W. voll durchgeführt, so bleibt der Wechsel letzten Endes beim Aussteller, der vom Akzeptanten Zahlung verlangen kann.

**Wechselreiterei** liegt vor, wenn → Wechsel von verschiedenen Personen gegenseitig gezogen und angenommen werden, ohne daß ein Waren- oder Dienstleistungsgeschäft zugrunde liegt. Auch durch den Austausch von → Indossamenten ist W. möglich. Der Reitwechsel zählt zu den → Finanzierungswechseln. Das Inverkehrbringen von Reitwechseln trotz mangelnder Zahlungsfähigkeit kann als → Betrug strafbar, die Wechselverbindlichkeit wegen → Sittenwidrigkeit nichtig sein (§ 138 BGB).

**Wechselrückgriff** → Wechselregreß.

**Wechselschuldner** ist jeder, der aus einer → Wechselverbindlichkeit verpflichtet ist.

**Wechselsumme** ist die bestimmte Geldsumme, zu deren Zahlung in der → Tratte angewiesen wird oder sich beim → Solawechsel der Aussteller verpflichtet (Art. 75 Nr. 2 WG). Die W. ist in in- oder ausländischer Währungseinheit anzugeben (entweder in Buchstaben oder in Ziffern, Art. 6 WG).

**Wechselverbindlichkeit** ist die Verpflichtung aus einem → Wechsel. Bei einer W. werden Wechselsumme und Nebenansprüche (Art. 48, 49 WG) geschuldet oder es wird für die Bezahlung gehaftet. Hauptwechselschuldner ist der Akzeptant (Art. 28 WG; → Akzept). Außerdem haften aus dem Wechsel der Aussteller (Art. 9 I WG), jeder → Indossant (Art. 15 I WG) und der → Wechselbürge (Art. 32 I WG). Alle Verpflichteten haften als Gesamtschuldner (Art. 47 I WG; → Gesamtschuld).

**Wechselzinsen** sind die → Zinsen, die neben der → Wechselsumme seit dem Verfall- oder Einlösungstag verlangt werden können. Die Zinshöhe beträgt 2% über dem jeweiligen Bundesbankdiskontsatz (→ Diskontpolitik), mindestens aber 6% (Art. 48 Nr. 2, 49 Nr. 2 WG).

**Wegebaulast** → Straßenbaulast.

**Wegekreuzungen** → Kreuzungen.

**Wegerecht** → Straßen- und Wegerecht; s. a. → Geh- und Fahrtrecht, → Notweg.

**Wegerechtsfahrzeuge** → Vorfahrt.

**Wegeunfall** ist in der gesetzlichen → Unfallversicherung eine Form des → Arbeitsunfalls. Wegeunfälle sind Unfälle auf dem Weg von oder nach dem Ort der versicherten Tätigkeit, also typischerweise zwischen der Wohnung und der Arbeitsstätte. Die Versicherung ist nicht ausgeschlossen, wenn der Versicherte von dem unmittelbaren Weg zwischen der Wohnung und dem Ort der Tätigkeit abweicht, weil sein Kind, das mit ihm in einem Haushalt lebt, wegen seiner oder seines Ehegatten beruflicher Tätigkeit fremder Obhut anvertraut wird oder er mit anderen berufstätigen versicherten Personen gemeinsam ein Fahrzeug für den Weg nach und von dem Ort der Tätigkeit benutzt (§ 8 II SGB VII). Auch sonst muß der unmittelbare Weg nicht mit dem kürzesten identisch sein, sondern es kommt als versicherter unmittelbarer Weg auch ein etwas längerer in Betracht, der verkehrsgünstiger ist. Nicht versichert sind dagegen Umwege, d. h. Wege, die erheblich länger sind. Unterbrechungen des versicherten Weges für private Verrichtungen beseitigen grundsätzlich den Versicherungsschutz; bei der Fortsetzung des Weges lebt der Versicherungsschutz wieder auf, soweit die Unterbrechung nicht länger als 2 Stunden gedauert hat.

**Wegeunterhaltung** → Straßenbaulast.

**Wegfall der Geschäftsgrundlage** → Geschäftsgrundlage.

**Wegnahmerecht** *(ius tollendi)*. Der Mieter (§ 547 a BGB), der Pächter (§ 581 II BGB), der → Vorerbe (§ 2125 BGB) und insbes. der Besitzer gegenüber dem Eigentümer (→ Eigentumsherausgabeanspruch, § 997 BGB) haben ein Recht darauf, eine Einrichtung, mit der sie die betreffende Sache versehen haben (z. B. Einbau einer Heizungsanlage), wegzunehmen und sich (wieder) anzueignen, z. B. wenn sie wesentlicher → Bestandteil der Sache und dadurch Eigentum eines anderen geworden ist. In den Fällen der §§ 547 a und 997 BGB kann der Verpflichtete aber die Wegnahme durch Zahlung einer Entschädigung abwenden, soweit kein Interesse des Berechtigten entgegensteht. Der Wegnahmeberechtigte hat die Wegnahme (Ausbau) selbst vorzunehmen und auf seine Kosten die Sache wieder in den ursprünglichen Zustand zu versetzen (§ 258 BGB).

**Wehrbeauftragter des Bundestages.** Die Institution des WdB wurde durch Ges. zur Ergänzung des GG vom 19. 3. 1956 (BGBl. I 111) nach schwedischem Vorbild (→ Ombudsman) geschaffen (Art. 45 b GG). Ihm obliegt der Schutz der Grundrechte der Soldaten und die Unterstützung des BT bei der Ausübung der parlamentarischen Kontrolle der Streitkräfte. Nach dem Ges. über den Wehrbeauftragten des Bundestages i. d.F. vom 16. 6. 1982 (BGBl. I 677; Änd. vom 30. 3. 1990, BGBl. I 599: W. kann, abweichend von den ursprünglichen Regelungen, auch eine Frau sein); hat er ein umfassendes Informationsrecht, kann insbes. vom BMVg und allen Wehrdienststellen Auskunft und Akteneinsicht verlangen (außer bei zwingendem Geheimhaltungsbedürfnis), Truppen und Dienststellen unangemeldet besuchen und die Hilfe von Behörden in Anspruch nehmen (§§ 3, 4). Soldaten können sich ohne Einhaltung des Dienstweges mit Eingaben an ihn wenden; anonyme Eingaben werden nicht bearbeitet (§§ 7, 8). Der WdB ist zur Verschwiegenheit verpflichtet (§ 10). Er steht im Amtsverhältnis, wird vom BT auf 5 Jahre gewählt (Wiederwahl zulässig), vom BTPräs. ernannt und kann von diesem vor Amtszeitablauf auf Antrag des Vtdgsausschusses und mit Zustimmung des BT entlassen werden (§§ 13–15). Der WdB unterliegt keinen Weisungen; doch können der BT oder sein Vtdg.ausschuß allgemeine Richtlinien für seine Tätigkeit aufstellen (§ 5) oder ihm die Prüfung bestimmter Vorgänge und Bericht hierüber aufgeben (§ 2 I). Er hat jährlich dem BT einen schriftlichen Gesamtbericht und auf Verlangen des BT Einzelberichte zu erstatten (§ 2 II, III).

**Wehrbereichsverwaltung** → Bundeswehrverwaltung.

**Wehrbeschwerdeordnung.** Die WBO i. d.F. vom 11. 9. 1972 (BGBl. I 1737) enthält die nähere Ausgestaltung des dem Soldaten nach § 34 SoldatenG ausdrücklich eingeräumten Beschwerderechts. Die Beschwerde ist binnen 2 Wochen, frühestens nach Ablauf einer Nacht, schriftlich oder zu Protokoll des nächsten Disziplinarvorgesetzten anzubringen (§§ 5, 6); gemeinschaftliche Beschwerden sind unzulässig (§ 1 IV). Über die Beschwerde wird durch zu begründenden schriftlichen Bescheid entschieden (§ 12 WBO). Bei Erfolglosigkeit der gegen einen ablehnenden Beschwerdebescheid zulässigen weiteren Beschwerde, die innerhalb 2 Wochen zulässig ist (§ 16), kann binnen 2 Wochen die Entscheidung des Truppendienstgerichts beantragt werden (§ 17). Neben dem Beschwerderecht nach der WBO gewährt § 77 des Ges. über den → Wehrbeauftragten des Bundestages jedem Soldaten ein besonderes Petitionsrecht an den Wehrbeauftragten. Es ist an keine Frist gebunden. Der Dienstweg braucht nicht eingehalten zu werden.

**Wehrdienst** ist der Dienst des Soldaten. Er gliedert sich nach § 4 WehrpflG in den → Grundwehrdienst (§ 5), die → Wehrübungen (§ 6), den W. während der → Verfügungsbereitschaft (§ 5 a) und den unbefristeten W. im Verteidigungsfall. Ausgenommen vom W. (nicht von der Wehrpflicht, was für die → Wehrüberwachung bedeutsam ist, vgl. § 24 WehrpflG) sind nicht Wehrdienstfähige und Entmündigte (§ 9), die wegen eines → Verbrechens zu mindestens 1 Jahr Freiheitsstrafe oder wegen vorsätzlichen Friedens-, Hoch- oder Landesverrats oder Rechtsstaatsgefährdung zu mindestens 6 Mon. Freiheitsstrafe Verurteilten sowie Vorbestrafte, die amtsunfähig sind (§ 10: Ausschluß vom W.), und die vom Wehrdienst Befreiten, das sind hauptamtliche Geistliche, Spätheimkehrer und Schwerbeschädigte (§ 11 I); ferner auf Antrag die letzten Brüder und einzigen Söhne Gefallener nach Maßgabe des § 11 II. Zeitweilig vom W. ausgenommen sind die Zurückgestellten (§ 12, → Zurückstellung vom Wehrdienst). Die Heranziehung unterbleibt ferner, solange ein Wehrpflichtiger, der sich für mindestens 10 Jahre zur Dienstleistung verpflichtet hat, im → Zivil- oder → Katastrophenschutz mitwirkt (§ 13 a), ebenso wenn er sich vertraglich zur Leistung eines mindestens 2jährigen → Entwicklungsdienstes verpflichtet hat (§ 13 b), des weiteren bei Wehrpflichtigen im Vollzugsdienst der → Polizei und des → Bundesgrenzschutzes (§§ 42, 42 a). Der W. Leistende steht zum Bund in einem besonderen Dienst- und Treueverhältnis, dem → Wehrdienstverhältnis (§ 1 SoldatenG). Zur Dauer des Wehrdienstes s. → Grundwehrdienst, → Wehrübungen; bei Versäumnis von Dienstzeit aus den in § 5 III genannten Gründen (schuldhaftes Fernbleiben; Freiheits- oder Jugendstrafe, Strafarrest, Jugend- od. Disziplinararrest) ist der Wehrpflichtige zum Nachdienen verpflichtet. Die Zeitgrenzen für Wehrübungen gelten nicht, wenn sie von der BReg. als → Bereitschaftsdienst in einem möglichen Krisen- oder Spannungsfall angeordnet worden sind (§ 6 IV). Freiwillige Übungen sind zeitlich nicht begrenzt; die Sicherungen des → Arbeitsplatzschutzgesetzes gelten aber nur, wenn ihre Dauer 6 Wochen im Kalenderjahr nicht überschreitet (§ 10 ArbPlSchG).

**Wehrdienstbeschädigung** → Soldatenversorgungsgesetz.

**Wehrdienstentziehung.** Wer sich oder einen anderen durch Verstümmelung oder Täuschung der Erfüllung der → Wehrpflicht entzieht, ist strafbar. Nach § 17 WStG wird ein Bundeswehrangehöriger, nach § 109 StGB ein Nichtsoldat bestraft, der sich oder einen anderen mit dessen Einwilligung durch *Verstümmelung* oder auf andere Weise (d.h. durch eine Einwirkung, die zu körperlichen oder geistigen Mängeln führt) zum Wehrdienst *untauglich* macht oder machen läßt. Der Versuch ist strafbar. Die Strafrahmen reichen bis zu Freiheitsstrafe von 5 Jahren. Die W. durch *Täuschung* ist nach § 18 WStG bei Bundeswehrangehörigen, nach § 109 a StGB bei Nichtsoldaten mit Freiheitsstrafe bis zu 5 Jahren bedroht; gegen Nichtsoldaten kann statt dessen Geldstrafe verhängt werden. Strafbar ist, wer sich oder einen anderen durch *arglistige, auf Täuschung berechnete Machenschaften* dem Wehrdienst dauernd oder zeitweise, ganz oder teilweise oder für bestimmte Verwendungsarten entzieht oder zu entziehen versucht. Bloße Lügen genügen nicht; vielmehr müssen Machenschaften angewendet werden, z.B. Vorlage unrichtiger ärztlicher Zeugnisse, Bescheinigungen, Briefe o.dgl. Der Tatbestand ist auch erfüllt, wenn der Täter Zurückstellung oder Befreiung von einer Übung oder eine ihm günstigere Verwendung erreicht; beim Soldaten genügt teilweise Dienstbefreiung. S. a. → Fahnenflucht.

**Wehrdienstgerichte** sind Dienstgerichte des Bundes (vgl. Art. 96 IV GG) für Disziplinarverfahren gegen Soldaten nach der → Wehrdisziplinarordnung (WDO) und für Verfahren über Beschwerden von Soldaten nach der → Wehrbeschwerdeordnung (WBO). Sie gliedern sich in die Truppendienstgerichte (vgl. VO über die Errichtung von Truppendienstgerichten vom 24. 11. 1972, BGBl. I 2154) und die Wehrdienstsenate beim Bundesverwaltungsgericht als Berufungs- und Beschwerdeinstanz (§§ 62–73 WBO, §§ 17–19 WBO).

**Wehrdienstsenat** → Wehrdienstgerichte.

**Wehrdienstverhältnis** ist das Dienst- und Treueverhältnis, das zwischen dem Bund und dem in der Bundeswehr auf Grund der → Wehrpflicht oder freiwilliger Verpflichtung Wehrdienst Leistenden besteht. Es wird begründet bei den Wehrpflichtsoldaten durch die Einberufung und beginnt mit dem Zeitpunkt, der für den Diensteintritt des Soldaten festgesetzt ist (§ 2 SoldatenG), bei den Berufssoldaten und Soldaten auf Zeit mit der Ernennung (§§ 4 I, 41 SoldatenG). Von diesem Zeitpunkt an unterliegt der Soldat den besonderen wehrrechtlichen Bestimmungen; vgl. insbes. → SoldatenG (§§ 6–36), → SoldatenlaufbahnVO, → Wehrbeschwerdeordnung, → Wehrdisziplinarordnung, → Wehrstrafrecht. Dem Schutz der Wehrpflichtigen gegen berufliche Nachteile dient das → Arbeitsplatzschutzgesetz, der Sicherung seines und seiner Angehörigen Lebensunterhalts das → Unterhaltssicherungsgesetz; beide Gesetze gelten nicht für Soldaten auf Zeit und Berufssoldaten, die in einem beamtenähnlichen Verhältnis stehen. Der Wehrpflichtige erhält Wehrsold nach dem → Wehrsoldgesetz, die Soldaten auf Zeit und die Berufssoldaten Dienstbezüge nach dem Bundesbesoldungsgesetz (§§ 20–31) und Versorgung nach dem → Soldatenversorgungsgesetz. Dieses regelt ferner die Versorgung aller Soldaten bei Wehrdienstbeschädigungen.

**Wehrdienstverweigerer** → Kriegsdienstverweigerer.

**Wehrdisziplinaranwalt** ist der zum Vertreter der Einleitungsbehörde (§ 87 WehrdisziplinarO) im disziplinargerichtlichen Verfahren bei den Truppendienstgerichten bestellte Beamte. Die W.anwälte müssen die Befähigung zum Richteramt haben. Sie sind dem als Vertreter des Bundesministers der Verteidigung beim Bundesverwaltungsgericht bestellten Bundeswehrdisziplinaranwalt unterstellt (§ 74 WDO).

**Wehrdisziplinarordnung.** Die WDO i.d.F. v. 4. 9. 1972 (BGBl. I 1665) m. spät. Änd. regelt die Ahndung von Dienstvergehen der Soldaten, aber auch in Teil I (§§ 3–6) die Würdigung besonderer Leistungen durch Anerkennung (förmliche Anerkennung, Sonderurlaub). Für die Ahndung von Dienstvergehen (§ 23 SoldatenG) durch Disziplinarmaßnahmen wird in Teil II (§§ 7–134) unterschieden zwischen der Verhängung a) *einfacher Disziplinarmaßnahmen* (§§ 18 ff.: Verweis, strenger Verweis, Disziplinarbuße, Ausgangsbeschränkung, Disziplinararrest von 3 Tg. bis 3 Wochen) durch den Disziplinarvorgesetzten (§§ 23 ff.) und von b) *Disziplinarmaßnahmen im disziplinargerichtlichen Verfahren* (§§ 54 ff.: Gehaltskürzung, Beförderungsverbot, Dienstgradherabsetzung, Entfernung aus dem Dienstverhältnis; Kürzung oder Aberkennung des Ruhegehalts) durch die → Wehrdienstgerichte (§§ 62 ff.) im disziplinargerichtlichen Verfahren. Gehaltskürzung, Beförderungsverbot und Entfernung aus dem Dienstverhältnis sind nur gegen Berufssoldaten und gegen Soldaten auf Zeit zulässig (§ 54 III). Arreststrafen erst, wenn sie ein Richter, dem volle Nachprüfung der Zulässigkeit und Angemessenheit zusteht (BVerfG NJW 1968, 243), gem. § 36 WDO für rechtmäßig erklärt hat. Wegen der Einzelheiten des Verfahrens s. §§ 28 ff. und 75 ff. WDO. Anerkennung und Strafe werden in Disziplinarbücher eingetragen (§ 12 WDO).

**Wehrdisziplinarrecht.** Das W. hat seine materiell-rechtliche Regelung (Dienstvergehen) in § 23 SoldatenG, seine verfahrensrechtliche Regelung in Teil II der → Wehrdisziplinarordnung gefunden. Es ist zu unterscheiden vom → Wehrstrafrecht.

**Wehrersatzwesen.** Das in den §§ 14–24 WehrpflG geregelte W. umfaßt die → Erfassung, die → Musterung der Ungedienten und Prüfung der Verfügbarkeit der Gedienten, die Einplanung und → Einberufung der Wehrpflichtigen zum Grundwehrdienst, zu → Wehrübungen und für den Verteidigungsfall sowie die → Wehrüberwachung. Es wird mit Ausnahme der Erfassung in bundeseigener Verwaltung durch das Bundeswehrverwaltungsamt, Wehrbereichsverwaltungen mit Kammern für Kriegsdienstverweigerer und Kreiswehrersatzämter mit Ausschüssen für Kriegsdienstverweigerer durchgeführt (§ 14 WPflG; → KriegsdienstverweigerungsG).

**Wehrmittelsabotage.** Nach § 109e StGB wird mit Freiheitsstrafe von 3 Mon. bis zu 5 Jahren, in besonders schweren Fällen von 1–10 Jahren bestraft, wer *vorsätzlich* und *unbefugt* ein Wehrmittel (auch technisches Gerät) oder eine der Landesverteidigung oder dem Schutz der Bevölkerung gegen Kriegsgefahr dienende Einrichtung (Luftschutzkeller, Warnsirene) zerstört, beschädigt, unbrauchbar macht oder beseitigt *und* dadurch die Sicherheit der BRep., die Schlagkraft der Truppe oder Menschenleben gefährdet. Die gleiche Strafe trifft den, der *wissentlich* eine solche Einrichtung oder den Werkstoff hierzu fehlerhaft liefert und dadurch *wissentlich* eine der bezeichneten Gefahren herbeiführt. Auch der Versuch ist strafbar; fahrlässige Gefährdung ist mit geringerer Strafe bedroht.

**Wehrpflicht** ist die öffentlich-rechtliche Verpflichtung jedes wehrfähigen Bürgers, → Wehrdienst zu leisten. Die verfassungsrechtlichen Voraussetzungen für die Einführung der W. wurden durch Ges. zur Änderung des GG (Art. 73 Nr. 1) vom 26. 3. 1954, BGBl. I 45, geschaffen und vom BVerfG am 20. 12. 1960 – BVerfGE 12, 45 = NJW 1961, 355 – bestätigt. S. nunmehr Art. 12a GG i.d.F. vom 24. 6. 1968 (BGBl. I 709; → Notstandsverfassung), wonach Männer vom vollendeten 18. Lebensjahr an zum Dienst in den Streitkräften, im → Bundesgrenzschutz oder in einem Zivilschutzverband verpflichtet werden können. Der Umfang der W. einschl. der Ausnahmen regelt sich im einzelnen nach dem Wehrpflichtgesetz i. d.F. vom 14. 7. 1994 (BGBl. I 1505). Wehrpflichtig sind alle Männer vom 18. Lebensjahre an, die Deutsche i. S. des GG (Art. 116) sind und ihren ständigen Aufenthalt im Geltungsbereich des WehrpflG haben oder sich durch Erwerb eines Passes, einer Staatsangehörigkeitsurkunde oder auf andere Weise unter den Schutz der BRep. gestellt haben (§ 1 I WehrpflG). Die Wehrpflicht der Auslandsdeutschen kann jedoch gem. § 1 II WehrpflG ruhen (bei ständigem, auf Dauer berechneten Aufenthalt und Lebensgrundlage im Ausland und bei Doppelstaatern). Die Wehrpflicht endet bei Mannschaften mit Ablauf des Kalenderjahres, in dem der Wehrpflichtige das 45. Lebensjahr, im Verteidigungsfall sowie bei Wehrpflichtigen, die für bestimmte Aufgaben vorgesehen sind (§ 49), bei Offizieren und Unteroffizieren sowie für alle im → Verteidigungsfall mit Ablauf des Jahres, in dem der Wehrpflichtige das 60. Lebensjahr vollendet (§ 3 III–V), bei Berufssoldaten mit Vollendung des 60. Lebensjahres (§ 45 SoldatenG). Die Wehrpflicht wird durch den Wehrdienst oder im Falle der → Kriegsdienstverweigerung durch den → Zivildienst erfüllt (§ 3 I 1). Sie umfaßt ferner zahlreiche Melde-, Vorstellungs-, Untersuchungs-, Mitwirkungs- und Unterlassungspflichten, die im wesentlichen der Feststellung dienen, ob ein Wehrpflichtiger zum Wehrdienst oder Zivildienst heranzuziehen ist. Die Verletzung dieser Nebenpflichten kann polizeiliche → Vorführung (§ 44 II) oder Verhängung eines Bußgeldes (§ 45) zur Folge haben. Der Rechtsweg für Rechtsstreitigkeiten bei der Ausführung des WehrpflG richtet sich nach den §§ 32–35 (Widerspruch gegen Verwaltungsakte – Frist 2 Wochen –, Anfechtungsklage im Verwaltungsstreitverfahren). Die Klage hat keine aufschiebende Wirkung.

**Wehrrecht.** Das nationale W. umfaßt die Gesamtheit der sich auf die militärische Verteidigung der BRep. durch die Bundeswehr beziehenden Normen. Zur Entwicklung des W. im einzelnen s. → Bundeswehr. Aus dem Bereich des internationalen W. (→ Kriegsrecht) sind insbes. die → Haager Landkriegsordnung sowie die vier Genfer Rot-Kreuz-Abkommen vom 12. 8. 1949 (→ Genfer Konventionen) zu nennen.

**Wehrsold.** Soldaten, die auf Grund der Wehrpflicht Wehrdienst leisten, erhalten dafür während der Dauer ihrer Dienstzeit Wehrsold, Verpflegung, die als Gemeinschaftsverpflegung gewährt wird, Unterkunft, Dienstbekleidung, Heilfürsorge in Form der unentgeltlichen truppenärztlichen Versorgung, Dienstgeld bzw. Entlassungsgeld. Das Nähere regelt das WehrsoldG i. d.F. vom 24. 1. 1996 (BGBl. I 105). Die Berufssoldaten und Soldaten auf Zeit dagegen erhalten wie Beamte Dienstbezüge nach dem BundesbesoldungsG (vgl. § 1 Nr. 3). Der W. ist steuerfrei (§ 3 Nr. 5 EStG).

**Wehrstrafgerichte.** Die frühere deutsche Militärgerichtsbarkeit ist durch das KRG Nr. 34 vom 20. 8. 1946 aufgehoben worden. Daher wird seit Errichtung der Bundeswehr die Gerichtsbarkeit über Soldaten – auch soweit es sich um → militärische Straftaten handelt – von den ordentlichen Gerichten ausgeübt. Die Errichtung von *Wehrstrafgerichten* ist nur vorgesehen für den *Verteidigungsfall* sowie über Angehörige der Streitkräfte, die in das Ausland entsandt oder auf Kriegsschiffen eingeschifft sind. Als oberster Gerichtshof soll in diesen Fällen der Bundesgerichtshof fungieren (Art. 96 II, III GG). Das für die Einrichtung der Bundeswehrstrafgerichte vorgesehene Gesetz ist bisher nicht ergangen.

**Wehrstrafgesetz** → Wehrstrafrecht.

**Wehrstrafrecht.** Nachdem das Militärstrafgesetzbuch vom 10. 10. 1940 und die Militärstrafgerichtsordnung vom 4. 11. 1933 durch das KRG Nr. 34 vom 20. 8. 1946 außer Kraft gesetzt worden waren, wurde es mit dem Aufbau der Bundeswehr notwendig, ein neues W. zu schaffen. Dieses beschränkt sich jedoch auf materielle Bestimmungen, während es bisher für Gerichtsverfassung und Strafverfahren bei den allgemeinen Vorschriften blieb (→ Wehrstrafgerichte). Die besonderen Strafvorschriften gegen Verfehlungen von *Soldaten* sind im WehrstrafG i. d.F. vom 24. 5. 1974 (BGBl. I 1213) m. Änd. zusammengefaßt. Das WStG gilt für Straftaten, die → Soldaten der Bundeswehr begehen, sowie für militärische Vorgesetzte, die nicht Soldaten sind, und für zivile Anstifter oder Gehilfen (§ 1). Es enthält die vom Allgemeinen Teil des StGB abweichenden Rechtsgrundsätze über Verbindlichkeit eines Befehls, Strafen usw. sowie die Bestimmungen über → militärische Straftaten (Dienstentziehung, Fahnenflucht, Ungehorsam usw.). Diese Vorschriften werden in den §§ 109 ff. StGB ergänzt durch entsprechende Strafbestimmungen für *Nichtsoldaten,* soweit es sich um Straftaten gegen die Bundeswehr handelt, sowie durch weitere Vorschriften zum Schutze der Landesverteidigung. Unter Strafe gestellt ist insbes.: das Untauglichmachen zum Wehrdienst durch → Verstümmelung eines anderen oder Selbstverstümmelung, die → Wehrdienstentziehung durch Täuschung, → Störpropaganda gegen die Bundeswehr, → Wehrmittelsabotage, Anwerben für fremden Wehrdienst, militärischer Nachrichtendienst zum Nachteil der Landesverteidigung, unerlaubtes Abbilden oder Beschreiben militärischer Einrichtungen. Die Anwendung des → Jugendstrafrechts ist für die Dauer des Wehrdienstverhältnisses eines Jugendlichen oder Heranwachsenden durch das EGWStG vom 30. 3. 1957 (BGBl. I 306) m. Änd. eingeschränkt; vgl. §§ 112 a–e JGG. Für den *Vollzug von Strafen* usw. an Soldaten gilt die BundeswehrvollzugsO vom 29. 11. 1972 (BGBl. I 2205).

**Wehrüberwachung.** Die W. (§ 24 WehrpflG) sichert die Verbindung zwischen den Wehrersatzbehörden und den nicht dienenden Wehrpflichtigen und gewährleistet die erforderlichenfalls kurzfristige kriegsmäßige Einsatzbereitschaft der Streitkräfte. Sie begründet für den Wehrpflichtigen vor allem Meldepflichten (§ 24 VI, VII), insbes. bei Wohnungswechsel – Meldung binnen 1 Woche – oder Entfernung vom ständigen Aufenthaltsort für mehr als 8 Wochen. Über die Verletzung der Meldepflicht → Wehrpflicht. Von der W. ausgenommen sind nicht Wehrdienstfähige oder vom Wehrdienst dauernd Ausgeschlossene oder von diesem Befreite sowie anerkannte Kriegsdienstverweigerer.

**Wehrübungen** sind Übungen, in denen die Angehörigen der → Reserve ihr militärisches Können erproben und ihre Kenntnisse auf dem jeweiligen Stand der Waffentechnik halten. Die Höchstdauer der *pflichtmäßig* abzuleistenden Übungen beträgt für die einzelne Übung grundsätzlich 3 Monate, die Gesamtdauer grundsätzlich bei Mannschaften 9, bei Unteroffizieren 15 und bei Offizieren 18 Monate (vgl. im einzelnen – auch über Fälle verlängerter Übungszeit – § 6 WehrpflG).

**Weibliche Gesetzessprache.** Im Interesse der → Gleichberechtigung wird neuerdings teilweise angestrebt, Personen im Text von Rechtsvorschriften nicht nur mit ihrer männlichen Form, sondern auch in ihrer weiblichen Form oder geschlechtsneutral zu bezeichnen. Die Verwendung geschlechtsneutraler Formen („Vertrauensperson" statt „Vertrauensmann") ist i. d.R. ohne Beeinträchtigung der Lesbarkeit und Verständlichkeit einer Rechtsvorschrift möglich, scheitert aber bisweilen am Fehlen geeigneter Begriffe. Durch die parallele Verwendung der durch das Wort „oder" oder durch einen Schrägstrich („Schrägstichgesetze") verbundenen männlichen und weiblichen Form wird zwar dem Gedanken der Gleichberechtigung in optimaler Weise Rechnung getragen, doch leiden dann Klarheit und Prägnanz (vgl. z. B. § 50 IV 1 der Gemeindeordnung für Schleswig-Holstein vom 1. 4. 1996, GVOBl. 322: „Sofern die Gemeinde Beamtinnen und Beamte, Angestellte oder Arbeiterinnen und Arbeiter beschäftigt, ist die Bürgermeisterin oder der Bürgermeister ihre Dienstvorgesetzte oder ihr Dienstvorgesetzter."). Die Verwendung der Nachsilbe „Innen" mit im Wortinneren großgeschriebenem „I" („ArbeiterInnen") hat in die Gesetzessprache noch keinen Eingang gefunden. Traditionell bezeichnet in der → Gesetzessprache die männliche Form nicht Männer, sondern alle Personen, deren Geschlecht nicht bekannt und für den jeweiligen Zusammenhang unwichtig ist (so grundsätzlich Bundesgesetze und Rechtsverordnungen des Bundes).

**Weihbischof** → Bischof (1).

**Weihe** → Sakramente, → Klerus.

**Weihnachtsgratifikation** → Gratifikation, → Lohnpfändung.

**Weimarer Verfassung** → Reichsverfassung (2).

**Weinfonds** (Deutscher W.) → Weingesetz, → Absatzförderung.

**Weingesetz.** Das W. vom 8. 7. 1994 (BGBl. I 1467) m. Änd. regelt den Anbau, das Verarbeiten, das Inverkehrbringen und die Absatzförderung von Wein und sonstigen Erzeugnissen des Weinbaus, soweit nicht unmittelbar geltendes Recht der E. G. anzuwenden ist (→ Weinrecht, Europäisches). Für Branntwein gilt die SpirituosenVO (→ Spirituosen). Das W. enthält detaillierte Anbauregelungen und Vorschriften über Ertragsbegrenzungen, §§ 4–12, über Verarbeitung und Behandlungsverfahren, §§ 13–16, Qualitätsstufen und ihre Kennzeichnung, §§ 17–21, Bezeichnungs- und Überwachungsregelungen, §§ 17–34. Qualitätsstufen sind – von unten nach oben: Tafelwein – unter bestimmten Voraussetzungen als Landwein, Qualitätswein eines bestimmten Anbaugebietes (b.A.) sowie Qualitätswein mit Prädikat (Kabinett, Spätlese, Auslese u. a.).

Neu ist die der französischen appellation controllée nachgebildete Sonderstufe für Qualitätsweine b. A., die bestimmte regionaltypische Eigenschaften aufweisen („Qualitätsweine garantierten Ursprungs"), die jeweils mit den einzelnen Prädikatsstufen bezeichnet werden können. Der der Absatzförderung dienende Deutsche Weinfonds (vgl. §§ 37–47) wird aus Beiträgen der Winzer finanziert. Das Gesetz enthält ferner Straf- und Bußgeldvorschriften auch zur Sanktionierung des Europäischen Weinrechts. Vorschriften über die Marktorganisation für Wein enthalten die einschlägigen europarechtlichen Vorschriften (→ Marktorganisationen, gemeinsame).

**Weinrecht, Europäisches.** Eine nach Sachfragen geordnete Zusammenstellung der außerordentlich zahlreichen Fundstellen des für Wein maßgeblichen Europäischen Gemeinschaftsrechts findet sich als Anlage zu der VO zur Anpassung des Weingesetzes an das Gemeinschaftsrecht vom 30. 4. 1993 (BGBl. I. 670).

**Weißbuch** → Buntbücher.

**Weisungen** gehören nach → Jugendstrafrecht zu den → Erziehungsmaßregeln, die dem Jugendrichter gegenüber straffälligen Jugendlichen (Heranwachsenden) nach §§ 9 ff. JGG zur Verfügung stehen. W. sind Gebote oder Verbote zur Regelung der Lebensführung des Jugendlichen; sie sollen seine Erziehung fördern und sichern. Dazu gehören insbes. Bestimmung des Aufenthaltsortes, Wohnung bei einer Familie oder in einem Heim, Annahme einer Lehr- oder Arbeitsstelle, Erbringung von Arbeitsleistungen, Betreuung und Aufsicht durch einen Betreuungshelfer, Teilnahme an einem sozialen Trainingskurs oder einem Verkehrsunterricht, Bemühung um einen → Täter-Opfer-Ausgleich, Verbot des Verkehrs mit bestimmten Personen oder des Besuchs von Gast- oder Vergnügungsstätten. Mit Zustimmung des Erziehungsberechtigten und des gesetzlichen Vertreters kann dem Jugendlichen, dessen Entwicklung namentlich aus psychologischen oder psychiatrischen Gründen auf Schwierigkeiten stößt, auferlegt werden, sich einer heilerzieherischen Behandlung oder einer Entziehungskur zu unterziehen (ab vollendetem 16. Lebensjahr soll hierzu sein Einverständnis eingeholt werden). Der Richter kann die W. ändern oder aufheben. Befolgt der Jugendliche sie schuldhaft nicht, kann nach Androhung → Jugendarrest verhängt werden. W. gegenüber *Soldaten* sollen die Besonderheiten des Wehrdienstes berücksichtigen und erst nach Anhörung des nächsten Disziplinarvorgesetzten ergehen (§§ 112 a Nr. 3, 112 d JGG).

Erwachsenen Straftätern können W. nach §§ 56 c, 68 b StGB bei → Strafaussetzung (s. dort 1) und bei Anordnung der Führungsaufsicht (→ Maßregeln der Besserung und Sicherung, II 4) erteilt werden; für Jugendliche s. §§ 7, 23 JGG.

**Weisungsrecht, Weisungen, Weisungsgebundenheit** (im Verwaltungsrecht). Übergeordnete Behörden können nachgeordneten Stellen zur Durchführung ihrer Aufgaben allgemein oder für den Einzelfall Anweisungen erteilen. Die allgemeinen Weisungen werden häufig als Durchführungs- oder Vollzugsvorschriften, allgem. Anordnungen, Richtlinien u.ä. bezeichnet, die Einzelweisungen als Auftrag, Anordnung, Entschließung, Weisung, Dienstbefehl (so insbes. im Soldatenverhältnis; s. Vorgesetzter). *Allgemeine Weisungen* sind → Verwaltungsvorschriften (keine Rechtsnormen). Sie binden (dienst)rechtlich die angewiesene Behörde, haben aber keine Außenwirkung; Außenstehende können sich auf sie grundsätzlich nicht berufen (Ausnahme: Fehlgebrauch des gebundenen → Ermessens). *Weisungen für den Einzelfall* binden nur den Adressaten (Behörde, Beamter); als innerdienstliche Vorgänge sind sie weder dem Adressaten noch Außenstehenden gegenüber → Verwaltungsakte (diese können erst in der Entscheidung der angewiesenen Stelle liegen). Das W. ist – auch soweit nicht ausdrücklich gesetzlich geregelt – der Verwaltung immanent. Das W. gibt der vorgesetzten Behörde nicht ohne weiteres das Recht, die Sache an sich zu ziehen und zu entscheiden (also kein → Eintrittsrecht).

Besonders geregelt ist das W. bei der *mittelbarenStaatsverwaltung.* a) Führen die Länder die Bundesgesetze als *eigene Angelegenheiten* aus, so kann die BReg. mit Zustimmung des Bundesrates allgemeine Verwaltungsvorschriften erlassen. Der BReg. kann durch Bundesgesetz, das der Zustimmung des BR bedarf, zur Ausführung von Bundesgesetzen die Befugnis verliehen werden, für besondere Fälle Einzelweisungen zu erteilen, die – außer bei Dringlichkeit – an die obersten Landesbehörden zu richten sind (Art. 84 II, V GG). b) Bei der *Bundesauftragsverwaltung* kann die BReg. mit Zustimmung des BR allgem. Verwaltungsvorschriften erlassen. Die Landesbehörden unterstehen den Weisungen der zuständigen obersten Bundesbehörden; wegen des Adressaten gilt das gleiche wie zu a) (Art. 85 II, III GG). c) Bei der *mittelbaren Staatsverwaltung durch Körperschaften und Anstalten* (insbes. die *Kommunen*) bestimmt sich der Umfang des W. danach, ob der Verwaltungsträger im eigenen oder im übertragenen Wirkungskreis tätig wird. Im ersten Falle ist es auf Fragen der Rechtmäßigkeit beschränkt („Rechtsaufsicht"); im zweiten Falle erstreckt es sich grundsätzlich auch auf Fragen der Zweckmäßigkeit, also des → Ermessens („Fachaufsicht"); vgl. dazu Staatsaufsicht. Bei der Staatsaufsicht sind häufig Eintrittsrechte (in verschiedenen Formen, z. B. Ersatzvornahme) gesetzlich vorgesehen.

Ein besonderes W. besteht im → Verteidigungsfall, beim → inneren Notstand und bei → Naturkatastrophen.

Über Dienstaufsicht und Leitung sowie das W. *innerhalb der Staatsanwaltschaft* s. dort. Zum W. des Arbeitgebers → Direktionsrecht.

**Weiterbeschäftigungsanspruch** → Beschäftigungspflicht, → Kündigungsschutz für Arbeitnehmer.

**Weitere Beschwerde.** Mit ihr kann in bestimmten Fällen eine Entscheidung angefochten werden, die vom Beschwerdegericht über eine (Erst-) → Beschwerde erlassen wurde. Die w. B. ist vielfach ausgeschlossen, im Zivilprozeß nur bei ausdrücklicher Zulassung im Gesetz (z. B. in der → Zwangsvollstreckung, § 793 II ZPO) und neuem selbständigen Beschwerdegrund zulässig (§ 568 II ZPO), im Strafprozeß nur betr. Haft oder einstweilige Unterbringung statthaft (§ 310 StPO) und in der → freiwilligen Gerichtsbarkeit als → Rechtsbeschwerde ausgestaltet (§ 27 FGG). Im Verwaltungsrecht spricht man auch von „weiterer → Dienstaufsichtsbeschwerde".

**Weiterversicherung in der Sozialversicherung** → freiwillige Versicherung.

**Weiterverweisung** → Internationales Privatrecht (1).

**Weltanschauung,** Schutz des Bekenntnisses zu einer → Bekenntnisfreiheit, → Religionsvergehen.

**Weltbank.** Die W. (International Bank for Reconstruction and Development, IBRD) wurde wie der Internationale → Währungsfonds (IWF) am 27. 12.

1945 mit Sitz in Washington gegründet. Sie hat die gleiche Mitgliedszahl wie der IWF. Aufgabe der W. ist, den Mitgliedstaaten bei Investitionen für produktive Zwecke, für den Wiederaufbau und die Entwicklung Hilfe zu gewähren sowie ausländische Privatinvestitionen zu fördern. Kredite werden nur Regierungen gewährt. Sie sind festverzinslich und haben i. d.R. eine Laufzeit von 15 Jahren. Die Refinanzierung geschieht durch Kapitaleinlagen der Mitglieder und über den Kapitalmarkt.

**Welthandelsorganisation** → WTO.

**Weltkirchenrat** → Ökumenischer Rat.

**Weltliches Recht.** Im Gegensatz zum geistlichen oder → Kirchenrecht umfaßt das w. R. das gesamte staatliche und zwischenstaatliche Recht (Völkerrecht, Gemeinschaftsrecht).

**Weltpostverein.** 1874 gegründet, wurde der W. (Universal Postal Union, UPU) nach dem Zweiten Weltkrieg als Sonderorganisation der → Vereinten Nationen weitergeführt. Er dient der Gewährleistung eines geordneten internationalen Postverkehrs auf der Grundlage von Einzelverträgen. Die Organisation ist in der Satzung des W. vom 10. 7. 1964 (BGBl. 1965 II 1633) geregelt. Durch das Ges. zu den Verträgen vom 27. 7. 1984 des W. vom 28. 1. 1986 (BGBl. II 201) sind folgende Verträge für die BRep. in Kraft getreten: Drittes Zusatzprotokoll zur Satzung des W., Allg. Verfahrensordnung des W., Weltpostvertrag, Postpaketabkommen, Postanweisungs- und Postreisescheckabkommen, Postgiroabkommen, Postnachnahmeabkommen, Postauftragsabkommen, Postsparkassenabkommen, Postzeitungsabkommen. S. a. → Fernmelde-Union.

**Weltraumrecht** ist das Recht, das sich auf den Teil des Raumes über der Erdoberfläche bezieht, der nicht zum Luftraum gehört (vgl. Luftrecht). Die Problematik des W., das zum → Völkerrecht gehört, ist noch weitgehend ungeklärt. Überwiegend wird die Meinung vertreten, daß der Weltraum einen ähnlichen Status besitze oder besitzen solle wie das freie Meer („Freiheit des Weltraums" im Gegensatz zur → „Lufthoheit"). Problematisch ist insbes., ob sich diese Freiheit auch auf die im Weltraum kreisenden Gestirne erstreckt oder ob diese einem Aneignungsrecht (Gebietserwerb) unterliegen. Es wird erörtert, diese und andere Fragen durch internationale Abkommen zu regeln. Die von der Vollversammlung der Vereinten Nationen am 20. 12. 1961 gefaßte Resolution über die friedliche Nutzung des Weltraums proklamiert, daß Erforschung und Nutzung des Weltraums dem Völkerrecht unterliegen und daß der Weltraum – unter Ausschluß nationaler Aneignungsrechte – allen Staaten zur Erforschung und Nutzung offensteht. Einen weiteren Schritt, der allerdings mehr Ziele der Abrüstung verfolgt, bildet der am 27. 1. 1967 von den USA, der UdSSR und Großbritannien unterzeichnete Vertrag über die friedliche Nutzung des Weltraums, der dessen Benutzung für militärische Zwecke verbietet (Überblick bei Dauses, NJW 1973, 172; Beitritt der BRep. gem. Ges. vom 2. 10. 1969, BGBl. II 1967). Vgl. ferner das „Weltraumfahrerabkommen" vom 22. 4. 1968 (BGBl. 1971 II 237) und das „Weltraumhaftungsabkommen" vom 29. 3. 1972 (BGBl. 1975 II 1210) sowie das Übereinkommen zur Gründung einer Europ. Weltraumorganisation vom 30. 5. 1975 (BGBl. 1976 II 1862). Überblick über das W. bei Hofmann, BayVwBl. 1978, 193 ff.

**Weltrechtspflegeprinzip** im Strafrecht → Geltungsbereich des Strafrechts.

**Weltrechtsprinzip.** Zur Anwendbarkeit des deutschen Zivilrechts bei internationalen Rechtsbeziehungen → Internationales Privatrecht.

**Weltsicherheitsrat** (UN) → Vereinte Nationen (2 b).

**Welturheberrechtsabkommen.** Das WUA ist ein am 6. 9. 1952 in Genf auf Initiative der UNESCO geschlossenes Abkommen. Es dient neben der → RevidiertenBerner Übereinkunft, aber in geringerem Maße als diese, dem internationalen Schutz des Urhebers (→ Urheberrecht), weil es auf das amerikanische Rechtssystem abgestimmt ist; → Copyright. Die Verwendung des C-Zeichens im Impressum neben der Beziehung des Inhabers des Urheber- oder

Verlagsrechts sichert Rechtsschutz in den beteiligten Ländern. Die BRep. ist dem WUA beigetreten (revid. Fassg. BGBl. 1973 II 1069, 1111).

**Wende** ist die z. T. gebräuchliche, aber irreführende Bezeichnung für den Sturz des SED-Regimes durch die friedliche Revolution in der ehem. DDR (→ Wiedervereinigung).

**Wenden** oder *Rückwärtsfahren* im Straßenverkehr verlangt vom Fahrzeugführer besondere Vorsicht; notfalls muß er sich einweisen lassen. Auf Autobahnen und Kraftfahrstraßen (→ Autostraßen) ist W. und R. verboten (vgl. §§ 9 V, 18 VII, 49 I Nr. 9, 18 StVO). Ausnahmen gelten allenfalls bei rechtfertigendem Notstand. Beim W. müssen zunächst andere Fz. vorbeigelassen werden. Sofern die Straße nicht völlig verkehrsfrei ist, muß die → Richtungsänderung angekündigt werden. Grob verkehrswidriges und rücksichtsloses W. oder das Befahren in falscher Fahrtrichtung auf der Autobahn oder Schnellstraße, das andere Personen oder fremde bedeutende Sachwerte gefährdet, ist → Straßenverkehrsgefährdung (§ 315 c I Nr. 2 f StGB).

**Werbeangaben** (Haftung für –). Nach BGHZ 83, 222 haftet für unrichtige oder irreführende W. bei Vertragsabschluß nicht nur der Vertragspartner (aus → Gewährleistung; s. a. → Anfechtung von Willenserklärungen) Vielmehr haftet – unabhängig hiervon (ggf. daneben) – auch der Werbende (Handelnde), z. B. der Anlagenvermittler, für die Vollständigkeit und Richtigkeit von W. nach den Grundsätzen des → Verschuldens beim Vertragsschluß (Verjährung 30 Jahre). Für lediglich unrichtige W. in einem Werbeprospekt o.ä. (sog. *Prospekthaftung;* zur Abgrenzung vgl. BGH NJW 1984, 2523 f.) ist die → Verjährung auf 6 Monate beschränkt. Für Wertpapiere s. §§ 45 ff. → BörsenG, § 13 des VerkaufsprospektG i. d.F. vom 17. 7. 1996 (BGBl. I 1047) sowie VerkaufsprospektVO vom 17. 12. 1990 (BGBl. I 2869).

**Werbefahrten** → Haustürgeschäft.

**Werbung** → vergleichende Werbung, → unerlaubte Werbung, → Werbeangaben, → unlauterer Wettbewerb.

**Werbungskosten** sind in Abweichung vom Wortlaut des § 9 I 1 EStG und in Anlehnung an den Begriff der → Betriebsausgaben (§ 4 IV EStG) durch → Einnahmen veranlaßte Aufwendungen bei den Überschußeinkünften (§§ 19–23 EStG; → Einkünfte 1.). W. können insbes. sein (s.a. den Beispielskatalog § 9 I Nrn. 1–7 EStG): Schuldzinsen, → Zinsschuld; → Absetzungen für Abnutzung und Substanzverringerung (AfA, AfS); Grundsteuer; Instandhaltungsaufwendungen; Beiträge zu Berufsverbänden; Aufwendungen für Fahrten zwischen Wohnung und Arbeitsstätte einschl. der Aufwendungen für Unfälle, die der Stpfl. (wenn auch infolge grober Fahrlässigkeit) auf einer beruflichen Fahrt erleidet sowie Mehraufwendungen bei → doppelter Haushaltsführung infolge auswärtiger Beschäftigung (auch für Familienheimfahrten); bei Benützung eines eigenen Kfz. → Kilometerpauschale. W. sind auch Aufwendungen für Arbeitsmittel (Werkzeuge, Fachbücher, Kursbesuch, typische Berufskleidung), für Fortbildung, sowie die Minderbeträge bei nachträglicher Berichtigung des Vorsteuerabzugs bei der → Umsatzsteuer (§ 9 b II EStG). W. sind von den → Einnahmen bei der betr. Einkunftsart abzuziehen. Der Unterschiedsbetrag (Überschuß oder Verlust) ist als Einkunft (→ Einkünfte) anzusetzen. Möglich sind auch vorweggenommene und nachlaufende W., also Aufwendungen vor bzw. nach dem Zufluß von Einnahmen, z. B. Bewerbungskosten; → Zufluß-/Abfluß-Prinzip. Auch vergebliche W. können anzuerkennen sein, z. B. Besichtigungsfahrten zu Vermietungsobjekten, wenn der Mietvertrag dann nicht zustande kommt. Soweit keine höheren W. nachgewiesen werden, sind folgende Pauschbeträge (§ 9 a EStG) abzuziehen: von den Einnahmen aus nichtselbständiger Arbeit 2000 DM, aus Kapitalvermögen 100 DM (bei zusammenveranlagten Ehegatten 200 DM), bei wiederkehrenden Bezügen 200 DM, höchstens jedoch bis zur Höhe der → Einnahmen. Bei den Einkünften aus Vermietung und Verpachtung beträgt der W.-Pauschbetrag 42 DM/qm Wohnfläche. Werden bei Einkünften aus Vermietung und Verpachtung im Folgejahr die tatsächlichen Aufwendungen als W. geltend gemacht, ist der Pauschbetrag erst nach Ablauf von 4 Jahren wieder möglich. Der Pauschbetrag bei Vermietung und Verpachtung kann zum steuerlich zu berücksichtigenden → Verlust führen. Vgl. → Arbeitnehmer-Pauschbetrag, → Sparerfreibetrag, → Freibetrag.

**Werbungskostenersatz.** Der Arbeitgeber kann dem Arbeitnehmer die Aufwendungen (→ Werbungskosten), deren Zufluß gesetzlich ausdrücklich steuerfrei ist (§ 3 EStG), lohnsteuer- und sozialversicherungsfrei ersetzen, z. B. Reisekosten, Umzugskosten, Mehraufwendungen bei doppelter Haushaltsführung, Werkzeuggeld, typische Berufskleidung einschließlich Barablösung, Fehlgeldentschädigung bis 30 DM monatlich, betriebsnotwendige Sammelbeförderung oder Zuschüsse zu Fahrten zwischen Wohnung und Arbeitsstätte mit öffentl. Verkehrsmitteln im Linienverkehr (→ Job-Ticket) (§ 3 Nrn. 16, 30, 31, 32 EStG; Abschn. 70 II LStR). In allen anderen Fällen ist W. lohnsteuer- und sozialversicherungspflichtiger Arbeitslohn. Der Arbeitnehmer kann diese Werbungskosten nur abziehen, soweit sie den → Arbeitnehmer-Pauschbetrag mit 2000 DM übersteigen. W. kann auch über → Lohnsteuerpauschalierung bewirkt werden: der Arbeitgeber ersetzt dem Arbeitnehmer die Aufwendungen und pauschaliert hierfür die Lohnsteuer (§ 40 II 2 EStG), z. B. Fahrten zwischen Wohnung und Arbeitsstätte (→ Kilometerpauschale, → Job-Ticket).

**Werk** → Urheberrecht.

**Werkdienstwohnung** → Werkmietwohnung.

**Werkfernverkehr** → Werkverkehr.

**Werklieferungsvertrag.** Verpflichtet sich bei einem → Werkvertrag der Unternehmer, das Werk aus einem von ihm zu beschaffenden Stoff herzustellen, so finden auf diesen W. (Lieferungskauf) bei Lieferung einer vertretbaren → Sache – z. B. Katalogware – die Vorschriften über den → Kauf entsprechende Anwendung (§ 651 BGB). Sind unvertretbare Sachen (z. B. Maßkleidung) zu liefern, so gilt teilweise Kaufrecht, für die Herstellungs- und Abnahmepflicht sowie für die → Gewährleistungsansprüche dagegen Werkvertragsrecht mit Ausnahme der Vorschriften über das Unternehmerpfandrecht und die Bauhandwerkerhypothek. Verpflichtet sich der Unternehmer nur zur Beschaffung von Zutaten oder sonstigen Nebensachen, so finden ausschließlich die Vorschriften über den Werkvertrag Anwendung.

**Werkmeister** → Meister.

**Werkmietwohnung** ist eine Wohnung, die mit Rücksicht auf das Bestehen eines Dienstverhältnisses, insbes. eines → Arbeitsverhältnisses, vermietet wurde. Für die Kündigung solcher W. gelten nach §§ 565 b ff. BGB Sondervorschriften. Die Kündigung des Mietverhältnisses ist bei Auflösung des Dienstverhältnisses mit wesentlich kürzeren Kündigungsfristen möglich, insbes. bei sog. funktionsgebundenen W., bei denen der Mietvertrag eng mit dem Dienst(Arbeits-)vertrag zusammenhängt (z. B. Hausmeisterwohnung). Bei Anwendung der → Sozialklausel sind auch die Belange des Arbeitgebers (Wohnraum für Nachfolger) zu berücksichtigen. Für *Werkdienstwohnungen* (der Wohnraum ist im Rahmen eines Dienstverhältnisses überlassen und überwiegend vom Dienstverpflichteten ausgestattet oder dessen Familienwohnung; kein selbständiger Mietvertrag neben dem Arbeitsvertrag) gelten die Vorschriften über die → Miete bei der Beendigung des Dienstverhältnisses entsprechend (§ 565 e BGB). Das gleiche gilt für *Bergarbeiterwohnungen.*

**Werksarzt** → Gesundheitsschutz.

**Werkschutz.** Zu Untersuchungen durch den W. vgl. → Betriebsjustiz, zu betriebsfremden Werkschutzunternehmen → Bewachungsgewerbe.

**Werkselbstschutz** → Selbstschutz.

**Werkstudent.** Anders als beim → Praktikantenverhältnis liegt der Tätigkeit eines Studenten zwecks Gelderwerbs in den Semesterferien usw. in jedem Fall ein echtes → Arbeitsverhältnis zugrunde. Es bestehen aber steuerrechtl. und sozialversicherungsrechtl. Besonderheiten.

**Werkswohnung** → Werkmietwohnung.

**Werkunternehmer** → Werkvertrag.

**Werkverkehr** ist jede Beförderung von Gütern für eigene Zwecke eines Unternehmens. Er ist nur zulässig, wenn 1. die Güter zum Verbrauch oder zur eigenen gewerblichen Verwendung erworben oder bestimmt oder von dem Unternehmen erzeugt, gefördert oder hergestellt sind, 2. die Beförderung der Heranschaffung der Güter zum Unternehmen, ihrer Fortschaffung vom Unternehmen oder dem Transport zwischen einzelnen Betrieben des Unternehmens zum Eigengebrauch dient, 3. die Kraftfahrzeuge von Angehörigen des Unternehmens bedient werden, 4. auf den Namen des Unternehmers zugelassen sind (Ausnahmen im sog. Huckepackverkehr), und 5. die Beförderung nur Hilfstätigkeit im gesamtbetrieblichen Rahmen ist (§ 48 GüKG). Der Werk-Fernverkehr ist wie der Nahverkehr nicht genehmigungspflichtig. Hinsichtlich der Aufzeichnungspflichten s. § 52 GüKG sowie WerkfernverkehrsVO GüKG vom 29. 9. 1953 (BGBl. I 1464) m. spät. Änd.

**Werkvertrag**. 1. Der W. ist ein → gegenseitiger Vertrag, durch den der Unternehmer zur Herstellung des versprochenen Werks, der Besteller zur Entrichtung der vereinbarten Vergütung verpflichtet wird (§ 631 BGB). Anders als beim → *Dienstvertrag* wird nicht nur eine Tätigkeit, sondern ein Erfolg (das Werk) geschuldet; der Unternehmer steht nicht – wie oftmals der Dienstverpflichtete – gegenüber dem Besteller in einem Abhängigkeitsverhältnis. W. sind z. B. Vereinbarungen mit Bauhandwerkern *(Bauvertrag),* i. d. R. auch der erstmalige Erwerb einer (wenn auch schon bezugsfertigen) Eigentumswohnung oder eines Fertighauses (s.a. → Baubetreuungsvertrag), der *Architektenvertrag* (auch wenn nur Führung der Bauaufsicht), der Beförderungsvertrag, der Vertrag zur Erbringung einer künstlerischen oder wissenschaftlichen Leistung (Porträt, Gutachten) usw. Die Abgrenzung zum Dienstvertrag ist oft schwierig; so ist der Arztvertrag regelmäßig Dienstvertrag, kann aber auch u. U. (z. B. bei Prothese) W. sein. Der *Krankenhaus(aufnahme)vertrag* ist ein → gemischter Vertrag, bei dem die Elemente des auf Heilbehandlung gerichteten Dienstvertrags überwiegen (sog. totaler Krankenhausvertrag); u. U. bestehen daneben unmittelbare Rechtsbeziehungen auch zu dem behandelnden Arzt (aufgespaltener Krankenhausvertrag). Im Rahmen des KrankenhausfinanzierungsG i. d.F. vom 10. 4. 1991 (BGBl. I 886) und der BPflegesatzVO vom 26. 9. 1994 (BGBl. I 2750) m. Änd. gilt i. d.R. der totale Krankenhausvertrag (Ausnahme z. B.: eigenes Liquidationsrecht der Krankenhausärzte; sog. Arztzusatzvertrag); beim → Belegarztvertrag ist dagegen zwischen den Rechtsbeziehungen des Patienten zum Arzt und zum Krankenhaus zu unterscheiden. Auf jeden Fall liegt – auch bei der Einweisung durch die Krankenkasse oder Sozialhilfebehörde – ein privatrechtlicher Vertrag vor; nur bei einer Zwangsverwahrung kann das Krankenhaus aus → Staatshaftung haftbar sein. Eine Reihe von W. ist besonders geregelt; → Speditionsvertrag, → Kommission, → Verlagsvertrag, → Geschäftsbesorgung, → Verwahrung, → Mäklervertrag, → Auslobung, → Reisevertrag.

2. *Vertragspflichten.* Der Unternehmer hat das Werk innerhalb der vereinbarten Zeit so herzustellen, daß es die zugesicherten Eigenschaften hat und frei von → Fehlern ist (§ 633 I BGB). Der Besteller hat die Pflicht, das vertragsmäßig erstellte Werk abzunehmen (*Abnahme,* § 640 BGB; Besonderheiten für die Bauabnahme in § 12 VOB, s. u. 3) und die vereinbarte, sonst die taxmäßige (→ Taxen; s. ferner → Architektenvertrag), hilfsweise die übliche Vergütung zu entrichten (§ 632 BGB; Fälligkeit bei Abnahme, § 641 BGB). Hat der Besteller bei der Errichtung des Werks mitzuwirken (Portrait, Operation), so kann der Unternehmer bei Verzug (Gläubigerverzug) eine angemessene Entschädigung verlangen oder nach Fristsetzung den W. kündigen (§§ 642, 643 BGB). Bis zur Abnahme trägt der Unternehmer die → Gefahr des zufälligen Untergangs oder der Verschlechterung des Werks (Werkgefahr), nicht aber des etwa vom Besteller gelieferten Stoffes (Stoffgefahr). Kommt der Besteller in → Annahmeverzug, so geht die Gefahr ebenso auf ihn über wie bei ei-

ner Versendung (§ 644 BGB, → Versendungskauf).

3. Die *Gewährleistungsansprüche* des Bestellers bei Sachmängeln sind ähnlich wie im Kaufrecht geregelt. Der Besteller kann zunächst jedoch nur Nachbesserung, ggf. Neuherstellung (Erfüllung) verlangen. Kommt der Unternehmer hiermit in Verzug, so kann der Besteller den Mangel selbst beseitigen und Ersatz der erforderlichen Aufwendungen verlangen (§ 633 II, III BGB). Nach fruchtlosem Ablauf einer zur Nachbesserung gesetzten Frist kann der Besteller → Wandelung oder → Minderung verlangen; einer Fristsetzung bedarf es nicht, wenn die Beseitigung des Mangels unmöglich ist oder von dem Unternehmer verweigert wird (§ 634 BGB). Beruht der Sachmangel auf einem → Verschulden des Unternehmers, so kann der Besteller statt der Wandelung oder Minderung → Schadensersatz wegen Nichterfüllung verlangen (§ 635 BGB, daneben u. U. Anspruch aus → positiver Vertragsverletzung wegen eines Mangelfolgeschadens, → Gewährleistung, 2 a. E.). Ein Haftungsausschluß des Unternehmers ist nichtig, wenn der Unternehmer den Mangel arglistig verschweigt (§ 637 BGB). Die Gewährleistungsansprüche verjähren – außer bei arglistigem Verschweigen – in 6 Monaten, bei Arbeiten an einem Grundstück in 1 Jahr, bei Arbeiten an *Bauwerken* oder dessen Teilen in 5 Jahren nach der Abnahme des Werks (§ 638 BGB). Bauwerke sind Hoch- und Tiefbauten, die mit dem Boden fest verbunden sind. Für *Bauverträge* enthält über deren Ausgestaltung, Abrechnung (→ Schlußrechnung), Abnahme, Mängelhaftung, Verjährung usw. die *Verdingungsordnung für Bauleistungen (VOB/B,* → Verdingungsordnungen) zahlreiche Sonderregelungen (z. B. zweijährige Verjährung bei Arbeiten an Bauwerken). Es handelt sich bei der VOB jedoch nicht um eine gesetzliche Regelung, sondern nur um einen vorgefertigten Vertragsentwurf in der Art → Allgemeiner Geschäftsbedingungen; die VOB gilt daher nur, wenn sie infolge ausdrücklicher Bezugnahme im Bauvertrag Anwendung finden soll (Ausnahme: → Verdingungsordnungen). Nach der Rspr. muß dies insgesamt geschehen; die Einbeziehung nur einzelner (insbes. für den Verwender günstiger) Teile ist unwirksam.

4. Zur Sicherung seiner Forderungen aus dem W. hat der Unternehmer ein gesetzliches *Pfandrecht* an den von ihm hergestellten oder ausgebesserten Sachen des Bestellers, wenn sie in seinen → Besitz gelangt sind (Unternehmerpfandrecht, § 647 BGB). Nach der Rspr. ist ein → gutgläubiger Erwerb des Unternehmerpfandrechts – z. B. bei einem zur Reparatur gebrachten, unter → Eigentumsvorbehalt stehenden Kfz. – nicht möglich (sehr str.; → Pfandrecht, → Verwendungen). Bei Arbeiten an einem Bauwerk erwirbt der Bauhandwerker keine gesetzliche → Hypothek, sondern nur einen persönlichen Anspruch gegen den Bauherrn auf Einräumung einer → Sicherungshypothek an dem Baugrundstück (*Bauhandwerkerhypothek,* § 648 BGB). Ferner hat er Anspruch auf → Sicherheitsleistung, insbes. aus den zum Bau bestimmten Finanzierungsmitteln des Bestellers oder durch Garantie (→ Bürgschaft) einer Bank; bis dahin kann er die Arbeit (Vorleistung) verweigern (§ 648 a BGB). S. ferner → Bauforderungen.

5. Der Besteller hat bis zur Vollendung des Werks jederzeit das Recht, den W. zu kündigen; der Unternehmer erhält in diesem Fall die vereinbarte Vergütung abzüglich ersparter Aufwendungen (§ 649 BGB; kein Vergütungsanspruch aber bei Kündigung aus wichtigem Grund). Häufig erstellt der Unternehmer einen *Kostenvoranschlag,* d.h. eine fachmännisch ausgeführte überschlägige Berechnung der voraussichtlich entstehenden Kosten. Durch den Voranschlag entstehende Kosten sind i. d.R. auch bei besonderen Aufwendungen des Unternehmers nur zu vergüten, wenn es eigens vereinbart ist (BGH NJW 1979, 2202); → Allgemeine Geschäftsbedingungen des Unternehmers reichen hierfür nicht aus (BGH WM 1982, 202). Ist der Voranschlag dem Vertrag zugrundegelegt worden, so kann bei einer wesentlichen Überschreitung der Besteller jederzeit den Werkvertrag kündigen; er hat dann nur die der bereits geleisteten Arbeit entsprechende Vergütung zu entrichten (§ 650 BGB). Wird das Werk ganz oder teilweise nicht rechtzeitig herge-

stellt, so kann der Besteller – auch ohne Verschulden (Verzug) des Unternehmers – vom Vertrag zurücktreten (§ 636 BGB); eine nur unerhebliche Verzögerung ist allerdings unschädlich. → Werklieferungsvertrag.

**Werkzeuggeld,** das der Arbeitgeber dem Arbeitnehmer für die betriebliche Nutzung von Werkzeugen des Arbeitnehmers bezahlt, ist steuerfrei, soweit die Entschädigungen die entsprechenden Aufwendungen des Arbeitnehmers nicht offensichtlich übersteigen (§ 3 Nr. 30 EStG; → Arbeitsmittel).

**Wert** → Streitwert, → Gegenstandswert, → Geschäftswert, → Beschwerdewert.

**Wertausfüllungsbedürftige Rechtsbegriffe** → normative Tatbestandsmerkmale und Rechtsbegriffe, → Generalklauseln; → unbestimmte Rechtsbegriffe.

**Wertausgleich** → Ehescheidung (5).

**Wertermittlung (von Grundstükken)** → Grundstückswerte.

**Wertersatz.** Ist die *Einziehung* eines Gegenstandes im Strafverfahren nicht möglich, weil der Täter oder Teilnehmer ihn vor der Entscheidung verwertet oder die Maßnahme sonstwie vereitelt hat, so kann das Gericht Einziehung des entsprechenden Geldbetrages als W. anordnen; das kann auch neben der Einziehung geschehen, wenn der Gegenstand mit einem die Verwertung hindernden Recht eines Dritten, z. B. einem Pfandrecht, belastet worden ist (§ 74c StGB). Entsprechendes gilt für → *Verfall* des W., wenn die Verfallerklärung nicht möglich ist (etwa weil der Gegenstand anderweit verwertet oder verbraucht worden ist), neben der Verfallerklärung auch, wenn der spätere Wert des Gegenstandes hinter dem des zunächst Erlangten zurückbleibt (§ 73a StGB). Der Wert kann geschätzt werden, die Anordnung auch nachträglich oder im → objektiven Verfahren ergehen (§§ 73b, 76, 76a StGB). S. a. § 25 OWiG.

**Wertfortschreibung** → Hauptfeststellung.

**Wertpapier** wird eine → Urkunde genannt, in der ein privates Recht derart verbrieft ist, daß zur Ausübung des Rechts der Besitz der Urkunde erforderlich ist (diese Definition ist nicht gesetzlich fixiert, sondern von der Rechtslehre erarbeitet und entspricht der heute h. M.; → Wertpapierrechtstheorien). Nicht zu den W.en gehören die reinen → Legitimationspapiere und die Urkunden, die lediglich zum Beweis eines privaten Rechts dienen (sog. Beweisurkunden). Zu den W.en i. e.S. zählen diejenigen, bei denen das Recht aus dem Papier dem Recht am Papier folgt; bei ihnen wird das Recht durch die Urkunde verkörpert und wie eine → Sache übertragen (z. B. → Wechsel, → Scheck). W. i.w.S. sind diejenigen, bei denen das Recht am Papier dem Recht aus dem Papier folgt; das Eigentum an der Urkunde steht stets dem wirklich Berechtigten zu, das Recht selbst wird nach den dafür geltenden Vorschriften – nicht wie eine Sache – übertragen (z. B. → Hypothekenbrief und alle anderen → Rektapapiere). Man unterscheidet *konstitutive* W.e, das sind solche, bei denen die Entstehung des verbrieften Rechts von der Herstellung der Urkunde abhängt (z. B. Wechsel), und *deklaratorische* W.e, bei denen die Herstellung der Urkunde für die Entstehung des Rechts nicht erforderlich ist (z. B. Aktie). Nach der Art des verbrieften Rechts unterscheidet man *schuldrechtliche* W.e, die → Forderungen verbriefen (→ Inhaberschuldverschreibung, → Wechsel, → Scheck), *sachenrechtliche* W.e, die ein → Sachenrecht verkörpern (z. B. Hypothekenbrief), und *Mitgliedschaftspapiere,* die ein Mitgliedschaftsrecht verbriefen (z. B. → Aktie). Besonders wichtig ist die Unterscheidung zwischen → Rektapapieren, → Orderpapieren und → Inhaberpapieren. Von dem hier dargestellten rechtlichen ist der bankmäßige Wertpapierbegriff zu unterscheiden; er entspricht der → Effekte.

**Wertpapierbereinigung** ist das Verfahren zur Prüfung und ggfs. Feststellung von Rechten an Wertpapieren, die in der Kriegs- oder Nachkriegszeit verloren gegangen oder vernichtet worden sind (Ges. vom 19. 8. 1949, WiGBl. 295, m. spät. Änd.; Schlußges. vom 28. 1. 1964, BGBl. I 45).

**Wertpapierbörsen** (Effektenbörsen) sind → Börsen, die dem Handel mit Wertpapieren i. S. des bankmäßigen Wertpapierbegriffs (→ Effekten, also vor allem Aktien, Obligationen, Bezugsrechte) dienen; ihnen ist i. d.R. ein börsenmäßiger → Geldmarkt für den Handel mit kurzfristigen Geldpapieren und Leihkapital angegliedert.

**Wertpapierdienstleistungen.** Die Richtlinie der EG betreffend W. vom 11. 6. 1993 (ABl. L 141/27) befaßt sich mit der Durchsetzung der → Niederlassungsfreiheit und der Freiheit des → Dienstleistungsverkehrs für Unternehmen, die W. anbieten (Vereinheitlichung von Zulassungsbedingungen, Verbraucherschutz u. a.). Der Begriff W. geht über den deutschen Wertpapierbegriff hinaus. Anpassungsfrist ist der 1. Juli 1995.

**Wertpapierhandel.** Die behördliche Aufsicht über den W. regelt das Gesetz über den W. (Art. 1 des 2. Finanzmarktförderungsgesetzes vom 26. 7. 1994, BGBl. I 1749). Das Gesetz befaßt sich u. a. mit der behördlichen Aufsicht über → Insidergeschäfte und mit Mitteilungspflichten und Verhaltensregeln für Unternehmen, die Wertpapierdienstleistungen erbringen. Geregelt ist ferner die Organisation des Bundesaufsichtsamtes für W. Die materiellen Regelungen des Gesetzes sind im wesentlichen eine Umsetzung der Richtlinien der EG vom 12. 12. 1988 (ABl. EG L 348/62 – Wertpapierhandel) und vom 13. 11. 1989 (ABl. EG L 334/30 – Insidergeschäfte).

**Wertpapierkredit** ist ein → Darlehen, das durch ein → Pfandrecht an → Wertpapieren gesichert wird (→ Lombardgeschäft).

**Wertpapierrecht.** Im deutschen Recht ist das W. nicht in einem Gesetz zusammengefaßt. Es ist für die einzelnen → Wertpapiere verstreut in zahlreichen Gesetzen geregelt, insbes. im Wechselgesetz, im Scheckgesetz, in den §§ 793 ff. BGB, §§ 363 ff. HGB, im Aktiengesetz. Aus den Grundgedanken dieser Bestimmungen hat die Rechtslehre allgemeine Regeln herausgearbeitet, die für sämtliche oder bestimmte Arten von Wertpapieren gelten. Eine besondere Rolle spielen dabei die → Wertpapierrechtstheorien.

**Wertpapierrechtstheorien** der Rechtslehre befassen sich mit der Frage, wodurch bei konstitutiven → Wertpapieren die Verbindlichkeit des Wertpapierschuldners entsteht. Nach der *Kreationstheorie* ist das bereits mit der Ausstellung der Urkunde der Fall; diese Auffassung stützt sich auf § 794 BGB. Nach der *Vertragstheorie* ist außer der Ausstellung des Wertpapiers ein Vertrag zwischen den Personen erforderlich, die das Wertpapier geben und nehmen (→ Begebungsvertrag); die Vertragstheorie gründet sich darauf, daß im deutschen Recht das Entstehen einer Verbindlichkeit grundsätzlich einen → Vertrag voraussetzt. Die – heute herrschende – *Rechtsscheintheorie* verlangt wie die Vertragstheorie außer der Ausstellung einen Begebungsvertrag; doch wird zugunsten eines gutgläubigen Erwerbers das Bestehen eines solchen fingiert (→ Fiktion), wenn der Wertpapierschuldner den Rechtsschein eines wirksamen Begebungsvertrags zurechenbar erzeugt hat. Die Rechtsscheintheorie stützt sich auf die Regeln des deutschen Rechts, nach denen gutgläubige Personen im Rechtsverkehr geschützt werden.

**Wertpapierverwahrung** → Depotgeschäft.

**Wertschuld** → Geldschuld.

**Wertsicherungsklausel** → Geldschuld.

**Werturteil** → Beleidigung (2 b), → Pressefreiheit.

**Wertzeichenfälschung** → Geld- und Wertzeichenfälschung.

**Wesensgehaltsgarantie** → Grundrechte (4).

**Wesentlicher Bestandteil** → Bestandteil.

**Wesentliche Beteiligung** (*steuerrechtlich*) → Beteiligung, wesentliche.

**Wesentlichkeitsprinzip** ist der Ausdruck dafür, daß der förmliche Gesetzgeber (das Parlament) grundlegende Wertentscheidungen selbst treffen muß und die Regelung nicht der Verwaltung (im Wege der Ermächtigung zum Erlaß einer → Rechtsverordnung oder durch → Verwaltungsvorschriften) überlassen darf. Das W. wurde vor allem im Schulrecht vom BVerfG entwickelt (vgl. insbes. BVerfGE 47, 46 ff.; 49, 89 ff. bes. 126 ff.). S. a. → Gesetzgebende Gewalt; → Gesetzmäßigkeit der Verwaltung; → Gewaltentrennung.

**Westeuropäische Union (WEU)** → Brüsseler Vertrag.

**Wettbewerb** ist das Bestreben mehrerer voneinander unabhängiger Gewerbetreibender, auf einem gemeinsam zugänglichen Markt mit Vorrang vor den Mitbewerbern zu Geschäftsabschlüssen mit Kunden zu gelangen, wobei vor allem Werbung, Waren- und Preisgestaltung eine Rolle spielen. Es herrscht grundsätzlich W.freiheit, die vor allem durch das Ges. gegen → Wettbewerbsbeschränkungen gesichert werden soll; jedoch bestehen Einschränkungen insbes. nach den Vorschriften gegen → unlauteren Wettbewerb.

**Wettbewerbsabrede** wird auch die vertragliche Vereinbarung eines → Wettbewerbsverbots genannt.

**Wettbewerbsbeschränkende Absprachen** bei Ausschreibungen → Submissionsabsprachen.

**Wettbewerbsbeschränkungen.** Das Recht der W. ist Teil des → Wettbewerbsrechts i.w.S. Es betrifft Beschränkungen auf Grund vertraglicher Vereinbarungen der Marktpartner (Kartelle, vertikale Bindungen) oder infolge faktischer Machtstellung eines Teilnehmers am Markt (marktbeherrschendes Unternehmen, Konzern). Nicht hierher gehören Wettbewerbsverbote zwischen Unternehmern und Arbeitnehmern (→ Konkurrenzklausel, → -verbot). Zur staatlichen Lenkung des Wettbewerbs s. ferner → Marktordnung, → Wirtschaftslenkung.

Das *Ges.* gegen Wettbewerbsbeschränkungen – GWB –, i. d.F. vom 20. 2. 1990 (BGBl. I 235) mit wesentlichen Änd. durch die 6. Kartellnovelle, auch KartellG genannt, löste die von den Alliierten im Jahre 1947 erlassenen Dekartellierungsbestimmungen (s. → Entflechtung) ab. Es soll im Bereich der privaten Wirtschaft die Freiheit des Wettbewerbs im Interesse der Förderung und Erhaltung der Marktwirtschaft sicherstellen und wirtschaftliche Macht da beseitigen, wo sie die Wirksamkeit des Wettbewerbs und die ihm innewohnende Tendenz zur Leistungssteigerung beeinträchtigt und die bestmögliche Versorgung der Verbraucher in Frage stellt. Die Regelung ist ein Kompromiß zwischen den Bestrebungen zur Einführung eines Kartellverbots mit Erlaubnisvorbehalt und den auf eine bloße Mißbrauchsregelung gerichteten Tendenzen. Die Vorschriften des Gesetzes richten sich an wirtschaftliche Unternehmen in einem spezifisch wettbewerbsrechtlichen Sinne. Sachlich ist die Beteiligung am Wirtschaftsverkehr in einem sehr weiten Sinne (einschließlich der → Freien Berufe sowie sportlicher und kultureller Aktivitäten) kennzeichnend, also ohne Beschränkung auf gewerbliche (→ Gewerbe) oder kaufmännische Betätigungen im technischen Sinne. Persönlich wird regelmäßig die rechtliche Selbständigkeit (natürliche oder juristische Person, allerdings einschließlich der Personenhandelsgesellschaften (→ Personengesellschaften) gefordert, daneben zusätzlich „wirtschaftliche" Selbständigkeit in dem Sinne, daß z. B. konzernangehörige Unternehmen nicht als selbständige Unternehmen behandelt werden.

Das Ges. grenzt im 1. Teil die zulässigen W. ab, insbes. durch Bestimmungen über → Kartelle, → Preisbindungen, → marktbeherrschende Unternehmen sowie → Wettbewerbsregeln. W. durch Kartellverträge und Kartellbeschlüsse, die geeignet sind, die Erzeugung oder die Marktverhältnisse für den Verkehr mit Waren oder gewerblichen Leistungen durch Beschränkung des Wettbewerbs zu beeinflussen, sind unwirksam und verboten (Kartellverbot). Der Verstoß gegen das Verbot ist eine mit Geldbuße bedrohte Ordnungswidrigkeit (§ 38). Jedoch sind Kartelle für bestimmte Zwecke (z. B. Vereinheitlichung von Konditionen, Rationalisierung, Export, Import, Überwindung von Struktur) zugelassen; Einzelheiten s. *Kartelle.* Grundsätzlich nichtig sind ferner W., die von einer Wirtschaftsstufe auf die nachfolgende übergreifen (z. B. Hersteller/Händler; sog. → vertikale Bindungen, § 15). Das betrifft nicht nur die Drittbindung von Preisen, sondern auch die von Vertragsbedingungen. Ob darunter auch Tarifklauseln fallen, ist strittig. Ausnahmen bestehen für Verlagserzeugnisse (§ 16; s. Preisbindung). Für → Markenwaren ist die vertikale → Preisempfehlung zugelassen. → Ausschließlichkeitsverträge und → Koppelungsgeschäfte können für unwirksam erklärt werden (§ 18). Beschränkungen bestehen ferner für → Lizenzverträge (§ 20). → Marktbeherrschende Unternehmen unterliegen bei mißbräuchlicher Ausnutzung ihrer Stellung einem Eingriff der Kartellbehörde (§§ 22, 23), außerdem einer → Fusionskontrolle; s. a. das → Diskriminierungsverbot nach § 26.

Der 2. Teil des GWB behandelt die Ordnungswidrigkeiten (§§ 38 ff.), der 3. und 4. Teil die → Kartellbehörden und das Verfahren in Kartellsachen, insbes. bei Entscheidungen über Erlaubnisse, Verbote u. a. Maßnahmen. Gegen die Verfügungen der Kartellbehörden ist die Beschwerde an das örtlich zuständige Oberlandesgericht, gegen dessen Entscheidung die Rechtsbeschwerde zum Bundesgerichtshof gegeben; bei beiden bestehen Kartellsenate (§§ 92 ff.).

Die Ausnahmen für bestimmte Wirtschaftszweige („Bereichsausnahmen", §§ 99 ff.) sind weitgehend weggefallen. Wettbewerbsbeschränkungen, die sich auf den Wirtschaftsverkehr zwischen den Mitgliedstaaten auswirken können, verbieten u. a. die Art. 85, 86 EWGV mit Ausnahme- und Regelungsvorbehalten für das sekundäre → Gemeinschaftsrecht (wegen Einzelheiten → Kartellrecht, europäisches).

**Wettbewerbsrecht.** Das W. umfaßt sowohl das Recht des Wettbewerbs i. e. S. (→ unlauterer Wettbewerb, → Rabatt, → Zugabe) als auch das Recht der → Wettbewerbsbeschränkungen in Form vertraglicher Abmachungen (→ Kartelle, Preisbindungen), → marktbeherrschender Unternehmen und sonstigen wettbewerbsbeschränkenden Verhaltens (→ Diskriminierungsverbot). Ziel des Wettbewerbsrechts i. e. S. ist der Schutz von Mitbewerbern und Kunden vor unlauterem Verhalten. Ziel des Rechts der Wettbewerbsbeschränkungen ist der Schutz der Handlungsfreiheit der Marktteilnehmer und des Wettbewerbs als marktwirtschaftlicher Institution (Individual- und Institutionsschutz). Zum Wettbewerbsrecht i. w.S. kann schließlich das Recht der gesetzlichen Monopole (→ Patent, → Gebrauchsmuster, → Marken) gerechnet werden. Zum W. im Rahmen der → Europ. Wirtschaftsgemeinschaft s. Art. 85 ff. EGV sowie EWG-VO Nr. 17 (KartellVO) vom 6. 2. 1962 (BGBl. II 93). Vgl. → Kartellrecht, europäisches.

**Wettbewerbsregeln.** Der Begriff wird mit unterschiedlicher Bedeutung im deutschen und im europäischen Wettbewerbsrecht verwandt. In der Terminologie des europäischen Wettbewerbsrechts sind W. die Vorschriften der Art. 85, 86 EGV und die ergänzenden Regelungen des Sekundärrechts (→ Kartellrecht, europäisches, → Freistellungen, → Fusionsverbot a.E.). Nach deutschem Wettbewerbsrecht bezeichnet der Begriff einen Sonderfall der Ausnahmen vom Kartellverbot, bzw. vom Verbot der Kartellempfehlung. Danach können Wirtschafts- und Berufsvereinigungen für von ihnen formulierte Regeln lauteren Wettbewerbs die Anerkennung des Bundeskartellamts beantragen (Verfahren und Einzelheiten §§ 28 f. GWB). Anerkannte W. sind im BAnz. zu veröffentlichen. Vertragliche Vereinbarungen von Unternehmen (= Kartelle), solche anerkannten W. einzuhalten, verstoßen nicht gegen das Kartellverbot, obwohl sie an sich wettbewerbsbeschränkenden Charakter haben.

**Wettbewerbsstraftaten** sind teilweise in § 298 StGB (→ Submissionsabsprachen) und § 299 StGB (→ Angestelltenbestechung) geregelt; im übrigen im Ges. gegen den → unlauteren Wettbewerb (s.a. NebenstrafR Nr. 940). Abgesehen von § 298 StGB sind unzulässige → Wettbewerbsbeschränkungen nur Ordnungswidrigkeiten nach §§ 38 ff. GWB.

**Wettbewerbsverbot** ist die Beschränkung einer Person in ihrer gewerblichen Tätigkeit zugunsten anderer Unternehmer derselben Fachrichtung. Ein gesetzliches W. besteht für den → Handlungsgehilfen (§ 60 HGB) und für Vorstandsmitglieder einer → Aktiengesellschaft (§ 88 AktG) während ihrer Tätigkeit in dem Unternehmen. Dies gilt entsprechend für Geschäftsführer einer → Gesellschaft mit beschränkter Haftung und Vorstandsmitglieder einer → Genossenschaft. Sie dürfen für die Dauer der Dienstzeit ohne Einwilligung ihres → Arbeitgebers (des Aufsichtsrats, der Gesellschafter) weder ein → Handelsgewerbe betreiben noch in einem gleichen Geschäftszweig für eigene oder fremde Rechnung Geschäfte machen. Ferner besteht für die Gesellschafter einer → offenen Handelsgesellschaft und die → Komplementäre einer → Kommanditgesellschaft ein W. dahin, daß sie ohne Einwilligung der anderen Gesellschafter weder an einer anderen gleichartigen → Handelsgesellschaft als persönlich haftende Gesellschafter teilnehmen noch in einem Geschäftszweig der Gesellschaft auf eigene oder fremde Rechnung Geschäfte machen (§ 112 HGB). Kommanditisten trifft dieses W. nicht (§ 165 HGB).

Außerdem kann vertraglich ein W. vereinbart werden *(Konkurrenzverbot)*. Dies ist insbes. für → Handlungsgehilfen nach Beendigung des Dienstverhältnisses vorgesehen, aber nur für 2 Jahre zulässig. Diese Vereinbarungen bedürfen der Schriftform und sind nur gültig, wenn eine Entschädigung (sog. Karenzentschädigung) gezahlt wird, die für jedes Jahr des W. mindestens die Hälfte der von dem Angestellten zuletzt bezogenen vertragsmäßigen Leistungen erreicht (§§ 74–75 d HGB). Nach der Rspr. des BAG gilt entsprechendes für alle Arbeitnehmer sowie auch für die sog. *Mandantenschutzklausel* (kein Tätigwerden des ausscheidenden Arbeitnehmers für bisherige Mandanten des Arbeitgebers). Über das W. bei → Handelsvertretern s. § 90 a HGB. Die Zuwiderhandlung gegen das W. verpflichtet zum → Schadensersatz; bei noch bestehendem Dienst(Arbeits)verhältnis begründet es die fristlose → Kündigung.

**Wette** ist die Vereinbarung zwischen zwei oder mehreren Beteiligten, daß bei widerstreitenden Behauptungen demjenigen, der im Recht ist, ein Gewinn zufließen soll. W. ist auch die entsprechende einseitige Verpflichtung, nicht aber die sog. Spielwette, z. B. die Rennwette bei Pferderennen; hier liegt Spiel vor. *Spiel* ist die Vereinbarung, zur Unterhaltung oder auch zur Gewinnerzielung nach festen, im voraus bestimmten Regeln eine Leistung zu erbringen mit der Aussicht, sie bei Gewinn vom Verlierenden oder Unternehmer (z. B. Bankhalter) wieder zurückzuerlangen. Durch Spiel oder W. wird eine einklagbare Verbindlichkeit nicht begründet („Rechtsweg ausgeschlossen"; anders → Auslobung); unwirksam ist auch ein erfüllungshalber eingegangenes → Schuldanerkenntnis, die Hingabe eines → Wechsels usw., sofern dieser nicht an einen Gutgläubigen weitergegeben wurde (§ 762 BGB). Das auf Grund des Spieles oder der W. Geleistete kann jedoch nicht deshalb zurückverlangt werden, weil eine Verbindlichkeit nicht bestanden hat (sog. unvollkommene Verbindlichkeit oder → Naturalobligation, → Schuldverhältnis). In dieser Hinsicht werden Geschicklichkeitsspiele, bei denen der Erfolg überwiegend von der Person des Spielers abhängt, und Glücksspiele – hier hängt der Erfolg ganz oder überwiegend vom Zufall ab – rechtlich gleich behandelt (wegen Strafbarkeit des öffentlichen → Glücksspiels – s. dort – ist hier zudem der Spielvertrag nichtig). Besonderheiten gelten für den Lotterievertrag (→ Lotterie; dort auch über Lotto und Toto) und das → Differenzgeschäft.

**Wettsteuer** → Rennwett- und Lotteriesteuer.

**WEU** (Westeuropäische Union) → Brüsseler Vertrag.

**WHO** (= World Health Organization) ist die Weltgesundheitsorganisation (→ Vereinte Nationen).

**Wichtiger Grund** → Kündigung.

**Widerklage** ist eine → Klage, die vom Beklagten im selben Verfahren gegen den Kläger erhoben wird. Sie wird grundsätzlich wie eine Klage behandelt. Es gelten jedoch mehrere besondere Vorschriften: Die Widerklage muß mit der Klage im Zusammenhang stehen, der nach h. M. ein *rechtlicher* sein muß; dann ist auf jeden Fall das Gericht der Klage örtlich zuständig (§ 33 ZPO, § 89 VwGO, § 100 SGG). Die → Klageerhebung (für die W.) ist in → mündlicher Verhandlung möglich (§ 261 II ZPO). Im Berufungs- und Revisionsrechtszug ist die Zulässigkeit der Widerklage stark eingeschränkt, in einzelnen Prozeßarten (→ Urkundenprozeß, → Ehe- und → Kindschaftssachen sowie bei → Arrest und → einstweiliger Verfügung) ist sie ausgeschlossen. Über die W. wird grundsätzlich zusammen mit der (Haupt)Klage entschieden, andernfalls durch → Teilurteil. Im Verfahren auf strafrechtliche → Privatklage kann der Beschuldigte W. gegen den Verletzten erheben, wenn es sich um zusammenhängende Privatklagedelikte handelt (§ 388 StPO, § 80 II JGG).

**Widerruf der Strafaussetzung** → Strafaussetzung (1), → Jugendstrafe.

**Widerruf des Testaments.** Der → Erblasser kann ein → Testament (anders → Erbvertrag) ganz oder in einzelnen Anordnungen jederzeit frei widerrufen (§ 2253 I BGB); Besonderheiten gelten jedoch für den → Widerruf eines gemeinschaftlichen Testaments. Ein Verzicht auf das Recht zum W. wäre wirkungslos (§ 2302 BGB). Auch der W. ist eine → letztwillige Verfügung und erfordert daher → Testierfähigkeit. Der W. erfolgt durch reines *Widerrufstestament* (§ 2254 BGB), das nicht in derselben Form wie das ursprüngliche Testament errichtet zu werden braucht, oder durch Errichtung eines neuen Testaments, das dem früheren inhaltlich widerspricht (§ 2258 I BGB); das Vorliegen eines Widerspruchs ist durch → Auslegung zu ermitteln. Ferner kann ein Testament auch durch schlüssige Handlungen des Erblassers widerrufen werden (wobei ein Dritter nicht als Vertreter, sondern nur als Werkzeug handeln kann), z. B. durch Zerreißen, Durchstreichen oder Vernichtung der Testamentsurkunde oder Vornahme sonstiger Veränderungen, durch die der Wille, eine schriftliche Willenserklärung aufzuheben, ausgedrückt zu werden pflegt (§ 2255 BGB). Unschädlich ist dagegen der unfreiwillige Verlust der Testamentsurkunde, sofern ihr Inhalt (z. B. durch Zeugenvernehmung) rekonstruiert werden kann. Ein → öffentliches Testament gilt bei der Rücknahme aus der Verwahrung als widerrufen (§ 2256 BGB). Das Widerrufstestament kann seinerseits widerrufen werden; in diesem Fall gilt im Zweifel das frühere Testament, wie wenn es nicht widerrufen worden wäre (§§ 2257, 2258 II BGB).

**Widerruf einer Schenkung** → Schenkung.

**Widerruf einer Willenserklärung** → Willenserklärung, → Vertrag (1), → Einigung, → Kreditvertrag (3); s. a. → Vollmacht.

**Widerruf eines gemeinschaftlichen Testaments.** Anders als beim → Erbvertrag, bei dem sofort eine vertragsmäßige Bindung entsteht, kann jeder Ehegatte grundsätzlich das g. T., insbes. darin enthaltene einseitige Verfügungen, nach den allgemeinen Vorschriften über den → Widerruf des Testaments frei widerrufen. Beschränkungen gelten jedoch für wechselbezügliche *(korrespektive)* Verfügungen, d. h. Verfügungen der Ehegatten (nur Erbeinsetzungen, Vermächtnisse oder Auflagen), von denen anzunehmen ist, daß die Verfügung des einen nicht ohne die Verfügung des anderen getroffen sein würde, so daß kraft Gesetzes die Nichtigkeit oder der Widerruf der einen Verfügung die Unwirksamkeit der anderen zur Folge hat (i. d. R. anzunehmen bei gegenseitiger Bedenkung der Ehegatten, § 2270 BGB). Diese wechselbezüglichen Verfügungen sind zu Lebzeiten beider Ehegatten durch gemeinschaftliches Handeln (nach den Vorschriften über den Widerruf eines Testaments), einseitig jedoch nicht durch eine neue → Verfügung von Todes wegen, sofern diese den anderen Ehegatten nicht wirtschaftlich besser stellt, sondern nur durch Zugang einer notariell beurkundeten Erklärung wie beim Rücktritt vom Erbvertrag widerruflich (§ 2271 I BGB). Nach dem Tode des erstversterbenden Ehegatten tritt für den anderen hinsichtlich seiner wechselbezüglichen Verfügungen eine *Beschränkung* seiner → Testierfreiheit ein; sie sind grundsätzlich unwiderruflich, wenn sich nicht die Ehegatten den Widerruf vorbehalten hatten oder der überlebende Ehegatte das ihm Zugewendete ausschlägt (§ 2271 II BGB). Ein Widerruf ist auch möglich, wenn hinsichtlich des bedachten Abkömmlings ein Grund zur Entziehung des → Pflichtteils vorliegt. Keine Bindung des überlebenden Ehegatten tritt hierdurch ein für → Rechtsgeschäfte, die er unter Lebenden tätigt; diese können aber u. U. wegen → Sittenwidrigkeit (Umgehung des Widerrufsverbots) nichtig sein (s. die Nachw. bei → Erbvertrag). Schließlich kann der überlebende Ehegatte bindende wechselbezügliche Verfügungen bei Vorliegen der entsprechenden Voraussetzungen wie einen Erbvertrag *anfechten* (→ Erbvertrag, → Anfechtung letztwilliger Verfügungen). Gebiet ehem. DDR → Verfügung von Todes wegen.

**Widerruf falscher Aussagen** usw. → Berichtigung falscher Angaben.

**Widerruf von Verwaltungsakten** → Verwaltungsakt (6), → Steuerverwaltungsakt.

**Widerspruch im Grundbuch.** Da bei Unrichtigkeit des → Grundbuchs dessen *Berichtigung* oftmals längere Zeit beansprucht, kann zum Schutz des wahren Berechtigten bei dem falsch eingetragenen oder dem zu Unrecht gelöschten Recht im Grundbuch ein W. eingetragen werden (§ 899 BGB). Er ist – wie die → Vormerkung– eine nur vorläufige Sicherung, dient aber nicht wie diese dem Schutz des schuldrechtlichen Anspruchs auf eine Rechtsänderung, sondern der Sicherung bereits entstandener, aber unrichtig eingetragener dinglicher Rechte; er zerstört den → öffentlichen Glauben des Grundbuchs und verhindert einen → gutgläubigen Erwerb. Voraussetzung der Eintragung eines W. ist die Bewilligung (→ Grundbuch) desjenigen, dessen fälschlich eingetragenes Recht hiervon betroffen wird, oder eine → einstweilige Verfügung, bei der eine → Glaubhaftmachung der Gefährdung des wahren Rechts nicht erforderlich ist. Hat das → Grundbuchamt unter Verletzung gesetzlicher Vorschriften eine Eintragung vorgenommen, durch die das Grundbuch unrichtig geworden ist, so ist von Amts wegen ein W. einzutragen (*Amtswiderspruch,* § 53 GBO).

**Widerspruch im Verwaltungsverfahren** → Widerspruchsverfahren.

**Widerspruch im Zivilprozeß.** Die Bezeichnung W. wird im ZP für verschiedene → Rechtsbehelfe verwendet, die gegen bestimmte gerichtliche Entscheidungen stattfinden und zur Folge haben, daß die angefochtene Entscheidung in derselben Instanz überprüft wird. Der W. ist vorgesehen gegen den → Mahnbescheid (§ 694 ZPO), den → Teilungsplan (§ 876 ZPO), den durch Beschluß erlassenen → Arrest und die → einstweilige Verfügung (§§ 924 I, 936 ZPO) sowie gegen die Vollstreckbarerklärung eines → Schiedsspruchs (§ 1042 c II ZPO). Ferner kann W. erhoben werden gegen die Verpflichtung zur Abgabe einer eidesstattlichen (→ Offenbarungs-Versicherung) (§ 900 V ZPO), gegen die Zwangsvollstrekkung trotz anderweitiger Sicherung des Gläubigers (§ 777 ZPO), gegen Beschlagnahmeanordnungen der → Kartellbehörde (§ 55 GWB), im Löschungsverfahren über ein → Gebrauchsmuster (§ 17 GebrMG), bei Anmeldung und Löschung einer → Marke (§§ 42, 53 IV MarkenG). S. a. → Einspruch, → Widerspruchsverfahren.

**Widerspruchsklage** → Drittwiderspruchsklage.

**Widerspruchsverfahren.** 1. Die Erhebung der Anfechtungsklage gegen einen → Verwaltungsakt oder der Verpflichtungsklage, wenn der Antrag auf Erlaß eines Verwaltungsakts abgelehnt worden ist (→ Verwaltungsstreitverfahren), setzt voraus, daß vor Anrufung des Verwaltungsgerichts Rechtmäßigkeit und Zweckmäßigkeit des VA in einem Vorverfahren auf Grund Widerspruchs des Klageberechtigten nachgeprüft worden sind (§§ 68 ff. VwGO). Der W. ist binnen 1 Monats seit Bekanntgabe des VA schriftlich oder zur Niederschrift der Behörde zu erheben, die den VA erlassen (oder den Erlaß abgelehnt) hat. Enthält dieser keine ordnungsgemäße → Rechtsmittelbelehrung, so ist Widerspruch binnen einer Frist von 1 Jahr zulässig. Hilft die Behörde dem W. nicht ab, so erläßt grundsätzlich die nächsthöhere Behörde den W.sbescheid. Ist die nächsthöhere Behörde eine oberste Verwaltungsbehörde des Bundes oder eines Landes, so erläßt den W.sbescheid die Behörde, die den Verwaltungsakt erlassen hat; dies gilt grundsätzlich auch für Selbstverwaltungsangelegenheiten (§§ 72, 73 VwGO). Ein W. ist grundsätzlich nicht erforderlich, wenn der Verwaltungsakt von einer obersten Bundes- oder Landesbehörde erlassen worden ist oder wenn ein Dritter durch den W.sbescheid erstmalig beschwert wird. Der Widerspruch hat grundsätzlich aufschiebende Wirkung *(Suspensiveffekt)*. Diese entfällt nur bei der Anforderung von öffentlichen Abgaben und Kosten, bei unaufschiebbaren Anordnungen und Maßnahmen von Polizeivollzugsbeamten, kraft besonderer Vorschrift in einzelnen Bundesgesetzen und bei Anordnung der sofortigen → Vollziehung des Verwaltungsakts (§ 80 VwGO). Wegen der Kosten des W. s. Verwaltungsverfahren (Kosten).

2. Für Verfahren vor den besonderen Verwaltungsgerichten gelten entsprechende Vorschriften, so in der → Sozialversicherung vor Erhebung der Klage vor dem → Sozialgericht für die Nachprüfung von Verwaltungsakten im Bereich der → Krankenversicherung, der → Knappschaftsversicherung und der → Arbeitslosenversicherung in sämtlichen Angelegenheiten; in der → Unfallversicherung und in der → Rentenversicherung der Arbeiter und Angestellten sowie in der → Kriegsopferversorgung ist das W. nicht zwingend vorgeschrieben, wenn der Verwaltungsakt eine Leistung betrifft, auf die ein Rechtsanspruch besteht (§ 78 II SGG).

**Widerstand gegen die Staatsgewalt** ist die Sammelbezeichnung für die gegen die *inländische* Staatshoheit gerichteten Straftaten, die im 6. Abschnitt des Besonderen Teils des StGB zusammengefaßt sind. Darunter fallen: öffentliche Aufforderung zu strafbaren Handlungen (§ 111 StGB), → Gefangenenbefreiung undGefangenenmeuterei (§§ 120, 121 StGB) sowie Widerstand gegen Vollstreckungsbeamte (§§ 113, 114 StGB).

Üblicherweise wird das Vergehen gegen §§ 113, 114 StGB als W. g. d. S. bezeichnet. Es liegt vor, wenn der Täter einem → *Amtsträger* oder *Soldaten der Bundeswehr,* der zur Vollstreckung von Gesetzen, Rechtsverordnungen, Urteilen, Gerichtsbeschlüssen oder Verfügungen berufen ist, bei der Diensthandlung mit → Gewalt oder durch → Drohung mit Gewalt Widerstand leistet oder ihn dabei tätlich angreift. Dasselbe gilt, wenn sich die Tat gegen Vollstreckungshandlungen von *Nichtbeamten* richtet, welche die Rechte und Pflichten eines Polizeibeamten haben oder → Hilfsbeamte der Staatsanwaltschaft sind (z. B. *Forstwiderstand* gegen bestätigte Jagdaufseher, §§ 23, 25 BJagdG, W. gegen Fischereiaufseher usw.). Strafbar ist auch W. gegen die von einem Amtsträger od. Soldaten zur Unterstützung zugezogenen Personen. Geschützt sind außer inländischen Beamten und Soldaten auch solche der → Stationierungsstreitkräfte (Art. 7 II Nrn. 5, 6 des 4. StrÄndG).

Die Strafbarkeit setzt voraus, daß sich der Amtsträger (Soldat) in *rechtmäßiger Dienstausübung* befindet. Sie entfällt, wenn die Diensthandlung nicht rechtmäßig ist, selbst wenn der Täter sie irrig für rechtmäßig hielt. War sie rechtmäßig, wurde aber *vom Täter irrig für unrechtmäßig gehalten,* so ist er nicht wegen W. g. d. St. (u. U. aber anderweit, z. B. wegen Körperverletzung) strafbar, wenn ihm der *Irrtum nicht vorzuwerfen* ist, weil er ihn nicht vermeiden konnte, und wenn ihm insbes. auch nicht zuzumuten war, sich gegen die vermeintlich unrechtmäßige Amtshandlung mit → Rechtsbehelfen zu wehren. Bei *vorwerfbarem Irrtum* ist Strafmilderung oder Absehen von Strafe möglich (§ 113 III, IV StGB). Steht die Art der Dienstausübung im pflichtgemäßen Ermessen des Amtsträgers, so wird die Dienstausübung als rechtmäßig anzusehen sein, wenn der Amtsträger sein Ermessen pflichtgemäß ausübt. Anders ist es bei Irrtum des Amtsträgers über die tatsächlichen Voraussetzungen einer Diensthandlung (Festnahme eines nicht Tatbeteiligten durch Polizeibeamte, Entnahme einer Blutprobe bei Unbeteiligtem nach Verkehrsdelikt) oder über wesentliche rechtliche Voraussetzungen und Förmlichkeiten. Ein Irrtum des Amtsträgers hierüber macht die Diensthandlung nicht zu einer rechtmäßigen, außer wenn er nach Sachlage entschuldbar war (i.e.str.).

*Widerstandsleistung* durch Gewalt ist jede Kraftanwendung, die sich – wenn auch mittelbar – gegen die Person des Amtsträgers richtet und geeignet ist, die Diensthandlung zu erschweren; so z. B.

Zufahren auf einen Polizeibeamten, nicht dagegen nur passives Verhalten (der Festgenommene wirft sich auf den Boden). *Tätlicher Angriff* ist jede auf die Person des Amtsträgers zielende Einwirkung, wenn auch ohne körperliche Berührung (z. B. Schreckschüsse).

Die Strafe für W. g. d. St. ist, sofern keine Milderung wegen Irrtums in Betracht kommt, Freiheitsstrafe bis zu 2 Jahren oder Geldstrafe, in besonders schweren Fällen von 6 Mon. bis zu 5 Jahren. Ein solcher Fall liegt i. d.R. vor, wenn der Täter durch Gewalttätigkeit den Angegriffenen in Gefahr des Todes oder einer schweren Gesundheitsschädigung bringt oder wenn er oder ein anderer Beteiligter eine Waffe bei sich führt, um sie bei der Tat zu verwenden.

**Widerstand gegen Vollstreckungsbeamte** → Widerstand gegen die Staatsgewalt.

**Widerstandsrecht.** Das GG sieht in Art. 20 IV GG gegen jeden, der es unternimmt, die verfassungsmäßige Ordnung der BRep. zu beseitigen (also auch gegen die öffentliche Gewalt), ein W. vor, wenn andere Abhilfe nicht möglich ist. Ähnliche Bestimmungen finden sich in den Landesverfassungen von Berlin (Art. 23 III), Bremen (Art. 19) und Hessen (Art. 147). Das W. war vorher schon (vgl. BGH NJW 1966, 311 ff.; BVerfGE 5, 85/376 f.) als äußerstes Mittel zur Wiederherstellung der rechtsstaatlichen Ordnung (also in konservierendem, nicht in revolutionärem Sinne) anerkannt, wenn das bekämpfte Unrecht offenkundig ist und die von der Rechtsordnung zur Verfügung gestellten Rechtsbehelfe so wenig Aussicht auf wirksame Abhilfe bieten, daß der Widerstand das letzte verbleibende Mittel zur Erhaltung oder Wiederherstellung des Rechts ist. Bei der Ausübung des W. ist der Grundsatz der → Güterabwägung zu beachten. Kein W. besteht jedenfalls gegen Entscheidungen, die von den zuständigen Staatsorganen im Rahmen der rechtsstaatlichen Ordnung getroffen wurden.

**Widerstreitende Steuerfestsetzungen,** das sind inhaltlich sich widersprechende Steuerfestsetzungen, können nach § 174 AO korrigiert werden; z. B. ein Vorgang ist sowohl im Jahr 01 als auch im Jahr 02 erfaßt oder er ist weder im Jahr 01 noch im Jahr 02 erfaßt.

**Widmung** ist der Hoheitsakt, der die Eigenschaft als → öffentliche Sache begründet und zugleich ihre Zweckbestimmung festlegt. W. zum → Gemeingebrauch wird i. d.R. durch Gesetz, Rechtsverordnung oder Satzung bestimmt (z. B. in den Wassergesetzen der Länder hins. der Binnengewässer) oder auf Grund einer Rechtsnorm durch Einzelakt, der nunmehr wohl allgemein als → Verwaltungsakt angesehen wird („dingliche Allgemeinverfügung"; vgl. § 35 S. 2, 2. Alt. VwVfG). Seltener ist heute die W. auf Grund Gewohnheitsrechts (sog. „unvordenkliche Widmung"). Mangels besonderer Vorschrift ist die W. nicht an eine besondere Form gebunden und kann auch in schlüssigem Handeln der öffentlichen Verwaltung liegen (vor allem bei den Sachen des → Verwaltungsvermögens). Voraussetzung für die W. ist, daß die öff. Verwaltung das Eigentum an der Sache oder zumindest die Verfügungsgewalt besitzt, die sie durch Einverständnis des Berechtigten, u. U. auch durch → Enteignung erlangen kann. Durch eine Änderung der W. kann die Zweckbestimmung der öff. Sache erweitert oder beschränkt werden (z. B. „Abstufung" einer öff. Straße, deren Verkehrsbedeutung gesunken ist, oder „Umstufung"). Die vollständige Aufhebung der Eigenschaft als öffentl. Sache geschieht durch „Entwidmung" (im Straßen- und Wegerecht als „Einziehung" bezeichnet); sie ist ebenfalls Verwaltungsakt und bewirkt die Beendigung des Gemeingebrauchs.

**„Wie besehen" („Wie besichtigt")** → Gewährleistung (2).

**„Wie die Sache steht und liegt"** → Gewährleistung (2).

**Wiederaufgreifen des (Verwaltungs-)Verfahrens** → Verwaltungsakt (9).

**Wiederauflebensklausel** → Restschuldbefreiung.

**Wiederaufnahmeverfahren.** Ein rechtskräftig beendetes Verfahren (→ Rechtskraft) kann nur unter bestimmten Voraussetzungen wieder aufgenommen und neu durchgeführt werden. W. sind in den meisten Verfahrensordnungen vorgesehen (§§ 578 ff. ZPO, §§ 359 ff. StPO, § 79 ArbGG, § 153 VwGO, § 134 FGO, §§ 179, 180 SGG, §§ 97 ff. BDO).

1. Im *Zivilprozeß* und den ihm nachgebildeten Verfahren wird das W. durch → Nichtigkeits- oder → Restitutionsklage (§§ 579, 580 ZPO) eingeleitet, je nachdem, ob die Klage auf schwere Mängel des voraufgegangenen Verfahrens (z. B. unvorschriftsmäßige Besetzung des Gerichts) oder der Urteilsgrundlagen (z. B. gefälschte Urkunden) gestützt wird. Die zulässige Klage führt zu einer neuen Verhandlung über den gleichen Gegenstand (§ 590 ZPO) und beseitigt die → Rechtskraft der vorangegangenen Entscheidung.

2. Im *Strafprozeß* ist die Wiederaufnahme an z. T. unterschiedliche Voraussetzungen geknüpft, je nachdem ob sie zugunsten oder zuungunsten des Verurteilten beantragt wird (§§ 359, 362 StPO). Sie kann in beiden Fällen darauf gestützt werden, das angefochtene Urteil beruhe möglicherweise (vgl. § 370 I StPO) auf einer Falschurkunde oder der Falschaussage eines Zeugen oder Sachverständigen oder einer richterlichen Amtspflichtverletzung, wobei in allen Fällen i. d.R. rechtskräftige Verurteilung wegen des Delikts vorausgesetzt wird (§ 364 StPO). Darüber hinaus ist Wiederaufnahme *zugunsten des Verurteilten* zulässig, wenn ein zivilgerichtliches Urteil aufgehoben worden ist, auf das sich das Strafurteil stützt, oder – der in der Praxis bedeutsamste Fall – wenn neue Tatsachen oder Beweismittel beigebracht werden, die allein oder i. Verb. mit den früher erhobenen Beweisen geeignet sind, die Freisprechung des Verurteilten oder *unter Anwendung eines milderen Strafgesetzes* eine geringere Bestrafung herbeizuführen (§ 359 Nrn. 4, 5 StPO; nicht im Rahmen desselben Strafgesetzes oder wegen verminderter Schuldfähigkeit, § 363 StPO). Eingeschränkt ist dagegen die W. *zuungunsten des Verurteilten;* sie kann – außer in den genannten Fällen der Urkundenfälschung, Falschaussage und Amtspflichtverletzung – nur auf ein nachträgliches glaubwürdiges Geständnis des Freigesprochenen gestützt werden (§ 362 Nr. 4 StPO).

Das W., in dem ein anderes Gericht als das der Verurteilung entscheidet (§ 140 a GVG), kann der Verurteilte nur durch den Verteidiger oder einen Rechtsanwalt oder zu Protokoll der Geschäftsstelle beantragen (§ 366 StPO). Das W. gliedert sich in das *Zulässigkeitsverfahren,* in dem durch Beschluß entschieden wird, ob die gesetzlichen Voraussetzungen für das W. vorliegen, und das *Prüfungsverfahren;* in diesem werden, wenn die Zulässigkeit bejaht wird, etwa erforderliche Beweise erhoben. Erst wenn sich die Behauptungen des Wiederaufnahmeantrags bestätigt haben, verfügt das Gericht die Wiederaufnahme – womit die Wirkungen des früheren Urteils beseitigt werden – und die Erneuerung der Hauptverhandlung (§ 370 II StPO). Hat der Verurteilte keinen Verteidiger, so ist ihm ein solcher auf Antrag für das W. zu bestellen, wenn die Schwierigkeit der Sach- oder Rechtslage es erfordert. Dasselbe gilt für die Vorbereitung des W., wenn Erfolgsaussicht besteht und der Verurteilte mittellos ist (§§ 364 a, b StPO).

3. Nach Abschluß des → *Bußgeldverfahrens* wegen einer → Ordnungswidrigkeit ist das W. abweichend von a) zugunsten des Betroffenen wegen neuer Tatsachen oder Beweismittel nur zulässig, wenn Geldbuße von mehr als 500 DM festgesetzt worden ist oder seit Rechtskraft der Bußgeldentscheidung noch nicht 3 Jahre verstrichen sind; zuungunsten des Betroffenen nur, um eine Verurteilung wegen einer Straftat oder auf Grund neuer Tatsachen oder Beweismittel wegen eines → Verbrechens herbeizuführen (§ 85 OWiG).

4. Für das → *Verwaltungsstreitverfahren* s. dort (8).

**Wiederbeschaffungskosten** → Schadensersatz (2 b: Ersatzbeschaffung); s. a. → Teilwert (steuerlich).

**Wiedereinsetzung in den vorigen Stand.** Wenn eine prozessuale → Frist oder ein → Termin versäumt wird, kann die Wirkung der Versäumung durch W. beseitigt werden. Voraussetzung ist jetzt allgemein eine Versäumung ohne → Verschulden (§§ 233 ZPO, 44 StPO, 22 FGG, 60 VwGO, 56 FGO, 67 SGG, 123 PatG); im Zivilprozeß (weitgehend auch im Verwaltungsstreitverfahren) steht das Verschulden des gesetzlichen Vertreters oder des Prozeßbevollmächtigten dem der Partei gleich (§§ 51 II, 85 II ZPO. Im allgemeinen gibt es W. nur in bezug auf bestimmte prozessuale → Fristen (im Zivilprozeß weitgehend nur bei Versäumung sog. → Notfristen), im Strafprozeß auch wegen eines versäumten Termins (§§ 235, 329 StPO). Die W. wird nur auf befristeten Antrag, in dem der Grund für die W. glaubhaft zu machen ist (→ eidesstattliche Versicherung), durch Entscheidung des Gerichts erteilt, bei dem die Frist gewahrt werden mußte; die dem Antrag auf W. stattgebende Entscheidung ist regelmäßig unanfechtbar (§§ 238 III ZPO, 46 II StPO). In *Steuersachen* ist der Antrag auf W. innerhalb eines Monats, im finanzgerichtlichen Verfahren innerhalb 2 Wochen, seit Wegfall des Hindernisses unter Nachholung der versäumten Handlung zu stellen, spätestens innerhalb eines Jahres seit dem Ende der versäumten Frist, ausgenommen bei höherer Gewalt (§ 110 AO, § 56 FGO). W. kommt in Betracht bei Rechtsbehelfsfristen, rechtsbehelfsähnlichen Fristen und Vergütungsfristen.

**Wiedereinstellung** → Aussperrung. S. a. → Arbeitsplatzschutz.

**Wiedererteilung der Fahrerlaubnis** → Fahrerlaubnis, → Sperrwirkung der Entziehung der Fahrerlaubnis.

**Wiedergaberecht durch Ton- oder Bildträger** ist ein → Verwertungsrecht des Urhebers an seinem Werk, das darin besteht, Vorträge oder Aufführungen des Werkes durch Bild oder Tonträger (z. B. Photographie, Tonband, Schallplatte, Film) öffentlich wahrnehmbar zu machen. → Vortrags-, Aufführungsrecht.

**Wiedergutmachung.** Auf dem Gebiet der vermögensrechtlichen W. nat.soz. Unrechts sind zu unterscheiden: Die Rückgabe entzogener Vermögensgegenstände und deren Ersatz (*Rückerstattung*) und die Entschädigung für Schäden an anderen Rechts- und Lebensgütern (*Entschädigung*). Weitere Leistungen werden auf Grund besonderer gesetzlicher Vorschriften gewährt für Angehörige des öff. Dienstes und für die im Ausland lebenden Angehörigen des öffentlichen Dienstes: Gesetz i. d.F. d. Bek. vom 15. 12. 1965, BGBl. I 2073, 2091; in der Kriegsopferversorgung und für Berechtigte im Ausland Ges. i. d.F. vom 25. 6. 1958, BGBl. I 412, 414); ferner auf Grund zwischenstaatlicher Abkommen (z. B. des sog. Israelvertrags vom 10. 9. 1952). Darüber hinaus hat die BReg. Fonds mit besonderer Zweckbestimmung gebildet und an andere, durch die gesetzlichen Regelungen nicht erfaßte Geschädigte Entschädigungsleistungen erbracht.

**Wiederherstellung der ehelichen Gemeinschaft** → eheliche Lebensgemeinschaft, → Ehesachen.

**Wiederherstellungsanspruch** (im öff. Recht) ist der Anspruch gegen die Verwaltung, einen durch → Verwaltungsakt oder Realakt herbeigeführten rechtswidrigen Zustand zu beseitigen und den ursprünglichen Zustand wiederherzustellen. Der W. ist weitgehend identisch mit dem Folgenbeseitigungsanspruch (→ Verwaltungsstreitverfahren, 5); er ist im Wege der allg. Leistungsklage vor den Verwaltungsgerichten geltend zu machen.

**„Wiederholende Verfügung“** („Wiederholender Verwaltungsakt“) → Zweitbescheid.

**Wiederholungsgefahr** → Unterlassungsanspruch, → Eigentumsstörungen; – bei Straftaten → Haftbefehl (1).

**Wiederholungswahl** → Nachwahl.

**Wiederkauf.** Hat sich bei einem → Kauf der Verkäufer das Recht des W. *(Rückkauf)* vorbehalten, so kommt der W. mit der einseitigen formlosen Erklärung des Verkäufers zustande (§§ 497 ff. BGB). Die Wiederkauferklärung ist – mangels Vereinbarung einer Frist – binnen 3 Jahren, bei Grundstücken binnen 30 Jahren seit Vereinbarung des Vorbehalts abzugeben (§ 503 BGB). Der Kaufpreis gilt, sofern nichts anderes vereinbart ist (z. B. Schätzpreis), im Zweifel auch für den W. (§ 497 II BGB). Der Käufer (Wiederverkäufer) hat die Kaufsache nebst → Zubehör zurückzugeben; für verschuldete Unmöglichkeit der Rückgabe hat er → Schadensersatz zu leisten. Für werterhöhende Verwendungen, z. B. Einbauten, kann er Ersatz verlangen. S. a. → Vorkaufsrecht, → Rückkaufhandel, → Rücktritt vom Vertrag.

**Wiederkehrende Bezüge** → Leibrente, → dauernde Lasten, → Rentenbesteuerung.

**Wiederkehrschuldverhältnis.** Lieferverträge auf Gas, Wasser, Strom u. a. für Kleinabnehmer sind nach h. M. keine → Dauerschuldverhältnisse (und damit kein → *Sukzessivlieferungsvertrag,* da ein einheitlicher Rahmen fehlt; str.). Sie werden vielmehr jeweils stillschweigend für die neue Bezugsdauer oder -menge verlängert (Neuabschluß). Dadurch entfällt bei Insolvenz des Schuldners die Pflicht des Insolvenzverwalters zur einheitlichen Entscheidung über die Erfüllung für Vergangenheit und Zukunft (s. im einzelnen → Sukzessivlieferungsvertrag).

**Wiedervereinigung.** Kurzbezeichnung für die Vereinigung der → Bundesrepublik Deutschland und der → Deutschen Demokratischen Republik durch → Beitritt der Deutschen Demokratischen Republik mit Wirkung vom 3. Oktober 1990. Durch die W. wurde das → Wiedervereinigungsgebot des Grundgesetzes erfüllt. Die W. wurde durch den gewaltfreien Sturz des SED-Regimes und die freien Wahlen in der früheren DDR in den Jahren 1989 und 1990 ermöglicht. Die rechtlichen Fragen der W. regeln die → Abschließende Regelung in Bezug auf Deutschland, der → Einigungsvertrag und die → Währungs-, Wirtschafts- und Sozialunion.

**Wiedervereinigungsgebot.** Aus der Präambel des GG (insbes. dem Satz: „Das gesamte deutsche Volk bleibt aufgefordert, in freier Selbstbestimmung die Einheit und Freiheit Deutschlands zu vollenden") ergab sich ein verfassungsrechtliches W., wonach alle politischen Organe der BRep. mit allen Kräften die Einheit Deutschlands anzustreben und ihre Maßnahmen auf dieses Ziel auszurichten hatten (BVerfGE 5, 127; eingehend BVerfG NJW 1973, 1539 zum → Grundvertrag). Von der ehem. DDR wurde diese Auffassung strikt abgelehnt.

**Wiederverheiratung** Abstammung (2 a); s. a. → Witwengeld u. im folg.

**Wiederverheiratung im Falle der → Todeserklärung**. Geht ein Ehegatte, nachdem der andere Ehegatte für tot erklärt worden ist (→ Todeserklärung), eine neue Ehe ein, so kann, wenn der für tot erklärte Ehegatte noch lebt, auf dessen Antrag die neue Ehe nur dann wegen Verstoßes gegen das → Eheverbot der Doppelehe (§ 1306 BGB) aufgehoben werden (→ Eheaufhebung), wenn beide Ehegatten bei der Eheschließung wußten, daß der für tot erklärte Ehegatte im Zeitpunkt der Todeserklärung noch lebte. Sonst wird mit Schließung der neuen Ehe die frühere Ehe aufgelöst; sie bleibt auch dann aufgelöst, wenn die Todeserklärung aufgehoben wird (§ 1319 BGB). Dessen ungeachtet kann der frühere Ehegatte des fälschlich für tot erklärten Ehegatten die Aufhebung der neuen Ehe (binnen eines Jahres ab Kenntnis des Fortlebens) beantragen, wenn er das Fortleben seines früheren Ehegatten bei der neuen Eheschließung nicht kannte (§ 1320 BGB). Über die Folgen der → Eheaufhebung s. dort a. E.

**Wiederverheiratungsklausel.** Mit dem → *Berliner Testament* (§ 2269 BGB) wird oftmals die Bestimmung verbunden, daß bei einer Wiederverheiratung des überlebenden Ehegatten der auf diesen übergegangene Nachlaß dem Schlußerben – i. d. R. den Kindern – zufallen soll. Hier ist regelmäßig bedingte → Nacherbeinsetzung anzunehmen, d. h. der überlebende Ehegatte ist nicht Vollerbe, sondern *befreiter* → *Vorerbe* (§ 2136 BGB) bis zu seinem Tode oder bis zu seiner Wiederverheiratung. Bei gesetzlichem → Güterstand kann in diesem Fall die → Ausschlagung der Erbschaft durch den überlebenden Ehegatten und der → Zugewinnausgleich nebst → Pflichtteilsanspruch (§ 1371 II, III BGB) günstiger sein. Die Beschränkungen des → Widerrufs eines gemeinschaftlichen Testaments verlieren für den überlebenden Ehegatten hinsichtlich der Verfügung über seinen Nachlaß mit der Wiederverheiratung grundsätzlich ihre Wirksamkeit.

**Wiederverkauf** → Wiederkauf; s. a. → Rücktrittsvorbehalt, → Rücktritt vom Vertrag.

**Wiener Abkommen** → Wiener Übereinkommen.

**Wiener Kongreß.** Nach der Befreiung der in den Machtbereich Frankreichs geratenen deutschen Gebiete von der napoleonischen Herrschaft trat 1815 in Wien ein Kongreß europäischer Staaten zusammen, die am Krieg gegen Napoleon I. beteiligt gewesen waren, um die Territorialverhältnisse neu zu ordnen; hierbei sollte auch eine Reichsreform in Angriff genommen werden. Zwar gelang damals (wie auch später in der → Nationalversammlung 1848 in der Paulskirche in Frankfurt) noch nicht die Gründung eines Bundesstaates. Doch schlossen 35 Fürsten und 4 Reichsstädte den → Deutschen Bund, einen völkerrechtlichen Staatenbund mit allerdings nur geringer innerer und äußerer Wirkungskraft. Er umfaßte – anders als das Kaiserreich von 1871 – noch nicht Ost- und Westposen, Schleswig und Elsaß-Lothringen, wohl aber die 1871 nicht miteinbezogenen deutschen Gebiete Österreichs, Luxemburg-Limburg und Liechtenstein. Das maßgebliche Vertragswerk war die *Deutsche Bundesakte* von 1815, später ergänzt durch die *Wiener Schlußakte* 1820. Die Bundesakte garantierte die Gleichberechtigung aller christlichen Konfessionen und stellte weitere wichtige Grundrechte auf, u. a. das der Pressefreiheit sowie Rechtsgarantien für den einzelnen Staatsbürger. Da die Grundrechte aber kein unmittelbar geltendes Recht waren, sondern nur die Regierungen zur Beachtung verpflichteten, kamen sie in den Bundesländern nur langsam zur Geltung. Sie wurden überdies durch die „Karlsbader Beschlüsse" von 1819 teilweise wieder eingeschränkt, so die Pressefreiheit durch Einführung einer Vorzensur und die Lehrfreiheit durch Zulassung einer Überwachung der Universitäten.

**Wiener Übereinkommen.** Das Wiener Übereinkommen über das Recht der → völkerrechtlichen Verträge wurde am 22. 5. 1969 von der durch die → Vereinten Nationen einberufenen Kodifikationskonferenz angenommen. Es regelt das formelle Recht der schriftlichen Übereinkünfte zwischen Staaten einschließlich der Gründungsverträge Internationaler Organisationen (BGBl. 1985 II 926). Das Wiener Übereinkommen über → Diplomatische Beziehungen vom 18. 4. 1961 (BGBl. 1964 II 958) regelt das Recht der → Diplomaten. Das Wiener Übereinkommen über konsularische Beziehungen vom 24. 4. 1963 (BGBl. 1969 II S. 1587) regelt das Recht der → Konsuln.

**Wild** → Jagdrecht.

**Wilde Ehe** → Eheähnliche Gemeinschaft.

**Wilder Streik** → Streik.

**Wilderei.** *Jagdwilderei* (§ 292 StGB) begeht, wer unter *Verletzung fremden Jagdrechts oder Jagdausübungsrechts* dem Wild nachstellt, es fängt, erlegt oder sich oder einem Dritten zueignet oder wer eine dem Jagdrecht unterliegende Sache (Eier jagdbaren Federwilds, Fallwild) sich oder einem Dritten zueignet, beschädigt oder zerstört. Es muß sich um jagdbare Tiere (→ Jagdrecht) handeln, die wild und herrenlos sind (nicht gezähmte Tiere und solche in Tiergärten). Wildern ist schon das Nachstellen, ferner die Überschreitung der Jagderlaubnis, nicht dagegen der (nach dem BJagdG verfolgbare) Verstoß gegen Abschußregelung oder Schonzeiten. Die Tat ist mit Freiheitsstrafe bis zu 3 Jahren oder Geldstrafe bedroht, in besonders schweren Fällen mit Freiheitsstrafe von 3 Mon. bis zu 5 Jahren. Gesetzliche → Regelbeispiele dafür sind → gewerbsmäßiges oder → bandenmäßiges Handeln. W. zur Nacht- oder Schonzeit, mit Schlingen oder in sonst unweidmännischer Weise, gemeinsame W. mehrerer mit Schußwaffen ausgerüsteter Beteiligter.

*Fischwilderei* (§ 293 StGB) begeht, wer unter *Verletzung fremden Fischereirechts oder Fischereiausübungsrechts* fischt oder eine diesem Recht unterliegende Sache (verendete Tiere usw.) sich oder einem Dritten zueignet, beschädigt oder zerstört. Die Strafe ist Freiheitsstrafe bis zu 2 Jahren oder Geldstrafe. Unbefugte → Seefischerei im deutschen Küstenmeer ist nach § 9 SeefischereiG mit Bußgeld bedroht.

Jagd- oder Fischereigeräte, mitgeführte Hunde usw. – nicht die Jagdbeute, außer bei Verstoß gegen Abschußverbot oder Schonzeit, §§ 38, 40 BJagdG – unterliegen der → Einziehung (§ 295 StGB, gegen Tatunbeteiligte nach Maßgabe der §§ 74 a, b StGB).

Die Jagd- und Fischwilderei ist → Antragsdelikt, wenn der Täter ein ihm eingeräumtes beschränktes Jagd(Fischerei)recht überschreitet oder wenn er ein Angehöriger des Berechtigten ist (§ 294 StGB). Jagdwilderei in einem besonders schweren Fall ist stets Offizialdelikt.

**Wildfolge** ist die Verfolgung von angeschossenem Wild auf fremdes Gebiet. Das Recht, angeschossenes oder schwerkrankes Wild, das in einen anderen Jagdbezirk wechselt, zu verfolgen, setzt eine entsprechende schriftliche Vereinbarung mit dem Jagdausübungsberechtigten voraus (§ 22a BJagdG). Das Nähere regelt das Landesrecht.

**Wildschaden** ist jeder durch Wild (→ Jagdrecht) verursachte (Vermögens-)Schaden. Zur Verhütung von W. gestattet § 26 BJagdG i.d.F. vom 29. 8. 1976 (BGBl. I 2849) dem Grundstückseigentümer oder Nutzungsberechtigten das Fernhalten und Verscheuchen des Wildes. Nach § 27 kann zur Verhütung übermäßigen W. unabhängig von den → Schonzeiten die Verminderung des Wildbestandes behördlich angeordnet werden. Nach §§ 29 ff. ist als *Wildschaden* der Schaden zu ersetzen, der an einem in einem Jagdbezirk liegenden Grundstück und seinen Erzeugnissen von bestimmten wildlebenden Tieren verursacht wird (insbes. Rehwild, Fasanen, nicht aber Hasen; Ausdehnung auf andere Tierarten ist landesrechtlich möglich). Ersatzpflichtig ist die Jagdgenossenschaft, in Eigenjagdbezirken (→ Jagdrecht) der Berechtigte, bei Verpachtung und vertraglicher Haftungsübernahme der Jagdpächter, und zwar ohne Rücksicht auf Verschulden (→ Gefährdungshaftung); dies gilt auch bei Schäden auf Grundstücken, die einem Eigenjagdbezirk *angegliedert* sind, während bei *eingegliederten* Grundstükken die Haftung auf Verschulden durch unzulänglichen Abschluß begrenzt ist. Der Anspruch ist ausgeschlossen, wenn der Grundstückseigentümer bei wertvollen Anlagen – Forstkulturen, Weinbergen usw. – zumutbare Schutzvorrichtungen (Zäune und dgl.) nicht angebracht hat. Der Jagdberechtigte ist ferner schadensersatzpflichtig, wenn durch mißbräuchliche Jagdausübung (insbes. bei einer Treibjagd) auf den Grundstükken des Jagdbezirks (für die Beschädigung anderer Grundstücke gelten die allgemeinen Vorschriften über → unerlaubte Handlungen) ein Schaden entsteht (→ *Jagdschaden*), auch wenn dieser durch Jagdaufseher oder Jagdgäste verursacht wurde (Verschulden auch hier nicht erforderlich). Mißbräuchlich ist insbes. die Treibjagd auf Feldern mit reifender Frucht, u. U. auch das Betreten besäter Felder oder noch nicht gemähter Wiesen (§ 33 BJagdG). Der Anspruch auf Wild- oder Jagdschadensersatz erlischt, wenn der Berechtigte den Schadensfall nicht binnen 1 Woche nach möglicher Kenntnisnahme bei der zuständigen Behörde anzeigt. Die Länder können das Beschreiten des ordentlichen Rechtsweges davon abhängig machen, daß zuvor ein Feststellungsverfahren vor einer Verwaltungsbehörde (Vorverfahren) stattfindet, in dem über den Anspruch eine vollstreckbare Verpflichtungserklärung (Anerkenntnis, Vergleich) aufzunehmen oder eine nach Eintritt der Rechtskraft vollstreckbare Entscheidung (Vorbescheid) zu erlassen ist. S. a. → Waldschutz.

**Wildschutz** → Artenschutz.

**Wildseuchen** hat der Jagdausübungsberechtigte unverzüglich der nach Landesrecht zuständigen Behörde anzuzeigen. Diese erläßt im Einvernehmen mit dem beamteten Tierarzt die zur Bekämpfung der W. erforderlichen Anweisungen, z. B. Aufhebung der Schonzeit (→ Jagd- und Schonzeiten), Beseitigung verendeten Wildes (§ 24 BJagdG).

**Wille** → Willenserklärung (I 1), → Willensmängel.

**Willenserklärung**. I. Die WE ist die Äußerung eines rechtlich erheblichen Willens, die auf einen rechtlichen Erfolg hinzielt; der Rechtserfolg tritt hier – anders als bei der bloßen → *Rechtshandlung* – ein, weil er vom Erklärenden gewollt ist. Das BGB geht von diesem im Gesetz nicht näher definierten Begriff aus und enthält über Voraussetzungen und Wirksamkeit der WE zahlreiche Bestimmungen, z. B. über die → Geschäftsfähigkeit. Die WE ist Grundlage und notwendiger Bestandteil eines jeden *Rechtsgeschäfts* (aber regelmäßig nicht mit diesem identisch). Die WE hat zwei Voraussetzungen:

1. *Wille.* a) Zunächst muß ein *Handlungswille* gegeben sein, d. h. der Wille, die zur WE führende Handlung überhaupt vornehmen zu wollen. Fehlt der Handlungswille – z. B. dem Betreffenden wird gewaltsam die Hand zum Schreiben geführt (Zwang; anders bei bloßer Drohung, → Anfechtung von Willenserklärungen); ein ungewolltes Zucken faßt ein anderer als zustimmendes Nicken auf –, so scheidet eine WE von vornherein aus. b) Weiter ist Voraussetzung ein *Erklärungswille,* d.h. das Bewußtsein, durch das Handeln irgendwelche rechtsgeschäftliche Erklärungen abgeben zu wollen. Hebt jemand z. B. in einer Versteigerung die Hand, um einem Freund zuzuwinken, ohne zu wissen, daß Handaufheben nach den Versteigerungsbedingungen ein Mehrgebot zum Inhalt hat, so ist zwar der Handlungs-, nicht aber der Erklärungswille gegeben. Die Folge des Fehlens des Erklärungswillens ist sehr bestr. Nach einer Meinung, die primär auf den Willen abstellt (Willenstheorie), scheidet eine WE aus; nach anderer Meinung, die mehr von dem äußeren Erscheinungsbild ausgeht (Erklärungstheorie), muß sich der Betreffende an seiner Handlung festhalten lassen; es liegt also eine WE vor, die er aber wegen Irrtums anfechten kann (→ Anfechtung von Willenserklärungen); er ist dann allerdings zum Ersatz eines etwaigen Schadens des hierauf Vertrauenden verpflichtet (so die h. M.). c) Schließlich muß die Erklärung mit Kundmachungswillen (nicht nur private Aufzeichnungen) auf einen bestimmten rechtlichen Erfolg gerichtet sein *(Geschäftswille).* Fehlt die Geschäftsabsicht, z. B. bei einem Schein- oder Scherzgeschäft, so tritt regelmäßig → Nichtigkeit ein; ein Irrtum über den Umfang des Geschäftswillens führt zur → Anfechtung.

2. *Erklärung:* Der Wille muß erklärt werden, d. h. nach außen erkennbar gemacht werden. Eine bestimmte → Form (z. B. Schriftform) ist hierfür nur in Ausnahmefällen vorgesehen; es ist lediglich erforderlich, daß der Wille nicht nur eine rein innere Tatsache bleibt, sondern irgendwie hinreichend deutlich zum Ausdruck kommt. So kann der Wille ausdrücklich, unmittelbar erklärt werden (z. B. jemand sagt, er wolle 1 kg Äpfel kaufen). Es reicht aber regelmäßig auch aus, daß das Gewollte *„stillschweigend",* d.h. durch *schlüssiges* oder *konkludentes Handeln* zum Ausdruck kommt. Beispiele: Jemand schiebt an der Eintrittskasse dem Kassierer wortlos den geforderten Eintrittspreis hin; jemand schickt seiner Braut den Verlobungsring ohne weitere Erklärung zurück usw. Von der stillschweigenden WE durch schlüssiges Handeln ist das *Schweigen,* d.h. das bloße Nichtstun zu unterscheiden. Schweigen ist i. d.R. überhaupt keine Erklärung und damit keine WE. Ist jemand kraft gesetzlicher Vorschrift oder nach Aufforderung durch seinen Geschäftspartner gehalten, eine Erklärung abzugeben (z. B. der gesetzliche Vertreter bei Rechtsgeschäften eines Minderjährigen, → Geschäftsfähigkeit; der Vertretene bei Handlungen eines vollmachtlosen Vertreters u. a.m.), so ist in seinem Schweigen eine – regelmäßig ablehnende – Willenserklärung zu sehen; nur in besonderen Ausnahmefällen (Schweigen auf ein → Bestätigungsschreiben, auf die Mitteilung einer → Schuldübernahme hinsichtlich einer Hypothekenschuld, bei öffentlichem Erbieten zur Durchführung eines → Auftrags) kann Schweigen als Zustimmung gedeutet werden.

Bei der Erklärung ist ferner zwischen empfangsbedürftiger und nicht empfangsbedürftiger WE zu unterscheiden (s.u. Zugang). Die Erklärung kann durch einen *Vorbehalt* (protestatio) eingeschränkt sein; hierin liegt die Verwahrung gegen gewisse Rechtsfolgen oder gegen die Auslegung einer – insbes. stillschweigenden – WE in einem bestimmten Sinn (z. B. ein naher Verwandter verkauft verderbliche Sachen des Erblassers mit der ausdrücklichen Erklärung, hierin sei keine → Annahme der Erbschaft zu sehen). Ein solcher Vorbehalt ist grundsätzlich möglich, muß allerdings gleichfalls – nach den Regeln über die WE – erklärt sein; ein *geheimer Vorbehalt* (Mentalreservation) des Erklärenden dahingehend, in Wirklichkeit das Erklärte gar nicht zu wollen (Scheinerklärung), ist grundsätzlich unbeachtlich, es sei denn, der Empfänger der WE kennt den Vorbehalt (dann Nichtigkeit der WE, § 116 BGB). Ein erklärter Vorbehalt ist allerdings dann unwirksam, wenn er mit den äußeren Umständen unvereinbar ist (*protestatio facto contraria,* z. B. der genannte Verwandte verschenkt unverderbliche Nachlaßgegenstände; hier wäre eine gleichzeitige Erklärung, darin sei keine Annahme der Erbschaft zu sehen, unbeachtlich). Gelegentlich wird im Gesetz auch eine → Vermutung dahingehend ausgesprochen, daß ein Handeln als WE in einem bestimmten Sinne aufzufassen ist (z. B. das Vernichten eines Testaments als dessen → Widerruf).

Mit der Vollendung (Abgabe) der WE darf nicht deren Wirksamwerden verwechselt werden. Hier ist zu unterscheiden: Eine streng einseitige WE (z. B. die Errichtung eines Testaments) ist mit Vollendung ihrer Voraussetzungen (Unterschrift unter die Testamentsurkunde) bereits wirksam. Eine WE, die – wie meist – einem anderen gegenüber abzugeben ist (sog. *empfangsbedürftige* WE, bei Abgabepflicht gegenüber einer Behörde amtsempfangsbedürftige WE genannt, vgl. § 130 III BGB) muß dagegen, um wirksam zu werden, dem anderen Teil zugehen. Hier ist wieder zwischen der Erklärung unter Anwesenden oder einem Abwesenden gegenüber zu differenzieren: Eine WE unter Anwesenden (dies auch bei *telefonischer* Übermittlung) muß von dem anderen wahrgenommen und verstanden werden können (nicht bei Taubheit, mangelnden Sprachkenntnissen usw.); ein Schriftstück, das eine WE enthält, muß übergeben werden. Eine empfangsbedürftige WE gegenüber einem Abwesenden wird im Zeitpunkt des *Zugangs* an diesen wirksam (§ 130 I 1 BGB; *Zugangstheorie, Empfangstheorie*). Entscheidend ist also weder die Äußerung oder Absendung durch den Erklärenden noch die Kenntnisnahme des Empfangenden. Zugegangen ist eine WE, wenn sie in den Machtbereich des Empfängers gelangt ist, so daß dieser unter gewöhnlichen Umständen hiervon Kenntnis nehmen kann und dies von ihm auch nach → Treu und Glauben erwartet werden muß. Eine briefliche WE ist daher mit Einwurf in den Briefkasten zur Tageszeit (sofern Leerung erwartet werden kann), ein Fernschreiben oder Telefax mit Eingang während der Geschäftsstunden (sonst erst am nächsten Geschäftstag; s. aber → telefonische Einlegung von Rechtsmitteln), ein *Telegramm* nach telefonischer Durchsage durch die Post zugegangen. Zugegangen ist auch ein Schreiben, das der Empfänger ohne berechtigten Grund (z. B. Nachporto) nicht angenommen oder das er nicht gelesen hat. Die bloße Mitteilung des Postboten, ein Einschreibebrief liege mangels Anwesenheit eines Empfangsberechtigten nunmehr auf der Post zur Abholung bereit, ist kein Zugang (s. aber unten für den Fall der Zustellung); ebenso geht bei einem Nachsendeauftrag die Post grundsätzlich erst mit der Nachsendung zu. Wer jedoch – wie z. B. ein Kaufmann – mit dem Eingang von geschäftlichen WEen täglich rechnen muß, hat dafür zu sorgen, daß ihn diese unverzüglich erreichen; unterläßt er dies, so kann er sich nicht auf einen verspäteten Zugang berufen.

Auf die Wirksamkeit einer WE ist es ohne Einfluß, wenn der Erklärende nach der Abgabe – vor Zugang – stirbt, geschäftsunfähig oder in seiner Verfügungsmacht beschränkt wird (§ 130 II BGB). Eine WE wird dagegen nicht wirksam, wenn dem anderen vorher oder zumindest gleichzeitig mit der WE ein *Widerruf* zugeht (§ 130 I 2 BGB; Besonderheiten beim → Vertrag). Ist die WE gegenüber einem nicht voll Geschäftsfähigen abzugeben, so muß sie – ausgenommen wenn sie einem beschränkt Geschäftsfähigen nur einen rechtlichen Vorteil bringt – dem gesetzlichen Vertreter zugehen (§ 131 BGB). Eine WE gilt auch dann als zugegangen, wenn sie durch Vermittlung eines Gerichtsvollziehers im Wege der → Zustellung (i. d. R. durch die Post) nach den Vorschriften der ZPO in den Machtbereich des Empfängers gelangt ist (auch durch → Ersatzzustellung).

II. Ist der *Inhalt* einer WE unklar oder mehrdeutig, so ist er durch → Auslegung zu ermitteln. Verstößt die WE gegen ein gesetzliches Verbot, ist sie sittenwidrig oder genügt sie nicht der erforderlichen Form, so ist sie → nichtig. S. auch → Geschäftsfähigkeit. Leidet die WE an einem Willensmangel, ist ihre Abgabe insbes. durch Irrtum oder arglistige Täuschung verursacht, so ist die WE zwar wirksam, unterliegt aber der → Anfechtung. Eine WE ist ferner – abgesehen von dem dem Geschäftspartner bekannten geheimen Vorbehalt (s.o.) – nichtig, wenn sie nur zum Scherz oder zum Schein abgegeben wurde (→ Scheingeschäft).

III. Der WE entspricht im Rechtsstreit die *Prozeßhandlung.* Die Voraussetzungen einer Prozeßhandlung sind im Prozeßrecht gesondert geregelt; die Bestimmungen über die WE gelten an sich nicht (z. B. für die → Prozeßvollmacht gegenüber einer sonstigen Vollmacht). Oftmals ist aber in einer Prozeßhandlung eine materiell-rechtliche WE enthalten (z. B. bei der → Aufrechnung im Prozeß, im → Prozeßvergleich u. a.m.). Hier folgt der materiell-rechtliche Teil den Bestimmungen über die WE und kann daher – unabhängig vom prozessualen Erfolg – getrennt materiellrechtlich wirksam werden; umgekehrt ist die WE stets dann wirksam, wenn die mit ihr verbundene Prozeßhandlung den prozessualen Vorschriften entspricht (h. M.). Im *öffentlichen Recht* gelten die Regeln über die Wirksamkeit einer WE nur ergänzend (vgl. § 62 S. 2 VwVfG; → Vertrag, öffentlich-rechtlicher, 6), d. h. soweit nicht Sondervorschriften bestehen oder Wesen und Funktion des betr. (öfftl.) Rechtsgebiets dem entgegenstehen. S. a. → ungerechtfertigte Bereicherung.

**Willensmängel.** Eine → Willenserklärung (WE) kann in verschiedener Hinsicht Mängel des erklärten Willens aufweisen, wodurch der Bestand des auf ihr beruhenden → Rechtsgeschäfts in Frage gestellt wird. Fehlt schon der Handlungswille, so liegt eine WE überhaupt nicht vor. Ist die WE zwar bewußt abgegeben, fehlt aber der Rechtsgeltungs- oder Geschäftswille (insbes. beim → Scheingeschäft, Scherzgeschäft und bei dem dem Geschäftspartner bekannten → geheimen Vorbehalt), so ist die WE nichtig *(Nichtigkeit).* Über die Rechtsfolgen bei Fehlen des Erklärungswillens → Willenserklärung. Ist die Abgabe der WE durch Irrtum, arglistige Täuschung oder Drohung beeinflußt worden (eigentliche W.), so ist sie zwar zunächst gültig, unterliegt aber der → *Anfechtung* (von Willenserklärungen; s. i.e. dort). Diese Grundsätze gelten im bürgerlichen Rechtsverkehr. Inwieweit sie auf das Gebiet des öffentlichen Rechts übertragen werden können, ist jeweils besonders zu prüfen (→ Willenserklärung, III); so können sie z. B. bei den einer Behörde gegenüber abzugebenden Erklärungen eingeschränkt sein und gelten insbes. bei → Prozeßhandlungen im Hinblick auf deren Verfahrenswirkungen nur in sehr begrenztem Umfang.

**Willkürverbot** → Ermessen, → Gleichheit vor dem Gesetz, → Schikaneverbot, Rechtsmißbrauch, → Treu und Glauben, → Gleichbehandlungsgrundsatz.

**Windscheid, Bernhard** (1817 bis 1892), deutscher Rechtslehrer, Romanist und Mitgestalter des ersten Entwurfs zum BGB. W. war einer der führenden Wissenschaftler auf dem Gebiet des → römischen Rechts, dessen Erforschung und Darstellung er sich besonders widmete (Lehrbuch des Pandektenrechts). Die von W. angestrebte Überleitung römischrechtlicher Grundsätze auf das nationale deutsche Recht wirkt im geltenden BGB noch in weitem Umfange nach.

**Winkeladvokat** ist eine herabsetzende Bezeichnung für jemand, der gewerbsmäßig unbefugt auf dem Gebiet der → Rechtsberatung tätig ist.

**Winterausfallgeld** gehört zu den Maßnahmen der → Winterbauförderung nach dem Recht der → Arbeitsförderung nach dem SGB III. W. wird Arbeitern in Betrieben des Baugewerbes gezahlt, deren Anspruch auf eine Winterausfallgeld-Vorausleistung aufgrund eines Tarifvertrages, einer Betriebsvereinbarung oder ihres Arbeitsvertrages im jeweiligen Kalenderjahr erschöpft ist und deren Arbeitszeit zwischen dem 1. 11. und dem 31. 3. aus zwingenden Witterungsgründen ausfällt. Das W. beträgt für Arbeiter, die mindestens ein Kind haben, 67 v. H., für die übrigen Arbeiter 60 v. H. ihres gewöhnlich anfallenden Arbeitsentgelts. Voraussetzung ist ein Antrag des Arbeitgebers an das zuständige Arbeitsamt, dem eine Stellungnahme der Betriebsvertretung beizufügen ist (§§ 209 ff., 214 SGB III). *Steuerlich* → Progressionsvorbehalt.

**Winterbauförderung.** Die → Bundesanstalt für Arbeit hat durch die Förderung der ganzjährigen Beschäftigung in der Bauwirtschaft dazu beizutragen, daß während der witterungsungünstigen Jahreszeit die Bauarbeiten auch bei witterungsbedingten Erschwernissen durchgeführt und die Beschäftigungsverhältnisse der Arbeitnehmer des Baugewerbes bei witterungsbedingten Unterbrechungen der Bauarbeiten aufrechterhalten bleiben. Die Förderung der ganzjährigen Beschäftigung erfolgt durch das → Wintergeld und das → Winterausfallgeld (§§ 209 ff. SGB III).

**Wintergeld** gehört zu den Maßnahmen der → Winterbauförderung nach dem Recht der → Arbeitsförderung nach dem SGB III. Das W. beträgt 2 DM je Arbeitsstunde. Es wird Arbeitern in Betrieben des Baugewerbes gezahlt, die in der Zeit vom 15. Dezember bis zum 28. bzw. 29. Februar Arbeitsstunden leisten. Voraussetzung ist ein Antrag des Arbeitgebers an das zuständige Arbeitsamt, dem eine Stellungnahme der Betriebsvertretung beizufügen ist (§§ 209 ff. SGB III).

**Wintersport** unterliegt bundesgesetzlichen Sondervorschriften bisher nur, soweit er *auf öffentlicher Straße* betrieben wird. Nach § 31 StVO ist er auf der → Fahrbahn und deren Seitenstreifen nur auf besonders gekennzeichneten Straßen erlaubt. Der W. auf öffentlichen Straßen unterliegt den allgemeinen Verkehrsregeln, insbes. der jedem → Verkehrsteilnehmer obliegenden Rücksichtspflicht (§ 1 StVO); doch sind Rodelschlitten und Skier nicht Fahrzeuge i. S. der StVO (vgl. § 24 I StVO). Wo W. innerortsüblich, dürfen Skifahrer die Straßen benutzen. Für den W. *außerhalb öffentlicher Wege,* namentlich auf Ski- und Rodelbahnen (für Eisbahnen vgl. BGH NJW 1982, 2555), gelten nicht die Regeln des Straßenverkehrs, sondern die in der Sportwelt, z. T. auch von der Rspr. (vgl. insbes. OLG München NJW 1977, 502 m. Nachw.) herausgebildeten Verhaltensregeln (vgl. → FIS-Regeln). Als Grundsatz gilt, daß eine Gefährdung anderer zu vermeiden ist, soweit es der Sportzweck zuläßt. Danach ist stets „kontrolliertes“ Fahren erforderlich, d. h. Fahrweg und Geschwindigkeit sind so einzurichten, wie es mit Rücksicht auf die Schneelage, die eigene Fahrfertigkeit und andere Personen – insbes. Vorausfahrende – geboten ist. Das Gelände ist ständig zu beobachten und der Abstand zu anderen sowie die Fahrweise so einzurichten, wie es die Übersichtlichkeit des Weges erfordert. An unübersichtlichen Stellen ist der Aufenthalt verboten, ihr Betreten durch Dritte ist zu vermeiden; Gestürzte müssen die Bahn sofort freimachen. Aufsteigende Sportler dürfen nur den Rand der Piste benutzen. S. → Sportverletzungen, → Verkehrssicherungspflicht, – unerlaubtes Entfernen vom Unfallort. Für Bayern vgl. Art. 24 Landesstraf- und VerordnungsG i. d.F. vom 13. 12. 1982 (GVBl. 1098) m. Änd.

**Wirtschaftliche Betrachtungsweise** gilt für die Auslegung von Steuergesetzen und die Beurteilung steuererheblicher Tatbestände; maßgebend für die Besteuerung ist der wirtschaftliche Kern der Sache und nicht die äußere formale Gestalt (§§ 39 bis 42 AO; → Zurechnung).

**Wirtschaftliche Einheit** → Einheit, wirtschaftliche.

**Wirtschaftliche Mitbestimmung** im Betrieb → Mitbestimmung, → Wirtschaftsausschuß.

**Wirtschaftlicher Boykott** → Boykott.

**Wirtschaftlicher Geschäftsbetrieb.** Körperschaften usw., die von der Körperschaftsteuer z. B. wegen Gemeinnützigkeit befreit sind (§ 5 I Nr. 9 KStG), sind insoweit körperschaft- und gewerbesteuerpflichtig, als sie einen selbständigen, auf Einnahmenerzielung gerichteten G. unterhalten, der über eine bloße Vermögensverwaltung hinausgeht und dessen Einnahmen einschließlich Umsatzsteuer 60 000 DM übersteigen (z. B. ein Sportverein betreibt eine Gaststätte); § 14 AO und § 8 GewStDV. Vgl. über steuerlich unschädliche Betätigungen § 58 AO und Zweckbetriebe §§ 65–68 AO sowie → Gewerbebetrieb, → Betrieb, → Unternehmen (USt), → Körperschaftsteuer 4.

**Wirtschaftlicher Verein** → Verein (1).

**Wirtschafts- und Sozialausschuß** der → Europäischen Gemeinschaft ist ein beratendes Organ aus Vertretern des wirtschaftlichen und sozialen Lebens (vgl. Art. 193–198 EGV, Art. 165–170 EuratomGV). Er hat die Aufgabe, die → Kommission und den → Rat der Gemeinschaften durch Stellungnahmen zu unterstützen.

**Wirtschafts- und Sozialrat** → Vereinte Nationen (2).

**Wirtschafts- und Währungsunion.** Nach dem Vertrag über die → Europäische Union ist die W. das Ziel der gemeinsamen Wirtschaftspolitik. Verwirklicht ist es in erster Stufe durch den → Binnenmarkt, die zweite Stufe wird durch die Gründung des → Europäischen Währungsinstituts sowie die → Konvergenzprogramme des Art. 109e EGV eingeleitet. Die dritte Stufe bildet die Schaffung einer gemeinsamen Währung (→ Euro) mit einer einheitlichen gemeinschaftlichen Währungsbank; → Europäisches System der Zentralbanken. Das BVerfG hat Verfassungsbeschwerden einzelner Bürger gegen die W. und die damit verbundene Einführung des Euro verworfen.

**Wirtschaftsausschuß** ist ein Organ des → Betriebs, das im Rahmen der → Mitbestimmung in wirtschaftlichen Angelegenheiten in Unternehmen mit mehr als 100 Arbeitnehmern eingerichtet wird, um die Unterrichtung des → Betriebsrats und der Belegschaft in wirtschaftlichen Angelegenheiten des Unternehmens sicherzustellen, z. B. über die wirtschaftliche, finanzielle und Produktionslage, Rationalisierungsvorhaben, → Betriebsänderungen (§ 106 BetrVG). Der W. besteht aus 3–7 Mitgliedern, die vom Betriebsrat für die Dauer seiner Amtszeit bestimmt werden (§ 107). Gemeinsam mit dem W. hat der Unternehmer mindestens einmal im Vierteljahr die Belegschaft über die wirtschaftliche Lage und Entwicklung des Unternehmens zu unterrichten (§ 110).

**Wirtschaftsgeld** → Unterhaltspflicht der Ehegatten.

**Wirtschaftsgenossenschaften** → Genossenschaft.

**Wirtschaftsgut** ist die steuerliche Bezeichnung für bilanzierungsfähige Vermögensgegenstände und sonstige Aktiv- und Passivposten in der → Bilanz. Der Begriff W. umfaßt nicht nur → Gegenstände i. S. des bürgerlichen Rechts, sondern sämtliche Vorteile und Nachteile (negative W.) eines Betriebs einschl. tatsächlicher Zustände und konkreter Möglichkeiten, die einer selbständigen Bewertung fähig sind. W. ist jeder wirtschaftliche Vorteil über ein Wirtschaftsjahr hinaus.

**Wirtschaftsjahr** ist nach § 4a EStG der Zeitraum, für den Land- u. Forstwirte und Gewerbetreibende ihren → Gewinn ermitteln. W. ist a) bei Land- u. Forstwirten der Zeitraum 1. 7.–30. 6. oder ein anderer durch RechtsVO vorgeschriebener Zeitraum (z. B. für Sonderkulturen vgl. § 8c EStDV); b) bei im Handelsregister eingetragenen Gewerbetreibenden der Zeitraum, für den sie regelmäßig Abschlüsse machen (Kalender-W. oder abweichendes W.; → Geschäftsjahr); c) bei anderen Gewerbetreibenden das Kalenderjahr.

**Wirtschaftskriminalität.** Der Begriff umfaßt die zahlreichen Tatbestände des → Wirtschaftsstrafrechts, deren Ausbreitung die Ges. zur Bekämpfung der W. – 1. WiKG vom 29. 7. 1976 (BGBl. I 2034), 2. WiKG vom 15. 5. 1986 (BGBl. I 721) – entgegenwirken sollen. Das 1. WiKG betrifft insbes. → Insolvenzstraftaten, → Subventionsbetrug, → Kreditbetrug und → Wucher, das 2. WiKG befaßt sich u. a. mit der → Computerkriminalität, schafft neue Strafvorschriften zum → Mißbrauch von Scheck- und Kreditkarten, zur → Fälschung von Zahlungskarten und Euroscheckvordrucken, zum Vorenthalten und Veruntreuen von Arbeitsentgelt (→ Untreue) und zum → Kapitalanlagebetrug und ergänzt die Strafvorschriften des Ges. gegen den → unlauteren Wettbewerb. S. a. → Produktpiraterie. Das Ges. zur Bekämpfung der Korruption vom 13. 8. 1997 (BGBl. I 2038) fügte Strafvorschriften gegen → Submissionsabsprachen und → Angestelltenbestechung als 26. Abschnitt (Straftaten gegen den Wettbewerb) in das StGB ein.

**Wirtschaftslenkung** ist die Einflußnahme des Staates auf den Ablauf der Wirtschaft. Sieht man von den merkantilistisch geprägten Handelsbeschränkungen des 16. bis 18. Jhdts. ab, so fällt ihr Beginn mit dem Ausbruch des ersten Weltkrieges und den damals infolge Blockade und erhöhten Materialanforderungen rasch auftretenden Verknappungen zusammen. Nach einer kurzen Zeit der Einschränkung des Bewirtschaftungssystems nach dem Kriege führte die Weltwirtschaftskrise der dreißiger Jahre erneut zu starken Eingriffen des Staates (Brüning'sche Notverordnungen). Unter der Herrschaft des Nationalsozialismus wurde sodann ein vollständiges Lenkungssystem aufgebaut, das schließlich in eine reine Kriegswirtschaft einmündete. Von 1945–1948 wurde die W. der letzten Kriegsjahre, wenngleich mit veränderter Zielsetzung, noch weitgehend fortgeführt. Sie lief erst nach der Gründung der BRep. langsam aus, deren Wirtschaftspolitik der *sozialen* → *Marktwirtschaft* auf die Bildung eines freien Marktes ausgerichtet ist, in den nur aus sozialen Rücksichten korrigierend eingegriffen werden soll. Dabei bedient sich der Staat im Grundsatz *marktkonformer* Mittel, d. h. er versucht durch Beeinflussung der das Marktgeschehen bestimmenden Faktoren ohne unmittelbare Beeinträchtigung der Entschlußfreiheit der Marktpartner durch Gebote oder Verbote den Wirtschaftsablauf zu steuern. Das marktwirtschaftliche System wurde allerdings nicht für alle Wirtschaftsbereiche verwirklicht (Verkehrswirtschaft, Lenkung der Ernährungswirtschaft durch die → ernährungswirtschaftlichen Marktordnungen). Nach der *Art der Wirtschaftslenkung* kann zwischen direkten (unmittelbaren) Eingriffen und indirekten (mittelbaren) Lenkungsmaßnahmen unterschieden werden. Ausgangspunkt der unmittelbar wirkenden Gebote und Verbote (sog. *Bewirtschaftung*) ist i. d.R. eine Mangelsituation, die durch Vorschriften über die Gewinnung, Herstellung, Verwendung sowie den Absatz und Bezug der knappen Güter bewältigt werden soll (Liefergebote, Bezugsbeschränkungen, Preisvorschriften; s. a. *Sicherstellungsgesetze*). Ziel der indirekten Lenkungsmaßnahmen ist dagegen eine globale Steuerung der Wirtschaft zur Erreichung bestimmter wirtschaftspolitisch erwünschter Ergebnisse (z. B. Preisstabilität, Vollbeschäftigung, Wachstum). Der Staat beschränkt sich hier i. d.R. darauf, auf die Geld- bzw. Nachfrageseite Einfluß zu nehmen, um durch die daraus zu erwartenden Rückwirkungen auf die Güterseite den Produktionsprozeß und damit den Wirtschaftsablauf zu steuern. Ansatzpunkte dieser Lenkungsmaßnahmen bilden die Einkommensverteilung und Einkommensverwendung sowie die Beeinflussung der Investitionen insbes. durch steuerpolitische Maßnahmen sowie die Gewährung direkter Finanzhilfen (→ Subventionen, Bürgschaften, Kredite, soziale → Transfer-Leistungen). Eine Erweiterung und Akzentuierung erfuhr dieses wirtschaftspolitische Instrumentarium durch das sog. → Stabilitätsgesetz vom 8. 6. 1967.

**Wirtschaftsprüfer.** 1. Wirtschaftsprüfer haben die Aufgabe, betriebswirtschaftliche Prüfungen von Jahresabschlüssen wirtschaftlicher Unternehmen durchzuführen und Bestätigungsvermerke über die Vornahme solcher Prüfungen zu erteilen. Sie sind zur steuerlichen Beratung, zum Auftreten als Sachverständige, zur Wirtschaftsberatung und zur treuhänderischen Verwaltung befugt. Sie üben einen → freien Beruf und kein → Gewerbe aus (§§ 1 und 2 der Wirtschaftsprüferordnung i. d.F. vom 5. 11. 1975, BGBl. I 2803 m. Ä.). W. haben nach § 319 HGB die ausschließliche Befugnis, große Kapitalgesellschaften und mittelgroße Aktiengesellschaften zu prüfen. Mittelgroße GmbHs können von einem W., aber auch von einem vereidigten Buchprüfer geprüft werden. Kleine Kapitalgesellschaften können von einem W. oder vereidigten Buchprüfer geprüft werden, müssen aber nicht geprüft werden (→ Abschlußprüfer).

2. W. und W.-Gesellschaften in der Rechtsform der AG, KGaA, GmbH, oHG und KG, die von einem W. verantwortlich geführt sein müssen (§§ 27 ff.), bedürfen der Zulassung (Bestellung) durch die zuständige oberste Landesbehörde (§ 15); es ist aber auch der Zusammenschluß in einer → Partnerschaftsgesellschaft möglich.

3. Voraussetzung für die Bestellung als W. ist grundsätzlich der Abschluß eines juristischen oder betriebs-, volks- oder landwirtschaftlichen Hochschulstudiums und eine praktische Ausbildung (mindestens 5 Jahre im Wirtschaftsleben, davon mindestens 4 Jahre

als Prüfer), ferner geordnete Verhältnisse (§§ 8 ff.) sowie das Bestehen einer schriftlichen und mündlichen Prüfung vor einem Prüfungsausschuß (§§ 12 ff.; PrüfungsO für W. vom 31. 7. 1962, BGBl. I 529) m. Änd. Staatsangehörige von Mitgliedstaaten der E. G. mit entsprechender Vorbildung können stattdessen eine Eignungsprüfung gem. §§ 131 g ff. WPO ablegen. Für Deutsche und für Angehörige eines Mitgliedstaats der E. G. mit (31. 12. 1989) Wohnsitz in der ehem. DDR gelten gemäß § 134 a IV u. V WPO bis 1996 Erleichterungen. Der W. hat seinen Beruf unabhängig, gewissenhaft, verschwiegen und eigenverantwortlich auszuüben; er muß eine Berufshaftpflichtversicherung eingehen (§ 54; VO vom 8. 12. 1967, BGBl. I 1212). W. und W.-Gesellschaften können sich an jedem Ort in der BRep. niederlassen, Zweigniederlassungen errichten und ohne räumliche Beschränkung tätig werden (§ 3). Zur beruflichen Selbstverwaltung besteht eine Wirtschaftsprüferkammer als öffentlich-rechtliche Körperschaft (§ 4) mit Zwangsmitgliedschaft; sie führt ein Berufsregister und wahrt die beruflichen Belange ihrer Mitglieder. Sie kann Richtlinien erlassen (§ 57); ihre Organe sind die W.-Versammlung, der Beirat und der Vorstand. Sie hat eine Satzung und untersteht der staatlichen Aufsicht des BWirtschMin. (§§ 60, 61). Daneben besteht eine → Berufsgerichtsbarkeit; in erster Instanz entscheiden die Kammern für W.-Sachen des Landgerichts (1 Richter, 2 W.), im zweiten Rechtszug der Senat für W.-Sachen des OLG (3 Richter, 2 W.) und im dritten Rechtszug der beim BGH gebildete Senat für W.-Sachen des BGH (3 Richter, 2 W.), vgl. §§ 72–75. Disziplinarstrafen sind: Warnung, Verweis, Geldbuße bis 20 000 DM, Ausschließung aus dem Beruf (§§ 67, 68); über das berufsgerichtliche Verfahren vgl. §§ 81 ff. Die Berufsbezeichnungen W. und vereidigter Buchprüfer sind geschützt; die Bezeichnungen „Buchprüfer, Bücherrevisor, Wirtschaftstreuhänder" dürfen wegen Verwechslungsgefahr nicht mehr geführt werden. Über das Siegel der W., vereidigten Buchprüfer, W.-Gesellschaften und Buchprüfungsgesellschaften s. VO vom 9. 3. 1962 (BGBl. I 164). S. a. → Abschlußprüfer.

**Wirtschaftsrat** → Vereinigtes Wirtschaftsgebiet.

**Wirtschaftsrecht.** Die Abgrenzung des Begriffs ist nicht einheitlich. Nach überwieg. M. umfaßt das W. die Gesamtheit der Normen, welche die selbständige Erwerbstätigkeit in Industrie, Handel, Handwerk, Landwirtschaft, Verkehr und den freien Berufen – je nach der wirtschaftspolitischen Grundauffassung mehr oder weniger – begrenzen und lenken. Zum W. gehören damit insbes. die Vorschriften über die Zulassung zu Beruf und Gewerbe (s. Berufsfreiheit, freie Berufe, Gewerbeordnung, Handwerksordnung) wie auch der Bereich der staatlichen Wirtschaftslenkung (→ Wirtschaftslenkung, Marktordnung, Preisrecht) und der Wirtschaftsförderung (→ Subventionen). W. ist ferner das Recht der → Wettbewerbsbeschränkungen und das Recht der wirtschaftlichen Organisationen (→ Kammern, → Verbände) sowie für den internationalen Bereich das → Außenwirtschaftsgesetz vom 28. 4. 1961 nebst AVO. Die nationalen Rechtsvorschriften werden zudem zunehmend ergänzt und verdrängt durch Normen des Europäischen → Gemeinschaftsrechts im Rahmen von EWG, EGKS und Euratom (→ supranationale Organisationen). S. a. → Wirtschaftsverfassungsrecht, → Wirtschaftsverwaltungsrecht.

**Wirtschaftsrisiko** → Betriebsrisiko.

**Wirtschaftssicherstellungsgesetz** → Sicherstellungsgesetze.

**Wirtschaftsspionage,** d. h. das Auskundschaften fremder Betriebsgeheimnisse, kann unter verschiedenen Gesichtspunkten strafbar sein, insbes. nach §§ 17, 20 UWG als Anstiftung zum Verrat von Geschäfts- oder Betriebsgeheimnissen (→ Geheimnisverrat), ferner als → Hausfriedensbruch, → Urkundenunterdrückung oder → Diebstahl von Fabrikationsunterlagen, → Vorlagenmißbrauch, → Patentverletzung usw. Ist das ausgespähte Betriebsgeheimnis zugleich → Staatsgeheimnis, so kommt → Landesverrat in Betracht.

**Wirtschaftsstrafkammer** → Wirtschaftsstrafsachen.

**Wirtschaftsstrafrecht** ist der Sammelbegriff für alle Strafvorschriften, die im Bereich der Wirtschaft liegende Tatbestände unter Strafe stellen (s.a. → Wirtschaftskriminalität); es gehört dem Nebenstrafrecht an (→ Strafrecht, 1 b). Das jetzt geltende *WirtschaftsstrafG 1954* i. d. F. vom 3. 6. 1975 (BGBl. I 1313) stellt Einzeltatbestände auf (→ Preistreiberei, Preisverstöße), enthält aber auch für seinen Geltungsbereich einheitliche Bestimmungen über die → Einziehung im Strafverfahren und die Abführung des → Mehrerlöses. Das WiStG 1954 gilt auch für bestimmte andere in §§ 1, 2 bezeichnete Straftaten und Ordnungswidrigkeiten (Verstöße gegen die → Sicherstellungsgesetze). Jedoch ist es nicht mehr Rahmengesetz für andere wirtschaftsrechtliche Gesetze, die früher auf das WiStG 1954 verwiesen.

**Wirtschaftsstrafsachen** sind, soweit eine große → Strafkammer des Landgerichts im 1. Rechtszug oder eine kleine Strafkammer für Berufungen gegen Urteile des → Schöffengerichts zuständig ist, von einer großen oder einer kleinen *Wirtschaftsstrafkammer* zu entscheiden; dieser können auch die W. für mehrere LG-Bezirke zugewiesen werden (§ 74 c GVG). Zu den W. gehören u. a. Verfahren wegen → Insolvenzstraftaten, Straftaten nach den Ges.en zum Schutz geistigen Eigentums (PatentG usw., → Produktpiraterie), nach dem Ges. gegen den → unlauteren Wettbewerb, nach anderen handelsrechtlichen Gesetzen (AktG, GmbHG, GenG, BörsenG usw.), nach dem → AußenwirtschaftsG, dem WirtschaftsstrafG 1954, nach den Steuer- und Zollges., → Subventionsbetrug, → Kreditbetrug, → Submissionsabsprachen, → Angestelltenbestechung. Ferner zählen dazu Verfahren wegen gewisser anderer Delikte (Betrug, Untreue, Bestechung, Vorteilsgewährung, Wucher), soweit zu ihrer Beurteilung besondere wirtschaftliche Kenntnisse erforderlich sind.

**Wirtschaftsstrukturgesetz** → Gemeinschaftsaufgaben.

**Wirtschaftsvereinigungen** → Verbände.

**Wirtschaftsverfassungsrecht** im juristischen Sinne sind die Verfassungsvorschriften, welche die *Wirtschaft* betreffen (→ Wirtschaftsrecht). Anders als viele Landesverfassungen enthält das GG keine systematische Zusammenstellung dieser Verfassungsbestimmungen. Das W. ist daher durch die Gewährleistung der wirtschaftlichen Grundfreiheiten, *Unternehmen und Vertrag* durch Art. 2, *Eigentum* durch Art. 14 und *Beruf* durch Art. 12 geprägt. Daneben sind die wirtschaftlichen Aspekte zahlreicher anderer Grundrechte bedeutsam, z. B. die wirtschaftliche *Vereinigungsfreiheit,* die wirtschaftliche *Freizügigkeit,* der Schutz von *Geschäftsräumen* u.ä. Andererseits sind die fundamentalen Ordnungsprinzipien (→ Sozialstaatsprinzip, → Demokratieprinzip, → Rechtsstaatsprinzip) und die Organisationsordnung (Gesetzgebungszuständigkeit des Bundes für das *Recht der Wirtschaft,* Art. 74 Nr. 11 GG, Verwaltungskompetenzen der Länder) zu beachten. Nach der Rspr. des BVerfG enthält das GG keine Festlegung der Wirtschaftsordnung i. S. eines liberalen, marktwirtschaftlichen oder sozialistischen Modells (sog. *wirtschaftliche „Neutralität" des GG* – vgl. BVerfGE 4, 18; 7, 400; 12, 363 u. a.), vielmehr ein durch die Freiheitsrechte einerseits und durch den Sozialstaatsauftrag (s. vor allem BVerfGE 8, 329) andererseits bestimmten Handlungsraum für den Gesetzgeber. In der Literatur ist das mit Rücksicht auf Art. 109 GG dem man eine verfassungsrechtliche Gewährleistung einer marktwirtschaftlichen Wirtschaftsordnung entnehmen könnte, umstritten. Jedenfalls ist die *Sozialisierungsbestimmung* des Art. 15 GG kein Verfassungsauftrag, sondern nur eine Gestaltungsmöglichkeit für den Gesetzgeber. → Sozialisierung; → Vergesellschaftung.

**Wirtschaftsverwaltungsrecht.** Soweit der Begriff nicht i. S. von *Wirtschaftsrecht* verwendet wird, bezeichnet er den Teil des öffentlich-rechtlichen Wirtschaftsrechts, der sich als klassische → Eingriffsverwaltung darstellt.

**Wissenschaft, Freiheit der –.** Die Freiheit der Kunst und der Wissenschaft, der Forschung und der Lehre (→ Kunst, Freiheit der; → Lehrfreiheit) ist in Art. 5 III GG als → institutionelle Garantie gewährleistet. Wissenschaft und Forschung sind Tätigkeiten, die der Erkenntnis dienen, d. h. ernsthafte und planmäßige Versuche zur Ermittlung der Wahrheit. Lehre ist die korrekte Übermittlung der gewonnenen Ergebnisse. Für den Einzelnen ergibt sich die Freiheit zu wissenschaftlicher Betätigung und Äußerung auch bereits aus dem Grundrecht der → Meinungsfreiheit (Art. 5 I GG). Das GG erwähnt daneben noch besonders die Freiheit der Forschung sowie der der Lehre. Bezüglich der Freiheit der Lehre bestimmt Art. 5 III 2, daß sie nicht von der Treue zur Verfassung entbindet. Diese Treuepflicht zur Verfassung gilt, wenn auch nicht ausdrücklich erwähnt, ebenso für Wissenschaft und Forschung. Darüber hinaus wird z. T. für Wissenschaft, Forschung und Lehre eine Bindung an die allgemeinen Gesetze angenommen, wie sie auch für die Meinungsfreiheit besteht (vgl. auch BVerfGE 15, 256; BVerwGE 1, 303). Eingehend zu organisatorischen Fragen der F. d. W. das Hochschulurteil des BVerfG vom 29. 5. 1973 (NJW 1973, 1176).

**Wissenschaftsrat.** Beratendes Gremium in Fragen von Bildung und Wissenschaft; die Mitglieder werden teils vom Bundespräsidenten (auf Vorschlag wissenschaftlicher Einrichtungen sowie gemeinsamen Vorschlag der Bundesregierung und der Länderregierungen) berufen, teils von den Regierungen des Bundes und der Länder entsandt. Rechtsgrundlage: Verwaltungsabkommen zw. Bund und Ländern vom 5. 9. 1957 (mehrmals verlängert).

**Wissentliches Handeln** → Schuld.

**Witwenbeihilfe** wird in der → Unfallversicherung der Witwe eines Schwerverletzten als einmalige Leistung gewährt, wenn sie keinen Anspruch auf eine Unfall-Witwenrente hat, weil der Tod nicht Folge des → Arbeitsunfalls war. Die W. beträgt 40 v. H. des → Jahresarbeitsverdienstes. Entsprechendes gilt für Witwer. § 71 SGB VII. S. auch § 48 BVG, → Kriegsopferversorgung.

**Witwengeld.** Die Witwe eines Beamten, der z. Z. seines Todes → Ruhegehalt erhalten hätte, oder eines Ruhestandsbeamten erhält Witwengeld, es sei denn, daß die Ehe mit dem Verstorbenen weniger als 3 Monate gedauert hat und ihr alleiniger oder überwiegender Zweck darin bestand, der Witwe eine Versorgung zu verschaffen, oder wenn die Ehe erst nach Eintritt des Beamten in den Ruhestand geschlossen wurde und der Ruhestandsbeamte z. Z. der Eheschließung das 65. Lebensjahr bereits vollendet hatte – sog. nachgeheiratete Witwe – (§ 19 BeamtVG; → Versorgung des Beamten). Im letzteren Falle besteht jedoch ein Rechtsanspruch auf Gewährung eines *Unterhaltsbeitrages,* soweit die besonderen Umstände des Falles keine volle oder teilweise Versagung rechtfertigen; dasselbe gilt für die geschiedene Ehefrau, die Anspruch auf → Versorgungsausgleich hatte (im einzelnen s. § 22 II BeamtVG). Das W. beträgt 60% des Ruhegehalts, das der Verstorbene bei Eintritt in den Ruhestand am Todestag erhalten hätte. Es kann nach Maßgabe des § 20 II BeamtVG gekürzt werden, wenn die Witwe mehr als 20 Jahre jünger ist als der Verstorbene. Die Witwe, die Anspruch auf W. hat, erhält im Falle einer Wiederverheiratung eine *Witwenabfindung* in Höhe des 24fachen Monatsbeitrags (§ 21 BeamtVG). Witwen- und → Waisengeld dürfen zusammen den Betrag des ihrer Berechnung zugrundeliegenden Ruhegehalts nicht übersteigen (§ 25 BeamtVG). Die Regelung gilt entsprechend für den *Witwer* und den geschiedenen Ehemann einer verstorbenen Beamtin oder Ruhestandsbeamtin (§ 28 BeamtVG).

**Witwenrente** → Hinterbliebenenrenten in der Sozialversicherung, → Hinterbliebene von Kriegsopfern.

**Witwensplitting.** Verwitwete Personen, die beim Tod ihres Ehegatten von diesem nicht dauernd getrennt leben, werden zwar zur Einkommensteuer einzeln veranlagt (§ 25 EStG; → Veranlagungsarten), jedoch findet die Splittingtabelle (→ Einkommensteuer) noch Anwendung in dem auf das Todesjahr folgenden → Veranlagungszeitraum (§ 32 a VI Nr. 1 EStG). S. → Gnadensplitting.

**Wochenmarkt** → Marktverkehr.

**Wohl der Allgemeinheit** ist ein vor allem im Recht der → Enteignung verwendeter Begriff. Nach Art. 14 II 2 GG soll der Gebrauch des → Eigentums zugleich dem W. d. A. dienen (Grundlage für die Lehre von der „Sozialbindung“

des Eigentums). Nach Art. 14 III 1 GG (entsprechende Bestimmungen in den Enteignungsgesetzen des Bundes und der Länder) ist eine Enteignung nur zum W. d. A. zulässig. Diese Voraussetzung ist dann erfüllt, wenn der mit der Enteignung angestrebte Nutzen für die A. über den durch die Rechtsentziehung als solche erreichten Vorteil hinausgeht. Auch außerhalb des Enteignungsrechts finden sich gelegentlich „Gemeinwohlklauseln", z. B. im Planungsrecht oder bei Änderungen im Gebietsbestand von Gemeinden, die zulässig sind, wenn sie dem „gemeinen Wohl" dienen.

**Wohlerworbene Rechte** (des Beamten) → Berufsbeamtentum.

**Wohlfahrtspflege, freie** → Freie Wohlfahrtspflege.

**Wohnbesitz** → Wohnungseigentum, → Wohnungsrecht.

**Wohneigentumsförderung** → Eigenheimzulage.

**Wohngeld** ist der nach dem Wohngeldgesetz i. d.F. vom 1. 2. 1993 (BGBl. I 183) m. spät. Änd. gewährte Zuschuß zu den Aufwendungen für den Wohnraum; er wird auf Antrag entweder als Miet- oder als Lastenzuschuß gewährt, wenn das Familieneinkommen unter Berücksichtigung der Haushaltszugehörigen bestimmte Höchstgrenzen nicht erreicht, die Miete oder Belastung das aus einer Tabelle ersichtliche zumutbare Maß übersteigt und nicht besondere Versagungsgründe vorliegen. Mietzuschuß kann ein Mieter, ein Berechtigter eines ähnlichen Nutzungsverhältnisses oder ein Heimbewohner beanspruchen; Lastenzuschuß der Eigentümer eines Eigenheims, einer Kleinsiedlung oder einer landw. Nebenerwerbsstelle, einer Eigentumswohnung oder eines eigentumsähnlichen Dauerwohnrechts. Miete oder Belastung kann nur bis zu bestimmten Sätzen pro qm und nur für eine dem Familienstand entsprechende Wohnfläche berücksichtigt werden. Ob die Miete oder Belastung tragbar ist, wird auf Grund einer Staffelung nach Familienstand und Einkommen errechnet. Der W.anspruch ist nur beschränkt übertragbar und pfändbar (§§ 53, 54 SGB I). Das W. wird von der landesrechtlich zuständigen Stelle gewährt (i. d. R. untere Verwaltungsbehörde). Bei Ablehnung ist der Verwaltungsrechtsweg gegeben (die Berufung aber nur, wenn im Urteil zugelassen). S. a. WohngeldVO i. d.F. vom 30. 9. 1992 (BGBl. I 1686 m. spät. Änd.). Neue Länder: W.sonderges. vom 16. 12. 1992 (BGBl. I 2406) m. spät. Änd. Das W. ist steuerfrei (§ 3 Nr. 58 EStG).

**Wohnort** → Wohnsitz.

**Wohnraumbewirtschaftung.** Die W. war ein Teil der → Wohnungszwangswirtschaft. Mit deren Abbau (→ Miete, I b) sind auch die Vorschriften des WBewG i. d.F. v. 23. 6. 1960 (BGBl. I 418) außer Kraft getreten. Eine W. gibt es heute nur noch im Rahmen des → sozialen Wohnungsbaus. S. ferner → Wohngeld.

**Wohnraumkündigungsschutz** → Miete (5 c), → Mietpreisbindung.

**Wohnraummakler** → Wohnungsvermittlung.

**Wohnraummiete** unterliegt Sonderbestimmungen; → Miete, → Mietpreisbindung, → Mietgericht.

**Wohnraummodernisierung** → Wohnungsmodernisierung.

**Wohnraumüberwachung** zur Gefahrenabwehr → Datenerhebung und -verarbeitung (durch die Polizei), zur Strafverfolgung → Einsatz technischer Mittel.

**Wohnrecht** → Wohnungsrecht.

**Wohnsitz.** Der W. ist der räumliche Mittelpunkt der Lebensverhältnisse eines Menschen. Er ist in mannigfacher Hinsicht rechtlich von Bedeutung, insbes. für die Bestimmung der örtlichen Zuständigkeit im Prozeßrecht (→ Gerichtsstand, → Vormundschaftsgericht, → Nachlaßgericht), für den → Leistungsort, die → Eheschließung usw. Der W. als Rechtsbegriff unterscheidet sich vom bloßen *Aufenthaltsort* (dort nur Meldepflicht). Allein durch den Aufenthalt, auch wenn es sich um den gewöhnlichen oder dauernden Aufenthalt handelt, wird ebenso wie durch die Wahl eines *Wohnorts* (z. B. Studienort) mangels gewollter rechtlicher intensiver Bindung noch kein W. begründet.

Man unterscheidet den freigewählten (gewillkürten) und den gesetzlichen W. Der gewillkürte W. wird durch die ständige Niederlassung an einem bestimmten Ort begründet (§ 7 I BGB). Voraussetzung ist also neben der tatsächlichen Ausführung ein rechtsgeschäftlicher Wille zur W.begründung. Ein in der → Geschäftsfähigkeit Beschränkter kann daher ohne den Willen seines → gesetzlichen Vertreters einen W. weder begründen noch aufheben (§ 8 BGB; Ausnahme für den verheirateten Minderjährigen). Die gleichen Voraussetzungen gelten für die Aufhebung eines Wohnsitzes; die Aufgabe einer Wohnung allein reicht hierfür i. d.R. noch nicht aus. Wird bei der Aufhebung des W. kein neuer begründet, so lebt jemand – zulässigerweise – ohne W.; es entscheidet dann regelmäßig sein gewöhnlicher Aufenthaltsort oder sein letzter W. Eine Person kann auch in mehreren politischen Gemeinden – nicht bei verschiedenen Wohnungen in derselben Gemeinde – getrennten W. haben (*Doppelwohnsitz,* § 7 II BGB); für das öffentliche Recht (Steuer, Meldepflicht usw.) gilt dann regelmäßig der Ort der hauptsächlichen Niederlassung *(Hauptwohnsitz).* Der gesetzliche W. gilt vor allem für minderjährige Kinder, nicht dagegen für eine Ehefrau, die nach dem → Gleichberechtigungsgrundsatz ihren W. frei bestimmen kann. Ein minderjähriges Kind teilt nach § 11 BGB den W. seiner Eltern. Haben diese nicht den gleichen W. (z. B. bei → Getrenntleben der Ehegatten), so entscheidet der W. des Elternteils, dem das Recht der → Personensorge zusteht. Hat kein Elternteil das Personensorgerecht, so teilt das Kind den W. desjenigen, dem dieses Recht zusteht (z. B. → Vormund). Ein volljähriger Berufssoldat oder Soldat auf Zeit – nicht ein Wehrpflichtiger – hat seinen W. am *Standort* bzw. am letzten inländischen Standort seiner Truppe (§ 9 BGB; bei Minderjährigen nur mit Zustimmung des gesetzlichen Vertreters, s. o.). Ein gesetzlicher W. für Beamte, Notare usw. ist nicht vorgesehen; der *Amtssitz* (→ Residenzpflicht) dieser Personen ist nur zur Wahrung ihrer dienstlichen Obliegenheiten bestimmt, begründet oder ersetzt aber nicht den persönlichen W. Dem W. entspricht bei juristischen Personen der *Sitz;* dies ist regelmäßig der Ort, an dem die Verwaltung geführt wird oder an dem die Gesellschaft einen Betrieb hat (§ 24 BGB, § 5 II AktG, § 4 a GmbHG). Für Handelsfirmen vgl. ferner → Niederlassung.

Einen W. i.S. der *Steuergesetze* hat jemand dort, wo er eine Wohnung innehat unter Umständen, die darauf schließen lassen, daß er die Wohnung beibehalten und benutzen wird (§ 8 AO). → Steuerpflicht.

**Wohnung, selbstgenutzte** → Selbstgenutzte Wohnung – steuerlich, → Eigenheimzulage.

**Wohnung, Unverletzlichkeit der –.**

1. Die U. d. W. ist in Art. 13 I GG als → Grundrecht gewährleistet. Träger des Grundrechts ist jedermann, also auch Ausländer und juristische Personen (nicht aber Behörden, z. B. Universitäten). Unter W. ist der gesamte private Wohnbereich zu verstehen; hierzu gehören auch Geschäftsräume, soweit sie nicht allgemein zugänglich sind, und das umfriedete Besitztum. Geschützt ist nur der rechtmäßige Inhaber. Das Grundrecht ist ein Abwehrrecht gegen die öffentliche Gewalt; dagegen enthält Art. 13 kein „Sozialgrundrecht" in dem Sinn, daß der Staat zur Schaffung menschenwürdigen Wohnraums oder zur sozialen Ausgestaltung des Mietrechts verpflichtet ist.

2. Immanente Schranken des Grundrechts können sich aus gleichrangigen Rechten und Freiheiten anderer ergeben. Nach Art. 13 II dürfen → Durchsuchungen nur durch den Richter, bei Gefahr im Verzug auch durch die in den Gesetzen vorgesehenen anderen Organe angeordnet und nur in der dort vorgeschriebenen Form durchgeführt werden, so im Strafverfahren von der StA oder ihren Hilfsorganen (§§ 102 ff. StPO); durch den → Gerichtsvollzieher für die Zwangsvollstreckung im Zivilprozeß nur aufgrund richterlicher Anordnung (vgl. §§ 758 ff. ZPO und → Durchsuchung, III), für das Steuerverfahren §§ 210, 287, 402 AO.

3. Begründen bestimmte Tatsachen den Verdacht, daß jemand eine schwere Straftat begangen hat, so dürfen zur Verfolgung der Tat Wohnungen mit technischen Mitteln („Wanzen") abgehört werden, wenn die Erforschung des

Sachverhaltes in anderer Weise unverhältnismäßig erschwert würde oder aussichtslos wäre. Die Anordnung kann bei Gefahr in Verzug nur durch einen Einzelrichter, ansonsten nur durch einen mit drei Richtern besetzten Spruchkörper erfolgen (Art. 13 III). Zur Abwehr dringender Gefahren für die öffentliche Sicherheit und Ordnung dürfen präventiv technische Mittel zur Überwachung von Wohnungen aufgrund richterlicher Anordnung eingesetzt werden, bei Gefahr in Verzug genügt die Anordnung durch eine andere durch Gesetz bestimmte Stelle; die richterliche Entscheidung ist unverzüglich nachzuholen (Art. 13 IV). Zum Schutze von bei einem Einsatz in Wohnungen tätigen Personen kann eine durch Gesetz bestimmte Stelle auch ohne richterliche Anordnung abhören lassen. Eine anderweitige Verwertung der hierbei erlangten Kenntnisse ist nur zum Zwecke der Strafverfolgung oder der Gefahrenabwehr und nur dann zulässig, wenn vor der Verwertung die Zulässigkeit der Maßnahme gerichtlich festgestellt ist; bei Gefahr in Verzug ist die richterliche Entscheidung unverzüglich nachzuholen (Art. 13 V).

4. Nach Art. 13 VII GG dürfen (unmittelbar, ohne weitere gesetzliche Grundlage) Eingriffe und Beschränkungen im übrigen nur zur Abwehr einer gemeinen Gefahr (z. B. Feuer, Überschwemmung, Einsturzgefahr) oder einer Lebensgefahr für einzelne Personen (auch bei drohendem Selbstmord) vorgenommen werden; ferner auf Grund eines Gesetzes auch zur Verhütung dringender Gefahren für die öffentliche Sicherheit und Ordnung, insbesondere zur Behebung der Raumnot (vorübergehend oder chronisch: Katastrophen; Wohnraumbewirtschaftung), zur Bekämpfung von Seuchengefahren oder zum Schutz gefährdeter Jugendlicher. Der Abwehr von Seuchengefahren dienen z. B. das Bundesseuchengesetz, das Tierseuchengesetz, das Gesetz zur Bekämpfung der Geschlechtskrankheiten, lebensmittelrechtliche und u. U. umweltschützende Gesetze. Verschiedene weitere Betretungsbefugnisse ergeben sich aus der Konkurrenz des Grundrechts mit sonstigen Gemeinwohlerfordernissen; sie stehen in besonderem Maße unter dem Grundsatz der → Verhältnismäßigkeit und Zumutbarkeit.

5. Grundsätzlich steht die U. d. W. unter dem Rechtsschutz der → Verfassungsbeschwerde; zivilrechtlich ist sie durch Abwehransprüche aus → Eigentum und → Besitz geschützt, strafrechtlich durch die Vorschriften über → Hausfriedensbruch.

**Wohnung der Ehegatten** → eheliche Lebensgemeinschaft, → Getrenntleben der Ehegatten, → Hausratsverordnung.

**Wohnungsamt.** Seit dem Abbau der → Wohnraumbewirtschaftung sind die W.ämter vornehmlich zur Erfassung und Verwaltung der im Rahmen des → sozialen Wohnungsbaus errichteten Wohnräume zuständig. S. ferner → Wohngeld.

**Wohnungsbau(gesetze).** Zur Beseitigung des durch den 2. Weltkrieg bedingten Wohnungsfehlbedarfs sah schon das erste Wohnungsbaugesetz i. d.F. vom 25. 8. 1953 (BGBl. I 1047) m. spät. Änd. den Einsatz öffentlicher Mittel vor (verbilligte Darlehen, staatl. Bürgschaften, Bereitstellung von Bauland, Vergünstigungen für die Grundsteuer, Sonderabschreibungen nach dem EStG sowie Auflockerung der → Wohnungszwangswirtschaft für freifinanzierte oder lediglich steuerbegünstigte Wohnungen). Weitere Förderungsmittel sind die → Wohnungsbauprämie und die Berücksichtigung von Bausparkassenbeiträgen als → Sonderausgaben sowie die Befreiung von Gerichtsgebühren (Ges. vom 30. 5. 1953, BGBl. I 273).

Förderungsmaßnahmen insbes. für Eigenheime, Kaufeigenheime, Eigentumswohnungen und Wohnheime sieht das 2. Wohnungsbaugesetz i. d.F. vom 19. 8. 1994 (BGBl. I 2137) vor. Es enthält zusammen mit der 2. BerechnungsVO – II. BV – i. d. F. vom 12. 10. 1990 (BGBl. I 2178) m. Änd. vom 13. 7. 1992 (BGBl. I 1250) und vom 23. 7. 1996 (BGBl. I 1167) die Voraussetzungen für die öffentliche Förderung insbes. des Familienheimbaus und von Ausbaumaßnahmen. Die am weitesten gehende öffentliche Förderung im Rahmen des → sozialen Wohnungsbaus berücksichtigt insbes. die Bauvorhaben zugunsten von Wohnungssuchenden, deren Einkommen bestimmte Grenzen nicht übersteigt, für Kinderreiche, junge Familien, ältere Menschen und Schwerbehinderte, stellt aber auch auf die Eigenleistung des Bauherrn ab (§§ 25 ff.). Für den lediglich steuerbegünstigten Wohnungsbau können Aufwendungszuschüsse und -darlehen gewährt werden; Sondervorschriften gelten dann für die Zweckbestimmung der Wohnungen, → Wohnungsbesetzungs(belegungs-)recht und die Kostenmiete (§§ 88 ff. 2. W.Ges.). Neben diese Förderungsmittel treten ergänzende landesrechtliche Maßnahmen. S. a. VO über die Ablösung öff. Baudarlehen nach dem 2. W.Ges. i. d.F. vom 1. 2. 1966 (BGBl. I 107) m. Änd. Zur *steuerlichen Förderung* vgl. → Selbstgenutzte Wohnung, steuerlich, → Sonderabschreibungen.

**Wohnungsbaudarlehen** → Wohnungsbau(gesetze).

**Wohnungsbaugenossenschaft** → Genossenschaft (Bau-Gen.).

**Wohnungsbauprämie.** Zur Förderung des → Wohnungsbaus erhalten Bausparer für Beiträge von mindestens 100 DM jährlich an dieselbe → Bausparkasse eine staatliche Prämie. Die Prämie beträgt 10% der prämienbegünstigten Aufwendungen, insgesamt höchstens aus 1000 DM jährlich (bei zusammenveranlagten Ehegatten 2000 DM, falls das zu versteuernde Einkommen 50 000 DM/100 000 DM nicht überschreitet). Kinder sind ab Vollendung des 16. Lebensjahres selbst prämienberechtigt. Voraussetzung ist die Einhaltung einer Sperrfrist von 7 Jahren, innerhalb deren über das Bausparguthaben nicht durch Rückzahlung oder andere Verwendung als zum Wohnungsbau verfügt werden darf (Ausnahmen bei Tod, Erwerbsunfähigkeit, mindestens 1jähriger Arbeitslosigkeit). Die W. wird ab 1997 von der Bausparkasse, bei der sie zu beantragen ist, überwiesen. Der Antrag ist bis zum Ablauf des 2. Kalenderjahres zu stellen, das dem Sparjahr folgt. (Wohnungsbau-Prämiengesetz i. d.F. vom 30. 10. 1997 (BGBl. I 2678); s. a. Wohnungsbauprämien – DVO vom 30. 10. 1997 (BGBl. I 2684).

**Wohnungsbesetzungs(belegungs)-recht.** Ein Grundstückseigentümer kann sich (i. d. R. gegen Gewährung eines Darlehens) verpflichten, nur solche Personen als Mieter aufzunehmen, die ihm der Berechtigte benennt. Das W. kann durch eine → beschränkte persönliche Dienstbarkeit gesichert werden.

**Wohnungsbindungsgesetz** → sozialer Wohnungsbau.

**Wohnungseigentum.** 1. Da das alte Stockwerkseigentum (Alleineigentum an einem Teil des Hauses) wegen des Verbots von Sonderrechten an wesentlichen → Bestandteilen nach dem BGB nicht mehr begründet werden konnte, das dingliche → Wohnungsrecht nicht genügte und andererseits der gewaltige Wohnraumbedarf nach 1945 dazu zwang, die Wohnraumsuchenden an der Finanzierung zu beteiligen und ihnen hierfür einen realen Gegenwert zu verschaffen, eröffnete das Gesetz über das Wohnungseigentum und das Dauerwohnrecht (WEG) v. 15. 3. 1951 (BGBl. I 175) m. Änd. die Möglichkeit eines beschränkten Sondereigentums an Teilen eines Hauses. Das W. (an nicht zu Wohnzwecken dienenden Teilen eines Gebäudes – z. B. Laden, Büro – *Teileigentum* genannt) ist das Sondereigentum an einer Wohnung in Verbindung mit dem → Miteigentumsanteil an dem Haus (§ 1 WEG). Gegenstand des *Sondereigentums* sind daher nur die Wohn- bzw. Geschäftsräume und die hierzu gehörenden Bestandteile (z. B. Balkon), sofern sie in sich – nicht notwendig den Bauvorschriften entsprechend – abgeschlossen sind (vgl. auch → Abgeschlossenheitsbescheinigung).

2. Alle übrigen Einrichtungen und Anlagen, die für den Bestand und die Unterhaltung des Hauses erforderlich sind (z. B. Grundstück, Fundament, Dach) oder dem gemeinschaftlichen Gebrauch der Miteigentümer dienen (Treppenhaus, Leitungen u. a.), stehen im Miteigentum der Hauseigentümer (§ 5 WEG); es ist allerdings möglich, hieran (z. B. an Kfz.-Abstellplätzen) Sondernutzungsrechte zu begründen. Sondereigentum und Miteigentumsanteil sind untrennbar miteinander verbunden; Rechte an dem Miteigentumsanteil erstrecken sich auch auf das Sondereigentum (§ 6 WEG). Das W. wird begründet durch Vertrag der Miteigentümer oder durch Teilungserklärung des

bisherigen Alleineigentümers (§§ 3, 8 WEG; Erschwerungen bei Umwandlung von Mietwohnungen in W. im Interesse der betroffenen Mieter → Miete, 5 c). Dazu ist die Einigung der Beteiligten über den Eintritt der Rechtsänderung (in der Form der → Auflassung) und die Eintragung im → Grundbuch erforderlich (§ 4 WEG); auch der Verpflichtungsvertrag bedarf der Form des → Grundstückskaufvertrags. Für jeden Miteigentumsanteil und das hiermit verbundene Sondereigentum wird ein besonderes → Grundbuchblatt (*Wohnungsgrundbuch,* Teileigentumsgrundbuch) angelegt (§ 7 WEG). 3. Für die Miteigentümer untereinander gilt grundsätzlich das Recht der → Gemeinschaft; eine Auflösung der Gemeinschaft kann jedoch nicht verlangt werden (§ 11 WEG). Jeder Wohnungseigentümer kann grundsätzlich über das W., d. h. Sondereigentum und Miteigentumsanteil, frei verfügen (Übertragung, Belastung), doch kann die Veräußerung an die Zustimmung aller Miteigentümer oder des Verwalters gebunden werden (§ 12 WEG). Hinsichtlich des Sondereigentums ist der Wohnungseigentümer in der Nutzung im Rahmen der sich aus dem Gemeinschaftsverhältnis ergebenden Verpflichtungen frei (§§ 13, 14 WEG). Für die Regelung des Gebrauchs, der gemeinschaftlichen Verwaltung und der Lastentragung gelten zunächst die Vereinbarungen der Miteigentümer, hilfsweise die §§ 15 ff., 20 ff. WEG. Insbes. ist ein *Verwalter* zu bestellen (auf höchstens 5 Jahre; Wiederholung zulässig); er muß mindestens einmal jährlich eine Versammlung der Wohnungseigentümer einberufen, in der Stimmenmehrheit (grundsätzlich nach Köpfen; in der Praxis aber vielfach nach dem Verhältnis der Beteiligung) entscheidet. Zur Änderung der Teilungserklärung (Gemeinschaftsordnung) sowie für bauliche Veränderungen und Aufwendungen, die über die ordnungsmäßige Instandhaltung hinausgehen, ist Einstimmigkeit erforderlich, sofern nicht auch hierfür ein Mehrheitsbeschluß vorgesehen ist. Der Verwalter kann aus wichtigem Grund auch vorzeitig abberufen werden. Zur Unterstützung des Verwalters und zur Wahrnehmung von Kontrollrechten kann ein aus drei Wohnungseigentümern bestehender *Verwaltungsbeirat* bestellt werden (§ 29 WEG). Verstößt ein Miteigentümer beharrlich gegen die Gemeinschaftspflichten, so können die übrigen Miteigentümer von ihm die Veräußerung seines W. verlangen (§§ 18 f. WEG). Über Anfechtung von Eigentümerbeschlüssen (grundsätzlich binnen eines Monats, § 23 IV WEG) und sonstige Streitigkeiten der Wohnungseigentümer aus dem Gemeinschaftsverhältnis, insbes. aus der laufenden Verwaltung, entscheidet das Amtsgericht im Verfahren der → freiwilligen Gerichtsbarkeit (hiergegen sofortige Beschwerde bei Wert über 1500 DM); auch können Zahlungsansprüche, z. B. die laufenden Verwaltungskosten, im → Mahnverfahren geltend gemacht werden (§§ 43 ff. WEG).

4. Entsprechend den Vorschriften über das W. kann auch ein *Wohnungserbbaurecht* (→ Erbbaurecht) bestellt werden (§ 30 WEG). Schließlich kann ein Grundstück in der Weise belastet werden, daß der Berechtigte unter Ausschluß des Eigentümers eine bestimmte Wohnung eines Gebäudes bewohnen oder in anderer Weise nutzen darf (*Dauerwohnrecht,* bei gewerblichen Räumen Dauernutzungsrecht genannt, §§ 31 ff. WEG). Dieses – anders als das dingliche → Wohnungsrecht – veräußerliche und vererbliche beschränkte → dingliche Recht ist gleichfalls im Grundbuch einzutragen; es gewährt auch das Recht zur Vermietung der Wohnung. Aufgrund des Ges. vom 23. 3. 1976 (BGBl. I 737) ist im Rahmen der Voraussetzungen des → sozialen Wohnungsbaus der *Wohnbesitz* neben das W. getreten. Neben dem Abschluß eines Mietvertrags, durch den ein Dauerwohnrecht begründet wird, erwirbt der Mieter einer Wohnbesitzwohnung einen Anteil an einem *zweckgebundenen Vermögen,* den sog. *Wohnbesitzbrief,* der mit Zustimmung des Bauträgers veräußert werden kann. Der Wohnbesitzer kann fehlende Eigenleistungen nachsparen; auch ist die Förderung der Vermögensbildung durch öffentliche Bürgschaften oder Baudarlehen vorgesehen. Auf Antrag von mehr als der Hälfte aller Wohnbesitzberechtigten, der erstmals 7 Jahre nach Fertigstellung der Wohnungen gestellt werden kann, ist der Wohnbesitz in echtes W. umzuwandeln. Der Wohnbesitz hat bisher keine praktische Bedeutung erlangt.

**Wohnungserbbaurecht** → Wohnungseigentum.

**Wohnungsgrundbuch** → Wohnungseigentum.

**Wohnungsmakler** → Wohnungsvermittlung.

**Wohnungsmiete.** Die Vorschriften über die → Grundstücksmiete gelten für die → Miete von Wohnräumen und anderen Räumen entsprechend, soweit nicht ausdrücklich etwas anderes bestimmt ist (§ 580 BGB); → Miete (1 b, 5 c).

**Wohnungsmodernisierung.** *Öff.-rechtlich* kann allgemein oder im Rahmen von Sanierungsmaßnahmen die W. angeordnet, finanziell unterstützt oder vom Sanierungsträger selbst vorgenommen werden (vgl. insbes. §§ 148, 177 des → Baugesetzbuches). Zur Sicherung der Wohnraummodernisierung im Beitrittsgebiet → Investitionsvorranggesetz (ÄndG vom 17. 7. 1997, BGBl. I 1823), Art. 225 EGBGB und § 3 InvestitionszulagenG 1999 (BGBl. 1997 I 2070). *Zivilrechtlich* hat der Mieter – nach rechtzeitiger vorheriger Ankündigung durch den Vermieter – die W. (auch zum Zweck energiesparender Maßnahmen) grundsätzlich zu dulden (§ 541 b BGB; → Miete, 2 a). Der Vermieter muß sich gegenüber der Behörde, welche die Förderungsmittel bewilligt, schuldrechtlich verpflichten, die Miete nur in begrenztem Umfang zu erhöhen (§ 14 des Modernisierungs- u. EnergieeinsparungsG i. d.F. vom 12. 7. 1978, BGBl. I 993). Ein darüber hinausgehendes Mieterhöhungsverlangen ist unwirksam; tatsächlich gezahlte überhöhte Miete ist zurückzuerstatten. Der Mieter hat, um der bevorstehenden W. (und der damit verbundenen Mietpreiserhöhung) zu entgehen, ein besonderes Kündigungsrecht (§ 541 b II BGB). *Steuerlich* ist die W. durch erhöhte Abschreibungen begünstigt (§§ 7 h, 7 i, 7 k, 11 a, 11 b EStG; §§ 82 a, 82 b, 82 g, 82 i EStDV; → Sonderabschreibungen).

**Wohnungsrecht.** Als → beschränkte persönliche Dienstbarkeit kann für eine Person das Recht bestellt werden, ein Gebäude oder einen Teil davon unter Ausschluß des Eigentümers als Wohnung zu benützen (§ 1093 BGB). Auf dieses dingliche Wohnungsrecht, das vornehmlich in Altenteilsverträgen (→ Hofübergabe) vorkommt, finden weitgehend die Vorschriften über den → Nießbrauch entsprechende Anwendung. Das W. ist heute vielfach durch das → Wohnungseigentum und das Dauerwohnrecht (§§ 31 ff. WEG) ersetzt.

**Wohnungsvermittlung.** Wer gewerblich Wohnungen vermitteln will, bedarf hierfür einer → Gewerbezulassung (§ 34 c GewO), die u. a. von der persönlichen → Zuverlässigkeit abhängt (i.e. → Makler). Der → Mäklervertrag über den Abschluß eines → Mietvertrags für Wohnräume (oder den Nachweis einer Gelegenheit hierzu) unterliegt verschiedenen, grundsätzlich unabdingbaren Sonderregeln im Interesse des Mieters (Art. 9 des Ges. vom 4. 11. 1971, BGBl. I 1745). Insbes. wird eine Provision, die höchstens zwei Monatsmieten (zuzügl. Umsatzsteuer) betragen darf, nur bei tatsächl. Abschluß des Mietvertrags verdient (nicht bei dessen bloßer Verlängerung oder bei Vermietung von Wohnungen, an deren Eigentum der Makler beteiligt ist). Vorschüsse dürfen weder gefordert noch angenommen werden (Rückforderungsrecht). Eine vereinbarte → Vertragsstrafe darf 10% der vereinbarten Provision (höchstens aber 50 DM) nicht übersteigen. Vergütungen anderer Art (insbes. Verpflichtung zum Bezug von Waren) sind unzulässig usw. Die zu § 34 c GewO ergangene Makler- und BauträgerVO i. d.F. vom 11. 6. 1975 (BGBl. I 1351) regelt für den Wohnungsvermittler Buchführungs-, Aufzeichnungs- und Informationspflichten; bestimmte Geschäftsunterlagen hat er 5 Jahre aufzubewahren (VO § 10). Fordern, Annehmen usw. von mehr als 2 Monatsmieten für W. ist eine Ordnungswidrigkeit (§§ 3, 8 Ges. zur Regelung der W.), von unangemessen hohen Entgelten kann bei Ausnutzung einer Zwangslage usw. und auffälliger Überforderung → Wucher sein. S. a. → Mietwucher.

**Wohnungszwangswirtschaft.** Die nach den beiden Weltkriegen mit der W. zur Behebung des Wohnraummangels eingeführte Beschränkung der Vertragsfreiheit bei Begründung und Auflösung von Wohnraummietverhältnissen ist im wesentlichen beseitigt. Es bestehen aber neue Schutzvorschriften zugunsten des Mieters. → Miete (1 b, 5 c), → Mieterschutz, → Mietpreisbindung.

**Wohnwagen** werden verkehrsrechtlich i. d.R. als → Anhänger behandelt. Das Mitnehmen von Personen in W. mit einer Achse od. doppelachsigen W. hinter Kfz. ist verboten (§ 21 I Nr. 3 StVO). Das Aufstellen von W. unterliegt nach landesrechtlichen Vorschriften denselben oder ähnlichen Beschränkungen und Ordnungsvorschriften wie das Aufstellen von Zelten (→ Zeltlagerplätze).

**Wortzeichen** → Marken.

**WTO** (engl.: Word Trade Organization; Welthandelsorganisation)

1. Am 15. April 1994 wurde in Marrakesch das Übereinkommen zur Errichtung der Welthandelsorganisation einschließlich der Schlußakte über die Ergebnisse der multilateralen Handelsverhandlungen der Uruguay-Runde unterzeichnet. Das Übereinkommen und die Schlußakte umfassen auch das Protokoll von Marrakesch zum allgemeinen Zoll- und Handelsübereinkommen von 1994 (→ GATT), das allgemeine Übereinkommen über den Handel mit Dienstleistungen und diesbezügliche Ministerbeschlüsse (→ GATS) sowie das Übereinkommen über handelsbezogene Aspekte der Rechte des geistigen Eigentums (→ TRIPS). Übereinkommen und Schlußakte einschließlich der genannten weiteren Übereinkünfte wurden mit Gesetz vom 30. August 1994 (BGBl. II S. 1438 ff.) ratifiziert und sind für die Bundesrepublik Deutschland seit 1. Januar 1995 (BGBl. II S. 456) in Kraft. Weitere Vertragspartner, für die das Übereinkommen zu diesem Zeitpunkt in Kraft getreten ist, sind in Europa Dänemark, Finnland, Frankreich, Griechenland, Irland, Island, Italien, Luxemburg, Malta, Niederlande, Norwegen, Österreich, Portugal, Rumänien, Schweden, Slowakei, Spanien, Tschechische Republik, Ungarn sowie die → Europäische Gemeinschaft als solche, ferner die Vereinigten Staaten von Amerika, Kanada, Mexiko sowie fast alle mittel- und südamerikanischen Staaten, Japan, Australien sowie einige weitere asiatische und afrikanische Staaten. Die WTO erleichtert die Durchführung, die Verwaltung und die Wirkungsweise der multilateralen Handelsübereinkommen GATT, GATS und TRIPS sowie die Verwirklichung ihrer Ziele. Sie bildet auch den Rahmen für die Durchführung, die Verwaltung und die Wirkungsweise weiterer plurilateraler Handelsübereinkommen. Die WTO ist aus der Wirtschaftsorganisation des → GATT hervorgegangen. Die Mitglieder des GATT sind urpründliche Mitglieder der WTO. Das Sekretariat des GATT wurde zum Sekretariat der WTO, der Generaldirektor des GATT zum Generaldirektor der WTO. Die WTO setzt die nach dem GATT übliche Praxis der Beschlußfassung durch Konsens fort. Die WTO stellt einen Versuch einer umfassenden Regelung der Weltwirtschaftordnung dar.

2. In der deutschen Terminologie bedeutet WTO Welttourismusorganisation (vgl. Satzung vom 27. 9. 1970, BGBl. 1976 II 23).

**Wucher.** 1. Im *bürgerlichen Recht* zählen wucherische Rechtsgeschäfte zu den sittenwidrigen (§ 138 II BGB); über ihre Nichtigkeit → Sittenwidrigkeit.

2. Im *Strafrecht* unterscheidet § 291 StGB zwischen *Leistungswucher* mit den Sonderformen des Miet- und des Kreditwuchers sowie dem *Vermittlungswucher.* Außer beim Mietwucher ist der sog. *Sozialwucher* noch in den Bußgeldvorschriften der §§ 3–5 WiStG 1954 gegen → Preistreiberei (Preisüberhöhung) und §§ 3, 8 Ges. zur Regelung der → Wohnungsvermittlung erfaßt.

*Leistungswucher* liegt vor, wenn der Täter sich oder einen Dritten unter Ausbeutung einer Zwangslage, der Unerfahrenheit, des Mangels an Urteilsvermögen oder erheblicher Willensschwäche eines anderen *Vermögensvorteile* versprechen oder gewähren läßt, die in *auffälligem Mißverhältnis* zu der Leistung stehen. Eine Zwangslage liegt vor, wenn der Bewucherte eine dringend benötigte Leistung anders nicht erlangen kann. Die Unerfahrenheit kann auf dem Mangel allgemeiner geschäftlicher oder Lebenserfahrung beruhen; der Mangel an Urteilsvermögen setzt darüber hinaus voraus, daß der Bewucherte – i. d. R. infolge Verstandesschwäche – den Wert von Leistung und Gegenleistung und allgemein die Folgen solcher Vereinbarungen nicht genügend zu beurteilen vermag. Die Willensschwäche schließlich muß so erheblich sein, daß sie die Widerstandskraft gegen nachteilige Abschlüsse wesentlich beeinträchtigt. *Ausbeutung* ist die Ausnutzung der Zwangslage usw. in gewinnsüchtiger Absicht.

Beim *Kreditwucher* insbes. ist maßgebend, ob Zinsfuß, Nebenleistungen des Darlehens, Geschäftsgewinn usw. das übliche Maß wesentlich überschreiten. Dabei sind aber Geschäftsunkosten, Risiko, Grad der Sicherung des Darlehnsgebers usw. zu berücksichtigen.

Über *Mietwucher* s. dort.

Zu den *sonstigen vermögenswerten Leistungen,* die Gegenstand des W. sein können, zählen z. B. (überhöhte) Preise bei Grundstücksgeschäften.

Auch beim *Vermittlungswucher,* der sich auf eine der vorgenannten Leistungen bezieht, ist das auffällige Mißverhältnis am üblichen Gegenwert zu messen. Sind als Leistende od. Vermittler mehrere beteiligt, auf die jeweils ein Teil der Gegenleistung entfällt (z. B. Zinsen, Vermittlungsprovision), so sind für die Feststellung des Mißverhältnisses Vermögensvorteile und Gegenleistungen zusammenzurechnen; Täter ist jeder, der die Schwäche des Bewucherten für sich oder einen Dritten ausnützt.

Die Strafe ist Freiheitsstrafe bis zu 3 Jahren oder Geldstrafe, in besonders schweren Fällen Freiheitsstrafe von 6 Mon. bis zu 10 Jahren. Ein solcher Fall liegt i. d.R. vor bei → gewerbsmäßigem Handeln oder, wenn der Bewucherte in Notlage gebracht wird, sowie beim W. bei Hingabe eines Wechsels.

**Wucherisches Rechtsgeschäft** → Sittenwidrigkeit.

**Würde des Menschen** → Menschenwürde.

**Würden** → Titel; → Akademische W.; → Akademische Grade, → Orden (und Ehrenzeichen).

**Württemberg-Baden** → Baden-Württemberg.

**Württemberg-Hohenzollern** → Baden-Württemberg.

# Z

**Zahlungskarten** → Fälschung von Z. und Euroscheckvordrucken.

**Zahlenlotto** → Lotterie.

**Zahlstellenwechsel** → Domizilwechsel.

**Zahlung** → Erfüllung.

**Zahlung auf erstes Anfordern** → Bürgschaft.

**Zahlungsbefehl** war die frühere Bezeichnung für den → Mahnbescheid.

**Zahlungseinstellung** → Zahlungsunfähigkeit.

**Zahlungsklage** ist eine → Leistungsklage, die auf Zahlung einer bestimmten Geldsumme geht.

**Zahlungsmittel** → gesetzliches Z., → Banknote, → Münzwesen, → Geld.

**Zahlungsunfähigkeit** liegt vor, wenn der Schuldner nicht mehr in der Lage ist, seine fälligen Zahlungsverpflichtungen zu erfüllen (§ 17 II 1 InsO). Die Z. wird nicht dadurch ausgeschlossen, daß der Schuldner einzelne kleinere Verbindlichkeiten noch erfüllt. Auch ist nicht erforderlich, daß der Schuldner über längere Zeit hinweg über keine genügenden flüssigen Mittel mehr verfügt. Z. ist vielmehr bereits dann gegeben, wenn der Schuldner seinen laufenden Verbindlichkeiten voraussichtlich dauernd (auch durch einen kurzfristig zu beschaffenden Kredit) nicht mehr nachkommen kann. Z. ist i. d.R. anzunehmen, wenn der Schuldner seine Zahlungen eingestellt hat (*Zahlungseinstellung*, § 17 II 2 InsO). Z. ist allgemeiner Grund zur Eröffnung des → Insolvenzverfahrens.

**Zahlungsverjährung** (steuerlich) → Verjährung (5).

**Zahlungsverkehr.** Das → Außenwirtschaftsrecht der BRep. sieht für den Z. gewisse Meldepflichten gegenüber der Bundesbank (z. B. Zahlungen über 2000 DM zwischen Gebietsansässigen und Gebietsfremden mit Ausnahme von Ausfuhrerlösen, Guthaben und Forderungen bei gebietsfremden Geldinstituten aus kurzfristigen Krediten; §§ 59–69 AußenwirtschaftsVO). Die Meldungen sind bei den Landeszentralbanken einzureichen, in deren Bereich der Meldepflichtige ansässig ist. Wegen der Beurteilung des Z. nach EG-Recht, vor allem wegen der Möglichkeit, nationale Beschränkungen einzuführen, die über die angeführten Meldepflichten hinausgehen, s. bei → Kapitalverkehr. Beschränkungen des Z. können im Verkehr mit Mitgliedstaaten der EU nicht mehr autonom eingeführt werden (Art. 106 EGV). Wegen des Verfahrens bei Zahlungsbilanzschwierigkeiten bzw. -krisen vgl. Art. 108, 109 EGV. Inhaltliche Regelungen für den Z. mit Drittstaaten sind Sache der gemeinsamen → Handelspolitik.

**Zahlungsverkehr, bargeldloser** → Girogeschäft.

**Zahlungsverzug** → Schuldnerverzug.

**Zahnarzt.** Durch das Ges. über die Ausübung der Zahnheilkunde vom 31. 3. 1952 (BGBl. I 221) wurden die bisherigen Berufszweige der Zahnärzte und Dentisten zu dem einheitlichen Beruf des Zahnarztes verschmolzen. Das Ges. i. d. F. vom 16. 4. 1987 (BGBl. I 1225) regelt die Voraussetzungen der → Approbation (früher Bestallung). S. ferner Prüfungsordnung vom 16. 2. 1954 (BGBl. I 19) und Approbationsordnung vom 26. 1. 1955 (BGBl. I 37) m. spät. Änd. sowie Gebührenordnung vom 22. 10. 1987 (BGBl. I 2316) m. Änd. mit Anlageband „Gebührenverzeichnis". Die Regelungen für die Berechnung der Gebühren innerhalb des zulässigen Gebührenrahmens sowie für abweichende Vereinbarungen entsprechen denen für den → Arzt. Dem entspricht auch die Regelung für das Gebiet der ehem. DDR (45% der Gebühr nach § 5 vgl. Anl. I zum EinigV Kap. VIII Sachgeb. G Abschn. III Nr. 8).

**Zahntechniker** sind – zum Unterschied von Dentisten – Handwerker, die für Zahnärzte in zahntechnischen Laboratorien Zahnersatz herstellen.

**Zebragesellschaft.** Ist an einer nicht gewerblich tätigen → Personengesellschaft, deren Beteiligte Überschußeinkünfte erzielen, z. B. → Immobilienfonds (s.a. → Einkünfte) eine → Kapitalgesellschaft beteiligt, müssen deren Einkünfte aus dieser Personengesellschaft anteilig gemäß dem Gewinnverteilungsschlüssel als gewerbliche, also Gewinneinkünfte, erfaßt werden, weil bei einer Kapitalgesellschaft alle Einkünfte solche aus Gewerbebetrieb sind und zu ihrem → Betriebsvermögen auch der Anteil an der Personengesellschaft gehört (§ 8 II KStG). Deshalb Z.: Bezogen auf die Beteiligten treffen Gewinn- und Überschußermittlung zusammen. → Abfärbetheorie.

**Zebra-Streifen** → Fußgänger.

**Zechprellerei** ist als → Betrug strafbar, wenn der Täter Leistungen (Lieferung von Speisen und Getränken usw.) durch Vortäuschung einer in Wirklichkeit nicht bestehenden Zahlungsfähigkeit oder -willigkeit erwirkt. Die nach § 263 StGB vorauszusetzende Täuschungshandlung kann auch durch schlüssige Handlung begangen werden, d. h. stillschweigend durch ein Verhalten, das eine ausdrückliche Erklärung ersetzt (z. B. Bestellung).

**Zedent** → Abtretung.

**Zehnt** (Kirchenzehnt) wurde schon zu Beginn des Mittelalters als eine Art Kirchensteuer zunächst von den Erträgnissen aus Grund und Boden erhoben; er bestand in der regelmäßigen Abführung des 10. Teils des Ertrages oder bestimmter Mengen einzelner Ertragsarten. Vom 6. Jh. ab wurde er auch von den nichtgrundbesitzenden Gläubigen verlangt. Anspruchsberechtigt (Zehntherr) war der Pfarrer, später neben ihm der Grundherr, der die Kirchenbaulast zu tragen hatte. Nach der franz. Revolution wurden der Z. abgeschafft und die Ansprüche auf den Z. abgelöst.

**Zeichen, Zeichenrechtlicher Schutz** → Marken, → Gütezeichen.

**Zeichnungsschein** ist die schriftliche Erklärung, durch die bei einer → Kapitalerhöhung die neuen (jungen) → Aktien gezeichnet werden. Der Z. muß den in § 185 AktG vorgeschriebenen Inhalt aufweisen. Er verpflichtet zur Übernahme der darin angegebenen Anzahl von neuen Aktien gegen Zahlung des bestimmten Betrages.

**Zeitakkord** → Akkordarbeit.

**Zeitarbeitsverhältnis.** Die Befristung eines → Arbeitsvertrages ist bis zur Dauer von 2 Jahren zulässig (bei über 60jährigen Arbeitnehmern zeitlich unbeschränkt). Bis zur Gesamtdauer von 2 Jahren ist auch die höchstens dreimalige Verlängerung eines befristeten Arbeitsvertrages zulässig (sog. *Kettenarbeitsvertrag*). Die Befristung ist nicht nur bei einer Neueinstellung zulässig (z. B. Weiterbeschäftigung eines zunächst nur als Vertretung Eingestellten aus Saisongründen); es darf nur kein enger sachlicher Zusammenhang (Zeitraum von weniger als 4 Monaten) zu einem bisherigen unbefristeten (oder bereits bis zur Höchstdauer von 2 Jahren befristeten) Arbeitsvertrag bestehen. Diese Regelungen gelten vorläufig bis 31. 12. 2000 (Art. 4 des Arbeitsrechtlichen BeschäftigungsförderungsGes. vom 25. 9. 1996 BGBl. I 1476). Eine danach unzulässige Befristung des Arbeitsvertrages muß der Arbeitnehmer innerhalb von 3 Wochen nach dessen vereinbartem Ende durch Kündigungsschutzklage (→ Kündigungsschutz für Arbeitnehmer) geltend machen. Darüber hinaus gelten Besonderheiten für Z. mit wissenschaftl. (Hochschul-)Personal gem. Ges. v. 14. 6. 1985 (BGBl. I 1065) sowie für Ärzte in der Weiterbildung (Ges. vom 15. 5. 1986, BGBl. I 742 m. Änd. vom 16. 12. 1997, BGBl. I 2994). S. ferner §§ 21 III, 22 BErzGG über die Zweckbefristung eines Arbeitsvertrags für die Dauer des → Mutterschutzes.

**Zeitbestimmung.** Anders als bei der → Bedingung ist bei der Z. die Entstehung oder der Wegfall eines Rechts gewiß, aber von dem Eintritt eines bestimmten Zeitpunkts abhängig (auch *Befristung* genannt; z. B. Mietvertrag ab 1. 7., Todestag einer Person; bei Abstellen auf Verheiratung dagegen Bedingung, da ungewiß). Ist für die Wirkung eines → Rechtsgeschäfts bei dessen Vornahme ein *Anfangstermin* bestimmt worden, so finden hierauf die Bestimmungen über die aufschiebende Bedingung, bei einem *Endtermin* die über die auflösende Bedingung entsprechende

Anwendung (§ 163 BGB). Von der Z. (Befristung eines Rechts) ist die *Betagung* zu unterscheiden: Hier ist das Recht bereits voll entstanden, seine Geltendmachung aber ganz oder teilweise aufgeschoben (z. B. bei einer gestundeten Forderung, → Leistungszeit).

**Zeitgeschäft** = (→) Börsentermingeschäft.

**Zeitgesetz.** 1. In der allgem. Rechtslehre ist Z. ein Gesetz, das entweder kraft ausdrücklicher Bestimmung oder seinem Inhalt nach nur für eine vorübergehende Zeit Gültigkeit beansprucht. Es erfaßt daher nur die in diesen Zeitraum fallenden Tatbestände. Auf Straftaten, die während seiner Geltungsdauer begangen worden sind, ist das Z. auch dann anzuwenden, wenn es zur Zeit der Entscheidung nicht mehr in Kraft ist (§ 2 IV StGB; Ausnahme von dem Grundsatz des § 2 III, daß bei Gesetzesänderung nach der Tat das mildeste Gesetz gilt; → nullum crimen/nulla poena sine lege).

2. Das Gesetz über die Zeitbestimmung *(Zeitgesetz)* vom 25. 7. 1978 (BGBl. I 1110) legt als gesetzliche Zeit die mitteleuropäische Zeit fest (koordinierte Weltzeit plus eine Stunde); § 3 ermächtigt die Bundesregierung, durch RechtsVO für einen Zeitraum zwischen dem 1. 3. und dem 31. 10. die mitteleuropäische Sommerzeit einzuführen.

**Zeltlagerplätze.** Das Aufstellen von Zelten und die Einrichtung von Z. kann landesrechtlich geregelt werden. So erging z. B. nach Art. 25 des bayer. Landesstraf- und VerordnungsG (BayRS 2011–2–1) die CampingplatzVO vom 21. 7. 1975 (GVBl. 305). Sie regelt zur Sicherung der Erholung in der freien Natur, zum Schutz der Unversehrtheit der Landschaft, zur Verhütung von Gefahren für Leben, Freiheit, Gesundheit, Sittlichkeit, Eigentum oder Besitz sowie zur Aufrechterhaltung der öffentlichen Ruhe das Verhalten beim Zelten sowie die Einrichtung, den Betrieb und die Benutzung von Z.; die Errichtung von Z. kann auf bestimmte Grundstücke beschränkt werden. Für Bad.-Württbg. s. CampingplatzVO vom 21. 2. 1975 (GVBl. 221), für Rheinl.-Pfalz vom 18. 9. 1984 (GVBl. 195).

**Zensur** ist die – zumeist staatliche – Kontrolle von veröffentlichten oder zur Veröffentlichung bestimmten Presseerzeugnissen, von Rundfunk- oder Fernsehsendungen und Filmen. Bei der *Vorzensur* besteht eine Pflicht zur Vorlage des Werkes vor Verbreitung oder Sendung. Von *Nachzensur* spricht man, wenn Maßnahmen erst nach der Verbreitung getroffen werden sollen. Nach Art. 5 I 3 GG findet eine Zensur nicht statt. Hierunter ist nur die Vorzensur zu verstehen. Das Verbot des Art. 5 I 3 GG stellt eine absolute Eingriffsschranke dar, die keine Ausnahme, auch nicht durch allgemeine Gesetze nach Art. 5 II GG, zuläßt (BVerfGE 33, 52). Keine unzulässige Z. bedeutet es, wenn das Ges. über die Verbreitung → jugendgefährdender Schriften und Medieninhalte deren Vertrieb gewissen Beschränkungen unterwirft oder wenn importierte Filme nach § 5 II des Überwachungsges. vom 24. 5. 1961 (BGBl. I 607, → Verbringungsverbote) der Behörde vorgelegt werden müssen (BVerfG aaO mit abw. Meinung).

**Zentgraf, -gericht, -schöffen.** Im Mittelalter wurde die niedere Gerichtsbarkeit innerhalb der Grafschaften, die zugleich Gerichtsbezirk waren, zunächst vom Zentgrafen, später von einem Zentgericht unter Vorsitz des Zentgrafen und mit Zentschöffen als Beisitzern ausgeübt.

**Zentralbankrat.** Der Z. ist das wichtigste Leitungs- und Entscheidungsorgan der Deutschen → Bundesbank. Er hat wie deren Direktorium die Stellung einer obersten Bundesbehörde (§§ 5, 29 I BBankG). Mitglieder sind Präsident und Vizepräsident der Bundesbank, die weiteren Mitglieder des Direktoriums und die Präsidenten der → Landeszentralbanken (§ 6 BBankG). Mitglieder der BReg dürfen an den Beratungen des Z. teilnehmen; sie haben kein Stimmrecht, können aber Anträge stellen. Auf ihr Verlangen ist die Beschlußfassung zwei Wochen auszusetzen (§ 13 BBankG). Der Z. bestimmt die Währungs- und Kreditpolitik der Bundesbank und stellt allgemeine Richtlinien für die Geschäftsführung und Verwaltung auf. Er grenzt die Zuständigkeiten von Direktorium und Landeszentralbanken gegeneinander ab. Den Landeszentralbanken kann er allgemein und im Einzelfall Weisungen erteilen. Mit Beginn der 3. Stufe der → Währungsunion (s. a. → Europäisches System der Zentralbanken) entfallen die Funktionen des Z.

**Zentralbanksystem** ist die Bezeichnung für das zweistufige Notenbanksystem aus → Landeszentralbanken in den einzelnen Bundesländern und der Bank deutscher Länder als → Notenbank, das vom 20. 6. 1948 bis 31. 7. 1957 bestanden hat. Mit dem Inkrafttreten des BundesbankG vom 26. 7. 1957 (BGBl. I 745) wurden die Landeszentralbanken und die Bank deutscher Länder verschmolzen und diese in die Deutsche → Bundesbank übergeführt. Damit besteht nunmehr ein zentrales Notenbanksystem, wobei jedoch durch die Beibehaltung der Landeszentralbanken als Hauptverwaltungen und Organe der Bundesbank eine dezentrale (föderalistische) Struktur erhalten blieb. S. jetzt a. → Europäisches System der Zentralbank.

**Zentrale Kommission für die Biologische Sicherheit** (Gentechnikkommission) ist eine gemäß § 4 GenTG (→ Gentechnik) beim → Bundesinstitut für gesundheitlichen Verbraucherschutz gebildete Sachverständigenkommission. Die Zusammensetzung ist pluralistisch (10 Sachverständige, 5 „sachkundige" Personen). Von den 10 Sachverständigen sind sechs im engeren Sinne der Gentechnik zuzurechnen, die übrigen der Hygiene, der Sicherheitstechnik und der Ökologie, diese mit 2 (§ 4 I Nr. 1). Die 5 „sachkundigen" Personen kommen aus Gewerkschaften, Arbeitsschutz, Wirtschaft, Umweltschutz und forschungsfördernden Organisationen (§ 4 I Nr. 2); zu Einzelheiten der Berufung und Stellung s. § 4 II–IV. Die Kommission prüft und bewertet sicherheitsrelevante Fragen im Bereich der Gentechnik und hat insoweit beratende Funktion in allen bedeutsamen genrechtlichen Verfahren. Eine Verfahrensregelung für die Arbeit der Kommission enthält die VO i. d.F. vom 5. 8. 1996 (BGBl. I 1232).

**Zentrales Fahrerlaubnissregister.** Das → Kraftfahrt-Bundesamt führt zur Feststellung, welche Fahrerlaubnis und welchen Führerschein eine Person besitzt, nach §§ 48 ff. StVG das Z. F. über von inländischen Fahrerlaubnisbehörden erteilte Fahrerlaubnisse und Führerscheine von Personen mit oder ohne Wohnsitz im Inland und über von ausländischen Stellen erteilte Fahrerlaubnisse und Führerscheine von Personen mit Wohnsitz im Inland, die ihre Fahrerlaubnis hier registrieren lassen müssen.

*Gespeichert* werden die Daten über die Person (ohne Anschrift) und die Berechtigung zum Führen von Kfz., insbes. Fahrerlaubnis und Führerschein (§ 50 StVG). Außerdem wird vermerkt, wenn ein Fahrerlaubnisinhaber Fahrlehrer oder Kraftfahrsachverständiger ist (§ 37 FahrlG, § 23 KfSachvG).

*Übermittelt* werden dürfen die Daten vor allem an Behörden zur Verfolgung von Straftaten und Verkehrsordnungswidrigkeiten, Fahrerlaubnisbehörden, Stellen für Verkehrs- und Grenzkontrollen sowie die zuständigen Stellen anderer Staaten (§§ 52, 55 StVG). Dabei ist ein Abruf im automatisierten Verfahren zulässig (§§ 53, 56 StVG). Über die Abrufe sind Aufzeichnungen zu fertigen. Der Betroffene erhält nach § 58 StVG unentgeltlich Auskunft über den ihn betreffenden Inhalt des Z. F.

Das Z. F. ersetzt bis spätestens 31. 12. 2005 die örtlichen → Fahrerlaubnisregister.

**Zentrales Fahrzeugregister** → Fahrzeugregister, → Zentrales Verkehrsinformationssystem.

**Zentrales Verkehrsinformationssystem.** (ZEVIS). Aus den → Fahrzeugregistern werden Fahrzeug- und Halterdaten an Behörden grundsätzlich nur zu bestimmten verkehrsrechtlichen Zwekken übermittelt, ausnahmsweise auch zu Zwecken der Verfolgung von Straftaten (§ 35 III Nr. 1 a StVG). Der Polizei ist der Abruf im automatisierten Verfahren aus dem Zentralen Fahrzeugregister zur Verfolgung von Straftaten gestattet (§ 36 III StVG). Die Auskunfterteilung über Kfz., Halter und Versicherungen zur Verfolgung von Rechtsansprüchen ist in § 39 StVG geregelt.

**Zentralismus** nennt man im → Bundesstaat die Tendenz, auf Kosten der Gliedstaaten möglichst viele Kompetenzen dem Gesamtstaat zu übertragen (auch als *Unitarismus* bezeichnet; Gegensatz: *Föderalismus,* in übersteigerter Form *Partikularismus,* mit dem Ziel der Loslösung vom Gesamtstaat *Separatismus*). Innerhalb der Verwaltung eines Staates bezeichnet man als Z. die Einschränkung oder den völligen Verzicht auf → mittelbare Staatsverwaltung. S. a. → Konzentration in der Verwaltung.

**Zentralregister** → Gewerbezentralregister, → Strafregister (Bundeszentralregister), → Verkehrszentralregister, → Fahrzeugregister, → Zentrales Fahrerlaubnisregister, → Ausländerzentralregister.

**Zentralstaat.** Sachlich unzutreffende Bezeichnung für *Gesamtstaat*; s. → Bundesstaat.

**Zentralstelle** zur Vergabe von Studienplätzen → Studienplätze (Vergabe).

**Zerlegung** ist die Aufteilung des Gewerbesteuermeßbetrags auf mehrere beteiligte Gemeinden (→ Gewerbesteuer 4.) durch Z.bescheid des Finanzamts (§§ 28 ff. GewStG).

**Zerlegungsgesetz.** Das Gesetz über die Steuerberechtigung und die Zerlegung bei der → Einkommen- und → Körperschaftsteuer vom 25. 2. 1971 (BGBl. I 145) zuletzt geänd. 31. 8. 1990 (BGBl. I 889, 967) regelt, welchem Land die Einkommen- oder Körperschaftsteuer zusteht, wenn ein → Steuerpflichtiger seinen → Wohnsitz oder Ort der Leitung (z. B. bei → Kapitalgesellschaften) in ein anderes Bundesland verlegt. Maßgebender Stichtag ist regelmäßig der 10. Oktober (→ Verteilung des Steueraufkommens).

**Zerrüttung der Ehe** → Ehescheidung (2).

**Zersetzung.** Nach § 89 StGB wird bestraft, wer auf Angehörige der Bundeswehr oder eines öffentlichen Sicherheitsorgans planmäßig in der Absicht einwirkt, die pflichtmäßige Bereitschaft zum Schutz der Sicherheit der BRep. oder ihrer verfassungsmäßigen Ordnung zu untergraben, und dadurch absichtlich Bestrebungen dient, die gegen den Bestand oder die Sicherheit der BRep. oder gegen wichtige → Verfassungsgrundsätze gerichtet sind. Das *Einwirken* – schon der Versuch ist strafbar – besteht in der Einflußnahme mit dem Ziel, die Einsatzbereitschaft der zu beeinflussenden Person oder Personengruppe zu erschüttern, so z. B. durch Drohungen. Strafbar ist nach § 89 StGB aber nur, wer dadurch absichtlich und planmäßig *verfassungsfeindlichen Bestrebungen dient,* also nicht nur im persönlichen Bereich liegende Zwecke verfolgt (z. B. bei dem Versuch, Wehrpflichtige zur Kriegsdienstverweigerung zu überreden). Die Strafe ist Freiheitsstrafe bis zu 5 Jahren oder Geldstrafe; bei geringer Schuld kann das Gericht von Strafe absehen. Der Strafschutz erfaßt außer Soldaten der Bundeswehr auch Dienstkräfte der → Stationierungsstreitkräfte (Art. 7 II Nr. 2 des 4. StrÄndG). S. a. → Störpropaganda gegen die Bundeswehr.

**Zerstörung von Datenverarbeitungsanlagen** → Computersabotage.

**Zerstörung von Sachen oder wichtigen Bauwerken** → Sachbeschädigung.

**Zerstörung wichtiger Arbeitsmittel.** Wer rechtswidrig ein fremdes technisches Arbeitsmittel von bedeutendem Wert, das für die Errichtung, den Betrieb oder die Entsorgung bestimmter wichtiger Verkehrseinrichtungen oder Versorgungsanlagen (z. B. Eisenbahn, Elektrizitätswerk, Wasserwerk) von wesentlicher Bedeutung ist, oder ein Kfz. der Polizei oder der Bundeswehr ganz oder teilweise zerstört, wird nach § 305 a StGB mit Freiheitsstrafe bis zu 5 Jahren oder mit Geldstrafe bestraft. *Versuch* ist strafbar.

**Zerstörungsschäden** → Reparationsschädengesetz.

**Zertifikat** (eigentlich die Bezeugung des Ursprungs und der Qualität einer Ware) ist die neuerdings gebräuchliche Bezeichnung für einen Anteilschein an dem Fondsvermögen einer → Kapitalanlagegesellschaft.

**Zertifizierung** ist die aufgrund technischer → Normung vorgenommene formalisierte Prüfung bzw. Neuordnung der organisatorischen Qualität eines Betriebs. Über diese wird bei Erfüllung der Anforderungen ein Zertifikat ausgestellt. Die wesentlichen technischen Regeln über die Z. sind in der DIN ISO 9000 ff. beschrieben. Z. ist z. B. für bestimmte Abfallbetriebe vorgesehen (→ Abfälle). Vgl. a. → Umweltaudit.

**Zession, Zessionar** → Abtretung.

**Zeuge** ist eine Person, die über *Tatsachen,* die sie wahrgenommen hat, aussagen soll (darin liegt der Unterschied zum → Sachverständigen). Der Beweis durch Z. ist in jeder Verfahrensordnung vorgesehen (§§ 48–71 StPO, §§ 373–401 ZPO, § 96 I VwGO, § 81 FGO, § 118 I SGG, § 15 I FGG). Zeuge kann nicht sein, wer → Partei, → Beteiligter oder → Beschuldigter ist; wohl aber der Prozeßbevollmächtigte, Verteidiger, StA und andere Verhandlungsbeteiligte, deren weitere Mitwirkung nur im Kollisionsfalle ausgeschlossen ist. Die Fähigkeit, Zeuge zu sein, ist sonst nicht beschränkt; es können auch Kinder und Geisteskranke als Z. vernommen werden (die Wertung ihrer Aussage ist Sache des Gerichts). Für jeden, der deutscher → Gerichtshoheit unterliegt, besteht die öffentlich-rechtliche *Zeugnispflicht* (Pflicht zum Erscheinen, zur Aussage und zur Beeidigung). Bei Verstoß gegen diese Pflichten können dem Z. → Ordnungsmittel und Kosten auferlegt, auch kann er zwangsweise vorgeführt werden (§§ 380, 390 ZPO, §§ 51, 70 StPO; → Beugemittel); das Gericht kann aber auch, soweit dies ausreichend erscheint, eine schriftliche Beantwortung der Beweisfrage (insbes. anhand der Unterlagen des Z.) anordnen (§§ 377 f. ZPO). Die Pflicht zur Aussage kann durch → Zeugnis- oder → Auskunftsverweigerungsrecht, auch durch Verschwiegenheitspflicht entfallen oder eingeschränkt sein (→ Berufsgeheimnis). Je nach Sachlage kann oder muß das Gericht von der → Beeidigung der Aussage absehen (§§ 391, 393 ZPO, §§ 60–66 b StPO); im Strafprozeß muß das Gericht aber grundsätzlich vereidigen (§ 59 StPO), wenn nicht die Beteiligten hierauf verzichten (§ 61 Nr. 5 StPO). Ein Z. wird erst zur Person und dann zur Sache vernommen (§§ 395, 396 ZPO, §§ 68, 69 StPO). Er darf sich bei der Vernehmung eines *Rechtsbeistandes* – z. B. zur Beratung über ein Zeugnisverweigerungsrecht – bedienen, wenn dies nicht die Durchführung des Verfahrens beeinträchtigt (BVerfG NJW 1975, 103). Im Strafprozeß kann ihm für die Vernehmung ein Rechtsanwalt als Beistand beigeordnet werden, wenn er seine Befugnisse bei der Vernehmung nicht selbst wahrnehmen kann (§ 68 b StPO). Ist er Nebenkläger oder Verletzter, kann er einen Beistand auch hinzuziehen oder erhalten nach §§ 397 a, 406 f StGB. Der Z. ist verpflichtet, die Wahrheit zu sagen, und darf nichts verschweigen, was zu seiner wahrheitsgemäßen Aussage gehören würde. Eine schuldhaft unrichtige Aussage ist strafbar (→ Falschaussage, → Meineid). Der Z. wird für Verdienstausfall und Aufwendungen nach dem ZSEG i. d.F. vom 1. 10. 1969 (BGBl. I 1756) m. Änd. entschädigt (im Gebiet der ehem. DDR um 10% ermäßigt).

**Zeugen Jehovas** sind eine christliche Religionsgemeinschaft, deren Mitglieder u. a. Bluttransfusionen, Wehr- und Ersatzdienst sowie die Teilnahme an Wahlen ablehnen. Insbesondere wegen der aus dem letzteren Punkt folgenden mangelnden Loyalität zum freiheitlich-demokratischen Rechtsstaat lehnte das BVerwG mit U. v. 26. 6. 1997 (NJW 1997, 2396) den Antrag der Z. J. auf Zuerkennung des Status einer → Körperschaft des öffentlichen Rechts (→ Religionsgesellschaften) ab. Über die Verfassungsbeschwerde der Z. J. gegen diese Entscheidung hat das BVerfG noch nicht entschieden.

**Zeugenschutz** ist im Strafverfahren vor allem zur wirksamen Strafverfolgung der → Organisierten Kriminalität erforderlich. Das berechtigte Verteidigungsinteresse des Angeklagten muß aber berücksichtigt werden.

Eine Behörde oder ein Beamter kann Namen und Anschrift eines Zeugen geheimhalten, wenn eine Sperrerklärung von der obersten Dienstbehörde abgegeben wird (§ 96 StPO) oder keine Aussagegenehmigung erteilt wird (§ 54 StPO). Ist dies nicht der Fall, kann in der Vernehmung ein Zeuge, der seine Wahrnehmungen in amtlicher Eigenschaft gemacht hat, statt des Wohnorts den Dienstort angeben. Einem gefährdeten Zeugen kann gestattet werden, statt des Wohnorts den Geschäfts- oder Dienstort anzugeben oder keine Angaben dazu zu machen, einem erheblich gefährdeten Zeugen, Angaben zur Person nicht oder nur über eine frühere Identität zu machen; die Unterlagen über die Identität werden dann bei der Staatsanwaltschaft verwahrt (§ 68 StPO). In der Anklageschrift genügt in diesen Fällen die Angabe der ladungsfähigen Anschrift oder bei Geheimhaltung der Identität oder des Wohn- oder Aufenthaltsorts des Zeugen der Hin-weis darauf (§ 200 I 3 StPO). Der Beschuldigte kann von der Vernehmung eines Zeugen von der Hauptverhandlung ausgeschlossen werden, wenn seine Anwesenheit den Untersuchungszweck gefährden würde (§ 168 c StPO). Der Angeklagte kann während der Zeugenvernehmung aus der Hauptverhandlung entfernt werden, wenn andernfalls eine nicht wahrheitsgemäße Aussage des Zeugen oder ein nicht unerheblicher Nachteil für das Wohl eines Zeugen unter 16 Jahren zu befürchten oder wenn ein schwerwiegender Nachteil für die Gesundheit eines Zeugen über 16 Jahren zu erwarten ist (§ 247 StPO).

Zulässig sind auch *Bild-Ton-Aufzeichnungen* oder *-übertragungen* von Zeugenaussagen (§§ 58 a, 168 e, 247 a, 255 a StPO). In Verfahren wegen → Sexualstraftaten, → Tötung und Mißhandlung von Schutzbefohlenen (→ Körperverletzung) kann die Vernehmung eines Zeugen unter 16 Jahren durch die Vorführung der Aufzeichnung seiner früheren richterlichen Vernehmung ersetzt werden. Im übrigen ist die Vorführung der Aufzeichnung einer Zeugenvernehmung unter den gleichen Voraussetzungen (§§ 251, 252, 253, 255 StPO) zulässig wie die Verlesung eines Protokolls. Bewirkt eine Vernehmung vor oder in der Hauptverhandlung die dringende und anders nicht abwendbare Gefahr eines schwerwiegenden Nachteils für das Wohl des Zeugen, so kann sie getrennt von den Anwesenheitsberechtigten durchgeführt werden; sie ist diesen zeitgleich in Bild und Ton zu übertragen.

In der Hauptverhandlung kann die Öffentlichkeit bei Gefährdung eines Zeugen ausgeschlossen werden (§ 172 Nr. 1 a GVG). S. a. → verdeckte Ermittlungen und z. B. für Bayern Richtlinien zum Z. (Bek. vom 29. 11. 1994, JMBl. 1995, 14) sowie → Bundeskriminalamt.

**Zeuge vom Hörensagen** ist ein → Zeuge, der die Angaben bekundet, die eine andere Person ihm gegenüber zu einem bestimmten Ereignis gemacht hat. Da er seine eigenen Wahrnehmungen mitteilt, verstößt seine Vernehmung nicht gegen den → Unmittelbarkeitsgrundsatz. Im Strafprozeß ist es eine Frage der → Aufklärungspflicht des Richters, ob das Gericht diesen Beweis für ausreichend hält. Das Gericht muß dabei den Beweiswert dieses weniger sachnahen Beweismittels besonders sorgfältig prüfen. Bekundet der Z. v.H. Angaben einer Person, deren Identität dem Gericht nicht bekannt ist (s.a. → verdeckte Ermittlungen), so dürfen solche Angaben regelmäßig nur herangezogen werden, wenn sie durch andere wichtige Beweisanzeichen gestützt werden (s. BGHSt 17, 382, st. Rspr.).

**Zeugnis.** Der → Arbeitgeber oder Dienstherr (→ Dienstvertrag) hat dem → Arbeitnehmer (Dienstverpflichteten) bei Beendigung des Arbeits(Dienst-) verhältnisses auf Verlangen ein Z. über Arbeitsleistung und (oder) Verhalten zu erteilen (§§ 630 BGB, 73 HGB, 113 GewO). Das Z. erstreckt sich stets auf Art und Dauer der Beschäftigung (einfaches Z.), auf Verlangen auch auf Leistung und Verhalten (Führung) des Beschäftigten. Bei → Berufsausbildungsverhältnissen muß stets ein Z. gemäß § 8 BerBG ausgestellt werden. Die Angaben im Z. müssen wahr sein; bei Werturteilen darf nicht erheblich von den allgemein üblichen Maßstäben abgewichen werden. Für schuldhaft unrichtige Angaben haftet der Arbeitgeber dem Arbeitnehmer wegen Verletzung des Arbeitsvertrags, Dritten (insbes. einem späteren Arbeitgeber) nach § 826 BGB (vorsätzliche sittenwidrige Schädigung), ggf. auch nach vertragsähnlichen (→ Raterteilung) Grundsätzen (BGH NJW 1979, 1882; str.). Es besteht ggf. ein vor dem Arbeitsgericht einklagbarer → Anspruch auf Berichtigung des Z. Stellt der Arbeitgeber nur eine *Arbeitsbescheinigung* aus, so hat diese alle Tatsachen zu umfassen, die für den Anspruch des Arbeitnehmers auf → Arbeitslosengeld maßgebend sind (z. B. Dauer, Entgelt; vgl. § 133 AFG).

Der *Beamte* hat nach Beendigung des Beamtenverhältnisses (auch bei Eintritt in den Ruhestand) gleichfalls einen Rechtsanspruch auf Erteilung eines Z. über Art, Dauer, Tätigkeit und Leistungen (§ 92 BBG und Beamtengesetze der Länder). S. i. übrigen bei → Beurteilung.

Inwieweit schon während des Arbeits(Dienst)verhältnisses ein Z. erteilt werden muß, ist aus der → Fürsorgepflicht des Arbeitgebers (Dienstherrn) zu beurteilen; ein *Zwischenzeugnis* kann i. d.R. zwecks Bewerbung um eine andere Stelle verlangt werden.

**Zeugnispflicht** → Zeuge.

**Zeugnisverweigerungsrecht.** Auf Grund persönlicher Beziehungen oder zur Wahrung des → Berufsgeheimnisses können bestimmte Personen das Zeugnis verweigern und brauchen dann als → Zeuge in dem betreffenden Verfahren überhaupt nicht auszusagen. Ein Z. hat, wer mit einer Partei, einem Beteiligten oder Angeklagten verlobt oder bis zum 3. Grad verwandt ist, verheiratet oder bis zum 2. Grad verschwägert ist oder war. Ferner haben ein Z. insbes. Geistliche, Rechts- und Patentanwälte, Notare, Buchprüfer, Steuerberater, Ärzte, Apotheker, Abgeordnete, Redakteure, Sendeleiter und Journalisten in dem durch ihre Berufspflichten bestimmten Rahmen (z. B. über die Person des Verfassers oder Gewährsmannes), ebenso – mit Ausnahme der letztgenannten Gruppe – das Hilfs- und Büropersonal dieser Personen. Das Z. entfällt, wenn von der Verschwiegenheitspflicht entbunden werden kann und entbunden wird. Ehegatten, Verlobte, Verwandte und Verschwägerte sind vor der Vernehmung über ihr Z. zu belehren. Das Z. ist in allen Verfahrensordnungen geregelt (vgl. §§ 383–389 ZPO, §§ 52–53 a, 56 StPO, § 98 VwGO, § 118 I SGG, § 84 FGO). Das Z. umfaßt i. d.R. auch das Recht zur → Eidesverweigerung. Dem Z. ähnlich ist das → Auskunftsverweigerungsrecht. Ein → Sachverständiger kann aus den gleichen Gründen (wie ein Zeuge seine Aussage) die Erstattung des Gutachtens verweigern (§ 408 ZPO, § 76 StPO). S. a. → Beugemittel.

**ZEVIS** → Zentrales Verkehrsinformationssystem.

**Ziehschein** ist der Verpflichtungsschein, den der Reeder auf Verlangen eines Schiffsbesatzungsmitglieds darüber zu erteilen hat, daß er Abschlagszahlungen auf die → Heuer an Familienangehörige oder andere vom Besatzungsmitglied angegebene Personen leistet (§ 36 SeemG).

**Zinsabschlagsteuer** → Kapitalertragsteuer (2); → Abzugsteuern.

**Zinsen** → Zinsschuld, → Säumniszuschlag.

**Zinsen bei Sozialleistungsansprüchen.** Ansprüche auf Geldleistungen nach dem → Sozialgesetzbuch sind nach einem Monat seit Fälligkeit bis zum Ablauf des Monats vor der Zahlung mit 4% zu verzinsen, frühestens jedoch nach 6 Monaten ab Eingang des vollständigen Antrags beim zuständigen Leistungsträger; beim Fehlen eines Antrags nach einem Monat seit Bekanntgabe der Entscheidung. § 44 SGB I.

**Zinsen, steuerlich.** 1. Z. entstehen mit 0,5% je vollendetem Monat von dem auf volle Hundert DM abgerundeten Betrag (§ 238 AO) a) bei Steuernachzahlungen und Steuererstattungen ab dem 16. Monat nach Ablauf des Jahrs, in dem die Steuer entstanden ist (§ 233 a AO), also z. B. bei der Einkommensteuer ab 1. 4. 1999 für 1997; b) bei Stundung *(Stundungszinsen)* grundsätzlich, es sei denn, Erhebung wäre un-billig (§ 234 AO); c) bei Steuerhinterziehung *(Hinterziehungszinsen)* ab Eintritt der Verkürzung (§ 235 AO); d) Prozeßzinsen auf Erstattungsbeträge ab Rechtshängigkeit (§ 236 AO); e) bei Aussetzung der Vollziehung *(Aussetzungszinsen),* falls Einspruch oder Anfechtungsklage endgültig erfolglos ist (§ 237 AO).

2. *Abzug von Steuerzinsen:* Zinsen auf Steuernachforderungen (§ 233 a AO), Stundungszinsen (§ 234 AO) und Aussetzungszinsen (§ 237 AO) können bei der Einkommensteuer als → Sonderausgaben, bei der → Körperschaftsteuer vom Einkommen abgezogen werden (§ 10 I Nr. 5 EStG, § 10 Nr. 2 KStG).

*Hinterziehungszinsen* auf hinterzogene Betriebssteuern (z. B. Umsatzsteuer, Gewerbesteuer) können nicht abgezogen werden (§§ 4 V Nr. 8 a, 12 Nr. 3 EStG).

**Zinseszins** → Zinsschuld.

**Zinsschein.** In Verbindung mit einer → Inhaberschuldverschreibung werden für die daraus anfallenden Zinsforderungen Z.e ausgegeben. Sie werden vom Aussteller der Inhaberschuldverschreibung eingelöst und werden von ihr weitgehend unabhängig, z. B. nach Erlöschen der Hauptforderung (§ 803 BGB). Neue Z.e werden i. d.R. nur auf Vorlage eines → Erneuerungsscheins ausgegeben (§ 805 BGB).

**Zinsschuld.** Der Zins ist die Gegenleistung für die Überlassung von Kapital für eine bestimmte Zeit; er berechnet sich nach der Dauer der Überlassung in einem bestimmten Bruchteil des Kapitals. Die Z. ist eine Nebenschuld (→ Streitwert). Kein Zins sind daher z. B. der sog. Mietzins (Hauptschuld) und *Tilgungsquoten* (Amortisationsquoten), die auf Rückzahlung des Kapitals gerichtet sind. Auch → Dividenden sind keine eigentlichen Zinsen, weil sich ihre Höhe nicht allein nach dem überlassenen Kapital richtet. In ihrem Bestand ist die entstandene Z. von der Hauptschuld unabhängig (selbständig abtretbar usw., → Verjährung in 4 Jahren, § 197 BGB; s. aber → Kreditvertrag, 5). Die Z. kann kraft Gesetzes entstehen, insbes. bei → Schuldnerverzug (§ 288 BGB) und ab → Rechtshängigkeit (§ 291 BGB, sog. *Prozeßzinsen*), bei beiderseitigen → Handelsgeschäften unter Kaufleuten bereits ab → Fälligkeit (§ 353 HGB). Der gesetzliche Zinsfuß beträgt 4% (§ 246 BGB), für beiderseitige → Handelsgeschäfte von Kaufleuten 5% (§ 352 HGB), für Forderungen aus → Wechseln und → Schecks 2% über dem jeweiligen Diskontsatz der Deutschen Bundesbank, ab 1. 1. 1999 bis 31. 12. 2001 (aus Anlaß der Einführung des → Euro) über dem sog. *Basiszinssatz* (= Diskontsatz am 31. 12. 1998 mit Veränderungen gemäß Art. 1 des Ges. zur Einführung des Euro vom 9. 6. 1998, BGBl. I 1242), mindestens aber 6% (Art. 48 I Nr. 2, 49 Nr. 2 WG, Art. 45 Nr. 2, 46 Nr. 2 SchG). Die Ersetzung von Zinssätzen durch dieses Gesetz begründet keinen Anspruch auf vorzeitige Kündigung, einseitige Aufhebung oder Abänderung von Verträgen und Vollstreckungstiteln.

Für rechtsgeschäftliche Vereinbarungen besteht an sich keine Höchstgrenze für den Zinssatz; doch gilt auch hier das Verbot des Wuchers (→ Sittenwidrigkeit). Sind Zinsen ohne bestimmte Höhe vereinbart, so gelten 4% als bedungen (§ 246 BGB). Eine im voraus getroffene Vereinbarung, daß fällige Zinsen wieder Zinsen tragen sollen *(Zinseszins)*, ist grundsätzlich nichtig (Verbot des sog. Anatozismus, § 248 I BGB), auch in der Form der sog. *Abzinsung* (Vorausberechnung von Zins und Zinseszins zu einer einheitlichen Summe); Ausnahmen gelten für den Überschuß eines → Kontokorrents (§ 355 HGB), für Einlagen bei Banken und Sparkassen (§ 248 II BGB) sowie bei → Schuldnerverzug mit der Zinszahlung (BGH WM 1993, 586). S. a. → Darlehen (Kündigung). *Steuerlich*: Schuldzinsen, die durch die Tätigkeit im Rahmen einer → Einkunftsart veranlaßt sind (z. B. Fremdfinanzierung einer vermieteten Immobilie, eines betrieblich genutzten Pkw) sind → Werbungskosten (§ 9 I 3 Nr. 1 EStG) bzw. → Betriebsausgaben (§ 4 IV EStG). Privat veranlaßte Schuldzinsen sind steuerlich nicht berücksichtigungsfähig (→ Zweikontenmodell).

**Zitat** → Entlehnungsfreiheit.

**Zivildienst** ist der von den → Kriegsdienstverweigerern in Erfüllung der → Wehrpflicht anstelle des Wehrdienstes zu leistende Ersatzdienst (Art. 12a II GG). Das Nähere regelt das Ges. über den Zivildienst i. d.F. vom 28. 9. 1994 (BGBl. I 2811). Der Z. wird in bundeseigener Verwaltung im wesentlichen durch das *Bundesamt* für den Z. und den *Bundesbeauftragten* für den Z. durchgeführt. Er wird in staatlichen Zivildienstgruppen oder von Zivildienstverweigerern ausnahmsweise im Rahmen freier Arbeitsverhältnisse in Kranken-, Heil- und Pflegeanstalten (§ 15a) geleistet. Der Z. beginnt mit einem Einführungsdienst, für dessen Dauer die Unterbringung in einer dienstlichen Unterkunft vorgeschrieben ist (§ 25a IV ZDG). Die Dienstpflichtigen werden bei anerkannten Beschäftigungsstellen für gemeinnützige – vor allem soziale – Aufgaben eingesetzt (§ 4 I). Die Wahl eines bestimmten Dienstortes ist nicht möglich. Weiterbeschäftigung bei einer bisherigen Beschäftigungsstelle ist unzulässig (§ 19 III ZDG).

Die Bestimmungen über die Tauglichkeit, Zivildienstausnahmen, Einberufung, Zivildienstüberwachung, Rechtsstellung der Dienstpflichtigen, Beendigung des Zivildienstverhältnisses, Versorgung sowie das Straf-, Bußgeld- und Disziplinarrecht sind weitgehend dem Wehrrecht nachgebildet. Der Z.

dauert drei Monate länger als der → Grundwehrdienst nach § 5 WehrpflG (§ 24 II ZDG), derzeit also 15 (13) Monate. Das entspricht rechnerisch bei Berücksichtigung der Wehrübungen etwa der Dauer des Wehrdienstes (s.a. Art. 12 a II 2 GG).

**Zivile Verteidigung.** Die Z. V. umfaßt die Vorbereitung und Durchführung aller zivilen Verteidigungsmaßnahmen im nationalen und NATO-Bereich. Hierzu gehören folgende Hauptaufgaben: Aufrechterhaltung der Staats- und Regierungsgewalt, → Zivilschutz, Versorgung der Bevölkerung und der Streitkräfte mit Gütern und Leistungen, Unterstützung der Operationsfreiheit und Operationsfähigkeit der Streitkräfte.

**Zivilehe** → Eheschließung.

**Ziviler Bevölkerungsschutz** jetzt → Zivilschutz.

**Ziviler Luftschutz** → Zivilschutz.

**Ziviler Notstand** → Naturkatastrophen.

**Ziviles Gefolge** → Streitkräfte, ausländische.

**Zivilgerichtsbarkeit** ist die → Gerichtsbarkeit für das → Zivil(Privat)-recht. Sie umfaßt die → streitige Gerichtsbarkeit, die sog. → freiwillige Gerichtsbarkeit und (jedenfalls z. T.) die → Arbeitsgerichtsbarkeit.

**Zivilhaft** → Strafvollzug.

**Zivilkammer** ist der Spruchkörper eines → Landgerichts, vor dem alle → bürgerlichen Rechtsstreitigkeiten verhandelt werden, die nicht den Amtsgerichten oder Arbeitsgerichten zugewiesen sind. Die Z. entscheidet mit 3 Mitgliedern (einschließlich des Vorsitzenden), soweit nicht der → Einzelrichter zuständig ist. Jedes Landgericht hat i. d.R. mehrere Z. n. S. a. → Kammer für Handelssachen.

**Zivilkomputation** → Frist.

**Zivilmäkler** → Mäklervertrag.

**Zivilprozeß** ist das Verfahren der → ordentlichen Gerichte (→ Prozeßgericht) in → bürgerlichen Rechtsstreitigkeiten (Z. im weiteren Sinne ist auch das Verfahren der → Arbeitsgerichte in bürgerlichen Rechtsstreitigkeiten). Im Z. unterscheidet man das → Erkenntnisverfahren und das Vollstreckungsverfahren (die → Zwangsvollstreckung). Der Z. ist hauptsächlich geregelt durch die ZPO vom 30. 1. 1877 (neu bekanntgemacht durch das → Rechtseinheitsgesetz vom 12. 9. 1950, seither wiederholt geändert), außerdem durch Vorschriften in zahlreichen anderen Gesetzen, insbes. durch das GVG und das ZVG. Der Z. wird durch die → Parteien in Gang gesetzt, im → Urteilsverfahren durch die → Klage, in anderen → Prozeßarten (auch im → Mahnverfahren) durch Antrag. Danach wird der Prozeß (Rechtsstreit) durch Gericht und Parteien weiterbetrieben. Zum Verfahren → mündliche Verhandlung, → schriftliches Verfahren, → Vereinfachtes Verfahren; es endet i. d.R. durch gerichtliches → Urteil, → Prozeßvergleich oder → Klage (Antrags)rücknahme.

**Zivilrecht.** Das Z. umfaßt das materielle → Privatrecht, i. w.S. aber auch alle Rechtsnormen, die zur Durchsetzung des Privatrechts im Einzelfall dienen, insbes. die dem → öffentlichen Recht angehörenden Vorschriften des → Zivilprozeß- und → Gerichtsverfassungsrechts.

**Zivilsachen** → Zivilgerichtsbarkeit.

**Zivilschutz.** Der Zivilschutz wurde durch das Gesetz zur Neuordnung des Zivilschutzes (Zivilschutzneuordnungsgesetz – ZSNeuOG) vom 25. März 1997 (BGBl. I 726) auf eine neue Grundlage gestellt. Aufgabe des Zivilschutzes ist es, durch nichtmilitärische Maßnahmen die Bevölkerung, ihre Wohnungen und Arbeitsstätten, lebens- oder verteidigungswichtige zivile Dienststellen, Betriebe, Einrichtungen und Anlagen sowie das Kulturgut vor Kriegseinwirkungen zu schützen oder deren Folgen zu beseitigen oder zu mildern (§ 1 I ZSNeuOG). Zum Zivilschutz gehören insbesondere Aufbau, Förderung und Leitung des Selbstschutzes der Bevölkerung (§ 5 ZSNeuOG), die Warnung der Bevölkerung im Verteidigungsfall (§ 6 ZSNeuOG) sowie die Errichtung von Schutzräumen (§§ 7 ff. ZSNeuOG). Zum Schutze vor den besonderen Gefahren, die der Bevölkerung im Verteidigungsfall drohen, oder für Zwecke der Verteidigung können die obersten Landesbehörden oder die von ihnen bestimmten oder nach Landesrecht zuständigen Stellen anordnen, daß der jeweilige Aufenthaltsort nur mit Erlaubnis verlassen werden darf, daß ein bestimmtes Gebiet nicht betreten werden darf oder daß die Bevölkerung aus besonders gefährdeten Gebieten evakuiert wird (§ 10 ZSNeuOG). Die nach Landesrecht im → Katastrophenschutz mitwirkenden Einheiten und Einrichtungen nehmen auch die Aufgaben zum Schutz der Bevölkerung vor besonderen Gefahren und Schäden, die im Verteidigungsfall drohen, wahr. Sie werden zu diesem Zweck ergänzend ausgestattet und ausgebildet (§ 11 ZSNeuOG). Wehrpflichtige, die sich vor Vollendung des 25. Lebensjahres mit Zustimmung der zuständigen Behörde auf mindestens sieben Jahre zum ehrenamtlichen Dienst als Helfer im Zivilschutz oder Katastrophenschutz verpflichtet haben, werden nicht zum Wehrdienst herangezogen, solange sie als Helfer im Zivilschutz oder Katastrophenschutz mitwirken (§ 13 a Wehrpflichtgesetz). Entsprechendes gilt nach § 14 Zivildienstgesetz für anerkannte Kriegsdienstverweigerer. Die für den ehrenamtlichen Dienst im Zivil- und Katastrophenschutz vom Wehrdienst oder Zivildienst freigestellten Helfer sind zur Mitwirkung im Zivil- und Katastrophenschutz verpflichtet (§ 21 ZSNeuOG). Der Bund unterhält das Bundesamt für Zivilschutz als Bundesbehörde (§ 4 I ZSNeuOG).

**Zivilsenat** ist der Spruchkörper des → Bundesgerichtshofs, des → Bay. Obersten Landesgerichts oder eines → Oberlandesgerichts, der über Revisionen, Berufungen und Beschwerden in bürgerlichen Rechtsstreitigkeiten entscheidet. Die Z. sind mit einem Vorsitzenden Richter und weiteren Richtern besetzt; die Z. des BGH entscheiden mit 5 Richtern, die des BayObLG mit 5 oder 3, die des OLG mit 3 Richtern (die Vorsitzenden jeweils eingeschlossen).

**Zölibat** (Ehelosigkeit). Zum Klerus zählende Personen (Bischöfe, Priester, Diakone) sind gehalten, vollkommene und immerwährende Enthaltsamkeit zu wahren; deshalb sind sie zum Z. verpflichtet (can. 277 § 1 – CIC). Besonderheiten gelten für → Diakone. Ein verheirateter Mann kann zum Diakon geweiht werden; die Weihe stellt jedoch ein Ehehindernis dar. Bestrebungen der jüngsten Zeit zur Aufhebung oder Lokkerung des Z. blieben erfolglos.

**Zölibatsklausel.** Die Aufnahme einer Z. in den → Arbeitsvertrag, d. h. die Vereinbarung, das → Arbeitsverhältnis erlösche mit der Eheschließung des → Arbeitnehmers, ist wegen Verstoßes gegen Art. 1, 6 I GG (→ Persönlichkeitsrecht, Familie) unzulässig und nach § 134 BGB nichtig. Heiratsverbote für Angehörige des öff. Dienstes (kasernierte Polizei, Soldaten) bestehen nicht.

**Zoll** ist eine → Steuer (§ 3 I 2 AO), die als → Einfuhrzoll auf die Einfuhr von Waren in das → Zollgebiet oder als Ausfuhrzoll auf die Ausfuhr von Waren aus dem Zollgebiet erhoben wird. Die geltenden → Zolltarife der EU enthalten ausschließlich Einfuhrzölle. Vgl. → Finanzzölle.

**Zollabkommen, Allgemeines** → GATT.

**Zollamt** → Zollbehörden.

**Zollanmeldung** ist die Erklärung durch den Zollanmelder, eingeführte Waren in ein Zollverfahren zu überführen, z. B. Abfertigung zum freien Verkehr (Art. 4 Nr. 17, Art. 59 I ZK). Nach der Annahme der Z. können die Zollbehörden eine Zollbeschau vornehmen (Art. 68 ZK). Die Ware darf dem Zollanmelder erst überlassen werden, wenn die Zollschuld entrichtet oder Sicherheit geleistet ist.

**Zollanschlüsse** → Zollgebiet.

**Zollausschlüsse** → Zollgebiet.

**Zollbehörden** sind Bundesfinanzbehörden; sie unterstehen dem BMF. Örtliche Behörden sind die *Hauptzollämter* (mit ihren Dienststellen: Zollämter, Zollkommissariate) und die *Zollfahndungsstellen;* diese sind u. a. zuständig für die Erforschung von Steuerdelikten, die sich auf die von den Hauptzollämtern verwalteten Steuern (→ Zölle, → Finanzmonopole, → Verbrauchsteuern) beziehen. Vgl. Finanzverwaltungsgesetz; → Geldwäsche.

**Zollbescheid** ist der Verwaltungsakt, der durch Zollfestsetzung die Zollschuld begründet. Der Z. ist → Steuerbescheid

i. S.d. § 155 AO. Er kann innerhalb der einjährigen Festsetzungsfrist (§ 169 II Nr. 1 i.Verb.m. § 170 AO) zugunsten und zuungunsten der → Zollanmelder geändert werden (§ 172 I Nr. 1 AO). → Rechtsbehelfe gegen den Z. sind der Einspruch, über den das → Hauptzollamt entscheidet (§ 348 AO), Anfechtungsklage (§ 40 FGO) bzw. Sprungklage vor dem FG (§ 45 FGO), Revision an den BFH (§ 115 FGO).

**Zollfahndungsstelle** → Zollbehörden.

**Zollfreigebiet** → Zollgebiet.

**Zollgebiet.** Die Europäische Union (EU) bildet seit 1. 1. 1993 ein einheitliches Z. (Art. 3 ZK). Das Z. der EU umfaßt das Gebiet der 15 EU-Mitgliedstaaten. Zum Z. gehören die deutschen Zollanschlüsse Jungholz und Mittelberg, nicht jedoch die Zollausschlüsse Helgoland und Büsingen (Art. 3 II und III ZK). Freizonen, z. B. Freihäfen, und Freilager sind Teile des Z. der EU oder in diesen gelegene Räumlichkeiten, die vom übrigen Z. getrennt sind (Art. 166 ZK). Die Mitgliedstaaten können Teile des Z. zu Freizonen erklären oder die Errichtung von Freilagern bewilligen (Art. 167 ZK). Das Verbringen von Drittlandswaren (→ Gemeinschaftswaren) in Freizonen und Freilager unterliegt nicht dem Zoll (Art. 169 ZK).

**Zollgewicht** ist die Bemessungsgrundlage des Zolls für Waren, die einem Gewichtszoll unterliegen. Maßgebend ist das Rohgewicht oder das Eigengewicht.

**Zollkodex.** Ab 1. 1. 1994 gilt der Z. der EU (ZK) in allen EU-Mitgliedstaaten als unmittelbar geltendes Zollrecht für den Warenverkehr mit Drittländern (→ Drittlandsgebiet) – VO (EWG) Nr. 2913/92 vom 12. 10. 1992, ABl. EG Nr. L 302/92 zuletzt geänd. 19. 12. 1996, ABl. EG 1997 Nr. L 17 S. 1. Der Z. enthält 9 Titel: Titel I–III regeln die Behandlung der Waren beim Eingang in das → Zollgebiet der EU, den → Zolltarif der EU, Zollwert und Warenursprung. Titel IV enthält das Zollverfahren, vor allem die Überführung der Waren in den freien Verkehr. Titel V–IX regeln Entstehen der Zollschuld, Zollentrichtung, Erstattung oder Erlaß sowie die Rechtsbehelfe in Zollsachen. Der ZK der EU wird ergänzt durch das Zollverwaltungsgesetz (ZollVG) vom 21. 12. 1992 (BGBl. I 2125), zuletzt geänd. 20. 12. 1996, BGBl. I 2030. Subsidiär ist die → Abgabenordnung anwendbar. Vgl. → GATT.

**Zollrecht** → Zollkodex.

**Zollstrafrecht** ist der Sammelbegriff für die Zollstraftatbestände, deren Verfolgung den → Zollbehörden (insbes. Zollfahndungsstellen) obliegt: Zollhinterziehung (§§ 3 I 2, 370 AO), → Bannbruch (§ 372 AO), gewerbsmäßiger usw. Schmuggel (§ 373 AO), Steuerhehlerei (§ 374 AO) und Steuerzeichenfälschung (§§ 148, 149 StGB, § 369 I Nr. 3 AO). → Steuerstrafrecht, → Steuerstrafverfahren, → Steuer- und Zollfahndung.

**Zolltarifauskünfte** über die Tarifierung von Waren sind nur verbindlich, wenn sie in einem förmlichen Verfahren schriftlich durch die Oberfinanzdirektion erteilt werden (Art. 12 ZK); Z. sind gemeinschaftsweit bindend. Sie sind kostenfrei. Rechtsbehelfe: Einspruch an die OFD (§ 348 I Nr. 5 AO), Klage vor dem BFH (§ 37 Nr. 2 FGO).

**Zolltarif.** Der Z. der EU erfaßt alle Waren nach Positionen, um den Zollsatz zu bestimmen (Art. 20 ff. ZK). Er beruht auf dem Harmonisierten System (HS) zur Bezeichnung und Codierung der Waren des internationalen Handels. Die Mitgliedstaaten bauen auf dem Z. der EU ihre Gebrauchs-Z. auf, z. B. den Deutschen Gebrauchs-Zolltarif (DGebrZT). Am wichtigsten sind die Wertzollsätze, die die Zollbelastung in % des Warenwerts ausdrücken (Wertzölle). Daneben gibt es spezifische Zollsätze, z. B. nach dem → Zollgewicht der Ware (Gewichtszoll). Drittlandszollsätze gelten für alle Waren aus Nicht-EU-Staaten (→ Drittlandsgebiet). Die Besonderen Zollsätze gewähren Zollbegünstigungen aufgrund von Assoziierungs-, Präferenz- oder Freihandelsabkommen. Die Allgemeinen Präferenzzollsätze gelten für zahlreiche Entwicklungsländer. Die Besonderen Zollsätze mit den Rest-EFTA-Staaten gewähren für die meisten Waren Zollfreiheit (→ Europäischer Wirtschaftsraum). Bei der Einfuhr von Marktordnungswaren werden anstelle oder neben Zöllen → Abschöpfungen erhoben. Die abschöpfungspflichtigen Waren und die Abschöpfungssätze sind im DGebrZT aufgeführt. Auf Antrag erteilt die Zollbehörde eine verbindliche Z.auskunft für eingeführte Waren (Art. 12 ZK; BMF 5. 1. 1998, BStBl. I 98, 111).

**Zollunion** ist der Zusammenschluß selbständiger Hoheitsgebiete zu einem einheitlichen → Zollgebiet unter Beseitigung der Zölle unter den Mitgliedsländern und Vereinbarung eines einheitlichen Außenzolls gegenüber Drittländern. In einer *Freihandelszone* dagegen sind die Mitgliedsländer in ihrer Zollgestaltung gegenüber Drittländern frei.

**Zollverfahren.** Waren unterliegen beim Verbringen in das → Zollgebiet der EU (→ grenzüberschreitender Warenverkehr) der zollamtlichen Überwachung (Art. 37 ZK). Eingeführte Waren müssen der Zollbehörde gestellt werden (Art. 40 ZK). Zur Gestellung ist verpflichtet, wer die Waren in das → Zollgebiet der EU verbringt, z. B. Lkw-Fahrer. Der Gestellungspflichtige muß eine → Zollanmeldung abgeben (Art. 43 ZK). Neben der schriftlichen Zollanmeldung gibt es vereinfachte, regelmäßig monatliche Sammelzollanmeldungen, die die Zollbehörde zulassen muß (Art. 76 ZK).

**Zollverwaltungsgesetz** → Zollkodex.

**Zollwert** ist der wichtigste Verzollungsmaßstab. Der Z. drückt die Zollbelastung in % des Warenwerts aus (Wertzoll → Zolltarif). Der Z. eingeführter Waren ist der Transaktionswert, d. h. der tatsächlich gezahlte oder zu zahlende Preis (Art. 29 ZK). Zu Hinzurechnungen und Kürzungen vgl. Art. 32, 33 ZK.

**Zonengeschwindigkeitsbeschränkung** → Fahrgeschwindigkeit.

**Zonenrandförderung** hieß die regionale Wirtschaftsförderung des Grenzgebiets zur früheren DDR und Tschechoslowakei. Steuerliche Fördermittel waren → Sonderabschreibungen und → Rücklagen. Die Z. ist 1996 ausgelaufen.

**Zubehör** sind selbständige bewegliche → Sachen, die, ohne → Bestandteil der Hauptsache zu sein, dem wirtschaftlichen Zweck der Hauptsache zu dienen bestimmt sind und zu ihr – nicht nur vorübergehend – in einem dieser Bestimmung entsprechenden räumlichen Verhältnis stehen (§ 97 BGB). Über die Z.eigenschaft entscheidet letztlich die Verkehrsanschauung. So sind Z. bei einem Landgut das zum Wirtschaftsbetrieb bestimmte Gerät, Vieh, Dünger, Samen und Erzeugnisse, die zur Weiterführung des Betriebs erforderlich sind; bei einem Gebäude, einer Fabrik usw. die für den Betrieb bestimmten Maschinen (soweit sie nicht wesentlicher → Bestandteil sind), und Gerätschaften (z. B. die Gartenstühle einer Gastwirtschaft, der Zubringerbus eines Hotels usw.).

Das Z. ist an sich eine rechtlich selbständige Sache, aber durch viele Bestimmungen mit dem rechtlichen Schicksal der Hauptsache verbunden. So erstreckt sich der → Grundstückskaufvertrag i. d. R. auf das Z. (§ 314 BGB); ebenso geht bei der → Eigentumsübertragung das Z. im Zweifel auf den Erwerber des Grundstücks mit über (§ 926 BGB). Das dem Grundstückseigentümer gehörende Z. sowie das → Anwartschaftsrecht hierauf – z. B. bei einer unter → Eigentumsvorbehalt gekauften Sache – unterliegt der Haftung für eine auf der Hauptsache (Grundstück) lastende → Hypothek (§ 1120 BGB) und damit der → Zwangsversteigerung des Grundstücks (§§ 20 II, 55 I ZVG). In der Zwangsversteigerung wird darüber hinaus auch das nur im Besitz des Schuldners befindliche Z. ohne Rücksicht auf dessen Eigentum, das sog. tatsächliche Z., mitversteigert, wenn sich der Eigentümer nicht rechtzeitig dagegen wendet (§ 55 II ZVG). Wegen dieser Haftung für den Gläubiger einer Hypothek oder einer Grundschuld unterliegt das Z. eines Grundstücks, obwohl es bewegliche Sache und grundsätzlich rechtlich selbständig ist, nicht der → Zwangsvollstreckung in bewegliche Sachen (§ 865 II ZPO).

**Zubuße** → Nachschußpflicht.

**Zuchthausstrafe** war bis zum 1. StrRG 1969 die schwerste der in der BRep. zugelassenen Strafarten; sie war lebenslänglich oder zeitig (1–15 Jahre). Sie ist in der → Freiheitsstrafe aufgegangen.

**Züchtigungsrecht.** Das Z. der Eltern, Adoptiveltern und des Vormunds ist ein Teil der → Personensorge und steht daher den Inhabern der → elterlichen Sorge zu. Nach § 1631 II BGB sind entwürdigende Erziehungsmaßnahmen, insbes. körperliche und seelische Mißhandlungen, also auch eine übermäßige körperliche Züchtigung, unzulässig. Ungeachtet dessen wird (von der h. M.) auch eine körperliche Züchtigung des Kindes insoweit als zulässig angesehen, als sie das durch den Erziehungszweck gebotene Maß nicht überschreitet (sonst Mißbrauch der → elterlichen Sorge). Dem Lehrherrn steht ein Z. gegenüber dem Lehrling nicht zu. Auch *Lehrer* haben kein Z. gegenüber Schülern. Die Züchtigung durch einen Lehrer kann aber bei einem Angriff des Schülers durch → Notwehr oder Nothilfe gerechtfertigt sein. Ein Z. Dritter gegenüber fremden Kindern wird grundsätzlich abgelehnt (anders u. U. bei Straftaten wie z. B. Körperverletzungen, groben Beleidigungen u. dgl.). Eine nicht durch ein Z. gerechtfertigte körperliche Züchtigung ist eine → unerlaubte Handlung und strafbare → Körperverletzung, bei Lehrern strafbar als Körperverletzung im Amt (§ 340 StGB).

**Zuchtmittel** können nach → Jugendstrafrecht zur Ahndung der Straftat eines Jugendlichen oder Heranwachsenden verhängt werden (§§ 13 ff. JGG). Sie sind anzuwenden, wenn → Jugendstrafe nicht geboten ist, wenn aber → Erziehungsmaßregeln nicht ausreichen, sondern dem Beschuldigten eindringlich zum Bewußtsein gebracht werden muß, daß er für das begangene Unrecht einzustehen hat. Z. sind die → Verwarnung nach § 14 JGG, Auflagen (insbes. Schadenswiedergutmachung, Zahlung eines Geldbetrags zugunsten einer gemeinnützigen Einrichtung, Erbringung von Arbeitsleistungen, Entschuldigung beim Verletzten) und der → Jugendarrest. Z. sind keine Strafen.

**Zuckergesetz.** Das Z. ist aufgehoben. Zur Marktordnung für Zucker vgl. jetzt → Marktorganisationen der EG.

**Zufall,** Haftung für –, → Verschulden (II 3).

**Zufallsfunde** sind Erkenntnisse, die bei der Untersuchung einer Straftat gewonnen werden und nicht für diese, aber für die Aufklärung einer anderen Straftat von Bedeutung sind. § 108 I StPO gestattet die einstweilige Beschlagnahme von Z., die sich bei einer Durchsuchung wegen einer anderen Straftat ergeben. Die Vorschrift enthält einen allgemeinen Rechtsgedanken. Sie gilt z. B. auch bei einer → Identitätsfeststellung (§ 163 b StPO). Für → Kontrollstellen ist ihre Anwendung ausdrücklich angeordnet (§ 111 III StPO). Nur eingeschränkt als Beweise in anderen Strafverfahren verwertbar sind Z., die bei Überwachung der Telekommunikation (§ 100 b V StPO → Brief-, Post- und Fernmeldegeheimnis), → Rasterfahndung (§ 98 b III 3 StPO), → Schleppnetzfahndung (§ 163 d IV 5 StPO), → Einsatz technischer Mittel zum Abhören und Aufzeichnen des nichtöffentlich gesprochenen Wortes (§ 100 d V StPO) und Einsatz → Verdeckter Ermittler (§ 110 e StPO) gewonnen werden.

**Zufluß-/Abfluß-Prinzip** (§ 11 EStG). Dieses Prinzip gilt bei der Einkommensteuer, soweit nicht der → Gewinn durch → Betriebsvermögensvergleich ermittelt wird (§§ 4 I, 5, 17 EStG), somit bei Einnahmen-Überschuß-Rechnung (§ 4 III EStG, → Gewinnermittlungsarten), bei Überschußeinkünften (§§ 19–23 EStG), → Sonderausgaben (§§ 10 bis 10 h EStG) und außergewöhnlichen → Belastungen (§§ 33–33 c EStG). → *Einnahmen* gelten als in dem Kalenderjahr bezogen, in dem sie dem Steuerpflichtigen zugeflossen, d. h. in seine freie Verfügung gelangt sind; Ausnahme: regelmäßig wiederkehrende Einnahmen, die kurze Zeit vor Beginn oder kurze Zeit nach Beendigung des Kalenderjahrs zufließen, zu dem sie wirtschaftl. gehören, gelten als in diesem Kalenderjahr bezogen („kurze Zeit“: etwa 10 Tage). Entsprechendes gilt für → *Ausgaben.*

**Zuführung Zivildienstpflichtiger** → Vorführung Wehrpflichtiger.

**Zug um Zug – Leistung (-Verurteilung)** → Zurückbehaltungsrecht, → gegenseitiger Vertrag, → Rücktritt.

**Zugabe** ist im geschäftlichen Verkehr eine unentgeltliche Zuwendung, die dem Kunden neben der Ware oder Leistung gewährt wird. Die Z. kann ihrerseits eine Ware oder eine Leistung sein (z. B. kostenlose oder verbilligte Kundenbeförderung); unerheblich ist, ob zum Schein ein (auch nur geringfügiges) Entgelt verlangt oder zur Verschleierung der Z. ein Gesamtpreis berechnet wird. Z. sind durch § 1 der VO vom 9. 3. 1932 (RGBl. I 121, sog. ZugabeVO) verboten. Verstöße stellen → unlauteren Wettbewerb dar, können insbes. unter § 1 UWG fallen; sie sind bei vorsätzlichem Handeln ordnungswidrig und begründen Unterlassungs-, bei Verschulden auch Schadensersatzansprüche (§§ 2, 3 ZugabeVO). Ausnahmen gelten für kleine Zugaben, wie z. B. preisgünstige Reklameartikel, zulässige → Rabatte, Kundenzeitschriften, handelsübliches Zubehör, auch die Erstattung der Fahrtkosten des öffentlichen Personennahverkehrs. (§ 1 II ZugabeVO), wenn bei dem Angebot, der Ankündigung oder Gewährung dieser Zugaben nicht auf die Unentgeltlichkeit hingewiesen wird (§ 1 III ZugabeVO).

**Zugang einer Willenserklärung** → Willenserklärung (I 2).

**Zugangstheorie** → Willenserklärung (I 2).

**Zugesicherte Eigenschaft** → Gewährleistung (2).

**Zugewinn** ist der Betrag, um den das Endvermögen eines Ehegatten bei Beendigung des gesetzlichen → Güterstandes der → *Zugewinngemeinschaft* das Anfangsvermögen übersteigt (§ 1373 BGB). *Anfangsvermögen* ist dabei das → Vermögen, das einem Ehegatten nach Abzug der Verbindlichkeiten bei Beginn des Güterstandes gehört; das Anfangsvermögen kann aber nicht negativ sein, so daß es bei Überwiegen der Verbindlichkeiten mit Null bewertet wird. Dem Anfangsvermögen ist ferner grundsätzlich ein zwischenzeitlicher Erwerb von Todes wegen oder durch Schenkung hinzuzurechnen, weil dieses Vermögen regelmäßig nicht als durch die Arbeit der Ehegatten erworben anzusehen ist (§ 1374 BGB; nicht aber z. B. ein Lottogewinn oder ein → Schmerzensgeld). *Endvermögen* ist das Vermögen, das einem Ehegatten nach Abzug der Schulden bei Beendigung des Güterstandes gehört. Dem Endvermögen werden die Beträge hinzugerechnet, um das sich das Vermögen eines Ehegatten in den letzten 10 Jahren ohne Einverständnis des anderen Ehegatten durch unentgeltliche Zuwendungen an unbeteiligte Dritte, Verschwendung oder Handlungen in der Absicht, den anderen Ehegatten zu benachteiligen, vermindert hat (Wertveränderung, § 1375 BGB). Für die Wertberechnung gilt der Verkehrswert der Vermögensgegenstände und Verbindlichkeiten im jeweiligen Zeitpunkt (d.h. für das Anfangsvermögen zu Beginn, für das Endvermögen am Ende des gesetzlichen Güterstandes, § 1376 BGB, bei der → Ehescheidung allerdings schon im Zeitpunkt der Antragstellung, § 1384 BGB); bloß rechnerische Wertveränderungen auf Grund der Geldentwertung bleiben unberücksichtigt (BGHZ 61, 385). Die Ehegatten können ein Verzeichnis über das Anfangsvermögen erstellen und sind hierzu auf Verlangen des anderen Ehegatten verpflichtet; in diesem Fall wird die Richtigkeit des Verzeichnisses vermutet (§ 1377 BGB). Ist kein Verzeichnis errichtet, so wird – bis zum Beweis des Gegenteils – vermutet, daß das Endvermögen eines Ehegatten seinem Zugewinn entspricht, ein Anfangsvermögen also nicht vorhanden war (§ 1377 III BGB). Im einzelnen → *Zugewinnausgleich.*

**Zugewinnausgleich.** Bei Beendigung des gesetzlichen → Güterstandes der → Zugewinngemeinschaft wird der in der Ehe erzielte → *Zugewinn* ausgeglichen. Die gesetzliche Regelung ist unterschiedlich bei Beendigung des Güterstands durch den Tod eines Ehegatten und in anderen Fällen, insbes. nach → Ehescheidung:

1. *Z. im Todesfall:* Wird der Güterstand durch den Tod eines Ehegatten beendet und lebten die Ehegatten in diesem Zeitpunkt im gesetzlichen Güterstand, so wird der Z. – ohne Rücksicht darauf, ob die Ehegatten im Einzelfall tatsächlich einen Zugewinn erzielt haben, und ohne Berechnung desselben – zur Vereinfachung dadurch verwirklicht, daß sich der gesetzliche → *Erbteil* des überlebenden Ehegatten um ein Viertel der Erbschaft *erhöht* (§ 1371 I BGB; sog. erbrechtliche Lösung, s. gesetzliche → Erbfolge). Der überlebende Ehegatte erhält daher bei

gesetzlicher Erbfolge und Vorhandensein gemeinschaftlicher Kinder statt 1/4 (§ 1931 BGB) 1/2 der Erbschaft. Aus diesem zusätzlichen Viertel hat der überlebende Ehegatte vorhandenen Stiefkindern, d. h. erbberechtigten Abkömmlingen des verstorbenen Ehegatten, die nicht aus der betreffenden Ehe stammen, bei Bedürftigkeit die Mittel zu einer angemessenen Ausbildung zu gewähren (§ 1371 IV BGB). Die *erbrechtliche Lösung* gilt allerdings nur, wenn der überlebende Ehegatte (→ Mit-)Erbe oder → Vermächtnisnehmer geworden ist; entsprechend erhöht sich auch der → Pflichtteil des überlebenden Ehegatten (sog. großer Pflichtteil). Wird der überlebende Ehegatte dagegen nicht gesetzlicher oder testamentarischer Erbe (z. B. bei → Enterbung, → Erbunwürdigkeit, → Erbverzicht u. a.) und steht ihm auch kein Vermächtnis zu, so kann er Ausgleich des Zugewinns nach den allgemeinen Vorschriften (s.u. 2.) verlangen; daneben steht ihm, soweit das Pflichtteilsrecht überhaupt besteht, der Anspruch auf den Pflichtteil zu, der in diesem Fall von dem nicht erhöhten Erbteil (sog. kleiner Pflichtteil) berechnet wird (§ 1371 II BGB, sog. güterrechtliche Lösung). Das gleiche gilt, wenn der überlebende Ehegatte nur deswegen nicht Erbe geworden ist, weil er die ihm kraft Gesetzes oder durch → Verfügung von Todes wegen angefallene Erbschaft ausgeschlagen hat. Er kann hier neben dem Z. auf *güterrechtlicher Basis* den Pflichtteil auch stets dann verlangen, wenn er ihm – wie sonst regelmäßig bei der → Ausschlagung der Erbschaft (s. im einzelnen → Pflichtteil) – an sich nicht mehr zustünde; auch hier kann jedoch neben dem Z. nach ganz h. M. (BGHZ 42, 182) nur der sog. kleine Pflichtteil verlangt werden (§ 1371 III BGB). Der überlebende Ehegatte hat also als gesetzlicher Erbe die *Wahl,* ob er es bei dem erhöhten Erbteil belassen oder die Erbschaft ausschlagen und den Z. nach güterrechtlichen Vorschriften nebst kleinem Pflichtteil verlangen will. Als testamentarischer Erbe oder Vermächtnisnehmer kann er entweder nach erbrechtlichen Vorschriften die Auffüllung bis zur Höhe des großen Pflichtteils verlangen (→ Zusatzpflichtteil) oder ausschlagen und den Zugewinn auf güterrechtlicher Basis nebst kleinem Pflichtteil beanspruchen.

2. *Z. in anderen Fällen:* Wird die Ehe nicht durch den Tod eines Ehegatten aufgelöst, sondern durch → Ehescheidung oder → Eheaufhebung, z. T. auch bei → Ehenichtigkeit, oder findet beim Tod eines Ehegatten die güterrechtliche Lösung Anwendung (s.o. 1.), so wird der → Zugewinn (Berechnung s. dort) dadurch ausgeglichen, daß dem Ehegatten, der keinen oder nur einen geringeren Zugewinn erzielt hat, eine schuldrechtliche *Ausgleichsforderung* in Höhe der Hälfte des Überschusses des anderen Ehegatten zusteht (§§ 1372, 1378 I BGB; Sonderbestimmungen für die Teilung des Hausrats nach der → Hausratsverordnung). Wird durch unentgeltliche Verfügungen eines Ehegatten an einen Dritten der Ausgleichsanspruch geschmälert, so ist dieser statt des Ehegatten dem anspruchsberechtigten Ehegatten zur Herausgabe des Erlangten nach den Vorschriften über die → ungerechtfertigte Bereicherung verpflichtet (§ 1390 BGB). Die Ehegatten können durch → Ehevertrag auch eine andere Ausgleichsquote wie überhaupt die gesamte Berechnung und Auseinandersetzung frei vereinbaren; wird der Z. ganz ausgeschlossen, so tritt regelmäßig → Gütertrennung ein (§ 1414 S. 2 BGB). Eine solche Vereinbarung ist auch im Rahmen eines Verfahrens auf → Ehescheidung möglich; sie bedarf der notariellen Beurkundung (→ Form, 1 c) oder der gerichtlichen Protokollierung. Die Ausgleichsforderung entsteht mit Beendigung des Güterstands (bei Ehescheidung mit Rechtshängigkeit des Scheidungsantrags, § 1384 BGB) und ist von diesem Zeitpunkt an vererblich und übertragbar; → Verjährung tritt nach 3 Jahren ein (§ 1378 III, IV BGB). Auf die Ausgleichsforderung sind Vorausempfänge unter Lebenden, die hierfür bestimmt waren, anzurechnen (§ 1380 BGB); im Zweifel ist dies anzunehmen, wenn Zuwendungen den Wert von Gelegenheitsgeschenken übersteigen, die nach den Lebensverhältnissen der Ehegatten üblich sind. Die Erfüllung kann verweigert werden, wenn der Ausgleich des Zugewinns im Einzelfall grob unbillig wäre, insbes. wenn der fordernde Ehegatte längere Zeit hindurch die wirtschaftlichen Ver-

pflichtungen aus der → ehelichen Lebensgemeinschaft, z. B. zur Haushaltsführung, schuldhaft nicht erfüllt hat (§ 1381 BGB). Auch kann das → Familiengericht die Ausgleichsforderung stunden oder bestimmte Gegenstände dem Gläubiger zur Anrechnung auf die Ausgleichsforderung übertragen (§§ 1382, 1383 BGB). Zur Sicherung des Ausgleichsanspruchs besteht eine Pflicht zur gegenseitigen → Auskunftserteilung (§ 1379 BGB), bei Gefährdung auch zur Sicherheitsleistung (§ 1389 BGB). Schließlich kann Klage auf *vorzeitigen* Ausgleich des Zugewinns erhoben werden, wenn die Ehegatten seit mehr als 3 Jahren getrennt leben (§ 1385 BGB) oder wenn der andere Ehegatte längere Zeit hindurch die wirtschaftlichen Verpflichtungen aus der ehelichen Lebensgemeinschaft nicht erfüllt, keine Auskunft über den Bestand seines Vermögens gibt, Rechtsgeschäfte entgegen den Verfügungsbeschränkungen der → Zugewinngemeinschaft (s. dort) ohne Zustimmung des anderen Ehegatten abschließt oder wenn sonst eine Gefährdung der Ausgleichsforderung besteht (§ 1386 BGB). Mit der Rechtskraft des Urteils, das auf vorzeitigen Ausgleich des Zugewinns erkennt, ist der gesetzliche Güterstand der Zugewinngemeinschaft beendet und tritt → Gütertrennung ein (§ 1388 BGB).

*Z. steuerlich:* Beim Tod eines Ehegatten ist der unentgeltliche Erwerb des anderen Ehegatten in Höhe der Ausgleichsforderung von der → Erbschaftsteuer befreit (§ 5 ErbStG), gleichgültig ob er die erbrechtliche oder die güterrechtliche Lösung wählt.

**Zugewinngemeinschaft.** Gesetzlicher → Güterstand ist seit dem Inkrafttreten des → Gleichberechtigungsgesetzes am 1. 7. 1958 (Gebiet ehem. DDR → Güterstände) die Z. (§ 1363 I BGB); sie verbindet Elemente der → Gütertrennung mit denen der früheren → Errungenschaftsgemeinschaft. Das Wesen der Z. besteht darin, daß sowohl das bei der Eheschließung vorhandene wie das später erworbene Vermögen beider Ehegatten getrennt bleibt und grundsätzlich von jedem Ehegatten selbständig verwaltet wird (§§ 1363 II, 1364 BGB); auch haftet jeder Ehegatte nur für die von ihm herrührenden Schulden. Auch der Gewinn, der von einem Ehegatten im Laufe der Ehe erzielt wird *(Zugewinn),* bleibt in dessen Vermögen, wird jedoch im Interesse des anderen Ehegatten ausgeglichen, wenn die Z. endet *(Zugewinnausgleich).* Die grundsätzliche Trennung der Vermögen schließt nicht aus, daß beide Ehegatten aus anderen Rechtsgründen gemeinsames Vermögen haben (z. B. Miteigentum an Gegenständen, hier aber keine → Gesamthandsgemeinschaft wie z. B. bei der → Gütergemeinschaft; anders nur bei der → Ehegattengesellschaft) oder daß einer der Ehegatten beide Vermögensmassen verwaltet (§ 1413 BGB, → Vermögensverwaltung). Wegen der grundsätzlich selbständigen Verwaltung des jeweiligen Vermögens hat auch jeder Ehegatte die → Prozeßführungsbefugnis; ein Titel gegen den jeweiligen Ehegatten als Schuldner ist erforderlich und ausreichend (§ 739 ZPO; → Eigentumsvermutungen bei Ehegatten).

Über die sich aus der → ehelichen Lebensgemeinschaft, insbes. der daraus resultierenden → Unterhaltspflicht der Ehegatten ergebenden gegenseitigen Beschränkungen hinaus unterliegt die grundsätzlich freie Verwaltungs- und Verfügungsbefugnis der Ehegatten auch bei der Z. im Interesse der Erhaltung der wirtschaftlichen Grundlage der Ehe und Familie gewissen Begrenzungen. So bedarf sowohl die Verpflichtung eines Ehegatten, über sein → *Vermögen* im ganzen zu verfügen, als auch die Erfüllungshandlung selbst der Einwilligung des anderen Ehegatten (§ 1365 I BGB). Unter „Vermögen im ganzen" sind nach ganz h. M. auch einzelne Gegenstände und Sachinbegriffe zu verstehen, sofern sie tatsächlich den wesentlichen Teil der bisherigen Existenzgrundlage ausmachen (z. B. bei Hofübergabe, Verkauf eines Erwerbsgeschäfts, evtl. auch eines Grundstücks). Daß noch Gegenstände von geringem Wert und untergeordneter Bedeutung zurückbleiben (z. B. persönliche Habe), steht dem nicht entgegen; allerdings muß bei Veräußerung von Einzelgegenständen der Dritte wissen, daß es sich hierbei praktisch um das „Vermögen im ganzen" gehandelt hat. Die Einwilligung des anderen Ehegatten kann, wenn sie ohne ausreichenden Grund und entgegen den Grundsätzen einer ordnungsmäßigen Verwaltung verweigert wird, vom → Vormundschaftsgericht ersetzt werden (§ 1365 II BGB). Das Zustimmungserfordernis des anderen Ehegatten gilt auch bei Verfügungen über Gegenstände des ehelichen Haushalts, die dem Verfügenden selbst gehören (z. B. Wäsche, Wohnungseinrichtung, Fernsehapparat), und bei Verpflichtungsgeschäften über derartige Gegenstände (§ 1369 BGB, wobei Ersatzstücke wieder in das Eigentum des Ehegatten fallen, dem auch die früheren Haushaltsgegenstände gehörten, § 1370 BGB). Wird gegen diese Vorschriften verstoßen, so sind einseitige Rechtsgeschäfte unwirksam (§ 1367 BGB). Verträge ohne die erforderliche Einwilligung bleiben zunächst in der Schwebe und können von dem anderen Ehegatten nachträglich genehmigt, bis dahin allerdings auch von dem Dritten widerrufen werden; verweigert der andere Ehegatte die Genehmigung, so ist der Vertrag unwirksam (§ 1366 BGB). Auch der übergangene Ehegatte kann dann gegen den Dritten gerichtlich – z. B. auf Herausgabe der übergebenen Gegenstände – vorgehen (§ 1368 BGB). Diese Verfügungsbeschränkungen sind absolute → *Veräußerungsverbot* (ganz h. M.), so daß auch ein gutgläubiger Dritter nicht geschützt wird. Obwohl weder aus dem → Güterrechtsregister noch sonst – z. B. aus dem → Grundbuch– ersichtlich ist, daß der Geschäftspartner ein im gesetzlichen Güterstand der Z. lebender Ehegatte ist, tritt hier der Gedanke des Verkehrsschutzes hinter das Interesse des anderen Ehegatten zurück. Diese Verfügungsbeschränkungen können durch → Ehevertrag abbedungen werden. Weitere Verfügungsbeschränkungen kennt der gesetzliche Güterstand der Z. nicht.

**Zuhälterei** ist nach § 181 a StGB in drei verschiedenen Verhaltensweisen unter Strafe gestellt: als sog. *ausbeuterische* Z., wenn der Täter jemand, der der → Prostitution nachgeht, eigensüchtig und planmäßig als Erwerbsquelle für sich mißbraucht (auch wenn er daraus nicht seinen Lebensunterhalt bezieht); als *überwachende (dirigierende)* Z., wenn er seines Vermögensvorteils wegen die Ausübung der Prostitution kontrolliert oder bestimmt oder durch gezielte Maßnahmen (Drohungen, Geldentzug o. dgl.) die Aufgabe der Prostitution verhindert; schließlich als → gewerbsmäßige prostitutionsfördernde *Vermittlung.* Täter und Tatopfer können sowohl Männer wie Frauen sein. In allen Fällen werden aber Beziehungen zwischen Täter und Opfer vorausgesetzt, die im Hinblick auf die Prostitutionsausübung über den Einzelfall hinausgehen (nicht nur persönliche; auch geschäftlich-wirtschaftliche genügen). Auch im Falle der bloßen Vermittlung, z. B. durch Adressennachweis, die auf die Ausübung der Prostitution keinen Einfluß nimmt, ist neben gewerbsmäßigem Handeln eine solche Beziehung erforderlich; diese ist dagegen bei der nach § 181 a III strafbaren *Z. unter Ehegatten* schon durch das eheliche Verhältnis gegeben. Die Strafe ist Freiheitsstrafe von 6 Mon. bis zu 5 Jahren, bei der vermittelnden (kupplerischen) Z. Freiheitsstrafe bis zu 3 Jahren oder Geldstrafe. Auch kann Führungsaufsicht angeordnet werden (§ 181 b StGB, → Maßregeln der Besserung und Sicherung, 4). In bestimmten Fällen sind Vermögensstrafe (→ Strafen) und Erweiterter → Verfall möglich (§ 181 c StGB).

**Zukunftssicherungsleistungen** → Direktversicherung, → Pensionskasse, → betriebliche Altersversorgung, → Unterstützungskasse, → Sonderausgaben (Vorsorgeaufwendungen, -pauschale).

**Zulässigkeit** (prozeßrechtlich). Um über Klagen, Anträge usw. sachlich entscheiden zu können, müssen diese zulässig sein. Die Z.voraussetzungen sind in jeder Verfahrensordnung gesondert geregelt; s. hierzu → Prozeßvoraussetzungen. Entsprechend müssen für die Z. eines → Rechtsmittels die → Rechtszugvoraussetzungen gegeben sein. Über die Z. kann abgesondert (vorab) verhandelt und entschieden werden (§ 280 ZPO; → Zwischenurteil). Nach Bejahung der Z. ist die *Begründetheit* zu prüfen.

**Zulassung der Revision** → Revision (2 b), → Nichtzulassungsbeschwerde.

**Zulassung von Kraftfahrzeugen.** Kfz. und Anhänger sind zulassungspflichtig, ausgenommen solche mit Höchstgeschwindigkeit von 6 km/h. sowie unter gewissen Voraussetzungen selbstfahrende

Arbeitsmaschinen, einachsige Zug- und Arbeitsmaschinen, Krankenfahrstühle, Leicht- und → Kleinkrafträder, → Fahrräder mit Hilfsmotor (§§ 1 StVG, 16 ff. StVZO); ferner sind ausgenommen Anhänger von langsamfahrenden Kfz., Feuerlösch- und Straßenreinigungswagen, einachsige Anhänger von Krafträdern u. dgl. S. a. → Oldtimer.

Die Z. besteht in der Erteilung der Betriebserlaubnis oder EG-Typgenehmigung, die auch für die meisten zulassungsfreien Kfz. erforderlich ist, und der Zuteilung des amtlichen Kennzeichens. Für eine *Betriebserlaubnis* ist erforderlich, daß das Fz. der StVZO und den Anweisungen des BMV, den durch EG-Richtlinien harmonisierten Vorschriften oder den vom BMV anerkannten ECE-Regelungen (der Economic Commission for Europe der → Vereinten Nationen, § 21 a StVZO) entspricht. Sie wird für typenmäßig gefertigte Kfz. allgemein durch Typschein, sonst als Einzelerlaubnis erteilt (§§ 19 ff. StVZO; Bauartgenehmigung für *Fahrzeugteile:* § 22 a StVZO und VO i. d.F. vom 30. 9. 1960, BGBl. I 782 m. Änd.). Der Nachweis für eine EG-Typgenehmigung wird durch eine Übereinstimmungsbescheinigung geführt.

Auf Grund der Erlaubnis wird vom Inhaber des Typscheins bzw. vom Einzelhersteller und einem amtlich anerkannten Sachverständigen der *Fahrzeugbrief* ausgefüllt, der als Grundlage für den Antrag auf Zuteilung des *Kennzeichens* durch die Zulassungsbehörde dient. Vorher ist die ordnungsmäßige → Kraftfahrzeug-Haftpflichtversicherung (Versicherungsnachweis) nachzuweisen (§ 29 a StVZO). Nach Zuteilung des Kennzeichens erhält der Antragsteller einen *Fahrzeugschein* (§ 24 StVZO; sog. Zulassung), der – anders als der Fahrzeugbrief – auf jeder Fahrt mitzuführen und den zuständigen Beamten bei Kontrollen usw. auf Verlangen vorzuzeigen ist. Die Zulassungsbehörde teilt die Z. dem → Kraftfahrt-Bundesamt mit (§ 6 FahrzeugregisterVO vom 20. 10. 1987, BGBl. I 2305, m. Änd.). Wer ein Kfz. veräußert, muß der Zulassungsbehörde die Anschrift des Erwerbers mitteilen (§ 27 III 1 StVZO).

Die Z. kann, wenn ein Kfz. nicht in vorschriftsmäßigem Zustand ist, nach erfolglosem Ablauf einer zur Behebung des Mangels gesetzten Frist zurückgenommen oder eingeschränkt werden. Das Kennzeichen ist dann zu *entstempeln,* der Fahrzeugschein zurückzugeben (§ 17 StVZO). Dasselbe gilt, wenn das Kfz. länger als ein Jahr aus dem Verkehr gezogen wird (§ 27 V StVZO; s. a. → Abmeldung). Inbetriebsetzen eines nicht zugelassenen Kfz. auf öffentlichen Wegen ist nach § 69 a II Nr. 3 StVZO, § 24 StVG als → Ordnungswidrigkeit verfolgbar; darunter fallen auch ohne Inanspruchnahme der Motorkraft alle unmittelbar einleitenden Handlungen, wenn sie der Fortbewegung auf öffentlicher Straße dienen, z. B. Einstecken des Zündschlüssels, Lösen der Handbremse, Anlassen des Motors u. dgl. (vgl. aber BGH NJW 1989, 723 zur → Trunkenheit im Verkehr).

S. ferner → Auslandszulassung, → Droschken, → Personenbeförderung, → Güterkraftverkehr. Über Fahrzeuge, denen ein Kennzeichen zugeteilt ist, führt das Kraftfahrt-Bundesamt das Zentrale → Fahrzeugregister (§§ 31 ff. StVG). Fz., für die nach den Vorschriften der ehem. DDR eine allgemeine Betriebserlaubnis besteht, gelten als vorschriftsmäßig i. S. von § 19 I StVZO, wenn sie bis 30. 6. 1994 erstmals in den Verkehr gebracht werden. Bei Fz.en, die nach den Vorschriften der ehem. DDR bis 31. 12. 1990 in den Verkehr kamen, ist eine Ergänzung der Sicherheitsausrüstung erforderlich.

**Zulassung von Luftfahrzeugen** → Luftfahrtrecht, → Luftfahrzeugrolle, → Luftfahrt-Bundesamt.

**Zulassung zu Heilberufen.** → Heilkunde, → Heilhilfsberufe.

**Zulassung zu Hochschulen** → Hochschule, → numerus clausus, → Studienplätze (Vergabe).

**Zulassung zu öffentlichen Ämtern.** Nach Art. 33 II GG hat jeder Deutsche nach seiner Eignung, Befähigung und fachlichen Leistung gleichen Zugang zu jedem öffentlichen Amt. Die Vorschrift gibt dem einzelnen ein → subjektives öffentliches Recht gegen den Staat. Allerdings werden damit Sonderregelungen für alle Berufe, die „öffentlicher Dienst“ sind, nicht ausgeschlossen. Die Zahl der Stellen im öffentlichen Dienst wird von der Organisationsgewalt der zuständigen öffentlich-rechtlichen Körperschaft bestimmt, die ihrerseits wieder vom Haushaltsplan abhängig ist. Innerhalb dieses Rahmens ist der gleiche Zugang aller zu den öffentlichen Ämtern bei gleicher Eignung gewährleistet. Damit wird jedem Bürger entsprechend seinen Fähigkeiten die Möglichkeit zum Eintritt in den Staatsdienst eröffnet. Subjektive Zugangsvoraussetzungen, wie etwa die Ablegung von Prüfungen, das Erreichen eines bestimmten Prüfungsergebnisses, charakterliche und fachliche Eignung u.ä. bleiben unberührt. Nach Art. 33 III sind die Z. z. ö. Ä. und die im öffentlichen Dienst erworbenen Rechte unabhängig von dem religiösen Bekenntnis. Niemandem darf aus seiner Zugehörigkeit oder Nichtzugehörigkeit zu einem Bekenntnis oder einer Weltanschauung ein Nachteil erwachsen. Vgl. → staatsbürgerliche Rechte; → Proporzsystem; → Radikale im öffentlichen Dienst; → Radikalenerlaß; → Konkurrentenklage.

**Zulassung zur Rechtsanwaltschaft** wird auf Antrag durch die Landesjustizverwaltung erteilt (§ 6 I BRAO). Auf sie hat grundsätzlich jeder Anspruch, der die Befähigung zum Richteramt nach § 5 DRiG erworben oder (für Staatsangehörige der EG) die Eignungsprüfung nach dem Ges. vom 6. 7. 1990 (BGBl. I 1349) bestanden hat (§ 4 BRAO), wenn nicht einer der Versagungsgründe des § 7 BRAO vorliegt (z. B. Unwürdigkeit, Berufsunfähigkeit wegen körperl. Gebrechens, Unfähigkeit zur Bekleidung öffentlicher Ämter infolge strafgerichtlicher Verurteilung; ein Zweitberuf aber nur, wenn diese Tätigkeit mit dem Beruf eines unabhängigen Rechtsanwalts unvereinbar ist, s. a. → Syndikusanwalt). Zugleich mit der Z. zur Anwaltschaft ist die Z. bei einem bestimmten Gericht auszusprechen. Auch diese darf nur aus bestimmten gesetzlichen Gründen versagt werden (§ 20 BRAO), z. B. wenn der Ehegatte als Richter an dem Gericht tätig ist oder der Bewerber selbst innerhalb der letzten 5 Jahre dort tätig war. Über die Simultanzulassung bei mehreren Gerichten → Rechtsanwalt (1). Die Z. kann gewechselt werden (§ 33 BRAO). S. a. → Residenzpflicht. Zur (erleichterten) Z. ausländischer RAe im EG-Bereich s. §§ 206f. BRAO.

Die *Rücknahme* (Widerruf) *der Z. z.R.* ist nur aus den Gründen des § 14 BRAO zulässig, z. B. wenn nachträglich Tatsachen bekannt werden, die eine Ablehnung der Z. gerechtfertigt hätten, wegen Eintritts der Berufsunfähigkeit usw. Der Widerruf der Z. bei einem bestimmten Gericht ist nach § 35 BRAO z. B. möglich, wenn der RA seiner Pflicht, am Zulassungsort eine Kanzlei zu errichten, nicht nachkommt. Gegen die Versagung oder Rücknahme der Z. allgemein oder bei einem bestimmten Gericht kann die Entscheidung des Anwaltsgerichtshofes angerufen werden; gegen dessen ablehnenden Beschluß ist sofortige Beschwerde an den Bundesgerichtshof zulässig (§§ 11, 16 V, 21 II, 35 II, 42 BRAO).

**Zulassungsbeschwerde** → Nichtzulassungsbeschwerde.

**Zulassungsordnung für Kassenärzte** → Kassenarzt.

**Zumutbare Belastung** → Belastungen, außergewöhnliche 1.

**Zumutbarkeit.** Der Begriff der Z. spielt in verschiedenen Rechtsgebieten eine Rolle. Im Zivilrecht hängt z. B. die Lösung von einem Rechtsverhältnis davon ab, daß ein Festhalten am Vertrag bei Abwägung der gegenseitigen Interessen dem Betroffenen nicht mehr zumutbar ist, so bei der außerordentlichen → Kündigung, Wegfall der → Geschäftsgrundlage u. a. Im Strafrecht ist der Rechtsgedanke gesetzlich verankert z. B. in § 35 StGB (→ Notstand, 1 b), § 113 IV StGB (→ Widerstand gegen die Staatsgewalt), § 142 III 1 StGB (→ unerlaubtes Entfernen vom Unfallort); im Strafprozeßrecht in § 81 c IV StPO (→ körperliche Untersuchung). Für das Sozialrecht vgl. z. B. §§ 28, 29, 43, 84 BSHG. S. a. → Verhältnismäßigkeit(sgrundsatz).

**Zünfte** waren im deutschen Mittelalter Körperschaften, in denen die Handwerker eines Gewerbezweiges in den Städten zusammengeschlossen waren. Ursprünglich waren sie zugleich religiöse Bruderschaften, beschränkten ihre Aufgaben aber mit der Zeit auf die ständerechtliche Betätigung. Juden durften den Z. nicht angehören. Die Verfassung der Z. und die Berufsausübung ihrer

Mitglieder waren in den *Zunftordnungen* eingehend geregelt; es herrschte *Zunftzwang,* der die Ausübung des Handwerks unter Ausschaltung unerwünschten Wettbewerbs ermöglichte. Die Z. standen zunächst unter der Kontrolle des Stadtherrn oder Stadtrats, gelangten aber später zur Selbstverwaltung und eigenen Gerichtsbarkeit. Seit dem 14. Jh. konnten sie mit der zunehmenden Blüte des Handwerks in den Stadträten, die sich bis dahin ausschließlich aus → Patriziern zusammensetzten, steigenden Einfluß gewinnen. Andererseits führte der hermetische Abschluß der Z. von allen äußeren Einflüssen und ihr starres Festhalten an überlieferten Rechten und Bräuchen zu einer inneren Stagnation, hinderten den volkswirtschaftlichen Wettbewerb und hatten Kämpfe mit den aufbegehrenden Gesellen zur Folge, die in ihrer Rechtsstellung stark eingeschränkt waren. Diese wirtschaftlich und sozial in hohem Maße nachteiligen Auswirkungen des Zunftrechts fanden erst mit der Aufhebung der Zunftverfassung im 19. Jh. (insbes. durch die GewerbeO von 1869) ihr Ende.

**Zuordnung.** Bei gemischt-genutzten, also unternehmerisch und nichtunternehmerisch genutzten Gegenständen (z. B. Pkw, Gebäude zu Wohn- und Betriebszwecken) kann der → Unternehmer für Umsatzsteuerzwecke wählen, ob er den Gegenstand in vollem Umfang dem unternehmerischen oder nichtunternehmerischen Bereich zuordnet. Zulässig ist auch eine quotale Aufspaltung. Die Zuordnung erfolgt grundsätzlich durch den → Vorsteuerabzug. Zur Einkommensteuer → Lebensführungskosten.

**Zurechenbarkeit** eines schädigenden Ereignisses oder einer Handlung → Schadensersatz (1 a), → Betriebsrisiko, → innerbetrieblicher Schadensausgleich, → Kausalität im Strafrecht.

**Zurechnung** *(steuerlich)* von → Wirtschaftsgütern für Zwecke der Besteuerung erfolgt nach § 39 AO unter dem Gesichtspunkt der → wirtschaftlichen Betrachtungsweise. Für die Zurechnung von Wirtschaftsgütern ist die wirtschaftliche Sachherrschaft entscheidend, für die Zurechnung von → Einkünften die Verwirklichung des gesetzlichen Tatbestandes (vgl. § 180 I 1 Nr. 2 a AO), wobei auch hier die → wirtschaftliche Betrachtungsweise entscheidend ist. → Leasingvertrag, → Treuhandeigentum, → Nießbrauch, → Mitarbeit des Ehegatten, → Mitarbeit von Kindern, → Lebensführungskosten, → Zuordnung.

**Zurechnungsfähigkeit** → Verschulden, Geschäftsfähigkeit, Deliktsfähigkeit (für das Zivilrecht); über verminderte Z. (Strafrecht) → Schuld, Schuldunfähigkeit, Maßregeln der Besserung und Sicherung (1).

**Zurechnungsfortschreibung** → Hauptfeststellung.

**Zurechnungsunfähigkeit.** Den Begriff der Z. hat das 2. StrRG 1969 durch den der → Schuldunfähigkeit ersetzt.

**Zurechnungszeit** in der → Rentenversicherung. Sie wird bei einer Rente wegen → Berufsunfähigkeit oder → Erwerbsunfähigkeit und bei → Hinterbliebenenrenten bis zur Vollendung des 60. Lebensjahres hinzugerechnet, wenn der Versicherte bei Eintritt des Versicherungsfalls dieses Alter noch nicht erreicht hat, wobei jedoch die letzten 5 Jahre nur zu 1/3 angerechnet werden. § 59 SGB VI.

**Zurückbehaltungsrecht.** Hat der Schuldner aus demselben rechtlichen Verhältnis, auf dem seine Verpflichtung beruht, einen fälligen Gegenanspruch gegen den Gläubiger, so kann er grundsätzlich die geschuldete Gegenleistung verweigern, bis die ihm gebührende Leistung bewirkt wird (§ 273 BGB). Sofern daher nicht wie bei gleichartigen Leistungen eine → Aufrechnung möglich ist, schützt das Z. als Ausfluß von → Treu und Glauben den anderen Teil vor einer Vorleistungspflicht. Voraussetzung des allgemeinen Z. sind demnach → Fälligkeit des Gegenanspruchs sowie ein innerer natürlicher wirtschaftlicher Zusammenhang der Ansprüche (sog. *Konnexität*). Gegenüber einem Herausgabeanspruch (→ Eigentumsherausgabeanspruch) besteht stets ein Z. wegen eines Gegenanspruchs auf Ersatz von → Verwendungen (§§ 273 II, 1000 BGB), sofern die Sache nicht durch eine vorsätzliche → unerlaubte Handlung erlangt wurde; eine Fälligkeit des Verwendungsanspruchs setzt das dingliche Z. (§§ 1000 ff. BGB) nicht voraus. Das Z. kann durch Gesetz, Vertrag (z. B. Mietvertrag, nicht aber durch → Allgemeine Geschäftsbedingungen, § 11 Nr. 2 b AGBG) oder nach der Natur des → Schuldverhältnisses ausgeschlossen sein; es kann durch → Sicherheitsleistung des Gläubigers (nicht durch eine → Bürgschaft) abgewendet werden. Besonderheiten gelten ferner für das handelsrechtliche *(kaufmännische)* Z. auf Grund gegenseitiger Ansprüche von Kaufleuten aus beiderseitigen → Handelsgeschäften. Dieses setzt keine Konnexität der Forderungen (u. U. auch keine Fälligkeit) voraus und gibt über die bloße Zurückbehaltung hinaus einen Anspruch auf Befriedigung entsprechend den Vorschriften über den Pfandverkauf beim → Pfandrecht sowie ein Recht auf → Absonderung im → Insolvenzverfahren (§§ 369 ff. HGB, § 51 Nr. 3 InsO).

Das Z. ist nur auf → Einrede des Schuldners zu berücksichtigen; wird es geltend gemacht, so gerät der Schuldner deshalb nicht in → Schuldnerverzug. Gegenüber einer Klage des Gläubigers führt es nicht zu einer Klageabweisung, sondern zur Verurteilung zu Leistung *Zug um Zug:* der Gläubiger kann erst vollstrecken, wenn er zumindest gleichzeitig seine Leistung anbietet oder der Schuldner im Verzug der Annahme (→ Gläubigerverzug) ist (§ 274 BGB, §§ 726 II, 756, 765 ZPO). Über das Z. beim → gegenseitigen Vertrag s. dort.

**Zurücknahme von Rechtsmitteln.** Die Wirksamkeit der Z. ist bei den verschiedenen R. an unterschiedliche Voraussetzungen geknüpft, z. B. an die Einwilligung des Verfahrensgegners (vgl. § 515 ZPO), bei einem zugunsten des Angeklagten eingelegten R. an dessen Zustimmung (§ 302 StPO). Im übrigen ist sie bis zum Abschluß der Rechtsmittelinstanz, spätestens bis zum Eintritt der → Rechtskraft zulässig. Die Z. ist bedingungsfeindlich und unwiderruflich. Sie hindert i. d.R. die erneute Einlegung des R. innerhalb laufender Frist nicht; anders der → Rechtsmittelverzicht.

**Zurückschiebung** → Ausländer, 6.

**Zurückstellung der Strafvollstrekkung** → Strafvollstreckung.

**Zurückstellung vom Wehrdienst** ist *auf Antrag* zulässig wegen Vorbereitung auf ein geistliches Amt und zur Vermeidung besonderer Härte aus persönlichen, insbes. häuslichen, wirtschaftlichen oder beruflichen Gründen (§ 12 II, IV WehrpflG); *von Amts wegen* u. a. wegen vorübergehender Untauglichkeit, Strafvollzug, vorläufiger Vormundschaft (§ 12 I), anhängigem Strafverfahren (§ 12 V) sowie für Wahlbewerber und Abgeordnete des Bundestags, eines Landtags oder des Europaparlaments (§ 12 III). Die Zurückstellungsgründe nach § 12 I–III sind für die Wehrersatzbehörde zwingend, die Zurückstellungsgründe nach § 12 I, III 1 und V seitens des Wehrpflichtigen unverzichtbar. Anträge auf Z. sind innerhalb bestimmter Ausschlußfristen zu stellen (§ 20). Die Z. ist in den Fällen des § 12 I, IV, V stets befristet (§ 7 I MusterungsVO). Im → Bereitschaftsfall können Zurückstellungen nach § 12 II und IV WehrpflG widerrufen werden (§ 48 I Nr. 1); im → Verteidigungsfall treten sie sowie Zurückstellungen nach § 12 V außer Kraft (§ 48 II Nr. 3). S. ferner → Unabkömmlichstellung.

**Zurückstellung vom Zivildienst** unterliegt einer der Z. vom Wehrdienst entsprechenden Regelung; vgl. §§ 11–13 → ZivildienstG.

**Zurückverweisung.** Hebt ein Rechtsmittelgericht (→ Rechtsmittel) das angefochtene Urteil auf, so kann es den Rechtsstreit (oder die Strafsache) an die Vorinstanz zurückverweisen, damit dieses Gericht in der Sache neu verhandle und entscheide (§§ 538 ff., 565, 566 a ZPO, §§ 328, 354 StPO, § 72 V ArbGG, §§ 130, 144 VwGO, §§ 126 f. FGO, §§ 159, 170 SGG). Die Z. ist bei der → Revision die Regel, weil das Revisionsgericht keine Tatsachenfeststellungen trifft und daher, wenn diese ergänzungsbedürftig sind, nicht selbst abschließend entscheiden kann. In Strafsachen muß stets an eine andere Kammer (Abteilung) der Vorinstanz oder ein anderes Gericht zurückverwiesen werden. Bei der → Berufung und → Beschwerde ist die Z. die Ausnahme; sie beschränkt sich auf Fälle, in denen

Verfahrensmängel der Vorinstanz die Wiederholung des Verfahrens vor dieser erfordern.

**Zurückweisung** → Ausländer, 6.

**Zurückweisung verspäteten Vorbringens** → Verteidigungsmittel, → Berufung; s. a. → Prozeßverschleppung.

**Zusätzliches Krankengeld.** Versicherte der gesetzlichen → Krankenversicherung haben Anspruch auf zusätzliches Krankengeld, soweit allein wegen krankheitsbedingter Arbeitsunfähigkeit einmalig gezahlte → Arbeitsentgelt ausfällt. Der Anspruch besteht allerdings nicht für den Teil des einmalig gezahlten Arbeitsentgelts, der vom Arbeitgeber wegen krankheitsbedingter Zeiten der Arbeitsunfähigkeit gekürzt worden ist oder hätte gekürzt werden können (§ 47 a SGB V).

**Zusage, behördliche** → Verwaltungsakt (3 c). *Steuerlich* → Außenprüfung.

**Zusammenfassende Meldung,** → Binnenmarkt, Umsatzsteuer 2 g.

**Zusammenhang, sachlicher/persönlicher** → Verbindung von Verfahren.

**Zusammenhang, ursächlicher,** → Schadensersatz, 1 a (Zivilrecht), → Kausalität (Strafrecht).

**Zusammenlegungsverfahren** → Flurbereinigung.

**Zusammenrottung** → Menschenmenge.

**Zusammentreffen mehrerer Straftaten** → Konkurrenz von Straftaten; – **mehrerer Strafmilderungsgründe** → Strafzumessung.

**Zusammentreffen von (mit) Sozialversicherungsleistungen.** Treffen in der gesetzlichen → Rentenversicherung mehrere Renten aus eigener Versicherung zusammen, wird nur die höchste gezahlt. Sind die Renten gleich hoch, ergibt sich aus einer im Gesetz aufgestellten Rangfolge, welche Rente gezahlt wird. Beim Z. von großer und kleiner Witwen- oder Witwerrente wird nur die große gezahlt. Kommen mehrere Waisenrenten zusammen, wird nur die höchste gezahlt, bei gleich hohen die zuerst beantragte (§ 89 SGB VI; zur → Unfallversicherung vgl. §§ 59, 70 SGB VII).

Auf eine Witwen- oder Witwerrente nach dem vorletzten Ehegatten werden für den gleichen Zeitraum bestehende Ansprüche auf Witwen- oder Witwerrente, Versorgung oder Unterhalt oder auf sonstige Renten nach dem letzten Ehegatten angerechnet. Eine bei Wiederheirat gezahlte Rentenabfindung (→ Abfindung) wird zum Teil – und zwar in angemessenen Raten – von der wiederauflebenden Rente nach dem vorletzten Ehegatten einbehalten (§ 90 SGB VI).

Witwen- oder Witwerrente für mehrere Berechtigte: Jeder Berechtigte erhält den Teil der Rente, der dem Verhältnis der Dauer seiner Ehe zur Dauer der übrigen Ehen entspricht (§ 91 SGB VI).

Beim Zusammentreffen von eigener Rente aus der Rentenversicherung mit → Verletztenrente ist ein Grenzbetrag zu beachten, bei dessen Überschreitung die Rente entsprechend gekürzt wird, während die Verletztenrente unberührt bleibt. Das Gleiche gilt beim Z. von Hinterbliebenenrenten aus der RV und aus der UV. Auch hier erfolgt die Kürzung bei der Rente der RV (§ 93 SGB VI). Treffen → Berufsunfähigkeitsrenten oder → Erwerbsunfähigkeitsrenten mit Arbeitsentgelt zusammen, wird dieses (netto) auf die Rente angerechnet, ebenso ein Vorruhestandsgeld (§§ 94 f. SGB VI). Beim Z. mit → Arbeitslosengeld wird dieses auf die Rente angerechnet (§ 142 SGB III). Treffen Witwen- oder Witwerrenten, Erziehungsrenten oder Waisenrenten an Kinder über 18 Jahren mit Erwerbseinkommen zusammen, wird dieses bis zu einer bestimmten Höhe auf die Rente angerechnet (§ 97 SGB VI; vgl. auch §§ 98, 311, 314 SGB VI).

Treffen beamtenrechtliche Versorgungsbezüge (→ Versorgung der Beamten) mit Renten zusammen, so werden sie nach Maßgabe der §§ 54 f. BVG gekürzt.

**Zusammenveranlagung** bei → Einkommensteuer, → Veranlagungsarten.

**Zusatzberechnung** auf Grund der Nachschußpflicht nach dem GenG → Vorschußberechnung.

**Zusatzpatent.** Ein → Patentinhaber kann zwecks Verbesserung eines bereits bestehenden oder angemeldeten → Patents für eine patentfähige Erfindung binnen 18 Monaten seit wirksamer Anmeldung ein Z. beantragen (§ 16 PatG). Das Z. ist an das Bestehen des Hauptpat. gebunden, kann nur zusammen mit diesem übertragen werden und endet mit dessen Erlöschen. Nur wenn das Hauptpat. infolge Nichtigerklärung, Zurücknahme oder Verzicht endet, bleibt das Z. als selbständiges Patent bestehen.

**Zusatzpflichtteil** → Pflichtteilsrestanspruch.

**Zusatzstoffe** sind dazu bestimmt, → Lebensmitteln zur Beeinflussung ihrer Beschaffenheit oder zur Erzielung bestimmter Eigenschaften und Wirkungen zugesetzt zu werden (§ 11 LmBG). Ausgenommen sind Stoffe, die nach der Verkehrsauffassung überwiegend zu Ernährungs- oder Genußzwecken zugesetzt werden (z. B. Gewürze). Für die Unterscheidung ist somit allein die überwiegende Zweckbestimmung des zugesetzten Stoffes von Bedeutung. Die Zulassung von Z. zu → Lebensmitteln regelt die ZusatzstoffzulassungsVO (Art. 1 der VO vom 29. 1. 1998, BGBl. I 230). Die VO geht vom *Verbotsprinzip* aus. Nur ausdrücklich zugelassene Stoffe dürfen verwendet werden. Der umfangreiche Katalog der zugelassenen Z. ergibt sich aus den Anlagen zu VO. Kennzeichnungspflicht besteht nur beschränkt gemäß § 9. Für Säuglings- und Kleinkindernahrung sind gemäß § 6 nur die in Anlage 6 aufgeführten Z. zulässig. Regelungen für die Höchstmengen an Z. enthalten neben § 7 die Festsetzungen in den Anlagen zur VO. Die Anforderungen an die chemische Zusammensetzung von Z., vor allem Reinheitsanforderungen bestimmen sich nach der ZusatzstoffverkehrsVO (Art. 2 der VO vom 29. 1. 1998, BGBl. I 230).

**Zusatzurlaub** → Mindesturlaub, → Schwerbehinderte.

**Zusatzurteil** ist ein Urteil, das ein bereits vorher ergangenes Urteil in der Weise ergänzt, daß es gegen den → Rechtsnachfolger wirkt. Ein Z. wird nur notwendig, wenn die Partei eines Rechtsstreits nach Erlaß, aber vor Rechtskraft des → Endurteils stirbt (vgl. § 239 ZPO).

**Zusatzversicherung** → Versicherungsvertrag.

**Zusatzversorgung in der Land- und Forstwirtschaft.** Arbeitnehmer in der Land- und Forstwirtschaft, die eine Altersrente oder eine → Berufsunfähigkeitsrente oder → Erwerbsunfähigkeitsrente beziehen, erhalten unter bestimmten Voraussetzungen eine laufende Ausgleichsleistung von der Zusatzversorgungskasse für Arbeitnehmer in der Land- und Forstwirtschaft. Diese ist eine bundesunmittelbare Anstalt des öffentlichen Rechts mit dem Sitz in Kassel. Die Aufsicht führt das → Bundesversicherungsamt. Die Kosten trägt der Bund. Ges. über die Errichtung einer Zusatzversorgungskasse für Arbeitnehmer in der Land- und Forstwirtschaft (ZVALG) vom 31. 7. 1974 (BGBl. I 1660) m. spät. Änd.

**Zusatzversorgung im öffentlichen Dienst.** Arbeitnehmer im → öffentlichen Dienst erhalten auf Grund von Versorgungs-Tarifverträgen zu ihrer Rente aus der → Rentenversicherung eine Zusatzrente, ebenso ihre Witwen bzw. Witwer und Waisen zu ihren Hinterbliebenenrenten. Es besteht Versicherungspflicht, i. d.R. mit alleiniger Beitragszahlung des Arbeitgebers.

**Zusatzversorgungssysteme** (ehem. DDR) → Anspruchs- und Anwartschaftsüberleitungsgesetz, → Versorgungsruhensgesetz.

**Zuschickungskauf** → Versendungskauf.

**Zuschlag** ist bei einer → Versteigerung die Annahme des → Meistgebots. Der Zuschlag führt zu einem → Vertrag (zwischen dem Meistbietenden und dem Staat [vertreten durch das → Vollstreckungsorgan]), auf Grund dessen bei der öffentlichen Versteigerung die ersteigerte (bewegliche) Sache an den Ersteigerer abgeliefert wird (§ 817 ZPO). In der → Zwangsversteigerung ist der Zuschlag ein Beschluß des → Versteigerungsgerichts (§ 87 ZVG). Mit der Verkündung des Zuschlagsbeschlusses geht das Eigentum am Grundstück und an dem mitversteigerten → Zubehör des Grundstücks auf den Ersteher (Ersteigerer) über (§ 90 ZVG). Die Rechte am Grundstück, die nicht in das → geringste Gebot fallen und nach den → Versteigerungsbedingungen nicht fortbestehen sollen, erlöschen (§ 91 ZVG). Zugleich entsteht die Pflicht des Erstehers, das → Bargebot zu entrichten (§ 49 ZVG). Aus dem Zuschlagsbeschluß findet die → Zwangsvollstreckung auf Räumung und Herausgabe des Grundstücks samt mitversteigertem Zubehör statt (§ 93 ZVG). In bestehende Miet- oder Pachtverträge tritt der Ersteher ein, kann sie aber mit der gesetzlichen Frist kündigen (§§ 57, 57 a ZVG, §§ 565, 584, 594 a ff. BGB; → Miete, 4, → Pacht). Gegen den Zuschlagsbeschluß findet → sofortige Beschwerde statt (§ 793 ZPO; §§ 96 ff. ZVG). Im öffentlichen → Vergabewesen wird mit Z. die Annahme des nach der Ausschreibung annehmbarsten Angebots, also des auf die Ausschreibung vom Bieter angebotenen Vertrages bezeichnet.

**Zuschlagsteuern** sind Steuern, die nach der → Einkommensteuer bemessen werden z. B. der → Solidaritätszuschlag. Auch die → Kirchensteuer gilt als Z. Bemessungsgrundlage ist die festgesetzte Einkommensteuer oder die Jahreslohnsteuer abzüglich → Kinderfreibetrag (§ 51 a II EStG). Die Festsetzung der Z. kann selbständig durch Rechtsbehelf angefochten werden, ohne daß die Bemessungsgrundlage, z. B. die festgesetzte Einkommensteuer, angefochten wird. Wird die Bemessungsgrundlage geändert, ändert sich auch die Z. (§ 51 a EStG).

**Zuschreibung.** Nach einer außerplanmäßigen → Abschreibung in der Handelsbilanz auf den niedrigeren beizulegenden Wert oder einer Teilwertabschreibung in der Steuerbilanz kann das → Wirtschaftsgut in den Folgejahren mit dem höheren Wert angesetzt werden, höchstens mit den → Anschaffungs- oder Herstellungskosten. Es besteht ein Zuschreibungs- oder Beibehaltungswahlrecht (§§ 253 V, 280 II HGB, 6 I Nr. 1 S. 4 und Nr. 2 S. 3 EStG). Vgl. → Bilanz, → Bewertung, → Maßgeblichkeit der Handelsbilanz.

**Zuschreibung eines Grundstücks** → Grundbuch.

**Zuschußexemplare** → Verlagsvertrag.

**Zusenden von Waren** → Versendungskauf, → Ansichtssendung.

**Zusicherung einer Eigenschaft** → Gewährleistung (2), → Kauf nach Probe; s. a. → Anfechtung von Willenserklärungen.

**Zusicherung im Verwaltungsverfahren** → Verwaltungsakt (3 c).

**Zuständigkeit, gerichtliche** → gerichtliche Zuständigkeit.

**Zuständigkeit von Verwaltungsbehörden.** Aufgaben und Befugnisse der Staatsverwaltung sind auf die Organe des Staates und anderer Verwaltungsträger (insbes. Behörden) nach den Vorschriften über die Z. (Kompetenz) verteilt, die grundsätzlich in Rechtsnormen und – soweit erforderlich – in den ausführenden Rechtsakten enthalten sind. Die *sachliche* Z. bestimmt, welche konkreten sachlichen Aufgaben und Befugnisse eine Verwaltungsstelle wahrzunehmen hat. Sie kann begründet werden durch Einzelzuweisung bestimmter Aufgaben, durch Festlegung eines der Art nach bestimmten Kompetenzbereiches (z. B. bei Polizeibehörden für die Aufrechterhaltung der öffentlichen Sicherheit und Ordnung) oder durch Zuweisung aller öffentlichen Aufgaben, die in einem bestimmten räumlichen Bereich anfallen (z. B. → Allzuständigkeit der Gemeinde). Die *örtliche* Z. bestimmt, in welchem räumlichen Bereich des Staatsgebietes eine sachlich zuständige Stelle tätig werden darf und auf welche Personen und Sachen sich die sachliche Z. erstreckt (etwa nach dem → Wohnsitz oder der Belegenheit einer Sache). Nähere Vorschriften über die örtl. Z. enthält § 3 VwVfG. Die *funktionelle* Z. bestimmt, welche sachlich und örtlich zuständige Stelle innerhalb der Behördenorganisation die einzelnen Aufgaben und Befugnisse wahrzunehmen hat (insbes. Instanzenzug). Die gesetzlich festgelegte behördliche Z. ist i. d.R. *ausschließlich* und nur manchmal eine *wahlweise.* Eine Verletzung der Z. führt, soweit ein Verwaltungsorgan objektives Recht setzt, zu dessen Unwirksamkeit, dagegen bei → Verwaltungsakten i. d. R. nur zur Rechtswidrigkeit, es sei denn, daß die Behörde absolut unzuständig und der Verstoß offensichtlich ist (dann u. U. Nichtigkeit); vgl. § 44 III Nr. 1, II Nr. 2 VwVfG.

Für das *Besteuerungsverfahren:* sachliche Z. § 16 AO i. V.m. → Finanzverwaltungsgesetz; örtliche Z. → Finanzamt.

**Zuständigkeitsstreit.** Für den Fall, daß sich zwei oder mehr Behörden (insbes. Gerichte) in einer Sache für zuständig oder wechselseitig für unzuständig erklären (positiver bzw. negativer Kompetenzkonflikt), bestehen vielfach – insbes. für die Gerichte – besondere Vorschriften zur schnellen Lösung des Konflikts. Beim Z. zwischen den Gerichtsbarkeiten (→ Rechtsweg) ist eine bindende → Verweisung von einem Rechtsweg in den anderen vorgesehen (§ 17 a GVG), wobei jedes Gericht über die Zuständigkeit des zu ihm beschrittenen Rechtswegs entscheidet; die frühere sog. → Kompetenzkompetenz der ordentlichen Gerichtsbarkeit besteht nicht mehr. Ein Z. zwischen Gerichten derselben Gerichtsbarkeit wird i. d.R. durch das gemeinsame nächsthöhere Gericht entschieden (§ 36 ZPO, § 53 VwGO, § 58 SGG, § 39 FGO; bei Zuständigkeit des Bundesgerichtshofs durch das Oberlandesgericht, das dem zuerst mit der Sache befaßten Gericht übergeordnet ist); bei Behörden kann die gemeinsame obere Behörde angerufen werden. Über vorläufige Leistungen bei Z. im Sozialrecht s. § 43 SGB I.

**Zuständigkeitsvereinbarung** (auch *Prorogation* genannt) ist ein → Vertrag zwischen den → Parteien des Rechtsstreits, durch den die örtliche oder/und sachliche → gerichtliche Zuständigkeit bestimmt wird. Durch die Z. kann ein an sich unzuständiges Gericht des ersten → Rechtszuges zuständig werden. Voraussetzung hierfür ist zunächst, daß sich die Z. auf ein bestimmtes → Rechtsverhältnis bezieht, der Rechtsstreit vermögensrechtliche Ansprüche betrifft und keine ausschließliche Zuständigkeit eines anderen Gerichts besteht. Eine wirksame Z. kann generell nur unter Kaufleuten (→ Kaufmann; auch → juristische Person) und mit ausländischen Parteien getroffen werden, sonst nur – ausdrücklich und schriftlich – nach dem Entstehen der Streitigkeit (§ 38 ZPO); für das → Mahnverfahren s. dort. Die Wirkung einer Z. hat auch das rügelose Verhandeln zur Hauptsache vor einem an sich unzuständigen erstinstanzlichen Gericht (§ 39 ZPO), vor dem Amtsgericht nur nach Belehrung (§ 504 ZPO). Im Zivilprozeß hat die Z. große praktische Bedeutung, weniger in der Arbeitsgerichtsbarkeit (§§ 46 II, 2 IV, 48 II ArbGG). Das Verwaltungs-, Finanz- und Sozialstreitverfahren läßt keine Z. zu.

**Zustandsdelikt** → Dauerdelikt.

**Zustandshaftung** i. S. des → Polizeirechts oder → Ordnungsrechts liegt vor, wenn eine Gefährdung oder Störung der öffentlichen Ordnung durch den tatsächlichen Zustand einer Sache ausgelöst wird, ohne daß unmittelbar ein menschliches Verhalten oder Verschulden vorliegt (→ Handlungshaftung). Wegen des für die Beseitigung des Zustandes Verantwortlichen s. → Störer.

**Zustellung** ist der in gesetzlicher Form zu bewirkende und zu beurkundende Vorgang, durch den einer bestimmten Person ein Schriftstück übermittelt oder ihr Gelegenheit gegeben wird, von ihm Kenntnis zu nehmen. I. d.R. wird die Z. durch Übergabe des Schriftstücks vorgenommen. Die Z. ist für den Bereich des Zivilrechts in den §§ 166–213 a ZPO, für den Bereich der öffentlichen Behörden in den → Verwaltungszustellungsgesetzen geregelt; das VwZG gilt auch für das Verwaltungs-, Finanz- und Sozialgerichtsverfahren (§ 56 II VwZG, § 53 II FGO, § 63 II SGG). Die ZPO regelt die Z. auf Betreiben der → Parteien (§§ 166–207 ZPO) und – was auch hier jetzt der Grundsatz ist (§§ 270, 317 ZPO) – die Z. von Amts wegen (§§ 208–213 a ZPO). Das VwZG kennt nur die durch Behörden veranlaßte Z. Zugestellt wird nach der ZPO durch den → Gerichtsvollzieher (§ 166 I ZPO), durch die Post (§ 193 ZPO), von Anwalt zu Anwalt (§ 198 ZPO), durch → Geschäftsstelle und Gerichtswachtmeister (§ 211 ZPO). Der Gerichtsvollzieher bedient sich dazu meistens der Post (§§ 193, 194 ZPO; → Urkunde). Nach dem VwZG wird grundsätzlich durch die Post und die Behörde selbst zugestellt (§ 3 VwZG). Die Z. kann an jedem Ort erfolgen, an dem der Empfänger angetroffen wird (§ 180 ZPO, § 10 VwZG). Zur Nachtzeit sowie an Sonn- und Feiertagen darf nur mit besonderer Erlaubnis zugestellt werden (§ 188 ZPO, § 12 VwZG). Wird der Empfänger nicht angetroffen, so ist → Ersatzzustellung möglich. In einem Rechtsstreit muß an den → Prozeßbevollmächtigten zugestellt werden (§ 176 ZPO, § 8 IV VwZG). Auch an sonstige Bevollmächtigte kann zugestellt werden (§ 173 ZPO, § 8 VwZG). Bei Geschäfts- und Prozeßunfähigen (insbes. juristischen Personen) muß an die → gesetzlichen Vertreter, bei Behörden an die Vorsteher zugestellt werden (§ 171 ZPO, § 7 VwZG). Unter bestimmten Voraussetzungen ist eine → öffentliche Z. vorgesehen. Mängel der Z. können – außer bei → Notfristen– durch anderweiten Nachweis, daß das Schriftstück zugegangen ist, geheilt werden (§ 187 ZPO, § 9 VwZG). Über Z. im Ausland → Haager Übereinkommen. Die Vorschriften der ZPO über die Z. gelten grundsätzlich auch im Strafverfahren (§§ 36 ff. StPO). Z. wird von der Geschäftsstelle des Gerichts veranlaßt; Z. an den StA geschieht durch Vorlage der Akten. Der Verteidiger gilt als zum Empfang von Z.en berechtigt (§ 145 a StPO). Mit der unmittelbaren → Ladung von Zeugen und Sachverständigen durch andere Verfahrensbeteiligte (Angeklagte, Verteidiger usw.) ist der Gerichtsvollzieher zu beauftragen.

**„Zustellung der Pässe“** → Abberufung von → Diplomaten.

**Zustellungsbevollmächtigter** ist ein zur Entgegennahme von Zustellungen besonders ermächtigter Vertreter. Die Benennung eines Z. kann unter bestimmten Voraussetzungen vom Gericht angeordnet werden (§§ 174, 175 ZPO, §§ 53 III, 60 V FGO) oder ist gesetzlich vorgeschrieben (§§ 116 a II, 127 a II StPO).

**Zustellungsurkunde** ist die → Urkunde, die von der zustellenden Person – z. B. Gerichtsvollzieher, Postbeamter – über die vorgenommene → Zustellung errichtet wird (§§ 190–192 ZPO, § 3 II VwZG). Die Z. dient zum Nachweis der Zustellung. Je nach Art der Zustellung wird die Z. durch einen anderen Zustellungsnachweis, insbes. das schriftliche → Empfangsbekenntnis eines Rechtsanwalts, ersetzt (z. B. §§ 198 II, 212 a ZPO, §§ 5 II, 14 IV VwZG).

**Zustimmung** ist im bürgerlichen Recht die Erklärung des Einverständnisses mit einem regelmäßig von anderen Personen abgeschlossenen Rechtsgeschäft (R.). Die Z. ist insbes. erforderlich bei R.en nicht voll Geschäftsfähiger (→ Geschäftsfähigkeit), eines vollmachtlosen Vertreters (→ Vertretung ohne Vertretungsmacht) sowie ganz allgemein bei → *Verfügung eines Nichtberechtigten*; ferner ist in zahlreichen Fällen vom Gesetz eine behördliche Z. (Genehmigung) eines R. vorgesehen. Die Z. (oder deren Verweigerung) kann sowohl dem einen als auch dem anderen Teil gegenüber erklärt werden; sie bedarf – mangels anderweitiger Bestimmung – nicht der für das R. vorgesehenen → Form (§ 182 BGB). Die Z. ist eine einseitige, empfangsbedürftige, abstrakte → Willenserklärung. Sie kann im voraus (= *Einwilligung*) oder nach Abschluß des R. (= *Genehmigung*) erteilt werden. Eine vorherige Z. ist insbes. für die Wirksamkeit einseitiger R.e eines beschränkt Geschäftsfähigen oder eines vollmachtlosen Vertreters erforderlich; sie ist grundsätzlich bis zur Vornahme des R. frei widerruflich (§ 183 BGB). Die nachträgliche Z. (Genehmigung) ist so lange möglich, wie das R. noch besteht, insbes. mangels Genehmigung → schwebend unwirksam ist. Die Genehmigung ist unwiderruflich; sie kann auch durch schlüssiges Handeln (z. B. Klage auf Herausgabe des Erlöses einer an sich unwirksamen Verfügung eines Nichtberechtigten; → ungerechtfertigte Bereicherung) erteilt werden. Die Genehmigung wirkt – mangels anderweitiger Bestimmung – auf den Zeitpunkt der Vornahme des R. zurück; das R. wird also vom Zeitpunkt seines Abschlusses an (ex tunc) wirksam (§ 184 I BGB). Durch die Genehmigung werden jedoch Verfügungen des Genehmigenden, die dieser in der Zeit zwischen dem Abschluß und der Genehmigung des R. über den Gegenstand getätigt hatte (Zwischenverfügungen, auch Zwangsvollstreckungsmaßnahmen), nicht unwirksam (§ 184 II BGB). Über → Verfügungen eines Nichtberechtigten (und deren Genehmigung) s. dort. Von der Z. sind zu unterscheiden: die nachträgliche *Bestätigung* eines nichtigen oder anfechtbaren R. durch die Parteien (→ Nichtigkeit) sowie die *Ermächtigung* zur Geltendmachung eines fremden Rechts im eigenen Namen; s. ferner → Konvaleszenz, → Vollmacht.

**Zustimmungsgesetz** ist im Verfassungsrecht der BRep. entweder a) ein → Gesetz, das – im Gegensatz zum sog. → Einspruchsgesetz– der Zustimmung des → Bundesrates bedarf (vgl. → Gesetzgebungsverfahren und Übersicht im Anhang), oder b) ein Gesetz, durch → Gesetzgebungsverfahren das die gesetzgebenden Körperschaften einem → Staatsvertrag zustimmen (Art. 59 II GG; auch als *Vertragsgesetz* oder *Ratifikationsgesetz* bezeichnet). Die Zustimmungsbedürftigkeit i. S. von a) ist im GG häufig vorgesehen, insbes. auch bei Änderungen des GG (Art. 79 II GG); ein praktisch sehr bedeutsamer Fall ist, daß ein Bundesgesetz die Einrichtung der Behörden und das Verwaltungsverfahren der Länder regelt (Art. 84 I, 85 I GG; vgl. → Verwaltungsverfahren, II).

**Zustimmungsklage** → Mietpreisbindung.

**Zuteilungsverfahren.** Ein Z. kann bei der Gewerbesteuer oder der Grundsteuer durchgeführt werden (§ 190 AO). Besteht Streit darüber, welchem Steuerberechtigten ein Steuermeßbetrag in voller Höhe zuzuteilen ist, so entscheidet die Finanzbehörde auf Antrag eines Beteiligten durch Zuteilungsbescheid. Die für das Zerlegungsverfahren (→ Zerlegung) geltenden Vorschriften sind entsprechend anzuwenden.

**Zuverlässigkeit** ist ein → unbestimmter Rechtsbegriff, mit dem gesetzlich im Berufszulassungsrecht – vor allem im → Gewerberecht– die Zulassung zu einem Beruf geregelt wird; er ist zugleich der Maßstab für die Ablehnung wegen Unzuverlässigkeit. Z. ist eine persönliche Eigenschaft („Wesenseigenschaft“), auf Grund deren der Bewerber die Gewähr für eine künftige ordnungsgemäße Berufsausübung bietet. Sie bezieht sich also stets auf die Zukunft und auf eine konkrete berufliche Tätigkeit. Ob der Bewerber das Fehlen der Z. zu vertreten, also vor allem verschuldet hat, ist nicht erheblich. Bei Personenvereinigungen ohne → Rechtsfähigkeit ist auf die für sie maßgeblich handelnden Personen, bei → juristischen Personen i. d. R. auf die Z. ihrer Organe abzustellen. *Festzustellen* ist der Mangel der Z. auf Grund von Tatsachen (z. B. Vorstrafen, Insolvenzverfahren, Trunksucht, Geisteskrankheit usw.).

**Zu versteuerndes Einkommen** → Einkommensteuer, 3.

**Zuweisung eines Grundstücks** → Grundstücksverkehr, landwirtschaftlicher.

**Zuwendung** → Rechtsgeschäft (2 f), unter Ehegatten → Mitarbeit der Ehegatten. S. ferner → Schenkung, → Ausgleichung von Vorempfängen, → Erbvertrag, → unbenannte Zuwendung.

**Zuwiderhandlung** ist der besonders im strafrechtlichen Bereich übliche Oberbegriff für → Straftat und → Ordnungswidrigkeit. Allgemein ist Z. im Sinne von Verstoß gegen gesetzliche oder vertragliche Pflichten zu verstehen; für das Zivilrecht vgl. insbes. → Unterlassungsanspruch, → Vertragsstrafe, → Wettbewerbsverbot.

**Zuzahlungen** → Kostenbeteiligung der Versicherten.

**Zuzugsrecht** → Freizügigkeit.

**Zwang** → Willenserklärung (I), → Gewalt (Gewaltdelikte).

**Zwang, unmittelbarer** → Zwangsmittel, → Waffengebrauch.

**Zwang zum Vertragsschluß** *(Kontrahierungszwang)* → Vertrag (2), → Anschlußzwang.

**Zwangsarbeit.** Nach Art. 4 II, III der → Konvention zum Schutze der Menschenrechte (BGBl. 1952 II 686), die in der BRep. unmittelbar geltendes Recht ist, darf niemand zu Zwangs- oder Pflichtarbeit gezwungen werden (mit nachstehenden Ausnahmen). Gleiches ist in Art. 12 II GG bestimmt. Arbeitszwang ist nur im Rahmen einer herkömmlichen, allgemeinen, für alle gleichen öffentlichen Dienstleistungspflicht zulässig. Hierzu zählen insbes. die gemeindlichen Hand- und Spanndienste; ihre Zulässigkeit ist jedoch an enge Voraussetzungen geknüpft (sie müssen herkömmlich, also seit längerem zulässig und üblich, und allgemein sein, also alle heranziehen, an welche die Gemeindesatzung tatbestandsmäßig die Leistungspflicht knüpft, abgesehen von den aus sachgerechten Gründen ausgenommenen Personengruppen). Nicht unter Art. 12 II GG und den Begriff der Z. fällt die ehrenamtliche Tätigkeit im Rahmen eines öffentlichen Gemeinwesens in Erfüllung staatsbürgerlicher Pflichten (z. B. als Schöffe, Vormund, Jugendpfleger). Zulässig ist es weiter, wenn nach dem Sozialhilferecht die Unterstützung arbeitsfähiger Personen von der Aufnahme einer zugewiesenen Arbeit abhängig gemacht und bei Arbeitsscheu versagt wird. Die Arbeitspflicht der Strafgefangenen und Dienstleistungen militärischen Charakters sind nicht Z. i. S. des Art. 4 III ERMK. Nach Art. 12 III GG ist Z. nur bei einer gerichtlich angeordneten Freiheitsentziehung zulässig. Über die in Art. 12 a GG statuierte Wehrpflicht, Ersatzdienstpflicht u. a. Dienstverpflichtungen s. → Dienstpflichten.

**Zwangsbehandlung.** Ob Kranke und Süchtige einer Z. unterworfen werden können, richtet sich zunächst danach, ob sie in einer Anstalt untergebracht sind. Beruht die Unterbringung in einer Kranken- oder Heilanstalt (→ Anstaltsunterbringung) auf einem nach einem Unterbringungsgesetz ergangenen Gerichtsbeschluß und bei nicht voll Geschäftsfähigen auf der Einwilligung des gesetzlichen Vertreters (Betreuers, Vormunds, Pflegers), so können die zur Heilung oder Beseitigung einer Gefährdung nötigen ärztlichen Maßnahmen auch gegen den Willen des Patienten durchgeführt werden. Voraussetzung ist jedoch in jedem Falle, daß die Maßnahmen notwendig, zumutbar und nicht mit erheblicher Gesundheits- oder mit Lebensgefahr verbunden sind (vgl. z. B. § 17 II GeschlKrkhG, § 32 BSeuchenG). Nach § 101 StVollzG, der nach Maßgabe des § 178 StVollzG auch für Untersuchungsgefangene gilt, ist Z. (dazu gehört auch Zwangsernährung) *zulässig* bei Lebens- oder schwerwiegender Gesundheitsgefahr; die Maßnahmen müssen für den Gefangenen zumutbar und dürfen nicht mit erheblicher Lebens- oder Gesundheitsgefahr verbunden sein. Die Vollzugsbehörde ist aber zur Z. nicht *verpflichtet,* solange freie Willensbestimmung des Gefangenen besteht. Befindet sich der Betroffene nur zur → Beobachtung in einer Heilanstalt, einem psychiatrischen Krankenhaus oder einer ähnlichen Anstalt (§ 656 ZPO, § 81 StPO, § 73 JGG), so kommt eine Z. – abgesehen von der Verhütung möglicher Ansteckung – nicht in Betracht. Für nicht untergebrachte Kranke, von denen Ansteckungsgefahr ausgeht, besteht in bestimmten Fällen → Behandlungspflicht. Soldaten dürfen sich ärztlichen Maßnahmen zur Verhütung oder Bekämpfung übertragbarer Krankheiten nicht widersetzen; insoweit ist eine Z. zulässig. Andere der Gesunderhaltung dienende ärztl. Maßnahmen dürfen sie bei Meidung disziplinärer Folgen und des Verlustes von Versorgungsansprüchen nicht ablehnen, ausgenommen bei erheblicher Gefahr für Leben oder Gesundheit; bei Operationen, die mit einem erheblichen Eingriff in die körperliche Unversehrtheit verbunden sind, bedarf es stets der Einwilligung des Soldaten (§ 17 IV SoldatenG).

**Zwangsbenutzungsrecht** → Zwangslizenz.

**Zwangsernährung** → Zwangsbehandlung.

**Zwangsetatisierung** ist ein Begriff aus dem Recht der → Staatsaufsichtüber die Gemeinden; er besagt, daß die Aufsichtsbehörde befugt ist, die Mittel für eine von der Gemeinde wahrzunehmende Pflichtaufgabe in den Haushaltsplan der Gemeinde einzustellen. Die Prüfung des Haushaltsplans kann Veranlassung geben, die Einstellung zu verlangen und notfalls im Aufsichtswege zu erzwingen, vorausgesetzt, daß die Pflichtaufgabe öffentl.-rechtl. Natur und „liquid" (unbestritten) ist; bestreitet die Gemeinde ihre Verpflichtung (z. B. mit der Begründung, die Straßenbaulast treffe eine andere Körperschaft), so muß diese Frage vor einer Z. geklärt werden, notfalls im Rechtswege. Gegenüber → Körperschaften oder → Anstalten öff. Rechts gelten entsprechende Grundsätze.

**Zwangsexmatrikulation** → Regelstudienzeit.

**Zwangsgeld** → Zwangsmittel, → Ordnungsmittel.

**Zwangshaft** (Ersatzzwangshaft) → Zwangsmittel, → Ordnungsmittel.

**Zwangshypothek** ist eine → Sicherungshypothek, die auf Antrag eines Gläubigers im Wege der → Zwangsvollstreckung in das Grundbuch eingetragen wird. Die Z. ist eine der drei Arten der Zwangsvollstreckung in ein Grundstück (daneben noch → Zwangsversteigerung und → Zwangsverwaltung). Eine Z. darf nur für einen Betrag von mehr als 1500 DM eingetragen werden; dabei können mehrere demselben Gläubiger zustehende Schuldtitel zusammengelegt werden (§§ 866, 867 ZPO). Bei Vollstreckung in mehrere Grundstücke muß aber für jedes Grundstück der Teilbetrag mindestens 1500 DM erreichen.

**Zwangslizenz** ist eine ohne oder gegen den Willen des Urhebers (→ Urheberrecht), des Inhabers eines → Patents oder → Gebrauchsmusters eingeräumte Befugnis, ein urheberrechtlich geschütztes Werk, ein Patent oder ein Gebrauchsmuster in bestimmter Weise zu nutzen (§ 61 UrhG, § 24 PatG, § 20 GebrMG). Die gesetzlichen Voraussetzungen sind verschieden (bei Musikwerken vorausgegangene Einräumung eines Nutzungsrechts an einen anderen Tonträgerhersteller; bei Patent u. Gebrauchsmuster öffentliches Interesse); eine angemessene Vergütung muß stets gewährt werden. Die Z. kann in einem gerichtlichen Verfahren erwirkt werden.

**Zwangsmitgliedschaft** → Pflichtmitgliedschaft.

**Zwangsmittel** sind die im Verwaltungs-Vollstreckungsgesetz des Bundes – VwVG – vom 27. 4. 1953 (BGBl. I 157) m. Änd. und den entsprechenden Gesetzen der Länder vorgesehenen Möglichkeiten zur Durchsetzung von → Verwaltungsakten (→ Verwaltungszwang), die auf Herausgabe von Sachen oder auf Vornahme von Handlungen oder auf Duldung oder Unterlassung gerichtet sind. Vollstreckbar sind nur Verwaltungsakte, die unanfechtbar sind, deren sofortige → Vollziehung angeordnet ist oder bei denen das Gesetz dem Rechtsmittel keine aufschiebende Wirkung beilegt. Z. sind nach §§ 9ff. VwVG:

a) *Ersatzvornahme:* Wird die Verpflichtung, eine Handlung vorzunehmen, deren Vornahme durch einen anderen möglich ist (vertretbare Handlung), nicht erfüllt, so kann die Vollzugsbehörde einen anderen mit der Vornahme der Handlung auf Kosten des Pflichtigen beauftragen.

b) *Zwangsgeld* (von 3–2000 DM), wenn eine Handlung durch einen anderen nicht vorgenommen werden kann und nur vom Willen des Pflichtigen abhängt; ebenso, wenn der Pflichtige einer Verpflichtung zuwiderhandelt, eine Handlung zu dulden oder zu unterlassen. Der Ausdruck „Zwangsstrafen" ist nicht mehr gebräuchlich.

c) *Unmittelbarer Zwang:* Führt die Ersatzvornahme oder das Zwangsgeld nicht zum Ziel oder sind sie untunlich, so kann die Vollzugsbehörde den Pflichtigen zur Handlung, Duldung oder Unterlassung zwingen oder die Handlung selbst vornehmen. Die stärkste Form des unmitt. Zw. ist der → Waffengebrauch.

Für sämtliche Z. gilt, daß sie grundsätzlich schriftlich mit angemessener Frist angedroht werden müssen, wobei ein bestimmtes Z. zu bezeichnen ist (gleichzeitige Androhung mehrerer Z. oder Vorbehalt der Wahl zwischen mehreren Z. ist unzulässig). Die Androhung ist zuzustellen. Ist das Zwangsgeld uneinbringlich, so kann das Verwaltungsgericht auf Antrag der Vollzugsbehörde nach Anhörung des Pflichtigen durch Beschluß *Ersatzzwangshaft* von 1 Tag bis 2 Wochen anordnen, wenn bei Androhung des Zwangsgeldes hierauf hingewiesen worden ist. Gegen die Androhung eines Z. sind die gleichen Rechtsmittel wie gegen den durchzusetzenden Verwaltungsakt gegeben. Ist die Androhung mit diesem verbunden, so erstreckt sich das Rechtsmittel zugleich auf den Verwaltungsakt, soweit er nicht bereits Gegenstand eines Rechtsmittel- oder gerichtlichen Verfahrens ist. Ist die Androhung nicht mit dem Verwaltungsakt verbunden und ist dieser unanfechtbar geworden, so kann die Androhung nur wegen einer ihr immanenten Rechtsverletzung angefochten werden. Die VwVGe der Länder enthalten zumeist ähnliche, in Einzelheiten aber abweichende Regelungen. S. ferner (insbes. für die gerichtl. Verfahren) → Ordnungsmittel, → Beugemittel.

*Steuerlich:* Mit Zwangsgeld kann ein Verwaltungsakt, der auf Vornahme einer

Handlung oder auf Duldung oder Unterlassung gerichtet ist, durchgesetzt werden (§ 328 I AO), zum Beispiel die Abgabe einer Steuererklärung. Das einzelne Zwangsgeld darf 5000 DM nicht übersteigen (§ 329 AO). Es muß angedroht werden (§ 332 AO). Wird die Verpflichtung nach Festsetzung des Zwangsgelds erfüllt, so ist der Vollzug einzustellen (§ 335 AO). Das bedeutet, daß das Zwangsgeld nicht zu erheben ist, wenn nach dessen Festsetzung z. B. die Steuererklärung beim Finanzamt eingereicht wird.

**Zwangspensionierung** → Versetzung in den Ruhestand.

**Zwangssterilisation** → Erbgesundheitsgesetz, → Unfruchtbarmachung.

**Zwangsstrafen** → Erzwingungsstrafen, → Zwangsmittel, → Verwaltungszwang.

**Zwangsvergleich** → Insolvenzplan.

**Zwangsversicherung** → Pflichtversicherung, → Versicherungspflicht.

**Zwangsversteigerung.** Die Z. ist die praktisch wichtigste Art der → Immobiliarzwangsvollstreckung. Sie findet auch bei Schiffen, Schiffsbauwerken und Luftfahrzeugen statt (§§ 162–171 n ZVG). Ihr Ziel ist, daß das Grundstück oder Schiff usw. veräußert und der Gläubiger aus dem Erlös befriedigt wird. Zuständig ist das Amtsgericht als Versteigerungsgericht, und zwar der → Rechtspfleger (§ 3 Nr. 1 i RpflG). Das Verfahren gliedert sich in folgende Abschnitte: Die Anordnung der Z., die Bestimmung des Versteigerungstermins, den → Versteigerungstermin selbst, den → Zuschlag und die Verteilung des Erlöses (→ Verteilungsverfahren). Am Verfahren nehmen teil: Der Gläubiger (→ betreibender Gläubiger); der → Schuldner, ferner die sonstigen Beteiligten (§ 9 ZVG), nämlich diejenigen, für die ein Recht im Grundbuch eingetragen oder vorgemerkt ist oder denen ein nichteingetragenes Recht am Grundstück zusteht, sowie die Mieter und Pächter des Grundstücks; außerdem diejenigen Personen, denen ein die Zwangsvollstreckung hinderndes Recht zusteht (→ Drittwiderspruchsklage). Die Beteiligten, die nicht im Grundbuch eingetragen sind, müssen ihr Recht im Zwangsversteigerungsverfahren anmelden, um beteiligt zu werden. Das Versteigerungsgericht ordnet die Z. auf Antrag des betreibenden Gläubigers durch Beschluß an (§ 15 ZVG). Zugleich ersucht es das Grundbuchamt um die Eintragung des Zwangsversteigerungsvermerks. Durch den Beschluß, der die Z. anordnet, wird das Grundstück beschlagnahmt, und zwar mit allen Gegenständen, auf die sich bei einem Grundstück die → Hypothek erstreckt (§ 20 ZVG), insbes. → Bestandteile und → Zubehör, mit Ausnahme der in § 21 ZVG genannten. Die Anordnung der Z. stellt ein relatives → Veräußerungsverbot dar (§§ 135, 136 BGB). Über einstweilige Einstellung des Z.verfahrens s. §§ 28, 30 ff., 75 ff. ZVG. Bei der Bestimmung des Versteigerungstermins, der öffentlich bekanntgemacht wird, werden die Beteiligten aufgefordert, ihre Rechte anzumelden. Im Versteigerungstermin werden zunächst die in § 66 I ZVG aufgeführten Tatsachen (Grundstücksnachweisungen, betreibender Gläubiger, angemeldete Ansprüche usw.), dann die Versteigerungsbedingungen – insbes. das → geringste Gebot – festgestellt und verlesen (§§ 44–65 ZVG); darauf ergeht das → Ausgebot. Es werden nur solche Gebote zugelassen, die das → Mindestgebot erreichen; jeder andere Beteiligte kann → Sicherheitsleistung (Bietsicherheit) in Höhe von mindestens $^1/_{10}$ des Grundstücksverkehrswertes verlangen (§§ 67 ff. ZVG). Eine *Biet(ungs)vollmacht* eines Dritten bedarf der öffentlich beglaubigten → Form (§ 71 II ZVG). Ein *Biet(ungs)abkommen* (pactum de non licitando), das einen Interessenten vom Bieten abhalten soll, um einen günstigen Erwerb zu ermöglichen, kann im Einzelfall wegen → Sittenwidrigkeit nichtig sein. S. a. → Ausbietungsgarantie. Dem → Meistgebot wird der → Zuschlag erteilt (§ 81 ZVG), im ersten Termin jedoch nur dann, wenn es die Hälfte des Grundstückswertes erreicht (§ 85 a ZVG). Mit der Verkündung des Zuschlagsbeschlusses erwirbt der Ersteher das Eigentum am versteigerten Grundstück (§ 90 ZVG). Soweit nach den Versteigerungsbedingungen die Rechte am Grundstück nicht bestehen bleiben (z. B. Grundpfandrechte der dem betreibenden nachrangigen Gläubiger), erlöschen sie und setzen sich am → Versteigerungserlös fort (§ 91 ZVG). Mit dem Zuschlagsbeschluß entsteht die Pflicht des Erstehers, das → Bargebot zu zahlen. Der Erlös wird dann im → Verteilungsverfahren auf Grund des → Teilungsplanes verteilt. Das Zwangsversteigerungsverfahren endet mit den berichtigenden Eintragungen im Grundbuch; sie werden auf Ersuchen des Versteigerungsgerichts vorgenommen (§ 130 ZVG). S. a. → Teilungsversteigerung (Aufhebung einer Gemeinschaft).

**Zwangsversteigerungsvermerk** ist die im Grundbuch vorzunehmende Eintragung, daß die → Zwangsversteigerung des betreffenden Grundstücks angeordnet ist. Der Z. wird vom Grundbuchamt auf Ersuchen des Versteigerungsgerichts eingetragen (§ 38 GBO, § 19 ZVG). Er bewirkt, daß das durch die Zwangsversteigerungsanordnung eingetretene Veräußerungsverbot vom → öffentlichen Glauben des Grundbuchs erfaßt wird (§ 892 I 2 BGB). Erwirbt jemand ein Grundstück, bei dem der Z. eingetragen ist, so wird die Zwangsversteigerung ohne Rücksicht auf den Eigentumswechsel fortgesetzt (§ 26 ZVG). Ist der Z. nicht eingetragen, so geht das Grundstück auf den gutgläubigen Erwerber frei von den Beschränkungen der Zwangsversteigerung über.

**Zwangsverwaltung** ist eine Art der → Immobiliarzwangsvollstreckung. Ihr Verfahren entspricht grundsätzlich dem der → Zwangsversteigerung. Der wichtigste Unterschied zwischen Zwangsverwaltung und -versteigerung liegt darin, daß diese darauf abzielt, das Grundstück zu veräußern und den Gläubiger aus dem Erlös zu befriedigen, während durch die Z. der Gläubiger aus den laufenden Erträgen des Grundstücks befriedigt werden soll. Die Anordnung der Z. führt die → Beschlagnahme des Grundstücks und aller Gegenstände herbei, auf die sich die → Hypothek erstreckt (§ 148 ZVG), insbes. → Bestandteile und → Zubehör des Grundstücks, umfaßt aber außerdem abgeerntete landw. Erzeugnisse, Miet- und Pachtzinsforderungen u. a.m. Zur Durchführung der Z. bestellt das Versteigerungsgericht einen Zwangsverwalter. Seine Aufgabe ist es, das Grundstück in seinem wirtschaftlichen Bestand zu erhalten, es zu nutzen, die Nutzung in Geld umzusetzen und das Geld für die Verteilung an die Gläubiger bereitzustellen (§ 152 ZVG, → Verteilungsverfahren). Er nimmt das Grundstück in Besitz (§ 150 II ZVG). Bei Grundstücken, die forstwirtschaftlich oder gärtnerisch genutzt werden, ist grundsätzlich der Schuldner selbst als Verwalter zu bestellen (§ 150 b ZVG). Der Erlös aus der Z. wird auf Grund eines → Teilungsplans verteilt (§§ 156, 157 ZVG). Die Z. endet erst durch den Beschluß des Versteigerungsgerichts, in dem es die Z. aufhebt. Die wichtigsten Gründe hierfür sind: Befriedigung des Gläubigers (§ 161 II ZVG) und der → Zuschlag in der häufig zugleich betriebenen Zwangsversteigerung.

**Zwangsvollstreckung** ist das Verfahren, in dem Leistungs- und Haftungsansprüche durch staatlichen Zwang verwirklicht werden. Die Z. ist unabhängig vom → Erkenntnisverfahren. Sie wird durch die → Vollstreckungsorgane durchgeführt. Als Parteien stehen sich in der Z. der Gläubiger (Vollstreckungsgläubiger) und der Schuldner (Vollstreckungsschuldner) gegenüber. Die Z. ist im 8. Buch der ZPO allgemein (§§ 704–915 h) sowie in zahlreichen anderen Gesetzen und Einzelvorschriften besonders geregelt. Voraussetzungen der Z. sind: → Vollstreckungstitel, → Vollstreckungsklausel und die → Zustellung des Vollstreckungstitels. Je nach Lage des Falles können auch noch besondere Voraussetzungen der Z. bestehen, z. B. die Erbringung einer → Sicherheitsleistung, wenn das Urteil noch nicht rechtskräftig ist (→ vorläufige Vollstreckbarkeit). Das Verfahren der Z. steht unter der → Parteiherrschaft. Es ist meist schriftlich; mündliche Verhandlung findet selten statt. Die Z. beginnt mit der ersten → Vollstreckungsmaßnahme und endet im ganzen, wenn der Gläubiger mit seinem vollstreckbaren Anspruch (→ Vollstreckungsanspruch) voll befriedigt wird. Die Z. ist nur zulässig, wenn die bereits dargelegten Voraussetzungen der Z. erfüllt sind, der Gläubiger Vollstreckungsantrag gestellt hat und in die richtige Vermögensmasse (grundsätzlich die des Schuldners) vollstreckt wird. Über Einstellung und Beschränkung der Z. (z. B. bei Aufhebung des Titels oder Nachweis der Zahlung) s. § 775 ZPO und → Vollstreckungsschutz. Die Kosten der Z. trägt der Schuldner (§ 788 ZPO). S. a. → Immobiliarzwangsvollstreckung, → Zwangsversteigerung, → Zwangsverwaltung.

**Zwangsvollstreckung gegen juristische Personen des öffentlichen Rechts,** insbes. gegen die BRep., ein Land sowie andere Körperschaften, Anstalten und Stiftungen wegen Geldforderungen darf erst 4 Wochen nach einer Anzeige beginnen, die der Gläubiger der vertretungsberechtigten Behörde oder dem gesetzlichen Vertreter übermittelt hat (§ 882 a ZPO). Diese Anzeige ist eine besondere Voraussetzung der Z.; sie erübrigt sich bei Verfolgung dinglicher Rechte (z. B. aus einer Hypothek). Unzulässig ist die Z. in Sachen, die zur Erfüllung der öffentlichen Aufgaben unentbehrlich sind oder deren Veräußerung dem öffentlichen Interesse entgegensteht. Zum → Insolvenzverfahren→ Insolvenzfähigkeit.

**Zwangsvollstreckung von Steueransprüchen** → Vollstreckung von Steueransprüchen.

**Zweckbetrieb** → Körperschaftsteuer 4.

**Zweckentfremdung von Wohnräumen** → Miete (1 b), → Sozialer Wohnungsbau.

**Zweckgemeinschaft** → Gesamtschuld.

**Zweckmäßigkeitsgrundsatz (in der Verwaltung).** Der Begriff wird häufig im gleichen Sinne wie → Opportunitätsprinzip verwendet. In einem engeren Sinne besagt er, daß die Verwaltung von einem ihr eingeräumten → Ermessen in einer dem Zweck der gesetzlichen Ermächtigung entsprechenden Weise Gebrauch zu machen hat, d. h. von mehreren Entscheidungsmöglichkeiten die zu wählen hat, die dem Zweck des Gesetzes am meisten entspricht. Ein Fehlgreifen bei dieser Entscheidung bedeutet noch keinen Ermessensfehler, außer wenn ihr unsachliche Motive zugrunde liegen (Willkürverbot).

**Zwecksteuern** sind Steuern, die politische, wirtschaftspolitische oder soziale Zwecke verfolgen und nicht ausschließlich der Erzielung öffentlicher Einnahmen dienen. I. w. S. werden unter Z. auch die *zweckgebundenen* Steuern (wie z. B. die → Mineralölsteuer) verstanden. → Lenkungsteuer.

**Zweckveranlasser** (Polizeirecht) → Störer.

**Zweckverband** ist ein Zusammenschluß von → Gemeinden, → Kreisen oder → Kommunalverbänden zur gemeinsamen Erfüllung bestimmter Aufgaben. Hauptbeispiele sind Wasser-, Abwasser- und Schulzweckverbände. Der Z. hat den Charakter einer → Körperschaft des öffentlichen Rechts und verwaltet sich selbst in eigener Verantwortung, aber unter staatlicher Aufsicht. Rechtsgrundlage ist z. B. in Bayern das Gesetz über die kommunale Zusammenarbeit i. d.F. vom 20. 6. 1994 (GVBl. 555, ber. GVBl. 1995, 98), in Nordrhein-Westfalen das Gesetz über kommunale Gemeinschaftsarbeit i. d.F. der Bekanntmachung vom 1. 10. 1979 (GV 621), geändert durch Gesetz vom 26. 6. 1984 (GV 362), sowie in Sachsen Gesetz über kommunale Zusammenarbeit vom 19. 8. 1993 (GVBl. 815); in Niedersachsen gilt noch das Zweckverbandsgesetz vom 7. 6. 1939 i. d.F. der Verordnung vom 11. 6. 1940 (RGBl. I 876), zuletzt geändert durch Landesgesetz vom 30. 7. 1985 (GVBl. 246). Die Zweckverbände entstehen entweder durch freiwilligen *(Freiverband)* oder durch die Rechtsaufsichtsbehörde veranlaßten *(Pflichtverband)* Zusammenschluß; in Nordrhein-Westfalen ist darüber hinaus noch das Institut eines durch Gesetz gebildeten Zweckverbandes vorgesehen. Die Rechtsverhältnisse des Zweckverbands werden durch die Verbandssatzung geregelt. Organe des Zweckverbands sind die Verbandsversammlung und der Verbandsvorsitzende (Verbandsvorstand, Verbandsvorsteher); als weiteres Organ besteht teilweise ein Verwaltungsrat. Im Rahmen seiner Finanzhoheit erhebt der Z. eine *Verbandsumlage,* deren Höhe in der Regel nach dem Verhältnis des Vorteils zu bemessen ist, den die einzelnen Mitglieder aus der Führung der Verbandsaufgabe haben.

**Zweckvermögen** → Stiftung.

**Zweckzuwendungen** → Erbschaftsteuer (Schenkungsteuer).

**Zweifel** → „im Zweifel".

**Zweifel an der Schuld** *des Angeklagten (Beschuldigten)* → in dubio pro reo.

**Zweige, überhängende** → Überhang.

**Zweigniederlassung** ist die → Niederlassung eines → Kaufmanns, von der aus → Handelsgeschäfte z. T. selbständig, z. T. unselbständig ausgeführt werden. Die Z. hat keine eigene Rechtspersönlichkeit; sie ist räumlich von der Hauptniederlassung und von anderen Z.en getrennt; ihr Geschäftsbetrieb muß auf Dauer eingerichtet sein; es werden von ihr aus ähnliche oder gleichartige Geschäfte wie die der Hauptniederlassung selbständig getätigt; der Leiter der Z. muß mit einer → Prokura oder einer → Handlungsvollmacht ausgestattet sein; die Z. führt die → Firma des Unternehmens mit einem besonderen Zusatz. Eine Z. kann am selben Ort mehrere räumlich getrennte Geschäftslokale haben (z. B. Banken); in einem solchen Fall spricht man von *Zweigstellen* einer Z. Die Errichtung und Aufhebung einer Z. ist im → Handelsregister beim Gericht der Hauptniederlassung einzutragen. Danach wird die Z. auch im Handelsregister des für sie zuständigen Gerichts eingetragen. Befindet sich die Hauptniederlassung im Ausland, so haben alle eine inländische Z. betreffenden Anmeldungen und Eintragungen beim Gericht der Z. zu erfolgen (§§ 13 ff., 13 d HGB). S. a. → örtliche Zuständigkeit des Gerichts.

**Zweigstelle** → Zweigniederlassung.

**Zweikammersystem** ist das Verfassungssystem, bei dem das → Parlament aus zwei kollegialen Organen (Kammern, Versammlungen) besteht. Eine der Kammern wird unmittelbar vom Volk gewählt (z. B. → Bundestag; → Landtag; in den USA das → Repräsentantenhaus; in England das → Unterhaus); bei ihr liegt das Schwergewicht der gesetzgebenden Tätigkeit. Zusammensetzung und Befugnisse der Zweiten Kammer sind sehr unterschiedlich gestaltet. Sie kann z. B. eine berufsständische Vertretung sein, die oft nur beratende und begutachtende Befugnisse besitzt (vgl. z. B. den → Senat in Bayern). Im → Bundesstaat wird die Zweite Kammer häufig aus Vertretern der Gliedstaaten gebildet (z. B. der → Bundesrat in der BRep. oder der → Senat in den USA); diese Kammern haben im Interesse des föderativen Elements meist ein stärker ausgeprägtes Mitwirkungsrecht an der Gesetzgebung. Je nachdem, ob die Zweite Kammer an der → Gesetzgebung gleichberechtigt oder nur beschränkt mitwirkt, spricht man von einem echten Z. oder einem modifizierten Einkammersystem (Beispiele: USA, Schweiz; andererseits Großbritannien, BRep.).

**Zweikampf** ist ein verabredeter Kampf zweier Personen nach vereinbarten oder hergebrachten Regeln. Er ist nach den allgemeinen Vorschriften, insbes. als → Körperverletzung oder → Tötung, strafbar. Die studentische Bestimmungsmensur ist ein Z. Die Körperverletzung eines davon Beteiligten mit dessen Einwilligung ist nicht strafbar, da sie nicht sittenwidrig ist (§ 228 StGB).

**Zweikondiktionenlehre** → ungerechtfertigte Bereicherung.

**Zweikontenmodell.** Da privat veranlaßte Schuldzinsen steuerlich nicht abzugsfähig sind (→ Zinsschuld), ermöglicht das Z. dem Gewinnermittler (→ Einkunftsarten) den steuerlich wirksamen Abzug von Schuldzinsen auf folgende Weise: Vom Einnahmenkonto werden Privatentnahmen und Privatschulden (→ Entnahmen) finanziert, während betriebliche Investitionen über betriebliche Schuldkonten finanziert werden, so daß die Schuldzinsen als betrieblich veranlaßte → Betriebsausgaben abzugsfähig sind. Zur Verschleierung dient oft auch ein Mehrkontenmodell. Da das Zweikontenmodell nur bei den Gewinneinkünften (→ Einkommensteuer 3.) zulässig ist, ist die Verfassungsmäßigkeit des Z. streitig.

**Zwei-plus-Vier-Vertrag** → Abschließende Regelung in bezug auf Deutschland.

**Zweiräder** → Fahrräder (und F. m. Hilfsmotor), → Krafträder, → Kleinkrafträder.

**Zweischwerterlehre.** Die auf die Bibel (Luc. 22, 38) gestützte Lehre von den zwei Schwertern – dem geistlichen und dem weltlichen –, die Gott zur Verteidigung der Christenheit verliehen hat, war im Mittelalter einer der wesentlichen Streitpunkte in dem seit jeher umstrittenen Verhältnis von Kirche und Staat. Während nach ursprünglicher Auffassung das Kaisertum „das Schwert der Kirche" war (sakraler Charakter der weltlichen Obrigkeit), kam insbes. mit dem → Investiturstreit die Zweischwerterlehre und die Auseinandersetzung darüber auf, ob Kaiser und Papst ihre Schwerter beide unmittelbar von Gott empfangen haben (so die Auffassung der deutschen Kaiser) oder ob der Papst beide Schwerter empfangen und das Recht hat, das weltliche an den Kaiser weiterzuverleihen (so die Lehre des Papstes und der Kurie), was die rechtliche Unterordnung von Kaiser und Reich unter den Papst zur Folge haben sollte. Diese Lehre und die daraus kirchlicherseits erhobenen Ansprüche auf weitere Rechtspositionen wirkten sich auch in anderer Hinsicht aus, so z. B. in dem Anspruch der geistlichen Gerichte auf → Rechtshilfe durch die weltliche Gerichtsbarkeit. Über den historischen Verlauf der Auseinandersetzung und ihren Abschluß durch das Wormser Konkordat s. → Investiturstreit; s. a. → Gottesstaat.

**Zweispurigkeit im Strafrecht.** Seit Inkrafttreten des Ges. gegen gefährliche Gewohnheitsverbrecher vom 24. 11. 1933 (RGBl. I 995) sind als Reaktion auf die Straftat außer der Strafe, die in erster Linie dem Schuldausgleich für begangenen Rechtsbruch dient, → Maßregeln der Besserung und Sicherung (§§ 61 ff. StGB) zugelassen, die vorbeugenden Charakter haben (sog. Zweispurigkeit im Strafrecht). Das 1. u. 2. StrRG 1969 und das EGStGB 1974 behielten das System der Z. bei; doch wurden in stärkerem Grade Strafen durch Maßnahmen ersetzt. So gestattet § 67 StGB das sog. Vikariieren: abweichend von dem früheren Grundsatz, daß Strafen vor den freiheitsentziehenden Maßregeln zu vollziehen sind, wird Anstaltsunterbringung nach §§ 63, 64 StGB nunmehr zuerst vollstreckt und die Vollzugszeit auf die Strafe angerechnet, bis diese zu zwei Dritteln erledigt ist; das Gericht kann jedoch vor dem Vollzug oder in dessen Verlauf eine andere Entscheidung treffen (auch für einen Teil der Strafe).

**Zweistaatentheorie.** In der Völkerrechtslehre war streitig, ob das → Deutsche Reich mit dem Zusammenbruch 1945 untergegangen und von den Alliierten durch eine neue Staatengründung ersetzt worden ist (Debellationstheorie), ob es mit der BRep. identisch war (Identitätstheorie) oder ob auf seinem Gebiet bis zur → Wiedervereinigung zwei staatliche Teilordnungen bestanden. Letzteres behauptete die Z., die neben der BRep. auch die ehem. DDR als selbständigen Staat auf dem Gebiet des ehem. Deutschen Reiches ansah. Die Z. wurde zunächst nur von östl. Seite vertreten, lag aber später auch der westl. Staatspraxis zugrunde. S. a. → Hallstein-Doktrin.

**Zweistufentheorie** (zur Subventionierung) → Subventionen.

**Zweitbescheid** nennt man die erneute Entscheidung einer Behörde nach → Wiederaufgreifen des Verwaltungsverfahrens. Sie kann die frühere Entscheidung bestätigen, aufheben oder abändern und ist regelmäßig → Verwaltungsakt. Kein Z. ist die Mitteilung der Behörde, ein Verfahren nicht wieder aufzugreifen; hier spricht man von *„wiederholender Verfügung"*, die keine neue Entscheidung in der Sache enthält und deshalb verwaltungsgerichtlich auch nur darauf überprüft werden kann, ob das Wiederaufgreifen zurecht abgelehnt wurde.

**Zweiteilung der Straftaten** → Dichotomie.

**Zweites Deutsches Fernsehen** → Rundfunk.

**Zweitstimme** → Bundestag.

**Zweitwohnungen** → Ferienwohnungen.

**Zweitwohnungssteuer** wird vorwiegend von Fremdenverkehrsgemeinden, aber auch von Großstädten (z. B. Hamburg), gemäß landesgesetzlicher Ermächtigung aufgrund einer → Satzung erhoben. Sie bedarf der Genehmigung der Aufsichtsbehörde. Die Z. kann von den Gemeinden als örtliche Aufwandsteuer (Art. 105 II a GG) erhoben werden (→ Gemeindeabgaben). Sie ist verfassungswidrig, wenn nur auswärtige Zweitwohnungsinhaber zu der Steuer herangezogen werden (BVerfG NJW 1984, 785) oder wenn die Z. trotz Vermietung in Gewinnerzielungsabsicht (→ Liebhaberei) erhoben wird (BVerfG 29. 6. 1995, DStR 95, 270; s. a. → Ferienwohnungen).

**Zwingendes Recht** → Recht (3).

**Zwischeneinkünfte** (Basiseinkünfte). Als Z. bezeichnet das → Außensteuergesetz Einkünfte, die nicht aus aktiver wirtschaftlicher Tätigkeit stammen. § 8 AStG zählt diejenigen Einkünfte auf, für die eine ausländische Gesellschaft nicht → Zwischengesellschaft ist. Einige aktive Einkünfte werden dann als Z. qualifiziert, wenn sie unter funktioneller Mitwirkung eines beteiligten Inländers oder einer diesem nahestehenden Person oder im Leistungsaustausch mit solchen Personen erzielt werden. Auch Schachteldividenden sind Z., es sei denn, daß die Holding als Landesholding für im Sitzland aktiv tätige Tochtergesellschaften fungiert (§ 8 II Nr. 1 AStG). Schachteldividenden sind auch dann als aktive Einkünfte anzusehen, wenn die ausländische Gesellschaft die Beteiligung im Zusammenhang mit eigener aktiver wirtschaftlicher Tätigkeit hält, und wenn die Beteiligungsgesellschaft ihre Bruttoerträge ausschließlich oder fast ausschließlich aus aktiver Tätigkeit bezieht (Funktionsholding – § 8 II Nr. 2 AStG). Z. werden dem Einkommen des unbeschränkt Steuerpflichtigen (§ 7 AStG) wie eine Gewinnausschüttung hinzugerechnet (§ 10 II AStG).

**Zwischenfeststellungsklage** ist eine → Feststellungsklage, die vom Kläger durch → Klagenverbindung, vom Beklagten durch → Widerklage erhoben und durch die über ein → vorgreifliches Rechtsverhältnis mit → Rechtskraft entschieden wird (§ 256 II ZPO). Die Zwischenfeststellungsklage kann bis zum Schluß der letzten mündlichen Verhandlungen erhoben werden. Entsprechendes gilt im Verwaltungs-, Finanz- und Sozialstreitverfahren (§ 173 VwGO, § 155 FGO, § 202 SGG).

**Zwischenfinanzierung von Bauvorhaben.** Viele Kreditinstitute stellen die für Baumaßnahmen erforderlichen Gelder erst bei Fertigstellung des Gebäudes oder je nach Baufortschritt zur Verfügung, so daß der Bauherr zu einer Z. gezwungen wird. Da die → Hypothek vor Entstehen der durch sie gesicherten Forderung dem Grundstückseigentümer zusteht (§ 1163 BGB) und der Gläubiger auch nach Valutierung die (normale) Briefhypothek erst erwirbt, wenn ihm vom Eigentümer der Hypothekenbrief übergeben worden ist (§ 1117 BGB), kann der Eigentümer den Zwischenkredit durch Abtretung der durch die Eintragung im Grundbuch bereits entstandenen (vorläufigen) → Eigentümergrundschuld sicherstellen. Entspr. gilt für die Z. eines → Bausparvertrags.

**Zwischengesellschaft** (Basisgesellschaft). Das → Außensteuergesetz bezeichnet als Zwischengesellschaft eine ausländische Körperschaft, Personenvereinigung oder Vermögensmasse i. S. des KStG, an der unbeschränkt Steuerpflichtige unmittelbar oder mittelbar (§ 7 III AStG) zu mehr als der Hälfte beteiligt sind, und die „passive" Einkünfte bezieht, die einer niedrigen Besteuerung unterliegen (→ Zwischeneinkünfte, § 7 I, § 8 AStG). Die Untergesellschaften dieser Z. werden in § 14 AStG als *nachgeschaltete Zwischengesellschaften* bezeichnet. Die → Zwischeneinkünfte der n. Z. werden entsprechend der mittelbaren Beteiligungsquote dem unbeschränkt (§ 7 AStG) bzw. erweitert beschränkt Stpfl. (§§ 2, 5 AStG) zugerechnet.

**Zwischengewinn** ist der Anteil am Verkaufserlös für zugeflossene oder als zugeflossen geltende und sonstige wirtschaftlich während der Besitzzeit des Anteilseigners bei einem Anlagefonds (→ Kapitalanlagegesellschaft) angewachsene Erträge (§ 39 I a, II KAGG). Er unterliegt als Einkünfte aus Kapitalvermögen der Einkommensteuer (§ 20 I Nr. 7 EStG iVm § 23 III 3 EStG; § 17 II a Auslandsinvestmentgesetz).

**Zwischenkredit** → Zwischenfinanzierung.

**Zwischenmeister** ist, wer eine ihm vom Gewerbetreibenden übertragene Arbeit an → Heimarbeiter oder

→ Hausgewerbetreibende weitergibt (vgl. § 2 III HeimarbeitsG vom 14. 3. 1951, BGBl. I 191). Der Z. kann → Arbeitnehmer des Gewerbetreibenden sein. Ist der Z. persönlich unabhängig und in seiner Arbeit selbständig, so ist er nicht Arbeitnehmer, kann aber den mit Heimarbeit Beschäftigten gleichgestellt werden (§ 1 II HeimarbeitsG) und ist dann → arbeitnehmerähnliche Person (§ 5 I ArbGG). Ist ein Z. eingeschaltet, so liegt i. d.R. ein → mittelbares Arbeitsverhältnis vor.

**Zwischenmiete** → Miete (2 b).

**Zwischenrecht** → Internationales Privatrecht.

**Zwischenschein** (Interimsschein) ist ein → Wertpapier, in dem die Mitgliedschaftsrechte, die sich aus einer → Aktie ergeben, vorläufig verbrieft werden (§ 8 VI AktG). Die Z.e werden den Aktionären vor der Ausgabe von Aktien erteilt, insbes. dann, wenn die Einlagen noch nicht voll bezahlt sind. Sie müssen auf den Namen lauten und dürfen nicht auf den Inhaber gestellt werden (§ 10 III, IV AktG). Z. werden – wie Namensaktien (→ Aktie) – durch → Indossament (→ Orderpapier) übertragen (§ 68 V AktG).

**Zwischenspediteur** → Spediteur.

**Zwischenstaatliche Einrichtungen.** Nach Art. 24 GG kann der Bund durch → Gesetz Hoheitsrechte auf z. E. übertragen. Hiervon ist durch den Beitritt zu → supranationalen Organisationen Gebrauch gemacht worden.

**Zwischenstaatliche Verträge** → Völkerrechtlicher Vertrag.

**Zwischenstaatlicher Kraftfahrzeugverkehr** → Internationaler Kraftfahrzeugverkehr, → Auslandsführerschein, → Auslandszulassung.

**Zwischenstaatlicher Rechtsverkehr** ist eine andere Bezeichnung für die internationale → Rechtshilfe.

**Zwischenstaatliches Recht** → internationales Recht.

**Zwischenstreit** → Zwischenurteil.

**Zwischenurteil** ist ein → Urteil, in dem über einen prozessualen Zwischenstreit, insbes. über → Prozeßvoraussetzungen, entschieden wird (§§ 303, 280 II ZPO, § 109 VwGO, § 97 FGO). Über materiell-rechtliche Vorfragen ist ein Z. grundsätzlich nicht zulässig; eine Ausnahme bildet das → Grundurteil. Z.e binden das Gericht bei späteren Entscheidungen (§ 318 ZPO). Sie können nur dann selbständig angefochten werden (→ Rechtsmittel), wenn es im Gesetz ausdrücklich zugelassen ist.

**Zwischenverfahren im Strafprozeß** → Eröffnungsverfahren.

**Zwischenverfügung.** Über den materiell-rechtl. Begriff der Z. → Zustimmung, → Bedingung; s. a. → Anwartschaftsrecht. Der formell-rechtl. Begriff hat in Grundbuchsachen Bedeutung. Das → Grundbuchamt erläßt, wenn einem Antrag auf Eintragung im Grundbuch behebbare Mängel anhaften (z. B. fehlende behördliche Genehmigung, mangelnder Nachweis der Vollmacht), statt der Ablehnung des Antrags eine – selbständig beschwerdefähige – Z. (§ 18 GBO). Wird das Eintragungshindernis zeitgerecht behoben, so wird hierdurch der oftmals für die weitere Entwicklung wichtige → Rang eines Grundstücksrechts erhalten; gehen in der Zwischenzeit weitere Anträge ein, so ist zur Sicherung des früher beantragten Rechts eine → Vormerkung einzutragen.

**Zwischenverwahrer** → Depotgeschäft.

**Zwischenzeugnis** → Zeugnis.

**Zwischenzins** → Leistungszeit, → Diskontgeschäft, → Wechseldiskont.

**Zwölftafelgesetz** wurde das älteste aus der Geschichte des → römischen Rechts bekannte Gesetzeswerk genannt (entstanden etwa um 450 v. Chr.). Es enthielt auf zwölf Tafeln Bestimmungen aus allen Rechtsgebieten, z. B. über die Privilegien der → Patrizier und die Rechtsstellung der → Plebejer; es sollte die im Gewohnheitsrecht strittig gewordenen Fragen klären.

# Anhang

Der Anhang enthält folgende Übersichten:

## I. Sachgebiete des Rechts

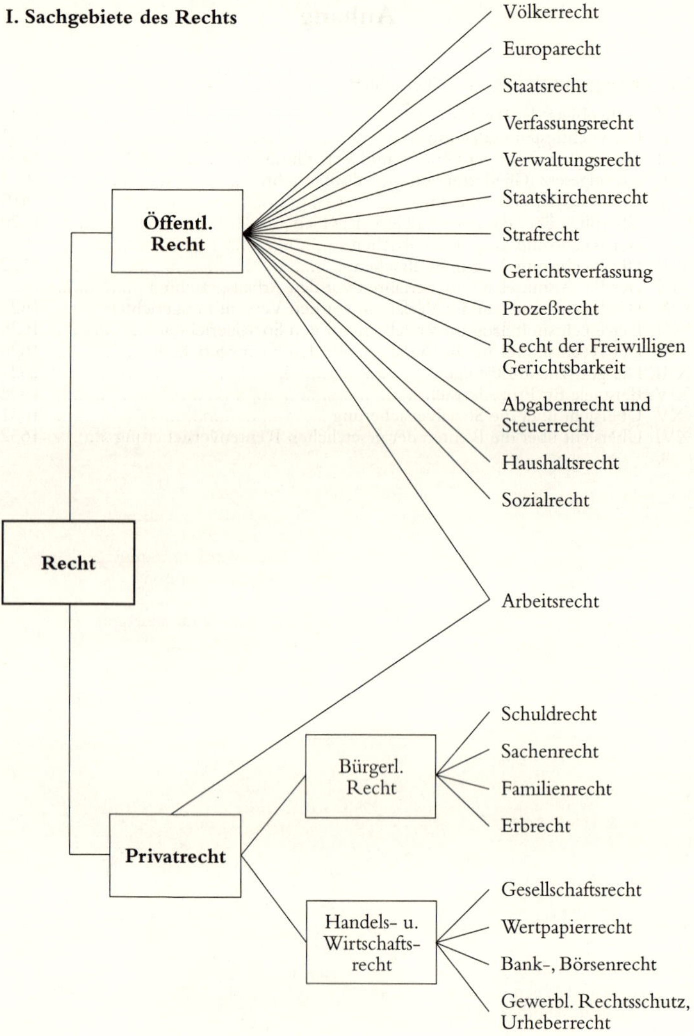


Einzelne Rechtsgebiete gehören verschiedenen Bereichen an, insbes. das Arbeitsrecht, das öffentlich-rechtliche und privatrechtliche Elemente enthält, ebenso „Querschnittrechte" wie z. B. das Wirtschaftsrecht, das Umweltrecht und das Sportrecht.
Das Kirchenrecht liegt außerhalb dieses Schemas, soweit es sich nicht um staatliches Recht, sondern um die eigene Rechtsordnung der Kirchen handelt.

## II. Die wichtigsten Gesetzeswerke

der auf der Vorseite bezeichneten Rechtsgebiete sind (Fundstellen siehe III):

## A. Öffentliches Recht

### Staats- und Verfassungsrecht

Grundgesetz und Verfassungen der Länder
Bundeswahlgesetz
Staatsangehörigkeitsgesetz
Parteiengesetz
Einigungsvertrag

### Verwaltungsrecht

Verwaltungsverfahrensgesetz
Verwaltungszustellungsgesetz
Verwaltungs-Vollstreckungsgesetz – Bund und Länder –

Atomgesetz
Bundesdatenschutzgesetz
Bundesjagdgesetz
Vereinsgesetz
Versammlungsgesetz
Waffengesetz
Wohngeldgesetz
Personenstandsgesetz (zum Teil)
Asylverfahrensgesetz

Bundesvertriebenengesetz
Entschädigungs- und Ausgleichsleistungsgesetz
Rehabilitierungsgesetze
Vermögensgesetz

Baugesetzbuch
Raumordnungsgesetz
Wasserhaushaltsgesetz
Bundeswasserstraßengesetz
Bundesfernstraßengesetz
Allgemeines Eisenbahngesetz
Straßenverkehrsgesetz
Straßenverkehrs-Ordnung
Straßenverkehrs-Zulassungs-Ordnung
Luftverkehrsgesetz
Luftverkehrsordnung
(Die Wasser-, Straßen- und Wegegesetze sind im wesentlichen Landesrecht)

Personenbeförderungsgesetz
Güterkraftverkehrsgesetz

Beamtenrechtsrahmengesetz
Deutsches Richtergesetz
Bundesdisziplinarordnung
Bundespersonalvertretungsgesetz
Beamten- und Richtergesetze des Bundes und der Länder
Personalvertretungsgesetze des Bundes und der Länder

Wehrpflichtgesetz
Soldatengesetz
Zivildienstgesetz
Wehrbeschwerdeordnung
Wehrdisziplinarordnung
Bundesleistungsgesetz
Soldatenversorgungsgesetz
Bundesversorgungsgesetz

Polizeigesetze der Länder
Gemeindeordnungen, Kreisordnungen (Landkreisordnungen) und Kommunalgesetze der Länder

Jugendschutzgesetz
Gesetz über die Verbreitung jugendgefährdender Schriften

Außenwirtschaftsgesetz
Außenwirtschaftsordnung
Gewerbeordnung
Bundes-Immissionsschutzgesetz
Handwerksordnung
Gaststättengesetz
Lebensmittel- u. Bedarfsgegenständegesetz
Energiewirtschaftsgesetz
Kreislaufwirtschafts- und Abfallgesetz

### Strafrecht

Strafgesetzbuch
Jugendgerichtsgesetz (soweit materielles Recht)

Wehrstrafgesetz
Wirtschaftsstrafgesetz
Gesetz über Ordnungswidrigkeiten (soweit materielles Recht)
Strafvollzugsgesetz
Betäubungsmittelgesetz (soweit Strafrecht)

### Gerichtsverfassung

Gerichtsverfassungsgesetz
Gesetz über das Bundesverfassungsgericht (teilweise)
Deutsches Richtergesetz
Rechtspflegergesetz sowie die Prozeßordnungen

### **Prozeßrecht** und ergänzende Gesetze

Zivilprozeßordnung
Strafprozeßordnung
Jugendgerichtsgesetz (soweit Verfahrensrecht)
Gesetz über Ordnungswidrigkeiten (soweit Verfahrensrecht)
Gesetz über das Bundesverfassungsgericht (soweit Verfahrensrecht)
Insolvenzordnung
Zwangsversteigerungsgesetz
Arbeitsgerichtsgesetz
Verwaltungsgerichtsordnung
Finanzgerichtsordnung
Sozialgerichtsgesetz

### Freiwillige Gerichtsbarkeit

Gesetz über die Angelegenheiten der freiwilligen Gerichtsbarkeit
Beurkundungsgesetz
Grundbuchordnung
Personenstandsgesetz (teilweise)

### Abgaben- und Steuerrecht

Grundgesetz (Art 104a–115)
Bundeshaushaltsordnung und Haushaltsgrundsätzegesetz
Abgabenordnung
Bewertungsgesetz
Materielle Steuergesetze, z.B. Einkommen-, Körperschaft-, Erbschaft-, Gewerbe-, Umsatz-, Grunderwerb-, Kraftfahrzeugsteuergesetz usw.
Zollkodex der EG

### Sozialrecht

Sozialgesetzbuch
Bundeskindergeldgesetz
Bundeserziehungsgeldgesetz
Bundessozialhilfegesetz
Bundesversorgungsgesetz
Fremdrentengesetz
Gesetz über die Krankenversicherung der Landwirte
Gesetz über die Alterssicherung der Landwirte
Gesundheitsreformgesetze
Künstlersozialversicherungsgesetz
Mutterschutzgesetz
Reichsversicherungsordnung
Renten-Überleitungsgesetz

## B. Privatrecht

### Bürgerliches Recht

Bürgerliches Gesetzbuch
Haustürgeschäftewiderrufsgesetz
Gesetz zur Regelung des Rechts der Allgemeinen Geschäftsbedingungen
Wohnungseigentumsgesetz
ErbbaurechtsVO
Miethöhenregelungsgesetz
Produkthaftungsgesetz
Verbraucherkreditgesetz
Verschollenheitsgesetz

Versicherungsvertragsgesetz
Pflichtversicherungsgesetz
Haftpflichtgesetz

## Handels- und Wirtschaftsrecht
(soweit nicht öffentliches Recht)

Handelsgesetzbuch
Aktiengesetz
GmbH-Gesetz
Genossenschaftsgesetz
Umwandlungsgesetz
Partnerschaftsgesellschaftsgesetz
Wechselgesetz
Scheckgesetz
Gesetz gegen den unlauteren Wettbewerb
Gesetz gegen Wettbewerbsbeschränkungen (Kartellgesetz)
Rabattgesetz
ZugabeVO
Börsengesetz
Depotgesetz
Ges. über das Kreditwesen
Ges. über Kapitalanlagegesellschaften
Versicherungsaufsichtsgesetz
Urheberrechtsgesetz
Verlagsgesetz
Patentgesetz
Geschmacksmustergesetz
Gebrauchsmustergesetz
Markengesetz
Umwandlungsgesetz

## Arbeitsrecht
(z. T. öffentliches Recht)

Betriebsverfassungsgesetz
Tarifvertragsgesetz
Seemannsgesetz
Heimarbeitsgesetz
Arbeitszeitrechtsgesetz
Ladenschlußgesetz
Schwerbehindertengesetz
Jugendarbeitsschutzgesetz
Mutterschutzgesetz
Kündigungsschutzgesetz
Bundesurlaubsgesetz
Entgeltfortzahlungsgesetz
Arbeitsplatzschutzgesetz
Berufsbildungsgesetz
Arbeitsförderungsgesetz
Mitbestimmungsgesetze

## III. Fundstellen wichtiger Gesetze und Verordnungen

(Auswahl der in Beck'schen Loseblattsammlungen enthaltenen Rechtsvorschriften des Bundes)

Nipperdey I – Nip I
Sartorius I – Sat I
Sartorius II – Sat II
Sartorius III – Sat III
Schönfelder – Schö
Schönfelder II – Schö II
Aichberger – SozR
Steuergesetze I – SteuerG I
Steuergesetze II – SteuerG II
Doppelbesteuerungsabkommen – DBA
Zölle und Verbrauchsteuern – ZVSt
Strafgesetze – StrafG
Straßenverkehrsrecht – StVR
Umweltrecht – UmwR
Wehrrecht – WehrR
Wirtschaftsgesetze – WirtG
Europäisches Wirtschaftsrecht – EurWirtR

## IV. Grundgesetz für die Bundesrepublik Deutschland

### Gliederung



### Nichtamtliche Inhaltsübersicht

### Präambel

### I. Die Grundrechte



### II. Der Bund und die Länder

## VII. Die Gesetzgebung des Bundes



## VIII. Die Ausführung der Bundesgesetze und die Bundesverwaltung



## VIII a. Gemeinschaftsaufgaben



## IX. Die Rechtsprechung



## X. Das Finanzwesen

## Xa. Verteidigungsfall



## XI. Übergangs- und Schlußbestimmungen

## V. Der Weg der Gesetzgebung

Die Gesetzesinitiative kann von der Bundesregierung, vom Bundesrat oder von Mitgliedern des Bundestages ausgehen. In der größten Zahl der Fälle werden Gesetzesentwürfe von der **BUNDESREGIERUNG** vorgelegt. Regierungsvorlagen werden von den Referenten in den Ministerien ausgearbeitet, zusammen mit einer Begründung über den federführenden Minister dem Kabinett unterbreitet und von diesem beraten. Im Falle der Billigung legt die Bundesregierung sie dem **BUNDESRAT** vor, der in diesem sog. „Ersten Durchgang" dazu Stellung nehmen und Änderungsvorschläge machen kann. Zusammen mit diesen reicht der Bundesrat die Vorlage über die Bundesregierung, die gegebenenfalls zu diesen Änderungsvorschlägen ihrerseits begründete Stellung nimmt, an den **BUNDESTAG** weiter, der in drei Lesungen über die Vorlage berät. Der Bundestag kann die Vorlage zur Vorbereitung seiner Beratungen auch an einen oder mehrere Ausschüsse verweisen. In jeder Lesung wird über die Vorlage abgestimmt. Bei einfacher Mehrheit und in Ausnahmefällen bei Zweidrittelmehrheit ist das Gesetz angenommen und wird nunmehr wiederum dem **BUNDESRAT** vorgelegt. Der weitere Gang des parlamentarischen Verfahrens ist abhängig von der Frage, ob es sich handelt um

**ZUSTIMMUNGSBEDÜRFTIGE GESETZE*** oder um **NICHT ZUSTIMMUNGSBEDÜRFTIGE GESETZE**

Stimmt der Bundesrat nicht ausdrücklich zu, so ist das Gesetz **GESCHEITERT**

Stimmt der Bundesrat dem Gesetz zu, so wird es nach Gegenzeichnung durch den für die Vorlage zuständigen Ressortminister oder den Kanzler vom **BUNDESPRÄSIDENT** ausgefertigt und im **BUNDESGESETZBLATT** verkündet.

Verzichtet der Bundesrat auf Anrufung des Vermittlungsausschusses, so wird das Gesetz nach Gegenzeichnung durch Ressortminister oder Kanzler vom **BUNDESPRÄSIDENT** ausgefertigt und im **BUNDESGESETZBLATT** verkündet.

Ruft der Bundesrat den **VERMITTLUNGSAUSSCHUSS** an, so kann das Verfahren je nach dessen und nach der anschließenden Stellungnahme von Bundesrat und Bundestag verschiedene Wege gehen.

---

* Auch diese kann der Bundesrat an den *Vermittlungsausschuß* leiten, was jedoch die Zustimmungsbedürftigkeit nicht berührt. Ebenso sind Bundestag und Bundesregierung befugt, wegen solcher Vorlagen die Einberufung des Vermittlungsausschusses zu verlangen.

## VI. Überblick über das gesamte Gerichtswesen

und die regelmäßige Besetzung der Gerichte
(● = Berufsrichter,
○ = ehrenamtliche Richter)

| Ordentliche Gerichtsbarkeit (Ziv. = Zivilsachen Str. = Strafrecht | Allgem. Verwaltungsgerichtsbarkeit | Arbeitsgerichtsbarkeit | Sozialgerichtsbarkeit | Finanzgerichtsbarkeit |
|---|---|---|---|---|
| Amtsgericht<br>Ziv. ●<br>Str.[1] ●<br>od. ○●○<br>od. ○●●○ | Verwaltungsgericht[6]<br>●<br>od. ○●●●○ | Arbeitsgericht<br>○●○ | Sozialgericht<br>○●○ | |
| Landgericht<br>Ziv.[2] ●<br>od. ●●●<br>od. ○●○<br>Str.[3] ○●○<br>od. ○●●○<br>od. ○●●●○ | | | | |
| Oberlandesgericht<br>Ziv.[4] ●<br>od. ●●●<br>Str.[5] ●●●<br>od. ●●●●● | Oberverwaltungsgericht (Verwaltungsgerichtshof)<br>●●●<br>(nach Landesr. auch ●●●●●<br>od. ○●●●○<br>od. ○●●●●●○) | Landesarbeitsgericht<br>○●○ | Landessozialgericht<br>○●●●○ | Finanzgericht[7]<br>●<br>od. ○●●●○ |
| Bundesgerichtshof<br>●●●●● | Bundesverwaltungsgericht<br>●●●●● | Bundesarbeitsgericht<br>○●●●○ | Bundessozialgericht<br>○●●●○ | Bundesfinanzhof<br>●●●●● |
| | Bundesverfassungsgericht[8]<br>●●●<br>●●●●●●●● | | | |

Siehe ferner die Stichwörter
Bundespatentgericht
Bayerisches Oberstes Landesgericht
Disziplinargerichte

[1] Strafrichter
Schöffengericht
erweit. Schöffengericht
[2] Einzelrichter/Vors. der Kammer f. Handelssachen
Zivilkammer
Kammer f. Handelssachen
[3] kleine Strafkammer
kleine od. große Strafkammer
große Strafkammer od. Schwurgericht
[4] Einzelrichter
Zivilsenat
[5] Strafsenat
(Revisionsinst.)
Strafsenat (1. Inst.)
[6] Einzelrichter
Kammer
[7] Einzelrichter
Senat
[8] Kammer
Senat

## VII. Der Rechtsmittelzug in Zivilsachen

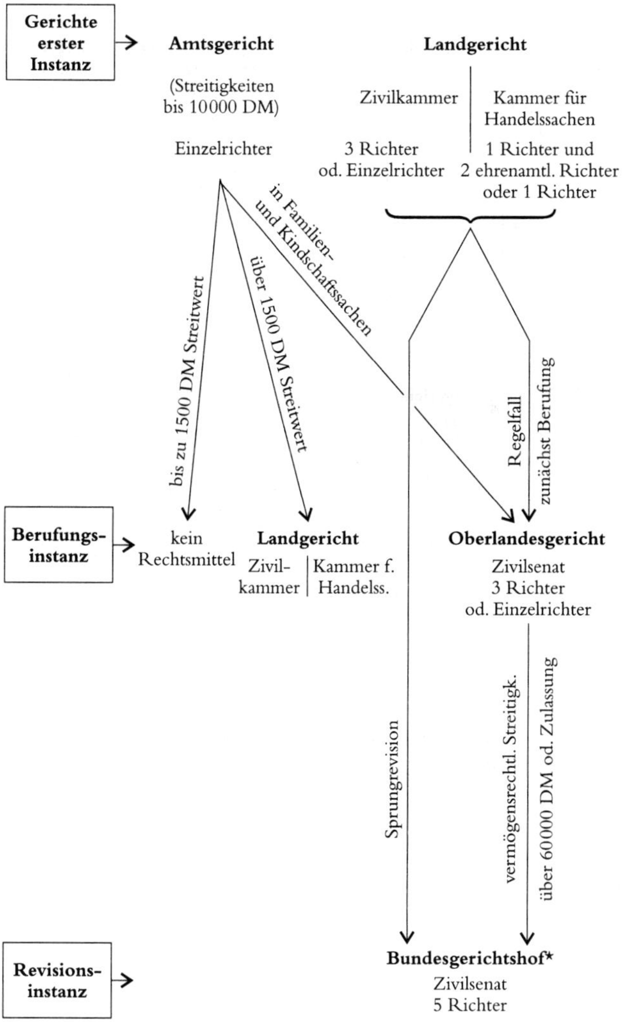


* Über die Zuständigkeit des (teilweise an Stelle des Bundesgerichtshofs entscheidenden) Bayerischen Obersten Landesgerichts s. unter diesem Stichwort.

## VIII. Der Rechtsmittelzug in Strafsachen

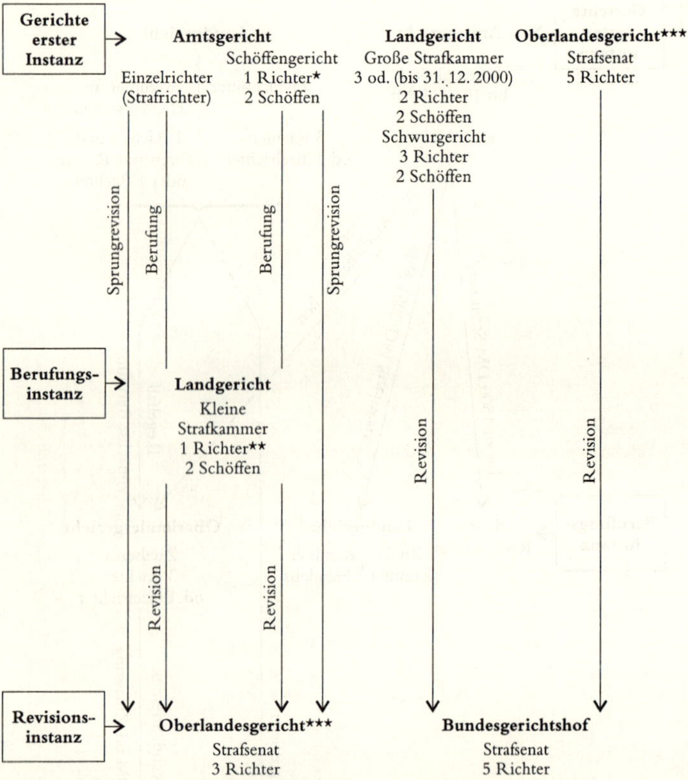


* Auf Antrag der Staatsanwaltschaft kann bei umfangreichen Sachen ein zweiter Richter zur Hauptverhandlung zugezogen werden (Erweitertes Schöffengericht).

** 2 Richter bei Berufungen gegen Urteile des Erweiterten Schöffengerichts.

*** in Bayern: Bayerisches Oberstes Landesgericht.

## IX. Der Rechtsmittelzug im Verfahren vor den Arbeitsgerichten

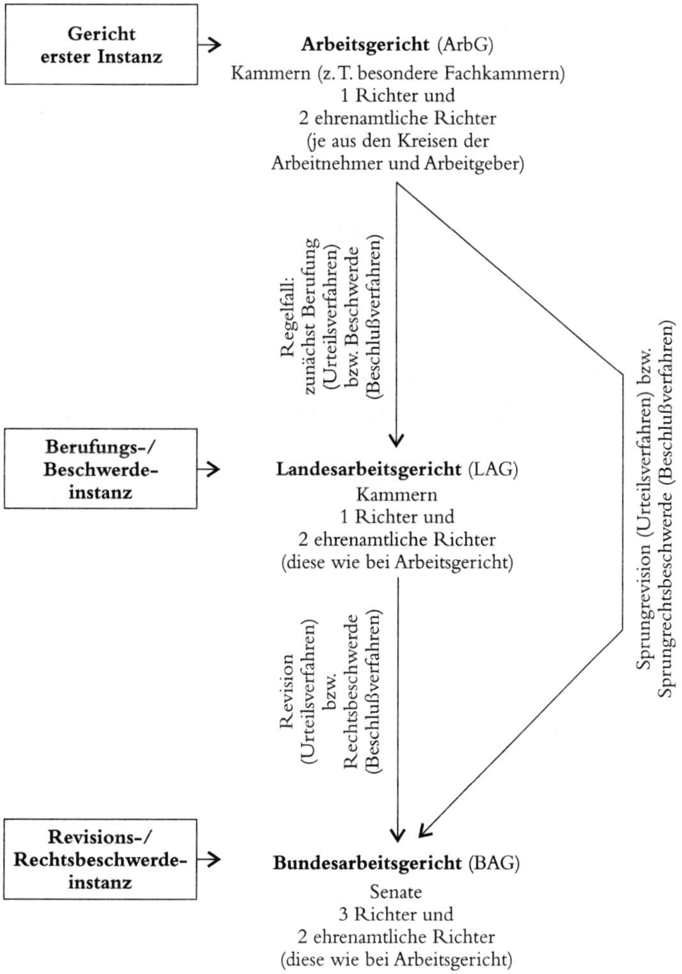

## X. Der Rechtsmittelzug im Verfahren vor den Verwaltungsgerichten

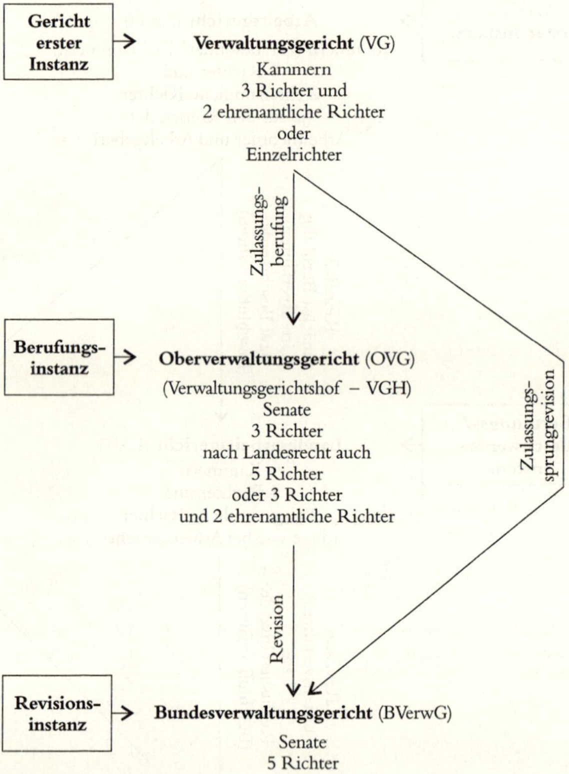


Anmerkungen:

1) Zur erstinstanzlichen Zuständigkeit
   a) des Oberverwaltungsgerichts (Verwaltungsgerichtshofs) vgl. §§ 47, 48 VwGO
   b) des Bundesverwaltungsgerichts vgl. § 50 VwGO
2) In Ausnahmefällen kann das Oberverwaltungsgericht Revisionsinstanz sein (vgl. § 145 VwGO).

## XI. Der Rechtsmittelzug im Verfahren vor den Sozialgerichten

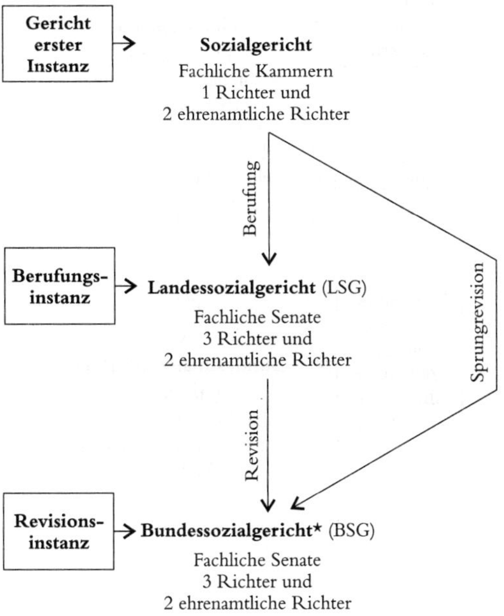


* Das Bundessozialgericht entscheidet im ersten und letzten Rechtszug über Streitigkeiten nicht verfassungsrechtlicher Art zwischen dem Bund und den Ländern sowie zwischen verschiedenen Ländern in Angelegenheiten der Sozialversicherung etc.

## XII. Der Rechtsmittelzug im Verfahren vor den Finanzgerichten

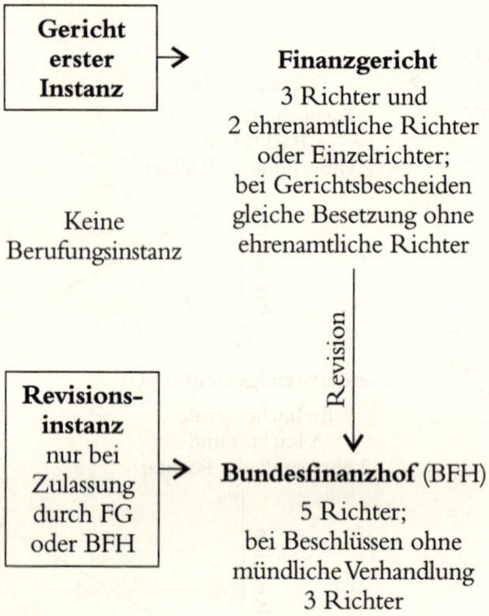

## XIII. Die gesetzliche Erbfolge

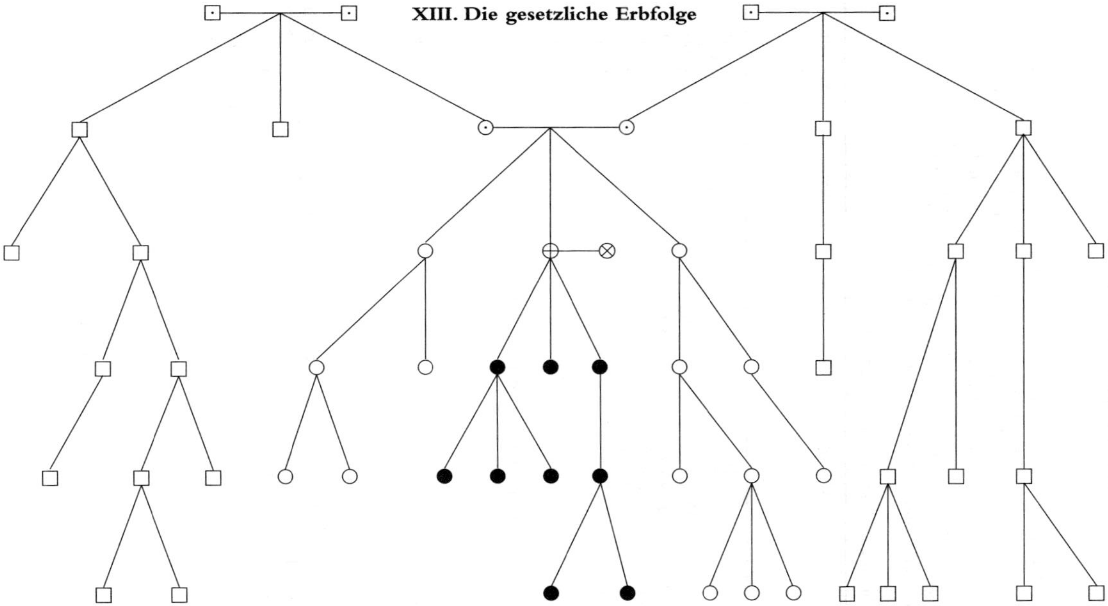

⊕ = Erblasser ⊗ Ehegatte des Erblassers (gehört keiner Ordnung an) ⊙ – ⊙ Eltern des Erblassers ⊡ – ⊡ Großeltern des Erblassers
● Angehörige der I. Ordnung ○ Angehörige der II. Ordnung □ Angehörige der III. Ordnung

## XIV. Beispiele für Prozeßkosten*

### A. Zivilprozeß

Die nachstehenden Kostenbeträge umfassen einen Prozeß (ohne Zwangsvollstreckung), in dem beide Parteien durch Rechtsanwälte vertreten sind, in 1. und 2. Instanz Beweis angeordnet und in allen 3 Instanzen durch Urteil entschieden wird. Zuzuschlagen sind die Kosten der Beweisaufnahme. Hierfür sind bei am selben Ort wohnenden Zeugen je rund 50–100 DM, bei Sachverständigengutachten (je nach Zeitaufwand und Schwierigkeit) regelmäßig mindestens 800 DM (bis viele Tausend DM) anzusetzen; Reisekosten sind hinzuzurechnen.

*I. Erste Instanz* (Amtsgericht oder Landgericht)

| Streitwert | Gerichtsgebühr | Gebühren für 2 Anwälte (hinzukommen 15% Mehrwertsteuer) | Auslagen | insgesamt rund |
|---|---|---|---|---|
| 300 | 150 | 300 | | 600 |
| 1 500 | 270 | 780 | mindestens | 1 300 |
| 5 000 | 480 | 1 920 | 100 | 2 900 |
| 10 000 | 705 | 3 570 | | 5 000 |
| 50 000 | 1 965 | 8 550 | | 12 000 |
| 100 000 | 2 865 | 12 750 | | 17 700 |
| 1 Million | 17 715 | 37 350 | | 61 000 |

*II. In 2 Instanzen* (Amtsgericht und Landgericht; Landgericht und Oberlandesgericht)

In der Berufungsinstanz erhöhen sich die Anwaltsgebühren um drei Zehntel. Das Kostenrisiko erhöht sich bei einem

| Streitwert von | auf insgesamt rund |
|---|---|
| 1 500 | 3 000 |
| 5 000 | 6 500 |
| 50 000 | 27 000 |
| 100 000 | 41 000 |
| 1 Million | 140 000 |

*III. In 3 Instanzen.* In der Revisionsinstanz erhöhen sich gegenüber der 1. Instanz die Gerichtsgebühren, ferner die Anwaltsgebühren um drei Zehntel bzw. zehn Zehntel (Prozeßgebühr). Das Kostenrisiko des Prozesses erhöht sich bei einem

| Streitwert von | auf insgesamt rund |
|---|---|
| 50 000 | 44 000 |
| 100 000 | 63 000 |
| 1 Million | 225 000 |

### B. Arbeitsgerichtsprozeß

Ein Rechtsstreit vor den Arbeitsgerichten ist in erster Instanz wesentlich billiger als ein Zivilprozeß vor den ordentlichen Gerichten. Da kein Anwaltszwang besteht

---

* Im Gebiet der ehem. DDR ermäßigen sich alle Gerichts- und Anwaltsgebühren um jeweils 10%.

und die Kosten eines Prozeßbevollmächtigten im Fall eines verlorenen Prozesses dem Gegner nicht zu erstatten sind, fallen Anwaltskosten nur für den an, der sich eines Anwalts bedient. Für das Gericht fällt, gleichgültig ob Beweisaufnahme angeordnet und ob durch Urteil entschieden wird, nur eine Einheitsgebühr an. Sie beträgt z. B. bei einem Streitwert von

| | |
|---|---|
| 300 | 20 |
| 1200 | 48 |
| 3000 | 120 |
| 10000 | 400 |
| über 24000 | höchstens 1000 |

Dazu kommen geringfügige Auslagen, nur im Fall der Beweisaufnahme solche wie im Zivilprozeß.

In der Berufungs- und Revisionsinstanz gelten gleichfalls geringere Gerichtsgebührensätze als im allgemeinen Zivilprozeß. Hinzu kommen aber i. d. R. Anwaltsgebühren (auch des obsiegenden Gegners) in üblicher Höhe.

## C. Strafprozeß

*I. Gerichtskosten*

1. Gerichtsgebühren. Ihre Höhe richtet sich nach der rechtskräftig erkannten Strafe. Sie betragen für eine Instanz bei durchgeführter Hauptverhandlung in DM

| | |
|---|---|
| bei Freiheitsstrafe bis 3 Monate | 80 |
| 6 Monate | 160 |
| 2 Jahre | 320 |
| von mehr als 2 Jahren | 480 |

Bei Geldstrafen beträgt die Gebühr nach durchgeführter Hauptverhandlung bei Verurteilung

| | |
|---|---|
| bis zu 90 Tagessätzen | 80 |
| 180 Tagessätzen | 160 |
| von mehr als 180 Tagessätzen | 320 |

Bei Strafbefehlen (ohne Urteilsverfahren) ist die halbe Gebühr zu entrichten.

2. Auslagen. Das sind i. d. R. nur Postgebühren und die Entschädigung für Zeugen, wobei davon auszugehen ist, daß für einen Zeugen durchschnittlich 50–100 DM aufzuwenden sind.

*II. Anwaltskosten*

1. Anwaltsgebühren. Sie sind Rahmengebühren und richten sich danach, vor welchem Gericht die Hauptverhandlung stattfindet. I. d. R. wird die Mittelgebühr (die Mitte zwischen Mindest- und Höchstgebühr) gefordert. Davon unabhängige Honorarvereinbarungen, die höher liegen, sind zulässig und weitgehend üblich. Die Gebühr beträgt (ohne Mehrwertsteuer) z. B.:

| | 1. Verhandlungstag | Jeder weitere Verhandlungstag |
|---|---|---|
| Strafrichter, Schöffengericht | 100–1300 | 100–650 |
| Große Strafkammer | 120–1520 | 120–760 |
| Schwurgericht, Oberlandesgericht | 170–2540 | 170–1270 |

Für die Tätigkeit im vorbereitenden oder im gerichtlichen Verfahren, in dem der Verteidiger nur außerhalb der Hauptverhandlung tätig ist oder in dem eine Hauptverhandlung nicht stattfindet, erhält der Rechtsanwalt die Hälfte der obigen Gebühren.

2. Auslagen. Darunter fallen Postgebühren, Schreibgebühren, Reisekosten mit Übernachtungs-, Tage- und Abwesenheitsgeld, soweit diese Auslagen angefallen sind.

*Zu I und II*

Im Berufungs- und im Revisionsverfahren fallen jeweils nochmals Gerichtskosten in gleicher Höhe wie in der 1. Instanz an.

Die Anwaltsgebühren sind teilweise höher; sie betragen

| | Verfahren einschl. 1. Verhandlungstag | Jeder weitere Verhandlungstag |
|---|---|---|
| im Berufungsverfahren | 120–1520 | 120–760 |
| im Revisionsverfahren | | |
| vor dem OLG | 120–1520 | 120–760 |
| vor dem BGH | 170–2540 | 170–1270 |

Ist der Rechtsanwalt nur außerhalb der Hauptverhandlung tätig oder findet eine Hauptverhandlung nicht statt, so erhält er die Hälfte der Gebühr für das Verfahren.

## D. Sonstige Prozesse

I. Das Verfahren vor dem *Bundesverfassungsgericht* ist kostenfrei. Das Gericht kann bei Erfolglosigkeit einer Verfassungsbeschwerde aber dem Beschwerdeführer eine Gebühr bis zu 1000 DM und eine Mißbrauchsgebühr bis 5000 DM auferlegen (§ 34 BVerfGG).
Der Gegenstandswert für die Rechtsanwaltsgebühr ist unter Berücksichtigung des Umfangs und der Schwierigkeit der anwaltlichen Tätigkeit sowie der Vermögens- und Einkommensverhältnisse des Auftraggebers nach billigem Ermessen, jedoch nicht unter 8000 DM zu bestimmen (§ 113 II 3 BRAGO).

II. Auch die *sozialgerichtlichen* Verfahren sind kostenfrei (§ 183 SGG); nur die beteiligten Körperschaften und Anstalten des öffentlichen Rechts haben eine Pauschgebühr zu entrichten (§§ 184 ff. SGG).
Der Rechtsanwalt erhält gem. § 116 I BRAGO eine Gebühr

| | |
|---|---|
| vor dem Sozialgericht von | 100–1300 |
| vor dem Landessozialgericht von | 120–1520 |
| vor dem Bundessozialgericht von | 170–2540. |

III. Im Verfahren vor den *Verwaltungsgerichten* bestimmt das Gericht grundsätzlich nach seinem Ermessen den Streitwert nach der sich aus dem Antrag des Klägers für ihn ergebenden Bedeutung der Sache. In der Regel wird der Streitwert mit 8000 DM festgesetzt (§ 13 I GKG). Betrifft der Antrag des Klägers eine bezifferte Geldleistung oder einen hierauf gerichteten Verwaltungsakt, so ist deren Höhe maßgebend (§ 13 II GKG).
Eine Gerichtsgebühr beträgt beim Streitwert von 8000 DM 205 DM, eine Gebühr für einen Anwalt 485 DM.
Im übrigen gelten hier die Vorschriften für den Zivilprozeß entsprechend (§§ 12 ff. GKG; § 114 I BRAGO).

IV. Im Verfahren vor den *Finanzgerichten* ist das durch § 13 I GKG eingeräumte Ermessen gegenstandslos. Der Streitwert ergibt sich aus den gestellten Sachanträgen (BFH BStBl II 1976, 685). Ist ein ziffernmäßiger Antrag nicht gestellt, so ist der Streitwert aus dem gesamten Vorbringen zu ermitteln (BFH/NV 1989, 368). § 25 II 1 GKG, wonach das Prozeßgericht den Streitwert durch Beschluß festsetzt, gilt auch im FG-Verfahren mit der Maßgabe, daß ein entsprechender Antrag zu stellen ist. Die Gerichtsgebühren richten sich nach Anlage 2 zu § 11 II GKG, die Rechtsanwalt- und Steuerberatergebühren nach BRAGO. Die beklagte Behörde ist von der Zahlung von Gerichtsgebühren befreit (§ 2 GKG).

## XV. Übersicht über die Sozialversicherung

| Versicherungszweig | Träger | Versicherungspflichtgrenze | Finanzierung | Aufsicht |
|---|---|---|---|---|
| **Krankenversicherung** | Orts-, Betriebs-, Innungskrankenkassen, Bundesknappschaft, Ersatzkassen, Seekrankenkassen | für Arbeiter und für Angestellte 75 v. H. der in der Rentenversicherung geltenden Beitragsbemessungsgrenze | Beiträge: $^1/_2$ Arbeitgeber $^1/_2$ Arbeitnehmer | Versicherungs- und Oberversicherungsämter (bzw. Landesaufsichtsämter), Arbeitsmin. der Länder (bzw. Senatoren für Arbeit) Bundesvers.-Amt |
| **Krankenversicherung der Landwirte** | Landwirtschaftl. Krankenkassen | keine | Beiträger der Unternehmer und Bundeszuschüsse | Arbeitsmin. (bzw. Senatoren für Arbeit) der Länder, Bundesversicherungsamt |
| **Unfallversicherung** | Berufsgenossenschaften, staatl. und gemeindl. Ausführungsbehörden, Gemeindeunfallversicherungsverbände | Jahresarbeitsverdienstgrenze in unterschiedlicher Höhe | Umlagen der Unternehmer, in der Unfallvers. des Bergbaus und der Landwirtschaft auch Bundeszuschüsse | Arbeitsmin. der Länder (bzw. Senatoren für Arbeit), Bundesversicherungsamt |
| **Rentenversicherung der Arbeiter** | Landesversicherungsanstalten, Bundesbahnvers. Anstalt, Seekasse | keine | Beiträge: $^1/_2$ Arbeitgeber $^1/_2$ Arbeitnehmer u. Bundeszuschüsse | Arbeitsmin. der Länder (bzw. Senatoren für Arbeit), Bundesversicherungsamt |
| **Angestelltenversicherung** | Bundesvers.Anstalt für Angestellte | keine | Beiträge: $^1/_2$ Arbeitgeber $^1/_2$ Arbeitnehmer u. Bundeszuschüsse | Bundesversicherungs amt |
| **Knappschaftliche Rentenversicherung** | Bundesknappschaft | keine | Beiträge: Arbeitnehmer in gleicher Höhe wie in der Rentenversicherung der Arbeiter, im übrigen Arbeitgeber und Bundeszuschüsse | Bundesversicherungsamt |
| **Alterssicherung für Landwirte** | Landwirtschaftl. Alterskassen | keine | Beiträge der Unternehmer und Bundeszuschüsse | Arbeitsmin. der Länder (bzw. Senatoren für Arbeit), Bundesversicherungsamt |
| **Pflegeversicherung** | Pflegekassen, See-Pflegekasse, Bundesknappschaft | keine | Beiträge: $^1/_2$ Arbeitgeber $^1/_2$ Arbeitnehmer | wie Krankenversicherung |
| **Arbeitsförderung (Arbeitslosenversicherung)** | Bundesanstalt für Arbeit | keine | Beiträge: Arbeitgeber und Arbeitnehmer in gleicher Höhe | Bundesmin. für Arbeit und Sozialordnung |

## XVI. Übersicht über die Renten der gesetzlichen Rentenversicherung

| Rentenart | Wartezeit | sonstige Voraussetzungen |
|---|---|---|
| Regelaltersrente | 5 Jahre | Vollendung des 65. Lebensjahres |
| Altersrente für langjährig Versicherte | 35 Jahre | Vollendung des 63. Lebensjahres (für Versicherte, die nach dem 31. 12. 1936 geboren sind, wird die Altersgrenze stufenweise angehoben) |
| Altersrente für Schwerbehinderte, Berufs- oder Erwerbsunfähige | 35 Jahre | Vollendung des 60. Lebensjahres, Anerkennung als Schwerbehinderter oder Berufs- oder Erwerbsunfähigkeit |
| Altersrente wegen Arbeitslosigkeit oder nach Altersteilzeitarbeit | 15 Jahre | Vollendung des 60. Lebensjahres, 52 Wochen innerhalb der letzten $1^1/_2$ Jahre und weiterhin arbeitslos, in den letzten 10 Jahren 8 Pflichtbeitragsjahre (für Versicherte, die nach dem 31. 12. 1936 geboren sind, wird die Altersgrenze stufenweise angehoben) |
| Altersrente für Frauen | 15 Jahre | Vollendung des 60. Lebensjahres, nach dem 40. Lebensjahr mehr als 10 Pflichtbeitragsjahre (für Versicherte, die nach dem 31. 12. 1939 geboren sind, wird die Altersgrenze stufenweise angehoben) |
| Altersrente für langjährig unter Tage beschäftigte Bergleute | 25 Jahre | Vollendung des 60. Lebensjahres |
| Berufsunfähigkeitsrente | 5 Jahre | in den letzten 5 Jahren 3 Pflichtbeitragsjahre, Berufsunfähigkeit |
| Erwerbsunfähigkeitsrente | 5 Jahre | in den letzten 5 Jahren 3 Pflichtbeitragsjahre, Erwerbsunfähigkeit |
| Rente für Bergleute | 5 Jahre | in den letzten 5 Jahren 3 knappschaftliche Pflichtbeitragsjahre, verminderte bergmännische Berufsunfähigkeit |
| Kleine Witwen- oder Witwerrente | 5 Jahre (erfüllt durch den Ehegatten) | Tod des Ehegatten, keine Wiederheirat |
| Große Witwen- oder Witwerrente | 5 Jahre (erfüllt durch den Ehegatten) | Tod des Ehegatten, keine Wiederheirat, Erziehung eines Kindes oder Vollendung des 45. Lebensjahres oder Berufs- oder Erwerbsunfähigkeit |
| Erziehungsrente | 5 Jahre | Scheidung, Erziehung eines Kindes, keine Wiederheirat |
| Vollwaisen- und Halbwaisenrente | 5 Jahre (erfüllt durch den Verstorbenen) | Tod eines oder beider Elternteile, Altersgrenzen |